Pourquoi activer mon Code en ligne :

Selon mon édition, l'activation de mon Code
me permet d'accéder aux enrichissements suivants,
sur ordinateur, tablette et smartphone :

	CODE ÉDITION LIMITÉE*	CODE ÉDITION CLASSIQUE
Lettre d'actualité du Code	✓*	✓*
Accès aux codes officiels secs	✓	✓
Mise à jour en continu		✓
Liens vers la jurisprudence		✓
Accès aux commentaires et textes complémentaires		
Accès aux articles des revues Dalloz		

www.

La clé d'activation se tro... ...e couverture
pour les cod... ...que
et en première page... codes limités.

* Disponible pour les titres suivants :
Code civil, Code de procédure civile, Code pénal, Code de procédure pénale, Code de commerce, Code du travail.

Notre innovation, c'est vous.
DALLOZ AVOCATS

114e édition

CODE
DE
PROCÉDURE
CIVILE

Annoté

Papier & numérique

DALLOZ

114e édition

Sous la direction de

Pierre CALLÉ
Professeur à l'Université de Paris-Saclay (Paris-Sud)

Annotations de jurisprudence et bibliographie par

Géraldine MAUGAIN
Maître de conférences en Droit privé
à l'Université de Bourgogne

Pour l'aide juridique (Refonte 2020)

Guillaume PAYAN
Professeur à l'Université de Toulon

Pour les procédures civiles d'exécution (Refontes 2017 - 2019)

Laurent DARGENT
Rédacteur en chef de Dalloz actualité

DALLOZ

ÉDITIONS DALLOZ

31-35, rue Froidevaux, 75685 Paris Cedex 14

ISBN 978-2-247-21445-7
ISBN 978-2-247-21446-4

Avant-propos

Le code de procédure civile est issu du décret n° 75-1123 du 5 décembre 1975, qui a repris les dispositions des décrets n° 71-740 du 9 septembre 1971, n° 72-684 du 20 juillet 1972, n° 72-788 du 28 août 1972 et n° 73-1122 du 17 décembre 1973.

A l'origine dénommé « nouveau code de procédure civile » en raison de sa cohabitation avec l'ancien code de procédure civile, dont certaines dispositions restaient en vigueur, il a été renommé « code de procédure civile » par la loi n° 2007-1787 du 20 décembre 2007 (art. 26-III) à l'occasion de l'abrogation de l'ancien code (L. préc., art. 26-II).

Dans son état actuel, le code comprend six livres. Le premier est consacré aux dispositions communes à toutes les juridictions, le deuxième concerne les dispositions particulières à chaque juridiction (TGI, TI, T. com., juridictions statuant en matière prud'homale, T. par., CA et C. cass.). Les troisième et quatrième livres (issus du Décr. n° 81-500 du 12 mai 1981) traitent respectivement des dispositions particulières à certaines matières (les personnes, les biens, les régimes matrimoniaux, les successions, les libéralités, les obligations et les contrats) et de l'arbitrage. Le livre cinquième, anciennement intitulé « Les voies d'exécution », matière désormais traitée dans le code des procédures civiles d'exécution, intéresse « La résolution amiable des différends ». Le livre sixième contient des dispositions relatives à l'outre-mer.

Enfin, si l'ancien code de procédure civile a été abrogé, ses dispositions concernant les procédures relatives à l'ouverture d'une succession continuent, compte tenu des régimes transitoires applicables, à être reproduites dans la présente édition, à la fin du chapitre II (les successions et les libéralités) du titre III du livre III du code de procédure civile.

Comme les autres volumes de la collection des Codes Dalloz, créée en 1902, le code de procédure civile Dalloz est un ouvrage hautement élaboré. Loin de se borner à reproduire purement et simplement la codification officielle, il donne de celle-ci une ***version mise à jour*** *de ses nombreuses modifications, enrichie de* ***notes de rédaction****, d'****annotations de jurisprudence*** *et de* ***bibliographie****, et augmentée des* ***textes d'application indispensables****.*

Le code de procédure civile Dalloz reproduit également, à la suite du code de procédure civile proprement dit, le ***code de l'organisation judiciaire*** *et le* ***code des procédures civiles d'exécution****.*

Par ailleurs, l'ouvrage est constitué d'un ***appendice*** *regroupant vingt-trois rubriques annotées en rapport avec le procès civil et les professions juridiques et judiciaires, au nombre desquelles figurent notamment l'aide juridique, le droit processuel européen et international et les frais et dépens.*

Enfin, cinq ***tables*** *complètent le code (sur pages roses) :*

En début d'ouvrage :

- une table des matières reproduit le plan du code de procédure civile et de l'Appendice ;

En fin d'ouvrage :

- une table de concordance des textes d'origine avec les articles du code de l'organisation judiciaire ;

- une table de concordance des textes d'origine avec les articles du code des procédures civiles d'exécution ;

- une table chronologique générale qui, permettant de se reporter à un texte à partir de sa date, recense les textes qui ont modifié le code et les textes complémentaires ;

- une table alphabétique générale analyse les textes et constitue un outil de recherche privilégié.

Les pictogrammes (jurisprudence), (doctrine des revues Dalloz) et (législation) qui signalent les textes intégraux correspondants, sont accessibles en hyperliens sur les portails et sur les applications mobiles Dalloz.

Liste des abréviations

🔗	Hyperlien vers la décision intégrale accessible sur le Code en ligne
✎	Hyperlien vers l'article de revue accessible sur le Code en ligne
🏛	Hyperlien vers un texte complémentaire accessible sur le Code en ligne

ACPC	Ancien code de procédure civile
Actu.	Actualité
Add.	Additions
Adde	Ajouter
AFDI	Annuaire français de droit international
Aff.	Affaire
AIJC	Annuaire international de justice constitutionnelle
AJ	Actualité jurisprudentielle du Recueil Dalloz (Cahier droit des affaires)
AJCA	Actualité juridique contrats d'affaires (Dalloz)
AJ contrat	Actualité juridique contrat (Dalloz)
AJDA	Actualité juridique Droit administratif (Dalloz)
AJDI	Actualité juridique Droit immobilier (Dalloz)
AJ fam.	Actualité juridique famille (Dalloz)
AJ pénal	Actualité juridique pénal (Dalloz)
AJPI	Actualité juridique Propriété immobilière
al.	Alinéa
ALD	Actualité législative Dalloz (années 1983-1995)
Anc.	Ancien
Ann.	Annexe
Ann. loyers	Annales des loyers
Ann. propr. ind.	Annales de la propriété industrielle, artistique et littéraire
APC	Actualité des procédures collectives
APD	Archives de philosophie du droit
App.	Appendice
Arr.	Arrêté
Art.	Article
Ass. plén.	Assemblée plénière de la Cour de cassation

B	Décision du Conseil d'État mentionnée aux Tables du Lebon (Dalloz)
BIBL.	Bibliographie
BIBL. GÉN.	Bibliographie générale
BICC	Bulletin d'information de la Cour de cassation
BJS	Bulletin mensuel Joly d'information des sociétés
BJB	Bulletin Joly Bourse et produits financiers
BLD	Bulletin législatif Dalloz

BOMJ	Bulletin officiel du ministère de la justice
BOMJL	Bulletin officiel du ministère de la justice et des libertés
Bull. Aix-en-Provence	Bulletin des cours et tribunaux d'Aix-en-Provence
Bull. ch. avoués	Bulletin de la chambre des avoués près la Cour de Paris
Bull. civ.	Bulletin des arrêts des chambres civiles de la Cour de cassation
Bull. crim.	Bulletin des arrêts de la chambre criminelle de la Cour de cassation
Bur. sup. aide jud.	Bureau supérieur d'aide judiciaire

C.	Code
c/	Contre
Cah. dr. eur.	Cahiers de droit européen
Cah. just.	Cahiers de la justice
Cah. prud'h.	Cahiers prud'homaux
CASF	Code de l'action sociale et des familles Dalloz
Cass.	Cour de cassation
C. assur.	Code des assurances Dalloz
C. baux	Code des baux Dalloz
CCC	Contrats Concurrence Consommation
CCE	Communication Commerce électronique
CCH	Code de la construction et de l'habitation Dalloz
C. civ.	Code civil Dalloz
C. com.	Code de commerce Dalloz
C. communes	Code des communes
C. consom.	Code de la consommation Dalloz
C. copr.	Code de la copropriété Dalloz
CDE	Cahiers de droit européen
C. dom. Ét.	Code du domaine de l'État
C. dom. publ. fluv.	Code du domaine public fluvial
C. réexamen	Cour de réexamen
CE	Conseil d'État
CEDH	Cour européenne des droits de l'homme
CESEDA	Code de l'entrée et du séjour des étrangers et du droit d'asile Dalloz
C. expr.	Code de l'expropriation pour cause d'utilité publique Dalloz
Cf.	Confer
C. for.	Code forestier
CGCT	Code général des collectivités territoriales Dalloz
CGI	Code général des impôts Dalloz
ch.	Chambre
chap.	Chapitre
Ch. mixte	Chambre mixte de la Cour de cassation
Ch. réun.	Chambres réunies de la Cour de cassation
Chron.	Chronique
Chron. C. cass.	Chronique de jurisprudence de la Cour de cassation du Recueil Dalloz
Circ.	Circulaire
Civ.	Chambre civile de la Cour de cassation
Civ. 1re	Cour de cassation – 1re chambre civile

Civ. 2ᵉ	Cour de cassation – 2ᵉ chambre civile
Civ. 3ᵉ	Cour de cassation – 3ᵉ chambre civile
CJA	Code de justice administrative Dalloz
CJCE	Cour de justice des Communautés européennes (appellation en vigueur jusqu'à l'entrée en vigueur du traité de Lisbonne le 1er déc. 2009)
CJPM	Code de la justice pénale des mineurs Dalloz
CJUE	Cour de justice de l'Union européenne (appellation en vigueur depuis l'entrée en vigueur du traité de Lisbonne le 1er déc. 2009)
C. marchés	Code des marchés publics Dalloz (jusqu'en 2019 ; devenu Code de la commande publique)
CME	Conseiller de la mise en état
C. mon. fin.	Code monétaire et financier Dalloz
C. mut.	Code la mutualité
COJ	Code de l'organisation judiciaire
Com.	Chambre commerciale de la Cour de cassation
Comm.	Commentaire
Comm. EDH	Commission européenne des droits de l'homme
Comp.	Comparer
concl.	Conclusions
conf.	Solution conforme
Cons.	Conseil
Cons. const.	Conseil constitutionnel
Const.	Constitution
Contra	Solution contraire
Conv.	Convention
Conv. EDH	Convention européenne des droits de l'homme
CPCPF	Code de procédure civile de Polynésie française
C. pén.	Code pénal Dalloz
CPI	Code de la propriété intellectuelle Dalloz
C. pr. civ.	Code de procédure civile Dalloz
C. pr. exéc.	Code des procédures civiles d'exécution Dalloz
C. pr. pén.	Code de procédure pénale Dalloz
Crim.	Chambre criminelle de la Cour de cassation
crit.	Critique
CRPA	Code des relations entre le public et l'administration Dalloz
C. rur.	Code rural et de la pêche maritime Dalloz
C. sociétés	Code des sociétés Dalloz
CSP	Code de la santé publique Dalloz
CSS	Code de la sécurité sociale Dalloz
C. transp.	Code des transports Dalloz
C. trav.	Code du travail Dalloz
C. urb.	Code de l'urbanisme Dalloz

D.	Recueil Dalloz
DA	Recueil analytique de jurisprudence et de législation Dalloz *(années 1941 à 1944)*
D. actu.	Dalloz actualité sur Dalloz.fr
D. Affaires	Dalloz Affaires (de 1995 à 1999)

Dalloz jurisprudence Dalloz jurisprudence sur Dalloz.fr
D. avocats Dalloz avocats — Exercer et entreprendre (Dalloz)
DC Recueil critique de jurisprudence et de législation Dalloz *(années 1941 à 1944)*
Décis. Décision
Décis. Comm. CE Décision de la Commission des Communautés européennes
Décr. Décret
Décr.-L. Décret-loi
Defrénois Répertoire du notariat Defrénois
DH Recueil hebdomadaire de jurisprudence Dalloz *(années antérieures à 1941)*
DIP Droit international privé
Dir. Directive
DMF Droit maritime français
Doctr. Doctrine
DP Recueil périodique et critique mensuel Dalloz *(années antérieures à 1941)*
Dr. et patr. Droit et patrimoine
Dr. et pr. Droit et procédures (ancienne Revue des huissiers)
Dr. fam. Droit de la famille
Droits Revue française de théorie, de philosophie et de cultures juridiques
Dr. ouvrier Droit ouvrier
Dr. pénal Droit pénal
Dr. prat. jud. Droit et pratique judiciaire
Dr. soc. Droit social
Dr. sociétés Droit des sociétés

---

ecqc en ce qui concerne
éd. Édition
EDCE Études et documents du Conseil d'État
EEE Espace économique européen
eod. loc. Au même endroit
Err. Erratum
esp. Espèce
Europe Revue Europe
Experts Revue Experts

Gaz. Pal. Gazette du Palais
GADIP Les grands arrêts de la jurisprudence française de droit international privé (Dalloz)
GAJC Les grands arrêts de la jurisprudence civile (Dalloz)

HALDE Haute autorité de lutte contre les discriminations

---

ibid. Au même endroit
Inf. chef entr. Information du chef d'entreprise
infra Ci-dessous
Instr. Instruction

IR	Informations rapides du Recueil Dalloz
J.	Jurisprudence
JAF	Juge aux affaires familiales
JAM	Juge aux affaires matrimoniales
JCP	Juris-Classeur périodique (Semaine juridique), édition générale
JCP A	Juris-Classeur périodique (Semaine juridique), édition Avoués
JCP CI	Juris-Classeur périodique, édition Commerce et Industrie (années antérieures à 1984)
JCP E	Juris-Classeur périodique, édition Entreprise
JCP N	Juris-Classeur périodique, édition Notariale
JDI	Journal de droit international (Clunet)
JEX	Juge de l'exécution
JME	Juge de la mise en état
JO	Journal officiel
JOAN	Journal officiel de l'Assemblée nationale
JOAN Q	Journal officiel de l'Assemblée nationale, Questions écrites
JOCE	Journal officiel des Communautés européennes
JONC	Journal officiel, numéro complémentaire
JORF	Journal officiel de la République française
JO Sénat	Journal officiel du Sénat
JO Sénat Q	Journal officiel du Sénat, Questions écrites
JOUE	Journal officiel de l'Union européenne
Journ. not. et av.	Journal des notaires et des avocats
J. prox.	Juge de proximité
J. tutelles	Juge des tutelles
Just. et Cass.	Justice et cassation (Dalloz)
Justices	Revue générale de droit processuel Justices (Dalloz)
L.	Loi
L. const.	Loi constitutionnelle
Lebon	Recueil des décisions du Conseil d'État (Dalloz)
LF	Loi de finances
LFR	Loi de finances rectificative
Liv.	Livre
L.O.	Article de loi organique
L. org.	Loi organique
Loyers et copr.	Loyers et copropriété
LPA	Les Petites Affiches
LPF	Livre des procédures fiscales
Mél.	Mélanges
Min.	Ministre ou ministère
Min. publ.	Ministère public
Mod.	Modifié
ndlr	Note de la rédaction
NCPC	Nouveau code de procédure civile

n°	Numéro
not.	Notamment
Nouv.	Nouveau

obs.	Observations
Ord.	Ordonnance
Ord. org.	Ordonnance organique

P	Arrêt publié au bulletin civil ou au bulletin criminel de la Cour de cassation
p.	Page
PACS	Pacte civil de solidarité
Pan.	Panorama
préc.	Précité
Procédures	Revue Procédures
Propr. intell.	Revue Propriétés intellectuelles
Prot.	Protocole
Prot. add.	Protocole additionnel
PU	Presses universitaires
PUAM	Presses universitaires d'Aix-Marseille
PUF	Presses universitaires de France

QPC	Question prioritaire de constitutionnalité
Quot. jur.	Quotidien juridique

R.	Rapport de la Cour de cassation
rapp.	Rapport
rappr.	Rapprocher
RDBF	Revue de droit bancaire et financier
RDC	Revue des contrats
RDI	Revue de droit immobilier (Dalloz)
RD publ.	Revue du droit public et de la science politique en France et à l'étranger
RDSS	Revue de droit sanitaire et social (Dalloz)
Rec. CJCE	Recueil de la Cour de justice et du tribunal de première instance des Communautés européennes
Rec. CJUE	Recueil de jurisprudence de la Cour de justice de l'Union européenne
Rec. Cons. const.	Recueil des décisions du Conseil constitutionnel
Rec. cours La Haye	Recueil des cours de l'Académie de droit international de La Haye
Rec. gén. lois	Recueil général des lois et de jurisprudence
Rect.	Rectificatif
réf.	Référé
Règl.	Règlement
RÉP. CIV.	Répertoire de droit civil Dalloz
RÉP. COM.	Répertoire de droit commercial Dalloz
Rép. min.	Réponse ministérielle
RÉP. PR. CIV.	Répertoire de procédure civile Dalloz
RÉP. TRAV.	Répertoire de droit du travail Dalloz

Req.	Chambre des requêtes de la Cour de cassation
req.	Requête
Rev. Alsace-Lorraine	Revue d'Alsace-Lorraine
Rev. arb.	Revue de l'arbitrage
Rev. Banque	Revue Banque
Rev. crit. DIP	Revue critique de droit international privé (Dalloz)
Rev. dr. homme	Revue des droits de l'homme
Rev. dr. int. dr. comp.	Revue de droit international et de droit comparé
Rev. huiss.	Revue des huissiers de justice
Rev. jur. Ouest	Revue juridique de l'Ouest
Rev. loyers	Revue des loyers et des fermages
Rev. prat. rec.	Revue pratique du recouvrement (depuis le 1er janv. 2020) (ancienne Revue Droit et procédures)
Rev. sociétés	Revue des sociétés (Dalloz)
RFDA	Revue française de droit administratif (Dalloz)
RGAT	Revue générale des assurances terrestres (de 1930 à 1995) devenue *RGDA en 1996*
RGDA	Revue générale du droit des assurances (depuis 1996)
RG proc.	Revue générale des procédures
RID comp.	Revue internationale de droit comparé
RJ com.	Revue de jurisprudence commerciale
RJDA	Revue de jurisprudence de droit des affaires
RJ envir.	Revue juridique de l'environnement
RJPF	Revue juridique personnes et famille
RJS	Revue de jurisprudence sociale
RLDA	Revue Lamy de droit des affaires
RLDC	Revue Lamy de droit civil
RLDI	Revue Lamy de droit de l'immatériel
RPC	Revue des procédures collectives
RRJ	Revue de la recherche juridique – Droit prospectif
RSC	Revue de science criminelle et de droit pénal comparé (Dalloz)
RTD civ.	Revue trimestrielle de droit civil (Dalloz)
RTD com.	Revue trimestrielle de droit commercial (Dalloz)
RTD eur.	Revue trimestrielle de droit européen (Dalloz)
RTDH	Revue trimestrielle des droits de l'homme
RUDH	Revue universelle des droits de l'homme

S.	Recueil Sirey
s.	Et suivants
SA	*Société* anonyme
SAFER	Société d'aménagement foncier et d'établissement rural
SARL	Société à responsabilité limitée
SCI	Société civile immobilière
SDECC	Service de documentation et d'études de la Cour de cassation
Sect.	Section
Soc.	Chambre sociale de la Cour de cassation
sol. impl.	Solution implicite
Somm.	Sommaires
Spéc.	Spécialement

ss. Sous
SSL Semaine sociale Lamy
supra Ci-dessus

---

t. Tome
T. Tables
TASS Tribunal des affaires de sécurité sociale
T. civ. Tribunal, chambre civile
T. com. Tribunal de commerce
T. confl. Tribunal des conflits
T. corr. Tribunal, chambre correctionnelle
TFUE Traité sur le fonctionnement de l'Union européenne
TGI Tribunal de grande instance
TI Tribunal d'instance
Tit. Titre
TOM Territoires d'outre-mer
T. par. baux rur. Tribunal paritaire des baux ruraux
TRACFIN Traitement du renseignement et action contre les circuits financiers clandestins
Traité CE Traité de Rome du 25 mars 1957
Trav. com. fr. DIP Travaux du comité français de droit international privé
Trib. UE Tribunal de l'Union européenne
TUE Traité sur l'Union européenne
TVA Taxe sur la valeur ajoutée

UE Union européenne

V. Voir
v° ou v[is] Mot ou mots
Vol. Volume

TABLE DES MATIÈRES

CODE DE PROCÉDURE CIVILE

LIVRE PREMIER

DISPOSITIONS COMMUNES À TOUTES LES JURIDICTIONS

LIVRE DEUXIÈME

DISPOSITIONS PARTICULIÈRES À CHAQUE JURIDICTION

LIVRE QUATRIÈME

L'ARBITRAGE

1442 – 1527

LIVRE CINQUIÈME

LA RÉSOLUTION AMIABLE DES DIFFÉRENDS

1528 – 1567

LIVRE SIXIÈME

DISPOSITIONS RELATIVES À L'OUTRE-MER

ANNEXE

DU CODE DE PROCÉDURE CIVILE RELATIVE À SON APPLICATION DANS LES DÉPARTEMENTS DU BAS-RHIN, DU HAUT-RHIN ET DE LA MOSELLE

CODE DES PROCÉDURES CIVILES D'EXÉCUTION

LIVRE PREMIER

DISPOSITIONS GÉNÉRALES

LIVRE TROISIÈME
LA SAISIE IMMOBILIÈRE

LIVRE QUATRIÈME
L'EXPULSION

LIVRE CINQUIÈME

LES MESURES CONSERVATOIRES

CODE DE L'ORGANISATION JUDICIAIRE

LIVRE PREMIER

DISPOSITIONS COMMUNES AUX JURIDICTIONS JUDICIAIRES

LIVRE DEUXIÈME

JURIDICTIONS DU PREMIER DEGRÉ

APPENDICE

CODE DE PROCÉDURE CIVILE

BIBL. GÉN. ▶ **Traités, manuels, cours, études :** Amrani-Mekki (ss. dir.), Procédure civile et procédure pénale – Unité ou diversité ?, *Bruylant 2014*. – Amrani-Mekki et Droit & Procédure, Procédure civile, 2e éd., Réflexe, *Gaz. Pal. 2020*. – Amrani-Mekki et Strickler, Procédure civile, *PUF 2014*. – Barbièri (ss. dir.), Procédure civile 2020-2021, Mémento, *5e éd., F. Lefebvre 2020*. – Bergeaud-Wetterwald, Bonis et Capdepon, Procédure civile, Référence, *Cujas 2017*. – Bernard-Menoret, Fiches de procédure civile – Rappels de cours et exercices corrigés, *6e éd., Ellipse 2020*. – C. Bléry, L. Raschel (ss. dir.), 40 ans après... Une nouvelle ère pour la procédure civile, *Thèmes & commentaires, Dalloz 2016*. – Branlard, L'essentiel des règles de procédure civile, *7e éd. Gualino 2016*. – Cadiet et Canivet (ss. dir.), De la commémoration d'un code à l'autre : 200 ans de procédure civile en France : *1806-1976-2006, Litec 2006*. Cadiet et Jeuland, Droit judiciaire privé, *10e éd., LexisNexis 2017*. – Cadiet, Normand et Amrani-Mekki, Théorie générale du procès, *2e éd., PUF 2013*. – Cadiet, Dauchy et Halperin, Itinéraires d'histoire de la procédure civile – Regard français, Tome 1, *IRJS 2014* ; Itinéraires d'histoire de la procédure civile – Regards étrangers, *Tome 2, IRJS 2020*. – Cadiet, Jean et Pauliat, Mieux administrer pour mieux juger – Essai sur l'essor et les enjeux contemporains de l'administration de la justice, Bibliothèque de l'Institut de recherche juridique de la Sorbonne – André Tunc, *IRJS Éditions 2014*. – Cayrol, Procédure civile, Cours, *2e éd., Dalloz 2019*. – Collectif, Le nouveau code de procédure civile : 20 ans après : Actes du colloque des 11 et 12 déc. 1997, *La Documentation française 1998*. – Cornu et Foyer, Procédure civile, *3e éd., PUF 1996*. – Chainais, Ferrand et Guinchard, Procédure civile, Droit interne et droit communautaire, *Précis, 35e éd., Dalloz 2020*. – Chainais, Ferrand, Guinchard et L. Mayer, Procédure civile, Hypercours, *6e éd., Dalloz 2019*. – Champaud et Danet, Stratégie judiciaire des entreprises, *Dalloz 2006*. – Croze, Procédure civile – Technique procédurale civile, *Objectif Droit, Cours, 7e éd., LexisNexis 2020*. – Croze et Laporte, Guide pratique de la procédure civile, *Droit et pratique professionnels, Procédures, 5e éd., Lexinexis 2017*. – Couchez et X. Lagarde, Procédure civile, *Sirey U, 17e éd., Sirey 2014*. – Damien, Hoffschir, Llahi et Mauclair, Cours de procédure civile, *CRFPA 2020*. – Douchy-Oudot, Procédure civile, *6e éd., Gualino 2016*. – L. Flise et E. Jeuland, Du lien d'instance aux liens processuels, 1975-2015, *IRJS 2016*. – Fricero, Procédure civile, *17e éd., Gualino 2020* ; L'essentiel de la procédure civile, *17e éd., Gualino 2020*. – Gallet, La procédure civile devant la cour d'appel, *LexisNexis 2014* (préf. de L. Cadiet). – N. Gerbay, P. Gerbay et C. Gerbay, Guide du procès civil en appel 2018, Les guides, *LexisNexis 2017*. – Guinchard (dir.), Droit et pratique de la procédure civile, Dalloz action, *9e éd., Dalloz 2021/2022*. – Guinchard, Chainais, C. et I. Delicostopoulos, Douchy-Oudot, Ferrand, Lagarde, Magnier, Ruiz Fabri, Sinopoli et Sorel, Droit processuel – Droit commun et droit comparé du procès équitable, *10e éd., Dalloz 2019*. – Héron et Le Bars, Droit judiciaire privé, *6e éd., Montchrestien 2015*. – Jeuland, Droit processuel général, *4e éd., Montchrestien 2018* ; Introduction to French Business Litigation, Pratique des affaires, *1re éd., Joly éditions 2016*. – Julien et Fricero, Procédure civile, *5e éd., LGDJ 2014*. – Kamara-Cavarroc (ss. dir.), Guide pratique de procédure à l'usage de l'avocat, *3e éd., LGDJ 2018*. – Larguier, Conte et Blanchard, *Droit judiciaire privé, 20e éd., Dalloz 2010*. – Lassere, Cours de procédure civile, *2e éd.*, *Amphi LMD*, Gualino 2020. –Lefort, Procédure civile, *Cours, 5e éd., Dalloz 2014*. – Motulsky, Écrits, t. 1, Études et notes de procédure civile, Préface Cornu et Foyer, *Dalloz 1973, réédité en 2009* ; Écrits, t. 2, Études et notes sur l'arbitrage, préface de Goldman et Fouchard, *Dalloz 1974* ; Droit processuel, *Montchrestien 1973*. – Petel-Teyssie et Puigelier (dir.), Quarantième anniversaire du Code de procédure civile (1975-2015), Hors-collection, *Panthéon-Assas Paris II 2016*. – Pierre-Maurice, Leçons de procédure civile, *Ellipse 2011* ; Les épreuves de procédure civile au CRFPA et à l'ENM, *3e éd., Ellipse 2015*. – Robin, Procédure civile, *Vuibert 2005*. – Rolland, Procédure civile, Panorama du droit, *3e éd., Studyrama 2013*. – Rolland, Lobe Lobas et Monera, Formulaires d'actes de procédure, *Panorama du droit, 3e éd., Studyrama 2012*. – Ortscheidt et Seraglini, Droit de l'arbitrage interne et international, *Montchrestien 2013*. – Solus et Perrot, Droit judiciaire privé, t. 1 (introduction, notions fondamentales, organisation judiciaire), *Sirey 1961* ; Droit judiciaire privé, t. 2 (la compétence), *Sirey 1973* ; Droit judiciaire privé, t. 3 (instance), *Sirey 1991*. – Staes, Droit judiciaire privé, *Ellipses 2006.* – STRICKLER et VARNEK, Procédure civile, *10e éd., Paradigme 2020.* – TAHRI, Procédure civile, *4e éd., Bréal 2014.* – THOMAS, Sociétés et procédure civile, *LexisNexis 2014* (préf. P. Le Cannu). – VERGÈS, Procédure civile, *PUG 2008.* – VIZIOZ, Étude de procédure, *Brière 1956, rééd. Dalloz 2011, préf. S. Guinchard.* – VEYRE, La notion de partie en procédure civile, *Bibliothèque de l'IRJS 2019.*

▶ **Encyclopédies et formulaires :** CROZE (dir.), Jurisclasseur Procédures formulaires, *LexisNexis* – GUINCHARD (dir.), Répertoire de procédure civile Dalloz (cinq tomes auxquels s'ajoutent deux autres volumes consacrés aux formulaires – L'ensemble a été entièrement refondu au cours des cinq dernières années). – PERROT (dir.), Juriclasseur de procédure civile, *LexisNexis*

▶ **Dictionnaire :** CADIET (ss. dir.), Dictionnaire de la justice, *PUF 2004.*

▶ **Mél. :** P. BELLET, *Litec 1991.* – J. BORÉ, *Dalloz 2006.* – J. BUFFET, *LPA-LGDJ 2004.* – P. CATALA, *Litec 2001.* – G. CORNU, *PUF 1994.* – H. COSNARD, *Economica 1990.* – P. DRAI, *Dalloz 2000.* – J. FOYER, *PUF 1996.* – S. GUINCHARD, *Dalloz 2010.* – HÉBRAUD, *PUT 1981.* – J. HÉRON, *LGDJ-Lextenso 2008.* – P. JULIEN, *Edilaix 2004.* – R. P. MARTIN, *Bruylant-LGDJ 2004.* – J. NORMAND, *Litec 2003.* – R. PERROT, *Dalloz 1995.* – L. PETTITI, *Bruylant 1998.* – P. RAYNAUD, *Sirey 1985.* – G. TARZIA, *Giffrè 2005.* – F. TERRÉ, *Dalloz-Litec-PUF 1999.* – J. VAN COMPERNOLLE, *Bruylant 2004.* – J. VINCENT, *Dalloz 1981.* – G. WIEDERKEHR, *Dalloz 2009.* – J. ISNARD, *EJT 2009.*

▶ **Articles généraux :** ALBIGES, *RLDC 11/2018. 34* (les rapports officiels et l'évolution de la procédure civile). – AMRANI-MEKKI, De la commémoration d'un code à l'autre : 200 ans de procédure civile en France, *Litec 2006, p. 241* (l'avenir du NCPC en France) ; *Mél. G. Viney LGDJ-Lextenso 2008, p. 1* (droit processuel de la responsabilité civile) ; *Gaz. Pal. 25-26 mai 2012, p. 3* (théorie ou pratique de la procédure : faut-il choisir ?) ; (ss. dir.), Procédure civile et procédure pénale – Unité ou diversité ?, *Bruylant 2014* ; Quarantième anniversaire du Code de procédure civile (1975-2015), Hors-collection, *Panthéon-Assas Paris II 2016, p. 97* (la codification de l'amiable) ; *RIDP 2016. 7* (l'économie procédurale). – BANDRAC, Quarantième anniversaire du Code de procédure civile (1975-2015), Hors-collection, *Panthéon-Assas Paris II 2016, p. 167* (la réforme du droit des contrats et l'évolution récente du procès civil). – BEAUCHARD, *RGDA 2010. 542* (l'intégration de l'assureur dans le procès – l'assureur et le procès civil). – BEIGNIER, De la commémoration d'un code à l'autre : 200 ans de procédure civile en France, *Litec 2006, p. 35* (NCPC : un droit de professeur ?). – BOLARD, *Mél. Skapski, Cracovie 1994, p. 9* (le NCPC). – BLÉRY, La procédure civile : entre adaptations nécessaires et stabilité indispensable, un bien difficile équilibre..., *D. actu. 17 oct. 2017.* – BLÉRY et RASCHEL, *D. 2018. 504* ✎ (vers une procédure civile 2.0 ?). – BLÉRY et TEBOUL, *JCP 2017. 665* (de la communication par voie électronique au Code de cyber procédure civile). – BOLZE, Le NCPC (1975-2005), *Economica 2006, p. 95* (codification et procédure civile). – BOULOC, Le NCPC (1975-2005), *Economica 2006, p. 369* (procédure civile et procédure pénale). – BOYER, *Gaz. Pal. 7-9 sept. 2014, p. 8* (quelles orientations pour la procédure civile ?). – BROCHIER, Cinq propositions de modification des principes directeurs du code de procédure civile, *Mél. en l'honneur de L. Aynès, LGDJ 2019, p. 57.* – CADIET, Le code de procédure civile vingt ans après, *La Documentation française 1998, p. 45* ; *Mél. Van Compernolle, Bruylant 2004, p. 25* (efficience *versus* équité ?) ; *BICC 15 mars 2006, p. 3 s.* (légalité procédurale en matière civile) ; *Mél. Boré, Dalloz 2007, p. 57* (conflits de légalité procédurale dans le procès civil) ; De la commémoration d'un code à l'autre : 200 ans de procédure civile en France, *Litec 2006, p. 3* (d'un code à l'autre : de fondation en refondation) ; *Mél. Gaudemet-Tallon, Dalloz 2008, p. 209* (sources internationales de la procédure civile française) ; *Mél. Wiederkehr, Dalloz 2009, p. 65* (tendances contemporaines de la procédure civile en France) ; *Mél. Oppetit, Litec 2009, p. 73* (le procès civil à l'épreuve de la complexité) ; *Cah. just. 1/2010. 13* (la justice face aux défis du nombre et de la complexité).– CANIVET (dir.), Justice : faites entrer le numérique, *Institut Montaigne 2017.* – CASTAING, *AJDA 2009. 913* ✎ (les procédures civile et administrative confrontées aux mêmes exigences du management de la justice). – CAYROL, *Gaz. Pal. 18 mai 2018 (Hors-série), p. 49* (la part de la négociation dans le règlement des différends commerciaux). – CHADELAT, De la commémoration d'un code à l'autre : 200 ans de procédure civile en France, *Litec 2006, p. 47* (élaboration d'un code de procédure civile : entre pratique judiciaire et droit savant). – CHAINAIS, Les sanctions en droit contemporain, *vol. 1, la sanction, entre technique et politique, Coll. L'esprit du droit, Dalloz 2012* (les sanctions en procédure civile à la recherche d'un clavier bien tempéré). – CHAPUS, *EDCE 1977-1978. 11* (de *l'office du juge : contentieux administratif* et nouvelle procédure civile). – CHOLET, RGDA 2010. 537 (l'intégration de l'assureur dans le procès – l'assureur et le procès, présentation générale) ; Quarantième anniversaire du Code de procédure civile (1975-2015), Hors-collection, *Panthéon-Assas Paris II 2016, p. 71* (les tendances régressives dans l'évolution de la procédure civile contemporaine). – CORNU, *Rev. jur. et politique 1986, p. 689* (codification de la procédure civile en France) ; *Rev. d'histoire des facultés de droit 1995. 241* (l'élaboration du code de procédure civile). – COULON, Le NCPC (1975-2005), *Economica 2006, p. 87* (du rapport Coulon au rapport

Magendie). – Croze, De la commémoration d'un code à l'autre : 200 ans de procédure civile en France, *Litec 2006, p. 111* (procédures civiles avec ou sans professionnels : une nouvelle dimension de la conception française du procès civil ?) ; *JCP 2009. I. 108* (progrès technique de la procédure civile) ; Quarantième anniversaire du Code de procédure civile (1975-2015), Hors-collection, *Panthéon-Assas Paris II 2016, p. 55* (40 ans, 40 articles). – Deharo, *RTD com. 2013. 177* (Stratégie judiciaire et performance de l'entreprise : approche dynamique de droit processuel appliquée à l'entreprise). – Deffains et Doriat-Duban, *RGDA 2010. 870* (l'intégration du procès par l'assureur – le procès : risque économique). – Delmas-Goyon, *cah. just. 1/2010. 35* (maîtriser le nombre, affronter la complexité : l'analyse du praticien). – Desdevises, Le NCPC (1975-2005), *Economica 2006, p. 213* (qualité de la décision de première instance) ; De la commémoration d'un code à l'autre : 200 ans de procédure civile en France, *Litec 2006, p. 227* (grands arrêts du droit judiciaire privé) ; *Mél. Héron, LGDJ-Lextenso 2008, p. 213* (le général et le spécial en procédure civile). – Dintilhac, Le NCPC (1975-2005), *Economica 2006, p. 415* (confrontation entre le code de procédure civile et la Conv. EDH) ; *Just. et cass. 2007. 44* (gestion des procédures civiles dans le temps) ; *Mél. Boré 2007. 141* (incidence du droit européen sur la procédure civile française). – Dumoulin et Bastard, Procédure civile et procédure pénale – Unité ou diversité ?, Procédures(s), *Bruylant 2014, p. 167* (représentation et pratique des procédures pénale et civile – Dépasser la distinction civil-pénal ? – un point de vue de sociologue). – Ferrand, Le NCPC (1975-2005), *Economica 2006, p. 439* (NCPC et principes ALI-Unidroit de procédure civile transnationale). – Foulon et Strickler, *Gaz. Pal. 7-8 déc. 2012, p. 10* (qu'est-ce qu'une requête – ou la polysémie du mot « requête » ?) ; *Gaz. Pal. 8-9 mars 2013, p. 7* (comment présenter une requête ?). – Foyer, Le NCPC (1975-2005), *Economica 2006, p. 17* (nouveau code et unification de la procédure). – Foyer et Puigelier, Quarantième anniversaire du Code de procédure civile (1975-2015), *Hors-collection, Panthéon-Assas Paris II 2016, p. 11* (le C. pr. civ. en révolution). – Fricero, Quarantième anniversaire du Code de procédure civile (1975-2015), *Hors-collection, Panthéon-Assas Paris II 2016, p. 87* (de la procédure civile équitable à la procédure civile thérapeutique) ; *JCP 2017. 1305* (plaidoyer pour un procès civil disruptif et pour une mutation anthropologiquedesactes judiciaires...) ; *RLDC 11/2018. 43* (les réformes de procédure et les droits fondamentaux du procès). – Fricero et Viennot, Procédure civile et procédure pénale – Unité ou diversité ?, *Procédure(s), Bruylant 2014, p. 149* (procédure et administration de la justice – double regard). – Gridel, *Gaz. Pal. 9-10 oct. 2015, p. 10* (le temps et le droit positif du procès civil). – Guinchard, Quarantième anniversaire du Code de procédure civile (1975-2015), *Hors-collection, Panthéon-Assas Paris II 2016, p. 41* (Le C. pr. civ. : entre son passé et son avenir) ; *D. 2017. 2488* (prolégomènes pour réformer la procédure civile). – Guinchard et Fricero, Le NCPC (1975-2005), *Economica 2006, p. 425* (NCPC et Conv. EDH). – Hannotin, *D. 2018. 1213* (réforme de la procédure civile : le modèle anglais comme source d'inspiration ?). – Hocquard, Le NCPC (1975-2005), *Economica 2006, p. 65* (le plaideur, l'avocat et le NCPC). – Jeuland, Le NCPC (1975-2005), *Economica 2006, p. 75* (transformation et pérennité du NCPC) ; De la commémoration d'un code à l'autre : 200 ans de procédure civile en France, *Litec 2006, p. 101* (conception du procès civil dans le code de procédure civile de 1975) ; *Mél. Héron LGDJ-Lextenso 2008, p. 259* (jalons pour une approche procédurale des opérations juridiques à trois personnes) ; *Mél. Wiederkehr, Dalloz 2009, p. 443* (autour de la forme et du fond, problèmes de procédure) ; *Mél. D. R. Martin LGDJ 2015* (le procès comme opération juridique à trois personnes. Parcours germanique). – Junillon, Le NCPC (1975-2005), *Economica 2006, p. 59* (NCPC : une philosophie en danger). – Kerameus, *Droit Global Law, Éd. Panthéon-Assas 2010, p. 9* (l'harmonisation procédurale en droit contemporain). – Lacabarats, Le NCPC (1975-2005), *Economica 2006, p. 41* (réception du nouveau code par la jurisprudence). – de La Vaissière, *AJDI 2017. 553* (réforme de la procédure civile : jusqu'où ira-t-on ?). – Lecompte, Le NCPC (1975-2005), *Economica 2006, p. 5* (NCPC : rupture et continuité). – Lefort, *Dr. et pr. 2018. 38* (brèves réflexions sur le centre de gravité du procès civil). – Louvel, *www.courdecassation.fr, 6 juin 2017* (pour l'unité de la magistrature) sur lequel, V. Cadiet, *Procédures 2018, repère 1* (la règle des quatre unités) ; *ibid. 25 juill. 2017* (pour l'unité de la juridiction) sur lequel, V. Cadiet, *préc.* ; *ibid. 27 sept. 2017* (pour l'unité de la procédure civile), sur lequel, V. P.-L. Boyer, *Gaz. Pal. 7 nov. 2017, p. 10* et Cadiet, *préc.* ; *ibid. 31 oct. 2017* (pour l'unité du tribunal), sur lequel, V. P.-L. Boyer, *Gaz. Pal. 21 nov. 2017, p. 12* et Cadiet, *préc.* et *D. 2018. 456*. – Marino, *RLDC 11/2018. 38* (les implications des exigences européennes sur les réformes de la procédure civile). – Ménabé, Le NCPC (1975-2005), *Economica 2006, p. 47* (plaidoyer pour un bel outil). – Normand, Le NCPC (1975-2005), *Economica 2006, p. 183* (le défi de l'urgence en droit processuel : le NCPC, code modèle ou code à part ?) ; *p. 377*. – Ogus, *Droit Global Law, Éd. Panthéon-Assas 2010, p. 21* (la procédure civile dans une perspective économique). – Parodi, *Defrénois 1976. 673* (esprit général et innovations du NCPC). – Pierre-Maurice, *Mél. G. Goubeaux, Dalloz/LGDJ 2009, p. 445* (la nouveauté du code de procédure civile). – Puigelier, Le NCPC (1975-2005), *Economica 2006, p. 317* (l'hypothèse du juge). – Roy,

Quarantième anniversaire du code de procédure civile (1975-2015), *Hors-collection, Panthéon-Assas Paris II 2016, p. 111* (la justice du XXIe siècle, la procédure et la démocratie). – ROUHETTE, Travaux du colloque de Passau, *11-15 oct. 1989, p. 217* (influence en France de la science allemande du procès civil et du code de procédure civile allemand). – STORME, De la commémoration d'un code à l'autre : 200 ans de procédure civile en France, *Litec 2006, p. 363* (considérations sur le bicentenaire du code de procédure civile : codifier ou promulguer des règles de conduite ?). – TERRÉ, Le NCPC (1975-2005), *Economica 2006, p. 27* (réception du nouveau code par la doctrine). – THÉRY, Le NCPC (1975-2005), *Economica 2006, p. 361* (code de procédure civile et droit de l'exécution) ; De la commémoration d'un code à l'autre : 200 ans de procédure civile en France, *Litec 2006, p. 261* (la question des sources) ; Hommage à Gérard Cornu, *Thèmes & commentaires, Dalloz 2009, p. 47* (l'art de la procédure civile) ; *Mél. S. Guinchard, Dalloz 2010, p. 853* (le litige en droit judiciaire privé – petits exercices de procédure élémentaire). – TIMSIT, *Mél. J.-P. Costa, Dalloz 2011, p. 635* (l'invention de la légitimité procédurale). – WIEDERKEHR, *Mél. Béguin, Litec 2005, p. 787* (NCPC : la réforme permanente).

► **Code de procédure civile de 1806 :** DAUCHY, De la commémoration d'un code à l'autre : 200 ans de procédure civile en France, *Litec 2006, p. 77* (conception du procès civil dans le code de procédure civile de 1806). – HALPÉRIN, *ibid., p. 23* (code de procédure civile de 1806 : un code de praticien ?). – ORTELLS RAMOS, *ibid., p. 167* (le code de procédure civile de 1806 et la première codification procédurale civile espagnole. Parallélisme, coïncidences, divergence). – PICARDI, *ibid. p. 187* (code de procédure civile de 1806 et monopole étatique de la juridiction. – VAN RHEE, *ibid. p. 129* (the influence of the french code de procédure civile (1806)). – WIEDERKEHR, *ibid. p. 91* (exposés des motifs du code de procédure civile de 1806). – WIJFFELS, *ibid., p. 199* (le destin du code de procédure civile (1806) en France).

► **Droit comparé :** ARMENTA DEU, Procédure civile et procédure pénale – Unité ou diversité ?, *Procédures(s), Bruylant 2014, p. 181* (l'enseignement des procédures : l'exemple espagnol). – BÉLINGUIER-RAIZ, *D. 2010. 716* ✎ (le nouveau visage de la procédure civile italienne : un atout de séduction suffisant pour les acteurs du commerce transalpin ?). – CARPI, *ibid., p. 301* (quelques remarques sur les réformes du procès civil en Italie). – FERRAND, De la commémoration d'un code à l'autre : 200 ans de procédure civile en France, *Litec 2006, p. 277* (la conception du procès civil hors de France). – MENDEZ, *ibid., p. 311* (conception du procès civil hors de France : le cas espagnol). – STÜRNER, *ibid., p. 329* (quelques remarques sur l'image actuelle de la procédure allemande et sa relation avec la procédure française et les tendances internationales). – ZUCKERMAN, *ibid., p. 339 (from formalism to Court control of litigation).*

LIVRE PREMIER DISPOSITIONS COMMUNES À TOUTES LES JURIDICTIONS

TITRE PREMIER DISPOSITIONS LIMINAIRES

CHAPITRE PREMIER LES PRINCIPES DIRECTEURS DU PROCÈS

RÉP. PR. CIV. v^is *Droit constitutionnel et procédure civile,* par GUINCHARD et DRAGO, *Principes directeurs du procès,* par WEILLER.

DALLOZ ACTION *Droit et pratique de la procédure civile 2022/2023,* n°s 2.00 s.

BIBL. GÉN. ► AMRANI MEKKI, Le temps et le procès civil, *Dalloz 2002 ; Mél. S. Guinchard, Dalloz 2010, p. 157* (les catégories de *common law* et de *civil law* à l'épreuve de l'office du juge et des parties). – ATTAL, *JCP 2015. 644* (le droit de plaider en matière civile – Réponse à la proposition d'en faire un principe directeur du procès). – BEIGNER, *Mél. P. Catala, Litec 2001, p. 153* (principes généraux du droit et procédure civile). – BLÉRY, *Mél. Héron, LGDJ-Lextenso 2008, p. 111* (concentration des demandes et offices du juge : une nouvelle donne au sein des principes directeurs du procès ?). – BLONDEL, Le NCPC (1975-2005), *Economica 2006, p. 159* (une première instance revisitée et dominée par un principe de complétude : décryptage d'un songe procédural). – BOLARD, *JCP 1993. I. 3693* (principes directeurs : droit positif depuis Motulsky) ; *Mél. Drai, Dalloz 2000, p. 225* (arbitraire du juge) ; *JCP 2009. I. 156* (l'office du juge et le rôle des parties ; entre arbitraire et laxisme). – BOURSIER, Le principe de loyauté en droit processuel, *Dalloz 2003.* – E. et M. BROCHIER, *JCP 2015. 391* (le droit de plaider, nouveau principe directeur de la procédure civile ?). – BURGELIN, *Mél. Buffet, LPA 2004, p. 89* (l'erreur judiciaire). – BUSSY, *D. 2005. Chron. 2552* (l'erreur judiciaire). – CADIET, *Mél. Normand, Litec 2003, p. 71* (jalons pour une théorie des principes directeurs du procès) ; *Mél. Paillusseau, Dalloz 2003, p. 77* (relations du droit des affaires et du droit judiciaire privé) ; *Mél. Héron, LGDJ-Lextenso 2008, p. 125* (sanction et procès civil). – CANIVET, *Mél. Drai, Dalloz 2000, p. 243* (principe d'efficience en droit judiciaire privé) ; *Mél. Héron, LGDJ-Lextenso 2008, p. 125* (sanction et procès civil). – CANIVET et MOLFESSIS, *Mél. Buffet, LPA 2004, p. 131* (l'imagination du juge). – CASTELAIN, Droit et loyauté, Thèmes et commentaires, *Dalloz 2015, p. 41* (loyauté et procédure). – CHABOT, *D. 2003. Chron. 2322* (cyberjustice). – CORNU, *Mél. Bellet, Litec 1991, p. 83* (principes directeurs : fragment d'un état des questions). – COULON, *Mél. Julien, Edilaix 2003, p. 114* (un juge civil : à quel prix ?). – CROZE, *Mél. Normand, Litec 2003, p. 125* (théorie juridique de la décision) ; *Mél. Julien, Edilaix 2003, p. 123* (procédures civiles gérées par les professionnels du droit). – D'AMBRA, Le NCPC (1975-2005), *Economica 2006, p. 143* (l'inégalité des armes et le NCPC). – DESDEVISES, *Mél. Normand, Litec 2003, p. 156* (juge de proximité). – DINTILHAC, *Mél. Boré, Dalloz 2007, p. 141* (incidence du droit européen sur la procédure civile française). – DOUCHY-OUDOT, *Gaz. Pal. 28-29 janv. 2004, p. 55* (souci d'efficacité de la justice) ; *Gaz. Pal. 2009. Doctr. 3391* (la loyauté procédurale en matière civile). – Dossier, *Just. et cass. 2010. 13 s.* (l'office du juge). – FLISE et JEULAND (ss. dir.), Les principes essentiels du procès à l'épreuve des réformes récentes du droit judiciaire privé, *IRJS 2014* ; Le procès est-il encore la chose des parties ?, Actes des 5e rencontres de procédure civile, *IRJS 2016.* – FERRAND et MOUSSA, *Mél. Buffet, LPA 2004, p. 199* (projet de l'American Law Institute et d'Unidroit de principes et règles de procédure civile transnationale). – FERRAND, *Gaz. Pal. 27-28 mai 2005, p. 9 (ALI-Unidroit).* – FRICERO, *Gaz. Pal. 23-24 mai 2012, p. 27* (la loyauté dans le procès civil). – C. GRIMALDI, *D. 2007. 1449* (analyse structurale de la règle de droit au service du juge). – GUINCHARD, *Mél. Drai, Dalloz 2000, p. 355* (constitutionnalisation de la procédure civile) ; Clés pour le siècle, *Dalloz 2000, p. 1135* (métamorphoses de la procédure) ; *D. 2003. Chron. 2183* (procédure mondiale modélisée : projet de l'American Law Institute et d'Unidroit de principes et règles transnationaux de procédure civile) ; *Mél. Calais-Aulois, Dalloz 2004 p. 461* (la justice, bien de consommation courante) ; *Mél. Buffet, LPA 2004, p. 269* (touche pas à mon code !). – HÉBRAUD, *Gaz. Pal. 1975. 2. Doctr. 538* (journées d'études des avoués, rapport de synthèse). – HUGON, *Mél. Calais-Aulois, Dalloz 2004, p. 517* (le consommateur de justice). – X. LAGARDE, *Mél. S. Guinchard, Dalloz 2010, p. 795* (nul ne peut se faire justice à soi-même – principe fondateur du procès civil). – R. LAHER, *Imperium et jurisdictio* en droit judiciaire privé, *Bibliothèque des thèses, Mare & Martin 2016.* – MAGENDIE, *Mél. Buffet, LPA 2004, p. 319* (l'exigence de la qualité de la justice civile dans le respect des principes directeurs de l'euro-procès : la démarche parisienne) ; *JCP 2008. I. 145* (effectivité des droits et procédure) ; *Mél. S. Guinchard, Dalloz 2010, p. 329* (loyauté, dialogue, célérité : trois principes à inscrire en lettres d'or aux frontons des palais de justice). – R. MARTIN, Théorie générale du procès, *EJT 1984 ; RTD civ. 2007. 723* (les détournements de la procédure judiciaire). – MINIATO, *D. 2007. Chron. 1035* (principe de loyauté).

– Motulsky, *D. 1972. Chron. 91 ; Ecrits, t. 1, p. 275* (prolégomènes...). – Normand, *Mél. Drai, Dalloz 2000, p. 427* (facteurs d'accélération de la procédure civile). – Parodi, *Defrénois 1976. 737* (esprit général et innovations du nouveau code). – Perrot, *Gaz. Pal. 1977. 1. Doctr. 91* (rôle du juge dans la société moderne) ; *Mél. Drai, Dalloz 2000, p. 445* (du « provisoire » au « définitif »). – Rivier, *Mél. S. Guinchard, Dalloz 2010, p. 837* (justice étatique, justice arbitrale - l'exigence de loyauté procédurale, entre diligence, cohérence et compétence). – Levin, *Mél. S. Guinchard, Dalloz 2010, p. 821* (interprétation des règles de procédure civile). – Storme, *Mél. Héron, LGDJ-Lextenso 2008, p. 473* (le juge et son panier). – Strickler, *Mél. J.-F. Burgelin, Dalloz 2009, p. 355* (la loyauté processuelle) ; *Mél. S. Guinchard, Dalloz 2010, p. 381* (liberté, j'écris ton nom). – Terré, *Mél. Wiederkehr, D. 2009. 821* (note sur une métaprocédure). – Van Compernolle, *Mél. S. Guinchard, Dalloz 2010, p. 413* (quelques réflexions sur un principe émergent : la loyauté procédurale). – Van Drooghenbroeck, *Mél. S. Guinchard, Dalloz 2010, p. 425* (la loyauté procédurale au-dessus de l'ordre public). – Vergès, *D. 2007. 1441* (procès civil, procès pénal : différents et pourtant si semblables). – Wiederkehr, *Mél. Béguin, Litec 2005, p. 787* (la réforme permanente).

▸ **Réforme « Chantiers de la justice » :** Akyurek et Cartier-marraud, *LPA11 juill. 2018, p. 6* (consécration du principe de loyauté procédurale).

SECTION PREMIÈRE **L'INSTANCE**

DALLOZ ACTION *Droit et pratique de la procédure civile 2022/2023,* nos 223.11 s.

Art. 1er Seules les parties introduisent l'instance, hors les cas où la loi en dispose autrement. Elles ont la liberté d'y mettre fin avant qu'elle ne s'éteigne par l'effet du jugement ou en vertu de la loi.

Cas exceptionnels de saisine d'office : En matière d'assistance éducative, C. civ., art. 375, al. 1er, et 375-6. — ... De transformation en tutelle du régime d'administration légale sous contrôle judiciaire, C. civ., art. 391. — ... D'ouverture de la tutelle ou de la curatelle d'un majeur, C. civ., art. 493 et 509 et C. pr. civ., art. 1244. — ... De tutelle aux prestations familiales, CSS, art. L. 167-1 et R. 167-1 s. — V. aussi C. pr. civ., art. 462, al. 2 (rectification d'une erreur ou d'une omission matérielle).

BIBL. ▸ Cayrol, *Mél. Wiederkehr, Dalloz 2009, p. 99* (saisine du juge). – Deiss, *JCP 1986. II. 20575*. – Lefort, *Mél. S. Guinchard, Dalloz 2010, p. 807* (contribution à l'étude du pouvoir d'office du juge dans le procès civil). – R. Martin, *JCP 1973. IV. 6316* (saisine d'office du juge). – Rolland, *Mél. Wiederkehr, Dalloz 2009, p. 685* (réflexion sur la saisine d'office).

Plan des annotations

A. INTRODUCTION DE L'INSTANCE

1° PRINCIPE

1. *Prohibition de la saisine d'office.* Les cours et tribunaux, ne pouvant juger que les contestations portées devant eux, ne doivent ni se saisir d'office, ni dépasser les limites du litige telles que les parties l'ont fixé. • Civ. 2e, 29 nov. 1963, no 61-13.573 P.

2. *Procédures collectives.* **BIBL.** Rolland, *Procédures 2013. Étude 3* (l'inconstitutionnalité de la saisine d'office). ♦ L'auto-saisine des tribunaux *méconnaissant l'exigence d'impartialité* découlant de l'art. 16 DDHC est en principe contraire à la Constitution. Mais, par exception, lorsque la procédure n'a pas pour objet de prononcer des sanctions ayant le caractère d'une punition, le législateur peut prescrire cette faculté ; à la condition qu'elle soit fondée sur un motif d'intérêt général et que soient instituées par la loi des garanties propres à assurer le respect du principe d'impartialité. • Cons. const. 7 déc. 2012 : *D. 2013. Actu. 338, obs. A. Lienhard ; ibid. Chron. 28, note Frison-Roche ; ibid. 338, note. Vallens ; Rev. sociétés 2013. 177, obs. Henry ; Gaz. Pal. 2012. 3373, note Robert ; ibid. 3365, note Teboul ; ibid. 19 janv. 2013, p. 25, note Fricero ; ibid. 8-9 mars 2013, p. 29, note Théron ; RLDA 02/2013. 4438, note Drummen ; JCP 2013. 50, note Gerbay ; ibid. 519, obs. Jeuland ; ibid. 659, obs. Pétel ; Dr. sociétés 2013, no 35, note Legros ; LPA 15 avr. 2013, p. 5, note Roussel-Galle ; ibid. 7 mai 2013, p. 11, note Tabourot-Hyest ; Dr. et pr. 2013, suppl. Droit des entreprises en difficulté, p. 2, obs. Crocq.* ♦ Ni l'art. L. 640-5, disposition fondée sur un but d'intérêt général, ni aucune autre disposition ne fixent les garanties légales ayant pour objet d'assurer qu'en se saisissant d'office le tribunal ne préjuge pas sa position lorsque, à l'issue de la procédure contradictoire, il sera appelé à statuer sur le fond du dossier au vu de l'ensemble des éléments versés au débat par les parties. Par suite, ces dispositions confiant au tribunal la faculté de se saisir d'office aux fins d'ouverture de la procédure de liquidation judiciaire méconnaissent les exigences découlant de l'art. 16 DDHC. • Cons. const., 7 mars 2014, QPC : *D. 2014. Actu. 604, et les obs.* ; *Gaz. Pal. 11-12 avr. 2014, p. 11, obs. Fallon* ; *Procédures 2014, n° 115, note Rolland* (les mots « se saisir d'office ou » figurant au premier alinéa de l'art. L. 640-5 C. com doivent être déclarés contraires à la Constitution). ♦ Ni l'art. L. 626-27, disposition fondée sur un but d'intérêt général, ni aucune autre disposition ne fixent les garanties légales ayant pour objet d'assurer qu'en se saisissant d'office le tribunal ne préjuge pas sa position lorsque, à l'issue de la procédure contradictoire, il sera appelé à statuer sur le fond du dossier au vu de l'ensemble des éléments versés au débat par les parties. Par suite, ces dispositions confiant au tribunal la faculté de se saisir d'office aux fins de prononcer la résolution du plan de sauvegarde ou de redressement judiciaire méconnaissent les exigences découlant de l'art. 16 DDHC. • Cons. const., 7 mars 2014, QPC : *D. 2014. Actu. 605* ; *Gaz. Pal. 11-12 avr. 2014, p. 11, obs. Fallon* ; *Procédures 2014, n° 119, obs. Rolland* (la seconde phrase du paragraphe II de l'article L. 626-27 du code de commerce doit être déclarée contraire à la Constitution). ♦ En convertissant, après le jugement d'ouverture, la procédure de sauvegarde en une procédure de redressement judiciaire lorsqu'il apparaît que l'entreprise était déjà en cessation des paiements lors du jugement d'ouverture, le tribunal ne se saisit pas d'une nouvelle instance. La faculté pour le juge d'exercer certains pouvoirs d'office dans le cadre de l'instance dont il est saisi ne méconnaît pas le principe d'impartialité dès lors qu'elle est justifiée par un motif d'intérêt général et exercée dans le respect du principe du contradictoire. • Cons. const. 16 janv. 2015, n° 2014-338 QPC : *Rev. sociétés 2015. 201, note Henry* ; *JCP E 2015. 1067, note Brignon* ; *RPC mars-avr. 2015, n° 22, note Lebel* ; *Dr. sociétés 2015, n° 77, obs. Legros* ; *Procédures 2015, n° 131, note Rolland* (constitutionnalité de l'art. L. 621-12 C. com., réd. de l'art. 17 de la l'Ord. n° 2008-1345 du 18 déc. 2008).

2° EXCEPTIONS

a. Admissibilité

3. Au regard de l'art. 6, § 1er, Conv. EDH. La faculté, pour une juridiction, de se saisir d'office dans les conditions prévues par la loi ne porte atteinte à aucun principe du droit français, ni aux principes d'indépendance et d'impartialité garantis par l'art. 6, § 1er, Conv. EDH. • Civ. 1re, 13 nov. 1996, n° 94-15.252 P : *JCP 1997. II. 22816, note Martin* (les dispositions d'ordre public de la loi relatives à la discipline des avocats ne peuvent être modifiées par un règlement intérieur relatif aux procédures disciplinaires énonçant que le conseil de l'ordre s'interdit de se saisir d'office). ♦ La faculté, pour une juridiction, de se saisir d'office, dans des conditions prévues par la loi, ne porte pas, par elle-même, atteinte aux principes d'indépendance et d'impartialité garantis par l'art. 6, § 1er, Conv. EDH. • Com. 16 mai 2006, n° 05-16.668 P : *D. 2006. 1449, obs. Lienhard* ; *ibid. 2007. Chron. C. cass. 1303, obs. Bélaval et Salomon* (saisine d'office d'un tribunal par application de l'art. L. 624-5 C. com., dans sa rédaction antérieure à la L. du 26 juill. 2005 de sauvegarde des entreprises).

4. Au regard de l'art. 8 Conv. EDH. Le respect dû à la vie privée et familiale ne fait pas obstacle à ce que le juge intervienne conformément aux pouvoirs que lui donne la loi, pour protéger l'enfant d'un péril. • Civ. 1re, 19 déc. 2000, n° 99-14.620 P : *D. 2001. 434, et les obs.* ; *RDSS 2001. 362, obs. Monéger* (suppression d'un droit de visite et d'hébergement).

b. Étendue

5. Interprétation stricte. Les art. L. 624-6 et L. 625-7 C. com. [dans leur rédaction antérieure à la L. du 26 juill. 2005 de sauvegarde des entreprises] prévoient que seul le tribunal peut se saisir d'office ; une cour d'appel en déduit exactement qu'elle n'a pas cette faculté. • Com. 26 nov. 2002, n° 99-18.888 P : *D. 2003. AJ 276, et les obs.* ; *RTD com. 2003. 171, obs. Vallens* ; *ibid. 378, obs. Mascala*.

B. FIN DE L'INSTANCE

6. Désistement. Le désistement d'un recours ayant été formulé sans réserve et avant toute demande reconventionnelle ou autre de l'adversaire, il convient, par application de l'art. 1er, de faire produire son plein effet au désistement en consacrant le principe essentiel de la liberté pour une partie de mettre fin à l'instance qu'elle a engagée. • Paris, 9 nov. 1987 : *Gaz. Pal. 1988. 1. 205.*

Art. 2 Les parties conduisent l'instance sous les charges qui leur incombent. Il leur appartient d'accomplir les actes de la procédure dans les formes et délais requis.

BIBL. ▶ Bussy, *D. 2003. Chron. 1376* (notion de partie à l'instance). – Fourment et Théron, *Procédure civile et procédure pénale – Unité ou diversité ?, Procédures(s), Bruylant 2014, p. 109 (la notion de partie – double regard)* – Théron, *RTD civ. 2014. 231* (ordre et désordre de la notion de partie).

1. Mesure d'instruction. La décision qui ordonne une mesure d'instruction n'exonère pas les parties de leur obligation de conduire l'instance sous les charges qui leur incombent. • Civ. 2e, 4 juin 1993, n° 91-20.428 P.

2. Retrait du rôle. Au cas où les parties considèrent de leur intérêt d'éviter ou de différer une solution judiciaire, elles ont la possibilité de suspendre le cours de l'instance en formant une demande conjointe de radiation, laquelle s'impose alors au juge. • Cass., ass. plén., 24 nov. 1989, n° 88-18.188 P : *D. 1990. 25, concl. Cabannes* ; *ibid. 1990. 429, note Julien* ; *JCP 1990. II. 21407, note Cadiet* ; *Gaz. Pal. 1989. 2. 970, note J.-G. M.* ; *ibid. 1990. 2. somm. 358, obs. Guinchard et Moussa* ; *RTD civ. 1990. 145, obs. Perrot* . ♦ Solution consacrée par le Décr. n° 98-1231 du 28 déc. 1998 : V. art. 382 s.

3. Ordonnance de clôture. Si, aux termes de l'art. 2, les parties conduisent l'instance sous les charges qui leur incombent, elles ne sont plus tenues à aucune diligence à compter de la clôture des débats ; dès lors, la péremption ne peut plus leur être opposée. • Civ. 2e, 17 mars 1986, n° 84-14.726 P : *Gaz. Pal. 1986. 2. 425, note Du Rusquec* ; *D. 1986. IR 347, obs. Julien* ; *RTD civ. 1986. 639, obs. Perrot.* ♦ Si, aux termes de l'art. 2, les parties conduisent l'instance sous les charges qui leur incombent, elles ne sont plus tenues d'effectuer spontanément des diligences à compter de la clôture des débats. • Civ. 2e, 23 janv. 1991, n° 89-16.499 P : *D. 1991. Somm. 245, obs. Fricero* (une cour d'appel ne saurait faire grief aux parties d'une absence de diligences qu'elles n'avaient pas à accomplir, le prononcé du jugement ayant été renvoyé à une date éloignée de plus de deux ans de celle des débats). ♦ Dans le même sens : • Civ. 2e, 12 févr. 2004, n° 01-17.565 P : *RTD civ. 2004. 347, obs. Perrot* ; *Procédures 2004, n° 50, note Perrot* ; *Gaz. Pal. 17-18 mars 2004, p. 10, note Beaufumé* ; *ibid. 13-15 mars 2005, p. 22, obs. Du Rusquec* • Civ. 2e, 28 juin 2006, n° 04-17.992 P : *D. 2006. AJ 1989* ; *D. 2007. Pan. 1384, obs. Julien* ; *RTD civ. 2006. 822, obs. Perrot* . ♦ Renvoi : *adde*, sur la nécessité ou non de diligences interruptives de péremption, notes ss. art. 386.

Art. 3 **Le juge veille au bon déroulement de l'instance ; il a le pouvoir d'impartir les délais et d'ordonner les mesures nécessaires.**

BIBL. ► BEAUCHARD, *Mél. Héron, LGDJ-Lextenso 2008, p. 101* (relativité du dilatoire). – BELLAMY, *JCP 1973. I. 2522* (pouvoir de commandement du juge). – BOURSIER, Le principe de loyauté en droit processuel, *Dalloz 2003*. – GUINCHARD, *Mél. Serra, Dalloz 2006, p. 229* (loyauté de la concurrence et loyauté processuelle). – MINIATO, *D. 2007. 1035* (introuvable principe de loyauté). – STRICKLER, Principes de justice, *Mél. Burgelin, Dalloz 2008, p. 355* (loyauté processuelle). – VIENNE, *Congrès int. dr. comp. Hambourg, Cujas 1962, p. 311* (rôle du juge dans la direction du procès).

1° LOYAUTÉ DE LA PROCÉDURE

1. Principe. Il résulte des art. 10, al. 1er, C. civ. et 3 NCPC [devenu C. pr. civ.] que le juge est tenu de respecter et de faire respecter la loyauté des débats. • Civ. 1re, 7 juin 2005, n° 05-60.044 P : *D. 2005. 2470, note Boursier* ; *ibid. 2006. Pan. 548, obs. Julien et Fricero* ; *Dr. et pr. 2006. 35, note Fricero* ; *RTD civ. 2006. 151, obs. Perrot* ; *Gaz. Pal. 12-14 juin 2005, p. 11* (une cour d'appel ne saurait écarter des débats une pièce produite en cours de délibéré par une partie, alors que cette pièce, comportant des éléments susceptibles de modifier l'opinion des juges, lui a été adressée le jour même de l'audience des plaidoiries, mais avait été reçue par l'adversaire, qui s'était abstenu de la communiquer, plus d'un mois avant la clôture des débats). ♦ Est légalement justifiée au regard du principe de la loyauté procédurale la décision qui déclare opposable à une société italienne une expertise ordonnée en référé, après avoir constaté que cette société avait été dûment assignée devant le juge des référés, qu'elle avait ensuite été régulièrement convoquée aux opérations d'expertise sans s'y présenter ni justifier d'un empêchement, et qu'elle n'avait pas fait appel de l'ordonnance de référé. • Civ. 1re, 4 oct. 2005, n° 02-15.981 P : *D. 2007. Pan. 530, obs. Witz* ; *RTD civ. 2006. 272, obs. Rémy-Corlay* ; *RTD com. 2006. 250, obs. Delebecque*

2° RYTHME DE LA PROCÉDURE

a. Report de l'ordonnance de clôture

2. Refus. Si les parties ont la libre disposition de l'instance, l'office du juge est de veiller au bon déroulement de celle-ci ; dès lors, le juge n'est pas lié par une demande de report de l'ordonnance de clôture, qui, serait-elle formée du commun accord des parties, n'est pas de nature à influer sur les termes du litige. • Civ. 2e, 18 nov. 1992, n° 91-14.036 P.

b. Renvoi à une audience ultérieure

3. Pouvoir discrétionnaire. Si les parties ont la libre disposition de l'instance, l'office du juge est de veiller au bon déroulement de celle-ci dans un délai raisonnable ; la faculté d'accepter ou de refuser le renvoi, à une audience ultérieure, d'une affaire fixée pour être plaidée relève du pouvoir discrétionnaire du juge, dès lors que les parties ont été mises en mesure d'exercer leur droit à un débat oral ; si les parties conviennent de ne pas déposer leur dossier, le juge peut procéder à la radiation de l'affaire. • Cass., ass. plén., 24 nov. 1989, n° 88-18.188 P : *D. 1990. 25, concl. Cabannes ; ibid. 429, note Julien ; JCP 1990. II. 21407, note Cadiet ; Gaz. Pal. 1989. 2. 970, note J.-G. M. ; ibid. 1990. 2. Somm. 358, obs. Guinchard et Moussa ; RTD civ. 1990. 145, obs. Perrot* • Soc. 22 mai 2001 : *Gaz. Pal. 9-10 oct. 2002, p. 35, obs. Perdriau.* ♦ Renvois : sur le délai raisonnable, V. notes 152 s. ss. art. 6, § 1er, Conv. EDH, App., v° *Droit européen et international, Droit de l'Union européenne*, et sur la radiation, V. art. 381 s.

4. Absence de recours. La décision du juge sur une demande de remise est une mesure d'administration judiciaire comme telle non susceptible de recours. • Civ. 2e, 6 mai 1987, n° 86-10.581 P (irrecevabilité du pourvoi critiquant le refus opposé en appel de faire droit à une demande commune de renvoi formée par les parties).

SECTION II L'OBJET DU LITIGE

DALLOZ ACTION *Droit et pratique de la procédure civile 2022/2023*, nos 221.31 s.

BIBL. GÉN. ▶ Baganina, *Gaz. Pal. 27-29 janv. 2008, p. 2* (immutabilité du litige et recevabilité des demandes nouvelles en appel). – Blondel, *Mél. Drai, Dalloz 2000, p. 203* (le fait, source du droit) ; *Mél. Buffet, LPA 2004, p. 19* (le justiciable, à ne pas oublier). – Chapus, *EDCE 1977-1978, p. 11* (office du juge en procédure administrative et en procédure civile). – Héron, *Rev. Justices 1995. 244 (infra petita et ultra petita)*. – Ivainer, *JCP 1986. I. 3235* (fait et droit). – Jeuland, Procès du travail, travail du procès, *Bibliothèque de l'Institut André Tunc, Tome 16, LGDJ 2008, p. 263* (le juge du travail et la demande). – R. Martin, Théorie générale du procès, 1984 ; *JCP 1976. I. 2768* (notion de moyen) ; *ibid. 1981. I. 3024* (notion de prétention) ; *D. 1987. Chron. 35* (le juge devant la prétention) ; *D. 1987. Chron. 272* (distinction du fait et du droit). – Motulsky, Étude de droit contemporain, *Sirey, 1959, Fasc. XV, t. 2, p. 355 ; Écrits, t. 1, p. 38* (rôle respectif du juge et des parties dans l'allégation des faits) ; *D. 1964. Chron. 235 ; Écrits, t. 1, p. 101* (la cause). – Normand, *LGDJ, 1965* (le juge et le litige) ; *Mél. Hébraud, Université des sciences sociales de Toulouse 1981, p. 595* (juge et fondement du litige). – Putman, *JCP 1991. I. 3493* (demandes subsidiaires). – Voidey, *Gaz. Pal. 2006. 2839* (notion de prétentions). – Strickler, *Procédure civile et procédure pénale – Unité ou diversité ?, Procédures(s), Bruylant 2014, p. 127* (les notions d'objet et de cause).

Art. 4 **L'objet du litige est déterminé par les prétentions respectives des parties.**

Ces prétentions sont fixées par l'acte introductif d'instance et par les conclusions en défense. Toutefois l'objet du litige peut être modifié par des demandes incidentes lorsque celles-ci se rattachent aux prétentions originaires par un lien suffisant.

Plan des annotations

I. SOLUTIONS FONDÉES SUR L'ART. 4

A. RAPPEL DU TEXTE

1° LA LETTRE

1. Al. 1er. L'objet du litige est déterminé par les prétentions respectives des parties. • Civ. 1re, 22 avr. 1981, n° 79-13.435 P (excède les limites de sa saisine la cour d'appel qui déclare que le mandat dont se prévaut le demandeur a pris fin avec le décès du mandant alors que, d'une part, le demandeur sollicitait l'application intégrale de la pénalité contractuelle, d'autre part, le défendeur précisait n'avoir jamais entendu soulever la nullité du mandat et concluait expressément à l'application de l'art. 1152 C. civ.). • Civ. 1re, 14 déc. 1982, n° 80-15.278 P (condamnation d'une société à payer une somme à une autre société, alors que la seconde n'avait pas conclu contre la première) • Com. 26 févr. 1985, n° 83-11.353 P (modifie les termes du litige la cour d'appel qui énonce que le choix du demandeur d'obtenir réparation sur un fondement quasi-délictuel lui interdit de se réclamer cumulativement des dispositions d'un contrat d'assurance, alors que la condamnation du défendeur était sollicitée en totalité en vertu de la police) • Civ. 2e, 12 mai 1986, n° 85-11.157 P (rejet d'une demande en remboursement d'un prêt, au motif que le prêteur ne rapporte pas la preuve de sa créance, alors que le débiteur ne contestait pas la cause du versement dont il lui était demandé restitution) • Civ. 2e, 27 avr. 1988, n° 86-13.899 P (mise hors de cause d'une partie condamnée en première instance, qui n'avait pas relevé appel incident) • Civ. 2e, 11 juill. 1988, n° 87-15.862 P (dénaturation des conclusions en énonçant que les époux se rejoignent pour voir porter la part contributive à une certaine somme par enfant, alors que le mari demandait que sa part contributive soit maintenue à cette somme pour tous les enfants) • Civ. 2e, 8 févr. 1989, n° 87-14.525 P (méconnaît les termes du litige l'arrêt qui déboute le saisi de sa demande de mainlevée au motif qu'il ne rapporte pas la preuve que des biens prétendus insaisissables aient été inclus dans la saisie-exécution effectuée, alors que le créancier saisissant ne contestait pas que les biens litigieux eussent été compris dans la saisie) • Civ. 2e, 24 oct. 1990, n° 89-13.374 P (allocation d'une rente d'un certain montant, non susceptible de suspension au-delà d'un certain délai, alors que l'assureur avait offert une indemnisation d'un montant supérieur et que le demandeur avait admis la suspension de la rente) • Soc. 27 mars 1996, n° 93-42.660 P (un conseil de prud'hommes saisi d'une demande de condamnation au paiement d'une somme pour irrégularité du certificat de travail ne peut allouer des dommages-intérêts d'office au salarié, en l'absence de toute demande de sa part) • Soc. 26 sept. 2012 : *Gaz. Pal. 7-8 déc. 2012, p. 42, note Bléry (ibid.)* • Civ. 2e, 5 mars 1997, n° 95-13.339 P : *D. 1997. IR 103* ; *RTD civ. 1997. 404, obs. Hauser* (mère déboutée de sa demande de pension pour les enfants majeurs alors que le père se bornait à en demander la réduction) • Civ. 2e, 18 mars 2010, n° 09-13.376 P : *Gaz. Pal. 31 mars-1er avr. 2010, p. 26 ; D. 2010. Chron. C. cass. 2102, obs. Sommer, Leroy-Gissinger, Adida-Canac et Grignon, Dumoulin* (une cour d'appel qui, après avoir constaté qu'une commune ne contestait pas l'existence d'une voie de fait sur un immeuble, ne peut retenir, d'une part, que les prétentions de son propriétaire sont excessives et injustifiées, comme portant sur des travaux d'un coût disproportionné par rapport à ce que requiert la remise en état de l'immeuble, puis que la solution préconisée par un expert est de nature à assurer une remise du bien en son état antérieur tant sur le plan architectural que structurel, avant de constater que la commune est en mesure de la mettre en œuvre, alors que le propriétaire demandait la condamnation de la commune à lui verser des dommages-intérêts correspondant au coût des travaux de remise en état à faire effectuer par l'entreprise de son choix, et s'opposait à leur réalisation par la commune) • Soc. 26 sept. 2012, n° 11-14.742 P : *JCP E 2012. 1788, note Jacotot ; ibid. S 2012. 1509, note Jacotot ; Gaz. Pal. 2012. 3509, note Orif* (une cour d'appel qui a constaté que le salarié demandait, à titre principal, que son licenciement soit déclaré sans cause réelle est sérieuse doit être approuvée d'avoir statué sur le bien-fondé du licenciement, sans examiner au préalable la demande subsidiaire de résiliation judiciaire aux torts de l'employeur) • Soc. 10 déc. 2015, n° 14-16.214 P : *D. 2016. Actu. 16* (une cour d'appel, tenue d'examiner les demandes dans l'ordre fixé par les parties, ne peut examiner la demande subsidiaire avant la demande principale).

2. Al. 1er et al. 2, 1re phrase. L'objet du litige est déterminé par les prétentions respectives des parties ; ces prétentions sont fixées par l'acte introductif d'instance et par les conclusions en défense. • Com. 2 mai 1983, n° 81-10.555 P : *D. 1985. 368, note (crit.) Joly ; JCP 1986. II. 20691, note Martin* (l'objet du litige dont elle est saisie étant une action en nullité d'un acte et non une contestation sur la nature juridique de cet acte, la cour d'appel ne peut rejeter une demande formée pour voir prononcée la nullité d'un contrat de société en participation, qualification non contestée par les parties, en énonçant que ladite convention s'analyse en réalité en une cession à leur valeur nominale de parts sociales avec réserve de jouissance tant active que passive des droits qui y sont attachés) • Civ. 2e, 3 oct. 2002, n° 01-00.361 P : *D. 2002. IR 3061* ; *Gaz. Pal. 30 mars-1er avr. 2003, p. 33, obs. Du Rusquec* (lorsque le défendeur demande l'annulation de l'acte introductif d'instance pour irrégularité de fond, la cour d'appel ne peut pas déclarer l'appel irrecevable, en l'absence de fin de non-recevoir devant être soulevée d'office).

2° L'ESPRIT

a. Fait étranger aux débats

3. Il résulte de l'art. 4 que les juges du fond sont liés par les conclusions prises devant eux et ne peuvent modifier les termes du litige dont ils sont saisis. • Civ. 1re, 1er févr. 1978, n° 76-13.340 P (sort des limites du litige la cour d'appel qui envisage les conséquences que la licitation d'un bien pouvait avoir sur l'assiette de calcul d'une rente, alors que les parties n'avaient pas fait état de cet élément dans leurs conclusions).

b. Nature de la procédure

4. Procédure écrite. Une cour d'appel ne peut se déterminer par référence à des débats oraux à l'encontre des écritures des parties. • Civ. 2e, 25 janv. 1989, n° 87-13.022 P.

5. Procédure orale. Dénature les conclusions d'une partie et viole l'art. 4 la cour d'appel qui retient que les dispositions du jugement du tribunal des affaires de sécurité sociale autres que celles relatives à la faute imputée à l'employeur ne font l'objet d'aucune critique, alors que l'arrêt mentionne que la société a oralement soutenu ses conclusions contestant le caractère contradictoire de l'enquête administrative effectuée par la CPAM. • Civ. 2e, 16 sept. 2003, n° 02-30.509 P. ♦ En matière orale, la cour d'appel demeure saisie des écritures dont elle constate qu'elles ont été déposées et soutenues à l'audience à laquelle la radiation a été prononcée. • Civ. 2e, 6 déc. 2012, n° 10-24.721 P.

c. Opinion des parties

6. L'opinion formulée par les parties sur un point de pur droit ne constitue pas un terme du litige et le juge ne saurait être lié par cette opinion. • Civ. 1re, 10 juin 1986, n° 84-17.087 P (rejet du moyen pris de la violation de l'art. 4, s'agissant d'une disposition impérative de droit des assurances). ♦ L'opinion formulée par les parties sur un point de pur droit ne constitue pas un aveu judiciaire liant le juge. • Com. 6 juin 1990, n° 88-15.784 P (pas de violation de l'art. 4 par la cour d'appel qui retient qu'une cession de parts de société à responsabilité limitée, même si elle porte sur la totalité de ces parts, ne peut être assimilée à la cession du fonds de commerce constituant l'actif de la société, contrairement aux conclusions des parties).

7. Demande subsidiaire. Ne peuvent constituer un aveu des conclusions par lesquelles, après avoir invoqué la prescription, une partie conteste, à titre subsidiaire, l'existence ou le montant d'une créance. • Cass., ass. plén., 29 mai 2009, n° 07-20.913 P : *BICC 15 sept. 2009, p. 10, Rapp. Gérard, avis Mellotée ; D. 2009. AJ 1618 ; ibid. Pan. 2718, obs. Vasseur ; JCP 2009. 9, obs. Salati ; Procédures 2009, n° 223, note Perrot ; Dr. et pr. 2009. 277, note Putman ; RJ com. 2010, p. 389, note Lagarde.*

d. Ordonnance de clôture

8. Les dispositions de l'art. 4, relatives à l'objet du litige, étant sans incidence sur les pouvoirs du magistrat de la mise en état ou de la cour d'appel relatifs à la clôture de la procédure, le consentement du défendeur à la demande de révocation de l'ordonnance de clôture ne prive pas la cour d'appel de son pouvoir de la rejeter. • Civ. 3e, 28 oct. 1985, n° 84-13.397 P : *D. 1987. 534, note Feneaux ; RTD civ. 1986. 417, obs. Perrot.*

e. Pièces

9. Les termes du litige, qui sont déterminés par les prétentions respectives des parties, prétentions qui sont elles-mêmes fixées par leurs conclusions, ne sauraient résulter des pièces versées aux débats. • Civ. 1re, 3 juin 1998, n° 96-15.833 P.

f. Qualité des parties

10. Sort des limites du litige le juge qui, saisi d'une action dirigée contre un mandataire judiciaire, pris en cette qualité, le condamne à titre personnel. • Civ. 2e, 1er avr. 2004, n° 02-14.864 P : *D. 2004. IR 1644 ; Gaz. Pal. 26-28 juin 2005, p. 34, obs. Du Rusquec.*

g. Rapport à justice

11. Du demandeur. Le fait pour une partie de s'en rapporter à justice sur sa propre demande n'implique pas abandon de ses prétentions. • Civ. 2e, 23 janv. 1991, n° 89-20.024 P : *Gaz. Pal. 1991. 2. 646, note Du Rusquec* (bien qu'il s'en fût rapporté à justice dans ses conclusions de 1re instance, le demandeur avait la faculté de relever appel ; viole l'art. 4, ensemble l'art. 1134 C. civ., la cour qui déclare l'appel irrecevable comme dépourvu d'intérêt, au motif que le tribunal n'a rejeté aucune prétention).

12. Du défendeur. Le fait, pour une partie, de s'en rapporter à justice sur le mérite d'une demande implique de sa part, non un acquiescement à cette demande, mais la contestation de celle-ci. • Civ. 1re, 21 oct. 1997, n° 95-16.224 P : *D. 1997. IR 245 ; D. Affaires 1997. 1357, obs. S. P. ; Procédures 1998, n° 1, note Perrot.*

B. ILLUSTRATIONS

13. Dénaturation des conclusions. Méconnaît les exigences de l'art. 4 la cour d'appel qui retient un chiffre fixé par expert « selon un calcul qui n'est pas contesté », alors que l'une des parties avait signifié des conclusions selon lesquelles elle ne pouvait accepter le chiffre ainsi fixé. • Com. 8 mai 1978, n° 76-15.237 P. ♦ Dénature les termes clairs et précis des conclusions la cour d'appel qui condamne un tiré accepteur à payer au motif qu'il reconnaissait implicitement n'avoir pas payé la lettre de change litigieuse, alors qu'il affirmait avoir réglé l'effet de remplacement au porteur. • Com. 18 févr. 1980, n° 78-12.923 P. ♦ Dénature les conclusions dont elle était saisie la cour d'appel qui déclare que la demande qui lui était présentée n'était fondée que sur les inopposabilités de la période suspecte prévues par la L. du 13 juill. 1967, alors qu'avait été soulevé le moyen nouveau tiré de la suspension des poursuites individuelles. • Com. 12 mai 1980, n° 78-13.340 P. ♦ Condamnation à une garantie partielle au motif qu'il était conclu à une garantie partielle, alors qu'il avait été demandé garantie de toute condamnation pouvant être prononcée. • Com. 1er avr. 1981, n° 79-14.703 P. ♦ Dénature les conclusions des demandeurs la cour d'appel qui relève « qu'aucune situation de fait différente [des termes du contrat] n'étant alléguée », la législation du travail n'est pas applicable, alors que les demandeurs avaient soutenu qu'ils n'avaient pas, en fait, la liberté de fixer les horaires de la station-service, ni celle de déterminer les conditions de travail, d'hygiène et de sécurité dans l'établissement, ni celle d'adopter leur propre politique publicitaire. • Soc. 22 déc. 1988, n° 85-44.516 P.

14. Dénaturation de l'acte d'appel. Dénature le sens et la portée de l'acte d'appel, la cour qui relève que l'appel a été interjeté par une personne en qualité de représentant d'une société, alors que cette personne n'a pas déclaré agir en qualité de représentant de la société. • Civ. 2e, 10 juill. 2003, n° 01-13.179 P : *D. 2003. IR 2337 ; Procédures 2003, n° 233, note Perrot* • 16 oct. 2003, n° 01-15.354 P.

15. Méconnaissance des termes du litige. Modifie l'objet du litige la cour d'appel qui retient que la garde d'une chose appartenait à deux personnes alors que l'assureur avait expressément admis dans ses conclusions qu'elle incombait à une autre et que seul était discuté le point de savoir s'il y avait lieu à exclusion de garantie. • Civ. 1re, 14 juin 1978, n° 77-10.459 P. ♦ Modifie les termes du litige dont elle était saisie en y introduisant un moyen de fait que les parties n'avaient pas invoqué, la cour d'appel qui considère qu'un versement avait été fait par un dirigeant de société, alors que les conclusions soutenaient qu'il l'avait été par l'administrateur nouvellement désigné. • Com. 20 nov. 1978, n° 77-11.410 P. ♦ Modifie les données du litige la cour d'appel qui retient que le propriétaire des locaux dans lequel un fonds de commerce objet d'une promesse de vente était exploité exigeait qu'il soit procédé à d'importantes et multiples remises en état, alors qu'il ne résulte ni des conclusions des bénéficiaires de la promesse, ni des motifs du jugement, ni des conclusions du propriétaire, que ce dernier ait exigé une quelconque mise en état. • Com. 25 févr. 1980, n° 78-13.798 P. ♦ Modifie les données du litige la cour d'appel qui retient la qualité de commerçants des cautions pour valider leur engagement, alors que ni les conclusions de la banque ni celles des cautions n'invoquaient leur qualité de commerçants. • Com. 5 mars 1980, n° 78-13.452 P. ♦ Méconnaît les termes du litige la cour d'appel qui prononce une condamnation sur un fondement contractuel au profit d'une société, alors qu'il lui était demandé de prononcer une condamnation sur un fondement délictuel au profit de la « masse ». • Com. 7 janv. 1981, n° 79-11.283 P. ♦ Modifie les termes du litige la cour d'appel qui retient que le fonds de commerce litigieux était inexistant juridiquement, alors qu'il ne résulte pas des conclusions que l'existence de ce fonds de commerce ait été contestée. • Com. 13 janv. 1981, n° 79-11.339 P. ♦ Modifie l'objet du litige la cour d'appel qui fonde sa décision sur une clause d'exclusion de garantie qui n'était pas invoquée par l'assureur et refuse de procéder à l'interprétation la clause du contrat relative au champ d'activité de l'assuré couvert par la police, qui était le seul point discuté par les parties. • Civ. 1re, 20 juill. 1982, n° 81-14.312 P : *RGAT 1983. 201.* ♦ Méconnaît les termes de sa saisine la cour d'appel qui, après avoir constaté que les documents produits par la défenderesse permettaient d'écarter les allégations d'insanité d'esprit formulées contre elle, a néanmoins retenu que les manquements répétés de cet huissier de justice à ses obligations professionnelles, établis par les pièces de la procédure, révélaient son inaptitude à assurer l'exercice normal de ses fonctions, alors que l'action de la chambre départementale des huissiers de justice ne tendait qu'à la constatation de son empêchement, en raison de son état mental, d'assurer l'exercice normal de ses fonctions. • Civ. 1re, 8 juin 1994, n° 93-16.048 P. ♦ Modifie l'objet du litige la cour d'appel qui prononce une réception judiciaire de travaux, alors qu'aucune des parties ne le demandait, les maîtres de l'ouvrage sollicitant la fixation d'une réception tacite à une autre date et l'assureur contestant l'existence d'une réception. • Civ. 3e, 22 févr. 1995, n° 93-13.346 P. ♦ Modifie l'objet du litige la cour d'appel qui, pour confirmer la décision du tribunal condamnant *in solidum* avec d'autres parties la société maître de l'ouvrage à payer au syndicat des copropriétaires une certaine somme au titre de coûts annexes, retient que ne subsiste que le litige relatif aux désordres affectant le local MVC et la déformation des clins de bois, alors que la SCI demandait, dans ses conclusions d'appel, l'infirmation de sa condamnation à payer une somme au titre des coûts annexes. • Civ. 3e, 18 juin 2008 : *cité ss. art. 472.* ♦ Énonciation qu'aucune de parties ne demande la modification des dispositions du jugement de première instance sur la prestation compensatoire, alors que dans ses conclusions l'époux demandait l'infirmation du jugement dans toutes ses dispositions. • Civ. 2e, 3 déc. 1997, n° 96-16.667 P. ♦ Saisie d'une inscription de faux incident civil, il appartenait à la cour d'appel de vérifier si, comme la mention contestée de l'ordonnance l'indiquait, les parties avaient été effectivement convoquées, et non pas de rechercher si elles avaient été avisées de la date de l'audience. • Civ. 1re, 28 mai 2002, n° 99-13.473 P : *D. 2002. Somm. 2648, obs. Julien* . ♦ Taux de cotisations « accident du travail » notifiés à une société considérés comme définitifs et action concernant ces taux déclarée irrecevable, alors que la demande de la société, portée devant la juridiction du contentieux général de la sécurité sociale, tendait à contester la décision de prise en charge à titre professionnel de l'accident de son salarié, dont elle sollicitait qu'elle lui soit déclarée inopposable. • Civ. 2e, 21 juin 2005, n° 03-30.649 P. ♦ Modifie l'objet du litige la cour qui retient qu'il n'est pas du pouvoir du juge des référés de prononcer des condamnations à des dommages-intérêts, alors qu'il était demandé confirmation d'une condamnation au paiement d'une indemnité provisionnelle. • Civ. 3e, 14 janv. 2004, n° 01-12.510 P. ♦ Modifie l'objet du litige la cour d'appel qui retient que la locataire ne peut se prévaloir de la prescription qui régit les actions personnelles entre copropriétaires ou entre copropriétaires et syndicat, nées de l'application de la loi sur la copropriété, alors que le syndicat des copropriétaires n'avait pas exercé d'action directe à l'encontre de la locataire, qui avait seulement été appelée en garantie par son bailleur, copropriétaire. • Civ. 3e, 24 oct. 2007, n° 07-10.151 P. ♦ Modifie l'objet du litige une cour d'appel qui, saisie d'une action en trouble de voisinage à l'encontre d'une société exerçant une activité de stockage de bouteilles de gaz, condamne celle-ci à exécuter les préconisations de l'expert, relatives à un aménagement de cette activité, alors que la demande, dont la société se bornait à solliciter le rejet, tendait exclusivement à obtenir la suppression totale de l'activité de stockage de gaz. • Civ. 2e, 17 févr. 2011, n° 09-70.137 P : *D. 2011. Actu. 687* ; *ibid. Pan. 2310, obs. Reboul-Maupin* ; *ibid. 2011. Chron. C. cass. 2163, obs. Adida-Canac et Bouvier* ; *ibid. Pan. 2706, obs. Trébulle*. ♦ Est tenue de statuer sur le moyen de défense tiré de la revendication de la propriétéd'unimmeuble présenté par son occupant la cour d'appel, saisie de l'appel d'un jugement de tribunal d'instance qui a statué sur une demande d'expulsion pour occupation sans droit ni titre d'un immeuble, formée contre son ancien mari par une épouse divorcée au cours des opérations de liquidation et de partage de la communauté après avoir rejeté l'exception de litispendance soulevée par cet occupant en retenant que l'objet et la cause du litige pendant devant elle sont différents de ceux de l'instance en liquidation-partage des droits pécuniaires des anciens époux dont est saisi le TGI. • Civ. 1re, 20 mars 2013, n° 11-16.345 P : *D. 2013. Actu. 844* ; *JCP 2013. Actu. 366, note Deharo* ; *ibid. 1225, n° 3, obs. Serinet.* ♦ *Adde*, note 24.

16. *Limites du litige dépassées.* Excède les limites du litige la cour d'appel qui condamne le vendeur à payer des agios à l'acheteur, alors que le demandeur avait demandé le paiement de ces agios aux locataires des appareils. • Com. 2 mars 1976, n° 74-12.489 P. ♦ Sort des limites du litige la cour d'appel qui prononce contre un syndic une condamnation à titre personnel, alors qu'elle avait constaté que les conclusions dont elle était saisie étaient dirigées contre le syndic, ès qualités. • Com. 4 nov. 1976, n° 75-13.428 P. ♦ Sort des données du litige la cour d'appel qui soulève d'office un moyen mélangé de fait et de droit. • Com. 12 juin 1978, n° 77-10.876 P : *D. 1979. IR 278, obs. Cabrillac* ; *RTD civ. 1979. 423, obs. Normand* (demandeur ne pouvant, d'après la cour d'appel, être considéré comme porteur légitime d'une lettre de change, faute de justifier de son droit par une suite ininterrompue d'endossements, alors qu'il n'était pas contesté que l'endossement dont se prévalait le porteur était régulier). ♦ Sort des limites du litige la cour d'appel qui relève d'office que la clause renvoyant à l'appréciation d'un expert est contraire au caractère forfaitaire de la cession et doit être écartée, alors que les parties s'opposaient sur la façon dont s'était déroulée l'expertise et sur ses résultats. • Com. 27 janv. 1981, n° 79-13.439 P.

17. *Conclusions additionnelles.* L'objet du litige est fixé par la requête introductive d'instance et il appartient dès lors au juge de se prononcer sur le bien-fondé de la demande d'un syndicat tendant à la reconnaissance de sa représentativité dans divers établissements pour les élections des délégués du personnel, peu important que les élections litigieuses aient eu lieu au cours de l'instance, dès lors que leur annulation a été demandée par des conclusions additionnelles. • Soc. 15 mars 1983, n° 82-60.408 P.

II. SOLUTIONS FONDÉES SUR L'ART. 4 COMBINÉ AVEC D'AUTRES DISPOSITIONS

A. AUTRES DISPOSITIONS PROCESSUELLES

1° ART. 5

18. Une partie ne peut être condamnée au profit d'une autre qui n'a rien demandé contre elle. • Civ. 2e, 5 oct. 1983, n° 82-14.161 P : *RTD civ. 1984. 357, obs. Normand* ; *ibid. 364, obs. Perrot.*

19. *Ultra ou extra petita.* Le juge, lié par les conclusions des parties, doit se prononcer seulement sur la demande. • Soc. 2 oct. 1985, n° 84-11.886 P (impossibilité d'attribuer un taux d'incapacité permanente partielle supérieur au précédent, alors que la victime ne sollicitait pas d'augmentation de ce taux et n'avait donc pas opposé de demande reconventionnelle à l'action en révision de la caisse). ♦ Il résulte de la combinaison des art. 4 et 5 que l'objet du litige est déterminé par les prétentions respectives des parties et que le juge doit se prononcer seulement sur ce qui est demandé. • Civ. 1re, 5 mai 1987, n° 85-15.392 P (division d'un immeuble sous un régime de copropriété ordonnée, alors que l'une des parties sollicitait l'attribution préférentielle de cet immeuble en sa totalité et l'autre la licitation). ♦ Dans le même sens. • Civ. 3e, 29 oct. 2003, n° 02-15.668 P (condamnation de l'acquéreur à payer le montant du prix prétendument réglé par compensation, alors que la résolution de la vente pour non-paiement de la partie du prix payable au comptant avait été demandée) • Civ. 1re, 5 avr. 2005, n° 02-19.559 P (attribution à une épouse de la jouissance gratuite du domicile, en plus d'une pension mensuelle indexée à titre de contribution aux charges du mariage, alors qu'elle n'avait sollicité que l'allocation de celle-ci).

20. Demande non chiffrée. Une demande en justice non chiffrée n'est pas, de ce seul fait, irrecevable. • Civ. 2e, 14 déc. 2006, n° 05-20.304 P. ♦ V. déjà, antérieurement. • Civ. 2e, 25 oct. 1995, n° 93-14.080 P. ♦ Comp., en appel. Après avoir énoncé que les conclusions d'appel doivent formuler expressément les prétentions de la partie et les moyens sur lesquels chacune de ces prétentions est fondée, et relevé que ni dans le corps ni dans le dispositif de ses conclusions la société demanderesse n'avait chiffré sa demande, sollicitant seulement « le paiement des sommes dues », sans fournir aucun élément de nature à permettre aux juges d'évaluer leur montant, c'est sans dénaturation que la cour d'appel a retenu qu'elle n'était saisie d'aucune prétention et débouté la société de ses demandes. • Civ. 2e, 10 févr. 2000, n° 98-15.287 P : *JCP 2000. II. 10405, note Du Rusquec.* ♦ *Adde*, note 23.

21. Le juge ne peut modifier l'objet du litige tel qu'il est déterminé par les prétentions des parties sans les avoir invitées à présenter des observations complémentaires. • Civ. 2e, 19 avr. 2005, n° 04-30.121 P. ♦ *Adde*, note 25.

22. Recours. Le juge, lié par les conclusions des parties, doit se prononcer seulement sur ce qui est demandé ; l'inobservation de cette règle ne donne ouverture en principe qu'à requête en rectification d'arrêt ; le pourvoi en cassation est néanmoins recevable lorsque cette irrégularité s'accompagne d'autre violation de la loi. • Civ. 3e, 14 avr. 1984, n° 83-11.133 P : *Gaz. Pal. 1984. 1. Somm. 213, obs. Guinchard.*

2° ART. 5 ET 12

23. Demande non chiffrée. Une demande en justice non chiffrée n'est pas de ce seul chef irrecevable et il appartient au conseil de prud'hommes saisi d'inviter la demanderesse à évaluer chaque poste de sa demande. • Soc. 7 oct. 1997, n° 95-44.162 P. ♦ V. aussi jugeant que viole les art. 4 et 12 C. pr. civ. la cour d'appel qui, pour débouter un salarié d'une demande de prime de vacances, se borne à énoncer que celle-ci ne la chiffre pas, alors qu'elle ne pouvait, *sans méconnaître son office*, s'abstenir de statuer sur la demande dont elle était saisie. • Soc. 11 mars 2009, n° 07-44.090 P : *D. 2009. AJ 955 ; JCP S 2009.1268 ; RJS 06/2009. 494.* ♦ Dans le même sens, en appel, lorsque la cour fait usage de son droit d'évocation. • Soc. 24 nov. 1998, n° 97-43.670 P. ♦ *Adde*, note 20.

3° ART. 16

24. Méconnaissance des termes du litige. Méconnaît l'objet du litige la cour d'appel qui, pour décider qu'un tribunal français devait se dessaisir en faveur d'un tribunal étranger concernant les actions récursoires et les actions en garantie, relève d'office un moyen de droit sans avoir au préalable invité toutes les parties à présenter leurs observations, alors qu'il n'avait jamais été conclu à la compétence de la juridiction étrangère pour connaître des actions récursoires. • Civ. 1re, 6 déc. 2005, n° 01-13.447 P. ♦ *Adde, supra*, note 15. ♦ V. déjà. • Com. 29 janv. 1979, n° 77-12.022 P (cour d'appel saisie d'une demande en paiement d'un prix et non en réparation d'un préjudice, qui condamne le défendeur sur le fondement d'une promesse de porte-fort dont aucune des parties n'avait invoqué l'existence). ♦ Ne méconnaît ni l'objet du litige ni le principe de la contradiction la cour d'appel qui, statuant sur une demande d'indemnisation d'un préjudice, considère, sans inviter au préalable les parties à présenter leurs observations, que le préjudice indemnisable s'analyse en une perte de chance qu'elle a souverainement évaluée. • Civ. 1re, 18 sept. 2008, n° 06-17.859 P : *D. 2008. AJ 2351, obs. Avena-Robardet ; ibid. Chron. C. cass. 754, obs. Creton ; ibid. Pan. 1044, obs. D. R. Martin ; ibid. 2010. Pan. 1740, obs. Groutel ; RLDC 11/2008, n° 3170 ; JCP E 2008. 2321, note Legeais ; Dr. et pr. 2009. 36, note Douchy-Oudot ; JCP 2008. Actu. 587, note Dumoulin ; Banque et Dr. 122/2008. 22, Chron. Bonneau ; ibid. 45, Chron. Gossou ; RDBF 2008, n° 164, note Legeais ; RDC 01/2009. 104, obs. Carval.*

4° ART. 5 ET 16

25. Le juge ne peut modifier l'objet du litige tel qu'il est déterminé par les prétentions des parties sans les avoir invitées à présenter des observations complémentaires. • Civ. 2e, 21 oct. 2004, n° 02-30.903 P (cour d'appel qui procède à la liquidation définitive des préjudices subis, alors que les demandeurs n'avaient formulé que des demandes d'indemnités provisionnelles et n'avaient pas été invités à compléter leurs demandes en vue de la réparation définitive). ♦ *Adde*, note 21.

5° ART. 30, 31 ET 609

26. Avant de se prononcer sur le plan de redressement d'une entreprise, le tribunal n'est pas tenu de procéder à l'audition des candidats repreneurs et ceux-ci, quand bien même seraient-ils entendus pour une bonne administration de la justice, n'ont pas de prétentions à soutenir au sens des art. 4 et 31 ; dès lors, un candidat repreneur évincé n'étant pas partie à l'instance et n'ayant pas été condamné, est irrecevable à se pourvoir en cassation contre le jugement ayant arrêté le plan de cession des actifs au profit d'un autre candidat repreneur. • Com. 22 mars 1988, n° 87-15.901 P : *D. 1988. 375, note Derrida et Julien.*

6° ART. 954

27. Appel. L'objet du litige est déterminé par les prétentions des parties ; en appel, ces prétentions ainsi que les moyens sur lesquels elles sont fondées sont formulés dans les conclusions. • Civ. 2e, 25 janv. 1989, n° 87-13.022 P.

B. DISPOSITIONS SUBSTANTIELLES

28. Art. 1644 C. civ. L'objet du litige est déterminé par les prétentions réciproques des parties ; si une cour d'appel, saisie d'une demande en résolution d'une vente pour vice caché, a la faculté de dire que la restitution en nature du véhicule sera complétée par une indemnité pour tenir compte de la dépréciation du véhicule due à l'usure, elle ne peut statuer sur l'action en réduction de prix dont elle n'était pas saisie. • Civ. 1re, 22 nov. 1988, n° 86-18.586 P.

Art. 5 Le juge doit se prononcer sur tout ce qui est demandé et seulement sur ce qui est demandé.

PLAN DES ANNOTATIONS

1. Renvoi. V. notes 18 à 23 et 25 ss. art. 4.

A. PRINCIPES

1° INFRA PETITA

2. Formules générales. Le juge ne peut, en une « formule de style à tort couramment pratiquée », déclarer rejeter « toutes autres demandes » qu'après avoir examiné tous les chefs de prétention, ceux qui n'ont été envisagés ni dans les motifs, ni dans le dispositif ayant nécessairement été omis. • Civ. 1re, 1er mars 1983, n° 81-16.652 P : *Gaz. Pal. 1983. 1. Somm. 176, obs. Guinchard ; RTD civ. 1983. 596, obs. Perrot.* ♦ V. aussi • Civ. 1re, 11 févr. 1981 : *Bull. civ. I, n° 51* • Civ. 3e, 27 févr. 1985, n° 83-14.955 P : *Gaz. Pal. 1985. 2. Somm. 189, obs. Guinchard et Moussa* • Civ. 2e, 16 juill. 1992, n° 91-11.199 P. ♦ En dépit de la formule générale du dispositif qui « déboute les parties de leurs demandes plus amples ou contraires », il n'a pas été statué sur le chef de demande relatif aux intérêts, dès lors qu'il ne résulte pas des motifs de la décision que la cour d'appel l'ait examiné ; l'omission de statuer peut être réparée par la procédure prévue à l'art. 463 NCPC [devenu C. pr. civ.] • Cass., ass. plén., 2 nov. 1999, n° 97-17.107 P : *RTD civ. 2000. 160, obs. Perrot ; Procédures 2000, n° 30, note Perrot ; JCP 1999. II. 10213, concl. Weber.*

3. Action civile. En présence d'une condamnation prononcée par un tribunal correctionnel qui ne s'est pas prononcé sur les dommages-intérêts demandés par la partie civile, celle-ci peut présenter sa demande devant la juridiction civile, aucune juridiction pénale n'étant plus saisie du litige. • Civ. 2e, 10 mars 2005, n° 03-14.661 P.

4. Action « réservée ». Méconnaît l'obligation de se prononcer sur tout ce qui est demandé la cour qui réserve l'action récursoire de la concubine, condamnée au profit d'une entreprise de pompes funèbres, contre la fille du défunt, au prétendu motif que cette action n'était pas en état, alors qu'il lui appartenait de dire si l'action était ou non fondée ou, à tout le moins, d'ordonner toute mesure d'instruction utile. • Civ. 1re, 3 mars 1987, n° 85-14.228 P.

5. Illustrations. Le juge méconnaît l'obligation qui lui incombe de se prononcer sur tout ce qui est demandé lorsqu'il néglige de se prononcer sur une demande en paiement de dommages-intérêts pour résistance abusive ; cette omission donne ouverture à simple requête, et exclut le recours en cassation. • Com. 11 mai 1976, n° 75-11.906 P. ♦ Le juge méconnaît également cette obligation lorsqu'il omet, en cas de reventes successives, de statuer sur l'une des demandes de résolution. • Com. 27 avr. 1981 : *D. 1982. 51, note le Tourneau.* ♦ V. encore • Civ. 2e, 20 juin 1984, n° 83-13.135 P (demande en dommages-intérêts fondée sur l'art. 1382 C. civ. dans le cadre d'une instance en divorce). ♦ Viole les art. 5 C. pr. civ. et 4 C. civ. une cour d'appel qui, pour dire que la restitution s'effectuerait en exécution de la décision, retient que la demande de restitution des sommes perçues par le bailleur postérieurement au décès du locataire est sans objet, le présent arrêt constituant un titre suffisant, alors que les parties étaient en désaccord sur le montant des sommes versées et, partant, sur l'étendue de l'obligation à restitution du bailleur. • Civ. 3e, 10 déc. 2008, n° 07-19.320 P : *D. 2009. AJ 102 ; ibid. 2010. Pan. 1168, obs. Damas ; AJDI 2009. 545, obs. Zalewski ; Loyers et copr. 2009, n° 27, note Vial-Pédrolletti ; Rev. loyers 2009. 102, note Rémy ; RDC 2009, p. 619, obs. Seube ; Administrer août-sept. 2009, p. 19, obs. Beddeleem ; ibid. déc. 2009, p. 42, note Canu.*

6. Recours. L'omission de statuer sur un chef de demande qui ne s'accompagne pas d'une violation de la loi ne peut donner lieu qu'à la requête prévue à l'art. 463 et n'ouvre pas la voie à la cassation. • Civ. 1re, 26 mars 1985, n° 83-17.102 P : *Gaz. Pal. 1985. 2. Somm. 298, obs. Guinchard et Moussa.* ♦ Comp. note 22 ss. art. 4. • Civ. 3e, 14 avr. 1984, n° 83-11.133 P : *Gaz. Pal. 1984. 1. Somm. 213, obs. Guinchard* (recevabilité du pourvoi en cassation lorsque l'omission de statuer s'accompagne d'une autre violation de la loi).

2° ULTRA PETITA

7. Illustrations substantielles. V. par exemple • Riom, 7 janv. 1988 : *Gaz. Pal. 1988. 2. Somm. 294* (indemnisation du préjudice d'agrément). ♦ V. aussi notes 16 et 19 ss. art. 4.

8. Accès au juge. Saisie d'une demande d'annulation d'une décision mandatant le syndic en vue de saisir un juge pour faire établir les droits du syndicat des copropriétaires sur les parties communes de l'immeuble, une cour d'appel ne peut, sans violer l'art. 6, § 1er, Conv. EDH qui confère à chacun le droit d'accéder à un juge chargé de statuer sur ses prétentions, se prononcer sur l'étendue des droits du syndicat. • Civ. 3e, 13 nov. 2013, n° 12-24.916 P : *D. actu. 19 nov. 2013, obs. Lerudulier ; D. 2013. Actu. 2698 ; Rev. loyers janv. 2014, p. 38, note Guégan ; Gaz. Pal. 4 mars 2014, p. 23, note Parmentier ; Administrer 1/2014, p. 43, note Bouyeure.*

9. Dispositions procédurales. Le juge ne saurait prononcer d'office la condamnation aux frais irrépétibles de l'art. 700. • Civ. 3e, 5 avr. 1978, n° 76-14.655 P • Com. 7 juill. 1981 : *Bull. civ. IV, n° 306.*

B. EXCEPTIONS

10. Divorce. V., sur le prononcé du divorce aux torts partagés, C. civ., art. 245, al. 3 (sur le respect, en l'occurrence, du principe de la contradiction, *V. art. 16). ♦ Sur la condamnation aux charges du mariage, en cas de rejet de la demande en divorce, V. C. civ., art. 258 et son application.* • Civ. 2e, 1er juin 1983 : *D. 1984. 581, note Abitbol ; RTD civ. 1984. 155, obs. Normand.* ♦ Sur l'exécution du devoir de secours en cas de divorce pour rupture de la vie commune, V. • Civ. 2e, 7 nov. 1985 : *Gaz. Pal. 1986. 1. Somm. 24 ; RTD civ. 1986. 796, obs. Normand.*

11. Filiation. V., sur la faculté de fixer les modalités des relations de l'enfant avec la personne qui l'élevait en cas de contestation de la filiation, C. civ., art. 337.

12. Obligation alimentaire. Sur la faculté d'assortir toute pension alimentaire ou assimilée d'une clause de variation, V. C. civ., art. 208, al. 2. ♦ Cette faculté relève du pouvoir souverain du juge du fond et échappe au contrôle de la Cour de cassation. • Civ. 2e, 18 févr. 1976, n° 75-11.012 P.

13. Libéralités. S'agissant de la révision des charges et conditions apposées à certaines libéralités, V. C. civ., art. 900-4.

14. Droit des obligations. V., sur l'octroi au débiteur d'un délai de grâce, C. civ., art. 1244-1. ♦ S'agissant de la motivation des clauses pénales, V. C. civ., art. 1152 et 1231. ♦ S'agissant des intérêts, il ne peut être fait grief au juge du fond d'avoir alloué à la partie civile des intérêts qu'elle n'avait pas demandés, l'art. 1153-1 C. civ. disposant qu'en toute matière la condamnation à indemnité emporte intérêt au taux légal même en l'absence de demande ou de disposition spéciale du jugement. • Crim. 3 nov. 1987 : *Gaz. Pal. 1988. 1. Somm. 74.* ♦ Le juge fixe souverainement le point de départ des intérêts légaux sans avoir à provoquer les explications des parties sur ce point. • Civ. 2e, 20 juin 1990, n° 89-10.347 P : *RTD civ. 1991. 395, obs. Normand.* ♦ V. égal. : • Civ. 2e, 23 janv. 1991, n° 89-18.001 P et, faisant état d'un pouvoir discrétionnaire. • Cass., ass. plén., 3 juill. 1992, n° 90-83.430 P : *D. 1992. Somm. 404, obs. Penneau ; JCP 1992. II. 21898, concl. Dontenwille, note Perdriau ; Defrénois 1992. 1453, obs. Aubert.*

15. Droit de la consommation. Le juge est saisi par l'ouverture d'une procédure de redressement de l'ensemble des dettes du débiteur (C. consom., art. L. 331-1 s.), et peut, sans méconnaître l'objet du litige, reporter le paiement d'une dette que créancier et débiteur s'entendaient pour exclure du plan de redressement. • Civ. 1re, 2 juin 1993, n° 92-04.102 P.

16. Droit judiciaire privé. Sur les dispositions sanctionnant les comportements processuels abusifs, V., s'agissant des amendes civiles (C. pr. civ., art. 32-1, 559, 581 et 628). • CE 5 juill. 1985 : *JCP 1985. II. 20478, concl. Jeanneney ; Gaz. Pal. 1985. 2. 745, note Guinchard et Moussa ; RTD civ. 1986. 169, obs. Normand.* ♦ ... De l'indemnité de l'art. 628. • CE 5 juill. 1985 : *préc.* ♦ ... Des injonctions de l'art. 24, al. 2. • Civ. 2e, 8 déc. 1983, n° 82-11.645 P : *D. 1984. IR 243, obs. Julien.* ♦ Sur les dispositions concernant l'exécution des jugements, V. C. pr. civ., art. 515 (exécution provisoire) et C. pr. exéc., art. L. 131-1.

C. ATTÉNUATIONS

1° DEMANDES IMPLICITES ET VIRTUELLES

17. Illustrations. La demande d'attribution préférentielle implique nécessairement que soit fixé le prix auquel aura lieu cette attribution. • Civ. 1re, 20 oct. 1987, n° 85-18.329 P. ♦ Est également comprise dans la demande la requête de décisions qui sont la conséquence nécessaire de la prétention formulée. Ainsi, l'appelant reconnu responsable en première instance et qui, en appel, conteste le principe de sa responsabilité, conteste par là même le montant de la réparation pécuniaire mise à sa charge. • Civ. 1re, 10 juin 1980, n° 79-12.052 P. ♦ En réclamant la résolution d'une convention, le débiteur entend que soit corrélativement annulée pour défaut de cause la lettre de change qu'il avait acceptée en exécution de cette convention. • Com. 10 nov. 1982 : *JCP 1983. IV. 33.* ♦ L'annulation d'une délibération implique nécessairement le pouvoir pour le juge d'ordonner les mesures propres à l'exercice de ses droits par le copropriétaire auquel cette délibération fait grief. • Civ. 3e, 4 juill. 1990 : *D. 1991. 523, note Atias*. ♦ La demande d'expertise aux fins de déterminer les causes de désordres et les remèdes à y apporter contient implicitement, mais nécessairement, une demande en déclaration de responsabilité. Cassation de l'arrêt qui déclare la demande irrecevable comme tendant à l'organisation d'une expertise à titre principal. • Civ. 3e, 15 mars 1985 : *Bull. civ. III, n° 58 ; Gaz. Pal. 1985. 2. Somm. 194.*

18. Limites. Lorsque les indivisaires demandent à la cour de juger que l'un d'eux n'a pu valablement refuser le renouvellement d'un bail faute de s'y être fait autoriser par justice, modifie l'objet du litige la cour qui leur accorde l'autorisation de passer l'acte de renouvellement au prétendu motif qu'ils auraient nécessairement sollicité dans leur demande une telle autorisation. • Civ. 3e, 21 janv. 1987 : *D. 1987. 597, note Martin.*

2° SANCTION D'UNE INEXÉCUTION

19. A une demande en résolution et en dommages-intérêts, il peut être répondu par une condamnation sous astreinte à l'exécution du contrat. • Com. 24 avr. 1972 : *Bull. civ. IV, n° 117* • 16 juin 1987 : *Bull. civ. IV, n° 145.*

3° MODE DE RÉPARATION

20. Lorsqu'une indemnisation pécuniaire est requise, le juge choisit librement le mode de réparation par équivalent. • Civ. 1re, 28 avr. 1986, n° 84-13.753 P • Civ. 2e, 21 nov. 1973 : *JCP 1974. II. 17897, note Brousseau ; RTD civ. 1974. 821, obs. Durry* • Cass., ch. mixte, 6 nov. 1974 : *JCP 1975. II. 17978, concl. Gégout, note Savatier ; RTD civ. 1975. 114, obs. Durry* (substitution d'une rente à une demande d'indemnité en capital, ou inversement).

4° ART. 700 ET DOMMAGES-INTÉRÊTS POUR ABUS DE PROCÉDURE

21. Le juge peut accorder une indemnité sur frais irrépétibles de l'art. 700 au lieu des dommages-intérêts pour abus de procédure qui étaient seuls demandés. • Com. 26 janv. 1982, n° 80-13.372 P : *RTD civ. 1983. 184, obs. Normand.* ♦ *Contra* : • Civ. 3e, 8 déc. 1981 : *Gaz. Pal. 1982. 1. Somm. 156 ; RTD civ. 1983. 183, obs. Normand.* ♦ ... A moins que la formulation de la demande ne soit suffisamment ambiguë pour viser indifféremment l'une ou l'autre prétention. • Civ. 3e, 26 avr. 1984, n° 82-12.682 P. ♦ Sur ce dernier point, V. aussi • Civ. 1re, 19 juill. 1978 : *JCP 1978. II. 18971, note Baudouin* • Civ. 2e, 13 juin 1979 : *Gaz. Pal. 1979. 2. 562, note Viatte.*

5° RÉFÉRÉS

22. Renvoi. Concernant le choix des mesures prises en référé, V. notes ss. art. 484. ♦ V. aussi obs. Normand, *RTD civ. 1981. 440 ; ibid. 1985. 438.*

Code civil

Art. 4 Le juge qui refusera de juger, sous prétexte du silence, de l'obscurité ou de l'insuffisance de la loi, pourra être poursuivi comme coupable de déni de justice.

RÉP. CIV. v° *Jurisprudence*, par BACH.

BIBL. ► L. BORÉ, *Mél. Boré, Dalloz, 2007, p. 27* (l'obscurité de la loi). – FAVOREU, *Études J. Waline, Dalloz, 2002* (déni de justice et droit au juge). – MOURY, *RTD civ. 2009. 665* (quête en matière de preuve).

A. DÉNI EN MATIÈRE CIVILE

1. Notion. Il faut entendre par déni de justice non seulement le refus de répondre aux requêtes ou le fait de négliger de juger les affaires en état de l'être, mais aussi, plus largement, tout manquement de l'État à son devoir de protection juridictionnelle de l'individu (fixation de la date des plaidoiries par le conseiller de la mise en état près de trois ans après l'enregistrement de la déclaration d'appel). • TGI Paris, 6 juill. 1994 : *Gaz. Pal. 1994. 2. 589, note Petit.*

2. Impossibilité d'accéder au juge. L'impossibilité pour une partie d'accéder au juge chargé de se prononcer sur sa prétention et d'exercer un droit qui relève de l'ordre public international constitue un déni de justice fondant la compétence de la juridiction française lorsqu'il existe un rattachement avec la France ; la seule détention par une société française d'une partie du capital d'une société étrangère ne constitue pas un lien de rattachement au titre du déni de justice. • Soc. 14 sept. 2017, n° 15-26.737 P.

3. Défaut de preuve ou de fondement. Le juge ne peut refuser de statuer en se fondant sur l'insuffisance des preuves qui lui sont fournies par les parties. • Civ. 2e, 21 janv. 1993, n° 92-60.610 P • 28 juin 2006, n° 04-17.224 P : *RTD civ. 2006. 821, obs. Perrot* • 5 avr. 2007, n° 05-14.964 P • 2 juill. 2020, n° 19-16.100 P. ♦ ... Ni rejeter la demande aux motifs que son fondement juridique n'est pas précisé sans méconnaître les dispositions de l'art. 12 C. pr. civ. et se rendre coupable d'un déni de justice. • Paris, 25 avr. 1986 : *Gaz. Pal. 1987. 2. 800.*

4. Déni par renvoi à un tiers. Déni dans la délégation à un notaire liquidateur de l'évaluation de la contribution respective des époux séparés de biens à la dette fiscale : • Civ. 1re, 26 oct. 2011, n° 10-24.214 P : *D. 2012. 971, obs. Lemouland et Vigneau* ; *AJ fam. 2012. 111, obs. Hilt* ; *RTD civ. 2012. 102, obs. Hauser*. ♦ Rappr. : • Civ. 1re, 23 mai 2012, n° 11-12.813 P : *D. 2012. 1403*. ♦ Viole l'art. 4 le juge qui renvoie à un notaire la fixation d'une créance due par une indivision à un coïndivisaire (remboursement de taxe foncière). • Civ. 1re, 24 sept. 2014, n° 13-21.005 P : *AJ fam. 2014. 641, obs. Hilt* ; *RTD civ. 2015. 106, obs. Hauser*.

Cassation de l'arrêt qui renvoie les parties, au motif que la cour n'a vocation ni à remplir l'office de comptable ni à suppléer la carence des parties, devant les services administratifs et comptables d'une caisse de retraite afin de déterminer un indu de prestations. • Civ. 2e, 26 nov. 2020, n° 19-19.520 P.

5. ... Dans le refus d'évaluer une récompense. Cassation de l'arrêt qui évalue à la dépense faite la récompense due par l'époux à la communauté sans calculer le profit subsistant, au motif qu'un rapport d'expertise ne peut fournir la valeur du bien. • Civ. 1re, 14 oct. 2020, n° 19-13.702 P : *D. 2020. 2065* ; *AJ fam. 2021. 63, obs. Levillain* ; *JCP 2020, n° 1448, note Casey* ; *Dr. fam. 2020, n° 162, note Torricelli-Chrifi.*

6. ... Dans le refus d'évaluer un dommage. En refusant d'évaluer le montant d'un dommage dont elle constatait l'existence dans son principe, une cour d'appel a violé l'art. 1382 anc. [1240] C. civ. • Civ. 2e, 17 mars 1993, n° 91-17.345 P. – Dans le même sens : • Civ. 3e, 6 févr. 2002, n° 00-10.543 P : *JCP 2003. II. 10014, note Moulin* ; *RDI 2002. 152, obs. Malinvaud* (violation de l'art. 4) • Com. 28 juin 2005, n° 04-11.543 P • Civ. 2e, 4 janv. 2006, n° 04-15.280 P : *D. 2006. IR 176* • 5 avr. 2007 : *préc. note 3* • Civ. 1re, 15 oct. 2014, n° 13-20.851 P : *cité note 50 ss. art. 1231-1.* (refus de déterminer la durée de remplacement d'une prothèse, qui faisait l'objet d'appréciations différentes) • Com. 4 nov. 2014, n° 13-18.024 P : *D. 2014. 2340* (la cour d'appel, ayant constaté que l'agent commercial avait apporté des clients à son mandant, lequel n'avait pas exécuté loyalement ses engagements, ce dont il résultait que le mandataire avait accompli des opérations pour lesquelles il avait droit à une commission et que la réalité de son préjudice était établie, ne pouvait refuser d'en évaluer le montant) • Civ. 3e, 4 oct. 2018, n° 17-23.190 P : *D. 2018. chron. C. cass. 2435, obs. Georget* ; *RGDA 2018. 508, note Karila.*

7. Autres applications. En se refusant à examiner des problèmes scientifiques dont elle ne déniait pas l'importance et sur lesquels elle pouvait consulter des experts, une cour d'appel ne donne pas de base légale à sa décision. • Civ. 1re, 13 oct. 1981, n° 80-14.334 P. ♦ Déni : dans le refus de déterminer le montant d'une somme sur lequel les parties étaient en désaccord : • Civ. 3e, 10 déc. 2008, n° 07-19.320 P. ♦ ... Dans le refus de procéder à la rectification d' avis d'échéances valant quittances, alors que les parties sont en désaccord sur les sommes mentionnées et, partant, sur la régularité de ces documents. • Civ. 3e, 28 juin 2018, n° 17-20.409 P : *D. 2018. 1384* ; *AJ fam. 2018. 623, obs. Casey*. ♦ En matière de vente en l'état futur d'achèvement, la clause prévoyant le recours à l'avis d'une personne qualifiée, à défaut d'accord des parties sur l'achèvement, ne fait pas obstacle à ce que le juge vérifie la conformité de cet avis aux critères d'achèvement définis par l'art. R. 261-1 CCH. • Civ. 3e, 30 nov. 2017, n° 16-19.073 P : *D. 2017. 2479* ; *RDI 2018. 99, obs. Tricoire et Tournafond*. (cassation de l'arrêt ayant considéré que, eu égard au cadre spécifique de la désignation de la personne qualifiée et aux conséquences attachées par les actes de vente à l'avis émis par celle-ci, le juge ne pouvait se substituer à cette dernière). ♦ Viole l'art. 4 le juge qui, en présence d'un texte qu'il estime obscur ou insuffisant, fonde sa solution sur l'apparence du droit, alors qu'il lui appartenait d'interpréter le texte. • Soc. 11 oct. 2005 : *D. 2006. 214, note Waquet*.

8. Les juges ne peuvent, pour rejeter une demande en paiement, se borner à énoncer que le montant des créances tel qu'il résulte des titres produits ne correspond pas à la somme mentionnée dans les conclusions, alors qu'il leur incombe de vérifier, au vu des documents produits, le montant des créances alléguées dont l'existence leur paraît justifiée. • Civ. 1re, 17 mai 1983 : *Bull. civ. I, n° 149.* ♦ Lorsque seul le montant de la créance du poursuivant demeure à fixer, le juge est tenu de déterminer ce montant et, à cette fin, de faire, s'il y a lieu, les comptes entre les parties, sans pouvoir s'y refuser en se fondant sur l'insuffisance des preuves qui lui sont fournies, • Civ. 2e, 11 mai 2017, n° 16-16.106 P. ♦ Rappr., cassant un arrêt ayant rejeté la demande d'un avocat en fixation de son honoraire de résultat, alors que cet honoraire était fondé en son principe, et que le premier président devait en fixer le montant. • Civ. 2e, 8 févr. 2018, n° 16-28.632 P. ♦ En revanche, il y a lieu de tirer toutes les conséquences de la carence répétée des maîtres de l'ouvrage dans l'administration de la preuve leur incombant, et rejeter leur demande en paiement, faute d'éléments suffisants pour apprécier l'étendue du préjudice subi malgré de nombreuses sollicitations de l'expert. • Civ. 3e, 2 juin 2016, n° 15-18.836 P : *RDI 2016. 480, obs. Garcia*. ♦ Un acte notarié, bien que constituant un titre exécutoire, ne revêt pas les attributs d'un jugement et aucune disposition légale ne fait obstacle à ce qu'un créancier dispose de deux titres exécutoires pour la même créance, de sorte que la titularité d'un acte notarié n'est pas en soi de nature à priver la banque de son intérêt à agir à fin de condamnation de son débiteur en paiement de la créance constatée dans cet acte. • Civ. 2e, 18 févr. 2016, n° 15-13.991 P : *D. 2016. 1279, obs. Leborgne ; RTD civ. 2016. 442, obs. Théry ; JCP 2016, n° 127, note Piedelièvre ; RDC 2016. 456, note Libchaber* (cassation de l'arrêt qui a rejeté la demande de la banque au motif qu'elle avait déjà un titre exécutoire) • 18 févr. 2016, n° 15-15.778 P : *D. 2016. 1279, obs. Leborgne ; JCP 2016, n° 127, note Piedelièvre ; JCP 2016, n° 58, note Cayrol ; RDC 2016. 456, note Libchaber (idem)* • 18 févr. 2016, n° 15-13.945 P : *D. 2016. 1279, obs. Leborgne ; JCP 2016, n° 127, note Piedelièvre ; ibid. n° 58, note Cayrol ; RDC 2016. 456, note Libchaber* (idem).

9. Revendication d'immeuble – Rejet des prétentions réciproques. Lorsque deux personnes revendiquent l'une contre l'autre la propriété d'un immeuble, le juge, qui reconnaît que ce bien appartient nécessairement à l'un ou à l'autre de ces deux revendiquants, ne peut rejeter les deux revendications sous prétexte qu'aucune des parties n'a prouvé la supériorité de son droit et que les données de l'expertise ne permettent pas d'appliquer les titres sur le terrain. • Civ. 3e, 16 avr. 1970, n° 69-10.840 P : *R. 1969-1970, p. 68 ; D. 1970. 474, note Contamine-Raynaud ; JCP 1970. II. 16459.* ♦ Mais s'il ne résulte pas de l'arrêt que la parcelle revendiquée ne pouvait appartenir qu'à l'une ou l'autre des parties, une cour d'appel peut les débouter l'une et l'autre en relevant que les titres produits par l'une n'établissent pas sa propriété et que l'autre ne justifie pas d'une possession lui ayant permis de devenir propriétaire de cette parcelle par usucapion. • Civ. 3e, 3 déc. 1980 : *Gaz. Pal. 1981. 2. 481, note Piedelièvre.*

10. Sur le manquement d'un arbitre à son obligation d'apprécier le bien-fondé de la demande dont il était saisi, V. • Civ. 2e, 28 févr. 1990, n° 88-16.831 P.

B. DÉNI EN MATIÈRE PÉNALE

11. Loi obscure ou incertaine. Le juge pénal ne peut accorder au prévenu le bénéfice du doute au motif que la loi visée par la prévention est obscure ou que son interprétation est incertaine, sans violer l'art. 4 C. civ. • Crim. 12 mars 1984 : *D. 1985. 1, note Warembourg-Auque.*

12. Sursis à statuer. Les juges répressifs ne sauraient, sans interrompre le cours de la justice, ordonner un sursis à statuer d'une durée indéterminée. • Crim. 26 juin 1991, n° 90-80.422 P • 1er déc. 1999, n° 98-83.509 P.

13. Classement sans suite. Une décision de classement sans suite du procureur de la République ne saurait constituer le délit de déni de justice prévu par l'art. 185 C. pén. (ancien) et ne peut comporter aucune sanction pénale. • Crim. 6 juill. 1982 : *Gaz. Pal. 1983. 1. 32, note Doucet.*

C. CONTRARIÉTÉ DE DÉCISIONS

14. Contrariété de décisions, émanant l'une du juge pénal et l'autre du juge civil, aboutissant à un déni de justice : V. • Cass., ass. plén., 29 nov. 1996, n° 93-20.799 P : *R., p. 350 ; BICC 15 janv. 1997, concl. Monnet, note Mme Aubert* (recevabilité du pourvoi, annulation des deux décisions et renvoi) • Cass., ch. mixte, 11 déc. 2009, n° 08-86.304 P (recevabilité du pourvoi dirigé contre deux décisions, l'une civile, et l'autre pénale et annulation de la décision civile, la décision rendue par la juridiction pénale compétente étant conforme à la doctrine de la Cour de cassation). ♦ Contrariété de décisions, aboutissant à un déni de justice, entre deux cours d'appel, déclarant dans la même affaire, l'une, que la L. du 5 juill. 1985 était applicable, l'autre, qu'elle ne l'était pas. • Civ. 2e, 22 janv. 2004, n° 01-11.665 P : *Dr. et patr. 4/2004. 114, obs. Chabas ; RTD civ. 2004. 519, obs. Jourdain* (annulation de la première décision). ♦ Le pourvoi dirigé contre deux décisions, dont l'une émane du juge pénal et l'autre du juge civil, est recevable lorsque, même non rendues en dernier ressort et alors qu'aucune d'elles n'est susceptible d'un recours ordinaire, elles sont inconciliables et aboutissent à un déni de justice. • Cass., ass. plén., 3 juill. 2015, n° 14-13.205 P.

15. Risque de contradiction entre deux décisions des juridictions administratives pouvant conduire à un déni de justice, V. • CE 12 févr. 1990, *Cne de Bain-de-Bretagne : Gaz. Pal. 1990. 1. 263.*

16. Sur la notion de déni au sens de la L. du

20 avr. 1932, en cas d'appréciations inconciliables entre une décision administrative et une décision judiciaire, V. • T. confl. 5 mai 2008, n° 08-03.613 P.

SECTION III LES FAITS

DALLOZ ACTION *Droit et pratique de la procédure civile 2022/2023*, nos 221.50 s.

BIBL. GÉN. ▶ BEAUCHARD, *Mél. S. Guinchard, Dalloz 2010, p. 587* (la tendance au refoulement du fait dans le procès civil).

Art. 6 **A l'appui de leurs prétentions, les parties ont la charge d'alléguer les faits propres à les fonder.**

BIBL. ▶ DUPICHOT, *Mél. Aubert, Dalloz 2001, p. 425* (adage « *Da mihi factum, dabo tibi jus* »). – LE BARS, *JCP 1999. I. 178* (théorie du fait constant) ; *Mél. G. Goubeaux, Dalloz/LGDJ 2009, p. 99* (de la théorie des charges de la preuve et de l'allégation à la théorie globale des risques processuels). – MARTIN, *RTD civ. 1971. 709* (instruction des procès civils).

1. Faits non allégués. La cour d'appel n'a pas à rechercher l'existence d'éléments de fait non allégués propres à établir la prétention du demandeur. • Civ. 1re, 6 oct. 1976, n° 74-13.782 P. ♦ Doivent être déboutés du chef de leur demande tendant à ce que soit reconsidérée la répartition des charges, les copropriétaires qui ne précisent pas le fondement juridique de leur demande et n'allèguent même pas de faits de nature à caractériser leur action et à asseoir une mesure d'instruction. • Paris, 16 févr. 1983 : *D. 1983. IR 338, obs. Giverdon.* ♦ Comp. cependant, jugeant, au visa de l'art. 4 C. civ., que le juge ne peut refuser de statuer en se fondant sur l'insuffisance des preuves qui lui sont fournies par les parties. • Civ. 3e, 6 févr. 2002, n° 00-10.543 P : *JCP 2003. II. 10014, note Moulin* • Civ. 2e, 28 juin 2006 : *Bull. civ. II, n° 174 ; RTD civ. 2006. 821, obs. Perrot* • Civ. 2e, 22 mai 2008 : *Dalloz jurisprudence* • Soc. 23 sept. 2008 : *Dalloz jurisprudence* • Civ. 2e, 15 mai 2009 : *Bull. civ. II, n° 66* • Civ. 3e, 8 déc. 2009 : *Procédures 2010, n° 30, note (crit.) Perrot.* ♦ *Adde* Bléry et Raschel, *Procédures 2011. Focus 17* (droit à l'expertise : reconnaissance inavouée d'un nouvel accroc à la répartition des rôles du juge et des parties).

2. Faits allégués non contestés. La cour d'appel n'est pas tenue de considérer que les faits allégués sont constants, au seul motif qu'ils n'ont pas été expressément contestés. • Civ. 1re, 3 janv. 1980, n° 78-11.616 P • Civ. 2e, 10 mai 1991, n° 89-10.460 P : *RTD civ. 1992. 447, obs. Normand* .

Art. 7 **Le juge ne peut fonder sa décision sur des faits qui ne sont pas dans le débat.**

Parmi les éléments du débat, le juge peut prendre en considération même les faits que les parties n'auraient pas spécialement invoqués au soutien de leurs prétentions.

BIBL. ▶ BOLARD, *Mél. Normand, Litec 2003, p. 43* (faits tirés du dossier).

PLAN DES ANNOTATIONS

1. Loi étrangère. La loi étrangère, malgré l'absence de contrôle de la Cour de cassation, est une règle de droit qui ne relève pas des prescriptions de l'art. 7. • Civ. 1re, 13 janv. 1993, n° 91-14.415 P : *Rev. crit. DIP 1994. 78, note Ancel* .

A. FAITS HORS DU DÉBAT

1° RÈGLES GÉNÉRALES

2. Investigations personnelles du juge. Le juge ne peut fonder sa décision sur le résultat d'investigations personnelles. • Civ. 2e, 6 juill. 1978 : *ibid. II, n° 182* (renseignements demandés au commissaire de police) • Com. 4 oct. 1994, n° 92-15.102 P : *Rev. Justices 1996, n° 3, p. 360, obs. Héron* (consultation du dictionnaire des communes).

3. Souvenirs du juge. Le juge prud'homal ne peut utiliser les souvenirs qu'il aurait conservés de l'audience du bureau de conciliation sur des faits qui n'auraient ensuite été ni consignés au procès-verbal de cette audience, ni allégués devant le bureau de jugement, ces faits se trouvant hors du débat. • Soc. 26 juin 1986, n° 83-45.225 P.

4. Note en délibéré. Viole l'art. 7, al. 1er, le juge qui fonde sa décision sur des faits qu'une partie n'avait pas invoqués dans ses conclusions mais seulement dans une note en délibéré, dont il ne résulte d'aucun élément de la procédure ou du jugement qu'elle ait été communiquée à l'adversaire, et alors que ces faits ne pouvaient être considérés comme étant dans le débat. • Com. 16 juin 1981 : *Bull. civ. IV, n° 280.*

2° ILLUSTRATIONS PARTICULIÈRES

5. Droit de la vente. Méconnaît les exigences de l'art. 7, al. 1er, le juge qui refuse d'allouer des dommages-intérêts ou des pénalités de retard au motif, relevé d'office, que le demandeur n'avait pas mis son adversaire en demeure de livrer. • Civ. 1re, 2 oct. 1979 : *Bull. civ. I, n° 231* • Com. 20 nov. 1979 : *Bull. civ. IV, n° 299.* ♦ ... Écarte une action en garantie des vices rédhibitoires au prétendu motif que l'acheteur ne rapportait pas la preuve que la marchandise avariée était celle livrée en exécution du contrat, alors que le défendeur soutenait seulement que la demande était tardive. • Com. 24 nov. 1980 : *Bull. civ. IV, n° 390.* ♦ ... Au motif que l'acheteur avait eu connaissance des vices avant de contracter, alors qu'il ne ressort ni des écritures, ni du dossier, ni de l'arrêt que le fait était dans le débat. • Com. 6 juin 1979 : *Bull. civ. IV, n° 180.*

6. Droit de la responsabilité. Fonde sa décision sur des faits qui n'étaient pas dans le débat le juge qui condamne en application de l'art. 1384, al. 1er, C. civ., bien que la demande se soit exclusivement appuyée sur la faute du défendeur et alors que les parties n'avaient apporté aucun fait de nature à caractériser la garde. • Civ. 3e, 8 févr. 1984 : *Bull. civ. III, n° 34.* ♦ V. également : • Civ. 1re, 21 nov. 2006, n° 05-11.607 P : *D. 2007. AJ 152, obs. Delpech ; AJDI 2007. 46 ; JCP 2007. I. 158, note Delebecque ; RDBF 2007, n° 13, obs. Legeais ; ibid., n° 65, note Legeais.*

7. Droit des assurances. Méconnaît les exigences de l'art. 7, al. 1er, le juge qui, pour décider de la validité d'une assurance de groupe, retient que l'agent général de la compagnie connaissait la situation particulière de l'adhérent, alors que cette circonstance n'était pas dans le débat. • Civ. 1re, 20 nov. 1984 : *Gaz. Pal. 1985. 2. Somm. 205.*

8. Obligation alimentaire. Méconnaît les exigences de l'art. 7, al. 1er, le juge qui, pour rejeter une demande de pension alimentaire, relève que le demandeur avait manqué gravement à ses obligations envers son père, alors que ce dernier ne reprenait pas en appel ce moyen que le premier juge avait écarté. • Civ. 1re, 9 déc. 1981 : *Bull. civ. I, n° 372.*

9. Divorce. Le juge du divorce ou de la séparation de corps ne peut fonder sa décision sur des faits qui n'ont pas été invoqués dans les conclusions. • Civ. 2e, 24 févr. 1988 : *Bull. civ. II, n° 52.*

10. Droit du travail. Doit être cassé le jugement qui, pour fixer la somme due au salarié pour l'entretien de ses vêtements professionnels, se fonde, après avoir relevé que l'intéressé ne justifiait pas des frais qu'il avait réellement exposés, sur une recherche réalisée à partir de différents sites internet alors que les éléments résultant de cette recherche n'étaient pas dans le débat. • Soc. 5 déc. 2012, n° 11-21.113 P : *JCP S 2013. 1090, note Drai.*

11. Théorie du mandat apparent. Il ne peut être reproché au juge du fond de n'avoir pas fait d'office application de la théorie du mandat apparent, alors que n'était invoqué devant lui aucun fait de nature à justifier la croyance légitime en l'existence d'un mandat. • Civ. 1re, 8 nov. 1976 : *Gaz. Pal. 1977. 1. Somm. 5 ; RTD civ. 1977. 569, obs. Cornu.*

12. Voie de recours. Méconnaît les exigences de l'art. 7, al. 1er, le juge qui déclare l'appel irrecevable en raison d'un acquiescement que l'adversaire n'avait pas allégué. • Civ. 2e, 26 nov. 1980 : *Bull. civ. II, n° 239.*

B. FAITS ADVENTICES

1° POUVOIR

13. Caractère facultatif. L'art. 7, al. 2, n'oblige pas le juge à prendre en considération les faits que les parties n'ont pas spécialement invoqués. Il lui en donne seulement la faculté. • Civ. 1re, 16 juin 1982 : *JCP 1982. IV. 307.* ♦ Mais il encourrait la censure s'il affirmait, dans les motifs de sa décision, n'avoir pas le pouvoir de le faire. • Civ. 3e, 20 nov. 1985 : *Bull. civ. III, n° 153 ; Gaz. Pal. 1986. 2. Somm. 421, obs. Croze et Morel.* ♦ Sur le respect du principe de la contradiction, V. • Civ. 2e, 23 sept. 2004, n° 01-12.964 P.

2° ILLUSTRATIONS

14. En matière de responsabilité. Le juge peut user des pouvoirs qu'il tient de l'art. 7, al. 2, pour, en matière de responsabilité, relever d'office certains agissements fautifs du défendeur. • Civ. 3e, 8 juill. 1971 : *Bull. civ. III, n° 450* • Civ. 2e, 16 juill. 1976 : *Bull. civ. II, n° 246* • Civ. 1re, 20 nov. 1984 : *Bull. civ. I, n° 315 ; D. 1985. IR 265, obs. Julien.* ♦ ... Ou écarter la clause limitative qu'il invoquait. • Civ. 3e, 28 janv. 1987 : *Bull. civ. III, n° 13.* ♦ ... Pour débouter la victime de sa demande ou partager la responsabilité en raison des fautes qu'elle avait commises. • Civ. 2e, 3 mai 1974 : *Bull. civ. II, n° 150* • Com. 16 juin 1981 : *Bull. civ. IV, n° 280.*

15. En matière contractuelle. Le juge peut, en matière contractuelle, relever, pour déterminer la nature et l'étendue des obligations des parties, le contenu de clauses qui n'avaient pas été spécialement invoquées. • Civ. 1re, 19 mai 1981 : *Bull. civ. I, n° 170.* ♦ ... Ou dans le cas d'action en nullité pour erreur, des inexactitudes ou omissions des documents contractuels, bien que les parties ne les aient pas invoquées dans leurs conclusions. • Civ. 3e, 29 nov. 1978 : *JCP 1979. IV. 48.* ♦ V. aussi, pour écarter le moyen pris de la compensation, le relevé d'éléments justifiant de ce que l'une des dettes avait déjà été réglée : • Civ. 1re, 11 janv. 1978 : *Bull. civ. I, n° 16.* ♦ V. encore : • Civ. 3e, 15 janv. 1974 : *Bull. civ. III, n° 16* • 22 avr. 1976 : *Bull. civ. III, n° 164.*

16. Divers. V. par exemple : • Civ. 1re, 2 mai 1979 : *Bull. civ. I, n° 121* (renonciation à la communauté) • 4 mars 1986 : *Bull. civ. I, n° 48* • Soc. 19 déc. 1983 : *Bull. civ. V, n° 631* (en matière de licenciement économique).

Art. 8 **Le juge peut inviter les parties à fournir les explications de fait qu'il estime nécessaires à la solution du litige.**

Pouvoir. Si, aux termes de l'art. 8, le juge peut inviter les parties à fournir les explications de fait qu'il estime nécessaires à la solution du litige, il s'agit d'une simple faculté, dont l'exercice est laissé au pouvoir discrétionnaire de la juridiction. • Civ. 1re, 4 déc. 1973 : *Bull. civ. I, n° 336.* ♦ L'art. 8 ne reconnaît aux juges du fond qu'une faculté et s'en remet à la prudence des magistrats pour apprécier l'opportunité d'en faire usage selon les circonstances de la cause ; il ne saurait être soutenu que, s'ils s'estiment insuffisamment informés, ils doivent inviter le demandeur à fournir les explications de fait nécessaires à la solution du litige. • Civ. 2e, 7 déc. 1973 : *Bull. civ. II, n° 325.*

SECTION IV LES PREUVES

RÉP. PR. CIV. v° *Preuve*, par FERRAND.

DALLOZ ACTION *Droit et pratique de la procédure civile 2022/2023*, nos 221.101 s.

Art. 9 **Il incombe à chaque partie de prouver conformément à la loi les faits nécessaires au succès de sa prétention.**

BIBL. ▸ Dossier, *Procédures 2015. Dossier 7 à 27* (la loyauté de la preuve en matière civile, commerciale, pénale et administrative). – ALBOU, *AJ fam. 2009. 344* (les modes de preuve électronique dans la procédure de divorce et de séparation) ; *ibid. 2014. 483* (preuves électroniques et divorce). – AMARO, *CCC 2017. Focus 6* (« la loyauté dans l'administration de la preuve » : un principe sur la sellette ?). – AYNES et VUITTON, Droit de la preuve – Principes et mise en œuvre processuelle, Droit & Professionnels, Procédures, 2e éd., *LexisNexis 2017.* – BARY, *Dr. et pr. 2008. 195* (les nouveaux défis de la loyauté de la preuve). – BOULMIER, *Dr. et pr. 2008. 304* (la preuve et l'huissier de justice en droit du travail). – CADIET, *Procédures 2015. Dossier 10* (le principe de loyauté devant le juge civil et le juge commercial). – CARON, *CCE 2007. Repères. 11* (production d'un courriel en justice). – COLLECTIF, *Dr. et pr. 2009. 313* (la pratique de l'huissier de justice face au respect de la vie privée). – CHEVALLIER, *D. 1956. Chron. 37* (contrôle de la pertinence). – CREDEVILLE, *Rapport de la Cour de cassation 2004, p. 51* (vérité et loyauté des preuves). – DAVID, *Procédures 2015. Dossier 9* (l'appréhension du principe de loyauté de la preuve). – FRICERO, *Procédures 2015. Dossier 14* (la recevabilité des preuves « déloyales » en matière civile). – FROUIN, *Procédures 2015. Dossier 23* (la loyauté de la preuve en droit du travail). – GHALET-MARZBAN, *Procédures 2015. Dossier. 18* (l'appréciation du principe de loyauté de la preuve. L'émergence d'un modèle éthique du procès). – X. LAGARDE, *JCP 2005. I. 133* (finalités et principes du droit de la preuve : ce qui change). – LARDEUX, *RTD civ. 2017. 1* (le droit à la preuve : tentative de systématisation). – LEVENEUR, *Procédures 2015. Dossier. 25* (la loyauté de la preuve en matière familiale). – MOULY-GUILLEMAUD, *RTD civ. 2007, 253* (« nul ne peut se constituer de preuve à soi-même »). – PERROCHEAU, *LPA 17 mai 2002, p. 6* (fluctuations du principe de loyauté dans la recherche des preuves). – RAISON-RÉBUFAT, *Gaz. Pal. 26-27 juill. 2002, p. 3* (principe de loyauté en droit de la preuve). – SUR et ADER, *Procédures 2015. Dossier 16* (la loyauté de la preuve en matière civile et pénale. Le point de vue de l'avocat). – VIGNEAU et DUPUY, *Dr. et pr. 2015. 25* (la preuve par l'image... de la théorie à la pratique).

V. aussi, au regard du principe de l'égalité des armes, note 142 ss. art. 6, § 1er, Conv. EDH, App., v° Droit européen et international.

PLAN DES ANNOTATIONS

1. *Office des juges du fond.* En écartant des débats une lettre missive pour violation de l'intimité de la vie privée et du secret des correspondances, sans rechercher si sa production n'était pas indispensable à l'exercice du droit à la preuve et proportionnée aux intérêts antinomiques en présence, la cour d'appel n'a pas donné de base légale à sa décision. • Civ. 1re, 5 avr. 2012, n° 11-14.177 P : *D. 2012. 1596, note Lardeux ; ibid. Pan. 2826, obs. Delebecque, Bretzner et Darret-Courgeon ; ibid. Pan. 2013. 269, obs. Fricero ; ibid. 457, obs. E. Dreyer ; RTD civ. 2012. 506, obs. Hauser ; CCE 2012, n° 83, note Lepage.*

A. CHARGE DE LA PREUVE

2. *Appel.* L'appel remettant la chose jugée en question devant la cour d'appel pour qu'il soit à nouveau statué en fait et en droit, il appartient à l'intimé de produire les pièces dont il entend se prévaloir ; la cour d'appel, qui n'est pas tenue d'adopter les motifs de fait des premiers juges, même s'ils n'ont pas été spécialement contestés par l'appelant, ne viole pas l'art. 9 en constatant qu'une pièce mentionnée dans les motifs du jugement rendu en première instance n'est pas produite aux débats à hauteur d'appel et en en tirant toutes conséquences. • Soc. 14 janv. 1988 : *Bull. civ. V, n° 35.*

3. *Arbitrage.* Les dispositions de l'art. 9 en vertu desquelles il incombe à chaque partie de prouver les faits nécessaires au succès de sa prétention sont, selon l'art. 1460, al. 2 NCPC [devenu C. pr. civ.], toujours applicables à l'instance arbitrale même si l'arbitre statue comme amiable compositeur. • Civ. 2e, 28 févr. 1990, n° 88-19.638 P.

4. *Contentieux électoral.* C'est à la personne qui conteste l'inscription d'un citoyen sur une liste électorale d'établir que celui-ci ne remplit aucune des conditions pour être inscrit. • Civ. 2e, 10 juill. 1996, n° 96-60.091 P.

5. *Relations de voisinage.* Viole l'art. 9 la cour d'appel qui retient qu'au cas où les défendeurs utiliseraient une parcelle pour y stationner, sans droit, des véhicules, ils seraient redevables d'une astreinte et qu'au cas où leur immeuble aurait des ouvertures donnant directement sur l'immeuble du demandeur, ils seront tenus de les obstruer, alors qu'elle constatait que le demandeur ne rapportait pas la preuve que les défendeurs utilisaient la parcelle pour y stationner des véhicules ni que l'immeuble possédait des ouvertures donnant directement sur sa parcelle. • Civ. 3e, 7 avr. 2004, n° 02-13.703 P : *AJDI 2004. 486* .

6. *Droit des étrangers.* Viole l'art. 9 la cour d'appel qui retient qu'il n'est pas démontré qu'un procès-verbal dressé contient des indications exactes relatives à l'information d'un étranger, alors que ce dernier n'apportait aucun élément de preuve de la fausseté des mentions claires et précises aux termes desquelles il avait été informé de ses droits dans une langue qu'il comprenait. • Civ. 2e, 9 juill. 1997, n° 96-50.024 P. ♦ Il incombe à chaque partie de prouver conformément à la loi les faits nécessaires au succès de sa prétention ; il appartient à l'autorité administrative qui demande le maintien en zone d'attente d'apporter la preuve, qui lui est demandée par un étranger, de la réalité de l'annulation du vol envisagé pour son départ vers son pays d'origine. • Civ. 2e, 3 juin 2004, n° 02-50.067 P.

7. *Contentieux social.* Viole les art. 9 C. civ., aux termes duquel chacun a droit au respect de sa vie privée et R. 4127-4 CSP, précédemment art. 4 du code de déontologie médicale, dont il résulte que le secret médical, institué dans l'intérêt des patients, s'impose à tout médecin, la Cour nationale de l'incapacité et de la tarification de l'assurance des accidents du travail qui, pour ordonner la production de toutes pièces administratives et médicales nécessaires à la solution d'un litige opposant un organisme de sécurité sociale à un employeur, retient que l'assuré social sollicitant un avantage social en réparation d'un préjudice renonce volontairement, dans son propre intérêt, à la protection instituée en sa faveur par l'art. 4 du code de déontologie médicale, alors que ni l'accord de la victime ni son absence d'opposition à la levée du secret médical ne peuvent résulter de la simple sollicitation de prestations. • Civ. 2e, 13 nov. 2008, n° 07-18.364 P : *D. 2008. 2948 ; ibid. 2009. Pan. 1302, obs. Penneau ; RDSS 2009. 185, obs. Tauran ; Dr. et pr. 2009. 90, note Douchy-Oudot.* ♦ *Adde* • Civ. 2e, 2 avr. 2009 : *Procédures 2009, n° 194, note (crit.) Bugada.*

B. LICÉITÉ DE LA PREUVE

8. *Atteinte à la vie privée. Conditions.* Le droit à la preuve ne peut justifier la production d'éléments portant atteinte à la vie privée qu'à la condition que cette production soit indispensable à l'exercice de ce droit et que l'atteinte soit proportionnée au but poursuivi. • Civ. 1re, 25 févr. 2016, n° 15-12.403 P : *D. 2016. Actu. 543 ; LPA 1er avr. 2016, p. 16, note Lardeux ; Gaz. Pal. 17 mai 2016, p. 50, obs. Hoffschir* (visa de l'art. 9 C. civ., ensemble les art. 6 et 8 Conv. EDH et 9 C. pr. civ.). • Soc. 9 nov. 2016, n° 15-10.203 P : *D. actu. 25 nov. 2016, obs. Roussel ; D. 2017. 37, note Lardeux ; ibid. 2018. Pan. 263, obs. A. Aynès ; Just. & cass. 2017. 170, rapp. David ; ibid. 188, avis Liffran ; Dr. soc. 2017. 89, obs. Mouly ; RDT 2017. 134, obs. Génicaut ; RTD civ. 2017. 96, obs. Hauser ; JCP 2016. 1281, obs. Dedessus-Le-Moustier ; ibid. 2017. 585, obs. Mayer.*

1° RELATIONS PRIVÉES

9. Enregistrement. L'enregistrement d'une conversation téléphonique privée, effectué et conservé à l'insu de l'auteur des propos invoqués, est un procédé déloyal rendant irrecevable en justice la preuve ainsi obtenue. • Civ. 2e, 7 oct. 2004, n° 03-12.653 P : *D. 2005. 122, note Bonfils ; ibid. Pan. 2643, obs. Lepage, Marino et Bigot ; AJ pénal 2005. 30, obs. Enderlin ; JCP 2005. II. 10025, note Léger ; Gaz. Pal. 31 déc.-4 janv. 2005, p. 9, note Belval ; RTD civ. 2005. 135, obs. Mestre et Fages ; RDC 2005. 472, obs. Debet ; CCE 2005, n° 11, obs. Stoffel-Munck.* ♦ V. aussi notes ss. art. 259-1 C. civ. – **C. civ.**

10. SMS. Le juge ne peut rejeter comme mode de preuve les minimessages adressés par téléphone portable au motif que la lecture a été faite à l'insu de leur destinataire et que cela constitue une atteinte grave à l'intimité de la personne, sans constater qu'ils ont été obtenus par violence ou par fraude. • Civ. 1re, 17 juin 2009, n° 07-21.796 P : *R. 2009, p. 316 ; D. 2009. AJ 1758, obs. Egéa ; ibid. Pan. 2716, obs. Vasseur ; ibid. 2010. Pan. 990, obs. Douchy-Oudot ; JCP 2009. 369, n° 15, obs. Amrani Mekki ; ibid. 2010. 34, n° 5, obs. Goutenoire ; ibid. Pan. 1243, obs. Serra et Williatte-Pellitteri ; ibid. 2671, obs. Delebecque, Bretzner et Gelbard-Le Dauphin ; Dr. fam. 2009, n° 124, note Larribau-Terneyre ; RLDC 09/2009. 3544, obs. Pouliquen ; ibid. 10/2009. 3, obs. Mestre ; LPA 24 sept. 2009, p. 3, note Dissaux ; ibid. 7 oct. 2009, p. 9, note Colin ; RJPF 09/2009. 19, obs. Mulon ; Procédures 2009, n° 323, note Douchy-Oudot ; Dr. et pr. 2009. 344, note Fricero ; Gaz. Pal. 2009. Doctr. 2816, obs. Pierroux ; ibid. 2010. Somm. 3903, note Lécuyer ; AJ fam. 2009. 298, note David ; RTD civ. 2009. 514, obs. Hauser.* ♦ V. aussi notes ss. art. L. 259-1 C. civ. – **C. civ.**

2° RELATIONS DE TRAVAIL

11. Prélèvement de document. Les documents détenus par le salarié dans le bureau de l'entreprise mis à sa disposition sont, sauf lorsqu'il les identifie comme étant personnels, présumés avoir un caractère professionnel, en sorte que l'employeur peut y avoir accès hors sa présence • Soc. 18 oct. 2006, n° 04-47.400 P : *D. 2006. IR 2753 ; CCE 2007, n° 61, obs. Lepage.* ♦ V. sur la conformité à l'art. 8 Conv. EDH de l'accès par un employeur à des documents détenus par un salarié au sein de l'entreprise et non identifiés comme étant privés, au motif notamment *de l'utilisation du mot « personnel »* plutôt que « privé » par le requérant, conformément à la jurisprudence de la Cour de Cassation selon laquelle un employeur ne peut en principe ouvrir les fichiers identifiés par le salarié comme étant « personnels ne suffisait pas à remettre en cause les motifs retenus, eu égard au fait que la charte de l'utilisateur pour l'usage du système d'information de l'entreprise indiquait spécifiquement que » les informations à caractère privé doivent être clairement identifiées comme telles (option « Privé » dans les critères OUTLOOK, notamment) [et qu'] il en est de même des supports recevant ces informations (répertoire « PRIVÉ »). • CEDH 22 févr. 2018, n° 588/13 : *D. 2018. Actu 463 ; Dr. soc. 2018. 455 , Dabosville ; JCP 2018. 290, obs. Sudre ; ibid. 433, note Marchadier ; Procédures 2018, n° 109, note Fricero ; ibid., n° 112, note Bugada ; CCE 2018, n° 40, note Caprioli.*

12. Huissier. Si un constat d'huissier ne constitue pas un procédé clandestin de surveillance nécessitant l'information préalable du salarié, en revanche il est interdit à cet officier ministériel d'avoir recours à un stratagème pour recueillir une preuve. • Soc. 18 mars 2008, n° 06-40.852 P : *D. 2008. AJ 993 ; ibid. Pan. 2306, obs. Desbarats ; ibid. Pan. 2008, obs. Vasseur ; Dr. soc. 2008. 610, obs. Radé ; JCP 2008. Actu. 233, obs. Dauxerre ; Procédures 2008, n° 137, note Perrot ; Dr. et pr. 2008. 218, note Fricero ; Gaz. Pal. 2009. 2711, n° 1920, obs. Du Rusquec ; Dr. social 2008. 612, note Savatier ; JCP S 2008. 1396, note Bossu.* ♦ Dès lors qu'une cour d'appel constate qu'un employeur s'était assuré le concours d'un huissier qui avait organisé un montage en faisant effectuer, dans les différentes boutiques et par des tiers qu'il y avait dépêchés, des achats en espèces puis en procédant, après la fermeture du magasin et hors la présence de la salariée, à un contrôle des caisses et du registre des ventes, il en ressortait que l'huissier ne s'était pas borné à faire des constatations matérielles, mais avait eu recours à un stratagème pour confondre la salariée, et la cour en a exactement déduit que le constat établi dans ces conditions ne pouvait être retenu comme preuve. • Même arrêt. ♦ Manque à ses obligations professionnelles l'huissier de justice, commis en sa qualité d'officier ministériel pour effectuer des constatations purement matérielles, qui prend une fausse qualité pour obtenir des renseignements d'un interlocuteur ; le procès-verbal de constat établi dans ces conditions ne peut être retenu comme preuve ; viole l'art. 9 la cour d'appel qui se fonde exclusivement sur ce constat d'huissier pour établir les actes de concurrence reprochés au salarié, alors que l'employeur n'apportait aucun autre élément de preuve. • Soc. 5 juill. 1995, n° 92-40.050 P. ♦ Est légalement justifié l'arrêt qui, rendu en référé, déclare admissible la preuve tirée des constatations opérées par un huissier de justice ayant filmé une partie sur la voie publique ou en des lieux ouverts au public, sans provocation aucune à s'y rendre, et relatives aux seules mobilité et autonomie de l'intéressé, dès lors qu'a été retenue la non disproportion de l'atteinte à la vie privée par rapport aux droits et intérêts en cause. • Civ. 1re, 31 oct. 2012, n° 11-17.476 P : *D. 2013. 227, note Dupont ;*

ibid. 457, obs. Dreyer ; *RTD civ. 2013. 86, obs. Hauser* ; *ibid. 117, obs. Fages* ; *Gaz. Pal 12 janv. 2013. 25, note Frouin* ; *JCP 2012. 1229, obs. Abravanel-Jolly* ; *CCE 2012, n° 137, note Lepage*. ♦ Un constat d'huissier sur la messagerie électronique professionnelle et sur les dossiers relatifs à la clientèle personnelle d'un ancien collaborateur peut être produit en justice sans l'accord de ce dernier et sans autorisation judiciaire, si cette production est indispensable à l'exercice du droit à la preuve et proportionnée aux intérêts antinomiques en présence. • Civ. 1re, 5 juill. 2017, n° 16-22.183 P : *D. 2017. Actu. 1479* ; *D. avocats 2017. 321, note Naftalski et Mohajri* ; *Gaz. Pal. 31 oct. 2017, p. 64, obs. L. Mayer* ; *JCP 2017. 1104, obs. Moret-Bailly.*

13. *Détective privé.* Si l'employeur a le droit de contrôler et de surveiller l'activité de son personnel durant le temps de travail, il ne peut mettre en œuvre un dispositif de contrôle qui n'a pas été porté préalablement à la connaissance des salariés ; viole l'art. 9 la cour d'appel qui, pour retenir l'existence d'une cause réelle et sérieuse de licenciement, se fonde uniquement sur des éléments tirés d'un rapport établi à l'initiative de l'employeur, qui avait fait suivre par un enquêteur privé le salarié à son insu, alors que l'illicéité d'un moyen de preuve doit entraîner son rejet des débats. • Soc. 4 févr. 1998, n° 95-43.421 P. ♦ Dans le même sens. • Soc. 23 nov. 2005, n° 03-41.401 P : *Dr. soc. 2006. 227, obs. Mouly* (ne donne pas de base légale à sa décision la cour d'appel qui, pour juger que le licenciement d'un salarié était justifié par une faute lourde, retient que six rapports de deux détectives privés engagés par l'employeur établissent les dates et la réalité des faits, sans rechercher si ce salarié avait été informé de ce dispositif de contrôle). ♦ Est illicite le moyen de preuve fondé sur un rapport d'enquête établi par un détective privé qui a, à la demande de l'employeur, procédé à la filature d'un salarié de la sortie de son domicile jusqu'à son retour à celui-ci. • Civ. 2e, 17 mars 2016, n° 15-11.412 P : *D. actu. 31 mars 2016, obs. Mélin* ; *D. 2016. 2535, obs. Bretzner* ; *RTD civ. 2017. 483, obs. Cayrol* ; *AJCA 2016. 296, obs. Bretzner* ; *RDC 2017. 92, note Pelletier* ; *Procédures 2016, n° 148, obs. Strickler.*

14. *Surveillance clandestine.* Si l'employeur a le pouvoir de contrôler et de surveiller l'activité de son personnel pendant le temps de travail, il ne peut mettre en œuvre un dispositif de surveillance clandestin et à ce titre déloyal. • Soc. 18 mars 2008, n° 06-45.093 P : *D. 2008. AJ 992, obs. Ines* ; *Procédures 2008, n° 137, note Perrot* ; *Dr. soc. 2008. 608, note Radé* ; *JCP S 2008. 1396, note Bossu* ; *RDC 2008. 869 (1re esp.), note Pelletier.* ♦ Retient à tort comme moyen de preuve les rapports établis par des salariés mandatés par l'employeur qui s'étaient rendus dans l'établissement tenu par l'épouse d'un salarié en se présentant comme de simples clients, sans révéler leur qualité et le but de leur visite, ce dont il résultait que leurs vérifications avaient été effectuées de manière clandestine et déloyale, en ayant recours à un stratagème. • Même arrêt. ♦ V. jugeant recevable un enregistrement produit par l'employeur pour justifier des motifs d'un licenciement, à raison de ce que les images opposées au salarié, en l'espèce, ne sont pas le résultat d'une surveillance organisée par l'employeur, mais ont été obtenus à l'insu de l'employeur, alors qu'ils constituent des éléments probants, versés au débat sans démonstration de fraude à la loi, ni violation du principe de loyauté prescrit par l'art. L. 1222-4 C. trav. • Aix-en-Provence, 28 oct. 2016, n° 15/10193 : *D. 2018. Pan. 261, obs. A. Aynès* ; *JCP 2017. 318, obs. Bonifay.*

15. *Supérieur hiérarchique.* Une filature organisée par l'employeur pour contrôler et surveiller l'activité d'un salarié constitue un moyen de preuve illicite dès lors qu'elle implique nécessairement une atteinte à la vie privée de ce dernier, insusceptible d'être justifiée, eu égard à son caractère disproportionné, par les intérêts légitimes de l'employeur ; viole l'art. 9 la cour d'appel qui dit que le licenciement du salarié procède d'une faute grave, alors que l'employeur ne pouvait se fonder, pour retenir une telle faute, sur le rapport établi par le supérieur hiérarchique à la suite d'une filature. • Soc. 26 nov. 2002, n° 00-42.401 P : *D. 2003. 1858, note J.-M. Bruguière* ; *ibid. 394, obs. Fabre* ; *ibid. 1305, Chron. C. cass. Ravanas* ; *ibid. 1536, obs. Lepage* ; *Dr. soc. 2003. 225, obs. Savatier* ; *RTD civ. 2003. 58, obs. J. Hauser* ; *JCP 2003. I. 156, n° 5, obs. Cesaro.*

16. *Enregistrement.* Si l'employeur a le droit de contrôler et de surveiller l'activité de ses salariés pendant le temps du travail, tout enregistrement, quels qu'en soient les motifs, d'images ou de paroles à leur insu, constitue un mode de preuve illicite ; viole l'art. 9 la cour d'appel qui retient, comme moyen de preuve, l'enregistrement effectué à l'insu d'un salarié, par une caméra dissimulée dans une caisse, de manière à surveiller le comportement des salariés sans qu'ils s'en doutent. • Soc. 20 nov. 1991, n° 88-43.120 P : *D. 1992. 73, concl. Chauvy* . ♦ L'enregistrement d'une communication téléphonique par une partie à l'insu de l'auteur des propos tenus constitue un procédé déloyal, rendant irrecevable sa production à titre de preuve. • Com. 3 juin 2008, n° 07-17.147 P : *D. 2008. AJ 1687, obs. Chevrier* ; *ibid. 2476, note Boursier-Mauderly* ; *ibid. Pan. 2823, n° 1, obs. Delebecque* ; *ibid. 2753, note Salomon* ; *JCP 2008. II. 2055, note G. Royer* ; *CCC 2008, n° 114, obs. Chagny* ; *ibid. 204, note Bosco* ; *Gaz. Pal. 11 sept. 2008, p. 7, note Roda* ; *RTD com. 2009. 431, obs. Bouloc* . ♦ Comp. Si l'employeur ne peut mettre en œuvre un dispositif de contrôle de l'activité professionnelle qui n'a pas été porté préalablement à la connaissance des salariés, il peut leur opposer les preuves recueillies par les systèmes de surveillance des locaux auxquels ils n'ont pas accès, et n'est pas tenu de divulguer l'existence des procédés installés par les clients de l'entreprise ; ayant constaté que la mise en place de la caméra avait été décidée par un client et n'avait pas pour but de contrôler le travail des salariés mais uniquement de surveiller la porte d'accès d'un local dans lequel ils ne devaient avoir aucune activité, la cour d'appel a pu décider que les enregistrements vidéo litigieux constituaient un moyen de preuve licite. • Soc. 19 avr. 2005, n° 02-46.295 P : *D. 2005. AJ 1248, obs. Astaix ; RTD civ. 2005. 572, obs. Hauser ; JCP 2005. I. 183, n° 10, obs. Serinet.* ♦ Si l'employeur a le droit de contrôler et de surveiller l'activité de ses salariés pendant le temps de travail, il ne peut être autorisé à utiliser comme mode de preuve les enregistrements d'un système de vidéo-surveillance installé sur le site d'une société cliente permettant le contrôle de leur activité dont les intéressés n'ont pas été préalablement informés de l'existence. • Soc. 11 janv. 2012, n° 10-23.482 P : *D. 2012. Actu. 290 ; ibid. 903, note Porta ; RDT 2012. 223, obs. Gardin ; JCP S 2012. 1122, note Loiseau ; Dr. et pr. 2012. 75, note Boulmier ; LPA 4 déc. 2012, p. 8, note Sauret et Boubli ; ibid. 3 juin 2013, p. 9, note Fiorentino.* ♦ La simple vérification des relevés de la durée, du coût et des numéros des appels téléphoniques passés à partir de chaque poste édités au moyen de l'autocommutateur téléphonique de l'entreprise ne constitue pas un procédé de surveillance illicite pour n'avoir pas été préalablement porté à la connaissance du salarié. • Soc. 29 janv. 2008 : *Dr. soc. 2008. 1072, obs. Ray ; RDT 2008. 242, obs. de Quenaudon et Sachs-Durand ; RDBF 2008, n° 87, obs. Caprioli ; Gaz. Pal. 24 avr. 2008, p. 39, note Boncourt.* ♦ Si l'enregistrement d'une conversation téléphonique privée, effectué à l'insu de l'auteur des propos invoqués, est un procédé déloyal rendant irrecevable en justice la preuve ainsi obtenue, il n'en est pas de même de l'utilisation par le destinataire des messages téléphoniques vocaux dont l'auteur ne peut ignorer qu'ils sont enregistrés par l'appareil récepteur. • Soc. 6 févr. 2013, n° 11-23.738 P : *D. 2013. Actu. 439, obs. Siro ; ibid. Chron. C. cass. 1768, obs. Flores, Mariette Ducloz, Wurtz, Sommé et Contamine ; ibid. Pan. 2802, obs. Delebecque, Bretzner et Darret-Courgeon ; Dr. soc. 2013. 626, obs. Salomon ; RTD civ. 2013. 380, obs. Barbier ; JCP E 2013. 1163, note Taquet ; ibid. S 2013. 86, obs. Léger ; ibid. 1149, note Verkindt ; Gaz. Pal. 2013, p. 1793, note Lauvergnat.*

17. Messagerie électronique. Le salarié a droit, même au temps et au lieu de travail, au respect de l'intimité de sa vie privée ; celle-ci implique en particulier le secret des correspondances ; l'employeur ne peut dès lors, sans violation de cette liberté fondamentale, prendre connaissance des messages personnels émis par le salarié et reçus par lui grâce à un outil informatique mis à sa disposition pour son travail et ceci même au cas où l'employeur aurait interdit une utilisation non professionnelle de l'ordinateur. • Soc. 2 oct. 2001, n° 99-42.942 P : *D. 2001. 3148, note Gautier ; ibid. 3286, interview Langlois ; ibid. 2002. Pan. 2296, obs. Caron ; Dr. soc. 2001. 915, note Ray ; ibid. 2002. 84, étude Mole ; RTD civ. 2002. 72, obs. J. Hauser ; CCE 2001, n° 120, note Lepage* (pour établir que le salarié avait entretenu pendant ses heures de travail une activité parallèle, la cour d'appel, violant l'art. 9, s'était fondée sur le contenu des messages que l'employeur avait découverts en consultant l'ordinateur mis à la disposition du salarié par la société et comportant un fichier intitulé « personnel ») • 12 oct. 2004, n° 02-40.392 P (pour décider que la mise à pied disciplinaire du salarié était justifiée, la cour d'appel, violant l'art. 9, s'était fondée sur le contenu des messages que l'employeur avait découverts en consultant l'ordinateur mis à la disposition du salarié par la société). ♦ Sauf risque ou événement particulier, l'employeur ne peut ouvrir les fichiers identifiés par le salarié comme personnels contenus sur le disque dur de l'ordinateur mis à sa disposition qu'en présence de ce dernier ou celui-ci dûment appelé. • Soc. 17 mai 2005, n° 03-40.017 P : *CCE 2005, n° 121, note Lepage ; D. 2005. AJ 1448, obs. Chevrier ; ibid. 1873, tribune de Quenaudon ; ibid. Pan. 2643, obs. Lepage, Marino et Bigot ; ibid. 2006. 29, obs. Centre de recherche en droit social de l'IETL, université Lumière-Lyon 2 ; Dr. soc. 2005. 789, note Ray (violation des art. 8 Conv. EDH, 9 C. civ., 9 C. pr. civ. et L. 120-2 C. trav. [devenu art. L. 1121-1 C. trav.]).* ♦ V. égal. • Soc. 30 mai 2007 : *RDBF 2007, n° 59, obs. Caprioli.* ♦ V. aussi • T. com. Paris, 10 déc. 2004 : *Gaz. Pal. 26-27 oct. 2005, p. 36.* ♦ Les connexions internet établies par un salarié pendant son temps de travail grâce à un ordinateur mis à disposition par son employeur sont présumées avoir un caractère professionnel, de sorte que l'employeur peut les rechercher pour les identifier, en dehors de la présence du salarié. • Soc. 9 juill. 2008 : *D. 2008. AJ 2228, obs. Ines ; ibid. 2009. Pan. 195, note Khadri-Benamrouche ; RDT 2008. 566, obs. Guiomard ; ibid. 2009. Pan. 191, obs. Centre de recherche en droit social de l'Institut d'études du travail de Lyon (CERCRID, Université Jean-Monnet de Saint-Étienne – Université Lumière-Lyon 2/UMR CNRS 5137) ; RDBF 2008, n° 149, note Caprioli ; LPA 28 oct. 2008, note G. D. ; Dr. soc. 2008. 1080, Étude Ray ; JCP S 2008. 1658, note Boubli ; Rev. sociétés 2008. 780, note Barbièri ; RJ com. 2009. 36, note Desbarats ; CCE 2008, n° 128, obs. Lepage ; ibid. 131, obs. Caprioli.* ♦ Les fichiers créés par le salarié à l'aide de l'outil informatique mis à sa disposition par l'employeur pour les besoins de son travail sont présumés avoir un caractère professionnel, sauf si le salarié les identifie comme personnels, en sorte que l'employeur est en droit de les ouvrir hors la présence de l'intéressé. • Soc. 21 oct. 2009 : *D. 2009. AJ 2614 ; Dr. soc. 2010. 267, obs. Ray ; RDT 2010. 172, obs. Guyader ; JCP G 2009. 574, n° 2, obs. Mekki ; LPA, 29 déc. 2009, p. 6, note Hasnaoui ; Dr. et pr. 2010. 22, note Choquet.* • 15 déc. 2009 : *R. 2009, p. 331 ; D. 2010. AJ 156 ; Dr. soc. 2010. 267, obs. Ray ; JCP 2010. 57, note Léger ; ibid. S 2010. 1172, note Bossu ; RLDI janv. 2010, n° 1866, obs. Trézéguet ; RD trav. 2010. Actu. 74.* ♦ Comp. jugeant que les juridictions internes doivent s'assurer que la mise en place par un employeur de mesures de surveillance de la correspondance et des autres communications, quelles qu'en soient l'étendue et la durée, s'accompagne de garanties adéquates et suffisantes contre les abus. La proportionnalité et les garanties procédurales contre l'arbitraire sont des éléments essentiels : • CEDH 5 sept. 2017, n° 61496/08 : *D. actu. 11 sept. 2017, obs. Peyronnet ; ibid., obs. Péronne et Daoud ; D. 2018. Pan. 138, obs. Renucci ; D. 2017. 1709 , et les obs. ; Dalloz IP/IT 2017. 548, obs. Derieux ; AJDA 2017. 1639 ; JCP 2017. 1169, note Marguénaud et Mouly ; ibid. S 2017. 1328, note Loiseau ; ibid. E 2017. 1036, obs. Mallet-Poujol ; ibid. 2018. 34, obs. Sudre ; Gaz. Pal. 26 sept. 2017, p. 26, note Le Maigat ; ibid. 28 nov. 2017, p. 22, note Andriantsimbazovina ; ibid. 12 déc. 2017, p. 43, note Colonna et Renaux-Personnic ; Procédures 2017, n° 240, note Bugada.* ♦ Les messages électroniques provenant de la messagerie personnelle d'un salarié distincte de la messagerie professionnelle dont celui-ci dispose pour les besoins de son activité doivent être écartés des débats en ce que leur production en justice porte atteinte au secret des correspondances. • Soc. 26 janv. 2016, n° 14-15.360 P : *D. 2016. Actu. 320 .* ♦ L'employeur peut produire en justice les courriels d'un salarié issus d'une messagerie électronique professionnelle non pourvue d'un système de contrôle de l'activité des salariés, même si cette messagerie n'a pas fait l'objet de la déclaration simplifiée requise auprès de la CNIL. • Civ. 1re, 1er juin 2017, n° 15-23.522 P : *D. 2017. 1195 ; ibid. 1553, obs. Salomon ; ibid. 2018. Pan. 260, obs. A. Aynès ; Dalloz IP/IT 2017. 602, obs. Adam .*

18. Clé USB. Dès lors qu'une clé USB est connectée à l'outil informatique fourni par l'employeur, elle est présumée utilisée à des fins professionnelles, autorisant ainsi l'employeur à avoir accès aux fichiers non identifiés comme personnels qui y sont contenus. • Soc. 12 févr. 2013, n° 11-28.649 P : *D. actu. 6 mars 2013, obs. Inès ; D. 2013. Actu. 513 ; ibid. Pan. 1027, obs. Porta ; ibid. Pan. 1768, obs. Contamine ; ibid. Pan. 2803, note Bretzner ; Gaz. Pal. 2013, p. 1104, note Frouin ; CCE 2013, n° 62, note Caprioli ; JCP S 2013. 1217, note Bossu ; RD trav. 2013. 339, note Nord-Wagner.*

19. SMS. Si l'enregistrement d'une conversation téléphonique privée, effectué à l'insu de l'auteur des propos invoqués, est un procédé déloyal rendant irrecevable en justice la preuve ainsi obtenue, il n'en est pas de même de l'utilisation par le destinataire des messages écrits téléphoniquement adressés, dits SMS, dont l'auteur ne peut ignorer qu'ils sont enregistrés par l'appareil récepteur. • Soc. 23 mai 2007, n° 06-43.209 P : *D. 2007. AJ 1598, obs. A. Fabre ; ibid. 2284, note Castets-Renard ; ibid. Pan. 2822, obs. Vasseur ; RTD civ. 2007. 637, obs. Perrot ; ibid. 776, obs. Fages ; JCP 2007. II. 10140, note Weiller ; JCP E 2007. 2072, note Gohlen ; JCP S 2007. 1601, note Bossu ; Procédures 2007, n° 182, note Perrot ; Dr. et pr. 2007. 340, note Bobant ; Dr. et patr. 1/2008, p. 102, obs. Amrani Mekki ; RDBF 2007, n° 196, obs. Caprioli ; LPA 29 avr. 2008, p. 15, obs. Daverat* (SMS utilisés pour faire la preuve d'un harcèlement sexuel). ♦ Le juge ne peut rejeter comme mode de preuve les minimessages adressés par téléphones portable au motif que la lecture a été faite à l'insu de leur destinataire et que cela constitue une atteinte grave à l'intimité de la personne, sans constater qu'ils ont été obtenus par violence ou par fraude. • Civ. 1re, 17 juin 2009, n° 07-21.796 P : *D. 2009. AJ 1758, obs. Egéa ; ibid. Pan. 2671, obs. Bretzner ; ibid. 2010. 989, obs. Douchy-Oudot ; ibid. 1243, obs. Serra et Williatte-Pellitteri ; AJ fam. 2009. 298, obs. David ; RTD civ. 2009. 514, obs. Hauser ; JCP 2009. 369, n° 15, obs. Amrani Mekki ; LPA, 24 sept. 2009, p. 3, note Dissaux ; ibid. 7 oct. 2009, p. 9, note Colin ; RLDC 09/2009. 3544, obs. Pouliquen ; Dr. et pr. 2009. 344, obs. Fricero ; Gaz. Pal. 7 nov. 2009, p. 14, note Lécuyer ; Dr. fam. 2009, n° 124, note Larribau-Terneyre.* ♦ Les messages écrits (*short message service*) envoyés ou reçus par le salarié au moyen du téléphone mis à sa disposition par l'employeur pour les besoins de son travail sont présumés avoir un caractère professionnel, en sorte que l'employeur est en droit de les consulter en dehors de la présence de l'intéressé, sauf s'ils sont identifiés comme étant personnels. En conséquence, la production en justice des messages n'ayant pas été identifiés comme étant personnels par le salarié ne constitue pas un procédé déloyal au sens des art. 9 C. civ. et 6, § 1er, de la Conv. EDH rendant irrecevable ce mode de preuve. • Com. 10 févr. 2015 : *D. 2015. Actu. 428 ; ibid. 959, note Lasserre Capdeville ; RD trav. 2015. 191, note Adam ; JCP 2015. 407, note Bossu ; ibid. 226, obs. Barrière ; JCP E 2015. 1119, note Dissaux ; ibid. 1171, note Barrière ; JCP S 2015. 1155, note Bossu ; CCE 2015. 38, note Caprioli ; RLDA 2015. 5546, note Arnaud ; Dr. et pr. 2015. 113, note Dorol.*

20. Courrier. Seules les correspondances à caractère privé sont couvertes par le secret des correspondances. • 15 déc. 2009 : *préc.*

note 17 (procédure disciplinaire contre un salarié). ♦ V. aussi : • Civ. 1re, 16 oct. 2008 : *cité note 2 ss. art. 187, Décr. n° 91-1197 du 27 nov. 1991* (procédure disciplinaire contre un avocat). – ***C. avocat.***

3° RELATIONS COMMERCIALES

21. Enregistrement. Si la preuve est libre en matière commerciale, il demeure qu'il incombe à chaque partie de prouver, conformément à la loi, les faits nécessaires au succès de sa prétention et au juge de puiser sa conviction dans les preuves régulièrement recueillies en rejetant les procédés dérivant de l'utilisation de moyens frauduleux ; une société de courtage ne peut donc faire la preuve d'une intermédiation qu'elle entend se faire rémunérer, à l'aide de l'enregistrement d'une conversation téléphonique qu'elle a eue avec le contrôleur financier de la société adverse, dès lors qu'en ne prévenant pas son interlocuteur que ses propos allaient être enregistrés et perdre ainsi leur caractère de simple conversation, la société de courtage a commis une déloyauté et a manqué à la morale élémentaire du droit des affaires. • Paris, 15 mai 1998 : *D. 1998. IR 196.* ♦ Est déloyal le fait de permettre à un tiers d'écouter une conversation téléphonique à l'insu de l'un des interlocuteurs, afin que ce tiers retranscrive les termes de cette conversation dans une attestation produite à titre de preuve. • Com. 13 oct. 2009 : *D. 2010. Pan. 2671, obs. Bretzner ; Procédures 2010, n° 390, note Perrot ; JCP S 2009. 1562, note Martinon.*

22. Concurrence. Sauf disposition expresse contraire du C. com., les règles du C. pr. civ. s'appliquent au contentieux des pratiques anticoncurrentielles relevant de l'Autorité de la concurrence et l'enregistrement d'une communication téléphonique réalisée à l'insu de l'auteur des propos tenus constitue un procédé déloyal rendant irrecevable sa production à titre de preuve. • Cass., ass. plén., 7 janv. 2011, n° 09-14.316 P : *BICC 1er févr. 2011, p. 21, rapp. Bargue, avis Petit ; D. 2011. Actu. 157, obs. Chevrier ; ibid. 562, note Fourment ; ibid. Chron. C. cass. 618, obs. Vigneau ; ibid. Pan. 2893, obs. Delebecque ; RTD civ. 2011. 127, obs. B. Fages ; ibid. 383, obs. Théry ; RTD eur. 2012. 526, obs. Zampini ; LPA 12 mai 2011, p. 10, note Eeckhout ; ibid. 19 déc. 2011, p. 7, note Messaï-Bahri ; JCP E 2011. 208, note Ruy ; ibid. 2011, n° 1053, note Malaurie-Vignal ; BRDA 2011, n° 1, p. 10 ; Gaz. Pal. 16-17 févr. 2011, p. 16, note Régnault ; ibid. 20-22 mars 2011, p. 17, obs. Amrani Mekki ; Dr. et pr. 2011. 97, note Fricero ; CCE 2011, n° 24, note Chagny ; CCC 2011, n° 71, note Bosco ; Gaz. Pal. 23 avr. 2011, p. 36, note Forster et Santonja ; ibid. 24 mai 2012, p. 52, note Donnedieu de Vabres-Tranié.* ♦ V. sur l'évolution de la jurisprudence : C. com., note 6 ss. art. L. 463-1. – **C. com.**

23. Document privé. Prive sa décision de base légale au regard des art. 9 C. civ., 9 C. pr. civ. et 6 et 8 Conv. EDH la cour d'appel qui rejette la demande en dommages-intérêts d'une partie soutenant que la production contestée d'une pièce avait porté atteinte à sa vie privée, sans caractériser la nécessité de la production litigieuse quant aux besoins de la défense et sa proportionnalité au but recherché. • Civ. 1re, 16 oct. 2008, n° 07-15.778 P : *D. 2008. AJ 2726 ; ibid. 2009. Pan. 2714, obs. Vasseur ; RTD civ. 2009. 167, obs. Perrot ; Gaz. Pal. 2 déc. 2008, Jurisp., p. 33, note Dupont ; JCP 2009. I. 142, n° 9, note Serinet ; CCE 2009, n° 70, note Lepage.*

24. Détective privé. V. • Lyon, 26 mars 2008 : *RDC 01/2009. 215, obs. (crit.) C. Pelletier.*

25. Huissier. V. • Lyon, 26 mars 2008 : *cité note 24.*

26. Constat d'achat. Le droit à un procès équitable, consacré par l'art. 6, § 1, Conv. EDH, commande que la personne qui assiste l'huissier instrumentaire lors de l'établissement d'un procès-verbal de constat soit indépendante de la partie requérante. Viole en conséquence les art. 6, § 1, Conv. EDH et 9 C. pr. civ., ensemble le principe de loyauté dans l'administration de la preuve, une cour d'appel qui pour rejeter la demande d'annulation du procès-verbal de constat d'achat, retient que la circonstance que la personne assistant l'huissier de justice, qui a pénétré, seule, dans les deux magasins avant d'en ressortir avec la marchandise litigieuse, soit un avocat stagiaire au cabinet de l'avocat de la société ayant requis le constat d'achat est indifférente, dès lors qu'il n'est argué d'aucun stratagème déloyal. • Civ. 1re, 25 janv. 2017, n° 15-25.210 P : *D. actu. 7 févr. 2017, obs. Bléry ; D. 2017. 304 ; ibid. 2018. Pan. 261, obs. Bretzner ; Dalloz IP/IT 2017. 335, obs. A. Lecourt ; RTD civ. 2017. 489, obs. N. Cayrol ; ibid. 719, obs. P. Théry ; RTD com. 2017. 92, obs. F. Pollaud-Dulian ; Gaz. Pal. 7 mars 2017, p. 25, note Dorol ; ibid. 2 mai 2017, p. 69, obs. L. Mayer ; JCP 2017. 271, note Legrain ; Dr. et pr. 2017. 29, note Mourre-Schreiber.* ♦ Contra, jugeant que l'existence d'une quelconque manœuvre du tiers acheteur ne saurait en tout état de cause se déduire de sa seule qualité de stagiaire du cabinet d'avocat du requérant. • TGI 3e ch., sect. 3, 1er déc. 2017, n° 16/12596 : *D. actu. 8 janv. 2018, obs. Bléry ; D. avocats 2018. 15, obs. Dargent ; JCP 2018. 41, obs. Dorol ; Dr. et pr. 2018. 47, note Mourre-Schreiber.* ♦ Adde, jugeant qu'à défaut de rapporter la preuve du lien unissant le tiers acheteur et le requérant, le tiers acheteur est présumé être extérieur au requérant et le constat d'achat qui précise seulement l'absence de lien entre l'huissier de justice et le requérant est donc valide : • Paris, 16 janv. 2018, n° 16/04377 : *Dr. et pr. 2018. 50, note Dorol.*

4° RELATIONS LOCATIVES

27. Vidéosurveillance. L'avertissement de l'existence des caméras de vidéosurveillance par des panneaux permet de les utiliser pour rapporter la preuve de l'inertie du preneur face aux agissements des occupants des lieux. • Civ. 1re, 24 sept. 2009, n° 08-19.482 P : *D. actu. 5 oct. 2009, obs. Chenu ; D. 2009. AJ 2344 ; ibid. 2010. Pan. 2671, obs. Bretzner ; Dr. et pr. 2010. 21, note Fricero ; RDC 2010. 128, obs. Seube.*

5° ASSURANCES

28. Enquête privée. Si le simple récit d'activités visibles à partir de la voie publique en direction du balcon d'une personne constitue une atteinte à la vie privée, une telle atteinte n'est pas disproportionnée lorsque, eu égard au droit à la preuve de toute partie en procès, elle se réduit, dans ce but, à la simple constatation de l'absence de port de lunettes lors de la conduite d'un véhicule ou lors du ménage et rangement du lieu ainsi observé. • Civ. 1re, 10 sept. 2014, n° 13-22.612 P : *D. 2014. 1824 ; ibid. 2015. 342, obs. Dreyer ; ibid. 2016. 167, obs. Aynès ; RTD civ. 2014. 856, obs. Hauser .* ♦ Le droit à la preuve ne peut justifier la production d'éléments portant atteinte à la vie privée qu'à la condition que cette production soit indispensable à l'exercice de ce droit et que l'atteinte soit proportionnée au but poursuivi. Viole, dès lors, les art. 6 et 8 Conv. EDH, 9 C. civ. et 9 C. pr. civ. une cour d'appel qui, pour rejeter la demande tendant à voir écarter des débats des rapports d'enquête privée produits par un assureur à l'occasion de l'instance en indemnisation du préjudice subi par la victime d'un accident, retient que ces rapports ne portent pas une atteinte disproportionnée au respect dû à la vie privée de cette dernière, tout en relevant que les investigations, qui s'étaient déroulées sur plusieurs années, avaient eu une durée allant de quelques jours à près de deux mois et avaient consisté en des vérifications administratives, un recueil d'informations auprès de nombreux tiers, ainsi qu'en la mise en place d'opérations de filature et de surveillance à proximité du domicile de l'intéressé et lors de ses déplacements, ce dont il résultait que, par leur durée et leur ampleur, les enquêtes litigieuses, considérées dans leur ensemble, portaient une atteinte disproportionnée au droit au respect de sa vie privée. • Civ. 1re, 25 févr. 2016, n° 15-12.403 P : *D. 2016. 884, note Saint-Pau ; ibid. 2535, obs. Bretzner ; AJ pénal 2016. 326, obs. Aubert ; RTD civ. 2016. 326, obs. Barbier .* ♦ Après avoir décidé, à bon droit, que les opérations de surveillance et de filature menées par des enquêteurs privés, mandatés par un assureur pour vérifier le degré de mobilité et d'autonomie de la victime d'un accident, étaient, par elles-mêmes, de nature à porter atteinte à la vie privée, et ayant constaté que ces opérations avaient concerné l'intérieur du domicile de la victime et de sa mère, que les enquêteurs avaient procédé à la description physique et à une tentative d'identification des personnes s'y présentant et que les déplacements de la mère avaient été précisément rapportés, une cour d'appel a pu en déduire que cette immixtion dans leur vie privée excédait les nécessités de l'enquête et que, dès lors, les atteintes en résultant étaient disproportionnées au regard du but poursuivi. • Civ. 1re, 22 sept. 2016, n° 15-24.015 P : *D. 2018. Pan. 262, obs. Aynès .* ♦ Aucune atteinte au droit de chacun sur son image ne peut être retenue dès lors que la mauvaise qualité de celle-ci, au terme d'une constatation souveraine, rend impossible l'identification de la personne représentée. • Civ. 1re, 10 sept. 2014, n° 13-22.612 P : *préc.*

6° PROCÉDURE PÉNALE

29. Instruction pénale. C'est à bon droit et sans méconnaître l'art. 6, § 1, Conv. EDH que la cour d'appel écarte des débats des pièces qui, figurant dans le dossier d'une instruction pénale ayant donné lieu à un jugement d'un tribunal correctionnel, ont été obtenues sans l'autorisation du procureur de la république prévue à l'art. R. 156 C. pr. pén. • Civ. 2e, 9 avr. 2009, n° 08-12.574 P : *D. 2009. AJ 1212 ; ibid. Pan. 2714, obs. Delebecque, Bretzner et Vasseur .*

Art. 10 Le juge a le pouvoir d'ordonner d'office toutes les mesures d'instruction légalement admissibles.

BIBL. ▶ GODÉ, *Mél. Weill, 1982, p. 259* (le mensonge dans le procès). – HÉBRAUD, *Ann. univ. Toulouse 1978, t. XXVI, p. 379* (vérité et office du juge). – R. MARTIN, *RTD civ. 1971. 279* (instruction du procès civil). – TARZIA, *Mél. Perrot, Dalloz 1996, p. 469* (pouvoirs d'office du juge civil en matière de preuves).

1. Pouvoir. S'il a le pouvoir d'ordonner d'office toutes les mesures d'instruction légalement admissibles, conformément à l'art. 10, le juge ne dispose que d'une simple faculté et peut se prononcer au seul vu des éléments de preuve produits par les parties au litige, en application des principes édictés par les art. 1315 C. civ. et 9 NCPC [devenu C. pr. civ.]. • Com. 14 déc. 2004, n° 02-31.241 P. ♦ Les griefs d'un pourvoi qui ne tendent qu'à remettre en cause l'appréciation souveraine de la cour d'appel quant à la nécessité d'ordonner une mesure d'instruction nécessaire à la manifestation de la vérité ne peuvent être accueillis. • Civ. 1re, 14 mars 2000, n° 97-21.581 P (en présence d'une contestation sur la cause du décès de l'assuré, il est de l'office du juge d'ordonner une expertise judiciaire, en autorisant l'expert à accéder au dossier médical, afin de la déterminer). ♦ Le juge peut toujours inviter une partie à fournir des éléments de nature à l'éclairer. • Civ. 2e, 12 oct. 2006, n° 05-12.835 P: *RTD civ. 2007. 178, obs. Perrot*. ♦ V. aussi jugeant que c'est dans l'exercice de son pouvoir souverain d'appréciation qu'une cour d'appel, saisie d'une demande de conversion d'un usufruit en rente viagère, peut décider de ne pas ordonner d'expertise pour procéder à la fixation du montant de cette rente : • Civ. 1re, 9 sept. 2015, n° 14-15.957 P : *D. actu. 25 sept. 2015, obs. Kebir.*

2. Droit de la filiation. L'expertise biologique est de droit en matière de filiation, sauf s'il existe un motif légitime de ne pas y procéder. • Civ. 1re, 28 mars 2000, n° 98-12.806 P : *R. p. 328 ; D. 2000. 731, note Garé ; ibid. 2001. Somm. 976, obs. Granet ; ibid. 1427, obs. Gaumont-Prat ; ibid. 2868, obs. Desnoyer ; JCP 2000. II. 10409, concl. Petit et note Monsallier-Saint Mleux ; Defrénois. 2000. 769, note Massip ; Dr. fam. 2000, n° 72, note Murat ; RTD civ. 2000. 304, obs. Hauser*. ♦ L'expertise biologique est de droit en matière d'action à fins de subsides, sauf s'il existe un motif légitime de ne pas y procéder. • Civ. 1re, 14 juin 2005, n° 03-12.641 P • 14 juin 2005, n° 04-13.901 P : *D. 2005. IR 1804 ; ibid. 2006. 1139, obs. Granet-Lambrechts ; RTD civ. 2005. 584, obs. Hauser ; JCP 2005. I. 199, n° 2, obs. Rebourg ; ibid. 2006. I. 137, note Byk ; Defrénois 2005. 1848, note Massip ; Dr. fam. 2005, n° 182, note Murat.*

3. Renvoi. Pour l'obtention et la production des pièces, V. notes ss. art. 11, 138 s. ainsi que 142 s.

Sur les mesures d'instruction en matière d'identification d'une personne par ses empreintes génétiques, V. C. civ., art. 16-11. — **C. civ.**

Art. 11 Les parties sont tenues d'apporter leur concours aux mesures d'instruction sauf au juge à tirer toute conséquence d'une abstention ou d'un refus.

Si une partie détient un élément de preuve, le juge peut, à la requête de l'autre partie, lui enjoindre de le produire, au besoin à peine d'astreinte. Il peut, à la requête de l'une des parties, demander ou ordonner, au besoin sous la même peine, la production de tous documents détenus par des tiers s'il n'existe pas d'empêchement légitime.

Aucune décision de justice impliquant une appréciation sur un comportement d'une personne ne peut avoir pour fondement un traitement automatisé de données à caractère personnel destiné à évaluer certains aspects de sa personnalité (L. n° 78-17 du 6 janv. 1978, art. 10. — **CRPA**, *App., Informatique et libertés).*

BIBL. ► DENIS, *RTD civ. 1977. 671* (évolution du système des preuves). – DAIGRE, *PUF, 1979* (production forcée) ; *JCP 1981. I. 3020* (pouvoir discrétionnaire du juge) ; *Dr. prat. jud. 1983. 241* (conditions) ; *ibid. 705* (moyens de résistance). – LAGARD, *JCP 2005. I. 133* (finalités et principes du droit de la preuve). – MARRAUD, *JCP 1973. I. 2572* (droit à la preuve). – MOLIN, *Procédures 2014. Étude 4* (la production de pièces pénales dans une instance civile). – REBUFET, *Gaz. Pal. 26-27 juill. 2002, p. 2* (principe de loyauté). – VIATTE, *Gaz. Pal. 1973. Doctr. 406* (communications et productions).

PLAN DES ANNOTATIONS

I. LES MESURES D'INSTRUCTION

1. Obligation de concours. Le juge chargé du contrôle des expertises est tenu de veiller, en application des art. 11 et 275, à ce que les parties apportent leur concours aux mesures d'instruction et remettent sans délai aux experts les pièces nécessaires à l'accomplissement de leur mission (pertinence des demandes de communication portant sur des documents très précis, en relation directe avec le contenu de la mission). • Civ. 2e, 23 sept. 2004, n° 02-15.782 P.

2. Sanction du refus. Pour une application implicite du pouvoir donné au juge de tirer toute conséquence du refus d'une partie de prêter son concours à une mesure d'instruction en matière d'expertise biologique afin de recherche de paternité naturelle, V. • Civ. 1re, 1er juill. 2003 : *RJPF déc. 2003. 22.*

3. Charge de la preuve. Chaque partie est tenue d'apporter son concours aux mesures d'instruction, sauf au juge à tirer toute conséquence d'une abstention ou d'un refus sans avoir égard aux règles gouvernant la charge de la preuve. • Civ. 1re, 30 mars 2005 : *JCP 2005. I. 183, n° 8, obs. Serinet ; Procédures 2005, n° 123, note Perrot.*

II. LES PIÈCES

4. Renvoi. V. aussi art. L. 123-23 C. com., art. 27, 138, 142, 288, 844, 862, 882, 940 C. pr. civ. et art. R. 1454-3 C. trav.

A. L'INTERVENTION JUDICIAIRE

5. Pouvoir. Le juge dispose, en matière de production forcée, d'une simple faculté dont l'exercice est laissé à son pouvoir discrétionnaire. • Civ. 1re, 4 déc. 1973, n° 72-13.385 P • Civ. 2e, 10 févr. 1977, n° 75-13.844 P : *D. 1977. IR 264, obs. Julien* • 14 nov. 1979 : *D. 1980. 365, note Lemée* • Civ. 3e, 24 févr. 1988 : *JCP 1988. IV. 166* • Com. 9 déc. 1980 : *Bull. civ. IV, n° 417.* ♦ C'est dans l'exercice du pouvoir laissé par la loi à sa discrétion d'ordonner ou non la production d'un élément de preuve détenu par une partie qu'une cour d'appel, sans être tenue de s'expliquer sur une telle demande, n'y fait pas droit. • Civ. 2e, 16 oct. 2003, n° 01-13.770 P. ♦ Le juge ne renverse pas la charge de la preuve, mais ne fait qu'user du pouvoir qu'il tient de l'art. 11, lorsqu'il enjoint à l'employeur de justifier de la prise en charge des salaires de personnes dont la présence sur les listes électorales de son entreprise est contestée. • Soc. 18 juill. 1979 : *Bull. civ. V, n° 650.*

6. Initiative. Le juge n'a pas, en principe, le pouvoir d'ordonner d'office la production de documents détenus par une partie ou par un tiers. • Civ. 1re, 21 oct. 1975 : *Bull. civ. I, n° 281* • Paris, 13 févr. 1978 : *D. 1978. 216, concl. Picca.* ♦ Il appartient aux parties de produire leurs moyens de preuve. Celui qui s'est abstenu de produire un document ne peut reprocher au juge de ne pas lui avoir enjoint de le faire. • Civ. 2e, 22 janv. 1976 : *Bull. civ. II, n° 24.* ♦ Considérant que le juge peut toujours inviter une partie à fournir des éléments de nature à l'éclairer. • Civ. 2e, 12 oct. 2006, n° 05-12.835 P.

7. Demande expresse. L'observation d'une partie que la production d'une pièce aurait été utile aux débats n'équivaut pas à une demande de production. • Com. 19 déc. 1977 : *Bull. civ. IV, n° 307.*

8. Tout juge. Le pouvoir d'enjoindre aux parties, de demander ou ordonner aux tiers de produire des éléments de preuve qu'ils détiennent est conféré à toute juridiction de l'ordre judiciaire, et notamment au juge des référés. • Aix-en-Provence, 18 oct. 1976 : *Gaz. Pal. 1977. 1. Somm. 134* • TGI Toulouse, réf., 10 févr. 1976 : *JCP 1976. IV. 6632, p. 288* • TGI Paris, réf., 28 juin 1977 : *Gaz. Pal. 1978. 1. Somm. 122.* ♦ ... Et au juge des requêtes. • TGI Nevers, ord., 23 sept. 1976 : *JCP 1977. II. 18603, note Almairac* • 7 oct. 1976 : *eod. loc.* ♦ ... Au TI, juge du contentieux électoral. • Soc. 18 juill. 1979 : *Bull. civ. V, n° 610.* ♦... Ainsi qu'à la Cour de cassation. • Civ. 1re, 4 févr. 1986 : *Gaz. Pal. 1986. 1. Somm. 416, obs. Guinchard et Moussa.* ♦ V. également art. 770 (JME).

9. Moment. Il résulte de la combinaison des art. 10 C. civ., 11 et 145 NCPC [devenu C. pr. civ.] qu'il peut être ordonné à des tiers de produire tous documents qu'ils détiennent, s'il existe un motif légitime de conserver ou d'établir avant tout procès la preuve de faits dont pourrait dépendre la solution d'un litige. • Civ. 1re, 31 mai 1988 : *Bull. civ. I, n° 168.* ♦ ... A une partie de produire tout document qu'elle détient, s'il existe un motif légitime de conserver ou d'établir avant tout procès la preuve de faits dont pourrait dépendre la solution d'un litige. • Soc. 27 mai 1997 : *Dalloz jurisprudence.* ♦ Dans le même sens, • Civ. 1re, 20 déc. 1993, n° 92-12.819 P • Com. 11 avr. 1995, n° 92-20.985 P : *D. 1996. 573, note Matsopoulou* ; *Gaz. Pal. 1996. 1. Somm. 246, obs. Croze et Morel.* ♦ *Contra* : • Poitiers, 24 juill. 1986 : *RTD civ. 1986. 798, obs. Normand.*

10. Caractère subsidiaire. L'art. 11 ne saurait concerner que le cas où une partie intéressée ne dispose d'aucun moyen légal pour obtenir de tiers la communication des éléments de preuve. • Bourges, 9 nov. 1981 : *Gaz. Pal. 1982. 1. 214.* ♦ Les parties à un acte notarié, pouvant avoir connaissance de la minute en l'étude du notaire, ne sauraient se prévaloir de l'art. 11 pour faire ordonner la production forcée. • Civ. 1re, 20 déc. 1977 : *JCP 1979. II. 19036.*

Subordonnant le recours à la production forcée à l'absence d'autres moyens de preuve, V. • Paris, 4 mars 1975 : *RTD civ. 1975. 780, obs. Perrot* • TGI Châlons-sur-Marne, 16 nov. 1972 : *Gaz. Pal. 1973. 1. 162, note L. B.* ; *RTD civ. 1973. 394, obs. Raynaud* • TGI Avignon, 9 févr. 1981 : *Gaz. Pal. 1981. 2. Somm. 306.* ♦ Mais le recours à la production forcée n'est pas subordonné à l'existence d'un commencement de preuve par écrit. • Civ. 2e, 3 mai 1990, n° 89-14.320 P.

11. Procédure pénale. La délivrance d'expéditions de pièces de procédures pénales est réglementée par les art. R. 154 s. C. pr. pén. Les tiers désireux d'obtenir de telles expéditions doivent solliciter l'autorisation préalable du procureur de la République ou du procureur général selon le cas. • Bourges, 9 nov. 1981 : *Gaz. Pal. 1982. 1. 214.* ♦ Les principes de l'organisation judiciaire s'opposent à ce que les juridictions donnent des injonctions aux représentants du ministère public. • Même arrêt.

12. Conditions. Le juge ne peut ordonner la production d'actes détenus par un tiers que si ces actes sont suffisamment déterminés. • Civ. 2e, 15 mars 1979 : *Bull. civ. II, n° 88 ; RTD civ. 1979. 664, obs. Perrot.* ♦ Dans le même sens, V. • Com. 12 mars 1979 : *Bull. civ. IV, n° 97.* ♦ On ne saurait imposer à l'un des plaideurs de communiquer tous les documents qu'il pourrait détenir sans savoir au préalable de quels documents il peut s'agir et s'ils peuvent présenter quelque lien de rattachement avec un élément de preuve de la cause examinée. • TGI Marseille, 20 févr. 1974 : *Gaz. Pal. 1974. 2. 544, note Candas* • Reims, 6 oct. 1981 : *Gaz. Pal. 1982. 1. Somm. 181.*

13. Étendue de la production. Il n'appartient qu'au juge de décider des documents qui doivent être produits. • Civ. 2e, 16 juill. 1979 : *Bull. civ. II, n° 220.* ♦ Il ne saurait se dessaisir de ce pouvoir entre les mains de l'expert. • Même arrêt.

14. Jugé que la décision qui enjoint à une partie de produire divers documents prescrit une mesure d'administration judiciaire et n'est sujette à aucun recours. • Civ. 3e, 2 oct. 1984 : *Bull. civ. III, n° 157.* ♦ V. cependant : • Civ. 2e, 20 mars 1974 : *Bull. civ. II, n° 100* (jugement préparatoire et d'instruction, susceptible de recours en même temps que la décision sur le fond).

B. LA SITUATION DES PROTAGONISTES

1° LES PERSONNES OBLIGÉES

15. Toute personne. L'obligation d'apporter son concours à la justice en vue de la manifestation de la vérité s'impose aussi bien aux personnes publiques qu'aux personnes privées. • Civ. 1re, 21 juill. 1987 : *Bull. civ. I, n° 248 ; Gaz. Pal. 1988. 1. Somm. 148, obs. Croze et Morel ; Gaz. Pal. 1988. 1. 322, note Renard ; RTD civ. 1988. 393, obs. Perrot.* ♦ ... Elle s'impose à tous, quelle que soit la nature juridique du détenteur de l'information. • Civ. 1re, 21 juin 1988 : *Bull. civ. I, n° 201 ; RTD civ. 1989. 137, obs. Perrot ; D. 1989. Somm. 318, obs. Penneau ; RTD civ. 1989. 137, obs. Perrot.* ♦ Le juge civil, dès lors qu'il est compétent pour connaître d'un litige à l'occasion duquel une partie lui demande d'ordonner à un tiers de produire un élément de preuve, peut, sans méconnaître le principe de la séparation des pouvoirs, prescrire une telle mesure, même si le tiers est une personne publique. • Civ. 1re, 21 juill. 1987 : *préc.* (ministre des P et T) • 21 juin 1988 : *préc.* (conseil régional de l'ordre des médecins) • 20 déc. 1993, n° 92-12.819 P (DRASS). ♦ V., dans le même sens : • Paris, 13 mai 1988 : *D. 1988. IR 181* • TGI Nevers, 23 sept. 1976 : *préc. note 8* • 7 oct. 1976 : *ibid.* (préfet et inspecteur des impôts).

16. Qualité. L'obligation qui peut éventuellement incomber à une personne d'apporter son concours à la justice en vue de la manifestation de la vérité n'a pas pour conséquence d'en faire un véritable défendeur à l'action. • Civ. 2e, *16 juill. 1975 : JCP 1976. II. 18313, note Daigre.*

2° LES EMPÊCHEMENTS LÉGITIMES

a. Principes

17. Limite générale. Le pouvoir du juge civil d'ordonner la production des éléments de preuve détenus par les parties est limité par l'existence d'un empêchement légitime (tenant, en l'espèce, au secret bancaire). • Soc. 27 janv. 1999 : *Procédures 1999, n° 124, note Sportouch.* ♦ En ce sens également : V. • Paris, 13 déc. 1996 : *RDBF 1996. 235, obs. Crédot et Gérard.* ♦ *Contra* : • Paris, 21 avr. 2000 : *Banque et Dr. 1-2/2001. 53, obs. Guillot* • Com. 25 janv. 2005, n° 03-14.693 P : *D. 2005. AJ 485, obs. Avena-Robardet ; RTD civ. 2005. 384, obs. Mestre et Fages ; RTD com. 2005. 395, obs. Legeais ; JCP 2005. I. 183, n° 9, obs. Serinet ; ibid. E 2005. 1676, n° 6, obs. Salgueiro ; LPA 16 janv. 2006, p. 5, note E. C. ; Banque et Dr. 101/2005, p. 70, note Bonneau ; RLDA avr. 2005, n° 5078, obs. Chemin ; RDBF 2005, Actu. n° 31, note Crédot et Gérard.*

18. Cas. Le pouvoir conféré au juge par l'art. 11 n'est limité que par l'existence d'un motif légitime tenant soit au respect de la vie privée, sauf si la mesure s'avère nécessaire à la protection des droits et libertés d'autrui, soit au secret professionnel. • Civ. 1re, 21 juill. 1987 : *préc. note 15.*

b. Applications

19. Respect de la vie privée. Nul ne pouvant être contraint à produire en justice des documents relatifs à des faits dont il a eu connaissance dans l'exercice de ses fonctions et touchant à l'intimité de la vie privée des personnes, il ne saurait être enjoint à une autorité religieuse de dévoiler des faits parvenus à sa connaissance en raison de la confiance qui lui avait été accordée. • Civ. 2e, 29 mars 1989 : *D. 1989. Somm. 356, obs. Amson ; Gaz. Pal. 1990. 1. 3, note Echappé ; D. 1990. 45, note Robine ; JCP 1990. II. 21586, note Bouscau.* ♦ Mais le mari en instance de divorce ne peut obtenir qu'il soit enjoint à la femme de produire son journal intime. • TGI Boulogne-sur-Mer, 26 avr. 1976 : *Gaz. Pal. 1976. 2. Somm. 317.* ♦ Sur la recevabilité de la preuve par journal intime dans les procédures de divorce, V. notes ss. art. 259-1 C. civ. – C. civ.

20. Secret professionnel. Le ministre des P et T ne peut se retrancher derrière le secret professionnel pour refuser au juge, qui le lui demande pour les besoins de la manifestation de la vérité et la protection des droits d'une partie, la communication des nom et adresse du titulaire d'un abonnement téléphonique inscrit sur la « liste rouge ». • Civ. 1re, 21 juill. 1987 : *préc. note 15* • 31 janv. 1990, n° 88-16.877 P (identification du titulaire d'un CCP). ♦ Pour des cas dans lesquels le secret professionnel a été admis, V. par exemple : • TGI Châlons-sur-Marne, 16 nov. 1972 : *préc. note 10* • Paris, 7 nov. 1979 : *Gaz. Pal. 1980. 1. Somm. 279* • 27 sept. 1984 : *Gaz. Pal. 1985. 1. Somm. 31* • TGI Paris, 29 janv. 1991 : *Gaz. Pal. 1991. 1. Somm. 222.* ♦ Pour le cas inverse, V. par exemple : • TGI Marseille, 26 févr. 1973 : *Gaz. Pal. 1973. 1. 348, note Candas* • Paris, 13 févr. 1978 : *D. 1978. 216, concl. Picca* • Civ. 1re, 31 mai 1988 : *Bull. civ. I, n° 168.* ♦ V. aussi notes ss. art. 141.

21. Secret bancaire. Le secret professionnel bancaire (C. mon. fin., art. L. 511-33) constitue un empêchement légitime permettant à une banque, partie au litige, de s'opposer valablement à la demande adverse visant à obtenir la copie d'un chèque. • Com. 13 juin 1995, n° 93-16.317 P : *D. 1995. IR 166*. ♦ En divulguant les informations figurant au verso de chèques, une banque porte atteinte au secret professionnel dont bénéficient le ou les tiers bénéficiaires des titres. • Com. 8 juill. 2003, n° 00-11.993 P : *R., p. 415 ; D. 2003. AJ 2170, obs. Avena-Robardet ; RTD com. 2003. 783, obs. Cabrillac ; JCP 2004. II. 10068, note Gibirila ; Dr. et pr. 2004. 22, note Salati ; Banque et Dr. 93/2004, p. 54, obs. Bonneau ; RLDA 2003/65, n° 4057, obs. Chemin ; RDBF 2004, p. 15, obs. Crédot et Gérard.* ♦ Le secret bancaire ne cesse pas avec la disparition de la personne qui en bénéficie et s'étend aux personnes qui ont eu le pouvoir de faire fonctionner le compte. • Com. 25 févr. 2003, n° 00-21.184 P : *R., p. 414 ; D. 2003. AJ 1162, obs. Avena-Robardet ; RTD civ. 2003. 477, obs. Hauser ; RTD com. 2003. 343, obs. Legeais ; JCP 2003. II. 10195, note Ayissi Manga ; Procédures 2003, n° 135, note Perrot ; Banque et Dr. 89/2003, p. 56, obs. Bonneau ; ibid. 97/2004, p. 90, obs. Guillot.* ♦ V. aussi • Soc. 27 janv. 1999 : *préc. note 17.* ♦ L'empêchement légitime résultant du secret bancaire ne cesse pas du seul fait que l'établissement financier est partie à un procès, dès lors que son contradicteur n'est pas le bénéficiaire du secret auquel le client n'a pas lui-même renoncé. • Com. 10 févr. 2015, n° 13-14.779 P : *cité note 19 ss. art. 9.*

22. ... Propriété intellectuelle. Droit de l'Union européenne. L'art. 8, § 3, ss. e), de la Dir. n° 2004/48/CE du Parlement européen et du Conseil, du 29 avr. 2004, relative au respect des droits de propriété intellectuelle, doit être interprété en ce sens qu'il s'oppose à une disposition nationale (en l'espèce, de droit allemand), qui autorise, de manière illimitée et inconditionnelle, un établissement bancaire à exciper du secret bancaire pour refuser de fournir, dans le cadre de l'art. 8, § 1, ss. c), de cette directive, des informations portant sur le nom et l'adresse du titulaire d'un compte. • CJUE 16 juill. 2015, n° C-580/13 : *D. 2015. 2168, note Kleiner*.

23. Secret médical. Si le juge civil a le pouvoir d'ordonner à un tiers de communiquer à l'expert les documents nécessaires à l'accomplissement de sa mission, il ne peut, en l'absence de disposition législative spécifique, contraindre un établissement de santé à lui transmettre des informations couvertes par le secret sans l'accord de la personne concernée ou de ses ayants droit, le secret médical constituant un empêchement légitime que l'établissement de santé a la faculté d'invoquer. • Civ. 1re, 7 déc. 2004, n° 02-12.539 P : *D. 2005. Pan. 336, obs. Julien et Fricero ; ibid. 403, obs. Penneau ; ibid. Pan. 1317, obs. Groutel ; AJDA 2005. 167 ; RLDA 2005, n° 4959, obs. Dogniaux ; JCP 2005. I. 137, obs. Bigot et Mayeux* • Civ. 1re, 15 juin 2004, n° 01-02.338 P : *D. 2004. 2682, note Duval-Arnould ; ibid. 2005. Pan. 1317, obs. Groutel ; RTD civ. 2005. 99, obs. Hauser ; ibid. 384, obs. Mestre et Fages*. ♦ Il appartient au juge saisi sur le fond d'apprécier, en présence du désaccord de la personne concernée ou de ses ayants droit, si celui-ci tend à faire respecter un intérêt légitime ou à faire écarter un élément de preuve et d'en tirer toute conséquence quant à l'exécution d'un contrat d'assurance. • Mêmes arrêts. ♦ V. également • Civ. 1re, 11 juin 2009, n° 08-12.742 P : *D. 2009. AJ 1760 ; ibid. Pan. 2714, obs. Delebecque, Bretzner et Vasseur ; RTD civ. 2009. 695, obs. Hauser ; RLDC 10/2009. 28, obs. Bugnicourt.*

24. Secret de l'instruction. Les juges ne peuvent écarter des débats des pièces couvertes par le secret de l'instruction devant le Conseil de la concurrence sans s'assurer que la production de ces pièces n'était pas nécessaire à l'exercice des droits de la défense. • Com. 19 janv. 2010, n° 08-19.761 P : *D. 2010. AJ 320, note Chevrier ; RLDA mars 2010. 42, obs. Anadon ; CCC 2010, n° 105, note Decocq ; JCP E 1301, n° 53, obs. Decocq.* ♦ V. pour une confirmation et précisant que la solution s'applique au demandeur : • T. com. 16 mars 2012 : *D. 2012. Actu. 1181*.

SECTION V LE DROIT

DALLOZ ACTION *Droit et pratique de la procédure civile 2022/2023*, nos 221.121 s.

BIBL. ► DEHARO, *Gaz. Pal. 16-17 mai 2014, p. 15* (*law* et management : l'influence des sciences de gestion sur la *juris dictio*).

Art. 12 Le juge tranche le litige conformément aux règles de droit qui lui sont applicables.

Il doit donner ou restituer leur exacte qualification aux faits et actes litigieux sans s'arrêter à la dénomination que les parties en auraient proposée.

Il peut relever d'office les moyens de pur droit quel que soit le fondement juridique invoqué par les parties. *— Al. annulé par le Conseil d'État : V. la note ci-dessous.*

Toutefois, il ne peut changer la dénomination ou le fondement juridique lorsque les parties, en vertu d'un accord exprès et pour les droits dont elles ont la libre disposition, l'ont lié par les qualifications et points de droit auxquels elles entendent limiter le débat.

Le litige né, les parties peuvent aussi, dans les mêmes matières et sous la même condition, conférer au juge mission de statuer comme amiable compositeur, sous réserve d'appel si elles n'y ont pas spécialement renoncé.

Par décision du 12 oct. 1979 (V. JO 27 nov. ; D. 1979. 606, note Bénabent ; JCP 1980. II. 19288, concl. Franc, note Boré ; Gaz. Pal. 1980. 1. 6, note Julien), le Conseil d'État a annulé l'al. 3 de l'art. 12 du NCPC [devenu C. pr. civ.] tel qu'il résulte du Décr. nº 75-1123 du 5 déc. 1975.

Sur le pouvoir du juge de relever d'office un moyen en droit de la consommation, V. C. consom., art. R. 632-1, reproduit ci-dessous.

BIBL. ▸ **Pouvoirs du juge :** Bacache, *Mél. Héron, LGDJ-Lextenso 2008, p. 23* (office du juge et responsabilité civile). – Bazin, *Dr. et pr. 2008. 125* (office du juge en droit de la consommation). – Bléry, *Mél. Héron, LGDJ-Lextenso 2008, p. 111* (« concentration des demandes et offices du juge : une nouvelle donne au sein des principes directeurs du procès ?). – Bolard, *Mél. Buffet, LPA 2004, p. 51* (le moyen contraire aux précédentes écritures) ; *JCP 2015. 1085* (l'impartialité du juge au risque de la loi ?). – Bolard et Guinchard, *JCP 2002. I. 137* (le juge dans la cité). – Burgelin, *Mél. Buffet, LPA 2004, p. 89* (l'erreur judiciaire). – Cantin-Cumyn, *Mél. Jestaz, Dalloz 2006, p. 79* (qualification). – Canut, *D. 2007. 2257* ✎ (relevé d'office de moyens d'ordre public de protection). – Courbe, *Mél. Héron, LGDJ-Lextenso 2008, p. 181* (le juge, la jurisprudence et le droit international privé). – Croze, *thèse Lyon, 1981* (qualification en droit processuel) ; *Mél. S. Guinchard, Dalloz 2010, p. 225* (le juge doit-il dire le droit ?). – Dorsner-Dolivet et Bonneau, *D. 1986. Chron. 59* (moyens d'ordre public). – Douchy-Oudot, *Mél. G. Goubeaux, Dalloz/LGDJ 2009, p. 99* (l'office du juge). – Dupichot, *Mél. Aubert, Dalloz 2005, p. 425* (adage *« Da mihi factum, dabo tibi jus »*). – Fadlallah et Baude-Texidor, *D. 2003. Chron. 750* ✎ (office du juge en matière de crédit à la consommation). – Frison-Roche, *Mél. Foyer, PUF 1997, p. 463* (les offices du juge) ; *RTD civ. 2001. 819* ✎ (l'erreur du juge). – X. Lagarde, *JCP 2001. I. 312* (office du juge et ordre public de protection) ; Le NCPC (1975-2005), *Economica 2006, p. 307* (l'adieu à la cause). – Le Bars, *Mél. G. Goubeaux, Dalloz/LGDJ 2009, p. 99* (de la théorie des charges de la preuve et de l'allégation à la théorie globale des risques processuels). – Maepel-Bouyjou, L'office du juge judiciaire et la rétroactivité, Nouvelle bibl. des thèses, Vol. 134, *Dalloz 2014* (préf. V. Larribau-Terneyre). – R. Martin, *D. 1987. Chron. 35 et 272 ; ibid. 1996. Chron. 20* ✎ (art. 6, § 1, Conv. EDH et art. 12 NCPC) ; *D. 2005. Point de vue. 1444* ✎ (le relevé d'office par le juge d'un moyen de droit : une question mal posée). – Monachon Duchêne, *JCP 2015. 819* (l'ordre public au risque de l'impartialité). – Moury, *thèse Paris II, 1986* (moyens de droit) ; *Mél. Perrot, Dalloz 1996, p. 299* (évolutions de la *jurisdictio*). – Normand, *Mél. Hébraud, Université des sciences sociales de Toulouse 1981, p. 595* (juge et fondement du litige) ; *RTD civ. 1981. 433 ; ibid. 1987. 390 ; ibid. 1996. 694* ✎ ; *ibid. 1998. 461* ✎ ; *Procès du travail, travail du procès, Bibliothèque de l'Institut André Tunc, Tome 16, LGDJ 2008, p. 247* (office du juge du travail en matière de droit). – Paisant, *JCP 2008, nº spéc. 80 ans de JCP, p. 66* (pour le pouvoir d'office du juge dans l'application des dispositions du code de la consommation). – Poissonnier, *D. 2008. 1285* ✎ (droit de la consommation : clarification bienvenue). – Raymond, *JCP 2008, nº spéc. 80 ans de JCP, p. 73* (office du juge en droit de la consommation). – Roccati, *LPA 8 janv. 2019, p. 5* (le renforcement de l'office du juge : analyse d'une réforme envisagée). – Van Campernolle, *Mél. Héron, LGDJ-Lextenso 2008, p. 477* (rôle actif du juge dans l'application de la règle de droit : consécration par la jurisprudence belge de la conception factuelle de la cause de la demande).

▸ **Loi étrangère :** *Travaux comité fr. DIP 1975-1977, p. 233.* – Ancel et Muir-Watt, Le NCPC (1975-2005), *Economica 2006, p. 399* (office du juge et loi étrangère). – Bolard, *Mél. Normand, Litec 2003, p. 103* (tribulations de la loi étrangère devant le juge français). – Bolze, *D. 2001. 1818* ✎ (application de la loi étrangère par le juge français : point de vue d'un processualiste) ; *Mél. J. Foyer, Economica 2008, p. 87* (cent ans d'application de la loi étrangère par le juge français). – De Vareilles-Sommières, *Mél. Normand, Litec 2003, p. 485* (glossaire de l'application judiciaire de la loi étrangère). – Foussard, *Mél. J. Foyer, Economica 2008, p. 347* (la loi étrangère dans le domaine de la procédure). – Motulsky, *Mél. Maury, t. 2, Dalloz 1960, p. 337 ; Mél. Savatier, Dalloz 1965, p. 681.* – M.-L. Niboyet, *Mél. Gaudemet-Tallon, Dalloz 2008, p. 363* (contre le dogme de la *lex fori* en matière de procédure). – Verdot, *D. 2006. 260* ✎ (l'applicabilité de la règle de conflit de lois d'origine conventionnelle en question).

▸ **Dénomination et fondement juridique :** Bolard et Fléchеux, *D. 1995. Chron. 221* (qualification par l'avocat). – R. Martin, *JCP 1974. I. 2625, n° 62 ; D. 1990. Chron. 163* (recherche de la règle de droit adéquate) ; *D. 1994. Chron. 308* (obligation de qualifier ou requalifier ?). – Miguet, *Mél. Hébraud, Université des sciences sociales de Toulouse 1981, p. 587* (pouvoir des parties de lier le juge). – Terré, *Mél. Buffet, LPA 2004, p. 419* (retour sur la qualification).

▸ **Amiable composition judiciaire :** Bellet, *Rev. arb. 1980. 394.* – Brouillaud, *D. 1997. Chron. 234* (plaidoyer pour une renaissance). – Cadiet, *Mél. Couvrat, PUF 2001, p. 3* (glossaire de l'amitié dans le procès civil). – Cornu, *Rev. arb. 1980. 373.* – Estoup, *D. 1986. Chron. 221 ; Gaz. Pal. 1986. 2. Doctr. 620.* – Hébraud, *Mél. Marty, Université des sciences sociales des Toulouse 1978, p. 635.* – Viatte, *Rec. gén. lois 1976. 565.*

Plan des annotations

1. Obligation pour le juge de trancher. Tenu de trancher le litige conformément aux règles de droit qui lui sont applicables, le juge ne peut se contenter d'inviter les parties à régler amiablement leur différend et les renvoyer à se pourvoir ainsi qu'elles aviseraient. • Soc. 21 févr. 1980 : *Bull. civ. V, n° 173.* ♦ Lorsque l'employeur et le salarié sont d'accord pour admettre que le contrat de travail a été rompu, chacune des parties imputant à l'autre la responsabilité de cette rupture, il incombe au juge de trancher ce litige en décidant quelle est la partie qui a rompu. • Soc. 14 nov. 2000, n° 98-42.849 P : *D. 2001. 963, note Puigelier.* ♦ Les juges ne peuvent inviter un débiteur à calculer sa dette avec le concours de la banque créancière, au lieu d'y procéder eux-mêmes, ou d'ordonner une expertise à cette fin ou de faire application des règles régissant la charge et la production des preuves. • Civ. 1re, 27 nov. 2001 : *JCP 2002. I. 132, n° 24, obs. Cadiet.* ♦ De même, une cour d'appel méconnaît son office et viole l'art. 4 C. pr. civ. lorsqu'elle énonce qu'un ex-époux doit à la communauté une récompense correspondant aux échéances d'emprunt réglées par elle, mais qu'il appartient au notaire liquidateur d'apprécier les éléments de preuve rapportés par les parties pour en déterminer le montant conformément aux dispositions des art. 1468 et 1469 C. civ., alors qu'il appartenait au juge de vérifier lui-même les éléments de preuve des parties et d'évaluer lui-même le montant de la récompense. • Civ. 1re, 16 avr. 2008, n° 07-12.224 P : *AJ fam. 2008. 260, note Hilt ; RTD civ. 2009. 768, obs. Vareille ; JCP 2008. I. 194, n° 7, obs. Périnet-Marquet ; Defrénois 2008. art. 38 854, note Champenois ; Gaz. Pal. 22 nov. 2008, p. 48, note Casey.* ♦ V. aussi, jugeant, au visa de l'art. 1382 C. civ., ensemble l'art. 12 C. pr. civ., qu'il appartient à une cour d'appel d'évaluer le préjudice réel subi par le syndicat au lieu de ne lui allouer qu'un euro de dommages-intérêts « à titre symbolique ». • Soc. 18 nov. 2009, n° 08-43.523 P : *D. 2010. 724, note Kobina-Gaba ; RTD civ. 2010. 328, obs. Jourdain ; JCP 2010. 456, n° 1, obs. Stoffel-Munck ; ibid. S 2010. 1070, note Lahalle.*

2. Conformité aux règles de droit. Tenu de trancher le litige conformément aux règles de droit qui lui sont applicables, le juge ne peut condamner l'employeur à verser un complément de rémunération en se fondant sur l'équité. • Soc. 21 janv. 1980 : *Bull. civ. V, n° 170.* ♦ ... Ni, dans un souci d'apaisement, condamner arbitrairement le débiteur à la moitié de la somme réclamée au motif que les frais d'expertise judiciaire seraient supérieurs au montant du litige. • Civ. 2e, 19 janv. 1983 : *Bull. civ. II, n° 10 ; Gaz. Pal. 1983. 1. Somm. 177, obs. Guinchard.* ♦ Viole le principe à valeur constitutionnelle du respect de la dignité de la personne humaine édicté par l'art. 16 C. civ., dont il incombe au juge de faire application pour trancher un litige qui lui est soumis, ensemble l'art. 12, al. 1er CPC, une cour d'appel qui, pour rejeter la demande formée par une association aux fins d'indemnisation du préjudice résultant de la représentation d'une œuvre portant, selon elle, atteinte à la dignité de la personne humaine, retient que l'art. 16 C. civ. n'a pas valeur normative et ne fait que renvoyer au législateur l'application des principes qu'il énonce. • Civ. 1re, 26 sept. 2018, n° 17-16.089 P : *D. 2018. 1913 ; JA 2018, n° 587, p. 11, obs. Delpech ; RTD civ. 2018. 863, obs. Leroyer ; JCP 2019. 12, note Saint-Pau.*

I. JURA NOVIT CURIA

A. ARTICULATION AL. 1er ET 2

3. Office du juge. BIBL. Bléry, *Procédures 2010. Alerte 1* (des effets dévastateurs du principe de concentration). – Bolard, *JCP 2008. I. 156* (l'office du juge et le rôle des parties : entre laxisme et arbitraire). – J. Boré, *JCP 2009. 319* (*Da mihi factum, dabo tibi jus* : une philosophie du procès toujours d'actualité ?). – Serinet, *RDC 2008. 435* (l'intensité de l'office et le concours d'actions dans la vente : une clarification décisive ?). ♦ Si, parmi les principes directeurs du procès, l'art. 12 oblige le juge à donner ou restituer leur exacte qualification aux faits et actes litigieux invoqués par les parties au soutien de leurs prétentions, il ne lui fait pas obligation, sauf règles particulières, de changer la dénomination ou le fondement juridique de leurs demandes. • Cass., ass. plén., 21 déc. 2007, n° 06-11.343 P : *BICC 15 avr. 2008, p. 18, rapport Loriferne, avis de Gouttes et le communiqué ; D. 2008. AJ 228, obs. Dargent ; JCP 2008. II. 10006, note Weiller ; ibid. I. 138, obs. Amrani Mekki ; RCA 2008. Comm. 112, note Hocquet-Berg ; Dr. et pr. 2008. 103, note Lefort ; CCC 2008. Comm. 92, note Leveneur ; RDI 2008. 102, note Malinvaud ; RDC 2008. 435 ; Ann. Loyers 2008. 1982, obs. R. Martin* (saisie d'une demande fondée sur l'existence d'un vice caché dont la preuve n'était pas rapportée, *la cour d'appel n'était pas tenue de* rechercher si cette action pouvait être fondée sur un manquement du vendeur à son obligation de délivrance d'un véhicule conforme aux stipulations contractuelles). • Soc. 2 déc. 2009, n° 08-43.104 P : *D. 2010. AJ 13 ; RPC 2010, n° 20, note Blanc ; JCP S 2010. 1092, note Barège ; RLDA avril 2010, n° 2808, note Vercken ; Dr. soc. 2010. 1160, note Gratton* (une cour d'appel, saisie d'une demande au titre de créances salariales, fondée sur un contrat de travail qu'elle annule, n'est pas tenue de rechercher si cette action pouvait être fondée au titre de l'indemnisation du travail fourni). ♦ V. aussi Deshayes, *D. 2008. Chron. 1102*. – Croze, *Procédures 2008. Repère 7.* ♦ *Adde*, Rép. min. n° 12494, *JOAN Q, 4 mars 2008, p. 1897 ; D. 2008. AL 836.* – Comp. imposant au juge de relever d'office les dispositions d'ordre public relatives à la garantie légale de conformité : • Civ. 1re, 19 févr. 2014 : *Gaz. Pal. 25-27 mai 2014, p. 38, obs. L. Mayer* (visa des art. L. 213-1 C. rur., ensemble les art. L. 211-1 à L. 211-17 C. consom. et art. 12 C. pr. civ.).

B. QUALIFICATION

1° PRINCIPES

4. Obligation. Le juge doit donner aux faits qui lui sont soumis la qualification juridique qu'ils comportent. • Soc. 1er déc. 1971 : *Bull. civ. V, n° 703.* ♦ Sur la nature du contrôle exercé par la Cour de cassation en matière de qualification des faits, V. note Bretaudeau ss. • Civ. 1re, 16 avr. 1991 : *D. 1993. 186*. ♦ En ce sens que le juge du fond est tenu de restituer aux faits leurs exacte qualification, dès lors qu'à les supposer établis ils sont de nature à caractériser l'action exercée, V. • Civ. 1re, 16 mars 2004 : *Procédures 2004, n° 123, note Perrot.*

5. Conditions. Le devoir de requalifier les faits imposé au juge par l'art. 12, al. 2, ne concerne que les faits qui ont été invoqués par une partie au soutien de ses prétentions. • Civ. 1re, 16 févr. 1988 : *Bull. civ. I, n° 38.* ♦ Celui qui n'avait prétendu ni qu'il avait eu la volonté de s'associer avec l'adversaire, ni qu'il avait eu l'intention de participer aux bénéfices n'est pas fondé à reprocher au juge du fond de n'avoir pas recherché d'office si les conditions d'une société de fait se trouvaient réunies en l'espèce. • Même arrêt. ♦ L'agent immobilier qui n'a pas fourni aux juges du fond les éléments de fait, qui auraient permis de caractériser la gestion d'affaires, ne peut leur reprocher de l'avoir débouté de sa demande en paiement de commissions sans avoir examiné le litige sous cet éclairage juridique. • Civ. 1re, 28 juin 1988 : *Bull. civ. I, n° 210 ; RTD civ. 1988. 809, obs. Normand.*

2° ILLUSTRATIONS

a. Requalification des faits et actes

6. Requalification des faits. V., pour une action en nullité pour erreur requalifiée en nullité pour violence morale : • Civ. 3e, 9 nov. 1971 : *Bull. civ. III, n° 541.* ♦ Pour une action en nullité pour dol ou violence économique requalifiable en nullité pour défaut de concessions réciproques dans une transaction : • Civ. 1re, 9 juill.

2003, n° 01-11.963 P : *D. 2003. IR 2053*. ♦ ... Pour une fausse cause requalifiée en action en nullité pour erreur sur la valeur, et pour cette raison rejetée : • Com. 20 mai 1980 : *Bull. civ. IV, n° 106.* ♦ ... Pour une erreur sur une qualité substantielle requalifiée en vice rédhibitoire : • Civ. 1re, 9 nov. 1982 : *Bull. civ. I, n° 324.* ♦ ... Pour un licenciement requalifié en exclusion temporaire avec perte de salaire : • Soc. 13 juin 1979 : *JCP 1979. IV. 271.* ♦ ... Pour un licenciement individuel requalifié en licenciement pour cause économique : • Soc. 5 oct. 1983 : *Bull. civ. V, n° 472.* ♦ ... Pour une action en responsabilité du fait personnel requalifiée en une action en réparation pour injure publique : • Civ. 2e, 6 janv. 1993, n° 91-15.454 P. ♦ ... Pour un vice rédhibitoire requalifié en défaut de délivrance conforme : • Civ. 1re, 16 juin 1993 : *D. 1994. 210* ; *D. 1994. Chron. 308, étude Bénabent*. ♦ Comp. • Cass., ass. plén., 21 déc. 2007 : *préc. note 3.*

7. Requalification des actes. V., par exemple, la requalification d'un contrat de vente en contrat de prêt : • Civ. 3e, 29 janv. 1970 : *Bull. civ. III, n° 73.* ♦ ... Ou en un contrat de construction : • Civ. 3e, 11 janv. 1972 : *Bull. civ. III, n° 27.* ♦ ... D'une société de fait en association en participation : • Com. 23 mars 1971 : *Bull. civ. IV, n° 88.* ♦ ... D'un partage en transaction : • Civ. 1re, 7 juill. 1981 : *Bull. civ. I, n° 250.* ♦ ... D'un contrat de travail à durée déterminée en un contrat à durée indéterminée : • Soc. 26 mai 1983 : *Bull. civ. V, n° 283* • 26 mars 1985 : *ibid. V, n° 215.* ♦ ... D'une clause d'indemnité d'occupation en clause pénale : • Civ. 3e, 18 janv. 1989 : *Bull. civ. III, n° 15.* ♦ ... D'une indemnité réparant un préjudice moral en indemnité réparant un préjudice économique : • Civ. 1re, 3 janv. 2006, n° 04-13.734 P. ♦ ... D'une clause qualifiée à tort d'astreinte en clause pénale. • Civ. 2e, 3 sept. 2015, n° 14-20.431 P : *D. actu. 11 sept. 2015, obs. Avena-Robardet* ; *D. 2015. Actu. 1771* ; *ibid. 2016. Chron. 742, obs. Adida-Canac, Vasseur et de Leiris* ; *RLDC nov. 2015, p. 59, obs. Bléry* ; *RDC 2016. 30, note Viney* ; *JCP 2015. 1261, obs. Grosser* ; *ibid. 1304, obs. Libchaber* ; *ibid. 1130, note Y. Dagorne-Labbe* ; *Gaz. Pal. 21 nov. 2015, p. 15, note Ansault.* ♦ V. cependant : • Com. 9 oct. 1979 : *Bull. civ. IV, n° 213* • 2 mai 1983 : *D. 1985. 368, note Joly* ; *JCP 1986. II. 20691, note Martin.* ♦ Excède les pouvoirs qu'il tient de l'art. 12 le juge qui procède, en l'absence de demande du salarié, à la requalification de son contrat à durée déterminée en contrat à durée indéterminée. • Soc. 30 oct. 2002, n° 00-45.572 P : *D. 2002. IR 3124* ; *JCP E 2003, n° 952, note Puigelier* ; *Procédures 2003, n° 38, note Perrot* ; *Dr. soc. 2003. 465, note Roy-Loustaunau* • 20 févr. 2013, n° 11-12.262 P : *D. 2013. Actu. 574* ; *ibid. 2014. 396, obs. Centre de droit et d'économie du sport, Université de Limoges* ; *ibid. Pan. 405, obs. S. K.* ; *Dr. soc. 2013. 576, obs. Tournaux* ; *JCP 2013. 751, obs. Tricoit* ; *ibid. S 2013. 1293, note Bousez.*

b. Requalification de l'objet des prétentions

8. Renvoi. En matière de divorce, V. art. 1076-1.

9. Sur les limites du pouvoir de requalifier l'objet du litige et la distinction des erreurs de droit et des erreurs de terminologie juridique, V. *RTD civ. 1978. 707* ; *ibid. 1981. 433* ; *ibid. 1986. 793, obs. Normand.* ♦ V. aussi • Civ. 1re, 1er févr. 1984 : *Gaz. Pal. 1984. 2. 495, note Massip* • Civ. 2e, 26 juin 1985 : *Bull. civ. II, n° 128* ; *RTD civ. 1986. 424, obs. Perrot.*

10. En qualifiant une action en bornage d'action en revendication, les juges du second degré ont, comme ils le devaient, restitué à la demande dont ils étaient saisis sa véritable qualification juridique après avoir observé que, sous couvert d'une action en bornage, les demandeurs avaient entendu en réalité exercer une action en revendication immobilière fondée sur leur titre et tendant à donner à chaque partie sa juste part de propriété. • Civ. 3e, 5 nov. 1973 : *Gaz. Pal. 1977. 1. Somm. 19.*

11. V. encore la requalification d'une action en résolution en action en nullité pour violence morale : • Com. 6 févr. 1978 : *Bull. civ. IV, n° 49.* ♦ ... La requalification d'une action en revendication en action confessoire d'usufruit : • Civ. 3e, 8 mai 1973 : *JCP 1973. II. 17566, note Goubeaux.* ♦ ... D'une action paulienne en tierce opposition : • Civ. 2e, 9 janv. 1991, n° 89-18.877 P : *D. 1992. Somm. 129, obs. Julien*. ♦ ... D'une indemnité de licenciement en dommages-intérêts pour rupture abusive : • Soc. 30 juin 1988 : *Bull. civ. V, n° 406.* ♦ ... D'une demande de condamnation aux dépens en une demande de dommages-intérêts pour abus de procédure : • Com. 5 déc. 1989 : *Bull. civ. IV, n° 305.*

C. FONDEMENT JURIDIQUE DE LA DEMANDE

1° FONDEMENT JURIDIQUE NON PRÉCISÉ

12. En l'absence de toute précision sur le fondement de la demande, les juges du fond doivent examiner les faits sous tous leurs aspects juridiques conformément aux règles de droit qui leur sont applicables. • Com. 31 mars 1981 : *Bull. civ. IV, n° 169* • Civ. 3e, 27 juin 2006 : *Procédures 2006, n° 266, note Perrot.* ♦ Ils doivent alors expliciter le fondement juridique de la demande dont ils sont saisis. • Civ. 1re, 15 janv. 1980 : *Bull. civ. I, n° 27* ; *RTD civ. 1980. 600, obs. Normand.* ♦ V. aussi : • Civ. 2e, 11 févr. 1981 : *Bull. civ. II, n° 30* • Civ. 1re, 19 juin 1984 : *Gaz. Pal. 1985. 1. Somm. 87* • Civ. 3e, 28 mai 1986 : *Bull. civ. III, n° 82* • Civ. 3e, 21 janv. 1987 : *Gaz. Pal. 1987. 1. Somm. 54* ; *RTD civ. 1987. 390, obs.*

Normand • Civ. 3e, 6 févr. 1991, n° 89-14.514 P • Com. 26 oct. 1993, n° 91-19.086 P.

2° FONDEMENT JURIDIQUE PRÉCISÉ

13. Principe. Tenu de trancher le litige conformément aux règles de droit qui lui sont applicables, le juge doit vérifier, même d'office, que les conditions d'application de la loi sont remplies. • Civ. 2e, 18 mars 1975 : *Bull. civ. II, n° 96* • Civ. 1re, 29 nov. 1978 : *D. 1979. 381, note Bénabent ; RTD civ. 1979. 420.* ♦ En procédant ainsi, le juge n'introduit aucun élément nouveau dans le débat. • Civ. 1re, 29 nov. 1978 : *préc.* ♦ ... Il ne relève aucun moyen de droit nouveau. • Civ. 3e, 18 mars 1975 : *Bull. civ. III, n° 112* • Civ. 1re, 16 févr. 1994, n° 92-14.059 P. ♦ ... Le moyen considéré étant dans la cause. • Civ. 2e, 18 mars 1975 : *préc.* ♦ Il ne doit cependant ni introduire d'élément ou moyen nouveau dans les débats, ni modifier l'objet du litige. • Civ. 1re, 6 mars 2013 : *Gaz. Pal. 24-25 mai 2013, p. 29, note Bléry ; ibid. 1er juin 2013, p. 33, note Mulon ; Dr. et pr. 2013. 167, note de Laforcade ; RTD civ. 2013. 357, obs. Hauser.*

14. Illustrations. Il lui incombe, le cas échéant, de relever d'office le défaut d'urgence, là où la mesure requise est subordonnée à cette condition. • Civ. 2e, 18 mars 1975 : *préc. note 13.* ♦ ... L'indivisibilité de l'aveu judiciaire. • Civ. 1re, 29 nov. 1978 : *préc. note 13.* ♦ ... Le défaut de justification d'un grief, là où il est excipé d'un vice de forme. • Civ. 2e, 16 oct. 1974 : *Bull. civ. II, n° 269.* ♦ ... L'équivocité de la possession, lorsqu'une partie invoque l'art. 2279 C. civ. ou se prévaut de la prescription acquisitive. • Civ. 1re, 4 nov. 1984 : *Bull. civ. I, n° 130,* dans le premier cas • Civ. 1re, 17 mars 1987 : *JCP 1987. IV. 183,* dans le second. ♦ ... La règle qu'il ne peut être prouvé contre un écrit que par un autre écrit. • Civ. 1re, 8 oct. 1980 : *Gaz. Pal. 1981. 1. Somm. 86 ; RTD civ. 1981. 201, obs. Normand* • Civ. 3e, 25 janv. 1984 : *D. 1985. 118, note Héron.* ♦ ... En matière de responsabilité civile, l'absence de lien de causalité entre la faute et le dommage. • Civ. 2e, 3 mars 1981 : *JCP 1981. IV. 181.* ♦ En ce sens, cependant, que, saisi d'une action possessoire, le juge n'est pas tenu de relever d'office le moyen mélangé de fait et de droit pris de la matérialité des actes de possession dans l'année du trouble, V. • Civ. 3e, 11 juin 1987 : *D. 1989. Somm. 25, obs. Robert.*

3° RELEVÉ D'OFFICE

15. Droit communautaire. V. • CJCE 14 déc. 1995, *Jeroen Van Schijndel*, n° C-431/93 • 14 déc. 1995, *Peterbroeck*, n° C-312/93. – Sur ces arrêts, V. Chron. Canivet et Huglo, *Europe 1996, n° 4* (l'obligation pour le juge judiciaire national d'appliquer d'office le droit communautaire).

a. Pouvoir

16. Renvoi. Sur la faculté, et non l'obligation, de relever d'office certains moyens de procédure, V. art. 92 et 93 (incompétence), 100 (litispendance), 120, al. 2, (défaut de capacité) et 125, al. 2 (défaut d'intérêt de qualité et chose jugée).

17. Si l'art. 12 permet au juge de changer la dénomination ou le fondement juridique de la demande, il ne lui en fait pas obligation. • Civ. 2e, 30 nov. 1985 : *Bull. civ. II, n° 23.* ♦ Les juges, s'ils peuvent rechercher eux-mêmes la règle de droit applicable au litige, n'en ont pas l'obligation dès lors que le demandeur a précisé le fondement juridique de sa prétention. • Civ. 1re, 21 févr. 2006, n° 03-12.004 P : *RDC 2006. 816, obs. Viney* • Civ. 3e, 8 nov. 2006, n° 05-17.379 P : *AJDI 2007. 394, note Capoulade ; Administrer 2/2007, p. 50, obs. Capoulade ; ibid. juill. 2007, p. 48, obs. Zalewski* • 30 janv. 2007, n° 05-20.887 P : *D. 2007. AJ 587* • Com. 28 avr. 2009, n° 08-11.616 P : *D. 2009. AJ 1351, obs. Avena-Robardet ; RTD com. 2009. 796, obs. Legeais ; JCP 2009. 14, obs. Piedelièvre ; RLDC 2009. 3462, obs. Marraud des Grottes ; RDBF 2009, n° 122, note Cerles ; RDC 2009. 1444, obs. Fenouillet.* ♦ Il ne peut donc être reproché au juge, qui rejette une demande d'indemnisation fondée sur la responsabilité du commettant, de n'avoir pas examiné la prétention sur le terrain de la responsabilité du fait des choses. • Même arrêt. ♦ ... Ou de n'avoir pas examiné sous l'angle de l'enrichissement sans cause une demande uniquement fondée sur l'inexécution du contrat. • Civ. 1re, 22 févr. 1978 : *Bull. civ. I, n° 76 ; D. 1978. IR 412, obs. Julien.* ♦ ... Ou, saisie d'une demande de dommages-intérêts fondée sur l'art. 266 C. civ., de n'avoir pas examiné d'office les faits invoqués au regard de l'art. 1382 C. civ. • Civ. 2e, 8 juin 1995, n° 92-21.549 P : *D. 1996. 247, note Eudier.* ♦ L'art. 12, al. 1er, n'impose pas au juge de rechercher d'office les dispositions légales de nature à justifier une demande dont il est saisi sur le fondement d'un texte déterminé. • Civ. 2e, 4 nov. 1988 : *D. 1989. 609, note Frison-Roche ; RTD civ. 1991. 152, obs. Normand* • 29 oct. 1990, n° 89-16.488 P.

18. Le juge n'a pas l'obligation de relever d'office un moyen qui, impliquant l'appréciation de circonstances de fait, n'était pas de pur droit. • Civ. 2e, 14 févr. 1985 : *Bull. civ. II, n° 38 ; Gaz. Pal. 1985. 2. 640, note Guinchard et Moussa ; JCP 1988. II. 21030, note Héron.* ♦ Saisi d'une demande de validation de congé, le juge du fond ne peut encourir le reproche de n'avoir pas vérifié d'office si le bail considéré était soumis à la loi du 1er sept. 1948. • Même arrêt.

b. Obligation

19. Renvoi. Sur l'obligation de relever d'office certains moyens relevant du droit procédural, V.

spéc. art. 120, al. 1er, et 125, al. 1er.

20. En matière prud'homale, V. : • Soc. 7 janv. 1998 : *RG proc. 1998. 472, obs. Desdevises.*

21. Encourt la censure la juridiction du fond qui n'a pas relevé d'office que la responsabilité de l'État à l'égard des personnes non concernées par une opération de police judiciaire était une responsabilité sans faute. • Civ. 1re, 10 juin 1986 : *JCP 1986. II. 20683, rapp. Sargos.* ♦ ... Que l'art. 1184 C. civ. n'était pas applicable à la rupture du contrat de travail de salariés protégés. • Soc. 11 févr. 1976 : *Gaz. Pal. 1976. 1. Somm. 88.* ♦ ... Qu'était nul le mandat donné à un agent immobilier sans limitation de ses effets dans le temps. • Civ. 1re, 13 avr. 1983 : *Bull. civ. I, n° 120.* ♦ ... Qu'étaient nulles comme contraires aux dispositions des art. 10 et 12 de la L. n° 65-557 du 10 juill. 1965 les clauses du règlement de copropriété relatives à la répartition des charges. • Civ. 3e, 4 janv. 1973 : *Bull. civ. III, n° 12.*

22. Encourrait également la censure le juge qui n'appliquerait pas d'office la L. du 5 juill. 1985 aux accidents de la circulation dans lesquels serait impliqué un véhicule terrestre à moteur. V. • Civ. 2e, 4 mai 1987 : *Gaz. Pal. 1987. 2. 428, note Chabas.*

23. Saisi sur le fondement de la garantie des vices cachés, le juge du fond ne peut se borner à déclarer la demande irrecevable comme tardive sans rechercher si les faits par lui relevés ne devaient pas s'analyser en un manquement du vendeur à son obligation de délivrance. • Civ. 1re, 14 févr. 1989 : *Bull. civ. I, n° 83 ; RTD civ. 1991. 158, obs. Normand* • 13 déc. 1989 : *Bull. civ. I, n° 393 ; RTD civ. 1991. 158, obs. Normand* . ♦ ... Ou n'étaient pas constitutifs d'un dol. • Civ. 1re, 16 avr. 1991, n° 88-18.530 P : *RTD civ. 1992. 175, obs. Normand ; D. 1993. 186, note Bretaudeau ; D. 1992. Somm. 265, obs. A. Penneau* . ♦ V. également pour la requalification d'une action en nullité en demande en garantie des vices cachés : • Civ. 1re, 12 juill. 2001 : *D. 2002. IR 1002 ; ibid. Pan. 2047, obs. Omarjee* . ♦ Ghestin, L'annulation d'office d'un contrat, *Mél. Drai, Dalloz 2000, p. 593.* ♦ Comp. • Cass., ass. plén., 21 déc. 2007 : *préc. note 3.*

24. Au contraire, pour la Chambre commerciale le juge du fond est lié par la prétention des parties et ne peut modifier l'objet du litige dont il est saisi. • Com. 23 juin 1992, n° 90-16.428 P : *RTD civ. 1993. 413, obs. Normand* . ♦ V. cependant, semblant admettre que la modification du fondement juridique de la demande en matière de garantie des vices cachés n'est qu'une simple faculté pour le juge : • Civ. 1re, 10 mars 1993, n° 90-18.688 P : *D. 1993. IR 93* . ♦ V. toutefois, rendu sur le fondement de l'obligation de requalifier : • Civ. 1re, 16 juin 1993 : *D. 1994. 210 ; ibid. Chron. 308, étude Bénabent* .

25. Responsabilité du fait des produits défectueux. Si le juge n'a pas, sauf règles particulières, l'obligation de changer le fondement juridique des demandes, il est tenu, lorsque les faits dont il est saisi le justifient, de faire application des règles relatives à la responsabilité du fait des produits défectueux. Une cour d'appel qui, saisie d'une action en responsabilité d'un agriculteur en raison des dommages causés par un produit, relève d'une part que le demandeur alléguait avoir acheté l'herbicide litigieux en avril 2004 à une coopérative agricole, qui l'avait acquis deux ans plus tôt de la société Monsanto, ce qui rendait possible que cette dernière en ait été le producteur et d'autre part qu'il imputait son dommage à l'insuffisance des mentions portées sur l'étiquetage et l'emballage du produit, est donc tenue d'examiner d'office l'applicabilité au litige de la responsabilité du fait des produits défectueux. • Cass., ch. mixte, 7 juill. 2017, n° 15-25.651 P : *BICC 15 janv. 2018, p. 7 et la note ; D. 2017. Actu. 1477 ; ibid. 1800, note Bacache ; ibid. 2018. 43, obs. Gout ; ibid. 592, obs. Poillot ; JCP 2017. 926, note Quézel-Ambrunaz ; ibid. 1355, obs. Libchaber ; Gaz. Pal. 10 oct. 2017, p. 30, note Blanc ; ibid. 31 oct. 2017, p. 65, note Hoffschir ; ibid. 23 janv. 2018, p. 28, note Berger ; Procédures 2017, n° 227, note Strickler ; CCC 2017, n° 219, note Leveneur.*

D. CONVENTION COLLECTIVE

26. Teneur. Lorsqu'une partie invoque une convention collective précise, il incombe au juge de se procurer ce texte qui contient la règle de droit éventuellement applicable au litige, au besoin en invitant les parties à lui en faire parvenir un exemplaire. • Soc. 3 mars 1993, n° 89-45.868 P • 5 oct. 1993, n° 89-41.644 P : *D. 1994. 588, note Encinas de Munagorri* • 10 déc. 2002 : *JCP 2003. II. 10065, note Perdriau* • 29 janv. 2003 : *ibid.* • 5 mai 2009 : *Procédures 2009, n° 227, note Perrot.* ♦ V. également, • Soc. 3 mai 2007, n° 05-43.863 P : *D. 2007. AJ 1423* (accord d'entreprise). ♦ Il appartient au juge de trancher un litige en interprétant lui-même la convention collective et en recherchant lui-même si une demande est fondée. • Soc. 15 juill. 1998, n° 96-42.005 P.

E. LOI ÉTRANGÈRE

1° AUTORITÉ DES RÈGLES DE CONFLIT

a. Règle de conflit issue d'une convention internationale

27. Abandon de l'obligation d'application d'office. S'agissant de droits dont les parties ont la libre disposition, que la règle de conflit soit d'origine conventionnelle ou non, les juges ne sont pas tenus d'appliquer d'office la loi étrangère. • Civ. 1re, 26 mai 1999, *Mutuelle du Mans*, n° 96-16.361 P : *Rev. crit. DIP 1999. 707,* *note Muir Watt* (1re esp.). ♦ Mais lorsqu'une des parties invoque l'application de la loi étrangère, le juge a l'obligation de rechercher si cette loi est applicable par référence à la règle de conflit. • Civ. 1re, 25 janv. 2005, n° 02-15.648 P : *Dr. et patr. 11/2005, p. 107, obs. M.-E. Ancel* • Com. 22 janv. 2008 : *Dr. et patr. 12/2008, p. 89, obs. M.-E. Ancel.* ♦ V. aussi • Civ. 1re, 20 févr. 2008 : *Dalloz jurisprudence* • Civ. 1re, 11 févr. 2009, n° 07-13.088 P : *BICC 15 juin 2009, n° 818 et la note ; D. 2009. AJ 565, obs. Egéa ; JCP 2009. Actu. 105, obs. Cornut ; Dr. fam. 2009, n° 81, note Farge.*

b. Droits indisponibles

28. Obligation d'application d'office. Il incombe au juge français, pour les droits indisponibles, de mettre en application la règle de conflit de lois et de rechercher le droit étranger compétent. • Civ. 1re, 14 juin 2005, n° 02-14.328 P (art. 311-14 C. civ.). ♦ Il incombe au juge français, pour les droits indisponibles, de mettre en œuvre la règle de conflit de lois et de rechercher le droit étranger applicable. • Civ. 1re, 22 nov. 2005, n° 04-20.059 P : *Dr. et patr. 10/2006, p. 75 ; AJ fam. 2006. 30, note David* (art. 9 Conv. franco-marocaine du 10 août 1981) • Civ. 1re, 20 juin 2006, n° 04-19.636 P : *AJ fam. 2006. 376, note Boiché* • 7 juin 2006, n° 04-17.225 P : *AJ fam. 2006. 376, note Boiché* • Civ. 1re, 19 nov. 2008, n° 07-21.263 P : *AJ fam. 2009. 34, note Boiché ; RJPF 02/2009. 18, note Garé* • Com. 22 janv. 2008 : *préc. note 27* • Civ. 1re, 11 févr. 2009, n° 08-10.387 P : *BICC 15 juin 2009, n° 817 et la note ; D. 2009. AJ 564, obs. Egéa ; ibid. 2010. Pan. 1243, obs. Serra et Williatte-Pellitteri ; ibid. 2010. Chron. C. cass. 728, obs. Lemouland et Vigneau ; AJ fam. 2009. 129 ; Rev. crit. DIP 2009. 493, note Lagarde ; JCP 2009. Actu. 105, obs. Cornut ; ibid. II. 10065, note Mahinga ; Dr. fam. 2009, n° 81, note Farge* • Civ. 1re, 11 mars 2009, n° 08-15.348 P : *D. 2010. Pan. 1243, obs. Serra et Williatte-Pellitteri ; ibid. Pan. 1585, obs. Jault-Seseke ; AJ fam. 2009. 220, note Boiché ; Procédures 2009, n° 157, note Douchy-Oudot ; Dr. fam. 2009, n° 81, note Farge ; Defrénois 2009. 1857, obs. Massip ; RJPF 06/2009. 27, obs. Garé* • Civ. 1re, 4 juin 2009, n° 08-11.872 P : *D. 2009. AJ 1695, obs. Gallmeister ; Rev. crit. DIP 2010. 353, note Muir-Watt ; Defrénois 2009. 39033, obs. Massip ; RJPF 10/2009. 21, obs. Garé ; Gaz. Pal. 7 nov. 2009, p. 23, note Eppler ; JDI 2010. 485, note Fohrer-Dedeuwaerder* (règle de conflit unilatéral de l'art. 309 C. civ) • 28 oct. 2009 : *Gaz. Pal. 23 janv. 2010, p. 45 ; RJPF 2011, p. 30, obs. Garé* • 3 mars 2010, n° 09-13.723 P : *D. 2010. AJ 709, obs. Gallmeister ; ibid. 2011. Pan. 1374, obs. Jault-Seseke ; AJ fam. 2010. 232 ; RJPF juin 2010, p. 20, obs. Garé ; Gaz. Pal. 22 mai 2010, p. 35, note Eppler* (règle de conflit unilatéral de l'art. 309 C. civ.) • Civ. 1re, 20 oct. 2010 : *Gaz. Pal. 4-5 févr. 2011, p. 24, obs. Eppler.* • Civ. 1re, 12 janv. 2011, n° 10-10.216 P : *D. 2011. Pan. 1374, obs. Jault-Seseke ; JCP 2011. 449, note Abadie ; ibid. 158, obs. Devers ; Gaz. Pal. 2011, p. 1658, obs. Eppler* • 1er juin 2011, n° 09-67.805 P : *D. 2012. 1228, note Gaudemet-Tallon ; AJ fam. 2011. 381, obs. Boiché ; RJPF 12/2011. 20, note Leborgne* (nullité du mariage) • 1er juin 2011 : *AJ fam. 2011. 381, obs. Boiché ; RJPF 12/2011. 20, note Leborgne ; Gaz. Pal. 2011, p. 2176, note Chevalier ; ibid. p. 2425, note Eppler* (nullité du mariage) • 1er juin 2011, n° 10-16.482 P : *D. 2011. Actu. 1618, obs. Gallmeister ; ibid. 2012. Pan. 1228, obs. Gaudemet-Tallon ; AJ fam. 2011. 381, obs. Boiché ; RJPF 12/2011. 20, note Leborgne ; Gaz. Pal. 2011. 2176, note Chevalier ; ibid. 2425, obs. Eppler* (nullité du mariage).

c. Théorie de l'équivalence

29. Le bénéficiaire d'une reconnaissance n'a pas intérêt à soutenir que la loi française, qui conduirait à des résultats équivalents à ceux de la loi étrangère sur laquelle s'est fondée la cour d'appel, aurait dû être appliquée. • Civ. 1re, 11 juill. 1988 : *Bull. civ. I, n° 236 ; Rev. crit. DIP 1989, note Gautier.* ♦ L'équivalence entre la loi appliquée et celle désignée par la règle de conflit en ce sens que la situation de fait constatée par le juge aurait les mêmes conséquences juridiques en vertu de ces deux lois justifie la décision qui fait application d'une loi autre que la loi compétente. • Civ. 1re, 13 avr. 1999, n° 96-22.487 P : *Rev. crit. DIP 1999. 698, obs. Ancel et Muir Watt ; JCP 2000. II. 10261, note Légier ; JDI 2000. 315, obs. Fauvarque-Cosson.* ♦ L'équivalence entre la loi appliquée et celle désignée par la règle de conflit – en ce sens que la situation de fait constatée par le juge aurait les mêmes conséquences juridiques en vertu de ces deux lois – justifie la décision qui fait application d'une loi autre que la loi compétente. • Civ. 1re, 11 janv. 2005, n° 01-02.473 P : *D. 2005. 2924, note Mahinga ; Rev. crit. DIP 2006. 85, note Scherer* (application de la loi française en matière de tutelle, équivalente à la loi allemande).

d. Accord procédural

30. Possibilité. Ne donne pas de base légale à sa décision la cour d'appel qui statue sans rechercher, à défaut d'accord exprès des parties, la loi applicable à une vente. • Civ. 1re, 4 oct. 1989 : *Bull. civ. I, n° 304 ; Rev. crit. DIP 1990. 316, note P. Lagarde .* ♦ Sur la nécessaire adhésion de toutes les parties à l'instance, V. • Civ. 1re, 22 févr. 2005, n° 02-17.587 P : *D. 2005. IR 794 ; Rev. crit. DIP 2005. 304, note P. Lagarde*

31. Modalités. Pour les droits dont elles ont la libre disposition, les parties peuvent s'accorder sur l'application de la loi française du for malgré l'existence d'une convention internationale ou d'une clause contractuelle désignant la loi compétente ; un tel accord peut résulter des conclusions des parties invoquant une loi autre que celle qui est désignée par un traité ou par le contrat. • Civ. 1re, 6 mai 1997, n° 95-15.309 P : *Rev. crit. DIP 1997. 514, note Fauvarque-Cosson* ; *JDI 1997, note Bureau.* ♦ Comp., en droit interne, note 36.

2° CONTENU DU DROIT ÉTRANGER

a. Principes

32. Il incombe au juge français qui reconnaît applicable un droit étranger, d'en rechercher, soit d'office soit à la demande d'une partie qui l'invoque, la teneur, avec le concours des parties et personnellement s'il y a lieu, et de donner à la question litigieuse une solution conforme au droit positif étranger. • Civ. 1re, 28 juin 2005, n° 00-15.734 P : *D. 2005. IR 2853 ; ibid. 2748, obs. Kenfack* ; *ibid. 2006. Pan. 1496, obs. Courbe et Jault-Seseke* ; *Rev. crit. DIP 2005. 647, obs. Muir Watt et Ancel* . ♦ Pour le cas de la défaillance dans l'établissement du contenu du droit étranger, V. • Civ. 1re, 21 nov. 2006, n° 05-22.002 P : *D. 2007. Pan. 1751, obs. Courbe* ; *ibid. 1904, obs. Vasseur* (application de la loi française, à titre subsidiaire, même en matière de droits indisponibles).

b. Contrôle de la Cour de cassation

33. *Contrôle de la dénaturation.* S'il incombe au juge français, qui applique une loi étrangère de rechercher et de justifier la solution donnée à la question litigieuse par le droit positif de l'État concerné, l'application qu'il fait de ce droit étranger, quelle qu'en soit la source, légale ou jurisprudentielle, échappe, sauf dénaturation, au contrôle de la Cour de cassation. • Civ. 1re, 3 juin 2003, n° 01-00.859 P : *D. 2003. IR 1666* ; *JDI 2004. 520, note Mélin ; Gaz. Pal. 16-18 nov. 2003, p. 19, obs. Niboyet ; Dr. et patr. 10/2003. 95, obs. Monéger.*

34. *Contrôle de la motivation.* V. • Civ. 1re, 22 févr. 2000, n° 96-20.567 P : *Rev. crit. DIP 2000. 779, note Ancel et Muir Watt* (obligation pour le juge de préciser la disposition de la loi étrangère à laquelle il se réfère) • 23 janv. 2007, n° 04-16.018 P : *D. 2007. 512* ; *RTD com. 2007. 625, obs. Delebecque* ; *ibid. 2008. Pan. 1507, note Courbe et Jault-Seseke* ; *Gaz. Pal. 14 avr. 2007, p. 20, note Mélin* (impossibilité de rejeter une demande de dommages-intérêts au vu d'un affidavit rédigé en termes peu clairs).

F. CIRCULAIRES

35. *Absence de valeur normative.* Les circulaires sont dépourvues de toute valeur normative. • Civ. 2e, 11 juin 2009 : *Procédures 2009, n° 300, note Perrot.*

II. AL. 3

36. *Conclusions concordantes.* Une simple concordance entre les conclusions des parties ne constitue pas l'accord exprès qu'impose l'art. 12, al. 4. • Civ. 1re, 20 déc. 1976 : *Bull. civ. I, n° 417* • Civ. 3e, 10 oct. 1979 : *Bull. civ. III, n° 175* • Civ. 1re, 27 oct. 1992, n° 91-10.054 P • Civ. 2e, 14 sept. 2006, n° 05-10.086 P : *D. 2007. Pan. 1382, obs. Julien* ; *JCP 2007. I. 139, n° 16, obs. Clay ; Procédures 2006, n° 229, note Perrot* • Civ. 2e, 2 juill. 2009 : *Procédures 2009, n° 307, obs. Perrot.* ♦ V. cep. • Com. 9 oct. 1978 : *Bull. civ. IV, n° 213.* ♦ Comp., à propos de la loi étrangère, note 31.

37. *Accord sur la loi applicable.* Pour une utilisation de la faculté conférée par l'art. 12, al. 4, V. • Civ. 1re, 19 avr. 1988 : *Bull. civ. I, n° 104* (parties s'accordant, malgré l'existence d'une convention internationale désignant la loi compétente, sur l'application de la loi française à la responsabilité consécutive à un accident de la circulation).

38. *Voies de recours en matière d'arbitrage.* Le régime interne ou international de l'arbitrage détermine notamment celui des voies de recours à l'égard des sentences qu'il n'appartient pas aux parties de modifier, fût-ce par accord exprès conformément à l'art. 12. • Civ. 1re, 6 avr. 1994, n° 92-16.240 P.

III. AL. 4

A. CONDITIONS

39. *Accord exprès.* Le juge qui « arbitre » le montant d'une condamnation, sans constater que les parties lui avaient conféré mission de statuer comme amiable compositeur, ne donne pas de base légale à sa décision au regard de l'art. 12. • Com. 10 juill. 2001 : *JCP 2002. II. 10072, note Perdriau.*

40. *Libre disposition des droits.* Les caisses de sécurité sociale, chargées de la gestion d'un service public, n'ont la libre disposition ni des droits institués par la réglementation au profit des assurés sociaux, ni des obligations que celle-ci crée à leur charge et ne peuvent, même par accord exprès, donner au juge le pouvoir d'écarter des prescriptions réglementaires impératives en statuant comme amiable compositeur. • Soc. 23 janv. 1974 : *Bull. civ. V, n° 59* • 18 févr. 1976 : *Bull. civ. V, n° 101.*

B. DOMAINE

41. *Conflits collectifs du travail.* Sur l'éventualité d'un recours à l'arbitrage du juge judiciaire en cas de conflit collectif du travail, V. • Paris, 27 janv. 1988 : *D. 1988. 351, note Javillier ;*

Gaz. Pal. 1988. 1. 131, concl. Lupi ; JCP 1988. II. 20978, note Teyssié.

C. ILLUSTRATIONS

42. « Arbitrage judiciaire ». En saisissant le tribunal en la forme d'une requête conjointe d'arbitrage judiciaire, les parties ont entendu soumettre, dans le respect des principes directeurs du procès civil, à la juridiction ainsi choisie, la solution d'un différend qu'elles ont préalablement déterminé et dont elles sont convenues. • TGI Paris, 27 mai 1987 : *Rev. arb. 1988. 519, note Flécheux.* ♦ En conférant au tribunal le pouvoir d'amiable composition, les parties ont manifesté leur volonté que le litige ne soit pas tranché par application des seules règles de droit, mais d'obtenir une solution équitable et acceptable par une adaptation, s'il y a lieu, du droit à l'ensemble des circonstances de fait régissant leurs rapports. • Même jugement.

D. RECOURS

43. Appel. Lorsque les parties ont confié au juge du premier degré mission de statuer comme amiable compositeur, la cour d'appel se trouve, sauf convention contraire, investie de la même mission. • Civ. 1re, 24 mars 1993, n° 90-22.136 P.

44. Cassation. Lorsqu'une cour d'appel statuant comme amiable compositeur décide en équité, les motifs de sa décision, quelle qu'en soit la valeur, échappent, en l'absence de contradiction, au contrôle de la Cour de cassation. • Com. 9 janv. 1979 : *D. 1979. IR 291, obs. Julien ; D. 1980. 204, note Robert ; Rev. arb. 1979. 468, note Loquin.*

45. Juridiction de renvoi. Lorsque les parties, ayant saisi les premiers juges par requête conjointe, ont renoncé à leur droit d'interjeter appel de la décision, il y a lieu, en cas de cassation, de renvoyer l'affaire devant le tribunal autrement composé. • Civ. 1re, 27 mai 1986 : *D. 1987. 209, note Gautier.*

IV. RENVOI

46. Art. 524. L'erreur commise par un juge dans l'application ou l'interprétation d'une règle de droit ne constitue pas une violation manifeste de l'art. 12, au sens de l'art. 524. • Soc. 18 déc. 2007, n° 06-44.548 P : *D. 2008. 165, obs. Maillard ; RDT 2008. 121, obs. Guiomard ; RTD civ. 2008. 158, obs. Perrot ; JCP 2008. II. 10030, note Croze ; ibid. 2008. I. 138, n° 12, obs. Amrani Mekki ; ibid. 2010. 546, n° 18, obs. Serinet ; Dr. et pr. 2008. 149, note Lefort ; ibid. 3/2008, suppl. Droit du recouvrement, p. 4, obs. Putman.*

Code de la consommation

Art. R. 632-1 Le juge peut relever d'office toutes les dispositions du présent code dans les litiges nés de son application.

Il écarte d'office, après avoir recueilli les observations des parties, l'application d'une clause dont le caractère abusif ressort des éléments du débat. — *[C. consom., art. L. 141-4.]*

BIBL. ▶ NDLR, *BRDA 2008, n° 2, p. 27* (pouvoir du juge en droit de la consommation). – Alliez, *LPA 2 juill. 2009* (la réforme de l'office du juge en droit de la consommation). – Bazin, *Dr. et pr. 2008. 125* (office du juge en droit de la consommation) ; *Dr. et pr. 2010. 110* (office du juge en droit de la consommation) ; *Dr. et pr. 2018. 142* (le juge et le droit à la consommation : un juge à l'épreuve). – Croze, *Procédures 2008, n° 80* (pouvoir de relever d'office les moyens tirés du code de la consommation). – Flores et Biardeaud, *D. 2009. 2227* (l'office du juge et le crédit à la consommation). – Gorchs, *D. 2010. 1300* (le relevé d'office des moyens tirés du code de la consommation : une qualification inappropriée). – Leveneur, *JCP E 2008. Actu. 69.* – Moracchini-Zeidenberg, *CCC 2013. Étude 9* (le relevé d'office en droit de la consommation interne et communautaire). – Poissonnier, *D. 2008. Chron. 1285* (office du juge en droit de la consommation : une clarification bienvenue) ; *CCC 2009. Étude 5* (mode d'emploi du relevé d'office en droit de la consommation). – Poillot, *D. 2008. Pan. 393* (l'action en justice dans le droit de la consommation). – Raymond, *JCP E 2008, nos 12-13, p. 17, spéc. p. 18 ; CCC 2008. Étude 3* (modifications apportées au droit de la consommation par la L. n° 2008-3 du 3 janv. 2008). – Rzepecki, *RLDA juin 2009. 41* (le relevé d'office par le juge des dispositions du code de la consommation : principe et régime).

1. Entrée en vigueur. L'art. L. 141-4 [devenu R. 632-1], issu de la loi du 3 janv. 2008, permettant au juge de soulever d'office les dispositions du code de la consommation, est d'application immédiate. • Colmar, 31 mars 2008 : *JCP 2008. IV. 2608 ; LPA 2 juill. 2009, obs. Zambrano* (caractère abusif d'une clause du prêt permettant au prêteur de modifier à la hausse ou à la baisse le montant du plafond autorisé) • Paris, 6 mars 2008 : *CCC 2008, n° 249, obs. Raymond* (frais et commissions en matière de crédit à la consommation). ♦ Bien que ce texte soit postérieur à l'introduction de la présente instance, il traduit la volonté du législateur de ne pas voir l'office du juge, en droit de la consommation, subordonné à la distinction entre l'ordre public de protection et l'ordre public de direction. • Amiens, 25 sept. 2008 : *JCP 2009. IV. 1091* • Toulouse, 3 févr. 2009 : *JCP 2009. IV. 1528.* ♦ Comp. • Paris, 11 janv. 2018, nº 16/12948 : *D. 2018. Actu. 238, obs. Poissonnier ; JCP E 2018. 1260, nº 1, obs. Chaumont ; LPA 27 nov. 2018, p. 6, obs. Capdeville.*

2. Ordre public. La méconnaissance des dispositions d'ordre public du code de la consommation peut être relevée d'office par le juge (absence de visa de l'art. L. 141-4 [devenu R. 632-1]). • Civ. 1re, 22 janv. 2009, nº 05-20.176 P : *Just. et cass. 2010. 451, rapp. Richard, obs. Pagès ; D. 2009. 908, note Piedelièvre ; ibid. AJ 365, obs. Avena-Robardet ; RTD com. 2009. 421, obs. Legeais ; JCP 2009. II. 10037, note Lagarde ; ibid. Actu. 66, obs. Gout ; LPA 8 avr. 2009, note Poissonnier ; ibid. 12 mai 2009, obs. Gout ; RDC 2009. 1078, note Fenouillet ; CCC 2009, nº 88, obs. Raymond ; Procédures 2009, nº 84, obs. Raschel ; Dr. et pr. 2009. 159, obs. Bazin.* ♦ L'obligation pour le juge d'asseoir sa décision sur un raisonnement juridique adéquat doit également se lire à la lumière de l'art. 125 C. pr. civ., qui fait obligation au juge de relever d'office les fins de non-recevoir lorsqu'elles ont un caractère d'ordre public, sans qu'il y ait lieu de distinguer selon que le moyen d'irrecevabilité résulte d'un ordre public de direction ou de protection, et plus généralement à la possibilité désormais reconnue pour celui-ci, en application de l'art. L. 141-1 [devenu R. 632-1] C. consom., de relever d'office toutes les dispositions d'ordre public du code de la consommation. • Douai, 17 juin 2010, nº 09/03029. ♦ Les dispositions du code de la consommation en matière de crédit à la consommation étant d'ordre public, le juge peut relever d'office toute disposition de ce code dans les litiges dont il est saisi. • TI Nevers, 29 janv. 2015 : *CCC 2015, nº 128, obs. Raymond.* ♦ Le juge peut soulever d'office le caractère abusif d'une clause, les dispositions de l'art. L. 132-1 [devenu L. 212-1] relatives aux clauses abusives étant d'ordre public. • Toulouse, 5 juill. 2011, nº 10/01780.

3. Pouvoir ou devoir. Le juge national est tenu d'examiner d'office le caractère abusif d'une clause contractuelle dès qu'il dispose des éléments de droit et de fait nécessaires à cet effet. • CJCE 4 juin 2009, nº C-243/08 : *D. 2009. 2312, note Poissonnier ; D. 2010. Pan. 797, obs. Poillot ; RTD com. 2009. 794, obs. Legeais ; RTD civ. 2009. 684, obs. Rémy-Corlay ; JCP 2009, nº 42, p. 43, note Paisant ; RJDA 2009, nº 899 ; Procédures 2009, nº 275, obs. Nourissat ; Dr. et pr. 2010, suppl. nº 2, p. 6, obs. Y. Picod ; RDC 2010. 59, obs. Deshayes ; Europe 2009, nº 334, obs. Michel et Meister.* – V. aussi : • Civ. 1re, 3 nov. 2016, nº 15-20.621 P : *D. 2017. Pan. 548, obs. Poillot ; JCP 2016, nº 1351, note Paisant ; CCC 2017, nº 22, obs. Bernheim-Desvaux ; RJDA 2017, nº 208.* ♦ Le juge doit pouvoir relever d'office le caractère abusif d'une clause. • CJCE 27 juin 2000, nº C-240/98 : *JCP E 2001. 1281, note Carballo Fidalgo et Paisant ; LPA 24 juill. 2001, note Hourdeau ; RTD civ. 2001. 878, obs. Mestre et Fages* • CJCE 21 nov. 2002, nº C-473/00 : *D. 2003. 486, note Nourissat ; ibid. 2002. AJ 3339, obs. Avena-Robardet ; JCP 2003. II. 10082, note Paisant ; JCP E 2003. 321, note Fadlallah et Baude-Texidor ; Gaz. Pal. 2003. 1711, note Flores et Biardeaud ; CCC 2003, nº 31, obs. Raymond.* ♦ V. aussi en ce sens : • TI Vienne, 14 mars 2003 : *CCC 2003, nº 118, obs. Raymond* • TI Roubaix, 16 oct. 2003 : *ibid. 2004, nº 14, obs. Raymond* • TI Roubaix, 15 avr. 2004 : *Gaz. Pal. 2004. 2591, note Tricoit* • TI Roubaix, 11 juin 2004 : *CCC 2004, nº 132, obs. Raymond* • TI Bourganeuf, 8 déc. 2004 : *D. 2005. AJ 277, obs. Avena-Robardet* • TI Saintes, 4 janv. 2006 : *CCC 2006, nº 94, obs. Raymond* • Civ. 1re, 10 oct. 2018, nº 17-20.441 P : *CCC 2019, nº 15, note Bernheim-Desvaux.* ♦ Le juge national qui a constaté d'office le caractère abusif d'une clause n'est pas tenu, afin de pouvoir tirer les conséquences de cette constatation, d'attendre que le consommateur, informé de ses droits, présente une déclaration demandant que ladite clause soit annulée ; il doit toutefois, en vertu du principe du contradictoire, en informer les parties au litige et leur donner la possibilité d'en débattre contradictoirement selon les formes prévues à cet égard par les règles nationales de procédure. • CJUE 21 févr. 2013, nº C-472/11 : *D. actu. 1er mars 2013, obs. Delpech ; D. 2013. Pan. 954, obs. Poillot ; RTD eur. 2013. 559, obs. Aubert de Vincelles ; JCP E 2013, nº 1226, note Moracchini-Zeidenberg ; CCC 2013, nº 142, obs. Raymond ; RJDA 2013, nº 458 ; LPA 17-18 sept. 2013, note Combet ; Gaz. Pal. 2013. 2386, obs. Piedelièvre ; Europe 2013, nº 183, obs. Dupont-Lassalle.* ♦ Dès lors que le juge national a le pouvoir, selon les règles de procédure internes, d'annuler d'office une clause contraire à l'ordre public ou à une disposition légale contraignante dont la portée justifie cette sanction, il doit, en principe, après avoir donné aux parties la possibilité d'un débat contradictoire, annuler d'office une clause contractuelle dont il a constaté le caractère abusif. • CJUE 30 mai 2013, nº C-488/11 : *D. 2014. Pan. 1301, obs. Sauphanor-Brouillaud ; RTD eur. 2013. 559, obs. Aubert de Vincelles ; RLDA juill.-août 2013. 49, obs. Lalot ; Europe 2013, nº 321, obs. Bouveresse.* ♦ La juridiction nationale qui a constaté d'office le caractère abusif d'une clause contractuelle doit, dans la mesure du possible, faire application de ses règles de procédure internes de manière à ce que soient tirées toutes les conséquences qui, selon le droit national, découlent de la constatation du caractère abusif de la clause en cause afin de s'assurer que le consommateur ne soit pas lié par celle-ci. • CJUE 30 mai 2013, nº C-397/11 : *D. 2014.*

Pan. 1306, obs. Poillot ; RTD eur. 2013. 559, obs. Aubert de Vincelles ; RLDA juill.-août 2013. 49, obs. Lalot ; Europe 2013, n° 322, obs. Bouveresse. ♦ La Cour de cassation a pris acte de l'art. L. 141-1 [devenu R. 632-1] dans un arrêt du 22 janv. 2009 (préc. note 2), en accord avec la jurisprudence de la CJCE du 4 juin 2009 (préc.), qui fait de ce pouvoir une obligation pour le juge. • Toulouse, 5 juill. 2011, n° 10/01780. ♦ Le moyen, qui n'invoque pas la faculté pour le juge de relever d'office la disproportion manifeste d'une clause dans un contrat de consommation, mais l'obligation pour celui-ci, nécessairement soumise au contrôle de la Cour de cassation, d'examiner d'office le caractère abusif d'une telle clause, est recevable. • Civ. 1re, 29 mars 2017, n° 16-13.050 P : *D. 2017. Chron. C. cass. 1860, obs. Barel ; ibid. 1893, note Kleiner ; AJ Contrat 2017. 278, note Brignon ; AJDI 2017. 596, note Moreau ; RTD com. 2017. 409, obs. Legeais ; RTD civ. 2017. 383, obs. Barbier ; JCP 2017, n° 532, note Bonneau ; JCP E 2017, n° 1267, note Lasserre Capdeville ; JCP N 2017, n° 1158, note Piedelièvre ; CCC 2017, n° 136, obs. Bernheim-Desvaux ; RJDA 2017, n° 835 ; RDBF 2017. Étude 15, pbs. Danos ; ibid., n° 107, obs. Mathey ; ibid., n° 144, obs. Samin et Torck.* ♦ Dès lors qu'il résultait des éléments de fait et de droit débattus devant elle que, selon le contrat litigieux, les mensualités étaient susceptibles d'augmenter, sans plafond, lors des cinq dernières années, de sorte qu'il lui incombait de rechercher d'office, notamment, si le risque de change ne pesait pas exclusivement sur les emprunteurs et si, en conséquence, la clause litigieuse n'avait pas pour objet ou pour effet de créer un déséquilibre significatif entre les droits et obligations des parties au contrat, au détriment des consommateurs, la cour d'appel a violé l'art. L. 132-1 *[L. 212-1]*. • Civ. 1re, 29 mars 2017, n° 16-13.050 P : *préc.* ♦ L'art. 7, § 1, de la Dir. 93/13/CEE du Conseil du 5 avr. 1993, doit être interprété en ce sens qu'il s'oppose à l'interprétation d'une disposition nationale qui empêcherait le juge saisi d'un recours, introduit par un professionnel contre un consommateur, et statuant par défaut en l'absence de comparution de ce consommateur à l'audience à laquelle il était convoqué, de prendre les mesures d'instruction nécessaires pour apprécier d'office le caractère abusif des clauses contractuelles sur lesquelles le professionnel a fondé sa demande, lorsque ce juge éprouve des doutes sur le caractère abusif de ces clauses. • CJUE 4 juin 2020, n° C-495/19 : *D. 2020. 1228 ; Rev. prat. rec. 2020. 35, chron. De La Asuncion Planes ; cité note ss. C. consom., art. L. 232-1, App., v° Clauses abusives.*

4. Conditions. S'il résulte des dispositions de l'art. L. 141-1 [devenu R. 632-1] que le juge peut soulever d'office toutes les dispositions du code de la consommation dans les litiges nés de son application, c'est à la condition que l'irrégularité résulte des faits litigieux, dont l'allégation, comme la preuve, incombe aux parties. • Rouen, 27 mai 2010, n° 09/03542.

5. Prescription. BIBL. Maumont, *JCP E 2020, n° 1420* (déchéance du droit aux intérêts du prêteur et relevé d'office : entre occasions manquées et avancées discrètes). ♦ Sur un refus d'opposer la prescription quinquennale de l'art. L. 110-4 C. com. au relevé d'office de moyens d'irrégularité d'un contrat de crédit à la consommation, V. • TI Montluçon, 4 juill. 2018, n° 11-18-000056 : *D. 2018. Actu. 1485, obs. Poissonnier .* ♦ Comp. • Paris, 11 janv. 2018, n° 16/12948 : *D. 2018. Actu. 238, obs. Poissonnier .* ♦ Sur la question préjudicielle de savoir si la prescription quinquennale de l'art. L. 110-4 C. com. peut être opposée au juge d'instance qui soulève d'office la déchéance du droit aux intérêts du prêteur pour irrégularité du contrat de crédit à la consommation, V. : • TI Épinal, 20 sept. 2018, n° 11-18.000406 : *CCC 2018, n° 205, note Bernheim-Desvaux.* ♦ La Dir. 93/13/CEE du Conseil du 5 avr. 1993, concernant les clauses abusives dans les contrats conclus avec les consommateurs, doit être interprétée en ce sens qu'elle ne s'oppose pas à une réglementation nationale (le droit roumain) qui, tout en prévoyant le caractère imprescriptible de l'action tendant à constater la nullité d'une clause abusive figurant dans un contrat conclu entre un professionnel et un consommateur, soumet à un délai de prescription l'action visant à faire valoir les effets restitutifs de cette constatation, pour autant que ce délai ne soit pas moins favorable que celui concernant des recours similaires de nature interne (principe d'équivalence) et qu'il ne rende pas en pratique impossible ou excessivement difficile l'exercice des droits conférés par l'ordre juridique de l'Union (principe d'effectivité). En revanche, cette directive ainsi que les principes d'équivalence, d'effectivité et de sécurité juridique doivent être interprétés en ce sens qu'ils s'opposent à une interprétation juridictionnelle de la réglementation nationale selon laquelle l'action judiciaire en restitution des montants indûment payés sur le fondement d'une clause abusive figurant dans un contrat conclu entre un consommateur et un professionnel est soumise à un délai de prescription de trois ans qui court à compter de la date de l'exécution intégrale de ce contrat, lorsqu'il est présumé, sans besoin de vérification, que, à cette date, le consommateur devait avoir connaissance du caractère abusif de la clause en cause, ou lorsque, pour des actions similaires, fondées sur des dispositions du droit interne, ce même délai ne commence à courir qu'à partir de la constatation judiciaire de la cause de ces actions. • CJUE 9 juill. 2020, nos C-698/18 et C-699/18 : *D. actu. 3 sept. 2020, note Pellier ; D. 2020. 1456 ; ibid. 2021. 594, obs. Aubry, Poillot et Sauphanor-Brouillaud ; AJ contrat 2020. 449, obs. Legrand ; Europe 2020, n° 313,* *note V. Bassani.* ♦ Au regard des art. R. 632-1 C. consom., 6 C. civ., L. 110-4 C. com. et de la lecture par la CJUE de la Dir. n° 2008/48/CE du 23 avr. 2008 relative au rôle du juge dans le respect des dispositions d'un ordre public économique européen, le juge peut-il soulever d'office la nullité d'un contrat de crédit à la consommation, notamment en application de l'art. L. 312-25 C. consom., au-delà de l'expiration du délai quinquennal de prescription opposable à une partie ? Au regard des art. R. 632-1 C. consom., 6 C. civ., L. 110-4 C. com., 4 et 5 C. pr. civ. et de la lecture par la CJUE de la Dir. n° 2008/48/CE du 23 avr. 200, le juge peut-il prononcer la nullité d'un contrat de crédit à la consommation, notamment en application de l'art. L. 312-25 C. consom., en l'absence de toute demande d'annulation émanant de l'une des parties ? • Civ. 1re, avis, 21 oct. 2021, n° 21-70.015 : *D. actu. 8 nov. 2021, obs. Hélaine.*

Art. 13 Le juge peut inviter les parties à fournir les explications de droit qu'il estime nécessaires à la solution du litige.

1. Pouvoir. Si le juge peut inviter les parties à fournir les explications de fait et de droit qu'il estime nécessaires à la solution du litige, il s'agit d'une simple faculté dont l'exercice est laissé au pouvoir discrétionnaire de la juridiction. • Civ. 1re, 4 déc. 1973 : *Bull. civ. I, n° 336.*

2. Illustration. Pour une application de l'art. 13, V. • TGI Fontainebleau, 6 juin 1973 : *Gaz. Pal. 1973. 2. 928.*

SECTION VI LA CONTRADICTION

DALLOZ ACTION *Droit et pratique de la procédure civile 2022/2023*, nos 222.20 s.

Art. 14 Nulle partie ne peut être jugée sans avoir été entendue ou appelée.

BIBL. ▸ **Études d'ensemble :** Ascensi, Du principe de la contradiction, *LGDJ 2006*. – Boccara, *JCP 1981. I. 3004* (le désert du contradictoire). – Bolard, *Mél. Bellet, 1991, p. 49*. – Confluences juridiques, *Gaz. Pal. 9-10 juill. 2003, p. 2* (secret des affaires et principe du contradictoire). – Flécheux, *Mél. Bellet, 1991, p. 149* (le droit d'être entendu). – Magendie, *Gaz. Pal. 10-12 déc. 2006, p. 2* (contradiction, exigence majeure d'une justice de qualité). – Miniato, *D. 2005. 308* (la consécration du principe du contradictoire) ; *D. 2005. 2537* (le principe du contradictoire : nouveau principe directeur du procès) ; Le principe du contradictoire en droit processuel, *LGDJ 2008*. – Motulsky, *Mél. Roubier, t. 2, p. 176* (droit naturel et principe de la contradiction). – Tarzia, *Rev. int. dr. comp. 1981. 789* (procédure civile italienne). – Wiederkehr, *D. 1974. Chron. 95 ; D. 1978. Chron. 36.*

▸ **Droits de la défense dans les procédures orales :** Couchez, *XIVe colloque des IEJ, Reims 1982, PUR, 1985, p. 61*. – Hébraud, *Trav. inst. dr. comp. Paris, 1959, t. XV, p. 341*. – Grumbach, *Rev. trim. Versailles, 1987, nos 7, 31*. – Lachaud, *Gaz. Pal. 1987. 2. Doctr. 482*. – Normand, *Semaine soc. Lamy 24 mai 1988, spéc. D. 51*. – Olivier, *Gaz. Pal. 14-16 nov. 2004, p. 10* (expertise). – Perdriau, *JCP 1993. I. 3650* (droits de la défense devant la C. cass.). – Salati, *Dr. et pr. 2006. 14*. – Travier et Cros, *Procédures 2007. Étude 5*. – *BICC 15 mars 2005, p. 5.*

A. PRINCIPE

1° VALEUR

1. Droit naturel. La défense étant un droit naturel, personne ne doit être condamné sans avoir été interpellé et mis en demeure de se défendre. • Civ. 7 mai 1828 : *S. 1828. 1. 93.*

2° CONSÉQUENCE

2. Relevé d'office. Nulle partie ne peut être jugée sans avoir été entendue ou appelée ; l'inobservation de cette règle d'ordre public doit être relevée d'office. • Civ. 2e, 10 mai 1989 : *Bull. civ. II, n° 105.*

3° DOMAINE

3. Matière gracieuse. L'art. 14 n'a pas vocation à s'appliquer à la procédure de relevé de forclusion en raison de sa nature gracieuse, et en l'absence de grief potentiel immédiat, pour le débiteur, de toute décision rendue en cette matière, même relevant le créancier de forclusion ; le juge-commissaire, qui a la faculté, prévue par l'art. 27, d'entendre sans formalité les personnes qui peuvent l'éclairer ainsi que celles dont les intérêts risquent d'être affectés par sa décision, peut néanmoins statuer sans que le débiteur ait été entendu ou appelé. • Paris, 19 févr. 1999 : *D. 1999. IR 117* ♦ Comp. le juge-commissaire ne peut statuer sur la demande d'un créancier tendant à être relevé de forclusion, qui est de nature contentieuse, qu'après avoir entendu ou dûment appelé le représentant des créanciers et les parties intéressées. • Com. 13 déc. 2005, n° 04-18.391 P : *D. 2006. 228, obs. A. Lienhard ; RLDA févr. 2006, n° 76, obs. Lefèvre et Vasa ; Gaz. Pal. 4 mai 2006, p. 43, note Le Corre.*

4. Déclaration au greffe. Le défendeur, qui est appelé à l'audience conformément aux exigences de l'art. 14, par la convocation qui lui adresse le greffier dans les termes de l'art. 847-2, est ainsi mis en mesure de débattre contradictoirement des pièces produites par son adversaire, lequel n'est pas tenu de procéder à une communication des pièces avant l'audience. • Civ. 2e, 7 nov. 2002, nº 99-19.415 P : *Gaz. Pal. 6-7 août 2003, p. 20, obs. Du Rusquec.*

B. CAS DE VIOLATION

1º CONDAMNATION DE QUI N'ÉTAIT PAS APPELÉ

5. Excès de pouvoir. BIBL. Gorrias, *RLDA nov. 2009. 18* (vers un élargissement de la notion d'excès de pouvoir). Constitue un excès de pouvoir le fait pour un juge, qui se prononce en matière de réalisation d'actif du débiteur en liquidation judiciaire, de statuer sans que le débiteur ait été entendu ou dûment appelé. En conséquence viole l'art. 14 C. pr. civ., ensemble l'art. L. 623-5 C. com. dans sa rédaction antérieure à la loi du 26 juillet 2005, et les principes régissant l'excès de pouvoir la cour d'appel qui, pour déclarer irrecevable l'appel-nullité formé par le débiteur contre un jugement, retient que l'appelant invoque exclusivement le non-respect du principe de la contradiction posé par les art. 14 à 16 C. pr. civ. pour n'avoir pas été convoqué par le tribunal et que la violation d'un principe fondamental de procédure, tel celui du contradictoire, ne constitue pas un excès de pouvoir. • Com. 16 juin 2009, nº 08-13.565 P : *D. 2009. 1756, note A. Lienhard ; ibid. 2521, note Théron ; JCP 2009. 369, nº 17, note Clay ; JCP 2010. 546, nº 17, obs. Serinet ; Gaz. Pal. 2009. 2717, nº 1944, obs. (approb.) Fricero ; ibid. 3 nov. 2009, p. 19, note Voinot ; ibid. 14-18 mai 2010, p. 21, note Amrani Mekki ; RJ com. 2010, p. 188, note Boillot ; RPC 2010. Étude 8, obs. Rolland.* ♦ Comp. note 26 s. ss. art. 545.

6. Absence de citation. Viole l'art. 14 le tribunal qui condamne à des dommages-intérêts une compagnie d'assurances qui n'avait été ni entendue ni appelée en la cause. • Civ. 2e, 8 juill. 1976 : *Bull. civ. II, nº 239.* ♦ ... Qui constate la nullité de la stipulation d'intérêts du contrat conclu entre des particuliers et une banque, sans que cette dernière ait été appelée à l'instance. • Civ. 1re, 6 nov. 2001, nº 99-10.335 P. ♦ ...L'ordonnance par laquelle le juge des référés condamne une société à cesser ses travaux alors que seul l'actionnaire de cette société faisait l'objet de l'assignation, sans que cette société n'ait été ni entendue ni appelée à l'instance. • Lyon, 23 oct. 2008 : *cité note 4 ss. art. 490.*

7. Contentieux électoral. Viole l'art. 14 le TI qui ordonne l'inscription d'une personne sur une liste électorale sans qu'il soit établi que le préfet ait été avisé du recours. • Civ. 2e, 17 mars 1994, nº 94-60.041 P. ♦ V. aussi, pour une personne ayant saisi le TI d'un recours contre une décision de radiation de la liste électorale, non avisée de la date de l'audience dans le délai de trois jours prévu par l'art. R. 14 C. élect., • Civ. 2e, 15 mai 2003, nº 03-60.114 P. ♦ *Adde* • Civ. 2e, 12 déc. 2019, nº 19-60.203 P. ♦ ... Et, pour des opérations électorales en matière de mutualité, par application de l'art. R. 125-3 C. mut., • Soc. 28 mai 2003, nº 02-60.898 P.

8. Appel en garantie. L'appelé en garantie ne peut être condamné au profit du demandeur principal qui n'avait pas conclu contre lui. • Civ. 3e, 16 avr. 1986 : *Bull. civ. III, nº 42.*

9. Opposition à injonction de payer. Violation de l'art. 14 par le tribunal qui condamne une association à exécuter une ordonnance d'injonction de payer, sans qu'elle ait été entendue ou appelée, l'opposition formée par une personne antérieurement exclue de cette association ayant été déclarée irrecevable. • Civ. 2e, 11 avr. 1986 : *Bull. civ. II, nº 47.*

10. Personnes morales. Lorsque deux sociétés ont une personnalité morale distincte, des objets différents et que l'une ne se trouve pas aux droits et obligations de l'autre, le tribunal viole l'art. 14 en condamnant l'une à la place de l'autre. • Com. 4 nov. 1987 : *Bull. civ. IV, nº 225 ; JCP 1988. II. 21087, note Cadiet.*

11. Action concernant une société. La société étant nécessairement partie à l'instance tendant à la désignation d'un mandataire chargé de provoquer la délibération des associés, la demande fondée sur l'art. 39 du Décr. du 3 juill. 1978 exige la mise en cause de la personne morale en tant que telle. • Com. 3 nov. 2004, nº 01-01.855 P : *D. 2004. AJ 3000, obs. A. Lienhard ; AJDI 2005. 62 ; Rev. sociétés 2005. 418, note Barbièri ; RTD com. 2005. 98, obs. Champaud et Danet ; BJS 2005. 415, nº 82, note Zeidenberg ; Banque et Dr. 99/2005, p. 53, obs. Storck.*

12. Changement d'adresse. Pour une violation de l'art. 14 et de l'art. 659, dans une hypothèse où le tribunal avait condamné une personne non comparante, bien que, lors de la signification, l'huissier de justice eût constaté qu'elle demeurait à une nouvelle adresse, alors que l'huissier ne pouvait régulariser l'assignation à l'ancienne adresse de sorte que la personne n'avait été ni entendue ni appelée, V. • Civ. 2e, 15 mai 2003, nº 01-11.827 P : *Gaz. Pal. 7-8 avr. 2004, p. 20, obs. Du Rusquec.*

13. Démission. Méconnaît les termes de l'art. 14 la cour d'appel qui prononce la mise en redressement judiciaire d'une SARL, alors que le gérant comparant, qui avait régulièrement démissionné auparavant, et en avait informé le tribunal à l'audience, n'avait plus qualité pour représenter la débitrice, eût-il été régulièrement convoqué en l'absence de publication de sa démission. • Com. 23 mai 1995, nº 93-12.910 P.

14. Remplaçants. Viole l'art. 14 le tribunal qui,

pour décider la validation du redressement notifié par l'URSSAF à un chirurgien-dentiste, au titre des remplaçants auxquels il a fait appel, retient que ces remplaçants doivent être affiliés au régime général comme étant ses subordonnés, alors que les intéressés n'ont pas été appelés en la cause. • Soc. 9 mai 1994 : *D. 1994. IR 149.*

15. *Mandat.* Viole l'art. 14 le tribunal qui prononce la nullité d'un contrat de marché de travaux conclu entre une société et un groupement d'entreprises, alors que la société mandataire de ce dernier n'avait pas été appelée en la cause. • Com. 16 sept. 2014, n° 13-16.178 P.

16. *Amende civile.* Le juge des tutelles ne saurait condamner un avocat à l'amende civile prévue par l'art. 32-1 pour avoir agi en justice de manière abusive, alors qu'il n'a été ni entendu ni appelé à l'audience. • Civ. 2e, 12 oct. 1994, n° 92-14.867 P.

17. *Recours.* A qualité pour se pourvoir en cassation celui qui a été condamné sans qu'une citation ne lui ait été délivrée. • Civ. 2e, 8 juill. 1976 : *Bull. civ. II, n° 239 ; Gaz. Pal. 1976. 2. Somm. 237.*

18. *Surendettement.* Viole l'art. 14 C. pr. civ., ensemble l'art. R. 331-9-2 C. consom., le juge d'instance, qui n'a ni convoqué ni entendu les créanciers, alors que nulle partie ne peut être jugée sans avoir été entendue ou appelée et, que lorsque le juge du tribunal d'instance statue par jugement, il convoque les parties intéressées ou les invite à produire leurs observations, par lettre recommandée avec accusé de réception. • Civ. 2e, 21 janv. 2016, n° 15-15.761 P.

19. *Annonce de fermeture des juridictions.* Encourt la cassation une cour d'appel qui statue sur une requête en omission de statuer au vu des conclusions des parties non comparantes à l'audience, alors que, formulé en termes généraux et affirmatifs, un communiqué de presse du ministère de la Justice diffusé par le Conseil national des barreaux annonçant la fermeture des juridictions, sauf en ce qui concerne les services assurant le traitement des contentieux essentiels, en vue de lutter contre la propagation de la *corona virus disease* (covid-19), était de nature à induire en erreur les parties en leur donnant l'assurance que l'affaire serait nécessairement renvoyée. • Civ. 2e, 13 janv. 2022, n° 20-16.774 P : *D. actu. 18 janv. 2022, note Hoffschir ; D. 2022. 118 ; JCP 2022. 124, note Cholet* (visa des art. 14 C. pr. civ. et 6, §1er Conv. EDH).

2° CONDAMNATION DE QUI N'ÉTAIT PAS RÉGULIÈREMENT APPELÉ

20. *Signification à domicile.* Le respect des droits de la défense s'oppose à ce que la copie d'une assignation soit remise par l'huissier au conjoint qui l'a requis de signifier cet acte. • Civ. 2e, 19 déc. 1973 : *D. 1974. IR 52 ; RTD civ. 1974. 454, obs. Perrot.*

21. *Pluralité de dossiers.* Une partie qui, convoquée dans des conditions irrégulières de nature à lui causer un grief, n'a pas été entendue, ne peut être jugée. • Soc. 4 juill. 1984 : *Bull. civ. V, n° 289* (violation de l'art. 14 dans un cas où l'appel formé par l'intéressée ayant provoqué l'ouverture par le secrétariat-greffe de deux dossiers distincts, elle avait été convoquée à deux audiences successives et n'avait pas comparu à la première).

22. *Mentions absentes.* La convocation du défendeur devant la formation de référé du conseil de prud'hommes doit indiquer les lieu, jour et heure de l'audience à laquelle l'affaire a été fixée ; en l'absence de ces mentions, l'intéressé n'est pas appelé régulièrement devant ladite formation. • Soc. 13 oct. 1988, n° 87-42.816 P. ♦ Il résulte de la combinaison des art. 14, 471 et 655 à 659 que lorsqu'une partie, citée à comparaître par acte d'huissier de justice, ne comparaît pas, le juge, tenu de s'assurer de ce que celle-ci a été régulièrement appelée, doit vérifier que l'acte fait mention des diligences prévues, selon les cas, aux art. 655 à 659. A défaut, le juge ordonne une nouvelle citation de la partie défaillante. • Civ. 2e, 1er oct. 2020, n° 18-23.210 : *D. actu. 30 oct. 2020, note Bolze ; D. 2020. 1959 ; ibid. 2021. 491, chron. Guého, Talabardon, Lemoine, de Leiris, Le Fischer et Gauthier ; Rev. prat. rec. 2020. 9, chron. Cholet, Draillard, Laher et Salati* (cassation de l'arrêt dans lequel la cour d'appel a condamné l'intimé qui n'a pas comparu alors qu'il avait reçu à domicile la citation à comparaître, sans vérifier si ladite citation comportait les mentions exigées par les art. 655 à 659) : *cité note 2 ss. art. 471.*

23. *Délai maximal de convocation (non).* Ne méconnaît pas le principe de la contradiction ni le droit d'accès au juge, la convocation de l'appelante effectuée deux ans et demi avant l'audience dès lors qu'aucune disposition du code de procédure civile ne prévoit de délai maximal entre la convocation et la date de l'audience. • Civ. 2e, 9 juill. 2015, n° 14-15.209 P : *D. actu. 4 sept. 2015, obs. Kebir ; D. 2015. Actu. 1548 ; ibid. Chron. C. cass. 1791, obs. Adida-Canac, Vasseur et de Leiris .*

24. *Renvoi à une audience ultérieure.* De la combinaison des art. 14, 861 et 870 résulte que le T. com. ne peut statuer à une audience postérieure à celle pour laquelle a été donnée une assignation que si les parties ont été avisées verbalement ou par simple lettre du renvoi à cette audience. • Civ. 2e, 25 janv. 1984 : *Bull. civ. II, n° 16* • Com. 30 juin 1987 : *Bull. civ. IV, n° 170* • Civ. 2e, 29 mars 1995 : *Rev. huissiers 1995. 859, obs. R. Martin.* ♦ V. également • Civ. 1re, 15 juill. 1981 : *JCP 1981. IV. 359* (devant le TI) • Civ. 2e, 12 juin 1985 : *Bull. civ. II, n° 116* • 27 mai 1988 : *Gaz. Pal. 1988. 2. Somm. 219* (injonction de payer). ♦ Il doit ressortir des mentions du jugement ou des pièces du dossier que cette exigence a été satisfaite. • Civ. 1re, 15 juill. 1981 : *préc.* • Civ. 2e, 12 juin 1985 : *préc.* ♦ Il appartient au greffe d'aviser la partie non comparante de la date de l'audience à laquelle l'affaire a été renvoyée, peu important qu'elle en ait eu connaissance par un courrier de la partie adverse. • Civ. 2e, 8 févr. 2007, n° 06-10.636 P : *D. 2007. AJ 806 ; AJDI 2007. 324 ; Procédures 2007, n° 108, note Perrot* (devant le TI). ♦ Viole l'art. 6, § 1er, Conv. EDH, ensemble les art. 3, 14 et 16 C. pr. civ., la décision qui, pour refuser la demande de renvoi et statuer sur le fond, retient que, bien que régulièrement convoquée à l'audience, la partie n'a pas comparu et a sollicité un renvoi par courriel sans motif légitime dès lors que la convocation devant la juridiction lui était connue de longue date, alors qu'il ressortait des pièces du dossier qu'un courriel émanant du tribunal avait indiqué au demandeur qu'avec l'accord du magistrat l'audience avait été reportée à une date ultérieure. • Civ. 2e, 24 sept. 2015, n° 14-21.145 P : *D. 2016. Pan. 455, obs. Fricero ; ibid. 2016. Chron. 745, obs. Adida-Canac, Vasseur et de Leiris ; Gaz. Pal. 22 déc. 2015, p. 26, note Mayer ; RLDC nov. 2015, p. 63, obs. Bléry ; Dr. et pr. mars 2016, suppl. Droit de la consommation, p. 15, obs. Valette-Ercolle.*

25. Renvoi devant le bureau de jugement. Le plaideur qui se borne à apposer sa signature sur le procès-verbal de conciliation partielle établi par la formation de référé prud'homal renvoyant les parties devant le bureau de jugement n'est pas régulièrement convoqué devant ce dernier, seule la notification aux parties de l'ordonnance de référé mentionnant la date de l'audience du bureau de jugement valant citation en justice, selon l'art. R. 516-33 C. trav. • Soc. 23 oct. 1985 : *Bull. civ. V, n° 491.* ♦ V. aussi • Soc. 5 déc. 1990, n° 87-43.935 P.

26. Référé et fond. Viole l'art. 14 la cour d'appel qui convoque l'employeur pour qu'il soit statué sur une ordonnance de la formation de référé, bien que le salarié lui ait déféré une décision du bureau de jugement, et qui, en l'absence de l'intimé, statue sur le fond. • Soc. 9 avr. 1987, n° 84-42.399 P.

27. Tribunal des affaires de sécurité sociale. Devant le tribunal des affaires de sécurité sociale, dans le cas où l'une des parties n'a pas déféré à une première convocation, elle doit être convoquée à une nouvelle audience par lettre recommandée avec accusé de réception ; s'il n'est pas établi que l'avis de réception est parvenu à son destinataire, le président ordonne une nouvelle convocation par acte d'huissier de justice ; les juges du fond rendant un jugement réputé contradictoire ne peuvent se borner à indiquer que le défendeur a été convoqué, mais doivent préciser les éléments permettant de contrôler les conditions dans lesquelles il a été convoqué par lettre recommandée avec accusé de réception ou par acte d'huissier de justice. • Civ. 2e, 25 mai 1994, n° 92-17.725 P.

3° DEMANDES INCIDENTES FORMÉES À L'INSU DE LA PARTIE ADVERSE

28. Demande additionnelle. En cas de non-comparution après conciliation partielle devant le bureau de conciliation, le salarié ne peut modifier ses demandes à l'audience de jugement sans en aviser l'employeur dans les formes prévues à l'art. 68, al. 2. • Soc. 19 juin 1986 : *Bull. civ. V, n° 326* (viole l'art. 14 le conseil de prud'hommes qui fait droit à l'ensemble des demandes formulées). ♦ Il résulte des art. 14 et 68, al. 2, applicables devant le bureau de conciliation, que la partie défaillante doit être avisée des demandes présentées pour la première fois par son adversaire. • Soc. 25 janv. 1989 : *Bull. civ. V, n° 63* (ayant relevé que le bureau de conciliation avait statué sur la remise d'un document ASSEDIC, objet d'une demande nouvelle formulée par le salarié, et dit que l'employeur n'en avait pas eu connaissance, la cour d'appel en déduit à bon droit que l'ordonnance est nulle en ce qu'elle ordonne la remise de ce document sous astreinte). ♦ La partie défaillante doit être avisée des demandes présentées à l'audience par son adversaire. • Soc. 6 févr. 1997, n° 93-44.085 P (il ne peut être tenu compte, pour la détermination du taux de ressort, d'une modification à la baisse de la première demande, dont le défendeur, qui ne comparaissait pas devant le bureau de jugement, n'avait pas été avisé).

29. Demande reconventionnelle. Viole l'art. 14 la juridiction de proximité qui condamne le demandeur non comparant à payer diverses sommes au défendeur, alors qu'il ne résulte ni du jugement ni de la procédure que le demandeur, partie défaillante, ait été avisé de la demande reconventionnelle, formulée oralement par le défendeur à l'audience de jugement. • Civ. 1re, 15 mai 2007, n° 06-15.904 P : *Gaz. Pal. 13 janv. 2008, p. 35, note du Rusquec ; Procédures 2007, n° 162, note Perrot.* ♦ V. aussi note 5 ss. art. 16.

Art. 15 **Les parties doivent se faire connaître mutuellement en temps utile les moyens de fait sur lesquels elles fondent leurs prétentions, les éléments de preuve qu'elles produisent et les moyens de droit qu'elles invoquent, afin que chacun soit à même d'organiser sa défense.**

BIBL. ► **Communication de pièces :** VIATTE, *Gaz. Pal. 1973. 1. Doctr. 406.* ► **Notion de moyens :** R. MARTIN, *JCP 1976. I. 2768.* – MOURY, *thèse Paris II, 1986* (moyens de droit). – VOULET, *JCP 1973. I. 2544* (moyens nouveaux devant la Cour de cassation). ► **Temps utile :** BLAISSE, *JCP 1988. I. 3317* (pièces et conclusions tardives). – PERROT, *obs. RTD civ. 1982. 466 ; 1983. 194.*

PLAN DES ANNOTATIONS

I. APPRÉCIATION DU CARACTÈRE TARDIF

A. PRINCIPE

1. *Pouvoir souverain.* L'appréciation du caractère tardif de la communication des pièces relève des constatations souveraines des juges du fond. • Cass., ch. mixte, 3 févr. 2006, no 04-30.592 P : *R., p. 413 ; D. 2006. 1268, obs. Bolze ; Gaz. Pal. 17-18 févr. 2006, p. 5, avis Lafortune ; RTD civ. 2006. 374, obs. Perrot ; JCP 2006. II. 10088, note Salati ; Procédures 2006, no 70, note Perrot ; Dr. et pr. 2006. 214, obs. Fricero ; Dr. et patr. 2007. 119, obs. Amrani-Mekki* (pièces communiquées trois jours avant l'ordonnance de clôture considérées comme n'étant pas communiquées en temps utile au sens des art. 15 et 135). ♦ Les dernières écritures qui avaient été déposées et signifiées la veille de l'ordonnance de clôture ne contenant pas de moyens nouveaux ou de demandes nouvelles, la cour d'appel a souverainement retenu qu'elles avaient été produites en temps utile au sens de l'art. 15. • Cass., ch. mixte, 26 mai 2006, no 03-16.800 P : *D. 2006. IR 1564.* ♦ Mais le juge doit rechercher si les conclusions déposées peu de temps avant la clôture l'ont été en temps utile. • Civ. 2e, 10 mars 2009 : *Procédures 2009, no 134, note Perrot.*

2. *Portée.* Si les juges du fond disposent d'un pouvoir souverain pour apprécier si des conclusions et/ou des pièces ont été déposées en temps utile au sens de l'art. 15, ils se doivent de répondre à des conclusions qui en sollicitent le rejet, que ces dernières soient déposées avant ou après le prononcé de l'ordonnance de clôture. • Civ. 1re, 16 mai 2013, no 12-19.078 P : *D. 2013. Actu. 1285 ; JCP 2013. 596, obs. Deharo.* ♦ Viole l'art. 15 et les art. 16 et 455 la cour d'appel qui statue sur les prétentions respectives des parties en considération des « dernières conclusions déposées le 10 janv. 2012 » par elles, cette date étant en tous cas erronée dès lors que ces parties ont successivement déposé des écritures et communiqué des pièces les 6 et 16 janv. 2012, sans répondre aux conclusions déposées devant elle tendant au rejet de ces écritures et pièces au motif qu'elles ne lui ont pas été communiquées en temps utile pour lui permettre d'en prendre connaissance et d'y répondre avant l'ordonnance de clôture intervenue le 19 janv. • Même arrêt.

B. ILLUSTRATIONS

3. *Conclusions.* Les conclusions doivent être communiquées en temps utile au sens de l'art. 15 ; la cour d'appel rejette souverainement des débats les conclusions tardives, auxquelles l'adversaire était dans l'incapacité de répondre. • Civ. 3e, 1er mars 2006, no 04-18.327 P : *Dr. et pr. 2006. 214, obs. Fricero* (communication huit minutes avant le début de l'audience). ♦ Il résulte des constatations souveraines de l'arrêt que les conclusions n'avaient pas été déposées en temps utile au sens de l'art. 15. • Civ. 1re, 23 mai 2006, no 04-17.179 P (conclusions déposées 14 jours avant la clôture). ♦ Il résulte des constatations souveraines de l'arrêt que les conclusions signifiées le jour du prononcé de l'ordonnance de clôture n'avaient pas été déposées en temps utile au sens de l'art. 15. • Com. 31 oct. 2006, no 04-18.667 P.

4. *Pièces.* Il résulte des constatations souveraines de l'arrêt que les pièces n'avaient pas été communiquées en temps utile au sens des art. 15 et 135. • Soc. 29 nov. 2006, no 05-43.470 P (pièces communiquées trois jours avant l'audience).

5. *Conclusions et pièces.* Il résulte des constatations souveraines de l'arrêt que le défendeur avait conclu en réponse aux précédentes écritures du demandeur, dans le délai fixé par le conseiller de la mise en état, trois jours avant l'ordonnance de clôture, de sorte que les conclusions et pièces avaient été communiquées en temps utile au sens des art. 15 et 135. • Civ. 2e, 22 mars 2006, no 05-16.083 P : *D. 2006. IR 1066* .

II. CRITÈRES

A. PROCÉDURES COMPORTANT UNE ORDONNANCE DE CLÔTURE

6. *Absence de nouveauté.* Les conclusions déposées le jour même de la clôture sont recevables si elles sont prises en réplique à des conclusions adverses et ne soulèvent ni moyens nouveaux ni prétentions nouvelles. • Civ. 2e, 21 déc. 2000 : *Procédures 2001, no 58, obs. Perrot* • Civ. 3e, 12 juin 2002, no 01-01.233 P • Civ. 1re, 6 oct. 2010, no 09-12.686 : *cité note 50 ss. 835.*

7. Temps utile. Les conclusions déposées le jour de l'ordonnance de clôture sont réputées signifiées avant celle-ci, mais le juge doit rechercher si elles ont été déposées en temps utile. • Civ. 2e, 25 févr. 2010 : *Procédures 2010, no 111, note Perrot.*

8. Appel incident. Les conclusions de l'intimé qui comportent un appel incident peuvent être présentées jusqu'à la date de la clôture. • Civ. 2e, 10 févr. 2000 : *Procédures 2000, no 86, obs. Perrot.*

9. Comportement déloyal. Pour l'irrecevabilité de conclusions récapitulatives déposées à huit jours de l'ordonnance de clôture en raison du comportement contraire à la loyauté des débats du plaideur qui avait déjà précédemment, le jour même pour lequel la clôture de l'instruction était annoncée, déposé des conclusions et communiqué des pièces dont l'irrecevabilité pour cause de tardiveté avait été soulevée, V. • Civ. 2e, 23 oct. 2003, no 01-00.242 P : *D. 2003. IR 2726 ; AJDI 2004. 277, obs. Beaugendre.* ♦ Pour un autre exemple de comportement contraire à la loyauté des débats (dépôt d'ultimes conclusions et communication d'une nouvelle pièce le jour même de l'ordonnance de clôture, déjà repoussée), V. • Civ. 2e, 4 mars 2004, no 02-15.270 P. ♦ Constitue un comportement contraire à la loyauté des débats tendant à surprendre l'adversaire la communication, quelques instants avant la clôture, laquelle avait été reportée à deux reprises, d'une pièce détenue depuis plusieurs mois. • Civ. 2e, 2 déc. 2004, no 02-20.194 P.

10. Injonction de conclure. La cour d'appel, qui n'avait pas à vérifier qu'une injonction de conclure avait été délivrée à l'appelante, a justifié sa décision de déclarer irrecevables les pièces et conclusions signifiées sept et cinq jours avant la clôture ; la cour ayant relevé que les conclusions étaient accompagnées non seulement d'une production de quatorze pièces mais également d'une sommation de communiquer, a caractérisé les circonstances particulières qui empêchaient la partie adverse de répondre utilement avant la clôture. • Civ. 2e, 6 mai 1999, no 97-12.437 P. ♦ Le juge peut écarter des conclusions déposées deux jours avant la clôture de la mise en état, sans avoir à rechercher si l'auteur des conclusions avait reçu une injonction de conclure, dès lors qu'il était avisé de la date prévue pour la clôture. • Civ. 2e, 22 mai 2001 : *Procédures 2001, no 193, note Perrot.* ♦ V. cependant, reprochant aux juges du fond de n'avoir pas recherché si l'auteur des conclusions de dernière heure avait reçu une injonction de conclure pour une date antérieure à celle à laquelle il l'avait fait ou, dans la négative, si les conclusions étaient parvenues à l'adversaire trop tardivement pour qu'il pût y répondre avant la date prévue par l'ordonnance de clôture et préalablement portée à la connaissance des parties : • Civ. 2e, 14 avr. 1983 : *Bull. civ. II, no 93 ; Gaz. Pal. 1984. 1. 5, note Du Rusquec.* ♦ Rappr. • Civ. 2e, 25 mars 1985 : *Bull. civ. II, no 77 ; Gaz. Pal. 1985. 2. Somm. 254, obs. Guinchard et Moussa ; RTD civ. 1986. 183, obs. Perrot.*

11. Impossibilité de répondre aux conclusions. Le juge ne peut écarter les conclusions de dernière heure sans rechercher si les parties connaissaient la date à laquelle serait rendue l'ordonnance de clôture et sans caractériser les circonstances particulières qui auraient pu empêcher l'adversaire de répondre auxdites conclusions. • Civ. 2e, 10 nov. 1982 : *Bull. civ. II, no 141 ; Gaz. Pal. 1983. 2. 611, note Du Rusquec ; ibid. 1983. 1. Somm. 104, obs. Guinchard ; RTD civ. 1983. 590, obs. Perrot* • Civ. 3e, 6 mai 1998 : *Procédures 1998, no 167, obs. Perrot* • Civ. 2e, 31 mai 2000 : *Procédures 2000, no 161, note Perrot* • 7 juin 2001, no 99-21.730 P : *D. 2001. Somm. 2716, obs. Julien ; Gaz. Pal. 26-27 juill. 2002, p. 15, obs. Du Rusquec* • 24 janv. 2002, no 99-16.576 P : *Defrénois 2002. 786, obs. Libchaber ; JCP 2002. II. 10118, note Boillot ; ibid. 2003. I. 152, no 4, obs. Viney* • 26 sept. 2002, no 00-15.249 P : *D. 2002. IR 3057 ; Gaz. Pal. 30 mars-1er avr. 2003, p. 31, obs. Du Rusquec* • 5 juin 2003, no 01-16.738 P : *D. 2003. IR 2281 ; Gaz. Pal. 7-8 avr. 2004, p. 19, obs. Du Rusquec* • Civ. 3e, 24 sept. 2003 : *Procédures 2003, no 249, note Perrot* • Civ. 1re, 4 nov. 2003, no 01-02.190 P : *D. 2003. IR 2867 ; Procédures 2004, no 6, note Perrot* • Civ. 3e, 26 janv. 2005, no 03-70.064 P : *RDI 2005. 108, note Morel.* ♦ V. par exemple, pour des conclusions développant une argumentation technique déposées quatorze jours avant l'ordonnance de clôture • Civ. 1re, 6 juin 2000, no 98-13.806 P : *Gaz. Pal. 4-5 janv. 2002, p. 7, obs. Du Rusquec.* ♦ ... Pour un plaideur ayant attendu les 11 et 12 mai 2000 pour prendre de nouvelles écritures contenant des moyens juridiques différents et communiquer de nouvelles pièces, alors que la clôture était fixée le 16 mai, • Civ. 2e, 4 déc. 2003, no 01-17.604 P : *Gaz. Pal. 29-30 oct. 2004, p. 19, obs. Du Rusquec.* ♦ V. aussi, pour des conclusions déposées le vendredi 20 avr. 2001, alors que l'ordonnance de clôture devait être prononcée le 23 avr., • Civ. 1re, 8 juin 2004. *no 01-16.230 P.* ♦ Comp., sur la nécessité, pour les juges du fond, de rechercher si les conclusions nécessitaient une réponse et de caractériser ainsi les circonstances qui auraient empêché le respect du principe de la contradiction (à propos d'un plaideur ayant attendu le vendredi 19 oct. 2001 pour répondre aux conclusions du 23 juill. 2001, alors qu'il connaissait depuis le 6 mars 2001 la date de l'ordonnance de clôture, fixée au lundi 22 oct. 2001) : • Civ. 2e, 4 déc. 2003, ♔ n° 02-12.465 P : *Gaz. Pal. 29-30 oct. 2004, p. 19, obs. Du Rusquec.* ♦ Les juges du fond ne peuvent fonder leur décision sur les conclusions des appelants que si leur adversaire ont disposé d'un temps suffisant pour en débattre contradictoirement. Ils ne peuvent ainsi prendre en compte les conclusions des appelants signifiées la veille de l'ordonnance de clôture sans prendre en considération les conclusions d'incidents des intimés tendant à ce que fussent écartées des débats ces conclusions *in extremis*, dès lors qu'ils n'avaient pas disposé d'une temps suffisant pour y répondre utilement. • Civ. 2e, 17 oct. 2013, ♔ n° 12-23.437 P (méconnaissance des art. 15 et 16 C. pr. civ., l'arrêt retenant que les appelants d'un jugement du 6 sept. 2010 ont conclu le 29 nov. 2011 et les intimés le 18 nov. 2011 et que l'ord. de clôture a été prononcée le 30 nov. 2011, alors que ces derniers avaient conclu le 1er déc. 2011 pour demander le rejet des débats des conclusions signifiées par les appelants la veille du prononcé de l'ordonnance de clôture).

12. Impossibilité de discuter les pièces. Sur la nécessité, pour le juge, de préciser les circonstances particulières qui auraient empêché de discuter les pièces communiquées, afin de caractériser l'atteinte portée au principe de la contradiction, V. • Civ. 1re, 17 févr. 2004, ♔ n° 01-16.659 P : *D. 2004. 1995, note Bolze* ✎ ; *RJPF mai 2004, p. 18, obs. Garé ; Gaz. Pal. 13-15 mars 2005, p. 19, obs. Du Rusquec.* ♦ Caractérise suffisamment ces circonstances particulières, la cour d'appel qui relève qu'une partie a communiqué 47 pièces la veille de l'ordonnance de clôture, peu important qu'une seule des parties ait sollicité le rejet de ces documents. • Com. 28 sept. 2004, ♔ n° 01-12.030 P : *D. 2004. IR 2761* ✎. ♦ V. aussi • Civ. 3e, 3 févr. 2004 : ♔ *Procédures 2004, n° 75, note Perrot* • Civ. 2e, 8 juill. 2004, ♔ n° 02-17.615 P.

13. Documents n'appelant pas de réponse. En ce sens que ne doivent pas être écartés des débats les documents n'appelant pas de réponse, V. • Civ. 2e, 15 janv. 2004, ♔ n° 02-11.268 P : *Gaz. Pal. 13-15 mars 2005, p. 20, obs. Du Rusquec.*

B. PROCÉDURES SANS ORDONNANCE DE CLÔTURE

14. Surendettement. La procédure en matière de surendettement étant orale, les prétentions des parties peuvent être formulées au cours de l'audience ; il s'ensuit que les juges d'appel, qui ont constaté que les débiteurs, présents ou représentés, avaient répondu oralement aux conclusions communiquées par le créancier le jour de l'audience, sans solliciter de report, ont satisfait aux exigences des art. 15 et 16. • Civ. 1re, 15 févr. 2000, ♔ n° 98-04.216 P : *D. 2000. IR 157, obs. Rondey ; RDI 2000. 230, obs. Théry* ✎ ; *RTD com. 2000. 471, obs. Paisant* ✎.

15. Prud'hommes. La procédure étant orale devant les conseils de prud'hommes, les salariés sont recevables à modifier à l'audience l'objet de leurs prétentions. • Soc. 25 févr. 1982 : ♔ *Bull. civ. V, n° 127.* ♦ Les nouveaux chefs de demande sont recevables jusqu'à la clôture des débats. • Soc. 19 nov. 1987 : ♔ *Bull. civ. V, n° 669.* ♦ Une demande additionnelle ne saurait être rejetée au motif que, présentée pour la première fois au jour du jugement, elle ne pourrait faire l'objet d'un débat contradictoire. • Même arrêt. ♦ Il appartient à la juridiction saisie de faire observer, à l'égard de cette demande, le principe de la contradiction. • Soc. 25 oct. 1989 : ♔ *Bull. civ. V, n° 618.*

16. Juridiction de proximité. Viole les art. 15 et 16, ensemble l'art. 843 dont il résulte que devant la juridiction de proximité, la procédure est orale et que les prétentions des parties doivent être formulées au cours de l'audience, la juridiction de proximité qui, pour écarter les pièces et prétentions contenues dans les dernières conclusions d'une partie et la débouter de ses demandes, énonce que celles-ci ne se retrouvent pas dans ses premières conclusions, tout en constatant que les conclusions des parties avaient été soutenues oralement à l'audience et alors qu'elle ne pouvait refuser d'examiner les prétentions ainsi formulées. • Civ. 2e, 6 juin 2013, ♔ n° 12-21.406 P : *BICC 1er déc. 2013, n° 1413.*

17. Manque de base légale le jugement qui écarte des débats une pièce non communiquée avant la date impartie sans rechercher si, dans les circonstances de l'espèce (modification *in extremis* de la demande adverse) l'intéressé ne s'était pas effectivement trouvé dans l'impossibilité de respecter le délai prévu. • Soc. 10 juill. 1984 : ♔ *Bull. civ. V, n° 312.*

18. De la décision précisant que les parties ont été, à l'audience, entendues en leurs plaidoiries, résulte nécessairement que les conclusions déposées le jour même ont été l'objet d'un débat contradictoire. • Soc. 7 mai 1987 : ♔ *Bull. civ. V, n° 266 ; Gaz. Pal. 1987. 2. Somm. 485, obs. Guinchard et Moussa.*

III. SOLUTIONS

A. REJET

1° DOMAINE

a. Conclusions

19. Possibilité. Le juge a le pouvoir d'écarter des débats les conclusions de dernière heure. V. par exemple : • Civ. 2e, 27 avr. 1981 : ♔ *Bull. civ. II, n° 112 ; Gaz. Pal. 1981. 1. 630, note Viatte ; RTD civ. 1981. 899, obs. Perrot* • 28 avr. 1982 : *Gaz. Pal. 1983. 1. 131, note Du Rusquec ; RTD civ. 1983.*

194, obs. Perrot • 9 mai 1983 : *Bull. civ. II, n° 110 ; Gaz. Pal. 1984. 1. 298, note Du Rusquec* • Com. 17 déc. 1985 : *Bull. civ. IV, n° 301 ; Gaz. Pal. 1986. 2. Somm. 420, obs. Guinchard et Moussa* • 14 juin 1994, n° 91-21.315 P.

b. Pièces

20. Renvoi. V. art. 135 et les notes ss. ce texte.

21. Illustrations. S'agissant du rejet des pièces communiquées peu avant l'ordonnance de clôture, V. • Civ. 2e, 2 févr. 1977 : *Bull. civ. II, n° 25 ; D. 1977. IR 272 ; RTD civ. 1977. 820, obs. Perrot* • 9 juin 1977 : *Bull. civ. II, n° 150* • Civ. 1re, 17 nov. 1981 : *JCP 1982. IV. 51* • Dijon, 29 janv. 2004 : *JCP 2005. II. 10137, note Urion* • Aix-en-Provence, 10 mars 2006 : *JCP 2006. II. 10203, note Baldino* (envoi de pièces en début de congé de Noël).

2° CRITÈRES D'APPRÉCIATION

22. Renvoi. V. notes 6 à 18.

3° MOTIVATION

23. Le juge ne peut écarter des débats des conclusions et pièces communiquées par les parties sans préciser les circonstances particulières qui ont empêché de respecter le principe de la contradiction ou caractériser un comportement de leur part contraire à la loyauté des débats. • Civ. 2e, 11 janv. 2006, n° 04-14.305 P. ♦ Ne donne pas de base légale à sa décision la cour d'appel qui écarte des conclusions tardives sans s'expliquer, même sommairement, en quoi elles n'avaient pas été déposées en temps utiles avant l'ordonnance de clôture. • Com. 17 nov. 2015, n° 14-15.270 P : *Gaz. Pal. 9 févr. 2016, obs. L. Mayer.* ♦ Encourt la cassation l'arrêt qui s'abstient de répondre à des conclusions d'incident tendant au rejet de conclusions tardives déposées la veille de la clôture des débats. • Civ. 3e, 17 déc. 2013, n° 12-21.198 P : *D. actu. 13 janv. 2014, obs. Kebir* (visa de l'art. 455).

4° RELEVÉ D'OFFICE

24. Pour assurer le principe de la contradiction, une juridiction peut relever d'office le moyen d'ordre public tiré de la violation des droits de la défense et rejeter des débats les conclusions déposées et notifiées dans des conditions ne permettant pas à la partie adverse d'y répondre, sans provoquer préalablement un débat contradictoire. • Com. 27 nov. 2001 : *JCP 2002. II. 10068, note Perdriau.* – V. déjà • Civ. 2e, 2 déc. 1992, n° 91-15.787 P : *D. 1993. Somm. 187, obs. Julien.* ♦ Comp., en ce sens cependant que le juge a le pouvoir de relever d'office, après l'avoir soumis à la discussion des parties, le moyen de droit et d'ordre public pris de l'irrecevabilité des conclusions de dernière heure, V. • Civ. 2e, 27 févr. 1985 : *Bull. civ. II, n° 51 ; Gaz. Pal. 1985. 2. Somm. 253, obs. Guinchard et Moussa ; RTD civ. 1985. 447, obs. Perrot* • Paris, 20 oct. 1983 : *D. 1985. 445, concl. Paire, note Karila de Van.* ♦ Rappr. • Com. 17 déc. 1985 : *Bull. civ. IV, n° 301 ; Gaz. Pal. 1986. 2. Somm. 420, obs. Guinchard et Moussa.*

Sur le point de savoir si le juge a la faculté ou l'obligation de relever d'office ce moyen, V. *obs. Guinchard et Moussa, préc.*

B. RECEVABILITÉ

25. Critères d'appréciation. V. notes 6 à 18.

26. Inertie de l'adversaire. La partie adverse ne peut reprocher au juge d'avoir tenu compte de conclusions déposées et signifiées peu avant l'ordonnance de clôture dès lors qu'elle ne justifie pas avoir sollicité un délai pour y répondre. • Civ. 1re, 4 mars 1981 : *Bull. civ. I, n° 80 ; RTD civ. 1981. 899, obs. Perrot.* ♦ ... Ou avoir demandé la révocation de l'ordonnance de clôture. • Com. 10 févr. 1976 : *Bull. civ. IV, n° 47* • Civ. 3e, 5 avr. 1978 : *Bull. civ. III, n° 151 ; D. 1978. IR 412* • Civ. 1re, 29 janv. 1985 : *Bull. civ. I, n° 39 ; Gaz. Pal. 1985. 1. Somm. 190, obs. Guinchard et Moussa.* – V. aussi : • Civ. 2e, 11 janv. 2001, n° 98-19.170 P : *JCP 2002. II. 10019, note Puigelier ; Procédures 2001, n° 58, note Perrot* • 27 nov. 2001 : *préc. note 24.*

27. Nemo auditur. La partie qui conclut tardivement, 6 jours avant clôture de l'instruction, en formant des demandes incidentes nouvelles, ne peut faire grief à la cour d'appel de ne pas avoir d'office écarté des débats les conclusions en réponse de son adversaire déposées 2 jours après les siennes. • Civ. 1re, 18 oct. 1994, n° 91-22.330 P.

28. Principe contradictoire. Le juge devant en toutes circonstances faire observer le principe de la contradiction, cassation de l'arrêt qui retient les conclusions signifiées la veille de l'ordonnance de clôture sans s'assurer que la partie adverse qui demandait la révocation de ladite ordonnance avait été à même de discuter utilement ces conclusions. • Civ. 2e, 8 oct. 1986 : *Bull. civ. II, n° 148 ; Gaz. Pal. 1986. 2. Somm. 284 ; RTD civ. 1987. 144, obs. Perrot.*

C. RÉVOCATION DE L'ORDONNANCE DE CLÔTURE

29. Pouvoir souverain. Sur le pouvoir souverain du juge du fond de révoquer l'ordonnance de clôture pour permettre à une partie de répondre aux conclusions signifiées peu avant la date de cette ordonnance par l'adversaire, V. • Civ. 2e, 21 juin 1981 : *Gaz. Pal. 1981. 2. 733, note Viatte* • Com. 12 juill. 1983 : *JCP 1983. IV. 307.* – V. art. 784.

Art. 16 *(Décr. nº 81-500 du 12 mai 1981, art. 6)* **Le juge doit, en toutes circonstances, faire observer et observer lui-même le principe de la contradiction.**

Il ne peut retenir, dans sa décision, les moyens, les explications et les documents invoqués ou produits par les parties que si celles-ci ont été à même d'en débattre contradictoirement.

Il ne peut fonder sa décision sur les moyens de droit qu'il a relevés d'office sans avoir au préalable invité les parties à présenter leurs observations.

BIBL. ▸ **Relevé d'office des moyens de droit :** BARADUC, *Mél. Buffet, LPA 2004, p. 5* (juge civil de cassation, moyen relevé d'office et principe de la contradiction). – BÉNABENT, *JCP 1977. I. 2849* (moyens relevés en secret). – R. MARTIN, *Gaz. Pal. 1978. Doctr. 419* (crise du contradictoire) ; *Gaz. Pal. 1981. 1. Doctr. 209* (contradiction et vérité judiciaire). – MATHIEU-IZORCHE, Le NCPC (1975-2005), *Economica 2006, p. 295* (le juge et la contradiction). – NORMAND, *obs. RTD civ. 1977. 180 ; 1978. 184, 202 et 710 ; 1979. 417 ; 1980. 145 et 598 ; 1981. 200 et 677 ; 1982. 460 ; 1987. 392.* – PERROT, *obs. RTD civ. 1974. 544 et 852 ; 1975. 777 ; 1976. 826 ; 1978. 730 ; 1981. 454 et 902 ; 1982. 466.* – RAYNAUD, *Mél. Hébraud, Université des sciences sociales de Toullouse 1981, p. 917* (relevé d'office des moyens de droit). – VIATTE, *Gaz. Pal. 1980. Doctr. 21.*

▸ **Commentaire du Décr. du 12 mai 1981 :** BÉNABENT, *D. 1982. Chron. 55.* – MASSIP, *Defrénois 1981. 1025.* – VIATTE, *Journ. not. 1981. 1581.*

▸ **Preuves :** FERRAND, *RID comp. 2000. 345* (principe contradictoire et expertise en droit comparé européen). – JULIEN, *Mél. Buffet, LPA 2004, p. 293* (principe de la contradiction et expertise en droit privé). – MOUSSA et BEAUCHARD, *BICC 2004, hors série nº 3, p. 51* (expertise judiciaire et expertise amiable au regard du principe de la contradiction).

PLAN DES ANNOTATIONS

I. PIÈCES ET CONCLUSIONS PRODUITES

A. COMPORTEMENT DES PARTIES

1. Loyauté. Toute personne a droit à ce que sa cause soit entendue contradictoirement, et cette exigence implique que chaque partie ait la faculté de prendre connaissance et de discuter de toute pièce ou observation présentée au juge en vue d'influencer sa décision. • Civ. 1re, 13 juill. 2004, nº 01-14.506 P : *D. 2004. AJ 2547 ; ibid. 2006. 1570, obs. Lemouland et Plazy ; AJ fam. 2004. 367, obs. Attuel-Mendès ; RTD civ. 2004. 716, obs. Hauser ; Procédures 2005,* *n° 284, note Arbellot ; Gaz. Pal. 1er-2 avr. 2005, p. 23, obs. Massip.*

2. Nemo auditur. Une partie ne peut se prévaloir de ce que les pièces dont le juge a fait état ne lui ont pas été communiquées, alors que le juge lui avait enjoint de produire personnellement ces mêmes pièces. • Paris, 17 janv. 1979 : *Gaz. Pal. 1979. 1. 226, note Caston.*

3. Absence de l'avocat. L'absence de l'avocat, désigné au titre de l'aide juridictionnelle, à l'audience des débats ne fait pas, en soi, obstacle à ce qu'il soit statué. • Civ. 2e, 12 oct. 2006, n° 05-15.690 P : *D. 2006. AJ 2688 ; RLDC 2007/37, n° 2508, obs. Beignier* (procédure sans représentation obligatoire devant la cour d'appel).

1° ABSENCE DE COMPARUTION

4. Cas. Lorsque la constitution d'avocat du défendeur n'a pas été adressée au greffe, le demandeur et son conseil violent les art. 15 et 16 en prenant en connaissance de cause un jugement du TGI comme si l'adversaire n'avait pas comparu, peu important de savoir à qui incombait le dépôt de cette constitution. • Aix-en-Provence, 5 mai 1987 : *JCP 1988. II. 21004, note Leborgne.* ♦ V. art. 816.

5. Procédure orale. Viole les art. 16, 446-1, ensemble les art. 846 et 847, le jugement du tribunal d'instance devant lequel la procédure est orale et les prétentions des parties formulées au cours de l'audience, qui, pour déclarer irrecevables les demandes reconventionnelles en paiement de diverses sommes formulées à l'audience, énonce que les conclusions contenant ces demandes n'avaient pas été communiquées à la partie adverse qui ne comparaissait pas et que le principe du contradictoire n'avait pas été respecté, alors qu'il était régulièrement saisi des demandes soutenues oralement devant lui et qu'il lui appartenait de renvoyer l'affaire à une prochaine audience pour faire respecter le principe de la contradiction. • Civ. 2e, 19 mars 2015 : *D. actu. 15 avr. 2015, obs. Kebir ; D. 2015. Chron. C. cass. 1791, obs. Adida-Canac, Vasseur et de Leiris ; ibid. 2016. Pan. 455, obs. Fricero ; Procédures 2015, n° 148, note Strickler ; RLDC mai 2015, p. 72, obs. Bléry.* ♦ Rappr. notamment : • Soc. 17 mars 1998 : *cité note 10 ss. art. 946.* • Civ. 1re, 15 mai 2007 : *cité note 29 ss. art. 14.*

a. Première instance

6. Formation de jugement. Nul ne peut se prévaloir d'une absence de contradiction exclusivement imputable à sa propre carence. • Civ. 2e, 9 oct. 1985 : *Bull. civ. II, n° 148* (rejet d'une demande de renvoi dépourvue de toute justification et précision). ♦ Le principe de la contradiction veut seulement que les parties aient été mises à même de débattre contradictoirement des moyens invoqués et des preuves produites. En matière prud'homale, celui qui, régulièrement convoqué à l'audience, ne comparaît pas, ne saurait se prévaloir de sa propre défaillance pour reprocher au conseil de prud'hommes, qui n'était pas tenu de renvoyer l'affaire à une audience ultérieure ou, à défaut, de réouvrir les débats, d'avoir fondé sa décision sur des éléments régulièrement fournis par la partie adverse. • Soc. 19 juin 1986 : *Bull. civ. V, n° 325.* ♦ Rappr. • Soc. 6 juill. 1972 : *Bull. civ. V, n° 325* • Civ. 2e, 8 mai 1980 : *Gaz. Pal. 1980. 2. 559, note Viatte* • Soc. 17 avr. 1986 : *JCP 1986. IV. 174.*

7. Juge rapporteur. Aucune violation du principe du contradictoire ne peut être reprochée au tribunal ayant condamné une société, laquelle, par sa faute, n'a pas été en mesure d'assurer sa défense, puisqu'elle n'a pas comparu devant le juge rapporteur qui avait été désigné au cours d'une audience à laquelle elle était représentée. • Paris, 1er mars 2002 : *BICC 2002, n° 980.*

b. Appel

8. Il ne peut être reproché à l'appelant de ne pas avoir communiqué ses pièces à un intimé qui n'a pas comparu. • Civ. 2e, 9 juin 2005, n° 03-15.767 P.

2° DÉBAT EFFECTIF

9. Communication intégrale. La simple reproduction par une partie des termes d'une lettre à elle adressée par un service officiel est insuffisante au respect des droits de la défense de l'adversaire, qui a intérêt à en vérifier la teneur. • Soc. 18 avr. 1980 : *Bull. civ. V, n° 330.* ♦ V., concernant la communication d'un contrat conclu par une partie avec un tiers : • Civ. 1re, 17 nov. 1976 : *D. 1977. IR 86.* ♦ Concernant la communication par une organisation syndicale du nombre et du nom de ses adhérents, V. • Soc. 22 nov. 1988 : *Bull. civ. V, n° 618.*

10. Notes en délibéré. Il ne peut être pris prétexte de ce que les défenses au fond peuvent être proposées en tout état de cause pour reprocher au juge de n'avoir tenu aucun compte de ses notes en délibéré. • Soc. 8 janv. 1981 : *Cah. prud'h. 1981, n° 5, p. 62.* ♦ Rappr. • Soc. 24 avr. 1986 : *Bull. civ. V, n° 174.* ♦ Une note en délibéré, lorsqu'elle est recevable, peut être accompagnée de pièces justifiant ce qu'elle énonce, à condition que les parties soient en mesure d'en débattre contradictoirement. • Soc. 23 mai 2007, n° 05-42.401 P : *D. 2007. AJ 1667 ; ibid. Pan. 2428, note Fricero ; Gaz. Pal. 13 janv. 2008, p. 35, note Du Rusquec ; Procédures 2007, n° 181, note Perrot.*

3° AVIS TECHNIQUES ÉTABLIS UNILATÉRALEMENT

11. Constat d'huissier. Un constat d'huissier, même non contradictoirement dressé, vaut à titre de preuve dès lors qu'il est soumis à la libre discussion des parties. • Civ. 1re, 12 avr. 2005, nº 02-15.507 P : *D. 2005. IR 1180* • 9 nov. 2004 : *Procédures 2005, nº 2, note Perrot ; AJDI 2005. 567, obs. Ascensi* • Civ. 3e, 9 oct. 2012 : *Dr. et pr. 2012. 275.* ♦ V. déjà • Civ. 2e, 10 juill. 1980 : *Bull. civ. II, nº 182* (constat d'huissier et analyses de laboratoire).

12. *Rapport amiable.* Tout rapport amiable peut valoir, à titre de preuve, dès lors qu'il est soumis à la libre discussion des parties. • Civ. 2e, 24 sept. 2002, nº 01-10.739 P : *D. 2002. IR 2777 ; Procédures 2002, nº 200, note Perrot ; Gaz. Pal. 30 mars-1er avr. 2003, p. 30, obs. Du Rusquec* • Civ. 1re, 11 mars 2003, nº 01-01.430 P : *D. 2005. 46, note Cavalier ; Gaz. Pal. 8-10 févr. 2004, p. 25, obs. du Rusquec* • 17 mars 2011 : *Experts 08/2012. 14, obs. Martel.* ♦ L'art. 16 n'interdit de retenir les documents produits par les parties que si elles n'ont pas été à même d'en débattre contradictoirement. Cassation de l'arrêt qui écarte l'avis technique produit aux débats au seul motif qu'établi sur la demande unilatérale d'une partie, alors que l'adversaire avait été à même d'en débattre contradictoirement. • Com. 26 oct. 1982 : *Bull. civ. IV, nº 327.* ♦ Dans le même sens, V. • Civ. 2e, 10 févr. 1988 : *Bull. civ. II, nº 42* (expertise officieuse) • Civ. 3e, 23 mars 2005, nº 04-11.455 P • Civ. 2e, 14 sept. 2006, nº 05-14.333 P : *AJDI 2007. 562, obs. Denizot ; Procédures 2006, nº 264, note Perrot.* ♦ Ne viole pas le principe de contradiction, le juge qui se fonde sur le rapport d'expertise judiciaire établi lors d'une instance antérieure et sur le rapport d'expertise établi unilatéralement à la demande d'une partie dès lors que ces éléments ont été soumis à la libre discussion des parties. • Civ. 3e, 15 nov. 2018, nº 16-26.172 P : *D. actu. 6 déc. 2018, obs. Kebir ; D. 2018. 2229 ; Gaz. Pal. 29 janv. 2019, p. 65, note Hoffschir ; ibid. 19 mars 2019, p. 68, note Barbier ; Loyers et copr. 2019, nº 10, note Brault ; JCP E 2019. 1167, obs. Brignon ; ibid. 1037, note Aubry de Maromont.* ♦ V. cependant • Civ. 3e, 3 oct. 1991, nº 90-12.214 P. ♦ Même si le rapport litigieux ne pouvait avoir valeur d'expertise, la cour pouvait s'y référer à titre d'élément de comparaison avec les autres documents soumis à son appréciation, dès lors qu'il avait été régulièrement versé aux débats et donc susceptible d'être contradictoirement débattu. • Civ. 1re, 13 avr. 1999 : *JCP 1999. IV. 2091.* – V. aussi • Civ. 2e, 7 nov. 2002, nº 01-11.672 P : *Gaz. Pal. 6-7 août 2003, p. 20, obs. du Rusquec.* ♦ Hormis le cas où la loi en dispose autrement, le juge ne peut se fonder exclusivement sur une expertise non judiciaire réalisée à la demande de l'une des parties par un technicien de son choix, peu important qu'elle l'ait été en présence de celles-ci. • Civ. 3e, 14 mai 2020, nºs 19-16.278 et 19-16.279 : *D. actu. 9 juin 2020, obs. Casu et Bonnet ; D. 2020. 1113 ; ibid. 2021. 207, obs. Bretzner et Aynès ; Gaz. Pal. 7 juill. 2020, p. 13, note Meur ; ibid. 27 oct. 2020, p. 72, note Cerveau-Colliard ; ibid. 21 juill. 2020, p. 72, obs. Bléry.* ♦ Viole l'art. 16, la cour d'appel qui, pour écarter des débats les expertises amiables et judiciaire en l'absence d'autres éléments suffisamment probants, a relevé qu'une des parties avait été attraite en la cause postérieurement au dépôt du rapport de l'expert judiciaire, qu'elle n'avait donc été ni appelée ni représentée au cours des opérations d'expertise, et que s'agissant des rapports amiables, les opérations ne se sont pas déroulées contradictoirement. Or, selon ses propres constatations, ces rapports d'expertise, régulièrement versés aux débats, avait été soumis à la libre discussion des parties et se corroboraient mutuellement. • Civ. 1re, 9 sept. 2020, nº 19-13.755 : *D. actu. 25 nov. 2020, note Kebir ; D. 2020. 2015 ; ibid. 2021. 207, obs. Bretzner et Aynès .*

13. *En matière d'expropriation.* Le juge de l'expropriation ne peut pas désigner d'expert ; aucun texte ne lui interdit de retenir les documents produits par les parties si celles-ci ont été à même d'en débattre contradictoirement. • Civ. 3e, 12 mai 2004, nº 03-70.018 P : *D. 2004. IR 1710 ; AJDI 2004. 896, note A. Lévy ; RDI 2004. 362, obs. Morel* (expertise unilatérale de la partie expropriée).

B. *ATTITUDE DU JUGE*

1º *CONTRÔLE*

14. *Surendettement.* Lorsqu'il statue sur la recevabilité d'une demande de traitement d'une situation de surendettement, le JEX doit faire observer et observer lui-même le principe de la contradiction. • Civ. 2e, 30 avr. 2003, nº 01-04.203 P : *D. 2003. 1363, et les obs.* ♦ Il doit donc s'assurer que le demandeur avait été en mesure de prendre connaissance des observations écrites des créanciers devant la commission de surendettement (cassation au visa des art. 16 NCPC [devenu C. pr. civ.] et R. 331-8, al. 3, C. consom.) • Même arrêt. ♦ Rappr. en application de l'art. 16, le JEX devant faire respecter et respecter lui-même le principe de la contradiction, il ne peut statuer, sur renvoi après cassation, sur le recours des débiteurs contre une décision de la commission de surendettement, au vu du seul dossier transmis en l'état de la première décision cassée. • Civ. 1re, 2 oct. 2002, nº 01-04.131 P : *D. 2002. IR 3062* .

15. *Droit des incapacités.* Toute personne a droit à ce que sa cause soit entendue contradictoirement, ce qui implique que chaque partie ait la faculté de prendre connaissance et de discuter de toute pièce présentée au juge. • Civ. 1re, 28 nov. 2006, nº 05-13.004 P : *D. 2008. Pan. 316, obs. Plazy ; AJ fam. 2007. 40, obs. Pécaut-Rivolier ; RTD civ. 2007. 91, obs. Hauser ; JCP 2007. I. 138, note Serinet* (communication du dossier à un individu faisant l'objet d'une mesure de placement sous curatelle renforcée) • Civ. 1re, 12 mai 2010 : *Dr. fam. 2010, no 154, note Massip* (communication du dossier à un individu faisant l'objet d'une mesure de placement sous tutelle) • Civ. 1re, 28 nov. 2006 : *D. 2006. IR 3011 ; ibid. 2008. Pan. 316, obs. Plazy ; AJ fam. 2007. 40, obs. Pécaut-Rivolier ; RTD civ. 2007. 91, obs. Hauser* (le majeur à protéger doit avoir la possibilité de connaître et de discuter les conclusions du médecin expert) • Civ. 1re, 11 mars 2009, no 08-10.118 P : *D. 2009. 1864, note Norguin ; ibid. Pan. 2183, obs. Lemouland, Noguero et Plazy ; Gaz. Pal. 3 oct. 2009, p. 15, note J. Massip ; AJ fam. 2009. 224, obs. Pécaut-Rivolier ; Defrénois 2009. 1158, obs. Massip ; RTD civ. 2009. 296, obs. Hauser* (le majeur protégé doit avoir accès aux constatations du rapport d'expertise médicale) • Civ. 1re, 13 janv. 2009 : *AJ fam. 2009. 133, note Pécaut-Rivolier ; RTD civ. 2009. 296, obs. Hauser* (le majeur protégé doit pouvoir connaître et consulter les pièces du dossier et notamment le sens des conclusions du procureur de la République). ♦ *Adde*, censurant le jugement d'un TGI statuant en ayant eu communication des comptes de gestion de la tutelle alors que ces comptes n'avaient pas été transmis au conseil de famille d'une majeure protégée malgré la demande faite par ce dernier : • Civ. 1re, 29 juin 2011 : *D. 2012. 2699, obs. Noguéro et Plazy ; AJ fam. 2011. 502, obs. Verheyde*. ♦ Ne satisfait pas à une telle exigence l'arrêt dont il ne résulte ni des énonciations, ni des pièces de la procédure, que le majeur protégé qui n'était pas assisté lors de l'audience, ait été avisé de la faculté qui lui était ouverte de consulter le dossier au greffe, de sorte qu'il n'est pas établi qu'il ait été mis en mesure de prendre connaissance, avant l'audience, des pièces présentées à la juridiction, partant de les discuter utilement. • Civ. 1re, 12 févr. 2014, no 13-13.581 P : *D. 2014. Actu. 481 ; AJ fam. 2014. 189, note Verheyde ; Dr. fam. 2014, no 65, note Maria ; Procédures 2014, no 111, note Douchy-Oudot ; JCP 2014. 532, note Massip.* ♦ Viole les art. 16 et 1222-1 C. pr. civ. dont il résulte que toute personne a droit à ce que sa cause soit entendue contradictoirement et que cette exigence implique que chaque partie ait la faculté de prendre connaissance et de discuter de toute pièce présentée au juge, la cour d'appel qui substitue une curatelle simple à une curatelle renforcée, alors qu'il ne résulte ni des énonciations de l'arrêt, ni des pièces de la procédure que la personne visée par la mesure d'assistance ait été avisée de la faculté qui lui était ouverte de consulter le dossier au greffe, de sorte qu'il n'est pas établi qu'il ait été mis en mesure de prendre connaissance, avant l'audience, des pièces présentées à la juridiction et, par suite, de les discuter utilement. • Civ. 1re, 18 nov. 2015, no 14-28.223 P : *D. actu. 9 déc. 2015, obs. Kebir ; AJ fam. 2015.688, obs. Avena-Robardet ; Procédures 2016, no 4, note Strickler ; Dr. fam. 2016, no 16, note Maria ; Gaz. Pal. 9 févr. 2016, p. 70, obs. Herman.* ♦ V. aussi : • Civ. 1re, 4 janv. 2017, no 16-12.573 : *Dr. fam. 2017, no 69, note Maria.* ♦ Les conclusions du ministère public, figurant au dossier de la cour d'appel et consultables par les parties en application des art. 1222 et 1222-1 C. pr. civ., étant ainsi mises à la disposition de ces dernières, avant l'audience, afin qu'elles puissent y répondre utilement, le principe de la contradiction et les garanties conventionnelles résultant de l'art. 6, § 1, Conv. EDH ne sont pas méconnus. • Civ. 1re, 15 juin 2017, no 15-23.066 P : *Dr. fam. 2017, no 189, note Maria.*

16. Ministère public. Le ministère public, lorsqu'il est partie jointe, peut faire connaître son avis à la juridiction, soit en lui adressant des conclusions écrites qui sont mises à la disposition des parties soit oralement à l'audience ; viole les art. 6, § 1 Conv. EDH, 16 et 431 C. pr. civ., la cour d'appel qui statue sans constater que les parties avaient eu communication des conclusions du ministère public et des pièces jointes ni qu'elles avaient eu la possibilité d'y répondre. • Civ. 1re, 23 janv. 2008, no 07-11.297 P : *D. 2009. Pan. 53, obs. Douchy-Oudot ; AJ fam. 2008. 162, obs. Chénedé*. ♦ Cependant, l'avis écrit du ministère public, par lequel ce dernier déclare s'en rapporter à la justice, étant sans influence sur la solution du litige, n'a pas à être communiqué aux parties. • Civ. 2e, 1er sept. 2016, no 15-14.596 P.

17. Délai suffisant. Cassation, pour violation de l'art. 16, de l'arrêt qui, pour débouter l'épouse divorcée de sa demande de rejet des conclusions et pièces déposées et signifiées par son ex-époux le 28 janv. 1999, se borne à relever que la demanderesse a laissé prononcer l'ordonnance de clôture sans qu'une opposition soit mentionnée alors que la date d'audience permettait de repousser la clôture, sans constater que cette dernière avait disposé d'un laps de temps suffisant pour répondre aux écritures et aux communications de son ex-époux avant l'ordonnance de clôture intervenue le 2 févr. 1999. • Civ. 2e, 11 avr. 2002, no 99-18.171 P : *D. 2002. IR 1532 ; AJ fam. 2002. 223, et les obs.* ♦ Avant de rejeter la demande de l'épouse visant à ce que des documents produits tardivement par son époux soient écartés des débats, sauf à être autorisée à déposer une note en délibéré, au motif qu'elle-même a mis l'appelant dans l'obligation de répondre aussi tardivement, il appartient à la cour d'appel de rechercher si, malgré le dépôt de dernière heure des conclusions et pièces par l'époux dans une instance en divorce, la partie adverse avait disposé d'un temps suffisant pour y répondre. • Civ. 1re, 20 févr. 2008, no 07-12.676 P : *D. 2008. AJ 697 ; ibid. Pan. 53, obs. Douchy-Oudot ; RTD civ. 2008. 354, obs.*

Perrot ; *Dr. et pr. 2008. 216, note Vinckel* ; *Gaz. Pal. 2009. 2712, n° 1924, obs. du Rusquec.*

2° DÉCISION

18. *Conclusions échangées.* Méconnaît les exigences de l'art. 16, al. 1er, le juge qui statue sur la compétence et sur le fond, alors que seule l'exception d'incompétence avait donné lieu à débat contradictoire. • Soc. 27 févr. 1985 : *Cah. prud'h. 1985, n° 10, p. 186.* ♦ ... Ou le juge qui, dans un même jugement, rejette une exception de connexité, qui tend au renvoi de l'affaire devant une autre juridiction, et statue sur le fond du litige alors qu'il ne résulte ni de la procédure ni du jugement que les défenderesses, qui s'étaient bornées à soulever une exception de connexité en demandant le renvoi de l'affaire devant un autre tribunal, avaient été invitées à conclure sur le fond. • Civ. 2e, 4 sept. 2014 : *D. 2014. Actu. 1827* ; *Procédures 2014, n° 288, note Croze* • Soc. 15 avr. 2015 : *Dalloz jurisprudence.* ♦ ... Ou la cour d'appel qui statue sur le fond alors qu'une partie, qui n'a conclu que sur une fin de non-recevoir, n'a reçu aucune injonction de conclure. • Civ. 1re, 28 févr. 1995, n° 93-11.310 P. ♦ ... Ou la cour d'appel qui annule une sentence arbitrale et statue sur le fond sans que l'auteur du recours, qui s'était pourtant réservé de conclure sur le fond en cas d'annulation, ait été invité à répondre aux moyens de l'adversaire. • Civ. 2e, 8 juill. 1987 : *Bull. civ. II, n° 148.*

19. *Pièces visées.* Le juge ne peut, sans violation de l'art. 16, limiter l'indemnité consécutive à une emprise irrégulière en se fondant sur un arrêté d'occupation temporaire qui n'a été visé dans les conclusions d'aucune partie. • Civ. 3e, 30 nov. 1977 : *JCP 1978. IV. 37.* ♦ *Adde*, sur l'obligation générale qui s'impose au juge de ne fonder sa décision que sur des pièces dont les parties ont été mises à même de débattre contradictoirement, • Civ. 2e, 23 janv. 1980 : *Gaz. Pal. 1980. 1. Somm. 144* • 4 juill. 1984 : *Bull. civ. II, n° 128* • 19 nov. 1986 : *Bull. civ. II, n° 172* • Soc. 28 mai 1986 : *Bull. civ. V, n° 252* • Civ. 2e, 1er févr. 1989 : *Bull. civ. II, n° 27* • Civ. 2e, 26 févr. 1997, n° 95-12.554 P • Civ. 1re, 25 nov. 2003, n° 01-14.967 P. ♦ V. également *art. 132 et les notes 1 s.*

20. *Pièces absentes du dossier.* Le juge doit, en toutes circonstances, faire observer et observer lui-même le principe de la contradiction. Il ne peut limiter les droits d'une partie au motif que des pièces ne figurent pas à son dossier, sans inviter les parties à s'expliquer sur l'absence au dossier de ces pièces qui figurent sur le bordereau de pièces annexé aux dernières conclusions, et dont la communication n'a pas été contestée. • Civ. 2e, 11 janv. 2006, n° 03-17.381 P : *R., p. 418* ; *D. 2006. IR 252, obs. Avena-Robardet* ; *ibid. 1149, obs. Fricéro* ; *AJDI 2006. 482, obs. de La Vaissière* ; *RTD civ. 2006. 374, obs. Perrot* (absence d'une déclaration de créance). – V. également, dans les mêmes termes : • Civ. 2e, 11 janv. 2006, n° 04-11.129 P : *R., p. 418* ; *D. 2006. 1149, note Fricero* ; *AJDI 2006. 482, obs. de La Vaissière* ; *RTD civ. 2006. 374, obs. Perrot* (lettres attestant de l'acceptation d'une offre) • Civ. 2e, 11 janv. 2006, n° 03-18.577 P : *R., p. 418* ; *D. 2006. 1149, note Fricero* ; *AJDI 2006. 482, obs. de La Vaissière* ; *RTD civ. 2006. 374, obs. Perrot* (rapport d'expertise) • Com. 27 juin 2006, n° 02-19.089 P : *D. 2006. IR 2055* ; *ibid. 2007. Pan. 2690, obs. Douchy-Oudot* • Civ. 1re, 14 nov. 2006, n° 05-12.102 P : *D. 2007. Pan. 2690, obs. Douchy-Oudot* ; *Procédures 2007, n° 29, note Perrot* • Civ. 3e, 6 juin 2007, n° 06-13.996 P : *D. 2007. AJ 1794* ; *ibid. 2427, obs. Fricero* (contrat d'assurance). ♦ Dans le même sens, pour des pièces qui figuraient dans le dossier en première instance, V. • Civ. 1re, 27 mars 2007, n° 06-11.402 P. ♦ Viole également l'art. 16 l'arrêt qui, pour confirmer le jugement, énonce qu'aucun document remis à la cour ne porte ni date ni preuve de la communication ni tampon de l'avoué ni numéro, sans avoir invité les parties à s'expliquer sur les conditions de la remise des documents produits. • Civ. 2e, 30 avr. 2009, n° 08-14.564 P : *D. 2010. Pan. 990, obs. Douchy-Oudot* .

21. *Ordonnance sur requête.* Viole l'art. 16 la cour d'appel qui, pour limiter le montant d'une astreinte liquidée, retient qu'il résulte d'un procès-verbal de constat établi par un huissier de justice désigné par ordonnance sur requête et communiqué aux débats que le défendeur avait exécuté ses obligations, alors qu'elle constatait que la requête et l'ordonnance n'avaient pas été laissées à celui-ci, de telle sorte que les exigences de l'art. 495 destinées à faire respecter le principe de la contradiction n'avaient pas été satisfaites. • Civ. 2e, 10 janv. 2008, n° 06-21.816 P : *D. 2008. AJ 301* ; *Dr. et pr. 2008. 155, note Salati.*

3° INCITATION

22. *Invitation.* La cour d'appel, qui, par un premier arrêt, a invité les parties à conclure au regard des dispositions d'une loi nouvelle, n'est pas tenue de délivrer une nouvelle injonction de conclure, après une demande de sursis à statuer dans l'attente d'une décision de la Cour de cassation. • Civ. 1re, 8 févr. 2005, n° 02-20.557 P : *RTD civ. 2005. 371, obs. Hauser* .

23. *Injonction de conclure.* Lorsqu'un appelant n'a, malgré l'injonction, conclu que le jour de l'ordonnance de clôture, la cour, non tenue de révoquer l'ordonnance de clôture, peut relever d'office le moyen d'ordre public tiré de la violation des droits de la défense et rejeter des débats les conclusions de l'appelant sans avoir à provoquer préalablement un débat contradictoire. • Civ. 2e, 6 nov. 1991, n° 90-12.873 P • 20 mars 1991, n° 89-20.210 P.

4° INTERDICTION

24. Viole l'art. 16 la cour d'appel qui interdit à l'appelant de répliquer à l'intimé du chef de son appel incident. • Civ. 2e, 26 juin 2003 : *D. 2003. IR 1880, et les obs.* ♦ ... Ou d'opposer une fin de non-recevoir à une intervention volontaire. • Civ. 2e, 26 juin 2003, n° 01-13.529 P : *D. 2003. 1880, et les obs.* ♦ ... Ou de produire les pièces réclamées par une sommation de communiquer des intimés. • Civ. 2e, 26 juin 2003, n° 01-13.531 P : *D. 2003. IR 1880 ; Gaz. Pal. 9-10 juill. 2004, p. 12, obs. du Rusquec.*

5° PRODUCTIONS POSTÉRIEURES À L'ORDONNANCE DE CLÔTURE

25. Méconnaît les exigences de l'art. 16 le juge qui retient une demande formée dans des conclusions signifiées et déposées postérieurement à l'ordonnance de clôture sans rapporter celle-ci dans le dispositif et sans que les parties aient été mises à même de faire valoir leurs moyens. • Civ. 3e, 16 juin 1982 : *Bull. civ. III, n° 161.* ♦ Rappr. • Civ. 3e, 22 févr. 1977 : *JCP 1977. IV. 105* (moyen soulevé dans une note postérieure à l'ordonnance de clôture et non communiquée). ♦ Sur les cas dans lesquels une note en délibéré peut être produite, V. art. 445.

26. Égalité des armes. Le juge ne peut déclarer irrecevable la note que produit une partie en réponse à celle qu'il avait lui-même sollicitée de son adversaire. • Soc. 17 déc. 1984 : *Gaz. Pal. 1985. 1. Somm. 126, obs. Guinchard.* ♦ Mais il ne peut lui être reproché de n'avoir pas invité le mari à présenter ses observations sur les notes et pièces remises par la femme à la demande du président, dès lors que la communication de ces documents a été faite simultanément au conseil du mari qui a ainsi été à même de s'expliquer contradictoirement. • Civ. 2e, 20 janv. 1982 : *Bull. civ. II, n° 11 ; D. 1983. IR 77, obs. Groslière.*

27. Pièces. Le juge ne saurait, sans méconnaître les exigences de l'art. 16, al. 2, fonder sa décision sur une note, une attestation ou un document quelconque produit après la clôture des débats sans que les parties aient été mises à même de s'expliquer contradictoirement à leur propos. ♦ V. par exemple : • Civ. 3e, 9 janv. 1979 : *Bull. civ. III, n° 11* • Soc. 4 juin 1980 : *ibid. V, n° 488* • 9 janv. 1985 : *Cah. prud'h. 1985, n° 8, p. 148* • *20 févr. 1986 : Bull. civ. V, n° 34* • 7 mai 1986 : *Gaz. Pal. 1986. 2. Somm. 189* • 20 févr. 1990, n° 87-42.063 P • Civ. 2e, 19 mai 2005, n° 03-04.168 P.

28. Réouverture des débats. Le juge n'est tenu de prescrire la réouverture des débats que si les parties n'ont pas été autrement mises à même de s'expliquer contradictoirement sur les productions en cours de délibéré. • Com. 7 oct. 1980 : *Bull. civ. IV, n° 328 ; RTD civ. 1981. 204, obs. Normand* • Civ. 1re, 20 janv. 1981 : *Gaz. Pal. 1981. 1. Somm. 173* • Soc. 26 mai 1983 : *Bull. civ. V, n° 283* • Civ. 2e, 12 juill. 1984 : *Bull. civ. II, n° 134* • Civ. 3e, 7 oct. 1987 : *Bull. civ. III, n° 166.* ♦ V. art. 444. ♦ V. aussi • Civ. 2e, 18 févr. 1982 : *Bull. civ. II, n° 26* • Civ. 3e, 3 mai 1984 : *Bull. civ. III, n° 94* • Civ. 2e, 9 mars 1994, n° 92-17.944 P. ♦ Comp., en matière de constatations, art. 254 et de consultation, art. 261 ainsi que • Civ. 2e, 30 nov. 1978 : *Bull. civ. II, n° 261 ; D. 1979. IR 510, obs. Julien.*

29. Viole les art. 16, 784 et 910 la cour d'appel qui, retenant l'existence d'une cause grave, révoque l'ordonnance de clôture, fixe celle-ci au jour de l'audience et statue au fond sans ordonner la réouverture des débats pour permettre aux parties de s'expliquer contradictoirement. • Civ. 2e, 11 juill. 1984 : *Bull. civ. II, n° 186.* ♦ En présence de conclusions et notes déposées après la clôture des débats, le juge ne peut se contenter de rabattre l'ordonnance de clôture et d'en fixer la date au jour des plaidoiries mais doit rouvrir les débats. • Civ. 1re, 31 mai 2005 : *Procédures 2005, n° 268, note Perrot.* ♦ Dans le même sens, censurant la révocation de l'ordonnance de clôture, et une nouvelle clôture à l'audience de plaidoiries en raison de nombreuses pièces communiquées par l'une et l'autre des parties. • Civ. 3e, 27 sept. 2005 : *Procédures 2005, n° 268, note Perrot.*

6° PRODUCTIONS TARDIVES

30. Révocation de l'ordonnance de clôture. Le juge ne peut, sauf violation de l'art. 16, al. 1er, révoquer l'ordonnance de clôture afin de permettre à l'une des parties de conclure sans mettre l'adversaire en mesure de répondre. • Civ. 2e, 11 févr. 1987 : *Bull. civ. II, n° 22.* – Dans le même sens, V. • Com. 11 oct. 1982 : *Bull. civ. IV, n° 303* • Civ. 2e, 9 oct. 1991, n° 90-14.194 P • Com. 9 déc. 2008 : *Procédures 2009, n° 41, obs. Perrot.* ♦ ... Ni reporter les effets de l'ordonnance de clôture au jour de l'audience afin d'accueillir les conclusions tardives de l'appelant, alors que l'ordonnance de clôture n'avait pas été révoquée et que l'intimé n'avait pas eu la possibilité de répondre. • Civ. 2e, 5 déc. 1985 : *Bull. civ. II, n° 192 ; Gaz. Pal. 1986. 2. Somm. 332, obs. Guinchard et Moussa.* ♦ V. cep. • Com. 29 juin 1983 : *Bull. civ. IV, n° 197.*

31. Report des débats. V. • Civ. 2e, 23 févr. 1994, n° 92-15.837 P.

32. Rejet des débats. Le juge ne peut écarter des débats des conclusions et pièces communiquées par les parties sans préciser les circonstances particulières qui ont empêché de respecter le principe de la contradiction ou caractériser un comportement de leur part contraire à la loyauté des débats. • Civ. 2e, 11 janv. 2006, n° 04-14.305 P : *D. 2006. AJ 252 ; ibid. 1149, obs. Fricero ; Dr. et pr. 2006. 157, obs. Douchy-Oudot.*

33. Illustrations. Ne donne pas de base légale à sa décision au regard de l'art. 16 la cour d'appel qui rejette des débats les conclusions signifiées le jour de la clôture et « pour la même cause de tardiveté » les pièces communiquées la veille, au seul motif de la date de dépôt des conclusions et pièces, sans préciser les circonstances particulières qui ont empêché le respect de la contradiction. • Civ. 2e, 7 juin 2001, n° 99-21.730 P : *D. 2001. Somm. 2716, obs. Julien* • Civ. 3e, 26 janv. 2005, n° 03-70.064 P : *RDI 2005. 108, obs. Morel*. ♦ Dans le même sens, • Civ. 3e, 16 févr. 2005, n° 04-70.011 P : *RDI 2005. 202, note Morel*.

34. Irrecevabilité partielle (non). Le juge qui se prononce sur la recevabilité de conclusions signifiées avant le prononcé de l'ordonnance de clôture ne peut en recevoir une partie et en écarter une autre sans violer les art. 15 et 16 C. pr. civ. • Civ. 2e, 14 févr. 2008, n° 07-13.391 P : *D. 2008. AJ 698 ; ibid. 2373, Chron. C. cass. obs. Sommer et Nicoletis ; Gaz. Pal. 2009. 2712, obs. du Rusquec.*

C. PREUVE DU RESPECT DE LA CONTRADICTION

1° PRÉSOMPTION DE RÉGULARITÉ DE LA PRODUCTION

a. Énoncé

35. Présomption simple. A défaut d'énonciations contraires de la décision, les documents sur lesquels les juges se sont appuyés et dont la production n'a donné lieu à aucune contestation sont réputés, sauf preuve contraire, avoir été régulièrement produits et soumis à la libre discussion des parties. • Civ. 1re, 24 avr. 1985 : *JCP 1985. IV. 236* • Civ. 2e, 14 oct. 1982 : *Bull. civ. II, n° 127* • 13 juin 1985 : *Bull. civ. II, n° 121* • Civ. 3e, 2 févr. 1982 : *JCP 1982. IV. 141* • 6 févr. 1985 : *JCP 1985. IV. 146* • Com. 4 juill. 1973 : *Bull. civ. IV, n° 236* • 5 oct. 1976 : *Bull. civ. IV, n° 250* • Soc. 8 nov. 1984 : *RTD civ. 1985. 446, obs. Perrot* • 28 avr. 1988 : *Bull. civ. V, n° 261.* ♦ *V. obs. Perrot, RTD civ. 1977. 369 ; ibid. 1978. 190 ; ibid. 1982. 653 ; ibid. 1983. 386.* ♦ A défaut d'avoir soulevé l'absence de communication d'une lettre, il ne peut être reproché au juge d'appel d'avoir pris connaissance du contenu de cette lettre, afin de vérifier, comme il y était tenu, la recevabilité de l'appel. • Civ. 2e, 19 mai 2005, n° 03-04.168 P.

b. Domaine

36. Procédure orale. Dans une procédure orale les moyens et prétentions sont présumés, sauf preuve contraire, avoir été contradictoirement débattus à l'audience. • Soc. 8 oct. 2003, n° 01-41.297 P. – V. aussi • Soc. 14 déc. 1983 : *Bull. civ. V, n° 623* • 13 févr. 1984 : *ibid. V, n° 58* (moyens) • Soc. 2 juill. 1987 : *Bull. civ. V, n° 449* (documents) • Soc. 4 avr. 1990, n° 87-60.131 P (moyens) • Paris, 8 oct. 1990 : *D. 1990. IR 253* • Civ. 1re, 25 nov. 1992, n° 89-16.438 P. ♦ Rappr. • Soc. 19 juin 1987 : *Bull. civ. V, n° 411* (conclusions déposées devant le TI).

37. Pièces non visées dans les écrits. Il doit ressortir des énonciations de la procédure que la contradiction a été respectée lorsque les pièces considérées n'étaient pas visées dans les conclusions. – V. • Civ. 2e, 14 nov. 1984 : *Bull. civ. II, n° 167 ; RTD civ. 1985. 446, obs. Perrot.* ♦ Viole l'art. 16, al. 2, la cour d'appel qui fonde sa décision sur une pièce non visée dans les conclusions et dont il n'apparaît ni des mentions de l'arrêt, ni du bordereau des pièces communiquées qu'elles aient été l'objet d'un débat contradictoire. • Même arrêt. – Dans le même sens, V. • Civ. 2e, 23 oct. 1985 : *Bull. civ. II, n° 161* • 4 févr. 1987 : *ibid. II, n° 36.* ♦ V. déjà • Civ. 3e, 10 juin 1976 : *Gaz. Pal. 1977. 1. 177, note Viatte ; RTD civ. 1977. 369, obs. Perrot* • Civ. 2e, 1er févr. 1989 : *Gaz. Pal. 1989. 1. Pan. 67* • 13 déc. 1989 : *Gaz. Pal. 1989. 1. Pan. 90* • Com. 6 oct. 1992, n° 90-18.372 P • Civ. 2e, 29 juin 1994, n° 92-17.348 P. ♦ Se bornant à relever qu'il ne résulte ni de la décision ni des pièces de la procédure que la pièce ait été communiquée : • Com. 19 janv. 1993 : *JCP 1993. IV. 717* • Civ. 2e, 20 janv. 1993, n° 91-13.671 P. ♦ Mais, indifférent à cette considération, et appliquant la présomption de régularité, V. • Civ. 1re, 3 nov. 1982 : *Bull. civ. I, n° 312.*

38. Documents produits au cours du délibéré. La présomption de régularité de la production doit être écartée chaque fois que les circonstances lui ôtent toute vraisemblance. • Civ. 3e, 15 nov. 1977 : *Bull. civ. III, n° 387* • Civ. 2e, 18 oct. 1978 : *Bull. civ. II, n° 212* • 5 mai 1986 : *Bull. civ. II, n° 72.*

2° PREUVE CONTRAIRE

39. Preuve intrinsèque. La présomption de régularité doit être écartée lorsque la preuve contraire résulte des pièces de la procédure ou des énonciations du jugement. • Civ. 2e, 13 oct. 1977 : *Bull. civ. II, n° 198* • Soc. 22 nov. 1991, n° 87-42.051 P (la décision révèle que la pièce a été trouvée dans le dossier d'une partie) • Soc. 27 févr. 1985 : *Cah. prud'h. 1985, n° 10, p. 186* • 28 mai 1986 : *Bull. civ. V, n° 252* (refus de communication de la pièce décisive constaté dans le procès-verbal d'audience).

40. Existence d'une contestation. Lorsque la régularité de la production ou de la communication était contestée, la présomption doit être écartée. • Soc. 24 nov. 1976 : *Bull. civ. V, n° 621* • Civ. 2e, 22 oct. 1981 : *Gaz. Pal. 1982. 2. Somm.*

104 (l'adversaire invoquait dans ses dernières conclusions le défaut de communication) • 18 févr. 1987 : *Bull. civ. II, n° 52.*

II. MESURES D'INSTRUCTION ORDONNÉES

A. DÉROULEMENT DES OPÉRATIONS

1° RÈGLES GÉNÉRALES

41. Investigations du juge. Le juge ne peut fonder sa décision sur le résultat d'investigations poursuivies hors de l'audience et en l'absence des parties. • Civ. 29 avr. 1907 : *DP 1907. 1. 383* • Civ. 2e, 21 mars 1958 : *JCP 1958. II. 10600, note G. M.* • Soc. 30 janv. 1974 : *Bull. civ. V, n° 82* • 7 janv. 1987 : *JCP 1987. IV. 84* • Com. 29 mai 1990, n° 88-19.260 P. ♦ Rappr., en matière d'arbitrage jugeant que le tribunal arbitral doit informer les parties à l'arbitrage des investigations poursuivies par un de ses membres, les informations obtenues fussent-elles d'ordre général. • Civ. 2e, 10 nov. 1998 : *D. 1999. IR 1*.

42. Investigations de l'expert. Les parties doivent avoir communication des pièces et documents utilisés par l'expert. • Soc. 10 déc. 1980 : *Bull. civ. V, n° 880* • Civ. 2e, 17 janv. 1985 : *Bull. civ. II, n° 14* • Soc. 17 nov. 1988 : *ibid. V, n° 611* • Civ. 3e, 26 mai 2009 : *AJDI 2009. 727* ; *RTD civ. 2009. 573, obs. Perrot* ; *Procédures 2009, n° 266, obs. Perrot.* ♦ A tout le moins convient-il que les informations ainsi recueillies soient annexées au rapport. • Civ. 2e, 30 nov. 1988 : *Bull. civ. II, n° 236 ; Gaz. Pal. 1990. 1. Somm. 4, obs. (crit.) Guinchard et Moussa.* ♦ L'expert doit préciser la source des informations par lui recueillies. • Civ. 2e, 4 juin 1993, n° 91-14.928 P. ♦ V. note 2 ss. art. 242. ♦ Un expert judiciaire doit soumettre aux parties les résultats des investigations techniques auxquelles il a procédé, hors leur présence, afin de leur permettre d'être éventuellement à même d'en débattre contradictoirement avant le dépôt de son rapport. • Civ. 2e, 18 janv. 2001, n° 98-19.958 P : *D. 2001. IR 524* ; *AJDI 2001. 620, obs. H. Heugas-Darraspen* • 15 mai 2003, n° 01-12.665 P : *D. 2003. IR 1667* ; *Gaz. Pal. 7-8 avr. 2004, p. 19, obs. du Rusquec.* ♦ L'expert qui procède à des investigations techniques, hors la présence des parties doit leur soumettre les résultats, éventuellement dans son pré-rapport ou lors d'une réunion, afin de leur permettre d'être éventuellement à même d'en débattre contradictoirement avant le dépôt de son rapport. • Civ. 2e, 3 nov. 2005 : *Procédures 2006, n° 3, note Perrot* • 28 févr. 2006 : *D. 2007. Pan. 1902, obs. Bretzner* ; *Procédures 2006, n° 127, note Perrot* (absence de l'une seulement des parties) • Civ. 2e, 20 déc. 2007 : *RJ com. 2008. 315, note Deharo* • Civ. 2e, 13 mars 2008 : *D. 2008. Pan. 2823, obs. Bretzner* (absence des deux parties) • Com. 4 nov. 2008, n° 07-18.147 P : *RDI 2009. 119, obs. Malinvaud* ; *AJDI 2009. 212, obs. Heugas-Darraspen* ; *Procédures 2009, n° 4, note Perrot.* ♦ *Adde* • Agen, 6 oct. 2008, n° 07/00896 : *cité note 10 ss. art. 160.* ♦ Ayant relevé que l'expert avait, préalablement au dépôt du rapport définitif, adressé aux parties un pré-rapport d'expertise en les invitant à présenter leurs observations et que le dépôt de son rapport avait été précédé de sept réunions au cours desquelles elles avaient pu s'exprimer, la cour d'appel a exactement retenu que l'expert, auquel aucune règle n'imposait de permettre à chacune des parties de fournir des observations sur les dires déposés par les autres, avait respecté les règles relatives à la contradiction en les invitant à lui faire part des observations qu'appelait son pré-rapport. • Civ. 3e, 9 mars 2017, n° 15-18.105 : *D. 2017. Actu. 709* ; *JCP 2017. 585, obs. Amrani Mekki.* ♦ Ayant relevé que le rapport d'expertise avait été versé aux débats et soumis à la discussion contradictoire des parties, c'est sans méconnaître les dispositions de l'art. 16 du C. pr. civ. que la cour d'appel s'est déterminée en considération de ce seul rapport. • Com. 8 sept. 2011 : *Procédures 2012, n° 3, note Perrot.* ♦ Comp. jugeant que le respect du principe du contradictoire impose à l'expert de soumettre à la discussion des parties les éléments recueillis auprès des tiers afin de permettre à celles-ci d'en débattre contradictoirement devant lui avant le dépôt de son rapport. • Civ. 1re, 1er févr. 2012, n° 10-18.853 P : *D. 2012. Actu. 446* ; *AJDI 2012. 681, obs. Heugas-Darraspen* ; *RTD civ. 2012. 374, obs. Perrot* ; *JCP 2012. 160, obs. Deharo ; ibid. 3450, note Jeuland et Charbonneau ; Procédures 2012, n° 106, note Perrot ; Gaz. Pal. 2012. 1536, note Raschel ; ibid. 1385, note Forestier.* ♦ Le respect du principe de la contradiction est assuré alors même que certaines parties sont intervenues tardivement dans la procédure et n'ont pas eu la possibilité matérielle de participer au déroulement des opérations d'expertise dès lors que l'expert a informé les parties intervenant tardivement du résultat de ses opérations et de la possibilité qui leur était laissée de présenter leurs observations écrites avant le dépôt du rapport et relevé que toutes les parties avaient été convoquées à une réunion au cours de laquelle elles avaient été informées du déroulement des opérations d'expertise et invitées à présenter des observations complémentaires ou demander des compléments d'investigations. • Civ. 3e, 8 déc. 2016, n° 15-22.793 : *RGDA 2017. 154, note Schulz.* ♦ Le rapport d'expertise doit alors être écarté sans que la cour soit tenue de constater l'existence d'un grief. • Civ. 2e, 24 nov. 1999, n° 97-10.572 P : *AJDI 2000. 728, obs. Olivier* • 24 févr. 2005, n° 03-12.226 P : D. 2006. Pan. *545, obs. Julien et Fricero* ; *Gaz. Pal. 18 août 2005, p. 1, note Olivier* • Com. 4 nov. 2008 : *préc.* • Agen, 6 oct. 2008, n° 07/00896 : *préc.* ♦ V. aussi note 129 ss. Conv. EDH, art. 6, § 1er, App., *Droit européen et international.* ♦ L'assureur qui, en connaissance des résultats de l'expertise dont le but est d'établir la réalité et l'étendue de la responsabilité de son assuré qu'il garantit, a eu la possibilité d'en discuter les conclusions ne peut, sauf s'il y a eu fraude à son encontre, soutenir qu'elle lui est inopposable. • Civ. 2e, 19 nov. 2009, n° 08-19.824 P : *D. 2010. Pan. 1740, obs. Groutel ; JCP 2010. 428, n° 18, obs. Karila.*

43. Sachants. Les parties doivent avoir communication des déclarations recueillies auprès des sachants. • Civ. 3e, 1er oct. 1975 : *Bull. civ. III, n° 270* • Civ. 3e, 15 janv. 1976 : *Bull. civ. III, n° 19* • Versailles, 27 févr. 1989 : *Gaz. Pal. 1989. 2. Somm. 527.* ♦ A défaut, une cour d'appel juge exactement que le rapport d'expertise qui a repris l'analyse faite par le technicien, lequel a méconnu le principe de la contradiction, doit être annulé à l'égard de toutes les parties, peu important que le défendeur n'ait lui-même soulevé la nullité de ce rapport. • Civ. 2e, 15 avr. 2010, n° 09-10.239 P : *D. 2010. Actu. 1223 ; ibid. Chron. C. cass. 2102, obs. Sommer, Leroy-Gissinger, Adida-Canac et Grignon-Dumoulin ; ibid. Pan. 2671, obs. Delebecque Bretzner et Gelbard-Le Dauphin ; ibid. 2011. Pan. 265, obs. Fricero ; Gaz. Pal. 5-6 mai 2010, p. 28 ; Procédures 2010, n° 220, note Perrot.*

Il doit résulter du jugement ou des productions que l'avis des spécialistes consultés par l'expert a été porté, avant le dépôt du rapport, à la connaissance des parties afin de leur permettre d'en discuter devant l'expert. • Civ. 2e, 16 déc. 1985 : *Bull. civ. II, n° 199 ; Gaz. Pal. 1986. 2. Somm. 418, obs. Guinchard et Moussa* • 24 oct. 1990, n° 89-12.917 P • Civ. 1re, 3 nov. 1993, n° 92-13.342 P. ♦ Comp. : Olivier, *Gaz. Pal. 1987. 1. Doctr. 57.* ♦ *Adde*, l'expert doit soumettre la teneur des auditions qu'il a faites de sachants et des documents qui lui ont été fournis aux parties afin de leur permettre d'être à même d'en débattre contradictoirement avant le dépôt de son rapport (violation des art. 16 et 160 de l'arrêt jugeant valable l'annexion au rapport). • Civ. 2e, 5 déc. 2002, n° 01-10.320 P : *Gaz. Pal. 6-7 août 2003, p. 18, obs. du Rusquec.*

44. Dires des parties. Le principe de la contradiction a été respecté dès lors qu'après avoir donné connaissance aux parties de ses premières estimations chiffrées, l'expert a sollicité les dires de chaque partie au vu desquels il a établi son rapport définitif. • Civ. 2e, 27 mai 1998, n° 96-19.819 P. ♦ Le principe de la contradiction a été respecté dès lors que l'expert avait sollicité des parties des précisions techniques et documents, qu'une partie lui avait adressé un dire en lui demandant en conclusion le dépôt d'un rapport, que ce dire et les documents annexes avaient été communiqués à l'autre partie et que l'expert avait ensuite accordé un délai aux parties pour lui faire parvenir leurs observations. • Civ. 2e, 8 avr. 2004, n° 02-11.619 P : *AJDI 2005. 227, obs. Heugas-Darraspen ; RDI 2004. 378, obs. Brisac ; Gaz. Pal. 26-28 juin 2005, p. 33, obs. du Rusquec.* ♦ Respecte le principe du contradictoire l'expert qui adresse aux parties son rapport définitif sans l'avoir fait précéder d'un pré-rapport mais y joint ensuite une annexe, dans laquelle il répond aux dires des parties. • Civ. 1re, 21 févr. 2006, n° 04-17.976 P. ♦ Ayant relevé que l'expert avait communiqué son chiffrage provisoire et réclamé un dire récapitulatif qu'il avait reçu des deux parties qui avaient pu répondre à la méthode de calcul proposée et faire valoir leurs observations, la cour d'appel a pu en déduire qu'il n'existait aucune violation du principe de la contradiction, peu important l'absence de dépôt d'un pré-rapport. • Civ. 3e, 30 nov. 2017, n° 17-16.686 P : *cité note 7 ss. art. 237.*

45. Réunions d'expertise. Les parties doivent être convoquées à toutes les réunions d'expertise. • Civ. 1re, 8 juin 1982 : *Bull. civ. I, n° 219 ; RTD civ. 1983. 194, obs. Perrot* • Civ. 3e, 4 févr. 1986 : *JCP 1986. IV. 101* • Soc. 29 nov. 1989 : *Cah. prud'h. 1990. 190.* ♦ V., en ce qui concerne l'expertise graphologique : • Com. 9 mars 1981 : *Bull. civ. IV, n° 126 ; RTD civ. 1981. 902.* ♦ Plus nuancé, V. • Civ. 3e, 4 oct. 1983 : *Bull. civ. III, n° 178.* ♦ Sur la tenue d'une ultime réunion contradictoire avant le dépôt du rapport, V. • Civ. 1re, 15 mai 1984 : *Gaz. Pal. 1984. 2. Somm. 296* • Orléans, 10 janv. 1977 : *JCP 1977. II. 18715.*

46. Comportement des parties. V., en matière d'expertise, le cas de la partie qui se dérobe aux convocations : • Civ. 2e, 7 juin 1972 : *Bull. civ. II, n° 173* • Com. 26 févr. 1980 : *JCP 1980. IV. 184* • Paris, 22 mars 1984 : *Gaz. Pal. 1984. 1. Somm. 204.* ♦ ... Aux demandes d'explication ou de communication de documents que lui adresse l'expert : • Com. 3 oct. 1973 : *Gaz. Pal. 1973. 2. Somm. 282.* ♦ Rappr. • Com. 26 janv. 1982 : *JCP 1982. IV. 132* • Civ. 1re, 31 mai 1983 : *Bull. civ. I, n° 162.*

47. Contrôle du juge. Lorsque le juge chargé du contrôle d'une mesure d'instruction exerce les pouvoirs prévus par les art. 166, 167 et 168 C. pr. civ., il doit respecter le principe du contradictoire et statuer, les parties entendues ou appelées. • Civ. 2e, 10 déc. 2020, n° 18-18.504 P : *D. actu. 22 janv. 2021, note Kebir ; D. 2020. 2457 ; ibid. 2021. 543, obs. Fricero ; Rev. prat. rec. 2021. 5, chron. Jullien, Laher et Salati* (doit être cassé l'arrêt qui retient que même si l'ordonnance sur requête a été rendue sans convocation des parties, le principe du contradictoire a été respecté, puisqu'elles ont été convoquées et entendues à l'audience en référé statuant sur la demande de rétractation de l'ordonnance sur requête).

2° RÈGLES SPÉCIALES

48. Dossier médical. Sur les modalités de la communication par l'expert du dossier médical dont il a eu connaissance dans l'exécution de sa mission, V. • Civ. 1re, 8 déc. 1987 : *Gaz. Pal. 1988. 1. 221, concl. Sargos.* ♦ V. aussi, en ce sens que les experts ne doivent pas communiquer directement les documents médicaux qui leur ont été transmis en cours d'expertise, • Civ. 1re, 2 mars 2004, nº 01-00.333 P : *D. 2004. IR 1125 ; AJ fam. 2004. 186, obs. Bicheron .*

49. Enquête sociale. L'enquête sociale n'est pas soumise aux dispositions que le nouveau code consacre aux mesures d'instruction. A la différence du technicien, l'enquêteur social n'a pas à indiquer la source de ses informations (art. 242, 244). • Civ. 2e, 28 mai 1984 : *Bull. civ. II, nº 97.* ♦ ... Ni à convoquer les parties à ses investigations (art. 160). • Civ. 1re, 5 mai 1987 : *D. 1988. 77, note Massip.* ♦ Le principe de la contradiction requiert seulement que le résultat de cette mesure soit soumis à la contradiction des parties. • Mêmes arrêts.

50. Conseiller rapporteur. Devant les conseils de prud'hommes, les missions d'information confiées aux conseillers-rapporteurs ne constituent pas une enquête soumise aux art. 204 s. • Soc. 31 mars 1978 : *Bull. civ. V, nº 267 ; RTD civ. 1978. 727, obs. Perrot* • 7 mai 1987 : *Bull. civ. V, nº 289.* ♦ Il suffit que les parties soient mises à même de discuter les termes de leur rapport devant les juges du fond. • Mêmes arrêts.

B. RÉSULTAT DES OPÉRATIONS

1º OPPOSABILITÉ

a. Critères

51. Partie appelée ou représentée. Une expertise n'est opposable à une partie que si elle a été appelée ou représentée à ses opérations. • Civ. 1re, 21 juill. 1976 : *Bull. civ. I, nº 278* • Civ. 2e, 8 juin 1979 : *Gaz. Pal. 1979. 2. 400, note Viatte* • Civ. 3e, 7 oct. 1987 : *Gaz. Pal. 1988. 1. Somm. 258, obs. Guinchard et Moussa* • Civ. 2e, 12 oct. 1994, nº 92-16.493 P • 18 sept. 2003, nº 01-17.584 P • Civ. 1re, 1er févr. 2012 : *préc. note 42* (cassant un arrêt jugeant dans le cadre d'une procédure opposant deux époux que le principe du contradictoire a été respecté dès lors que les parties ont eu la faculté de soumettre au juge leurs observations sur le décompte des sommes dues par l'époux à son épouse, annexé au rapport d'expertise, et de critiquer les conséquences qu'en a tirées l'expert). ♦ Est opposable aux membres d'un GIE, tenus en cette qualité aux dettes de celui-ci, l'expertise à laquelle cet organisme avait été appelé. • Civ. 3e, 23 nov. 1988 : *Bull. civ. III, nº 167 ; Gaz. Pal. 1990. 1. Somm. 5, obs. Guinchard et Moussa.* ♦ Pour une violation de l'art. 16 d'une décision s'étant fondée uniquement sur une expertise à laquelle le Fonds de garantie des victimes d'infractions n'avait été ni appelé ni représenté, et dont l'inopposabilité avait été expressément soulevée par celui-ci, V. • Civ. 2e, 11 déc. 2003, nº 02-15.912 P : *Gaz. Pal. 29-30 oct. 2004, p. 20, obs. du Rusquec.* ♦ Pour une application à l'expertise technique spécifique ordonnée en application des art. L. 141-2-1 et R. 142-24-3 CSS, V. • Civ. 2e, 19 janv. 2006 : *D. 2006. IR 323 ; Dr. soc. 2006. 472, obs. Coursier .* ♦ Comp., jugeant que, ayant relevé que le rapport d'expertise avait été versé aux débats et soumis à la discussion contradictoire des parties, c'est sans méconnaître les dispositions de l'art. 16 que la cour d'appel s'est déterminée en considération de ce seul rapport : • Civ. 2e, 8 sept. 2011 : *D. 2011. Actu. 2212 ; AJDI 2012. 283, obs. Heugas-Darraspen ; RTD civ. 2012. 374, obs. Perrot ; Procédures 2012, nº 3, note Perrot.*

52. Moment. La décision judiciaire qui condamne un assuré à raison de sa responsabilité constitue pour l'assureur, qui a garanti celle-ci dans ses rapports avec la victime, la réalisation, tant dans son principe que dans son étendue, du risque couvert. Appelé à la procédure en un temps où il peut encore discuter les conclusions de l'expert, l'assureur ne peut, sauf en cas de fraude de l'assuré, soutenir que l'expertise ne lui est pas opposable. • Civ. 2e, 4 nov. 1992, nº 90-19.807 P • Civ. 1re, 4 juin 1991, nº 88-16.373 P • Civ. 3e, 19 juin 1991, nº 89-16.599 P • Paris, 13 févr. 1987 : *Gaz. Pal. 1987. 1. 274, note Vallery-Radot.* ♦ *Contra* : • Civ. 3e, 19 juin 1984 : *JCP 1984. IV. 277.*

53. Partie associée aux opérations. Peuvent être opposés à une partie les rapports d'expertise diligentée par ailleurs et d'où il ressort qu'elle avait été étroitement associée aux opérations et qu'ils lui avaient été notifiés. • Civ. 1re, 22 nov. 1989 : *Bull. civ. I, nº 361.* – V. déjà • Com. 9 oct. 1967 : *Bull. civ. III, nº 310* • Civ. 3e, 6 déc. 1972 : *JCP 1974. II. 17621 bis.* ♦ V. cependant : • Civ. 3e, 9 juin 1993 : *JCP 1993. IV. 2018.* ♦ Sur l'ensemble de la question, V. également notes ss. art. 160 et 169.

54. Sachants. En ce sens qu'un rapport d'expertise n'est opposable qu'aux seules parties à l'instance, à l'exclusion des « sachants » qui ont été entendus, V. • Civ. 2e, 23 oct. 2003 : *Procédures 2004, nº 5, note Perrot* • Civ. 3e, 29 oct. 2003 : *ibid.* ♦ V. déjà, dans le même sens, à propos de celui qui n'a été présent qu'en qualité de sachant. • Civ. 3e, 24 févr. 1988 : *Bull. civ. III, nº 48.* ♦ ... Ou d'assistant technique de l'une des parties. • Civ. 2e, 16 mars 1983 : *Bull. civ. II, nº 79.*

55. Expertise officieuse. BIBL. X. Vuitton, *Dr. et pr. 2013. 50* (longue vie à l'expertise officieuse). ♦ Le juge ne peut refuser d'examiner un rapport d'expertise officieux dont la communication régulière et la discussion contradictoire ne sont pas contestées. • Civ. 2e, 18 juin 2009 : *Procédures 2009, nº 304, note (crit.) Perrot.* ♦ Mais, si le juge ne peut refuser d'examiner une pièce régulièrement versée aux débats et soumise à la discussion contradictoire, il ne peut se fonder exclusivement sur une expertise non judiciaire réalisée à la demande de l'une des parties. • Cass., ch. mixte, 28 sept. 2012, n° 11-18.710 P : *R. 2012. 377 ; D. 2012. Actu. 2317, et les obs. ; ibid. 2013. Pan. 269, obs. Fricero ; RTD civ. 2012. 769, obs. Perrot ; JCP 2012. 1200, obs. Amrani Mekki ; LPA 6 mai 2013, p. 11, obs. Boillot ; Gaz. Pal. 2012. 3307, note Guerrero ; ibid. 3349, note Raschel ; ibid. 10 janv. 2013, p. 19, note Hugon ; Dr. et patr. 2/2013, p. 26, note Boisseau-Sowinski ; Dr. et pr. 2013. 294, note Salati* • Civ. 1re, 1er oct. 2014 : *Procédures 2014, n° 316, obs. Croze* • Civ. 2e, 5 mars 2015 : *Procédures 2015, n° 153, obs. Strickler* • Civ. 2e, 2 mars 2017 : *RGDA 2017. 286, note Schulz* • Crim. 4 avr. 2018, n° 17-80.297 : *RGDA 2018. 320, note Schulz.* ♦ Le juge ne peut se fonder exclusivement sur une expertise non judiciaire réalisée à la demande de l'une des parties, peut important qu'elle l'ait été en présence des parties. • Civ. 2e, 13 sept. 2018, n° 17-20.099 P. ♦ ... Peu important que ces rapports aient été soumis à la libre discussion des parties. • Com. 29 janv. 2013 : *Procédures 2013, n° 97, note Perrot ; Propr. ind. avr. 2013, n° 28, note Bouche ; JCP E 2014. 1035, note Caron* • Civ. 2e, 14 déc. 2017, n° 16-24.305 : *RGDA 2018. 125, note Schulz.* ♦ A l'inverse, le juge peut se fonder sur un rapport établi totalement contradictoirement, toutes les parties ayant été convoquées aux réunions d'expertise, étant présentes aux opérations et ayant pu faire valoir leurs observations et déposer leurs pièces. Si l'expert a été choisi par une partie, et non désigné par une juridiction, les parties, en participant aux opérations et en admettant la discussion, l'ont admis en qualité d'expert pour arbitrer le litige. • Com. 19 nov. 2013 : *RGDA 2014. 129, note Schultz ; Procédures 2014. Chron. 2, n° 10, obs. Raschel.* ♦ Si un rapport d'expertise judiciaire n'est opposable à une partie que lorsqu'elle a été appelée ou représentée au cours des opérations d'expertise, le juge ne peut cependant refuser de prendre en considération ce rapport, dès lors qu'il a été régulièrement versé aux débats et soumis à la discussion contradictoire des parties ; il lui appartient alors de rechercher s'il est corroboré par d'autres éléments de preuve. • Civ. 1re, 11 juill. 2018, n° 17-17.441 P : *D. 2018. Actu. 1549.* ♦ Le juge ne peut pas refuser d'examiner un rapport établi unilatéralement à la demande d'une partie, dès lors qu'il est régulièrement versé aux débats, soumis à la discussion contradictoire et corroboré par d'autres éléments de preuve. • Civ. 3e, 5 mars 2020, n° 19-13.509 P : *D. actu. 25 mars 2020, note Sansone ; D. 2020. 545.*

b. Conséquences

56. Lorsqu'un plaideur omet de saisir l'expert d'un jugement ayant déclaré commune à une autre partie la décision ordonnant l'expertise, les rapports qui n'ont pas été dressés contradictoirement avec cette partie ne peuvent être retenus contre elle. • Civ. 3e, 3 mai 1989 : *Gaz. Pal. 1989. 2. Pan. 118.*

57. Ayant décidé qu'un rapport d'expertise était inopposable à une partie, le juge ne peut condamner celle-ci en se fondant essentiellement sur les constatations et avis des experts qu'il déclare particulièrement nécessaires à la solution du litige. • Civ. 1re, 8 mars 1988 : *JCP 1988. IV. 183.*

2° DISCUSSION CONTRADICTOIRE

58. Caractère nécessaire. Tenu de respecter le principe de la contradiction, le juge ne peut fonder sa décision sur les résultats d'une mesure d'instruction dont les parties n'auraient pas été invitées à débattre devant lui. • Civ. 3e, 15 janv. 1976 : *Bull. civ. III, n° 21* • Soc. 28 juin 1978 : *Bull. civ. IV, n° 521.*

59. Caractère (en général) insuffisant. Il ne suffirait pas que les parties aient été mises à même de débattre contradictoirement du rapport au cours de l'audience. • Com. 24 oct. 1978 : *Bull. civ. IV, n° 238* • Civ. 2e, 12 mars 1980 : *ibid. II, n° 86.* ♦ Rappr. • Civ. 3e, 15 nov. 1977 : *Bull. civ. III, n° 386 ; RTD civ. 1978. 730, obs. Perrot.* ♦ ... En particulier, lorsque l'arrêt ordonnant l'expertise rappelle à l'expert qu'au cours d'une ultime réunion il doit informer les parties du résultat de ses opérations, en les invitant à présenter leurs observations écrites dans un délai de 30 jours. • Civ. 2e, 24 févr. 2005, n° 03-12.226 P : *D. 2006. Pan. 549, obs. Julien et Fricero ; ibid. 2006. Pan. 545, obs. Julien et Fricero ; Gaz. Pal. 14-18 août 2005, p. 11, note Olivier.* ♦ V. cependant, notes 48 et 49.

60. Atténuation. S'il est loisible au juge de se référer, pour asseoir sa conviction, à une expertise à laquelle une partie n'a été ni présente ni représentée, c'est à la condition que les données de cette expertise soient corroborées par d'autres éléments dont la nature et la valeur ont été précisées. • Civ. 3e, 10 févr. 1976 : *Bull. civ. III, nos 56 et 57* • Civ. 1re, 15 déc. 1981 : *Gaz. Pal. 1982. 1. Pan. 172.* – V. déjà • Com. 27 févr. 1963 : *Bull. civ. III, n° 129.* ♦ Censurant également les décisions fondées *uniquement* sur des mesures d'instruction diligentées dans une autre instance, V. • Civ. 3e, 22 nov. 1978 : *Gaz. Pal. 1979. 1. Pan. 120* • Civ. 3e, 24 févr. 1988 : *Bull. civ. III, n° 48* • Civ. 2e, 12 déc. 1990, n° 89-18.002 P • Civ. 3e, 23 avr. 1992, n° 90-14.071 P.

61. Expertise ordonnée dans une autre instance. L'expertise ordonnée dans une autre instance peut être prise en considération dès lors qu'elle a été régulièrement versée aux débats et soumise à la discussion contradictoire des parties. • Civ. 2e, 17 avr. 2008, n° 07-16.824 P : *BICC 15 sept. 2008, n° 1325 et la note ; R. 2008. 333 ; D. 2008. Pan. 2830, obs. Bretzner ; ibid. Chron. C. cass. 2373, obs. Sommer et Nicoletis ;*

RDSS 2008. 572, obs. Arhab ; JCP 2008. II. 10145, note Brusorio-Aillaud ; RLDC 2008. 3018. note Gaudin. ♦ V. aussi : • Civ. 3e, 9 oct. 2007, n° 06-17.664. ♦ L'assureur, non partie à une action en référé mais qui, en connaissance des résultats de l'expertise, a eu la possibilité d'en discuter les conclusions, ne peut, sauf s'il y a eu fraude à son encontre, soutenir qu'elle lui est inopposable. • Civ. 3e, 29 sept. 2016, n° 15-16.342 P : *D. actu. 14 oct. 2016, obs. Garcia ; D. 2016. AJ 2000*. ♦ L'assureur de responsabilité, qui, en connaissance des résultats de l'expertise judiciaire ayant pour objet d'évaluer le préjudice causé aux victimes d'une infraction commise par son assuré, a eu la possibilité d'en discuter les conclusions, ne peut, sauf s'il y a eu fraude à son encontre, soutenir qu'elle lui est inopposable, peu important qu'il n'ait pas été attrait à la procédure. • Civ. 2e, 8 juin 2017, n° 16-19.832 P : *D. actu. 23 juin 2017, obs. Kebir ; Gaz. Pal. 7 nov. 2017, p. 48, obs. Barrelier ; Procédures 2017. Chron. 3, n° 7, obs. Bléry.* ♦ Un rapport d'expertise judiciaire est opposable à un tiers à l'instance au cours de laquelle il a été produit si, d'une part, il est régulièrement versé aux débats et soumis à la discussion contradictoire des parties et si, d'autre part, il est corroboré par d'autres éléments de preuve. • Civ. 2e, 7 sept. 2017, n° 16-15.531 P : *D. actu. 7 sept. 2017, obs. Kebir ; D. 2017. Actu. 1767 ; ibid. 2018. Pan. 701, obs. Fricero ; ibid. Chron. C. cass. 757, n° 1, obs. de Leiris*. ♦ Comp. jugeant qu'une cour d'appel devant laquelle l'inopposabilité de l'expertise était soulevée et aucun autre élément de preuve n'était invoqué, ayant relevé que les opérations d'expertise s'étaient déroulées au contradictoire du maître d'œuvre à l'exclusion de toute autre partie et que les entreprises intervenantes et leur assureur n'avaient été mis en cause par l'architecte que plus de deux années après le dépôt du rapport, et retenu que la communication de ce rapport en cours d'instance ne suffisait pas à assurer le respect du contradictoire, a exactement retenu qu'aucune condamnation ne pouvait intervenir à l'encontre des appelés en garantie sur la base de ce seul rapport d'expertise. • Civ. 1re, 27 mai 2010, n° 09-12.693 P : *D. actu. 8 juin 2010, obs. Dargent ; RDI 2010. 495, note Théry ; RGDA 2010. 740, note J.-P. Karila et L. Karila.* ♦ V. aussi : • Civ. 3e, 18 juin 1997, n° 95-20.959 P • 21 janv. 2010, n° 08-19.091. ♦ Serait insuffisante la constatation que l'intéressé a eu tout loisir d'en étudier le contenu et de le discuter avec l'adversaire. • Civ. 3e, 15 nov. 1977 : *Bull. civ. III, n° 386 ; D. 1978. IR 88, obs. Julien ; RTD civ. 1978. 730, obs. Perrot.* ♦ Viole l'art. 16 l'arrêt qui déclare une expertise ordonnée en référé inopposable à une partie qui n'y avait pas participé tout en constatant que cette expertise avait été versée aux débats et soumise à la discussion contradictoire des parties. • Civ. 2e, 1er mars 1989 : *Bull. civ. II, n° 57 ; Gaz. Pal. 1990. 1. Somm. 5, obs. Guinchard et Moussa* • Com. 17 mai 1994, n° 92-13.542 P. ♦ Mais la solution inverse prévaut lorsque le défendeur avait expressément conclu à l'inopposabilité de l'expertise diligentée au cours d'une instance à laquelle il était étranger. • Soc. 4 juin 1986 : *Bull. civ. V, n° 279* • Civ. 2e, 12 déc. 1990 : *préc. note 60* • 18 juin 1997, n° 95-20.959 P.

62. *Expertise médicale d'une victime.* N'est pas fondé à demander la nullité du rapport d'expertise pour violation du contradictoire le prévenu non convoqué aux opérations d'expertise. • Crim. 27 juin 2017, n° 17-80.411 P : *D. 2017. Actu. 1426 ; ibid. 2018. 206, obs. G. G. ; Gaz. Pal. 7 nov. 2017, p. 49, obs. Barrelier.*

III. MOYENS RELEVÉS

A. REQUALIFICATION

63. Le juge n'est pas tenu de soumettre son initiative à la discussion des parties lorsqu'il se borne à donner leur exacte qualification aux faits et actes litigieux. • Civ. 1re, 7 juill. 1981 : *Bull. civ. I, n° 250 ; RTD civ. 1982. 461, obs. Normand.* ♦ Dans le même sens, V. • Civ. 2e, 20 déc. 1976 : *Bull. civ. II, n° 417* • Civ. 1re, 22 juin 1982 : *Bull. civ. I, n° 233* • Soc. 23 mai 1983 : *Bull. civ. V, n° 283* • Civ. 3e, 5 mars 2008, n° 06-19.237 P : *D. 2008. AJ 849, obs. Rouquet ; AJDI 2008. 476, obs. Dumont-Lefrand ; LPA 23 févr. 2009, p. 7, note L. Mayer ; JCP E 2008. 1774, note Marty ; Administrer 5/2008, p. 46, note Lipman et Boccara ; ibid. juill. 2008, p. 31, note Bérenger ; Rev. loyers 2008, p. 265, note Quément ; Defrénois 2008, art. 38795, § 5, obs. Savaux ; RDBF 2008, n° 74, note Cerles ; Gaz. Pal. 8 juill. 2008, p. 18, note Barbier ; Dr. et pr. 2008, n° 6, p. 18, obs. Putman.* ♦ Mais il n'en va ainsi que dans la mesure où la règle de droit appliquée pour ce faire ne trouve son assise matérielle dans aucun fait qui ait à être réexaminé et apprécié de façon nouvelle. • Civ. 1re, 7 juill. 1981 : *préc.*

B. MOYENS DANS LA CAUSE OU DANS LE DÉBAT

64. Le juge n'est pas tenu d'inviter les parties à formuler leurs observations lorsqu'il vérifie de son propre mouvement l'absence ou la réunion des conditions d'application de la règle invoquée. – V. par exemple : • Civ. 2e, 18 mars 1975 : *Bull. civ. II, n° 96* (défaut d'urgence) • Paris, 4 oct. 1989 : *D. 1989. IR 287* (contestation sérieuse) • Civ. 1re, 23 mars 1977 : *Bull. civ. I, n° 246* • Civ. 3e, 25 janv. 1984 : *D. 1985. 117, note Héron* (irrecevabilité de la preuve testimoniale contre les énonciations d'un écrit) • Civ. 1re, 20 janv. 1981 : *Bull. civ. I, n° 23* (dispositions transitoires) • Civ. 1re, 17 mars 1987 : *JCP 1987. IV. 183* (équivocité de la possession) • Com. 6 mai 2002 : *Procédures 2002, n° 137, note Perrot* (application dans le temps de l'art. 189 *bis* C. com., mod. par la loi du 3 janv. 1977). • 17 nov.

2005, n° 04-10.741 P : *Procédures 2006, n° 4, note Perrot* (vérification du régime d'une nullité et de ses conditions d'application). ♦ La raison donnée est que le moyen se trouvait dans la cause. • Civ. 2e, 18 mars 1975 • Civ. 1re, 23 mars 1977 : *préc.* ♦ ... Dans le débat. • Com. 26 juin 1984 : *Bull. civ. IV, n° 205.* ♦ ... Ou qu'en procédant ainsi, le juge n'a introduit aucun élément nouveau dans le débat. • Civ. 1re, 17 mars 1987 : *préc.* ♦ V. aussi • Civ. 2e, 3 oct. 2002 : *Procédures 2002, n° 227, note Perrot* (éléments puisés dans des documents régulièrement fournis par les parties).

Tenu de vérifier la régularité de sa saisine à l'égard d'une partie non comparante, le juge n'a pas à provoquer les explications du demandeur pour décider, au vu des actes qui étaient dans le débat, qu'il n'était pas saisi de sa demande non formulée par voie d'assignation. • Civ. 3e, 10 mai 1989 : *Bull. civ. III, n° 107.*

65. L'appelant ayant déféré l'entier litige à la cour d'appel par un acte d'appel général et conclu au fond, il appartenait à l'intimé de ne pas limiter ses conclusions à la seule recevabilité de la demande introductive d'instance et la cour d'appel, saisie par l'effet dévolutif de l'appel, pouvait statuer sur l'ensemble des données du litige, sans être tenue d'inviter l'intimé à s'expliquer sur le fond. • Civ. 2e, 6 janv. 2012, n° 10-17.824 P : *D. 2012. Actu. 218 ; RTD civ. 2012. 299, obs. Hauser.*

C. FAITS ADVENTICES

66. Jugé dans un premier temps que le tribunal n'avait pas à provoquer les explications des parties lorsqu'il relevait, parmi les éléments du débat, des points que celles-ci n'avaient pas spécialement invoqués. • Civ. 2e, 7 janv. 1976 : *Bull. civ. II, n° 7* • Civ. 3e, 30 nov. 1976 : *Bull. civ. III, n° 434* • Civ. 1re, 11 janv. 1978 : *Bull. civ. I, n° 16* • Com. 16 juin 1981 : *Bull. civ. IV, n° 280 ; RTD civ. 1982. 462, obs. Normand.* ♦ ... Dès lors, du moins, que la connaissance des faits considérés provenait de pièces régulièrement produites. • Civ. 2e, 7 janv. 1976 • Civ. 3e, 30 nov. 1976 • Civ. 1re, 11 janv. 1978 : *préc.* • Civ. 2e, 12 févr. 1992, n° 90-17.719 P.

Mais, en ce sens que les formalités de l'art. 16, *al. 3, doivent être observées*, au moins lorsque la prise en considération de faits non spécialement invoqués s'accompagne du relevé d'office d'un moyen de droit, V. • Civ. 1re, 20 nov. 1984 : *Bull. civ. I, n° 315* • Civ. 3e, 20 nov. 1985 : *Bull. civ. III, n° 153 ; Gaz. Pal. 1986. 2. Somm. 421, obs. Croze et Morel.* ♦ ... L'imposant, semble-t-il, en termes plus généraux, V. • Civ. 2e, 19 nov. 1986 : *JCP 1987. IV. 35* • Civ. 1re, 10 juill. 1990, n° 87-16.773 P. ♦ En ce sens, plus récemment, qu'une cour d'appel qui relève des faits adventices tirés du jugement frappé de recours n'a pas à recueillir au préalable les observations des parties, V. • Soc. 17 janv. 2002, n° 99-20.750 P : *D. 2002. 2704, note crit. Bolard.* ♦ V. également jugeant que c'est sans méconnaître le principe de la contradiction qu'une cour d'appel a fondé sa décision sur un contrat qui, pour avoir été régulièrement produit en instance d'appel, constituait un élément de fait dont les parties étaient à même de débattre contradictoirement. • Civ. 2e, 17 avr. 2008, n° 07-15.266 P. ♦ *Add.* • Com. 17 mai 2011, n° 10-17.397 P : *D. 2011. Actu. 1477, obs. Avena-Robardet ; JCP 2011. 1141, obs. Serinet ; ibid. 826, note Lasserre Capdeville ; ibid. N 2011. 1194, obs. Piedelièvre ; Banque et Dr. 138/2011, p. 13, obs. Bonneau ; Gaz. Pal. 29 oct. 2011, p. 32, note Houin-Bressand ; RTD civ. 2011. 590, obs. Perrot.*

D. RELEVÉ D'OFFICE

1° DOMAINE

67. Tutelles. Le juge est fondé à relever d'office, en application de l'art. 16, al. 3 C. civ., le moyen pris de l'absence d'autorisation du juge des tutelles à la vente de gré à gré d'un immeuble appartenant à un mineur placé sous le régime de l'administration légale sous contrôle judiciaire. • Civ. 3e, 8 sept. 2010, n° 09-13.345 P : *D. 2010. AJ 2061 ; ibid. 2011. 472, obs. Amrani-Mekki et Fauvarque-Cosson ; ibid. Chron. C. cass. 2679, obs. Monge et Goanvic ; RTD civ. 2010. 778, obs. Fages ; ibid. 2011. 99, obs. Hauser ; JCP 2011. 63, obs. Ghestin ; ibid. E 2010. 1962, note Pillet ; Defrénois 2010. 39170, note L. Aynès ; Gaz. Pal. 4 nov. 2010, p. 14, note Houtcieff ; ibid. 2 déc. 2010, p. 15, obs. G. Pignarre ; Dr. fam. 2011, n° 12, note Maria ; RDC 2011. 57, obs. Genicon ; ibid. 153, Brun.*

68. Contentieux électoral. L'art. 16 est applicable en matière électorale lorsque le juge relève d'office l'absence d'inscription sur la liste électorale de la commune concernée d'un tiers électeur agissant sur le fondement de l'art. L. 25 C. élect. • Civ. 2e, 11 avr. 2002, n° 02-60.271 P.

69. En matière de taxe. Viole l'art. 16 le premier président d'une cour d'appel, statuant en matière de taxe, qui procède d'office à un redressement du compte vérifié sans inviter les parties à présenter leurs observations sur le point qu'il modifie. • Civ. 2e, 7 mai 2003, n° 99-21.345 P : *D. 2003. IR 1605 ; Gaz. Pal. 7-8 avr. 2004, p. 18, obs. du Rusquec.*

70. Concurrence. Viole l'art. 16 la cour d'appel qui relève d'office un moyen tiré d'une prétendue spécificité de la détermination du marché pertinent en présence d'un opérateur chargé de missions de service public, sans inviter les parties à présenter leurs observations. • Com. 13 juill. 2010, n° 09-67.439 P : *BICC 1er mars 2011, n° 239 ; AJDA 2010. 1916, étude Nicinski, Jeanneney et Glaser ; D. 2010. 1933, obs. Chevrier ; JCP 2010. 1041, obs. Nussenbaum ; CCC 2010, n° 227, note Decocq.*

a. Fondement juridique non précisé

71. Le juge qui se borne, sans introduire dans le débat de nouveaux éléments de fait, à expliciter le fondement juridique de la demande ne méconnaît pas le principe de la contradiction en n'invitant pas les parties à s'expliquer sur l'exactitude de la qualification donnée à ce fondement. • Civ. 1re, 15 janv. 1980 : *Bull. civ. I, n° 27 ; RTD civ. 1980. 600, obs. Normand* • Civ. 3e, 14 juin 1989 : *Bull. civ. III, n° 138* • Civ. 2e, 23 oct. 1991, n° 90-14.583 P. ♦ Tenu de trancher le litige conformément aux règles de droit qui lui sont applicables, le juge ne relève aucun moyen d'office en donnant à sa décision le fondement juridique qui découlait des faits allégués. • Civ. 3e, 28 mai 1986 : *Bull. civ. III, n° 82 ; Gaz. Pal. 1987. 1. Somm. 19, obs. Croze et Morel ; RTD civ. 1987. 391, obs. Normand.* ♦ V. également • Civ. 2e, 11 févr. 1981 : *Bull. civ. II, n° 30.*

b. Fondement juridique précisé

72. Tous types de moyens. Lorsqu'une juridiction décide de relever d'office un moyen, elle est tenue en toute circonstance de respecter le principe de la contradiction en invitant les parties à s'expliquer sur celui-ci. • Soc. 11 mai 2005, n° 03-40.916 P • Civ. 1re, 27 juin 2006, n° 04-16.742 P : *Gaz. Pal. 1er-2 févr. 2008, p. 27, note du Rusquec* • Civ. 1re, 24 sept. 2008, n° 06-21.254 P • 13 nov. 2008, n° 07-18.101 P : *D. 2009. Chron. C. cass. 754, obs. Creton* • 8 avr. 2009, n° 07-14.227 P : *D. 2009. AJ 1206, obs. Egéa ; ibid. 2508, obs. Brémond, Nicod et Revel ; AJ fam. 2009. 355, obs. Hilt ; RTD civ. 2009. 568, obs. Vareille ; ibid. 571, obs. Vareille ; RLDC 2009. 3476, Pouliquen ; Gaz. Pal. 7 nov. 2009, p. 38, obs. Casey ; RDC 2009. 1397, obs. Dauriac ; JCP 2009. 391, obs. Simler ; Defrénois 2010. 612, note Champenois ; LPA 13 déc. 2010, p. 9, note Camoulard-Trapiers.*

73. Moyens d'ordre public ou non. L'obligation d'inviter les parties à présenter leurs observations s'impose comme préalable au relevé d'office de toute espèce de moyen de droit. L'obligation s'impose tant au relevé des moyens d'ordre public. • Cass., ch. mixte, 10 juill. 1981 : *D. 1981. 637, concl. Cabannes ; Gaz. Pal. 1981. 2. 627, note Viatte ; RTD civ. 1981. 677, obs. Normand, et 905, obs. Perrot.* ♦ ... Qu'au relevé des moyens qui ne sont pas d'ordre public. • Même arrêt. ♦ V. cep. • Civ. 3e, 19 nov. 1986 : *Bull. civ. III, n° 162.* – V. également • Civ. 1re, 6 déc. 2005, n° 01-13.447 P (dessaisissement en *faveur d'une juridiction étrangère*) • 6 déc. 2005, n° 03-10.724 P (application de la convention de La Haye, non invoquée par les parties et désignant une loi et une juridiction étrangères).

74. Moyens de procédure ou de fond. La même obligation s'impose s'agissant des moyens de procédure. • Soc. 27 oct. 1981 : *JCP 1982. IV. 25* (incompétence) • Com. 30 nov. 1982 : *Bull. civ. IV, n° 390* • Civ. 2e, 27 févr. 1985 : *Bull. civ. II, n° 47* • 29 avr. 1998, n° 96-60.347 P • Civ. 1re, 26 avr. 1988 : *Bull. civ. I, n° 117* (autorité de la chose jugée) • Civ. 2e, 7 mars 1990, n° 88-19.491 P • 20 mai 1992, n° 90-17.279 P • 2 déc. 1992, n° 91-12.500 P (tardiveté du recours) • 16 févr. 1994 : *Gaz. Pal. 1994. 3. Pan. 205* (défaut de qualité) • Civ. 2e, 21 févr. 2013, n° 11-27.051 P : *Gaz. Pal. 24-25 mai 2013, p. 32, note Raschel ; RPC 2013, p. 34 (3e esp.), note Gjidara-Decaix* • 6 juin 2013, n° 12-16.048 P : *D. 2013. Actu. 1486* (irrecevabilité) • Civ. 2e, 13 oct. 2016, n° 15-25.995 P (violation de l'art. 16 par une cour d'appel relevant d'office la fin de non-recevoir tirée de l'irrecevabilité de l'appel principal soulevée par la société intimée sans avoir invité les parties à présenter leurs observations, au motif inopérant qu'elle avait déjà été débattue devant le conseiller de la mise en état, alors que les parties adverses avaient conclu à la recevabilité de l'appel principal de la société dans leur requête en déféré) • Civ. 2e, 3 déc. 2015, n° 14-25.413 P : *cité note 15 ss. art. 132* (absence de pièces au soutien de l'appel). ♦ V. aussi le moyen relevé d'office tiré de la caducité de la convention d'honoraires, alors que le client n'était pas présent à l'audience et qu'il ne ressort ni de la décision ni des pièces du dossier de procédure que la partie présente, a été, au préalable, invitée à formuler ses observations sur ce moyen. • Civ. 2e, 22 oct. 2020, n° 19-15.985 : *D. actu. 17 nov. 2020, note Caseau-Roche ; D. 2020. 2124 ; ibid. 2021. 104, obs. Wickers ; ibid. 543, obs. Fricero ; Gaz. Pal. 26 janv. 2021, p. 70, note Keber.* ♦ ... Comme des moyens de fond. ♦ V. par ex., en matière de responsabilité civile : • Civ. 2e, 6 juill. 1978 : *Bull. civ. II, n° 181* • 23 mai 1984 : *Bull. civ. II, n° 89* • 11 juill. 1988 : *JCP 1988. IV. 339* • Civ. 1re, 8 févr. 1989 : *Bull. civ. I, n° 36.* ♦ V. également, en cas d'annulation d'une convention sur le moyen relevé d'office de l'absence de cause : • Civ. 3e, 4 juill. 1984 : *JCP 1984. IV. 284.* ♦ V. encore • Com. 24 mai 1976 : *Bull. civ. IV, n° 178* (relevé d'office du défaut de mise en demeure) • 19 oct. 1981 : *JCP 1982. IV. 15* (mandat apparent) • Civ. 1re, 6 déc. 1977 : *Bull. civ. I, n° 456* • 4 avr. 1978 : *ibid. I, n° 139 ; Rev. crit. DIP 1979. 88, obs. Hébraud ; RTD civ. 1979. 419, obs. Normand* (loi étrangère) • Civ. 3e, 4 mai 1988 : *Bull. civ. III, n° 85* (nullité d'ordre public d'un marché de construction) • Com. 23 mars 1993, n° 91-12.364 P (modération de la clause pénale) • Civ. 1re, 27 oct. 1993 : *D. 1994. 211 ; D. 1994. Chron. 115, étude Bénabent* (résolution pour non-conformité substituée à nullité pour vice du consentement) • Civ. 1re, 11 janv. 2000 : *D. 2001. Somm. 1508, obs. Lemouland* (ouverture d'une curatelle). ♦ Comp. lorsque dans la même instance il est statué sur les suites d'une précédente décision passée en force de chose jugée, le juge qui retient cette chose jugée n'a pas à provoquer les explications des parties. • Civ. 2e, 2 déc. 1992 : *Gaz. Pal. 1993. 1. Pan. 141* • 10 mars 1993, no 91-18.678 P : *RTD civ. 1993. 890, obs. Perrot* • Civ. 2e, 24 sept. 2015, no 14-20.132 P : *D. 2015. Actu. 1961* (relevé d'office de la fin de non-recevoir, tirée de l'autorité de la chose précédemment jugée par un jugement et arrêt, rendus dans la même procédure de saisie immobilière).

75. Moyens de pur droit ou mélangés de fait et de droit. La même obligation s'impose s'agissant des moyens de pur droit. ♦ V. par exemple : • Civ. 2e, 30 nov. 1983 : *Bull. civ. II, no 190* (indivisibilité du désistement d'appel) • 25 nov. 1987 : *ibid. II, no 243* (effet interruptif d'instance des jugements prononçant la liquidation des biens). ♦ ... Comme des moyens mélangés de fait et de droit. ♦ V. par exemple : • Soc. 21 janv. 1982 : *Bull. civ. V, no 41* • Civ. 3e, 13 févr. 1987 : *Gaz. Pal. 1987. 1. 367, note Barbier* (relevé d'office, dans une instance en évaluation de l'indemnité d'éviction de ce que, compte tenu des clauses du bail, le droit au bail avait une valeur nulle). ♦ V. aussi, en matière de rétention administrative des étrangers (art. 35 *bis* de l'ord. du 2 nov. 1945), • Civ. 2e, 7 mai 2003, no 01-50.079 P : *D. 2003. IR 1547* . ♦ *Adde*, en matière de divorce. Dès lors que le créancier de la prestation compensatoire n'a demandé que le versement d'une rente à ce titre, le juge ne peut d'office lui attribuer un capital sans inviter les parties à présenter leurs observations. • Civ. 2e, 7 oct. 1999, no 98-10.329 P. ♦ Viole l'art. 16 C. pr. civ. l'arrêt qui, pour accueillir la demande reconventionnelle d'une partie en paiement d'une certaine somme à titre de dommages-intérêts, relève d'office que l'autre partie a manqué à son devoir d'information et de mise en garde envers la première, lui faisant perdre la possibilité de renoncer à contracter le prêt, sans soumettre ce moyen préalablement à la discussion des parties. • Civ. 1re, 30 sept. 2015, no 14-18.854 P.

76. En cas d'ultra petita autorisé. Le juge qui, en application de l'art. 245 C. civ., se propose de prononcer le divorce aux torts partagés des époux sur la seule demande de l'un d'eux doit inviter les parties à présenter leurs observations sur les conséquences éventuelles d'un tel divorce. • Civ. 2e, 26 nov. 1986 : *Gaz. Pal. 1987. 1. Somm. 43* • 10 déc. 1986 : *Bull. civ. II, no 183.*

77. Pouvoirs exercés d'office. Parce qu'il ne relève pas d'office un moyen de droit, le juge n'a pas à provoquer les explications des parties lorsqu'il accorde d'office le bénéfice de l'exécution provisoire (art. 515). • Civ. 2e, 13 avr. 1976 : *RTD civ. 1978. 923, obs. Perrot.* ♦ ... Ou lorsqu'il ordonne d'office une astreinte. • Civ. 2e, 21 mars 1979 : *D. 1979. 449, note Santa-Croce.* ♦ ... Ou lorsqu'il relève d'office le moyen tiré de l'irrecevabilité de conclusions déposées après l'ordonnance de clôture. • Civ. 2e, 11 mars 1992, no 90-19.699 P. ♦ ... Ou le jour même de cette dernière. • Civ. 2e, 2 déc. 1992, no 91-15.787 P. ♦ ... Lorsqu'il détermine d'office le point de départ des intérêts légaux. • Civ. 2e, 20 juin 1990, no 89-10.347 P : *RTD civ. 1991. 395, obs. Normand* . ♦ *Adde* Instituée dans un but de bonne administration de la justice, l'amende civile prévue à l'art. 628 présente le caractère d'une mesure d'ordre public que le juge de cassation peut prononcer d'office sans être astreint aux exigences d'une procédure contradictoire. • CE 5 juill. 1985 : *JCP 1985. II. 20478, concl. Jeanneney ; Gaz. Pal. 1985. 2. 745, obs. Guinchard et Moussa ; RTD civ. 1986. 169, obs. Normand.*

78. Moyen débattu entre les parties déclaré irrecevable. Ne méconnaît pas le principe de la contradiction le juge qui, après avoir déclaré le défendeur irrecevable à soulever un moyen qui avait été débattu entre les parties, relève d'office ce même moyen sans inviter les parties à présenter leurs observations. En conséquence, dès lors que les parties se sont expliquées contradictoirement sur la fin de non-recevoir soulevée par l'intimé et tirée de la tardiveté de l'appel, la cour d'appel, qui déclare l'intimé irrecevable à soulever cette fin de non-recevoir faute de l'avoir soumise au conseiller de la mise en état, peut elle-même la relever d'office sans inviter les parties à présenter leurs observations sur ce point. • Civ. 1re, 5 juin 2014, no 13-19.920 P. ♦ Rappr. : • CEDH 13 oct. 2005, *clinique des Acacias : cité note 130 ss. Conv. EDH, art. 6, App., vo Droit européen et international.*

2o PREUVE DU RESPECT DE LA CONTRADICTION

79. Présomption dans les procédures orales. En matière de contredit, la procédure étant orale, les prétentions des parties peuvent être formulées au cours de l'audience, et elles sont présumées avoir été contradictoirement débattues. • Civ. 2e, 6 mai 2004, no 02-15.925 P : *D. 2004. AJ 1562* . ♦ En matière de procédure sans représentation obligatoire, les moyens soulevés d'office par le juge sont présumés, sauf preuve contraire, avoir été débattus contradictoirement à l'audience. • Civ. 2e, 6 mars 2003, no 02-60.835 P. ♦ La procédure devant le TI étant orale, le moyen que le juge a appliqué à un fait dont il n'est pas allégué qu'il n'ait pas été dans le débat est présumé avoir été contradictoirement débattu. • Soc. 29 mai 1985 : *Bull. civ. V, no 310* • Civ. 1re, 13 oct. 1993, no 91-04.154 P. ♦ Dans le même sens, et s'agissant de la procédure prud'homale, V. • Soc. 26 mars 1985 : *Bull. civ. V, no 215.* ♦ V. cep. • Civ. 3e, 4 mai 1988 : *JCP 1988. IV. 237.* ♦ Sur les objections que suscitent ces présomptions, V. *RTD civ. 1977. 369 et 825, obs. Perrot.*

80. ... *Partie non présente à l'audience.* En procédure orale, il ne peut être présumé qu'un moyen relevé d'office par le juge a été débattu contradictoirement, dès lors qu'une partie n'était pas présente à l'audience. Il doit alors ressortir soit de la décision, soit des pièces de la procédure que la partie présente a été, au préalable, invitée à formuler ses observations sur le moyen relevé d'office. • Civ. 2e, 20 oct. 2020, no 19-15.985 P : *D. actu. 17 nov. 2020, note Caseau-Roche ; D. 2020. 2124 ; ibid. 2021. Pan. 111, obs. Wickers ; ibid. Pan. 545 obs. Fricero ; Gaz. Pal. 26 janv. 2021, p. 70, note Keber ; ibid. 1er juin 2021, p. 25, obs. Gaineton ; JCP 2021. 2020.1203, note Devers ; ibid. 272, obs. Caseau-Roche* • Civ. 1re, 26 mai 2021, no 20-12.512 P : *D. actu. 10 juin 2021, note Hélaine ; D. 202. 1033.*

3o RÉOUVERTURE DES DÉBATS

81. *Pouvoirs du juge de l'exécution.* Ne viole pas les dispositions de l'art. 16 le premier président qui, tenu de vérifier si les textes sur lesquels était fondée la demande pouvaient recevoir application, a statué sans rouvrir les débats. • Civ. 2e, 10 févr. 2000, no 98-13.354 P.

4o RECOURS

82. *Appel-nullité.* Est recevable l'appel-nullité contre le jugement confirmatif d'une ordonnance par laquelle le juge-commissaire, saisi sur requête de l'administrateur, avait, sans débat contradictoire, ordonné à l'appelant de reprendre les relations contractuelles qui le liaient au débiteur. • Com. 14 févr. 1995, no 92-20.941 P.

Art. 17 **Lorsque la loi permet ou la nécessité commande qu'une mesure soit ordonnée à l'insu d'une partie, celle-ci dispose d'un recours approprié contre la décision qui lui fait grief.** — *V. art. 496, 757, 905, 1412, 1425.*

BIBL. ► JULIEN, *Mél. Normand, Litec 2003, p. 241* (« ce que la nécessité commande »).

1. *Absence de placement.* L'ordonnance constatant la caducité de l'assignation pour défaut de remise au greffe de sa copie, qu'elle soit intervenue d'office ou sur requête d'une des parties, constitue une mesure que la loi permet d'ordonner à l'insu d'une partie et aux termes de l'art. 17, celle-ci dispose d'un recours approprié contre la décision qui lui fait grief. • Civ. 2e, 21 oct. 1976 : *D. 1977. IR 51 ; RTD civ. 1977. 186, obs. Perrot* (demande au magistrat de rapporter sa décision). ♦ Même solution pour l'ordonnance du premier président constatant la caducité de la déclaration d'appel, antérieurement au Décr. du 20 août 2004. • Civ. 2e, 26 juin 2003, no 01-13.802 P : *D. 2003. IR 2281 ; Dr. et pr. 2004. 24, obs. Vinckel ; Gaz. Pal. 9-10 juill. 2004, p. 9, obs. du Rusquec* (recours en rétractation). ♦ ... D'où l'irrecevabilité d'un pourvoi immédiat, la voie de cassation n'étant ouverte que lorsque toutes les autres sont fermées. • Même arrêt.

2. *Juge des tutelles.* L'art. 17 ne s'applique pas lorsque le juge des tutelles, saisi d'une procédure de tutelle ou de curatelle, place la personne à protéger sous la sauvegarde de justice, pour la durée de l'instance, l'art. 1239 prévoyant que cette décision ne peut faire l'objet d'aucun recours. • Civ. 1re, 30 nov. 1983 : *Bull. civ. I, no 285 ; Gaz. Pal. 1984. 2. 431, note J. M.*

3. *Procédures collectives.* Lorsqu'une ordonnance n'est pas susceptible de contredit ni d'aucune voie de recours, il ne saurait être fait reproche à la cour d'appel d'avoir violé les dispositions de l'art. 17. • Com. 2 mai 1985 : *Bull. civ. IV, no 137 ; D. 1985. IR 390, obs. Honorat.*

4. S'agissant du recours approprié contre les ordonnances sur requête, V. notes ss. art. 496.

SECTION VII LA DÉFENSE

Art. 18 **Les parties peuvent se défendre elles-mêmes, sous réserve des cas dans lesquels la représentation est obligatoire.** — *V. art. 441, 751, 797, 813, 950, 959, 973.*

Art. 19 **Les parties choisissent librement leur défenseur soit pour se faire représenter soit pour se faire assister suivant ce que la loi permet ou ordonne.** — *V. art. 828, 853, 885 ; C. trav., art. R. 1453-2.*

Sur l'assurance de protection juridique, V. C. assur., art. L. 127-1 s. et C. mut., art. L. 224-1 s., App., vo Assurance de protection juridique.

1. *Domaine d'application.* Une assemblée *générale extraordinaire* n'est pas un organisme juridictionnel ou disciplinaire, mais un organe de gestion interne à une société, dont la décision relève du contrôle juridictionnel du TGI puis de la cour d'appel devant lesquels le demandeur est assisté par un avocat ; le refus de la présence d'un avocat à une telle assemblée ne constitue pas un trouble manifestement illicite. • Com. 10 mai 2006, no 05-16.909 P : D. 2006. AJ 1533, obs. *Lienhard ; ibid. 2007. Pan. 270, obs. Hallouin et Lamazerolles ; Rev. sociétés 2007. 70, note Godon ; RTD com. 2007. 145, obs. Champaud et Danet .*

2. *Action entre avocats.* Aucune disposition n'interdit à un avocat d'introduire une demande en justice à l'encontre d'un confrère du même barreau ; si les usages de la profession peuvent imposer, préalablement à l'assignation d'un avocat du même barreau, l'obligation d'informer le bâtonnier afin de le mettre en mesure de concilier les parties, ils ne sauraient permettre au conseil de l'ordre de refuser discrétionnairement à un avocat l'autorisation d'assigner un confrère, mettant ainsi la partie dans la nécessité de se faire représenter par un conseil d'un autre barreau, en violation du principe de la liberté de choix du défenseur consacré par l'art. 19. • Aix-en-Provence, 23 févr. 1994 : *BICC 1994, n° 507.*

3. Intérêts divergents. Il n'appartient pas aux juges d'intervenir dans le libre choix, par une partie, de ses conseils ; il ne peut être soutenu que le juge doive, lorsqu'il s'aperçoit que deux parties, dont les intérêts sont partiellement divergents, sont représentées par le même défenseur, ordonner que chacune des deux parties soit représentée par un conseil propre. • Civ. 3e, 31 oct. 1989 : *Bull. civ. III, n° 199.*

4. Conflit d'intérêts. Une juridiction, en refusant qu'une partie soit représentée par un avocat déterminé et en exigeant la comparution personnelle de cette partie, n'a pas respecté le principe fondamental de libre choix du défenseur que l'art. 19 C. pr. civ. garantit à tout justiciable. • Montpellier, 30 juin 2010 : *Gaz. Pal. 5-7 juin 2011, p. 16, obs. Gaineton et Villacèque.*

5. Assurance de protection juridique. C'est dans les limites de la garantie que l'art. L. 127-3 C. assur. interdit toute clause portant atteinte au droit pour l'assuré de choisir son défenseur ; ne porte pas atteinte à la liberté de choix de l'assuré la clause qui fait, d'une part, bénéficier l'assuré d'une garantie illimitée s'il laisse l'assureur choisir l'avocat ou si l'assureur agrée l'avocat que son assuré propose et, d'autre part, stipule une garantie plafonnée en considération de la juridiction saisie si l'assuré choisit son avocat sans agrément de l'assureur. • Civ. 1re, 15 juill. 1999, n° 97-10.725 P : *D. 2001. 1057, note Krajeski ; D. 2000. Somm. 343, obs. Bonnard ; Resp. civ. et assur. 1999, n° 341.*

6. Commission d'office. Méconnaît le principe du respect des droits de la défense le conseil de l'Ordre des avocats au Conseil d'État et à la Cour de cassation qui énonce, pour dire n'y avoir lieu à la commission d'office d'un avocat pour la présentation d'une requête en rabat d'arrêts, que la demande se trouve dépourvue d'objet, alors que la défense constitue pour toute personne un droit fondamental à caractère constitutionnel et que son exercice effectif exige que soit assuré l'accès de chacun avec l'assistance d'un défenseur, au juge chargé de statuer sur sa prétention. • Cass., ass. plén., 30 juin 1995, n° 94-20.302 P : *D. 1995. 513, concl. Jéol et note Drago ; JCP 1995. II. 22478, concl. Jéol et note Perdriau.*

Art. 20 **Le juge peut toujours entendre les parties elles-mêmes.** — *V. art. 184 s.*

1. Cas. La défense constitue pour toute personne un droit fondamental à caractère constitutionnel ; son exercice effectif exige que soit assuré l'accès de chacun au juge chargé de statuer sur sa prétention ; viole le principe du respect des droits de la défense, la Cour nationale de l'incapacité et de la tarification de l'assurance des accidents du travail qui énonce que, statuant uniquement sur pièces, la demande de la victime d'un accident du travail, en vue de sa convocation à l'audience, doit être rejetée, alors que l'art. R. 143-29 CSS ne lui interdisait pas d'entendre l'intéressé dès lors que celui-ci l'avait demandé. • Soc. 27 mai 1999, n° 97-16.521 P : *D. 1999. IR 180.*

2. Modalités. Aux termes de l'art. 20, le juge peut toujours entendre les parties elles-mêmes ; la cour d'appel ayant décidé l'audition du demandeur, présent à l'audience, et le procès-verbal d'audience prévu par l'art. 159 C. pr. local applicable en Alsace-Moselle, signé du président et du greffier, relatant les déclarations de cette partie, la procédure a été régulière. • Soc. 24 janv. 1990, n° 87-40.953 P.

SECTION VIII LA CONCILIATION

RÉP. PR. CIV. v° *Médiation et conciliation*, par Douchy-Oudot et Joly-Hurard.

DALLOZ ACTION *Droit et pratique de la procédure civile 2022/2023*, nos 325.131 s.

Art. 21 **Il entre dans la mission du juge de concilier les parties.**

Dispositions générales sur la conciliation :

— en cours d'instance, V. art. 127 s. ;

— dans le cadre de mesures d'instruction confiées à un technicien, V. art. 240 et 281 ;

— tentative préalable, V. L. n° 95-125 du 8 févr. 1995, art. 21 ss. art. 131-15.

Dispositions particulières :

— au TGI, V. art. 768 ;

— au TI, V. art. 830 à 835, 840, 841 et 847 ;

— au T. com., V. art. 863 ;

– au conseil de prud'hommes, V. C. trav., art. R. 516-8 s. [devenus R. 1452-1 s.] ss. art. 879 ;
– au T. par., V. art. 882, 887 et 888 ;
– à la cour d'appel, V. art. 910 et 941 ;
– en matière de divorce, V. art. 1071, 1108 s., et ***C. civ.****, art. 252 à 252-3 ;*
– en matière de saisie des rémunérations, V. C. trav., art. R. 145-9 s. [devenus R. 3252-12 s.]. ***– C. pr. exéc.***

V. égal. Dir. 2008/52/CE du Parlement et du Conseil du 21 mai 2008 sur la médiation en matière civile et commerciale, App., vº Droit européen et international.

BIBL. ▶ BERGER, *D. 1990. Chron. 122* (Convention européenne des droits de l'homme). – BOLARD, *Mél. Hébraud, Université des sciences sociales de Toulouse 1981, p. 47* (la conciliation : de la déception à l'espoir). – BRAUDO, *Gaz. Pal. 15 avr. 1995. Doctr.* (médiation en matière civile). – CARNELUTI, *Gaz. Pal. 1991. 1. Doctr. 86* (médiation de la Commission CEE). – COPPER-ROYER, *Gaz. Pal. 1989. 1. Doctr. 49* (médiation dans les litiges familiaux). – DESDEVISES, *D. 1981. Chron. 241* (conciliation dans le nouveau code) ; *Mél. Wiederkehr, Dalloz 2009, p. 209* (équité et conciliation). – DRAI, *Mél. Bellet, 1991, p. 123* (médiation judiciaire). – ESTOUP, *D. 1986. Chron. 161* (pratique de la conciliation) ; *Gaz. Pal. 1986. 1. Doctr. 188* (tribunal d'instance) ; *D. 1987. Chron. 269* (après la clôture des débats) ; *Gaz. Pal. 1989. 1. Doctr. 299* (projet de loi relatif à la médiation). – FRICERO, *RJPF 2010-1, p. 8* (accord des parties, homologation, octroi de la force exécutoire : quel rôle pour le juge ?). – GARBY, *Gaz. Pal. 9-11 juin 2013, p. 7* (le juge et la médiation). – GORCHS, *Dr. et société 2006. 223* (conciliation comme « enjeu » dans la transformation du système judiciaire). – HÉBRAUD, *Mél. Marty, 1978, p. 636* (arbitrage judiciaire). – JEAMMAUD, *Dr. soc. 1988. 689* (conflits du travail). – KITAMURA, *Mél. Terré, Dalloz Juris-classeur, PUF, 1999, p. 801* (avenir de la « justice conciliationnelle »). – LEVEL, *JCP E 1989. II. 15615* (médiateur dans la vie des affaires) ; *JCP 1999. I. 136* (rôle des juristes d'entreprise dans la transaction). – LORIEUX, *Gaz. Pal. 1991. 1. Doctr. 66* (médiation dans le procès civil). – RUELLAN, *JCP 1990. I. 3431* (conciliation).

A. CONCILIATION

1. *Juge des référés.* Il entre toujours dans la mission du juge de concilier les parties ou de constater leur conciliation. • Civ. 1re, 27 févr. 1985 : *Bull. civ. I, nº 78 ; Gaz. Pal. 1985. 2. Pan. 204, obs. Guinchard et Moussa* (celui qui n'a pas contesté la compétence du juge des référés avant de présenter une défense sur l'objet de la demande n'est plus recevable à le faire ultérieurement, le magistrat des référés s'étant borné à donner acte aux époux, qui avaient comparu devant lui, des accords intervenus entre eux en sa présence et à en indiquer la teneur).

2. *Illustration.* En vertu de l'art. 21, il entre dans la mission du juge de concilier les parties ; la nature particulière des faits constituant la matière litigieuse et l'importance qui s'attache à un nécessaire apaisement des esprits, compte tenu des relations professionnelles qui continuent d'unir les parties, conduisent le tribunal à proposer à l'attention de ces mêmes parties le texte d'un protocole dont l'acceptation serait de nature à mettre fin au litige et sur lequel elles devront donner leur avis à une audience ultérieure, en comparaissant en personne ou par l'intermédiaire de leurs conseils respectifs. • TGI Paris, 10 mai 1978 : *Gaz. Pal. 1978. 2. Somm. 397.*

B. MÉDIATION

3. *Modalité d'application de l'art. 21.* La médiation, dont l'objet est de procéder à la confrontation des prétentions respectives des parties en vue de parvenir à un accord proposé par le médiateur, est une modalité d'application de l'art. 21 tendant au règlement amiable des litiges et, par voie de conséquence, exclusive de tout pouvoir juridictionnel, dont le juge ne peut être investi par les parties que par la volonté commune exprimée en ce sens de manière certaine dans les termes des art. 12 et 58. • Civ. 2e, 16 juin 1993, nº 91-15.332 P : *D. 1993. IR 176 ; JCP 1993. I. 3723, nº 3, obs. Cadiet.* ♦ V., dans le même sens, l'arrêt d'appel dans cette affaire. • Paris, 28 mars 1991 : *Rev. arb. 1991. 470, note Jarrosson ; D. 1992. Somm. 124, obs. Julien.* ♦ L'institution prétorienne de la médiation n'est pas contraire à la loi dès lors que, conçue comme une modalité du processus de conciliation, et non comme une délégation des pouvoirs du juge, elle permet d'assurer seulement, sous le contrôle de celui-ci et en présence d'une personnalité ayant sa confiance, la confrontation des points de vue respectifs des parties à un litige et d'entamer la négociation. • Paris, 16 mai 1988 : *D. 1988. Somm. 328, obs. Langlois.*

4. *Accord des parties.* Il entre dans la mission du juge de concilier les parties et de prendre toutes mesures utiles pour favoriser cette conciliation ; lorsqu'au cours des débats, chaque partie a manifesté sa volonté de parvenir à un accord, lequel ne peut se réaliser qu'après une confrontation des prétentions respectives de chacune, dans un esprit de bonne foi, avant de statuer sur les demandes des parties, il convient d'ordonner une mesure de médiation, le médiateur ayant la mission d'entendre les parties, de constater leurs prétentions respectives, de dresser leurs points d'accord et de désaccord, et, le cas échéant, de proposer des solutions susceptibles de les rapprocher et de mettre un terme au litige. • TGI Paris, 22 oct. 1986 : *Gaz. Pal. 1987. 1. Somm. 129.* ♦ Lorsqu'il apparaît à l'audience qu'un accord pourrait être recherché, il est opportun de désigner à cette fin un médiateur. • TGI Paris, réf., 16 nov. 1988 : *Gaz. Pal. 1989. 2. 790, note Fourgoux.*

5. Refus d'une des parties. Le juge investi d'une mission générale de conciliation par l'art. 21 peut s'efforcer avec l'assentiment des parties de tenter de favoriser un rapprochement de leurs positions respectives, par lui-même ou par l'intermédiaire d'une personnalité qualifiée agissant sous son contrôle ; la désignation d'un « mandataire de justice », refusée par l'une des parties en cause, ne peut lui être imposée ; le juge ne peut, en effet, déléguer à un tiers des pouvoirs qu'il ne détient pas lui-même. • TGI Paris, réf., 2 oct. 1989 : *JCP 1990. II. 21518, note Beauchard.*

6. Nature particulière du conflit. Eu égard, d'une part, à la qualité des parties en présence (fidèles opposés à un curé et à la commune), d'autre part, à la noblesse des sentiments et valeurs qui les animent, il y a lieu de désigner un conciliateur ayant pour mission de rechercher les bases d'un accord de nature à satisfaire les deux parties et à leur permettre de s'entendre sur les conditions de l'exercice du culte catholique dans l'église. • Versailles, 11 janv. 1988 : *D. 1988. IR 35.*

7. Difficultés d'exécution d'une décision de justice. L'intérêt commun des parties de mettre un terme aux difficultés faisant encore obstacle à l'exécution complète et loyale d'un arrêt antérieur justifie l'engagement d'un processus de conciliation par voie de médiation. • Paris, 6 juin 1989 : *Gaz. Pal. 1989. 2. 618.*

8. Régime. La médiation, qui permet d'assurer, sous le contrôle du juge qui l'ordonne et en présence d'une personnalité ayant sa confiance, la confrontation des points de vue respectifs des parties à un litige, en vue de la négociation préliminaire d'un protocole d'accord, constitue une modalité d'application de l'art. 21 ; elle est une mesure d'administration judiciaire relevant de l'office du juge et de son devoir de veiller au règlement par voie amiable ou imposée des différends qui lui sont soumis ; une bonne administration de la justice impose que ne soient pas tranchés, dans l'immédiat, les points litigieux, à peine de gêner la recherche de la solution amiable et il convient donc de surseoir à statuer sur la compétence du juge saisi et sur la qualité pour agir du demandeur jusqu'au terme prévu de l'opération de médiation. • Paris, 17 déc. 1987 : *D. 1988. IR 27 ; Gaz. Pal. 1988. 1. 206.*

SECTION IX LES DÉBATS

DALLOZ ACTION *Droit et pratique de la procédure civile 2022/2023*, n°s 222.61 s.

Art. 22 Les débats sont publics, sauf les cas où la loi exige ou permet qu'ils aient lieu en chambre du conseil. – *V. art. 433 s.*

Sur les archives audiovisuelles de la justice, V. C. patr., art. L. 221-1 s. et R. 221-1 s. reproduits ss. COJ, art. L. 111-12.

BIBL. ▶ Bueb, *Gaz. Pal. 1984. 2. Doctr. 456* (contentieux disciplinaire). – Carré, *Gaz. Pal. 4 août 1994* (publicité et secret). – Flauss, *Gaz. Pal. 1982. 1. Doctr. 338* (contentieux disciplinaire). – Kayser, *Mél. Hébraud, Université des sciences sociales de Toulouse 1981, p. 501* (le principe de la publicité de la justice en procédure civile). – R. Perrot, *Ann. fac. dr. Toulouse, 1968, t. XVI, p. 40* (rapport au VIe colloque des IEJ : Toulouse 1968, sur le principe de la publicité de la justice). – Raynaud, *Trav. Assoc. Capitant, t. XXV, 1974, p. 711* (le secret et le droit).

Plan des annotations

I. PRINCIPE

A. VALEUR

1. Principe général du droit. La publicité des débats judiciaires est un principe général du droit ; il n'appartient qu'au législateur d'en déterminer, d'en étendre ou d'en restreindre les limites. • CE, ass., 4 oct. 1974, *Dame David : D. 1975. 369, note Auby ; JCP 1975. II. 17967, note Drago ; Gaz. Pal. 1975. 1. 117, note Amson ; AJDA 1974. 524 et 546, Chron. Franc et Goyon ; RTD civ. 1975. 174, obs. Jestaz ; ibid. 355, obs. Normand.*

B. DOMAINE D'APPLICATION

1° PROCÉDURES DISCIPLINAIRES

a. Jurisprudence européenne

2. *Procédures disciplinaires.* L'art. 6, § 1er, Conv. EDH, aux termes duquel toute personne a droit à ce que sa cause soit entendue et le jugement rendu publiquement, est applicable aux poursuites disciplinaires. • CEDH 23 juin 1981, *Le Compte, Van Leuven et De Meyere : Gaz. Pal. 1981. Jurisp. 775, note Delamarre.* ♦ Ni la lettre, ni l'esprit de ce texte n'empêchent les parties de renoncer de leur plein gré, expressément ou tacitement, au principe de la publicité. • Même arrêt. ♦ … A condition que la renonciation ne soit pas équivoque et qu'elle ne se heurte à aucun intérêt public important. • CEDH 21 févr. 1990 : *cité note 123 ss. Conv. EDH, art. 6, § 1er, App., v° Droit européen et international.* ♦ V. aussi notes 123 s. ss. art. 6, § 1er, Conv. EDH, App., *v° Droit européen et international.*

b. Jurisprudence administrative

3. Pour la reconnaissance par le Conseil d'État de l'applicabilité de l'art. 6, § 1er, au contentieux disciplinaire (procédure disciplinaire des avocats devant le conseil de l'Ordre), V. • CE 14 févr. 1996 : *JCP 1996. II. 22669, note Lascombe et Vion ; AJDA 1996. 403, note Stahl et Chauveaux ; RFDA 1996. 1186, concl. Sanson* (non-contrariété de l'art. 192 du Décr. n° 91-1197 du 27 nov. 1991 organisant la profession d'avocat avec l'art. 6, § 1er, Conv. EDH, l'avocat concerné ayant droit, dès lors qu'il en fait la demande, à ce que sa cause soit entendue publiquement, le conseil de l'Ordre gardant la faculté de ne pas accéder à cette demande si la publicité de l'audience est susceptible de porter atteinte à un secret protégé par la loi).

c. Jurisprudence judiciaire

4. *Avocats.* Si l'art. 6, § 1er, Conv. EDH donne à l'avocat ou à l'officier public ou ministériel, poursuivi disciplinairement devant la cour d'appel, le droit de voir sa cause entendue publiquement et l'arrêt rendu en audience publique, c'est à la condition que ce droit ait été invoqué devant cette juridiction. • Civ. 1re, 10 janv. 1984 : *cité note 125 ss. Conv. EDH, art. 6, § 1er, App., v° Droit européen et international.* – V. aussi • Civ. 1re, 22 janv. 1985 : *Gaz. Pal. 1985. 2. Pan. 179, obs. Guinchard et Moussa.* ♦ Viole l'art. 6, § 1er, Conv. EDH, la cour d'appel qui se prononce par des motifs d'ordre général pour refuser que les débats aient lieu en audience publique, alors qu'elle aurait dû rechercher si la publicité des débats de la procédure disciplinaire dirigée contre l'avocat en cause était de nature à porter atteinte aux intérêts de la justice. • Civ. 1re, 25 avr. 1989 : *cité note 125 ss. Conv. EDH, art. 6, § 1er, App., v° Droit européen et international.*

5. *Huissiers.* Viole l'art. 6, § 1er, Conv. EDH, la cour d'appel énonçant que les débats s'étaient déroulés en chambre du conseil, faute pour l'huissier poursuivi disciplinairement d'en avoir sollicité la publicité, alors que les débats sont publics sauf demande de l'intéressé à ce qu'ils se déroulent en chambre du conseil. • Civ. 1re, 4 déc. 2001 : *cité note 125 ss. Conv. EDH, art. 6, § 1er, App., v° Droit européen et international.*

6. *Membres des tribunaux de commerce.* Rejet du moyen reprochant à une décision de la Commission nationale de discipline des membres des tribunaux de commerce de ne pas avoir été rendue publiquement, au motif que l'art. 6, § 1er, Conv. EDH est inapplicable aux membres des tribunaux de commerce, lesquels, en cette qualité, exercent des fonctions de juges. • Cass., ass. plén., 8 févr. 1993, n° 92-14.281 P : *D. 1993. Somm. 190, obs. Julien* .

2° RENVOI ET RÉCUSATION

7. *Renvoi.* V. notes ss. art. 359.

C. PREUVE DU RESPECT

8. *Mentions du jugement.* La mention figurant au dispositif et selon laquelle la cour d'appel avait statué « publiquement à la demande des parties » suffit à elle seule à établir que les débats et le prononcé de l'arrêt ont été publics. • Civ. 1re, 10 mars 1987 : *Bull. civ. I, n° 88.* ♦ Selon l'art. 22, les débats sont publics, sauf les cas où la loi exige ou permet qu'ils aient lieu en chambre du conseil ; ce texte est violé s'il ne résulte d'aucune mention du jugement, statuant en application de l'art. L. 34 C. élect., que les débats ont eu lieu en audience publique. • Civ. 2e, 3 mai 2007 : *JCP 2007. IV. 2187.*

II. EXCEPTIONS

9. *Renvoi.* V. notes ss. art. 359, 433 et 435.

Loi du 29 juillet 1881,

Sur la liberté de la presse.

Art. 39 *(L. n° 75-617 du 11 juill. 1975, art. 22, en vigueur le 1er janv. 1976)* « Il est interdit de rendre compte des procès en diffamation dans *(L. n° 2021-1729 du 22 déc. 2021, art. 1er-I-4°-a)* « le cas prévu au troisième alinéa » de l'article 35 de la présente loi. Il est pareillement interdit de rendre compte des débats et de publier des pièces de procédures concernant les questions de filiation, actions à fins de subsides, procès en divorce, séparation de corps et nullités de mariage, procès en matière d'avortement. Cette interdiction ne s'applique pas au dispositif des décisions, qui peut toujours être publié.

« Les dispositions qui précèdent ne s'appliquent pas aux publications techniques à condition que soit respecté l'anonymat des parties. »

Dans toutes affaires civiles, les cours et tribunaux pourront interdire le compte rendu du procès.

Il est également interdit de rendre compte des délibérations intérieures, soit des jurys, soit des cours et tribunaux.

Al. 5 abrogé par L. n° 81-82 du 2 févr. 1981, art. 46.

(L. n° 2021-1729 du 22 déc. 2021, art. 1er-I-4°-b) « Les interdictions prévues au premier alinéa du présent article ne sont pas applicables lorsque les parties ont donné leur accord. »

Toute infraction à ces dispositions sera punie d'une amende de *(L. n° 92-1336 du 16 déc. 1992, art. 322, en vigueur le 1er mars 1994 ; Ord. n° 2000-916 du 19 sept. 2000, art. 3, en vigueur le 1er janv. 2002)* « 18 000 euros ». — *V. aussi CJM (L. n° 82-621 du 21 juill. 1982), art. 219 ; L. 2 juill. 1931, art. 2 (plaintes avec constitution de partie civile) ; Ord. n° 45-174 du 2 févr. 1945, art. 14 (enfance délinquante),* — ***C. pr. pén.***

1. Questions de filiation. L'art. 39 de la loi du 29 juill. 1881 interdit « de rendre compte des débats et de publier des pièces de procédure concernant les questions de filiation », à l'exception du dispositif des décisions ; ce texte vise d'une manière générale les « questions de filiation » et, ainsi, ne protège pas seulement l'enfant ou le demandeur à l'instance, mais toute les personnes mises en cause dans celle-ci et, notamment, la personne dont la paternité est recherchée. • Paris, 13 nov. 1998 : *D. 1999. IR 13.*

2. Si le père prétendu se plaint d'une atteinte au secret protégé par l'art. 39 et d'une atteinte aux droits de la personnalité pour ce qui concerne la divulgation de ses relations intimes avec la mère et de la naissance prétendue d'un enfant qui en serait issu, les deux fondements ne se recouvrent pas ; l'atteinte aux droits de la personnalité n'est pas de ce fait de nature à englober l'atteinte spéciale au secret des instances en filiation. • Paris, 13 nov. 1998 : *préc. note 1.*

3. L'infraction est constituée dès lors que l'article de presse, s'il fait état du dispositif du jugement rendu sur le sujet, se réfère expressément aux éléments de preuve débattus devant la juridiction. • Paris, 13 nov. 1998 : *préc. note 1.*

4. Procès en divorce. L'art. 39 de la L. du 29 juill. 1881 impose une interdiction absolue de publication, mais qui, étant précisément limitée aux pièces mêmes de la procédure de divorce et à la relation des débats tenus en chambre du Conseil, ne contrevient pas aux restrictions qu'il est permis d'apporter à la liberté d'expression, selon l'al. 2 de l'art. 10 Conv. EDH, tant pour assurer la protection de la réputation de la vie d'autrui, que pour empêcher la divulgation d'informations confidentielles, et qui visent donc à éviter les atteintes portées à la vie privée des parties, ainsi qu'à la confidentialité liée à la production des pièces versées dans le cadre d'une telle procédure ; cette interdiction générale ne saurait être interprétée par le juge de la presse comme pouvant lui permettre de faire échapper à cette protection légale certaines des conclusions ou pièces annexées, qu'il considère comme ne concernant pas la vie privée des parties. • Paris, 3 juill. 2008 : *Dr. pénal 2008. 153, obs. Véron.*

Art. 23 **Le juge n'est pas tenu de recourir à un interprète lorsqu'il connaît la langue dans laquelle s'expriment les parties.**

BIBL. ► Briand, *AJ fam. 2012. 275* (faut-il traduire toutes les pièces justificatives en matière familiale ?).

Droit de l'Union européenne. Un État ne peut réserver à ses seuls citoyens l'usage dans des procédures civiles d'une autre langue que l'officielle. • CJUE 27 mars 2014, n° C-322/13 : *Procédures 2014, n° 144, note Nourissat.*

Art. 23-1 *(Décr. n° 2004-836 du 20 août 2004, art. 2)* **Si l'une des parties est atteinte de surdité, le juge désigne pour l'assister, par ordonnance non susceptible de recours, un interprète en langue des signes ou en langage parlé complété, ou toute personne qualifiée maîtrisant un langage ou une méthode permettant de communiquer avec les sourds. Le juge peut également recourir à tout dispositif technique permettant de communiquer avec cette partie.**

Toutefois, l'alinéa précédent n'est pas applicable si la partie atteinte de surdité comparaît assistée d'une personne de son choix en mesure d'assurer la communication

avec elle. — *Le décret du 20 août 2004 entre en vigueur le 1er janv. 2005. Il est applicable aux procédures en cours (Décr. n° 2004-836 du 20 août 2004, art. 59).*

Devant les juridictions administratives, civiles et pénales, toute personne sourde bénéficie du dispositif de communication adapté de son choix. Ces frais sont pris en charge par l'État. — Lorsque les circonstances l'exigent, il est mis à la disposition des personnes déficientes visuelles une aide technique leur permettant d'avoir accès aux pièces du dossier selon des modalités fixées par voie réglementaire. — Les personnes aphasiques peuvent se faire accompagner devant les juridictions par une personne de leur choix ou un professionnel, compte tenu de leurs difficultés de communication liées à une perte totale ou partielle du langage (L. n° 2005-102 du 11 févr. 2005, art. 76).

V. aussi Décr. n° 2010-356 du 1er avr. 2010, portant publication de la convention de New York du 30 mars 2007 relative aux droits des personnes handicapées, dont l'art. 13 dispose qu'il appartient aux États parties d'assurer « l'accès effectif des personnes handicapées à la justice, sur la base de l'égalité avec les autres, y compris par le biais d'aménagement procéduraux et d'aménagements en fonction de l'âge, afin de faciliter leur participation effective, directe ou indirecte, notamment en tant que témoin, à toutes les procédures judiciaires », ce qui implique une « formation appropriée des personnels concourant à l'administration de la justice » (JO 3 avr.).

BIBL. ► Amrani-Mekki et Boujeka (ss. dir.), Contentieux et Handicap, *Bibliothèque de l'IRJS - André Tunc, tome 23, IRJS Éditions 2010.*

Renvoi. Sur le droit d'accès au tribunal, V. • Aix-en-Provence, 15 mai 2009 : *cité note 39 ss. Conv. EDH, art. 6, § 1er, App., v° Droit européen et international.*

SECTION X L'OBLIGATION DE RÉSERVE

Art. 24 **Les parties sont tenues de garder en tout le respect dû à la justice.**

Le juge peut, suivant la gravité des manquements, prononcer, même d'office, des injonctions, supprimer les écrits, les déclarer calomnieux, ordonner l'impression et l'affichage de ses jugements.

BIBL. ► Julien, *Mél. Sortais, Bruylant 2002, p. 363* (courtoisie, délicatesse, bienveillance et droit judiciaire).

1. Domaine d'application. Une cour d'appel, qui se fonde sur l'art. 24 pour ordonner la suppression de certains passages de conclusions d'une partie, viole l'art. 41 de la L. du 29 juill. 1881, seul applicable aux passages en cause. • Civ. 2e, 6 févr. 2003, n° 00-20.780 P : *D. 2003. IR 668* (écritures indiquant qu'il y a « fort à parier que si l'action avait été dirigée contre le chef suprême, celui-ci aurait tenté de s'exonérer par sa subordination à Dieu... il est bien évident que les statuts n'allaient pas mentionner expressément le terme d'escroquerie... le chapitre relatif aux offrandes figurant dans les écritures de l'église frôle le comique »).

2. Pouvoir de police. C'est dans l'exercice de son pouvoir de police qu'un tribunal ordonne d'office, par application de l'art. 24, la suppression des débats d'une lettre adressée par une des parties et contenant des imputations outrageantes à l'encontre des autorités de justice et de leurs auxiliaires. • Civ. 2e, 8 déc. 1983 : *Bull. civ. II, n° 196 ; D. 1984. IR 243, obs. Julien.* ♦ C'est dans l'exercice de son pouvoir de police qu'elle tient de l'art. 24, et sans porter atteinte aux *droits des parties, qu'une cour* d'appel peut ordonner la suppression des débats d'une pièce excédant les limites d'une défense légitime, du fait de l'annotation « erreur grossière » portée en marge des motifs décisoires d'une décision judiciaire, présentant un caractère injurieux et outrageant pour la justice. • Com. 21 oct. 1997 : *Procédures 1998, n° 84, obs. Croze ; Gaz. Pal. 1998. 2. 366, note Perdriau.* ♦ V. Atias, *D. 1998. Chron. 280* (l'erreur grossière du juge).

3. Illustrations. Pour la suppression de paragraphes reprochant à un avocat conseil d'une partie, dans des termes inconvenants, d'avoir omis de transmettre un projet d'assignation au conseil de son adversaire, alors que la loi ne lui en fait aucune obligation, V. • Caen, 24 janv. 2002 : *Gaz. Pal. 15-17 sept. 2002, p. 18.* ♦ En revanche, pour le maintien de propos ne contenant aucune allégation véritablement injurieuse ou offensante mais manifestant simplement l'indignation souvent éprouvée par les plaideurs, V. • Paris, 21 nov. 2000 : *D. 2001. IR 180*. ♦ Dans le même sens, pour des propos discourtois et inhabituels dans la prose juridique, mais non injurieux, V. • Rouen, 20 juin 2000 : *Gaz. Pal. 2001, jur. 1068.* – V. également • Dijon, 18 oct. 1994 : *BICC 1995, n° 331.* – *Adde*, Lassaussois, *Gaz. Pal. 1999. 1. Doctr. 167.*

4. Étendue de la sanction. Une cour d'appel ne peut retenir, pour écarter des débats l'ensemble des conclusions d'appel d'une partie, que les premières conclusions signifiées contiennent des termes injurieux à l'égard du juge ayant rendu la décision frappée d'appel et que, dans les suivantes, les appelants déclarant persister dans leurs précédentes écritures, elles doivent connaître le même sort que celles-ci, sans rechercher si les mentions qu'elle estimait injurieuses affectaient l'ensemble du contenu des écritures. • Civ. 2e, 2 mars 2000, n° 97-21.165 P : *D. 2000. IR 107*.

CHAPITRE II LES RÈGLES PROPRES À LA MATIÈRE GRACIEUSE

DALLOZ ACTION *Droit et pratique de la procédure civile 2022/2023*, nos 322.00 s.

BIBL. ▶ Théry, *Procédure civile et procédure pénale – Unité ou diversité ?, Procédure(s), Bruylant 2014, p. 35* (la notion de juridiction).

Art. 25 Le juge statue en matière gracieuse lorsqu'en l'absence de litige il est saisi d'une demande dont la loi exige, en raison de la nature de l'affaire ou de la qualité du requérant, qu'elle soit soumise à son contrôle.

BIBL. ▶ Balensi, *RTD civ. 1978. 42 et 233* (homologation des actes juridiques). – Bergel, *D. 1983. Chron. 153 et 165*. – Bolard, *D. 1976. Chron. 54* (liberté du plaideur dans la procédure gracieuse). – Calle, *Procédures 2003. Chron. 6* (élévation du contentieux). – Hazard, *Mél. Marty, 1978, p. 621*. – Hébraud, *D. 1946. 333* (commentaire de la loi du 14 juill. 1944). – Hugon, *LPA 11 déc. 2003, p. 4* (existe-t-il un droit commun de l'homologation judiciaire ?). – Le Ninivin, *Litec, 1983* (juridiction gracieuse dans le nouveau code). – R. Martin, *JCP 1976. I. 2787* (matière gracieuse et ordonnance sur requête). – Wiederkehr, *Rev. Justices 1995. 283* (dessaisissement du juge, autorité de chose jugée) ; *Mél. Drai, Dalloz 2000, p. 481* (évolution de la justice gracieuse). – Pierre-Maurice, *Ordonnance sur requête et matière gracieuse, Dalloz 2003*.

1. L'opposition du ministère public à une requête en rectification d'état civil confère à la procédure un caractère contentieux. • Civ. 1re, 23 nov. 1976 : *D. 1977. IR 70* • Dijon, 10 févr. 1993 : *JCP 1994. II. 22246, note Le Ninivin ; RTD civ. 1994. 680, obs. Perrot* • Civ. 1re, 5 janv. 1999, n° 96-13.882 P : *D. 1999. IR 34* • 8 oct. 2008, n° 07-16.067 P : *D. 2008. AJ 2598, note Egéa ; ibid. 2009. Pan. 777, obs. Granet-Lambrechts ; JCP 2008, Actu. n° 614, obs. Favier ; ibid. II, n° 10191, note Mellottée ; Defrénois 2008. 2417, note Massip ; Gaz. Pal. 2 déc. 2008, Jurisp., p. 24 ; LPA 29 janv. 2009, p. 8, note A.-C. Martin ; Gaz. Pal. 26 févr. 2009, Jurisp., p. 29, note Massip.* ♦ A le même effet, l'appel interjeté par le ministère public contre une ordonnance autorisant un changement de prénom. • Civ. 1re, 22 févr. 1972 : *D. 1972. 317, note Lindon.* ♦ La cour d'appel ne peut statuer en matière gracieuse dès lors que la question soumise est l'objet d'un litige. • Civ. 2e, 30 juin 1993 : *JCP 1994. II. 22246, note Le Ninivin.* ♦ Sur le domaine de la procédure gracieuse, V. également note Le Ninivin, *JCP 1993. II. 22053*.

2. L'homologation du changement de régime matrimonial est une décision rendue en matière gracieuse. • Paris, 12 juill. 1977 : *JCP 1978. II. 18962, note H. T.* ♦ L'exercice de la tierce opposition contre la décision d'homologation donne à l'instance un caractère contentieux. • Civ. 1re, 28 oct. 1969 : *D. 1971. 491, note Fenaux ; JCP 1970. II. 16501, note Gobert.*

3. En relevant que l'ordonnance d'envoi en possession du requérant a été rendue après audition de celui-ci et du conseil de la partie adverse, la cour d'appel retient ainsi l'existence d'un litige et le caractère contentieux de la décision prise. • Civ. 1re, 7 nov. 1979 : *Bull. civ. I, n° 274 ; RTD civ. 1980. 164, obs. Perrot.* ♦ Jugé auparavant que l'ordonnance statuant, spécialement après opposition des héritiers naturels, sur une demande d'envoi en possession était de nature contentieuse et se trouvait, par suite, soumise aux règles de la procédure ordinaire. • Civ. 1re, 11 déc. 1956 : *JCP 1957. II. 9747, note G. M. ; RTD civ. 1957. 166, obs. Hébraud* • Civ. 2e, 4 nov. 1971 : *Bull. civ. II, n° 298.* ♦ Dans le sens également du caractère contentieux, V. • Paris, 6 avr. 1946 : *D. 1946. 405 ; RTD civ. 1947. 83, obs. Vizioz* • Montpellier, 15 nov. 1965 : *JCP 1966. II. 14901, note E. S. de la Marnière.*

4. Hors les cas exceptionnels où *a priori* toute éventualité de litige est exclue, la demande de changement de nom de l'enfant naturel doit être introduite non par une requête gracieuse, mais par la voie contentieuse de sorte que chaque partie soit en mesure de comparaître et que le tribunal puisse statuer en connaissance de cause. • TGI Paris, 16 avr. 1980 : *JCP 1981. IV. 230.*

5. Sauf en matière de divorce sur requête conjointe, le JAM [devenu le JAF] a pour mission notamment de favoriser l'apaisement du litige opposant les époux et, en cas d'insuccès, de prendre des mesures provisoires ; sa mission revêt donc un caractère non pas gracieux au sens de l'art. 25 mais contentieux. • Paris, 23 sept. 1988 : *D. 1988. IR 252.* ♦ V. cep. • TGI Strasbourg, JAM, 17 avr. 1980 : *JCP 1981. II. 19593, note Mayran ; RTD civ. 1981. 682, obs. (crit.) Normand.*

6. Intervenue en l'absence de litige, et alors même qu'elle constitue le préalable nécessaire à la procédure contentieuse, la décision désignant un expert technique à la requête de la victime d'un accident du travail présente un caractère gracieux au regard de l'art. 25. • Soc. 9 mars 1983 : *Bull. civ. V, n° 139.*

7. Sauf intervention des créanciers, le juge d'instance statue en matière gracieuse lorsqu'il est saisi par le débiteur d'une décision de la commission de surendettement des particuliers déclarant irrecevable sa demande d'ouverture de la procédure de règlement amiable. • Civ. 1re, 4 avr. 1991 : *JCP 1991. IV. 216.*

8. En l'absence de litige, la procédure applicable à une demande de levée d'hospitalisation à la demande d'un tiers est la procédure gracieuse, en application de l'art. 25. • Nancy, 9 sept. 2002 : *BICC 2003, n° 680.* ♦ Le fait que l'art. L. 3211-12 CSP précise que le magistrat statue en la forme des référés indique seulement qu'il juge seul et par ordonnance. • Même arrêt. ♦ Ainsi, l'appel ne peut être formé que par une déclaration faite ou adressée par pli recommandé au secrétariat de la juridiction qui a rendu la décision, par un avocat ou un avoué, en application de l'art. 950. • Même arrêt.

9. Sur la nature des ordonnances sur requête, V. notes ss. art. 496.

Art. 26 Le juge peut fonder sa décision sur tous les faits relatifs au cas qui lui est soumis, y compris ceux qui n'auraient pas été allégués. — *V. C. pr. civ., art. 7.*

1. Les art. 26 et 27 figurent dans un chapitre propre à la matière gracieuse, matière dans laquelle les principes directeurs du procès ne peuvent s'appliquer. • CE 12 oct. 1979 : *D. 1979. 606, note Bénabent ; JCP 1980. II. 19288, concl. Franc, note Boré.* ♦ Il en est ainsi en particulier du caractère contradictoire de la procédure. • Même arrêt.

Si, en matière gracieuse, le juge peut se prononcer sans débats lorsqu'il se fonde sur les éléments que le requérant lui soumet, il ne peut retenir des faits que ce dernier n'a pas allégués sans provoquer ses explications. • Civ. 1re, 13 janv. 1993, n° 91-04.135 P : *RTD civ. 1993. 647, obs. Perrot.*

2. Pour une application, en matière de rectification d'état civil, de l'art. 26, V. • Civ. 1re, 20 mai 1980 : *Bull. civ. I, n° 153 ; JCP 1981. II. 19549, note D.-L.N. ; RTD civ. 1980. 803, obs. Normand ; RTD civ. 1981. 212, obs. Perrot.*

Art. 27 Le juge procède, même d'office, à toutes les investigations utiles.

Il a la faculté d'entendre sans formalités les personnes qui peuvent l'éclairer ainsi que celles dont les intérêts risquent d'être affectés par sa décision. — *V. art. 679.*

1. Pour une application de l'art. 27, al. 2, V. • Civ. 1re, 7 nov. 1979 : *Bull. civ. I, n° 274 ; RTD civ. 1980. 164, obs. Perrot.*

2. En ce sens que le juge a la faculté d'entendre les personnes visées à l'art. 27, al. 2, mais qu'il n'est pas tenu de le faire, V. • Civ. 1re, 4 oct. 1988 : *Bull. civ. I, n° 262.*

Art. 28 Le juge peut se prononcer sans débat.

1. Le juge ne peut retenir des faits que le requérant n'avait pas allégués sans provoquer ses explications. • Civ. 1re, 13 janv. 1993, n° 91-04.135 P : *RTD civ. 1993. 647, obs. Perrot.*

2. Saisie d'un pourvoi motivé, et statuant sur les moyens invoqués par ce pourvoi, une cour d'appel n'était pas tenue de convoquer le demandeur. • Civ. 2e, 1er déc. 1993 : *JCP 1995. II. 22399, note Le Ninivin.*

3. L'art. 28, en ce qu'il n'impose pas de débat public, n'est pas contraire à l'art. 6 § 1 Conv. EDH. • Civ. 2e, 28 juin 2006, n° 04-17.913 P.

Art. 29 Un tiers peut être autorisé par le juge à consulter le dossier de l'affaire et à s'en faire délivrer copie, s'il justifie d'un intérêt légitime.

Le pouvoir que le juge tient de l'art. 29 ne peut avoir ni pour objet, ni pour effet de le délier du secret professionnel et de porter atteinte au secret de la vie privée dont il est le garant. • CE 12 oct. 1979 : *D. 1979. 606, note Bénabent ; JCP 1980. II. 19288, concl. Franc, note Boré.*

TITRE DEUXIÈME L'ACTION

RÉP. PR. CIV. v° *Action en justice*, par CAYROL.

DALLOZ ACTION *Droit et pratique de la procédure civile 2022/2023*, nos 10.00 s.

Sur l'action en justice, V. App., v° Action en justice.

Art. 30 L'action est le droit, pour l'auteur d'une prétention, d'être entendu sur le fond de celle-ci afin que le juge la dise bien ou mal fondée.

Pour l'adversaire, l'action est le droit de discuter le bien-fondé de cette prétention.

BIBL. ▸ ATIAS, *D. 2003. Chron. 1582* (action en justice du prétendu représentant d'une personne morale). – BANDRAC, *Mél. Perrot, Dalloz 1996* (action en justice, droit fondamental). – BOLARD, *Mél. Wiederkehr, D. 2009. 17* (notre belle action en justice). – BOY, *RTD civ. 1979. 497.* – CADIET, *Mél. Héron, LGDJ-Lextenso 2008, p. 125* (sanction et procès civil). – HÉBRAUD, *Mél. Raynaud, 1985, p. 237* (rapports entre l'action et le développement des systèmes juridiques). –

R. Martin, *Dr. et pr. 2002. 14* (histoire du concept d'action en justice). – Petit, *Procès du travail, travail du procès, Bibliothèque de l'Institut André-Tunc, t. 16, LGDJ 2008, p. 205* (nature et vertus de l'action de substitution). – Poumarède, *JCP N 2018. 1341* (les actions, accessoires de l'immeuble). – Tricoire, Les concours d'action en matière immobilière, *LGDJ 2009*. – Verges, *Procédure civile et procédure pénale - Unité ou diversité ?, Procédure(s), Bruylant 2014, p. 89* (la notion d'action). – Wiederkehr, *Mél. Hébraud, 1981, p. 949* (notion d'action en justice) ; *Procédure civile et procédure pénale - Unité ou diversité ?, Procédure(s), Bruylant 2014, p. 79* (la notion d'action).

1. Droit d'agir en justice. Lorsque les faits invoqués dans la lettre de licenciement caractérisent une cause réelle et sérieuse de licenciement, il appartient au salarié de démontrer que la rupture de son contrat de travail constitue une mesure de rétorsion à une action en justice introduite pour faire valoir ses droits. • Soc. 9 oct. 2019, n° 17-24.773 P : *D. 2019. 1998 ; JCP E 2020. 1181, note Jeansen ; ibid. S 2019. 1335, note Cailloux-Meurice ; RDT 2019. 801, note Guiomard ; ibid. 675, obs. Favrel*. ♦ Le seul fait qu'une action en justice exercée par le salarié soit contemporaine d'une mesure de licenciement ne fait pas présumer que celle-ci procède d'une atteinte à la liberté fondamentale d'agir en justice. • Soc. 4 nov. 2020, n° 19-12.367 P : *D. actu. 2 déc. 2020, note Couëdel ; D. 2020. 2175 ; ibid. 2021. 1157 obs. Ferkane ; JCP S 2020. 3107, note Bugada ; Dr. soc. 2020. 1046, note Mouly*. ♦ Est nul comme portant atteinte à une liberté fondamentale le licenciement intervenu en raison d'une action en justice introduite par le salarié. • Soc. 16 mars 2016, n° 14-23.589 P : *D. 2016. 719 ; JCP S 2016. 1173, note Bugada ; JCP E 2016. 1659, obs. Dauxerre*.

2. Association syndicale libre. Ne donne pas de base légale à sa décision, au regard de l'art. 1165 C. civ., ensemble l'art. 30 NCPC [devenu C. pr. civ.], la cour d'appel qui, pour condamner au profit de l'association syndicale libre constituée dans un ensemble immobilier comprenant plusieurs syndicats de copropriétaires, sur le fondement de la responsabilité contractuelle de droit commun, des locateurs d'ouvrage à réparer les désordres affectant une chaufferie et le réseau extérieur de canalisations retient que l'association syndicale libre a pour objet statutaire l'entretien et la gestion des ouvrages servant à l'usage collectif, sans rechercher si cette association avait la propriété de ces ouvrages et *si un lien contractuel* l'unissait aux locateurs d'ouvrage. • Civ. 3e, 26 mai 1992, n° 89-21.897 P : *RDI 1992. 333, obs. Malinvaud et Boubli ; ibid. 363, obs. Capoulade et Giverdon ; RTD civ. 1993. 131, obs. Jourdain*.

3. Intérêt collectif. Viole les dispositions combinées des art. 30 NCPC [devenu C. pr. civ.] et L. 135-4, al. 2 [devenu L. 2262-10], C. trav. la cour d'appel qui déclare irrecevable l'action d'un syndicat contestant l'application d'un accord collectif de travail, au motif que, le contrat de VRP exclusif à temps partiel souscrit par la salariée n'ayant pas violé les règles légales, l'intérêt collectif de la profession de VRP n'a pas été lésé, alors que l'intérêt à agir n'est pas subordonné à la démonstration préalable du bien-fondé de l'action, laquelle était née d'une contestation sur l'application d'un accord collectif de travail. • Soc. 11 juill. 2000, n° 97-43.645 P : *D. 2000. IR 230 ; JCP E 2001. 379, note. Puigelier*. ♦ Comp. réd. anc. art. L. 135-4, al. 2, et nouvel art. L. 2262-10 C. trav.

4. Délégué syndical. Un délégué syndical ne peut, en cette seule qualité, agir en justice pour contester la représentativité d'un syndicat, sans être muni d'un pouvoir du syndicat à cette fin. • Soc. 31 janv. 2001, n° 99-60.392 P : *Dr. soc. 2001. 457, obs. Savatier*. ♦ V. art. 117, pour la qualification d'exception de procédure (nullité de l'acte pour irrégularité de fond).

5. Parties. En vertu des art. 30 et 122 NCPC [devenu C. pr. civ.], ensemble l'art. L. 143-14 C. rur., la recevabilité d'une action n'est pas subordonnée à la mise en cause d'autres parties que celles obligées par l'acte faisant l'objet de la contestation. • Civ. 3e, 22 janv. 2003, n° 01-13.173 P : *Gaz. Pal. 10-11 oct. 2003, p. 13, obs. du Rusquec*.

6. Référé. Toute action en référé est une action en justice au sens de l'art. L. 114, al. 3, C. assur., qui dispose que, lorsque l'assuré agit contre l'assureur en raison du recours d'un tiers, le délai de prescription ne court que du jour où ce tiers a exercé une action en justice contre l'assuré ou a été indemnisé par ce dernier. • Civ. 1re, 10 mai 2000, n° 97-22.651 P : *D. 2001. Somm. 3326, obs. Groutel ; RDI 2000. 366, obs. Durry*.

Art. 31 **L'action est ouverte à tous ceux qui ont un intérêt légitime au succès ou au rejet d'une prétention, sous réserve des cas dans lesquels la loi attribue le droit d'agir aux seules personnes qu'elle qualifie pour élever ou combattre une prétention, ou pour défendre un intérêt déterminé.** — *V. art. 330, 546, 554, 583. — Sur l'action en justice et la qualité à agir, V. App., v° Action en justice.*

BIBL. ▶ Bolard, *Mél. S. Guinchard, Dalloz 2010, p. 597* (qualité ou intérêt pour agir ?). – Jeuland, *Mél. S. Guinchard, Dalloz 2010, p. 749* (quelques questions sur l'action de substitution

« à la française »). – KERNALEGUEN, *Mél. S. Guinchard, Dalloz 2010, p. 771* (intérêt, qualité, pouvoir : le ménage à trois de la théorie de l'action ?). – SERINET, *RTD civ. 2003. 203* (qualité du défendeur). – WICKER, *Mél. Serra, Dalloz 2006, p. 455* (légitimité de l'intérêt à agir). – WIEDERKEHR, *Mél. S. Guinchard, Dalloz 2010, p. 878* (la légitimité de l'intérêt à agir).

▸ **Actions associationnelles :** AUDINET, *RTD civ. 1955. 219*. – BORÉ, Le NCPC (1975-2005), *Economica 2006, p. 131* (pour l'introduction d'une action de groupe dans le NCPC). – CAMPREDON, *JCP 1979. I. 2943* (actions ordinales). – CAPPELLETTI, *RID comp. 1975. 571* (protection des intérêts collectifs et de groupe dans le procès civil). – CARBONNIER, *Just. et cass. 2008. 46* (l'accès au juge : le cas des groupements de personnes). – DOUCHY-OUDOT, *Dr. et pr. 2010. 41* (où en est-on de l'action de groupe...). – DUCHASTEL, *LPA 23 juin 2008, p. 6* (l'action de groupe ou le mythe de Sisyphe). – DUPONT, *CCC 2009. Étude 2* (l'action en justice des associations de consommateurs en matière de sécurité). – FIEVÉE et GROSJEAN, *Dr. et patr. 11/2010, p. 35* (l'action de groupe vue par le Sénat – vers une class action à la française ?). – GUINCHARD, *Mél. Vincent, 1981, p. 137 ; RID comp. 1989. 13* (action en justice des associations en matière civile) ; *D. 2005. Chron. 2180* (« class action » à la française) ; *Mél. Gaudemet-Tallon, Dalloz 2008, p. 295* (entre identité nationale et universalisme du droit : l'idée et le processus d'introduction d'un recours collectif en droit français). – LEMONTEY et MICHON, *JDI 2009-535* (les *class actions* américaines et leur éventuelle reconnaissance en France). – R. et J. MARTIN, *JCP 1984. I. 3162* (action collective). – R. MARTIN, *JCP 1986. I. 3255* (recours collectif au Québec). – MARTINET et DU CHASTEL, *LPA 10 mars 2009, p. 6* (du retour de l'action de groupe et du mythe de sisyphe). – MAZEN, *RID comp. 1987. 373* (recours collectif au Québec). – MUIR-WATT, *Rev. crit. DIP 2008. 581* (régulation de l'économie globale et l'émergence de compétences déléguées : sur le droit international privé des actions de groupe). – OMARJEE et SINOPOLI (ss. dir.), Les actions en justice au-delà de l'intérêt personnel, *Dalloz 2014*. – PUTMAN, *Dr. et pr. 2005. 321* (« class action » à la française). – V. Dossier *LPA, n° spécial 10 juin 2005* (« class action »). – VEILLARD et VOLDERS, *RJ com. 2008. 67* (la consécration des actions de groupe en Europe). – VINEY, *Mél. Ph. Malinvaud, Litec 2007, p. 11* (actions associatives et actions de groupe).

▸ **Commentaires de la L. n° 88-14 du 5 janv. 1988 (actions en justice des associations agréées de consommateurs) :** BIHL, *Gaz. Pal. 1988. 1. Doctr. 268*. – CALAIS-AULOY, *D. 1988. Chron. 196*. – DEVÈZE, *JCP E 1988. 15112, p. 128*. – PÉLISSIER, *Gaz. Pal. 1988. 1. Doctr. 201*. – VINEY, *JCP 1988. I. 3355*.

▸ **Commentaire de la L. n° 92-60 du 18 janv. 1992 (actions en justice des associations agréées de consommateurs) :** AUQUE, *RTD civ. 1992. 457*. – CADIET, *JCP 1992. I. 3587, n° 6*. – R. MARTIN, *JCP 1994. I. 3756*. – SAVAUX, *RTD civ. 1995. 1* (personnalité morale en procédure civile).

PLAN DES ANNOTATIONS

1. Loi applicable. Les principes régissant l'action en justice devant les juridictions françaises s'appliquent à toutes instances introduites en France, quelle que soit la loi gouvernant le fond du litige ou la loi en vertu de laquelle le demandeur indique agir pour le compte d'autrui ; dès lors, une cour d'appel qui, faisant application du droit allemand régissant un contrat d'assurance pour déterminer la qualité à agir d'une société allemande, relève que cette société est une « agence » intervenant « au nom des coassureurs » en se prévalant de la qualité d'« *assekuradeur* », qu'elle n'est pas l'assureur couvrant le risque mais titulaire d'un mandat général pour agir en justice devant les juridictions allemandes pour le compte de ses mandantes et qu'elle indique agir en France en son nom et pour le compte de l'ensemble des coassureurs en produisant aux débats des pouvoirs rédigés en termes généraux, en déduit justement que ces mandats généraux ne satisfont pas aux principes régissant l'action en justice devant les juridictions françaises, et décide à bon droit que faute de justifier d'un mandat spécial de chacun de ses mandants, la société allemande est, en application de l'art. 31, irrecevable à agir en France contre la société responsable d'un sinistre en remboursement de l'indemnité d'assurance versée à la victime. • Civ. 1re, 14 avr. 2010, n° 08-70.229 P : *D. 2010. Actu. 1087* ; *Gaz. Pal. 28-29 mai 2010, p. 52, note M.-L. Niboyet.*

2. Jeu de la subrogation. La subrogation transmet la créance au subrogé à la date du paiement qu'elle implique ; par suite, viole les art. 1250 C. civ. et 31 C. pr. civ. la cour d'appel qui, pour déclarer irrecevable la demande d'indemnisation formée par la victime d'un dommage à l'encontre du responsable du sinistre, retient qu'en donnant quittance subrogative à son assureur, celle-ci a perdu qualité et intérêt à agir alors que le paiement de l'indemnité d'assurance était intervenu postérieurement à l'assignation. • Civ. 1re, 11 juin 2008, n° 06-20.104 P. ♦ Rappr. notes 10 s. et 91 s.

3. Renvoi. V. aussi notes ss. art. 32.

I. INTÉRÊT

4. Tierce opposition. Renvoi. V. art. 583.

A. INTÉRÊT À AGIR ET DROIT AU FOND

5. Distinction. L'intérêt à agir n'est pas subordonné à la démonstration préalable du bien-fondé de l'action, et l'existence du préjudice invoqué par le demandeur dans le cadre d'une action en responsabilité n'est pas une condition de recevabilité de son action mais du succès de celle-ci. • Civ. 2e, 6 mai 2004, n° 02-16.314 P • Civ. 3e, 18 juin 2008 : *Loyers et copr. 2009, n° 199, note Vigneron* • Civ. 2e, 14 sept. 2014 : *RGDA 2014. 528, note Schulz.* ♦ L'existence du droit invoqué, tant par le demandeur que par le défendeur, n'est pas une condition de recevabilité de l'action mais de son succès. • Civ. 3e, 23 juin 2016, n° 15-12.158 : *JCP 2016. 1296, n° 4, obs. (crit.) Libchaber* ; *Procédures 2016. 278, note Strickler* (censure d'une cour d'appel qui déclarait un défendeur irrecevable en ses prétentions, ayant considéré que, au jour où elle se prononçait, en l'absence de réitération de l'acte devant notaire, le transfert de propriété était perdu et qu'il en était résulté la perte du droit à se défendre contre la demande engagée à son encontre).

6. Intérêt et bien-fondé. L'intérêt à agir n'est pas subordonné à la démonstration préalable du bien-fondé de l'action. • Civ. 1re, 17 mai 1993, n° 91-15.761 P • 2 nov. 2005, n° 02-17.697 P • Civ. 3e, 16 avr. 2008, n° 07-13.846 P : *BICC 15 sept. 2008, n° 1280* ; *D. 2008. AJ 1420* ; *Procédures 2008, n° 271, note Douchy-Oudot* • 26 mars 2008 : *RDI 2008. 395, note Leguay* • 1er oct. 2008, n° 07-16.273 P : *AJDI 2009. 49* ; *Defrénois 2009, art. 38893, note Noguéro* (à propos d'une intervention volontaire) • Civ. 3e, 10 juill. 2013 : *Gaz. Pal. 8-10 déc. 2013, p. 22, obs. L. Mayer.*

7. Illustration. Viole l'art. 30 NCPC [devenu C. pr. civ.] et l'art. L. 135-4, al. 2 [devenu L. 2262-10], C. trav. l'arrêt qui, pour déclarer l'action d'un syndicat irrecevable, énonce que le contrat souscrit par la salariée n'ayant pas violé les règles légales, l'intérêt collectif de la profession n'a pas été lésé et que le syndicat doit être déclaré irrecevable alors que l'intérêt à agir n'est pas subordonné à la démonstration préalable du bien-fondé de l'action, laquelle était née d'une contestation sur l'application d'un accord collectif de travail. • Soc. 11 juill. 2000, n° 97-43.645 P : *D. 2000. IR 230* . ♦ Viole l'art. 31 C. pr ; civ., ensemble l'art. L. 121-3 CPI, une cour d'appel qui, pour déclarer irrecevable la demande d'une association tendant à la remise à titre conservatoire des œuvres d'un auteur décédé sans héritier ni légataire, détenues prétendument frauduleusement par un tiers, énonce que les pièces produites ne suffisent pas à établir la volonté manifestée par l'artiste de transmettre ses œuvres au public, alors que l'intérêt à agir n'est pas subordonné à la démonstration préalable du bien-fondé de l'action. • Civ. 1re, 27 nov. 2019, n° 18-21.532 P : *D. actu, 10 déc. 2019, note Noual* ; *D. 2019. 2295* ; *ibid. 2020. 576, obs. Fricero* ; *JA 2020, n° 612, p. 12, obs. Delpech* ; *Légipresse 2019. 668* et les obs. ; *Gaz. Pal. 28 janv. 2020, p. 45, obs. Kebir.*

8. Droit et recevabilité. L'existence du droit invoqué par le demandeur n'est pas une condition de recevabilité de son action mais de son succès. • Civ. 3e, 27 janv. 1999, n° 97-12.970 P • Civ. 2e, 18 oct. 2007 : *Procédures 2008, n° 2, note Perrot.*

B. APPRÉCIATION DE L'INTÉRÊT

9. Appréciation souveraine. L'intérêt qu'a une partie à exercer une action est apprécié souverainement par les juges du fond. • Civ. 1re, 4 nov. 1980 : *Bull. civ. I, n° 279* • Civ. 2e, 11 déc. 1985 : *Bull. civ. II, n° 193.*

10. Date d'appréciation : approche indirecte. Une partie ne peut agir en justice que si elle a intérêt et qualité à cette fin ; n'est donc pas recevable en sa demande en paiement d'une contribution destinée à préserver les droits acquis d'un salarié l'organisme de retraite qui n'aura pas du seul fait de sa dissolution à verser une retraite à ce salarié. • Civ. 2e, 17 nov. 1993, n° 91-20.022 P. ♦ Viole l'art. 31 une cour d'appel qui déclare irrecevable l'action en nullité d'un bail intentée par le locataire, après la vente de l'immeuble, en retenant que la défenderesse n'était plus propriétaire des locaux loués lorsque l'action a été engagée, alors que l'existence du droit invoqué n'est pas une condition de recevabilité de son action mais de son succès. • Civ. 3e, 27 janv. 1999, n° 97-12.970 P. ♦ Rappr. Viole l'art. 31 l'arrêt qui retient que la vente d'un lot en cours d'instance ne démet pas du droit de poursuivre une demande de démolition d'un mur, l'intérêt et la qualité à agir s'appréciant au jour où l'action est intentée, alors que par la vente de son lot le demandeur, perdant la qualité de coloti, n'avait plus qualité et intérêt à agir pour faire respecter le règlement de lotissement. • Civ. 3e, 4 déc. 2007 : *Procédures 2008, n° 32, note Perrot ; RTD civ. 2008. 545, obs. Théry* .

11. *Date d'appréciation : approche directe.* Selon l'art. 31, l'intérêt au succès ou au rejet d'une prétention s'apprécie au jour de l'introduction de la demande en justice ; dès lors, méconnaît le texte précité une cour d'appel qui retient qu'ayant quitté les lieux qu'elle occupait à la suite d'un procès-verbal d'expulsion, une personne n'avait plus d'intérêt à poursuivre l'annulation du commandement de libérer les lieux. • Civ. 2e, 13 févr. 2003, n° 01-03.272 P : *D. 2003. IR 805 ; Gaz. Pal. 10-11 oct. 2003, p. 13, obs. du Rusquec.* ♦ L'intérêt à agir doit être apprécié au moment de l'engagement de l'action. • Civ. 3e, 12 janv. 2005, n° 03-18.256 P (propriétaires ayant vendu leurs appartements en cours de procédure). ♦ L'intérêt au succès d'une prétention s'apprécie au jour de l'introduction de la demande en justice et ne peut dépendre de circonstances postérieures qui l'auraient rendu sans objet. • Civ. 2e, 9 nov. 2006, n° 05-13.484 P • Com. 6 déc. 2005, n° 04-10.287 P : *D. 2006. 67, obs. Lienhard ; RTD civ. 2006. 604, obs. Théry* • Civ. 3e, 27 janv. 2015 : *Procédures 2015, n° 111, obs. Strickler.* ♦ Il résulte de l'art. 31 que l'intérêt au succès d'une prétention s'apprécie au jour de l'introduction de la demande en justice ; viole ce texte une cour d'appel qui déclare un employeur irrecevable en son action en contestation de l'opposabilité de la prise en charge par une caisse primaire, au titre de la législation professionnelle, d'une maladie déclarée par un de ses salariés alors que l'intérêt qu'avait l'employeur à contester cette décision ne pouvait dépendre de circonstances postérieures à *l'introduction de la demande* et susceptibles de rendre cette demande sans objet. • Civ. 2e, 28 mai 2009, n° 08-14.057 P.

12. *Date d'appréciation : instance d'appel.* L'existence de l'intérêt conditionnant la recevabilité de l'appel s'apprécie au jour où celui-ci est formé et ne peut dépendre de circonstances postérieures. • Com. 13 nov. 2003 : *BJS 2004. 511, note Dondero* (société ayant fait l'objet d'une procédure collective postérieurement à l'acte d'appel). ♦ L'intérêt au succès ou au rejet d'une prétention s'apprécie au jour de l'introduction de la demande en justice et l'intérêt d'une partie à interjeter appel doit être apprécié au jour de l'appel dont la recevabilité ne peut dépendre de circonstances postérieures qui l'auraient rendu sans objet. • Civ. 2e, 13 juill. 2006, n° 05-11.389 P : *D. 2006. IR 2273 ; Gaz. Pal. 1er-2 févr. 2008, p. 18, note du Rusquec* (locataire expulsée en cours de procédure). ♦ V. aussi : • Civ. 3e, 23 juin 2016, n° 15-12.158 : *préc. note 5.*

13. *Renvoi.* V. aussi note 2 et notes 91 s.

C. *EXISTENCE DE L'INTÉRÊT*

1° DEMANDEUR

14. Un syndicat dont les candidats aux élections au comité d'entreprise ont été élus à la totalité des sièges à pourvoir n'a pas d'intérêt juridique à contester la régularité des élections. • Soc. 23 juill. 1980 : *Bull. civ. V, n° 680 ; D. 1981. IR 122, obs. Langlois.* ♦ Comp. justifie d'un intérêt à agir en justice pour demander l'annulation d'élections professionnelles, bien que tous les candidats présentés par lui aient été élus, le syndicat dont l'un des membres a été privé de la faculté de se porter candidat dès lors que le juge constate que cette organisation syndicale avait formé un pourvoi en cassation contre un précédent jugement rejetant sa contestation de la non-inscription de ce candidat sur les listes électorales établies en vue des élections litigieuses. • Soc. 3 févr. 1983 : *Bull. civ. V, n° 79.*

15. *Comité d'établissement.* Selon l'art. L. 2327-3 C. trav., le comité central d'entreprise est composé de délégués élus, pour chaque établissement, par le comité d'établissement parmi ses membres, ce qui confère aux comités d'établissement un intérêt et une qualité à agir pour contester les conditions d'organisation et de déroulement de cette élection. • Soc. 30 oct. 2013, n° 13-12.234 P.

16. *Coresponsable.* Celui qui a obtenu réparation d'une personne a la faculté d'agir contre une autre personne qu'elle estime responsable ; ayant relevé que la société demanderesse n'avait pu percevoir qu'une partie des dommages-intérêts alloués par la juridiction pénale, la cour d'appel a pu déclarer recevable l'action intentée contre le défendeur par la même société devant la juridiction civile en paiement d'un complément d'indemnité. • Civ. 1re, 7 févr. 1989 : *Bull. civ. I, n° 57.* ♦ Celui qui a obtenu condamnation contre une personne sans pouvoir se faire indemniser totalement conserve la faculté d'agir contre une autre personne qu'il estime responsable. • Civ. 1re, 17 mai 1993, n° 91-13.554 P.

17. Désistement partiel. Ayant constaté que si le demandeur s'est désisté de son appel contre certains intimés, il a maintenu ses demandes contre les autres au vu du rapport de l'expert, une cour d'appel décide à bon droit, sans modifier les termes du litige, qu'il a un intérêt légitime à agir, au sens de l'art. 31, contre ces sociétés qui, en diffusant des livres à des prix ou à des conditions illicites, lui avaient causé préjudice. • Com. 1er avr. 1997, n° 94-22.129 P.

18. Ne justifie d'aucun intérêt à agir le débiteur qui conteste des mesures d'exécution forcée restées infructueuses. • Com. 26 juin 2007, n° 06-13.773 P : *D. 2007. AJ 1972*. ♦ V. également note 1 ss. art. 32.

19. Ne justifie pas d'un intérêt à agir le fonds d'indemnisation des victimes de l'amiante (FIVA) qui, condamné à payer une certaine somme au titre du préjudice patrimonial d'une victime, critique l'évaluation faite par la cour d'appel sans préciser en quoi la méthode d'évaluation suivie par elle méconnaît le principe de la réparation intégrale du préjudice. • Civ. 2e, 13 sept. 2007, n° 06-20.530 P.

20. Liquidateur judiciaire. Saisie de la demande d'un liquidateur judiciaire tendant à voir déclarer inopposable à la procédure collective la déclaration d'insaisissabilité effectuée par un débiteur avant sa mise en liquidation judiciaire, une cour d'appel qui statue exclusivement sur la recevabilité de cette demande sans apprécier l'effet de la déclaration d'insaisissabilité, et qui constate l'absence de litige entre les créanciers de la liquidation judiciaire et le débiteur en a souverainement déduit l'absence d'intérêt à agir du liquidateur au sens de l'art. 31. • Com. 3 févr. 2009, n° 08-10.303 P : *D. 2009. AJ 494, obs. A. Lienhard* ; *BJS 2009. 226, obs. Sénéchal* ; *RPC 2009. 52, note Lisanté* ; *Gaz. Pal. 28 avr. 2009, p. 27, note Voinot* ; *Procédures 2009, n° 159, note Rolland* ; *Defrénois 2010. 472, note Gibirila*.

21. Viole l'art. 31 la cour d'appel qui, pour déclarer irrecevables les demandes d'une société créée pour faciliter la gestion d'une chasse formées à l'encontre du représentant d'un groupement forestier ayant consenti un droit exclusif de chasse au demandeur, retient qu'elle n'a pas intérêt à agir, n'étant partie ni au bail, ni au protocole d'accord signé à la suite d'un différend, alors que la société réclamait le paiement d'actions de chasse et justifiait ainsi d'un intérêt légitime au succès ou au rejet de sa prétention. • Civ. 1re, 26 janv. 2012 : *Gaz. Pal. 25-26 mai 2012, p. 26, note (crit.) Bléry*.

22. L'acte notarié, bien que constituant un titre exécutoire, ne revêt pas les attributs d'un jugement et aucune disposition légale ne faisant obstacle à ce qu'un créancier dispose de deux titres exécutoires pour la même créance, de sorte que la titularité d'un acte notarié n'était pas en soi de nature à priver une banque de son intérêt à agir à fin de condamnation de son débiteur en paiement de la créance constatée dans cet acte. • Civ. 2e, 18 févr. 2016, n° 15-13.945 P : *Dr. et pr. 2016. 64, note Vinckel* • 18 févr. 2016, n° 15-13.991 P • 18 févr. 2016, n° 15-15.778 P : *Dr. et pr. 2016. 64, note Vinckel*.

23. Tutelle. Les héritiers du titulaire d'une action à caractère personnel peuvent, sauf exception, poursuivre l'instance engagée par leur auteur. Il en est ainsi de l'action par laquelle une personne qui a été placée sous tutelle ou curatelle conteste la décision qui a ordonné ou aggravé cette mesure. • Civ. 1re, 13 juin 2019, n° 18-18.691 : *Gaz. Pal. 1er oct. 2019, p. 77, note Dufloux* ; *Defrénois 10 oct. 2019, p. 38, obs. Noguéro*.

24. Transport. L'indemnisation des ayants droit à la marchandise par le commissionnaire de transport relève de son intérêt à agir contre ses substitués, dont le défaut peut être régularisé jusqu'à ce que le juge statue. • Com. 11 déc. 2019, n° 18-11.195 P.

2° DÉFENDEUR

25. Contradiction. Il résulte des art. 30 et 31 que l'intérêt est exigé de toute personne qui agit dans l'instance, à un titre quelconque, comme demandeur, défendeur ou tiers intervenant ; une cour d'appel est donc fondée, en application de l'art. 125, al. 2, à relever d'office la fin de non-recevoir tirée du défaut d'intérêt d'une partie défenderesse à présenter un moyen pris de l'irrégularité d'une décision étrangère rendue sur sa propre demande. • Civ. 1re, 19 janv. 1983 : *Bull. civ. I, n° 27*. ♦ En l'absence de restriction légale, l'action est ouverte à tous ceux qui ont intérêt à être entendus sur le fond de leurs prétentions ou à discuter le bien-fondé de celles de leurs adversaires. • Civ. 3e, 23 juin 2016, n° 15-12.158 : *préc. note 5*.

3° VOIES DE RECOURS

26. Pourvoi. Une personne mise en cause par une partie afin de lui rendre commun le jugement et qui présente des demandes incidentes a intérêt à former un pourvoi en cassation contre l'arrêt qui la déboute de toutes ses demandes ; la mère d'un enfant majeur est sans intérêt à contester la disposition de l'arrêt, qui ne lui fait pas grief, concernant le changement de nom de son fils consécutif à la modification de la filiation paternelle de ce dernier. • Civ. 1re, 9 juill. 2008, n° 07-16.253 P : *D. 2008. AJ 2145* ; *JCP 2009. I. 102, n° 5* ; *Procédures 2008, n° 274, note Douchy-Oudot*.

D. CARACTÈRES DE L'INTÉRÊT

1° CARACTÈRE LÉGITIME

27. Nemo auditur. Le défendeur à une injonction de payer qui a saisi le tribunal d'instance d'une demande reconventionnelle est sans intérêt à contester la compétence de cette juridiction pour statuer sur sa demande reconventionnelle. • Civ. 2e, 16 mai 1974 : *Bull. civ. II, n° 166.* ♦ Le déposant de marques et enseignes contraires à l'ordre public et propres à tromper le public ne justifie pas d'un intérêt légitime juridiquement protégé lui permettant de se prévaloir, sur le fondement de l'art. 1382 C. civ., de l'imitation desdites marques. • Com. 28 juin 1976 : *Bull. civ. IV, n° 217.* ♦ En présence des turpitudes réciproques du vendeur d'un fonds de commerce, poursuivi pour proxénétisme, et de l'acquéreur, qui connaissait cette situation, il y a lieu de déclarer d'office irrecevable la demande en garantie de ce dernier. • Com. 27 avr. 1981 : *Bull. civ. IV, n° 187 ; D. 1982. 51, note le Tourneau.*

28. Viole l'art. 31 NCPC [devenu C. pr. civ.] et l'art. 1844-10 C. civ. l'arrêt qui, pour déclarer irrecevable la contestation d'un associé, retient que ce dernier, gérant statutaire et associé, a participé à la décision qui a été prise à l'unanimité, sans constater que le demandeur n'avait pas d'intérêt légitime au succès ou au rejet d'une prétention. • Civ. 3e, 19 juill. 2000, n° 98-17.258 P. ♦ L'associé ayant émis un vote favorable à une résolution proposée n'est pas, de ce seul fait, dépourvu d'intérêt à en poursuivre l'annulation. • Com. 13 nov. 2003 : *BJS 2004. 511, note Dondero.*

29. Une société a un intérêt légitime à agir pour faire respecter les règles de repos hebdomadaires dans le commerce de détail alimentaire en raison du préjudice que peut lui causer le non-respect de ces règles. • Soc. 30 mai 2012, n° 10-25.349 P.

30. En application des art. 1382 C. civ., 14 du Décr. du 22 déc. 1959, réd. antérieure Décr. du 13 déc. 2006 [art. R. 321-28 CSI] et 22 Arr. du 23 déc. 1959, justifie d'un intérêt légitime à agir la personne interdite de casino qui demande paiement de dommages-intérêts à la société d'exploitation du casino, fautive de n'avoir pris aucune disposition pour assurer l'efficacité de la mesure d'exclusion des salles de jeux prononcée, à sa demande, par l'autorité administrative. • Civ. 2e, 30 juin 2011, n° 10-30.838 P.

31. L'auteur d'une thèse universitaire ayant assigné en diffamation le rédacteur d'un ouvrage qui lui déniait la qualité d'auteur, viole l'art. 31 NCPC [devenu C. pr. civ.] une cour d'appel qui, pour déclarer irrecevable, retient que cette thèse alimente le discours des historiens « révisionnistes » tendant à remettre en cause l'existence des crimes contre l'humanité tels qu'ils sont définis par l'art. 24 *bis* de la L. du 29 juill. 1881 et qu'il importe peu que lors de la soutenance de cette thèse en 1985, la loi n'incriminât pas l'expression d'opinions négationnistes, l'appréciation de la légitimité de l'action judiciaire devant se situer au moment de la publication de l'ouvrage, alors que l'intérêt à agir n'est pas subordonné à la démonstration préalable du bien-fondé de l'action et alors que l'imputation de ne pas être l'auteur d'une thèse universitaire caractérise l'élément matériel de la diffamation. • Civ. 2e, 13 janv. 2005, n° 03-13.531 P : *RJPF avr. 2005. 13, note Putman.*

32. Un syndicat professionnel regroupant les opérateurs dont les ventes sont soumises au droit de suite a qualité et intérêt à agir en nullité de la clause, figurant aux conditions générales de vente d'une société de vente volontaires aux enchères publiques, qui fait supporter le paiement du droit de suite à l'acquéreur dès lors que le régime du droit de suite résultant de la Dir. n° 2001/84/CE du 27 sept. 2001 tend non seulement à la protection des auteurs mais aussi au bon fonctionnement du marché commun de l'art et qu'il était allégué que la clause litigieuse faussait les conditions de concurrence entre les différents professionnels du marché de l'art. • Civ. 1re, 22 janv. 2014, n° 13-12.675 P : *D. 2014. Actu. 272 ; JCP E 2014. 1351, obs. Grignon ; RTD com. 2014. 136, note Pollaud-Dulian ; JCP 2014. 263, note Serinet.*

2° *CARACTÈRE NÉ ET ACTUEL*

a. Actions préventives

33. Droit international. Action en déclaration d'inopposabilité d'un jugement étranger. Les jugements rendus par un tribunal étranger relativement à l'état et à la capacité des personnes produisent leurs effets en France indépendamment de toute déclaration d'*exequatur*, sauf si l'on s'en prévaut pour des actes d'exécution matérielle sur les biens ou de coerciction sur des personnes ; manque de base légale la décision qui, méconnaissant l'intérêt que peut avoir une partie à se prémunir contre les effets qu'un jugement étranger de divorce est susceptible de présenter en France sans être déclaré exécutoire, déclare irrecevable l'action de ce demandeur tendant à voir dire que ce jugement lui serait inopposable. • Civ. 1re, 10 févr. 1971 : *Bull. civ. I, n° 48 ; Rev. crit. DIP 1972. 123 ; RTD civ. 1972. 433, obs. Hébraud ; JDI 1972. 582, obs. Ph. K.*

34. … Action déclaratoire en matière de compétence internationale. Les ayants droit des victimes d'un accident de transport aérien international justifient, sur le fondement de la convention de Montréal, d'un intérêt actuel et légitime à agir, à titre déclaratoire, devant les juridictions françaises, afin de faire constater l'existence et la portée du droit d'option de compétence que leur reconnaît cette convention dès lors qu'ils n'avaient pas choisi ces juridictions pour trancher leur litige en indemnisation contre les transporteurs aériens, mais ont été contraints de le porter devant celles-ci, les juridictions fédérales américaines, qu'ils avaient choisies pour le trancher, s'en étant dessaisies pour certains demandeurs, ou risquant de s'en dessaisir pour d'autres demandeurs, en application de la règle du *forum non conveniens*. • Civ. 1re, 7 déc. 2011, n° 10-30.919 P : *D. 2012. 5, obs. Delpech ; ibid. 254, note Delebecque ; ibid. Pan. 1237, obs. Jault-Seseke ; ibid. 1443, obs. Kenfack ; Gaz. Pal. 2-3 mars 2012, p. 30, note Raschel ; Rev. crit. DIP 2012. 138, rapp. Maitrepierre ; JCP 2011. 1407 ; ibid. 2012. 241, note d'Avout ; ibid. 690, n° 8, obs. Jeuland.* ♦ V. aussi • Paris, 6 mars 2008 : *D. 2008. 1452, note Courbe ; Gaz. Pal. 20-21 févr. 2009, p. 49, note M.-L. Niboyet.*

35. Droit interne. Constatation de la prescription d'une créance. Un héritier qui avait recueilli une dette dans la succession de son auteur ayant assigné le créancier aux fins de faire constater la prescription de la créance, c'est à bon droit qu'une cour d'appel a déclaré cette action recevable après avoir exactement retenu que, même en dehors de tout litige, celui-ci avait intérêt à exercer une telle action afin de lui permettre de connaître la consistance du patrimoine hérité et l'étendue des droits dont il pouvait disposer compte tenu des hypothèques garantissant cette créance. • Civ. 1re, 9 juin 2011, n° 10-10.348 P : *D. 2011. Actu. 1695 ; ibid. 2311, note Grayot-Dirx ; ibid. Chron. C. cass. 2144, obs. Creton ; ibid. 2012. Pan. 250, note Fricero ; Banque et Dr. 138/2011, p. 15, obs. Bonneau ; RDC 2012. 1192, note Libchaber ; JCP 2011. 1397, note Amrani Mekki ; ibid. 1259, obs. Delebecque ; Defrénois 2012. 40392, note Cabrillac ; Dr. et pr. 2011. 261, note Lefort.*

36. ... Évitement d'une violation de l'obligation de garantie du vendeur. Ne donne pas de base légale à sa décision la cour d'appel qui, pour déclarer irrecevable l'action engagée par une SCI qui a fait édifier des maisons d'habitation sur une parcelle de terrain lui appartenant, les a vendues en état futur d'achèvement et a fait établir un règlement de copropriété stipulant que les voies du groupe d'immeubles sont la propriété du syndicat des copropriétaires, retient que cette société est sans qualité ni intérêt à se prémunir d'une action purement éventuelle qui serait exercée par le syndicat des copropriétaires du fait de l'implantation par les propriétaires de l'immeuble voisin de leurs canalisations d'eau potable, d'électricité et de téléphone dans la copropriété, sans rechercher si la SCI qui, en sa qualité de vendeur, était débitrice d'une obligation de garantie et de conformité à l'égard des acquéreurs de lots, avait intérêt à agir. • Civ. 3e, 21 sept. 2011 : *RTD civ. 2012. 146, obs. Perrot.* ♦ Comp. note 75.

b. Intérêt futur

37. Clause de conscience. Se trouve légalement justifiée la décision qui a déclaré irrecevable la demande de syndicats qui tendait, en dehors de tout litige né et actuel, à faire juger de façon générale que les conditions d'application de l'art. L. 761-7 [devenu L. 7112-5] C. trav. se trouvaient remplies au bénéfice de tous les journalistes d'un groupe. • Soc. 19 juin 1985 : *Bull. civ. V, n° 351.*

38. Congé. Ne donne pas de base légale à sa décision au regard de l'art. 31 la cour d'appel qui, pour accueillir la demande des bailleurs tendant à faire déclarer un congé valable, retient que les bailleurs ont déjà engagé deux instances judiciaires contre le locataire en déclaration de validité de congés délivrés antérieurement et qu'en raison de l'incertitude de leur situation, ils justifient d'un intérêt légitime, né et actuel, à demander en justice de faire déclarer valable leur troisième congé avant la date d'effet de celui-ci, statuant ainsi par des motifs dont il ne résulte pas l'existence d'un intérêt né et actuel pour les bailleurs à agir, avant la date d'effet du congé, pour faire déclarer valable le congé. • Civ. 3e, 8 déc. 1999, n° 97-12.738 P. ♦ Un bailleur n'a pas un intérêt né et actuel à agir pour faire déclarer un congé valable avant sa date d'effet. • Civ. 3e, 8 févr. 2006, n° 04-17.512 P : *Gaz. Pal. 6-7 juill. 2007, p. 23, note E. du Rusquec.*

c. Intérêt passé

39. Logement de la famille. Si l'art. 215 C. civ. désigne l'époux dont le consentement n'a pas été donné comme ayant seul qualité pour exercer l'action en nullité de l'acte de disposition, par son conjoint, des droits par lesquels est assuré le logement de la famille, cet époux doit justifier d'un intérêt actuel à demander l'annulation de l'acte ; ayant relevé qu'à la date de son assignation, l'épouse ne résidait plus dans l'immeuble litigieux qu'elle avait quitté au cours de l'instance en divorce, la cour d'appel a souverainement estimé que celle-ci n'avait plus d'intérêt à agir en nullité de l'acte d'affectation hypothécaire et a déclaré à bon droit sa demande irrecevable. • Civ. 1re, 3 mars 2010, n° 08-13.500 P : *D. 2010. 1608, note Mauger-Vielpeau ; ibid. Pan. 2011. 1040, obs. Lemouland et Vigneau ; AJ fam. 2010. 187, obs. Chénedé ; RTD civ. 2010. 305, obs. Hauser ; ibid. 365, obs. Vareille ; JCP 2010. 487, obs. Wiederkehr ; ibid. 708, obs. Delebecque ; ibid. 983, obs. Serinet ; ibid. N 2010. 1226, obs. Brémond ; ibid. 1370, note Lesbats ; Defrénois 2010. 39133, note Massip ; ibid. 39206, obs. Champenois ; Banque et Dr. 132/2010, p. 45, obs. Jacob ; Dr. et pr. 2010, suppl. n° 10, p. 24, note Salati ; RDC 2010. 1354 (1re esp.), note Serinet.*

3° CARACTÈRE DIRECT ET PERSONNEL

40. Renvoi. V. aussi notes 44 s.

41. Exigence. Sauf lorsque la loi attribue expressément à une ou plusieurs personnes physiques ou morales déterminées le droit d'agir pour élever ou soutenir une prétention dans un intérêt général ou collectif ou pour assurer le respect objectif de la loi, l'intérêt du demandeur doit nécessairement être direct et tendre à la réalisation d'un droit ou d'une prérogative personnels ou subjectifs ; sont donc irrecevables en leur demande d'interdiction d'une campagne politique ceux qui ne s'y trouvent pas mis en cause à titre personnel et individuel. • TGI Paris, réf., 14 août 1984 : *Gaz. Pal. 1984. 2. Somm. 444 ; RTD civ. 1984. 766, obs. Normand.*

42. Copropriétaire agissant individuellement. Ne donne pas de base légale à sa décision, au regard des art. 15, al. 2, de la L. du 10 juill. 1965 et 31 NCPC [devenu C. pr. civ.], l'arrêt qui déclare irrecevable l'action d'un copropriétaire au motif qu'il n'établit pas le trouble apporté à la propriété ou à la jouissance de son lot privatif, sans rechercher s'il était sans intérêt à agir en suppression des ouvrages réalisés. • Civ. 3e, 13 févr. 1991, n° 89-14.958 P.

43. Contrat de transport. Viole l'art. 99 [devenu L. 132-6] C. com. et 31 NCPC [devenu C. pr. civ.] la cour d'appel qui déclare irrecevable la demande en justice d'un commissionnaire de transport, qui avait fait l'objet d'une réclamation émanant d'un expéditeur de marchandises, contre le transporteur, en retenant qu'il n'avait accepté d'indemniser que partiellement le propriétaire de la marchandise dans l'attente, pour le solde de son préjudice, d'une décision de justice, alors que ce commissionnaire, responsable de plein droit vis-à-vis du propriétaire de la marchandise qui lui réclamait réparation, avait un intérêt à agir contre le transporteur qu'il avait choisi pour effectuer le transport. • Com. 12 janv. 1988 : *Bull. civ. IV, n° 28.*

II. QUALITÉ

A. ILLUSTRATIONS

1° DROIT DES AFFAIRES

44. Chambre de commerce. Viole les art. 30 et 31, ainsi que le cahier des charges d'une concession portuaire, l'arrêt qui, pour accueillir la demande d'une chambre de commerce, énonce qu'une société se bornant à collecter des fonds pour celle-ci n'a pas qualité pour contester la régularité et la légalité de leur établissement, de leur création ou de la fixation de leur montant, alors que cette société était poursuivie en qualité de débiteur, la circonstance qu'elle soit tenue d'en répercuter le montant sur les passagers étant inopérante. • Com. 25 févr. 1992, n° 89-15.943 P.

45. Conseil national des barreaux. Le *Conseil national des barreaux a qualité pour agir* en recouvrement de ses cotisations. • Civ. 1re, 19 janv. 2022, n° 19-25.772 P : *D. actu. 27 janv. 2022, note Hoffschir.*

46. Publicité des comptes de sociétés. Le mandataire chargé d'accomplir les formalités de publicité des comptes d'une société par actions pouvant être désigné à la demande de tout intéressé, viole l'art. L. 232-23 C. com., ensemble l'art. 283 du Décr. du 23 mars 1967 [devenu R. 210-18 C. com.], en subordonnant cette mesure à des conditions qu'elle ne comporte pas, la cour d'appel qui rejette une telle demande aux motifs qu'il faut que l'intérêt revendiqué réponde aux conditions de l'art. 31 NCPC [devenu C. pr. civ.], qui s'appliquent à l'ensemble des actions en justice et qu'en l'espèce les demandeurs n'apportent pas aux débats de preuve suffisante à établir les liens qui les uniraient à la société ou à démontrer leur droit de se prévaloir d'une clause de retour à meilleure fortune. • Com. 6 déc. 2005, n° 04-13.873 P.

47. Action d'un associé. La recevabilité de l'action en responsabilité engagée par un associé à l'encontre d'un cocontractant de la société est subordonnée à l'allégation d'un préjudice personnel et distinct de celui qui pourrait être subi par la société elle-même. • Com. 8 févr. 2011, n° 09-17.034 P : *D. 2011. 1535, note Boucobza et Serinet.*

48. Action sociale ut singuli. V. art. 1843-5 C. civ. ainsi que les art. L. 223-22 et L. 225-252 C. com. (responsabilité des gérants de société, administrateurs ou directeur général). ♦ Mais en cas de procédure collective, seul le représentant des créanciers, dont les attributions sont ensuite dévolues au liquidateur, a qualité pour agir au nom et dans l'intérêt collectif des créanciers ; il en résulte qu'un associé ou un créancier ne sont pas recevables à agir au nom des créanciers en réparation du préjudice collectif de ces derniers. • Com. 3 juin 1997, n° 95-15.681 P : *D. 1997. 517, note Derrida ; D. Affaires 1997. 833 ; JCP E 1997. II. 988, note Béhar-Touchais ; Rev. dr. bancaire 1997. 175, obs. Campana et Calendini ; JCP E 1998. n° 1-2, p. 33, obs. Cabrillac ; RPC 1998. 113, obs. Martin-Serf.*

49. Filiale. Viole l'art. 31 la cour d'appel qui, pour condamner une partie à payer à une société le coût des travaux effectués par une autre société, énonce que cette dernière est la filiale de la première, alors que poursuivant la procédure en son nom personnel, elle était irrecevable à réclamer ce qui était dû à cette seconde société. • Com. 12 mai 1981 : *Bull. civ. IV, n° 221.* ♦ Rappr. note 50.

50. Société mère. Une société mère, en sa qualité d'actionnaire de sa filiale, ne peut se substituer à celle-ci, sauf à méconnaître la règle que « nul ne plaide par procureur », pour intenter à ses lieu et place une action qui lui permettrait d'obtenir réparation d'un préjudice personnel prenant sa source dans le préjudice subi par la seule filiale. • Com. 17 déc. 1991 : *BJS 1992. 186, note Hannoun ; Rev. sociétés 1992. 323, note Chartier* • 18 mai 1999 : *JCP E 1999, n° 29, p. 1241, obs. Viandier et Caussain ; Dr. sociétés 1999, n° 127, note Bonneau ; RJDA 1999,* n° 1215 ; *RTD com. 2000. 123, obs. Champaud et Danet* . ♦ Rappr. note 49.

51. Interdiction de gérer. Une personne qui est frappée de l'interdiction de gérer une société n'a pas qualité pour agir en justice au nom de cette société. • Com. 27 janv. 1998, n° 95-20.585 P : *D. 1998. IR 62* ; *D. Affaires 1998. 302, obs. V. A.-R.*

52. EURL. L'ancien associé unique, personne physique, d'une société unipersonnelle dissoute et dont la liquidation a été clôturée peut se prévaloir d'un droit propre et personnel sur la créance dont il est devenu titulaire à la suite de la société et cet intérêt rend recevable son intervention volontaire dans une instance opposant cette société à une SCI assignée en paiement d'une certaine somme représentant le montant de travaux exécutés. • Com. 5 mai 2009, n° 08-12.601 P.

53. Repreneur évincé. Avant de se prononcer sur le plan de redressement de l'entreprise, le tribunal n'est pas tenu de procéder à l'audition des candidats repreneurs, et ceux-ci, quand bien même seraient-ils entendus pour une bonne administration de la justice, n'ont pas de prétentions à soutenir au sens des art. 4 et 31 ; il s'ensuit qu'une société candidate à la reprise d'une entreprise, qui n'était pas partie à l'instance et à l'encontre de laquelle aucune condamnation n'a été prononcée, est irrecevable à se pourvoir en cassation contre un jugement ayant arrêté le plan de cession des actifs au profit d'une autre société. • Com. 22 mars 1988 : *Bull. civ. IV, n° 113 ; D. 1988. 375, note Derrida et Julien.* ♦ Avant de se prononcer sur le plan de redressement de l'entreprise, le tribunal n'est pas tenu de procéder à l'audition des candidats repreneurs, et ceux-ci, quand bien même seraient-ils entendus pour une bonne administration de la justice, n'ont pas de prétention à soutenir au sens des art. 4 et 31 ; il ne peut, par suite, être reproché à une cour d'appel d'avoir déclaré irrecevable l'appel émanant d'une société candidate à la reprise d'une entreprise en redressement judiciaire et tendant à l'annulation du jugement ayant arrêté le plan de redressement et ordonné la cession de l'entreprise à une autre société dès lors que le jugement ne contenait, en son dispositif, aucune condamnation concernant la société appelante. • Com. 8 nov. 1988 : *Bull. civ. IV, n° 295.* ♦ Le candidat repreneur dont l'offre n'a pas été retenue n'ayant pas de prétention à faire valoir au sens des art. 4 et 31, c'est à bon droit qu'une cour d'appel lui a dénié la qualité de partie pour faire appel. • Com. 11 mai 1999, n° 98-11.392 P : *D. 2000. Somm. 96, obs. Honorat* . ♦ Le candidat repreneur évincé n'ayant aucune prétention à soutenir au sens des art. 4 et 31, une cour d'appel en déduit à bon droit que son appel-nullité formé contre le jugement statuant sur le recours exercé contre l'ordonnance du juge-commissaire ayant autorisé la cession d'un fonds de commerce est irrecevable, quelles que soient les modalités de son intervention. • Com. 3 déc. 2003, n° 00-20.298 P : *R., p. 388 ; D. 2004. AJ 141* ; *Gaz. Pal. 29-30 oct. 2004, p. 16, obs. du Rusquec ; RDBF 2004, n° 82, obs. F.-X. Lucas ; RJ com. 2004. 186, note Sortais.* ♦ Il résulte des art. L. 143-4 7° C. rur., 165-IV de la L. du 26 juill. 2005 et L. 642-5 C. com. qu'une société d'aménagement foncier et d'établissement rural (SAFER) ne peut se prévaloir d'un droit de préemption sur les biens compris dans le plan de cession totale ou partielle d'une entreprise ordonnée par le tribunal, que celle-ci soit en redressement ou en liquidation judiciaire ; la SAFER, candidat repreneur évincé, n'ayant aucune prétention à soutenir, au sens des art. 4 et 31 C. pr. civ., et ne pouvant dès lors relever appel de la décision du tribunal ayant ordonné la cession de l'entreprise agricole à un tiers, n'est pas recevable à former un pourvoi en cassation contre l'arrêt qui a constaté l'irrecevabilité de cet appel. • Civ. 3e, 19 mai 2010, n° 09-14.167 P.

54. Auteur d'une offre d'acquisition. L'auteur d'une offre d'acquisition de gré à gré d'un actif d'un débiteur en liquidation judiciaire, n'ayant aucune prétention à soutenir au sens des art. 4 et 31, n'est pas recevable à exercer un recours contre la décision du juge-commissaire autorisant ou ordonnant la vente au profit de l'auteur d'une offre concurrente. • Com. 28 avr. 2009, n° 07-18.715 P. ♦ L'auteur d'une offre d'acquisition de gré à gré d'un bien immobilier d'un débiteur en liquidation judiciaire n'a aucune prétention à soutenir au sens des art. 4 et 31, fût-il occupant sans droit ni titre de ce bien ; dès lors, il n'est pas recevable à interjeter appel-nullité du jugement ayant statué sur le recours formé contre l'ordonnance du juge-commissaire rejetant son offre et ordonnant la vente par adjudication de l'immeuble. • Com. 14 déc. 2010, n° 10-17.235 P. ♦ L'auteur d'une offre d'acquisition de gré à gré d'un bien mobilier d'un débiteur en liquidation judiciaire n'a aucune prétention à soutenir au sens des art. 4 et 31, peu important que l'ordonnance retenant une offre concurrente lui ait été notifiée ; dès lors, il n'est pas recevable à interjeter appel-nullité du jugement ayant statué sur le recours formé contre l'ordonnance du juge-commissaire rejetant son offre et autorisant la vente du fonds de commerce au profit de l'auteur d'une offre concurrente. • Com. 31 mai 2011, n° 10-17.774 P.

55. Contrôleur. Il résulte de la combinaison des art. 46 [devenu L. 621-39 puis L. 622-20 C. com.], 148 [devenu L. 622-1 C. com. puis abrogé] et 152 [devenu L. 622-9 puis L. 641-9 C. com.] de la L. du 25 janv. 1985, dans leur rédaction applicable en la cause, que le liquidateur a seul qualité pour exercer les droits et actions du débiteur sur son patrimoine et pour agir au nom et dans l'intérêt des créanciers ; si, en application de l'art. 15 [devenu L. 621-13 C. com. puis abrogé] de la L. du 25 janv. 1985, les contrôleurs désignés par le juge-commissaire assistent le représentant des créanciers dans ses fonctions, leur audition éventuelle ne leur confère pas la qualité de partie ; la cour d'appel en a exactement déduit, en application de l'art. 31 NCPC [devenu C. pr. civ.], que la caisse hypothécaire n'était pas recevable en son appel, que ce soit en sa qualité de créancier ou en celle de contrôleur. • Com. 9 déc. 1997, n° 95-16.206 P : *D. 1998. IR 22* ; *D. Affaires 1998. 77, obs. A. L. ; Procédures 1998, n° 118, note Croze.*

56. Action en concurrence déloyale. Une cour d'appel qui s'est fondée sur les missions confiées au Conseil national de l'ordre des médecins (CNOM) par les dispositions des art. L. 4121-2 et L. 4122-1 CSP a énoncé justement qu'une action en concurrence déloyale intentée à l'encontre d'une société, au titre de la publication d'offres d'achat relatives à des prestations médicales, avait pour objet de défendre l'intérêt collectif de la profession médicale et fait ainsi ressortir que le CNOM justifiait, conformément à l'art. 31 C. pr. civ., d'un intérêt légitime au succès de ses prétentions. • Civ. 1re, 12 déc. 2018, n° 17-27.415 P : *D. actu. 24 janv. 2019, obs. Kebir ; CCC 2019, n° 44, note Malaurie-Vignal.*

2° DROIT CIVIL

57. Associations. Objet social. Inclusion. Une association ne peut être déclarée irrecevable en son action tendant à l'interdiction sous astreinte de la mise en vente d'un livre alors qu'il résulte de ses statuts qu'elle a un intérêt légitime à agir contre une publication qui, selon elle, porte atteinte aux sentiments religieux de ses membres qu'elle s'est donnée pour objet de protéger. • Civ. 1re, 14 nov. 2000, n° 99-10.778 P : *Gaz. Pal. 14-16 avr. 2002, p. 13, obs. du Rusquec.* ♦ Même hors habilitation législative, et en l'absence de prévision statutaire expresse quant à l'emprunt des voies judiciaires, une association peut agir en justice au nom d'intérêts collectifs dès lors que ceux-ci entrent dans son objet social. • Civ. 1re, 18 sept. 2008, n° 06-22.038 P : *D. 2008. AJ 2437, obs. Delpech* ; *ibid. Pan. 393, obs. Poillot* ; *JCP 2008. II. 10220, note Dupont ; ibid. 2009. I. 123, n° 3, obs. Stoffel-Munck ; ibid. I. 142, n° 5, obs. Serinet ; RLDC 2/2009. 62, obs. Miniato ; Dr. sociétés 2008, n° 246, obs. Mortier ; LPA 20 févr. 2009, note Chabot* (association française contre les myopathies agissant contre l'ancien président de l'association gérante d'un établissement recevant des malades atteints de myopathie et le liquidateur de celle-ci, en raison de graves dysfonctionnements ayant préjudicié à *certains résidents,* dans le silence des statuts quant à la possibilité d'une action en justice pour la défense des intérêts des malades).

58. Associations. Objet social. Exclusion. Hors habilitation législative, une association ne peut agir en justice au nom d'intérêts collectifs qu'autant que ceux-ci entrent dans son objet. • Civ. 1re, 2 mai 2001, n° 99-10.709 P : *D. 2001. 1973, note Gridel* (association de défense de l'environnement agissant à fin d'interdiction de la diffusion de la photographie d'un paysage avec au premier plan un îlot, propriété d'un particulier). ♦ Il résulte des art. 31 NCPC [devenu C. pr. civ.] et 1er de la L. du 1er juill. 1901 que, hors habilitation législative, une association ne peut agir en justice au nom d'intérêts collectifs qu'autant que ceux-ci entrent dans son objet social. • Civ. 2e, 27 mai 2004, n° 02-15.700 P : *D. 2004. Somm. 2931, obs. Lamazerolles* ; *RTD com. 2004. 555, obs. Grosclaude* ; *Dr. sociétés 2004, n° 185, note Lucas ; Dr. et patr. 3/2005, p. 91, obs. Poracchia* (association de défense d'un site historique agissant aux fins de démolition d'une maison, pourtant éloignée du site à protéger). ♦ Une association qui a pour objet général la protection de l'environnement ne peut se prévaloir d'un intérêt à agir en responsabilité contre l'Agence nationale pour la gestion des déchets radioactifs pour diffusion d'informations inexactes. • Civ. 3e, 24 mai 2018, n° 17-18.866 P : *D. 2018. Actu. 1155* .

59. Ligues de défense. Intérêt collectif. Une association régulièrement déclarée peut réclamer la réparation des atteintes portées aux intérêts collectifs de ses membres, et son action est recevable, dans les limites de son objet social, même si le préjudice invoqué est antérieur à la date de sa constitution. • Civ. 1re, 27 mai 1975 : *Bull. civ. I, n° 174 ; D. 1976. 318, note Viney ; RTD civ. 1976. 147, obs. Durry* (association dite « comité de défense contre la pollution atmosphérique » de plusieurs quartiers déterminés). ♦ Si une association déclarée peut réclamer en justice la réparation du préjudice qu'elle prétend avoir subi, ce n'est qu'à charge d'établir que l'acte qu'elle critique porte atteinte aux intérêts collectifs qu'elle représente ; les juges du fond apprécient souverainement si l'acte critiqué porte atteinte à ses intérêts. • Civ. 2e, 21 juill. 1986 : *Bull. civ. II, n° 119.* ♦ La cour d'appel, qui constate qu'une association est régulièrement déclarée et retient souverainement qu'elle justifie, par sa mission statutaire, d'un intérêt collectif ne recouvrant pas celui de chaque sociétaire, en déduit exactement que celle-ci est recevable à agir en justice. • Civ. 3e, 17 juill. 1997, n° 95-18.100 P : *JCP 1998. II. 10204 (2e esp.), note Boré* (amicale de locataires). ♦ En raison de la spécificité de son but et de l'objet de sa mission, une association de lutte contre l'alcoolisme, qui tient de l'art. L. 96 C. déb. boiss. le pouvoir d'exercer les droits reconnus à la partie civile, peut exercer son action devant la juridiction civile dès lors qu'elle subit, du seul fait de la publicité illicite en faveur de l'alcool, un préjudice direct et personnel. • Civ. 2e, 25 juin 1998, n° 96-10.397 P : *JCP 1998. II. 10204 (1re esp.), note Boré.* ♦ Une association régie par la L. du 1er juill. 1901 regroupant les propriétaires des lots d'un lotissement et ayant notamment pour objet de veiller à ce que ceux-ci respectent les stipulations du cahier des charges n'est recevable à agir contre un coloti qui viole ces stipulations que si elle justifie subir de ce fait un préjudice collectif, direct et personnel, distinct des dommages propres à chacun des associés. • Civ. 3e, 4 nov. 2004, n° 03-11.377 P : *Procédures 2005, n° 1, note Perrot.*

60. Associations. Habilitation législative. L'habilitation donnée par l'art. L. 421-6 C. envir. aux fédérations départementales de chasseurs pour exercer les droits reconnus à la partie civile en ce qui concerne les faits portant un préjudice direct ou indirect aux intérêts collectifs qu'elles ont pour objet de défendre implique nécessairement le droit pour ces associations d'agir pour la protection de ces intérêts devant la juridiction civile. • Civ. 2e, 14 juin 2007, n° 06-15.352 P.

61. Associations agréées. Le droit donné par l'art. 46 de la L. n° 73-1193 du 27 déc. 1973 [devenu art. L. 421-1 s. C. consom.] aux associations agréées de consommateurs d'agir implique nécessairement la faculté de saisir le juge des référés pour faire cesser un trouble manifestement illicite. • Civ. 1re, 1er déc. 1987 : *Bull. civ. I, n° 320.* ♦ Une association agréée ayant pour objet statutaire la protection de l'environnement est fondée à demander la démolition d'une construction édifiée en vertu d'un permis de construire déclaré illégal par la juridiction administrative, dans une zone inconstructible protégée pour la qualité de son environnement, sur des parcelles classées en espaces boisés à conserver, cette violation de la règle d'urbanisme, en portant atteinte à la vocation et à l'activité au plan départemental de l'association, lui causant un préjudice personnel et direct. • Civ. 3e, 26 sept. 2007, n° 04-20.636 P : *D. 2007. AJ 2535, obs. Vincent ; ibid. Chron. C. cass. 2757 ; RTD civ. 2008. 305, obs. Jourdain ; JCP 2008. II. 10020, note Parance* (art. L. 141-2 C. envir.). ♦ Ayant relevé qu'aux termes de ses statuts, l'association avait pour but de concourir à la protection de la nature et qu'elle était représentée en justice par son président, la cour d'appel, qui a retenu qu'elle agissait au titre de son objet social dès lors qu'elle se prévalait du défrichement illégal de plus d'une centaine d'hectares sur la plaine des Maures, zone naturelle d'intérêt écologique, faunistique et floristique de type I, d'intérêt communautaire pour les oiseaux et inventoriée au titre de Natura 2000, et réclamait réparation d'un préjudice collectif résultant de ces agissements, a décidé à bon droit que l'action, intentée par le président au nom de l'association, était recevable. • Civ. 3e, 1er juill. 2009, n° 07-21.954 P : *AJDI 2009. 818, obs. Porcheron ; JCP 2009. 454, note Dupont.* ♦ Une cour d'appel a pu retenir que, même si une mise en conformité était intervenue ultérieurement, l'infraction commise aux dispositions législatives ou réglementaires relatives à la protection de l'eau, de la nature ou de l'environnement avait causé un préjudice moral indirect et porté atteinte aux intérêts collectifs que des associations agréées, l'une pour la protection de l'environnement, l'autre pour la protection des écosystèmes aquatiques, avaient pour objet de défendre. • Civ. 3e, 9 juin 2010, n° 09-11.738 P : *BICC 1er nov. 2010, n° 1636 ; D. 2010. 2468, obs. Trébulle ; ibid. Pan. 2608, obs. Nési .* ♦ V. aussi art. L. 422-1 s. C. consom. pour l'action en représentation conjointe. ♦ *Adde*, art. L. 452-2 C. mon. fin. pour la protection des investisseurs en valeurs mobilières ou en produits financiers.

62. Avocat. Si l'art. 31 NCPC [devenu C. pr. civ.] dispose que l'action est ouverte à tous ceux qui ont intérêt légitime au succès ou au rejet d'une prétention, sous réserve des cas dans lesquels la loi attribue le droit d'agir aux seules personnes qu'elle qualifie pour élever ou combattre une prétention, ou pour défendre un intérêt déterminé, il résulte de l'art. 19 de la L. du 31 déc. 1971 modifiée par la L. du 31 déc. 1990 que seuls ont qualité pour demander l'annulation d'une délibération ou d'une décision du conseil de l'ordre le procureur général, lorsque celles-ci sont étrangères aux attribution du conseil ou contraires aux dispositions législatives ou réglementaires, ou les avocats, lorsqu'elles sont de nature à léser leurs intérêts professionnels ; dès lors, une cour d'appel qui a constaté que l'appelant n'avait pas la qualité d'avocat en a justement déduit que le recours en annulation par lui formé était irrecevable pour défaut de qualité. • Civ. 1re, 9 juill. 1996, n° 95-18.507 P.

63. Ayants droit. CIVI. L'indemnité dont les victimes d'infraction peuvent, moyennant certaines conditions, demander le bénéfice n'a pas le caractère de dommages-intérêts mais est un secours apporté par l'État en vertu d'un devoir de solidarité ; elle ne peut donc être sollicitée et obtenue que par la victime elle-même et les ayants droit ne sont recevables qu'à réclamer l'indemnisation de leur préjudice personnel. • Civ. 2e, 21 oct. 1987 : *Bull. civ. II, n° 204* (viole l'art. 31 NCPC [devenu C. pr. civ.] et l'art. 706-3 C. pr. pén. la commission d'indemnisation des victimes d'infraction qui, pour déclarer recevable la demande d'indemnisation présentée par une femme en qualité d'héritière de son mari, victime d'une infraction, et pour lui allouer, de ce chef, une indemnité fixée compte tenu du préjudice subi, de son vivant, par son mari, énonce qu'aucun texte ne lui interdit l'exercice des droits nés du chef du défunt qu'elle recueille dans sa succession) • Civ. 2e, 21 oct. 1987 : *Bull. civ. II, n° 204* (viole l'art. 31 NCPC [devenu C. pr. civ.] et l'art. 706-3 C. pr. pén. la commission d'indemnisation des victimes d'infraction qui, pour allouer à une femme l'indemnité que son mari, décédé en cours d'instance, avait sollicité pour lui-même, énonce que le droit à indemnisation du mari était entré dans son patrimoine et avait été transmis alors que la femme n'avait pas formé de demande tendant à son indemnisation personnelle).

64. Filiation. V. C. civ., art. 322, 327, al. 2, 328, 329 et 342-6.

65. Adoption simple. Même en cas d'adoption simple, l'adoptant est, aux termes de l'art. 365 C. civ., seul investi à l'égard de l'adopté de tous les droits d'autorité parentale ; dès lors, la mère d'un enfant, bien qu'elle l'ait élevé depuis sa naissance, n'a pas qualité pour contester les décisions prises par le père adoptif relativement à l'éducation de l'enfant. • Civ. 1re, 11 mai 1977 : *Bull. civ. I, n° 223 ; JCP 1978. II. 18833, note Carbonnier ; RTD civ. 1978. 339, obs. Nerson et Rubellin-Devichi.*

66. Grands-parents. Une mère divorcée n'a pas qualité pour demander, au nom des grands-parents maternels, l'organisation d'un droit de visite ou même d'hébergement de leurs petits-enfants ; en cas de difficultés, il appartient aux grands-parents de saisir la juridiction compétente. • Civ. 2e, 20 juill. 1983 : *Bull. civ. II, n° 154.* ♦ Comp. note 67.

67. Accouchement sous X. L'intervention volontaire dans une procédure d'adoption plénière de tiers se disant les grands-parents maternels d'un enfant immatriculé définitivement comme pupille de l'État et placé en vue de son adoption est irrecevable, faute de qualité à agir, dès lors que le lien de filiation entre leur fille et cet enfant dont la mère a décidé d'accoucher anonymement n'est pas établi. • Civ. 1re, 8 juill. 2009, n° 08-20.153 P : *D. 2009. AJ 1973, obs. Le Douaron ; ibid. 2010. Pan. 989, obs. Douchy-Oudot ; JCP 2010. 34, n° 10, obs. Gouttenoire ; ibid. n° 598, note Massip ; AJ fam. 2009. 350, obs. Chénedé ; Dr. fam. 2009, n° 108, note Murat ; RJPF 2009-9/37, obs. Le Boursicot ; RLDC 2009/64, n° 3584, obs. Pouliquen ; ibid. 2010/68, n° 3717, note Montillet ; RDSS 2009. 972, obs. Tauran ; RTD civ. 2009. 708, obs. Hauser .* ♦ Mais jugé que les grands-parents ont la possibilité de demander une expertise biologique, sur le fondement de l'art. 145, en vue d'établir leur lien avec l'enfant pour contester l'arrêté d'admission de l'enfant en qualité de pupille de l'État. • TGI Angers, réf., 8 oct. 2009 : *JCP 2009. 504, note Boulanger ; ibid. 2010. 34, n° 10, obs. Gouttenoire ; AJ fam. 2009. 456, obs. Chénedé ; Dr. fam. 2009, n° 152, note Murat ; RJPF 2009-12/28, note Le Boursicot ; RLDC 2009/66, n° 3656, obs. Pouliquen ; RTD civ. 2009. 708, obs. Hauser .* ♦ Comp. note 66.

68. Divorce. Seuls les époux ont qualité pour intenter une action en divorce ou y défendre, de sorte que l'intervention principale en cause d'appel du mandataire liquidateur de la société propriétaire de l'immeuble ayant constitué le domicile conjugal n'est pas recevable. • Civ. 1re, 4 juin 2007, n° 06-18.515 P : *D. 2007. AJ 1794 ; ibid. Pan. 2694, obs. Douchy-Oudot ; AJ fam. 2007. 313, obs. David ; RTD civ. 2007. 551, obs. Hauser .*

69. Atteinte à la réserve. Les règles impératives protectrices des droits de l'héritier réservataire ne peuvent être invoquées que par ce dernier ou ses ayants cause, lorsqu'il a été porté atteinte à la réserve ; un époux ne peut revendiquer des biens compris dans la réserve de son conjoint au profit de la communauté qui ne possède sur ces biens aucun droit préexistant à leur transmission. • Civ. 1re, 10 juin 1975 : *Bull. civ. I, n° 193 ; JCP 1975. II. 18141, note Savatier.* ♦ Rappr. note 70.

70. Indivision. Si les biens successoraux indivis recueillis par un époux marié sous le régime de la communauté universelle entrent en communauté, l'époux héritier appelé à la succession peut seul exercer, en demande et en défense, une action qui ne tend qu'au partage de ces biens ; dès lors, un époux marié sous le régime de la communauté universelle, qui n'a pas qualité pour demander le partage des biens successoraux indivis échus à son conjoint, n'a pas intérêt à former tierce opposition au jugement ayant statué sur le partage. • Civ. 1re, 2 avr. 2008, n° 07-11.254 P : *R., p. 204 ; D. 2008. AJ 1146 ; D. 2008. Chron. C. cass. 2364, note Chauvin ; AJ fam. 2008. 258, note Hilt ; JCP 2008. I. 144, obs. Simler ; ibid. N 2008. Actu. 392 ; ibid. 2008. II. 10126, note Sauvage ; Dr. et pr. 2008. 277, note Lefort ; RLDC 06/2008. 3039, note Leandri ; Gaz. Pal. 15 mai 2008, p. 14, avis Legoux ; ibid. 22 nov. 2008. Jurispr. 54, note Casey.* ♦ Comp. • Civ. 1re, 18 juin 1985 : *Bull. civ. I, n° 189 ; JCP N 1986. II. 79, note Simler ; Defrénois 1986. 1516, obs. Champenois.* ♦ Rappr. note 69. ♦ L'action introduite contre un seul indivisaire est recevable, la décision rendue sur celle-ci étant inopposable aux autres indivisaires à défaut de mise en cause de ceux-ci. • Civ. 1re, 12 juin 2013, n° 11-23.137 P : *D. 2013. Actu. 1546 ; Procédures 2013, n° 230, note Perrot ; Dr. et pr. 2013. 172, note Salati ; AJ fam. 2013. 506, note de Guillenschmidt-Guignot ; Gaz. Pal. 2013. 2567, note Casey ; ibid. 22-24 sept. 2013, p. 37, note C. B. ; RLDC 2013, n° 5245, obs. Paulin ; JCP 2013. 1225, obs. Libchaber.* ♦ Comp. : • Civ. 1re, 12 juin 2013 : *cité note 4 ss. art. 306.*

71. Héritier. Les dispositions de l'art. 792 [comp. désormais art. 778] C. civ., réd. ant. L. n° 2006-728 du 23 juin 2006, ne peuvent être mises en œuvre que par les héritiers et les créanciers de la succession ; l'inaction de la fille du défunt ayant fait perdre à celle-ci, à l'expiration du délai de prescription, la qualité d'héritier, il en résulte que la demande de ses ayants droit tendant à l'application de la sanction du recel successoral pour omission intentionnelle était irrecevable. • Civ. 1re, 28 janv. 2009, n° 07-19.573 P : *D. 2009. AJ 500, note Egéa ; RLDC 2009. 3399, obs. Pouliquen ; ibid. 3508, note Chauchat-Rozier ; RJPF 04/2009. 30, note Sauvage.*

72. Légataire universel. Des légataires universels ne peuvent déposer une requête en adoption posthume à leur profit. • Reims, 30 oct. 2008 : *RJPF 06/2009. 33, obs. Garé.*

73. Prêtre. Le prêtre desservant une église occupée a qualité pour faire constater l'acte violent faisant obstacle, dans l'édifice public spécialement affecté au culte catholique, à l'exercice de son ministère et ordonner qu'il soit mis un terme à ce trouble illicite, sans avoir l'obligation de saisir le maire de la commune. • Civ. 1re, 17 oct. 1978 : *Bull. civ. I, n° 308.*

74. Société dissoute. Les associés d'une société civile dissoute ont qualité pour se pourvoir contre un arrêt qui a déclaré irrecevable une voie de recours exercée au nom de cette société. • Civ. 2e, 2 juill. 1980 : *Bull. civ. II, n° 164.*

75. Société de construction. Une société civile de construction n'a pas qualité pour solliciter la réparation de troubles de jouissance personnels éprouvés par certains associés occupants de pavillons atteints de désordres. • Civ. 3e, 16 oct. 1985 : *Bull. civ. III, n° 124.* ♦ Comp. note 36.

76. Usufruitier. L'usufruitier jouit des droits de servitude, de passage et généralement de tous les droits dont le propriétaire peut jouir, et il en jouit comme le propriétaire lui-même ; viole les art. 597 et 1134 C. civ., ensemble l'art. 31 NCPC [devenu C. pr. civ.] la cour d'appel qui déclare un vendeur irrecevable à agir, dans la mesure où il ne serait pas réservé l'usufruit du terrain cédé, alors que, n'ayant consenti qu'un droit d'usage et d'habitation sur la parcelle, il en avait nécessairement conservé l'usufruit. • Civ. 3e, 7 avr. 2004, n° 02-18.979 P.

77. Propriétaire riverain. Viole les art. L. 112-8 C. voirie rout. et 31 NCPC [devenu C. pr. civ.] la cour d'appel qui, pour déclarer irrecevable la demande d'un propriétaire riverain d'une voie communale tendant à la nullité de la vente d'un délaissé passée par la commune avec *un autre riverain*, retient que la commune n'est pas tenue de faire procéder à des mesures de publicité ni d'organiser une mise en concurrence des acquéreurs éventuels alors qu'à défaut d'avoir été mis en demeure par la commune d'acquérir la parcelle vendue, le demandeur n'avait pu exercer son droit de propriété. • Civ. 3e, 5 mai 2004, n° 02-21.188 P.

78. Expropriation. Seuls les propriétaires, ou les titulaires d'un droit réel lorsque l'expropriation porte uniquement sur ce droit, ont qualité pour former un pourvoi en cassation contre une ordonnance d'expropriation. • Civ. 3e, 30 janv. 2008, n° 06-19.731 P : *RDI 2008. 151, obs. Morel .*

79. Revendication. L'action en revendication n'appartient qu'à celui qui se prétend propriétaire ; l'action intentée en son nom propre par une association aux fins de faire reconnaître le droit de propriété de tiers non parties au procès est irrecevable. • Civ. 3e, 19 févr. 1980 : *Bull. civ. III, n° 44.*

80. Locataire. Après avoir exactement rappelé qu'une servitude de passage ne peut être réclamée que par le titulaire d'un droit réel, l'arrêt qui constate que le demandeur prétend agir en qualité de locataire déclare justement son action irrecevable. • Civ. 3e, 28 janv. 1987 : *Dalloz jurisprudence.* ♦ V. également note 5 ss. art. 32.

81. Copropriété. V. art. 15 L. 10 juill. 1965. – *C. copr.*

82. Curatelle. Le recours en cassation constitue une instance nouvelle qui ne peut être introduite contre une personne n'ayant pas la capacité de représenter en justice. Le pourvoi, dirigé contre la curatrice qui ne peut se substituer à la personne en curatelle pour défendre en son nom à une action en justice, doit donc être déclaré irrecevable. • Soc. 18 déc. 2013, n° 12-17.874 P : *D. actu. 14 janv. 2014, obs. Kebir ; AJ fam. 2014. 190, note Montourcy ; Dr. fam. 2014, n° 26, note Maria ; JCP S 2014. 1274, note Bugada* (texte intégral).

83. Mariage. Majeur protégé. La requête aux fin d'autoriser le mariage d'un majeur protégé, présentée par son tuteur, est irrecevable. • Civ. 2e, 2 déc. 2015, n° 14-25.777 : *D. 2015. Actu. 2560 ; JCP 2016. 35, obs. Lamarche ; Gaz. Pal., 26 janv. 2016, p. 16, obs. Montourcy.*

3° DROIT SOCIAL

84. Syndicat. Intérêt collectif. La cour d'appel qui relève que certains commerçants, en employant des salariés le dimanche au mépris des dispositions de l'art. L. 221-5 [devenu L. 3132-3] C. trav., portent atteinte à l'intérêt collectif de la profession en rompant l'égalité au préjudice de ceux qui, exerçant la même activité, respectent la règle légale, a justement reconnu à un syndicat d'employeurs représentant cette profession qualité à agir devant le juge des référés pour faire cesser le trouble illicite ainsi causé. • Cass., ass. plén., 7 mai 1993, n° 91-12.611 P : *D. 1993. 437, concl. Jéol ; JCP 1993. II. 22083, note Saint-Jours.* ♦ Indépendamment de l'action réservée par l'art. L. 135-5 [devenu L. 2262-11] C. trav. aux syndicats liés par une convention ou un accord collectif de travail, les syndicats professionnels sont recevables à demander sur le fondement de l'art. L. 411-11 [devenu L. 2132-3] de ce code l'exécution d'une convention ou d'un accord collectif de travail, même non étendu, son inapplication causant nécessairement un préjudice à l'intérêt collectif de la profession. • Soc. 3 mai 2007, n° 05-12.340 P • 16 janv. 2008, n° 07-10.095 P : *D. 2008. AJ 426 ; JCP 2008. 1599, obs. Gauriau.* ♦ Aux termes de l'art. L. 411-11 [devenu L. 2132-3] C. trav., les syndicats professionnels peuvent, devant toutes les juridictions, exercer tous les droits réservés à la partie civile concernant les faits portant un préjudice direct ou indirect à l'intérêt collectif de la profession qu'ils représentent ; il en résulte qu'ils peuvent demander en référé les mesures de remise en état destinées à mettre fin à un trouble manifestement illicite affectant cet intérêt collectif ; dès lors, une cour d'appel retient exactement que le défaut de réunion, d'information et de consultation des institutions représentatives du personnel, lorsqu'elles sont légalement obligatoires, portant une atteinte à l'intérêt collectif de la profession, des fédérations syndicales sont recevables à demander la suspension d'une mesure prise par un employeur tant que ce dernier n'aura pas procédé aux informations et consultations obligatoires. • Soc. 24 juin 2008, n° 07-11.411 P : *R., p. 249 et 258 ; D. 2009. Pan. 197, note Mathieu-Géniaut ; ibid. 198, note Nicod ; JCP S 2008. Actu. 388, obs. Dauxerre ; ibid. 1634, obs. Gauriau ; RDT 2008. 666, obs. Fabre.* ♦ Un syndicat est recevable sur le fondement de l'art. L. 2132-3 C. trav. à demander en justice que soit déterminée l'étendue des droits acquis par les salariés à la suite de la dénonciation d'un accord collectif. • Soc. 2 déc. 2008, n° 07-44.132 P : *D. 2009. AJ 172 ; JCP S 2008. Actu. 663, obs. N. L. ; ibid. 2009. 1098, obs. Dauxerre ; RDT 2009. 116, obs. Tissandier ; Dr. soc. 2009. 240, note Radé.* ♦ L'action du syndicat qui ne tend pas au paiement de sommes déterminées à des personnes nommément désignées, mais à l'application du principe d'égalité de traitement, relève de la défense de l'intérêt collectif de la profession. • Soc. 12 févr. 2013, n° 11-27.689 P : *D. 2013. Actu. 513 ; D. actu. 11 mars 2013, obs. Peyronnet ; D. 2013. Actu. 513 ; ibid. Pan. 1031, obs. Porta ; JCP S 2013. 1398, note Cottin et Martinon ; Gaz. Pal. 24-25 mai 2013, p. 15, obs. Orif.* ♦ Est recevable l'action des syndicats tendant à l'application de dispositions d'un accord de branche relatives à la rémunération d'une catégorie de salariés et à la reconnaissance de l'irrégularité de la mise en œuvre de ces dispositions en l'absence de formalisation d'une convention individuelle de forfait, car elle porte préjudice à l'intérêt collectif de la profession. • Soc. 14 déc. 2016, n° 15-20.812 P : *JCP 2016. 1045, note Gauriau.* ♦ Ne sont pas recevables les demandes autres que celle relative au constat de l'irrégularité de la mise en œuvre des dispositions conventionnelles relatives à la convention de forfait, car elles n'ont pas pour objet la défense de l'intérêt collectif de la profession. • Même décision. ♦ Le comité d'entreprise n'a pas qualité pour intenter une action ou intervenir dans une action tendant au respect ou à l'exécution de dispositions légales ou conventionnelles, cette action étant réservée aux organisations ou groupements définis à l'art. L. 2231-1 C. trav. • Même décision.

85. Délégué syndical. Est recevable la demande en payement de dommages-intérêts introduite par l'employeur contre un délégué syndical qui a apposé sur les panneaux réservés à cet effet des affiches estimées injurieuses par la direction, ce dont il résulte que l'intéressé a pu commettre une faute, peu important que le syndicat qui l'a mandaté en ait ou non commis une et lui ait donné l'ordre de procéder à l'affichage. • Soc. 19 mai 1976 : *Bull. civ. V, n° 289.*

86. Nullité d'un syndicat professionnel. Toute personne justifiant d'un intérêt à agir est recevable à contester la qualité de syndicat professionnel d'un groupement dont l'objet ne satisfait pas aux exigences des art. L. 411-1 et L. 411-2 [devenus L. 2131-1 et L. 2131-2] C. trav., et à en demander la nullité, indépendamment du droit, pour le procureur de la République, d'en requérir la dissolution dans les conditions prévues par l'art. L. 481-1 [devenu L. 2135-1 puis L. 2136-1] du même code, en cas d'infractions commises par ses dirigeants ou administrateurs. • Cass., ch. mixte, 10 avr. 1998, n° 97-13.137 P : *RJS 1998. 481, n° 754 ; D. 1998. IR 126 ; ibid. 389, note Jeammaud ; Dr. soc. 1998. 565, obs. Merlin ; CSB 1998. 177, A. 37, note Philbert ; JCP E 1998, n° 31, p. 1259, note Menjucq.*

87. UES / Unité économique et sociale. La reconnaissance judiciaire d'une unité économique et sociale ne peut être demandée par une personne étrangère à la collectivité de travail dont il s'agit d'assurer la représentation. • Soc. 16 nov. 2010, n° 09-40.555 P.

88. Expert-comptable. L'expert-comptable désigné par le comité d'entreprise en application de l'art. L. 2325-35 C. trav. disposant d'un droit de communication des documents nécessaires à l'accomplissement de sa mission a qualité pour saisir le juge des référés d'une demande de communication de ces pièces. • Soc. 26 mars 2014, n° 12-26.964 P : *D. 2014. Actu. 830 ; ibid. Pan. 2380, obs. Lokiec ; RLDA 2014. 5214, note Selusi ; RDT 2014. 566, note Signoretto ; JCP S 2014. 149, obs. Dauxerre ; BJS 2014. 378, note Barbièri.*

4° EXÉCUTION FORCÉE

89. Débiteur. Une personne, dont les droits et obligations ne sont pas en discussion, n'a pas qualité pour défendre à l'action engagée contre son débiteur. Doit par conséquent être rejeté le pourvoi formé contre l'arrêt d'une cour d'appel ayant déclarée irrecevable l'intervention volontaire à titre principal de sociétés qui ne tendait qu'à contester une procédure d'exécution dirigée contre leur débitrice. • Civ. 2e, 27 sept. 2018, n° 17-20.134 P.

B. CHANGEMENT DE QUALITÉ

90. Renvoi. V. aussi notes 2 et 10 s.

91. Actionnaire. Viole l'art. 360, al. 2, de la L. du 24 juill. 1966 [devenu l'art. L. 235-1 C. com.] et l'art. 31 NCPC [devenu C. pr. civ.] la cour d'appel qui déclare irrecevable l'action en annulation de la délibération d'un conseil d'administration intentée par un actionnaire qui n'avait pas cette qualité à l'époque où la décision attaquée a été prise alors qu'aucune disposition n'impose que le demandeur à l'action soit actionnaire de la société à la date de la délibération dont il poursuit l'annulation. • Com. 4 juill. 1995, n° 93-17.969 P.

92. Associé retrayant. L'associé autorisé à se retirer d'une société civile pour justes motifs par une décision de justice, sur le fondement de l'art. 1869 C. civ., ne perd sa qualité d'associé qu'après remboursement de la valeur de ses droits sociaux et peut donc invoquer des faits constitutifs d'un abus de majorité pour solliciter l'annulation de résolutions ayant affecté en réserve les bénéfices de plusieurs exercices et l'octroi de dommages-intérêts en réparation du préjudice résultant de ces mises en réserve. • Com. 17 juin 2008, n° 06-15.045 P : *D. 2008. AJ 1818, obs. A. Lienhard ; Dr. sociétés 2008, n° 176, note Mortier ; BJS 2008. 965, note F.-X. Lucas ; Rev. sociétés 2008. 826, note Barbièri ; JCP 2008. II. 10169, note (approb.) Lebel.* ♦ La perte de la qualité d'associé ne peut, en cas de retrait, être antérieure au remboursement de la valeur des droits sociaux ; c'est, en conséquence, sans méconnaître les dispositions des art. 1845 s., 1869 C. civ., et L. 323-4 C. rur. qu'une cour d'appel retient que des associés qui se sont retirés d'un groupement d'exploitation agricole en commun sans avoir obtenu le remboursement de leurs parts sont recevables à demander la dissolution de ce groupement. • Com. 17 juin 2008, n° 07-14.965 P : *D. 2008. AJ 1818, obs. A. Lienhard ; Dr. sociétés 2008, n° 176, note Mortier ; BJS 2008. 967, note F.-X. Lucas.* ♦ L'associé d'une société civile professionnelle de notaires qui exerce la faculté de retrait ouverte par l'art. 18 de la L. du 29 nov. 1966 perd, à compter de la publication de l'arrêté constatant son retrait, les droits attachés à sa qualité d'associé et est réputé démissionnaire, et, partant, il perd la qualité d'associé de la société civile professionnelle dont l'objet est l'exercice en commun de la profession de ses membres ; mais ayant la qualité de propriétaire des parts sociales et, partant, ayant des droits patrimoniaux à l'encontre de la SCP, il a, à ces titres, qualité et intérêt à agir en nullité des assemblées générales de ladite SCP. • Civ. 1re, 17 déc. 2009, n° 08-19.895 P : *D. 2010. AJ 90, obs. A. Lienhard ; JCP E 2010. 1121 ; ibid. N 2010. 1069 ; Dr. sociétés 2010, n° 45, note Hovasse.*

93. Propriétaire. Viole l'art. 31 une cour d'appel qui déclare irrecevable l'action en nullité d'un bail intentée par le locataire, après la vente de l'immeuble, en retenant que la défenderesse n'était plus propriétaire des locaux loués lorsque l'action a été engagée alors que l'existence du droit invoqué n'est pas une condition de recevabilité de son action mais de son succès. • Civ. 3e, 27 janv. 1999, n° 97-12.970 P.

III. LIENS ENTRE QUALITÉ ET INTÉRÊT

94. Actionnaire. Un actionnaire, propriétaire d'une action (sur plus de 100 000), a, en cette qualité, un intérêt légitime à demander l'annulation d'assemblées générales. • Versailles, 9 oct. 2003 : *BJS 2004. 58, note Le Cannu.*

95. Testament. L'on peut avoir qualité pour agir en justice sans pour autant y avoir un intérêt, matériel ou moral ; ainsi, une cour d'appel statuant sur la demande d'un héritier en annulation d'un testament émanant d'une personne ne laissant aucun patrimoine transmissible en raison d'une mesure de confiscation générale résultant d'une condamnation pénale, et ayant relevé que le testament ne comportait aucune disposition relative au lieu d'inhumation, peut en déduire que cet héritier ne justifiait pas, à défaut d'intérêt matériel, d'un intérêt moral à solliciter l'annulation de l'acte litigieux. • Civ. 1re, 22 févr. 1977 : *Bull. civ. I, n° 97.*

96. Renvoi. V. aussi note 39.

IV. ABSENCE DE CONDITION SUPPLÉMENTAIRE

97. Comité d'entreprise. Il résulte des art. L. 431-6, al. 1er [devenu L. 2325-1], et R. 432-1 [abrogé] C. trav. que le comité d'entreprise, à défaut d'avoir délégué un de ses membres pour le représenter de manière générale en justice, doit désigner un représentant s'il veut assurer sa défense lorsqu'il est cité devant une juridiction ; en vertu de l'art. 31 NCPC [devenu C. pr. civ.], l'action en justice est ouverte à tous ceux qui y ont un intérêt légitime et sa recevabilité ne peut être subordonnée à la désignation par la partie adverse de la personne qui doit la représenter en justice. • Soc. 18 mars 1997, n° 95-15.010 P.

Art. 32 **Est irrecevable toute prétention émise par ou contre une personne dépourvue du droit d'agir.** – *V. art. 122.*

BIBL. ▸ BOURGEOIS, *D. 2008. Chron. 1160* (société en formation et exercice d'une action en justice : enjeux théoriques et pratiques).

A. DÉFAUT D'INTÉRÊT

1. Irrecevabilité. Viole les art. 31 et 32 NCPC [devenu C. pr. civ.] l'arrêt qui, pour accueillir la demande d'un contribuable, retient que ce dernier disposait, abstraction faite de l'inefficacité des avis à tiers détenteur litigieux, d'un intérêt à agir lié à la prescription de l'action en recouvrement et qu'il était en droit d'introduire un recours en saisissant le tribunal compétent dans les conditions prévues par les art. L. 281 et R. 281-4 LPF, alors que ne justifie d'aucun intérêt à agir le débiteur qui conteste des mesures d'exécution forcée restées infructueuses. • Com. 26 juin 2007, n° 06-13.773 P : *D. 2007. 1972* ; *RTD civ. 2008. 714, obs. Théry* .

B. DÉFAUT DE QUALITÉ

2. Renvoi. Pour le défaut de capacité ou de pouvoir, à distinguer du défaut de qualité seul en cause ici (qualifié de fin de non-recevoir et sanctionné par l'irrecevabilité), V. la qualification d'exception de procédure retenue par les art. 117 s. (irrégularité de fond affectant la validité de l'acte).

1° QUALITÉ DU DEMANDEUR

3. Acquéreur évincé. L'acquéreur d'un bien rural évincé par la préemption d'une SAFER n'a pas qualité pour provoquer l'annulation de cette acquisition pour défaut de régularisation de l'acte authentique de vente dans le délai prévu à l'art. 796, al. 4, C. rur. • Civ. 3e, 28 janv. 1987 : *Bull. civ. III, n° 15.*

4. Avocat associé membre d'une SCP. Aux termes de l'art. 44 du Décr. n° 92-680 du 20 juill. 1992, chaque associé membre d'une société civile professionnelle d'avocat exerce les fonctions d'avocat au nom de la société ; par suite, le recours en matière de contestation des honoraires dus à une telle société peut être exercé par l'avocat membre de la société dont les honoraires sont en litige ; encourt la cassation, pour violation des art. 32 et 546 NCPC [devenu C. pr. civ.], 44 du Décr. précité, l'ordonnance rendue par le premier président d'une cour d'appel qui, pour déclarer irrecevable l'appel interjeté par l'avocat, en son nom personnel et sans faire référence à sa qualité de représentant légal de la SCP, considère qu'il a été formé par une personne qui n'avait pas qualité pour l'exercer. • Civ. 2e, 15 févr. 2007, n° 05-11.056 P : *D. 2007. AJ 735* ; *BJS 2007. 898, note Daigre* ; *JCP 2007. I. 174, n° 27, obs. R. Martin.*

5. Locataire et servitude. Une servitude de passage ne peut être réclamée que par le titulaire d'un droit réel ; l'arrêt qui constate que le demandeur prétend agir en qualité de locataire déclare justement son action irrecevable. • Civ. 3e, 28 janv. 1987, n° 85-13.911. ♦ Viole les dispositions des art. 32 NCPC [devenu C. pr. civ.] et 637 C. civ. la cour d'appel qui déclare recevable la demande des locataires d'un fonds en contestation de l'assiette d'une servitude conventionnelle de passage, alors qu'un locataire est sans qualité pour agir en fixation de l'assiette d'une servitude. • Civ. 3e, 2 déc. 1992, n° 90-19.446 P : *AJDI 1993. 269* ; *RDI 1993. 52, obs. Bergel* ; *RTD civ. 1994. 896, obs. Zenati* .

6. Mandataire ad hoc et action sociale ut singuli. Viole les art. 32 NCPC [devenu C. pr. civ.] et L. 225-252 C. com., la cour d'appel qui accueille la demande en référé de désignation d'un mandataire *ad hoc* chargé de représenter une société dans l'instance pénale mettant en cause le président du conseil d'administration de cette société du chef de complicité d'abus de biens sociaux, à l'effet d'obtenir réparation du préjudice subi par celle-ci, alors que les actionnaires, disposant du droit propre de présenter des demandes en réparation au profit de la société, ne sont pas recevables à solliciter la désignation d'un mandataire *ad hoc* chargé de présenter de telles demandes. • Com. 14 déc. 2004, n° 04-13.059 P : *D. 2005. Somm. 432, obs. A. Lienhard* ; *Rev. sociétés 2005. 448, note Bouloc* ; *BJS 2005. 512, note Schmidt* ; *Dr. sociétés 2005, n° 73, note Monnet et Hovasse.*

7. Inspecteur du travail. L'inspecteur du travail ayant perdu le droit de saisir le juge des référés pour ordonner la fermeture de certains établissements le dimanche [par suite de l'annulation de l'art. R. 262-1-1 C. trav. par • CE 21 oct. 1994 : *Lebon, p. 451 avec les conclusions* ; *AJDA 1994. 918* ; *ibid. 874, chron. Touvet et Stahl* ; *Dr. soc. 1995. 139, concl. Bonichot* ; *RFDA 1995. 689, concl. Bonichot*], il n'est pas recevable, au regard des art. 31 et 32 NCPC [devenu C. pr. civ.], en sa seule qualité d'agent de l'État chargé de veiller au respect de la législation du travail, à demander au juge des référés du TGI d'enjoindre sous astreinte à une entreprise de se conformer à une disposition de la législation du travail. • Limoges, 28 févr. 1995 : *Procédures 1995, n° 297, note Croze* ; *D. 1995. IR 116.*

8. Représentant des salariés. Est irrecevable, en vertu de l'art. 32 NCPC [devenu C. pr. civ.] et de l'art. L. 621-8, al. 1er, C. com. dans sa rédaction antérieure à la L. du 26 juill. 2005 de sauvegarde des entreprises, le pourvoi formé en qualité de représentant des salariés par un salarié licencié pour motif économique, avec l'autorisation de l'inspection du travail, alors que ce représentant n'a plus le pouvoir d'agir en cette qualité après l'expiration du préavis qui met fin à son mandat. • Soc. 4 juill. 2007, n° 05-19.112 P : *D. 2007. AJ 2109* ; *RDT 2008. 47, obs. Chagny* ; *Dr. social 2007. 1187, obs. Verkindt* ; *RLDA 10/2007, n° 1214, obs. Cerati-Gauthier.*

9. Una via electa. Par application de l'art. 5 C. pr. pén., de la règle *una via electa* et des dispositions des art. 31 et 32, dès lors que le juge pénal a tranché, au fond, une demande et que le jugement est devenu définitif, l'intéressé ne peut plus reprendre cette action devant la juridiction civile. • Reims, 3 déc. 1998 : *JCP 2000. IV. 2162.*

10. Défaut d'autorisation d'agir en justice. L'exception tirée du défaut d'autorisation d'agir en justice au nom du département donnée par le conseil général à son président existe seulement dans l'intérêt de la collectivité territoriale. Dès lors, la partie adverse n'est pas autorisée à s'en prévaloir. • Civ. 2e, 16 mai 2013 : *BICC 1er nov. 2013, n° 1220 ; Procédures 2013, n° 209, note Perrot ; JCP 2013. 1225, n° 4, obs. Serinet ; Dr. et pr. 2013, p. 169, note Vinckel.* – V. déjà • Civ. 2e, 26 juin 2008 : *Dalloz jurisprudence.* ♦ V. *contra*, s'agissant de l'autorisation d'agir du syndic de copropriété : • Civ. 3e, 7 nov. 1990, n° 89-12.380 P • Cass. ass. plén., 15 mai 1992 : *cité note 40 ss. art. 117* • Civ. 3e, 2 nov. 2011 : *Dalloz jurisprudence.*

11. Droit réservé au défendeur à l'instance. Le droit de retrait prévu à l'art. 1699 C. civ. ne peut être exercé que par un défendeur à l'instance en contestation du droit litigieux. Dès lors les demandeurs à l'instance en revendication de la propriété d'un bien immobilier ne sont pas recevables à exercer leur droit de retrait. • Civ. 1re, 19 nov. 2014 : *D. 2014. Actu. 2407 ; JCP 2015. 424, obs. Mayer ; ibid. 83, note Lebel ; CCC 2015, n° 28, note Leveneur.*

12. Filiation. Les parents d'intention ne possèdent pas, d'un point de vue juridique, la qualité nécessaire pour représenter les intérêts du mineur dans le cadre d'une procédure judiciaire, alors que toute filiation avec l'enfant leur a été refusée dans leur pays et que l'enfant, ayant fait l'objet d'une procédure de tutelle, est déjà représenté par un tuteur dans les procédures nationales. • CEDH 27 janv. 2015, *Paradiso et Campanelli c/ Italie,* n° 25358/12 : *Procédures 2015, n° 127, note Douchy-Oudot.*

2° QUALITÉ DU DÉFENDEUR

13. Action en restitution. Viole les art. 32 NCPC [devenu C. pr. civ.] et 1382 C. civ. un arrêt qui, pour condamner la Réunion des musées nationaux à restituer une sculpture saisie à la douane centrale sur décision du directeur des musées de France, énonce que cet établissement public a irrégulièrement porté atteinte au droit de propriété dans des conditions constitutives d'une voie de fait, alors qu'il résulte de ses propres constatations que la sculpture litigieuse était en possession d'une commune qui avait seule qualité pour être assignée en restitution. • Civ. 1re, 5 déc. 1995, n° 92-18.292 P.

14. Avocat collaborateur. Si, en application de l'art. 131 du Décr. n° 91-1197 du 27 nov. 1991 modifié, l'avocat est civilement responsable des actes professionnels accomplis pour son compte par un collaborateur, cette responsabilité n'est pas exclusive de celle qui est encourue par ce dernier ; viole les art. 1147 C. civ., 32 C. pr. civ. et 131 du décret préc. l'arrêt qui énonce que les demandes formées contre le collaborateur étaient irrecevables, dès lors qu'il était intervenu auprès du client en sa qualité de *partner*, titre professionnel correspondant, en droit français, non à celui d'avocat exerçant à titre individuel ou d'avocat associé, mais à celui de collaborateur de cabinet, situation statutaire qui n'avait pas été dissimulée au client. • Civ. 1re, 17 mars 2011, n° 10-30.283 P : *D. 2011. 1463, note Dondero ; Rev. sociétés 2011. 429, note Daigre ; LPA 7 juin 2011, p. 19, note Mairot ; JCP E 2011. 1454, note Mortier ; BJS 2011. 407, note Barbièri.*

15. Défaut de personnalité juridique. Viole l'art. 32 C. pr. civ. qui déclare recevable le jugement du tribunal d'instance une requête en contestation des élections au comité d'hygiène, de sécurité et des conditions de travail d'une unité économique et sociale, partie dépourvue de personnalité juridique. • Soc. 26 mars 2014 : *Gaz. Pal. 25-27 mai 2014, p. 34, obs. Mayer.*

Art. 32-1 *(Décr. n° 78-62 du 20 janv. 1978, art. 14)* **Celui qui agit en justice de manière dilatoire ou abusive peut être condamné à une amende civile** *(Décr. n° 2005-1678 du 28 déc. 2005, art. 77, en vigueur le 1er mars 2006)* **« d'un maximum de** *(Décr. n° 2017-892 du 6 mai 2017, art. 67)* **« 10 000 » € » sans préjudice des dommages-intérêts qui seraient réclamés.** — *V. not., pour une application du principe, art. 88 relatif au contredit, 559 relatif à l'appel, 581 relatif aux voies extraordinaires de recours et 628 relatif au pourvoi en cassation.*

L'art. 77 du Décr. n° 2005-1678 du 28 déc. 2005 ne s'applique qu'aux instances introduites et procédures diligentées après le 1er mars 2006 (Décr. préc., art. 87, al. 2).

L'art. 67 du Décr. n° 2017-892 du 6 mai 2017 est applicable dans les îles Wallis-et-Futuna (Décr. préc., art. 72-II).

BIBL. ▸ Béhar-Touchais, *LPA 20 nov. 2002, p. 36* (amende civile, substitut à l'absence de dommages et intérêts punitifs). – Blary-Clément, *JCP 1991. I. 3534* (sanction des manœuvres dilatoires). – Cadiet, *Mél. Héron, LGDJ-Lextenso 2008, p. 125* (sanction et procès civil). – De Belval, *Gaz. Pal. 23-24 mai 2007, p. 4* (abus du droit d'agir en justice). – Desdevises, *D. 1979. Chron. 21* (abus du droit d'agir avec succès). – Hocquet-Berg, *RCA 2009. Dossier 6* (le procès civil envisagé comme fait générateur de dommages). – Le Bars, *Gaz. Pal. 28-29 janv.*

2004, p. 18 (saisine du juge ; table ronde, Entretiens du Palais, 3-4 oct. 2003). – MARTIN, *JCP 1976. IV. 6630, p. 287* (abus de droit et art. 700). – MESTRE, *Mél. Raynaud, p. 439* (abus du droit de recouvrer sa créance). – PANSIER, *JCP 1983. I. 3105 et 3111* (abus de procédure et référé). – ROUX, *Loyers et copr. 2008. Étude 2* (copropriété). – VIATTE, *Gaz. Pal. 1978. 1. Doctr. 305* (amende civile). – WOOG, *LGDJ, 1972* (résistance injustifiée).

PLAN DES ANNOTATIONS

I. APPRÉCIATION SELON L'ART. 32-1

1. Légalité. L'amende civile à laquelle peut être condamné celui qui agit en justice de manière dilatoire ou abusive n'a pas le caractère d'un impôt ni celui de sanction pénale ; ainsi, les requérants ne sont pas fondés à soutenir qu'elle relève de la compétence du législateur en vertu de l'art. 34 de la Constitution ; en instituant cette amende, le gouvernement n'a porté atteinte à aucun des principes généraux du droit, notamment ceux de l'égalité des citoyens devant la justice et du respect des droits de la défense ; il n'a pas davantage méconnu la règle du double degré de juridiction. • CE, ass., 31 oct. 1980 : *D. 1981. IR 111, obs. Delvolvé ; JCP 1983. II. 2003, note J.-B. Auby.*

2. Renvois. V. aussi les art. 88, 559, 581 et 628 ainsi que les art. 118 et 123.

A. DOMAINE

1° INCLUSIONS

3. Référés. Il appartient à toutes les juridictions, y compris celle des référés, de statuer sur la réparation du préjudice né des termes mêmes de l'assignation qui les a saisies ; est donc légalement justifiée la décision d'une cour d'appel statuant sur appel d'une ordonnance de référé qui, ayant relevé les termes insultants employés par le *demandeur dans son assignation,* le condamne à payer au défendeur visé par ces insultes des dommages-intérêts. • Civ. 1re, 16 déc. 1986 : *Bull. civ. I, n° 308 ; Gaz. Pal. 1987. 2. Somm. 340, obs. Guinchard et Moussa ; RTD civ. 1987. 800, obs. Normand.* ♦ Il appartient à toutes les juridictions, y compris celle des référés, de statuer sur le dommage causé par le comportement abusif de l'une des parties dans le développement procédural dont elle a eu à connaître ; justifie légalement sa décision de condamner la partie défenderesse en premier ressort à des dommages-intérêts pour appel abusif la cour d'appel statuant en matière de référés qui, après avoir déduit des éléments de la cause que la partie dont il s'agit poursuivait par son appel un but dilatoire, retient l'existence d'un abus, constitutif de faute. • Com. 2 mai 1989 : *Bull. civ. IV, n° 143.* ♦ Il appartient à la juridiction des référés de statuer à titre provisoire sur le dommage causé par le comportement abusif de l'une des parties dans la procédure dont elle a connu. • Civ. 1re, 4 févr. 1992, n° 89-12.725 P.

4. Renvoi devant une juridiction limitrophe. Si la demande de renvoi fondée sur l'art. 47 peut être présentée à tout moment de la procédure, même en cause d'appel, et si le renvoi de l'affaire est de droit lorsque les conditions prévues par ce texte sont réunies, les juges du fond gardent la possibilité, sur le fondement de l'art. 32-1, de condamner à des dommages-intérêts ceux qui se seraient abstenus, dans une intention dilatoire, de la soulever plus tôt ; la cour d'appel ayant relevé que le renvoi avait été demandé près de cinq ans après le jugement déféré, sans avertir personne, plus d'une heure après l'appel du rôle, a caractérisé un tel abus de droit. • Soc. 11 juill. 2002, n° 00-44.407 P. ♦ Comp. note 6.

2° EXCLUSIONS

5. Matière électorale. Les dispositions de l'art. 32-1 ne sont pas applicables en matière électorale. • Civ. 2e, 4 mars 1983 : *Bull. civ. II, n° 70.*

6. Récusation ou renvoi pour cause de suspicion légitime. Une demande de renvoi pour cause de suspicion légitime ne constitue pas une action en justice ; par conséquent, viole, par fausse application, l'art. 32-1 la cour d'appel qui condamne à une amende civile, sur le fondement de ce texte, les requérants à une demande de renvoi pour cause de suspicion légitime. • Civ. 2e, 2 déc. 2004, n° 03-12.506 P. ♦ L'art. 32-1 est sans application à la procédure de récusation ou de renvoi pour cause de suspicion légitime ; en condamnant à une amende civile l'auteur d'une récusation dont elle rejetait la requête, une cour d'appel n'a fait qu'user du pouvoir laissé à sa discrétion par l'art. 353. • Civ. 2e, 8 févr. 2007, n° 05-22.113 P. ♦ Comp. note 4.

B. PRINCIPE

7. Énoncé. Celui qui agit en justice de manière dilatoire ou abusive peut être condamné à des dommages-intérêts. • Civ. 1re, 25 févr. 1986 : *Bull. civ. I, n° 38 ; Gaz. Pal. 1987. 1. Somm. 41, obs. Croze et Morel* (violation de l'art. 32-1 par une cour d'appel qui condamne une partie à payer une somme à titre de dommages-intérêts sans caractériser la faute commise par celle-ci).

1° MISE EN ŒUVRE

8. Caractérisation. Ne donne pas de base légale à sa décision le tribunal qui alloue à une partie des dommages-intérêts pour abus de procédure, sans caractériser la faute commise par l'autre partie en introduisant une instance et en défendant à une autre. • Civ. 2e, 19 nov. 1986 : *Bull. civ. II, n° 171.* ♦ *Adde* note 7 et notes 28 s.

9. Respect de la contradiction. Encourt la cassation l'ordonnance rendue par un juge des tutelles qui, après avoir rejeté la requête de l'administrateur sous contrôle judiciaire d'un mineur, portant demande d'autorisation de paiement d'honoraires d'un avocat, par prélèvement sur des deniers appartenant au mineur, a condamné l'avocat à une amende civile pour avoir agi en justice de manière abusive, alors que l'avocat n'avait été ni appelé ni entendu à l'audience. • Civ. 2e, 12 oct. 1994, n° 92-14.867 P. ♦ L'amende civile à laquelle peut être condamné celui qui agit en justice de manière abusive constitue une mesure de procédure civile qui peut être prononcée d'office par le juge, usant du pouvoir laissé à sa discrétion par l'art. 32-1, sans être astreint aux exigences d'une procédure contradictoire. • Civ. 2e, 3 sept. 2015, n° 14-11.676 P : *Procédures 2015, n° 316, note Croze.*

10. Relevé d'office. L'art. 32-1 ne saurait être mis en œuvre que de la propre initiative du tribunal saisi, les parties ne pouvant avoir aucun intérêt moral au prononcé d'une amende civile à l'encontre de l'adversaire. • TI Bar-sur-Seine, 22 août 1980 : *D. 1982. IR 205.*

2° CAS

a. Abus du droit d'agir en demande

11. Illustrations « négatives » : amende civile. Ne tire pas les conséquences légales de ses constatations le tribunal qui condamne un assureur à une amende civile pour procédure abusive, alors qu'il résulte des énonciations du jugement que c'est postérieurement à l'ordonnance d'injonction de payer qui lui avait été signifiée que l'assuré a payé, avant de faire opposition à l'ordonnance, un acompte sur les primes qu'il ne contestait pas devoir. • Civ. 1re, 16 mars 1994, n° 90-21.348 P. ♦ Viole l'art. 32-1 le tribunal d'instance qui condamne un employeur au paiement d'une amende civile, alors que cet employeur se bornait à contester la régularité de la désignation d'un salarié en qualité de délégué syndical et que cette contestation ne caractérise pas l'abus du droit d'agir en justice. • Soc. 11 mai 1999 : *Dalloz jurisprudence.*

12. Illustrations « négatives » : dommages-intérêts. Ne donne pas de base légale au regard de l'art. 32-1 la cour d'appel qui, pour condamner le demandeur à payer une certaine somme au défendeur à titre de dommages-intérêts, retient qu'il ne pouvait se méprendre sur l'applicabilité de la clause du bail aux faits visés dans les sommations et que son attitude dans la procédure relève d'une légèreté coupable, sans rechercher si, au regard des différentes décisions de justice déjà rendues dans l'affaire dont elle était saisie, le demandeur ne pouvait pas légitimement penser qu'il obtiendrait gain de cause dans l'instance pendante. • Civ. 3e, 19 févr. 2003 : *RJDA 2003, n° 558.* ♦ Une cour d'appel qui retient que, l'action entreprise par une association de défense des consommateurs s'étant trouvée pour partie légitime et justifiée, aucun abus de droit ne pouvait être relevé à son encontre et, à supposer que la société défenderesse se soit trouvée pénalisée dans la diffusion de ses offres, la responsabilité lui en revenait comme procédant de l'irrégularité de celles-ci, a pu en déduire que cette association n'avait pas commis de faute. • Civ. 1re, 1er févr. 2005, n° 01-16.733 P : *D. 2005. Somm. 640, obs. Avena-Robardet ; RTD civ. 2005. 393, obs. Mestre et Fages ; RTD com. 2005. 825, obs. Bouloc ; CCC. 2005, n° 99, note Raymond ; D. 2005 AJ. 640, note Avena-Robardet ; RLDA avr. 2005, n° 5075, obs. Marchand ; RDC 2005. 718, obs. Fenouillet.* ♦ Une cour d'appel ayant, par motifs propres et adoptés, relevé que n'était pas rapportée la preuve que le demandeur avait exercé son droit d'agir avec malice, de mauvaise foi ou d'erreur grossière équipollente au dol, et les défendeurs n'ayant pas soutenu devant la cour que le demandeur avait agi avec une légèreté blâmable, a pu, par ces seuls motifs, en déduire que leurs demandes d'indemnisation de préjudices causés par le caractère abusif de cette procédure ne pouvaient être accueillies. • Civ. 3e, 10 oct.

2012, n° 11-15.473 P : *JCP N 2013. 1007, note Piedelièvre ; LPA 24 avr. 2013, p. 11, note Dutrieux.*

b. Abus du droit d'agir en défense

13. Illustration « positive » : amende civile. Caractérise une attitude malicieuse constitutive d'un abus du droit d'agir en défense, sanctionné, par application de l'art. 32-1, d'une amende civile, une cour d'appel qui retient qu'une partie a laissé se dérouler la procédure de première instance sans faire connaître sa véritable situation et qu'il a fallu attendre le transport sur les lieux pour apprendre qu'elle n'était qu'usufruitière de son fonds, dont la nue-propriété appartenait à son fils. • Civ. 2e, 16 juin. 1993, n° 91-20.203 P.

14. Illustration « négative » : dommages-intérêts. Ne donne pas de base légale à sa décision le conseil de prud'hommes qui alloue à des salariés demandeurs une indemnité au titre de l'art. 32-1 sans donner de motifs et en ne relevant aucune circonstance de nature à faire dégénérer en faute le droit de l'entreprise à défendre à l'action des salariés. • Soc. 9 juin 2004, n° 02-46.348 P.

15. Illustration « négative » : amende civile. Viole l'art. 32-1 la cour d'appel qui, pour condamner le défendeur, en première instance, au paiement d'une amende civile, retient, par motifs adoptés, qu'en développant des arguments contradictoires et en tentant de faire porter le débat sur l'illégitimité de la grève, que le conseil de prud'hommes n'a pas la compétence de trancher, le défendeur a développé des moyens de défense manifestement dilatoires et qu'il y a lieu de stigmatiser cette attitude, alors que ces motifs sont impropres à caractériser un abus du droit de défendre en justice. • Soc. 30 janv. 2013 : *D. 2013. Actu. 369 ; JCP G 2013. 211, note Lefranc-Hamoniaux ; JCP S 2013. 1196, note Everaert-Dumont.*

c. Abus dans l'exercice des voies de recours

16. Appel : dommages-intérêts. Viole l'art. 32-1 la cour d'appel qui, pour condamner une partie au versement d'une somme à titre de dommages-intérêts pour procédure abusive, se borne à relever qu'elle avait agi de mauvaise foi, alors que l'arrêt a annulé le jugement de première instance sur le fondement de l'art. 6 Conv. EDH et que, dans cette mesure au moins, le recours était justifié. • Soc. 19 nov. 2002, n° 00-46.108 P. ♦ Viole l'art. 1382, devenu 1240 C. civ., la cour d'appel qui condamne une partie au paiement de dommages-intérêts, retenant que celle-ci a interjeté appel bien que les motifs du tribunal aient fait clairement apparaître le caractère non seulement infondé mais abusif de la procédure qu'elle a engagée, de tels motifs étant impropres à caractériser une faute faisant dégénérer en abus l'exercice de la voie de recours qui lui était ouverte. • Civ. 1re, 16 nov. 2016, n° 15-24.248 P : *D. actu. 5 déc. 2016, obs. Kebir.* ♦ Comp. note 40.

17. Appel : amende civile. En statuant sans caractériser les circonstances de nature à faire dégénérer en faute l'exercice par l'appelant de son droit d'appel, la cour d'appel a violé les art. 32-1 et 581. • Civ. 2e, 6 mars 2003, n° 01-00.507 P (présentation, avec l'assistance d'un avocat au titre de l'aide juridictionnelle, d'une demande de rétroactivité dont l'irrecevabilité résultait de l'application de principes juridiques procéduraux incontournables, puis réitération de celle-ci, alors que l'intéressé bénéficiait en cause d'appel d'un auxiliaire de justice supplémentaire).

C. VOIES DE RECOURS CONTRE LA DÉCISION RELATIVE À L'ART. 32-1

1° APPEL

18. Amende civile. Étrangère à la partie adverse, qui n'en profite pas, la condamnation à l'amende civile ne peut donner lieu à ouverture contre cette partie à appel. • Reims, 25 juin 1981 : *D. 1982. IR 153, obs. Julien.*

2° POURVOI EN CASSATION

19. Amende civile. Est recevable, en application de l'art. 609, le pourvoi en cassation formé contre un arrêt qui a condamné la partie qui a obtenu satisfaction à une amende civile. • Civ. 2e, 16 juin 1993, n° 91-20.203 P.

D. ARTICULATION AVEC LES PROCÉDURES COLLECTIVES

20. Créance postérieure au jugement d'ouverture. La créance de dommages-intérêts pour procédure abusive trouve son origine dans la décision qui prononce la condamnation et entre dans les prévisions de l'art. 40 de la loi du 25 janvier 1985, devenu l'art. L. 621-32 [devenu, avec la loi de sauvegarde, l'art. L. 622-17] C. com., lorsque cette décision est postérieure au jugement d'ouverture de la procédure collective. • Com. 11 juin 2003, n° 00-21.775 P : *D. 2003. AJ 2174 ; RTD com. 2004. 158, obs. Martin-Serf ; JCP 2004. I. 115, n° 15, obs. Cabrillac ; APC 2003, n° 196, obs. Vallansan.*

21. AGS. Selon l'art. L. 143-11-1, al. 1er, [devenu L. 3253-6] C. trav., en cas de procédure de redressement et de liquidation judiciaires, l'Association pour la gestion du régime d'assurance des créances de salariés (AGS) garantit le paiement des sommes dues aux salariés en exécution du contrat de travail ; les sommes allouées à des salariés par décision de justice à titre de dommages-intérêts pour résistance abusive à leur demande ne résultent pas de l'exécution du contrat de travail. • Soc. 26 janv. 2000, n° 98-44.182 P.

II. APPRÉCIATION SELON L'ART. 1382 C. CIV.

22. *Recevabilité du moyen.* Les demandeurs au pourvoi n'ayant pas critiqué expressément devant la cour d'appel le bien-fondé de la condamnation à des dommages-intérêts pour procédure abusive prononcée par les premiers juges, le moyen qui reproche à l'arrêt d'avoir confirmé cette condamnation sans caractériser une faute faisant dégénérer en abus leur droit de se défendre en justice est nouveau et, partant, irrecevable. • Civ. 3e, 31 mars 2005, n° 03-20.012 P : *AJDI 2005. 674.*

A. DOMAINE

23. *Diffamation.* L'action fondée sur des faits reconnus diffamatoires ne peut constituer un abus de droit d'ester en justice. • Civ. 2e, 13 nov. 2003, n° 01-13.648 P.

24. *Loterie publicitaire.* Une cour d'appel qui a relevé que le demandeur avait cherché à tirer profit d'un pseudo-gain qu'il savait n'être pas le sien peut en déduire que son action est abusive. • Cass., ch. mixte, 6 sept. 2002, n° 98-14.397 P : *BICC 15 oct. 2002, p. 3, Avis de Gouttes, Rapport Gridel ; RTD com. 2003. 355, obs. Bouloc ; JCP 2002. II. 10173, note Reifegerste ; 37644, n° 92, obs. Savaux ; ibid. E 2002. 1687, note Viney ; Cah. dr. entr. n° 5, p. 38, obs. Mainguy ; Defrénois 2002. CCC 2002, n° 151, note Raymond ; LPA 24 oct. 2002, p. 16, note Houtcieff.*

25. *Pension alimentaire.* En relevant le but malicieux du demandeur de s'immiscer dans la vie de son ancienne concubine ainsi que le caractère abusif de la procédure joint à l'intention de vindicte qui la sous-tend, la cour d'appel a caractérisé la faute constitutive d'un abus de droit de sa part. • Civ. 1re, 3 mars 2009 : *RJPF 10/2009. 31.*

26. *Résistance abusive au paiement.* La résistance abusive au paiement d'une somme due qui a causé un préjudice ouvre droit à l'octroi de dommages-intérêts. • Civ. 1re, 24 mai 1989 : *Bull. civ. I, n° 211.*

27. *Voies d'exécution.* Est caractérisé l'abus de procédure – justifiant la condamnation à des dommages et intérêts – de celui qui, s'opposant à un commandement aux fins de saisie immobilière, ne conteste ni sa dette, ni le caractère exécutoire de la décision qui avait constaté une créance, ni la régularité de la procédure de saisie. • Civ. 1re, 14 févr. 1989 : *Bull. civ. I, n° 82.* ♦ Ayant relevé que l'action engagée par les demandeurs apparaissait uniquement dilatoire dès lors que, faisant l'objet d'une mesure d'expulsion exécutoire, ils se maintenaient abusivement dans les lieux, multipliant les procédures et s'abstenant de régler les indemnités d'occupation mises à leur charge, la cour d'appel a pu décider que leur comportement caractérisait un abus de procédure. • Civ. 2e, 19 déc. 2002, n° 00-20.250 P : *AJDI 2003. 368 ; BJS 2003. 483, n° 94, note Saintourens ; JCP N 2003. 1248, note Garçon* (demande en nullité du jugement d'adjudication).

B. COMPORTEMENT DÉNONCÉ

1° EN GÉNÉRAL

28. *Manque de base légale.* En ne relevant aucune circonstance de nature à faire dégénérer en faute le droit du demandeur d'ester en justice, la cour d'appel n'a pas donné de base légale à sa décision au regard de l'art. 1382 C. civ. • Civ. 1re, 13 nov. 1984 : *Bull. civ. I, n° 300.* ♦ Ne donne pas de base légale à sa décision la cour d'appel qui, pour condamner une partie à des dommages-intérêts envers l'autre sur le fondement de l'art. 1382 C. civ., se borne à énoncer que la demande est téméraire sans caractériser la faute commise. • Com. 19 mars 1980 : *Bull. civ. IV, n° 134.* ♦ Ne donne pas de base légale à sa décision la cour d'appel qui fonde une condamnation à des dommages-intérêts sur la seule constatation que les défendeurs à une action tendant à obtenir l'exécution d'une convention n'ont pas invoqué la nullité de celle-ci dès le début de la procédure, sans relever aucun fait de nature à faire dégénérer en abus l'exercice du droit de proposer en tout état de cause les défenses au fond. • Com. 15 nov. 1982 : *Bull. civ. IV, n° 351 ; Gaz. Pal. 1983. 1. 97, obs. Guinchard.* ♦ Ne donne pas de base légale à sa décision la cour d'appel qui condamne une partie à des dommages-intérêts pour abus de procédure sans caractériser son comportement fautif. • Civ. 2e, 29 janv. 1986 : *Bull. civ. II, n° 3.* ♦ Ne donne pas de base légale à sa décision la cour d'appel qui, pour accueillir une demande de dommages-intérêts pour procédure abusive et injurieuse, se borne à énoncer qu'elle est fondée et que l'équité commande d'y faire droit. • Civ. 2e, 4 nov. 1988 : *Bull. civ. II, n° 202.* ♦ *Adde*, note 8.

29. *Violation art. 1382 C. civ.* Viole l'art. 1382 C. civ. en statuant par des motifs qui ne caractérisent pas une faute faisant dégénérer en abus le droit d'agir en justice la cour d'appel qui, pour condamner le demandeur à payer des dommages-intérêts à la défenderesse, retient que les nombreuses procédures qui se sont succédé pour que soit reconnu le droit de celle-ci à la propriété des biens litigieux ont été pour elles génératrices de soucis et de dépenses, constitutifs d'un préjudice justement réparé par les premiers juges. • Civ. 3e, 21 janv. 1998, n° 95-19.109 P : *D. 1998. IR 47 ; D. Affaires 1998. 293, obs. S. P.* ♦ Comp. note 32. • Civ. 1re, 13 déc. 1994. ♦ Viole l'art. 1382 C. civ. une cour d'appel qui déclare les demandes de l'appelant irrecevables et condamne l'intimé à des dommages-intérêts pour résistance abusive. • Civ. 2e, 21 déc. 2006, n° 06-12.368 P. ♦ L'exercice d'une action en justice ne peut constituer un abus de droit que dans des circonstances particulières le rendant fautif. Viole en conséquence les art. 32-1 C. pr. civ. et 1382, devenu 1240, C. civ. la cour d'appel qui pour condamner les demandeurs à payer à leur adversaire une somme à titre de dommages-intérêts, après avoir rejeté la demande de cette société au titre de l'abus du droit d'agir en justice, retient qu'il sera fait droit à sa demande d'indemnisation de son préjudice moral, l'action, visant à contester sa qualité de légitime propriétaire, ayant inévitablement porté atteinte à sa réputation. • Civ. 2e, 11 janv. 2018, n° 16-26.168 P : *D. 2018. Actu. 121*.

30. Pouvoir souverain. Ayant estimé souverainement que la dénonciation de l'attitude frauduleuse d'une partie constitue une nouvelle preuve de l'acharnement judiciaire de l'autre partie dont il a été précédemment jugé que le comportement s'avérait manifestement tendancieux et marqué d'un esprit de revanche dénué de toute objectivité, une cour d'appel peut en déduire que cette partie a abusé de son droit d'ester en justice et a causé un préjudice à l'autre. • Civ. 1re, 9 janv. 2007, n° 05-10.098 P : *D. 2007 AJ 451 ; ibid. 2008. Pan. 187, obs. Clay ; AJDI 2007. 392, note Zalewski*.

31. Abus. Caractérise la faute faisant dégénérer en abus le droit d'ester en justice l'arrêt qui retient que c'est manifestement de mauvaise foi ou, pour le moins, par une erreur grossière équivalente au dol que le demandeur a tenté, en invoquant des moyens fallacieux, d'obtenir, à la veille de leur expiration, l'annulation des contrats après plus de soixante années d'exécution par lui-même et ses auteurs. • Civ. 3e, 8 déc. 1981 : *Bull. civ. III, n° 201*. ♦ Caractérise l'abus commis par le demandeur de son droit d'ester en justice l'arrêt qui constate que le demandeur a manifestement voulu nuire au défendeur et lui imposer une nouvelle procédure en instance et en appel pour le forcer à transiger sur une offre de réduction de la moitié de la largeur du passage qu'il savait légalement inacceptable. • Civ. 3e, 26 oct. 1983 : *Bull. civ. III, n° 204*. ♦ Le seul fait pour l'assureur de demander en justice la poursuite de l'exécution du contrat, après avoir, en respectant les formes et délais prévus à l'art. L. 113-3 C. assur., suspendu la garantie, ne peut constituer un abus de droit. • Civ. 1re, 1er déc. 1993 : *RGAT 1994. 96, obs. Mayaux ; RTD civ. 1995. 106, obs. Mestre*. ♦ Ayant retenu que l'utilisation de moyens frauduleux pendant de longues années pour échapper à un statut légal était d'autant plus fautive qu'elle émanait d'un ancien professionnel du droit et était, au surplus, génératrice d'un préjudice moral et financier pour les occupants des lieux mis dans l'obligation de se défendre face à des accusations farfelues, la cour d'appel a pu caractériser la faute faisant dégénérer en abus le droit d'ester en justice. • Civ. 3e, 1er avr. 2009, n° 07-21.833 P.

32. Faute. Justifie légalement sa décision condamnant une partie à payer des dommages-intérêts la cour d'appel qui, pour caractériser sa faute, relève que ses coïndivisaires ont eu injustement et abusivement à subir de longues années de procédure avant de voir reconnaître leur bon droit. • Civ. 1re, 13 déc. 1994, n° 92-20.780 P : *D. 1995. 496 ; RTD civ. 1995. 659, obs. Patarin*. ♦ Comp. note *29*. • Civ. 3e, 21 janv. 1998. ♦ Toute faute dans l'exercice des voies de droit est susceptible d'engager la responsabilité de son auteur ; viole l'art. 1382 C. civ. l'arrêt qui énonce que, si l'exercice d'une action en justice peut être constitutif d'abus, celui qui s'en prévaut doit démontrer que ce droit a été exercé dans l'intention de nuire, cette intention pouvant se caractériser dès lors que le titulaire de ce droit ne devait en tirer aucun avantage ni aucune utilité appréciable. • Civ. 2e, 11 sept. 2008 : *JCP 2009. I. 123, n° 5, obs. Stoffel-Munck ; LPA 4 nov. 2008, p. 13, note Canselier ; BJDU 2008. 347, obs. Nési.*

2° EN APPEL

33. Demande d'arrêt de l'exécution provisoire. Un premier président ayant relevé que la demande d'arrêt de l'exécution provisoire avait été introduite par une partie avec légèreté et mauvaise foi dans le seul but de faire échec au jugement sans démontrer que l'exécution de celui-ci provoquerait des conséquences manifestement excessives sur sa situation et avait causé un préjudice aux bénéficiaires du jugement a pu, sans excéder ses pouvoirs, décider que la procédure, abusive et dilatoire, justifiait l'allocation de dommages-intérêts. • Civ. 2e, 12 nov. 1997, n° 95-20.280 P : *D. Affaires 1997. 1466 ; Gaz. Pal. 2-3 oct. 1997. Somm. 37, obs. Croze et Morel.*

34. Appel-nullité. L'exercice d'un recours manifestement irrecevable constitue un abus de droit d'agir en justice ; est ainsi fautif le comportement du candidat à la reprise évincé qui était le concurrent du cessionnaire et qui, n'ayant pas de prétention à faire valoir, a néanmoins formé un recours que la jurisprudence déclare irrecevable. • Com. 11 mai 1999, n° 98-11.392 P : *D. 2000. Somm. 96, obs. Honorat*.

35. Tiers opposant. La cour d'appel ayant constaté que le tiers opposant, auteur de l'appel, ne se prévalait d'aucun préjudice distinct de celui de son épouse et de ses enfants, retenu que son action ne tendait qu'à retarder l'issue des opérations de partage ouvertes depuis plus de vingt ans et fait ressortir qu'il ne pouvait ignorer que son action était vouée à l'échec, estimant qu'il n'avait agi que dans une intention dilatoire, a pu retenir le caractère abusif de l'appel. • Civ. 1re, 2 avr. 2008, n° 07-11.254 P : *D. 2008. Chron. C. cass. 2364, obs. Chauvin ; JCP 2008. II. 10126, note Sauvage ; RLDC 2008. 3039,* *note Léandri ; Dr. et pr. 2008. 277, obs. Lefort ; Gaz. Pal. 22 nov. 2008, p. 54, note Casey.*

36. Illustrations. L'arrêt qui retient que l'attitude des défendeurs, qui ont refusé sans motifs sérieux la demande d'autorisation de passage de leur voisin, a caractérisé la faute faisant dégénérer en abus le droit de se défendre en justice. • Civ. 3e, 15 avr. 1982 : *Bull. civ. III, no 3.* ♦ Une cour d'appel qui constate qu'un appelant n'a développé aucun moyen à l'appui de son recours puis s'en est désisté peut en déduire que l'appel était dilatoire et abusif, justifiant la condamnation au paiement d'une amende civile. • Civ. 2e, 2 déc. 1998, no 96-20.984 P.

a. Légitimité reconnue au premier degré

37. Demandeur : principe. Une action en justice ne peut, sauf circonstances particulières, qu'il appartient alors au juge de spécifier, constituer un abus de droit lorsque sa légitimité a été reconnue par la juridiction du premier degré, malgré l'infirmation dont sa décision a été l'objet en appel. • Civ. 1re, 10 mars 1998, no 95-21.817 P : *D. 1998. IR 91 ; Gaz. Pal. 1998. 2. Pan. 216 ; RG proc. 1999. 695, obs. Wiederkehr* • 9 oct. 2001, no 98-14.991 P : *D. 2001. IR 3169* • Com. 26 mars 2002 : *Gaz. Pal. 12-14 janv. 2003, obs. Perdriau* • Civ. 2e, 13 mars 2003, no 01-17.418 P • Civ. 3e, 27 janv. 2004 : *AJDI 2004. 573* • Civ. 2e, 10 mai 2007 : *Procédures 2007, no 156, note Perrot* • Civ. 1re, 8 juill. 2009, no 08-16.153 P : *D. 2009. Chron. 2062, obs. Auroy ; JCP 2009. 574, no 8, obs. Serinet ; LPA 29 juill. 2009, p. 9, note D. Noguéro ; RLDC oct. 2009. 3580, note Pouliquen ; Defrénois 2009. 2200, obs. Massip* • Com. 9 juill. 2013 : *RCA 2013, no 328.* ♦ *Adde*, jugeant que viole l'art. 1382 C. civ. la cour d'appel qui, pour condamner le liquidateur à payer des dommages-intérêts pour procédure abusive, retient qu'il est abusif de reprocher à un ancien dirigeant une responsabilité étant donné la période et les conditions dans lesquelles il a assuré la direction générale de la société et que les conditions dans lesquelles le liquidateur a mis en cause la responsabilité personnelle de cet ancien dirigeant ont causé à celui-ci un préjudice moral, alors que la légitimité de l'action en justice du liquidateur avait été reconnue par la juridiction du premier degré. • *Civ. 2e, 4 juin 2009 : Gaz. Pal. 8-9 janv. 2010, p. 45, obs. Montéran.* ♦ Viole l'art. 1382 C. civ. la cour d'appel qui, pour déclarer abusive la procédure engagée par une société, se borne à retenir qu'elle est manifestement dépourvue de tout bien-fondé, alors que la demande avait été accueillie en première instance. • Com. 11 févr. 1992 : *JCP 1992. II. 21817, note Perdriau.*

38. Demandeur : exception. L'art. 1382 C. civ. n'exclut pas qu'une cour d'appel, saisie de l'entier litige par l'effet dévolutif de l'appel, condamne à des dommages-intérêts pour procédure abusive une partie à la demande ou à la défense de qui il avait été fait droit en première instance. • Civ. 1re, 7 nov. 1995, no 92-10.053 P : *Rev. Justices 1996, no 3, p. 363, obs. Héron* • Com. 1er oct. 1997, no 95-13.262 P : *D. Affaires 1997. 1258* (ayant énoncé que la demande de mise en redressement judiciaire ne peut être utilisée comme moyen de pression pour obtenir le règlement de dettes et qu'il existe des procédures amiables ou judiciaires adaptées à une demande de règlement, faisant ainsi ressortir que de telles procédures n'avaient pas été utilisées, et ayant retenu que la société défenderesse établissait de manière incontestable qu'elle disposait et dispose d'une trésorerie suffisante pour régler immédiatement sa dette, la cour d'appel a caractérisé l'abus du demandeur et légalement justifié sa décision). ♦ L'infirmation de la décision de première instance n'empêche pas le juge d'appel de retenir l'abus dans l'exercice de l'action ; dès lors que le moyen ne conteste pas que l'arrêt a énuméré les fautes « lourdes » commises par la société demanderesse dans l'exercice de son action dirigée contre la société défenderesse, la cour d'appel a légalement justifié sa décision. • Com. 5 janv. 1999, no 96-15.478 P. ♦ V. déjà • Com. 11 juin 1981 : *Bull. civ. IV, no 268* (condamnation à des dommages-intérêts pour action engagée de mauvaise foi, peu important à cet égard la décision des premiers juges).

39. Défendeur : principe. La défense à une action en justice ne peut, sauf circonstances particulières qu'il appartient alors au juge de spécifier, constituer un abus de droit lorsque sa légitimité a été reconnue par la juridiction du premier degré, malgré l'infirmation dont sa décision a été l'objet en cause d'appel. • Civ. 1re, 21 oct. 1981 : *Bull. civ. I, no 302* • 22 déc. 1981 : *Bull. civ. I, no 394.*

40. Défendeur : exception. L'art. 1382 C. civ. n'exclut pas qu'une cour d'appel, saisie de l'entier litige par l'effet dévolutif de l'appel, condamne à des dommages-intérêts pour procédure abusive une partie à la demande ou à la défense de qui il avait été fait droit en première instance. • Civ. 1re, 7 nov. 1995, no 92-10.053 P : *Justices 1996, no 3, p. 363, obs. Héron.* ♦ *Adde*, les autres arrêts cités note 38. ♦ Comp. Caractérise l'existence de circonstances excluant que la décision de première instance puisse légitimer la défense à une action la cour d'appel qui, pour condamner le défendeur à payer des dommages-intérêts pour résistance abusive, relève que celui-ci a, en cause d'appel, fait des déclarations, lors de sa comparution personnelle, en contradiction avec ses écritures de première instance. • Civ. 3e, 8 juin 1988 : *Bull. civ. III, no 102.*

b. Légitimité reconnue en appel

41. Viole l'art. 1382 C. civ. la cour d'appel qui condamne l'appelant à des dommages-intérêts pour appel abusif, alors que l'appel était justifié pour partie. • Civ. 2e, 10 nov. 1982 : *Bull. civ. II, n° 140.* ♦ Comp. note 16.

III. ARTICULATION ART. 32-1 – ART. 700

42. Changement de fondement. Ne viole pas l'art. 12, al. 3, par substitution de fondement juridique la cour d'appel qui fait application de l'art. 700 alors qu'elle a été saisie par une partie d'une demande destinée à l'indemniser des frais exposés en raison de la résistance estimée abusive de son adversaire et qui n'entraient pas dans les dépens. • Com. 26 janv. 1982 : *Bull. civ. IV, n° 31 ; RTD civ. 1983. 184, obs. Normand.* ♦ Comp. : modifie les limites du litige et viole l'art. 4 NCPC [devenu C. pr. civ.] la cour d'appel qui condamne sur le fondement de l'art. 700 du même code, alors que la demande portait sur des dommages-intérêts sur le fondement de l'art. 1382 C. civ. • Civ. 3e, 23 mars 1983 : *JCP 1983. IV. 183.*

43. Indemnité globale. Dès lors qu'ils justifient légalement leur décision de condamnation, les juges du fond sont souverains pour déterminer l'étendue et les modalités de la réparation et peuvent allouer une indemnité globale pour l'ensemble des préjudices par eux constatés ; une cour d'appel peut allouer une indemnité globale tant à titre de dommages-intérêts qu'en vertu de l'art. 700. • Civ. 1re, 16 juin 1981 : *Bull. civ. I, n° 217.* ♦ Les juges du fond, souverains pour déterminer l'étendue et les modalités de la réparation, peuvent allouer une indemnité globale pour l'ensemble des préjudices par eux constatés, sans évaluer distinctement la somme due au titre de dommages-intérêts et celle due au titre de l'art. 700. • Com. 4 oct. 1982 : *Bull. civ. IV, n° 291.* ♦ Dès lors qu'ils justifient légalement leur décision de condamnation, les juges du fond, souverains pour déterminer l'étendue et les modalités de la réparation, peuvent allouer une indemnité globale pour l'ensemble des préjudices par eux constatés ; par suite, la cour d'appel qui a relevé les éléments caractérisant la faute commise par l'appelant et constaté que l'intimé avait dû engager des frais non compris dans les dépens peut allouer une indemnité globale tant à titre de dommages-intérêts qu'en vertu de l'art. 700. • Civ. 2e, 7 mars 1985 : *Bull. civ. II, n° 62.* ♦ La cour d'appel, appréciant souverainement l'étendue et les modalités de la réparation accordée, a pu allouer une indemnité globale tant à titre de dommages-intérêts qu'en vertu de l'art. 700. • Com. 8 déc. 1987 : *Bull. civ. IV, n° 261.* ♦ *Contra*, jugeant que ne donne pas de base légale à sa décision la cour d'appel qui, statuant sur une demande fondée sur l'art. 700 et sur une demande de dommages-intérêts pour résistance abusive, accorde une somme unique pour les deux causes confondues, sans évaluer distinctement la somme due au titre de l'art. 700 et celle due à titre de dommages-intérêts. • Civ. 3e, 6 janv. 1981 : *Bull. civ. III, n° 4 ; D. 1981. IR 370, obs. Julien ; Gaz. Pal. 1981. 1. 260, note Viatte.*

TITRE TROISIÈME LA COMPÉTENCE

RÉP. PR. CIV. v° *Compétence*, par DOUCHY-OUDOT.

BIBL. GÉN. ▶ BLÉRY, *Procédure 2008. Étude 3* (plaidoyer pour une simplification des règles internes de compétence en matière judiciaire) ; *Procédures 2008. Étude 8* (articulation des contentieux : étude des propositions de la commission Guinchard en matière de compétence civile).

CHAPITRE PREMIER LA COMPÉTENCE D'ATTRIBUTION

DALLOZ ACTION *Droit et pratique de la procédure civile 2022/2023*, nos 12.00 s.

Art. 33 **La compétence des juridictions en raison de la matière est déterminée par les règles relatives à l'organisation judiciaire et par des dispositions particulières.**

Les dispositions générales relatives à la compétence des juridictions de droit commun et du TI sont reproduites dans le code de l'organisation judiciaire.

V. aussi App., v° Droit européen et international.

I. GÉNÉRALITÉS

1. Déni de justice. L'impossibilité pour une partie d'accéder au juge chargé de se prononcer sur sa prétention et d'exercer un droit qui relève de l'ordre public international constitue un déni de justice fondant la compétence de la juridiction française lorsqu'il existe un rattachement avec la France ; dès lors, n'excède pas son pouvoir la cour d'appel qui, pour décider que la juridiction française est compétente pour connaître du litige, d'une part a retenu à juste titre qu'en l'absence de toute juridiction du travail instituée au sein de la Banque africaine de développement l'immunité de juridiction édictée au bénéfice de ladite banque par l'art. 52 de l'accord signé à Khartoum le 4 août 1963, publié en vertu du Décr. n° 86-1039 du 12 sept. 1986, mettait le salarié qu'elle avait licencié dans l'impossibilité d'exercer son droit à un tribunal pour connaître de sa cause, de sorte qu'elle ne pouvait se prévaloir de l'immunité de juridiction, et qui, d'autre part, a fait ressortir que le lien avec la France était la nationalité française de l'intéressé. • Soc. 25 janv. 2005, n° 04-41.012 P : *D. 2005. 1540, note Viangalli ; ibid. 2006. Pan. 1503, obs. Courbe et Jault-Seseke ; Rev. crit. DIP 2005. 477, obs. Pingel ; JCP 2005. II. 10185, note Moissinac-Massénat ; JDI 2005. 1142, obs. Corbion ; Dr. soc. 2005. 914, obs. Jault*.

2. Ordre public international. L'ordre public international s'oppose à ce qu'un employeur puisse se prévaloir des règles de conflit de juridictions et de lois pour décliner la compétence des juridictions nationales et évincer l'application de la loi française dans un différend qui présente un rattachement avec la France et qui a été élevé par un salarié placé à son service sans manifestation personnelle de sa volonté et employé dans des conditions ayant méconnu sa liberté individuelle. • Soc. 10 mai 2006, n° 03-46.593 P : *D. 2006. 1400, obs. Guiomard ; ibid. 2007. 1751, obs. Courbe et Jault-Seseke ; Rev. crit. DIP 2006. 856, note Pataut et Hammje ; JCP 2006. II. 10121, note Bollée ; RDC 2006. 1260, note Deumier.*

3. Exception d'incompétence. V. art. 75 s.

II. COMPÉTENCE D'ATTRIBUTION

4. Séparation des pouvoirs. Une partie ayant demandé la condamnation d'une banque à lui remettre une attestation, encourt la cassation, pour violation des art. 4 et 33 NCPC [devenu C. pr. civ.] ainsi que du principe de la séparation des pouvoirs, l'arrêt qui, pour déclarer la cour d'appel incompétente, retient que la demande n'a pour but que d'obtenir la production d'une pièce jugée nécessaire au succès d'un recours devant une juridiction administrative, que le litige au fond est soumis à cette dernière juridiction et que la demande fait donc échec aux règles gouvernant la compétence des deux ordres de juridiction, alors que la cour d'appel constatait qu'elle était saisie par une personne privée d'une demande de délivrance par une autre personne privée d'une attestation, peu important que cette pièce eût été destinée à être produite devant une juridiction administrative. • Civ. 2e, 9 oct. 1996, n° 94-12.979 P : *D. 1993. IR 233*.

5. Combinaison COJ – C. com. Lorsque deux litiges connexes sont pendants, l'un devant le TGI, juridiction de droit commun compétente pour en connaître en application de l'art. L. 211-3 COJ, et l'autre devant le T. com., juridiction d'exception dotée, s'agissant d'une action en nullité d'un acte conclu en période suspecte, née de la procédure collective et soumise à son influence juridique, d'une compétence exclusive d'ordre public, par application de l'art. R. 662-3 C. com., chacune des deux juridictions saisies doit conserver la connaissance de l'affaire qui lui est soumise. Ne viole pas l'art. 33 C. pr. civ., ensemble l'art. R. 662-3 C. com., la cour d'appel qui retient d'une part que, si l'acte litigieux devait être qualifié de cession de créance, la discussion sur sa validité conditionnerait le destinataire du paiement, mais que, dans cette hypothèse, des solutions procédurales pouvaient être trouvées devant le TGI pour éviter une contradiction de décisions, et d'autre part que la qualification de délégation de paiement soutenue par la ville de Deauville, qui contestait l'avoir acceptée, permettait d'envisager des développements autonomes. • Com. 7 avr. 2009, n° 08-16.884 P : *D. 2009. AJ 1138 ; JCP 2009. 369, n° 6, note Jeuland ; Gaz. Pal. 28 juill. 2009, p. 31, note Roussel-Galle ; RTD civ. 2009. 775, obs. Théry*.

Art. 34 La compétence en raison du montant de la demande ainsi que le taux du ressort au-dessous duquel l'appel n'est pas ouvert sont déterminés par les règles propres à chaque juridiction et par les dispositions ci-après. – *C. pr. civ., art. 490.*

RÉP. PR. CIV. v° *Appel*, par FERRAND.

I. DROIT COMMUN

A. EXAMEN DE LA DEMANDE

1. Renvoi. Sur le caractère déterminé de la demande, V. notes ss. art. 40.

2. Objet de la demande. L'appréciation du taux du ressort doit être faite, en fonction de l'objet exprès de la demande chiffrée et non de sa cause juridique, et le demandeur, en fixant lui-même les limites chiffrées de sa demande et en estimant la valeur du litige, ne fait qu'user d'un droit propre et exclusif. • Civ. 2e, 3 févr. 1988 : *JCP 1988. II. 21100.* ♦ La demande étant caractérisée exclusivement par son objet, la demande qui tend au paiement du salaire et des primes correspondant à la période de fermeture de l'usine présente un caractère déterminé. • Soc. 4 juill. 1989 : *Bull. civ. V, n° 501 ; D. 1989. IR 231.* ♦ La demande est caractérisée exclusivement par son objet, non par les moyens invoqués à son appui ou opposés à son encontre. • Soc. 24 avr. 1986 : *Bull. civ. V, n° 175* • 12 nov. 1987 : *Bull. civ. V, n° 642.* ♦ Doit être cassé l'arrêt qui, pour déclarer recevable l'appel interjeté contre un jugement prud'homal, retient que la demande tend à faire trancher une question d'interprétation de conventions collectives et à faire consacrer un principe susceptible d'entraîner une répercussion pécuniaire sur la carrière du salarié, alors qu'il résulte des constatations mêmes de la décision que l'intérêt du litige est limité à une somme inférieure au taux de compétence en dernier ressort des conseils de prud'hommes. • Soc. 14 oct. 1981 : *Bull. civ. V, n° 781.*

3. Solde d'une créance. L'appel est irrecevable lorsque la somme demandée est inférieure au taux de la compétence en dernier ressort et il importe peu que cette somme constitue le solde d'une somme excédant, elle, ce taux, le tribunal n'ayant à statuer que sur l'existence de ce solde. • Civ. 2e, 26 janv. 1972 : *Bull. civ. II, no 27* • 31 janv. 1973 : *Bull. civ. II, no 35.*

4. Dernières conclusions. Pour apprécier si une décision du tribunal d'instance est ou non rendue en dernier ressort, et par conséquent si le pourvoi en cassation est recevable, il doit être tenu compte du dernier état des conclusions qui fixent le chiffre de la demande. • Civ. 3e, 15 juin 1977 : *Bull. civ. III, no 259.*

5. Réduction de la demande. Si une demande peut toujours être réduite même à un montant inférieur au taux du dernier ressort de la juridiction saisie, cette réduction, lorsqu'elle est effectuée en l'absence du défendeur et lorsqu'elle ne lui a pas été notifiée, ne peut avoir pour effet de modifier ce taux et de rendre le jugement insusceptible d'appel. • Soc. 21 juin 1989 : *Bull. civ. V, no 458.*

6. Demande principale et demande subsidiaire. N'est pas susceptible d'appel la décision rendue sur une demande tendant à titre principal au paiement d'une somme d'argent n'excédant pas le taux du dernier ressort et visant, à titre subsidiaire, à obtenir, par la vente d'un bien appartenant au débiteur, le paiement de ladite somme. • Civ. 2e, 24 oct. 1984 : *Bull. civ. II, no 157 ; Gaz. Pal. 1985. 1. Somm. 51, obs. Guinchard.*

7. Demande principale et demande accessoire. Le dernier état des conclusions fixe le chiffre de la demande et la demande accessoire en dommages-intérêts concourt avec la demande principale à déterminer le taux du ressort. • Com. 10 févr. 1975 : *Bull. civ. IV, no 36.*

8. Intérêts. C'est à juste titre que, pour calculer la valeur du litige soumis aux premiers juges, une cour d'appel retient les intérêts légaux ayant couru antérieurement à l'assignation, bien que ceux-ci ne soient pas chiffrés dans les écritures du demandeur, dès lors que ces intérêts sont demandés et que la cour d'appel est en mesure d'en établir le montant. • Com. 19 déc. 1977 : *Bull. civ. IV, no 300.* ♦ En revanche, les intérêts du capital courus depuis la demande sont des accessoires qui ne sauraient être pris en considération pour la fixation du taux de ressort. • Civ. 2e, 17 nov. 1993, no 92-12.333 P.

9. Frais d'expertise. Les frais d'expertise, qui font partie des dépens sans qu'il y ait lieu de distinguer selon que l'expertise a été ordonnée au cours de la même instance ou dans une instance en référé préparatoire au procès au fond, n'en*trent pas en ligne de compte* pour l'appréciation de la valeur du litige. • Civ. 2e, 17 nov. 1993, no 92-12.684 P.

10. Art. 700. La demande formée au titre de l'art. 700 ne constitue pas une prétention dont la valeur doit être prise en compte pour la détermination du taux du ressort de la juridiction. • Civ. 3e, 6 janv. 1981 : *Bull. civ. III, no 4 ; Gaz. Pal. 1981. 1. 260, note Viatte ; D. 1981. IR 372, obs. Julien* • Versailles, 2 mars 2001 : *D. 2001. IR 1073.*

11. Dommages-intérêts pour procédure abusive. Est irrecevable le pourvoi dirigé contre un jugement statuant sur une demande principale incluant diverses sommes et des dommages-intérêts pour une valeur totale supérieure aux taux de compétence en dernier ressort. • Civ. 3e, 13 févr. 1991, no 89-12.759 P (sommes en jeu dans le cadre d'une opposition à commandement de payer et demande de dommages-intérêts pour procédure d'exécution abusive).

12. Astreinte. L'astreinte, qui est une mesure de contrainte destinée à vaincre la résistance opposée à l'exécution d'une injonction, est l'accessoire de cette dernière. Par conséquent, le jugement rendu sur une demande en paiement d'une somme dont le montant est inférieur au taux du dernier ressort n'est pas susceptible d'appel lorsque celle-ci est assortie d'une demande d'astreinte. • Civ. 2e, 28 mai 2014 : *D. actu. 18 nov. 2014, obs. Kebir* • Soc. 22 oct. 2014 : *BICC 1er févr. 2015, no 102 ; D. actu. 18 nov. 2014, obs. Kebir ; D. 2014. Actu. 2179 ; RDBF 2015, no 15, note Piedelièvre ; JCP S 2015. 1112, note Bugada.*

B. ABSENCE D'INCIDENCE DES DÉFENSES

13. Défense au fond. Une défense au fond est sans incidence sur la détermination du taux de ressort. • Civ. 3e, 20 déc. 1989 : *Bull. civ. III, no 240.*

14. Exception de procédure. Seul l'objet de la demande fixe le taux de la compétence, à l'exclusion des moyens de défense invoqués par le défendeur ; ainsi, les exceptions de nullité, certes indéterminées, soulevées en défense pour la première fois en cause d'appel, sont sans incidence sur le montant d'une demande initiale inférieure au taux du dernier ressort, et donc sur la détermination du taux de ressort. • Versailles, 7 janv. 2003 : *BICC 2003, no 11.*

II. DROIT SPÉCIAL

15. Règles propres au tribunal de commerce. Est recevable l'appel formé à l'encontre d'un jugement d'un tribunal de commerce dans une instance introduite le 10 mai 2001 pour obtenir une condamnation à une somme inférieure à 13 000 F [1982€], aucun taux ne limitant alors la compétence en premier ressort des tribunaux de commerce, dès lors que l'ordonnance du 18 sept. 2000, portant codification nouvelle du C. com., avait abrogé l'art. 639 de l'ancien C. com. et que le décret du 3 déc. 2002 fixant un nouveau taux de compétence en dernier ressort n'était applicable qu'aux instances introduites à compter du 1er janv. 2003. • Civ. 3e, 13 sept. 2005, no 04-15.899 P : *D. 2005. Somm. 2381, obs. Lienhard.*

Art. 35 **Lorsque plusieurs prétentions fondées sur des faits différents et non connexes sont émises par un demandeur contre le même adversaire et réunies en une même instance, la compétence et le taux du ressort sont déterminés par la nature et la valeur de chaque prétention considérée isolément.**

Lorsque les prétentions réunies sont fondées sur les mêmes faits ou sont connexes, la compétence et le taux du ressort sont déterminés par la valeur totale de ces prétentions. — *C. trav., art. R. 1462-1 et R. 1462-2.*

1. Faits différents et non connexes. La demande dirigée contre l'adversaire en sa qualité de syndic, qui tend à l'annulation des délibérations d'une assemblée générale, et celle dirigée contre le même, pris personnellement, qui a pour objet la réparation d'un préjudice résultant d'attaques personnelles et de propos malveillants, constituent des prétentions fondées sur des faits différents et non connexes ; en conséquence, le taux du ressort est déterminé séparément pour chacune d'elles. • Civ. 2e, 4 mai 1987 : ⚖ *Gaz. Pal. 1987. 1. Somm. 130.*

2. Faits identiques ou connexes. Un jugement qui statue sur une demande en paiement de travaux et assortie d'une demande de dommages-intérêts est susceptible d'appel dès lors que ces prétentions fondées sur le même fait et en outre connexes, dépassent le taux de ressort et le pourvoi formé contre une telle décision est donc irrecevable. • Civ. 3e, 8 mai 1978 : ⚖ *Bull. civ. III, no 193.* ♦ Lorsque des demandes dirigées contre un même défendeur sont connexes et que leur valeur totale excède le taux de la compétence en dernier ressort du tribunal d'instance, la décision de cette juridiction, qualifiée à tort « en dernier ressort », est susceptible d'appel. • Civ. 1re, 12 juill. 1983 : ⚖ *Bull. civ. I, no 204* (demande principale de règlement d'une cotisation à une association et demande additionnelle de dommages-intérêts en réparation du préjudice résultant de l'exclusion de cette association pour non-paiement de ladite cotisation). ♦ V. aussi jugeant que la valeur totale des prétentions excédant, en raison de leur connexité, le taux de compétence en dernier ressort du tribunal des affaires de sécurité sociale, le jugement, inexactement qualifié de décision rendue en dernier ressort, est susceptible d'appel. • Civ. 2e, 15 oct. 2015, ⚖ no 14-18.682 P : *D. actu. 2 nov. 2015, obs. Kebir ; JCP S 2015. 1456, note Jeansen* (jugement statuant sur une demande en paiement de deux indus par un seul et même chef de dispositif, en indiquant la somme globale due, les deux procédures, formées chacune pour un indu, ayant été jointes). ♦ Dès lors que la valeur totale des prétentions excède, en raison de leur connexité, le taux de compétence en dernier ressort du tribunal d'instance, le jugement inexactement qualifié de décision rendue en dernier ressort, susceptible d'appel, ne peut être frappé d'un pourvoi en cassation. • Civ. 2e, 27 juin 2013, ⚖ no 12-20.841 P. ♦ Lorsqu'un demandeur émet une prétention principale et une autre à titre subsidiaire, le jugement est susceptible d'appel dès lors que l'une d'elles relève des demandes examinées en premier ressort. L'appel est donc possible lorsque la demande indemnitaire formée à titre subsidiaire est d'un montant supérieur à celui du taux de dernier ressort. • Civ. 2e, 19 mars 2015 : ⚖ *D. actu. 15 avr. 2015, obs. Kebir ; D. 2015. Actu. 738* ✎.

3. Fractionnement des prétentions. Les règles de l'organisation judiciaire ne permettent pas de fractionner la demande en deux instances distinctes qui échapperaient ainsi à la compétence du TGI ou à l'éventualité d'un appel ; il en va autrement lorsque les deux instances ont des causes distinctes ou lorsque la totalité de la dette n'est pas encore échue. • TI Privas, 21 juin 1988 : *Gaz. Pal. 1989. 1. 382, note Prévault.*

4. Art. 35 et 36. Il résulte de la combinaison des art. 35 et 36 que, lorsque dans une même instance, des prétentions sont émises par plusieurs demandeurs dépourvus de titre commun, le taux du ressort est déterminé à l'égard de chacun d'eux par la valeur de ses prétentions. • Civ. 2e, 7 oct. 1982 : ⚖ *Bull. civ. II, no 120 ; D. 1983. IR 45 ; Gaz. Pal. 1983, pan. 44, obs. Guinchard* • 5 juin 1991, ⚖ no 90-14.346 P • Civ. 1re, 19 mars 2015 : *Dalloz jurisprudence.* ♦ Ainsi, dès lors qu'elle constate que deux destinataires d'une lettre leur annonçant qu'une loterie publicitaire les désignait comme ayant gagné une certaine somme, avaient fait l'objet de propositions commerciales distinctes et que chacune, agissant dans son intérêt propre, ne réclamait pas une somme supérieure à 10 000 euros, la cour d'appel en a justement déduit que le tribunal d'instance était compétent. • Civ. 1re, 19 mars 2015 : *préc.* ♦ Aux termes de l'art. 36, c'est seulement dans l'hypothèse où des prétentions sont émises dans une même instance et en vertu d'un titre commun, par plusieurs demandeurs ou contre plusieurs défendeurs, que la compétence et le taux de ressort sont déterminés pour l'ensemble des prétentions par la plus élevée d'entre elles ; selon l'art. 35, al. 2, lorsque des prétentions sont fondées sur les mêmes faits ou sont connexes, la compétence et le taux de ressort sont déterminés par la valeur totale de ces prétentions ; en conséquence, lorsque les demandes ont été formées contre plusieurs défendeurs, le syndic pour avoir engagé sa responsabilité en fournissant des informations mensongères au futur acquéreur et ce dernier pour avoir, de ce fait, refusé de signer l'acte de vente, ces demandes, bien qu'émises contre deux défendeurs dépourvus de titre commun, sont connexes. • Civ. 2e, 4 mars 2004, ⚖ no 03-12.510 P : *D. 2004. IR 995* ✎.

5. Art. 35 et 37. Pour déterminer le taux du

ressort au regard du montant de la demande, l'art. 35 NCPC [devenu C. pr. civ.] vise les prétentions émises par un demandeur, contre le même adversaire, dans la même instance ; en conséquence, doit être approuvé l'arrêt qui retient que les demandes principale et incidente, qui n'étaient pas dirigées contre le même adversaire, ne pouvaient se cumuler. • Civ. 2e, 24 mai 2007, n° 06-12.741 P : *Procédures 2007, n° 183, note Perrot ; D. 2008. Pan. 1300, obs. Damas ; AJDI 2007. 832, note Saint-Didier*.

Art. 36 **Lorsque des prétentions sont émises, dans une même instance et en vertu d'un titre commun, par plusieurs demandeurs ou contre plusieurs défendeurs, la compétence et le taux du ressort sont déterminés pour l'ensemble des prétentions, par la plus élevée d'entre elles.**

RÉP. PR. CIV. v° *Appel*, par FERRAND.

I. PLURALITÉ DE DEMANDEURS

1. Notion de titre commun. Selon l'art. 36, lorsque des prétentions sont émises dans une même instance et en vertu d'un titre commun par plusieurs demandeurs, la compétence et le taux du ressort sont déterminés pour l'ensemble des prétentions par la plus élevée d'entre elles ; mais il n'y a pas titre commun au sens de ce texte lorsque plusieurs victimes d'un même quasi-délit agissent ensemble en réparation de leurs préjudices. • Civ. 2e, 29 avr. 1997, n° 95-11.551 P : *Procédures 1997, n° 177, note Perrot.* ♦ Comp. : le titre commun, au sens de l'art. 36, doit s'entendre comme la cause ou le fondement des prétentions émises par le demandeur, peu important que ce fondement soit contractuel, délictuel ou quasi-délictuel. • Paris, 13 janv. 1988 : *D. 1988. IR 41* (incompétence du TGI pour connaître de l'action que les preneurs dirigent contre le propriétaire en réparation de troubles de jouissance et contre le bailleur en dommages-intérêts, dès lors que la plus élevée de ces demandes reste inférieure au taux de compétence du TI).

2. Demandes groupées. Les victimes d'un même délit ou quasi-délit ne peuvent invoquer, pour en obtenir réparation, qu'un titre personnel et disctinct ; par suite est irrecevable l'appel d'un jugement d'instance qui statue sur des demandes en réparation formées à la suite d'un accident dès lors que le montant de la demande de chacune des victimes était inférieur au taux en dernier ressort ; il importe peu à cet égard que ces victimes aient groupé leurs demandes en une assignation unique et collective tendant à obtenir une indemnité totale supérieure au taux du dernier ressort. • Civ. 2e, 15 oct. 1975 : *Bull. civ. II, n° 262.*

6. Particularisme prud'homal. **BIBL.** Coupet, Premières journées prud'homales, Aix-en-Provence, *Ed. jur. et adm., 1982, p. 63 s.* (actions groupées devant les juridictions prud'homales). ♦ V. art. R. 1462-1 C. trav. (anc. art. R. 517-4 C. trav.). ♦ Lorsque des demandes, bien que les instances aient été jointes, sont individuelles et ont pour objet des créances distinctes, la recevabilité du pourvoi s'apprécie séparément pour chaque partie et dépend du montant de sa demande. • Soc. 29 nov. 1979 : *Bull. civ. V, n° 929.*

II. PLURALITÉ DE DÉFENDEURS

3. Renvoi. V. note 4 ss. art. 35.

4. Demande de condamnation solidaire. La partie qui assigne deux défendeurs devant le tribunal d'instance pour obtenir leur condamnation solidaire à des dommages-intérêts d'un montant supérieur au taux de ressort sollicite contre chacun d'eux une condamnation à un paiement supérieur au taux de ressort ; son appel contre le jugement l'ayant débouté est donc recevable sans qu'il y ait lieu de rechercher s'il y avait un titre commun. • Civ. 2e, 11 mai 1970 : *Bull. civ. II, n° 16.*

5. Demande indivisible. La cour d'appel qui constate que l'action engagée tend à l'annulation d'une hypothèque garantissant le paiement de divers prêts dont certains sont supérieurs au taux limite du dernier ressort décide à bon droit que tous les créanciers, y compris ceux dont la créance personnelle est inférieure au taux du dernier ressort, sont recevables à interjeter appel dans le litige indivisible relatif à la validité ou à la nullité de l'hypothèque. • Civ. 3e, 4 févr. 1971 : *Bull. civ. III, n° 76.*

Art. 37 **Lorsque la compétence dépend du montant de la demande, la juridiction connaît de toutes interventions et demandes reconventionnelles et en compensation inférieures au taux de sa compétence alors même que, réunies aux prétentions du demandeur, elles l'excéderaient.**

Renvoi. V. note 5 ss. art. 35.

Art. 38 **Lorsqu'une demande incidente est supérieure au taux de sa compétence, le juge, si une partie soulève l'incompétence, peut soit ne statuer que sur la demande initiale, soit renvoyer les parties à se pourvoir pour le tout devant la juridiction compétente pour connaître de la demande incidente. Toutefois, lorsqu'une demande**

reconventionnelle en dommages-intérêts est fondée exclusivement sur la demande initiale, le juge en connaît à quelque somme qu'elle s'élève.

Réévaluation en appel. Le principe du double degré de juridiction et le principe du respect des droits de la défense ne permettent pas d'admettre la recevabilité d'une demande reconventionnelle tendant à une compensation avec la demande principale dès lors que le montant de cette demande reconventionnelle, qui était en première instance dans la limite du taux de compétence d'attribution du tribunal d'instance, a été portée en appel au-dessus du taux de la compétence à charge d'appel de cette juridiction. • Civ. 2e, 12 mai 1976 : *Bull. civ. II, no 155.*

Art. 39 **Sous réserve des dispositions de l'article 35, le jugement n'est pas susceptible d'appel lorsque aucune des demandes incidentes n'est supérieure au taux du dernier ressort.**

Si l'une d'elles est supérieure à ce taux, le juge statue en premier ressort sur toutes les demandes. Il se prononce toutefois en dernier ressort si la seule demande qui excède le taux du dernier ressort est une demande reconventionnelle en dommages-intérêts fondée exclusivement sur la demande initiale.

BIBL. ► *Bull. ch. avoués 2002. 1. 12.*

I. DOMAINE D'APPLICATION

1. Injonction de payer. Il n'est pas dérogé par l'art. 1421 aux dispositions de l'art. 39. • Com. 14 juin 1994, no 92-15.386 P : *D. 1994. IR 183.* ♦ V. déjà, antérieurement. • Civ. 2e, 8 oct. 1980 : *Bull. civ. II, no 204.*

2. Rejet de la demande principale. L'art. 39, al. 2, ne trouve application que lorsque le juge statue sur la demande incidente et non lorsque, comme en l'espèce, les demandes principales rejetées, il n'a pas à se prononcer sur la demande incidente en garantie. • Rouen, 18 déc. 1984 : *Gaz. Pal. 1985. 1. Somm. 11.*

II. DEMANDE INCIDENTE DÉTERMINÉE

3. Demande reconventionnelle. Fait une exacte application de l'art. 639 du C. com. [devenu art. R. 721-6 C. com.], l'arrêt qui a déclaré irrecevable l'appel d'un jugement rendu par un tribunal de commerce bien que la demande reconventionnelle en dommages-intérêts dépassât le taux de sa compétence en dernier ressort dès lors que la demande reconventionnelle avait pour objet la réparation du préjudice prétendu subi en raison de la demande principale, qu'elle n'était soutenue par aucun fait distinct de l'action principale et qu'abstraction faite de cette action, elle n'aurait plus de base et qu'en conséquence, elle était fondée exclusivement sur la demande principale, dont le montant était inférieur au taux de la compétence en dernier ressort du tribunal de commerce. • Civ. 2e, 11 juill. 1974 : *Bull. civ. II, no 230.* ♦ Une demande reconventionnelle n'ayant pour objet que la réparation du préjudice prétendûment subi du fait de la demande principale ne peut à elle seule à raison de son montant rendre le litige susceptible d'appel. • Com. 22 janv. 1980 : *Bull. civ. IV, no 39.* ♦ En revanche, encourt la cassation l'arrêt qui déclare irrecevable l'appel formé contre le jugement ayant statué sur l'opposition à une ordonnance portant injonction de payer, au motif que le montant de la demande n'excédait pas le taux de compétence en dernier ressort du tribunal de commerce, alors que le tribunal avait été saisi d'une demande reconventionnelle qui n'était pas fondée exclusivement sur la demande initiale et qui excédait le taux de sa compétence en dernier ressort. • Com. 14 juin 1994, no 92-15.386 P : *D. 1994. IR 183.* ♦ La procédure applicable au contentieux général de la sécurité sociale étant orale, seules les conclusions écrites, réitérées verbalement à l'audience des débats, saisissent valablement le juge. A défaut pour l'opposant d'avoir valablement saisi le tribunal de demandes reconventionnelles, c'est à bon droit que la cour d'appel ne les a pas prises en compte dans le calcul du taux de ressort. • Civ. 2e, 21 mars 2019, no 17-27.805 P : *D. actu. 19 avr. 2019, obs. Deharo.*

4. En raison d'une demande incidente excédant le taux de compétence en dernier ressort de la juridiction de proximité, le jugement inexactement qualifié en dernier ressort était susceptible d'appel, de sorte que le pourvoi immédiat était irrecevable. • Civ. 2e, 24 mars 2016, no 15-16.363 P : *D. actu. 10 mai 2016, obs. Kebir.*

III. DEMANDE INCIDENTE INDÉTERMINÉE

5. Demande reconventionnelle. Une demande en expulsion étant indéterminée, ne peut être déclaré irrecevable l'appel d'un jugement paritaire de baux ruraux ayant statué sur une demande inférieure au taux de compétence de cette juridiction, dès lors que le défendeur avait reconventionnellement sollicité l'expulsion du demandeur. • Civ. 2e, 18 oct. 1978 : *Bull. civ. II, no 209.*

6. Intervention. Constitue une demande indéterminée par sa nature l'intervention dans l'instance engagée par un salarié contre son employeur d'un syndicat qui entend faire statuer sur la question de l'interprétation des accords collectifs et de la violation de ceux-ci par l'employeur ; la juridiction prud'homale statue donc à charge d'appel même si la demande en complément de salaire formée par le salarié sur le fondement de ces accords collectifs et les dommages-intérêts réclamés par le syndicat à l'employeur s'élèvent à des sommes inférieures au taux du dernier ressort. • Soc. 16 mai 1973 : *Bull. civ. V, n° 305 ; Gaz. Pal. 1973. 2. 852, note Baron ; RTD civ. 1974. 197, obs. Raynaud.* ♦ *Contra*, si les syndicats sont recevables à intervenir devant le conseil de prud'hommes par exception à l'art. L. 511-1 [devenu L. 1411-1] C. trav. lorsque la solution du litige présente un intérêt collectif pour leurs membres, la circonstance qu'un syndicat a présenté au cours de l'instance une demande en paiement d'un montant supérieur au taux du ressort n'a pas pour effet de rendre le jugement susceptible d'appel, la recevabilité de l'appel au regard du quantum de la demande ne devant s'apprécier qu'en fonction de la compétence d'attribution du conseil de prud'hommes. • Limoges, ch. soc., 4 mars 2008 : *BICC 15 sept. 2005, n° 1349.*

Art. 40 **Le jugement qui statue sur une demande indéterminée est, sauf disposition contraire, susceptible d'appel.** — *C. trav., art. R. 1462-1.*

I. DEMANDE INDÉTERMINÉE

1. Notion. La demande d'un salarié portant uniquement sur les sommes susceptibles de lui être dues compte tenu du salaire qui lui a été effectivement versé et de celui auquel il peut prétendre eu égard au coefficient applicable à ses fonctions ne tend pas à la reconnaissance d'un principe de droit quant aux sommes réclamées mais à la détermination de leur montant ; en conséquence, elle n'a pas un caractère indéterminé et l'appel est irrecevable. • Soc. 9 mars 1978 : *Bull. civ. V, n° 179.*

2. Obligation de faire. Toute demande tendant à la condamnation du défendeur à l'exécution d'une obligation de faire constituant par elle-même une demande indéterminée, viole l'art. 40 C. pr. civ., ensemble l'art. R. 221-3 COJ, l'arrêt qui, pour déclarer irrecevable l'appel du jugement d'un tribunal d'instance statuant sur une telle demande, retient que, devant le tribunal, le demandeur avait évalué à un euro le montant de l'obligation de faire dont l'exécution était réclamée. • Civ. 2e, 6 juin 2013, n° 12-20.062 P : *D. 2013. Actu. 1486 ; Rev. sociétés 2014. 38, note Barbièri.*

3. Accident du travail. Constitue une demande indéterminée celle qui tend à faire reconnaître le caractère professionnel d'un accident du travail ; dès lors, le jugement statuant sur cette demande est, conformément à l'art. 40, susceptible d'appel. • Soc. 18 déc. 1997, n° 95-20.906 P : *D. 1998. IR 46 ; RGDP 1998. 479, obs. Vachet.*

4. Affiliation à la sécurité sociale. La contestation qui porte, à titre principal, sur le principe de l'affiliation au régime général de la sécurité sociale de la personne du chef de laquelle les cotisations sont réclamées présente un caractère indéterminé qui rend la décision à intervenir susceptible d'appel même si le montant des cotisations est inférieur au taux du dernier ressort. • Soc. 26 mai 1977 : *Bull. civ. V, n° 357.* ♦ Comp. : présente un caractère indéterminé le litige concernant non seulement le payement des cotisations échues et des majorations réclamées par l'URSSAF mais aussi le principe de l'affiliation à laquelle la caisse primaire avait procédé d'office ; dès lors, la décision statuant sur un tel litige est susceptible d'appel même si le montant en cause est inférieur au taux du dernier ressort. • Soc. 19 juin 1975 : *Bull. civ. V, n° 348.*

5. Annulation d'une clause de non-concurrence. La demande tendant à l'annulation d'une clause de non-concurrence qu'un employeur a fait souscrire à son employé revêt un caractère indéterminé ; le jugement du conseil de prud'hommes statuant sur une telle demande est donc susceptible d'appel et le pourvoi formé contre ce jugement est irrecevable. • Soc. 15 mars 1978 : *Bull. civ. V, n° 186.*

6. Annulation d'une sanction disciplinaire. La demande d'annulation d'une sanction disciplinaire présente un caractère indéterminé, quel que soit le montant de la restitution réclamée au titre de son retrait. • Soc. 26 oct. 1999, n° 97-44.304 P : *Procédures 2000, n° 6, obs. Sportouch.*

7. Application d'une convention collective. La demande, qui a pour objet essentiel d'obtenir la condamnation d'un employeur à appliquer une convention collective qu'il soutient ne pas le concerner, présente un caractère indéterminé, nonobstant la circonstance que le montant chiffré de la prétention du salarié n'excède pas le taux de ressort du conseil de prud'hommes ; il s'ensuit que le jugement qui statue sur cette demande est, à juste titre, qualifié en premier ressort. • Soc. 4 nov. 1976 : *Bull. civ. V, n° 557.* ♦ Comp. : la demande qui tend, en plus du paiement de diverses sommes, à obtenir qu'il soit jugé que les avantages prévus par une disposition conventionnelle dénoncée avaient été conservés par les salariés à titre d'avantages individuels acquis malgré la dénonciation est une demande indéterminée, en sorte que le jugement qui statue sur cette demande est susceptible d'appel. • Soc. 13 mars 2001, n° 00-40.944 P : *D. 2002. 241, note Puigelier ; Dr. soc. 2001. 681, obs. J. Savatier.* ♦ Comp. note 25.

8. Bulletins de salaire. La demande formée par un salarié tendant à la suppression sur ses bulletins de salaire de toute mention de son activité de représentant des salariés présente un caractère indéterminé ; le jugement qui statue sur celle-ci est donc susceptible d'appel. • Soc. 9 oct. 1996, ♔ n° 93-42.848 P. ♦ La demande d'un salarié tendant à obtenir la mise en conformité de bulletins de salaire, afin qu'y soit portée la mention correspondant aux fonctions qu'il exerce, présente un caractère indéterminé ; il en résulte qu'une cour d'appel décide exactement que l'appel interjeté contre la décision du conseil de prud'hommes ayant statué sur cette demande est recevable. • Soc. 1er juin 1999, ♔ n° 98-41.852 P. ♦ La demande d'un salarié tendant à obtenir la mise en conformité de bulletins de salaire, afin qu'il y soit portée la mention du nombre exact de jours de congés pris par le salarié, présente un caractère indéterminé ; la cour d'appel en a exactement déduit que l'appel interjeté contre le jugement ayant statué sur cette demande était recevable. • Soc. 28 nov. 2006, ♔ n° 05-41.001 P. ♦ Comp. note 26.

9. Désignation de représentants syndicaux. Il est statué en premier ressort et à charge d'appel par la juridiction saisie de la contestation de la désignation d'un représentant syndical à un comité de groupe. • Soc. 18 févr. 2004, ♔ n° 02-60.606 P. ♦ Rappr., selon l'art. L. 439-19-1 [devenu art. L. 2344-7 et R. 2344-2] C. trav., les contestations relatives à la désignation des membres du groupe spécial de négociation et des représentants au comité d'entreprise européen sont portées devant le tribunal d'instance du siège de l'entreprise ou de la filiale française dominante du groupe d'entreprises de dimension communautaire ; le texte ne précisant pas que le tribunal statue en dernier ressort, et la demande étant indéterminée, il résulte des dispositions de l'art. 40 NCPC [devenu C. pr. civ.] que le tribunal d'instance s'est prononcé en premier ressort ; il s'ensuit que le pourvoi est irrecevable. • Soc. 18 juin 2003, ♔ n° 02-60.071 P : *D. 2003. IR 2205* ✐. ♦ Le jugement qui tranche une contestation relative à la désignation des représentants au comité d'entreprise européen est rendu, en l'absence de dispositions légales contraires, en premier ressort ; il en résulte que le tribunal qui annule, dans un même jugement, les désignations d'un salarié en qualité de délégué syndical central, de représentant syndical au comité central d'entreprise et de représentant *syndical au comité d'entreprise* européen statue, en vertu des dispositions des art. 35 et 40 C. pr. civ., en premier ressort sur l'ensemble des chefs du dispositif dès lors que la décision s'appuie sur les mêmes faits pris de l'absence de représentativité du syndicat ayant procédé à ces désignations ; est dès lors irrecevable en son entier le pourvoi formé à l'encontre de ce jugement qui était susceptible d'appel. • Soc. 24 sept. 2008, ♔ n° 07-60.350 P. ♦ V. cependant • Soc. 31 janv. 2012 : *cité note 10.*

10. Reconnaissance d'une unité économique et sociale. Il ne résulte ni de l'art. L. 431-1, al. 6 [devenu L. 2322-4], C. trav., ni d'aucun autre texte que la décision judiciaire qui tend au principal à la reconnaissance d'une unité économique et sociale est rendue en dernier ressort ; il s'ensuit que, la demande étant indéterminée, le tribunal statue en premier ressort conformément à l'art. 40 NCPC [devenu C. pr. civ.]. • Soc. 12 sept. 2007, ♔ n° 06-60.275 P. ♦ Il ne résulte ni de l'art. L. 2322-4 C. trav., ni d'aucun autre texte que la décision judiciaire qui tend à la reconnaissance d'une unité économique et sociale est rendue en dernier ressort ; si, dans ses arrêts antérieurs, la Cour de cassation jugeait qu'étaient rendues en dernier ressort les décisions relatives à une demande de reconnaissance d'une unité économique et sociale formées à l'occasion d'un litige électoral, l'entrée en vigueur de la loi du 20 août 2008 conduit à revenir sur cette jurisprudence dès lors que la demande de reconnaissance ne peut plus désormais être formulée à l'occasion d'un contentieux en matière d'élection professionnelle ou de désignation de représentants syndicaux pour lesquels le tribunal d'instance a compétence en dernier ressort ; il s'en déduit que la demande de reconnaissance d'une unité économique et sociale, qu'elle ait pour objet ou pour conséquence la mise en place d'institutions représentatives correspondantes, est indéterminée et que le jugement est susceptible d'appel conformément à l'art. 40 C. pr. civ. • Soc. 31 janv. 2012, ♔ n° 11-20.232 P : *BICC 1er mai 2012, n° 551 et la note ; D. 2012. Actu. 443* ✐ *; ibid. 2622, obs. Lokiec et Porta* ✐ *; RDT 2012. 168, obs. Grumbach* ✐ *; JCP S 2012. 1131, note Boubli ; RLDA 07-08/2012, n° 4145, obs. Chevillard.* ♦ Comp. note 9.

11. Nullité d'un bail. Une demande en nullité d'un bail est une demande indéterminée ; le pourvoi en cassation contre la décision de première instance, susceptible d'appel, est donc irrecevable. • Civ. 3e, 20 juill. 1976 : ♔ *Bull. civ. III, n° 318.*

12. Qualification d'un contrat. La demande tendant à voir qualifier le contrat de travail en contrat à durée déterminée présente un caractère indéterminé ; le jugement statuant sur cette demande étant susceptible d'appel, le pourvoi en cassation formé contre lui n'est pas recevable. • Soc. 28 janv. 1998, ♔ n° 95-43.660 P. ♦ Comp. note 27.

13. Résolution d'un contrat. En vertu de l'art. 40, le jugement qui statue sur une demande indéterminée est, sauf dispositions contraires, susceptible d'appel ; la demande en résolution d'un contrat est par nature indéterminée. • Civ. 1re, 7 févr. 1995, ♔ n° 92-17.894 P : *D. 1995. IR 61.* ♦ Comp. note 23.

14. Sort d'un contrat en cours. La demande tendant à décliner l'application de l'art. L. 122-12, al. 2 [devenu L. 1224-1], C. trav. présente un caractère indéterminé ; le jugement statuant sur cette demande est en conséquence susceptible d'appel. • Soc. 10 mai 1999, n° 97-40.458 P.

15. Pratique illicite. Est susceptible d'appel comme étant d'un montant indéterminé la demande tendant à faire juger par un conseil de prud'hommes qu'est illicite la pratique d'un employeur et à obtenir la désignation d'un expert avec mission de faire le compte des temps de travail illégalement retranchés. • Soc. 26 mars 1980 : *Bull. civ. V, n° 305.*

16. Publication du jugement à venir. La demande aux fins de publication du jugement à intervenir étant indéterminée dans son montant, le conseil de prud'hommes statue à charge d'appel. • Soc. 6 mai 1982 : *Bull. civ. V, n° 288.*

17. Poursuite de soins. La demande qui tend à voir prendre en charge la poursuite de soins au titre de l'assurance maladie constituant une demande indéterminée, il résulte de l'art. 40 qu'est irrecevable le pourvoi dirigé contre un jugement ayant statué sur une telle demande. • Soc. 17 mai 2001, n° 99-18.068 P.

18. Procédures collectives. Déclaration de créance. Relevé de forclusion. Prise en compte du montant de la créance (non). Depuis l'entrée en vigueur de la loi du 26 juill. 2005, aucun texte n'interdit ou ne limite l'appel contre les jugements statuant sur le recours formé contre les décisions du juge-commissaire accueillant ou rejetant une requête en relevé de forclusion, même si la valeur de la créance en cause n'excède pas le taux de compétence en dernier ressort du tribunal de la procédure collective, la demande en relevé de forclusion, qui n'est pas une demande d'admission de la créance, étant indéterminée (irrecevabilité, en application de l'art. 605 C. pr. civ., du pourvoi en cassation contre le jugement statuant sur le recours contre la décision du juge-commissaire). • Com. 12 janv. 2016, n° 14-18.936 P : *D. 2016. Actu. 125, obs. Lienhard ; D. actu. 13 janv. 2016, obs. Lienhard ; JCP 2016. 74, obs. Cagnoli.*

II. DEMANDE DÉTERMINÉE

19. Allocation d'une somme d'argent. N'est pas indéterminée, quel que soit le fondement allégué, une demande tendant à l'allocation d'une somme d'argent dont le montant est précisé. • Soc. 23 mai 2006, n° 04-42.779 P.

20. Euro symbolique. Lorsqu'une demande ne tend qu'au paiement d'un franc [euro] de dommages-intérêts, c'est ce montant qui détermine le taux de ressort. • Civ. 2e, 24 janv. 1996, *n° 94-14.095 P : JCP 1996. I. 3938, n° 20, obs. Cadiet.*

21. Exécution de travaux. Est déterminée au sens de l'art. 40 la demande tendant à obtenir l'exécution de travaux dont le coût avait été fixé par un expert commis en référé. • Civ. 2e, 7 juin 2007, n° 06-12.188 P : *D. 2007. AJ 1793, obs. Avena-Robardet ; Procédures 2007, n° 242, note Perrot.*

22. Demande de restitution. La demande en restitution d'une statue ou, à défaut, en paiement d'une somme inférieure au taux de ressort de la juridiction saisie est une demande déterminée sur laquelle il est statué en premier et dernier ressort. • Civ. 3e, 16 nov. 1982 : *Bull. civ. III, n° 223.*

23. Constat de l'acquisition d'une clause résolutoire. N'est pas susceptible d'appel le jugement d'un tribunal d'instance statuant sur une demande tendant à faire constater l'acquisition d'une clause résolutoire et obtenir le paiement d'une somme inférieure à celle du taux de ressort et dont le défendeur s'est borné à contester le montant. • Civ. 2e, 14 oct. 2004, n° 02-19.788 P. ♦ Comp. note 13.

24. Mention « sauf à parfaire ». L'adjonction à la demande d'une certaine somme de la mention « sauf à parfaire », sans énonciation des causes qui pourraient en justifier l'augmentation, ne saurait conférer à cette demande un caractère indéterminé. • Paris, 29 mars 1978 : *Gaz. Pal. 1978. 2. Pan. 318.*

25. Application d'un accord. N'est pas indéterminée, quel que soit son fondement allégué, une demande tendant à l'allocation d'une somme d'argent dont le montant est précisé ; c'est dès lors à bon droit qu'une cour d'appel, ayant constaté que la demande de salariés portait sur une somme inférieure au taux de compétence en dernier ressort du conseil de prud'hommes, décide que, pour l'appréciation de la recevabilité de l'appel, il n'y avait lieu de prendre en considération que le montant de cette demande et qu'il était indifférent que, pour en apprécier le bien-fondé, le premier juge ait eu à se prononcer sur les dispositions d'un accord contesté. • Soc. 13 juill. 2004, n° 02-46.230 P : *D. 2004. IR 2478 ; Procédures 2004, n° 229, note Perrot.* ♦ Comp. note 7.

26. Bulletins de paie. Lorsqu'elle constitue la conséquence nécessaire d'une demande en paiement chiffrée, la demande tendant à la rectification de bulletins de paie est sans incidence sur l'ouverture des voies de recours ; la cour d'appel, qui a constaté que tel était l'objet de la demande de rectification dont elle était saisie et que le montant total des demandes était inférieur au taux du dernier ressort, a exactement décidé que la demande n'était pas susceptible d'appel. • Soc. 23 mars 2011, n° 09-70.827 P : *D. 2011. Actu. 1022 ; Procédures 2011, n° 204,* note Bugada. ♦ Comp. note 8.

27. Requalification d'un contrat. La décision rendue sur une demande de requalification d'un contrat à durée déterminée en contrat à durée indéterminée, qui tend à obtenir, en fonction de cette requalification, des sommes dont aucune ne dépasse le taux de compétence en dernier ressort du conseil de prud'hommes, est une décision en dernier ressort. • Soc. 30 juin 1994, n° 90-44.152 P : *D. 1994. IR 205.* ♦ Comp. note 12.

28. Interprétation d'un contrat. La nécessité d'interpréter un contrat n'est pas de nature à rendre une demande indéterminée. • Paris, 4 juill. 2002 : *Bull. ch. avoués 2002. 4. 65.*

III. DEMANDE DÉTERMINABLE

29. Cas. Un tribunal ne peut se prononcer que sur des demandes chiffrées par les parties sauf dans les matières s'y opposant par leur nature ou en vertu de la loi ; le temps passé à réparer soi-même un objet ou à remettre en état un appartement peut être estimé en argent et donc faire l'objet d'une demande déterminée ; dès lors, l'artifice consistant à présenter des demandes portant sur des indemnités laissées à l'appréciation du tribunal en les qualifiant d'indéterminées viole les règles relatives au droit d'appel. • Versailles, 8 nov. 2002 : *BICC 2003, n° 1182 ; D. 2003. IR 529.*

30. Application d'un barème. Lorsque le litige porte sur le payement d'une prime dont le montant n'a pas été indiqué dans la demande, mais que celui-ci est déterminé par un barème connu des parties et s'élève à une somme précisée par le juge et non contestée par l'adversaire, la cour d'appel peut en déduire que l'intérêt du litige est déterminé dans son montant et statuer sur la recevabilité de l'appel. • Soc. 6 juin 1974 : *Bull. civ. V, n° 342.*

31. Calcul des intérêts légaux. C'est à juste titre que, pour calculer la valeur du litige soumis aux premiers juges, une cour d'appel retient les intérêts légaux ayant couru antérieurement à l'assignation bien que ceux-ci ne soient pas chiffrés dans les écritures du demandeur, dès lors que ces intérêts sont demandés et que la cour d'appel est en mesure d'en établir le montant. • Com. 19 déc. 1977 : *Bull. civ. IV, n° 300.*

32. Cours d'une monnaie étrangère. Ne constitue pas une demande indéterminée rendant l'appel recevable une demande exprimée dans une ancienne monnaie de la zone euro, fixée, selon les règlements communautaires applicables lors de la demande initiale, de manière immuable et définitive par rapport à l'euro, dont elle n'était considérée que comme une subdivision en attendant son l'introduction définitive de la monnaie unique. • Civ. 2e, 4 déc. 2003, n° 02-10.263 P : *Gaz. Pal. 29-30 oct. 2004, p. 16, obs. du Rusquec.*

33. Dommages-intérêts. N'est pas indéterminée au sens de l'art. 40 une demande tendant à l'allocation de dommages-intérêts dont le montant doit, s'il n'est pas indiqué, être précisé par la partie demanderesse sur invitation du juge. • Soc. 10 janv. 2006, n° 03-40.646 P.

34. Remise de bleus de travail. Ne constitue pas une demande d'un montant indéterminé la demande qui a pour objet la remise de deux bleus de travail, dont la valeur n'est pas précisée, dès lors que les éléments que comporte cette demande permettent de déterminer son montant. • Soc. 14 mai 1987 : *Bull. civ. V, n° 333.*

Art. 41 **Le litige né, les parties peuvent toujours convenir que leur différend sera jugé par une juridiction bien que celle-ci soit incompétente en raison du montant de la demande.**

Elles peuvent également, sous la même réserve et pour les droits dont elles ont la libre disposition, convenir en vertu d'un accord exprès que leur différend sera jugé sans appel même si le montant de la demande est supérieur au taux du dernier ressort. — *V. art. 556 s.*

RÉP. PR. CIV. v^is *Compétence*, par DOUCHY-OUDOT ; *Compétence civile des tribunaux d'instance*, par PANSIER ; *Compétence civile des tribunaux de grande instance*, par STRICKLER.

CHAPITRE II LA COMPÉTENCE TERRITORIALE

DALLOZ ACTION *Droit et pratique de la procédure civile 2022/2023*, n°s 13.00 s.

BIBL. ▸ DERACHE, *RGDA 2012. 543* (efficacité de la clause attributive de compétence territoriale en matière d'assurances).

Art. 42 **La juridiction territorialement compétente est, sauf disposition contraire, celle du lieu où demeure le défendeur.**

S'il y a plusieurs défendeurs, le demandeur saisit, à son choix, la juridiction du lieu où demeure l'un d'eux.

(Décr. n° 81-500 du 12 mai 1981, art. 7) **« Si le défendeur n'a ni domicile ni résidence connus, le demandeur peut saisir la juridiction du lieu où il demeure ou celle de son choix s'il demeure à l'étranger. »** — *V. art. 1406.*

Sur la compétence territoriale spéciale en matière d'assurances, V. C. assur., art. R. 114-1 ss. art. 46.*

Plan des annotations

1. Spécificité de la procédure de contestation des honoraires d'avocat. Les contestations concernant le montant et le recouvrement des honoraires d'avocat sont soumises successivement au bâtonnier de l'ordre auquel appartient l'avocat concerné, puis au premier président de la cour d'appel dans le ressort de laquelle l'ordre est établi ; dès lors, les dispositions du NCPC [devenu C. pr. civ.] relatives à la compétence territoriale ne sont pas applicables à cette procédure spéciale. • Civ. 1re, 13 mai 2003, n° 00-18.184 P : *D. 2003. IR 1545 ; Defrénois 2003. 1568, obs. Libchaber ; JCP 2004. I. 117, n° 25, obs. R. Martin.*

2. Spécificité du droit de l'Union européenne. Solution. Les règles de droit interne ne sont pas applicables pour la détermination de la compétence internationale du juge saisi d'un litige d'ordre international intra-communautaire, soumis aux dispositions de la convention de Bruxelles du 27 sept. 1968 modifiée par la convention de Saint-Sébastien du 26 mai 1989. • Cass., ch. mixte, 11 mars 2005, n° 02-41.371 P : *R. 2005,p. 413 ; RDC 2005. 1186, obs. Deumier ; LPA 6 juin 2005, p. 5, note Picca et Sauret ; Gaz. Pal. 28 mai 2005, p. 28, avis Foerst.*

3. ... Illustrations. Cassation, pour violation de l'art. 22 du règlement « Bruxelles I », de l'arrêt d'appel ayant retenu, dans un litige portant sur la validité d'une convention de cession des droits de marque conclue en l'absence d'autorisation préalable par le conseil d'administration de la société cédante, que ledit règlement n'était pas applicable à la société cessionnaire, cette dernière n'étant pas établie dans un État membre de l'Union européenne, et en ayant déduit que la règle prévue à l'art. 42 C. pr. civ., donnant compétence au tribunal du domicile du défendeur, transposée en matière internationale, devait *recevoir application, alors que l'art.* 22 du règlement prévoit que sont seuls compétents, sans considération de domicile, en matière de validité des décisions des organes des sociétés ayant leur siège sur le territoire d'un État membre de l'Union européenne, les tribunaux de cet État. • Com. 15 mars 2011, n° 09-72.027 P : *D. 2011. 891 ; ibid. Pan. 2434, obs. d'Avout et Bollée ; ibid. 2012. Pan. 1228, obs. Gaudemet-Tallon et Jault-Seseke ; Rev. sociétés 2011. 714, note Mastrullo ; BJS 2011. 917, note Menjucq ; JCP E 2011. 1529, note Legros ; JCP 2011. 1064, p. 1775, obs. Menjucq ; Dr. sociétés 2011, n° 152, note Legros ; Rev. sociétés 2011. 714, note Mastrullo ; RJ com. 2011. 572, obs. Berlioz.* ♦ En vertu de l'art. 3 de la convention de Bruxelles, les règles de droit interne, telles celles des art. 42, al. 2, NCPC [devenu C. pr. civ.] ou R. 114-1 C. assur., ne peuvent être invoquées ; dès lors, a justifié légalement sa décision la cour d'appel qui, statuant sur une demande de garantie formée contre le Lloyd's de Londres à la suite d'un vol commis à Paris, a constaté que la note de couverture émanait d'une société d'assurances de Londres et faisait état d'un courtier du Lichtenstein mais non d'un courtier parisien et précisait que si la victime du vol était assurée pour divers risques partout en Europe, elle était domiciliée à Genève, ce dont il résultait que la contestation soulevée par l'assuré n'était pas relative à l'exploitation au sens que l'art. 5.5 de la convention de Bruxelles donne à ce terme du mandataire général en France du Lloyd's de Londres et qu'aucun des chefs de compétence énumérés à l'art. 8 de la même convention ne pouvait être retenu. • Civ. 1re, 27 avr. 1994, n° 92-13.262 P.

4. ... Renvoi. V. partie *Droit européen et international*, Règl. (CE) du Conseil n° 44/2001 du 22 déc. 2000 et sa refonte par le Règl. (UE) n° 1215/2012 du 12 déc. 2012 du Parlement européen et du Conseil.

I. ALINÉA 1er

A. PRINCIPE – EXTENSION À L'ORDRE INTERNATIONAL

5. Contrat de travail. En l'absence de disposition contraire applicable, la juridiction du domicile, en France, de l'employeur, est compétente pour connaître du litige l'opposant à son salarié français dont le contrat de travail a été exécuté à l'étranger. • Soc. 16 mars 1989 : *Bull. civ. V,* *n° 227.* ♦ V. déjà • Soc. 3 déc. 1987 : *Bull. civ. V, n° 710.*

6. Contrat d'agent commercial. Dans un contrat d'agent commercial, l'indemnité de fin de contrat est une dette indépendante du caractère licite ou non de la rupture du contrat ; dès lors, fait une exacte application de l'art. 42 étendu à l'ordre international la cour d'appel qui décide que le tribunal du domicile du défendeur est seul compétent pour connaître d'une demande en paiement de « l'indemnité légale de cessation de mandat », cette demande ne portant pas sur l'exécution d'une prestation de service. • Civ. 1re, 14 mars 2006, n° 05-13.820 P : *D. 2006. IR 1062* ; *RJ com. 2007. 200, obs. Marmisse-d'Abbadie d'Arrast.*

7. Principe de subsidiarité. L'art. 15 C. civ., qui donne compétence à la juridiction française en raison de la nationalité du défendeur, n'a vocation à s'appliquer que lorsque aucun critère ordinaire de compétence territoriale (art. 42 s.) n'est réalisé en France. • Civ. 1re, 13 mai 2020, n° 19-10.941 P : *D. actu. 3 juin 2020, note Mélin ; D. 2020. 1987, note Haftel* ; *Gaz. Pal. 6 oct. 2020, p. 72, note Douard.*

8. Liquidation des intérêts patrimoniaux des époux. Il résulte du Règl. n° 2201/2003, relatif à la compétence, la reconnaissance et à l'exécution des décisions en matière matrimoniale et en matière de responsabilité parentale, et du Règl. n° 2016/1103 mettant en œuvre une coopération renforcée dans le domaine de la compétence, de la loi applicable, de la reconnaissance et de l'exécution des décisions en matière de régimes matrimoniaux applicables aux instances engagées après le 29 janv. 2019, que l'art. 42 s'applique, par extension à l'ordre international des règles internes de compétence, à une action engagée devant le TGI de Nice avant le 1er janv. 2010. • Civ. 1re, 14 oct. 2020, n° 19-11.585 P : *D. actu. 3 nov. 2020, note Mélin ; D. 2020. 2069* ; *Gaz. Pal. 5 janv. 2021, p. 69, obs. Diot ; Defrénois 2021, n° 6, p. 24, note Callé.*

B. DISPOSITION CONTRAIRE – DROIT INTERNE

1° DOMAINE D'APPLICATION

9. Assurance. Les règles de l'art. R. 114-1 C. assur., impératives dans les litiges entre assureurs et assurés quand ils ont trait à la fixation et au règlement de l'indemnité, ne s'imposent pas à la victime exerçant l'action directe ; celle-ci peut aussi se prévaloir des règles de art. 42. • Civ. 1re, 14 déc. 1983 : *Bull. civ. I, n° 296* • Nancy, 2 déc. 2002 : *JCP 2004. IV. 3031.*

2° CAS

10. Référés. Si, en principe, le juge des référés doit appartenir territorialement à la juridiction appelée à statuer sur le fond, cette compétence n'exclut pas celle du juge dans le ressort duquel est né l'incident ou celui dans le ressort duquel les mesures d'urgence doivent être prises. • Civ. 2e, 10 juill. 1991, n° 90-11.815 P. ♦ Si le juge territorialement compétent pour statuer sur une demande de mesure d'instruction est le président de la juridiction appelée à connaître d'un litige éventuel sur le fond, il n'est pas interdit au demandeur de saisir en référé le président de la juridiction du lieu où doit être exécutée la mesure demandée... • Civ. 2e, 17 juin 1998, n° 95-10.563 P. ♦ ... Ou celui dans le ressort duquel les mesures d'instruction *in futurum* sollicitées doivent partiellement être exécutées. • Civ. 2e, 2 juill. 2020, n° 19-20.012 : *cité note 16 ss. art. 145.*

II. ALINÉA 2

A. PRINCIPE

1° DANS L'ORDRE INTERNATIONAL

11. Énoncé. Aux termes de l'art. 42, al. 2, applicable dans l'ordre international, s'il y a plusieurs défendeurs, le demandeur saisit, à son choix, la juridiction du lieu où demeure l'un d'eux ; en l'espèce, la demande ayant été dirigée à la fois contre la société de droit marocain et la société de droit français dont le siège est à Paris, il était donc loisible à l'association demanderesse de saisir le juge des référés du TGI de Paris. • Civ. 1re, 6 déc. 1989 : *Dalloz jurisprudence.*

12. Élection de domicile. Des demandes ayant été formulées contre des cocontractants qui avaient fait élection de domicile dans un pays étranger, mais également contre un conseil juridique domicilié en France, est légalement justifié l'arrêt, rendu sur contredit, qui, pour déclarer le TGI saisi est compétent pour statuer sur toutes les demandes, retient que celles-ci, procédant d'un même fondement juridique et tendant aux mêmes fins, sont indivisibles en raison du risque de contrariété de décisions découlant de la saisine de juridictions différentes. • Civ. 2e, 7 nov. 1994, n° 92-20.776 P.

2° DANS L'ORDRE INTERNE

13. Énoncé. Lorsqu'il y a plusieurs défendeurs, l'art. 42, al. 2, autorise le demandeur à saisir, à son choix, la juridiction du lieu où demeure l'un d'eux. • Civ. 1re, 12 févr. 1980 : *Bull. civ. I, n° 50.*

14. Un demandeur peut se prévaloir de la prorogation de compétence territoriale prévue à l'art. 42, al. 2, s'il exerce une action directe et personnelle contre chacune des parties assignées et si la question à juger est la même pour toutes quelle que soit la mesure en laquelle chacune peut être engagée. • Com. 7 avr. 1987 : *Bull. civ. IV, n° 86.* ♦ Aux termes de l'art. 42, al. 2, s'il y a plusieurs défendeurs, le demandeur saisit, à son choix, la juridiction du lieu où demeure l'un d'eux ; un demandeur peut se prévaloir de cette prorogation de compétence territoriale s'il exerce une action directe et personnelle contre chacune des parties assignées et si la question à juger est la même pour toutes, quelle que soit la mesure en laquelle chacune peut être engagée. • Civ. 2e, 10 mars 2004, n° 01-15.725 P.

15. Il résulte de l'art. R. 1451-1 C. trav. et de l'art. 749 C. pr. civ. que, sous réserve des dispositions du C. trav., la procédure devant les juridictions prud'homales est régie par les dispositions du livre premier du C. pr. civ. ; aux termes de l'art. 42 C. pr. civ., lorsqu'il y a plusieurs défendeurs, le demandeur saisit, à son choix, la juridiction du lieu où demeure l'un d'eux ; en conséquence, le salarié qui, contestant la régularité du transfert de son contrat de travail et du licenciement dont il a fait l'objet, forme une demande de condamnation *in solidum* des deux sociétés employeur concernées par ce transfert est en droit de se prévaloir de la prorogation de compétence de l'art. 42, al. 2, C. pr. civ. et de saisir le conseil de prud'hommes du lieu du siège social de l'une des deux sociétés. • Soc. 16 févr. 2011, n° 10-16.423 P : *D. 2011. Actu. 685* ; *JCP 2011. 1191, note Brissy.*

16. Une fois l'instance liée, le tribunal saisi reste compétent, même si l'un des défendeurs est mis postérieurement hors de cause pour des motifs qui lui sont propres. • TGI Paris, réf., 12 juin 1984 : *JCP 1985. IV. 93.*

B. LIMITES

17. Dans l'ordre international. La prorogation de compétence prévue par l'art. 42, al. 2, applicable dans l'ordre international, suppose que les diverses demandes dirigées contre des défendeurs différents soient dans un lien étroit de connexité. • Civ. 1re, 24 févr. 1998, n° 95-20.627 P : *D. 1998. IR 85* ; *D. Affaires 1998. 474, obs. S. P.* ; *Rev. crit. DIP 1999. 309, note Sinay-Cytermann* . ♦ Comp. La prorogation de compétence prévue par l'art. 42, al. 2, applicable dans l'ordre international, ne permet pas d'attraire devant une juridiction française un défendeur demeurant à l'étranger lorsque la demande formée contre lui et un codéfendeur domicilié en France ne présente pas, à l'égard de ce dernier, un caractère sérieux, fût-elle connexe à une autre demande dirigée contre les mêmes défendeurs. • Com. 13 avr. 2010, n° 09-11.885 P : *D. 2010. Actu. 1152* ; *Procédures 2011. Chron. 2, obs. Raschel* ; *RGDA 2010. 796, note Turgné* ; *DMF 2010. 986, obs. Cachard.* ♦ V. aussi, jugeant que doit être cassé, pour fausse application de l'art. 42, l'arrêt qui pour rejeter une exception d'incompétence se fonde sur la connexité entre les prétentions des différents demandeurs originaires, dont certains étaient de nationalité française, pour étendre, sur le fondement de ce seul texte, la compétence des juridictions françaises aux seuls demandeurs de nationalité étrangère restant en cause et les admettre à agir devant celles-ci à l'encontre d'un défendeur de nationalité étrangère résidant à l'étranger : • Civ. 1re, 5 déc. 2012, n° 11-18.169 P : *D. 2012. Actu. 2974* ; *Gaz. Pal. 8-9 mars 2013, p. 37, note Raschel* ; *ibid. 9 avr. 2013, p. 8, note Raschel* ; *JCP 2013. 519, obs. Jeuland* ; *LPA 12 nov. 2013, note Mésa.*

18. Dans l'ordre interne. La faculté ouverte au demandeur, s'il y a plusieurs défendeurs, de saisir à son choix la juridiction du lieu où demeure l'un d'eux, n'est admissible qu'autant qu'une action personnelle et directe est exercée contre le défendeur dont la demeure se trouve dans le ressort de la juridiction saisie ; encourt par suite la cassation l'arrêt qui confirme la compétence du tribunal en retenant que, « de surcroît », la caisse primaire d'assurance maladie, également assignée, a la qualité de défendeur « réel et sérieux », alors qu'aucune demande n'avait été présentée contre cette caisse qui n'avait été appelée en cause que pour lui permettre d'exercer un recours subrogatoire. • Civ. 2e, 10 juill. 1996, n° 94-16.692 P. ♦ Rappr. L'art. 42, al. 2, s'applique dans le cas d'une procédure unique mettant plusieurs défendeurs en cause dès son introduction et non à une procédure qui ne concerne plusieurs défendeurs que par l'effet d'une jonction d'instances, une telle mesure d'administration judiciaire ne pouvant avoir pour effet de modifier *a posteriori* les règles de compétence qui s'imposent au demandeur dès l'introduction de l'instance. • Paris, 16 juin 1993 : *D. 1993. IR 214.* ♦ Comp. art. 333.

C. EXCEPTIONS

1° CONVENTION INTERNATIONALE

19. Convention de Varsovie. L'art. 28, al. 1er, de la convention de Varsovie du 12 oct. 1929 édicte, pour l'action en responsabilité dirigée contre le transporteur aérien, une règle de compétence directe qui a un caractère impératif ; dès lors, doit être cassé l'arrêt qui, pour retenir la compétence de la juridiction française du siège du constructeur mis en cause, retient, en violation de cette règle impérative, qu'il n'existe aucune disposition expresse dans la convention indiquant qu'une juridiction compétente pour statuer sur la demande dirigée contre le constructeur ne pourrait l'être pour se prononcer sur une demande connexe visant le transporteur, cette compétence étant fondée sur l'extension à l'ordre international de la règle de prorogation de compétence de l'art. 42. • Civ. 1re, 11 juill. 2006, n° 04-18.644 P : *D. 2006. IR 2055, obs. Delpech* ; *RTD com. 2006. 703, obs. Delebecque* .

2° DROIT INTERNE

20. La prorogation de compétence territoriale prévue à l'art. 42, al. 2, est interdite lorsqu'elle fait échec à des règles de compétence d'attribution d'ordre public. • Com. 7 avr. 1987 : *Bull. civ. IV, n° 86* (en matière de procédures collectives).

III. ARTICULATION ART. 42 – ART. 46

21. Si l'art. 42 donne, en présence de plusieurs défendeurs, la possibilité au demandeur de saisir à son choix la juridiction du lieu où demeure l'un d'eux, ce texte ne lui permet pas d'attraire ces défendeurs devant une juridiction dont la compétence à l'égard de l'un d'eux aurait un fondement autre que territorial et qui, notamment, ne serait compétente qu'en vertu des dispositions du 2e al. de l'art. 46 ; dès lors, c'est à bon droit que la cour d'appel, ayant constaté la connexité des actions exercées contre deux sociétés commerciales, a renvoyé l'ensemble de la procédure devant le tribunal compétent pour connaître de la partie prédominante du litige. • Com. 20 juill. 1981 : *Bull. civ. IV, n° 324.*

22. La compétence du tribunal du lieu du domicile du défendeur n'a pas de caractère exclusif et ne fait pas obstacle, en cas de demandes connexes, à ce que celles-ci soient portées devant une juridiction choisie par le demandeur au titre d'une option de compétence. • Civ. 2e, 18 juin 2009, n° 08-18.753 P (mandat d'agent commercial exécuté dans la Sarthe ; tribunal de commerce du Mans territorialement compétent, tant par application de l'art. 46, al. 2, pour connaître de la demande en paiement de commissions intéressant l'exécution de la prestation de service qu'en raison de la connexité non contestée entre cette prétention et celle tendant au paiement d'une indemnité de fin de mandat, pour statuer sur cette autre demande).

23. La faculté, prévue par l'art. 42, al. 2, pour le demandeur de saisir à son choix, en cas de pluralité de défendeurs, la juridiction du lieu où demeure l'un d'eux, n'est pas exclusive de celle que lui offre l'art. 46, al. 3, de saisir en matière délictuelle, outre la juridiction du lieu où demeure le défendeur, la juridiction du lieu du fait dommageable ou celle dans le ressort de laquelle le dommage a été subi, lorsque cette juridiction est à ce titre compétente à l'égard de tous les défendeurs. • Com. 7 juill. 2009, n° 08-16.633 P : *D. 2009. 1961, obs. Chevrier ; CCC 2009, n° 220, note Mathey ; Procédures 2010, n° 349, note Perrot.*

IV. ARTICULATION ART. 42 – ART. 48

A. INTERPRÉTATION DE LA CLAUSE

24. Pouvoir souverain. C'est dans l'exercice de leur pouvoir souverain d'apprécier la volonté des parties que les juges du fond estiment qu'une clause attributive de compétence insérée dans un contrat a été stipulée uniquement dans l'intérêt d'un contractant qui a ainsi la possibilité d'assigner son cocontractant soit devant le tribunal de commerce du lieu du domicile de celui-ci, soit devant celui stipulé dans la clause. • Civ. 2e, 1er avr. 1981 : *Bull. civ. II, n° 78 ; Gaz. Pal. 1981. 2. 421, note Viatte ; D. 1982. IR 156, obs. Julien.*

B. PLURALITÉ DE DÉFENDEURS

25. Ordre interne. Selon l'art. 42, al. 2, s'il y a plusieurs défendeurs, le demandeur saisit, à son choix, la juridiction du lieu où demeure l'un d'eux ; tout titre de compétence, autre que ce lieu, n'ouvre pas le choix du demandeur ; encourt par suite la cassation l'arrêt qui, après avoir constaté qu'une caution demeurait dans le département de la Mayenne, rejette l'exception d'incompétence territoriale du tribunal de commerce de Paris soulevée par la caution au motif que cette juridiction était compétente pour connaître du litige opposant le créancier au débiteur principal, autre défendeur, en raison de la validité à l'égard de ce dernier d'une clause attributive de compétence territoriale. • Com. 25 mars 1997, n° 95-10.430 P.

26. Ordre international. Il résulte de la combinaison des art. 42, al. 2, et 48 que, s'il y a plusieurs défendeurs, le demandeur peut assigner tous les défendeurs devant la juridiction du lieu où demeure l'un d'eux, malgré la clause attribuant, au profit de certains d'entre eux, compétence à une juridiction étrangère, à la condition qu'il y ait indivisibilité entre les demandes formées contre les divers défendeurs ; il s'ensuit que la cour d'appel qui se déclare incompétente pour connaître d'une demande dirigée notamment contre des défendeurs qui se prévalaient d'une clause attribuant compétence à des juridictions étrangères, sans indiquer les circonstances qui établissaient l'absence d'indivisibilité, ne met pas la Cour de cassation en mesure d'exercer son contrôle. • Civ. 1re, 23 oct. 1990, n° 88-18.600 P.

V. ALINÉA 3

27. La faculté accordée par l'art. 42, al. 3, à un demandeur de saisir la juridiction du lieu où il demeure ne permet pas à une personne morale ayant son siège social en France d'assigner le défendeur devant une juridiction autre que celle du lieu où se trouve ce siège. • Civ. 2e, 29 janv. 1992, n° 90-18.258 P : *Dr. sociétés 1992, n° 202, note Bonneau.*

Art. 43 **Le lieu où demeure le défendeur s'entend :**

— s'il s'agit d'une personne physique, du lieu où celle-ci a son domicile ou, à défaut, sa résidence,

— s'il s'agit d'une personne morale, du lieu où celle-ci est établie.

Tous les litiges nés de l'application de la loi du 10 juill. 1965 [fixant le statut de la copropriété des immeubles bâtis] et du Décr. n° 67-223 du 17 mars 1967 sont de la compétence de la juridiction du lieu de la situation de l'immeuble (Décr. préc., art. 62) — ***C. copr.***

Pour la compétence territoriale en matière de redressement et liquidation judiciaires des entreprises, V. C. com., art. R. 600-1. — ***C. pr. coll. et C. com.***

... En matière de prévention des difficultés des entreprises, V. C. com., art. R. 611-10 s. — ***C. pr. coll. et C. com.***

PLAN DES ANNOTATIONS

1. Renvoi. Sur l'élection de domicile, V. art. 111 C. civ.

I. PERSONNE PHYSIQUE

A. NOTION DE DOMICILE

2. Domicile apparent. Application de la théorie, lorsque le demandeur a pu se tromper de bonne foi sur le lieu du principal établissement du défendeur. • Req. 26 avr. 1921 : *S. 1921. 1. 313.*

3. Domicile personnel. Il appartient au tribunal de s'adresser à son domicile personnel, conformément à l'art. 43, la convocation d'un salarié dont le retrait de la section « encadrement » d'une liste électorale prud'homale a été demandé, peu important l'adresse donnée par l'employeur au siège de l'entreprise et l'absence de protestation de l'intéressé, qui ne pouvait constituer une élection de domicile valable. • Soc. 13 déc. 1979 : *Bull. civ. V, n° 992.* ♦ Il appartient au tribunal d'instance de convoquer les salariés élus, dont l'élection est contestée, à leur domicile personnel conformément à l'art. 43. • Soc. 3 mars 1999, n° 97-60.807 P : *D. 1999. IR 94.*

B. APPRÉCIATION

4. Pouvoir souverain. La détermination du domicile du défendeur, à la date de l'assignation, relève du pouvoir souverain d'appréciation des juges du fond. • Civ. 1re, 12 févr. 1980 : *Bull. civ. I, n° 50.*

5. Perpetuatio fori. Le simple changement de domicile d'un ou de plusieurs défendeurs en cours d'instance ne saurait modifier la compétence du tribunal régulièrement saisi. • Req. 30 déc. 1884 : *DP 1885. 1. 421.*

II. PERSONNE MORALE

6. Gérant. La juridiction compétente pour connaître d'une action dirigée contre une société est celle dont dépend le siège de cette société et non le domicile de son gérant. • Com. 2 déc. 1980 : *Bull. civ. IV, n° 405.*

7. Mandataire. Une personne morale ne peut être assignée au lieu où elle exerce son activité par l'intermédiaire d'un mandataire. • Civ. 1re, 12 nov. 1957 : *Bull. civ. I, n° 427.*

A. LIEU D'ÉTABLISSEMENT

8. Siège social statutaire. Le domicile d'une société est, en principe, au siège social fixé par les statuts, à moins que ce siège ne soit qu'une fiction et qu'il ne soit établi que les opérations de la société se font généralement dans un autre lieu. • Com. 5 mai 1952 : *D. 1952. 507 n° 77* • Civ. 2e, 24 janv. 1958 : *Bull. civ. II, n° 77.* ♦ Le siège social d'une personne morale est au lieu où se produisent, par l'intermédiaire de ses dirigeants, les manifestations principales de son existence juridique, et qui peut être distinct du siège de l'exploitation. • Com. 16 déc. 1958 : *Bull. civ. III, n° 438.* ♦ Rappr. • Civ. 2e, 24 avr. 1981 : *Bull. civ. II, n° 104 ; Gaz. Pal. 1981. 2. 601, note Viatte.* ♦ Le tribunal d'instance territorialement compétent pour connaître d'un litige relatif à l'existence ou non d'une unité économique et sociale constituée par trois sociétés est celui de leurs sièges sociaux et non celui du lieu d'un de leurs établissements. • Soc. 30 mars 1978 : *Bull. civ. V, n° 247.*

9. Siège social fictif. Justifie légalement sa décision de rejeter l'exception d'incompétence territoriale soulevée par une société qui exerçait son activité principale dans le ressort du tribunal de commerce ayant ouvert une procédure de redressement judiciaire à son encontre la cour d'appel qui retient que le transfert précipité de son siège par cette société dans le ressort d'un autre tribunal de commerce après qu'elle eut été assignée en liquidation était intervenu en fraude des droits des créanciers, faisant ainsi ressortir le caractère fictif du siège social revendiqué par la débitrice. • Com. 8 mars 1988 : *Bull. civ. IV, n° 103.*

10. Date d'appréciation. C'est au lieu du nouveau siège social, apprécié à la date de l'assignation et non au jour des actes dont la validité est contestée, qu'il faut assigner une société commerciale, à moins que le transfert de son siège ne soit frauduleux. • Paris, 30 nov. 1965 : *D. 1966. 243* • Versailles, 30 mai 2002, n° 01/05894.

B. JURISPRUDENCE DES « GARES PRINCIPALES »

1° NOTION

11. Définition. En visant le lieu où la personne morale est établie, l'art. 43 se réfère non seulement au siège social d'une société, mais, lorsque celle-ci dispose de plusieurs centres d'intérêt ou d'un centre d'administration ou d'exploitation distinct du siège social, au lieu où sont effectivement exercées, et de façon stable, les fonctions de direction de la société. • Paris, 17 oct. 1980 : *JCP 1981. IV. 374* • Paris, 28 oct. 1992 : *D. 1993. IR 9.*

12. Niveau local ou régional. Dès lors que le client d'une banque ne l'a pas assignée devant le tribunal du siège social de celle-ci et que l'action exercée tendait à mettre en jeu la responsabilité de la banque à l'occasion du fonctionnement d'un compte dans une agence locale, c'est à bon droit que la cour d'appel du lieu de la direction régionale de la banque a accueilli l'exception d'incompétence soulevée par celle-ci, après avoir relevé qu'il n'était pas établi que le représentant de l'agence locale n'avait pas le pouvoir d'engager la banque mais qu'au contraire c'est avec lui que le client avait conclu les conventions faisant l'objet du litige, que les rapports entre les parties s'étaient situés exclusivement sur le territoire ressortissant à l'agence locale et que la décision de la direction régionale, dont se prévalait le client, ne pouvait avoir d'influence sur la localisation du litige. • Com. 12 janv. 1988 : *Bull. civ. IV, n° 13 ; RTD com. 1988. 474, obs. Cabrillac et Teyssié.*

2° CRITÈRES

13. Pouvoir de représentation. Les personnes morales peuvent être assignées devant la juridiction dans le ressort de laquelle elles disposent d'une succursale ou d'une agence ayant le pouvoir de les représenter à l'égard des tiers. • Civ. 2e, 20 oct. 1965 : *D. 1966. 193.* ♦ L'établissement secondaire doit disposer d'une réelle autonomie dans les relations avec les tiers ou avec les cocontractants. • Nancy, 2 déc. 2002 : *JCP 2004. IV. 3031.* ♦ Cette autonomie s'apprécie notamment en matière de gestion des sinistres. • Même arrêt.

14. Implication dans le litige. Ne donne pas de base légale à sa décision l'arrêt qui confirme sur la compétence un jugement frappé de contredit en se bornant à retenir qu'une société d'assurances disposait dans le ressort du tribunal d'une délégation générale sans rechercher si cette délégation était impliquée dans le litige. • Civ. 2e, 10 juill. 1996, n° 94-16.692 P.

15. Pouvoir de représentation et implication. Une personne morale peut être assignée devant la juridiction du ressort dans lequel elle dispose d'une succursale ou d'une agence ayant le pouvoir de la représenter à l'égard des tiers, dès lors que l'affaire se rapporte à son activité ou que les faits générateurs de responsabilité se sont produits dans le ressort de celle-ci. • Civ. 2e, 6 avr. 2006, n° 04-17.849 P.

3° INTERNATIONALISATION

16. Succursale à l'étranger. Une société française a pu être valablement assignée devant le juge étranger du lieu d'une succursale importante, ayant à sa tête un agent qui pouvait utilement la représenter, dès lors que l'action engagée tendait au paiement du solde du compte courant qui servait directement aux opérations de cette succursale. • Civ. 1re, 15 nov. 1983 : *Bull. civ. I, n° 269.*

17. Absence d'établissement en France. Si l'extranéité des parties n'est pas une cause d'incompétence des juridictions françaises, ces dernières ne peuvent, à défaut de conventions internationales, se reconnaître compétentes dans ce cas, dès lors qu'aucun critère ordinaire de compétence territoriale n'est réalisé en France ; la cour d'appel qui relève que la demande portée devant la juridiction française était la suite d'un contrat intervenu en Israël, entre un contractant israélien et une société de droit américain, chargée de la gestion d'un hôtel appartenant à une société ayant son siège au Liechtenstein et des bureaux à Tel Aviv, et qui, par ailleurs, estime souverainement que la société américaine n'avait pas à Paris un siège ou un établissement ayant pouvoir de l'engager en a justement déduit que la juridiction française n'était pas compétente pour connaître du litige, alors que rien n'empêchait le demandeur citoyen israélien de porter sa demande devant la juridiction de son pays. • Civ. 1re, 16 avr. 1985 : *Bull. civ. I, n° 113.*

Art. 44 **En matière réelle immobilière, la juridiction du lieu où est situé l'immeuble est seule compétente.**

Pour d'autres applications de la compétence du lieu de situation de l'immeuble, V., en matière de louage d'immeuble, pour les baux ruraux, C. pr. civ., art. 880. — … Pour les baux d'habitation,

COJ, art. R. 221-48. — ... Pour les baux commerciaux, C. com., art. R. 145-23. — ***C. com.*** *— ... En matière de rentes viagères, Décr. n° 85-422 du 10 avr. 1985, art. 9, al. 2, ss. art. 1976. —* ***C. civ.*** *— ... En matières rurales et agricoles, COJ, art. R. 221-49 et R. 221-50.*

BIBL. ▸ ATTAL, *Dr. et pr. mars 2011. suppl. Droit des procédures internationales, p. 2* (la force d'attraction du statut réel en matière de conflit de juridictions). - VIATTE, *Rev. loyers 1976. 124* (compétence du lieu de situation de l'immeuble).

I. MATIÈRE RÉELLE IMMOBILIÈRE

1. Reconstitution d'une parcelle. C'est à bon droit qu'une cour d'appel relève qu'affectant la propriété immobilière, l'action « en reconstitution » d'une parcelle en son état antérieur à l'exploitation sans droit ni titre d'une carrière, serait-elle exercée sur le fondement des art. 1382 et 1383 C. civ., est de nature réelle, ce qui, par application de l'art. 44 NCPC [devenu C. pr. civ.], justifie la compétence exclusive du TGI du lieu de situation de l'immeuble. • Civ. 2e, 8 juill. 2004, n° 01-13.074 P.

2. Annulation d'une adjudication. La demande tendant à l'annulation d'un jugement d'adjudication relève, par application de l'art. 44, de la seule compétence de la juridiction du lieu de situation de l'immeuble. • Civ. 2e, 19 nov. 2008, n° 08-10.250 P : *Procédures 2009, n° 77, note Perrot.*

3. Immobilisation par destination. En vue de déterminer la compétence, la situation de l'immeuble par destination est celle du lieu où il est immobilisé par incorporation ou affectation à un immeuble principal sis audit lieu ; l'application de ce principe demeure même si l'immeuble fictif a été séparé de l'immeuble principal dans des conditions telles que la séparation n'a pas entraîné cessation de l'immobilisation (enlèvement de fresques irrégulièrement aliénées). • Montpellier, 18 déc. 1984 : *D. 1985. 208, note Maury.*

II. MATIÈRE PERSONNELLE OU MOBILIÈRE

4. Réparation de malfaçons. N'est pas une action réelle immobilière, l'action en réparation de malfaçons affectant une piscine, engagée par le maître de l'ouvrage contre le constructeur et contre l'assureur de ce dernier. • Paris, 26 juin 1987 : *Gaz. Pal. 1987. 2. 719, note Renard.*

5. Restitution d'une indemnité d'immobilisation. La demande portant exclusivement sur la restitution d'une indemnité d'immobilisation versée par le bénéficiaire d'une promesse de vente, dont il n'avait pas demandé la réalisation, étant une action purement personnelle et mobilière, et non relative à un droit réel immobilier, c'est le tribunal du lieu où demeure le débiteur qui est compétent et non celui du lieu de l'immeuble. • Civ. 2e, 23 oct. 1991, n° 90-15.019 P.

Art. 45 **En matière de succession, sont portées devant la juridiction dans le ressort de laquelle est ouverte la succession jusqu'au partage inclusivement :**
— les demandes entre héritiers ;
— les demandes formées par les créanciers du défunt ;
— les demandes relatives à l'exécution des dispositions à cause de mort.

I. DROIT INTERNE

1. Renvois. V. art. 720 C. civ., reproduit ss. art. 45. ♦ *Adde*, art. 841 C. civ.

2. Action en décharge d'une dette successorale. L'action en décharge d'une dette successorale sur le fondement de l'art. 786 C. civ., formée par un héritier contre un créancier procède d'une action en paiement engagée par un créancier contre le défunt au sens de l'art. 45 C. pr. civ. Un telle demande, présentée avant le partage définitif, ressortit ainsi à la juridiction dans le ressort de laquelle avait été ouverte la succession. • Civ. 1re, 4 juill. 2018, n° 17-20.570 P : *D. actu. 30 juill. 2018, obs. Bléry ; Procédures 2018, n° 254, note Douchy-Oudot ; Gaz. Pal. 8 janv. 2019, p. 83, obs. Depret.*

II. SUCCESSIONS INTERNATIONALES

3. Domicile à l'étranger. S'il est exact que c'est le domicile du défunt qui, en vertu de l'art. 110 C. civ., détermine le lieu d'ouverture de la succession en France et, par conséquent, en vertu de l'art. 45 NCPC [devenu C. pr. civ.], la compétence des tribunaux français pour connaître des demandes qu'énumère ce texte, ildoit être déterminé d'après la loi française : justifie légalement sa décision déclarant les juridictions françaises incompétentes la cour d'appel qui, pour déterminer le domicile d'une défunte selon le droit français, relève que la défunte avait, depuis 1965, établi à Trèves (Allemagne) le siège principal de sa demeure et de ses affaires et que ce domicile, qui est conservé malgré une absence même prolongée, n'avait pas été perdu du seul fait qu'elle s'était rendue chez sa fille en France. • Civ. 1re, 17 nov. 1981 : *Bull. civ. I, n° 341.*

4. Vocation héréditaire. S'agissant de la détermination de la vocation héréditaire en matière mobilière, la compétence internationale est attribuée à la juridiction du lieu du dernier domicile du défunt, souverainement déterminé par les juges du fond. • Civ. 1re, 3 juin 1998, n° 96-11.206 P.

5. Avoirs dépendant de la succession. Viole les règles relatives à la compétence judiciaire internationale la cour d'appel qui qualifie inexactement de contractuelle l'action exercée par le demandeur agissant en qualité d'héritier de sa mère et tendant à la représentation d'avoirs successoraux à caractère mobilier et qui, ayant constaté que la succession litigieuse était ouverte en Espagne, où les opérations de partage étaient en cours, déclare néanmoins la juridiction française compétente pour en connaître. • Civ. 1re, 12 déc. 2000 : *Rev. crit. DIP 2000. 130, note B. Ancel*.

6. Dépeçage. Les litiges relatifs à la dévolution successorale des immeubles situés à l'étranger échappent à la connaissance des tribunaux français, même lorsque les biens en cause sont la propriété de Français ; la cour d'appel qui a constaté que les immeubles dépendant de la succession se trouvaient en Espagne a décidé, à bon droit, que les juridictions françaises étaient incompétentes pour statuer sur cette succession immobilière ; en revanche, les tribunaux français sont compétents pour statuer sur une succession mobilière lorsque le défunt avait son domicile en France ; ne donne pas de base légale à sa décision la cour d'appel qui décide que les juridictions françaises sont incompétentes sans rechercher dans quel pays le défunt avait son domicile. • Civ. 1re, 7 mars 2000 : *Rev. crit. DIP 2000. 458, note B. Ancel*.

7. Renvoi. Ayant retenu que les juridictions françaises étaient compétentes pour connaître partiellement des opérations de liquidation et partage de la succession, tant mobilière, en vertu de l'art. 14 C. civ., qu'immobilière, en raison de la situation d'un immeuble en France, une cour d'appel qui constate que la loi applicable aux dites opérations relatives aux meubles et à l'immeuble situés en Espagne renvoyait à la loi française, loi nationale du défunt, en déduit exactement que les juridictions françaises étaient, par l'effet de ce renvoi, compétentes pour régler l'ensemble de la succession à l'exception des opérations juridiques et matérielles découlant de la loi réelle de situation de l'immeuble en Espagne. • Civ. 1re, 23 juin 2010, n° 09-11.901 P : *D. 2010. Pan. 2955, note d'Avout ; ibid. 2011. Pan. 1374, obs. Jault-Seseke ; AJ fam. 2010. 401, obs. Boiché ; Rev. crit. DIP 2011. 53, note B. Ancel ; JCP 2010. 748, note E. Cornut ; Gaz. Pal. 12 août 2010, p. 13, avis P. Chevalier ; Defrénois 2010. 39152, note Callé ; JCP N 2010. 1308, note Devers ; JDI 2010. 1263, note Péroz.*

8. Régl. UE n° 650/2012. Renvoi. V. note 2 ss. art. 4 et note ss. art. 10 dudit Règl., App., v° *Droit européen et international.*

Code civil

Art. 720 Les successions s'ouvrent par la mort, au dernier domicile du défunt.

Art. 46 Le demandeur peut saisir à son choix, outre la juridiction du lieu où demeure le défendeur :

— en matière contractuelle, la juridiction du lieu de la livraison effective de la chose ou du lieu de l'exécution de la prestation de service ;

— en matière délictuelle, la juridiction du lieu du fait dommageable ou celle *(Décr. n° 81-500 du 12 mai 1981, art. 8)* « dans le ressort de laquelle le dommage a été subi » ;

— en matière mixte, la juridiction du lieu où est situé l'immeuble ;

— en matière d'aliments ou de contribution aux charges du mariage, la juridiction du lieu où demeure le créancier. – *V. C. consom., art. R. 631-3 reproduit ci-dessous.*

Plan des annotations

1. Alternative. Le demandeur qui opte en première instance pour l'un des termes de l'alternative qui lui est offerte par l'art. 46 ne peut, devant le juge du second degré, revenir ensuite sur son choix. • Civ. 2e, 1er juill. 1992, n° 91-10.765 P : *D. 1992. IR 214.*

2. Liste limitative. Les options de compétence territoriale ouvertes au demandeur par l'art. 46 sont d'interprétation stricte et ne s'appliquent pas aux actions fondées sur un quasi-contrat. • Civ. 2e, 7 juin 2006, n° 04-20.316 P : *D. 2006. IR 1841 ; JCP 2006. I. 183, obs. Serinet ; Procédures 2006, n° 175, note Perrot ; ibid. 241, note Croze ; LPA 3 août 2006, p. 18, note Pierroux ; RLDC 2006/31, n° 2446, obs. Miniato ; Dr. et patr., févr. 2007, p. 117, obs. Amrani Mekki ; RTD civ. 2007. 174, obs. Théry .*

I. MATIÈRE CONTRACTUELLE

BIBL. Cosnard, *Mél. Hébraud, 1981, p. 207 s.* (la compétence territoriale en matière contractuelle – art. 46, al. 2).

3. Articulation art. 46 – art. 48. Le fait par la partie demanderesse de s'être initialement prévalue d'une clause attribuant compétence à une juridiction déterminée n'implique pas de sa part renonciation à exercer en faveur de cette juridiction le droit d'option reconnu au demandeur, en matière contractuelle, par les dispositions de l'art. 46, dans l'éventualité où la clause attributive de juridiction serait jugée non conforme aux exigences de l'art. 48. • Com. 2 mars 1993, n° 91-11.393 P.

4. Option de compétence. La juridiction territorialement compétente est, sauf dispositions contraires, celle du lieu où demeure le défendeur ; cependant, en matière contractuelle, le demandeur peut saisir, outre cette juridiction, celle du lieu de livraison effective de la chose ou du lieu de l'exécution de la prestation de service. • Civ. 2e, 22 juin 1988 : *Bull. civ. II, n° 152.* ♦ Le lieu de conclusion du contrat n'est pas un chef de compétence territoriale en matière contractuelle. • Com. 8 juin 1999 : *Procédures 1999, n° 194, note Perrot.*

5. Domaine. L'option offerte par l'al. 2 de l'art. 46 ne s'exerce qu'en matière contractuelle. • Civ. 2e, 27 févr. 1985 : *Bull. civ. II, n° 48.* ♦ L'option de compétence territoriale prévue en matière contractuelle ne concerne que les contrats impliquant la livraison d'une chose ou l'exécution d'une prestation de services. • Civ. 2e, 27 juin 2019, n° 18-19.466 P : *D. actu. 18 juill. 2019, note Reichling ; D. 2019. 1398 ; AJ contrat 2019. 446, obs. Bléry .*

6. Illustrations. Une société ayant assigné en paiement de factures représentant le coût d'une insertion dans un journal une autre société, et le tribunal ayant accueilli l'exception d'incompétence territoriale soulevée par cette dernière, encourt la cassation l'arrêt qui pour rejeter le contredit formé par la première société retient, que la seconde ayant annulé le contrat de publicité, le litige portait sur les conditions de l'annulation de celui-ci, de sorte que l'art. 46 n'était pas applicable, alors que la première société demandait l'exécution d'un contrat dont elle prétendait que la dénonciation n'avait pu avoir effet sur une commande en cours d'impression. • Civ. 2e, 11 oct. 1995, n° 94-10.973 P : *Procédures 1996, n° 1, note Perrot.* ♦ L'arrêt qui, pour rejeter le contredit, retient que, contestant la validité même du contrat, les demandeurs ne sont pas fondés à se prévaloir des dispositions de l'art. 46, al. 2, viole ce texte, la cour d'appel étant saisie d'un litige en matière contractuelle. • Civ. 2e, 1er juill. 1999, n° 97-20.597 P : *D. 2000. 659, note Langlade-O'Sughrue ; Procédures 1999, n° 248, obs. Croze.*

7. Exclusions. Viole l'art. 46, al. 2, la cour d'appel qui, saisie d'une demande en paiement d'une somme d'argent pour refus de signer un acte authentique de vente d'un immeuble qui avait fait l'objet d'une promesse de vente, rejette l'exception d'incompétence soulevée en retenant que, s'agissant d'une action en matière contractuelle, le promettant pouvait assigner les bénéficiaires, domiciliés dans un autre ressort, devant le tribunal du lieu d'exécution du contrat, alors qu'il n'y avait eu ni livraison effective d'une chose, ni exécution d'une prestation de service. • Civ. 3e, 8 juill. 1992, n° 90-17.319 P : *D. 1992. IR 224.* ♦ Le paiement de sommes dues en vertu d'un engagement de caution ne constitue ni la livraison d'une chose ni l'exécution d'une prestation de service au sens de l'art. 46, 1er tiret. • Com. 22 oct. 1996, n° 94-18.877 P : *JCP 1997. II. 22821, note Chazal et Vincente.* ♦ Rappr. note 22 • Com. 21 mars 1989. ♦ *Adde*, le paiement d'un prix ne constitue ni la livraison d'une chose ni l'exécution d'une prestation de service, au sens de l'art. 46, 1er tiret. • Civ. 1re, 16 mars 1999, n° 96-22.016 P : *Procédures 1999, n° 118, obs. Perrot.*

8. Renvoi. Articulation art. 42 – art. 46. V. notes 21 et 22 ss. art. 42.

A. LIEU DE LIVRAISON EFFECTIVE DE LA CHOSE

1° DROIT INTERNE

9. Définition. Le lieu de livraison effective de la chose en matière contractuelle s'entend, au sens de l'art. 46, du lieu où la livraison a été ou doit être effectuée. • Civ. 2e, 18 janv. 2001, n° 96-20.912 P : *Procédures 2001, n° 56, note Perrot.* ♦ Contra. Fait une fausse application de l'art. 46, al. 2, qui admet comme point de rattachement de la compétence, en matière contractuelle, le lieu de la livraison effective, la cour d'appel qui retient à cet égard le lieu où, selon les termes du contrat, la marchandise devait être livrée, alors que cette livraison n'a pas eu lieu.

• Com. 3 nov. 1988 : *Bull. civ. IV, n° 291 ; Gaz. Pal. 1989. 1. Somm. 252, obs. Guinchard et Moussa ; RTD civ. 1989. 376, obs. Normand.* ♦ Fait une fausse application de l'art. 46, al. 2, la cour d'appel qui, pour écarter l'exception d'incompétence territoriale soulevée par l'acheteur de marchandises, retient que celles-ci étaient restées à sa disposition dans les locaux du vendeur, lesquels devaient être considérés, en l'espèce, comme le lieu de la livraison, alors que, les marchandises n'ayant pas fait l'objet d'une livraison effective au sens du texte précité, le demandeur devait saisir la juridiction du lieu où son cocontractant est établi. • Com. 14 juin 1994, n° 92-22.017 P.

10. Remise. Jugé que, en cas de cession d'actions, la dématérialisation des titres supprime, en fait, toute possibilité de remise impliquant un transfert d'appréhension matérielle ; simple jeu d'écritures, qui suffit au transfert de propriété, l'inscription en compte ne saurait en tenir lieu. • TGI Nice, 15 janv. 1986 : *D. 1986. IR 330, obs. Vasseur.* ♦ Un contrat opérant cession de droits de jouissance ne saurait être assimilé à un contrat occasionnant la livraison d'une chose, l'emploi du mot « chose » impliquant nécessairement la remise d'un bien corporel. • Versailles, 30 mai 2002 : *BICC 2003, n° 237.*

2° EXTENSION À L'ORDRE INTERNATIONAL

a. Droit commun

11. Dès lors qu'il n'est pas contesté que la marchandise vendue par une société étrangère a été remise au siège social de la société destinataire dans une ville française, celle-ci est le lieu de la livraison effective de la marchandise acceptée par l'acheteur et le tribunal de commerce de cette ville est compétent, en vertu des dispositions combinées des art. 42 et 46, pour statuer sur les litiges découlant de ce contrat de vente. • Com. 14 nov. 1980 : *Bull. civ. IV, n° 374.*

12. Vente CAF. Après avoir constaté que la vente des marchandises avait eu lieu aux conditions CAF et que le connaissement, accompagné des documents du crédit qui assortissait la vente, avait été adressé à une banque du port de destination pour être remis entre les mains de l'acheteur de la marchandise, la cour d'appel a pu décider que, bien que la vente ait eu lieu aux conditions susvisées, lesquelles n'avaient pas pour effet de mettre l'acheteur en possession de la marchandise, la livraison effective au sens de l'art. 46 avait eu lieu au port de destination et que le tribunal de cette ville était compétent, en application de ce texte, pour connaître du litige relatif à la vente. • Com. 1er mars 1994, n° 92-11.163 P : *Rev. crit. DIP 1994. 672, note Heuzé.*

13. Une cour d'appel statuant sur une exception d'incompétence internationale décide à bon droit, après avoir relevé que le bon de commande portait sur la vente de mobilier et que la livraison serait effectuée entre les mains d'un transitaire à Paris, que s'agissant d'un contrat de vente, le TGI de Paris, lieu de livraison, était territorialement compétent en application du principe qui étend à l'ordre international les règles internes de compétence et notamment en matière contractuelle, celles de l'art. 46, al. 2. • Civ. 1re, 23 janv. 2007, n° 04-12.760 P : *D. 2007. 586 ; RTD com. 2007. 586, obs. Bouloc ; Procédures 2007, n° 55, note Perrot.*

b. Convention de Genève du 19 mai 1956 (CMR)

14. Articulation CMR – droit interne. En l'absence d'une règle de droit interne consacrant le critère de désignation du for prévu par l'art. 31-1-b de la convention de Genève du 19 mai 1956 (CMR), la juridiction saisie, qui ne peut refuser au demandeur le droit qu'il tient de ce texte de saisir la juridiction du lieu prévu pour la livraison, doit se reconnaître compétente dès lors qu'elle a un lien suffisant avec le litige et que sa saisine est conforme à une bonne administration de la justice. • Civ. 1re, 20 déc. 2000, n° 98-15.546 P. ♦ Rappr. Si, aux termes de l'art. 31-1 de la convention de Genève du 19 mai 1956, relative au contrat de transport international de marchandises par route, dite CMR, le demandeur peut saisir les juridictions du pays sur le territoire duquel le lieu prévu pour la livraison est situé, cette disposition doit s'interpréter comme permettant la saisine de l'ordre juridictionnel national du lieu de cette livraison, sans que l'application subséquente des règles de compétence territoriale interne à cet ordre puisse avoir pour effet d'écarter la compétence générale expressément voulue par le traité international. • Com. 8 janv. 2008, n° 06-15.999 P : *D. 2009. Pan. 979, obs. Kenfack.* ♦ Comp. Les dispositions de l'art. 31, paragraphe 1-b, de la convention de Genève du 19 mai 1956 (CMR) se bornent à attribuer une compétence générale aux juridictions du pays sur le territoire duquel est situé le lieu prévu pour la livraison ; dès lors, des marchandises qui devaient être transportées de Turquie en France ayant été détruites au cours de leur déplacement, il convenait, pour apprécier la compétence de la juridiction française saisie par le destinataire, de faire application des règles de compétence territoriale du droit français. • Com. 17 janv. 1995, n° 92-13.079 P.

B. LIEU D'EXÉCUTION DE LA PRESTATION DE SERVICE

15. Définition. L'expression « prestation de service » doit être prise dans un sens très large et recouvre tous les cas où une personne effectue un travail pour une autre dans le cadre d'un contrat, quelles que soient la nature et les modalités de ce contrat. • Toulouse, 21 oct. 1982 : *JCP 1984. IV. 13.*

16. Chaînes de contrats. L'absence de contrat

n'autorise pas le maître de l'ouvrage à contester l'application de l'art. 46, dès lors que les travaux ont été réalisés en exécution d'un contrat d'entreprise et qu'il en était le destinataire final. • Limoges, 27 janv. 2000 : *D. 2000. 659, note Langlade-O'Sughrue*.

1° ILLUSTRATIONS « POSITIVES »

17. Contrat de concession exclusive. Les dispositions de l'art. 46 sont applicables à un contrat de concession exclusive ; ainsi, la société concessionnaire, demanderesse, a la faculté d'assigner le concédant devant la juridiction dans le ressort de laquelle elle-même a son siège et le centre de ses activités, cette juridiction étant celle du lieu de la prestation de service au sens du texte susvisé. • Com. 19 juill. 1988 : *Bull. civ. IV, n° 257.*

18. Architecte. Ayant relevé que la prestation de service, pour l'exécution de laquelle l'architecte avait eu recours à un économiste et à des bureaux d'études, avait porté sur les travaux et études en vue de l'établissement du dossier de permis de construire, dont il avait suivi l'instruction après le dépôt de ce dossier en mairie de Noisy-le-Roi, et sur l'avancement du dossier de consultation des entreprises, la cour d'appel, qui en a justement déduit que le lieu d'exécution de la prestation et l'immeuble étaient situés dans le ressort du TGI de Versailles, a légalement justifié sa décision de rejet du contredit formé contre le jugement du TGI de Versailles se déclarant compétent. • Civ. 3e, 4 nov. 1999 : *Procédures 2000, n° 230, obs. Laporte.*

19. Autorisation de découvert ou de crédit. Si la délivrance d'une somme d'argent en exécution d'un contrat de prêt ne peut, en elle-même, être tenue pour une prestation de service au sens de l'art. 46, il en est différemment pour la tenue d'un compte sur lequel est autorisé un découvert ou sur lequel sont prévues des remises réciproques pour l'exécution d'une autorisation de crédit. • Com. 9 mars 1999, n° 96-14.259 P : *D. 2000. 769, note Beauchard ; D. 1999. IR 95 ; D. Affaires 1999. 672, obs. V. A.-R. ; Procédures 1999, n° 122, note Croze ; Defrénois. 1999. 1326, obs. Delebecque.*

20. Pluralité de lieux d'exécution. Cassation, pour violation de l'art. 46, de l'arrêt qui énonce que la juridiction saisie ne peut connaître que des prestations exécutées dans son ressort, en considérant que le demandeur invoque l'existence de prestations dans la France entière et non pas seulement dans le ressort du TGI de Paris, alors que certaines prestations avaient été effectuées à Paris. • Civ. 2e, 9 oct. 1996, n° 94-18.376 P.

2° ILLUSTRATIONS « NÉGATIVES »

a. Droit interne

21. Versement de cotisations et allocations de retraite. Ne constituent pas des prestations de service au sens de l'art. 46 l'encaissement de cotisations ou le paiement d'allocations par une caisse de retraite complémentaire. • Civ. 2e, 13 janv. 1982 : *Bull. civ. II, n° 7 ; Gaz. Pal. 1982. 1. 243, note Viatte* • 22 juin 1988 : *Bull. civ. II, n° 152.*

22. Engagement de caution. Ne constitue pas l'exécution d'une prestation de services, au sens de l'art. 46, le paiement de sommes dues en vertu d'un engagement de caution. • Com. 21 mars 1989 : *Bull. civ. IV, n° 95.* ♦ Rappr. note 7 • Com. 22 oct. 1996.

b. Extension à l'ordre international

23. Contrat d'agent commercial. Dans un contrat d'agent commercial, l'indemnité de fin de contrat est une dette indépendante du caractère licite ou non de la rupture du contrat ; dès lors fait une exacte application de l'art. 42 étendu à l'ordre international la cour d'appel qui décide que le tribunal du domicile du défendeur est seul compétent pour connaître d'une demande en paiement de « l'indemnité légale de cassation de mandat », cette demande ne portant pas sur l'exécution d'une prestation de service. • Civ. 1re, 14 mars 2006, n° 05-13.820 P.

II. MATIÈRE DÉLICTUELLE

BIBL. R. Martin, *Procédures 1996. Chron. 6* (sur la compétence territoriale en matière délictuelle). – Raschel, Le droit processuel de la responsabilité civile, *thèse Paris 1, 2008.*

24. Délimitation. L'action exercée par l'auteur d'un accident de la circulation par application de l'art. L. 421-3, al. 2, C. assur. tendant à l'évaluation des dommages subis par la victime dans les droits de qui est subrogé le Fonds de garantie automobile relève de la « matière délictuelle » au sens de l'art. 46, al. 3, NCPC [devenu C. pr. civ.] et peut être portée devant l'une des juridictions prévues par ce texte. • Civ. 1re, 2 juin 1992, n° 91-10.490 P. ♦ L'action exercée par le professionnel de santé, l'établissement, le service, l'organisme de santé ou le producteur de produits, considéré comme responsable du dommage, ou l'assureur garantissant sa responsabilité civile, en opposition au titre exécutoire émis par l'ONIAM, subrogé dans les droits de la victime sur le fondement de l'art. L. 1142-15 CSP, pour recouvrer les sommes versées, tend à contester devant le juge le principe de sa responsabilité ou le montant de la réparation. Par suite, ce recours relève, dans tous les cas, de la matière délictuelle au sens de l'art. 46, al. 3, et peut être porté devant la juridiction du lieu du fait dommageable. • Civ. 2e, 14 avr. 2022, n° 21-16.435 P.

25. Exclusion. Les demandes formées contre une entreprise par la caisse de congés spectacles, aux fins d'affiliation et de paiement des cotisations arriérées, ne tendent pas à la réparation des conséquences d'un fait dommageable en matière délictuelle mais au fonctionnement d'un service public ; le 3e al. de l'art. 46 est donc inapplicable. • Soc. 7 juill. 1980, n° 79-10.637 P.

A. DROIT DE L'UNION EUROPÉENNE

26. Convention de Bruxelles. Ayant à statuer sur l'action en réparation du décès survenu en France des suites d'un accident survenu en Espagne par une personne domiciliée en Belgique, la cour d'appel justifie légalement sa décision retenant la compétence des tribunaux français dès lors que l'art. 5-3° de la convention de Bruxelles du 27 sept. 1968 devait s'appliquer au litige à l'exclusion du droit interne. • Civ. 1re, 21 oct. 1981, n° 80-14.888 P.

27. Accord avec le Danemark. Les dispositions du Règl. n° 44/2001 du 22 déc. 2000 « Bruxelles I » concernant la compétence judiciaire, la reconnaissance et l'exécution des décisions en matière civile et commerciale sont applicables dans les relations entre le Danemark et les États de l'Union européenne en vertu de l'accord signé le 19 oct. 2005 entre la Communauté européenne et le Royaume du Danemark, entré en vigueur le 1er juillet 2007 ; viole cet accord l'arrêt qui se fonde sur l'art. 46 C. pr. civ. pour déclarer les juridictions françaises incompétentes pour connaître de l'action en responsabilité délictuelle engagée le 4 sept. 2007 par une société française contre une société danoise. • Civ. 1re, 6 janv. 2010, n° 08-19.066 P.

B. LIEU DU DOMMAGE

1° LIEU DU FAIT DOMMAGEABLE

28. Rupture de pourparlers. En cas de rupture fautive de pourparlers, le fait dommageable s'est produit au lieu d'où est parti le refus de contracter. • Colmar, 26 mai 1982 : *Rev. Alsace-Lorraine 1982. 256.*

2° LIEU OÙ LE DOMMAGE A ÉTÉ SUBI

29. Dommage par ricochet. Viole l'art. 46 la cour d'appel statuant en référé qui, pour se déclarer compétente à l'effet d'accorder à la veuve et aux enfants d'une victime des provisions à valoir sur la réparation des préjudices moral et matériel que leur a causé le décès accidentel de leur mari et père, énonce que le décès accidentel, même survenu hors de son ressort, a causés un préjudice direct et immédiat aux membres de la famille de la victime, au lieu de leur résidence, alors que le dommage de ceux-ci avait été subi au lieu même du fait dommageable. • Civ. 2e, 11 janv. 1984 : *Bull. civ. II, n° 2 ; D. 1984. IR 240, obs. Julien ; Gaz. Pal. 1984. 1. Somm. 153, obs. Dupichot ; RTD civ. 1984. 360, obs. Normand.*

30. Définition. La juridiction dans le ressort de laquelle le dommage a été subi s'entend de celle du lieu où ce dommage est survenu ; viole l'art. 46 un arrêt qui, pour rejeter une exception d'incompétence, assimile au lieu où le dommage a été subi celui où ont pu ultérieurement être mesurées les conséquences financières des agissements allégués. • Civ. 2e, 28 févr. 1990, n° n° 88-11.320 P. ♦ La juridiction dans le ressort de laquelle le dommage a été subi s'entend de celle où ce dommage est survenu ; pour retenir la compétence du tribunal saisi, l'arrêt énonçant que le lieu où le dommage a été subi se situe au siège social de la société où se trouvent enregistrées les pertes dans les comptes assimile le lieu où le dommage a été subi à celui où ont pu ultérieurement être mesurées les conséquences financières des agissements allégués, et viole l'art. 46. • Com. 8 févr. 2000 : *Procédures 2000, n° 88, note Perrot.*

31. Aggravation du dommage. Jugé que la victime d'un accident dont l'état de santé s'est aggravé peut saisir le tribunal du lieu où l'aggravation est subie et non celui du lieu où l'accident s'est produit. • TGI Marseille, 20 avr. 1982 : *JCP 1983. IV. 260.*

32. Rupture de relations commerciales. Le dommage résultant de la cessation abusive de relations commerciales est subi au siège de la société victime de tels agissements. • Civ. 2e, 6 oct. 2005, n° 03-20.187 P. ♦ Deux sociétés ayant saisi un tribunal dont la compétence était contestée par l'adversaire, la cour d'appel, saisie sur contredit, a décidé à bon droit d'accueillir la demande de renvoi des sociétés défenderesses au contredit, dès lors que le tribunal compétent était celui dans le ressort duquel se trouvait le siège social de la société ayant subi un préjudice du fait de la rupture de relations commerciales. • Civ. 2e, 6 janv. 2012, n° 10-20.788 P : *D. 2012. Actu. 226 ; RLDA 2012. 3850 ; BJS 2012. 192, note Barbièri ; Dr. et pr. 2012. 85.*

33. Procédure collective. Le tribunal ayant ouvert le redressement judiciaire de plusieurs sociétés commerciales est territorialement compétent pour connaître de l'action en responsabilité engagée contre un établissement de crédit dès lors que c'est dans son ressort que le dommage invoqué, consistant en l'ouverture même de la procédure collective de ces sociétés à la suite de la rupture des concours de la banque, avait été subi par la collectivité des créanciers au nom et dans l'intérêt de laquelle l'action avait été engagée par le représentant des créanciers. • Com. 3 juin 1997, n° 95-13.981 P.

34. Pluralité de lieux de révélation du dommage. En matière délictuelle, le demandeur peut saisir à son choix, outre la juridiction du lieu où demeure le défendeur, la juridiction du lieu du fait dommageable ou celle dans le ressort de laquelle le dommage a été subi ; encourt par suite la cassation l'arrêt qui ne déclare pas un tribunal compétent pour connaître de l'entier litige, alors qu'il était constaté que le dommage s'était révélé, même partiellement, dans le ressort de ce tribunal. • Civ. 2e, 11 juin 1997, n° 95-16.580 P : *D. Affaires 1997. 899.* ♦ Comp. dans l'ordre international, le dommage que la victime subit en France par ricochet de celui qu'elle subit à l'étranger n'entre pas dans les prévisions de l'art. 46, qui ne peut permettre une extension indéfinie de la compétence territoriale d'une juridiction. • Paris, 6 nov. 1981 : *D. 1982. IR 155, obs. Julien.* ♦ V. aussi note 38 à propos d'internet.

35. Diffusion d'images. Le Comité national contre le tabagisme ayant assigné en référé un constructeur automobile pour faire constater que l'apposition d'une marque de cigarettes sur ses véhicules participant à un raid international constituait un trouble manifestement illicite, une cour d'appel, en relevant que le dommage tient à la parution dans la presse écrite et à la diffusion par la télévision d'images de véhicules portant les logos et dénominations de marques de cigarettes et que ces images ont été diffusées, notamment dans le ressort du juge saisi, a pu déduire que le dommage avait été subi dans ce ressort, peu important que le fait dommageable se soit également produit dans le ressort d'autres tribunaux, fût-ce sur l'ensemble du territoire national, et que le juge saisi était compétent. • Civ. 2e, 25 oct. 1995, n° 93-10.245 P : *Rev. huiss. 1996. 448, note Martin.*

36. Presse. En matière de presse, c'est la publication du journal ne contenant pas la réponse dans la forme imposée par l'art. 13 de la loi du 29 juill. 1881 qui constitue le délit ; il s'ensuit que la demande aux fins de condamnation du directeur de publication du journal à publier la réponse peut être portée devant tout tribunal dans le ressort duquel l'écrit a été publié. • Civ. 1re, 16 janv. 2007, n° 05-21.858 P : *JCP 2007. I. 210, n° 1, obs. Dreyer ; CCE 2007, n° 62, obs. Lepage.*

37. Service télématique. Saisie d'une action en contrefaçon de marque, c'est à bon droit que, ayant constaté que le service télématique dont le code d'appel était litigieux était accessible à Paris, une cour d'appel en a déduit que, le dommage ayant été subi dans cette ville, le TGI de Paris était compétent, peu important que le fait dommageable se soit également produit dans le ressort d'autres tribunaux, fût-ce sur l'ensemble du territoire national. • Com. 7 mars 2000, n° 97-20.885 P : *D. 2000. AJ 251, obs. Poisson.*

38. Internet. En retenant que, s'agissant du non-respect de la législation sur les marques, le fait dommageable, au sens de l'art. 46, est subi dans l'ensemble des lieux dans lesquels la marque dont l'annulation est recherchée est diffusée et commercialisée, et qu'il est établi en l'espèce que les marques dont l'annulation est recherchée sont diffusées sur l'ensemble du territoire national par internet, la cour d'appel a pu en déduire que le dommage avait été subi dans le ressort du TGI d'Auch, peu important que le fait dommageable se soit également produit dans le ressort d'autres tribunaux, fût-ce sur l'ensemble du territoire national. • Com. 7 juill. 2009, n° 08-17.135 P : *D. 2009. 2037 ; Procédures 2009, n° 301, note Perrot ; ibid. 313, note Nourrissat ; Gaz. Pal. 5-6 févr. 2010. 43, note Brunot.* ♦ Prive sa décision de base légale au regard de l'art. 46 la cour d'appel qui, saisie d'une action en contrefaçon et concurrence déloyale à raison d'une prestation publicitaire sur internet, retient la compétence des juridictions françaises pour statuer sur les faits constatés sur l'ensemble des sites en cause, au motif qu'ils sont accessibles et visibles depuis le territoire national, sans rechercher si les annonces publicitaires litigieuses sont destinées au public de France. • Com. 13 juill. 2010, n° 06-20.230 P : *D. 2010. 1966, obs. Tréfigny-Coy ; ibid. 2011. 908, obs. Durande ; ibid. Pan. 1374, obs. Jault-Seseke ; CCE 2011. Chron. 1, obs. M.-E. Ancel ; RLDC 2010, n° 76, p. 61, obs. Raschel.* ♦ La seule accessibilité d'un site internet sur le territoire français n'est pas suffisante pour retenir la compétence des juridictions françaises, prises comme celles du lieu du dommage allégué ; la cour d'appel qui ne recherche pas si les annonces litigieuses étaient destinées au public de France prive sa décision de base légale au regard de l'art. 46. • Com. 29 mars 2011 : *Procédures 2011, n° 195, note Perrot ; D. 2012. Pan. 1237, obs. Jault-Seseke ; Gaz. Pal. 22-23 juill. 2011, p. 38, obs. Cantreau et Feuvrier-La Forêt.* • Com. 20 sept. 2011 : *Gaz. Pal. 15-16 févr. 2012, p. 22, obs. Marino.* ♦ Pour retenir sa compétence à l'égard de la société de droit américain eBay Inc., l'arrêt qui relève que la désinence « com » constitue un « TLD » générique qui a vocation à s'adresser à tout public et que les utilisateurs français peuvent consulter les annonces mises en ligne sur ce site à partir du site ebay.fr et y sont même incités, se détermine par des motifs impropres à établir que le site ebay.com s'adressait directement au public de France et prive sa décision de base légale au regard de l'art. 46. • Com. 3 mai 2012, n° 11-10.508 P : *D. 2012. 1261, obs. C. Manara ; ibid. 1684, point de vue L. Mauger-Vielpeau ; ibid. 2331, obs. L. d'Avout et S. Bollée ; ibid. 2343, obs. J. Larrieu, C. Le Stanc et P. Tréfigny ; ibid. 2836, obs. P. Sirinelli ; ibid. 2014. 338, obs. Martial-Braz ; Gaz. Pal. 2012, p. 2246, note Marino ; JCP 2012, 789, note A. Debet ; ibid. E 2013. 1074, obs. Caron ; CCC 2013. Chron n° 1, note Ancel ; RJ com. 11-12/2012. 26, note Berlioz.* ♦ V. aussi note 86 ss. Règl. (CE) n° 1215/2012 du 12 déc. 2012, art. 7, App., v° *Droit européen et international ; Droit de l'Union européenne.* ♦ Comp. jugeant que l'accessibilité, dans le ressort de la juridiction saisie, d'un site internet diffusant un spot publicitaire litigieux suffit à retenir la compétence de cette juridiction, prise comme celle du lieu de la matérialisation du dommage allégué, pour connaître de l'atteinte prétendument portée aux droits d'auteur revendiqués par le demandeur. • Civ. 1re, 18 oct. 2017, n° 16-10.428 P : *D. actu. 6 nov. 2017, obs. Kebir ; D. 2017. Actu. 2156 ; ibid. 2018. Pan. 977, obs. Jault-Seseke ; Dalloz IP/IT 2018. 122, obs. Azzi ; JCP 2017. 1355, obs. Jeuland ; ibid. 2018. 436, note Binctin ; Procédures 2017, n° 299, note Strickler ; CCE 2018. Chron. 4, obs. Bigot ; CCC 2018, n° 7, note Malaurie-Vignal.*

3° PRÉCISIONS COMPLÉMENTAIRES

39. Renvoi. Articulation art. 42 – art. 46. V. note 23 ss. art. 42.

40. Astreinte. La demande en liquidation d'astreinte n'étant que la continuation et le développement de l'instance ayant abouti à son prononcé, la juridiction qui l'a prononcée demeure compétente, quel que soit le lieu du manquement constaté, pour la liquider. • Civ. 2e, 18 oct. 1989 : *Bull. civ. II, n° 182.*

III. MATIÈRE MIXTE

A. DÉFINITION

41. Les actions mixtes emportent tout à la fois contestation sur un droit personnel et sur un droit réel, de telle sorte que la décision qu'elles ont pour objet de provoquer en ce qui concerne l'existence du droit personnel aura pour effet virtuel de résoudre la question de l'existence du droit réel. • Civ. 6 juill. 1925 : *DP 1926. 1. 25, note Crémieu.*

B. ILLUSTRATIONS

42. Vente. Relève de la matière mixte la demande de l'acquéreur tendant à la réalisation d'un contrat de vente. • Req. 12 mai 1926 : *S. 1926. 1. 211.* ♦ ... Ou à l'exécution d'une promesse de vente. • Civ. 1re, 19 févr. 1959 : *Bull. civ. I, n° 81.* ♦ ... L'action en nullité d'une vente immobilière. • Civ. 2e, 24 avr. 1981 : *Bull. civ. II, n° 104 ; ibid. 2. 60, note Viatte ; Gaz. Pal. 1981. 2. 726, obs. Bénabent et Dubarry.* ♦ ... L'action en rescision pour lésion. • Civ. 3e, 8 déc. 1993, n° 91-22.123 P.

43. Partage. L'action en partage d'une indivision conventionnelle, qui procède d'une prérogative personnelle reconnue au coïndivisaire, tend à la détermination du droit de propriété privatif de ce dernier sur le bien qui sera mis dans son lot et présente en conséquence le caractère d'une action mixte ; dès lors, c'est à bon droit qu'une cour d'appel a déclaré compétent *ratione loci*, pour connaître de l'action en partage de parcelles de terre achetées indivisément pendant leur mariage par des époux séparés de biens, le tribunal dans le ressort duquel étaient situées lesdistes parcelles. • Civ. 1re, 18 mai 1976 : *Bull. civ. I, n° 171.*

C. EXCLUSIONS

44. Paiement du prix. Le caractère d'une action se détermine par la nature de la chose demandée au défendeur et non par la nature de la chose offerte par le demandeur en retour de celle par lui réclamée ; en l'occurrence, la chose demandée étant une somme d'argent – le prix des terrains prétendument vendus –, cette action en paiement d'un prix de vente formée par le vendeur contre l'acheteur n'a rien de mixte ; elle est purement mobilière et personnelle et ne peut donc être portée devant le tribunal de la situation des immeubles prétendus vendus, mais exclusivement, comme l'a estimé la cour d'appel, devant le tribunal du domicile du défendeur. • Civ. 2e, 27 mai 1974 : *Bull. civ. II, n° 181.*

45. Restitution de l'indemnité d'immobilisation. La demande portant exclusivement sur la restitution d'une indemnité d'immobilisation versée par le bénéficiaire d'une promesse de vente, dont il n'avait pas demandé la réalisation, étant une action purement personnelle et mobilière, et non relative à un droit réel immobilier, c'est le tribunal du lieu où demeure le débiteur qui est compétent et non celui du lieu de l'immeuble. • Civ. 2e, 23 oct. 1991, n° 90-15.019 P.

IV. MATIÈRE ALIMENTAIRE

46. Action à fins de subsides. Si l'action à fins de subsides est assimilable à une action relative à la filiation relevant de la compétence exclusive du TGI, elle tend à l'attribution, au profit de l'enfant, d'une pension à caractère alimentaire ; il s'ensuit donc que le demandeur peut, à son choix, saisir soit le TGI du lieu où il demeure, soit celui du lieu où demeure le défendeur. • Civ. 1re, 27 oct. 1981 : *Bull. civ. I, n° 310 ; D. 1982. 305, note Massip ; D. 1982. IR 253, obs. H. W.*

47. Règles particulières. S'agissant des contestations relatives à la procédure de paiement direct des pensions alimentaires, V. C. pr. exéc., art. R. 213-6. – **C. pr. exéc.** ♦ ... De recouvrement public des pensions alimentaires, V. Décr. n° 75-1339 du 31 déc. 1975, art. 1er et 8. – **C. pr. exéc.**

Code de la consommation

Art. R. 631-3 Le consommateur peut saisir, soit l'une des juridictions territorialement compétentes en vertu du code de procédure civile, soit la juridiction du lieu où il demeurait au moment de la conclusion du contrat ou de la survenance du fait dommageable. – *[C. consom., art. L. 141-5.]*

BIBL. ▶ Amrani Mekki, *Lejep, Université Cergy-Pontoise, 2013, p. 145* (le code de la consommation à l'épreuve des recours individuels et collectifs). – Fenouillet, *RDC 2009. 1438* (nouvelle option de compétence). – Piedelièvre, *Gaz. Pal. 2009. 1732* (brèves remarques sur les nouvelles dispositions du code de la consommation dues à la loi du 12 mai 2009). – Pierre-Maurice, CCC 2011. Étude 2 (utilité de l'option de compétence territoriale au profit du consommateur). – Poillot, *D. 2010. Pan. 790*. – Raschel, *Procédures 2009, n° 230* (droit d'option du consommateur).

Qualité de consommateur. Après avoir souverainement estimé que le prêt était destiné à financer une activité professionnelle consistant à procurer, à titre habituel, des immeubles ou fractions d'immeubles en jouissance, une cour d'appel énonce à bon droit que le fait que les parties aient pu soumettre volontairement l'opération aux dispositions des art. L. 312-1 s. *[L. 313-1 s.]* C. consom. est sans incidence sur la compétence territoriale, dès lors que seule la qualité de consommateur, dont ne bénéficie pas l'emprunteur, permet l'application de l'art. L. 141-5 *[R. 631-3]* de ce code. • Civ. 1re, 14 janv. 2016, n° 14-28.034 : *RTD civ. 2016. 354, obs. Barbier ; RJDA 2016, n° 336.*

En vertu de l'art. 15, § 3, du Règl. (CE) n° 44/2001 du 22 déc. 2001, les règles de compétence en matière de contrats conclus par les consommateurs ne s'appliquent pas aux contrats de transport autres que ceux qui, pour un prix forfaitaire, combinent voyage et hébergement. Pour déclarer compétente la juridiction de proximité du domicile du passager, l'arrêt retient que les deux parties étant domiciliées en France, les règles de compétence françaises sont applicables, notamment l'art. L. 141-5, devenu R. 631-3 C. consom. En statuant ainsi, alors qu'il ressortait de ces constatations que le passager avait conclu un contrat de transport sans hébergement, la cour d'appel a violé les art. 2, 15, § 3, et 16, § 1, du Règl. préc. • Civ. 1re, 22 févr. 2017, n° 15-27.809 P : *D. actu. 1er mars 2017, obs. Delpech ; D. 2017. Actu. 516 ; JCP E 2017, n° 1266, note Poissonnier et Dupont ; CCC 2017, n° 114, obs. Bernheim-Desvaux ; RJDA 2017, n° 384 ; LPA 4 mai 2017, note Legrand.* – V. aussi note 7 ss. Règl. (UE) n° 1215/2012 du 12 déc. 2012, art. 17, App., v° *Droit européen et international.*

Code des assurances

Art. R.* 114-1 Dans toutes les instances relatives à la fixation et au règlement des indemnités dues, le défendeur *(Abrogé par Décr. n° 92-1356 du 22 déc. 1992, art. 2)* « *(assureur ou assuré)* » est assigné devant le tribunal du domicile de l'assuré, de quelque espèce d'assurance qu'il s'agisse, sauf en matière d'immeubles ou de meubles par nature, auquel cas le défendeur est assigné devant le tribunal de la situation des objets assurés.

Toutefois, s'il s'agit d'assurances contre les accidents de toute nature, l'assuré peut assigner l'assureur devant le tribunal du lieu où s'est produit le fait dommageable.

BIBL. ▶ Derache, *RGDA 2012. 543* (efficacité de la clause attributive de compétence en matière d'assurance).

I. COMPÉTENCE TERRITORIALE INTERNE

1. Caractère impératif. Clause attributive de juridiction (exclusion). L'assureur de responsabilité attrait pour garantir l'assuré des indemnités éventuellement dues, au titre du contrat d'assurance, doit être assigné devant le tribunal du domicile de l'assuré, sans qu'une clause attributive de juridiction puisse y déroger, même si l'action de l'assureur n'est que subsidiaire. • Civ. 1re, 31 janv. 1995, n° 92-20.224 P : *RGAT 1995. 77, note Beauchard.*

2. Contestation du contrat d'assurance par l'assureur. Indifférence. Le tribunal de celui qui se prétend assuré est compétent même si l'assureur dénie l'existence de tout contrat d'assurance. • Civ. 1re, 16 mars 1976, n° 75-10.222 P : *D. 1976. Somm. 53 ; RGAT 1976. 345, note Besson.*

A. DOMAINE D'APPLICATION

3. Litiges concernés. Les litiges autres que le règlement des sinistres relèvent de la compétence du droit commun. • Rouen, 19 avr. 1948 : *RGAT 1948. 117.* ♦ Sur l'exclusion de l'art. R. 114-1 s'agissant des litiges relatifs à l'assurance-crédit, V. • Paris, 10 juill. 1976 : *Gaz. Pal. 3 oct. 1976, note H. M. et A. F.* ♦ Suivant le principe posé par l'art. L. 111-1 C. assur., l'art. R. 114-1 du même code ne détermine pas la compétence territoriale des tribunaux en matière d'assurances de dommages maritimes. • Com. 8 juin 1999, n° 97-13.625. ♦ Sur l'application de l'art. R. 114-1 à la contestation de la régularité de la réalisation préalable à la demande d'indemnité, V. • Paris, 13 févr. 2002 : *RCA 2002, n° 246.* ♦ ... A l'assurance de groupe, V. • Civ. 1re, 6 juin 2001 : *RCA 2001, n° 303 ; RGDA 2001. 793, note Beauchard.* ♦ Au recours des créanciers privilégiés ou hypothécaires visés à l'art. L. 121-13 C. assur. : • TGI, 17 oct. 1985 : *Dalloz jurisprudence.*

4. Personnes concernées. Les règles édictées par l'art. R. 114-1 ne sont impératives que dans les litiges entre assureurs et assurés. • Civ. 1re, 3 févr. 1996 : *Dalloz jurisprudence.* ♦ *Adde,* sur l'option offerte aux victimes qui bénéficient d'une action directe contre l'assureur du responsable aux termes de l'art. L. 124-3 C. assur. entre les règles de compétence de droit commun (art. 42 s.) et celles de l'art. R. 114-1, V. : • Civ. 1re, 14 déc. 1983 : *Bull. civ. I, n° 296 ; RGAT 1984. 405, note Bigot* • Paris, 5 nov. 1985 : *RGAT 1986. 545* • Civ. 2e, 6 avr. 2006, n° 04-17.849 P • 30 mai 2006 : *Dalloz jurisprudence.*

B. MISE EN ŒUVRE

5. Domicile de l'assuré. Principe. Le domicile de l'assuré est celui de l'assuré au moment où l'instance est introduite. • Agen, 21 nov. 1945 : *RGAT 1946. 142.* ♦ En cas d'assurance de groupe liée à un prêt bancaire, le tribunal compétent est celui du domicile de l'assuré et non celui où se trouve le bien immobilier faisant l'objet du prêt. • Civ. 1re, 6 juin 2001, n° 98-20.477 P. ♦ En cas d'assurances contre les accidents de toute nature, l'assuré, qui peut assigner devant le tribunal du lieu où s'est produit le fait dommageable, a le choix entre le tribunal du ressort de son domicile et celui du fait dommageable. • Civ. 1re, 21 févr. 1967 : *RGAT 1967. 344.*

6. ... Exceptions. Assurances de choses. Les juges du fond, statuant sur la demande d'indemnisation formée contre un transporteur et l'assureur de celui-ci par le propriétaire d'un mobilier endommagé au cours d'un déménagement, qui relèvent que la police souscrite par le transporteur garantissait les dommages survenant aux meubles en cours de transport, et que des avaries avaient été constatées à l'arrivée, peuvent, par application des dispositions de l'art. 3, al. 1er, *in fine*, de la L. du 13 juill. 1930 [C. assur., art. R. 114-1, al. 1er, *in fine*] attribuant compétence, pour le règlement des indemnités au tribunal de la situation des objets assurés, admettre que le tribunal du lieu de l'arrivée était compétent. • Civ. 1re, 26 févr. 1968 : *Bull. civ. I, n° 78 ; RGAT 1968. 472.*

7. ... Assurances contre les accidents de toute nature. En cas d'assurances contre les accidents de toute nature, l'assuré, qui peut assigner devant le tribunal du lieu où s'est produit le fait dommageable, a le choix entre le tribunal du ressort de son domicile et celui du fait dommageable. • Civ. 1re, 21 févr. 1967 : *RGAT 1967. 344.*

II. COMPÉTENCE TERRITORIALE INTERNATIONALE

8. Droit international. Le juge français peut connaître d'une action en fixation ou au règlement d'une indemnité dès lors que se trouve localisé en France le critère de rattachement retenu par l'art. R. 114-1 C. assur. • Civ. 1re, 17 juin 1997, n° 95-18.045 : *Rev. crit. DIP 2017. 452, note Ancel ; RGDA 1999. 204, note Heuzé.*

9. Droit de l'Union européenne. Renvois. Si le lieu du domicile du défendeur se situe dans un pays membre de l'Union européenne, V., depuis le 10 janv. 2015, Règl. (UE) n° 1215/2012 du Parlement européen et du Conseil du 12 déc. 2012, art. 10 à 16, 25, 26, App., v° *Droit européen et international.* – *Adde* antérieurement : Règl. (CE) n° 44/2001 du 22 déc. 2000, art. 8 à 14, 23, App., v° *Droit européen et international* ; Conv. de Bruxelles du 27 sept. 1968, art. 7 à 12 *bis.* ♦ Si le défendeur a son domicile en Islande, Norvège ou Suisse, V. Conv. de Lugano du 30 oct. 2007, art. 8 à 14, 23, App., v° *Droit européen et international.*

Art. 47 Lorsqu'un magistrat ou un auxiliaire de justice est partie à un litige qui relève de la compétence d'une juridiction dans le ressort de laquelle celui-ci exerce ses fonctions, le demandeur peut saisir une juridiction située dans un ressort limitrophe.

(Décr. n° 2012-66 du 20 janv. 2012, art. 26) **« Le défendeur ou toutes les parties en cause d'appel peuvent demander le renvoi devant une juridiction choisie dans les mêmes conditions. A peine d'irrecevabilité, la demande est présentée dès que son auteur a connaissance de la cause de renvoi. En cas de renvoi, il est procédé comme il est dit à l'article** *(Décr. n° 2017-891 du 6 mai 2017, art. 3, en vigueur le 1er sept. 2017)* **« 82 ». »**

En matière de redressement et liquidation judiciaires, sur le renvoi devant une autre juridiction fondé sur les intérêts en présence, V. C. com., art. L. 662-2 et R. 662-7. – **C. com.**

L'art. 26 du Décr. n° 2012-66 du 20 janv. 2012 est applicable dans les îles Wallis-et-Futuna (Décr. préc., art. 44).

BIBL. ▶ Beignier, *D. 2012. 825* (l'art. 47 du Code de procédure civile : une option ou un privilège ?). – Hanine, *Rev. huiss. 1992. 817* (applications jurisprudentielles). – Viatte, *Gaz. Pal. 1976. 1. Doctr. 270* (la compétence juridictionnelle et les procès des gens de justice).

PLAN DES ANNOTATIONS

I. ARTICULATION DE L'ART. 47 AVEC D'AUTRES RÈGLES PROCÉDURALES

1. Renvoi. V. aussi notes 17 et 25.

A. RENVOI SUR LE FONDEMENT DE L'ART. 6, § 1ER

2. Autonomie. L'exigence d'impartialité s'impose aux juridictions à l'encontre desquelles le grief peut être invoqué indépendamment des cas visés par l'art. 47. C'est dès lors sans excéder ses pouvoirs qu'une cour d'appel, après avoir écarté les dispositions de l'art. 47 au motif que le responsable des ressources humaines de la société, signataire de la lettre de licenciement et membre du conseil de prud'hommes territorialement compétent, n'était pas partie à la procédure au sens de ce texte, a décidé, sur le fondement de l'art. 6, § 1er, Conv. EDH, qu'il convenait cependant de renvoyer l'affaire devant une juridiction limitrophe. • Soc. 19 déc. 2018, no 17-26.376 P : *D. actu. 30 janv. 2019, obs. Kebir ; D. 2019. Actu. 23 ; JCP S 2019. 1044, note Brissy.*

B. RENVOI POUR CAUSE DE SUSPICION LÉGITIME

3. Si le renvoi peut être obtenu sur le fondement de l'art. 47 lorsque l'une des parties est conseiller à la cour d'appel devant laquelle l'affaire est pendante, ce fait n'est pas de nature à faire peser sur l'ensemble des magistrats de la cour d'appel en cause un soupçon de partialité justifiant le renvoi pour cause de suspicion légitime. • Civ. 2e, 4 nov. 1988 : *Bull. civ. II, no 206.*

C. PRINCIPE DE L'UNICITÉ DE L'INSTANCE PRUD'HOMALE

4. La caducité de l'acte introductif d'instance ne saurait être prononcée lorsque le demandeur défaillant a un motif légitime de ne pas comparaître ; est fondé à se prévaloir d'un tel motif le salarié qui, ayant saisi un conseil de prud'hommes d'une demande formée à l'encontre de la société qui l'avait employé, apprend que le président-directeur général de celle-ci est membre de cette juridiction ; dès lors, c'est à bon droit que, après avoir constaté que ce salarié avait porté ensuite cette demande devant une juridiction située dans un ressort limitrophe du ressort de la juridiction originairement saisie, la cour d'appel a écarté les dispositions dérogatoires au droit commun de l'art. R. 516-1 [devenu R. 1452-6] C. trav. • Soc. 14 mai 1987 : *Bull. civ. V, no 335.*

5. Le salarié qui s'est désisté de sa demande devant le bureau de conciliation du conseil de prud'hommes compétent pour en connaître, parce qu'il en était membre, pour la porter devant une juridiction dans un ressort limitrophe a exercé la faculté prévue par l'art. 47, sans contrevenir aux dispositions dérogatoires au droit commun de l'art. R. 516-1 [devenu R. 1452-6] C. trav. • Soc. 21 juin 1989 : *Bull. civ. V, n° 459.*

II. DOMAINE D'APPLICATION

6. *Critères indifférents.* L'application de l'art. 47 est indépendante de la nature du litige et du degré de notoriété acquis par le magistrat ou l'auxiliaire de justice dans l'exercice de ses fonctions. • Paris, 5 févr. 1985 : *D. 1985. IR 200.*

7. *Fondement.* L'art. 47 est, dans le contentieux de l'autorité parentale, conforme à l'intérêt de l'enfant, lequel exige que la décision rendue ne puisse être suspectée de partialité ou de manque d'objectivité. • Paris, 12 janv. 1993 : *D. 1993. IR 107.*

A. MAGISTRAT

8. *Conseiller prud'hommes.* C'est conformément à l'art. 47 que le demandeur saisit une juridiction située dans un ressort limitrophe, lorsqu'il apprend que le dirigeant de la société qui l'avait employé et, contre laquelle il avait formé une demande, était membre du conseil de prud'hommes originairement saisi. • Soc. 14 mai 1987 : *Bull. civ. V, n° 335.* ♦ A violé l'art. 47, ajoutant à ce texte une condition qu'il ne prévoyait pas, une cour d'appel qui, pour rejeter l'exception tendant, en raison de la qualité de conseiller prud'homal du défendeur, au renvoi de l'affaire devant une juridiction située dans un ressort limitrophe, a énoncé que les dispositions de cet article ne s'appliquaient qu'aux magistrats de l'ordre judiciaire régis par l'Ord. n° 58-1270 du 22 déc. 1958 modifiée. • Soc. 1er déc. 1988 : *Bull. civ. V, n° 633 ; D. 1989. 228, note M. et B. Pierchon.* ♦ Les conseillers prud'hommes sont des magistrats au sens de l'art. 47 ; ce texte s'applique, non seulement lorsqu'un magistrat est partie au procès en son nom personnel, mais aussi lorsqu'il a la qualité de représentant légal d'une partie. • Soc. 5 déc. 1990, n° 87-42.544 P. ♦ *Adde*, Desdevises, *Dr. soc. 1987. 713* (statut des conseillers prud'hommes).

9. *Juge consulaire.* Viole l'art. 47 l'arrêt qui rejette la demande de renvoi d'un litige devant une juridiction située dans un ressort limitrophe formée par une partie assignée devant un tribunal de commerce par une société dont le dirigeant avait la qualité de juge consulaire de ce tribunal. • Civ. 2e, 6 janv. 1988 : *Bull. civ. II, n° 2 ; D. 1988. Somm. 124, obs. Julien ; Gaz. Pal. 1988. 2. Somm. 493, obs. Guinchard et Moussa.* ♦ Viole l'art. 6 § 1 Conv. EDH la juridiction qui rejette la demande d'application de l'art. 47 formée par une partie, alors qu'à la date à laquelle l'affaire avait été plaidée la partie adverse avait déjà été élue juge de ce tribunal, peu important la date effective de sa prise de fonction, cette situation étant de nature à faire peser sur la juridiction un soupçon légitime de partialité. • Civ. 2e, 23 sept. 2010, n° 09-17.114 P : *D. 2010. AJ 2300 ; ibid. 2011. Pan. 265, obs. Fricero ; JCP 2010. 1083, note Lebel.* ♦ Comp. notes 18 et 26, Administrateur judiciaire – suspension des fonctions.

10. *Assesseur du tribunal paritaire des baux ruraux.* Sont aussi des magistrats, au sens de l'art. 47, les assesseurs des tribunaux paritaires des baux ruraux. • Bordeaux, 28 juin 1979 : *Gaz. Pal. 1979. 2. 642, note Viatte.*

B. AUXILIAIRE DE JUSTICE

11. *Notion.* Un auxiliaire de justice est celui qui, par profession, concourt de manière principale et habituelle à l'administration de la justice. • Paris, 16 juin 1987 : *D. 1987. IR 172.*

1° AVOCAT

12. *Procédure disciplinaire.* Les dispositions spéciales édictées par la L. n° 71-1130 du 31 déc. 1971 et le Décr n° 91-1197 du 27 nov. 1991, qui confèrent, dans les matières qu'ils prévoient, qu'elles soient à caractère disciplinaire ou administratif, attribution exclusive de compétence à la cour d'appel dans le ressort de laquelle chaque ordre est établi, échappent, par leur nature, aux dispositions de l'art. 47 C. pr. civ. qui permet à un auxiliaire de justice, partie à un litige qui relève de la compétence d'une juridiction dans le ressort de laquelle celui-ci exerce ses fonctions, de saisir une juridiction située dans un ressort limitrophe. • Civ. 1re, 17 mars 2016, n° 15-20.325 : *D. avocats 2016. 118, obs. Dargent.* ♦ V. déjà • Civ. 1re, 12 févr. 1991, n° 89-16.142 P (rendu sous l'empire des art. 22 et 24 la loi de 1971, dans leur rédaction antérieure à la L. n° 2004-130 du 11 févr. 2004, et des art. 104 et 120 du Décr. n° 72-468 du 9 juin 1972). ♦ Rappr. • Civ. 2e, 16 oct. 2003, n° 01-13.770 P (s'agissant de la procédure spéciale instituée en matière disciplinaire par l'Ord. n° 45-1418 du 28 juin 1945) • Civ. 1re, 25 févr. 2010, n° 09-11.180 P. s'agissant de la procédure spéciale édictées par les art. L. 743-4 et R. 743-28 C. com.).

13. *Procédure de contestation des honoraires.* Aux termes de l'art. 97 du Décr. du 9 juin 1972, les contestations concernant le montant et le recouvrement des honoraires des avocats ne peuvent être réglées qu'en recourant à la procédure prévue aux art. 98 à 103 du même décret ; cette procédure spéciale, qui permet de soumettre ces contestations successivement au bâtonnier de l'ordre des avocats auquel appartient l'avocat concerné, au président du TGI auprès duquel l'ordre est établi et au premier président de la cour d'appel, échappe par sa nature aux dispositions de l'art. 47 NCPC [devenu C. pr. civ.]. • Civ. 1re, 14 mai 1991, n° 89-15.175 P.

14. Procédure de recouvrement des honoraires. Les dispositions de l'art. 47 C. pr. civ. sont applicables au litige opposant l'ordre des avocats d'un barreau à une personne à laquelle il est reproché d'exercer une activité juridique et de représentation réservée à la profession d'avocat, l'ordre des avocats, partie à l'instance, étant légalement représenté par son bâtonnier qui a la qualité d'auxiliaire de justice et exerce lui-même dans le ressort de la juridiction saisie. • Civ. 2e, 18 oct. 2012, n° 11-22.374 P : *D. 2012. Actu. 2527 ; ibid. 2013. Chron. C. cass. 606, obs. Leroy-Gissinger et Renault-Malignac ; Gaz. Pal. 9 mars 2013, p. 36, note Herman ; Procédures 2012, n° 344, note Perrot.* ♦ La procédure spéciale en matière de recouvrement d'honoraires d'avocat, instituée par les art. 174 s. du décr. du 27 nov. 1991, qui permet de soumettre ces contestations successivement au bâtonnier de l'ordre des avocats auquel appartient l'avocat concerné puis au premier président de la cour d'appel dans le ressort de laquelle l'ordre est établi, échappe, par sa nature, aux dispositions de l'art. 47 NCPC [devenu C. pr. civ.]. • Civ. 1re, 9 oct. 2001, n° 99-11.897 P : *D. 2001. IR 3089 ; JCP 2002. I. 136, n° 23, obs. R. Martin.*

15. Procédure de règlement des différends. La procédure spéciale de règlement des différends entre avocats à l'occasion de leur exercice professionnel, instituée aux art. 21 de la L. n° 71-1130 du 31 déc. 1971 et 179-1 à 179-7 du Décr. n° 91-1197 du 27 nov. 1991, échappe par nature aux dispositions de l'art. 47 C. pr. civ. • Cass., avis, 23 mai 2011 : *Bull. avis, n° 6 ; BICC 15 juill. 2011, rapp. Vasseur et obs. Sarcelet.* • Civ. 1re, 27 févr. 2013 : *D. avocats 2013. 173, obs. Dargent ; ibid. 293, note Duprat et Saintourens ; Gaz. Pal. 6-7 déc. 2013, p. 13, obs. Landry et Villacèque ; JCP E 2013. 1339, note Mortier ; Dr. et sociétés 2013, n° 97, note Mortier ; RLDA 3025, n° 5075, obs. Mestre et Mestre-Chami.*

16. Action en comblement de passif. En cas d'action en comblement de passif, les règles de compétence édictées en matière de procédures collectives ne dérogent pas à l'application des dispositions de l'art. 47 ; ce texte est applicable lorsque l'auxiliaire de justice est partie au litige, soit en son nom personnel, soit en sa qualité de représentant légal d'une partie. • Com. 26 juin 2001, n° 98-17.823 P : *D. 2001. AJ 2593, obs. A. Lienhard ; D. 2002. Somm. 82, obs. Sortais ; D. 2002. Somm. 1481, obs. Honorat ; Gaz. Pal. 26-27 juill. 2002, p. 13, obs. du Rusquec ; Procédures 2001, n° 217, note Laporte.*

17. Liquidation judiciaire. Les règles de compétence territoriale édictées par l'art. R. 600-1 C. com. ne dérogent pas à l'application des dispositions de l'art. 47 C. pr. civ. ; viole en conséquence les art. 47 C. pr. civ., R. 600-1 et 662-1 C. com. la cour d'appel qui, saisie d'une assignation en liquidation judiciaire contre une avocate, refuse de faire droit à sa demande de renvoi de l'affaire devant une juridiction située dans un ressort limitrophe de celui dans lequel est située la juridiction où elle exerce ses fonctions. • Com. 28 oct. 2008, n° 07-20.801 P : *D. 2008. AJ 2791, obs. A. Lienhard ; JCP 2008. I. 120, n° 1, obs. Pillet ; ibid. 2009. I. 114, n° 2, obs. Pétel ; ibid. I. 142, n° 4, obs. Clay ; ibid. E 2008. 2437, obs. Cholet ; RLDC 2/2009. 64, obs. Beignier ; Procédures 2009, n° 20, note Croze ; Gaz. Pal. 9-10 janv. 2009, p. 17, note Iacovelli ; Dr. et pr. 2009. 335, note Gibirila ; RTD civ. 2009. 360, obs. Théry.* ♦ Les règles de compétence édictées par l'art. R. 600-1 C. com. ne dérogent pas à l'application des dispositions de l'art. 47 C. pr. civ. • Com. 12 oct. 2010 : *D. 2010. Actu. 2510, obs. A. Lienhard ; ibid. 2011. Pan. 265, obs. Fricero ; RTD com. 2011. 180, obs. Vallens ; JCP 2010. 1086, note Roussel Galle ; Gaz. Pal. 7-8 janv. 2011, p. 27, note Fricero.* ♦ Les règles de compétence édictées par l'art. R. 600-1 C. com. ne dérogent pas à l'application des dispositions de l'art. 47 C. pr. civ. ; en conséquence, un avocat mis en liquidation judiciaire peut invoquer le bénéfice de l'art. 47 C. pr. civ. pour la première fois en cause d'appel. • Com. 31 janv. 2012, n° 10-25.693 P : *D. 2012. Actu. 433, obs. A. Lienhard, et 1222, obs. Guillou ; Rev. sociétés 2012. 191, obs. Roussel-Galle ; JCP E 2012. 1227, n° 9, obs. Pétel ; Act. pr. coll. 2012. Alerte 65, obs. Vallansan ; Dr. et pr. 2012. suppl. Droit des entreprises en difficulté, p. 4, obs. Reille ; Procédures 2012. 121, note Rolland.*

18. Omission du barreau. Justifie légalement sa décision de refuser d'appliquer l'art. 47 la cour d'appel qui retient que, postérieurement à l'époque où la procédure avait été engagée, la locataire avait été placée sur sa demande en situation d'omission volontaire du tableau de l'ordre des avocats et qu'elle ne justifiait pas avoir repris une activité professionnelle. • Civ. 3e, 18 janv. 1995, n° 93-10.052 P.

19. Liquidation judiciaire. Ne peut bénéficier de l'art. 47, dans le cadre du différend locatif qui l'oppose à son bailleur, l'avocat qui, fût-il inscrit à un barreau en attente de la prise en compte de la peine de radiation, n'exerce plus les fonctions d'avocat à raison d'une mesure de liquidation judiciaire. • Lyon, 16 févr. 2017, n° 16/03368 : *D. avocats 2017. 96 .*

20. Avocat honoraire. Les avocats honoraires ne sont pas des auxiliaires de justice, au sens de l'art. 47. • Besançon, 17 juin 2003 : *Gaz. Pal. 29 août-2 sept. 2003, p. 19* • TGI Lille, 26 mai 2005 : *D. 2005. 2428, note Taisne .*

21. Avocats aux Conseils. Les avocats au Conseil d'État et à la Cour de cassation ne sont pas des auxiliaires de justice, au sens de l'art. 47. • Paris, 19 avr. 1983 : *D. 1983. IR 394, obs. Julien*

• Paris, 2 juin 1999 : *JCP 1999. II. 10134, note du Rusquec.*

22. Bâtonnier. Les dispositions de l'art. 47 sont applicables au litige opposant l'ordre des avocats d'un barreau à une personne à laquelle il est reproché d'exercer une activité juridique et de représentation réservée à la profession d'avocat, l'ordre des avocats, partie à l'instance, étant légalement représenté par son bâtonnier qui a la qualité d'auxiliaire de justice et exerce lui-même dans le ressort de la juridiction saisie. • Civ. 2e, 18 oct. 2012, n° 11-22.374 P : *D. 2013. Chron. C. cass. 606, note Leroy-Gissinger et Renault-Malignac ; Gaz. Pal. 2013. 910, note Herman.*

23. Ordre. L'art. 47 est inapplicable lorsque la partie au litige est un organisme professionnel transcendant les intérêts personnels de ses membres, comme un ordre des avocats. • Versailles, 30 janv. 1992 : *D. 1992. IR 131* • Lyon, 12 juill. 2011 : *Gaz. Pal. 24-26 juill. 2011, p. 9.* ♦ *Contra,* pour une application de l'art. 47 à un ordre des avocats. • Paris, 26 oct. 2005 : *D. 2005. IR 2823 ; JCP 2006. I. 133, n° 4, obs. Clay.*

2° HUISSIER DE JUSTICE

24. Renvoi. Pour une illustration, V. note 57 • Civ. 2e, 20 janv. 1982.

3° GREFFIER DE TRIBUNAL DE COMMERCE

25. Procédure disciplinaire. Les dispositions spéciales édictées par les art. L. 743-4 et R. 743-28 C. com., qui confèrent attribution spéciale de compétence, en premier ressort, au TGI dans le ressort duquel le tribunal de commerce a son siège et, en cas d'appel, à la cour d'appel territorialement compétente, échappent, par leur nature, aux dispositions générales de l'art. 47. • Civ. 1re, 25 févr. 2010, n° 09-11.180 P : *D. 2010. AJ 658, obs. Dargent ; JCP 2010. 546, n° 13, obs. Serinet ; Defrénois 2010. 663 ; LPA 29 avr. 2010, p. 11, note Lebel.*

4° ADMINISTRATEUR JUDICIAIRE

26. Suspension des fonctions. Justifie légalement sa décision de refuser d'appliquer l'art. 47 *la cour d'appel qui retient que, s'il est certain que* la procédure avait pour objet le recouvrement de sommes que la caisse de garantie avait été amenée à rembourser à des tiers à la suite de prélèvements commis par un administrateur judiciaire dans le cadre de son activité professionnelle, celui-ci ne justifiait pas avoir, à ce jour, conservé cette qualité. • Com. 2 mars 2010, n° 09-10.429 P : *D. 2010. AJ 771 ; JCP E 2010. 1344, note Arbellot ; LPA 29 avr. 2010. 11, note Lebel.* ♦ Rappr. note 18.

27. Renvoi. V. aussi *infra*, note 33, *Partie au litige* • Civ. 2e, 26 oct. 1978.

5° EXPERT JUDICIAIRE

28. L'expert judiciaire n'est pas un auxiliaire de justice au sens de l'art. 47. • Civ. 2e, 7 mai 1980 : *Bull. civ. II, n° 98 ; Gaz. Pal. 1981. 1. 38, note Viatte ; RTD com. 1981. 523, obs. Dubarry.*

6° NOTAIRE

29. Si les notaires peuvent remplir, auprès des juridictions dans le ressort desquelles ils exercent leur ministère, des missions d'expert ou de consultant, ce rôle occasionnel distinct de leur activité principale ne saurait leur conférer la qualité d'auxiliaire de justice pour l'application de l'art. 47. • Soc. 3 juin 1982 : *Bull. civ. V, n° 357.*

7° GÉRANT DE TUTELLE

30. Le gérant de tutelle n'est pas un auxiliaire de justice au sens de l'art. 47. • Pau, 17 déc. 2001 : *Cah. jurispr. Aquitaine 2002-01, p. 156.*

8° MANDATAIRE JUDICIAIRE À LA PROTECTION DES MAJEURS

31. Si avant la loi du 5 mars 2007, le fait d'être inscrit sur une liste spéciale et d'exercer les fonctions spécifiques d'assistance ou de représentation des personnes protégées ne conférait pas au gérant de tutelle la qualité d'auxiliaire de justice, les mandataires judiciaires à la protection des majeure regroupent désormais tous les intervenants extérieurs à la famille qui exercent à titre habituel une mission juridique. Ils obéissent aux règles communes organisant leur formation et leur compétence, leur évaluation et leur contrôle, leur responsabilité. Ils concourent de façon permanente au fonctionnement du service public de la justice et comme tel ont la qualité d'auxiliaire de justice. • Angers, 10 févr. 2014 : *Dr. fam. 2014. 122, obs. Maria.*

9° PERSONNE MORALE

32. Représentant légal. Le président d'une association partie à un litige étant un magistrat exerçant ses fonctions dans le ressort de la juridiction territorialement compétente pour en connaître, les juges du fond décident exactement que, peu important que ce magistrat ait été appelé à comparaître en son nom personnel ou en sa qualité de représentant d'une partie, l'association défenderesse est fondée à solliciter le renvoi de la cause devant une juridiction située dans un ressort limitrophe. • Soc. 17 déc. 1987 : *Bull. civ. V, n° 764 ; D. 1988. Somm. 124, obs. Julien.* ♦ Les juges d'appel ayant relevé que le président de la société coopérative partie au litige était conseiller prud'hommes, magistrat au sens de l'art. 47, exerçant ses fonctions dans la juridiction territorialement compétente pour en connaître, ont exactement décidé que, peu important que ce magistrat eût été appelé à comparaître en son nom personnel ou en sa qualité de représentant légal d'une partie, la demanderesse était en droit de saisir une juridiction située dans un ressort limitrophe. • Soc. 25 janv. 1989 : *Gaz. Pal. 1989. 2. 951, note Balsan.* ♦ L'art. 47 est inapplicable au litige qui oppose un plaideur à une personne morale même si celle-ci a comme administrateur une personne ayant la qualité de magistrat, dès lors que cette dernière ne représente pas la personne morale. • Soc. 24 janv. 1990, nº 87-40.293 P. ♦ Les dispositions de l'art. 47 ne sont pas applicables lorsqu'un conseiller prud'hommes, magistrat au sens de ce texte, est directeur financier d'une société anonyme partie à un litige, celui-ci n'étant pas le représentant légal de cette société. • Soc. 19 juill. 1994, nº 90-46.074 P : *D. 1994. IR 224.* ♦ Les dispositions de l'art. 47 ne sont applicables que lorsque le magistrat est partie au litige soit en son nom personnel, soit en sa qualité de représentant légal d'une partie ; a violé, en conséquence, ce texte la cour d'appel qui, pour rejeter l'exception d'incompétence territoriale d'un conseil de prud'hommes limitrophe saisi, énonce qu'un conseiller prud'hommes de cette juridiction est cadre de direction de la société défenderesse ayant soulevé l'exception, alors que l'intéressé n'était pas le représentant légal de celle-ci. • Soc. 20 mars 1997, nº 95-42.755 P : *JCP 1997. I. 4064, nº 8, obs. Cadiet.* ♦ Comp. et rappr. note 8 • Soc. 14 mai 1987 • 5 déc. 1990, nº 85-46.483, ainsi que note 9 • Civ. 2e, 6 janv. 1988, nº 87-42.544.

C. PARTIE AU LITIGE

33. Les dispositions de l'art. 47 sur la compétence territoriale des juridictions appelées à connaître d'une action contre un auxiliaire de justice ne sont pas applicables lorsqu'il est assigné en tant que représentant une partie et non en tant que partie au litige au sens de l'art. précité ; il en est ainsi lorsque l'administrateur judiciaire d'une société a été assigné en référé par le légataire universel d'un porteur de parts sociales pour avoir une somme provenant de la liquidation de cette société. • Civ. 2e, 26 oct. 1978 : *Bull. civ. II, nº 224 ; Gaz. Pal. 1979. 1. 43, note A. D. ; JCP 1979. II. 19060, note Viatte.*

34. Selon l'art. 698, les dépens afférents aux instances, actes ou procédures d'exécution injustifiés ou nuls sont à la charge des auxiliaires de justice qui les ont faits ; une demande tendant à l'application de ce texte, formulée à l'encontre *d'un auxiliaire* de justice exerçant sa profession auprès de la juridiction saisie du litige au titre des dépens d'une instance à laquelle il n'est pas partie, échappe aux dispositions de l'art. 47. • Civ. 2e, 7 déc. 2000 : *Bull. civ. II, nº 164.*

35. Assistance. La circonstance qu'un conseiller prud'homal faisant partie de la section du conseil de prud'hommes qui doit connaître de la contestation d'un licenciement s'est impliqué dans le litige en assistant le salarié lors de l'entretien préalable au licenciement et en établissant une attestation au soutien de ses intérêts ne lui confère pas la qualité de partie au litige au sens de l'art. 47. • Limoges, 16 juin 2008 : *BICC 15 déc. 2008, nº 1934.*

D. RESSORT D'EXERCICE DES FONCTIONS

1º RÈGLE GÉNÉRALE

36. Le ressort visé à l'art. 47 est celui de la juridiction saisie. • Civ. 2e, 7 juin 2006, nº 05-18.531 P : *JCP 2006. I. 188, obs. R. Martin.*

2º AVOCATS

37. Tribunal de grande instance. Pour l'application de l'art. 47, le ressort dans lequel l'avocat exerce ses fonctions est celui du TGI près duquel est constitué le barreau où il est inscrit et non celui du tribunal d'instance de son domicile professionnel. • Civ. 2e, 6 déc. 1978 : *Bull. civ. II, nº 265.*

38. Barreau de Paris. Le ressort dans lequel l'avocat exerce ses fonctions est celui du TGI près duquel est constitué le barreau où il est inscrit ; pour les avocats inscrits au barreau de Paris, ce ressort comprend les ressorts des tribunaux de grande instance de Bobigny, de Créteil et de Nanterre. • Civ. 2e, 4 févr. 1998, nº 95-21.479 P : *D. 1998. IR 64.*

39. Bureau secondaire. Pour l'application de l'art. 47, le ressort dans lequel l'avocat exerce ses fonctions est celui du TGI près duquel est constitué le barreau où il est inscrit et ne s'étend pas à celui dans lequel il a ouvert un bureau secondaire. • Civ. 2e, 7 juin 2006, nº 05-12.567 P : *D. 2006. IR 1703 ; Gaz. Pal. 1er-2 févr. 2008, p. 18, note du Rusquec ; RLDC 2006/31, nº 2246, obs. Beignier.*

40. Réseau. Il ne peut être admis, pour l'application de l'art. 47, qu'une société d'avocats constituant un réseau national organisé avec des implantations dans la majorité des barreaux exerce ses fonctions auprès de toutes les juridictions ; en tant que telle elle ne l'exerce en effet qu'au lieu de son siège social. • Toulouse, 4 mars 1999 : *D. 2000. Somm. 370, obs. Fadeuilhe.*

3º MAGISTRATS

41. Au sens de l'art. 47, lorsque la cour d'appel est saisie, le ressort dans lequel un juge prud'homal exerce ses fonctions est celui de la cour d'appel dont dépend sa juridiction. • Soc. 26 nov. 2013, nº 12-11.740 P : *D. 2013. Actu. 2858 ; JCP S 2014. 1208, note Lahalle ; Procédures 2014, nº 74, note Bugada.*

III. CONSÉQUENCES

42. Caractère facultatif. L'art. 47 offre aux parties une simple faculté ; dès lors, saisie d'un contredit sur la compétence d'attribution, une cour d'appel ne peut, en ce qui concerne la compétence territoriale, appliquer d'office les dispositions de ce texte. • Nîmes, 14 févr. 1979 : *D. 1980. IR 108.*

A. PREMIÈRE INSTANCE

1° DEMANDEUR

43. Désistement. Bien qu'il ait saisi un conseil de prud'hommes d'une demande dont il s'est désisté, le salarié conserve la possibilité de saisir un conseil de prud'hommes limitrophe, en application de l'art. 47, al. 1er. • Soc. 21 juin 1995, n° 91-40.301 P (le moyen tiré de ce que le privilège du choix de la juridiction découlant de l'art. 47 ne serait accordé qu'au stade de l'introduction de l'instance n'est pas fondé).

44. Option de compétence. Un conseiller prud'hommes peut, en sa qualité de magistrat, saisir une juridiction limitrophe à l'une de celles qui, en application de l'art. R. 517-1 [devenu 1412-1] C. trav., sont territorialement compétentes pour connaître du litige l'opposant à son employeur, sans être tenu d'exercer préalablement une autre option de compétence. • Soc. 27 mai 1998, n° 96-41.311 P : *JCP 1999. I. 107, obs. Pétel-Teyssié* (salarié travaillant dans un établissement situé à Toulouse et conseiller prud'hommes dans cette ville, qui aurait pu saisir le conseil de prud'hommes de Nanterre dans le ressort duquel se trouvait le siège de son employeur mais ayant saisi le conseil de prud'hommes de Foix, dont le ressort est limitrophe de celui du conseil de prud'hommes de Toulouse).

45. Clause attributive de compétence. En matière internationale, l'art. 47 ne peut faire échec à un accord de compétence régi par l'art. 17 de la convention de Bruxelles du 27 sept. 1968. • Grenoble, 29 oct. 1997 : *Rev. crit. DIP 1998. 476, note (réservée) Gaudemet-Tallon.*

46. Référé. Lorsque le juge des référés est saisi d'un litige au sens de l'art. 47, les dispositions de ce texte sont applicables devant lui. • *Amiens,* 17 mars 1981 : *JCP 1981. IV. 374.*

47. Renvoi. V. aussi, note 61.

2° RESSORT LIMITROPHE

48. L'art. 47 ne comporte aucune restriction quant au choix de la juridiction ; il suffit que le ressort de cette dernière soit limitrophe de celui du tribunal qui eût été compétent ; la juridiction élue peut n'être pas celle du demandeur. • Paris, 8 avr. 1987 : *D. 1987. IR 119.*

49. Renvoi. En cause d'appel, V. notes 57 et 59.

3° PRINCIPE DU RENVOI

50. Obligation. Lorsqu'un magistrat est partie à un litige qui relève de la compétence d'une juridiction dans le ressort de laquelle celui-ci exerce ses fonctions, le juge doit, si le défendeur le demande, ordonner le renvoi devant une juridiction située dans un ressort limitrophe. • Civ. 2e, 9 mai 1988 : *Bull. civ. II, n° 110.* ♦ Lorsqu'un conseiller prud'hommes est partie à un litige qui relève de la compétence d'une juridiction dans le ressort de laquelle celui-ci exerce ses fonctions, les juges du fond ne peuvent rejeter la demande de renvoi formée par l'autre partie, alors même que celle-ci n'indique pas les juridictions limitrophes auxquelles l'affaire peut être renvoyée. • Soc. 4 déc. 1990, n° 87-45.045 P. ♦ Lorsqu'un magistrat est partie à un litige qui relève de la compétence d'une juridiction dans le ressort de laquelle celui-ci exerce ses fonctions, le juge doit, si le défendeur le sollicite, ordonner le renvoi devant une juridiction située dans un ressort limitrophe. • Civ. 2e, 12 janv. 1994, n° 92-16.525 P : *D. 1995. Somm. 108, obs. Fricero* (peu importe que le juge consulaire ne soit pas appelé à statuer sur le litige dans lequel il a un intérêt personnel). ♦ Le juge ne peut pas rejeter une demande de renvoi formée en vertu de l'art. 47 dès lors que les conditions d'application en sont remplies. • Civ. 2e, 26 févr. 1997, n° 95-13.904 P : *D. 1997. IR 80.*

B. APPEL

1° TYPE DE PROCÉDURE

51. Premier président. L'art. 47 s'applique au référé introduit devant le premier président aux fins d'arrêt de l'exécution provisoire. • Rennes, 26 mai 1992 : *Gaz. Pal. 18 mai 1995. Somm. 23, obs. du Rusquec.*

52. Renvoi après cassation. Ne méconnaît pas l'étendue de ses pouvoirs la cour d'appel de renvoi après cassation, désignée par une mesure d'administration judiciaire dépourvue de l'autorité de la chose jugée, qui ordonne le renvoi de l'affaire devant une autre cour d'appel en application de l'art. 47. • Civ. 2e, 21 déc. 2000, n° 98-23.276 P : *Procédures 2001, n° 29, note Perrot.*

2° MOMENT

53. La demande, n'étant pas une exception de compétence, peut être présentée à tous les stades de la procédure, en particulier pour la première fois en cause d'appel, et ceci même si les conditions en étaient déjà réunies en première instance. • Bordeaux, 24 juin 1999 : *D. 2001. 2221, note Beignier et Passera.* ♦ Un avocat est fondé à demander en cause d'appel le renvoi devant une juridiction limitrophe, faculté à laquelle il n'a jamais renoncé devant la cour, puisque c'est la première fois que les parties sont en appel sur le fond du litige. • Aix-en-Provence, 26 nov. 2002 : *JCP 2003. II. 10086, note R. Martin.* ♦ V. aussi note 62.

54. Note en délibéré. En application de l'art. 445, les parties ne peuvent déposer aucune note à l'appui de leurs observations après la clôture des débats sauf pour répondre aux arguments développés par le ministère public ou à la demande du président ; il s'ensuit que des écritures autres que celles destinées à transmettre, en cours de délibéré, les documents demandés par la cour d'appel sont irrecevables. • Civ. 2e, 25 juin 1997, n° 95-12.594 P (conclusions tendant au renvoi de l'affaire en application de l'art. 47).

55. Limite. Connaissance de la cause de renvoi. Si, aux termes de l'art. 47, la demande de renvoi peut être formée par le défendeur ou toutes les parties en cause d'appel, elle doit, à peine d'irrecevabilité, être présentée dès que son auteur a connaissance de la cause de renvoi. Doit dès lors être approuvée la cour d'appel qui retient qu'est irrecevable à présenter une demande de renvoi en cause d'appel un avocat inscrit au barreau depuis de nombreuses années, qui avait nécessairement connaissance de cette situation à la date à laquelle il a saisi le juge de l'exécution d'une contestation. • Civ. 2e, 7 avr. 2016, n° 15-15.372 P : *D. actu. 21 avr. 2016, obs. Mélin ; D. avocats 2016. 154, obs. Dargent.* ♦ Ayant relevé, d'une part, qu' un avocat inscrit au barreau de Paris, ne pouvait ignorer que les avocats inscrits au barreau de l'un des tribunaux de grande instance de Paris, Créteil et Nanterre peuvent exercer, auprès de chacune de ces juridictions, les attributions antérieurement dévolues au ministère d'avoué, ni qu'au moment où il a expressément demandé au tribunal des affaires de sécurité sociale des Hauts-de-Seine, qu'il avait choisi, de délocaliser la procédure à Pontoise, il se maintenait dans le ressort d'une cour d'appel où il était susceptible d'exercer sa profession d'avocat, d'autre part, que ledit avocat s'était délibérément placé dans la situation de relever en appel d'une juridiction non limitrophe, au sens de l'art. 47, faisant ainsi ressortir qu'il aurait dû, dès la première instance, saisir le tribunal d'une demande de délocalisation devant une juridiction se trouvant dans le ressort d'une cour d'appel autre que celle de Paris ou de Versailles, une cour d'appel en a exactement déduit que la demande de renvoi ne pouvait être accueillie. • Civ. 2e, 12 avr. 2018, n° 17-17.241 P : *D. actu. 7 mai 2018, obs. Bléry ; D. 2018. Actu. 855 ; Procédures 2018, n° 176, note Strickler.*

3° PRINCIPE DU RENVOI

56. Obligation. Le juge ne peut pas rejeter une demande de renvoi formée en vertu de l'art. 47 lorsqu'un magistrat ou un auxiliaire de justice est partie au litige. • Civ. 2e, 20 juill. 1987 : *Bull. civ. II, n° 171 ; Gaz. Pal. 1987. 2. 719, note A. D. ; ibid. 1988. 1. Somm. 37, obs. Guinchard et Moussa.* ♦ Une cour d'appel saisie par un avocat inscrit au barreau d'un tribunal de son ressort d'une demande de renvoi devant une autre cour d'appel doit faire droit à cette demande sans que soit requis l'accord des parties. • Civ. 2e, 29 janv. 1992 : *Bull. civ. II, n° 36 ; Gaz. Pal. 1993. 1. Somm. 3, obs. Ferrand et Moussa.* ♦ Le juge ne peut rejeter une demande de renvoi formée en vertu de l'art. 47 devant une juridiction située dans un ressort limitrophe lorsqu'un magistrat ou un auxiliaire de justice est partie au litige. • Civ. 1re, 15 déc. 1993, n° 90-17.911 P : *RTD civ. 1994. 153, obs. Normand* . ♦ Quel que soit l'état de la cause, le juge ne peut rejeter la demande de renvoi formée en vertu de l'art. 47 dès lors que les conditions d'application en sont remplies. • Civ. 2e, 18 déc. 1996, n° 94-18.393 P. ♦ Le juge ne peut rejeter une demande de renvoi formée en vertu de l'art. 47 dès lors que les conditions d'application en sont remplies ; il s'ensuit que doit être cassée l'ordonnance d'un premier président qui retient que la demande de renvoi n'est pas fondée à raison de la carence procédurale de l'avocat qui n'a pas conclu au soutien de son appel et qui n'a développé aucun moyen à l'appui de sa demande de suspension de l'exécution provisoire du jugement, laquelle est dès lors irrecevable. • Civ. 2e, 6 janv. 2012, n° 10-27.998 P : *D. 2012. AJ 226 ; Dr. et pr. 2012. 53.* ♦ V. cep. désormais, sur la condition d'absence de connaissance de la cause depuis le Décr. du 26 janv. 2012, art. 47, al. 2, et note 55.

4° CHOIX DE LA JURIDICTION LIMITROPHE

57. Pouvoir discrétionnaire. C'est dans l'exercice de son pouvoir discrétionnaire qu'une cour d'appel, saisie d'une demande de renvoi en application des art. 47 et 97, procède à la désignation de la juridiction limitrophe compétente. • Civ. 2e, 20 janv. 1982 : *Bull. civ. II, n° 10* (à propos d'un huissier de justice). ♦ Mais le renvoi ordonné en application de l'art. 47 ne peut être fait que devant une juridiction située dans un ressort limitrophe de celui de la juridiction initialement saisie. • Civ. 2e, 10 janv. 2013, n° 11-27.480 P : *D. 2013. Actu. 183* .

58. Juridiction de même degré. Si, aux termes de l'art. 47, toutes les parties peuvent, en cause d'appel, demander le renvoi devant une juridiction située dans un ressort limitrophe, il ne peut s'agir que d'une juridiction de même degré. • Civ. 2e, 8 févr. 1989 : *Bull. civ. II, n° 30* (celui qui, en première instance, n'a pas sollicité le renvoi devant un autre TGI ne peut, devant la cour d'appel, que demander le renvoi devant une autre cour d'appel).

59. Caractère limitrophe. Le renvoi ordonné en application de l'art. 47 ne peut être fait que devant une juridiction située dans un ressort limitrophe de celui de la juridiction initialement saisie. • Civ. 2e, 10 janv. 2013, n° 11-27.480 P.

60. V. tenant compte des règles de la multipostulation applicables dans la région parisienne et du fait que le ressort dans lequel exerce un avocat au barreau de Paris englobe le ressort de Bobigny, et renvoyant devant la cour d'appel d'Amiens : • Paris, 5 juill. 2016, n° 15/17274 P : *D. 2017. 74, obs. Wickers*.

IV. RÉGIME

61. Connaissance de la cause de renvoi. Le demandeur à l'instance peut solliciter de la juridiction qu'il a saisie le renvoi de l'affaire devant une autre juridiction en application de l'art. 47 dès lors qu'il est établi que lors de l'introduction de l'instance il ignorait la cause justifiant le renvoi. • Civ. 2e, 5 juill. 2000, n° 99-42.965 P : *D. 2001. 2221, note Beignier et Passera ; Gaz. Pal. 4-5 janv. 2002, p. 5, obs. du Rusquec.*

62. Abus de procédure. Si la demande de renvoi fondée sur l'art. 47 peut être présentée à tout moment de la procédure, même en cause d'appel, et si le renvoi de l'affaire est de droit lorsque les conditions prévues par ce texte sont réunies, les juges du fond gardent la possibilité, sur le fondement de l'art. 32-1, de condamner à des dommages-intérêts ceux qui se seraient abstenus, dans une intention dilatoire, de la soulever plus tôt ; la cour d'appel ayant relevé que le renvoi avait été demandé près de cinq ans après le jugement déféré, sans avertir personne, plus d'une heure après l'appel du rôle, a caractérisé un tel abus de droit. • Soc. 11 juill. 2002, n° 00-44.407 P.

A. ART. 97

1° POURSUITE DE L'INSTANCE

63. Préliminaire de conciliation. Lorsque, par application de l'art. 47, une instance est renvoyée de la juridiction territorialement compétente à une juridiction limitrophe, il résulte des dispositions de l'art. 97 que cette instance se poursuit en l'état où elle se trouvait, sans qu'il y ait lieu de reprendre les actes de procédure déjà accomplis ; dès lors, c'est à bon droit qu'une cour d'appel, ayant constaté que le préliminaire de conciliation avait été régulièrement effectué devant le conseil de prud'hommes avant qu'il soit dessaisi, a décidé qu'il n'avait pas à être de nouveau effectué devant le conseil de prud'hommes où l'instance s'est poursuivie. • Soc. 7 nov. 1995, n° 93-43.806 P : *JCP 1996. I. 3938, n° 10, obs. Cadiet.*

64. Régularité de la saisine. Il résulte des art. 47 et 97 que, en cas de renvoi devant une autre juridiction, l'instance régulièrement engagée devant le tribunal initialement saisi se poursuit devant le tribunal de renvoi ; il s'ensuit que la régularité de la saisine doit être appréciée au seul regard de la première juridiction. • Civ. 2e, 23 oct. 2003, n° 01-17.314 P : *D. 2003. IR 2930 ; Dr. et pr. 2004. 93, note Douchy-Oudot.*

2° PROCÉDURE À SUIVRE

65. Invitation du secrétariat. Viole l'art. 14 la cour d'appel qui, saisie sur renvoi de compétence en application de l'art. 47, statue contradictoirement à l'égard d'une partie défaillante qui n'avait pas été invitée à poursuivre la procédure et à constituer avoué [avocat] devant la cour d'appel de renvoi, contrairement aux dispositions de l'art. 97. • Civ. 2e, 15 janv. 2009 : *Bull. civ. II, n° 16.* ♦ Rappr. *infra*, note 66.

66. Règles relatives à l'appel. L'art. 908 [devenu 902], qui prévoit la réassignation de l'intimé qui n'a pas constitué avoué [avocat], ne s'applique pas devant la cour d'appel saisie sur renvoi de compétence en vertu des dispositions des art. 47 et 97. • Civ. 2e, 29 janv. 1992, n° 90-18.923 P. ♦ Lorsque le renvoi devant une autre cour d'appel est ordonné en application de l'art. 47, l'instance engagée devant la cour d'appel initialement saisie se poursuit devant la cour de renvoi et l'appelant est tenu de conclure, dans les conditions prévues à l'art. 915 [devenu 908], sans qu'il soit besoin de le mettre en demeure de le faire. • Civ. 2e, 7 juin 2006, n° 04-18.525 P. ♦ Rappr. note 65.

B. ART. 74

67. Ayant relevé qu'une partie attraite devant un tribunal de commerce avait obtenu, sur le fondement des dispositions de l'art. 47, qu'elle avait invoqué, le renvoi devant une autre juridiction consulaire, la cour d'appel retient à bon droit qu'elle n'est plus recevable, en application de l'art. 74, à soulever par la suite l'incompétence de la juridiction commerciale. • Civ. 2e, 26 juin 2014, n° 13-20.396 P : *JCP 2014. 985, note Cholet ; ibid. 1232, n° 3, obs. Serinet.*

C. VOIES DE RECOURS CONTRE LA DÉCISION INITIALE

1° APPEL

68. Appel-réformation. Lorsqu'un magistrat ou un auxiliaire de justice est partie à un litige qui relève de la compétence d'une juridiction dans le ressort de laquelle il exerce ses fonctions, le défendeur peut demander le renvoi devant une juridiction située dans un ressort limitrophe ; la décision rendue sur cette demande, qui n'est pas une exception d'incompétence, peut être frappée d'appel. • Civ. 2e, 15 févr. 1995, n° 93-14.317 P : *D. 1995. IR 72.* ♦ Rappr. • Civ. 2e, 13 févr. 2003, n° 01-03.113 P : *D. 2003. IR 737 ; Gaz. Pal. 10-11 oct. 2003, p. 11, obs. du Rusquec.*

69. Juridiction de recours. Lorsqu'un avocat est partie à un litige relevant de la compétence d'une juridiction dans le ressort de laquelle il exerce ses fonctions, l'appel ne peut être interjeté que devant la cour dont relève cette juridiction, sauf aux parties à demander ensuite le renvoi devant une autre cour d'appel. • Civ. 2e, 3 févr. 1988 : *JCP 1988. II. 21086, note Cadiet.* ♦ V. déjà : la dérogation de compétence édictée par l'al. 1er ne permet pas à l'appelant de saisir une cour d'appel autre que celle dans le ressort de laquelle siège le tribunal qui a prononcé la décision attaquée ; si le magistrat ou l'auxiliaire de justice partie au litige exerce ses fonctions dans le ressort de cette cour, l'une quelconque des parties peut, aux termes de l'al. 2, demander le renvoi devant une cour d'appel dont le ressort est limitrophe de celle qui serait normalement compétente et le choix en est souverainement fait par la cour saisie de l'appel. • Nîmes, 30 sept. 1985 : *JCP 1986. II. 20648, note Pansier.*

70. Ordonnance du juge de la mise en état. Les ordonnances du juge de la mise en état ne sont pas susceptibles de contredit mais peuvent être frappées d'appel dès lors qu'elles statuent sur une exception de procédure. • Civ. 2e, 2 juill. 2009, nº 08-16.840 P (renvoi sur le fondement de l'art. 47).

71. Appel-nullité. La décision du bureau de conciliation qui a excédé ses pouvoirs en statuant sur une demande de renvoi formée par application de l'art. 47 en dehors des prévisions de l'art. R. 516-18 [devenu R. 1454-14] C. trav. est susceptible d'appel immédiat. • Soc. 16 déc. 1998, nº 97-44.597 P.

2º POURVOI EN CASSATION

72. Moment. Est irrecevable en application des art. 606, 607 et 608, sauf excès de pouvoir du juge, le pourvoi en cassation formé indépendamment du jugement sur le fond contre une décision du tribunal d'instance se bornant, en matière d'élections professionnelles, à rejeter une demande de renvoi devant une juridiction limitrophe présentée en application de l'art. 47 et à renvoyer l'affaire à une date ultérieure. • Soc. 30 avr. 2003, nº 01-60.870 P. ♦ Est irrecevable, en application des art. 606, 607, 607-1 et 608, le pourvoi formé à l'encontre d'un arrêt qui, rendu sur le fondement de l'art. 47, a statué sur une exception de procédure sans mettre fin à l'instance. • Soc. 28 janv. 2016, nº 15-10.145 : *Gaz. Pal. 17 mai 2016, p. 66, obs. Bléry.* ♦ L'arrêt qui statue sur le contredit formé à l'encontre d'une décision rendue sur la demande de renvoi du défendeur devant la juridiction normalement compétente, fondée sur l'inapplicabilité de l'art. 47, qui n'est pas une exception d'incompétence, est rendu en matière d'appel ; par suite, ne peut être frappé d'un pourvoi en cassation indépendamment de la décision sur le fond un tel arrêt qui se borne à statuer sur une exception de procédure sans mettre fin à l'instance. • Soc. 5 déc. 2006, nº 05-44.924 P. ♦ Selon les art. 607 et 608, les décisions en dernier ressort qui se bornent à statuer sur une exception de procédure, une fin de non-recevoir ou tout autre incident, sans mettre fin à l'instance, ne peuvent être frappées de pourvoi en cassation indépendamment des jugements sur le fond que dans les cas spécifiés par la loi ; il en est ainsi de l'arrêt d'une cour d'appel qui, saisie à tort par la voie du contredit contre une décision du juge de l'exécution, demeure néanmoins saisie en vertu de l'art. 91 et, statuant en matière d'appel, se borne à confirmer, dans le contexte de la mise en œuvre de l'art. 47, le renvoi de l'affaire devant le juge de l'exécution estimé compétent. • Civ. 2e, 31 mars 2011, nº 10-15.794 P • Civ. 2e, 15 oct. 2015, nº 14-22.236 P : *D. actu. 2 nov. 2015, obs. Kebir ; D. 2015. Actu. 2133 ; JCP 2016. 9, note Cagnoli.*

Art. 48 Toute clause qui, directement ou indirectement, déroge aux règles de compétence territoriale est réputée non écrite à moins qu'elle n'ait été convenue entre des personnes ayant toutes contracté en qualité de commerçant et qu'elle n'ait été spécifiée de façon très apparente dans l'engagement de la partie à qui elle est opposée.

DALLOZ ACTION *Droit et pratique de la procédure civile 2022/2023*, nos 141.61 s.

BIBL. ▶ M.-E. ANCEL, *Mél. J. Foyer, Economica 2009, p. 22* (l'internationalité à la lumière de la convention d'*electio fori*). – ATTAL, *Procédures 2009. Étude 2* (évolutions récentes de la compétence juridictionnelle en droit international privé – brèves notations sur les clauses attributives de juridiction). – BARNAUD, L'efficacité des clauses relatives aux litiges, *Versailles 2009 (thèse dactyl.)*. – BEIGNIER, *note D. 1993. 26*. – BOILLOT, *RTD com. 2013. 1* (le régime des clauses relatives au litige). – CACHARD, *Mél. Gaudemet-Tallon, Dalloz 2008, p. 189* (la force obligatoire vis-à-vis du destinataire des clauses relatives à la compétence internationale stipulées dans les connaissements – *plaidoyer* pour un renouveau des considérations maritimistes). – DUPICHOT, *Gaz. Pal. 1981. 2. 475*. – GOLHEN, *Procédures 2008. Études 5 et 6* (l'assujettissement d'un tiers à une clause attributive de juridiction). – F. LEBORGNE, *RGDA 2010. 850* (l'intégration du procès par l'assureur – les aménagements conventionnels du procès) ; *Mél. en l'honneur de F. Kernaleguen, Liber amicorum, p. 191* (de quelques réflexions sur l'article 48 du Code de procédure civile, envisagé au travers de « la loi du maximum de différence entre le droit du Traité et la loi interne »). – MICHA-GOUDET, *D. 1997. Chron. 121* (contrats passés au nom et pour le compte d'une société en formation). – MOURY, *D. 2002. Chron. 2744* (transmission des clauses de compétence dans les chaînes de contrats translatifs). – PLANTAMP, *RTD com. 2013. 429* (la clause attributive de compétence matérielle et le demandeur non commerçant dans le contentieux des actes mixtes). – VALDELIÈVRE, *RLDC juill. 2017. 31* (la clause attribution de juridiction).

PLAN DES ANNOTATIONS

I. DROIT INTERNE

1. *Légalité du texte.* L'art. 48 NCPC [devenu C. pr. civ.] ne contient qu'une règle de procédure civile qui n'a pas pour effet de porter atteinte aux principes fondamentaux du régime de la propriété, des droits réels et des obligations civiles et commerciales, réservés au législateur ; ainsi, le gouvernement, en prenant la disposition attaquée, n'a pas excédé les limites de la compétence reconnue au pouvoir réglementaire par l'art. 37 de la Constitution. • CE 16 févr. 1979 : *JCP 1979. II. 19255, concl. Rougevin-Baville ; D. 1979. IR 266, obs. Delvolvé* • CE, ass., 12 oct. 1979 : *D. 1979. 606, note Bénabent ; JCP 1980. II. 19288, concl. Franck, note Boré ; Gaz. Pal. 1980. 1. 6, note Julien.*

2. *Application dans le temps.* Une cour d'appel qui relève, en l'état d'une clause attributive de compétence, que la demande introductive d'instance est postérieure à l'entrée en vigueur du Décr. du 5 déc. 1975 énonce à bon droit, en vertu de l'art. 4 dudit décret., que cette clause dérogatoire de compétence territoriale doit, conformément aux dispositions de l'art. 48 NCPC [devenu C. pr. civ.], être réputée non écrite dès lors que le défendeur n'a pas la qualité de commerçant. • Com. 15 oct. 1979 : *Bull. civ. IV, no 253 ; Gaz. Pal. 1980. 1. Somm. 22, obs. Dupichot ; RTD civ. 1980. 393, obs. Normand.* ♦ Viole l'art. 48 la cour d'appel qui, pour débouter un plaideur de son exception d'incompétence territoriale, énonce que le texte n'est entré en vigueur qu'au 1er janvier 1976 et que la convention fixant la compétence était antérieure à cette date, alors qu'elle relève que la demande introductive d'instance était elle-même postérieure à la mise en application de ce texte. • Com. 22 déc. 1980 : *Bull. civ. IV, no 436 ; D. 1982. IR 156, obs. Julien ; RTD civ. 1981. 674, obs. Normand.*

3. *Référé.* Une clause attributive de compétence territoriale est inopposable à la partie qui saisit le juge des référés. • Civ. 2e, 17 juin 1998, no 95-10.563 P. ♦ La clause attributive de juridiction est sans incidence en cas de saisine du juge des référés, notamment en application de l'art. 808, le législateur ayant nécessairement entendu, en instituant une procédure fondée sur l'urgence, que le juge saisi puisse être celui du lieu où les constatations doivent être faites et l'essentiel des mesures urgentes exécutées. • Rouen, 2 avr. 1992 : *JCP 1993. IV. 810.*

4. *Clauses contradictoires.* Lorsque deux clauses attributives de juridiction figurant sur les instruments contractuels sont inconciliables, ces dispositions ont pour effet de s'annuler et, dans un tel cas, la désignation de la juridiction territorialement compétente est régie par les art. 42 et 46. • Com. 20 nov. 1984 : *Bull. civ. IV, no 313 ; JCP 1987. II. 20832, note Blaisse.*

5. *Articulation art. 42 et 48. Renvoi.* V. notes 24 et 26 ss. art. 42.

6. *Articulation art. 46 et 48. Renvoi.* V. note 3 ss. art. 46.

A. QUALITÉ DES CONTRACTANTS

7. *Expert en diagnostic.* Selon l'art. L. 121-1 C. com., ceux qui exercent des actes de commerce et en font leur profession habituelle sont commerçants ; l'art. L. 110-1, 6°, C. com., qui répute acte de commerce toute entreprise de fournitures, s'applique à la fourniture de services ; justifie dès lors légalement sa décision de rejeter l'exception d'incompétence de la juridiction commerciale saisie sur le fondement d'une clause attributive de compétence territoriale figurant au contrat soulevée par le défendeur, qui contestait sa qualité de commerçant, la cour d'appel qui, ayant constaté que l'activité de ce dernier porte sur le diagnostic d'amiante, l'état parasitaire, le diagnostic thermique et de plomb, la détermination de la surface habitable, l'expertise et la valeur vénale et de façon générale tous diagnostics et toutes opérations connexes participant à la pérennité, à l'optimisation et la transmission du patrimoine, retient que cette activité entre dans la catégorie des fournitures de services et que, n'étant pas purement intellectuelle, elle revêt un caractère commercial dès lors qu'elle est exercée à titre habituel. • Com. 5 déc. 2006, n° 04-20.039 P.

8. Franchisé. Ne met pas la Cour de cassation en mesure d'exercer son contrôle la cour d'appel qui, pour écarter l'application d'une clause attributive de compétence, retient qu'il n'est pas contesté qu'un franchisé n'était pas inscrit au registre du commerce et qu'il ne résulte pas des pièces versées aux débats qu'il ait la qualité de commerçant, de tels motifs étant impropres à établir que le franchisé n'exerçait pas des actes de commerce de manière indépendante et n'en avait pas fait sa profession habituelle. • Com. 4 janv. 1994, n° 92-11.654 P.

9. Agent commercial. C'est à bon droit qu'une cour d'appel accueille l'exception d'incompétence de la juridiction commerciale soulevée par le défendeur dès lors qu'elle relève que l'action avait été introduite par le mandant contre le mandataire, agent commercial, qui n'avait pas la qualité de commerçant. • Com. 24 oct. 1995, n° 94-10.661 P : *D. Affaires 1995. 198.* ♦ Est inopposable à un défendeur non commerçant une clause attributive de compétence au tribunal de commerce. • Com. 10 juin 1997, n° 94-12.316 P : *JCP 1997. I. 4064, n° 9, obs. Cadiet ; Procédures 1997, n° 270, note Croze.*

10. Agriculteur. Viole l'art. 48 la cour d'appel qui, pour rejeter l'exception d'incompétence territoriale soulevée par un des contractants et, en évoquant, statue au fond, retient que le contrat comporte une clause lisible d'attribution de compétence aux tribunaux de son ressort, tout en constatant que ce contractant n'était pas commerçant. • Civ. 3e, 4 juin 1980 : *Bull. civ. III, n° 111 ; Gaz. Pal. 1980. 2. 767, note Dupichot* (profession agricole).

11. Artisan. Viole les art. 1er [devenu L. 121-1] C. com. et 48 NCPC [devenu C. pr. civ.] la cour d'appel qui retient la compétence territoriale d'un tribunal fondée sur une clause attributive de compétence alors que le défendeur, qui avait la qualité d'artisan, ne pouvait se voir conférer celle de commerçant par la seule acceptation de lettres de change. • Com. 11 mai 1993, n° 91-14.734 P : *Gaz. Pal. 1994. 2. 639, note Dupichot.*

12. Dirigeant caution. Viole les art. 1er [devenu L. 121-1] C. com. et 48 NCPC [devenu C. pr. civ.] la cour d'appel qui reconnaît la qualité de commerçant, justifiant ainsi l'application d'une clause attributive de compétence, à une personne accomplissant un acte isolé ayant un caractère commercial. • Com. 10 févr. 1981 : *Bull. civ. IV, n° 75 ; Gaz. Pal. 1981. 2. 475, note Dupichot ; D. 1982. IR 153, obs. Julien.* ♦ Il ne peut être reproché à un arrêt d'avoir réputé non écrite une clause contractuelle dérogeant aux règles de compétence territoriale dès lors que la cour d'appel, qui n'a fait qu'appliquer les dispositions de l'art. 48, a retenu, sans contradiction, que l'une des parties au contrat avait accompli un acte de commerce isolé tout en n'ayant pas la qualité de commerçant. • Com. 1er avr. 1981 : *Bull. civ. IV, n° 172* (cautionnement donné par le dirigeant d'une société). ♦ C'est à bon droit qu'une cour d'appel, après avoir constaté qu'une personne n'avait pas la qualité de commerçant, a retenu que, quelle que soit la partie qui s'en prévalait, la clause d'attribution de compétence prévue au contrat devait être réputée non écrite. • Com. 28 juin 1983 : *Bull. civ. IV, n° 189.* ♦ Viole les art. 1er [devenu L. 121-1] C. com. et art. 48 NCPC [devenu C. pr. civ.] la cour d'appel qui déclare applicable la clause attributive de compétence à une partie à la convention ayant accompli un acte isolé à caractère commercial. • Com. 2 oct. 1985 : *Bull. civ. IV, n° 227 ; RTD com. 1986. 392, obs. Derruppé.*

13. Caution. Le caractère commercial du cautionnement, à lui seul, ne confère pas la qualité de commerçant à la caution. • Com. 25 mars 1997, n° 95-10.430 P : *D. Affaires 1997. 608* (cautionnement d'un contrat de crédit-bail).

14. Emprunteur. La clause, insérée dans des contrats de prêts, dérogeant aux règles de compétence territoriale et convenue entre des parties dont l'une n'était pas commerçante doit être réputée non écrite. • Civ. 2e, 29 mars 1989 : *Bull. civ. II, n° 86.*

15. Société en formation. Viole l'art. 48 la cour d'appel qui, pour rejeter l'exception d'incompétence de la juridiction commerciale, retient que le contrat conclu par une personne, au nom d'une société en formation, contenait une clause attributive de juridiction, alors qu'il résulte de l'arrêt que la société n'a pas été immatriculée, qu'elle n'a donc pas acquis la personnalité morale et que la personne n'avait pas la qualité de commerçant. • Com. 8 nov. 1994, n° 93-14.509 P : *Gaz. Pal. 16 janv. 1995. Somm., obs. Croze et Morel.*

16. Gérant non salarié de succursale de commerce de détail alimentaire. Aux termes de l'art. L. 782-6 [devenu L. 7322-6] C. trav., est nulle et de nul effet toute clause attributive de juridiction incluse dans un contrat conclu entre une entreprise mentionnée à l'art. L. 782-1 [devenu L. 7322-2] du même code et un gérant non salarié de succursale. • Soc. 1er juin 1994, n° 92-12.179 P.

17. A violé la loi des 16-24 août 1790 la cour d'appel qui a décidé que les statuts assedic ne pouvaient, en application de l'art. 48, valablement déroger aux règles de compétence territoriale, puisque ces statuts, dont l'art. 16 attribue compétence à la juridiction du siège de l'assedic, qui ont fait l'objet d'un agrément ministériel par arrêté, constituent donc un acte administratif réglementaire dont la légalité ne peut être appréciée par les tribunaux de l'ordre judiciaire. • Soc. 4 mai 1984 : *Bull. civ. V, n° 180.*

18. Ne peut constituer une dérogation à la règle édictée par l'art. 48 l'homologation par arrêté ministériel du 3 nov. 1960 des statuts de la Caisse de retraite du personnel des avocats et des avoués près les cours d'appel, dont l'art. 10 attribue compétence, pour tous les litiges résultant de leur application, aux tribunaux de Paris. • Civ. 2e, 26 juin 2003, n° 01-20.890 P : *D. 2003. IR 2282 ; Procédures 2003, n° 214, note Perrot ; Gaz. Pal. 9-10 juill. 2004, p. 10, obs. du Rusquec.*

19. Aucune des parties n'ayant la qualité de commerçant, l'homologation des statuts d'un syndicat de chasseurs par arrêté ministériel ne pouvait constituer une dérogation à la règle édictée par l'art. 48, de sorte que la clause attributive de juridiction était réputée non écrite. • Civ. 1re, 6 févr. 2007 : *Procédures 2007, n° 77, note Perrot.*

20. Ne peut constituer une dérogation à la règle édictée par l'art. 48, qui constitue une norme hiérarchiquement supérieure, l'homologation par arrêté ministériel des statuts d'une caisse de congés payés qui attribuent compétence, pour tous les litiges concernant l'assujettissement des entreprises, à la juridiction du siège de la caisse. • Civ. 2e, 4 juill. 2007, n° 06-16.140 P : *D. 2007. AJ 2112 ; Procédures 2007, n° 213, note Perrot* (la caisse n'est pas commerçante).

B. APPRÉCIATION DE LA CLAUSE

21. Renvoi. V. aussi dans l'ordre international, notes 51 s.

1° CLAUSE SPÉCIFIÉE (DE FAÇON TRÈS APPARENTE)

22. Pouvoir souverain. Les juges du fond apprécient souverainement si une clause d'un contrat conclu entre commerçants qui déroge aux règles de compétence territoriale figure de façon très apparente audit contrat. • Civ. 2e, 20 févr. 1980 : *Bull. civ. II, n° 37 ; Gaz. Pal. 1980. 2. 494, note Dupichot ; RTD civ. 1980. 609, obs. Normand* (tel n'est pas le cas de la clause invoquée, imprimée au verso non paraphé du bon de commande dans un texte, contenant les conditions générales de vente de la société, qui comporte un grand nombre de lignes écrites en petits caractères avec des renvois de telle sorte qu'une lecture rapide du texte laisse entendre que ladite société veut essentiellement exclure les juridictions des pays étrangers et celles des territoires d'outre-mer ; une telle façon d'énoncer une clause aussi importante ne répond ni à l'exigence de l'art. 48 ni à celle de la bonne foi contractuelle).

23. Justifie sa décision de rejet d'un contredit la cour d'appel qui relève qu'une clause attributive de juridiction figurait au verso d'un bon de commande et était imprimée en caractères grisâtres et peu lisibles ; ainsi, elle a constaté que les conditions de l'art. 48 n'étaient pas réunies et en a justement déduit que la clause devait être réputée non écrite. • Com. 30 nov. 1981 : *Bull. civ. IV, n° 415 ; D. 1982. IR 136, obs. Julien.*

24. Après avoir constaté souverainement que, sur toutes les factures produites, la clause attributive de compétence territoriale était imprimée verticalement sur le bord gauche et en petits caractères, de telle sorte qu'il n'était pas satisfait aux exigences de l'art. 48, les juges du fond ont pu retenir qu'à aucun moment il n'y avait eu accord entre les parties sur la clause litigieuse. • Com. 16 nov. 1983 : *Bull. civ. IV, n° 313 ; Gaz. Pal. 1984. 1. Somm. 72, obs. Guinchard.*

25. Ne donne pas de base légale à sa décision l'arrêt qui rejette une exception d'incompétence territoriale fondée sur une clause attributive de compétence sans indiquer en quoi cette clause, souscrite par deux personnes ayant contracté en qualité de commerçants, ne satisfaisait pas aux exigences de l'art. 48 eu égard aux conditions matérielles de sa présentation ni préciser les circonstances d'où il résultait que l'une des parties n'avait pas consenti à cette stipulation, laquelle figurait sur le bon de commande signé par elle. • Civ. 2e, 18 nov. 1992, n° 90-15.914 P (signature apposée au recto et clause figurant au verso).

2° CLAUSE CONVENUE (ENTRE LES PARTIES)

26. Clause et contrat. L'art. 48 n'exige pas que la clause attributive de juridiction ait été l'objet d'une acceptation distincte de celle de l'ensemble du contrat ; ainsi, justifie légalement sa décision la cour d'appel qui rejette un contredit après avoir constaté que la clause litigieuse constituait l'un des paragraphes du contrat passé entre deux sociétés commerciales et fait ressortir que, non dissimulée par un timbre humide, elle figurait de façon très apparente dans l'engagement accepté dans son ensemble. • Com. 20 juill. 1981, n° 80-10.268 P : *D. 1982. IR 156, obs. Julien.*

27. Économie du contrat. Le consentement du destinataire au contrat de transport ne s'étend pas à la clause attributive de compétence qui, insérée dans la lettre de voiture, ne fait pas partie de l'économie du contrat et doit être, fût-ce tacitement, acceptée par lui. • Com. 4 janv. 2005, n° 03-17.677 P : *JCP 2005. II. 10067, note*

Legros ; Procédures 2005, n° 42, note Croze ; RDC 2005. 756, obs. Delebecque.

28. Conditions générales. C'est dans l'exercice de son pouvoir souverain d'appréciation qu'une cour d'appel a estimé qu'une clause attributive de compétence figurant sur des imprimés non signés portant conditions générales de vente n'avait pas été acceptée et que cette cour a par là même justifié sa décision au regard de l'art. 48. • Com. 4 oct. 1988 : *Bull. civ. IV, n° 258.*

29. Engagement autonome. Justifie sa décision la cour d'appel qui relève que la clause attributive de juridiction figurait en caractères apparents parmi les conditions, stipulées au bordereau de règlement accompagnant le chèque litigieux, auxquelles l'offre de la société de crédit était soumise et que, en acceptant sans émettre de réserve le paiement dont elles étaient la contrepartie, la société défenderesse s'était obligée contractuellement et de manière autonome envers la société de crédit selon les modalités précisées par la lettre d'envoi du chèque litigieux auxquelles elle avait ainsi consenti en s'engageant à les respecter, d'où il se déduisait qu'elle avait aussi accepté la clause attributive de juridiction. • Com. 20 nov. 2001, n° 99-14.172 P.

3° OPPOSABILITÉ (DE LA CLAUSE)

30. Une clause attributive de juridiction ne peut produire d'effets juridiques qu'à l'égard de ses signataires ; il s'ensuit que, s'agissant d'une cession de droits de retransmission télévisuels ayant donné lieu à une répartition des droits entre deux opérateurs par des contrats distincts avec chacun de ceux-ci, l'un des opérateurs ne peut utilement se prévaloir à l'égard de l'autre des clauses attributives de juridiction incluses dans ces deux contrats bilatéraux, à défaut pour chacun de ces opérateurs d'avoir été réciproquement partie à ces conventions. • Versailles, 30 mai 2002 : *JCP E 2002, n° 1185.* ♦ Pour dire le contredit mal fondé et renvoyer l'affaire devant le tribunal de commerce de Paris, sans rechercher, alors que la société demanderesse fondait ses demandes à l'encontre de la société défenderesse sur le contrat auquel celle-ci n'était pas partie, si, au moment de la formation de ce contrat, la clause litigieuse n'était pas connue de la société défenderesse et n'avait pas été acceptée par elle dans ses relations avec la société demanderesse, la cour d'appel a privé sa décision de base légale. • Com. 4 mars 2014, n° 13-15.846 P : *D. actu. 14 mars 2014, obs. Delpech ; D. 2014. Actu. 672 ; ibid. Pan. 1070, note Jault-Seseke ; ibid. 1977, note Bollée ; JCP 2014. 559, note Attal ; AJCA 2014. 82, obs. Jault-Seseke ; RDC 2014. 434, note Laazouzi.*

4° PRÉCISION DE LA CLAUSE

31. Une clause attributive de compétence territoriale souscrite par des commerçants et rédigée en termes très apparents est valable dès lors qu'elle permet de déterminer le tribunal choisi ; tel est le cas de la clause stipulant que « les litiges seront portés devant le tribunal de Grenoble », dès lors que la nature et le siège de la juridiction choisie étaient déterminables par la seule qualité des parties et par la lecture du contrat. • Civ. 1re, 30 oct. 2006, n° 04-15.512 P : *D. 2006. IR 2873* .

5° DOMAINE DE LA CLAUSE

32. La contestation relative à des fautes contractuelles commises après le jugement d'ouverture et après la résiliation du contrat par le juge-commissaire n'est pas née de la procédure collective et n'est pas soumise à l'influence de celle-ci ; dès lors, la juridiction désignée par la clause attributive de compétence demeure compétente. • Com. 7 févr. 2012, n° 11-10.851 P : *D. 2012. Actu. 49, obs. A. Lienhard ; Gaz. Pal. 2012. 1530, note Théron ; CCC 2012, n° 119 ; RPC mai-juin 2012, p. 27, note Cagnoli.* ♦ V. déjà : la juridiction désignée par la clause attributive de compétence du contrat d'affacturage est compétente lorsque la contestation dont le tribunal est saisi n'est pas née de la procédure collective et n'est pas soumise à l'influence juridique de cette procédure. • Com. 5 févr. 2008 : *Procédures 2008, n° 116, note Rolland ; RTD civ. 2008. 352, obs. Perrot* .

33. Compétence exclusive. Pratiques restrictives de concurrence (exclusion). Les dispositions de l'art. L. 442-6 C. com., attribuant le pouvoir juridictionnel, pour les litiges relatifs à son application, aux juridictions désignées par l'art. D. 442-3 du même code, ne peuvent être mises en échec par une clause attributive de juridiction. • Com. 1er mars 2017, n° 15-22.675 P : *D. actu. 17 mars 2017, obs. Delpech ; D. 2017. 501 ; ibid. 1481, obs. F. Buy ; ibid. 2244, obs. Dorandau ; ibid. 2559, obs. Clay ; ibid. 2018. Pan. 975, obs. Jault-Seseke ; AJ contrat 2017. 188, note B. Ruy ; RTD civ. 2017. 391, obs. Barbier ; JCP 2017. 406, note Mouralis ; ibid. E 2017. 1358, obs. Grignon ; Gaz. Pal. 2 mai 2017, p. 22, note Courdier-Cuisinier ; CCC 2017, n° 99, note Malaurie-Vignal ; RLDA 2017. 6204, note Clavel-Thoraval.*

6° RENONCIATION À LA CLAUSE

34. C'est dans l'exercice de son pouvoir souverain d'appréciation qu'une cour d'appel retient que la clause de compétence litigieuse, désignant le tribunal dans le ressort duquel était situé le siège social d'une des sociétés contractantes, était stipulée dans le seul intérêt de cette dernière, qui avait, dès lors, la faculté d'y renoncer, nonobstant l'opposition de la société cocontractante. • Com. 14 juin 2016, n° 15-18.338 P : *Rev. sociétés 2016. 301, obs. Pisoni* . ♦ Ayant relevé que la clause avait été conclue entre deux sociétés commerciales, de manière très apparente, c'est dans l'exercice de son pouvoir souverain d'appréciation qu'une cour d'appel, qui a suffisamment motivé sa décision, a retenu, qu'en l'absence de précision contraire, que la clause qu'elle qualifiait d'attributive de compétence au sens de l'art. 48 avait été stipulée dans l'intérêt commun des parties. • Civ. 2e, 1er juin 2017, n° 16-18.739 P : *D. actu. 19 juin 2017, obs. K2bir.*

II. DROIT INTERNATIONAL

A. DROIT DE L'UNION EUROPÉENNE

35. Renvoi. Pour le droit de l'Union européenne, V. art. 17 Conv. de Bruxelles. L'art. 17 de la convention de Bruxelles du 27 sept. 1968 reconnaît la validité de la convention attributive de juridiction aux seules conditions que l'une des parties au moins soit domiciliée dans un pays signataire et que la juridiction désignée soit celle d'un État contractant. • Civ. 1re, 11 févr. 1997, n° 95-10.485 P. ♦ *Adde*, art. 23 Règl. (CE) n° 44/2001 : en matière internationale, l'art. 23 du Règl. (CE) n° 44/2001 du Conseil du 22 déc. 2000 reconnaît la validité de la clause attributive de juridiction aux seules conditions que l'une des parties au moins soit domiciliée dans un État signataire, que la situation soit internationale et que la juridiction désignée soit celle d'un État contractant ; en conséquence, viole ce texte la cour d'appel qui, pour déclarer compétente la juridiction française en ce qui concerne la demande formée par une partie française contre une partie allemande, retient que le contrat est rédigé en anglais et qu'il n'est pas démontré que la partie française, non commerçante, a apprécié la portée de la clause attributive de juridiction placée à la dernière ligne du contrat et non spécifiée de manière apparente, contrairement aux prescriptions de l'art. 48 NCPC [devenu C. pr. civ.]. • Civ. 1re, 23 janv. 2008, n° 06-21.898 P.

36. Domaine. Justifie légalement sa décision refusant d'appliquer la clause attributive de juridiction figurant dans les conditions générales de vente d'une société la cour d'appel qui retient que le refus de vente allégué à l'encontre de cette société constitue un fait de nature à engager sa responsabilité délictuelle. • Com. 9 avr. 1996, *n° 94-14.649 P.*

37. Clauses contradictoires ou inconciliables. En vertu des art. 18 et 19 de la convention de Vienne du 11 avr. 1980 sur les contrats de vente internationale de marchandises, une réponse qui tend à l'acceptation de l'offre mais contient des éléments différents altérant substantiellement les termes de l'offre, telle une stipulation divergente sur le règlement des différends, ne vaut pas acceptation ; il s'ensuit que c'est à bon droit qu'une cour d'appel écarte une clause attributive de compétence à la juridiction française stipulée dans un bon de commande d'une société française en retenant souverainement que la confirmation de commande adressée par le fournisseur allemand comportait une clause attribuant compétence aux tribunaux de son siège. • Civ. 1re, 16 juill. 1998, n° 96-11.984 P : *D. 1999. 117, note Witz ; Rev. crit. DIP 1999. 122, note Ancel et Muir Watt .* ♦ V. aussi, en droit international privé commun, note 57.

38. Opposabilité. En l'état d'un contrat conclu entre les États africains et un établissement de droit public international chargé d'assurer les services du contrôle aérien au-dessus du continent africain, comportant une clause attributive de compétence au tribunal de commerce de Paris, une cour d'appel, après avoir relevé que l'établissement avait l'obligation d'assurer la sécurité du trafic aérien en prenant en charge tout avion survolant la zone et que les compagnies aériennes, souscrivant de ce fait un contrat d'adhésion contenant la clause attributive de juridiction, devaient prendre connaissance des conditions écrites de la convention, y compris la clause, affichées dans les aéroports et reproduites sur les factures, a pu en déduire que la clause était opposable à la compagnie aérienne en cause ainsi qu'à la société affrétant ses avions et que le tribunal de commerce de Paris était compétent. • Civ. 1re, 17 févr. 2010, n° 08-12.749 P : *Procédures 2010, n° 117, note Nourissat ; JCP 2010. 244, obs. Cornut ; ibid. 440, note Bruneau ; ibid. 886, n° 7, obs. Nourissat ; Rev. crit. DIP 2010. 525, note Joubert .*

B. DROIT INTERNATIONAL PRIVÉ COMMUN

BIBL. Attal, *Procédures 2009. Étude 2* (les évolutions récentes de la compétence juridictionnelle en droit international privé – brèves notations sur les clauses attributives de juridiction). – Huet, *D. 2009. Chron. 684* (clause attributive de juridiction à un tribunal étranger et loi française de police et de sûreté – étude du droit commun).

39. Autonomie/séparabilité de la clause. Une clause attributive de compétence, en raison de son autonomie par rapport à la convention principale dans laquelle elle s'insère, n'est pas affectée par l'inefficacité de l'acte. • Civ. 1re, 8 juill. 2010, n° 07-17.788 P : *D. 2010. AJ 1869, obs. Delpech ; ibid. 2323, obs. d'Avout ; RDC 2011. 223, obs. Racine ; RTD civ. 2010. 780, obs. Fages ; Procédures 2010, n° 336, note Perrot ; JDI 2011. 107, note Sana-Chaillé de Néré ; JCP 2010. 1191, n° 7, obs. Clay; ibid. 2011. 158, n° 11, obs. Nourissat* • Com. 5 juill. 2017, n° 15-21.894 : *D. actu. 12 sept. 2017, obs. Delpech ; CCC 2017, n° 202, note M.-V.* ♦ Rappr. La résolution d'un contrat pour inexécution des obligations de l'acquéreur n'est pas de nature à faire obstacle à l'application de la clause attributive de compétence pour soumettre au tribunal, librement choisi par les parties, les difficultés entraînées par l'inexécution de ce contrat. • Civ.

2e, 11 janv. 1978 : *Bull. civ. II, n° 13 ; Gaz. Pal. 1978. 1. 273, note Viatte ; RTD civ. 1978. 921, obs. Normand.*

1° VALIDITÉ

40. Principe. Les clauses prorogeant la compétence internationale sont en principe licites lorsqu'il s'agit d'un litige international et lorsque la clause ne fait pas échec à la compétence territoriale impérative d'une juridiction française ; l'art. 48 doit s'interpréter en ce sens que doivent être exclues de la prohibition qu'il édicte les causes qui ne modifient la compétence territoriale interne qu'en conséquence d'une modification de la compétence internationale ; la désignation globale des juridictions d'un État dans une clause de prorogation de compétence est licite, du moins si le droit interne de cet État permet de déterminer le tribunal spécialement compétent. • Civ. 1re, 17 déc. 1985 : *Bull. civ. I, n° 354 ; D. 1986. IR 265, obs. Audit ; Rev. crit. DIP 1986. 537, note Gaudemet-Tallon.* ♦ Les clauses prorogeant la compétence internationale sont en principe licites lorsqu'elles ne font pas échec à la compétence territoriale impérative d'une juridiction française et sont invoquées dans un litige de caractère international. • Civ. 1re, 25 nov. 1986 : *Bull. civ. I, n° 277.*

41. L'art. 48 doit s'interpréter en ce sens que doivent être exclues de la prohibition qu'il édicte les clauses qui modifient la compétence interne en conséquence d'une modification de la compétence internationale. • Soc. 1er mars 1989 : *Bull. civ. V, n° 156.*

42. Tribunal spécialement compétent. Dans l'ordre international, la désignation générale des juridictions d'un État étranger par une clause attributive de compétence est licite si le droit interne de cet État permet de déterminer le tribunal spécialement compétent. • Com. 25 nov. 1997, n° 95-21.021 P. ♦ La désignation des juridictions d'un État par une clause attributive de compétence en matière internationale est licite si le droit interne de cet État permet de déterminer le tribunal spécialement compétent. • Civ. 1re, 13 avr. 1999, n° 96-22.517 P. ♦ Encourt la cassation l'arrêt qui, pour confirmer la compétence d'un tribunal de commerce français, énonce que la désignation globale, dans un contrat international, des juridictions françaises par la clause attributive de compétence est licite dès lors que l'application des règles de droit interne français permet de déterminer le tribunal spécialement compétent, sans préciser en quoi le *droit interne français* permettrait cette détermination. • Civ. 1re, 13 avr. 1999, n° 97-11.108 P : *Rev. crit. DIP 2000. 219, note Ancel.*

43. Contrat de travail. Une clause attributive de compétence incluse dans un contrat de travail international ne peut faire échec aux dispositions impératives de l'art. R. 1412-1 C. trav. applicables dans l'ordre international ; dès lors, viole ce texte et les art. L. 1221-5 et R. 1412-4 C. trav. l'arrêt qui, pour déclarer les juridictions françaises incompétentes pour statuer sur les demandes d'une personne engagée par le Royaume du Maroc en qualité de secrétaire dans son ambassade de Paris, retient que les clauses prorogeant la compétence internationale sont licites dès lors qu'elles ne concernent pas l'état des personnes, ne font pas échec à la compétence territoriale impérative d'une juridiction française, sont invoquées dans un contrat international et que le pays désigné a un lien sérieux avec le litige, et que l'art. R. 1412-1 C. trav. attribuant compétence au conseil de prud'hommes n'est pas d'ordre public, alors que le salarié travaillait à l'ambassade du Maroc, à Paris, ce dont il résultait que le conseil de prud'hommes de Paris était compétent. • Soc. 29 sept. 2010, n° 09-40.688 P : *D. 2010. Actu. 2370 ; ibid. 2011. Pan. 1374, obs. Jault-Seseke ; RDT 2012. 271, note Jault-Seseke.*

2° MOMENT D'APPRÉCIATION

44. Une clause attributive de compétence figurant dans des connaissements n'est opposable qu'à la partie qui en a eu connaissance et qui l'a acceptée au moment de la formation du contrat. • Com. 28 févr. 1983 : *Bull. civ. IV, n° 89.* ♦ Une clause attributive de compétence n'est opposable qu'à la partie qui en a eu connaissance et qui l'a acceptée au moment de la formation du contrat ; c'est donc à bon droit que, retenant comme inopérante la circonstance que, par suite de l'endossement qu'ils avaient fait de connaissements, les chargeurs d'un navire avaient pu avoir connaissance d'une telle clause, les juges du fond ont décidé que des compagnies de navigation ne pouvaient se prévaloir de celle-ci à l'encontre de l'assureur du destinataire de la marchandise, faute d'établir que les chargeurs l'aient acceptée, fût-ce tacitement, au moment de la formation du contrat. • Com. 10 janv. 1989 : *Bull. civ. IV, n° 20.* ♦ Comp. notes 47 et 49.

3° MISE EN ŒUVRE

45. Viole l'art. 3 C. civ. et les principes généraux du droit international privé la cour d'appel qui, pour écarter la clause attributive de juridiction désignant une juridiction étrangère contenue dans un contrat de distribution conclu entre une société américaine et une société française, retient qu'il s'agit d'appliquer des dispositions impératives relevant de l'ordre public économique constitutives de lois de police et de sanctionner des pratiques discriminatoires assimilées à des délits civils qui ont été commises sur le territoire national, alors que cette clause attributive de juridiction visait tout litige né du contrat et devait être mise en œuvre, des dispositions constitutives de lois de police, fussent-elles applicables au fond du litige. • Civ. 1re, 22 oct. 2008, n° 07-15.823 P : *D. 2008. AJ 2790, obs. Gallmeister ; ibid. 2009. 200, note Jault-Seseke ; ibid. Pan. 1557, obs. Courbe et Jault-Seseke ; ibid. Chron. 684, obs. Huet ; ibid. Pan. 2384, obs. Bollée ; Procédures 2008, n° 331, note Nourissat ; RLDC 12/2008. 13. obs. Mauger ; ibid. 2/2009. 64, obs. Miniato ; Gaz. Pal. 20-21 févr. 2009. 27, note Guez ; JCP 2008. Actu. 645, obs. E. Cornut ; ibid. II. 10187, note d'Avout ; ibid. 2009. I. 107, n° 2, obs. Lawnicka ; ibid. I. 142, n° 3, obs. Jeuland ; ibid. E 2008. 2535, note Mathey ; CCC 2008, n° 270, note Malaurie-Vignal ; Rev. crit. DIP 2009. 69, obs. Bureau et Muir-Watt ; RDC 2009. 691, note Treppoz ; RLDA mars 2009. 63, obs. Chabot ; JDI 2008. 599, note Jobard-Bachellier et Train.* ♦ Viole l'art. 3 C. civ. et les principes généraux du droit international privé, ensemble les art. 3 et 5 du Règl. (CE) n° 44/2001 du Conseil du 22 déc. 2000, et alors qu'une personne domiciliée sur le territoire d'un État membre ne peut être attraite devant les tribunaux d'un autre État membre qu'en vertu des compétences spéciales énoncées par le règlement du 22 déc. 2000, l'arrêt qui, pour rejeter l'exception d'incompétence soulevée au profit des juridictions allemandes, après avoir relevé l'absence de convention attributive de juridiction, au sens de l'art. 23 du Règl. Bruxelles I, retient que la loi de police fondant la demande s'impose en tant que règle obligatoire pour le juge français, alors que seules les règles de conflit de juridictions doivent être mises en œuvre pour déterminer la juridiction compétente, des dispositions impératives constitutives de lois de police seraient-elles applicables au fond du litige. • Com. 24 nov. 2015, n° 14-14.924 P : *D. 2015. Actu. 2509 ; JCP 2016. 241, obs. Nourissat ; CCC 2016, n° 40, note Mathey.* ♦ C'est souverainement qu'ayant relevé qu'une clause attribuant compétence à un for étranger s'étendait à tous les litiges nés de la relation contractuelle, une cour d'appel en déduit que cette clause s'applique à la rupture brutale du contrat, quand bien même des dispositions impératives constitutives de lois de police seraient applicables au fond du litige. • Com. 18 janv. 2017, n° 15-26.105 P : *D. 2017. Pan. 1021, obs. Jault-Seseke ; ibid. 2070, obs. d'Avout ; ibid. Pan. 2561, obs. Clay ; AJ Contrat 2017. 139, note Nourissat ; Rev. crit DIP 2017. 269, note Bureau et Muir-Watt ; RTD civ. 2017. 391, obs. Barbier ; JCP 2017. 325, obs. Virassamy ; ibid. 1001, note Nourissat ; ibid. E 2017. 1358, obs. Grignon.*

4° OPPOSABILITÉ

46. *Sous-traitant.* En l'état d'un marché d'entreprise conclu entre une société française et un « client libyen » et stipulant que pour son interprétation et son exécution il serait soumis aux dispositions et règlements en vigueur en République arabe libyenne populaire et socialiste et que toute contestation serait soumise à la juridiction des tribunaux de cet État, une cour d'appel a pu déduire de la clause d'une convention dite de groupement d'entreprises, passée entre la société française et une société à laquelle celle-ci sous-traitait la moitié de l'exécution du marché, clause liant la convention au sort du marché principal, que la société sous-traitante avait adhéré à l'ensemble des obligations, modalités d'exécution et clauses attributives de compétence insérées dans le contrat de base ; c'est donc à bon droit que la juridiction française de référé, saisie par la société sous-traitante d'une demande d'expertise pour non-respect par la société française de ses engagements, s'est déclarée incompétente. • Civ. 1re, 17 déc. 1985 : *Bull. civ. I, n° 354 ; D. 1986. IR 265, obs. Audit ; Rev. crit. DIP 1986. 537, note Gaudemet-Tallon.*

47. *Assureur subrogé.* L'insertion d'une clause attributive de compétence dans un contrat international fait partie de l'économie de la convention et emporte renonciation à tout privilège de juridiction ; cette clause s'impose aussi bien à l'ancien titulaire du droit qu'à l'assureur français subrogé. • Civ. 1re, 25 nov. 1986 : *Bull. civ. I, n° 277.* ♦ L'insertion d'une clause attributive de compétence à une juridiction étrangère dans un contrat international fait partie de l'économie de celui-ci, de sorte qu'elle s'impose à l'assureur subrogé. • Civ. 1re, 12 juill. 2001, n° 98-21.591 P : *D. 2001. Somm. 3246, obs. Delebecque.*

48. *Action cambiaire.* C'est à bon droit qu'une cour d'appel considère qu'une société exerçant l'action cambiaire est fondée à se prévaloir d'une clause d'attribution de compétence résultant du rapport fondamental dès lors que, tireur resté porteur, elle aurait pu opposer les exceptions nées du rapport fondamental au tiré accepteur. • Com. 5 mars 1991, n° 89-17.360 P.

49. *Destinataire.* L'acceptation par le chargeur d'une clause attributive de compétence figurant dans un connaissement ne suffit pas à la rendre opposable au destinataire qui ne l'a pas lui-même acceptée. • Com. 25 nov. 1997, n° 95-21.021 P. ♦ La clause de compétence figurant au connaissement doit faire l'objet d'une acceptation spéciale de la part du destinataire, laquelle ne résulte pas de l'accomplissement sans réserves du connaissement. • Com. 8 déc. 1998 : *Rev. crit. DIP 1999. 536, obs. Pataut.* ♦ La clause de compétence insérée dans un connaissement doit faire l'objet d'une acceptation spéciale de la part du destinataire, laquelle ne résulte pas de l'accomplissement du connaissement. • Com. 25 juin 2002, n° 00-13.230 P.

5° APPRÉCIATION DE LA CLAUSE

50. *Renvoi.* V. aussi *supra*, dans l'ordre interne, notes 22 s.

a. Clause spécifiée

51. C'est dans l'exercice de son pouvoir souverain d'appréciation qu'une cour d'appel a estimé qu'une clause attributive de compétence au profit de juridictions étrangères était spécifiée dans un connaissement de façon très apparente, conformément aux exigences de la loi, et que, pour des professionnels au courant des règles du commerce maritime, elle permettait de déterminer aisément la juridiction étrangère territorialement compétente. • Civ. 2e, 5 févr. 1986 : *Bull. civ. II, n° 8* (une mention très apparente, au recto du connaissement, renvoyait au verso pour l'exposé des conditions du contrat et la clause attributive de compétence figurait dans un paragraphe spécial de ces conditions, séparé du précédent et du suivant par un double interligne).

b. Clause convenue – Conditions générales

52. Une cour d'appel peut considérer qu'un acheteur est fondé à se prévaloir d'une clause attributive de compétence insérée dans ses conditions générales d'achat après avoir relevé que, conformément au désir exprimé par le vendeur, l'acheteur lui a fait parvenir un document confirmant la commande objet d'un précédent télex, que ce document spécifiait en première page que la commande était passée « aux conditions générales annexées ci-après », lesquelles comportaient une clause attribuant compétence au tribunal de commerce de Paris et que le vendeur l'a renvoyé à son cocontractant avec, en première page, la mention signée qu'il l'acceptait sans réserve, ce dont il résulte que la clause litigieuse figurait dans l'engagement du vendeur et que celui-ci avait expressément consenti à cette stipulation, peu important, dès lors, que cet accord fût postérieur à l'exécution partielle du contrat. • Com. 30 janv. 1990, n° 88-10.466 P.

53. Une cour d'appel a pu retenir la validité d'une clause d'attribution de compétence territoriale après avoir souverainement relevé que la convention se rattachait directement aux conditions générales de vente applicables depuis le début des relations devenues habituelles entre deux sociétés commerciales et tacitement acceptées pour les litiges pouvant les opposer. • Com. 5 mars 1991, n° 89-17.360 P.

54. La connaissance éventuelle par l'une des parties, à l'occasion d'opérations antérieures, des conditions générales de l'autre partie contenant une clause de juridiction ou la connaissance de l'existence d'une telle clause dans des documents étrangers à l'opération litigieuse ne suffit pas, même en cas de relations d'affaires suivies, à lui rendre opposable cette clause si le contrat n'y fait aucune référence directement ou indirectement. • Civ. 1re, 30 juin 1992, n° 90-21.491 P : *D. 1994. 169, note Guez*.

55. Justifie légalement sa décision la cour d'appel qui, pour donner effet à une clause attributive de compétence à la juridiction étrangère dans un contrat international, relève que cette clause était stipulée dans le « cahier des prescriptions générales » auquel se référaient les documents contractuels. • Civ. 1re, 16 févr. 1999, n° 96-19.469 P : *JCP 1999. I. 191, n° 1, Virassamy ; ibid. II. 10162, note Fillion-Dufouleur.*

56. C'est sans encourir de reproches qu'une cour d'appel rejette une exception d'incompétence fondée sur une clause attributive de compétence figurant dans les conditions générales d'une police d'assurance après avoir relevé que l'attestation d'assurance versée aux débats ne faisait pas mention de cette clause, mais visait seulement les conditions générales de l'assureur et retenu qu'il n'était pas démontré que, au moment de la formation du contrat, la société à laquelle elle était opposée ait eu connaissance de ces conditions et de la clause attributive de compétence qu'elles contenaient, ni qu'elle ait accepté cette clause. • Com. 10 mars 2009, n° 07-19.447 P.

c. Clauses contradictoires ou inconciliables

57. Au cas où coexistent des clauses attributives de juridiction qui se contredisent ou sont inconciliables, il y a lieu de faire application des règles de compétence de droit commun. • Civ. 1re, 28 mars 1995, n° 93-13.237 P. ♦ V. aussi en droit international privé européen, note 37.

d. Privilèges de juridiction

58. Art. 14 C. civ. L'art. 14 C. civ., qui n'est pas d'ordre public, ne fait pas obstacle à l'application d'une clause attribuant compétence à une juridiction étrangère pour les litiges nés de l'exécution d'une convention de transport maritime. • Com. 10 mars 1987 : *Bull. civ. IV, n° 70.*

CHAPITRE III **DISPOSITIONS COMMUNES**

RÉP. PR. CIV. v^is *Compétence*, par DOUCHY ; *Question préjudicielle*, par FLORES.

DALLOZ ACTION *Droit et pratique de la procédure civile 2022/2023*, n°s 142.00 s.

Art. 49 **Toute juridiction saisie d'une demande de sa compétence connaît, même s'ils exigent l'interprétation d'un contrat, de tous les moyens de défense à l'exception de ceux qui soulèvent une question relevant de la compétence exclusive d'une autre juridiction.** – *V. COJ, art. R. 221-40, R. 231-5.*

(Décr. n° 2015-233 du 27 févr. 2015, art. 48-1°) **« Lorsque la solution d'un litige dépend d'une question soulevant une difficulté sérieuse et relevant de la compétence**

de la juridiction administrative, la juridiction judiciaire initialement saisie la transmet à la juridiction administrative compétente en application du titre Ier du livre III *[art. L. 311-1 s. et R. 311-1 s.]* **du code de justice administrative. Elle sursoit à statuer jusqu'à la décision sur la question préjudicielle. »** — *V. Circ. du 31 mars 2015, ci-dessous.*

Circulaire JUSC1500786C du 31 mars 2015,

De présentation du décret n° 2015-233 du 27 février 2015 relatif au Tribunal des conflits et aux questions préjudicielles pris pour son application.

PLAN DES ANNOTATIONS

A. LE JUGE DE L'ACTION EST LE JUGE DE L'EXCEPTION

1. Sens. En vertu de l'art. 49, le juge de l'action est juge de l'exception et se trouve investi du droit de statuer sur les questions soulevées au cours de l'instance qui, proposées au principal, auraient échappé à sa compétence. • Com. 11 juin 1996, n° 93-16.058 P.

2. Tribunal d'instance. En l'absence d'une disposition de la loi, le juge de l'action est juge de l'exception et se trouve investi du pouvoir de statuer sur les questions soulevées au cours de l'instance, même si, proposées au principal, elles eussent échappé à sa compétence ; aucune dérogation à cette règle ne résulte du CSS, édictant que l'organisation du contentieux général de la sécurité sociale règle les différends auxquels donne lieu l'application des législations et réglementations de sécurité sociale et qui ne relèvent pas, par leur nature, d'un autre contentieux ; dès lors, le tribunal d'instance saisi de l'action d'une caisse primaire contre le tiers responsable d'un accident est compétent pour connaître du bien-fondé de l'exception tirée par ce dernier du caractère professionnel de cet accident. • Soc. 12 juin 1980 : *Bull. civ. V, n° 526 ; RTD civ. 1981. 205, obs. Normand.* ♦ Le tribunal d'instance, juge de l'action, est compétent pour apprécier si les salariés remplissent à la date de l'élection les conditions nécessaires pour être électeurs ; encourt donc la cassation le jugement d'un tribunal d'instance qui se déclare incompétent pour statuer sur la qualité d'électeurs de salariés. • Soc. 5 juin 1985 : *Bull. civ. V, n° 327* (à propos de la qualité de journalistes discutée à l'occasion de la contestation du défaut d'inscription sur les listes électorales professionnelles). ♦ Le tribunal d'instance, juge de l'action, étant compétent en dernier ressort pour apprécier si les salariés remplissent les conditions nécessaires pour être électeurs, l'est également pour déterminer, par voie d'exception, la nature du contrat de travail des intéressés en vue de se prononcer sur leur électorat. • Soc. 27 mai 1987 : *Bull. civ. V, n° 346* (à propos de la durée, déterminée ou indéterminée, du contrat de travail des salariés). ♦ Viole l'art. 49 C. pr. civ. et L. 2314-25 C. trav. le tribunal d'instance qui, pour prononcer le sursis à statuer, retient qu'il existe un litige sur la qualité de salarié d'un candidat aux élections des délégués du personnel dans l'entreprise à la date du dépôt des candidatures et que l'examen de cette qualité appartient au juge prud'homal et non pas au juge d'instance, alors que le tribunal d'instance, juge de l'action, étant compétent en dernier ressort pour apprécier si le demandeur remplissait les conditions nécessaires pour être électeur, l'était également pour déterminer, par voie d'exception, l'existence à cette date du contrat de travail de l'intéressé en vue de se prononcer sur son électorat. • Soc. 8 févr. 2012, n° 11-14.802 P. ♦ Le tribunal d'instance connaît de toutes les exceptions ou moyens de défense qui ne soulèvent pas une question relevant de la compétence exclusive d'une autre juridiction ; cassation, pour violation de l'art. 49, du jugement d'un tribunal d'instance qui condamne un coloti au paiement de sommes réclamées par l'association syndicale libre, en refusant de statuer sur le moyen tiré de la nullité de l'assemblée générale, alors que ce moyen de défense ne relevait pas de la compétence exclusive d'une autre juridiction. • Civ. 3e, 29 mai 2002, n° 01-02.332 P : *Procédures 2002, n° 136, note Perrot.*

3. Juge du cautionnement. En raison du caractère accessoire du cautionnement, le juge du cautionnement, saisi d'une action en paiement par le créancier contre la caution, est tenu de respecter la décision passée en force de chose jugée rendue par le juge compétent de la procédure collective dans les rapports entre le créancier et le débiteur principal, et concernant l'existence ainsi que le montant de la créance ; en revanche, tant qu'une telle décision n'est pas intervenue, et sauf la faculté discrétionnaire qu'il conserve de surseoir à statuer dans l'intérêt d'une bonne administration de la justice, le juge du cautionnement est juge de l'exception par application de l'art. 49 et, par suite, tenu de statuer sur toutes les exceptions inhérentes à la dette invoquées par la caution, sa décision ne s'imposant que dans les rapports entre le créancier et la caution. • Com. 18 janv. 2000, n° 96-20.798 P : *D. 2001. Somm. 695, obs. Aynès* ; *D. 2000 AJ 97, obs. A. Lienhard* ; *JCP E. 2000, n° 18-19, p. 754, obs. Cabrillac ; RD banc fin. 2000, n° 11, obs. Legeais ; Banque et Dr. 5-6/2000. 39, obs. Rontchevsky.* ♦ En raison du caractère accessoire du cautionnement, le juge du cautionnement, juge de l'exception par application de l'art. 49, saisi d'une action en paiement par le créancier contre la caution, est tenu, en l'absence de vérification et d'admission des créances chirographaires, de statuer sur toutes les exceptions inhérentes à la dette invoquées par la caution, sa décision ne s'imposant que dans les rapports entre le créancier et la caution ; une cour d'appel saisie par la caution d'une exception tenant au caractère tardif de la déclaration de créance à la procédure collective du débiteur principal est donc tenue de se prononcer sur la régularité de la déclaration litigieuse. • Com. 18 févr. 2003 : *JCP E 2003, n° 951, note Le Corre.*

4. *Cour d'appel.* Saisie par l'effet dévolutif de l'appel et investie de la plénitude de juridiction, tant en matière civile qu'en matière sociale, la cour d'appel a le pouvoir et le devoir de statuer sur le moyen de défense de nature civile opposé par les héritiers de l'employeur, dès lors que sa compétence territoriale n'est pas contestée. • Soc. 27 nov. 1990, n° 87-42.082 P.

5. *Juridiction présidentielle.* En l'absence de dispositions contraires, le premier président comme le président du tribunal, saisis d'une demande en fixation d'honoraires d'un avocat, sont compétents pour statuer sur les exceptions soulevées par les parties à l'occasion du litige. • Civ. 1re, 16 janv. 1979, n° 77-12.660 P : *D. 1981. 330, note Brunois ; Gaz. Pal. 1979. 2. 538, note Viatte.*

6. *Traités.* Il est de l'office du juge d'interpréter les traités internationaux invoqués dans la cause soumise à son examen, sans qu'il soit nécessaire de solliciter l'avis d'une autorité non juridictionnelle. • Civ. 1re, 19 déc. 1995, n° 93-20.424 P.

7. *Droit de l'Union européenne.* Sur le renvoi préjudiciel, V. art. 267 TFUE.

B. COMPÉTENCE EXCLUSIVE

1° SÉPARATION DES POUVOIRS

a. Principe

8. *Accord tarifaire en matière de santé.* Viole la loi des 16-24 août 1790, le décret du 16 fructidor an III, ensemble l'art. 49, la cour d'appel qui, pour déclarer les juridictions de l'ordre judiciaire compétentes, énonce que le litige porte sur l'application du contrat d'objectifs et de moyens et que, par application de l'art. L. 6114-4 du CSP, les litiges relatifs à l'application de ces contrats sont portés devant les juridictions compétentes en matière de sécurité sociale, alors que, si le litige concernant l'exécution des contrats liant les caisses au centre de soins relève effectivement de la compétence du tribunal des affaires de sécurité sociale, il suppose cependant que soit préalablement examinée la validité de l'accord tarifaire prévu à l'art. L. 162-22-2 CSS, contestée par le centre de soins, en vertu duquel le contrat a été conclu, de sorte que, en présence d'une question préjudicielle dont elle ne peut connaître et dont la solution est nécessaire au règlement du litige, la cour d'appel est tenue de surseoir à statuer jusqu'à ce que la juridiction administrative se soit prononcée. • Civ. 1re, 28 nov. 2006, n° 05-15.968 P.

b. Mise en œuvre

9. *Sursis à statuer.* Il résulte des art. 49 et 378 que toute juridiction saisie d'une demande de sa compétence doit surseoir à statuer lorsqu'elle a à connaître de moyens de défense relevant de la compétence exclusive d'une autre juridiction ; viole ces textes la cour d'appel qui, s'étant déclarée incompétente pour statuer sur une fin de non-recevoir opposée par le Trésor public, renvoie les parties à mieux se pourvoir, alors que, par l'effet dévolutif de l'appel, elle était saisie de la totalité du litige concernant l'État et qu'elle devait surseoir à statuer. • Cass., ass. plén., 6 juill. 2001, n° 98-17.006 P : *D. 2001. IR 2358* .

10. *Respect du principe d'initiative.* Il n'appartient pas au juge judiciaire, qui a retenu l'existence d'une question préjudicielle, de saisir directement la juridiction administrative, seules les parties ayant cette faculté. • Civ. 1re, 21 mai 1986 : *Bull. civ. I, n° 131.*

c. Limites

11. *Vérification matérielle.* N'implique aucune difficulté sérieuse quant à la validité de l'acte administratif individuel de préemption par une commune la vérification du dépôt de cette décision avant l'expiration du délai de préemption ; doit donc être cassé l'arrêt qui décide de surseoir à statuer sur la demande de nullité de la vente formée par une commune, jusqu'à ce que le tribunal administratif saisi par le vendeur de la régularité de la notification de la décision de préemption ait statué par une décision à caractère définitif. • Civ. 1re, 18 oct. 1994, n° 92-18.142 P.

12. *Sérieux du moyen.* Le fait qu'une partie allègue devant le juge civil que le juge administratif est saisi d'un recours en appréciation de la légalité d'un décret ne constitue pas par lui-même une question préjudicielle motivant un sursis à statuer, et la juridiction de l'ordre judiciaire à qui est opposée une exception d'illégalité d'un texte réglementaire n'est tenue de surseoir à statuer que si cette exception présente un caractère sérieux et porte sur une question dont la solution est nécessaire au règlement au fond du litige. • Civ. 1re, 19 juin 1985 : *Bull. civ. I, n° 200 ; D. 1985. 426, rapp. et note Sargos ; Gaz. Pal. 1986. 1. Somm. 92, obs. Guinchard et Moussa.* ♦ Le juge judiciaire ne peut accueillir une exception préjudicielle que si elle présente un caractère sérieux et porte sur une question dont la solution est nécessaire au règlement au fond du litige. • Civ. 1re, 21 mai 1986 : *Bull. civ. I, n° 131.* ♦ Le fait qu'une partie allègue devant le juge civil que le juge administratif est saisi d'un recours contre une décision administrative ne constitue pas par lui-même une question préjudicielle motivant un sursis à statuer ; la juridiction de l'ordre judiciaire à qui est opposée une exception tirée de l'interprétation ou de la validité d'un acte administratif individuel n'est tenue de surseoir à statuer que si cette exception présente un caractère sérieux et porte sur une question dont la solution est nécessaire au règlement au fond du litige. • Civ. 1re, 19 avr. 1988 : *Bull. civ. I, n° 113.* ♦ Ne donne pas de base légale à sa décision au regard de l'art. 49 la cour d'appel qui, pour débouter les propriétaires d'un lot de lotissement de leur demande en suppression des modifications réalisées par le propriétaire d'un fonds voisin faisant partie du même lotissement, retient que, si les ouvrages avaient été exécutés en contravention avec les stipulations du cahier des charges du lotissement, le second coloti oppose qu'un arrêté municipal a supprimé les dispositions du cahier des charges portant notamment sur l'aspect extérieur des constructions et des clôtures ; que les premiers se bornent à exciper que cet arrêté aurait été pris sans consultation préalable des propriétaires du lotissement et serait entaché d'illégalité, mais que la juridiction civile n'a pas compétence pour apprécier la légalité d'un arrêté municipal, et ce sans rechercher si le moyen d'illégalité soulevé était sérieux. • Civ. 3e, 26 févr. 1997, n° 94-19.939 P.

2° ORDRE JUDICIAIRE PÉNAL

13. Renvoi. V. notes ss. art. 4 C. pr. pén.

3° ORDRE JUDICIAIRE CIVIL – QUESTIONS PRÉJUDICIELLES SPÉCIALES

BIBL. Sinay, *JCP 1958. I. 1451* (compétence exclusive). – Vincent, *Mél. Hébraud, 1981, p. 917* (réflexions sur la compétence exclusive des juridictions civiles).

14. Compétences exclusives du TGI. V. art. R. 211-4 COJ.

15. Propriété intellectuelle. Lorsque le contentieux relève au moins en partie des brevets d'invention, le litige relève de la compétence du TGI ; encourt la cassation l'arrêt qui, après avoir retenu que l'invention revendiquée était contestée, rejette l'exception d'incompétence du conseil de prud'hommes soulevée par l'employeur en raison de la nature du litige. • Soc. 18 févr. 1988 : *Bull. civ. V, n° 126* (demande de rémunération d'invention).

16. Succession. Après le décès d'un employeur et le licenciement de ses salariés pour motif économique, un conseil de prud'hommes ne peut condamner les héritiers qui ont renoncé à la succession à payer des sommes à ces salariés sans qu'ait été constatée la nullité de la renonciation à la succession. • Soc. 25 avr. 1990, n° 86-44.233 P.

17. Validité d'un licenciement. Viole l'art. 49 le tribunal d'instance statuant en matière d'élections de délégués du personnel qui déclare que le salarié licencié lors de la liquidation de la société l'employant est électeur et éligible dans l'entreprise ayant acquis l'actif de cette société, son contrat de travail s'étant poursuivi, alors que le moyen de défense qui concerne un différend opposant un salarié à son employeur à l'occasion de son contrat de travail soulève une question qui relève de la compétence exclusive du conseil de prud'hommes, lequel était en l'espèce saisi du litige. • Soc. 20 juill. 1983 : *Bull. civ. V, n° 463 ; D. 1984. 280, note Serra ; RTD civ. 1984. 555, obs. Normand.*

18. Salaire. L'attestation délivrée par l'employeur et destinée à l'assedic n'est qu'un document de preuve non créateur de droit ; lorsqu'il existe une contestation sérieuse sur le montant du salaire de l'intéressé durant la période qui doit être prise en considération pour le calcul des allocations de chômage, il appartient au tribunal d'instance ou de grande instance de surseoir à statuer en renvoyant le salarié à attraire l'employeur, ou son représentant dans le cadre de la procédure collective dont il a fait l'objet, devant le conseil de prud'hommes, pour que soit examinée cette question préjudicielle, et à la cour d'appel, en tant que juridiction d'appel de la juridiction prud'homale, de trancher cette question préalable en invitant le salarié à mettre en cause l'employeur ou son représentant ; encourt la cassation la cour d'appel qui énonce que les indemnités de chômage dues à un allocataire ne peuvent être calculées par l'assedic que sur la base des mentions portées sur l'attestation assedic sans rechercher, après avoir, le cas échéant, soulevé cette question préalable, quel était le montant réel du salaire de l'intéressé. • Soc. 22 févr. 2000, n° 98-16.492 P.

19. Clause de non-concurrence. Saisie d'une demande fondée sur la violation d'une clause de non-concurrence par un salarié dont une société se serait rendue complice, la juridiction commerciale qui rejette la demande de sursis à statuer tirée de l'existence d'une instance pendante devant la juridiction prud'homale relative à la violation de la même clause viole l'art. 49, dès lors que l'action dirigée contre la société supposait que soit tranchée la question préalable de la violation de la clause de non-concurrence par le salarié, laquelle relevait de la compétence exclusive de la juridiction prud'homale. • Com. 6 mai 2003, n° 01-15.268 P : *Procédures 2003, n° 258, note Croze ; Dr. sociétés 2004, n° 18, note Trébulle.*

Art. 50 **Les incidents d'instance sont tranchés par la juridiction devant laquelle se déroule l'instance qu'ils affectent.** – *V. art. 367 s.*

Cour d'appel. Si l'art. 50 donne compétence pour trancher les incidents d'instance à la juridiction devant laquelle se déroule l'instance qu'ils affectent, la cour d'appel, aux termes de l'art. 92, ne peut relever d'office son incompétence que si l'affaire relève de la compétence d'une juridiction répressive ou administrative ou échappe à la connaissance de la juridiction française ; par suite, une partie ne saurait faire grief à un arrêt, statuant sur contredit de litispendance, d'avoir déclarée périmée une instance qui n'était pas pendante devant la cour d'appel, dès lors qu'elle n'avait pas contesté la compétence de cette juridiction pour prononcer la péremption. • Civ. 2e, 23 juin 1982 : *Bull. civ. II, n° 93.* ♦ Aux termes de l'art. 50, les incidents d'instance sont tranchés par la juridiction devant laquelle se déroule l'instance qu'ils affectent ; dès lors, une cour d'appel saisie d'une instance relative au fond du litige décide à bon droit qu'il ne lui appartient pas de se prononcer sur la péremption d'une instance en référé, fût-elle relative aux mêmes parties et au même litige. • Civ. 1re, 18 févr. 2003, n° 99-10.505 P : *D. 2003. IR 806 ; Procédures 2003, n° 84, note Perrot ; Gaz. Pal. 10-11 oct. 2003, p. 15, obs. du Rusquec.*

Art. 51 Le *(Décr. n° 2019-966 du 18 sept. 2019, art. 8, en vigueur le 1er janv. 2020)* **« tribunal judiciaire** *[ancienne rédaction : tribunal de grande instance]* **» connaît de toutes les demandes incidentes qui ne relèvent pas de la compétence exclusive d'une autre juridiction.**

(Décr. n° 2008-522 du 2 juin 2008, art. 9, 1°) **« Sauf disposition particulière, » les autres juridictions ne connaissent que des demandes incidentes qui entrent dans leur compétence d'attribution.**

RÉP. PR. CIV. v° *Compétence,* par DOUCHY.

BIBL. ▸ SEGONDS, *JCP 2000. I. 223* (plénitude de juridiction du TGI).

A. TRIBUNAL DE GRANDE INSTANCE

1. Président. En l'absence de compétence exclusive du tribunal de commerce, le président du TGI est, en vertu des dispositions de l'art. 51, al. 1er, compétent pour connaître d'une demande incidente d'extension d'opérations d'expertise à des sociétés commerciales. • Civ. 2e, 7 juin 1989 : *JCP 1990. II. 21470, obs. Cadiet.*

B. TRIBUNAL D'INSTANCE

2. Renvoi. V. art. R. 221-40 COJ.

C. TRIBUNAL DE COMMERCE

3. En cas de connexité entre deux instances, l'une soumise au TGI, l'autre au tribunal de commerce, le premier ne peut se déclarer incompétent au profit du second, dès lors que certaines demandes n'entrent pas dans la compétence d'attribution de ce dernier. La solution s'impose même en l'absence de contestation de la partie à l'égard de laquelle le tribunal de commerce est incompétent (visa des art. 51 et 101). • Civ. 2e, 1er mars 2018, n° 16-22.987 P : *D. actu. 14 mars 2018, obs. Jourdan-Marques ; D. 2018. Actu. 516 ; Gaz. Pal. 15 mai 2018, p. 67, obs. Hoffshir.* ♦ V. déjà : • Civ. 3e, 4 nov. 1999, n° 98-10.694 : *Procédures 2000, n° 230, obs. Laporte.*

4. Lorsqu'une société d'assurance à forme mutuelle, appelée en garantie devant le tribunal de commerce par l'un de ses adhérents en application du contrat d'assurance liant les parties, a formé un contredit contre le jugement écartant l'exception d'incompétence par elle opposée, la cour d'appel, qui rejette cette exception en raison de la connexité existant entre la demande principale et l'appel en garantie ne répond pas au contredit qui soutenait que, compte tenu du caractère civil du contrat intervenu entre deux non-commerçants, le tribunal de commerce aurait dû se déclarer incompétent pour le tout. • Com. 1er déc. 1970 : *Bull. civ. IV, n° 328.*

D. CONSEIL DE PRUD'HOMMES

5. Une cour d'appel, après avoir retenu à juste titre que la demande formée par un ancien salarié contre un organisme gestionnaire du régime de retraite complémentaire, étant dirigée contre un tiers étranger au contrat de travail, ne relevait de la compétence d'aucune juridiction d'exception et devait en conséquence être renvoyée devant le TGI, a fait ressortir l'impossibilité d'une exécution séparée des décisions attendues à l'égard de chaque défendeur ; elle en déduit exactement que les demandes formées contre le tiers et contre l'ancien employeur sont indivisibles, en sorte que l'entier litige relève de la compétence du TGI. • Soc. 5 déc. 2006, n° 06-40.163 P : Procédures 2007, n° 59, note Perrot.

E. COUR D'APPEL

6. Premier président. Le premier président saisi d'une demande de fixation d'honoraires d'un avocat ne peut statuer sur une demande de compensation incidente. • Civ. 1re, 12 déc. 1979 : *Bull. civ. I, n° 319 ; D. 1981. 330, note Brunois* (travaux d'aménagement et de décoration d'appartement).

Art. 52 *(Décr. n° 81-500 du 12 mai 1981, art. 9)* **Les demandes relatives aux frais, émoluments et débours qui, afférents à une instance, ont été exposés devant une juridiction par les auxiliaires de justice et les officiers publics ou ministériels, sont portées devant cette juridiction.**

Les demandes relatives aux frais, émoluments et débours qui n'ont pas été exposés devant une juridiction sont portées *(Décr. n° 2019-913 du 30 août 2019, art. 19-1°, en vigueur le 1er janv. 2020)* **« devant le tribunal judiciaire** *[ancienne rédaction :, selon le montant des frais, devant le tribunal d'instance ou le tribunal de grande instance]* **» dans le ressort duquel l'officier public ou ministériel ou l'auxiliaire de justice exerce ses fonctions.**

V. aussi Règl. (CE) n° 44/2001 du 22 déc. 2001, App., v° Droit européen et international, Droit de l'Union européenne.

RÉP. PR. CIV. v° *Compétence*, par DOUCHY.

BIBL. ▸ SINIGAGLIA, *Dr. et pr. 2006. 139* (frais afférents aux actes et procédures d'exécution en matière prud'homale).

1. Renvois. Sur la notion d'auxiliaire de justice, rappr. notes 11 s. ss. art. 47. ♦ V. aussi les notes ss. art. 704.

2. Procédures d'exécution. De la combinaison des art. 52 NCPC [devenu C. pr. civ.], L. 311-12-1 [devenu L. 213-6] COJ et 32 de la L. du 9 juill. 1991 [devenu L. 111-8 C. pr. exéc.], il résulte que la compétence du juge de l'exécution se limite aux frais de l'exécution forcée proprement dite, dont ce juge peut, en cas de contestation, déterminer la charge et fixer le montant. • Cass., avis, 11 mars 1994 : *Bull. avis, n° 8.* ♦ Comp. Les demandes relatives aux frais, émoluments et débours afférents aux actes et procédures d'exécution sont portées, selon leur montant, devant le tribunal d'instance ou le TGI dans le ressort duquel l'officier public ou ministériel ou l'auxiliaire de justice exerce ses fonctions. • Cass., avis, 4 oct. 2004 : *Bull. avis, n° 4 ; Dr. et pr. 2005. 167, obs. Bugada.* ♦ Les demandes relatives aux frais, émoluments et débours afférents à une procédure d'exécution diligentée par un huissier de justice en recouvrement de l'état de frais d'un avoué ne relèvent pas de la compétence du premier président d'une cour d'appel statuant en matière de taxe, mais, selon leur montant, du tribunal d'instance ou du TGI dans le ressort duquel l'officier public ou ministériel exerce ses fonctions ; ainsi en est-il des frais du commandement aux fins de saisie-vente qui engage la procédure d'exécution. • Civ. 2e, 14 févr. 2008, n° 06-19.894 P.

TITRE QUATRIÈME LA DEMANDE EN JUSTICE

BIBL. GÉN. ▸ L. MAYER, Actes du procès et théorie de l'acte juridique, *IRJS Éditions 2009, préf. L. Cadiet.* – I. PÉTEL-TEYSSIÉ, Le NCPC (1975-2005), *Economica 2006, p. 115 (De re judicanta).*

CHAPITRE PREMIER LA DEMANDE INITIALE

DALLOZ ACTION *Droit et pratique de la procédure civile 2022/2023*, nos 172.00 s.

SECTION PREMIÈRE LA DEMANDE EN MATIÈRE CONTENTIEUSE

RÉP. PR. CIV. v° *Actes de procédures*, par LEBORGNE.

DALLOZ ACTION *Droit et pratique de la procédure civile 2022/2023*, nos 172.11 s.

Art. 53 ***La demande initiale est celle*** **par laquelle un plaideur prend l'initiative d'un procès en soumettant au juge ses prétentions.**

Elle introduit l'instance.

BIBL. ▸ BALAT, *RTD civ. 2016. 751* (forclusion et prescription). – FRICERO, *Mél. Wiederkehr, Dalloz 2009, p. 327* (procédure judiciaire ou amiable et prescription extinctive) ; *Procédures 2009. Étude 6* (la prescription extinctive un an après la L. n° 2008-561 du 17 juin 2008).

1. Saisine de la juridiction. L'instance s'ouvre par la saisine de la juridiction appelée à trancher le point litigieux qui lui est soumis et prend fin par le dessaisissement de cette juridiction. • Civ. 3e, 9 déc. 1986 : *Bull. civ. III, n° 173* • 4 nov. 1987 : *ibid. III, n° 179 ; D. 1988. Somm. 125, obs. Julien* • 25 janv. 1989 : *Bull. civ. III, n° 20 ; D. 1989. Somm. 273, obs. Julien.*

2. Lorsque la demande initiale est formée par assignation, la saisine de la juridiction résulte de la remise au greffe de cette dernière. • Civ. 3e, 10 déc. 1985 : *Bull. civ. III, n° 167 ; D. 1986. IR*

225, obs. Julien ; Gaz. Pal. 1986. 2. Somm. 328, obs. Guinchard et Moussa ; RTD civ. 1986. 634, obs. Perrot • 23 juin 1993 : *RTD civ. 1993. 885, obs. Perrot*. ♦ Si l'assignation n'a pas été enrôlée, elle ne peut être prise en compte pour le jeu des art. 100 s. quant à la litispendance. • Civ. 3e, 10 déc. 1985 : *préc.*

3. Faute de remise au greffe d'une copie de l'assignation, la juridiction n'est pas saisie ni l'instance liée. • Civ. 2e, 29 févr. 1984 : *Bull. civ. II, no 43 ; RTD civ. 1984. 559, obs. Perrot* • Com. 18 déc. 1984 : *Bull. civ. IV, no 356 ; RTD civ. 1985. 445, obs. Perrot* • Paris, 8 nov. 2001 : *Dr. et pr. 2002. 156, note Douchy* • 15 nov. 2001 : *ibid.* ♦ Le délai de péremption n'a donc pu courir. • Civ. 2e, 29 févr. 1984 : *préc.* ♦ V. art. 386.

4. Interruption de la prescription. L'effet interruptif de prescription résultant d'une action portée en justice dure aussi longtemps que l'instance elle-même. • Civ. 3e, 21 juin 1977 : *Bull. civ. III, no 260* • Civ. 3e, 15 févr. 2006, no 04-19.864 P : *D. 2006. IR 673 ; RTD civ. 2006. 375, obs. Perrot*. ♦ Toutefois, l'assignation non enrôlée interrompt la prescription sans la suspendre, un nouveau délai courant à compter de cet acte. • Civ. 2e, 29 févr. 1984 et • Com. 18 déc. 1984 : *préc. note 3.* ♦ La formule selon laquelle une assignation est délivrée « sur et aux fins » d'une précédente citation n'a aucune incidence sur le cours de la prescription. • Com. 4 janv. 2000 : *Procédures 2000, no 58, obs. Perrot.* ♦ L'effet interruptif de la prescription résultant d'une citation en justice cesse à compter du jour où une décision donne satisfaction au demandeur, peu important que celle-ci soit ultérieurement interprétée. • Civ. 1re, 9 déc. 1997, no 95-18.022 P : *D. 1998. IR 116 ; ibid. Somm. 116, obs. Delebecque ; D. Affaires 1998. 153, obs. V. A.-R.* ♦ Il se prolonge jusqu'à ce que le litige trouve sa solution, de sorte que le nouveau délai de prescription ne commence à courir qu'à compter de la décision qui met fin définitivement à l'instance. • Civ. 1re, 3 févr. 1998, no 95-20.844 P : *D. 1998. IR 67* • Civ. 2e, 8 avr. 2004, no 02-15.096 P : *Gaz. Pal. 26-28 juin 2005, p. 30, obs. du Rusquec.* ♦ La citation en justice, donnée devant un juge incompétent, n'interrompt la prescription que lorsqu'elle a été délivrée dans des conditions exclusives de toute mauvaise foi du demandeur. • Civ. 2e, 16 déc. 2004, no 02-20.364 P : *JCP 2005. II. 10073, note Sander.*

Une citation en justice devant une juridiction inexistante est sans effet interruptif de la prescription. • Civ. 2e, 23 mars 2000, no 97-11.932 P : *JCP 2000. II. 10348, note Désidéri ; Procédures 2000, no 141, obs. Perrot.* ♦ L'interruption civile de la prescription acquisitive par une citation en justice suppose que l'action ait été intentée contre la personne qui prétend bénéficier de la prescription. • Civ. 3e, 1er oct. 2003 : *RDI 2004. 573, note Bruschi*. ♦ L'art. 2246 C. civ., aux termes duquel la citation en justice donnée devant un juge incompétent interrompt la prescription, s'applique à tous les délais pour agir et à tous les cas d'incompétence et donc au délai de forclusion de l'art. L. 311-37 C. consom. • Civ. 1re, 9 juill. 2009, no 08-14.751 P : *Gaz. Pal. 12 sept. 2009, p. 11, note Bury et B. Moreau ; CCC 2009. Comm. 278, note Raymond.*

5. L'assignation en référé qui tend à obtenir une provision constitue une citation en justice interruptive de la prescription dont l'effet se prolonge à l'égard de l'assureur, subrogé dans les droits du défendeur à l'instance, jusqu'à ce que le litige soit porté devant le juge des référés. • Com. 27 nov. 2001, no 99-10.551 P : *D. 2002. IR 44*. ♦ Dans le même sens, pour un référé-expertise : • Com. 23 mai 2000 : *Procédures 2000, no 182, obs. Perrot.* ♦ V. égal. • Civ. 1re, 24 févr. 2004, no 02-02.719 P : *RCA 2004. Comm. 163, note Groutel ; RDI 2004. 338, note Grynbaum*. ♦ Mais l'interruption de la prescription résultant de l'action en référé-provision est non avenue si la demande est rejetée. • Civ. 1re, 1er févr. 2000, no 97-16.662 P. ♦ Dans le même sens, s'agissant d'une décision sur le fond du référé, le juge s'étant déclaré dépourvu de pouvoir juridictionnel pour statuer sur le fond du litige : • Com. 24 oct. 2000, no 97-21.290 P : *D. 2000. IR 286 ; Procédures 2001, no 4, note Perrot* • Civ. 3e, 6 déc. 2005 : *Dalloz jurisprudence* • Civ. 2e, 14 mai 2009 : *Procédures 2009, no 268, note Perrot.* ♦ Si une citation en référé interrompt la prescription, l'effet interruptif cesse dès que l'ordonnance est rendue. • Civ. 2e, 18 sept. 2003, no 01-17.584 P. ♦ *Add.* • Civ. 3e, 8 juill. 2009, no 08-13.962 P : *Loyers et copr 2010, no 15, note Chavance* • 9 juin 2009 : *Loyers et copr. 2010, no 15, note Chavance.* ♦ Le défaut de signification de l'ordonnance du juge des référés ne saurait être invoqué par celui auquel il revient d'en prendre l'initiative. • Même arrêt.

Une assignation en référé aux fins de rendre communes à un tiers les opérations d'expertise précédemment ordonnées interrompt la prescription à l'égard de ce tiers jusqu'à ce que le litige ait trouvé sa solution, c'est-à-dire jusqu'à la décision rendant communes les opérations d'expertise. • Com. 30 juin 2004, no 03-10.751 P.

6. L'art. 2244 [ancien] C. civ. énumérant limitativement les actes interrompant la prescription, la participation volontaire à des opérations d'expertise, qui ne peut être assimilée à une citation en justice, un commandement ou une saisie, n'interrompt donc pas le bref délai de l'art. 1648 C. civ. • Civ. 1re, 18 sept. 2002, no 00-18.325 P : CCC 2003, no 4, note Leveneur ; Gaz. Pal. 30 mars-*1er avr. 2003, p. 30, obs. du Rusquec.* ♦ Les causes d'interruption de la prescription énumérées dans l'art. 2244 [ancien] C. civ. ne s'appliquent pas aux forclusions contractuelles. • Civ. 3e, 31 oct. 2001, no 99-13.004 P : *D. 2002. Somm. 2840, obs. Delebecque*.

7. La clause conventionnelle de conciliation devant le bâtonnier s'imposant aux parties, ce préalable de conciliation est obligatoire avant l'introduction d'une procédure contentieuse et, dès lors, sa mise en œuvre suspend jusqu'à son issue le cours de la prescription. • Civ. 1re, 27 janv. 2004, n° 00-22.320 P : *Procédures 2004, n° 47, note Perrot.*

8. Une assignation en bornage, qui tend exclusivement à la fixation de la ligne divisoire entre les fonds, ne constitue pas un acte interruptif de la prescription acquisitive trentenaire. • Civ. 3e, 13 mars 2002, n° 00-11.654 P : *D. 2002. Somm. 2510, obs. Reboul-Maupin.*

9. L'art. 2244 [ancien] C. civ. n'étant pas d'ordre public, les parties peuvent y déroger, notamment en prévoyant qu'un simple courrier de réclamation sera interruptif de prescription. • Civ. 1re, 25 juin 2002, n° 00-14.590 P : *D. 2003. 155, note Stoffel-Munck.*

10. Toute décision judiciaire apportant une modification quelconque à une mission d'expertise ordonnée par une précédente décision a un effet interruptif de prescription à l'égard de toutes les parties, y compris à l'égard de celles appelées uniquement à la procédure initiale, et pour tous les chefs de préjudice procédant du sinistre en litige. • Civ. 1re, 27 janv. 2004 : *Dalloz jurisprudence.* ♦ *Contra*, jugeant que viole l'art. 2244 [ancien] C. civ. la cour d'appel qui, pour écarter la fin de non-recevoir tirée de la prescription de l'action fondée sur la responsabilité des constructeurs, a retenu que lorsque l'assignation en désignation d'expert et l'action tendant à faire déclarer la mesure commune à d'autres constructeurs émanent du maître de l'ouvrage, l'ordonnance de référé déclarant la mesure commune a un effet interruptif de prescription à l'égard de toutes les parties y compris à l'égard de celles appelées à la procédure initiale, pour tous les chefs de préjudice procédant du sinistre en litige, alors que la société ayant soulevée la fin de non-recevoir n'étant pas partie aux ordonnances ultérieures, la prescription n'avait pas été interrompue à son égard. • Civ. 3e, 21 mai 2008, n° 07-13.561 P : *JCP E 2008. Actu. 271 ; ibid. 2009. I. 133, n° 10, obs. Karilla ; RDI 2008. 392, note Malinvaud.*

11. Caducité de l'assignation. BIBL. Malinvaud, *RDI 2009. 121* (l'interruption de la prescription et la caducité de l'assignation avant et après la loi du 17 juin 2008). – Miniato, *D. 2008. Chron. 2952* (la loi du 17 juin 2008 rend-elle caduque la jurisprudence de l'Assemblée plénière de la Cour de cassation ?). ♦ L'assignation devant le TGI, dont la caducité a été constatée pour défaut de remise au greffe dans le délai imparti par l'art. 757, n'a pu interrompre la prescription. • Cass., ass. plén., 3 avr. 1987 : *JCP 1987. II. 20792, concl. Cabannes ; D. 1988. Somm. 122, obs. Julien ; Gaz. Pal. 1987. 2. Somm. 486, obs. Croze et Morel ; RTD civ. 1987. 401, obs. Perrot.* ♦ Comp., jugeant que fait une exacte application de l'art. 2244 [ancien] C. civ., la cour d'appel qui relève qu'une assignation signifiée a valablement interrompu la prescription, sans avoir à rechercher si cette assignation a été remise au greffe : • Civ. 3e, 27 nov. 2002, n° 01-10.058 P. ♦ Il en va différemment devant le T. com. où le défaut d'enrôlement n'est pas sanctionné de caducité. • Com. 2 juin 1987 : *Bull. civ. IV, n° 134* • Civ. 2e, 12 nov. 1987 : *D. 1988. Somm. 124, obs. Julien ; RTD civ. 1988. 179, obs. Perrot.*

12. L'art. 2244 [ancien] C. civ. n'exige pas que l'acte interruptif de prescription soit porté à la connaissance du défendeur dans le délai de la prescription, il entend seulement poser qu'un tel acte doit s'adresser à celui qu'on veut empêcher de prescrire et non à un tiers. • Civ. 2e, 11 déc. 1985 : *JCP 1986. II. 20677, note Taisne ; Gaz. Pal. 1986. 1. Somm. 18, obs. Croze et Morel ; RTD civ. 1987. 142, obs. Perrot.* ♦ La demande d'arbitrage adressée à une chambre d'arbitrage interrompt le délai de prescription quand même ladite chambre n'informerait le défendeur qu'après l'expiration de celui-ci. • Même arrêt.

Sur la date à laquelle la prescription est interrompue lorsque la demande s'introduit sur requête ou par déclaration faite ou adressée au greffe, V. Perrot, obs. *RTD civ. 1987. 143.* ♦ Sur l'effet interruptif de la prescription d'une plainte contre personne non dénommée : • Com. 28 avr. 1998, n° 95-15.453 P : *D. 1998. IR 219 ; D. Affaires 1998. 996, obs. S. P. ; CCC 1998, n° 98, obs. Leveneur.* ♦... D'un acte de notification préalable d'un jugement par l'avocat de la partie poursuivante à l'avocat du défendeur, en application de l'art. 678 NCPC [devenu C. pr. civ.] : • Civ. 2e, 11 juin 1998 : *D. 1998. IR 174.*

13. Si, en principe, l'interruption de la prescription ne peut s'étendre d'une action à l'autre, il en est autrement lorsque les deux actions, quoique ayant des causes distinctes, tendent à un seul et même but, de sorte que la seconde est virtuellement comprise dans la première. • Soc. 15 juin 1961 : *Bull. civ. IV, n° 650* • 27 nov. 1980 : *RTD civ. 1981. 448, obs. Perrot.*

14. Des conclusions reconventionnelles déposées au greffe d'un T. com. interrompent, à leur date, la prescription, dès lors que le concluant a comparu ou a été représenté à l'audience. • Civ. 2e, 26 nov. 1998, n° 96-12.262 P : *D. Affaires 1999. 199, note A. L. M.-D ; RTD civ. 1999. 201, obs. Perrot.* ♦ V. aussi jugeant plus généralement qu'en matière de procédure orale, des conclusions reconventionnelles déposées à une audience par une partie interrompent, à leur date, la prescription, dès lors que cette partie ou son représentant a comparu et les a reprises oralement lors de l'audience de plaidoirie ultérieure, peu important que la partie adverse n'ait pas comparu lors de l'audience à laquelle elles ont été déposées. • Civ. 1re, 13 nov. 2008, n° 06-21.745 P : *D. 2008. AJ 3007, obs. Avena-Robardet* ; *JCP 2009. I. 142, n° 12, obs. Amrani Mekki* ; *Procédures 2009, n° 6* (application au délai de forclusion de l'art. L. 311-37 C. consom.).

15. La procédure en matière prud'homale étant orale, dès lors que le salarié a formé sa demande nouvelle devant les conseillers rapporteurs, en présence de l'employeur, la prescription est interrompue, peu important que des conclusions formalisant cette demande n'aient été déposées qu'ultérieurement lors de l'audience à laquelle l'affaire a été plaidée. • Soc. 22 mars 2000, n° 98-40.608 P : *D. 2000. IR 117*.

Code civil

Des causes d'interruption de la prescription

Art. 2240 La reconnaissance par le débiteur du droit de celui contre lequel il prescrivait interrompt le délai de prescription. — *Dispositions transitoires, V. L. n° 2008-561 du 17 juin 2008, art. 26 ss. cet art.*

1. Domaine. La disposition de l'art. 2248 [ancien] dont l'art. 2240 nouveau reprend le principe est générale et s'applique aussi bien aux obligations civiles dérivant d'un délit qu'à celles qui naissent des contrats ou quasi-contrats. • Req. 3 juin 1893 : *DP 1894. 1. 17, note Planiol.* ♦ Les dispositions de l'art. 108 (art. L. 133-6) C. com. sur la prescription annale en matière de transport ne font pas obstacle à l'application de l'art. 2248 [ancien]. • Com. 23 oct. 1967 : *D. 1967. 671, note B. L.* ♦ Pour l'application des causes de suspension et d'interruption de droit commun aux demandes d'indemnisation des préjudices liés à l'amiante, V. • Civ. 2e, 13 juin 2019, n° 18-14.129 P.

2. Domaine : délais concernés. La reconnaissance par le débiteur du droit de celui contre lequel il prescrit n'interrompt pas le délai de forclusion. • Civ. 3e, 10 juin 2021, n° 20-16.837 P : *D. actu. 21 juin 2021, note Casu et Bonnet* ; *D. 2021. Chron. C. cass. 2251, obs. Zedda* ; *RDI 2021. 491, obs. Charbonneau*.

A. FAITS CONSTITUTIFS D'UNE RECONNAISSANCE DU DROIT

3. Paiement des intérêts. Le paiement des intérêts fait au créancier par le débiteur lui-même ou par son mandataire interrompt la prescription de l'action en paiement du principal. • Req. 15 juill. 1875 : *DP 1877. 1. 323.*

4. Demande de remise. Une lettre par laquelle le débiteur sollicite la remise de sa dette vaut reconnaissance de celle-ci et interrompt la prescription. • Civ. 2e, 15 juin 2004, n° 03-30.052 P. ♦ Une demande de remise de majorations de retard adressée à la commission de recours gracieux de l'organisme de sécurité sociale créancier vaut reconnaissance, par le requérant, de l'existence de la dette et interrompt la prescription de l'action en recouvrement de ces majorations. • Cass., ass. plén., 27 juin 1969 : *JCP 1969. II. 16029.*

5. Demande d'un plan conventionnel de surendettement. En sollicitant le plan conventionnel par lequel sa dette avait été aménagée, le débiteur surendetté reconnaît la créance de la banque. • Civ. 2e, 9 janv. 2014, n° 12-28.272 P : *D. 2014. 140, obs. Avena-Robardet* ; *ibid. 860, note Cattalano-Cloarec* ; *ibid. 1466, obs. Leborgne* ; *RTD civ. 2014. 370, obs. Barbier* ; *CCC 2014, n° 105, note Raymond.*

6. Demande de compensation. Pour attacher l'effet interruptif à une compensation, il ne suffit pas que soient réunies les conditions la faisant opérer de plein droit à l'insu du débiteur, il faut qu'elle ait été invoquée dans le délai. • Com. 6 févr. 1996, n° 93-21.627 P : *D. 1996. Somm. 336, obs. Delebecque*, *et 1998. 87, note Brémond*. ♦ V. aussi • Civ. 1re, 6 nov. 1996, n° 94-13.468 P • 22 oct. 2002, n° 00-20.648 P : *LPA 20 août 2003, note Brémond* • Com. 30 mars 2005, n° 04-10.407 P : *R., p. 361* ; *BICC 1er juill. 2005, n° 1267, et la note* ; *D. 2005. AJ 1024, obs. Chevrier* ; *ibid. Pan. 2752, obs. Kenfack* ; *JCP 2005. I. 172, nos 20 s., obs. Barthez* ; *Defrénois 2005. 1249, obs. Libchaber* ; *LPA 18 mai 2005, note Tosi* ; *RTD civ. 2005. 599, obs. Mestre et Fages* ; *RDC 2005. 755, obs. Delebecque, et 1021, obs. Stoffel-Munck* (effet interruptif sur l'excédent non compensé de la créance la plus élevée). ♦ En présence d'une courte prescription ne reposant pas sur une présomption de paiement, la compensation opposée par un débiteur à la suite d'une mise en demeure délivrée par son créancier, si elle vaut reconnaissance de dette et interrompt la prescription, n'a pas d'effet novatoire et, en conséquence, n'entraîne pas l'interversion de la prescription. • Com. 27 mai 2008, n° 07-13.565 P.

7. ... Autorisation de prélèvement. Chaque paiement intervenu en exécution d'une autorisation de prélèvement mensuel est interruptif de la prescription de la créance. • Civ. 1re, 25 janv. 2017, n° 15-25.759 P.

8. ... Maintien du gage. Le maintien du gage entre les mains du créancier ou du tiers convenu, en ce qu'il emporte reconnaissance tacite permanente du droit du créancier par le débiteur, interrompt la prescription. • Com. 31 oct. 2006, n° 05-15.868 P : *D. 2006. AJ 3052, obs. Delpech* ; *JCP 2007. I. 158, n° 22, obs. Delebecque.*

Mais le nantissement n'implique aucun acte de dépossession de nature à manifester la reconnaissance non équivoque par le débiteur du droit de celui contre lequel il prescrit. • Civ. 1re, 11 mai 2017, n° 16-12.811 P : *D. 2017. 1047* ; *RTD civ. 2017. 696, obs. Dross* ; *ibid. 706, obs. Crocq* (nantissement d'une police d'assurance).

9. Absence de contestation de la teneur d'un courrier émanant du créancier. Ne caractérise pas une reconnaissance non équivoque de son obligation d'indemniser un trouble anormal de voisinage le fait que le propriétaire du fonds dont les arbres empiétaient sur le toit de sa voisine n'ait pas contesté la teneur du courrier de celle-ci lui rappelant son engagement de consulter un spécialiste de l'élagage. • Civ. 3e, 7 janv. 2021, n° 19-23.262 P.

10. Pourparlers transactionnels (non). Des pourparlers transactionnels ne sont pas constitutifs d'une reconnaissance de responsabilité interruptive du délai de prescription. • Civ. 1re, 5 févr. 2014, n° 13-10.791 P : *D. 2014. 422* ; *JCP 2014, n° 504, note Perrier.* ♦ La mise en œuvre de la procédure amiable d'indemnisation des dégâts de gibiers n'est pas constitutive d'une reconnaissance de responsabilité. • Civ. 2e, 26 mars 2015, n° 14-15.675 P.

11. Offre d'indemnisation faite par un assureur. C'est dans l'exercice de son pouvoir souverain d'appréciation qu'une cour d'appel retient qu'un courrier électronique, dans lequel un assureur de responsabilité offrait une indemnisation à hauteur d'un certain montant et présentait un projet de quittance de sinistre, valait reconnaissance du droit à indemnisation de la victime d'un dommage causé par son assuré, ce dont elle a exactement déduit qu'il avait interrompu la prescription de l'action en paiement. • Com. 9 déc. 2020, n° 19-20.875 P.

12. Participation à une expertise (non). En l'absence de reconnaissance de responsabilité, ni une expertise diligentée à la requête de l'assureur, ni les pourparlers en cours entre les parties ne peuvent suspendre le délai de prescription. • Civ. 2e, 5 oct. 1988 : *D. 1989. 209, note Choppin de Janvry.* ♦ La présence de l'assureur dommages-ouvrage à l'expertise ordonnée par un juge des référés, saisi directement par les maîtres de l'ouvrage, ne constitue pas une manifestation de volonté non équivoque de cet assureur de renoncer à se prévaloir de l'absence de la déclaration de sinistre exigée par les art. L. 242-1 et A. 243-1 C. assur. • Civ. 3e, 10 févr. 2010, n° 09-65.186 P.

13. Action en reconnaissance de la prescription (non). L'action tendant à voir déclarer un droit prescrit ne constitue pas, par elle-même, la reconnaissance non équivoque de ce droit par le demandeur à cette action. • Com. 9 mai 2018, n° 17-14.568 P : *D. 2018. 1011* ; *RTD civ. 2018. 673, obs. Barbier* ; *Gaz. Pal. 2018. 1506, obs. Mignot.*

14. Accord d'entreprise. En l'absence de disposition particulière, la signature d'un accord d'entreprise relatif au paiement de frais professionnels ne constitue pas pour l'employeur la reconnaissance des droits individuels allégués par le salarié pour la période antérieure à cette signature. • Soc. 7 mars 2012, n° 10-18.118 P : *D. 2012. 822*.

15. Reconnaissance dans des conclusions annulées. La reconnaissance des droits du créancier ne peut résulter de conclusions annulées comme étant la suite d'un acte de procédure déclaré nul dont les effets sont rétroactivement anéantis. • Civ. 2e, 19 févr. 2015, n° 14-10.622 P : *D. 2015. 495*.

16. Reconnaissance n'émanant pas du débiteur. Pour interrompre la prescription, la reconnaissance doit émaner du débiteur ou de son mandataire, condition que ne remplit pas l'expert-comptable qui n'est ni le mandataire ni le préposé de son client auquel il est lié par un contrat de louage d'ouvrage. • Civ. 1re, 4 mai 2012, n° 11-15.617 P : *D. 2012. 1661, note Dondero*.

17. Reconnaissance envoyée à un tiers. La reconnaissance du droit du créancier figurant dans un document qui ne lui est pas adressé interrompt la prescription s'il contient l'aveu non équivoque par le débiteur de l'absence de paiement. • Civ. 1re, 2 déc. 2020, n° 19-15.813 P : *D. actu. 21 janv. 2021, note Jaoul* ; *D. 2020. 2452* ; *AJ fam. 2021. 131, obs. Thouret* (cassation de l'arrêt qui écarte un dire adressé au notaire par un cohéritier au sujet d'une dette envers un autre, au motif qu'il n'aurait d'effet qu'entre les parties).

18. Reconnaissance faite en dehors d'une instance : circonstance indifférente. L'art. 2248 [ancien], dont l'art. 2240 reprend la solution, qui prévoit un cas autonome d'interruption de la prescription, n'exige pas que la reconnaissance du droit de celui contre lequel on prescrit soit faite au cours d'une instance. • Civ. 3e, 24 oct. 1984 : *Bull. civ. III, n° 176.*

B. EFFETS DE LA RECONNAISSANCE DU DROIT

19. Effet interruptif : départ d'un nouveau délai. L'acte interruptif résultant d'une reconnaissance par le débiteur du droit du créancier fait courir, à compter de sa date, un nouveau délai de prescription et n'a pas pour effet de frapper le débiteur d'une déchéance du droit d'invoquer la nouvelle prescription. • Civ. 1re, 3 mars 1998, n° 96-11.138 P.

20. Absence de fractionnement de l'effet interruptif. La reconnaissance, même partielle, que le débiteur fait du droit de celui contre lequel il prescrivait entraîne pour la totalité de la créance un effet interruptif de prescription qui ne peut se fractionner (cassation de l'arrêt qui déclare irrecevable la demande en indemnité formée contre l'assureur au motif que la lettre adressée par ce dernier n'avait reconnu au profit de l'assuré que le droit à une indemnisation pour la valeur vénale du véhicule). • Civ. 1re, 22 mai 1991, n° 88-17.948 P : *R., p. 385 ; RTD civ. 1992. 104, obs. Mestre*. ♦ Dans le même sens : • Soc. 22 oct. 1996, n° 93-44.148 P (la lettre d'un employeur dans laquelle il reconnaît le principe de sa dette et accepte de la régler partiellement interrompt la prescription pour la totalité de la créance invoquée par les salariés) • Civ. 1re, 11 févr. 1997, n° 95-13.134 P (effet interruptif pour le total d'une indemnité du règlement d'un tiers partiellement subrogé dans les droits de celui contre lequel le débiteur prescrivait) • Civ. 1re, 18 juill. 2000, n° 98-10.599 P (effet interruptif de la reconnaissance d'une situation débitrice avec proposition d'un apurement par compensation) • Civ. 2e, 16 nov. 2006, n° 05-18.287 P : *D. 2008. Pan. 121, obs. Groutel ; RCA 2007, n° 73, note Groutel ; RGDA 2007. 331, note Bruschi* (le versement d'une rente vaut reconnaissance partielle du droit éventuel à revalorisation). ♦ La reconnaissance par l'assureur du principe de sa garantie interrompt la prescription pour l'ensemble des dommages, matériels et immatériels, consécutifs aux désordres. • Civ. 3e, 17 sept. 2014, n° 13-21.747 P : *D. 2014. 1875 ; RDI 2014. 647, obs. Noguero ; RGDA 2014. 510, obs. Dessuet.*

21. Limitation de l'effet interruptif aux droits reconnus. La reconnaissance de responsabilité, interruptive de prescription, ne peut être étendue à des désordres qui n'étaient pas encore apparus lors de la transaction, même s'ils avaient la même cause que les désordres existants. • Civ. 3e, 10 juill. 2002, n° 01-02.243 P : *RDI 2002. 420, obs. Malinvaud*. ♦ La reconnaissance de garantie de l'assureur dommages-ouvrage, au titre d'une assurance de chose, ne vaut pas reconnaissance de responsabilité d'un constructeur même si cet assureur est aussi, pour le même ouvrage, assureur de responsabilité civile de ce constructeur. • Civ. 3e, 4 juin 2009, n° 08-12.661 P : *Defrénois 2010. 227, obs. Périnet-Marquet.* ♦ L'indemnisation du dommage matériel par l'assureur n'emporte pas interruption de la prescription de l'action en réparation de dommages distincts (pertes d'exploitation) dont l'assureur conteste devoir garantie. • Civ. 1re, 9 oct. 2001, n° 98-22.711 P : *RGDA 2002. 80, note Bruschi.*

22. Limitation de l'effet interruptif au créancier concerné. Il résulte de l'art. 2240 que la reconnaissance, par le débiteur, du droit de celui contre lequel il prescrit, ne bénéficie qu'au créancier concerné par cette reconnaissance. • Civ. 2e, 5 mars 2020, n° 19-15.406 P (irrecevabilité des demandes présentées par des victimes qui n'ont pas été parties aux demandes d'indemnisation ayant abouti à l'offre du FIVA à l'égard d'autres victimes et alors que le FIVA ne s'est jamais reconnu débiteur à leur égard).

Loi n° 2008-561 du 17 juin 2008,

Portant réforme de la prescription en matière civile.

Art. 26 I. — Les dispositions de la présente loi qui allongent la durée d'une prescription s'appliquent lorsque le délai de prescription n'était pas expiré à la date de son entrée en vigueur. Il est alors tenu compte du délai déjà écoulé.

II. — Les dispositions de la présente loi qui réduisent la durée de la prescription s'appliquent aux prescriptions à compter du jour de l'entrée en vigueur de la présente loi, sans que la durée totale puisse excéder la durée prévue par la loi antérieure.

III. — Lorsqu'une instance a été introduite avant l'entrée en vigueur de la présente loi, l'action est poursuivie et jugée conformément à la loi ancienne. Cette loi s'applique également en appel et en cassation.

Art. 26-II. • Civ. 2e, 22 mars 2012, n° 11-12.284 • Soc. 16 déc. 2015, n° 14-15.997 P.

Art. 2241 La demande en justice, même en référé, interrompt le délai de prescription ainsi que le délai de forclusion.

Il en est de même lorsqu'elle est portée devant une juridiction incompétente ou lorsque l'acte de saisine de la juridiction est annulé par l'effet d'un vice de procédure. — *Dispositions transitoires, V. L. n° 2008-561 du 17 juin 2008, art. 26 ss. art. 2240 ci-dessus.*

La saisine du Défenseur des droits n'interrompt ni ne suspend par elle-même les délais de prescription des actions en matière civile, non plus que ceux relatifs à l'exercice de recours contentieux (L. org. n° 2011-333 du 29 mars 2011, art. 6).

BIBL. ▸ LAGARDE, *D. 2018. 469* (la distinction entre prescription et forclusion à l'épreuve de la réforme du 17 juin 2008). – MAS, *JCP 2017. 1177* (l'acte de saisine de la juridiction, le vice de procédure et la Cour de cassation – de l'interprétation de l'art. 2241, al. 2, C. civ.). – MINIATO, *D. 2008. Chron. 2952*.

Plan des annotations

1. Caractère supplétif. L'art. 2241 nouveau reprend, s'agissant de l'effet interruptif de la demande en justice, un principe qui était posé à l'ancien art. 2244. Il avait été jugé que les dispositions de cet art. 2244 [ancien] n'étaient pas d'ordre public et que les parties pouvaient y déroger. • Civ. 1re, 25 juin 2002, n° 00-14.590 P : *D. 2003. 155, note Stoffel-Munck* ; *RTD civ. 2002. 815, obs. Mestre et Fages* (validité de la clause du contrat d'abonnement au téléphone prévoyant que la prescription est interrompue par l'envoi d'une lettre, même simple). ♦ En matière contractuelle, l'art. 2244 [anc.], auquel les parties peuvent déroger, ne relève pas des textes qui, par leur objet, ont vocation à régir l'ensemble du territoire de la République. • Civ. 1re, 28 juin 2012, n° 11-27.114 P : *D. 2012. 1820* (refusant ainsi de considérer comme sérieuse la QPC relevant la prétendue contrariété au principe d'égalité d'une Ord. du 12 oct. 1992 applicable en Nouvelle-Calédonie et qui réserve l'effet interruptif de prescription de l'action en référé à certaines actions en référé seulement).

2. Domaine. Il a été jugé par ailleurs que l'art. 2244 [ancien], texte de portée générale, s'appliquait à toutes les prescriptions et délais pour agir. • Civ. 3e, 11 janv. 1995, n° 92-20.162 P(application au délai de forclusion de l'art. 2270) • Civ. 1re, 21 nov. 1995 : *Bull. civ. I, n° 428* (application au bref délai de l'art. 1648 C. civ.). – V. aussi • Com. 1er déc. 1998 : *Bull. civ. IV, n° 284* (art. 382-5 C. douanes) • 25 févr. 2003 : *ibid. IV, n° 29* (art. L. 716-5 CPI). ♦ Pour l'application des causes de suspension et d'interruption de droit commun aux demandes d'indemnisation des préjudices liés à l'amiante V. • Civ. 2e, 13 juin 2019, n° 18-14.129 P.

3. Il a toutefois pu être jugé que seule une assignation au fond devant le juge compétent interrompt le délai de forclusion de l'art. L. 311-37 C. consom. ♦ En ce sens : • Civ. 1re, 23 juin 1993 : *Bull. civ. I, n° 230* (absence d'incidence sur ce délai d'une assignation en référé). ♦ Comp. • Civ. 1re, 4 avr. 1995 : *Bull. civ. I, n° 160 ; D. 1995. IR 136*, reconnaissant que le point de départ du délai de forclusion de l'art. L. 311-37 C. consom. est reporté à la date de cessation des effets d'une ordonnance de référé ayant accordé des délais de paiement à l'emprunteur. S'agissant du référé-provision, l'assignation délivrée en temps utile devant le tribunal compétent interrompt le délai de forclusion de l'art. L. 311-37 C. consom. • Civ. 3e, 31 oct. 2001 : *D. Affaires 1999. 1105, obs. V. A.-R. ; CCC 1999, n° 164, note Raymond.* ♦ V. aussi les décisions citées, note 16 qui jugent qu'une déclaration de créance vaut demande de paiement et interrompt le délai de prescription de deux ans prévu par l'art. L. 311-37 C. consom.

4. Les dispositions de l'art. 2241, al. 2, C. civ. ne sont pas applicables aux actes d'exécution forcée, de sorte que l'annulation du commandement de payer valant saisie immobilière prive cet acte de son effet interruptif de prescription (cassation pour violation des art. 2241 et 2244 C. civ.). • Civ. 2e, 1er mars 2018, n° 16-25.746 P : *D. actu. 22 mars 2018, obs. Camensuli-Feuillard ; D. 2018. Actu. 518 ; ibid. 1223, obs. Leborgne ; JCP 2018. 388, note Laporte ; Gaz. Pal. 15 mai 2018, p. 65, obs. Lauvergnat ; ibid. 12 juin 2018, p. 75, obs. Salati ; Dr. et pr. 2018. 112, note Bédon ; RDC 2018. 357, note Libchaber.*

5. Il avait été jugé aussi que les causes d'interruption énumérées à l'art. 2244 [ancien] C. civ. ne s'appliquaient pas aux délais de forclusion conventionnels. • Civ. 3e, 31 oct. 2001 : *Bull. civ. III, n° 117 ; D. 2002. Somm. 2840, obs. Delebecque*.

6. Agir et interrompre ou agir pour interrompre. La volonté d'interrompre le délai de prescription ne saurait justifier, en elle-même, l'introduction d'une action en liquidation de la créance constatée par un acte authentique. • Civ. 1re, 16 oct. 2013, n° 12-21.917 P : *D. 2014. 570, obs. Darret-Courgeon ; ibid. Pan. 1470, obs. Leborgne ; JCP 2013, n° 1299, note Croze ; JCP N 2013, n° 1065, obs. Brenner ; RDC 2014. 209, note Libchaber* (le créancier faisait valoir qu'il avait intérêt à faire fixer sa créance, et les sommes complémentaires qui lui étaient dues, aux fins d'interrompre la prescription ; il lui a été répondu qu'il n'avait pas besoin d'un jugement condamnant les emprunteurs à lui rembourser sa créance puisqu'il disposait d'un titre exécutoire).

I. CONDITIONS DE L'INTERRUPTION

A. NOTION DE DEMANDE EN JUSTICE

1° ACTES CONSTITUANT UNE DEMANDE EN JUSTICE

7. Défendeur. Seule constitue, pour le défendeur à une action, une demande en justice interrompant la prescription celle par laquelle il prétend obtenir un avantage autre que le simple rejet de la prétention de son adversaire. • Civ. 2e, 1er févr. 2018, n° 17-14.664 P : *D. actu. 19 févr. 2018, obs. Jourdan-Marques ; JCP 2018. 530, obs. Libchaber ; Gaz. Pal. 15 mai 2018, p. 62, obs. Bléry ; Procédures 2018, n° 101, note Strickler.*

8. Dépôt de conclusions. Des conclusions constituent une demande en justice et ont été, à ce titre, jugées interruptives de prescription. • Civ. 1re, 1er oct. 1996 : *Bull. civ. I, n° 334.* ♦ ... A condition d'être signées par l'avocat constitué dans les procédures de première instance avec représentation obligatoire. • Civ. 2e, 13 déc. 2001 : *Bull. civ. II, n° 195 ; JCP 2002. II. 10125, note du Rusquec.* ♦ Des conclusions reconventionnelles déposées au greffe d'un tribunal interrompent, à leur date, la prescription dès lors que le concluant a comparu ou a été représenté à l'audience. • Civ. 2e, 26 nov. 1998 : *Bull. civ. II, n° 283 ; D. Affaires 1999. 199, obs. A.-L. M.-D.* ♦ Mais le dépôt au greffe de la cour d'appel de conclusions au fond, non assorti d'une demande de rétablissement de l'affaire alors radiée, ne constitue pas une diligence de nature à interrompre le délai de péremption. • Civ. 2e, 1er sept. 2016, n° 15-14.551 P : *D. 2017. 422, obs. Fricero.*

9. Mémoire en fixation du prix d'un bail renouvelé. Le mémoire relatif à la fixation du prix du bail renouvelé, même affecté d'un vice de fond, a un effet interruptif de prescription. • Civ. 3e, 8 juill. 2015, n° 14-15.192 P : *D. 2015. Actu. 1597, obs. Rouquet ; AJDI 2016. 39, obs. Blatter ; Gaz. Pal. 18 août 2015, p. 34, note Barbier ; Rev. loyers 2015, p. 440, note Chaoui ; Loyers et copr. 2015, n° 227, note Chavance ; Administrer Aout-sept. 2015, p. 39, note Lipman-W. Boccara* (Décr. du 30 sept. 1953, art. 33).

10. Procès-verbal de difficultés. Le délai de cinq ans prévu par l'art. 2224 est interrompu, notamment, par un procès-verbal de difficultés, dès lors que celui-ci fait état de réclamations concernant une créance entre époux. • Civ. 1re, 23 nov. 2016, n° 15-27.497 P : *D. 2016. 2464 ; AJ fam. 2017. 64, obs. Casey ; Dr. fam. 2017, n° 13, note Beignier.*

11. Demande d'arbitrage. Une demande d'arbitrage conforme à la clause compromissoire insérée dans un contrat d'affrètement est assimilable à une citation en justice. • Civ. 2e, 11 déc. 1985 : *JCP 1986. II. 20677, note Taisne.*

12. Demande d'expertise. Une demande d'expertise devant le juge des référés, même incidente, équivaut à une citation en justice. • Com. 2 avr. 1996 : *Bull. civ. IV, n° 112.* ♦ Rapp. dans le cadre de l'art. 46 de la loi du 10 juill. 1965 (loi Carrez), admettant que le délai d'un an prévu par ce texte pour engager l'action en diminution du prix de vente a été interrompu par l'assignation en référé expertise. • Civ. 3e, 12 nov. 2015, n° 14-18.390 P : *D. 2015. Actu. 2375 ; Gaz. Pal. 8 déc. 2015, p. 30, note Parmentier.* ♦ Mais l'expertise ordonnée en application de l'art. L. 133-4 C. com. pour apprécier la qualité de marchandises refusées après un transport constitue une mesure conservatoire prise dans l'intérêt commun de tous ceux que l'état de la marchandise intéresse et non une citation en justice (demande de désignation d'expert présentée par simple requête) ; elle n'interrompt pas la prescription. • Com. 5 avr. 2011, n° 10-15.852 P : *D. 2011. 1134, obs. Delpech.* ♦ L'ordonnance rendue par le juge chargé du contrôle des expertises qui n'est pas intervenue à la suite d'une citation mais seulement à la suite d'un simple courrier de l'expert demandant l'extension de sa mission, n'a pu faire courir un nouveau délai de prescription. • Civ. 3e, 25 mai 2011, n° 10-16.083 P. ♦ La désignation d'un expert par le juge n'emporte pas interruption de la prescription à l'égard d'un assureur lorsque celui-ci a été mis hors de cause. • Civ. 1re, 9 juill. 2003 : *Bull. civ. I, n° 165.*

13. Surendettement. Le délai de prescription n'est pas suspendu pendant l'examen, par la commission de surendettement ou par le juge du tribunal d'instance, de la recevabilité de la demande formée par le débiteur. • Civ. 2e, 17 mars 2016, n° 14-24.986 P : *D. 2016. 1481, note Maumont ; RTD com. 2016. 315, obs. Legeais.* ♦ La demande du débiteur adressée à la commission de surendettement de recommander des mesures de redressement, après échec de la tentative de conciliation, interrompt le délai de forclusion de l'art. L. 311-37 C. consom. • Civ. 1re, 19 mai 1999 : *Bull. civ. I, n° 169 ; CCC 1999, n° 170, note Raymond.* – V. aussi • Civ. 1re, 6 juin 2001, n° 00-04.120 P.

14. Saisine d'une CPAM. Le fait de saisir une caisse primaire d'assurance maladie d'une requête tendant à la reconnaissance de la faute inexcusable de l'employeur équivaut à la citation en justice visée à l'art. 2244 [ancien]. • Civ. 2e, 16 sept. 2003 : *Bull. civ. II, n° 266 ; D. 2003. IR 2341 ; RCA 2003, n° 291, note H. G.*

15. Signification d'une ordonnance d'injonction de payer. La signification de l'ordonnance portant injonction de payer constitue une citation en justice au sens de l'art. 2244 [ancien]. • Civ. 1re, 10 juill. 1990 : *Bull. civ. I, n° 194 ; RTD civ. 1991. 341, obs. Mestre ; Gaz. Pal. 1991. 1. Somm. 98, obs. Croze et Morel* • Com. 9 avr.

1991 : *Bull. civ. IV, n° 136.* ♦ ... Mais non la requête en injonction de payer : V. note 30.

16. Déclaration de créance. La déclaration de créance à la procédure collective du débiteur constitue une demande en justice qui interrompt la prescription et cet effet se prolonge jusqu'à la clôture de la procédure collective. • Com. 12 déc. 1995 : *Bull. civ. IV, n° 299* • 15 mars 2005, n° 03-17.783 P : *D. 2005. AJ 1286, obs. A. Lienhard* • 26 sept. 2006 : *Bull. civ. IV, n° 190 ; D. 2006. AJ 2460, obs. A. Lienhard ; JCP 2007. I. 113, n° 10, obs. Cabrillac* (l'interruption joue à l'égard de la caution) • 27 févr. 2007 : *Bull. civ. IV, n° 71 (idem)* • 23 oct. 2019, n° 17-25.656 P : *D. 2019. 2085 ; Rev. sociétés 2019. 781, obs. Reille ; RDC 2020/2. 52, note Houtcieff* (précisant que la solution n'est pas contraire à l'art. 6 Conv. EDH ni aux principes de sécurité juridique et d'égalité des armes dès lors que la loi a prévu un terme à la liquidation judiciaire et que tout intéressé peut porter à la connaissance du président du tribunal les faits de nature à justifier la saisine d'office de celui-ci aux fins de clôture d'une procédure de liquidation judiciaire). ♦ Lorsqu'un créancier inscrit à qui est inopposable la déclaration d'insaisissabilité d'un immeuble appartenant à son débiteur, et qui peut donc faire procéder à la vente sur saisie de cet immeuble, fait usage de la faculté de déclarer sa créance au passif de la procédure collective du débiteur, il bénéficie de l'effet interruptif de prescription attaché à sa déclaration de créance, cet effet interruptif se prolongeant en principe jusqu'à la date de la décision ayant statué sur la demande d'admission, dès lors que ce créancier n'est pas dans l'impossibilité d'agir sur l'immeuble au sens de l'art. 2234. Toutefois, lorsqu'aucune décision n'a statué sur cette demande d'admission, l'effet interruptif de prescription attaché à la déclaration de créance se prolonge jusqu'à la clôture de la procédure collective. • Com. 24 mars 2021, n° 19-23.413 P : *D. actu. 16 avr. 2021, note Ferrari ; D. 2021. 1736, obs. Lucas et Cagnoli ; RTD com. 2021. 432, obs. Martin-Serf* . ♦ En matière de redressement judiciaire civil, la déclaration par un créancier du montant des sommes qui lui sont dues, laquelle équivaut à une demande en paiement, interrompt le délai de l'art. *L. 311-37 C. consom.* • *Civ. 1re, 28 nov. 1995 : Bull. civ. I, n° 440 ; CCC 1996, n° 31, note Raymond* • 23 mars 1999 : *Bull. civ. I, n° 109 (idem)* • 5 déc. 2000 : *Bull. civ. I, n° 316* (idem). ♦ La décision qui annule l'ouverture d'une liquidation judiciaire ne prive pas la déclaration de créance de son effet interruptif de prescription, qui se prolonge jusqu'à cette décision. • Com. 27 janv. 2015, n° 13-20.463.

17. Demande dans une procédure orale. Dans une procédure orale (matière prud'homale), la présentation d'une demande nouvelle devant les conseillers rapporteurs interrompt la prescription, peu important que les conclusions formalisant cette demande n'aient été déposées qu'ultérieurement. • Soc. 22 mars 2000 : *Bull. civ. V, n° 120 ; RTD civ. 2000. 632, obs. Perrot* . ♦ En matière de procédure orale, des conclusions reconventionnelles déposées à une audience par une partie présente ou représentée interrompent, à leur date, la prescription, dès lors que cette partie ou son représentant a comparu et les a reprises oralement lors de l'audience de plaidoirie ultérieure, peu important que la partie adverse n'ait pas elle-même comparu lors de l'audience à laquelle elles ont été déposées. • Civ. 1re, 13 nov. 2008 : *Bull. civ. I, n° 256 ; D. 2008. AJ 3007, obs. Avena-Robardet ; JCP 2009. I. 142, n° 12, obs. Amrani Mekki.*

18. Procédure de conciliation obligatoire. La tentative de conciliation devant l'administrateur des affaires maritimes exigée par l'art. 2 du Décr. n° 59-1337 du 20 nov. 1959 préalablement à la soumission au tribunal d'instance de tout litige concernant les contrats d'engagement régis par le code du travail maritime, entre les armateurs et les marins, à l'exception des capitaines, constitue un acte interruptif de prescription. • Soc. 10 déc. 2015, n° 14-24.794 P : *D. 2016. Actu. 15* . ♦ Sur la suspension résultant de la mise en œuvre d'une procédure de conciliation prévue conventionnellement : V. ss. art. 2238.

19. Constitution de partie civile. Effet interruptif de prescription d'une constitution de partie civile : V. • Com. 28 avr. 1998 : *Bull. civ. IV, n° 142* • Civ. 1re, 16 janv. 2001 : *Bull. civ. I, n° 5.* – V. aussi • Civ. 2e, 12 déc. 2002 : *Bull. civ. II, n° 284 ; RCA 2003, n° 64, note Groutel ; Dr. et patr., mai 2003, p. 108, obs. Chabas.* ♦ Mais une constitution de partie civile devant la juridiction répressive, faite aux seules fins de corroborer l'action publique et non accompagnée d'une demande de réparation d'un préjudice, ne peut suffire à interrompre la prescription. • Civ. 1re, 25 janv. 2000 : *Bull. civ. I, n° 23 ; D. 2001. 1348, note Matsopoulou* .

20. Transmission d'un rapport d'enquête au Conseil de la concurrence. La transmission au Conseil de la concurrence du rapport administratif d'enquête détaillé, accompagné de l'ensemble des procès-verbaux de l'enquête, interrompt la prescription. • Com. 10 juill. 2008 : *Bull. civ. IV, n° 152.* ♦ De même, une demande de renseignements sur leur situation financière et juridique adressée aux entreprises mises en cause, par un rapporteur désigné pour l'instruction d'une saisine du Conseil de la concurrence, tend nécessairement à la recherche, la constatation ou la sanction des faits dont est saisi le Conseil et interrompt la prescription. • Même arrêt.

21. Aide juridictionnelle. Sur l'effet interruptif d'une demande d'aide judiciaire (Décr. du 1er sept. 1972, modifié, art. 29, remplacé par Décr. du 19 déc. 1991, art. 38), V. • TI Aix-en-Provence, 8 févr. 1980 : *D. 1980. 540, note Laro-*

che de Roussane. ♦ Interruption du délai de pourvoi par une demande d'aide juridictionnelle : V. • Com. 11 juill. 2006, n° 06-10.559 P. ♦ Une demande d'aide juridictionnelle interrompt le délai préfix de l'art. 340-4 (anc.). • Civ. 2e, 22 févr. 2007, n° 06-10.559 P. ♦ L'interruption de la prescription résultant d'une demande d'aide juridictionnelle ne s'applique qu'aux actions en justice, de sorte que la demande formée en vue de l'exécution d'une décision de justice n'interrompt pas le délai de prescription de la créance objet de cette demande lorsque la procédure d'exécution ne nécessite pas la saisine préalable d'une juridiction. • Civ. 2e, 18 févr. 2016, n° 14-25.790 P.

22. Commandement. Le commandement de payer qui n'est pas un commandement à fin de saisie-vente n'engage aucune mesure d'exécution, cassation de l'arrêt ayant admis son effet interruptif sur la prescription au motif qu'il ne constitue pas un simple acte préparatoire mais le premier acte d'une procédure d'exécution forcée d'un titre exécutoire. • Civ. 2e, 22 juin 2017, n° 16-17.277 P. ♦ Sur l'effet interruptif reconnu aux commandements et saisies sous l'empire de l'art. 2244 ancien, V. ss. ce texte. – **C. civ.**

23. Référé. En application de l'art. 2241, une demande en justice, même en référé, interrompt la prescription. • Civ. 2e, 6 févr. 2020, n° 18-17.868 P : *D. 2020. 1205, obs. Bacache, Noguéro et Pierre ; AJ contrat 2020. 289 .* ♦ Déjà, ss. l'empire de l'art. 2244 [ancien], dont l'art. 2241 reprend les termes : • Civ. 2e, 18 sept. 2003 : *D. 2003. IR 2548.* ♦ V. cependant note 3 pour l'interruption du délai de forclusion particulier de l'art. L. 311-37 C. consom.

24. Actions en responsabilités. Identité de fait dommageable. L'action en reconnaissance de la faute inexcusable de l'employeur interrompt la prescription à l'égard de toute autre action procédant du même fait dommageable. • Civ. 2e, 19 déc. 2019, n° 18-25.333 P : *D. actu. 27 janv. 2020, note Bolze.*

2° ACTES NE VALANT PAS DEMANDE EN JUSTICE

25. Défense à une action. Seule constitue, pour le défendeur à une action, une demande en justice interrompant la prescription de celle par laquelle il prétend obtenir un avantage autre que le simple rejet de la prétention de son adversaire. • Civ. 2e, 1er févr. 2018, n° 17-14.664 P (demande de constatation d'une créance, sans cependant solliciter une condamnation à paiement ou une compensation).

26. Demande d'expertise. L'expertise ordonnée en application de l'art. L. 133-4 C. com., pour apprécier la qualité de marchandises refusées après un transport, constitue une mesure conservatoire prise dans l'intérêt commun de tous ceux que l'état de la marchandise intéresse et non une citation en justice, de sorte que la demande de désignation d'expert présentée par simple requête n'interrompt pas la prescription. • Com. 5 avr. 2011, n° 10-15.852 P : *D. 2011. 1134, obs. Delpech .* ♦ De même, une requête fondée sur l'art. 145 C. pr. civ. qui introduit une procédure non contradictoire ne constitue pas une demande en justice au sens de l'art. 2241. • Civ. 2e, 14 janv. 2021, n° 19-20.316 P : *D. actu. 1er févr. 2021, note Auché et de Andrade ; D. 2021. 141 ; ibid. 543, obs. Fricero ; Rev. prat. rec. 2021. 5, chron. Jullien, Laher et Salati ; JCP 2021, n° 289, note Taisne* (saisine du président du T. com. par requête en vue d'obtenir une mesure *in futurum*). ♦ L'ordonnance rendue par le juge chargé du contrôle des expertises qui n'est pas intervenue à la suite d'une citation, mais seulement à la suite d'un simple courrier de l'expert demandant l'extension de sa mission, n'a pu faire courir un nouveau délai de prescription. • Civ. 3e, 25 mai 2011, n° 10-16.083 P. ♦ La désignation d'un expert par le juge n'emporte pas interruption de la prescription à l'égard d'un assureur lorsque celui-ci a été mis hors de cause. • Civ. 1re, 9 juill. 2003, n° 01-02.581 P. ♦ Sur les demandes d'expertise en référé, qui interrompent la prescription, V. note 12.

27. Lettre recommandée. Le délai de prescription a prescription de l'action des avocats pour le paiement de leurs honoraires ne peut avoir été interrompu par l'envoi d'une lettre recommandée avec demande d'avis de réception. • Civ. 2e, 10 déc. 2015, n° 14-25.892 P : *D. 2016. Actu.19 ; JCP E 2016. 1047, obs. S. Le Gac-Pech ; CCC 2016, n° 52, note Bernheim-Desvaux.*

28. Ouverture d'information pénale. La simple ouverture d'une information pénale contre inconnu ne peut, à l'égal d'une citation en justice, interrompre le cours de la prescription. • Com. 20 mars 1973 : *Bull. civ. IV, n° 131.* ♦ Rappr. • Civ. 1re, 9 févr. 1999 : *Bull. civ. I, n° 49 ; D. 1999. IR 57* (absence d'interruption d'une prescription biennale en présence de la seule défense de l'assuré au pénal). ♦ Rappr. aussi, pour le régime spécifique des douanes : • Com. 11 janv. 2000 : *Bull. civ. IV, n° 10* (effet interruptif du procès-verbal) • Com. 9 avr. 2002 : *Bull. civ. IV, n° 71* (idem).

29. Demande de conciliation. Une requête adressée au juge aux fins de conciliation dans une procédure de saisie-arrêt n'est pas interruptive de la prescription. • Civ. 2e, 8 juin 1988 : *JCP 1989. II. 21199, note Taisne ;* RTD civ. 1989. 751, obs. *Mestre.* ♦ La saisine de la commission de conciliation compétente en matière de loyers commerciaux, qui ne fait pas obstacle à celle du juge des loyers, n'a pas d'effet interruptif de la prescription. • Civ. 3e, 18 févr. 1998 : *Bull. civ. III, n° 38 ; Defrénois 1998. 1192, obs. Duplan-Miellet*

(1re esp.). ♦ *Contra*, pour les demandes de conciliation exigées par un texte n° 12 *bis*.

30. *Requête en injonction de payer.* Une requête en injonction de payer n'est pas une demande en justice au sens de l'art. 2244 [ancien]. • Paris, 27 janv. 1988 : *D. 1988. IR 57.*

31. *Renouvellement d'hypothèque.* Le renouvellement de l'inscription d'hypothèque est dépourvu d'effet interruptif de la prescription. • Cass., ch. mixte, 26 mai 2006, n° 03-16.800 P : *R., p. 419 ; BICC 15 juill. 2006, rapp. Mazars, concl. Main ; D. 2006. 1793, note Wintgen ; ibid. IR 1564, obs. Delpech ; JCP 2006. II. 10129, note Croze ; Defrénois 2006. 1233, obs. Libchaber ; Dr. et pr. 2006. 273, obs. Douchy-Oudot ; Dr. et patr. 4/2007, p. 52, étude Galmard ; RDC 2006. 1090, obs. Laithier, et 1197, obs. Sérinet ; RTD civ. 2006. 558, obs. Mestre et Fages, et 829, obs. Perrot*. ♦ Mais la dénonciation de l'inscription d'une hypothèque interrompt la prescription de la créance. • Civ. 2e, 9 avr. 2009 : *RLDC 2009/60, n° 3425, obs. Marraud des Grottes.* ♦ Sur l'interruption par la reconnaissance de la dette, V. art. 2240 nouveau.

32. *Saisie.* L'inscription de nantissement et l'opposition au paiement du prix de cession d'un fonds de commerce ne peuvent être assimilées à des saisies. • Civ. 2e, 16 déc. 2010, n° 09-70.735 P : *D. 2011. 89*.

33. Le dépôt d'une requête en autorisation d'une inscription provisoire de nantissement sur un fonds de commerce ne constitue pas une demande en justice. • Civ. 2e, 22 sept. 2016, n° 15-13.034 P : *D. 2016. Actu. 1938*.

34. *Dépens.* Une demande de vérification des dépens ne peut interrompre le délai de prescription applicable à la signification d'un arrêt. • Civ. 2e, 11 sept. 2014, n° 13-24.041 P : *D. 2015. 287, obs. Fricero ; Dr. et pr. 2015. 8, note Vinckel.* ♦ Mais il résulte de la combinaison de l'art. 2241 C. civ., selon lequel la demande en justice interrompt le délai de prescription, et des art. 706 et 718 C. pr. civ., selon lesquels la notification, faite par lettre recommandée avec demande d'avis de réception, par la partie poursuivante, du compte des dépens à l'adversaire, emporte acceptation par son auteur du compte vérifié, que la notification par l'avocat, partie poursuivante, du certificat de vérification des dépens constitue un acte interruptif de la prescription de son action en recouvrement des dépens. • Civ. 2e, 5 nov. 2020, n° 19-21.308 P.

B. CONDITIONS REQUISES DE LA DEMANDE EN JUSTICE

1° DÉFAUT D'INCIDENCE DE L'INCOMPÉTENCE ET DE L'ANNULATION DE L'ACTE DE SAISINE (ART. 2241, AL. 2)

35. *Domaine de l'al. 2.* L'art. 2241 nouveau reprend en substance, dans son al. 2, un principe posé antérieurement à l'art. 2246 [ancien] qui, en raison de son caractère général, avait été jugé applicable à tous les délais pour agir et à tous les cas d'incompétence. • Cass., ch. mixte, 24 nov. 2006, n° 04-18.610 P : *R., p. 421 ; BICC 15 févr. 2007, rapp. Rouzet, avis Cuinat ; D. 2006. IR 3012, obs. Avena-Robardet ; D. 2007. 1112, note Wintgen ; JCP 2007. I. 139, n° 14, obs. Serinet ; ibid. II. 10058, note Pételet-Teyssié ; Dr. et pr. 2007. 156, note Putman ; RTD civ. 2007. 169, obs. Théry*, *et 175, obs. Perrot* • Civ. 2e, 10 janv. 2008, n° 06-20.964 P (art. 42, L. du 1er juin 1924) • Civ. 1re, 9 juill. 2009, n° 08-16.847 P : *D. 2009. AJ 1962, obs. Delpech* (délai biennal de l'art. L. 311-52 C. consom.) • Civ. 3e, 2 juin 2010, n° 09-13.075 P : *D. 2010. Actu. 1478* • 26 mars 2014 : *cité note 43* • Civ. 3e, 11 mars 2015, n° 14-15.198 P : *D. 2015. Actu. 689 ; ibid. 2016. Pan. 456, obs. Fricero ; JCP 2015. 1044, obs. Billiau ; ibid. 1304, obs. Mayer ; RLDC mai 2015, p. 69, obs. Bléry.* ♦ Sur l'exclusion antérieure des délais de forclusion : • Civ. 1re, 10 déc. 1996, n° 94-20.323 P : *R., p. 330* (délai biennal de l'art. L. 311-52 C. consom.) • Civ. 1re, 17 mars 1998, n° 96-14.216 P (idem). ♦ L'art. 2241, al. 2, s'applique aux délais d'exercice d'une voie de recours • Civ. 2e, 16 oct. 2014 : *D. 2014. Actu. 2118 ; ibid. 2015. 287, obs. Fricero ; ibid. Chron. C. cass. 519, obs. Vasseur, De Leiris et Adida-Canac ; D. actu. 28 oct. 2014, obs. Kilgus ; JCP 2014. 1171, obs. Croze ; ibid. 1271, note Auché ; ibid. 424, obs. Amrani Mekki ; Gaz. Pal. 23 déc. 2014, p. 27, note Amrani Mekki ; Procédures 2015, n° 312, note Croze ; RLDC mai 2015, p. 69, obs. Bléry* (annulation d'une déclaration d'appel pour vice de procédure) • Civ. 2e, 12 avr. 2018, n° 17-15.355 : *Procédures 2018, n° 180, obs. Croze.* ♦ Même entaché d'un vice de procédure, l'acte de saisine de la juridiction interrompt le délai de forclusion de sorte qu'une régularisation peut intervenir après l'expiration du délai pour former l'appel. • Civ. 2e, 7 juin 2018, n° 17-16.661 P : *cité note 19 ss. art. 114.* ♦ La saisine d'une juridiction incompétente interrompt le délai de forclusion de deux mois pour contester la décision d'un organisme social ou de sa commission de recours amiable en application de l'art. 2241 C. civ. • Civ. 2e, 14 févr. 2019, n° 18-12.377 P : *D. actu, 5 mars 2019, obs. Tamion.*

36. *Caractère limitatif.* L'art. 2241, al. 2, ne s'applique qu'aux deux hypothèses, qu'il énumère, de saisine d'une juridiction incompétente ou d'annulation de l'acte de saisine par l'effet d'un vice de procédure. • Com. 26 janv. 2016, n° 14-17.952 P : *D. 2016. Actu. 310 ; Dr. et pr. 2016. 62, note Salati.* ♦ Le défaut de saisine régulière de la cour d'appel, sanctionné par l'art. 930-1 C. pr. civ., ne constitue pas un vice de forme ou de fond de l'acte d'appel sanctionné par la nullité de l'acte d'appel, mais une fin de non-recevoir, de sorte que les dispositions de l'art. 2241, relatives à l'annulation de l'acte de saisine de la juridiction par l'effet d'un vice de procédure, ne sont pas applicables. • Civ. 2e, 1er juin 2017, n° 16-15.568 P : *D. 2017. 1868, n° 1, obs. de Leiris.*

Si, en application de l'art. 2241, une déclaration d'appel, serait-elle formée devant une cour d'appel incompétente, interrompt le délai d'appel, cette interruption est, en application de l'art., non avenue lorsque l'appel est définitivement rejeté par un moyen de fond ou par une fin de non-recevoir. • Civ. 2e, 21 mars 2019, n° 17-10.663 P : *D. actu. 8 avr. 2019, obs. Laffly.*

37. Constitution de partie civile devant un juge incompétent. Pour refuser de considérer comme cause d'interruption de la prescription de l'action en responsabilité du transporteur par air une constitution de partie civile devant le juge d'instruction, les juges du fond ne peuvent se contenter de relever l'incompétence des juridictions répressives sans rechercher si, en raison notamment de ses termes, la plainte avec constitution de partie civile ne pouvait être considérée comme une demande tendant à la mise en cause de la responsabilité du transporteur par air, qui avait été formée devant un juge incompétent. • Cass., ch. mixte, 24 févr. 1978 : *Bull. civ., n° 3 ; R., p. 69 ; D. 1978. 552, note P. C. ; JCP 1978. II. 18961, note Chao ; Gaz. Pal. 1978. 1. 331, note R. Rodière.*

38. Incompétence du juge des référés. L'assignation à comparaître devant le juge des référés interrompt la prescription en dépit de son incompétence. • Civ. 3e, 21 févr. 2007, n° 06-12.457 P (l'arrêt relève que, dans l'assignation à comparaître devant le juge des référés délivrée au défendeur, le demandeur avait formé des demandes identiques à celles ultérieurement présentées lors de l'instance introduite devant le tribunal d'instance).

39. Juridiction étrangère incompétente. L'assignation délivrée devant un tribunal territorialement incompétent constitue, même s'il s'agit d'une juridiction étrangère, un acte de poursuite interruptif de la prescription. • Civ. 1re, 21 janv. 1975 : *Bull. civ. I, n° 22.* ♦ Comp., pour une convention d'arbitrage : • Civ. 1re, 30 juin 1998, n° 96-13.469 P.

40. Désistement motivé par l'incompétence. Le désistement ne permet de regarder l'interruption de la prescription comme non avenue que lorsqu'il s'agit d'un désistement d'instance pur et simple ; quand il est motivé par l'incompétence de la juridiction devant laquelle il est formulé et fait suite à la saisine d'une autre juridiction compétente pour connaître de la demande, le désistement maintient l'effet interruptif attaché à la citation en justice. • Soc. 9 juill. 2008, n° 07-60.468 P. ♦ V. égal., interruption du délai d'appel en cas de désistement d'appel motivé par l'incompétence de la première cour d'appel saisie. • Civ. 2e, 22 oct. 2020, n° 19-20.766 P : *Gaz. Pal. 26 janv. 2021, p. 67, note Guez.*

41. Limite : mauvaise foi. La citation en justice, donnée devant un tribunal incompétent, n'interrompt la prescription que lorsqu'elle a été délivrée dans des conditions exclusives de toute mauvaise foi. • Civ. 2e, 16 déc. 2004, n° 02-20.364 P : *JCP 2005. II. 10073, note Sander.* – Déjà en ce sens : • Com. 14 mars 1972 : *Bull. civ. IV, n° 90.*

42. Vice de procédure. Il résulte de l'art. 2241 C. civ. qu'une déclaration d'appel, même entachée d'un vice de procédure, interrompt le délai d'appel de sorte que la régularisation de cette déclaration reste possible même après l'expiration du délai initial. • Civ. 2e, 1er juin 2017, n° 16-14.300 P : *D. 2017. Chron. C. cass. 1868, note Leiris* • 7 juin 2018, n° 17-16.661 P : *RTD civ. 2018. 962, obs. Théry*. ♦ La régularisation de la déclaration d'appel qui, même entachée d'un vice de procédure, a interrompu le délai d'appel, demeure possible, jusqu'à ce que le juge statue. • Civ. 2e, 17 sept. 2020, n° 19-18.608 P : *D. 2021. 543, obs. Fricero* (défaut de pouvoir spécial de l'agent mandaté pour former l'appel) • Civ. 3e, 3 déc. 2020, n° 19-17.868 P : *D. 2020. 2404 ; AJDI 2021. 373, note Nalet ; JCP 2021. 272, obs. Caseau-Roche* (défaut de capacité d'ester en justice). ♦ L'art. 2241 ne distinguant pas dans son al. 2 entre le vice de forme et l'irrégularité de fond, l'assignation même affectée d'un vice de fond a un effet interruptif. • Civ. 3e, 11 mars 2015, n° 14-15.198 P • 10 nov. 2016, n° 14-25.318 P : *RGDA 2017. 44, note Karila.* ♦ Lorsque la demande est rejetée en raison de l'annulation de la signification de l'acte de saisine de la juridiction pour vice de forme, seul l'art. 2241, al. 2 doit recevoir application, et l'art. 2243, qui déclare non avenu l'effet interruptif en cas de rejet définitif de la demande, est inapplicable. • Com. 26 juin 2019, n° 18-16.859 P.

43. En cas de commandement de payer suivi d'une assignation en référé, l'annulation du commandement ne prive pas l'assignation de son effet interruptif de la prescription. • Civ. 3e, 2 juin 1999, n° 97-15.320 P.

2° CONDITIONS NÉCESSAIRES

44. Auteur. Une citation en justice n'interrompt la prescription que si elle a été signifiée par le créancier lui-même au débiteur se prévalant de la prescription. • Com. 14 nov. 1977 : *Bull. civ. IV, n° 257* • Civ. 3e, 5 nov. 2020, n° 19-18.284 P : RDC 2021/2. 48, note Hontebeyrie. ♦ La prescription n'est pas interrompue par l'assignation signifiée par la partie qui se prévaut de la prescription à celui contre lequel elle prétend avoir prescrit. • Civ. 3e, 27 juin 1979 : *Bull. civ. III, n° 145.* ♦ V. conf., pour une demande reconventionnelle en revendication formée par la partie se prévalant de la prescription, contre la partie adverse l'ayant assignée en bornage, à qui était opposée la prescription : • Civ. 3e, 1er oct. 2003 : *Bull. civ. III, n° 169 ; D. 2003. IR 2548 ; Defrénois 2004. 817, obs. Atias ; Dr. et patr., mars 2004, p. 95, obs. Macorig-Venier ; RDI 2003. 573, obs. Bruschi.*

45. *Destinataire.* Pour interrompre la prescription ainsi que les délais pour agir, une citation en justice, même en référé, un commandement ou une saisie doivent être signifiés à celui qu'on veut empêcher de prescrire. • Civ. 3e, 23 mai 2013, n° 12-14.901 (absence d'effet d'un commandement de quitter les lieux signifié à une personne qui n'était pas partie à l'instance). ♦ Dans le même sens : • Civ. 2e, 13 sept. 2018, n° 17-20.966 P : *D. 2018. 2153, obs. Porchy-Simon* • Civ. 3e, 21 mars 2019, n° 17-28.021 P : *RDI 2019. 288, obs. Noguéro ; RTD civ. 2019. 586, obs. Barbier.* ♦ L'assignation en référé-expertise de l'architecte par un syndicat de copropriétaires sur le fondement de la garantie décennale n'emporte pas interruption de la prescription à l'encontre de l'assureur de l'architecte responsable. • Civ. 3e, 15 mai 2013, n° 12-18.027 P : *RDI 2013. 484, obs. Karila.* ♦ Comp. dans le cadre de la prescription quadriennale : la prescription quadriennale est interrompue par toute demande de paiement ou toute réclamation écrite adressée par un créancier à l'autorité administrative, dès lors que la demande ou la réclamation a trait au fait générateur, à l'existence, au montant ou au paiement de la créance, alors même que l'administration saisie n'est pas celle qui aura finalement la charge du paiement. • Civ. 1re, 28 mai 2008, n° 06-21.042 P. ♦ Le délai de forclusion prévu par l'art. 333, al. 3, n'est pas interrompu par une assignation qui vise le seul père légal, à l'exclusion de l'enfant qui doit être obligatoirement assigné. • Civ. 1re, 1er févr. 2017, n° 15-27.245 P : *D. 2017. Chron. C. cass. 599, obs. Guyon-Renard ; ibid. 729, obs. Granet-Lambrechts ; AJ fam. 2017. 203, obs. Houssier ; Dr. fam. 2017. 101, note Fulchiron.*

46. *Modes de délivrance.* Une assignation signifiée interrompt valablement la prescription, sans qu'il y ait lieu de rechercher si cette assignation a été remise au greffe. • Civ. 3e, 27 nov. 2002 : *Bull. civ. III, n° 243.* ♦ L'art. 2244 [ancien, mais dont l'art. 2241 nouveau reprend le principe], sans exiger que l'acte interruptif soit porté à la connaissance du débiteur dans le délai de la prescription, entend seulement préciser qu'un tel acte doit s'adresser à celui qu'on veut empêcher de prescrire et non pas à un tiers. • Civ. 2e, 11 déc. 1985 : *JCP 1986. II. 20677, note Taisne* • Civ. 3e, 15 juin 2005 : *Bull. civ. III, n° 133 ; D. 2005. 3005, note Tchotourian ; LPA 11-14 nov. 2005, note Pierroux.* ♦ V. aussi • Civ. 1re, 10 juill. 1990 : *Bull. civ. I, n° 194 ; Gaz. Pal. 1991. 1. Somm. 98, obs. Croze et Morel ; RTD civ. 1991. 341, obs. Mestre* (en l'espèce signification en mairie, puis à parquet et ultérieurement seulement à la personne du débiteur) • Civ. 2e, 29 nov. 1995 : *Bull. civ. II, n° 294 ; JCP 1996. II. 22699, note Sander ; RDI 1996. 578, obs. Malinvaud et Boubli ; RTD civ. 1996. 465, obs. Perrot* • Com. 28 avr. 1998 : *Bull. civ. IV, n° 142 ; CCC 1998, n° 98, note Leveneur* (effet interruptif d'une constitution de partie civile contre personne non dénommée, déposée par l'expéditeur d'une marchandise disparue) • Soc. 26 sept. 2002 : *Bull. civ. V, n° 292* (effet interruptif des requêtes de la caisse d'assurance vieillesse en recouvrement d'allocations vieillesse dès lors que, visant les héritiers du bénéficiaire, elles ont été déposées au greffe du TASS avant l'expiration du délai de prescription). Le cours de la prescription biennale de l'art. L. 553-1 CSS est interrompu par l'envoi à l'adresse de l'allocataire d'une lettre recommandée avec AR, quels qu'en aient été les modes de délivrance. • Cass., avis, 10 juill. 2006 : *Bull. civ. n° 7 ; R., p. 510.* ♦ Une demande reconventionnelle en paiement interrompt la prescription à la date de son dépôt au greffe, l'interruption de la prescription n'exigeant pas que l'acte soit porté à la connaissance du débiteur dans le délai de prescription. • Civ. 2e, 26 nov. 1998 : *Bull. civ. II, n° 282 ; D. Affaires 1999. 333, obs. J. F.* ♦ *Contra* : • Civ. 2e, 9 juin 2005 : *Bull. civ. II, n° 149 ; D. 2005. IR 2037 ; AJDI 2005. 827, note de La Vaissière ; RTD civ. 2005. 632, obs. Théry* (absence d'effet interruptif de commandements de payer délivrés par lettres recommandées retournées avec la mention « non réclamé ») • Com. 18 nov. 2008 : *Bull. civ. IV, n° 194* (l'envoi d'un commandement de payer qui n'est jamais parvenu à son destinataire n'interrompt pas la prescription quadriennale des titres exécutoires émis par les collectivités locales).

II. EFFETS DE L'INTERRUPTION

A. PORTÉE QUANT AUX PERSONNES

1° BÉNÉFICIAIRES DE L'INTERRUPTION

47. *Principe : l'interruption ne profite qu'à celui qui a agi.* L'action engagée par le maître d'ouvrage à l'encontre d'un assureur auprès duquel il a conclu une police d'assurance pour le compte des intervenants à l'opération de construction n'a pas pour effet de suspendre la prescription pour l'action d'un intervenant contre cet assureur, alors qu'il ne résulte d'aucun document que le maître d'ouvrage ait reçu mandat pour la représenter dans ses relations avec l'assureur et que, durant tout le déroulement de la procédure, le maître d'ouvrage n'a agi que pour son compte. • Civ. 3e, 27 févr. 2008 : *Bull. civ. III, n° 34.* ♦ L'interruption du délai de pourvoi qui résulte de la demande d'aide juridictionnelle ne profite qu'à celui qui l'a formée. • Com. 11 juill. 2006 : *préc. note 21.*

Les procès-verbaux d'infraction dressés par l'administration des douanes ont pour objet l'exercice par celle-ci de son droit de reprise, manifestant son intention de poursuivre le recouvrement des droits concernés, et ne sauraient avoir un effet interruptif de prescription pour le redevable, lequel, pour interrompre la prescription de son action en remboursement, doit accomplir un acte manifestant sa volonté d'obtenir ledit remboursement, sans que soit dénié au redevable le droit d'invoquer des éléments manifestant sa volonté d'obtenir la restitution des droits de douane qu'il estimait indus et d'interrompre ainsi le délai dans lequel il devait agir pour demander cette restitution. • Com. 24 juin 2020, n° 18-10.464. ♦ V. aussi • Com. 24 juin 2020, n° 18-10.535, approuvant la cour d'appel d'avoir estimé que le fait que les procès-verbaux ne soient pas de nature à interrompre la prescription de l'action en restitution ne porte pas, en raison même de leur objet, atteinte au principe d'équilibre des droits des parties.

Une citation en justice n'interrompant la prescription que si elle a été signifiée par le créancier lui-même au débiteur se prévalant de la prescription, l'acte par lequel un acquéreur, assigné par son propre acquéreur, a assigné en intervention forcée son vendeur n'a pu interrompre la prescription dont s'est prévalu ce dernier à l'égard du sous-acquéreur. • Civ. 2e, 2 juill. 2020, n° 17-12.611 P : *D. 2021. 310, obs. Boffa et Mekki* ; *RTD civ. 2020. 884, obs. Barbier* ; *CCC 2020, n° 134, note Leveneur.*

48. Assureur subrogé. C'est à bon droit qu'une cour d'appel a considéré que l'effet interruptif de prescription de l'action du subrogeant s'étendait aux assureurs subrogés dans ses droits. • Com. 5 févr. 1991 : *Bull. civ. IV, n° 58.* ♦ Une partie assignée en justice est en droit d'appeler une autre en garantie des condamnations qui pourraient être prononcées contre elle, une telle action ne supposant pas que l'appelant en garantie ait déjà indemnisé le demandeur initial ; une assignation en référé qui tend à rendre commune une expertise ordonnée par une précédente décision constitue une citation en justice interrompant la prescription au profit de celui qui l'a diligentée, et l'action engagée par l'assureur avant l'expiration du délai de forclusion décennale est recevable, bien qu'il n'ait pas eu au moment de la délivrance de son assignation la qualité de subrogé dans les droits de son assuré, dès lors qu'il a payé l'indemnité due à ce dernier avant que le juge du fond n'ait statué. • Civ. 3e, 28 avr. 2011, n° 10-16.269 P.

2° PERSONNES À L'ÉGARD DESQUELLES LA PRESCRIPTION EST INTERROMPUE

49. Assureurs. Si l'action de la victime contre l'assureur de responsabilité trouve son fondement dans le droit de celle-ci à réparation de son préjudice et se prescrit par le même délai que l'action de la victime contre le responsable, l'acte interruptif de prescription à l'égard de l'assureur est sans effet sur le cours de la prescription de l'action de la victime contre l'assuré. • Civ. 1re, 28 oct. 1991 : *Bull. civ. I, n° 283.* ♦ La désignation d'un expert par le juge n'emporte pas interruption de la prescription à l'égard de l'assureur lorsque celui-ci a été mis hors de cause. • Civ. 1re, 9 juill. 2003 : *Bull. civ. I, n° 165.* ♦ ... Ou lorsqu'il n'a pas été convoqué ou n'a pas participé aux opérations d'expertise. • Civ. 1re, 21 oct. 2003, n° 01-01.614 P : *D. 2004. Somm. 918, obs. Groutel* ; *Dr. et patr., févr. 2004, p. 121, obs. Chabas.* ♦ L'action engagée contre un assureur, en tant qu'assureur dommages-ouvrage, n'interrompt pas la prescription de l'action engagée, pour le même ouvrage, contre la même société prise en sa qualité d'assureur en police CNR. • Civ. 3e, 4 nov. 2010, n° 09-66.977 P : *JCP 2011, n° 398, note Karila.* ♦ Dans le même sens, dans un cas où les deux polices d'assurance dommages-ouvrage et d'assurance de responsabilité étaient souscrites sous un numéro identique : • Civ. 3e, 29 mars 2018, n° 17-15.042 P : *D. 2018. 719* ; *RDI 2018. 354, obs. Noguéro* ; *RTD civ. 2018. 642, obs. Barbier* ; *RGDA 2018. 309, note Karila.*

L'assignation délivrée par l'assureur dommages-ouvrage aux intervenants à la construction et à leurs assureurs n'est pas interruptive de prescription au profit du maître de l'ouvrage qui n'a assigné en référé expertise que l'assureur dommages-ouvrage. • Civ. 3e, 21 mars 2019, n° 17-28.021 P : *RDI 2019. 288, obs. Noguéro* ; *RTD civ. 2019. 586, obs. Barbier* .

50. Constructeurs. L'ordonnance de référé déclarant une mesure d'expertise commune à plusieurs constructeurs dépendant du maître de l'ouvrage n'a pas pour effet d'interrompre la prescription à l'égard d'une partie à la procédure initiale qui n'a pas été partie aux ordonnances ultérieures. • Civ. 3e, 21 mai 2008 : *Bull. civ. III, n° 91* ; *JCP 2008. Actu. 368* ; *RDI 2008. 392, obs. Malinvaud* ; *RCA 2008, n° 223, obs. Groutel.* ♦ L'action du syndicat des copropriétaires, celle de l'assureur dommages-ouvrage et celle du maître d'œuvre, bien que tendant à la mise en œuvre d'une même expertise judiciaire relative aux mêmes travaux en vue de la détermination des dommages subis et des responsabilités encourues, n'ont pas le même objet, et les ordonnances de référé déclarant commune à d'autres constructeurs une mesure d'expertise précédemment ordonnée n'ont pas d'effet interruptif de prescription à l'égard de ceux qui n'étaient parties qu'à l'ordonnance initiale. • Civ. 3e, 7 nov. 2012, n° 11-23.229.

51. CIVI. L'action engagée devant la CIVI, en vue de son indemnisation par le Fonds de garantie des victimes des actes de terrorisme et d'autres infractions (FGTI), ne peut avoir interrompu la prescription à l'égard de l'auteur des faits incriminés qui n'est pas partie à cette instance. • Civ. 2e, 13 sept. 2018, n° 17-20.966 P : *D. 2018. 2153, obs. Bacache, Guégan et Porchy-Simon* ; *RCA 2018, n° 296, note Groutel.*

52. Codébiteurs solidaires. Les poursuites faites contre l'un des débiteurs solidaires, fût-ce sur le fondement d'un titre distinct, interrompent la prescription à l'égard de tous. • Civ. 2e, 24 juin 2004 : *Bull. civ. II, n° 324.*

53. Tiers détenteur. Pour interrompre la prescription ainsi que les délais pour agir, une citation en justice, même en référé, un commandement ou une saisie doivent être signifiés à celui que l'on veut empêcher de prescrire. • Civ. 3e, 23 mai 2013, n° 12-14.901. (absence d'effet d'un commandement de quitter les lieux signifié à une personne qui n'était pas partie à l'instance).

B. PORTÉE QUANT AUX ACTIONS

54. Principe : absence d'extension de l'interruption à des actions distinctes. L'effet interruptif de prescription attaché à une demande en justice ne s'étend pas à une seconde demande différente de la première par son objet. • Soc. 15 avr. 1992 : *Bull. civ. V, n° 278.* ♦ Les actions en fixation des indemnités d'éviction et d'occupation étant distinctes par leur objet et par leur cause, la mise en œuvre de l'une n'a pas pour effet d'interrompre le cours de la prescription de l'autre. • Civ. 3e, 19 janv. 2000, n° 98-13.773 P : *D. 2000. AJ 177, obs. Rouquet* ; *Defrénois 2000. 581, obs. Duplan-Miellet.* ♦ Dans le même sens, pour une action en rescision pour lésion d'un partage d'ascendant et une action en réduction de donations : • Civ. 1re, 13 nov. 2003 : *Bull. civ. I, n° 227 ; D. 2003. IR 2932 ; Dr. fam. 2004, n° 10, note Beignier.* ♦ ... Pour une action en résiliation d'un crédit-bail et une action en paiement des loyers. • Com. 4 juill. 2006 : *Bull. civ. IV, n° 168 ; D. 2006. AJ 2459, obs. Delpech* . ♦ L'action qui tend à la liquidation, et non à la fixation, de l'astreinte assortissant une obligation de communication de pièces est une action autonome et distincte de l'instance au fond pour les besoins de laquelle ces pièces devaient être communiquées, et l'engagement de l'instance au fond n'interrompt pas le délai de prescription de l'action en liquidation de l'astreinte. • Civ. 2e, 8 juill. 2021, n° 20-12.005 P. ♦ Mais il y a identité d'objet entre une demande principale en responsabilité décennale sur le fondement de l'art. 1792 et une demande subsidiaire en responsabilité de droit commun. • Civ. 3e, 26 juin 2002, n° 00-21.638 P : *Defrénois 2003. 330, obs. Périnet-Marquet ; RDI 2002. 419, obs. Malinvaud* ; *RGDA 2002. 728, obs. Périnet-Marquet* • 22 sept. 2004 n° 03-10.923 P : *préc.*

55. Exception : actions ayant la même finalité. Si en principe, l'interruption de la prescription ne peut s'étendre d'une action à l'autre, il en est autrement lorsque les deux actions, quoique ayant des causes distinctes, tendent à un seul et même but, de telle sorte que la deuxième est virtuellement comprise dans la première. • Soc. 15 juin 1961 : *Bull. civ. IV, n° 650* • Civ. 3e, 22 sept. 2004, n° 03-10.923 P : *D. 2004. IR 2549* ; *RDI 2004. 569, obs. Malinvaud* • 26 mars 2014, n° 12-24.203 P : *D. 2014. 822* (litige entre les mêmes parties, à propos du même bail, ayant le même objet, à savoir l'existence d'un droit de se maintenir dans les lieux) • Civ. 1re, 5 oct. 2016, n° 15-25.459 P : *D. 2016. 2063* ; *AJ fam. 2016. 550, obs. Casey* ; *JCP 2017, n° 168, note Sauvage ; JCP N 2017, n° 1005, note Nicod ; Gaz. Pal. 2016. 3328, note Valory ; RDC 2017. 95, note Goldie-Génicon* (identité de but entre la demande en partage judiciaire de la communauté ayant existé entre les parents et de la succession de la mère et l'action en rescision du partage amiable de cette communauté et de cette succession) • Civ. 1re, 9 mai 2019, n° 18-14.736 P : *D. 2019. 1046* ; *RTD civ. 2019. 590, obs. Barbier* ; *RTD com. 2019. 749, obs. Bouloc* (première action engagée par un vendeur contre un fabricant, fondée sur l'art. 1134 anc., mais tendant, comme la seconde, à la garantie du fabricant en conséquence de l'action en résolution de la vente intentée par l'acquéreur contre le vendeur sur le fondement des vices cachés et au paiement par le fabricant du prix de la vente résolue). ♦ Mais l'action en majoration de rente pour faute inexcusable de l'employeur et l'action pénale intentée à la suite d'un accident du travail ont un but différent. Il en résulte que la seconde ne peut ni interrompre ni suspendre le cours de la prescription applicable à la première. • Soc. 3 mai 1978 : *Bull. civ. V, n° 323.* – Dans le même sens : • Soc. 27 mai 1992 : *Bull. civ. V, n° 353.* ♦ De même l'action en versement d'un salaire différé, qui ne tend ni à la liquidation de l'indivision successorale ni à l'allotissement de son auteur, n'a pas la même finalité que l'action en partage. • Civ. 1re, 7 juill. 2021, n° 19-11.638 B : *D. 2021. 1908, note Roussel* ; *ibid. 2064, obs. Godechot-Patris* ; *AJ fam. 2021. 504, obs. Casey* ; *Dr. fam. 2021, n° 147, note Tani.*

56. Exception : actions procédant d'une même relation contractuelle. Une action en justice procédant des relations contractuelles ayant lié les parties a un effet interruptif quant à l'action de l'autre partie procédant des mêmes relations contractuelles, peu important que ces relations aient fait l'objet d'une qualification différente (contrat de location-gérance, d'une part, contrat de travail, d'autre part). • Soc. 11 févr. 2004 : *Bull. civ. V, n° 48.* ♦ Il résulte de la combinaison des art. L. 431-2 CSS et 2241 C. civ. que l'action en reconnaissance de la faute inexcusable de l'employeur interrompt la prescription à l'égard de toute autre action procédant du même fait dommageable. • Civ. 2e, 19 déc. 2019, n° 18-25.333 P : *RDC 2020. 45, note Libchaber.* ♦ L'action en référé introduite contre un assureur de responsabilité en vue d'obtenir la communication du contrat d'assurance interrompt la prescription de l'action directe en paiement de l'indemnité contre cet assureur. • Civ. 2e, 6 févr. 2020, n° 18-17.868 P : *D. 2020. 1205, obs. Bacache, Noguéro et Pierre* ; *AJ contrat 2020. 289*. ♦ Sur le lien entre une action en responsabilité contractuelle pour réclamer l'indemnisation de la perte de marge commerciale qu'un contractant prétend avoir subie par suite de la modification unilatérale des conditions commerciales que lui avait imposées son cocontractant, et une action ultérieure en rupture des relations commerciales établies, V. • Com. 8 juill. 2020, n° 18-24.441 P : *D. 2020. Chron. C. cass. 2475, obs. Le Bras* ; *AJ contrat 2020. 497, obs. Regnault* ; *RTD civ. 2020. 886, obs. Barbier* ; *RDC 2021/1. 53, note Hontebeyrie* (cassation de l'arrêt ayant refusé de considérer que la première action, déclarée irrecevable, était interruptive de prescription pour la seconde, au motif jugé inopérant du caractère exclusivement contractuel de cette première action). ♦ L'interruption de prescription s'étend d'une action à l'autre lorsque les deux actions, au cours d'une même instance, concernent l'exécution du même contrat de travail. • Soc. 26 mars 2014 : *D. 2014. 830* (prise en compte de la saisine du conseil de prud'hommes même si certaines demandes ont été présentées en cours d'instance, plusieurs années plus tard) • Soc. 22 sept. 2015, n° 14-17.895 P • 24 sept. 2014, n° 13-10.233 P (prise en compte de la saisine par les salariés de la formation de référé du conseil de prud'hommes même si certaines demandes avaient été présentées au cours de l'instance au fond) • Soc. 3 mai 2016, n° 14-16.633 P : *D. 2016. 1004* ; *Dr. soc. 2016. 576, obs. Mouly* (contestation d'un licenciement et d'un avertissement, suivie d'une demande de requalification en appel). Ainsi, une action paulienne ayant été engagée dans le délai de prescription, afin de rendre inopposable à une banque l'apport fait par la débitrice de certains biens à une société, et la mesure d'exécution engagée ultérieurement portant sur ces mêmes biens, l'assignation relative à l'action paulienne a interrompu la prescription de l'action en recouvrement de la créance jusqu'au prononcé de l'arrêt faisant droit à l'action paulienne. • Civ. 2e, 28 juin 2012, n° 11-20.011 P : *D. 2012. 1818* ; *RTD civ. 2012. 727, obs. Fages*. ♦ L'effet interruptif de l'action engagée par l'employeur contre son salarié s'étend de plein droit aux demandes reconventionnelles de ce dernier dès lors qu'elles procèdent du même contrat de travail, peu important la date de leur explicitation. • Soc. 21 déc. 2006 : *Bull. civ. V, n° 411 ; R., p. 310.* ♦ *Contra,* antérieurement : • Com. 1er oct. 1991 : *Bull. civ. IV, n° 276 (l'interruption de la prescription de l'action principale ne peut s'étendre à la demande reconventionnelle)* • Com. 14 janv. 1997 : *Bull. civ. IV, n° 16* • Soc. 15 avr. 1992 : *Bull. civ. V, n° 278.*

Art. 2242 L'interruption résultant de la demande en justice produit ses effets jusqu'à l'extinction de l'instance. — *Dispositions transitoires, V. L. n° 2008-561 du 17 juin 2008, art. 26 ss. C. civ., art. 2240 ci-dessus.*

1. Principe. L'interruption de prescription résultant de l'assignation subsiste après le jugement tant que celui-ci n'est pas devenu définitif. • Civ. 2e, 29 janv. 1992, n° 90-17.243 P • Civ. 1re, 16 févr. 1994, n° 92-11.955 • 28 nov. 1995, n° 94-04.047 P • 3 févr. 1998, n° 95-20.844 P (le nouveau délai de prescription ne commence à courir qu'à compter de la décision qui met fin définitivement à l'instance) • Civ. 2e, 8 avr. 2004, n° 02-15.096 P (*idem* ; application à une contestation de saisie-arrêt). ♦ Cet effet interruptif se prolonge à l'égard de toutes les parties • Civ. 2e, 19 juin 2008, n° 07-15.343 P.

L'effet interruptif cesse avec l'arrêt devenu irrévocable qui a mis fin à l'instance d'appel, peu important que cet arrêt ait donné lieu à un arrêt interprétatif ultérieur. • Civ. 1re, 9 déc. 1997, n° 95-18.022 P : *D. 1998. Somm. 116, obs. Delebecque*. ♦ Application combinée des art. 2244 [ancien], 2246 [ancien] (saisine d'un tribunal incompétent) et 2247 [ancien] (désistement) : V. • Civ. 1re, 12 déc. 1995, n° 93-15.492 P.

L'effet interruptif ne prend fin qu'à la date de signification de l'arrêt d'appel. • Civ. 3e, 15 févr. 2006, n° 04-19.864 P : *RTD civ. 2006. 374, obs. Perrot* (prescription biennale de l'action directe en matière d'assurance).

2. Applications à différents délais de prescription. Application : à la prescription biennale prévue par l'art. L. 114-1 C. assur. : • Civ. 1re, 8 déc. 1976 : *Bull. civ. I, n° 392* • Civ. 3e, 21 juin 1978 : *Bull. civ. III, n° 260* • Civ. 1re, 12 févr. 1991, n° 88-19.826 P : *R., p. 384.* ♦ ... A la prescription annale de l'action fondée sur un contrat de transport : • Com. 15 oct. 1991, n° 90-10.922 P : *D. 1992. Somm. 409, obs. Aubert*. ♦ ... A la prescription décennale de l'art. 2270 anc. • Civ. 3e, 8 juin 1994, n° 92-18.055 P. ♦ ... A la prescription biennale en matière de baux commerciaux : • Civ. 3e, 7 févr. 1996, n° 94-11.654 P. ♦ ... A la prescription biennale en matière d'assurance : • Civ. 1re, 24 juin 1997, n° 95-15.273 P. ♦ ... A la prescription cambiaire de l'art. 179 [art. L. 511-78] C. com. : • Com. 20 oct. 1998, n° 95-20.837 P : *D. Affaires 1998. 1857, obs. X. D.* – V. aussi Perrot, *RTD civ. 1985. 445.*

Fin de l'interruption à la date à laquelle la juridiction saisie s'est déclarée incompétente. • Civ. 1re, 8 févr. 2017, n° 15-27.124 P.

3. Cas de l'interruption par déclaration de créance. L'effet interruptif résultant, en matière de redressement judiciaire civil, de la déclaration des créances, il se prolonge jusqu'à ce qu'une décision irrévocable ait statué sur la vérification des créances. • Civ. 1re, 23 mars 1999, n° 97-04.162 P.

4. Cas du référé. Si une citation en référé interrompt la prescription, l'effet interruptif cesse dès que l'ordonnance est rendue. • Civ. 2e, 18 sept. 2003 : *D. 2003. IR 2548*. ♦ ... Et le défaut de signification de l'ordonnance ne saurait être invoqué par celui auquel il revient d'en prendre l'initiative. • Même arrêt. ♦ Comp. : l'assignation en référé qui tend à obtenir une provision constitue une citation en justice interruptive de la prescription dont l'effet se prolonge jusqu'à ce que le litige porté devant le juge des référés ait trouvé sa solution. • Civ. 1re, 12 févr. 1991, n° 88-19.826 P : *RTD civ. 1991. 797, obs. Perrot* • Com. 27 nov. 2001, n° 99-10.551 P. ♦ Le délai décennal de garantie (art. 2270) est interrompu par une assignation en référé, jusqu'au jour de l'ordonnance de référé, le nouveau délai décennal commençant à courir à compter de cette date. • Civ. 3e, 11 mai 1994, n° 92-19.747 P • 11 janv. 1995, n° 93-10.327 P • 4 juin 1997, n° 95-18.845 P (délai biennal). – V. aussi • Civ. 3e, 7 juill. 1999, n° 92-19.747 P. ♦ Rappr. • CE, avis, 22 juill. 1992 : *D. 1993. 348, note Klebes-Pélissier*. ♦ L'effet interruptif des actes cesse au jour où le litige trouve sa solution et donc, en matière de référé-expertise, à la date à laquelle l'ordonnance de référé est rendue. • Civ. 3e, 25 mai 2011 : *cité note 12 ss. art. 2241.*

5. ... Du référé-expertise. En cas d'assignation en référé, le délai pour agir n'est interrompu que pendant la durée de l'instance à laquelle a mis fin l'ordonnance nommant un expert. • Civ. 3e, 19 déc. 2001, n° 00-14.425 P : *Rev. loyers 2002. 148, obs. de Maillard* • 8 juill. 2009, n° 08-13.962 P • Com. 3 juill. 2012, n° 11-22.429 P (application à la prescription biennale prévue en matière d'abordage maritime par l'art. L. 5131-6 C. transp.). ♦ Le fait que le juge ait gardé le contrôle des opérations d'expertise n'a pas pour effet de proroger l'instance. • Civ. 2e, 6 mars 1991, n° 89-16.995 P : *Gaz. Pal. 1991. 2. 622, concl. Joinet ; RTD civ. 1991. 595, obs. Perrot*. ♦ V. aussi : dans le cas d'une assignation en référé pour rendre communes à un tiers les opérations d'expertise déjà ordonnées, l'interruption prend fin à la date de la décision acceptant cette extension. • Com. 30 juin 2004, n° 03-10.751 P : *R., p. 365* • Civ. 2e, 3 sept. 2009, n° 08-18.092 P.

6. ... Cas du commandement de saisie immobilière. L'effet interruptif résultant d'un commandement de saisie immobilière n'est pas remis en cause par l'absence de prorogation des effets de ce commandement, et l'interruption de ces mêmes délais par la demande en justice produit ses effets jusqu'à l'extinction de l'instance. • Civ. 2e, 25 sept. 2014, n° 13-19.935 P. ♦ L'effet interruptif de la prescription attachée à la délivrance de l'assignation à comparaître à l'audience d'orientation, consécutive au commandement valant saisie immobilière, produit ses effets, en l'absence d'anéantissement de ce commandement ou de cette assignation, jusqu'à l'extinction de l'instance introduite par cette assignation ; en l'espèce le jugement ayant constaté la péremption de ce commandement, V. • Civ. 2e, 1er mars 2018, n° 17-11.238 P : *D. actu. 28 mars 2018, obs. Camensuli-Feuillard ; JCP 2018. 388, note Laporte ; Gaz. Pal. 15 mai 2018, p. 63, note C. Bléry ; Procédures 2018. 134, note Strickler ; Dr. et pr. 2018. 127, note Salati.*

L'effet interruptif de prescription attaché à la saisine du juge de l'exécution ne prend fin que par l'ordonnance d'homologation du projet de répartition du prix de vente de l'immeuble, et non par le jugement d'orientation alors même que celui-ci a fixé le montant de la créance du saisissant. • Civ. 2e, 6 sept. 2018, n° 17-21.337 P.

7. Instances pénales. La prescription d'une action en reconnaissance de la faute inexcusable de l'employeur est interrompue par l'instance pénale formée contre celui-ci et l'effet interruptif se prolonge jusqu'à l'expiration du délai d'appel du ministère public. • Soc. 4 mars 1999, n° 97-11.195 P : *JCP 2000. II. 10308, note Fardoux*. ♦ L'effet interruptif de prescription d'une constitution de partie civile se poursuit jusqu'à ce qu'une décision, fût-elle d'incompétence, mette définitivement fin à l'action civile engagée devant la juridiction pénale. • Civ. 1re, 16 janv. 2001, n° 98-17.427 P : *R., p. 455 ; D. 2001. 3575, note Matsopoulou*

Art. 2243 L'interruption est non avenue si le demandeur se désiste de sa demande ou laisse périmer l'instance, ou si sa demande est définitivement rejetée. — *Dispositions transitoires, V. L. n° 2008-561 du 17 juin 2008, art. 26 ss. C. civ., art. 2240 ci-dessus.*

1. Domaine. La prescription biennale de l'action en reconnaissance de la faute inexcusable de l'employeur interrompue par l'exercice de l'action pénale engagée pour les mêmes faits exclut l'application des règles de droit commun de l'art. 2247 [ancien]. • Soc. 5 oct. 2000, n° 99-13.336 P : *R., p. 356.*

2. Principe : disposition générale et absolue. La disposition aux termes de laquelle l'interruption de la prescription est regardée comme non avenue si la demande est rejetée est absolue et ne comporte aucune distinction selon que la demande est définitivement rejetée par un moyen de fond ou qu'elle est repoussée, soit par un moyen de forme, soit par une fin de non-recevoir laissant subsister le droit d'action. • Com. 21 avr. 1980 : *Bull. civ. IV, n° 157* • Civ. 3e, 20 déc. 1983 : *ibid. III, n° 275* • Civ. 1re, 30 janv. 2001, n° 98-19.733 P • 22 mai 2002, n° 99-12.222 P : *D. 2002. Somm. 3178, obs. Groutel* • Com. 13 sept. 2011, n° 10-19.384 P : *D. 2011. 2268, obs. Delpech ; Rev. crit. DIP 2012. 113, note Klein ; RLDC 2012/91, n° 4584, note Netter* • Civ. 2e, 8 oct. 2015, n° 14-17.952 : *Procédures 2015, n° 2, note Croze* • Com. 26 janv. 2016, n° 14-17.952 P : *cité note 35 ss. art. 2241, al. 2, reproduit au-dessus du présent art.* ♦ ... Ou selon que la demande a été formée devant le juge des référés ou devant le juge du fond. • Civ. 1re, 30 mars 1994, n° 90-20.612 P • 9 déc. 1997, n° 95-18.022 P : *RCA 1998, n° 78* (ordonnance ayant débouté la demanderesse réclamant une indemnité provisionnelle). ♦ ... Ou que la demande a été formée devant une juridiction incompétente, dès lors que cette demande est rejetée par un moyen de fond ou une fin de non-recevoir. • Civ. 2e, 21 mars 2019, n° 17-10.663 P : *cité note 36 ss. C. civ., art. 2241, reproduit ss. art. 53.*

3. Nécessité d'une décision judiciaire. L'interruption de la prescription résultant de la demande en justice n'est non avenue que si le juge saisi de cette demande a constaté que le demandeur s'est désisté de sa demande ou a laissé périmer l'instance, ou si le juge a définitivement rejeté cette demande. • Civ. 2e, 2 juin 2016, n° 15-19.618 P.

4. Illustrations : juridiction inexistante. Une citation en justice devant une juridiction inexistante est sans effet interruptif de prescription. • Civ. 2e, 23 mars 2000, n° 97-11.932 P : *R. p. 425 ; D. 2000. IR 123 ; JCP 2000. II. 10348, note Desideri* (tribunal de commerce non encore créé à la date de l'assignation).

5. ... Caducité ou nullité d'une assignation. Une assignation dont la caducité a été constatée n'a pu interrompre le cours de la prescription (assignation caduque pour défaut de remise d'une copie de l'assignation au secrétariat-greffe dans les quatre mois de l'assignation : C. pr. civ., art. 757). • Cass., ass. plén., 3 avr. 1987, n° 86-11.536 P : *R., p. 231 ; JCP 1987. II. 20792, concl. Cabannes.* ♦ La demande en justice dont la caducité a été constatée ne peut interrompre le cours de la prescription. • Civ. 2e, 21 mars 2019, n° 17-31.502 P : *D. actu. 8 avr. 2019, note Deharo ; D. 2019. 648.* – Dans le même sens : • Soc. 21 mai 1996, n° 92-44.347 P. ♦ N'interrompt pas la prescription une assignation par la suite annulée. • *Civ. 2e*, 8 avr. 2004, n° 02-16.116 P : *RDI 2004. 382, obs. Malinvaud.*

6. ... Refus de référé. La décision disant qu'il n'y a lieu à référé en raison du défaut de la condition tenant à l'existence d'une obligation non sérieusement contestable ne constitue pas une décision sur la compétence mais une décision sur le fond même du référé, et l'interruption de la prescription est, dès lors, non avenue. • Civ. 1re, 27 févr. 1996, n° 93-21.436 P : *D. 1996. Somm. 354, obs. Julien* • Civ. 2e, 4 févr. 1998, n° 95-20.700 P. – V. aussi • Com. 24 oct. 2000, n° 97-21.290 P : *D. 2000. IR 286* • 14 mai 2009, n° 07-21.094 P : *D. 2009. AJ 1545.* ♦ L'interruption de la prescription résultant de l'action en référé-provision est non avenue si la demande est rejetée. • Civ. 1re, 1er févr. 2000, n° 97-16.662 P. ♦ La demande n'est pas rejetée et l'interruption n'est pas non avenue lorsque le juge des référés, saisi d'une demande d'expertise sur le fondement de l'art. 145 C. pr. civ., ordonne un transport sur les lieux puis, une fois celui-ci effectué, juge la demande d'expertise sans objet en estimant que le transport sur les lieux était une mesure d'instruction suffisante. • Civ. 3e, 24 avr. 2003, n° 01-15.457 P : *D. 2003. Somm. 2998, obs. Bouyeure ; Rev. loyers 2003. 450, obs. Picasso.* ♦ V. aussi, en cas d'absence de motif légitime d'une demande en référé fondée sur l'art. 145 : • Civ. 2e, 17 mai 2018, n° 17-17.856 : *RGDA 2018. 370, note Schultz.*

7. Une décision définitive de refus d'informer, à la suite du dépôt d'une plainte avec constitution de partie civile, rend non avenue l'interruption de la prescription qu'elle avait entraînée. • Civ. 1re, 18 déc. 2013, n° 12-26.621.

8. ... Défaut de constitution. L'instance sur opposition à une ordonnance portant injonction de payer est déclarée éteinte en application de l'art. 1419 C. pr. civ. dès lors que le créancier n'a pas constitué avocat dans le délai requis, et rend par conséquent non avenue l'interruption de la prescription résultant de la signification de l'ordonnance portant injonction de payer. • Civ. 2e, 19 nov. 2020, n° 19-20.238 P : *cité note 3 ss. art. 1411 C. pr. civ.*

9. Interruptions maintenues : sursis à statuer. Si l'effet interruptif d'une assignation est non avenu lorsque la demande est rejetée, il n'en est pas ainsi lorsqu'un jugement s'est borné à surseoir à statuer. • Civ. 3e, 22 mars 1983, n° 81-14.381 P.

10. ... Radiation. La radiation de l'affaire est sans effet sur la poursuite de l'interruption découlant de l'introduction de l'instance. • Civ. 1re, 10 avr. 2013, n° 12-18.193 P : *D. 2013. 1073 ; D. avocats 2013. 238, chron. Royer.*

11. ...Caducité d'une désignation d'expert. La caducité d'une désignation d'expert, faute de consignation, qui n'atteint que la mesure d'expertise ordonnée, ne peut priver l'assignation introductive d'instance de son effet interruptif du délai de prescription. • Civ. 2e, 26 sept. 2013, n° 12-25.433 P.

12. ... Désistement prévoyant une reprise d'instance. Le désistement ne permet de regarder l'interruption de la prescription comme non avenue que lorsqu'il s'agit d'un désistement d'instance pur et simple et non quand il énonce que l'action sera reprise ultérieurement. • Com. 12 juill. 1994 : *JCP 1995. II. 22494, note Perdriau.*

13. ... Déclaration temporaire d'irrecevabilité. Applique faussement l'art. 2247 (ancien) la cour d'appel qui considère non avenue une interruption de prescription consécutive à une contestation de créance jugée irrecevable par le juge-commissaire chargé d'une procédure collective, alors que l'ordonnance de ce dernier se bornait à dire temporairement irrecevables les contestations concernant les créances déclarées, en raison d'un appel formé contre le jugement résolvant le plan de continuation. • Com. 8 nov. 2011 : *D. 2011. 2862*.

14. ... Demande non examinée. L'absence de vérification des créances prévue par l'art. L. 621-102 C. com. ne saurait être assimilée à l'une des circonstances rendant, par application de l'art. 2247 [ancien] C. civ., non avenue l'interruption de prescription. • Com. 15 mars 2005, n° 03-17.783 P : *D. 2005. AJ 1286, obs. A. Lienhard*.

15. ... Volonté de faire appel. L'art. 2247 [ancien] ne peut rendre non avenue l'interruption de la prescription née de la manifestation expresse de volonté de poursuivre la procédure résultant d'un appel régulièrement interjeté. • Civ. 1re, 19 juin 2008, n° 07-15.430 P.

16. Portée de la perte de l'effet interruptif. La disparition de l'effet interruptif résultant de la péremption d'une instance au fond ne s'étend pas à une instance distincte en référé l'ayant précédée. • Civ. 3e, 6 mai 2003, n° 00-20.819 P : *RTD civ. 2003. 544, obs. Perrot*.

Art. 2244 *(Ord. n° 2011-1895 du 19 déc. 2011, art. 3, en vigueur le 1er juin 2012)* Le délai de prescription ou le délai de forclusion est également interrompu par une mesure conservatoire prise en application du code des procédures civiles d'exécution ou un acte d'exécution forcée.

BIBL. ▸ LAGARDE, *D. 2018. 469* (la distinction entre prescription et forclusion à l'épreuve de la réforme du 17 juin 2008).

1. Domaine. Le commandement aux fins de saisie-vente, qui, sans être un acte d'exécution forcée, engage la mesure d'exécution forcée, interrompt la prescription de la créance qu'il tend à recouvrer. • Civ. 2e, 13 mai 2015, n° 14-16.025 P : *D. 2015. Actu. 1109 ; RDBF 2015, n° 134, note Piedlièvre ; Gaz. Pal. 5 sept. 2015, p. 15, note Cacioppo ; 22 sept. 2015, p. 36, note Lauvergnat ; ibid. 10 nov. 2015, p. 29, note Bolze ; LPA 2 oct. 2015, p. 8, note Vinckel.*

2. Conditions. Le commandement de payer valant saisie immobilière que le créancier hypothécaire, titulaire d'un droit de suite, fait signifier au tiers détenteur ne produisant les effets attachés à cette mesure d'exécution qu'à l'égard de celui-ci, le délai de prescription de la créance du poursuivant contre le débiteur n'est interrompu que par la signification qui est, en outre, faite à ce dernier du commandement de payer mentionnant que celui-ci valant saisie immobilière est signifié au tiers détenteur. • Civ. 2e, 23 juin 2016, n° 15-14.633 P.

3. Caducité de la mesure d'exécution. La caducité qui atteint une mesure d'exécution la prive rétroactivement de tous ses effets ; cassation d'un arrêt qui retient que la caducité d'un commandement a été constatée au sens des dispositions de l'art. R. 322-27 C. pr. exéc., et que cette caducité n'a pas d'effet sur l'interruption de la prescription. • Civ. 2e, 4 sept. 2014 : *D. actu. 17 sept. 2014, obs. Avena-Robardet ; AJDI 2014. 798 ; AJCA 2014. 379, obs. Mégret*.

4. Portée. Si, en principe, l'interruption de la prescription ne peut s'étendre d'une action à l'autre, il en est autrement lorsque les deux actions, au cours d'une même instance, concernent l'exécution de la même relation contractuelle. • Soc. 3 mai 2016, n° 14-16.633 P. ♦ La caducité qui frappe un commandement de payer valant saisie immobilière et qui le prive rétroactivement de tous ses effets atteint tous les actes de la procédure de saisie qu'il engage ; cassation de l'arrêt qui retient que l'assignation à l'audience d'orientation délivrée après un commandement de payer valant saisie immobilière n'a pas été annulée et a donc interrompu la prescription. • Civ. 2e, 19 févr. 2015, n° 13-28.445 P : *D. 2015. 495*. ♦ Même solution pour des conclusions postérieures au commandement de payer annulé : • Civ. 2e, 19 févr. 2015, n° 14-10.622 P : *D. 2015. 495*.

Art. 2245 L'interpellation faite à l'un des débiteurs solidaires par une demande en justice ou par un acte d'exécution forcée ou la reconnaissance par le débiteur du droit de celui contre lequel il prescrivait interrompt le délai de prescription contre tous les autres, même contre leurs héritiers.

En revanche, l'interpellation faite à l'un des héritiers d'un débiteur solidaire ou la reconnaissance de cet héritier n'interrompt pas le délai de prescription à l'égard des autres cohéritiers, même en cas de créance hypothécaire, si l'obligation est divisible. Cette interpellation ou cette reconnaissance n'interrompt le délai de prescription, à l'égard des autres codébiteurs, que pour la part dont cet héritier est tenu.

Pour interrompre le délai de prescription pour le tout, à l'égard des autres codébiteurs, il faut l'interpellation faite à tous les héritiers du débiteur décédé ou la reconnaissance de tous ces héritiers. — *Dispositions transitoires, V. L. n° 2008-561 du 17 juin 2008, art. 26 ss. C. civ., art. 2240 ci-dessus.*

1. Souscripteurs d'un billet à ordre. Les souscripteurs d'un billet à ordre sont des codébiteurs tenus solidairement envers le bénéficiaire. Le paiement des intérêts par un des souscripteurs interrompt la prescription vis-à-vis de tous les souscripteurs du billet à ordre. • Req. 19 mai 1884 : *DP 1884. 1. 286.*

2. Caution solidaire et débiteur principal. Le paiement d'une partie de la dette par la caution solidaire interrompt la prescription à l'égard du débiteur principal. • Req. 23 juill. 1929 : *DP 1931. 1. 73, note G. Holleaux.* ♦ La suspension de la prescription de la dette fiscale, résultant de la liquidation des biens non encore clôturée du débiteur principal, joue également à l'égard de la caution solidaire. • Com. 12 oct. 1999 : *JCP 2000. II. 10238, rapp. Rémery.*

3. Copartageants (lésion). La matière de la rescision du partage pour cause de lésion, qui remet en question les droits de toutes les parties, étant indivisible, lorsqu'un copartageant agit en rescision contre un autre, il interrompt la prescription de l'art. 1304 C. civ. à l'égard de tous les copartageants. • Civ. 1re, 5 janv. 1966 : *JCP 1966. II. 14592, note Voirin.*

Art. 2246 L'interpellation faite au débiteur principal ou sa reconnaissance interrompt le délai de prescription contre la caution. — *Dispositions transitoires, V. L. n° 2008-561 du 17 juin 2008, art. 26 ss. C. civ., art. 2240 ci-dessus.*

La déclaration de créance à la procédure collective du débiteur interrompt la prescription à l'égard de la caution sans qu'il soit besoin d'une notification. • Com. 26 sept. 2006 : *V. note 14 ss. C. civ., art. 2241, reproduit ci-dessus.*

Art. 54 *(Décr. n° 2019-1333 du 11 déc. 2019, art. 1er, en vigueur le 1er janv. 2020)* **La demande initiale est formée par assignation ou par requête remise ou adressée au greffe de la juridiction. La requête peut être formée conjointement par les parties.** — *[Ancien art. 54.]*

(Abrogé par Décr. n° 2020-1452 du 27 nov. 2020, art. 1er-1°-a, à compter du 1er janv. 2021) ***« Lorsqu'elle est formée par voie électronique, la demande comporte également, à peine de nullité, les adresse électronique et numéro de téléphone mobile du demandeur lorsqu'il consent à la dématérialisation ou de son avocat. Elle peut comporter l'adresse électronique et le numéro de téléphone du défendeur. »***

A peine de nullité, la demande initiale mentionne :

1° L'indication de la juridiction devant laquelle la demande est portée ;

2° L'objet de la demande ;

3° *a)* Pour les personnes physiques, les nom, prénoms, profession, domicile, nationalité, date et lieu de naissance de chacun des demandeurs ;

***b)* Pour les personnes morales, leur forme, leur dénomination, leur siège social et l'organe qui les représente légalement ;**

4° Le cas échéant, les mentions relatives à la désignation des immeubles exigées pour la publication au fichier immobilier ;

5° Lorsqu'elle doit être précédée d'une tentative de conciliation, de médiation ou de procédure participative, les diligences entreprises en vue d'une résolution amiable du litige ou la justification de la dispense d'une telle tentative ;

(Abrogé par Décr. n° 2020-1452 du 27 nov. 2020, art. 1er-1°-b, à compter du 1er janv. 2021) ***« 6° L'indication des modalités de comparution devant la juridiction et la précision que, faute pour le défendeur de comparaître, il s'expose à ce qu'un jugement soit rendu contre lui sur les seuls éléments fournis par son adversaire. »*** — *[Ancien art. 56, 57 et 58.]*

L'art. 1er du Décr. n° 2019-1333 du 11 déc. 2019 est applicable aux instances en cours au 1er janv. 2020 (Décr. préc., art. 55-I).

L'art. 1er-1° du Décr. n° 2020-1452 du 27 nov. 2020 s'applique aux instances en cours au 1er janv. 2021 (Décr. préc., art. 12).

BIBL. ▶ Blery, *D. avocats 2020. 25* (nouveaux modes d'introduction de la procédure et communication par voie électronique). – M.-P. Mourre-Schreiber, *D. actu. 18 déc. 2019* (réforme de la procédure civile : simplification des modes de saisine).

Ancien art. 54 *(Décr. nº 2005-1678 du 28 déc. 2005, art. 2, en vigueur le 1er mars 2006)* ***Sous réserve des cas où l'instance est introduite par la présentation volontaire des parties devant le juge, la demande initiale est formée par assignation, par remise d'une requête conjointe au*** *(Décr. nº 2017-892 du 6 mai 2017, art. 68-I-2º)* ***« greffe » de la juridiction ou par requête ou déclaration au*** *(Décr. nº 2017-892 du 6 mai 2017, art. 68-I-2º)* ***« greffe » de la juridiction.***

L'art. 2 du Décr. nº 2005-1678 du 28 déc. 2005 est applicable aux procédures en cours (Décr. préc., art. 87, al. 1er).

RÉP. PR. CIV. vº *Requête conjointe*, par Pierre-Maurice.

BIBL. ▶ Viatte, *Gaz. Pal. 1976. Doctr. 565.*

1. Téléphone. La déclaration verbale au greffe ne peut avoir lieu par téléphone. • Soc. 8 juill. 1992, nº 89-40.559 P : *RTD civ. 1993. 198, obs. Perrot.*

2. Télécopie. La déclaration écrite par envoi d'une lettre recommandée, lorsque celle-ci est autorisée, ne peut avoir lieu par fax. • Paris, 24 juin 1992 : *RTD civ. 1993. 198, obs. Perrot* ♦ Comp., en faveur de l'assimilation de la télécopie à la voie postale : • TGI La Roche-sur-Yon, ord., 27 févr. 2003 : *Gaz. Pal. 21-23 sept. 2003, p. 9, et la note.* ♦ Sur la validité et la force probante d'une déclaration de créance par télécopie, V. • Com. 17 déc. 2003, nº 01-10.692 P : *D. 2004. AJ 137, obs. A. Lienhard ; RTD com. 2004. 374, obs. Martin-Serf ; Dr. et pr. 2004. 146, note Le Corre ; Procédures 2004, nº 77, note Laporte* • Paris, 2 avr. 2002 : *D. 2002. AJ 1840* • Rouen, 23 oct. 2003 : *BRDA 2003, nº 24, p. 5.* ♦ V. aussi note 7 ss. art. 642, note 2 ss. art. 901 et note 2 ss. art. 950.

Art. 55 *(Décr. nº 2019-1333 du 11 déc. 2019, art. 1er, en vigueur le 1er janv. 2020)* **L'assignation est l'acte d'huissier de justice par lequel le demandeur cite son adversaire à comparaître devant le juge.** – *[Ancien art. 55.] – V. art. 651 s.*

L'art. 1er du Décr. nº 2019-1333 du 11 déc. 2019 est applicable aux instances en cours au 1er janv. 2020 (Décr. préc., art. 55-I).

BIBL. ▶ Blery, *D. avocats 2020. 25* (nouveaux modes d'introduction de la procédure et communication par voie électronique). – M.-P. Mourre-Schreiber, *D. actu. 18 déc. 2019* (réforme de la procédure civile : simplification des modes de saisine).

Ancien art. 55 ***L'assignation est l'acte d'huissier de justice par lequel le demandeur cite son adversaire à comparaître devant le juge.*** *– V. art. 651 s.*

RÉP. PR. CIV. vº *Assignation*, par Maugain.

L'avis d'audience qu'un huissier adresse par voie postale ne peut tenir lieu d'assignation devant le TI. • Paris, 13 juin 1986 : *Gaz. Pal. 1986. 2. 451, note Paire.*

Art. 56 *(Décr. nº 2019-1333 du 11 déc. 2019, art. 1er, en vigueur le 1er janv. 2020)* **L'assignation contient à peine de nullité, outre les mentions prescrites pour les actes d'huissier de justice et celles énoncées à l'article 54 :**

1º Les lieu, jour et heure de l'audience à laquelle l'affaire sera appelée ;

2º Un exposé des moyens en fait et en droit ;

3º La liste des pièces sur lesquelles la demande est fondée dans un bordereau qui lui est annexé ;

(Décr. nº 2020-1452 du 27 nov. 2020, art. 1er-2º, en vigueur le 1er janv. 2021) **« 4º L'indication des modalités de comparution devant la juridiction et la précision que, faute pour le défendeur de comparaître, il s'expose à ce qu'un jugement soit rendu contre lui sur les seuls éléments fournis par son adversaire. »**

L'assignation précise également, le cas échéant, la chambre désignée.

Elle vaut conclusions. – *[Ancien art. 56 et 57.]*

L'art. 1er du Décr. nº 2019-1333 du 11 déc. 2019 est applicable aux instances en cours au 1er janv. 2020 (Décr. préc., art. 55-I).

Jusqu'au 1er sept. 2020, dans les procédures soumises, au 31 déc. 2019, à la procédure écrite ordinaire, la saisine pour assignation de la juridiction demeure soumise aux dispositions de l'art. 56 dans leur rédaction antérieure au Décr. nº 2019-1333 du 11 déc. 2019 (Décr. préc., art. 55-II).

L'art. 1er-2° du Décr. n° 2020-1452 du 27 nov. 2020 s'applique aux instances en cours au 1er janv. 2021 (Décr. préc., art. 12).

Par dérogation à l'art. 55-II du Décr. n° 2019-1333 du 11 déc. 2019, jusqu'au 1er juill. 2021, dans les procédures soumises à la procédure écrite ordinaire, la saisine par assignation de la juridiction et la distribution de l'affaire demeurent soumises aux dispositions des art. 56, 752, 757 et 758 C. pr. civ. dans leur rédaction antérieure audit Décr. (Décr. n° 2020-1641 du 22 déc. 2020).

BIBL. ► Bléry, *D. avocats 2020. 25* (nouveaux modes d'introduction de la procédure et communication par voie électronique). – M.-P. Mourre-Schreiber, *D. actu. 18 déc. 2019* (réforme de la procédure civile : simplification des modes de saisine).

Ancien art. 56 ***L'assignation contient à peine de nullité, outre les mentions prescrites pour les actes d'huissier de justice :***

1° L'indication de la juridiction devant laquelle la demande est portée ;

2° (Décr. n° 98-1231 du 28 déc. 1998, art. 3-I, en vigueur le 1er mars 1999) « L'objet de la demande avec un exposé des moyens en fait et en droit » ;

3° L'indication (Décr. n° 2012-66 du 20 janv. 2012, art. 27) « des modalités de comparution devant la juridiction et la précision » que, faute pour le défendeur de comparaître, il s'expose à ce qu'un jugement soit rendu contre lui sur les seuls éléments fournis par son adversaire ;

4° Le cas échéant, les mentions relatives à la désignation des immeubles exigées pour la publication au fichier immobilier.

(Décr. n° 98-1231 du 28 déc. 1998, art. 3-II, en vigueur le 1er mars 1999) « Elle comprend en outre l'indication des pièces sur lesquelles la demande est fondée. Ces pièces sont énumérées sur un bordereau qui lui est annexé. »

(Décr. n° 2015-282 du 11 mars 2015, art. 18, en vigueur le 1er avr. 2015) « Sauf justification d'un motif légitime tenant à l'urgence ou à la matière considérée, en particulier lorsqu'elle intéresse l'ordre public, l'assignation précise également les diligences entreprises en vue de parvenir à une résolution amiable du litige.

***« Elle vaut conclusions. »** — V. art. 648, 653 s.*

L'art. 27 du Décr. n° 2012-66 du 20 janv. 2012 est applicable dans les îles Wallis-et-Futuna (Décr. préc., art. 44).

Sur le Décr. n° 2015-287 du 11 mars 2015, V. Circ. du 20 mars 2015, ss. art. 692-1.

BIBL. ► **Décr. du 28 déc. 1998 :** Bolard, *JCP 2000. I. 214* (obligation de qualifier les faits). – Cadiet, *JCP 1999. I. 130* (vue d'ensemble). – Chatelleyer, *Gaz. Pal. 1999. Doctr. 819*. – Daille-Duclos, *Gaz. Pal. 1999. Doctr. 822*. – Douchy, *Gaz. Pal. 1999. Doctr. 831*. – Desideri, *LPA 5 juin 2000, p. 5* (fondement juridique de la demande). – Guinchard, *D. 1999. Chron. 65*. – Hannoun, *Gaz. Pal. 1999. Doctr. 827* (nouvelles exigences de forme dans les écritures des parties). – Lorieux, *Gaz. Pal. 2000. Doctr. 204* (procédure et méthodologie judiciaire). – Héron, *RG proc. 1999. 77*. – R. Martin, *Procédures 2000. Chron. 13* (procédure orale). – Perdriau, *JCP 1999. I. 115* (juge de cassation). – Perrot, *Procédures 1999. Chron. 4*. – Raimon, *LPA 16 mai 2000, p. 4* (motivation en droit de l'assignation et résolution judiciaire des conflits).

► **Décr. du 11 mars 2015 :** Bléry, *Gaz. Pal. 17-18 avr. 2015, p. 7* (une nouvelle ère pour la procédure civile). – Croze, *JCP 2015. 356* (choix de simplification procédurale ? – A propos du décret n° 2015-282 du 11 mars 2015). – Douchy-Oudot, *Procédures 2015, n° 167* (médiation familiale : résolution amiable du litige). – Égéa, *Dr. fam. 2015. Chron. 3*. – Landry, *JCP 2015. 464*. – Lefebvre, *Dr. et patr. 11/2015, p. 22* (vers l'acte authentique de justice amiable). – Putman, *Dr. et pr. 2015. suppl. Droit du recouvrement, p. 14*. – Thouret, *AJ fam. 2015. 212*. – Tricoit, *Rev. arb. 2018. 274* (notion de diligences).

1. *Indication de la juridiction.* Un exploit n'est pas nul par cela seul qu'un tribunal y a été indiqué au lieu d'un autre, alors que l'erreur peut se rectifier par les autres énonciations de l'acte. • Req. 20 juill. 1882 : *DP 1885. 5. 237* • Poitiers, 27 mai 1963 : *JCP A 1963. IV. 4306.* ♦ Rappr. • Paris, 3 oct. 1986 : *D. 1987. Somm. 357, obs. Julien.* ♦ ... Ou d'une façon générale, dès lors qu'elle n'a causé aucun grief. • Lyon, 30 mars 1978 : *JCP 1978. II. 18963, note J. A.*

Grief il y a lorsque l'irrégularité a, contre son gré, privé le défendeur du double degré de juridiction. • Civ. 2e, 21 oct. 1976 : *Gaz. Pal. 1977. 1. Pan. 10.*

2. *Objet de la demande.* Tant en première instance qu'en appel, l'objet de la demande peut être formulé dans les motifs des conclusions sans être repris dans leur dispositif. • Civ. 2e, 1er juin 1983 : *Bull. civ. II, n° 118 ; RTD civ. 1983. 781, obs. Normand, 789, obs. Perrot* • Civ. 3e, 23 nov. 1983 : *D. 1984. IR 240, obs. Julien* • Soc. 10 mai 1989 : *JCP 1989. IV. 255.* ♦ V., pour l'application de l'art. 565 : • Civ. 3e, 26 mai 1992, n° 90-17.982 P : *RTD civ. 1993. 190, obs. Perrot*. ♦ V. art. 954 et les notes.

3. L'objet de la demande peut n'être exprimé que de façon implicite mais nécessaire dans les termes de l'assignation. • Civ. 3e, 19 mars 1985 : *JCP 1985. IV. 197.* ♦ Rappr. • Com. 20 nov. 1950 : *Bull. civ. II, no 341* • 18 mars 1986 : *JCP 1986. IV. 152.* ♦ Mais la simple demande de donner acte de la réserve de formuler ultérieurement ses prétentions ne satisfait pas à cette exigence. • Civ. 3e, 14 juin 1989 : *Bull. civ. III, no 137.* ♦ Le juge du fond apprécie souverainement si la brièveté de l'assignation est de nature à faire grief. • Civ. 1re, 29 oct. 1990 : *JCP 1990. IV. 124.*

Sur la discordance entre l'original et la copie de l'assignation laissée au défendeur quant au montant de la demande, V. • Dijon, 10 oct. 1975 : *JCP 1976. IV. 6608.*

4. N'expose pas l'objet de la demande l'assignation qui ne précise pas la date du transport litigieux, de sorte que le transporteur n'a pu identifier celle de ses prestations qui était contestée. • Com. 25 janv. 1994, ☎ no 91-19.778 P.

5. Exposé des moyens en fait et en droit. Si, aux termes de l'art. 56, l'assignation doit contenir, à peine de nullité, l'objet de la demande avec un exposé des moyens en fait et en droit, le fait que, dans l'acte introductif d'instance, la demanderesse fasse état de l'utilisation des photographies la représentant sur des affiches et précise qu'elle a saisi le tribunal pour voir reconnaître la violation de son droit à l'image et obtenir la réparation du préjudice qui en est résulté suffit à définir l'objet de la demande et le fondement juridique de l'action. • Paris, 13 juin 2002 : *LPA 14 nov. 2002, p. 15, note Pansier.* ♦ Viole l'art. 56, dans sa rédaction issue du Décr. no 98-1231 du 28 déc. 1998, la cour d'appel qui a, sous le couvert de l'examen des conditions de validité des assignations, porté une appréciation sur la force probante d'allégations, en annulant les assignations pour absence d'exposé des moyens en fait, car les demandeurs n'avaient pas apporté de précisions suffisantes dans les exploits introductifs d'instance et dans leurs conclusions récapitulatives. • Civ. 2e, 22 oct. 2020, ☎ no 19-15.316 P : *D. actu. 5 janv. 2021, note Kebir.*

6. Le juge apprécie la validité de l'assignation au regard de l'objet de l'action dont il est saisi. • Versailles, 19 déc. 2002 : *BICC 2003, no 1017.* ♦ L'action en contrefaçon de modèles, d'interprétation stricte, implique que le demandeur, dans son assignation, caractérise la contrefaçon, *notamment en donnant* les références des dépôts dont il se prévaut, en définissant précisément les modèles déposés qui font l'objet de la contrefaçon et en expliquant en quoi les modèles incriminés sont contrefaisants. En l'absence d'assignation valable dans le délai de quinze jours prescrits par l'art. L. 521-1 CPI, la saisie-contrefaçon est nulle. • Même arrêt.

7. En ce sens que la nullité résultant du défaut de motivation est couverte si elle n'est pas invoquée avant toute défense au fond, V. • Civ. 3e, 26 nov. 2003 : ☎ *Procédures 2004, no 46, note Perrot.*

8. Une assignation par laquelle une SCI se borne à demander la résolution d'une assemblée générale des copropriétaires aux motifs que ceux-ci avaient été trompés est nulle pour défaut de motivation en droit. • Civ. 2e, 6 avr. 2006, ☎ no 04-11.737 P : *RLDC 2006/31, no 2446, obs. Miniato ; AJDI 2007. 208, note Capoulade* ✎.

9. La nullité de l'assignation, fondée sur ce que l'acte introductif d'instance fait mention des art. L. 653-1 à L. 653-11 C. com., traitant des sanctions telles qu'elles résultent de la loi du 26 juill. 2005, alors qu'il s'agit d'une procédure collective ouverte avant le 1er janv. 2006, doit être rejetée, cette erreur n'ayant pu avoir de conséquence quant aux droits de la défense, la réforme du 26 juill. 2005 n'ayant pas modifié la nature des sanctions pécuniaires. • Paris, 3 juill. 2008 : *JCP 2008. IV. 2561.*

10. Indications des pièces. L'obligation d'énumérer dans l'assignation et par bordereau annexé les pièces sur lesquelles la demande est fondée n'est assortie d'aucune sanction et ne constitue pas une formalité substantielle ou d'ordre public. • Civ. 2e, 3 avr. 2003, ☎ no 00-22.066 P : *D. 2003. IR 1134* ✎ *; Procédures 2003, no 132, note Perrot ; LPA 27-29 juill. 2003, p. 21, note Bolze.* ♦ *Contra* jugeant que même à défaut d'être prescrite clairement à peine de nullité, l'obligation pour le demandeur d'énumérer les pièces sur lesquelles il fonde son action constitue une formalité substantielle pour la régularité de la procédure puisque cette règle nouvelle tend à mieux informer le destinataire de l'assignation des motifs du procès qui lui est intenté, et, par conséquent, contribue à garantir les droits du défendeur en lui permettant d'apprécier précocement la pertinence de l'action engagée à son encontre et de faire valoir ses droits. • TGI Le Mans, JME, 22 mars 2007 : *Procédures, Focus, 26, obs. Granet* (refusant l'annulation pour absence de grief). • TGI Le Mans, JME, 22 mars 2007 : *Procédures, Focus, 26, obs. Granet* (prononçant l'annulation).

11. Obligation de tenter un règlement aimable avant toute saisine du juge. Conventionalité. Ne constitue pas une entrave substantielle au droit d'accès direct au juge l'obligation imposée par la loi de tenter de trouver une solution amiable, préalablement à toute demande devant une juridiction civile, à peine d'irrecevabilité, si par ailleurs le processus amiable suspend le cours de la prescription et qu'en cas d'échec, les parties disposent d'une possibilité de saisir le juge compétent. • CEDH 26 mars 2015 : *cité note 43 ss. Conv. EDH, art. 6, App., vo Droit européen et international.*

Art. 57 *(Décr. no 2019-1333 du 11 déc. 2019, art. 1er, en vigueur le 1er janv. 2020)* **Lorsqu'elle est formée par le demandeur, la requête saisit la juridiction sans que son**

adversaire en ait été préalablement informé. Lorsqu'elle est remise ou adressée conjointement par les parties, elle soumet au juge leurs prétentions respectives, les points sur lesquels elles sont en désaccord ainsi que leurs moyens respectifs.

Elle contient, outre les mentions énoncées à l'article 54, également à peine de nullité :

— lorsqu'elle est formée par une seule partie, l'indication des nom, prénoms et domicile de la personne contre laquelle la demande est formée ou s'il s'agit d'une personne morale, de sa dénomination et de son siège social ;

— dans tous les cas, l'indication des pièces sur lesquelles la demande est fondée.

Elle est datée et signée. — *[Ancien art. 57 et 58.]*

L'art. 1er du Décr. n° 2019-1333 du 11 déc. 2019 est applicable aux instances en cours au 1er janv. 2020 (Décr. préc., art. 55-I).

BIBL. ▸ BLERY, *D. avocats 2020. 25* (nouveaux modes d'introduction de la procédure et communication par voie électronique). – M.-P. MOURRE-SCHREIBER, *D. actu. 18 déc. 2019* (réforme de la procédure civile : simplification des modes de saisine).

Ancien art. 57 ***La requête conjointe est l'acte commun par lequel les parties soumettent au juge leurs prétentions respectives, les points sur lesquels elles sont en désaccord ainsi que leurs moyens respectifs.***

Elle contient, en outre, à peine d'irrecevabilité :

1° a) Pour les personnes physiques, les nom, prénoms, profession, domicile, nationalité, date et lieu de naissance de chacun des requérants ;

b) Pour les personnes morales, leur forme, leur dénomination, leur siège social et l'organe qui les représente légalement ;

2° L'indication de la juridiction devant laquelle la demande est portée ;

3° Le cas échéant, les mentions relatives à la désignation des immeubles exigées pour la publication au fichier immobilier.

Elle comprend aussi l'indication des pièces sur lesquelles la demande est fondée.

Elle est datée et signée par les parties.

Elle vaut conclusions. — *V. art. 12 in fine, 793 s., 845 s., 859 s., 926 s.*

RÉP. PR. CIV. v° *Requête conjointe*, par PIERRE-MAURICE.

BIBL. ▸ BLANCHOT, *Gaz. Pal. 2001. 1. Doctr. 557* (place de la signature électronique dans les actes de procédure).

Jugé, en application de l'art. 58 du décret n° 71-740 du 9 sept. 1971, qui limitait le domaine de la requête conjointe aux matières dans lesquelles les parties avaient la libre disposition de leurs droits, qu'une demande de changement de nom de l'enfant naturel ne pouvait être introduite par cette voie. • TGI Évry-Corbeil, 19 févr. 1975 : *Gaz. Pal. 1975. 1. 417.* ♦ V. *contra*, pour la demande d'époux divorcés tendant à ce que soit judiciairement consacré le pacte intervenu entre eux relativement à la garde des enfants : • TGI Tours, 22 mars 1974 : *RTD civ. 1975. 148, obs. Perrot.*

Ancien art. 57-1 *(Abrogé par Décr. n° 2019-1333 du 11 déc. 2019, art. 1er, à compter du 1er janv. 2020)* ***Lorsque cette faculté leur est ouverte par l'article 12, les parties peuvent, si elles ne l'ont déjà fait depuis la naissance du litige, conférer au juge dans la requête conjointe mission de statuer comme amiable compositeur ou le lier par les qualifications et points de droit auxquels elles entendent limiter le débat.***

L'art. 57-1 correspond à l'ancien art. 58 ainsi renuméroté par le Décr. n° 2005-1678 du 28 déc. 2005 (Décr. préc., art. 3-I, en vigueur le 1er mars 2006).

L'art. 1er du Décr. n° 2019-1333 du 11 déc. 2019 est applicable aux instances en cours au 1er janv. 2020 (Décr. préc., art. 55-I).

BIBL. ▸ V. Bibl. ss. art. 12.

Lorsque les parties, ayant saisi le premier juge par voie de requête conjointe, ont renoncé à leur droit d'interjeter appel de la décision, il y a lieu, en cas de cassation, de renvoyer l'affaire devant le tribunal autrement composé. • Civ. 1re, 27 mai 1987 : *D. 1987. 209*, note Gautier (en matière de propriété littéraire). ♦ V. également notes 32 s. ss. art. 12.

Art. 58 *(Décr. n° 2019-1333 du 11 déc. 2019, art. 1er, en vigueur le 1er janv. 2020)* **Lorsque cette faculté leur est ouverte par l'article 12, les parties peuvent, si elles ne l'ont déjà fait depuis la naissance du litige, conférer au juge, dans la requête conjointe,**

mission de statuer comme amiable compositeur ou le lier par les qualifications et points de droit auxquels elles entendent limiter le débat. – *[Ancien art. 57-1.]*

L'art. 1er du Décr. no 2019-1333 du 11 déc. 2019 est applicable aux instances en cours au 1er janv. 2020 (Décr. préc., art. 55-I).

BIBL. ▶ Bléry, *D. avocats 2020. 25* (nouveaux modes d'introduction de la procédure et communication par voie électronique). – M.-P. Mourre-Schreiber, *D. actu. 18 déc. 2019* (réforme de la procédure civile : simplification des modes de saisine).

Ancien art. 58 *(Décr. no 2005-1678 du 28 déc. 2005, art. 3, en vigueur le 1er mars 2006)* ***La requête ou la déclaration est l'acte par lequel le demandeur saisit la juridiction sans que son adversaire en ait été préalablement informé.***

Elle contient à peine de nullité :

1o Pour les personnes physiques : l'indication des nom, prénoms, profession, domicile, nationalité, date et lieu de naissance du demandeur ;

Pour les personnes morales : l'indication de leur forme, leur dénomination, leur siège social et de l'organe qui les représente légalement ;

2o L'indication des *(Décr. no 2006-936 du 27 juill. 2006, art. 127, en vigueur le 1er janv. 2007)* ***« nom, prénoms*** *[ancienne rédaction : noms]* ***» et domicile de la personne contre laquelle la demande est formée, ou, s'il s'agit d'une personne morale, de sa dénomination et de son siège social ;***

3o L'objet de la demande.

(Décr. no 2015-282 du 11 mars 2015, art. 19, en vigueur le 1er avr. 2015) ***« Sauf justification d'un motif légitime tenant à l'urgence ou à la matière considérée, en particulier lorsqu'elle intéresse l'ordre public, la requête ou la déclaration qui saisit la juridiction de première instance précise également les diligences entreprises en vue de parvenir à une résolution amiable du litige.***

« Elle est datée et signée. »

BIBL. ▶ **Décr. du 11 mars 2015 :** Bléry, *Gaz. Pal. 17-18 avr. 2015, p. 7* (une nouvelle ère pour la procédure civile). – Croze, *JCP 2015. 356* (choix de simplification procédurale ? – A propos du décret n° 2015-282 du 11 mars 2015). – Douchy-Oudot, *Procédures 2015, no 167* (médiation familiale : résolution amiable du litige). – Égéa, *Dr. fam. 2015. Chron. 3.* – Landry, *JCP 2015. 464.* – Putman, *Dr. et pr. 2015. suppl. Droit du recouvrement, p. 14.* – Thouret, *AJ fam. 2015. 212* .

1. Obligation de tenter un règlement amiable avant toute saisine du juge. Conventionalité. Renvoi. V. note 11 ss. art. 56.

2. Contestation d'honoraires. La réclamation soumise au bâtonnier dans le cadre d'une procédure de contestation d'honoraires échappe aux prévisions de l'art. 58 C. pr. civ. • Civ. 2e, 24 mai 2018, nos 17-18.458 et 17-18.504 P : *D. actu. 13 juin 2018, obs. Jourdan-Marques ; D. 2018. 1159 ; D. avocats 2018. 213 ; JCP 2018. 690, note Caseau-Roche ; ibid. 2018. 1023, note Grayot-Dirx ; ibid. 918, note Guichard ; Gaz. Pal. 31 juill. 2018, p. 60, obs. Raschel ; Dr. et pr. nov. 2018, Suppl., p. 11, obs. Gorchs-Gelzer.*

3. Exécution provisoire. *V.* rejetant la nullité de l'assignation devant le Premier président en matière d'exécution provisoire en l'absence pour l'appelant (débiteur) d'avoir fait précéder sa demande des démarches amiables exigées par l'art. 56 C. pr. civ., en jugeant que la « sanction » résiderait dans la possibilité pour le juge de proposer aux parties une mesure de médiation ou de conciliation conformément à l'art. 127 C. pr. civ : • Bordeaux, 17 mai 2018, n° 18/00050 : *Dr. et pr. nov. 2018, Suppl., p. 11, obs. Gorchs-Gelzer.*

4. Élections professionnelles. Selon l'art. 58, sauf justification d'un motif légitime tenant à l'urgence ou à la matière considérée, en particulier lorsqu'elle intéresse l'ordre public, la requête ou la déclaration qui saisit la juridiction de première instance précise les diligences entreprises en vue de parvenir à une résolution amiable du litige. Or, l'employeur et les organisations syndicales ne peuvent conclure un accord pour se faire juge de la validité des élections professionnelles, matière intéressant l'ordre public. Doit dès lors être cassé le jugement qui déclare irrecevable une requête en annulation d'un protocole préélectoral et d'élections professionnelles au motif que le requérant ne mentionne pas les diligences accomplies en vue de parvenir à une résolution amiable du litige et ne justifie pas davantage d'un motif légitime le dispensant de l'accomplissement de ces diligences. • Soc. 19 déc. 2018, n° 18-60.067 P : *D. actu. 28 janv. 2019, obs. Deharo ; RDT 2019. 123, obs. Guiomard ; JCP S 2019. 1040, note Jeansen.*

Art. 59 Le défendeur doit, à peine d'être déclaré, même d'office, irrecevable en sa défense, faire connaître :

a) S'il s'agit d'une personne physique, ses nom, prénoms, profession, domicile, nationalité, date et lieu de naissance ;

b) S'il s'agit d'une personne morale, sa forme, sa dénomination, son siège social et l'organe qui le représente. — *V. art. 814, 960.*

1. Les conclusions du défendeur sont irrecevables tant qu'il n'a pas fait connaître son domicile et il ne saurait se prévaloir de ce que ce dernier n'était pas indiqué dans l'assignation. • TGI Nanterre, 4 mars 1974 : *Gaz. Pal. 1975. 2. 492.*

2. Est irrecevable l'appel incident de l'intimé qui n'a pas répondu à la sommation de faire connaître son domicile réel. • Paris, 5 juill. 1977 : *D. 1978. IR 153, obs. Julien.*

3. Le défendeur qui, sans faire connaître son domicile réel, s'est, tout au long de la procédure, déclaré domicilié au lieu d'exploitation du fonds par lui donné en location-gérance, a, par là même, élu domicile à cette adresse et donné à la personne qui y demeure mandat au moins apparent de recevoir signification des actes se rapportant au litige. • Civ. 2e, 6 juill. 1961 : *JCP 1961. II. 12335, note J. A.*

4. Si le défendeur transfère son domicile en cours d'instance sans en informer la partie adverse, les significations ultérieures sont valablement faites là où il était domicilié au début de la procédure. • Civ. 2e, 9 juill. 1958 : *Bull. civ. II, no 514* • Soc. 4 janv. 1979 : *ibid. V, no 1* • Douai, 30 avr. 1980 : *D. 1980. 572, note J.-J. T.* ♦ ... Sauf s'il est établi que l'adversaire connaissait la nouvelle adresse et a procédé ainsi de mauvaise foi. • T. civ. Seine, 23 déc. 1948 : *RTD civ. 1949. 563, obs. Raynaud.*

5. Pour la mention de l'organe représentant la personne morale, V. notes 4 s. ss. art. 117.

SECTION II LA DEMANDE EN MATIÈRE GRACIEUSE

DALLOZ ACTION *Droit et pratique de la procédure civile 2022/2023*, nos 171.61 s.

Art. 60 **En matière gracieuse, la demande est formée par requête.** — *V. art. 25 s., 797 s., 950 s.*

BIBL. ▸ V. Bibl. ss. art. 25.

Art. 61 **Le juge est saisi par la remise de la requête au** *(Décr. no 2017-892 du 6 mai 2017, art. 68-I-2o)* **« greffe » de la juridiction.**

SECTION III *[ABROGÉE]* DISPOSITIONS RELATIVES À LA CONTRIBUTION POUR L'AIDE JURIDIQUE

(Abrogée par Décr. no 2013-1280 du 29 déc. 2013, art. 2-I-1o) (Décr. no 2011-1202 du 28 sept. 2011, art. 2)

L'art. 2 du Décr. no 2011-1202 du 28 sept. 2011 susvisé est abrogé à l'exception du I de son art. 21 (Décr. no 2013-1280 du 29 déc. 2013, art. 13-I).

Le Décr. no 2011-1202 du 28 sept. 2011 [abrogé] a été applicable aux instances introduites à compter du premier jour du mois suivant sa publication, soit le 1er oct. 2011 (Décr. préc., art. 21-II [abrogé]).

L'instance est introduite :

a) Lorsque la juridiction est saisie par la remise d'une assignation, par la signification de cette assignation ;

b) Dans le cas de l'injonction de payer ou de l'injonction de payer européenne, par la signification de l'ordonnance portant injonction (Décr. préc., art. 21-II [abrogé]).

Les dispositions de l'art. 2 du Décr. no 2013-1280 du 29 déc. 2013 entrent en vigueur le 1er janv. 2014 pour les instances introduites à compter de cette date. Les dispositions réglementaires relatives à la contribution pour l'aide juridique demeurent applicables dans leur rédaction en vigueur au 31 déc. 2013 pour les instances introduites jusqu'à cette date (Décr. préc., art. 25).

BIBL. ▸ Barjot, *RCA 2012, Focus 20* (modalités d'application du droit affecté au fonds d'indemnisation de la profession d'avoué près les cours d'appel et à la contribution pour l'aide juridique). – Croze, *JCP 2011. 1145* (l'apport du droit fiscal à la théorie de l'instance). – Herman, *Gaz. Pal. 2011. 2563* (face à la crise, la justice devient timbrée). – NDLR, *Procédures 2011. Alerte 53.*

▸ **Décr. du 29 déc. 2013 :** Fricero, *D. 2014. Pan. 795* .

Art. 62 à 62-5 *Abrogés par Décr. no 2013-1280 du 29 déc. 2013, art. 2-I-1o.*

CHAPITRE II LES DEMANDES INCIDENTES

RÉP. PR. CIV. v^{is} *Demandes reconventionnelles*, par DOUCHY-OUDOT ; *Intervention*, par WIEDERKEHR et D'AMBRA.

DALLOZ ACTION *Droit et pratique de la procédure civile 2022/2023*, n°s 31.00 s.

Art. 63 Les demandes incidentes sont : la demande reconventionnelle, la demande additionnelle et l'intervention.

La demande présentée en application de l'art. 700 ne constitue pas une demande incidente au sens de l'art. 401. • Civ. 2e, 10 déc. 1986 : *D. 1987. Somm. 227, obs. Julien ; Gaz. Pal. 1987. 2. Somm. 335, obs. Croze et Morel ; RTD civ. 1987. 153, obs. Perrot.* ♦ Elle est soumise, néanmoins, aux dispositions des art. 68, al. 2. • Soc. 9 juill. 1985 : *Gaz. Pal. 1986. 1. Somm. 10.* ♦ ... Et de l'art. 1010. • Civ. 3e, 13 nov. 1986 : *JCP 1987. IV. 26.*

Art. 64 Constitue une demande reconventionnelle la demande par laquelle le défendeur originaire prétend obtenir un avantage autre que le simple rejet de la prétention de son adversaire. – *V. art. 37, 39, 1142.*

RÉP. PR. CIV. v^{o} *Demandes reconventionnelles*, par DOUCHY-OUDOT.

1. Notion. Constitue une demande reconventionnelle le moyen pris du défaut de représentativité du groupement professionnel qui demande l'annulation d'élections au comité d'établissement. • Soc. 14 oct. 1984 : *JCP 1984. IV. 356.* ♦ Implique une demande reconventionnelle de remise de compte la prétention du défendeur, assigné en paiement d'un examen médical, tendant à obtenir qu'il soit ordonné au laboratoire de communiquer les résultats de l'analyse par lui effectuée. • Civ. 1re, 4 oct. 1989 : *D. 1989. IR 259.* ♦ Constitue une demande reconventionnelle et non une défense au fond la demande, formée par les clients d'une banque et fondée sur la faute de cette dernière, tendant au paiement de dommages-intérêts équivalents au montant des sommes réclamées en paiement du solde d'un prêt et d'un compte courant. • Civ. 1re, 8 mars 2007, n° 05-21.685 P : *Gaz. Pal. 1er-2 févr. 2008, p. 24, note du Rusquec.*

2. Ne constitue qu'une défense au fond le moyen uniquement fondé sur une argumentation qui s'oppose à celle présentée à l'appui des demandes principales. • Soc. 10 déc. 1986 : *Gaz. Pal. 1987. 1. Pan. 47* • Paris, 24 sept. 1992 : *D. 1992. IR 261.*

3. Les demandes reconventionnelles et les moyens de défense étant formés de la même manière à l'encontre des parties à l'instance, les juges du fond doivent répondre à la demande de la caution actionnée en paiement par le créancier invoquant la responsabilité du banquier garanti, quelle qu'en soit la qualification procédurale (cassation au visa des art. 4, 64, 68 et 71). • Cass., ch. mixte, 21 févr. 2003, n° 99-18.759 P : *BICC 1er juin 2003, p. 5, avis de Gouttes, rapp. Assié ; D. 2003. AJ 829, obs. Avena-Robardet ; JCP 2003. II. 10103, note Boucard ; ibid. I. 128, n° 19, obs. Cadiet ; JCP E 2003, n° 1073, note Legeais ; Procédures 2003, n° 118, note Croze ; RJDA 2003, n° 643, avis de Gouttes ; LPA 30 juin 2003, p. 9, note Houtcieff.* – V. aussi • Com. 24 juin 2003 : *JCP 2003. I. 176, n° 6, obs. Simler et Delebecque.* ♦ Auparavant, la Cour de cassation avait jugé que la caution qui, poursuivie en paiement par le créancier, demande à être déchargée de son obligation en raison de la faute commise par celui-ci à l'encontre du débiteur principal, sans prétendre obtenir un avantage autre que le simple rejet de la prétention de son adversaire, peut procéder par voie de défense au fond ; elle peut aussi, par voie de demande reconventionnelle, demander à être déchargée indirectement en sollicitant des dommages et intérêts puis la compensation entre le montant de sa dette et celui des dommages et intérêts. • Com. 26 oct. 1999, n° 96-16.837 P : *D. 2000. Somm. 340, obs. Jobard-Bachellier ; JCP 1999. II. 10262, note Legeais ; Procédures 2000, n° 36, obs. H. C. ; RTD com. 2000. 157, obs. Cabrillac* • 26 avr. 2000, n° 96-21.941 P : *D. 2000. 665, note Grimaldi ; RDBF 2000, n° 151, obs. Legeais.* ♦ Dans le même sens, V. • Civ. 1re, 4 oct. 2000, n° 98-10.075 P : *D. 2000. AJ 401, obs. Avena-Robardet ; RDBF 2000, n° 223, obs. Legeais ; Banque et Dr. 3-4/2001. 45, obs. Jacob ; Dr. et pr. 2001. 96, note Picod.* ♦ *Adde*, jugeant que constitue une défense au fond, qui échappe à la prescription, le moyen, tiré de l'art. L. 341-4, devenu L. 332-1 C. consom., selon lequel l'engagement de caution d'une personne physique manifestement disproportionné à ses biens et revenus se trouve privé d'effet à l'égard du créancier professionnel. • Civ. 1re, 31 janv. 2018, n° 16-24.092 P : *cité note 3 ss. art. 72.* ♦ Constitue une défense au fond, qui échappe à la prescription, la prétention d'une caution à la déchéance des intérêts fondée sur l'art. L. 313-22 C. mon. fin. • Com. 6 juin 2018, n° 17-10.103 P : *cité note 3 ss. art. 72.* – V. aussi Legeais, *RDBB 1999. 196.* – V. également, sur la jurisprudence antérieure à 2003, Guinchard, *Mél. Terré, Dalloz-PUF-Juris-Classeur 1999, p. 764, n° 7.* ♦ Les cautions hypothécaires qui soulèvent la nullité de leur engagement dans le cadre d'une saisie immobilière mise en œuvre à leur encontre, agissent par voie d'action principale en annulation de l'acte de cautionnement et ne peuvent être considérées comme défendeurs ; l'exception de nullité peut seulement jouer pour faire échec à la demande d'exécution d'un acte juridique qui n'a pas encore été exécuté. • Civ. 2e, 14 sept. 2006, n° 05-11.230 P : *RTD civ. 2007. 174, obs. Perrot*.

4. Constitue une demande reconventionnelle la demande par laquelle le défendeur à une action en exécution d'un contrat ne se borne pas à demander la nullité du contrat mais entend voir tirer les conséquences de cette nullité. • Cass., ass. plén., 22 avr. 2011, n° 09-16.008 P : *BICC 15 juin 2011, Rapp. de Frouin et avis de Azibert ; D. 2011. Actu. 1218, obs. Delpech ; ibid. 1870, note Deshayes et Laithier ; ibid. 2012. Pan. 249, note Fricero ; RTD civ. 2011. 795, obs. Théry ; JCP 2011. 715, note Serinet ; Dr. et pr. 2011. 210, note Putman ; Rev. sociétés 2011. 547, note Moury ; BJS 2011. 567, note Couret ; Banque et Dr. 5-6/2011. 54, obs. Storck.*

5. Sur la distinction, en matière de divorce pour rupture de la vie commune, entre demande reconventionnelle ordinaire et demande reconventionnelle subsidiaire, V. • Civ. 2e, 16 janv. 1980 : *JCP 1981. II. 19487, note Lindon ; RTD civ. 1980. 754, obs. Nerson et Rubellin-Devichi* • 20 mai 1981 : *Gaz. Pal. 1982. 1. 124, note Massip* • 10 oct. 1984 : *JCP 1985. II. 20453, note Lindon et Bénabent.* ♦ V. également • TGI Nice, 1er juin 1977 : *D. 1978. IR 172, obs. Breton* • TGI Lyon, 15 déc. 1977 : *D. 1978. 201, note Breton ; RTD civ. 1978. 703, obs. Normand* • Civ. 2e, 22 oct. 1997, n° 96-10.715 P.

6. N'est pas reconventionnelle la demande formée par un codéfendeur contre un autre qui n'a élevé aucune prétention à son encontre. • Civ. 3e, 3 déc. 2008, n° 07-16.748 P : *D. 2009. AJ 107 ; JCP 2009. IV.1048 ; RLDC 09/2009. 3555, obs. Beignier et Miniato.*

7. *Recevabilité.* Sur la nécessité d'un lien suffisant, V. art. 70. ♦ Sur la règle « reconvention sur reconvention ne vaut », V. • Paris, 15 févr. 1968 : *RTD civ. 1969. 373, obs. (crit.) Hébraud.*

8. La demande en paiement d'une indemnité d'éviction, formée en réplique à une assignation en expulsion, ne constitue pas une exception mais une véritable action, à laquelle l'adage *quae temporalia* ... n'est pas applicable. • Civ. 3e, 5 févr. 1971 : *Bull. civ. III, n° 85 ; RTD civ. 1972. 170, obs. Hébraud.* ♦ Dans le même sens, V. • Civ. 3e, 9 oct. 1970 : *Bull. civ. III, n° 508.*

***9.** Les demandes reconventionnelles*, en première instance comme en appel, peuvent être formées tant par le défendeur sur la demande initiale que par le demandeur initial en défense aux prétentions reconventionnelles de son adversaire. • Civ. 2e, 10 janv. 2013, n° 10-28.735 P : *D. 2013. 877, note Pailler ; JCP 2013. 436, note Guerlin ; Gaz. Pal. 24-25 mai 2013, p. 21, obs. Raschel ; Dr. et pr. 2013. 89, note Vinckel ; Procédures 2013, n° 63, note Perrot ; LPA 7 oct. 2013, p. 10, obs. Boillot.*

10. Autonomie procédurale. Le désistement de l'instance en partage rend sans objet la demande reconventionnelle de maintien dans l'indivision. • Civ. 1re, 16 déc. 1986 : *Gaz. Pal. 1987. 1. Pan. 60.* ♦ Rappr. • Civ. 2e, 17 mars 1983 : *Bull. civ. II, n° 84* • TGI Paris, 7 janv. 1981 : *Gaz. Pal. 1981. 2. Somm. 208.*

11. Est irrecevable la demande reconventionnelle en divorce greffée sur une demande principale jugée elle-même irrecevable. • Civ. 2e, 7 juill. 1983 : *Bull. civ. II, n° 148.* ♦ V. cep. • Colmar, 13 avr. 1951 : *D. 1952. 604, note Carbonnier* • Civ. 1re, 19 avr. 2005, n° 02-19.881 P : *Procédures 2005, n° 201, obs. Perrot.*

12. Dans la mesure où elle tend à faire réduire pour cause de malfaçons affectant les marchandises le montant des factures, dont le créancier réclame le paiement, la demande reconventionnelle devient sans objet dès lors que la demande principale est déclarée irrecevable. • Aix-en-Provence, 23 avr. 1974 : *D. 1974. Somm. 86 ; RTD civ. 1975. 150, obs. Perrot.* ♦ Dans le même sens, s'agissant d'une demande de compensation judiciaire, V. • Aix-en-Provence, 7 mai 1974 : *D. 1974. Somm. 85.*

13. La demande reconventionnelle qui tend à interpréter le règlement de copropriété ne constitue pas une simple défense à l'action principale en nullité d'une décision de l'assemblée générale pour vice de forme. • Paris, 28 nov. 1984 : *D. 1985. IR 431, obs. Giverdon.* ♦ L'habilitation du syndic est nécessaire, puisqu'elle présente une autonomie procédurale complète, et dans ces conditions, elle n'est pas connexe et ne se rattache pas à la demande principale par un lien suffisant. • Même arrêt.

14. Même si, pour cause d'incompétence ou d'irrecevabilité, il n'est pas statué sur la demande principale, les tribunaux restent saisis de la demande reconventionnelle lorsque, le demandeur ayant conclu sur cette dernière, les parties ont accepté leur juridiction. • Com. 27 nov. 1951 : *D. 1952. 71 ; RTD civ. 1952. 97, obs. Hébraud* • Civ. 2e, 7 janv. 1965 : *Bull. civ. II, n° 12.*

15. Incompétent sur la demande principale, le juge doit cependant connaître de la demande reconventionnelle lorsque, ayant un objet distinct et ne constituant pas uniquement une demande incidente, elle subsiste devant lui en tant que demande principale sur laquelle il ne peut refuser de statuer. • Req. 23 mai 1940 : *S. 1940. 1. 119.*

16. Est autonome la demande reconventionnelle qui ne tend pas à contester les prétentions exprimées dans la demande principale. • Aix-en-Provence, 18 nov. 1980 : *D. 1982. IR 67*, et, sur pourvoi : • Com. 23 févr. 1983 : *Bull. civ. IV,* *n° 83, D. 1983. IR 439, obs. Derrida.* ♦ ... Mais à faire constater l'existence de droits distincts. • Aix-en-Provence, 23 avr. 1974 : *préc. note 12.* ♦ Tel est le cas d'une demande en inopposabilité à la masse d'un acte accompli pendant la période suspecte greffée sur une demande de rétractation du report de la date de cessation des paiements. • Aix-en-Provence, 18 nov. 1980 : *préc.* ♦ ... Ou d'une demande en réparation du dommage causé par la violation d'une clause d'exclusivité greffée sur une action en paiement de factures de livraisons. • Aix-en-Provence, 23 avr. 1974 : *préc. note 12.*

17. Sur les effets de la demande reconventionnelle, V. art. 68.

Art. 65 **Constitue une demande additionnelle la demande par laquelle une partie modifie ses prétentions antérieures.** – *V. art. 564 s.*

RÉP. PR. CIV. v° *Actes de procédure*, par LEBORGNE.

1. Après avoir assigné en annulation de délibérations d'une assemblée générale, un copropriétaire ne peut, par simples conclusions, demander l'annulation de résolutions votées au cours d'une autre assemblée, cette demande, qui n'est pas une demande additionnelle au sens de l'art. 65, devant faire l'objet d'une assignation distincte. • TGI Paris, 10 mars 1980 : *Quot. jur. 26 févr. 1981.*

2. Sur la nécessité d'un lien suffisant, V. art. 70.

Art. 66 **Constitue une intervention la demande dont l'objet est de rendre un tiers partie au procès engagé entre les parties originaires.**

Lorsque la demande émane du tiers, l'intervention est volontaire ; l'intervention est forcée lorsque le tiers est mis en cause par une partie. – *V. art. 325 s., 554, 555.*

RÉP. PR. CIV. v° *Intervention*, par WIEDERKEHR et D'AMBRA.

1. Est irrecevable l'intervention émanée d'un tiers dans une procédure engagée au nom d'une personne décédée. • Civ. 1re, 10 mars 1982 : *Bull. civ. I, n° 108.* ♦ L'intervention en cause d'appel est irrecevable dès lors que, l'appel étant lui-même déclaré irrecevable, la cour ne se trouve saisie d'aucun procès. • Rouen, 15 févr. 1979 : *Gaz. Pal. 1980. 2. Somm. 277.*

2. Si le sort de l'intervention est lié, en principe, à celui de l'action principale, il en va différemment lorsque l'intervenant exerce un droit qui lui est propre. • Civ. 1re, 20 mai 1969 : *JCP 1969. II. 15982 ; RTD civ. 1969. 835, obs. Raynaud* • 7 nov. 1978 : *Bull. civ. I, n° 332.* ♦ Rappr. • Com. 21 oct. 1975 : *D. 1976. 67, note Derrida.*

Tel n'est pas le cas de celui qui justifie seulement d'un intérêt moral au triomphe de la demande. • TGI Albi, 21 févr. 1979 : *JCP 1980. IV. 399.*

3. Selon l'art. 66, la demande incidente dont l'objet est de rendre un tiers partie au procès engagé entre les parties originaires constitue une intervention, laquelle est volontaire lorsque cette demande émane du tiers. • Civ. 2e, 6 mars 2003, n° 01-12.474 P.

4. Associations de consommateurs. Il résulte de la combinaison des art. L. 421-7 C. consom., 66 et 68 NCPC [devenu C. pr. civ.] que si les associations agréées de consommateurs peuvent intervenir à l'instance introduite sur la demande initiale en réparation du préjudice subi par un ou plusieurs consommateurs, en raison de faits non constitutifs d'une infraction pénale, à l'effet notamment d'obtenir réparation du préjudice causé à l'intérêt collectif des consommateurs, en revanche elles ne peuvent, à cette fin, introduire l'instance. • Civ. 1re, 21 févr. 2006, n° 04-10.879 P : *D. 2006. AJ 781, obs. Rondey ; Dr. et pr. 2006. 335, obs. Bazin* • 30 mai 2006, n° 04-16.030 P.

5. Assurance. L'assureur tenu de prendre en charge l'indemnité qui serait due par son assuré en cas d'*exequatur* a intérêt à intervenir à l'instance d'*exequatur*. • Civ. 1re, 24 mai 2018, n° 16-26.012 : *RGDA 2018. 368, note Schultz.*

Art. 67 **La demande incidente doit exposer les prétentions et les moyens de la partie qui la forme et indiquer les pièces justificatives.**

Art. 68 **Les demandes incidentes sont formées à l'encontre des parties à l'instance de la même manière que sont présentés les moyens de défense.**

Elles sont faites à l'encontre des parties défaillantes ou des tiers dans les formes prévues pour l'introduction de l'instance. En appel, elles le sont par voie d'assignation.

A. FORME DES DEMANDES INCIDENTES

1. A l'encontre des parties à l'instance. Les dispositions de l'art. 68, al. 1er, sont applicables à l'intervention volontaire. • Civ. 2e, 2 juill. 2009 : *Procédures 2009, n° 306, obs. Perrot.* ♦ ... Formée même en appel à l'encontre de parties non défaillantes. • Com. 4 janv. 1984 : *Gaz. Pal. 1985. 1. 118, note du Rusquec.* ♦ V. déjà • Paris, 20 avr. 1977 : *D. 1979. IR 509, obs. Julien.*

♦ ... Aux demandes incidentes formées à l'encontre d'un intervenant volontaire, même accessoire. • Civ. 3e, 16 nov. 1988 : *Bull. civ. III, n° 161.* – V. aussi • Civ. 2e, 6 mars 2003, n° 01-12.474 P. ♦ ... A l'action directe qu'exerce le demandeur contre l'assureur du défendeur appelé en garantie par ce dernier. • Civ. 2e, 14 oct. 1982 : *Bull. civ. II, n° 126 ; Gaz. Pal. 1983. 1. Pan. 47, obs. Guinchard.* ♦ Rappr. • Civ. 3e, 3 févr. 1999, n° 97-12.223 P. ♦ ... Plus généralement, à toute demande formée par le demandeur contre le tiers appelé en garantie par le défendeur. • Com. 3 mai 1983 : *Bull. civ. IV, n° 131.* ♦ V. déjà • Civ. 2e, 12 déc. 1973 : *Bull. civ. II, n° 328.* ♦ ... A l'appel en garantie exercé entre codéfendeurs. • Civ. 3e, 16 juill. 1974 : *Bull. civ. III, n° 302.* ♦ Rappr. • Civ. 3e, 11 oct. 1989 : *Bull. civ. III, n° 190.*

Sur la défense de la caution poursuivie en paiement par le créancier, V. note 3 ss. art. 64.

2. A l'encontre des parties défaillantes ou des tiers. L'acte assignant un tiers en intervention forcée doit indiquer l'objet de la demande formée contre lui. Serait insuffisante l'indication de l'objet de la contestation déjà engagée entre les parties. • Req. 16 déc. 1891 : *DP 1893. 1. 284.*

3. Est irrecevable la demande reconventionnelle par laquelle le défendeur à une action en exécution d'un contrat ne se borne pas à demander la nullité du contrat mais entend voir tirer les conséquences de cette nullité, faute d'avoir été faite à l'encontre des autres parties à l'acte, tiers à l'instance, dans les formes prévues par l'art. 68, al. 2, C. pr. civ. • Cass., ass. plén., 22 avr. 2011 : *cité note 4 ss. art. 64.*

4. Si, bien que régulièrement assigné, le défendeur ne comparaît pas, le demandeur ne peut, en son absence, modifier, accroître ou restreindre sa prétention sans que cette modification lui soit spécialement notifiée. • Soc. 28 nov. 1984 : *Bull. civ. V, n° 462* • 19 juin 1986 : *ibid. V, n° 326* • 21 juin 1989 : *ibid. V, n° 458* • Civ. 2e, 19 févr. 1997, n° 95-13.923 P. ♦ Ce qui vaut également pour les demandes formées devant le bureau de conciliation du conseil de prud'hommes. • Soc. 25 janv. 1989 : *Gaz. Pal. 1989. 1. Pan. 107.* ♦ Ce qui s'applique aussi aux demandes fondées sur l'art. 700. • Soc. 9 juill. 1985 : *Bull. civ. V, n° 420.* ♦ V. notes 11 s. ss. art. 14.

5. L'objet de la demande devant être contenu dans l'assignation, une demande tendant à condamnation ne peut être formée par voie de simples conclusions contre une partie seulement assignée en déclaration de jugement commun. • *Civ. 2e, 14 oct. 1970 : Bull. civ. II, n° 269.*

6. La mise en cause personnelle de qui ne figurait à l'instance qu'en qualité de liquidateur d'une procédure collective ne peut avoir lieu que par voie d'assignation. • Com. 22 mars 1994, n° 91-15.348 P.

7. Intervention en cause d'appel. L'art. 68, al. 2 *in fine,* n'est applicable qu'aux demandes incidentes formées à l'encontre des parties défaillantes ou des tiers ; l'intervention volontaire introduite en appel à l'encontre de parties non défaillantes peut donc être présentée par voie de conclusions. • Com. 4 janv. 1984 : *Gaz. Pal. 1986. 1. 118, note du Rusquec.*

8. Celui qui figure dans la cause en qualité de gérant d'une société civile ne peut être condamné personnellement en appel sur une demande incidente dirigée contre lui par voie de simples conclusions. • Civ. 2e, 10 mai 1984 : *Bull. civ. II, n° 82 ; RTD civ. 1984. 775, obs. Perrot.* ♦ Rappr. : • Civ. 2e, 1er déc. 1993, n° 92-12.401 P : *RTD civ. 1994. 425, obs. Perrot* ♦ Le défaut d'assignation est, en cette occurrence, une omission qui peut être invoquée en tout état de cause. • Même arrêt.

9. Tenue, en vertu de l'art. 472, de vérifier la régularité de sa saisine à l'égard des parties non comparantes, la cour d'appel n'avait pas à provoquer les explications de la demanderesse en garantie pour décider, au vu des actes qui étaient dans le débat, qu'elle n'était pas saisie de sa demande non formulée par voie d'assignation. • Civ. 3e, 10 mai 1989 : *Bull. civ. III, n° 107.*

10. Procédure à jour fixe. En application de l'art. 63, l'intervention est une demande incidente qui, selon l'art. 68, est formée à l'encontre des parties à l'instance de la même manière que sont présentés les moyens de défense et à l'encontre des parties défaillantes ou des tiers dans les formes prévues pour l'introduction de l'instance ; il n'est pas dérogé à ces règles par les dispositions régissant la procédure à jour fixe. En outre, lorsque, dans cette procédure à jour fixe, la demande incidente doit être formée contre une partie défaillante ou un tiers par voie d'assignation, celle-ci n'a pas à être précédée d'une requête à fin d'autorisation d'assigner à jour fixe, selon l'art. 788, laquelle n'a ni pour objet ni pour effet l'introduction de l'instance. • Civ. 3e, 1er oct. 2020, n° 18-15.670 P : *D. actu. 2 nov. 2020, note Bolze ; D. 2020. 1960* .

B. EFFETS DES DEMANDES INCIDENTES

11. La demande reconventionnelle en paiement produit les mêmes effets qu'une sommation de payer et fait courir les intérêts moratoires. • Civ. 1re, 30 nov. 1977 : *Bull. civ. I, n° 453.* ♦ Elle est interruptive de prescription, et cette dernière se trouve suspendue entre la présentation de la demande et la décision du juge la rejetant. • Paris, 29 sept. 1981 : *JCP 1983. IV. 218.*

12. Une demande reconventionnelle ne peut être déclarée prescrite faute d'avoir été déposée au greffe du T. com. avant l'expiration du délai, alors que la procédure est orale devant cette juridiction et que les conclusions reconventionnelles avaient été remises dans le délai légal au conseil du demandeur principal qui en avait accusé réception. • Com. 24 nov. 1982 : *Bull. civ. IV, n° 372 ; RTD civ. 1983. 387, obs. Perrot.* ♦ Sur la solution à retenir dans les procédures écrites, V. obs. Perrot, *préc.*

13. La citation en justice émanant du demandeur ne peut valoir interruption de prescription qu'à son profit, et la prescription ne peut être interrompue au profit des demandeurs reconventionnels qu'à la date à laquelle leur demande est formée. • Soc. 18 nov. 1965 : *Bull. civ. IV, n° 805* • Civ. 2e, 17 avr. 1969 : *ibid. II, n° 102.*

14. L'intervention volontaire du bénéficiaire de la prescription acquisitive dans une instance en revendication dirigée à tort contre le locataire ne peut avoir pour effet de donner rétroactivement à la citation un effet interruptif. • Civ. 1re, 5 oct. 1960 : *Bull. civ. I, n° 420.*

15. Si la défense à une action en justice exercée par un créancier de la succession n'a, par elle-même, qu'un caractère accessoire et n'implique pas l'intention d'accepter la succession, il en est autrement si la défense au fond est accompagnée d'une demande reconventionnelle qui a la même nature qu'une demande principale et caractérise une acceptation tacite de la succession. • Civ. 1re, 3 déc. 2002 : *Procédures 2003, n° 58, note Perrot.*

Art. 69 **L'acte par lequel est formée une demande incidente vaut conclusions ; il est dénoncé aux autres parties.**

Art. 70 **Les demandes reconventionnelles ou additionnelles ne sont recevables que si elles se rattachent aux prétentions originaires par un lien suffisant.**

Toutefois, la demande en compensation est recevable même en l'absence d'un tel lien, sauf au juge à la disjoindre si elle risque de retarder à l'excès le jugement sur le tout. — *V. art. 4, 567.*

A. LIEN SUFFISANT

1. Les juges du fond apprécient souverainement si la demande additionnelle ou la demande reconventionnelle se rattache aux prétentions originaires par un lien suffisant. • Civ. 1re, 6 juin 1978 : *Bull. civ. I, n° 214* • Civ. 3e, 21 mai 1979 : *D. 1979. IR 509, obs. Julien* • Com. 30 nov. 1982 : *Bull. civ. IV, n° 389 ; Gaz. Pal. 1983. 1. Pan. 105, obs. Guinchard* • Civ. 2e, 14 janv. 1987 : *Bull. civ. II, n° 12* • Civ. 3e, 4 avr. 2002, n° 96-12.284 P.

Sur l'obligation de motiver lorsque la recevabilité de ces demandes est contestée, V. • Com. 26 mai 1981 : *Gaz. Pal. 1981. 2. 741, note Viatte* • Soc. 16 oct. 1984 : *JCP 1984. IV. 356.* ♦ Rappr. • Civ. 1re, 13 déc. 1988 : *D. 1989. IR 4* • Civ. 3e, 30 juin 1999, n° 97-11.491 P.

2. La seule condition posée à la recevabilité de la demande reconventionnelle est qu'elle se rattache aux prétentions originaires par un lien suffisant. Son irrecevabilité ne saurait découler de celle de la demande principale. • Civ. 3e, 31 janv. 1990, n° 88-15.738 P • 8 janv. 1997, n° 95-12.314 P : *Gaz. Pal. 1998. 2. 795, note du Rusquec.*

3. Manque de base légale au regard des art. 567 et 70 C. pr. civ. l'arrêt qui, pour déclarer irrecevable une demande reconventionnelle, retient qu'il ne ressort ni des pièces figurant dans le dossier de première instance ni des notes d'audience prises par le greffier du tribunal ni des énonciations du jugement qu'une telle demande ait été soumise au premier juge et que cette demande constitue une demande nouvelle comme présentée pour la première fois en cause d'appel, et enfin, qu'il n'est pas prétendu qu'elle ne serait que l'accessoire, la conséquence ou le complément des demandes soumises au premier juge. • Civ. 3e, 17 sept. 2008 : *D. 2008. AJ 2432 ; Rev. loyers 2008. 502, note Canu ; Loyers et copr. 2008. Comm. 239, note Vial-Pedroletti ; AJDI 2008. 942, obs. De la Vaissière ; Dr. et pr. 2009. 21, obs. Yildrim.*

4. Le juge n'a pas à vérifier d'office la recevabilité des demandes additionnelles ou reconventionnelles. • Civ. 3e, 15 juin 1976 : *Bull. civ. III, n° 267.* ♦ Dans le même sens, s'agissant de la recevabilité de demandes reconventionnelles en appel, V. • Civ. 3e, 23 janv. 1979 : *JCP 1979. IV. 103.*

5. Le moyen pris de l'irrecevabilité de la demande reconventionnelle ne peut être soulevé pour la première fois devant la Cour de cassation. • Civ. 3e, 15 avr. 1980 : *Bull. civ. III, n° 73.*

6. Il existe un lien suffisant entre la demande initiale en réparation de désordres et la demande additionnelle en résolution d'un marché. • Civ. 2e, 25 juin 1981 : *Bull. civ. II, n° 142.* ♦ ... Entre l'action en recherche de paternité naturelle et la demande additionnelle à fins de subsides. • Civ. 1re, 14 mars 1978 : *Bull. civ. I, n° 437.* ♦ *Contra*, V. note 7 ♦ Un appel en garantie peut au cours d'une même instance faire suite à une assignation de la même partie en déclaration d'arrêt commun. • Civ. 3e, 18 févr. 1981 : *Gaz. Pal. 1981. 2. Pan. 248.*

S'agissant de demandes reconventionnelles, V. • Civ. 2e, 29 mai 1979 : *Bull. civ. II, n° 162 ; RTD civ. 1980. 624, obs. Perrot* • Com. 30 nov. 1982 : *Bull. civ. IV, n° 389 ; Gaz. Pal. 1983. 1. Somm. 105, obs. Guinchard.*

7. Sur l'absence de lien suffisant, V. • Civ. 3e, 21 mai 1979 : *préc. note 1* • Civ. 1re, 15 avr. 1980 : *Bull. civ. I, n° 114* • Paris, 28 janv. 1982 : *Gaz. Pal. 1982. 1. Somm. 107* • 28 nov. 1984 : *D. 1985. IR 431* • Civ. 1re, 9 déc. 2009 : *RJPF*

2010-3, p. 22, note Garé (demandes aux fins de subsides et demande en recherche de paternité ; intervention volontaire irrecevable pour violation de l'art. 325 C. pr. civ.).

8. Sur la recevabilité des demandes additionnelles dans une instance en *exequatur*, V. • TGI Paris, 30 juin 1977 : *Rev. crit. DIP 1978. 522, note Lequette.* ♦ Sur la recevabilité des demandes reconventionnelles en cause d'appel, V. art. 567.

9. Procédure à jour fixe. En application de l'art. 70, une demande peut être formée à titre reconventionnel à condition de se rattacher à la demande originaire par un lien suffisant, souverainement apprécié par le juge du fond ; il n'est pas dérogé à cette règle par les dispositions régissant la procédure à jour fixe. • Civ. 2e, 6 juill. 2017, n° 16-18.442 P : *Procédures 2017, n° 230, obs. Croze* • Civ. 1re, 20 sept. 2017, n° 16-18.442 P : *D. 2017. Actu. 1843 ; BJS 2017 p. 681, note Rabu ; Rev. sociétés 2018. 119, note Didier ; JCP E 2018. 1002, obs. Dumont ; ibid. 1174, note Deboissy et Wicker.*

B. COMPENSATION JUDICIAIRE

10. Il n'est pas nécessaire que la demande en compensation judiciaire procède de la même cause que la demande principale, ni même qu'elle se rattache à cette dernière par un lien suffisant. • Civ. 2e, 14 juin 1989 : *Bull. civ. II, n° 127* • Civ. 3e, 21 oct. 1992, n° 90-16.275 P. ♦ Dans le même sens, V. • Com. 25 juin 1980 : *Bull. civ. IV, n° 274.*

11. Les difficultés rencontrées par le tribunal pour liquider la créance opposée reconventionnellement par le défendeur ne sauraient différer trop longtemps le jugement de la demande principale. • TGI Lyon, 22 janv. 1976 : *JCP 1976. IV. 386.* ♦ V. déjà • Civ. 1re, 8 nov. 1954 : *Bull. civ. I, n° 312.* ♦ Sur le pouvoir général de disjonction, V. art. 367.

TITRE CINQUIÈME LES MOYENS DE DÉFENSE

RÉP. PR. CIV. v° *Défenses, exceptions, fins de non-recevoir*, par Pételle-Teyssié.

DALLOZ ACTION *Droit et pratique de la procédure civile 2022/2023*, nos 191.00 s.

BIBL. ▸ Cayrol, Quarantième anniversaire du Code de procédure civile (1975-2015), Hors-collection, *Panthéon-Assas Paris II 2016. p. 255* (les moyens de défense). – Mayer, Actes du procès et théorie de l'acte juridique, *IRJS Éditions 2009, préf. Cadiet.*

CHAPITRE PREMIER LES DÉFENSES AU FOND

DALLOZ ACTION *Droit et pratique de la procédure civile 2022/2023*, nos 191.00 s.

Art. 71 Constitue une défense au fond tout moyen qui tend à faire rejeter comme non justifiée, après examen au fond du droit, la prétention de l'adversaire.

1. Constituent des défenses au fond, et non des exceptions de procédure, les moyens pris par le copropriétaire, assigné en paiement de sa quote-part des travaux, de la nullité du procès-verbal de l'assemblée générale qui avait décidé de ces derniers et de la notification de ce document. • Civ. 3e, 4 févr. 1987 : *Bull. civ. III, n° 17.* ♦ Rappr. • Civ. 1re, 6 janv. 1976 : *Bull. civ. I, n° 5.* ♦ Il en est de même du moyen relatif au caractère confidentiel de lettres. • Civ. 1re, 8 juin 1999, n° 96-18.908 P.

2. Le moyen pris par le défendeur de la nullité de l'acte juridique sur lequel se fonde le demandeur constitue non pas une exception de procédure mais une défense au fond qui peut être proposée en tout état de cause. • Civ. 3e, 16 mars 2010 : *D. actu. 9 avr. 2010, obs. Dargent ; D. 2010. Actu. 902 .*

3. Ne constitue pas une défense au fond le moyen pris par un agent général, assigné en dommages-intérêts pour rupture abusive du contrat le liant à son sous-agent, du comportement fautif de ce dernier depuis la révocation du contrat ; en l'absence de demande reconventionnelle en compensation judiciaire, les juges du fond n'étaient donc pas tenus de statuer sur cette prétention. • Civ. 1re, 19 avr. 1988 : *Bull. civ. n° 111.*

4. Une demande de renvoi d'une affaire à une audience ultérieure ne constitue pas une défense au fond. • Civ. 2e, 27 janv. 1993, n° 91-14.395 P.

5. L'incident de faux, qui tend à contester une preuve littérale invoquée au soutien d'une prétention, constitue non une exception de procédure mais une défense au fond. • Civ. 1re, 24 oct. 2006, n° 05-21.282 P : *D. 2007. 192, note Cholet ; ibid. Pan. 2431, note Fricero* • Civ. 1re, 9 déc. 2015, n° 14-28.216 P : *D. 2016. Actu. 18 ; D. actu. 4 janv. 2016, obs. Kebir.*

6. Sur la défense de la caution poursuivie en paiement par le créancier, V. note 3 ss. art. 64.

7. Le moyen tiré de la déchéance du droit aux intérêts opposé par le souscripteur d'un crédit à la consommation constitue une défense au fond. L'invocation d'une telle déchéance s'analyse toutefois en une demande reconventionnelle si elle tend à la restitution d'intérêts trop perçus. • Cass. avis, 18 sept. 2019, n° 19-70.013 P :

D. 2019. 1830 ; ibid. 2282, note Poissonnier ; Gaz. Pal. 25 févr. 2020, p. 55, note AGouëzel ; CCC. 2019, n° 188, note Bernheim-Desvaux ; Banque et Dr. 11-12/2019, p. 25, note Bonneau.

Art. 72 Les défenses au fond peuvent être proposées en tout état de cause.

1. L'exception de nullité est perpétuelle. • Civ. 1re, 19 déc. 1995, n° 94-10.812 P. ♦ Il résulte de l'art. 12 du décret du 20 juill. 1972 (art. 72 C. pr. civ.) que le moyen de défense tiré de la nullité d'un acte juridique sur lequel se fonde le demandeur peut être proposé en tout état de cause. • Civ. 1re, 6 janv. 1976 : *Bull. civ. I, n° 5.*

2. Les défenses au fond peuvent être invoquées en tout état de cause et que, pour justifier les prétentions qu'elles ont soumises au premier juge, les parties peuvent, en cause d'appel, invoquer des moyens nouveaux. Par suite, viole les art. 72 et 563 la cour d'appel qui déclarer irrecevable un moyen nouveau en invoquant la règle de l'*estoppel*, selon laquelle nul ne peut se contredire au détriment d'autrui. • Com. 10 févr. 2015 : *cité note 97 ss. art. 122.*

3. Prescription. Une défense au fond, au sens de l'art. 71 C. pr. civ., échappe à la prescription. • Com. 21 oct. 2014, n° 13-21.341 • Civ. 1re, 31 janv. 2018, n° 16-24.092 P : *D. actu. 21 févr. 2018, obs. Kebir ; D. 2018. Actu. 292 ; AJ contrat 2018. 141, obs. Piette ; RDI 2018. 214, obs. Heugas-Darraspen ; RTD civ. 2018. 455, obs. Crocq ; Gaz. Pal. 6 mars 2018, p. 19, obs. Mignot ; JCP 2018. 275, note Serinet ; ibid. 367, obs. Simler ; ibid. 530, n° 5, obs. Libchaber ; Dr. et pr. avr. 2018, Suppl., Droit du recouvrement, p. 9, obs. Salati* • Com. 28 mars 2018, n° 16-27.832 • Com. 6 juin 2018, n° 17-10.103 : *Gaz. Pal. 10 juill. 2018, p. 19, note Mignot.*

CHAPITRE II LES EXCEPTIONS DE PROCÉDURE

DALLOZ ACTION *Droit et pratique de la procédure civile 2022/2023*, n°s 192.00 s.

BIBL. GÉN. ▸ GIVERDON, *D. 1973. Chron. 155* (procédure de règlement des exceptions d'incompétence, de litispendance et de connexité, d'après le décret du 20 juillet 1972). – JUBAULT, *LPA 16 janv. 2003, p. 4, et 17 janv. 2003, p. 4* (les « exceptions » dans le code civil, à la frontière de la procédure et du fond). – JULLIEN, *Gaz. Pal. 24-25 janv. 2007, p. 11* (compétence du juge pour statuer sur les exceptions de procédure). – MAYER, Actes du procès et théorie de l'acte juridique, *IRJS Éditions 2009, préf. Cadiet.* – VERDUN, *Gaz. Pal. 2000. 1. Doctr. 772* (juge de la mise en état : « juge d'exceptions »).

Art. 73 Constitue une exception de procédure tout moyen qui tend soit à faire déclarer la procédure irrégulière ou éteinte, soit à en suspendre le cours.

PLAN DES ANNOTATIONS

I. DEMANDES ET DÉFENSES

1. Sursis à statuer. En application des art. 73 et 74, la demande tendant à faire suspendre le cours de l'instance, qu'elle émane du demandeur ou d'un défendeur, est une exception de procédure qui doit être présentée, à peine d'irrecevabilité, avant toute défense au fond ou fin de non-recevoir de son auteur. • Civ. 2e, 27 sept. 2012, n° 11-16.361 P. *D. 2012. Actu. 2398 ; ibid. 2013. Chron. 599, chron. Bouvier, Adida-Canac, Leroy-Gissinger, Renault-Malignac et Salomon ; Dr. et pr. 2012. 293, obs. Douchy-Oudot ; Gaz. Pal. 2012. 3508, note Pellerin* • Com. 7 janv. 2014, n° 11-24.157. *cité note 2 ss. art. 789.*

II. EXCEPTIONS DE PROCÉDURE ET AUTRES MOYENS DE DÉFENSE

2. Nullité de l'expertise. Si elle est soumise au régime des nullités de procédure en application de l'art. 175 C. pr. civ., la demande de nullité de l'expertise ne constitue pas une exception de procédure au sens de l'art. 73 du même code. • Civ. 1re, 31 janv. 2013, n° 10-16.910 P : *D. 2013. Actu. 372 ; ibid. Pan. 2805, obs. Bretzner ; JCP 2013. 263, note X. Vuitton. Gaz. Pal. 24-25 mai 2013, p. 27, note Amrani Mekki ; Procédures 2013. Chron. 2, obs. Raschel ; ibid. n° 98, note Perrot ; Dr. et pr. 2013. 55, note Fricero.*

3. Renvoi préjudiciel. La demande de renvoi d'une question préjudicielle à la Cour de justice de l'Union européenne qui tend à suspendre le cours de la procédure devant les juges nationaux jusqu'à la décision de la Cour de justice constitue une exception de procédure. • Soc. 27 févr. 2013, n° 11-26.864 P : *D. 2013. Actu. 646 ; JCP S 2013. 1367, note Tricoit.*

A. EXCEPTIONS DE PROCÉDURE ET DÉFENSES AU FOND

4. Exception de nullité. Le moyen pris par le défendeur de la nullité de l'acte juridique sur lequel se fonde le demandeur constitue non pas une exception de procédure mais une défense au fond qui peut être proposée en tout état de cause. • Civ. 3e, 16 mars 2010, n° 09-13.187 P : *D. 2010. AJ 902 ; RTD civ. 2010. 374, obs. Perrot ; Dr. et pr. 2010. 193 ; Defrénois 2010. 1703, note Lécuyer ; RDC 2010. 1208, note Laithier (1re esp.).*

5. Incident de faux. L'incident de faux, qui tend à contester une preuve littérale invoquée au soutien d'une prétention, constitue non une exception de procédure mais une défense au fond. • Civ. 1re, 24 oct. 2006, n° 05-21.282 P : *D. 2007. 192, note Cholet ; ibid. Pan. 2431, note Fricero .*

6. Nullité d'un acte de saisie. Le moyen pris de la nullité d'un acte de saisie ne constitue pas une exception de procédure, au sens de l'art. 73. • Civ. 2e, 6 déc. 2007, n° 06-15.178 P : *Dr. et pr. 2008. 160, note Putman ; RDBF 2008, n° 18, note Piedelièvre.*

7. Procédure d'hospitalisation d'office. Renvoi. V. notes ss. CSP, art. L. 3216-1, App. v° *Mesures de soins psychiatriques sous contrainte.*

B. EXCEPTIONS DE PROCÉDURE ET FINS DE NON-RECEVOIR

1° DÉFAUT DE DROIT D'AGIR

a. En demande

8. Demande initiale. Le défaut de publication de la demande en nullité d'une vente immobilière constitue une fin de non-recevoir. • Civ. 3e, 12 févr. 1985 : *Bull. civ. II, n° 32 ; Gaz. Pal. 1985. 2. Pan. 171, obs. Guinchard et Moussa.*

9. Demande additionnelle. Ne constitue pas une exception de procédure le moyen pris de ce qu'une demande additionnelle ne se rattache pas aux prétentions originaires par un lien suffisant. • Civ. 3e, 9 mars 1988 : *Bull. civ. III, n° 56.*

b. En défense

10. Immunité de juridiction. Le moyen tiré de l'immunité de juridiction constitue une fin de non-recevoir et non une exception d'incompétence. • Civ. 1re, 15 avr. 1986 : *Bull. civ. I, n° 87 ; Gaz. Pal. 1987. 1. Pan. 123, obs. Guinchard et Moussa.*

11. Suspension des poursuites contre la caution. La suspension des poursuites contre la caution constitue une fin de non-recevoir édictée dans le seul intérêt de la caution, et non pas une exception de procédure. • Cass., ch. mixte, 16 nov. 2007, n° 03-14.409 P : *BICC 1er mars 2008, p. 21, rapp. Mme Foulon, avis Mellottée ; D. 2007. AJ 3009, obs. Lienhard ; ibid. 2008. 2104, obs. Crocq ; RTD civ. 2008. 716, obs. Théry ; RTD com. 2008. 168, obs. Legeais ; Procédures 2008, n° 17, obs. Rolland ; JCP 2007. I. 138, n° 17, obs. Serinet ; ibid. 142, n° 4, obs. Cabrillac ; ibid. E 2008, n° 1377, note Salati ; Dr. et pr. 2008. 79, obs. Putman ; RDBF 2008, n° 11, note Legeais.*

2° DÉFAUT DE POUVOIR DE JUGER

12. Qualification. Le moyen tiré du défaut de pouvoir juridictionnel du tribunal saisi constitue une fin de non-recevoir et non une exception d'incompétence. • Civ. 2e, 21 avr. 2005, n° 03-15.607 P : *D. 2005. IR 1304 ; AJDI 2005. 673 ; Dr. et pr. 2005. 291, obs. Douchy-Oudot.* ♦ De même, n'invoque pas une exception d'incompétence la partie qui, devant le juge judiciaire, ne demande pas que le point litigieux soit soumis à une juridiction administrative mais qu'il soit subordonné à la décision d'une autorité administrative. • Soc. 19 juin 1980 : *Bull. civ. V, n° 544.* ♦ Réciproquement, le moyen qui ne conteste pas le pouvoir juridictionnel du juge saisi, mais tend à faire juger que le litige relève de la compétence d'un autre juge, constitue une exception d'incompétence et non une fin de non-recevoir. • Civ. 2e, 13 juill. 2006, n° 05-10.118 P : *Gaz. Pal. 1er-2 févr. 2008, p. 24, note du Rusquec.* ♦ V. aussi jugeant qu'il résulte de la combinaison des art. L. 420-7 et R. 420-5 C. com. que la cour d'appel de Paris est seule investie du pouvoir de statuer sur les appels formés contre les décisions rendues sur les litiges relatifs à l'application des art. L. 420-1 à L. 420-5 du même code ainsi qu'à l'application des art. 81 et 82 du Traité, devenus 101 et 102 du TFUE. En conséquence, l'inobservation de ces textes est sanctionnée par une fin de non-recevoir. • Com. 21 févr. 2012 : *BICC 1er juin 2012, n° 727 ; D. 2012. Actu. 677, obs. Chevrier ; Gaz. Pal. 25-26 mai 2012, p. 30, note L. Mayer.*

a. Juge des référés

13. Lorsque les conditions du référé ne sont pas remplies, le juge est dépourvu du pouvoir de statuer. • Soc. 21 oct. 1982 : *Bull. civ. V, n° 573 ; Cah. prud'h. 1983. 19 ; RTD civ. 1983. 783, obs. Normand* • Civ. 3e, 19 mars 1986 : *Bull. civ. III, n° 29 ; Gaz. Pal. 1987.1. Somm. 55, obs. Guinchard et Moussa* • Soc. 23 mars 1989 : *Bull. civ. V, n° 253.*

b. Juge étranger

14. *Compétence directe.* En matière internationale, la contestation élevée sur la compétence du juge français saisi ne concerne pas une répartition de compétence entre les tribunaux nationaux mais tend à lui retirer le pouvoir de trancher le litige au profit d'une juridiction d'un État étranger ; dès lors, le pourvoi en cassation contre le jugement ayant statué sur cette exception de procédure a pour fin de prévenir un excès de pouvoir et est immédiatement recevable, même s'il n'est pas mis fin à l'instance. • Civ. 1re, 7 mai 2010, n° 09-11.177 P : *D. 2010. AJ 2196, obs. Gallmeister, obs. Bolze et Perreau-Saussine ; RTD civ. 2010. 808, obs. Théry ; Rev. crit. DIP 2010. 558, note Gaudemet-Tallon ; Gaz. Pal. 3 juin 2010, p. 22, note Piedelièvre ; ibid. 5 oct. 2010, p. 12, obs. Domingo ; JCP 2010. 1394, note Devers ; JDI 2011. 140, note Brière* • Com. 7 déc. 2010 : *D. 2011. Actu. 6 ; ibid. Pan. 908, obs. S. Durrande ; Gaz. Pal. 23-24 févr. 2011, p. 21, obs. Marino* • Soc. 4 févr. 2014 : *Procédures 2014, n° 98, note Perrot.*

15. *Compétence indirecte.* Ne constitue pas une exception de procédure le moyen tiré de l'incompétence de la juridiction étrangère qui a rendu la décision dont l'*exequatur* est demandé au juge français. • Civ. 1re, 13 juin 1978 : *D. 1979. 133, note Santa-Croce ; Rev. crit. DIP 1979. 611, note B. Audit.*

c. Cour d'appel

16. *Renvoi.* V. note ss. COJ, art. R. 311-3.

III. TYPES PARTICULIERS D'EXCEPTIONS DE PROCÉDURE

17. *Renvoi.* Sur la règle « le criminel tient le civil en l'état », V. note 3 ss. art. 108.

Art. 74 **Les exceptions doivent, à peine d'irrecevabilité, être soulevées simultanément et avant toute défense au fond ou fin de non-recevoir. Il en est ainsi alors même que les règles invoquées au soutien de l'exception seraient d'ordre public.**

La demande de communication de pièces ne constitue pas une cause d'irrecevabilité des exceptions.

Les dispositions de l'alinéa premier ne font pas non plus obstacle à l'application des articles 103, 111, 112 et 118. — *V. art. 103, 111, 112, 118.*

PLAN DES ANNOTATIONS

I. ALINÉA PREMIER

A. MOTS-CLÉS

1° EXCEPTIONS

1. *Application aux fins de non-recevoir (non).* L'art. 74 ne concerne que les exceptions de procédure et non pas les fins de non-recevoir qui sont régies par l'art. 123. • Civ. 2e, 11 févr. 1987 : *Bull. civ. II, n° 43.*

2. *Application à la caducité (non).* La caducité est un incident d'instance, qui n'est pas assujetti à l'application de l'art. 74 C. pr. civ. • Civ. 2e, 5 sept. 2019, n° 18-21.717 P : *cité note 11 ss. art. 908.*

3. *En matière de référé.* Le moyen tiré de l'existence d'une contestation sérieuse sur la validité d'un commandement de payer visant la clause résolutoire ne constitue pas une exception de procédure mais un moyen de nature à faire obstacle aux pouvoirs du juge des référés. • Civ. 3e, 30 mars 2017, n° 16-10.366 P : *D. actu. 3 mai 2017, obs. Kebir ; D. 2017. Actu. 814 ; RTD civ. 2017. 728, obs. Cayrol ; Procédures 2017, n° 123, obs. Strickler.* ♦ Le moyen tiré, devant le juge des référés, de l'existence d'une contestation sérieuse ne constitue pas une exception d'incompétence ; par suite, il n'a pas à être présenté avant toute défense au fond. • Civ. 3e, 19 mars 1986 : *Bull. civ. III, n° 34 ; Gaz. Pal. 1987. 1. Somm. 55, obs. Guinchard et Moussa* • Paris, 20 oct. 1983 : *Cah. prud'h. 1984. 24 ; RTD civ. 1984. 359, obs. Normand.* ♦ L'employeur qui soutient que la juridiction de référé est « incompétente » pour statuer sur la demande d'annulation d'une sanction disciplinaire irrégulière en la forme soulève, non une exception d'incompétence, mais un moyen relatif aux pouvoirs de la juridiction des référés qui peut être présenté en tout état de cause. • Soc. 23 mars 1989 : *cité note 13 ss. art. 73.*

4. *Motivation.* Les conclusions d'appel qui se bornent à invoquer la nullité d'un acte sans en préciser la cause ne soulèvent pas régulièrement une exception de procédure. • Civ. 2e, 19 mai 1999, no 97-11.373 P : *D. 1999. 161* .

5. *Contentieux des étrangers.* V. dans le sens de la qualification d'exception de procédure à des exceptions de nullité relatives au contrôle d'identité et à la garde à vue préalables au placement en rétention : • Civ. 1re, 25 sept. 2013 : *D. 2014. Pan. 451, obs. Parrot ; Gaz. Pal. 8-10 déc. 2013, p. 28, obs. L Mayer.*

2° IRRECEVABILITÉ

6. Comme toute fin de non-recevoir, le moyen pris de la tardiveté du déclinatoire soulevé par l'adversaire en première instance peut être opposé pour la première fois en appel. • Colmar, 8 mai 1981 : *Rev. Alsace-Lorraine 1981. 136.*

3° SIMULTANÉITÉ

7. *Illustrations.* La règle de la simultanéité dans la présentation des exceptions de procédure résulte de l'art. 74 ; est, par suite, irrecevable l'exception d'incompétence territoriale soulevée dans des conclusions postérieures à celles qui avaient invoqué la litispendance. • Civ. 2e, 22 mars 1982 : *Bull. civ. II, no 50.* ♦ L'exception de nullité d'une assignation qui n'a pas été soulevée, conformément à l'art. 74, simultanément avec l'exception d'incompétence, est irrecevable. • Civ. 2e, 13 mai 2004, no 02-10.534 P : *Procédures 2004. no 177, note Perrot ; Rev. Sociétés 2005. 401, note Matsopoulou ; RLDA sept. 2004. 4613, note Alves ; BJS 2004. 301, note Godon.* ♦ *Adde* note 67 ss. art. 47.

4° ANTÉRIORITÉ

8. *Procédure écrite.* Si les exceptions de procédure doivent, à peine d'irrecevabilité, être soulevées avant toute défense au fond, aucun texte n'interdit de les présenter dans les mêmes conclusions que cette dernière, dès lors que celle-ci n'est présentée qu'après lesdites exceptions. • Civ. 3e, 8 mars 1977 : *Bull. civ. III, no 110 ; D. 1977. IR 389, obs. Julien.* ♦ Une partie n'est pas recevable à soulever une exception de procédure après une fin de non-recevoir, peu important que ces incidents aient été présentés dans les mêmes conclusions. • Civ. 2e, 8 juill. 2004, no 02-19.694 P : *D. 2004. 2610, note Beignier ; ibid. 2005. Pan. 335, obs. Julien et Fricero ; RTD civ. 2005. 181, obs. Perrot ; JCP 2004. II. 10176, note Croze ; Procédures 2004. no 199, note Perrot ; Dr. et patr. 2005. 100, obs. Amrani Mekki.* ♦ Si les nullités des actes de procédure peuvent être invoquées au fur et à mesure de leur accomplissement, elles doivent être soulevées simultanément et avant toute défense au fond ou fin de non-recevoir lorsque les actes argués de nullité ont été accomplis ou opposés antérieurement à une défense au fond ou une fin de non-recevoir ; ayant relevé qu'une partie n'avait présenté l'exception de procédure qu'à titre subsidiaire, après avoir soulevé une fin de non-recevoir, la cour d'appel a exactement retenu que cette exception n'était pas recevable. • Civ. 2e, 14 avr. 2005, no 03-16.682 P : *AJDI 2005. 671, obs. Prigent* . ♦ *Contra*, dès lors que deux moyens tirés de l'immunité de juridiction et d'une clause compromissoire ont été invoqués l'un et l'autre dans les mêmes actes, peu importe l'ordre dans lequel ils ont été invoqués et même le caractère surabondant donné à l'un d'eux, et l'irrecevabilité prévue par l'art. 74 dans le cas où une exception est invoquée postérieurement à une fin de non-recevoir n'est pas encourue. • Civ. 1re, 18 nov. 1986 : *Bull. civ. I, no 269 ; Gaz. Pal. 1987. 2. Somm. 336, obs. Guinchard et Moussa.* ♦ L'ordre dans lequel une fin de non-recevoir pour défaut de qualité et une exception d'incompétence sont présentées dans les mêmes conclusions est indifférent. • Civ. 1re, 27 janv. 1993, no 91-13.217 P.

9. *Procédure orale.* Les conclusions sur le fond parvenues au tribunal avant l'audience, dont la recevabilité est subordonnée à la comparution de leur auteur, ne sont pas de nature à priver ce dernier de la faculté de soulever à l'audience une exception d'incompétence, toutefois à la condition qu'elle le soit avant toute défense au fond. • Paris, 19 janv. 2000 : *Procédures 2000, no 187, note Croze.* ♦ Les exceptions doivent, à peine d'irrecevabilité, être soulevées avant toute défense au fond ; devant le tribunal de commerce, la procédure étant orale, les prétentions peuvent être formulées au cours de l'audience et il en est notamment ainsi des exceptions de procédure ; il s'ensuit que l'exception d'incompétence soulevée oralement par une partie à l'audience du tribunal de commerce, avant toute référence à ses prétentions au fond formulées par écrit, doit être déclarée recevable. • Civ. 2e, 16 oct. 2003, no 01-13.036 P : *D. 2004. 454, note Mary ; RTD civ. 2004. 138, obs. Perrot ; Procédures 2003, no 248, note Perrot.* ♦ En procédure orale, est recevable l'exception tirée de l'existence d'une question préjudicielle tendant à suspendre le cours de la procédure jusqu'à la décision d'une autre juridiction, soulevée par voie de conclusions déposées à l'audience et développée oralement, avant toute référence à des prétentions au fond, quand bien même des conclusions écrites invoquant des moyens de fond avaient été déposées avant l'audience. • Civ. 2e, 1er oct. 2009, no 08-14.135 P : *RTD civ. 2010. 153, obs. Perrot* .

10. *Note en délibéré.* La partie qui a choisi

de se défendre au fond devant le premier juge, est irrecevable à soulever ultérieurement, en cours de délibéré, une exception d'incompétence. • Soc. 17 déc. 1987 : *Bull. civ. V, n° 761.*

11. *En appel.* La partie qui a conclu sur le fond devant le tribunal est irrecevable à présenter une exception d'incompétence en cause d'appel. • Civ. 2e, 11 janv. 1989 : *Gaz. Pal. 1989. 2. Pan. 118.* ♦ L'administrateur du redressement judiciaire d'une société n'ayant pas soulevé en première instance l'incompétence du juge des référés au profit du juge-commissaire mais ayant présenté sa défense au fond, c'est à bon droit que la cour d'appel, qui ne pouvait relever cette incompétence d'office en application de l'art. 92, a jugé que l'exception était irrecevable devant elle, en vertu de l'art. 74. • Com. 26 mai 1992, n° 90-13.008 P : *D. 1993. Somm. 2, obs. Derrida* (à propos de l'art. 37 de la L. n° 85-98 du 25 janv. 1985 [devenu art. L. 621-28 C. com.]). ♦ En accueillant l'exception de nullité de la signification des conclusions de l'appelant alors qu'elle avait constaté que l'intimée avait préalablement fait valoir sa défense au fond, la cour d'appel viole les art. 74 et 112 C. pr. civ. • Civ. 2e, 1er févr. 2018, n° 16-27.322 P : *D. actu. 22 févr. 2018, obs. Laffly ; Procédures 2018, n° 137, obs. Croze ; Gaz. Pal. 15 mai 2018, p. 69, obs. Amrani-Mekki.*

12. *Devant la Cour de cassation.* Selon l'art. 74, les exceptions de procédure doivent, à peine d'irrecevabilité, être soulevées avant toute défense au fond ou fin de non-recevoir, les règles invoquées au soutien de l'exception fussent-elles d'ordre public ; le moyen soulevé pour la première fois devant la Cour de cassation, est, en conséquence, irrecevable. • Soc. 5 juin 1990, n° 88-14.105 P : *Gaz. Pal. 1990. 2. Pan. 202.*

13. *Juridiction de renvoi.* La partie qui a présenté des défenses au fond devant le conseil de prud'hommes puis devant la Cour de cassation n'est pas recevable à soulever une exception d'incompétence devant le conseil de prud'hommes saisi comme juridiction de renvoi. • Soc. 26 mars 1981 : *Bull. civ. V, n° 263.*

14. *Illustration.* L'incident tendant à faire constater la caducité du jugement par application de l'art. 478 est irrecevable dès lors que l'appelant l'a fait précéder de conclusions au fond. • Civ. 2e, 22 nov. 2001, n° 99-17.875 P : *Dr. et pr. 2002. 163, note Douchy.*

5° ORDRE PUBLIC

15. Les exceptions doivent, à peine d'irrecevabilité, être soulevées avant toute défense au fond ou fin de non-recevoir ; il en est ainsi alors même que les règles invoquées au soutien de l'exception seraient d'ordre public et que la partie à laquelle elle est opposée n'invoquerait pas sa tardiveté. • Civ. 2e, 29 oct. 1986 : *Bull. civ. II, n° 154 ; D. 1987. Somm. 229, obs. Julien.*

B. PRÉCISIONS COMPLÉMENTAIRES

1° TYPE DE JURIDICTION

a. Juridiction administrative

16. *Contestation soulevée par les parties.* Les parties ne peuvent soulever les exceptions d'incompétence, même d'ordre public, qu'avant toutes autres exceptions et défenses ; il en est ainsi de l'incompétence des tribunaux judiciaires tirée du principe de la séparation des pouvoirs. • Cass. ch. mixte, 24 mai 1975 : *Bull. ch. mixte, n° 4 ; D. 1975. 497, concl. Touffait.* ♦ La juridiction prud'homale ayant prononcé une astreinte provisoire contre l'administration s'est, de ce fait, reconnue compétente pour statuer sur la demande dont elle était saisie et l'action en liquidation de ladite astreinte n'étant que la confirmation et le développement de la procédure précédente dont la validité n'a pas été contestée, la contestation de la compétence est, à ce stade, irrecevable. • Soc. 5 juill. 1984 : *Bull. civ. V, n° 296.* ♦ L'art. 74 disposant que les exceptions de procédure doivent, à peine d'irrecevabilité, être soulevées avant toute défense au fond ou fin de non-recevoir, alors même que les règles invoquées au soutien de l'exception seraient d'ordre public, est irrecevable le moyen tiré de l'incompétence des tribunaux de l'ordre judiciaire, qui est présenté pour la première fois devant la Cour de cassation. • Civ. 1re, 20 mars 1989 : *Bull. civ. I, n° 129.*

17. *Élévation du conflit par le préfet.* Il résulte de l'art. 4 de l'Ord. du 1er juin 1828 sur les conflits d'attribution que le conflit pourra être élevé en cause d'appel s'il ne l'a pas été en première instance ; est donc sans fondement le moyen qui invoque le caractère prétendument irrégulier, au regard des art. 74 et 75, d'un déclinatoire de compétence déposé pour la première fois devant la cour d'appel. • Civ. 1re, 31 mai 1988 : *Bull. civ. I, n° 169* • T. confl. 15 janv. 1990 : *JCP 1990. II. 21570, note Morand-Deviller.*

b. Juridiction étrangère

18. *Droit commun.* Le moyen consistant à contester la compétence internationale des juridictions françaises constitue une exception de procédure, entrant dans les prévisions de l'art. 74, al. 1er, et non une fin de non-recevoir, de sorte que cette exception doit, à peine d'irrecevabilité, être soulevée *in limine litis*. Dès lors, est irrecevable une exception d'incompétence internationale soulevée pour la première fois en cause d'appel, après que la partie l'ayant soulevée eut conclu sur le fond en première instance. • Civ. 1re, 23 mai 2012, n° 11-26.188 P : *D. 2012. Actu. 1411.* ♦ Une partie qui conclut en s'en rapportant à justice émet une contestation ; dès lors, elle est irrecevable à soulever ensuite une exception d'incompétence et il ne peut être reproché à la cour d'appel d'avoir violé l'art. 74 et les règles qui gouvernent la compétence internationale en écartant cette exception d'incompétence. • Civ. 2e, 7 juin 2007, n° 06-15.920 P : *D. 2008. Chron. C. cass. 648, obs. Sommer et Nicoletis ; Procédures 2007, n° 218, note Perrot ; Gaz. Pal. 2008. 33, note du Rusquec.*

19. Droit européen. La Conv. de Bruxelles du 27 sept. 1968 ne règle pas les exceptions d'incompétence dont le régime, hormis les cas prévus aux art. 19 et 20 de la Convention, demeure soumis à la loi du for ; il s'ensuit qu'une exception d'incompétence internationale n'ayant pas été soulevée *in limine litis* est irrecevable en application de l'art. 74, al. 1er. • Civ. 1re, 9 juill. 1991, n° 89-20.410 P. ♦ Mais la demande qui tend au renvoi de l'affaire devant la CJCE pour interprétation des textes communautaires peut être présentée en tout état de cause et même à titre subsidiaire. • Civ. 2e, 18 déc. 2008 : *cité note 32* • Civ. 2e, 15 avr. 2010 : *D. 2011. Pan. 265, obs. Fricero* .

c. Juridiction arbitrale

20. Clause compromissoire. Le moyen tiré de l'existence d'une clause compromissoire étant régi par les dispositions gouvernant les exceptions de procédure, le moyen d'incompétence du juge étatique doit être soulevé avant toute défense au fond ou fin de non-recevoir. • Civ. 2e, 22 nov. 2001, n° 99-21.662 P : *D. 2002. IR 42 ; Dr. et pr. 2002. 108, note Douchy ; Procédures 2002, n° 1, note Perrot ; JCP 2002. II. 10174, note Boillot ; ibid. E 2002. 1467, note Chabot ; RTD com. 2002. 46, obs. Loquin* . ♦ Dans le même sens : • Civ. 1re, 13 mai 2020, n° 18-25.966 P : *D. actu. 29 juill. 2020, obs. Jourdan-Marques ; D. 2020. 1113 ; ibid. 2484, obs. Clay ; Gaz. Pal. 13 juill. 2020, p. 29, note Bensaude ; ibid. 21 juill. 2020, p. 65, obs. Amarani-Mekki ; JCP E 2020. 1459, note Casson.*

21. Exception présentée en cause d'appel. L'exception d'incompétence fondée sur une clause compromissoire peut être présentée pour la première fois en appel lorsque le demandeur, ayant réclamé en première instance le paiement d'une lettre de change acceptée par le défendeur, ne s'est prévalu qu'en appel du contrat réglant les rapports commerciaux entre les parties. • Com. 10 juin 1986 : *Bull. civ. IV, n° 119 ; Gaz. Pal. 1986. 2. Pan. 249 ; Rev. arb. 1987. 461, note Bloch.* ♦ Mais le défendeur représenté en première instance, qui aurait pu invoquer, à ce stade de la procédure, l'incompétence de la juridiction saisie et qui ne l'a pas valablement fait, est irrecevable à soulever une telle exception pour la première fois en cause d'appel ; viole l'art. 74 la cour d'appel qui, pour déclarer recevable l'exception d'incompétence des juridictions étatiques au profit d'un tribunal arbitral, relève que les sociétés appelantes n'avaient pas régulièrement soumis cette exception au TGI qui avait rejeté comme tardives les conclusions qui l'invoquaient et qu'il s'ensuivait que l'exception était soumise pour la première fois à l'examen des juges d'appel, alors que ces sociétés n'étaient pas défaillantes en première instance. • Civ. 1re, 14 avr. 2010, n° 09-12.477 P : *D. 2010. AJ 1152 ; Dr. et pr. 2010. 195 ; ibid. 2011. 14, obs. De Laforcade ; BICC 15 sept. 2010, n° 1350 ; RJ com. 2001. 84, obs. Moreau.*

2° TYPE DE PROCÉDURE

22. Action civile en matière de presse. Il résulte des art. 53 de la loi du 29 juill. 1881, 73 et 74, al. 1er, C. pr. civ., que dans les instances civiles en réparation d'infractions de presse, l'exception de nullité de l'assignation doit être invoquée avant toute défense au fond ; en conséquence, l'exception de nullité qui n'a pas été présentée en première instance est irrecevable devant la cour d'appel. • Civ. 2e, 9 déc. 1999, n° 97-21.074 P : *D. 2000. Somm. 400, obs. Bigot* • 28 sept. 2000, n° 98-16.486 P • 23 mai 2001, n° 99-13.263 P : *D. 2002. IR 2769.*

23. Injonction de payer. L'opposition à injonction de payer n'ayant pas à être motivée, les énonciations qu'elle comporte, même si elles concernent le fond du litige, ne font pas obstacle à la recevabilité des exceptions devant le tribunal. • Civ. 2e, 14 janv. 1987 : *Bull. civ. II, n° 10 ; D. 1987. IR 19.*

24. Référé puis fond. L'instance en référé étant distincte de l'instance au fond, l'incompétence du juge saisi au principal peut être soulevée par une partie qui se serait abstenue de contester la compétence du juge des référés. • Com. 3 avr. 1990, n° 88-16.427 P • 28 mai 1991, n° 89-19.683 P.

25. Préliminaire de conciliation obligatoire. Les dispositions de l'art. R. 516-39 devenu R. 516-38 [devenu R. 1451-2] C. trav. permettant, en matière prud'homale, de soulever encore devant le bureau de jugement, les exceptions de procédure, sous la seule réserve qu'elles soient soulevées avant toute défense au fond ou fin de non-recevoir, il en résulte que ces exceptions doivent être accueillies même lorsque les défenses au fond ont été proposées au cours du préliminaire de conciliation, pourvu qu'elles ne soient pas postérieures à de telles défenses dans le cadre du débat ouvert devant le bureau de jugement ; fait donc une exacte interprétation de ce texte, la cour d'appel qui déclare recevable l'exception d'incompétence soulevée, par le ministre de l'Économie et des Finances, pour la première fois, mais avant toute défense au fond, devant le bureau de jugement du conseil de prud'hommes. • Soc. 26 juill. 1984 : *Bull. civ. V, n° 333.* ♦ Mais l'employeur qui a participé au débat sur le fond, tant devant le bureau de jugement que devant le conseiller rapporteur, n'est plus recevable à décliner ultérieurement la compétence de la juridiction prud'homale. • Soc. 17 juin 1982 : *Bull. civ. V, n° 400.* ♦ Comp. en matière de divorce, art. 1110.

26. *Procédure réputée contradictoire.* L'exception d'incompétence doit être accueillie lorsque « l'acte d'appel » ne contient que les formules vagues et imprécises d'un imprimé préétabli « à toutes fins » et que, dans les conclusions prises ensuite, l'appelant d'un jugement réputé contradictoire a, avant toute défense au fond, soulevé l'incompétence du tribunal. • Civ. 2e, 25 nov. 1981 : *Bull. civ. II, n° 205.* ♦ Le défendeur défaillant en première instance et qui n'a donc pu exciper, à ce stade de la procédure, de l'incompétence de la juridiction saisie, conserve la faculté d'instituer en appel un débat sur la compétence, dès lors qu'il soulève l'exception avant toute défense au fond. • Com. 20 oct. 1992, n° 90-20.548 P : *D. 1993. Somm. 184, obs. Julien.*

3° TYPE DE DEMANDE

a. Intervention

27. *Intervention volontaire à titre accessoire.* L'exception d'incompétence à l'égard d'un intervenant volontaire à titre accessoire qui ne peut se prévaloir d'aucun droit propre est irrecevable par application de l'art. 74, cette exception ayant été soulevée après que les défendeurs ont conclu au fond contre le demandeur principal. • Civ. 1re, 3 févr. 2010, n° 09-13.618 P : *Procédures 2010, n° 110, note Perrot ; RJ com. 2011. 98, obs. Moreau ; JCP 2010. 548, n° 8, obs. Clay* (invocation d'une clause compromissoire).

28. *Intervention forcée.* Ayant constaté que deux sociétés, attraites en paiement devant un tribunal de commerce, en avaient assigné une troisième en intervention forcée, avant de soulever l'incompétence de la juridiction saisie, une cour d'appel retient à bon droit qu'elles avaient ainsi présenté une défense au fond, opposable aux demandeurs principaux, laquelle, en application de l'art. 74, malgré l'oralité des débats, rendait l'exception irrecevable. • Civ. 2e, 6 mai 1999, n° 96-22.143 P : *JCP 2000. II. 10291, note Auclair ; RTD civ. 1999. 700, obs. Perrot ; Procédures 1999, n° 183, note Croze* • Com. 6 juin 2000, n° 97-22.330 P : *Procédures 2000, n° 181, note Perrot ; Gaz. Pal. 2002. Somm. 241, obs. du Rusquec.*

29. *Appel en garantie.* Ne donne pas de base légale à sa décision, au regard de l'art. 74, une cour d'appel qui accueille l'exception d'incompétence qu'un défendeur avait soulevée après avoir appelé en garantie un tiers, sans rechercher si une telle assignation en garantie ne constituait pas une défense au fond rendant irrecevable, malgré l'oralité des débats, l'exception invoquée. • Civ. 2e, 12 juin 2003, n° 01-11.824 P : *D. 2003. IR 1806 ; Gaz. Pal. 9-10 juill. 2004, p. 12, obs. du Rusquec.* ♦ Une cour d' appel retient exactement qu'ayant présenté une défense au fond en appelant des tiers en garantie, une partie est irrecevable, en application de l'art. 74, à soulever ultérieurement une exception d'incompétence. • Civ. 2e, 12 avr. 2012, n° 11-14.741 P : *Dr. et pr. 2012. 165* • Com. 16 oct. 2012, n° 11-13.658 P : *D. 2012. Actu. 2511 ; ibid. 2013. Pan. 1505, obs. Jault-Seseke ; Procédures 2012, n° 345, note Perrot* • Civ. 2e, 10 avr. 2014 : *Procédures 2014, n° 167, note Perrot.*

b. Sursis à statuer

30. *Art. 4 C. pr. pén.* Il résulte de la combinaison des art. 73, 74 et 108 C. pr. civ. que l'exception de sursis à statuer fondée sur les dispositions de l'art. 4 C. pr. pén., tendant à faire suspendre le cours de l'instance, doit à peine d'irrecevabilité être soulevée avant toute défense au fond. • Com. 28 juin 2005, n° 03-13.112 P : *D. 2005. 1941, obs. Lienhard ; ibid. 2950, obs. Hallouin et Lamazerolles ; LPA 11 oct. 2005, p. 7, note Barbièri ; Banque et Dr. 104/2005, p. 72, obs. Riassetto ; RLDA nov. 2005, n° 5428, obs. Alves ; Dr. sociétés 2005, n° 179, note Hovasse ; ibid., n° 209, note Lécuyer ; BJS 2006. 80, note Messai-Bahri ; JCP E 2005, n° 1325, note Hovasse ; Banque et Dr. 2005, n° 102, p. 54, obs. Storck ; Dr. et patr. 12/2005. 91, obs. Poracchia.*

31. *Question préjudicielle administrative.* Le moyen qui soulève pour la première fois devant la Cour de cassation une question préjudicielle est irrecevable. • Civ. 3e, 16 avr. 1986 : *Bull. civ. III, n° 44.* ♦ L'exception tirée de l'existence d'une question préjudicielle, qui tend à suspendre le cours de la procédure jusqu'à décision d'une autre juridiction, doit, aux termes de l'art. 74, être soulevée avant toute défense au fond ou fin de non-recevoir, à peine d'irrecevabilité, alors même que les règles invoquées au soutien de l'exception seraient d'ordre public ; est donc irrecevable le moyen qui soulève pour la première fois devant la Cour de cassation une question préjudicielle tirée de la domanialité publique d'un bien, qui n'avait pas été invoquée devant les juges du fond. • Civ. 1re, 16 oct. 1985 : *Bull. civ. I, n° 264.* ♦ Dès lors qu'une partie n'a pas opposé à la juridiction de l'ordre judiciaire une exception de la validité d'un acte administratif, ni en conséquence demandé aux juges du fond de surseoir à statuer, elle est irrecevable, par application de l'art. 74, à s'en prévaloir pour la première fois devant la Cour de cassation. • Soc. 3 juill. 1990, n° 88-13.414 P.

32. *Question préjudicielle européenne.* En application de l'art. 74, la demande de sursis à statuer dans l'attente de la décision d'une juridiction administrative doit, à peine d'irrecevabilité, être présentée avant toute défense au fond ou fin de non-recevoir ; en revanche, il résulte des dispositions combinées de cet art. et de l'art. 234 TCE que la demande qui tend au renvoi de l'affaire devant la CJCE pour interprétation des textes communautaires peut être présentée en tout état de cause et même à titre subsidiaire. • Civ.

2e, 18 déc. 2008, n° 08-11.438 P : *BICC 1er mai 2009, n° 629 et le communiqué ; D. 2009. AJ 174 ; ibid. Chron. C. cass., 757, obs. Sommer et Nicoletis ; JCP 2009. II. 10048, note Cholet ; Procédures 2009, n° 75, note Perrot.*

II. ALINÉA 2

33. Demande de communication de pièces. Est recevable l'exception d'incompétence soulevée dans les motifs des conclusions, dès lors qu'elle a également été soulevée oralement à l'audience, peu important qu'il se soit tenu auparavant une audience n'ayant pour objet qu'un incident sur la demande de communication de pièces, laquelle ne constitue pas une cause d'irrecevabilité, comme l'indique l'art. 74, al. 2. • Lyon, 22 févr. 2001 : *Procédures 2001, n° 235, note Croze.*

SECTION PREMIÈRE LES EXCEPTIONS D'INCOMPÉTENCE

Le Décr. n° 2017-891 du 6 mai 2017 a réformé le recours contre les décisions statuant sur les exceptions d'incompétence (sur l'ancien régime, V. anciens art. 75 s. reproduits à la suite de la présente section). Son art. 53-II (mod. par Décr. n° 2017-1227 du 2 août 2017, art. 1er-2°-a) prévoit que ce nouveau régime s'applique aux décisions rendues à compter du 1er sept. 2017. Les textes reproduits ci-dessous rendent compte du régime applicable depuis cette date.

Pour une présentation de la réforme du régime des exceptions d'incompétence, V. Circ. du 4 août 2017, reproduite ss. art. 91.

BIBL. ► CROZE, *Procédures 2017. Étude 23* (dernier appel de la République hollandaise). – KEBIR, *D. actu. 29 mai 2017* (le contredit n'est plus, vive l'appel !).

SOUS-SECTION 1 LE JUGEMENT STATUANT SUR LA COMPÉTENCE *(Décr. n° 2017-891 du 6 mai 2017, art. 1er-1°).*

Les dispositions de l'art. 1er du Décr. n° 2017-891 du 6 mai 2017 s'appliquent aux décisions rendues à compter du 1er sept. 2017 (Décr. préc., art. 53-II, mod. par Décr. n° 2017-1227 du 2 août 2017, art. 1er-2°-a).

Art. 75 **S'il est prétendu que la juridiction saisie** *(Décr. n° 2017-891 du 6 mai 2017, art. 1er-2°-a)* **« en première instance ou en appel » est incompétente, la partie qui soulève cette exception doit, à peine d'irrecevabilité, la motiver et faire connaître dans tous les cas devant quelle juridiction elle demande que l'affaire soit portée.** – *V. notes ss. anc. art. 75.*

Ordre international. Dans l'ordre international, satisfait aux exigences de l'art. 75 la partie qui fait connaître, dans son déclinatoire, que l'affaire doit, conformément aux règles de conflit applicables, être portée devant les juridictions d'un autre État, la recevabilité de l'exception n'étant pas subordonnée à l'indication de la juridiction dudit État devant être précisément saisie, ni des règles de sa loi interne permettant cette désignation. Il en est de même lorsque ces règles de conflit offrent au demandeur le choix entre plusieurs fors internes d'un même État. Viole l'art. 75 la cour d'appel qui, pour déclarer irrecevable l'exception soulevée par l'acheteur, retient qu'en demandant à la juridiction française de se déclarer incompétente au profit des juridictions anglaises ou écossaises au choix du vendeur que le droit particulier de ces nations déterminera comme compétentes pour statuer sur lesdites demandes, l'acheteur n'a donné à son exception d'incompétence aucune précision pour que la désignation de la juridiction soit certaine, alors que l'acheteur déclinait la compétence de la juridiction française au profit de celle des juridictions du Royaume-Uni désignées par les règles de conflit qu'il invoquait. • Civ. 1re, 27 janv. 2021, n° 19-23.461 : *D. actu. 9 févr. 2021, note Mélin ; D. 2021. 185.*

Art. 76 *(Décr. n° 2019-1333 du 11 déc. 2019, art. 2-1°, en vigueur le 1er janv. 2020)* **« Sauf application de l'article 82-1, » l'incompétence peut être prononcée d'office en cas de violation d'une règle de compétence d'attribution lorsque cette règle est d'ordre public** *(Décr. n° 76-1236 du 28 déc. 1976, art. 2)* **« ou lorsque le défendeur ne comparaît pas. Elle ne peut l'être qu'en ces cas ».**

Devant la cour d'appel et devant la Cour de cassation, cette incompétence ne peut être relevée d'office que si l'affaire relève de la compétence d'une juridiction répressive ou administrative ou échappe à la connaissance de la juridiction française. – *Anc. art. 92 (Décr. n° 2017-891 du 6 mai 2017, art. 1er-2°-b).*

L'art. 2 du Décr. n° 2019-1333 du 11 déc. 2019 est applicable aux instances en cours au 1er janv. 2020 (Décr. préc., art. 55-I).

Art. 76, al. 2. Pour un exemple de relevé d'office au profit de la juridiction administrative, V. par ex. : • Civ. 3e, 24 oct. 2019, n° 17-13.550 P : *D. 2019. 2096*.

Art. 77 *(Décr. n° 76-1236 du 28 déc. 1976, art. 3)* **En matière gracieuse, le juge peut relever d'office son incompétence territoriale. Il ne le peut, en matière contentieuse, que dans les litiges relatifs à l'état des personnes, dans les cas où la loi attribue compétence exclusive à une autre juridiction ou si le défendeur ne comparaît pas.** – *Anc. art. 93 (Décr. n° 2017-891 du 6 mai 2017, art. 1er-2°-c).*

Art. 78 Le juge peut, dans un même jugement, mais par des dispositions distinctes, se déclarer compétent et statuer sur le fond du litige, *(Décr. n° 2017-891 du 6 mai 2017, art. 1er-2°-d)* **« après avoir, le cas échéant, mis » préalablement les parties en demeure de conclure sur le fond.** – *Anc. art. 76 (Décr. n° 2017-891 du 6 mai 2017, art. 1er-2°-d).*

Art. 79 Lorsqu'il ne se prononce pas sur le fond du litige, mais que la détermination de la compétence dépend d'une question de fond, le juge doit, dans le dispositif du jugement, statuer sur cette question de fond et sur la compétence par des dispositions distinctes. – *Anc. art. 77 (Décr. n° 2017-891 du 6 mai 2017, art. 1er-2°-e).*

(Abrogé par Décr. n° 2017-891 du 6 mai 2017, art. 1er-22°-f) ***« Lorsque le juge, en se prononçant sur la compétence, tranche la question de fond dont dépend cette compétence, »*** **sa décision a autorité de chose jugée sur cette question de fond.** – *Anc. art. 95 (Décr. n° 2017-891 du 6 mai 2017, art. 1er-2°-f).*

Art. 80 Si le juge se déclare compétent *(Décr. n° 2017-891 du 6 mai 2017, art. 1er-2°-g)* **« sans statuer sur le fond, » l'instance est suspendue jusqu'à l'expiration du délai pour former** *(Décr. n° 2017-891 du 6 mai 2017, art. 1er-2°-g)* **« appel et, en cas d'appel », jusqu'à ce que la cour d'appel ait rendu sa décision.** – *Anc. art. 81 (Décr. n° 2017-891 du 6 mai 2017, art. 1er-2°-g).*

Art. 81 Lorsque le juge estime que l'affaire relève de la compétence d'une juridiction répressive, administrative, arbitrale ou étrangère, il renvoie seulement les parties à mieux se pourvoir.

Dans tous les autres cas, le juge qui se déclare incompétent désigne la juridiction qu'il estime compétente. Cette désignation s'impose aux parties et au juge de renvoi. – *Anc. art. 96 (Décr. n° 2017-891 du 6 mai 2017, art. 1er-2°-h).*

Art. 82 En cas de renvoi devant une juridiction désignée, le dossier de l'affaire lui est *(Abrogé par Décr. n° 2017-891 du 6 mai 2017, art. 1er-2°-i)* ***« aussitôt »*** **transmis par le** *(Décr. n° 2017-891 du 6 mai 2017, art. 1er-2°-i)* **« greffe », avec une copie de la décision de renvoi** *(Décr. n° 2017-891 du 6 mai 2017, art. 1er-2°-i)* **« , à défaut d'appel dans le délai ».** *(Abrogé par Décr. n° 2017-891 du 6 mai 2017, art. 1er-2°-i)* ***« Toutefois la transmission n'est faite qu'à défaut de contredit dans le délai, lorsque cette voie était ouverte contre la décision de renvoi. »***

(Décr. n° 81-500 du 12 mai 1981, art. 10) **« Dès réception du dossier, les parties sont invitées** *(Décr. n° 2017-891 du 6 mai 2017, art. 1er-2°-i)* **« par tout moyen par le greffe » de la juridiction désignée à poursuivre l'instance et, s'il y a lieu, à constituer avocat** *(Décr. n° 2017-891 du 6 mai 2017, art. 1er-2°-i)* **« dans le délai d'un mois à compter de cet avis. »**

Lorsque devant *(Décr. n° 2017-891 du 6 mai 2017, art. 1er-2°-i)* **« la juridiction désignée » les parties sont tenues de se faire représenter,** *(Décr. n° 76-1236 du 28 déc. 1976, art. 4)* **« l'affaire est d'office radiée » si aucune d'elles n'a constitué avocat** *(Abrogé par Décr. n° 2012-634 du 3 mai 2012, art. 21-1°-a)* ***« ou avoué »*** *(Abrogé par Décr. n° 2017-891 du 6 mai 2017, art. 1er-2°-i)* **« ,** ***selon le cas,*** **» dans le mois de** *(Décr. n° 2017-891 du 6 mai 2017, art. 1er-2°-i)* **« l'invitation qui leur a été faite en application de l'alinéa précédent ».**

(Abrogé par Décr. n° 2017-891 du 6 mai 2017, art. 1er-2°-i) ***« Lorsque le renvoi est fait à la juridiction qui avait été primitivement saisie, l'instance se poursuit à la diligence du juge. »*** – *Anc. art. 97 (Décr. n° 2017-891 du 6 mai 2017, art. 1er-2°-i). – V. notes ss. art. 82.*

Art. 82-1 *(Décr. n° 2019-1333 du 11 déc. 2019, art. 2-2°, en vigueur le 1er janv. 2020)* **Par dérogation aux dispositions de la présente sous-section, les questions de compétence au sein d'un tribunal judiciaire peuvent être réglées avant la première audience par mention au dossier, à la demande d'une partie ou d'office par le juge.**

Les parties ou leurs avocats en sont avisés sans délai par tout moyen conférant date certaine.

Le dossier de l'affaire est aussitôt transmis par le greffe au juge désigné.

La compétence du juge à qui l'affaire a été ainsi renvoyée peut être remise en cause par ce juge ou une partie dans un délai de trois mois.

Dans ce cas, le juge, d'office ou à la demande d'une partie, renvoie l'affaire par simple mention au dossier au président du tribunal judiciaire. Le président renvoie l'affaire, selon les mêmes modalités, au juge qu'il désigne. Sa décision n'est pas susceptible de recours.

La compétence du juge peut être contestée devant lui par les parties. La décision se prononçant sur la compétence peut faire l'objet d'un appel dans les conditions prévues à la sous-section 2 de la présente section.

L'art. 2 du Décr. n° 2019-1333 du 11 déc. 2019 est applicable aux instances en cours au 1er janv. 2020 (Décr. préc., art. 55-I).

BIBL. ▸ BLÉRY, *D. actu 20 déc. 2019, obs. Bléry* (réforme de la procédure civile : simplification des exceptions d'incompétence) ; *D. avocats 2020. 17* (tribunal judiciaire, compétences et règlement des incidents de compétence internes). – JOURDAN-MARQUES, *D. 2020. 495* (la simplification des exceptions d'incompétence : une bombe à retardement ?).

SOUS-SECTION 2 L'APPEL DU JUGEMENT STATUANT SUR LA COMPÉTENCE *(Décr. n° 2017-891 du 6 mai 2017, art. 1er-3°).*

Les dispositions de l'art. 1er du Décr. n° 2017-891 du 6 mai 2017 s'appliquent aux décisions rendues à compter du 1er sept. 2017 (Décr. préc., art. 53-II), mod. par Décr. n° 2017-1227 du 2 août 2017, art. 1er-2°-a).

§ 1er L'APPEL DU JUGEMENT STATUANT EXCLUSIVEMENT SUR LA COMPÉTENCE *(Décr. n° 2017-891 du 6 mai 2017, art. 1er-4°)*

Art. 83 *(Décr. n° 2017-891 du 6 mai 2017, art. 1er-4°-a)* **« Lorsque le juge s'est prononcé sur la compétence sans statuer sur le fond du litige, sa décision peut faire l'objet d'un appel dans les conditions prévues par le présent paragraphe. »**

(Abrogé par Décr. n° 2017-891 du 6 mai 2017, art. 1er-4°-a) ***« Sous réserve des règles particulières à l'expertise, »*** **la décision ne peut pareillement être attaquée du chef de la compétence** *(Décr. n° 2017-891 du 6 mai 2017, art. 1er-4°-a)* **« que par voie d'appel » lorsque le juge se prononce sur la compétence et ordonne une mesure d'instruction ou une mesure provisoire.** – *Anc. art. 80 (Décr. n° 2017-891 du 6 mai 2017, art. 1er-4°-a).*

1. Légalité. Les art. 83 s. C. pr. civ., dans leur rédaction issue du Décr. n° 2017-891 du 6 mai 2017, définissent de façon claire et sans ambiguïté ces modalités et conditions. Le moyen tiré de la méconnaissance de l'objectif de valeur constitutionnelle d'accessibilité et d'intelligibilité du droit doit en conséquence être écarté. • CE 13 nov. 2019, nos 412255, 412286, 412287, 412308 et 415651 : *D. actu. 29 nov. 2019, note Laffly.*

2. Champ d'application. Il résulte des art. 83, 84 et 85 C. pr. civ. que, nonobstant toute disposition contraire, l'appel dirigé contre la décision de toute juridiction du premier degré se prononçant sur la compétence sans statuer sur le fond du litige relève, lorsque les parties sont tenues de constituer un avocat, de la procédure à jour fixe et qu'en ce cas l'appelant doit saisir, dans le délai d'appel et à peine de caducité de la déclaration d'appel, le premier président de la cour d'appel en vue d'être autorisé à assigner l'intimé à jour fixe. C'est en conséquence à bon droit qu'une cour d'appel, tenue de vérifier la régularité de sa saisine, déclare caduque la déclaration d'appel formée contre le jugement d'un JEX s'étant déclaré incompétent pour connaître d'une demande, dès lors qu'elle relevait que l'appelant n'avait pas saisi le premier président afin d'être autorisé à assigner à jour fixe. • Civ. 2e, 11 juill. 2019, n° 18-23.617 P : *D. actu. 16 juill. 2019, obs. Bléry ; D. 2019. 1499 ; ibid. 1795, obs. Lemoine et de Leiris ; JCP 2019. 942, note Gerbay ; Procédures 2019, n° 253, note Laporte ; Gaz. Pal. 5 nov. 2019, p. 53, obs. Hoffschir* • Cass., avis., 11 juill. 2019, n° 150011 P. ♦ Il en va de même de l'appel des ordonnances du JME. • Civ. 2e, 2 juill. 2020, n° 19-11.624 P : *D. actu. 1er sept. 2020, obs. Bléry ; D. 2020. 1471 ; Gaz. Pal. 3 nov. 2020, p. 60, note Guez.* ♦ V. antérieurement, s'agissant des ordonnances de référés, jugeant que les dispositions des art. 83 et 85 C. pr. civ. s'appliquent à l'appel des ordonnances par lesquelles le juge des référés ne statue que sur sa compétence. • Paris, réf., 8 nov. 2018, n° 18/06629 : *D. actu. 22 nov. 2018, obs. Bléry.* ♦ ... S'agissant des ordonnances du JME, jugeant que les dispositions des art. 83 s. C. pr. civ. visent exclusivement les décisions des juridictions ayant le pouvoir de trancher le fond du litige, ce qui exclut les ordonnances du juge de la mise en état même si celui-ci peut répondre à des questions de fond pour se prononcer sur la compétence. Les décisions de ce dernier sont soumises aux dispositions spécifiques de l'art. 776 qui, combiné à l'art. 905, assurent un traitement rapide de la procédure. • Paris, réf., 10 avr. 2018, nº 17/22332 : *D. actu. 3 déc. 2018, obs. Bléry* • 21 sept. 2018, nº 18/02435 : *Gaz. Pal. 29 janv. 2019, obs. Hoffschir.*

3. Il résulte des art. 83, 84 et 85 que, nonobstant toute disposition contraire, l'appel dirigé contre la décision de toute juridiction du premier degré se prononçant sur la compétence sans statuer sur le fond du litige relève, lorsque les parties sont tenues de constituer un avocat, de la procédure à jour fixe et qu'en ce cas l'appelant doit saisir, dans le délai d'appel et à peine de caducité de la déclaration d'appel, le premier président de la cour d'appel en vue d'être autorisé à assigner l'intimé à jour fixe. Selon l'art. 918, la requête à fin d'autorisation à jour fixe doit contenir les conclusions au fond et viser les pièces justificatives. Viole les art. susvisés, la cour d'appel qui a relevé que la demande de fixation prioritaire, non soumise à l'art. 918, au lieu d'une autorisation d'assigner à jour fixe n'était qu'une erreur de pure forme portant sur les modalités de mise en œuvre de la procédure d'appel et était sans incidence sur la régularité de la saisine de la cour et ne pouvait donner lieu à la caducité de l'appel. • Civ. 2e, 22 oct. 2020, nº 18-19.768 P : *D. actu. 23 nov. 2020, note Lhermitte.*

Art. 84 *(Décr. nº 2017-891 du 6 mai 2017, art. 1er-4º-b)* **Le délai d'appel est de quinze jours à compter de la notification du jugement. Le greffe procède à cette notification adressée aux parties par lettre recommandée avec demande d'avis de réception. Il notifie également le jugement à leur avocat, dans le cas d'une procédure avec représentation obligatoire.**

En cas d'appel, l'appelant doit, à peine de caducité de la déclaration d'appel, saisir, dans le délai d'appel, le premier président en vue, selon le cas, d'être autorisé à assigner à jour fixe ou de bénéficier d'une fixation prioritaire de l'affaire.

BIBL. ▶ LAPORTE, *Procédures 2017. Étude 29* (appel du jugement sur la compétence : un nouveau jour fixe imposé).

Délai d'appel. Le délai d'appel, dans lequel l'appelant doit saisir le premier président en vue d'être autorisé à assigner à jour fixe, ne court pas lorsque le jugement critiqué porte une mention erronée sur sa qualification, à moins que l'acte de notification de cette décision n'ait indiqué la voie de recours qui était effectivement ouverte (visa des art. 83, 84, al. 2, 536 et 680). • Civ. 2e, 3 mars 2022, nº 20-17.419 P : *D. actu. 19 mars 2022, note Laffly.*

Art. 85 *(Décr. nº 2017-891 du 6 mai 2017, art. 1er-4º-b)* **Outre les mentions prescrites selon le cas par les articles 901 ou 933, la déclaration d'appel précise qu'elle est dirigée contre un jugement statuant sur la compétence et doit, à peine d'irrecevabilité, être motivée, soit dans la déclaration elle-même, soit dans des conclusions jointes à cette déclaration.**

Nonobstant toute disposition contraire, l'appel est instruit et jugé comme en matière de procédure à jour fixe si les règles applicables à l'appel des décisions rendues par la juridiction dont émane le jugement frappé d'appel imposent la constitution d'avocat, ou, dans le cas contraire, comme il est dit à l'article 948.

1. Procédure à jour fixe. Il résulte de la combinaison des art. 83, 84, 85 et 922 C. pr. civ. que lorsqu'un appel est formé contre un jugement *statuant exclusivement sur la compétence*, la cour d'appel est saisie, en matière de représentation obligatoire, selon la procédure à jour fixe, par la remise d'une copie de l'assignation au greffe, avant la date fixée pour l'audience. A défaut, la déclaration d'appel est caduque. Viole ces dispositions, la cour d'appel qui, pour rejeter l'incident soulevé par l'intimée, tiré de la caducité de la déclaration d'appel, énonce que s'agissant d'une procédure d'appel spéciale dont les règles sont fixées par les art. 83 à 85, lesquelles prévoient des délais et formalités à respecter sous peine de caducité ou d'irrecevabilité de la déclaration d'appel, les dispositions de droit commun de l'art. 922 ne sont pas applicables, de sorte que c'est par erreur que l'art. 917, régissant les procédures d'appel sur autorisation du premier président, a été visé dans l'ordonnance de fixation, et ajoute que la déclaration d'appel ayant été formée dans les délais et formes prescrits, elle n'est pas caduque. • Civ. 2e, 4 mars 2021, nº 19-24.293 P : *D. actu. 24 mars 2021, note Lhermitte.*

2. Absence de motivation. L'art. 85 exigeant que la déclaration d'appel dirigée contre un jugement statuant exclusivement sur la compétence soit motivée dans la déclaration elle-même ou dans des conclusions qui y sont jointes, les conclusions au fond annexées à la requête, qui sont adressées au premier président et non à la cour d'appel, ne peuvent constituer la motivation requise. • Civ. 2e, 22 oct. 2020, n° 19-17.630 P : *D. actu. 5 nov. 2020, obs. Lhermitte.* ♦ V. aussi note 15 ss. art. 126 pour la régularisation du défaut de motivation (• Même arrêt).

3. Conclusions remises par voies électroniques dans un message distinct de la déclaration d'appel. Il résulte de l'art. 85 C. pr. civ., relatif à l'appel du jugement statuant exclusivement sur la compétence, la déclaration d'appel doit, à peine d'irrecevabilité, être motivée, soit dans la déclaration elle-même, soit dans des conclusions jointes à cette déclaration. Lorsque ces actes sont remis à la juridiction par la voie électronique, la déclaration d'appel et les conclusions qui lui sont jointes doivent être transmises par un même message électronique, de sorte que la jonction de conclusions à une déclaration d'appel ne résulte pas de l'envoi le même jour de ces deux actes. • Civ. 2e, 9 sept. 2021, n° 20-22.080 P : *D. actu. 29 sept. 2021, note Bléry.*

Art. 86 La cour renvoie l'affaire à la juridiction qu'elle estime compétente. Cette décision s'impose aux parties et au juge de renvoi.
(Décr. n° 2017-891 du 6 mai 2017, art. 1er-4°-c) « Lorsque le renvoi est fait à la juridiction qui avait été initialement saisie, l'instance se poursuit à la diligence du juge. »

Art. 87 *(Décr. n° 76-1236 du 28 déc. 1976, art. 1er)* Le *(Décr. n° 82-716 du 10 août 1982, art. 1er)* « greffier » de la cour notifie aussitôt l'arrêt aux parties par lettre recommandée avec demande d'avis de réception.

Cet arrêt n'est pas susceptible d'opposition.

Le délai de pourvoi en cassation court à compter de sa notification. — *La 2e phr. du 2e al. est devenu un 3e al. (Décr. n° 2017-891 du 6 mai 2017, art. 1er-4°-d). — V. notes ss. anc. art. 87.*

Art. 88 *(Décr. n° 2017-891 du 6 mai 2017, art. 1er-4°-e)* Lorsque la cour est juridiction d'appel relativement à la juridiction qu'elle estime compétente, elle peut évoquer le fond si elle estime de bonne justice de donner à l'affaire une solution définitive après avoir ordonné elle-même, le cas échéant, une mesure d'instruction. — *Anc. art. 89 (Décr. n° 2017-891 du 6 mai 2017, art. 1er-4°-e).*

Art. 89 Quand elle décide d'évoquer, la cour invite les parties, le cas échéant par lettre recommandée avec demande d'avis de réception, à constituer *(Décr. n° 2012-634 du 3 mai 2012, art. 19-1°-a)* « avocat » dans le délai qu'elle fixe, si les règles applicables à l'appel des décisions rendues par la juridiction dont émane le jugement frappé *(Décr. n° 2017-891 du 6 mai 2017, art. 1er-4°-f)* « d'appel » imposent cette constitution.

Si aucune des parties ne constitue *(Décr. n° 2012-634 du 3 mai 2012, art. 19-1°-a)* « avocat », la cour peut prononcer d'office la radiation de l'affaire par décision motivée non susceptible de recours. Copie de cette décision est portée à la connaissance de chacune des parties par lettre simple adressée à leur domicile ou à leur résidence. — *Anc. art. 90 (Décr. n° 2017-891 du 6 mai 2017, art. 1er-4°-f).*

§ 2 L'APPEL DU JUGEMENT STATUANT SUR LA COMPÉTENCE ET LE FOND DU LITIGE

(Décr. n° 2017-891 du 6 mai 2017, art. 1er-5°)

Les anciens art. 94, 98, et 99 sont abrogés par l'art. 1er-6° du Décr. n° 2017-891 du 6 mai 2017.

Art. 90 *(Décr. n° 2017-891 du 6 mai 2017, art. 1er-5°-a)* « Lorsque le juge s'est déclaré compétent et a statué » sur le fond du litige dans un même jugement *(Décr. n° 2017-891 du 6 mai 2017, art. 1er-5°-a)* « rendu en premier ressort, celui-ci peut être frappé d'appel dans l'ensemble de ses dispositions. » — *Anc. art. 78 (Décr. n° 2017-891 du 6 mai 2017, art. 1er-5°-a).*

Lorsque la cour infirme du chef de la compétence, elle statue néanmoins sur le fond *du litige (Abrogé par Décr. n° 2017-891 du 6 mai 2017, art. 1er-5°-c) « si la décision attaquée est susceptible d'appel dans l'ensemble de ses dispositions et »* si la cour est juridiction d'appel relativement à la juridiction qu'elle estime compétente. — *Anc. art. 79, al. 1er (Décr. n° 2017-891 du 6 mai 2017, art. 1er-5°-b).*

(Décr. n° 2017-891 du 6 mai 2017, art. 1er-5°-b) « Si elle n'est pas juridiction d'appel », la cour, en infirmant du chef de la compétence la décision attaquée, renvoie l'affaire devant la cour qui est juridiction d'appel relativement à la juridiction qui eût

été compétente en première instance. Cette décision s'impose aux parties et à la cour de renvoi. – *Anc. art. 79, al. 2 (Décr. n° 2017-891 du 6 mai 2017, art. 1er-5°-c).*

Art. 91 *(Décr. n° 2017-891 du 6 mai 2017, art. 1er-5°-d)* Lorsque le juge s'est déclaré compétent et a statué sur le fond du litige dans un même jugement rendu en dernier ressort, celui-ci peut être frappé d'appel exclusivement sur la compétence. Un pourvoi formé à l'encontre des dispositions sur le fond rend l'appel irrecevable.

En cas d'appel, lorsque la cour infirme la décision attaquée du chef de la compétence, elle renvoie l'affaire devant la juridiction qu'elle estime compétente à laquelle le dossier est transmis à l'expiration du délai du pourvoi ou, le cas échéant, lorsqu'il a été statué sur celui-ci. La décision de renvoi s'impose aux parties et à la juridiction de renvoi.

Circulaire JUSC1721995C du 4 août 2017,

De présentation des dispositions du décret n° 2017-891 du 6 mai 2017, relatif aux exceptions d'incompétence et à l'appel en matière civile, modifié par le décret n° 2017-1227 du 2 août 2017 (BOMJ n° 2017-08 du 31 août 2017).

SECTION PREMIÈRE *[ANCIENNE]* LES EXCEPTIONS D'INCOMPÉTENCE

Le Décr. n° 2017-891 du 6 mai 2017 a réformé le recours contre les décisions statuant sur les exceptions d'incompétence (sur le nouveau régime, V. art. 75 s. ci-dessus). Son art. 53-II (mod. par Décr. n° 2017-1227 du 2 août 2017, art. 1er-2°-a) prévoit que ce nouveau régime s'applique aux décisions rendues à compter du 1er sept. 2017. Les textes reproduits ci-dessous rendent compte du régime applicable antérieurement à cette date.

RÉP. PR. CIV. v° *Incompétence*, par CHABOT.

DALLOZ ACTION *Droit et pratique de la procédure civile 2022/2023*, nos 351.11 s.

Sur le maintien de l'aide juridictionnelle en cas d'incompétence de la juridiction saisie d'un litige pour lequel cette aide avait été accordée, sans nécessité d'une nouvelle admission, V. L. n° 91-647 du 10 juill. 1991, art. 9, App., v° Aide juridique, I, Réglementation générale.

BIBL. GÉN. ▸ **Droit interne :** BRETZNER, *Gaz. Pal. 1997. 1. Doctr. 222* (exceptions d'incompétence et oralité des débats). – EYMARD et DOUCEDE, *Gaz. Pal. 1987. 2. Doctr. 609* (incompétence, voies de recours et juridiction de renvoi). – KERNALEGUEN, *Mél. Héron, LGDJ 2008, p. 281* (propos sur l'incompétence du juge). – MEUNIER, *D. 1974. Chron. 213* (exceptions d'incompétence après le décret du 20 juill. 1972). – ROUSSE, *Gaz. Pal. 1973. 2. Doctr. 721 ; Gaz. Pal. 1974. 1. Doctr. 107.*

▸ **Droit international :** GAUDEMET-TALLON, *Rev. crit. DIP 1977. 1* (compétence internationale à l'épreuve du nouveau Code de procédure civile : aménagement ou bouleversement ?). – A. HUET, *JDI 1976. 342* (nouveau Code de procédure civile et compétence internationale des tribunaux français). – THÉRY, Pouvoir juridictionnel et compétence : étude de droit international, *thèse Paris II, 1981.*

SOUS-SECTION 1 *[ANCIENNE]* L'INCOMPÉTENCE SOULEVÉE PAR LES PARTIES

DALLOZ ACTION *Droit et pratique de la procédure civile 2022/2023*, nos 351.70 s.

BIBL. ▸ BLANC, *Gaz. Pal. 1976. 2. Doctr. 463* (exceptions d'incompétence au cas où l'exception est soulevée par les parties).

Ancien art. 75 ***S'il est prétendu que la juridiction saisie est incompétente, la partie qui soulève cette exception doit, à peine d'irrecevabilité, la motiver et faire connaître dans tous les cas devant quelle juridiction elle demande que l'affaire soit portée.***

Les exceptions d'incompétence sont réglées par les art. 75 à 99 C. pr. civ. sous réserve des dispositions des art. R. 662-5, R. 662-6 et R. 662-7 C. com. (C. com., art. R. 662-4). – ***C. com.*** *et* ***C. pr. coll.***

PLAN DES ANNOTATIONS

I. INCOMPÉTENCE DE LA JURIDICTION SAISIE

A. NOTION D'INCOMPÉTENCE

1. Renvoi. V. notes 11 à 15 ss. art. 73 et notes 3 et 4 ci-dessous.

2. Illustration. Le moyen tiré de l'immunité de juridiction constitue une fin de non-recevoir et non une exception d'incompétence, en sorte que l'art. 75 n'est pas applicable. • Soc. 5 juin 2001, no 98-44.996 P.

B. PLURALITÉ D'EXCEPTIONS D'INCOMPÉTENCE

3. Le demandeur à l'exception peut soulever à titre principal l'incompétence territoriale de la juridiction saisie et subsidiairement celle de la juridiction arbitrale. • Civ. 2e, 17 janv. 1996, no 98-18.361 P : *Procédures 1996, no 70, obs. Perrot.*

II. AUTEUR DE LA CONTESTATION

4. Estoppel. Le demandeur n'est pas recevable à contester la compétence territoriale de la juridiction qu'il a lui-même saisie. • Civ. 1re, 28 avr. 1982, no 81-11.438 P • Civ. 2e, 7 déc. 2000, no 99-14.902 P.

III. OBLIGATION DE MOTIVATION

5. L'interdiction faite à la juridiction saisie d'une exception d'incompétence au profit du juge administratif de désigner la juridiction administrative à saisir n'est pas de nature à écarter l'obligation faite, par l'art. 75 C. pr. civ. à la partie qui soulève l'exception, d'indiquer dans tous les cas, sous peine d'irrecevabilité de cette exception, devant quelle juridiction administrative l'affaire doit être portée. • Civ. 2e, 21 févr. 2019, no 17-28.857 P : *D. actu. 14 mars 2019, obs. Bolze ; AJDA 2019. 1550 ; JCP 2019. 265, note Herman ; ibid. 616, obs. Veyre.*

6. Le défendeur allemand qui déclare se refuser à être jugé par un tribunal français et vouloir réserver ses explications à un tribunal allemand ne soulève pas une exception d'incompétence régulière. • Civ. 2e, 26 oct. 1978, no 77-12.113 P.

IV. DÉSIGNATION DE LA JURIDICTION COMPÉTENTE

A. QUI ?

7. Charge du demandeur à l'exception. L'obligation de désigner la juridiction qu'il estime compétente ne s'impose qu'au demandeur à l'exception, elle ne s'étend pas à l'auteur du contredit. • Civ. 2e, 28 nov. 1985, no 84-14.382 P : *Gaz. Pal. 1986. 2. Somm. 417, obs. Guinchard et Moussa.*

B. QUAND ?

8. Dans le déclinatoire. C'est dans le déclinatoire, et non ultérieurement, que l'auteur de l'exception doit à peine d'irrecevabilité faire connaître devant quelle juridiction il demande que l'affaire soit portée. • Civ. 2e, 29 mai 1979, no 78-11.179 P : *D. 1979. IR 478, obs. Julien* • Soc. 19 juin 1980, no 79-11.021 P. ♦ *Contra* : • Bourges, 14 sept. 1993 : *RTD civ. 1994. 673, obs. Normand*

C. COMMENT ?

1o UNICITÉ DE LA DÉSIGNATION

a. Principe

9. Énoncé. Sauf dans le cas où il bénéficie d'une option légale de compétence, le demandeur à l'exception d'incompétence doit faire connaître, à peine d'irrecevabilité, la seule juridiction devant laquelle il demande que l'affaire soit portée. • Civ. 2e, 28 juin 2006, no 05-14.085 : *Procédures 2006, no 202, obs. Perrot ; Dr. et patr., févr. 2007, p. 116, obs. Amrani Mekki.*

10. Domaine. L'impossibilité dans laquelle se trouve la juridiction saisie d'une exception d'incompétence au profit du juge administratif de désigner la juridiction administrative à saisir, en raison de la séparation des autorités administratives et judiciaires, n'est pas de nature à écarter l'obligation faite, par l'art. 75, à la partie qui soulève cette exception de faire connaître devant quelle juridiction administrative l'affaire doit être portée. • Civ. 1re, 8 juill. 2009, no 08-16.711 P : *Procédures 2009, no 302, note Perrot.*

11. Pas de désignation subsidiaire.

L'art. 75 impose que le demandeur à l'exception d'incompétence désigne la juridiction devant laquelle il demande que l'affaire soit portée, et interdit, hors le cas où il existe une option de compétence, qu'il se dispense de faire un choix en opérant une désignation principale accompagnée d'une désignation subsidiaire ; cette règle s'applique aussi lorsque les juridictions respectivement revendiquées ne relèvent pas du même ordre de juridiction. • Civ. 1re, 9 janv. 2007, n° 04-11.779 P : *D. 2007. AJ 513*.

12. Précision requise. L'obligation imposée par l'art. 75 à la partie qui soulève l'exception d'incompétence, de faire connaître devant quelle juridiction elle demande que l'affaire soit portée, est remplie lorsque cette partie donne dans ses écritures des précisions suffisamment claires pour que la désignation de la juridiction soit certaine. • Civ. 1re, 31 janv. 1990, n° 87-18.170 P : *D. 1990. 461, note Rémery*. ♦ Jugé que la simple désignation du pays compétent satisfait aux exigences prévues par l'art. 75. • Nancy 3 déc. 1986 : *Gaz. Pal. 1987. 2. Somm. 312* • TGI Paris, 25 mars 1992 : *Rev. huiss. 1993. 42.* ♦ ... Ou encore qu'il suffit au défendeur de préciser l'État dans lequel se trouve la juridiction compétente, sans avoir à préciser ni sa nature, ni sa localisation exacte. • Soc. 17 mars 1998, n° 93-40.442 P : *D. 1998. IR 100* • Paris, 30 juin 1999 : *D. 1999. IR 224.* ♦ Dans l'ordre international, la désignation générale des juridictions d'un État étranger par une clause attributive de compétence est licite si le droit interne de cet État permet de déterminer le tribunal spécialement compétent ; il en résulte que satisfait aux exigences de l'art. 75 la partie qui, soulevant une exception d'incompétence internationale en vertu d'une telle clause, fait connaître, dans son déclinatoire, que l'affaire doit être portée devant les juridictions de cet État, sans que la recevabilité de l'exception soit, dès lors, subordonnée à l'indication, dans le déclinatoire, de la juridiction étrangère devant être précisément saisie ni de celle des règles étrangères permettant sa désignation. • Com. 25 nov. 1997, n° 95-21.021 P • Orléans, 6 mai 2003 : *Rev. crit. DIP 2004. 139, note Gaudemet-Tallon*.

b. Exception

13. Option de compétence. L'art. 75 n'interdit pas au défendeur qui se prévaut d'une option de compétence de désigner comme compétentes plusieurs juridictions, fussent-elles étrangères. • Civ. 1re, 10 oct. 1978, n° 77-10.926 P : *JDI 1979. 142, note Kahn* • Civ. 2e, 20 nov. 1985, n° 84-12.506 P : *Gaz. Pal. 1986. 2. Somm. 328, obs. Guinchard et Moussa* • TGI Paris, 15 juin 1983 : *ibid. 1984. 1. Somm. 202.*

2° DÉSIGNATION ERRONÉE

14. L'art. 75 n'exige pas que la juridiction désignée soit réellement compétente. • Dijon, 15 nov. 1979 : *D. 1981. IR 207.*

Ancien art. 76 ***Le juge peut, dans un même jugement, mais par des dispositions distinctes, se déclarer compétent et statuer sur le fond du litige, sauf à mettre préalablement les parties en demeure de conclure sur le fond.***

1° DOMAINE D'APPLICATION

1. Portée générale. Les dispositions de l'art. 76 sont applicables devant toutes les juridictions et notamment devant le tribunal de commerce, l'oralité de la procédure n'étant pas un obstacle à leur exercice. • Civ. 2e, 14 nov. 1979, n° 78-14.468 P : *Gaz. Pal. 1980. 1. 186, note Viatte.* ♦ L'art. 76 constitue une illustration du principe de la contradiction des art. 14 à 16 et, dès lors, les arbitres n'ont pas la faculté de se soustraire à cette prescription. • Paris, 3 mars 1987 : *D. 1987. IR 73.*

2° MISE EN ŒUVRE

a. En première instance

2. Mise en demeure obligatoire.. Le juge qui entend rejeter une exception d'incompétence et statuer au fond dans un même jugement doit, préalablement, mettre les parties en demeure de conclure sur le fond si elles ne l'ont déjà fait. • Civ. 2e, 1er avr. 2004, n° 02-14.303 P : *Procédures 2004, n° 144, note Perrot* • 19 févr. 2009 : *Procédures 2009, n° 144.*

3. ... Sauf si les parties ont, d'elles-mêmes, conclu au fond. Lorsque le jugement constate qu'après avoir décliné la compétence territoriale du tribunal saisi, le défendeur s'est expliqué sur le fond et que cette constatation n'a pas été contestée, il en résulte qu'il n'y a pas à mettre en demeure de conclure sur le fond, les prescriptions de l'art. 76 ayant, en fait, été observées. • Com. 15 févr. 1982, n° 80-12.826 P.

b. À hauteur d'appel

4. En cas de défaut de comparution devant le premier juge. Viole l'art. 76 l'arrêt qui confirme une décision rendue par défaut, condamnant un défendeur à payer une somme d'argent, sans avoir mis celui-ci, qui s'était borné à soulever l'incompétence du juge saisi, en demeure de conclure sur le fond. • Civ. 2e, 15 oct. 1980, n° 79-11.763 P • 12 mai 1986, n° 84-16.482 P.

5. ... mais pas lorsque l'appelant a conclu au fond devant le premier juge. Si les dispositions de l'art. 76 peuvent être invoquées par une partie qui, n'ayant pas comparu devant le premier juge, s'est bornée, dans ses conclusions devant la cour d'appel, à soulever une exception d'incompétence, il n'en va pas de même lorsque l'appelant avait, devant le premier juge, conclu au fond. • Cass., ass. plén., 18 févr. 1994, n° 90-12.454 P : *D. 1994. 245, concl. Jéol ; JCP 1994. II. 22232, concl. Jéol, note du Rusquec ; ibid. 1994. I. 3755, obs. Cadiet ; RTD civ. 1994. 411, obs. Normand ; Gaz. Pal. 1994. Pan. 31 ; ibid. 258, concl. Jeol ; Europe 1994, n° 165.*

3° CAS PARTICULIERS DE VIOLATION

6. Le juge qui entend rejeter une exception d'incompétence et statuer au fond dans le même jugement doit, préalablement, mettre les parties en demeure de conclure sur le fond si elles ne l'ont déjà fait. • Civ. 2e, 4 sept. 2014, n° 12-24.530 P : *D. 2014. Actu. 1827 ; ibid. 2015. Chron. C. cass. 517, obs. Vasseur, De Leiris et Adida-Canac ; Gaz. Pal. 23 déc. 2014, p. 33, note Lauvergnat ; Procédures 2014, n° 289, note Croze.* ♦ Il ne peut ainsi, après avoir débouté une partie de son exception d'incompétence, se borner à retenir qu'elle n'avait pas conclu subsidiairement au fond, sans relever qu'elle avait été mise en demeure de le faire. • Civ. 2e, 10 oct. 1990, n° 89-13.915 P. ♦ Rappr., pour une hypothèse où la cour d'appel avait considéré que la société défenderesse avait pris parti sur le bien-fondé de la demande, alors que, tant en première instance qu'en appel, cette société avait demandé, sans prendre réellement parti au fond, à être mise en mesure de conclure au fond. • Civ. 1re, 25 avr. 2006, n° 05-13.749 P : *D. 2006. IR 1332 ; JCP 2006. I. 183, obs. Serinet ; ibid. I. 187, note Béguin ; JCP E 2006, n° 2784, note Béguin ; Procédures 2006, n° 152, note Perrot ; Dr. et patr., févr. 2007, p. 116, obs. Amrani Mekki.*

Ancien art. 77 ***Lorsqu'il ne se prononce pas sur le fond du litige, mais que la détermination de la compétence dépend d'une question de fond, le juge doit, dans le dispositif du jugement, statuer sur cette question de fond et sur la compétence par des dispositions distinctes.*** — *V. art. 95.*

1. Principe. Pour trancher l'exception d'incompétence soulevée dans l'affaire dont il est saisi, le juge statue, si nécessaire, sur les questions de fond dont dépend sa compétence (visa des art. 77 et 80 C. pr. civ., ensemble les art. 5 et 49 du même code). • Civ. 2e, 5 janv. 2017, n° 15-27.953 P : *D. actu. 24 janv. 2017, obs. Bléry ; JCP 2017. 76, obs. Monéger.* ♦ Dès lors, une cour d'appel saisie par contredit par l'une des parties, qui invoque sa qualité d'agent commercial, pour être indemnisée pour rupture d'un contrat contenant une clause attributive de compétence à un tribunal de commerce déterminé, ne peut y faire droit sans statuer sur la qualité de commerçant du demandeur dont dépend sa compétence. • Même décision.

2. Domaine d'application. L'obligation de statuer par dispositions distinctes sur la compétence et sur la question de fond dont dépend la compétence ne s'impose qu'au juge du premier degré. • Com. 12 févr. 1985, n° 83-10.864 P : *D. 1988. Somm. 473, obs. Julien.*

3. Contestation. Dès lors qu'il affirme n'avoir pas soulevé l'incompétence matérielle de la juridiction saisie et reconnaît ainsi sa compétence, l'employeur ne peut être admis, faute d'intérêt, à reprocher au juge du fond de s'être déclaré compétent et de n'avoir pas, dans le dispositif de leur décision, statué par des dispositions distinctes, d'une part sur la question de fond dont dépendait la compétence, d'autre part sur celle-ci. • Soc. 16 mars 1976, n° 75-40.212 P : *D. 1976. IR 131.*

4. Sanction. Il résulte de la combinaison des art. 77, 455 et 458 que la formalité prescrite par le premier n'est pas prescrite à peine de nullité. • Civ. 1re, 27 nov. 1985, n° 84-10.899 P.

SOUS-SECTION 2 *[ANCIENNE]* L'APPEL

DALLOZ ACTION *Droit et pratique de la procédure civile 2022/2023,* nos 512.00 s.

Ancien art. 78 ***Si le juge se déclare compétent et statue sur le fond du litige dans un même jugement, celui-ci ne peut être attaqué que par voie d'appel, soit dans l'ensemble de ses dispositions s'il est susceptible d'appel, soit du chef de la compétence dans le cas où la décision sur le fond est rendue en premier et dernier ressort.***

PLAN DES ANNOTATIONS

1° *JUGEMENT STATUANT SUR LA COMPÉTENCE ET LE FOND*

a. Jugement statuant directement au fond

1. ***Compétence implicite.*** Dès lors que les premiers juges, passant outre à l'exception d'incompétence, se sont déclarés implicitement compétents pour connaître d'un litige et ont statué au fond sur celui-ci par un même jugement, leur décision ne peut, en application de l'art. 78, être attaquée que par la voie de l'appel ; et la cour d'appel, saisie en vertu de l'effet dévolutif de l'appel, doit statuer sur l'ensemble du litige. • Civ. 2e, 28 mai 1986, n° 84-16.686 P. ♦ Rappr. • Com. 26 oct. 1976, n° 75-11-904 P.

b. Jugement statuant sur la compétence et...

2. ***... Une fin de non-recevoir.*** Ne statue pas sur le fond le juge qui, en se déclarant compétent, rejette les fins de non-recevoir soulevées par le défendeur. • Paris, 13 févr. 1986 : *Gaz. Pal. 1986. 2. Pan. dr. trav. 355.*

3. ***... La loi applicable.*** Relève de l'art. 78 le jugement par lequel un tribunal se reconnaît compétent et décide de la loi applicable, la résolution du conflit de lois étant une question de fond sans incidence sur la détermination de la compétence internationale. • Paris, 1er oct. 1986 : *Gaz. Pal. 1987. 1. Somm. 32.*

4. ***... Déboutant des autres demandes.*** Lorsque le juge déboute une partie de certaines de ses demandes et se déclare incompétent pour connaître des autres, la décision est susceptible d'appel sur l'ensemble des dispositions. • Paris, 14 janv. 1983 : *JCP 1983. II. 20075, concl. Connen.* ♦ Rappr. • Soc. 14 nov. 1979, n° 78-41.106 P.

5. ***... Ordonnant une mesure d'instruction et/ou une provision.*** Relève de l'art. 78 le jugement par lequel un tribunal se reconnaît compétent, ordonne une expertise pour déterminer le montant des travaux et accorde une provision sur ces derniers. • Paris, 16 janv. 1981 : *JCP 1982. IV. 223.* ♦ *Contra*, ne statue pas sur le fond le juge qui, en se déclarant compétent, ordonne une expertise, peu important que la décision laisse apparaître un certain préjugé faisant grief. • Aix-en-Provence, 9 avr. 1974 : *Quot. Jur. 21 sept. 1974.*

c. Pluralité de défendeurs

6. Lorsque le juge se déclare incompétent pour connaître de l'action en responsabilité contractuelle formée contre un premier défendeur et rejette l'action délictuelle dirigée contre un autre, la voie du contredit est seule ouverte contre la partie qui a triomphé dans son exception, l'art. 78 n'étant pas applicable dans ce cas. • Paris, 9 juin 1982 : *Gaz. Pal. 1983. 1. Somm. 120* • 9 déc. 1982 : *Bull. ch. avoués 1983. 9.* ♦ *Contra*, pour la soumission de l'ensemble à la voie de l'appel : • Paris, 25 nov. 1981 : *Bull. ch. avoués 1982. 16* • Rouen, 10 mars 1983 : *ibid. 1983. 68.*

d. Cas particulier

7. ***Juge-commissaire.*** L'ordonnance rendue par le juge-commissaire en matière de continuation d'un contrat en cours n'est susceptible que d'un recours devant le T. com., même lorsque le magistrat a dû, dans la même décision, statuer sur sa compétence. • Civ. 2e, 5 mai 1993, n° 91-19.254 P.

2° *ÉTENDUE DE L'APPEL*

a. Sur la compétence et le fond

8. ***Effet dévolutif.*** Lorsque le premier juge s'est déclaré compétent et a statué sur le fond dans une même décision, la cour, saisie en vertu de l'effet dévolutif de l'appel, doit statuer sur l'ensemble du litige. • Civ. 2e, 28 mai 1986, n° 84-16.686 P : *Gaz. Pal. 1986. 2. Pan. 202.*

9. ***Sort d'un contredit.*** Est irrecevable, faute d'intérêt, le pourvoi qui reproche à un arrêt d'avoir fait droit à un contredit de compétence formé contre un jugement statuant à la fois sur la compétence et sur le fond, dès lors que la cour d'appel a fait droit à l'exception d'incompétence soulevée devant les premiers juges et renvoyé la procédure devant la juridiction que celui-ci estimait compétente. • Civ. 2e, 22 juin 1983, n° 82-11.300 P : *D. 1983. IR 396, obs. Julien.*

b. Sur la compétence uniquement

10. ***Recevabilité de l'appel.*** Lorsque la demande n'excède pas le taux de ressort du TI, le jugement ne peut être frappé d'appel que du chef de la compétence. • Civ. 2e, 18 nov. 2004, n° 03-10.491 : *Procédures 2005, n° 3, obs. Perrot.*

11. ***Irrecevabilité du pourvoi.*** Est irrecevable le pourvoi ne critiquant le jugement qu'en ce qu'il a statué sur la compétence, la voie d'appel étant ouverte de ce chef. • Soc. 15 juin 1977, n° 77-60.462 P. ♦ La voie de cassation n'étant ouverte que lorsque les autres sont fermées, le pourvoi contre la décision qui rejette l'exception d'incompétence et statue en premier et dernier ressort sur le fond est irrecevable en tant que dirigé contre les dispositions relatives à la compétence. • Civ. 2e, 8 avr. 1976 : *D. 1976. IR 191 ; RTD civ. 1976. 615, obs. Normand* • Com. 26 oct. 1976 : *n° 75-11.904 P* • Civ. 2e, 27 mai 1988, n° 75-11.904 P • Soc. 17 juin 1992, n° 91-60.225 P. ♦ V. aussi : • Soc. 22 janv. 2002, n° 00-60.491 P.

12. ***Sort d'un contredit.*** Il résulte de la combinaison des art. 78 et 91, al. 1er, que la cour d'appel, saisie d'un contredit de compétence contre un jugement statuant en premier et dernier ressort sur le fond et en même temps sur la compétence, demeure saisie pour statuer en appel sur la compétence. • Civ. 2e, 22 juin 1983, n° 92-11.300 P : *D. 1983. IR 396, obs. Julien.*

c. Sur la connexité et le fond

13. Il résulte des dispositions combinées des art. 78 et 104 que lorsque le juge statue sur la connexité et sur le fond dans un même jugement, celui-ci ne peut être attaqué par la voie de l'appel que du chef de la connexité dans le cas où la décision sur le fond est rendue en premier et dernier ressort. • Civ. 1re, 9 mars 2004, n° 00-14.312 P : *D. 2004. IR 994* ; *Procédures 2004, n° 91, note Perrot.*

Ancien art. 79 ***Lorsque la cour infirme du chef de la compétence, elle statue néanmoins sur le fond du litige si la décision attaquée est susceptible d'appel dans l'ensemble de ses dispositions et si la cour est juridiction d'appel relativement à la juridiction qu'elle estime compétente.***

Dans les autres cas, la cour, en infirmant du chef de la compétence la décision attaquée, renvoie l'affaire devant la cour qui est juridiction d'appel relativement à la juridiction qui eût été compétente en première instance. Cette décision s'impose aux parties et à la cour de renvoi.

Plan des annotations

1. Représentation. Les règles de représentation et d'assistance des parties devant la cour d'appel, auxquelles les dispositions de l'art. 79 ne dérogent pas, sont celles qui sont applicables à l'appel des décisions rendues par la juridiction dont le jugement est frappé d'appel. • Soc. 9 févr. 1999, n° 97-11.313 P.

A. ALINÉA PREMIER

1° PRÉREQUIS

2. Information. Dans le cas prévu par l'art. 19, al. 1er du Décr. n° 72-684 du 20 juill. 1972 [art. 79, al. 1er, C. pr. civ.], la cour d'appel ne peut statuer sur le fond qu'en cas d'information du chef de la compétence, et non lorsqu'elle confirme le jugement par lequel un T. com. s'est déclaré incompétent au profit du TGI. • Civ. 2e, 7 janv. 1976, n° 74-13.753 P. ♦ Rappr. • Versailles, 17 févr. 1987 : *Gaz. Pal. 1987. 2. Somm. 296* • Civ. 2e, 3 mai 1990, n° 89-11.322 : *Gaz. Pal. 1990. 2. Pan. 179.* ♦ La dévolution ne s'opère pas lorsque la cour d'appel confirme un jugement par lequel un tribunal s'est déclaré incompétent, même si elle est juridiction d'appel relativement à la juridiction qu'elle estime compétente. • Civ. 2e, 11 mai 2006, n° 04-16.967 P : *Propr. intell. 2006, p. 508, note Passa* • 4 juill. 2007, n° 06-16.179 P : *Gaz. Pal. 26 févr. 2008, p. 17, note Leplaideur ; ibid. 13 janv. 2008, p. 28, note du Rusquec.*

3. Compétence. La cour d'appel, saisie de l'appel d'une ordonnance du juge des référés ne peut statuer que dans la limite des pouvoirs de celui-ci ; c'est donc à bon droit qu'une cour d'appel, ayant retenu que la demande présentée à la juridiction des référés relevait de la compétence du tribunal saisi de la procédure collective ouverte à l'égard du défendeur, a décidé qu'il n'y avait pas lieu de faire application des dispositions de l'art. 79, al. 1er. • Com. 3 nov. 1992 : *n° 90-16.842 P.* ♦ Saisie de l'appel d'une ordonnance du juge des référés, la cour d'appel ne peut statuer que dans la limite des pouvoirs de celui-ci ; elle ne peut donc, lorsqu'elle retient que le président du TGI, statuant en référé, est incompétent pour connaître d'une demande présentée sur le fondement des art. 815-5 et 815-6 C. civ., se prononcer sur le fond du litige en appliquant l'art. 79, al. 1er. • Civ. 3e, 7 avr. 2004, n° 02-18.000 P : *D. 2004. IR 1349* ; *Procédures 2004, n° 143, note Perrot ; AJDI 2004. 482* . ♦ La cour d'appel, saisie de l'appel d'une ordonnance du juge des référés, ne peut statuer que dans les limites des pouvoirs de celui-ci ; par suite, excède ses pouvoirs et viole l'art. 79 la cour d'appel qui, après avoir énoncé que le juge des référés était incompétent pour statuer sur une demande de provision dès lors que, le TGI étant saisi au fond, le juge de la mise en état de cette juridiction était seul compétent, condamne une partie au paiement d'une provision. • Civ. 2e, 8 juill. 2004, n° 02-18.199 P : *D. 2004. IR 2474* ; *Gaz. Pal. 26-28 juin 2005, p. 32, obs. du Rusquec ; Dr. et pr. 2005. 54.*

4. Décision au fond. Il ne suffit pas que le juge du second degré ait été saisi par la voie de l'appel, il faut encore que le premier juge ait statué sur le fond. • Paris, 5 nov. 1981 : *D. 1982. 342, note Massip.* ♦ L'art. 79, al. 1er ne saurait s'appliquer quand l'objet du litige, tel que retenu par la cour, n'a pas été tranché par les premiers juges et ne lui a même pas été soumis. • Douai, 16 déc. 1981 : *Gaz. Pal. 1982. 2. Somm. 243.*

5. Cas particulier. La partie qui a saisi le premier juge étant irrecevable à contester la compétence de celui-ci, la cour, saisie en application de l'art. 380, ne peut, en l'absence d'appel incident de l'intimé sur le chef de la compétence, faire application de l'art. 79. • Soc. 27 févr. 1991, n° 89-42.756 P.

2° CONSÉQUENCE

6. Obligation de statuer au fond. Une cour d'appel qui, saisie d'un déclinatoire de compétence *ratione materiae* à l'égard d'une décision ayant statué sur le fond du litige, a décidé que la juridiction consulaire dont la décision lui était déférée était incompétente et relevé qu'elle-même était juridiction d'appel à la fois du tribunal de commerce incompétent et du TGI estimé par elle compétent, est tenue de statuer sur le fond du litige en application de l'art. 19, al. 1er du Décr. n° 72-684 du 20 juill. 1972 [art. 79, al. 1er C. pr. civ.]. • Com. 5 juill. 1976, n° 75-13.853 P : *Gaz. Pal. 1977. 1. 259, note Viatte.* ♦ Viole l'art. 79 la cour qui, infirmant du chef de la compétence, renvoie le demandeur à se pourvoir devant la juridiction commerciale, alors que, saisie par l'effet dévolutif de l'appel de l'ensemble du litige et investie de la plénitude de juridiction tant en matière civile qu'en matière commerciale, elle avait le pouvoir et le devoir de garder la connaissance de l'affaire et d'apporter à celle-ci une solution au fond. • Soc. 1er juin 1978, n° 77-40.465 P : *Rev. sociétés 1979. 79, note Le Cannu.* ♦ Doit être cassé l'arrêt qui, en réformant la décision d'un tribunal de commerce qui avait condamné le défendeur à certains paiements, déclare que ce tribunal n'était pas compétent à l'égard de ce défendeur non-commerçant et renvoie le demandeur à se pourvoir devant un TGI du même ressort, juge naturel de ce défendeur, alors qu'en statuant au fond le tribunal de commerce s'était implicitement déclaré compétent et qu'en vertu de l'art. 79, la cour d'appel qui se trouvait être juridiction d'appel du TGI qu'elle estimait compétent, devait conserver la connaissance du litige et statuer au fond. • Com. 16 mai 1977, n° 76-12.210 P. ♦ La cour d'appel est tenue, lorsque les conditions d'application de l'art. 79 sont réunies, d'apporter à l'affaire une solution au fond. • Com. 14 nov. 1980, n° 79-13.427 P. ♦ Rappr. • Com. 6 janv. 1981, n° 79-14.236 P : *D. 1981. IR 370, obs. Julien* • Soc. 17 juin 1981 : *Bull. civ. V, n° 566* • Com. 17 mai 1989 : *Bull. civ. IV, n° 151.* ♦ V. encore, pour une application de l'art. 79, al. 1er, après que la cour d'appel eut relevé qu'elle était juridiction d'appel tant du TASS que du TGI. • Civ. 2e, 8 avr. 2004, n° 02-11.017 P : *D. 2004. IR 1349 ; Gaz. Pal. 26-28 juin 2005, p. 31, obs. Du Rusquec.* ♦ Viole les art. 79, al. 1er, ensemble les art. 145, 496, 497, la cour d'appel qui pour infirmer une ordonnance de référé, rétracter une ordonnance rendue par le président du TGI à la requête et annuler en conséquence les opérations de constat réalisées en vertu de cette ordonnance, sans statuer sur les mérites de la requête, retient qu'en raison de l'incompétence matérielle du président du TGI il n'y a pas lieu de statuer sur l'absence de motifs, tant dans la requête que dans l'ordonnance l'ayant suivie, permettant une dérogation au principe de la contradiction, alors qu'elle était juridiction d'appel des décisions, tant du président du TGI que du président du tribunal de commerce, et avait compétence pour statuer sur les mérites de la requête. • Civ. 2e, 20 mars 2014, n° 12-29.913 P : *D. 2014. Actu. 783 ; ibid. Chron. C. cass. 1728, obs. Vasseur et Adida-Canac ; JCP 2014. 1232, n° 2, obs. Serinet.*

B. ALINÉA SECOND

1° DÉCISION DE RENVOI

7. Cas de renvoi. Il résulte de la combinaison des art. 79 et 97 que la cour d'appel, infirmant du chef de la compétence un jugement qui a statué au fond, doit, si elle n'est pas juridiction d'appel relativement à la juridiction qui eût été compétente en première instance, désigner la cour d'appel à laquelle elle renvoie l'affaire. • Civ. 2e, 7 févr. 1979, n° 77-14.591 P : *D. 1979. IR 478, obs. Julien.* ♦ Selon l'art. 79 la cour d'appel, lorsqu'elle est saisie par la voie de l'appel et qu'elle infirme du chef de la compétence la décision attaquée, renvoie l'affaire devant la cour qui est juridiction d'appel relativement à la juridiction qui eut été compétente en première instance ; en conséquence, viole ce texte la cour d'appel qui renvoie une cause devant une autre cour, juridiction d'appel de la juridiction estimée compétente alors qu'elle n'était pas saisie par la voie de l'appel mais par celle du contredit. • Soc. 17 avr. 1985, n° 82-42.785 P : *Gaz. Pal. 1985. 2. Somm. 359, obs. Guinchard et Moussa.* ♦ Viole l'art. 79, al. 2, la cour qui, ayant infirmé une ordonnance de référé au motif que la juridiction qui aurait dû être saisie était le tribunal de la procédure collective du défendeur, a renvoyé la cause devant une autre cour d'appel, alors qu'après avoir déclaré l'incompétence du juge des référés au profit d'une juridiction du fond elle ne pouvait faire application de ce texte. • Com. 19 janv. 1993, n° 89-13.601 P : *JCP 1994. II. 22186, note L. Lévy.*

8. Destinataire du renvoi. Viole l'art. 79, al. 2, la cour qui, après avoir estimé incompétent un tribunal de son ressort, renvoie l'affaire devant un tribunal d'un autre ressort et non devant la cour d'appel dont il dépend. • Civ. 1re, 5 juill. 1978 : *D. 1978. IR 498, obs. Julien.*

9. Pourvoi en cassation. Est irrecevable, par application des art. 606 et 608, le pourvoi formé contre un arrêt qui, infirmant du chef de la compétence, renvoie l'affaire devant la cour juge d'appel relativement à la juridiction qui eût été compétente en première instance. • Civ. 2e, 7 juill. 1983, n° 81-16.195 P.

2° DÉCISION QUI S'IMPOSE

10. Légalité du texte. L'art. 19, al. 2, du Décr. n° 72-684 du 20 juill. 1972 [art. 79, al. 2 C. pr. civ.], qui a pour effet, dans l'intérêt même des justiciables, de conférer autorité définitive de chose jugée à la décision de la cour, n'est contraire ni à l'art. 34 de la Constitution du 4 oct. 1958, ni à aucun principe général du droit. • CE 3 janv. 1975 : *JCP 1976. II. 18229, note Couchez ; RTD civ. 1976. 611, obs. Normand.*

11. Illustration. La cour de renvoi est privée du pouvoir d'apprécier la compétence, même s'il lui apparaît que la procédure à elle renvoyée n'entre pas dans le cadre de ses attributions. • Versailles, 13 mars 1979 : *D. 1979. IR 478, obs. Julien.* ♦ Rappr. • Paris, 18 juin 1986 : *D. 1987. Somm. 229, obs. Julien.*

12. Effet dévolutif. L'art. 79, al. 2, a pour effet de déférer à la juridiction d'appel du juge territorialement compétent l'entière connaissance du litige ; saisie par le jeu de l'effet dévolutif, elle doit statuer sur le fond et ne peut renvoyer l'affaire à l'examen des premiers juges. • Dijon, 6 mai 1986 : *D. 1987. Somm. 278.* ♦ Dès lors qu'une cour d'appel, après avoir infirmé un jugement d'un tribunal de son ressort qui avait retenu sa compétence pour ouvrir le redressement judiciaire du débiteur, renvoie la cause devant une autre cour d'appel, celle-ci, saisie par cette décision de renvoi qui s'impose aux parties comme à elle-même, ne peut, sans violer les dispositions de l'art. 79, al. 2, renvoyer la cause à un tribunal de son ressort, mais doit statuer au fond en se prononçant elle-même sur l'ouverture de la procédure collective. • Com. 3 juin 1997, n° 95-12.802 P : *D. 1997. 538, note Bolard.*

SOUS-SECTION 3 *[ANCIENNE]* LE CONTREDIT

DALLOZ ACTION *Droit et pratique de la procédure civile 2022/2023*, n°s 511.00 s.

BIBL. ▶ BELLICHACH, *D. 2009. 1914* (la face cachée du contredit). – GERBAY, Quarantième anniversaire du Code de procédure civile (1975-2015), Hors-collection, *Panthéon-Assas Paris II 2016, p. 415* (le contredit de compétence – *quelques notes pour un requiem*).

Ancien art. 80 *Lorsque le juge se prononce sur la compétence sans statuer sur le fond du litige, sa décision ne peut être attaquée que par la voie du contredit, quand bien même le juge aurait tranché la question de fond dont dépend la compétence.*

Sous réserve des règles particulières à l'expertise, la décision ne peut pareillement être attaquée du chef de la compétence que par la voie du contredit lorsque le juge se prononce sur la compétence et ordonne une mesure d'instruction ou une mesure provisoire.

PLAN DES ANNOTATIONS

I. DÉCISION DU JUGE

A. CONTENU

1. Motifs ou dispositif ? Un jugement d'incompétence ne devient pas susceptible d'appel par cela seul qu'il résulterait de ses motifs que le tribunal aurait entendu en réalité déclarer l'action irrecevable, dès lors que, dans son dispositif, la décision attaquée se borne à statuer sur la compétence. • Civ. 2e, 9 mai 1983, n° 81-14.214 P.

2. Irrecevabilité du débat sur la compétence. Ayant relevé que le dispositif du jugement se bornait à déclarer irrecevable la demande tendant à ce que le tribunal statue sur la compétence, une cour d'appel retient exactement que la juridiction ne s'était pas prononcée sur sa compétence, de sorte que la décision ne pouvait être attaquée par la voie du contredit. • Civ. 2e, 30 avr. 2009, n° 08-14.883 P : *D. 2009. AJ 1489 ; JCP 2009. 162, note Attal ; ibid. 181, obs. Attal ; Procédures 2009, n° 226, note Perrot ; Gaz. Pal. 18 juin 2009, p. 23.*

1° ALINÉA 1ER

a. Décision sur la compétence

3. Renvoi à une juridiction limitrophe. La demande de renvoi fondée sur l'art. 47 n'est pas une exception d'incompétence ; la décision rendue sur cette demande peut donc être frappée d'appel. • Civ. 2e, 15 févr. 1995, n° 93-14.317 P : *D. 1995. IR 72* • 13 févr. 2003, n° 01-03.113 P : *D. 2003. IR 737 ; Gaz. Pal. 10-11 oct. 2003, p. 11, obs. Du Rusquec.*

4. Sursis à statuer. La procédure de contredit n'est pas applicable à la décision par laquelle une juridiction, saisie d'un litige, sursoit à statuer jusqu'à interprétation par une autre juridiction, tout en se réservant la solution du litige en soi, sa compétence pour en connaître n'ayant pas été discutée. • Soc. 24 avr. 1975, n° 73-40.301 P.

5. Frais de procédure. Ne peut être attaqué que par la voie du contredit le jugement qui statue uniquement sur la compétence et sur la demande reconventionnelle tendant au remboursement de frais irrépétibles et au paiement de dommages-intérêts pour procédure abusive. • Soc. 4 nov. 1988 : n° *85-43.720 P.*

6. Examen partiel sur le fond. Si le tribunal a partiellement statué sur le fond du litige, seul l'appel est recevable. • Com. 14 oct. 2008, n° 06-15.064 P.

b. Question de fond dont dépend la compétence

7. Mesure d'instruction. Ne se prononce pas sur la compétence la décision qui ordonne une mesure d'instruction sur la question de fond dont dépend la compétence, préalablement à toute décision sur cette dernière. • Paris, 23 févr. 1977 : *D. 1977. 193, concl. Picca, note Jestaz ; RTD civ. 1977. 608, obs. Normand.*

8. Illustrations. Est irrecevable l'appel d'un jugement qui statue sur la compétence après s'être prononcé sur la question de l'existence ou de la qualification du contrat dont dépendait cette dernière. • Civ. 3e, 5 nov. 1975, n° 74-13.688 P • Soc. 29 mai 1979, n° 78-40.326 P • Civ. 2e, 20 juill. 1981, n° 80-13.876 P • Civ. 2e, 24 févr. 1993, n° 91-19.777 P. ♦ Dès lors que tous les moyens et arguments de fond examinés par le juge ne l'ont été qu'à l'appui de la décision par laquelle il s'est déclaré compétent, cette compétence dépendant de la question de fond, sa décision ne peut être attaquée que par la voie du contredit. • Rouen, 7 mars 1978 : *Gaz. Pal. 1978. 2. Somm. 393.* ♦ En tranchant la question de fond dont dépend la compétence, un conseil de prud'hommes ne s'est pas prononcé sur le fond du litige mais a uniquement statué sur la compétence, de sorte que sa décision ne peut être attaquée que par la voie du contredit. • Soc. 26 nov. 2003, n° 01-44.589 : *Procédures 2004, n° 20, note Perrot* (lettre d'embauche considérée comme ne constituant pas un contrat de travail). ♦ Le jugement du conseil de prud'hommes qui, par l'instance introduite par le salarié en vertu des art. L. 625-4 et L. 625-5 C. com., est saisi du refus de l'AGS, quelle qu'en soit la cause, de régler une créance figurant sur un relevé des créances résultant du contrat de travail, ne se prononce pas sur la compétence mais statue sur le seul bien ou mal-fondé de la décision de l'institution. Il ne peut être attaqué que par la voie de l'appel. • Soc. 26 mars 2014, n° 12-27.138 P : *Gaz. Pal. 25-27 mai 2014, p. 43, obs. Orif.*

2° ALINÉA 2

9. Mesure d'instruction. Le contredit est recevable lorsque le premier juge a passé outre à une exception d'incompétence et ordonné une mesure d'instruction par simple décision mentionnée au registre d'audience. • Poitiers, 11 mars 1975 : *JCP 1975. IV. 6516, obs. J. A.*

B. CONTESTATION

10. Recevabilité. Un contredit ne saurait être déclaré irrecevable faute d'intérêt au motif que son auteur a, depuis la décision d'incompétence, saisi du litige une juridiction étrangère, ceci n'apparaissant que comme une sage précaution dans l'éventualité d'une décision de rejet du contredit. • Amiens, 21 janv. 1976 : *D. 1976. Somm. 77.*

11. Exclusion de l'appel-nullité. L'ouverture de la voie de recours du contredit exclut celle de l'appel à fin d'annulation. • Soc. 15 déc. 1999, n° 97-43.751 P : *D. 2000. IR 27*.

12. Appel ou contredit ? Est irrecevable l'appel formé contre le jugement d'un tribunal d'instance qui refuse de se reconnaître compétent et qui ne désigne pas la juridiction qu'il estimait compétente, l'irrégularité possible de la décision entreprise ne pouvant être relevée par la cour d'appel en l'absence d'un contredit formé dans le délai imparti par la loi. • Soc. 23 oct. 1979, n° 78-41.233 P. ♦ Compte-tenu des dispositions de l'art. 80, la voie du contredit est ouverte, et non celle de l'appel, lorsque, pour se déclarer incompétent, le tribunal saisi se prononce sur la compétence territoriale ou sur la compétence d'attribution. • Com. 12 févr. 1985, n° 83-10.864 P : *D. 1985. IR 473, obs. Julien.* ♦ Viole l'art. 80 l'arrêt qui déclare irrecevable l'appel formé contre la disposition d'un jugement déclarant l'incompétence alors que ce jugement avait statué non seulement sur la compétence mais également sur le fond. • Civ. 3e, 21 janv. 1998, n° 96-10.570 P : *D. 1998. IR 51*.

13. Erreur d'aiguillage. Constitue une fin de non-recevoir le moyen qui tend à faire déclarer irrecevable l'appel formé contre un jugement d'incompétence alors que seule la voie du contredit était ouverte. • Civ. 2e, 14 mars 1979, n° 77-12.462 P. ♦ En l'absence de disposition symétrique de celle qu'édicte l'art. 91, l'appel interjeté en méconnaissance des règles de l'art. 80 est irrecevable. • Civ. 1re, 18 janv. 1983, n° 81-16.240 P : *RTD civ. 1983. 588, obs. Normand.*

14. Mentions du formulaire. Le fait que la notification d'un jugement d'incompétence porte la mention erronée qu'il était susceptible d'appel ne peut, par application de l'art. 536, avoir pour effet de rendre recevable une voie de recours dont cette décision n'est pas légalement susceptible. • Soc. 25 mai 1981, n° 80-11.167 P • 7 oct. 1982 : *Gaz. Pal. 1983. 1. Somm. 44, obs. Guinchard.* ♦ Le formulaire de notification d'un jugement entrepris précisant : « la voie de recours qui vous est ouverte contre cette décision est : LE CONTREDIT », le mot « contredit » figurant en outre déjà dans le dispositif de la décision, le salarié n'a pu se méprendre sur la voie de recours dont le jugement du conseil de prud'hommes pouvait faire l'objet. • Lyon, 13 févr. 2008 : *BICC 15 sept. 2008, n° 1350.*

15. Demande incidente. Lorsque la demande incidente est indépendante de la demande principale, le chef du jugement afférent à la première et qui statue seulement sur la compétence ne peut être attaqué que par la voie du contredit. • Civ. 2e, 20 févr. 1985, n° 75-11-904 P.

16. Pluralité de parties. Lorsque les demandes formées par différentes parties ne sont pas indivisibles, les voies de recours doivent s'apprécier séparément à l'égard de chaque partie ; si le juge s'est déclaré incompétent pour statuer sur les demandes dirigées contre un défendeur, sa décision ne peut être attaquée que par la voie du contredit, même s'il a statué sur le fond à l'égard du second défendeur. • Soc. 15 nov. 1998, n° 96-43.550 : *Procédures 1999, n° 63, note J. M. S.* ♦ V. aussi • Paris, 3 déc. 2002 : *Bull. ch. avoués 2003. 1. 27.*

17. Pluralité de contestations sur la compétence. Dès lors que les premiers juges étaient saisis d'une contestation portant en partie sur la compétence respective du TGI et du juge de l'expropriation, le contredit est recevable, alors même qu'aurait été revendiquée pour une partie la compétence de la juridiction administrative. • Civ. 3e, 3 nov. 1981, n° 80-13.171 P. ♦ V. aussi art. 99.

18. Combinaison des art. 80 et 104. N'est pas susceptible de pourvoi la décision du tribunal d'instance qui ne statue pas sur le fond du litige mais accueille une exception de connexité et se dessaisit au profit d'un autre tribunal d'instance, une telle décision ne pouvant être attaquée que par la voie du contredit. • Soc. 14 juin 2005, n° 04-60.284 P.

II. PORTÉE DU RECOURS

19. Auteur(s) uniquement. Le contredit n'ayant d'effet qu'à l'égard de ceux qui le forment, la cour d'appel ne peut se prononcer sur la compétence au profit de celles des parties qui n'ont pas exercé ce recours. • Civ. 1re, 21 oct. 1980, n° 79-13.278 P : *Gaz. Pal. 1981. 1. 266, note Viatte.* ♦ Le délai imparti par la loi pour inscrire un contredit n'est pas interrompu par le contredit formé par une autre partie ; dès lors, la notification à une partie du contredit formé par une autre ne peut avoir pour conséquence ni d'autoriser la première à former elle-même un contredit hors délai ni de lui conférer la qualité de demandeur à un contredit qu'elle n'a pas formé ; le contredit n'ayant d'effet qu'à l'égard de celui qui le forme, l'intervention sur un contredit est inopérante. • Com. 21 mars 1995, n° 92-20.477 P : *D. 1996. Somm. 134, obs. Julien ; RTD com. 1995. 827, obs. Bouloc ; BJS 1995. 509, n° 177, note Couret.* ♦ Le contredit ne profite qu'à la partie qui le forme et ne permet pas aux autres parties, qui n'ont pas elles-mêmes formé contredit, de critiquer la compétence par voie de conclusions. • Civ. 1re, 23 janv. 2007, n° 05-21.522 P : *D. 2007. AJ 513 ; ibid. 1751, obs. Courbe et Jault-Seseke ; Dr. et pr. 2007 p. 7, obs. Mecarelli.*

20. Objet du contrôle. La cour d'appel, saisie d'un contredit de compétence, décide à bon droit que la fin de non-recevoir tirée de la chose jugée doit être examinée par la juridiction par elle désignée comme compétente. • Soc. 13 janv. 1998, n° 95-40.958 P : *D. 1998. IR 60.*

Ancien art. 81 ***Si le juge se déclare compétent, l'instance est suspendue jusqu'à l'expiration du délai pour former contredit et, en cas de contredit, jusqu'à ce que la cour d'appel ait rendu sa décision.***

1. Principe. Si le juge saisi d'une exception d'incompétence se déclare compétent sans statuer sur le fond du litige, l'instance est suspendue jusqu'à l'expiration du délai pour former contredit et, en cas de contredit, jusqu'à ce que la cour d'appel ait rendu sa décision ; encourt par suite la cassation, l'arrêt qui relevant que la voie de l'appel étant seule ouverte retient que la formation d'un contredit manifestement irrecevable ne peut entraîner la suspension de l'instance au fond. • Civ. 2e, 14 déc. 1992, n° 91-17.352 P : *D. 1993. Somm. 183, obs. Julien.*

2. Conséquence. Doit être arrêtée, du fait de la suspension de l'instance que prévoit l'art. 81, l'exécution provisoire de la mesure d'instruction ordonnée par une juridiction dont la compétence est contestée. • Lyon, ord., 17 févr. 1981 : *JCP 1981. II. 19690, note J. A.*

Ancien art. 82 ***Le contredit doit, à peine d'irrecevabilité, être motivé et remis au*** (Décr. n° 2017-892 du 6 mai 2017, art. 68-I-2°) ***« greffe » de la juridiction qui a rendu la décision dans les quinze jours de celle-ci.***

(Décr. n° 78-62 du 20 janv. 1978, art. 16) ***« Si le contredit donne lieu à perception de frais par le*** (Décr. n° 2017-892 du 6 mai 2017, art. 68-I-2°) ***« greffe », la remise n'est acceptée que si son auteur a consigné ces frais. »***

Il est délivré récépissé de cette remise.

PLAN DES ANNOTATIONS

I. REMISE DU CONTREDIT

A. FORME

1. Signature. La déclaration de contredit motivée et signée par l'avocat de la demanderesse est recevable, même si elle n'est pas signée par celle-ci. • Soc. 5 déc. 2006, no 06-40.821 P : *D. 2007. AJ 161*.

2. Lettre recommandée. L'irrecevabilité prévue par l'art. 82 ne sanctionne que l'absence de motifs du contredit et le dépassement du délai imparti pour sa remise sans imposer de forme pour celle-ci ; est donc recevable le contredit adressé au greffe d'un tribunal d'instance par lettre recommandée. • Soc. 3 mars 1983, no 81-15.453 P : *D. 1984. IR 169, obs. Frossard.*

3. Conclusions. Le contredit ne pouvant être introduit que par un écrit déposé au greffe de la juridiction qui a rendu la décision critiquée, est irrecevable la contestation élevée à l'aide de simples conclusions, dans le cadre d'un contredit régulièrement formé par une autre partie. • Toulouse, 16 nov. 1983 : *JCP 1984. IV. 321.*

4. Pouvoir spécial du mandant. La procédure de contredit est orale et sans représentation obligatoire. Il s'ensuit qu'est irrecevable le contredit formé en vertu d'un mandat, antérieur au jugement entrepris, de représenter le salarié devant le conseil de prud'hommes sans qu'il soit justifié d'aucun autre pouvoir, que ce soit un mandat de représentation devant la cour, qui emporterait pouvoir de former un recours contre la décision de première instance, ou encore un mandat spécial d'exercer une voie de recours, donné dans le délai prévu par la loi pour former contredit. • Soc. 21 sept. 2016, no 14-28.031 P : *JCP S 2016. 1376, note Brissy.*

5. Procédure orale. Le caractère oral de la procédure prud'homale ne saurait affecter les prescriptions qui régissent, à peine d'irrecevabilité, les formes à observer pour l'introduction des voies de recours. • Colmar, 13 janv. 1983 : *Rev. Alsace-Lorraine 1983. 56.*

B. DÉLAI

1o POINT DE DÉPART

a. Jour du jugement

6. Principe. Lorsque le jugement sur la compétence a été rendu après audition des représentants des parties et le jour même, le délai de contredit court à compter du jugement ; le juge qui statue sur-le-champ n'est pas tenu de constater la présence des parties lors du prononcé de la décision. • Civ. 2e, 10 juill. 1978, no 77-11.545 P : *Gaz. Pal. 1979. 1. 111, note Viatte ; D. 1978. IR 498, obs. Julien.*

7. Mise en œuvre. Le délai pour former contredit, ayant pour point de départ le prononcé du jugement, ne peut commencer à courir qu'autant que la date à laquelle le jugement devait être rendu a été portée à la connaissance des parties. • Civ. 2e, 20 mai 1974, no 73-11.270 P : *JCP 1975. II. 18039, note R. Martin* • 11 janv. 1978 : *Gaz. Pal. 1978. 1. 273, note Viatte ; D. 1978. IR 410, obs. Julien* • 7 juill. 1983, no 82-11.760 P : *Gaz. Pal. 1984. 1. Pan. 9, obs. Guinchard* • 10 févr. 1993, no 91-16.628 P • 11 juin 1997, no 95-14.635 P : *Gaz. Pal. 1998. 2. 787, note du Rusquec* • 19 mai 2005 : *Procédures 2005, no 175, obs. Perrot* • Soc. 27 févr. 2013, no 11-27.312 P : *D. actu. 21 mars 2013, obs. Kebir ; D. 2013. Actu. 645 ; JCP S 2013. 1244, note Brissy ; Gaz. Pal. 24-25 mai 2013, p. 34, note Herman* (cassant en conséquence, l'arrêt déclarant un contredit irrecevable en raison de sa tardiveté lorsque les parties, qui ont quitté l'audience au cours d'une suspension, n'ont pas été informées par le président que la décision serait rendue le jour même en fin d'audience).

8. Preuve. On ne saurait présumer que le juge a informé les parties de la date à laquelle le jugement devait être rendu. • Civ. 2e, 3 janv. 1979, no 77-13.495 P. ♦ Le juge ne peut se fonder sur la simple mention du registre d'audience pour retenir que le demandeur avait eu connaissance de la date à laquelle le jugement devait être prononcé, sans constater que les mentions de ce registre établissaient que le président avait porté cette date à la connaissance des parties. • Civ. 2e, 7 juill. 1983 : *no 82-11.760 P* • 6 déc. 1989, no 88-15.383 P. ♦ La mention du jugement, frappé de contredit, que la clôture des débats a été prononcée à une date déterminée et, pour la décision, qu'elle serait prononcée à une date ultérieure également précisée ne prouve pas que les parties aient été effectivement informées, le jour de la clôture des débats, de la date à laquelle le jugement serait prononcé et rien n'établit que l'auteur du contredit ait eu connaissance du jugement le jour où il a été rendu, ce qui rend recevable le contredit formé plus de quinze jours après le prononcé du jugement d'incompétence. • Civ. 2e, 13 mai 1985, no 84-10.439 P : *D. 1985. IR 469, obs. Julien ; Gaz. Pal. 1985. 2. Pan. 250, obs. Guinchard et Moussa.* ♦ Justifie légalement sa décision la cour d'appel qui énonce que le délai de contredit ne peut commencer à courir qu'autant que la date à laquelle le jugement sera rendu a été portée à la connaissance des parties et retient que l'indication du jugement « le tribunal ayant le 1er décembre ordonné la clôture des débats pour le jugement être prononcé le 15 décembre », très imprécise, n'est pas suffisante pour établir que les parties ont été effectivement informées de la date précise à laquelle la décision a été réellement rendue, que les défendeurs ne démontrent pas que la société ait eu connaissance du jugement le jour où il a été rendu et qu'aucun document portant mention de la notification de cette décision n'a été produit. • Civ. 2e, 18 oct. 1989, nº 87-16.428 : *JCP 1990. II. 21471, note Cadiet.* ♦ L'information orale de la date à laquelle le jugement sera rendu ne suffit pas à faire courir le délai de contredit s'il n'en est pas fait mention dans le jugement. • Civ. 2e, 6 nov. 2008 : *Procédures 2009, nº 3, note Perrot.*

b. Jour de la notification

9. Possibilité. Si la date du prononcé de la décision n'a pas été indiquée, le délai court, non du jour de cette décision, mais de celui de sa notification, sans qu'il soit nécessaire que l'acte de notification indique le délai et les modalités du contredit. • Civ. 2e, 23 avr. 1980, nº 79-13.692 P : *Gaz. Pal. 1980. 2. 574, note Viatte ; RTD civ. 1980. 619, obs. Perrot* • Soc. 20 janv. 1982, nº 80-40.124 P : *RTD civ. 1982. 208, obs. Perrot* • Civ. 2e, 5 févr. 2009, nº 07-21.918 P : *D. 2009. AJ 573* .

10. Modalités. L'art. 680, qui impose l'indication de la nature et du délai du recours, ne s'applique pas à la notification des jugements d'incompétence rendue nécessaire dans l'hypothèse où le juge a rendu sa décision à une audience postérieure à celle des débats sans en avoir fait connaître la date aux parties. • Civ. 2e, 2 déc. 1981, nº 80-13.876 P : *Gaz. Pal. 1982. 1. 211, note Viatte* • Civ. 2e, 10 avr. 2014, nº 12-35.320. ♦ Comp. cependant note 15, en cas de mentions erronées dans l'acte de notification du jugement.

c. Connaissance des parties

11. Lorsque le jugement statuant sur la compétence n'a pas été rendu sur-le-champ et que la date à laquelle il serait rendu n'a pas été portée par le président à la connaissance des parties, le délai de contredit ne commence à courir qu'à la date à laquelle la partie qui entend le former a eu connaissance du jugement. • Civ. 2e, 30 nov. 1983, nº 82-12.830 P : *Gaz. Pal. 1984. 1. Pan. 75, obs. Guinchard* (la partie ayant formé successivement deux contredits, le premier n'ayant pas été motivé, a nécessairement eu connaissance du jugement à la date du premier contredit et le second contredit, formé plus de quinze jours après, est tardif).

2º COMPUTATION

12. Dies a quo. Est applicable au délai de contredit la disposition de l'art. 641 selon laquelle, lorsqu'un délai est exprimé en jours, le *dies a quo* ne compte pas. • Civ. 2e, 23 janv. 1985, nº 83-15.576 P : *Gaz. Pal. 1985. 1. Pan. 120, obs. Guinchard.*

13. Augmentation de délai. Les augmentations de délai prévues par les art. 643 et 644 s'appliquent en matière de contredit de compétence. • Civ. 2e, 10 févr. 1988, nº 86-16.491 P : *D. 1988. 452, note Fadlallah ; Gaz. Pal. 1989. 1. Somm. 165, obs. Guinchard et Moussa.*

3º INTERRUPTION

14. Le délai imparti par la loi pour inscrire un contredit n'est pas interrompu par le contredit formé par une autre partie ; dès lors, la notification à une partie du contredit formé par une autre ne peut avoir pour conséquence ni d'autoriser la première à former elle-même un contredit hors délai ni de lui conférer la qualité de demandeur à un contredit qu'elle n'a pas formé ; le contredit n'ayant d'effet qu'à l'égard de celui qui le forme, l'intervention sur un contredit est inopérante. • Com. 21 mars 1995, nº 92-20.477 P : *D. 1996. Somm. 134, obs. Julien ; RTD com. 1995. 827, obs. Bouloc ; BJS 1995, nº 177, note Couret.*

4º SUSPENSION

15. Le délai de contredit prévu par l'art. 82 ne court pas contre la partie qui a reçu, avant son expiration, une notification du jugement, non prévue par ces dispositions, mentionnant une voie de recours erronée. • Cass., ass. plén., 8 avr. 2016, nº 14-18.821 P. ♦ V. *contra* antérieurement, jugeant que la notification d'un jugement d'incompétence n'étant pas prévue par les textes, la mention erronée dans l'acte de notification que la décision était susceptible d'appel dans le délai d'un mois n'a pas pour effet de suspendre le délai du contredit. • Civ. 2e, 19 mai 1980, nº 79-10.319 P : *Gaz. Pal. 1980. 2. 590, note Viatte.*

5º RESPECT

16. Le verbe « remettre » implique nécessairement la mise en possession, donc la réception du pli par le secrétariat de la juridiction dans le délai requis, quel que soit le mode d'acheminement adopté. • Paris, 12 févr. 1985 : *D. 1985. IR 185.*

II. MOTIVATION DU CONTREDIT

A. OBLIGATION

17. Moment. V. note 22.

18. Précision requise. Équivaut à une absence de motivation la simple référence, sans autre précision, aux conclusions prises en première instance. • Reims, 27 avr. 1983 : *Gaz. Pal. 1983. 2. Somm. 337.* ♦ Est irrecevable le contredit dont l'auteur se borne à analyser la décision d'incompétence sans faire état d'aucun moyen de nature à justifier la compétence alléguée. • Civ. 2e, 27 juin 1985 : *Gaz. Pal. 1986. 1. Pan. 12, obs. Guinchard et Moussa.* ♦ N'est pas fondé à soutenir que la seule connaissance du dispositif du jugement d'incompétence ne lui permettrait pas de motiver son contredit celui qui ne fait état d'aucun moyen justifiant la compétence de la juridiction par lui saisie. • Civ. 2e, 15 avr. 1991, n° 88-42.567 P. ♦ Le contredit qui se borne à énoncer des prétentions sans articuler les moyens de fait et de droit sur lesquels elles sont fondées est irrecevable faute de motivation. • Civ. 2e, 22 mars 2006, n° 03-20.529 P : *D. 2006. IR 947 ; JCP 2006. I. 183, obs. Serinet ; Procédures 2006, n° 126, obs. Perrot ; Dr. et patr., févr. 2007, p. 117, obs. Amrani Mekki ; JCP 2006. I. 183, note Serinet.* ♦ V. aussi art. 85 et la note 2 ss. ce texte.

19. Juridiction compétente. L'art. 82 n'exige pas que l'auteur du contredit désigne la juridiction qu'il estime compétente. • Civ. 2e, 28 nov. 1985, n° 84-14.382 P : *Gaz. Pal. 1986. 2. Pan. 417, obs. Guinchard et Moussa.* ♦ Jugé cependant que la juridiction estimée compétente devait être désignée dans le contredit et qu'étaient irrecevables les conclusions ultérieures proposant la compétence d'une seconde juridiction. • Com. 8 janv. 1991, n° 88-17.227 P.

B. SANCTION

20. Grief. L'irrecevabilité pour non-motivation du contredit n'est pas une simple nullité pour vice de forme qui ne pourrait être prononcée que sur justification d'un grief. • Civ. 2e, 7 juin 1974, n° 73-40.509 P : *RTD civ. 1974. 853, obs. Perrot* • Soc. 11 déc. 1990, n° 87-42.024 P. ♦ V. art. 124.

21. Ordre public. Le défaut de motivation du contredit constitue une fin de non-recevoir d'ordre public qui doit être relevée d'office. • Civ. 2e, 23 nov. 1994, n° 93-10.586 P. ♦ V. art. 125.

22. Régularisation. La fin de non-recevoir tirée de l'absence de motivation est susceptible d'être régularisée avant l'expiration du délai de quinze jours. • Civ. 2e, 24 juin 1998, n° 94-43.109 P : *D. 1998. IR 208 ; Procédures 1998, n° 215, obs. Perrot.* ♦ Bien que formulé dans le délai, est irrecevable le contredit dont la motivation a fait l'objet d'un mémoire ultérieur déposé après l'expiration de ce délai. • Grenoble, 24 févr. 1986 : *D. 1986. IR 456.* ♦ Rappr. • Paris, 21 avr. 1986 : *Bull. ch. avoués 1989. 47.* ♦ Comp. art. 126.

Ancien art. 83 ***Le** (Décr. n° 2017-892 du 6 mai 2017, art. 68-I-3°) « **greffier** » **de la juridiction qui a rendu la décision notifie sans délai à la partie adverse une copie du contredit, par lettre recommandée avec demande d'avis de réception, et en informe également son représentant si elle en a un.***

*(Décr. n° 78-62 du 20 janv. 1978, art. 17) « **Il transmet simultanément au** (Décr. n° 2017-892 du 6 mai 2017, art. 68-I-1°) « **directeur de greffe** » **de la cour le dossier de l'affaire avec le contredit et une copie du jugement.** »*

C. com., art. L. 442-6. Seule la cour d'appel de Paris est investie du pouvoir de statuer sur les contredits formés contre les décisions rendues dans les litiges relatifs à l'application de l'art. L. 442-6 C. com. Il appartient au secrétariat de la juridiction ayant rendu la décision qui transmet le contredit, avec le dossier de l'affaire et une copie du jugement, au greffier en chef de la cour d'appel dont la juridiction relève, et la cour d'appel doit, par une décision à notifier aux parties, renvoyer le contredit, avec l'ensemble du dossier, au secrétariat du tribunal de commerce afin qu'il le transmette au greffier en chef de la cour d'appel de Paris, seule habilitée à en connaître. • Com. 4 nov. 2014 : *cité note ss. COJ, art. R. 311-3.*

Ancien art. 84 ***Le premier président fixe la date de l'audience, laquelle doit avoir lieu dans le plus bref délai.***

Le greffier de la cour en informe les parties par lettre recommandée avec demande d'avis de réception.

1. Audience à bref délai. Si l'art. 84 n'édicte aucun délai pour la convocation des parties, le respect des droits de la défense n'en exige pas moins que la cour s'assure, avant de statuer, qu'il s'est écoulé un temps suffisant depuis la date de l'audience pour que les parties, et notamment le défendeur, aient pu préparer le débat. • Colmar, 2 oct. 1979 : *Rev. Alsace-Lorraine 1980. 58.*

2. Destinataires de l'information. Ni l'art. 84 qui prescrit au greffier de la cour d'appel d'informer les parties par lettre recommandée avec demande d'avis de réception de la date d'audience ni l'art. 85 ne prévoient qu'une telle information doive être donnée aux avocats des parties. • Civ. 2e, 29 févr. 1984, n° 82-16.113 P.

Ancien art. 85 *Les parties peuvent, à l'appui de leur argumentation, déposer toutes observations écrites qu'elles estiment utiles. Ces observations, visées par le juge, sont versées au dossier.*

1. Caractère oral de la procédure. La procédure de contredit étant orale, la cour d'appel est réputée n'être saisie d'aucun moyen à l'appui du recours si la partie n'a pas comparu à l'audience. • Civ. 2e, 21 mars 2013, n° 12-15.326 P : *Procédures 2013, n° 139, note Perrot.*

a. Contenu des observations

2. Référence au contredit. Il résulte de la combinaison des art. 82 et 85 que, devant la cour d'appel, les parties peuvent présenter seulement, à l'appui de leur argumentation, des observations écrites sur la motivation développée dans le contredit. • Civ. 2e, 16 avr. 1982, n° 81-10.701 P (rejet par la cour d'appel d'un moyen non explicité dans le contredit et proposé pour la première fois devant elle légalement justifié). • 7 juin 2006, n° 05-18.531 P : *JCP 2006. I. 188, obs. R. Martin ; Procédures 2006, n° 176, obs. Perrot* (moyen tiré du défaut de réponse par la cour d'appel au moyen soulevé dans les conclusions mais qui ne figure pas dans le contredit inopérant).

b. Réponse aux observations

3. Par le juge. Le défaut de réponse aux observations écrites prévues en matière de contredit constitue un défaut de motifs et ne satisfait pas aux exigences légales. • Civ. 1re, 24 juin 1975, n° 74-11.415 P : *RTD civ. 1975. 773, obs. Normand* • Com. 14 oct. 2014 : *BICC 15 janv. 2015, n° 28 ; D. actu. 31 oct. 2014, obs. Mélin.* ♦ Toutefois, en matière de contredit, la procédure est orale ; en conséquence, les prétentions des parties peuvent être formulées au cours de l'audience et sont présumées avoir été débattues contradictoirement. • Civ. 2e, 6 mai 2004, n° 02-15.925 P : *D. 2004. IR 1562* .

4. Par les parties. Les parties ont été en mesure d'assurer leur défense et le principe de la contradiction a été respecté, dès lors que la cour d'appel a constaté qu'aux observations écrites formulées par des sociétés, la veille de l'audience, en réponse au contredit formé par d'autres sociétés, celles-ci ont répondu, le même jour, par d'autres observations écrites et qu'aucune des parties n'a formulé de demande de renvoi pour préparer sa défense. • Com. 5 oct. 2004, n° 03-17.757 P : *D. 2004. IR 3036* .

Ancien art. 86 *La cour renvoie l'affaire à la juridiction qu'elle estime compétente. Cette décision s'impose aux parties et au juge de renvoi. — V. art. 96 et 97.*

1° RENVOI À LA JURIDICTION COMPÉTENTE

1. Obligation. La cour d'appel ne peut, sans désigner la juridiction qu'elle estime compétente, déclarer mal fondé le contredit formé contre une décision d'incompétence. • Civ. 3e, 14 déc. 1976, n° 75–15.707 P. ♦ ... Confirmer un jugement d'incompétence rendu par un tribunal de commerce, qui avait renvoyé les parties à se pourvoir ainsi qu'elles aviseraient. • Com. 7 mai 1974, n° 75-15.707 P.

2. Destinataire du renvoi. L'art. 79 est sans application lorsque la cour est saisie par la voie du contredit et non par celle de l'appel ; en conséquence, elle doit renvoyer l'affaire au juge du premier degré qu'elle estime compétent et non à la cour qui est juge d'appel de cette juridiction. • Soc. 17 avr. 1985, n° 82–42.785 P : *Gaz. Pal. 1986. 1. Somm. 85, obs. Guinchard et Moussa.* ♦ V., pour une illustration : • Soc. 12 juill. 2006, n° 04-47.550 P : *D. 2006. IR 2125* ; *RTD 2007. 48, obs. Tissandier* (renvoi au conseil de prud'hommes compétent effectué par *la Cour de cassation en application* de l'art. 86).

3. Prétentions connexes. En cas de prétentions connexes relevant de juridictions d'exception différentes, disposant d'une compétence exclusive, la cour doit renvoyer chaque demande devant la juridiction compétente pour en connaître. • Civ. 2e, 12 oct. 1978, n° 77-12.779 P.

2° DÉCISION QUI S'IMPOSE

a. Aux parties

4. Contredit sur contredit ne vaut. Il résulte de la combinaison des art. 74 et 86 que la partie qui a soulevé l'incompétence du conseil de prud'hommes en se fondant sur l'inexistence du contrat de travail ne peut, après renvoi sur contredit devant la même juridiction, en soulever à nouveau l'incompétence en revendiquant la compétence des juridictions de sécurité sociale. • Soc. 18 oct. 1979, n° 78-41.000 P.

5. En cas d'option de compétence. N'encourt pas le grief d'un excès de pouvoir, la cour d'appel qui a estimé que la société demanderesse ayant opté en première instance pour l'un des termes de l'alternative offerte par l'art. 46, al. 2, ne pouvait revenir sur ce choix et demander, à titre subsidiaire, la compétence d'une autre juridiction. • Civ. 1re, 22 févr. 2005, n° 02-14.758 P : *D. 2005. IR 914* ; *RLDA mai 2005, n° 5161, note Mendak.*

b. A la juridiction de renvoi

6. Examen au fond. La juridiction de renvoi, qui n'est pas saisie de la régularité de la procédure antérieure, doit examiner le fond du litige. • Paris, 18 juin 1986 : *D. 1987. Somm. 229, obs. Julien.*

Ancien art. 87 *(Décr. n° 76-1236 du 28 déc. 1976, art. 1er) Le (Décr. n° 82-716 du 10 août 1982, art. 1er)* ***« greffier » de la cour notifie aussitôt l'arrêt aux parties par lettre recommandée avec demande d'avis de réception.***

Cet arrêt n'est pas susceptible d'opposition. Le délai de pourvoi en cassation court à compter de sa notification. *— Sur l'ouverture du pourvoi en cassation, V. art. 607-1.*

1° MOMENT DU POURVOI

a. Pourvoi immédiat

1. *Principe.* Par application de l'art. 87, al. 2, le pourvoi en cassation est immédiatement recevable contre l'arrêt de la cour statuant sur contredit de compétence. • Civ. 1re, 19 janv. 1988, n° 85-12.568 P • 11 avr. 1995, n° 93-10.321 P • 9 déc. 2003, n° 01-03.225 P. ♦ Dans le même sens, V. • Com. 12 févr. 1985, n° 83-10.86 P : *D. 1985. IR 473, obs. Julien* • Com. 1er déc. 1987 : *Gaz. Pal. 1988. 1. Pan. 58* • Civ. 1re, 5 oct. 1994, n° 92-17.912 P : *D. 1994. IR 234*.

2. *Condition.* Sont susceptibles de pourvoi en cassation, en application des dispositions de l'art. 87, al. 2, les arrêts rendus sur contredit de compétence dès lors qu'il est mis fin à l'instance sur le contredit. • Com. 12 janv. 1993, n° 91-11.102 P : *Gaz. Pal. 1993. Somm. 35, note Mourre.*

3. *Question de fond dont dépend la compétence.* L'arrêt d'appel qui, statuant sur contredit, tranche la question de fond dont dépend la compétence a, de ce chef, l'autorité de la chose jugée et peut être frappé de pourvoi immédiat par application de l'art. 608. • Civ. 3e, 13 nov. 1986, n° 85-13.051 P.

4. *Absence d'évocation.* Est recevable le pourvoi formé à l'encontre d'un arrêt rendu sur contredit ; les dispositions de l'art. 87, al. 2 sont applicables à l'arrêt par lequel la cour d'appel s'est bornée à se prononcer sur la compétence sans user de la faculté d'évoquer le fond, prévue à l'art. 89, une telle décision mettant fin à l'instance engagée sur contredit devant la cour d'appel. • Civ. 2e, 16 juin 1993, n° 91-21.785 P : *D. 1993. IR 170*.

b. Pourvoi différé

5. *Invitation à constituer avoué.* L'arrêt qui, statuant sur contredit, a déclaré un TGI compétent pour connaître d'un litige puis a évoqué et invité les parties à constituer avoué n'est pas susceptible de pourvoi immédiat, les dispositions de l'art. 87, al. 2 n'étant pas applicables à une telle décision qui ne met pas fin à l'instance devant la cour d'appel. • Civ. 2e, 6 oct. 2005, n° 03-20.404 P. ♦ V. déjà, dans le même sens • Com. 26 févr. 1991, n° 89-13.459 P : *Gaz. Pal., 7-9 févr. 1993, Somm., obs. Ferrand et Moussa.* ♦ V. aussi, ultérieurement • Com. 14 févr. 2006, n° 05-12.659 : *Procédures 2006, n° 68, obs. Perrot.*

6. *Invitation à conclure sur le fond.* Les dispositions de l'art. 87, al. 2 n'étant pas applicables à une décision qui, d'une part, infirme un jugement du tribunal de commerce qui s'était déclaré incompétent au profit du conseil de prud'hommes et, d'autre part, évoque la connaissance de l'affaire et invite les parties à conclure sur le fond, cette décision ne mettant pas fin à l'instance devant la cour d'appel, le pourvoi immédiat est irrecevable. • Soc. 9 mai 1990, n° 88-15.549 P.

7. *Renvoi à une prochaine audience.* L'art. 87, al. 2, n'est pas applicable à l'arrêt, statuant sur contredit qui, ayant déclaré la juridiction de première instance compétente et, évoquant le fond du litige, a renvoyé la cause à une prochaine audience ; une telle décision n'ayant pas mis fin à l'instance, un pourvoi ne peut être immédiatement formé indépendamment de l'arrêt sur le fond. • Soc. 16 mars 1999, n° 97-40.271 P : *(arrêt n° 1) ; D. 1999. IR 102* ; *AJFP 1999. 47, note Petit* ; *RDSS 1999. 645, obs. Badel, Daugareilh, Lafore et Willmann* ; *Dr. social 1999. 553, note de Cl.-Roy-Loustaunau.* ♦ V. déjà, dans le même sens • Soc. 23 févr. 1994, n° 92-41.481 P. ♦ V. aussi, ultérieurement • Soc. 12 juill. 2005, n° 03-47.046 P.

8. *Renvoi devant le conseiller de la mise en état.* L'art. 87, al. 2 n'étant pas applicable à une décision d'appel qui déclare dans son dispositif la juridiction commerciale compétente, évoque et renvoie l'affaire devant le conseiller de la mise en état, et par suite, ne met pas fin à l'instance, cette décision n'est pas susceptible de pourvoi immédiat. • Soc. 8 avr. 1992, n° 88-40.381 P.

9. *Injonction de communiquer.* Ne peut être frappé immédiatement d'un pourvoi en cassation, même si la cour d'appel tranche dans le dispositif de sa décision la question de fond dont dépend la compétence, l'arrêt qui, après avoir retenu la compétence de la juridiction prud'homale, évoque le fond et enjoint aux parties de communiquer des documents et informations, une telle décision statuant sur une exception de procédure sans mettre fin à l'instance. • Soc. 16 déc. 2008, n° 07-43.346 P : *BICC 1er mai 2009, n° 598 et le communiqué.*

10. *Mesure d'instruction.* Du rapprochement des art. 606, 607 et 608, il résulte que les dispositions de l'art. 87, al. 2, ne sont pas applicables à un arrêt rendu sur contredit qui, évoquant le fond et ordonnant une mesure d'instruction, ne met pas fin à l'instance devant la juridiction du second degré, de sorte que cette décision n'est pas susceptible de pourvoi immédiat. • Soc. 26 mai 1988, n° 85-41.713 P.

2° DÉLAI DE POURVOI

11. *Point de départ.* Le délai de pourvoi en cassation en matière de contredit court à compter de la notification de l'arrêt par le secrétaire-greffier aux parties par lettre recommandée avec demande d'avis de réception ; s'agissant d'une notification faite à l'étranger, il importe peu que la lettre n'ait pas été remise au destinataire en personne, dès lors que l'avis a été signé par une personne qui y est autorisée en vertu des règlements du pays destinataire, la date de la signature marquant ainsi le point de départ du délai. • Civ. 2e, 12 mai 1975, n° 73-14.024 P. ♦ V. art. 683 s. sur les règles particulières aux notifications internationales.

Ancien art. 88 *(Décr. n° 78-62 du 20 janv. 1978, art. 18)* ***« Les frais éventuellement afférents au contredit » sont à la charge de la partie qui succombe sur la question de compétence. Si elle est l'auteur du contredit, elle peut, en outre, être condamnée à une amende civile*** *(Décr. n° 2005-1678 du 28 déc. 2005, art. 77, en vigueur le 1er mars 2006)* ***« d'un maximum de 3 000 €*** *[ancienne rédaction : de 15 à 1 500 €,]* ***», sans préjudice des dommages-intérêts qui pourraient lui être réclamés.*** *— V., formulant le principe général pour toute action en justice, art. 32-1.*

L'art. 77 du Décr. n° 2005-1678 du 28 déc. 2005 ne s'applique qu'aux instances introduites et procédures diligentées après le 1er mars 2006 (Décr. préc., art. 87, al. 2).

1. Débiteur de l'amende. L'art. 88 ne prévoit de condamnation qu'à l'encontre de l'auteur du contredit ; cassation de l'arrêt qui condamne à l'amende civile la partie qui a soulevé l'exception d'incompétence mais n'est pas l'auteur du contredit. • Soc. 21 oct. 1982, n° 80-41.292 P.

2. Contestation de l'amende. La condamnation de l'auteur du contredit à une amende civile est étrangère à la partie adverse qui n'en profite pas ; dès lors, cette condamnation ne saurait donner ouverture à cassation contre le défendeur au contredit. • Civ. 2e, 7 janv. 1976, n° 73-14.652 P.

Ancien art. 89 ***Lorsque la cour est juridiction d'appel relativement à la juridiction qu'elle estime compétente, elle peut évoquer le fond si elle estime de bonne justice de donner à l'affaire une solution définitive après avoir ordonné elle-même, le cas échéant, une mesure d'instruction.***

BIBL. ▸ D. COHEN, *Mél. Héron, LGDJ 2008, p. 173* (domaine de l'évocation).

1° RENVOI

1. Appel. Sur les pouvoirs de la cour d'appel, en cas d'appel, et non de contredit, V. art. 79.

2° ÉVOCATION

a. Principe

2. Éventualité. Statuant sur un conflit de compétence sur contredit entre l'attribution du litige aux juridictions civiles ou aux juridictions commerciales, une cour d'appel, qui a qualité pour statuer comme juridiction d'appel des deux juridictions respectivement revendiquées par les parties et de celle qu'elle estime compétente, peut évoquer le fond conformément à l'art. 89. • Com. 14 févr. 1978, n° 77-10.355 P. ♦ Il résulte de la combinaison des art. 80 et 89 que lorsque le juge s'est prononcé sur la compétence sans statuer au fond, quand bien même il aurait tranché la question de fond dont dépendait la compétence, la cour d'appel ne peut que statuer sur la compétence et, éventuellement, évoquer le fond ; par suite une cour d'appel, saisie d'un contredit, formé contre un jugement d'incompétence ne saurait, pour constater que le jugement a *tranché une question de fond*, et déclarer « l'appel recevable », retenir qu'il résulte des motifs du jugement qu'en réalité le tribunal n'avait pas statué sur sa compétence mais avait entendu déclarer l'action irrecevable et que les parties avaient toutes deux constitué avoué, alors que dans son dispositif le jugement se bornait à statuer sur la compétence. • Civ. 2e, 9 mai 1983, n° 81-14.214 P. ♦ Saisie par voie de contredit la cour d'appel, juridiction du second degré relativement au tribunal des affaires de sécurité sociale et à la juridiction dont la compétence est revendiquée, a dans tous les cas la possibilité d'évoquer le fond et de donner à l'affaire une solution définitive. • Soc. 6 mars 2003, n° 00-21.788 P.

3. Appel et contredit. Une cour d'appel ne fait qu'user des pouvoirs qu'elle tient de l'art. 89 lorsque, saisie à la fois par un contredit relatif à la compétence du TGI dans une action en contrefaçon de modèle opposant deux commerçants et par un appel dans une action en contrefaçon de brevet, elle évoque l'ensemble du litige, après avoir déclaré le contredit recevable et le TGI compétent pour connaître des deux actions. • Com. 6 mars 1979, n° 78-10.775 P : *D. 1979. IR 478, obs. Julien.*

b. Conditions

4. Bonne justice. Ni la complexité d'une affaire, constituée de trois instances différentes, ni le principe du double degré de juridiction n'interdisent à une cour d'appel d'user de la faculté qui lui est reconnue par l'art. 89, lorsqu'elle estime de bonne justice d'évoquer le fond, en état de recevoir une solution définitive. • Civ. 2e, 8 juin 1979, n° 77-15.933 P : *Gaz. Pal. 1979. 2. 443, note Viatte ; D. 1979. IR 477, note Julien.*

5. Motivation. Cassation de l'arrêt qui, après infirmation d'une décision d'incompétence, statue au fond sans donner de motif à l'appui de sa décision d'évocation, alors que la matière litigieuse relève en dernier ressort de la compétence des premiers juges. • Soc. 19 déc. 1978, n° 77-13.799 P.

6. Consentement des parties. L'exercice de la faculté d'évocation n'est pas soumis au consentement des parties. • Civ. 1re, 2 déc. 1975, n° 73-11.402 P : *JCP 1976. II. 18390, note Chartier.*

7. Affaire qui n'est pas en état. Il résulte de l'art. 89 que la cour d'appel, saisie sur contredit, ne peut évoquer le fond d'une affaire qu'elle estime ne pas être en état d'être jugée qu'après avoir soit invité les parties à s'expliquer sur leurs prétentions, soit ordonné une mesure d'instruction. • Soc. 17 févr. 1993, n° 89-43.502 P.

c. Conséquence

8. Demande incidente. Saisie d'un contredit, la cour d'appel qui décide d'évoquer le fond peut connaître de demandes incidentes, en l'occurrence d'une demande reconventionnelle en compensation, par application de l'art. 564. • Com. 24 nov. 1987, n° 86-15.192 P. ♦ Comp., l'évocation décidée sur contredit ne constitue par une évolution du litige ; dès lors, c'est conformément à l'art. 555 qu'une cour d'appel, qui a décidé d'évoquer après avoir rejeté un contredit, a déclaré irrecevables les appels en garantie dirigés contre les sociétés qui n'étaient pas parties au procès devant le tribunal. • Civ. 2e, 7 juin 2006, n° 04-16.251 P : *D. 2006. IR 1840 ; Procédures 2006, n° 152, note Perrot ; Dr. et patr. 2007. 116, obs. Amrani Mekki ; JCP 2006. I. 183, note Serinet.*

9. Pourvoi en cassation. Le moyen qui reproche à un arrêt d'avoir confirmé une décision d'incompétence du tribunal paritaire est sans intérêt, dès lors que la cour d'appel, ayant usé de son pouvoir d'évocation par des motifs que le pourvoi ne critique pas, a statué au fond. • Civ. 3e, 16 mars 1976, n° 74-13.440 P. ♦ Rappr. art. 87, al. 2 et les notes ss. ce texte.

Ancien art. 90 *Quand elle décide d'évoquer, la cour invite les parties, le cas échéant par lettre recommandée avec demande d'avis de réception, à constituer* (Décr. n° 2012-634 du 3 mai 2012, art. 19-1°-a) *« avocat » dans le délai qu'elle fixe, si les règles applicables à l'appel des décisions rendues par la juridiction dont émane le jugement frappé de contredit imposent cette constitution.*

Si aucune des parties ne constitue (Décr. n° 2012-634 du 3 mai 2012, art. 19-1°-a) *« avocat », la cour peut prononcer d'office la radiation de l'affaire par décision motivée non susceptible de recours. Copie de cette décision est portée à la connaissance de chacune des parties par lettre simple adressée à leur domicile ou à leur résidence.*

1° INVITATION À CONSTITUER AVOUÉ

a. Domaine d'application

1. En cas d'évocation. N'évoque pas le fond, et n'a donc pas à inviter les parties à constituer avoué, la cour qui, statuant sur contredit, examine seulement la question de fond dont dépend la compétence et prononce un sursis à statuer sur la demande. • Civ. 2e, 7 oct. 1981, n° 80-11.109 P.

2. Au cas où la constitution d'avoué s'impose. Sur la non-application des formalités de l'art. 90 en matière prud'homale, où la constitution d'avoué n'est pas obligatoire, V. • Soc. 7 mai 1987, n° 85-43.535 P : *Gaz. Pal. 1987. 2. Somm. 485, obs. Guinchard et Moussa* • Riom, 18 avr. 1988 : *Gaz. Pal. 1989. 1. Somm. 40.*

b. Conséquence

3. En invitant les parties à constituer avoué, la cour les met par là même en demeure de conclure sur le fond. • Civ. 2e, 16 juill. 1993, n° 92-11.463 P.

c. Sanction

4. Encourt la cassation l'arrêt qui rejette le contredit et évoque le fond sans avoir invité les parties à constituer avoué. • Civ. 2e, 19 oct. 1977, n° 76-13.061 P • 26 févr. 1992, n° 90-21.036 P • Civ. 3e, 3 mai 2011, n° 10-19.717.

d. Recours

5. L'arrêt qui, statuant sur contredit, a déclaré le tribunal de commerce compétent pour connaître d'un litige puis a évoqué et invité les parties à constituer avoué n'est pas susceptible de pourvoi immédiat, les dispositions de l'art. 87, al. 2 n'étant pas applicables à une telle décision qui ne met pas fin à l'instance devant la cour d'appel. • Com. 26 févr. 1991, n° 89-13.459 P : *Gaz. Pal. 1993. 1. Somm. 2, obs. Ferrand et Moussa.*

2° CONSTITUTION D'AVOUÉ TARDIVE

6. Irrecevabilité. La constitution d'avoué postérieure à l'ordonnance de clôture rendue dans une procédure d'évocation sur contredit est irrecevable et la réouverture postérieure des débats ne peut avoir pour effet de la valider rétroactivement. • Civ. 2e, 14 févr. 1985, n° 83-12.062 P : *Gaz. Pal. 1985. 2. 640, obs. Guinchard et Moussa ; JCP 1988. II. 21030, note Héron.* ♦ L'art. 908 qui prévoit la réassignation de l'intimé qui n'a pas constitué avoué ne s'applique pas à la procédure de contredit. • Même arrêt.

Ancien art. 91 *Lorsque la cour estime que la décision qui lui est déférée par la voie du contredit devait l'être par celle de l'appel, elle n'en demeure pas moins saisie.*

L'affaire est alors instruite et jugée selon les règles applicables à l'appel des décisions rendues par la juridiction dont émane le jugement frappé de contredit.

Si, selon ces règles, les parties sont tenues de constituer (Décr. nº 2012-634 du 3 mai 2012, art. 19-1º-a) *« avocat », l'appel est d'office déclaré irrecevable si celui qui a formé le contredit n'a pas constitué* (Décr. nº 2012-634 du 3 mai 2012, art. 19-1º-a) *« avocat » dans le mois de l'avis donné aux parties par le* (Décr. nº 82-716 du 10 août 1982, art. 1er) *« greffier ».*

PLAN DES ANNOTATIONS

I. ERREUR D'AIGUILLAGE

A. CONTREDIT AU LIEU D'APPEL

1º CAS D'APPLICATION DU TEXTE

a. Règle générale

1. *Énoncé.* L'art. 91 est applicable lorsque, le premier juge s'étant déclaré incompétent sur un chef de prétention et ayant débouté sur les autres, la cour, saisie par voie de contredit, a estimé qu'elle aurait dû l'être, en application de l'art. 78, par la voie de l'appel. • Paris, 14 janv. 1983 : *JCP 1983. II. 20075, concl. Conen.* ♦ Il résulte de la combinaison des art. 78 et 91 que la cour d'appel, saisie d'un contredit contre un jugement statuant en premier et dernier ressort sur le fond et en même temps sur la compétence, demeure saisie pour statuer en appel sur la compétence. • Civ. 2e, 22 juin 1983 : *D. 1983. IR 396, obs. Julien ; Gaz. Pal. 1984. 1. Pan. 9, obs. Guinchard* • 3 nov. 1993, nº 92-10.487 P. ♦ Rien ne permet de restreindre la mise en œuvre de l'art. 91 à des cas particuliers, alors que, rédigé de manière générale, il doit être appliqué chaque fois que le contredit a été emprunté par erreur au lieu de l'appel. • Soc. 23 avr. 2003, nº 01-40.127 P : *D. 2003. IR 1265 ; Gaz. Pal. 8-10 févr. 2004, p. 25, obs. du Rusquec.* ♦ Comp., l'art. 91 n'a trait qu'aux recours formés contre des jugements statuant sur des exceptions d'incompétence, ce qui n'est pas le cas de la contestation de la saisine d'une juridiction sur le fondement de l'art. 47. • Limoges, 11 déc. 2006 : *D. 2007. AJ 315* . ♦ Un contredit ne peut être dirigé contre un jugement d'une juridiction ayant, non pas statué sur la question de sa compétence, mais déclaré irrecevable sa saisine par une déclaration au greffe. • Civ. 2e, 30 janv. 2020, nº 18-25.340 P : *D. actu. 21 févr. 2020, note Sansone ; D. 2020. 289* .

2. *Conditions.* La règle édictée à l'art. 91 C. pr. civ. selon laquelle, lorsqu'une cour d'appel est saisie à tort d'un contredit formé contre une ordonnance de référé, elle n'en demeure pas moins saisie, l'affaire étant alors instruite et jugée selon les règles applicables à l'appel, ne s'applique qu'à la condition que le contredit ait été formé selon les modalités et dans le délai prescrits à l'art. 82 du même code. • Civ. 2e, 6 déc. 2012, nº 11-24.743 P : *D. 2012. Actu. 2974 ; Dr. et pr. 2013. 57, note Douchy-Oudot.*

b. Illustrations

3. *Juridiction administrative.* Du rapprochement des art. 91 et 99 résulte que, lorsque la cour d'appel est saisie à tort d'un contredit dans une affaire où il est prétendu que la juridiction administrative est compétente, elle n'en demeure pas moins saisie et ne peut renvoyer devant les premiers juges après avoir déclaré irrecevable le contredit. • Civ. 2e, 10 déc. 1980, nº 79-12.870 P • Soc. 9 juin 1982, nº 80-40.054 P.

4. *Juge des référés.* Sur la contestation de la compétence du juge des référés, V. • Civ. 3e, 17 janv. 1990, nº 88-18.198 P.

5. *Juge de la mise en état. Renvoi.* V. note 7.

6. *Procédures collectives.* Viole les art. 91 C. pr. civ., ensemble les art. R. 662-4 à R. 662-7 C. com., la cour d'appel qui, pour déclarer irrecevable une société à former contredit au jugement sans se prononcer sur l'ouverture du redressement judiciaire de celle-ci, a retenu que le tribunal de commerce, en se déclarant compétent tandis que sa compétence était contestée puis en statuant au fond, n'a fait que se conformer aux dispositions de l'art. R. 662-6 C. com, et que, selon l'art. R. 662-4 du même code, les exceptions d'incompétence sont réglées par les art. 75 à 99 C. pr. civ., sous réserve des dispositions des art. R. 662-5, R. 662-6 et R. 662-7 C. com., l'exception de compétence que constitue le contredit, eu égard aux textes qui précèdent, ne pouvant être réglée par les art. 80 à 91 C. pr. civ. • Com. 27 mai 2014, n° 12-29.787 P.

2° CONSÉQUENCES AU STADE DU POURVOI EN CASSATION

7. JEX. Il résulte des art. 91, 606, 607 et 608 C. pr. civ., ensemble l'art. 9-1 du Décr. n° 92-755 du 31 juill. 1992 [devenu C. pr. exéc., art. R. 121-3] que les décisions en dernier ressort qui se bornent à statuer sur une exception de procédure, une fin de non-recevoir ou tout autre incident, sans mettre fin à l'instance, ne peuvent être frappées de pourvoi en cassation indépendamment des jugements sur le fond que dans les cas spécifiés par la loi ; que les décisions du juge de l'exécution statuant sur la compétence ne sont pas susceptibles de contredit ; que lorsqu'elle est saisie à tort par la voie du contredit contre une décision du juge de l'exécution, la cour d'appel n'en demeure pas moins saisie ; qu'il s'ensuit que le pourvoi en cassation n'est pas recevable contre l'arrêt qui, s'étant borné à confirmer le jugement relatif à la compétence, n'a pas mis fin à l'instance. • Civ. 2e, 31 mars 2011, n° 10-15.794 P : *D. 2011. AJ 1090 ; Procédures 2011, n° 199, note Perrot.* ♦ Les décisions du juge de la mise en état statuant sur la compétence ne sont pas susceptibles de contredit ; lorsqu'elle est saisie à tort par la voie du contredit contre une décision du juge de la mise en état, la cour d'appel n'en demeure pas moins saisie, de sorte que l'arrêt, qui statue sur l'exception de procédure sans mettre fin à l'instance, ne peut pas être frappé de pourvoi. • Civ. 1re, 14 mai 2014, n° 13-14.953 P : *AJ fam. 2014. 571, note Thouret .*

B. APPEL AU LIEU DE CONTREDIT

1° QUALIFICATION

8. Fin de non-recevoir. Constitue une fin de non-recevoir et non une exception de procédure le moyen pris de ce qu'une décision statuant sur la compétence aurait dû être attaquée non par la voie de l'appel mais par celle du contredit. • Civ. 2e, 14 mars 1979, n° 77-12.462 P.

2° SANCTION

9. Irrecevabilité. En l'absence de disposition symétrique de celle qu'édicte l'art. 91, l'appel interjeté dans le cas où le contredit se fût imposé ne peut qu'être déclaré irrecevable. • Civ. 1re, 18 janv. 1983, n° 81-16.240 P : *Gaz. Pal. 1983. 1. Pan. 174, obs. Guinchard ; RTD civ. 1983. 588, obs. Normand.* ♦ Est cependant irrecevable, faute d'intérêt, le pourvoi qui reproche aux juges du second degré d'avoir statué sur appel alors qu'ils auraient dû être saisis par un contredit, dès lors que la cour d'appel a fait droit à l'exception d'incompétence soulevée par le demandeur au pourvoi et renvoyé l'affaire devant le tribunal que celui-ci estimait compétent. • Civ. 2e, 13 juin 1979 : *Bull. civ. II, n° 174 ; D. 1979. IR 478, obs. Julien* • 22 juin 1983, n° 82-11.300 P : *D. 1983. IR 396, Julien ; Gaz. Pal. 1984. 1. Pan. 4, obs. Guinchard.*

3° RÉGIME

10. Relevé d'office obligatoire. La fin de non-recevoir tirée de l'absence d'ouverture de l'appel doit être soulevée d'office. • Civ. 2e, 15 nov. 1994 : *JCP 1996. IV 19.*

II. CONSTITUTION D'AVOUÉ

11. Constitution pour la procédure d'appel. Le mandat donné par une partie à un avoué de former un contredit et de la représenter dans cette procédure dépourvue de représentation obligatoire n'emporte pas la constitution pour la procédure d'appel prévue à l'art. 91 ; dès lors, l'appel est irrecevable si aucune constitution n'est intervenue dans le mois suivant l'avis donné aux parties par le greffier. • Civ. 2e, 3 mai 2001, n° 98-21.769 P : *AJDI 2001. 637 .*

12. Cas d'inutilité de l'avis. Dès lors qu'une partie forme un contredit de compétence et dépose une déclaration d'appel contenant constitution d'avoué, l'injonction prévue par l'art. 91 est sans objet et l'appel est recevable. • Civ. 2e, 20 déc. 2007, n° 05-14.372 : *Procédures 2008, n° 99, note Perrot.*

13. Cas d'erreur dans l'avis. L'irrecevabilité pour non-constitution d'avoué est inapplicable en cas d'erreur commise par le greffe dans l'avis donné aux parties. • Civ. 2e, 23 oct. 1991, n° 90-15.739 P.

SOUS-SECTION 4 *[ANCIENNE]* L'INCOMPÉTENCE RELEVÉE D'OFFICE

Ancien art. 92 *L'incompétence peut être prononcée d'office en cas de violation d'une règle de compétence d'attribution lorsque cette règle est d'ordre public (Décr. n° 76-1236 du 28 déc. 1976, art. 2) « ou lorsque le défendeur ne comparaît pas. Elle ne peut l'être qu'en ces cas ».*

Devant la cour d'appel et devant la Cour de cassation, cette incompétence ne peut être relevée d'office que si l'affaire relève de la compétence d'une juridiction répressive ou administrative ou échappe à la connaissance de la juridiction française. — V. art. 16 et 51.

BIBL. ▸ Beignier, *Mél. Boyer, Toulouse, 1996, p. 99* (ordre public et compétence). – Guilbaud, *Rev. huiss. 1977. 1. 50* (devant le tribunal d'instance). – Perdriau, *JCP 1996. I. 3911* (ce que la Cour de cassation relève d'office).

Plan des annotations

I. DROIT INTERNE

A. PRINCIPE : FACULTÉ

1° RÈGLE DE COMPÉTENCE D'ATTRIBUTION D'ORDRE PUBLIC

a. Juge de premier degré

1. Énoncé du principe. L'art. 92 ne fait pas obligation aux juges de relever d'office leur incompétence, même en cas de violation d'une règle de compétence d'attribution d'ordre public. • Civ. 2e, 29 nov. 1978, n° 76-15.612 P.

2. Illustration. Si le juge de proximité, saisi d'une demande de restitution du dépôt de garantie, est compétent pour connaître, dans la limite de 4 000 €, d'une demande reconventionnelle liée à la demande principale, l'art. 92 ne lui fait pas obligation de relever d'office son incompétence, même en cas de violation d'une règle de compétence d'attribution d'ordre public. • Civ. 3e, 7 févr. 2007, n° 06-13.175 P : *D. 2008. 1312, obs. Damas ; Gaz. Pal. 1er-2 févr. 2008, p. 21, note du Rusquec ; AJDI 2007. 405, note Rouquet* ; *Loyers et copr. 2007, n° 73, note Vial-Pedroletti.*

b. Cour d'appel et Cour de cassation

3. Énoncé du principe. Même dans les cas visés à l'art. 92, al. 2, le relevé d'office de l'incompétence n'est qu'une simple faculté. • Civ. 1re, 20 déc. 1976 : *n° 75-11.898 P.*

4. Absence de relevé d'office. Aux termes de l'art. 74, les exceptions de procédure doivent, à peine d'irrecevabilité, être soulevées avant toute défense au fond ou fin de non-recevoir, alors même que les règles invoquées au soutien de l'exception seraient d'ordre public et il résulte de l'art. 92 que la possibilité pour la Cour de cassation de soulever d'office l'exception n'est qu'une faculté ; il s'ensuit que le moyen tiré de l'incompétence des tribunaux de l'ordre judiciaire, qui est présenté pour la première fois devant la Cour de cassation, est irrecevable. • Civ. 1re, 16 nov. 1982, n° 81-15.550 P • Soc. 19 juin 1987, n° 84-43.987 P. ♦ V. déjà • Civ. 1re, 13 oct. 1981, n° 80-14.390 P. ♦ Pour des exemples de refus motivé d'user de la faculté de relever d'office l'incompétence par la cour d'appel, V. • Rouen, 24 nov. 1981 : *D. 1983. IR 505, obs. Alaphilippe et Karaquillo* • Paris, 17 févr. 1989 : *D. 1989. Somm. 282.*

5. Relevé d'office. Si l'exception d'incompétence du juge judiciaire ne peut être soulevée pour la première fois par une partie devant la Cour de cassation, cette juridiction peut relever d'office le moyen pris de cette incompétence. • Civ. 1re, 19 mars 1996, n° 94-12.426 P : *D. 1996. IR 98* • Soc. 20 déc. 2000, n° 99-17.095 P : *D. 2001. 356* • 11 avr. 2002 : *Gaz. Pal. 12-14 janv. 2003, p. 35, obs. Perdriau* • Com. 11 mars 2003, n° 00-20.737 P : *Gaz. Pal. 8-10 févr. 2004, p. 22, obs. du Rusquec ; JCP E 2003 pan. n° 757* • Civ. 2e, 3 mai 2006, n° 04-20.441 P. ♦ V. aussi, pour des illustrations • Civ. 1re, 30 juin 1998, n° 96-13.069 P : *D. 1998. IR 189* ; *RDSS 1998. 849, obs. Ligneau* (à propos de l'annulation d'un commandement de payer ressortissant à la compétence du juge administratif) • Com. 3 déc. 2002, n° 00-21.850 P : *D. 2003. 467* ; *Annonces de la Seine, 9 janv. 2003, p. 15, note Perdriau ; JCP E 2003 pan. n° 227* (contestations relatives au recouvrement qui portent sur l'existence de l'obligation de payer, sur le montant de la dette compte tenu des paiements effectués et sur l'exigibilité de l'impôt relevant, en matière d'impôts directs, de la compétence du juge administratif – art. L. 281 et L. 199 LPF) • Civ. 1re, 6 janv. 2004, n° 01-15.357 P : *Defrénois 2004. 823, obs. Champenois* (faute personnelle non détachable de ses fonctions d'un agent des services publics administratifs) • Civ. 1re, 25 mai 2004, n° 01-17.876 P (nature d'agents publics soumis à un régime de droit public des dirigeants d'entreprises publiques) • Civ. 2e, 15 juin 2004, n° 02-31.128 P (acte adressé par un organisme social à tous les chirurgiens-dentistes de son ressort, revêtant un caractère administratif) • Com. 12 juill. 2004 : *D. 2004. AJ 2374, obs. Chevrier* (compétence du juge administratif pour statuer sur le recours contre les décisions prises sur le fondement de l'art. L. 430-9 C. com. – concentration économique) • Civ. 1re, 19 oct. 2004, n° 02-14.021 P : *JCP E 2004, n° 1739 (§ 22), obs. Decocq ; RLDA 2004, n° 4767, obs. David ; BOCC 8 nov. 2004, p. 706 ; D. 2004 AJ 2374, obs. Chevrier ; CCC*

2004, n° 173, obs. Malaurie-Vignal (contestations relatives à la responsabilité d'une collectivité territoriale en raison du fonctionnement d'un service public administratif).

6. Limite. Devant la cour d'appel et devant la Cour de cassation, l'incompétence ne peut être relevée d'office en dehors des cas limitativement prévus par l'art. 92. • Civ. 1re, 2 oct. 1979, n° 78-11.385 P : *D. 1980. IR 362, obs. Breton* (cour d'appel qui se déclare d'office incompétente pour connaître d'une demande de sursis à un partage au motif que seul le président du TGI était compétent pour ordonner un tel sursis) • Civ. 1re, 16 déc. 1986, n° 84-17.076 P : *Gaz. Pal. 1987. 1. Pan. 52* • Soc. 12 juill. 1994, n° 92-16.090 P (cour d'appel qui accueille une exception portant sur la compétence territoriale d'un tribunal de commerce et désigne comme juridiction compétente un conseil de prud'hommes) • Civ. 2e, 8 avr. 2004, n° 02-14.498 P : *D. 2004. IR 1710* ; *RTD civ. 2004. 544, obs. Théry* ; *Dr. et pr. 2004. 291, note Leborgne* ; *Gaz. Pal. 26-28 juin 2005, p. 31, obs. du Rusquec* (à propos du JEX) • Civ. 2e, 18 oct. 2007, n° 06-21.046 P : (2 arrêts) : *RTD civ. 2008. 150, obs. Théry* (à propos de la juridiction du contentieux technique de la sécurité sociale).

2° ABSENCE DE COMPARUTION DU DÉFENDEUR

7. Il résulte des dispositions de l'art. 871, qui prévoit que la procédure est orale devant le tribunal de commerce, que lorsque la partie n'a pas comparu et ne s'est pas fait représenter à l'audience, les conclusions écrites qui parviennent au tribunal doivent être déclarées irrecevables ; dès lors, ne constitue pas une violation de l'art. 92, le fait pour une juridiction de ne pas statuer sur une exception d'incompétence dont elle n'est pas régulièrement saisie. • Com. 23 nov. 1982 : *n° 81-10.549 P.*

B. EXCEPTION : OBLIGATION

8. Injonction de payer. Le juge est tenu de relever d'office l'incompétence résultant de l'art. 1406 en matière d'injonction de payer. • Civ. 2e, 8 déc. 1977, n° 76-14.925 P.

9. Loi de 1881 sur la presse. Selon les art. 31 et 46 de la loi du 29 juillet 1881, l'action civile résultant du délit de diffamation publique commis envers un dépositaire ou agent de l'autorité publique ou un citoyen chargé d'un service ou d'un mandat public, à raison de l'exercice de ses fonctions ou de sa qualité, ne peut être poursuivie séparément de l'action publique ; cette prohibition d'ordre public impose aux tribunaux civils, saisis d'une action de cette nature, l'obligation de se déclarer d'office incompétents. • Civ. 2e, 27 janv. 1993, n° 91-18.733 P : *D. 1993. 190, note Burgelin* ; *ibid. 1994. 193, obs. Dupeux* .

II. DROIT INTERNATIONAL PRIVÉ

10. La cour d'appel qui, d'après l'art. 92, al. 2, peut relever d'office son incompétence dès lors que l'affaire échappe à la compétence d'une juridiction française, doit être considérée comme ayant entendu exercer ce pouvoir en statuant sur une exception d'incompétence au profit d'une juridiction étrangère qui, présentée par le défendeur à une demande en divorce, était irrecevable pour n'avoir pas été présentée *in limine litis*. • Civ. 1re, 2 févr. 1982, n° 80-16.594 P : *D. 1983. IR 149, obs. Audit.*

A. DROIT COMMUN

11. Il résulte de l'art. 92, al. 2 que l'incompétence peut être relevée d'office par une cour d'appel lorsque l'affaire échappe à la connaissance de la juridiction française ; c'est donc à bon droit qu'une cour d'appel se déclare incompétente pour se prononcer sur la validité de la ratification d'un legs verbal portant sur un bien immobilier situé dans la principauté de Monaco. • Civ. 1re, 7 juill. 1981, n° 80-11.846 P : *Rev. crit. DIP 1982. 753.*

B. DROIT DE L'UNION EUROPÉENNE

12. Convention de Bruxelles du 27 sept. 1968. V. les règles particulières des art. 19 (renvoyant à l'art. 16) et 20. ♦ L'obligation de se déclarer d'office incompétent existe même pour le juge de cassation, en dépit des règles de procédure de la juridiction saisie. • CJCE 15 nov. 1983 : *Rec. CJCE, p. 3663, concl. S. Rozès* ; *Rev. crit. DIP 1984. 361, note Bonet* (art. 19 Conv. Bruxelles du 27 sept. 1968). ♦ Sur l'incompétence relevée d'office par une juridiction française dans le cadre d'un litige contractuel opposant deux citoyens allemands domiciliés en Allemagne à la date de l'appel, V. • Versailles, 12 mars 2001 : *D. 2002. Somm. 1396, obs. Audit.* ♦ Aux termes de l'art. 20, al. 1er de la Conv. Bruxelles du 27 sept. 1968, lorsque le défendeur domicilié sur le territoire d'un État contractant ne comparaît pas devant la juridiction d'un autre État contractant, le juge saisi doit se déclarer d'office incompétent si la compétence n'est pas fondée aux termes de ladite Convention ; tel est le cas d'une action en revendication de propriété mobilière, pour l'exercice de laquelle le demandeur ne peut se prévaloir d'aucune option de compétence de l'art. 5 de cette Convention. • Civ. 1re, 6 déc. 2005, n° 01-02.515 P.

13. Règl. CE n° 44/2001 du 22 déc. 2000. V. les règles particulières des art. 25 (renvoyant à l'art. 22) et 26. ♦ Lorsque le défendeur domicilié sur le territoire d'un État membre de l'Union européenne est attrait devant une juridiction d'un autre État membre et ne comparaît pas, le juge se déclare d'office incompétent si la compétence n'est pas fondée aux termes du Règl. CE n° 44/2001 du 22 déc. 2000 ; viole les dispositions des art. 19 et 26 de ce texte le conseil de prud'hommes qui condamne, au profit d'un salarié, une société ayant son siège à Luxembourg, lieu d'exercice de l'activité, après avoir constaté qu'elle ne comparaissait pas ; dans un tel cas, le conseil de prud'hommes est tenu de se déclarer d'office incompétent. • Soc. 26 avr. 2006, n° 04-47.238 P : *D. 2006. IR 1248 ; Procédures 2006, n° 273, note Nourissat ; Dr. et pr. 2006. 25.*

Ancien art. 93 (*Décr. n° 76-1236 du 28 déc. 1976, art. 3*) ***En matière gracieuse, le juge peut relever d'office son incompétence territoriale. Il ne le peut, en matière contentieuse, que dans les litiges relatifs à l'état des personnes, dans les cas où la loi attribue compétence exclusive à une autre juridiction ou si le défendeur ne comparaît pas.***

BIBL. ▶ VINCENT, *Mél. Hébraud, Toulouse, 1981, p. 917* (réflexions sur la compétence exclusive des juridictions civiles).

1° PRINCIPES POSÉS PAR L'ART. 93

a. Relevé d'office facultatif

1. Majeurs protégés. Le juge des tutelles, s'il peut toujours se déclarer d'office territorialement incompétent en application de l'art. 93, n'y est jamais tenu ; le majeur protégé, qui n'avait pas soulevé l'incompétence du juge, n'était pas fondé à lui reprocher d'avoir statué. • Civ. 1re, 4 déc. 1990, n° 89-18.257 P.

2. Divorce. Si, dans les litiges relatifs à l'état des personnes et dans les cas où la loi attribue compétence exclusive à une autre juridiction ou si le défendeur ne comparaît pas, le juge peut soulever d'office son incompétence territoriale, il n'est pas tenu de le faire ; le mari qui, dans une instance en divorce, a soulevé tardivement l'exception d'incompétence territoriale ne peut reprocher à la juridiction de jugement de ne l'avoir pas relevée de son propre mouvement. • Civ. 2e, 19 févr. 1986, n° 84-13.589 P.

b. Cas légaux

3. Liste limitative. L'art. 93 ne permet au juge de déclarer d'office son incompétence territoriale en matière contentieuse que dans les litiges relatifs à l'état des personnes, dans les cas où la loi attribue compétence exclusive à une autre juridiction ou si le défendeur ne comparaît pas ; cassation de la décision du juge qui se déclare d'office incompétent dans un autre cas. • Soc. 23 juill. 1980, n° 80-60.170 P.

4. Non-comparution du défendeur. Le juge peut, en vertu de l'art. 93, relever d'office son incompétence territoriale si le défendeur ne comparaît pas et, en application de l'art. 48, les juges du fond apprécient souverainement si une clause d'un contrat, conclu entre commerçants, qui déroge aux règles de compétence territoriale, figure de façon très apparente audit contrat. • Civ. 2e, 20 févr. 1980, n° 78-14.437 P : *Gaz. Pal. 1980. 2. 494, note Dupichot.*

c. Mise en œuvre

5. Respect de la contradiction. Le juge ne peut relever d'office son incompétence territoriale (en matière d'indemnisation d'un préjudice consécutif à un accident de la circulation) sans avoir au préalable invité les parties à présenter leurs observations. • Aix-en-Provence, 15 mars 2005 : *BICC 2006, n° 218.*

6. Option de compétence. Lorsque les art. 42, 46 et 48 offrent au demandeur une option de compétence, le choix ainsi défini n'appartient qu'à lui, et non au tribunal en application de l'art. 93. • Rennes, 21 mai 1980 : *Gaz. Pal. 1981. 1. Somm. 152.*

2° EXCEPTION

7. Relevé d'office obligatoire. Selon l'art. 2 du Décr. du 28 août 1972 relatif au recouvrement de certaines créances [devenu l'art. 1406], la demande doit être portée devant le juge du domicile du débiteur ; elle est de la compétence exclusive de ce juge nonobstant toute clause attributive de juridiction et tout autre juge doit se déclarer d'office incompétent ; la présence du défendeur à l'audience d'un tribunal incompétent et le fait qu'il ait fourni des explications sur le fond du litige ne peut pas faire admettre qu'il ait accepté la compétence de ce tribunal dans des conditions qui ne lui permettraient plus de remettre en cause cette compétence ; cassation de la décision du tribunal de commerce qui aurait dû, même d'office, se déclarer incompétent au profit d'un autre tribunal de commerce. • Civ. 2e, 8 déc. 1977, n° 76-14.925 P. ♦ Comp. : Le tribunal qui statue sur une opposition à injonction de payer n'est pas tenu de relever d'office son incompétence territoriale à raison du domicile du débiteur poursuivi ; le débiteur poursuivi qui s'est défendu au fond sans invoquer le moyen tiré de l'incompétence territoriale de la juridiction saisie n'est, dès lors, pas recevable devant la Cour de cassation à reprocher au tribunal de n'avoir pas effectué une recherche qui ne lui avait pas été demandée. • Civ. 2e, 1er avr. 2004, n° 02-14.485 P : *AJDI 2004. 483 ; Procédures 2004, n° 145, note Perrot.*

Ancien art. 94 *La voie du contredit est seule ouverte lorsqu'une juridiction statuant en premier ressort se déclare d'office incompétente. – V. art. 99.*

a. Principe

1. Pourvoi irrecevable. La voie du contredit est seule ouverte lorsqu'une juridiction statuant en premier ressort se déclare d'office incompétente ; par suite, est irrecevable le pourvoi en cassation formé contre la décision d'un tribunal de commerce se déclarant d'office territorialement incompétent. • Soc. 31 janv. 1980, nº 77-15.552 P.

b. Exception

2. Compétence du juge administratif. L'art. 94, selon lequel la voie du contredit est seule ouverte lorsqu'une juridiction statuant en premier ressort se déclare d'office incompétente, est écarté par l'art. 99 qui dispose que la cour ne peut être saisie que par la voie de l'appel lorsque l'incompétence est relevée d'office, au motif que l'affaire relève de la compétence d'une juridiction administrative. • Civ. 2e, 11 juin 1980, nº 78-15.972 : *JCP 1980. IV. 319.*

SOUS-SECTION 5 *[ANCIENNE]* DISPOSITIONS COMMUNES

DALLOZ ACTION *Droit et pratique de la procédure civile 2022/2023*, nos 351.150 s.

Ancien art. 95 ***Lorsque le juge, en se prononçant sur la compétence, tranche la question de fond dont dépend cette compétence, sa décision a autorité de chose jugée sur cette question de fond.***

BIBL. ▶ GHESTIN, *Mél. Normand, Litec 2003, p. 199* (autorité de chose jugée des motifs ayant tranché une question de fond dont dépendait la compétence – à propos d'un arrêt de la première chambre civile de la Cour de cassation du 12 juill. 2001).

1º AUTORITÉ POSITIVE DE LA CHOSE JUGÉE

a. Localisation

1. Motifs ou dispositif ? Il résulte des art. 77 et 95 que c'est seulement lorsque le juge a, en se prononçant sur la compétence, tranché dans le dispositif du jugement la question de fond dont dépend cette compétence que sa décision a autorité de la chose jugée sur la question de fond. • Civ. 2e, 24 mai 2007, nº 05-21.732 P : *D. 2007. AJ 1736* ; *RTD civ. 2007. 630, obs. Théry* ; *AJDI 2007. 741, note Zalewski* ; *Gaz. Pal. 13 janv. 2008, p. 30, note Du Rusquec* • Soc. 23 sept. 2008, nº 07-41.954 P : *Procédures 2008, nº 321, note Perrot* (visa des art. 1351 C. civ. ainsi que 77 et 95 C. pr. civ.) • Civ. 3e, 10 juin 2009, nº 08-15.405 P : *AJDI 2009. 814* ; *JCP E 2009 pan. nº 1734* (visa des art. 77, 95 et 480 C. pr. civ.). ♦ Déjà dans le même sens, V. • Com. 9 juill. 1985 : *nº 84-12.061 P* (l'arrêt qui, sur contredit, n'a fait, dans son dispositif, que se prononcer sur l'exception d'incompétence ne peut avoir autorité de chose jugée que sur la compétence) • Civ. 3e, 22 mars 2006, nº 05-12.178 P : *AJDI 2006. 585* (violation des art. 77 et 95 par une cour d'appel qui, alors qu'un jugement devenu définitif se limitait dans son dispositif à statuer sur la compétence, retient l'autorité de la chose jugée de ce jugement quant à la qualification de la convention liant les parties, telle qu'elle résultait des seuls motifs). ♦ Comp. antérieurement. • Civ. 3e, 27 avr. 1982, nº 81-10.352 P : *RTD civ. 1983. 778, obs. Normand* (en se déclarant incompétent au motif que le bail entrait dans le champ d'application du statut des baux commerciaux, le TI a nécessairement tranché la question de fond dont dépendait la compétence et sa décision sur l'application du statut des baux commerciaux, bien que non reprise dans le dispositif a, en vertu de l'art. 95, l'autorité de la chose jugée). • Civ. 1re, 12 juill. 2001, nº 99-18.231 P (il résulte de l'art. 95 que l'autorité de la chose jugée s'étend aux motifs de fond d'une décision se prononçant sur la compétence lorsqu'ils en sont le soutien nécessaire).

b. Illustration

2. Une décision irrévocable, rendue sur la compétence, et fondée sur la nature commerciale d'un bail, s'impose à la juridiction saisie d'un autre différend, opposant les mêmes parties, et dont la solution est subordonnée à la nature de ce même bail. • Civ. 3e, 16 févr. 1977, nº 76-10.281 P : *D. 1977. IR 263, obs. Julien.*

c. Conséquence

3. Pourvoi en cassation. L'arrêt d'une cour d'appel, statuant sur contredit de compétence, qui tranche la question de fond dont dépend la compétence a de ce chef l'autorité de chose jugée et peut être frappé de pourvoi en cassation. • Civ. 3e, 13 nov. 1986, nº 85-13.051 P. ♦ V. aussi art. 87, al. 2 et les notes ss. ce texte.

2º QUESTION DE FOND DONT DÉPEND LA COMPÉTENCE

4. Illustrations. Il y a dépendance, au sens de l'art. 95, entre la question de fond et celle de compétence lorsque, pour soutenir la compétence du tribunal du lieu où aurait été conclu un contrat d'agent commercial constituant un louage d'ouvrages, le tribunal se déclare incompétent au motif que la preuve de l'existence de ce contrat n'est pas rapportée ; par suite, l'inapplicabilité du statut des agents commerciaux s'impose au tribunal saisi du fond. • Civ. 2e, 8 févr. 1978, n° 76-14.049 P. ♦ La décision devenue définitive d'un conseil de prud'hommes se déclarant incompétent pour connaître d'un prétendu contrat de travail, destiné en réalité à faire échec à la libre révocation d'un mandataire social, tranche une question de compétence dont la solution dépend de la validité dudit contrat et a autorité de chose jugée en ce qu'elle énonce que ce contrat est nul. • Soc. 30 mai 1980, n° 79-10.051 P. ♦ Il y a dépendance au sens de l'art. 95 entre la question de fond et la question de compétence lorsque, pour soutenir la compétence de la juridiction française, une cour d'appel déclare le tribunal français compétent, par application des art. 14 et 15 C. civ., pour connaître de la demande formée, entre Français, en compte, liquidation-partage de la succession d'un Français, au motif que le dernier domicile du défunt était situé à l'étranger. • Paris, 18 oct. 2001 : *D. 2001. IR 3584.*

Ancien art. 96 *Lorsque le juge estime que l'affaire relève de la compétence d'une juridiction répressive, administrative, arbitrale ou étrangère, il renvoie seulement les parties à mieux se pourvoir.*

Dans tous les autres cas, le juge qui se déclare incompétent désigne la juridiction qu'il estime compétente. Cette désignation s'impose aux parties et au juge de renvoi. — *V. art. 86.*

a. Renvoi à mieux se pourvoir

1. Juridiction administrative. Lorsque le juge estime que l'affaire relève de la compétence d'une juridiction administrative, il renvoie seulement les parties à mieux se pourvoir et il ne peut renvoyer le litige devant un tribunal administratif nommément désigné. • Civ. 1re, 16 mars 1999, n° 93-16.226 P. ♦ Rappr., à propos d'une question préjudicielle : • Civ. 1re, 21 mai 1986, n° 85-11.838 P : *Gaz. Pal. 1987. 1. Somm. 55, obs. Guinchard et Moussa* (il n'appartient pas au juge judiciaire, qui a retenu l'existence d'une question préjudicielle, de saisir directement la juridiction administrative, seules les parties ayant cette faculté).

2. Juridiction étrangère. Viole l'art. 96, al. 1er, le juge qui, se déclarant incompétent au motif que l'affaire relève d'une juridiction étrangère, désigne celle-ci au lieu de renvoyer les parties à mieux se pourvoir. • Com. 7 juill. 1992, n° 90-13.71 P : *D. 1992. IR 219* ♦ Comp. Le grief pris de la violation de l'art. 96 est dénué de portée lorsqu'un tribunal étranger a retenu sa compétence. • Civ. 1re, 19 juill. 1989, n° 88-12.592 P.

3. Arbitrage. V., jugeant qu'en présence d'une clause compromissoire non pas nulle mais inopposable aux litigants, la cour d'appel qui a annulé la sentence doit s'abstenir de statuer au fond et, étant dépourvue de tout pouvoir, les parties doivent être renvoyées à mieux se pourvoir sans qu'il y ait lieu à désigner la juridiction devant être saisie : • Civ. 1re, 6 mars 2013, n° 12-15.375 P : *cité note 4 ss. art. 1493.*

b. Désignation de la juridiction compétente

4. Cas. *Le juge des référés,* qui se déclare « incompétent » parce que manque l'une des conditions du recours au référé, n'a pas à désigner la juridiction qu'il estime compétente. • Soc. 21 oct. 1982 : *RTD civ. 1983. 783, obs. Normand.*

5. Obligation. Il résulte de l'art. 96 qu'à l'exception des cas où il estime que l'affaire relève de la compétence d'une juridiction répressive, administrative, arbitrale ou étrangère, le juge, qui se déclare incompétent, désigne la juridiction qu'il estime compétente ; dès lors, violent ce texte les juges du fond qui se prononcent sur la compétence sans désigner la juridiction estimée compétente pour connaître de la demande. • Soc. 14 avr. 1999, n° 97-40.697 P. ♦ Il résulte de l'art. 96 qu'à l'exception des cas où il estime que l'affaire relève de la compétence d'une juridiction répressive, administrative, arbitrale ou étrangère, le juge, qui se déclare incompétent, désigne la juridiction qu'il estime compétente ; viole ce texte l'arrêt d'une cour d'appel qui, statuant sur contredit de compétence, décide que le litige ne relève pas de la compétence d'un conseil de prud'hommes et déboute le demandeur de ses prétentions, sans désigner la juridiction estimée compétente pour connaître de l'affaire. • Soc. 8 juin 1999, n° 97-41.530 P. ♦ V. aussi art. 86 et les notes ss. ce texte.

6. Choix de la juridiction désignée. Une cour d'appel, à laquelle il appartient de désigner la juridiction compétente pour statuer sur les prétentions d'un demandeur se prévalant du statut de voyageur représentant placier, n'est pas tenue de choisir entre les seules juridictions indiquées par les parties et peut retenir, en appréciant les faits qui lui sont soumis, que l'intéressé n'a pas la qualité de voyageur représentant placier mais celle d'agent commercial ne faisant pas d'actes de commerce et que ses demandes sont de la compétence du TGI. • Soc. 26 oct. 1982, n° 80-40.244 P.

7. Contestation. Le grief fait au premier juge d'avoir désigné deux juridictions territorialement compétentes ne saurait être assimilé à l'irrégularité grave découlant de la violation d'un principe fondamental d'ordre public qui aurait pu justifier, passé le délai de contredit, la recevabilité d'un appel-nullité. • Basse-Terre, 25 nov. 1985 : *Gaz. Pal. 1987. 1. Somm. 27.*

8. Conséquence pour les parties. Il résulte

des art. 96 et 386 que lorsque le juge qui se déclare incompétent désigne la juridiction qu'il estime compétente, cette désignation s'impose aux parties et seules les diligences accomplies devant cette juridiction peuvent interrompre l'instance. • Civ. 2e, 14 déc. 1992, n° 91-14.572 P : *D. 1993. 186, obs. Julien*.

9. Conséquence pour le juge de renvoi. Une cour d'appel, saisie en application de l'art. 96, al. 2, comme juridiction de renvoi pour statuer sur une liquidation d'astreinte, est tenue de statuer. • Civ. 2e, 7 janv. 1998, n° 95-19.549 P. ♦ Un juge de l'exécution, saisi en application de l'art. 96, al. 2, comme juridiction de renvoi pour se prononcer sur un litige, est tenu de statuer. • Civ. 2e, 19 mars 2009, n° 08-12.814 P : *Procédures 2009, n° 148, note Perrot.*

Ancien art. 97 ***En cas de renvoi devant une juridiction désignée, le dossier de l'affaire lui est aussitôt transmis par le*** *(Décr. n° 2017-892 du 6 mai 2017, art. 68-I-2°)* ***« greffe », avec une copie de la décision de renvoi. Toutefois la transmission n'est faite qu'à défaut de contredit dans le délai, lorsque cette voie était ouverte contre la décision de renvoi.***

(Décr. n° 81-500 du 12 mai 1981, art. 10) ***« Dès réception du dossier, les parties sont invitées par lettre recommandée avec demande d'avis de réception du*** *(Décr. n° 2017-892 du 6 mai 2017, art. 68-I-3°)* ***« greffier » de la juridiction désignée à poursuivre l'instance et, s'il y a lieu, à constituer avocat*** *(Abrogé par Décr. n° 2012-634 du 3 mai 2012, art. 21-1°-a)* ***« ou avoué ». »***

— Sur le maintien, devant la juridiction compétente, du bénéfice de l'aide juridictionnelle accordée dans le cadre de la saisine de la juridiction incompétente, V. L. n° 91-647 du 10 juill. 1991, art. 9, App., v° Aide juridique.

Lorsque devant celle-ci les parties sont tenues de se faire représenter, *(Décr. n° 76-1236 du 28 déc. 1976, art. 4)* ***« l'affaire est d'office radiée » si aucune d'elles n'a constitué avocat*** *(Abrogé par Décr. n° 2012-634 du 3 mai 2012, art. 21-1°-a)* ***« ou avoué », selon le cas, dans le mois de l'avis qui leur a été donné.***

Lorsque le renvoi est fait à la juridiction qui avait été primitivement saisie, l'instance se poursuit à la diligence du juge.

a. Avis donné aux parties

1. Nécessité. Viole l'art. 14 la cour d'appel qui, saisie sur renvoi de compétence, statue contradictoirement à l'égard d'une partie défaillante qui n'avait pas été invitée à poursuivre la procédure et à constituer avoué devant la cour d'appel de renvoi, contrairement aux dispositions de l'art. 97. • Civ. 2e, 15 janv. 2009, n° 07-20.477 P : *D. 2009. AJ 378 ; Procédures 2009, n° 110, note Perrot.*

2. Conséquence. Dès lors qu'un appelant, qui a été avisé, en application de l'art. 97, par lettre recommandée délivrée à sa personne, du renvoi de son affaire devant une autre cour d'appel, ne donne aucun motif légitime de sa non-comparution devant la cour de renvoi, la décision rendue sur le fond à la requête de l'intimé, défendeur dans l'instance d'appel, est contradictoire et dès lors, insusceptible d'opposition. • Civ. 2e, 9 févr. 1983, n° 81-16.054 P.

b. Poursuite de l'instance

3. Principe. Lorsque, par application de l'art. 47, une instance est renvoyée de la juridiction territorialement compétente à une juridiction limitrophe, il résulte des dispositions de l'art. 97 que cette instance se poursuit en l'état où elle se trouvait, sans qu'il y ait lieu de reprendre les actes de procédure déjà accomplis ; dès lors, c'est à bon droit qu'une cour d'appel, ayant constaté que le préliminaire de conciliation avait été régulièrement effectué devant le conseil de prud'hommes avant qu'il soit dessaisi, a décidé qu'il n'avait pas à être de nouveau effectué devant le conseil de prud'hommes où l'instance s'est poursuivie. • Soc. 7 nov. 1995, n° 93-43.806 P : *JCP 1996. I. 3938, n° 10, obs. Cadiet.* ♦ Il résulte des art. 47 et 97 qu'en cas de renvoi devant une autre juridiction, l'instance régulièrement engagée devant le tribunal initialement saisi se poursuit devant le tribunal de renvoi ; il s'ensuit que la régularité de la saisine doit être appréciée au seul regard de la première juridiction. • Civ. 2e, 23 oct. 2003, n° 01-17.314 P : *D. 2003. IR 2930 ; Dr. et pr. 2004. 93, note Douchy-Oudot.* ♦ Il résulte de l'art. 97 que, lorsqu'un jugement d'incompétence désigne le juge compétent, l'instance, à défaut de contredit, se poursuit devant le juge ainsi désigné et ce dernier doit statuer sur la demande formée devant la juridiction initialement saisie. • Civ. 2e, 12 juin 2008, n° 07-13.901 P : *Procédures 2008, n° 227, note Perrot ; JCP 2008. I. 206, obs. Serinet ; Gaz. Pal. 14 mars 2009 jur. p. 21.* ♦ Rappr. L'appelant d'un jugement réputé contradictoire qui a soulevé l'incompétence territoriale du tribunal et conclu au fond ne saurait faire grief à la seconde cour d'appel, déclarée compétente, à laquelle la cause a été renvoyée et devant laquelle il n'a pas constitué avoué dans les conditions prévues par l'art. 97, d'avoir confirmé le jugement sans avoir tenu compte de ses conclusions, dès lors qu'elle énonce qu'elle statue au vu des documents et justifications produits, ce qui implique qu'elle a tenu compte de toutes les pièces produites au dossier de la procédure qui lui avait été transmis par la première cour d'appel. • Civ. 2e, 27 mai 1983, n° 82-11.451 P. ♦ Il résulte des art. 47 et 97, ce dernier dans sa rédaction antérieure au Décr. n° 2012-634 du 3 mai 2012, qu'en cas de renvoi devant une autre juridiction, l'instance régulièrement engagée devant la cour d'appel initialement saisie se poursuit devant la cour d'appel de renvoi, qui doit statuer au vu des conclusions régulièrement déposées devant la cour d'appel initialement saisie. • Civ. 2e, 27 juin 2013, n° 12-22.168 P.

4. Tempéraments. En l'asbence de conclusions écrites régulièrement déposées devant lui, le TGI saisi sur renvoi n'a pas à tenir compte des demandes présentées oralement devant le tribunal d'instance. • Civ. 3e, 6 avr. 2011, n° 10-14.425 P : *AJDI 2011. 548, obs. de La Vaissière* ; *Procédures 2011, n° 196, note Perrot.*

5. Formalisme. Lorsqu'un jugement d'incompétence désigne le juge compétent, l'instance, à défaut de contredit, se poursuit devant le juge ainsi désigné sans qu'il y ait lieu à une nouvelle assignation. • Civ. 2e, 16 avr. 1982, n° 81-11.244 P • 29 mars 1995, n° 92-21.953 P : *D. 1996. 135, obs. Julien* . ♦ L'art. 908 qui prévoit la réassignation de l'intimé qui n'a pas constitué avoué ne s'applique pas devant la cour d'appel saisie sur renvoi de compétence en vertu des dispositions des art. 47 et 97. • Civ. 2e, 29 janv. 1992, n° 90-18.923 P. ♦ Comp. Le délai et les formalités prévus par l'art. 97 ne sont pas impartis à peine de nullité ; une partie ne peut donc se plaindre de ce que le dossier n'ait pas été immédiatement transmis par le greffe du tribunal d'instance incompétent à celui désigné, avec une copie de la décision de renvoi, et de ce qu'aucune notification d'avoir à reprendre l'instance ne lui ayant été faite, elle ait dû saisir le tribunal de renvoi par déclaration au greffe. • Soc. 20 juill. 1978, n° 78-60.599 P.

6. Délais. Viole l'art. 21 de la loi du 23 déc. 1986, ensemble les art. 96 et 97 C. pr. civ., la cour d'appel qui, pour déclarer le bailleur d'un local à usage d'habitation forclos en sa demande de fixation du nouveau loyer, retient l'absence de saisine du tribunal territorialement compétent avant le terme du contrat, alors que l'instance, engagée avant ce terme devant le tribunal d'instance incompétent, s'était poursuivie devant la juridiction désignée. • Civ. 3e, 10 mars 1993, n° 91-11.268 P : *AJDI 1994. 211* . ♦ L'instance engagée devant un tribunal incompétent se poursuit devant la juridiction désignée ; dès lors, viole les art. 96 et 97 C. pr. civ., ensemble l'art. L. 412-15 C. trav. [devenu l'art. L. 2143-8 C. trav.], *le tribunal d'instance qui déclare irrecevable* comme tardif le recours contre la désignation d'un délégué syndical tout en constatant qu'il a été introduit devant la juridiction territorialement incompétente dans le délai de forclusion imparti par ce texte. • Soc. 2 mars 2004, n° 02-60.828 P. ♦ Rappr. Lorsqu'après la mise en place d'une mesure conservatoire, l'affaire au fond a été portée devant le tribunal qui s'est estimé incompétent et a transmis le dossier à la nouvelle juridiction désignée par lui, c'est l'instance introduite dans les délais devant le premier juge qui se poursuit ; les formalités nécessaires à l'obtention d'un titre engagées à temps sont toujours en cours et n'ont pas été interrompues. • TGI Paris, 25 sept. 1997 : *Gaz. Pal. 1998. 2. 360, note Tallon.* ♦ V. aussi C. civ., art. 2241, al. 2 et 2242, reproduits ss. art. 53.

7. Diligences des parties. Viole les art. 2, 3, 97 et 386 la cour d'appel qui, pour dire l'instance périmée, retient qu'aucun acte n'est intervenu entre l'ordonnance d'un premier juge et la lettre du greffier de la juridiction de renvoi, alors qu'aucune diligence n'incombait aux parties avant la réception de ladite lettre prévue par l'art. 97. • Civ. 2e, 15 janv. 2009, n° 07-22.074 P : *D. 2009. AJ 304, note* *(approb.) Dargent ; RTD civ. 2009. 365, obs. Perrot* ; *Procédures 2009, n° 110, note (approb.) Perrot ; RLDC sept. 2009 n° 3555, obs. Beignier et Miniato* • 4 juin 2009 : *Procédures 2009, n° 271, note (approb.) Perrot* (visa des art. 97 et 386). ♦ V. antérieurement, jugeant au contraire que les dispositions de l'art. 97 ne dispensent pas les parties d'accomplir, s'il y a lieu, les diligences propres à éviter la péremption de l'instance. • Civ. 2e, 6 juill. 2000, n° 98-17.893 P : *D. 2000. IR 238* ; *JCP 2001. II. 10565, note Puigelier ; Procédures 2000, n° 233, note Perrot ; Gaz. Pal. 4-5 janv. 2002, p. 9, obs. du Rusquec* • Civ. 1re, 3 juill. 2001, n° 98-18.512 : *RTD civ. 2001. 953, obs. Perrot* .

c. Radiation

8. Mesure d'administration judiciaire. La radiation prononcée en application de l'art. 97, al. 3, ayant pour objet de sanctionner le défaut de diligence des parties, constitue une simple mesure d'administration judiciaire laissant persister l'instance qui peut être reprise après rétablissement de l'affaire. • Civ. 3e, 20 févr. 2002, n° 99-15.474 P : *D. 2002. IR 1014* ; *Procédures 2002, n° 85, note Perrot ; AJDI 2002. 483* ; *Banque et Dr. 2002, n° 84, p. 37, obs. Urban ; ibid., n° 85, p. 40, obs. Riassetto ; JCP E 2002. II. 766, note Bonneau ; Dr. sociétés 2002, n° 86, note Lucas ; BJS 2002. 718, note Lucas ; JCP 2002. I. 167 (§ 6), obs. Simler ; ibid. N 2002, n° 1719, obs.* Simler ; RJ com. 2003. 137, note Gibirila ; LPA *18 juin 2003, p. 13, note Dondero.* ♦ V. aussi art. 383.

Ancien art. 98 *La voie de l'appel est seule ouverte contre les ordonnances de référé et contre les ordonnances du juge conciliateur en matière de divorce ou de séparation de corps.*

1° RÉFÉRÉ

1. Exclusion du contredit. Lorsque le juge des référés se prononce sur la compétence sans statuer sur le fond du litige, sa décision ne peut être attaquée que par la voie de l'appel et non par celle du contredit. • Civ. 2e, 3 déc. 1980, n° 79-11.736 P. ♦ V. aussi, art. 91.

2. Recevabilité de l'appel. Est susceptible d'appel l'ordonnance par laquelle le juge des référés prescrit une expertise après s'être reconnu compétent. • Civ. 2e, 13 avr. 1976, n° 74-14.554 P. ♦ L'ordonnance du juge des référés, qui décline sa compétence au profit d'une juridiction appelée à statuer sur le fond, met fin à l'instance de référé qui ne peut se poursuivre devant le juge du fond désigné, et peut donc faire l'objet d'un appel immédiat. • Civ. 2e, 17 déc. 2009, n° 09-11.847 P : *D. 2010. 157* ; *Procédures 2010, n° 33, note Perrot* ; *RLDI 02/2010. 1898, obs. Trézéguet* ; *CCC 2010. Chron. 7, note Dreyer.*

2° DIVORCE

a. Ordonnances du juge conciliateur

3. Renvoi. V. aussi, art. 1107 et 1112 et, en jurisprudence. • Civ. 2e, 11 juill. 1978, n° 77-14.289 : *D. 1979. IR 162, obs. Groslière* (l'art. 41 du Décr. du 5 déc. 1975 [art. 1112] se réfère à l'ordonnance rendue, à défaut de conciliation des époux, en application de l'art. 40 du même texte [art. 1111], mais non à l'ordonnance sur requête prévue à l'art. 37 du même texte [art. 1107], laquelle, aux termes de ce texte, ne peut faire l'objet d'aucun recours). • Paris, 12 nov. 1981 : *D. 1983. IR 79, obs. Groslière* (l'ordonnance par laquelle le juge décide de renvoyer les parties à une nouvelle tentative de conciliation n'est pas susceptible d'appel).

b. Contentieux post-divorce

4. Contredit. Doit être déférée par la voie du contredit et non par celle de l'appel l'ordonnance par laquelle un JAM [JAF], saisi dans le cadre des dispositions de l'art. 1084, se reconnaît compétent. • Civ. 2e, 14 déc. 1992, n° 91-17.352 P : *D. 1993. Somm. 183, obs. Julien*.

Ancien art. 99 ***Par dérogation aux règles de la présente section, la cour ne peut être saisie que par la voie de l'appel lorsque l'incompétence est invoquée ou relevée d'office au motif que l'affaire relève de la compétence d'une juridiction administrative.***

BIBL. ▶ D. COHEN, Les juridictions de l'ordre judiciaire et le principe de séparation des autorités administratives et judiciaires, *thèse Paris II, 1984*. – LANZA, *AJDA 1976. 178* (séparation des autorités judiciaires et administratives). – RASKIN, *Gaz. Pal. 2011. 2045* (l'article 99 du code de procédure civile : principe général ?).

1. Disposition dérogatoire. Les dispositions de l'art. 99 dérogent à celles de l'art. 94 et la cour doit être saisie par la voie de l'appel lorsque le premier juge a relevé d'office son incompétence au motif que l'affaire relève de la compétence d'une juridiction administrative. • Civ. 2e, 11 juin 1980, n° 78-15.972 • 9 janv. 1991, n° 89-18.752 P.

2. Appel. Est susceptible d'appel, dans les termes des art. 99 et 544, et sans que soit nécessaire l'autorisation prévue à l'art. 380, la décision par laquelle le juge du premier degré n'a pas sursis à statuer mais s'est dessaisi de la cause et a mis fin à l'instance en renvoyant les parties à se pourvoir devant les juridictions administratives. • Civ. 3e, 16 nov. 1983, n° 82-70.110 P.

3. Contredit. Il résulte de la combinaison des art. 91 et 99 que lorsque la cour d'appel est saisie à tort d'un contredit dans une affaire où il est prétendu que la juridiction administrative est compétente, la cour d'appel n'en demeure pas moins saisie. • Civ. 2e, 21 nov. 1979, n° 78-41.307 P (2 arrêts) : *Gaz. Pal. 1980. 1. 151, note Viatte* • 10 déc. 1980, n° 79-12.870 P • Soc. 9 juin 1982, n° 80-40.054 P. ♦ Elle doit alors renvoyer les parties à régulariser la procédure d'appel conformément à l'art. 91. • Civ. 2e, 10 déc. 1980, n° 79-12.870 P : *préc.*

4. Pourvoi en cassation. A défaut de disposition contraire de la loi, est susceptible d'appel le jugement du TI qui, estimant la juridiction administrative seule compétente, s'est déclaré d'office incompétent pour statuer sur la requête en annulation d'une élection au conseil d'administration d'un office public ; le pourvoi en cassation est, en conséquence, irrecevable. • Civ. 2e, 8 févr. 1984, n° 83-61.086 P.

SECTION II LES EXCEPTIONS DE LITISPENDANCE ET DE CONNEXITÉ

RÉP. PR. CIV. vis *Litispendance*, par CADIET ; *Connexité*, par CADIET.

DALLOZ ACTION *Droit et pratique de la procédure civile 2022/2023*, nos 142.71 s.

BIBL. GÉN. ▶ **Droit interne :** GIVERDON, *D. 1983. Chron. 155* (procédure de règlement). – VIATTE, *Gaz. Pal. 1976. 1. Doctr. 354* (à propos de la litispendance).

▸ **Droit international et européen :** GAUDEMET-TALLON, *Mél. Holleaux, 1990, p. 121* (litispendance internationale dans la jurisprudence française) ; *D. Affaires 1996. 341* (litispendance et connexité en droit européen et en droit international) ; *D. Affaires 1996. 474* (règle *prior tempore*). – HOLLEAUX, *Trav. com. fr. DIP 1971-1973, p. 205* (litispendance internationale). – LAGARDE, *Mél. Holleaux, 1990, p. 237* (*perpetuatio fori* et litispendance en matière internationale). – NIBOYET, *Trav. com. fr. DIP 1995-1996, p. 71* (conflits de procédure). – PELLERIN, *Bull. avoués 1991. 4. 125* (exception de litispendance internationale).

Art. 100 Si le même litige est pendant devant deux juridictions de même degré également compétentes pour en connaître, la juridiction saisie en second lieu doit se dessaisir au profit de l'autre si l'une des parties le demande. A défaut, elle peut le faire d'office.

V. aussi Conv. de Bruxelles du 27 sept. 1968, art. 21 à 23, et Règl. (CE) n° 44/2001 du 22 déc. 2000, art. 27 à 29, App., v° Droit européen et international.

A. DROIT INTERNE

1° IDENTITÉ DE LITIGES

a. Principe

1. Notion. Il n'y a pas litispendance lorsque l'objet de deux litiges successifs n'est pas identique ; tel est le cas lorsque des jugements précédents ont statué sur un recours relatif aux élections des délégués du personnel organisées dans l'ensemble des établissements d'une société tandis que le litige actuel concerne la validité de la désignation d'une personne comme délégué syndical et représentant syndical au comité de l'un de ses établissements. • Soc. 17 déc. 1984 : *Bull. civ. V, n° 497.*

2. Illustrations. Il n'y a pas litispendance entre une instance en divorce et une instance de conversion de séparation de corps en divorce. • Civ. 2e, 23 juin 1982 : *Bull. civ. II, n° 93.* ♦ ... Ou entre l'action en concurrence déloyale qu'exerce une société contre d'anciens salariés et l'action en détermination des conditions de rupture du contrat de travail que forment contre elle ces derniers. • Soc. 13 oct. 1988 : *Bull. civ. V, n° 514.* ♦ Pour d'autres applications, V : • Soc. 16 oct. 1975 : *Bull. civ. V, n° 467* • 8 juill. 1977 : *Bull. civ. V, n° 480* • 20 juill. 1978 : *Bull. civ. V, n° 625 ; RTD civ. 1979. 187, obs. Normand.*

3. Référé et fond. Il n'y a pas de litispendance entre une instance au fond et la demande de provision portée devant le juge des référés. • Civ. 2e, 17 mai 1982 : *Bull. civ. II, n° 75 ; RTD civ. 1983. 588, obs. Normand.*

4. Juridiction administrative et juridiction judiciaire. En raison même de l'absence d'identité d'objet, il ne saurait y avoir litispendance entre un litige relevant de la compétence de la juridiction administrative et un litige relevant de la juridiction judiciaire. • CE 6 sept. 2006, n° 289822 B : *D. 2006. IR 2344 ; AJDA 2007. 155, note Pérignon ; ibid. 2006. 2245 ; ibid. 2247 ; RDI 2006. 518, obs. Soler-Couteaux ; BJDU 2007. 315.*

b. Atténuation

5. Unicité de l'instance prud'homale. Dès lors qu'il n'est pas contesté que les demandes de l'employeur, d'une part, et du salarié, d'autre part, dérivent du même contrat de travail, elles doivent, selon les art. R. 516-1 [devenu R. 1452-6] C. trav. et 100 C. pr. civ., faire l'objet d'une seule instance devant la juridiction prud'homale la première saisie. • Soc. 26 nov. 1987 : *Bull. civ. V, n° 692.*

2° SAISINE DES JURIDICTIONS

a. Nécessité

6. Absence de placement. Le TI n'étant, selon l'art. 838, saisi que par la remise au greffe d'une copie de l'assignation, est légalement justifié l'arrêt qui, pour rejeter l'exception de litispendance, constate que cette formalité n'avait pas été observée. • Civ. 3e, 10 déc. 1985 : *Bull. civ. III, n° 167 ; D. 1986. IR 225, obs. Julien ; Gaz. Pal. 1986. 2. Somm. 328, obs. Guinchard et Moussa ; RTD civ. 1986. 634, obs. Perrot.*

7. Dessaisissement. Tout renvoi est exclu lorsque, au moment où le juge doit statuer sur le déclinatoire, l'une des instances a déjà pris fin par un jugement définitif sur le fond, et alors même que ce jugement serait encore susceptible de recours. • Versailles, 12 févr. 1980 : *Gaz. Pal. 1981. 2. Somm. 306.* ♦ Mais il est indifférent que, devant la juridiction saisie en premier, soit intervenu un désistement, dès lors que ce dernier n'a pas été constaté par une décision de cette juridiction. • Toulouse, 16 déc. 1982 : *Gaz. Pal. 1983. 2. Somm. 419.*

b. Compétence

8. Le tribunal saisi en second est tenu de vérifier la compétence du tribunal initialement saisi. • Dijon, 29 oct. 1974 : *D. 1975. Somm. 47.*

9. La litispendance suppose que chacune des juridictions saisies soit compétente pour connaître du litige. L'exception de litispendance présentée devant la juridiction prud'homale au profit du TGI saisi en premier ne peut être accueillie dès lors que ce tribunal n'est pas compétent pour statuer sur une demande d'indemnisation du préjudice subi par l'employeur du fait des agissements commis par un salarié pendant l'exécution de son contrat de travail, qui relève de la compétence exclusive de la juridiction prud'homale. • Soc., 17 déc. 2013, n° 12-26.938 P : *D. 2014. Actu. 87 ; JCP 2014. 436, n° 9, obs. Amrani Mekki ; ibid. S 2014. 1104, note Pételot-Teyssié.*

c. Chronologie

10. En présence de deux assignations. La détermination de la première juridiction saisie s'effectue en comparant les dates de placement des assignations aux greffes des juridictions en concours. • Versailles, 14 oct. 2004 : *Gaz. Pal. 5-7 juin 2005, p. 19.*

11. En présence de deux actes de nature différente. De deux tribunaux de commerce saisis le même jour, l'un par déclaration au greffe, l'autre par citation à comparaître, doit être considéré comme saisi en second lieu le tribunal saisi par citation dès lors que le retour de la signification n'a pu être fait que le premier jour ouvrable après le dépôt au greffe de la citation, compte tenu des heures normales d'ouverture du greffe au public. • Douai, 20 juin 2002 : *BICC 2003, n° 243.*

12. Prud'hommes. En l'état de l'examen par les juges du fond d'une exception de litispendance en matière prud'homale, ceux-ci peuvent, en l'absence du récépissé prévu par l'art. R. 516-9 [devenu R. 1452-2] C. trav., se prononcer sur la chronologie des saisines des deux juridictions en se fondant sur l'ensemble des éléments de preuve qui leur sont soumis y compris l'attestation délivrée par le secrétaire de l'un des conseils de prud'hommes. • Soc. 29 avr. 1980 : *Bull. civ. V, n° 380.*

B. DROIT INTERNATIONAL PRIVÉ

13. Renvoi. V., en matière de déplacement illicite international d'enfants, l'art. 1210-6, al. 2.

1° DROIT COMMUN

14. Consécration de la litispendance internationale. L'exception de litispendance peut être reçue devant le juge français, en vertu du droit commun français, en raison d'une instance engagée devant un tribunal étranger également compétent, mais ne saurait être accueillie, lorsque la décision à intervenir à l'étranger n'est pas susceptible d'être reconnue en France. • Civ. 1re, 26 nov. 1974 : *Bull. civ. I, n° 312 ; Rev. crit. DIP 1975. 491, note Holleaux ; JDI 1975. 108, note Ponsard.* ♦ V. également • Civ. 1re, 25 juin 1974 : *Bull. civ. I, n° 201 ; JDI 1975. 102, note A. Huet* • Com. 20 févr. 2013, n° 11-28.846 P : *D. 2013. Actu. 573 ; ibid. 2013. Pan. 1512, obs. Jault-Seseke.* ♦ Viole l'art. 100, ensemble les principes régissant la litispendance internationale, la cour d'appel qui pour rejeter, retient qu'il n'existe pas au Liban de juridiction civile statuant en matière de divorce, et que la décision du conseil islamique chiite ne peut être reconnue en France, tout en constatant que les époux étaient de statut personnel musulman chiite et que leur divorce relevait de la juridiction de l'autorité religieuse, et alors que le litige se rattachait au juge libanais saisi, la cour d'appel qui n'est prononcée par un motif impropre à établir que la décision à intervenir n'était pas susceptible d'être reconnue en France. • Civ. 1re, 18 janv. 2017, n° 16-11.630 P : *Gaz. Pal. 4 avr. 2017, p. 50, obs. Hamou.*

15. Illustration. La litispendance internationale imposant le dessaisissement du juge français est caractérisée dès lors qu'il est constaté que le tribunal étranger, internationalement compétent, a été saisi avant la juridiction française. • Civ. 1re, 17 juin 1997, n° 95-17.031 P : *Rev. crit. DIP 1998. 452, obs. Ancel ; D. 1997. 166.*

16. Conditions. Ayant constaté que deux instances en divorce opposant les mêmes parties avaient le même objet et étaient fondées sur la même cause, que deux juridictions, l'une française l'autre étrangère, étaient concurremment compétentes et qu'aucune fraude à la loi n'était établie, une cour d'appel retient exactement que les conditions de la litispendance internationale sont réunies et peut estimer devoir se dessaisir au profit de la juridiction étrangère qui, comme l'a retenu le juge étranger, a par une requête antérieurement signifiée été saisie en premier de l'action en divorce. • Civ. 1re, 6 déc. 2005, n° 03-17.542 P.

17. Compétence exclusive. Prive sa décision de base légale la cour d'appel qui, saisie d'une demande en réduction de la pension alimentaire versée par un père pour son enfant mineur, rejette l'exception de litispendance internationale soulevée par la mère au profit d'une juridiction étrangère, au motif qu'en application de l'art. 1072, al. 2 [devenu 1070, al. 3], la juridiction saisie est seule compétente pour statuer sur le litige, sans rechercher si, ce texte n'attribuant pas compétence exclusive aux juridictions françaises, le tribunal étranger, premier saisi, n'était pas compétent au regard des règles françaises de compétence internationale indirecte. • Civ. 1re, 8 juin 1999, n° 97-13.406 P : *D. 1999. IR 169 ; Rev. crit. DIP 2000. 35, note Rémy-Corlay ; Gaz. Pal. 2000. Somm. 792, obs. Massip ; Defrénois 2000. 105, obs. Massip.*

18. Ordre public. Ayant relevé que la procédure de divorce intentée au Liban par le mari est une répudiation unilatérale, et que l'épouse, qui réside en France, n'a eu qu'un délai de quinze jours entre la requête et la première audience, une cour d'appel en déduit justement que la décision à intervenir, heurtant les principes d'égalité entre époux et de respect des droits de la défense, ne peut être reconnue en France, de sorte que l'exception de litispendance internationale ne peut qu'être écartée. • Civ. 1re, 23 févr. 2011 : *BICC 15 juin 2011, n° 754 ; D. 2011. Actu. 762 ; AJ fam. 2011. 259, obs. Nord ; Gaz. Pal. 27-28 mai 2011, p. 30, note Eppler ; JCP 2011. 262, obs. Cornut ; RLDC 2011. 4211, obs. Gallois ; Dr. fam. 2011. 86, note Abadie.*

19. Dessaisissement. Dénature un droit étranger et viole les principes régissant la litispendance internationale, l'arrêt qui, retenant que, selon ce droit, le tribunal de cet État étranger n'avait fait que prendre acte du désistement et prononcer « la radiation en l'état » de sorte que cette juridiction, saisie la première, n'était pas définitivement dessaisie, alors que, par l'effet du désistement et de la radiation subséquente, la juridiction étrangère était, selon le droit étranger compétent, dessaisie. • Civ. 1re, 6 déc. 2005, n° 02-19.208 P : *RTD civ. 2006. 153, obs. Perrot ; Rev. crit. DIP 2006. 428, obs. Pataut .*

2° DROIT EUROPÉEN

20. Notion de litispendance. Doit recevoir une interprétation communautaire autonome donnée par la CJCE la notion de litispendance internationale et non par référence à un droit national ; doit être cassé l'arrêt d'une cour d'appel qui a apprécié les termes d'identité de parties, de cause et d'objet du litige, conditions de cette litispendance, par référence à la loi nationale des juridictions concernées et non par référence à la définition communautaire. • Civ. 1re, 6 déc. 2005, n° 01-13.447 P. ♦ V. aussi • Civ. 1re, 17 janv. 2006, n° 04-16.845 P : *D. 2007. 1751, obs. Courbe et Jault-Seseke .*

21. Mesures provisoires. Les dispositions de l'art. 19, 2. du Règl. CE n° 2201/2003 du Conseil, du 27 nov. 2003 relatif à la compétence, la reconnaissance et l'exécution des décisions en matière matrimoniale et en matière de responsabilité parentale ne sont pas applicables lorsqu'une juridiction d'un État membre première saisie en vue de l'obtention de mesures en matière de responsabilité parentale n'est saisie qu'en vue de prononcer des mesures provisoires au sens de l'art. 20 de ce Règlement et qu'une juridiction d'un autre État membre compétente pour connaître du fond au sens du même Règlement est saisie en second lieu d'une demande visant à l'obtention des mêmes mesures, que ce soit à titre provisoire ou à titre définitif. • CJUE 9 nov. 2010, n° C-296/10 : *cité note 6 ss. Règl. CE n° 2201/2003, art. 19, App., v° Droit européen et international.*

22. Dans une procédure de divorce engagée par chacun des époux aux États-Unis et en France, dès lors qu'une décision américaine se borne à statuer sur les mesures concernant les enfants, le rejet de la demande d'*exequatur* de cette décision ne fait pas obstacle à l'accueil de l'exception de litispendance internationale portant uniquement sur le divorce et la situation des époux. • Civ. 1re, 17 déc. 2014 : *BICC 1er avr. 2015, n° 372 ; D. 2015. Actu. 86 ; ibid. Pan. 1067, obs. Jault-Seseke ; LPA 2 avr. 2015, p. 11, note Meilhac-Perri ; Gaz. Pal. 24 mars 2015, p. 34, note Hamou.*

23. Saisine. Le tribunal de commerce français, statuant sur une exception de litispendance devant une juridiction étrangère, doit se fonder sur la date de la remise au greffe d'une copie de l'assignation, qui saisit le tribunal, et non sur la date de la signification de l'assignation. • Com. 4 oct. 1994, n° 92-16.676 P.

24. Chronologie. Lorsque deux juridictions, l'une française et l'autre étrangère, ont été saisies à la même date d'une requête en divorce et que la partie qui invoque une exception de litispendance prouve l'heure à laquelle elle a saisi la juridiction dont elle revendique la compétence, il incombe à l'autre partie, pour écarter cette exception, d'établir une saisine antérieure. • Civ. 1re, 11 juin 2008, n° 06-20.042 P : *D. 2008. Chron. C. cass. 2367, obs. Chauvin ; ibid. 1773, obs. Gallmeister ; ibid. 2009. Pan. 1566, obs. Jault-Seseke ; RTD civ. 2008. 723, obs. Perrot ; JDI 2008. 587, note Fohrer-Dedeurwaerder ; RLDC nov. 2008, n° 3203 ; ibid. déc. 2008, n° 3225, note Bottiau ; Gaz. Pal. 13 déc. 2008, jur. p. 20 ; ibid. 21 févr. 2009, jur. p. 53, note Niboyet ; ibid. 9 juin 2009, jur. p. 3, note Eppler ; Dr. et pr. 2009. 27, obs. Cuniberti.*

25. Recours. Est immédiatement recevable le pourvoi en cassation formé contre l'arrêt d'une cour d'appel qui statue sur une exception de litispendance internationale. • Civ. 1re, 12 déc. 2006, n° 04-11.088 P : *D. 2007. 780, note Mahinga ; ibid. Pan. 1755 ; ibid. 231 ; AJ fam. 2008. 226, obs. Boiché* • 12 déc. 2006, n° 04-15.099 P : *D. 2007. 90 ; JCP 2007. II. 10048, obs. Devers ; Gaz. Pal. 3 mai 2007, jur. p. 28, note Niboyet.*

3° CONVENTION BILATÉRALE

26. Convention franco-tunisienne du 28 juin 1972. L'exception de litispendance ne peut être accueillie que lorsque la décision à intervenir à l'étranger est susceptible d'être reconnue en France et a été rendue par une juridiction compétente au sens de l'art. 16-1 d) de la Convention franco-tunisienne du 28 juin 1972 relative à la reconnaissance et l'exécution des jugements qui dispose qu'en matière de divorce, ce tribunal est celui de la nationalité du demandeur lorsque ce dernier réside depuis plus d'un an dans cet État ; une cour d'appel en a justement déduit que la juridiction tunisienne n'était pas compétente pour connaître de la demande en divorce d'un mari, de nationalité tunisienne, qui ne résidait pas habituellement dans ce pays depuis un an à la date de l'acte introductif d'instance.

• Civ. 1re, 28 janv. 2009, n° 08-10.185 P : *AJ fam. 2009. 260*. ♦ Déjà dans le même sens, V. : • Civ. 1re, 14 déc. 2004, n° 03-10.420 P : *Rev. crit. DIP 2006. 597, obs. Moissinac-Massénat* • Civ. 1re, 25 avr. 2007, n° 06-15.381 P : *D. 2007. AJ 1431, obs. Avena-Robardet* ; *AJ fam. 2007. 397, obs. Boiché* ; *Gaz. Pal. 23 oct. 2007. Somm. 26, note Massip.* ♦ Viole les art. 15 et 16 1° de la Conv. franco-tunisienne du 28 juin 1972 la cour d'appel qui rejette l'exception de litispendance internationale soulevée par l'époux, dans le cadre de la demande en divorce de l'épouse, en raison de l'engagement préalable d'une instance en divorce en Tunisie, alors que les deux époux ayant la nationalité tunisienne, les juridictions tunisiennes étaient compétentes pour connaître de ce litige concernant l'état des personnes, de sorte que l'une des conditions, relatives à la compétence juridictionnelle, à laquelle la convention subordonne la reconnaissance des décisions tunisiennes en France, était remplie. • Civ. 1re, 3 déc. 2014 : *D. 2015. Actu. 10* ; *AJ fam. 2015. 224, note Boiché*.

Art. 101 **S'il existe entre des affaires portées devant deux juridictions distinctes un lien tel qu'il soit de l'intérêt d'une bonne justice de les faire instruire et juger ensemble, il peut être demandé à l'une de ces juridictions de se dessaisir et de renvoyer en l'état la connaissance de l'affaire à l'autre juridiction.** — *V. art. 70 et 367.*

BIBL. ► BARRAINE, *Gaz. Pal. 1985. 1. Doctr. 329* (connexité et expertise).

PLAN DES ANNOTATIONS

I. DROIT INTERNE

1. Renvoi. S'agissant d'instances connexes pendantes devant les chambres d'une même juridiction, V. art. 107.

A. NOTION DE CONNEXITÉ

1° AFFAIRES PENDANTES

2. Dessaisissement. La juridiction saisie sur renvoi ne peut statuer que dans le mesure où subsiste la connexité ayant motivé celui-ci ; tel n'est pas le cas lorsqu'elle avait statué sur le fond du litige initialement porté devant elle avant d'avoir été saisie du renvoi. • Lyon, 10 déc. 1975 : *JCP 1976. IV. 385.*

2° PLURALITÉ DE JURIDICTIONS

a. Dualité

3. Jugé que le *dessaisissement ne pouvait être* demandé sur le fondement de l'art. 101 lorsque plus de deux juridictions sont saisies. • Limoges, 12 oct. 1993 : *D. 1993. IR 233.*

b. Cas

4. TGI et TI. En cas de connexité entre demandes portées respectivement devant le TI et le TGI, l'exception ne peut concerner que la juridiction limitée dans sa compétence au profit de celle pouvant connaître du tout. • Lyon, 19 févr. 1975 : *D. 1975. Somm. 97* • Versailles, 8 mars 1978 : *Gaz. Pal. 1979. 2. Somm. 440.*

5. TGI et Cons. prud'h. Les cons. prud'h., ayant été institués pour terminer par voie de conciliation les différends pouvant s'élever notamment à l'occasion du contrat de travail, ils sont seuls compétents pour connaître en premier ressort de ces différends, peu important leur connexité avec un autre litige non susceptible de leur être soumis ; par suite, les demandes en paiement d'une indemnité contractuelle de non-concurrence et de dommages-intérêts pour violation d'une clause de non-rétablissement dirigées contre un ancien salarié pris tant en cette qualité qu'en celle de gérant de la société qu'il a constituée, si elles sont connexes, ne sont pas indivisibles, et ne peuvent être toutes deux portées devant le TGI. • Soc. 21 avr. 1977 : *Bull. civ. V, n° 261* ; *D. 1978. 9, note Serra* ; *RTD civ. 1978. 413, obs. Normand.* ♦ Rappr., note 8. ♦ V. aussi : • Soc. 11 mars 2003, n° 00-45.855 P : *Dr. soc. 2003. 669, obs. Boulmier* (les juges du fond ne peuvent examiner l'exception de connexité, qui suppose que les deux juridictions soient également compétentes, sans s'être préalablement prononcés sur l'exception d'incompétence tirée de l'existence d'un contrat de travail ; le caractère exclusif et d'ordre public de la compétence d'attribution du conseil de prud'hommes en matière de contestation de la réalité du contrat de travail interdit d'y faire échec pour cause de connexité). ♦ Le caractère exclusif et d'ordre public de la compétence d'attribution du conseil de prud'hommes interdit d'y faire échec pour cause de connexité, sauf en cas d'indivisibilité, laquelle ne peut résulter que d'une impossibilité juridique d'exécution simultanée de deux décisions qui seraient contraires. • Civ. 2e, 17 déc. 2013 : *cité note 9 ss. art. 100.*

6. TGI et T. com. Lorsque deux litiges connexes sont pendants, l'un devant le TGI, juridiction de droit commun compétente pour en connaître en application de l'art. L. 211-3 COJ, et l'autre devant le tribunal de commerce, juridiction d'exception dotée, s'agissant d'une action en nullité d'un acte conclu en période suspecte, née de la procédure collective et soumise à son influence juridique, d'une compétence exclusive d'ordre public, par application de l'art. R. 662-3 C. com., chacune des deux juridictions saisies doit conserver la connaissance de l'affaire qui lui est soumise. • Com. 7 avr. 2009, nº 08-16.884 P : *D. 2009. AJ 1138 ; RTD civ. 2009. 775, obs. Théry ; Procédures 2009, nº 202, obs. Rolland ; JCP E 2009, nº 1552 ; JCP 2009. I. 369, note Jeuland ; Gaz. Pal. 28 juill. 2009, p. 31, note Roussel Galle.*

7. TI et T. com. Ne sont pas connexes les litiges générés respectivement par deux contrats de location de matériel de télésurveillance conclus le même jour entre les mêmes parties, mais l'un pour les besoins de l'activité commerciale du locataire (T. com.), l'autre pour la protection de son domicile (TI, en vertu de l'art. L. 311-37 C. consom.). • Lyon, 30 avr. 1999 : *BICC 1999, nº 1312 ; LPA 15 mai 2001, p. 8, note Pigache.*

8. Cons. prud'h. et T. com. Les conseils de prud'hommes sont seuls compétents pour connaître des différends qui peuvent s'élever à l'occasion du contrat de travail entre employeurs et salariés ; cette compétence exclusive s'oppose à ce qu'il y soit fait échec pour cause de connexité ; ainsi, un TGI est incompétent pour connaître d'une action tendant à faire jouer la responsabilité conjointe et solidaire d'un ancien employé et d'une société par lui créée, le conseil de prud'hommes n'étant compétent qu'à l'égard du premier et le tribunal de commerce pour la seconde. • Civ. 2e, 12 oct. 1978 : *Bull. civ. II, nº 208.* ♦ Comp. note 5. ♦ V. aussi. • Lyon, 25 mai 1978 : *JCP 1979. II. 19026, note J. A. ; RTD civ. 1979. 185, obs. Normand.* ♦ V. cependant. • Paris, 28 juin 1989 : *D. 1990. Somm. 79, obs. (crit.) Serra* (jugeant que, en cas d'indivisibilité entre demandes relevant de la compétence respective du T. com. et du Cons. prud'h., le TGI, juridiction de droit commun, est compétent pour connaître de l'ensemble des demandes).

B. APPRÉCIATION

9. Pouvoir souverain. C'est dans l'exercice de leur pouvoir souverain que les juges du fond estiment que deux instances ne présentent pas un caractère connexe. • Soc. 13 oct. 1988 : *Bull. civ. V, nº 514.*

10. Limites. Il résulte de l'art. 101 que la juridiction à laquelle est présentée une demande de renvoi pour connexité a le devoir de rechercher si l'instance portée devant elle présente, avec une instance portée devant une autre juridiction, un lien tel qu'il soit de l'intérêt d'une bonne justice de les faire instruire et juger ensemble ; elle se contredit et ne déduit pas les conséquences légales de la situation qu'elle constate lorsqu'elle affirme l'existence d'un lien de connexité entre deux instances mais conserve la connaissance de l'instance portée devant elle tout en laissant celle de l'autre instance à l'autre tribunal ; il en est ainsi alors même que s'est greffée sur la demande originaire une demande en intervention forcée dirigée contre un tiers. • Civ. 2e, 5 juill. 1978 : *Bull. civ. II, nº 174 ; Gaz. Pal. 1978. 2. 624, note Viatte* et, sur renvoi • Rennes, 17 déc. 1980 : *Gaz. Pal. 1981. 400, note Viatte.* ♦ Ne donne pas de base légale à sa décision refusant d'accueillir l'exception de connexité soulevée par l'exploitant d'une discothèque dans le litige l'opposant à la SACEM quant au paiement de redevances à cet organisme en vertu d'un contrat et fondée sur l'existence d'un litige pendant devant un autre tribunal et opposant à ce sujet un organisme regroupant des exploitants de discothèques à la SACEM, la cour d'appel qui énonce qu'il n'existait entre ces deux instances aucune identité d'objet, de parties et de cause, ce qui correspondait à la définition de la litispendance et non de la connexité, sans rechercher s'il n'existait pas, entre le litige de principe soumis à l'autre juridiction et celui dont elle était saisie, un lien tel qu'il pût être de l'intérêt d'une bonne administration de la justice de les faire instruire et juger ensemble. • Civ. 1re, 26 mai 1982 : *Bull. civ. I, nº 199.*

II. DROIT INTERNATIONAL PRIVÉ

11. Renvoi. V., en matière de déplacement illicite international d'enfants, l'art. 1210-6, al. 2.

A. DROIT COMMUN

12. Pouvoir souverain. La loi ne donnant aucune définition de la connexité a laissé aux tribunaux l'appréciation des circonstances qui l'établissent ; on ne saurait dès lors faire grief à une cour d'appel d'avoir souverainement estimé que l'appel en garantie formé par une société contre sa compagnie d'assurance sur la base du contrat les liant, ne présentait aucun lien de connexité avec la demande formée par la même société sur le fondement de la responsabilité délictuelle contre des sociétés étrangères. • Civ. 1re, 19 avr. 1983 : *Bull. civ. I, nº 123.* ♦ L'admission de l'exception de connexité n'est jamais qu'une simple faculté pour les tribunaux. • Civ. 1re, 20 oct. 1987, nº 85-18.877 P : *Rev. crit. DIP 1988. 540, note Lequette ; JDI 1988. 446, note A. Huet.*

13. Critères. La cour d'appel qui relève souverainement que le litige qui lui est soumis, qui ne relève pas de la compétence exclusive des tribunaux français, commande d'apprécier la validité d'une saisie pratiquée à l'île Maurice et dont la juridiction de ce pays doit connaître, de sorte qu'il existe du fait de cette connexité, un risque de contrariété de décisions, justifie légalement sa décision de dessaisissement de la juridiction française au profit de celle de l'île Maurice, également compétente. • Civ. 1re, 22 juin 1999, n° 96-22.546 P : *D. 1999. 198 ; Rev. crit. DIP 2000. 42, note Cuniberti* .

14. Viole les art. 14 C. civ. et 101 C. pr. civ., la cour d'appel qui, pour écarter une exception de connexité, énonce que la compétence des juridictions françaises ne peut être écartée, en l'absence de renonciation de la partie qui en bénéficie, que par l'application d'une convention internationale ou d'un règlement de l'Union européenne, alors que l'art. 14 C. civ. n'ouvre au demandeur français qu'une simple faculté et n'édicte pas à son profit une compétence impérative, exclusive de la compétence d'un tribunal étranger déjà saisi et dont le choix n'est pas frauduleux. • Soc. 5 déc. 2018, n° 17-19.820 P : *D. actu. 17 déc. 2018, obs. Mélin ; D. 2018. 2420 ; Dr. soc. 2019. 117, étude Nord ; JCP S 2019. 1016, note Brissy.*

B. DROIT EUROPÉEN

15. Ni la connexité ni l'indivisibilité des demandes dirigées contre deux défendeurs ne permettent à l'un d'échapper à une éventuelle compétence française au motif que l'autre pourrait, le cas échéant, lui-même s'y soustraire en vertu du règl. CE n° 44/2001 ou encore en raison de l'inapplicabilité à son égard de l'art. 14 C. civ. • Orléans, 6 mai 2003 : *Rev. crit. DIP 2004. 139, note Gaudemet-Tallon*

Art. 102 **Lorsque les juridictions saisies ne sont pas de même degré, l'exception de litispendance ou de connexité ne peut être soulevée que devant la juridiction du degré inférieur.**

Défaut devant la juridiction inférieure. Lorsque les juridictions saisies ne sont pas de même degré, l'exception de litispendance ne peut être soulevée que devant la juridiction du degré inférieur et le défaut du défendeur en première instance ne constitue pas un motif à déroger à cette règle formelle. • Civ. 2e, 22 avr. 1977 : *Bull. civ. II, n° 106 ; D. 1977. IR 411, obs. Julien.*

Art. 103 **L'exception de connexité peut être proposée en tout état de cause, sauf à être écartée si elle a été soulevée tardivement dans une intention dilatoire.** – *V. art. 118 et 123.*

1. Règle dérogatoire. L'art. 103 déroge à l'art. 74 selon lequel les exceptions doivent, à peine d'irrecevabilité, être soulevées simultanément et avant toute défense au fond ou fin de non-recevoir. • Civ. 3e, 19 janv. 1983 : *Bull. civ. III, n° 19.*

2. Invocation tardive. L'exception de connexité peut être proposée en tout état de cause, sauf à être écartée si elle a été soulevée tardivement dans une intention dilatoire ; ne donne pas de base légale à sa décision infirmant un jugement ordonnant le renvoi de la cause devant un autre tribunal, la cour qui, après avoir exposé le peu d'empressement mis par le défendeur à faire juger le procès qu'il avait engagé, retient que celui-ci n'avait fait état d'une *connexité évidente, devant l'autre juridiction* ultérieurement saisie, que dans une intention dilatoire, mais omet de constater que l'exception de connexité aurait été soulevée tardivement devant cette autre juridiction. • Civ. 2e, 22 oct. 1975 : *Bull. civ. II, n° 269 ; RTD civ. 1976. 194, obs. Normand.* ♦ Sur l'appréciation de cette tardiveté, V. • Versailles, 8 mars 1978 : *Gaz. Pal. 1979. 2. Somm. 440.*

3. Sanction. Le fait pour une partie de ne se prévaloir de l'exception de connexité que tardivement, dans le but de retarder le plus longtemps possible le payement des sommes qu'elle pourrait devoir à son adversaire, caractérise la faute faisant dégénérer en abus son droit de résister à une action en justice et justifie sa condamnation à des dommages-intérêts. • Civ. 2e, 2 avr. 1974 : *Bull. civ. II, n° 127 ; RTD civ. 1975. 359, obs. Normand.*

Art. 104 **Les recours contre les décisions rendues sur la litispendance ou la connexité par les juridictions du premier degré sont formés et jugés comme en matière d'exception d'incompétence.**

En cas de recours multiples, la décision appartient à la cour d'appel la première saisie qui, si elle fait droit à l'exception, attribue l'affaire à celle des juridictions qui, selon les circonstances, paraît la mieux placée pour en connaître.

1. Transposition de l'art. 76. Jugé qu'aucune disposition légale n'impose au tribunal qui statue dans un même jugement sur l'exception de litispendance et sur le fond de surseoir jusqu'à ce que le défendeur ait conclu au fond. • TGI Créteil, 16 mai 1974 : *Gaz. Pal. 1975. 1. 140, note crit.*

2. Transposition de l'art. 78. Lorsque le juge statue sur la litispendance et sur le fond dans un même jugement, celui-ci ne peut être attaqué que par la voie de l'appel. • Civ. 2e, 20 juill. 1988 : *Bull. civ. II, n° 183 ; D. 1989. Somm. 178, obs. Julien* • Soc. 5 nov. 1992, n° 89-20.222 P. ♦ Lorsque le juge statue sur la connexité et sur le fond dans un même jugement, celui-ci ne peut être attaqué par la voie de l'appel que du chef de la connexité dans le cas où la décision sur le fond est rendue en premier et dernier ressort. • Civ. 1re, 9 mars 2004 : *Bull. civ. I, n° 76 ; Procédures 2004, n° 91, obs. Perrot.*

3. Transposition de l'art. 80. Relève du contredit la décision qui, ayant fait droit à l'exception de litispendance, renvoie, quant au fond, à se pourvoir devant le tribunal le premier saisi. • Com. 21 nov. 1978 : *Bull. civ. IV, n° 272.* ♦ Une cour d'appel, investie de la connaissance d'une exception de litispendance par l'effet d'un contredit, apprécie l'existence d'une situation de litispendance au jour où elle statue. • Civ. 2e, 23 févr. 2017, n° 15-24.059 P : *D. actu. 7 mars 2017, obs. Kebir ; JCP 2017. 266, obs. Reverchon-Billot.*

4. Transposition de l'art. 89. Ni la complexité de l'affaire, constituée de trois instances différentes, ni le principe du double degré de juridiction n'interdisent à la cour d'appel d'user de la faculté de l'art. 89 lorsqu'elle estime de bonne justice d'évoquer le fond en état de recevoir une solution définitive. • Civ. 2e, 8 juin 1979 : *Gaz. Pal. 1979. 2. 443, note Viatte ; D. 1979. IR 477, obs. Julien.*

5. Transposition de l'art. 98. La voie de l'appel est seule ouverte contre l'ordonnance de non-conciliation qui, dans une instance en divorce, statue sur une exception de litispendance. • Civ. 2e, 17 nov. 1993, n° 91-19.026 P : *JCP 1994. II. 22346, note Muir Watt ; Gaz. Pal. 12 août 1994, obs. Croze et Morel.*

Art. 105 **La décision rendue sur l'exception soit par la juridiction qui en est saisie, soit à la suite d'un recours, s'impose tant à la juridiction de renvoi qu'à celle dont le dessaisissement est ordonné.**

Décision qui s'impose. La cour d'appel au profit de laquelle une autre cour s'est dessaisie ne peut décliner sa compétence, peu important que la décision ait été erronée, dès lors qu'elle n'a pas été frappée de pourvoi. • Com. 3 janv. 1991, n° 89-14.501 P.

Art. 106 **Dans le cas où les deux juridictions se seraient dessaisies, la décision intervenue la dernière en date est considérée comme non avenue.**

Art. 107 **S'il s'élève sur la connexité des difficultés entre diverses formations d'une même juridiction, elles sont réglées sans formalité par le président. Sa décision est une mesure d'administration judiciaire.**

Connexité au sein d'une même juridiction. L'art. 107 s'applique dans le cas d'affaires connexes portées devant différentes chambres d'un même tribunal tandis que la connexité donnant lieu à exception de connexité suppose que les affaires soient portées devant deux juridictions différentes. • Civ. 1re, 4 mars 1986 : *Bull. civ. I, n° 53 ; Gaz. Pal. 1987. 1. Somm. 53, obs. Guinchard et Moussa* • Com. 20 déc. 1988 : *Bull. civ. IV, n° 353.*

SECTION III LES EXCEPTIONS DILATOIRES

RÉP. PR. CIV. v° *Délai*, par STRICKLER.

DALLOZ ACTION *Droit et pratique de la procédure civile 2022/2023*, nos 192.11 s.

BIBL. ▸ BEAUCHARD, *Mél. Héron, LGDJ 2008, p. 101* (relativité du dilatoire).

Art. 108 **Le juge doit suspendre l'instance lorsque la partie qui le demande jouit soit d'un délai pour faire inventaire et délibérer soit d'un bénéfice de discussion ou de division, soit de quelque autre délai d'attente en vertu de la loi.**

1. Demande nécessaire. L'exception dilatoire doit être opposée par la partie au profit de laquelle est établi le délai et ne peut, en cas de défaut de l'intéressé, être relevée d'office par le juge. • Soc. 16 nov. 1977 : *Bull. civ. V, n° 617.*

2. Suspension obligatoire. Pendant la durée de la prorogation de délai pour bénéfice d'inventaire, aucune condamnation ne peut être obtenue contre l'héritier, l'instance devant être suspendue. • Civ. 1re, 6 juill. 2005, n° 03-17.240 P : *AJ fam. 2005. 365, obs. Bicheron* (décision rendue en application de l'anc. art. 798 C. civ.).

3. Délai d'attente en vertu de la loi. La règle « le criminel tient le civil en l'état » ne constitue pas une fin de non-recevoir mais une exception tendant à suspendre le cours de l'instance. • Civ. 1re, 28 avr. 1982 : *Bull. civ. I, n° 152* • Soc. 4 oct. 1989 : *Bull. civ. V, n° 565* • Com. 28 juin 2005, n° 03-13.112 P. ♦ Cette règle ne fait pas obstacle à ce que l'action civile soit intentée et n'a pour seul effet que d'en suspendre le jugement ; par suite, un assuré ne peut prétendre avoir été, du fait de la procédure pénale engagée contre lui, dans l'impossibilité d'agir contre l'assureur. • Civ. 1re, 9 févr. 1999, n° 96-19.144 P : *D. 1999. 57*. ♦ ... Elle ne s'applique, dans les rapports internationaux, qu'en vertu d'un traité. • Civ. 1re, 7 avr. 1998, n° 96-12.675 P • 6 mai 2003 : *Bull. civ. I, n° 102 ; Rev. crit. DIP 2004. 124, note Chilstein*. ♦ ... Elle ne s'applique pas devant le juge des référés dont les décisions de caractère provisoire sont dépourvues au principal de l'autorité de chose jugée. • Civ. 2e, 4 déc. 1985 : *Bull. civ. II, n° 189* • 12 févr. 1992 : *Gaz. Pal. 1992. 1. Pan. 130* • Civ. 1re, 13 nov. 1996 : *RGDA 1997. 281, note Beauchard* • Civ. 3e, 7 janv. 2009 : *D. 2009. AJ 567 ; Procédures 2009, n° 76, obs. Perrot ; JCP 2009. I. 142, n° 14, obs. Clay.* ♦ ... Elle ne concerne que l'action civile et non la poursuite d'une voie d'exécution. • Civ. 2e, 18 févr. 1999, n° 96-21.045 P : *D. 1999. Somm. 220, obs. Julien ; RGDP 1999. 708, obs. Putman ; JCP 1999. II. 10139, note du Rusquec ; Gaz. Pal. 11-12 févr. 2000, p. 31, note Véron.* ♦ Si l'al. 3 de l'art. 4 C. pr. pén. dans sa rédaction issue de la loi n° 2007-291 du 5 mars 2007 n'impose pas la suspension du jugement des actions autres que celles de la partie civile, il ne prive pas la cour d'appel de la possibilité de prononcer un sursis à statuer dans l'exercice de son pouvoir discrétionnaire. • Soc. 17 sept. 2008 : *AJ pénal 2008. 510, obs. Porteron*. ♦ V. C. pr. pén., art. 4, et aussi C. pr. civ., art. 312.

Art. 109 **Le juge peut accorder un délai au défendeur pour appeler un garant.**

L'instance poursuit son cours à l'expiration du délai dont dispose le garant pour comparaître, sauf à ce qu'il soit statué séparément sur la demande en garantie si le garant n'a pas été appelé dans le délai fixé par le juge. — *V. art. 331.*

1. Pouvoir discrétionnaire. Les tribunaux disposent d'un pouvoir discrétionnaire pour apprécier l'opportunité d'accorder un délai d'appel en garantie. • Civ. 1re, 22 avr. 1976 : *Bull. civ. I, n° 136.*

2. Appel en garantie. Dispositions spéciales, V. art. 334 s.

Art. 110 **Le juge peut également suspendre l'instance lorsque l'une des parties invoque une décision, frappée de tierce opposition, de recours en révision ou de pourvoi en cassation.** — *V. art. 589 et 599.*

1. Auteur de la suspension. L'exception dilatoire prévue par l'art. 110 ne peut être soulevée que devant le juge du fond et il n'appartient pas au premier président statuant en référé d'ordonner, en application de ce texte, la suspension de l'instance. • Paris, ord., 22 oct. 1987 : *Bull. ch. avoués 1987. 4. 195.*

2. Invocation par l'une des parties. L'art. 110 ne peut être opposé que par voie incidente et non à titre principal. • Nîmes, 23 févr. 1982 : *Gaz. Pal. 1982. 1. 265, note Lachaud.*

3. Décision frappée d'un recours extraordinaire. Si le tiers opposant intervient volontairement à l'appel formé contre le même jugement, la tierce opposition n'est plus recevable ; en conséquence, il ne peut être fait droit à la demande de sursis à statuer. • Versailles, 20 nov. 1997 : *Procédures 1999, n° 196, obs. Perrot.*

Art. 111 **Le bénéficiaire d'un délai pour faire inventaire et délibérer peut ne proposer ses autres exceptions qu'après l'expiration de ce délai.** — *Civ. 795.*

SECTION IV LES EXCEPTIONS DE NULLITÉ

RÉP. PR. CIV. v° *Nullités*, par PUTMAN.

DALLOZ ACTION *Droit et pratique de la procédure civile 2022/2023*, nos 163.00 s., 192.82 s.

BIBL. GÉN. ► **Études d'ensemble :** BROUILLAUD, *D. 1996. Chron. 98* (nullités de procédure - *pénales et civiles comparées*). - CADIET, *Mél. Héron, LGDJ 2008, p. 125* (la sanction et le procès civil). - DAHAN, *Rev. huiss. 1998. 321* (nullité des actes de procédure). - DU RUSQUEC, *Rev. huiss. 1979. 456* (actes d'huissiers). - DYMANT, *Mél. Buffet, LPA 2004, p. 189* (de la nullité des actes vers l'inefficacité relative). - FUSIL, *Rev. huiss. 1988. 1. 925* (nullités et responsabilité des huissiers). - GIVERDON, *Gaz. Pal. 1973. 2. Doctr. 622* (exceptions de nullité). - GIVERDON, LOBIN, MAGNAN et FONTAINE-TRANCHANT, *Gaz. Pal. 15 juill. 1982* (journées d'études des avoués, Riom 1981). - HÉRON, *Droits 1988. 85* (réflexions sur l'acte juridique et le contrat à partir du droit judiciaire privé). - LARONDE-CLÉRAC, *Dr. et pr. 2004. 309* (pratique jurisprudentielle des nullités en procédure civile). - L. MAYER, Actes du procès et théorie de l'acte juridique, *IRJS éd. 2009*. - PUTMAN, *Rev. Justices 1995. 193* (cinq questions sur les nullités en procédure civile). - TOMASIN, *Mél. Hébraud, Toulouse, 1981, p. 853* (remarques sur la nullité des actes de procédure).

► **Distinction forme-fond :** DYMANT, *Bull. ch. avoués 1985. 2. 34* (nullités de forme et de fond en matière de signification des actes). - JEULAND, *Mél. Wiederkehr, Dalloz, 2009, p. 443* (autour de la forme et du fond, problèmes de procédure). – RASKIN, *Gaz. Pal. 12-13 déc. 2008, p. 13* (nébuleuse frontière entre nullité de forme et nullité de fond).

▶ **Autres thèmes particuliers :** CHAZAL et WATTEL, *Procédures 2009, Focus, n° 50* (prescription et vices de procédure : contrariété entre le C. civ. et le C. pr. civ.). – NARRAN, *Gaz. Pal. 28-29 avr. 2006, p. 2* (compétence du conseiller de la mise en état en matière d'exception de nullité après le décret du 28 décembre 2005). – PELLERIN, *Mél. Buffet, LPA 2004, p. 379* (omission d'acte de procédure).

SOUS-SECTION 1 LA NULLITÉ DES ACTES POUR VICE DE FORME

BIBL. ▶ DU RUSQUEC, *Gaz. Pal. 1979. 1. Doctr. 136* (nature et régime des nullités pour vice de forme).

Art. 112 La nullité des actes de procédure peut être invoquée au fur et à mesure de leur accomplissement ; mais elle est couverte si celui qui l'invoque a, postérieurement à l'acte critiqué, fait valoir des défenses au fond ou opposé une fin de non-recevoir sans soulever la nullité.

1. Renvoi. V. aussi notes ss. art. 114.

1° INVOCATION DE LA NULLITÉ

a. Parties

2. Auteur de l'acte. L'irrégularité d'un acte de procédure ne peut être invoquée que par l'adversaire de celui à la requête duquel il a été fait et non par ce dernier. • Soc. 1er avr. 1981 : *Bull. civ. V, n° 307.*

b. Juge

3. Relevé d'office. Il n'appartient pas au juge de suppléer d'office aux vices de forme que comportent les actes des parties et il ne saurait lui être fait grief de n'avoir pas recherché s'il était possible de remédier à l'erreur commise de façon à ce qu'elle ne fasse pas grief à la partie adverse. • Civ. 3e, 10 juill. 1985 : *Bull. civ. III, n° 110.* ♦ Un acte de procédure ne pouvant être annulé pour vice de forme qu'à la demande de la partie intéressée et sur justification par elle du préjudice que lui a causé l'irrégularité, le juge ne peut relever d'office le moyen pris de la nullité de la notification d'un jugement. • Civ. 2e, 21 juill. 1986 : *Bull. civ. II, n° 132 ; D. 1987. Somm. 359, obs. Julien.* ♦ En l'absence de contestation par l'appelant de la régularité de la signification, la cour d'appel n'a pas à vérifier d'office cette régularité. • Civ. 2e, 7 nov. 1988 : *Bull. civ. II, n° 212 ; D. 1988. IR 273* • Com. 28 mai 1991, n° 89-10.750 P. ♦ En relevant d'office un moyen de nullité pour vice de forme, la cour d'appel viole les art. 16 et 114, ensemble l'art. 112. • Civ. 2e, 23 oct. 1991, n° 90-14.334 P.

4. Formalité substantielle. L'obligation pour la partie qui interjette appel du jugement fixant une indemnité d'expropriation de déposer son mémoire dans les deux mois de l'appel, à peine de déchéance, constitue une formalité substantielle dont l'inobservation doit être relevée d'office par la cour d'appel. • Civ. 3e, 8 oct. 1986 : *Bull. civ. III, n° 137 ; Gaz. Pal. 1987. 1. Somm. 274, obs. Croze et Morel.* ♦ Comp. note 36 ss. art. 114.

5. Simultanéité. Dès lors que le défendeur à un contredit de compétence a conclu à la confirmation du jugement déféré sans contester la validité de l'assignation, la cour d'appel n'est pas tenue d'examiner d'office la régularité de l'acte introductif d'instance. • Civ. 2e, 29 mars 1989 : *JCP 1989. IV. 205.*

2° COUVERTURE DE LA NULLITÉ

6. Renvoi. V. aussi notes ss. art. 74.

a. Principe

7. Condition. L'art. 112 est sans application lorsque l'exception de nullité et la défense au fond ont été soulevées au cours de procédures différentes. • Paris, 5 mars 1979 : *Gaz. Pal. 1979. 2. Somm. 543.*

8. Recherche nécessaire. Encourt la cassation l'arrêt qui, faisant droit à la fin de non-recevoir opposée par l'intimé, déclare un appel irrecevable sans répondre aux conclusions de l'appelant soutenant qu'il fallait rechercher si l'intimé avait été régulièrement assigné et, pour le cas où l'assignation serait irrégulière, si la nullité n'avait pas été couverte par la défense au fond. • Civ. 2e, 24 mars 1980 : *Gaz. Pal. 1980. 2. Somm. 345.*

9. Chronologie. Ne donne pas de base légale à sa décision la cour d'appel qui, pour rejeter l'exception de nullité de la signification d'un arrêt rendu par défaut et déclarer l'opposition à celui-ci irrecevable comme tardive, retient que, l'auteur du recours ayant conclu au fond dans l'assignation valant opposition, la nullité susceptible d'affecter la signification de l'arrêt, invoquée dans des écritures ultérieures, avait été couverte, sans rechercher si l'acte de signification lui avait été opposé avant qu'il eût conclu sur le fond. • Civ. 2e, 21 sept. 2000, n° 98-13.632 P : *Gaz. Pal. 4-5 janv. 2002, p. 8, obs. Du Rusquec.*

10. Violation. Dès lors qu'une société a, dans ses conclusions, expressément souligné la nullité de la convocation au tribunal, avant toute défense au fond qu'elle n'a présentée qu'à titre subsidiaire, viole l'art. 112 le tribunal qui rejette l'exception invoquée au motif que, la société ayant fait valoir ses moyens de défense postérieurement à l'acte de convocation critiqué, la nullité de celui-ci était couverte en vertu dudit article. • Soc. 10 mai 1978 : *Bull. civ. V, n° 346.*

11. Instance d'appel. Il résulte des art. 112, 562 et 954 que l'exception de nullité présentée avant toute défense au fond en première instance peut être reprise en appel, jusqu'aux dernières conclusions ; viole ces dispositions l'arrêt qui écarte le moyen tiré de l'inobservation devant la juridiction civile des dispositions de l'al. 1er de l'art. 53 de la L. 29 juill. 1881 au motif que les appelants n'avaient allégué la nullité de l'assignation qu'après avoir conclu au fond en cause d'appel, alors que ceux-ci avaient excipé de l'inobservation de ces dispositions avant toute défense au fond devant le tribunal et qu'ils n'avaient pas renoncé à cette exception en concluant à l'infirmation du jugement sur le fond. • Civ. 2e, 8 févr. 2001, n° 98-20.840 P : *D. 2001. IR 1217 ; Procédures 2001, n° 119, obs. Perrot.* ♦ Comp. : seules constituant des irrégularités de fond les irrégularités limitativement énumérées par l'art. 117, le défaut de mise en cause du préfet par le demandeur dans l'instance engagée contre son employeur l'URSSAF constitue un vice de forme soumis aux dispositions de l'art. 112 ; la cour d'appel, qui a constaté que l'exception n'avait été invoquée qu'en cause d'appel, ne pouvait y faire droit. • Soc. 16 avr. 2008, n° 06-44.392 P.

b. Illustrations

12. Congé. La nullité des actes d'huissier de justice étant régie par les dispositions qui gouvernent la nullité des actes de procédure, l'art. 112 est applicable à un commandement visant la clause résolutoire d'un bail ; dès lors, la cour d'appel, qui constate que le locataire avait conclu au fond en première instance, en déduit à bon droit que celui-ci était irrecevable à invoquer en appel la nullité du commandement pour vice de forme. • Civ. 3e, 14 déc. 1994, n° 92-21.263 P. ♦ Le preneur à bail qui demande au tribunal de constater que le congé qui lui a été délivré ne repose sur aucun motif légitime sans invoquer préalablement à cette défense au fond le moyen tiré de la nullité de la mise en demeure que le bailleur lui avait délivrée avant le congé en application de l'art. L. 145-17 C. com., est irrecevable, en vertu de l'art. 112 C. pr. civ., à invoquer la nullité du congé. • Civ. 3e, 2 juin 2010, n° 09-14.19 P.

13. Notification. Les conclusions sur le fond exemptes de toutes réserves couvrent la nullité résultant de la notification irrégulière de l'ordonnance du JAM [devenu JAF]. • Civ. 2e, 28 janv. 1987 : *Bull. civ. II, n° 30.*

14. Mesures d'instruction. La nullité des actes de procédure est couverte si celui qui l'invoque a, postérieurement à l'acte critiqué, fait valoir des défenses au fond ; ainsi, une partie est irrecevable à invoquer, en cause d'appel, l'irrégularité d'une expertise, dès lors que, loin d'invoquer en première instance et avant toute défense au fond la nullité des déclarations recueillies par l'expert, elle en avait discuté la portée. • Soc. 17 déc. 1976 : *Bull. civ. V, n° 700.*

c. Exception

15. Connaissance tardive de la cause de nullité. Justifient légalement la recevabilité d'une exception de nullité d'un acte d'appel, bien que cette nullité ait été soulevée après les défenses au fond, les juges du second degré qui déterminent avec certitude la date à laquelle l'intimé avait eu connaissance du fait entraînant la nullité pour violation d'une formalité substantielle en ce que l'appelant n'habitait plus l'adresse portée dans cet acte d'appel et la fraude persistante de l'appelant pour entretenir la confusion sur son domicile réel. • Civ. 2e, 6 mars 1974 : *Bull. civ. II, n° 86.* ♦ Il incombe aux juges du fond, devant lesquels une partie invoque la nullité d'un acte de procédure, de rechercher si l'exception de nullité, bien que soulevée après que cette partie eut, postérieurement à l'acte critiqué, fait valoir des défenses au fond, n'est pas recevable compte tenu de la date à laquelle ladite partie a eu connaissance du fait entraînant la nullité dont elle se prévaut. • Civ. 1re, 15 janv. 1991, n° 89-05.003 P.

Art. 113 **Tous les moyens de nullité contre des actes de procédure déjà faits doivent être invoqués simultanément à peine d'irrecevabilité de ceux qui ne l'auraient pas été.**

Règle de portée générale. En raison de la généralité de ses termes, l'art. 113 s'applique à toute instance, quels que soient son objet et le juge devant lequel elle est portée, y compris, par conséquent, le conseiller de la mise en état. • Paris, 21 avr. 1988 : *D. 1988. IR 137.*

Art. 114 **Aucun acte de procédure ne peut être déclaré nul pour vice de forme si la nullité n'en est pas expressément prévue par la loi, sauf en cas d'inobservation d'une formalité substantielle ou d'ordre public.**

La nullité ne peut être prononcée qu'à charge pour l'adversaire qui l'invoque de prouver le grief que lui cause l'irrégularité, même lorsqu'il s'agit d'une formalité substantielle ou d'ordre public. — *V. art. 56, 648, 649, 693, 694 et 1480.*

BIBL. ▶ CLÉMENT, *RSC 1984. 443* (notion de grief en procédure civile et en procédure pénale). – DU RUSQUEC, *Gaz. Pal. 1977. 2. Doctr. 552* (existence du grief). – LEMÉE, *RTD civ. 1982. 23* (règle « pas de nullité sans grief » depuis le nouveau C. pr. civ.). – LOBIN, *Mél. Vincent, Dalloz 1981, p. 232* (notion de grief dans la nullité des actes de procédure). – WIEDERKEHR, *D. 1984. Chron. 165* (notion de grief et nullités de forme dans la procédure civile).

PLAN DES ANNOTATIONS

I. ACTES SUSCEPTIBLES DE NULLITÉ

A. ACTES EXTRA-JUDICIAIRES

1. Indivision. L'art. 114 ne peut recevoir application concernant un acte extra-judiciaire ; par suite, méconnaît ce texte et les art. 815-14 et 815-16 C. civ. la cour d'appel qui rejette la demande en nullité d'une cession de droits indivis, dont l'acte avait été simplement remis par le notaire à l'administrateur légal sous contrôle judiciaire d'un coïndivisaire alors mineur, au motif que l'irrégularité relevée n'avait causé aucun grief. • Civ. 1re, 5 mars 2002, no 00-13.511 P : *D. 2002. IR 1530* ; *JCP 2002. I. 176, no 9, obs. Périnet-Marquet ; RJPF 2002-9/48, obs. Casey.*

2. Concurrence. Les dispositions du NCPC [devenu C. pr. civ.] ne s'appliquent pas à la procédure suivie devant le Conseil de la concurrence [devenu l'Autorité de la concurrence] ; il s'en déduit que la cour d'appel, qui décide que des déclarations recueillies dans des conditions déloyales doivent être écartées, sans que la partie intéressée ait à démontrer l'existence d'un préjudice particulier, statue à bon droit. • Com. 14 janv. 2003, no 00-16.962 P : *D. 2003. AJ 493* ; *CCC 2003, no 56, note Malaurie-Vignal.*

B. ACTES D'HUISSIER

3. Renvoi. V. art. 648 et 649 et les notes ss. ces textes.

4. Principe. La nullité des actes d'huissier de justice et des notifications est régie par les dispositions relatives aux nullités des actes de procédure ; l'acte de signification d'appel qui ne porte pas la signature de l'huissier instrumentaire ne saurait être réputé « légalement inexistant ». • Civ. 2e, 19 janv. 1977 : *Bull. civ. II, no 13 ; Gaz. Pal. 1977. 1. 348, note Viatte ; D. 1977. IR 232, obs. Julien.*

5. Baux. Doit être cassé l'arrêt d'une cour d'appel qui, pour déclarer nul et de nul effet le congé délivré à domicile élu par un preneur à son bailleur, retient que l'irrégularité de la signification du congé affecte la validité même de ce congé et que dès lors il n'y a pas lieu de faire application de l'art. 112. • Civ. 3e, 27 mai 2003, no 02-11.515 P : *Gaz. Pal. 17-18 oct. 2003, p. 35, note Barbier ; Gaz. Pal. 7-8 avr. 2004, p. 18, obs. du Rusquec.*

6. Baux commerciaux. La nullité des actes d'huissier de justice étant régie par les dispositions qui gouvernent la nullité des actes de procédure, l'art. 112 est applicable à un commandement visant la clause résolutoire d'un bail ; dès lors, la cour d'appel, qui constate que le locataire avait conclu au fond en première instance, en déduit à bon droit que celui-ci était irrecevable à invoquer en appel la nullité du commandement pour vice de forme. • Civ. 3e, 14 déc. 1994, n° 92-21.263 P. ♦ La nullité des actes d'huissier de justice est régie par les dispositions qui gouvernent la nullité des actes de procédure ; dès lors, le preneur à bail commercial qui demande au tribunal de constater que le congé qui lui a été délivré ne repose sur aucun motif légitime sans invoquer préalablement à cette défense au fond le moyen tiré de la nullité de la mise en demeure que le bailleur lui avait délivrée avant le congé en application de l'art. L. 145-17, I C. com., est irrecevable, en vertu de l'art. 112 C. pr. civ., à invoquer la nullité du congé. • Civ. 3e, 2 juin 2010, n° 09-14.194 P.

7. Baux d'habitation. La nullité pour vice de forme d'un congé délivré par huissier de justice étant régie par l'art. 114, est légalement justifié l'arrêt qui, pour déclarer valable un congé avec offre de vente de l'appartement donné en location, retient que l'omission d'une mention exigée par la loi du 22 juin 1982 n'a causé aucun grief au locataire. • Civ. 3e, 21 févr. 1990, n° 88-16.788 P. ♦ Encourt la cassation pour violation de l'art. 114 l'arrêt qui, pour déclarer nul un congé délivré afin de reprise au bénéfice d'un descendant, retient que le défaut d'une mention exigée par la loi du 22 juin 1982 ne relève pas du régime général des nullités formelles des actes d'huissier de justice. • Civ. 3e, 13 mars 1991, n° 89-18.477 P. ♦ Viole les art. 114, 115 et 649 C. pr. civ. et l'art. 18 de la loi du 1er sept. 1948 l'arrêt qui retient que la sanction de l'omission des mentions prévues par ce dernier texte n'exige pas la preuve d'un grief subi par le locataire, l'art. 114 C. pr. civ. n'étant pas en outre applicable aux actes de procédure extrajudiciaires, et qu'à supposer que cette irrégularité de fond soit susceptible d'être couverte, la régularisation n'était pas valablement intervenue lorsque le juge a statué puisque ce n'est que postérieurement au délai d'un mois à compter de la signification du congé accordé au locataire pour faire connaître sa décision au bailleur que celui-ci a, dans l'acte introductif d'instance, informé celui-là de sa situation de famille. • Civ. 3e, 20 mars 2007 : *AJDI 2007. 661, note Zalewski* .

C. MESURES D'INSTRUCTION

8. Renvoi. V. art. 175 s.

D. MESURES DE PUBLICITÉ

9. Séparation de biens. L'art. 114 C. pr. civ. ne concerne que la nullité des actes de procédure pour vice de forme, et il ne s'applique pas à la nullité pour irrégularité, quant au lieu où il y a été procédé, d'une publicité servant de point de départ au délai d'une voie de recours, telle la publication du jugement d'homologation de la séparation de biens d'époux mariés sous le régime de la communauté, mesure ouvrant aux créanciers la tierce opposition dans le délai fixé par l'art. 869 anc. C. pr. civ. [art. 1298 C. pr. civ.]. • Civ. 1re, 14 avr. 1982 : *Bull. civ. I, n° 128.*

II. CAS DE NULLITÉ

10. Rejet de l'inexistence. L'acte de signification d'appel qui ne porte pas la signature de l'huissier instrumentaire ne saurait être réputé « légalement inexistant ». • Civ. 2e, 19 janv. 1977 : *Bull. civ. II, n° 13 ; Gaz. Pal. 1977. 348, note Viatte.* ♦ Une cour d'appel qui déclare une assignation « inexistante », faute de l'un de ses éléments constitutifs, viole l'art. 56, qui sanctionne les irrégularités de l'assignation par une nullité, soumise aux règles prévues aux art. 112 s. • Com. 18 mars 1986 : *Bull. civ. IV, n° 52* (omission de l'objet de la demande). ♦ La notion d'inexistence ne saurait être admise aux côtés des nullités de forme et des nullités de fond seules prévues par le C. pr. civ. • Cass. ch. mixte, 7 juill. 2006, n° 03-20.026 P : *BICC 1er oct. 2006, p. 46, note et rapp. Boval, avis Domingo ; R. 2006, p. 414 ; D. 2006. IR 1984 ; JCP 2006. II. 10146, note Putman ; JCP 2006. I. 183, obs. Serinet ; Dr. et pr. 2006. 346, obs. Salati ; Gaz. Pal. 21-22 juill. 2006, p. 5, avis Domingo ; ibid. 2006. 3305, note Deharo ; Procédures 2006, n° 200, note Perrot ; Dr. et patr. 2/2007, p. 118, obs. Amrani-Mekki* (à propos d'une assignation à comparaître devant un tribunal de commerce, portant mention d'une date correspondant à un jour férié et où la juridiction ne siégeait pas, considérée comme affectée d'un vice de forme par la Cour de cassation). ♦ Le défaut de mention de la qualité du liquidateur judiciaire dans un acte de signification étant constitutif d'un vice de forme, le moyen tiré de l'inexistence ou de l'inopposabilité de cet acte doit être rejeté. • Civ. 2e, 4 juill. 2007, n° 05-20.362 P.

A. FRONTIÈRES

1° ENTRE NULLITÉS DE FORME ET FINS DE NON-RECEVOIR

11. Renvoi. V. aussi notes 13 s. ss. art. 122.

12. Absence de saisine régulière du tribunal. Le défaut de saisine régulière du tribunal ne constitue pas un vice de forme mais une fin de non-recevoir et celui qui l'invoque n'a pas à justifier d'un grief. • Civ. 2e, 6 janv. 2011 : *Procédures 2011, n° 85, note Perrot* (tribunal paritaire des baux ruraux). ♦ Affectant le contenu de l'acte de saisine de la juridiction et non le mode de saisine de celle-ci, l'irrégularité des mentions de la déclaration de saisine de la juridiction de renvoi après cassation ne constitue pas une cause d'irrecevabilité de celle-ci, mais relève des nullités pour vice de forme. • Civ. 2e, 19 oct. 2017, n° 16-11.266 P : *D. 2017. Actu. 2157* ; *D. actu. 21 nov. 2017, obs. Laffly ; Procédures 2018, n° 2, note Croze ; Gaz. Pal. 6 févr. 2018, p. 46, obs. Bléry.*

13. Absence de publicité exigée de la demande. Le défaut de publication d'une demande en nullité d'une vente immobilière n'est pas un vice de forme de l'acte introductif d'instance et l'exigence légale, prescrite dans l'intérêt général des tiers, sous peine d'irrecevabilité de la demande, constitue une fin de non-recevoir qui peut être opposée en tout état de cause, même par l'un des contractants ou son ayant cause à titre universel. • Civ. 1re, 20 oct. 1981 : *Bull. civ. I, n° 301 ; RTD civ. 1982. 437, obs. Giverdon.*

14. Baux d'habitation. Le moyen tiré de l'inobservation, dans l'acte portant proposition de nouveau loyer, des prescriptions des art. 17 c et 19 de la loi du 6 juill. 1989, constitue une exception de nullité pour vice de forme et non une fin de non-recevoir. • Civ. 3e, 5 nov. 2003, n° 01-16.096 P : *D. 2003. IR 2929* .

2° ENTRE NULLITÉS DE FORME ET DE FOND

15. Renvoi. V. aussi notes ss. art. 117.

16. Majeur protégé. L'omission de la signification de l'assignation au curateur constitue une irrégularité de fond que ne peut couvrir l'intervention volontaire de celui-ci en cause d'appel à l'effet de faire sanctionner cette irrégularité. • Civ. 1re, 23 févr. 2011, n° 09-13.867 P : *AJ fam. 2011. 215, obs. Verheyde* ; *D. 2011. 1265, note Loir* ; *Dr. et pr. 2011. 148, note Mourre-Schreiber.* ♦ V. *contra* antérieurement, jugeant que l'absence de signification des conclusions au curateur du majeur protégé est constitutive d'un vice de forme dont l'inobservation n'est susceptible d'entraîner la nullité que dans les conditions prévues par l'art. 114, si elle est soulevée avant toute défense au fond et à charge pour celui qui l'invoque de prouver un grief. • Civ. 1re, 8 juill. 2009, n° 07-19.465 P : *D. 2009. AJ 1970, obs. Egea* ; *ibid. 2010. 2115, obs. Lemouland, Noguéro et Plazy* ; *JCP 2009. 157, note Bosse-Platière ; ibid. 391, obs. Tisserand-Martin ; AJ fam. 2009. 351, note Pécaut-Rivolier* ; *Dr. fam. 2009, n° 115, note Maria ; LPA, 8 janv. 2009, note Massip ; Gaz. Pal. 23 janv. 2010, p. 51, note Casey ; Procédures 2009, n° 322, note Perrot ; RTD civ. 2009. 700, obs. Hauser* . ♦ V. aussi note 54 ss. art. 117.

B. REPRÉSENTANT LÉGAL

17. Acte de procédure. Le défaut de désignation de l'organe représentant légalement une personne morale dans un acte de procédure, lorsque cette mention est prévue à peine de nullité, ne constitue qu'un vice de forme. • Cass. ch. mixte, 22 févr. 2002, n° 00-19.639 P : *BICC 1er avr. 2002, p. 4, avis de Gouttes et note Peyrat ; R. 2002, p. 491 ; RTD civ. 2002. 358, obs. Perrot* ; *Rev. huiss. 2002. 230, note Fricero ; Procédures 2002, n° 69, note Perrot et 73, note Croze ; BJS 2002. 688 et 663, chron. Cholet ; Rev. sociétés 2002. 293, note Chartier* ; *Dr. sociétés 2002, n° 168, note Bonneau* (cassation de l'arrêt retenant la qualification de vice de fond à propos des représentants légaux de différents établissements de crédit membres d'un « pool bancaire »). ♦ Le défaut de désignation de l'organe représentant légalement une personne morale dans un acte de procédure ne constitue qu'un vice de forme et la nullité ne peut être prononcée qu'à charge pour la partie qui l'invoque de prouver l'existence d'un grief. • Soc. 31 mars 2009, n° 08-60.517 P : *JCP S 2009. Actu. 203 ; Procédures 2009, n° 180, note Perrot* (à propos d'une société commerciale) • Civ. 2e, 14 nov. 2019, n° 18-20.303 P : *D. actu. 11 déc. 2019, note M.-.P Mourre-Screiber ; D. 2019. 2256* ; *ibid. 2020. 576, obs. Fricero* ; *Gaz. Pal. 28 janv. 2020, p. 48, note Guez.* ♦ Les erreurs qui, dans une assignation, affectent les mentions relatives au lieu du siège social et à la forme sociale sont constitutives de vices de forme. • Civ. 3e, 26 nov. 2008, n° 07-18.634 P : *Procédures 2008, n° 34, note (crit.) Perrot.*

18. Assignation. La désignation du défendeur par l'enseigne sous laquelle il exerce son activité constitue un vice de forme ; en application de l'art. 114, la cour d'appel qui a souverainement relevé que cette partie s'était prévalue de la qualité de représentant légal d'une société et ne justifiait pas du grief résultant d'une erreur qu'elle avait, elle-même, suscitée, en a déduit à bon droit que la nullité des assignations ne pouvait être prononcée. • Civ. 2e, 17 avr. 2008, n° 07-15.266 P : *D. 2008. AJ 1419* . ♦ V. aussi notes 23 et 24 ss. art. 117.

19. Déclaration d'appel. Une société jouit de la personnalité morale à compter de son immatriculation au registre du commerce et les irrégularités qui affectent les mentions de la déclaration d'appel relatives au représentant de cette personne morale constituent des vices de forme dont la nullité ne peut être prononcée qu'à charge pour celui qui l'invoque de prouver l'existence d'un grief. • Civ. 1re, 6 déc. 2005, n° 03-12.342 P : *D. 2007. Pan. 268, obs. Hallouin et Lamazerolles* . ♦ Dès lors qu'une société dispose d'un droit propre à relever appel, l'absence de mention de l'organe la représentant légalement constitue un vice de forme, à charge de celui qui l'invoque de prouver l'existence d'un grief. • Civ. 2e, 7 juin 2018, n° 17-16.661 P : *D. actu. 6 juill. 2018, obs. Laffly ; JCP 2018. 729, obs. P. Gerbay.*

20. Société étrangère. L'indication erronée de l'organe représentant une personne morale dans un acte de procédure constitue un vice de forme au sens de l'art. 114 et non une irrégularité de fond. • Civ. 2e, 28 févr. 2006, n° 03-17.849 P : *D. 2006. IR 801* ; *JCP 2006. II. 10146, note Putman ; Gaz. Pal. 6-7 juill. 2007, p. 20, note du Rusquec* (société de droit israélien interjetant appel d'un jugement en précisant agir « poursuites et diligences de son président-directeur général », alors que la fonction de président-directeur général n'existe pas en droit israélien des sociétés).

C. REPRÉSENTANT JUDICIAIRE

21. Avocat. Il résulte des art. 8 de la loi du 31 déc. 1971 et 1er de la loi du 31 déc. 1990, ensemble des art. 112, 114 et 752 C. pr. civ. qu'une société d'avocats représente les parties qui l'ont constituée et que l'absence d'indication dans l'assignation du nom de l'avocat, personne physique par le ministère duquel postule la société, constitue une irrégularité de forme. • Civ. 2e, 1er févr. 2006, n° 05-17.742 P : *R. 2006, p. 419 ; D. 2006. IR 465* ; *JCP 2006. II. 10071, note R. Martin ; Gaz. Pal. 17-18 févr. 2006, p. 13 ; Dr. et pr. 2006. 267, obs. Douchy-Oudot ; Procédures 2006, n° 151, obs. Perrot* (cassation de l'arrêt retenant la qualification d'irrégularité de fond au motif qu'une « association » d'avocats n'aurait pas la capacité de représenter une partie en justice). ♦ Une assignation qui mentionne pour un avocat postulant une association d'avocats mais sans indiquer le nom de l'avocat, personne physique par le ministère duquel postule cette association, est affectée d'un vice de forme. • Civ. 2e, 30 avr. 2009, n° 08-16.236 P : *JCP 2009. 369, n° 13, obs. Serinet ; Procédures 2009, n° 181, note Perrot.* ♦ Réciproquement, il résulte des art. 42 à 44 du Décr. du 20 juill. 1992, ensemble des art. 114 et 752 C. pr. civ., que chaque associé d'une société civile professionnelle exerce les fonctions d'avocat au nom de cette société, de telle sorte que l'absence d'indication dans l'assignation du nom de cette société constitue une irrégularité de forme. • Civ. 2e, 5 avr. 2007, n° 06-14.818 P : *D. 2007. AJ 1208, obs. Avena-Robardet* ; *JCP 2007. I. 174, n° 6, obs. R. Martin* (cassation de l'arrêt retenant la qualification d'irrégularité de fond pour défaut de capacité à agir à titre individuel en présence de la mention du seul nom de l'avocat). ♦ Lorsque la déclaration est faite par l'intermédiaire d'un avocat dispensé de justifier d'un pouvoir spécial, l'impossibilité d'identifier son signataire constitue un vice de forme qui ne peut entraîner la nullité de l'acte que s'il est fait grief à la partie qui l'invoque. • Soc. 15 juin 2012 : *D. 2010. Actu. 1635* ; *Procédures 2010, n° 303, note Perrot* • Soc. 10 juin 2010 : *JCP 2010. 1883, note Brissy.* ♦ V. aussi jugeant que l'absence de signature de l'acte d'appel formé au nom d'une personne identifiée constitue une irrégularité de forme qui ne peut entrainer la nullité de l'acte que s'il est justifié d'un grief. • Soc. 4 oct. 2011 : *Dr. et pr. 2011. 298, note Boulmier.* ♦ Comp. note 7 ss. art. 117.

1° FORMALISME OMIS

22. Principe. L'art. 114 n'est pas applicable au cas où un acte a été omis. • Cass., ass. plén., 15 mai 1992, n° 90-12.705 P. ♦ *Contra*, l'omission par l'huissier de justice de la formalité de l'envoi de la lettre simple prévue par l'art. 658 en cas de signification d'un acte à une personne morale ne peut, à défaut de preuve d'un grief résultant de cette omission, entraîner la nullité de l'acte de signification effectué sans fraude au siège d'une société à une personne habilitée au moins en apparence à recevoir l'acte. • Civ. 2e, 18 janv. 1984 : *Bull. civ. II, n° 11 ; Gaz. Pal. 1984. 1. Somm. 146, obs. Guinchard.*

23. Signification. L'irrégularité de la signification d'un jugement à une partie résultant de l'absence de notification préalable à son avocat est un vice de forme qui nécessite que la partie qui l'invoque prouve un grief causé par cette irrégularité. Ce n'est pas le cas lorsqu'un appelant a pu former un premier appel en temps utile qu'il n'a finalement pas soutenu. • Civ. 2e, 22 sept. 2016, n° 15-22.386 P : *D. actu. 20 oct. 2016, obs. Kebir.*

24. Notification préalable au représentant. Le délai de deux mois prévu pour se pourvoir en cassation ne peut courir qu'à compter du jour où une signification de la décision attaquée a été valablement opérée ; aux termes des art. 678 et 693, lorsque la représentation des parties est obligatoire, la décision doit être préalablement notifiée au représentant, faute de quoi la notification à partie est nulle ; l'absence de notification au représentant constituant l'omission d'un acte et non un vice de forme dont un acte de procédure accompli serait entaché, les dispositions du second alinéa de l'art. 114 ne sont pas applicables et la nullité de la signification faite à la partie est acquise à celle-ci sans qu'elle ait à justifier d'un grief résultant de cette omission ; il s'ensuit que le pourvoi formé par une partie plus de deux mois après la signification qui lui a été faite de l'arrêt attaqué n'est pas tardif dès lors que cet arrêt n'a pas été préalablement notifié au représentant de cette partie. • Civ. 3e, 6 déc. 1978 : *Bull. civ. III, n° 365 ; RTD civ. 1979. 835, obs. Perrot.*

25. Déclaration d'appel. La cour d'appel qui constate l'absence de déclaration d'appel peut en déduire qu'aucun appel n'a été formé, sans avoir à rechercher si l'omission causait un grief à l'adversaire. • Civ. 2e, 11 janv. 1979 : *Bull. civ. II, n° 15 ; Gaz. Pal. 1979. 2. 629, note du Rusquec.*

2° FORMALISME SUBSTITUÉ

26. Bail commercial. Le locataire de locaux à usage commercial qui, pour délivrer congé, n'a pas procédé par acte extra-judiciaire, contrairement aux prescriptions de l'art. 5 du Décr. du 30 sept. 1953 [art. L. 145-9, al. 5 C. com.], n'a pas valablement donné congé et ne peut dès lors invoquer les dispositions de l'art. 114 relatif aux vices de forme. • Civ. 3e, 8 juin 1982 : *Bull. civ. III, no 146.*

27. Fonds de commerce. Une lettre recommandée ne constitue pas l'acte extrajudiciaire prescrit par l'art. 3, al. 5 de la L. 17 mars 1909 [art. L. 141-14 C. com] pour former opposition au paiement du prix d'un fonds de commerce ; elle se trouve par cela seul dénuée de tout effet sans qu'il y ait à rechercher l'existence d'un préjudice. • Civ. 2e, 12 mai 1986 : *Bull. civ. II, no 77 ; RTD com. 1986. 295, obs. Derruppé ; JCP N 1987. II. 4, note Lafond.*

a. Fin de non-recevoir

28. Envoi RAR à la place d'une assignation. La demande qui tend à la nullité d'une vente immobilière doit, à peine d'irrecevabilité, être formée par un acte d'huissier de justice. • Civ. 3e, 10 juill. 1978 : *Bull. civ. III, no 291.*

29. Requête à la place d'une assignation. Le dirigeant d'une société ayant relevé appel par requête du jugement prononçant sa liquidation des biens, c'est à juste titre que la cour d'appel, en énonçant que l'acte par lequel il avait entendu la saisir était inopérant, fait ressortir qu'il n'y avait pas là un simple vice de forme et déclare son appel irrecevable. • Com. 7 janv. 1980 : *Bull. civ. IV, no 8.*

b. Nullité pour vice de forme

30. Envoi RAR à la place d'une déclaration au greffe. Viole les art. 113, 114 et 120 le tribunal d'instance qui relève d'office la nullité pour vice de forme tirée de l'emploi d'une lettre recommandée à la place d'une déclaration au greffe, alors qu'une telle irrégularité n'avait pas été soulevée par les défendeurs, qui avaient invoqué d'autres moyens de défense, et que n'était allégué aucun grief causé par cette irrégularité. • Soc. 25 mai 1977 : *Bull. civ. V, no 348.* ♦ Justifie légalement, au regard de l'art. 114, le rejet de l'exception de nullité, pour vice de forme, de l'acte qui l'avait saisi, le tribunal d'instance qui énonce que le fait pour un employeur d'avoir formé son recours en annulation de la désignation d'un délégué syndical par lettre recommandée au greffe du tribunal d'instance ne saurait entraîner la nullité dudit recours, dès lors qu'il n'existait aucun risque de confusion quant à l'identité de l'auteur de cette lettre et que l'irrégularité ne causait aucun grief au défendeur. • Soc. 18 févr. 1982 : *Bull. civ. V, no 116.*

31. Dépôt d'une lettre à la place d'un envoi RAR. Quelle que soit la gravité des irrégularités alléguées, seuls affectent la validité d'un acte de procédure soit les vices de forme faisant grief, soit les irrégularités de fond limitativement énumérées à l'art. 117 ; lorsque l'envoi d'une réclamation par lettre recommandée avec avis de réception est requis, son simple dépôt auprès du destinataire constitue un vice de forme, lequel affecte la validité de l'acte s'il fait grief à celui qui s'en prévaut. • Civ. 1re, 17 janv. 2008, no 06-14.380 P : *Procédures 2008, no 70, note Perrot ; D. 2008. 488 ; ibid. chron. 638, obs. Chauvin et Creton.*

32. Lettre simple à la place d'un envoi RAR. Viole l'art. 114 la cour d'appel qui, statuant sur un appel formé par lettre simple au secrétariat du conseil de prud'hommes, déclare l'appel irrecevable au motif que l'utilisation d'un pli recommandé constituait une formalité substantielle imposée par l'art. R. 517-7 C. trav. [devenu art. R. 1461-1 C. trav.] dans l'intérêt des deux parties pour éviter toute contestation sur la date alors qu'il n'existait en l'espèce aucune contestation sur la date ni le délai d'appel, ce dont il résulte que l'envoi d'une lettre simple n'avait fait aucun grief à l'intimé. • Soc. 22 nov. 1979 : *Bull. civ. V, no 891.* ♦ Viole les art. 114 et 117 la cour d'appel qui refuse de reconnaître que le tribunal paritaire des baux ruraux a été saisi par une lettre simple, et non par une lettre recommandée avec demande d'avis de réception conformément à l'art. 885, alors qu'il s'agissait d'une irrégularité de forme et que n'était alléguée l'existence d'aucun préjudice. • Civ. 2e, 15 mars 1989 : *Bull. civ. II, no 72 ; D. 1989. Somm. 275, obs. Julien ; RTD civ. 1990. 141, obs. Perrot.* ♦ Les dispositions de l'art. R. 517-7 C. trav. [devenu art. R. 1461-1 C. trav.] selon lesquelles l'acte d'appel est formé par pli recommandé ne sont pas prescrites à peine de nullité et ne sont destinées qu'à régler les contestations sur la date de la déclaration d'appel. • Soc. 17 juill. 1991, no 88-43.972 P (lettre simple enregistrée au secrétariat du conseil de prud'hommes avant l'expiration du délai d'appel). ♦ La saisine de la commission départementale de conciliation par lettre simple constitue une irrégularité de forme. • Civ. 3e, 14 nov. 2002, no 01-10.282 P : *D. 2003. IR 465 ; Procédures 2003, no 93, note Fradin* (baux d'habitation de la loi du 6 juill. 1989).

33. Notification préalable au représentant. Dans les procédures où la représentation est obligatoire, le fait de ne pas adresser une notification préalable à la personne même du représentant mais à la société civile professionnelle à laquelle il appartient s'analyse en un vice de forme qui n'entraîne la nullité de la signification destinée à la partie que sur justification d'un grief. • Civ. 2e, 12 avr. 2012, no 11-12.017 P : *D. actu. 15 mai 2012, obs. M. Kebir ; D. 2012. Actu1132 ; ibid. Chron. 2057, Adida-Canac, Bouvier, Leroy-Gissinger et Renault-Malignac ; Dr. et pr. 2012. 262, note Poisson ; Gaz. Pal. 2012. 3505, note L. Mayer.*

34. Notification par voie électronique non autorisée. Dans le sens qu'une notification entre avocats effectuée par voie électronique, alors que cette forme n'était pas autorisée, vaut formellement notification et se trouve soumise au droit commun des nullités, dont le prononcé suppose la preuve d'un grief, V. : • Civ. 2e, 16 oct. 2014 : *cité note 2 ss. art. 911.* ♦ Un acte de saisine signé électroniquement par un requérant, dont le recours à une signature électronique en procédure civile est réservé par l'art. 1er du Décr. no 2010-434 du 29 avr. 2010 aux actes accomplis par les auxiliaires de justice, ne saurait être annulé dès lors que le requérant comparaît à l'audience et que le défendeur ne prouve l'existence d'un grief. • Civ. 1re, 23 sept. 2020, no 19-12.894 P : *D. 2020. 1901 ; Dalloz IP/IT 2021. 106, obs. Crabières* (l'irrégularité liée à la signature électronique ne fait pas obstacle au jugement de l'affaire, car il incombe au requérant de réitérer la saisine en signant manuellement sa déclaration lors de l'audience).

3o INOBSERVATION DE DÉLAIS DE PROCÉDURE

35. Si l'art. 53 du Décr. du 20 juill. 1972 [art. 114 C. pr. civ.] prévoit que la nullité d'un acte de procédure ne peut être prononcée qu'à charge par celui qui l'invoque de prouver le grief que lui cause l'irrégularité même s'il s'agit d'une formalité substantielle ou d'ordre public, cette disposition ne concerne que les nullités de forme et n'est pas applicable à un délai fixé à peine de déchéance devant être prononcée d'office. • Soc. 20 févr. 1974 : *Bull. civ. V, no 129 ; D. 1974. IR 75 ; RTD civ. 1974. 456, obs. Perrot.*

4o INOBSERVATION DE RÈGLES RELATIVES AU DÉROULEMENT DE LA PROCÉDURE

36. Divorce. Lorsqu'il ne peut, en cours d'instance, être substitué à une demande fondée sur un des cas de divorce définis à l'art. 229 C. civ. une demande fondée sur un autre cas, viole l'art. 1077 C. pr. civ. l'arrêt qui, pour écarter l'exception présentée pour faire annuler une substitution prohibée, écarte la nullité au motif qu'il n'est justifié d'aucun grief, alors que la nullité encourue, ne sanctionnant pas un simple vice de forme, ne pouvait être couverte par l'absence de grief. • Civ. 2e, 1er juin 1987 : *Bull. civ. II, no 123 ; D. 1989. 211, note Massip.*

5o ABSENCE DE MOTIVATION EXIGÉE D'UN ACTE DE PROCÉDURE

37. Contredit. L'irrecevabilité pour non-motivation du contredit n'est pas une simple nullité pour vice de forme d'un acte de procédure, qui ne pourrait être prononcée que sur justification d'un grief. • Civ. 2e, 7 juin 1974 : *Bull. civ. II, no 185 ; RTD civ. 1974. 853, obs. Perrot.*

38. Opposition. Lorsqu'un texte prévoit l'irrecevabilité en cas d'absence de tout motif dans l'acte d'opposition saisissant la juridiction contentieuse, la critique tirée de la nullité d'un acte de procédure doit être considérée comme étrangère au litige. • Soc. 10 mai 1989 : *Bull. civ. V, no 356.*

D. CAS LÉGAUX

1o RÈGLES GÉNÉRALES

a. Notifications

39. Renvoi. V. art. 693 et les notes ss. ce texte.

40. Notification par le greffe. Il résulte des art. 536, 680 et 693 que l'acte de notification d'un jugement à une partie doit, à peine de nullité, indiquer de manière très apparente les délais d'opposition, d'appel ou de pourvoi en cassation dans le cas où l'une de ces voies de recours est ouverte, sans que la qualification inexacte du jugement ait un effet sur l'existence de ce voies de recours ; doit en conséquence être cassé l'arrêt qui déclare irrecevable comme tardif l'appel d'une décision qualifiée à tort de jugement par défaut et pour laquelle le secrétariat-greffe de la juridiction avait indiqué lors de la notification que la voie de recours ouverte était l'opposition. • Soc. 23 oct. 1984 : *Bull. civ. V, no 402 ; JCP 1985. II. 20472, note Joly.*

41. Signification. Selon les art. 654 et 655, la signification d'un acte d'huissier de justice doit être faite à personne et l'acte ne doit être délivré à domicile que si la signification à personne s'avère impossible ; l'art. 663 exige que l'huissier fasse mention dans son acte des formalités et diligences auxquelles donne lieu l'application de ces dispositions ; par suite est légalement justifié l'arrêt qui, pour annuler une signification faite à domicile élu, constate que cet acte ne contient aucune mention des raisons concrètes et précises qui auraient empêché la signification à personne, ni des diligences entreprises à cette fin, et que l'huissier n'a effectué aucune recherche utile à cet égard. • Civ. 2e, 9 févr. 1983 : *Bull. civ. II, no 37.* ♦ Le délai de pourvoi en cassation ne court pas lorsque la signification de la décision attaquée est irrégulière au regard des art. 654 à 656 ; tel est le cas d'une signification non faite à personne dès lors que l'acte ne mentionne pas, d'une part, les diligences préalables de l'huissier pour remettre cet acte à la personne même de son destinataire et l'impossibilité où il se serait trouvé d'effectuer une telle signification, d'autre part, les investigations concrètes de l'huissier pour s'assurer que le destinataire demeurait bien à l'adresse indiquée dans l'acte. • Civ. 1re, 12 janv. 1988 : *Bull. civ. I, no 3 ; Gaz. Pal. 1988. 2. Somm. 318, obs. Guinchard et Moussa.*

b. Déclaration d'appel

42. Renvoi. V. art. 901 et les notes ss. ce texte.

2° PAS DE NULLITÉ SANS TEXTE

a. Acte d'huissier

43. Signification d'un jugement. Aucun texte ne fait obligation à l'huissier de justice de mentionner dans l'acte de notification d'un jugement la juridiction territorialement compétente pour connaître du recours. • Civ. 2e, 17 déc. 1984 : *Bull. civ. II, n° 201 ; Gaz. Pal. 1985. 1. Somm. 83, obs. Guinchard ; RTD civ. 1985. 449, obs. Perrot.*

44. Injonction de payer. C'est à bon droit qu'une cour d'appel a estimé que la signification d'une ordonnance d'injonction de payer était régulière car le Décr. n° 52-1292 du 2 déc. 1952 n'assortit l'inobservation des formalités visées en son art. 6 d'aucune sanction et qu'aucun acte de procédure ne peut être déclaré nul pour vice de forme si la nullité n'en est pas expressément prévue par la loi ; le défaut de paraphe d'une mention marginale contenue dans un exploit d'huissier et qui fait partie du corps même de cet exploit ne constitue pas un manquement à une formalité substantielle ou d'ordre public. • Civ. 2e, 11 oct. 1989 : *Bull. civ. II, n° 172.*

b. Mesures d'instruction

45. Aucune disposition ne sanctionne de la nullité l'inobservation des obligations imposées par l'art. 238 au technicien commis. • Civ. 2e, 16 déc. 1985 : *Bull. civ. II, n° 197 ; D. 1986. 419, note Moussa.*

E. FORMALITÉS SUBSTANTIELLES OU D'ORDRE PUBLIC

46. Renvoi. V. notes 32, 44 et 68.

47. L'absence d'établissement d'un pré-rapport, en méconnaissance des termes de la mission d'expertise, constitue l'inobservation d'une formalité substantielle, sanctionnée par une nullité pour vice de forme qui ne peut être prononcée qu'à charge pour celui qui l'invoque de prouver le grief que lui cause l'irrégularité. • Civ. 2e, 29 nov. 2012, n° 11-10.805 P : *D. 2012. Actu. 2899 ; RTD civ. 2013. 172, note Perrot ; JCP 2013. 15, note Cholet ; Gaz. Pal. 9 mars 2013, p. 42, note Amrani Mekki ; Dr. et pr. 2013. 55, note Fricero ; 27 avr. 2013, p. 35, note Leducq ; JCP 2013. 519, obs. Amrani Mekki.*

III. CONDITION DU PRONONCÉ DE LA NULLITÉ

48. Auteur. Il résulte de l'art. 114, prévoyant qu'un acte ne peut être annulé qu'à charge pour celui qui l'invoque de prouver le grief que lui cause l'irrégularité, que seul le destinataire d'un acte est recevable à se prévaloir de la nullité de cet acte en raison d'une irrégularité de forme l'affectant. • Civ. 2e, 1er sept. 2016, n° 15-16.918 P.

A. EXISTENCE D'UN GRIEF

49. Notion. La notion de grief se confond avec celle de préjudice. • Civ. 2e, 18 janv. 1989 : *JCP 1989. II. 21286.*

1° CONTRÔLE OPÉRÉ

50. Recherche nécessaire. La nullité d'un acte de procédure ne peut être prononcée qu'à charge pour l'adversaire qui l'invoque de prouver le grief que lui cause l'irrégularité, même lorsqu'il s'agit d'une formalité substantielle ou d'ordre public ; encourt donc la cassation l'arrêt qui, pour déclarer recevable un appel formé hors délai, considère comme nulle la signification qui portait une date erronée du jugement entrepris et ce sans rechercher si cette irrégularité avait causé un grief à l'appelant. • Civ. 2e, 23 janv. 1975 : *Bull. civ. II, n° 24.* ♦ ... Ne peut être prononcée sans que soit justifié d'un préjudice l'irrecevabilité de l'appel d'un jugement de tribunal paritaire de baux ruraux en raison de l'irrégularité de l'acte d'appel, lequel contenait une injonction de comparaître par ministère d'avoué et n'indiquait pas une date de comparution, cette irrégularité n'étant pas une irrégularité de fond. • Civ. 2e, 15 oct. 1975 : *Bull. civ. II, n° 254 ; D. 1977. 125, note Cornu ; RTD civ. 1976. 618, obs. Perrot.* ♦ Doit être cassée la décision d'une cour d'appel qui, pour déclarer recevable l'appel, retient que l'acte de signification du jugement était nul pour n'avoir pas mentionné les investigations concrètes de l'huissier de justice pour vérifier l'exactitude de la demeure du destinataire, sans constater que l'irrégularité retenue avait causé un préjudice au destinataire. • Civ. 2e, 22 nov. 1989 : *Bull. civ. II, n° 211 ; Gaz. Pal. 1990. 2. Somm. 360, obs. Guinchard et Moussa.* ♦ Encourt la cassation l'arrêt qui, pour déclarer nulles une assignation et la procédure ultérieure, relève que l'huissier n'avait pas mentionné dans l'acte les diligences effectuées pour tenter de procéder à une signification à personne, et se borne à énoncer que le défendeur n'avait pas eu connaissance de la procédure, cette situation lui faisant grief, sans constater que cette partie qui demandait la nullité de l'acte justifiait d'un préjudice. • Civ. 2e, 3 mai 1990, n° 88-20.484 P. ♦ Manque de base légale l'arrêt d'une cour d'appel qui pour constater la nullité de l'assignation, prononcer la caducité de la déclaration d'appel et déclarer l'appel irrecevable, retient que le défendeur a été irrégulièrement assignée au domicile élu de son avocat de première instance, sans rechercher si le vice de forme ainsi constaté avait causé un grief au défendeur. • Civ. 2e, 22 mars 2018, n° 17-10.576 P : *D. actu. 10 avr. 2018, obs. Jourdan-Marques ; JCP 2018. 411, obs. Dorol ; Procédures 2018, n° 182, obs. Laporte ; Dr. et pr. 2018. 107, note Mourre-Schreiber.* ♦ V. aussi rappelant l'exigence de justification d'un grief s'agissant d'une irrégularité affectant la signification d'un acte au regard de la Conv. de La Haye du 15 nov. 1965 : • Civ. 2e, 8 févr. 2018, n° 17-10.451 : *Dr. et pr. 2018. 93, note Choquet.*

51. Précision requise. Un acte d'appel ne peut pas être annulé au seul motif que la fausse indication du domicile de l'appelant et le fait qu'il ne puisse faire état d'aucun domicile indispensable au déroulement normal de la procédure porteraient atteinte aux droit de l'intimé, sans préciser en quoi résidait le préjudice subi par celui-ci. • Civ. 2e, 31 janv. 1980 : *Bull. civ. II, n° 18.* ♦ Une cour d'appel qui, pour prononcer la nullité d'un acte d'appel, retient que la partie appelante y a indiqué une adresse inexacte puis une adresse qui n'était plus la sienne lorsqu'elle a été invitée à régulariser l'acte caractérise les difficultés d'identification de l'appelant et donc l'existence d'un grief. • Civ. 2e, 6 déc. 1989 : *Bull. civ. II, n° 218.* ♦ Les mentions de la déclaration d'appel sont exigées en vue d'assurer l'identification de la partie appelante et non pas l'exécution des décisions ; dès lors doit être cassé l'arrêt qui ne caractérise pas autrement le grief que l'irrégularité commise aurait causé aux intimés. • Civ. 2e, 15 avr. 1991, n° 89-21.864 P. ♦ Se détermine par une énonciation générale et imprécise ne constituant pas une motivation permettant à la Cour de cassation d'exercer son contrôle sur l'existence d'un grief la cour d'appel qui se borne à énoncer que la condition de remise au détenteur de l'objet saisi, préalablement à l'exécution de la saisie-contrefaçon, de la copie de l'ordonnance autorisant ladite saisie-contrefaçon a pour objet de permettre au détenteur saisi de vérifier avant tout début d'exécution la régularité de la mission de l'huissier, de connaître exactement cette mission, de contrôler au cours des opérations que l'huissier instrumentaire et ceux qui l'assistent ne dépassent pas le cadre de cette mission et, le cas échéant, de s'opposer à toutes opérations non autorisées, et qu'il s'ensuit que l'inobservation de cette exigence cause nécessairement un grief au détenteur de l'objet saisi, obligé, en ce cas, de subir passivement les opérations de saisie. • Civ. 2e, 29 mai 1991, n° 90-10.713 P : *D. 1992. Somm. 121, obs. Julien.*

52. Pouvoir souverain. Il ne saurait être fait grief à un arrêt d'avoir, pour déclarer un appel irrecevable, refusé d'annuler, faute de justification du grief causé par l'irrégularité, une signification mentionnant, au lieu du dernier domicile connu, une adresse erronée, dès lors qu'en relevant que l'appelant avait dissimulé ses changements d'adresse à son adversaire et s'était volontairement placé dans une situation entraînant la méconnaissance d'une procédure dont il se désintéressait, la cour d'appel a souverainement apprécié qu'il était malvenu à invoquer un grief imputable à son propre comportement. • Civ. 2e, 15 oct. 1981 : *Bull. civ. II, n° 189 ; Gaz. Pal. 1982. 1. 24, note Viatte.* ♦ La notion de grief visée à l'art. 114 ne comporte aucune restriction et la cour d'appel apprécie souverainement l'existence du préjudice. • Civ. 2e, 21 oct. 1982 : *Bull. civ. II, n° 129 ; D. 1983. IR 139, obs. Julien.* ♦ L'irrégularité de la désignation du défendeur par l'enseigne sous laquelle cette partie exerce son activité étant un vice de forme, c'est par une exacte application de l'art. 114 que la cour d'appel, après avoir souverainement relevé que cette partie avait elle-même suscité cette erreur et ne justifie pas de l'existence d'un grief, retient que la nullité des assignations ne peut être prononcée. • Civ. 2e, 17 avr. 2008, n° 07-15.266 P. ♦ Les juges du fond disposent d'un pouvoir d'appréciation souverain pour caractériser le grief causé à la victime d'une irrégularité de forme touchant un acte de procédure. Un tel grief est constitué lorsque le défaut d'indication de l'adresse de l'appelante dans l'acte de saisine de la cour d'appel porte atteinte aux principes d'un procès équitable et rompt l'égalité des armes entre les parties. • Civ. 2e, 19 nov. 2014 : *Dalloz jurisprudence.*

53. Limite. Encourt la cassation l'arrêt qui, pour refuser d'annuler une assignation en référé aux fins d'expertise délivrée à une société à une adresse qui n'était pas celle de son siège social, énonce, tout en constatant ce vice, que la société n'a pas subi de préjudice puisqu'elle a été présente à l'expertise, et que l'ordonnance de référé n'a pas préjudicié aux droits des parties, alors que la société soutenait que le vice dont l'acte était atteint l'avait privée du droit de faire valoir ses moyens pour s'opposer, en première instance, à ce que l'expertise fût ordonnée. • Civ. 2e, 13 mai 1981 : *Bull. civ. II, n° 121.* ♦ Viole les art. 114, 680 et 693 l'arrêt qui, pour écarter la nullité de la signification d'un jugement faite à l'étranger, tout en constatant que l'acte indiquait à tort que le délai d'appel était d'un mois sans mentionner la prolongation de ce délai prévue par l'art. 643, retient que l'appel a été formalisé plus de deux mois après l'expiration du délai réel d'appel et que l'appelant n'explique pas pour quelle raison la mention d'un délai d'appel réduit l'aurait incité à relever appel tardivement pour en déduire qu'il ne rapporte pas la preuve du grief que lui a causé l'irrégularité, alors que la preuve du grief résultait du fait même que l'irrégularité commise avait eu pour effet de persuader l'appelant qu'il était forclos à l'expiration du délai d'un mois à compter de la signification. • Civ. 2e, 4 juin 1986 : *Bull. civ. II, n° 87 ; Gaz. Pal. 1987. 1. Somm. 41, obs. Guinchard et Moussa.* ♦ Ne donne pas de base légale à sa décision la cour d'appel qui, pour annuler un acte d'appel, retient que la société appelante avait quitté définitivement et complètement les lieux situés à l'adresse mentionnée dans la déclaration d'appel et n'avait pas fait connaître son nouveau siège social, et que la fausse indication de son domicile causait un grief à l'adversaire qui n'avait pu faire exécuter que partiellement le jugement déféré et qui rencontrerait les mêmes difficultés pour faire signifier et exécuter l'arrêt à intervenir, alors que, pour l'application de l'art. 901, une société est réputée conserver son siège social au lieu fixé par les statuts et publié au registre du commerce tant qu'elle n'a pas fait le choix d'un nouveau siège social et sous réserve de la preuve de son caractère fictif ou frauduleux, et alors que les mentions de la déclaration sont exigées en vue d'assurer l'identification de la partie appelante et non pas l'exécution de la décision dont appel. • Civ. 2e, 20 avr. 1988 : *Bull. civ. II, n° 93 ; Gaz. Pal. 1988. 2. Somm. 490, obs. Croze et Morel ; RTD civ. 1988. 577, obs. Perrot.*

54. Lien entre l'irrégularité et le préjudice. La nullité d'un acte de procédure ne peut être prononcée que sur la justification du grief causé par l'irrégularité elle-même ; par suite, encourt la cassation l'arrêt qui, pour annuler un acte d'appel, retient un préjudice résultant seulement d'irrégularités antérieures à celui-ci. • Civ. 2e, 10 déc. 1980 : *Bull. civ. II, n° 262 ; D. 1983. IR 139, obs. Julien.* ♦ Ne donne pas de base légale à sa décision la cour d'appel qui prononce la nullité d'une déclaration d'appel, sans caractériser l'inexactitude de l'adresse indiquée par l'appelant et la corrélation pouvant exister entre l'irrégularité prétendue et le préjudice qu'aurait éprouvé l'intimé dans le déroulement de la procédure ultérieure. • Civ. 2e, 17 juill. 1985 : *Bull. civ. II, n° 140.* ♦ Des motifs tirés du préjudice causé par l'action en justice sont impropres à caractériser le grief résultant du vice de forme. • Cass., ch. mixte, 22 févr. 2002, n° 00-19.639 P : *BICC 1er avr. 2002, p. 4, avis de Gouttes et note Peyrat ; R. 2002, p. 491 ; D. 2002. 2083, note Racine ; RTD civ. 2002. 358, obs. Perrot ; Rev. huiss. 2002. 230, note Fricero ; Procédures 2002, n° 69, note Perrot ; ibid. 73, note Croze ; BJS 2002. 688 et 663, chron. Cholet ; Rev. sociétés 2002. 293, note Chartier ; Dr. sociétés 2002, n° 168, note Bonneau.* ♦ Ne donne pas de base légale à sa décision au regard de l'art. 114 la cour d'appel qui ne recherche pas, ainsi qu'elle y était invitée, si l'irrégularité de la signification du jugement avait été la cause de la tardiveté de l'appel et avait ainsi causé un grief au plaideur. • Civ. 1re, 6 janv. 2004 : *Procédures 2004, n° 70, note Perrot.*

55. Irrégularité manifeste. Il ne peut être fait grief à une cour d'appel d'avoir déclaré que l'appel signifié à l'intimé ès-qualités de président-directeur général d'une société avait été valablement dirigé contre cette partie prise personnellement, dès lors que l'arrêt avait retenu que, dans les circonstances de la cause, les mots « ès-qualités » constituaient une erreur purement matérielle, inspirée par les mentions figurant sur les actes précédemment signifiés, à l'initiative de cette partie elle-même qui avait indiqué sa profession, qu'il avait relevé que cette partie n'avait pu se méprendre sur la qualité en laquelle elle se trouvait attraite devant la cour d'appel qui était à l'évidence celle en laquelle elle avait été partie, en première instance, qu'enfin, elle n'avait pas apporté la preuve, qui lui incombait, du grief que lui aurait causé l'irrégularité qu'elle alléguait. • Com. 25 avr. 1977 : *Bull. civ. IV, n° 111.* ♦ Il ne saurait être reproché à un arrêt d'avoir rejeté l'exception de nullité de la signification d'un jugement et déclaré irrecevable l'appel formé par une société contre ce jugement, dès lors que l'arrêt, après avoir relevé que l'irrégularité dénoncée était tellement manifeste qu'elle ne pouvait échapper à l'attention, retient qu'il n'est pas établi que cette irrégularité ait causé à la société un grief que celle-ci ne précise même pas. • Civ. 2e, 20 nov. 1985 : *Bull. civ. II, n° 175 ; Gaz. Pal. 1986. 2. Somm. 322, obs. Guinchard et Moussa.*

2° PREUVE

56. Charge de l'adversaire. Celui qui invoque une irrégularité doit prouver le grief qu'elle lui cause ; une partie ne saurait, par suite, faire grief à un arrêt d'avoir déclaré son appel irrecevable comme tardif, dès lors qu'elle n'a pas soutenu, dans ses conclusions, que les irrégularités invoquées de la signification de la décision attaquée étaient liées à la tardiveté de son appel et lui avaient causé un préjudice. • Civ. 2e, 16 juill. 1982 : *Bull. civ. II, n° 107 ; D. 1983. IR 139, obs. Julien.* ♦ L'appelant qui se borne, devant la cour d'appel, à soutenir que du fait de l'absence de délivrance de l'assignation à son domicile, il n'a pu faire valoir ses moyens devant les premiers juges et s'est trouvé privé d'un degré de juridiction, sans expliciter le lien existant entre les prétendues irrégularités des significations et tant son défaut de comparution devant le tribunal que la tardiveté de son appel, ne peut reprocher à l'arrêt d'avoir déclaré ces significations régulières et en conséquence l'appel irrecevable comme tardif. • Civ. 2e, 10 juill. 1991, n° 90-13.671 P : *RTD civ. 1992. 637, obs. Perrot.* ♦ L'acte de notification d'un arrêt qui n'est ni daté ni signé et ne mentionne pas la date de l'arrêt notifié ne peut être annulé qu'à charge pour celui qui invoque la nullité de cet acte de prouver le grief que lui causent ces irrégularités. • Soc. 16 déc. 1992, n° 89-45.724 P. ♦ Lorsque les omissions dénoncées sont de pure forme et que celui qui les invoque n'allègue aucun grief, la nullité de l'acte de signification ne peut être prononcée. • Com. 2 févr. 1993, n° 90-21.182 P. ♦ Un acte d'appel indiquant, non le domicile personnel de l'intimé mais l'adresse de la société où ce dernier était employé, c'est à bon droit qu'une cour d'appel écarte le moyen de nullité de la déclaration d'appel en retenant que l'intimé avait constitué avoué et avait pu se défendre sur l'appel du jugement et qu'il se bornait à invoquer la possibilité de bénéficier de la faculté prévue à l'art. 924, sans définir concrètement le préjudice en résultant pour lui. • Civ. 2e, 25 nov. 2004, n° 02-12.829 P.

57. Renversement. Procède à un renversement de la charge de la preuve et viole, en conséquence, l'art. 114 la cour d'appel qui, pour déclarer nulle une assignation, et la procédure ultérieure, après avoir relevé que l'huissier de justice n'avait pas mentionné dans l'acte les diligences effectuées pour tenter de procéder à une signification à personne, se borne à énoncer qu'il n'est nullement établi que le défendeur ait eu connaissance de la procédure et en déduit que cette situation lui fait grief, sans constater que le défendeur, qui demandait la nullité de l'acte, justifiait d'un préjudice. • Civ. 2e, 3 mai 1990, n° 88-20.484 P.

58. Office du juge. Le prononcé de la nullité d'un acte de procédure pour vice de forme est subordonné à la preuve par l'adversaire du grief que lui cause l'irrégularité ; les juges du fond sont tenus de constater si ladite preuve est ou non rapportée ; en procédant à cette constatation, ils ne relèvent en aucune façon un moyen d'office et ils ne sont donc pas tenus d'en avertir les parties. • Civ. 2e, 16 oct. 1974 : *Bull. civ. II, n° 269 ; RTD civ. 1975. 365, obs. Perrot.* ♦ Comp. : il appartient à la partie qui invoque la nullité d'un acte de procédure de préciser et de prouver le grief que lui cause l'irrégularité et une cour d'appel ne peut retenir d'office un grief non invoqué. • Civ. 3e, 9 mars 1994, n° 91-16.941 P. ♦ La nullité d'un acte de procédure ne peut être prononcée pour vice de forme qu'à charge pour celui qui l'invoque de prouver le grief que lui cause l'irrégularité ; en statuant d'office, alors qu'il appartenait au plaideur de préciser et de prouver le grief que lui causait l'irrégularité invoquée, la cour d'appel a violé l'art. 114. • Civ. 3e, 22 mars 1995, n° 93-18.111 P : *Rev. huiss. 1995. 821, obs. R. Martin* (à propos de la notification par le bailleur d'une proposition d'un nouveau loyer ne comportant pas les mentions exigées par les art. 17 et 19 de la loi du 6 juill. 1989).

3° CONSÉQUENCE

59. *Encourt la cassation* l'arrêt qui refuse sans motif de prononcer l'annulation, demandée par le défendeur, de l'exploit introductif d'instance qui n'avait pas respecté le délai de comparution de huit jours prévu par les textes, ce qui avait eu pour conséquence d'empêcher cette partie d'organiser sa défense devant le tribunal de commerce. • Com. 22 déc. 1975 : *Bull. civ. IV, n° 311.* ♦ La décision qui refuse de prononcer la nullité d'un acte de procédure pour vice de forme doit constater que celui qui l'invoque n'a pas prouvé le grief que lui cause l'irrégularité. • Civ. 2e, 21 oct. 1976 : *Bull. civ. II, n° 285 ; RTD civ. 1977. 633, obs. Perrot.*

60. Étendue de la nullité. La constatation de l'existence d'un grief emporte la nullité de l'acte en son entier. • Civ. 2e, 25 nov. 2004, n° 02-12.829 P (une cour d'appel ne peut, après avoir annulé une assignation en ce quelle poursuivait des propos diffamatoires, considérer que le grief relatif à ce chef de la poursuite n'avait pas eu d'incidence sur la poursuite des injures).

B. ILLUSTRATIONS

61. Congé. La nullité d'un congé avec offre de vente, délivré, en application de l'art. 15-II de la loi du 6 juill. 1989, par lettre recommandée avec demande d'avis de réception, ne peut être prononcée pour vice de forme que si, conformément à l'art. 114, celui qui l'invoque justifie d'un grief. • Civ. 3e, 15 mai 2008, n° 07-10.243 P : *Dr. et pr. 2008. 268, note Haïk* • 24 juin 2008 : *Dr. et pr. 2008. 268, note Haïk.*

62. Acte d'huissier de justice. Il résulte de la combinaison des art. 114 et 648 que la nullité sanctionnant l'absence de date sur un acte d'huissier de justice est une nullité de forme qui ne peut être prononcée qu'à charge pour celui qui l'invoque de prouver le grief que lui cause cette irrégularité. • Civ. 2e, 9 févr. 1983 : *Bull. civ. II, n° 36 ; Gaz. Pal. 1983. 1. Somm. 177, obs. Guinchard* • 12 déc. 1990, n° 89-18.876 P : *Gaz. Pal. 1991. 1. Pan. 107.*

63. SCP. Si, dans les actes signifiés par une société civile professionnelle doit figurer, à peine de nullité, l'indication des nom et prénom de l'huissier qui a instrumenté, l'omission de cette mention constitue une irrégularité de forme qui n'est sanctionnée par la nullité de l'acte que s'il en résulte un grief pour l'intéressé. • Civ. 2e, 7 nov. 2002, n° 01-00.379 P : *D. 2002. IR 3185 ; Dr. et pr. 2003. 115, note Hoonakker ; Gaz. Pal. 30 mars-1er avr. 2003, p. 31, obs. du Rusquec.* ♦ Dans les actes établis par une société civile professionnelle d'huissier de justice, doit figurer, à peine de nullité, l'indication des nom et prénom de l'huissier qui a instrumenté ; l'omission de cette mention constitue une irrégularité de forme qui n'est sanctionnée par la nullité de l'acte que s'il en résulte un grief. • Civ. 2e, 27 mai 2004, n° 02-20.160 P : *D. 2004. IR 1860* .

64. Procès-verbal de saisie-vente. L'omission de la signature de l'huissier de justice sur le procès-verbal de saisie-vente constitue un vice de forme ; l'acte n'est pas nul si l'irrégularité alléguée n'a causé aucun grief au saisi. • Civ. 2e, 15 janv. 2009 : *D. 2010. Pan. 1307, obs. Leborgne ; Procédures 2009, n° 79, note Perrot.*

65. Commandement d'avoir à libérer des locaux. Le défaut d'indication, dans le commandement d'avoir à libérer les locaux, de la date à laquelle ceux-ci devront être libérés, constitue une irrégularité de forme au sens de l'art. 114. • Civ. 2e, 8 févr. 2007, n° 05-20.936 P : *Procé-*

dures 2007, n° 164, note Perrot ; Dr. et pr. 2007. 225, obs. Salati.

66. Délivrance d'une assignation. Absence de grief lorsqu'une société étrangère, assignée devant un tribunal français par un acte introductif d'instance dont copie lui est parvenue par la voie diplomatique sans que l'huissier lui ait adressé par lettre recommandée une copie certifiée conforme, a pu se faire représenter à l'audience fixée et, ayant obtenu une remise, a disposé d'un délai suffisant pour assurer sa défense. • Civ. 1re, 15 oct. 1975 : *Bull. civ. I, n° 275.* ♦ L'inobservation de l'augmentation du délai de l'assignation à raison des distances constitue une violation d'une règle de forme ; dès lors fait, à bon droit, application de l'art. 114 la cour d'appel qui refuse de prononcer la nullité de l'acte en relevant l'absence de preuve de l'existence d'un grief. • Com. 15 oct. 1980 : *Bull. civ. IV, n° 337 ; D. 1982. IR 169, obs. Julien ; RTD civ. 1981. 208, obs. Perrot* (temps suffisant pour préparer la défense). ♦ Quelle que soit la gravité des irrégularités alléguées, seuls affectent la validité d'un acte de procédure, soit les vices de forme faisant grief, soit les irrégularités de fond limitativement énumérées par l'art. 117 ; il s'ensuit qu'une assignation destinée à une personne morale et délivrée non pas à son siège social mais au domicile de ses associés et gérants est valable, la cour d'appel ayant retenu que ceux-ci en avaient eu immédiatement connaissance et que la société n'établissait pas de grief relatif à ce mode de délivrance. • Civ. 3e, 24 oct. 2007, n° 06-19.379 P : *D. 2007. AJ 2812 ; Procédures 2007, n° 272, note Perrot.*

67. Déclaration au greffe. Un tribunal d'instance, qui constate la présence du demandeur à l'audience où celui-ci a soutenu les termes de la lettre par laquelle il avait saisi cette juridiction, peut décider que le défaut de signature de ce document ne constitue qu'un vice de forme à l'égard duquel la partie défenderesse n'a prouvé ni même invoqué aucun grief. • Soc. 20 déc. 1988 : *Bull. civ. V, n° 671.*

68. Déclaration d'appel. Lorsque deux jugements ont été rendus à la même date, par le même tribunal, entre les mêmes parties, mais sur des litiges différents par leur objet, et que l'acte d'appel de l'une des parties a été signifié à l'autre sans préciser laquelle des deux décisions était attaquée, la cour d'appel a pu estimer que si l'acte d'appel était entaché d'une irrégularité constituée par l'omission d'une formalité substantielle, l'intimé ne rapportait pas la preuve d'un grief que lui aurait causé cette irrégularité, *après avoir observé d'une part*, qu'un exploit d'assignation notifié par l'appelant à l'intimé, postérieurement à l'acte d'appel, avait eu pour résultat d'informer ce dernier avec exactitude de la position adoptée par son adversaire et de faire, par suite, cesser l'équivoque dans laquelle l'acte d'appel avait pu le laisser ; d'autre part, que cet intimé, qui était lui-même appelant de l'un des jugements, s'y était d'autant moins trompé qu'il avait accepté que les deux litiges soient débattus à la même audience et avait conclu à leur jonction. • Civ. 2e, 17 juill. 1974 : *Bull. civ. II, n° 232 ; RTD civ. 1975. 157, obs. Perrot.* ♦ L'appel formé par une personne morale peut être déclaré recevable bien que l'acte d'appel n'indique son siège social que par la seule indication de la ville, dès lors qu'il est relevé que la déclaration d'appel contient les mentions légales requises et que l'intimé n'a pu avoir aucun doute sur la personne morale au nom de laquelle cette déclaration était faite. • Civ. 2e, 22 juin 1978 : *Bull. civ. II, n° 167.* ♦ Statuant sur la recevabilité d'une déclaration d'appel dirigée contre le directeur régional d'une société, la cour d'appel, après avoir exactement relevé que l'acte d'appel avait bien été établi au nom de la personne morale intimée, tout en contenant l'indication erronée de sa succursale de province au lieu de son siège social et que l'indication de la personne représentant cette personne morale était superflue, énonce à bon droit qu'une telle irrégularité constitue un vice de forme ; ayant souverainement relevé que l'irrégularité n'avait causé aucun préjudice à la personne morale intimée puisque celle-ci, sur la déclaration d'appel, avait aussitôt constitué avoué et conclu au nom de son président-directeur général, en indiquant son siège social, c'est à juste titre que la cour d'appel a déclaré l'appel recevable. • Civ. 2e, 9 janv. 1985 : *Bull. civ. II, n° 6.*

69. Déclaration de pourvoi. Si la société qui a indiqué dans la déclaration de pourvoi avoir son siège social dans un lieu a mentionné dans le mémoire ampliatif qu'elle avait son siège en un autre lieu, le défendeur en cassation qui a régulièrement comparu et fait valoir ses droits ne peut se prévaloir utilement de la nullité du mémoire ampliatif. • Soc. 14 janv. 1988 : *Bull. civ. V, n° 45.*

70. Déclaration de saisine de la juridiction de renvoi. L'exécution d'une décision de justice étant le prolongement nécessaire de celle-ci, l'identification d'une partie en justice dans le cadre de l'instance aboutissant au prononcé de celle-ci est également destinée à permettre l'exécution de celle-ci, et l'absence ou l'inexactitude de la mention du domicile dans l'acte d'appel sur lequel s'aligne l'acte de saisine après renvoi de cassation est une cause de nullité de forme de nature à faire grief s'il est justifié qu'il nuit à l'exécution du jugement ou de l'arrêt à intervenir. • Civ. 2e, 4 mars 2021, n° 19-13.344 P : *D. actu. 29 mars 2021, note Maugain.* ♦ Une cour d'appel exerçait son pouvoir souverain d'appréciation de l'existence d'un grief, qu'elle a caractérisé en jugeant que l'irrégularité affectant l'adresse avait privé une banque de la possibilité effective de faire procéder à des mesures conservatoires sur des biens susceptibles d'être détenus par deux cautions condamnées à son profit en première instance et que la dissimulation par ces dernières de leur véritable adresse à l'occasion de l'exécution d'une précédente décision de justice et la révélation de leur véritable adresse dans l'instance en cours qu'après l'introduction de l'incident de nullité étaient de nature à exclure que l'inexactitude de leur adresse sur l'acte de saisine fût fortuite mais révélaient la difficulté qu'ils avaient entretenue quant à leur identification et qui faisait grief, celui-ci n'ayant pas été couvert par la seconde déclaration de saisine du 18 mai 2018. • Même décision. ♦ Comp. jugeant que les juges du fond qui constatent que si la lettre de déclaration de saisine de la juridiction de renvoi ne porte pas dans son texte même les mentions exigées par l'art. 1033, toutes ces mentions figurent sur les documents dont elle est accompagnée, et que la teneur de l'acte de signification de l'arrêt de renvoi, joint à la déclaration, exclut toute ambiguïté quant à la détermination des parties ayant saisi la juridiction de renvoi, décident à bon droit qu'à défaut de justifier d'un grief, la partie adverse n'est pas fondée à se prévaloir de l'irrégularité de l'acte de saisine : • Soc. 20 févr. 1991, n° 87-41.016 P : *D. 1991. IR 78.*

71. Opposition. Le défaut de motivation de l'opposition constitue un simple vice de forme qui ne peut entraîner la nullité de l'acte que s'il en est résulté un grief pour l'adversaire. • Aix-en-Provence, 5 juill. 1984 : *Gaz. Pal. 1985. 1. 399, note Dureuil ; RTD civ. 1985. 619, obs. Perrot* (à propos de l'art. 574).

72. Signification. Un plaideur ne saurait se prévaloir de la nullité pour vice de forme d'un acte de signification d'un jugement contenant la mention erronée selon laquelle celui qui entend relever appel d'une décision doit charger un huissier de justice d'assigner son adversaire devant la cour, dans la mesure où les juges du fond ont constaté que l'intéressé n'avait été ni induit en erreur sur la durée d'exercice de la voie de recours, ni trompé sur ses modalités et, en conséquence, déduit qu'il n'apportait pas la preuve d'un préjudice. • Soc. 22 avr. 1982 : *Bull. civ. V, n° 260.* ♦ L'irrégularité tenant à l'omission de la mention de la formule exécutoire sur la copie d'un jugement d'adjudication, dont le caractère exécutoire n'est pas contesté, signifiée aux débiteurs saisis dont l'expulsion est sollicitée, constitue une irrégularité de forme ne pouvant entraîner la nullité de la signification qu'au cas où elle a causé à ces derniers un grief. • Civ. 2e, 11 févr. 2010, n° 09-65.404 P : *D. 2010. AJ 589 ; Procédures 2010, n° 116, note Perrot.*

73. Notification. Dès lors qu'il n'est pas contesté que la notification de la photocopie d'une décision de justice reproduit intégralement le jugement signé par le président et le secrétaire-greffier du conseil de prud'hommes dont il émane, l'absence de la signature du secrétaire-greffier et du sceau de la juridiction, tant sur ladite photocopie que sur l'acte portant notification de celle-ci, n'affecte pas l'existence de cette notification mais constitue des vices de forme ; a en conséquence légalement justifié sa décision la cour d'appel qui énonce que la partie destinataire ne pouvait soutenir que ces vices l'avaient empêchée d'interjeter appel en temps utile dans la mesure où l'acte de notification mentionnait clairement le délai d'appel et précisait les modalités d'exercice de ce recours, ce dont il résultait que les irrégularités invoquées n'avaient causé aucun grief. • Soc. 13 mai 1986 : *Bull. civ. V, n° 214.* ♦ Il résulte de l'art. 114 applicable en vertu de l'art. 694 aux nullités des notifications, que la nullité ne peut être prononcée qu'à charge pour celui qui l'invoque de prouver le grief que lui cause l'irrégularité ; la société qui a déposé un mémoire en défense répondant au mémoire ampliatif qu'elle indique lui avoir été simplement transmis par l'intermédiaire de son conseil, ne peut exciper d'un grief né de l'absence de notification dans les formes prévues à l'art. 1005. • Soc. 6 mars 2002 : *Gaz. Pal. 12-14 janv. 2003, p. 31, obs. Perdriau.* ♦ Justifie sa décision d'écarter le moyen tiré de la nullité de la procédure la cour d'appel qui relève que le dirigeant, régulièrement assigné en paiement des dettes sociales, avait reçu une convocation mentionnant sans équivoque l'obligation d'avoir à se présenter en personne pour être entendu en chambre du conseil et qu'il n'invoquait aucun grief découlant du fait que cette convocation avait été faite par voie de notification et non par acte d'huissier de justice. • Com. 24 avr. 2007, n° 06-10.273 P : *D. 2007. AJ 1267, obs. Lienhard ; ibid. Pan. 2427, obs. Fricero ; JCP 2007. II. 10122, note I. Pétel-Teyssié ; Dr. et pr. 2007. 274, note Salati.* ♦ Comp. jugeant qu'il résulte des art. 6 de la L. du 27 déc. 1923 et 1er de l'Ord. du 2 nov. 1945, qu'à peine de nullité seuls les huissiers de justice ont qualité pour signifier les actes et exploits et qu'ayant exactement énoncé que l'art. R. 311-7 C. pr. exéc. impose que la notification d'un jugement tel que celui frappé d'appel soit faite par voie de signification, c'est-à-dire par un acte d'huissier de justice, et relevé que la notification faite par le greffe à la banque ne satisfaisait pas à cette exigence, c'est à bon droit que la cour d'appel, retenant l'absence de signification régulière du jugement à la banque, a décidé que l'appel de cette dernière était recevable. • Civ. 2e, 3 sept. 2015, n° 14-18.287 P : *D. 2015. Actu. 1772 ; ibid. 2016. Chron. 737, obs. Adida-Canac, Vasseur et de Leiris ; Gaz. Pal. 3 oct. 2015, p. 19, note Lauvergnat ; RLDC nov. 2015, p. 60, obs. Bléry.*

74. Société anonyme. Ayant constaté que le recours avait été formé par une société « agissant poursuites et diligences de son président du conseil d'administration, en tant que représentant légal », que la société en cause était une société anonyme à directoire et conseil de surveillance, et alors que la contestation ne portait que sur la dénomination du représentant légal et non sur ses pouvoirs, la cour d'appel a pu considérer que cette mention ne pouvait faire grief à l'autre partie. • Civ. 1re, 5 oct. 1999, n° 95-17.030 P.

Art. 115 **La nullité est couverte par la régularisation ultérieure de l'acte si aucune forclusion n'est intervenue et si la régularisation ne laisse subsister aucun grief.**

1. Renvois. Pour la régularisation des exceptions de nullité pour vice de fond, V. art. 121 et les notes ss. ce texte ; pour la régularisation des fins de non-recevoir, V. art. 126 et les notes ss. ce texte.

1° RÉGULARISATION DE L'ACTE INTRODUCTIF D'INSTANCE

2. Admission du principe. V. • Paris, 10 juill. 1978 : *Gaz. Pal. 1979. 1. Somm. 64* (nullité d'un acte pour défaut de mention du siège social couverte par les conclusions ultérieures, signifiées avant l'ordonnance de clôture).

3. Domaine d'application. Les dispositions de l'art. 115 s'appliquent en matière fiscale pour la procédure suivie devant le TGI. • Com. 1er déc. 1987 : *JCP 1988. IV. 55.* ♦ V. également, • Paris, 30 juin 1994 : *D. 1995. 71, concl. Fortin* (sur l'application de l'art. 115 à une expertise ordonnée par le juge pénal statuant sur les intérêts civils).

a. Devant le bureau de jugement du conseil de prud'hommes

4. Absence de préliminaire de conciliation. Échappe à la nullité pour absence de conciliation préalable le jugement du conseil de prud'hommes duquel il ressort que les parties ont été invitées à s'expliquer sur le fond et qu'il ne subsistait aucun grief. • Soc. 18 nov. 1998 : *Bull. civ. V, n° 507.*

5. Absence de mise en cause de l'autorité de tutelle devant le bureau de conciliation. Le défaut de mise en cause du préfet par des salariées demanderesses dans l'instance engagée contre leur employeur la CPAM constitue un vice de forme soumis aux dispositions de l'art. 115 ; en application de cet article, la nullité résultant de l'absence de mise en cause de l'autorité de tutelle devant le bureau de conciliation est couverte par sa convocation devant le bureau de jugement qui peut toujours concilier les parties ; dès lors, viole les art. 117 et 115 C. pr. civ. ainsi que l'art. R. 123-3 CSS la cour d'appel qui prononce la nullité de la procédure et des jugements, alors qu'elle avait constaté qu'à la demande des salariées, le préfet de région avait été appelé en la cause devant le bureau de jugement, de sorte que la procédure avait été régularisée avant que les premiers juges se prononcent sur le litige. • Soc. 16 avr. 2008, n° 06-44.539 P : *JCP S 2008. 1418, note Tauran ; Gaz. Pal. 5 févr. 2009, jur. p. 21.*

b. A hauteur d'appel

6. Absence de mise en cause de l'autorité de tutelle devant le conseil de prud'hommes. Le défaut de mise en cause du préfet de région ne constituant qu'un vice de forme, la nullité qui en résulte peut être couverte en tout état de la procédure, par une régularisation, en application de l'art. 115 ; viole ce texte la cour d'appel qui prononce la nullité de la procédure, alors que le préfet, qui n'avait pas été appelé à l'instance prud'homale, avait été appelé à l'instance se poursuivant devant elle. • Soc. 27 janv. 2010, n° 08-44.098 P : *JCP S 2010, n° 1108, note Brissy ; BICC 15 juin 2010, n° 931.*

2° RÉGULARISATION DE LA DÉCLARATION D'APPEL

7. Absence de forclusion. La déclaration d'appel entachée de nullité ne peut être régularisée qu'avant l'expiration du délai de recours. • Amiens, 5 déc. 1975 : *JCP A 1975. IV. 6508, obs. J. A.* ♦ V. cep. • Paris, 20 mars 1985 : *Bull. ch. avoués 1985. 50* (admettant une régularisation hors délai, à propos d'une déclaration d'appel comportant une erreur matérielle sur la date de la décision attaquée).

8. Persistance du grief. La nullité de l'acte d'appel contenant une fausse indication du siège social ne peut être couverte par les conclusions ultérieures donnant l'adresse exacte, dès lors que cette régularisation laisse subsister le grief. • Paris, 12 juill. 1978 : *JCP 1978. II. 18993, note J. A.* (société ayant déménagé clandestinement au cours de la procédure de première instance, cherchant ainsi à rendre impossible l'exécution du jugement) ♦ Les mentions de la déclaration d'appel étant exigées en vue d'assurer l'identification de l'appelant, l'annulation n'en peut être prononcée que si la régularisation laisse subsister un préjudice à cet égard ; est donc insuffisant le constat des difficultés qu'avait, avant la régularisation, éprouvées l'intimé pour retrouver l'appelant. • Civ. 2e, 13 juin 1990, n° 88-19.828 P : *D. 1991. 336, note Du Rusquec* .

3° RÉGULARISATION DE LA DÉCLARATION DE POURVOI

9. Défaut de pouvoir spécial. Lorsque le mandataire qui procède à la déclaration du pourvoi n'a pas produit le pouvoir spécial qu'exige l'art. 984, il peut être procédé à une nouvelle déclaration dans le délai imparti par l'art. 612. • Soc. 19 avr. 1989 : *Bull. civ. V, n° 286.*

4° RÉGULARISATION EN CAS DE JONCTION D'INSTANCES

10. Possibilité. V. • Soc. 30 janv. 2008 : *Procédures 2008, n° 18, obs. Croze* (régularisation intervenue dans une instance jointe à celle comportant la cause de nullité).

Art. 116 **La sanction de l'inobservation d'une formalité de procédure antérieure aux débats est soumise aux règles prévues à la présente sous-section.**

SOUS-SECTION 2 LA NULLITÉ DES ACTES POUR IRRÉGULARITÉ DE FOND

Art. 117 **Constituent des irrégularités de fond affectant la validité de l'acte :**

Le défaut de capacité d'ester en justice ;

Le défaut de pouvoir d'une partie ou d'une personne figurant au procès comme représentant soit d'une personne morale, soit d'une personne atteinte d'une incapacité d'exercice ;

Le défaut de capacité ou de pouvoir d'une personne assurant la représentation d'une partie en justice.

BIBL. ▸ ATIAS, *D. 2008. Chron. 2241* (étrange position procédurale de la personne morale en cas de défaut de pouvoir de son représentant). – D. BACHASSON, *Gaz. Pal. 11-12 déc. 1998, p. 2* (représentation du débiteur et des créanciers dans les procédures collectives). – GIBIRILA, *RJDA 2006. 915* (incapacité d'ester en justice d'une société en formation : enjeux). – MANCIAUX, *RG proc. 1999. 153* (représentation en justice des personnes morales de droit privé). – MARIA, *JCP 2009. I. 149* (intérêt de distinguer jouissance et exercice des droits). – SOUSI, *Gaz. Pal. 1984. 2. Doctr. 427* (représentation en justice d'une personne morale et nullité des actes de procédure). – SAVAUX, *RTD civ. 1995. 1* (personnalité morale en procédure civile). – VINCKEL, *BJS 2002. 192* (capacité des sociétés et droit au procès équitable).

PLAN DES ANNOTATIONS

I. NOTION D'IRRÉGULARITÉ DE FOND

A. CARACTÈRE LIMITATIF DE L'ÉNUMÉRATION

1. Principe. La notion d'inexistence ne saurait être admise aux côtés des nullités de forme et des nullités de fond seules prévues par le C. pr. civ. ; quelle que soit la gravité de l'irrégularité alléguée, seules affectent la validité d'un acte de procédure, indépendamment du grief qu'elles ont pu causer, les irrégularités de fond limitativement énumérées à l'art. 117. • Cass. ch. mixte, 7 juill. 2006, n° 03-20.026 P : *BICC 1er oct. 2006, p. 46, note et rapp. Boval, avis Domingo ; R. 2006, p. 414 ; D. 2006. IR 1984 ; JCP 2006. II. 10146, note Putman ; JCP 2006. I. 183, obs. Serinet ; Dr. et pr. 2006. 346, obs. Salati ; Gaz. Pal. 21-22 juill. 2006, p. 5, avis Domingo ; ibid. 2006. 3305, note Deharo ; Procédures 2006, n° 200, note Perrot ; Dr. et patr. 2/2007, p. 118, obs. Amrani-Mekki* (à propos d'une assignation à comparaître devant un tribunal de commerce, portant mention d'une date correspondant à un jour férié et où la juridiction ne siégeait pas, considérée comme affectée d'un vice de forme par la Cour de cassation). ♦ *Contra.* Les conclusions déposées après une mesure d'instruction devant le juge des loyers commerciaux aux lieu et place de la notification d'un mémoire sont affectées d'une nullité de fond entraînant interruption définitive et extinction de la procédure en fixation du loyer renouvelé. • Civ. 3e, 4 févr. 2009, n° 08-10.723 P :

D. 2009. AJ 559, obs. Rouquet ; ibid. 2657, note Beauchard ; Loyers et copr. 2009. Comm. 64, note Brault ; Administrer 4/2009. 35, obs. J.-D. Barbier ; Gaz. Pal. 5 mai 2009, p. 32, note Brault ; Rev. loyers 2009. 165, note Quément ; AJDI 2009. 538, obs. Blatter ; Dr. et pr. 2009. 211, note Poisson.

2. Jurisprudence antérieure. Pro. Il résulte du rapprochement des art. 114 et 117 que seules affectent la validité d'un acte de procédure indépendamment du grief qu'elles ont pu causer, les irrégularités de fond limitativement énumérées par le second de ces articles ; la nullité d'un acte d'appel qui ne comporte aucune irrégularité de fond, et dont la dénonciation a été faite avant l'expiration du délai d'appel par un huissier de justice, ne peut être prononcée qu'à charge de prouver le grief que causent les irrégularités de forme commises ; viole ces textes la cour d'appel qui refuse de reconnaître à cette dénonciation la portée d'un acte d'appel valable, alors que son destinataire comparaissait devant elle et concluait subsidiairement au fond sans alléguer l'existence d'un préjudice. • Civ. 2e, 30 nov. 1977 : *Bull. civ. II, n° 225 ; Gaz. Pal. 1978. 1. 291, note Viatte.* ♦ Seules affectent la validité d'un acte de procédure, indépendamment du grief qu'elles ont pu causer, les irrégularités de fond limitativement énumérées par l'art. 117. • Civ. 2e, 15 mars 1989 : *Bull. civ. II, n° 72 ; D. 1989. Somm. 275, obs. Julien ; RTD civ. 1990. 141, obs. Perrot* . ♦ Le défaut de signature d'une requête unilatérale présentée au juge-commissaire n'entre pas dans les irrégularités de fond limitativement énumérées par l'art. 117. • Civ. 2e, 3 juin 1999, n° 97-14.159 P : *D. 1999. IR 175* . ♦ L'absence de jonction de la copie de la requête et de l'ordonnance d'autorisation d'assigner à jour fixe à l'assignation ne constitue pas une irrégularité de fond affectant la validité de ce dernier acte, l'art. 117 énumérant limitativement ces irrégularités de fond. • Civ. 3e, 12 oct. 2005, n° 04-18.511 P : *Procédures 2005, n° 270, obs. Perrot ; RTD civ. 2006. 150, obs. Perrot* .

Contra, le dépôt du mémoire préalable adressé au préfet à l'occasion d'une instance engagée contre une commune est une formalité substantielle et d'ordre public dont l'inobservation ne saurait être assimilée à un simple vice de forme, mais constitue une irrégularité de fond affectant la validité de l'acte introductif d'instance. • Civ. 2e, 2 oct. 1981 : *Bull. civ. II, n° 176 ; Gaz. Pal. 1982. 1. 107, note Viatte.* ♦ L'inobservation des prescriptions relatives à la nature, la cause et *l'étendue de la créance invoquée*, qui constitue l'omission d'un acte et non un vice de forme, en affecte la validité, sans que soit exigée la preuve d'un grief ; il s'ensuit que l'exception de nullité d'une contrainte délivrée par une URSSAF, qui n'indique pas la nature, le montant détaillé et la période de cotisation réclamée, peut être présentée en tout état de cause. • Soc. 6 févr. 2003, n° 01-20.534 P : *D. 2003. IR 471 ; RTD civ. 2003. 350, obs. Perrot ; Procédures 2003, n° 113, note Perrot.* ♦ En l'absence d'assignation et de tout autre mode d'introduction de l'instance, ce qui équivaut à une absence d'acte, la procédure se trouve affectée d'une irrégularité de fond pouvant être invoquée en tout état de cause. • Civ. 2e, 3 avr. 2003, n° 01-03.254 P : *D. 2003. IR 1266 ; RTD civ. 2003. 545, obs. Perrot ; Procédures 2003, n° 136, note Perrot ; Dr. et pr. 2003. 295, note Vinckel.* ♦ Constitue une irrégularité de fond affectant la validité d'une assignation, la circonstance que l'action a été introduite à l'insu des personnes désignées comme demandeurs. • Civ. 2e, 6 mai 2004, n° 02-14.070 P.

3. Illustrations. Quelle que soit la gravité des irrégularités alléguées, seuls affectent la validité d'un acte de procédure, soit les vices de forme faisant grief, soit les irrégularités de fond limitativement énumérées par l'art. 117 ; il s'ensuit qu'une assignation destinée à une personne morale et délivrée non pas à son siège social mais au domicile de ses associés et gérants est valable, la cour d'appel ayant retenu que ceux-ci en avaient eu immédiatement connaissance et que la société n'établissait pas de grief relatif à ce mode de délivrance. • Civ. 3e, 24 oct. 2007, n° 06-19.379 P : *D. 2007. AJ 2812 ; Procédures 2007, n° 272, note Perrot.* ♦ Quelle que soit la gravité des irrégularités alléguées, seuls affectent la validité d'un acte de procédure, soit les vices de forme faisant grief, soit les irrégularités de fond limitativement énumérées à l'art. 117 ; lorsque l'envoi d'une réclamation par lettre recommandée avec avis de réception est requis, son simple dépôt auprès du dépositaire constitue un vice de forme, lequel affecte la validité de l'acte s'il fait grief à celui qui s'en prévaut. • Civ. 1re, 17 janv. 2008, n° 06-14.380 P : *Procédures 2008, n° 70, note Perrot ; RTD civ. 2009. 700, obs. Hauser.* ♦ Le défaut de mention du liquidateur de la société intimée dans l'acte d'appel, non visé par l'art. 117, constitue un vice de forme. • Com. 10 févr. 2015 : *Procédures 2015, n° 130, note Rolland.*

B. IRRÉGULARITÉS NON SANCTIONNÉES AU TITRE DE L'ART. 117

1° CONCERNANT UN REPRÉSENTANT LÉGAL

4. Syndicat de copropriétaires. Ne donne pas de base légale à sa décision l'arrêt qui, pour annuler la déclaration d'appel et déclarer irrecevable l'appel relevé par une partie d'un jugement rendu dans un litige l'opposant à un syndicat de copropriétaires, énonce que la délivrance de l'acte d'appel à l'ancien syndic, qui n'avait plus le pouvoir de représenter le syndicat des copropriétaires, constituait une irrégularité de fond affectant la validité de l'acte indépendamment du grief qu'elle a pu causer, alors que l'erreur dans la désignation du syndic représentant le syndicat des copropriétaires, personne morale intimée, ne constituait pas, en elle-même, une irrégularité de fond. • Civ. 2e, 14 janv. 1987 : *Bull. civ. II, n° 5.* ♦ Comp. note 40.

5. Liquidateur de sociétés. Viole les art. 183 de la loi du 25 janv. 1985 [devenu art. L. 624-6 C. com.], 114 et 117 C. pr. civ. la cour d'appel qui, pour déclarer nulle l'assignation délivrée sur l'initiative d'un liquidateur agissant « ès qualités d'un groupe de sociétés », retient que le jugement prononçant la confusion des patrimoines de ces sociétés n'a pas eu pour effet de donner une existence juridique au groupe de sociétés et que l'acte est entaché d'une nullité de fond dont il est indifférent qu'elle ait ou non causé un grief alors que, le liquidateur n'agissant pas comme représentant des débiteurs en liquidation judiciaire mais comme organe de la procédure, l'irrégularité affectant l'assignation n'entrait pas dans les irrégularités de fond limitativement énumérées par l'art. 117 C. pr. civ. mais constituait un vice de forme n'entraînant la nullité de l'acte qu'en cas de grief prouvé. • Com. 14 nov. 2000, n° 98-11.456 P : *D. 2000. AJ 437, obs. Lienhard ; Procédures 2001, n° 60, obs. Laporte ; RTD com. 2001. 247, obs. Vallens ; BJS 2001. 251, note Pétel.* ♦ Comp. note 32.

2° CONCERNANT UN REPRÉSENTANT JUDICIAIRE

6. Avocat n'exerçant pas dans le ressort. Les parties n'étant pas tenues de constituer avocat dans les matières où la représentation n'est pas obligatoire, la mention erronée dans l'assignation de la constitution d'un avocat n'exerçant pas dans le ressort de la juridiction saisie n'est pas constitutive d'une irrégularité de fond. • Civ. 3e, 29 nov. 2006, n° 05-19.736 P : *AJDI 2007. 385, note Blatter .* ♦ Comp. note 49.

7. Absence d'identité et de qualité de l'appelant. Lorsque la déclaration d'appel a été formée au nom d'un salarié par courrier à en-tête d'un avocat ou d'une société civile professionnelle d'avocats, l'absence de précision de l'acte sur l'identité et la qualité du signataire ne constitue pas à elle seule une cause de nullité de cette déclaration et l'appelant doit être admis à établir que le signataire avait, à la date à laquelle le recours a été formé, le pouvoir de le faire ; la cour d'appel qui, pour déclarer irrecevable l'acte d'appel, retient que la signature de l'appelant qui l'identifie constitue une condition d'existence de l'acte d'appel et que l'identité et la qualité du signataire de cet acte doivent être déterminées par les seules mentions de la déclaration d'appel, quelles que soient les indications du papier à en-tête sur lequel elle est rédigée, et la lisibilité de la signature, a violé l'art. 117. • Soc. 2 déc. 2008, n° 06-44.962 P : *D. 2009. AJ 27 ; JCP S 2009. 1061, note Boulmier ; Procédures 2009, n° 88, note Croze.* ♦ Comp. note 21 ss. art. 114.

II. ANALYSE DES CAS

A. CAS LÉGAUX

1° DÉFAUT DE CAPACITÉ D'ESTER EN JUSTICE

8. Erreur relative à la dénomination d'une personne (non). L'erreur relative à la dénomination d'une partie dans un acte de procédure n'affecte pas la capacité à ester en justice qui est attachée à la personne, quelle que soit sa désignation, et ne constitue qu'un vice de forme, lequel ne peut entraîner la nullité de l'acte que sur justification d'un grief. • Civ. 2e, 4 févr. 2021, n° 20-10.685 P : *D. actu. 22 févr. 2021, note Maugain.*

a. Personne physique

9. Notion. La capacité d'ester en justice s'attachant à la personne en tant que sujet de droit, quelle que soit son identité, la nullité d'un commandement de payer invoquée par le débiteur au motif que cet acte n'indiquait pas le véritable nom du créancier n'est pas une nullité de fond. • Civ. 2e, 3 mai 1990, n° 88-19.396 P.

10. Personne décédée. Une assignation délivrée au nom de personnes décédées est frappée d'une irrégularité de fond que ne peut couvrir la reprise de l'instance par les héritiers et doit être annulée ainsi que la procédure subséquente. • Civ. 2e, 13 janv. 1993, n° 91-17.175 P : *D. 1993. Somm. 181, obs. Julien .* ♦ Les exceptions de nullité fondées sur l'inobservation des règles de fond relatives aux actes de procédure peuvent être proposées en tout état de cause ; dès lors, viole les art. 117 et 118 la cour d'appel qui, pour rejeter l'exception tirée de la nullité de l'assignation et des actes de procédure subséquents opposée par une partie en raison du décès de certains demandeurs avant l'introduction de l'instance, retient que cette partie n'avait pas fait état de ces décès en première instance. • Civ. 2e, 27 juin 2002, n° 00-22.694 P : *D. 2003. Somm. 1402, obs. Julien .* ♦ Comp. : le défaut de capacité de l'une des parties au nom desquelles est délivré un acte n'affecte pas la validité de celui-ci à l'égard des autres parties au nom desquelles l'acte est également délivré : • Civ. 2e, 25 févr. 2010, n° 09-11.820 P : *D. 2010. AJ 713 ; Dr. et pr. 2010. 177, obs. Vinckel* • Civ. 1re, 16 déc. 2015, n° 15-14.273 P : *D. actu. 11 janv. 2016, obs. Kebir* (assignation délivrée par deux époux, dont l'un était décédé avant l'introduction de l'instance). ♦ V. aussi art. 323 et 324. ♦ L'acte délivré au nom d'une personne décédée et comme telle dénuée de la capacité d'ester en justice est affecté d'une irrégularité de fond, peu important que le destinataire de cet acte ait eu connaissance de ce décès. Encourt dès lors la censure l'arrêt d'une cour d'appel qui, pour écarter la nullité de l'acte de signification d'un jugement, mentionnant comme requérante une personne décédée, relève notamment que ce décès a été porté à la connaissance de la partie adverse au cours de l'instance, reprise au profit des héritiers, ayant débouché sur ce jugement, pour en déduire que l'acte n'est affecté que d'un vice de forme, n'ayant causé aucun grief au destinataire. • Civ. 2e, 18 oct. 2018, nº 17-19.249 P : *D. actu. 30 oct. 2018, obs. Jourdan-Marques ; D. 2018. Actu. 2096 ; Gaz. Pal. 29 janv. 2019, p. 63, note Mayer.*

11. Majeur sous tutelle. La fille d'un majeur placé sous tutelle peut soulever la nullité de la requête en adoption présentée par ce dernier, pour défaut de capacité d'ester en justice ; la présentation d'une requête en adoption est une action dont la nature implique un consentement strictement personnel et qui ne peut donner lieu à représentation de l'adoptant placé sous tutelle ; cependant, le juge des tutelles, sur l'avis du médecin traitant, peut autoriser le majeur protégé à présenter, seul ou avec l'assistance du tuteur ou de la personne qui en tient lieu, une requête en adoption. • Civ. 1re, 4 juin 2007, nº 05-20.243 P. ♦ Comp. notes 43 et 54.

b. Personne morale

12. Famille. Le défaut de capacité d'ester en justice constitue une irrégularité de fond affectant la validité de l'acte ; en conséquence, le congé émanant de la « famille X », laquelle est dépourvue de personnalité juridique, est nul. • Civ. 3e, 10 juin 1998 : *Procédures 1998, note 243, note Junillon.*

13. Indivision. L'indivision n'a pas la personnalité juridique et le défaut de capacité d'ester en justice constitue une irrégularité de fond ; en conséquence, est nul pour irrégularité de fond le congé délivré au nom d'une indivision. • Civ. 3e, 25 avr. 2001, nº 99-14.368 P : *D. 2001. IR 1591* • Civ. 2e, 9 juin 2011 : *BICC 1er nov. 2011, nº 1316 ; D. 2011. 2188, note Jullienne ; Procédures 2011, nº 262, note Perrot.* ♦ Comp. note 55.

14. Consulat. Est entachée d'une irrégularité de fond l'assignation destinée à un État étranger, délivrée à un consulat, dépourvu de personnalité juridique. • Toulouse, 9 mai 2006 : *JCP 2007. II. 10021, note Thominette.*

15. Association syndicale libre. L'irrégularité d'une procédure en déclaration de créance engagée par une association syndicale libre dépourvue de personnalité juridique avant la publication de son acte constitutif est une irrégularité de fond qui ne peut être couverte. • Civ. 3e, 15 déc. 2004, nº 03-16.434 P.

16. Copropriété pour l'exploitation des navires. La copropriété instituée pour l'exploitation des navires par le chapitre IV de la L. nº 67-5 du 3 janv. 1967 [devenu C. transp., art. L. 5114-30 s.] dispose de la personnalité morale lui donnant la capacité d'ester en justice. • Com. 15 avr. 2008, nº 07-12.487 P : *D. 2009. Pan. 1044, obs. D. R. Martin.*

17. Société en formation. Une procédure engagée par une partie dépourvue de personnalité juridique, telle qu'une société en formation, est entachée d'une irrégularité de fond qui ne peut être couverte. • Civ. 2e, 4 mars 2021, nº 19-22.829 P : *D. actu. 17 mars 2021, note Maugain.* ♦ L'irrégularité d'une procédure tenant à l'inexistence de la personne morale qui agit en justice ne peut être couverte ; dès lors, c'est à bon droit qu'une cour d'appel annule l'assignation délivrée par une société en formation qui n'a été immatriculée au registre du commerce et des sociétés que postérieurement à l'acte introductif d'instance. • Com. 30 nov. 1999, nº 97-14.595 P : *D. 2000. AJ 37, obs. M. B.* et *627, note Lamazerolles ; Dr. sociétés 2000, nº 23, note Bonneau ; JCP E 2000, nº 9, p. 369, note Croze et Cayre ; BJS 2000. 331 ; RTD com. 2000. 368, obs. Champaud et Danet ; Rev. sociétés 2000. 512, note Beaubrun ; Procédures 2000, nº 101, note Croze.* ♦ Lorsque les assignations sont délivrées par une personne morale inexistante, la nullité qui en est la conséquence ne peut être couverte. • Com. 14 juin 2000 : *BJS 2000. 1078, note Saintourens* (société en cours de constitution). ♦ V. *contra*, antérieurement, jugeant qu'une cour d'appel retient exactement que l'irrégularité de fond, affectant la validité de l'assignation délivrée pour le compte d'une société qui n'avait pas d'existence légale, a été couverte avant que le juge statue, en raison de l'immatriculation de la société au registre du commerce et des sociétés : • Civ. 3e, 9 oct. 1996, nº 93-10.225 : *RJ com. 1998. 16, note Velardocchio ; Procédures 1996, nº 348, note Perrot.*

18. Société dissoute. L'irrégularité d'une procédure tenant à l'inexistence de la personne morale qui agit en justice ne peut être couverte. • Com. 6 mai 2003 : *Dr. sociétés 2003, nº 203, note Trébulle* (société dissoute à la suite d'une fusion-absorption). ♦ Comp. note 37.

19. Transformation de société. La transformation régulière d'une société anonyme en une société à responsabilité limitée n'entraîne pas la création d'une personne morale nouvelle et la capacité d'ester en justice s'attache à la personne morale en tant que sujet de droit quelle que soit sa forme juridique. • Civ. 2e, 8 juill. 2004, nº 02-15.623 P : *D. 2005. Pan. 332, obs. Julien et Fricero ; RTD com. 2004. 770, obs. Le Cannu ; Dr. sociétés 2004, nº 207, note Trébulle.*

20. Société en participation. L'irrégularité d'une procédure engagée par une partie dépourvue de personnalité juridique est une irrégularité de fond qui ne peut être couverte. • Civ. 2e, 26 mars 1997, nº 94-15.528 P (la société en participation n'est pas une personne morale).

21. *Dénomination sociale.* Il résulte des art. 32 et 117 que l'irrégularité d'une procédure engagée par une partie dépourvue de personnalité juridique constitue une irrégularité de fond qui ne peut être couverte. • Civ. 2e, 11 sept. 2003, n° 01-14.493 P : *D. 2003. IR 2543* ; *JCP E 2004. 832, note Chabot ; BJS 2004. 263, note Saintourens* (demanderesse n'étant qu'une dénomination sociale sans personnalité morale).

22. *Entreprise.* Il résulte des art. 117 C. pr. civ. et L. 114-1, al. 3, C. assur. que le défaut de capacité d'ester en justice d'une partie constitue une irrégularité de fond affectant la validité de l'acte et que lorsque l'action de l'assuré contre l'assureur a pour cause le recours d'un tiers, le délai de la prescription biennale ne court que du jour où ce tiers a exercé une action en justice contre l'assuré ou a été indemnisé par ce dernier ; viole ces textes la cour d'appel qui retient comme point de départ du délai de prescription une assignation en référé affectée d'une irrégularité de fond pour avoir été signifiée non pas à M. Y... exerçant sous l'enseigne « l'entreprise Y... » mais exclusivement à « l'entreprise Y... », dépourvue d'existence juridique, de sorte que cette assignation était nulle et comme telle, n'avait pu produire d'effet interruptif de prescription. • Civ. 1re, 4 nov. 2003, n° 02-16.269 P. ♦ Comp. art. 2241 C. civ. (réd. L. du 17 juin 2008).

23. *Nom commercial.* La désignation d'une société appelante dans la déclaration d'appel par une dénomination constituant un nom commercial n'affecte pas la capacité à ester en justice qui est attachée à la personne, quelle que soit sa désignation. • Civ. 2e, 24 mai 2007, n° 06-12.454 P : *D. 2007. AJ 1735* ; *ibid. Pan. 2341, obs. Vigneau* ; *Procédures 2007, n° 157, note Perrot.* ♦ N'est affectée que d'une irrégularité de forme, l'assignation délivrée par une société sous son nom commercial, dès lors que la capacité d'ester en justice est attachée à la personne, quelle que soit sa désignation. • Civ. 2e, 11 déc. 2008, n° 07-18.511 P : *D. 2009. AJ 174* ; *Procédures 2009, n° 87, note Croze.*

24. *Enseigne.* Viole l'art. 121 la cour d'appel qui, pour prononcer la nullité de l'assignation, retient que l'inexistence de la personne morale ne peut être régularisée par l'intervention de la personne physique, alors que la désignation du défendeur par l'enseigne sous laquelle il exerce son activité constitue un vice de forme susceptible d'être régularisé. • Civ. 2e, 14 mai 2009, n° 08-10.292 P : *D. 2009. AJ 1544* ; *Gaz. Pal. 2010. Somm. 3854.*

2° DÉFAUT DE POUVOIR D'UN REPRÉSENTANT LÉGAL

BIBL. Atias, *D. 2011. 701* (la raison d'être des autorisations d'agir en justice au nom d'une personne morale).

a. Représentant d'une personne morale

25. *Défaut de pouvoir et défaut de justification du pouvoir.* Ne constitue pas une irrégularité de fond le seul défaut de justification, à l'appui d'un recours, du pouvoir d'une personne figurant au procès comme représentant d'une personne morale. • Civ. 2e, 30 oct. 1989 : *Bull. civ. II, n° 196.*

26. *Administration expropriante.* Toute personne chargée de représenter une personne morale en justice doit, si elle n'est pas le responsable en titre, recevoir délégation de celle-ci, le défaut de qualité pour signer le mémoire en appel de l'administration expropriante constituant une irrégularité de fond. • Civ. 3e, 15 janv. 1997, n° 95-70.182 P : *Gaz. Pal. 1998. 2. 796, note Du Rusquec.*

27. *Commune.* S'il résulte de la nature même de l'action en référé qui ne permet que de prendre des mesures provisoires, qu'elle doit pouvoir être introduite par le maire de la commune sans autorisation préalable du conseil municipal, c'est sous réserve de la production ultérieure d'une délibération régularisant son acte ; dès lors, justifie sa décision une cour d'appel qui pour dire irrecevable la demande en référé d'un maire aux fins de provision et d'expertise, constate qu'ayant introduit l'action sans autorisation du conseil municipal, il ne produisait aucune régularisation. • Civ. 1re, 3 févr. 2010, n° 08-21.433 P : *AJDA 2010. 240* ; *D. 2010. Actu. 656* ; *JCP 2010. 414, note Cholet ; Gaz. Pal. 20-22 mars 2011, p. 15, obs. Amrani Mekki.*

28. *Caisse de congés payés.* Si un tiers, défendeur, peut se prévaloir des statuts d'une personne morale pour justifier du défaut de pouvoir d'une personne à figurer dans un litige comme représentant de celle-ci, il ne peut en revanche invoquer, sur le fondement de ces mêmes statuts, l'irrégularité de la nomination de ce représentant pour contester sa qualité à agir en justice. • Civ. 2e, 13 juill. 2000, n° 98-15.648 P.

29. *Association.* Le président d'une association, auquel les statuts ne donnent aucun pouvoir particulier autre que celui de faire fonctionner l'association en convoquant le conseil d'administration ou l'assemblée générale, doit recevoir un mandat spécial pour représenter l'association en justice. • Civ. 1re, 19 nov. 2002, n° 00-18.946 P : *D. 2003. 21, concl. Sainte-Rose* ; *Rev. sociétés 2003. 341, note Hoang* ; *JCP 2003. II. 10059, note L. Boré ; ibid. E 2003, n° 586, note Debily ; ibid. 2003. 627, n° 12, obs. Caussain, Deboissy et Wicker ; Procédures 2003, n° 15, note Croze ; BJS 2003. 219, note Grosclaude.* ♦ En l'absence, dans les statuts d'une association, de stipulations réservant expressément à un autre organe la capacité de décider de former une action en justice, celle-ci est régulièrement engagée par la personne tenant des mêmes statuts le pouvoir de représenter en justice cette association ; mais, dans le silence desdits statuts sur ce point, l'action ne peut être régulièrement décidée que par l'assemblée générale. • Soc. 16 janv. 2008, n° 07-60.126 P : *D. 2008. AJ 426 et 2051, note Rodriguez ; Dr. sociétés 2008, n° 71, note Mortier ; BJS 2008. 405, note Le Cannu ; JCP S 2008. 1195, note Pétel-Teyssié.* ♦ Encourt la cassation l'arrêt qui, pour déclarer irrecevable l'action civile d'une association, relève que ses statuts n'habilitent pas son président à agir en justice et ajoute que ce dernier ne dispose pas d'un mandat exprès, sans rechercher si lesdits statuts, qui autorisent son président à la représenter en justice, n'emportent pas pour ce dernier, en l'absence de stipulations contraires, le pouvoir d'agir en justice. • Crim. 2 déc. 2008, n° 08-83.759 P : *D. 2009. AJ 27 ; JCP S 2009. 1061, note Boulmier ; Dr. sociétés 2009, note 91, note Mortier.*

30. Fondation. En l'absence de dispositions statutaires contraires, un président de conseil d'administration titulaire du pouvoir de représenter la fondation en justice est aussi titulaire du pouvoir de décider de l'action en justice. • Civ. 1re, 20 sept. 2017, n° 16-18.442 P : *cité note 9 ss. art. 70.*

31. Employé. Le défaut de pouvoir d'une personne, dont le nom figure dans un acte de procédure comme représentant d'une personne morale, constitue une irrégularité de fond affectant la validité de l'acte sans que celui qui l'invoque ait à justifier d'un grief ; un simple mandataire, désigné par le directeur général, n'acquiert pas de ce fait, à l'égard des tiers, la qualité de représentant légal d'une banque. • Civ. 2e, 18 nov. 1981 : *Gaz. Pal. 1982. 1. 209, note Viatte.*

32. Liquidateur. Viole l'art. 654 l'arrêt qui déclare régulière la signification d'un jugement faite au liquidateur d'une société, alors qu'il était établi que, ses pouvoirs étant expirés, le liquidateur n'avait pas qualité pour recevoir la signification et qu'il s'agissait d'une irrégularité de fond aux termes de l'art. 117. • Civ. 2e, 20 mars 1985 : *Bull. civ. II, n° 71.* ♦ Comp. note 5.

33. Société civile. Se trouve affecté d'une irrégularité de fond l'acte d'appel formé par le gérant d'une société civile immobilière, dès lors que celui-ci avait été privé de ses pouvoirs en suite de la désignation d'un administrateur provisoire. • Com. 15 mai 1990, n° 88-19.232 P. ♦ Caractérise une nullité de fond l'arrêt qui relève qu'un appel a été déclaré au nom d'une société civile immobilière par une personne décédée. • Civ. 2e, 12 juin 1991, n° 90-12.594 P : *D. 1992. Somm. 123, obs. Julien .*

34. Société commerciale. L'art. 113 de la loi du 24 juill. 1966 [art. L. 225-56 C. com.], qui déclare inopposables aux tiers les dispositions statutaires limitant les pouvoirs des dirigeants sociaux, n'interdit pas aux tiers de se prévaloir de ces dernières pour justifier du défaut de pouvoir du président du conseil d'administration de figurer au procès comme représentant de la société. • Civ. 2e, 23 oct. 1985 : *Bull. civ. II, n° 159 ; RTD civ. 1986. 180, obs. Perrot.* ♦ Les tiers ne peuvent invoquer les statuts d'une personne morale pour critiquer la régularité de la désignation de son représentant, en vue de contester le pouvoir d'agir de celui-ci. • Com. 26 févr. 2008 : *Rev. sociétés 2008. 582, ob s. (crit.) Thomas ; BJS 2008. 754, note Dondero.*

35. Société anonyme. Est légalement justifié l'arrêt qui constate la nullité d'un acte d'appel délivré à la requête d'une société anonyme et mentionnant le nom de son président-directeur général, dès lors qu'à la date de l'acte, ce dernier qui avait démissionné n'avait pas pouvoir de représenter la société, et que son identité n'était pas dans l'acte séparable de la qualité à lui attribuée et formait avec celle-ci une mention unique, de sorte que l'existence d'une erreur purement matérielle n'était pas établie. • Civ. 2e, 13 oct. 1976 : *Bull. civ. II, n° 274.*

36. SARL. Le défaut de pouvoir de celui qui figure au procès comme représentant une personne morale constitue une irrégularité de fond qui ne peut être couverte après l'expiration des délais et qui affecte la validité de l'acte indépendamment de tout préjudice pour celui qui l'invoque ; dès lors est nul l'acte d'appel délivré par l'ancien gérant d'une société à responsabilité limitée déchu par jugement du droit d'exercer ses fonctions. • Civ. 2e, 2 avr. 1979 : *Bull. civ. II, n° 107.* ♦ Les dispositions de l'art. 117 étant applicables à tous les actes de procédure et n'étant pas limitées à l'acte introductif d'instance, c'est à bon droit qu'une cour d'appel, qui constatait qu'un jugement avait été signifié à la requête d'une SARL, « poursuites et diligences » de son directeur et relevait que cette mention ne constituait pas une erreur purement matérielle, a décidé que le défaut de pouvoir du directeur constituait une irrégularité de fond affectant la validité de la signification. • Civ. 2e, 11 janv. 1995, n° 93-16.515 P : *D. 1995. IR 33 ; Gaz. Pal. 1995. 2. Pan. 146.* ♦ Il n'est pas interdit au gérant d'une SARL de donner à un tiers une délégation spéciale en vue d'exercer au nom de la société une action en justice déterminée. • Civ. 2e, 22 oct. 1997, n° 94-13.225 P : *D. 1998. Somm. 391, obs. Hallouin ; Rev. sociétés 1998. 76, note Chartier .*

37. Société dissoute. Viole les art. 117 et 121 la cour d'appel qui, pour rejeter l'exception de nullité de l'assignation signifiée par le gérant d'une société dissoute, retient que la procédure a été régularisée par les interventions volontaires des associés coïndivisaires, alors que l'irrégularité de fond affectant l'assignation délivrée par une personne dépourvue de pouvoir pour représenter une personne morale ne pouvait être couverte par la reprise de l'instance par des associés agissant à titre personnel. • Civ. 2e, 31 janv.

2002 : *RTD civ. 2002. 560, obs. Perrot*. ♦ Comp. note 18.

38. Sociétés d'un même groupe. Le commandement de payer délivré par une société au nom d'une autre qu'elle n'avait pas le pouvoir de représenter est entaché d'une nullité de fond insusceptible de régularisation. • Civ. 3e, 29 oct. 2008, nº 07-14.242 P : *D. 2008. AJ 2867 ; Dr. et pr. 2009. 150, note Martel.*

39. Société étrangère. Est entachée d'une irrégularité de fond l'assignation délivrée par le représentant d'une société étrangère ne justifiant pas d'un pouvoir *ad hoc*. • Paris, 26 févr. 1988 : *D. 1989. Somm. 177, obs. Julien.*

40. Syndic. Les responsables des désordres affectant un immeuble en copropriété et leurs garants sont en droit, en tant que défendeurs à l'instance, de se prévaloir de l'irrégularité de fond tenant au défaut de pouvoir du syndic d'agir en justice. • Civ. 3e, 12 oct. 1988 : *Bull. civ. III, nº 140 ; D. 1989. 53, note Givord et Giverdon ; Gaz. Pal. 1988. 2. 874, note Bouyeure.* ♦ Le défaut de pouvoir d'une personne figurant au procès comme représentant d'une personne morale constitue une irrégularité de fond affectant la validité de l'acte ; le syndic d'une copropriété ne peut agir en justice au nom du syndicat sans y avoir été autorisé par une décision de l'assemblée générale. • Civ. 3e, 10 oct. 1990, nº 89-13.854 P (désordres nouveaux, apparus postérieurement à l'autorisation de l'assemblée générale). ♦ Si le défaut d'autorisation du syndic d'agir en justice au nom du syndicat des copropriétaires constitue, lorsque cette autorisation est exigée, une irrégularité de fond qui peut être invoquée par tout défendeur à l'action, la contestation de la régularité de la décision de l'assemblée générale autorisant ou ratifiant l'action est réservée aux copropriétaires opposants ou défaillants. • Cass., ass. plén., 15 mai 1992, nº 89-18.021 P : *JCP 1992. II. 21940, note Capoulade et Giverdon* • Civ. 3e, 17 juin 1992, nº 89-19.831 P : *D. 1992. IR 210*. ♦ La décision d'une assemblée générale de copropriétaires résulte exclusivement d'un vote et le seul fait que les copropriétaires aient décidé de « porter l'affaire devant un tribunal » en confiant leurs intérêts à un avocat nommément désigné ne constitue pas un vote d'assemblée générale autorisant le syndic à agir en justice. • Civ. 3e, 11 janv. 1995, nº 93-11.939 P : *D. 1998. Somm. 271, obs. Capoulade*. ♦ Le syndic, représentant légal d'un syndicat de copropriétaires, qui en déclarant une créance de ce syndicat au passif du redressement judiciaire d'un débiteur, exerce une mesure conservatoire, n'a pas à justifier d'une autorisation préalable de l'assemblée générale des copropriétaires. • Civ. 3e, 29 janv. 2003, nº 00-21.945 P : *D. 2003. Somm. 1330, obs. Giverdon ; JCP E 2003, nº 1030, note Djigo ; Procédures 2003, nº 146, note Laporte.* ♦ Viole l'art. 117 la cour d'appel qui juge que l'assignation a été délivrée à la requête d'un syndic dont le mandat était régulier, alors que ce syndic était dépourvu de qualité par suite de l'annulation judiciaire de l'élection du conseil syndical dont il est nécessairement membre. • Civ. 3e, 26 avr. 2006, nº 05-11.986 P : *D. 2006. IR 1330*. ♦ Pour plus de jurisprudence, V. notes ss. art. 55 du Décr. du 17 mars 1967. – **C. copr.** ♦ Comp. note 4.

41. Syndicat. Statuant sur une action engagée par un syndicat de commerçants, contestée par le défendeur qui se prévalait des clauses du statut de ce syndicat, une cour d'appel viole l'art. 117 en énonçant que ces clauses ne concernent que l'organisation interne du syndicat, alors que les statuts invoqués prévoyaient que le président ne pouvait agir en justice sans avoir au préalable pris l'avis du comité de direction et, dans les cas d'extrême urgence, au moins l'avis du bureau, ce dont il résultait en l'espèce qu'il était dépourvu du droit d'agir en justice au nom du syndicat. • Com. 10 févr. 1998, nº 95-20.924 P.

b. Représentant d'une personne physique

42. Émancipation. Le mineur est émancipé de plein droit par le mariage ; encourt la cassation l'arrêt qui, pour rejeter la demande en nullité de la licitation d'un bien indivis formée par un mineur marié représenté à la procédure de partage par sa mère, retient que l'attitude de divers litigants permettait aux adjudicataires de croire légitimement à l'existence d'un mandat légal, sans qu'ils eussent à rechercher l'existence de ce mandat, alors que la notion de contrat de mandat était étrangère aux débats et que la mère du mineur marié n'avait ni la capacité ni le pouvoir de représenter celui-ci en justice. • Civ. 2e, 23 oct. 1985 : *Bull. civ. II, nº 161.*

43. Incapable majeur. L'assignation est entachée d'irrégularité de fond au sens de l'art. 117, dès lors qu'elle mentionne que le demandeur, incapable majeur, est assisté de son curateur, alors qu'ayant été placé sous tutelle avant la délivrance de l'assignation, le demandeur devrait être représenté par son gérant de tutelle ; le fait que les fonctions de curateur puis de gérant de tutelle aient été confiées successivement à la même personne physique est sans incidence sur l'irrégularité de fond affectant l'acte. • Paris, 1er juin 2007 : *Dr. fam. 2008, nº 20, note Fossier.* ♦ Comp. notes 11 et 54.

3º DÉFAUT DE CAPACITÉ OU DE POUVOIR D'UN REPRÉSENTANT JUDICIAIRE

44. Acte d'appel. L'erreur dans la désignation de l'organe représentant légalement une personne morale dans un acte d'appel avec ou sans représentation obligatoire ne constitue qu'un vice de forme. • Civ. 3e, 13 nov. 2013, nº 12-24.870 P : *D. 2013. Actu. 2705 ; ibid. 2014. Pan. 436, obs. Serinet ; JCP 2013. 1195 ;*

ibid. 1335, note Cholet ; BJS 2014. 10, note Putman ; Gaz. Pal. 4 mars 2014, p. 22, note Parmentier ; Administrer 2/2014. 44, note Bouyeure ; Dr. et pr. 2014, p. 17, note Fricero ; Procédures 2014, n° 34, note Perrot (visa des art. 114, 117 et 901).

45. Matières sans représentation obligatoire. Dans les matières sans représentation obligatoire, la désignation d'un avocat pour représenter une partie ne prive pas celle-ci du pouvoir d'introduire elle-même une action. • Soc. 17 déc. 2002, n° 01-60.747 P.

46. Pouvoir spécial. Le défaut de pouvoir spécial exigé par l'art. 931 dans les procédures sans représentation obligatoire constitue, selon l'art. 117, une irrégularité de fond affectant la validité des actes de procédure. • Civ. 2e, 21 avr. 2005, n° 02-20.183 P (défaut de pouvoir spécial d'un héritier chargé de représenter ses cohéritiers dans une procédure en contestation d'honoraires d'avocat).

47. Déclaration d'appel au nom de « son client ». N'est pas affectée d'une irrégularité de fond la déclaration d'appel formée au nom de « son client », dans une procédure sans représentation obligatoire, par un avocat ayant représenté deux personnes en première instance, dès lors que cette irrégularité n'est pas mentionnée à l'art. 117. • Civ. 3e, 27 janv. 2010, n° 08-12.465 P.

a. Avocat

48. Défaut de constitution. Affecte l'assignation devant le TGI d'une irrégularité de fond le défaut de constitution d'un avocat. • Com. 23 avr. 1985 : *Bull. civ. IV, n° 126.*

49. Constitution non conforme aux règles de la postulation. La mention dans l'assignation devant un TGI de la constitution d'un avocat n'ayant pas la capacité de représenter la partie devant ce tribunal affecte cette assignation d'une irrégularité de fond. • Civ. 2e, 9 janv. 1991, n° 89-12.457 P : *Gaz. Pal. 1991. 1. Pan. 124.* ♦ Il résulte de l'art. 2190 C. civ. [devenu C. pr. exéc., art. L. 311-1] que la saisie immobilière tend à la vente forcée de l'immeuble du débiteur en vue de la distribution de son prix de sorte que la saisie et la distribution du prix constituent les deux phases d'une même procédure ; l'exception à la multipostulation prévue à l'art. 1er, III, al. 2, de la L. n° 71-1130 du 31 déc. 1971 modifiée, s'applique à tous les actes de la procédure de saisie immobilière soumis à la représentation obligatoire ; il en résulte que la déclaration de *créance faite sous la constitution* d'un avocat n'appartenant pas au barreau dépendant du tribunal compétent est entachée d'une irrégularité de fond et doit être annulée. • Civ. 2e, 5 mai 2011, n° 10-14.066 P : *D. 2011. 1357 ; RTD civ. 2011. 585, obs. Théry ; Procédures 2011, n° 223, note Perrot ; RDBF 2011, n° 144, note Pierelièvre.* ♦ Comp. note 6.

50. Avocat honoraire. Il résulte des art. 117 et 121 C. pr. civ. que l'irrégularité de fond que constitue le défaut de capacité d'une personne assurant la représentation d'une partie en justice peut être couverte si la cause de cette nullité a disparu au moment où le juge statue. Dès lors, encourt la cassation, l'arrêt qui prononce la nullité d'un commandement de payer valant saisie immobilière portant constitution d'un avocat honoraire dépourvu de la capacité de représenter une partie en justice, alors que cette irrégularité de fond avait été couverte avant que le juge de l'exécution ne statue, par la délivrance aux débiteurs d'une assignation à comparaître à l'audience d'orientation mentionnant la constitution d'un avocat ayant le pouvoir de représenter le créancier poursuivant dans la procédure de saisie immobilière. • Civ. 2e, 10 janv. 2019, n° 17-28.805 P : *D. actu. 5 févr. 2019, obs. Kebir.*

b. Huissier

51. Principe. La nullité des actes d'huissier de justice est régie par les dispositions qui gouvernent la nullité des actes de procédure ; viole les art. 649 et 117 la cour d'appel qui, pour rejeter l'exception de nullité d'un acte de signification retient que la nullité de l'art. 117 n'est pas applicable aux actes d'un huissier de justice qui ne représente pas une partie en justice, alors que la nullité pour défaut de pouvoir concerne tous les actes de procédure et qu'elle peut être invoquée par la partie à qui l'initiative de l'acte est imputée par erreur, dès lors qu'elle rapporte la preuve de cette erreur. • Civ. 2e, 6 mai 1999, n° 96-10.407 P.

52. Ressort territorial. Est entachée d'une nullité d'ordre public, pour violation d'une règle d'organisation judiciaire qui enlève à l'acte son caractère authentique et constitue une irrégularité de fond, la signification d'un acte par un huissier instrumentant hors de son ressort sans habilitation spéciale. • Civ. 2e, 20 mai 1976 : *Bull. civ. II, n° 168 ; D. 1977. 125, note Cornu ; Gaz. Pal. 1977. 1. 182, note Viatte ; RTD civ. 1976. 618, obs. Perrot.* ♦ L'irrégularité d'une assignation introductive d'instance délivrée par un huissier de justice territorialement incompétent, qui n'est pas de celles limitativement énumérées à l'art. 117 C. pr. civ., constitue une irrégularité de forme qui doit être invoquée avant toute défense au fond. • Civ. 2e, 5 juin 2014, n° 13-13.765 P : *D. 2014. Chron. C. cass. 1727, obs. Vasseur et Adida-Canac ; Dr. et pr. 2014. 137, note Dorol ; JCP G 2014. 1232, note Jeuland.* ♦ En application du Règl. (CE) n° 1348/2000, seul applicable à compter de son entrée en vigueur le 31 mai 2001, l'huissier de justice qui agit comme entité d'origine pour transmettre un acte judiciaire ou extrajudiciaire à l'entité requise du pays membre destinataire n'étant soumis à aucune règle de compétence territoriale, viole les art. 74,

112 et 117 C. pr. civ. et les art. 1, 2, 4 et 23 de ce règlement la cour d'appel qui accueille l'exception de nullité d'assignations introductives d'instance et annule ces assignations aux motifs qu'elles ont été transmises à l'entité requise du pays membre destinataire par un huissier de justice dépourvu du pouvoir de représenter les sociétés requérantes auprès du tribunal saisi, et que cette irrégularité constitue une nullité de fond qui peut être soulevée en tout état de la procédure, y compris pour la première fois devant la cour d'appel. • Civ. 2e, 5 juin 2014 : *préc.*

53. *Clerc assermenté.* La saisie-exécution d'un navire, pratiquée par un clerc assermenté et non par un huissier, est entachée d'une irrégularité de fond. • Com. 17 déc. 2003, no 02-14.84 P : *D. 2004. Somm. 1491, obs. Julien*.

B. CAS RATTACHÉS AUX CAS LÉGAUX

1o DÉFAUT DE CAPACITÉ

54. *Omission de signification de l'assignation au curateur.* Il résulte de l'art. 510-2 C. civ. dans sa rédaction antérieure à celle issue de la L. no 2007-308 du 5 mars 2007 [rappr. art. 467, al. 3 C. civ.] que toute signification faite au majeur en curatelle doit l'être aussi à son curateur, à peine de nullité ; en conséquence, l'omission de la signification de l'assignation au curateur constitue une irrégularité de fond que ne peut couvrir l'intervention volontaire de celui-ci en cause d'appel à l'effet de faire sanctionner cette irrégularité. • Civ. 1re, 23 févr. 2011 : *BICC 15 juin 2011, no 768 ; D. 2011. Actu. 747, obs. Gallmeister ; ibid. 1265, note Loir ; AJ fam. 2011. 215, obs. Verheyde ; Dr. fam. 2011, no 58, note Maria ; RLDC 2011. 4213, obs. Gallois.* ♦ V. encore, dans le sens que l'incapacité à agir entache l'action d'une irrégularitié de fond ne pouvant être couverte : • Civ. 1re, 18 nov. 2014 : *Dr. fam. 2015, no 21, note Maria.* ♦ V. antérieurement, en faveur de la qualification d'irrégularité de forme. • Civ. 1re, 8 juill. 2009, no 07-19.465 P : *D. 2009. AJ 1970, obs. Egea ; ibid. 2010. 2115, obs. Lemouland, Noguéro et Plazy ; RTD civ. 2009. 700, obs. Hauser ; AJ fam. 2009. 351, obs. Pécaut-Rivolier ; JCP 2009. 157, note Bosse-Platière et 391, no 19, obs. Tisserand-Martin ; Dr. fam. 2009, no 115, note Maria ; LPA 8 janv. 2009, note Massip ; Gaz. Pal. 23 janv. 2010, p. 51, note Casey ; Procédures 2009, no 322, note Perrot.* ♦ Comp. auparavant. • Civ. 2e, 7 mars 1984 : *Bull. civ. II, no 45 ; D. 1984. Somm. 421, obs. Julien ; RTD civ. 1984. 777, obs. Perrot* (encourt la cassation l'arrêt qui, pour déclarer valable la procédure de première instance suivie à l'encontre d'un majeur en curatelle seul et statuer au fond, énonce qu'en application de l'art. 121 C. pr. civ., l'intervention forcée du curateur en cause d'appel a fait disparaître la cause de nullité tenant à la méconnaissance de l'art. 510-2 C. civ., alors que le tribunal n'avait pas été valablement saisi au regard dudit article et que la cause de nullité n'avait pas disparu lorsqu'il a statué) • Civ. 1re, 6 févr. 1996, no 93-21.053 P : *Defrénois 1996. 1005, obs. Massip* (l'absence d'acte d'appel déclaré contre le curateur est constitutive d'une nullité de fond qui ne peut être couverte qu'avant l'expiration du délai d'appel). ♦ Comp. notes 10 et 43. ♦ V. aussi note 59 ss. art. 114.

2o DÉFAUT DE POUVOIR

55. *Action d'un coïndivisaire.* Constitue une irrégularité de fond tenant au défaut de pouvoir du coïndivisaire le fait pour ce dernier d'exercer une action en suppression d'ouvrages édifiés par le locataire sans être le mandataire de l'indivision ni être autorisé judiciairement pour agir en son nom. • Civ. 3e, 13 févr. 1991, no 89-14.958 P. ♦ Comp. note 13.

Art. 118 **Les exceptions de nullité fondées sur l'inobservation des règles de fond relatives aux actes de procédure peuvent être proposées en tout état de cause,** *(Décr. no 2012-66 du 20 janv. 2012, art. 28)* **« à moins qu'il en soit disposé autrement et » sauf la possibilité pour le juge de condamner à des dommages-intérêts ceux qui se seraient abstenus, dans une intention dilatoire, de les soulever plus tôt.**

L'art. 28 du Décr. no 2012-66 du 20 janv. 2012 est applicable dans les îles Wallis-et-Futuna (Décr. préc., art. 44).

BIBL. ► BEAUCHARD, *Mél. Héron, LGDJ 2008, p. 101* (relativité du dilatoire). – BLARY-CLÉMENT, *JCP 1991. I. 3534* (spécificités et sanctions des manœuvres dilatoires dans le procès civil).

1. *Exemples.* V. • Civ. 2e, 27 juin 2002, no 00-22.694 P : *D. 2003. Somm. 1402, obs. P. Julien*. ♦ Viole l'art. 467, al. 3, C. civ. ainsi que les art. 117 et 118 C. pr. civ. la cour d'appel qui, rejetant la demande d'annulation de l'assignation pour défaut de signification à la curatrice, en retenant que, devant le premier juge, le majeur protégé n'avait pas fait état de la mesure de protection, et que ce silence volontaire devait être considéré comme malicieux et déloyal, de sorte qu'en vertu de l'adage selon lequel nul ne peut se prévaloir de sa propre turpitude il était illégitime à soulever la nullité de l'acte introductif d'instance, statue par des motifs impropres à écarter la nullité résultant de l'irrégularité de fond que constitue l'omission de la signification de l'assignation au curateur, laquelle peut être proposée en tout état de cause, sauf la possibilité pour le juge de condamner à des dommages-intérêts ceux qui se seraient abstenus, dans une intention dilatoire, de la soulever plus tôt. • Civ. 1re, 19 mars 2014 : *Dr. fam. 2014, n° 87, obs. Maria.*

2. *Dommages-intérêts.* Sur le pouvoir souverain d'appréciation des juges du fond, V. • Civ. 2e, 23 oct. 2003, n° 01-17.806 P.

Art. 119 Les exceptions de nullité fondées sur l'inobservation des règles de fond relatives aux actes de procédure doivent être accueillies sans que celui qui les invoque ait à justifier d'un grief et alors même que la nullité ne résulterait d'aucune disposition expresse.

BIBL. ▸ LEMÉE, *RTD civ. 1982. 23* (règle « pas de nullité sans grief » depuis le nouveau C. pr. civ.).

Grief. L'exception de nullité tirée du défaut de pouvoir d'une personne assurant la représentation d'une partie en justice doit être accueillie sans que celui qui l'invoque ait à justifier d'un grief. • Soc. 21 oct. 1999, n° 97-41.990 P.

Art. 120 Les exceptions de nullité fondées sur l'inobservation des règles de fond relatives aux actes de procédure doivent être relevées d'office lorsqu'elles ont un caractère d'ordre public.

Le juge peut relever d'office la nullité pour défaut de capacité d'ester en justice.

BIBL. ▸ DORSNER-DOLIVET et BONNEAU, *D. 1986. Chron. 59* (moyens d'ordre public et procédure).

1° NULLITÉS D'ORDRE PUBLIC

a. Cas

1. *Copropriété.* Revêtent un caractère d'ordre public les dispositions de l'art. 55 du Décr. n° 67-223 du 17 mars 1967 qui dénient au syndic le pouvoir d'intenter une action en justice au nom du syndicat sans y avoir été habilité par une délibération de l'assemblée générale des copropriétaires. • Civ. 3e, 14 mai 1974 : *JCP 1974. II. 17795, note Guillot.* ♦ Comp., note 5.

b. Régime

2. *Relevé d'office obligatoire.* Est entaché d'une nullité d'ordre public qui aurait dû être relevée d'office par le juge, l'avis d'audience adressé par un huissier à un défendeur demeurant hors du canton dans lequel il est territorialement compétent. • Paris, 13 juin 1986 : *Gaz. Pal. 1986. 2. 450, note Paire.*

2° NULLITÉ POUR DÉFAUT DE CAPACITÉ D'ESTER EN JUSTICE

3. *Illustration.* L'absence de personnalité morale de l'organisme assigné en référé constitue un défaut de capacité d'ester en justice que le juge peut relever d'office. • TGI Paris, réf., 15 déc. 1992 : *Gaz. Pal. 1993. 1. 258.*

3° AUTRES CAS DE NULLITÉ

4. *Défaut de pouvoir de l'avocat.* L'irrégularité de fond tenant au défaut de pouvoir de l'avocat d'agir en justice ne revêt pas un caractère d'ordre public, de sorte que le juge ne peut la soulever d'office. • Civ. 1re, 19 sept. 2007, n° 06-17.408 P : *D. 2007. AJ 2542* ; *JCP 2008. I. 138, n° 9, obs. Amrani Mekki.*

5. *Défaut d'habilitation du syndic.* Le défaut d'habilitation du syndic à agir en justice pour le compte du syndicat des copropriétaires constitue un défaut de pouvoir sanctionné par une nullité de fond qui ne profite qu'à celui qui l'invoque et non une fin de non-recevoir que le juge peut relever d'office. • Civ. 3e, 9 avr. 2008, n° 07-13.236 P : *D. 2008. Pan. 2696, obs. Atias et Capoulade* ; *JCP 2008. II. 10146, note Roux ; Rev. Loyers 2008. 339, note Guégan ; Loyers et copr. 2008, n° 138, note Vigneron ; Administrer 7/2008, p. 52, note Bouyeure ; AJDI 2008. 862, note Tomasin* ; *Defrénois 2009. 38902, note Atias.* ♦ Comp., note 1.

Art. 121 Dans les cas où elle est susceptible d'être couverte, la nullité ne sera pas prononcée si sa cause a disparu au moment où le juge statue.

PLAN DES ANNOTATIONS

1. Renvois. Pour la régularisation des exceptions de nullité pour vice de forme, V. art. 115 et les notes ss. ce texte ; pour la régularisation des fins de non-recevoir, V. art. 126 et les notes ss. ce texte.

I. ACTES SUSCEPTIBLES DE RÉGULARISATION

A. ACTES DE PROCÉDURE

2. Jugement. L'art. 121 n'est applicable qu'aux nullités concernant les actes de procédure. • Civ. 2e, 2 avr. 1990, n° 89-11.516 P : *RTD civ. 1990. 556, obs. Perrot* (texte écarté à propos d'une demande en nullité d'un jugement).

B. CAS DE NULLITÉ

3. Refus de régularisation divers. L'instance engagée contre une commune sans avoir été précédée de la formalité du dépôt du mémoire préalable adressé au préfet n'est pas susceptible de régularisation. • Civ. 2e, 2 oct. 1981 : *Bull. civ. II, n° 176 ; Gaz. Pal. 1982. 1. 107, note Viatte.* ♦ Constitue une irrégularité de fond affectant la validité d'une assignation, la circonstance que l'action a été introduite à l'insu des personnes désignées comme demandeurs ; il en résulte qu'aucune régularisation n'est possible par intervention volontaire d'une personne, même si celle-ci prétend avoir qualité pour agir. • Civ. 2e, 6 mai 2004, n° 02-14.070 P.

1° *DÉFAUT DE CAPACITÉ D'ESTER EN JUSTICE*

a. Personne physique

4. Personne décédée. Une assignation délivrée au nom de personnes décédées est frappée d'une irrégularité de fond que ne peut couvrir la reprise de l'instance par les héritiers et doit être annulée ainsi que la procédure subséquente. • Civ. 2e, 13 janv. 1993, n° 91-17.175 P : *D. 1993. Somm. 181, obs. Julien* . ♦ Un acte accompli au nom d'une personne décédée est nul et la reprise d'instance faite par ses ayants droit ne peut avoir pour effet de régulariser un tel acte. • Cass., ord., 13 nov. 2008, n° 07-14.942 P. ♦ *Adde* • Civ. 3e, 5 oct. 2017, n° 16-21.499 P : *cité note 5.*

5. Personne protégée. Si l'irrégularité d'une assignation délivrée au nom d'une personne décédée, laquelle n'affecte pas la validité de l'acte à l'égard des autres parties au nom desquelles il a été également délivré, n'est pas susceptible d'être couverte, il n'en est pas ainsi de l'irrégularité d'une assignation délivrée au nom d'une personne protégée sans celui qui la représente ou l'assiste. Dès lors, ne donne pas de base légale à sa décision la cour d'appel qui n'a pas constaté que les représentants des indivisaires dépourvus de capacité à agir, lesquels sont intervenus volontairement en cours d'instance et se sont associés à la demande de résiliation, et les indivisaires capables étaient titulaires d'au moins deux tiers des droits indivis. • Civ. 3e, 5 oct. 2017, n° 16-21.499 P : *D. actu. 18 oct. 2017, obs. Kebir ; Dr. et pr. 2017. 228, note Ould Akouche.*

b. Personne morale

6. Inexistence. L'inexistence de la personne morale qui agit en justice n'est pas une irrégularité susceptible d'être couverte. • Com. 7 déc. 1993, n° 91-19.339 P : *JCP 1994. II. 22285, note Putman ; BJS 1994. 282, note Mestre ; Dr. sociétés 1994, n° 23, note Bonneau* (assignation délivrée par une société absorbée, inexistante en fait et en droit). ♦ L'irrégularité d'une procédure engagée par une partie dépourvue de personnalité juridique est une irrégularité de fond qui ne peut être couverte. • Civ. 2e, 26 mars 1997, n° 94-15.528 P (la société en participation n'est pas une personne morale) • 4 mars 2021, n° 19-22.829 P : *cité note 17 ss. art. 117.* ♦ L'irrégularité d'une procédure tenant à l'inexistence de la personne morale qui agit en justice ne peut être couverte. • Com. 30 nov. 1999, n° 97-14.595 P : *D. 2000. AJ 37, obs. M. B.* *et 627, note Lamazerolles* ; *Dr. sociétés 2000, n° 23, note Bonneau ; JCP E 2000, n° 9, p. 369, note Croze et Cayre ; BJS 2000. 331 ; RTD com. 2000. 368, obs. Champaud et Danet* ; *Rev. sociétés 2000. 512, note Beaubrun* ; *Procédures 2000, n° 101, note Croze* (assignation délivrée par une société en formation, immatriculée au registre du commerce et des sociétés postérieurement à l'acte introductif d'instance). ♦ Lorsque les assignations sont délivrées par une personne morale inexistante, la nullité qui en est la conséquence ne peut être couverte. • Com. 14 juin 2000 : *BJS 2000. 1078, note Saintourens* (société en cours de constitution). ♦ L'irrégularité d'une procédure tenant à l'inexistence de la personne morale qui agit en justice ne peut être couverte. • Com. 6 mai 2003 : *Dr. sociétés 2003. Comm. 203, note Trébulle* (société dissoute à la suite d'une fusion-absorption). ♦ L'irrégularité d'une procédure engagée par une partie dépourvue de personnalité juridique ne peut être couverte. • Civ. 2e, 11 sept. 2003, n° 01-14.493 P : *D. 2003. IR 2543* ; *JCP E 2004. 832, note Chabot ; BJS 2004. 263, note Saintourens* (demanderesse n'étant qu'une dénomination sociale sans personnalité morale). ♦ V. aussi. L'irrégularité d'une procédure en déclaration de créance engagée par une association syndicale libre dépourvue de personnalité juridique avant la publication de son acte constitutif est une irrégularité de fond qui ne peut être couverte. • Civ. 3e, 15 déc. 2004, n° 03-16.434 P. ♦ *Contra.* Une cour d'appel retient exactement que l'irrégularité de fond, affectant la validité de l'assignation délivrée pour le compte d'une société qui n'avait pas d'existence légale, a été couverte avant que le juge statue, en raison de l'immatriculation de la société au registre du commerce et des sociétés. • Civ. 3e, 9 oct. 1996 : *RJ com. 1998. 16, note Velardocchio ; Procédures 1996, n° 348, note Perrot.*

7. « Résurrection ». Si la société prend fin par l'effet d'un jugement ordonnant sa liquidation judiciaire, ainsi que le prévoit l'art. 1844-7, 7° C. civ., l'irrégularité de fond affectant, pour défaut de capacité à agir en justice, la validité des assignations délivrées par la société postérieurement à un tel jugement est couverte par la décision qui, avant que le juge ne statue, en arrête l'exécution provisoire. • Com. 3 juin 1998, n° 95-11.096 P : *D. 1998. IR 180 ; D. Affaires 1998. 1136, obs. A. L. ; Dr. sociétés 1998, n° 137, note Bonneau.*

2° DÉFAUT DE POUVOIR DU REPRÉSENTANT LÉGAL

8. Viole les art. 117 et 121 la cour d'appel qui, pour rejeter l'exception de nullité de l'assignation signifiée par le gérant d'une société dissoute, retient que la procédure a été régularisée par les interventions volontaires des associés coïndivisaires, alors que l'irrégularité de fond affectant l'assignation délivrée par une personne dépourvue de pouvoir pour représenter une personne morale ne pouvait être couverte par la reprise de l'instance par des associés agissant à titre personnel. • Civ. 2e, 31 janv. 2002 : *RTD civ. 2002. 560, obs. Perrot .* ♦ Le commandement de payer délivré par une société au nom d'une autre qu'elle n'avait pas le pouvoir de représenter est entaché d'une nullité de fond insusceptible de régularisation. • Civ. 3e, 29 oct. 2008, n° 07-14.242 P : *D. 2008. AJ 2867 ; Dr. et pr. 2009. 150, note Martel.*

9. V., jugeant irrecevable le pourvoi formé par un syndicat mixte d'aménagement rural le 29 juill. 2011 contre un arrêt de cour d'appel du 24 mai 2011, signifié le 6 juin 2011, dès lors que, l'art. 12 des statuts du syndicat disposant que le *président intente les actions judiciaires sur décision du bureau*, la délibération du bureau, versée au dossier, a été adoptée le 14 nov. 2011, soit après l'expiration du délai de pourvoi. • Civ. 3e, 4 avr. 2013, n° 11-22.127 P : *BJS 2013. 538, note Barbièri ; LPA 8 oct. 2013, p. 8, note Messaï-Bahri.*

II. OBJET DE LA RÉGULARISATION

10. Correspondance avec la cause de nullité. Lorsqu'un avocat a été constitué en première instance par une partie qu'il n'avait pas la capacité de représenter, la constitution d'un avoué en appel par cette même partie n'a pu avoir pour effet de régulariser la procédure de première instance. • Civ. 2e, 23 oct. 2003, n° 01-17.806 P : *D. 2003. IR 2726 ; Procédures 2004, n° 3, note Perrot.*

11. L'irrégularité de fond affectant un commandement de payer et un acte introductif d'instance délivrés à une personne morale dont le représentant légal était décédé ne peut être couverte par l'intervention volontaire de l'administrateur provisoire qui avait été judiciairement désigné pour représenter la société, dès lors que cette intervention avait pour objet de faire constater la nullité de ces actes. • Civ. 2e, 26 sept. 2013, n° 12-25.875 P : *Dr. et pr. 2013. 243, note Salati ; Gaz. Pal. 8-10 déc. 2013, p. 31, obs. Bléry ; BJS 2013. 815, note Barbièri ; AJDI 2014. 226, obs. Le Rudulier .*

III. MOMENT DE LA RÉGULARISATION

A. PRINCIPE

12. Avant que le juge statue. Si le défaut de pouvoir spécial d'une personne chargée de représenter une partie dans une procédure sans représentation obligatoire constitue une irrégularité de fond affectant la validité des actes de procédure, l'art. 121, sans faire de distinction entre la procédure de première instance et celle d'appel, dispose que cette nullité ne sera pas prononcée si sa cause a disparu au moment où le juge statue. • Civ. 2e, 21 avr. 2005, n° 02-20.183 P : *D. 2005. IR 1302 ; RTD civ. 2005. 631, obs. Théry* (contestation d'honoraires d'avocat ; défaut de pouvoir spécial d'un héritier chargé de représenter ses cohéritiers régularisé par la remise, au moment de la déclaration de recours, des pouvoirs spéciaux exigés). ♦ L'irrégularité de fond tirée du défaut de pouvoir du représentant d'une partie en justice peut être couverte jusqu'au moment où le juge statue. • Soc. 26 janv. 2016, n° 14-11.992 P (défaut de pouvoir d'un représentant syndical n'ayant produit qu'un extrait de la délibération de la commission exécutive du syndicat lui donnant mandat de représentation devant la cour d'appel). ♦ L'irrégularité de fond d'une assignation résultant de la constitution d'un avocat ne pouvant pas postuler dans le ressort d'un TGI saisi peut être couverte, avant que le juge statue, par le dépôt de conclusions mentionnant la constitution d'un avocat pouvant représenter le demandeur. • Civ. 2e, 20 mai 2010 : *Procédures 2010, n° 306, note Perrot.*

13. Déclaration de créance. Si la déclaration de créance faite sous la constitution d'un avocat n'appartenant pas au barreau dépendant du tribunal compétent est entachée d'une irrégularité de fond, la seconde déclaration faite le même jour, sous la constitution d'un avocat inscrit au barreau du TGI saisi de la procédure de saisie immobilière, a couvert cette irrégularité, de sorte que seul ce dernier représente la société déclarante. • Civ. 2e, 5 mai 2011 : *cité note 49 ss. art. 117.*

1° PREMIÈRE INSTANCE

14. Couverture antérieure au jugement de première instance. Si l'exception tirée de ce qu'une commune n'a pas été autorisée à plaider par une délibération du conseil municipal est d'ordre public, c'est seulement dans l'intérêt de la commune, à qui il est loisible de couvrir le vice de l'assignation par une délibération ultérieure ; l'arrêt qui constate que par délibération antérieure à la décision de première instance, le conseil municipal a donné son accord à l'action précédemment engagée par le maire, décide à bon droit que cette régularisation interdisait de prononcer la nullité de l'assignation. • Civ. 3e, 11 janv. 1984 : *Bull. civ. III, n° 8.* ♦ V. aussi, jugeant que méconnaît les art. 121 C. pr. civ. et L. 2122-22 CGCT, la cour d'appel qui déclare irrecevable l'action d'une commune aux fins notamment de destruction, sous peine d'astreinte, d'une digue empiétant sur un chemin communal, dès lors que cette action a été introduite par le maire sans autorisation préalable du conseil municipal, que ne constitue pas une régularisation susceptible de légitimer *a posteriori* la saisine de la juridiction civile, la délibération prise ultérieurement dès lors qu'elle ne mentionne pas l'assignation introductive d'instance ni le fait que le conseil aurait délibéré pour régulariser l'action irrégulièrement exercée par le maire et que les termes employés « la commune assigne X... devant le tribunal d'instance d'Uzès » ou encore « autorise le maire » évoquent plutôt une action spécifique décidée lors de cette délibération mais en aucune manière une régularisation rétroactive, alors que, au jour où la cour statue, la cause de nullité a disparu dès lors que la délibération du conseil municipal a autorisé le maire à représenter la commune dans l'instance en cause. • Civ. 2e, 20 oct. 2011, n° 10-16.443 P : *D. actu. 23 nov. 2011, obs. Tahri ; AJDA 2011. 2541.* ♦ V. aussi notes 21 et 26.

15. Prud'hommes. La nullité résultant de l'absence de mise en cause de l'inspecteur divisionnaire des lois sociales en agriculture, dans l'instance prud'homale engagée par un agent d'une caisse de mutualité sociale agricole contre son employeur, n'est pas prononcée lorsque sa cause a disparu au moment où le juge statue ; dès lors, doit être cassé l'arrêt qui confirme un jugement ayant décidé que la procédure était nulle pour défaut de mise en cause de l'autorité de tutelle alors qu'il résulte de ses constatations que le salarié avait demandé la convocation de cette autorité avant qu'il ne soit statué sur ses prétentions et que, cette demande ayant donné lieu à l'ouverture d'une instance distincte, il appartenait à la juridiction prud'homale de joindre les deux instances pour permettre la régularisation de la procédure. • Soc. 30 janv. 2008, n° 06-40.320 P. ♦ V., dans le même sens mais sous la qualification d'irrégularité de forme et non de fond, notes 5 et 6 ss. art. 115.

2° APPEL

16. Appel incident. Viole l'art. 121 la cour d'appel qui, pour annuler un jugement statuant à l'encontre d'une société, retient que le maître de l'ouvrage n'a attrait devant le tribunal que « les établissements » du même nom et que ceux-ci n'ont aucune capacité à ester en justice alors que, sur l'appel principal de la société le maître de l'ouvrage avait, par voie d'appel incident, demandé la condamnation de cette société. • Civ. 3e, 10 mai 1991, n° 89-16.057 P.

17. Avocat. La constitution d'un avocat en appel ne peut avoir pour effet de régulariser la procédure de première instance introduite sans représentation par un avocat et ainsi affectée d'une irrégularité fondée sur l'inobservation d'une règle de fond. • Com. 19 juin 2007, n° 06-12.150 P. ♦ Comp. • Civ. 1re, 6 oct. 1998 : *Procédures 1999, n° 27, obs. Thouret* (admettant, en matière d'adoption, la constitution d'avocat en appel, conformément aux règles de représentation en matière de procédure gracieuse).

18. Copropriété. Si, selon l'art. 117, le défaut de pouvoir d'une personne figurant au procès comme représentant une personne morale constitue une irrégularité de fond affectant la validité des actes de procédure, l'art. 121, sans faire de distinction entre la procédure de première instance et celle d'appel, dispose que cette nullité ne sera pas prononcée si sa cause a disparu au moment où le juge statue ; dès lors, c'est à bon droit qu'une cour d'appel, après avoir constaté que l'assemblée générale d'une copropriété avait donné pouvoir au syndic d'agir en justice postérieurement au jugement mais avant qu'elle ne statue, énonce que la cause de nullité ayant disparu, la demande du syndicat des copropriétaires est recevable. • Civ. 3e, 17 avr. 1984 : *Bull. civ. III, n° 85 ; D. 1984. IR 413, obs. Giverdon ; RTD civ. 1984. 777, obs. Perrot.* ♦ Est déclarée à bon droit recevable l'action d'un syndic de copropriété, bien que l'autorisation d'agir ne lui ait été donnée par le syndicat qu'après le prononcé du jugement frappé d'appel, dès lors que le syndic avait, du fait de cette autorisation, le pouvoir d'agir en justice au jour où la cour d'appel statuait. • Civ. 3e, 18 juin 1985 : *Bull. civ. III, n° 97.* ♦ V. aussi note 28.

19. Prud'hommes. Viole l'art. 121 la cour

d'appel qui annule le jugement rendu par le conseil de prud'hommes pour omission du préliminaire de conciliation, alors que cette irrégularité de fond était susceptible d'être couverte en cause d'appel et que s'agissant d'une nullité qui n'était pas imputable aux parties, il lui appartenait de la réparer en procédant elle-même à la tentative de conciliation. • Soc. 12 déc. 2000, n° 98-46.100 P : *RTD civ. 2001. 207, obs. Perrot*. ♦ Comp. note 4 ss. art. 115, qui opte (implicitement) pour la qualification de nullité de forme.

20. Majeurs incapables. Il résulte de l'art. 121 que la nullité des actes de procédure pour irrégularité de fond n'a pas à être prononcée, si sa cause a disparu au moment où le juge statue. • Civ. 1re, 10 mai 1984 : *Bull. civ. I, n° 154* (c'est à bon droit que la cour d'appel, qui a constaté que le majeur était représenté devant elle par son tuteur, a décidé qu'il n'y avait lieu d'accueillir l'exception de nullité). ♦ La nullité pour irrégularité de fond qui affecte une procédure de première instance ayant donné lieu à la condamnation d'un majeur sous tutelle non représenté par son tuteur est couverte lorsqu'en appel l'époux et tuteur de l'incapable est intervenu volontairement à l'instance et que l'intéressé a recouvré l'exercice de ses droits avant la clôture de la procédure et conclu au fond en son nom personnel. • Civ. 1re, 20 janv. 2004, n° 00-19.577 P : *RJPF 2004, n° 3, p. 9, obs. Casey*. ♦ *Contra* : encourt la cassation l'arrêt qui, pour déclarer valable la procédure de première instance suivie à l'encontre d'un majeur en curatelle seul et statuer au fond, énonce qu'en application de l'art. 121, l'intervention forcée du curateur en cause d'appel a fait disparaître la cause de nullité, alors que le tribunal n'avait pas été valablement saisi au regard dudit article et que la cause de nullité n'avait pas disparu lorsqu'il a statué. • Civ. 2e, 7 mars 1984 : *Bull. civ. II, n° 45 ; D. 1984. Somm. 421, obs. Julien ; RTD civ. 1984. 777, obs. Perrot*. ♦ L'omission de la signification de l'assignation au curateur constitue une irrégularité de fond que ne peut couvrir l'intervention volontaire de celui-ci en cause d'appel à l'effet de faire sanctionner cette irrégularité. • Civ. 1re, 23 févr. 2011 : *cité note 54 ss. art. 117*. ♦ Comp. L'absence d'acte d'appel déclaré contre le curateur d'un majeur en curatelle est constitutive d'une nullité de fond qui ne peut être couverte qu'avant l'expiration du délai d'appel. • Civ. 1re, 6 févr. 1996, n° 93-21.053 P : *Defrénois 1996. 1005, obs. Massip*. ♦ V. aussi, sur cette dernière approche, note 25.

B. LIMITES

1° CLÔTURE

21. L'art. 121 ne déroge pas aux dispositions du C. pr. civ. qui interdisent aux parties de conclure ou de communiquer des pièces après la clôture des débats ou, dans les procédures avec représentation obligatoire, après l'ordonnance de clôture. • Civ. 2e, 3 juin 1998, n° 96-21.173 P : *RTD civ. 1998. 740, obs. Perrot* (délibération du conseil municipal autorisant le maire à ester en justice produite à l'appui d'une note en délibéré). ♦ Mais l'irrégularité de fond affectant un acte de procédure étant couverte si la cause de la nullité a disparu le jour où le juge statue, il ne saurait être fait grief à une cour d'appel d'avoir ordonné la réouverture des débats afin de savoir si le maire de la commune, qui avait qualité à titre conservatoire pour interjeter appel avait été habilité à suivre la procédure par son conseil municipal avant que la cour d'appel ne statue. • Civ. 3e, 9 nov. 1982 : *Bull. civ. III, n° 214*.

2° DÉLAIS

a. Forclusion

22. Procédure collective. Le défaut de pouvoir de celui qui figure au procès comme représentant une personne morale constitue une irrégularité de fond qui ne peut plus être couverte après l'expiration d'un délai de forclusion • Com. 8 juin 1999, n° 94-20.999 P : *D. 1999. IR 178 ; RPC 2001. 32, obs. Soinne* (à propos d'une action en revendication intentée dans le cadre d'une procédure collective).

23. Élections professionnelles. Le défaut de pouvoir de celui qui figure au procès comme représentant une personne morale constitue une nullité de fond qui ne peut être couverte après l'expiration du délai de 15 jours prévu par les art. R. 423-3 et R. 433-4 [devenus R. 2314-28 et R. 2324-24] C. trav. pour la contestation de la régularité des élections. • Soc. 17 mars 1998, n° 96-60.292 P.

24. Désignation d'un délégué syndical. Viole l'art. 121 C. pr. civ. et les art. L. 2327-8 et R. 2327-6 C. trav., le TI qui, pour déclarer irrecevable la demande d'annulation de la désignation d'un délégué syndical présentée par une société et le directeur d'un de ses établissements, et valider la désignation de ce délégué, énonce que l'irrégularité de fond affectant l'acte n'a pas été régularisée dans les quinze jours suivant cette désignation, le pouvoir délivré par le président-directeur général au directeur n'ayant été produit qu'à l'audience, alors qu'il n'était tenu que de vérifier que le pouvoir de représenter la personne morale avait bien été donné avant l'expiration de ce délai. • Soc. 31 mars 2009, n° 08-60.517 P : *JCP S 2009. Actu. 203 ; Procédures 2009, n° 180, note Perrot*.

25. Appel. La régularisation doit intervenir avant toute forclusion ; l'irrégularité de fond qui entache un acte d'appel, affectant la saisine de la cour d'appel, ne peut pas être couverte après l'expiration du délai d'appel. • Civ. 2e, 19 oct. 1983 : *Bull. civ. II, n° 167 ; Gaz. Pal. 1984. 1. 34, obs. Guinchard ; RTD civ. 1984. 170, obs. Perrot*.

♦ Si l'appel formé par un syndic au nom du syndicat alors qu'il était dépourvu de mandat est nul d'une nullité de fond et que la nullité peut être couverte, la régularisation des pouvoirs du syndic qui a agi en justice au nom du syndicat sans mandat ne peut intervenir après l'expiration du délai d'appel. • Civ. 3e, 16 sept. 2015, n° 14-16.106 P : *JCP 2015. 1205, note Roux.* ♦ Lorsque le gérant d'une SCI, au moment où il interjette appel, est privé de tous ses pouvoirs en suite de la désignation d'un administrateur provisoire, et que l'irrégularité n'est pas couverte par celui-ci dans le délai légal, la cause de nullité de l'appel n'a pas disparu au moment où le juge statue. • Com. 15 mai 1990, n° 88-19.232 P. ♦ Ne donne pas de base légale à sa décision au regard de l'art. 121, la cour d'appel qui ne constate pas que la régularisation de la nullité de fond affectant l'appel qui avait été formé au nom d'une société en liquidation par une personne autre que son liquidateur avait eu lieu avant l'expiration du délai d'appel. • Com. 14 déc. 1999, n° 97-15.361 P : *D. 2000. AJ 65*.

26. Surenchère. Le défaut de pouvoir de celui qui déclare surenchérir en qualité de représentant d'une personne morale ne peut être couvert après l'expiration du délai imparti pour faire la surenchère. • Civ. 2e, 31 mai 1989 : *Bull. civ. II, n° 118 ; D. 1989. IR 191.* ♦ Viole les art. 117 et 121 C. pr. civ., l'art. 709 anc. C. pr. civ. [abrogé], ensemble l'art. L. 2132-3 CGCT le tribunal qui rejette une demande d'annulation d'une surenchère faite par le maire d'une commune déclarant agir au nom de celle-ci, en retenant que la déclaration de surenchère est un acte conservatoire, que le maire pouvait donc agir sans autorisation préalable du conseil municipal, que la surenchère a été ultérieurement approuvée et qu'à supposer qu'il y ait nullité, elle ne peut être prononcée, la cause ayant disparu au jour où le tribunal statue, alors que la déclaration de surenchère constitue un acte de disposition et que le délai pour faire surenchère était expiré. • Civ. 2e, 17 oct. 2002, n° 00-21.106 P : *D. 2002. IR 2988* ; *Gaz. Pal. 14-15 mars 2003, p. 15, obs. Brenner.*

27. Injonction de payer. Une partie ne peut se prévaloir de la régularisation d'une opposition à une ordonnance d'injonction de payer, nulle pour défaut de capacité de l'auteur de l'opposition, dès lors que la régularisation est intervenue plus d'un mois après la signification de l'ordonnance, soit après l'expiration du délai d'opposition. • Civ. 2e, 18 nov. 1987 : *Bull. civ. II, n° 231.*

b. Prescription

28. Copropriété. L'irrégularité de fond qui, en raison d'un défaut de pouvoir, affecte la validité de l'assignation par un syndic de copropriété, des responsables de malfaçons affectant un immeuble, irrégularité dont les personnes assignées et leurs garants sont en droit de se prévaloir n'est plus susceptible d'être couverte après l'expiration du délai de prescription de l'action. • Civ. 3e, 16 janv. 1985 : *Bull. civ. III, n° 13 ; JCP 1987. II. 20724, note Blaisse ; RTD civ. 1986. 180, obs. Perrot.* ♦ L'irrégularité de fond qui affecte la validité d'une seconde assignation délivrée par un syndicat de copropriétaires n'est plus susceptible d'être couverte après l'expiration du délai d'exercice de l'action en garantie que la première assignation n'avait interrompu que pour les vices qu'elle concernait, l'assemblée générale n'ayant pas autorisé le syndic à agir pour les désordres apparus après cette assemblée et ces désordres ne résultant pas des mêmes vices que ceux figurant dans la première assignation. • Civ. 3e, 14 févr. 1990, n° 88-18.422 P : *Gaz. Pal. 1990. 1. Pan. 105.* ♦ La régularisation des pouvoirs du syndic qui a agi en justice au nom du syndicat des copropriétaires sans être habilité par l'assemblée générale ne peut intervenir après l'expiration du délai de prescription de l'action. • Civ. 3e, 13 janv. 2010, n° 09-10.398 P : *D. 2010. AJ 267, obs. Rouquet*

CHAPITRE III LES FINS DE NON-RECEVOIR

DALLOZ ACTION *Droit et pratique de la procédure civile 2022/2023*, nos 193.00 s.

BIBL. GÉN. ▸ Béguet, *RTD civ. 1947. 133.* – Giverdon, Lobin, Magnan et Fontaine-Tranchant, *Gaz. Pal. 15 juill. 1982* (journées d'études des avoués, Riom 1981). – Heno, *JCP 1975. I. 2706* (fins de non-recevoir en matière de filiation). – Jahel, *Mél. S. Guinchard, Dalloz 2010, p. 723* (fin de non-recevoir et ordre processuel). – Normand, *RTD civ. 1981. 684* (excroissances de la notion). – R. Martin, *RG proc. 1998. 419.* – Perdriau, *JCP 1998. I. 162* (une action en justice peut-elle être déclarée à la fois irrecevable et mal fondée ?). – Putman, Quarantième anniversaire du Code de procédure civile (1975-2015), *Hors-collection, Panthéon-Assas Paris II 2016, p. 191* (un mot du droit dans le contexte du C. pr. civ : la recevabilité). – Viatte, *Gaz. Pal. 1980. 2. Doctr. 470.*

▸ **Chantiers de la justice :** Croze, *Procédures 2018. Repère 4* (irrecevable).

Art. 122 **Constitue une fin de non-recevoir tout moyen qui tend à faire déclarer l'adversaire irrecevable en sa demande, sans examen au fond, pour défaut de droit d'agir, tel le défaut de qualité, le défaut d'intérêt, la prescription, le délai préfix, la chose jugée.**

BIBL. ▶ BALAT, *RTD civ. 2016. 751* (forclusion et prescription). – PÉTEL-TEYSSIÉ, Quarantième anniversaire du Code de procédure civile (1975-2015), *Hors-collection, Panthéon-Assas Paris II 2016, p. 267* (les fins de non-recevoir de procédure).

PLAN DES ANNOTATIONS

BIBL. ▶ Clause de conciliation : Barnaud, L'efficacité des clauses relatives aux litiges, *Versailles 2009 (thèse dactyl.)*. – Bénabent et X. Lagarde, *BICC 2004, hors série, no 3, p. 31* (fin de non-recevoir tirée d'une clause instituant un préalable obligatoire de conciliation). – Block, Mél. R. Martin, Univ. Nice Sophia-Antipolis, *Bruylant, LGDJ, 2004, p. 69*. – Foulon et Strickler, *JCP 2014. 1128* (clauses conventionnelles de médiation hors instance). – Kenfack, *D. 2015. 384* (la reconnaissance des véritables clauses de médiation ou de conciliation obligatoire hors de toute instance). – X. Lagarde, *Rev. arb. 2000. 377* (efficacité des clauses de conciliation ou de médiation).

▶ Contradiction au détriment d'autrui : Baldes, *Procédures 2013. Étude 5* (approche renouvelée des systèmes d'interdiction de l'autocontradiction en procédure civile). – Bolard, *JCP 2015. 146* (le droit de se contredire au détriment d'autrui ?). – Dupont, *RTD civ. 2010. 459* (interdiction de se contredire au détriment d'autrui en procédure civile française). – Kleiman, *JCP 2010. 303 (définition)*. – Maréchal, *D. 2012. 167* (estoppel à la française consacré par la Cour de cassation). – Mestre, *RLDC 11/2011. 3* (vers l'avènement d'un nouveau principe général du droit).

▶ Prescription : Fricero, *Procédures 2009. Étude 6* (la prescription extinctive un an après la L. no 2008-561 du 17 juin 2008).

I. FRONTIÈRES

A. FIN DE NON-RECEVOIR ET DEMANDE RECONVENTIONNELLE

1. La cour d'appel qui, après avoir relevé que, devant le premier juge, la nullité d'une association syndicale libre a été expressément demandée, laquelle demande touche au fond du droit et n'est pas une contestation de la qualité pour agir de cette association, retient exactement que cette prétention constituait, non une fin de non-recevoir, mais une demande reconventionnelle, dont le caractère indéterminé rendait l'appel recevable. • Civ. 3e, 18 déc. 1991, no 90-11.048 P.

B. FIN DE NON-RECEVOIR ET DÉFENSE AU FOND

1° ARTICULATION

2. Irrecevabilité et mal-fondé. Il ne saurait être reproché à une juridiction qui a déclaré une demande irrecevable d'ajouter qu'au surplus elle la considère mal fondée. • Com. 26 janv. 1988 : *Bull. civ. IV, no 48 ; RTD civ. 1988. 575, obs. Per-*

rot. ♦ Comp. : Excède ses pouvoirs le tribunal qui statue sur le fond, alors qu'il avait dit l'action irrecevable. • Civ. 3e, 4 oct. 1995, n° 94-10.299 P : *Procédures 1995, n° 293, note Perrot.* ♦ Excède ses pouvoirs la cour d'appel qui, après avoir déclaré irrecevables les demandeurs en leurs demandes principale et subsidiaire, les en déboute. • Civ. 3e, 4 juill. 2012, n° 10-21.249 P. ♦ *Adde* : La fin de non-recevoir tirée de la prescription, opposée à la demande sur le terrain de la responsabilité contractuelle, n'interdit pas au juge de constater parallèlement que la demande était mal fondée sur celui de la responsabilité délictuelle. • Civ. 1re, 28 janv. 1997, n° 94-19.747 P.

2° QUALIFICATION

3. *Enrichissement sans cause.* Le caractère subsidiaire reconnu à l'action fondée sur l'enrichissement sans cause ne constitue pas une fin de non-recevoir au sens de l'art. 122, mais une condition inhérente à l'action. • Civ. 1re, 4 avr. 2006, n° 03-13.986 P.

4. *Vente.* En l'état d'une action introduite par les acquéreurs d'une maison d'habitation dont la construction était achevée, afin d'obtenir du vendeur paiement de la somme correspondant à la mise en conformité de l'immeuble à son usage normal, une cour d'appel ne caractérise pas l'existence d'une fin de non-recevoir en retenant qu'une telle action ne pouvait tendre qu'à la restitution du prix ou au remboursement d'une partie de ce prix arbitrée par experts et que telle n'est pas la demande des acquéreurs. • Civ. 3e, 24 janv. 1990, n° 88-15.554 P.

5. *Monopole.* La mise en œuvre de pratiques prohibées par le droit de la concurrence par le titulaire d'un monopole sur l'organisation du service extérieur des pompes funèbres, si elle peut justifier la diminution des dommages-intérêts auxquels il peut prétendre, n'a pas pour effet de rendre irrecevable l'action indemnitaire exercée au fond par celui-ci au titre de la méconnaissance de ce monopole dès lors que la validité des contrats de concession lui conférant ce monopole n'est pas contestée. • Com. 23 oct. 2001, n° 99-12.623 P.

6. *Hypothèque.* Viole les art. 122 NCPC [devenu C. pr. civ.] et 1382 C. civ. la cour d'appel qui, pour déclarer irrecevable le moyen de défense tiré par un notaire de l'irrégularité de l'inscription d'une hypothèque judiciaire définitive grevant un immeuble, retient qu'il n'a pas qualité pour l'opposer au créancier dont l'hypothèque a été inscrite en vertu d'un jugement ayant donné lieu à un certificat de non-appel, alors que ce jugement n'ayant pas encore été régulièrement notifié, le délai d'appel n'avait pas commencé à courir et que, l'inscription provisoire étant devenue caduque, le créancier ne bénéficiait dès lors d'aucune sûreté sur l'immeuble, en sorte que le préjudice qu'il invoquait était dépourvu de lien de causalité avec la faute commise par le notaire qui s'était dessaisi entre les mains du vendeur du solde du prix de vente avant la publication de celle-ci. • Civ. 1re, 27 mai 2003, n° 99-17.602 P.

7. *Exequatur.* Lorsqu'un jugement ne comporte ni les date et lieu de naissance ni le domicile de la partie condamnée, la cour d'appel qui rejette la demande d'*exequatur* au motif qu'elle se trouve dans l'impossibilité de s'assurer de l'identité de la partie condamnée par le jugement retient non pas une fin de non-recevoir mais un moyen de fond tiré de la contrariété à l'ordre public international du jugement. • Civ. 1re, 28 nov. 2006, n° 04-14.646 P.

C. FIN DE NON-RECEVOIR ET EXCEPTION DE PROCÉDURE

1° FIN DE NON-RECEVOIR ET EXCEPTION D'INCOMPÉTENCE

8. *Pouvoir juridictionnel.* Le moyen tiré du défaut de pouvoir juridictionnel de la juridiction saisie constitue une fin de non-recevoir et non une exception d'incompétence. • Civ. 2e, 8 janv. 2015 : *D. 2015. Actu. 164* ; *RDBF 2015, n° 55, note Piedelièvre.*

9. *JEX.* La partie qui ne conteste pas le pouvoir juridictionnel du juge saisi mais revendique la compétence d'un autre juge soulève une exception d'incompétence et non une fin de non-recevoir ; ainsi en est-il lorsqu'une partie soulève devant le juge de l'exécution un moyen tendant à faire juger que la distribution du prix de vente d'un immeuble relève du juge chargé des procédures d'ordre. • Civ. 2e, 13 juill. 2006, n° 05-10.118 P.

10. *Pratiques anticoncurrentielles.* Il résulte de la combinaison des art. L. 420-7 et R. 420-5 C. com., que la cour d'appel de Paris est seule investie du pouvoir de statuer sur les appels formés contre les décisions rendues sur les litiges relatifs à l'application des art. L. 420-1 à L. 420-5 du même code, ainsi qu'à l'application des art. 81 et 82 du Traité, devenus 101 et 102 TFUE ; l'inobservation de ces textes est sanctionnée par une fin de non-recevoir. • Com. 21 févr. 2012, n° 11-13.276 P : *D. 2012. Actu. 677, obs. Chevrier* ; *ibid. 2013. 735, note Ferrier* ; *ibid. Pan. 1925, osb. Galloux* ; *Gaz. Pal. 2012. 1529, note L. Mayer* ; *RTD civ. 2012. 566, obs. Théry* (saisine de la cour d'appel de Lyon, dépourvue du pouvoir juridictionnel de statuer et non incompétente, déclarée irrecevable).

11. *Procédures collectives.* L'absence d'ouverture d'une voie de recours, à l'origine du défaut de pouvoir juridictionnel du tribunal, constitue non une exception d'incompétence mais une fin de non-recevoir qui peut être invoquée par la voie de l'appel. • Com. 22 oct. 1996, n° 94-20.372 P.

2° FIN DE NON-RECEVOIR ET EXCEPTION DE NULLITÉ

12. Renvoi. V. notes 12 s. ainsi que 28 s. ss. art. 114.

13. Défaut de saisine. Le défaut de saisine régulière du tribunal ne constitue pas un vice de forme mais une fin de non-recevoir et celui qui l'invoque n'a pas à justifier d'un grief. • Civ. 2e, 6 janv. 2011, n° 09-72.506 P : *Procédures 2011, n° 85, note Perrot* (tribunal paritaire des baux ruraux). ♦ Affectant le contenu de l'acte de saisine de la juridiction et non le mode de saisine de celle-ci, l'irrégularité des mentions de la déclaration de saisine de la juridiction de renvoi après cassation ne constitue pas une cause d'irrecevabilité de celle-ci, mais relève des nullités pour vice de forme. • Civ. 2e, 19 oct. 2017, n° 16-11.266 P : *cité note 12 ss. art. 114.*

14. Défaut de pouvoir. Le moyen tiré du défaut de pouvoir juridictionnel de la juridiction saisie, elle-même tenue de vérifier la régularité de sa saisine, constitue une fin de non-recevoir. • Civ. 2e, 8 juill. 2010, n° 09-65.256 P : *D. 2010. Actu. 1948 ; ibid. 2011. Chron. C. cass. 633, obs. Sommer et Leroy-Gissinger .*

15. Référé. La circonstance qu'il n'y a pas lieu à référé n'entraîne pas la nullité de l'assignation mais l'irrecevabilité de la demande ; tel est le cas lorsque le juge des référés a été saisi aux seules fins d'obtenir le renvoi à une audience du tribunal statuant au fond ; encourt donc la cassation l'arrêt qui, ayant relevé que le président d'un tribunal de commerce avait été saisi en référé d'une prétention n'entrant pas dans les prévisions des art. 872 et 873, a annulé son ordonnance. • Civ. 2e, 16 mai 2012, n° 11-11.998 P : *D. 2012. Actu. 1411 ; Gaz. Pal. 2012. 2813, note Mayer ; JCP 2012. 1254, obs. Serinet.*

16. Baux d'habitation. Le moyen tiré de l'inobservation, dans l'acte portant proposition de nouveau loyer, des prescriptions des art. 17 c et 19 de la loi du 6 juill. 1989, constitue une exception de nullité pour vice de forme et non une fin de non-recevoir. • Civ. 3e, 5 nov. 2003, n° 01-16.096 P : *D. 2003. IR 2929 .*

17. Signification par double envoi postal. Lorsque le dirigeant d'une personne morale, assigné en paiement de l'insuffisance d'actif de cette dernière, a été cité pour être entendu personnellement par le tribunal par un acte délivré selon les modalités de l'art. 659, qu'il a été convoqué par le greffe à la suite du renvoi de l'affaire pour être entendu personnellement et qu'il a comparu à l'audience où il a pu faire valoir ses observations, une cour d'appel en déduit exactement que l'irrégularité tirée d'une convocation à une adresse erronée invoquée par ce dirigeant ne constitue qu'un vice de forme et qu'aucune nullité n'est encourue dès lors qu'il n'est pas démontré que cette irrégularité ait causé un grief. • Com. 19 juin 2012, n° 10-16.890 P : *D. 2012. Actu. 1671 ; Dr. sociétés 2012, n° 169 (2e esp.), note Legros ; BJS 2012. 733, note Mouial-Bassilana ; Rev. sociétés 2012. 533, note Roussel Galle ; Gaz. Pal. 2012, p. 2968, note Montéran ; RPC 2012, n° 213, note Martin-Serf ; RLDA sept. 2012. 4196, note Montéran et Simonnot.*

II. FINS DE NON-RECEVOIR À PROPREMENT PARLER

A. SANCTION DU DÉFAUT DE DROIT D'AGIR

18. Saisine du juge. Aux termes de l'art. 29-2, al. 2 du Décr. du 30 sept. 1953 [devenu R. 145-27 C. com.], la partie la plus diligente remet au greffe son mémoire ; cette formalité ne tendant qu'à la fixation de la date d'audience et ne saisissant pas le juge, son omission ne constitue pas une fin de non-recevoir. • Cass., ass. plén., 23 févr. 2001, n° 99-15.541 P : *D. 2001. AJ 1028, concl. Weber et obs. Rouquet ; JCP 2001. II. 10540, note Lochouarn ; Procédures 2001, n° 106, obs. Laporte.*

19. Date d'appréciation. Viole les art. 31 et 122 NCPC [devenu C. pr. civ.], ensemble l'art. L. 225-231 C. com., la cour d'appel qui, au motif que le demandeur n'est plus actionnaire au moment où elle statue, déclare irrecevable une demande présentée sur le fondement de ce dernier texte, alors que l'existence du droit d'agir en justice s'apprécie à la date de la demande introductive d'instance et ne peut être remise en cause par l'effet de circonstances postérieures. • Com. 6 déc. 2005, n° 04-10.287 P.

20. Renvoi. Sur les fins de non-recevoir soulevées dans le cadre de l'exercice des voies de recours, V., outre les notes 21, 24 ci-dessous, les notes 22 s. ss. art. 125.

21. Appel. Ressort. Renvoi. V. note ss. COJ, art. R. 311-3.

22. Appel. Jour fixe. Il résulte de la combinaison des art. 52 du Décr. du 27 juill. 2006, modifié, relatif aux procédures de saisie immobilière et de distribution du prix d'un immeuble [devenu R. 322-19 C. pr. exéc.], et 122 et 125 C. pr. civ. que l'appel contre le jugement d'orientation est formé, instruit et jugé selon la procédure à jour fixe, à peine d'irrecevabilité qui doit être relevée d'office. • Civ. 2e, 22 févr. 2012, n° 10-24.410 P : *D. 2012. Actu. 690 ; RDBF 2012, n° 94, note Piedelièvre ; Gaz. Pal. 2012. 1523, note Brenner ; ibid. 1545, note Jullien.*

23. Appel. Preuve. C'est à la partie qui exerce un recours plus de deux ans après son prononcé d'établir qu'il est recevable au regard des dispositions de l'art. 528-1, de sorte que c'est sans inverser la charge de la preuve qu'une cour d'appel déclare un tel appel irrecevable. • Civ. 2e, 30 janv. 2014, n° 12-29.512 P.

24. Pourvoi en cassation. Le pourvoi est irrecevable contre un arrêt rendu par défaut, susceptible d'opposition, lorsqu'il n'est pas justifié de l'expiration du délai d'opposition à la date de ce pourvoi. • Com. 21 janv. 2014, nº 13-11.704 P : *D. 2014. Actu. 268*.

B. LISTE DE L'ART. 122

25. Évolution en cours d'instance. Une partie ne peut agir en justice que si elle a intérêt et qualité à cette fin ; n'est donc pas recevable en sa demande en paiement d'une contribution destinée à préserver les droits acquis d'un salarié l'organisme de retraite qui n'aura pas, du seul fait de sa dissolution au cours de l'instance, à verser une retraite à ce salarié. • Civ. 2e, 17 nov. 1993, nº 91-20.022 P.

26. Renvoi. Sur les notions d'intérêt et de qualité pour agir, V. notes ss. art. 31 et 32.

1º DÉFAUT DE QUALITÉ

a. En référé

27. Toute personne qui justifie d'un intérêt légitime au succès d'une prétention peut introduire une instance en référé et il appartient au juge des référés de se prononcer sur la fin de non-recevoir tirée d'un prétendu défaut de qualité du demandeur en référé, que la contestation de cette qualité par la partie adverse soit ou non sérieuse ; viole donc les art. 31 et 122 la cour d'appel déclarant la formation de référé incompétente au motif que la qualité du demandeur à agir en justice, contestée par la défense, touche au fond du droit. • Soc. 22 juin 1993, nº 91-40.736 P.

b. Au fond

28. Preuve. Dès lors que la cour d'appel constate que le bail verbal a été conclu par une personne dénommée, c'est au cocontractant, qui prétend que cette personne n'agissait pas en son nom personnel, d'en rapporter la preuve. • Civ. 3e, 12 juin 1996, nº 94-16.095 P. ♦ Comp. Ne satisfait pas aux exigences de l'art. 455, la cour d'appel qui, se déterminant par la seule référence à des éléments dont elle ne précise pas comment ils ont été mis aux débats devant elle et qui n'ont fait l'objet d'aucune analyse, même sommaire, rejette la fin de non-recevoir tirée du défaut de qualité à agir de personnes se présentant comme les héritiers d'un donateur, dit que leur action est recevable et prononce la révocation de la donation pour inexécution des charges, après avoir énoncé que la descendance du *de cujus*, personnage célèbre et public « est parue dans le domaine public » et que les intimés avaient à cet égard fourni tous éléments d'information dès la première instance, ce qui avait été admis par le donataire. • Civ. 1re, 28 janv. 2015 : *D. 2015. 320 ; AJ fam. 2015. 167, obs. Casey ; JCP 2015. 399, note Serinet ; LPA 14 avr. 2015, p. 9, note Mahinga.*

29. Moment de la contestation. La fin de non-recevoir tirée du défaut de qualité peut être opposée à la demande d'autorisation de saisie des rémunérations quand bien même elle ne l'aurait pas été lors de la procédure ayant conduit à la décision dont l'exécution est poursuivie. • Civ. 2e, 17 oct. 2013, nº 12-26.624 P : *D. 2014. Cass. chron. 571, nº 9, obs. de Leiris*.

En demande

30. Accord international. Il résulte tant de son objet que des termes de ses stipulations que l'Accord du 27 mai 1997, conclu entre le gouvernement de la République française et le gouvernement de la Fédération de Russie sur le règlement définitif des créances réciproques financières et réelles apparues antérieurement au 9 mai 1945, a entendu apurer un contentieux financier entre ces deux États, le règlement des litiges liés aux créances entre les particuliers et chacun de ces États demeurant exclusivement de la compétence nationale ; il s'ensuit qu'une association ne peut utilement invoquer, au soutien de sa fin de non-recevoir, un moyen tiré des dispositions de l'art. 5 dudit accord. • Civ. 3e, 10 avr. 2013, nº 11-21.947 P.

31. Action oblique. Dès lors qu'il agit contre le preneur sortant et non contre le bailleur, de sorte qu'il ne s'agit pas d'une action dérivée du bail rural, l'époux en instance de divorce qui cherche à obtenir le remboursement de sommes versées par les époux du temps de leur union n'exerce pas une action exclusivement attachée à la personne de son épouse et peut se prévaloir des dispositions de l'art. 1166 C. civ. pour exercer l'action en répétition de l'indu que cette dernière s'abstient de mettre en œuvre. • Civ. 3e, 11 févr. 2015 : *BICC 15 mai 2015, nº 560 ; D. 2015. Actu. 433 ; Rev. loyers 2015. 190, note Peignot.*

32. Agent d'assurances. L'agent général d'assurances qui n'a payé l'indemnité due à l'assuré qu'au nom et pour le compte de la compagnie qui l'a nommé ne peut se prétendre personnellement subrogé dans les droits de l'assuré et n'a, en conséquence, qualité pour exercer l'action récursoire en responsabilité au nom de la compagnie subrogée que s'il en a reçu le mandat spécial. • Com. 20 mai 1997, nº 95-10.186 P.

33. Bail. Un commandement de payer délivré par une personne dépourvue de qualité pour le faire ne peut entraîner l'application de la clause résolutoire d'un bail. • Civ. 3e, 20 déc. 1983 : *Bull. civ. III, nº 271* (commandement délivré par une personne qui n'était pas propriétaire de l'immeuble).

34. Cession de créance. En cas de cession à titre de garantie d'une créance professionnelle selon les modalités prévues par les art. L. 313-23

s. C. mon. fin., seul le cessionnaire peut réclamer au débiteur le paiement total de la créance cédée, même lorsque son montant excède celui de la créance garantie, le cédant ne retrouvant ses droits à agir qu'après le remboursement intégral de la dette garantie ou la renonciation du cessionnaire à tout ou partie de la créance cédée ; une SCI ayant cédé à sa banque toutes sommes qu'elle pourrait percevoir à titre provisionnel ou définitif à l'issue des procédures judiciaires en cours, une cour d'appel en a déduit exactement que cette société n'avait plus qualité pour poursuivre son action. • Com. 18 nov. 2014 : *BICC 1er mars 2015, n° 230 ; D. 2014. Actu. 2404 ; AJCA 2015. 127, obs. Bert ; Dr. et pr. 2015, suppl. Droit du recouvrement, n° 2, p. 11, note Piedelièvre ; RDBF 2015, n° 10, note Cerles ; ibid. 2015, n° 33, note Crédot et Samin ; Banque et Dr. 1-2/2015, p. 41, obs. Bonneau ; JCP E 2015. 1101, note Marty ; Gaz. Pal. 17 mars 2015, p. 23, note Moreil.*

35. Délégué du personnel. Si le délégué du personnel ne tient pas des dispositions de l'art. L. 422-1-1 [devenu L. 2313-2] C. trav. le pouvoir d'agir en nullité des licenciements prononcés par l'employeur à la suite d'une atteinte aux droits des personnes ou aux libertés individuelles, ce texte lui confère le pouvoir d'agir à l'effet de réclamer le retrait d'éléments de preuve obtenus par l'employeur par des moyens frauduleux qui constituent une atteinte aux droits des personnes et aux libertés individuelles. • Soc. 10 déc. 1997, n° 95-42.661 P.

36. Fonctionnement défectueux de la justice. L'art. L. 141-1 COJ ne concerne que la responsabilité de l'État envers les usagers qui sont, soit directement, soit par ricochet, victimes du fonctionnement défectueux du service public de la justice et ne peut être invoqué par le cocontractant d'une personne se prétendant victime d'une faute lourde du service public de la justice dès lors que le préjudice de celui-ci n'est qu'indirect. • Civ. 1re, 12 oct. 2011, n° 10-23.288 P.

37. Indivisibilité. L'indivisibilité entre plusieurs conventions ne saurait priver un des cocontractants de la possibilité d'agir seul en réparation de ses préjudices personnels. • Civ. 1re, 22 mars 2012, n° 09-72.792 P : *D. 2012. Actu. 876 ; JCP 2012. 561, note Grosser ; LPA 31 déc. 2012, p. 6, note Pignarre ; RDC 2012. 795, note Deshayes ; ibid. 2013. 1337, note Savaux.*

38. Masse des créanciers obligataires. La masse des créanciers obligataires subsiste tant qu'il n'a pas été définitivement statué sur leurs droits ; ayant relevé que le recours exercé contre le jugement ayant arrêté le plan de sauvegarde de la société avait pour objet de déterminer l'étendue des droits de ces créanciers au regard de l'opération de réduction du capital à zéro, la cour d'appel en a exactement déduit que la tierce opposition formée par le représentant de la masse des obligataires était recevable. • Com. 10 juill. 2012, n° 11-22.898 P : *D. 2012. Actu. 1953 ; Rev. sociétés 2012. 536, note Henry ; JCP E 2012. 1571, note Moulin ; RPC 2013, n° 21, note Fraimout ; Gaz. Pal. 2012. 2958, note Lebel ; JCP 2012. 1428, note Pétel ; BJS 2012. 810, note Lucas ; Dr. sociétés 2012, n° 215, note Legros ; Rev. sociétés 2013. 99, note Le Nabasque ; Dr. sociétés 2012, p. 21, note Gallois-Cochet ; LPA 15 avr. 2013, p. 9, note Thomas.*

39. Nul ne plaide par procureur. Celui qui invoque la fin de non-recevoir résultant de l'inobservation de la règle « nul ne plaide par procureur » n'a pas à justifier d'un grief ; le directeur d'un hôpital est sans intérêt à établir qu'il aurait été habilité à agir contre les constructeurs, en réparation des désordres affectant un bâtiment édifié et dépendant de l'hôpital, dès lors qu'il n'avait pas introduit l'action au nom de l'association propriétaire du bâtiment. • Civ. 2e, 10 juill. 1991, n° 90-15.407 P.

40. Partie civile. En droit français, la partie civile ne dispose pas d'un droit personnel à l'exécution d'une peine mais peut poursuivre la réparation du préjudice moral, personnel, directement en relation avec la faute incontestable commise par les juges de la chambre de l'instruction de la cour d'appel dans l'exécution du service public de la justice. • Civ. 1re, 4 juill. 2006, n° 04-17.584 P.

41. Promesse de porte-fort. En l'état d'une promesse de cession de parts sociales consentie par une partie qui, propriétaire de certaines parts, s'était portée fort pour les autres parts appartenant à un tiers, ne donne pas de base légale à sa décision au regard de l'art. 122 NCPC [devenu C. pr. civ.], ensemble l'art. 1120 C. civ., la cour d'appel qui, pour déclarer le promettant irrecevable pour défaut de qualité en sa demande tendant à l'exécution de la cession, après avoir relevé qu'en raison de son caractère indivisible la cession ne peut être réalisée partiellement, énonce que la ratification de la procédure par le tiers a eu pour effet, en rendant le représenté personnellement et définitivement obligé à la convention conclue en son nom, de transmettre à celui-ci le droit d'agir en justice pour en exiger l'exécution, alors que l'auteur de la promesse ne faisait qu'agir en qualité de stipulant. • Civ. 2e, 29 juin 1988 : *Bull. civ. II, n° 155.*

42. Promesse de vente. Le bénéficiaire d'une promesse synallagmatique de vente a seul qualité pour agir en restitution du dépôt de garantie versé en exécution du contrat. • Civ. 3e, 29 mai 2013, n° 12-10.070 P : *D. 2013. Actu. 1407 ; AJDI 2013. 859, note Cohet ; JCP N 2013. 1277, note Payet ; ibid. 2014. 1057, note Piedelièvre.*

43. Propriété industrielle. Les dispositions de l'art. 138 § 1 e de la Convention sur le brevet européen visant à protéger les intérêts privés du véritable titulaire du brevet ou de son ayant cause, leur violation est sanctionnée par une nullité relative qui ne peut être invoquée que par les personnes lésées ; en conséquence, est irrecevable à agir en nullité d'un brevet, une société qui soutient seulement que celui-ci porte sur une invention de salariés, dont le droit au brevet appartiendrait à l'employeur. • Com. 14 févr. 2012, n° 11-14.288 P : *D. 2012. 608 ; Propr. ind. oct. 2012, n° 70, note Raynard ; ibid. juin 2012, comm. 47, obs. E. Py ; Gaz. Pal. 2012, jur. p. 2245, note L. Marino ; D. 2013. 1379, note Raynard .*

44. *Rétrocession.* Ne peuvent revendiquer la qualité de candidats évincés et n'ont donc pas qualité pour agir, les agriculteurs intéressés par une rétrocession, qui ne se sont pas portés candidats au prix fixé par la SAFER dont ils exigeaient une réduction, alors que la détermination du prix de rétrocession appartient exclusivement à celle-ci. • Civ. 3e, 21 juin 1995, n° 93-14.539 P.

45. *SACEM.* En application de l'art. 1er des statuts de la SACEM, l'auteur qui a, par son adhésion, fait apport de l'exercice de ses droits patrimoniaux, est dès lors irrecevable, sauf carence de cette société, à agir personnellement en défense de ceux-ci. • Civ. 1re, 13 nov. 2014 : *BICC 1er mars 2015, n° 267 ; D. 2014. Actu. 2341 ; ibid. 2015. 410, note Étiennay-de Sainte Marie ; CCE 2015, n° 2, note Caron ; ibid. Chron. 4, obs. Daverat.*

En défense

46. *Absence de choix.* L'action judiciaire tendant à voir déclarer irrégulier le préavis de grève déposé en application de l'art. L. 521-2 [devenu L. 2512-1] C. trav. par deux délégués syndicaux au nom de leurs organisations syndicales doit être dirigée contre les organisations syndicales et non contre les seuls délégués syndicaux. • Soc. 6 nov. 1991, n° 90-12.516 P.

47. *Choix. Cumul.* L'action formée pour obtenir la suppression d'ouvrages empiétant sur une propriété voisine ainsi que des dommages-intérêts peut être exercée non seulement contre le propriétaire actuel de ces constructions, mais aussi contre le maître de l'ouvrage. • Civ. 3e, *28 juin 2006, n° 02-15.640 P.*

48. *Condition. Coauteurs.* La recevabilité de l'action en contrefaçon introduite par l'un des coauteurs ou ses ayants droit pour la défense de ses intérêts patrimoniaux, fussent-ils afférents à l'œuvre originaire dont une œuvre audiovisuelle est tirée, à l'encontre de cette œuvre audiovisuelle, œuvre de collaboration qui est la propriété commune des coauteurs, est subordonnée à la mise en cause de l'ensemble de ceux-ci, dès lors que leur contribution ne peut être séparée, partant, est irrecevable l'action en contrefaçon, qui n'a pas le caractère d'une mesure conservatoire, introduite par les ayants droit de l'auteur d'un scénario incorporé au scénario définitif d'un film, qui n'ont pas appelé tous les coauteurs du film en la cause. • Civ. 1re, 12 mai 2011, n° 10-14.646 P.

49. *Condition. Ayants droit.* La recevabilité d'une action tendant à la reconnaissance d'une ascendance génétique par voie d'expertise, lorsque celle-ci nécessite une exhumation, est subordonnée à la mise en cause des ayants droit du défunt. • Civ. 1re, 13 nov. 2014 : *BICC 1er mars 2015, n° 268 ; D. 2014. Actu. 2342 ; D. 2015. Pan. 649, note Douchy-Oudot ; ibid. Pan. 766, obs. Gaumont-Prat ; ibid. Pan. 704, obs. Granet-Lambrechts ; ibid. 1070, note Fulchiron ; JCP 2015. 49, note Douchy-Oudot ; ibid. 424, obs. Libchaber.*

50. *Condition. Répétition de l'indu.* Est irrecevable l'action en répétition de l'indu fondée sur l'art. L. 411-74 C. rur. engagée contre le seul bailleur et non contre le preneur sortant ayant reçu l'indemnité réclamée. • Civ. 3e, 4 juill. 2012 : *préc. note 2.*

51. *Délimitation.* La recevabilité d'une action n'est pas subordonnée à la mise en cause d'autres parties que celles obligées par l'acte faisant l'objet de la contestation. • Civ. 3e, 22 janv. 2003, n° 01-13.173 P.

52. *Délimitation. Vendeur initial.* La recevabilité de l'action en nullité d'une décision de préemption d'une SAFER n'est pas subordonnée à la mise en cause du vendeur initial. • Civ. 3e, 10 nov. 2004, n° 03-15.703 P.

53. *Délimitation. Prêteur de deniers.* La recevabilité de l'action n'étant pas subordonnée à la mise en cause d'autres parties que celles obligées par l'acte faisant l'objet de la contestation, une cour d'appel, qui a retenu que la participation d'un prêteur de deniers à l'acte de vente signé en exécution d'une rétrocession par une SAFER ne lui conférait aucun droit ni aucune obligation lors du transfert de droits réels opéré, en a exactement déduit que l'action en annulation de la décision de rétrocession et des actes de vente subséquents, engagée sans mise en cause du prêteur de deniers, était recevable. • Civ. 3e, 5 avr. 2006, n° 05-10.777 P.

54. *Délimitation. Cession de parts.* L'ancien associé qui engage une action tendant à faire déclarer opposable à un tiers la cession des ses parts n'est pas tenu de mettre en cause la société dont les parts ont fait l'objet de la cession et les autres associés. • Com. 24 sept. 2013, n° 12-24.083 P : *D. 2013. Actu. 2272 ; RTD com. 2014. 148, note Monsèrié-Bon ; Dr. et pr. 2013. 254, obs. Putman ; Dr. sociétés 2013, n° 200, note Hovasse ; Rev. sociétés 2014. 175, note Poracchia et Brignon ; JCP 2014. 1123, note Hovasse ; JCP E 2014. 1189, obs. Caffin-Moi ; BJS 2013. 806, note Constantin ; BJS 2014. 275, note Léger.*

55. *Délimitation. Indivision.* L'action introduite contre un seul indivisaire est recevable, la décision rendue sur celle-ci étant inopposable aux autres indivisaires à défaut de mise en cause de ces derniers. • Civ. 1re, 12 juin 2013, n° 11-23.137 P : *D. 2013. Actu. 1546 ; Gaz. Pal. 2013. 2567, note Casey ; ibid. 3147, note C. B. ; Dr. et pr. 2013. 172, obs. Salati ; JCP 2013. 1225, obs. Libchaber.*

c. A hauteur d'appel

En demande

56. Procédures collectives. Les intimés sont recevables à invoquer le défaut de qualité du débiteur en liquidation judiciaire à interjeter appel seul d'une décision concernant son patrimoine. • Com. 13 nov. 2013, n° 12-28.572 P : *D. 2013. Actu. 2692 ; JCP E 2014. 1001, note Lebel ; ibid. 1020, obs. Pétel ; Gaz. Pal. 2014. 364, note Voinot ; ibid. 999, note Lauvergnat ; Dr. et pr. 2014. 38, note Reille ; RPC 2014, n° 5, note Cagnoli ; Dr. sociétés 2014, n° 55, note Legros.*

En défense

57. Matière contentieuse. En matière contentieuse, l'appel ne peut être dirigé que contre ceux qui ont été parties en première instance et dans la même qualité. • Civ. 1re, 10 juill. 2014, n° 12-21.533 P : *D. 2014. Actu. 1597 ; JCP 2014. 1232, note Amrani Mekki.*

2° DÉFAUT D'INTÉRÊT

58. Matière contentieuse. Le défaut d'intérêt à agir entraîne l'irrecevabilité de la demande ; par suite, viole l'art. 122 l'arrêt qui, pour ordonner le maintien en cause de la fédération départementale des chasseurs dans une procédure en désignation d'expert aux fins de déterminer et évaluer les dégâts causés à des récoltes par des sangliers, énonce que la fédération serait tiers intéressé au litige comme représentant les intérêts cynégétiques du département, bien qu'il fût constant que ladite fédération ne pouvait être condamnée à paiement. • Civ. 2e, 25 nov. 1987 : *Bull. civ. II, n° 245.*

59. Appréciation erronée. Viole l'art. 122 NCPC [devenu C. pr. civ.], ensemble l'art. 1382 C. civ., la cour d'appel qui, pour déclarer irrecevable la demande de dommages-intérêts présentée par les actionnaires d'une société, qui prétendaient avoir subi un préjudice personnel du fait des agissements fautifs d'une autre société, ayant consisté à provoquer les difficultés financières de la première pour en prendre le contrôle par une augmentation de capital, imposée aux actionnaires par une violence caractérisée par la menace d'une ruine de la société, se détermine par des motifs impropres à écarter l'intérêt à agir des demandeurs. • Com. 18 févr. 1997, n° 94-19.272 P.

60. Intérêt collectif des créanciers. Seuls ont intérêt à voir juger que la déclaration d'insaisissabilité des droits indivis dans un immeuble du débiteur en liquidation judiciaire leur est inopposable pour cause de fraude paulienne, les créanciers auxquels elle serait opposable par application des dispositions de l'art. L. 526-1, al. 1er, C. com., c'est-à-dire les créanciers titulaires de créances nées à l'occasion de l'activité professionnelle du débiteur et postérieurement à la publication de la déclaration ; dès lors, en présence de créanciers antérieurs, le liquidateur judiciaire du débiteur, qui ne représente pas dans ce cas l'intérêt collectif, est irrecevable à exercer l'action paulienne. • Com. 23 avr. 2013, n° 12-16.035 P : *D. 2013. Actu. 1127, obs. Lienhard ; RDBF 2013, n° 135, note Piedelièvre ; BJS 2013. 511, note Mouial-Bassilana ; LPA 11 juin 2013, p. 18, note Legrand ; Gaz. Pal. 2013. 2399, note Théron ; ibid. 3132, note Cabrillac ; JCP 2013. 767, obs. Pétel ; JCP N 2013. 1228, note Lebel ; ibid. 2014. 1132, note Garçon ; RPC 2013, p. 45, note Reille ; Defrénois 2013. 784, note Vauvillé ; Rev. sociétés 2013. 377, note Roussel Galle .*

61. Pourvoi en cassation. Est irrecevable pour défaut d'intérêt le moyen qui critique un arrêt pour avoir décidé que le juge-commissaire était compétent afin d'apprécier si une remise de dette s'imposait à un organisme de sécurité sociale, qui l'avait refusée hors délai dans le cadre de la préparation du plan, dès lors que le jugement arrêtant celui-ci avait indiqué, conformément à l'art. L. 626-5, al. 2, C. com., que cette remise de dette ne s'appliquerait pas à cet organisme. • Com. 26 mars 2013, n° 12-16.622 P : *D. 2013. Actu. 904 ; JCP E 2013. 1608, obs. Ronet-Yague ; Rev. sociétés 2013. 382, note C. Henry ; Gaz. Pal. 2013. 2397, note Lebel.*

3° *DÉLAI ÉCOULÉ*

62. Preuve. Celui qui oppose la fin de non-recevoir tirée du dépassement du délai d'exercice de l'action en garantie des vices cachés doit en justifier. • Civ. 3e, 9 févr. 2011, n° 10-11.573 P : *D. 2011. Actu. 593 ; RDC 2012. 125, obs. Pimont.*

63. Solde de tout compte. La forclusion prévue par l'art. L. 122-17 [devenu L. 1234-30] C. trav. constituant une fin de non-recevoir au sens de l'art. 122 NCPC [devenu C. pr. civ.] et l'art. R. 516-38 [devenu R. 1451-2] C. trav. ne concernant que les exceptions de procédure et non pas les fins de non-recevoir, le moyen tiré de ce que la salariée a signé un reçu pour solde de tout compte peut être proposé même après des conclusions au fond. • Soc. 5 juill. 1989 : *Bull. civ. V, n° 507.*

64. Absence d'interruption. L'expert-comptable n'étant ni le mandataire ni le préposé de son client, auquel il est lié par un contrat de louage d'ouvrage, viole les dispositions de l'art. 2248 [devenu 2240] C. civ., dans sa rédaction alors applicable, la cour d'appel qui retient que la reconnaissance d'une dette par un expert-comptable, au nom de son client, emporte interruption du délai de prescription à cette date. • Civ. 1re, 4 mai 2012, n° 11-15.617 P : *D. 2012. 1661, note Dondero ; ibid. Actu. 1266, note Delpech ; JCP E 2012. 1555, note Cayol ; CCC 2012, n° 201, note Leveneur ; Dr. et pr. 2012, suppl. Droit du recouvrement, n° 9, p. 19, note Putman.*

65. Exception de nullité. La règle selon laquelle l'exception de nullité est perpétuelle ne s'applique que si l'action en exécution de l'obligation litigieuse est introduite après l'expiration du délai de prescription de l'action en nullité ; en conséquence, se trouve justifié l'arrêt qui, faisant ressortir qu'au moment de l'assignation en exécution de l'obligation litigieuse, le délai de cinq ans pour agir, par voie d'action, n'était pas écoulé, déclare irrecevable l'exception de nullité de la stipulation d'intérêts soulevée après l'expiration de ce délai. • Com. 3 déc. 2013, n° 12-23.976 P : *D. 2013. Actu. 2908 ; D. 2014. 2143, note Synvet ; Banque et Dr. 1-2/2014, p. 43, note Netter ; ibid. mars-avr. 2014, p. 25, note Helleringer ; RDBF 2014, n° 8, obs. Legeais ; JCP 2014, n° 115, note Serinet ; JCP E 2014. 1340, obs. Salgueiro ; LPA 13 mai 2014, p. 7, note Lasserre Capdeville.* ♦ Comp., jugeant qu'un héritier peut, même après l'expiration du délai prévu à l'art. 1304 C. civ., se prévaloir de la nullité du testament pour s'opposer aux prétentions de ses cohéritiers qui invoquaient la qualité de légataire qu'ils tenaient de cet acte, • Civ. 1re, 14 janv. 2015 : *BICC 15 avr. 2015, n° 484 ; D. 2015. Actu. 208 ; JCP 2015. 306, obs. Serinet ; AJ fam. 2015. 169, obs. Casey* (l'exception de nullité est perpétuelle).

a. Prescription

66. Assurance. Formalisme. Aux termes de l'art. R. 112-1 C. assur., les polices d'assurance relevant des branches 1 à 17 de l'art. R. 321-1 du même code doivent rappeler les dispositions des titres Ier et II, du livre Ier de la partie législative du code des assurances concernant la prescription des actions dérivant du contrat d'assurance ; il en résulte que l'assureur est tenu de rappeler dans le contrat d'assurance, sous peine d'inopposabilité à l'assuré du délai de prescription édicté par l'art. L. 114-1 de ce code, les causes d'interruption de la prescription biennale prévues à l'art. L. 114-2 du même code ; dès lors, encourt la censure l'arrêt qui déclare irrecevable comme prescrite l'action en indemnisation d'un assuré, alors qu'il résulte des constatations de la cour d'appel que le contrat d'assurance ne précisait pas les causes ordinaires d'interruption de la prescription. • Civ. 2e, 18 avr. 2013, n° 12-19.519 P : *D. 2013. Actu. 1064 ; JCP 2014. 733, obs. Mayaux.*

b. Délai préfix

67. Révocation de donation pour ingratitude. Nature du délai. Le délai d'un an fixé par l'art. 957 C. civ. pour former une demande en révocation d'une donation pour cause d'ingratitude du donataire est un délai préfix non susceptible d'interruption ni de prolongation ; la donatrice n'est pas recevable à engager une telle action civile, plus d'une année après la date à laquelle les juges du fond ont souverainement fixé le jour où elle a eu connaissance des faits reprochés à la donataire, en invoquant une plainte pénale déposée dans le délai d'un an, mais sans alléguer la mise en mouvement de l'action publique dans ce délai. • Civ. 1re, 18 déc. 2013, n° 12-26.571 P : *AJ fam. 2014. 122, obs. Levillain ; Gaz. Pal. 24 juin 2014, p. 36, note Bottier.*

68. Révocation de donation pour ingratitude. Point de départ du délai. L'art. 957 C. civ., qui fixe le point de départ du délai d'un an pour exercer l'action en révocation pour cause d'ingratitude au jour du délit civil imputé au donataire ou au jour où ce délit aura pu être connu du disposant, n'exclut pas que, lorsque le fait invoqué constitue une infraction pénale, ce point de départ soit retardé jusqu'au jour où la condamnation pénale établit la réalité de ce fait, c'est-à-dire au jour où elle devient définitive. • Civ. 1re, 19 mars 2014, n° 13-15.662 P : *D. 2014. 776 ; JCP 2015. 101, obs. Le Guidec ; Gaz. Pal. 24 juin 2014, p. 37, note Bottier* (recevabilité de l'action révocatoire engagée le 25 mars 2011, alors que les violences avaient été commises sur la donatrice le 21 mars 2010 et que le donataire avait été condamné par un tribunal correctionnel le 23 mars suivant, à un moment où la victime était hospitalisée).

4° CHOSE JUGÉE

69. La décision du juge de l'exécution qui, tout en ordonnant la mainlevée d'une mesure d'exécution, déboute le débiteur de sa demande de nullité de l'engagement résultant d'un titre notarié au motif, erroné, qu'il serait incompétent pour en connaître, n'a pas autorité de la chose déjà jugée sur cette même demande formulée à l'occasion de l'action en mainlevée d'une nouvelle mesure d'exécution. • Civ. 2e, 21 mars 2013, n° 11-28.840 P.

70. Le refus opposé par une partie d'exécuter un jugement irrévocable ne constitue pas un fait nouveau privant cette décision de l'autorité de la chose jugée. • Civ. 1re, 4 déc. 2013, n° 12-25.088 P : *Gaz. Pal. 15 avr. 2014, p. 17, note Casey.*

71. L'autorité de la chose jugée ne peut être opposée lorsque des événements postérieurs sont venus modifier la situation antérieurement reconnue en justice. • Civ. 2e, 6 mai 2010, n° 09-14.737 P (l'habilitation d'un syndic postérieurement à un jugement constitue un fait juridique nouveau justifiant une nouvelle saisine du tribunal).

5° CHOSE TRANSIGÉE

72. Renvoi. V. C. civ., art. 2052 reproduit ss. art. 122.

C. EXTENSIONS

1° LÉGALES

73. Art. 1360. L'omission, dans l'assignation en partage, de tout ou partie des mentions prévues à l'art. 1360, est sanctionnée par une fin de non-recevoir. • Civ. 1re, 28 janv. 2015 : *BICC 1er mai 2015, n° 524 ; D. 2015. Actu. 263 ; ibid. Chron. C. cass. 515, obs. Guyon-Renard ; JCP 2015. 149, note Thouret ; AJ fam. 2015. 166, obs. Casey.*

2° JURISPRUDENTIELLES

a. Position traditionnelle

74. Refus. Le juge ne peut pas opposer des fins de non-recevoir qui ne résultent pas des textes ; viole l'art. 122 l'arrêt qui énonce que l'appelant n'a pas fait connaître sa nouvelle adresse, en dépit de l'injonction qui lui a été faite, ce qui rend son appel irrecevable. • Civ. 2e, 10 févr. 1988 : *Bull. civ. II, n° 41 ; RTD civ. 1988. 577, obs. Perrot.*

b. Évolution

Audition personnelle

75. Procédures collectives. La convocation du dirigeant de la personne morale, poursuivi en paiement des dettes sociales, en vue de son audition personnelle par le tribunal est un préalable obligatoire ; l'omission de cet acte, qui fait obstacle à toute condamnation, constitue une fin de non-recevoir. • Com. 10 mars 2009, n° 07-20.632 P : *Procédures 2009, n° 158, note Rolland.*

Conciliation préalable obligatoire

Source légale

76. Droit européen. L'art. 34 Dir. 2002/22/CE du 7 mars 2002, dite directive « service universel », doit être interprété en ce sens qu'il ne s'oppose pas à une réglementation d'un État membre en vertu de laquelle les litiges en matière de services de communications électroniques entre utilisateurs finals et fournisseurs desdits services, relevant des droits conférés par cette directive, doivent faire l'objet d'une tentative de conciliation extrajudiciaire obligatoire comme condition de recevabilité des recours juridictionnels ; les principes d'équivalence et d'effectivité ainsi que le principe de protection juridictionnelle effective ne s'opposent pas non plus à une réglementation nationale qui impose, pour de tels litiges, la mise en œuvre préalable d'une procédure de conciliation extrajudiciaire lorsque cette procédure n'aboutit pas à une décision contraignante pour les parties, n'entraîne pas de retard substantiel pour l'introduction d'un recours juridictionnel, suspend la prescription des droits concernés et ne génère pas de frais, ou des frais peu importants, pour les parties, pour autant toutefois que la voie électronique ne constitue pas l'unique moyen d'accès à ladite procédure de conciliation et que des mesures provisoires sont envisageables dans les cas exceptionnels où l'urgence de la situation l'impose. • CJUE 18 mars 2010, *Alassini*, n° C-317/08 : *D. 2011. Pan. 265, obs. Fricero ; ibid. 974, obs. Poillot ; JCP 2010. 546, n° 5, obs. Clay ; Europe 2010, n° 179, obs. Michel ; Procédures 2010, n° 179, note Nourissat ; RTD eur. 2010. 599, obs. Coutron.* ♦ La Dir. 2013/11/UE du 21 mai 2013 doit être interprétée en ce sens qu'elle ne s'oppose pas à une réglementation nationale, telle que celle en cause au principal, qui prévoit le recours à une procédure de médiation, dans les litiges visés à l'art. 2, § 1er, de cette directive, comme condition de recevabilité de la demande en justice relative à ces mêmes litiges, dans la mesure où une telle exigence n'empêche pas les parties d'exercer leur droit d'accès au système juridictionnel. En revanche, ladite directive doit être interprétée en ce sens qu'elle s'oppose à une réglementation nationale, telle que celle en cause au principal, qui prévoit que, dans le cadre d'une telle médiation, les consommateurs doivent être assistés d'un avocat et qu'ils ne peuvent se retirer d'une procédure de médiation que s'ils démontrent l'existence d'un juste motif à l'appui de cette décision. • CJUE 14 juin 2017, n° C-75/16 : *cité note ss. Dir. 2013/11/UE du 21 mai 2013, art. 1er, App., v° Droit européen et international.*

77. Loi étrangère. La procédure de divorce est soumise à la loi française quand une juridiction française est saisie ; en conséquence, doit être approuvé l'arrêt qui écarte la fin de non-recevoir tirée de l'absence de la double tentative de conciliation prévue aux art. 82 et 84 du code de la famille marocain. • Civ. 1re, 4 nov. 2009, n° 08-20.355 P.

78. Conseil de prud'hommes. Accord collectif. Dès lors qu'un accord collectif ne confère aucun caractère obligatoire au préliminaire de conciliation qu'il institue, des syndicats peuvent saisir directement le juge de demandes en exécution ou en interprétation de cet accord ; doit dès lors être rejeté le pourvoi formé contre un arrêt de cour d'appel qui déclare recevables de telles demandes malgré l'absence de saisine préalable de l'instance conventionnelle de conciliation. • Soc. 13 janv. 2010, n° 08-18.202 P : *RTD civ. 2010. 780, obs. Fages ; Procédures 2010, n° 232, note Bugada.*

79. Conseil de prud'hommes. Contrat de travail. En raison de l'existence en matière prud'homale d'une procédure de conciliation préliminaire et obligatoire, une clause du contrat de travail qui institue une procédure de conciliation préalable en cas de litige survenant à l'occasion de ce contrat n'empêche pas les parties de saisir directement le juge prud'homal de leur différend. • Soc. 5 déc. 2012, n° 11-20.004 P : *R. 2012. 442 ; BICC 15 avr. 2013, n° 630 et la note ; D. 2012. Actu. 2969 ; D. 2013. 121, n° 6, obs. Bailly et 2948, obs. (crit.) Clay ; JCP 2012. 1406, obs. Dedessus-Le Moustier ; ibid. 2013. 272, note Cuperlier ; Procédures 2013, n° 106, note Bugada ; RTD 2013. 1242, note Serverin ; Dr. soc. 2013. 178, note Boulmier ; JCP 2012. 1406, note Dedessus-Le-Moustier ; ibid. S 2012. 551, obs. Miara ; ibid. 1075, note François ; Gaz. Pal. 8-9 mars 2013, p. 33, note Amrani Mekki ; RTD civ. 2013. 171, obs. Perrot*. ♦ Comp. antérieurement. : Viole l'art. 1134 C. civ. l'arrêt qui déclare irrecevable l'action engagée par un salarié contestant la rupture du contrat de travail à durée déterminée faute de respect de la procédure préalable de conciliation obligatoire prévue par le contrat, alors qu'il avait constaté que la rupture était intervenue à l'initiative de l'employeur lequel n'avait pas mis en œuvre la procédure de conciliation contractuelle. • Soc. 7 déc. 2011, n° 10-16.425 P : *JCP 2012. 372, note Pellier et 2013. 519, n° 11, obs. Amrani Mekki ; Gaz. Pal. 2-3 mars 2012 p. 22, note Amrani Mekki.*

80. Code des devoirs professionnels des architectes. L'art. 25 du Décr. n° 80-217 du 20 mars 1980 portant code des devoirs professionnels des architectes aux termes duquel tout litige entre architectes concernant l'exercice de la profession doit être soumis au conseil régional de l'ordre aux fins de conciliation, avant la saisine de la juridiction compétente, fixe une obligation générale et préalable de conciliation, en la subordonnant à la seule condition que le litige en cause porte sur l'exercice par les architectes de leur profession. Il en résulte que l'absence de saisine du conseil régional de l'ordre des architectes, préalablement à l'introduction d'une action en justice, constitue une fin de non-recevoir, au sens de l'art. 122 C. pr. civ. En conséquence, une cour d'appel décide à bon droit, en application des art. 25 du Décr. du 20 mars 1980 et 122 C. pr. civ., que la demande formée par une société d'architectes, qui n'avait pas satisfait à l'obligation de saisine préalable du conseil régional de l'ordre des architectes, est irrecevable, peu important qu'aucune stipulation contractuelle instituant une procédure préalable de conciliation n'ait été conclue entre architectes, ni que ceux-ci ne relèvent pas du même conseil régional de l'ordre des architectes. • Civ. 1re, 29 mars 2017, n° 16-16.585 P : *D. actu. 25 avr. 2017, obs. Kebir ; D. 2017. Pan. 2572, obs. Clay ; AJ Contrat 2017. 292, note Dissaux ; RTD civ. 2017. 653, obs. Barbier ; JCP 2017. 585, obs. Amrani Mekki ; Rev. arb. 2018. 265, obs. Tricoit.*

81. Contrats de vente de produits agricoles entre professionnels. En cas de trouble manifestement illicite ou de dommage imminent, les dispositions de l'art. L. 631-28 C. rur. instituant une procédure de médiation obligatoire et préalable ne font pas obstacle à la saisine du juge des référés. • Civ. 1re, 24 nov. 2021, n° 20-15.789 P : *D. actu. 9 déc. 2021, note Hoffschir ; CCC 2022, n° 9, obs. N. M.*

Source conventionnelle

BIBL. N. Gerbay, *Procédures 2015. Étude 7* (la clause de conciliation préalable : entre tensions contractuelles et processuelles).

82. Renvois. Quant à la régularisation, V. note 5 ss. art. 126. ♦ *Adde*, quant à la prescription, art. 2238 C. civ., ss. art. 1528.

83. Qualification. Il résulte des art. 122 et 124 que les fins de non-recevoir ne sont pas limitativement énumérées ; licite, la clause d'un contrat instituant une procédure de conciliation obligatoire et préalable à la saisine du juge, dont la mise en œuvre suspend jusqu'à son issue le cours de la prescription, constitue une fin de non-recevoir qui s'impose au juge si les parties l'invoquent ; ayant retenu que l'acte de cession d'actifs prévoyait le recours à une procédure de conciliation préalable à toute instance judiciaire pour les contestations relatives à l'exécution de la convention, la cour d'appel en a exactement déduit l'irrecevabilité du cédant à agir sur le fondement du contrat avant que la procédure de conciliation ait été mise en œuvre. • Cass. ch. mixte, 14 févr. 2003, n° 00-19.423 P : *BICC 1er mai 2003, p. 43, avis Benmakhlouf, rapp. Bailly ; R., p. 471 ; D. 2003. 1386, note Ancel et Cottin ; ibid. 2003. 2480, obs. Clay ; RTD civ. 2003. 294, obs. Mestre et Fages ; ibid. 2003. 349, obs. Perrot ; LPA 12 mars 2003, p. 13, note Bernheim ; JCP 2003. I. 128, n° 17, obs. Cadiet ; ibid. 2003. I. 142, n° 13, obs. Virassamy ; ibid. 2003. I. 164, n° 9, obs. Seraglini ; Procédures 2003, n° 96, note Croze ; JCP E 2003. 707, note Croze et Gautier ; ibid. 627, n° 4, obs. Caussain, Deboissy et Wicker ; CCE 2003, n° 60, note Grynbaum ; CCC 2003, n° 84, note Leveneur ; Rev. arb. 2003. 403, note Jarrosson ; Defrénois 2003. 1158, obs. Libchaber ; BJS 2003. 938, note Couret ; RDC 2003. 182 et 189, obs. Cadiet et Lagarde* • Civ. 3e, 19 mai 2016 : *D. actu. 3 juin 2016, obs. Kebir ; D. 2016. 2377, note V. Mazeaud ; RDC 2017. 94, note Pelletier.* – V. Frison-Roche, *Les Échos, 28-29 mars 2003, p. 54* ; Montéran, *Gaz. Pal. 30 mars-1er avr. 2003, p. 8* ; Teynier et Mourre, *Gaz. Pal. 5-6 nov. 2003, p. 4* ; Joly-Hurard, *Cah. de l'actualité, Rép. pr. civ., 2003-3.* ♦ L'invocation d'une clause de conciliation préalable à toute action contentieuse constitue selon les termes de son inclusion dans un contrat d'exercice en commun, une fin de non-recevoir qui s'impose au juge en application de l'art. 122. • Civ. 1re, 30 oct. 2007, n° 06-13.366 P : *D. 2008. Pan. 507, obs. Penneau ; Rev. arb. 2008. 148, obs. Tricoit ; LPA 20 mars 2008, p. 10, note Huchet.* ♦ La clause d'un contrat instituant une procédure de conciliation obligatoire et préalable à la saisine du juge, dont la mise en œuvre suspend jusqu'à son issue le cours de la prescription, constitue une fin de non-recevoir qui s'impose au juge si les parties l'invoquent ; dès lors, ne donne pas de base légale à sa décision au regard des art. 1134 C. civ., ensemble des art. 122 et 124 NCPC [devenu C. pr. civ.], une cour d'appel qui, pour déclarer recevable une demande en paiement de cotisations formée par un groupement d'intérêt économique à l'encontre de certains de ses membres, retient que ces derniers, malgré les statuts du groupement imposant, en cas de litige, le recours préalable à une procédure de conciliation impliquant que chacune des parties désigne un conciliateur, éventuellement après avoir été mise en demeure de le faire dans le délai d'un mois, n'ont pas désigné de conciliateur, sans rechercher si, conformément aux statuts, le groupement les avait mis en demeure d'avoir à procéder à cette désignation dans un délai d'un mois, et si ce délai avait été respecté. • Com. 17 juin 2003, n° 99-16.001 P : *D. 2003. IR 2480 ; RTD civ. 2004. 136, obs. Perrot ; Procédures 2003, n° 213, note Perrot ; RDC 2004. 417, obs. Lagarde ; Gaz. Pal. 9-10 juill. 2004, p. 11, obs. du Rusquec.* ♦ V. jugeant que la clause d'un contrat d'architecte stipulant qu' « en cas de litige portant sur le respect des clauses du présent contrat, les parties conviennent de saisir pour avis le conseil régional de l'ordre des architectes dont relève l'architecte, avant toute procédure judiciaire, sauf conservatoire » institue une procédure de conciliation préalable obligatoire dont la méconnaissance constitue une fin de non-recevoir. • Civ. 3e, 16 nov. 2017, n° 16-24.642 P : *D. actu. 29 nov. 2017, obs. Kebir ; D. 2017. Actu. 2377 ; ibid. 2018. 451, note Mehtiyeva ; ibid. Pan. 693, obs. Fricero ; Procédures 2017, n° 7, obs. Strickler ; Gaz. Pal. 6 févr. 2018, p. 38, obs. Amrani-Mekki ; Dr. et pr. 2018. 29, note Choquet ; ibid. avr. 2018, suppl. Droit du recouvrement, p. 2, obs. Salati ; ibid. mai 2018, suppl. MARD août 2017-avr. 2018, p. 4, obs. Gorchs-Gelzer ; RDC 2018. 235, note Pelletier ; Rev. arb. 2018. 264, obs. Tricoit.*

84. Extension à la médiation. Une partie à un contrat ne peut, par avance, refuser une procédure de médiation qui n'a pas encore été mise en œuvre, dès lors que la clause de médiation *insérée dans le contrat n'a prévu* la saisine du tribunal qu'en cas d'échec ou de refus de la médiation ; l'action engagée d'emblée devant le tribunal est irrecevable. • Civ. 1re, 8 avr. 2009, n° 08-10.866 P : *D. 2009. AJ 1284, obs. Delpech ; ibid. Pan. 2959, obs. Clay ; JCP 2009, n° 26, p. 20, note Cuperlier ; ibid. 369, n° 9, obs. Amrani Mekki ; ibid. 2009. 462 n° 9, obs. Béguin ; RLDC 2009. 3453, obs. Maugeri ; Procédures 2009, n° 203, obs. Croze ; Rev. arb. 2010. 163, n° 16, obs. Tricoit ; RTD civ. 2009. 774, obs. Théry .*

85. Condition. V. jugeant qu'une clause, selon laquelle, « si un différend survient entre le maître de l'ouvrage et l'entrepreneur, ceux-ci conviennent de se consulter pour examiner l'opportunité de soumettre leur différend à un arbitrage ou pour refuser l'arbitrage », institue une consultation préalable sans caractère obligatoire, de sorte que l'action engagée sans consultation préalable est recevable : • Civ. 3e, 20 avr. 2017, n° 15-25.928 : *D. 2018. Pan. 694, obs. Fricero .* ♦ La clause contractuelle prévoyant une tentative de règlement amiable, non assortie de conditions particulières de mise en œuvre, ne constitue pas une procédure de conciliation obligatoire préalable à la saisine du juge, dont le non-respect caractérise une fin de non-recevoir s'imposant à celui-ci. • Com. 29 avr. 2014, n° 12-27.004 P : *D. 2014. Actu. 1044 ; ibid. Pan. 2556, obs. Clay ; ibid. 2015. Pan. 291, obs. Fricero ; AJCA 2014. 176, obs. Fricero ; JCP 2014. 607, obs. Croze ; ibid. 711, note Sabard ; JCP E 2014. 1290, note Dissaux ; Dr. et pr. 2015 suppl. Droit du recouvrement, n° 2, p. 2, note Putman ; LPA 9-10 sept. 2014, p. 14, note Tricoit ; ibid. 6 oct. 2014, p. 5, note Albarian ; ibid. 3 nov. 2014, p. 10, note Boillot ; Gaz. Pal. 7-9 sept. 2014, p. 15, obs. Amrani Mekki ; RLDA nov. 2014. 5357, note Mestre et Mestre-Chami ; RDC 2014. 704, note Cayrol.* ♦ La clause litigieuse, par laquelle les parties au contrat se bornent à prendre l'engagement de résoudre à l'amiable tout différend par la saisine d'un médiateur, faute de désigner celui-ci ou de préciser, au moins, les modalités de sa désignation, ne peut être mise en œuvre, de sorte que son non-respect ne pouvait fonder une fin de non-recevoir. • Com. 3 oct. 2018, n° 17-21.089 : *JCP 2018. 1288, obs. Veyre ; RDC 2019/2. 45, note Pelletier.* ♦ *Contra,* jugeant que la stipulation d'un contrat prévoyant la recherche d'un accord amiable préalable à la saisine du juge institue une procédure de conciliation préalable, et ce en dépit de son silence sur les conditions de sa mise en œuvre. • Com. 30 mai 2018, n° 16-26.403 P : *D. actu. 20 juin 2018, obs. Kebir ; D. 2018. Actu. 1212 ; AJ contrat 2018. 338, note Dissaux ; Gaz. Pal. 31 juill. 2018, p. 52, obs. Amrani-Mekki ; RLDC 07-08/2018. 8, obs. Sidime ; JCP 2018. 1288, obs. Veyre ; Dr. et pr. nov. 2018, Suppl., p. 11, obs. Gorchs-Gelzer ; RDC 2018. 572, note Pelletier.*

86. Domaine. Exécution forcée. La clause d'un contrat instituant une procédure de conciliation obligatoire et préalable à toute instance judiciaire s'impose au juge, quelle que soit la nature de celle-ci. • Civ. 1re, 1er oct. 2014, n° 13-17.920 P : *D. actu. 17 oct. 2014, obs. Delpech ; D. 2014. Actu. 2004 ; ibid. Pan. 2556, obs.*

Clay ; ibid. 2015. Pan. 291, obs. Fricero ; RTD civ. 2015. 131, obs. Barbier ; ibid. 187, obs. Théry ; ibid. 1345, obs. Leborgne ; AJDI 2015. 442, note Cohet ; Dr. et pr. 2015. 10, obs. Gorchs-Gelzer ; Procédures 2014, n° 320, note Laporte ; Defrénois 2014. 28, note Albarian et Poli ; Gaz. Pal. 10 janv. 2015, p. 21, note Lauvergnat ; ibid. 6-7 mars 2015, p. 14, note Dupoirier et Travani ; RDC 2015. 88, note Pelletier ; JCP E 2015. 1001, obs. Mousseron ; RLDA mai 2015. 5584, note Mestre et Mestre-Chami (action en exécution forcée). ♦ Comp. jugeant qu'une clause imposant ou permettant une médiation préalablement à la présentation d'une demande en justice relative aux droits et obligations contractuels des parties ne peut, en l'absence de stipulation expresse en ce sens, faire obstacle à l'accomplissement d'une mesure d'exécution forcée. En conséquence, nonobstant une telle clause et l'engagement d'une procédure de médiation, un commandement de payer valant saisie immobilière peut être délivré et le débiteur assigné à comparaître à une audience d'orientation du juge de l'exécution. • Civ. 2e, 22 juin 2017, n° 16-11.975 P : *D. 2017. Actu. 1369 ; ibid. 2017. 1870, obs. de Leiris ; ibid. Pan. 694, obs. Fricero ; RTD civ. 2017. 653, obs. Barbier ; JCP 2017. 1355, obs. Libchaber ; ibid. 985, note Gerbay ; Gaz. Pal. 31 oct. 2017, p. 50, note Amrani Mekki ; ibid., 14 nov. 2017, p. 80, note Salati ; ibid., 19 déc. 2017, p. 39, note Brenner ; RDBF 2017, n° 216, note Piedelièvre ; RDC 2017. 648, note Pelletier ; Rev. arb. 2018. 269, obs. Tricoit.*

87. ... Art. 145. La clause instituant, en cas de litige portant sur l'exécution d'un contrat d'architecte, un recours préalable à l'avis du conseil régional de l'ordre des architectes, n'est pas applicable à l'action exercée sur le fondement de l'art. 145 dans le but de réunir des preuves et d'interrompre un délai. • Civ. 3e, 28 mars 2007, n° 06-13.209 P : *D. 2008. Pan. 2828, obs. Bretzner ; RTD civ. 2007. 807, obs. Théry ; JCP 2007. I. 200, n° 9, obs. Clay ; Procédures 2007, n° 104, note Perrot ; Dr. et patr. 2008. 108, obs. Amrani Mekki ; Rev. arb. 2008. 150, obs. Tricoit.*

88. ... Art. 809. La clause de conciliation obligatoire, qui exclut de son domaine d'application les procédures conservatoires, est applicable à *une action en paiement* de sommes provisionnelles sur le fondement de l'art. 809 C. pr. civ. dès lors qu'elle n'est pas conservatoire mais provisoire. • Paris, 15 nov. 2017, n° 17/06329 : *Dr. et pr. mai 2018, suppl. MARD août 2017-avr. 2018, p. 4, obs. Gorchs-Gelzer.*

89. ... Demande reconventionnelle. L'instance étant en cours au moment où elle est formée, la recevabilité d'une demande reconventionnelle n'est pas, sauf stipulation contraire, subordonnée à la mise en œuvre d'une procédure contractuelle de médiation préalable à la saisine du juge. • Com. 24 mai 2017, n° 15-25.457 P : *D. actu. 1er juin 2017, obs. M. Kebir ; D. 2017. 1131 ; ibid. 2018. Pan. 694, obs. Fricero ; AJ Contrat 2017. 396, obs. Dissaux ; RTD civ. 2017. 653, obs. Barbier ; JCP E 2017. 1436, note Danis et Javaux ; RDC 2017. 650, note Pelletier ; Gaz. Pal. 31 oct. 2017, p. 52, note Théron ; Rev. arb. 2018. 269, obs. Tricoit.* ♦ Mais, lorsqu'une demande reconventionnelle est fondée sur un contrat qui contient, à la différence du contrat faisant l'objet de la demande principale, une clause de conciliation préalable à la saisine du juge, elle doit, à peine d'irrecevabilité, être précédée d'une tentative de conciliation. • Com. 31 mai 2018, n° 16-26.403 P : *préc. note 85.*

90. Délimitation. La clause de saisine de l'ordre des architectes préalablement à toute action judiciaire en cas de litige sur l'exécution du contrat ne peut porter que sur les obligations des parties au regard de l'art. 1134 C. civ., et n'a pas vocation à s'appliquer lorsque la responsabilité de l'architecte est recherchée sur le fondement de l'art. 1792 du même code. • Civ. 3e, 23 mai 2007, n° 06-15.668 P : *Rev. arb. 2008. 144, obs. Tricoit.* ♦ La clause de conciliation préalable stipulée dans des conventions de garantie d'actif et de passif ne s'applique pas à des demandes de remboursement de sommes dues par les associés avant la cession de leurs titres au titre du solde débiteur de leurs comptes courants d'associés. • Com. 2 juin 2015, n° 14-13.289 : *BJS 2015. 480, note Putman.*

91. Opposabilité. La saisine préalable, par le maître d'ouvrage, de l'ordre des architectes prévue au contrat le liant à l'architecte, n'est pas une condition de recevabilité de l'action directe engagée contre l'assureur de celui-ci. • Civ. 3e, 18 déc. 2013 : *cité note 92.* ♦ La fin de non-recevoir tirée du défaut de mise en œuvre d'une clause contractuelle qui institue une procédure de conciliation, obligatoire et préalable à la saisine du juge, ne concerne, lorsqu'une telle clause figure dans un contrat de prêt, que les modalités d'exercice de l'action du créancier contre le débiteur principal et non la dette de remboursement elle-même dont la caution est également tenue, de sorte qu'elle ne constitue pas une exception inhérente à la dette que la caution peut opposer. • Com. 13 oct. 2015, n° 14-19.734 : *D. actu. 23 oct. 2015, obs. Avena-Robardet ; D. 2015. Actu. 2068 ; RTD civ. 2015. 917, obs. Crocq ; ibid. 932, obs. Théry ; AJCA 2015. 523, obs. Piette ; Procédures 2015, n° 345, note Strickler ; ibid. 2016, n° 11, obs. Laporte ; JCP 2015. 1165, obs. Perrier ; ibid. E 2015. 1557, note Pellier ; ibid. 2016. 1021, obs. Seube ; Gaz. Pal. 10 nov. 2015, p. 27, note Pailler ; ibid. 26 nov. 2015, p. 9, note Mazouz ; ibid. 22 déc. 2015, p. 15, obs. Amrani Mekki ; Defrénois 2016. 72, obs. Seube* • 9 mai 2018, n° 16-20.212 : *Dr. et pr. nov. 2018, Suppl., p. 11, obs. Gorchs-Gelzer.* ♦ La saisine préalable du conciliateur prévue dans l'acte authentique de vente n'est pas une condition de recevabilité de l'action directe engagée par les acquéreurs contre le notaire, l'agent immobilier et l'assureur de ce dernier. • Civ. 1re, 14 mars 2018, n° 17-14.440 : *RLDC 5/2018, p. 3, obs. Guerlin ; ibid. 10/2018. 18, note Tap ; JCP 2018. 782, n° 7, obs. Virassamy ; Dr. et pr. nov. 2018, Suppl., p. 12, obs. Gorchs-Gelzer.*

92. Application. Une cour d'appel ayant constaté que le maître d'ouvrage avait saisi le conseil régional de l'ordre des architectes du Languedoc-Roussillon, alors que le contrat lui faisait obligation, par une clause claire et précise, de saisir le conseil régional dont relevait l'architecte inscrit au tableau d'Île-de-France, retient, à bon droit, par ces seuls motifs, que l'action judiciaire engagée ensuite contre l'architecte était irrecevable. • Civ. 3e, 18 déc. 2013, n° 12-18.439 P : *D. 2014. Actu. 78 ; Defrénois 2014. 179, note Lécuyer ; RLDA 2014. 5357, note Mestre et Mestre-Chami ; Gaz. Pal. 2013. 966, note Caston, Ajaccio et Porte ; ibid. 29 avr. 2014, p. 35, note Leducq.*

Demande amiable préalable

93. Caractère supplétif. Sauf convention contraire, l'exercice par le cessionnaire d'une créance professionnelle, qui a notifié la cession en application de l'art. L. 313-28 C. mon. fin., du recours en garantie dont il bénéficie en vertu des dispositions de l'art. L. 313-24 du même code, contre le cédant, suppose qu'il justifie d'une demande amiable adressée au débiteur cédé ou de la survenance d'un événement rendant impossible le paiement ; dès lors, viole par refus d'application l'art. 1134 C. civ., la cour d'appel qui, pour rejeter la demande en paiement de la créance cédée formée par la banque cessionnaire à l'encontre de la société cédante, retient que la convention souscrite entre ces dernières n'était pas susceptible d'exonérer la banque, après notification de la cession, de son obligation d'adresser une demande amiable préalable au débiteur cédé, alors qu'elle avait constaté qu'aux termes de cette convention, la société cédante s'interdisait d'exiger de la banque l'accomplissement d'une formalité quelconque auprès du débiteur cédé et la déchargeait de toute responsabilité en cas de non-recouvrement, pour quelque motif que ce soit, des créances cédées. • Com. 5 juin 2012, n° 11-18.210 P : *D. 2012. Actu. 1605, obs. Delpech ; JCP E 2012. 1560, note Marty ; Gaz. Pal. 2012. 2864, note Dumont-Lefranc ; ibid. 2880, note Houin-Bressand ; Banque et Dr. 2012. 17, note Bonneau ; LPA 31 oct. 2012, p. 1, note Rakotovahiny ; RDT com. 2012. 600, obs. Legeais ; RDBF 2013, n° 57, note Cerles.*

Estoppel

94. Renvois. Comp. notes 27 s. ss. art. 31. ♦ V. aussi, sur le relevé d'office par le juge, note 46 ss. art. 125.

95. Consécration partielle. La seule circonstance qu'une partie se contredise au détriment d'autrui n'emporte pas nécessairement fin de non-recevoir ; lorsque les actions engagées ne sont ni de même nature, ni fondées sur les mêmes conventions et n'opposent pas les mêmes parties, viole l'art. 122 la cour d'appel qui, pour déclarer les demandes irrecevables, relève qu'il ressort de l'examen des procédures successivement menées en référé puis au fond que la société demanderesse n'a cessé de se contredire au détriment de ses adversaires, et retient que ce comportement doit être sanctionné, « en vertu du principe suivant lequel une partie ne peut se contredire au détriment d'autrui (théorie de l'*estoppel*) ». • Cass. Ass. plén. 27 févr. 2009, n° 07-19.841 P : *BICC 15 avr. 2009, p. 12, R. Boval, avis De Gouttes ; R. 2009, p. 311 et 419 ; D. 2009. AJ 723, obs. Delpech ; ibid. 1245, note Houtcieff ; ibid. 2010. Pan. 169, obs. Fricero et 285. Chron. Agostini ; JCP 2009. I. 133, n° 30, obs. Mayaux ; ibid. 142, n° 7, obs. Serinet ; ibid. II. 10073, note Callé ; ibid. 2010. 546, n° 10, obs. Clay ; Gaz. Pal. 19 mars 2009, p. 10, note Janville ; Gaz. Pal. 13 mai 2009, p. 7, avis De Gouttes ; Dr. et pr. 2009. 263, note Douchy-Oudot ; RLDC 09/2009. 3555, obs. Beignier et Miniato ; RDC 2009. 1019 (2e esp.), note Viney.*

96. Illustrations. Nul ne pouvant se contredire au détriment d'autrui, viole ce principe, la cour d'appel de renvoi qui déclare irrecevables les demandes formées contre une société qui se prévalait devant elle de la circonstance qu'elle aurait été dépourvue de personnalité juridique lors des instances ayant conduit aux décisions attaquées, alors que cette société avait elle-même formé et instruit le pourvoi ayant donné lieu à renvoi après une cassation partielle. • Com. 20 sept. 2011, n° 10-22.888 P : *D. 2011. Actu. 2345, obs. Delpech ; RTD civ. 2011. 760, obs. Fages ; JCP 2011. 1250, note Houtcieff ; ibid. 1397, n° 13, obs. Amrani Mekki ; ibid. E 2012. 1075, note Meuris ; Dr. et pr. 2011. 293, note Putman.* ♦ Nul ne pouvant se contredire au détriment d'autrui, une cour d'appel qui constate que devant le premier juge, l'une des parties demandait expressément que soit retenue l'évaluation de l'expert relative aux loyers perçus par l'autre partie et aux charges payées par cette dernière, et que la partie demanderesse soumettait en appel des prétentions différentes à ce titre, sans se prévaloir de nouvelles pièces de nature à expliquer leur contradiction avec sa première demande, a pu décider que ces prétentions étaient irrecevables. • Civ. 1re, 22 oct. 2014 : *BICC 1er févr. 2015, n° 144 ;* D. actu. 30 oct. 2014, obs. Kilgus ; *D. 2014. Actu. 2175 ; ibid. 2015. Pan. 655, obs. Douchy-Oudot ; JCP 2014. 1265, obs. Simler ; ibid. E 2015. 1186, obs. Caffin-Moi ; N 2015. 1107, obs. Roman ; ibid. 2015. 1072, note Garçon (2e esp.) ; Gaz. Pal. 12 févr. 2015, p. 13, note Albiges ; ibid. 24 mars 2015, p. 21, note Cros ; LPA 20 nov.*

2014, p. 6, note Zalewski-Sicard ; LPA 8 mai 2015, p. 16, note Yildirim ; Defrénois 2015. 21, note Randoux ; Dr. sociétés 2015, n° 2, note Mortier ; BJS 2014. 687, note Tadros. ♦ *Adde* jugeant qu'un requérant n'est pas recevable à présenter devant la Cour de cassation un moyen contraire à ses propres conclusions : • Civ. 3e, 24 mai 2017, n° 15-27.302 P. ♦ Viole le principe d'estoppel l'arrêt qui, pour accueillir le contredit formé à l'encontre de la juridiction consulaire par une société, retient que cette dernière n'a fait preuve ni de déloyauté procédurale ni d'un comportement contradictoire en ayant eu l'intention de saisir le juge étatique avant de finalement s'en abstenir en ne remettant pas au greffe la copie de l'assignation à bref délai et en saisissant valablement l'institution d'arbitrage par une demande initialement radiée pour non-paiement des frais par les sociétés défenderesses puis rétablie par celles-ci, alors qu'il résultait de ses propres constatations que la société avait adopté un comportement contradictoire au détriment des sociétés défenderesses. • Civ. 1re, 28 févr. 2018, n° 16-27.823 : *Procédures 2018, n° 154, obs. Weiller.*

97. Exclusion. Les défenses au fond peuvent être invoquées en tout état de cause et, pour justifier les prétentions qu'elles ont soumises au premier juge, les parties peuvent, en cause d'appel, invoquer des moyens nouveaux ; viole les art. 72 et 563 l'arrêt qui, pour déclarer irrecevable le moyen soulevé par la société en cause d'appel, selon lequel le contrat régissant les relations des parties n'était pas un contrat d'agent commercial, énonce que la règle de l'*estoppel*, selon laquelle nul ne peut se contredire au détriment d'autrui, est le corollaire du principe de loyauté qui doit présider aux débats judiciaires et que le droit pour une partie d'invoquer un moyen nouveau ne l'autorise cependant pas à se contredire, puis relève que la société a fondé sur une faute grave commise dans l'exercice du contrat d'agent commercial la rupture de celui-ci et revendiqué l'application de ce statut devant les premiers juges pour ensuite, en cause d'appel, contester la qualification d'agence commerciale de ce contrat, et enfin retient qu'il existe une véritable contradiction entre les deux positions adoptées successivement par la société, que ce changement a causé un préjudice à l'autre partie, en ce qu'elle a agi en fonction de la position initialement adoptée par son adversaire et qu'en conséquence, le comportement procédural de la société constitue un estoppel rendant irrecevable son moyen de défense relatif à la qualification du contrat. • Com. 10 févr. 2015 : *D. 2015. Actu. 439 ; ibid. 2016. Pan. 453, obs. Fricero ; Gaz. Pal. 16 juin 2015, p. 29, note Piwnica ; JCP 2015. 470, note Fricero ; JCP E 2015. 1189, note Dupont ; CCC 2015, n° 85, note Mathey ; Procédures 2015, n° 108, note Croze ; RLDC mai 2015, p. 66, obs. Bléry ; RLDA nov. 2015, n° 5766, note Mestre et Mestre-Chami.* ♦ Viole les art. 72 et 553 C. pr. civ. la cour d'appel qui pour déclarer irrecevable le moyen soulevé par une société en cause d'appel, tiré de la qualité de salarié de la partie adverse, l'arrêt, après avoir relevé que la société avait mentionné, dans ses précédentes conclusions, la qualité de photographe indépendant, retient qu'en application du principe de l'estoppel, elle ne peut, sans se contredire au détriment de ce dernier, lui opposer dans la même procédure sa qualité de photographe salarié qu'elle avait jusqu'alors déniée. • Civ. 1re, 28 oct. 2015, n° 14-22.207 P : *D. 2015. Actu. 2246, obs. Nouai ; ibid. 2016. 238, obs. Latil ; Gaz. Pal. 22 déc. 2015, p. 39, note Amrani Mekki ; JCP 2016. 80, note Cholet ; ibid. 153, note Treppoz.* ♦ Viole le principe selon lequel nul ne peut se contredire au détriment d'autrui, ensemble l'art. 122, l'arrêt qui retient qu'une partie ne peut à la fois soutenir dans le cadre du litige soumis au juge d'instance qu'il n'a pas la qualité de salarié et revendiquer devant la juridiction prud'homale cette même qualité sans se contredire, alors même qu'il y a identité de parties et de cause et que cette contradiction dans les argumentations juridiques successives est constitutive d'une fin de non-recevoir, alors que l'action engagée devant la juridiction prud'homale est distincte de celle qui s'est terminée par un jugement définitif rendu par le tribunal d'instance. • Soc. 22 sept. 2015, n° 14-16.947 P : *D. 2015. Actu. 1961 ; Dr. soc. 2015. 945, note J. Mouly ; RD trav. 2015. 700, note Guiomard ; Gaz. Pal. 22 déc. 2015, p. 25, obs. Orif ; JCP 2015. 1304, obs. Amrani Mekki ; ibid. 2016. 80, note Cholet ; ibid. S 2015. 1455, note Bugada ; ibid. E 2015. 1573, note Dupont.* ♦ Méconnaît le principe selon lequel nul ne peut se contredire au détriment d'autrui, une cour d'appel qui tient compte des allégations d'une partie, antérieures à la procédure dont elle est saisie, alors que cette dernière n'a pas modifié ses prétentions au cours du débat judiciaire. • Civ. 2e, 22 juin 2017, n° 15-29.202 P : *D. actu. 5 juill. 2017, obs. Kebir ; RTD civ. 2017. 725, obs. Cayrol .* ♦ La fin de non-recevoir tirée du principe selon lequel nul ne peut se contredire au détriment d'autrui sanctionne l'attitude procédurale consistant pour une partie, au cours d'une même instance, à adopter des positions contraires ou incompatibles entre elles dans des conditions qui induisent en erreur son adversaire sur ses intentions. • Civ. 2e, 15 mars 2018, n° 17-21.991 P : *D. actu. 6 avr. 2018, obs. Kebir ; D. 2018. Actu. 623 ; Procédures 2018, n° 136, obs. Strickler ; JCP 2018. 395, note Hablot ; ibid S 2018, n° 1147, note Jeansen.*

98. Précision. Le principe selon lequel nul ne peut se contredire au détriment d'autrui suppose que les prétentions de la partie à laquelle la fin de non-recevoir est opposée induisent l'adversaire en erreur sur les intentions de son auteur. • Civ. 1re, 24 sept. 2014 : *D. actu.*

13 oct. 2014, obs. Mélin ; D. 2014. Actu. 1945 ; D. 2015. Pan. 655, obs. Douchy-Oudot ; JCP 2014. 1141, note Houtcieff ; ibid. 1232, n° 4, obs. Serinet ; ibid. E 2014. 1608, note N. Dupont ; LPA 3 nov. 2014, p. 10, obs. Boillot ; ibid. 27 nov. 2014, p. 20, note Brus ; Dr. et pr. 2015, suppl. Droit du recouvrement, n° 2, p. 4, note Putman.

99. Preuve. La renonciation à un droit ou à une action ne pouvant se présumer, une cour d'appel a pu, sans méconnaître l'art. 6, § 1er Conv. EDH, retenir que le seul fait pour des locataires d'avoir sollicité que le bail fût prorogé à compter de la date prévue pour son terme en application de l'art. 11-1 de la L. 6 juill. 1989 ne pouvait faire obstacle à la recevabilité de leur demande tendant à faire constater que l'offre de vente et le congé qui leur avaient été délivrés dans le cadre d'une vente par lots de plus de dix logements dans le même immeuble étaient nuls. • Civ. 3e, 18 janv. 2012, n° 11-10.389 P : *D. 2012. Actu. 353, obs. Rouquet ; ibid. 2013. Pan. 876, obs. Damas ; AJDI 2012. 754, note Damas ; Loyers et copr. 2012, n° 67, note Vial-Pedroletti ; Administrer 4/2012, p. 45, note Canu ; Rev. loyers 2012, p. 110, note Flament ; Gaz. Pal. 2012 jur. p. 1488, note Canu ; JCP N 2012. 1293, note Donnier ; Dr. et pr. 2012, suppl. Droit des baux immobiliers, n° 6, p. 20, note Savaux.*

Immunité de juridiction

100. États étrangers. L'immunité de juridiction des États étrangers, bien qu'étant de principe, n'est que relative et connaît des exceptions ; il en résulte que la juridiction devant laquelle elle est invoquée est dans la nécessité d'en apprécier le bien-fondé au regard du fond du litige pour décider s'il y a lieu d'accueillir ou non cette fin de non-recevoir d'une nature particulière. • Civ. 1re, 16 déc. 2003, n° 02-45.961 P.

101. Émanations des États étrangers. Les États étrangers et les organisations qui en constituent l'émanation ne bénéficient de l'immunité de juridiction, immunité relative et non absolue, qu'autant que l'acte qui donne lieu au litige ou qui leur est imputé à faute participe, par sa nature et sa finalité, à l'exercice de la souveraineté de ces États et n'est donc pas un acte de gestion. • Civ. 1re, 9 mars 2011, n° 09-14.743 P : *D. 2011. Actu. 890* • 3 mars 2021, n° 19-22.855 P : *cité note 42 ss. Conv. EDH, art. 6 § 1er, App., v° Droit européen et international.* ♦ Un État étranger peut se prévaloir de l'immunité de juridiction à l'encontre de son ancien salarié dès lors que celui-ci exerçait des fonctions particulières dans l'exercice de la puissance publique. Viole le principe de l'immunité de juridiction des États étrangers, la cour d'appel qui, pour accueillir la fin de non-recevoir tirée de ce principe, retient que le salarié exerçait des fonctions lui conférant une responsabilité particulière dans l'exercice et la mise en œuvre d'un service public d'État. Or, les actes litigieux relatifs aux conditions de travail et à l'exécution du contrat constituaient des actes de gestion excluant l'application dudit principe. • Soc. 1er juill. 2020, n° 18-24.643 P : *D. actu. 15 juill. 2020, obs. Mélin ; RDT 2020. 563, obs. Mardon .* ♦ V. aussi jugeant qu'un État est fondé à opposer son immunité de juridiction s'agissant de l'action en paiement de son ancien employé concernant la mission d'intermédiation et d'influence qui lui était confiée, qui visait à créer un établissement d'enseignement supérieur au moyen d'un partenariat international, et participait par sa finalité à l'accomplissement d'un acte dans l'intérêt du service public de l'éducation : • Civ. 1re, 3 mars 2021, n° 19-22.855 P : *préc.*

102. Ambassadeur. La cour d'appel saisie d'une demande d'expulsion formée contre un locataire qui invoquait le bénéfice de l'immunité diplomatique, ayant constaté qu'il avait été mis fin aux fonctions d'ambassadeur de ce locataire plus de deux ans avant qu'elle ne statue, a pu en déduire que celui-ci, ayant disposé du délai raisonnable prévu à l'art. 39, § 2 de la Convention de Vienne du 18 avr. 1961, ne bénéficiait plus de cette immunité. • Civ. 3e, 23 mars 2011, n° 09-68.942 P : *D. 2011. Actu. 1015, note Rouquet ; ibid. 2012. 1096, note Damas ; Loyers et copr. 2011, n° 139, note Vial-Pedroletti ; Administrer 5/2011, p. 44, obs. Canu ; Rev. loyers 2011. 204, obs. J. Rémy ; Dr. et pr. 2011, suppl. Droit des baux immobiliers, n° 6, p. 18, note Schütz.*

103. Renonciation. Si un État peut renoncer à son immunité de juridiction dans un litige, cette renonciation doit être certaine, expresse et non équivoque. • Civ. 1re, 9 mars 2011 : *préc. note 101.*

Motivation

104. Demande de taxe. La demande de taxe faite oralement ou par écrit au secrétaire du TGI, en application de l'art. 29 du Décr. n° 85-1390 du 27 déc. 1985 [devenu art. R. 663-39 C. com.], doit être motivée ; le défaut de motivation constitue une fin de non-recevoir d'ordre public qui doit être relevée d'office par le juge. • Com. 9 nov. 2004, n° 02-11.874 P.

Mémoire préalable

105. Le moyen tiré de l'application de l'art. R. 161 C. dom. État, devenu l'art. R. 2331-9 CGPPP, prévoyant qu'aucune action ne peut être intentée contre l'administration chargée des domaines sans qu'au préalable on ne se soit pourvu par simple mémoire, constitue une fin de non-recevoir qui n'est pas incluse dans les exceptions de procédure et les incidents mettant fin à l'instance ; la cour d'appel, qui a exactement relevé que le texte en cause ne prévoyait pas de dérogation à l'obligation de déposer un tel mémoire, en a déduit à bon droit que les demandes étaient irrecevables. • Civ. 3e, 24 sept. 2014, n° 12-26.132 P.

Code civil

Art. 2052 *(L. nº 2016-1547 du 18 nov. 2016, art. 10)* La transaction fait obstacle à l'introduction ou à la poursuite entre les parties d'une action en justice ayant le même objet.

Selon les art. 1103 et 2052 C. civ., la réparation du dommage est définitivement fixée à la date à laquelle une transaction est intervenue, celle-ci faisant obstacle à l'introduction ou à la poursuite entre les parties d'une action en justice ayant le même objet. En procédant à une nouvelle évaluation des besoins de la victime sans tenir compte de la transaction, la cour d'appel a méconnu l'« autorité de la chose jugée » y étant attachée. • Civ. 2e, 4 mars 2021, nº 19-16.859 P : *D. actu. 18 mars 2021, note Bléry.*

Art. 123 **Les fins de non-recevoir peuvent être proposées en tout état de cause,** *(Décr. nº 2019-1333 du 11 déc. 2019, art. 29-1º, en vigueur le 1er janv. 2020)* **« à moins qu'il en soit disposé autrement et » sauf la possibilité pour le juge de condamner à des dommages-intérêts ceux qui se seraient abstenus, dans une intention dilatoire, de les soulever plus tôt.**

L'art. 29 du Décr. nº 2019-1333 du 11 déc. 2019 est applicable aux instances en cours au 1er janv. 2020 (Décr. préc., art. 55-I).

Plan des annotations

BIBL. Blary-Clément, *JCP 1991. I. 3534.* – Desdevises, *D. 1979. Chron. 21* (abus du droit d'agir avec succès).

1. Renvoi. A propos de la prescription, V. outre les notes 2 à 4, 8, 16 et 20 ci-dessous, art. 2248 C. civ. et les notes ss. ce texte.

A. INVOCATION DES FINS DE NON-RECEVOIR

1º PRINCIPE

a. En tout état de cause

2. Prescription. La prescription n'est pas une exception de procédure mais une fin de non-recevoir et peut par conséquent être proposée en tout état de cause en application de l'art. 123. • Civ. 1re, 2 oct. 2007, nº 05-17.691 P. ♦ La demande tendant à voir déclarer prescrite une créance constitue une fin de non-recevoir qu'il appartient à la cour d'appel de qualifier comme telle et qui peut être proposée en tout état de cause. Viole les art. 123 et 564 C. pr. civ., la cour d'appel qui, pour déclarer irrecevable une telle demande, juge que les parties ne peuvent soumettre à la cour de nouvelles prétentions si ce n'est pour opposer compensation, faire écarter des conclusions adverses ou faire juger les questions nées de l'intervention d'un tiers, ou de la révélation d'un fait, et que la demande tendant à voir déclarer prescrite la créance de l'appelante n'a pas été présentée au premier juge. • Civ. 2e, 1er déc. 2016, nº 15-27.143 P (visa des art. 123 et 564 C. pr. civ.). ♦ Le fait pour une partie de déposer des conclusions avant d'invoquer, à un moment quelconque de la cause, la prescription, n'établit pas sa volonté non équivoque de renoncer à cette fin de non-recevoir. • Civ. 2e, 12 avr. 2018, nº 17-15.434 P : *D. actu. 22 mai 2018, obs. Kebir ; D. 2018. Actu. 855 ; Procédures 2018, nº 179, note Strickler ; Gaz. Pal. 31 juill. 2018, p. 59, obs. L. Mayer.*

3. Assurance. Il résulte des art. 122 et 123 NCPC [devenu C. pr. civ.] que la fin de non-recevoir tirée de la prescription peut être opposée en tout état de cause et, selon les art. L. 112-6 et L. 114-1 C. assur., la prescription biennale peut être opposée par l'assureur au tiers qui invoque le bénéfice de l'assurance ; encourt donc la cassation l'arrêt qui, pour rejeter la fin de non-recevoir tirée de la prescription biennale et opposée par l'assureur au tiers qui invoque le bénéfice de l'assurance, retient que cette fin de non-recevoir est irrecevable pour ne pas avoir été soulevée avant toute défense au fond et qu'en toute hypothèse la prescription biennale n'est pas applicable dès lors qu'il n'existe aucun lien contractuel entre l'assureur et le tiers. • Civ. 1re, 7 oct. 1992, nº 89-19.425 P.

4. Sécurité sociale. L'expiration du délai imparti par l'art. R. 243-18 CSS pour contester la décision régulièrement notifiée de la commission de recours amiable constitue, non une exception de procédure, mais une fin de non-recevoir, laquelle peut, aux termes de l'art. 123 NCPC [devenu C. pr. civ.], être proposée en tout état de cause. • Soc. 10 févr. 1994, n° 92-11.036 P. ♦ La fin de non-recevoir tirée de la prescription peut être proposée en tout état de cause devant les juridictions du contentieux de la sécurité sociale. • Civ. 2e, 19 janv. 2006, n° 04-30.508 P. ♦ Il résulte, d'une part, de l'art. R. 142-1 CSS que la saisine de la commission de recours amiable d'un organisme de sécurité sociale doit, à peine de forclusion, être effectuée dans le délai de deux mois à compter de la notification de la décision de cet organisme dès lors que cette notification mentionne ce délai, d'autre part, des art. 122 et 123 C. pr. civ. que l'inobservation d'un délai préfix constitue une fin de non-recevoir qui peut être proposée en tout état de cause, de sorte que le moyen tiré d'une saisine tardive de la commission de recours amiable d'un organisme de sécurité sociale peut être invoqué devant la juridiction quand bien même il n'a point été évoqué devant la commission ni soulevé par celle-ci. • Civ. 2e, 6 nov. 2014 : *BICC 15 févr. 2015, n° 203 ; JCP S 2015. 1074, note Michalletz.*

5. Immunité de juridiction. Le moyen tiré de l'immunité de juridiction constitue une fin de non-recevoir, invocable en tout état de cause, et non une exception d'incompétence. • Civ. 1re, 15 avr. 1986 : *Bull. civ. I, n° 87.*

6. Avis préalable. Constitue une fin de non-recevoir susceptible d'être proposée en tout état de cause le moyen soutenant que l'avis d'un fonctionnaire, qu'il avait été contractuellement prévu de solliciter avant toute action judiciaire, n'avait pas été demandé. • Civ. 3e, 5 juill. 1989 : *Bull. civ. III, n° 158.*

7. Procédure orale. Devant le tribunal de commerce, la procédure est orale et les prétentions des parties peuvent être formulées au cours de l'audience ; il en est notamment ainsi des fins de non-recevoir, sauf à ce que, s'il est nécessaire pour faire respecter le principe de contradiction, le tribunal renvoie l'affaire à une prochaine audience. • Com. 10 oct. 1989 : *Bull. civ. IV, n° 249 ; D. 1990. 371, note Bouloc.*

b. Y compris à hauteur d'appel

8. Rappel. L'art. 123 dispose que les fins de non-recevoir peuvent être proposées en tout état de cause. • Civ. 2e, 1er avr. 1998, n° 95-20.848 P (prescription soulevée pour la première fois devant la cour d'appel).

9. Clause de conciliation préalable obligatoire. La clause d'un contrat instituant une procédure de conciliation obligatoire et préalable à la saisine du juge constitue une fin de non-recevoir qui s'impose au juge si les parties l'invoquent et elle peut être proposée en tout état de cause, y compris pour la première fois en cause d'appel. • Com. 22 févr. 2005 : *Procédures 2005, n° 120, note Perrot.* ♦ Justifie légalement sa décision la cour d'appel qui, après avoir retenu que l'irrecevabilité soulevée sur le fondement de la clause contractuelle de recours à l'expertise s'analysant en une fin de non-recevoir qui peut être proposée en tout état de cause, il importe peu que le défendeur ne l'ait pas soulevée devant le premier juge, retient encore qu'en s'abstenant de mettre en œuvre cette clause avant d'introduire devant le juge du fond une action en nullité du contrat le défendeur n'a pas manifesté de façon certaine et non équivoque sa volonté de renoncer à s'en prévaloir. • Com. 23 oct. 2012, n° 11-23.864. ♦ La clause d'un contrat institue une procédure de conciliation obligatoire et préalable à la saisine du juge, qui constitue une fin de non-recevoir, laquelle s'impose au juge si les parties l'invoquent et peut être proposée en tout état de cause. En s'abstenant d'invoquer cette clause devant les premiers juges, le défendeur ne manifeste pas de façon certaine et non équivoque sa volonté de renoncer à s'en prévaloir. • Com. 16 mai 2018, n° 16-26.086 : *Dr. et pr. nov. 2018, Suppl., p. 11, obs. Gorchs-Gelzer.*

10. Contestation d'honoraires. Devant le premier président statuant en matière de contestation d'honoraires d'avocat, la procédure est orale et les prétentions des parties, notamment les fins de non-recevoir, peuvent être formulées au cours de l'audience. • Civ. 1re, 15 janv. 2002, n° 99-15.508 P.

11. Contredit. Le moyen qui tend à faire déclarer l'adversaire irrecevable en sa demande pour défaut de droit d'agir constitue une fin de non-recevoir qui peut être proposée en tout état de cause. • Civ. 2e, 14 mars 1979 : *Bull. civ. II, n° 83* (constitue une fin de non-recevoir, pouvant être proposée en tout état de cause et même après des conclusions au fond, le moyen qui tend à faire déclarer irrecevable l'appel formé contre un jugement d'incompétence, alors que seule la voie du contredit était ouverte).

12. Procédure à jour fixe. La prescription constitue une fin de non-recevoir et les dispositions de l'art. 918 qui ne visent que les conclusions sur le fond ne dérogent pas aux dispositions des art. 122 et 123. • Civ. 2e, 26 juin 1996, n° 93-18.183 P : *Procédures 1996, n° 249, obs. Perrot ; RTD civ. 1996. 987, obs. Perrot.*

13. Art. 272. Les fins de non-recevoir peuvent être proposées en tout état de cause ; aussi, doit être cassé l'arrêt qui, pour rejeter les conclusions tendant à ce qu'un appel soit déclaré irrecevable, relève que les parties avaient conclu au fond avant de soulever l'irrecevabilité de l'appel au regard des dispositions de l'art. 272. • Civ. 2e, 10 oct. 1990, n° 88-16.685 P.

14. Défaut de publication. Le défaut de

publication d'une demande en nullité de vente immobilière constitue une fin de non-recevoir qui peut être invoquée en tout état de cause, y compris pour la première fois devant la cour d'appel. • Civ. 3e, 12 févr. 1985 : *Bull. civ. III, n° 32* (Décr. du 4 janv. 1955, art. 30, 5°). ♦ Le défaut de publication d'une demande tendant à l'annulation de droits résultant d'actes soumis à publicité constitue une fin de non-recevoir qui, suivant l'art. 123, peut être proposée en tout état de cause. • Civ. 1re, 7 juin 1988 : *Bull. civ. I, n° 181.* ♦ **Limite géographique**. Les art. 28, 4° c) et 30, 5°, Décr. du 4 janv. 1955 qui prévoient que les demandes en justice tendant à obtenir la résolution, la révocation, l'annulation ou la rescision de droits résultant d'actes soumis à la publicité foncière, ne sont recevables devant les tribunaux que si elles ont elles-mêmes été publiées et s'il est justifié de cette publication par un certificat du conservateur, ne s'appliquent pas en Nouvelle-Calédonie. • Com. 21 sept. 2010, n° 08-21.030 P. ♦ **Confusion terminologique**. La cour d'appel qui relève que l'action en nullité et l'action en résolution judiciaire de la vente d'un terrain tendent à l'anéantissement rétroactif du contrat et retient que la qualification erronée de l'action de la commune provient d'une simple confusion terminologique sans effet dirimant et que les modalités de désignation de l'action lors de sa publication au livre foncier sont sans emport entre les parties, puisque le but de la loi est de rendre opposable aux tiers un contentieux susceptible d'interférer sur leurs droits, charges ou sûretés, en déduit exactement que l'action de la commune en résolution de la vente est recevable. • Civ. 3e, 17 sept. 2014 : *BICC 15 déc. 2014, n° 1548 ; D. 2014. Actu. 1873 ; JCP 2014. 1174, obs. Barbiéri ; ibid. 1195, obs. Serinet.*

15. Action paulienne. L'action paulienne doit être dirigée contre les tiers acquéreurs ; le moyen de défense faisant valoir que ce tiers n'a pas été appelé dans l'instance constitue une fin de non-recevoir qui peut être proposée en tout état de cause et non seulement en première instance. • Civ. 1re, 6 nov. 1990, n° 89-14.948 P.

16. Droit social. Une irrecevabilité peut être proposée pour la première fois en cause d'appel en vertu de l'art. 123. • Soc. 9 nov. 1978 : *Bull. civ. V, n° 766.* ♦ L'employeur est recevable à proposer en appel la fin de non-recevoir tirée de la prescription, en vertu de l'art. 123. • Soc. 19 juin 1980 : *Bull. civ. V, n° 552.* ♦ Le moyen de défense tiré des dispositions de l'art. R. 516-1 [devenu R. 1452-6] C. trav. constitue une fin de non-recevoir qui, aux termes de l'art. 123 NCPC [devenu C. pr. civ.] peut être proposée en tout état de cause. • Soc. 23 avr. 1986 : *Bull. civ. V, n° 167* (règle de l'unicité de l'instance). ♦ Le moyen de défense tiré de l'al. 1er de l'art. R. 516-1 [devenu R. 1452-6] C. trav., selon lequel toutes les demandes dérivant du contrat de travail entre les mêmes parties doivent faire l'objet d'une seule instance, à moins que le fondement des prétentions ne soit né ou ne se soit révélé que postérieurement à la saisine du conseil de prud'hommes, s'analyse, non en une exception de procédure, régie par les dispositions de l'al. 1er de l'art. 74 NCPC [devenu C. pr. civ.], mais en une fin de non-recevoir qui, en application de l'art. 123 du même code, peut être proposée en tout état de cause. • Soc. 19 nov. 1986 : *Bull. civ. V, n° 537.*

2° LIMITES

a. Devant la Cour de cassation

17. Défaut d'intérêt. Les moyens s'analysant comme des fins de non-recevoir tirées d'un défaut d'intérêt ne peuvent être présentés pour la première fois devant la Cour de cassation. • Civ. 1re, 13 oct. 1998, n° 96-18.881 P.

18. Procédures collectives. L'art. L. 621-48, al. 2 [devenu L. 622-28, al. 2] C. com., dans sa rédaction antérieure à la L. du 26 juill. 2005 de sauvegarde des entreprises, édicte, dans le seul intérêt de la caution, une fin de non-recevoir dont celle-ci ne peut se prévaloir pour la première fois devant la Cour de cassation. • Cass., ch. mixte, 16 nov. 2007, n° 03-14.409 P : *BICC 1er mars 2008, p. 21, rapp. Foulon, avis Mellottée ; D. 2007. AJ 3009, obs. Lienhard ; JCP 2008. II. 10019, note Salati ; JCP 2008. I. 138, obs. Serinet ; Procédures 2008, n° 17, note Rolland ; APC 2008, n° 25, obs. Fricero* (suspension provisoire des poursuites).

b. Après une décision définitive

19. Illustrations. Une fin de non-recevoir ne peut plus être opposée par une partie après une décision au fond passée en force de chose jugée tranchant dans son dispositif la contestation prétendument irrecevable, même dans le cas d'une poursuite d'instance, et la révélation d'un moyen propre à fonder la fin de non-recevoir n'est pas de nature à permettre la remise en cause de la chose ainsi jugée sur le fond ; il suit de là qu'une cour d'appel, qui retient qu'il n'y a pas lieu de statuer sur la fin de non-recevoir tirée du défaut de qualité à agir opposée par le défendeur à une action fondée sur la violation d'une clause de non-concurrence, après avoir constaté qu'il avait été définitivement jugé que ce défendeur avait violé cette clause et que seul restait à juger le montant du préjudice, a légalement justifié sa décision. • Com. 17 juill. 2001, n° 98-18.751 P. ♦ Par arrêt définitif, une cour d'appel ayant déclaré recevable l'appel incident d'une société nouvellement dénommée, il s'ensuit que c'est à bon droit que cette cour d'appel a décidé que la société demanderesse était irrecevable à contester de nouveau la recevabilité de cet appel incident. • Com. 7 mars 2006, n° 04-16.536 P.

c. En vertu d'un texte spécial

20. Déchéance quadriennale. Pour pouvoir se prévaloir, à propos d'une créance litigieuse, de la prescription prévue par l'art. 1er de la L. du 31 déc. 1968, l'administration doit l'invoquer avant que la juridiction saisie du litige au premier degré se soit prononcée sur le fond ; elle ne peut pas être opposée pour la première fois en cause d'appel. • Civ. 2e, 16 mai 1979 : *Bull. civ. II, nº 139* (art. 7 L. 31 déc. 1968).

B. SANCTION DE L'INVOCATION TARDIVE

1º DOMMAGES-INTÉRÊTS

21. Sanction exclusive. En application de l'art. 123, les fins de non-recevoir peuvent être opposées en tout état de cause, sauf la possibilité pour le juge de condamner à des dommages-intérêts ceux qui se seraient abstenus, dans une intention dilatoire, de les soulever plus tôt ; encourt en conséquence la censure l'arrêt qui déclare une partie irrecevable à soulever la fin de non-recevoir tirée de ce que, n'ayant pas la qualité de locataire, elle n'a pas celle de défendre à l'action dirigée contre elle, au motif que, n'ayant contesté sa qualité ni à réception du congé ni devant le juge des loyers commerciaux ni, dans un premier temps, devant la cour d'appel, cette partie ne peut sans se contredire au détriment d'autrui, se prévaloir de son défaut de qualité. • Civ. 2e, 14 nov. 2013, nº 12-25.835 P : *D. 2014. Cass. chron. 571, nº 9, obs. de Leiris ; Gaz. Pal. 11 mars 2014, p. 32, note Amrani Mekki ; Procédures 2014, nº 1, note Perrot.*

2º INTENTION DILATOIRE

22. Appréciation souveraine. Les juges du fond apprécient souverainement si c'est dans une intention dilatoire qu'une partie s'est abstenue de soulever plus tôt une fin de non-recevoir. • Civ. 2e, 1er juill. 1981 : *Bull. civ. II, nº 144 ; Gaz. Pal. 1981. 2. 751, note Viatte.* ♦ C'est dans l'exercice de son pouvoir souverain d'appréciation qu'une cour d'appel, faisant l'exacte application de l'art. 123, estime que l'appelant se prévalait à juste titre de la carence de l'intimée qui s'était abstenue de proposer la fin de non-recevoir tirée de son défaut de qualité tant devant le tribunal d'instance que devant la cour d'appel, imposant ainsi à la demanderesse l'exercice de voies de recours qui se sont avérées vaines, et fait ainsi ressortir l'intention dilatoire de l'intimée. • Civ. 2e, 27 févr. 2003, nº 01-11.975 P : *Procédures 2003, nº 111, note Perrot ; Gaz. Pal. 10-11 oct. 2003, p. 14, obs. du Rusquec.*

Art. 124 **Les fins de non-recevoir doivent être accueillies sans que celui qui les invoque ait à justifier d'un grief et alors même que l'irrecevabilité ne résulterait d'aucune disposition expresse.**

a. Grief indifférent

1. Défaut de motivation du contredit. Aux termes de l'art. 22 du Décr. du 20 juill. 1972 [devenu art. 82 C. pr. civ.], le contredit doit, à peine d'irrecevabilité, être motivé ; l'irrecevabilité du contredit entraînée par une absence de motifs ne constitue pas la nullité pour simple vice de forme d'un acte de procédure qui ne pourrait être prononcée qu'à la condition édictée par l'art. 53, al. 2, du Décr. du 20 juill. 1972 [devenu art. 114, al. 2, C. pr. civ.], c'est-à-dire à charge pour celui qui l'invoque de prouver le grief que lui cause l'irrégularité. • Civ. 2e, 7 juin 1974 : *Bull. civ. II, nº 185 ; RTD civ. 1974. 853, obs. Perrot.*

2. Appel irrecevable. Lorsque, contrairement aux allégations du pourvoi, la cour d'appel n'annule pas les actes d'appel mais déclare les appels irrecevables, il en résulte que l'art. 53 du Décr. du 20 juill. 1972 [devenu art. 114, al. 2 C. pr. civ.] ne saurait recevoir application mais bien l'art. 62 du *même texte [devenu art. 124 C. pr. civ.],* lequel dispose que les fins de non-recevoir doivent être accueillies sans que celui qui les invoque ait à justifier d'un grief. • Civ. 2e, 11 juill. 1977 : *Bull. civ. II, nº 182 ; D. 1978. IR 57, obs. Julien ; RTD civ. 1978. 419, obs. Perrot.* ♦ V. aussi notes 7 et 8 ss. art. 961.

b. Absence de disposition expresse

3. Récusation. Selon l'art. 124, les fins de non-recevoir doivent être accueillies, alors même que l'irrecevabilité ne résulte d'aucune disposition expresse ; dès lors, fait une exacte application du texte précité une cour d'appel qui, pour déclarer irrecevable une demande tendant à la récusation d'un expert, sur le fondement de l'art. 234, al. 2, relève que les parties n'ont saisi que tardivement le juge chargé du contrôle de l'exécution des mesures d'instruction. • Civ. 2e, 5 déc. 2002, nº 01-00.791 P : *Gaz. Pal. 6-7 août 2003, p. 18, obs. du Rusquec.*

4. Bail rural. La demande en conversion d'un bail à métayage doit être faite par acte extrajudiciaire ; viole les art. L. 417-11 et R. 417-2 C. rur., ensemble les art. 122, 123 et 124 NCPC [devenu C. pr. civ.] la cour d'appel qui, pour accueillir une telle demande dont l'irrecevabilité était invoquée faute d'avertissement par acte extrajudiciaire, retient qu'aucun acte de procédure ne peut être déclaré nul pour vice de forme si la nullité n'est pas expressément prévue par la loi, alors qu'elle était saisie d'une fin de non-recevoir pouvant être proposée en tout état de cause et devant être prononcée même si l'irrecevabilité ne résulte d'aucune disposition expresse. • Civ. 3e, 29 mai 1991, nº 89-13.543 P.

5. Clause de conciliation préalable obligatoire. Il résulte des art. 122 et 124 que les fins de non-recevoir ne sont pas limitativement énumérées ; licite, la clause d'un contrat instituant une procédure de conciliation obligatoire et préalable à la saisine du juge, dont la mise en œuvre suspend jusqu'à son issue le cours de la prescription, constitue une fin de non-recevoir qui s'impose au juge si les parties l'invoquent ; ayant retenu que l'acte de cession d'actifs prévoyait le recours à une procédure de conciliation préalable à toute instance judiciaire pour les contestations relatives à l'exécution de la convention, la cour d'appel en a exactement déduit l'irrecevabilité du cédant à agir sur le fondement du contrat avant que la procédure de conciliation ait été mise en œuvre. • Cass. ch. mixte, 14 févr. 2003, n° 00-19.423 P : *BICC 1er mai 2003, p. 43, avis Benmakhlouf, rapp. Bailly ; R., p. 471 ; D. 2003. 1386, note Ancel et Cottin ; ibid. 2003. 2480, obs. Clay ; RTD civ. 2003. 294, obs. Mestre et Fages ; ibid. 2003. 349, obs. Perrot ; LPA 12 mars 2003, p. 13, note Bernheim ; JCP 2003. I. 128, n° 17, obs. Cadiet ; ibid. 2003. I. 142, n° 13, obs. Virassamy ; ibid. 2003. I. 164, n° 9, obs. Seraglini ; Procédures 2003, n° 96, note Croze ; JCP E 2003. 707, note Croze et D. Gautier ; ibid. 627, n° 4, obs. Caussain, Deboissy et Wicker ; CCE 2003, n° 60, note Grynbaum ; CCC 2003, n° 84, note Leveneur ; Rev. arb. 2003. 403, note Jarrosson ; Defrénois 2003. 1158, obs. Libchaber ; BJS 2003. 938, note Couret ; RDC 2003. 182 et 189, obs. Cadiet et Lagarde.*

Art. 125 Les fins de non-recevoir doivent être relevées d'office lorsqu'elles ont un caractère d'ordre public, notamment lorsqu'elles résultent de l'inobservation des délais dans lesquels doivent être exercées les voies de recours *(Décr. n° 79-941 du 7 nov. 1979, art. 5)* **« ou de l'absence d'ouverture d'une voie de recours ».**

(Décr. n° 2004-836 du 20 août 2004, art. 3, en vigueur le 1er janv. 2005) **« Le juge peut relever d'office la fin de non-recevoir tirée du défaut d'intérêt, du défaut de qualité ou de la chose jugée. »**

L'art. 5 du Décr. n° 79-941 du 7 nov. 1979 est immédiatement applicable (Décr. préc., art. 16, al. 2).

Le Décr. n° 2004-836 du 20 août 2004 est applicable aux procédures en cours (Décr. préc., art. 59).

BIBL. ▸ DORSNER-DOLIVET et BONNEAU, *D. 1986. Chron. 59* (moyens d'ordre public et procédure). ▸ Décret du 20 août 2004 : FRICERO, *Dr. et pr. 2005. 4.* – PERROT et CROZE, *Procédures 2004. Étude 13.*

PLAN DES ANNOTATIONS

1. Renvois. Comp. le régime du relevé d'office en droit commun, V. art. 12 et les notes ss. ce texte, en cas de violation d'une règle de compétence, V. art. 92 et les notes ss. ce texte, en cas de litispendance, V. art. 100 et en cas d'exception de nullité pour vice de fond, V. art. 120 et les notes ss. ce texte.

2. Régularisation. Renvoi. Relevé d'office et régularisation, V. note 3 ss. art. 126.

I. RELEVÉ D'OFFICE INTERDIT

A. PÉREMPTION

3. Renvoi. V. art. 388, al. 2.

B. PRESCRIPTION

4. Transports. L'art. 2223 [devenu 2247] C. civ. interdit à une juridiction du fond de relever d'office la fin de non-recevoir tirée de la prescription d'un mois des actions récursoires prévue par l'art. 108, al. 4 [devenu L. 133-6, al. 4] C. com. • Com. 16 mars 1981 : *Bull. civ. IV, n° 139.*

5. Consommation. Évolution. Aux termes de l'art. 2223 [devenu 2247] C. civ., les juges ne peuvent soulever d'office le moyen résultant de la prescription, et cette règle s'applique lors même que la prescription est d'ordre public ; encourt dès lors la cassation la décision d'un tribunal d'instance qui, pour débouter un créancier de sa demande, relève d'office le moyen tiré de l'expiration du délai de prescription de deux ans prévu par l'art. 27 L. 10 janv. 1978 [devenu L. 311-37 puis L. 311-52 C. consom.], les dispositions particulières du code civil relatives à la prescription ne permettant pas de faire application de l'art. 125 NCPC [devenu C. pr. civ.] qui fait obligation au juge de soulever d'office les fins de non-recevoir ayant un caractère d'ordre public. • Civ. 1re, 9 déc. 1986 : *Bull. civ. I, n° 293* • 16 juin 1987 : *Bull. civ. I, n° 200.* ♦ *Contra.* Selon l'art. 27 L. 10 janv. 1978 [devenu L. 311-37 puis L. 311-52 C. consom.], tel qu'il a été modifié par l'art. 2-XII L. 23 juin 1989 et interprété par l'art. 19-IX L. 31 déc. 1989, et auquel l'art. 28 de la même loi confère un caractère d'ordre public, les actions doivent être formées dans les deux ans de l'événement qui leur a donné naissance, à peine de forclusion ; l'art. 125 NCPC [devenu C. pr. civ.] prescrit au juge de relever d'office les fins de non-recevoir lorsqu'elles ont un caractère d'ordre public ; viole ces textes la cour d'appel qui s'abstient de relever d'office la fin de non-recevoir tirée de la forclusion instituée par la disposition précitée. • Civ. 1re, 9 juin 1993, n° 91-16.084 P. ♦ Le délai de forclusion édicté par l'art. L. 311-37 [devenu L. 311-52] C. consom., qui est d'ordre public en application de l'art. L. 313-16 [devenu L. 313-17] du même code, s'applique à tous les litiges concernant les opérations de crédit à la consommation et leur cautionnement et, en application de l'art. 125 NCPC [devenu C. pr. civ.], le juge doit relever d'office les fins de non-recevoir qui ont un caractère d'ordre public. • Civ. 1re, 26 févr. 2002, n° 99-19.722 P. ♦ Comp. En application des dispositions des art. L. 311-37 [devenu L. 311-52], al. 2, C. consom., et 125 NCPC [devenu C. pr. civ.], le tribunal ne peut relever la fin de non-recevoir tirée de la forclusion de l'action en paiement du prêteur sans l'avoir préalablement constatée. • Civ. 1re, 19 sept. 2007, n° 06-10.629 P : *JCP 2008. I. 138, n° 9, obs. Amrani Mekki.* ♦ V. cependant, depuis, l'adoption de l'art. L. 141-4 C. consom. (création L. 3 janv. 2008).

6. Sécurité sociale. Exception. V. CSS, art. L. 142-9. – CSS.

7. Presse. Exception. La courte prescription, édictée par l'art. 65 L. 29 juill. 1881 sur la liberté de la presse, a pour objet de garantir la liberté d'expression ; cette prescription qui s'applique à l'action civile en réparation du préjudice occasionné par le refus d'insertion de réponse, exercée séparément en matière d'infractions de presse, est *d'ordre public et doit être relevée* d'office par le tribunal. • Civ. 2e, 14 déc. 2000, n° 98-22.427 P. ♦ La fin de non-recevoir tirée de l'extinction de l'action civile par la prescription de l'art. 65 L. 29 juill. 1881, d'ordre public, peut être proposée en tout état de cause et doit être relevée d'office. • Civ. 2e, 24 avr. 2003, n° 00-12.965 P.

II. RELEVÉ D'OFFICE OBLIGATOIRE

8. Renvoi. V. *supra* les notes 5, 6 et 7.

A. TEXTE PARTICULIER

1° SAISIE IMMOBILIÈRE

9. Audience d'orientation. A peine d'irrecevabilité prononcée d'office, aucune contestation ni aucune demande incidente ne peut, sauf disposition contraire, être formée après l'audience d'orientation, à moins qu'elle porte sur les actes de procédure postérieurs à celle-ci ; par suite, viole les art. 125 C. pr. civ. et 6 Décr. du 27 juill. 2006 [devenu R. 311-5 C. pr. exéc.] la cour d'appel qui rejette, comme non fondées, les demandes d'annulation du commandement valant saisie, de dommages-intérêts et de compensation, alors que ces demandes, formées pour la première fois en cause d'appel, avaient été présentées par le débiteur saisi après l'audience d'orientation, à laquelle il n'avait pas comparu, et ne portaient pas sur des actes postérieurs à celle-ci, de sorte qu'elles devaient être déclarées d'office irrecevables. • Civ. 2e, 11 mars 2010, n° 09-13.312 P : *D. 2010. AJ 771* *et 2107, obs. Sommer et Leroy-Gissinger* ; *D. 2011. 1509, obs. Leborgne* ; *JCP 2010. 345, obs. Laporte ; Dr. et pr. 2010. 189, obs. Leborgne.* ♦ A peine d'irrecevabilité prononcée d'office, aucune contestation ni aucune demande incidente ne peut, sauf disposition contraire, être formée après l'audience d'orientation, à moins qu'elle porte sur les actes de procédure postérieurs à celle-ci ; par suite, viole les art. 125 C. pr. civ. et 6 Décr. du 27 juill. 2006 [devenu R. 311-5 C. pr. exéc.] la cour d'appel qui, pour confirmer le jugement ayant ordonné la vente forcée et fixer la créance à une certaine somme, a statué sur la régularité de la délivrance du commandement valant saisie et sur la contestation portant sur la créance, alors qu'elle retenait que le débiteur saisi avait été régulièrement assigné à l'audience d'orientation et que ces contestations n'avaient pas été formées par lui avant cette audience et ne portaient pas sur des actes postérieurs à celle-ci, de sorte qu'elle devait prononcer d'office leur irrecevabilité. • Civ. 2e, 10 févr. 2011, n° 10-11.944 P : *D. 2011. Actu. 601* .

2° EXTENSIONS

10. Saisie immobilière. Procédure à jour fixe. Il résulte de la combinaison des art. 52 Décr. du 27 juill. 2006 [devenu R. 322-19 C. pr. exéc.], modifié, et 122 et 125 C. pr. civ. que l'appel contre le jugement d'orientation est formé, instruit et jugé selon la procédure à jour fixe, à peine d'irrecevabilité qui doit être relevée d'office. • Civ. 2e, 22 févr. 2012, n° 10-24.410 P : *D. 2012. Actu. 690* ; *Procédures 2013, chron. 1,* *n° 19, obs. Leborgne ; RDBF 2012, n° 94, note Piedelièvre ; Gaz. Pal. 2012. 1545, note Jullien ; ibid. 1523, note Brenner.* ♦ Comp. l'appel des jugements rendus à l'audience d'orientation par le juge de l'exécution relève de la procédure à jour fixe, en application de l'art. R. 322-19 C. pr. exéc. ; c'est à bon droit que la cour d'appel déclare irrecevable l'appel qui n'a pas été formé selon cette procédure. • Civ. 2e, 25 sept. 2014, n° 13-19.000 P : *D. 2014. Actu. 1945*. ♦ Il résulte de la combinaison de l'art. R. 322-19 C. pr. exéc. et des art. 122 et 125 C. pr. civ. que l'appel contre le jugement d'orientation est formé, instruit et jugé selon la procédure à jour fixe, à peine d'irrecevabilité relevée d'office ; fait une exacte application de ces textes la cour d'appel qui déclare irrecevable l'appel d'un jugement d'orientation formé selon les modalités de la procédure à bref délai de l'art. 905 C. pr. civ. • Civ. 2e, 16 oct. 2014 : *D. 2015. Pan. 293, obs. Fricero ; Gaz. Pal. 23 déc. 2014, p. 36, note Bléry ; RDBF 2015, n° 17, note Piedelièvre.*

11. Saisie-attribution. Viole les dispositions des art. 125 C. pr. civ. et 66 Décr. du 31 juill. 1992 [devenu R. 211-11 C. pr. exéc.], la cour d'appel qui valide la procédure de saisie-attribution pratiquée par une trésorerie principale à l'encontre d'une société, pour le recouvrement d'une créance communale et déboute la société de sa contestation, alors que, tenue de vérifier, fût-ce d'office, la régularité de sa saisine, elle relevait que la contestation devant le juge de l'exécution n'était pas recevable faute de dénonciation de la contestation à l'huissier de justice instrumentaire. • Civ. 2e, 20 janv. 2011, n° 10-10.768 P : *D. 2011. Pan. 1517, obs. Leborgne ; ibid. Chron. C. cass. 2153, obs. Sommer et Leroy-Gissinger.*

B. CRITÈRE TIRÉ DE L'ORDRE PUBLIC

1° ABSENCE DE CARACTÈRE D'ORDRE PUBLIC

12. Publicité foncière. Les parties ont seules qualité pour invoquer la fin de non-recevoir résultant du défaut de publicité foncière, laquelle est édictée en vue de la protection de leurs intérêts particuliers. • Civ. 3e, 7 nov. 2001, n° 97-22.231 P : *Procédures 2002, n° 101, note Junillon.*

13. Demande additionnelle. Une cour d'appel ne peut relever d'office l'irrecevabilité d'une demande additionnelle présentée en appel qui n'a pas été contestée en défense. • Civ. 2e, 28 juin 2006, n° 04-17.224 P : *Gaz. Pal. 1er-2 févr. 2008, p. 27, note du Rusquec.*

14. Demande reconventionnelle. L'art. 125 ne fait obligation au juge de relever d'office que les fins de non-recevoir d'ordre public ; ainsi, en l'absence de toute critique sur ce point, le juge du fond n'a pas à vérifier si la demande reconventionnelle qu'il accueille se rattache par un lien suffisant à la demande principale. • Com. 3 déc. 1980 : *Bull. civ. IV, n° 409.* ♦ Les juges ne peuvent, hormis dans les cas prévus par l'art. 125, soulever d'office une fin de non-recevoir qui n'est pas d'ordre public ; il en résulte qu'un tribunal ne peut soulever d'office la fin de non-recevoir tirée de l'art. 70 résultant de l'absence de lien suffisant entre la demande reconventionnelle et la prétention originaire. • Civ. 2e, 28 févr. 2006, n° 04-15.983 P : *D. 2006. IR 810 ; Gaz. Pal. 6-7 juill. 2007, note du Rusquec.*

15. Intervention volontaire. Viole l'art. 125 la cour d'appel qui relève d'office la fin de non-recevoir tirée de l'absence de lien suffisant entre une intervention volontaire et les prétentions des parties, cette fin de non-recevoir n'étant pas d'ordre public. • Soc. 23 nov. 1995, n° 92-14.887 P.

2° CARACTÈRE D'ORDRE PUBLIC

a. Cas jurisprudentiels

16. Action en diffamation. L'action civile résultant du délit de diffamation publique envers un citoyen chargé d'un mandat public, à raison de l'exercice de ses fonctions ou de sa qualité ne peut être poursuivie séparément de l'action publique ; cette prohibition d'ordre public impose au juge civil saisi d'une action de cette nature de la déclarer d'office irrecevable. • Civ. 2e, 3 mars 1993, n° 91-18.129 P.

17. Art. 145. Les fins de non-recevoir doivent être relevées d'office lorsqu'elles ont un caractère d'ordre public ; est irrecevable la demande, présentée à titre principal, tendant à l'annulation d'un rapport d'expertise, ordonnée en référé sur le fondement de l'art. 145 ; viole en conséquence les art. 125 et 145 la cour d'appel qui ne relève pas d'office l'irrecevabilité de la demande qui, en se bornant à demander la nullité des rapports d'expertise, la désignation en conséquence d'un nouvel expert et le sursis à statuer sur les responsabilités de chaque partie dans l'attente du dépôt des nouveaux rapports d'expertise, ne saisit pas la juridiction d'une demande tendant à ce qu'elle statue au fond sur la responsabilité des désordres invoqués. • Civ. 2e, 3 mai 2007, n° 06-12.190 P : *D. 2007. AJ 1511 ; JCP 2007. I. 200, n° 18, obs. Jeuland ; Dr. et patr., janv. 2008, p. 107, obs. Amrani Mekki.*

18. Défaut de pouvoir juridictionnel absolu. Aux termes de l'art. 125 NCPC [devenu C. pr. civ.], les fins de non-recevoir doivent être relevées d'office lorsqu'elles ont un caractère d'ordre public et selon l'art. L. 256 LPF, qui est d'ordre public, un avis de mise en recouvrement est adressé par le comptable public à tout redevable de sommes, droits, taxes et redevances de toute nature dont le recouvrement lui incombe lorsque le paiement n'a pas été effectué à la date d'exigibilité ; en conséquence, viole ces textes la cour d'appel qui accueille la demande en paiement de compléments de TVA formée par le directeur général des douanes et droits indirects, alors qu'aucune juridiction n'est compétente pour délivrer un titre de perception d'impôts. • Com. 6 févr. 2007, n° 04-13.026 P.

19. Défaut de pouvoir juridictionnel relatif. Viole l'art. 125 C. pr. civ., ensemble les art. L. 442-6 et D. 442-3 C. com., l'arrêt qui ne relève pas la fin de non-recevoir tirée de l'inobservation de la règle d'ordre public investissant la cour d'appel de Paris du pouvoir juridictionnel exclusif de statuer sur les appels formés contre les décisions rendues dans les litiges relatifs à l'application de l'art. L. 442-6 C. com. • Com. 31 mars 2015, n° 14-10.016 P : *D. 2015. 798 ; ibid. 2015. Chron. C. Cass. 997, obs. Tréard*.

20. État des personnes. La recevabilité d'une action en nullité ou en inopposabilité d'un mariage, subordonnée à la mise en cause des deux époux, présente un caractère d'ordre public et, comme telle, doit être relevée d'office par le juge. • Civ. 1re, 6 mai 2009, n° 07-21.826 P : *D. 2009. AJ 1416, obs. Egéa ; ibid. 2010. Pan. 990, obs. Douchy-Oudot ; JCP 2009. Actu. 274 ; RLDC 2009, n° 3505, note Pouliquen ; Defrénois 2009. 39006, note Massip ; Procédures 2009, n° 234, note Douchy-Oudot ; RJPF 09/2009. 21, obs. Leborgne ; RTD civ. 2009. 509, obs. Hauser ; Rev. crit. DIP 2009. 493, note Lagarde*. ♦ Il incombe au juge de relever d'office la fin de non-recevoir tirée de l'absence de mise en cause des ayants droit de la personne exhumée aux fins d'expertise génétique, dans le cadre d'une action en reconnaissance d'une ascendance. • Civ. 1re, 13 nov. 2014 : *D. actu. 24 nov. 2014, obs. Mesa ; D. 2014. Actu. 2342 ; ibid. 2015 Pan. 766, obs. Gaumont-Prat ; ibid. 649, note Douchy-Oudot ; ibid. 704, obs. Granet-Lambrechts ; AJ fam. 2015. 54, note Chénedé ; JCP 2014. 49, note Douchy-Oudot ; ibid. 424, obs. Libchaber.*

21. Motivation du contredit. Le contredit doit, à peine d'irrecevabilité, être motivé et le défaut de motivation constitue une fin de non-recevoir d'ordre public qui doit être relevée d'office. • Civ. 2e, 23 nov. 1994, n° 93-10.586 P.

b. Cas cités par l'art. 125

Inobservation des délais de recours

22. Condition du relevé d'office. Si, en vertu de l'art. 125, le juge doit relever d'office la fin de non-recevoir d'ordre public résultant de l'inobservation du délai d'appel, c'est à la condition que par la production de pièces établissant le point de départ du délai d'appel il ait été mis à *même de constater l'irrecevabilité de l'appel.* • Civ. 2e, 1er mars 1978 : *Bull. civ. II, n° 49.* ♦ Si, en vertu de l'art. 125, le juge doit relever d'office la fin de non-recevoir d'ordre public résultant de l'inobservation des délais dans lesquels doivent être exercées les voies de recours, ce n'est qu'à la condition qu'il ait été mis à même de constater cette irrecevabilité par la production de preuves établissant le point de départ du délai de recours. • Civ. 2e, 24 oct. 1979 : *Bull. civ. II, n° 249 ; Gaz. Pal. 1980. 1. 122, note Viatte.*

23. Condition du relevé d'office. Sécurité sociale. Une fin de non-recevoir tenant au délai pour exercer un recours doit le cas échéant être relevée d'office par le juge en application de l'art. 125 NCPC [devenu C. pr. civ.] ; s'agissant de la forclusion du recours formé par un assuré devant la commission de recours amiable en raison du non-respect du délai de deux mois prévu par l'art. R. 142-1 CSS, il appartient à la cour d'appel de vérifier que la notification de la décision de la caisse avait été régulière, en ce que, spécialement, elle mentionnait le délai du recours. • Civ. 2e, 3 avr. 2003, n° 01-20.886 P.

24. Condition du relevé d'office. Désignation de délégués syndicaux. Lorsqu'il est formé par déclaration écrite adressée au greffe du tribunal d'instance, le recours prévu à l'art. L. 2143-8 C. trav. a pour date celle de l'envoi ; il s'ensuit que la date de réception de la lettre de recours au greffe invoquée dans le moyen est sans effet sur la recevabilité de ce recours. • Soc. 26 sept. 2012, n° 11-60.147 P : *RDT 2012. 601 ; JCP S 2012. 1534, note Gauriau.*

25. Recevabilité du moyen devant la Cour de cassation. Dès lors qu'un demandeur en cassation n'a pas soutenu devant la cour d'appel que le juge taxateur du TGI aurait dû soulever d'office la fin de non-recevoir, il n'est pas recevable à le faire pour la première fois devant la Cour de cassation. • Civ. 2e, 9 févr. 1994, n° 91-22.353 P (état de frais vérifié non contesté dans le délai imparti).

26. Recevabilité du pourvoi en cassation. Conformément aux dispositions de l'art. 125, la recevabilité du pourvoi est examinée d'office et dès lors qu'il ressort des pièces produites que l'ordonnance attaquée a été signifiée à l'auteur du pourvoi le 1er avril 1993, le pourvoi formé le 1er juin 1993 l'a donc été dans le délai de deux mois prévu par l'art. 612 et est recevable. • Civ. 1re, 8 oct. 1996, n° 93-15.366 P.

27. Caractère obligatoire. Constatant que la notification du jugement portait mention du délai de forclusion pour interjeter appel, la cour d'appel est tenue, en application de l'art. 125, de relever d'office la fin de non-recevoir tirée de l'inobservation de ce délai. • Soc. 19 déc. 1978 : *Bull. civ. V, n° 882.*

28. Procédures collectives. En application de l'art. 125 C. pr. civ., les juges doivent relever d'office les fins de non-recevoir d'ordre public lorsqu'elles résultent de l'inobservation des délais dans lesquels doivent être exercées les voies de recours ; aux termes de l'art. R. 661-3 C. com., sauf dispositions contraires, le délai d'appel des parties est de dix jours à compter de la notification qui leur est faite des décisions rendues en application du livre VI de la partie législative du code de commerce ; à ce titre, viole l'art. 125 C. pr. civ., ensemble l'art. R. 661-3 C. com., la cour d'appel qui, pour déclarer l'appel recevable et annuler l'ordonnance d'admission d'une créance, après avoir relevé que l'ordonnance a été notifiée le 9 janv. 2009 et que la débitrice en a interjeté appel le 5 févr. 2009, se borne à constater que la créance litigieuse a été contestée par la débitrice, alors qu'il lui appartenait de rechercher d'office si l'appel avait été formé dans le délai légal. • Com. 17 mai 2011, n° 10-16.526 P : *D. 2011. 1550* ; *Gaz. Pal. 2011. 2994, note Le Corre-Broly.*

Absence d'ouverture d'une voie de recours

29. Double saisine. Une même personne, agissant en la même qualité, ne peut former qu'un seul pourvoi en cassation contre la même décision ; la société qui, en la même qualité, avait déjà formé contre la même décision un pourvoi enregistré sous un autre numéro n'est pas recevable à former un nouveau pourvoi en cassation. • Com. 10 déc. 2013, n° 11-22.188 P : *D. 2014. Actu. 9* ; *Dr. sociétés 2014, n° 97, note Mortier ; LPA 8 juill. 2014, p. 18, note Danis-Fatôme* (irrecevabilité, relevée d'office, du second pourvoi formé).

30. Absence de recours immédiat. Fait une juste application de l'art. 125 l'arrêt qui déclare d'office irrecevable l'appel immédiat interjeté par une partie contre un jugement de tribunal de commerce rejetant diverses fins de non-recevoir. • Civ. 2e, 7 oct. 1981 : *Bull. civ. II, n° 178 ; Gaz. Pal. 1982. 1. 112, note Viatte ; RTD civ. 1982. 472, obs. Perrot.* ♦ Viole l'art. 125 la cour d'appel qui ne relève pas d'office l'irrecevabilité d'ordre public de l'appel formé contre un jugement qui s'était borné dans son dispositif, sans trancher une partie du principal, à maintenir en la cause les deux sociétés attraites par le demandeur. • Soc. 8 juill. 1985 : *Bull. civ. V, n° 405.* ♦ Les dispositions du NCPC [devenu C. pr. civ.], qui prévoient l'exercice différé de l'appel, s'appliquent aux décisions du juge de l'exécution ; dès lors, encourt la cassation l'arrêt qui accueille une demande de mainlevée d'une saisie-attribution, alors que, saisie de l'appel formé contre une décision du juge de l'exécution ayant sursis à statuer sur cette demande et ordonné, à titre conservatoire, la consignation des fonds saisis attribués, la cour d'appel aurait dû relever d'office l'irrecevabilité de l'appel immédiat ainsi interjeté. • Civ. 2e, 18 févr. 1999, n° 97-11.374 P. ♦ Sauf dans les cas spécifiés par la loi, les jugements qui ordonnent une mesure d'instruction ou une mesure provisoire ne peuvent être frappés d'appel indépendamment des jugements sur le fond que s'ils tranchent dans leur dispositif une partie du principal ; l'absence d'ouverture d'une voie de recours doit être relevée d'office ; viole les art. 125, 544 et 545 la cour d'appel qui déclare recevable l'appel interjeté alors que, le jugement se bornant dans son dispositif à ordonner une expertise et le versement d'une provision, ne tranchait pas une partie du principal, ce dont il résultait qu'elle devait déclarer d'office l'appel irrecevable. • Cass., ch. mixte, 25 oct. 2004, n° 03-14.219 P : *D. 2005. 757, note Serinet* .

31. Absence d'ouverture de la voie de recours exercée. Rectification d'erreur matérielle. Excède ses pouvoirs et viole les art. 462, al. 5 et 125, la cour d'appel qui accueille l'appel d'une décision rectifiant un jugement qui était passé en force de chose jugée. • Civ. 2e, 8 oct. 1986 : *Bull. civ. II, n° 145 ; D. 1987. Somm. 362, obs. Julien ; Gaz. Pal. 1987. Somm. 1. 279, obs. Guinchard et Moussa.* ♦ Excède ses pouvoirs et viole les art. 462, al. 5 et 125, le premier président qui déclare recevable et examine le recours dirigé contre une décision rectificative, alors qu'il résulte de ses propres constatations que la décision rectifiée était passée en force de chose jugée. • Civ. 2e, 18 janv. 2006, n° 04-17.294 P : *D. 2006. IR 323* .

32. Absence d'ouverture de la voie de recours exercée. Décision en premier et dernier ressort. Lorsqu'aucun des chefs de demande ne dépasse le taux de compétence en dernier ressort du conseil de prud'hommes, une cour d'appel doit relever d'office, après avoir invité les parties à présenter leurs observations sur ce point, la fin de non-recevoir résultant de l'absence d'une voie de recours qui a un caractère d'ordre public. • Soc. 5 déc. 1990, n° 87-42.470 P : *Gaz. Pal. 1991. 1. Pan. 141.* ♦ Selon l'art. 125, les fins de non-recevoir doivent être relevées d'office lorsqu'elles ont un caractère d'ordre public, notamment lorsqu'elles résultent de l'absence d'ouverture d'une voie de recours ; il s'ensuit que c'est à bon droit qu'une cour d'appel soulève d'office l'irrecevabilité de l'appel formé contre une décision rendue en dernier ressort par un conseil de prud'hommes. • Soc. 10 nov. 1992, n° 91-42.742 P. ♦ Les juges doivent relever d'office les fins de non-recevoir d'ordre public lorsqu'elles résultent de l'absence d'ouverture d'une voie de recours ; n'est pas susceptible d'appel le jugement qui statue sur une demande, quel que soit le fondement allégué, tendant à l'allocation d'une somme d'argent dont le montant est inférieur au taux du dernier ressort ; violent les art. 125 C. pr. civ., R. 1462-1 et D. 1462-3 C. trav. les arrêts qui infirment les jugements ayant alloué à chacun des salariés une somme inférieure à 4000 € qu'ils avaient sollicitée au titre d'une prime de treizième mois. • Soc. 15 janv. 2014, n° 12-25.404 P : *Procédures 2014, n° 149, note Bugada.*

33. Absence d'ouverture de la voie de recours exercée. Décision en premier ressort. Lorsque la décision attaquée est susceptible d'appel, le pourvoi en cassation n'est pas recevable. • Civ. 2e, 24 janv. 2008, n° 06-19.560 P (recevabilité du pourvoi examinée d'office dans les conditions de l'art. 1015).

34. Absence d'ouverture de la voie de recours exercée. Expropriation. L'ordonnance du juge de l'expropriation, statuant sur la requête d'un exproprié aux fins de faire constater que l'ordonnance portant transfert de propriété est dépourvue de base légale, ne peut être attaquée que par la voie du recours en cassation ; viole l'art. L. 12-5 C. expr., ensemble l'art. 125 NCPC [devenu C. pr. civ.], la cour d'appel qui déclare recevable l'appel formé contre l'ordonnance du juge de l'expropriation rejetant la requête aux fins de faire constater que l'ordonnance portant transfert de propriété était dépourvue de base légale, sans relever d'office le moyen tiré de l'irrecevabilité de l'appel. • Civ. 3e, 12 mai 1999, n° 98-70.069 P.

35. Absence d'ouverture de la voie de recours exercée. Saisie immobilière. Lorsqu'une demande de remise de l'adjudication lui est présentée par une commission de surendettement des particuliers, le juge de l'exécution statue par une décision qui n'est susceptible ni d'appel ni d'opposition, et l'irrecevabilité d'un tel recours doit être relevée d'office. • Civ. 2e, 29 sept. 2011, n° 10-27.658 P : *CCC 2011, n° 270, note Raymond ; Dr. et pr. 2011. 295, note Norguin.*

36. Absence d'ouverture de la voie de recours exercée. Procédures collectives. Les ordonnances rendues par le juge-commissaire lorsqu'il ordonne la continuation des contrats en cours ne sont susceptibles que d'un recours devant le tribunal de commerce ; encourt par suite la cassation l'arrêt qui statue sur le bien-fondé d'un contredit de compétence formé contre une ordonnance rendue par un juge-commissaire. • Civ. 2e, 5 mai 1993, n° 91-19.254 P.

37. Absence totale de recours. Pourvoi irrecevable. Il résulte de la combinaison des dispositions des art. 914, al. 2, et 916, al. 2, en leur rédaction en vigueur à compter du 1er janv. 2011, que les ordonnances du conseiller de la mise en état statuant sur la fin de non-recevoir tirée de l'irrecevabilité de l'appel ont autorité de chose jugée au principal et, en ce cas, peuvent être déférées par simple requête à la cour d'appel dans les quinze jours de leur date ; l'ordonnance d'un conseiller de la mise en état ayant statué sur la fin de non-recevoir tirée de l'irrecevabilité de l'appel formé et étant revêtue de l'autorité de la chose jugée, elle est devenue irrévocable et dès lors, le pourvoi, fût-il formé avec celui dirigé *contre l'arrêt au fond, est irrecevable.* • Civ. 1re, 10 avr. 2013 : *cité note 11 ss. art. 914.*

38. Absence totale de recours. Arbitrage. La qualification interne ou internationale d'un arbitrage, dont dépend le régime des voies de recours, est déterminée en fonction de la nature des relations économiques à l'origine du litige et non de la volonté des parties ; dès lors, viole l'art. 125 l'arrêt qui retient que la clause compromissoire soumet l'arbitrage au droit interne, alors qu'il incombe au juge de procéder à cette qualification. • Civ. 1re, 20 nov. 2013 : *cité note 1 ss. art. 1504* (irrecevabilité du recours en annulation fondé sur l'art. 1484, 5° [devenu art. 1492, 6°], dans le régime antérieur au Décr. du 13 janv. 2011, s'agissant d'un arbitrage international soumis à l'anc. art. 1502 [devenu art. 1520]).

III. RELEVÉ D'OFFICE FACULTATIF

39. Renvoi. Pour les fins de non-recevoir érigées en droit de la consommation, V. art. L. 141-4 C. consom. et plus spécialement *supra* note 5 pour l'évolution de la situation à propos de la fin de non-recevoir tirée de la prescription de l'action.

A. CAS ÉNUMÉRÉS PAR L'ART. 125

1° DÉFAUT D'INTÉRÊT

40. Absence de relevé d'office. S'il peut relever d'office la fin de non-recevoir tirée du défaut d'intérêt, le juge n'y est pas tenu. • Civ. 2e, 10 juill. 1991, n° 90-14.187 P.

41. ... En appel. Le défaut d'intérêt à former un appel n'affecte pas la régularité de la saisine de la cour d'appel qui dispose, en vertu de l'art. 125, al. 2, C. pr. civ. d'une simple faculté de relever d'office le défaut d'intérêt à agir. • Civ. 2e, 6 juin 2019, n° 18-15.301 P : *D. actu. 6 juin 2019, note Deharo ; D. 2019. 1233 ; ibid. 2020. 576, obs. Fricero ; Gaz. Pal. 5 nov. 2019, p. 49, obs. Kebir.*

42. Relevé d'office par la Cour de cassation. La demande contre une caisse de garantie n'ayant été formée par une partie que pour garantir les conséquences pécuniaires de la responsabilité civile d'un notaire et l'action en responsabilité formée contre ce dernier ayant été déclarée irrecevable par une décision irrévocable, la partie n'est pas recevable, faute d'intérêt, à se pourvoir en cassation contre la caisse. • Civ. 2e, 23 sept. 2004, n° 99-21.000 P. ♦ L'héritier renonçant étant censé n'avoir jamais été héritier, il en résulte qu'un descendant renonçant ne peut faire obstacle au droit de retour, qu'il soit légal ou convenu au cas de prédécès du donataire ; les biens donnés se retrouvant dès lors de plein droit dans le patrimoine de la donatrice, celle-ci était irrecevable à agir pour voir reconnaître sa qualité de propriétaire en dehors de toute contestation. • Civ. 1re, 23 mai 2012, n° 11-14.104 P : D. 2012. 2776, note Autem ; *LPA 4-5 sept. 2012, p. 8, note Mahinga ; ibid. 8 févr. 2013, p. 3, obs. Vareille ; ibid., p. 10, obs. Chamoulaud-Trapiers ; JCP 2012. 988, note Sauvage ; ibid. N 2012. 1346, note Blanchard ; ibid. 2013. 250, note Le Guidec ; Defrénois 2012. 40628, note Dauriac.*

2° DÉFAUT DE QUALITÉ

43. Cour d'appel. Si, aux termes de l'art. 914, les parties ne sont plus recevables à invoquer la caducité ou l'irrecevabilité de l'appel après le dessaisissement du conseiller de la mise en état, l'art. 125, al. 1er autorise le juge à relever d'office la fin de non-recevoir tirée du défaut de qualité à agir ou de la chose jugée. • Civ. 2e, 16 oct. 2014 : *BICC 1er févr. 2015, n° 140 ; D. 2015. Pan. 295, obs. Fricero ; ibid. Chron. C. cass. 520, obs. Vasseur, De Leiris et Adida-Canac* (possibilité pour la cour d'appel de soulever la fin de non-recevoir tirée du défaut de qualité de l'appelant).

44. Société dissoute. Le juge peut relever d'office la fin de non-recevoir tirée du défaut de qualité. • Civ. 2e, 24 janv. 2008, n° 07-10.748 P (à compter de la clôture de la liquidation, le liquidateur n'a plus qualité pour représenter la société en défense ou en demande et la société ne peut plus être représentée que par un administrateur *ad hoc* désigné en justice). ♦ La liquidation met fin aux fonctions du gérant et à compter de la clôture de la liquidation, le liquidateur n'a plus qualité pour représenter la société en défense ou en demande et un administrateur *ad hoc* doit être désigné aux fins de représenter la société ; le pourvoi en cassation formé par une société agissant par son représentant légal est donc irrecevable. • Com. 5 mai 2009, n° 08-12.601 P.

3° CHOSE JUGÉE

45. Illustration. Aux termes de l'art. 480, le jugement qui tranche dans son dispositif tout ou partie du principal a, dès son prononcé, l'autorité de la chose jugée relativement à la contestation qu'il tranche et il résulte des art. 125, réd. Décr. du 20 août 2004, et 620 que le juge peut relever d'office la fin de non-recevoir tirée de la chose jugée, y compris dans les procédures en cours, en application de l'art. 59 du décret précité. • Civ. 2e, 15 sept. 2005, n° 01-16.762 P : *D. 2005. IR 2481 ; RTD civ. 2005. 824, obs. Perrot ; Procédures 2005, n° 248, note Perrot ; JCP 2006. I. 133, n° 5, obs. Amrani Mekki.*

B. EXTENSION

46. Interdiction de se contredire au détriment d'autrui. La cour d'appel peut soulever d'office la fin de non-recevoir résultant de la contradiction de moyens et de prétentions et rouvrir les débats sur cette question. • Civ. 3e, 17 déc. 2014 : *BICC 1er avr. 2015, n° 380.*

IV. RÉGIME

47. Contradiction. Le juge doit, en toutes circonstances, faire observer et observer lui-même le principe de la contradiction ; méconnaît ces dispositions l'arrêt qui relève d'office, sans inviter les parties à présenter leurs observations, diverses fins de non-recevoir. • Cass. ch. mixte, 10 juill. 1981 : *Bull. ch. mixte, n° 6 ; D. 1981. 637, concl. Cabannes ; Gaz. Pal. 1981. 2. 627, note Viatte ; RTD civ. 1981. 677, obs. Normand ; ibid. 905, obs. Perrot ; RTD com. 1981. 721, obs. Bénabent et Dubarry.*

48. Pourvoi. Une fin de non-recevoir mélangée de fait et de droit, fût-elle d'ordre public, ne peut être présentée pour la première fois devant la Cour de cassation. • Com. 10 mars 2009, n° 07-20.632 P : *Procédures 2009, n° 158, note Rolland.*

Art. 126

Dans le cas où la situation donnant lieu à fin de non-recevoir est susceptible d'être régularisée, l'irrecevabilité sera écartée si sa cause a disparu au moment où le juge statue.

Il en est de même lorsque, avant toute forclusion, la personne ayant qualité pour agir devient partie à l'instance.

PLAN DES ANNOTATIONS

1. Renvois. Pour la régularisation des exceptions de nullité pour vice de forme, V. art. 115 et les notes ss. ce texte ; pour la régularisation des exceptions de nullité pour vice de fond, V. art. 121 et les notes ss. ce texte.

2. Exclusion. Propriété intellectuelle. En l'état des dispositions spécifiques de l'art. R. 411-21 CPI excluant l'application de l'art. 126 NCPC [devenu C. pr. civ.], c'est à bon droit qu'une cour d'appel retient que l'omission par une société de la mention de son siège social dans sa déclaration de recours contre une décision du directeur de l'INPI ne peut être réparée dans l'exposé des motifs déposé dans le mois de cette déclaration et déclare le recours irrecevable. • Com. 17 juin 2003, n° 01-15.747 P : *D. 2003. IR 2633 ; ibid. 2003. Somm. 2633, obs. Durrande.* ♦ L'application de l'art. 126 est exclue par les dispositions spécifiques réglant les formes du recours contre une décision du directeur de l'INPI. • Com. 30 mai 2007, n° 05-21.134 P : *Procédures 2007, n° 179, note Perrot.* ♦ V. aussi note 29.

3. Relevé d'office et régularisation. N'a pas à être relevée d'office la situation donnant lieu à fin de non-recevoir qui a disparu au sens de l'art. 126 au moment où les juges du second degré ont statué. • Com. 16 juill. 1991, n° 89-17.756 P.

A. ALINÉA 1er

4. Aux termes du 1er al. de l'art. 126, dans le cas où la situation donnant lieu à fin de non-recevoir est régularisée, l'irrecevabilité doit être écartée si sa cause a disparu au moment où le juge statue. • Com. 5 juill. 1988 : *Bull. civ. IV, n° 233* • 23 mai 1989, n° 86-17.068 P. ♦ Le juge doit apprécier les conditions d'application de la fin de non-recevoir au moment où il statue. • Civ. 1re, 28 févr. 2018, n° 17-14.239 P.

1° RÉGULARISATION IMPOSSIBLE

5. Clause de conciliation préalable obligatoire. La situation donnant lieu à la fin de non-recevoir tirée du défaut de mise en œuvre d'une clause contractuelle qui institue une procédure, obligatoire et préalable à la saisine du juge, favorisant une solution du litige par le recours à un tiers, n'est pas susceptible d'être régularisée par la mise en œuvre de la clause en cours d'instance ; la cour d'appel, ayant constaté que la société demanderesse n'avait pas saisi le conseil régional de l'ordre des architectes préalablement à l'introduction de l'instance, a exactement décidé que la demande était irrecevable. • Cass. ch. mixte, 12 déc. 2014 : *BICC 15 mars 2015, p. 25, rapp. Chauvin, avis Charpenel ; D. actu. 6 janv. 2015, obs. Kebir ; D. 2015. Actu. 20 ; ibid. Pan. 292, obs. Fricero ; ibid. 2014. 298, note Boillot ; D. avocats 2015. 122, note Fricero ; AJCA 2015. 128, obs. de la Asuncion Planes ; JCP 2014. 1328, obs. Deharo ; ibid. 2015. 115, note Dissaux ; ibid. 424, n° 5, obs. Libchaber ; Defrénois 2014. 28, note Albarian et Poli ; Procédures 2015, n° 30, note Croze ; Dr. et pr. 2015. 34, note Cholet ; ibid., n° 2, suppl. Droit du recouvrement, p. 3, obs. Putman ; LPA 29 avr. 2015, p. 11, note Amico et Maramzine ; ibid. 30 juin 2015, p. 5, note Martin-Hocquenghem et Lods ; Gaz. Pal. 10 mars 2015, p. 9, obs. Amrani Mekki ; JCP 2015. 424, obs. Libchaber ; ibid. 24 mars 2015, p. 33, note Travade-Lannoy et Ducene ; RLDA mai 2015. 5584, note Mestre et Mestre-Chami* • Civ. 3e, 6 oct. 2016, n° 15-17.989 P : *D. actu. 4 nov. 2016, obs. Ghiglino* • Civ. 3e, 16 nov. 2017, n° 16-24.642 P : *cité note 83 ss. art. 122.* ♦ *Adde*, N. Gerbay, *Procédures 2015. Étude* 7 (la clause de conciliation préalable : entre tensions contractuelles et processuelles). ♦ *Contra*, antérieurement, le défaut de mise en œuvre d'une clause d'un contrat instituant une procédure de conciliation obligatoire et préalable à la saisine du juge constitue une fin de non-recevoir qui peut être régularisée en cours d'instance ; par suite, viole l'art. 126 la cour d'appel qui accueille cette fin de non-recevoir, alors qu'à la date à laquelle elle a statué, la cause d'irrecevabilité avait disparu, les demandeurs ayant mis en œuvre dans les formes requises par le compromis de vente la procédure de conciliation et, après constatation de son échec par le tiers désigné, ayant réitéré leurs demandes devant le juge. • Civ. 2e, 16 déc. 2010, n° 09-71.575 P : *D. 2011. 172 ; RTD civ. 2011. 170, obs. Perrot ; JCP 2011. 666, n° 12, obs. Clay ; RDC 2011. 916, note Pelletier.*

2° RÉGULARISATION POSSIBLE

6. Art. 257-2 C. civ. Ayant relevé que le demandeur au divorce avait présenté, par conclusions postérieures à l'acte introductif d'instance, une proposition de règlement des intérêts pécuniaires et patrimoniaux, la cour d'appel a exactement retenu qu'en application de l'art. 126, la fin de non-recevoir tirée de l'art. 257-2 C. civ. avait été régularisée au moment où le premier juge avait statué. • Civ. 2e, 6 janv. 2012, n° 10-17.824 P : *D. 2012. Actu. 218 ; Dr. et pr. 2012. 53.*

7. Assignation en partage. L'omission, dans l'assignation en partage, de tout ou partie des mentions prévues à l'art. 1360 est susceptible d'être régularisée, de sorte qu'en application de l'art. 126, l'irrecevabilité est écartée si sa cause a disparu au moment où le juge statue ; il s'en déduit que l'appréciation de la situation ne dépend pas du seul examen de l'assignation, qui contenait un descriptif sommaire et n'avait pas à donner la consistance et la valeur exacte du patrimoine à partager. • Civ. 1re, 28 janv. 2015 : *BICC 1er mai 2015, n° 524 ; D. 2015. Actu. 263 ; ibid. Pan. 515, obs. Guyon-Renard ; AJ fam. 2015. 166, obs. Casey ; JCP 2015. 149, obs. Thouret ; Procédures 2015, n° 125, note Douchy-Oudot.*

8. Défaut d'intérêt. Manque de base légale au regard de l'art. 126 l'arrêt qui, pour déclarer irrecevable une demande en résolution d'une vente pour défaut d'intérêt, retient que le prix n'était pas exigible à la date de l'assignation, sans rechercher si la cause de l'irrecevabilité n'avait pas disparu dans l'intervalle séparant l'introduction de la demande du jugement. • Com. 19 juin 1979 : *Bull. civ. IV, n° 208 ; D. 1979. IR 538.* ♦ Il résulte des dispositions combinées des art. 184 et 187 C. civ. que les parents collatéraux peuvent, du vivant des époux, agir en nullité du mariage, sur le fondement de l'art. 146 C. civ., à la condition de justifier d'un intérêt né et actuel ; une cour d'appel, qui a constaté qu'à la date où elle statuait, les frères et sœur de l'époux avaient vocation à recueillir, en l'absence de conjoint survivant, la partie de la succession non incluse dans un testament, en a souverainement déduit que ceux-ci justifiaient d'un intérêt actuel à agir en nullité du mariage contracté par leur frère, décédé après l'introduction de l'instance. • Civ. 1re, 4 mai 2011, n° 09-68.983 P : *D. 2011. 2387, note Raoul-Cormeil ; ibid. 2012. 971, obs. Lemouland et Vigneau ; ibid. 1033, obs. Douchy-Oudot ; AJ fam. 2011. 330, obs. Siffrein-Blanc ; RTD civ. 2011. 515, obs. Hauser ; Dr. fam. 2011, n° 145, note Larribau-Terneyre ; JCP N 2011, n° 1222, obs. Kervella.*

9. Défaut d'information. Est recevable l'action engagée par un syndicat en faveur d'un salarié dont le conseil de prud'hommes a été saisi le jour même de l'envoi à l'intéressé de la lettre d'intention visée à l'art. L. 122-3-16 [devenu L. 1247-1] C. trav., dès lors qu'il n'a été statué sur cette action qu'après l'expiration du délai d'opposition de 15 jours prévu par ce même texte. • Soc. 1er févr. 2000, n° 98-46.201 P.

10. Défaut de motivation. Aux termes de l'art. 82, le contredit doit, à peine d'irrecevabilité, être motivé et être remis au secrétariat de la juridiction qui a rendu la décision dans les 15 jours de celle-ci ; la fin de non-recevoir tirée de l'absence de motivation est susceptible d'être régularisée avant l'expiration de ce délai. • Civ. 2e, 24 juin 1998, n° 94-43.109 P : *D. 1998. IR 208 ; Procédures 1998, n° 215, obs. Perrot.* ♦ Si l'art. R. 552-13 CESEDA dispose que la déclaration d'appel doit, à peine d'irrecevabilité, être motivée, il résulte de l'art. 126 C. pr. civ. que la fin de non-recevoir tirée de l'absence de motivation est susceptible d'être régularisée avant l'expiration du délai d'appel. • Civ. 1re, 13 avr. 2016, n° 15-17.647 P.

11. Défaut de publication. Viole l'art. 126, la cour d'appel qui, pour confirmer le jugement ayant déclaré irrecevable la demande formée par un locataire tendant à l'exercice du droit de préemption sur un appartement lors de la vente de celui-ci, retient que la publication de l'assignation faite seulement au cours de la procédure d'appel n'était pas susceptible de régulariser la fin de non-recevoir qui avait été relevée par le tribunal, alors que l'article susvisé ne fait aucune distinction entre la procédure de première instance et celle d'appel. • Civ. 3e, 15 nov. 1989 : *Bull. civ. III, n° 215.* ♦ Le défaut de publication d'une demande tendant à l'annulation d'une vente immobilière constitue une fin de non-recevoir pouvant être régularisée avant que le juge statue, conformément aux dispositions de l'art. 126, et aucune déchéance n'est édictée pour l'accomplissement de cette formalité à laquelle il peut être procédé jusqu'à la clôture des débats ; la demande est donc recevable dès lors que la régularisation est intervenue avant que le tribunal de commerce ne statue. • Civ. 3e, 26 nov. 2003, n° 02-13.438 P.

12. Mise en demeure. Est recevable, en application de l'art. 126, l'action directe de sous-traitants ayant assigné en paiement du prix de leurs travaux le maître de l'ouvrage sans avoir au préalable mis en demeure l'entrepreneur principal, dès lors que ce dernier avait été mis en demeure et que le maître de l'ouvrage avait reçu copie de la mise en demeure plus d'un mois avant que les juges ne statuent. • Civ. 3e, 29 févr. 1984 : *Bull. civ. III, n° 56.*

13. Suspension des poursuites. L'action régulièrement engagée par le créancier contre la caution et suspendue par l'effet du jugement d'ouverture du redressement judiciaire du débiteur principal peut être reprise sans nouvelle assignation après le jugement arrêtant le plan de redressement ou prononçant la liquidation judiciaire. • Com. 24 mai 2005, n° 03-21.043 P.

14. Condition d'une décision définitive. Aux termes de l'art. 126, dans le cas où la situation donnant lieu à la fin de non-recevoir est susceptible d'être régularisée, l'irrecevabilité sera écartée si la cause a disparu au moment où le juge statue ; si, lorsqu'il a introduit sa requête en réparation, le demandeur ne remplissait pas la condition d'avoir fait l'objet d'une décision de non-lieu, de relaxe ou d'acquittement devenue définitive, cette cause d'irrecevabilité a disparu le jour de l'examen de son recours par la commission nationale de réparation des détentions, puisque la décision de non-lieu était devenue définitive pour l'ensemble des faits ; dès lors, la requête doit être déclarée recevable. • CNR détentions, 23 oct. 2006 : *Bull. crim., n° 13.*

15. Appel. Aux termes des art. 126 et 546, la saisine d'une cour d'appel territorialement incompétente donnant lieu à fin de non-recevoir est susceptible d'être régularisée avant que le juge statue, à condition que le délai d'appel n'ait pas expiré. • Civ. 2e, 2 juill. 2020, n° 19-14.086 (cassation de l'arrêt qui, ayant constaté que l'appel formé devant la cour d'appel territorialement incompétente était encore pendant lorsque le second appel a été formé, a déclaré irrecevable celui-ci. Or, le second appel devant la cour d'appel territorialement compétente avait été formé avant l'expiration du délai d'appel ; l'appel était donc recevable). ♦ Dans le même sens, • Civ. 2e, 1er oct. 2020, n° 19-11.490 : *D. 2020. 1959* . ♦ Le défaut de motivation du recours, susceptible de donner lieu à la fin de non-recevoir tirée de l'irrecevabilité de l'appel du jugement statuant sur la compétence, peut être régularisé, en matière de procédure avec représentation obligatoire, par le dépôt au greffe, avant l'expiration du délai d'appel, d'une nouvelle déclaration d'appel motivée ou de conclusions comportant la motivation du recours, adressées à la cour d'appel conformément à l'art. 85. • Civ. 2e, 22 oct. 2020, n° 19-17.630 : *D. actu. 5 nov. 2020, obs. Lhermitte.*

16. Accès au juge. Les art. 85 et 126 C. pr. civ.

poursuivent un but légitime au sens de la Conv. EDH, en l'occurrence la célérité et l'efficacité de la procédure d'appel des jugements statuant exclusivement sur la compétence, la compétence du juge appelé à connaître d'une affaire pouvant être définitivement déterminée dans les meilleurs délais. Ces textes ne constituent ni une atteinte au droit d'accès au juge d'appel dans sa substance même, ni une atteinte disproportionnée à l'accès au juge d'appel, la faculté de régularisation de la déclaration d'appel restant ouverte à l'appelant. • Civ. 2e, 10 déc. 2020, n° 19-12.257 P : *D. actu. 20 janv. 2021, note Sansone ; D. 2021. 25 ; ibid. 543, obs. Fricero.*

B. ALINÉA 2

17. Il résulte de l'art. 126, al. 2 NCPC [devenu C. pr. civ.] que l'irrecevabilité pour défaut de qualité doit être écartée lorsque, avant toute forclusion, la personne ayant qualité pour agir devient partie à l'instance. • Civ. 1re, 14 janv. 1997, n° 94-19.367 P : *Gaz. Pal. 1998. 2. 783, note du Rusquec.* ♦ Si, en vertu de l'art. L. 236-3 C. com, la fusion-absorption entraîne la dissolution sans liquidation de la société absorbée, elle opère la transmission universelle de son patrimoine à la société absorbante qui a de plein droit qualité pour poursuivre les instances engagées par ou contre la société absorbée, et, lorsque l'opération de fusion-absorption se réalise au cours de la procédure engagée contre la société absorbée et que la société absorbante intervient à l'instance, la fin de non-recevoir tirée de l'absence de droit d'agir de la société absorbée est écartée, en application de l'art. 126, al. 2. Dès lors que l'action prud'homale a ainsi été régulièrement engagée contre la société absorbée entre la date de mise en délibéré du jugement du conseil de prud'hommes et celle à laquelle sa décision avait été rendue et que la société absorbante est intervenue en cause d'appel, l'appel est recevable. • Soc. 22 sept. 2015, n° 13-25.429 P.

1° CAS DE FIGURE PARTICULIERS

18. Pluralité de vendeurs. En déclarant que l'intervention volontaire de l'un des vendeurs à l'action en résolution de la vente engagée par les autres vendeurs est recevable et qu'elle permet d'écarter la fin de non-recevoir opposée à l'action, tirée de son absence dans l'instance, une cour d'appel fait une exacte application des dispositions de l'art. 126. • Civ. 3e, 20 févr. 1979 : *Bull. civ. III, n° 45.*

19. Qualité imprécise. Est à bon droit rejetée *la fin de non-recevoir tirée* du défaut de précision concernant la qualité en laquelle agissaient les demandeurs, dès lors que le juge du fond a relevé que cette précision avait été apportée au cours de l'audience, ce dont il résultait que la cause de la fin de non-recevoir avait disparu au moment où le juge a statué. • Soc. 7 juin 1984 : *Bull. civ. V, n° 241.*

20. Qualité acquise. Aux termes de l'art. 1421 C. civ., chacun des époux a le pouvoir d'administrer seul les biens communs ; à ce titre, il a qualité pour exercer seul, en demande ou en défense, les actions en justice relatives à ces biens ; si la demande formée le 30 mars 1982 contre une épouse mariée sous le régime de la communauté universelle était irrecevable en vertu de l'art. 1421 C. civ. dans sa rédaction antérieure à la L. du 23 déc. 1985, cette irrecevabilité, que l'entrée en vigueur de ladite loi avait fait disparaître antérieurement au jour de l'arrêt, devait par suite être écartée en application de l'art. 126 NCPC [devenu C. pr. civ.]. • Civ. 1re, 19 mars 1991, n° 88-18.488 P : *Defrénois 1992. 850, obs. Champenois ; RTD civ. 1992. 44, obs. Lucet et Vareille.*

21. Subrogation. Viole les art. L. 121-12 C. assur. et 126 NCPC [devenu C. pr. civ.] la cour d'appel qui condamne l'entrepreneur ayant réalisé les travaux atteints de désordres à garantir un assureur dommages-ouvrage sans constater qu'au jour où elle s'est prononcée cet assureur avait effectivement indemnisé son assuré. • Civ. 3e, 9 juill. 2003, n° 02-10.270 P. ♦ Comp. Est recevable l'action engagée par un assureur avant l'expiration du délai de forclusion décennale, bien qu'il n'ait pas eu au moment de la délivrance de son assignation la qualité de subrogé dans les droits de son assuré, dès lors qu'il a payé l'indemnité due à ce dernier avant que le juge du fond n'ait statué. • Civ. 3e, 8 sept. 2009, n° 08-17.012 P.

22. Cession de créance. Viole l'art. 126, al. 2, la cour d'appel qui, pour dire qu'une banque avait formé un appel incident et le déclarer irrecevable, constate dans son arrêt que la cession de créances est intervenue antérieurement à l'instance d'appel engagée par la SCI, qui a notamment intimé la banque, puis relève que celle-ci avait conclu à la réformation du jugement et enfin retient, d'un côté, que la banque ne pouvait plus se prévaloir de l'acte de cession de créances pour demander qu'il lui soit donné acte qu'elle reprenait à son compte l'ensemble des moyens de fait et de droit développés par la SCI, déclarés irrecevables par l'arrêt et, de l'autre, que son appel incident, formalisé plus de deux mois après les conclusions de la SCI, était irrecevable, alors qu'en demandant qu'il lui soit donné acte qu'elle venait aux droits de la SCI, la banque avait régularisé la fin de non-recevoir tirée du défaut de qualité à agir de cette société, en se substituant à elle dans le bénéfice de son appel, jugé recevable, sans relever elle-même appel incident. • Com. 18 nov. 2014 : *cité note 34 ss. art. 122.*

23. Substitution. La règle du dessaisissement, qui résulte de l'art. L. 641-9 C. com., étant édictée dans l'intérêt des créanciers, seul le liquidateur judiciaire peut s'en prévaloir ; tel n'est pas le cas lorsque le débiteur ayant formé seul une demande en paiement d'une créance, le liquidateur intervient volontairement pour se substituer à lui ; ainsi, lorsque le liquidateur judiciaire intervient devant le tribunal saisi de l'opposition à une requête en injonction de payer présentée par la société débitrice seule puis interjette appel du jugement statuant sur ce recours, il régularise la situation donnant lieu à fin de non-recevoir pour défaut de qualité. • Com. 14 déc. 2010, n° 10-10.792 P.

2° CONDITIONS

a. Avant toute forclusion

24. Délai de recours. L'intervention du liquidateur pour régulariser l'appel interjeté par le débiteur en liquidation judiciaire, dessaisi de ses droits et actions, doit avoir lieu dans le délai d'appel. • Com. 10 déc. 2003, n° 00-19.230 P : *R., p. 387 ; D. 2004. AJ 142 ; APC 2004, n° 52, obs. Legros.* ♦ La déclaration d'appel du liquidateur faite hors du délai du recours qui lui est ouvert ne peut régulariser la procédure d'appel engagée par le débiteur seul. • Com. 13 nov. 2013 : *cité note 56 ss. art. 122* (défaut de qualité du débiteur à interjeter appel seul d'une décision concernant son patrimoine). ♦ La cour d'appel qui admet la régularisation et la recevabilité de l'appel doit préciser, sous peine de manque de base légale, dès lors qu'elle y est invitée, si cette régularisation a bien été effectuée dans le délai d'appel. • Com. 3 nov. 2015, n° 14-16.750 : *Gaz. Pal. 19 janv. 2016, p. 58, obs. Fricero.*

25. Délai de prescription. Un changement de qualité équivalant à un changement de partie, l'action, engagée dans le délai de prescription par une personne n'ayant pas qualité pour agir, ne peut être régularisée en application de l'art. 126 que par l'intervention de la personne ayant cette qualité avant l'expiration du délai de prescription ; en aucun cas, la régularisation n'est possible après l'expiration du délai de prescription, et ce même si la personne ayant qualité pour agir acquiert cette qualité après la forclusion. • Com. 24 sept. 2003, n° 00-11.010 P : *R., p. 387 ; D. 2003. AJ 2438, obs. A. Lienhard ; JCP E 2004. 385, note Legros ; Procédures 2003, n° 249, note Perrot ; BJS 2003. 1265, note Cagnoli.*

26. Régularisation tardive. C'est à bon droit qu'une cour d'appel décide qu'une société n'ayant pas agi avant toute forclusion pour régulariser l'appel d'une autre société, était irrecevable en son intervention. • Com. 6 déc. 1984 : *Bull. civ. IV, n° 337.*

27. Limite. Le preneur d'un bail rural qui n'a pas contesté devant le tribunal paritaire des baux ruraux le congé délivré à une autre personne que lui, peut devenir partie à l'instance en cause d'appel et demander la nullité de ce congé sans être atteint par la forclusion prévue par l'art. L. 411-54 C. rur. faute de congé régulier délivré à sa personne. • Civ. 3e, 18 févr. 2009, n° 08-10.919 P : *Procédures 2009, n° 154, note Junillon.*

28. Preuve. La preuve de la tardiveté de la régularisation incombe au demandeur à la fin de non-recevoir. • Civ. 3e, 14 févr. 1996, n° 93-17.667 P.

b. Unicité d'instance

29. Instances distinctes. L'instance en contrefaçon n'étant introduite que par la demande soumettant au juge cette prétention, les opérations antérieures de saisie-contrefaçon n'en sont pas partie intégrante, de sorte que viole l'art. L. 615-5 CPI, ensemble l'art. 53 NCPC [devenu C. pr. civ.], la cour d'appel qui décide qu'une partie a qualité pour demander et faire pratiquer une saisie-contrefaçon, dès lors que son action en contrefaçon a été rendue recevable par la disparition en cours d'instance de son défaut de qualité. • Com. 31 oct. 2006, n° 05-11.149 P.

TITRE CINQUIÈME *BIS* LA QUESTION PRIORITAIRE DE CONSTITUTIONNALITÉ

(Décr. n° 2010-148 du 16 févr. 2010, art. 3, en vigueur le 1er mars 2010)

V. Bibl. au-dessus de l'art. L.O. 461-1 COJ.

Le Décr. n° 2010-148 du 16 févr. 2010 est applicable sur l'ensemble du territoire de la République (Décr. préc., art. 6, en vigueur le 1er mars 2010).

RÉP. PR. CIV. v° *Question prioritaire de constitutionnalité,* par DEHARO.

CHAPITRE PREMIER LA TRANSMISSION PAR LE JUGE DE LA QUESTION PRIORITAIRE DE CONSTITUTIONNALITÉ À LA COUR DE CASSATION

V. art. L.O. 461-1 COJ, et art. 23-1 à 23-3 de l'Ord. n° 58-1067 du 7 nov. 1958, reproduits ss. art. L.O. 461-2 COJ.

Art. 126-1 La transmission d'une question prioritaire de constitutionnalité à la Cour de cassation obéit aux règles définies par les articles 23-1 à 23-3 de l'ordonnance n° 58-1067 du 7 novembre 1958 portant loi organique sur le Conseil constitutionnel

et aux dispositions prévues par le présent chapitre. – *V. art. 23-1 à 23-3 de l'Ord. n° 58-1067 du 7 nov. 1958, reproduits ss. art. L.O. 461-2 COJ.*

Art. 126-2 A peine d'irrecevabilité, la partie qui soutient qu'une disposition législative porte atteinte aux droits et libertés garantis par la Constitution présente ce moyen dans un écrit distinct et motivé, y compris à l'occasion d'un recours contre une décision réglant tout ou partie du litige dans une instance ayant donné lieu à un refus de transmettre la question prioritaire de constitutionnalité.

Le juge doit relever d'office l'irrecevabilité du moyen qui n'est pas présenté dans un écrit distinct et motivé.

Les autres observations des parties sur la question prioritaire de constitutionnalité doivent, si elles sont présentées par écrit, être contenues dans un écrit distinct et motivé. A défaut, elles ne peuvent être jointes à la décision transmettant la question à la Cour de cassation.

Art. 126-3 Le juge qui statue sur la transmission de la question prioritaire de constitutionnalité est celui qui connaît de l'instance au cours de laquelle cette question est soulevée, sous réserve des alinéas qui suivent.

Le magistrat chargé de la mise en état, ainsi que le magistrat de la cour d'appel chargé d'instruire l'affaire, statue par ordonnance sur la transmission de la question prioritaire de constitutionnalité soulevée devant lui. Lorsque la question le justifie, il peut également renvoyer l'affaire devant la formation de jugement, le cas échéant sans clore l'instruction, pour qu'elle statue sur la transmission de la question. Cette décision de renvoi est une mesure d'administration judiciaire.

Le président de la formation de jugement du tribunal paritaire des baux ruraux, *(Décr. n° 2018-928 du 29 oct. 2018, art. 1er-1°)* « du *(Décr. n° 2019-966 du 18 sept. 2019, art. 8, en vigueur le 1er janv. 2020)* « tribunal judiciaire *[ancienne rédaction : tribunal de grande instance]* » spécialement désigné en application de l'article L. 211-16, de la cour d'appel spécialement désignée en application de l'article L. 311-16 du code de l'organisation judiciaire » et de la Cour nationale de l'incapacité et de la tarification de l'assurance des accidents du travail statuent sur la transmission de la question.

Les dispositions du Décr. n° 2018-928 du 29 oct. 2018 entre en vigueur le 1er janv. 2019, sous les réserves et selon les modalités indiquées sous l'art. L. 211-16 COJ (Décr. préc., art. 17).

Art. 126-4 Le juge statue sans délai, selon les règles de procédure qui lui sont applicables, sur la transmission de la question prioritaire de constitutionnalité, le ministère public avisé et les parties entendues ou appelées.

Ceux-ci sont avisés par tout moyen de la date à laquelle la décision sera rendue. Les parties sont en outre avisées qu'elles devront, le cas échéant, se conformer aux dispositions de l'article 126-9.

Art. 126-5 Le juge n'est pas tenu de transmettre une question prioritaire de constitutionnalité mettant en cause, par les mêmes motifs, une disposition législative dont la Cour de cassation ou le Conseil constitutionnel est déjà saisi. En cas d'absence de transmission pour cette raison, il sursoit à statuer sur le fond, jusqu'à ce qu'il soit informé de la décision de la Cour de cassation ou, le cas échéant, du Conseil constitutionnel.

L'art. 126-5 permet au juge de retarder le transfert d'une QPC dans l'hypothèse où la Cour de cassation en est déjà saisie, puis de rejeter ou d'accueillir la demande de transmission selon la position qu'elle (ou le Conseil constitutionnel s'il en a été saisi) a adoptée. La même solution s'impose dans l'hypothèse où la question n'est plus pendante devant la Cour de cassation (ou le Conseil constitutionnel) qui y a apporté une réponse. Dès lors, doit être rejetée la demande de transmission d'une QPC car la Cour de cassation avait précédemment jugé qu'elle était dépourvue de caractère sérieux. • Paris, 18 nov. 2011 : *Gaz. Pal. 2011. 3403, note Briand.*

Art. 126-6 Le refus de transmettre la question dessaisit la juridiction du moyen tiré de la question prioritaire de constitutionnalité.

Toutefois, lorsque ce refus a été exclusivement motivé par la constatation que la disposition législative contestée n'était pas applicable au litige ou à la procédure en cause, la juridiction peut, si elle entend à l'occasion de l'examen de l'affaire faire application de cette disposition, rétracter ce refus et transmettre la question.

Art. 126-7 Le greffe avise les parties et le ministère public par tout moyen et sans délai de la décision statuant sur la transmission de la question prioritaire de constitutionnalité à la Cour de cassation.

En cas de décision de transmission, l'avis aux parties précise que celle-ci n'est susceptible d'aucun recours et que les parties qui entendent présenter des observations devant la Cour de cassation doivent se conformer aux dispositions de l'article 126-9, qui est reproduit dans l'avis, ainsi que le premier alinéa de l'article 126-11. L'avis est adressé par lettre recommandée avec demande d'avis de réception aux parties qui n'ont pas comparu.

En cas de décision de refus de transmission, l'avis aux parties précise que celle-ci ne peut être contestée qu'à l'occasion d'un recours formé contre une décision tranchant tout ou partie du litige.

CHAPITRE II LE RENVOI PAR LA COUR DE CASSATION DE LA QUESTION PRIORITAIRE DE CONSTITUTIONNALITÉ AU CONSEIL CONSTITUTIONNEL

V. COJ, art. L.O. 461-2 et art. 23-4 à 23-7 de l'Ord. n° 58-1067 du 7 nov. 1958 reproduits ss. art. L.O. 461-2 préc.

Art. 126-8 Le renvoi par la Cour de cassation d'une question prioritaire de constitutionnalité au Conseil constitutionnel obéit aux règles définies par les articles 23-4 à 23-7 de l'ordonnance n° 58-1067 du 7 novembre 1958 précitée et aux dispositions prévues par le présent chapitre. — *V. art. 23-4 à 23-7 de l'Ord. n° 58-1067 du 7 nov. 1958 reproduits ss. art. L.O. 461-2 COJ.*

Art. 126-9 Les parties disposent d'un délai d'un mois à compter de la décision de transmission pour faire connaître leurs éventuelles observations. Celles-ci sont signées par un avocat au Conseil d'État et à la Cour de cassation, dans les matières où la représentation est obligatoire devant la Cour de cassation.

Art. 126-10 *(Décr. n° 2010-1216 du 15 oct. 2010, art. 2-1°)* Lorsque la question prioritaire de constitutionnalité est soulevée à l'occasion d'un pourvoi, le mémoire distinct prévu à l'article 23-5 de l'ordonnance n° 58-1067 du 7 novembre 1958 porte la mention : "question prioritaire de constitutionnalité". — *V. Ord. n° 58-1067 du 7 nov. 1958, art. 23-5, reproduit ss. COJ, art. L.O. 461-2.*

Les autres parties au pourvoi disposent d'un délai d'un mois pour remettre un mémoire en réponse sur la question prioritaire de constitutionnalité. Celui-ci est établi, remis et communiqué suivant les règles régissant le pourvoi.

Art. 126-11 *(Décr. n° 2010-1216 du 15 oct. 2010, art. 2-2°)* « Le président de la formation à laquelle l'affaire est distribuée » ou son délégué, à la demande de l'une des parties ou d'office, peut, en cas d'urgence, réduire le délai prévu par les articles 126-9 et 126-10.

Il fixe la date de l'audience au cours de laquelle sera examinée la question prioritaire de constitutionnalité.

Le procureur général en est avisé pour lui permettre de faire connaître son avis.

Art. 126-12 *(Décr. n° 2010-1216 du 15 oct. 2010, art. 2-3°)* La Cour de cassation n'est pas tenue de renvoyer au Conseil constitutionnel une question prioritaire de constitutionnalité mettant en cause, par les mêmes motifs, une disposition législative dont le Conseil constitutionnel est déjà saisi. En cas d'absence de transmission pour cette raison, elle diffère sa décision jusqu'à l'intervention de la décision du Conseil constitutionnel.

BIBL. ▶ LAVRIC, *D. actu. 19 oct. 2010.*

Art. 126-13 Le greffe notifie aux parties la décision prise par *(Décr. n° 2010-1216 du 15 oct. 2010, art. 2-4°)* « le président de la formation » ou son délégué en application du premier alinéa de l'article 126-11, ainsi que la date de l'audience.

TITRE CINQUIÈME *TER* LA PROCÉDURE SUR QUESTION PRÉJUDICIELLE DE LA JURIDICTION "ADMINISTRATIVE"

(Décr. n° 2015-233 du 27 févr. 2015, art. 48-2°)

RÉP. PR. CIV. v° *Question préjudicielle,* par FLORES.

Art. 126-14 **Lorsque la juridiction est saisie d'une question préjudicielle soulevée par une juridiction administrative, le greffe convoque à l'audience, un mois au moins à l'avance et par lettre recommandée avec demande d'avis de réception, les parties à l'instance engagée devant la juridiction administrative et les invite à constituer, s'il y a lieu, avocat dans ce délai.**

La convocation précise qu'à défaut de comparution les parties s'exposent à ce qu'un jugement soit néanmoins rendu en leur absence. — *V. Circ. du 31 mars 2015, ci-dessous.*

Circulaire JUSC1500786C du 31 mars 2015,

De présentation du décret n° 2015-233 du 27 février 2015 relatif au Tribunal des conflits et aux questions préjudicielles pris pour son application.

Art. 126-15 **La juridiction statue à bref délai. Le jugement est rendu en premier et en dernier ressort. Le délai de pourvoi en cassation est de quinze jours à compter de la notification du jugement.** — *V. Circ. du 31 mars 2015, ci-dessus.*

TITRE SIXIÈME LA CONCILIATION ET LA MÉDIATION *(Décr. n° 2015-282 du 11 mars 2015, art. 20-I).*

Le Décr. n° 2010-1165 du 1er oct. 2010, art. 1er-1°, en vigueur le 1er déc. 2010, et applicable dans les îles Wallis-et-Futuna (Décr. préc., art. 18-I), avait créé trois nouveaux chapitres à l'intérieur du titre VI. Les art. 127 à 129 étaient ainsi regroupés dans un chapitre Ier. Pour une présentation de la réforme opérée par le Décr. n° 2010-1165 du 1er oct. 2010, V. Circ. 24 janv. 2011, reproduite ss. art. 131.

L'art. 20 du Décr. n° 2015-282 du 11 mars 2015, qui crée le chapitre Ier « La conciliation » et transforme le titre VI bis en chapitre II du présent titre intitulé « La médiation », a fait des chapitres Ier à III anciens les sections Ire à III du chapitre Ier du présent titre. Les art. 127 à 129 sont renumérotés 128 à 129-1 et les art. 129-1 à 129-5 deviennent les art. 129-2 à 129-6.

Sur le Décr. n° 2015-287 du 11 mars 2015, V. Circ. du 20 mars 2015, ss. art. 692-1.

RÉP. PR. CIV. v° *Médiation et conciliation,* par DOUCHY-OUDOT et JOLY-HURARD.

DALLOZ ACTION *Droit et pratique de la procédure civile 2022/2023,* nos 325.121 s.

BIBL. GÉN. ▸ ARENS et FRICERO, *Gaz. Pal. 1er mars 2016, p. 15* (le rôle moteur de la cour d'appel de Paris dans le développement de la conciliation judiciaire et de la conciliation de justice). - BEAUCHARD, *note JCP 1990. II. 21518* (médiation). - BERGER, *D. 1990. Chron. 122* (Convention européenne des droits de l'homme). - BOLARD, *Mél. Hébraud, 1981, p. 47.* - BOLZE, *RGDA 2010. 841* (l'intégration du procès par l'assureur - le procès, risque à éviter : les modes alternatifs de règlement des litiges). - P. COLLOMB, *Mél. Julien, Edilaix, 2003, p. 85* (conciliation sportive). - CAMOUS, *Gaz. Pal. 12-14 oct. 2003, p. 8* (droit des délais et modes alternatifs de règlement des conflits). - COPPER-ROYER, *Gaz. Pal. 1979. 1. Doctr. 49* (litiges familiaux). - DE SALVE DE BRUNETON, *RGDA 2010. 887* (l'intégration du procès par l'assureur - le procès, facteur de conflits d'intérêts pour l'assureur). - DELEBECQUE, *Just. et cass. 2010. 150* (le juge face à l'arbitrage et à la conciliation). - DESDEVISES, *D. 1981. Chron. 241* (conciliation dans le nouveau code). - ESTOUP, *D. 1986. Chron. 161* (pratique de la conciliation) ; *Gaz. Pal. 1986. 1. Doctr. 188* (tribunal d'instance) ; *D. 1987. Chron. 269* (projet de loi sur la médiation). - FRICERO, *RJPF 2010-1, p. 8 (accord des parties, homologation,* octroi de la force exécutoire : quel rôle pour le juge ?). - HÉBRAUD, *Mél. Marty, 1978, p. 636* (arbitrage judiciaire). - JEAMMAUD, *Dr. soc. 1988. 689* (conflits du travail). - LAHRER, *LPA 10 juill. 2018, p. 5* (brève histoire des conciliateurs de justice). - LARRIBAU-TERNEYRE, *JCP 1993. I. 3649* (médiation familiale). - LEVEL, *JCP E 1989. II. 15615* (médiation dans la vie des affaires). - MOLLARD-COURTAU, *LPA 2 mars 2016, p. 4* (conciliation et conciliateur de justice à l'épreuve des réformes récentes, à venir mais aussi de la concurrence d'autres modes amiables gratuits). - RUELLAN, *JCP 1990. I. 3431* (conciliateurs) ; *ibid. 1999. I.*

135 (médiation, conciliation). – Zarkalam, *RG proc. 1998. 589* (méd-arb, mode de règlement des conflits).

▶ **Décr. du 1er oct. 2010 :** Fricero, *Dr. et pr. 2011. 2* (une justice conciliatoire modernisée).

▶ **Décr. du 11 mars 2015 :** Bléry et Teboul, *Gaz. Pal. 17-18 avr. 2015, p. 7* (une nouvelle ère pour la procédure civile). – Croze, *JCP 2015. 356* (choix de simplification procédurale ? – A propos du décret no 2015-282 du 11 mars 2015). – Douchy-Oudot, *Procédures 2015, no 167* (médiation familiale : résolution amiable du litige). – Landry, *JCP 2015. 464.*

Art. 127 *(Décr. no 2020-1452 du 27 nov. 2020, art. 1er-3o, en vigueur le 1er janv. 2021)* **Hors les cas prévus à l'article 750-1, le juge peut proposer aux parties qui ne justifieraient pas de diligences entreprises pour parvenir à une résolution amiable du litige une mesure de conciliation ou de médiation.**

L'art. 1er-3o du Décr. no 2020-1452 du 27 nov. 2020 s'applique aux instances en cours au 1er janv. 2021 (Décr. préc., art. 12).

Art. 127-1 *(Décr. no 2022-245 du 25 févr. 2022, art. 1er-1o)* **A défaut d'avoir recueilli l'accord des parties prévu à l'article 131-1, le juge peut leur enjoindre de rencontrer, dans un délai qu'il détermine, un médiateur chargé de les informer de l'objet et du déroulement d'une mesure de médiation. Cette décision est une mesure d'administration judiciaire.**

Les dispositions issues de l'art. 1er du Décr. no 2022-245 du 25 févr. 2022 sont applicables aux instances en cours (Décr. préc., art. 6-1o).

CHAPITRE PREMIER LA CONCILIATION

(Décr. no 2015-282 du 11 mars 2015, art. 20-II)

L'art. 20 du Décr. no 2015-282 du 11 mars 2015, qui crée le chapitre Ier « La conciliation » et transforme le titre VI bis en chapitre II du présent titre intitulé « La médiation », a fait des chapitres Ier à III anciens les sections Ire à III. Les art. 127 à 129 sont renumérotés 128 à 129-1 et les art. 129-1 à 129-5 deviennent les art. 129-2 à 129-6.

SECTION PREMIÈRE DISPOSITIONS GÉNÉRALES *(Décr. no 2010-1165 du 1er oct. 2010, art. 1er-1o, en vigueur le 1er déc. 2010).*

L'art. 1er du Décr. no 2010-1165 du 1er oct. 2010 est applicable dans les îles Wallis-et-Futuna (Décr. préc., art. 18-I). Pour une présentation de la réforme opérée par le Décr. no 2010-1165 du 1er oct. 2010, V. Circ. 24 janv. 2011, reproduite ss. art. 131.

L'art. 20 du Décr. no 2015-282 du 11 mars 2015, qui crée le chapitre Ier « La conciliation » et transforme le titre VI bis en chapitre II du présent titre intitulé « La médiation », a fait des chapitres Ier à III anciens les sections Ire à III. Les art. 127 à 129 sont renumérotés 128 à 129-1.

Art. 128 **Les parties peuvent se concilier, d'elles-mêmes ou à l'initiative du juge, tout au long de l'instance.** — *V. art. 21. — Art. déplacé sans changement à l'intérieur du chapitre Ier créé par Décr. no 2010-1165 du 1er oct. 2010, art. 1er, en vigueur le 1er déc. 2010. — Adde note au-dessus du présent art. s'agissant des changements opérés par le Décr. no 2015-282 du 11 mars 2015.*

S'agissant de la suspension de la prescription extinctive du droit objet d'une conciliation, V. C. civ., art. 2238. — **C. civ.**

1. La cour, qui a donné en son principe une solution de droit au litige, peut inviter les parties à se concilier pour l'application de sa décision. • Rouen, 15 sept. 1992 : *Gaz. Pal. 25 juin 1994, Somm., vo Notaires.*

2. En instance d'appel, la demande n'a pas à être soumise au préliminaire de conciliation. • Civ. 3e, 8 déc. 1999, no 98-10.397 P.

3. Les art. 127 et 128 donnent au juge la faculté de tenter une conciliation au lieu et au moment qu'il estime favorables, et sans avoir à solliciter un mandat des parties à cette fin. • Civ. 1re, 8 mars 2005, no 02-17.578 P : *D. 2005. IR 857 ; Procédures 2005, no 124, obs. Perrot.*

Art. 129 **La conciliation est tentée, sauf disposition particulière, au lieu et au moment que le juge estime favorables** *(Décr. no 2010-1165 du 1er oct. 2010, art. 1er-2o, en vigueur le 1er déc. 2010)* **« et selon les modalités qu'il fixe. »** — *Art. déplacé à l'intérieur du chapitre Ier, et modifié, par Décr. no 2010-1165 du 1er oct. 2010, art. 1er-2o, en vigueur le 1er déc. 2010.*

— Adde note au-dessus du présent art. s'agissant des changements opérés par le Décr. n° 2015-282 du 11 mars 2015.

(Décr. n° 2012-66 du 20 janv. 2012, art. 29) **« Le juge qui doit procéder à une tentative préalable de conciliation peut enjoindre aux parties de rencontrer un conciliateur de justice qui les informera sur l'objet et le déroulement de la conciliation, dans les conditions prévues par l'article 22-1 de la loi n° 95-125 du 8 février 1995. »** *— V. L. n° 95-125 du 8 févr. 1995, art. 22-1 ss. art. 131-15.*

L'art. 29 du Décr. n° 2012-66 du 20 janv. 2012 est applicable dans les îles Wallis-et-Futuna (Décr. préc., art. 44).

Sur le renvoi à la médiation d'un tiers, V. notes 2 s. ss. art. 21.

Art. 129-1 **Les parties peuvent toujours demander au juge de constater leur conciliation.** *— Adde note au-dessus du présent art. s'agissant des changements opérés par le Décr. n° 2015-282 du 11 mars 2015.*

Parce qu'il entre toujours dans la mission du juge de concilier les parties ou de constater leur conciliation, le juge des référés a pu donner acte à deux époux des accords intervenus devant lui et en indiquer la teneur, dès lors que le mari n'avait pas contesté sa compétence avant d'opposer une défense à la demande de la femme. • Civ. 2e, 27 févr. 1985 : *Gaz. Pal. 1985. 2. Somm. 204, obs. Guinchard et Moussa.*

SECTION II LA CONCILIATION DÉLÉGUÉE À UN CONCILIATEUR DE JUSTICE

(Décr. n° 2010-1165 du 1er oct. 2010, art. 1er-3°, en vigueur le 1er déc. 2010)

L'art. 1er du Décr. n° 2010-1165 du 1er oct. 2010 est applicable dans les îles Wallis-et-Futuna (Décr. préc., art. 18-I).

Sur le magistrat coordonnateur en matière de conciliation et de médiation, V. COJ, art. R. 312-13-1.

Pour une présentation de la réforme opérée par le Décr. n° 2010-1165 du 1er oct. 2010, V. Circ. 24 janv. 2011, reproduite ss. art. 131.

L'art. 20 du Décr. n° 2015-282 du 11 mars 2015, qui crée le chapitre Ier « La conciliation » et transforme le titre VI bis en chapitre II du présent titre intitulé « La médiation », a fait des chapitres Ier à III anciens les sections Ire à III. Les art. 129-1 à 129-5 sont devenus les art. 129-2 à 129-6.

Art. 129-2 **Lorsque le juge, en vertu d'une disposition particulière, délègue sa mission de conciliation, il désigne un conciliateur de justice à cet effet, fixe la durée de sa mission et indique la date à laquelle l'affaire sera rappelée. La durée initiale de la mission ne peut excéder** *(Décr. n° 2016-514 du 26 avr. 2016, art. 18-I)* **« trois mois ».** *(Décr. n° 2016-514 du 26 avr. 2016, art. 18-II)* **« Cette mission peut être renouvelée une fois, pour une même durée, à la demande du conciliateur. »** *— V. Circ. 24 janv. 2011, reproduite ss. art. 131.*

V. note au-dessus de l'art. 129-2.

Art. 129-3 **Pour procéder à la tentative de conciliation, le conciliateur de justice convoque en tant que de besoin les parties aux lieu, jour et heure qu'il détermine.**

Les parties peuvent être assistées devant le conciliateur de justice par une personne ayant qualité pour le faire devant la juridiction ayant délégué la conciliation. *— V. Circ. 24 janv. 2011, reproduite ss. art. 131.*

V. note au-dessus de l'art. 129-2.

Art. 129-4 **Le conciliateur de justice peut, avec l'accord des parties, se rendre sur les lieux et entendre toute personne dont l'audition lui paraît utile, sous réserve de l'acceptation de celle-ci.**

Les constatations du conciliateur et les déclarations qu'il recueille ne peuvent être ni produites ni invoquées dans la suite de la procédure sans l'accord des parties ni, en tout état de cause, dans une autre instance. *— V. Circ. 24 janv. 2011, reproduite ss. art. 131.*

V. note au-dessus de l'art. 129-2.

Art. 129-5 **Le conciliateur de justice tient le juge informé des difficultés qu'il rencontre dans l'accomplissement de sa mission, ainsi que de la réussite ou de l'échec de la conciliation.**

Le juge peut mettre fin à tout moment à la conciliation, à la demande d'une partie ou à l'initiative du conciliateur. Il peut également y mettre fin d'office lorsque le bon déroulement de la conciliation apparaît compromis. Le greffier en avise le conciliateur et les parties. — *V. Circ. 24 janv. 2011, reproduite ss. art. 131.*

V. note au-dessus de l'art. 129-2.

Art. 129-6 Les décisions prises par le juge dans le cadre de la délégation de la mission de conciliation sont des mesures d'administration judiciaire. — *V. Circ. 24 janv. 2011, reproduite ss. art. 131.*

V. note au-dessus de l'art. 129-2.

SECTION III L'ACTE DE CONCILIATION

(Décr. n° 2010-1165 du 1er oct. 2010, art. 1er-3°, en vigueur le 1er déc. 2010)

Pour une présentation de la réforme opérée par le Décr. n° 2010-1165 du 1er oct. 2010, V. Circ. 24 janv. 2011, reproduite ss. art. 131.

L'art. 1er du Décr. n° 2010-1165 du 1er oct. 2010 est applicable dans les îles Wallis-et-Futuna (Décr. préc., art. 18-I).

Le chapitre III ancien est devenu la section III (Décr. n° 2015-282 du 11 mars 2015, art. 20-IV).

Art. 130 La teneur de l'accord, même partiel, est consignée, selon le cas, dans un procès-verbal signé par les parties et le juge ou dans un constat signé par les parties et le conciliateur de justice. — *V. Circ. 24 janv. 2011, reproduite ss. art. 131.*

JURISPRUDENCE ANTÉRIEURE AU DÉCR. DU 1ER OCT. 2010

1. Si, en vertu de l'art. 130, l'accord des parties doit être constaté dans un procès-verbal signé du juge et des parties, ceci n'a pour effet que de permettre la délivrance d'un titre exécutoire et nullement de remettre en question l'accord, fût-il verbal, constaté par le juge, le défaut de signature de l'une des parties ne pouvant anéantir la constatation faite par le juge de l'accord passé devant lui. • T. com. Châlons-sur-Marne, 1er juin 1978 : *Gaz. Pal. 1978. 2. 555, note Decheix ; RTD civ. 1979. 198, obs. Perrot.*

2. Le jugement de donner acte n'est pas une décision judiciaire contentieuse mais constate simplement l'accord intervenu entre les parties auquel il confère la forme authentique sans trancher aucune difficulté, d'où il résulte qu'il n'a aucune valeur juridique indépendamment de la convention préalable dont il reprend intégralement les dispositions. • TGI Paris, 6 juin 1980 : *Gaz. Pal. 1981. 1. 254, note Angeli.*

3. La disposition d'un jugement qui se borne à *donner acte à des époux de leur accord* sur l'attribution gratuite d'un immeuble commun jusqu'à la liquidation de la communauté est dépourvue de toute valeur juridique indépendamment de cet accord préalable. Un contrat judiciaire ne se forme qu'autant que les parties s'obligent dans les mêmes termes ; tel n'est pas le cas lorsque l'accord de l'un des époux est assorti d'une réserve formulée sans équivoque dans les motifs de ses conclusions, même si cette réserve n'est pas reprise dans le dispositif de ses écritures. • Civ. 1re, 25 juin 2008, n° 07-10.511 P : *JCP 2008. I. 206, n° 13, obs. Clay ; Gaz. Pal. 7-9 juin 2009, p. 34, obs. Mulon.* ♦ Rappr. • Civ. 1re, 24 sept. 2008 : *Gaz. Pal. 7-9 juin 2009, p. 35, obs. Mulon.*

4. L'appel est irrecevable contre les jugements de donner acte. • Civ. 1re, 28 nov. 1973 : *D. 1974. IR 41 ; RTD civ. 1974. 667, obs. Perrot* • Civ. 2e, 11 juill. 1978 : *Bull. civ. II, n° 189.* ♦ ... Contre les procès-verbaux de conciliation. • Civ. 2e, 5 avr. 1957 : *Bull. civ. II, n° 296.*

La procédure de rectification prévue à l'art. 462 est sans application au type particulier de contrat judiciaire que constitue l'ordre amiable. • TGI Châlons-sur-Marne, 13 juill. 1983 : *Gaz. Pal. 1983. 2. Somm. 431.* ♦ Les parties peuvent solliciter d'un commun accord et librement la modification de leur volonté contractuelle et le juge peut leur donner acte de leur décision de modifier leur convention en y substituant d'autres dispositions. • Même jugement.

5. Ne modifient pas la nature de la décision les dispositions annexes du jugement de donné acte. • Civ. 1re, 28 nov. 1973 : *préc. note 4.* ♦ ... Non plus que le prononcé de l'expulsion sanctionnant l'engagement de quitter les lieux dont il est parallèlement donné acte. • Civ. 2e, 11 juill. 1978 : *préc. note 4.*

Art. 131 Des extraits du procès-verbal dressé par le juge peuvent être délivrés. Ils valent titre exécutoire.

(Décr. n° 2016-514 du 26 avr. 2016, art. 19) **« A tout moment, les parties ou la plus diligente d'entre elles peuvent soumettre à l'homologation du juge le constat d'accord**

établi par le conciliateur de justice. Le juge statue sur la requête qui lui est présentée sans débat, à moins qu'il n'estime nécessaire d'entendre les parties à l'audience. L'homologation relève de la matière gracieuse. »– *V. Circ. 24 janv. 2016, ci-dessous.*

JURISPRUDENCE ANTÉRIEURE AU DÉCR. DU 1er OCT. 2010

Le procès-verbal de conciliation constatant l'accord des parties ne peut faire l'objet d'aucun recours. Concrétisant un accord, il ne constitue pas une décision juridictionnelle et n'a pas à être signifié. • Paris, 23 janv. 1991 : *D. 1991. IR 67.*

Circulaire JUSC1033666C du 24 janvier 2011,

Relative à la présentation du décret n° 2010-1165 du 1er octobre 2010 relatif à la conciliation et à la procédure orale en matière civile, commerciale et sociale.

CHAPITRE II LA MÉDIATION (*Décr. n° 2015-282 du 11 mars 2015, art. 20-III*).

(Décr. n° 96-652 du 22 juill. 1996, art. 2)

L'art. 20 du Décr. n° 2015-282 du 11 mars 2015 a transformé le titre VI bis en chapitre II du présent titre intitulé « La médiation ».

RÉP. PR. CIV. v° *Médiation et conciliation,* par DOUCHY-OUDOT et JOLY-HURARD.

DALLOZ ACTION *Droit et pratique de la procédure civile 2022/2023,* nos 325.140 s.

BIBL. GÉN. ▸ Dossier, *BICC 2006, hors série n° 4.* – BLOHORN-BRENNEUR, *D. 2001. Chron. 251* (matière prud'homale) ; *Gaz. Pal. 11-12 mai 2005, p. 2.* – Collectif, La médiation, Société de législation comparée, *Dalloz 2009.* – CREUX-THOMAS, *JCP 2009. 558* (opportunité ou « gadget » ?). – DEHARO, *Gaz. Pal., 18-22 août 2006, p. 2 ; LPA 26 oct. 2011, p. 3* (l'efficacité économique de la clause de médiation). – DION, *LPA 29 juill. 2003, p. 4* (l'aventure de la médiation). – FLÉCHEUX et LAFARGE, *Mél. Drai, Dalloz 2000, p. 301.* – GARBY, *Gaz. Pal. 20-21 déc. 2013, p. 8* (le juge et la médiation). – GORCHS, *RTD civ. 2003. 409* (médiation dans le procès civil : sens et contresens) ; *Dr. et pr. 2015. 194* (la responsabilité civile du médiateur civil). – GRAMAIZE, *Experts 12/2014, p. 4* (l'expert, un médiateur idéal ?). – HUGER et RONGEAT-OUDIN, *Gaz. Pal. 23-25 janv. 2011, p. 19* (les compétences juridiques du médiateur). – JARROSSON, *RG proc. 1998. 161.* – JUSTON, *Gaz. Pal. 21-23 sept. 2003, p. 2* (médiation familiale : motivations d'un JAF). – LACHAUD, *Gaz. Pal. 30 avr.-3 mai 2003, p. 4* (la médiation est-elle une solution ?). – LAGARDE, *Rev. arb. 2001. 423* (droit processuel et modes alternatifs de règlement des conflits). – MAGENDIE, La médiation : une autre voie, *Rapport du groupe de travail sur la médiation, http://www.ca-paris.justice.fr* – MARTIN, *JCP 1996. I. 3977.* – MONTÉRAN, *Gaz. Pal. 14-16 sept. 2003, p. 2* (médiation commerciale : rôle de l'avocat). – PAISANT, *Mél. Calais-Aulois, Dalloz 2004, p. 767* (modes alternatifs de règlement des litiges de consommation). – PERROT, *Procédures 1996. Chron. 9.* – PLUYETTE, *Mél. Drai, Dalloz 2000, p. 463* (médiation judiciaire). – VERT, *Gaz. Pal. 25-27 avr. 2010, p. 7* (l'expérimentation du rapport Magendie sur la médiation dans le ressort de la cour d'appel de Paris) ; *ibid. 23-24 mai 2014, p. 21* (des avantages de la médiation judiciaire). – VIENNOIS, *RG proc. 1999. 471* (l'amiable). – La médiation en débat, ss. la dir. de F. Monéger, *LPA 26 août 2002.*

▸ **Sur la médiation familiale :** V. le dossier, *AJ fam. 2003. 48.* – GANANCIA, *Gaz. Pal. 27-28 mai 2011, p. 14* (enjeux et perspectives de la médiation au TGI de Paris). – JUSTON, *Gaz. Pal. 26-28 sept. 2004, p. 2* – V. LECLERCQ, *Dr. fam. 2004. Étude 23.* – MULON, *Gaz. Pal. 4-5 févr. 2011, p. 8* (état des lieux des modes amiables de règlement des conflits en matière familiale). – RONGEAT-OUDIN, *RJPF févr. 2011, p. 8* (droit de la famille collaboratif et médiation familiale : union ou désunion ?).

Art. 131-1 *(Décr. n° 2022-245 du 25 févr. 2022, art. 1er-2°)* **Le juge saisi d'un litige peut, après avoir recueilli l'accord des parties, ordonner une médiation.**

Le médiateur désigné par le juge a pour mission d'entendre les parties et de confronter leurs points de vue pour leur permettre de trouver une solution au conflit qui les oppose.

La médiation peut également être ordonnée en cours d'instance par le juge des référés.

Les dispositions issues de l'art. 1er du Décr. n° 2022-245 du 25 févr. 2022 sont applicables aux instances en cours (Décr. préc., art. 6-1°).

1. Opposabilité. Si l'Assedic ne peut se voir opposer une médiation à laquelle elle n'est pas partie, une cour d'appel peut, après avoir recueilli l'accord de l'employeur et du salarié, ordonner une médiation dans le litige qui oppose ces derniers. • Soc. 18 juill. 2001, n° 99-45.534 P.

2. Voies de recours. La décision d'ordonner une médiation judiciaire, qui ne peut s'exécuter qu'avec le consentement des parties, est une mesure d'administration judiciaire non susceptible d'appel ni de pourvoi en cassation. • Civ. 1re, 7 déc. 2005, n° 02-15.418 P : *D. 2006. Pan. 2431, obs. Douchy-Oudot*.

Art. 131-2 La médiation porte sur tout ou partie du litige.

En aucun cas elle ne dessaisit le juge, qui peut prendre à tout moment les autres mesures qui lui paraissent nécessaires.

1. Conditions. Si la médiation peut porter sur tout ou partie du litige, elle ne dessaisit pas le juge qui a ordonné la désignation du médiateur ; en conséquence cela suppose que le juge ait compétence pour connaître du litige, l'exception d'incompétence doit être préalable à la demande de désignation. • Versailles, 24 nov. 2004 : *Gaz. Pal. 18-19 mars 2005, p. 5.*

2. Portée. Sur la non-renonciation à une clause d'arbitrage, V. note 16 ss. art. 1442.

Art. 131-3 La durée initiale de la médiation ne peut excéder trois mois *(Décr. n° 2022-245 du 25 févr. 2022, art. 1er-3°)* **« à compter du jour où la provision à valoir sur la rémunération du médiateur est versée entre les mains de ce dernier ». Cette mission peut être renouvelée une fois, pour une même durée, à la demande du médiateur.**

Les dispositions issues de l'art. 1er du Décr. n° 2022-245 du 25 févr. 2022 sont applicables aux instances en cours (Décr. préc., art. 6-1°).

Art. 131-4 La médiation peut être confiée à une personne physique ou à une *(Décr. n° 2012-66 du 20 janv. 2012, art. 3)* **« personne morale ».**

Si le médiateur désigné est une *(Décr. n° 2012-66 du 20 janv. 2012, art. 3)* **« personne morale », son représentant légal soumet à l'agrément du juge le nom de la ou des personnes physiques qui assureront, au sein de celle-ci et en son nom, l'exécution de la mesure.**

L'art. 3 du Décr. n° 2012-66 du 20 janv. 2012 est applicable dans les îles Wallis-et-Futuna (Décr. préc., art. 44).

Art. 131-5 La personne physique qui assure l'exécution de la mesure de médiation doit satisfaire aux conditions suivantes :

1° Ne pas avoir fait l'objet d'une condamnation, d'une incapacité ou d'une déchéance mentionnées sur le bulletin n° 2 du casier judiciaire ;

2° N'avoir pas été l'auteur de faits contraires à l'honneur, à la probité et aux bonnes mœurs ayant donné lieu à une sanction disciplinaire ou administrative de destitution, radiation, révocation, de retrait d'agrément ou d'autorisation ;

3° Posséder, par l'exercice présent ou passé d'une activité, la qualification requise eu égard à la nature du litige ;

4° Justifier, selon le cas, d'une formation ou d'une expérience adaptée à la pratique de la médiation ;

5° Présenter les garanties d'indépendance nécessaires à l'exercice de la médiation.

BIBL. ► ROHART-MESSAGER, *Gaz. Pal. 18 déc. 2018, p. 13* (le choix du médiateur par le juge).

Art. 131-6 La décision qui ordonne une médiation mentionne l'accord des parties, désigne le médiateur et la durée initiale de sa mission et indique la date à laquelle l'affaire sera rappelée à l'audience.

(Décr. n° 2022-245 du 25 févr. 2022, art. 1er-4°) **« La décision fixe le montant de la provision mentionnée à l'article 131-3 à un niveau aussi proche que possible de la rémunération prévisible, ainsi que le délai dans lequel les parties qu'elle désigne procéderont à son versement, directement entre les mains du médiateur. Si plusieurs parties sont désignées, la décision précise dans quelle proportion chacune effectuera le versement.**

« A défaut de versement intégral de la provision dans le délai prescrit, la décision est caduque et l'instance se poursuit. »

Les dispositions issues de l'art. 1er du Décr. no 2022-245 du 25 févr. 2022 sont applicables aux instances en cours (Décr. préc., art. 6-1o).

Art. 131-7 Dès le prononcé de la décision désignant le médiateur, le greffe de la juridiction en notifie copie par lettre simple aux parties et au médiateur.

Le médiateur fait connaître sans délai au juge son acceptation. *(Décr. no 2022-245 du 25 févr. 2022, art. 1er-5o)* « Il informe les parties des modalités de versement de la provision.

« Le médiateur convoque les parties dès qu'il a reçu la provision. Les parties qui sont dispensées de ce versement en vertu des dispositions relatives à l'aide juridictionnelle lui en apportent la justification.

« Les parties peuvent être assistées devant le médiateur par toute personne ayant qualité pour le faire devant la juridiction qui a ordonné la médiation. »

Les dispositions issues de l'art. 1er du Décr. no 2022-245 du 25 févr. 2022 sont applicables aux instances en cours (Décr. préc., art. 6-1o).

Art. 131-8 Le médiateur ne dispose pas de pouvoirs d'instruction. Toutefois, il peut, avec l'accord des parties et pour les besoins de la médiation, entendre les tiers qui y consentent.

Le médiateur ne peut être commis, au cours de la même instance, pour effectuer une mesure d'instruction.

Sur le secret professionnel du médiateur, V. : • TGI Paris, 18 janv. 1999 : *D. 1999. IR 102*.

Art. 131-9 La personne physique qui assure la médiation tient le juge informé des difficultés qu'elle rencontre dans l'accomplissement de sa mission.

Art. 131-10 Le juge peut mettre fin, à tout moment, à la médiation sur demande d'une partie ou à l'initiative du médiateur.

Le juge peut également y mettre fin d'office lorsque le bon déroulement de la médiation apparaît compromis *(Décr. no 2022-245 du 25 févr. 2022, art. 1er-6o-a)* « ou lorsqu'elle est devenue sans objet ».

Dans tous les cas, l'affaire doit être préalablement rappelée à une audience à laquelle les parties sont convoquées à la diligence du greffe par lettre recommandée avec demande d'avis de réception.

A cette audience, le juge, s'il met fin à la mission du médiateur, peut poursuivre l'instance. Le médiateur est informé de la décision.

(Décr. no 2022-245 du 25 févr. 2022, art. 1er-6o-b) « Devant la Cour de cassation, l'affaire est appelée à la date d'audience fixée par le président de la formation à laquelle elle a initialement été distribuée. »

Les dispositions issues de l'art. 1er du Décr. no 2022-245 du 25 févr. 2022 sont applicables aux instances en cours (Décr. préc., art. 6-1o).

Fin de la médiation. Modalités. Viole l'art. 131-10 la cour d'appel qui rend un arrêt sur le fond sans avoir au préalable tenu une audience en vue de la fin de la médiation qui était en cours. • Soc. 14 janv. 2014, no 12-28.295 P : *D. 2014. Actu. 218 ; ibid. Pan. 795, obs. Fricero ; Procédures 2014, no 73, note Bugada ; ibid., no 101, note Perrot ; LPA 6 oct. 2014, p. 5, note Albarian ; ibid. 3 nov. 2014, p. 8, obs. Boillot ; JCP S 2014. 1285, note Flament* • 5 avr. 2018, no 16-22.598 : *Dr. et pr. nov. 2018, Suppl., p. 11, obs. Gorchs-Gelzer.*

Art. 131-11 A l'expiration de sa mission, le médiateur informe par écrit le juge de ce que les parties sont ou non parvenues à trouver une solution au conflit qui les oppose.

(Décr. no 2022-245 du 25 févr. 2022, art. 1er-7o) « Devant la Cour de cassation, cette information est communiquée par le médiateur avant la date d'audience fixée par le président de la formation. »

Le jour fixé, l'affaire revient devant le juge.

Les dispositions issues de l'art. 1er du Décr. no 2022-245 du 25 févr. 2022 sont applicables aux instances en cours (Décr. préc., art. 6-1o).

Art. 131-12 *(Décr. no 2016-514 du 26 avr. 2016, art. 20)* « A tout moment, les parties, ou la plus diligente d'entre elles, peuvent soumettre à l'homologation du juge *(Décr. no 2022-245 du 25 févr. 2022, art. 1er-8o)* « l'accord issu de la médiation ». Le

juge statue sur la requête qui lui est présentée sans débat, à moins qu'il n'estime nécessaire d'entendre les parties à l'audience. »

(Décr. n° 96-652 du 22 juill. 1996, art. 2) **« L'homologation relève de la matière gracieuse. »**

(Décr. n° 2012-66 du 20 janv. 2012, art. 4) **« Les dispositions des deux alinéas précédents s'appliquent à l'accord issu d'une médiation conventionnelle intervenue alors qu'une instance judiciaire est en cours. »**

L'art. 4 du Décr. n° 2012-66 du 20 janv. 2012 est applicable dans les îles Wallis-et-Futuna (Décr. préc., art. 44).

Les dispositions issues de l'art. 1er du Décr. n° 2022-245 du 25 févr. 2022 sont applicables aux instances en cours (Décr. préc., art. 6-1°).

BIBL. ▶ AUFIÈRE et HOUSTY, *AJ fam. 2016. 324* (textes nouveaux à médiation nouvelle ?). – AUFIÈRE, HOUSTY et SCHELLINO, *AJ fam.. 2017. 192* (des fleurs pour la médiation...). – DESDEVISES, *D. 2000. Chron. 284*. – FRICERO, *RJPF 2010-1, p. 8* (accord des parties, homologation, octroi de la force exécutoire : quel rôle pour le juge ?).

1. Rôle du juge. Le juge n'est pas tenu d'homologuer l'accord qui lui est soumis par les parties, mais doit vérifier qu'il préserve les droits de chacune d'elles. • Soc. 18 juill. 2001, n° 99-45.534 P.

2. Demande d'une seule partie. En ce sens qu'il n'y a pas lieu à l'homologation de l'accord des parties lorsque cette homologation n'est pas prévue par le protocole et n'est demandée que par une des parties, V. • Paris, 7 nov. 2002 : *Bull. ch. avoués 2003. 1. 30.* ♦ Comp. : art. 1441-4.

Art. 131-13 *(Décr. n° 2022-245 du 25 févr. 2022, art. 1er-9°)* **La rémunération du médiateur est fixée, à l'issue de sa mission, en accord avec les parties. L'accord peut être soumis à l'homologation du juge en application de l'article 1565.**

A défaut d'accord, la rémunération est fixée par le juge.

Lorsqu'il envisage de fixer un montant inférieur à celui demandé par le médiateur, le juge invite ce dernier à formuler ses observations. S'il y a lieu, le médiateur restitue aux parties la différence entre le montant de la provision et celui de sa rémunération.

La charge des frais de la médiation est répartie conformément aux dispositions de l'article 22-2 de la loi n° 95-125 du 8 février 1995 relative à l'organisation des juridictions et à la procédure civile, pénale et administrative.

Le juge ordonne, s'il y a lieu, le versement de sommes complémentaires après déduction de la provision. Il désigne la ou les parties qui en ont la charge.

Une copie exécutoire de la décision est délivrée au médiateur, sur sa demande.

Les dispositions issues de l'art. 1er du Décr. n° 2022-245 du 25 févr. 2022 sont applicables aux instances en cours (Décr. préc., art. 6-1°).

Le montant de la rémunération du médiateur ne peut dépendre de la circonstance que les parties sont ou non parvenues à un accord. • Civ. 2e, 22 mars 2007, n° 06-11.790 P : *D. 2007. AJ 1087 ; ibid. Pan. 2340, obs. Vigneau ; ibid. Pan. 2690, obs. Douchy-Oudot ; Procédures 2007, n° 200, obs. Croze.* ♦ Il ne saurait être minoré au motif que les investigations ont été très poussées alors qu'il s'était conformé à la mission confiée. • Même arrêt.

Art. 131-14 Les constatations du médiateur et les déclarations qu'il recueille ne peuvent être ni produites ni invoquées dans la suite de la procédure sans l'accord des parties, ni en tout état de cause dans le cadre d'une autre instance.

Art. 131-15 La décision ordonnant ou renouvelant la médiation ou y mettant fin *(Décr. n° 2022-245 du 25 févr. 2022, art. 1er-10°)* **« est une mesure d'administration judiciaire ».**

Les dispositions issues de l'art. 1er du Décr. n° 2022-245 du 25 févr. 2022 sont applicables aux instances en cours (Décr. préc., art. 6-1°).

V. notes ss. art. 131-1.

Loi nº 95-125 du 8 février 1995,

Relative à l'organisation des juridictions et à la procédure civile, pénale et administrative (JO 9 févr.).

BIBL. GÉN. ▶ DESDEVISES, *Rev. Justices 1995. 342.* – HÉRON, *ibid. 267.* – JARROSSON, *Rev. arb. 1995. 186.* – JOLY-HURARD, *D. 2003. Chron. 928* ✐. – SERVERIN, *RTD civ. 2003. 229* ✐ (médiateur civil et service public de la justice). – LAPORTE, *Procédures 2012. Focus 9* (le festival des MARC !).

TITRE II. LA CONCILIATION ET LA MÉDIATION JUDICIAIRES

CHAPITRE Ier. *LA MÉDIATION*

(Ord. nº 2011-1540 du 16 nov. 2011, art. 1er)

L'Ord. nº 2011-1540 du 16 nov. 2011, ratifiée par la L. nº 2016-1547 du 18 mai 2016 (art. 5-I) porte transposition de la Dir. 2008/52/CE du Parlement européen et du Conseil du 21 mai 2008 sur certains aspects de la médiation en matière civile et commerciale reproduite, App., vº Droit européen et international, Droit de l'Union européenne.

BIBL. ▶ **Ord. 16 nov. 2011 :** BRUGGEMAN, *Dr. fam. 2012. Alerte 6.* – CROZE, *Procédures 2012. Repère 2.* – FRICERO, *D. 2012. Pan 244* ✐. – GORCHS-GELZER, *Dr. et pr. 2012. 2* (regard critique).

SECTION I. *Dispositions générales*

Art. 21 La médiation régie par le présent chapitre s'entend de tout processus structuré, quelle qu'en soit la dénomination, par lequel deux ou plusieurs parties tentent de parvenir à un accord en vue de la résolution amiable de leurs différends, avec l'aide d'un tiers, le médiateur, choisi par elles ou désigné, avec leur accord, par le juge saisi du litige.

Art. 21-1 La médiation est soumise à des règles générales qui font l'objet de la présente section, sans préjudice de règles complémentaires propres à certaines médiations ou à certains médiateurs.

Art. 21-2 Le médiateur accomplit sa mission avec impartialité, compétence *(L. nº 2021-1729 du 22 déc. 2021, art. 45-I-1º)* « , indépendance » et diligence.

Art. 21-3 Sauf accord contraire des parties, la médiation est soumise au principe de confidentialité.

Les constatations du médiateur et les déclarations recueillies au cours de la médiation ne peuvent être divulguées aux tiers ni invoquées ou produites dans le cadre d'une instance judiciaire ou arbitrale sans l'accord des parties.

Il est fait exception aux alinéas précédents dans les deux cas suivants :

a) En présence de raisons impérieuses d'ordre public ou de motifs liés à la protection de l'intérêt supérieur de l'enfant ou à l'intégrité physique ou psychologique de la personne ;

b) Lorsque la révélation de l'existence ou la divulgation du contenu de l'accord issu de la médiation est nécessaire pour sa mise en œuvre ou son exécution.

Lorsque le médiateur est désigné par un juge, il informe ce dernier de ce que les parties sont ou non parvenues à un accord.

BIBL. ▶ L. SCHÉNIQUE, *LPA 18 juin 2014, p. 6* (de la confidentialité par médiation).

Principes de confidentialité et de loyauté. Les opérations de médiation ordonnées par une juridiction étant soumises au principe de la confidentialité, le médiateur ne peut, sans l'accord exprès des parties, reproduire dans son rapport les déclarations faites par ces parties tout au long des opérations de médiation qui ont échoué. Il ne peut davantage donner son sentiment sur le fond de l'affaire, ni formuler des propositions de transaction sans violer les principes de confidentialité et de loyauté qui doivent présider au déroulement de la médiation et participent de sa nature même. • Paris, 20 mars 2002 : *Gaz. Pal. 6-8 avr. 2003, p. 27, obs. Le Tarnec.*

Art. 21-4 L'accord auquel parviennent les parties ne peut porter atteinte à des droits dont elles n'ont pas la libre disposition.

Art. 21-5 *(L. nº 2021-1729 du 22 déc. 2021, art. 45-I-2º)* « Sans préjudice du 7º de l'article L. 111-3 du code des procédures civiles d'exécution, » l'accord auquel parviennent les parties peut être soumis à l'homologation du juge, qui lui donne force exécutoire.

Les accords passés à l'issue d'une médiation engagée entre le 21 mai 2011 et l'entrée en vigueur de l'Ord. n° 2011-1540 du 16 nov. 2011 portant transposition de la Dir. 2008/52/CE du Parlement européen et du Conseil du 21 mai 2008 sur certains aspects de la médiation en matière civile et commerciale et qui répondent aux conditions prévues aux art. 21-2 à 21-4 de la L. n° 95-125 du 8 févr. 1995 dans leur rédaction issue de cette ordonnance peuvent faire l'objet d'une homologation (Ord. préc., art. 5).

Art. 21-6 *(L. n° 2021-1729 du 22 déc. 2021, art. 45-I-3°)* Un Conseil national de la médiation est placé auprès du ministre de la justice. Il est chargé de :

1° Rendre des avis dans le domaine de la médiation définie à l'article 21 et proposer aux pouvoirs publics toutes mesures propres à l'améliorer ;

2° Proposer un recueil de déontologie applicable à la pratique de la médiation ;

3° Proposer des référentiels nationaux de formation des médiateurs et faire toute recommandation sur la formation ;

4° Émettre des propositions sur les conditions d'inscription des médiateurs sur la liste prévue à l'article 22-1 A.

Pour l'exercice de ses missions, le Conseil national de la médiation recueille toutes informations quantitatives et qualitatives sur la médiation.

Un décret en Conseil d'État fixe l'organisation, les moyens et les modalités de fonctionnement du Conseil national de la médiation.

Art. 21-7 *(L. n° 2021-1729 du 22 déc. 2021, art. 45-I-3°)* Siègent au Conseil national de la médiation des personnalités qualifiées ainsi que des représentants des associations intervenant dans le champ de la médiation, des administrations, des juridictions et des professions du droit. Une majorité des membres ont une expérience pratique ou une formation à la médiation.

Un décret en Conseil d'État fixe les modalités de sa composition.

SECTION II. *La médiation judiciaire*

Art. 22 Le juge peut désigner, avec l'accord des parties, un médiateur *(Abrogé par L. n° 2016-1547 du 18 nov. 2016, art. 5-II) « **judiciaire** »* pour procéder à une médiation, en tout état de la procédure, y compris en référé. Cet accord est recueilli dans des conditions prévues par décret en Conseil d'État.

BIBL. ▶ AMRANI MEKKI, *Gaz. Pal. 31 janv. 2017, p. 46* (loi J21 : avancées et inquiétudes procédurales). – BERTRAND, *Gaz. Pal. 14 févr. 2017, p. 17* (la liste des médiateurs dans chaque cour d'appel : nouvelle exigence de la loi J21).

Accord des parties. Méconnaît l'art. 24, al. 3, une cour d'appel qui, pour déclarer une mère coupable de non-représentation d'enfant, énonce notamment que le centre de médiation familiale, saisi par le procureur de la République à la suite d'une plainte déposée par le père des enfants, a relevé dans son rapport que la mère avait une attitude manipulatrice incompatible avec un processus de médiation, sans avoir constaté l'accord des parties pour que ce document soit reproduit. • Crim. 28 févr. 2001, n° 00-83.365 P : *D. 2001. IR 1517*.

Art. 22-1 A *(L. n° 2016-1547 du 18 nov. 2016, art. 8)* Il est établi, pour l'information des juges, une liste des médiateurs dressée par chaque cour d'appel, dans des conditions fixées par un décret en Conseil d'État pris dans un délai de six mois à compter de la promulgation de la loi n° 2016-1547 du 18 novembre 2016 de modernisation de la justice du XXIe siècle. – *V. Décr. n° 2017-1457 du 9 oct. 2017, ss. art. 131-15.*

Art. 22-1 *(Abrogé par L. n° 2019-222 du 23 mars 2019, art. 3-I-1°) « **Un médiateur ne peut être désigné par le juge pour procéder aux tentatives préalables** de conciliation prescrites par **la loi en matière de divorce et de séparation de corps.** »*

(L. n° 2019-222 du 23 mars 2019, art. 3-I-2°) « En tout état de la procédure, y compris en référé, lorsqu'il estime qu'une résolution amiable du litige est possible, le juge peut », s'il n'a pas recueilli l'accord des parties, leur enjoindre de rencontrer un médiateur qu'il désigne et qui répond aux conditions prévues par décret en Conseil d'État. Celui-ci informe les parties sur l'objet et le déroulement d'une mesure de médiation.

Décret n° 2017-1457 du 9 octobre 2017,

Relatif à la liste des médiateurs auprès de la cour d'appel.

BIBL. ▶ ÉGÉA, *Dr. fam. 2018. Chron. 1, n° 1.* – GORCHS-GELZER, *Dr. et pr. 2017. 246* (regard critique). – TRICOIT, *Rev. arb. 2018. 272.*

▸ **Décr. 29 janv. 2021 :** Bléry et Douville, *D. actu. 10 févr. 2021* (certification des services en ligne de conciliation, de médiation et d'arbitrage : déjà du nouveau...).

Art. 1er Les médiateurs en matière civile, commerciale et sociale sont inscrits sur la liste des médiateurs prévue à l'article 22-1 A de la loi du 8 février 1995 susvisée, établie pour l'information des juges. — *V. L. nº 95-125 du 8 févr. 1995, art. 22-1 A, ss. art. 131-15.*

La liste comporte une rubrique spéciale pour les médiateurs familiaux *(Décr. nº 2021-95 du 29 janv. 2021, art. 1er-1º-a)* « et une rubrique spéciale pour les services en ligne fournissant des prestations de médiation ».

Elle est dressée tous les trois ans et peut être modifiée à tout moment, si nécessaire, par ajout, retrait ou radiation. *(Décr. nº 2021-95 du 29 janv. 2021, art. 1er-1º-b et c)* « La validité de l'ensemble des inscriptions, y compris celles auxquelles il a été procédé postérieurement à la publication de la liste, prend fin trois ans après cette publication. — *Pour une dérogation, V. Décr. nº 2021-95 du 29 janv. 2021, art 3, ci-dessous.*

« Elle est mise à la disposition du public sur le site internet de la cour d'appel ou, à défaut, du ministère de la justice. Les juridictions, les conseils départementaux de l'accès au droit ainsi que les services d'accueil unique du justiciable, situés dans le ressort de la cour d'appel, informent le public par tous moyens de l'existence de cette liste. » — *Sur la liste des pièces justificatives à fournir pour l'inscription sur la liste prévue à l'art. 22-1 A de la L. nº 95-125 du 8 févr. 1995, V. Arr. du 29 janv. 2021, ci-dessous.*

Décret nº 2021-95 du 29 janvier 2021,

Portant modification des décrets nº 2017-1457 du 9 octobre 2017 relatif à la liste des médiateurs auprès de la cour d'appel et nº 2019-1089 du 25 octobre 2019 relatif à la certification des services en ligne de conciliation, de médiation et d'arbitrage.

Art. 3 Par dérogation aux dispositions du troisième alinéa de l'article 1er du décret du 9 octobre 2017 susvisé, la validité de l'ensemble des listes des médiateurs prévues à l'article 22-1 A de la loi *[nº 95-125]* du 8 février 1995 susvisée et publiées avant le 1er mars 2021 prend fin le 31 décembre 2023, y compris en ce qui concerne les médiateurs inscrits postérieurement à la publication initiale de ces listes. Les nouvelles listes sont publiées le 1er janvier 2024.

Arrêté du 29 janvier 2021,

Fixant la liste des pièces justificatives à fournir pour l'inscription sur la liste prévue à l'article 22-1 A de la loi nº 95-125 du 8 février 1995 relative à l'organisation des juridictions et à la procédure civile, pénale et administrative.

Art. 1er Une personne physique ou morale qui présente une demande d'inscription sur la liste des médiateurs prévue à l'article 22-1 A de la loi du 8 février 1995 susvisée, dans les conditions prévues par le décret du 9 octobre 2017 susvisé, dans sa rédaction issue du décret du 29 janvier 2021 susvisé, doit joindre au formulaire de candidature, disponible auprès des cours d'appel, les pièces justificatives prévues au présent arrêté.

Art. 2 Une personne physique doit, en application de l'article 2 du décret du 9 octobre 2017 susvisé, accompagner sa demande des pièces justificatives suivantes :

1º La copie de sa carte nationale d'identité ou de son passeport et, le cas échéant, de son titre de séjour ;

2º Un *curriculum vitae* ;

3º La copie des diplômes de médiateur obtenus ou des attestations de formation ;

4º Les justificatifs des formations continues suivies au cours des trois dernières années et les justificatifs des ateliers d'échanges ou d'analyse de pratique et supervision suivis au cours des trois dernières années.

Art. 3 Une personne morale doit, en application de l'article 3 du décret du 9 octobre 2017 susvisé, dans sa rédaction issue du décret du 29 janvier 2021 susvisé, accompagner sa demande des pièces justificatives suivantes :

1º La copie de la carte nationale d'identité ou du passeport de son représentant légal et, le cas échéant, de son titre de séjour ;

2° Un extrait Kbis ou une copie des statuts prévoyant, dans l'objet social, la mission d'exécution de la mesure de médiation ;

3° La liste des personnes physiques assurant l'exécution des mesures de médiation et, pour chacune d'entre elles, les pièces énumérées à l'article 2 du présent décret.

Art. 4 Sans préjudice des dispositions des articles 2 et 3, une personne physique ou morale qui présente une demande d'inscription sur la liste des médiateurs près la cour d'appel dans la rubrique spéciale pour les services en ligne fournissant des prestations de médiation doit, en application de l'article 3-1 du décret du 9 octobre 2017 susvisé, dans sa rédaction issue du décret du 29 janvier 2021 susvisé, accompagner sa demande des pièces justificatives suivantes :

1° La politique de protection des données à caractère personnel et la preuve de ce qu'elle est accessible en ligne aux utilisateurs ;

2° La politique de confidentialité appliquée par le service en ligne et le formulaire d'accord des parties autorisant la divulgation des informations recueillies ;

3° Le support de présentation des modalités de la réalisation de la médiation en ligne et la preuve de ce qu'il est accessible en ligne aux utilisateurs ;

4° Tout document justifiant de la présence de médiateurs personnes physiques travaillant au sein du service en ligne, tel que : contrat de travail et copie du registre du personnel ;

5° La politique d'utilisation du ou des traitements algorithmiques ou automatisés de données à caractère personnel, précisant la finalité des traitements utilisés ;

6° La preuve du recueil du consentement éclairé de l'utilisateur avant l'utilisation d'un traitement algorithmique ou automatisé de données à caractère personnel ;

7° Les coordonnées du responsable de traitement et la preuve de leur accessibilité en ligne.

Art. 2 Une personne physique ne peut être inscrite sur la liste des médiateurs près la cour d'appel que si elle réunit, indépendamment de celles requises par des dispositions propres à certains domaines particuliers et de celles spécialement prévues à l'article 131-5 du code de procédure civile pour l'exécution d'une mesure de médiation, les conditions suivantes :

1° Ne pas avoir fait l'objet d'une condamnation, d'une incapacité ou d'une déchéance mentionnées sur le bulletin n° 2 du casier judiciaire ;

2° Ne pas avoir été l'auteur de faits contraires à l'honneur, à la probité et aux bonnes mœurs ayant donné lieu à une sanction disciplinaire ou administrative de destitution, radiation, révocation, de retrait d'agrément ou d'autorisation ;

3° Justifier d'une formation ou d'une expérience attestant l'aptitude à la pratique de la médiation.

1. Diplôme. L'art. 2, 3°, du Décr. n° 2017-1457 du 9 oct. 2017 exige seulement, pour l'inscription sur la liste des médiateurs auprès de la cour d'appel, une formation ou une expérience attestant l'aptitude à la pratique de la médiation. Il en résulte que doit être annulée la décision de l'assemblée des magistrats du siège d'une cour d'appel qui rejette une demande d'inscription au motif que le candidat ne justifie pas d'un diplôme. • *Civ. 2e, 27 sept. 2018,* ♠ n° 18-60.091 P : *JCP 2018. 1236, note Amrani-Mekki ; LPA 4 janv. 2019, p. 9, obs. Tricoit.*

2. Méconnaissance du contexte local. L'assemblée générale des magistrats du siège de la cour d'appel qui refuse d'inscrire une personne sur la liste des médiateurs judiciaires auprès de la cour d'appel aux motifs d'une méconnaissance du contexte local et d'un surcoût de la médiation du fait de l'éloignement géographique se détermine par des motifs tirés de critères étrangers à l'art. 2 du Décr. n° 2017-1457 du 9 oct. 2017. • Civ. 2e, 27 sept. 2018, ♠ n° 18-60.132 P : *JCP 2018. 1236, note Amarani-Mekki ; LPA 4 janv. 2019, p. 9, obs. Tricoit.*

3. Pratique insuffisante. C'est par des motifs exempts d'erreur manifeste qu'une assemblée générale décide, par une décision motivée, de ne pas inscrire une personne sur la liste des médiateurs auprès de la cour d'appel en raison d'un certificat EPMN d'aptitude à la profession de médiateur obtenu très récemment (2016) et d'une pratique insuffisante de la médiation. • Civ. 2e, 27 sept. 2018, ♠ n° 18-60.115 P : *JCP 2018. 1236, note Amrani Mekki ; LPA 4 janv. 2019, p. 9, obs. Tricoit.* ♦ ... D'une formation initiale très récente (Master 2 MARL de 2017 et DU 1re partie IFOMENE en 2016) et d'une absence de pratique de la médiation conventionnelle ou judiciaire. • Civ. 2e, 27 sept. 2018, ♠ n° 18-60.116 P : *JCP 2018. 1236, note Amrani-Mekki ; LPA 4 janv. 2019, p. 9, obs. J.-P. Tricoit.* ♦ Cette assemblée générale se détermine par des motifs exempts d'erreur manifeste d'appréciation, au regard de la condition posée par l'art. 2-3°, du Décr.

n° 2017-1457 du 9 oct. 2017, en appréciant l'aptitude à la pratique de la médiation du candidat, tant au regard de sa formation que de son expérience. • Civ. 2e, 18 oct. 2018, n° 18-60.128 P.

4. *Éloignement géographique.* L'assemblée générale des magistrats du siège de la cour d'appel qui refuse d'inscrire une personne sur la liste des médiateurs auprès de la cour d'appel aux motifs d'une absence de besoin et d'un éloignement géographique se détermine par des motifs tirés de critères étrangers à l'art. 2 du Décr. du 9 oct. 2017. Sa décision, doit, par conséquent, être censurée. • Civ. 2e, 6 déc. 2018, n° 18-60.169 P : *D. actu. 24 déc. 2018, note Mélin.*

5. *Office du juge.* L'assemblée générale des magistrats du siège d'une cour d'appel qui décide de ne pas inscrire un candidat sur la liste des médiateurs auprès de cette cour d'appel n'est pas tenue d'entendre celui-ci. • Civ. 2e, 18 oct. 2018, n° 18-60.119 P.

Art. 3 Une personne morale exerçant l'activité de médiateur ne peut être inscrite sur la liste des médiateurs de la cour d'appel que si elle réunit les conditions suivantes :

1° Ses dirigeants remplissent les conditions prévues aux 1° et 2° de l'article 2 ;

(Décr. n° 2021-95 du 29 janv. 2021, art. 1er-2°-a et b) « 2° Ses statuts prévoient qu'elle peut accomplir des missions de médiation ;

« 3° » Chaque personne physique qui assure l'exécution des mesures de médiation doit satisfaire aux conditions prévues à l'article 2.

Art. 3-1 *(Décr. n° 2021-95 du 29 janv. 2021, art. 1er-3°)* Sans préjudice des conditions mentionnées aux articles 2 et 3, une personne physique ou morale qui propose un service en ligne de médiation ne peut être inscrite sur la liste des médiateurs de la cour d'appel que si elle fournit les pièces justifiant que les conditions mentionnées aux articles 4-1 et 4-3 de la loi *[n° 2016-1547]* du 18 novembre 2016 susvisée sont remplies.

Art. 4 *(Décr. n° 2021-95 du 29 janv. 2021, art. 1er-4°)* « Un arrêté du garde des sceaux, ministre de la justice, fixe la liste des pièces jointes à la demande d'inscription qui justifient le respect des obligations mentionnées aux articles 2 à 3-1.

« Le premier président de la cour d'appel fixe les modalités de dépôt des demandes d'inscription, qui peuvent être envoyées par lettre recommandée avec demande d'avis de réception ou par courrier électronique à une adresse dédiée. »

Le conseiller de la cour d'appel chargé de suivre l'activité des conciliateurs de justice et des médiateurs et de coordonner leur action dans le ressort de la cour d'appel, instruit la demande et vérifie que le candidat remplit les conditions requises. Il peut recevoir le candidat et recueillir tout renseignement sur les mérites de celui-ci ainsi que tous les avis qui lui paraissent nécessaires.

Art. 5 *(Décr. n° 2021-95 du 29 janv. 2021, art. 1er-5°)* « L'assemblée générale des magistrats du siège de la cour d'appel dresse la liste des médiateurs en matière civile, commerciale et sociale au cours du mois de novembre, en vue d'une publication au 1er janvier de l'année qui suit. »

Elle peut déléguer l'établissement de cette liste à la commission restreinte.

L'assemblée générale ou, le cas échéant, la commission restreinte se prononce après avoir entendu le conseiller chargé de suivre l'activité des conciliateurs de justice et des médiateurs.

Art. 6 *Modification de l'art. R. 312-43 COJ.*

Art. 7 A l'expiration du délai de trois ans, la liste est intégralement renouvelée. Les personnes désirant être inscrites à nouveau déposent une demande au moins six mois avant l'expiration de leur inscription. Celle-ci est instruite conformément aux dispositions des articles 4 et 5.

Art. 8 La radiation d'un médiateur est prononcée par l'assemblée générale des magistrats du siège ou, le cas échéant, par la commission restreinte, sur le rapport du conseiller chargé de suivre l'activité des conciliateurs de justice et des médiateurs, après *avis du procureur général*, dès lors que l'une des conditions prévues aux articles 2 *(Décr. n° 2021-95 du 29 janv. 2021, art. 1er-6°)* « à 3-1 » cesse d'être remplie ou que le médiateur a méconnu de manière caractérisée les obligations qui s'appliquent à l'exercice de la médiation. Le médiateur concerné est invité à faire valoir ses observations.

L'intéressé peut solliciter sa radiation ou son retrait à titre temporaire. La décision de radiation ou de retrait temporaire est prise par le premier président après avis du procureur général.

Art. 9 La décision de refus d'inscription, de retrait ou de radiation prise sur le fondement des articles 2, 3 et 8 est motivée. La décision est notifiée à l'intéressé par lettre recommandée avec demande d'avis de réception. La personne morale à laquelle appartient l'intéressé en est informée.

La décision de refus d'inscription ou de radiation ne peut donner lieu qu'à un recours devant la Cour de cassation. Ce recours est motivé à peine d'irrecevabilité. Il est formé dans un délai d'un mois, par déclaration au greffe de la Cour de cassation ou par lettre recommandée avec demande d'avis de réception adressée à ce greffe. Le délai court, à l'égard du procureur général, du jour de la notification du procès-verbal de l'assemblée générale ou, le cas échéant, de la commission restreinte établissant la liste des médiateurs civils et commerciaux et des médiateurs familiaux et à l'égard du médiateur, du jour de la notification de la décision.

Art. 10 Lors de leur première inscription sur la liste ou de leur réinscription après radiation, les médiateurs prêtent serment devant la cour d'appel sur la liste de laquelle ils sont inscrits. La formule du serment est la suivante :

"Je jure d'exercer ma mission de médiateur en mon honneur et conscience et de ne rien révéler ou utiliser de ce qui sera porté à ma connaissance à cette occasion."

Pour une personne morale, le serment est prêté par son président ou son représentant légal *(Décr. n° 2021-95 du 29 janv. 2021, art. 1er-7°-a)* « , même si ce dernier est membre d'une profession judiciaire ou juridique réglementée ». Chacun des médiateurs pouvant être désigné par cette personne morale doit prêter serment.

Les membres, y compris à titre honoraire, des professions juridiques et judiciaires réglementées sont dispensés de serment *(Décr. n° 2021-95 du 29 janv. 2021, art. 1er-7°-b)* « pour leur inscription en tant que personne physique ».

Art. 11 Pour l'application du présent décret à Saint-Pierre-et-Miquelon, les mots suivants sont remplacés comme suit :

1° "*(Décr. n° 2019-966 du 18 sept. 2019, art. 8, en vigueur le 1er janv. 2020)* « "tribunal judiciaire" *[ancienne rédaction : tribunal de grande instance]* » par : "tribunal de première instance" ;

2° "cour" ou " cour d'appel" par : "tribunal supérieur d'appel" ;

3° "premier président de la cour d'appel" par : "président du tribunal supérieur d'appel" ;

4° "procureur général" par : "procureur de la République près le tribunal supérieur d'appel".

Art. 22-2 Lorsque les frais de la médiation sont à la charge des parties, celles-ci déterminent librement entre elles leur répartition.

A défaut d'accord, ces frais sont répartis à parts égales, à moins que le juge n'estime qu'une telle répartition est inéquitable au regard de la situation économique des parties.

Lorsque l'aide juridictionnelle a été accordée à l'une des parties, la répartition de la charge des frais de la médiation est établie selon les règles prévues à l'alinéa précédent. Les frais incombant à la partie bénéficiaire de l'aide juridictionnelle sont à la charge de l'État, sous réserve des dispositions de l'article 50 de la loi du 10 juillet 1991 relative à l'aide juridique. *— V. L. n° 91-647 du 10 juill. 1991, art. 50, App., v° Aide juridique, I, Réglementation générale.*

Le juge fixe le montant de la provision à valoir sur la rémunération du médiateur et désigne la ou les parties qui *(L. n° 2021-1729 du 22 déc. 2021, art. 45-I-4°-a)* « versent » la provision dans le délai qu'il détermine. La désignation du médiateur est caduque à défaut de *(L. n° 2021-1729 du 22 déc. 2021, art. 45-I-4°-b)* « versement » dans le délai et selon les modalités impartis. *(L. n° 2019-222 du 23 mars 2019, art. 3-I-3°)* « Lorsque la médiation est ordonnée en cours d'instance, celle-ci est » alors poursuivie.

Art. 22-3 La durée de la mission de médiation est fixée par le juge, sans qu'elle puisse excéder un délai déterminé par décret en Conseil d'État.

Le juge peut toutefois renouveler la mission de médiation. Il peut également y mettre fin, avant l'expiration du délai qu'il a fixé, d'office ou à la demande du médiateur ou d'une partie.

(L. n° 2019-222 du 23 mars 2019, art. 3-I-4°) « Le présent article n'est pas applicable lorsque le juge ordonne la médiation dans la décision statuant définitivement sur les modalités d'exercice de l'autorité parentale. »

SECTION III. *Dispositions finales*

Art. 23 Les dispositions du présent chapitre ne sont pas applicables aux procédures pénales.

Art. 24 *(Abrogé par L. n° 2015-990 du 6 août 2015, art. 258-III) Les dispositions des articles 21 à 21-5 ne s'appliquent à la médiation conventionnelle intervenant dans les différends qui s'élèvent à l'occasion d'un contrat de travail que lorsque ces différends sont transfrontaliers.*

Est transfrontalier, au sens du présent article, le différend dans lequel, à la date où il est recouru à la médiation, une des parties au moins est domiciliée ou a sa résidence habituelle dans un État membre de l'Union européenne autre que la France et une autre partie au moins est domiciliée ou a sa résidence habituelle en France.

Le différend transfrontalier s'entend également du cas où une instance judiciaire ou arbitrale est introduite en France entre des parties ayant recouru préalablement à une médiation et étant toutes domiciliées ou ayant toutes leur résidence habituelle dans un autre État membre de l'Union européenne à la date à laquelle elles ont recouru à la médiation.

Art. 25 Un décret en Conseil d'État détermine les conditions d'application du présent chapitre.

Dépêche SG-18-005 du 5 février 2018,

Présentant certaines dispositions du décret n° 2017-1457 du 9 octobre 2017 relatif à la liste des médiateurs auprès de la cour d'appel.

TITRE SEPTIÈME L'ADMINISTRATION JUDICIAIRE DE LA PREUVE

RÉP. PR. CIV. v° *Preuve,* par FERRAND.

DALLOZ ACTION *Droit et pratique de la procédure civile 2022/2023,* n°s 34.00 s.

BIBL. GÉN. ▸ **Ouvrages :** A. AYNÈS, et X. VUITTON, Droit de la preuve – Principes et mise en œuvre processuelle, *Droit & Professionnels, Procédures, 2e éd., LexisNexis 2017.* – O. LECLERC, E. VERGÈS, et G. VIAL, Droit de la preuve, *Thémis, Droit, PUF 2015.* – M. MEKKI, L. CADIET et C. GRIMALDI, La preuve : regards croisés, *Thèmes & commentaires, Dalloz 2015.*

▸ **Articles :** *R. 2012. 265* (administration de la preuve). – M.-L. NIBOYET, *Mél. Gaudemet-Tallon, Dalloz 2008, p. 363* (contre le dogme de la *lex fori* en matière de procédure).

SOUS-TITRE PREMIER LES PIÈCES

BIBL. GÉN. ▸ GEBLER, *AJ fam. 2009. 368* (divorce – production et communication des pièces).

CHAPITRE PREMIER LA COMMUNICATION DES PIÈCES ENTRE LES PARTIES

RÉP. PR. CIV. v° *Communication de pièces,* par BRAHIC-LAMBREY.

DALLOZ ACTION *Droit et pratique de la procédure civile 2022/2023,* n°s 341.00 s.

Art. 132 La partie qui fait état d'une pièce s'oblige à la communiquer à toute autre partie à l'instance.

La communication des pièces doit être spontanée.

(Abrogé par Décr. n° 2009-1524 du 9 déc. 2009, art. 8, à compter du 1er janv. 2011) ***« En cause d'appel, une nouvelle communication des pièces déjà versées aux débats de première instance n'est pas exigée. Toute partie peut néanmoins la demander. »***

Les dispositions de l'art. 8 du Décr. n° 2009-1524 du 9 déc. 2009 s'appliquent, à compter de la date fixée par l'arrêté prévu à l'art. 930-1 C. pr. civ. et au plus tard au 1er janv. 2013, aux appels formés à compter du 1er janv. 2011 (Décr. préc., art. 15, al. 2 et 4). Elles s'appliquent également aux instances consécutives à un renvoi après cassation lorsque la juridiction de renvoi est saisie à compter du 1er sept. 2017 (Décr. n° 2017-891 du 6 mai 2017, art. 52).

BIBL. ▸ Godé, *RTD civ. 1980. 822* (commentaire de la loi du 16 juill. 1980 sur la communication des preuves à l'étranger). – Viatte, *Gaz. Pal. 1973. 1. Doctr. 406.*

▸ **Sur le Décr. du 9 déc. 2009 :** Croze, *JCP 2009. 3.* – Gerbay, *Gaz. Pal. 10-12 janv. 2010, p. 12.* – Salati, *Dr. et pr. 2010. Chron. 3.*

A. ÉTENDUE DE L'OBLIGATION

1. Ne saurait tenir lieu de communication la reproduction intégrale dans les conclusions d'une partie des termes de la lettre produite. • Soc. 18 avr. 1980 : *Bull. civ. V, n° 330.* ♦ ... Ou de la clause litigieuse d'une convention. • Civ. 1re, 17 nov. 1976 : *Bull. civ. I, n° 354.*

2. La production d'une photocopie ne saurait suppléer l'original, dont la communication peut toujours être exigée. • Com. 20 déc. 1976 : *D. 1977. IR 126.* ♦ Rappr. • Civ. 3e, 8 oct. 1975 : *Bull. civ. III, n° 289.*

3. La communication d'une correspondance versée par une partie ne peut être refusée à l'adversaire au motif qu'il en avait forcément connaissance puisqu'elle émanait de lui. • Civ. 2e, 10 oct. 1990, n° 89-15.723 P. ♦ Toutefois, en litige avec une compagnie d'assurance à propos de ses honoraires, un avocat ne peut invoquer la non-communication du contrat souscrit par un assuré, alors qu'il ne pouvait, en qualité de conseil de l'assureur, en ignorer la teneur. • Civ. 1re, 7 juill. 1987 : *Bull. civ. I, n° 219.* ♦ Rappr. • Civ. 2e, 8 juill. 1971 : *Bull. civ. II, n° 251* (copie de la pièce litigieuse figurant parmi les documents produits par celui qui en demande la communication).

4. Ne satisfait pas à l'art. 132 le fait qu'une partie ait pu prendre connaissance d'une pièce et s'en expliquer contradictoirement dès son dépôt au dossier de la Cour, alors que, produite entre les mains du conseiller de la mise en état, elle n'avait pas été communiquée. • Civ. 2e, 23 févr. 1994 : *Gaz. Pal. 1994. 2. Pan. 205.*

5. Le fait qu'une procédure de référé ait antérieurement opposé les parties n'apparaît pas de nature à dispenser de la communication des documents versés aux débats, laquelle doit être loyale et spontanée. • Paris, 14 févr. 1986 : *Gaz. Pal. 1987. 1. Somm. 32.* ♦ Rappr. • TGI Nanterre, 9 janv. 1976 : *D. 1976. Somm. 81* (pièce initialement communiquée en conciliation).

6. *Sur la communication de pièces révélant l'appartenance syndicale de salariés et susceptible de les exposer à la vindicte de l'employeur, V.* • Soc. 22 nov. 1988 : *Bull. civ. V, n° 618* • 20 déc. 1988 : *ibid. V, n° 679.*

7. Il résulte de l'art. 1334 C. civ. et des art. 15 et 132 C. pr. civ. que la production d'une copie ne saurait suppléer l'original, dont la communication peut toujours être exigée pour assurer le respect des droits de la défense, et ce même si cette copie est constituée par la retranscription par un huissier de justice d'une conversation enregistrée. • Douai, 13 janv. 2015 : *Dr. et pr. 2015. 99, note Dorol.*

B. PREUVE DE LA COMMUNICATION

8. A défaut d'énonciations contraires dans la décision, les documents sur lesquels les juges se sont appuyés et dont la production n'a donné lieu à aucune contestation devant eux sont réputés, sauf preuve contraire, avoir été régulièrement produits aux débats. • Civ. 1re, 3 nov. 1982 : *Bull. civ. I, n° 312* • 28 janv. 2003, n° 00-15.519 P • Civ. 2e, 14 oct. 1982 : *ibid. II, n° 127 ; RTD civ. 1983. 396, obs. Perrot* • Soc. 8 nov. 1984 : *RTD civ. 1985. 446, obs. Perrot* • 10 mars 1988 : *Bull. civ. V, n° 175* • Civ. 1re, 19 janv. 1999, n° 97-14.194 P • Civ. 2e, 20 déc. 2001, n° 98-21.329 P.

La même présomption s'applique, à défaut d'incident de communication, aux documents visés dans les conclusions d'une partie. • Civ. 2e, 11 oct. 1989 : *Gaz. Pal. 1989. 2. Pan. 182.* ♦ ... Ainsi qu'aux pièces dont les juges du fond constatent qu'elles ont été produites aux débats, ce constat impliquant qu'elles y ont été régulièrement versées et soumises à discussion contradictoire. • Civ. 1re, 6 juin 1978 : *Bull. civ. I, n° 218* • Civ. 3e, 12 janv. 1982 : *D. 1982. IR 432, obs. Givord* • Civ. 2e, 3 nov. 1993 : *Gaz. Pal. 1994. 1. Pan. 61.*

9. Relève de la souveraineté du juge du fond, devant lequel une partie conteste avoir reçu communication d'une pièce, la constatation que celle-ci n'est pas produite. • Civ. 1re, 22 oct. 2009, n° 08-18.525 P : *D. 2009. AJ 2614 ; Gaz. Pal. 2010. Somm. 3975* (production des documents en langue allemande).

10. La procédure prud'homale étant orale, les documents retenus par la décision sont présumés avoir été débattus contradictoirement devant le juge qui l'a rendue. • Soc. 2 juill. 1987 : *Bull. civ. V, n° 449.*

11. Viole l'art. 132 l'arrêt qui se fonde sur une pièce produite, alors qu'il ne ressort ni de la décision elle-même, ni du dossier de la procédure qu'elle ait été communiquée à la partie adverse ou que celle-ci ait eu connaissance de sa production. • Civ. 2e, 25 nov. 1981 : *D. 1982. 371, note Bénabent ; RTD civ. 1982. 653, obs. Perrot.* ♦ Dans le même sens : • Civ. 2e, 22 mars 1995, n° 93-10.599 P • 8 avr. 2004, n° 02-18.769 P.

Dans le même sens, lorsque la pièce sur laquelle le juge s'est fondé n'est pas visée dans les conclusions et qu'il n'apparaît ni de l'arrêt, ni du bordereau de communication qu'elle a été l'objet d'un débat contradictoire, V. • Civ. 2e, 14 nov. 1984 : *RTD civ. 1985. 446, obs. Perrot* • 4 févr. 1987 : *Bull. civ. II, n° 37* • Com. 5 juill. 1994, nº 92-16.587 P. ♦ V. notes 16 à 18 ss. art. 16.

C. SANCTION DU DÉFAUT DE COMMUNICATION

12. Sur le pouvoir du juge d'écarter des débats les pièces non communiquées en temps utile, V. notes ss. art. 135. Sur l'obligation de s'expliquer sur l'absence de pièces dans un dossier, V. note 20 ss. art. 16.

13. Est entaché de nullité, pour violation des droits de la défense, le jugement rendu sur le fondement d'une pièce non communiquée. • Civ. 2e, 25 nov. 1981 : *préc. note 11* • 4 févr. 1987 : *ibid.* • 23 oct. 1985 : *Bull. civ. II, nº 161* • Soc. 28 mai 1986 : *ibid. V, nº 252* • Civ. 2e, 26 févr. 1997, nº 95-12.554 P. ♦ V. notes 10 à 14 ss. art. 16.

14. Viole les art. 15 et 132 le jugement qui se fonde sur des pièces produites par une partie après avoir relevé que l'adversaire avait demandé qu'elles soient rejetées pour ne lui avoir pas été communiquées et que l'auteur de la production avait reconnu à l'audience n'avoir pas communiqué les pièces considérées. • Soc. 17 oct. 1990, nº 88-40.042 P. ♦ Rappr. • Soc. 28 mai 1986 : *Bull. civ. V, nº 252.* ♦ Même solution pour une ordonnance qui se réfère, pour calculer le montant des dépens, au bulletin d'évaluation des dépens établi unilatéralement par une SCP et visé par la chambre de discipline des avoués, document non communiqué à la partie adverse. • Civ. 2e, 8 mars 2006, nº 04-13.011 P : *D. 2006. IR 949 ; BICC 15 juin 2006, nº 1282.*

15. Le défaut de communication ne prive pas à lui seul la juridiction du fond de la connaissance des moyens et prétentions dont elle est saisie. Le juge d'appel ne peut dès lors prendre prétexte d'une méconnaissance de l'obligation prévue par l'art. 132 pour ignorer l'objet du litige tel qu'il a été fixé par les prétentions respectives des parties (C. pr. civ. art. 4). • Civ. 2e, 3 déc. 2015, nº 14-25.413 P : *D. actu. 21 déc. 2015, obs. Kebir ; Gaz. Pal. 9 févr. 2016, p. 74, obs. Herman.*

D. COMMUNICATION EN CAUSE D'APPEL

16. La communication des pièces s'impose en appel sans que l'on puisse exciper de leur communication en première instance. • Civ. 2e, 30 janv. 2014, nos 12-28.496 et 12-28.497.

17. Une nouvelle communication de pièces n'est pas exigée en cause d'appel si l'adversaire ne la demande pas. • Civ. 2e, 12 mai 1976 : *Bull. civ. II, nº 156* • 24 mai 1991, nº 90-12.224 P • 20 déc. 2001, nº 99-16.756 P. ♦ Dans le même sens, s'agissant de la communication devant la juridiction de renvoi, V. • Com. 7 juill. 1987 : *Bull. civ. IV, nº 178 ; Gaz. Pal. 1988. 2. Somm. 253, obs. Guinchard et Moussa.*

18. Les pièces dont un plaideur a fait usage en première instance étant parties au débat, il ne peut refuser de les communiquer à nouveau au prétendu motif qu'il n'en fait pas usage en cause d'appel. • Bastia, 25 avr. 1979 : *Gaz. Pal. 1979. 1. Somm. 64.*

19. Il ne peut être tiré argument de ce que les pièces n'auraient pas été communiquées en première instance dès lors que la communication en a été régulièrement faite devant la cour d'appel. • Soc. 23 avr. 1979 : *Bull. civ. V, nº 799.*

20. Lorsqu'une nouvelle communication des pièces est demandée en cause d'appel, le juge ne peut pas refuser de l'ordonner s'il entend fonder sa décision sur ces pièces. • Civ. 2e, 13 janv. 1993, nº 91-12.237 P : *D. 1993. Somm. 187, obs. Julien* • Civ. 1re, 30 oct. 2006 : *Procédures 2007, nº 30, obs. Perrot* • Civ. 1re, 25 févr. 2009 : *Dr. fam. 2009. Comm. 37, obs. Larribau-Terneyre* • Civ. 1re, 25 févr. 2009 : *Procédures 2009, nº 143 ; D. 2010. Pan. 1243, obs. Serra et Williatte-Pellitteri*

21. Dès lors qu'elle constate qu'à la date de l'ordonnance de clôture aucune pièce n'avait été communiquée par les demandeurs, à l'appui de leurs prétentions, la cour d'appel, qui ne fait que respecter le principe de la contradiction, décide à bon droit, en raison de l'effet dévolutif de l'appel, que celles-ci ne peuvent qu'être rejetées. • Civ. 2e, 27 mai 2004, nº 02-16.745 P.

22. Les photocopies des pièces communiquées en vertu de l'art. 132 ne donnent lieu à aucun remboursement en sus des émoluments alloués aux avoués par le décret du 30 juill. 1980. • Civ. 2e, 19 mai 1999, nº 97-15.074 P. ♦ Seules les copies d'actes de procédure rédigés ou établis par l'avocat postulant sont comprises dans la rémunération forfaitaire ; les autres copies donnent lieu à remboursement au titre des débours. • Civ. 2e, 3 juin 1998 : *Procédures 2001, nº 232, note Laporte.* ♦ L'avocat ne peut prétendre qu'au remboursement de ses débours effectifs au vu d'une facture d'une entreprise de reprographie ou en fonction du coût-copie du photocopieur de son cabinet. En l'absence de ces éléments d'appréciation, il est fait application de l'art. 68 du décret du 2 avr. 1960 (V. App., vº *Frais et dépens*), qui prévoit au bénéfice de l'avocat postulant un droit gradué établi à forfait pour ses frais de papeterie, d'impression et de correspondance, et calculé par référence à l'art. 2 du décret du 21 août 1975 (V. App., vº Frais et *dépens*). • Bordeaux, 21 févr. 2002 : *BICC 2002, nº 338.*

Art. 133 **Si la communication des pièces n'est pas faite, il peut être demandé, sans forme, au juge d'enjoindre cette communication.** – *V. art. 74, al. 2.*

1. Office du juge. C'est dans l'exercice de son pouvoir discrétionnaire et sans violer l'art. 6, § 1er Conv. EDH qu'un juge rejette une demande de communication de pièces portant sur les pièces annexes d'un document lui-même communiqué. • Civ., 2 déc. 2010 : *cité note 18 ss. C. pr. exéc, art. L. 111-3.* ♦ Comp., jugeant qu'en présence d'une sommation de communiquer restée vaine et d'une demande de communication de pièces sous astreinte, il incombait au juge d'appel d'ordonner cette communication par application des art. 16, 132 et 133 : • Civ. 1re, 6 mars 2013 : *D. 2013. Actu. 717 ; Gaz. Pal. 24-25 mai 2013, p. 30, note Herman.*

2. Une simple lettre suffit à saisir le juge de la mise en état d'une demande de communication sous astreinte. • Paris, 24 oct. 1979 : *Bull. ch. avoués 1979. 4. 17.* ♦ Cette ordonnance n'est pas de celles qui, selon l'art. 776, sont susceptibles d'appel. • Versailles, 30 oct. 1979 : *Gaz. Pal. 1980. 2. Somm. 482.*

3. La partie qui prend des conclusions au fond après avoir soulevé l'incident de communication est réputée avoir renoncé à celui-ci. • Civ. 2e, 15 mars 1976 : *Bull. civ. II, no 103.*

4. Les juges du fond qui, par décision motivée, font ressortir qu'une partie ne peut ignorer les pièces produites par son adversaire, estiment souverainement que cette circonstance rendait inutile la communication de ces documents. • Soc. 20 févr. 1991 : *JCP 1991. IV. 147.* ♦ Rappr. • Civ. 2e, 8 juill. 1971 : *Bull. civ. I, no 388* • 5 janv. 1972 : *ibid. II, no 4.*

5. Celui qui, pour avoir omis de communiquer des pièces, se voit interdire d'en tirer argument, ne peut reprocher au juge de ne pas lui avoir enjoint de le faire. • Civ. 2e, 22 janv. 1976 : *Bull. civ. II, no 24.*

6. En l'absence d'incident de communication de pièces au sens de l'art. 133, le juge n'est pas tenu, en présence d'une simple allégation, d'enjoindre à une partie de produire une pièce. • Civ. 1re, 2 mars 2004, no 02-17.777 P : *D. 2004. IR 853 ; Dr. fam. 2004, no 121, note Larribau-Terneyre ; Gaz. Pal. 26-28 juin 2005, p. 34, obs. du Rusquec* • 28 juin 2005, no 02-16.556 P : *D. 2005. IR 2243* .

7. En l'absence d'incident, au sens de l'art. 133, les conclusions se bornant à alléguer un défaut de communication de pièces sont inopérantes. • Civ. 1re, 26 sept. 2007, no 06-15.954 P.

Art. 134 Le juge fixe, au besoin à peine d'astreinte, le délai, et, s'il y a lieu, les modalités de la communication.

La communication peut se faire par dépôt des pièces au greffe, lorsqu'elles sont volumineuses. • Paris, 5 déc. 1978 : *Bull. ch. avoués 1979. 2. 27* • 29 déc. 1978 : *eod. loc.*

Art. 135 Le juge peut écarter du débat les pièces qui n'ont pas été communiquées en temps utile. — *V. art. 15, 783 et 784.*

BIBL. ▶ Blaisse, *JCP 1988. I. 3317* (pièces et conclusions tardives devant le tribunal de grande instance). - Boccara, *JCP 1981. I. 3004.* - Perrot, *RTD civ. 1981. 897 ; 1982. 466 ; 1983. 194.*

1. Les pièces produites aux débats doivent l'être en temps utile pour permettre à la partie adverse de conclure avant l'ordonnance de clôture. • Civ. 1re, 17 nov. 1981 : *JCP 1982. IV. 51.* ♦ Même en cas d'urgence, et même dans le cadre d'une procédure orale, le juge doit faire respecter le principe de la contradiction. • Dijon, 29 janv. 2004 : *Procédures 2005, no 149, obs. Perrot.*

2. Le juge peut écarter des débats les pièces communiquées la veille ou le jour de l'ordonnance de clôture lorsqu'il est constaté que cette communication tardive, faite après une injonction restée sans réponse, revêtait un aspect dilatoire et ne constituait pas une cause grave de révocation de l'ordonnance de clôture. • Civ. 2e, 2 févr. 1977 : *Bull. civ. II, no 25 ; RTD civ. 1977. 820, obs. Perrot.* ♦ V. aussi, cassant un arrêt ayant pris de telles pièces en considération sans tenir compte du fait qu'elles avaient fait l'objet d'une sommation de communiquer demeurée infructueuse, • Civ. 3e, 5 mars 2003, no 99-18.736 P.

Rappr., subordonnant ce rejet à la connaissance préalablement donnée aux parties de la date à laquelle serait rendue l'ordonnance de clôture et au fait que l'adversaire n'ait pas été à même de répondre utilement : • Civ. 2e, 10 nov. 1982 : *Gaz. Pal. 1983. 2. 611, note du Rusquec ; ibid. 1983. 1. Somm. 104, obs. Guinchard ; RTD civ. 1983. 590, obs. Perrot.* – V. aussi : • Civ. 2e, 9 juin 1977 : *Bull. civ. II, no 150* • 29 juin 1988 : *ibid. II, no 158* • 11 oct. 1989 : *ibid. II, no 173.*

3. Ne justifie pas légalement sa décision le tribunal qui écarte des débats les pièces communiquées postérieurement aux délais impartis sans rechercher si, alors que l'adversaire modifiait brusquement sa demande, la partie en cause ne s'était pas trouvée effectivement dans l'impossibilité de respecter ce délai. • Soc. 10 juill. 1984 : *Bull. civ. V, no 312.* ♦ V. notes 9 et 10 ss. art. 15.

4. Justifie légalement sa décision la cour d'appel qui, saisie par assignation à jour fixe, écarte des débats les pièces communiquées par l'intimé, après avoir relevé que cette communication tardive a fait obstacle à l'instauration d'un débat contradictoire à leur sujet, l'affaire ayant été fixée pour plaider et l'intimé ayant mis l'appelant dans l'impossibilité d'y répliquer. • Civ. 2e, 21 oct. 1992, no 91-11.958 P. ♦ Rappr. :

• Civ. 2e, 23 févr. 1994, n° 92-10.046 P. ♦ V. aussi, en ce sens que, dans une procédure d'appel à jour fixe, sont irrecevables les pièces déposées par l'appelant après la requête initiale qui ne tendent pas à répondre à des arguments nouveaux, • Civ. 3e, 15 mai 2002 : *Procédures 2002, n° 134, note Perrot.*

5. L'appréciation du caractère tardif de la communication des pièces relève des constatations souveraines des juges du fond. • Cass., ch. mixte, 3 févr. 2006, n° 04-30.592 P : *R. 2006, p. 413 ; D. 2006. 1268, obs. Bolze ; Gaz. Pal. 17-18 févr. 2006, p. 5, avis Lafortune ; Dr. et pr. 2006. 214, obs. Fricero ; Dr. et patr., févr. 2007, p. 119, obs. Amrani Mekki.* ♦ Le juge doit rechercher, pour écarter des débats des pièces en application de l'art. 135, si la communication de ces pièces, avant l'ordonnance de clôture, était de nature à mettre en échec le principe de la contradiction. • Civ. 3e, 21 févr. 2001, n° 99-14.641 P : *D. 2001. 3231, note Bolze ; Procédures 2001, n° 81, obs. Perrot.* ♦ Le juge qui écarte des débats une pièce produite avant la clôture doit caractériser les circonstances particulières qui auraient empêché l'intimé de répondre à la production de ce document. • Civ. 2e, 31 mai 2000, n° 98-17.896 P • 11 janv. 2001, n° 99-13.060 P. ♦ V. aussi : • Civ. 3e, 2 juin 1999 : *Procédures 1999, n° 244, obs. Perrot.* ♦ Le juge ne peut tenir compte d'attestations déposées trois jours avant l'ordonnance de clôture sans rechercher si elles ont été régulièrement versées aux débats et soumises à la discussion contradictoire des parties. • Civ. 2e, 30 avr. 2003, n° 01-03.497 P : *Gaz. Pal. 8-10 févr. 2004, p. 25, obs. du Rusquec.* ♦ V. aussi note 10 ss. art. 15.

6. Les parties doivent se communiquer spontanément les pièces dont elles font état en temps utile, sans que cette communication puisse intervenir, en procédure orale, après les débats de l'affaire. Le juge, auquel il incombe de veiller au bon déroulement de l'instance et de faire observer le principe de la contradiction, dispose, en cas de réouverture des débats faute de communication de pièces, du pouvoir d'enjoindre cette communication et d'écarter des débats celles de ces pièces qui, sans motif légitime, n'ont pas été communiquées dans les délais qu'il a impartis. Doit être approuvé l'arrêt d'une cour d'appel qui, après avoir relevé que par un précédent arrêt elle avait ordonné une réouverture des débats en faisant injonction à l'appelant de transmettre des pièces à la partie adverse et que l'appelant n'avait pas satisfait à cette injonction ni fourni de motif le justifiant, a écarté des débats ces pièces. • Civ. 2e, 31 janv. 2019, n° 17-28.828 P.

7. Saisie par l'une des parties de conclusions aux fins de rejet de conclusions tardives et de pièces produites, une cour d'appel, statuant en appel selon la procédure à jour fixe, n'a pas à rechercher si l'autre partie était en mesure de s'expliquer sur cette demande de rejet des conclusions tardives et des pièces, mais uniquement à vérifier si la partie avait eu le temps utile de prendre connaissance des nouvelles conclusions et pièces. • Civ. 2e, 13 janv. 2022, n° 20-19.978 P.

8. Sur le pouvoir d'appréciation du juge, V. par exemple : • Civ. 2e, 17 juin 1999 : *Procédures 1999, n° 247, obs. Junillon* • Civ. 2e, 22 mars 2006, n° 05-16.083 P : *D. 2006. IR 1066* • Civ. 1re, 23 mai 2006, n° 04-17.179 P.

9. Le juge qui retient, souverainement, qu'une partie n'a pu valablement s'expliquer sur les dernières pièces produites, en complément de conclusions recevables, la veille de l'ordonnance de clôture, en déduit exactement que le temps de transmission de ces pièces heurte le principe de la contradiction et qu'elles doivent en conséquence être écartées des débats. • Civ. 2e, 6 déc. 2018, n° 17-17.557 P : *D. actu. 7 janv. 2019, obs. Danet ; D. 2018. 2370 ; ibid. 2019. 555, obs. Fricero ; Dr. et pr. 2019. 10, note Salati ; Gaz. Pal. 29 janv. 2019, p. 64, note Bléry ; JCP 2018. 1368, note Deharo ; Procédures 2019, n° 40, note Strickler.*

Art. 136 **La partie qui ne restitue pas les pièces communiquées peut y être contrainte, éventuellement sous astreinte.**

1. Une partie peut toujours exiger que la communication soit faite avec délivrance d'un récépissé. • Paris, 25 avr. 1967 : *D. 1967. 521.*

2. Pour un cas de sursis à statuer jusqu'à restitution des pièces dont une partie entend faire usage et qui ont été égarées après avoir été transmises sur bordereau à la partie adverse, V. • Civ. 2e, 10 juill. 1968 : *D. 1969. Somm. 24.*

Art. 137 **L'astreinte peut être liquidée par le juge qui l'a prononcée.**

CHAPITRE II L'OBTENTION DES PIÈCES DÉTENUES PAR UN TIERS

RÉP. PR. CIV. v° *Production forcée des pièces,* par Brahic-Lambrey.

DALLOZ ACTION *Droit et pratique de la procédure civile 2022/2023,* nos 341.50 s.

BIBL. GÉN. ▶ Dagot, *JCP 1979. I. 19036* (communication des actes notariés). – Daigre, *PUF, 1979* (production forcée) ; *JCP 1981. I. 3020* (pouvoir discrétionnaire du juge) ; *Dr. prat. jud. 1983. 241* (conditions). – Jolowicz, *Mél. Perrot, Dalloz 1996* (production forcée : droits français et anglais). – R. Martin, *RTD civ. 1971. 308.* – Viatte, *Gaz. Pal. 1973. 1. Doctr. 406* (communication et production).

Art. 138 Si, dans le cours d'une instance, une partie entend faire état d'un acte authentique ou sous seing privé auquel elle n'a pas été partie ou d'une pièce détenue par un tiers, elle peut demander au juge saisi de l'affaire d'ordonner la délivrance d'une expédition ou la production de l'acte ou de la pièce. — *V. art. 11. — V. aussi : LPF, art. L. 143, ci-dessous ; C. consom., art. L. 621-10, App., v° Action en justice.*

1. Les art. 73 à 77 du décret du 20 juill. 1972 (art. 138 à 141, NCPC [devenu C. pr. civ.]) constituent la mise en œuvre pure et simple du principe rappelé à l'art. 10 C. civ. et ne comportent aucune atteinte illégale au droit de propriété. • CE 3 janv. 1975 : *JCP 1976. II. 18229, note Couchez ; RTD civ. 1976. 397, obs. Perrot.* ♦ Rappr. • CE 10 mai 1974 : *AJDA 1974. 545 ; RTD civ. 1975. 356, obs. Normand.*

2. Le juge ne peut ordonner d'office la production de pièces détenues par un tiers. • Civ. 1re, 21 oct. 1975 : *Bull. civ. I, n° 281.* ♦ V. notes 1 à 3 ss. art. 11.

3. Sur le pouvoir du juge des référés d'ordonner la production de pièces avant tout procès, V. *RTD civ. 1986. 798, obs. Normand.* ♦ V. notes ss. art. 145. ♦ Dès lors que le juge du fond est saisi, il n'appartient qu'à lui d'apprécier si les documents produits suffisent ou non à l'éclairer. • Civ. 2e, 10 févr. 1993, n° 91-18.675 P.

4. Requérant. Les art. 10 C. civ. et 138 à 141 ne sont applicables que si la mesure sollicitée a pour but la sauvegarde d'un droit légalement reconnu ou judiciairement constaté. • Civ. 1re, 6 nov. 1990 : *D. 1991. 353, note Prévault.* ♦ Tel n'est pas le cas lorsqu'un créancier, pour mener à bien une procédure de saisie-arrêt sur salaires, demande qu'il soit prescrit à l'employeur de produire une fiche de paye et de communiquer l'adresse du salarié. • Même arrêt. ♦ V. art. 141.

5. L'application de l'art. 138 n'est pas subordonnée à l'existence d'un commencement de preuve par écrit. • Civ. 2e, 3 mai 1990, n° 89-14.320 P. ♦ Mais il ne peut être ordonné de production de pièces sans que l'existence de ces dernières soit, sinon établie avec certitude, du moins vraisemblable. • Civ. 2e, 17 nov. 1993, n° 92-12.922 P.

6. Les parties à un acte notarié pouvant avoir *connaissance de la minute de cet acte en l'étude* du notaire ne sauraient se prévaloir de l'art. 138 pour faire ordonner la production. • Civ. 1re, 20 déc. 1977 : *JCP 1979. II. 19036, note Dagot.* ♦ Sur la subordination du recours à la production forcée à l'absence d'autres moyens de preuve, V. notes 5 à 9 ss. art. 11.

7. Tiers. Sur les conditions relatives à la personne des tiers détenteurs, V. notes 7 à 9 ss. art. 11.

8. Actes et pièces. Si le juge peut, par application de l'art. 138, ordonner la production d'un ou de plusieurs actes détenus par un tiers, encore faut-il que ces actes soient suffisamment déterminés. • Civ. 2e, 15 mars 1979 : *Bull. civ. II, n° 88 ; RTD civ. 1979. 664, obs. Perrot.* ♦ La demande doit être accompagnée de précisions permettant d'identifier les pièces. • Com. 12 mars 1979 : *Bull. civ. IV, n° 97.* ♦ V. notes 10 et 11 ss. art. 11.

9. Le mot « acte » mentionné à la fin de l'art. 138 se réfère aux mots « acte authentique ou sous seing privé » énoncés au début de cet article, si bien que la production de l'acte authentique lui-même, et pas seulement celle d'une expédition, peut être ordonnée par le juge. • Paris, 7 févr. 1983 : *JCP 1983. II. 20032, note Le Ninivin.*

10. De nature réglementaire, les dispositions des art. 138 et 142 ne peuvent déroger à l'art. 23 de la loi du 25 ventôse an XI, texte de nature législative aux termes duquel les notaires ne peuvent sans ordonnance du président du TGI délivrer expédition, ni donner connaissance des actes à d'autres qu'aux personnes intéressées en nom direct, héritiers et ayants droit. • Riom, 30 janv. 1989 : *JCP 1989. II. 21352, note Sanséau.* ♦ Rappr. • Paris, 19 déc. 1988 : *D. 1989. IR 57.*

11. Sur la production, par le juge des enfants, d'un rapport d'assistance éducative, V. • Dijon, 12 juin 1981 : *Gaz. Pal. 1981. 1. Somm. 94.* ♦ V. art. 1187.

12. Sur la possibilité de se faire communiquer des pièces relevant des archives audiovisuelles de la justice, indépendamment de la loi du 11 juill. 1985 réglementant l'accès des tiers à ces archives, V. • Civ. 2e, 17 mars 2005, n° 02-14.514 P : *D. 2005. IR 1051.* ♦ *Adde* • TGI Paris, prés., 18 oct. 2004 : *Gaz. Pal. 22-23 oct. 2004, p. 17.*

13. Procédure avec mise en état. Dans les procédures comportant une mise en état, une demande de production de pièces formée conformément aux dispositions des art. 138 s. peut être présentée devant la juridiction de jugement par une partie qui n'en a pas saisi le juge ou le conseiller de la mise en état. • Civ. 3e, 15 oct. 2014 : *BICC 1er févr. 2015, n° 139 ; Gaz. Pal. 23 déc. 2014, p. 42, note Raschel.*

Livre des procédures fiscales

Art. L. 143 Les juridictions de l'ordre judiciaire ou de l'ordre administratif devant lesquelles a été engagée une action tendant à obtenir une condamnation pécuniaire peuvent ordonner à l'administration des impôts et aux personnes parties à l'instance, de leur communiquer, en vue de leur versement aux débats, tous les documents d'ordre fiscal dont la production est utile à la solution du litige.

Les dispositions du premier alinéa sont applicables aux procédures prévues à l'article 7 de la loi n° 69-992 du 6 novembre 1969 instituant des mesures de protection juridique en faveur des rapatriés et des personnes dépossédées de leurs biens outre-mer et aux articles 55, 60 et 61 de la loi n° 70-632 du 15 juillet 1970 relative à une contribution nationale à l'indemnisation des Français dépossédés de biens situés dans un territoire antérieurement placé sous la souveraineté, le protectorat ou la tutelle de la France, modifiée et complétée par la loi n° 78-1 du 2 janvier 1978 relative à l'indemnisation des Français rapatriés d'outre-mer dépossédés de leurs biens *[V. CGI, art. 1753 bis A : sanctions.]*

Art. 139 **La demande est faite sans forme.**

Le juge, s'il estime cette demande fondée, ordonne la délivrance ou la production de l'acte ou de la pièce, en original, en copie ou en extrait selon le cas, dans les conditions et sous les garanties qu'il fixe, au besoin à peine d'astreinte.

1. Bien-fondé de la demande. L'art. 139, al. 2, donne au juge une simple faculté, dont l'exercice est laissé à son pouvoir discrétionnaire. • Civ. 1re, 4 déc. 1973 : *Bull. civ. I, n° 336* • Civ. 2e, 7 mars 1979 : *ibid. II, n° 71* • 29 mars 1984 : *ibid. II, n° 59.* ♦ V. notes 1 à 4 ss. art. 11.

2. Conditions et garanties. Sur les conditions et les garanties de la production en original d'un acte notarié, V. • Paris, 7 févr. 1983 : *JCP 1983. II. 20032, note Le Ninivin.* ♦ ... Du testament olographe détenu par un notaire, V. • Paris, 19 déc. 1988 : *D. 1989. IR 57.*

Art. 140 **La décision du juge est exécutoire à titre provisoire, sur minute s'il y a lieu.**

Art. 141 **En cas de difficulté, ou s'il est invoqué quelque empêchement légitime, le juge qui a ordonné la délivrance ou la production peut, sur la demande sans forme qui lui en serait faite, rétracter ou modifier sa décision. Le tiers peut interjeter appel de la nouvelle décision dans les 15 jours de son prononcé.**

1. Empêchement légitime. Le pouvoir du juge n'est limité que par l'existence d'un motif légitime tenant soit au respect de la vie privée, sauf si la mesure s'avère nécessaire à la protection des droits et des libertés d'autrui, soit au secret professionnel. • Civ. 1re, 21 juill. 1987 : *Gaz. Pal. 1988. 1. 322, note Renard ; ibid. 1988. 1. Somm. 148, obs. Croze et Morel ; RTD civ. 1988. 393, obs. Perrot.* ♦ V. notes 12 s. ss. art. 11.

2. Nul ne peut être contraint à produire en justice des documents relatifs à des faits dont il a eu connaissance dans l'exercice de ses fonctions et touchant à l'intimité de la vie privée des personnes. • Civ. 2e, 29 mars 1989 : *D. 1990. 45, note Robine ; JCP 1990. II. 21586, note Bouscau ; Gaz. Pal. 1990. 1. 3, note Échappé.*

3. La divulgation, par l'Administration, du domicile de l'un de ses agents sans l'accord de ce dernier constituerait une atteinte à sa vie privée *justifiant le refus d'ordonner* une telle communication. • Civ. 1re, 6 nov. 1990 : *D. 1991. 353, note Prévault.* ♦ Il en va autrement lorsque la dissimulation de cet élément est dictée par le seul désir illégitime de la personne concernée de se dérober à l'exécution de ses obligations et de faire échec aux droits de ses créanciers. • Civ. 1re, 19 mars 1991 : *Gaz. Pal. 1991. 2. Somm. 205 ; D. 1991. 568, note Velardocchio.* – V. aussi • Civ. 1re, 30 juin 1992 : *D. 1993. 421, note (crit.) Guiho ; JCP 1993. II. 22001, note Daverat.*

4. L'Assistance publique des Hôpitaux de Paris doit déférer à l'ordonnance du conseiller de la mise en état prescrite pour les besoins de l'expertise judiciaire confiée à un expert désigné par ses soins, et ce en application de l'art. 10 C. civ., qui confère une base législative aux textes réglementaires du NCPC [devenu C. pr. civ.] relatifs à la production forcée de pièces détenues par une partie ou par un tiers, sauf empêchement légitime, et ce à peine d'astreinte, d'amende civile ou de dommages et intérêts si le juge le décide. • Paris, 8 janv. 2002 : *Gaz. Pal. 27-29 oct. 2002, p. 28, note Carbuccia-Berland.*

5. Pas plus que le malade lui-même, ses héritiers ne pouvaient, avant la loi du 4 mars 2002, exiger la communication directe de son dossier médical hospitalier ; il leur appartenait seulement de désigner un médecin, lequel, au cours des opérations d'expertise, pouvait prendre connaissance des documents médicaux. • Civ. 1re, 8 déc. 1987 : *D. 1988. IR 5.* ♦ V. désormais art. L. 1111-7 et L. 1111-9 CSP – **CSP**, issus de la loi du 4 mars 2002, et Décr. n° 2002-637 du 29 avr. 2002 *(D. 2002. Lég. 1620* ; *JO 30 avr.)*.

6. Il peut être enjoint à une banque de communiquer divers documents, dès lors que la demande de communication était dirigée contre elle, non en sa qualité de tiers confident, mais en tant que partie au procès intenté contre elle par le bénéficiaire du secret bancaire invoqué. • Com. 19 juin 1990, n° 88-19.618 P. ♦ Sur l'opposabilité du secret bancaire en cas de demande de production forcée, V. • TGI Compiègne, 3 nov. 1988 et • TGI Bordeaux, 19 juin 1990 : *D. 1992. Somm. 31, obs. Vasseur* .

7. Appel. L'art. 141 ne déroge qu'au délai dans lequel l'appel peut être interjeté et laisse subsister les règles prescrivant les formes selon lesquelles ce recours doit être exercé. • Civ. 3e, 21 mars 1984 : *Bull. civ. III, n° 76.*

CHAPITRE III LA PRODUCTION DES PIÈCES DÉTENUES PAR UNE PARTIE

DALLOZ ACTION *Droit et pratique de la procédure civile 2022/2023*, nos 341.41 s.

Art. 142 Les demandes de production des éléments de preuve détenus par les parties sont faites, et leur production a lieu, conformément aux dispositions des articles 138 et 139.

1. Dès lors qu'aucune des parties ne l'a saisi d'une demande de production de pièces, le conseil de prud'hommes n'est pas tenu de se conformer aux dispositions des art. 139 et 142. • Soc. 28 mai 1991, n° 88-41.410 P.

Sur le principe (et les exceptions dont il est susceptible) que le juge n'a pas le pouvoir d'ordonner d'office la production de documents détenus par une partie, V. notes 1 à 4 ss. art. 11.

2. La communication d'un rapport médical est de droit pour le malade et le secret médical ou professionnel ne peut lui être opposé ni par le médecin qui l'a examiné, ni par l'assureur. • TGI Angers, 1er avr. 1993 : *Gaz. Pal. 1993. 1. Somm. 275.*

3. Non tenue au secret de l'instruction, la partie civile peut produire dans une instance civile les procès-verbaux qui lui ont été communiqués en cette qualité et qui sont présumés avoir été obtenus régulièrement. • Soc. 6 juill. 1994, n° 90-43.640 P.

4. Le pouvoir du juge civil d'ordonner la production d'un élément de preuve détenu par une partie est limité par l'existence d'un empêchement légitime. • Soc. 27 janv. 1999 : *Procédures 1999, n° 124, obs. Sportouch* (secret bancaire).

5. C'est dans l'exercice du pouvoir laissé par la loi à sa discrétion d'ordonner ou non la production d'un élément de preuve détenu par une partie qu'une cour d'appel statue, sans être tenue de s'expliquer sur une telle demande. • Civ. 2e, 16 oct. 2003, n° 01-13.770 P.

SOUS-TITRE II LES MESURES D'INSTRUCTION

CHAPITRE PREMIER DISPOSITIONS GÉNÉRALES

RÉP. PR. CIV. v° *Mesures d'instruction confiées à un technicien*, par REDON.

DALLOZ ACTION *Droit et pratique de la procédure civile 2022/2023*, nos 342.00 s.

BIBL. GÉN. ▸ CHEVALLIER, *D. 1956. Chron. 37* (contrôle de la pertinence). – GRAMAIZE, *RG proc. 1998. 409* (expertise). – R. MARTIN, *RTD civ. 1971. 279* (instruction du procès civil). – RUET, *RTD com. 1991. 151* (office du juge et preuve en droit commercial). – OLIVIER ET DREYFUS, *Gaz. Pal. 29-30 mars 1995. Doctr. 2* (expertise judiciaire médicale).

▸ **Expertise privée :** DAVID et BERNARD DE SAINT-AFRIQUE, *Experts 12/2012. 4.* – FIOUX, *Experts 12/2012. 11* (égalité des armes entre experts – expert de justice et expert de parties contre expert privé).

SECTION PREMIÈRE DÉCISIONS ORDONNANT LES MESURES D'INSTRUCTION

DALLOZ ACTION *Droit et pratique de la procédure civile 2022/2023*, nos 342.21 s.

Art. 143 Les faits dont dépend la solution du litige peuvent, à la demande des parties ou d'office, être l'objet de toute mesure d'instruction légalement admissible.

RÉP. PR. CIV. v° *Amicus curiae*, par WOOG et LAURIN.

1. Les art. 10 du décret du 9 sept. 1971 (art. 10, NCPC [devenu C. pr. civ.]) et 2 du décret du 17 déc. 1973 (art. 143 C. pr. civ.) relatifs à la possibilité d'ordonner d'office une mesure d'instruction ne reconnaissent au juge qu'une simple faculté et s'en remettent à la prudence des magistrats pour apprécier de faire usage de cette faculté selon les circonstances de la cause. • Civ. 2e, 30 juin 1976 : *JCP 1976. IV. 282.* ♦ Rappr. • Civ. 2e, 13 janv. 1971 : *Bull. civ. II, n° 7.*

2. Amicus curiae. L'*amicus curiae* n'est ni un témoin, ni un expert ; sa venue devant le tribunal, sur l'invitation que celui-ci lui adresse, et son audition ne sont soumises qu'aux seules règles tendant au respect du contradictoire et au respect des droits de la défense. • Paris, 21 juin 1988 : *D. 1989. 341, note Laurin ; Gaz. Pal. 1988. 2. 699, note Laurin ; RTD civ. 1989. 193, obs. Perrot* • 6 juill. 1988 : *ibid.* ♦ Comp. : Woog, *JCP 1989. I. 3113.* ♦ Pour une illustration, V. • Cass., ass. plén., 31 mai 1991 : *JCP 1991. II. 21752, communication Jean Bernard.*

Sur la pratique de l'*amicus curiae,* V. Laurin, *D. 1993. 172* ; *JCP 1992. I. 3603.*

Sur la légalité des modes de preuve, V. notes 8 s. ss. art. 9.

Art. 144 **Les mesures d'instruction peuvent être ordonnées en tout état de cause, dès lors que le juge ne dispose pas d'éléments suffisants pour statuer.** – *V. art. 254, 257.*

1. Caractère facultatif. Les art. 10, 143 et 146 donnent au juge une simple faculté dont ils sont libres de ne pas user dès lors qu'ils s'estiment suffisamment informés. • Com. 2 juin 1970 : *Bull. civ. IV, n° 184* • 8 déc. 1981 : *Bull. civ. IV, n° 428* • Soc. 5 mars 1987 : *Bull. civ. V, n° 107.*

2. Pouvoir souverain. Les juges du fond apprécient souverainement l'opportunité d'ordonner les mesures d'instruction demandées. • Civ. 1re, 25 avr. 1979, n° 78-11.293 P • Civ. 2e, 30 janv. 1980, n° 79-12.470 P • Com. 3 juill. 1984 : *Bull. civ. IV, n° 211.* ♦ De même, ne méconnaît pas l'objet du litige la cour d'appel qui décide, dans l'exercice de son pouvoir souverain d'appréciation et par une décision motivée, de rejeter la demande d'un complément d'expertise. • Civ. 2e, 26 juin 2008, n° 07-13.875 P : *BICC 15 nov. 2008, n° 1734, et le communiqué ; R. 2008. 332 ; D. 2008. AJ 1906* ; *JCP 2008. Actu. 487, obs. Salati.*

3. Pouvoir discrétionnaire. Quelques décisions font état du pouvoir discrétionnaire dont disposerait à ce propos le juge du fond. V. par ex. • Civ. 3e, 10 févr. 2009 : *Procédures 2009, n° 105, note Perrot* • 8 févr. 2006, n° 05-10.724 P : *AJDI 2006. 385, obs. Rouquet* ; *Loyers et copr. 2006. Comm. 102, note Vial-Pedroletti ; Administrer 6/2006. 43, note Canu ; JCP E 2006. 2145, note Vial-Pedroletti ; Defrénois 2006. art. 38433, p. 1236, Chron. R. Libchaber ; Administrer 6/2007. 46, obs. Beddeleem* • Com. 25 avr. 2006, n° 04-19.656 • Civ. 2e, 8 avr. 2004, n° 02-18.838 • Civ. 3e, 29 juin 1976 : *Bull. civ. III, n° 288* • 28 févr. 1978, n° 76-14.249 P • Civ. 3e, 6 mai 2009, n° 08-13.867 : *JCP 2009. IV. 1953.* ♦ L'appréciation de l'utilité d'une mesure d'instruction ou de consultation sollicitée en application des art. 143, 144 et 256 relève du pouvoir discrétionnaire des juges du fond. • Civ. 2e, 14 avr. 2022, n° 20-22.578 P (visa des art. 143, 144 et 256).

Rappr. en ce sens que les mesures d'instruction étant facultatives pour le juge, celui-ci n'est pas tenu de motiver spécialement son refus d'ordonner l'expertise sollicitée : • Civ. 1re, 14 mai 1985 : *Bull. civ. I, n° 153.*

4. Le pouvoir souverain des juges du fond n'a plus cours lorsque leur refus d'ordonner une mesure d'instruction est fondé sur un motif de droit erroné. • Civ. 1re, 21 mai 1968 : *JCP 1968. II. 15617* • 24 oct. 1973 : *JCP 1975. II. 17991, note Chartier.* ♦ ... Lorsque les faits articulés auraient légalement pour conséquence, si leur existence était établie, de justifier la demande. • Civ. 2e, 10 mai 1973 : *D. 1973. IR 181* • Civ. 3e, 15 juin 1976 : *Bull. civ. III, n° 262.*

5. Le jugement qui ordonne une mesure d'instruction ne peut, en même temps, statuer au fond sur le chef qui fait l'objet de cette mesure. • Civ. 3e, 3 juin 1975 : *Bull. civ. III, n° 155.*

Art. 145 **S'il existe un motif légitime de conserver ou d'établir avant tout procès la preuve de faits dont pourrait dépendre la solution d'un litige, les mesures d'instruction légalement admissibles peuvent être ordonnées à la demande de tout intéressé, sur requête ou en référé.**

BIBL. ▸ BATTUT, *R. 2000. 99.* – BÉRARD, *Gaz. Pal. 7-8 déc. 2012, p. 19* (les mesures d'instruction *in futurum* : retour sur la procédure de l'art. 145). – BOURGEOIS, *LPA 4 juill. 1984.* – CHABOT, *D. 2000. Chron. 256* (finalité probatoire de l'art. 145). – DESPRÉS, *Les mesures d'instruction in futurum, Dalloz 2004 ; Mél. S. Guinchard, Dalloz 2010, p. 693* (retour vers le futur) ; *RTD. com. 2016. 657* (plaidoyer pour anticipation efficace). – ESTOUP, *note JCP 1988. II. 20972.* – FOULON, *Mél. Drai, Dalloz 2000, p. 311* (remarques d'un président de TGI). – FOULON et STRICKLER, *Dr. et pr. 2006. 71* (le constat sur requête avant tout procès) ; *Dr. et pr. 2010. 307* (*ibid.*) ; *Gaz. Pal. 8-9 mars 2013, p. 17* (requête *in futurum* et protection du futur défendeur). – GRAYOT, *Mél. G. Viney LGDJ-Lextenso 2008, p. 467* (de la responsabilité civile conjuguée au provisoire). – JÉHANNIN, La mesure d'instruction *in futurum*, Droit et Professionnels, *LexisNexis 2016.* – JEANTIN, *D. 1980. Chron. 205 ; notes D. 1983. 343 ; D. 1987. 344.* – JEULAND, *D. 2000. Chron. 209* (expertise commerciale). – Jockey, *LPA 4 sept. 2017, p. 29* (un outil moderne de l'accès à la preuve). – Lauvergnat, *Dr. et pr. 2016. 54* (constat sur requête : l'huissier, le préposé et le sachant). – Loyseau de Grandmaison, *Gaz. Pal. 9 mars 2021, p. 17* (art. 145 et secret des affaires : concilier des exigences contraires). – Normand, *RTD civ. 1983. 185 et 783 ; 1986. 404 et 798 ; 1990. 134 ; 1995. 429* (juge des référés). – Olivier, *Gaz. Pal. 1995, 26 janv. Doctr.* (le prérapport d'expertise). – Perrot, *RTD civ. 1982. 786 ; 1984. 564 ; 1988. 393.* – Peyre, *JCP 1984. I. 3158.* – Pierre-Maurice, *D. 2002. Chron. 3131* (secret des affaires) ; *Dr. et pr. 2018. 102* (rétractation d'une ordonnance sur requête et annulation de la mesure ordonnée sur requête). – Théry, *Rev. jur. Centre-Ouest 1988. 2. 210.* – Vigneau, *Experts oct. 2013, p. 4* (la dualité procédurale des mesures d'instruction avant tout procès). – Virassamy, *D. 1989. 354.*

▸ **Sur la prescription :** Fricero, *Mél. Wiederkehr, Dalloz 2009, p. 332* (procédure judiciaire ou amiable et prescription extinctive) ; *Procédures 2009. Étude 6* (la prescription extinctive un an après la L. n° 2008-561 du 17 juin 2008). – Perrot, *Procédures 2008. Focus 35.* – Théry, *RDI 2009. 481* (le référé probatoire et l'application dans le temps de la loi du 17 juin 2008).

Sur l'incidence des mesures d'instruction préventives sur la prescription de l'action au fond, V. art. 2230 et 2239 C. civ., reproduits ci-dessous.

Plan des annotations

1. *Lex fori.* Dans un litige international, la mise en œuvre de mesures d'instruction sur le fondement de l'art. 145 est soumise à la loi française et n'impose pas au juge de caractériser le motif légitime d'ordonner une mesure d'instruction au regard de la loi susceptible d'être appliquée à l'action au fond qui sera éventuellement engagée. • Civ. 1re, 4 juill. 2007, n° 04-15.367 P : *D. 2007. AJ 2112 ; ibid. 2008. AJ 2827, obs. Bretzner ; Gaz. Pal. 13 janv. 2008, p. 36, note Du Rusquec ; ibid. 22 mars 2008, p. 30, note Niboyet ; Dr. et patr. 2/2008, p. 110, obs. Niboyet ; Rev. crit. DIP 2007. 840, note Muir Watt ; Procédures 2007. n° 215, note Perrot* • Civ. 1re, 3 nov. 2016, n° 15-20.495 P : *D. actu. 16 nov. 2016, obs. Kebir ; D. 2016. 2289 ; ibid. 2017. 1011, obs. Gaudemet-Tallon ; ibid. 2018. Pan. 267, obs. Bretzner ; D. avocats 2017. 31, obs. Royer ; JCP 2017. 105, note Jeuland ; ibid. 660, obs. Moret-Bailly.*

I. RÈGLES DE COMPÉTENCE

A. COMPÉTENCE INTERNATIONALE DES JURIDICTIONS FRANÇAISES

2. *Juge du lieu.* Encourt la censure l'arrêt d'appel qui déclare le président du Trib. com. de Paris incompétent pour ordonner une mesure d'expertise portant sur la comptabilité d'une société dont le siège social est à Paris, à l'encontre d'une société dont le siège social est à Dakar, et décide que, ledit Trib. com. étant incompétent, comme n'étant ni le tribunal du défendeur ni celui de la prestation de services réclamée à la société défenderesse, le président de cette juridiction l'était par voie de conséquence pour *ordonner la mesure d'expertise sollicitée*, alors que l'objet des vérifications réclamées se trouvait à Paris, et que la compétence invoquée présentait donc une opportunité qui ne préjudiciait pas aux droits des parties. • Com. 1er juill. 1980 : *Bull. civ. IV, n° 284.* ♦ Comp., jugeant que se trouve légalement justifié l'arrêt de cour d'appel qui déclare incompétent le juge des référés de Paris pour statuer sur une demande d'expertise concernant un marché de travaux exécuté en Principauté de Monaco du fait que, la société demanderesse agissant en qualité de mandataire d'un groupement de sociétés ayant son siège en Principauté de Monaco, les dispositions de l'art. 14 C. civ. ne pouvaient s'appliquer et que le siège social du défendeur était situé à Monaco, lieu d'exécution de la prestation litigieuse. • Civ. 1re, 7 avr. 1998 : *Rev. crit. DIP 1998. 459, note Muir Watt .*

B. SÉPARATION DES ORDRES ADMINISTRATIF ET JUDICIAIRE

1° PRINCIPE

a. Énoncé

3. Les dispositions de l'art. 145 ne font pas échec aux règles gouvernant la compétence respective des deux ordres de juridiction. • T. confl. 2 mai 1988 : *Gaz. Pal. 1989. 1. Doctr. 102, cité par Plouvin.*

b. Illustrations

4. *Incompétence du juge judiciaire.* La compétence du juge des référés est restreinte aux litiges dont la connaissance appartient quant au fond aux tribunaux civils. • Civ. 1re, 30 janv. 1985 : *Bull. civ. I, n° 51.* ♦ La compétence du juge des référés de l'ordre judiciaire est restreinte aux litiges dont la connaissance appartient quant au fond aux juridictions du même ordre ; dès lors, excède ses pouvoirs le juge des référés de l'ordre judiciaire qui, statuant sur le fondement de l'art. 145, désigne un expert à l'effet d'examiner une personne se plaignant de troubles qui trouvent leur origine dans une intervention effectuée dans un service public de santé. • Civ. 1re, 10 janv. 1990, n° 88-12.904 P : *D. 1991. 245, obs. Fricero .* ♦ Si, avant tout procès et toute détermination de la compétence au fond, et dès lors que le litige est de nature à relever, fût-ce pour partie, de l'ordre de juridiction auquel il appartient, le juge des référés peut ordonner une mesure d'instruction sans que soit en cause le principe de séparation des autorités administratives et judiciaires, il en est autrement lorsqu'il est demandé au juge des référés d'ordonner une mesure d'instruction qui porte à titre exclusif sur un litige dont la connaissance au fond n'appartient manifestement pas à son ordre de juridiction. • Civ. 1re, 13 mars 2007 : *D. 2008. AJ 2829, obs. Bretzner*. ♦ Le juge judiciaire des référés ne peut ordonner une mesure d'instruction ou la suspension de travaux publics autorisés que lorsque le fond du litige est de nature à relever, ne serait-ce qu'en partie, de la compétence des juridictions de l'ordre auquel il appartient ; tel n'est pas le cas lorsque la connaissance des questions qui lui sont soumises tend nécessairement au contrôle, à l'annulation ou à la réformation des décisions de l'autorité administrative dans l'exercice de ses prérogatives de puissance publique. • Civ. 1re, 17 oct. 2007, nº 06-21.054 P : *D. 2008. AJ 2829, obs. Bretzner ; AJDA 2007. 2004*.

5. Compétence du juge judiciaire. Une expertise sur le fondement de l'art. 145 dans la perspective d'une action en responsabilité formée par une commune contre un expert judiciaire doit se tenir devant la juridiction judiciaire puisque les éventuelles fautes commises par lui engagent sa propre responsabilité et non celle de l'État. • Civ. 1re, 19 mars 2002, nº 00-11.907 P : *AJDI 2002. 867, obs. Heugas-Darraspen ; Procédures 2002, nº 115, note Perrot.* ♦ Le juge judiciaire peut ordonner une expertise dès lors que l'action intentée n'implique pas son intervention dans la gestion des fréquences relevant du CSA ni son immixtion dans le service public de la radiodiffusion. • Civ. 1re, 28 janv. 2009 : *D. 2009. Pan. 2457, obs. Trébulle ; Procédures 2009, nº 118, note Junillon.*

2º ASSOUPLISSEMENTS

a. Énoncé et limite

6. Avant tout procès et avant même que puisse être déterminée, eu égard aux parties éventuellement appelées en la cause principale, la compétence sur le fond du litige, et dès lors que ce dernier est de nature à relever, fût-ce pour partie, de l'ordre de juridiction auquel il appartient, le juge des référés a compétence pour ordonner une mesure d'instruction sans que soit en cause le principe de séparation des autorités administratives et judiciaires ; il n'en est autrement que lorsqu'il est demandé au juge des référés d'ordonner une mesure d'instruction qui porte à titre exclusif sur le litige dont la connaissance au fond n'appartient manifestement pas à l'ordre de juridiction auquel il appartient ; dès lors que la demande d'expertise relative à la recherche de la cause de l'accident était formulée non seulement à l'égard de la DRIRE, service administratif chargé d'une mission de service public, mais aussi d'un garagiste, qui avait procédé à une réparation sur le véhicule, le litige ne relève manifestement pas de la compétence du seul ordre administratif. • T. confl. 23 oct. 2000, nº 00-03.220 P.

b. Applications

Juge administratif

7. Compétence partielle. Le juge administratif est compétent dès lors que le fond du litige est de nature à relever, au moins pour partie, de la juridiction administrative. • CE 30 oct. 1989 : *D. 1990. Somm. 250, obs. Terneyre*.

Juge judiciaire

8. Compétence incertaine. S'il est exact que la compétence du juge des référés est restreinte aux litiges dont la connaissance appartient quant au fond aux tribunaux de l'ordre judiciaire, cette règle ne fait pas obstacle à l'application, avant tout procès, de l'art. 145 lorsqu'il apparaît qu'au moment où est demandée une mesure d'instruction la compétence des tribunaux de l'ordre administratif sur le fond du litige n'est pas établie. • Civ. 1re, 8 juill. 1986 : *Bull. civ. I, nº 204.*

9. Compétence partielle. Le juge judiciaire des référés peut ordonner une mesure d'instruction, avant tout procès, dès lors que le fond du litige est de nature à relever, ne serait-ce qu'en partie, de la compétence des juridictions de l'ordre auquel il appartient. • Civ. 1re, 19 févr. 1991, nº 89-20.148 P • Civ. 2e, 16 mai 2002, nº 00-17.271 P : *D. 2002. IR 1807*.

C. CONVENTIONS DES PARTIES

1º CLAUSE DE PRÉALABLE OBLIGATOIRE DE CONCILIATION

10. La clause instituant, en cas de litige portant sur l'exécution d'un contrat d'architecte, un recours préalable à l'avis du conseil régional de l'ordre des architectes n'est pas applicable à l'action exercée sur le fondement de l'art. 145 dans le but de réunir des preuves et d'interrompre un délai. • Civ. 3e, 28 mars 2007, nº 06-13.209 P : *D. 2007. AJ 1147 ; ibid. 2008. Pan. 2828, obs. Bretzner ; JCP 2007. I. 200, nº 9, obs. Clay ; Procédures 2007, nº 104, note Perrot ; Dr. et patr., janv. 2008, p. 108, obs. Amrani Mekki ; RTD civ. 2007. 807, obs. Théry ; RDI 2007. 355, note Malinvaud ; Rev. arb. 2008. 150, obs. Tricoit ; Administrer 8/2009, p. 48, obs. Artz.*

2º CONVENTION D'ARBITRAGE

a. Jurisprudence traditionnelle

11. Référé. L'existence d'une convention d'arbitrage ne fait pas obstacle au pouvoir reconnu au juge des référés par l'art. 145 d'ordonner, avant toute saisine de la juridiction compétente, les mesures d'instruction légalement admissibles s'il existe un motif légitime de conserver ou d'établir la preuve de faits dont pourrait dépendre l'issue du litige. • Civ. 3e, 20 déc. 1982 : *Bull. civ. III, no 260 ; Gaz. Pal. 1983. 1. Pan. 134, obs. Guinchard ; RTD com. 1983. 552, obs. Dubarry et Bénabent.* ♦ L'existence d'une convention d'arbitrage ne fait pas obstacle au pouvoir du juge des référés d'ordonner, sur le fondement de l'art. 145 et avant saisine de la juridiction compétente, toutes les mesures d'instruction légalement admissibles, qui ne se limitent pas aux constatations. • Civ. 2e, 11 oct. 1995, no 92-20.496 P : *D. 1995. IR 231 ; Procédures 1996, no 3, note Perrot ; JCP 1996. I. 3938, no 17, obs. Cadiet ; Rev. arb. 1996. 13, note Hory ; RTD com. 1996. 664, obs. Dubarry et Loquin ; Justices 1997/5. 347, obs. Rivier.*

b. Réforme de l'arbitrage

12. Renvoi. V. art. 1449.

3o CLAUSE ATTRIBUTIVE DE COMPÉTENCE TERRITORIALE

13. Inopposabilité. Une clause attributive de compétence territoriale est inopposable à la partie qui saisit le juge des référés. • Civ. 2e, 17 juin 1998, no 95-10.563 P : *D. 1998. IR 194* . ♦ Une clause attributive de compétence territoriale est inopposable à la partie qui saisit le juge des requêtes en vue de la réalisation d'une mesure d'instruction *in futurum*. • Com. 13 sept. 2017, no 16-12.196 P : *D. actu. 20 sept. 2017, obs. Dargent ; D. 2018. Pan. 700, obs. Fricero ; AJ contrat 2017. 531, note Duminy et Bretzner ; Procédures 2017, no 258, note Strickler.* ♦ Une clause attributive de compétence territoriale ne peut non plus être opposée par la partie qui saisit le juge d'une requête fondée sur l'art. 145, car le juge territorialement compétent est soit le président du tribunal susceptible de connaître de l'instance au fond, soit celui du tribunal dans le ressort duquel les mesures d'instruction *in futurum* sollicitées doivent, même partiellement, être exécutées. • Civ. 2e, 22 oct. 2020, no 19-14.849 P : *D. 2020. 2122 ; ibid. 2021. 207, obs. Bretzner et Aynès ; Rev. prat. rec. 2021. 7, chron. Cousin, Kieffer et Laher.*

D. DROIT COMMUN

14. Juge du fond (non). Le juge du fond ne peut être saisi à titre principal d'une demande visant uniquement à ordonner une expertise (tendant à déterminer les conditions dans lesquelles des banques avaient été amenées à consentir des financements pour le rachat de parts sociales dans le cadre de l'exploitation d'une société en redressement judiciaire), dès lors que cette possibilité n'appartient qu'à un juge statuant sur requête ou en référé. • Aix-en-Provence, 9 oct. 2001 : *Gaz. Pal. 25-28 déc. 2002, p. 13, note Baldino.*

15. Juridictions spécialisées. Seules les juridictions du premier degré spécialement désignées par les art. D. 442-3 et R. 420-3 C. com. sont investies du pouvoir de statuer sur les litiges relatifs à l'application de l'art. L. 442-6 ou dans lesquels les dispositions de l'art. L. 420-1 du même code sont invoquées. Par suite, si la partie qui demande une mesure sur le fondement de l'art. 145 C. pr. civ. dispose du choix de saisir le président du tribunal appelé à connaître du litige, soit celui du tribunal du lieu de l'exécution de la mesure d'instruction, le président saisi ne peut ordonner une telle mesure que dans les limites du pouvoir juridictionnel de ce tribunal. C'est donc à bon droit qu'après avoir constaté que le requérant se prévalait dans sa requête d'un motif légitime fondé sur l'existence de pratiques restrictives de concurrence et relevé que le tribunal dans le ressort duquel la mesure d'investigation devait être exécutée n'avait pas le pouvoir juridictionnel de statuer sur un tel litige, une cour d'appel a infirmé l'ordonnance de référé déférée et rétracté l'ordonnance sur requête ayant ordonné la mesure, peu important que la requête ait pu invoquer, en outre, un fondement de droit commun. • Com. 17 janv. 2018, no 17-10.360 P : *D. 2018. Actu. 116 ; ibid. Chron. C. cass. 1336, obs. Tréard ; CCC 2018, no 16, note Mathey ; Gaz. Pal. 15 mai 2018, p. 73, obs. Hosffshir.*

1o RÉFÉRÉ

16. Option de compétence territoriale. Si le juge territorialement compétent pour statuer sur une demande de mesure d'instruction est le président de la juridiction appelée à connaître d'un litige éventuel sur le fond, il n'est pas interdit au demandeur de saisir en référé le président de la juridiction du lieu où doit être exécutée la mesure demandée. • Civ. 2e, 17 juin 1998 : *préc. note 13.* ♦ Aussi celui dans le ressort duquel les mesures d'instruction *in futurum* sollicitées doivent partiellement être exécutées. • Civ. 2e, 2 juill. 2020, no 19-20.012 : *D. actu. 15 sept. 2020, obs. Kebir.*

17. Compétence ratione temporis. Un juge de la mise en état ayant ordonné une expertise et l'une des parties ayant obtenu d'un juge des référés que les opérations d'expertise soient rendues communes à une société qui n'était pas partie à la procédure au fond, viole l'art. 145 une cour d'appel qui accueille la demande de cette société de rendre communes les opérations d'expertise à une autre société, alors que l'expertise avait été instituée par le juge du fond. • Civ. 2e, 5 juill. 2006, no 05-13.269 P : *D. 2006. IR 1990 ; Gaz. Pal. 6-7 juill. 2007, p. 30, note du Rusquec.*

2° REQUÊTE

a. Compétence d'attribution

18. Tribunal de grande instance. Est seul compétent pour ordonner, sur le fondement de l'art. 145, une mesure d'instruction liée de façon indissociable à des actes de contrefaçon de marque le président du TGI, dont le juge a compétence exclusive pour connaître au fond de l'affaire mettant en cause tant des actes de concurrence déloyale que de contrefaçon de marque. • Com. 20 nov. 2012, n° 11-23.216 P : *D. 2012. 2798 ; ibid. 2014. Pan. 326, obs. Clavier, Martial-Braz et Zolynski* (incompétence du président du tribunal de commerce pour commettre sur requête un huissier de justice afin qu'il se rende dans les locaux de sociétés commerciales).

19. Tribunal de commerce. La compétence dévolue par l'art. 812 au président du TGI pour statuer sur requête fondée sur l'art. 145 ne pouvant faire échec à celle conférée au président du tribunal de commerce par l'art. 875 lorsque le litige pour la solution et dans la perspective duquel sont requises les mesures d'instruction relève de la juridiction de ce dernier, une cour d'appel décide exactement que seul le président du tribunal de commerce est compétent. • Civ. 2e, 20 mars 2014 : *cité note 6 ss. art. 79.*

20. Assouplissement. Le juge des requêtes peut ordonner une mesure d'instruction avant tout procès, dès lors que le fond du litige est de nature à relever, ne serait-ce qu'en partie, de la compétence de la juridiction à laquelle il appartient ; justifie légalement sa décision la cour d'appel ayant relevé que les faits de concurrence déloyale, de dénigrement et de parasitisme imputés à des sociétés commerciales ainsi qu'à leurs dirigeants et associés étaient susceptibles de relever de la compétence au fond du tribunal de commerce, peu important dès lors qu'une partie des faits litigieux aient pu être commis par ces personnes en leur qualité de salariés. • Civ. 2e, 7 juin 2012, n° 11-15.490 P : *D. 2012. Actu. 1623 ; ibid. Pan. 2834, obs. Bretzner ; Procédures 2012, n° 243 ; RTD civ. 2012. 571, obs. Perrot* .

b. Compétence territoriale

21. Pluralité de défendeurs potentiels. Le juge territorialement compétent pour statuer sur une requête fondée sur l'art. 145 est le président du tribunal susceptible de connaître de l'instance au fond ou celui du tribunal dans le ressort duquel les mesures d'instruction *in futurum* sollicitées doivent, même partiellement, être exécutées. Ne tire pas les conséquences légales de ses propres constatations et viole les art. 42, 46, 145 et 493 l'arrêt qui retient qu'en application de ces dispositions le président d'une juridiction, saisi d'une requête tendant à ce que soient ordonnées des mesures d'instruction, n'est compétent pour les ordonner qu'à la double condition que l'une de ces mesures doive être exécutée dans le ressort de ce tribunal et que la juridiction à laquelle il appartient soit compétente pour connaître de l'éventuelle instance au fond, alors qu'il relève que le tribunal de commerce de Paris était la juridiction territorialement compétente pour connaître du procès potentiel au fond. • Civ. 2e, 15 oct. 2015, n° 14-17.564 P : *D. 2015. Actu. 2133 ; JCP 2015. 1231, obs. Lebel.* ♦ Comp. antérieurement jugeant que c'est à bon droit qu'une cour d'appel retient que le président d'un TGI était compétent pour ordonner les mesures sollicitées, dès lors que l'une d'entre elles devait être exécutée dans le ressort de ce tribunal et que cette juridiction serait compétente pour connaître de l'éventuelle instance au fond. • Civ. 2e, 30 avr. 2009, n° 08-15.421 P : *D. 2009. 2321, note Pierre-Maurice ; ibid. 2714, obs. Bretzner ; Procédures 2009, n° 188, note Perrot ; ibid. 224, note Perrot ; Dr. et pr. 2009. 268, note Salati.* ♦ Le président d'un tribunal de commerce saisi, sur le fondement de l'art. 145, de requêtes tendant à ce que soient ordonnées des mesures devant être exécutées dans le ressort de plusieurs tribunaux, est compétent pour ordonner les mesures demandées, à la condition que l'une d'entre elles doive être exécutée dans son ressort, sans qu'une clause attributive de compétence territoriale puisse être opposée à la partie requérante. • Com. 16 févr. 2016, n° 14-25.340 P : *D. 2016. Actu. 489 ; RTD civ. 2017. 493, obs. Cayrol ; AJCA 2016. 204 ; JCP 2016. 414, n° 4, obs. Serinet ; CCC 2016, n° 140, note Malaurie-Vignal.* ♦ Saisi, sur le fondement de l'art. 145, d'une requête unique visant plusieurs personnes dont certaines sont domiciliées hors de son ressort, le juge des requêtes est compétent pour ordonner, par des ordonnances distinctes, des mesures d'instruction concernant l'ensemble des personnes visées par la requête, dès lors que l'une d'entre elles au moins est domiciliée dans son ressort, que les mesures sollicitées tendent à conserver ou établir la preuve de faits similaires dont pourrait dépendre la solution d'un même litige et que la juridiction à laquelle il appartient est susceptible de connaître de l'éventuelle instance au fond. • Civ. 2e, 5 mai 2011, n° 10-20.435 P : *JCP 2011. 1397, note Amrani Mekki.*

II. ARTICULATION AVEC LES AUTRES NORMES

A. ARTICULATION AVEC LES NORMES SUBSTANTIELLES

22. Assurance dommages-ouvrage. Déclare à bon droit irrecevable la demande d'un assuré qui n'a pas poursuivi l'instance dans les formes de l'art. L. 242-1 C. assur. à l'encontre de l'assureur dommages-ouvrage, qui a saisi le juge des référés d'une demande de désignation d'expert après avoir fait une déclaration de sinistre auprès de l'assureur dommages-ouvrage sans attendre l'issue de la procédure amiable. • Civ. 3e, 10 mai 2007, n° 06-12.467 P : *D. 2007. AJ 1501 ; RCA 2007, n° 260, note Mathurin et Dupuy-Loup ; Constr-Urb. 2007, n° 120, note Pagès de Varenne ; Dr. et patr. 2008. 108, obs. Amrani Mekki ; Defrénois 2008, n° 38702, § 7, note Périnet-Marquet ; JCP 2008. I. 134, § 10, note Karila ; Administrer 8/2009, p. 43, obs. Artz.*

23. Dégâts causés aux récoltes. La procédure particulière de détermination et de fixation de l'indemnité à la charge de l'Office national de la chasse n'exclut pas la procédure de préconstitution de preuve de l'art. 145 et la désignation d'un expert judiciaire. • Civ. 2e, 25 nov. 1987 : *Bull. civ. II, n° 245.*

24. Bail commercial. Aucun texte relatif au bail commercial ne s'opposant à l'exercice par le juge des référés des pouvoirs que lui confère l'art. 145, la cour d'appel qui constate que les pourparlers engagés entre les parties sur le montant de l'indemnité d'éviction n'avaient pas abouti et qu'aucun juge du fond n'était saisi de demandes concernant cette indemnité offerte par la bailleresse et l'indemnité d'occupation due par la locataire en déduit souverainement que le bailleur disposait d'un motif légitime pour solliciter une expertise aux fins d'évaluation de ces indemnités. • Civ. 3e, 18 déc. 2002, n° 01-14.202 P : *Loyers et copr. 2003, n° 66, obs. Brault ; AJDI 2003. 112, obs. Dumont ; Gaz. Pal. 14 juin 2003, Somm., p. 30, note Barbier ; Rev. loyers 2003. 152, note Gallet ; Administrer 2003, n° 354, p. 39, note Boccara et Lipman-Boccara.* ♦ Comp. dès lors que le bailleur n'a pas exercé l'option de l'art. L. 145-57 C. com., il n'existe aucun litige potentiel permettant d'ordonner une mesure d'instruction sur le fondement de l'art. 145 C. pr. civ. • Civ. 3e, 16 avr. 2008, n° 07-15.486 P : *D. 2008. AJ 1205, obs. Rouquet ; AJDI 2008. 843, obs. Blatter ; JCP 2008. Actu. 306 ; ibid. I. 206, n° 12, obs. Serinet ; Procédures 2008, n° 174, note Junillon ; LPA 1er juill. 2008, n° 131, note Fraissinier-Amiot ; Gaz. Pal. 6-8 juill. 2008, p. 25, note Barbier ; Loyers et copr. 2008, n° 133, note Brault ; JCP 2008. II. 10193, note Poumarède ; Administrer 6/2008, p. 33, note Lipman et Boccara ; ibid. juill. 2008, p. 36, note Barbier.* ♦ V. aussi. l'existence d'un litige potentiel n'étant pas une condition de recevabilité de la demande mais de son succès, une cour d'appel, qui a relevé qu'à la date à laquelle elle statuait la SCI demanderesse avait exercé son droit d'option en vertu de l'art. L. 145-57 C. com., en a souverainement déduit que la société bailleresse justifiait d'un motif légitime au sens de l'art. 145 C. pr. civ. • Civ. 3e, 8 avr. 2010, n° 09-10.226 P : *D. 2010. Actu. 1072 ; ibid. 2011. 1786, obs. Dumont-Lefrand ; AJDI 2010. 720, obs. Y. Rouquet ; JCP 2010. I. 1191, n° 12, obs. Serinet ; Rev. huiss. 2010. 210, obs. Vinckel.*

25. Documents comptables. Les dispositions de l'art. 17 [devenu L. 123-23] C. com. ont trait à la communication de l'ensemble des documents comptables et ne peuvent être invoquées pour faire échec au pouvoir du juge d'ordonner, sur le fondement de l'art. 145 NCPC [devenu C. pr. civ.], les productions utiles. • Civ. 2e, 6 mai 1999, n° 96-10.631 P : *D. Affaires 1999. 1080, obs. V. A.-R.*

1° EXPERTISE DE GESTION

26. Choix de l'art. 145. Il ne peut être reproché à un arrêt d'avoir accueilli une demande d'expertise formée par deux associés d'une société anonyme bien que ceux-ci ne représentassent pas le dixième du capital social dès lors que la cour d'appel a retenu que, si la mesure d'instruction sollicitée consistait à recueillir des éléments d'information relatifs à une opération de gestion de la société, son objet était d'établir, avant tout procès, la preuve des faits dont pouvait dépendre la solution d'un litige se rapportant à une convention conclue entre la société et son président-directeur général, désapprouvée à deux reprises par l'assemblée générale des actionnaires ; en l'état de ces constatations, la cour d'appel, qui a fait ressortir le motif légitime d'agir des associés, a décidé à bon droit que leur action, fondée sur les dispositions de l'art. 145 et non sur celles de l'art. 226 de la loi du 24 juill. 1966 [devenu L. 225-231 C. com.], était recevable. • Com. 7 déc. 1981 : *Bull. civ. IV, n° 425 ; Rev. sociétés 1982. 521, note Michelin-Finielz.* ♦ *Adde* jugeant que l'associé minoritaire d'une société familiale envisageant d'agir en responsabilité contre le gérant peut obtenir une expertise pour se ménager une preuve des fautes du gérant s'il justifie d'indices rendant vraisemblable l'existence de ces fautes : • Douai, 6 juill. 2017, n° 17/00527.

27. Choix de l'expertise de gestion. La décision d'une cour d'appel confirmant la désignation d'un mandataire *ad hoc* étant légalement justifiée sur le fondement de l'art. 226 de la L. du 24 juill. 1966 [devenu L. 225-231 C. com.], le demandeur au pourvoi est irrecevable, faute d'intérêt, à critiquer l'arrêt en ce qu'il manquerait de base légale au regard des art. 145 et 146 NCPC [devenu C. pr. civ.]. • Com. 21 oct. 1997, n° 95-17.904 P : *Rev. sociétés 1998. 82, note Didier ; RTD com. 1998. 171, obs. Petit et Reinhard.*

28. Articulation. Une mesure d'instruction ordonnée sur le fondement de l'art. 145 C. pr. civ. ne revêt aucun caractère subsidiaire par rapport à l'expertise de gestion prévue par l'art. L. 225-231 C. com. • Com. 18 oct. 2011, n° 10-18.989 P : *D. 2011. Actu. 2596, obs. Lienhard ; ibid. 2012. Pan. 2826, obs. Bretzner ; RTD com. 2011. 766, obs. Dondero et Le Cannu ; Gaz. Pal. 10-11 févr. 2012, p. 38, obs. Zattara-Gros ; ibid. 2-3 mars 2012, p. 35, note Bléry ; LPA 26 juin*

2012, p. 10, obs. Messaï-Bahri ; JCP E 2014. 1020, obs. Pétel ; Dr. sociétés 2014, n° 33, note Legros ; ibid. 1120, note Legros ; BJS 2013. 750, note Couturier ; RPC 2014, n° 2, note Cagnoli. ♦ Une expertise de gestion précédemment ordonnée sur le fondement de l'art. L. 225-231 C. com. ne fait pas obstacle à ce qu'une expertise soit ordonnée sur le fondement de l'art. 145 C. pr. civ. • Com. 15 sept. 2015, n° 13-25.275 P : *Gaz. Pal. 2 févr. 2016, p. 75, obs. Dondero.*

2° PROCÉDURES COLLECTIVES

29. Juge-commissaire. Le juge des référés possède un pouvoir concurrent de celui du juge-commissaire à l'effet d'ordonner une expertise préventive telle que prévue par l'art. 145. • Com. 27 oct. 1998 : *Procédures 1999, n° 36, note Laporte.* ♦ Comp. lorsque la désignation d'un technicien est nécessaire, seul le juge-commissaire peut y procéder en vue d'une mission qu'il détermine, sans préjudice de la faculté pour le tribunal prévue à l'art. L. 621-4 C. com. de désigner un ou plusieurs experts ; viole les art. L. 621-9 C. com., réd. L. n° 2005-845 du 26 juill. 2005 de sauvegarde des entreprises et 145 C. pr. civ., la cour d'appel qui, pour confirmer une ordonnance ayant rejeté une demande d'expertise *in futurum* présentée sur le fondement de l'art. 145, relève que la société demanderesse, qui avait saisi le juge des référés, n'avait pas saisi le juge-commissaire d'une demande de mesure d'instruction qu'il lui appartenait d'ordonner en application de l'art. L. 629-1 C. com. • Com. 17 sept. 2013, n° 12-17.741 P : *D. 2013. Actu. 2221, obs. A. Lienhard ; Rev. sociétés 2013. 731, obs. Henry ; BJS 2013. 750, note Couturier ; RPC 2014, n° 2, note Cagnoli ; Dr. sociétés 2014, n° 33, note Legros ; JCP E 2014.1020, obs. Pétel ; ibid. 1120, note Legros.*

3° DROIT DE LA FILIATION

30. Expertise génétique. Il résulte de l'art. 16-11, al. 5, C. civ. qu'une mesure d'identification d'une personne par ses empreintes génétiques, qui ne peut être décidée qu'à l'occasion d'une instance au fond relative à la filiation, ne peut être ordonnée en référé sur le fondement de l'art. 145 C. pr. civ. • Civ. 1re, 8 juin 2016, n° 15-16.696 P : *D. actu. 24 juin 2016, obs. Da Silva ; D. 2016. 1310 ; ibid. 2017. 729, obs. Granet-Lambrechts ; ibid. 781, obs. Galloux et Gaumont-Prat ; AJ fam. 2016. 388, obs. Saulier ; RTD civ. 2016. 597, obs. Hauser.*

31. Expertise sanguine. Dès lors que les expertises biologiques en matière de filiation poursuivent une même finalité et présentent, grâce aux évolutions scientifiques, une fiabilité similaire, la jurisprudence excluant l'identification d'une personne du champ des mesures pouvant être ordonnées avant tout procès doit être étendue aux examens comparés des sangs. • Civ. 1re, 12 juin 2018, n° 17-16.793 P : *D. actu. 3 juill. 2018, obs. Mirkovitch ; D. 2018. Actu. 1257 ; AJ fam. 2018. 397, obs. Houssier ; Procédures 2018, n° 245, note Strickler ; ibid., n° 255, note Douchy-Oudot ; Dr. fam. 2018, n° 211, note Fulchiron ; LPA 20 juill. 2018, p. 7, note Thoraval.*

4° DROIT DES SUCCESSIONS

32. Action en partage. Les dispositions des art. 822 [devenu l'art. 841] s. C. civ. ne font pas obstacle à la saisine du juge des référés avant l'engagement de l'action en partage pour ordonner une mesure d'instruction en application de l'art. 145. • Civ. 2e, 18 sept. 2008, n° 07-18.972 P : *D. 2008. AJ 2349 ; ibid. 2009. Pan. 56, note Douchy-Oudot ; ibid. Pan. 2714, obs. Bretzner ; AJ fam. 2008. 402, obs. Bicheron ; Procédures 2008, n° 291, note Perrot.*

5° RÉGIMES SPÉCIAUX D'INDEMNISATION

33. Fonds de garantie. Autonomie et exclusivité. Le C. pr. pén. met en place un régime d'indemnisation autonome et exclusif répondant à des règles qui lui sont propres. Le fonds de garantie des victimes des actes de terrorismes et d'autres infractions, qui n'a de rapport avec la victime qu'à l'occasion de cette procédure, ne peut être appelé à intervenir à l'expertise *in futurum* organisée à la demande de la victime, entre elle et l'auteur de l'infraction. • Civ. 2e, 14 déc. 2017, n° 16-24.169 P : *D. actu. 5 janv. 2018, obs. Kebir ; Procédures 2018, n° 37, note Strickler ; JCP 2018. 246, obs. Detraz.*

6° DROIT SOCIAL

34. Discrimination. La procédure prévue par l'art. 145 ne peut être écartée en matière de discrimination au motif de l'existence d'un mécanisme probatoire spécifique résultant des dispositions de l'art. L. 1134-1 C. trav. • Soc. 22 sept. 2021, n° 19-26.144 P : *cité note 112.* ♦ V. aussi déjà : • Soc. 19 déc. 2012, n° 10-20.526 P : *cité note 114.*

B. ARTICULATION AVEC LES NORMES PROCESSUELLES

35. Action du ministère public. Le ministère public est justifié à solliciter en référé la collecte d'informations sur la manière et les conditions dans lesquelles est intervenu un changement de contrôle au sein d'une société, peu important que d'autres voies lui soient ouvertes. • Paris, 24 janv. 1986 : *D. 1987. Somm. 232, obs. Julien ; RTD civ. 1986. 798, obs. Normand.*

36. Qualité pour agir. L'existence d'une instance ayant pour objet de contester la qualité d'actionnaire du requérant n'a pas pour effet, tant qu'il n'a pas été définitivement statué sur cette contestation, de priver celui-ci de son intérêt légitime à solliciter, en sa qualité d'actionnaire, une mesure d'instruction tendant à établir la preuve de faits dont pourrait dépendre la solution d'un litige. • Com. 17 mars 2009 : *D. 2009. Pan. 2721, obs. Bretzner ; BJS sociétés 2009. 657, note Massart ; Rev. sociétés 2009. 571, note Barbièri ; Dr. sociétés 2009, n° 118, note G.-C.*

37. Inscription de faux (art. 314). Les dispositions spéciales et d'ordre public des art. 306 et 314 excluent l'application de l'art. 145 ; dès lors, une cour d'appel décide à bon droit qu'une expertise, qui a pour effet de mettre en cause la force probante d'un acte authentique, ne peut être ordonnée même préalablement à une procédure d'inscription de faux. • Civ. 1re, 11 juin 2003, n° 00-11.931 P : *D. 2004. 830, note Auberson ; RTD civ. 2003. 503, obs. Mestre et Fages ; ibid. 539, obs. Normand ; Defrénois 2003. 1174, obs. Aubert ; Procédures 2003, n° 216, note Perrot.*

1° NORMES RELATIVES AUX PROCÉDURES PRÉSIDENTIELLES PROVISOIRES

a. Référé

38. Art. 808. Lorsqu'il statue en application de l'art. 145, le juge des référés n'est pas soumis aux conditions exigées par l'art. 808. • Civ. 1re, 9 févr. 1983 : *Bull. civ. I, n° 56 ; RTD civ. 1983. 783, obs. Normand ; Gaz. Pal. 1983. Pan. 178, obs. Guinchard.*

39. Art. 872. Lorsqu'il statue en application de l'art. 145, le juge des référés n'est pas soumis aux conditions exigées par l'art. 872. • Cass., ch. mixte, 7 mai 1982 : *Bull. ch. mixte, n° 2 ; D. 1982. 541, concl. Cabannes ; Gaz. Pal. 1982. 2. 571, note Viatte ; RTD civ. 1982. 788, obs. Perrot ; ibid. 1983. 185, obs. Normand.* ♦ Lorsqu'il statue en application de l'art. 145, le juge des référés n'est pas soumis aux règles exigées par l'art. 872 et n'a donc pas à rechercher s'il y a urgence. • Com. 25 oct. 1983 : *Bull. civ. IV, n° 275.*

40. Art. R. 1455-5 C. trav. La violation de l'art. R. 516-30 [devenu R. 1455-5] C. trav., en particulier l'absence d'urgence, ne peut être invoquée, dès lors que le juge des référés est fondé, en application de l'art. 145 NCPC [devenu C. pr. civ.], à se prononcer sur la demande de l'employeur tendant à obtenir l'indication de l'utilisation par un salarié mandaté des activités pour lesquelles il a utilisé ses heures de délégation. • Soc. 22 avr. 1992, n° 89-41.253 P.

b. Requête

41. Urgence (non). L'urgence n'est pas une condition requise pour que soient ordonnées sur requête des mesures d'instruction sur le fondement de l'art. 145. • Civ. 2e, 15 janv. 2009, n° 08-10.771 P : *BICC 15 mai 2009, n° 684 et la note ; D. 2009. AJ 377 ; ibid. 1455, note Moury ; ibid. Chron. C. cass. 2071, obs. Sommer et Nicoletis ; ibid. Pan. 2722, obs. Bretzner ; RTD civ. 2009. 364, obs. Perrot ; JCP 2009. I. 142, n° 10, obs. Serinet ; ibid. E 2009. 1739, obs. Decocq ; RLDC 2009. 3555, obs. Beignier et Miniato ; Procédures 2009, n° 72, note Perrot ; BJS 2009. 355, note Staes ; Dr. et pr. 2009. 154, note Desdevises* • Com. 8 déc. 2009 : *D. 2010. AJ 2678, obs. Bretzner ; Rev. sociétés 2010. 158, note Barbièri* • Civ. 2e, 10 nov. 2010 : *Procédures 2011, n° 9, note Perrot* (visa des art. 145 et 874). ♦ Comp., antérieurement : une mesure d'instruction ne peut être ordonnée sur requête sur le fondement des art. 145 et 875 qu'à la double condition qu'il soit justifié de l'urgence de la mesure sollicitée et de l'existence de circonstances autorisant une dérogation au principe de la contradiction. • Civ. 2e, 7 mai 2008, n° 07-14.858 P : *D. 2008. Chron. C. cass. 2375, obs. Sommer et Nicoletis ; ibid. Pan. 2829, obs. Bretzner ; ibid. 2009. 143, note Pierre-Maurice ; RTD civ. 2008. 549, obs. (crit.) Perrot ; Procédures 2008, n° 228, note Perrot ; BJS 2009. 354, note Staes.*

42. Art. 812. Les mesures urgentes prévues par l'art. 812 ne peuvent être ordonnées que lorsque les circonstances exigent qu'elles ne soient pas prises contradictoirement ; par suite, ne donne pas de base légale à sa décision la cour d'appel qui, pour accueillir la demande d'une société en désignation, par la procédure de l'ordonnance sur requête, d'un huissier de justice pour assister aux réunions d'un comité d'entreprise, retient que la procédure d'ordonnance sur requête est « parfaitement légale » bien que non contradictoire, la voie de la rétractation étant ouverte à tout intéressé, sans rechercher si la mesure sollicitée exigeait une dérogation à la règle du contradictoire. • Civ. 2e, 13 mai 1987 : *Bull. civ. II, n° 112 ; RTD civ. 1988. 181, obs. Perrot.*

43. Circonstances particulières (oui). Il résulte des dispositions de l'art. 145 que les mesures prévues par cet article ne peuvent être ordonnées sur requête que lorsque les circonstances exigent qu'elles ne soient pas prises contradictoirement ; la procédure de référé qui tend à la rétractation ou à l'annulation d'une telle ordonnance relève de la matière contentieuse, tant en première instance qu'en appel. • Civ. 2e, 30 janv. 2003, n° 01-01.128 P : *D. 2003. IR 604 ; Procédures 2003, n° 86, note Perrot ; Gaz. Pal. 10-11 oct. 2003, p. 11, obs. du Rusquec.* ♦ Les mesures d'instruction prises sur le fondement de l'art. 145 ne pouvant être ordonnées sur requête que lorsque les circonstances exigent qu'elles ne le soient pas contradictoirement, il appartient au juge, saisi d'une demande de rétractation, de vérifier, même d'office, si la requête et l'ordonnance caractérisent de telles circonstances. • Civ. 2e, 11 févr. 2010, n° 09-11.342 P : *D. 2010. Chron. C. cass. 2102, obs. Som-*

mer, Leroy-Gissinger, Adida-Canac et Grignon-Dumoulin ; *ibid. Pan. 265, obs. Fricero* . ♦ Justifie légalement sa décision le juge qui ordonne la rétractation d'une ordonnance sur requête, en constatant que ni la requête ni l'ordonnance rendue sur cette requête n'énoncent les circonstances qui justifiaient que la mesure d'instruction réclamée sur le fondement de l'art. 145 ne soit pas prise contradictoirement, ce dont il résulte qu'il n'avait pas à statuer sur les mérites d'une requête qui ne pouvait le saisir régulièrement. • Civ. 2e, 11 mars 2010, n° 09-66.338 P : *D. 2011. Pan. 265, obs. Fricero* ; *LPA 23 sept. 2009, p. 10, note Pierre-Maurice.* ♦ Viole les art. 16 et 145 la cour d'appel qui rejette la demande de rétractation d'une ordonnance sur requête ordonnant une mesure d'instruction *in futurum* alors que ni la requête, qui se bornait à viser les textes en mentionnant « tout particulièrement lorsque les circonstances exigent que la mesure d'instruction ne soit pas prise contradictoirement (effet de surprise) », ni l'ordonnance n'avaient caractérisé les circonstances susceptibles de justifier une dérogation au principe de la contradiction. • Civ. 2e, 26 juin 2014, n° 13-18.895 P : *D. 2014. Actu. 1456* ; *Gaz. Pal. 9 sept. 2014, p. 32, note Raschel.* ♦ Viole les art. 4, 493, 494 et 812 la cour d'appel qui, pour rejeter la demande de rétractation de l'ordonnance, retient que les circonstances de la cause, qu'elle prend soin de détailler, justifiaient que la mesure sollicitée ne soit pas prise contradictoirement et qu'un débat contradictoire sur la mesure de constat rendait ainsi la mesure sollicitée inefficace quant à la preuve recherchée, alors que la requête n'énonçait expressément aucune circonstance susceptible d'autoriser une dérogation au principe de la contradiction et que l'ordonnance se bornait à indiquer, sans autre précision, qu'une mesure de production forcée serait inopérante. • Civ. 8 janv. 2015, n° 13-27.740 : *Procédures 2015, n° 9, obs. Strickler* ; *RLDC mai 2015, p. 72, obs. Raschel.*

44. Relevé d'office. Ne donne pas de base légale à sa décision la cour d'appel qui, pour confirmer une ordonnance de référé ayant refusé de rétracter une mesure d'expertise ordonnée sur requête, retient que la demanderesse justifiait au vu des pièces produites d'un motif légitime à la voir ordonner, alors qu'elle était tenue de rechercher d'office si la mesure sollicitée exigeait une dérogation à la règle de la contradiction. • Civ. 2e, 30 avr. 2009 : *préc. note 21.*

45. Autres conditions (non). L'art. 145 qui autorise, s'il existe un motif légitime de conserver ou d'établir avant tout procès la preuve de faits dont pourrait dépendre la solution d'un litige, que des mesures légalement admissibles soient ordonnées, n'exige pas que la personne qui supporte la mesure soit le défendeur potentiel au futur procès. • Civ. 2e, 27 févr. 2014, n° 13-10.013 P : *D. actu. 24 mars 2014, obs. Kebir* ; *D. 2014. Actu. 614* ; *ibid. Pan. 2485, obs. Bretzner* ; *Procédures 2014, n° 136, note Perrot* ; *Gaz. Pal. 25-27 mai 2014, p. 40, obs. Raschel* ; *Rev. sociétés 2014. 429, note Cerati-Gauthier* ; *RLDA 2014. 5357, note Mestre et Mestre-Chami.* ♦ Viole les art. 145 et 495 la cour d'appel qui, ajoutant une condition à la loi, relève un manquement au devoir de loyauté à l'égard du juge et des autres parties, alors qu'elle était tenue d'apprécier les mérites de la requête au regard des seules conditions de l'art. 145. • Civ. 2e, 20 mars 2014, n° 12-29.568 P : *D. 2014. Pan. 2485, obs. Bretzner* ; *Gaz. Pal. 25-27 mai 2014, p. 40, obs. Raschel* ; *ibid. 9 sept. 2014, p. 22, note Foulon et Strickler* ; *Rev. sociétés 2014. 429, note Cerati-Gauthier* ; *RLDA 2014. 5357, note Mestre et Mestre-Chami.*

2° NORMES RELATIVES AUX MESURES D'INSTRUCTION

a. Art. 146

46. Exclusion. Les dispositions de l'art. 146 relatives aux mesures d'instruction ordonnées au cours d'un procès ne s'appliquent pas lorsque le juge est saisi d'une demande fondée sur l'art. 145. • ch. mixte, 7 mai 1982 : *Bull. ch. mixte, n° 2* ; *D. 1982. 541, concl. Cabannes* ; *Gaz. Pal. 1982. 2. 571, note Viatte* ; *RTD civ. 1982. 788, obs. Perrot* ; *RTD civ. 1983. 185, obs. Normand* • Civ. 2e, 18 oct. 1989 : *Gaz. Pal. 1990. 1. Pan. 62* • Civ. 2e, 1er juin 1992 : *Bull. civ. II, n° 160* ; *Rev. huiss. 1993. 350* • Civ. 2e, 26 oct. 1994, n° 93-10.709 P • Civ. 2e, 8 mars 2006, n° 05-15.039 P : *D. 2006. IR 886* . ♦ C'est sans violer les art. 145 et 146 qu'une cour d'appel rejette une demande tendant, avant tout litige, à la nomination d'un mandataire de justice, en fondant sa décision sur l'art. 145, dont elle fait observer qu'il laisse aux juges la faculté d'en faire usage, et en ne s'expliquant sur l'art. 146 que pour répondre à l'argumentation d'une partie, sans pour autant faire application de ce texte. • Com. 18 févr. 1986 : *Bull. civ. IV, n° 26* ; *Gaz. Pal. 1986. 2. Somm. 422, obs. Guinchard et Moussa.* ♦ En refusant la mesure d'instruction sollicitée, la cour d'appel, qui n'a pas fondé sa décision sur l'application de l'art. 146, al. 2, n'a fait qu'user du pouvoir qu'elle tient de l'art. 145. • Com. 17 mars 1987 : *Bull. civ. IV, n° 73.* ♦ Les dispositions de l'art. 146 sont sans application lorsque le juge est saisi d'une demande tendant à voir ordonner une mesure d'instruction sur le fondement de l'art. 145. • Civ. 2e, 10 juill. 2008, n° 07-15.369 P : *D. 2008. AJ 2230* ; *ibid. Chron. C. cass. 2375, obs. Sommer et Nicoletis* . ♦ L'art. 146 est sans application lorsque le juge est saisi sur le fondement de l'art. 145 et que la mesure d'instruction sollicitée avant tout procès relève des seules dispositions de ce dernier texte. • Civ. 2e, 10 mars 2011, n° 10-11.732 P : *Dr. et pr. 2011. 161* • Com. 18 oct. 2011 : *préc. note 28.*

47. Carence dans l'administration de la preuve. L'arrêt qui, statuant en matière de référé, ordonne, avant tout procès à la demande d'une partie et après avoir relevé l'existence d'un motif légitime, la preuve de tous les faits dont peut dépendre la solution d'un litige ultérieur n'a d'autre objet que d'éviter la carence de cette partie dans l'administration de la preuve, devant les juges éventuellement saisis de ce différend ; il ne saurait dès lors être fait grief à cet arrêt d'avoir violé l'art. 146. • Civ. 2e, 17 mars 1982 : *Bull. civ. II, n° 47.* ♦ Ne donne pas de base légale à sa décision au regard de l'art. 145 la cour d'appel qui rejette une demande fondée sur ce texte par une motivation fondée sur la seule absence de preuve de faits que la mesure d'instruction sollicitée avait précisément pour objet de conserver ou d'établir. • Civ. 2e, 17 févr. 2011 : *Procédures 2011, n° 130, note Perrot.*

b. Art. 150

48. Renvoi. V. note 126.

c. Art. 170

49. Exclusion. Viole les art. 145, 150 et 170 la cour d'appel qui déclare l'appel formé irrecevable, alors que, lorsque la mesure d'expertise a été ordonnée, à titre principal, en référé sur le fondement de l'art. 145, la décision du juge chargé du contrôle de la mesure statuant sur une demande relative à l'exécution de celle-ci est susceptible d'appel immédiat. • Civ. 2e, 9 sept. 2010 : *Procédures 2011, n° 370, note Perrot.*

d. Art. 175

50. Application. Une cour d'appel, se fondant à bon droit sur les dispositions de l'art. 175, décide exactement que l'exception tirée de la nullité du rapport déposé par un expert désigné sur le fondement de l'art. 145 doit être soulevée dans l'instance au fond dans la perspective de laquelle la mesure d'instruction a été ordonnée et qu'une action en nullité du rapport d'expertise exercée à titre principal n'est pas recevable. • Civ. 2e, 2 déc. 2004, n° 02-20.205 P : *D. 2005. Pan. 336, obs. Julien et Fricero* ; *Procédures 2005, n° 59, note Perrot.* ♦ Mais, l'appréciation de la faute reprochée à un salarié protégé et dont le licenciement est envisagé relevant de l'autorité administrative, l'action en nullité d'une expertise ordonnée en référé ou sur requête sur le fondement de l'art. 145 exercée à titre principal est recevable lorsque la mesure est destinée à établir si le grief est fondé. • Soc. 2 déc. 2014, n° 13-24.029 P : *D. 2014. Actu. 2529* ; *JCP S 2014. 458, obs. Miara ; ibid. 1137, note Gauriau ; RLDC mai 2015, p. 69, obs. Vigneau.*

e. Art. 238

51. Application. N'est pas légalement admissible la mesure qui conduirait l'expert à porter des appréciations juridiques. • Versailles, 8 juill. 1987 : *JCP 1988. II. 20972, note Estoup.* ♦ Excède manifestement la compétence du juge des référés la disposition par laquelle il ordonne au technicien chargé de l'expertise de rechercher l'existence et la qualification d'un préjudice permanent exceptionnel, alors qu'un expert n'a pas à dire le droit. • Toulouse, 5 déc. 2006 : *JCP 2007. II. 10112, note Poumarède* (catastrophe industrielle AZF).

f. Art. 263

52. Application. Une mesure d'expertise d'un disque dur d'ordinateur aux fins de déterminer l'origine d'un courrier diffamatoire doit être ordonnée lorsque la partie demanderesse a un motif légitime de conserver ou d'établir la preuve, cette expertise étant la seule mesure d'instruction susceptible d'apporter l'ensemble des éléments techniques et de fait nécessaires pour trancher, s'il y a lieu, le différend. • TGI Lyon, réf., 14 avr. 2003 : *Defrénois 2004. 53, obs. Raynouard.*

g. Art. 272

53. Exclusion. Est immédiatement recevable, sans l'autorisation du premier président prévue à l'art. 272, l'appel d'une décision du juge des référés qui, vidant sa saisine, a ordonné une expertise. • Versailles, 8 juill. 1987 : *JCP 1988. II. 20972, note Estoup.*

III. CONDITIONS PROPRES

54. Consentement de la personne requise (non). Lorsqu'une mesure d'instruction, ordonnée sur le fondement de l'art. 145 C. pr. civ., est circonscrite aux faits litigieux dont pourrait dépendre la solution du litige et, par conséquent, légalement admissible, le consentement préalable du requis à la remise des documents n'a pas à être recherché. • Civ. 2e, 31 janv. 2019, n° 17-31.535 P : *D. actu. 4 mars 2019, obs. Kebir ; JCP 2019. 161, note Deharo.* ♦ Comp. • Civ. 2e, 16 mai 2012, n° 11-17.229 P : *cité note 78.*

55. Bien-fondé de l'action en vue de laquelle la mesure d'instruction est sollicitée (non). L'art. 145 n'exige pas que le demandeur établisse le bien-fondé de l'action en vue de laquelle la mesure d'instruction est sollicitée. Encourt dès lors la cassation l'arrêt qui, pour rétracter une ordonnance sur requête, retient que les pièces versées ne permettent pas d'analyser les obligations contractuelles, objet du litige aux débats au fond, et qu'il n'est donc pas justifié d'un intérêt légitime. • Civ. 2e, 4 nov. 2021, n° 21-14.023 P : *D. 2021. 2051* ; *Gaz. Pal. 18 janv. 2022, p. 52, note Egéa.*

A. AVANT TOUT PROCÈS

56. *Recevabilité du moyen.* L'auteur du pourvoi en cassation n'ayant jamais soutenu dans ses conclusions d'appel qu'un procès au fond étant engagé, il ne pouvait y avoir lieu à l'application de l'art. 145, est irrecevable à le faire pour la première fois devant la Cour de cassation. • Civ. 1re, 21 juill. 1987 : *Bull. civ. I, n° 248 ; Gaz. Pal. 1988. 1. 328, note Renard ; ibid. 1988. Somm. 148, obs. Croze et Morel ; RTD civ. 1988. 393, obs. Perrot ; Defrénois 1987. 1253, rapport et note Sargos.*

1° DATE D'APPRÉCIATION

a. Date de la prise de décision (1re option)

57. *Référé.* Viole l'art. 145 la cour d'appel qui, statuant en référé, accueille une demande d'expertise fondée sur ce texte après avoir constaté qu'à la date où elle ordonnait la mesure sollicitée le juge du fond avait déjà été saisi du procès en vue duquel l'expertise avait été sollicitée. • Com. 15 nov. 1983 : *Bull. civ. IV, n° 307 ; Gaz. Pal. 1984. 1. Somm. 79, obs. Guinchard ; RTD civ. 1984. 561, obs. Perrot.*

58. *Requête.* Viole les art. 145 et 493 la cour d'appel qui confirme une ordonnance sur requête, alors qu'à la date de cette ordonnance une instance sur le fond était en cours sur le même litige devant le même tribunal. • Civ. 2e, 21 oct. 1992, n° 91-10.708 P. Viole les art. 145 et 561 la cour d'appel qui, pour confirmer une ordonnance d'un juge ayant refusé de rétracter une précédente ordonnance rendue sur requête, retient qu'à la date de la décision initiale le juge du fond n'avait pas été saisi dès lors que l'assignation n'avait pas encore été mise au rôle, alors qu'il lui appartenait d'examiner les faits et le droit à la date à laquelle elle statuait. • Civ. 2e, 3 oct. 2002, n° 01-00.177 P : *D. 2002. IR 2916 ; Procédures 2002, n° 225, note Perrot ; Gaz. Pal. 30 mars-1er avr. 2003, p. 29, obs. du Rusquec.* La cour d'appel doit rechercher si, à la date à laquelle elle statuait, le tribunal de commerce n'avait pas été saisi au fond des faits objet du litige dans la perspective duquel le demandeur avait, sur le fondement de l'art. 145, sollicité par requête l'organisation d'une mesure d'instruction. • Civ. 2e, 15 janv. 2004 : *D. 2004. 2172, note Foulon et Strickler.*

b. Date de la saisine du juge (2de option)

59. *Condition de recevabilité.* L'absence d'instance au fond, qui constitue une condition de recevabilité de la demande formée en application de l'art. 145, doit s'apprécier à la date de saisine du juge. • Civ. 2e, 28 juin 2006, n° 05-19.283 P : *R. 2006, p. 430 ; D. 2007. Pan. 1383, obs. Julien ; ibid. Pan. 1907, obs. Bretzner ; Dr. et pr. 2006. 345, note Putman ; Procédures 2006, n° 205, note Perrot* • Civ. 2e, 8 mars 2007 : *D. 2008. Pan. 2827, obs. Bretzner* • Civ. 2e, 5 juin 2014, n° 13-19.967 P.

60. *Conséquence.* Dès lors qu'il n'est pas allégué que le juge du fond était saisi lorsque le juge des référés l'a été, ce dernier, auquel est présentée une demande d'expertise « avant tout procès », c'est-à-dire avant que le juge du fond ne soit saisi du procès en vue duquel cette expertise est sollicitée, doit vider sa saisine. • Com. 11 mai 1993, n° 90-20.430 P : *JCP 1994. II. 22275, note Lévy.*

61. *Remise au secrétariat-greffe.* Ne donne pas de base légale à sa décision, au regard des art. 145 et 838, la cour d'appel qui, pour dire qu'il n'y a lieu à expertise avant tout procès, retient que le juge du fond a été saisi à la même date que le juge des référés, sans rechercher à quelle date la copie de l'assignation avait été remise au secrétariat-greffe de chacune des juridictions. • Civ. 3e, 13 févr. 2002 : *AJDI 2002. 312 ; Procédures 2002, n° 87, note Perrot.*

2° SENS DE L'EXPRESSION

a. Ce qui n'est pas possible

62. *Instance au fond.* Dès lors qu'un procès est déjà engagé, les mesures d'instruction légalement admissibles, destinées à conserver ou à établir la preuve de faits dont pourrait dépendre la solution d'un litige, ne peuvent plus être ordonnées à la demande de tout intéressé sur requête ou en référé. • Civ. 2e, 2 avr. 1990, n° 88-20.014 P. Dès lors qu'une instance au fond est engagée, fût-ce devant une juridiction ne comportant pas la mise en état, les dispositions de l'art. 145 sont inapplicables. • Civ. 2e, 24 oct. 1990, n° 89-16.125 P.

63. *Tribunal de commerce.* Viole les art. 145 et 493, ensemble l'art. 865, le président d'un tribunal de commerce qui ordonne sur requête un constat non contradictoire, alors qu'un procès était déjà engagé devant son tribunal et qu'il appartenait au demandeur, le cas échéant, de saisir le juge rapporteur [devenu le juge chargé d'instruire l'affaire] dans les conditions de l'art. 865. • Civ. 2e, 21 juin 1995, n° 93-19.107 P : *D. 1995. IR 176 ; Procédures 1995, n° 257, note Perrot.*

64. *Absence de dessaisissement.* Viole les art. 145 et 481 la cour d'appel qui déboute une partie de sa demande tendant à déclarer le juge des référés saisi sur le fondement de l'art. 145 incompétent, alors que la juridiction de jugement, qui avait réservé l'évaluation d'un préjudice dans l'attente d'une expertise ordonnée par le juge de la mise en état, restait saisie d'une demande qu'elle n'avait pas tranchée. • Civ. 2e, 30 avr. 2009, n° 08-13.641 P : *Procédures 2009, n° 225, note Perrot.*

65. *Tiers à l'instance.* Si, dans le cours d'une

instance, une partie entend faire état d'une pièce détenue par un tiers, la délivrance d'une telle pièce ne peut être ordonnée que par le juge saisi de l'affaire. • Civ. 2e, 16 juill. 1992, n° 91-12.486 P.

66. Recours en révision. Les mesures d'instruction légalement admissibles ne peuvent être demandées dans les conditions prévues par l'art. 145 qu'avant tout procès ; tel n'est pas le cas d'une demande tendant à obtenir l'instauration d'une mesure destinée à apprécier l'opportunité d'un recours en révision à l'occasion d'un litige précédent. • Civ. 2e, 1er déc. 1993, n° 92-16.613 P.

67. Cour d'appel. Méconnaît les dispositions de l'art. 145, en vertu desquelles les mesures d'instruction ne peuvent être ordonnées sur le fondement de ce texte que sur requête ou en référé, avant tout procès, la cour d'appel qui, saisie de la régularité d'une stipulation statutaire, ne statue pas en qualité de juge des requêtes ou des référés, et fait droit à la demande d'expertise d'une partie faite en vue de se ménager des éléments de preuve susceptibles de lui être utiles dans l'optique d'une action en responsabilité contre le dirigeant d'une société. • Com. 9 juill. 2013 : *Dalloz jurisprudence.*

b. Ce qui est possible

68. Autre référé. Une instance en référé ne peut faire obstacle à l'application de l'art. 145. • Civ. 2e, 17 juin 1998 : *préc. note 13.*

69. Litiges distincts. Ayant constaté qu'une mesure d'instruction était sollicitée dans l'éventualité de litiges distincts du procès déjà engagé entre les parties, une cour d'appel n'a fait qu'user des pouvoirs qu'elle tient de l'art. 145 en accueillant la demande. • Com. 16 avr. 1991, n° 89-14.237 P : *RTD civ. 1991. 800, obs. Perrot.* ♦ L'existence d'une instance en cours ne constitue un obstacle à une mesure d'instruction *in futurum* que si l'instance au fond est ouverte sur le même litige à la date de la requête. • Civ. 2e, 30 sept. 2021, n° 19-26.018 P : *D. actu. 20 oct. 2021, note Auché et De Andrade ; D. 2021. 1818 ; ibid. 2022. Pan. 434, obs. Bretzner ; Gaz. Pal. 18 janv. 2022, p. 49, note Hoffschir ; JCP 2021. 1085, note Cholet.*

70. Autres parties. Ce n'est que si l'intéressé demandeur est partie au procès que s'applique l'interdiction faite au juge d'ordonner les mesures d'instruction prévues par l'art. 145 pour la conservation ou l'établissement de la preuve. • Civ. 2e, 1er juill. 1992, n° 91-10.128 P.

71. Information pénale. L'ouverture d'une information pénale n'est pas de nature à priver le juge des référés des pouvoirs que lui confère l'art. 145. • Paris, 2 mars 1989 : *Gaz. Pal. 1990. 1. 4, note Renard* • 11 juill. 1989 : *D. 1989. IR 254* • 29 nov. 2000 : *D. 2001. IR 525.* ♦ V. également : Pradel, *D. 1983. Chron. 241 ;* Bertin, *Gaz. Pal. 1985. 1. Doctr. 226.* – Le Calvez, *Gaz. Pal. 1985. 1. Doctr. 259.*

B. MESURE PROBATOIRE

1° PIÈCES

72. Production au sens des art. 11, al. 2, et 142 (oui). Ayant, à bon droit, énoncé qu'il entre dans les pouvoirs du juge des référés, saisi sur le fondement de l'art. 145 NCPC [devenu C. pr. civ.], d'ordonner, aux conditions prévues par ce texte, une « communication » de pièces, c'est sans violer les dispositions de l'art. 6 de la Conv. EDH que la cour d'appel a apprécié la légitimité des motifs invoqués par l'administrateur judiciaire et le représentant des créanciers d'une entreprise en redressement judiciaire au soutien de leur demande de communication, avant tout procès, de documents internes à une banque de nature à établir que celle-ci, tenue d'apporter son concours à cette mesure d'instruction, avait soutenu abusivement l'entreprise en difficulté. • Com. 11 avr. 1995, n° 92-20.985 P : *D. 1996. 573, note H. Matsopoulou ; RTD civ. 1996. 166, obs. Mestre ; RTD com. 1995. 635, obs. Cabrillac ; Gaz. Pal. 16 mai 1996. 1. Somm. v° Référés, obs. Croze et Morel.*

73. Tiers. Selon le principe défini par l'art. 10 C. civ., l'obligation d'apporter son concours à la justice pour la manifestation de la vérité s'imposant aussi bien aux personnes publiques qu'aux personnes privées, la juridiction des référés a pu, conformément à l'art. 145 NCPC [devenu C. pr. civ.], sans violer le principe de la séparation des pouvoirs, ordonner sous astreinte la production par la DRASS de documents dont elle a estimé, en dehors de tout procès civil ou disciplinaire, que pouvait dépendre la solution d'un litige. • Civ. 1re, 20 déc. 1993, n° 92-12.819 P (procès-verbaux dressés par la DRASS concernant des pratiques illicites qui auraient gonflé artificiellement le chiffre d'affaires d'une pharmacie et donc le prix de vente réglé par l'acquéreur se plaignant de vices cachés). ♦ Le fait d'enjoindre à l'éditeur d'un site internet de communiquer les données de connexion (adresse IP) d'un internaute dont il a accueilli le message sur son site constitue une mesure d'instruction légalement admissible au sens de l'art. 145. • Paris, 11 juin 2004 : *D. 2004. IR 2893.*

74. Principe. Il résulte de la combinaison des art. 10 C. civ., 11 et 145 NCPC [devenu C. pr. civ.] qu'à la demande de tout intéressé il peut être ordonné à des tiers, sur requête ou en référé, de produire tous documents qu'ils détiennent, s'il existe un motif légitime de conserver ou d'établir avant tout procès la preuve de faits dont pourrait dépendre la solution d'un litige. • Civ. 2e, 15 déc. 2005 : *Dalloz jurisprudence.* ♦ ... Si aucun empêchement légitime ne s'oppose à cette production par le tiers détenteur. • Civ. 2e, 26 mai 2011, n° 10-20.048 P : *D. 2011. Actu.*

1494 ; ibid. Pan. 2891, obs. Bretzner ; Dr. et pr. 2011. 188 ; Procédures 2011, n° 256, note Perrot.

75. Secret bancaire. Le secret bancaire institué par l'art. L. 511-33 C. mon. fin. ne constitue pas un empêchement légitime au sens de l'art. 145 C. pr. civ. lorsque la demande de communication de documents est dirigée contre l'établissement de crédit non en sa qualité de tiers confident mais en celle de partie au procès intenté contre lui en vue de rechercher son éventuelle responsabilité dans la réalisation de l'opération contestée. • Com. 29 nov. 2017, n° 16-22.060 P : *D. actu. 8 déc. 2017, obs. Kebir ; D. 2017. Actu. 2420 ; ibid. 2018. 603, note. Kleiner ; JCP 2018. 54, note Bonneau ; ibid. E 2018. 1038, note Lasserre Capdeville ; BJS 2018. 109, note Reygrobellet ; Gaz. Pal. 6 févr. 2018, p. 49, obs. Mayer.*

76. Limite. Il n'est pas possible de condamner, sous astreinte, une partie ou un tiers à produire des pièces sans que leur existence soit, sinon établie avec certitude, du moins vraisemblable. • Civ. 2e, 17 nov. 1993, n° 92-12.922 P.

77. Confiscation ou saisie (non). Si le président du tribunal, statuant en référé, peut imposer à une partie la production de pièces sous astreinte en vue de permettre la solution d'un litige, sur le fondement de l'art. 145 il ne saurait ordonner de façon générale et en dehors des cas prévus par la loi l'appréhension de ces documents par voie de confiscation ou de saisie. • Com. 16 juin 1998, n° 96-20.182 P : *D. 1998. IR 179 ; D. Affaires 1998. 1213, obs. S. P. ; Procédures 1998, n° 193, note Perrot.*

78. « Perquisition civile » (non). Excède les mesures d'instruction légalement admissibles au sens de l'art. 145, la mesure ordonnée par le président d'un tribunal de commerce autorisant un huissier de justice à se rendre dans les locaux d'une société suspectée d'actes de concurrence déloyale et de détournement de clientèle et à se saisir de tout document social, fiscal, comptable, administratif, de quelque nature que ce soit, susceptible d'établir la preuve, l'origine et l'étendue du détournement, permettant ainsi à l'huissier de justice de fouiller à son gré les locaux de la société, sans avoir préalablement sollicité la remise spontanée des documents concernés et obtenu le consentement du requis. • Civ. 2e, 16 mai 2012, n° 11-17.229 P : *D. 2012. Chron. C. cass. 2066, obs. Leroy-Gissinger et Renaud-Malignac ; RTD civ. 2012. 769, obs. Perrot .*

79. Saisie-contrefaçon. V. CPI.

80. Secret de l'instruction. Le juge des référés n'est pas habilité par la loi à ordonner, comme mesure légalement admissible, la communication du dossier d'enquête ou de l'information à la place de l'autorité qu'elle désigne. S'il peut, concurremment, user des pouvoirs qu'il tient de l'art. 145 C. pr. civ., cette disposition réglementaire ne peut lui permettre de contredire les dispositions législatives de l'art. 11 C. pr. pén. prévoyant le secret de la procédure au cours de l'instruction. • TJ Paris, réf., 10 juill. 2020, n° 20/52615 : *D. actu. 2 sept. 2020, obs. Kebir. D. 2021. 207, obs. Bretzner et Aynès .*

2° MESURES D'INSTRUCTION STRICTO SENSU

81. Mesures d'instruction exécutées par un technicien (éventail). Les mesures d'instruction légalement admissibles, au sens de l'art. 145, sont celles prévues par les art. 232 à 284-1 ; dès lors, une cour d'appel qui constate que les mesures d'investigation confiées à un huissier de justice par une ordonnance sur requête ont été circonscrites aux faits litigieux décrits dans la requête annexée à cette ordonnance, sans comporter aucune atteinte à une liberté fondamentale, déduit à bon droit, après avoir souverainement apprécié l'existence d'un motif légitime d'instituer une mesure d'instruction, que ces mesures, qui se bornaient à des constatations, étaient légalement admissibles. • Civ. 2e, 8 févr. 2006, n° 05-14.198 P : *D. 2006. IR 532 ; ibid. Pan. 2923, obs. Picod, Auguet, Dorandeu, Gomy, Robinne et Valette ; ibid. 2007. Pan. 1907, obs. Bretzner ; Dr. et pr. 2006. 216, obs. Fricero.* ♦ ... Dès lors, une cour d'appel qui relève que la mesure d'instruction sollicitée s'analysait en une mesure de constatation prévue par les art. 249 s. du même code, en tant que telle légalement admissible, dès lors qu'elle ne porte atteinte ni au principe de proportionnalité, ni aux libertés fondamentales, parmi lesquelles figurent les règles internes de protection de la confidentialité des correspondances échangées entre le client et son avocat ainsi qu'entre l'avocat et ses confrères, les documents litigieux ayant été échangés entre des juristes n'ayant pas la qualité d'avocat au regard du droit français, justifie légalement sa décision de ce chef. • Civ. 1re, 3 nov. 2016, n° 15-20.495 : *préc. note 1.*

82. Expertise. Le juge des référés peut ordonner, sur le fondement de l'art. 145, toutes les mesures d'instruction légalement admissibles, qui ne se limitent pas aux constatations. • Civ. 2e, 11 oct. 1995 : *préc. note 11* (mission confiée à un expert de décrire les travaux achevés à la date de la résiliation du contrat de louage d'ouvrage et d'en apprécier l'étendue au regard des stipulations contractuelles, de dire s'ils sont conformes aux prévisions initiales et, s'ils en diffèrent, en quoi et dans quelle mesure).

C. MOTIF LÉGITIME

83. Date d'appréciation. En matière d'ordonnance sur requête, c'est dans l'exercice de son pouvoir souverain d'appréciation des conditions de recevabilité que la cour d'appel décide que l'ordonnance doit être rétractée en l'absence de preuve du motif légitime justifiant le recours à une mesure d'instruction avant tout procès au jour où le juge y a fait droit. • Civ. 2e, 12 juill. 2012, n° 11-18.399 P.

84. Contrôle exclusif. La demande de désignation d'un huissier en application de l'art. 145 est subordonnée à la seule existence d'un motif légitime et une cour d'appel ne saurait exiger d'agir en deux temps en commençant par demander au juge des référés de faire défense de procéder à une vente au public organisée en contravention avec la législation en vigueur, avant de pouvoir solliciter la constatation du non-respect de cette défense. • Civ. 1re, 12 mai 1993, n° 91-16.437 P : *JCP 1993. II. 22181, note du Rusquec ; RTD civ. 1994. 668, obs. Normand*. ♦ ... Réclamer un commencement de preuve est une exigence qui méconnaît le texte. • Civ. 2e, 3 sept. 2015, n° 14-20.453 P : *Procédures 2015, n° 317, note Strickler.*

1° NOTION DE MOTIF LÉGITIME (LIGNES DIRECTRICES)

85. Dualité. La procédure prévue par l'art. 145 n'est pas limitée à la conservation des preuves et peut tendre aussi à leur établissement. • Civ. 2e, 17 juin 1998 : *préc. note 13.* ♦ La procédure prévue par l'art. 145 n'étant pas limitée à la conservation des preuves et pouvant aussi tendre à leur établissement, c'est dans l'exercice de son pouvoir souverain que la cour d'appel, qui n'était pas tenue de caractériser la légitimité de la mesure au regard des différents fondements juridiques de l'action en vue de laquelle cette mesure était sollicitée, a retenu, hors de toute dénaturation, que la société demanderesse justifiait d'un motif légitime à obtenir la communication de documents lui permettant d'apprécier, avant d'engager une action en responsabilité contractuelle, l'importance des manquements imputés à la société défenderesse. • Civ. 2e, 6 nov. 2008, n° 07-17.398 P : *Procédures 2009, n° 37, note Perrot ; RTD civ. 2009. 166, obs. Perrot*.

86. Conservation des preuves. Justifie sa décision ordonnant une expertise aux fins d'établissement d'un état des lieux contradictoire la cour d'appel qui, après avoir relevé qu'aucun état des lieux n'avait été établi lors de l'entrée en jouissance des preneurs et que l'expert devait tenter de déterminer les modifications intervenues depuis cette date, constate le conflit opposant les parties et retient souverainement que la mesure d'instruction sollicitée, permettant de conserver la preuve de faits dont pourrait dépendre la solution d'un litige ultérieur, est légitime. • Civ. 3e, 24 févr. 1999, n° 97-15.931 P.

87. Établissement des preuves. Il résulte de l'art. 145 que le juge des référés peut ordonner à la demande de tout intéressé les mesures d'instruction légalement admissibles s'il existe un motif légitime d'établir avant tout procès la preuve de faits dont pourrait dépendre la solution du litige ; justifie légalement sa décision la cour d'appel qui énonce que la mesure d'instruction sollicitée permet à ceux qui la demandent de réunir les éléments de fait pouvant servir de base à un procès en responsabilité contractuelle. • Civ. 3e, 10 déc. 1980 : *Bull. civ. III, n° 193 ; Gaz. Pal. 1981. 1. 287, note Viatte.*

88. Proportionnalité. Ayant relevé que la mesure d'instruction demandée s'analysait en une mesure générale d'investigation portant sur l'ensemble de l'activité d'une société et tendant à apprécier cette activité et à la comparer avec celle de sociétés ayant le même objet, une cour d'appel n'a fait qu'user des pouvoirs qu'elle tient de l'art. 145 en décidant que la mesure demandée excédait les prévisions de cet article. • Civ. 2e, 7 janv. 1999, n° 97-10.831 P. ♦ Ne justifie pas légalement sa décision la cour d'appel qui ordonne une mesure d'instruction sur le fondement de l'art. 145 sans rechercher si la mesure d'instruction demandée, consistant à obtenir la communication de documents relatifs à l'activité d'une société et à ses relations avec ses salariés, ses clients et intérimaires, ne s'analysait pas en une mesure d'investigation générale excédant les prévisions de ce texte. • Com. 10 févr. 2009 : *D. 2009. Pan. 2722, obs. Bretzner*. ♦ Ayant constaté que la mission confiée à l'huissier de justice de relever les courriers de transmission, de consultations, d'assistance juridique, de conseil en matière juridique aux clients et de faire analyser les données de la copie du disque dur destinée à l'expertise de façon à en extraire les traces de consultations, actes et conventions exécutés dans le cadre du périmètre déterminé par les art. 54 s. de la L. n° 71-1130 du 31 déc. 1971, impliquait nécessairement qu'il fasse une analyse du contenu des documents sur support papier ou informatique pour ne retenir que ceux qui pouvaient constituer des consultations juridiques ou des rédactions d'actes sous seing privé pour autrui, ce qui, au regard des personnes autorisées à y assister et des pouvoirs très larges donnés à l'huissier instrumentaire, nécessitait une appréciation au fond des pièces sélectionnées, portant, de surcroît, sur l'ensemble de l'activité de la société, la cour d'appel a exactement décidé que les mesures ordonnées excédaient dans leur ensemble les prévisions de l'art. 145. • Civ. 2e, 10 janv. 2013 : *Gaz. Pal. 12-14 mai 2013, p. 13, obs. Gaineton.* ♦ Comp. : viole les art. 145 et 232 à 284-1 la cour d'appel qui rétracte une ordonnance sur requête ayant ordonné des constatations avant tout procès, alors qu'il résulte des productions que la mission d'investigation donnée à l'huissier était circonscrite aux faits de concurrence déloyale dénoncés par la société demanderesse dont pouvait dépendre la solution du litige, qu'elle était limitée géographiquement à certains locaux de la société dans lesquels devait s'exécuter la mission, qu'elle était également limitée aux seules relations contractuelles de cette société avec un nombre limité de clients sur une durée déterminée, de sorte que, ne portant atteinte à aucune liberté fondamentale, elle constituait un mode de preuve légalement admissible. • Civ. 2e, 14 nov. 2013, n° 12-26.930 P. ♦ Ayant constaté, par motifs propres et adoptés, d'une part, que la mesure d'instruction ordonnée, visait, sous couvert de vérification des conditions de mesure d'audience, à la détermination de la méthodologie mise en œuvre par la société Médiamétrie, alors qu'adhérente au GIE Les Indés radios, la société Sud radio avait accès aux résultats d'audience, d'autre part, que cette dernière n'avait contesté ces résultats ni auprès de ce GIE, ni devant le Centre d'études des supports de publicité, organe de contrôle de la société Médiamétrie, la cour d'appel, faisant ainsi ressortir que la mesure ordonnée n'était pas nécessaire à l'exercice du droit à la preuve du requérant et était disproportionnée aux intérêts antinomiques en présence, a légalement justifié sa décision. • Civ. 2e, 25 mars 2021, n° 20-14.309 P.

89. Perspective du litige futur. Pour ordonner une mesure d'instruction sur le fondement de l'art. 145, le juge des référés doit caractériser l'existence d'un litige potentiel susceptible d'opposer les parties. • Civ. 2e, 16 nov. 2017, n° 16-24.368 : *Procédures 2018, n° 4, note Strickler.* ♦ L'art. 145 n'impose pas au juge de caractériser le motif légitime d'ordonner une mesure d'instruction au regard du ou des différents fondements juridiques de l'action que la partie demanderesse se propose d'engager. • Civ. 2e, 8 juin 2000, n° 97-13.962 P : *Gaz. Pal. 4-5 janv. 2002, p. 10, obs. du Rusquec.* ♦ Comp. : Si le juge peut accueillir la demande fondée sur l'art. 145 sans être tenu de caractériser l'existence d'un motif légitime au regard de chacun des différents fondements juridiques envisagés par le demandeur, il n'en doit pas moins constater l'existence d'un tel motif au regard de l'un ou l'autre de ces fondements. • Com. 14 févr. 2012 : *Rev. sociétés 2012. 229, obs. Prévost ; Procédures 2012, n° 109, note Perrot.*

90. Motif légitime et utilité de la mesure. L'existence d'un motif légitime de demander une des mesures prévues à l'art. 145 n'oblige pas le juge à ordonner cette mesure s'il l'estime inutile. • Civ. 2e, 22 avr. 1992, n° 90-19.727 P. ♦ Comp. : c'est dans l'exercice de son pouvoir souverain d'appréciation qu'une cour d'appel décide que, la mesure d'instruction avant tout procès étant inutile, le demandeur ne rapportait pas la preuve de l'existence d'un motif légitime. • Civ. 2e, 20 mars 2014, n° 13-14.985 P : *Gaz. Pal. 25-27 mai 2014, p. 40, obs. Raschel.* ♦ V. aussi : la lettre de la banque étant tout à fait explicite quant aux raisons techniques pour lesquelles le prêt sollicité n'avait pas été accordé aux emprunteurs immobiliers, il y a lieu de rejeter la demande des vendeurs tendant à obtenir sur le fondement de l'art. 145 communication de la totalité du dossier de prêt déposé par les acquéreurs auprès de leur banque, afin d'établir qu'une demande a bien été introduite et traitée. • TGI Brest, ord., 29 juin 2009 : *JCP N 2009. 1268, note Bouteiller.*

2° ILLUSTRATIONS DU MOTIF LÉGITIME

a. Absence

91. Pouvoir souverain. L'existence du motif légitime de nature à justifier une mesure d'instruction sollicitée par application de l'art. 145 relève du pouvoir souverain du juge. • Civ. 2e, 14 mars 1984 : *Bull. civ. II, n° 49 ; RTD civ. 1984. 562, obs. Perrot* (après avoir relevé que l'expertise sollicitée mettrait immanquablement la société demanderesse en possession des secrets de fabrication de la partie adverse, l'arrêt énonce que rien ne laisse supposer que les accords n'avaient pas été respectés jusqu'à la date de leur expiration). ♦ La juridiction des référés, saisie en application de l'art. 145, dispose d'un pouvoir souverain pour apprécier si le demandeur justifie d'un motif légitime à l'égard de chacun des défendeurs. • Civ. 2e, 10 juill. 1991, n° 90-14.306 P. ♦ C'est dans l'exercice de son pouvoir souverain qu'une cour d'appel a retenu qu'une personne qui, estimant ne pas être remplie de ses droits par un assureur à la suite d'un accident, a demandé en référé, sur le fondement de l'art. 145, la désignation d'un huissier avec mission de se faire remettre les divers documents diffusés ou non, depuis la date de la souscription du contrat d'assurance, par lesquels l'assureur a informé ses adhérents des modifications successives des garanties ne justifiait pas d'un intérêt légitime au sens de l'art. 145 préc. • Civ. 2e, 25 oct. 1995, n° 94-10.516 P. ♦ Une cour d'appel, non tenue de répondre à de simples arguments, décide souverainement que la demande présentée par un salarié licencié pour faute grave sur le fondement de l'art. 145 ne reposait pas sur un motif légitime. • Soc. 7 mars 2006, n° 04-47.076 P. ♦ Ayant relevé qu'aucun des documents produits par le demandeur n'apportait la moindre consistance à ses soupçons de fautes de gestion, d'intention malveillante à l'encontre de la société et de ses associés et d'abus de biens sociaux, que celui-ci ne procédait que par déductions et affirmations qui ne reposaient sur aucun fait précis, objectif et vérifiable, et qu'il ne démontrait donc par l'existence d'un litige plausible, crédible, bien qu'éventuel et futur, dont le contenu et le fondement seraient cernés, approximativement au moins, et sur lesquels pourrait influer le résultat de l'expertise à ordonner, c'est dans l'exercice de son pouvoir souverain d'appréciation que la cour d'appel, qui n'a pas statué au vu de la seule absence de preuve de faits que la mesure d'instruction *in futurum* avait pour objet d'établir, a retenu que le demandeur ne justifiait pas d'un motif légitime. • Civ. 2e, 10 déc. 2020, n° 19-22.619 P : *JCP 2021. 222, note Vuitton ; BJS févr. 2021, p. 7, note Guégan.*

92. Faisceau d'indices. Justifie son refus d'ordonner une expertise sollicitée en application de l'art. 145 pour déterminer « tous faits susceptibles de caractériser des actes de concurrence déloyale » commis par une société créée par des anciens employés de la société demanderesse la cour d'appel qui, appréciant l'opportunité de cette mesure, a constaté l'absence d'intérêt légitime de cette dernière société après avoir relevé que la diminution du chiffre d'affaires invoquée avait commencé avant le début de l'activité de l'entreprise concurrente, rejeté l'allégation que celle-ci aurait pratiqué des marges commerciales réduites et estimé que l'expertise demandée lui permettrait de connaître, malgré le secret des affaires, la structure commerciale de sa concurrente. • Com. 5 janv. 1988 : *Bull. civ. IV, n° 7 ; D. 1989. 359, note Virassamy.*

93. Argumentation inappropriée. Ayant exactement retenu que seule une faute dolosive serait de nature à servir de fondement à la responsabilité des constructeurs après l'expiration du délai décennal, et relevé que le demandeur à l'expertise se bornait à invoquer le fait que les travaux réalisés pour son compte ne l'avaient pas été conformément aux règles de l'art, une cour d'appel décide souverainement que la mesure d'instruction sollicitée était dépourvue de motif légitime. • Civ. 3e, 7 févr. 2001, n° 99-17.535 P : *RDI 2001. 176, obs. Malinvaud ; Defrénois 2001. 873, obs. Périnet-Marquet.*

b. Existence

94. Étendue du contrôle de la Cour de cassation. Ne donne pas de base légale à sa décision, au regard de l'art. 145, la cour d'appel qui, pour ordonner en référé une expertise, se borne à énoncer que la partie qui la demande a un motif légitime suffisant en l'état pour justifier pareille mesure, sans caractériser aucunement ce motif légitime. • Com. 18 oct. 1988 : *Bull. civ. IV, n° 280.*

95. Contrôle restreint. En retenant notamment qu'une société pouvait être amenée, relativement à des marchandises livrées par une autre société, à se trouver en présence de contestations élevées sur la qualité de cette marchandise, une cour d'appel, qui s'est fondée sur l'art. 145, a pu décider que la première société avait un motif légitime pour demander une expertise tendant à conserver ou à établir avant tout procès la preuve de faits dont pouvait dépendre la solution du litige. • Com. 7 nov. 1983 : *Bull. civ. IV, n° 297.* ♦ En retenant que les allégations du demandeur n'étaient pas purement imaginaires, qu'elles présentaient un certain intérêt et que le rapport non contradictoire de l'expert amiable l'ayant assisté démontrait des anomalies dans la gestion sociale, la cour d'appel a pu déduire que le caractère légitime de la demande d'instruction sollicitée, sur le fondement de l'art. 145, en vue d'examiner les relations commerciales, juridiques ou financières pouvant exister entre la société, la gérante et l'un des associés, était démontré. • Com. 5 nov. 1985 : *Bull. civ. IV, n° 260.*

96. Pouvoir souverain. Ayant souverainement retenu, par une décision motivée, qu'un liquidateur judiciaire avait un intérêt légitime à la mesure sollicitée, une cour d'appel, statuant en référé, ne fait qu'user des pouvoirs qu'elle tient de l'art. 145 NCPC [devenu C. pr. civ.] en donnant à un expert mission de relever tous faits pouvant entraîner la mise en cause de la responsabilité de tous intervenants dans la gestion, l'exploitation et le financement des sociétés mises en liquidation, ce en vertu tant des dispositions des art. 178 à 195 de la loi du 25 janv. 1985 [devenus L. 624-1 à L. 625-10 C. com. respectivement abrogés par la L. n° 2005-845 du 26 juill. 2005 de sauvegarde des entreprises] que du droit commun de la responsabilité civile, et de fournir au tribunal tous éléments de fait lui permettant de statuer ultérieurement au fond sur les responsabilités éventuellement encourues. • Com. 1er oct. 1997, n° 95-13.477 P : *D. 1997. IR 250 ; BJS 1998. 58, n° 19, note Daigre ; Quot. jur. 30 déc. 1997, p. 5, et la note ; RPC 1998, p. 60, obs. Soinne.*

97. Procédure collective. Caractérise le motif légitime qui s'attache à la conservation ou à l'établissement d'éléments de preuve l'arrêt qui, pour ordonner une expertise sollicitée par des créanciers d'une société en liquidation de biens, après avoir souligné l'importance des crédits dont avait bénéficié ladite société eu égard à son chiffre d'affaires et à son actif, relève l'intérêt certain qu'avaient ces créanciers à faire établir les circonstances dans lesquelles ces crédits avaient été consentis. • Cass., ch. mixte, 7 mai 1982 : *Bull. ch. mixte, n° 2 ; D. 1982. 541, concl. Cabannes ; Gaz. Pal. 1982. 2. 571, note Viatte ; RTD civ. 1982. 788, obs. Perrot ; RTD civ. 1983. 185, obs. Normand ; RTD com. 1982. 542, obs. Bénabent et Dubarry.* ♦ Justifie sa décision de déclarer recevable l'action engagée par les créanciers d'une société mise en règlement judiciaire et tendant à obtenir une mesure d'instruction pour déterminer les causes de la cessation des paiements l'arrêt qui, après avoir fait ressortir que l'ensemble des préjudices subis individuellement par chaque créancier pouvait être distinct du dommage éprouvé collectivement par la masse, s'assure que ces créanciers justifient d'un motif légitime à faire établir les circonstances dans lesquelles la société débitrice a cessé ses paiements. • Com. 25 oct. 1983 : *Bull. civ. IV, n° 275.*

98. Commissaire aux comptes. Dès lors qu'elle relève que les irrégularités alléguées à l'encontre d'un commissaire aux comptes s'apparentent à une dissimulation et ne font courir les délais de l'action en responsabilité prévue par les art. 235 et 247 de la L. du 24 juill. 1966 [devenus L. 225-242 puis L. 822-18 et L. 225-254 C. com.] qu'à compter de la date de leur révélation, une cour d'appel, dont la décision ne peut être atteinte par les critiques inopérantes touchant au fond du droit, n'a fait qu'user des pouvoirs qu'elle tient de l'art. 145 NCPC [devenu C. pr. civ.] en ordonnant une expertise. • Com. 18 févr. 1997, n° 94-20.163 P : *D. 1997. AJ 116 ; Procédures 1997, n° 185, note Croze ; BJS 1997. 441, n° 181, note Pasqualini-Salerno.*

99. Grève. L'art. 145 disposant que la preuve des faits dont pourrait dépendre la solution d'un litige peut être ordonnée avant tout procès, une cour d'appel, qui a retenu que les renseignements recueillis au cours d'une expertise qu'il lui était demandé d'ordonner pouvaient être utiles pour le juge judiciaire compétent pour connaître certains aspects du litige, notamment en ce qui concernait la violation d'accords existants qui auraient pu être à l'origine de la grève ou d'éventuelles atteintes au droit des salariés protégés, n'a fait qu'user des pouvoirs qu'elle tient du texte précité en ordonnant, sans dénaturation et par des motifs non hypothétiques, la mesure d'instruction sollicitée après avoir relevé l'existence d'un motif légitime. • Soc. 26 juill. 1984 : *Bull. civ. V, n° 334.* ♦ Une cour d'appel qui relève qu'il apparaît utile, ainsi que le sollicite le demandeur, de désigner des experts chargés de recueillir toutes informations permettant à la juridiction qui sera éventuellement saisie de statuer sur les responsabilités encourues et l'importance des dommages subis à la suite d'incidents survenus au cours d'une grève caractérise l'existence d'un motif légitime au sens de l'art. 145 et peut ordonner l'expertise sollicitée. • Soc. 2 mai 1990 : *Bull. civ. V, n° 199.*

3° OBSTACLES SOULEVÉS

a. Action au fond manifestement irrecevable

100. Défaut de qualité pour agir. Le créancier d'un débiteur en redressement judiciaire non habilité à exercer les actions spécifiques des art. 107 et 108 de la L. du 25 janv. 1985 [devenus L. 621-107 et L. 621-108 C. com.] ne justifie pas d'un motif légitime au sens de l'art. 145 pour demander l'institution d'une mesure d'instruction destinée à établir l'irrégularité alléguée d'actes préjudiciables aux créanciers accomplis par le débiteur au cours de la période suspecte et la connaissance de son état de cessation des paiements par ses cocontractants. • Com. 26 avr. 2000 : *Bull. civ. IV, n° 83 ; D. 2000. AJ 267, obs. A. Lienhard ; ibid. 2001. 621, obs. Honorat ; RTD com. 2000. 728, obs. Vallens ; ibid. 2001. 235, obs. Martin-Serf ; JCP 2000. I. 267, n° 6, obs. Cadiet ; BJS 2000. 793, n° 189, note Menjucq.*

101. Autorité de chose jugée. C'est à bon droit que, se fondant sur l'autorité de la chose jugée au pénal par une décision condamnant le conducteur d'un véhicule pour ses fautes de conduite, une cour d'appel a jugé que l'assureur, non partie à l'instance pénale, était irrecevable à réclamer une mesure d'instruction, dont l'objet, qui était de remettre en cause une telle décision, se trouvait dépourvu de motif légitime au sens de l'art. 145. • Civ. 1re, 29 avr. 1985 : *Bull. civ. I, n° 131 ; Gaz. Pal. 1985. 2. Somm. 298, obs. Guinchard et Moussa.*

102. Transaction (contre-exemple). C'est dans l'exercice de son pouvoir souverain d'appréciation qu'une cour d'appel, après avoir relevé que la transaction invoquée ne privait pas d'intérêt la demande d'expertise, a estimé que l'objet et la cause du litige susceptible d'opposer au fond le demandeur à la société défenderesse étaient suffisamment plausibles pour légitimer une mesure d'instruction qui impliquait les investigations d'un technicien. • Civ. 2e, 6 mai 1998 : *Dalloz jurisprudence.*

103. Prescription (exemple). Si l'art. 145 prévoit qu'avant toute procédure une expertise peut être ordonnée aux fins de conserver la preuve de faits dont pourrait dépendre la solution d'un litige, encore faut-il que ce dernier soit susceptible de prendre naissance ; dès lors qu'une action au fond ne pouvait être basée que sur le fondement de la garantie des vices cachés, action qui ne peut être intentée que dans un bref délai à partir du moment où l'acquéreur a eu connaissance des vices et que l'assignation a été faite plus de deux ans et demi après cette date, le demandeur ne saurait soutenir qu'il a un motif légitime lui permettant d'obtenir la désignation d'un expert. • Bordeaux, 12 déc. 2006 : *JCP 2007. IV. 2533.*

104. Prescription (contre-exemple). L'action purement probatoire fondée sur l'art. 145 NCPC [devenu C. pr. civ.] n'est pas une action née du contrat de transport au sens de l'art. L. 133-6 C. com. ; une société de transports ne saurait dès lors contester sa condamnation à remettre les bons de livraison relatifs aux marchandises livrées plus d'un an auparavant par son intermédiaire à une société qui prétendait l'avoir chargée des acheminements et qui se trouvait confrontée à une autre société lui ayant fait connaître qu'elle ne s'acquitterait de ses factures qu'autant qu'il lui aura été justifié des livraisons de marchandises auxquelles elles sont afférentes. • Com. 13 mai 2003 : *Bull. civ. IV, n° 81 ; D. 2003. AJ 1563 ; RTD com. 2003. 805, obs. Bouloc ; JCP 2003. II. 10193, note Chabot ; Procédures 2003, n° 173, note Croze ; Gaz. Pal. 7-8 avr. 2004, p. 21, obs. du Rusquec.*

b. Droits fondamentaux

105. Liberté individuelle. N'est pas légalement admissible la mesure qui heurterait une liberté individuelle, telle l'expertise psychiatrique que solliciterait le mari afin d'agir ensuite en nullité du mariage pour erreur sur l'intégrité mentale de son épouse. • TGI Arras, 9 oct. 1981 : *JCP 1982. II. 19852, note Raymond ; RTD civ. 1983. 187, obs. Normand.*

106. Divulgation d'une œuvre. L'intérêt légitime fait défaut lorsque la mesure sollicitée contraindrait l'auteur d'une œuvre à divulguer celle-ci à un moment qu'il n'avait pas lui-même choisi et à la soumettre au jugement du public *largo sensu*. • Paris, 8 juin 1988 : *D. 1989. Somm. 297, obs. Hassler.*

Intimité de la vie privée

107. Pièces d'une procédure ecclésiastique. Les pièces d'une procédure en annulation de mariage devant la juridiction ecclésiastique se rapportant à des faits qui concernaient la vie privée des parties et qui n'étaient parvenus à la connaissance de l'autorité religieuse qu'en raison de la confiance qui lui avait été accordée, cette autorité avait un motif légitime pour en refuser la communication à l'une des parties entendant faire état, dans une procédure de divorce pour faute, des déclarations, prétendument injurieuses pour elle, faites par l'autre devant cette juridiction. • Civ. 2e, 29 mars 1989 : *Bull. civ. II, n° 88 ; D. 1990. 45, note Robine ; Gaz. Pal. 1990. 1. 3, note Échappé.*

108. Constat d'adultère (domicile d'un tiers). Le constat d'adultère, ordonné par le président du TGI, pour être fait au domicile d'un tiers à la procédure de divorce, ne constitue pas une atteinte à l'intimité de la vie privée de ce tiers ; en effet, en vertu des art. 145 et 812, lorsque les circonstances exigent que la décision ne soit pas prise contradictoirement, le président du tribunal est en droit d'autoriser un tel constat en vue de préconstituer la preuve de la violation de l'obligation de fidélité par un époux au domicile de la personne coauteur de sa faute. • Civ. 1re, 6 févr. 1979 : *Bull. civ. I, n° 47.* ♦ Le constat d'adultère, ordonné par le président du TGI, dans l'exercice des pouvoirs qu'il tient des art. 145 et 812, pour être fait au domicile d'un tiers à la procédure de divorce, ne constitue pas une atteinte à l'intimité de ce tiers. • Civ. 1re, 18 nov. 1992 : *Bull. civ. I, n° 285 ; Rev. huiss. 1993. 1113, obs. Soulard.*

109. Constat d'adultère (domicile d'un époux). Le président du TGI, qui tient des art. 145 et 812 NCPC [devenu C. pr. civ.] le pouvoir d'autoriser sur requête toutes mesures propres à *préconstituer* une preuve lorsque les circonstances exigent que la décision n'en soit pas prise contradictoirement, peut autoriser un constat d'huissier en vue de permettre à un époux de faire valoir le droit à la fidélité de son conjoint qu'il tient de l'art. 212 C. civ. ; et, en l'absence d'atteinte illicite à l'intimité de la vie privée, les juges peuvent sans violer les art. 9 et 259-2 C. civ. et l'art. 8 Conv. EDH retenir pour prononcer le divorce aux torts d'un époux que le concubinage de celui-ci était établi par le procès-verbal de constat. • Civ. 2e, 5 juin 1985 : *Bull. civ. II, n° 111 ; D. 1986. IR 52, obs. Lindon ; RTD civ. 1986. 404, obs. Normand.*

110. Constat de concubinage. N'est pas légalement admissible la mesure qui porterait atteinte à l'intimité de la vie privée, tel le constat de concubinage de l'enfant bénéficiaire d'une pension. • Douai, 25 avr. 1991 : *D. 1993. Somm. 129, obs. Everaert.*

Vie personnelle du salarié

111. Concurrence déloyale. Le respect de la vie personnelle du salarié ne constitue pas en lui-même un obstacle à l'application des dispositions de l'art. 145 dès lors que le juge constate que les mesures qu'il ordonne procèdent d'un motif légitime et sont nécessaires à la protection des droits de la partie qui les a sollicitées ; encourt en conséquence la cassation l'arrêt qui, pour rétracter une ordonnance rendue en application de ce texte à la requête d'un employeur et autorisant un huissier de justice à accéder aux données contenues dans l'ordinateur mis à la disposition d'un salarié et à prendre connaissance, pour en enregistrer la teneur, des messages électroniques échangés par l'intéressé avec deux personnes identifiées, retient que la mesure en question a pour effet de donner à l'employeur connaissance de messages personnels émis et reçus par le salarié et en déduit qu'elle porte atteinte à une liberté fondamentale et n'est pas légalement admissible, alors que l'employeur avait des motifs légitimes de suspecter des actes de concurrence déloyale, et qu'il résultait des constatations de la cour d'appel que l'huissier avait rempli sa mission en présence du salarié. • Soc. 23 mai 2007, n° 05-17.818 P : *D. 2007. Actu. 1590, obs. A. Fabre ; Dr. soc. 2007. 951, obs. Ray ; RTD civ. 2007. 637, obs. R. Perrot ; JCP 2007. I. 200, obs. Amrani Mekki ; ibid. S 2007. 1537, note Béal et Ferreira ; Gaz. Pal. 31 mai 2007, p. 15, et la note ; Procédures 2007, n° 159, note Perrot ; Dr. et pr. 2007. 277, note Hugon ; Dr. et patr., janv. 2008, p. 107, obs. Amrani Mekki.* ♦ Le respect de la vie personnelle du salarié ne constitue pas en lui-même un obstacle à l'application de l'art. 145, dès lors que le juge constate que les mesures qu'il ordonne procèdent d'un motif légitime et sont nécessaires à la protection des droits de la partie qui les a sollicitées ; par suite, justifie sa décision la cour d'appel qui, estimant que l'employeur avait des raisons légitimes et sérieuses de craindre que l'ordinateur mis à la disposition du salarié avait été utilisé pour favoriser des actes de concurrence déloyale, confie à un huissier de justice la mission de prendre copie, en présence du salarié ou celui-ci dûment appelé et aux conditions définies par le jugement confirmé, des messages échangés avec des personnes identifiées comme étant susceptibles d'être concernées par les faits de concurrence soupçonnés. • Soc. 10 juin 2008, n° 06-19.229 P : *D. 2008. AJ 1834 ; Dr. soc. 2008. 1072, note Ray ; RDT 2008. 602, obs. Varnek ; Dr. et pr. 2008. 327, note Fricero ; CCE 2008, n° 128, obs. Lepage.* ♦ V. aussi note 116.

112. Discrimination. Selon l'art. 145 C. pr. civ., s'il existe un motif légitime de conserver ou d'établir avant tout procès la preuve de faits dont pourrait dépendre la solution d'un litige, les mesures d'instruction légalement admissibles peuvent être ordonnées à la demande de tout intéressé. Il résulte par ailleurs des art. 6 et 8 Conv. EDH, 9 C. civ. et 9 C. pr. civ., que le droit à la preuve peut justifier la production d'éléments portant atteinte à la vie personnelle à la condition que cette production soit indispensable à l'exercice de ce droit et que l'atteinte soit proportionnée au but poursuivi. Viole ces dispositions la cour d'appel qui, après avoir constaté que les salariés justifiaient d'un motif légitime à établir avant tout procès la preuve des faits de discrimination dont ils s'estimaient victimes, les déboute de leur demande de production et communication de pièces sous astreinte, au motif que la mesure demandée excède par sa généralité les prévisions de l'art. 145, sans vérifier quelles mesures étaient indispensables à la protection de leur droit à la preuve et proportionnées au but poursuivi, au besoin en cantonnant le périmètre de la production de pièces sollicitée. • Soc. 16 déc. 2020, n° 19-17.367 P. ♦ ... Il appartient dès lors au juge saisi d'une demande de communication de pièces sur le fondement de l'art. 145, d'abord, de rechercher si cette communication n'est pas nécessaire à l'exercice du droit à la preuve de la discrimination alléguée et proportionnée au but poursuivi et s'il existe ainsi un motif légitime de conserver ou d'établir avant tout procès la preuve de faits dont pourrait dépendre la solution d'un litige, ensuite, si les éléments dont la communication est demandée sont de nature à porter atteinte à la vie personnelle d'autres salariés, de vérifier quelles mesures sont indispensables à l'exercice du droit à la preuve et proportionnées au but poursuivi, au besoin en cantonnant le périmètre de la production de pièces sollicitée. • Soc. 22 sept. 2021, n° 19-26.144 P : *D. actu. 14 oct. 2021, note Peyronnet ; D. 2021. 1722 ; JCP S 2021. 1279, note Blanquart ; Gaz. Pal. 18 janv. 2022, p. 50, note Hoffschir ; JCP 2021. 1341, obs. L. Mayer ; ibid. 1054, note Dedessus-le-Moustier.* ♦ Comp. antérieurement note 114, s'agissant des données personnelles du bulletin de paie sollicitées afin d'établir une discrimination.

113. Relevé de carrière. L'employeur ayant la charge de rapporter la preuve que le salarié dont il envisage la mise à la retraite anticipée en application des stipulations d'une convention collective l'y autorisant remplit les conditions pour bénéficier d'une retraite à taux plein et cette preuve ne pouvant résulter que d'un relevé de carrière que le salarié est seul à pouvoir détenir, il existe un motif légitime, au sens de l'art. 145 C. pr. civ., d'ordonner la communication de ce document ; viole ce texte, ainsi que l'art. 9, C. civ. la cour d'appel qui refuse d'ordonner cette communication aux motifs qu'il comporte des éléments relatifs aux salaires de l'intéressé et relève de la vie privée. • Soc. 13 mai 2009, n° 08-41.826 P : *D. 2009 AJ. 1543 ; ibid. Pan. 2718, obs. Vasseur ; JCP S 2009. 1358, note Drai ; CCE 2009, n° 70, note Lepage.*

114. Rémunération d'autres salariés. Le respect de la vie personnelle du salarié et le secret des affaires ne constituent pas en eux-mêmes un obstacle à l'application des dispositions de l'art. 145, dès lors que le juge constate que les mesures demandées procèdent d'un motif légitime et sont nécessaires à la protection des droits de la partie qui les a sollicitées ; la procédure prévue par l'art. 145 n'étant pas limitée à la conservation des preuves et pouvant aussi tendre à leur établissement, c'est dans l'exercice de son pouvoir souverain qu'une cour d'appel a retenu que les salariées justifiaient d'un motif légitime à obtenir la communication de documents nécessaires à la protection de leurs droits, dont seul l'employeur disposait et qu'il refusait de communiquer. • Soc. 19 déc. 2012, n° 10-20.526 P : *D. 2012. Actu. 92 ; ibid. 2013. Pan. 1032, obs. Porta ; RDT 2013. Actu. 74, obs. Guiomard ; JCP 2013. 51, note Lefranc-Hamoniaux ; ibid. 519, obs. Amrani Mekki ; ibid. S 2013. 1222, note Cesaro ; Dr. et pr. 2013. 59, note Boulmier.* ♦ Prive sa décision de base légale au regard de l'art. 6, § 1er Conv. EDH, la cour d'appel qui, pour débouter la salariée de sa demande tendant à ce que l'employeur soit condamné à lui verser une certaine somme au titre de la liquidation de l'astreinte provisoire, retient que le bulletin de paie d'un salarié comprend des données personnelles, telles que l'âge, le salaire, l'adresse personnelle, la domiciliation bancaire, l'existence d'arrêts de travail pour maladie ou encore de saisies sur leur rémunération, et que, dans ces conditions, l'employeur était légitime, préalablement à toute communication de leurs données personnelles à la salariée, à solliciter l'autorisation de ses salariés, sans rechercher, ainsi qu'elle y était invitée, si la communication des informations non anonymisées n'était pas nécessaire à l'exercice du droit à la preuve de la discrimination alléguée et proportionnée au but poursuivi. • Soc. 16 mars 2021, n° 19-21.063 P : *D. 2021. 637 ; ibid. Pan. 1156, obs. Vernac ; JCP S 2021. 1111, note Bossu ; JCP E 2021. 1476, obs. Pagnerre.* ♦ S'agissant des données personnelles du bulletin de paie sollicitées afin d'établir une discrimination, V. désormais exigeant du juge qu'il vérifie que les mesures soient « indispensables à l'exercice du droit de la preuve » : • Soc. 16 déc. 2020, n° 19-17.367 P : *préc. note 112* • 22 sept. 2021, n° 19-26.144 P : *préc. note 112.*

115. Vidéosurveillance. Si l'employeur a le droit de contrôler et de surveiller l'activité de ses salariés pendant le temps de travail, il ne peut être autorisé à utiliser comme mode de preuve les enregistrements d'un système de vidéosurveillance installé sur le site d'une société cliente permettant le contrôle de leur activité dont les intéressés n'ont pas été préalablement informés de l'existence ; viole l'art. L. 1222-4 C. trav. la cour d'appel qui refuse de rétracter une ordonnance sur requête rendue en application de l'art. 145 désignant un huissier de justice aux fins de visionner les enregistrements des caméras de vidéosurveillance placées à l'entrée de la société cliente, qui permettaient le contrôle des heures d'arrivée et de départ sur le lieu du travail des salariés sans qu'il en aient été informés. • Soc. 10 janv. 2012 : *Bull. civ. V, n° 2 ; D. 2012. Actu. 290 ; ibid. Pan. 901, obs. Lokiec et Porta ; RDT 2012. 223, obs. Gardin ; JCP S 2012. 1122, note Loiseau ; ibid E 2012. 1553, n° 16 (2ᵉ esp.), obs. Soubise ; LPA 4 déc. 2012, p. 8, note Sauret et Boubli ; ibid. 3 juin 2013, p. 9, note Fiorentino.*

116. Filature par un détective privé. Viole les art. 8 Conv. EDH, 9 C. civ. et 145 C. pr. civ., l'arrêt qui, pour confirmer l'ordonnance ayant rejeté la demande de rétractation des ordonnances sur requête, se fonde pour partie sur une enquête confiée par l'employeur à un détective privé qui a procédé à une filature du salarié qu'il soupçonnait d'une activité de concurrence déloyale, sans écarter un moyen de preuve illicite pour caractériser le motif légitime d'ordonner une mesure d'instruction avant tout procès. • Civ. 2ᵉ, 17 mars 2016, n° 15-11.412 P : *cité note 13 ss. art. 9.*

Secret

117. Secret des affaires. Le secret des affaires et le secret professionnel ne constituent pas en eux-mêmes un obstacle à l'application des dispositions de l'art. 145, la seule réserve à la communication des documents séquestrés tenant au respect du secret des correspondances entre avocats ou entre un avocat et son client édicté par l'art. 66-5 de la L. n° 71-1130 du 31 déc. 1971. • Civ. 1ʳᵉ, 3 nov. 2016, n° 15-20.495 P : *préc. note 1.* ♦ Le secret des affaires ne constitue pas en lui-même un obstacle à l'application des dispositions de l'art. 145 dès lors que le juge constate que les mesures qu'il ordonne procèdent d'un motif légitime et sont nécessaires à la protection des droits de la partie qui les a sollicitées. • Civ. 2ᵉ, 7 janv. 1999 : *Bull. civ. II, n° 4 ; D. 1999. IR 34 ; D. Affaires 1999. 294, obs. V. A.-R. ; Procédures 1999, n° 60, note Perrot ; BJS 1999. 666, note Lucas.* ♦ Comp. : justifie son refus d'ordonner une expertise sollicitée, en application de l'art. 145, pour déterminer « tous faits susceptibles de caractériser des actes de concurrence déloyale » commis par une société créée par des anciens employés de la société demanderesse la cour d'appel qui, appréciant l'opportunité de cette mesure, a constaté l'absence d'intérêt légitime de cette dernière société après avoir relevé que la diminution du chiffre d'affaires invoquée avait commencé avant le début de l'activité de l'entreprise concurrente, rejeté l'allégation que celle-ci aurait pratiqué des marges commerciales réduites et estimé que l'expertise demandée lui permettrait de connaître, malgré le secret des affaires, la structure commerciale de sa concurrente. • Com. 5 janv. 1988 : *Bull. civ. IV, n° 7 ; D. 1989. 354, note Virassamy.* ♦ Il incombe au juge saisi d'une demande de mesure d'instruction *in futurum* de rechercher si cette mesure d'instruction, confiée à un tiers soumis au secret professionnel, n'est pas proportionnée au droit des requérants d'établir la preuve escomptée et à la préservation des secrets d'affaires des parties qui en sollicitent le rejet. • Civ. 1ʳᵉ, 22 juin 2017, n° 15-27.845 P : *D. actu. 7 juill. 2017, obs. Kebir ; D. 2017. Actu. 1370 ; ibid. 2455, obs. N.D . ; Dalloz IP/IT 2017. 543, obs. de Maison Rouge ; RGDA 2017. 529, note Schulz ; RTD civ. 2017. 661, obs. Barbier .*

118. Secret professionnel. Compte courant postal. Il résulte de l'art. D. 492 C. postes et télécommunications [devenu C. des postes et des communications électroniques] que l'administration des P et T est autorisée à publier une liste des titulaires de comptes courants postaux, qui est livrée au public aux conditions fixées par arrêté du ministre des P et T ; ce texte n'autorise pas le ministre des P et T à invoquer, comme motif légitime, les règles relatives au secret professionnel, pour refuser de communiquer, en vue de la protection des droits d'une partie, les renseignements permettant d'identifier le bénéficiaire du solde créditeur d'un CCP dont le titulaire est décédé. • Civ. 1ʳᵉ, 31 janv. 1990 : *Bull. civ. I, n° 31.*

119. ... Secret bancaire. Viole l'art. 57 de la loi du 24 janv. 1984 [devenu art. L. 511-33 C. mon-.fin.], l'art. 49 de la loi du 24 juill. 1966, devenu l'art. L. 223-18 C. com., et l'art. 145 NCPC [devenu C. pr. civ.] la cour d'appel qui ordonne en référé la communication de documents bancaires concernant une société à responsabilité limitée à son ancienne gérante, en sa qualité prétendue de mandataire sociale, alors qu'elle constatait que la société était liquidée, ce dont il résultait que l'ancienne gérante n'avait plus qualité pour la représenter et se trouvait dans la situation de tout tiers pour l'application de l'art. 145 NCPC, application soumise au respect des règles légales sur le secret bancaire. • Com. 16 janv. 2001 : *Bull. civ. IV, n° 12 ; D. 2001. AJ 545, obs. A. Lienhard ; ibid. 2003. Somm. 340, obs. Synvet ; Dr. sociétés 2001, n° 55, obs. Bonneau ; LPA 15 mars 2001, p. 7, note E. C. ;*

RDBF 2001. 74, obs. Crédot et Gérard ; RLDA 2001, n° 2336, obs. Ribeyre ; Banque et Dr. 80/2001. 45, obs. Guillot ; BJS 2001. 491, note Saintourens ; RJ com. 2001. 132, note Moulin ; JCP E 2003. 396, n° 3, obs. Stoufflet. ♦ Il résulte de la combinaison de l'art. 57 de la loi du 24 janv. 1984, devenu l'art. L. 511 [L. 511-33] C. mon. fin., et de l'art. 10 C. civ. que le pouvoir du juge civil d'ordonner à une partie ou à un tiers de produire tout document qu'il estime utile à la manifestation de la vérité est limité par l'existence d'un motif légitime tenant notamment au secret professionnel ; en conséquence, lorsque les renseignements sollicités sont relatifs à l'identité de la personne qui, après le décès du titulaire d'un compte, l'a fait fonctionner, cette production se heurte aux règles légales sur le secret bancaire auquel est tenu un établissement de crédit, qui ne cesse pas avec la disparition de la personne qui en bénéficie et s'étend aux personnes qui ont eu le pouvoir de faire fonctionner ce compte. • Com. 25 févr. 2003 : *Bull. civ. IV, n° 26 ; D. 2003. AJ 1162, obs. Avena-Robardet ; JCP 2003. II. 10195, note Ayissi-Manga ; RDBF 2003, n° 59, obs. Crédot et Gérard ; RTD com. 2003. 343, obs. Legeais ; Banque et Dr. 5-6/2003. 56, obs. Bonneau ; ibid. 90, obs. Guillot.* ♦ Comp. : dès lors qu'il appartient au banquier d'établir l'existence et le montant de la créance dont il réclame le paiement à la caution ou à ses ayants droit, ceux-ci sont en droit d'obtenir la communication par lui des documents concernant le débiteur principal nécessaires à l'administration d'une telle preuve, sans que puisse leur être opposé le secret bancaire. • Com. 16 déc. 2008 : *Bull. civ. IV, n° 206 ; D. 2009. Actu. 784, obs. V. Avena-Robardet ; ibid. 784, note J. Lasserre Capdeville ; ibid. Pan. 2714, obs. Bretzner ; RTD civ. 2009. 147, obs. Crocq ; RLDC 2/2009. 34, obs. Maraud des Grottes ; Dr. et pr. 2009. 171, obs. Picod ; Banque et Dr. 2009, p. 45, obs. Rontchevsky ; ibid., p. 32, obs. Bonneau ; JCP G 2009. I. 150, n° 10, obs. Simler ; ibid. E 2009. 1037, note Bonneau ; ibid. 1538, obs. Routier ; RDBF 2009, n° 1, note Crédot et Samin ; ibid. n° 14, note Legeais ; LPA 29 mai 2009, p. 10, note Chabot* (visa des art. 1315, 2294 C. civ., L. 511-33 C. mon. fin. et 145 C. pr. civ.).

120. ... Secret du commissaire aux comptes. *Quel que soit l'objet de la mission dont il est* chargé par contrat, l'expert-comptable est tenu, sauf stipulation contraire, à un secret professionnel absolu à raison des faits qu'il n'a pu connaître qu'en raison de la profession qu'il exerce ; en ordonnant, sur le fondement de l'art. 145 NCPC [devenu C. pr. civ.], la communication forcée de rapports d'audit dressés par un expert-comptable, aux motifs que le demandeur licencié pour faute au vu des ces rapports justifie d'un motif légitime, que, si l'expert-comptable est tenu au secret professionnel, celui-ci n'a pas la même valeur selon la mission confiée, qu'une mission relevant de la compétence exclusive de l'expert-comptable est soumise à un secret absolu tandis que celles pouvant être exécutées par un professionnel non expert-comptable ne sont soumises qu'à une obligation de discrétion, que l'expert-comptable ne peut pas invoquer de secret professionnel constitutif d'un motif légitime à l'égard du requérant, et que le fait que la demande aurait pu être adressée directement à l'employeur n'interdit pas de se tourner vers l'expert-comptable, alors que la communication sollicitée se heurtait à un empêchement légitime, la cour d'appel a violé les art. 2 et 21 de l'Ord. du 19 sept. 1945, ensemble l'art. L. 226-13 C. pén. • Com. 8 févr. 2005 : *Bull. civ. IV, n° 22 ; D. 2005. AJ 774, obs. Avena-Robardet ; RTD civ. 2005. 384, obs. Mestre et Fages ; JCP 2005. I. 183, n° 9, obs. Serinet ; Gaz. Pal. 25-26 mars 2005, p. 12, avis Lafortune ; Rev. Lamy droit des affaires avr. 2005, n° 5070, obs. Alves.*

121. ... Caisse primaire d'assurance maladie. Il résulte de la combinaison des art. 10 C. civ., 11 et 145 NCPC [devenu C. pr. civ.] qu'il peut être ordonné à des tiers, sur requête ou en référé, de produire tous documents qu'ils détiennent, s'il existe un motif légitime de conserver ou d'établir avant tout procès la preuve des faits dont pourrait dépendre la solution du litige ; une cour d'appel a pu estimer qu'une caisse primaire d'assurance maladie, à laquelle il était demandé par des médecins en litige avec un confrère auquel était reproché le non-respect d'une clause de leur contrat d'association lui interdisant de se rétablir dans un périmètre déterminé de communiquer le nombre de clients ayant consulté ce médecin dans ledit périmètre, ne pouvait invoquer la violation du secret professionnel pour refuser de révéler les renseignements demandés, s'agissant, en l'espèce, d'une statistique sommaire ne dévoilant pas l'identité ou la maladie des patients et ne révélant pas la position de fortune du médecin soignant. • Civ. 1re, 31 mai 1988 : *Bull. civ. I, n° 168.*

122. Renvoi. V. aussi la notion d'empêchement légitime de l'art. 11 C. pr. civ. et les notes 17 s. ss. ce texte. – *Adde*, sur les personnes tenues d'apporter leur concours à la justice en vue de la manifestation de la vérité, notes 15 s. ss. ce texte, de même que l'art. 10 C. civ.

IV. RÉGIME

A. EXÉCUTION

123. Compétence. Le contentieux de l'exécution de la mesure d'instruction ordonnée sur le fondement de l'art. 145 C. pr. civ., qui n'affecte pas la décision ayant ordonné cette mesure, ne relève pas des pouvoirs du juge de la rétractation. • Civ. 2e, 17 mars 2016, n° 15-12.456 P : *D. actu. 12 avr. 2016, obs. Mélin ; D. 2016. 2535, obs. Bretzner ; RTD civ. 2017. 489, obs. Cayrol.*

124. Ordonnance sur requête. En application des art. 16 et 495, al. 3, l'ordonnance sur requête autorisant un huissier à diligenter une mesure d'investigation sur le fondement de l'art. 145 doit être laissée en copie à ceux à qui elle est opposée ; dès lors, une société dans les locaux de laquelle la mesure d'investigation doit être exécutée, et à qui l'ordonnance a été notifiée, ne peut se prévaloir d'un défaut de notification à l'égard d'autres personnes. • Civ. 2e, 14 nov. 2013 : *préc. note 88.* ♦ La signification à l'étude de l'huissier de l'ordonnance ayant autorisé sur requête une mesure d'instruction avant tout procès sur le fondement de l'art. 145 ne peut tenir lieu de remise de l'ordonnance et de la requête à celui à qui la mesure est opposée, exigée par l'art. 495, al. 3. • Civ. 2e, 23 juin 2016, no 15-19.671 P : *RTD civ. 2017. 482 ; ibid. 487, obs. Cayrol ; Dr. et pr. 2016. 108, note Dorol.*

125. Frais. La partie défenderesse à une demande d'expertise ordonnée sur le fondement de l'art. 145 ne pouvant être qualifiée de partie perdante, une cour d'appel met, à bon droit, les dépens à la charge du demandeur. • Civ. 2e, 10 févr. 2011 : *Bull. civ. II, no 34.*

B. VOIES DE RECOURS

1o RÉFÉRÉ

126. Moment de l'appel. L'art. 150 n'est applicable que si le juge reste saisi d'une demande distincte de la mesure d'instruction ordonnée ; il n'est pas ainsi lorsque le juge des référés a épuisé sa saisine en prescrivant avant tout procès et en vertu de l'art. 145 les mesures destinées à établir la preuve de faits dont pourrait dépendre la solution d'un litige. • Cass., ch. mixte, 7 mai 1982 : *Bull. ch. mixte, no 2 ; D. 1982. 541, concl. Cabannes ; Gaz. Pal. 1982. 2. 571, note Viatte ; RTD civ. 1982. 788, obs. Perrot ; RTD civ. 1983. 185, obs. Normand ; RTD com. 1982. 542, obs. Bénabent et Dubarry.* ♦ L'art. 150, prohibant toute voie de recours indépendamment des jugements sur le fond, n'est applicable que si le juge reste saisi d'une demande distincte de la mesure d'instruction ordonnée ; il n'en est pas ainsi lorsque le juge des référés a épuisé sa saisine sur le fondement de l'art. 145. • Civ. 2e, 23 sept. 2004, no 02-16.459 P : *D. 2004. IR 3039 ; JCP 2005. I. 125, obs. Serinet.*

127. Recevabilité de l'appel. L'art. 528-1 est applicable à l'ordonnance du juge des référés ayant tranché tout le principal au regard de l'objet du litige qui lui était soumis et épuisé sa saisine en prescrivant, avant tout procès et en vertu de l'art. 145, les mesures destinées à établir la preuve de faits dont pouvait dépendre la solution du litige ; en conséquence, si cette ordonnance de référé n'a pas été notifiée dans le délai de deux ans de son prononcé, la partie qui a comparu est irrecevable à en interjeter appel après l'expiration de ce délai. • Civ. 2e, 6 juin 2013, no 12-21.683 P : *Gaz. Pal. 3 sept. 2013, p. 41, note Orif ; Dr. proc. 2013. 205, note Salati.*

2o REQUÊTE

a. Référé-rétractation

128. Juge du recours. L'art. 497 n'exige pas que le juge de la rétractation soit la même personne physique que celle qui a ordonné la mesure critiquée. • Civ. 2e, 11 mars 2010 : *préc. note 43.*

129. Demandeur. Il résulte de la combinaison des art. 145, 329, 495 et 496 que lorsqu'une mesure d'instruction est ordonnée sur requête, le défendeur potentiel à l'action au fond envisagée est nécessairement une personne intéressée au sens de l'art. 496, et peut donc agir en rétractation de cette ordonnance, même si cette ordonnance ne lui est pas opposée au sens de l'art. 495. • Civ. 2e, 1er sept. 2016, no 15-19.799 P : *D. actu. 19 sept. 2016, obs. Kebir ; D. 2016. 2320, note Jéhannin ; ibid. 2017. Chron. C. cass. 605, obs. de Leiris ; RTD civ. 2017. 488, obs. Cayrol ; JCP 2016. 1065, note Théron ; ibid. 1296, no 9, obs. L. Mayer ; Procédures 2016, no 318, note Strickler ; Dr. et pr. 2017. 11, note Dorol.*

130. Demande incidente (non). L'instance en rétractation d'une ordonnance sur requête ayant ordonné une mesure d'instruction sur le fondement de l'art. 145 ayant pour seul objet de soumettre à l'examen d'un débat contradictoire les mesures initialement ordonnées à l'initiative d'une partie en l'absence de son adversaire, la saisine du juge de la rétractation se trouve limitée à cet objet ; dès lors, est irrecevable la demande incidente du requérant tendant à la production de nouvelles pièces, qui, n'ayant pas été présentée au juge des requêtes, est soumise pour la première fois au juge de la rétractation. • Civ. 2e, 9 sept. 2010, no 09-69.936 P.

131. Objet du contrôle. Le juge, saisi d'une demande de rétractation de l'ordonnance sur requête ayant ordonné une mesure sur le fondement de l'art. 145 et tenu d'apprécier au jour où il statue les mérites de la requête, doit s'assurer seulement de l'existence d'un motif légitime à ordonner la mesure probatoire et des circonstances justifiant de ne pas y procéder contradictoirement. • Civ. 2e, 20 mars 2014, no 13-11.135 P : *D. 2014. Actu. 783 ; ibid. Pan. 2485, obs. Bretzner ; Gaz. Pal. 27 mai 2014, p. 40, note Raschel ; ibid. 9 sept. 2014, p. 22, note Foulon et Strickler ; Rev. sociétés 2014. 429, note Cerati-Gauthier ; RLDA 2014. 5357, note Mestre et Mestre-Chami.* ♦ La demande de rétractation d'une ordonnance sur requête rendue sur le fondement de l'art. 145 ne tendant qu'au rétablissement du principe de la contradiction, le juge de la rétractation qui connaît d'une telle demande doit apprécier l'existence du motif légitime au jour du dépôt de la requête initiale, à la lumière des éléments de preuve produits à l'appui de la requête et de ceux produits ultérieurement devant lui. • Civ. 2e, 7 juill. 2016, n° 15-21.579 P : *JCP 2016. 1296, n° 9, obs. L. Mayer.*

132. Portée. Dès lors que sont rétractées les ordonnances ayant ordonné une mesure d'instruction, le rapport du technicien établi en exécution de ces décisions ne produit aucun effet : il ne peut être produit en justice. • Civ. 2e, 4 juin 2015, n° 14-17.699 P : *D. 2015. Actu. 1279* ; *ibid. 2016. Pan. 174, obs. Bretzner* ; *ibid. 457, obs. Fricero* ; *RLDC nov. 2015, p. 57, obs. Dorol* ; *Dr. et pr. 2016. 93, note Vuitton.*

b. Appel

133. Compétence de la cour. Viole l'art. 79, al. 1er, ensemble les art. 145, 496 et 497, la cour d'appel qui retient l'incompétence matérielle du président du TGI, alors qu'elle était juridiction d'appel des décisions, tant du président du TGI que du président du tribunal de commerce, et avait compétence pour statuer sur les mérites de la requête présentée par la société demanderesse. • Civ. 2e, 20 mars 2014 : *préc. note 19.*

134. Finalité du recours. Viole l'art. 145 la cour d'appel qui, saisie de l'appel formé contre une ordonnance de référé rejetant la demande de rétractation d'une précédente décision rendue par le président d'un TGI ayant ordonné, à la requête d'une société, des mesures d'instruction sur des biens appartenant à son débiteur en vue du recouvrement d'une créance, retient, pour dire que le débiteur n'avait pas d'intérêt à agir, qu'il avait « confirmé » les informations recueillies par l'huissier de justice et que la société s'était désistée de son instance, alors qu'il lui appartenait d'apprécier si l'objet de la demande entrait dans les prévisions du texte précité. • Civ. 2e, 13 févr. 2003, n° 01-01.912 P : *RTD civ. 2003. 356, obs. Perrot* ; *Procédures 2003, n° 116, note Perrot* ; *Gaz. Pal. 10-11 oct. 2003, p. 16, obs. du Rusquec.*

C. SUITES DE LA DÉCISION

1° RENOUVELLEMENT DU CONTENTIEUX PROBATOIRE (NON)

135. Solution. C'est à bon droit qu'une cour d'appel a estimé que le juge des référés n'avait pas à remettre en cause les conclusions de l'expert qu'il avait précédemment désigné. • Civ. 2e, 17 mai 1993, n° 91-20.959 P : *RTD civ. 1995. 429, obs. Normand* . ♦ Une cour d'appel, qui par un précédent arrêt avait débouté les parties demanderesses d'une demande d'interdiction et ordonné la mesure d'instruction sollicitée, a épuisé sa saisine en tant que juridiction des référés ; elle a donc à bon droit déclaré qu'elles n'étaient pas recevables à lui demander une nouvelle expertise. • Civ. 2e, 15 juin 1994, n° 92-18.186 P : *RTD civ. 1995. 429, obs. Normand* . ♦ Méconnaît l'étendue de ses pouvoirs la cour d'appel qui, pour commettre un nouveau technicien en lui confiant une mission identique à celle qui avait été précédemment ordonnée, retient que le premier technicien n'a pas correctement exécuté sa mission, alors qu'en ordonnant par son précédent arrêt la mesure d'instruction sollicitée la cour d'appel avait épuisé les pouvoirs que le juge des référés tient de l'art. 145, toute demande de nouvelle mesure d'instruction motivée par l'insuffisance des diligences du technicien commis ne pouvant relever que de l'appréciation du juge du fond. • Civ. 2e, 24 juin 1998, n° 97-10.638 P : *D. 1998. IR 223* ; *D. Affaires 1998. 1398, obs. S. P.* ♦ Dans le même sens, • Civ. 2e, 2 juill. 2020, n° 19-16.501 : *D. actu. 4 sept. 2020, obs. Kebir* ; *D. 2020. 1472* ; *Gaz. Pal. 3 nov. 2020, p. 56, note Mayer* (expertise médicale).

136. Conséquence. Ayant relevé qu'une contre-expertise avait été ordonnée par le juge du fond, de sorte qu'il ne lui appartenait pas, en référé, d'étendre la nouvelle décision d'expertise, la cour d'appel a violé l'art. 145. • Civ. 2e, 23 sept. 2004 : *préc. note 126.*

137. Limite. C'est sans méconnaître les dispositions des art. 145 et 488 qu'un juge des référés accueille une demande de levée de placement sous scellés de dossiers, documents et fichiers ordonnée sur le même fondement par une précédente ordonnance et une demande de désignation d'un expert, dès lors que les mesures sollicitées n'étaient fondées ni sur l'irrégularité ni sur l'insuffisance de l'exécution de la mesure initialement ordonnée mais tendaient uniquement à en assurer l'efficacité. • Civ. 2e, 21 janv. 2010, n° 09-10.618 P : *D. 2010. Pan. 2679, obs. Bretzner*.

2° DISCUSSION DES RÉSULTATS DE LA MESURE D'INSTRUCTION AVANT TOUT PROCÈS (NON)

138. Action irrecevable. Est irrecevable la demande présentée, à titre principal, tendant à l'annulation d'un rapport d'expertise ordonnée en référé sur le fondement de l'art. 145 ; cette fin de non-recevoir, qui a un caractère d'ordre public, doit, en application de l'art. 125, être relevée d'office ; il s'ensuit que viole ces deux textes la cour d'appel qui ne relève pas d'office l'irrecevabilité de la demande formée par une partie qui se bornait à demander la nullité des rapports d'expertise ordonnées en référé, la désignation en conséquence d'un nouvel expert et de surseoir à statuer sur les responsabilités de chaque partie dans l'attente du dépôt du nouveau rapport d'expertise, dès lors qu'elle ne saisissait pas la juridiction d'une demande tendant à ce qu'elle statue au fond sur les responsabilités. • Civ. 2e, 3 mai 2007, n° 06-12.190 P : *D. 2007. AJ 1511.* ♦ Une cour d'appel, se fondant à bon droit sur les dispositions de l'art. 175, décide exactement que l'exception tirée de la nullité du rapport déposé par un expert désigné sur le fondement de l'art. 145 doit être soulevée dans l'instance au fond dans la perspective de laquelle la mesure d'instruction a été ordonnée et qu'une action en nullité du rapport d'expertise exercée à titre principal n'est pas recevable. • Civ. 2e, 2 déc. 2004, n° 02-20.205 P : *D. 2005. Pan. 336, obs. Julien et Fricero* ; *Procédures 2005, n° 59, note Perrot.*

3° TRI DES PIÈCES SÉQUESTRÉES ENTRE LES MAINS DE L'HUISSIER QUI A INSTRUMENTÉ

139. Connaissance par l'avocat du requérant. En vertu de l'art. 66-5 de la L. n° 71-1130 du 31 déc. 1971, seules sont couvertes par le secret professionnel les correspondances échangées entre l'avocat et son client ou entre l'avocat et ses confrères, les notes d'entretien et les pièces du dossier. Le secret professionnel des avocats ne s'étend pas aux documents détenus par l'adversaire de leur client, susceptibles de relever du secret des affaires, dont le refus de communication constitue l'objet même du litige. Dès lors, viole le texte susvisé l'arrêt qui autorise l'avocat du demandeur à prendre connaissance des documents du défendeur, saisis et séquestrés, pour débattre équitablement de leur communication devant le juge des référés. • Civ. 1re, 25 févr. 2016, n° 14-25.729 P : *D. 2016. 550* ; *RTD civ. 2016. 439, obs. Théry*. ♦ Après qu'un huissier de justice, désigné par requête sur le fondement de l'art. 145 C. pr. civ., a appréhendé des documents relevant du secret des affaires et les a placés sous séquestre, le juge des référés, levant le séquestre, doit opérer le tri des documents entrant dans le périmètre de l'autorisation accordée et pouvant être remis au demandeur, sans que l'avocat du requérant puisse prendre connaissance de leur contenu. En effet d'une part, selon l'art. 66-5 de la L. n° 71-1130 du 31 déc. 1971, le secret professionnel des avocats ne s'étend pas aux documents détenus par l'adversaire de leur client, et d'autre part la procédure de levée de séquestre ne tend à obtenir du juge qu'une mesure d'instruction complémentaire, destinée à assurer l'efficacité de la mesure ordonnée sur requête. Cette manière d'opérer concilie le droit à la preuve du demandeur et la protection du secret des affaires du défendeur, dans le respect des principes fondamentaux de la contradiction et de l'égalité des armes. Pour la contester, le demandeur ne peut invoquer utilement la Dir. n° 2016-943 du Parlement européen et du Conseil du 8 juin 2016 sur le secret des affaires qui prévoit la possibilité de limiter les personnes ayant accès aux documents et dont le délai de transposition dans le droit national est fixé au 9 juin 2018. • Versailles, 30 mars 2017, n° 16/05336 : *D. 2018. Pan. 268, obs. Bretzner*.

D. PRESCRIPTION DE L'ACTION AU FOND

1° SOLUTION TRADITIONNELLE

a. Référé

140. Interruption pendant l'instance en référé. La victime de dégâts, causés à une pépinière par des lapins de garenne, ayant obtenu en référé une expertise et ayant ensuite assigné en réparation de son préjudice une association de chasse, c'est à bon droit que, pour déclarer cette action prescrite, un arrêt, après avoir relevé que les actions en réparation des dommages causés aux récoltes par le gibier se prescrivent par six mois à partir du jour où les dégâts ont été commis, retient que, si la prescription a pu être interrompue par l'assignation en référé, le délai pour agir n'a été suspendu que pendant la durée de l'instance introduite sur le fondement de l'art. 145 à laquelle a mis fin l'ordonnance ordonnant une mesure d'expertise, le fait que le juge ait gardé le contrôle des opérations d'expertise n'ayant pas pour effet de proroger l'instance. • Civ. 2e, 6 mars 1991, n° 89-16.995 P : *RTD civ. 1991. 595, obs. Perrot* .

141. Interruption réputée non avenue (non). Une cour d'appel qui, après avoir constaté qu'un juge des référés, saisi sur le fondement de l'art. 145 par un copropriétaire d'une demande d'expertise destinée à déterminer les travaux de remise en conformité de son lot avec le règlement de copropriété, a ordonné un transport sur les lieux, puis, une fois le procès-verbal de transport établi, a jugé sans objet la demande d'expertise, retient que le juge des référés a estimé que le transport sur les lieux était une mesure d'instruction suffisante pour permettre au juge du fond de trancher le litige, en déduit exactement que les prétentions du copropriétaire à la préconstitution d'une preuve avant tout procès n'ont pas été rejetées et que l'interruption de prescription par l'assignation en référé ne peut être considérée comme non avenue sur le fondement de l'art. 2247 [devenu 2243] C. civ. • Civ. 3e, 24 avr. 2003, n° 01-15.457 P : *D. 2003. Pan. 2998, obs. Bouyeure* ; *Procédures 2003, n° 166, note Perrot.*

b. Requête

142. Face à une requête par laquelle des acquéreurs sollicitaient sur le fondement de l'art. 145 la désignation d'un expert aux fins de vérifier la superficie de l'appartement vendu, acte qui n'a jamais été signifié à la société venderesse contre qui les acquéreurs voulaient empêcher de prescrire, la cour d'appel a pu en déduire que les demandeurs n'avaient pas interrompu le délai de prescription quinquennale de nullité de la vente pour dol. • Civ. 3e, 9 nov. 2005, n° 04-15.073 P : *D. 2003. Pan. 2998, obs. Bouyeure.*

2° SOLUTION ISSUE DE LA RÉFORME DE LA PRESCRIPTION

143. Renvoi. V. C. civ., art. 2239 ss. le present art. – C. civ. – *Adde*, C. civ., art. 2241 s., reproduits ss. art. 53.

Code civil

Identification d'une personne par ses empreintes génétiques

Art. 16-11 *Al. 1er à 5 non reproduits.*
En matière civile, cette identification ne peut être recherchée qu'en exécution d'une mesure d'instruction ordonnée par le juge saisi d'une action tendant soit à l'établissement ou la contestation d'un lien de filiation, soit à l'obtention ou la suppression de subsides. Le consentement de l'intéressé doit être préalablement et expressément recueilli. *[...]*

Al. 7 à 9 non reproduits.

Renvoi. V. notes 30 s., ss. art. 145 C. pr. civ.

....

Art. 2239 *(L. no 2008-561 du 17 juin 2008)* La prescription est également suspendue lorsque le juge fait droit à une demande de mesure d'instruction présentée avant tout procès.

Le délai de prescription recommence à courir, pour une durée qui ne peut être inférieure à six mois, à compter du jour où la mesure a été exécutée. — *Dispositions transitoires, V. L. no 2008-561 du 17 juin 2008, art. 26 ss. C. civ., art. 2240, reproduit ss. art. 53.*

1. Application dans le temps. Les dispositions transitoires figurant à l'art. 26 de la L. du 17 juin 2008 concernent les dispositions de cette loi qui allongent ou réduisent la durée de la prescription et non celles qui instituent de nouvelles causes d'interruption ou de suspension, comme celle créée par l'art. 2239 ; la loi préc. ne pouvant rétroagir, une ordonnance de désignation d'un expert prononcée avant la date d'entrée en vigueur de ce texte n'a pas eu pour effet de suspendre la prescription, la mesure d'instruction aurait-elle été en cours d'exécution à cette date. • Com. 28 mars 2018, no 16-27.268 P : *JCP 2018, no 459, note Deharo.* ♦ V. déjà : • Civ. 3e, 6 juill. 2017, no 16-17.151 P : *AJDI 2017. 839, obs. Blatter* (les dispositions de l'art. 2239, issues de la L. du 17 juin 2008, qui attachent à une décision ordonnant une mesure d'instruction avant tout procès un effet suspensif de la prescription jusqu'au jour où la mesure a été exécutée, s'appliquent aux décisions rendues après l'entrée en vigueur de cette loi).

2. La suspension de la prescription prévue par l'art. 2239 n'est pas applicable au délai de forclusion. • Civ. 3e, 3 juin 2015, no 14-15.796 P : *D. 2015. 1208 ; RDI 2015. 400, note Becqué-Ickowicz ; ibid. 414, obs. Tournafond et. Tricoire ; ibid. 422, obs. Malinvaud ; Defrénois 2015. 863, note Becqué-Ickowicz* • 2 juin 2016, no 15-16.967 P : *D. 2016. 1254 ; AJDI 2016. 843, obs. Rouquet .*

3. La suspension de la prescription prévue par l'art. 2239 est applicable aux actions dérivant d'un contrat d'assurance. • Civ. 2e, 19 mai 2016, no 15-19.792 P : *D. 2016. Chron. C. cass. 1886, obs. Becuwe et Touati ; RDI 2016. 418, obs. D. Noguéro .*

4. Bénéficiaire de la suspension de la prescription. La suspension de la prescription, en application de l'art. 2239, lorsque le juge accueille une demande de mesure d'instruction présentée avant tout procès, qui fait, le cas échéant, suite à l'interruption de cette prescription au profit de la partie ayant sollicité cette mesure en référé et tend à préserver les droits de la partie ayant sollicité celle-ci durant le délai de son exécution, ne joue qu'à son profit. • Civ. 2e, 31 janv. 2019, no 18-10.011 P : *D. 2019. 254 ; JCP 2019, no 307, note Taisne* • Civ. 3e, 19 mars 2020, no 19-13.459 P : *D. 2020. 710 ; AJ contrat 2020. 347, obs. Dagorne-Labbe ; RDC 2020/3. 23, note Dugué.*

5. ... Copropriété. Si, en matière de copropriété, la C. cass. a admis que le syndicat des copropriétaires qui agit en réparation des désordres affectant les parties communes puisse se prévaloir de l'effet interruptif de prescription attaché à l'assignation délivrée par un copropriétaire agissant en réparation de son préjudice personnel (• Civ. 3e, 20 mars 2002, no 99-11.745 P), cette exception au principe de l'effet relatif de l'interruption de la prescription suppose qu'il existe un lien d'indivisibilité entre les désordres affectant les parties communes et ceux affectant les parties privatives (• Civ. 3e, 27 mars 2013, no 12-12.121 P), ce qui n'est pas le cas d'une division en volume ayant expressément exclu l'application du régime de la copropriété, et en l'absence de parties communes. • Civ. 3e, 15 avr. 2021, no 19-18.093 P.

6. Portée de la suspension de la prescription. Une demande d'expertise en référé sur les causes et conséquences de désordres et malfaçons ne tendait pas au même but que la demande d'annulation du contrat de construction, de sorte que la mesure d'instruction ordonnée n'a pas suspendu la prescription de l'action en annulation du contrat. • Civ. 3e, 17 oct. 2019, no 18-19.611 P : *D. 2020. 353, obs. Mekki .*

Art. 146 **Une mesure d'instruction ne peut être ordonnée sur un fait que si la partie qui l'allègue ne dispose pas d'éléments suffisants pour le prouver.**

En aucun cas une mesure d'instruction ne peut être ordonnée en vue de suppléer la carence de la partie dans l'administration de la preuve.

A. PRINCIPE

1. L'art. 146 n'édicte nullement qu'une mesure d'instruction doive être ordonnée dans le cas où une partie ne dispose pas d'éléments de preuve suffisants. • Soc. 18 déc. 1978 : *Bull. civ. V, n° 876* • Civ. 1re, 4 nov. 1982 : *ibid. I, n° 316.*

2. La faculté d'ordonner ou de refuser une mesure d'instruction relève du pouvoir discrétionnaire des juges du fond. • Civ. 1re, 6 janv. 1998, n° 95-19.902 P.

B. ADMINISTRATION DE LA PREUVE

BIBL. Hébraud, *Ann. univ. Toulouse, t. XXVI, p. 393.*

3. Les dispositions de l'art. 146, relatives aux mesures d'instruction ordonnées au cours d'un procès, ne s'appliquent pas lorsque le juge est saisi d'une demande fondée sur l'art. 145. • Cass., ch. mixte, 7 mai 1982 : *préc. notes 4 et 5 ss. art. 145* • Civ. 2e, 1er juin 1992, n° 90-20.884 P : *Rev. huiss. 1993. 350* • 26 oct. 1994, n° 93-10.709 P • 8 mars 2006, n° 05-15.039 P : *D. 2006. IR 886* • 10 juill. 2008, n° 07-15.369 P : *D. 2008. AJ 2230 ; ibid. Chron. Cass. 2375, obs. Sommer et Nicoletis* • Civ. 2e, 10 mars 2011, n° 10-11.732 P : *Dr. et pr. 2011. 161.*

4. Les juges du fond apprécient souverainement la carence du demandeur dans l'administration de la preuve qui leur incombe. • Civ. 2e, 17 déc. 1979 : *Bull. civ. II, n° 296* • Civ. 1re, 9 juill. 1985 : *ibid. I, n° 216 ; Gaz. Pal. 1986. 1. Somm. 86, obs. Guinchard et Moussa* • Soc. 8 nov. 1989 : *JCP 1990. II. 21445, note Blaisse.*

5. Défaut de carence. Viole l'art. 146, al. 2, le juge qui refuse d'ordonner une expertise aux fins de déterminer l'étendue d'un préjudice qui ne pouvait être établi que par des recherches de pièces auxquelles le demandeur ne pouvait lui-même procéder. • Cass., ch. mixte, 6 juill. 1984 : *JCP 1985. II. 20338, concl. Sadon.* ♦ ... Qui s'abstient de rechercher si la partie intéressée n'était pas tenue, pour rapporter la preuve de sa prétention, de recourir à des éléments en la seule possession de son adversaire. • Com. 7 mars 1989 : *Gaz. Pal. 1989. 1. Pan. 89.* ♦ Rappr. • Com. 1er mars 1994, n° 91-16.751 P • 23 nov. 1993, n° 91-18.792 P. ♦ Pour un arrêt ordonnant une mesure d'exécution afin de déterminer le degré réel de dépendance d'une filiale défaillante en raison de l'insuffisance des preuves apportées par les liquidateurs, demandeurs à l'action en extension de la procédure collective à la société mère, V. • Douai, 2 oct. 2003 : *D. 2003. AJ 2571, obs. A. Lienhard.*

6. Carence. Peut se voir opposer sa carence la partie dont les allégations ne s'appuient sur aucun élément précis permettant de lui faire crédit. • Civ. 1re, 4 févr. 1981 : *Bull. civ. I, n° 43.* ♦ ... La partie qui se borne à prétendre qu'il résultait des pièces produites qu'elle avait été victime d'agissements de concurrence déloyale sans préciser la nature de ces agissements ni celle des pièces produites. • Com. 6 mars 1979 : *Bull. civ. IV, n° 93.* ♦ Rappr. • Civ. 2e, 10 févr. 1977 : *Bull. civ. II, n° 32* • Com. 6 juill. 1977 : *ibid. IV, n° 195.* ♦ ... La partie dont le grief ne repose que sur de simples allégations qui ne sont étayées par aucun élément sérieux. • Com. 11 déc. 1979 : *JCP 1980. IV. 82* • Soc. 7 oct. 1982 : *Bull. civ. V, n° 540.* ♦ ... La partie qui prétend à l'irrégularité d'un partage pour omission de certains biens et dont les allégations ne reposent sur aucun fondement sérieux. • Civ. 1re, 9 juill. 1985 : *Bull. civ. I, n° 216 ; Gaz. Pal. 1986. 1. Somm. 86, obs. Guinchard et Moussa.* ♦ Rappr. • Paris, 21 juin 1988 : *Gaz. Pal. 1989. 1. 109, note Renard* • Com. 10 janv. 1989 : *JCP 1989. IV. 93* • Civ. 1re, 9 oct. 1991, n° 90-13.449 P. ♦ ... L'époux qui soutient avoir remis à son épouse, au cours du mariage, des sommes dépassant largement la simple contribution aux obligations du mariage, sans fournir à l'appui de son allégation aucun document. • Civ. 1re, 10 mai 1995, n° 93-15.910 P. ♦ ... La partie qui ne peut ni produire des documents de nature à démontrer le caractère excessif de la clause pénale ni réclamer à son contradicteur tout justificatif de situation en temps utile. • Civ. 1re, 26 juin 2001, n° 99-21.479 P. ♦ ... La partie qui prétend être dans l'impossibilité de produire des éléments de preuve du prétendu état d'insanité de sa parente tout en affirmant avoir eu des liens constants et profonds avec celle-ci jusqu'à sa mort, alors que l'évidence de la dégradation de son état mental n'aurait pu lui échapper et aurait pu la conduire à prendre des mesures adaptées à la protection des intérêts de la parente comme d'elle-même. • Civ. 1re, 2 mars 2004, n° 02-15.211 P : *D. 2004. IR 1212 ; Gaz. Pal. 26-28 juin 2005, p. 32, obs. du Rusquec.*

7. Il y a également carence dans l'administration de la preuve lorsque la mesure sollicitée est destinée à recueillir des renseignements que la partie demanderesse aurait dû elle-même fournir. • Soc. 24 mai 1989 : *Bull. civ. V, n° 389.* – V. dans le même sens : • Soc. 21 juill. 1986 : *Bull. civ. V, n° 383.* ♦ ... Lorsque la preuve peut être rapportée par d'autres moyens que les recherches de pièces sollicitées. • Soc. 8 nov. 1989 : *JCP 1990. II. 21445, note Blaisse.*

8. Ne contient aucune contradiction l'arrêt qui

affirme que la production d'un rapport comptable aurait seule permis d'établir la valeur de parts sociales, mais rejette la demande d'expertise sollicitée à cette fin pour ne pas suppléer la carence de la partie dans l'administration de la preuve. • Com. 6 juin 1990, n° 89-12.757 P.

9. La preuve des relations intimes du défendeur à l'action à fins de subsides avec la mère peut être rapportée par l'examen comparé des sangs dès lors qu'il existe des présomptions suffisantes pour rendre plausibles les relations alléguées afin que l'expertise ne vienne pas pallier la carence du demandeur. • Paris, 22 févr. 1991 : *JCP 1991. II. 21777, note Mirabail.*

Mais l'art. 312 C. civ. ne subordonne pas la preuve de la non-paternité du mari par l'examen des sangs à l'existence d'une présomption ou d'un commencement de preuve de non-paternité. • Civ. 1re, 18 mai 1989 : *Gaz. Pal. 1990. 1. 91, note Massip.*

10. L'expertise biologique est de droit en matière de filiation, sauf s'il existe un motif légitime de ne pas y procéder. • Civ. 1re, 28 mars 2000, n° 98-12.806 P : *D. 2000. 731, note Garé ; D. 2001. Somm. 976, obs. Granet ; ibid. 1427, obs. Gaumont-Prat ; ibid. 2868, obs. Desnoyer ; JCP 2000. II. 10409, concl. Petit, note Monsallier-Saint-Mleux ; RTD civ. 2000. 304, obs. Hauser* • 30 mai 2000 : *JCP 2000. II. 10410, note Garé ; D. 2001. Somm. 1427, obs. Gaumont-Prat ; ibid. 2868, obs. Desnoyer* • 29 mai 2001, n° 99-21.830 P : *D. 2002. Jur. 1588, note Cocteau-Senn ; ibid. 2018, obs. Granet ; RTD civ. 2001. 572, obs. Hauser ; AJ fam. 2001. 26, obs. S. D.* • 17 sept. 2003 : *D. 2004. 659, note Massip ; D. 2004. Somm. 1419, obs. Granet-Lambrechts* • Civ. 1re, 14 juin 2005, n° 04-13.913 P : *D. 2006. Pan. 1141, obs. Granet-Lambrechts* • 25 oct. 2005, n° 03-14.101 P • 8 juill. 2009, n° 08-18.223 P : *LPA du 14 sept. 2009, p. 4, note Burgard ; ibid., 19 mars 2010, p. 11, note Massip ; RJPF 11/2009. 22, obs. Garé ; AJ fam. 2009. 402, note Chénedé ; RTD civ. 2009. 711, obs. Hauser* (insuffisance d'une identité partielle de patrimoine génétique entre deux frères biologiques) • 30 sept. 2009, n° 08-18.398 P : *JCP 2009. 533, note M. Brusorio-Aillaud ; AJ fam. 2009. 454, note Chénedé ; RJPF 2010-1, p. 28, obs. Garé ; RTD civ. 2009. 711, obs. Hauser* (refus – finalité exclusivement financière). – Comp. : • Versailles, 30 mars 2000 : *RTD civ. 2000. 557, obs. Hauser*. ♦ *Adde* jugeant qu'une expertise biologique n'est pas attentatoire à la vie privée du défendeur, V. : • CEDH 25 juin 2015, n° 22037/13, *Cannone c/ France : AJ fam. 2015. 499, note Le Gac-Pech ; RJPF oct. 2015. 30, note Garé.* ♦ V. aussi, pour une action en recherche de paternité naturelle, • Civ. 1re, 8 janv. 2002 : *Defrénois 2002. 690, obs. Massip ; Dr. fam. 2002, n° 98, note Murat.* ♦ Il en va de même en matière de subsides dans la mesure où la simple possibilité de la filiation est suffisante pour que soit reconnu le droit aux subsides. • Paris, 22 févr. 2001 : *JCP 2001. II. 10558, note Garé.* – Comp. : • Colmar, 3 oct. 1997 : *D. 1999. Somm. 200, obs. Granet*. ♦ Cassation de l'arrêt qui rejette la demande d'expertise biologique au motif que ne sont pas réunis les présomptions et indices graves permettant de déclarer l'action recevable. • Civ. 1re, 12 mai 2004 : *D. 2005. 1766, note Mirabail* • 14 juin 2005, n° 04-15.445 P : *D. 2005. IR 1732 ; Defrénois 2005. 1848, obs. Massip ; Dr. fam. 2005, n° 182, note Murat* • Cass., ass. plén., 23 nov. 2007, n° 05-17.975 P : *R., p. 327 ; BICC 15 mars 2008, rapp. Moussa et avis de Gouttes ; D. 2008. Pan. 1373, obs. Granet-Lambrechts ; Gaz. Pal. 11-12 janv. 2008, avis de Gouttes ; AJ fam. 2008. 37, obs. Chénedé ; Dr. fam. 2008, n° 5, note Murat ; RJPF 2008-2/33, obs. Garé.* ♦ Mais en matière de constatation de possession d'état, la preuve s'établit par tous moyens, de sorte que l'expertise biologique n'est pas de droit. • Civ. 1re, 6 déc. 2005, n° 03-15.588 P : *D. 2006. Pan. 114, obs. Granet-Lambrechts ; Dr. famille 2006. Comm. 26, note Murat.* – V. aussi Le Gac-Pech, *D. 2001. Chron. 404* ; Hauser, *RTD civ. 2000. 304*. ♦ Pour des exemples de motif légitime de refus, V., pour un examen ne permettant pas d'obtenir une certitude de paternité supérieure à celle obtenue avec l'examen des sangs préalablement ordonné, • Civ. 1re, 12 juin 2001, n° 98-21.796 P : *D. 2001. IR 2089 ; RTD civ. 2001. 574, obs. Hauser ; Defrénois 2001. 1355, obs. Massip ; Dr. fam. 2002, n° 2, note Murat.* – V. aussi • Civ. 1re, 5 févr. 2002 : *D. 2003. Somm. 658, obs. Bourgault-Coudevylle* • 24 sept. 2002, n° 00-22.466 P : *D. 2003. 1793, note Cocteau-Senn ; ibid. 2003. Somm. 2117, obs. Granet ; AJ fam. 2002. 417, obs. S.D.-B. ; RTD civ. 2003. 71, obs. Hauser ; Defrénois 2003. 124, obs. Massip ; JCP 2003. II. 10053, note Garé ; ibid. 2003. I. 148, n° 1, obs. Rubellin-Devichi* • 14 juin 2005 : *JCP 2005. IV. 2736.* ♦ ... Pour le désintérêt de l'époux montré antérieurement faisant présumer qu'il ne se serait pas soumis au test. • Paris, 8 nov. 2001 : *AJ fam. 2002. 30*. ♦ ... Des parents pouvant se prévaloir de la possession d'état conforme au titre de naissance de l'enfant, et donc d'une paternité et d'une maternité légitimement établies (allégation par l'enfant d'une substitution). • Versailles, 19 sept. 2002 : *Gaz. Pal. 18-19 juill. 2003, p. 14.* ♦ En ce sens que la religion n'est pas un motif légitime, V. • Bordeaux, 2 avr. 2003 : *AJ fam. 2003. 387*. ♦ Sur la conformité de cette jurisprudence à l'art. 8 Conv. EDH, V. • CEDH 7 févr. 2002 : *RTD civ. 2002. 795, obs. Hauser ; JCP 2002. I. 157, obs. Sudre ; ibid. 2003. I. 148, n° 1, obs. Rubellin-Devichi.* ♦ Une identité partielle de patrimoine génétique entre deux frères biologiques ne constitue pas, *a priori*, un motif légitime pour ne pas ordonner une expertise biologique de droit en matière d'action à fins de subsides. • Civ. 1re,

8 juill. 2009 : *préc.* ♦ Le juge qui refuse une expertise biologique doit indiquer les motifs légitimes de nature à justifier son refus d'ordonner l'expertise sollicitée. • Civ. 1re, 6 déc. 2005, no 05-11.150 P : *D. 2006. IR 14*.

Art. 147 **Le juge doit limiter le choix de la mesure à ce qui est suffisant pour la solution du litige, en s'attachant à retenir ce qui est le plus simple et le moins onéreux.**

Le juge qui prescrit la production d'une attestation au lieu d'ordonner l'enquête sollicitée pour compléter un commencement de preuve a discrétionnairement estimé que cette mesure était suffisante pour la solution du litige. • Civ. 3e, 11 janv. 1978 : *Bull. civ. III, no 30 ; RTD civ. 1978. 925, obs. Perrot.* ♦ Rappr. • Civ. 2e, 22 janv. 1980 : *Gaz. Pal. 1980. 1. Pan. 235.*

Art. 148 **Le juge peut conjuguer plusieurs mesures d'instruction. Il peut, à tout moment et même en cours d'exécution, décider de joindre toute autre mesure nécessaire à celles qui ont déjà été ordonnées.** – *V. art. 166.*

Aucun texte n'impose au juge qui ordonne un serment décisoire de conjuguer cette mesure avec une comparution personnelle préalable des parties. • Reims, 13 nov. 1981 : *Gaz. Pal. 1982. 2. Somm. 236.*

Art. 149 **Le juge peut à tout moment accroître ou restreindre l'étendue des mesures prescrites.**

1. Jugé qu'en étendant la mission de l'expert à des investigations non prévues dans la décision originaire, le juge du contrôle n'ordonne pas une nouvelle expertise mais ne fait qu'étendre cette mesure au sens de l'art. 149. • Rouen, ord., 1er juill. 1983 : *Gaz. Pal. 1984. 1. Somm. 47.*

2. Prorogation de séquestre. Qualification. La décision, rendue après une première ordonnance ayant autorisé la mesure de saisie de documents et leur séquestre, qui, tout en refusant de faire droit à la demande de communication de la totalité des pièces saisies, proroge la durée du séquestre de celles-ci, n'est pas une mesure d'administration judiciaire. • Civ. 2e, 17 oct. 2013 : *cité note 7 ss. art. 500.*

Art. 150 **La décision qui ordonne ou modifie une mesure d'instruction n'est pas susceptible d'opposition ; elle ne peut être frappée d'appel ou de pourvoi en cassation indépendamment du jugement sur le fond que dans les cas spécifiés par la loi.**

Il en est de même de la décision qui refuse d'ordonner ou de modifier une mesure. – *V. art. 170, 272, 544, 545 et 606 s.*

BIBL. ► VIATTE, *Gaz. Pal. 1974. 2. Doctr. 873.*

A. IRRECEVABILITÉ DU RECOURS IMMÉDIAT

1. Est irrecevable, en application de l'art. 150, le pourvoi formé contre un arrêt qui ordonne une mesure d'instruction et ne contient dans son dispositif aucune décision sur le fond. • Civ. 1re, 20 févr. 1979 : *Bull. civ. I, no 64* • Civ. 3e, 16 déc. 1992, no 90-21.450 P. ♦ Dans le même sens, s'agissant d'une comparution personnelle, V. • Com. 5 juill. 1977 : *Bull. civ. IV, no 192.* ♦ … D'une expertise, V. • Civ. 2e, 27 févr. 1980 : *Bull. civ. II, no 44* • Civ. 1re, 13 mars 1990, no 86-18.043 P. ♦ V. notes ss. art. 606 s.

2. Est également irrecevable le pourvoi critiquant la mission confiée à l'expert. • Com. 28 avr. 1980 : *Bull. civ. IV, no 165 ; D. 1980. IR 465, obs. Julien.* ♦ … Critiquant l'arrêt qui se borne, dans son dispositif, à modifier ou à compléter cette mission. • Com. 3 févr. 1982 : *Bull. civ. IV, no 43* • 17 mars 1982 : *ibid. IV, no 108.*

3. Eu égard aux prescriptions de l'art. 150, sont irrecevables en l'état les moyens qui ne sont dirigés que contre la partie du dispositif qui ordonne une expertise. • Soc. 16 juill. 1987 : *Bull. civ. V, no 506.* – Dans le même sens, V. • Com. 6 mars 1984 : *Bull. civ. IV, no 92.* ♦ Est également irrecevable le pourvoi formé contre un arrêt qui se borne à ordonner un transport sur les lieux, dès lors que le demandeur n'a pas formé de pourvoi contre l'arrêt postérieurement intervenu sur le fond. • Civ. 3e, 30 nov. 1977 : *Bull. civ. III, no 417.*

4. Le contredit est irrecevable lorsque, au lieu de se prononcer sur la compétence, le juge a seulement ordonné une expertise pour être éclairé sur la question dont dépendait la compétence. • Paris, 23 févr. 1977 : *D. 1977. 193, concl. Picca, note Jestaz ; RTD civ. 1977. 608, obs. Normand.*

5. En ce qui concerne l'irrecevabilité de l'appel des jugements avant-dire droit, V. notes ss. art. 544 et 545.

6. L'irrecevabilité de l'appel d'un jugement avant-dire droit est d'ordre public et le juge doit, en conséquence, la relever d'office. • Civ. 2e, 20 juin 1979 : *Bull. civ. II, no 142 ; D. 1980. IR 49, obs. Julien ; RTD civ. 1980. 167, obs. Perrot* • Com. 2 oct. 1984 : *Bull. civ. IV, no 247 ; Gaz. Pal. 1985. 1. Pan. 18, obs. Guinchard ; RTD civ.*

1985. 215, obs. Perrot.

7. Champ d'application. Les dispositions de l'art. 375-1 C. civ. relatives à l'assistance éducative ne dérogent pas au principe posé par l'art. 150. • Civ. 1re, 3 mars 1981 : *Bull. civ. I, n° 74* • Paris, 16 déc. 1986 : *D. 1988. 69, note Renucci.*

8. L'art. 150 n'est applicable en matière de référé que si le juge reste saisi d'une demande distincte de la mesure d'instruction ordonnée, ce qui n'est pas le cas lorsqu'il épuise sa saisine en prescrivant une mesure d'instruction avant tout procès en vertu de l'art. 145. • Cass., ch. mixte, 7 mai 1982 : *préc. notes 2, 4 et 5 ss. art. 145* • Com. 4 févr. 1992 : *JCP 1992. IV. 987, p. 105* • Civ. 2e, 23 sept. 2004 : *Procédures 2004, n° 228, note Perrot.* ♦ ... Ni lorsque le juge des référés a épuisé sa saisine en désignant un « expert » conformément à l'art. 1592 C. civ. • Com. 9 juin 2004 : *Procédures 2004, n° 184, note Croze.* – V. aussi • Civ. 2e, 24 mars 1993 : *JCP 1993. II. 22110, note du Rusquec ; RTD civ. 1993. 891, obs. Perrot.*

9. Lorsqu'une mesure d'instruction a été ordonnée avant tout procès, la décision qui l'ordonne, la modifie ou qui est relative à son exécution peut être frappée d'appel immédiat. • Civ. 2e, 21 juin 1995 : *RTD civ. 1995. 679, obs. Perrot* (référé-expertise).

10. Sur l'appel des ordonnances du juge de la mise en état prescrivant une mesure d'instruction, V. art. 776.

11. Le refus d'ordonner une mesure d'instruction, relevant du pouvoir discrétionnaire des juges du fond, ne saurait, fût-il fondé sur des motifs erronés, constituer un excès de pouvoir. • Com. 3 avr. 2007, n° 06-12.762 P.

B. RECEVABILITÉ DU RECOURS IMMÉDIAT

12. Sur la recevabilité de l'appel d'un jugement ordonnant une expertise, V. art. 272. ♦ Sur la recevabilité de l'appel des jugements mixtes, V. art. 544.

13. Eu égard à l'autorité qui s'attache à l'avis de l'expert, la décision qui, en matière de sécurité sociale, ordonne une expertise technique tranche une question de fond et peut être immédiatement frappée d'appel. • Soc. 13 mai 1987 : *Bull. civ. V, n° 298* • 12 oct. 1988 : *ibid. V, n° 489.*

14. Est recevable, en application de l'art. 9 du décret du 17 déc. 1973 (art. 150 NCPC [devenu C. pr. civ.]), le pourvoi contre l'arrêt ordonnant une mesure d'instruction formé le même jour que le pourvoi dirigé par la même partie contre l'arrêt sur le fond. • Civ. 3e, 11 janv. 1978 : *Bull. civ. III, n° 30 ; RTD civ. 1978. 925, obs. Perrot.* ♦ *Contra*, dans le cas d'un appel concomitant formé par acte séparé : • Civ. 2e, 11 janv. 1978 : *Bull. civ. II, n° 15.*

15. L'art. 150 n'est pas applicable en cas de fixation, selon la procédure d'urgence, des indemnités d'expropriation, matière régie par les dispositions spéciales du code de l'expropriation (art. L. 15-4 s.). • Civ. 3e, 13 mars 1985 : *JCP 1985. IV. 186.*

16. Excès de pouvoir. En donnant à l'autorité administrative, qu'il charge de désigner un expert, une injonction de nature à constituer un excès de pouvoir, et une méconnaissance de la séparation des autorités administratives et judiciaires, le juge tranche une question de fond et sa décision est immédiatement susceptible d'appel. • Soc. 23 févr. 1977 : *Bull. civ. V, n° 131 ; RTD civ. 1977. 621, obs. Perrot.*

17. Quand l'appel à fin de réformation n'est pas ouvert, un appel à fin d'annulation peut être formé en vue de remédier à certains vices particulièrement graves affectant la régularité intrinsèque du jugement et résultant d'un principe fondamental ou d'ordre public, en l'espèce, le principe de la contradiction. • Paris, 17 janv. 1989 : *D. 1989. Somm. 182, obs. Julien* • 7 mars 1990 : *Gaz. Pal. 1991. 1. Somm. 26, obs. Marchi.* – V. déjà • Paris, 11 janv. 1978 : *Gaz. Pal. 1978. 1. Somm. 208.* ♦ Comp. notes 26 s. ss. art. 545 et notes 13 s. ss. art. 543.

Art. 151 **Lorsqu'elle ne peut être l'objet de recours indépendamment du jugement sur le fond, la décision peut revêtir la forme d'une simple mention au dossier ou au registre d'audience.**

Jugé que la prescription d'une comparution personnelle peut résulter implicitement, mais nécessairement, de l'arrêt rendu sur le fond. • Civ. 2e, 25 mai 1976 : *Bull. civ. II, n° 177 ; RTD civ. 1976. 828, obs. Perrot.*

Art. 152 **La décision qui, en cours d'instance, se borne à ordonner ou à modifier une mesure d'instruction n'est pas notifiée. Il en est de même de la décision qui refuse d'ordonner ou de modifier la mesure.**

Le *(Décr. n° 2017-892 du 6 mai 2017, art. 68-I-3°)* **« greffier » adresse copie de la décision par lettre simple aux parties défaillantes ou absentes lors du prononcé de la décision.**

Art. 153 **La décision qui ordonne une mesure d'instruction ne dessaisit pas le juge.**

(Décr. n° 2005-1678 du 28 déc. 2005, art. 36, en vigueur le 1er mars 2006) **« La décision indique la date à laquelle l'affaire sera rappelée pour un nouvel examen. »**

L'art. 36 du Décr. n° 2005-1678 du 28 déc. 2005 est applicable aux procédures en cours (Décr. préc., art. 87, al. 1er).

BIBL. ▸ Olivier, *Gaz. Pal. 14-16 nov. 2004, p. 10.*

1. Le juge qui a ordonné une mesure d'instruction n'est pas obligé de la maintenir s'il s'estime suffisamment éclairé. • Civ. 3e, 9 nov. 1977 : *Bull. civ. III, n° 383 ; RTD civ. 1978. 728, obs. Perrot.*

2. Lorsqu'une mesure d'instruction s'est révélée impossible à exécuter, les juges qui l'ont ordonnée peuvent, sans violer le principe de l'autorité de la chose jugée, statuer sur le fond du litige en fonction des éléments dont ils disposent. • Civ. 1re, 26 nov. 1980 : *Gaz. Pal. 1981. 1. Pan. 107.* – V. déjà • Soc. 17 mars 1977 : *Bull. civ. V, n° 207.*

3. La décision du juge serait entachée de contradiction s'il se prononçait sur le fond en même temps qu'il ordonne une mesure d'instruction. • Com. 3 juin 1975 : *D. 1975. IR 190.*

Art. 154 Les mesures d'instruction sont mises à exécution, à l'initiative du juge ou de l'une des parties selon les règles propres à chaque matière, au vu d'un extrait ou d'une copie certifiée conforme du jugement.

1. Aucune disposition particulière ne régissant, devant le tribunal paritaire, l'obtention des pièces détenues par un tiers, il appartient à la partie que la cour désigne, et non au secrétariat-greffe, de notifier l'arrêt enjoignant à un tiers de produire des documents utiles à la solution du litige. Un souci de bonne administration de la justice, et notamment de rapidité de l'instruction de l'affaire, peut néanmoins conduire la juridiction à mettre cette formalité à la charge du greffier. • Riom, 28 nov. 1988 : *D. 1989. Somm. 272, obs. Julien.*

2. Les art. 154 et 267 ne subordonnent pas l'exécution d'une expertise à la notification préalable de la décision qui la prescrit. • Civ. 3e, 22 juill. 1992, n° 90-17.792 P.

SECTION II EXÉCUTION DES MESURES D'INSTRUCTION

DALLOZ ACTION *Droit et pratique de la procédure civile 2022/2023,* nos 342.50 s.

Art. 155 La mesure d'instruction est exécutée sous le contrôle du juge qui l'a ordonnée lorsqu'il n'y procède pas lui-même.

(Décr. n° 98-1231 du 28 déc. 1998, art. 4, en vigueur le 1er mars 1999) **« Lorsque la mesure est ordonnée par une formation collégiale, le contrôle est exercé par le juge qui était chargé de l'instruction. A défaut, il l'est par le président de la formation collégiale s'il n'a pas été confié à un membre de celle-ci. »**

(Décr. n° 2012-1451 du 24 déc. 2012, art. 3) **« Le contrôle de l'exécution de cette mesure peut également être assuré par le juge désigné dans les conditions de l'article 155-1. »**

BIBL. ▸ Viatte, *Gaz. Pal. 1980. Doctr. 333* (décisions du juge du contrôle).

▸ **Décr. du 28 déc. 1998 :** Olivier, *Gaz. Pal. 1999. Doctr. 184.* – « Confluences juridiques », *Gaz. Pal. 2001. Doctr. 489.*

▸ **Décr. du 24 déc. 2012 :** Ruellan et Marie, *Experts oct. 2013, p. 13.*

Art. 155-1 *(Décr. n° 98-1231 du 28 déc. 1998, art. 5, en vigueur le 1er mars 1999)* **Le président de la juridiction peut dans l'intérêt d'une bonne administration de la justice désigner un juge spécialement chargé de contrôler l'exécution des mesures d'instruction confiées à un technicien en application de l'article 232.**

BIBL. ▸ Chapron, *Experts juin 2009. 7* (le juge chargé du contrôle des expertises judiciaires civiles).

Art. 156 Le juge peut se déplacer hors de son ressort pour procéder à une mesure d'instruction ou pour en contrôler l'exécution.

Art. 157 Lorsque l'éloignement des parties ou des personnes qui doivent apporter leur concours à la mesure, ou l'éloignement des lieux, rend le déplacement trop difficile ou trop onéreux, le juge peut charger une autre juridiction de degré égal ou inférieur de procéder à tout ou partie des opérations ordonnées.

La décision est transmise avec tous documents utiles par le *(Décr. n° 2017-892 du 6 mai 2017, art. 68-I-2°)* **« greffe » de la juridiction commettante à la juridiction commise. Dès réception, il est procédé aux opérations prescrites à l'initiative de la juridiction commise ou du juge que le président de cette juridiction désigne à cet effet.**

Les parties ou les personnes qui doivent apporter leur concours à l'exécution de la mesure d'instruction sont directement convoquées ou avisées par la juridiction commise. Les parties ne sont pas tenues de constituer avocat *(Abrogé par Décr. n° 2012-634 du 3 mai 2012, art. 21-1°-a) « ou avoué »* **devant cette juridiction.**

Sitôt les opérations accomplies, le *(Décr. n° 2017-892 du 6 mai 2017, art. 68-I-2°)* **« greffe » de la juridiction qui y a procédé transmet à la juridiction commettante les procès-verbaux accompagnés des pièces et objets annexés ou déposés.** — *V. art. 730 s. sur les commissions rogatoires.*

BIBL. ▶ GAVALDA, *Rev. crit. DIP 1964. 150* (commissions rogatoires internationales).

1. La cour d'appel ne peut donner commission rogatoire au président du TGI de la même ville pour désigner un juge chargé d'exécuter l'enquête par elle ordonnée. • Civ. 2e, 12 mai 1975 : *D. 1975. IR 179.*

2. Si la conception française de l'ordre public international empêche de reconnaître une décision étrangère qui n'aurait pas respecté les droits de la défense, il n'est pas porté atteinte à ceux-ci dès lors que les témoignages reçus à l'étranger ont été soumis à un débat contradictoire devant le juge français. • Civ. 1re, 22 févr. 1978 : *Bull. civ. I, n° 73.*

3. Pour une application des art. 156 et 157 à une audition en Inde, V. • Douai, 23 nov. 2000 : *Gaz. Pal. 2001. 1. 653, note Olivier.*

Art. 158 **Si plusieurs mesures d'instruction ont été ordonnées, il est procédé simultanément à leur exécution chaque fois qu'il est possible.**

Art. 159 **La mesure d'instruction ordonnée peut être exécutée sur-le-champ.**

Art. 160 **Les parties et les tiers qui doivent apporter leur concours aux mesures d'instruction sont convoqués, selon le cas, par le** *(Décr. n° 2017-892 du 6 mai 2017, art. 68-I-3°)* **« greffier » du juge qui y procède ou par le technicien commis. La convocation est faite par lettre recommandée avec demande d'avis de réception. Les parties peuvent également être convoquées par remise à leur défenseur d'un simple bulletin.**

Les parties et les tiers peuvent aussi être convoqués verbalement s'ils sont présents lors de la fixation de la date d'exécution de la mesure.

Les défenseurs des parties sont avisés par lettre simple s'ils ne l'ont été verbalement ou par bulletin.

Les parties défaillantes sont avisées par lettre simple. — *V. art. 16, 169 et 175.*

BIBL. ▶ JULIEN, *Mél. Buffet, LPA 2004, p. 293* (principe de la contradiction et expertise). – ROUSSE, *Gaz. Pal. 1978. 2. Doctr. 627* (principe du contradictoire dans le déroulement de l'expertise). – MÉLENNEC et SICARD, *Gaz. Pal. 1975. 1. Doctr. 376* (expertise médicale).

1. Domaine d'application. Les dispositions de l'art. 160 C. pr. civ. qui sont relatives aux modalités de convocation des parties à toutes les mesures d'instruction s'appliquent aux mesures de constatation. • Civ. 2e, 5 mars 2009, n° 08-11.650 P : *Procédures 2009, n° 135, note Perrot.*

A. OBLIGATION DE CONVOQUER

2. Le juge ne peut procéder à des vérifications personnelles que lorsque les parties sont présentes ou ont été appelées. • Soc. 24 nov. 1988 : *Bull. civ. V, n° 626.* ♦ Après exécution de cette mesure, les parties doivent être entendues en leurs observations. • Même arrêt.

3. Aux termes des art. 16 et 160 C. pr. civ., si la convocation des parties aux mesures d'instruction est faite par lettre recommandée avec demande d'avis de réception, les parties peuvent également être convoquées par remise à leur défenseur d'un simple bulletin, et l'art. 388-1, C. civ. qui a exclusivement vocation à régir l'audition du mineur par le juge, est inapplicable en matière d'expertise. Dès lors, une cour d'appel retient à bon droit que l'expert désigné pour procéder aux opérations d'expertise psychologique d'un enfant et de ses parents a régulièrement convoqué la mère et l'enfant chez qui est fixée sa résidence habituelle par l'envoi d'une lettre simple avec copie à son conseil. • Civ. 1re, 23 mars 2011 : *Dr. fam. 2011, n° 103, note Maria ; AJ fam. 2011. 256, obs. Gebler ; RJPF 12/2011. 26, note Eudier.*

4. L'expertise est nulle lorsque l'expert a procédé à ses investigations sans avoir convoqué les parties. • Civ. 1re, 21 juill. 1976 : *Bull. civ. I, n° 278.* ♦ Il ne suffirait pas que le rapport ait été communiqué aux parties et que ces dernières aient été mises à même d'en débattre à l'audience. • Com. 24 oct. 1978 : *Bull. civ. IV,* *n° 238* • Civ. 3e, 14 nov. 1990, n° 89-13.368 P. ♦ Rappr. • Civ. 3e, 15 nov. 1977 : *Bull. civ. III, n° 386 ; RTD civ. 1978. 730, obs. Perrot* • 3 oct. 1991, n° 90-12.214 P • Civ. 2e, 5 avr. 1993, n° 91-20.481 P • Civ. 1re, 7 mars 2000, n° 97-20.017 P : *D. 2000. IR 91* • Civ. 2e, 20 déc. 2001, n° 00-10.633 P : *D. 2002. IR 371*. ♦ Comp., jugeant qu'un rapport d'expertise est opposable à une partie qui n'a pas été convoquée aux opérations, si le rapport a été versé aux débats et soumis à la discussion contradictoire des parties : • Com. 10 déc. 2013 : *Procédures 2014, n° 63, note Perrot.*

5. En application de l'art. 160, dès lors qu'un expert médical n'appelle pas la partie adverse lors de la mission qui lui est confiée, les actes accomplis en méconnaissance de cette obligation doivent être déclarés nuls. • Bastia, 12 nov. 2002 : *BICC 2004, n° 1079.* ♦ Si le caractère intime de l'examen médical peut faire obstacle à la présence de la partie adverse au cours de l'examen lui-même, il n'en demeure pas moins que celle-ci doit être convoquée lors des opérations d'expertise, afin notamment de faire valoir ses observations. • Même arrêt.

6. L'expert a l'obligation de convoquer les parties à toutes les réunions d'expertise. • Civ. 1re, 9 juin 1982 : *Bull. civ. I, n° 219 ; RTD civ. 1983. 194, obs. Perrot* • Soc. 29 nov. 1989 : *Cah. prud'h. 1990. 190.* ♦ Ainsi doit être annulée l'expertise qui fait suite à une réunion à laquelle la partie absente et non représentée lors de la réunion précédente n'a pas été convoquée. • Civ. 3e, 7 févr. 2007 : *D. 2007. AJ 806*. ♦ V. cep. notes 12 s.

7. Mais ne peut invoquer le caractère non contradictoire d'une expertise la partie qui se dérobe aux convocations qui lui sont adressées. • Com. 26 févr. 1980 : *JCP 1980. IV. 184* • Civ. 3e, 17 nov. 1993 : *JCP 1994. IV. 157* • 5 oct. 1994, n° 92-10.827 P : *D. 1995. Somm. 190, obs. Robert* ; *Gaz. Pal. 1995. 1. Pan. 55.*

8. Viole l'art. 160 le juge qui fonde sa condamnation sur une expertise à laquelle le défendeur n'avait pas été partie au prétendu motif que cette mesure lui était opposable dès lors qu'elle avait été « contactée » par l'expert, alors que le rapport de ce dernier ne contient aucune indication établissant que l'intéressée avait été mise en mesure de présenter ses observations au cours d'une discussion contradictoire. • Civ. 1re, 28 juin 1989 : *Bull. civ. I, n° 261.*

9. Un rapport amiable peut servir à l'estimation d'un bien, alors même qu'il n'a pas valeur *d'expertise, dès lors qu'il a été soumis* à la discussion et à la contradiction des parties. • Civ. 1re, 13 avr. 1999, n° 96-19.733 P. – V. aussi • Com. 30 oct. 2000, n° 98-12.671 P : *D. 2000. AJ 438*.

10. Sur la possibilité pour le juge de ne pas annuler l'intégralité des rapports d'expertise en cas de violation du principe du contradictoire, V. • Civ. 2e, 12 juin 2003, n° 01-13.502 P : *D. 2003. IR 2284* ; *Gaz. Pal. 9-10 juill. 2004, p. 13, obs. du Rusquec.* ♦ *Adde*, admettant même la possibilité pour le juge de rouvrir les débats et de demander, sur le fondement de l'art. 177 C. pr. civ., à l'expert de reprendre la partie de ses opérations qui n'ont pas été effectuées contradictoirement • Civ. 2e, 24 juin 2004 : *cité note 2 ss. art. 177* ♦ V. aussi • Agen, 6 oct. 2008, n° 07/00896 : *BICC 1er avr. 2010, n° 482.*

11. V. plus généralement, notes 13, 45 et 51 s. ss. art. 16. ♦ Sur l'opposabilité à une partie de l'expertise à laquelle elle n'a pas participé, V. notes 42 s. ss. art. 16. ♦ Sur les droits des tiers intervenant à l'instance, V. notes ss. art. 169.

B. LIMITES DE L'OBLIGATION

a. En matière d'expertise

12. L'entretien personnel qu'ont les experts judiciaires avec une personne soumise à examen mental revêt un caractère intime justifiant qu'ils ne soient pas tenus d'admettre les conseillers médicaux de l'une des parties à assister à l'examen clinique d'un incapable majeur. • Civ. 1re, 25 avr. 1989 : *JCP 1989. IV. 240.* ♦ Rappr., concernant les modalités de la communication par l'expert du dossier médical dont il a eu connaissance dans l'exercice de sa mission : • Civ. 1re, 8 déc. 1987 : *Gaz. Pal. 1988. 1. 221, concl. Sargos.*

13. Ne porte pas atteinte aux droits de la défense l'expert qui, après s'être rendu sur les lieux et y avoir entendu les parties, s'en va à la mairie pour y consulter le cadastre hors la présence de celles-ci. • Civ. 3e, 3 déc. 1975 : *D. 1976. IR 48.* ♦ ... S'est livré, hors la présence des parties, à des investigations de caractère purement matériel, telles que la vérification des dimensions d'un local. • Civ. 2e, 18 juin 1986 : *Bull. civ. II, n° 94 ; Gaz. Pal. 1987. 1. Somm. 174, obs. Guinchard et Moussa* • Civ. 1re, 1er juin 1994, n° 91-21.935 P. ♦ ... Ou à des investigations purement scientifiques d'étude des bruits. • Civ. 3e, 14 mars 1978 : *Bull. civ. III, n° 117.* ♦ ... Alors surtout qu'il ne pouvait procéder dans des conditions normales que si sa visite n'était pas annoncée. • Même arrêt. ♦ V. également, en matière d'expertise graphologique : note ss. art. 292. ♦ ... D'expertise génétique : • Paris, 20 févr. 2002 : *AJ fam. 2002. 147*.

Mais les parties doivent être ensuite réunies et il doit leur être fait part des constatations effectuées en leur absence. • Montpellier, 25 oct. 1984 : Gaz. Pal. 1986. 2. Somm. 363, note Cen*tène.* ♦ ... Et, d'une façon plus générale, doivent leur être fournis tous les éléments utiles à la discussion, en sorte que les droits de la défense soient respectés. • Civ. 3e, 17 avr. 1974 : *Bull. civ. III, n° 150* • Civ. 2e, 15 janv. 1975 : *ibid. II, n° 9* • Civ. 1re, 1er juin 1994, n° 91-21.935 P.

14. L'expert n'est pas tenu de convoquer à nouveau les parties et leurs conseils, ni de provoquer leurs dires lorsqu'il lui est seulement demandé de préciser certains points de son précédent rapport. • Civ. 3e, 20 mars 1979 : *Gaz. Pal. 1979. 2. Pan. 328.* ♦ Rappr. • Civ. 2e, 6 févr. 1980 : *Bull. civ. II, no 26.*

b. Autres mesures d'instruction

15. Les dispositions de l'art. 160 ne sont pas applicables à l'enquête sociale prévue par l'art. 287-1 C. civ. et réglementée par l'art. 1079 ; il suffit que les résultats de cette mesure soient soumis à la discussion et à la contradiction des parties. • Civ. 1re, 5 mai 1987 : *D. 1988. 77, note Massip.* ♦ Elles sont par contre applicables à la consultation. • Civ. 2e, 26 févr. 1997, no 94-11.794 P.

16. S'agissant, aux prud'hommes, de la mission d'information du conseiller-rapporteur, V. • Soc. 31 mars 1978 : *Bull. civ. V, no 267 ; RTD civ. 1978. 178, obs. Perrot* • 9 avr. 1987 : *Bull. civ. V, no 222* • 7 mai 1987 : *ibid. V, no 289.*

C. FORME DE LA CONVOCATION

17. S'il suffit, lorsqu'il s'adresse au défenseur, l'avis d'expertise par lettre simple n'a pas valeur de convocation d'une partie. • Paris, 8 juin 1989 : *D. 1989. IR 209.* ♦ Rappr. • Civ. 2e, 8 avr. 1976 : *Gaz. Pal. 1976. 1. Somm. 129.*

18. Le greffier procède régulièrement à la convocation d'une partie en lui adressant la lettre recommandée au lieu indiqué par son avocat. • TGI Senlis, 21 févr. 1978 : *Gaz. Pal. 1978. 2. Somm. 392.*

19. Sur l'obligation d'aviser l'avocat de toutes les opérations d'expertise, V. • Civ. 2e, 24 nov. 1999, no 97-10.572 P.

20. Sur la preuve de l'absence de convocation des parties, V. • Paris, 23 mars 2001 : *Gaz. Pal. 2001. 2. 1063, note Olivier.*

Art. 161 **Les parties peuvent se faire assister lors de l'exécution d'une mesure d'instruction.**

Elles peuvent se dispenser de s'y rendre si la mesure n'implique pas leur audition personnelle.

BIBL. ▸ Olivier, *Gaz. Pal. 1987. 1. Doctr. 59* (assistance technique en matière de mesure d'instruction) ; *Gaz. Pal. 27-28 févr. 2002, p. 2* (proposition de réforme) – Testard, *Barreau de France, janv.-févr. 1977* (présence de l'avocat aux mesures d'instruction).

1. Le principe de la contradiction n'exige pas que la personne qui représente les parties devant l'expert soit un avocat constitué devant la juridiction saisie du litige. • Civ. 1re, 18 mai 1989 : *Bull. civ. I, no 204 ; RTD civ. 1989. 617, obs. Perrot.*

2. Comme toute autre personne compétente, l'huissier de justice peut, sur le fondement de l'art. 161, assister une partie lors de l'exécution d'une mesure d'instruction. • Civ. 2e, 23 oct. 1991, no 90-14.880 P.

3. Sur l'allocation à une partie d'une indemnité provisionnelle couvrant, en cours d'instance, les honoraires de son propre assistant technique, V. • TGI Paris, réf., 11 janv. 1984 : *Gaz. Pal. 1984. 1. 266, note Bertin ; RTD civ. 1984. 553, obs. Normand* • Paris, 26 mai 1986 : *Gaz. Pal. 1986. 1. 386, note Bertin ; RTD civ. 1986. 628, obs. Normand.*

Art. 162 **Celui qui représente ou assiste une partie devant la juridiction qui a ordonné la mesure peut en suivre l'exécution, quel qu'en soit le lieu, formuler des observations et présenter toutes les demandes relatives à cette exécution même en l'absence de la partie.**

Sont irrecevables les observations écrites formulées par un huissier de justice, lequel n'est pas au nombre de ceux qui peuvent représenter les parties devant le TI. • Civ. 2e, 23 oct. 1991 : *D. 1991. IR 266.*

Art. 163 ***Le ministère public*** **peut toujours être présent lors de l'exécution des mesures d'instruction, même s'il n'est point partie principale.**

Il n'appartient pas au ministère public de se substituer aux juges pour, dans une instance en cours, demander aux services de police judiciaire de procéder à des mesures d'instruction. • Reims, 25 juin 1982 : *Gaz. Pal. 1983. 1. Somm. 11 ; RTD civ. 1983. 591, obs. Perrot.* ♦ Rappr. • TGI Nice, JME, 28 juin 1984 : *D. 1984. IR 420, obs. Julien ; RTD civ. 1985. 211, obs. Perrot.*

Art. 164 **Les mesures d'instruction exécutées devant la juridiction le sont en audience publique ou en chambre du conseil selon les règles applicables aux débats sur le fond.**

Art. 165 **Le juge peut, pour procéder à une mesure d'instruction ou assister à son exécution, se déplacer sans être assisté par le** *(Décr. no 2017-892 du 6 mai 2017, art. 68-I-3o)* **« greffier » de la juridiction.**

Art. 166 Le juge chargé de procéder à une mesure d'instruction ou d'en contrôler l'exécution peut ordonner telle autre mesure d'instruction que rendrait opportune l'exécution de celle qui a déjà été prescrite.

Art. 167 Les difficultés auxquelles se heurterait l'exécution d'une mesure d'instruction sont réglées, à la demande des parties, à l'initiative du technicien commis, ou d'office, soit par le juge qui y procède, soit par le juge chargé du contrôle de son exécution.

1. Le fait qu'au cours d'une expertise ordonnée par le T. com., le président de ce tribunal ait rendu une ordonnance sur requête mentionnant qu'il lui en serait référé en cas de difficulté ne peut faire échec aux règles sur la procédure d'instruction ; le juge des référés ne peut donc se déclarer compétent pour connaître de la demande en rétractation de l'ordonnance. • Civ. 2e, 22 juin 1978 : *Bull. civ. II, nº 167 ; D. 1978. IR 412, obs. Julien ; RTD civ. 1978. 925, obs. Perrot* • 7 déc. 1983 : *D. 1984. 227, note Guinchard et Moussa.*

2. Seul le magistrat chargé du contrôle de l'expertise est compétent pour trancher dans l'immédiat toutes difficultés sur ce point. • Paris, 11 mars 1986 : *D. 1986. IR 287.*

Art. 168 Le juge se prononce sur-le-champ si la difficulté survient au cours d'une opération à laquelle il procède ou assiste.

Dans les autres cas, le juge saisi sans forme fixe la date pour laquelle les parties et, s'il y a lieu, le technicien commis seront convoqués par le *(Décr. nº 2017-892 du 6 mai 2017, art. 68-I-3º)* « greffier » de la juridiction.

BIBL. ▸ VIATTE, *Gaz. Pal. 1980. 1. Doctr. 333* (les décisions du juge chargé du contrôle).

1. Dès lors que, saisi par le technicien commis, d'une difficulté d'exécution d'une expertise, le juge, au lieu de procéder selon les règles de l'art. 168, a cru pouvoir statuer sur simple requête, la partie à laquelle il a ordonné de communiquer certains documents ne peut relever appel mais seulement, par application de l'art. 496, en référer au magistrat qui a rendu l'ordonnance. • Civ. 2e, 24 avr. 1989 : *Bull. civ. II, nº 98 ; Gaz. Pal. 1990. 1. Somm. 7, obs. Guinchard et Moussa ; JCP 1990. II. 21472, obs. Cadiet ; RTD civ. 1990. 143, obs. Perrot*.

2. Lorsque le juge chargé du contrôle d'une mesure d'instruction exerce les pouvoirs prévus par les art. 166, 167 et 168 C. pr. civ., il doit respecter le principe du contradictoire et statuer, les parties entendues ou appelées. • Civ. 2e, 10 déc. 2020, nº 18-18.504 P : *cité note 47 ss. art. 16* (doit être cassé l'arrêt qui retient que même si l'ordonnance sur requête a été rendue sans convocation des parties, le principe du contradictoire a été respecté, puisqu'elles ont été convoquées et entendues à l'audience en référé statuant sur la demande de rétractation de l'ordonnance sur requête).

Art. 169 En cas d'intervention d'un tiers à l'instance, le *(Décr. nº 2017-892 du 6 mai 2017, art. 68-I-3º)* « greffier » de la juridiction en avise aussitôt le juge ou le technicien chargé d'exécuter la mesure d'instruction.

L'intervenant est mis en mesure de présenter ses observations sur les opérations auxquelles il a déjà été procédé.

1. Sur le principe qu'une mesure d'instruction n'est opposable à une partie que si elle a été appelée ou représentée à ses opérations, V. notes 51 s. ss. art. 16 et 2 s. ss. art. 160, et spécialement • Civ. 3e, 7 oct. 1987 : *Gaz. Pal. 1988. 1. Somm. 258, obs. Guinchard et Moussa.*

2. Le tiers appelé en garantie après exécution d'une expertise ne peut prétendre à l'inopposabilité de cette dernière, alors qu'il était intervenu volontairement à ses opérations pour produire tous documents, renseignements et arguments utiles à la cause, se comportant comme s'il était partie au procès, et qu'ayant conclu au fond sur le rapport, l'expertise avait eu à son égard un caractère contradictoire. • Civ. 3e, 6 déc. 1972 : *JCP 1974. II. 17626 bis.* ♦ V. déjà • Com. 30 janv. 1962 : *Bull. civ. III, nº 64.*

3. Doivent être déclarées opposables toutes les mesures d'instruction exécutées durant l'instance, même avant un appel en garantie, dès lors que l'appelé était présent lors du transport sur les lieux avec les deux experts et n'a pas élevé de protestation sur le caractère non contradictoire à son égard des mesures d'instruction antérieures. • Civ. 3e, 3 oct. 1980 : *D. 1981. IR 107.* – V. déjà • Com. 6 mai 1965 : *D. 1966. Somm. 4.*

4. Un rapport d'expertise est opposable à une partie qui a participé aux opérations d'expertise auxquelles elle avait été appelée en qualité de gérante d'une société, en sachant que les travaux litigieux avaient été réalisés alors qu'elle exerçait son activité en son nom personnel, sans invoquer l'inopposabilité des opérations à son égard devant les experts, et qui a été mise en mesure de discuter les analyses et les conclusions du pré-rapport d'expertise avant le dépôt du rapport définitif. • Civ. 3e, 8 sept. 2010 : *BICC 15 déc. 2010, n° 1851 ; RDI 2010. 548, obs. Périnet-Marquet*.

5. La décision judiciaire qui condamne un assuré constitue pour l'assureur la réalisation du risque couvert. Appelé à la procédure en un temps où il peut encore discuter les conclusions de l'expert, l'assureur ne peut, sauf fraude de l'assuré, soutenir que l'expertise ne lui est pas opposable. • Civ. 1re, 4 juin 1991, n° 88-16.373 P • Civ. 3e, 19 juin 1991, n° 89-16.599 P • Civ. 1re, 15 oct. 1991, n° 90-11.779 P.

Art. 170 **Les décisions relatives à l'exécution d'une mesure d'instruction ne sont pas susceptibles d'opposition ; elles ne peuvent être frappées d'appel ou de pourvoi en cassation qu'en même temps que le jugement sur le fond.**

Elles revêtent la forme soit d'une simple mention au dossier ou au registre d'audience, soit, en cas de nécessité, d'une ordonnance ou d'un jugement. — *V. art. 150 et 272.*

1. Dès lors que, saisi par le technicien d'une difficulté d'exécution, le juge a cru, malgré l'art. 168, pouvoir statuer par ordonnance sur simple requête, la partie intéressée pouvait seulement en référer à ce magistrat et non relever appel. • Civ. 2e, 24 avr. 1989 : *Bull. civ. II, n° 98 ; RTD civ. 1990. 143, obs. Perrot*.

2. Est irrecevable l'appel d'une ordonnance par laquelle le juge chargé du contrôle d'une expertise a rejeté la demande en rétractation d'une ordonnance sur requête par laquelle il avait prescrit la production de divers documents, les dispositions de l'art. 496 étant alors inapplicables. • Civ. 2e, 11 juill. 1979 : *Gaz. Pal. 1980. 1. 5, note Viatte ; RTD civ. 1980. 410, obs. Perrot.*

3. Les ordonnances rendues par le juge chargé du contrôle ne peuvent être annulées ou rétractées par le juge des référés. • Civ. 2e, 7 déc. 1983 : *D. 1984. 227, note Guinchard et Moussa.*

Elles ne peuvent faire l'objet d'un appel immédiat sur autorisation du premier président. • Rouen, ord., 1er juill. 1983 : *Gaz. Pal. 1983. 1. Somm. 47.*

4. En application de l'art. 170, une ordonnance d'un juge chargé du contrôle des expertises ne peut être frappée d'appel ou de pourvoi qu'avec le jugement sur le fond. Il n'est dérogé à cette règle qu'en cas d'excès de pouvoir. Ne constitue pas un excès de pouvoir la violation du principe de la contradiction par le juge chargé du contrôle des expertises ayant statué sur une demande de relevé de caducité sans provoquer les explications de l'autre partie. Est, dès lors, irrecevable le pourvoi formé contre l'arrêt ayant déclaré irrecevable l'appel-nullité interjeté contre l'ordonnance de ce juge. • Civ. 2e, 3 mars 2022, n° 20-16.809 P.

5. Aucune disposition légale ne donne au magistrat chargé du contrôle des mesures d'instruction le pouvoir d'ordonner la réouverture des opérations d'expertise alors que l'expert est dessaisi de sa mission par le dépôt du rapport, fût-il remis en l'état. • Paris, 4 févr. 2004 : *D. 2004. Somm. 1201, obs. Julien*.

6. Il est fait exception à la règle posée par l'art. 170 lorsque la décision enfreint un principe juridique fondamental et que le juge outrepasse ainsi ses pouvoirs. • Paris, 24 nov. 1981 : *D. 1982. 355, note Massip ; RTD civ. 1982. 203, obs. Perrot.*

7. De la combinaison de l'art. 150 et des art. 6 et 8 de la loi n° 72-626 du 5 juill. 1972, résulte que les limitations du droit d'appel édictées par le premier de ces textes ne sont pas applicables aux décisions portant condamnation à une astreinte définitive. • Civ. 2e, 20 avr. 1983 : *Bull. civ. II, n° 96 ; Gaz. Pal. 1983. 2. Somm. 218, obs. S. G. ; RTD civ. 1984. 163, obs. Perrot.*

8. Peut être frappée d'appel, en application de l'art. 490, l'ordonnance du juge des référés saisi (à tort) d'un incident survenu au cours des opérations de constatation. • Civ. 2e, 13 mai 1981 : *Gaz. Pal. 1981. 2. 747, note Viatte.*

9. Les dispositions de l'art. 170 concernent l'exécution d'une mesure d'instruction et ne sont pas applicables aux décisions qui se prononcent sur une demande de changement d'expert. • Civ. 2e, 18 oct. 2001, n° 98-17.475 P : *D. 2001. IR 3251 ; Procédures 2001, n° 227, note Perrot* • 23 juin 2005, n° 03-16.627 P : *D. 2005. IR 2102 ; RTD civ. 2005. 635, obs. Théry*.

Art. 171 **Les décisions prises par le juge commis ou par le juge chargé du contrôle n'ont pas au principal l'autorité de la chose jugée.** — *V. art. 482, 488, 497, 775 et 867.*

Art. 171-1 *(Décr. n° 2010-1165 du 1er oct. 2010, art. 1er-4°, en vigueur le 1er déc. 2010)* **Le juge chargé de procéder à une mesure d'instruction ou d'en contrôler l'exécution peut constater la conciliation, même partielle, des parties.**

L'art. 1er du Décr. n° 2010-1165 du 1er oct. 2010 est applicable dans les îles Wallis-et-Futuna (Décr. préc., art. 18-I).

Art. 172 **Dès que la mesure d'instruction est exécutée, l'instance se poursuit à la diligence du juge.**

Celui-ci peut, dans les limites de sa compétence, entendre immédiatement les parties en leurs observations ou plaidoiries, même sur les lieux, et statuer aussitôt sur leurs prétentions. — *V. art. 153 et 778.*

1. Après exécution d'une mesure d'instruction, le juge ne peut statuer sans que les parties aient été mises à même de se faire entendre en leurs observations. • Soc. 2 mars 1978 : *Bull. civ. V, n° 152* • 24 nov. 1988 : *ibid. V, n° 626.*

2. Ne peut prétendre que les droits de la défense auraient été méconnus, les parties n'ayant eu que quatre jours pour examiner le rapport d'un expert, le défendeur qui a formulé ses observations sur ledit rapport. • Civ. 2e, 5 mars 1975 : *JCP 1975. IV. 138.*

3. L'expertise prescrite en cours d'instance ne dessaisit pas le juge qui l'a ordonnée. • Civ. 2e, 22 févr. 2007 : *D. 2007. AJ 806.*

Art. 173 Les procès-verbaux, avis ou rapports établis, à l'occasion ou à la suite de l'exécution d'une mesure d'instruction sont adressés ou remis en copie à chacune des parties par le *(Décr. n° 2017-892 du 6 mai 2017, art. 68-I-3°)* **« greffier » de la juridiction qui les a établis ou par le technicien qui les a rédigés, selon le cas. Mention en est faite sur l'original.**

BIBL. ▶ OLIVIER, *Gaz. Pal. 27-28 févr. 2002, p. 2.*

1. Les parties ont le droit d'obtenir communication des pièces sur lesquelles l'expert a fondé son avis et dont elles n'avaient pas eu connaissance. • Soc. 10 déc. 1980 : *Bull. civ. V, n° 880.* – V. aussi • Civ. 3e, 9 déc. 1992 : *JCP 1993. IV. 463.*

2. La partie qui fait effectivement mention d'un rapport d'expert dans divers actes de procédure ne peut se plaindre du défaut de communication de ce document dont elle avait pleine connaissance et qu'elle était à même de discuter si elle avait estimé devoir le faire. • Civ. 2e, 22 mai 1979 : *Bull. civ. II, n° 153.*

Art. 174 Le juge peut faire établir un enregistrement sonore, visuel ou audiovisuel de tout ou partie des opérations d'instruction auxquelles il procède.

L'enregistrement est conservé au *(Décr. n° 2017-892 du 6 mai 2017, art. 68-I-2°)* **« greffe » de la juridiction. Chaque partie peut demander qu'il lui en soit remis, à ses frais, un exemplaire, une copie ou une transcription.**

BIBL. ▶ OLIVIER, *Gaz. Pal. 27-28 févr. 2002, p. 2 ; ibid. 6-7 août 2004, p. 2* (l'audiovisuel et les mesures d'instruction judiciaire).

1. Seul le juge qui effectue personnellement une mesure d'instruction peut utiliser tous les moyens audiovisuels utiles en sa possession. • Douai, 23 nov. 2000 : *Gaz. Pal. 2001. 1. 653, note Olivier.*

2. Le juge des référés peut désigner un technicien pour lui fournir tous éléments d'information lui permettant d'envisager l'organisation éventuelle de réunions d'expertise via le réseau internet ou l'intervention d'un opérateur de télécommunication. • TGI Paris, réf., 25 mai 2001 : *Gaz. Pal. 2001. 1809, note Olivier.* ♦ V. aussi, autorisant une association à procéder aux convocations aux assemblées générales par internet, • T. com. Paris, ord., 10 oct. 2001 : *D. 2002. AJ 1669, obs. Manara ; Gaz. Pal. 2002. 2, note Olivier.*

SECTION III NULLITÉS

DALLOZ ACTION *Droit et pratique de la procédure civile 2022/2023,* nos 342.91 s.

Art. 175 La nullité des décisions et actes d'exécution relatifs aux mesures d'instruction est soumise aux dispositions qui régissent la nullité des actes de procédure. — *V. art. 112 s.*

BIBL. ▶ CONTIS et GAYRARD, *JCP 2016. 138* (invoquer la nullité d'un rapport d'expertise judiciaire).

1. Domaine. Serment de l'expert. Les irrégularités affectant le déroulement des opérations d'expertise sont sanctionnées selon les dispositions de l'art. 175 C. pr. civ. qui renvoient aux règles régissant la nullité des actes de procédure. En conséquence, la prestation de serment par écrit d'un expert qui n'est pas inscrit sur la liste nationale des experts ou sur celle d'une cour d'appel ne constituant ni une irrégularité sanctionnée par une nullité pour vice de forme ni une formalité substantielle ou d'ordre public, se trouve légalement justifiée par ce motif de pur droit, substitué d'office, la décision d'une cour d'appel qui rejette la demande d'annulation du rapport d'expertise dressé par un expert non inscrit sur une telle liste ayant prêté serment par écrit. • Civ. 2e, 26 sept. 2019, n° 18-18.054 P : *D. actu. 21 oct. 2019, note Mélin ; D. 2019. 1890 ; AJDI 2020. 292, obs. Heugas-Darraspen ; JCP 2019. 1046, obs. Deharo ; Gaz. Pal. 12 nov. 2019, p. 74, note Conseil.*

2. *Inopposabilité (non).* Les parties à une instance au cours de laquelle une expertise judiciaire a été ordonnée ne peuvent invoquer l'inopposabilité du rapport d'expertise en raison d'irrégularités affectant le déroulement des opérations d'expertise, lesquelles sont sanctionnées selon les dispositions de l'art. 175, qui renvoient aux règles régissant les nullités des actes de procédure. • Cass., ch. mixte, 28 sept. 2012, n° 11-11.381 P : *R. 2012. 376 et 463 ; D. 2012. Actu. 2317 ; ibid. 2013. Pan. 269, obs. Fricero ; RTD civ. 2012. 771, obs. Perrot ; LPA 6 mai 2013, p. 11, obs. Boillot ; Dr. et pr. 2012. 294, note Salati ; JCP 2012. 1254, obs. Amrani Mekki ; ibid. 1200, obs. Amrani Mekki ; Gaz. Pal. 2012. 3349, note Raschel.* ♦ Dès lors, ayant constaté que la nullité d'un rapport d'expertise dont le contenu clair et précis avait été débattu contradictoirement devant elle n'était pas soulevée, une cour d'appel, appréciant souverainement la valeur et la portée des éléments de preuve soumis à son examen, a pu tenir compte des appréciations de l'expert pour fixer l'indemnisation. • Même arrêt.

3. *Moment de l'exception de nullité.* La nullité des actes d'exécution d'une mesure d'instruction est couverte si celui qui l'invoque a, postérieurement à l'acte critiqué, fait valoir ses défenses au fond. • Civ. 3e, 11 janv. 1984 : *D. 1984. IR 241, obs. Julien ; Gaz. Pal. 1984. 1. Pan. 155, obs. Guinchard* • 6 mars 1991, n° 89-16.592 P • Civ. 1re, 30 avr. 2014, n° 12-21.484 P : *D. 2014. Actu. 1040 ; ibid. 2015. Pan. 297, obs. Fricero ; ibid. 655, obs. Douchy-Oudot ; Gaz. Pal. 10-12 août 2014, p. 33, obs. Leducq ; ibid. 9 sept. 2014, p. 11, note Amrani Mekki ; ibid. 14-16 sept. 2014, p. 35, obs. Casey ; LPA 31 mars 2015, p. 10, note Blaringhem-Lévêque ; ibid. 8 mai 2015, p. 14, note Yildirim* • 14 nov. 2018, n° 17-28.529 P : *D. actu. 11 déc. 2018, obs. Kebir.*

4. *Recevabilité de la demande de nullité.* Celui qui a discuté en première instance la portée des déclarations recueillies par l'expert est irrecevable à se prévaloir en appel des irrégularités de l'expertise. • Soc. 17 déc. 1976 : *Bull. civ. V, n° 700* • Civ. 2e, 5 janv. 1978 : *Gaz. Pal. 1978. 1. Pan. 77.* ♦ Celui qui a critiqué l'avis de l'expert après dépôt de son rapport est irrecevable à soutenir que le conseiller rapporteur n'avait pas compétence pour prescrire cette mesure d'instruction. • Soc. 18 févr. 1981 : *Gaz. Pal. 1981. 2. Pan. 248.* ♦ Celui qui réclame un complément d'expertise ne peut invoquer ensuite la nullité de la mesure initiale au motif que la convocation ne l'aurait pas atteint. • Soc. 17 mars 1977 : *Bull. civ. V, n° 204.*

5. La nullité d'une expertise peut être demandée par les parties, peu important que l'action en considération de laquelle cette mesure a été ordonnée n'ait plus d'objet. • Civ. 1re, 6 juill. 2011, n° 10-22.826 P.

6. *Pas de nullité sans texte, à moins que la formalité méconnue ne soit d'ordre public.* Aucune disposition ne sanctionne de nullité l'obligation que l'art. 238 impose à l'expert de ne répondre qu'aux questions à l'examen desquelles il a été commis. • Civ. 2e, 16 déc. 1985 : *D. 1986. 419, note (crit.) Moussa.* ♦ V. note 46 ss. art. 114.

7. L'absence d'établissement d'un pré rapport, en méconnaissance des termes de la mission d'expertise, constitue l'inobservation d'une formalité substantielle, sanctionnée par une nullité pour vice de forme qui ne peut être prononcée qu'à charge pour celui qui l'invoque de prouver le grief que lui cause l'irrégularité. • Civ. 2e, 29 nov. 2012 : *cité note 47 ss. art. 114.*

8. L'absence de communication à une partie d'informations complémentaires adressées par une autre partie à l'expert qui en a tenu compte dans son rapport constitue l'inobservation d'une formalité substantielle, sanctionnée par une nullité pour vice de forme qui ne peut être prononcée qu'à charge pour celui qui l'invoque de prouver le grief que lui cause l'irrégularité. • Civ. 2e, 30 avr. 2014, n° 13-13.579 P : *D. actu. 13 mai 2014, obs. Mélin ; D. 2015. Pan. 297, obs. Fricero ; LPA 8 mai 2015, p. 16, note Yildirim ; Procédures 2014, n° 164, note Perrot ; Gaz. Pal. 7-9 sept. 2014, p. 11, note Amrani Mekki ; ibid. 14-16 sept. 2014, p. 35, obs. Casey.*

9. Une partie à une instance au cours de laquelle une expertise judiciaire a été réalisée a la possibilité de faire sanctionner une méconnaissance par l'expert du principe de l'impartialité ou du principe de la contradiction en sollicitant sa nullité conformément aux dispositions de l'art. 175 C. pr. civ. qui régissent la nullité des actes de procédure, sans que les conditions posées méconnaissent son droit à un procès équitable. • Civ. 1re, 14 nov. 2018, n° 17-28.529 P : *préc. note 3.*

10. *Pas de nullité sans grief.* Doit être rejetée l'exception de nullité d'une mesure d'instruction, dès lors que l'existence d'un préjudice n'est ni prouvée, ni même alléguée. • Civ. 2e, 28 mars 1977 : *Gaz. Pal. 1977. 2. 602, note Viatte* • 3 juin 1977 : *D. 1977. IR 390, obs. Julien ; RTD civ. 1977. 817, obs. Perrot.*

11. La nullité d'une expertise ne peut être prononcée faute d'atteinte aux droits de la défense lorsque l'expert, qui a irrégulièrement entendu un sachant, n'a tiré aucun parti de ses dépositions. • Civ. 1re, 24 févr. 1964 : *Bull. civ. I, n° 103.* ♦ Rappr. • Soc. 22 mars 1979 : *Bull. civ. V, n° 270.* ♦ ... Ou a communiqué aux parties, en même temps que son projet de rapport, les déclarations de ce sachant. • Civ. 3e, 1er oct. 1975 : *Bull. civ. III, n° 270.* ♦... Lorsque l'erreur commise dans la convocation sur la localité où devaient être diligentées les opérations d'expertise ne pouvait tromper la partie qui en connaissait par ailleurs le lieu et la date. • Civ. 2e, 28 oct. 1975 : *Bull. civ. II, n° 278.* ♦ ... Lorsque l'expert, bien qu'ayant omis de mentionner dans son rapport les dires des parties, y a implicitement répondu. • Civ. 3e, 25 mars 1976 : *Bull. civ. III, n° 228.*

12. Le juge ne peut prononcer la nullité d'une expertise aux motifs que l'expert aurait négligé les dires d'une partie sans relever l'existence d'un grief que cette irrégularité aurait causé. • Civ. 3e, 3 oct. 1991, n° 89-12.943 P : *D. 1992. Somm. 123, obs. Julien.*

13. Conséquences de la nullité. Le juge peut, après annulation d'un rapport d'expertise, statuer au fond sans qu'il soit procédé à une autre mesure d'information, dès lors qu'il s'estime suffisamment éclairé. • Com. 19 juin 1962 : *Bull. civ. III, n° 324.*

14. Les éléments d'un rapport d'expertise annulé ne peuvent être retenus à ce titre que s'ils sont corroborés par d'autres éléments du dossier. • Civ. 2e, 23 oct. 2003, n° 01-15.416 P : *Procédures 2004, n° 4, note Perrot ; AJDI 2004. 216, note Heugas-Darraspen.* – V. déjà : • Civ. 2e, 30 nov. 1977 : *D. 1978. IR 263* • Civ. 1re, 11 déc. 1979 : *Bull. civ. I, n° 315.*

15. Doit être cassée la décision qui trouve son fondement exclusif dans un rapport d'expert déclaré nul par ailleurs. • Civ. 2e, 9 nov. 1976 : *D. 1977. IR 77.* – V. également • Civ. 1re, 5 déc. 1973 : *D. 1974. IR 39.*

Art. 176 **La nullité ne frappe que celles des opérations qu'affecte l'irrégularité.**

V. note 10 ss. art. 160.

Art. 177 **Les opérations peuvent être régularisées ou recommencées, même sur-le-champ, si le vice qui les entache peut être écarté.**

1. La nullité de l'expertise n'est pas encourue lorsque l'expert, après avoir omis de convoquer l'une des parties à ses premières opérations, a ensuite repris l'affaire à son départ par une nouvelle réunion à laquelle toutes les parties étaient présentes. • Civ. 3e, 7 nov. 1972 : *Bull. civ. III, n° 581.*

2. C'est sans violer le principe de la contradiction, ni l'art. 6 Conv. EDH, qu'une cour d'appel, qui est en droit, en application de l'art. 177, de demander à l'expert de reprendre la partie de ses opérations qui n'a pas été effectuée contradictoirement, ordonne la réouverture des débats en invitant l'expert à communiquer aux parties la teneur de l'avis du technicien consulté, à recueillir leurs dires et à y répondre. • Civ. 2e, 24 juin 2004, n° 02-14.959 P : *D. 2004. IR 2086 ; Procédures 2004, n° 178, note Perrot ; Gaz. Pal. 13-14 avr. 2005, p. 15, note Olivier.*

Art. 178 **L'omission ou l'inexactitude d'une mention destinée à établir la régularité d'une opération ne peut entraîner la nullité de celle-ci s'il est établi, par tout moyen, que les prescriptions légales ont été, en fait, observées.** – *V. art. 459.*

Échappe à l'annulation l'expertise dont le rapport n'est signé que par un seul des experts commis, dès lors que la preuve de la collaboration et de la conformité d'avis des deux experts est rapportée, l'omission matérielle reprochée n'ayant entraîné aucun préjudice pour les parties. • Civ. 1re, 24 juill. 1973 : *Bull. civ. III, n° 254.*

SECTION IV **DISPOSITIONS PARTICULIÈRES À CERTAINES MESURES D'INSTRUCTION TRANSFRONTALIÈRES**

(Décr. n° 2004-836 du 20 août 2004, art. 15, en vigueur le 1er janv. 2005)

Le Décr. n° 2004-836 du 20 août 2004 est applicable aux procédures en cours (Décr. préc., art. 59).

Art. 178-1 **Lorsqu'une mesure d'instruction ordonnée à l'étranger en application du règlement (CE) n° 1206/2001 du Conseil du 28 mai 2001, relatif à la coopération entre les juridictions des États membres dans le domaine de l'obtention des preuves en matière civile et commerciale, occasionne des frais pour la traduction des formulaires qui doivent être adressés à la juridiction requise, le juge ordonne le versement d'une provision à valoir sur ces frais, dont le montant est fixé en application du tarif prévu à l'*article R. 122* du code de procédure pénale. Le juge désigne la ou les parties qui devront verser la provision au greffe de la juridiction dans le délai qu'il détermine suivant les modalités prévues par les articles 270 et 271 du présent code.**

Dès réception de la traduction, le greffe verse sa rémunération au traducteur.

Art. 178-2 **Lorsqu'une mesure d'instruction ordonnée à l'étranger en application du règlement mentionné à l'article 178-1 est susceptible d'engendrer des frais d'interprétariat lors de**

son exécution par la juridiction requise, le juge fixe le montant de la provision à valoir sur ces frais suivant les modalités prévues par les articles 269, 270 et 271 du présent code.

Dès réception de la demande de remboursement du montant des frais d'interprétariat par la juridiction requérante, le greffe procède au règlement jusqu'à concurrence des sommes consignées.

CHAPITRE II LES VÉRIFICATIONS PERSONNELLES DU JUGE

RÉP. PR. CIV. v° *Vérifications personnelles du juge,* par REDON.

DALLOZ ACTION *Droit et pratique de la procédure civile 2022/2023,* n°s 342.100 s.

Art. 179 Le juge peut, afin de les vérifier lui-même, prendre en toute matière une connaissance personnelle des faits litigieux, les parties présentes ou appelées.

Il procède aux constatations, évaluations, appréciations ou reconstitutions qu'il estime nécessaires, en se transportant si besoin est sur les lieux.

1. Il résulte des art. 179 et 172 que le juge ne peut procéder à des vérifications personnelles que lorsque les parties sont présentes ou ont été appelées et que, après l'exécution d'une mesure d'instruction, les parties doivent être entendues en leurs observations. • Soc. 24 nov. 1988 : *Bull. civ. V, n° 626.*

2. Sur la prohibition des visites officieuses des lieux, accomplies sans jugement préalable et hors la présence des parties, V. • Soc. 6 janv. 1950 : *D. 1950. 279.* ♦ Rappr. • Soc. 17 mai 1978 : *Bull. civ. V, n° 360.* ♦ V. encore Chevallier, *RTD civ. 1962. 5* (utilisation par le juge de ses connaissances personnelles). – H. et G. Le Foyer de Costil, *RID comp. 1986. 517.* ♦ V. notes 17 s. ss. art. 16.

Art. 180 S'il n'y procède pas immédiatement, le juge fixe les lieu, jour et heure de la vérification ; le cas échéant, il désigne pour y procéder un membre de la formation de jugement.

Art. 181 Le juge peut, au cours des opérations de vérification, à l'audience ou en tout autre lieu, se faire assister d'un technicien, entendre les parties elles-mêmes et toute personne dont l'audition paraît utile à la manifestation de la vérité.

Art. 182 Il est dressé procès-verbal des constatations, évaluations, appréciations, reconstitutions ou déclarations.

La rédaction du procès-verbal peut toutefois être suppléée par une mention dans le jugement si l'affaire est immédiatement jugée en dernier ressort.

1. Méconnaît les droits de la défense le juge qui fonde l'essentiel de ses appréciations sur des constatations faites au cours d'un transport sur les lieux prescrit à propos d'un autre litige par la même juridiction autrement composée et qui n'a donné lieu à l'établissement d'aucun procès-verbal, les éléments de cette mesure n'ayant pu être soumis à la discussion des parties. • Soc. 10 juill. 1980 : *Bull. civ. V, n° 653.*

2. Le « jugement immédiat » de l'affaire n'implique pas forcément que la décision soit rendue, après débat, à la même audience. • Cass., ch. mixte, 22 févr. 1991 : *JCP 1991. II. 21703, concl. Dorwling-Carter, note Alaphilippe ; RTD civ. 1991. 599, obs. Perrot.* ♦ V. art. 194 et 219.

La dispense de procès-verbal s'applique aussi bien à la juridiction d'appel qu'à la juridiction du premier degré statuant en dernier ressort. • Soc. 20 mai 1979 : *Bull. civ. V, n° 470.*

Art. 183 Le juge qui exécute une autre mesure d'instruction peut, même s'il n'appartient pas à la formation de jugement, procéder aux vérifications personnelles que rendrait opportunes l'exécution de cette mesure.

CHAPITRE III LA COMPARUTION PERSONNELLE DES PARTIES

RÉP. PR. CIV. v° *Comparution personnelle,* par CHABOT.

DALLOZ ACTION *Droit et pratique de la procédure civile 2022/2023,* n°s 342.121 s.

Art. 184 Le juge peut, en toute matière, faire comparaître personnellement les parties ou l'une d'elles.

1. Les juges du fond apprécient souverainement l'opportunité d'ordonner une comparution personnelle. • Civ. 1re, 25 avr. 1919 : *Bull. civ. I, n° 120.* ♦ Faisant, à ce propos, état d'un pouvoir discrétionnaire, V. • Civ. 3e, 18 mars 1970 : *Bull. civ. III, n° 221* • 6 avr. 1976 : *ibid. III, n° 136.*

2. Jugé qu'il résulte implicitement mais nécessairement de l'énonciation, selon laquelle un fait discuté n'a pas été dénié à l'audience par l'une des parties qui l'a admis, que la comparution personnelle de cette partie avait été ordonnée par la cour d'appel et avait eu lieu sur-le-champ. • Civ. 2e, 25 mai 1976 : *Gaz. Pal. 1976. 2. 687, note R. P. ; RTD civ. 1976. 828, obs. (crit.) Perrot.*

3. Ne constitue pas une comparution personnelle la simple présentation d'une victime à la cour d'appel, exclusive d'un interrogatoire, et faite en vue d'une appréciation du préjudice esthétique. • Civ. 1re, 1er déc. 1971 : *Bull. civ. I, n° 327.*

4. Est irrecevable la mise en cause d'un tiers qui n'est appelé dans l'instance que pour fournir des renseignements, ce qui relève du domaine de l'enquête. • Civ. 3e, 12 juill. 1977 : *Bull. civ. III, n° 311.* ♦ Mais toute personne assignée à l'instance et dont la mise hors de cause n'a été ni sollicitée, ni ordonnée d'office peut être, en sa qualité de partie, entendue dans le cadre d'une comparution personnelle. • Com. 1er déc. 1981 : *Bull. civ. IV, n° 420.*

Art. 185 **La comparution personnelle ne peut être ordonnée que par la formation de jugement ou par celui des membres de cette formation qui est chargé de l'instruction de l'affaire.**

Le juge des référés peut, à l'effet de vérifier si l'existence de l'obligation n'est pas sérieusement contestable, ordonner toute mesure d'instruction qu'il estime utile et notamment la comparution personnelle des parties. • Civ. 1re, 30 juin 1993, n° 91-18.465 P : *RTD civ. 1994. 162, obs. Perrot*.

Art. 186 **Lorsque la comparution personnelle est ordonnée par une formation collégiale, celle-ci peut décider qu'elle aura lieu devant l'un de ses membres.**

Lorsqu'elle est ordonnée par le juge chargé de l'instruction, celui-ci peut y procéder lui-même ou décider que la comparution aura lieu devant la formation de jugement.

Ne peuvent avoir les effets d'une comparution personnelle, et servir de commencement de preuve, les réponses mentionnées par un huissier dans une sommation interpellative. • Civ. 3e, 10 avr. 1986 : *Bull. civ. III, n° 40.* ♦ ... Les déclarations que prête à une partie le rapport d'expertise et que celle-ci conteste fortement dans ses conclusions. • Civ. 3e, 28 mai 1979 : *JCP 1979. IV. 256.* ♦ Rappr. • Soc. 20 mai 1950 : *Bull. civ. V, n° 436.* ♦ ... La non-dénégation des allégations formulées devant l'expert par la partie adverse. • Civ. 3e, 20 oct. 1976 : *Gaz. Pal. 1977. 1. 183, note J. V.*

Art. 187 **Le juge, en l'ordonnant, fixe les lieu, jour et heure de la comparution personnelle, à moins qu'il n'y soit procédé sur-le-champ.**

Art. 188 **La comparution personnelle peut toujours avoir lieu en chambre du conseil.**

Art. 189 **Les parties sont interrogées en présence l'une de l'autre à moins que les circonstances n'exigent qu'elles le soient séparément. Elles doivent être confrontées si l'une des parties le demande.**

Lorsque la comparution d'une seule des parties a été ordonnée, cette partie est interrogée en présence de l'autre à moins que les circonstances n'exigent qu'elle le soit immédiatement ou hors sa présence, sous réserve du droit pour la partie absente d'avoir immédiatement connaissance des déclarations de la partie entendue.

L'absence d'une partie n'empêche pas d'entendre l'autre.

Art. 190 **Les parties peuvent être interrogées en présence d'un technicien et confrontées avec les témoins.**

Art. 191 **Les parties répondent en personne aux questions qui leur sont posées sans pouvoir lire aucun projet.**

Les parties dont la comparution personnelle a été ordonnée doivent répondre en personne et non par mandataire interposé. • Civ. 2e, 12 mai 1971 : *Bull. civ. II, n° 174.*

Art. 192 **La comparution personnelle a lieu en présence des défenseurs de toutes les parties ou ceux-ci appelés.**

Art. 193 **Le juge pose, s'il l'estime nécessaire, les questions que les parties lui soumettent après l'interrogatoire.**

La loi abandonne à la prudence du juge le choix des questions qui doivent être posées aux parties au cours d'une comparution personnelle. • Civ. 2e, 16 oct. 1974 : *JCP 1974. IV. 390.*

Art. 194 **Il est dressé procès-verbal des déclarations des parties, de leur absence ou de leur refus de répondre.**

La rédaction du procès-verbal peut toutefois être suppléée par une mention dans le jugement si l'affaire est immédiatement jugée en dernier ressort.

1. Lorsqu'un procès-verbal de comparution a été dressé, la cour d'appel n'est pas tenue de mentionner les déclarations des parties dans son arrêt. • Civ. 2e, 28 mars 1977 : *Gaz. Pal. 1977. 2. 602, note Viatte ; RTD civ. 1977. 817, obs. Perrot.* ♦ Le procès-verbal qui ne contient aucune mention des déclarations des parties ne saurait être annulé sans que soit prouvé le préjudice que cause cette irrégularité. • Même arrêt.

2. Si les art. 194 et 219 n'imposent pas que la décision soit rendue, après débat, à la même audience, le juge est tenu, cependant, de préciser dans sa décision la teneur des déclarations qu'il a reçues. • Cass., ch. mixte, 22 févr. 1991 : *JCP 1991. II. 21703, concl. Dorwling-Carter, note Alaphilippe ; RTD civ. 1991. 599, obs. Perrot.* ♦ Ces dispositions s'appliquent aussi bien à la juridiction d'appel qu'à la juridiction du premier degré statuant en dernier ressort. • Soc. 20 mai 1979 : *Bull. civ. V, no 470.*

Art. 195 **Les parties interrogées signent le procès-verbal, après lecture, ou le certifient conforme à leurs déclarations auquel cas mention en est faite au procès-verbal. Le cas échéant, il y est indiqué que les parties refusent de le signer ou de le certifier conforme.**

Le procès-verbal est en outre daté et signé par le juge et, s'il y a lieu, par le *(Décr. no 2017-892 du 6 mai 2017, art. 68-I-3o)* **« greffier ».**

Les constats que font les juges dans leur décision des déclarations faites devant eux par les parties font foi jusqu'à inscription de faux. • Com. 31 mars 1981 : *Bull. civ. IV, no 167.*

Art. 196 **Si l'une des parties est dans l'impossibilité de se présenter, le juge qui a ordonné la comparution ou le juge commis par la formation de jugement à laquelle il appartient peut se transporter auprès d'elle après avoir, le cas échéant, convoqué la partie adverse.**

Art. 197 **Le juge peut faire comparaître les** *(Décr. no 2019-756 du 22 juill. 2019, art. 1er-I-1o)* **« mineurs et les majeurs protégés » sous réserve des règles relatives à la capacité des personnes et à l'administration de la preuve, ainsi que leurs représentants légaux ou ceux qui les assistent.**

Il peut faire comparaître les personnes morales, y compris les collectivités publiques et les établissements publics, en la personne de leurs représentants qualifiés.

Il peut en outre faire comparaître tout membre ou agent d'une personne morale pour être interrogé tant sur les faits qui lui sont personnels que sur ceux qu'il a connus en raison de sa qualité.

BIBL. ► **Décr. no 2019-756 du 22 juill. 2019 :** TANI, *JCP N 2019. 682.*

Art. 198 **Le juge peut tirer toute conséquence de droit des déclarations des parties, de l'absence ou du refus de répondre de l'une d'elles et en faire état comme équivalant à un commencement de preuve par écrit.** — *Comp. C. civ., art. 1347, al. 3.*

1. Le juge use des pouvoirs qu'il tient de l'art. 198 lorsqu'il tire la preuve de l'engagement imputé à une partie de ce que cette dernière, bien que régulièrement convoquée, n'a pas comparu devant lui. • Soc. 14 mai 1987 : *Bull. civ. V, no 328.* ♦ Il apprécie souverainement si *l'absence d'une partie à la comparution personnelle* équivaut à un commencement de preuve par écrit. • Soc. 16 oct. 1991, no 88-43.456 P.

2. Lorsqu'une partie n'a pu se présenter à la comparution personnelle, le juge d'appel n'est pas tenu, s'il s'estime suffisamment informé, de maintenir cette mesure d'instruction, la prescription de cette dernière n'excluant pas la possibilité de fonder sa décision sur tous autres éléments de preuve. • Civ. 3e, 9 nov. 1977 : *Bull. civ. III, no 383.*

CHAPITRE IV LES DÉCLARATIONS DES TIERS

RÉP. PR. CIV. vo *Enquêtes, témoins, attestations*, par REDON.

DALLOZ ACTION *Droit et pratique de la procédure civile 2022/2023*, nos 342.140 s.

Art. 199 **Lorsque la preuve testimoniale est admissible, le juge peut recevoir des tiers les déclarations de nature à l'éclairer sur les faits litigieux dont ils ont personnellement connaissance. Ces déclarations sont faites par attestations ou recueillies par voie d'enquête selon qu'elles sont écrites ou orales.**

1. Sur l'admissibilité de la preuve testimoniale, V. notes ss. art. 1341 C. civ. – C. civ.

2. Témoignages indirects. Il n'y a pas lieu d'écarter le témoignage d'une personne pour la seule raison que celle-ci n'a connu qu'indirectement les faits qu'elle relate ; la loi s'en remet aux lumières et à la prudence des juges du fond de ce qui est de nature à former leur conviction. • Civ. 2e, 18 janv. 1957 : *Bull. civ. II, no 65* • Civ. 1re, 13 mars 1957 : *ibid. I, no 133* • Civ. 2e, 27 févr. 1979 : *JCP 1979. IV. 161.*

3. Le juge est fondé à considérer, en fait, que l'un des témoignages n'est pas crédible en raison de son caractère indirect. • Civ. 1re, 18 oct. 1977 : *Bull. civ. I, no 374* • Paris, 29 avr. 1977 : *Bull. ch. avoués 1978. 3. 35.*

4. Mission d'information. En matière prud'homale, la mission d'information conférée au conseiller rapporteur n'est pas une enquête ; le recueil des renseignements utiles à la manifestation de la vérité n'est pas soumis aux prescriptions applicables à cette dernière. • Soc. 31 mars 1978 : *RTD civ. 1978. 727, obs. Perrot.* ♦ V. notes ss. art. 204.

5. Audition d'un mineur. V. art. 388-1 C. civ. – C. civ.

SECTION PREMIÈRE LES ATTESTATIONS

Art. 200 Les attestations sont produites par les parties ou à la demande du juge.

Le juge communique aux parties celles qui lui sont directement adressées.

Le juge dispose d'un pouvoir souverain pour apprécier la valeur et la portée des éléments de preuve qui lui sont soumis, si bien qu'il peut retenir la déclaration écrite d'un témoin et non son audition. • Civ. 2e, 15 avr. 1991, no 89-21.841 P.

Art. 201 Les attestations doivent être établies par des personnes qui remplissent les conditions requises pour être entendues comme témoins. — *V. art. 205.*

1. Mineurs. V. note 3 ss. art. 205.

2. La prohibition du témoignage des enfants doit s'entendre en ce sens qu'aucune déclaration de descendants obtenue sous quelque forme que ce soit ne peut être produite au cours d'une procédure de divorce. • Civ. 2e, 14 nov. 1973 : *D. 1974. Somm. 5 ; RTD civ. 1974. 665, obs. Perrot* • 5 févr. 1986 : *JCP 1986. IV. 101.*

3. Cette prohibition ne saurait faire échec à la production de documents dont ces descendants ont été destinataires. • Civ. 2e, 19 janv. 1983 : *Bull. civ. II, no 12.* – V. déjà • Civ. 2e, 16 mai 1958 : *D. 1958. 481 ; RTD civ. 1958. 679, obs. Raynaud.* ♦ V. notes 4 s. ss. art. 205.

4. Statuant sur une action en bornage, le juge ne peut écarter l'attestation du propriétaire d'une parcelle voisine, produite à leur profit par les défendeurs, en retenant qu'il était partie au procès en cours, alors qu'au moment de l'établissement de l'attestation, ce propriétaire, qui n'était en litige avec aucune des parties, était un tiers comme n'ayant pas encore été mis en cause. • Civ. 2e, 11 janv. 1995, no 93-13.431 P : *D. 1995. IR 29 ; Gaz. Pal. 1995. 2. Pan. 153.*

5. Dès l'instant que la partie à qui sont opposées des attestations a pu en contester la force probante, notamment en faisant valoir que les auteurs des attestations étaient en procès avec elle, il appartient aux juges du fond saisis de cette contestation d'apprécier souverainement la valeur et la portée desdites attestations (conformité à l'art. 6 Conv. EDH). • Soc. 17 mars 1998, no 96-41.884 P.

6. Rien ne s'oppose à ce que le juge prud'homal examine une attestation établie par un salarié ayant représenté l'employeur lors de l'entretien préalable et il appartient seulement à ce juge d'en apprécier souverainement la valeur et la portée. • Soc. 23 oct. 2013, no 12-22.342 P : *D. 2013. 2526 ; RDT 2013. 781, obs. Guiomard ; JCP 2013. 1182, note Léger ; ibid. 2014. 436, obs. Amrani Mekki ; ibid. S 2013. 1494, note Bardin ; Gaz. Pal. 11 mars 2014, p. 37, note Mayer ; RLDA mars 2014, no 5007, note Chevillard ; Procédures 2014, no 4, note Perrot ; ibid., no 12, note Bugada.*

Art. 202 L'attestation contient la relation des faits auxquels son auteur a assisté ou qu'il a personnellement constatés.

Elle mentionne les nom, prénoms, date et lieu de naissance, demeure et profession de son auteur ainsi que, s'il y a lieu, son lien de parenté ou d'alliance avec les parties, de subordination à leur égard, de collaboration ou de communauté d'intérêts avec elles.

Elle indique en outre qu'elle est établie en vue de sa production en justice et que son auteur a connaissance qu'une fausse attestation de sa part l'expose à des sanctions pénales.

L'attestation est écrite, datée et signée de la main de son auteur. Celui-ci doit lui annexer, en original ou en photocopie, tout document officiel justifiant de son identité et comportant sa signature.

BIBL. ▸ ALHAËL-ESNAULT, *Rev. jur. Ouest 1977. 2.*

1. Les dispositions de l'art. 202 ne sont pas prescrites à peine de nullité. • Civ. 2e, 18 mars 1998, nº 95-10.210 P : *D. 1998. IR 101* ; *Gaz. Pal. 1998. 2. Pan. 230* • Civ. 1re, 25 nov. 1997, nº 96-11.557 P : *D. 1998. IR 14* • 30 nov. 2004, nº 03-19.190 P : *D. 2005. Pan. 1824, obs. Douchy-Oudot* ; *RTD civ. 2005. 108, obs. Hauser* • 14 déc. 2004, nº 02-20.652 P : *D. 2005. Pan. 1824, obs. Douchy-Oudot* ; *RTD civ. 2005. 108* et *113, obs. Hauser*. – V. déjà • Civ. 2e, 14 mars 1979 : *Gaz. Pal. 1979. 2. 419, note Viatte* ; *RTD civ. 1979. 665, obs. Perrot* • 11 juill. 1979 : *Bull. civ. II, nos 208 et 209* ; *D. 1980. IR 466, obs. Julien* • Com. 7 nov. 1989 : *Bull. civ. IV, nº 282* • Soc. 8 nov. 1989 : *ibid. V, nº 656.*

2. Le juge ne peut rejeter une attestation comme non conforme aux exigences de l'art. 202 sans préciser en quoi l'irrégularité constatée constituait l'inobservation d'une formalité substantielle ou d'ordre public faisant grief à la partie qui l'attaque. • Civ. 2e, 30 nov. 1988 : *Bull. civ. II, nº 238* ; *Gaz. Pal. 1989. 2. Somm. 464, obs. Croze et Morel.*

3. Les modes de preuve ne se limitant pas aux attestations, le juge ne peut rejeter des lettres missives au motif qu'elles doivent être considérées comme des attestations et qu'elles ne sont pas conformes à l'art. 202. • Civ. 2e, 9 janv. 1991 : *Gaz. Pal. 1991. 1. Pan. 124.*

4. S'agissant d'éléments de preuve au même titre que des attestations ou toute autre pièce, il n'y a pas lieu d'écarter le rapport d'enquête d'un détective privé. • Bordeaux, 19 déc. 2002 : *Cah. jurispr. Aquitaine 2003, nº 3, p. 625.*

5. Aucun texte ne s'oppose à la mise des attestations en conformité avec l'art. 202 après que leur irrecevabilité a été soulevée au cours de la procédure. • Civ. 2e, 21 nov. 1979 : *D. 1980. IR 466, obs. Julien.*

6. Il appartient au juge du fond d'apprécier souverainement si l'attestation non conforme à l'art. 202 présente des garanties suffisantes pour emporter sa conviction. • Civ. 1re, 29 avr. 1981 : *Bull. civ. I, nº 143* ; *RTD civ. 1981. 900, obs. Perrot* • 14 déc. 2004 : *préc. note 1* • Civ. 2e, 23 janv. 1985 : *Bull. civ. II, nº 20* ; *Gaz. Pal. 1985. 1. Pan. 93, obs. Guinchard* • 20 mars 2003, nº 01-11.083 P : *JCP 2003. II. 10131, note du Rusquec* • Soc. 8 oct. 1987 : *Gaz. Pal. 1987. 2. Pan. 285* • Civ. 2e, 21 févr. 2008 : *D. 2008. Pan. 2826, obs. Bretzner*.

7. Sur l'application dans le temps de l'art. 202, V. • Civ. 2e, 10 mars 1977 : *D. 1977. IR 264, obs. Julien* ; *RTD civ. 1977. 588, obs. Normand.*

Art. 203 Le juge peut toujours procéder par voie d'enquête à l'audition de l'auteur d'une attestation.

1. L'art. 203 offre au juge une simple faculté dont l'usage relève de son pouvoir souverain d'appréciation. • Civ. 2e, 28 févr. 1978 : *D. 1979. IR 509, obs. Julien* • Com. 3 nov. 1983 : *Bull. civ. IV, nº 290.*

2. En fondant sa décision sur les attestations versées aux débats, le juge a implicitement mais nécessairement répondu aux conclusions demandant que leurs auteurs soient entendus en la forme ordinaire des enquêtes. • Civ. 2e, 26 nov. 1975 : *Bull. civ. II, nº 313.* ♦ En ordonnant que le tiers, dont l'audition était demandée, produise une attestation, le juge a discrétionnairement estimé que cette mesure suffisait pour la solution du litige. • Civ. 3e, 11 janv. 1978 : *Bull. civ. III, nº 30* ; *RTD civ. 1978. 225, obs. Perrot.*

3. Le juge apprécie souverainement l'objectivité du témoignage porté dans une attestation. • Civ. 2e, 7 juin 1978 : *Bull. civ. II, nº 151.*

4. Jugé que sont irrecevables les attestations produites après la clôture de l'enquête. • TGI Avesnes-sur-Helpe, 12 déc. 1974 : *RTD civ. 1975. 365, obs. Perrot.*

SECTION II L'ENQUÊTE

SOUS-SECTION 1 DISPOSITIONS GÉNÉRALES

Art. 204 Lorsque l'enquête est ordonnée, la preuve contraire peut être rapportée par témoins sans nouvelle décision.

1. Que la preuve contraire soit possible dans tous les cas où une enquête est ordonnée n'oblige pas le juge à prescrire cette mesure lorsque sa conviction est d'ores et déjà établie. • Civ. 2e, 21 juill. 1969 : *D. 1970. Somm. 27.*

2. Des allégations de caractère vague et imprécis ne peuvent justifier la prescription d'une enquête qui placerait la partie adverse dans l'impossibilité de préparer sa défense. • Civ. 2e, 30 janv. 1974 : *Bull. civ. II, nº 45.*

3. L'huissier de justice est habilité à effectuer des constatations matérielles et non à procéder à une série d'interpellations destinées à recueillir les propos des personnes interpellées, l'enquête permettant seule l'audition de tels propos. • TGI Toulouse, ord., 24 mars 1976 : *JCP 1976. IV. 6626, p. 270.* ♦ V. art. 249 s.

Art. 205 **Chacun peut être entendu comme témoin, à l'exception des personnes qui sont frappées d'une incapacité de témoigner en justice.**

Les personnes qui ne peuvent témoigner peuvent cependant être entendues dans les mêmes conditions, mais sans prestation de serment. Toutefois, les descendants ne peuvent jamais être entendus sur les griefs invoqués par les époux à l'appui d'une demande en divorce ou en séparation de corps.

1. Incapacités en général. L'art. 205 ne fait pas obstacle à ce que l'employeur propose en qualité de témoins la fille et l'épouse du salarié ainsi que les camarades de travail de ce dernier. • Soc. 9 oct. 1980 : *Bull. civ. V, n° 728 ; RTD civ. 1981. 450, obs. Perrot.*

2. Les faits intéressant une famille et son intimité ne peuvent être relatés que par les membres de celle-ci. Si les attestations des proches du mari doivent être analysées avec esprit critique, elles ne peuvent être écartées sous prétexte de partialité dès lors qu'elles ne sont pas arguées de faux, ni contredites par des témoignages opposés portant sur les mêmes faits. • Paris, 30 juin 1986 : *D. 1987. Somm. 278.*

3. Incapacité du mineur. Le mineur, qui ne peut être entendu en qualité de témoin, ne peut attester. • Civ. 1re, 1er oct. 2009 : *Dr. fam. 2009. Comm. 160, note Maria.*

4. Incapacité des descendants. Doit être écartée, en application de l'art. 205, l'attestation de la fille née d'un précédent mariage du mari. • Civ. 2e, 14 nov. 1973 : *D. 1974. Somm. 5* • 5 févr. 1986 : *JCP 1986. IV. 101.* ♦ La prohibition s'applique également aux conjoints des descendants. • Civ. 2e, 9 mai 1983 : *Gaz. Pal. 1984. 1. Pan. 49, obs. Grimaldi* • 18 nov. 1987 : *Bull. civ. II, n° 230* • 30 sept. 1998, n° 96-21.110 P. ♦ ... De même qu'à la concubine d'un descendant. • Civ. 2e, 10 mai 2001, n° 99-13.833 P : *Defrénois 2001. 1349, obs. Massip ; RTD civ. 2001. 861, obs. Hauser ; Dr. fam. 2002, n° 21, obs. Griffon.* ♦ *Contra,* antérieurement : • Civ. 2e, 25 nov. 1992, n° 91-14.177 P.

5. Aucune déclaration de descendant obtenue sous quelque forme que ce soit, et notamment, les dépositions de témoins ne faisant que rapporter les propos tenus par l'enfant des époux, ne peut être produite au cours d'une procédure de divorce. • Civ. 2e, 23 mars 1977 : *D. 1978. 5, note Merpoel* • 3 oct. 1990 : *Gaz. Pal. 1991. 1. Pan. 40.* – V. aussi • Civ. 2e, 11 juill. 2002 : *RJPF déc. 2002. 19* • Civ. 1re, 3 nov. 2004, n° 03-19.079 P : *D. 2004. IR 3194* (attestation de la mère de l'épouse relatant des propos tenus par ses petits-enfants). ♦ Mais l'art. 205 ne fait pas échec à la production de documents dont les descendants ont été les destinataires. • Civ. 2e, 19 janv. 1983 : *Bull. civ. II, n° 12* • Paris, 4 oct. 1990 : *D. 1991. 286, note Garé.*

6. Toutefois, la remise par un descendant d'une lettre d'un parent relative aux torts du divorce équivaut au témoignage prohibé par l'art. 205. • Civ. 2e, 5 juill. 2001, n° 99-15.244 P : *D. 2001. IR 2361 ; Dr. fam. 2001, n° 108, obs. Lécuyer ; ibid. 2002, n° 22, obs. Gouttenoire-Cornut.* ♦ Pareillement, la lettre adressée par un parent à un descendant, relative aux torts du divorce, équivaut au témoignage prohibé par ce texte. • Civ. 2e, 23 janv. 2003, n° 01-12.117 P : *D. 2003. IR 603 ; AJ fam. 2003. 144, obs. S. D. ; JCP 2003. I. 128, n° 23, obs. Cadiet ; Dr. fam. 2003, n° 73, obs. Lécuyer ; Gaz. Pal. 29-30 oct. 2003, p. 35, obs. Massip.*

7. La prohibition de l'art. 205 ne s'étend pas à un litige portant sur la résidence de la famille. • Dijon, 9 avr. 1974 : *D. 1975. Somm. 38.*

8. La prohibition formulée par l'art. 205 s'applique également aux déclarations recueillies en dehors de l'instance en divorce. • Civ. 2e, 22 juin 1994, n° 93-11.252 P : *D. 1994. IR 196.* ♦ Elle ne saurait être tournée par le recours à une procédure pénale ; les enfants des époux ne peuvent donc être entendus comme témoins dans une instruction ouverte en faux témoignage. • Crim. 5 févr. 1980 : *Gaz. Pal. 1980. 1. 286, note Malaval* • 4 janv. 1985 : *JCP 1985. II. 20521, note Lindon et Bénabent.* ♦ V. aussi • Crim. 4 févr. 1991 : *JCP 1992. II. 21915, note Chambon.*

9. Les attestations des ascendants ne sont pas visées par l'art. 205. • Paris, 2 avr. 2003 : *AJ fam. 2003. 271, obs. S. D.*

Art. 206 **Est tenu de déposer quiconque en est légalement requis. Peuvent être dispensées de déposer les personnes qui justifient d'un motif légitime. Peuvent s'y refuser les parents ou alliés en ligne directe de l'une des parties ou son conjoint, même divorcé.**

Les agents diplomatiques ne sont pas obligés de donner leur témoignage, V. Conv. de Vienne sur les relations diplomatiques, art. 31, publiée par Décr. n° 71-284 du 29 mars 1971 (D. et BLD 1971. 175). — En ce qui concerne les membres des postes consulaires, V. Conv. de Vienne sur les relations consulaires, art. 44, publiée par Décr. n° 71-288 du 29 mars 1971 (D. et BLD 1971. 180).

1. Motif légitime. Sont liés, par exemple, par le secret professionnel les prêtres. • Civ. 2e, 23 avr. 1966 : *Bull. civ. II, n° 476.* ♦ ... Les pasteurs. • T. corr. Bordeaux, 27 avr. 1977 : *Gaz. Pal. 1977. 2. 506.* ♦ ... Les notaires. • Paris, 13 juill. 1973 : *D. 1974. 16, note E. S. de La Marnière.*

2. Ne viole pas le secret professionnel le médecin qui, lors d'une instance en divorce, dépose sur des faits par lui connus hors de l'exercice de sa profession. • Civ. 2e, 6 déc. 1978 : *Bull. civ. II, n° 267.* ♦ Dans le même sens, s'agissant d'un avocat ami du ménage, V. • Civ. 2e, 21 juin 1973 : *D. 1974. 16.*

3. Sur la distinction du secret professionnel et du devoir de réserve, ce dernier ne dispensant pas de l'obligation de déposer, V. • Crim. 6 juill. 1977 : *D. 1977. IR 408.*

4. *Parents ou alliés.* Jugé, en application de l'art. 268 ACPC, que les dispositions relatives aux parents et alliés en ligne directe s'appliquent aussi bien lorsque le témoin est appelé à la requête de la partie dont il est parent que lorsqu'il est appelé par l'adversaire. • Com. 20 nov. 1950 : *D. 1951. 57 ; RTD civ. 1951. 289, obs. Raynaud.*

Art. 207 **Les témoins défaillants peuvent être cités à leurs frais si leur audition est jugée nécessaire.**

Les témoins défaillants et ceux qui, sans motif légitime, refusent de déposer ou de prêter serment peuvent être condamnés à une amende civile *(Décr. n° 2005-1678 du 28 déc. 2005, art. 77, en vigueur le 1er mars 2006)* **« d'un maximum de** *(Décr. n° 2017-892 du 6 mai 2017, art. 67)* **« 10 000 » € ».**

Celui qui justifie n'avoir pas pu se présenter au jour fixé pourra être déchargé de l'amende et des frais de citation.

L'art. 77 du Décr. n° 2005-1678 du 28 déc. 2005 ne s'applique qu'aux instances introduites et procédures diligentées après le 1er mars 2006 (Décr. préc., art. 87, al. 2).

L'art. 67 du Décr. n° 2017-892 du 6 mai 2017 est applicable dans les îles Wallis-et-Futuna (Décr. préc., art. 72-II).

BIBL. ▶ SOULAT, *Gaz. Pal. 17-18 sept. 2003, p. 2* (ordonnance des conseillers rapporteurs et condamnation du directeur du travail).

Art. 208 **Le juge entend les témoins en leur déposition séparément et dans l'ordre qu'il détermine.**

Les témoins sont entendus en présence des parties ou celles-ci appelées.

Par exception, le juge peut, si les circonstances l'exigent, inviter une partie à se retirer sous réserve du droit pour celle-ci d'avoir immédiatement connaissance des déclarations des témoins entendus hors sa présence.

Le juge peut, s'il y a risque de dépérissement de la preuve, procéder sans délai à l'audition d'un témoin après avoir, si possible, appelé les parties.

En matière prud'homale, l'audition de tiers par le conseiller rapporteur ne constitue pas une enquête soumise aux art. 204 s. Il suffit que les parties soient à même de discuter son rapport devant le juge du fond. • Soc. 7 mai 1987 : *Bull. civ. V, n° 289.*

Art. 209 **L'enquête a lieu en présence des défenseurs de toutes les parties ou ceux-ci appelés.**

Art. 210 **Les témoins déclarent leurs nom, prénoms, date et lieu de naissance, demeure et profession ainsi que, s'il y a lieu, leur lien de parenté ou d'alliance avec les parties, de subordination à leur égard, de collaboration ou de communauté d'intérêts avec elles.**

Art. 211 **Les personnes qui sont entendues en qualité de témoins prêtent serment de *dire la vérité. Le juge* leur rappelle qu'elles encourent des peines d'amende et d'emprisonnement en cas de faux témoignage.**

Les personnes qui sont entendues sans prestation de serment sont informées de leur obligation de dire la vérité.

1. A peine de nullité, les témoins doivent, avant de déposer, prêter serment de dire la vérité, et l'accomplissement de cette formalité doit, sous la même peine, être expressément constatée. • Civ. 2e, 23 avr. 1959 : *Bull. civ. II, n° 333.*

2. La nullité de l'enquête pour défaut de constatation de la prestation de serment ne peut entraîner la nullité du jugement lorsque la décision trouve son fondement légal en dehors des résultats de cette enquête. • Civ. 2e, 24 mai 1957 : *Bull. civ. II, n° 389.*

Art. 212 **Les témoins ne peuvent lire aucun projet.**

Art. 213 Le juge peut entendre ou interroger les témoins sur tous les faits dont la preuve est admise par la loi, alors même que ces faits ne seraient pas indiqués dans la décision prescrivant l'enquête.

1. Le juge du fond, auquel il est permis d'ordonner d'office la preuve des faits qui lui paraissent concluants, est *a fortiori* en droit d'apporter à ceux offerts en preuve les rectifications ou précisions qu'il juge nécessaires pour l'utilité de l'enquête et dont les documents produits lui fournissent les éléments. • Civ. 1re, 17 déc. 1956 : *Bull. civ. I, n° 461.*

2. Les juges du fond ne sont pas tenus de limiter l'enquête aux faits articulés par les parties et peuvent, même d'office, admettre tous les éléments de preuve susceptibles de les éclairer. • Civ. 1re, 19 févr. 1957 : *Bull. civ. I, n° 86.* ♦ Ils peuvent admettre l'une des parties à prouver certains faits sans que celle-ci l'ait demandé dans ses conclusions, dès lors que les faits retenus par eux sont suffisamment précis pour qu'aucun doute ne puisse subsister quant au temps et au lieu desdites circonstances et alors que l'autre partie n'est ainsi nullement privée de la faculté de les discuter éventuellement. • Même arrêt. ♦ V. art. 222.

Art. 214 Les parties ne doivent ni interrompre ni interpeller ni chercher à influencer les témoins qui déposent, ni s'adresser directement à eux, à peine d'exclusion.

Le juge pose, s'il l'estime nécessaire, les questions que les parties lui soumettent après l'interrogation du témoin.

Art. 215 Le juge peut entendre à nouveau les témoins, les confronter entre eux ou avec les parties ; le cas échéant il procède à l'audition en présence d'un technicien.

Art. 216 A moins qu'il ne leur ait été permis ou enjoint de se retirer après avoir déposé, les témoins restent à la disposition du juge jusqu'à la clôture de l'enquête ou des débats. Ils peuvent, jusqu'à ce moment, apporter des additions ou des changements à leur déposition.

Art. 217 Si un témoin justifie qu'il est dans l'impossibilité de se déplacer au jour indiqué, le juge peut lui accorder un délai ou se transporter pour recevoir sa déposition.

Art. 218 Le juge qui procède à l'enquête peut, d'office ou à la demande des parties, convoquer ou entendre toute personne dont l'audition lui paraît utile à la manifestation de la vérité.

Art. 219 Les dépositions sont consignées dans un procès-verbal.

Toutefois, si elles sont recueillies au cours des débats, il est seulement fait mention dans le jugement du nom des personnes entendues et du résultat de leurs dépositions lorsque l'affaire doit être immédiatement jugée en dernier ressort.

1. L'art. 219, al. 2, s'applique aussi bien à la juridiction d'appel qu'à la juridiction du premier degré statuant en dernier ressort. • Soc. 29 mai 1979 : *Bull. civ. V, n° 470.*

2. Le jugement immédiat de l'affaire n'implique pas forcément que la décision soit rendue, après débat, à la même audience. • Cass., ch. mixte, 22 févr. 1991 : *JCP 1991. II. 21703, concl. Dorwling-Carter, note Alaphilippe ; RTD civ. 1991. 599, obs. Perrot.*

3. Pour une application, V. : • Civ. 1re, 7 nov. 2000, n° 97-20.212 P : *D. 2000. IR 301 ; JCP 2001. II. 10602, note du Rusquec.*

Art. 220 Le procès-verbal doit faire mention de la présence ou de l'absence des parties, des nom, prénoms, date et lieu de naissance, demeure et profession des personnes entendues ainsi que, s'il y a lieu, du serment par elles prêté et de leurs déclarations relatives à leur lien de parenté ou d'alliance avec les parties, de subordination à leur égard, de collaboration ou de communauté d'intérêts avec elles.

Chaque personne entendue signe le procès-verbal de sa déposition, après lecture, ou le certifie conforme à ses déclarations, auquel cas mention en est faite au procès-verbal. Le cas échéant, il y est indiqué qu'elle refuse de le signer ou de le certifier conforme.

Le juge peut consigner dans ce procès-verbal ses constatations relatives au comportement du témoin lors de son audition.

Les observations des parties sont consignées dans le procès-verbal, ou lui sont annexées lorsqu'elles sont écrites.

Les documents versés à l'enquête sont également annexés.

Le procès-verbal est daté et signé par le juge et, s'il y a lieu, par le *(Décr. n° 2017-892 du 6 mai 2017, art. 68-I-3°)* « greffier ».

Art. 221 Le juge autorise le témoin, sur sa demande, à percevoir les indemnités auxquelles il peut prétendre.

SOUS-SECTION 2 L'ENQUÊTE ORDINAIRE

§ 1er DÉTERMINATION DES FAITS À PROUVER

Art. 222 La partie qui demande une enquête doit préciser les faits dont elle entend rapporter la preuve.

Il appartient au juge qui ordonne l'enquête de déterminer les faits pertinents à prouver.

1. Les juges du fond apprécient souverainement tant la valeur et la portée des éléments de preuve à eux soumis, que la pertinence et l'admissibilité des faits articulés à l'appui d'une demande d'enquête. • Civ. 2e, 27 avr. 1977 : *Bull. civ. II, n° 110.* ♦ V. notes ss. art. 144.

2. Des allégations de caractère vague et imprécis ne peuvent justifier la prescription d'une enquête qui placerait la partie adverse dans l'impossibilité de préparer sa défense. • Civ. 2e, 30 janv. 1974 : *Bull. civ. II, n° 45.*

§ 2 DÉSIGNATION DES TÉMOINS

Art. 223 Il incombe à la partie qui demande une enquête d'indiquer les nom, prénoms et demeure des personnes dont elle sollicite l'audition.

La même charge incombe aux adversaires qui demandent l'audition de témoins sur les faits dont la partie prétend rapporter la preuve.

La décision qui prescrit l'enquête énonce les nom, prénoms et demeure des personnes à entendre.

1. Le juge ne peut refuser d'ordonner une enquête au motif que la partie qui sollicite cette mesure ne propose aucun témoin « valable », les seules personnes indiquées par elle étant des parents des parties et des camarades de travail de la partie adverse. • Soc. 9 oct. 1980 : *Bull. civ. V, n° 728 ; RTD civ. 1981. 450, obs. Perrot.*

2. Sur la prescription faite au parquet de déterminer l'identité d'une personne qu'une partie entend faire citer comme témoin, V. • TGI Nice, ord., 28 juin 1984 : *D. 1984. IR 420, obs. Julien ; RTD civ. 1985. 211, obs. Perrot.* ♦ Rappr. • Reims, 25 juin 1982 : *RTD civ. 1983. 591, obs. Perrot.*

Art. 224 Si les parties sont dans l'impossibilité d'indiquer d'emblée les personnes à entendre, le juge peut néanmoins les autoriser soit à se présenter sans autres formalités à l'enquête avec les témoins qu'elles désirent faire entendre, soit à faire connaître au *(Décr. n° 2017-892 du 6 mai 2017, art. 68-I-2°)* « greffe » de la juridiction, dans le délai qu'il fixe, les nom, prénoms et demeure des personnes dont elles sollicitent l'audition.

Lorsque l'enquête est ordonnée d'office, le juge, s'il ne peut indiquer dans sa décision le nom des témoins à entendre, enjoint aux parties de procéder comme il est dit à l'alinéa précédent.

La dénonciation tardive des témoins ne fait pas obstacle à ce qu'il soit procédé à l'enquête, l'art. 224 n'édictant aucune forclusion au cas où les parties ne respecteraient pas le délai fixé par le juge. • Pau, 27 janv. 1981 : *Bull. ch. avoués 1981. 2.*

§ 3 DÉTERMINATION DU MODE ET DU CALENDRIER DE L'ENQUÊTE

Art. 225 La décision qui ordonne l'enquête précise si elle aura lieu devant la formation de jugement, devant un membre de cette formation ou, en cas de nécessité, devant tout autre juge de la juridiction.

Art. 226 Lorsque l'enquête a lieu devant le juge qui l'ordonne ou devant l'un des membres de la formation de jugement, la décision indique les jour, heure et lieu où il y sera procédé.

Art. 227 Si le juge commis au sein de la juridiction n'appartient pas à la formation de jugement, la décision qui ordonne l'enquête peut se borner à indiquer le délai dans lequel il devra y être procédé.

En cas de commission d'une autre juridiction, la décision précise le délai dans lequel il devra être procédé à l'enquête. Ce délai peut être prorogé par le président de la juridiction commise qui en informe le juge ayant ordonné l'enquête.

Le juge commis fixe les jour, heure et lieu de l'enquête.

§ 4 CONVOCATION DES TÉMOINS

Art. 228 **Les témoins sont convoqués par le** *(Décr. n° 2017-892 du 6 mai 2017, art. 68-I-3°)* **« greffier » de la juridiction huit jours au moins avant la date de l'enquête.**

Art. 229 **Les convocations mentionnent les nom et prénoms des parties et reproduisent les dispositions des deux premiers alinéas de l'article 207.**

Art. 230 **Les parties sont avisées de la date de l'enquête verbalement ou par lettre simple.**

SOUS-SECTION 3 L'ENQUÊTE SUR-LE-CHAMP

Art. 231 **Le juge peut, à l'audience ou en son cabinet, ainsi qu'en tout lieu à l'occasion de l'exécution d'une mesure d'instruction, entendre sur-le-champ les personnes dont l'audition lui paraît utile à la manifestation de la vérité.**

Ne saurait prétendre à la violation des droits de la défense, le défendeur qui, régulièrement convoqué, ne comparaît pas à l'audience au cours de laquelle il est procédé à l'audition des témoins. • Civ. 2e, 8 mai 1980 : *Gaz. Pal. 1980. 2. 559, note Viatte.*

CHAPITRE V MESURES D'INSTRUCTION EXÉCUTÉES PAR UN TECHNICIEN

RÉP. PR. CIV. v° *Mesures d'instruction confiées à un technicien,* par REDON.

DALLOZ ACTION *Droit et pratique de la procédure civile 2022/2023,* nos 342.181 s.

BIBL. GÉN. ▸ J.-C. BRAULT, *Defrénois 2002. 115* (le notaire expert). – CLAUX et DAVID, *Defrénois 2008. 38799* (divorce : le notaire nommé expert au cours de la procédure). – DEBEAURAIN, *D. 1979. Chron. 143* (caractères de l'expertise civile). – DUPUIS, *Dr. fam. 2015. Étude 9* (le juge, le notaire et le déni de justice). – GRAMAIZE, *Gaz. Pal. 30 oct. 2018, p. 10* (le contentieux insolite du contrôle des mesures d'instruction). – MARGANNE, *JCP 2007. I. 103* (l'expert judiciaire et le droit). – R. MARTIN, *Ann. loyers 1976. 846.* – MÉMETEAU, *Gaz. Pal. 7-8 févr. 2014, p. 12* (le juge ignorant la médecine ?). – MOURY, *RTD civ. 2009. 665* (les limites de la quête en matière de preuve : expertise et *jurisdictio*). – MOUSSA, *Dalloz, 2e éd., 1988* (expertise en matière civile et pénale). – *Xe colloque des IEJ, Poitiers 1975, PUF, 1976* (rôle respectif du juge et du technicien). – VOULET, *Inf. chef entr. 1974. 108.*

SECTION PREMIÈRE DISPOSITIONS COMMUNES

Art. 232 **Le juge peut commettre toute personne de son choix pour l'éclairer par des constatations, par une consultation ou par une expertise sur une question de fait qui requiert les lumières d'un technicien.**

BIBL. ▸ ZAVARO, *Ann. loyers 2009. 1125* (incidence de la responsabilité et de l'assurance des experts judiciaires en matière de construction sur les modalités d'exécution de leur mission).

1. Caractère accessoire. V. jugeant que l'art. 232 ne constitue pas un fondement autonome de demande d'expertise, et qu'une telle demande doit venir à l'appui d'une demande principale relevant de la compétence de la juridiction du fond. • TI Aix-les-Bains, 14 mai 2009 : *Gaz. Pal. 2009. Jurisp. 3056, note Trequattrini.*

A. CHOIX DU TECHNICIEN

2. A l'exception de certaines matières dans lesquelles la loi entend que les experts soient choisis dans une catégorie déterminée d'hommes de l'art, toute liberté est laissée au juge, qui peut nommer à ces fonctions toutes personnes qui, par leurs connaissances spéciales, lui paraissent capables de l'éclairer. • Civ. 2e, 20 févr. 1964 : *Bull. civ. II, n° 168* • 18 sept. 2008 : *cité ss. art. 278, note 2.*

3. Les dispositions de la loi n° 46-942 du 7 mai 1946 qui ont pour objet de protéger l'exercice de la profession de géomètre-expert ne sont pas applicables à l'expert judiciaire, désigné par le juge, qui exécute un mandat de justice et n'exerce pas, ce faisant, une profession. • Civ. 3e, 12 avr. 1983 : *Gaz. Pal. 1983. 2. Pan. 223*

• Civ. 2e, 4 juill. 2007, ☎ no 07-12.078 P.

B. DÉTERMINATION DE LA MISSION

4. Les juges du fond fixent souverainement l'étendue de la mission confiée au technicien. • Civ. 1re, 26 nov. 1980 : ☎ *Bull. civ. I, no 308* • Soc. 12 juin 1986 : *JCP 1986. IV. 244.*

5. La cour d'appel relève souverainement que les investigations d'ordre technique confiées à un expert par les premiers juges n'avaient trait qu'à des questions de fait dont elle se réservait de tirer les conséquences juridiques. • Com. 4 juill. 1978 : *Bull. civ. IV, no 189.* ♦ En commettant un expert aux fins de relever les éléments du préjudice commercial et moral subi par le demandeur, le juge a seulement chargé le technicien de rechercher les éléments matériels constituant les éléments du préjudice dont il s'est par là même implicitement mais nécessairement réservé la qualification. • Civ. 1re, 13 janv. 1982 : *JCP 1982. IV. 114.*

6. Les recherches d'intention ou de mobiles échappent aux experts dont, légalement, les investigations ne doivent porter que sur des questions purement techniques. • Com. 2 mai 1960 : *RTD civ. 1961. 186, obs. Raynaud.* ♦ L'appréciation de la commune intention des parties en matière de convention relève de l'office du juge et ne peut être déléguée à un expert. • Versailles, 2 juin 1988 : *D. 1989. Somm. 275, obs. Julien.*

7. Le juge ne peut charger l'expert de fixer les responsabilités encourues. • Civ. 2e, 19 déc. 1973 : ☎ *JCP 1974. II. 17790, note Assouline ; RTD civ. 1974. 857, obs. Perrot.* ♦ ... D'apprécier la portée d'une convention et de dire si elle a ou non créé la servitude contestée. • Civ. 3e, 13 nov. 1974 : *Bull. civ. III, no 415.* ♦ ... De rechercher le bien ou le mal-fondé de la demande. • Civ. 2e, 11 juin 1975 : *JCP 1975. IV. 251.* ♦ ... De dire si le défendeur est redevable de la somme réclamée. • Civ. 1re, 8 janv. 1980 : *Bull. civ. I, no 16.* ♦ ... De déterminer les critères caractérisant les produits de luxe et de prestige. • Versailles, 8 juill. 1987 : *JCP 1988. II. 20972, note Estoup.* ♦ ... De déterminer, à la place de la juridiction, les textes régissant la matière et tirer des conséquences juridiques de ses investigations. • Montpellier, 15 déc. 1999 : *Gaz. Pal. 1999. Somm. 2195, obs. Travier.*

8. Peut cependant être confiée à l'expert la mission de rechercher les lois, règlements ou usages particuliers à certaines professions. • Civ. 2e, 15 oct. 1969 : *D. 1970. 13.* ♦ ... De s'enquérir de la réglementation applicable à un lotissement. • Civ. 3e, 27 juin 1972 : *Bull. civ. III, no 427.*

9. Délègue ses pouvoirs à l'expert, et viole l'art. 232, le juge qui donne à l'homme de l'art mission de « définir, surveiller et évaluer les travaux et en régler le coût au fur et à mesure de leur exécution ». • Civ. 3e, 19 déc. 1983 : *Bull. civ. III, no 268 ; Gaz. Pal. 1984. 1. Pan. 155, obs. Guinchard.* ♦ ... De dresser et afficher la liste des salariés ayant, dans une entreprise, la qualité d'électeurs. • Soc. 17 déc. 1974 : *Bull. civ. V, no 618.* ♦ ... D'éclairer le juge sur l'utilité et l'opportunité de la mesure d'instruction sollicitée. • Versailles, 4 déc. 1991 : *D. 1992. IR 77* ✎.

10. En décidant que les travaux prescrits par le jugement seront exécutés selon les directives et sous la surveillance de l'expert, le juge n'abandonne pas à celui-ci son pouvoir de contrôle et ne lui confère qu'une mission purement technique. • Civ. 1re, 5 déc. 1973 : ☎ *JCP 1975. II. 18115, note Despax.* ♦ Même analyse lorsqu'il est donné mission à l'expert d'arrêter le coût définitif des travaux après constat de leur achèvement. • Civ. 3e, 20 oct. 1982 : *Gaz. Pal. 1983. 1. Somm. 102, obs. Guinchard.*

11. Mission de bonne fin. Ne constitue pas une décision ordonnant une expertise au sens de l'art. 272 l'ordonnance qui prescrit l'exécution des travaux sous la vérification de l'expert précédemment désigné. • Civ. 2e, 5 mars 1978 : *Gaz. Pal. 1978. 2. 441, note J. V. ; D. 1978. IR 364, obs. Julien* • Lyon, ord., 16 nov. 1976 : *JCP 1977. II. 18551 ; RTD civ. 1977. 371, obs. Perrot.* ♦ Les mêmes décisions échappent à l'art. 724 concernant le recours au premier président en matière de rémunération du technicien. • Civ. 2e, 29 oct. 1980 : ☎ *Gaz. Pal. 1981. 1. 140, note Viatte* • Limoges, 12 mai 1986 : *Gaz. Pal. 1986. 1. 389, note Caratini.* ♦ V. Rémery, *D. 1986. Chron. 285* ; Martin, *Ann. loyers 1984. 307.*

Art. 233 Le technicien, investi de ses pouvoirs par le juge en raison de sa qualification, doit remplir personnellement la mission qui lui est confiée.

Si le technicien désigné est une personne morale, son représentant légal soumet à l'agrément du juge le nom de la ou des personnes physiques qui assureront, au sein de celle-ci et en son nom l'exécution de la mesure.

BIBL. ▶ Lauvergnat, *Dr. et pr. 2016. 54* (constat sur requête : l'huissier, le préposé et le sachant). – Olivier, *Gaz. Pal. 14-16 nov. 2004, p. 10.*

1. Les actes effectués en méconnaissance de l'obligation incombant à l'expert d'accomplir personnellement sa mission ne peuvent valoir opération d'expertise. • Civ. 2e, 27 avr. 2000, ☎ no 98-13.361 P : *JCP 2001. I. 311, no 8, obs. Cadiet* • 7 mai 2002, ☎ no 99-20.676 P • Civ. 3e, 26 nov. 2008, ☎ no 07-20.071 P. ♦ La nullité de ces actes peut donc être demandée en tout état de cause • Civ. 3e, 26 nov. 2008 : ☎ *préc.* ♦ Ainsi, est nulle l'expertise dont les opérations ont été effectuées non par l'expert lui-même, mais par son fils, qui a établi le rapport et l'a déposé. • Toulouse, 20 mai 1975 : *D. 1975. Somm. 85.*

2. Il n'est pas interdit à l'expert de se faire assister dans sa tâche par un technicien procédant sous sa responsabilité et dont il vérifie les constatations. • Civ. 2e, 9 juill. 1973 : *JCP 1974. IV. 6369, p. 19.* ♦ Rappr. • Civ. 2e, 5 mars 1975 : *Bull. civ. II, n° 70* • Com. 26 févr. 1980 : *JCP 1980. IV. 184* • Rouen, 15 oct. 1985 : *Gaz. Pal. 1986. 2. Somm. 285.* ♦ Sur le respect du principe du contradictoire lorsque l'expert est assisté d'un spécialiste, V. : • Civ. 3e, 4 nov. 1999, n° 98-10.694 P. – V. aussi • Civ. 2e, 16 mai 2002, n° 00-20.050 P : *Gaz. Pal. 6-8 oct. 2002, p. 7, note Olivier.*

3. Des opérations de mesurage des propriétés constituent des actes d'exécution à caractère technique inhérents à la mission de l'expert et comme tels insusceptibles d'être déléguées, comme pourraient l'être des tâches purement matérielles. En l'absence de toute direction, contrôle ou surveillance par l'expert, ces opérations ont été effectuées en méconnaissance de l'obligation de celui-ci d'accomplir personnellement sa mission, et ne peuvent, en conséquence, valoir opérations d'expertise. • Civ. 2e, 10 juin 2004, n° 02-15.129 P : *D. 2004. IR 2347* ; *Procédures 2004, n° 178, note Perrot.*

4. L'expert qui n'a pu procéder à l'examen d'un véhicule en raison de la vente de celui-ci et qui s'est référé au rapport très précis d'un autre expert a personnellement rempli sa mission. • Civ. 2e, 26 oct. 1977 : *Bull. civ. II, n° 207.*

5. Est nul le rapport d'un expert se bornant à renvoyer les parties, pour la partie de sa mission relative à l'origine des désordres, à la lecture du rapport d'un centre de recherche dont il a sollicité l'avis technique, en mentionnant que « la recherche des causes est expliquée et développée » dans ce document « porté en annexe ». • Civ. 2e, 11 janv. 1995, n° 93-14.697 P : *D. 1995. IR 38*.

6. La délégation résulte du fait qu'un rapport d'expertise porte en son en-tête les noms de deux experts, mais que les recherches et interrogations ont été pour l'essentiel effectuées à la diligence de l'un des deux qui s'était considéré comme coexpert. • Civ. 2e, 23 oct. 2003 : *D. 2003. IR 2729*.

7. La cour d'appel, qui a retenu le rapport sans rechercher, comme il lui était demandé, si l'expert n'avait pas délégué l'accomplissement de sa mission n'a pas donné de base légale à sa décision au regard des art. 233 et 278 NCPC [devenu C. pr. civ.] • Civ. 3e, 8 avr. 1999, n° 96-21.897 P : *D. 1999. IR 136* ; *Procédures 1999, n° 150, obs. Perrot.*

Art. 234 **Les techniciens peuvent être récusés pour les mêmes causes que les juges. S'il s'agit d'une personne morale, la récusation peut viser tant la personne morale elle-même que la ou les personnes physiques agréées par le juge.**

La partie qui entend récuser le technicien doit le faire devant le juge qui l'a commis ou devant le juge chargé du contrôle avant le début des opérations ou dès la révélation de la cause de la récusation.

Si le technicien s'estime récusable, il doit immédiatement le déclarer au juge qui l'a commis ou au juge chargé du contrôle. – *V. art. 341.*

BIBL. ► FRICERO, *Mél. D. Tricot, Litec/Dalloz 2011, p. 355* (l'impartialité de l'expert, un élément clef d'une expertise équitable). – JACQUIN, *Gaz. Pal. 31 janv.-1er févr. 2003, p. 3* (l'impartialité objective de l'expert judiciaire et sa récusation). – MEIMON, *Gaz. Pal. 1998. 2. Doctr. 829.* – THORIN, *ibid. 1998. 2. Doctr. 1199.*

1. N'étant ni un technicien ni un expert, l'*amicus curiae* n'est pas soumis aux règles relatives à la révocation. • Paris, 6 juill. 1988 : *D. 1989. 341, note Laurin* ; *RTD civ. 1989. 138, obs. Perrot.* ♦ Ces règles sont, en revanche, applicables à l'enquête sociale. • Civ. 2e, 23 févr. 1994, n° 92-17.150 P.

2. L'expert n'est pas une partie au litige à l'occasion duquel il est désigné en qualité de technicien. • Civ. 2e, 15 nov. 2007, n° 07-10.921 P.

A. CAUSES DE RÉCUSATION

3. Sur le principe même du renvoi aux causes de récusation des juges, V. obs. critiques Perrot, *RTD civ. 1978. 191* ; *1985. 212.* ♦ Sur le caractère limitatif de l'énumération de l'art. 341, V. note 4 ss. anc. art. 341.

4. Le juge n'a pas à rechercher si les causes de récusation invoquées sont susceptibles de nuire à l'indépendance et à l'impartialité de l'expert mais seulement à rechercher si elles sont ou non établies et à admettre ou rejeter en conséquence la demande de récusation. • Amiens, 9 mai 1977 : *Gaz. Pal. 1977. 2. 635, note Amédée-Manesme et Thorin* ; *D. 1978. IR 155, obs. Julien* ; *RTD civ. 1978. 191, obs. Perrot.* ♦ Les causes de récusation sont limitativement énumérées par l'art. 341. • Com. 19 mars 1991, n° 89-21.452 P. ♦ Le reproche adressé à un expert, par l'une des parties, pour avoir manqué à son devoir d'impartialité en faisant pression sur elle afin qu'elle accepte une solution transactionnelle, ne constitue pas une des causes de récusation déterminées à l'art. 341 auxquelles renvoie l'art. 234. • Paris, 28 juin 2002 : *BICC 2003, n° 514.*

5. ***Amitié ou inimitié notoire.*** Les relations familiales entre l'expert et l'un des membres du syndicat de copropriété constituent l'amitié notoire visée au texte. • Rouen, 19 juin 1979 : *Gaz. Pal. 1979. 2. 636, note Petit.* ♦ Sur l'appréciation souveraine des juges du fond, V. • Civ. 1re, 24 avr. 1979 : *D. 1979. IR 502.*

6. Procès. Le procès pénal, créé artificiellement contre l'expert, ne peut constituer une cause de récusation. • Civ. 3e, 9 oct. 1984 : *Bull. civ. III, no 163 ; Gaz. Pal. 1985. 1. Pan. 26, obs. Guinchard ; RTD civ. 1985. 212, obs. Perrot.* ♦ La demande de récusation intervenant alors que l'expertise étant en phase finale, pour des motifs déjà examinés par des décisions qui avaient rejeté les demandes de remplacement ou pour des motifs relevant de la compétence des juges du fond, quelques jours seulement après que la requérante avait fait assigner les trois experts en responsabilité, et retenu que cette action était mise en œuvre à la seule fin de se constituer une cause péremptoire de récusation pour contourner les décisions ayant rejeté les demandes de remplacement à de multiples reprises, caractérisant de la sorte une fraude de la société, c'est dans l'exercice de son pouvoir d'appréciation souverain qu'une cour d'appel décide que ce procès ne constitue pas une cause récusation. • Civ. 2e, 15 oct. 2015, no 14-22.932 : *RCA 2015. 581, note Schulz.*

La contestation à laquelle donne lieu la taxe des experts dans l'instance au cours de laquelle ils avaient été commis ne constitue pas le procès dont l'art. 341 fait une cause de récusation. • Civ. 2e, 15 déc. 1986 : *Bull. civ. II, no 189 ; Gaz. Pal. 1987. 2. Pan. 337, obs. Guinchard et Moussa* • Paris, 5 févr. 1985 : *Gaz. Pal. 1985. 2. 523, note Thorin.*

7. Lien de subordination. Les juges du fond ont souverainement considéré que le versement d'une provision à un expert sous le contrôle et par l'intermédiaire du centre d'expertise de la chambre de commerce international de Paris n'était pas caractéristique d'un lien de subordination. • Com. 19 mars 1991, no 89-21.452 P. ♦ Rappr. • Civ. 1re, 3 janv. 1980 : *Bull. civ. I, no 675.* ♦ Le fait pour un expert de réaliser des missions d'expertise pour des sociétés d'assurances ne constituant pas en soi l'exercice d'une activité incompatible avec l'indépendance nécessaire à l'expert judiciaire, c'est dans l'exercice de son pouvoir souverain d'appréciation qu'une cour d'appel décide que la requérante ne démontrait pas l'existence d'éléments permettant de douter de l'impartialité des experts, alors qu'elle constate notamment que la société dans laquelle exerçait l'expert n'avait pas pour seule activité l'expertise pour le compte d'assureurs, celle-ci réalisant également des diagnostics immobiliers et des expertises pour le compte de tiers et que le chiffre d'affaires invoqué par la requérante n'est pas le seul résultat d'expertises menées pour le compte d'assureurs. • Civ. 2e, 15 oct. 2015, no 14-22.932 : *préc. note 6.*

8. L'existence d'un procès ayant opposé l'une des parties à la société dont l'expert était le dirigeant doit être considérée comme une cause de récusation, les intérêts du dirigeant et de la société étant nécessairement identiques, et ceci quelle que soit l'ancienneté du procès par rapport à l'instance en cause. • Pau, 2 sept. 2002 : *Cah. jurispr. Aquitaine 2003, no 3, p. 572, obs. E. Garçon.*

9. Expertise antérieure. Les dispositions de l'art. 6 § 1 Conv. EDH ne s'opposent pas à ce qu'un technicien soit désigné à la fois dans une enquête pénale en application de l'art. 77-1 C. pr. pén. et dans une instance civile concernant les mêmes faits, en qualité d'expert. • Civ. 2e, 8 févr. 2006, no 04-12.864 P : *D. 2006. IR 810* (refus de récusation). ♦ Comp. : il peut être procédé à la récusation d'un expert ayant déjà donné son avis sur les causes d'un sinistre dans le cadre du procès pénal. • Aix-en-Provence, 15 févr. 2005 : *JCP 2005. IV. 2947.* ♦ ... Ou s'étant déjà prononcé sur la nature décennale ou non de désordres, dans le cadre de la garantie dommage-ouvrage, avant d'être nommé dans la phase judiciaire du litige • Versailles, 19 janv. 2005 : *Gaz. Pal. 5-7 juin 2005, p. 19.*

10. Liens commerciaux et financiers. L'existence des liens commerciaux et financiers entre une des parties et l'expert désigné, qui n'a été révélée que postérieurement à sa désignation, circonstances sur lesquelles l'expert est resté silencieux, sont de nature à créer, même en apparence, un doute légitime sur l'indépendance et, partant, sur l'impartialité de l'expert unique. • Paris, 23 oct. 2007 : *Gaz. Pal. 5-6 mars 2008, p. 18, NDLR.*

B. RÉGIME

11. Sur la compétence pour connaître de la demande de récusation et de remplacement d'un expert, V. • Paris, 3 juill. 1979 : *Gaz. Pal. 1979. 2. 647, note Viatte.*

12. La partie n'est pas recevable à invoquer devant la Cour de cassation la violation de l'art. 6, § 1er Conv. EDH, dès lors qu'elle n'a pas fait usage de la possibilité d'en obtenir le respect en récusant l'expert par application de l'art. 234 C. pr. civ., et qu'en s'abstenant de le faire avant le début des opérations d'expertise, elle a renoncé sans équivoque à s'en prévaloir. • Civ. 2e, 4 juin 2009, no 08-11.163 P : *D. 2009. AJ 2071 ; JCP E 2009. 2001, note A. Seïd Algadi ; RLDC 10/2009. 26, obs. Bugnicourt ; Gaz. Pal. 2010. Somm. 3993, note Fricero ; ibid. 3 nov. 2009, p. 44, note Montéran.* ♦ V. déjà • Civ. 3e, 20 juin 1979 : *Bull. civ. III, no 139.* ♦ Sur la sanction par la fin de non-recevoir, V. note 2 ss. art. 124. ♦ Une cour d'appel, saisie d'un recours contre une ordonnance rejetant une demande de récusation, n'a pas à se prononcer sur des faits survenus postérieurement à cette demande et au dépôt du rapport d'expertise. • Civ. 2e, 4 janv. 2006, n° 05-13.129 P : *Procédures 2006, n° 47, obs. Perrot.*

13. La demande de récusation d'expert n'est pas recevable après le dépôt du rapport d'expertise. • Civ. 2e, 18 nov. 2010 : *D. 2010. AJ 2916* .

14. La demande de changement d'expert, constituerait-elle une récusation, ne peut être formée par requête, mais doit être soumise par voie de référé au juge qui a nommé le technicien, l'opposition d'intérêt entre les parties exigeant que la mesure sollicitée soit prise contradictoirement. • Civ. 2e, 31 mai 1976 : *Bull. civ. II, n° 185.*

15. Jugé que la récusation d'un technicien est une mesure d'administration judiciaire qui n'est sujette à aucun recours. • Paris, 25 avr. 1978 : *Gaz. Pal. 1979. 2. 294, note Viatte.* ♦ V. cep. notes ss. art. 235 et • Toulouse, 2 avr. 1982 : *JCP 1983. IV. 322.*

Est irrecevable en application des art. 606 s. le pourvoi contre l'arrêt qui se borne à déclarer irrecevable la demande de récusation d'un expert. • Civ. 2e, 8 oct. 1986 : *Bull. civ. II, n° 142.*

16. La procédure spécifique de récusation des magistrats des art. 341 s. n'est pas applicable aux techniciens, seules les causes de récusation étant communes. • Grenoble, 15 oct. 1991 : *Gaz. Pal. 1992. 2. 308, note Thorin.* – V. aussi • Civ. 2e, 5 mai 1993, n° 91-19.476 P : *D. 1993. IR 146* .

17. Le dépôt du rapport par l'expert est sans effet sur la recevabilité de la demande de récusation formée par une partie. En effet, le régime de la récusation n'obéit pas à celui prévu par l'art. 170 du NCPC [devenu C. pr. civ.], applicable seulement en matière d'exécution d'une mesure d'instruction. L'objet de la demande de récusation de l'expert, distinct du fond de l'affaire, subsiste, nonobstant le dépôt du rapport. • Paris, 23 oct. 2007 : *préc. note 10.*

18. Le technicien qui n'est pas partie à la procédure de récusation formée à son encontre n'a pas à constituer avocat, pas même en faisant acte d'intervention. • Civ. 1re, 7 janv. 2010, n° 08-19.129 P : *D. 2010. Actu. 213* ; *ibid. Chron. C. cass. 2102, obs. Sommer, Leroy-Gissinger, Adidas-Canac et Grignon-Dumoulin* ; *ibid. 2011. Pan. 265, obs. Fricero* ; *Procédures 2010, n° 171, note Perrot.*

19. Seul le requérant à la récusation est partie à la procédure de récusation d'un expert. Encourt, dès lors, la cassation l'arrêt qui, en présence de l'ensemble des parties au litige principal, rejette la demande de récusation et condamne le requérant à payer à ces parties une indemnité sur le fondement des dispositions de l'art. 700. • Civ. 2e, 3 mars 2022, n° 20-21.122 P.

Art. 235 **Si la récusation est admise, si le technicien refuse la mission, ou s'il existe un empêchement légitime, il est pourvu au remplacement du technicien par le juge qui l'a commis ou par le juge chargé du contrôle.**

Le juge peut également, à la demande des parties ou d'office, remplacer le technicien qui manquerait à ses devoirs, après avoir provoqué ses explications.

BIBL. ▶ ROUSSEAU et DE FONTBRESSIN, *Experts 04/2009.* 4 (remplacement de l'expert et récusation déguisée).

1. Il n'appartient pas à une cour d'appel de désigner un nouvel expert, cette décision relevant de la compétence du juge qui le commet ou du juge chargé du contrôle. • Paris, 23 oct. 2007 : *cité ss. art. 234, notes 10 et 17.*

2. Saisi sur le seul fondement de l'art. 235, al. 2, le juge n'a pas à se prononcer sur la régularité des opérations d'expertise en cours mais seulement sur le remplacement de l'expert qui aurait failli à ses devoirs. • Civ. 2e, 23 oct. 1991, n° 90-14.182 P. ♦ Il apprécie souverainement si les manquements reprochés justifient ou non son remplacement. • Même arrêt. – V. également • Civ. 2e, 16 juill. 1979 : *Gaz. Pal. 1980. 1. 3, note J. V.* • Civ. 2e, 15 nov. 2007, n° 07-10.921 P.

3. *L'ordonnance qui refuse le remplacement* d'un expert en application de l'art. 235, al. 2, est susceptible d'appel, s'agissant non d'un acte d'administration judiciaire, mais d'une ordonnance de référé. • Civ. 2e, 14 juin 1978 : *Gaz. Pal. 1978. 2. 578, note Viatte ; D. 1978. IR 364, obs. Julien.* ♦ V. note 15 ss. art. 234.

4. Il suffit que l'expert ait été invité à présenter ses observations, l'art. 235 n'imposant pas sa convocation à l'audience des débats. • Civ. 2e, 15 déc. 2005, n° 04-11.573 P : *D. 2006. IR 99* .

5. Sur la possibilité de faire un appel immédiat contre la décision ordonnant un changement d'expert, V. note 9 ss. art. 170.

6. Aucune disposition ne prévoit la suspension de la mesure d'expertise durant l'examen de la demande de remplacement de l'expert. • Civ. 2e, 6 avr. 2006, n° 04-16.500 P (demande de remplacement devenue sans objet, l'expert ayant achevé sa mission).

Art. 236 **Le juge qui a commis le technicien ou le juge chargé du contrôle peut accroître ou restreindre la mission confiée au technicien.**

Le juge chargé du contrôle des mesures d'instruction tient de l'art. 236 C. pr. civ. le pouvoir d'accroître ou restreindre la mission confiée au technicien, même lorsque l'expertise a été ordonnée sur le fondement de l'art. 145 du même code. • Civ. 2e, 18 sept. 2008, n° 07-17.640 P : *D. 2008. AJ 2438* ; *Procédures n° 11, nov. 2008. Comm. 292, obs. Perrot.*

Art. 237 **Le technicien commis doit accomplir sa mission avec conscience, objectivité et impartialité.**

BIBL. ► BRÉCHOT, *D. 2018. 519* (la laïcité et l'audience : un *vade-mecum*). – OLIVIER, *Gaz. Pal. 14-16 nov. 2004, p. 10.*

1. Objectivité. Les juges du fond apprécient souverainement l'objectivité des rapports d'expertise. • Civ. 3e, 20 juin 1979 : *Bull. civ. III, n° 139.*

2. Responsabilité du technicien. **BIBL.** Doll, *D. 1966. Chron. 47.* – Mélennec, *Rev. dr. sanit. et soc. 1972. 4.* – Hanine, *Rev. huiss. 1986. 487.* – Négrier, *Gaz. Pal. 1990. 2. Doctr. 618.*

3. La responsabilité personnelle de l'expert à raison des fautes commises dans l'accomplissement de sa mission est engagée conformément au droit commun de la responsabilité civile. • Civ. 2e, 8 oct. 1986 : *Bull. civ. II, n° 146 ; Gaz. Pal. 1987. 2. Somm. 337, obs. Guinchard et Moussa.* ♦ Il en est ainsi même si le juge a suivi l'expert, dans l'ignorance de l'erreur dont son rapport était entaché. • Même arrêt.

La faute de nature à engager cette responsabilité peut n'être ni intentionnelle, ni malicieuse, mais résulter d'une erreur ou d'une négligence que n'aurait pas commise un technicien avisé et consciencieux. • Lyon, 4 mars 1981 : *D. 1982. IR 271, obs. Penneau.* ♦ V., s'agissant du manquement à la règle de la contradiction : • TGI Nantes, 6 mars 1985 : *Gaz. Pal. 1985. 1. 303, note Caratini.*

4. Sur la nécessité d'un rapport de causalité, V. • Com. 5 févr. 1968 : *JCP 1968. II. 15748, note Sayn ; RTD civ. 1969. 566, obs. Durry.* ♦ La responsabilité de l'expert doit être écartée dès lors qu'il ne peut être affirmé que la décision du juge a été nécessairement déterminée par les conclusions de l'expert. • TGI Paris, 26 avr. 1978 : *Gaz. Pal. 1978. 2. 449, note Thorin.*

5. En ce sens que, le juge n'étant pas lié par l'avis de l'expert, qui demeure soumis à son appréciation et peut être critiqué et discuté par les parties, l'expert ne peut voir sa responsabilité recherchée en justice pour l'avis qu'il a émis dans le cadre de sa mission, V. • Versailles, 29 nov. 1988 : *Gaz. Pal. 1989. 2. Somm. 422.*

6. L'expert doit se conformer aux dispositions de l'arrêt ordonnant expertise lui indiquant que lors d'une ultime réunion il doit informer les parties du résultat de ses opérations, en les invitant à présenter leurs observations écrites dans un délai de 30 jours. • Civ. 2e, 24 févr. 2005, n° 03-12.226 P : *D. 2005. IR 737* .

7. Lien avec le conseil d'un bailleur. Ayant constaté que, lors de la désignation de l'expert, le trésorier de la fondation dont l'expert était le président, n'était plus l'avocat du propriétaire depuis près d'un an, la cour d'appel, appréciant souverainement la valeur probante des avis techniques qui lui étaient soumis, a pu en déduire qu'il n'existait aucun manquement de l'expert au principe d'impartialité. • Civ. 3e, 30 nov. 2017, n° 17-16.686 P : *D. 2017. Actu. 2476* ; *ibid. 2018. Pan. 701, obs. Fricero* ; *Procédures 2018, n° 35, note Strickler.*

Art. 238 **Le technicien doit donner son avis sur les points pour l'examen desquels il a été commis.**

Il ne peut répondre à d'autres questions, sauf accord écrit des parties.

Il ne doit jamais porter d'appréciations d'ordre juridique.

1. Aucune disposition ne sanctionne de nullité l'inobservation des obligations imposées par l'art. 238 au technicien commis. • Civ. 2e, 16 déc. 1985 : *D. 1986. 419, note Moussa ; D. 1986. IR 228, obs. Julien.* – V. déjà • Soc. 30 juill. 1952 : *Bull. civ. IV, n° 685* • Civ. 1re, 7 juill. 1998, n° 97-10.869 P.

2. L'appréciation de la portée du rapport d'expertise relève du pouvoir souverain des juges du fond. • Civ. 1re, 7 déc. 1999, n° 97-19.262 P. ♦ Comp., à propos d'une analyse génétique : • Paris, 17 déc. 1998 : *D. 1999. 476, note Beignier* .

3. Le juge est en droit de s'approprier l'avis d'un expert, même si celui-ci a exprimé une opinion d'ordre juridique excédant les limites de sa mission. • Civ. 3e, 29 mai 1985 : *JCP 1985. IV. 278* • Civ. 3e, 5 mars 2003, n° 00-21.931 P : *D. 2003. IR 863* ; *Procédures 2003, n° 110, note Perrot ; JCP 2003. II. 10106, note Junillon ; Gaz. Pal. 8-10 févr. 2004, p. 26, obs. du Rusquec.* – V. déjà • Civ. 1re, 30 mars 1966 : *Bull. civ. I, n° 215.* ♦ V. cep. • Soc. 11 déc. 1991, n° 88-41.609 P. ♦ V. notes 4 à 10 ss. art. 232.

4. Un juge ne pouvant jamais déléguer à un technicien l'exercice de son pouvoir juridictionnel, doit être infirmée l'ordonnance de référé ayant donné mission à l'expert de « rechercher la responsabilité d'une partie ». • Paris, 13 mars 2002 : *BICC 2003, n° 301.*

Art. 239 **Le technicien doit respecter les délais qui lui sont impartis.**

BIBL. ▶ Ceccaldi, *Gaz. Pal. 30 avr.-4 mai 2004, p. 2* (obligation de célérité dans l'exécution des mesures d'instruction).

1. L'inobservation des formalités légales n'entraîne la nullité de l'expertise que si l'irrégularité est de nature à nuire aux droits de la défense, ce qui n'est pas le cas du dépôt tardif d'un rapport. • Soc. 12 nov. 1959 : *Bull. civ. IV, n° 1120.*

2. Le juge peut réduire le montant de la taxe due à l'expert à raison du manque de célérité de celui-ci. • Civ. 2e, 27 avr. 1979 : *Bull. civ. II, n° 124.* ♦ ... Ou condamner l'homme de l'art, dont la carence a retardé la solution du litige, à des dommages-intérêts. • TGI Aix-en-Provence, 6 avr. 1976 : *D. 1976. Somm. 62.*

Art. 240 **Le juge ne peut donner au technicien mission de concilier les parties.** – *C. pr. civ. art. 281.*

BIBL. ▶ Olivier, *Gaz. Pal. 27-28 févr. 2002, p. 2* (proposition de réforme) ; *ibid. 14-16 nov. 2004, p. 10* (éthique judiciaire). - Ponce, *Gaz. Pal. 5-6 oct. 2005, p. 6.* - Porta, *AJPI 1975. 829.*

1. Échappe à la prohibition de l'art. 240 l'hypothèse dans laquelle le tribunal a seulement donné mission à l'expert de déposer son rapport au cas où les parties ne parviendraient pas à se concilier. • Civ. 2e, 21 mars 1979 : *Bull. civ. II, n° 91 ; RTD civ. 1980. 162, obs. Perrot.*

2. En vertu de l'art. 240, applicable aux consultations et aux expertises, il ne peut être donné mission au technicien de concilier les parties, cette mission appartenant au juge en vertu de l'art. 21. • Versailles, 4 déc. 1991 : *D. 1992. IR 77.* ♦ V. notes ss. art. 281.

Art. 241 **Le juge chargé du contrôle peut assister aux opérations du technicien.**

Il peut provoquer ses explications et lui impartir des délais.

Art. 242 **Le technicien peut recueillir des informations orales ou écrites de toutes personnes, sauf à ce que soient précisés leurs nom, prénoms, demeure et profession ainsi que, s'il y a lieu, leur lien de parenté ou d'alliance avec les parties, de subordination à leur égard, de collaboration ou de communauté d'intérêts avec elles.**

Lorsque le technicien commis ou les parties demandent que ces personnes soient entendues par le juge, celui-ci procède à leur audition s'il l'estime utile.

1. Les prescriptions relatives à l'identification des personnes entendues par le technicien constituent des règles de forme dont l'inobservation n'est sanctionnée de nullité que sur démonstration d'un grief. • Civ. 2e, 3 juin 1977 : *D. 1977. IR 390, obs. Julien ; RTD civ. 1977. 817, obs. Perrot.* – V. aussi • Civ. 2e, 4 juin 1993 : *D. 1993. IR 182.*

2. L'expert a l'obligation de soumettre à la discussion des parties les éléments obtenus des organismes consultés par lui et qui ont déterminé ses conclusions. A cet effet, les informations recueillies doivent au moins être annexées à son rapport. • Civ. 2e, 30 nov. 1988 : *Bull. civ. II, n° 236 ; Gaz. Pal. 1990. 1. Somm. 4, obs. Guinchard et Moussa.* ♦ Viole les art. 16 et 242 l'arrêt qui entérine l'évaluation faite par un expert qui n'a pas précisé la source de ses informations, mettant les parties dans l'impossibilité de procéder aux vérifications utiles. • Civ. 2e, 4 juin 1993, n° 91-14.928 P.

3. Commis pour procéder à des constatations matérielles, l'huissier outrepasse la mission qui lui avait été dévolue en procédant par le biais de sommations interpellatives à une véritable enquête. • Civ. 2e, 6 févr. 1980 : *Gaz. Pal. 1980. 2. 434, note J. V. ; RTD civ. 1980. 615, obs. Perrot* • Civ. 1re, 15 avr. 1981 : *Gaz. Pal. 1981. 2. 645, note Viatte ; D. 1982. IR 38, obs. Bénabent ; RTD civ. 1981. 900, obs. Perrot.*

4. Le juge peut, au besoin sous astreinte, enjoindre à un tiers de renseigner l'expert et d'assister à ses opérations. • TGI Clermont-Ferrand, 5 oct. 1982 : *Gaz. Pal. 1985. 1. Somm. 186.*

5. Les art. 242 et 244 ne sont pas applicables à l'enquête sociale réglementée par l'art. 1079. • Civ. 2e, 28 mai 1984 : *Gaz. Pal. 1985. 2. 500.*

6. Le recueil d'informations auprès de tiers, communément appelés « sachants », par un expert n'est pas une audition ou une enquête. • Douai, 23 nov. 2000 : *Gaz. Pal. 2001. 1. 653, note Olivier.* ♦ Une ordonnance ne peut autoriser des experts à se rendre à l'étranger « pour entendre » des personnes résidant dans des pays non signataires de la convention sur l'obtention des preuves à l'étranger en matière civile ou commerciale (La Haye, 18 mars 1970) ni d'aucune autre convention particulière avec la France. • Même arrêt.

Art. 243 **Le technicien peut demander communication de tous documents aux parties et aux tiers, sauf au juge à l'ordonner en cas de difficulté.**

1. En cas de difficulté entre une partie et le technicien commis, il appartient au juge chargé du contrôle de déterminer les documents qui doivent être communiqués, sans qu'il puisse se dessaisir de ce pouvoir entre les mains de l'expert. • Civ. 2e, 16 juill. 1979 : *Bull. civ. II, n° 220.*

2. Secret médical. V. note 23 ss. art. 11.

3. Sur la sanction probatoire tirée du refus de communication opposé par la partie requise, V. • Soc. 5 nov. 1964 : *Bull. civ. IV, n° 722* • 20 oct. 1965 : *ibid. IV, n° 677.*

Art. 244 Le technicien doit faire connaître dans son avis toutes les informations qui apportent un éclaircissement sur les questions à examiner.

Il lui est interdit de révéler les autres informations dont il pourrait avoir connaissance à l'occasion de l'exécution de sa mission.

Il ne peut faire état que des informations légitimement recueillies.

BIBL. ▶ OLIVIER, *Gaz. Pal. 14-16 nov. 2004, p. 10.*

Il entre dans la mission de l'expert d'examiner le produit incriminé pour en connaître la composition et on ne saurait lui reprocher d'avoir révélé cette dernière, dès lors que cette divulgation, au cours d'une réunion d'expertise, n'a pas été publique. • Civ. 2e, 15 mars 1979 : *Bull. civ. II, n° 87.*

Art. 245 Le juge peut toujours inviter le technicien à compléter, préciser ou expliquer, soit par écrit, soit à l'audience, ses constatations ou ses conclusions.

Le technicien peut à tout moment demander au juge de l'entendre.

(Décr. n° 89-511 du 20 juill. 1989, art. 2, en vigueur le 15 sept. 1989) **« Le juge ne peut, sans avoir préalablement recueilli les observations du technicien commis, étendre la mission de celui-ci ou confier une mission complémentaire à un autre technicien. »**

BIBL. ▶ **Commentaires de l'art. 245, al. 3 :** BERLIOZ, *Gaz. Pal. 1990. Doctr. 381.* – BERTIN et CHEVALIER, *Gaz. Pal. 1990. Doctr. 23.* – CARATINI, *Gaz. Pal. 1989. Doctr. 418.* – DORSNER-DOLIVET, *JCP 1989. I. 3419, Err. 3422 bis.* – OLIVIER, *Gaz. Pal. 1989. Doctr. 387.*

1. Le fait qu'avant d'être entendu à l'audience, l'expert ait prêté le serment des témoins ne peut, s'agissant d'une formalité surabondante, entacher de nullité la procédure. • Civ. 2e, 24 avr. 1981 : *Gaz. Pal. 1981. 2. Pan. 315.*

2. Il ne peut être reproché au juge de n'avoir pas observé l'art. 245, al. 3, s'il n'est pas justifié du préjudice causé par cette irrégularité. • Civ. 2e, 23 mars 1994, n° 92-13.533 P.

3. Il appartient au juge qui estime que le rapport de l'expert judiciaire est insuffisamment précis pour établir la réalité des vices invoqués et leur nature, d'interroger l'expert ou le cas échéant d'ordonner un complément d'expertise. • Civ. 1re, 30 janv. 2007 : *JCP 2007. I. 200, obs. Jeuland ; Procédures 2007, n° 79, obs. Perrot ; Dr. et patr., janv. 2008, p. 103, obs. Amrani Mekki.*

Art. 246 Le juge n'est pas lié par les constatations ou les conclusions du technicien.

BIBL. ▶ OLIVIER, *Gaz. Pal. 14-16 nov. 2004, p. 10.*

1. Si le juge n'est pas lié par les conclusions de l'expert, il est libre de les faire siennes et d'apprécier souverainement leur objectivité, leur valeur et leur portée. • Civ. 1re, 12 nov. 1985 : *JCP 1985. IV. 40.*

2. Il appartient au juge de rechercher dans les rapports d'expertise tous les éléments de preuve de nature à établir sa conviction sans être tenu de suivre les experts dans leurs conclusions. • *Civ. 2e, 14 déc. 1983 : Bull. civ. II, n° 202.* ♦ Rappr. • Civ. 2e, 17 avr. 1975 : *JCP 1975. IV. 178.* ♦ Le juge ne saurait retenir le calcul d'un expert au motif que la partie qui critique la formule scientifique appliquée n'a adressé aucun dire à l'expert et que l'expertise ne mentionne pas d'observation à ce sujet. • Civ. 3e, 23 mars 1994, n° 91-22.349 P.

3. Use de son pouvoir souverain le juge d'appel qui se fonde sur les divergences existant entre les conclusions de l'expert nommé par le tribunal et celles d'une expertise officieuse versée aux débats par le défendeur. • Civ. 2e, 29 oct. 1980 : *Gaz. Pal. 1981. 1. Pan. 63.*

4. Sur la dénaturation du rapport d'expert, V. • Civ. 3e, 3 févr. 1976 : *Bull. civ. III, n° 41* • Com. 15 mars 1982 : *ibid. IV, n° 99* • Civ. 1re, 7 févr. 1989 : *ibid. I, n° 73.*

Art. 247 L'avis du technicien dont la divulgation porterait atteinte à l'intimité de la vie privée ou à tout autre intérêt légitime ne peut être utilisé en dehors de l'instance si ce n'est sur autorisation du juge ou avec le consentement de la partie intéressée.

BIBL. ▶ OLIVIER, *Gaz. Pal. 14-16 nov. 2004, p. 10.*

Art. 248 **Il est interdit au technicien de recevoir directement d'une partie, sous quelque forme que ce soit, une rémunération même à titre de remboursement de débours, si ce n'est sur décision du juge.**

BIBL. ▶ Olivier, *Gaz. Pal. 14-16 nov. 2004, p. 10.*

Sur la rémunération du technicien, V. Bibl. et notes ss. art. 284. ♦ Sur la provision, V. notes ss. art. 269.

SECTION II LES CONSTATATIONS

BIBL. ▶ Dorol, *Prop. Indust. 2015. Étude 2017* (le tiers acheteur dans le constat d'achat) ; *Dr. et pr. 2015. 2* (aux frontières du constat : le lieu privé ouvert au public) ; *Procédures 2015. Étude 11* (l'image dans le constat) ; *Dr. et pr. 2016. 188* (le smartphone…Œil de l'huissier ?) ; Droit et pratique du constat d'huissier, *Droit & Professionnels - Procédures, LexisNexis 2016 ; Dr. et pr. 2018. 190* (le constat SMS face aux applications *fake*). – Dorol, Mecarelli et Mourre-Schreiber, *Dr. et pr. 2018. 63* (le constat par drone). – Lauvergnat, *Dr. et pr. 2015. 46* (les constats en droit de l'environnement). – Vigneau, *Procédures 2013. Étude 10* (les constats d'achat). – H. Guyot, F. Guyot, *JCP S 2015. 1394* (le constat d'huissier à l'occasion d'un mouvement de grève).

Art. 249 **Le juge peut charger la personne qu'il commet de procéder à des constatations.**

Le constatant ne doit porter aucun avis sur les conséquences de fait ou de droit qui peuvent en résulter.

1. Huissier de justice. Compétence territoriale. **BIBL.** ▶ Lauvergnat, *Procédures 2011. Focus 51* (la compétence territoriale de l'huissier de justice face à l'art. 249). ♦ L'art. 232 NCPC [devenu C. pr. civ.], qui se trouve dans le chapitre V intitulé « mesures d'instruction exécutées par un technicien » du titre VII de ce code, donne au juge la possibilité de commettre « toute personne de son choix » pour notamment l'éclairer par des constatations, le juge n'étant donc pas limité dans l'exercice de cette possibilité ni au ressort de sa juridiction ni aux limites territoriales de compétence ordinaire des huissiers de justice audienciers ou qu'il commette en qualité de constatant, lesquels ne sont pas plus que les autres techniciens soumis à des règles territoriales dans l'exécution de la mission de constatant à eux donnée par justice. • Paris, 17 mai 1990. ♦ V. aussi, jugeant qu'un huissier de justice désigné par le président du T. com. en qualité de mandataire de justice et non d'huissier de justice, a été désigné en qualité de constatant, en application des art. 249 C. pr. civ. et que les règles limitant sa compétence territoriale ne sont pas applicables : • Paris, 30 oct. 2009. ♦ De même, confirmant la position d'une cour d'appel d'avoir retenu qu'un huissier-audiencier désigné, en qualité de mandataire de justice, suivant ordonnance du président du T. com. aux fins de remises, copie et séquestre de différents documents, y compris sur supports informatiques, avait été désigné « non pas en qualité d'officier *ministériel mais comme constatant* au sens de l'art. 249 C. pr. civ. », impliquant l'inapplicabilité des règles relatives à la compétence territoriale : • Civ. 2e, 23 juin 2011 : *D. 2012. Pan. 244, obs. Fricero ; RTD civ. 2012. 147, obs. Perrot ; JCP 2011. 931, note Fricero ; Dr. et pr. 2011. 291, note Choquet.*

2. Pouvoirs. A peine de nullité de l'acte, l'huissier chargé d'effectuer un constat ne peut entendre les parties que pour être éclairé dans ses constatations matérielles, à l'exclusion de toute autre question de fait ou de droit. • Dijon, 24 juill. 1975 : *JCP 1976. IV. 6606.*

3. Interpellations (non). Exclusivement habilité à effectuer des constatations matérielles, l'huissier ne peut procéder à des interpellations destinées à recueillir les propos de tiers, ceci relevant de la procédure d'enquête. • Civ. 2e, 6 févr. 1980 : *Gaz. Pal. 1980. 2. 434, note J. V. ; RTD civ. 1980. 615, obs. Perrot.* – V. aussi • TGI Toulouse, 24 mars 1976 : *JCP 1976. IV. 6626.* ♦ V. art. 204.

4. Constat d'adultère et vie privée. Le président du TGI est en droit d'autoriser un constat d'adultère, un tel constat ne constituant pas une atteinte illicite à l'intimité de la vie privée. • Civ. 1re, 6 févr. 1979 : *Bull. civ. I, no 47 ; RTD civ. 1979. 663, obs. Perrot* • Nancy, 14 mars 1979 : *JCP 1979. II. 19210, note Goubeaux* • Paris, 14 nov. 1985 : *D. 1986. 296, note Vassaux-Vanoverschelde* • Versailles, 31 janv. 1989 : *Gaz. Pal. 1989. 2. Somm. 413* • Civ. 1re, 18 nov. 1992, no 90-19.368 P : *Rev. huiss. 1993. 1113, obs. Soulard* (domicile d'un tiers).

5. Le constat de concubinage constituerait, après divorce, une immixtion intolérable dans la vie privée de l'ancien époux dégagé de son devoir de fidélité. • Paris, 5 nov. 1981 : *D. 1982. 342, note Massip.* ♦ Comp. : • Civ. 2e, 15 avr. 1981 : *Gaz. Pal. 1981. 2. 645, note Viatte ; RTD civ. 1981. 901, obs. Perrot.*

6. Contradictoire. Un état des lieux établi par huissier hors la présence de l'une des parties est valable, mais, dès lors qu'il est versé aux débats, doit faire l'objet d'une discussion contradictoire, comme toutes les pièces soumises au juge. • Versailles, 14 nov. 1997 : *RTD civ. 1999. 201, obs. Perrot* . – V., plus spécialement, en matière de bail d'habitation, Bazin, *Rev. huiss. 2001. 158.*

Art. 250 **Les constatations peuvent être prescrites à tout moment, y compris en conciliation ou au cours du délibéré. Dans ce dernier cas, les parties en sont avisées.**

Les constatations sont consignées par écrit à moins que le juge n'en décide la présentation orale.

Art. 251 **Le juge qui prescrit des constatations fixe le délai dans lequel le constat sera déposé ou la date de l'audience à laquelle les constatations seront présentées oralement. Il désigne la ou les parties qui seront tenues de verser par provision au constatant une avance sur sa rémunération, dont il fixe le montant.**

Sur la provision, V. notes ss. art. 269.

Art. 252 **Le constatant est avisé de sa mission par le** *(Décr. nº 2017-892 du 6 mai 2017, art. 68-I-3º)* **« greffier » de la juridiction.**

Art. 253 **Le constat est remis au** *(Décr. nº 2017-892 du 6 mai 2017, art. 68-I-2º)* **« greffe » de la juridiction.**

Il est dressé procès-verbal des constatations présentées oralement. La rédaction du procès-verbal peut toutefois être suppléée par une mention dans le jugement si l'affaire est immédiatement jugée en dernier ressort.

Sont joints au dossier de l'affaire les documents à l'appui des constatations.

Le jugement immédiat de l'affaire n'implique pas nécessairement que la décision soit rendue, après débat, à la même audience. • Cass., ch. mixte, 22 févr. 1991 : *JCP 1991. II. 21703, concl. Dorwling-Carter, note Alaphilippe ; RTD civ. 1991. 599, obs. Perrot* .

Art. 254 **Lorsque les constatations ont été prescrites au cours du délibéré, le juge, à la suite de l'exécution de la mesure, ordonne la réouverture des débats si l'une des parties le demande ou s'il l'estime nécessaire.**

Art. 255 **Le juge fixe, sur justification de l'accomplissement de la mission, la rémunération du constatant. Il peut lui délivrer un titre exécutoire.**

V. bibl. et notes ss. art. 284.

SECTION III LA CONSULTATION

Art. 256 **Lorsqu'une question purement technique ne requiert pas d'investigations complexes, le juge peut charger la personne qu'il commet de lui fournir une simple consultation.**

Sur la distinction entre expertise et consultation, V. • Com. 24 oct. 1978 : *Bull. civ. IV, nº 238.* ♦ Rappr. • TGI Dijon, réf., 17 janv. 1986 : *Gaz. Pal. 1987. 1. Somm. 134.*

Art. 257 **La consultation peut être prescrite à tout moment, y compris en conciliation ou au cours du délibéré. Dans ce dernier cas, les parties en sont avisées.**

La consultation est présentée oralement à moins que le juge ne prescrive qu'elle soit consignée par écrit.

Art. 258 **Le juge qui prescrit une consultation fixe soit la date de l'audience à laquelle elle sera présentée oralement, soit le délai dans lequel elle sera déposée.**

Il désigne la ou les parties qui seront tenues de verser, par provision au consultant une avance sur sa rémunération, dont il fixe le montant.

Sur la provision, V. notes ss. art. 269.

Art. 259 **Le consultant est avisé de sa mission par le** *(Décr. nº 2017-892 du 6 mai 2017, art. 68-I-3º)* **« greffier » de la juridiction qui le convoque s'il y a lieu.**

Art. 260 **Si la consultation est donnée oralement, il en est dressé procès-verbal. La rédaction du procès-verbal peut toutefois être suppléée par une mention dans le jugement si l'affaire est immédiatement jugée en dernier ressort.**

Si la consultation est écrite, elle est remise au *(Décr. n° 2017-892 du 6 mai 2017, art. 68-I-2°)* **« greffe » de la juridiction.**

Sont joints au dossier de l'affaire les documents à l'appui de la consultation.

V. note ss. art. 253.

Art. 261 **Lorsque la consultation a été prescrite au cours du délibéré, le juge, à la suite de l'exécution de la mesure, ordonne la réouverture des débats si l'une des parties le demande ou s'il l'estime nécessaire.**

La partie qui n'a pas demandé la réouverture des débats ne peut reprocher au juge de n'avoir pas, après consultation des services de police, ordonné celle-ci. • Civ. 2e, 30 nov. 1978 : *Bull. civ. II, n° 261 ; D. 1979. IR 510, obs. Julien.*

Art. 262 **Le juge fixe, sur justification de l'accomplissement de la mission, la rémunération du consultant. Il peut lui délivrer un titre exécutoire.**

V. Bibl. et notes ss. art. 284.

SECTION IV **L'EXPERTISE**

DALLOZ ACTION *Droit de l'expertise 2016/2017*, par Moussa (ss. dir.).

BIBL. GÉN. ▸ **Traités, manuels et cours :** Boulez, Expertises judiciaires, *15e éd., Delmas 2009*. – Bourgeois, Julien et Zavarro, La pratique de l'expertise judiciaire, *Litec 1999*. – Diaz, Le guide des expertises judiciaires, Guides Dalloz, *Dalloz 2009/2010*. – Moussa, *Dalloz, 2e éd., 1988* (expertise en matière civile et pénale). – Rousseau et de Fontbressin, L'expert et l'expertise judiciaire en France, *Nemesis 2007*.

▸ **Monographies :** Chauvaud et Dumoulin, Experts et expertise judiciaire en France, XIXe et XXe siècle, *PUR 2004*. – Dumoulin, L'expert dans la justice, *JOUVE 2007*.

▸ **Thèses :** Leclerc, Le juge et l'expert, contribution à l'étude des rapports entre le droit et la science, *LGDJ 2005*.

▸ **Articles :** Ben Hadj Yahia, *RCA 2010. Étude 7* (qualités et effets de l'expertise dans le contentieux de l'assurance). – Berin et J. Chevalier, *Gaz. Pal. 1990. Doctr. 23*. – Berlioz, *Gaz. Pal. 1990. Doctr. 381*. – Bernard, *Experts juin 2009. 36* (la parole en expertise) ; *ibid. 12/2012. 8* (le contradictoire, source d'autorité légitime pour l'expert). – Binoche, *D. 2007. Actu. 2380* (expertise et contractualisation). – Blanc, *Journ. not. et av. 1989. 1001*. – Caratini, *Gaz. Pal. 1989. Doctr. 418 ; Gaz. Pal. 1984. Doctr. 215* ; (propositions tendant à améliorer l'expertise) ; *Gaz. Pal. 1985. Doctr. 43* (expert et expertise). – Daigre, *Rev. huiss. 1986. 487* (responsabilité civile des experts). – David, *AJ fam. 2009. 430* (expertise judiciaire). – Debeaurain, *D. 1979. Chron. 193* (caractères de l'expertise). – Deharo, *Experts juin 2011, p. 10* (les connaissances juridiques de l'expert au civil) ; *JCP 2018. 448* (les expertises judiciaires civiles devant les TGI et les cours d'appels). – Dorsner-Dolivet, *JCP 1989. I. 3419, Err. 3422 bis*. – R. et F. Fourel, *Gaz. Pal. 1999. 2. Doctr. 1081* (preuve scientifique et preuve juridique). – Frison-Roche et Mazeaud, L'expertise, Thèmes et commentaire, *Dalloz 1995*. – Gonet, *Experts oct. 2009. 36* (traduction-interprétation : acte technique ou opération d'expertise ?). – Gordon, *Gaz. Pal. 1999. Doctr. 275* (expertise en matière de bruit). – Heisser-Vernet, *Experts 12/2014, p. 20* (comment l'expert a-t-il laissé place à l'expertise ?). – Jarrosson, *Mél. S. Guinchard, Dalloz 2010, p. 731* (l'expertise équitable). – Jourdan-Marques, *D. actu. 9 avr. 2018* (les expertises judiciaires civiles devant les tribunaux de grande instance et les cours d'appel – statistiques 2010-2017). – Kling, *Cahiers de droit de l'entreprise n° 5, sept. 2015, dossier 32* (la coopération de l'expert judiciaire à l'action publique). – Lasserre, *Experts juin 2011, p. 26* (expertise construction et délai raisonnable). – Lescaillon, *Rev. huiss. 1989. 1147*. – R. Martin, *Ann. loyers 1981. 556* (nullités de l'expertise). – Moury, *RTD civ. 2009. 665* (expertise et *jurisdictio*). – Normand, *Mél. Vincent, 1981, p. 255* (remarques sur l'expertise). – Olivier, *Gaz. Pal. 1974. Doctr. 100* (nouveaux aspects) ; *Gaz. Pal. 1987. Doctr. 59* (assistance technique) ; *Gaz. Pal. 1989. Doctr. 387* (nouveautés procédurales) ; *Gaz. Pal. 10-11 déc. 2004, p. 2* (dispositions du rapport Magendie relatives à l'expertise). – Perrin, *AJ fam. 2008. 24* (l'expertise judiciaire en droit de la famille). – Pigache, Quarantième anniversaire du Code de procédure civile (1975-2015), *Hors-collection, Panthéon-Assas Paris II 2016, p. 371* (la place de l'expert dans la justice du XXIe siècle).

▸ **Rapport de la commission de réflexion sur l'expertise :** Fricero, *JCP 2011. 572* (l'expertise judiciaire en mutation !).

Art. 263 **L'expertise n'a lieu d'être ordonnée que dans le cas où des constatations ou une consultation ne pourraient suffire à éclairer le juge.**

Sur la procédure d'expertise en matière d'accidents médicaux, V. CSP, art. L. 1142-9 à L. 1142-24 issus de L. n° 2002-303 du 4 mars 2002. – **CSP.**

BIBL. ▶ FRANCÈS-MAGRE, *JCP 1975. IV. 6549, p. 321* (caractère subsidiaire de l'expertise).

1. Les juges du fond sont souverains pour apprécier l'opportunité d'une mesure d'expertise, même si les faits offerts en preuve ont pour conséquence, à les supposer établis, de faire droit à la demande. • Com. 11 déc. 1979 : *Bull. civ. IV, n° 334.* ♦ La mission confiée par le juge-commissaire à l'expert en diagnostic d'entreprise ne constitue pas une mesure d'expertise au sens des art. 263 s., mais une mission d'investigation dans le cadre d'une procédure collective. • Com. 23 juin 1998, n° 96-12.222 P : *D. 1999. Somm. 71, obs. Honorat ; D. Affaires 1998. 1324, obs. A L. ; Procédures 1999, n° 11, obs. Laporte.* – V. aussi • Com. 25 juin 2002 : *Dr. sociétés 2003, n° 6, obs. Legros.*

2. V., sur le droit de puiser des renseignements dans le rapport des experts, même s'il ne vaut pas comme rapport d'expertise judiciaire au sens de l'art. 263 : • Com. 15 févr. 2000, n° 97-16.770 P.

SOUS-SECTION 1 LA DÉCISION ORDONNANT L'EXPERTISE

Art. 264 **Il n'est désigné qu'une seule personne à titre d'expert à moins que le juge n'estime nécessaire d'en nommer plusieurs.** *– V. art. 283.*

V. L. n° 71-498 du 29 juin 1971 relative aux experts judiciaires et Décr. n° 2004-1463 du 23 déc. 2004, App., v° Experts judiciaires.

1. La cour d'appel qui confirme l'ordonnance de référé désignant un seul expert et refuse d'en désigner plusieurs ne fait qu'exercer le pouvoir discrétionnaire qu'elle tient de l'art. 264. • Civ. 2e, 13 juill. 2005, n° 03-19.945 P : *D. 2005. IR 2340.*

2. Si, à défaut de disposition contraire dans la décision nommant plusieurs experts, chacun doit procéder à toutes les opérations d'expertise, il ne résulte d'aucun texte qu'ils doivent y procéder ensemble. • Civ. 2e, 28 juin 1989 : *JCP 1989. IV. 328.* ♦ La jurisprudence antérieure était plus stricte. • Civ. 2e, 3 nov. 1960 : *Bull. civ. II, n° 636.*

Art. 265 **La décision qui ordonne l'expertise :**

Expose les circonstances qui rendent nécessaire l'expertise et, s'il y a lieu, la nomination de plusieurs experts *(Décr. n° 2012-1451 du 24 déc. 2012, art. 6, en vigueur le 1er févr. 2013)* **« ou la désignation en tant qu'expert d'une personne ne figurant pas sur l'une des listes établies en application de l'article 2 de la loi n° 71-498 du 29 juin 1971 relative aux experts judiciaires » ;**

Nomme l'expert ou les experts ;

Énonce les chefs de la mission de l'expert ;

Impartit le délai dans lequel l'expert devra donner son avis.

BIBL. ▶ ROUSSEAU, *Experts 06/2009. 4* (du délai et de son application à l'expertise judiciaire).
▶ **Décr. du 24 déc. 2012 :** PECKELS et MARTIN, *Experts 02/2013. 5.*

Les juges du fond fixent souverainement l'étendue de la mission confiée à un expert. • Civ. 1re, 26 nov. 1980 : *Bull. civ. I, n° 308.* ♦ Leur décision ne peut être remise en cause devant la Cour de cassation. • Soc. 12 juin 1986 : *JCP 1986. IV. 244.*

Art. 266 ***La décision peut aussi fixer une date à laquelle l'expert et les parties se présenteront devant le juge qui l'a rendue ou devant le juge chargé du contrôle pour que soient précisés la mission et, s'il y a lieu, le calendrier des opérations.***

Les documents utiles à l'expertise sont remis à l'expert lors de cette conférence.

Art. 267 **Dès le prononcé de la décision nommant l'expert, le** *(Décr. n° 2017-892 du 6 mai 2017, art. 68-I-3°)* **« greffier » de la juridiction lui en notifie copie par** *(Décr. n° 2005-1678 du 28 déc. 2005, art. 37, en vigueur le 1er mars 2006)* **« tout moyen ».**

(Décr. n° 89-511 du 20 juill. 1989, art. 3, en vigueur le 15 sept. 1989) **« L'expert fait connaître sans délai au juge son acceptation ; il doit commencer les opérations d'expertise dès qu'il est averti que les parties ont consigné la provision mise à leur charge, ou le montant de la première échéance dont la consignation a pu être assortie, à moins que le juge ne lui enjoigne d'entreprendre immédiatement ses opérations. »**

L'art. 37 du Décr. n° 2005-1678 du 28 déc. 2005 est applicable aux procédures en cours (Décr. préc., art. 87, al. 1er).

1. L'acceptation expresse par l'expert de sa mission ne constitue pas une formalité substantielle ou d'ordre public et ne concerne pas le fond ; elle n'est pas prescrite à peine de nullité. • Civ. 2e, 28 juin 1989 : *JCP 1989. IV. 328.*

2. L'expert doit prêter serment avant l'accomplissement de chaque mission dès lors qu'il a cessé d'être inscrit sur la liste établie par la cour d'appel. • Versailles, 22 oct. 1986 : *JCP 1987. II. 20779, note N. S.* ♦ Le défaut de prestation du serment constitue une irrégularité de fond s'analysant en une absence d'acte et entraîne la nullité du rapport. • Même arrêt.

3. Les art. 154 et 267 ne subordonnent pas l'exécution de l'expertise à la notification préalable de la décision, la mise en œuvre de celle-ci ayant lieu à la diligence du secrétaire de la juridiction. • Civ. 3e, 22 juill. 1992, n° 90-17.792 P.

Art. 268 **Les dossiers des parties ou les documents nécessaires à l'expertise sont provisoirement conservés au** *(Décr. n° 2017-892 du 6 mai 2017, art. 68-I-2°)* **« greffe » de la juridiction sous réserve de l'autorisation donnée par le juge aux parties qui les ont remis d'en retirer certains éléments ou de s'en faire délivrer copie. L'expert peut les consulter même avant d'accepter sa mission.**

Dès son acceptation, l'expert peut, contre émargement ou récépissé, retirer ou se faire adresser par le *(Décr. n° 2017-892 du 6 mai 2017, art. 68-I-3°)* **« greffier » de la juridiction les dossiers ou les documents des parties.**

Art. 269 *(Décr. n° 89-511 du 20 juill. 1989, art. 4, en vigueur le 15 sept. 1989)* **Le juge qui ordonne l'expertise ou le juge chargé du contrôle fixe, lors de la nomination de l'expert ou dès qu'il est en mesure de le faire, le montant d'une provision à valoir sur la rémunération de l'expert aussi proche que possible de sa rémunération définitive prévisible. Il désigne la ou les parties qui devront consigner la provision au greffe de la juridiction dans le délai qu'il détermine ; si plusieurs parties sont désignées, il indique dans quelle proportion chacune des parties devra consigner. Il aménage, s'il y a lieu, les échéances dont la consignation peut être assortie.**

1. C'est en vertu de son pouvoir discrétionnaire que le juge met la provision à la charge d'une des parties. • Civ. 1re, 5 juill. 1989 : *Bull. civ. I, n° 276.* ♦ Il n'a pas à donner les motifs de sa décision. • Soc. 2 avr. 1981 : *Gaz. Pal. 1981. 2. Pan. 315.*

2. La décision qui fixe la provision n'est pas susceptible de recours. • Paris, 3 déc. 1979 : *Gaz. Pal. 1980. 1. 254* • Paris, 5 sept. 2001 : *D. 2001. IR 2945*. ♦ Sur l'évaluation de la provision, V. R. Perrot, obs. *RTD civ. 1989. 616* ; Olivier, *Gaz. Pal. 1989. 2. Doctr. 390.*

3. La juridiction qui ordonne l'expertise est seule compétente, en vertu de l'art. 269, pour désigner la ou les parties qui devront consigner la provision. • Pau, 9 juill. 1982 : *D. 1983. IR 153, obs. Julien.* ♦ Ces mêmes parties seront, dans les mêmes conditions, tenues de payer à l'expert, après fixation de sa rémunération, le montant du complément pouvant lui revenir. • Même arrêt.

4. Il n'est pas possible, par le biais d'une indemnité provisionnelle allouée à la partie qui doit faire l'avance des frais, de faire supporter cette avance par la partie adverse. • Nancy, 2 avr. 1974 : *D. 1974. Somm. 62 ; RTD civ. 1974. 860, obs. Perrot.* ♦ *Contra,* dans le cas où le droit à réparation de la partie qui doit consigner est déjà consacré par l'allocation d'une indemnité provisionnelle : • TGI Paris, réf., 19 nov. 1984 : *RTD civ. 1985. 436, obs. Normand.* ♦ Rappr. note 3 ss. art. 161.

5. Il ne résulte d'aucun texte qu'une demande d'aide judiciaire ait pour effet nécessaire de suspendre le délai dans lequel la provision doit être consignée. • Civ. 2e, 8 avr. 1981 : *Gaz. Pal. 1981. 2. 578, note Viatte.*

L'aide judiciaire dispense son bénéficiaire, à compter de la demande, de l'avance et de la consignation des frais afférents aux instances pour lesquelles elle est accordée et, notamment, ceux d'expertise. • Civ. 2e, 26 févr. 1992 : *D. 1992. 495, note Laroche de Roussane*.

6. Le juge ne peut ordonner à une partie de consigner une provision dans les matières où il est statué sans frais. • Soc. 4 févr. 1982 : *JCP 1982. IV. 140.*

7. En vertu de son pouvoir discrétionnaire, le juge chargé du contrôle des mesures d'expertise peut mettre à la charge de la partie qui a sollicité l'expertise une provision correspondant aux frais nécessaires à la poursuite de la mission de l'expert. • Civ. 2e, 16 mai 2013, n° 11-28.060 P : *D. actu. 5 juin 2013, obs. Kebir ; Gaz. Pal. 9-10 août 2013, p. 22, obs. Leducq.*

Art. 270 *(Décr. nº 89-511 du 20 juill. 1989, art. 5, en vigueur le 15 sept. 1989)* **Le greffier invite les parties qui en ont la charge, en leur rappelant les dispositions de l'article 271, à consigner la provision au greffe dans le délai et selon les modalités impartis.**

Il informe l'expert de la consignation.

Hors de toute exécution provisoire, le fait de consigner le montant de la provision vaut acquiescement à la décision qui ordonne l'expertise. • Civ. 2e, 5 oct. 1988 : *Bull. civ. II, nº 186 ; RTD civ. 1989. 167, obs. Perrot.* – Dans le même sens, V. • Reims, 4 avr. 1978 : *JCP 1979. II. 19160.* ♦ V. note 8 ss. art. 410.

Art. 271 *(Décr. nº 89-511 du 20 juill. 1989, art. 5, en vigueur le 15 sept. 1989)* **A défaut de consignation dans le délai et selon les modalités impartis, la désignation de l'expert est caduque à moins que le juge, à la demande d'une des parties se prévalant d'un motif légitime, ne décide une prorogation du délai ou un relevé de la caducité. L'instance est poursuivie sauf à ce qu'il soit tiré toute conséquence de l'abstention ou du refus de consigner.**

BIBL. ▸ THORIN, *Gaz. Pal. 1979. Doctr. 272* (sanction du défaut de consignation).

▸ **Décr. du 20 juill. 1989 :** OLIVIER, *Gaz. Pal. 1989. 2. Doctr. 391.*

1. Respect du contradictoire. Aucun texte n'autorise le juge chargé du contrôle des expertises à statuer sur la demande de relevé de caducité présentée par l'une des parties sans provoquer les explications de l'autre. • Civ. 2e, 8 févr. 2007, nº 06-10.198 P : *D. 2007. AJ 665 ; ibid. Pan. 2339, obs. Vigneau ; Procédures 2007, Comm. 82, note Perrot ; Dr. et patr., janv. 2008, p. 107, obs. Amrani Mekki ; AJDI 2007. 399, note Heugas-Darraspen .*

2. L'art. 271 n'autorise pas à donner automatiquement satisfaction à l'adversaire de la partie qui aurait dû consigner sans un examen préalable de l'affaire au fond. • Riom, 12 sept. 1988 : *Gaz. Pal. 1989. 1. Somm. 39.* ♦ La demande de cette partie peut être accueillie sur le fondement d'autres éléments de preuve. • Com. 23 juin 1992, nº 89-20.990 P.

3. La caducité prévue à l'art. 271 ne peut être invoquée par la partie à la charge de laquelle avait été mise l'obligation de consigner. • Civ. 2e, 29 juin 1994, nº 92-21.989 P.

4. Cassation de l'arrêt qui rejette le moyen tiré de la caducité de la désignation de l'expert, à défaut de consignation dans le délai imparti au demandeur, en énonçant que le juge, en accordant à l'expert un délai supplémentaire pour déposer son rapport en vertu de l'art. 279 par une ordonnance motivée par le retard dans le versement de la consignation, a prononcé implicitement le relevé de forclusion. • Civ. 2e, 22 mai 1995, nº 93-15.564 P : *D. 1996. 404, note Ruellan .*

5. Portée. La caducité d'une désignation d'expert, qui n'atteint que la mesure d'expertise ordonnée, ne peut priver l'assignation introductive d'instance de son effet interruptif du délai de prescription. • Civ. 2e, 26 sept. 2013, nº 12-25.433 P : *RTD civ. 2014. 161, obs. Perrot ; Gaz. Pal. 10 déc. 2013, p. 38, note Herman ; Loyers et copr. 2014, nº 49, note Brault.*

6. La caducité de la désignation de l'expert ayant pour objet de sanctionner le défaut de paiement, sans motif légitime, de la provision à valoir sur la rémunération de l'expert, les sociétés ne sont plus recevables à s'en prévaloir après l'acquittement de cette provision et le début des opérations d'expertises. Ayant constaté que la provision avait été réglée sans que la caducité soit soulevée devant le premier juge, une cour d'appel décide légalement, par ces seuls motifs, n'y avoir lieu à caducité du rapport d'expertise. • Civ. 2e, 27 févr. 2014, nº 12-35.439 P : *D. actu. 21 mars 2014, obs. Kebir ; AJDI 2014. 709, note H. Heugas-Darraspen .*

Art. 272 **La décision ordonnant l'expertise peut être frappée d'appel indépendamment du jugement sur le fond sur autorisation du premier président de la cour d'appel s'il est justifié d'un motif grave et légitime.**

La partie qui veut faire appel saisit le premier président qui statue *(Décr. nº 2019-1419 du 20 déc. 2019, art. 5-1º)* **« selon la procédure accélérée au fond ». L'assignation doit être délivrée dans le mois de la décision.**

S'il fait droit à la demande, le premier président fixe le jour où l'affaire sera examinée par la cour, laquelle est saisie et statue comme en matière de procédure à jour fixe ou comme il est dit à l'article 948 selon le cas.

(Décr. nº 2017-891 du 6 mai 2017, art. 2) **« Si le jugement ordonnant l'expertise s'est également prononcé sur la compétence, l'appel est formé, instruit et jugé selon les modalités prévues aux articles 83 à 89. »**

Les dispositions de l'art. 2 du Décr. n° 2017-891 du 6 mai 2017 s'appliquent aux décisions rendues à compter du 1er sept. 2017 (Décr. préc., art. 53-II, mod. par Décr. n° 2017-1227 du 2 août 2017, art. 1er-2°-a).

L'art. 5 du Décr. n° 2019-1419 du 20 déc. 2019 s'applique aux demandes introduites, à compter du 1er janv. 2020 (Décr. préc., art. 24-II).

BIBL. ▸ GERBAY, *D. 1980. Chron. 65.* – DU RUSQUEC, *Gaz. Pal. 1979. 1. 97* (concept de motif grave et légitime) ; *JCP 1979. II. 19075* (motif décisoire et motif grave et légitime). – VIATTE, *Gaz. Pal. 1974. 2. Doctr. 873* (appel des jugements ordonnant une mesure d'instruction).

A. DOMAINE

1. Les dispositions de l'art. 272 sont inapplicables aux décisions qui refusent d'ordonner une expertise. • Paris, 11 mars 1989 : *Bull. ch. avoués 1989. 2. 58* • Dijon, 21 mars 1989 : *Gaz. Pal. 1990. 1. 11, note Renard.* ♦ *Contra* : • Aix-en-Provence, 18 avr. 1984 : *Bull. ch. avoués 1985. 2. 46.* ♦ ... Ce qui ne signifie pas pour autant qu'appel peut être immédiatement interjeté, sans autorisation, d'une telle décision. • Amiens, 29 sept. 1995 : *Procédures 1996, n° 35.* ♦ De même pour des décisions qui refusent de remplacer un expert. • Paris, 18 mai 1979 : *Bull. ch. avoués 1979. 3. 38* • Paris, 18 janv. 1990 : *ibid. 1990. 1. 21.* ♦ ... Qui se bornent à préciser la mission de l'expert sans l'étendre ni la modifier. • Paris, 20 juin 1990 : *Bull. ch. avoués 1990. 3. 93.* ♦ ... Qui ordonnent une constatation. • Civ. 2e, 9 nov. 1983 : *Bull. civ. II, n° 172 ; Gaz. Pal. 1984. 1. Pan. 66, obs. Guinchard.* ♦ ... Une consultation. • Aix-en-Provence, 18 avr. 1977 : *Gaz. Pal. 1978. 1. 178 ; RTD civ. 1978. 190, obs. Perrot* • Paris, 2 mars 1989 : *Bull. ch. avoués 1989. 2. 59.* ♦ ... Ou une enquête sociale. • Versailles, 20 mars 1989 : *Gaz. Pal. 1989. 2. Somm. 527.*

Ces mêmes dispositions sont inapplicables aux décisions qui autorisent l'exécution de travaux sous le contrôle d'un expert. • Civ. 2e, 5 mai 1978 : ⚖ *Gaz. Pal. 1978. 2. 441, note Viatte ; D. 1978. IR 364, obs. Julien ; RTD civ. 1978. 926, obs. Perrot* • Rennes, 23 févr. 1979 : *Gaz. Pal. 1979. 1. 263, note du Rusquec.*

2. La subordination de l'appel immédiat à l'autorisation du premier président ne s'applique pas aux décisions qui, tout en ordonnant une expertise, tranchent dans leur dispositif une partie du principal. • Com. 20 janv. 1981 : *Gaz. Pal. 1981. 1. Pan. 169* (condamnation à provision) • Paris, 9 nov. 1984 : *Bull. ch. avoués 1984. 4. 118* (provision) • Pau, 7 févr. 1986 : *JCP 1986. II. 20710, note Henderycksen* • Versailles, 3 juill. 1986 : *Bull. ch. avoués 1986. 4. 180* (provision) • Paris, 20 janv. 1988 : *ibid. 1988. 1. 19* • 27 janv. 1988 : *ibid. 1988. 1. 20.* ♦ V. notes ss. art. 544.

V. cep., déniant le caractère de jugement mixte aux décisions qui ordonnent une expertise et allouent une provision : • Paris, 29 janv. 1982 : *Bull. ch. avoués 1982. 3. 78* • 23 oct. 1985 : *ibid. 1986. 1. 21* • 24 oct. 1985 : *eod. loc.*

3. Jugé encore qu'il n'y a pas lieu à autorisation lorsque la mission de l'expert est relatée dans des termes tels que le tribunal y juge une partie du principal. • Paris, 27 sept. 1988 : *Bull. ch. avoués 1988. 4. 157.* ♦ ... Lorsque les motifs, soutiens nécessaires du dispositif, statuent sur le fond. • Paris, 20 févr. 1989 : *Bull. ch. avoués 1989. 1. 23* • 5 sept. 1989 : *ibid. 1989. 4. 123.* ♦ V. cep. note 9.

4. En cas de pluralité de parties, demeure soumise à l'art. 272 celle à l'égard de laquelle la décision ordonnant l'expertise ne tranche aucune fraction du principal. • Civ. 2e, 24 mai 1984 : ⚖ *Bull. civ. II, n° 91 ; RTD civ. 1985. 216, obs. Perrot.* ♦ ... A moins que le litige ne forme un tout. • Paris, 1er févr. 1982 : *Bull. ch. avoués 1982. 3. 95.*

5. Est immédiatement recevable, sans autorisation du premier président, l'appel d'une ordonnance du juge des référés qui, vidant sa saisine, a ordonné une expertise. • Versailles, 8 juill. 1987 : *JCP 1988. II. 20972, note Estoup.* ♦ V. notes 4 et 5 ss. art. 145.

6. La décision d'un tribunal qui ordonne une expertise de droit commun sur une contestation d'ordre médical susceptible de donner lieu à une expertise technique touche au fond du litige. Elle peut dès lors faire l'objet d'un appel immédiat et échappe aux prévisions de l'art. 272, en ce que la question posée à l'expert tranche une partie du principal. • Soc. 23 mars 2000, ⚖ n° 98-15.298 P. – V. déjà, entre autres, • Soc. 29 oct. 1998, n° 96-17.841 P. ♦ Sur l'expertise médicale, V. CSS, art. L. 141-1 s. et R. 141-1 s. – **CSS.**

B. MOTIF GRAVE ET LÉGITIME

7. Le premier président apprécie souverainement la gravité et la légitimité des motifs invoqués à l'appui d'une demande d'autorisation. • Civ. 2e, 3 avr. 1978 : ⚖ *Bull. civ. II, n° 107 ; RTD civ. 1978. 926, obs. Perrot.*

8. Constitue, notamment, un motif grave et légitime le fait que la mission de l'expert emporte délégation du pouvoir juridictionnel. • Grenoble, 4 mars 1975 : *Gaz. Pal. 1975. 2. 776, note Barbier* • Rouen, 27 févr. 1979 : *Gaz. Pal.* 1979. 2. Somm. 363 • Paris, 6 sept. 1989 : *Bull. ch. avoués 1989. 4. 124* • 20 déc. 1989 : *ibid. 1990. 1. 20* • Montpellier, 15 déc. 1999 : *Gaz. Pal. 1999. Somm. 2195, obs. Travier* (déterminer les textes régissant la matière et tirer les conséquences juridiques) • Poitiers, 2 sept. 2003 : *BICC 2003, n° 1412.* – Toutefois, en demandant à un expert de donner son avis, le juge ne renonce pas à décider en toute souveraineté. • Même arrêt. ♦ ... Le fait que le juge ait méconnu le principe de la contradiction. • Paris, 20 nov. 1987 : *Bull. ch. avoués 1988. 1. 19* • 1er févr. 1988 : *ibid. 1988. 2. 66.* ♦ ... Que l'expertise soit manifestement inutile. • Paris, 27 nov. 1985 : *Bull. ch. avoués 1986. 2. 72.* ♦ ... Ou destinée à pallier la carence d'une partie dans l'administration de la preuve. • Paris, 23 janv. 1987 : *Bull. ch. avoués 1987. 1. 27.*

9. Est également susceptible de constituer un motif grave et légitime la présence dans le jugement de motifs décisoires. • Paris, 18 sept. 1985 : *Bull. ch. avoués 1986. 1. 20* • 25 janv. 1989 : *ibid. 1989. 1. 24* • 18 janv. 1991 : *ibid. 1991. 1. 27.*

Mais, écartant en de telles circonstances le motif grave et légitime, V. • Paris, 28 mars 1985 : *Bull. ch. avoués 1985. 2. 59* • 4 avr. 1990 : *ibid. 1990. 2. 53.*

10. Ne constitue pas un motif grave et légitime le fait pour un tribunal, saisi d'une action en responsabilité, de constater ne pas posséder tous les éléments suffisants pour apprécier les fautes et le préjudice pouvant en résulter et d'ordonner une expertise, cette décision n'impliquant pas que le juge, non lié par les constatations ou par les conclusions de l'expert, ait ainsi renoncé à l'exercice de son pouvoir juridictionnel. • Poitiers, 2 sept. 2003 : *BICC 2004, n° 978.*

11. Le premier président peut limiter l'effet dévolutif de l'appel à la partie de la mission qu'il tient pour constitutive d'une cause grave et légitime. • Rouen, 29 juin 1982 : *JCP 1983. IV. 218.*

C. RÉGIME

BIBL. Appert, *Bull. ch. avoués 1988. 2. 38* (délai d'un mois).

12. Délai. Le texte clair et précis de l'art. 272 n'autorise pas à soutenir que le délai d'un mois ne court que de la notification du jugement. • Paris, 24 oct. 1977 : *D. 1978. IR 153, obs. Julien* • 26 nov. 1985 : *D. 1986. IR 222, obs. Julien.*

Mais le délai ne peut courir dès le prononcé du jugement que dans la mesure où la date à laquelle la décision devait être rendue a été portée à la connaissance des parties, et cette formalité doit résulter des mentions de la décision. • Paris, 26 nov. 1985 : *Bull. ch. avoués 1986. 3. 127* • 14 déc. 1988 : *ibid. 1989. 1. 25.* ♦ A défaut, est recevable la demande formée dans le mois de la connaissance effective du jugement. • Rouen, 27 févr. 1979 : *Gaz. Pal. 1979. 2. Somm. 363.* – Comp. : • Bastia, 29 avr. 1986 : *Gaz. Pal. 1987. 1. Somm. 107.*

13. L'inobservation du délai entraîne une déchéance d'ordre public qui doit être relevée d'office. • Paris, 24 oct. 1977 : *préc. note 12.* ♦ Rappr. • Civ. 2e, 11 janv. 1978 : *JCP 1979. II. 19016, note Martin.* ♦ Il en va de même de l'irrecevabilité de l'appel immédiat formé sans autorisation du premier président. • Com. 2 oct. 1984 : *Bull. civ. IV, n° 247 ; Gaz. Pal. 1985. 1. Pan. 18, obs. Guinchard ; RTD civ. 1985. 215, obs. Perrot* • Soc. 17 févr. 1993, n° 89-45.744 P : *D. 1993. IR 65.* ♦ V. notes 12 s. ss. art. 150.

14. Les décisions prises par le premier président de la cour d'appel « en la forme des référés », sur le fondement de l'art. 272, ont autorité de chose jugée : lorsque le premier président accorde ou refuse l'autorisation de former un appel anticipé, il exerce un véritable pouvoir de juridiction, non point comme le ferait un juge des référés, à titre provisoire et sous réserve d'une appréciation différente du juge du principal, mais à titre définitif. • Paris, 27 nov. 1997 : *D. 1998. IR 17.* ♦ Dès lors, la cour en formation collégiale n'a pas le pouvoir de vérifier si le premier président a été régulièrement saisi ni de redresser une erreur qu'il aurait pu commettre. • Même arrêt.

15. Recours. L'ordonnance par laquelle le premier président statue sur la demande d'autorisation ne peut être frappée de pourvoi. • Civ. 2e, 16 mai 1979 : *Gaz. Pal. 1979. 2. 398, note Viatte* • 11 juin 1980 : *Bull. civ. II, n° 137* • Civ. 1re, 5 avr. 1993, n° 90-19.688 P • Civ. 2e, 26 févr. 1997, n° 96-13.289 P : *D. 1997. IR 74.* ♦ ... Sauf en cas d'excès de pouvoir. • Civ. 2e, 8 nov. 1983 : *JCP 1983. IV. 18.*

16. L'autorisation donnée par le premier président n'a pas pour effet de rendre recevable le pourvoi contre l'arrêt qui statue sur la décision avant-dire droit des premiers juges. • Civ. 3e, 5 nov. 1976 : *Bull. civ. III, n° 388 ; RTD civ. 1977. 372, obs. Perrot* • Civ. 2e, 8 mars 1989 : *Bull. civ. II, n° 64.*

17. La fixation par le premier président du jour où l'affaire sera appelée ne dispense pas l'appelant de saisir la cour par une déclaration d'appel. • Soc. 22 juill. 1986 : *Bull. civ. V, n° 475 ; RTD civ. 1987. 402, obs. Perrot.*

18. Le premier président est seul compétent pour apprécier la recevabilité de la demande et la cour ne peut déclarer irrecevable l'appel immédiat qu'il a autorisé. • Civ. 2e, 17 déc. 1979 : *Gaz. Pal. 1980. 1. 178, note Viatte ; D. 1981. IR 204, obs. Julien ; RTD civ. 1980. 411, obs. Perrot* • Paris, 27 nov. 1997 : *D. Affaires 1998. 294, obs. S. P. ; D. 1998. IR 17.*

19. Il ne résulte d'aucun texte que la décision prescrivant une expertise bénéficie de plein droit de l'exécution provisoire. • Civ. 2e, 27 juin 1990, n° 89-13.364 P. ♦ V. sur ce point Régnier, *Bull. ch. avoués 1989. 1. 2.* ♦ Rappr. • Civ. 2e, 9 oct. 1991, n° 90-16.021 P : *Gaz. Pal. 1992. 2. Somm. 280, obs. Ferrand et Moussa.*

20. La décision ordonnant l'expertise peut être frappée d'appel en même temps que le jugement sur le fond, même si la demande d'autorisation d'un appel immédiat a été rejetée comme tardive. • Civ. 2e, 1er févr. 2006, n° 03-15.738 P : *Procédures 2006. 69, obs. Perrot ; Gaz. Pal. 6-7 juill. 2007, p. 28, note E. du Rusquec.*

D. CONFORMITÉ À LA CONV. EDH

21. Les dispositions du NCPC [devenu C. pr. civ.] qui soumettent la recevabilité de l'appel à certaines conditions, telles que les art. 272 et 545, ne créent pas une discrimination contraire au principe du procès équitable défini à l'art. 6, § 1, Conv. EDH, dès lors que la CEDH considère que ce texte n'impose pas aux États d'ouvrir un recours contre les décisions en matière civile et que le droit d'agir en justice peut subir certaines limitations. • Paris, 10 oct. 2002 : *RG proc. n° 2002/11392.*

SOUS-SECTION 2 LES OPÉRATIONS D'EXPERTISE

Art. 273 L'expert doit informer le juge de l'avancement de ses opérations *(Décr. n° 98-1231 du 28 déc. 1998, art. 6, en vigueur le 1er mars 1999)* **« et des diligences par lui accomplies ».**

BIBL. ▶ **Décr. du 28 déc. 1998 :** Olivier, *Gaz. Pal. 1999. Doctr. 184 ; ibid. 2000. Doctr. 831.*

Art. 274 Lorsque le juge assiste aux opérations d'expertise, il peut consigner dans un procès-verbal ses constatations, les explications de l'expert ainsi que les déclarations des parties et des tiers ; le procès-verbal est signé par le juge.

Art. 275 Les parties doivent remettre sans délai à l'expert tous les documents que celui-ci estime nécessaires à l'accomplissement de sa mission.

En cas de carence des parties, l'expert en informe le juge qui peut ordonner la production des documents, s'il y a lieu sous astreinte, ou bien, le cas échéant, l'autoriser à passer outre ou à déposer son rapport en l'état. *(Décr. n° 98-1231 du 28 déc. 1998, art. 7, en vigueur le 1er mars 1999)* **« La juridiction de jugement peut tirer toute conséquence de droit du défaut de communication des documents à l'expert. »**

BIBL. ▶ V. ss. art. 273.

1. En cas de difficultés entre parties et technicien, il appartient au juge du contrôle de décider des documents qui doivent être communiqués et il ne peut se dessaisir de ce pouvoir entre les mains de l'expert. • Civ. 2e, 16 juill. 1979 : *Bull. civ. II, n° 220.* ♦ V. notes ss. art. 243.

2. Le juge, auquel il incombe d'apprécier les éléments de preuve qui lui sont soumis, ne peut refuser de prendre en considération les documents produits au seul motif qu'ils n'ont pas été soumis à l'expert. • Com. 15 janv. 1991, n° 89-13.142 P.

3. L'ordonnance rendue en application de l'art. 275, al. 2, par le juge du contrôle ne peut être rétractée par le juge des référés. • Civ. 2e, 7 déc. 1983 : *D. 1984. 227, note Guinchard et Moussa.*

4. Sur le contrôle de la participation des parties aux mesures d'instruction, V. note 1 ss. art. 11.

5. Astreinte. Les juges d'appels peuvent confirmer une injonction assortie d'une astreinte, cette injonction fût-elle devenue sans objet au jour où ils statuent, dès lors que subsiste le droit pour le bénéficiaire de l'astreinte d'en demander, s'il y a lieu, la liquidation. • Civ. 2e, 9 juill. 2009, n° 08-18.212 P : *D. 2010. Pan. 1307, obs. Leborgne ; Procédures 2009, n° 309, note Perrot.*

Art. 276 L'expert doit prendre en considération les observations ou réclamations des parties, et, lorsqu'elles sont écrites, les joindre à son avis si les parties le demandent.

(Décr. n° 2005-1678 du 28 déc. 2005, art. 38, en vigueur le 1er mars 2006) **« Toutefois, lorsque l'expert a fixé aux parties un délai pour formuler leurs observations ou réclamations, il n'est pas tenu de prendre en compte celles qui auraient été faites après l'expiration de ce délai, à moins qu'il n'existe une cause grave et dûment justifiée, auquel cas il en fait rapport au juge.**

« Lorsqu'elles sont écrites, les dernières observations ou réclamations des parties doivent rappeler sommairement le contenu de celles qu'elles ont présentées antérieurement. A défaut, elles sont réputées abandonnées par les parties.

« L'expert doit faire mention, dans son avis, de la suite qu'il aura donnée aux observations ou réclamations présentées. »

L'art. 38 du Décr. n° 2005-1678 du 28 déc. 2005 est applicable aux procédures en cours (Décr. préc., art. 87, al. 1er).

BIBL. ▸ JACOB et HOCQUARD, *Experts 08/2009, 4* (les déroutantes subtilités de l'art. 276). – MARGUÉNAUD, *D. 2000. Chron. 111* (droit à « l'expertise équitable »). – VILLACÈQUE, *D. 2006. Chron. 539*.

1. L'inobservation des formalités prescrites par l'art. 276, ayant un caractère substantiel, n'entraîne la nullité de l'expertise qu'à charge pour la partie qui l'invoque de prouver le grief que lui cause cette irrégularité. • Com. 18 févr. 1992, n° 89-19.330 P. ♦ Tel n'est pas le cas lorsque l'expert a implicitement répondu dans son rapport aux dires qu'il avait omis d'y mentionner. • Civ. 3e, 25 mai 1976 : *Bull. civ. III, n° 228.*

2. Les énonciations du rapport d'expertise ne peuvent constituer un commencement de preuve contre une partie dès lors que cette dernière ne se les ait pas appropriées par une acceptation expresse ou tacite. • Civ. 3e, 28 mai 1979 : *D. 1979. IR 470.* ♦ Rappr. • Civ. 3e, 20 oct. 1976 : *Bull. civ. III, n° 363.*

3. Un expert ne peut estimer être en possession de tous les éléments nécessaires alors qu'il n'a recueilli que des renseignements émanant d'une seule des parties. • Paris, 16 déc. 1977 : *Bull. ch. avoués 1978. 3. 33.*

4. Sur le respect du principe de la contradiction, V. notes ss. art. 16 et 160. – V. également : • Com. 7 déc. 1993, n° 91-21.795 P.

5. Les juges du fond sont en droit de s'approprier l'avis de l'expert, même si celui-ci a exprimé une opinion excédant les limites de sa mission. • Civ. 3e, 5 mars 2003 : *D. 2003 IR 863 ; Procédures 2003, n° 110, note Perrot ; JCP 2003. II. 10106, note Junillon ; Gaz. Pal. 8-10 févr. 2004, p. 26, obs. du Rusquec.* ♦ V. aussi note 3 ss. art. 238.

Art. 277 **Lorsque le ministère public est présent aux opérations d'expertise, ses observations sont, à sa demande, relatées dans l'avis de l'expert, ainsi que la suite que celui-ci leur aura donnée.**

Art. 278 **L'expert peut prendre l'initiative de recueillir l'avis d'un autre technicien, mais seulement dans une spécialité distincte de la sienne.**

BIBL. ▸ HEISSER-VERNET, *Experts 10/2009. 13* (les coopérants à l'expertise judiciaire). – OLIVIER, *Gaz. Pal. 1987. 1. Doctr. 57 ; ibid. 1998. 1. Doctr. 581 ; ibid. 2000. 1 ; Doctr. 839 ; ibid. 2001. 2. Doctr. 662* (le sapiteur et la Cour de cassation) ; *ibid. 27-28 févr. 2002, p. 2* (proposition de réforme) ; *ibid. 9-11 févr. 2003, p. 3* (point de procédure expertale concernant les sapiteurs) ; *ibid. 14-16 nov. 2004, p. 10* (éthique).

1. Sur le principe que l'expert peut toujours faire procéder par un tiers aux analyses qu'il se trouve dans l'impossibilité de pratiquer lui-même, V. • Civ. 2e, 16 déc. 1964 : *Bull. civ. II, n° 820.* ♦ Pour des applications pratiques depuis le nouveau code, V. • Civ. 1re, 13 oct. 1981 : *Bull. civ. I, n° 286* (expert foncier consultant un vétérinaire) • Soc. 10 févr. 1982 : *ibid. V, n° 84* (médecin légiste consultant un hématologue) • Civ. 2e, 18 sept. 2008 : *D. 2008. AJ 2438 ; RTD civ. 2008. 724, obs. Perrot*.

2. L'expert n'a pas à solliciter d'autorisation avant de s'adjoindre le concours d'un technicien relevant d'une spécialité distincte de la sienne. • Civ. 3e, 23 oct. 1984 : *Bull. civ. III, n° 172 ; Gaz. Pal. 1985. 1. Pan. 58, obs. Guinchard.*

3. Aucun texte n'exige que le spécialiste consulté soit lui-même inscrit sur la liste d'experts. • Civ. 3e, 17 juill. 1985 : *D. 1986. IR 225, obs. Julien.*

4. Faute de grief justifié, ne peut entraîner la nullité le fait que l'expert n'ait pas indiqué l'identité des personnes dont il recueillait les observations. • Civ. 2e, 3 juin 1977 : *D. 1977. IR 390.*

5. Sur l'obligation pour l'expert de remplir personnellement sa mission, V. notes ss. art. 233. L'expert ne peut que recueillir l'avis d'un autre technicien et non faire procéder à des opérations qui relèvent de sa mission d'expertise. • Civ. 2e, 19 févr. 1997, n° 95-14.163 P.

6. La cour d'appel, qui a retenu le rapport sans rechercher, comme il lui était demandé, si l'expert n'avait pas délégué l'accomplissement de sa mission n'a pas donné de base légale à sa décision au regard des art. 233 et 278 NCPC [devenu C. pr. civ.]. • Civ. 3e, 8 avr. 1999, n° 96-21.897 P : *D. 1999. IR 136 ; Procédures 1999, n° 150, obs. Perrot.*

7. Sur le respect du principe de la contradiction, V. notes ss. art. 282.

8. Lorsque, conformément à l'art. 278 C. pr. civ., l'expert désigné par le tribunal décide de recueillir l'avis d'un autre technicien dans une spécialité distincte de la sienne, il ne met pas en mouvement une seconde mesure d'expertise qui ferait de ce dernier technicien un coexpert ; l'avis ainsi obtenu doit simplement être traité comme toutes les autres informations recueillies par l'expert désigné au cours de ses propres opérations, dont il conserve seul la maîtrise, et c'est l'exploitation faite par ce dernier du travail du sapiteur qui est soumis à la contradiction et aux autres règles du débat judiciaire. L'avis du sapiteur, lui-même non susceptible d'annulation, ne peut donc entraîner la nullité du rapport d'expertise établi contradictoirement. En conséquence, l'argumentation de l'assureur sur le défaut de respect du contradictoire et la nullité du rapport d'expertise est écartée. • Aix-en-Provence, 17 sept. 2008 : *BICC 15 mars 2009, n° 428.*

9. Ayant relevé que le sapiteur auquel avait fait appel l'expert intervenait sur l'ensemble du territoire national pour la totalité des compagnies d'assurances, qu'il ne dépendait économiquement d'aucune compagnie ni d'aucun client, que la société d'assurance ne représentait, en 2008, que 6,2 % de son chiffre d'affaires et que la personne qui avait personnellement accompli la mission sollicitée par l'expert était elle-même collaborateur occasionnel du service public de la justice, une cour d'appel a pu retenir que le laboratoire ne pouvait être soupçonné de partialité dans sa mission de sapiteur et que le caractère objectif de l'expertise était, en outre, accrédité par le fait que l'expert, dont la neutralité n'était pas mise en cause, s'était lui-même approprié les constatations du sapiteur. • Civ. 1re, 9 juin 2017, n° 16-13.810 : *RGDA 2017. 498, note Schulz.*

Art. 278-1 *(Décr. n° 2005-1678 du 28 déc. 2005, art. 39, en vigueur le 1er mars 2006)* **L'expert peut se faire assister dans l'accomplissement de sa mission par la personne de son choix qui intervient sous son contrôle et sa responsabilité.**

L'art. 39 du Décr. n° 2005-1678 du 28 déc. 2005 est applicable aux procédures en cours (Décr. préc., art. 87, al. 1er).

Responsabilité de l'expert. Lorsque l'expert désigné par le juge s'adjoint pour l'exercice de sa mission un sapiteur, l'avis de ce dernier ne décharge pas le premier de sa responsabilité. • Civ. 3e, 16 nov. 2017, n° 16-24.718 : *Procédures 2018, n° 6, obs. Strickler.*

Art. 279 **Si l'expert se heurte à des difficultés qui font obstacle à l'accomplissement de sa mission ou si une extension de celle-ci s'avère nécessaire, il en fait rapport au juge.**

Celui-ci peut, en se prononçant, proroger le délai dans lequel l'expert doit donner son avis.

BIBL. ▶ Viatte, *Gaz. Pal. 1980. 1. Doctr. 333* (décisions du juge du contrôle).

V. notes ss. art. 167.

Art. 280 *(Décr. n° 2005-1678 du 28 déc. 2005, art. 40, en vigueur le 1er mars 2006)* **L'expert peut, sur justification de l'état d'avancement de ses opérations, être autorisé à prélever un acompte sur la somme consignée si la complexité de l'affaire le requiert.**

(Décr. n° 2012-1451 du 24 déc. 2012, art. 7, en vigueur le 1er févr. 2013) **« En cas d'insuffisance manifeste de la provision allouée, au vu des diligences faites ou à venir, l'expert en fait sans délai rapport au juge, qui, s'il y a lieu, ordonne la consignation d'une provision complémentaire à la charge de la partie qu'il détermine. » A défaut de consignation dans le délai et selon les modalités fixés par le juge, et sauf prorogation de ce délai, l'expert dépose son rapport en l'état.**

L'art. 40 du Décr. n° 2005-1678 du 28 déc. 2005 est applicable aux procédures en cours (Décr. préc., art. 87, al. 1er).

BIBL. ▶ **Décr. du 24 déc. 2012 :** Peckels et Martin, *Experts 02/2013. 5.*

Art. 281 **Si les parties viennent à se concilier, l'expert constate que sa mission est devenue sans objet ; il en fait rapport au juge.**

Les parties peuvent demander au juge de donner force exécutoire à l'acte exprimant leur accord.

BIBL. ▶ Porta, *AJPI 1975. 829.*

1. L'interdiction de donner à l'expert la mission de concilier les parties n'a pas pour effet de frapper de nullité l'accord transactionnel intervenu entre elles sans initiative de l'expert. • Civ. 2e, 21 mars 1979 : *Bull. civ. II, n° 91 ; RTD civ. 1980. 162, obs. Perrot.*

2. Si le juge ne peut donner à l'expert mission de concilier les parties, l'expert peut constater l'accord intervenu entre celles-ci sur son avis. • Civ. 2e, 21 juill. 1986 : *Bull. civ. II, n° 131.*

3. Une cour d'appel ne peut retenir que l'expert était habilité à constater l'accord intervenu entre les parties sur son avis et à en faire rapport au juge mandant, sans constater l'existence d'un accord entre les parties, conformément au droit commun de la preuve (art. 1341 C. civ.), la constatation de l'expert étant par elle-même insuffisante à établir celle-ci. • Civ. 1re, 11 mars 2003, n° 00-17.532 P : *Procédures 2003, n° 133, note Perrot.*

SOUS-SECTION 3 L'AVIS DE L'EXPERT

Art. 282 Si l'avis n'exige pas de développements écrits, le juge peut autoriser l'expert à l'exposer oralement à l'audience ; il en est dressé procès-verbal. La rédaction du procès-verbal peut toutefois être suppléée par une mention dans le jugement si l'affaire est immédiatement jugée en dernier ressort.

Dans les autres cas, l'expert doit déposer un rapport au *(Décr. n° 2017-892 du 6 mai 2017, art. 68-I-2°)* **« greffe » de la juridiction. Il n'est rédigé qu'un seul rapport, même s'il y a plusieurs experts ; en cas de divergence, chacun indique son opinion.**

Si l'expert a recueilli l'avis d'un autre technicien dans une spécialité distincte de la sienne, cet avis est joint, selon le cas, au rapport, au procès-verbal d'audience ou au dossier.

(Décr. n° 2005-1678 du 28 déc. 2005, art. 41, en vigueur le 1er mars 2006) **« Lorsque l'expert s'est fait assister dans l'accomplissement de sa mission en application de l'article 278-1, le rapport mentionne les nom et qualités des personnes qui ont prêté leur concours. »**

(Décr. n° 2012-1451 du 24 déc. 2012, art. 8, en vigueur le 1er févr. 2013) **« Le dépôt par l'expert de son rapport est accompagné de sa demande de rémunération, dont il adresse un exemplaire aux parties par tout moyen permettant d'en établir la réception. S'il y a lieu, celles-ci adressent à l'expert et à la juridiction ou, le cas échéant, au juge chargé de contrôler les mesures d'instruction, leurs observations écrites sur cette demande dans un délai de quinze jours à compter de sa réception. »**

L'art. 41 du Décr. n° 2005-1678 du 28 déc. 2005 est applicable aux procédures en cours (Décr. préc., art. 87, al. 1er).

BIBL. ▸ CONTIS, GAYRARD, *JCP 2016. 138* (invoquer la nullité d'un rapport d'expertise judiciaire). – OLIVIER, *Gaz. Pal. 26 janv. 1995. Doctr.* (l'usage du prérapport) ; *ibid. 9-11 févr. 2003, p. 3* (point de procédure expertale concernant les sapiteurs) ; *ibid. 14-16 nov. 2004, p. 10* (éthique judiciaire).

▸ **Décr. du 24 déc. 2012 :** PECKELS et MARTIN, *Experts 02/2013. 5.*

1. Sur la notion de jugement immédiat visée à l'art. 282, al. 1er, V. note ss. art. 253.

2. Aucune disposition du nouveau code n'interdit à l'expert de déposer un prérapport, même si cela n'a pas été expressément prévu dans la mission d'expertise. • Paris, 27 mai 1987 : *D. 1987. IR 156.*

3. Lorsque la preuve de la collaboration et de la conformité de l'avis des deux experts est rapportée, il n'y a pas lieu de s'arrêter à l'absence de signature de l'un d'eux, qui n'entraîne aucun préjudice pour les parties. • Civ. 1re, 24 juill. 1973 : *Bull. civ. I, n° 254.*

4. Il ne résulte pas de l'art. 282 que, en cas de pluralité d'experts, le dépôt de rapports distincts engage par lui-même la responsabilité des experts vis-à-vis des parties. • Civ. 2e, 12 oct. 1983 : *Bull. civ. II, n° 166.*

5. Il doit résulter du jugement ou des productions que l'avis des spécialistes consultés par l'expert a été porté, avant le dépôt du rapport, à la connaissance des parties afin de leur permettre d'en discuter devant l'expert. • Civ. 2e, 16 déc. 1985 : *Bull. civ. II, n° 199 ; Gaz. Pal. 1986. 2. Pan. 418, obs. Guinchard et Moussa* • 20 oct. 1993 : *JCP 1993. IV. 2671.* – V. aussi • Civ. 2e, 16 janv. 2003, n° 01-03.427 P : *D. 2003. Somm. 1403, obs. Julien ; AJDI 2003. 520, note Heugas-Darraspen ; Gaz. Pal. 10-11 oct. 2003, p. 14, obs. du Rusquec.* ♦ Les informations recueillies par l'expert et qui ont servi à la détermination de ses conclusions doivent au moins être annexées à son rapport. • Civ. 2e, 30 nov. 1988 : *Bull. civ. II, n° 236.* ♦ Sur le respect de la contradiction, V. aussi notes ss. art. 160.

6. Un rapport d'expertise judiciaire n'est pas un acte authentique. L'incident de faux formé contre un tel rapport ne donne donc pas lieu à communication au ministère public. • Civ. 1re, 19 janv. 1999, n° 97-14.194 P.

7. Sur la responsabilité de l'expert n'ayant pas déposé son rapport dans le délai imparti, V. • Colmar, 27 nov. 1997 : *Gaz. Pal. 1998. 2. Somm. 448, obs. Vray.*

8. Le dessaisissement de l'expert par le dépôt de son rapport met obstacle à toute nouvelle mesure d'instruction et à la convocation des parties (à propos de l'art. 127 du code de procédure civile de la Polynésie française). • Civ. 3e, 11 févr. 2004, n° 02-16.140 P.

9. Validité du rapport. Événement affectant l'expert. Il n'y a pas lieu d'annuler un rapport d'expertise ni de l'écarter des débats, alors même que l'expert était en liquidation judiciaire au moment du dépôt du rapport, dès lors qu'il a effectué ses opérations et déposé son rapport avant la date de son retrait, à titre provisoire, de la liste des experts judiciaires. • Grenoble, 21 oct. 2014 : *Gaz. Pal. 21-23 déc. 2014, p. 43, obs. Mayer.*

10. Les experts n'ont pas la possibilité, dans le

respect des règles procédurales, de retenir leur rapport tant qu'ils n'ont pas été réglés de leurs frais et honoraires. Le dépôt de leur rapport est la condition de délivrance du titre en vertu duquel ils seront payés. * Rép. min. n° 11322 : *JO Sénat Q, 27 nov. 2014, p. 2647.*

Art. 283 **Si le juge ne trouve pas dans le rapport les éclaircissements suffisants, il peut entendre l'expert, les parties présentes ou appelées.**

Art. 284 *(Décr. n° 98-1231 du 28 déc. 1998, art. 8, en vigueur le 1er mars 1999 ; Décr. n° 2012-1451 du 24 déc. 2012, art. 9, en vigueur le 1er févr. 2013)* **« Passé le délai imparti aux parties par l'article 282 pour présenter leurs observations, » le juge fixe la rémunération de l'expert en fonction notamment des diligences accomplies, du respect des délais impartis et de la qualité du travail fourni.**

Il autorise l'expert à se faire remettre jusqu'à due concurrence les sommes consignées au greffe. Il ordonne, selon le cas, soit le versement des sommes complémentaires dues à l'expert en indiquant la ou les parties qui en ont la charge, soit la restitution des sommes consignées en excédent.

Lorsque le juge envisage de fixer la rémunération de l'expert à un montant inférieur au montant demandé, il doit au préalable inviter l'expert à formuler ses observations.

Le juge délivre à l'expert *(Abrogé par Décr. n° 2005-1678 du 28 déc. 2005, art. 42, à compter du 1er mars 2006)* **« , sur sa demande, » un titre exécutoire.**

L'art. 42 du Décr. n° 2005-1678 du 28 déc. 2005 est applicable aux procédures en cours (Décr. préc., art. 87, al. 1er).

BIBL. ▸ V. ss. art. 273.

▸ **Décr. du 24 déc. 2012 :** Peckels et Martin, *Experts 02/2013. 5.*

A. FIXATION DE LA RÉMUNÉRATION

BIBL. Olivier, *Gaz. Pal. 1978. 1. Doctr. 68* (fixation de la rémunération et sa contestation) ; *Gaz. Pal. 1982. 1. Doctr. 92* (décision de fixation de la rémunération). – Caratini, *Gaz. Pal. 1983. 2. Doctr. 570* (recours contre les décisions du juge d'appel).

1. La rémunération du notaire désigné sur le fondement de l'art. 255, 10°, C. civ. qui établit un projet d'état liquidatif est fixée en vertu d'un émolument proportionnel tarifé, et non sur le fondement des critères de l'art. 284 C. pr. civ., applicables aux seules expertises judiciaires. • Civ. 2e, 12 janv. 2017, n° 16-11.116 P : *Gaz. Pal. 4 avr. 2017, p. 45, obs. Leick.*

2. Le juge fixe souverainement la rémunération du technicien. • Civ. 2e, 7 nov. 1984 : *Bull. civ. II, n° 161.* ♦ ... Au vu des justifications produites. • Civ. 2e, 27 avr. 1979 : *Bull. civ. II, n° 124* • 24 oct. 1979 : *ibid. II, n° 249.* ♦ ... Ou des éléments fournis. • Civ. 2e, 28 mars 1984 : *Bull. civ. II, n° 55.* ♦ ... Sans être lié par les points de contestation qui lui ont été présentés ni être tenu de suivre les parties dans le détail de leur argumentation. • Civ. 2e, 5 avr. 2001, n° 98-23.339 P : *D. 2001. IR 1516* . ♦ ... Ni par la somme que l'expert a portée à la connaissance des parties au cours du déroulement des opérations d'expertise pour leur faire connaître le montant prévisible de sa rémunération. • Civ. 2e, 14 sept. 2006, n° 05-12.143 P : *Gaz. Pal. 6-7 juill. 2007, p. 24, note E. du Rusquec.* ♦ Il doit tenir compte des dispositions de l'ordonnance désignant l'expert et prévoyant que ce dernier devait, pour solliciter une consignation complémentaire, adresser une copie de sa demande aux parties et devait joindre à chaque exemplaire de son rapport, y compris ceux adressés aux parties, sa note définitive d'honoraires, une des parties formulant des griefs sur la qualité du travail de l'expert. • Civ. 2e, 24 mars 2005, n° 03-14.768 P : *D. 2006. Pan. 549, obs. Julien et Fricero* . ♦ C'est dans l'exercice de son pouvoir souverain que le premier président tient compte, pour réduire la rémunération fixée par le premier juge, du manque de diligence de l'expert. • Civ. 2e, 27 avr. 1979 : *préc.* ♦ ... Des faiblesses de son rapport. • Civ. 2e, 24 oct. 1979 : *préc.* ♦ ... De ce que la rédaction par les experts de deux rapports séparés entraînerait des frais frustratoires. • Civ. 2e, 5 avr. 1991, n° 89-20.798 P. ♦ C'est dans l'exercice de son pouvoir souverain d'appréciation que le premier président, statuant en matière de rémunération des techniciens, qui n'est pas tenu de rappeler dans son ordonnance la répartition de la charge des frais d'expertise opérée entre les parties par la décision ayant ordonné la mesure d'instruction, ni les versements qui avaient pu être effectués par chacune d'elles, répartit la rémunération complémentaire due à l'expert entre les parties. • Civ. 2e, 27 juin 2013, n° 12-17.910 P.

Manque de base légale la décision du premier président d'une cour d'appel qui fixe la rémunération d'un expert judiciairement désigné en se référant au barème tarifé par sa cour d'appel applicable aux expertises médicales réalisées par un professeur d'université, sans rechercher les diligences accomplies par l'expert judiciaire et sans apprécier personnellement l'importance et la qualité du travail accompli. • Civ. 2e, 4 oct. 2001 : *Gaz. Pal. 2002. 309, note Olivier.*

3. C'est à bon droit que le juge fixe la rémunération d'un expert qui a été remplacé par une précédente ordonnance au motif qu'il n'avait pas veillé au respect du contradictoire, en retenant que, saisi d'une demande de fixation, il ne lui appartient pas de statuer sur la régularité des opérations d'expertise, et en constatant que des opérations avaient été effectuées par l'expert avant son remplacement. • Civ. 2e, 1er févr. 1995, n° 93-10.865 P.

4. Les frais de secrétariat, de photocopies et de photographies engagés dans le cadre de l'activité professionnelle de l'expert entrent dans l'estimation des honoraires qui lui sont dus et faite par le juge taxateur, qui contrôle l'utilité des actes accomplis, compte tenu de l'importance et des difficultés des opérations réalisées et du travail fourni. • Civ. 1re, 27 nov. 1977 : *Bull. civ. I, n° 442 ; RTD civ. 1978. 423, obs. Perrot.*

Sur les éléments d'évaluation des honoraires, V. également : • Amiens, 6 juin 1980 : *Gaz. Pal. 1981. 1. Somm. 31* • Versailles, 25 nov. 1982 : *Gaz. Pal. 1984. 1. Somm. 123* • Aix-en-Provence, 15 mai 1987 : *Gaz. Pal. 1987. 2. 650, note Caratini.*

5. Ayant relevé qu'une partie de la demande de rémunération portait sur un travail accompli, en tant que sapiteur, avant sa désignation en qualité d'expert et que l'expert désigné antérieurement avait demandé la fixation de ses frais et honoraires pour l'ensemble du travail qu'il avait accompli sur le dossier, un premier président, qui a, à juste titre, retenu que la rémunération du travail d'un sapiteur devait être comprise dans les frais de l'expert qui l'avait choisi, en a exactement déduit que le temps passé par le demandeur en sa qualité de sapiteur ne pouvait être inclus dans sa demande de rémunération. • Civ. 2e, 14 juin 2018, n° 17-19.714 P : *D. actu. 12 juill. 2018, obs. Kebir ; JCP 2018. 894, note Ruellan ; Procédures 2018, n° 247, obs. Strickler.*

6. Jugé que le juge taxateur ne peut réduire les honoraires demandés sans avoir recueilli les explications de l'expert. • Bordeaux, 8 mai 1981 : *Gaz. Pal. 1981. 2. 675, note Thorin.*

7. Sur la provision, V. notes ss. art. 269. ♦ Sur les contestations relatives à la rémunération du technicien, V. notes ss. art. 724.

B. SUBSTITUTION DE L'ÉTAT AU DÉBITEUR INSOLVABLE

BIBL. Caratini, *Gaz. Pal. 1985. 1. Doctr. 158 et 1986. 2. Doctr. 570.* – Garreau, *D. 1988. Chron. 97.* – Moussa, *D. 1987. Chron. 25.* – Peisse, *Gaz. Pal. 1986. 1. Doctr. 383.* – Perrot, obs. *RTD civ. 1988. 397.* – Sellon, *Gaz. Pal. 1985. 2. Doctr. 627.*

8. L'expert judiciaire, qui n'a pas été réglé de ses honoraires et de ses frais par la partie désignée par le juge, ne peut obtenir, sauf textes particuliers, le paiement de l'État ; il peut seulement, en cas de faute de service, demander réparation du préjudice subi. • Civ. 1re, 21 déc. 1987 : *D. 1988. 578, note Moussa ; Gaz. Pal. 1988. 1. 149, note Sellon et Caratini ; RTD civ. 1988. 397, obs. Perrot* • Civ. 2e, 14 déc. 1988 : *Gaz. Pal. 1989. 1. 394, note Sellon et Rousseau ; D. 1989. Somm. 275, obs. Julien.* ♦ En ce sens déjà, V. • Paris, 8 avr. 1987 : *Gaz. Pal. 1987. 1. 290, note Caratini.* ♦ *Contra* : • TGI Marseille, 20 mars 1984 : *D. 1984. 553, note Moussa ; Gaz. Pal. 1985. 1. 101, note Sellon* • TGI Paris, 30 avr. 1986 : *Gaz. Pal. 1986. 2. 422, note Peisse.*

Sur la faute de service, V. • TGI Paris, 24 mai 1989 : *Gaz. Pal. 1990. 1. Somm. 179, obs. Bréval.*

9. L'action en responsabilité formée par une commune contre un expert judiciaire doit se tenir devant la juridiction judiciaire puisque les éventuelles fautes commises par lui engagent sa propre responsabilité et non celle de l'État. • Civ. 1re, 19 mars 2002, n° 00-11.907 P.

Art. 284-1 *(Décr. n° 89-511 du 20 juill. 1989, art. 8, en vigueur le 15 sept. 1989)* **Si l'expert le demande, une copie du jugement rendu au vu de son avis lui est adressée ou remise par le greffier.**

Conférence de consensus « l'expertise judiciaire civile » du 15 novembre 2007,

Portant recommandations de bonnes pratiques juridictionnelles

SOUS-TITRE III LES CONTESTATIONS RELATIVES À LA PREUVE LITTÉRALE

RÉP. PR. CIV. v° *Vérification d'écriture*, par CHOLET.

RÉP. CIV. v° *Preuve*, par FERRAND.

DALLOZ ACTION *Droit et pratique de la procédure civile 2022/2023*, nos 341.70 s.

Art. 285 **La vérification des écritures sous seing privé relève de la compétence du juge saisi du principal lorsqu'elle est demandée incidemment.**

Elle relève de la compétence du *(Décr. n° 2019-966 du 18 sept. 2019, art. 8, en vigueur le 1er janv. 2020)* **« tribunal judiciaire** *[ancienne rédaction : tribunal de grande instance]* **» lorsqu'elle est demandée à titre principal.**

Le juge des référés peut procéder incidemment à une vérification des écritures sous seing privé dès lors que cette contestation n'est pas sérieuse. • Civ. 2e, 21 janv. 1999, n° 96-19.816 P : *RTD civ. 1999. 461, obs. Perrot ; D. 1999. Somm. 214, obs. Julien ; D. Affaires 1999. 518, obs. V. A.-R.* • Civ. 1re, 27 juin 2000, n° 98-19.726 P : *D. 2000. IR 252 ; Procédures 2000, n° 211, note Perrot ; JCP 2001. II. 10480, note Vuitton ; Gaz. Pal. 4-5 janv. 2002, p. 9, obs. du Rusquec.* ♦ V. aussi ancienne jurisprudence sur l'incompétence du juge des référés pour opérer une telle vérification, • Civ. 2e, 17 mai 1993, n° 91-22.187 P : *RTD civ. 1993. 643, obs. Perrot ; D. 1993. IR 146.*

Art. 286 **L'inscription de faux contre un acte authentique relève de la compétence du juge saisi du principal lorsqu'elle est formée incidemment devant un** *(Décr. n° 2019-966 du 18 sept. 2019, art. 8, en vigueur le 1er janv. 2020)* **« tribunal judiciaire** *[ancienne rédaction : tribunal de grande instance]* **» ou devant une cour d'appel.**

Dans les autres cas, l'inscription de faux relève de la compétence du *(Décr. n° 2019-966 du 18 sept. 2019, art. 8, en vigueur le 1er janv. 2020)* **« tribunal judiciaire** *[ancienne rédaction : tribunal de grande instance]* **».**

Le projet d'état liquidatif d'un divorce, établi par un notaire sans revêtir la forme d'un acte notarié, n'a pas le caractère d'un acte authentique. • Civ. 1re, 12 juill. 2006, n° 04-20.071 P : *D. 2006. IR 2125.*

CHAPITRE PREMIER LES CONTESTATIONS RELATIVES AUX ACTES SOUS SEING PRIVÉ

SECTION PREMIÈRE LA VÉRIFICATION D'ÉCRITURE

SOUS-SECTION 1 L'INCIDENT DE VÉRIFICATION

Art. 287 **Si l'une des parties dénie l'écriture qui lui est attribuée ou déclare ne pas reconnaître celle qui est attribuée à son auteur, le juge vérifie l'écrit contesté à moins qu'il ne puisse statuer sans en tenir compte. Si l'écrit contesté n'est relatif qu'à certains chefs de la demande, il peut être statué sur les autres.**

(Décr. n° 2002-1436 du 3 déc. 2002, art. 7) **« Si la dénégation ou le refus de reconnaissance porte sur un écrit ou une signature électroniques, le juge vérifie si les conditions, mises par les articles** *(Décr. n° 2016-1278 du 29 sept. 2016, art. 1er)* **« 1366 et 1367** *[ancienne rédaction : art. 1316-1 et 1316-4]* **» du code civil à la validité de l'écrit ou de la signature électroniques, sont satisfaites. »**

BIBL. ▸ **Décr. du 3 déc. 2002 :** CHEVALIER, *Procédures 2003, Chron. 1.* – CHEVALIER et MOUSSA, *JCP 2003, n° 4, Actu. 39.* – DEVÈZE, *CCE 2003. Chron. 8.*

1. Dénégation par une partie. Le fait par une partie de soutenir qu'elle ne se souvient pas d'avoir signé un écrit ne constitue pas une dénégation formelle de sa signature. • Civ. 3e, 27 nov. 1973 : *Bull. civ. III, n° 604.* ♦ De même, la seule absence de contestation de sa signature, dans ses premières écritures, par le débiteur auquel on l'oppose n'équivaut pas à un aveu judiciaire de son authenticité : les art. 287 et 288 s'appliquent. • Civ. 1re, 6 mars 2001, n° 98-22.384 P : *D. 2001. AJ 1316, obs. Avena-Robardet (cautionnement).*

2. Vérification par le juge. Il résulte des art. 1324 C. civ., 287 et 288 NCPC [devenu C. pr. civ.] que lorsque la partie, à qui on oppose un acte sous seing privé, déclare ne pas reconnaître l'écriture qui est attribuée à son auteur, il appartient au juge de vérifier l'acte contesté et de procéder à la vérification d'écriture au vu des éléments dont il dispose après avoir, s'il y a lieu, enjoint aux parties de produire tous documents à lui comparer. • Civ. 1re, 7 avr. 1999, n° 97-13.476 P (cautionnement) • 15 juin 1999, n° 97-18.446 P : *D. 2000. Somm. 359, obs. Libchaber* (cautionnement) • 3 nov. 1999, n° 98-22.308 P : *D. 2000. IR 429* (testament olographe) • 15 févr. 2000, n° 98-12.032 P (prêt) • 26 févr. 2002, n° 99-14.696 P (lettre recommandée avec AR portant convocation d'un avocat à une audience disciplinaire) • Civ. 3e, 9 mars 2005, n° 03-14.686 P : *D. 2005. IR 857* (contrat de bail) • Civ. 2e, 16 janv. 2007 : *JCP 2007. IV. 1368* • Civ. 2e, 28 mars 2008 : *D. 2008. AJ 1151* (contrat de crédit). ♦ V. déjà • Civ. 1re, 10 janv. 1995, n° 92-17.234 P • Civ. 1re, 9 avr. 2015 : *RGDA 2015. 265, note Schulz* (signature de l'ordre d'arbitrage déniée par la partie à laquelle elle est attribuée) • Com. 8 nov. 2017, n° 16-22.414 P : *Dr. et pr. avr. 2018, suppl. Droit du recouvrement, p. 3, obs. Salati* (dénégation de signature figurant sur l'avis de réception de la mise en demeure par LRAR). ♦ Le juge ne saurait donc écarter le document litigieux au seul motif que la signature en est déniée. • Civ. 3e, 5 déc. 1978 : *D. 1979. IR 221* • Civ. 1re, 12 juin 2012, n° 11-18.438 P : *D. 2012. 1623 ; ibid. 2826, obs. Delebecque ; RDC 2013. 127, note M. Latina* (violation des art. 287 et 288 par une cour d'appel qui fonde sa décision sur le contrat produit en retenant que la société défenderesse avait apposé son cachet commercial avec la signature du gérant et qu'en dépit de ses affirmations celle-ci ne démontrait pas que ce contrat serait un « faux ou un mensonge grossier ») • Civ. 1re, 28 nov. 2012, n° 10-28.372 P • Civ. 1re, 2 juill. 2014 : *Procédures 2014, n° 262, note Croze* (violation des art. 287 et 288 par une cour d'appel qui retient qu'est sans incidence la contestation élevée par une partie quant au fait qu'elle n'aurait pas été signataire d'un accusé de réception alors que la vérification d'écriture était nécessaire pour apprécier la connaissance qu'elle avait pu avoir de la mise en demeure adressée par son créancier, laquelle pouvait emporter déchéance du terme à défaut de régularisation dans le délai imparti). ♦ ... Ni rejeter le moyen au motif que celui qui l'invoque ne rapporte pas et n'offre pas de rapporter la preuve de son affirmation. • Civ. 1re, 15 févr. 1984 : *Bull. civ. I, n° 65* • 15 mars 1988 : *Bull. civ. I, n° 79 ; D. 1989. Somm. 277, obs. Julien.*

3. La procédure d'inscription de faux n'est applicable qu'aux constatations et vérifications relevant du ministère de l'huissier de justice. Ayant relevé, à bon droit, que l'huissier de justice, qui procède à la signification d'un acte à la personne, n'a pas à vérifier l'identité de la personne qui déclare être le destinataire de cet acte, une cour d'appel qui constate que l'adresse figurant sur l'acte correspondait bien au domicile du destinataire et que l'acte avait été remis à une personne qui s'était présentée comme étant l'intéressée en a exactement déduit qu'il n'y avait pas lieu à inscription de faux. • Civ. 1re, 20 déc. 2012 : *Gaz. Pal. 15-16 mars 2013, p. 22, note Farruh.*

4. Si la vérification ne permet pas au juge de conclure à la sincérité de l'acte, la partie qui fonde ses prétentions sur cet acte doit être déboutée. • Civ. 1re, 2 mars 1999, n° 97-13.765 P • 13 déc. 1988 : *Bull. civ. I, n° 358 ; RTD civ. 1989. 618, obs. Perrot* • 13 oct. 1992, n° 91-12.289 P • 6 juill. 2005, n° 02-13.936 P : *D. 2005. IR 2104* .

5. La contestation par le débiteur de l'identité du signataire d'une déclaration de créance ne s'analyse pas en une dénégation ou un refus de signature au sens de l'art. 287, de sorte qu'elle n'est pas soumise aux dispositions relatives à la vérification d'écritures. • Com. 1er oct. 2013 : *Procédures 2013, n° 335, note Perrot.*

6. Sur le pouvoir du juge des référés, V. note ss. art. 285.

7. Sur le faux, V. note ss. art. 299.

Art. 288 **Il appartient au juge de procéder à la vérification d'écriture au vu des éléments dont il dispose après avoir, s'il y a lieu, enjoint aux parties de produire tous documents à lui comparer et fait composer, sous sa dictée, des échantillons d'écriture.**

(Décr. n° 2002-1436 du 3 déc. 2002, art. 8) **« Dans la détermination des pièces de comparaison, le juge peut retenir tous documents utiles provenant de l'une des parties, qu'ils aient été émis ou non à l'occasion de l'acte litigieux. »**

1. Caractère obligatoire de la vérification. V. notes 2 s. ss. art. 287. ♦ Les juges ne sont pas tenus de recourir à la procédure de vérification d'écriture s'ils trouvent dans la cause les éléments de conviction suffisants. • Civ. 2e, 24 févr. 1993, n° 91-10.028 P.

2. Méthode. Si le juge estime insuffisants les éléments produits il lui appartient d'enjoindre aux parties de produire tout document de comparaison lui paraissant nécessaire. • Civ. 2e, 15 mars 1995, n° 93-16.333 P. ♦ Sauf à inverser la charge de la preuve, il ne peut donc statuer au fond qu'après avoir retenu que l'acte émane bien de la partie qui l'a désavoué, et ne saurait se contenter de retenir qu'au vu des documents versés aux débats par la partie qui conteste son écriture les différences entre les écritures contestées et les écritures « de comparaison » sont mineures et ne permettent pas d'affirmer que cette partie n'a pu signer l'acte litigieux. • Civ. 1re, 24 mars 1998, n° 95-16.833 P : *D. 1998. IR 118* .

3. Si la vérification d'écriture doit être faite au vu de l'original, les art. 287 à 290 n'imposent pas que les éléments de comparaison soient fournis en originaux, et c'est dans l'exercice de son pouvoir souverain qu'une cour d'appel retient à titre de comparaison deux chèques en photocopies signés de la main de celui qui conteste l'écriture d'un chèque. • Civ. 1re, 6 oct. 1998, n° 96-20.164 P : *D. Affaires 1999. 32, obs. V. A.-R.*

Art. 288-1 *(Décr. n° 2002-1436 du 3 déc. 2002, art. 9)* **Lorsque la signature électronique bénéficie d'une présomption de fiabilité, il appartient au juge de dire si les éléments dont il dispose justifient le renversement de cette présomption.**

Art. 289 S'il ne statue pas sur-le-champ, le juge retient l'écrit à vérifier et les pièces de comparaison ou ordonne leur dépôt au *(Décr. n° 2017-892 du 6 mai 2017, art. 68-I-2°)* « greffe » de la juridiction.

Art. 290 Lorsqu'il est utile de comparer l'écrit contesté à des documents détenus par des tiers, le juge peut ordonner, même d'office et à peine d'astreinte, que ces documents soient déposés au *(Décr. n° 2017-892 du 6 mai 2017, art. 68-I-2°)* « greffe » de la juridiction en original ou en reproduction.

Il prescrit toutes les mesures nécessaires, notamment celles qui sont relatives à la conservation, la consultation, la reproduction, la restitution ou le rétablissement des documents.

Art. 291 En cas de nécessité, le juge ordonne la comparution personnelle des parties, le cas échéant en présence d'un consultant, ou toute autre mesure d'instruction.

Il peut entendre l'auteur prétendu de l'écrit contesté.

Le juge dispose d'un pouvoir souverain pour apprécier tant les éléments de preuve qui lui sont soumis, que l'opportunité d'une mesure d'instruction. • Civ. 2e, 9 avr. 1973 : *Bull. civ. II, n° 143.* ♦ Il n'est pas tenu d'ordonner l'expertise sollicitée et peut procéder lui-même à la vérification de la signature contestée. • Com. 30 janv. 1979 : *Bull. civ. IV, n° 42 ; D. 1979. IR 293, obs. Julien.* – V. également • Civ. 1re, 18 mars 1978 : *Bull. civ. I, n° 195.*

Art. 292 S'il est fait appel à un technicien, celui-ci peut être autorisé par le juge à retirer contre émargement l'écrit contesté et les pièces de comparaison ou à se les faire adresser par le *(Décr. n° 2017-892 du 6 mai 2017, art. 68-I-3°)* « greffier » de la juridiction.

Viole l'art. 292, en refusant d'appliquer les règles gouvernant les mesures d'instruction confiées à un technicien, l'arrêt qui retient que le caractère spécifique de l'expertise graphologique exclut que les parties puissent exiger d'assister aux opérations d'expertise proprement dites. • Com. 9 mars 1981 : *Bull. civ. IV, n° 126 ; D. 1982. IR 170, obs. Julien ; RTD civ. 1981. 902, obs. Perrot.* ♦ *Contra* : • Pau, 27 nov. 1978 : *Gaz. Pal. 1979. 1. 125 ; RTD civ. 1979. 434, obs. Perrot* • TGI Paris, 9 juin 1980 : *D. 1981. IR 228.*

Moins strict, à raison du caractère « éminemment technique » de l'expertise, dès lors que les pièces de comparaison ont été réunies contradictoirement et que le prérapport a été transmis aux parties, auxquelles l'expert a proposé une confrontation, V. • Civ. 3e, 4 oct. 1983 : *Bull. civ. III, n° 178.* ♦ V. note 13 ss. art. 160.

Art. 293 Peuvent être entendus comme témoins ceux qui ont vu écrire ou signer l'écrit contesté ou dont l'audition paraît utile à la manifestation de la vérité.

Art. 294 Le juge règle les difficultés d'exécution de la vérification d'écriture notamment quant à la détermination des pièces de comparaison.

Sa décision revêt la forme soit d'une simple mention au dossier ou au registre d'audience, soit, en cas de nécessité, d'une ordonnance ou d'un jugement.

La partie qui veut faire écarter une pièce de comparaison doit en faire la demande au juge et ne pas se borner à déclarer qu'elle ne reconnaît pas l'écriture ou la signature de certains documents. • Civ. 1re, 25 mars 1980 : *Bull. civ. I, n° 102.*

Art. 295 S'il est jugé que la pièce a été écrite ou signée par la personne qui l'a déniée, celle-ci est condamnée à une amende civile *(Décr. n° 2005-1678 du 28 déc. 2005, art. 77, en vigueur le 1er mars 2006)* « d'un maximum de *(Décr. n° 2017-892 du 6 mai 2017, art. 67)* « 10 000 » € » sans préjudice des dommages-intérêts qui seraient réclamés.

L'art. 77 du Décr. n° 2005-1678 du 28 déc. 2005 ne s'applique qu'aux instances introduites et procédures diligentées après le 1er mars 2006 (Décr. préc., art. 87, al. 2).

L'art. 67 du Décr. n° 2017-892 du 6 mai 2017 est applicable dans les îles Wallis-et-Futuna *(Décr. préc., art. 72-II).*

SOUS-SECTION 2 LA VÉRIFICATION D'ÉCRITURE DEMANDÉE À TITRE PRINCIPAL

Art. 296 Lorsque la vérification d'écriture est demandée à titre principal, le juge tient l'écrit pour reconnu si le défendeur cité à personne ne comparaît pas.

Art. 297 Si le défendeur reconnaît l'écriture, le juge en donne acte au demandeur.

Art. 298 Si le défendeur dénie ou méconnaît l'écriture, il est procédé comme il est dit aux articles 287 à 295.

Il en est de même lorsque le défendeur qui n'a pas été cité à personne ne comparaît pas.

SECTION II LE FAUX

SOUS-SECTION 1 L'INCIDENT DE FAUX

Art. 299 Si un écrit sous seing privé produit en cours d'instance est argué faux, il est procédé à l'examen de l'écrit litigieux comme il est dit aux articles 287 à 295.

1. Lorsqu'un écrit sous seing privé, produit en cours d'instance est argué de faux, il appartient au juge de vérifier l'écrit contesté, à moins qu'il puisse statuer sans en tenir compte ; il ne saurait écarter ce document au seul motif qu'il se peut que la photocopie produite résulte d'un montage photographique. • Civ. 1re, 9 juill. 1985 : *Bull. civ. I, n° 217 ; Gaz. Pal. 1986. 1. Somm. 90, obs. Croze et Morel.* ♦ Comp. : le juge n'a pas à procéder à la vérification d'écriture prévue par les art. 287 s. lorsqu'une partie invoque la fausseté de l'écriture d'un tiers sur un acte produit aux débats, sans verser aux débats des éléments de nature à démontrer la fausseté de la signature visée. • Civ. 3e, 9 mars 2005, n° 03-12.596 P : *D. 2005. IR 857*.

2. Viole l'art. 299 le juge qui rejette le moyen pris de ce qu'une mention portée sur un bail constituerait un faux au motif qu'il appartenait à la partie intéressée d'agir en faux soit par voie pénale, soit par voie civile et que la falsification n'étant pas établie dans ces conditions, l'écrit devait être tenu pour sincère. • Civ. 3e, 25 mai 1982 : *Bull. civ. III, n° 130 ; D. 1983. IR 156, obs. Julien.*

SOUS-SECTION 2 LE FAUX DEMANDÉ À TITRE PRINCIPAL

Art. 300 Si un écrit sous seing privé est argué faux à titre principal, l'assignation indique les moyens de faux et fait sommation au défendeur de déclarer s'il entend ou non faire usage de l'acte prétendu faux ou falsifié.

Il résulte de la combinaison des art. 300 et 595 (3°) qu'un faux peut être demandé à titre principal même s'il vise un écrit déjà produit en justice et contre lequel un incident de faux n'a, alors, pas été élevé. • Civ. 2e, 10 juill. 1996, n° 94-15.851 P : *D. 1996. Somm. 349, obs. Julien ; RTD civ. 1996. 984, obs. Perrot*.

Art. 301 Si le défendeur déclare ne pas vouloir se servir de l'écrit argué de faux, le juge en donne acte au demandeur.

Art. 302 Si le défendeur ne comparaît pas ou déclare vouloir se servir de l'écrit litigieux, il est procédé comme il est dit aux articles 287 à 295.

CHAPITRE II L'INSCRIPTION DE FAUX CONTRE LES ACTES AUTHENTIQUES

Art. 303 L'inscription de faux contre un acte authentique donne lieu à communication au ministère public.

1. Un rapport d'expertise judiciaire n'est pas un acte authentique ; l'inscription de faux contre un tel rapport ne donne donc pas lieu à communication au ministère public. • Civ. 1re, 19 janv. 1999, n° 97-14.194 P.

2. Un projet d'état liquidatif qui n'a pas été reçu en la forme notariée ne revêtait pas le caractère d'un acte authentique. • Civ. 1re, 12 juill. 2006, n° 04-20.071 P : *D. 2006. IR 2125*.

Art. 304 Le juge peut ordonner l'audition de celui qui a dressé l'acte litigieux.

Art. 305 Le demandeur en faux qui succombe est condamné à une amende civile *(Décr. n° 2005-1678 du 28 déc. 2005, art. 77, en vigueur le 1er mars 2006)* « d'un maximum de *(Décr. n° 2017-892 du 6 mai 2017, art. 67)* « 10 000 » € » sans préjudice des dommages-intérêts qui seraient réclamés.

L'art. 77 du Décr. n° 2005-1678 du 28 déc. 2005 ne s'applique qu'aux instances introduites et procédures diligentées après le 1er mars 2006 (Décr. préc., art. 87, al. 2).

L'art. 67 du Décr. n° 2017-892 du 6 mai 2017 est applicable dans les îles Wallis-et-Futuna (Décr. préc., art. 72-II).

SECTION PREMIÈRE L'INSCRIPTION DE FAUX INCIDENTE

SOUS-SECTION 1 INCIDENT SOULEVÉ DEVANT LE TRIBUNAL JUDICIAIRE OU LA COUR D'APPEL *(Décr. n° 2019-966 du 18 sept. 2019, art. 8, en vigueur le 1er janv. 2020).*

Art. 306 L'inscription de faux est formée par acte remis au *(Décr. n° 2004-836 du 20 août 2004, art. 52-I, en vigueur le 1er janv. 2005)* « greffe » par la partie ou son mandataire muni d'un pouvoir spécial.

L'acte, établi en double exemplaire, doit, à peine d'irrecevabilité, articuler avec précision les moyens que la partie invoque pour établir le faux.

L'un des exemplaires est immédiatement versé au dossier de l'affaire et l'autre, daté et visé par le *(Décr. n° 82-716 du 10 août 1982, art. 1er)* « greffier », est restitué à la partie en vue de la dénonciation de l'inscription au défendeur.

La dénonciation doit être faite par notification entre avocats ou signification à la partie adverse dans le mois de l'inscription.

L'art. 52-I du Décr. n° 2004-836 du 20 août 2004 est applicable, à compter de son entrée en vigueur, aux procédures en cours (Décr. préc., art. 59).

1. Pouvoir. Le pouvoir exigé par l'art. 306 doit accompagner la déclaration d'inscription de faux à peine d'une irrecevabilité qui ne peut être couverte par sa production en cours d'instance. • Civ. 2e, 13 juill. 1999, n° 97-12.116 P : *Procédures 1999, n° 245, obs. Perrot.*

2. Délai. Lorsque la dénonciation de l'inscription de faux n'a pas été faite dans le délai prévu à cet effet par l'art. 306, le tribunal peut passer outre à l'incident et statuer au vu de la pièce arguée de faux. • Civ. 2e, 25 mai 2000 : *Procédures 2000, n° 213, note Junillon.*

3. Exclusion des mesures d'instruction in futurum. Les dispositions spéciales et d'ordre public des art. 306 et 314 excluant l'application de l'art. 145, une expertise sollicitée sur le fondement de ce texte, qui a pour effet de mettre en cause la force probante d'un acte authentique, ne peut être ordonnée même préalablement à une procédure d'inscription de faux. • Civ. 1re, 11 juin 2003, n° 00-11.931 P : *D. 2004. 830, note Auberson ; RTD civ. 2003. 539, obs. Normand ; Defrénois 2003. 1174, obs. Aubert ; Procédures 2003, n° 216, note Perrot.*

4. Indivision. Selon l'art. 306, l'inscription de faux est formée, à peine d'irrecevabilité, qui ne peut être couverte, par un acte remis au secrétariat-greffe par la partie ou son mandataire muni d'un pouvoir spécial. Dès lors, un tel incident, qui ne ressortit pas à l'exploitation normale des biens indivis, requiert le consentement de tous les indivisaires, conformément aux dispositions de l'art. 815-3, al. 3, C. civ. Il en résulte que l'inscription de faux incidente formée par l'un des indivisaires est irrecevable et que cette irrégularité ne peut être régularisée par l'intervention ultérieure de ses coïndivisaires. • Civ. 1re, 12 juin 2013, n° 11-18.522 P : *AJ fam. 2013. 444, note Levillain ; ibid. 506, note de Guillenschmidt-Guignot ; Procédures 2013, n° 230, obs. Perrot ; JCP 2013. 1225, n° 5, obs. Libchaber ; RLDC 2013. 5245, obs. Paulin.*

Art. 307 Le juge se prononce sur le faux à moins qu'il ne puisse statuer sans tenir compte de la pièce arguée de faux.

Si l'acte argué de faux n'est relatif qu'à l'un des chefs de la demande, il peut être statué sur les autres.

1. Le juge n'a pas à surseoir à statuer lorsqu'une partie allègue, après que l'ordonnance de clôture a été rendue, s'être inscrite en faux. • Civ. 3e, 9 févr. 1977 : *D. 1977. IR 264, obs. Julien.*

2. Le juge peut, dans l'exercice de son pouvoir souverain d'appréciation, écarter *de plano* l'allégation de faux qui lui paraît sans fonde-ment. • Civ. 2e, 17 nov. 1977 : *Bull. civ. II, n° 220* • Civ. 1re, 7 juin 1978 : *Gaz. Pal. 1978. 2. Somm. 337.*

Art. 308 *Il* appartient au juge d'admettre ou de rejeter l'acte litigieux au vu des éléments dont il dispose.

S'il y a lieu le juge ordonne, sur le faux, toutes mesures d'instruction nécessaires et il est procédé comme en matière de vérification d'écriture.

1. Conditions. Incidence sur la validé de l'acte (indifférence). Viole les art. 1317 et 1319 C. civ., ensemble les art. 306, 307 et 308 C. pr. civ., l'arrêt qui, pour rejeter l'inscription de faux, retient que l'inexactitude de l'heure à laquelle l'huissier de justice s'est présenté à la Caisse des dépôts et consignations (CDC) ainsi que celle du libellé du chèque doivent être considérées comme des erreurs commises par l'huissier instrumentaire qui ne peuvent pas caractériser un faux dans la mesure où l'objet de l'acte et sa destination n'ont pas été altérés, ajoutant que, sur le plan civil, les mentions arguées de faux ne sont pas visées par les dispositions de l'art. 1258 C. civ. quant aux conditions de validité des offres réelles, alors que les actes authentiques faisaient foi de l'heure à laquelle l'huissier de justice s'était présenté à la CDC ainsi que de la personne à l'ordre de laquelle les chèques consignés étaient libellés, dès lors que ces faits, argués de faux, avaient été personnellement constatés par l'officier public, de sorte que l'exactitude des mentions des procès-verbaux litigieux les relatant devait s'apprécier en considération de leur réalité et non de leur incidence sur la validité de la procédure d'offres de paiement et de consignation en cause. • Civ. 1re, 25 févr. 2016, n° 14-23.363 P : *D. 2016. Actu. 549 ; Dr. et pr. 2016. 99, note Cholet.*

2. ... Conscience du faux par l'auteur de l'acte (indifférence). Viole les art. 1317 et 1319 C. civ., ensemble les art. 306, 307 et 308 C. pr. civ., l'arrêt qui, pour rejeter l'inscription de faux, retient qu'il ne résulte pas des circonstances que les inexactitudes invoquées seraient constitutives d'un faux sciemment commis par l'huissier instrumentaire, faisant ainsi dépendre la qualification de faux invoquée à l'égard d'un acte authentique, en matière civile, de la conscience par l'huissier de justice instrumentaire du caractère inexact des constatations arguées de faux. • Civ. 1re, 25 févr. 2016, n° 14-23.363 P : *préc. note 1.*

3. ... Existence d'un préjudice à raison du faux (indifférence). Viole les art. 1317 et 1319 C. civ., ensemble les art. 306, 307 et 308 C. pr. civ., l'arrêt qui, pour rejeter l'inscription de faux, retient que le faux se distingue de l'erreur purement matérielle et, pour être constitué, doit résulter d'une altération frauduleuse de la vérité de nature à causer un préjudice, en l'absence duquel le faux perd nécessairement son caractère punissable, et relève que le demandeur se contente d'arguer d'un faux sans pouvoir justifier d'aucun grief, que les inexactitudes imputables à l'huissier de justice n'ont pu causer de préjudice et que, pour que la consignation soit valablement réalisée et que la provision du chèque figure dans les livres de la CDC, il fallait nécessairement que les chèques soient libellés à l'ordre de celle-ci, faisant ainsi dépendre la qualification de faux invoquée à l'égard d'un acte authentique, en matière civile, de l'existence d'un préjudice qui résulterait du caractère inexact des constatations arguées de faux, a violé les textes susvisés. • Civ. 1re, 25 févr. 2016, n° 14-23.363 P : *préc. note 1.*

4. Production antérieure en justice de l'écrit (indifférence). Il résulte de la combinaison des art. 308 et 595, 3°, qu'une inscription de faux contre un acte authentique peut être formée, même si elle vise un écrit déjà produit en justice et contre lequel un incident de faux n'a pas encore été formé. • Civ. 1re, 25 févr. 2016, n° 14-23.363 P : *préc. note 1.*

Art. 309 **Le juge statue au vu des moyens articulés par les parties ou de ceux qu'il relèverait d'office.**

Art. 310 **Le jugement qui déclare le faux est mentionné en marge de l'acte reconnu faux.**

Il précise si les minutes des actes authentiques seront rétablies dans le dépôt d'où elles avaient été extraites ou seront conservées au *(Décr. n° 2004-836 du 20 août 2004, art. 52-I, en vigueur le 1er janv. 2005)* **« greffe ».**

Il est sursis à l'exécution de ces prescriptions tant que le jugement n'est pas passé en force de chose jugée, ou jusqu'à l'acquiescement de la partie condamnée.

L'art. 52-I du Décr. n° 2004-836 du 20 août 2004 est applicable, à compter de son entrée en vigueur, aux procédures en cours (Décr. préc., art. 59).

Art. 311 ***En cas de renonciation ou*** **de transaction sur l'inscription de faux, le ministère public peut requérir toutes les mesures propres à réserver l'exercice de poursuites pénales.**

Art. 312 **Si des poursuites pénales sont engagées contre les auteurs ou complices du faux, il est sursis au jugement civil jusqu'à ce qu'il ait été statué au pénal, à moins que le principal puisse être jugé sans tenir compte de la pièce arguée de faux ou qu'il y ait eu, sur le faux, renonciation ou transaction.**

L'art. 312, qui concerne l'inscription de faux contre les actes authentiques, soulevé incidemment devant le TGI ou la cour d'appel, n'est pas applicable devant le JEX. • Civ. 2e, 18 févr. 1999, n° 96-21.045 P : *D. 1999. Somm. 220, obs. Julien ; JCP 1999. II. 10139, note du Rusquec ; RG. proc. 1999. 708, obs. Putman.*

Sur le recouvrement d'une lettre de change : • Com. 2 déc. 1997, n° 96-10.354 P : *Procédures 1998, n° 35, obs. Croze.*

V. aussi note 10 ss. art. 122.

SOUS-SECTION 2 INCIDENT SOULEVÉ DEVANT LES AUTRES JURIDICTIONS

Art. 313 **Si l'incident est soulevé devant une juridiction autre que le** *(Décr. n° 2019-966 du 18 sept. 2019, art. 8, en vigueur le 1er janv. 2020)* **« tribunal judiciaire** *[ancienne rédaction : tribunal de grande instance]* **» ou la cour d'appel, il est sursis à statuer jusqu'au jugement sur le faux à moins que la pièce litigieuse ne soit écartée du débat lorsqu'il peut être statué au principal sans en tenir compte.**

Il est procédé à l'inscription de faux comme il est dit aux articles 314 à 316. L'acte d'inscription de faux doit être remis au *(Décr. n° 2004-836 du 20 août 2004, art. 52-I, en vigueur le 1er janv. 2005)* **« greffe » du** *(Décr. n° 2019-966 du 18 sept. 2019, art. 8, en vigueur le 1er janv. 2020)* **« tribunal judiciaire** *[ancienne rédaction : tribunal de grande instance]* **» dans le mois de la décision de sursis à statuer, faute de quoi il est passé outre à l'incident et l'acte litigieux est réputé reconnu entre les parties.**

L'art. 52-I du Décr. n° 2004-836 du 20 août 2004 est applicable, à compter de son entrée en vigueur, aux procédures en cours (Décr. préc., art. 59).

Justifie par une appréciation souveraine son refus de surseoir jusqu'à ce que la juridiction compétente ait statué sur le fond le juge qui énonce que le fait sur lequel repose le faux allégué n'apparaît pas de nature à exercer une influence sur la solution de l'instance. • Crim. 15 juin 1976 : *D. 1976. IR 218.*

SECTION II L'INSCRIPTION DE FAUX PRINCIPALE

Art. 314 **La demande principale en faux est précédée d'une inscription de faux formée comme il est dit à l'article 306.**

La copie de l'acte d'inscription est jointe à l'assignation qui contient sommation, pour le défendeur, de déclarer s'il entend ou non faire usage de l'acte prétendu faux ou falsifié.

L'assignation doit être faite dans le mois de l'inscription de faux à peine de caducité de celle-ci.

Art. 315 **Si le défendeur déclare ne pas vouloir se servir de la pièce arguée de faux, le juge en donne acte au demandeur.**

Art. 316 **Si le défendeur ne comparaît pas ou déclare vouloir se servir de la pièce litigieuse, il est procédé comme il est dit aux articles 287 à 294 et 309 à 312.**

SOUS-TITRE IV LE SERMENT JUDICIAIRE

DALLOZ ACTION *Droit et pratique de la procédure civile 2022/2023*, nos 343.00 s.

Art. 317 **La partie qui défère le serment énonce les faits sur lesquels elle le défère.**

Le juge ordonne le serment s'il est admissible et retient les faits pertinents sur lesquels il sera reçu.

1. Il appartient au juge du fond, à la seule condition de motiver sa décision, d'apprécier si le serment décisoire demandé est nécessaire et pertinent. • Soc. 17 nov. 1983 : *Bull. civ. V, n° 563.* – Dans le même sens, V. • Com. 13 nov. 1979 : *D. 1980. IR 113.*

2. Est irrecevable le déféré de serment qui n'énonce pas clairement les faits sur lesquels il porte et a trait à des faits qui ne sont pas personnels à la partie considérée. • Paris, 24 févr. *1986 : Bull. ch. avoués 1986. 2. 70.*

3. Nul ne peut être appelé à prêter le serment décisoire que s'il est partie au procès et si une décision est susceptible d'être rendue contre lui. • Soc. 10 janv. 1974 : *Bull. civ. V, n° 40.*

4. Le serment déféré à une personne morale ne peut l'être qu'au représentant légal de celle-ci. • Com. 22 nov. 1972 : *D. 1973. 256* • Civ. 2e, 6 mai 1999, n° 97-16.761 P : *D. 1999. IR 152 ; Procédures 1999, n° 179, obs. Perrot ; ibid. 180, obs. Croze.*

5. Si le serment décisoire peut être déféré sur quelque contestation que ce soit, il appartient aux juges du fond, à la seule condition de motiver leur décision sur ce point, d'apprécier si cette mesure est ou non nécessaire. • Civ. 3e, 10 mars 1999, n° 97-15.474 P.

Art. 318 **Lorsque le serment est déféré d'office, le juge détermine les faits sur lesquels il sera reçu.**

Le juge ne peut déférer d'office le serment décisoire. • Com. 26 janv. 1981 : *Bull. civ. IV, n° 47.* ♦ Prêté dans ces conditions, le serment ne peut être tenu que comme supplétoire. • Même arrêt.

Art. 319 **Le jugement qui ordonne le serment fixe les jour, heure et lieu où celui-ci sera reçu. Il formule la question soumise au serment et indique que le faux serment expose son auteur à des sanctions pénales.**

Lorsque le serment est déféré par une partie, le jugement précise en outre que la partie à laquelle le serment est déféré succombera dans sa prétention si elle refuse de le prêter et s'abstient de le référer.

Dans tous les cas, le jugement est notifié à la partie à laquelle le serment est déféré ainsi que, s'il y a lieu, à son mandataire.

1. Le jugement qui prescrit le serment ne dessaisit pas le juge et n'a pas autorité de la chose jugée. • Civ. 2e, 19 mai 1980 : *Bull. civ. II, n° 115.*

2. Le juge peut éventuellement rendre plus claire la formule du serment proposée à la condition de ne pas trahir la pensée du plaideur qui l'a déféré. • Civ. 2e, 13 mars 1974 : *JCP 1974. IV. 155.*

3. Les juges du fond apprécient que les abstentions répétées d'une partie témoignent de sa volonté de ne pas prêter le serment décisoire. • Soc. 7 mai 1981 : *Bull. civ. V, n° 407 ; RTD civ. 1982. 205, obs. Perrot.*

4. Le serment décisoire a pour effet de terminer le litige de façon définitive et absolue ; une fois le serment accepté et prêté, le juge perd tout pouvoir d'appréciation. • Civ. 3e, 22 févr. 1978 : *Bull. civ. III, n° 100 ; D. 1978. IR 411, obs. Julien.*

5. Le serment n'est valablement prêté que si la décision qui l'ordonne contient les indications concernant tant les conséquences civiles que les suites pénales du faux serment. • Paris, 25 mars 1994 : *D. 1994. IR 124*

Art. 320 **Le jugement qui ordonne ou refuse d'ordonner un serment décisoire peut être frappé de recours indépendamment de la décision sur le fond.**

La seule acceptation de prêter le serment décisoire ne constituant pas, en soi, un contrat judiciaire, l'appel du jugement l'ordonnant est recevable. • Civ. 2e, 3 avr. 1979 : *Bull. civ. II, n° 118 ; D. 1979. IR 480, obs. Julien.*

Art. 321 **Le serment est fait par la partie en personne et à l'audience.**

Si la partie justifie qu'elle est dans l'impossibilité de se déplacer, le serment peut être prêté soit devant un juge commis à cet effet qui se transporte, assisté du *(Décr. n° 2017-892 du 6 mai 2017, art. 68-I-3°)* **« greffier », chez la partie, soit devant le tribunal du lieu de sa résidence.**

Dans tous les cas, le serment est fait en présence de l'autre partie ou celle-ci appelée.

Aucune disposition légale n'impose que la prestation de serment soit constatée dans un procès-verbal. • Civ. 2e, 13 mars 1974 : *D. 1974. IR 127.*

Art. 322 **La personne investie d'un mandat de représentation en justice ne peut déférer ou référer le serment sans justifier d'un pouvoir spécial.**

V. aussi C. civ., art. 1357 s. — ***C. civ.***

TITRE HUITIÈME **LA PLURALITÉ DE PARTIES**

BIBL. ▶ Cadiet et Loriferne (ss. dir.), La pluralité des parties ? Actes des troisièmes rencontres de *procédure civile, Tome 47,* Bibliothèque de l'Institut de Recherche Juridique de la Sorbonne - André *Tunc, IRJS Éditions 2013.*

Art. 323 **Lorsque la demande est formée par ou contre plusieurs coïntéressés, chacun d'eux exerce et supporte pour ce qui le concerne les droits et obligations des parties à l'instance.**

Art. 324 **Les actes accomplis par ou contre l'un des cointéressés** *[coïntéressés]* **ne profitent ni ne nuisent aux autres, sous réserve de ce qui est dit aux articles** *(Abrogé par Décr. n° 2012-66 du 20 janv. 2012, art. 30)* **« 474, » 475, 529, 552,** *(Décr. n° 79-941 du 7 nov. 1979, art. 6, en vigueur le 1er janv. 1980)* **« 553 et 615 ».**

L'art. 30 du Décr. n° 2012-66 du 20 janv. 2012 est applicable dans les îles Wallis-et-Futuna (Décr. préc., art. 44).

1. En cas de pluralité de parties, le même jugement peut être mixte à l'égard de certaines d'entre elles et seulement avant-dire droit à l'égard de certaines autres. • Civ. 2e, 24 mai 1984 : *Bull. civ. II, n° 91 ; D. 1985. IR 261, obs. Julien ; RTD civ. 1985. 216, obs. Perrot.* ♦ V. note 4 ss. art. 272.

2. L'appel ne peut profiter, sauf cas d'indivisibilité, qu'à la partie qui a interjeté appel. • Com. 31 janv. 1983 : *Bull. civ. IV, n° 39.*

3. La nullité de l'assignation délivrée à un défendeur contre lequel il n'a pas été formé de demande ni prononcé de condamnation, n'entraîne pas, faute de lien de dépendance, la nullité en toutes ses dispositions du jugement rendu sur les actions régulièrement exercées à l'encontre des autres défendeurs. • Civ. 3e, 23 juin 2005, n° 03-14.040 P : *D. 2005. IR 2034 ; Procédures 2005, n° 202, obs. Perrot.*

4. Jugé que les cas exceptés par l'art. 324 ne concernent pas la péremption d'instance. • Dijon, 9 mai 1989 : *Gaz. Pal. 1991. 1. 191, note Renard.* ♦ Réaffirmant cependant que la péremption est, de sa nature, indivisible, V. • Civ. 2e, 3 janv. 1980 : *RTD civ. 1980. 617, obs. Perrot* • TGI Évry, 17 oct. 1985 : *Gaz. Pal. 1986. 1. Somm. 36 ; RTD civ. 1986. 420, obs. Perrot* • 28 oct. 1985 : *eod. loc.* • Civ. 2e, 11 juin 1997 : *RTD civ. 1997. 994, obs. Perrot ; Gaz. Pal. 1998. 2. 791, note du Rusquec.*

5. Sur les modes de liaison du contentieux avec les membres d'un groupe informel, V. • Soc. 17 mai 1977 : *D. 1977. 645, note Jeammaud ; JCP 1978. II. 18992, note Desdevises ; Dr. soc. 1978. 119, note J. Savatier ; RTD civ. 1977. 602, obs. Normand.* ♦ V. également Hébraud, obs. *RTD civ. 1970. 405 ; ibid. 1971. 196 ; ibid. 1973. 381* ; Normand, *RTD civ. 1979. 174* ; note Sinay et Wiederkehr, *D. 1978. 637* ; Daigre, *Dr. soc. 1980. 872.*

6. Sur la qualité des groupements à agir pour la défense d'intérêts collectifs, V. bibl. et notes 35 s. ss. art. 31.

7. Les actes accomplis par l'un des cointéressés ne nuisent point aux autres et pour cette raison, l'irrecevabilité des conclusions prises au nom d'une partie n'entraîne pas l'irrecevabilité des conclusions prises dans le même acte au nom d'une autre partie. • Civ. 2e, 19 févr. 2009, n° 08-12.144 P : *D. 2009. AJ 637 ; Procédures 2009, n° 133, note Perrot.* ♦ V. aussi, s'agissant d'une assignation, et jugeant que le défaut de capacité de l'une des parties au nom desquelles est délivré un acte n'affecte pas la validité de celui-ci à l'égard des autres parties au nom desquelles l'acte est régulièrement délivré • Civ. 2e, 25 févr. 2010 : *Dr. et pr. 2010. 177, obs. Vinckel.*

TITRE NEUVIÈME **L'INTERVENTION**

RÉP. PR. CIV. v° *Intervention*, par Wiederkehr et D'Ambra.

DALLOZ ACTION *Droit et pratique de la procédure civile 2022/2023*, nos 312.00 s.

BIBL. GÉN. ▶ Callé, *Mél. Héron, LGDJ-Lextenso 2008, p. 155* (demandes en intervention et justice arbitrale).

Art. 325 **L'intervention n'est recevable que si elle se rattache aux prétentions des parties par un lien suffisant.**

L'intervention n'est pas admise devant l'instance arbitrale d'indemnisation des rapatriés (Décr. n° 82-578 du 2 juill. 1982, art. 13, D. et BLD 1982. 312).

Sur l'intervention, devant les juridictions civiles, des associations agréées de consommateurs, V. C. consom., art. L. 421-7. — ***C. consom.***

1. Pouvoir du juge. L'appréciation de l'intérêt à agir de l'intervenant volontaire et du lien suffisant qui doit exister entre ses demandes et les prétentions originaires relève du pouvoir souverain des juges du fond. • Cass., ch. mixte, 9 nov. 2007, n° 06-19.508 P : *BICC 15 févr. 2008, p. 18, rapp. Lacabarats, avis Domingo et le communiqué ; JCP 2008. II. 10070, note Serinet ; ibid. I. 138, obs. Amrani Mekki ; Procédures 2008, n° 5, note Perrot ; Dr. et pr. 2008. 90, note Douchy-Oudot.*

2. Syndicat. La déclaration à l'audience de celui qui avait initialement formé, en son nom personnel, une demande en nullité d'opérations électorales et selon laquelle il agit au nom d'un syndicat vaut intervention volontaire de ce dernier, recevable comme se rattachant à la prétention originaire par un lien suffisant. • Soc. 19 juill. 1983 : *Bull. civ. V, n° 444.*

3. Contredit. V. note 14 ss. art. 82.

4. Lien suffisant. V. notes 15 s. ss. art. 4, et notes 1 s. ss. art. 70.

Art. 326 **Si l'intervention risque de retarder à l'excès le jugement sur le tout, le juge statue d'abord sur la cause principale, sauf à statuer ensuite sur l'intervention.**

1. L'appel en garantie ne pouvant être jugé qu'après examen de la demande principale, il ne peut être sursis à statuer sur celle-ci jusqu'au résultat de celui-là. • Civ. 1re, 19 nov. 1985 :

D. 1986. IR 246.

2. Sur la recevabilité de l'intervention volontaire après ordonnance de clôture, V. notes ss. art. 783. ♦ A raison du pouvoir qu'il tient de l'art. 326, le juge ne peut déclarer irrecevables les conclusions de l'intervenant volontaire au prétendu motif qu'elles seraient intervenues dans un délai insuffisant pour permettre aux autres parties de répliquer utilement. • Civ. 2e, 27 mai 1988 : *Bull. civ. II, n° 127 ; D. 1989. Somm. 277, obs. Julien ; Gaz. Pal. 1989. 1. Somm. 257, obs. Guinchard et Moussa.*

3. Sur la nature et le régime des décisions de disjonction, V. notes ss. art. 368 et 537.

Art. 327 **L'intervention en première instance ou en cause d'appel est volontaire ou forcée.**

Seule est admise devant la Cour de cassation l'intervention volontaire formée à titre accessoire.

1. Sur l'intervention, volontaire ou forcée, en cause d'appel, V. notes ss. art. 554 et 555.

2. L'intervention volontaire à titre accessoire devant la Cour de cassation s'entend de celle qui est à l'appui des prétentions d'une partie et suppose l'intérêt de son auteur pour la conservation de ses droits à soutenir cette partie. • Com. 6 mars 1979 : *Bull. civ. IV, n° 90* • Soc. 16 déc. 1980 : *JCP 1981. IV. 84.* ♦ Est recevable devant la Cour de cassation l'intervention volontaire de la Chambre nationale des huissiers de justice qui justifie d'un intérêt à intervenir dans la mesure où la décision à rendre concerne un intérêt dont elle a la garde. • Com. 20 oct. 1998, n° 95-15.804 P.

3. La partie qui intervient devant la Cour de cassation ne peut que s'associer aux moyens du demandeur au pourvoi, sans pouvoir invoquer de moyen distinct. • Com. 22 mai 1978 : *D. 1978. IR 497, obs. Julien.*

4. Qui était partie devant le juge du fond, et aurait pu former un recours contre le jugement qui lui faisait grief, est irrecevable à en demander la cassation par voie d'intervention. • Soc. 27 juin 1979 : *JCP 1979. IV. 294.* – Dans le même sens, V. • Com. 31 janv. 1977 : *Bull. civ. IV, n° 30.*

CHAPITRE PREMIER **L'INTERVENTION VOLONTAIRE**

DALLOZ ACTION *Droit et pratique de la procédure civile 2022/2023*, nos 312.11 s.

Art. 328 **L'intervention volontaire est principale ou accessoire.**

1. Nul ne pouvant être juge et partie, les membres de la commission administrative qui ont statué en matière de révision des listes électorales ne peuvent intervenir devant le TI saisi de contestations élevées contre les décisions de cette commission. • Civ. 2e, 8 mars 1978 : *D. 1978. 369, note Cortial.*

2. Le conseil de l'Ordre des avocats est irrecevable à intervenir devant la juridiction saisie d'un recours contre la décision par lui rendue en matière disciplinaire. • Civ. 1re, 16 juin 1981 : *Bull. civ. I, n° 215 ; RTD civ. 1982. 468, obs. Perrot.* ♦ Rappr. • Civ. 1re, 2 mai 1974 : *D. 1974. 643, note Brunois.*

3. Doit être déclarée irrecevable l'intervention qui n'est ni principale, son auteur exprimant un simple avis et n'élevant aucune prétention à son profit, ni accessoire, puisque n'appuyant pas la prétention d'une partie. • Paris, 7 nov. 1986 : *Gaz. Pal. 1987. 1. 30.*

4. Pour l'application des art. 328 à 330 aux procédures suivies devant la cour d'appel de Paris en matière de concurrence, V. • Paris, 22 sept. 2004 : *D. 2004. AJ 2788.*

Art. 329 **L'intervention est principale lorsqu'elle élève une prétention au profit de celui qui la forme.**

Elle n'est recevable que si son auteur a le droit d'agir relativement à cette prétention.

1. Droit propre. Le sort de l'intervention n'étant pas lié à celui de l'action principale lorsque l'intervenant principal se prévaut d'un droit propre qu'il est seul habilité à exercer. • Civ. 2e, 13 juill. 2006, n° 05-16.579 P : *D. 2007. Pan. 1384, obs. Julien ; Procédures 2006, n° 204, obs. Perrot.* ♦ L'intervention principale n'est recevable que si son auteur a le droit d'agir relativement à cette prétention, ce qui n'est pas le cas d'un tiers électeur demandant la non-inscription d'électeurs. • Civ. 2e, 11 avr. 2002, n° 02-60.282 P. ♦ L'intervention volontaire principale est recevable lorsque son auteur a intérêt et qualité relativement à une prétention personnelle (droit de visite). • Civ. 1re, 7 juin 1995, n° 94-15.860 P. ♦ Est recevable l'intervention d'une société ayant pour objet d'exercer un droit propre né d'un contrat auquel elle avait été partie, peu important que l'intervention eût le même objet que la demande initiale. • Civ. 3e, 17 mars 2004, n° 00-22.522 P. ♦ Le sort de l'intervention principale n'est pas lié à celui de l'action principale lorsque l'intervenant principal, commissaire à l'exécution du plan, se prévaut d'un droit propre qu'il est seul habilité à exercer après le jugement ayant arrêté le plan de cession. • Com. 29 oct. 2002, n° 97-22.542 P : *R. 2002, p. 419 ; D. 2002. AJ 3143 ; APC 2003, n° 1, obs. Cagnoli ; Gaz. Pal. 30 mars-1er avr. 2003, p. 32, obs. du Rusquec.* ♦ V. aussi, pour un intervenant principal liquidateur judiciaire, se prévalant d'un droit propre qu'il est seul habilité à exercer après le jugement ayant converti le redressement judiciaire en liquidation, • Com. 10 déc. 2002, n° 99-18.502 P : *D. 2003. AJ 348 ; Gaz. Pal. 6-7 août 2003, p. 19, obs. du Rusquec.* ♦ Est irrecevable l'appel d'une banque n'ayant élevé aucune prétention à son profit devant le premier juge. • Civ. 2e, 17 nov. 2005, n° 04-13.008 P : *D. 2005. IR 2969*. ♦ Est irrecevable l'intervention à l'instance d'un mandataire liquidateur de la société propriétaire de l'immeuble ayant constitué le domicile conjugal, seuls les époux ayant qualité pour intenter une action en divorce ou y défendre. • Civ. 1re, 4 juin 2007, n° 06-18.515 P : *D. 2007. AJ 1794 ; ibid. Pan. 2694, obs. Douchy-Oudot ; AJ fam. 2007. 313, obs. David ; Defrénois 2007. 1575, obs. Gibirila.* ♦ Des créanciers ont intérêt à s'opposer au report de la date de cessation des paiements puisque ce report qui allonge *de facto* la période suspecte permet la remise en cause de certaines opérations intervenues au cours de cette période. Ainsi, les créanciers élèvent bien une prétention qui leur est propre, même s'ils proposent une date identique à celle du débiteur, ce qui permet de caractériser leur intervention volontaire comme étant à titre principal. • Com. 16 déc. 2008 : *Procédures 2009, n° 59, obs. Rolland.* ♦ Viole l'art. 583 une cour d'appel qui, sur l'intervention volontaire du Conseil national des barreaux dans une instance engagée par d'autres parties, objet d'un désistement, la déclare irrecevable au motif qu'elle n'est qu'accessoire, alors que, s'agissant d'une personne morale investie de la défense des intérêts collectifs de la profession d'avocat, le Conseil national des barreaux, en formant une demande de dommages-intérêts, avait émis une prétention à son profit. • Civ. 2e, 14 janv. 2021, n° 18-22.984 P : *D. actu. 1er févr. 2021, note Ferrari.*

2. *Exclusion.* L'action en révocation d'une donation pour ingratitude étant strictement personnelle au donateur, les tiers sont irrecevables à intervenir à titre principal pour demander réparation de leur préjudice. • Civ. 1re, 8 mars 1988 : *Bull. civ. I, n° 67.* ♦ L'intervention volontaire dans une procédure d'adoption plénière de tiers se disant les grands-parents maternels d'un enfant immatriculé définitivement comme pupille de l'État et placé en vue de son adoption est irrecevable, *faute de qualité à agir,* dès lors que le lien de filiation entre leur fille et cet enfant dont la mère a décidé d'accoucher anonymement n'est pas établi. • Civ. 1re, 8 juill. 2009, n° 08-20.153 P : *D. 2009. AJ 1973, obs. Le Douaron ; ibid. 2010. Pan. 990, obs. Douchy-Oudot ; JCP 2009. 152, note Favier ; RLDC oct. 2009. 52, obs. Pouliquen ; LPA 16 sept. 2009, p. 6, note Burgard ; Gaz. Pal. 31 déc. 2009, p. 4, note Massip ; Procédures 2009, n° 321, note Douchy-Oudot ; AJ fam. 2009. 350, obs. Chénedé ; RDSS 2009. 972, obs. Tauran ; RTD civ. 2009. 708, obs. Hauser .* ♦ Comp. : • TGI Angers, réf., 8 oct. 2009 : *V. note 27 ss. art. 31.*

3. *Instance radiée.* Seules les parties à une instance radiée pouvant en réclamer le rétablissement après accomplissement des diligences dont le défaut avait été sanctionné, une intervention volontaire ne peut produire aucun effet. • Civ. 2e, 21 juin 2007, n° 06-12.233 P : *D. 2007. AJ 1972 .*

4. *Moment de l'intervention.* Sur la recevabilité de l'intervention volontaire en cause d'appel, V. notes ss. art. 554.

5. *Pourvoi.* N'est pas recevable le pourvoi en cassation formé par un tiers électeur et procédant d'une demande qui n'était pas recevable devant le juge du fond. • Civ. 2e, 11 avr. 2002, n° 02-60.282 P.

6. *Forme de l'intervention.* Sur la qualification d'intervention volontaire compte tenu des prétentions présentées par une compagnie d'assurance qui ne se contente pas de soutenir la défense de son assurée. • Civ. 2e, 6 mars 2003, n° 01-12.474 P. ♦ Lorsque le ministre chargé de l'économie se borne à déposer des conclusions, sur le fondement des dispositions de l'art. L. 470-5 C. com., au soutien des prétentions d'un organisme professionnel, sans formuler aucune demande distincte, sa présence dans le débat ne revêt pas le caractère d'une intervention. • Com. 7 juill. 2004 : *D. 2004. AJ 2299, obs. Chevrier ; JCP E 2004. 1739, n° 15, obs. Decocq.*

7. *Absence de lien avec l'action principale.* Le sort de l'intervention n'est pas lié à celui de l'action principale lorsque l'intervenant se prévaut d'un droit propre, distinct de celui invoqué par le demandeur. • Civ. 3e, 21 févr. 1990, n° 88-13.188 P. • Civ. 2e, 11 avr. 2013 : *JCP 2013. 1225, n° 6, obs. Serinet ; Procédures 2013, n° 178, note Perrot.*

8. L'intervention n'est donc affectée ni par l'irrecevabilité de la demande principale. • Com. 10 déc. 2002 : *préc. note 1* • 13 juill. 2006 : *D. 2006. IR 2211 ; Procédures 2006, n° 204, obs. Perrot.* ♦ V. aussi • Civ. 3e, 14 juin 1972 : *Bull. civ. III, n° 400* • 1er avr. 1987 : *JCP 1987. IV. 199.* ♦ ... Ni par le désistement du demandeur. • Com. 21 oct. 1975 : *D. 1976. 67, note Derrida* • 14 mai 1991, n° 89-16.696 P.

9. *Effet sur l'action principale.* Sur l'intervention principale comme mode de couverture d'une nullité pour irrégularité de fond, V. • Com. 14 nov. 1977 : *Bull. civ. IV, n° 254* • Soc. 19 juill. 1983 : *ibid. V, n° 444.* ♦ ... Ou d'une fin de non-recevoir, V. • Civ. 2e, 4 juill. 1984 : *Bull. civ. II, n° 124* • Paris, 28 mai 1982 : *Gaz. Pal. 1982. 2. Somm. 167* (intervention postérieure, en l'occurrence, à l'ordonnance de clôture). ♦ ... A condition que l'intervention se produise avant toute forclusion, V. • Com. 5 mai 1987 : *Bull. civ. IV, n° 105.* ♦ V. notes ss. art. 121 et 126.

10. Mais l'intervention accessoire ne saurait couvrir l'irrégularité de fond affectant un acte introductif d'instance. • Com. 11 janv. 1983 : *Bull. civ. IV, n° 15.* ♦ L'irrégularité d'une procédure tenant à l'inexistence de la personne morale qui agit en justice ne peut être couverte par une intervention en cours d'existence. • Civ. 2e, 12 févr. 2004, n° 02-13.672 P : *D. 2004. IR 731 ; Dr. et patr., mai 2004. 82, obs. Poracchia ; BJS 2004. 789, note Scholer ; Gaz. Pal. 13-15 mars 2005, p. 19, obs. du Rusquec.*

11. Conséquences. La société qui est intervenue volontairement devient partie à l'instance, et peut faire l'objet d'une demande incidente. • Civ. 2e, 6 mars 2003, n° 01-12.474 P.

Art. 330 **L'intervention est accessoire lorsqu'elle appuie les prétentions d'une partie.**

Elle est recevable si son auteur a intérêt, pour la conservation de ses droits, à soutenir cette partie.

L'intervenant à titre accessoire peut se désister unilatéralement de son intervention.

1. Intérêt. L'existence de l'intérêt est souverainement appréciée par les juges du fond. • Civ. 3e, 31 oct. 1989 : *Gaz. Pal. 1990. 1. Pan. 13* • Civ. 2e, 9 oct. 1991 : *Gaz. Pal. 1992. 1. Pan. 12.* ♦ ... Sous la réserve de censures éventuelles pour manque de base légale. • Civ. 3e, 24 nov. 1987, n° 86-15.488 P • Civ. 1re, 7 mars 1989 : *Bull. civ. I, n° 108* • Com. 14 oct. 2020, n° 18-15.840 P : *D. actu. 4 déc. 2020, note Sansone ; D. 2020. 2063 ; RTD com. 2020. 905, obs. Rontchevsky ; BJB nov.-déc. 2020, p. 10, note Galland.*

2. Un syndicat a un intérêt à intervenir dans une instance soulevant une question de principe dont la solution est susceptible d'être étendue à tous les adhérents et de présenter un préjudice au moins indirect à l'intérêt collectif de la profession. • Soc. 2 juin 1983, n° 81-40.103 P : *D. 1984. IR 368, obs. Verdier* • Civ. 3e, 24 nov. 1987 : *préc. note 1.* ♦ Mais les juges du fond peuvent estimer n'être pas justifiée par l'intérêt collectif de la profession l'intervention dans laquelle le syndicat déclare faire siennes les conclusions d'un de ses membres. • Civ. 2e, 21 mai 1979 : *Bull. civ. II, n° 149.* ♦ V. aussi • Civ. 2e, 22 janv. 2009 : *D. 2009. AJ 572 ; JCP S 2009 n° 1204, obs. G. Vachet* (irrecevabilité du MEDEF à intervenir dans une instance en cassation initiée par une banque contestant un arrêt qui a rejeté sa demande tendant au remboursement d'une somme versée au titre de la contribution sociale de solidarité des sociétés). ♦ Le Syndicat de la magistrature ne justifiant pas d'un intérêt dans le litige relatif au rejet d'une mesure d'assistance éducative, qui n'est pas susceptible d'entraîner des conséquences pour l'ensemble de ses adhérents, son intervention volontaire n'est pas recevable, en application des art. 327 et 330. • Civ. 1re, 11 mai 2016, n° 15-18.731 P : *D. actu. 25 mai 2016, obs. M. Kebir.* ♦ V. aussi, jugeant qu'un syndicat d'employeurs ne justifiant pas d'un intérêt, pour la conservation de ses droits, à soutenir l'employeur défendeur au pourvoi, son intervention volontaire est irrecevable. • Soc. 6 juill. 2016, n° 15-12.188 P.

3. Sur l'intérêt d'un comité d'entreprise à intervenir dans une instance en révocation d'une donation aux côtés du donateur dont le succès de l'action favoriserait la poursuite de l'exploitation, V. • Civ. 1re, 8 mars 1988, n° 86-11.144 P. ♦ ... Des locataires à intervenir auprès du bailleur dans une instance en résiliation opposant celui-ci à un autre locataire exerçant une activité concurrente, V. • Civ. 3e, 31 oct. 1989 : *Gaz. Pal. 1990. 1. Pan. 13.* ♦ ... De l'État français à intervenir aux côtés d'un État étranger pour soutenir la prétention de celui-ci au rejet d'une demande d'*exequatur*, V. • Civ. 1re, 13 avr. 1981 : *Bull. civ. I, n° 287* • 10 mars 1982, n° 80-16.679 P. ♦ ... D'un créancier à intervenir à l'instance en nullité de l'hypothèque consentie à un autre créancier, V. • Civ. 3e, 22 mai 1975 : *JCP 1975. IV. 220.* ♦ ... De la Chambre nationale des huissiers de justice dans une instance où la décision à rendre concerne un intérêt dont elle a la garde. • Com. 20 oct. 1998, n° 95-15.804 P.

4. Sur le défaut d'intérêt de la commission régionale des conseils juridiques à intervenir dans un litige relatif à l'inscription modificative d'une société au registre du commerce, peu important que les textes en cause soient appliqués en permanence par les conseils juridiques et que ces derniers ne soient pas indifférents à leur interprétation, V. • Civ. 2e, 9 oct. 1991 : *Gaz. Pal. 1992. 1. Pan. 12.*

5. Caractère subordonné. L'intervention accessoire étant nécessairement liée à la demande originaire, l'extinction de l'instance principale ne peut qu'entraîner sa disparition. • Soc. 9 oct. 1986 : *Bull. civ. V, n° 489.* ♦ Est irrecevable l'intervention accessoire d'un tiers dans une instance engagée au nom d'une personne décédée avant même que l'instance n'ait été introduite. • Civ. 1re, 10 mars 1982, n° 80-16.679 P.

6. Jugé cependant que l'intervention accessoire d'un tiers est interruptive de péremption. • Civ. 2e, 3 janv. 1980 : *Bull. civ. II, n° 3 ; RTD civ. 1980. 618, obs. Perrot.*

7. L'intervenant accessoire, ne pouvant se prévaloir d'un droit propre, n'est pas recevable à se pourvoir devant la Cour de cassation lorsque la partie principale s'abstient de le faire. • Civ. 2e,

9 oct. 1991, n° 89-19.316 P • Civ. 1re, 7 juill. 1992 : *JCP 1992. IV. 2607* • Civ. 1re, 13 janv. 2016, n° 14-29.843 P : *D. actu. 4 févr. 2016, obs. Kebir.* – V. aussi • Civ. 1re, 6 mars 1979 : *Bull. civ. I, n° 77* • Com. 7 févr. 1987 : *ibid. IV, n° 31.* ♦ Dans le même sens, s'agissant de l'appel, V. • Com. 29 mai 1984 : *Bull. civ. IV, n° 179* • Lyon, 20 mai 1980 : *Gaz. Pal. 1981. 1. 93, note Hanine* • Civ. 1re, 7 juill. 1992, n° 90-20.173 P. ♦ Mais l'irrecevabilité de l'appel ainsi interjeté n'est pas d'ordre public. • Civ. 2e, 24 févr. 1993, n° 91-15.532 P.

CHAPITRE II L'INTERVENTION FORCÉE

DALLOZ ACTION *Droit et pratique de la procédure civile 2022/2023*, nos 312.40 s.

SECTION PREMIÈRE DISPOSITIONS COMMUNES À TOUTES LES MISES EN CAUSE

BIBL. ▶ ROMAN, *D. 2003. Chron. 2156* (la caution et l'action paulienne : alliance des règles de fond et de procédure).

Art. 331 **Un tiers peut être mis en cause aux fins de condamnation par toute partie qui est en droit d'agir contre lui à titre principal.**

Il peut également être mis en cause par la partie qui y a intérêt afin de lui rendre commun le jugement.

Le tiers doit être appelé en temps utile pour faire valoir sa défense.

1. Est irrecevable la mise en cause d'un tiers à seule fin d'obtenir des renseignements sur des faits susceptibles d'être en relation avec le litige, ce qui relève du domaine de l'enquête. • Civ. 3e, 12 juill. 1977 : *Bull. civ. III, n° 311 ; RTD civ. 1978. 424, obs. Perrot* • Civ. 1re, 24 mars 1987 : *Bull. civ. I, n° 108.*

2. Sur l'appréciation de l'intérêt justifiant la mise en cause, V. notes ss. art. 325. ♦ L'employeur recherché par un salarié sur le fondement de l'art. L. 468 (ancien) CSS justifie d'un intérêt à solliciter la mise en cause du substitué dans la direction, auteur de la faute inexcusable, ne serait-ce que pour lui rendre opposable le jugement à intervenir. • Soc. 21 juill. 1986 : *Bull. civ. V, n° 416.* – V. aussi • Com. 10 mars 1987 : *Bull. civ. IV, n° 68.*

3. La mise en cause d'un tiers aux fins de jugement commun a pour seul effet de lui rendre la chose jugée opposable sans que la décision rendue constitue un titre exécutoire pour lui. • Civ. 3e, 23 juin 1981 : *Bull. civ. III, n° 132.*

4. Il résulte de l'art. 331, al. 2 et 3, que le tiers assigné en déclaration de jugement commun doit être appelé en la cause pour faire valoir sa défense avant que ne soit intervenu le jugement tranchant le principal. • Civ. 2e, 17 nov. 1982 : *Bull. civ. II, n° 147 ; Gaz. Pal. 1985. 1. Pan. 102, obs. Guinchard.*

5. Viole les art. 331 et 783 l'arrêt réputé contradictoire pris contre l'appelé en garantie, alors que l'ordonnance de clôture a été rendue avant expiration du délai de comparution. • Civ. 1re, *28 nov. 1978 : Bull. civ. I, n° 364.* ♦ Même solution lorsque l'assignation est délivrée après l'ordonnance de clôture et très peu de temps avant l'audience des plaidoiries. • Civ. 2e, 11 juill. 1990, n° 89-12.560 P.

Rappr., sur la notion de temps utile, notes ss. art. 15 et 135.

6. Compte tenu de l'indivisibilité du litige à l'égard d'un représentant des créanciers partie en première instance, il ne peut être intimé par la voie de l'intervention forcée réservée à la mise en cause des tiers. • Civ. 2e, 13 juill. 2005, n° 01-11.798 P. ♦ V. notes ss. art. 555.

7. Sur l'opposabilité au tiers intervenant forcé des mesures d'instruction déjà ordonnées et exécutées dans la cause principale, V. notes ss. art. 169.

8. Lorsqu'un salarié est attrait par un tiers au contrat de travail devant une juridiction autre qu'une juridiction prud'homale, la règle de l'unicité de l'instance, qui n'est applicable que devant les juridictions statuant en matière prud'homale, ne peut faire à son droit d'appeler en garantie son employeur devant cette juridiction conformément à l'art. 331 C. pr. civ. • Soc. 10 févr. 2010 : *Procédures 2010, n° 182, note Bugada.*

9. Viole l'art. 331, al. 2, la cour d'appel qui, pour mettre hors de cause un notaire et une SCP notariale appelés en intervention par un organisme de crédit alors que des emprunteurs sollicitent la mainlevée de la saisie-attribution pratiquée par ce dernier qui leur avait consenti un prêt par acte dressé devant notaire, retient d'une part que les emprunteurs sont irrecevables à soulever l'exception de nullité du contrat de prêt et, d'autre part, qu'aucune procédure en inscription de faux n'a été engagée à l'encontre ni de ce contrat, qui vaut titre exécutoire, ni de l'acte de vente du bien immobilier que le prêt finançait, ni de la procuration reçue également par acte authentique par un notaire ayant compétence pour le faire, alors que l'organisme de crédit fait valoir qu'il dispose d'un droit d'agir au principal contre les notaires, ce qui leur confère un intérêt à solliciter la mise en cause de ces derniers, dans l'instance engagée par les emprunteurs, afin que le jugement à intervenir soit déclaré commun. • Civ. 1re, 24 avr. 2013 : *D. 2013. Actu. 232* ; *ibid. 2014. Pan. 630, obs. Amrani-Mekki et Mekki* ; *RTD civ. 2013. 596, obs. Barbier* ; *JCP 2013. 526, obs. Salati* ; *ibid. 1225, n° 6, obs. Serinet.*

Art. 332 **Le juge peut inviter les parties à mettre en cause tous les intéressés dont la présence lui paraît nécessaire à la solution du litige.**

En matière gracieuse, il peut ordonner la mise en cause des personnes dont les droits ou les charges risquent d'être affectés par la décision à prendre.

1. Viole les art. 4 et 5 le juge qui prononce une condamnation à l'encontre d'une personne qu'une décision antérieure avait, d'office, invité les parties à appeler en cause, alors que cette condamnation n'avait été sollicitée par aucune des parties. • Civ. 2e, 5 oct. 1983, n° 82-14.161 P : *RTD civ. 1984. 357, obs. Normand, 364, obs. Perrot.*

2. Il ne saurait être reproché au juge d'avoir « enjoint » à une partie de contraindre un tiers à participer à l'instance. • Civ. 3e, 6 oct. 1993 : *RTD civ. 1994. 163, obs. Perrot*. ♦ Le juge n'est pas tenu d'user de la faculté que lui donne l'art. 332, al. 1er. • Com. 11 déc. 2007 : *RTD civ. 2008. 154, obs. Perrot* .

3. En cas de conflit d'affiliation à la sécurité sociale, le juge doit ordonner la mise en cause de toutes les personnes et organismes susceptibles d'être concernés. • Soc. 10 mars 1978 : *Bull. civ. V, n° 255.* ♦ Dans le même sens : • Civ. 2e, 24 sept. 2020, n° 19-17.009 P : *D. actu. 22 oct. 2020, note Sansone* ; *JCP S 2020, n° 3081, note Bouilloux* (cassation de l'arrêt qui, en présence d'un conflit d'affiliation, a déclaré irrecevable l'intervention forcée d'une caisse de retraite).

4. En raison de l'indivisibilité de l'objet d'un pourvoi, qui concerne le passif du demandeur et n'est donc pas étranger à la mission du liquidateur, la mise en cause de celui-ci est nécessaire à la régularisation de la procédure. A défaut, le pourvoi sera jugé irrecevable. • Com. 16 janv. 2019, n° 16-26.989 P : *D. actu. 19 févr. 2019, obs. Kebir.*

5. Sur le pouvoir d'ordonner d'office l'intervention forcée, V. art. 311-10 et 311-11 C. civ. – **C. civ.** et art. 552 C. pr. civ.

Art. 333 **Le tiers mis en cause est tenu de procéder devant la juridiction saisie de la demande originaire, sans qu'il puisse décliner la compétence territoriale de cette juridiction, même en invoquant une clause attributive de compétence.**

1. La règle de prorogation légale de compétence posée par l'art. 333 s'applique en l'absence de volonté contraire des parties. • Civ. 1re, 12 mai 2004, n° 01-13.903 P : *D. 2004. IR 1562* ; *RTD civ. 2004. 549, obs. Perrot* ; *Procédures 2004, n° 146, note Perrot* ; *Procédures 2004, n° 263, note Croze* ; *Dr. et patr., nov. 2004, p. 103, obs. P. Mousseron* ; *LPA 3 déc. 2004, p. 14, note Chabot.*

2. L'obligation de procéder devant la juridiction saisie de la demande originaire ne s'impose au tiers mis en cause que si la contestation ne porte que sur la compétence territoriale. • Com. 8 nov. 1982 : *Bull. civ. IV, n° 337* ; *Gaz. Pal. 1983. 1. Pan. 99, obs. Guinchard.* ♦ Ce n'est pas le cas lorsque l'appelé en garantie invoque une clause compromissoire. • Même arrêt. – V. aussi • Orléans, 16 juin 1983 : *JCP 1984. II. 20130* • T. com. Paris, 23 avr. 2003 : *Gaz. Pal. 4-6 juill. 2004, p. 30.*

3. L'attribution conventionnelle de compétence à une juridiction étrangère fait échec aux dispositions de l'art. 333 (sol. impl.). • Civ. 2e, 9 nov. 1976 : *Bull. civ. II, n° 301.*

4. L'art. 333 n'est pas applicable dans les relations intracommunautaires. • Civ. 1re, 18 oct. 1989 : *Bull. civ. I, n° 321* • 6 janv. 2004, n° 01-12.171 P : *D. 2004. IR 606* ; *RTD civ. 2004. 549, obs. Perrot* ; *Procédures 2004, n° 74, note Perrot* ; *LPA 29 oct. 2004, p. 18, note Boizel* ; *Dr. et patr., nov. 2004, p. 103, obs. P. Mousseron.* ♦ ... Ni dans l'ordre international. • Civ. 2e, 24 mars 1993, n° 91-17.508 P. ♦ La clause attributive de juridiction convenue dans le cadre de l'art. 17 Conv. Bruxelles du 27 sept. 1968 s'applique en cas d'appel en garantie. • Civ. 1re, 12 juill. 1982 : *Bull. civ. I, n° 258* • 6 janv. 2004 : *préc.* ♦ Mais l'art. 333 n'est inapplicable dans l'ordre international qu'en présence d'une clause attributive de compétence ou d'une clause compromissoire. • Civ. 1re, 12 mai 2004 : *préc. note 1.* ♦ V. Delgrange, *Gaz. Pal. 1983. 1. Doctr. 179.*

5. Une partie assignée en justice est en droit d'en appeler une autre en garantie des condamnations prononcées contre elle ; une telle demande en garantie est distincte de l'action directe prévue par le code des assurances : l'assureur n'a pas à justifier du paiement préalable des condamnations. • Civ. 1re, 21 janv. 1997, n° 94-20.144 P : *D. 1997. IR 41* ; *Resp. civ. et assur. 1997, Chron. 4, obs. Groutel* ; *RGDA 1997. 542, note Mayaux.* – Dans le même sens, V. • Civ. 3e, 9 déc. 1998 : *D. 1999. Somm. 228, obs. Groutel* • Com. 2 févr. 1999, n° 96-17.912 P : *RGDA 1999. 677, note Rémy.*

SECTION II DISPOSITIONS SPÉCIALES AUX APPELS EN GARANTIE

Art. 334 **La garantie est simple ou formelle selon que le demandeur en garantie est lui-même poursuivi comme personnellement obligé ou seulement comme détenteur d'un bien.**

1. Si le recours en paiement du débiteur solidaire suppose qu'il a payé, il n'en est pas de même de l'appel en garantie, lequel est ouvert contre l'appelé qui est personnellement obligé. • Civ. 1re, 6 oct. 1998, n° 96-20.111 P : *D. Affaires 1998. 1811, obs. X. D.*

2. Une partie assignée en justice est en droit d'en appeler une autre en garantie des condamnations qui pourraient être prononcées contre elle, une telle action étant distincte de l'action directe prévue par le code des assurances et ne supposant pas que l'appelant en garantie ait déjà indemnisé le demandeur initial. • Civ. 3e, 10 déc. 2003, n° 01-00.614 P.

Art. 335 **Le demandeur en garantie simple demeure partie principale.**

1. Viole les art. 334 et 335 le juge qui, faisant droit à la demande d'un vendeur de véhicule volé, poursuivi par l'acquéreur comme personnellement obligé, condamne à sa place le précédent vendeur, qu'il avait appelé en garantie et contre lequel l'acquéreur n'avait pas conclu. • Civ. 2e, 18 févr. 1987 : *Bull. civ. II, n° 47.*

2. Pour les conséquences de la distinction entre instance principale et instance en garantie sur les conditions de recevabilité et sur les effets des recours, V. • Civ. 2e, 5 mai 1982 : *Bull. civ. II, n° 70* • Toulouse, 16 nov. 1983 : *JCP 1985. IV. 93.*

3. L'appelé en garantie n'est pas recevable à critiquer la recevabilité de l'action principale, à laquelle il n'est pas partie. • Civ. 3e, 9 févr. 1982 : *Gaz. Pal. 1982. 2. 613, note Plancqueel.*

4. L'appel en garantie simple ne crée pas de lien juridique entre le demandeur à l'action principale et le garant. • Com. 8 févr. 2000, n° 97-10.794 P : *D. 2000. IR 92* • Civ. 2e, 13 mai 2015 : *Dalloz jurisprudence* • 13 mai 2015 : *Dalloz jurisprudence.*

5. Un assureur appelé en garantie par un commissaire-priseur mis hors de cause dans le sinistre survenu à l'occasion du transport d'un véhicule destiné à être vendu aux enchères ne peut être condamné directement au profit du propriétaire du véhicule, faute pour ce dernier d'avoir formulé à l'encontre de l'appelé en garantie une demande par assignation ou par voies de conclusions signifiées en cours d'instance. • Versailles, 25 oct. 2002 : *BICC 2003, n° 930.*

Art. 336 **Le demandeur en garantie formelle peut toujours requérir, avec sa mise hors de cause, que le garant lui soit substitué comme partie principale.**

Cependant le garanti, quoique mis hors de la cause comme partie principale, peut y demeurer pour la conservation de ses droits ; le demandeur originaire peut demander qu'il y reste pour la conservation des siens.

En cas de mise hors de cause du garanti, le demandeur peut formuler une demande additionnelle contre le garant, pourvu que cette demande se rattache aux prétentions originaires par un lien suffisant. • Com. 13 janv. 1987 : *Gaz. Pal. 1987. 1. Pan. 45.*

Art. 337 **Le jugement rendu contre le garant formel peut, dans tous les cas, être mis à exécution contre le garanti sous la seule condition qu'il lui ait été notifié.**

Art. 338 **Les dépens ne sont recouvrables contre le garanti qu'en cas d'insolvabilité du garant formel et sous réserve que le garanti soit demeuré en la cause, même à titre accessoire.**

TITRE NEUVIÈME *BIS* L'AUDITION DE L'ENFANT EN JUSTICE

(Décr. n° 2009-572 du 20 mai 2009, art. 1er)

Le Décr. n° 2009-572 du 20 mai 2009 est applicable à Wallis-et-Futuna (Décr. préc., art. 4).

V. C. civ., art. 388-1. — ***C. civ.***

Sur le régime de la rémunération allouée à la personne désignée par le juge pour entendre le mineur, V. not. C. pr. civ., art. 695 ; C. pr. pén., art. R. 93, R. 221-1, R. 224-2, A. 43-13 et A. 43-14. — ***C. pr. pén.***

BIBL. GÉN. ▶ BAUDIN-MAURIN, *LPA 21 juin 2013, p. 4* (audition du mineur à sa demande : réflexion inspirée par la jurisprudence). – Collectif, *Dr. fam. 2016. Dossier 8* (la parole de l'enfant devant la justice civile). – DEKEUWER-DÉFOSSEZ, *LPA 30 juin 2010, p. 11.* – DEMARCHI, *LPA 17 mars 2010, p. 3* (une justice familiale en mutation). – DOUCHY-OUDOT, *Procédures 2009. Étude 7.* – FRANCOZ-TERMINAL, *Dr. fam. 2009. Étude 30.* – GOUTTENOIRE et BONFILS, *D. 2009. Pan. 1921.* – HAYAT et FRICERO, *RJPF 10/2009. 8* (un subtil équilibre entre l'intérêt supérieur de l'enfant et l'équité du procès). – JUSTON, *Dr. fam. 2010. Étude 2* (l'aléa dans le contentieux familial : une fatalité ?) ; *Gaz. Pal. 15-16 mars 2013, p. 11* (la parole de l'enfant devant le JAF : enfant-roi, enfant-proie). – MASSIP, *Dr. fam. 2010. Étude 22* (observations sur le décret du 20 mai 2009 et sa circulaire d'application). – ROBINEAU, *AJ fam. 2008. 7* (juge, m'entends-tu ?). – Dossier : *AJ fam. 2009. 320*.

Art. 338-1 Le mineur capable de discernement est informé par le ou les titulaires de l'exercice de l'autorité parentale, le tuteur ou, le cas échéant, par la personne ou le service à qui il a été confié de son droit à être entendu et à être assisté d'un avocat dans toutes les procédures le concernant.

Lorsque la procédure est introduite par requête, la convocation à l'audience est accompagnée d'un avis rappelant les dispositions de l'article 388-1 du code civil et celles du premier alinéa du présent article.

Lorsque la procédure est introduite par acte d'huissier, l'avis mentionné à l'alinéa précédent est joint à celui-ci.

(Décr. nº 2016-1906 du 28 déc. 2016, art. 3) **« Dans toute convention soumise à l'homologation du juge aux affaires familiales selon la procédure prévue par l'article 1143 ou par les articles 1565 et suivants, mention est faite que le mineur capable de discernement a été avisé de son droit à être entendu et assisté d'un avocat et, le cas échéant, qu'il n'a pas souhaité faire usage de cette faculté. »**

Le Décr. nº 2016-1906 du 28 déc. 2016 s'applique aux demandes d'homologation pour lesquelles les parties n'ont pas encore été convoquées à l'audience au jour de son entrée en vigueur, soit le 30 déc. 2016 (Décr. préc., art. 6).

1. Caractère systématique (non). Si l'art. 338-1 prévoit que le juge doit s'assurer que le mineur a été informé de son droit à être entendu et à être assisté par un avocat, il ne paraît pas opportun d'imposer au magistrat de recevoir systématiquement l'enfant pour lui indiquer cette possibilité. Une telle mesure pourrait s'avérer contraire à l'intérêt de l'enfant, dont le droit au silence doit être respecté. De surcroît, la mise en œuvre de ce dispositif se heurterait à d'importantes difficultés sur le plan pratique, car elle alourdirait considérablement la tâche des magistrats, eu égard au nombre de mineurs concernés par cette obligation d'audition. [...] Il semble plus adapté que l'obligation d'information du mineur sur ses droits pèse au premier chef sur les personnes qui s'en occupent quotidiennement. Ce que prévoit le Décr. nº 2009-572 du 20 mai 2009 relatif à l'audition de l'enfant en justice. Pour ce faire, le texte dispose qu'un avis le leur rappelant doit être joint aux convocations ou aux assignations. Il appartiendra ensuite au magistrat saisi de vérifier en cours de procédure que le mineur a effectivement été destinataire de l'ensemble des informations requises. Par ailleurs, *on ne saurait interdire* au magistrat de faire état du contenu de l'audition dans sa décision, celui-ci devant pouvoir utiliser les informations recueillies dans le cadre de la mesure d'audition pour motiver sa décision. Or il ne saurait se fonder sur des éléments qui n'ont pas été soumis au débat contradictoire, sauf à violer ce principe, qui constitue l'une des règles fondamentales de la procédure civile. A cet égard, le décret du 20 mai 2009 prévoit que l'audition du mineur doit faire l'objet d'un compte rendu, élaboré dans le respect de l'intérêt de l'enfant et soumis au respect du contradictoire * Rép. min. nº 36623, 40484, 45527, 45529 : *JOAN Q, 30 juin 2009, p. 6646 s.* ; *AJ fam. 2009. 278*.

2. Ayant été prescrite conformément aux prévisions de l'art. 388-1 C. civ., l'audition de l'enfant est impérativement régie par les dispositions des art. 338-1 à 338-12 C. pr. civ. • Civ. 1re, 28 sept. 2011 : *AJ fam. 2011. 546, obs. Briand* ; *RTD civ. 2011. 757, obs. Hauser* ; *Gaz. Pal. 19 nov. 2011, p. 29, obs. Mulon* (à propos de l'audition de l'enfant par un tiers appelé à établir un diagnostic sur des éventuelles pathologies et faire des propositions dans l'intérêt de celui-ci, le pourvoi faisant valoir l'application du régime des mesures d'instruction).

3. Assistance d'un avocat. Dès lors qu'il ressort, d'une part des pièces de la procédure, que la convocation adressée au mineur en vue de son audition l'informait, conformément à l'[ancien] art. 338-5 C. pr. civ., qu'il pouvait être entendu seul, accompagné d'une personne de son choix ou d'un avocat, et qu'il bénéficiait, de droit, de l'aide juridictionnelle, et d'autre part du procès-verbal d'audition que l'enfant a accepté d'être entendu sans son avocat, la cour d'appel a régulièrement informé l'enfant de son droit à être assisté par un avocat et a légalement justifié sa décision. • Civ. 1re, 9 déc. 2009 : *Gaz. Pal. 22-23 janv. 2010, p. 39, obs. Mulon.* ♦ V. jugeant que c'est aux parents qu'incombent la charge de s'assurer que l'enfant a été effectivement informé de son droit d'être assisté d'un avocat : • Civ. 1re, 28 sept. 2011 : *préc. note 2.*

Code civil

Art. 388-1 *(L. nº 93-22 du 8 janv. 1993)* Dans toute procédure le concernant, le mineur capable de discernement peut, sans préjudice des dispositions prévoyant son intervention ou son consentement, être entendu par le juge ou *(L. nº 2007-293 du 5 mars 2007, art. 9)* « , lorsque son intérêt le commande, par » la personne désignée par le juge à cet effet.

(L. nº 2007-293 du 5 mars 2007, art. 9) « Cette audition est de droit lorsque le mineur en fait la demande. Lorsque le mineur refuse d'être entendu, le juge apprécie le bien-fondé de ce refus. » Il peut être entendu seul, avec un avocat ou une personne de son choix. Si ce choix n'apparaît pas conforme à l'intérêt du mineur, le juge peut procéder à la désignation d'une autre personne.

L'audition du mineur ne lui confère pas la qualité de partie à la procédure. — *V. C. pr. civ., art. 338-1 à 338-12.*

(L. nº 2007-293 du 5 mars 2007, art. 9) « Le juge s'assure que le mineur a été informé de son droit à être entendu et à être assisté par un avocat. »

BIBL. ► BAZIN, *Gaz. Pal. 2014. 2137.* – BRUGGEMAN, *AJ fam. 2014. 12* (audition de l'enfant en justice). – JUSTON et TEIXEIRA, *Dr. fam. 2011. Étude 16.* – JUSTON, *Gaz. Pal. 2013. 841.* – KARILA-DANZIGER et COPÉ-BESSIS, *AJ fam. 2014. 15* (pratiques juridictionnelles du JAF). – MASSIP, *Dr. fam. 2010. Étude 22.* – Dossier, *AJ fam. 2009. 321 ; ibid. 2014. 12*. – Dossier, *Dr. fam. 2016, Dossiers 6 s.* (la parole de l'enfant en justice).

A. AUDITION DU MINEUR

1. QPC (non). L'art. 388-1 permet l'audition du mineur capable de discernement dans les procédures le concernant, sans préjudice des dispositions prévoyant son intervention ou son consentement ; elle est ainsi sans incidence sur la qualité de partie à la procédure du mineur, laquelle dépend de la nature de l'instance et résulte de dispositions expresses, et elle ne porte pas atteinte aux droits de la défense de ce dernier. • Civ. 1re, 23 oct. 2013 : *D. 2013. 2519 ; RTD civ. 2014. 82, obs. Hauser* (absence de caractère sérieux de la QPC et refus de sa transmission).

2. Domaine du texte. L'art. 388-1 a exclusivement vocation à régir l'audition du mineur par le juge, de sorte qu'il est inapplicable en matière d'expertise. • Civ. 1re, 23 mars 2011 : *D. 2011. Pan. 1995, obs. Gouttenoire ; AJ fam. 2011. 256, obs. Gebler ; RTD civ. 2011. 323, obs. Hauser ; Dr. fam. 2011, nº 103, obs. Maria ; RLDC 2011/82, nº 4249, obs. Gallois* (absence d'application des modalités de convocation applicables en la matière à une expertise psychologique).

3. Nature de l'audition. L'audition d'un mineur n'est pas d'une mesure d'instruction. • Civ. 1re, 28 sept. 2011 : *AJ fam. 2011. 546, obs. Briand ; RTD civ. 2011. 757, obs. Hauser*.

4. Demande d'audition : date. Cassation de l'arrêt qui rejette la demande d'audition présentée par un mineur, alors que cette demande peut être présentée en tout état de la procédure, même pour la première fois, en cause d'appel et qu'en l'espèce l'enfant avait sollicité son audition par lettre reçue le lendemain de l'audience de plaidoirie. • Civ. 1re, 24 oct. 2012, nº 11-18.849 P : *D. 2013. Pan. 2073, obs. Bonfils et Gouttenoire ; AJ fam. 2012. 612, obs. Rovinski ; RTD civ. 2013. 106, obs. Hauser ; Dr. fam. 2013, nº 9, obs. Neirinck.*

5. … Formes. La demande d'audition d'un mineur doit être présentée au juge par l'intéressé. • Civ. 1re, 19 sept. 2007, nº 06-18.379 P : *D. 2008. Pan. 1857, obs. Gouttenoire ; JCP 2008. II. 10026, note Zelcevic-Duhamel ; ibid. I. 102, nº 6, obs. Bideau ; Gaz. Pal. 16-17 janv. 2008, Somm., obs. Massip ; AJ fam. 2007. 432, obs. Thierry ; Dr. fam. 2007, nº 192, note Murat ; RJPF 2008-1/37, note Mulon ; RTD civ. 2008. 100, obs. Hauser ; Rev. crit. DIP 2008. 606, obs. Bourdelois* (une cour d'appel n'a pas à tenir compte d'une attestation rédigée par un tiers faisant indirectement état du souhait d'un enfant d'être entendu). ♦ Lorsque le juge décide même d'office de l'audition d'un enfant (anc. art. 388-1 C. civ.), le secrétariat de la juridiction doit en aviser les défenseurs des parents ou leurs conseils. • Civ. 1re, 3 déc. 2008, nº 07-11.552 P : *D. 2009. Pan. 773, obs. Granet-Lambrechts ; AJ fam. 2009. 31, obs. Robineau ; Dr. fam. 2009, nº 27, obs. Murat ; RTD civ. 2009. 110, obs. Hauser*.

6. Opportunité de l'audition et motivation des refus : principe. Cassation, pour violation des art. 3-1 (intérêt supérieur de l'enfant) et 12-2 (audition de l'enfant) de la CIDE, ensemble les art. 388-1 C. civ. et 338-1 et 338-2 C. pr. civ., de l'arrêt qui, dans le cadre d'une procédure de modification de la résidence d'un enfant mineur, ne s'est pas prononcé sur la demande d'audition d'un enfant, présentée en cours de délibéré par lettre transmise à la cour d'appel, alors que la considération primordiale de l'intérêt supérieur de l'enfant et le droit de celui-ci à être entendu lui imposaient de prendre en compte la demande de l'enfant, cette audition ne pouvant été écartée que par une décision spécialement motivée. • Civ. 1re, 18 mai 2005 : *R., p. 415 ; D. 2005. 1909, note Égéa ; JCP 2005. II. 10081, note Granet-Lambrechts et Strickler ; ibid. 10115, concl. C. Petit, note Chabert ; ibid. 199, nos 7 s., obs. Rubellin-Devichi ; Gaz. Pal. 2005. 2664, note Courdier-Cuisinier ; Defrénois 2005. 1418, note Massip ; AJ fam. 2005. 274, obs. Fossier ; Dr. fam. 2005, n° 156, note Gouttenoire ; RJPF 2005-9/31, note Eudier ; Dr. et patr. 9/2005. 101, obs. Bonfils ; RDSS 2005. 814, note Neirinck ; RTD civ. 2005. 585, obs. Hauser, et 627, obs. Théry ; Rev. crit. DIP 2005. 679, note Bureau*. ♦ Rappr. • Civ. 1re, 22 nov. 2005 : *cité infra* , approuvant, au visa des mêmes art. 3-1 et 12-2 CIDE, le recueil des sentiments de l'enfant par l'intermédiaire d'un avocat • 15 avr. 2010 : *Dr. fam. 2010, n° 96, obs. Larribau-Terneyre.*

7. ... *Assistance éducative.* En matière d'assistance éducative, lorsqu'elle est saisie d'une demande tendant à voir fixer pour la première fois les modalités des relations entre l'enfant placé et un tiers, parent ou non, la cour d'appel ne peut se dispenser d'entendre le mineur, dont elle n'a pas constaté l'absence de discernement, que si celui-ci a été précédemment entendu, relativement à cette demande, par le juge des enfants. • Civ. 1re, 2 déc. 2020, n° 19-20.184 P : *D. 2020. 2453 ; AJ fam. 2021. 127, obs. Mallevaey ; RTD civ. 2021. 118, obs. Leroyer ; Dr. fam. 2021, n° 18, note Siffrein-Blanc.* ♦ Sur le caractère facultatif lorsque l'enfant a été auditionné par le juge des enfants : • 28 nov. 2006 : *cité note 14 ss. art. 375-1* (la convocation, la présence et l'audition du mineur ne sont que facultatives). ♦ Rappr. : • Civ. 1re, 25 juin 1991, n° 90-05.006 P : *R., p. 249 ; D. 1992. 51, note Massip* (cassation de l'arrêt n'ayant pas sollicité une audition à laquelle le juge de l'assistance éducative n'avait pas procédé). ♦ Comp., antérieurement, jugeant l'audition facultative : • Civ. 1re, 29 mai 1985, n° 84-80.026 P : *Gaz. Pal. 1985. 2. 756* (solution applicable même lorsque le juge a convoqué le mineur en application de l'anc. art. 1188 C. pr. civ. ; il ne peut être reproché à la décision de ne comporter aucune mention à cet égard) • Civ. 1re, 11 févr. 1986, n° 84-80.042 P : *R., p. 129 et 131 ; Gaz. Pal. 1986. 2. 609, note J. M.* (aucune disposition n'oblige à rapporter les propos tenus dans la décision).

8. ... *Audition demandée par l'enfant.* Selon l'art. 338-4 C. pr. civ., lorsque la demande d'audition est refusée dans les conditions : ce dernier prévoit, le mineur et les parties en sont avisées par tout moyen et les motifs du refus sont mentionnés dans la décision au fond ; cassation de l'arrêt n'ayant pas repris les motifs du refus notifié par voie de courriel. • Civ. 1re, 16 févr. 2022, n° 21-23.087 B.

Lorsque la demande est formée par le mineur, le refus d'audition ne peut être fondé que sur son absence de discernement ou sur le fait que la procédure ne le concerne pas [art. 338-4, al. 1 C. pr. civ.] ; cassation de l'arrêt qui rejette une demande d'audition présentée par l'enfant en retenant que celui-ci n'est âgé que de neuf ans et n'est donc pas capable de discernement, et que la demande paraît contraire à son intérêt, alors que le seul âge du mineur ne suffit pas à expliquer en quoi celui-ci n'était pas capable de discernement et que le défaut d'intérêt est un motif impropre à justifier le refus d'audition. • Civ. 1re, 18 mars 2015, n° 14-11.392 P : *D. 2015. 1919, obs. Bonfils et Gouttenoire ; AJ fam. 2015. 282, obs. Thouret ; AJ fam. 2015. 282, obs. Thouret ; RTD civ. 2015. 352, obs. Hauser*.

Aux termes de l'art. 338-5 C. pr. civ., la décision statuant sur la demande d'audition formée par le mineur n'est susceptible d'aucun recours ; en l'absence d'effet dévolutif de l'appel à cet égard, l'enfant qui souhaite être entendu par la cour d'appel doit lui en faire la demande. • Civ. 1re, 14 sept. 2017, n° 17-19.218 P : *AJ fam. 2017. 543, obs. Saulier*.

9. ... *Audition demandée par les parties.* Selon l'art. 338-4, al. 2, C. pr. civ., l'audition peut être refusée si elle n'est pas nécessaire à la solution du litige ou si elle est contraire à l'intérêt de l'enfant.

Inutilité d'une seconde audition. Une cour d'appel estime souverainement qu'il n'y a pas lieu de procéder à une nouvelle audition d'un enfant âgé de plus de treize ans, déjà entendu en première instance. • Civ. 1re, 2 avr. 1996, n° 94-14.149 P (procédure de divorce).

Audition contraire à l'intérêt de l'enfant. V. pour des décisions rendues dans le cadre de l'assistance éducative : si l'audition du mineur est de principe (C. pr. civ., anc. art. 1183), le juge peut décider de ne pas y procéder, non seulement lorsque l'âge, la santé ou les facultés intellectuelles de l'enfant rendent cette audition impossible, mais encore lorsque celle-ci serait de nature à compromettre sa santé ou son état mental. • Civ. 1re, 20 févr. 1985, n° 83-80.055 P : *Gaz. Pal. 1985. 2. 756.* ♦ ... Ou son équilibre. • Civ. 1re, 2 nov. 1994, n° 93-05.078 P : *Defrénois 1995. 1027, obs. Massip.* ♦ Audition refusée pour préserver un enfant de 7 ans, autant que possible, du conflit parental dont il avait déjà subi les conséquences. • Civ. 1re, 16 déc. 2015, n° 15-10.442 P : *D. 2016. 674, obs. Douchy-Oudot ; AJ fam. 2016. 102, obs. Thouret ; RTD civ. 2016. 95, obs. Hauser ; JCP 2016, n° 326, note Mallevaey.*

10. *Modalités de l'audition.* Sur les modalités de l'audition des enfants, V. C. pr. civ., art. 338-7 s.. – **C. pr. civ.** ♦ V. aussi : • TGI Versailles, 7 oct. 1999 : *Dr. fam. 2001, n° 45, note Lécuyer* • 23 janv. 2001 : *eod. loc.* • Civ. 1re, 2 mars 2004, n° 03-17.768 P : *RTD civ. 2004. 276, obs. Hauser* (audition « sur-le-champ ») • Civ. 1re, 20 juin 2012, n° 11-19.377 P : *D. 2012. 2050,*

Chron. C. cass ., *obs. Vassallo ; AJ fam. 2012. 457, obs. Schenique* ; *RTD civ. 2012. 523, obs. Hauser* ; *Dr. fam. 2012, n° 133, obs. Neirinck* (audition de l'enfant, assisté de son avocat, par un membre de la cour, dont il a été rendu compte oralement lors de l'audience en présence des parties ou de leurs représentants). ♦ L'art. 338-8 C. pr. civ. n'est pas applicable à l'audition de l'enfant par le juge de la mise en l'état. • Civ. 1re, 28 janv. 2015, n° 13-27.603 P : *D. 2015. 320* ; *AJ fam. 2015. 161, obs. Thouret* ; *Dr. fam. 2015, n° 72, obs. Réglier.*

11. Compte rendu et suites de l'audition. V. C. pr. civ., art. 338-12. – C. pr. civ. ♦ Sur les obligations du juge, V. aussi note 3 ss. art. 373-2-11. ♦ Cassation au visa des art. 16 et 338-12 C. pr. civ. de l'arrêt fixant la résidence en tenant compte de l'audition de l'enfant après la clôture des débats, sans permettre aux parties de formuler, dans un certain délai, leurs observations en cours de délibéré sur le compte rendu qui leur était adressé, ni ordonner la réouverture des débats. • Civ. 1re, 19 sept. 2019, n° 18-15.633 P : *D. 2019. 1833* ; *AJ fam. 2019. 589, obs. Eudier* ; *Dr. fam. 2019, n° 238, note Mallevaey.*

B. CONVENTION INTERNATIONALE SUR LES DROITS DE L'ENFANT

12. Absence d'influence dans le cadre d'un contrôle de constitutionnalité. Si les dispositions de l'art. 55 de la Constitution confèrent aux traités, dans les conditions qu'elles définissent, une autorité supérieure à celle des lois, elles ne prescrivent ni n'impliquent que le respect de ce principe doive être assuré dans le cadre du contrôle de la conformité des lois à la Constitution ; doit ainsi, en tout état de cause, être rejeté le grief tiré de la méconnaissance de la CIDE. • Cons. const. 17 mai 2013, n° 2013-669 DC : *cité note 1 ss. art. 143* (consid. n° 57).

13. Problème de l'applicabilité directe de la CIDE : Cour de cassation. L'art. 3-1 CIDE, selon lequel l'intérêt supérieur de l'enfant est une considération primordiale, est une disposition qui est en application directe devant la juridiction française. • Civ. 1re, 14 juin 2005, n° 04-16.942 P : *R., p. 416 ; D. 2005. 2790, note F. Boulanger* ; *JCP 2005. II. 10115, concl. C. Petit, note Chabert ; Gaz. Pal. 2005. 3412, note Salamé ; Defrénois 2005. 1418, note Massip ; Dr. et patr. 9/2005. 101, obs. Bonfils ; RDSS 2005. 814, note Neirinck* ; *RTD civ. 2005. 750, obs. Rémy-Corlay* ; *Rev. crit. DIP 2005. 679, note Bureau* (application combinée de cette disposition et de celles de la Convention de La Haye sur les aspects civils de l'enlèvement international d'enfant) • 13 juill. 2005, n° 05-10.519 P : *D. 2005. IR 2339* ; *Dr. fam. 2006, n° 42, note Farge (idem)* • 8 nov. 2005, n° 02-18.360 P : *D. 2006. 554, note F. Boulanger* ; *D. 2007. Pan. 2192, obs. Gouttenoire* ; *Dr. fam. 2006, n° 28, note Gouttenoire ; RTD civ. 2006. 101, obs. Hauser* (application combinée de l'art. 3-1 CIDE et de l'art. 371-1 C. civ.) • 13 mars 2007 : *V. note 6 ss. art. 373-2-1.* ♦ V. déjà : • Civ. 1re, 18 mai 2005 : *préc.* ♦ Rappr., invoquant aussi les art. 3-1 et 12-2 CIDE : • Civ. 1re, 22 nov. 2005, n° 03-17.912 P : *D. 2006. 554, note F. Boulanger* ; *D. 2006. Pan. 2436, obs. Douchy-Oudot* ; *D. 2005. IR 3036, obs. Gallmeister* ; *Dr. fam. 2006, n° 28, note Gouttenoire ; RJPF 2006-2/44, note Eudier ; RDSS 2006. 349, note Bruggeman* ; *RTD civ. 2006. 101, obs. Hauser* . ♦ ... L'art. 7-1 sur le droit pour l'enfant de connaître ses parents. • Civ. 1re, 7 avr. 2006 : *V. note 4 ss. art. 326* (application directe de l'art. 7-1).

14. ... Conseil d'État. Pour le Conseil d'État, certaines stipulations de la Convention, qui ne produisent pas d'effets directs à l'égard des particuliers, ne peuvent être utilement invoquées pour appuyer une demande d'annulation d'une décision individuelle ou réglementaire. • CE 23 avr. 1997 : *Lebon 142* ; *D. 1998. 15, concl. Abraham* (art. 24-1 : droit à la santé ; art. 26-1 : droit à la sécurité sociale ; art. 27-1 : droit à un niveau de vie suffisant) • 29 juill. 1994 : *Lebon 732* ; *AJDA 1994. 841, concl. Denis-Linton* ; *RDSS 1995. 167, note F. Monéger* (art. 9) • 3 juill. 1996 : *Dr. fam. 1997, n° 9, note Murat* (art. 12-1 et 12-2 : audition de l'enfant et droit d'expression ; art. 14-1 : liberté de pensée, de conscience et de religion) • 14 janv. 1998 : *JCP 1998. IV. 2398* (art. 24, 26 et 27) • 30 juin 1999 : *D. 2000. 1, note F. Boulanger* ; *ibid. Somm. 163, obs. Desnoyer* (art. 2-1 et 2-2 : absence de discrimination).

Mais certaines dispositions bénéficient de l'applicabilité directe : • CE 10 mars 1995 : *Lebon 610 ; D. 1995. 617, note Benhamou* (art. 16 : protection de la vie privée et de l'honneur) • 22 sept. 1997 : *Lebon 320* ; *D. 1998. Somm. 297, obs. Desnoyer* ; *JCP 1998. II. 10052, note Gouttenoire-Cornut ; JCP 1998. I. 101, n° 5, obs. Fossier ; Dr. fam. 1998, n° 56, note Murat ; RTD civ. 1998. 76, obs. Hauser* ; *RFDA 1998. 562, concl. Abraham* ; *LPA 26 janv. 1998, note Reydellet ; RDSS 1998. 174, note F. Monéger* (art. 3-1 : attention primordiale à l'intérêt supérieur de l'enfant dans toute décision le concernant) • 5 oct. 2000 : *Lebon 391* (art. 3-2 : droits à la protection et aux soins nécessaires à son bien-être ; art. 5 : rôle des *représentants légaux*). ♦ Rappr. aussi • CE 30 juin 1999 : *préc.* (conformité de l'art. 374 aux dispositions des art. 3-1 et 16).

15. Domaine : notion d'enfant protégé. La protection garantie par la Convention de New York du 26 janv. 1990 concerne l'enfant défini comme l'être humain n'ayant pas encore atteint l'âge adulte. • Civ. 1re, 25 juin 1996, n° 94-14.858 P : *R., p. 444 ; D. 1998. 453, note Brunet* ; *D. 1997. Somm. 275, obs.*

Dekeuwer-Défossez ; *JCP 1997. II. 22834, note Malaurie ; ibid. 1997. I. 4021, obs. Le Guidec ; Defrénois 1997. 310, obs. Massip ; Dr. fam. 1996, n° 26, note Beignier ; RTD civ. 1996. 873, obs. Hauser* , *et 1997. 542, obs. Marguénaud* (inapplicabilité de la convention à un litige successoral entre un enfant légitime et un enfant adultérin).

C. CONVENTION EUROPÉENNE DES DROITS DE L'HOMME

16. Conv. EDH et autorité parentale. V. notes ss. art. 371-3.

17. Conv. EDH et prestations sociales. Les dispositions du code de la sécurité sociale qui subordonnent le versement des prestations familiales à la production d'un document attestant d'une entrée régulière des enfants étrangers en France revêtent un caractère objectif justifié par la nécessité dans un état démocratique d'exercer un contrôle des conditions d'accueil des enfants, et ne portent pas une atteinte disproportionnée au droit à la vie familiale. • Cass., ass. plén., 3 juin 2011, n° 09-71.352 P : *D. 2011. 1995, obs. Bonfils et Gouttenoire* ; *AJ fam. 2011. 375, obs. Sayn* ; *RDSS 2011. 738, note Tauran* ; *RTD civ. 2011. 530, obs. Hauser* (absence de violation des art. 8 et 14 Conv. EDH) • 3 juin 2011, n° 09-69.052 P.

18. Garde à vue. L'information de la personne désignée comme représentant légal du mineur ayant pour finalité de permettre à la personne désignée d'assister le mineur dans ses choix de personne gardée à vue dans le seul intérêt de sa défense, est irrégulière la désignation d'un représentant ayant également la qualité de victime des violences du mineur. • Crim. 17 juin 2020, n° 20-80.065 P : *D. 2020. 1696, obs. Bonfils et Gouttenoire* ; *AJ pénal 2020. 480, obs. Gallardo* .

Art. 338-2 La demande d'audition est présentée sans forme au juge par le mineur lui-même ou par les parties. Elle peut l'être en tout état de la procédure et même pour la première fois en cause d'appel.

1. Demande présentée en appel. Pour les décisions qui concernent les enfants, l'intérêt supérieur de l'enfant doit être une considération primordiale ; lorsque le mineur capable de discernement demande à être entendu, il peut présenter sa demande au juge en tout état de la procédure et même, pour la première fois, en cause d'appel ; son audition ne peut être écartée que par une décision spécialement motivée. • Civ. 1re, 18 mai 2005, n° 02-20.613 P : *D. 2005. 1909, note Egéa* ; *ibid. 2006. 1487, note Courbe ; JCP 2005. II. 10015, concl. C. Petit, note Chabert* (demande reçue en cours de délibéré) • 24 oct. 2012 : *JCP 2012. 1191.*

2. Sur l'application directe des art. 3-1 et 12-2 de la Conv. de New York du 26 janv. 1990 relative aux droits de l'enfant, V. • Civ. 1re, 18 mai 2005 : *préc. note 1* • 14 juin 2005, n° 04-16.942 P : *D. 2005. 2790, note Boulanger* ; *JCP 2005. II. 10015, concl. C. Petit, note Chabert* • 8 nov. 2005, n° 02-18.360 P : *D. 2006. 554, note Boulanger* • 22 nov. 2005, n° 03-17.912 P : *D. 2006. 554, note Boulanger* ; *ibid. 2006. Pan. 2436, obs. Douchy-Oudot* .

3. La décision statuant sur la demande d'audition formée par le mineur n'étant susceptible d'aucun recours, l'enfant qui souhaite être entendu par la cour d'appel doit lui en faire la demande, en l'absence d'effet dévolutif de l'appel à cet égard. • Civ. 1re, 14 sept. 2017, n° 17-19.218 P : *D. actu. 27 sept. 2017, obs. Peterka ; AJ fam. 2017. 543, note Saulier* .

Art. 338-3 La décision ordonnant l'audition peut revêtir la forme d'une simple mention au dossier ou au registre d'audience.

Art. 338-4 Lorsque la demande est formée par le mineur, le refus d'audition ne peut être fondé que sur son absence de discernement ou sur le fait que la procédure ne le concerne pas.

Lorsque la demande est formée par les parties, l'audition peut également être refusée si le juge ne l'estime pas nécessaire à la solution du litige ou si elle lui paraît contraire à l'intérêt de l'enfant mineur.

Le mineur et les parties sont avisés du refus par tout moyen. Dans tous les cas, les motifs du refus sont mentionnés dans la décision au fond.

1. Demande d'audition formée par le mineur. Lorsque le mineur capable de discernement demande à être entendu, son audition ne peut être écartée que par une décision spécialement motivée. • Civ. 1re, 18 mai 2005, n° 02-20.613 P : n° 02-20.613 P : *JCP 2005. II. 10015, concl. Petit, note Chabert.* ♦ Doit être cassée la décision d'une cour d'appel qui refuse l'audition d'un enfant mineur en se bornant à se référer à l'âge du mineur, sans expliquer en quoi celui-ci n'était pas capable de discernement. • Civ. 1re, 18 mars 2015 : *D. actu. 8 avr. 2015, obs. Kebir ; D. 2015. Pan. 1922, obs. Bonfils et Gouttenoire* ; *ibid. 2016. Pan. 679, obs. Douchy-Oudot* ;

Gaz. Pal. 23 juin 2015, p. 7, note Travade-Lannoy ; Procédures 2015, n° 161, note Douchy-Oudot ; JCP 2015. 982, n° 10, obs. Favier ; Dr. fam. 2015. Chron. 3, n° 25, obs. Égéa ; Dr. et patr. 1/2016, p. 74, obs. Balivet.

2. Demande d'audition formée par les parties à la procédure. Justifie légalement sa décision la cour d'appel qui, après avoir exactement rappelé qu'aux termes de l'art. 338-4, lorsque la demande d'audition de l'enfant est formée par les parties, elle peut être refusée si le juge ne l'estime pas nécessaire à la solution du litige ou si elle lui paraît contraire à l'intérêt de l'enfant mineur, a souverainement estimé qu'elle disposait d'éléments suffisants pour statuer et que le mineur, âgé de seulement 7 ans, devait être préservé autant que possible du conflit parental. • Civ. 1re, 16 déc. 2015, n° 15-10.442 P : *D. 2016. Actu. 8 ; ibid. Pan. 678, obs. Douchy-Oudot ; AJ fam. 2016. 102, obs. Thouret ; JCP 2016. 326, note Mallevaye.*

Art. 338-5 La décision statuant sur la demande d'audition formée par le mineur n'est susceptible d'aucun recours.

La décision statuant sur la demande d'audition formée par les parties est soumise aux dispositions des articles 150 et 152.

Art. 338-6 Le greffe ou, le cas échéant, la personne désignée par le juge pour entendre le mineur adresse à celui-ci, par lettre simple, une convocation en vue de son audition.

La convocation l'informe de son droit à être entendu seul, avec un avocat ou une personne de son choix.

Le même jour, les défenseurs des parties et, à défaut, les parties elles-mêmes sont avisés des modalités de l'audition.

Portée de l'information délivrée dans la convocation. Sur le caractère suffisant des mentions de la convocation prévues par l'al. 2 de l'art. 338-5 [ancien devenu al. 2 de l'art. 338-6], pour la régularité du procès-verbal, rendant superflue toute mention ultérieure dans le procès-verbal lui-même de l'information sur les modalités possibles de l'audition, V. • Civ. 1re, 17 oct. 2007 : *Dr. fam. 2007. Comm. 204, note Murat.*

Art. 338-7 Si le mineur demande à être entendu avec un avocat et s'il ne choisit pas lui-même celui-ci, le juge requiert, par tout moyen, la désignation d'un avocat par le bâtonnier.

Art. 338-8 Lorsque l'audition est ordonnée par une formation collégiale, celle-ci peut entendre elle-même le mineur ou désigner l'un de ses membres pour procéder à l'audition et lui en rendre compte.

L'art. 338-8 n'est pas applicable à l'audition à laquelle procède le conseiller de la mise en état. • Civ. 1re, 28 janv. 2015 : *BICC 1er mai 2015, n° 523 ; D. actu. 25 févr. 2015, obs. Kebir ; D. 2015. Actu. 320 ; Procédures 2015, n° 126, note Douchy-Oudot ; Gaz. Pal. 21-23 juin 2015, p. 7, note Travade-Lannog.*

Art. 338-9 Lorsque le juge estime que l'intérêt de l'enfant le commande, il désigne pour procéder à son audition une personne qui ne doit entretenir de liens ni avec le mineur ni avec une partie.

Cette personne doit exercer ou avoir exercé une activité dans le domaine social, psychologique ou médicopsychologique.

Elle est avisée de sa mission sans délai et par tout moyen par le greffe.

Art. 338-10 Si la personne chargée d'entendre le mineur rencontre des difficultés, elle en réfère sans délai au juge.

Art. 338-11 Les modalités d'audition peuvent être modifiées en cas de motif grave s'opposant à ce que le mineur soit entendu dans les conditions initialement prévues.

Art. 338-12 Dans le respect de l'intérêt de l'enfant, il est fait un compte rendu de cette audition. Ce compte rendu est soumis au respect du contradictoire.

1. Lorsque le juge décide même d'office de l'audition d'un enfant sur le fondement de [l'ancien] l'art. 388-1 C. civ., le secrétariat de la juridiction doit, en vertu des art. 16 et 338-5 [ancien] C. pr. civ., en aviser les défenseurs des parties ou à défaut les parties elles-mêmes. • Civ. 1re, 3 déc. 2008, n° 07-11.552 P : *D. 2008. AJ 3086, obs. Dargent ; ibid. 2009. Pan. 778, obs. Granet-Lambrechts ; Gaz. Pal. 11 juin 2009, p. 18, note Mansard ; AJ fam.*

2009. 31, note Robineau ; Procédures 2009, n° 50, note Douchy-Oudot ; Dr. fam. 2009. Comm. 27, note Murat ; RTD civ. 2009. 110, obs. Hauser ; RJPF 03/2009. 25, note Eudier.

2. Contradictoire. Un compte rendu oral, fait, au cours de l'audience au fond, par le magistrat qui a entendu le mineur respecte le principe de la contradiction. • Civ. 1re, 20 juin 2012 : *D. 2012. Actu. 1675 ; Dr. fam. 2012, n° 133, note Neirinck.*

TITRE DIXIÈME L'ABSTENTION, LA RÉCUSATION, LE RENVOI ET LA PRISE À PARTIE *(Décr. n° 2006-1805 du 23 déc. 2006, art. 5, en vigueur le 1er janv. 2007).*

RÉP. PR. CIV. v° *Récusation et renvoi*, par COUCHEZ.

DALLOZ ACTION *Droit et pratique de la procédure civile 2022/2023*, nos 353.00 s.

CHAPITRE PREMIER L'ABSTENTION

DALLOZ ACTION *Droit et pratique de la procédure civile 2022/2023*, nos 353. 11 s.

Art. 339 **Le juge qui suppose en sa personne une cause de récusation ou estime en conscience devoir s'abstenir se fait remplacer par un autre juge que désigne le président de la juridiction à laquelle il appartient.** *(Abrogé par Décr. n° 2019-913 du 30 août 2019, art. 19-2°, à compter du 1er janv. 2020)* ***« Le remplaçant d'un juge d'instance est désigné par le président du tribunal de grande instance à défaut de juge directeur. »***

BIBL. ▶ BEIGNIER et BLÉRY, *D. 2001. Chron. 2427* (impartialité du juge).

Sur la subsidiarité de la Conv. EDH par rapport au droit de la procédure civile interne, V. note 117 ss. art. 6, § 1er Conv. EDH, App., v° Droit européen et international.

Art. 340 **Lorsque l'abstention de plusieurs juges empêche la juridiction saisie de statuer, il est procédé comme en matière de renvoi pour cause de suspicion légitime.**

CHAPITRE II LA RÉCUSATION ET LE RENVOI POUR CAUSE DE SUSPICION LÉGITIME *(Décr. n° 2017-892 du 6 mai 2017, art. 2-I).*

Le Décr. n° 2017-891 du 6 mai 2017 a réformé le régime de la récusation et du renvoi pour cause de suspicion légitime. Les très nombreuses modifications apportées nécessitent de le présenter d'une part dans sa version applicable aux demandes de récusation et de renvoi pour cause de suspicion légitime formées avant le 11 mai 2017 (V. anc. art. 341 à 366 ci-dessus), et d'autre part dans sa version applicable aux mêmes demandes formées à compter de cette date (V. art. 341 s. ci-dessous).

Les art. 351 à 359, 363, 364 et 366 sont abrogés par ledit décret, ainsi que les intitulés des sect. I et II de l'ancien chap. III (Décr. préc. art. 2-IV et V-4°).

BIBL. ▶ **Décr. du 6 mai 2017 :** BLÉRY, *D. actu. 13 mai 2017.*

SECTION PREMIÈRE DISPOSITIONS GÉNÉRALES

(Décr. n° 2017-892 du 6 mai 2017, art. 2-I)

Les dispositions de l'art. 2 du Décr. n° 2017-892 du 6 mai 2017 sont applicables aux demandes de récusation et de renvoi pour cause de suspicion légitime formées à compter du 11 mai 2017 (Décr. préc., art. 70-I).

Art. 341 *(Décr. n° 2012-66 du 20 janv. 2012, art. 31)* **Sauf disposition particulière, la récusation d'un juge est admise pour les causes prévues par l'article L. 111-6 du code de l'organisation judiciaire.** — *V. notes ss. anc. art. 341.*

L'art. 31 du Décr. n° 2012-66 du 20 janv. 2012 est applicable dans les îles Wallis-et-Futuna (Décr. préc., art. 44).

Juridiction. Autorité de la concurrence (non). Il résulte des art. L. 461-1 à L. 461-4, L. 463-1 à L. 463-8, R. 461-3 à R. 461-10 et R. 463-4 à R. 463-16 C. com. que l'Autorité de la concurrence, chargée par la loi notamment de veiller au libre jeu de la concurrence et de contrôler les opérations de concentration économique, régies par les art. L. 430-1 à L. 430-10 du même code, est une autorité administrative indépendante, dont l'organisation est fondée sur une stricte séparation des fonctions de poursuite et d'instruction, confiées à un service placé sous l'autorité d'un rapporteur général, et des pouvoirs de sanction, relevant du collège de l'Autorité de la concurrence. Outre cette organisation, ces textes fixent la composition de ce collège et organisent des procédures devant cette autorité qui tendent à garantir l'impartialité et l'indépendance de cette autorité, ainsi que le respect des droits de la défense. Il résulte de la jurisprudence du Cons. const. que l'Autorité de la concurrence est une autorité de nature non juridictionnelle, même lorsqu'elle est appelée à prononcer une sanction ayant le caractère d'une punition. Selon l'art. L. 464-8 du même code, les décisions de l'autorité mentionnées aux art. L. 462-8, L. 464-2, L. 464-3, L. 464-5, L. 464-6, L. 464-6-1 et L. 752-27 sont notifiées aux parties en cause et au ministre chargé de l'économie, qui peuvent, dans le délai d'un mois, introduire un recours en annulation ou en réformation devant la cour d'appel de Paris. L'art. R. 464-11 du même code prévoit que l'Autorité de la concurrence est partie à l'instance, conformément à la jurisprudence de la CJUE. Le président de l'Autorité de la concurrence peut former un pourvoi en cassation contre l'arrêt de la cour d'appel de Paris ayant annulé ou réformé une décision de l'autorité. Membre du réseau européen de concurrence (REC), créé par le Règl. n° 1/2003 du Conseil du 16 déc. 2002 relatif à la mise en œuvre des règles de concurrence, renforcé par la Dir. (UE) n° 2019/1 du Parlement européen et du Conseil du 11 déc. 2018 visant à doter les autorités de la concurrence des États membres des moyens de mettre en œuvre plus efficacement les règles de concurrence et à garantir le bon fonctionnement du marché intérieur, l'Autorité de la concurrence peut infliger des sanctions administratives afin de garantir l'application effective des art. 101 et 102 du Traité sur le fonctionnement de l'Union européenne (TFUE). Elle peut être dessaisie par la Commission de l'instruction d'affaires en application de l'art. 11.6 du Règl. n° 1/2003. Il résulte de ces textes du droit de l'Union européenne, tels qu'interprétés par la CJUE, que l'Autorité de la concurrence n'est pas une juridiction apte à lui poser une question préjudicielle en application de l'art. 267 TFUE. Par ailleurs, selon la CEDH, le respect de l'art. 6 Conv. EDH n'exclut pas que, dans une procédure de nature administrative, une « peine » soit prononcée d'abord par une autorité administrative, à la condition que la décision de l'autorité administrative ne remplissant pas elle-même les conditions de l'art. 6, § 1er, sont soumis au contrôle ultérieur d'un organe juridictionnel de pleine juridiction. Elle précise que parmi les caractéristiques d'un organe juridictionnel de pleine juridiction figure le pouvoir de réformer en tous points, en fait comme en droit, la décision entreprise, rendue par l'organe inférieur. Il doit notamment avoir compétence pour se pencher sur toutes les questions de fait et de droit pertinentes pour le litige dont il se trouve saisi. Or, le recours en annulation ou en réformation devant la cour d'appel de Paris, prévu à l'art. L. 464-8 C. com., doit être regardé comme un recours de pleine juridiction au sens de l'art. 6, § 1er, préc. Il confère, en particulier, à cette juridiction le pouvoir de statuer sur tout grief tiré d'une atteinte à l'impartialité de l'Autorité de la concurrence, qu'il concerne la phase d'instruction placée, en application des art. L. 461-4 et R. 463-4 C. com., sous la direction de son rapporteur général, ou la phase décisionnelle, confiée au collège de l'Autorité. Les art. 341 s. instituant, devant les juridictions judiciaires statuant en matière civile, une procédure de récusation ou de renvoi pour cause de suspicion légitime, ne s'appliquent pas à l'Autorité de la concurrence. • Civ. 2e, 30 sept. 2021, n° 20-18.672 P : *D. 2021. 1812 ; JCP 2021. 1098, note Puel ; Gaz. Pal. 19 oct. 2021, p. 40, obs. Berlaud ; JCP E 2022. 1012, note Dumur et Wilehlm ; CCC 2021, n° 172, note Bosco* • 30 sept. 2021, n° 20-18.302 P : *JCP 202. 1098, note Puel ; ibid. 1267, note Puel et Marescaux ; JCP E 2022. 1012, note Dumur et Wilehlm.*

Art. 342 *(Décr. n° 2017-892 du 6 mai 2017, art. 2-II-1°)* **La partie qui veut récuser un juge ou demander le renvoi pour cause de suspicion légitime devant une autre juridiction de même nature doit, à peine d'irrecevabilité, le faire dès qu'elle a connaissance de la cause justifiant la demande.**

En aucun cas la demande ne peut être formée après la clôture des débats.

Les dispositions de l'art. 2 du Décr. n° 2017-892 du 6 mai 2017 sont applicables aux demandes de récusation et de renvoi pour cause de suspicion légitime formées à compter du 11 mai 2017 (Décr. préc., art. 70-I).

Les débats ayant eu lieu devant une formation collégiale dont la composition était nécessairement connue à l'avance de la partie représentée par son avocat, celle-ci n'est pas recevable à invoquer devant la Cour de cassation la violation de l'art. 6, § 1er Conv. EDH, dès lors qu'elle n'a pas fait usage de la possibilité d'en obtenir le respect en sollicitant, en application de l'art. 342 C. pr. civ., la récusation du magistrat qui figurait déjà dans la composition de la cour statuant sur le déféré d'une ordonnance précédemment rendue, et qu'en s'abstenant de le faire, elle a ainsi renoncé à s'en prévaloir. • Civ. 2e, 4 mars 2021, n° 19-21.579 P : *D. actu. 19 mars 2021, note Bolze.*

Art. 343 *(Décr. n° 2004-836 du 20 août 2004, art. 34, en vigueur le 1er janv. 2005)* **A l'exception des actions portées devant la Cour de cassation, la récusation** *(Décr.*

n° 2017-892 du 6 mai 2017, art. 2-II-2°-a) **« ou le renvoi pour cause de suspicion légitime » peut être** *(Décr. n° 2017-892 du 6 mai 2017, art. 2-II-2°-a)* **« proposé » par la partie elle-même ou par son mandataire.**

Le mandataire doit être muni d'un pouvoir spécial.

(Décr. n° 2017-892 du 6 mai 2017, art. 2-II-2°-b) **« La requête est formée par avocat devant les juridictions où celui-ci a seul qualité pour représenter les parties. »**

L'art. 34 du Décr. n° 2004-836 du 20 août 2004 est applicable uniquement aux recours dirigés à l'encontre des décisions rendues à compter du 1er janv. 2005 (Décr. préc., art. 59).

Les dispositions de l'art. 2 du Décr. n° 2017-892 du 6 mai 2017 sont applicables aux demandes de récusation et de renvoi pour cause de suspicion légitime formées à compter du 11 mai 2017 (Décr. préc., art. 70-I).

Art. 344 *(Décr. n° 2017-892 du 6 mai 2017, art. 2-II-3°-a)* **« La demande de récusation ou de renvoi pour cause de suspicion légitime est portée devant le premier président de la cour d'appel. Elle est formée par acte remis au greffe de la cour d'appel. »**

(Décr. n° 2017-892 du 6 mai 2017, art. 2-II-3°-b) **« Lorsque la cause justifiant la demande est découverte à l'audience, la demande est formée par déclaration consignée par le greffier dans un procès-verbal, qui est adressé sans délai au premier président. Une copie en est conservée au dossier. »**

(Décr. n° 2017-892 du 6 mai 2017, art. 2-II-3°-c) **« La demande doit, à peine d'irrecevabilité, indiquer les motifs de récusation ou de renvoi pour cause de suspicion légitime et être accompagnée des pièces justificatives. »**

Il est délivré récépissé de la demande.

Les dispositions de l'art. 2 du Décr. n° 2017-892 du 6 mai 2017 sont applicables aux demandes de récusation et de renvoi pour cause de suspicion légitime formées à compter du 11 mai 2017 (Décr. préc., art. 70-I).

En application de l'art. 344 C. pr. civ., dans sa rédaction antérieure au Décr. n° 2017-892 du 6 mai 2017, la demande de récusation, qui ne peut être formée que par acte de remis au secrétariat de la juridiction à laquelle appartient le juge qu'elle vise ou par une déclaration, consignée dans un procès-verbal, et doit être transmise au juge pour qu'il acquiesce ou s'oppose à la récusation, doit indiquer les motifs de la récusation, à peine d'irrecevabilité. Il en résulte qu'elle ne peut être complétée par des conclusions ultérieures. Doit dès lors être approuvée une cour d'appel, à laquelle il appartenait de statuer au regard de la seule requête, qui, ayant constaté que la demande de récusation n'énonçait aucun motif, l'a déclarée irrecevable. • Civ. 2e, 26 sept. 2019, n° 17-13.035 P : *D. actu. 21 oct. 2019, note Kebir ; D. 2019. 1942.*

Art. 345 *(Décr. n° 2017-892 du 6 mai 2017, art. 2-II-4°)* **Le président de la juridiction faisant l'objet d'une demande de renvoi pour cause de suspicion légitime ou à laquelle appartient le magistrat dont la récusation est demandée, ainsi que le magistrat concerné, sont avisés par tout moyen par le premier président de la requête dont il est saisi. Selon le cas, le président de la juridiction ou le magistrat concerné est invité à présenter ses observations.**

Lorsque le magistrat concerné s'abstient, le président de la juridiction en informe sans délai le premier président.

La requête présentée au premier président ne dessaisit pas le magistrat dont la récusation est demandée ou la juridiction dont le dessaisissement est demandé. Toutefois, le premier président peut, après avis du procureur général, ordonner qu'il soit sursis à toute décision juridictionnelle jusqu'à la décision sur la demande de récusation ou de renvoi pour cause de suspicion légitime.

Les dispositions de l'art. 2 du Décr. n° 2017-892 du 6 mai 2017 sont applicables aux demandes de récusation et de renvoi pour cause de suspicion légitime formées à compter du 11 mai 2017 (Décr. préc., art. 70-I).

Art. 346 *(Décr. n° 2017-892 du 6 mai 2017, art. 2-II-5°)* **Le premier président statue sans débat dans le délai d'un mois à compter de sa saisine après avis du procureur général. Lorsque la demande de récusation concerne le juge des libertés et de la détention statuant dans les contentieux visés à l'article L. 213-8 du code de l'organisation judiciaire, le premier président statue à bref délai.**

Le greffier avise, par tout moyen et sans délai, de la décision rendue les parties, le juge dont la récusation a été demandée et le président de la juridiction à laquelle appartient ce magistrat ou dont le dessaisissement a été demandé.

L'ordonnance rejetant la demande de récusation ou de renvoi pour cause de suspicion légitime peut faire l'objet d'un pourvoi dans les quinze jours de sa notification par le greffe.

Les dispositions de l'art. 2 du Décr. n° 2017-892 du 6 mai 2017 sont applicables aux demandes de récusation et de renvoi pour cause de suspicion légitime formées à compter du 11 mai 2017 (Décr. préc., art. 70-I).

Art. 347 *(Décr. n° 2017-892 du 6 mai 2017, art. 2-II-6°)* **Si la demande de récusation est admise, il est procédé au remplacement du juge.**

Si la demande de renvoi pour cause de suspicion légitime est admise, l'affaire est renvoyée devant une autre formation de la juridiction initialement saisie ou devant une autre juridiction de même nature. Cette décision s'impose aux parties et au juge de renvoi. En cas de renvoi devant une autre juridiction, il est procédé comme il est dit à l'article *(Décr. n° 2017-891 du 6 mai 2017, art. 3, mod. par Décr. n° 2017-1227 du 2 août 2017, art. 1er-1°)* **« 82 ».**

Les actes de procédure accomplis par le juge ou la juridiction avant que la décision accueillant la demande de récusation ou de renvoi pour cause de suspicion légitime n'ait été portée à sa connaissance ne peuvent être remis en cause. Est toutefois non avenue, quelle qu'en soit sa date, la décision rendue par le juge ou la juridiction qui tranche tout ou partie du principal ou qui, sans trancher le principal, est exécutoire à titre provisoire.

Les dispositions de l'art. 2 du Décr. n° 2017-892 du 6 mai 2017 sont applicables aux demandes de récusation et de renvoi pour cause de suspicion légitime formées à compter du 11 mai 2017 (Décr. préc., art. 70-I).

Procédures collectives. En cas de renvoi pour suspicion légitime ordonné au cours d'une instance en résolution d'un plan de redressement et en ouverture de la liquidation judiciaire pour survenance de la cessation des paiements pendant l'exécution du plan, seules sont réputées non avenues les décisions de la juridiction dessaisie qui remplissent les critères posés par l'art. 347, al. 3, et ont été rendues à l'occasion de cette instance, à l'exclusion des décisions rendues dans le cadre de la première procédure collective ayant abouti à l'arrêt du plan. • Com. 8 avr. 2021, n° 19-22.580 P : *D. 2021. 993, obs. Barbot ; Dr. sociétés 2021, n° 112 note Legros.*

Art. 348 *(Décr. n° 2017-892 du 6 mai 2017, art. 2-II-7°)* **Si la demande de récusation ou de renvoi pour cause de suspicion légitime est rejetée, son auteur peut être condamné à une amende civile d'un maximum de 10 000 € sans préjudice des dommages-intérêts qui pourraient être réclamés.**

Les dispositions de l'art. 2 du Décr. n° 2017-892 du 6 mai 2017 sont applicables aux demandes de récusation et de renvoi pour cause de suspicion légitime formées à compter du 11 mai 2017 (Décr. préc., art. 70-I).

SECTION II DISPOSITIONS PARTICULIÈRES

(Décr. n° 2017-892 du 6 mai 2017, art. 2-I)

Les dispositions de l'art. 2 du Décr. n° 2017-892 du 6 mai 2017 sont applicables aux demandes de récusation et de renvoi pour cause de suspicion légitime formées à compter du 11 mai 2017 (Décr. préc., art. 70-I).

Art. 349 *(Décr. n° 2017-892 du 6 mai 2017, art. 2-III-1°)* **La récusation contre plusieurs juges doit, à peine d'irrecevabilité, être demandée par un même acte à moins qu'une cause de récusation ne se révèle postérieurement.**

La requête est formée, instruite et jugée conformément aux dispositions des articles aux articles 341 à 348.

Les dispositions de l'art. 2 du Décr. n° 2017-892 du 6 mai 2017 sont applicables aux demandes de récusation et de renvoi pour cause de suspicion légitime formées à compter du 11 mai 2017 (Décr. préc., art. 70-I).

Art. 350 *(Décr. n° 2017-892 du 6 mai 2017, art. 2-III-2°)* **Toute demande de récusation visant le premier président de la cour d'appel et toute demande de renvoi pour**

cause de suspicion légitime visant la cour d'appel dans son ensemble doivent faire l'objet d'une requête adressée au premier président de la Cour de cassation qui, après avis du procureur général près ladite cour, statue sans débat par une ordonnance. Les articles 341, 342 et 344 à 348 sont applicables.

Les dispositions de l'art. 2 du Décr. n° 2017-892 du 6 mai 2017 sont applicables aux demandes de récusation et de renvoi pour cause de suspicion légitime formées à compter du 11 mai 2017 (Décr. préc., art. 70-I).

CHAPITRE II *[ANCIEN]* LA RÉCUSATION

Le Décr. n° 2017-891 du 6 mai 2017 a réformé le régime de la récusation et du renvoi pour cause de suspicion légitime. Les très nombreuses modifications apportées nécessitent de le présenter d'une part dans sa version applicable aux demandes de récusation et de renvoi pour cause de suspicion légitime formées avant le 11 mai 2017 (V. anciens art. 341 à 366 ci-dessous), et d'autre part dans sa version applicable aux mêmes demandes formées à compter de cette date (V. art. 341 s. ci-dessous).

DALLOZ ACTION *Droit et pratique de la procédure civile 2022/2023*, nos 353.21 s.

BIBL. GÉN. ▸ Bernabé, La récusation des juges – Étude médiévale, moderne et contemporaine, *LGDJ 2009, préf. de J. Krynen.* – Fiche méthodologique, *BICC 1er avr. 2008, p. 6* (l'exigence d'impartialité du juge dans le procès civil et les procédures de récusation et de renvoi pour cause de suspicion légitime).

Ancien art. 341 *(Décr. n° 2012-66 du 20 janv. 2012, art. 31)* ***Sauf disposition particulière, la récusation d'un juge est admise pour les causes prévues par l'article L. 111-6 du code de l'organisation judiciaire.***

L'art. 31 du Décr. n° 2012-66 du 20 janv. 2012 est applicable dans les îles Wallis-et-Futuna (Décr. préc., art. 44).

BIBL. ▸ Fricero, *Mél. Boré, Dalloz 2007, p. 181.*

1. Domaine. En application de l'art. 749, les dispositions de ce code régissant la procédure de suspicion légitime ne sont applicables qu'aux instances pendantes devant les juridictions de l'ordre judiciaire statuant en matière civile, commerciale, sociale, rurale ou prud'homale. Est en conséquence irrecevable la requête mettant en œuvre cette procédure de suspicion légitime dans le cadre d'une instance correctionnelle, relevant des seules dispositions du code de procédure pénale. • Civ. 2e, 20 juin 2013, n° 13-01.368 P.

2. Titulaire du droit de récuser. Le droit de récusation appartient aux seules parties au procès, et non pas à leur avocat. • Civ. 1re, 8 sept. 2005, n° 03-18.862 P : *D. 2005. IR 2483* ; *Gaz. Pal. 13-24 sept. 2005, p. 10* ; *RTD civ. 2005. 822, obs. Perrot*. ♦ Seul le requérant à la récusation étant partie à la procédure de récusation, les interventions des autres parties à l'instance principale ne sont pas recevables. • Civ. 2e, 7 janv. 2010, n° 08-19.129 P : *D. 2010. Actu. 213* ; *ibid. Chron. 2102, Sommer, Leroy-Gissinger, Adida-Canac et Grignon-Dumoulin* ; *ibid. 2011. 265, obs. Fricero* ; *Procédures 2010, n° 171, note Perrot.* • Soc. 21 nov. 2012, n° 11-22.455 P : *D. actu. 7 déc. 2012, obs. Kebir* ; *JCP S 2013. 1064, note Pétel-Teyssié.*

3. Personnes récusables. Le droit de récuser s'étend à l'avocat ou l'avoué appelé occasionnellement à compléter un tribunal ou une cour d'appel. • Req. 17 déc. 1901 : *DP 1903. 1. 347.* ♦ Il en va de même des membres des organismes investis d'une mission juridictionnelle, notamment disciplinaire. • Civ. 24 janv. 1881 : *S. 1881. 1. 417* (récusation d'un membre de la chambre de discipline des notaires) • Douai, 7 nov. 1957 : *Gaz. Pal. 1958. 1. 231* (conseil de l'ordre des avocats statuant en matière disciplinaire) ♦ ... Ce qui n'est pas le cas du conseil de l'ordre des avocats statuant en matière administrative. • Bordeaux, 5 mai 1987 : *Gaz. Pal. 1987. 2. 406, note A. D.* (omission de tableau). ♦ Sur l'application de l'art. 341 aux magistrats de la Cour des comptes, V. : Magnet, *RG proc. 1998. 503.* ♦ S'agissant des représentants du ministère public, V. écartant leur récusation en toute hypothèse lorsque celle-ci est fondée sur l'art. 6, § 1, Conv. EDH. : • Civ. 1re, 23 nov. 2004, n° 02-13.293 P. ♦ Sur l'application aux techniciens des causes de récusation prévues à l'art. 341, V. notes 3 à 7 ss. art. 234. ♦ Sur la question de l'éventuelle récusation du greffier, V. : • Civ. 3 févr. 1892 : *DP 1892. 1. 201* • Aix-en-Provence, 23 nov. 1910 : *DP 1913. 2. 50.* ♦ Sur l'inapplication des règles relatives à l'*amicus curiae*, V. : • Paris, 6 juill. 1988 : *D. 1989. 341, note Laurin* ; *Gaz. Pal. 1988. 2. 700, note Laurin* ; *RTD civ. 1989. 138, obs. Perrot.* ♦ Comp. pour la personne chargée d'une enquête sociale en matière de divorce : • Civ. 2e, 23 févr. 1994, n° 92-17.150 P. ♦ Un magistrat ne peut faire l'objet d'une requête en récusation que dans l'exercice d'une fonction juridictionnelle. Tel n'est pas le cas du premier président de la cour d'appel statuant sur le recours formé contre la décision de rejet d'un bureau d'aide juridictionnelle • Civ. 2e, 17 sept. 2015, n° 15-01.497 P : *D. 2016. Pan. 451, obs. Fricero* ; *JCP 2015. Chron. 1341, obs. Mathieu.*

4. Caractère limitatif (non). Sur l'application aux techniciens des causes de récusation prévues à l'art. 341, V. notes 3 à 7 ss. art. 234. ♦ Sur l'application de l'art. 341 aux magistrats de la Cour des comptes, V. : Magnet, *RG proc. 1998. 503.*

Sur le caractère limitatif de cette énumération, V. • Civ. 2e, 14 déc. 1992 : *JCP 1993. IV. 551.* ♦ L'art. 341, qui prévoit limitativement huit cas de récusation, n'épuise pas l'exigence d'impartialité requise de toute juridiction. • Civ. 2e, 27 mai 2004, nº 02-15.726 P : *D. 2004. IR 1863 ; Gaz. Pal. 25-26 mai 2005, p. 7, obs. du Rusquec* • Civ. 1re, 28 avr. 1998, nº 96-11.637 P : *D. 1998. IR 131 ; Gaz. Pal. 1998. 2. Somm. 586 ; JCP 1999. II. 10102, note Pralus-Dupuy.* ♦ ... Ou de tout expert judiciaire. • Civ. 2e, 5 déc. 2002, nº 01-00.224 P : *D. 2003. 2260, note Penneau ; Procédures 2003, nº 37, note Perrot ; Gaz. Pal. 6-7 août 2003, p. 18, obs. du Rusquec.* – V. l'arrêt de renvoi : • Paris, 17 déc. 2004 : *RG proc. 03/96.* ♦ Une cour d'appel, saisie à la fois d'une demande de récusation et d'une demande de renvoi pour suspicion légitime à l'encontre des membres du conseil de l'ordre d'un barreau, réuni en formation disciplinaire, ne peut limiter l'examen des motifs développés au soutien de ces demandes au regard des dispositions de l'art. 341 qui ne visent que les causes de récusation, mais doit rechercher s'il existe une cause permettant objectivement de douter de l'impartialité du conseil de l'Ordre. • Civ. 1re, 31 mars 1998, nº 95-17.430 P. – V. aussi • Versailles, 21 févr. 2002 : *Gaz. Pal. 31 juill.-1er août 2002.*

5. Intérêt personnel à la contestation. Le seul fait d'être affilié à une organisation syndicale ne constitue pas un intérêt personnel à la contestation. • Grenoble, 1er oct. 1980 : *Cah. prud'h. 1981. 2. 17* • Versailles, 18 mai 1982 : *ibid. 1982. 7. 122.*

6. Ne constitue pas une cause de récusation, au sens de l'art. 341, al. 2, 1º et 2º, la seule circonstance que les magistrats saisis d'une affaire mettant en cause une mutuelle, soient adhérents de cet organisme. • Civ. 2e, 30 avr. 2003, nº 03-01.342 P.

7. Procès. En cas de plainte avec constitution de partie civile contre le juge, il y a seulement à rechercher si l'action civile a été valablement engagée, peu important qu'elle l'ait été tout récemment. • Civ. 2e, 6 déc. 1978 : *D. 1979. IR 480* • Rennes, 12 juill. 1977 : *D. 1978. IR 155.*

8. Le dépôt d'une plainte avec constitution de partie civile n'est pas en lui-même une cause de récusation au sens de l'art. 341, 4º. • Civ. 2e, *11 sept. 2003, nº 03-01.360 P.* ♦ Comp. : l'existence d'un procès entre l'expert judiciaire et l'une des parties constitue une cause péremptoire de récusation, sans qu'il y ait lieu de distinguer suivant que le procès a été engagé avant ou après le début des opérations d'expertise ou selon qu'il puise sa raison d'être dans des faits étrangers ou non au déroulement des opérations. • Civ. 2e, 13 oct. 2005, nº 04-10.834 P : *D. 2005. IR 2630 .*

9. Le défaut d'impartialité d'un juge ne peut résulter du seul fait qu'il ait rendu une ou plusieurs décisions défavorables à la partie demanderesse à la récusation ou favorables à son adversaire. • Civ. 2e, 21 janv. 2016, nº 15-01.541 P : *D. actu. 2 févr. 2016, obs. Mélin.*

10. Doit être approuvé le premier président d'une cour d'appel qui, saisi d'une requête à fin de renvoi pour cause de suspicion légitime déposée contre des magistrats, retient, pour rejeter cette requête, que la seule circonstance qu'une requête à fin d'autorisation de prise à partie visant ces mêmes magistrats ait été déposée précédemment n'est pas de nature à qualifier l'existence d'un procès au sens de l'art. L. 111-6, 4º, COJ. • Civ. 2e, 6 déc. 2018, nº 17-27.634 P : *D. actu. 15 janv. 2019, obs. Kebir.*

11. Connaissance antérieure de l'affaire. L'appel tendant à faire réformer ou annuler par la cour d'appel un jugement rendu par une juridiction du premier degré, un même magistrat ne peut siéger en appel après l'avoir fait en première instance. • Civ. 2e, 3 juill. 1985 : *Bull. civ. II, nº 133 ; D. 1986. IR 228, obs. Julien ; Gaz. Pal. 1986. 1. Somm. 88, obs. Guinchard et Moussa.* ♦ Dans le même sens, mais sur le fondement de l'art. 6, § 1er, Conv. EDH (droit à un juge impartial), V. • Civ. 3e, 27 mars 1991 : *cité note 89 ss. Conv. EDH, art. 6, § 1er, App., vº Droit européen et international* • Civ. 1re, 16 juill. 1991, nº 90-15.487 P : *D. 1992. Somm. 129, obs. Julien* • Civ. 2e, 5 mai 1993 : *JCP 1994. II. 22227, note du Rusquec ; RTD civ. 1993. 874, obs. Normand .* ♦ V. notes 89 s. ss. art. 6 § 1er Conv. EDH et ss. art. 542 NCPC [devenu C. pr. civ.]. ♦ V. aussi : • Civ. 2e, 1er oct. 2020, nº 19-17.922 P : *D. actu. 16 oct. 2020, note Kebir ; AJ fam. 2020. 591, obs. Eudier ; JCP 2021. 202, obs. Rebourg.*

Jugé auparavant qu'il revenait aux parties de récuser le juge concerné. • Civ. 2e, 25 févr. 1981 : *Bull. civ. II, nº 39 ; D. 1981. IR 375, obs. Julien* • 15 mai 1982 : *Bull. civ. II, nº 97.* ♦ Pour une application à un expert, V. • Civ. 2e, 8 févr. 2006, nº 04-12.864 P : *D. 2006. IR 810* (refus de récusation). ♦ Doit être récusé le président de la formation de jugement qui n'est autre que celui qui a précédemment connu de l'affaire en tant que juge des libertés et de la détention. • Civ. 2e, 4 juin 2020, nº 19-10.443 P : *D. actu. 25 juin 2020, obs. Sansone ; D. 2020. 1234 ; Gaz. Pal. 3 nov. 2020, p. 56, note Kebir.*

12. Lorsque la loi confère à une même juridiction plusieurs phases d'une procédure, les magistrats de cette juridiction ont compétence pour statuer sur ces différentes phases sans que les parties puissent demander leur récusation au prétendu motif qu'ils ont déjà connu du litige dans une phase précédente. • Bordeaux, 10 mai 1990 :

Gaz. Pal. 1991. 1. 188, note Renard. ♦ V. également : • Civ. 2e, 20 oct. 1999, n° 99-01.084 P. ♦ Le président de chambre substitué au premier président pour connaître de l'exécution provisoire peut présider ensuite la chambre appelée à connaître du fond. • Même arrêt.

13. Jugé que les dispositions générales de l'art. 341, et spécialement celles de l'art. 341, 5°, sont applicables à la juridiction prud'homale, malgré les dispositions plus restrictives de l'art. L. 518-1 [devenu L. 1457-1] C. trav. • Montpellier, 4 juin 1987 : *JCP 1987. II. 20876, note de Lestang* (conseiller ayant précédemment assisté le salarié devant le bureau de conciliation). – Sur l'exigence d'impartialité objective tirée de l'art. 6, § 1er, Conv. EDH, V. note 68 s. ss. cet art. ♦ V. art. L. 518-1 [devenu L. 1457-1], R. 518-1 [devenu R. 1457-1] et R. 518-2 [devenu R. 1457-2] C. trav. – **C. trav.**

14. Les dispositions de l'art. 341, 5°, n'ouvrent pas à une partie de poursuivre l'annulation de l'acte accompli par ce juge en vertu de l'art. 354 du même code. • Paris, 15 mai 1998 : *D. Affaires 1998. 1048, obs. A. L.*

15. Le défaut d'impartialité d'une juridiction appelée à connaître de la contestation de la mesure d'exécution forcée d'une décision de justice ne peut résulter du seul fait qu'elle ait précédemment connu de l'appel formé contre cette décision. • Civ. 1re, 3 avr. 2014, n° 14-01.414 P : *D. 2014. Actu. 876*. ♦ Le défaut d'impartialité d'une juridiction ne peut résulter du seul fait qu'elle ait rendu une ou plusieurs décisions défavorables à la partie demanderesse à la récusation ou favorables à son adversaire. Fût-il démontré que les magistrats concernés auraient commis des erreurs de procédure ou des applications erronées des règles de droit, de telles erreurs, qui ne pourraient donner lieu qu'à l'exercice de voies de recours, ne sauraient établir la partialité ni des magistrats qui ont rendu les décisions critiquées ni des magistrats de la cour d'appel, pris dans leur ensemble, non plus que faire peser sur eux un doute légitime sur leur impartialité. • Civ. 2e, 24 nov. 2016, n° 16-01.646 P : *D. actu. 6 déc. 2016, obs. Mélin ; JCP 2016. 1342, obs. Bernabé* (visa des art. L. 111-6 COJ et 6, § 1er, Conv. EDH).

16. Amitié notoire. Le fait pour un magistrat de déjeuner avec diverses personnes, dont l'une des parties, ne peut caractériser l'amitié notoire. • Grenoble, 31 mai 1990 : *Gaz. Pal. 1991. 1. 189, note Renard.* ♦ V. aussi, en matière d'arbitrage, note 2 ss. art. 1463. ♦ La seule circonstance que le plaideur et son juge aient été élèves de la même école, fût-ce Polytechnique, n'est pas de nature à créer, même en apparence, un doute légitime sur son impartialité ; en l'absence de toute imputation précise, la seule circonstance que les magistrats concernés seraient issus du même secteur d'activité que les parties n'est pas non plus de nature à créer, même en apparence, un doute sur leur impartialité. • Civ. 2e, 13 juill. 2005 : *cité note 87 ss. Conv. EDH, art. 6, § 1er, App., Droit européen et international.* ♦ V. également • Douai, 24 oct. 2007 : *cité note 18.* ♦ *Adde* jugeant que c'est dans l'exercice de son pouvoir souverain d'appréciation de la pertinence des causes de récusation alléguées que la cour d'appel a retenu que le terme d' « ami » employé pour désigner les personnes qui acceptent d'entrer en contact par les réseaux sociaux ne renvoie pas à des relations d'amitié au sens traditionnel du terme et que l'existence de contacts entre ces différentes personnes par l'intermédiaire de ces réseaux ne suffit pas à caractériser une partialité particulière, le réseau social étant simplement un moyen de communication spécifique entre des personnes qui partagent les mêmes centres d'intérêt, et en l'espèce la même profession. • Civ. 2e, 5 janv. 2017, n° 16-12.394 P : *D. 2017. 62 ; JCP 2017. 74, obs. G'Sell.*

17. « Amitié » des réseaux sociaux. Portée. C'est dans l'exercice de son pouvoir souverain d'appréciation de la pertinence des causes de récusation alléguées que la cour d'appel a retenu que le terme d'« ami », employé pour désigner les personnes qui acceptent d'entrer en contact par les réseaux sociaux, ne renvoie pas à des relations d'amitié au sens traditionnel du terme et que l'existence de contacts entre ces différentes personnes par l'intermédiaire de ces réseaux ne suffit pas à caractériser une partialité particulière, le réseau social étant simplement un moyen de communication spécifique entre des personnes qui partagent les mêmes centres d'intérêt, et notamment la même profession. • Civ. 2e, 5 janv. 2017, n° 16-12.394 P : *D. 2017. 62 ; ibid. 62, obs. Gauthier ; D. actu. 19 janv. 2017, obs. S. Prétot ; Dalloz avocats 2017. 48, obs. Dargent ; JCP 2017. 74, obs. G'Sell ; Dr. adm. 2017, Repère 2, obs. Stahl ; Dr. fam. 2017. Repère 2, obs. Binet ; Gaz. Pal. 17 janv. 2017, p. 3, obs. Périer ; AJ Contrat 2017. 1, obs. Delpech*.

18. Inimitié notoire. La seule appartenance d'un magistrat au Syndicat de la magistrature n'est pas un fait suffisant en soi à caractériser l'inimitié notoire de ce magistrat à l'égard du Front national, et son adhésion à ce syndicat, qui relève de l'exercice d'une liberté constitutionnelle, ne laisse pas présumer que l'exigence d'impartialité requise de tout juge laisse ici la place à une forte présomption de partialité. En effet, la circonstance selon laquelle le syndicat dont il est adhérent aurait, par la voix de ses dirigeants ou de sections locales, exprimé une opinion ou pris des positions contre le Front national qui les qualifie d'hostiles, ne suffit pas à fonder la crainte du Front national que l'indépendance et la partialité que tout justiciable doit trouver chez son juge soient ici compromises ou sujettes au doute, alors qu'il n'est ni allégué ni établi que ce magistrat ait personnellement pris des positions, soutenu ou exprimé une opinion à l'encontre du Front national tant dans son activité syndicale que dans l'exercice de ses fonctions juridictionnelles. • Civ. 2e, 24 juin 2004, n° 02-11.509 P : *D. 2005. Pan. 332, obs. Julien et Fricero*. ♦ De même, il ne saurait être déduit de l'exercice, par un substitut du procureur de la République (partie jointe), des prérogatives qu'il tient de la loi et de sa délégation en matière de procédures collectives (pouvoir de rechercher, en vue de donner son avis sur l'ouverture ou non d'une telle procédure, des éléments de faits susceptibles d'accréditer la situation réelle de l'entreprise, et celui, par voie de conséquence, de produire, comme toute partie, devant la juridiction, les documents et pièces afférents à ces éléments, quand bien même ceux-ci ne se rattacheraient pas aux créances invoquées par la partie ayant saisi le tribunal), ni une inimitié notoire du substitut envers la société débitrice ou ceux qui la dirigent, ni davantage une amitié notoire du même envers l'URSSAF, créancier à l'origine de l'assignation. • Douai, 24 oct. 2007 : *D. 2008. AJ 13*. ♦ L'appréciation de l'existence d'une inimitié notoire, cause de récusation, prend en compte l'intérêt supérieur de l'enfant (litige touchant au placement d'un enfant). • Civ. 2e, 7 juill. 2005, n° 04-17.663 P.

19. En l'absence d'autre élément, le simple fait qu'un magistrat ait été stagiaire, pour une durée non précisée, et plusieurs années auparavant, dans une juridiction située dans le ressort de la cour d'appel ne constitue pas, en soi, un motif permettant de douter objectivement de l'impartialité de l'ensemble des magistrats de cette cour d'appel dans le jugement d'une affaire le concernant. • Civ. 2e, 20 juin 2013, n° 13-01.367 P : *Gaz. Pal. 8-10 déc. 2013, p. 32, obs. L. Mayer.*

20. Contentieux sériel. Le fait qu'un juge se soit déjà prononcé dans un litige procédant d'un contentieux sériel n'est pas en soi de nature à porter atteinte à son impartialité pour connaître des autres litiges de ce même contentieux. • Civ. 2e, 7 avr. 2016, n° 15-16.091 P : *Dr. et pr. 2016. 74, note Karamani-Pelacuer.*

21. Opposition du juge. Si le juge s'oppose à la récusation ou ne répond pas, la demande de récusation est jugée sans délai par la cour d'appel. • Civ. 2e, 24 sept. 1997, n° 97-42.811 P.

22. Renonciation. Renvoi. V. note 117 ss. Conv. EDH, art. 6, § 1er, App., v° *Droit européen et international*. ♦ *Adde* • Civ. 1re, 20 févr. 2007 : *RTD civ. 2007. 318, obs. Hauser* • Toulouse, 25 oct. 2001 : *D. 2002. 359, note Beignier*.

23. Récusation générale et préventive (non). Les dispositions de l'art. 341 sont inapplicables à une juridiction prise dans son ensemble. • Civ. 2e, 4 janv. 2006, n° 04-11.921 P : *D. 2006. IR 180 ; JCP 2006. I. 188, obs. R. Martin* (conseil de l'ordre siégeant en formation disciplinaire). ♦ Le droit de récusation appartient aux clients présents ou à venir et non à l'avocat qui n'est pas partie et ne peut mettre en œuvre ce droit à titre préventif ; il appartient à l'avocat de présenter une requête en récusation toutes les fois que ses clients l'estimeront nécessaire, admettre une récusation générale et préventive d'un magistrat reviendrait à donner à l'avocat un droit de regard sur le fonctionnement de la juridiction. • Civ. 1re, 8 sept. 2005, n° 03-18.862 P : *D. 2005. IR 2483 ; RTD civ. 2005. 822, obs. Perrot ; Gaz. Pal. 13-24 sept. 2005, p. 10.*

24. Une partie ne peut récuser l'ensemble des magistrats de l'ordre judiciaire. • Civ. 2e, 13 nov. 2008, n° 08-01.791 P.

25. Applicabilité de la Conv. EDH. La procédure de récusation, qui ne porte pas sur le bien-fondé d'une accusation en matière pénale et ne concerne pas une contestation sur un droit ou une obligation de caractère civil, n'entre pas dans le champ d'application de l'art. 6 Conv. EDH. • Civ. 2e, 10 sept. 2009 : *cité note 1 ss. art. 351.*

Ancien art. 342 ***La partie qui veut récuser un juge doit, à peine d'irrecevabilité, le faire dès qu'elle a connaissance de la cause de récusation.***

En aucun cas la demande de récusation ne peut être formée après la clôture des débats.

1. Le mémoire en récusation présenté par l'avocat poursuivi, lors de sa comparution devant le conseil de l'Ordre, et non à la date à laquelle il avait reçu sa convocation, est irrecevable, dès lors qu'il connaissait déjà les motifs de récusation qu'il entendait faire valoir. • Civ. 1re, 4 nov. 1980 : *Gaz. Pal. 1981. 1. Pan. 50.*

2. Est irrecevable la demande de récusation formée plusieurs jours après la clôture des débats. • Civ. 2e, 30 nov. 1978 : *Bull. civ. II, n° 262* • 16 juill. 1987 : *ibid. II, n° 158 ; D. 1988. Somm. 125, obs. Julien ; Gaz. Pal. 1988. Somm. 37, obs. Guinchard et Moussa.* ♦ ... Près de deux mois après que la partie qui veut récuser le juge a été en mesure d'avoir connaissance des causes de récusation qu'elle soulève. • Civ. 2e, 19 févr. 2004, n° 04-01.396 P. ♦ ... Ou alors que la juridiction n'est plus saisie de l'affaire. • Civ. 2e, 17 oct. 1990, n° 90-13.413 P. ♦ ... Alors que le requérant a déjà formé au cours de la même instance une précédente demande de récusation des magistrats, demande rejetée, et n'allègue aucune cause parvenue à sa connaissance postérieurement au dépôt de sa première requête. • Civ. 2e, 2 déc. 2004, n° 04-01.469 P.

3. La condition de recevabilité formulée par l'art. 342, al. 1er, est applicable à la demande de renvoi pour cause de suspicion légitime. • Civ. 2e, 27 mai 2004, n° 04-01.425 P. ♦ Est dès lors irrecevable, comme tardive, la requête en renvoi pour cause de suspicion légitime dont les causes se rapportent à des arrêts rendus et signifiés dix-huit mois auparavant, le requérant ayant été en mesure de les faire valoir dès l'enrôlement de son appel interjeté huit mois avant la présentation de la requête. • Même arrêt. ♦ V. aussi : • Civ. 2e, 24 nov. 2005, no 05-04.544 P.

4. Il ne peut, devant la Cour de cassation, être reproché à un conseil de prud'hommes d'avoir statué alors que l'un des conseillers ayant siégé exerçait des fonctions incompatibles de juge consulaire, dès lors qu'aucune demande de récusation n'a été formée avant la clôture des débats. • Soc. 20 mars 1990, no 86-44.139 P : *D. 1990. Somm. 342, obs. Julien*. ♦ Rappr. • Soc. 5 nov. 1987 : *Bull. civ. V, no 625.*

5. Les parties qui n'ont pas fait usage de la possibilité de demander la récusation d'un magistrat ayant déjà connu de leurs précédentes demandes, dès qu'ils ont eu connaissance de la cause de récusation, ont renoncé, sans équivoque, à s'en prévaloir. • Civ. 2e, 20 oct. 2005 : *cité note 117 ss. Conv. EDH, art. 6, § 1er, App., vo Droit européen et international.*

6. Les dispositions de l'art. 342 sont compatibles avec l'art. 6, § 1er Conv. EDH. • Civ. 2e, 2 juin 2005, no 05-01.511 P.

7. Les débats ayant eu lieu devant une formation collégiale dont la composition pouvait être connue, une partie représentée par son avoué est irrecevable à invoquer devant la Cour de cassation la violation de l'art. 6, § 1er Conv. EDH, dès lors qu'elle n'a pas fait usage de la possibilité d'obtenir la récusation du magistrat en cause en application de l'art. 341-5 NCPC [devenu C. pr. civ.] ; en s'abstenant de le faire avant la clôture des débats, elle a ainsi renoncé sans équivoque à s'en prévaloir. • Civ. 1re, 12 déc. 2006, no 05-11.945 P : *D. 2007. Pan. 2691, obs. Douchy-Oudot* ; *RLDC 2007/37, no 2508, obs. Beignier ; RTD civ. 2007. 96, obs. Hauser* • Civ. 3e, 18 nov. 2009, no 08-18.029 P : *Procédures 2010, no 15, note Rolland.* ♦ V. déjà • Aix-en-Provence, 9 mars 2004 : *JCP 2004. IV. 3091.*

Ancien art. 343 *(Décr. no 2004-836 du 20 août 2004, art. 34, en vigueur le 1er janv. 2005)* ***A l'exception des actions portées devant la Cour de cassation, la récusation peut être proposée par la partie elle-même ou par son mandataire.***

Le mandataire doit être muni d'un pouvoir spécial.

L'art. 34 du Décr. no 2004-836 du 20 août 2004 est applicable uniquement aux recours dirigés à l'encontre des décisions rendues à compter du 1er janv. 2005 (Décr. préc., art. 59).

1. Curatelle. Le majeur en curatelle ne peut proposer de récusation sans l'assistance du curateur. • Civ. 2e, 17 juin 1981 : *Bull. civ. II, no 137.*

2. Pouvoir spécial. Sur la nécessité d'un pouvoir spécial, V. • Civ. 2e, 17 juin 1998, no 98-01.034 P.

3. Liquidation judiciaire. Une requête en récusation au nom d'une société en liquidation judiciaire n'est recevable, en application de l'art. 1844-7 (7°) C. civ., que par l'intermédiaire d'un mandataire *ad hoc*. • Civ. 2e, 4 juill. 2002, no 02-01.276 P.

Ancien art. 344 ***La demande de récusation est formée par acte remis au secrétariat de la juridiction à laquelle appartient le juge ou par une déclaration qui est consignée par le secrétaire dans un procès-verbal.***

La demande doit, à peine d'irrecevabilité, indiquer avec précision les motifs de la récusation et être accompagnée des pièces propres à la justifier.

Il est délivré récépissé de la demande.

1. Est irrecevable la requête adressée au président de la Chambre criminelle de la Cour de cassation par une personne qui sollicite le dessaisissement d'une cour d'appel pour cause de suspicion légitime. • Civ. 2e, 24 oct. 1991, no 91-16.231 P.

2. La demande de récusation ou de renvoi pour cause de suspicion légitime est formée, contre récépissé, par un acte remis au secrétariat de la juridiction à laquelle appartient le juge par une déclaration qui est consignée par le secrétaire dans un procès-verbal. • Civ. 2e, 8 avr. 2004, no 04-01.404 P. ♦ En conséquence, n'est pas recevable la requête en récusation et en suspicion légitime formée par lettre recommandée adressée au greffier en chef. • Même arrêt. ♦ ... Ou par lettre adressée au premier président de la cour d'appel. • Civ. 2e, 1er févr. 2006, no 06-01.579 P.

3. La requête tendant au renvoi pour cause de récusation exclusivement dirigée contre l'un des conseillers d'une cour d'appel ressortit à la compétence de cette juridiction et est, dès lors, irrecevable devant la Cour de cassation. • Civ. 2e, 8 juill. 1999, no 99-01.074 P.

4. Pour un exemple d'irrecevabilité faute d'avoir satisfait à l'art. 344, al. 2, V. • Paris, 25 mars 2002 : *Gaz. Pal. 15-17 sept. 2002, p. 18.*

Ancien art. 345 ***Le secrétaire communique au juge la copie de la demande de récusation dont celui-ci est l'objet.***

Le requérant ne saurait se prévaloir ni de ce que sa demande de récusation n'a pas été communiquée au juge, ni de ce que n'a pas été respecté le délai de l'art. 347, l'inobservation de ces formalités ne pouvant lui faire grief. • Civ. 2e, 3 mai 1979 : *D. 1979. IR 480, obs. Julien.*

Ancien art. 346 ***Le juge, dès qu'il a communication de la demande, doit s'abstenir jusqu'à ce qu'il ait été statué sur la récusation.***

En cas d'urgence, un autre juge peut être désigné, même d'office, pour procéder aux opérations nécessaires.

1. Le juge est tenu de s'abstenir à partir de la date où la demande de récusation lui est communiquée et non au jour où la partie lui a fait connaître par lettre simple l'intention de le récuser. • Civ. 1re, 10 mai 1989 : *JCP 1990. II. 21469, note Cadiet.*

2. Il résulte de la combinaison des art. 1464 et 1465 que l'art. 346, qui concerne la récusation des juges, n'est pas applicable à la récusation des arbitres. • Paris, 12 nov. 1998 : *Rev. arb. 1999. 374, note Jarrosson.*

Ancien art. 347 ***Dans les huit jours de cette communication, le juge récusé fait connaître par écrit soit son acquiescement à la récusation, soit les motifs pour lesquels il s'y oppose.***

1. Il n'est pas nécessaire de communiquer à l'auteur de la récusation les explications écrites du magistrat récusé. • Civ. 2e, 19 nov. 1975 : *Bull. civ. II, n° 299.*

2. Le fait que le juge récusé fasse connaître par écrit les motifs pour lesquels il s'oppose à la récusation ne le constitue pas partie dans l'instance et ne le rend pas recevable à se pourvoir contre la décision qui a statué sur la demande de récusation. • Civ. 2e, 23 nov. 1983 : *Gaz. Pal. 1984. 1. Pan. 151, obs. Guinchard* • 21 juin 1989 : *JCP 1990. II. 21469, obs. Cadiet.*

Ancien art. 348 ***Si le juge acquiesce, il est aussitôt remplacé.***

De la combinaison des art. 348 et R. 321-24 [ancien] COJ il résulte que, lorsqu'un juge d'instance a acquiescé à sa récusation, son remplaçant doit être désigné par le président du TGI et non par le premier président de la cour d'appel. • Civ. 2e, 3 oct. 1984 : *JCP 1985. II. 20402, note Bizière ; D. 1985. IR 267, obs. Julien.*

Ancien art. 349 ***Si le juge s'oppose à la récusation ou ne répond pas, la demande de récusation est jugée sans délai par la cour d'appel ou, si elle est dirigée contre un assesseur d'une juridiction échevinale, par le président de cette juridiction qui se prononce sans appel.***

1. Composés d'un nombre égal de salariés et d'employeurs, les conseils de prud'hommes ne constituent pas des juridictions échevinales, même lorsqu'ils siègent en formation de départage, cette dernière n'étant qu'une formation de la juridiction prud'homale. • Civ. 2e, 26 nov. 1990, n° 90-11.749 P. ♦ V. *Contra,* en ce qui concerne la formation de départage : • Dijon, 13 oct. 1984 : *Gaz. Pal. 1985. 1. 19, note Rayroux.*

2. Le conseil de l'ordre des avocats ne constituant pas une juridiction échevinale, le bâtonnier est incompétent pour se prononcer sur la demande de récusation de l'un de ses membres. • Civ. 2e, 23 avr. 1986 : *Gaz. Pal. 1986. 1. Pan. 158* • 4 nov. 1980 : *Gaz. Pal. 1981. 1. Pan. 50.*

3. La requête tendant au renvoi pour cause de récusation exclusivement dirigée contre l'un des conseillers d'une cour d'appel ressortit à la compétence de cette juridiction et est, dès lors, irrecevable devant la Cour de cassation. • Civ. 2e, 8 juill. 1999, n° 99-01.074 P. ♦ De même est incompétent pour juger de cette demande le premier président de la cour d'appel. • Civ. 2e, 28 juin 2001, n° 97-20.729 P : *D. 2001. IR 2361 ; Gaz. Pal. 26-27 juill. 2002, p. 14, obs. du Rusquec.* ♦ C'est à tort qu'un TI déclare la demande de récusation irrecevable dès lors que seule la cour d'appel avait qualité pour apprécier la recevabilité et le bien-fondé de la demande de récusation. • Soc. 21 janv. 2009, n° 08-60.400 P.

4. Les pourvois contre les arrêts rendus sur une demande de récusation ou de renvoi pour suspicion légitime ne sont pas soumis à la procédure sans représentation obligatoire éventuellement applicable aux affaires relevant de la juridiction considérée. • Civ. 2e, 15 janv. 1992 : *JCP 1992. IV. 771, p. 32.* – V. aussi • Civ. 2e, 17 nov. 1982 : *D. 1983. IR 153, obs. Julien.*

5. Seule la cour d'appel peut connaître d'une demande de récusation formée contre un magistrat de cette cour d'appel. • Civ. 2e, 19 janv. 2017, n° 16-01.659 P.

6. Premier président de cour d'appel. Le premier président de la cour d'appel, magistrat hors hiérarchie de la Cour de cassation qui exerce la fonction de premier président, étant nommé pour exercer exclusivement ces fonctions, seule la cour d'appel peut connaître d'une demande de récusation formée à son encontre au titre de l'exercice de ses fonctions, peu important qu'il soit nommé à la Cour de cassation pour des raisons statutaires. • Civ. 2e, 26 mai 2016, n° 16-01.602 P.

7. Excède ses pouvoirs le premier président d'une cour d'appel qui confirme la décision d'un juge visé par une requête en récusation, lequel ne s'était pas abstenu, comme il l'aurait dû, jusqu'à ce qu'il ait été statué sur la récusation. • Civ. 1re, 12 juill. 2017, n° 16-22.966 P : *D. actu. 31 juill. 2017, obs. Kebir.*

Ancien art. 350 ***Le secrétaire communique la demande de récusation avec la réponse du juge ou mention de son silence, selon le cas au premier président de la cour d'appel ou au président de la juridiction échevinale.***

Ancien art. 351 ***L'affaire est examinée sans qu'il soit nécessaire d'appeler les parties ni le juge récusé.***

Copie de la décision est remise ou adressée par le secrétaire au juge et aux parties.

1. Date de l'audience. La partie qui sollicite la récusation doit être informée de la date de l'audience. • Civ. 2e, 10 juin 1998, n° 96-15.760 P : *D. 1998. IR 179* • 28 juin 2001, n° 97-20.729 P : *D. 2001. IR 2361*. ♦ *Contra* : la procédure de récusation, qui ne porte pas sur le bien-fondé d'une accusation en matière pénale et ne concerne pas une contestation sur un droit ou une obligation de caractère civil, n'entre pas dans le champ d'application de l'art. 6 Conv. EDH. Doit donc être rejeté comme le moyen tiré de la violation des art. 16 et 351 C. pr. civ., ensemble l'art. 6, § 1er, Conv. EDH., fondé sur le fait que la requérante ait été régulièrement informée de la date d'audience, l'art. 351 disposant par ailleurs qu'il est statué sans qu'il soit nécessaire d'appeler les parties. • Civ. 2e, 10 sept. 2009, n° 08-14.495 P : *D. 2009. AJ 2224 ; Procédures 2010. n° 347, note Perrot.*

2. Publicité des débats. L'art. 351 prévoyant que l'affaire est examinée sans qu'il soit nécessaire d'appeler les parties, les dispositions des art. 22 et 433 ne sont dès lors pas applicables : • Civ. 2e, 14 oct. 2004 : *cité note 101 ss. Conv. EDH, art. 6, § 1er, App., v° Droit européen et international.* ♦ Comp., jugeant que la règle d'ordre public de la publicité des débats est applicable en matière de récusation d'un juge, même si l'affaire a été examinée sans que la partie ait été appelée ; que dans ce cas, cette partie ne peut se voir opposer les dispositions de l'art. 446 : • Civ. 2e, 20 nov. 1991 : *D. 1992. IR 11*. ♦ V. aussi note 1 ss. art. 359.

3. En l'absence de débat et de toute disposition en ce sens, le ministère public n'a pas à communiquer ses conclusions ou à les mettre à la disposition des parties. • Civ. 2e, 15 déc. 2005, n° 04-17.166 P : *D. 2006. IR 100* • 26 avr. 2006, n° 06-01.594 P. ♦ Sur l'exclusion de l'application de la Conv. EDH à la procédure de récusation, *Adde* : • Civ. 2e, 6 nov. 2008 : *cité note 24 ss. art. 341.*

4. Intervention. Irrecevabilité. Seul le requérant à la récusation étant partie à la procédure de récusation, les interventions des autres parties au procès principal ne sont pas recevables. • Soc. 27 nov. 2012, n° 11-22.455 P : *JCP S 2013. 1064, note I. Pétel-Teyssié.*

Ancien art. 352 ***Si la récusation est admise, il est procédé au remplacement du juge.***

Ancien art. 353 ***Si la récusation est rejetée, son auteur peut être condamné à une amende civile*** *(Décr. n° 2005-1678 du 28 déc. 2005, art. 77, en vigueur le 1er mars 2006)* ***« d'un maximum de 3 000 € » sans préjudice des dommages-intérêts qui pourraient être réclamés.***

L'art. 77 du Décr. n° 2005-1678 du 28 déc. 2005 ne s'applique qu'aux instances introduites et procédures diligentées après le 1er mars 2006 (Décr. préc., art. 87, al. 2).

1. La partie qui, dans la même requête, forme deux demandes, l'une de récusation du tribunal, l'autre de renvoi d'une procédure devant un autre tribunal, peut être condamnée à deux amendes si ces prétentions sont l'une et l'autre rejetées. • Civ. 2e, 9 mars 1978 : *Bull. civ. II, n° 69.*

2. L'art. 32-1 NCPC [devenu C. pr. civ.] (amende civile pour action dilatoire ou abusive) est sans application à la procédure de récusation ou de renvoi pour cause de suspicion légitime. • Civ. 2e, 8 févr. 2007 : *JCP 2007. IV. 1524* (absence de nécessité de caractériser une faute).

Ancien art. 354 ***Les actes accomplis par le juge récusé avant qu'il ait eu connaissance de la demande de récusation ne peuvent être remis en cause.***

Ancien art. 355 ***La récusation contre plusieurs juges doit, à peine d'irrecevabilité, être demandée par un même acte à moins qu'une cause de récusation ne se révèle postérieurement.***

Il est alors procédé comme il est dit au chapitre ci-après, alors même que le renvoi n'aurait pas été demandé.

1. En vertu des art. 355 et 360, al. 2, ne peut être frappé de pourvoi l'arrêt accueillant une demande de récusation de deux membres du conseil de prud'hommes et qui a renvoyé devant le conseil de prud'hommes d'une autre ville. • Civ. 2e, 4 janv. 1989 : *Bull. civ. II, n° 5 ; D. 1989. Somm. 278, obs. Julien.*

2. En cas de récusation contre plusieurs juges, il doit être procédé comme en matière de renvoi pour cause de suspicion légitime. • Civ. 2e, 24 mars 1993, n° 92-16.410 P. ♦ Rappr. : • Civ. 2e, 9 juill. 1998, n° 98-01.036 P.

CHAPITRE III LE RENVOI POUR CAUSE DE SÛRETÉ PUBLIQUE

(Décr. nº 2017-892 du 6 mai 2017, art. 2)

La section III est devenue chapitre III à la suite du Décr. nº 2017-892 du 6 mai 2017 (art. 2-V).

Les dispositions de l'art. 2 du Décr. nº 2017-892 du 6 mai 2017 sont applicables aux demandes de récusation et de renvoi pour cause de suspicion légitime formées à compter du 11 mai 2017 (Décr. préc., art. 70-I).

Art. 351 Le renvoi pour cause de sûreté publique est prononcé par la Cour de cassation sur réquisition du procureur général près ladite cour. – *Anc. art. 365 (Décr. nº 2017-892 du 6 mai 2017, art. 2-V-1º).*

Les dispositions de l'art. 2 du Décr. nº 2017-892 du 6 mai 2017 sont applicables aux demandes de récusation et de renvoi pour cause de suspicion légitime formées à compter du 11 mai 2017 (Décr. préc., art. 70-I).

Art. 352 Si la demande est justifiée, l'affaire est renvoyée soit à une autre formation de la juridiction primitivement saisie, soit à une autre juridiction de même nature que celle-ci.

La décision s'impose aux parties et au juge de renvoi. Elle n'est susceptible d'aucun recours. – *Anc. art. 360 (Décr. nº 2017-892 du 6 mai 2017, art. 2-V-1º).*

Les dispositions de l'art. 2 du Décr. nº 2017-892 du 6 mai 2017 sont applicables aux demandes de récusation et de renvoi pour cause de suspicion légitime formées à compter du 11 mai 2017 (Décr. préc., art. 70-I).

Art. 353 L'instance n'est pas suspendue devant la juridiction dont le dessaisissement est demandé.

(Décr. nº 2017-892 du 6 mai 2017, art. 2-V-2º) **« Le premier président de la Cour de cassation peut toutefois ordonner que l'instance soit suspendue jusqu'à la décision sur la demande de renvoi ».** – *Anc. art. 361 (Décr. nº 2017-892 du 6 mai 2017, art. 2-V-1º).*

Les dispositions de l'art. 2 du Décr. nº 2017-892 du 6 mai 2017 sont applicables aux demandes de récusation et de renvoi pour cause de suspicion légitime formées à compter du 11 mai 2017 (Décr. préc., art. 70-I).

Art. 354 En cas de renvoi, il est procédé comme il est dit à l'article *(Décr. nº 2017-892 du 6 mai 2017, art. 2-V-3º)* **« 82 ».** – *Anc. art. 362 (Décr. nº 2017-892 du 6 mai 2017, art. 2-V-1º).*

Les dispositions de l'art. 2 du Décr. nº 2017-892 du 6 mai 2017 sont applicables aux demandes de récusation et de renvoi pour cause de suspicion légitime formées à compter du 11 mai 2017 (Décr. préc., art. 70-I).

Les art. 355 à 359, 363, 364 et 366 sont abrogés par le Décr. nº 2017-892 du 6 mai 2017 (art. 2-IV).

CHAPITRE III *[ANCIEN]* LE RENVOI À UNE AUTRE JURIDICTION

Le Décr. nº 2017-891 du 6 mai 2017 a réformé le régime de la récusation et du renvoi pour cause de suspicion légitime. Les très nombreuses modifications apportées nécessitent de le présenter d'une part dans sa version applicable aux demandes de récusation et de renvoi pour cause de suspicion légitime formées avant le 11 mai 2017 (V. anc. art. 341 s. ci-dessus et anc. 356 s. ci-dessous), et d'autre part dans sa version applicable aux mêmes demandes formées à compter de cette date (V. art. 341 s. ci-dessous).

DALLOZ ACTION *Droit et pratique de la procédure civile 2022/2023*, nºs 353.120 s.

SECTION PREMIÈRE *[ANCIENNE]* LE RENVOI POUR CAUSE DE SUSPICION LÉGITIME

BIBL. GÉN. ▸ Fiche méthodologique, *BICC 1er avr. 2008, p. 6* (l'exigence d'impartialité du juge dans le procès civil et les procédures de récusation et de renvoi pour cause de suspicion légitime).

Ancien art. 356 ***La demande de renvoi pour cause de suspicion légitime est assujettie aux mêmes conditions de recevabilité et de forme que la demande de récusation.***

A. NOTION

1. La suspicion légitime n'emporte pas récusation de chaque membre de la juridiction. Il suffit que les motifs invoqués légitiment une certaine suspicion vis-à-vis des membres de la juridiction. • Paris, 10 juill. 1981 : *Gaz. Pal. 1982. 1. Somm. 181.* ♦ En ce sens, au contraire, que doit être rapportée la preuve d'une cause de récusation à l'encontre, personnellement, de chacun des membres composant la juridiction, V. • Poitiers, 13 mai 1980 : *Gaz. Pal. 1980. 2. 465.*

2. Le fait qu'un arrêt rendu par une chambre ait été cassé ne fait pas peser sur celle-ci un soupçon légitime de partialité pour connaître des points du litige restant à juger, aucune cause de récusation n'étant alléguée à l'encontre des magistrats de la chambre concernée. • Civ. 2e, 27 janv. 2005, n° 04-01.481 P. ♦ Mais une requête en suspicion légitime peut être accueillie lorsque le requérant invoque comme élément nouveau un arrêt de la Cour de cassation ayant accueilli une requête en suspicion légitime dirigée, à l'occasion d'une autre procédure opposant les mêmes parties, contre la même formation de la cour d'appel. • Civ. 2e, 13 oct. 2005, n° 05-01.541 P. ♦ La circonstance qu'un membre du conseil de prud'hommes, ne figurant pas dans la composition de la section appelée à statuer sur l'affaire, ait donné publiquement son opinion sur le litige n'est pas de nature à mettre en cause l'impartialité de l'ensemble de ses membres. • Soc. 26 janv. 2005, n° 03-18.004 P.

3. Il n'y a pas suspicion légitime au sens de l'art. 356 lorsque le requérant affirme ne pas mettre en doute l'impartialité des magistrats composant la cour. • Civ. 2e, 3 juin 1977 : *Bull. civ. II, n° 145.*

4. N'est pas de nature à laisser présumer l'inimitié ou l'animosité des magistrats de la cour pris dans leur ensemble la circonstance que le président de chambre appelée à connaître du fond ait, dans la même affaire, statué comme délégataire du premier président sur l'exécution provisoire. • Civ. 2e, 30 nov. 1978 : *Bull. civ. II, n° 263.* ♦ ... Qu'un ancien juge de la mise en état ait été nommé conseiller à la cour. • Civ. 2e, 20 oct. 1980 : *Gaz. Pal. 1983. 1. Pan. 100, obs. Guinchard.* ♦ ... Que la cour d'appel ait, en plusieurs de ses arrêts, rejeté les prétentions du demandeur, l'ait condamné à des dommages-intérêts pour abus de droit et ait rejeté sa demande d'inscription au tableau des conseils juridiques. • Civ. 2e, 12 avr. 1976 : *Bull. civ. II, n° 118.*

5. Si le fait que l'un des conseillers soit partie à l'instance peut justifier le renvoi sur le fondement de l'art. 47, il n'est pas de nature à faire peser un soupçon de partialité sur l'ensemble des magistrats de la cour. • Civ. 2e, 4 nov. 1988 : *Bull. civ. II, n° 206.*

6. La demande de renvoi ne saurait être accueillie alors que le requérant n'apporte, à l'appui de ses allégations, aucun élément de preuve de nature à laisser présumer l'inimitié ou l'animosité des magistrats. • Civ. 2e, 19 mars 1980 : *Gaz. Pal. 1980. 2. 548, note Viatte.*

7. La circonstance que plusieurs magistrats du siège et du ministère public d'une cour d'appel ont précédemment connu de l'affaire concernant les mesures d'assistance éducative prises à l'égard des mineurs n'est pas de nature à faire peser sur eux un soupçon légitime de partialité à l'égard d'un parent, dès lors qu'il résulte des art. 375-6 C. civ., L. 223-1 et L. 223-2 COJ [ancien] que ce sont les mêmes magistrats formant une chambre spéciale qui sont appelés à statuer en appel sur les décisions rendues par le juge des enfants. • Civ. 2e, 20 oct. 1999, n° 99-01.084 P.

8. Une décision de la CEDH ayant condamné la France, dans le même litige, invoquée par le demandeur, ne visant que la durée excessive de la procédure pendante devant diverses juridictions, ne constitue pas un motif légitime de craindre, de la part de la juridiction visée, un défaut d'impartialité, au sens de l'art. 6 Conv. EDH et de l'art. 356 NCPC [devenu C. pr. civ.]. • Civ. 2e, 27 mai 2004, n° 02-13.483 P : *D. 2004. IR 1863* .

9. Les magistrats d'une cour d'appel qui ont rouvert les débats et invité les parties à présenter leurs observations quant à la recevabilité du recours n'ont fait qu'observer le principe de la contradiction. Il ne résulte donc pas de leur décision l'existence de motifs de nature à faire peser sur eux un soupçon légitime de partialité. • Civ. 2e, 20 mars 2008, n° 08-01.710 P.

10. Font grief à son droit à ce que sa cause soit entendue dans le cadre d'un procès équitable par une juridiction dont les garanties d'indépendance et d'impartialité sont et apparaissent incontestables, les motifs invoqués par un requérant tirés de ce qu'un premier président de cour d'appel est personnellement concerné, en sa qualité de propriétaire d'un bien immobilier, par la solution du litige de liquidation et partage de communauté opposant sa soeur au requérant, en raison de l'autorité hiérarchique de ce magistrat sur les juges de la cour d'appel. • Civ. 2e, 24 janv. 2002, n° 00-01.224 P. ♦ En ce sens également que lorsqu'il existe une cause de récusation à l'encontre du président de la juridiction, cette cause de récusation est susceptible de rejaillir sur l'ensemble des magistrats composant la juridiction en raison de l'autorité hiérarchique de ce magistrat. • Douai, 4 mai 2011 : *Dr. et pr. 2012. 128, note Mongin-Archambeaud.*

B. DOMAINE

11. L'existence du renvoi pour cause de suspicion légitime constitue une règle générale de procédure. • CE 3 mai 1957 : *Lebon, p. 279* • 8 janv. 1959 : *D. 1960. 42, note Debbasch* (conseil de l'Ordre en matière disciplinaire).

12. Il résulte des art. 356, 358, 359, 364 et 1027 que la procédure de renvoi pour cause de suspicion légitime n'est pas applicable à la Cour de cassation. • Civ. 2e, 21 févr. 2002, n° 02-01.241 P : *Gaz. Pal. 12-14 janv. 2003, p. 31, obs. Perdriau* • 14 déc. 1977 : *Gaz. Pal. 1978. 2. 324* • 20 mai 1992, n° 92-01.001 P.

13. Sur la question de savoir si, contre le juge des référés, on doit recourir au renvoi pour suspicion légitime ou à la récusation, V. note Viatte ss. • Civ. 2e, 13 janv. 1982 : *Gaz. Pal. 1982. 2. 553.*

14. Le président du TGI exerçant la fonction de JEX ne constitue pas une juridiction ou une formation justiciable d'une demande de renvoi pour cause de suspicion légitime ; son abstention ne peut être obtenue que par la voie de la procédure de récusation fixée par les art. 341 à 353. • Bordeaux, 12 juin 2001 : *BICC 2002, n° 59.* ♦ V. aussi note 3 s s. art. L. 311-12 COJ.

15. Une cour d'appel, saisie à la fois d'une demande de récusation et d'une demande de renvoi pour suspicion légitime à l'encontre des membres du conseil de l'Ordre d'un barreau, réuni en formation disciplinaire, ne peut limiter l'examen des motifs développés au soutien de ces demandes au regard des dispositions de l'art. 341 qui ne visent que les causes de récusation, mais doit rechercher s'il existe une cause permettant objectivement de douter de l'impartialité du conseil de l'Ordre. • Civ. 1re, 31 mars 1998, n° 95-17.430 P : *JCP 1999. II. 10102, note Pralus-Dupuy.* ♦ V. aussi, sur la possibilité de requalification d'une demande de récusation n'entrant pas dans les cas d'ouverture limitativement prévus par l'art. 341 NCPC [devenu C. pr. civ.] en demande de renvoi pour cause de suspicion légitime fondée sur l'art. 6, § 1, Conv. EDH, dès lors que les conditions de recevabilité et de forme sont les mêmes, • Toulouse, 16 déc. 1992 : *BICC 1993, n° 975.*

16. Est irrecevable, comme sans objet, une requête tendant au renvoi pour cause de suspicion légitime, dirigée contre une cour d'appel pour des affaires dont cette juridiction n'est pas saisie. • Civ. 2e, 3 avr. 2003, n° 03-01.332 P.

C. RÉGIME

17. Tutelle. Doit être rejetée comme nulle la demande de renvoi pour cause de suspicion légitime présentée par un majeur placé sous tutelle. • Civ. 2e, 24 mai 2007, n° 07-01.670 P. – V. également notes ss. art. 343.

18. Une demande de renvoi pour cause de suspicion légitime ne peut être dirigée contre toutes les juridictions du ressort d'une cour d'appel et ne peut être formée à titre préventif avant qu'une juridiction ne soit saisie. • Civ. 2e, 11 déc. 2008, n° 08-01.802 P.

La demande de renvoi pour cause de suspicion légitime doit être formée par acte remis au secrétariat de la juridiction, ou par une déclaration qui est consignée par le secrétaire dans un procès-verbal. Par suite, la demande formée par acte d'huissier de justice délivré au greffe de la juridiction est irrecevable. • Civ. 2e, 8 janv. 2009, n° 08-01.797 P.

Ancien art. 357 ***La demande de dessaisissement est aussitôt communiquée par le secrétaire au président de la juridiction.***

Ancien art. 358 ***Si le président estime la demande fondée, il distribue l'affaire à une autre formation de la même juridiction ou la renvoie à une autre juridiction de même nature.***

Si le président estime que l'affaire doit être renvoyée à une autre juridiction, il transmet le dossier au président de la juridiction immédiatement supérieure qui désigne la juridiction de renvoi.

Copie de la décision est adressée par le secrétaire aux parties.

La décision n'est susceptible d'aucun recours ; elle s'impose aux parties et au juge de renvoi.

1. La décision portant transmission de l'affaire au président de la juridiction supérieure constitue une mesure d'administration judiciaire. L'absence de communication de cette pièce à la partie qui sollicite le renvoi ne porte pas atteinte à ses droits et, en particulier, ne la prive pas du droit à un procès équitable. • Civ. 2e, 9 oct. 1991 : *JCP 1991. IV. 430.* ♦ V. notes ss. art. 6-1 Conv. EDH.

2. La décision par laquelle le président d'une juridiction visée par une demande de renvoi pour cause de suspicion légitime qui, après avoir estimé cette demande fondée, distribue l'affaire à une autre formation de la juridiction est une mesure d'administration judiciaire qui n'est pas susceptible de recours, fût-ce pour excès de pouvoir. • Civ. 2e, 1er févr. 2018, n° 17-14.730 P : *D. actu. 15 févr. 2018, obs. Jourdan-Marques ; JCP 2018. 530, n° 7, obs. Jeuland ; Gaz. Pal. 15 mai 2018, p. 72, obs. Herman.*

3. Une cour d'appel ne peut, sans excéder ses pouvoirs, sur le dépôt d'une requête en récusation du président et de deux juges d'un TGI, dont le président a transmis le dossier au premier président de la cour d'appel aux fins de désignation de la juridiction de renvoi, rejeter la requête et renvoyer le dossier au même TGI, alors qu'il appartenait au seul premier président de désigner la cour de renvoi. • Civ. 2e, 28 févr. 1996 : *D. 1996. Somm. 352, obs. Julien* . ♦ Sur la compétence exclusive du premier président pour statuer sur la requête en suspicion légitime, V. • Civ. 2e, 24 févr. 2005, n° 03-10.657 P : *D. 2005. IR 357* .

4. En cas de renvoi pour cause de suspicion légitime, le demandeur ne peut plus saisir le même juge en référé d'une demande de mesure provisoire ou conservatoire si cette demande est la suite et la conséquence de l'instance au fond opposant les mêmes parties. • Paris, 28 sept. 1988 : *Bull. ch. avoués 1988. 3. 107 ; Gaz. Pal. 1989. 2. 902.*

5. Il ne peut être dérogé à l'exigence d'impartialité qui s'impose à toute juridiction. • Civ. 1re, 7 nov. 2000, n° 97-21.883 P : *D. 2001. 811, note Cassuto-Teytaud ; D. 2002. Somm. 860, obs. Blanchard ; Gaz. Pal. 14-16 avr. 2002, p. 14, obs. du Rusquec.* ♦ Il s'ensuit que, lorsqu'une cour d'appel est saisie d'une requête en suspicion légitime contre un conseil de l'ordre, il lui appartient de rechercher si cette requête est fondée et, si tel est le cas, et en l'absence de disposition légale permettant le renvoi devant un autre conseil de l'ordre, d'évoquer et de statuer au fond. • Même arrêt. ♦ Comp., en faveur de la compétence du bâtonnier. • Colmar, 18 mai 2000 : *JCP 2002. I. 136, n° 29, obs. crit. R. Martin.*

6. L'absence, en Polynésie française, de textes de droit interne organisant le renvoi pour cause de suspicion légitime ne constitue pas un obstacle à ce que le renvoi à une juridiction de même nature et de même degré soit ordonné, en application de l'art. 6, § 1, Conv. EDH, par la juridiction immédiatement supérieure. • Civ. 2e, 21 sept. 2000, n° 98-22.604 P : *D. 2000. IR 261*

7. Les dispositions du C. pr. civ. régissant la procédure de suspicion légitime ne sont applicables qu'aux instances pendantes devant les juridictions de l'ordre judiciaire statuant en matière civile, commerciale, sociale, rurale ou prud'homale, et non devant la chambre correctionnel de la cour d'appel. • Civ. 2e, 20 juin 2013, n° 13-01.368 P (visa des art. 749 C. pr. civ. et 662 C. pr. pén.).

Ancien art. 359 ***Si le président s'oppose à la demande, il transmet l'affaire, avec les motifs de son refus, au président de la juridiction immédiatement supérieure.***

Cette juridiction statue dans le mois, en chambre du conseil, le ministère public entendu, et sans qu'il soit nécessaire d'appeler les parties.

Copie de la décision est adressée par le secrétaire aux parties et au président de la juridiction dont le dessaisissement a été demandé.

1. Si la publicité des débats est un principe général du droit, la loi peut en limiter la portée en exigeant ou en permettant que ces débats aient lieu en chambre du conseil. • Civ. 1re, 28 avr. 1998, n° 96-11.637 P : *D. 1998. IR 131 ; Gaz. Pal. 1998. 2. Somm. 586 ; JCP 1999. II. 10102, note Pralus-Dupuy.* ♦ Tel est le cas en matière de récusation, par application combinée des art. 364 et 359, al. 2. • Même arrêt. ♦ La procédure prévue par l'art. 359 ne viole pas la Convention européenne de sauvegarde des droits de l'homme. La récusation d'un ou de plusieurs juges ne constituant pas, par elle-même, une contestation sur les droits et obligations de caractère civil au sens de l'art. 6-1 de ladite Convention, la cour d'appel qui statue sur la récusation n'est pas tenue d'appeler le demandeur à se faire entendre. • Civ. 1re, 5 nov. 1991 : *D. 1992. IR 37.* ♦ Rappr. • Civ. 2e, 13 janv. 1982 : *Gaz. Pal. 1982. 553, note Viatte.* ♦ En ce sens, au contraire, que la règle de la publicité des débats s'applique en la matière, conformément à l'art. 6, § 1 de la Convention européenne, même si l'affaire est examinée sans que la partie ait été appelée. • Civ. 2e, 20 nov. 1991 : *D. 1992. IR 11.*

2. Le demandeur pour cause de suspicion légitime doit être informé de la date à laquelle l'affaire sera examinée. • Civ. 2e, 25 mars 1998, n° 95-22.280 P. ♦ V. aussi, cassant au visa des art. 14 et 16 NCPC [devenu C. pr. civ.], et 6, § 1, Conv. EDH, des arrêts ayant rejeté une demande de renvoi devant une autre juridiction d'instances en référé pendantes devant un conseil de prud'hommes sans qu'il résulte de leurs mentions ou des pièces de la procédure que par la partie requérante ait été entendue ou appelée, • Soc. 19 nov. 2002, n° 01-02.782 P.

3. Dès lors que la procédure de renvoi pour cause de suspicion légitime, qui n'emporte pas détermination d'un droit ou d'une obligation de caractère civil, n'entre pas dans le champ d'application de l'art. 6, § 1, Conv. EDH, l'absence de communication à la partie qui sollicite le renvoi pour cause de suspicion légitime de l'avis du président de la juridiction visée par la demande ne peut être sanctionnée au titre de cet article. • Civ. 2e, 8 juill. 2004, n° 02-19.171 P.

4. Excède ses pouvoirs la cour d'appel qui, saisie d'une requête tendant à la récusation de trois magistrats d'une chambre, déclare, sur le fondement de l'art. 342, cette requête irrecevable. • Civ. 2e, 24 mars 1993, n° 92-16.410 P.

5. Une cour d'appel ne peut rejeter une demande de renvoi pour cause de suspicion légitime alors qu'il appartient au premier président seul de prendre une décision. • Civ. 2e, 18 juin 1997 : *D. 1997. IR 187 ;* Gaz. Pal. 1998. 2. *185, note du Rusquec.*

6. L'ordonnance de transmission de l'affaire au président de la juridiction supérieure n'est pas une mesure d'administration judiciaire. • Soc. 19 déc. 2003, n° 02-41.429 P : *BICC 1er mars 2004, p. 24, avis Collomp ; Gaz. Pal. 15-17 févr. 2004, p. 6, avis Collomp ; ibid. 14-16 mars 2004, p. 13, obs. Boubli.*

7. Si le président de la juridiction saisie d'une demande de renvoi pour cause de suspicion légitime estime celle-ci fondée, il distribue l'affaire à une autre formation de la même juridiction ou la renvoie à une autre juridiction de même nature. S'il s'oppose à la demande, il transmet l'affaire, avec les motifs de son refus, au président de la juridiction immédiatement supérieure. Encourt donc la cassation l'arrêt qui fait échec à une telle demande sans procéder à ce renvoi. • Civ. 2e, 9 janv. 2014, n° 12-29.578 P.

8. Seul le requérant est partie à la procédure de récusation ou de suspicion légitime. Dès lors, viole l'art. 359 C. pr. civ. la cour d'appel qui énonce que cette disposition n'impose pas que les parties soient appelées, mais qu'elle n'en exclut pas la possibilité. • Civ. 2e, 22 mars 2012, n° 11-11.476 P : *D. actu. 18 avr. 2012, obs. Tahri ; D. 2012. Actu. 953 ; Dr. et pr. 2012. 142.*

Ancien art. 360 *Si la demande est justifiée, l'affaire est renvoyée soit à une autre formation de la juridiction primitivement saisie, soit à une autre juridiction de même nature que celle-ci.*

La décision s'impose aux parties et au juge de renvoi. Elle n'est susceptible d'aucun recours.

1. La décision accueillant la demande de récusation n'est susceptible d'aucun recours et ne peut être frappée de pourvoi en cassation. • Civ. 2e, 4 janv. 1989 : *Bull. civ. II, n° 5 ; D. 1989. Somm. 278, obs. Julien.*

2. Sur l'organe destinataire du renvoi en cas d'admission de la demande de renvoi formée contre le conseil de l'ordre des avocats en matière disciplinaire, V. • Nancy, 13 mai 1977 : *Gaz. Pal. 1978. 2. 592* (application de l'art. 105, al. 2, du décret du 9 juin 1972) • Bordeaux, 29 oct. 1987 : *Gaz. Pal. 1987. 2. 751, note Damien* (application de l'art. 15 du décret du 9 juin 1972).

Ancien art. 361 *L'instance n'est pas suspendue devant la juridiction dont le dessaisissement est demandé.*

Le président de la juridiction saisie de la demande de renvoi peut toutefois ordonner suivant les circonstances, que la juridiction soupçonnée de partialité surseoira à statuer jusqu'au jugement sur le renvoi.

Doit recevoir exécution la décision de renvoi devant une autre juridiction prise sur une requête en suspicion légitime déposée avant que ne se prononce la juridiction initialement saisie, de sorte qu'est non avenu ce qui a été jugé par celle-ci. • Civ. 1re, 16 juill. 1991, n° 89-19.286 P. ♦ Il n'y a donc pas lieu de statuer sur le pourvoi formé contre cette décision. • Même arrêt.

Ancien art. 362 *En cas de renvoi, il est procédé comme il est dit à l'article 97.*

Ancien art. 363 *Le rejet de la demande de renvoi peut emporter l'application des dispositions de l'article 353.*

SECTION II *[ANCIENNE]* RENVOI POUR CAUSE DE RÉCUSATION CONTRE PLUSIEURS JUGES

Ancien art. 364 *Si le renvoi est demandé pour cause de récusation en la personne de plusieurs juges de la juridiction saisie, il est procédé comme en matière de renvoi pour cause de suspicion légitime, après que chacun des juges récusés a répondu ou laissé expirer le délai de réponse.*

1. Publicité des débats. V. • Civ. 1re, 28 avr. 1998 : *cité note 1 ss. art. 359.*

2. Contradictoire. Saisie d'une demande de renvoi pour cause de récusation de tous les membres de la formation d'un conseil de discipline d'avocat, la cour d'appel, qui n'a pas relevé un moyen d'office en procédant comme en matière de renvoi pour cause de suspicion légitime conformément à l'art. 364, n'est pas tenue d'inviter les parties à présenter leurs observations. • Civ. 1re, 1er juill. 2015, n° 14-18.149 P : *JCP 2015. 1304, obs. Amrani Mekki ; ibid. 2015. 1059, note Piau ; RLDC nov. 2015, p. 60, obs. Bléry.*

SECTION III *[ANCIENNE]* LE RENVOI POUR CAUSE DE SÛRETÉ PUBLIQUE

Ancien art. 365 *Le renvoi pour cause de sûreté publique est prononcé par la Cour de cassation sur réquisition du procureur général près ladite cour.*

Ancien art. 366 *(Décr. n° 81-500 du 12 mai 1981, art. 11) Les dispositions des articles 360 à 362 sont applicables.*

CHAPITRE IV LA PRISE À PARTIE

(Décr. n° 2006-1805 du 23 déc. 2006, art. 5, en vigueur le 1er janv. 2007)

SECTION PREMIÈRE DISPOSITIONS GÉNÉRALES

BIBL. ▸ DUMOULIN, *RHDFE 2009. 447* (la prise à partie en matière civile au XIXe siècle).

Art. 366-1 La requête aux fins d'autorisation de la procédure de prise à partie est portée devant le premier président de la cour d'appel dans le ressort de laquelle siège le juge intéressé.

Art. 366-2 La requête est présentée par un *(Décr. n° 2012-634 du 3 mai 2012, art. 19-1°-a)* « avocat ». A peine d'irrecevabilité, elle contient l'énoncé des faits reprochés au juge et est accompagnée des pièces justificatives.

Art. 366-3 Le premier président, après avoir recueilli l'avis du procureur général près la cour d'appel, vérifie que la demande est fondée sur un des cas de prise à partie prévus par la loi.

Art. 366-4 La décision du premier président autorisant la procédure de prise à partie fixe le jour où l'affaire sera examinée par deux chambres réunies de la cour. Le greffe porte par tout moyen la décision à la connaissance du juge et du président de la juridiction à laquelle il appartient.

Art. 366-5 La décision de refus est susceptible d'un recours devant la Cour de cassation dans les quinze jours de son prononcé. Le recours est formé, instruit et jugé selon la procédure sans représentation obligatoire.

Art. 366-6 Le juge, dès qu'il a connaissance de la décision autorisant la procédure de prise à partie, s'abstient jusqu'à ce qu'il ait été statué sur la prise à partie.

Art. 366-7 Le requérant assigne le juge pour le jour fixé. A peine d'irrecevabilité de la demande, une copie de la requête, de la décision du premier président et des pièces justificatives sont jointes à l'assignation. Une copie de l'assignation est adressée au ministère public par lettre recommandée avec demande d'avis de réception à la diligence de l'huissier de justice.

Art. 366-8 A l'audience, la représentation et l'assistance des parties s'exercent dans les conditions prévues par l'article 931. La cour statue après avis du ministère public.

SECTION II DISPOSITIONS PARTICULIÈRES À LA PRISE À PARTIE FONDÉE SUR LE DÉNI DE JUSTICE

Art. 366-9 A peine d'irrecevabilité de la requête visée à l'article 366-1, le requérant qui invoque un déni de justice doit produire deux sommations de juger délivrées par huissier de justice au greffe de la juridiction. Le greffier vise l'original et le transmet au juge. La sommation doit être réitérée passé un délai de huit jours.

TITRE ONZIÈME LES INCIDENTS D'INSTANCE

BIBL. GÉN. ▶ *BICC 1er nov. 2006, n° 649* (fiche méthodologique de la Cour de cassation – incidents d'instance).

CHAPITRE PREMIER LES JONCTION ET DISJONCTION D'INSTANCES

Art. 367 Le juge peut, à la demande des parties ou d'office, ordonner la jonction de plusieurs instances pendantes devant lui s'il existe entre les litiges un lien tel qu'il soit de l'intérêt d'une bonne justice de les faire instruire ou juger ensemble.

Il peut également ordonner la disjonction d'une instance en plusieurs.

RÉP. PR. CIV. v° *Connexité*, par CADIET.

a. Procédure

1. Compétence du juge de la mise en état. Renvoi. V. art. 766.

2. Pouvoir souverain. Les juges du fond apprécient souverainement l'opportunité de la jonction ou de la disjonction d'instances. • Civ. 1re, 9 oct. 1974, n° 72-14.647 P : *D. 1974. IR 247.*

3. Pouvoir d'office. Le juge n'est pas tenu d'ordonner d'office la jonction d'instances qui ne lui est pas demandée. • Soc. 20 mars 1990, n° 87-41.992 P.

4. Connexité au sein d'une même juridiction. Renvoi. Pour le cas où il y a lieu de joindre des instances pendantes devant plusieurs chambres d'une même juridiction, V. note ss. art. 107.

b. Effets

5. Unicité de procédure (non). Une jonction d'instance ne crée pas une procédure unique.

• Civ. 2e, 26 oct. 2006, n° 05-18.727 P • Civ. 3e, 25 oct. 2006, n° 05-14.318 P • Civ. 2e, 13 mai 2015, n° 14-15.362 • Civ. 2e, 24 juin 2004, n° 02-16.989 P.

6. Recevabilité de l'appel. En conséquence, une cour d'appel, saisie de deux appels, peut déclarer irrecevable l'un et recevable l'autre. • Civ. 3e, 25 oct. 2006, n° 05-14.318 P.

7. Effet sur la péremption. Quoique jointes, les diligences faites dans l'une des instances n'interrompent pas nécessairement la péremption de l'autre. • Civ. 2e, 13 janv. 1988, n° 86-15-922 P : *D. 1988. IR 128, obs. Julien.*

8. Dernières conclusions. La jonction d'instances ne créant pas une procédure unique, l'appelant qui dépose les dernières conclusions à l'appui de son appel de la seconde décision n'est pas réputé avoir abandonné, au sens de l'art. 954, al. 2, NCPC [devenu C. pr. civ.] dans sa rédaction résultant du Décr. du 28 déc. 1998, les prétentions et moyens qu'il avait antérieurement présentés à l'appui de son appel de la première décision. • Civ. 2e, 17 mai 2001, n° 99-18.509 P : *D. 2001. IR 1924 ; RTD civ. 2001. 656, obs. Perrot.* ♦ Rappr. jugeant que la jonction d'instances ne créant pas une procédure unique, la cour d'appel doit statuer sur les dernières écritures déposées dans chaque procédure par la partie qui n'a pas conclu après la jonction. • Civ. 3e, 26 févr. 2003, n° 00-19.986 P • Civ. 2e, 25 juin 2015, n° 14-16.292 P : *D. 2016. Pan. 453, obs. Fricero ; Gaz. Pal. 22 sept. 2015, p. 24, note Raschel ; JCP 2015. 822, obs. Laporte ; JCP 2015. 822, obs. Laporte ; ibid. 1304, obs. Serinet.*

9. Liens juridiques entre les parties (non). La jonction des instances ne crée pas, à elle seule, des liens juridiques entre les parties en cause. • Civ. 2e, 9 mai 1985, n° 84-11.318 P.

10. Art. 700. Une cour d'appel peut donc, par une appréciation souveraine des conditions d'application de l'art. 700, condamner les parties perdantes à payer des sommes distinctes au titre de chacune des instances. • Civ. 2e, 24 juin 2004, n° 02-16.989 P.

11. Unicité de décision (non). Le fait d'avoir ordonné la jonction de deux instances n'oblige pas le juge à rendre une seule décision. • Soc. 20 nov. 1975 : *D. 1975. IR 262.*

Art. 368 **Les décisions de jonction ou disjonction d'instances sont des mesures d'administration judiciaire.** — *Sur le régime des mesures d'administration judiciaire, V. not. : art. 499 et 537.*

1. Absence de recours. Il résulte des art. 368 et 537 que les décisions de jonction ou de disjonction d'instances sont des mesures d'administration judiciaire insusceptibles de recours. • Civ. 2e, 21 oct. 2004, n° 02-15.758 P • 16 févr. 1984, n° 82-13.572 P • 17 mai 1993 : *D. 1993. IR 146.* – Dans le même sens, V. • Civ. 1re, 16 juin 1981, n° 80-13.201 P • 19 nov. 1991, n° 90-16.415 P.

2. Autorité de la chose jugée. Il ne peut y avoir de contradiction entre les motifs d'une décision déclarant la responsabilité entière d'une partie et la décision purement administrative de disjonction à l'égard d'une autre, qui ne préjuge pas du fond. • Civ. 1re, 31 mai 1978, n° 76-14.376.

3. Procédures collectives. La jonction de procédures collectives, sur le fondement de la confusion des patrimoines des débiteurs concernés, conduisant à l'existence d'une procédure unique, n'est pas assimilable à une jonction d'instances et ne constitue pas, dès lors, une décision d'administration judiciaire insusceptible de recours. • Com. 26 janv. 2016, n° 14-17.672 P : *D. 2016. Actu. 311 ; RTD com. 2016. 860, note Vallens ; BJS 2016. 233, note T. Favario ; RPC 2016, n° 81, note Fraimout ; Gaz. Pal. 12 avr. 2016, p. 58, note Reille.*

CHAPITRE II L'INTERRUPTION DE L'INSTANCE

DALLOZ ACTION *Droit et pratique de la procédure civile 2022/2023*, nos 352.80 s.

BIBL. ▸ Atias, *D. 2013. 186* (le changement de représentant d'une personne morale en cours d'instance). – Célice, *Just. et Cass. 2005. 201* (l'interruption de l'instance de cassation du fait des procédures de redressement et de liquidation judiciaires). – Laporte, *Procédures 2006. Étude 19* (des incidences de l'ouverture d'une procédure collective sur une procédure en cours). – Nico, *Just. et Cass. 2005. 214* (les conséquences du décès d'une partie, personne physique, sur la procédure applicable devant les chambres civiles de la Cour de cassation). – Puigelier, *JCP 1991. I. 3498* (décès d'une partie). – Théry, *Mél. Jacques Normand, Litec 2003, p. 461* (les époux et la mort). – Rémery, *D. 2015. 2453* (l'incidence de l'ouverture d'une procédure collective sur l'instance de cassation (civile).

Art. 369 **L'instance est interrompue par :**

— la majorité d'une partie ;

— la cessation de fonctions de l'avocat *(Abrogé par Décr. n° 2012-634 du 3 mai 2012, art. 21-1°-a)* **« ou de l'avoué » lorsque la représentation est obligatoire ;**

— l'effet du jugement qui prononce *(Décr. n° 2012-66 du 20 janv. 2012, art. 32)* **« la sauvegarde, le redressement judiciaire ou la liquidation judiciaire » dans les causes où**

il emporte assistance ou dessaisissement du débiteur ; – *Sur l'interruption de l'instance à raison de l'ouverture d'une procédure collective, V. C. com., art. L. 622-22 (sauvegarde judiciaire), L. 631-14 (redressement judiciaire) et L. 641-3 (liquidation judiciaire).* – **C. com.** *(Décr. nº 2019-1333 du 11 déc. 2019, art. 12-1º, en vigueur le 1er janv. 2020)* **« – la conclusion d'une convention de procédure participative aux fins de mise en état y compris en cas de retrait du rôle. »**

L'art. 32 du Décr. nº 2012-66 du 20 janv. 2012 est applicable dans les îles Wallis-et-Futuna (Décr. préc., art. 44).

L'art. 12 du Décr. nº 2019-1333 du 11 déc. 2019 est applicable aux instances en cours au 1er janv. 2020 (Décr. préc., art. 55-I).

a. Majorité d'une partie

1. Renvoi. Sur la qualification de cause grave de l'accession à la majorité de nature à justifier la révocation de l'ordonnance de clôture, lorsque ce changement de capacité d'une partie, bien qu'antérieur à l'ordonnance de clôture révoquée, n'est apparu qu'à l'occasion des débats ultérieurs, V. • Civ. 1re, 6 oct. 1982, nº 81-13.632 P : *cité note 1 ss. art. 803.*

2. Application. L'arrêt qui annule l'enregistrement de la déclaration de nationalité et constate l'extranéité d'un père et de son fils alors que l'instance avait été interrompue par la majorité de ce dernier, survenue avant l'ouverture des débats et sans reprise ultérieure, doit être réputé non avenu par application des art. 369 et 372 C. pr. civ. • Civ. 1re, 16 janv. 2019, nº 18-10.279 P : *D. actu. 12 févr. 2019, obs. Laher.*

b. Cessation de fonctions de l'avocat

3. Décès de l'avocat. Lorsque la représentation est obligatoire, le décès de l'avocat interrompt l'instance. • Civ. 2e, 28 janv. 1981, nº 79-12.577 P (à propos d'un ancien avoué). ♦ L'instance est interrompue, même si celui-ci avait manifesté son intention de se retirer, dès lors qu'il n'a pas été remplacé. • Civ. 2e, 25 mars 1992, nº 90-20.925 P : *RTD civ. 1992. 641, obs. Perrot.*

4. Avocat assistant et non représentant. Seule la cessation de fonctions de l'avocat ou de l'avoué (auj. avocat) ayant qualité pour représenter la partie devant la juridiction saisie emporte interruption de l'instance. • Civ. 2e, 8 juill. 2004, nº 02-15.374 P (s'agissant de la cessation des *fonctions de l'avocat devant la cour d'appel*, alors que seul l'avoué pouvait alors représenter la partie devant la cour d'appel).

5. Changement d'associés d'une SCP. Il n'y a interruption de l'instance par cessation des fonctions de l'avoué (auj. avocat) quand l'office est attribué à une SCP, qu'en cas de disparition de celle-ci. En conséquence, il n'y a pas interruption lorsqu'une SCP qui s'était constituée pour l'une des parties n'a pas été dissoute mais a seulement connu le changement d'un de ses membres qui n'affectait ni l'existence ni la personnalité de cette société. • Civ. 2e, 25 févr. 1998, nº 96-10.913 P : *JCP 1998. II. 10114, note du Rusquec.*

6. Changement de forme d'activité. L'avocat constitué pour une partie qui délaisse l'exercice individuel de sa profession pour continuer de l'exercer dans une société d'avocats ne cesse pas pour autant de représenter cette partie. Prononce en conséquence à bon droit la caducité de la déclaration d'appel, la cour d'appel qui relève que l'avocat, qui avait exercé sa profession à titre individuel jusqu'au 31 déc. 2012 et l'exerçait au sein d'une société d'exercice libéral depuis le 1er janv. 2013, n'avait pas été empêché d'exercer sa profession pendant quelque délai que ce soit, et retient que la constitution d'avocat de la société d'avocats aux lieux et place de l'avocat n'avait eu aucune conséquence sur le cours du délai de l'art. 908 C. pr. civ. • Civ. 2e, 25 sept. 2014, nº 13-24.642 P : *D. actu. 21 oct. 2014, obs. Kebir ; RTD civ. 2015. 694, obs. Théry ; BJS 2014. 438, note Barbièri ; Gaz. Pal. 13 déc. 2014, p. 16, note Gaineton.*

7. Désignation d'un suppléant. L'avocat auquel a été désigné un suppléant en raison de son empêchement temporaire ne cesse pas ses fonctions au sens de l'art. 369. • Civ. 2e, 21 févr. 1990, nº 89-10.840 P : *RTD civ. 1990. 559, obs. Perrot.*

8. Maladie de l'avocat. La maladie de l'avocat d'une partie ou le traitement médical que celui-ci doit suivre ne sont pas une cause d'interruption de l'instance. • Civ. 2e, 13 oct. 2016, nº 15-21.307 P : *D. 2017. Pan. 426, obs. Fricero ; D. 2016. Actu. 2171 ; Gaz. Pal. 2 mai 2017, p. 76, note Amrani-Mekki.*

9. Effet sur la péremption. Renvoi. V. notes ss. art. 392.

c. Ouverture d'une procédure collective

10. Bénéficiaire de l'interruption. L'ouverture d'une procédure collective n'interrompt l'instance qu'au profit du débiteur. L'ouverture de la procédure de redressement judiciaire d'une société ne fait donc pas obstacle à la poursuite de l'instance contre les cautions. • Com. 16 juin 2015, nº 14-15.745. ♦ V. encore • Civ. 3e, 12 mai 1999, nº 97-20.646 P : *D. 1999. IR 151 ; RTD civ. 1999. 696, obs. Perrot* • Civ. 2e, 28 juin 2006, nº 04-16.316 P : *Procédures*

2006, n° 206, note Perrot • 10 janv. 2008 : *RTD com. 2008. 420, note Martin-Serf ; JCP 2008. I. 142, § 9, note Cabrillac ; JCP E 2008. 1276, note Mélin ; RPC 2008, n° 134, note Staes ; Procédures 2008, n° 83, note Rolland* • Civ. 3e, 29 avr. 2009, n° 06-18.477 P : *AJDI 2009. 646, obs. de La Vaissière* .

11. Procédure de sauvegarde. Le jugement qui ouvre la procédure de sauvegarde interrompt les instances en cours qui tendent à la condamnation du débiteur au paiement d'une somme d'argent. • Com. 27 sept. 2016, n° 14-24.107 • Civ. 3e, 7 avr. 2016, n° 14-29.227.

12. Redressement judiciaire. La suspension des instances en cours à la date d'ouverture du redressement judiciaire et qui tendent à la condamnation du débiteur au paiement de sommes d'argent (art. 48, L. 25 janv. 1985 [C. com., art. L. 621-41, devenu C. com., art. L. 622-22]) doit être regardée comme constituant une interruption. • Com. 29 oct. 1991, n° 90-11.297 P : *RTD civ. 1992. 642, obs. Perrot* . – Dans le même sens, V. l'arrêt frappé de pourvoi : • Paris, 28 juill. 1986 : *D. 1987. Somm. 94, obs. Derrida ; RTD civ. 1987. 403, obs. Perrot.* ♦ V. aussi • Soc. 13 avr. 1999, n° 96-44.734 P. ♦ L'instance est interrompue par l'effet du jugement du TGI prononçant le redressement judiciaire simplifié. • Civ. 2e, 11 mai 2006, n° 04-15.915 P.

13. Le jugement de redressement judiciaire n'a d'effet interruptif que sur une instance déjà engagée. Le délai dans lequel l'action en contestation de la validité d'un congé sans offre de renouvellement ni d'indemnité d'éviction peut être exercé par le locataire, n'est pas suspendu par son placement en redressement ou liquidation judiciaire. • Civ. 3e, 8 oct. 2015, n° 14-18.881 P : *D. 2015. Actu. 2071 ; RTD com. 2016. 198, note A. Martin-Serf ; AJDI 2016. 890, obs. Blatter ; ibid. 115, note Dumont-Lefrand ; Gaz. Pal. 29 oct. 2015, p. 23, obs. Berlaud ; ibid. 19 janv. 2016, p. 61, note Kendérian ; Rev. loyers 2015. 502, note Lebel ; JCP E 2016. 1273, obs. Monéger ; Administrer 11/2015. 25, obs. Lipman-Boccara ; Loyers et copr. 2015, n° 251, note Brault.*

14. Liquidation judiciaire. L'instance interrompue par application de l'art. L. 622-22 C. com. dans sa rédaction postérieure à la loi du 26 juill. 2005 le demeure jusqu'à la clôture de la liquidation judiciaire. • Cass., avis, 8 juin 2009, n° 09-00.002 P : *BICC 15 oct. 2009, rapp. Demotte et obs. Petit ; D. 2009. AJ 1603, note A. Lienhard ; JCP 2009. 1814, obs. Pétel ; Dr. et pr. 2009. 338, obs. Le Corre ; Gaz. Pal. 3 nov. 2009, p. 23, note Rohart-Messager.*

Mais, exerçant le droit propre de contester les créances déclarées que lui ouvre l'art. 102 de la L. du 25 janv. 1985 [C. com., art. L. 621-105], une société mise en liquidation judiciaire n'est pas dessaisie et l'instance n'est pas interrompue par le prononcé de cette liquidation. • Com. 26 mai 1998, n° 95-19.996 P.

Une instance en cours n'est pas interrompue par l'effet du jugement d'ouverture d'une liquidation judiciaire dès lors que ce jugement est prononcé postérieurement à l'ouverture des débats. • Civ. 1re, 3 avr. 2019, n° 18-13.387 P.

15. Faillite étrangère. V. aussi en cas d'ouverture d'une procédure italienne d'administration contrôlée, V. • Civ. 1re, 10 juill. 1990, n° 87-17.082 P. ♦ Il n'y a pas lieu à interruption d'instance si le jugement de liquidation judiciaire quatari a été annulé par la cour d'appel du Quatar • Civ. 1re, 6 juill. 2016, n° 15-15.850 P.

16. Instance en référé. L'instance en cours, interrompue jusqu'à ce que le créancier poursuivant ait procédé à la déclaration de sa créance, est celle qui tend à obtenir, de la juridiction saisie du principal, une décision définitive sur le montant et l'existence de cette créance. Tel n'est pas le cas d'une instance en référé, qui tend à obtenir une condamnation provisionnelle. • Com. 6 oct. 2009, n° 08-12.416 P : *D. 2009. Actu. 2485, obs. Lienhard ; RTD com. 2010. 198, obs. Martin-Serf ; RPC 2010, n° 6, note Staes ; RPC 2010, n° 17, note Legrand et Legrand.*

17. Instance prud'homale. Selon l'art. L. 621-126 C. com., en premier lieu, les instances en cours devant la juridiction prud'homale, à la date du jugement d'ouverture du redressement judiciaire, sont poursuivies en présence du représentant des créanciers et de l'administrateur lorsqu'il a pour mission d'assurer l'administration ou ceux-ci dûment appelés et, en second lieu, le représentant des créanciers est tenu d'informer dans les dix jours la juridiction saisie et les salariés parties à l'instance de l'ouverture de la procédure de redressement judiciaire. Il en résulte, d'une part, que les dispositions des art. 369 et 372 C. pr. civ. ne sont pas applicables aux instances en cours devant la juridiction prud'homale au jour de l'ouverture de la procédure collective, lesquelles instances ne sont ni suspendues ni interrompues et, d'autre part, que le représentant des créanciers qui n'a pas informé de l'ouverture de la procédure de redressement judiciaire les salariés et la juridiction saisie ne peut valablement se prévaloir d'une inopposabilité de la décision rendue. • Soc. 17 sept. 2003, n° 01-43.029 P : *D. 2003. AJ 2376* • 7 juill. 2004, n° 02-47.653 P : *D. 2004. AJ 2158* • 24 nov. 2004, n° 02-45.126 P : *RTD civ. 2005. Chron. 174, obs. J.-L. Vallens* • 23 févr. 2005, n° 02-41.205 • 12 avr. 2005, n° 03-40.573 P : *D. 2005. IR 1251* • 11 oct. 2005, n° 03-43.518 : *Dalloz jurisprudence* • 13 mars 2007, n° 05-13.169 • 23 mai 2007, n° 05-40.946 • 24 juin 2008, n° 07-41.972 P : *D. 2008. AJ 1897 ; JCP 2008. Actu. 490, note Dauxerre ; Gaz. Pal. 2009. 49, note Duprat* • 1er juill. 2015, n° 14-12.980 • 8 juin 2016, n° 13-23.811 : *RPC 2016, n° 153, obs. Fin-Langer* ♦ Comp. • Soc. 3 juin 2009, n° 07-45.726 P : *RDT 2009. 601, obs. Chagny* .

18. Arbitrage. En matière d'arbitrage, l'interruption de l'instance n'a pas pour conséquence d'interrompre le délai de mission des arbitres, mais seulement de le suspendre pendant le temps nécessaire à la reprise de l'instance par le syndic. • Paris, 30 avr. 1987 : *D. 1987. IR 135 ; Rev. arb. 1988. 719, note Bernard.* ♦ Lorsque l'instance arbitrale formée contre le débiteur a été commencée avant l'ouverture de la procédure, l'instance arbitrale est, en application de l'art. L. 621-41 C. com. [devenu C. com., art. L. 622-22], suspendue jusqu'à ce que le créancier ait déclaré sa créance. Après déclaration, l'instance reprend, en présence de l'administrateur et du représentant des créanciers qui doivent être appelés en la cause, le tribunal ne pouvant statuer que sur le principe et le montant de la créance sans pouvoir condamner le débiteur à exécuter. • Paris, 3 mars 1998 : *Rev. arb. 2003. 207, obs. Fouchard ; D. Affaires 1998. 846, obs. A. L.* • 30 mars 1999 : *ibid.*

19. Effet sur la péremption. Renvoi. V. notes ss. art. 392.

Art. 370 A compter de la notification qui en est faite à l'autre partie, l'instance est interrompue par :

— le décès d'une partie dans les cas où l'action est transmissible ;

— la cessation de fonctions du représentant légal d'un *(Décr. nº 2019-756 du 22 juill. 2019, art. 1er-I-2º)* « mineur et de la personne chargée de la protection juridique d'un majeur » ;

— le recouvrement ou la perte par une partie de la capacité d'ester en justice.

BIBL. ▸ **Décr. nº 2019-756 du 22 juill. 2019 :** TANI, *JCP N 2019. 682.*

1º CAS D'INTERRUPTION

a. Décès d'une partie

1. Application générale. L'art. 370 ne distingue pas entre les procédures selon que les parties sont ou non dispensées de se faire représenter. • Civ. 3e, 24 janv. 1984, nº 82-14.350 P : *D. 1984. IR 243, obs. Julien.*

2. Bénéficiaire de l'interruption. A compter de la notification qui en est faite à son adversaire, le décès d'une partie n'interrompt l'instance qu'au profit des ayants droits de cette partie. • Civ. 1re, 9 déc. 1992, nº 90-14.208 P. ♦ Il résulte de l'art. 370, ensemble l'art. 392, que le décès d'une des parties interrompt l'instance et, partant, le délai de péremption au profit de ses seuls ayants droit. • Civ. 2e, 4 févr. 1999, nº 96-19.479 P : *D. 1999. Somm. 215, obs. Julien ; Procédures 1999, nº 91, obs. Perrot.*

3. Dissolution d'une personne morale. L'instance a pu se poursuivre, malgré la dissolution de la société demanderesse, cette dernière ayant conservé sa personnalité morale aussi longtemps que les droits et obligations à caractère social n'avaient pas été liquidés. • Civ. 3e, 13 mai 1986, nº 85-10.691 P : *Gaz. Pal. 1986. 2. Pan. 162.* – Dans le même sens, V. • Civ. 2e, 6 oct. 1977 : *Gaz. Pal. 1977. 2. Pan. 362.* ♦ V. cep. l'instance est interrompue par suite de la dissolution de la société radiée du registre du commerce, le demandeur au pourvoi devant mettre en cause le liquidateur *ad litem* de la société. • Soc. 7 mars 1990, nº 86-44.176 P : *RTD civ. 1990. 558, obs. Perrot.*

4. Absence de notification. Faute de notification du décès, l'instance n'est pas interrompue et le délai de péremption continue de courir. • Civ. 2e, 18 janv. 1984, nº 82-12.443 P : *D. 1984. 401, note Desdevises ; Gaz. Pal. 1984. 1. Pan. 159, obs. Guinchard* • Civ. 1re, 27 mars 2007, nº 06-11.003 P : *D. 2007. AJ 1147 ; Procédures 2007, nº 102, obs. Perrot ; RTD civ. 2007. 381, obs. Perrot.*

5. Est irrecevable la tierce opposition formée par les héritiers d'une partie décédée en cours d'instance sans que son décès ait été notifié à la partie adverse. • Civ. 3e, 24 janv. 1984 : *préc. note 1.*

6. Si le décès n'a pas été notifié à l'adversaire et s'il n'est pas établi qu'il en avait connaissance par ailleurs, le pourvoi formé contre la personne décédée doit être réputé dirigé contre sa succession. • Civ. 2e, 10 mars 2004, nº 00-18.976 P : *D. 2004. IR 995 ; RTD civ. 2004. 351, obs. Perrot ; Procédures 2004, nº 124, note Perrot.* ♦ ... La notification de l'arrêt à la partie décédée est opposable à sa succession. • Civ. 1re, 27 mars 2007, nº 06-11.003 P : *D. 2007. AJ 1147 ; Procédures 2007, nº 102, obs. Perrot ; RTD civ. 2007. 381, obs. Perrot.*

b. Cessation de fonctions du représentant légal d'un incapable

7. Pour une application, en matière de procédure collectives, à la cessation de la mission de vérification des créances par le représentant des créanciers. • Com. 20 janv. 1998, nº 95-13.565 P ♦ ... A la cessation de fonctions d'un syndic de copropriété • Civ. 3e, 14 avr. 1999, nº 97-18.008 P. ♦ La notification avant l'ouverture des débats du remplacement du mandataire-liquidateur interrompt l'instance en cours qui, à défaut de reprise volontaire par ce dernier, ne peut être reprise que par assignation. • Orléans, 17 févr. 2000 : *Procédures 2000, nº 146, obs. Croze.*

2° RÉGIME

8. Partie qui doit notifier. Le décès de l'appelant ne peut entraîner l'interruption du délai de péremption qu'à compter de sa notification à la partie adverse avant l'expiration dudit délai, la notification devant émaner de la partie qui entend se prévaloir de l'interruption de l'instance. • Civ. 2e, 15 nov. 2007, n° 06-13.246 P : *D. 2007. Actu. 3080 ; Gaz. Pal. 2008. 36, obs. du Rusquec.*

9. Mode de notification. Ni la radiation, ordonnée par le juge de la mise en état, ni la lettre adressée au syndic le 14 nov. 1998, où le décès n'est évoqué que de manière incidente, ne sauraient constituer une notification valable. • Civ. 2e, 15 nov. 2007, n° 06-13.246 P. ♦ N'interrompt pas l'instance la lettre par laquelle l'avoué se borne à aviser son confrère du décès de son client. • Civ. 2e, 19 déc. 2002, n° 00-14.361 P : *D. 2003. IR 179 ; Gaz. Pal. 6-7 août 2003, p. 19, obs. du Rusquec ; ibid. 13-14 févr. 2004, p. 11, note Watremet.* ♦ Jugé (devant le TI) que la notification peut être faite verbalement à l'audience. • TI Nancy, réf., 11 août 1983 : *Gaz. Pal. 1983. 2. Somm. 425 ; RTD civ. 1984. 105, obs. Perrot.*

10. Effet sur la péremption. Renvoi. V. notes ss. art. 392.

Art. 371 **En aucun cas l'instance n'est interrompue si l'événement survient ou est notifié après l'ouverture des débats.**

1. Notion d'ouverture des débats. L'ouverture des débats, au sens de l'art. 371 est, en droit, le moment où, à l'audience des plaidoiries, la parole est donnée au demandeur. • TI Nancy, réf., 11 août 1983 : *Gaz. Pal. 1983. 2. Somm. 425 ; RTD civ. 1984. 164, obs. Perrot.*

2. Décès après l'ouverture des débats. L'instance n'est pas interrompue si le décès d'une partie est notifié après l'ouverture des débats et la décision doit être rendue à l'égard de cette partie. • Civ. 2e, 19 mai 1980, n° 78-15.727 P : *Gaz. Pal. 1980. 2. 622, note Viatte ; D. 1982. IR 169, obs. Julien ; RTD civ. 1981. 211, obs. Perrot* • Civ. 3e, 28 sept. 2005, n° 04-16.183 P : *D. 2005. IR 2483, obs. Pahlawan .* ♦ Rappr. • Civ. 2e, 7 nov. 1977 : *Gaz. Pal. 1978. 1. 141 ; RTD civ. 1978. 731, obs. Perrot.*

3. Décès après la clôture des débats. Lorsqu'une partie décède après la clôture des débats, l'instance n'est pas interrompue, la décision doit être rendue à l'égard de cette partie. En application de l'art. 531, le délai de recours est interrompu par le décès de la partie à laquelle le jugement doit être notifié et ce délai court alors en vertu d'une notification faite aux héritiers. Il découle de la combinaison des art. 370, 371 et 531, qu'en cas de décès d'une partie après la clôture des débats, le délai d'appel, ouvert aux héritiers, ne court qu'à compter de la notification qui leur est faite de ce jugement. • Civ. 2e, 22 oct. 2020, n° 19-18.671 P : *D. actu. 19 nov. 2020, note Auché et De Andrade ; D. 2020. 2123 ; Gaz. Pal. 5 janv. 2021, p. 82, obs. Finkel.*

4. Ouverture d'une procédure collective. Une instance en cours au sens de l'art. 48 de la L. n° 85-98 du 25 janv. 1985 [C. com., art. L. 621-41] n'est pas interrompue par l'effet d'un jugement d'ouverture du redressement judiciaire du débiteur dès lors que ce jugement est survenu postérieurement à l'ouverture des débats devant la cour d'appel. • Com. 14 févr. 1995, n° 93-14.198 P : *D. 1995. Somm. 217, obs. Honorat .* ♦ Pour un autre ex., V. • Civ. 2e, 18 déc. 2003, n° 02-10.765 P : *D. 2004. IR 325 ; Gaz. Pal. 29-30 oct. 2004, p. 21, obs. du Rusquec.*

Art. 372 **Les actes accomplis et les jugements même passés en force de chose jugée, obtenus après l'interruption de l'instance, sont réputés non avenus à moins qu'ils ne soient expressément ou tacitement confirmés par la partie au profit de laquelle l'interruption est prévue.**

a. Caractère non avenu

1. Nullité relative. La nullité qui sanctionne les actes ou décisions intervenus après l'interruption de l'instance est une nullité relative. • Paris, 15 oct. 1981 : *D. 1982. IR 64, obs. Derrida.*

2. Partie pouvant invoquer le caractère non avenu. L'art. 372 ne peut être invoqué que par la partie au bénéfice de laquelle l'instance a été interrompue. • Civ. 1re, 24 juin 2015, n° 14-13.436 P : *D. 2015. Actu. 1446 .*

3. Ignorance de la cause d'interruption. Un arrêt de cour d'appel, rendu alors que la juridiction était dans l'ignorance du jugement ordonnant le redressement judiciaire, est, dès lors, réputé non avenu. • Soc. 13 avr. 1999, n° 96-44.734 P. ♦ V. aussi, sur le caractère non avenu d'un jugement postérieur à celui ouvrant une procédure de redressement judiciaire sans indication sur la connaissance ou l'ignorance de la cause d'interruption : • Soc. 29 févr. 2000, n° 97-45.669 P : *D. 2000. IR 100 .*

b. Confirmation

4. Pouvoir de confirmer. Le syndic a le pouvoir de confirmer, au nom de la masse dans l'intérêt de laquelle l'instance est interrompue par le prononcé du règlement judiciaire, les jugements même passés en force de chose jugée intervenus après la date de l'interruption. • Com. 23 juin 1981, n° 79-15.316 P : *Gaz. Pal. 1981. 2. 661, note Viatte ; D. 1982. IR 64, obs. Derrida.* ♦ Le commissaire à l'exécution du plan, qui assure la défense de l'intérêt collectif des créanciers, est compétent pour confirmer une décision prise hors la présence des organes de la procédure collective. • Com. 2 juin 2004, n° 01-13.078 P : *D. 2004. AJ 1974* . ♦ Le jugement qui ouvre la sauvegarde interrompt les instances en cours qui tendent à la condamnation du débiteur au paiement d'une somme d'argent ; qu'à défaut de reprise, les jugements, même passés en force de chose jugée, sont réputés non avenus, à moins qu'ils ne soient expressément ou tacitement confirmés par la partie au profit de laquelle l'interruption est prévue, en l'espèce le mandataire judiciaire et l'administrateur. • Com. 26 janv. 2010, n° 09-11.288 P : *D. 2010. AJ 380, obs. Lienhard ; JCP E 2010 Pan. 1232 ; Gaz. Pal. 2010. 29, note Rohart-Messager ; RPC 2011, Comm. n° 34, note Staes ; RJ com. 2010. 488, note Sortais.*

5. Confirmation tacite. Ayant conclu sur le fond sans invoquer l'art. 372, la partie à laquelle avait profité l'interruption a tacitement confirmé la procédure antérieure. • Civ. 2e, 28 juin 1989, n° 88-15.877 P.

Art. 373 **L'instance peut être volontairement reprise dans les formes prévues pour la présentation des moyens de défense.**

A défaut de reprise volontaire, elle peut l'être par voie de citation.

1. Décès d'une partie. Modalités de reprise d'instance. Il résulte des art. 370, 373 et 374 que les héritiers d'une partie décédée en cours d'instance peuvent, tout en notifiant ce décès à la partie adverse, intervenir volontairement dans cette instance qui reprend son cours en l'état où elle se trouvait. • Civ. 1re, 6 mars 2001, n° 98-19.297 P : *D. 2001. IR 1217 ; RTD civ. 2001. 660, obs. Perrot ; Procédures 2001, n° 146, obs. Perrot.*

2. Absence de reprise par tous les héritiers. Viole les art. 373 et 376 l'arrêt qui, statuant sur appel d'un jugement rendu au profit d'une personne ensuite décédée en laissant deux héritiers, infirme le jugement tout en relevant que seul l'un des héritiers avait repris l'instance, sans constater que les formalités nécessaires à la reprise à l'égard de l'autre avaient été accomplies. • Civ. 2e, 29 juin 1988, n° 87-15.171 P : *D. 1988. IR 206 ; RTD civ. 1989. 139, obs. Perrot.* ♦ Rappr. • Civ. 2e, 7 nov. 1977 : *Gaz. Pal. 1978. 1. 141 ; RTD civ. 1978. 731, obs. Perrot.*

3. Procédure collective. Déclaration de créance et mise(s) en cause. Les instances en cours qui tendent à la condamnation du débiteur au paiement d'une somme d'argent, interrompus par une procédure de sauvegarde, sont reprises dès que le créancier a produit à la juridiction saisie une copie de la déclaration de sa créance et qu'il a mis en cause le mandataire judiciaire et l'administrateur, lorsque ce dernier a pour mission d'assister le débiteur. Elles tendent alors uniquement à la constatation des créances et à la fixation de leur montant. • Com. 27 sept. 2016, n° 14-24.107 : *RTD com. 2017. 182* • Civ. 3e, 7 avr. 2016, n° 14-29.311 • 26 janv. 2010, n° 09-11.288 P : *D. 2010. AJ 380, obs. Lienhard ; JCP E 2010. Pan. 1232 ; Gaz. Pal. 2010. 29, note Rohart-Messager ; RPC 2011 Comm. 34, note Staes ; RJ com. 2010. 488, note Sortais.* ♦ *Adde*, pour une application du régime de reprise des instances interrompues par le jugement d'ouverture dans une procédure régie par la L. du 26 juill. 2005. Selon l'art. L. 622-22 C. com., les instances en cours à la date du jugement d'ouverture du redressement judiciaire, qui tendent à la condamnation du débiteur au paiement d'une somme d'argent, sont interrompues jusqu'à la déclaration faite par le créancier poursuivant de sa créance et sont alors reprises de plein droit, par le mandataire judiciaire et, le cas échéant, l'administrateur ou le commissaire à l'exécution du plan, dûment appelés, mais tendent uniquement à la constatation des créances et à la fixation de leur montant. • Com. 15 déc. 2009, n° 08-19.539 : *RPC 2011, n° 32, note Staes.*

4. En l'absence de déclaration de créance, les conditions de la reprise d'instance ne sont pas réunies, même si la créance du créancier forclos n'est pas éteinte. • Com. 5 mai 2015, n° 14-10.631 P : *RPC 2015, n° 184, note Staes* • Cass., avis, 8 juin 2009, n° 09-00.002 P : *BICC 15 oct. 2009, rapp. Demotte et obs. Petit ; D. 2009. AJ 1603, note A. Lienhard ; JCP 2009. 1814, obs. Pétel ; Dr. et pr. 2009. 338, obs. Le Corre ; Gaz. Pal. 3 nov. 2009, p. 23, note Rohart-Messager.*

5. Interrompue par l'effet d'un jugement prononçant la liquidation judiciaire, l'instance doit être reprise par le liquidateur ou à son encontre, celui-ci étant seul habilité à poursuivre les instances introduites avant le jugement de liquidation soit par l'administrateur, soit par le représentant des créanciers. • Civ. 2e, 6 mars 1991, n° 89-15.540 P : *D. 1992. Somm. 88, obs. Derrida* .

6. Décès de l'avocat. S'agissant du décès de l'avocat du demandeur, la reprise de l'instance suppose une constitution d'avocat ou des conclusions contenant constitution d'avocat, notifiées à l'autre partie et remises au greffe de la juridiction. • Civ. 3e, 27 mars 2002, n° 00-20.732 P : *D. 2002. AJ 1487, obs. Chevrier* . ♦ Le seul fait d'être assisté par un avocat au cours d'opérations d'expertise ne saurait dès lors équivaloir à une reprise. • Même décision.

Art. 374 L'instance reprend son cours en l'état où elle se trouvait au moment où elle a été interrompue.

1. Compétence. Pour une application combinée de l'art. 374 et du principe selon lequel la compétence s'apprécie lors de l'introduction de l'instance, aboutissant à se prononcer en faveur de la juridiction française et non d'un tribunal successoral libanais, V. • Civ. 1re, 17 juin 2003, n° 02-19.733 P : *Rev. crit. DIP 2004. 403, note Lagarde*.

2. Appel. Délai pour conclure. L'interruption de l'instance emporte celle du délai imparti pour conclure et fait courir un nouveau délai à compter de la reprise d'instance. • Civ. 2e, 4 juin 2015, n° 13-27.218 P : *D. 2015. Actu. 1279* ; *D. 2016. Pan. 453, obs. Fricero* ; *JCP 2015. 1304, obs. Serinet ; ibid. 966, note Gerbay, cité ss. art. 908.* ♦ Les ayants droit de l'appelant cités en reprise d'instance sont appelés à reprendre la procédure en qualité de demandeurs à l'instance d'appel introduite par leur auteur et disposent nécessairement, à compter de la citation en reprise d'instance, du même délai de trois mois prévu par l'art. 908 C. pr. civ. pour conclure au soutien de l'appel, dès lors que ce texte ne distingue pas entre l'appelant initial et ses héritiers saisis de ses droits et actions. • Civ. 2e, 3 sept. 2015, n° 14-11.907 P : *D. 2016. Pan. 453, obs. Fricero, cité ss. art. 908*.

Art. 375 Si la partie citée en reprise d'instance ne comparaît pas, il est procédé comme il est dit aux articles 471 et suivants.

Défaut des héritiers. Lorsque, assignés en reprise d'instance, les héritiers de l'appelant font défaut, le juge est tenu par les art. 375 et 472 d'examiner le bien-fondé de la demande dirigée contre eux. • Poitiers, 13 mai 1981 : *D. 1982. IR 169, obs. Julien.*

Art. 376 L'interruption de l'instance ne dessaisit pas le juge.

Celui-ci peut inviter les parties à lui faire part de leurs initiatives en vue de reprendre l'instance et radier l'affaire à défaut de diligences dans le délai par lui imparti.

Il peut demander au ministère public de recueillir les renseignements nécessaires à la reprise d'instance.

1. Pouvoir d'injonction. Il y a lieu de donner aux parties un délai pour la reprise éventuelle de l'instance sous peine de déchéance : jurisprudence répétitive, par ex. • Civ. 1re, 12 juill. 2005, n° 02-19.066. ♦ V. aussi • Com. 7 juin 2016, n° 14-18.716 • 8 sept. 2015 : *Dr. sociétés 2016, n° 183, note Hovasse.*

2. Radiation. Lorsque, après le décès du demandeur en cassation, ses héritiers, invités à faire part de leurs initiatives en vue de reprendre l'instance, n'ont fait aucune diligence dans le délai imparti, l'affaire doit être radiée en application de l'art. 376 : jurisprudence répétitive, par ex. : • Civ. 2e, 6 déc. 1984, n° 82-11.277 P : *D. 1985. IR 469, obs. Julien* • Com. 7 juill. 1987, n° 85-18.398 P : *Gaz. Pal. 1987. 2. Pan. 259.* ♦ V. également, en cas de mise en règlement judiciaire du demandeur en cassation : • Com. 25 nov. 1986 (déchéance du pourvoi). ♦ ... En cas de dissolution d'une société : • Soc. 7 mars 1990, n° 86-44.146 P : *RTD civ. 1990. 558, obs. Perrot* (radiation du pourvoi). ♦ V. encore, pour une radiation du pourvoi • Civ. 1re, 28 sept. 2016, n° 14-24.875 P • 21 sept. 2016, n° 14-29.752.

CHAPITRE III LA SUSPENSION DE L'INSTANCE

DALLOZ ACTION *Droit et pratique de la procédure civile 2022/2023*, nos 352.10 s.

Art. 377 *(Décr. n° 98-1231 du 28 déc. 1998, art. 9, en vigueur le 1er mars 1999)* En dehors des cas où la loi le prévoit, l'instance est suspendue par la décision qui sursoit à statuer, radie l'affaire ou ordonne son retrait du rôle.

a. Sursis à statuer

1. Renvoi. V notes ss. art. 378 s.

b. Radiation

2. Renvoi. V notes ss. art. 381 s.

c. Retrait du rôle

3. Renvoi. V notes ss. art. 382 s.

SECTION PREMIÈRE LE SURSIS À STATUER

BIBL. ▸ Cholet, *Gaz. Pal. 2008. Doctr. 3306* (le sursis à statuer au cours de la mise en état).

Art. 378 **La décision de sursis suspend le cours de l'instance pour le temps ou jusqu'à la survenance de l'événement qu'elle détermine.**

BIBL. ▶ VIATTE, *Gaz. Pal. 1978. 1. Doctr. 31.*

1° DEMANDE DE SURSIS À STATUER

1. Présentation in limine litis. Il résulte de la combinaison des art. 73, 74 et 108 C. pr. civ. que l'exception de sursis à statuer fondée sur les dispositions de l'art. 4 C. pr. pén., tendant à faire suspendre le cours de l'instance, doit à peine d'irrecevabilité être soulevée avant toute défense au fond. • Com. 28 juin 2005, n° 03-13.112 P: *D. 2005. 1941, obs. Lienhard ; ibid. 2950, obs. Hallouin et Lamazerolles ; LPA 11 oct. 2005, p. 7, note Barbièri ; Banque et Dr. 104/2005, p. 72, obs. Riassetto.* ♦ L'exception tirée de l'existence d'une question préjudicielle, qui tend à suspendre le cours de la procédure jusqu'à décision d'une autre juridiction doit, aux termes de l'art. 74, être soulevé avant toute défense au fond, alors même que les règles invoquées au soutien de l'exception seraient d'ordre public; est donc irrecevable le moyen qui soulève pour la première fois devant la Cour de cassation une question préjudicielle tirée de la domanialité publique d'un bien qui n'avait pas été invoquée devant les juges du fond. • Civ. 1re, 16 oct. 1985, n° 84-12.323 P. ♦ Dès lors qu'une partie n'a pas opposé à la juridiction de l'ordre judiciaire une exception de la validité d'un acte administratif, ni en conséquence demandé aux juges du fond de surseoir à statuer, elle est irrecevable, par application de l'art. 74, à s'en prévaloir pour la première fois devant la Cour de cassation. • Soc. 3 juill. 1990, n° 88-13.414 P. ♦ V. aussi • Civ. 3e, 16 avr. 1986, n° 84-13.820 P.

2. En application de l'art. 74, la demande de sursis à statuer dans l'attente de la décision d'une juridiction administrative doit, à peine d'irrecevabilité, être présentée avant toute défense au fond ou fin de non-recevoir; en revanche, il résulte des dispositions combinées de cet article et de l'art. 324 TCE que la demande qui tend au renvoi de l'affaire devant la CJCE pour interprétation des textes communautaires peut être présentée en tout état de cause et même à titre subsidiaire. • Civ. 2e, 18 déc. 2008, n° 08-11.438 P: *BICC 1er mai 2009, n° 629 et le communiqué ; D. 2009. AJ 174 ; ibid chron. C. Cass. 757, obs. Sommer et Nicoletis ; JCP 2009. II. 10048, note Cholet ; Procédures 2009, n° 75, note Perrot.*

2° DÉCISION DE SURSIS À STATUER

a. Sursis pour une bonne administration de la justice

3. Pouvoir discrétionnaire. Hors les cas où cette mesure est prévue par la loi, les juges du fond apprécient discrétionnairement l'opportunité du sursis à statuer (dans l'intérêt d'une bonne administration de la justice). • Civ. 1re, 9 mars 2004, n° 99-19.922 P • 16 juin 1987, n° 85-17.200 P • Com. 11 juin 1991, n° 89-15.216 P • Civ. 2e, 29 mai 1991, n° 89-21.103 • 24 nov. 1993, n° 92-16.588 P.

4. Ils ne sont pas tenus de motiver sur ce point leur décision. • Soc. 31 janv. 1980: *JCP 1980. IV. 140* • Civ. 1re, 4 oct. 1983, n° 82-13.781 P. ♦ ... Laquelle échappe au contrôle de la Cour de cassation. • Soc. 8 oct. 1986: *JCP 1986. IV. 321* • 16 janv. 1991: *D. 1991. 245, concl. Chauvy .*

5. L'appréciation de l'opportunité de surseoir a statuer relevant du pouvoir discrétionnaire des juges du fond, il ne peut être fait grief à la cour d'appel d'avoir, dans l'intérêt d'une bonne administration de la justice, accordé ce sursis, quels que soient les autres motifs surabondants, qu'elle a énoncés. • Com. 22 févr. 1983, n° 81-14.995 P.

6. Si l'al. 3 de l'art. 4 C. pr. pén., dans sa rédaction issue de la L. n° 2007-291 du 5 mars 2007, n'impose pas la suspension du jugement des actions autres que celles de la partie civile, il ne prive par la cour d'appel de la possibilité de prononcer un sursis à statuer dans l'exercice de son pouvoir discrétionnaire. • Soc. 17 sept. 2008, n° 07-43.211 P: *JCP S 2008, n° 1589, note d'Allende.*

7. Mais le juge est tenu de répondre aux conclusions tendant à ce qu'il soit sursis jusqu'au résultat de l'affaire pénale en cours. • Civ. 2e, 28 avr. 1980, n° 78-14.794 P.

8. Le caractère non suspensif du pourvoi en cassation n'interdit pas au juge de surseoir à statuer dans l'intérêt d'une bonne administration de la justice lorsqu'il estime que la solution du pourvoi est de nature à avoir une incidence directe sur la solution du litige. • Paris, 27 janv. 1989: *Bull. ch. avoués 1989. 1. 25.*

b. Sursis imposé par la loi

9. Question préjudicielle spéciale. Lorsqu'il constate l'existence d'une question préjudicielle, le juge doit surseoir à statuer jusqu'à la décision de la juridiction compétente et non déclarer la demande irrecevable en l'état. • Soc. 22 nov. 1991, n° 89-12.831 P. ♦ V. encore pour une obligation de surseoir à statuer afin de respecter la compétence exclusive du conseil des prud'hommes. • Com. 6 mai 2003, n° 01-15.268 P. ♦ L'action en fixation d'honoraires, qui relevait de la compétence du premier président de la cour d'appel, supposant que soit tranchée la question préalable de la validité du mandat sportif, laquelle relevait de la compétence exclusive d'une autre juridiction, le premier président doit surseoir à statuer sur la fixation des honoraires. • Civ. 2e, 14 janv. 2016 n° 14-26.846 P : *D. 2017 Pan. 79, obs. Wickers ; JCP 2016 Chron. 670, obs. Caseau-Roche ; Gaz. Pal. 2016. 14, note Piau.*

10. Question préjudicielle administrative. L'existence d'une question préjudicielle qui n'a pas été tranchée par une décision définitive de la juridiction administrative oblige le juge judiciaire à surseoir à statuer jusqu'à ce que cette décision soit intervenue. • Civ. 1re, 12 juill. 2001, n° 99-14.427 P. – V. aussi • Civ. 3e, 8 déc. 2004, n° 03-16.496 P. ♦ Saisi d'une question touchant à la légalité d'un acte administratif, le juge judiciaire n'est tenu de surseoir que si cette exception présente un caractère sérieux et porte sur une question préjudicielle dont la solution est nécessaire au règlement du litige. • Civ. 1re, 19 juin 1985, n° 84-11.528 P : *D. 1985. 426, concl. Sargos ; Gaz. Pal. 1986. 1. Somm. 92, obs. Guinchard et Moussa* • Soc. 23 mars 1989, n° 87-16.623 P : *JCP 1990. II. 21466, note Parléani.*

11. Le recours en appréciation de la validité d'un acte administratif individuel sur renvoi de l'autorité judiciaire n'est soumis à aucune condition de délai. • Civ. 1re, 11 mai 1999, n° 97-19.730 P.

12. Sur la distinction entre question préjudicielle administrative et sursis pour une bonne administration de la justice, V. • Soc. 9 mai 1978, n° 76-40.051 P.

13. Décision pénale à venir. Selon l'art. 4, al. 3, C. pr. civ., dans la rédaction issue de la L. n° 2007-291 du 5 mars 2007, la mise en mouvement de l'action publique et a fortiori le simple dépôt d'une plainte pénale, n'impose pas la suspension du jugement des actions exercées devant la juridiction civile, autres que l'action en réparation du dommage causé par l'infraction, de quelque nature qu'elles soient, même si la décision à intervenir au pénal est susceptible d'exercer, directement ou indirectement, une influence sur la solution du procès civil. • Civ. 1re, 31 oct. 2012, n° 11-26.476 P : *D. 2012. Actu. 2665 ; Rev. huissiers janv. 2013, p. 11, note Boulmier ; JCP 2012, n° 47, 1236, p. 2087 ; Dr. pén. 2013. Comm. n° 15, note Maron et Haas* ♦ Rappr. • Civ. 1re, 7 juin 2006, n° 04-19.658 P. ♦ Comp. avant la L. n° 2007-291 du 5 mars 2007, pour prononcer un sursis à statuer en application de ce texte, le juge civil devait constater qu'il était démontré que l'action publique était en cours et que la décision à intervenir sur l'action publique était susceptible d'exercer une influence sur la solution de l'instance civile dont la juridiction est saisie. • Civ. 2e, 7 mai 2008, n° 07-11.150 P : *Gaz. Pal. 2008. 17* • Civ. 3e, 3 avr. 1973 : *JCP 1974. II. 17657* • Com. 14 mai 1985, n° 84-11.055 P • Civ. 2e, 14 déc. 1992, n° 91-17.049 P • 13 févr. 2003, n° 01-03.528 P. ♦ Le fait que la décision pénale doive être attendue pour justifier le bien-fondé de l'action ne saurait suspendre l'instance, seule la décision de sursis à statuer, qu'il appartient aux parties de requérir, entraîne cette suspension en vertu de l'art. 377. • Civ. 2e, 16 mai 1990, n° 89-11.160 P : *Gaz. Pal. 1990. 2. Pan. 156.*

14. Le moyen pris de ce que « le criminel tient le civil en l'état » ne peut être relevé pour la première fois devant la Cour de cassation. • Soc. 25 avr. 1990 : *JCP 1990. IV. 231.*

15. Nomination d'un expert (non). Une décision de justice nommant un expert n'emporte pas sursis à statuer. • Civ. 2e, 6 mars 1991, n° 89-20.550 P.

16. Renvoi de l'affaire (non). Seule une décision de sursis à statuer entraînant la suspension de l'instance en application de l'art. 377, une décision n'est pas suspendue par le renvoi informel de l'affaire sur un « rôle d'attente ». • Civ. 2e, 27 mai 2004, n° 02-15.107 P : *D. 2004. IR 2413 ; Procédures 2004, n° 179, note Perrot.* ♦ Une décision de renvoi prise de sa propre autorité par le juge de la mise en état ne peut équivaloir à un sursis à statuer. • Civ. 2e, 7 oct. 1987, n° 85-12.787.

c. Forme de la décision

17. Mention au dossier. Ne constitue pas un sursis à statuer de nature à justifier la suspension du délai de péremption, la décision d'un juge de la mise en état qui renvoie l'affaire, par simple mention au dossier « dans l'attente d'une décision pénale », les parties étant convenues de solliciter du juge qu'il leur donne acte de leur accord à attendre l'issue d'une instance pénale. • Civ. 2e, 23 févr. 1994, n° 92-17.382 P : *RTD civ. 1994. 677, obs. Perrot .* ♦ Mesure d'administration judiciaire, la décision de surseoir jusqu'au jugement à intervenir sur une poursuite pénale peut faire l'objet d'une simple mention au registre d'audience. • Soc. 3 févr. 1986, n° 93-43.487 P.

Art. 379 **Le sursis à statuer ne dessaisit pas le juge. A l'expiration du sursis, l'instance est poursuivie à l'initiative des parties ou à la diligence du juge, sauf la faculté d'ordonner, s'il y a lieu, un nouveau sursis.**

Le juge peut, suivant les circonstances, révoquer le sursis ou en abréger le délai.

1. Absence de signification. La décision de sursis à statuer ayant seulement suspendu le cours de l'instance, sans dessaisir la cour d'appel, c'est à bon droit que l'arrêt retient que l'absence de signification de cette décision était dépourvue d'incidence sur la régularité de la procédure et que la cour d'appel pouvait statuer, à l'expiration du sursis, sans qu'il fût besoin de réitérer la citation primitive. • Civ. 2e, 6 janv. 2005, n° 02-19.506 P.

2. *Procédure collective.* L'admission provisionnelle, par le juge-commissaire, des créances des organismes de prévoyance et de sécurité sociale n'est pas soumis aux dispositions de l'art. 379 et ne dessaisit pas le juge. S'agissant des autres créances, la situation est soumise en l'absence de dispositions spécifiques, aux dispositions générales de l'art. 379, al. 1er. • Cass., avis, 18 mai 1998, ☎ n° 98-00.002 P : *Procédures 1998, n° 174, obs. Croze.*

3. *Procédure prud'homale.* La règle d'unicité de l'instance énoncée par l'art. R. 516-1 [devenu R. 1452-6] C. trav. est respectée lorsque est présentée devant le juge qui a sursis à statuer sur une première demande dérivant du contrat de travail, une nouvelle demande dérivant du même contrat, un tel sursis entraînant, en vertu des art. 378 et 379, une suspension de l'instance sans dessaisir le juge. • Soc. 2 mars 2004, ☎ n° 01-46.886 P.

4. *Effet sur la péremption.* V. notes ss. art. 392.

Art. 380 **La décision de sursis peut être frappée d'appel sur autorisation du premier président de la cour d'appel s'il est justifié d'un motif grave et légitime.**

La partie qui veut faire appel saisit le premier président, qui statue *(Décr. n° 2019-1419 du 20 déc. 2019, art. 5-1°)* **« selon la procédure accélérée au fond ». L'assignation doit être délivrée dans le mois de la décision.**

(Décr. n° 2014-1338 du 6 nov. 2014, art. 2) **« S'il accueille la demande, le premier président fixe, par une décision insusceptible de pourvoi, le jour où l'affaire sera examinée par la cour, laquelle est saisie et statue comme en matière de procédure à jour fixe ou comme il est dit à l'article 948, selon le cas. »**

L'art. 5 du Décr. n° 2019-1419 du 20 déc. 2019 s'applique aux demandes introduites à compter du 1er janv. 2020 (Décr. préc., art. 24-II).

BIBL. ▶ GERBAY, *D. 1980. Chron. 65.* – DU RUSQUEC, *note JCP 1979. II. 19075* (motif décisoire et motif grave et légitime).

▶ BARADUC et BORÉ, *JCP 2014. 1242* (simplification de la procédure devant la Cour de cassation).

A. APPEL

1° DOMAINE

1. *Ordonnances de sursis à statuer rendues en référé (oui).* L'art. 380 est applicable aux ordonnances de sursis à statuer rendues en référé. • Angers, 17 mars 1977 : *Gaz. Pal. 1977. 2. 447, note Barbier ; RTD civ. 1977. 821, obs. Perrot* • Paris, 23 mars 1982 : *Bull. ch. avoués 1982. 4. 132.* ♦ *Contra* : • Montpellier, 5 juill. 1984 : *D. 1985. IR 262* (sur le fondement de l'art. 490, modifié depuis par le Décr. du 14 mars 1986). ♦ V. Parmentier, *Bull. ch. avoués 1980. 4. 1.*

2. *Sursis à statuer prononcé par un juge de l'exécution (oui).* Les dispositions du NCPC [devenu C. pr. civ.] qui prévoient l'exercice différé de l'appel s'appliquant aux décisions du JEX. • Civ. 2e, 18 févr. 1999, ☎ n° 97-11.374 P : *D. 1999. IR 73* ✎ ; *Procédures 1999, n° 119, obs. Perrot ; JCP 1999. II. 10128, note du Rusquec.* ♦ Mais la décision par laquelle le JEX statue sur toutes les demandes dont il est saisi met fin à l'instance et peut être frappée d'un appel immédiat. • Civ. 2e, 15 sept. 2005, ☎ n° 03-20.644 P.

3. *Sursis imposé par la loi (oui).* L'art. 380 est applicable aux jugements qui ordonnent le sursis dans les cas prévus par la loi. • Civ. 2e, 5 avr. 1982 : *Gaz. Pal. 1982. 2. Pan. 338* (C. pr. pén., art. 4) (sol. impl.) • Com. 2 mai 1984, ☎ n° 83-12.447 P (question préjudicielle de droit administratif).

4. *Jugements mixtes (non).* Est immédiatement recevable sur le fondement de l'art. 544 l'appel d'un jugement qui, dans son dispositif, tranche une partie du principal et, pour le surplus, ordonne le sursis. • Civ. 2e, 14 déc. 1981, ☎ n° 80-15.882 P : *Gaz. Pal. 1982. 1. 210, note Viatte* • Com. 14 févr. 1983, n° 81-12.470 P • Civ. 3e, 11 juin 1986, ☎ n° 85-10.712 P ♦ V. notes ss. art. 544. ♦ Mais ne tranche pas une partie du principal le jugement qui ordonne un sursis à statuer et contient une condamnation à payer des dommages-intérêts, pour procédure abusive, cette condamnation n'étant pas afférente au fond du litige. • Civ. 2e, 26 oct. 2006, ☎ n° 05-14.489 P : *D. 2006. IR 2872* ✎ ; *Procédures 2007, n° 4, obs. Perrot.*

5. *Jugements refusant d'ordonner le sursis (non).* Le jugement qui rejette une exception de sursis à statuer ne saurait être assimilé, pour l'application de l'art. 380, à une décision de sursis. • Paris, 8 juill. 1977 : *Gaz. Pal. 1978. 1. Somm. 40* • Reims, 8 mars 1979 : *Gaz. Pal. 1980. 1. Somm. 75.* ♦ La demande d'autorisation d'appel est sans objet lorsque la décision a rejeté la demande de sursis et statué au fond. • Paris, 16 oct. 1978 : *JCP 1979. II. 19098 ; RTD civ. 1978. 928.*

6. *Décision de rejet d'une demande de révocation (non).* L'art. 380 n'est pas applicable à une décision de rejet de la demande de révocation du sursis à statuer. • Civ. 2e, 10 déc. 2020, ☎ n° 19-22.632 P : *D. actu. 14 janv. 2021, note Lhermitte.*

7. *Absence d'adversaire.* En l'absence d'adversaire que le demandeur pourrait assigner en référé, l'art. 380 ne peut recevoir application et l'appel est directement recevable. • Paris, 30 avr. 1987 : *D. 1987. Somm. 358.*

2° CONDITIONS

a. Autorisation du premier président de la cour d'appel

8. Nécessité. Selon les art. 380, al. 1er, 544 et 545, le jugement qui, sans trancher une partie du principal, ordonne une expertise ou prononce le sursis à statuer ne peut être frappé d'appel qu'avec l'autorisation du premier président de la cour d'appel s'il est justifié d'un motif grave et légitime. • Civ. 2e, 18 déc. 2003, n° 02-12.925 P : *D. 2004. IR 185 ; Dr. et pr. 2004. 153, note Junillon.* ♦ Pour chaque partie, le principal s'entend de l'objet du litige la concernant. • Même arrêt.

9. La demande de sursis à statuer constituant une exception de procédure, l'ordonnance d'un juge de la mise en état qui statue sur une telle demande peut, en application de l'art. 776, faire l'objet d'un appel immédiat, sous réserve d'être autorisé par le premier président de la cour d'appel lorsque le sursis a été ordonné par le juge de la mise en état. • Civ. 2e, 25 juin 2015, n° 14-18.288 P : *Gaz. Pal. 2015. 29, note Herman.*

10. Irrecevabilité d'ordre public pour absence d'autorisation. Est irrecevable l'appel immédiat formé sans autorisation du premier président contre une décision de sursis. • Civ. 1re, 18 janv. 1983, n° 81-16.240 P • Civ. 3e, 15 janv. 1985, n° 83-16.164 P : *Gaz. Pal. 1985. 2. Somm. 146, obs. Croze et Morel* • Soc. 2 mai 1989, n° 88-42.048 P • Civ. 2e, 19 nov. 2008, n° 07-17.358 P : *D. 2008. AJ 3092 ; ibid. 2009. Chron. C. cass. 761, obs. Sommer ; Procédures 2009, n° 8, note Perrot.* ♦ Cette irrecevabilité est d'ordre public et doit être relevée d'office. • Civ. 3e, 15 janv. 1985, n° 83-16.164 P • Soc. 2 mai 1989, n° 88-42.048 P : *préc.* • 17 févr. 1993, n° 89-45.744 P : *D. 1993. IR 65.*

11. Délai de saisine. V. Appert, *Bull. ch. avoués 1988. 2. 38.* ♦ Le délai pour saisir le premier président d'une demande d'autorisation de faire appel d'une décision de sursis à statuer ne peut commencer à courir qu'autant que la décision a été prononcée en présence des parties ou que la date à laquelle celle-ci devait être rendue a été portée à leur connaissance. • Civ. 2e, 30 sept. 1998, n° 96-19.404 P • 16 juill. 1992, n° 91-11.269 P : *D. 1992. IR 235.* ♦ ... *Formalité qui doit résulter des mentions mêmes de* cette décision. • Paris, 15 févr. 1989 : *Bull. ch. avoués 1989. 1. 26* • 8 avr. 1991 : *Bull. ch. avoués 1991. 2. 71.* ♦ A défaut, le point de départ du délai est reporté au jour où la partie intéressée a eu effectivement connaissance de la décision. • Mêmes arrêts. – V. aussi : • Paris, 23 nov. 1990 : *Bull. ch. avoués 1990. 4. 141.* ♦ Comp. notes ss. art. 272.

12. Forme des référés. L'ordonnance rendue sur requête et fixant le jour où l'affaire sera appelée (art. 917) ne peut remplacer l'autorisation prévue par l'art. 380, pour laquelle s'impose la forme des référés. • Angers, 17 mars 1977 : *Gaz. Pal. 1977. 2. 447, note Barbier ; RTD civ. 1977. 821, obs. Perrot.*

b. Motif grave et légitime

13. Illustrations. Constitue un motif grave et légitime, en cas de sursis à statuer sur les indemnités de licenciement, le risque pour le demandeur de ne pas trouver d'emploi et l'expiration prochaine de l'indemnité de chômage. • Lyon, 23 nov. 1976 : *JCP 1977. II. 18552 ; D. 1977. IR 66, obs. Julien.* ♦ ... Le fait pour un créancier de n'avoir pas été payé d'un arriéré important de loyers et qu'il n'y ait eu aucune proposition de consigner un paiement partiel. • Paris, 27 févr. 1979 : *Bull. ch. avoués 1979. 2. 43.* ♦ ... La longueur vraisemblable d'une procédure pénale et le caractère alimentaire des créances litigieuses. • Paris, 20 mai 1988 : *Bull. ch. avoués 1988. 3. 110.* ♦ V. encore : après la constitution d'un fonds de limitation, la mainlevée de la saisie conservatoire du navire doit être ordonnée. Viole dès lors l'art. 13 de la Conv. internationale de Londres du 19 nov. 1976, ensemble les art. 380 et 380-1 C. pr. civ., le premier président qui refuse d'autoriser le propriétaire d'un navire ayant fait l'objet d'une saisie conservatoire à frapper d'appel l'ordonnance par laquelle le juge des référés avait sursis à statuer sur sa demande de mainlevée de la saisie, alors que l'intéressé, qui avait régulièrement constitué un fonds de limitation, justifiait d'un motif grave et légitime pour former appel. • Com. 23 nov. 1993, n° 91-17.258 P.

14. Ne caractérise pas le motif grave et légitime le premier président qui retient uniquement la saisine de la juridiction administrative postérieurement à la décision de sursis à statuer, dès lors que la constatation par le juge civil de l'existence d'une question préjudicielle administrative constitue nécessairement un préalable à la saisine du juge administratif. • Soc. 1er oct. 2003, n° 02-45.635 P. ♦ Ne caractérise pas le motif grave et légitime le premier président qui autorise l'appel immédiat de la décision de sursis à statuer pour cause de question préjudicielle européenne, au motif que ce sursis s'inscrit dans un contexte de longue durée et est habituellement dilatoire. • Com. 21 mai 1996, n° 95-13.427 P. ♦ A titre d'exemples de refus d'autorisation, V. • Amiens, 28 juill. 1977 : *Gaz. Pal. 1977. 2. 547* • Paris, 19 déc. 1979 : *Gaz. Pal. 1980. 1. 103* • Civ. 2e, 5 juill. 1982 : *Gaz. Pal. 1982. 2. Pan. 338* • Paris, 4 mai 1988 : *D. 1988. 519, note Prévault* • 8 avr. 1991 : *Bull. ch. avoués 1991. 2. 71.*

c. Excès de pouvoir

15. Excès de pouvoir négatif. Méconnaît l'art. 380 C. pr. civ. et les principes régissant l'excès de pouvoir, le premier président qui rejette la demande de l'ONIAM tendant à être autorisé à interjeter appel immédiat de l'ordonnance du juge de la mise en état renvoyant une question préjudicielle au tribunal administratif quant à la responsabilité de l'Établissement français du sang (EFS) et sursoyant à statuer dans l'attente d'une décision définitive de ce chef, alors que l'ONIAM soutenait que la juridiction judiciaire était seule compétente pour se prononcer sur son action directe à l'encontre de l'assureur de l'EFS ou des structures reprises, ce dont il résulte qu'il se prévalait d'un excès de pouvoir négatif du juge de la mise en état, ouvrant droit à un appel immédiat. • Civ. 1re, 28 nov. 2018, n° 17-17.536 P : *D. actu. 19 déc. 2018, obs. Kebir ; D. 2018. 2367* .

3° PROCÉDURE

16. Forme de l'appel. L'appel d'une décision de sursis à statuer, autorisée par ordonnance du premier président, est irrecevable faute d'avoir été formalisé par une déclaration d'appel. • Soc. 13 juin 2012, n° 11-12.913 P : *Gaz. Pal. 2012. 2814, note Orif ; JCP S 2012. 1376, note Boubli.*

17. Délai de l'appel. La partie, autorisée à interjeter appel de la décision de sursis, est tenue d'effectuer la déclaration d'appel dans le mois de l'ordonnance du premier président. • Civ. 2e, 13 févr. 2003, n° 01-02.423 P : *JCP 2003. II. 10074, note Croze et Junillon ; Procédures 2003, n° 87, note Perrot ; Gaz. Pal. 10-11 oct. 2003, p. 9, obs. du Rusquec.*

18. Évocation. Lorsque l'appel d'un jugement de sursis à statuer a été autorisé à raison de motifs graves et légitimes, la cour d'appel a la faculté, sans méconnaître l'art. 6.1 Conv. EDH, d'évoquer les points non jugés, si elle estime de bonne justice, au regard notamment de l'exigence d'une durée raisonnable de la procédure, de donner à l'affaire une solution définitive. • Civ. 2e, 21 avr. 2005, n° 03-16.466 P. ♦ Lorsque l'appel d'un jugement de sursis a été autorisé, la cour a la faculté d'évoquer les points non jugés, si elle estime de bonne justice de donner à l'affaire une solution immédiate. • Civ. 2e, 25 mars 1985, n° 80-40.788 P : *D. 1985. IR 467, obs. Julien* • 12 mars 1997, n° 95-11.441 P • Soc. 24 avr. 1975, n° 73-40.301 P.

19. Une cour d'appel ne peut, sans violer les art. 568 et 380, user de la faculté d'évocation alors qu'elle n'est saisie ni d'un jugement ayant ordonné une mesure d'instruction, ni d'un jugement qui, statuant sur une exception de procédure, a mis fin à l'instance et que le sursis à statuer dont il a été interjeté appel n'entre pas dans le champ d'application de l'art. 380. • Civ. 2e, 30 janv. 2003, n° 00-15.914 P : *D. 2003. Somm. 1399, obs. Julien ; Dr. et pr. 2003. 246, note Hoonakker ; Gaz. Pal. 10-11 oct. 2003, p. 10, obs. du Rusquec* • 8 avr. 2004, n° 02-16.101 P. ♦ Méconnaît les dispositions des art. 380 et 568 la cour d'appel qui statue par voie d'évocation sur les demandes sur lesquelles le premier juge avait sursis à statuer, alors que l'appel du jugement n'avait pas été autorisé par le premier président en application de l'art. 380. • Civ. 2e, 27 sept. 2012, n° 11-11.762 P : *Gaz. Pal. 2012. 3512, note Pellerin* • Civ. 1re, 5 juill. 2017, n° 16-23.862 : *Procédures 2017, n° 231, obs. Croze.*

20. Recours-nullité. La violation de la règle du sursis à statuer du juge civil « tant que le juge pénal ne s'est pas prononcé définitivement sur l'action publique » n'ouvre pas le recours-nullité ; la violation de l'art. 4 C. pr. pén., dans sa rédaction applicable à la cause (autrement dit, avant la L. du 5 mars 2007), ne constitue pas un excès de pouvoir. • Com. 11 mai 2010, n° 09-65.960 P : *D. actu. 18 mai 2010, obs. Lienhard.*

B. POURVOI EN CASSATION

21. Contre l'ordonnance du premier président. Est recevable le pourvoi formé contre l'ordonnance du premier président refusant l'autorisation de faire appel au motif qu'elle met fin à l'instance autonome introduite devant ce magistrat. • Com. 16 févr. 1993, n° 90-19.979 P • Com. 24 janv. 1995 • Civ. 3e, 27 mars 1996, n° 94-12.592 P. ♦ Est recevable le pourvoi formé contre l'ordonnance du premier président qui déclare irrecevable la demande d'autorisation de former un appel immédiat à l'encontre d'un jugement qui n'ordonne pas de sursis à statuer ou qui ne refuse pas la révocation d'un sursis à statuer. • Civ. 2e, 27 sept. 2018, n° 17-17.270 P : *D. actu. 7 nov. 2018, obs. Kebir.*

22. Contre la décision de sursis à statuer. Renvoi. V. art. 380-1 et notes.

Art. 380-1 *(Décr. n° 79-941 du 7 nov. 1979, art. 7, en vigueur le 1er janv. 1980)* **La décision de sursis rendue en dernier ressort peut être attaquée par la voie du pourvoi en cassation, mais seulement pour violation de la règle de droit.**

1. Recevabilité du pourvoi. La violation de la règle de droit de l'art. 378 gouvernant le sursis à statuer par un arrêt qui ordonne le sursis à statuer sans déterminer l'événement susceptible d'y mettre fin rend recevable le pourvoi au sens de l'art. 380-1. • Civ. 2e, 21 janv. 2010, n° 08-21.460 P : *D. proc. 2010. 134.* ♦ Encourt la cassation l'arrêt qui surseoit à statuer sur l'action formée par certains copropriétaires contre l'un d'entre eux et les invite à former tierce opposition contre un jugement passé en force de chose jugée ayant déclaré irrecevable dans cette même action le syndicat des copropriétaires alors que le jugement était opposable aux copropriétaires constitués en un syndicat ayant la personnalité civile et la qualité pour agir en justice. • Civ. 3e, 17 juill. 1985, n° 84-12.519 P. ♦ V. également : • Soc. 1er févr. 1989, n° 87-12.112 P • 11 févr. 1993, n° 90-13.387 P.

2. Irrecevabilité du pourvoi. S'il résulte de l'arrêt que le sursis à statuer a été prononcé, non pas en application d'une règle de droit gouvernant le sursis à statuer, mais dans l'exercice du pouvoir discrétionnaire du juge en vue d'une bonne administration de la justice, le pourvoi n'est pas recevable. • Com. 23 sept. 2014, n° 13-22.539 P : *D. 2014. Actu. 1936, obs. Lienhard ; Gaz. Pal. 2015. 422, note Le Corre ; JCP 2015. Chron. 456, note Pétel* • Civ. 2e, 12 avr. 2018, n° 17-16.945 P : *Gaz. Pal. 31 juill. 2018, p. 63, obs. Hoffshir.* ♦ Ne peut être frappé de pourvoi l'arrêt qui sursoit en vue d'une bonne administration de la justice (pouvoir discrétionnaire). • Civ. 2e, 11 févr. 1987, n° 84-10.676 P • Com. 19 juill. 1988, n° 87-10.227 P : *Gaz. Pal. 1989. 1. Somm. 160, obs. Croze et Morel* • 1er févr. 1994, n° 92-10.017 P • Civ. 1re, 16 nov. 2004, n° 02-14.528 P : *JCP 2005. I. 125, obs. Jeuland* • Civ. 2e, 21 avr. 2005, n° 03-13.098 P : *D. 2005. IR 1303* • 25 juin 2015, n° 14-18.288 P : *Gaz. Pal. 22 sept. 2015, p. 29, note Herman.*

3. Ne peut être frappé de pourvoi l'arrêt contre lequel aucune violation de la règle de droit n'est alléguée. • Civ. 2e, 13 mai 1991, n° 89-14.453 P. ♦ Irrecevabilité du pourvoi pour violation de l'art. 16, alors qu'en application de l'art. 380-1 C. pr. civ., la décision de sursis à statuer rendue en dernier ressort ne peut être attaquée par la voie du pourvoi en cassation que pour violation de la règle de droit gouvernant le sursis à statuer. • Com. 23 sept. 2014, n° 12-29.404 P : *Gaz. Pal. 2014. 3903, note Biéry ; JCP 2015. 456, obs. Pétel.* ♦ Même solution pour une violation de l'art. 16 C. pr. civ. et 6. Conv. EDH • Civ. 3e, 13 juill. 2016, *n° 15-17.208 P : D. 2016. Actu. 1649* . ♦ Est irrecevable le pourvoi dirigé contre la décision d'une juridiction de renvoi qui a refusé de surseoir à statuer jusqu'à ce que la Cour de cassation se soit prononcée sur une requête en rabat d'arrêt dès lors que n'est invoquée aucune violation de la règle de droit, mais seulement le caractère sérieux de la contestation. • Soc. 16 janv. 1991, n° 88-60.506. ♦ Ne peut pas être non plus frappé de pourvoi l'arrêt qui prononce le sursis sollicité par le demandeur au pourvoi lui-même, mais qui ne tranche dans son dispositif aucune partie du principal. • Civ. 2e, 16 nov. 1983, n° 82-14.251 P • Civ. 1re, 7 juill. 1993, n° 90-16.695 P.

4. Excès de pouvoir. Sauf excès de pouvoir, la décision de sursis ne peut être frappée d'un pourvoi que pour violation de la règle de droit gouvernant le sursis à statuer. • Civ. 2e, 25 juin 2015, n° 14-18.288 P. ♦ Il résulte de ce texte que le recours en cassation n'est ouvert, contre les décisions de sursis à statuer rendues en dernier ressort, que pour violation de la règle de droit gouvernant le sursis à statuer ; qu'il n'est dérogé à cette règle, comme à toute règle interdisant un recours, qu'en cas d'excès de pouvoir. Ne constitue pas un excès de pouvoir le choix prétendument erroné de la partie devant, après sursis à statuer, saisir le juge compétent pour trancher cette contestation. • Com. 27 sept. 2016, n° 14-18.998 P : *D. 2016. Actu. 1997 ; JCP 2017. 91, obs. Pétel ; Gaz. Pal. 2017. 72, note Le Corre ; RDBF 2016, n° 255, note Houin-Bressand.*

SECTION II LA RADIATION ET LE RETRAIT DU RÔLE

(Décr. n° 98-1231 du 28 déc. 1998, art. 9, en vigueur le 1er mars 1999)

Art. 381 La radiation sanctionne dans les conditions de la loi le défaut de diligence des parties.

Elle emporte suppression de l'affaire du rang des affaires en cours.

Elle est notifiée par lettre simple aux parties ainsi qu'à leurs représentants. Cette notification précise le défaut de diligence sanctionné.

1. Distinction avec le désistement. Sur la distinction entre la radiation proprement dite et le désistement. • Civ. 2e, 8 juill. 1987, n° 86-10.394 P : *Gaz. Pal. 1988. 1. Somm. 150, obs. Croze et Morel ; RTD civ. 1988. 183, obs. Perrot* • 11 juin 1980, n° 78-14.362 P.

2. Effet sur la prescription. La radiation emportant non extinction de l'instance mais suspension du cours de celle-ci, les juges doivent rechercher si l'assignation, interruptive de prescription, en vertu de laquelle un assureur avait été attrait en justice, n'avait pas été délivrée dans le délai de deux ans prévu par l'art. L. 114-1 C. assur. • Civ. 1re, 13 janv. 2004, n° 01-11.452 P : *D. 2004. IR 325 ; Procédures 2005, n° 226, obs. Perrot.* ♦ V. également jugeant que la radiation de l'affaire du rôle est sans effet sur la poursuite de l'interruption de la prescription à la suite de l'introduction de l'instance. • Soc. 8 juin 2005, n° 03-44.983 P : Procédures 2005, n° 226, obs. *Perrot.*

3. Effet sur la péremption. Renvoi. V. note ss. art. 392.

Art. 382 **Le retrait du rôle est ordonné lorsque toutes les parties en font la demande écrite et motivée.**

1. Pouvoir du juge. A défaut d'obtenir du juge le renvoi, qu'elles lui demandent en commun, à une audience ultérieure, les parties peuvent requérir la radiation de l'affaire (auj. retrait du rôle), laquelle s'impose au juge. • Cass., ass. plén., 24 nov. 1989, n° 88-18.188 P : *D. 1990. 25, concl. Cabannes ; D. 1990. 429, note Julien ; JCP 1990. II. 21407, note Cadiet ; Gaz. Pal. 1990. 2. Somm. 358, obs. Guinchard et Moussa ; RTD civ. 1990. 145, obs. Perrot.*

2. Viole l'art. 382 C. pr. civ. la cour d'appel qui décide de ne pas faire droit à une demande motivée des parties aux fins de retrait du rôle. • Civ. 2e, 17 févr. 2011, n° 10-14.863 P : *Procédures 2011, n° 165, note Perrot.*

3. Retrait du rôle après sursis à statuer. L'Ord. de retrait du rôle est sans effet sur la suspension de l'instance résultant de la décision antérieure de sursis à statuer qui interrompait le délai de péremption jusqu'à l'ordonnance de non-lieu. • Civ. 2e, 18 déc. 2008, n° 07-21.140 P : *D. 2009. AJ 174 ; ibid. 536, note Paul-Loubière ; ibid. Chron. C. cass. 761, obs. Sommer ; JCP 2009. I. 142, n° 13, obs. Amrani Mekki ; Procédures 2009, n° 73, note Perrot ; RLDC 2009. 3555, obs. Beignier et Miniato.*

4. Effet sur la péremption. Renvoi. V. notes ss. art. 392.

Art. 383 **La radiation et le retrait du rôle sont des mesures d'administration judiciaire.**

A moins que la péremption de l'instance ne soit acquise, l'affaire est rétablie, en cas de radiation, sur justification de l'accomplissement des diligences dont le défaut avait entraîné celle-ci ou, en cas de retrait du rôle, à la demande de l'une des parties.

BIBL. ► MARIN, *Gaz. Pal. 1979. 1. Doctr. 194* (radiation devant la cour). – VIATTE, *Gaz. Pal. 1974. 1. Doctr. 372.*

a. Mesure d'administration judiciaire

1. Persistance de l'instance. La radiation du rôle est une simple mesure d'administration judiciaire, laissant persister l'instance, laquelle peut être reprise ultérieurement. • Civ. 1re, 20 févr. 1979 • Civ. 2e, 21 janv. 1981, n° 79-14.037 P : *RTD civ. 1982. 469* • Soc. 16 mars 1999, n° 96-43.268 P • 14 mai 2003, n° 01-40.110 P : *D. 2003. IR 1735 ; Procédures 2003, n° 193, note Perrot.*

2. Renonciation au bénéfice du jugement attaqué (non). La radiation (auj. retrait du rôle) n'est qu'une mesure d'administration judiciaire qui emporte seulement retrait de l'affaire du rang des affaires en cours et ne fait pas obstacle à la poursuite de l'instance. Par suite, encourt la cassation l'arrêt qui déduit de la seule radiation (auj. retrait du rôle) opérée à la demande conjointe des avoués (auj. avocats) des deux parties l'acceptation de l'appelant à la renonciation de l'intimé au bénéfice du jugement attaqué. • Civ. 2e, 21 janv. 1981 : *RTD civ. 1982. 469, obs. Perrot.*

3. Absence de recours. La décision de radiation n'est pas susceptible de recours. • Soc. 18 juin 1981, n° 80-60.428 P • Civ. 2e, 2 mars 1983, n° 83-60.535 P • 17 juill. 1991, n° 91-60.078 P. ♦ Mesure d'administration judiciaire qui n'a pas de caractère juridictionnel, et n'a pas d'incidence sur le lien juridique d'instance, elle ne peut être déférée à la Cour de cassation, fût-ce pour excès de pouvoir. • Civ. 1re, 16 nov. 2004, n° 02-14.528 P : *D. 2005. Pan. 336, obs. Julien et Fricero.*

4. Procédure collective. Une instance d'appel en cours au jour du jugement d'ouverture de la procédure collective, seulement suspendue par une mesure de radiation, ôte au juge-commissaire le pouvoir de prononcer l'admission ou le rejet de la créance, peu important que le jugement attaqué soit exécutoire. • Com. 8 avr. 2015, n° 14-10.172 P : *D. 2015. Actu. 862 ; RPC 2015, n° 3, obs. Petit ; ibid. n° 185, note Staes ; ibid. n° 80, note Cagnoli ; JCP 2016. 100, obs. Pétel ; Gaz. Pal. 21 juill. 2015, p. 15, note Fricero.*

b. Rétablissement de l'affaire

5. Demande de rétablissement. La demande de rétablissement de l'affaire s'analyse non comme l'introduction d'une nouvelle instance, mais comme une demande de reprise de l'instance initiale, laquelle demeure régie, quant au taux du ressort, par les dispositions en vigueur lors de son introduction. • Soc. 27 mars 1991, n° 88-41.526 P : *RTD civ. 1991. 601, obs. Perrot.*

6. Seules les parties à une instance radiée pouvant en réclamer le rétablissement après accomplissement des diligences dont le défaut avait été sanctionné, une intervention volontaire ne peut produire aucun effet. • Civ. 2e, 21 juin 2007, n° 06-12.233 P : *JCP 2007. I. 200 ; JCP 2007. IV. 2545 ; Gaz. Pal. 2008. 36, note du Rusquec.*

7. Effets du rétablissement. L'assignation originaire n'est pas frappée de caducité et conserve son effet interruptif de prescription. • Civ. 2e, 8 juill. 1987, n° 86-10.394 P : *Gaz. Pal. 1988. 1. Somm. 150, obs. Croze et Morel ; RTD civ. 1988. 183, obs. Perrot.* ♦ Rappr., dans le même sens, à propos du délai d'appel : • Civ. 2e, 11 juin 1980, n° 78-15.972 P. ♦ ... Du délai de l'action en recherche de paternité. • Civ. 1re,

20 févr. 1979, nº 76-13.411 P.

8. La radiation ne fait pas obstacle devant le conseil de prud'hommes à la formulation de demandes nouvelles, après rétablissement, dès lors qu'il n'est pas justifié d'un désistement d'instance ou d'action. • Soc. 11 juin 1976, nº 75-40.382 P • 3 juill. 1991, nº 87-44.462 P.

9. Viole le principe de la contradiction l'arrêt rendu sans que, après rétablissement de l'affaire, aucun avis ou injonction n'ait été adressé à l'avoué de l'intimé, valablement constitué depuis la radiation. • Civ. 2e, 7 nov. 1988.

10. A défaut de conclusions déposées par les parties après rétablissement, la juridiction doit statuer en l'état des demandes qui lui ont été précédemment soumises. • Civ. 2e, 13 déc. 1993 : *Gaz. Pal. 1994. 2. Pan. 91.*

CHAPITRE IV L'EXTINCTION DE L'INSTANCE

DALLOZ ACTION *Droit et pratique de la procédure civile 2022/2023*, nos 352.220 s.

Art. 384 En dehors des cas où cet effet résulte du jugement, l'instance s'éteint accessoirement à l'action par l'effet de la transaction, de l'acquiescement, du désistement d'action ou, dans les actions non transmissibles, par le décès d'une partie.

L'extinction de l'instance est constatée par une décision de dessaisissement.

Il appartient au juge de donner force exécutoire à l'acte constatant l'accord des parties, que celui-ci intervienne devant lui ou ait été conclu hors sa présence.

a. Causes d'extinction de l'action

1. Désistement d'action. Le désistement d'action n'a pas à être accepté si la partie adverse ne justifie pas d'un intérêt. • Civ. 3e, 9 déc. 1986, nº 85-10.479 P. ♦ V. déjà • Civ. 2e, 28 mars 1963 : *JCP A 1964. IV. 4264.*

2. S'agissant de la forme de ce désistement, V. • Paris, 23 oct. 1989 : *D. 1989. IR 291.* ♦ ... De la compétence pour le constater, V. • TGI Angoulême, JME, 12 févr. 1987 : *Gaz. Pal. 1988. 2. Somm. 359.*

3. Le désistement d'action entraîne abandon du droit qui fait l'objet de la contestation. • Soc. 5 nov. 1980, nº 79-11.842 P • Civ. 1re, 22 avr. 1986, nº 84-10.288 P.

4. Désistement d'action en divorce. La décision qui constate le désistement d'action en divorce n'a qu'un caractère déclaratif ; l'instance en divorce se trouve éteinte dès la date de signification du désistement d'action d'une partie à l'autre ; les mesures provisoires et, notamment, la pension alimentaire prévue par l'ordonnance de non-conciliation deviennent caduques à compter de la date de la signification par l'époux de son désistement de l'action en divorce qu'il avait engagée, et non à compter de celle de la décision de désistement. • Civ. 1re, 19 avr. 2005, nº 03-14.664 P.

5. Sur le désistement d'instance, V. art. 394 et les notes ss. art. 394 s.

6. Décès. L'instance disciplinaire qui concerne un avocat décédé en cours de procédure est *éteinte. • Civ. 1re, 21 nov. 2006,* nº 05-19.015 P. ♦ Le droit d'agir pour le respect de la vie privée s'éteint au décès de la personne concernée, seule titulaire de ce droit. • Civ. 1re, 14 déc. 1999, nº 97-15.756 P. ♦ L'action en divorce s'éteint par le décès de l'un des époux survenu avant que la décision prononçant le divorce ait acquis force de chose jugée. • Civ. 1re, 20 juin 2006.

7. Mais les héritiers du titulaire d'un droit à caractère personnel peuvent, sauf exceptions légales ou conventionnelles, poursuivre l'instance. • Civ. 2e, 2 déc. 1992 : *Gaz. Pal. 1993. 2. Somm. 550, obs. Massip ; RTD civ. 1994. 165, obs. Perrot.* ♦ Les héritiers du donateur décédé au cours de l'instance tendant à la révocation d'une donation entre époux sont, en vertu de l'art. 384 C. pr. civ., recevables à poursuivre l'action engagée par leur auteur. • Civ. 1re, 4 nov. 2015, nº 15-10.774 P : *D. 2015. Actu. 2318.* ♦ Le principe de l'intransmissibilité aux héritiers de l'action qui appartenait à un individu quant à sa filiation ne peut être opposé à la demande tendant seulement à faire constater la possession d'état d'enfant naturel à leur père. • Civ. 1re, 2 mars 1999, nº 97-12.026 P. ♦ Le décès du salarié ne rend pas sans objet la demande, reprise en appel par les ayants droit de celui-ci, en résiliation du contrat de travail. • Soc. 12 févr. 2014, nº 12-28.571 P. ♦ Sur la transmissibilité aux héritiers de l'action en révocation de l'adoption, V. • Civ. 1re, 21 juin 1989, nº 87-19.742 P : *JCP 1990. II. 21547, note Charles.* ♦ Rappr. Huet-Weiller, *D. 1978. Chron. 233* (indisponibilité des actions relatives à la filiation).

b. Décision de dessaisissement

8. La décision qui a constaté le désistement n'ayant qu'un caractère déclaratif, l'instance est éteinte dès la signification de ce désistement à l'autre partie. • Civ. 1re, 19 avr. 2005, nº 03-14.664 P.

Art. 385 L'instance s'éteint à titre principal par l'effet de la péremption, du désistement d'instance ou de la caducité de la citation.

Dans ces cas, la constatation de l'extinction de l'instance et du dessaisissement de la juridiction ne met pas obstacle à l'introduction d'une nouvelle instance, si l'action n'est pas éteinte par ailleurs.

1. Frais irrépétibles. Lorsqu'il constate par ordonnance l'extinction d'une instance, le premier président exerce une activité juridictionnelle, de sorte qu'il lui appartient de se prononcer sur une demande fondée sur l'art. 700. • Cass., ord., 17 mai 1995.

2. Introduction d'une nouvelle instance. Si l'instance s'éteint à titre principal par l'effet de la caducité de la citation, la constatation de l'extinction de l'instance et du dessaisissement de la juridiction ne met pas obstacle à l'introduction d'une nouvelle instance, si l'action n'est pas éteinte par ailleurs. • Civ. 2e, 12 juin 2008, n° 07-14.443 P : *Procédures 2008, n° 224, note Perrot.* ♦ Dès lors, viole l'art. 385 le tribunal qui pour déclarer irrecevable, en raison de l'autorité de la chose jugée, une nouvelle demande en paiement, retient qu'un jugement antérieur a déclaré caduque la précédente requête en injonction de payer qui portait sur la même créance. • Civ. 2e, 11 sept. 2003, n° 01-16.425 P : *D. 2003. IR 2411 ; Procédures 2003, n° 235, note Perrot* • 12 juin 2008, n° 07-14.443 P : *préc.*

3. Renvoi. V. égal. art. 389 (péremption) et art. 398 (désistement) et les notes y relatives.

SECTION PREMIÈRE LA PÉREMPTION D'INSTANCE

RÉP. PR. CIV. v° *Péremption d'instance*, par TIHAL.

DALLOZ ACTION *Droit et pratique de la procédure civile 2022/2023*, nos 352.340 s.

Art. 386 **L'instance est périmée lorsque aucune des parties n'accomplit de diligences pendant deux ans.**

BIBL. ▶ ATIAS, *D. 2004. Chron. 2874* (sanction des parties et gestion du rôle). – DESDEVISES, *Rev. jur. Ouest 1983. 1* (renouveau de la péremption). – DU RUSQUEC, *Gaz. Pal. 1986. 2. Doctr. 269* (diligences interruptives). – LE CALVEZ, *Mél. Normand, Litec, 2003, p. 291* (regard hétérodoxe sur la péremption d'instance). – PERROT, *obs. RTD civ. 1980. 617 ; 1981. 692 ; 1983. 195 et 593 ; 1985. 616 ; 1986. 186 et 637.* – VIATTE, *note Gaz. Pal. 1982. 2. 405.*

PLAN DES ANNOTATIONS

A. NOTION DE PÉREMPTION D'INSTANCE

1. Finalité. La péremption d'instance a pour objet de sanctionner le défaut de diligence des parties. • Com. 9 nov. 2004, n° 01-16.726 P : *D. 2005. AJ 301* .

2. Procès équitable. La péremption de l'instance, qui tire les conséquences de l'absence de diligences des parties en vue de voir aboutir le jugement de l'affaire et poursuit un but légitime de bonne administration de la justice et de sécurité juridique afin que l'instance s'achève dans un délai raisonnable, ne porte pas une atteinte disproportionnée au droit à un procès équitable. • Civ. 2e, 16 déc. 2016, n° 15-27.917 P : *D. actu. 5 janv. 2017, obs. Laffly ; D. 2017. 141, note Bléry ; ibid. 2017. Pan. 425, obs. Fricero ; ibid. 2017. Chron. C. cass. 605, obs. de Leiris ; JCP 2016. 5, obs. Deharo ; ibid. 2017. 106, note Cholet ; RLDC juill. 2017. 28, obs. Gerbay* • 18 oct. 2018, n° 17-22.757 : *RGDA 2018. 573, note Schultz.*

3. Incidence sur le désistement adverse. La demande tendant à faire déclarer l'instance périmée n'étant ni une défense au fond, ni une fin de non-recevoir, ne rend donc pas nécessaire le consentement de son auteur au désistement de la partie adverse. • Civ. 2e, 29 mai 1991, n° 89-21.112 P.

4. Responsabilité de l'avocat. Fait preuve d'une négligence fautive l'avocat qui, malgré les nombreux rappels de son mandant, et bien qu'il ait disposé de tous les éléments lui permettant d'établir ses conclusions et de former les demandes reconventionnelles qu'il avait reçu mandat d'établir, conclut avec retard sans tenir compte de la sanction de la péremption d'instance. • Grenoble, 14 janv. 2002 : *JCP E 2002. I. 916, n° 8, obs. Pasqualini et Pasqualini-Salerno.*

B. DOMAINE DE LA PÉREMPTION D'INSTANCE

5. Procédure collective (oui). La péremption atteint l'instance, même si celle-ci met en cause l'ordre public. Peu importent les conditions procédurales de son ouverture et de son déroulement (en l'occurrence, litige relatif à une procédure collective). • Com. 21 nov. 1995, n° 93-20.095 P : *Procédures 1996, n° 34, obs. Perrot.*

6. Bail rural (oui). La péremption d'instance n'est pas exclue dans les instances relatives aux baux ruraux. • Civ. 3e, 8 avr. 1999, n° 97-14.416 P • 27 oct. 2004, n° 03-13.724 P : *D. 2004. IR 3038 ; Procédures 2004, n° 253, note Perrot.*

7. Matière prud'homale. En matière prud'homale dès lors que des diligences ont été expressément mises à la charge des parties, art. R. 516-3 [devenu R. 1452-8] C. trav. ♦ Dès lors que le magistrat chargé d'instruire l'affaire a ordonné aux parties d'accomplir des diligences procédurales, le délai de péremption court à compter de la notification de la décision. • Soc. 27 mars 2007, n° 05-43.459 P. ♦ V. aussi • Soc. 7 janv. 1988, n° 85-42-379 P : *D. 1988. IR 82* • 20 févr. 1990, n° 87-42.057 P • 19 févr. 1992, n° 88-43.409 P : *RTD civ. 1992. 646, obs. Perrot* (dispositions également applicables au recours en révision). ♦ *Adde*, jugeant que le cocontractant d'un contrat de transport maritime ne peut se prévaloir d'une jurisprudence selon laquelle la péremption n'est encourue que dans les cas où les parties s'abstiennent d'accomplir des diligences qui ont été expressément mises à leur charge, dans la mesure où cette jurisprudence résulte de l'art. R. 516-3, devenu R. 1452-8 C. trav., qui n'a cours que pour la procédure devant les juridictions prud'homales : • Aix-en-Provence, 22 janv. 2009, n° 08/11976 : *BICC 15 déc. 2009, n° 1723.*

8. Matière de sécurité sociale. En matière de sécurité sociale dès lors que des diligences ont été expressément mises à la charge des parties, art. R. 142-22 CSS. ♦ Prive en conséquence sa décision de base légale au regard des dispositions de l'art. R. 142-22 CSS la cour d'appel qui, pour déclarer une instance éteinte par la péremption, retient que le non-respect de l'injonction de conclure faite aux parties par le tribunal d'instance à l'audience a entraîné la péremption de l'instance dans le délai de deux ans, sans rechercher si les diligences prescrites avaient été mises à la charge des parties par un jugement de la juridiction ou par une ordonnance de son président. • *Civ. 2e, 30 mai 2013,* n° 12-20.197 P : *D. 2013. Actu. 1417 ; Procédures 2012, n° 233, note Perrot ; JCP 2013. 1225, n° 8, obs. Amrani Mekki ; ibid. S 2013, n° 1331, note Brissy ; ibid. E 2013. 1631, note Lieutier.*

9. Jugement mixte. Lorsqu'une décision mixte a été rendue, l'ensemble des dispositions définitives et des dispositions avant-dire droit qui statuent sur les conséquences ou l'exécution des premières forme un tout indivisible, de sorte que l'instance tout entière échappe à la péremption. • Civ. 2e, 4 mars 1987, n° 85-14.815 P • Paris, 31 mars 1981 : *Bull. ch. avoués 1981. 4. 17* • Rennes, 6 nov. 1987 : *JCP 1988. II. 21103* • Civ. 3e, 14 oct. 1992, n° 90-21.096 P. – V. Perrot, obs. *RTD civ. 1982. 471 ; ibid. 1987. 595.*

10. Cette solution ne se justifiant que par l'obligation de ne pas remettre en cause le chef définitif de jugement passé en force de chose jugée (ce qui serait indirectement le cas si le montant de la condamnation n'était pas fixé pour cause de péremption de l'instance devant en fixer le quantum), elle n'est pas applicable lorsque l'ensemble du jugement mixte a fait l'objet d'un appel sur le tout. • Civ. 2e, 27 juin 1990, n° 89-10.203 P.

11. Un arrêt avant-dire droit ayant tranché le litige à l'exception d'une demande de dommages-intérêts, la péremption ne peut s'appliquer qu'à ce chef de la demande, dès lors que les dispositions de l'arrêt n'étaient pas indivisibles entre elles. • Civ. 2e, 11 juill. 2002, n° 00-22.388 P : *Gaz. Pal. 30 mars-1er avr. 2003, p. 33, obs. du Rusquec.* – V. aussi • Civ. 3e, 10 juin 1981, n° 79-14.937 P. ♦ V. notes ss. art. 378 et 392.

C. DILIGENCES

1° NOTION

12. Diligence de nature à faire progresser l'instance. Pour être interruptif de péremption, un acte doit faire partie de l'instance et la continuer. • Civ. 2e, 17 mars 1982, n° 79-12.686 P : *RTD civ. 1983. 195, obs. Perrot* • 28 juin 2006, n° 04-18.226 P : *D. 2007. Pan. 1384, obs. Julien.*

13. Une diligence procédurale ne peut interrompre la péremption que s'il est constaté qu'elle est de nature à faire progresser l'affaire. • Civ. 3e, 20 déc. 1994, n° 92-21.536 P : *RTD civ. 1995. 683, obs. Perrot* . ♦ Le mot « diligence » doit comprendre toute démarche ayant pour but de faire avancer le litige vers sa conclusion. • Agen, 20 oct. 1986 : *Gaz. Pal. 1987. 1. 101, note du Rusquec* (lettre adressée au président). – Rappr. • Civ. 2e, 26 févr. 1992, n° 90-20.244 P : *JCP 1993. II. 22033, note du Rusquec* (lettre adressée au magistrat de la mise en état).

14. Appréciation souveraine. Les juges du fond apprécient souverainement la volonté qui dicte les démarches constatées. • Civ. 2e, 16 mai 1979, n° 78-11.034 P : *D. 1979. IR 481, obs. Julien* • 5 juin 1985, n° 84-11.809 P : RTD civ. *1986. 186, obs. Perrot* • 11 juill. 1988, n° 85-17.153 P. ♦ Il appartient au juge qui a constaté l'existence d'une diligence susceptible d'avoir interrompu le délai de péremption, de rechercher si les conditions d'application de la loi sont réunies. • Civ. 2e, 8 déc. 2005, n° 03-19.947 P.

15. Diligence émanant des parties. Seules les diligences des parties ont un effet interruptif • Civ. 2e, 6 oct. 2005, n° 03-17.680 P.

16. Les actes du magistrat de la mise en état ne constituent pas une diligence au sens de l'art. 386. • Civ. 2e, 26 juin 1991. ♦ Rappr. • Civ. 2e, 21 janv. 1987, n° 85-12.689 P.

17. Ne constitue pas une diligence au sens de l'art. 386 l'ordonnance du juge chargé du contrôle d'une expertise prescrivant un complément de provision. • Civ. 3e, 10 mai 1991, n° 89-21.180 P.

18. Ne constitue pas une diligence d'une partie, au sens de l'art. 386, de nature à interrompre la péremption la lettre par laquelle l'expert fait savoir au conseiller de la mise en état qu'il n'a pas de nouvelles de l'affaire et que la provision n'a pas été versée. • Civ. 2e, 28 nov. 1984, n° 83-14.230 P. ♦ ... Le dépôt par l'expert de son rapport. • Civ. 2e, 5 avr. 1993, n° 91-19.976 P.

19. Majeur protégé. Les conclusions aux fins de rétablissement au rôle, prises par le majeur protégé, même sans l'assistance de son curateur, traduisaient sa volonté de poursuivre l'instance. Viole en conséquence l'art. 386 C. pr ; civ., l'arrêt d'appel qui, pour dire l'instance périmée, retient, par motifs adoptés, que les conclusions aux fins de rétablissement au rôle de l'affaire, sans l'assistance de son curateur, ne sont pas recevables et n'ont donc pas pu interrompre le délai de péremption et ajoute qu'un acte de procédure irrégulier n'est pas de nature à interrompre ce délai, même s'il traduit sans équivoque la volonté du plaideur de poursuivre l'instance, la demande de rétablissement au rôle n'étant pas affectée d'un vice de forme mais d'une irrégularité de fond, dès lors que le majeur protégé n'a pas qualité pour agir en l'absence de son curateur. • Civ. 1re, 18 mars 2020, n° 19-15.160 P.

20. Partie auteur de la diligence indifférente. Les diligences de l'une quelconque des parties interrompent le délai de péremption, dès lors qu'il s'agit d'une impulsion personnelle. • Civ. 2e, 28 juin 2012, n° 11-17.873 P : *AJDI 2012. 771, note de La Vaissière ; Gaz. Pal. 2012. 2808, note Raschel.* ♦ La diligence ne doit pas nécessairement émaner de la partie à laquelle on oppose l'incident. • Civ. 2e, 22 févr. 2007, n° 06-15.425 P : *D. 2007. AJ 806*.

21. Validité de l'acte indifférente. L'effet interruptif d'une diligence, lorsqu'elle consiste en un acte de la procédure, est sans lien avec la validité de cet acte ; en constatant la péremption d'instance au motif que les actes de notification de l'arrêt de cassation étaient nuls et n'avaient donc pu interrompre le délai de péremption, la cour d'appel a violé l'art. 386. • Civ. 2e, 3 juin 1999, n° 97-19.378 P : *D. 1999. IR 185 ; RTD civ. 1999. 695, obs. Perrot* • 14 févr. 2006, n° 05-14.757 P : *D. 2006. IR 604 ; Procédures 2006. 71, obs. Perrot ; Gaz. Pal. 6-7 juill. 2007, p. 29, note E. du Rusquec* • 28 juin 2012, n° 11-19.615 P.

22. Jugement d'incompétence. Lorsque le juge qui se déclare incompétent désigne la juridiction qu'il estime compétente, seules les diligences accomplies devant cette juridiction peuvent interrompre la péremption. • Civ. 2e, 14 déc. 1992 : *D. 1993. Somm. 186, obs. Julien*.

2° DILIGENCES INTERRUPTIVES

a. Actes faisant partie de l'instance

23. Constitution. Constitue une diligence interruptive la constitution d'avoué (auj. avocat) manifestant une volonté de continuer l'instance. • Civ. 2e, 22 févr. 2007, n° 06-15.425 P : *D. 2007. AJ 806*. ♦ Constituent des diligences les démarches effectuées par le demandeur qui demande au bâtonnier d'autoriser l'avocat qu'il a nouvellement choisi de se constituer à la place du précédent et écrit au président de chambre pour lui exposer sa situation. • Paris, 10 sept. 1992 : *D. 1992. IR 264.*

24. Dépôt de conclusions. A ce titre, couvrent la péremption les conclusions déposées par un avocat (même non préalablement constitué dans les formes). • Civ. 3e, 29 oct. 1979, n° 78-13.282 P : *D. 1980. IR 464, obs. Julien.* ♦ ... Sous réserve qu'elles ne tendent pas exclusivement à interrompre la péremption. • Civ. 3e, 28 févr. 1990, n° 88-11.574 P.

25. Intervention volontaire. Lorsqu'une personne intervient volontairement aux côtés d'une partie, ses conclusions interrompent la péremption de l'instance. • Civ. 2e, 3 janv. 1980, n° 78-12.456 P : *Gaz. Pal. 1980. 1. 288, note Viatte ; RTD civ. 1980. 617, obs. Perrot.*

26. Demande de rétablissement de l'affaire au rôle. La décision qui ordonne le retrait du rôle de la Cour de cassation fait courir le délai de péremption, au regard des diligences incombant alors au demandeur pour obtenir la réinscription de l'affaire. En conséquence, seul le dépôt au greffe des conclusions sollicitant la réinscription peut interrompre le délai de péremption. • Civ. 2e, 19 nov. 2009, n° 08-19.781 P : *D. 2009. AJ 2938*. ♦ La lettre d'une partie informant la cour d'appel de la disparition de la cause du sursis à statuer précédemment ordonné et sollicitant le rétablissement de l'affaire au rôle suffit à interrompre le délai de péremption. • Civ. 2e, 29 janv. 2015, n° 13-21.675 P : *RLDC mai 2015, p. 68, obs. Raschel.* ♦ V. encore • Civ. 2e, 1er sept. 2016, n° 15-20.328. ♦ *Contra* la jurisprudence antérieure : la demande de rétablissement de l'affaire après radiation ne constitue pas, à elle seule, une diligence interruptive. • Civ. 2e, 20 avr. 1983, n° 82-10.116 P : *D. 1983. IR 398, obs. Julien ; Gaz. Pal. 1983. 2. Pan. 226, obs. Guinchard ; RTD civ.*

1983. 593, obs. Perrot • Civ. 3e, 11 déc. 1991, nº 87-19.680 P. – V. aussi • Civ. 2e, 5 avr. 1993, nº 91-19.976 P : *D. 1993. IR 138.* ♦ Des demandes successives de réinscription au rôle et de radiation administrative ne sont pas de nature à faire progresser l'affaire, • Civ. 2e, 8 nov. 2001 : *RTD civ. 2002. 146, obs. Perrot ; Procédures 2002, nº 3, note Perrot.*

27. Demande de renvoi motivée. Constitue une diligence interruptive une demande de renvoi pour examiner les éléments de droit étranger applicables à l'affaire. • Civ. 2e, 18 janv. 2007, nº 06-11.610 : *Procédures 2007, nº 80, obs. Perrot ; Dr. et patr., janv. 2008, p. 102, obs. Amrani Mekki.*

28. Lettre des parties. Constitue une diligence interruptive la lettre adressée par le conseil d'une partie au greffier du tribunal pour lui demander de faire ressortir l'affaire du rôle pour qu'elle soit appelée à l'audience. • Civ. 2e, 17 nov. 1993, nº 92-12.807 P : *JCP 1994. II. 22298, note du Rusquec.* ♦ Il en va de même, pour peu qu'elle révèle la volonté de poursuivre l'instance, de la correspondance échangée entre les parties ou entre leurs représentants. • Soc. 30 mars 1978, nº 76-41.130 P • Civ. 2e, 16 juill. 1993, nº 92-10.256 P : *JCP 1994. II. 22235, note du Rusquec.* ♦ ... D'un courrier établissant sans équivoque la volonté de poursuivre l'instance en cas d'échec des pourparlers transactionnels • Civ. 2e, 16 mai 1979, nº 78-11.034 P : *D. 1979. IR 481, obs. Julien.*

29. Expertise. Constituent des diligences interruptives les lettres adressées aux experts, lorsqu'elles manifestent l'intention de ne pas abandonner la procédure en cours. • Civ. 2e, 15 oct. 1975, nº 74-11.078 P. – V. aussi pour un dire déposé par une partie en cours d'expertise et la saisine, par elle, du tribunal d'une demande de sursis à statuer dans l'attente du dépôt du rapport d'expertise. • Civ. 2e, 11 sept. 2003, nº 01-12.331 P : *D. 2003. 2797, note Tapie ; Procédures 2003, nº 236, note Perrot* • 4 mars 2004, nº 02-12.516 P : *AJDI 2004. 651, note Olivier.* ♦ ... La lettre d'un expert suscitée par les diligences d'une partie et démontrant la volonté de cette dernière de poursuivre l'instance. • Civ. 2e, 5 juin 1985, nº 84-11.809 P : *Rev. huiss. 1986. 186, obs. Perrot.* ♦ Une requête formulée par une partie, auprès du juge de la mise en état, aux fins de prorogation du délai de consignation d'une provision destinée à la mise en œuvre d'une expertise, suivie du versement de la provision, manifeste la volonté de cette partie de poursuivre la procédure. • Civ. 3e, 6 janv. 1999, *nº 97-12.300 P.* ♦ *Il en va de même du paiement des honoraires de l'expert.* • Civ. 3e, 24 sept. 2002 : *Procédures 2002, nº 226, note Perrot.*

30. Signification d'une décision. Interrompt de même la péremption la signification d'un arrêt de cassation. • Soc. 13 févr. 1985, nº 83-44.889 P : *D. 1985. IR 472, obs. Julien* • Com. 28 avr. 1987, nº 85-16.164. ♦ De même, la signification par le demandeur d'une ordonnance non exécutée du juge de la mise en état lui accordant une provision peut constituer une diligence au sens de l'art. 386. • Civ. 3e, 6 oct. 1999, nº 97-20.397 P : *D. 1999. IR 247.*

31. Procédure orale. En matière de procédure orale, les parties n'ont pas d'autres diligences à accomplir que de demander la fixation de l'affaire, ce dont il résulte que cette demande a valeur de diligence interruptive. • Civ. 2e, 30 avr. 2009 : *Procédures 2009, nº 182, note Perrot ; Rev. jur. com. 2010, p. 50, obs. Deharo.*

32. La procédure étant orale, l'envoi par télécopie de leurs conclusions à la partie adverse, par les sociétés, avait un caractère interruptif du délai de péremption. • Com. 27 nov. 2012, nº 11-19.466 P : *JCP 2013. 519, obs. Jeuland.*

33. Exécution. Lorsque l'appel fait l'objet d'une radiation du rôle faute pour l'appelant de justifier avoir exécuté la décision frappée d'appel, tout acte d'exécution significative de cette décision manifeste la volonté non équivoque de l'exécuter et constitue, par conséquent, une diligence interrompant le délai de péremption de l'instance d'appel. L'appréciation du caractère significatif de l'exécution de la décision est faite en considération de ce qui a été décidé par le premier juge dans le dispositif de sa décision... • Civ. 2e, 19 nov. 2020, nº 19-25.100 P : *D. actu. 7 janv. 2021, note Sansone ; D. 2021. 543, obs. Fricero.* ♦ ... Tel est le cas lorsque l'appelant a réglé la seule condamnation pécuniaire mise à sa charge, au titre de l'art. 700 C. pr. civ., qui ne laissait inexécutée que sa condamnation aux dépens. • Civ. 2e, 14 janv. 2021, nº 19-20.721 P : *D. actu. 3 mars 2021, note Kebir ; D. 2021. 543, obs. Fricero ; Rev. prat. rec. 2021. 5, chron. Jullien, Laher et Salati.*

b. Actes relevant d'une autre instance

34. Lien de dépendance direct et nécessaire entre les instances. La péremption est interrompue par les actes intervenus dans une instance différente lorsqu'il existe entre les deux procédures un lien de dépendance direct et nécessaire. • Civ. 2e, 11 juill. 2013, nº 12-15.994 P : *D. 2014. Chron. C. cass. 578, obs. de Leiris ; D. 2013. Actu. 1840 ; JCP 2013. 1225, nº 8, obs. Amrani Mekki.* ♦ Les déclarations orales des parties, exprimant un désistement d'instance et l'acceptation de celui-ci, effectuées au cours d'une instance constituent des actes tendant à faire avancer le litige vers sa conclusion et à parvenir à l'achèvement de l'instance. Elles constituent dès lors des diligences interruptives du délai de péremption d'une seconde instance avec laquelle il existe un lien de dépendance directe et nécessaire. • Civ. 2e, 13 mai 2015, nº 14-18.090 P : *D. actu. 11 juin 2015, obs. M. Ke-*

bir. ♦ Mais, ce n'est pas le cas d'une procédure engagée en référé pour obtenir la suspension de l'exécution du jugement, sans effet sur le fond de l'affaire. • Civ. 2e, 4 juin 1993, n° 91-21.326 P : *D. 1993. IR 184.* – V. déjà • Civ. 13 juin 1887 : *DP. 1889. 1. 69.*

3° ACTES ET DÉMARCHES NON INTERRUPTIFS

a. Acte en rapport avec la procédure

35. Changement de représentant. Un changement d'avoué (auj. avocat) n'est pas de nature à faire progresser une affaire. • Civ. 2e, 18 janv. 2007, n° 05-21.034 P : *D. 2007. AJ 451*.

36. Demande de jonction. Ne constituent pas des diligences interruptives du délai de péremption les demandes de jonction d'instances. • Civ. 3e, 11 déc. 1991, n° 87-19.380 P.

37. Demande de renvoi. La demande de renvoi, serait-elle sollicitée par les deux parties à l'instance, ne constitue pas, par elle-même, une diligence au sens de l'art. 386. • Civ. 2e, 23 janv. 1991, n° 89-19.582 P. • 20 mars 1991, n° 90-10.040 P. ♦ L'accord des parties et du conseiller de la mise en état sur les renvois de l'affaire ne saurait constituer une décision de sursis à statuer de nature à interrompre le délai de péremption de l'instance. • Civ. 2e, 17 juin 1998, n° 96-14.800 P : *D. 1998. IR 196*. ♦ Les demandes de renvoi fondées sur la recherche d'un règlement transactionnel ne constituent pas des diligences interruptives au sens de l'art. 386 C. pr. civ. • Civ. 3e, 4 févr. 2014 : *D. 2015. Pan. 292, obs. Fricero ; Procédures 2014, n° 102, note Perrot.*

38. Une demande de renvoi et, à défaut, de retrait du rôle uniquement motivée par l'indisponibilité du conseil de la partie n'est pas de nature à faire progresser l'affaire et ne constitue donc pas une diligence procédurale. Cet acte n'interrompt donc pas le délai de prescription. Il en est de même de l'arrêt constatant ce retrait du rôle. • Montpellier, 11 mars 2009, n° 08/08122 : *BICC 15 déc. 2009, n° 1720.*

39. Demande de fixation de l'affaire. Les demandes de fixation de l'affaire ne dispensent pas les parties d'accomplir les diligences propres à éviter la péremption de l'instance. • Civ. 2e, 12 juin 2003, n° 01-14.488 P : *Gaz. Pal. 9-10 juill. 2004, p. 14, obs. du Rusquec.* ♦ Mais une cour d'appel retient à juste titre que la mention « à fixer », portée par le greffe dans le dossier électronique de l'affaire, atteste seulement du dépôt des écritures des parties dans les délais d'échanges initiaux prévus par les art. 908 et 909 C. pr. civ., et ayant constaté que le conseiller de la mise en état n'avait pas fixé l'affaire et que les parties n'avaient pas pris d'initiative pour faire avancer l'instance ou obtenir une fixation, en déduit exactement, sans méconnaître les exigences de l'art. 6, § 1er, Conv. EDH, que l'instance est périmée. • Civ. 2e, 16 déc. 2016, n° 15-27.917 P : *D. actu. 5 janv. 2017, obs. Laffly ; D. 2017. 141, note Bléry ; ibid. 2017. Pan. 425, obs. Fricero ; ibid. 2018. Pan. 700, obs. Fricero ; ibid. 2017. Chron. C. cass. 606, obs.de Leiris ; JCP 2016. 5, obs. Deharo ; JCP 2017. 106, note Cholet.* ♦ Encourt la péremption de l'instance l'appelant qui, même après avoir demandé la clôture de l'affaire et la fixation pour plaider, n'accomplit plus aucune diligence dans un délai de 2 ans sans qu'une ordonnance de clôture soit rendue. • Civ. 2e, 1er févr. 2018, n° 16-17.618 P : *D. actu. 23 févr. 2018, obs. Laffly ; AJ fam. 2018. 262, note Jean ; Gaz. Pal. 15 mai 2018, p. 71, obs. Raschel.* ♦ V. pour les procédures orales, *supra* diligence interruptives.

40. « Acte de réassignation ». « L'acte de réassignation » d'une personne à l'encontre de laquelle aucune demande n'était formée et qui n'était pas partie à l'instance d'appel, ne constitue pas une diligence de nature à faire progresser l'affaire et partant à interrompre le délai de péremption. • Civ. 2e, 12 juin 2003, n° 01-10.813 P.

41. Pourparlers transactionnels. Ne constituent pas des diligences procédurales des pourparlers transactionnels qui n'ont pas abouti. • 15 juin 1994, n° 92-15.35 : *D. 1994. IR 186*.

42. Dépôt de conclusions non assorti d'une demande de rétablissement de l'affaire radiée. Le dépôt au greffe de la cour d'appel de conclusions au fond, non assorti d'une demande de rétablissement de l'affaire alors radiée, ne constitue pas une diligence de nature à interrompre le délai de péremption. • Civ. 2e, 1er sept. 2016, n° 15-14.551 P (partie ne justifiant pas de l'exécution du jugement de sorte qu'en toute hypothèse la condition nécessaire à la réinscription de l'affaire au rôle n'était pas remplie) : *D. 2017. Pan. 426, obs. Fricero ; D. 2016. Actu. 1758 ; Gaz. Pal. 2016. 71, note Herman.*

43. Demandes informelles. Ne constituent pas des diligences procédurales des demandes de renseignements adressées au greffe sur la date de l'audience. • Civ. 2e, 15 avr. 1991, n° 90-11.412 P. ♦ ... De simples notes de rappel échangées par les conseils des parties. • Douai, 2 juin 1983 : *Gaz. Pal. 1984. 1. Somm. 48.* ♦ ... Une lettre par laquelle une partie précise qu'elle ne peut déférer à l'injonction du juge qu'après avoir eu connaissance des conclusions des autres parties. • Civ. 2e, 15 déc. 2005. ♦ La lettre adressée au juge pour lui demander d'enjoindre aux autres parties de se prononcer sur un protocole d'accord ne peut constituer une diligence procédurale manifestant la volonté de poursuivre l'instance ou de nature à faire progresser l'affaire. • Civ. 2e, 2 juill. 2009 : *Procédures 2009, n° 305, note Perrot.*

44. Sommations de communiquer dilatoires. Des sommations de communiquer ne constituent pas des diligences interruptives, dès lors qu'elles sont jugées dilatoires. • Bordeaux, 2 déc. 1993 : *Gaz. Pal. 1995. 1. 208, note Renard.*

45. Paiement des frais d'expertise. Ne constituent pas des diligences interruptives du délai de péremption le paiement du solde des frais d'expertise en exécution d'ordonnances de taxe et pour une expertise déjà exécutée. • Civ. 2e, 15 déc. 2005, n° 04-11.362 P. ♦ Une lettre, adressée par l'avocat d'une partie, se trouvant en dehors de la procédure judiciaire et le paiement des frais d'expertise, en exécution d'une ordonnance de taxe pour une expertise déjà accomplie, ne constituent pas des diligences interruptives de la péremption au sens de l'art. 386. • Civ. 2e, 15 nov. 2007, n° 06-13.246 P. ♦ V. *supra* diligences interruptives.

46. Procédure orale – comparution à une audience. En matière de procédure orale, la seule comparution à une audience au cours de laquelle l'examen de l'affaire est renvoyé ne constitue pas, par elle-même, une diligence de nature à interrompre le délai de péremption de l'instance. • Civ. 2e, 25 sept. 2014, n° 13-19.583 P : *D. actu. 14 oct. 2014, obs. Kebir ; Procédures 2014, n° 315, obs. Croze ; D. 2015. Pan. 297, obs. Fricero ; ibid. 2015. Chron. C. cass. 518, obs. Vasseur, de Leiris et Adida-Canac ; ibid. 2014. Actu. 1945 ; Gaz. Pal. 2014. 3905, note Raschel.*

47. S'il résulte des art. 377 et 386 C. pr. civ. que, dans une procédure orale, les parties n'ayant pas d'autre diligence à accomplir après une ordonnance de radiation que de demander la fixation de l'affaire pour interrompre le délai de péremption, le seul paiement des frais de greffe du tribunal de commerce, qui ne témoigne pas d'une volonté de donner une impulsion à l'instance, est sans effet sur le déroulement de celle-ci. • Civ. 2e, 2 juin 2016, n° 15-17.354 P : *D. 2017. Pan. 426, obs. Fricero ; Gaz. Pal. 2016. 73, note Raschel.*

48. Exécution d'un jugement avant-dire droit. L'exécution d'un jugement avant-dire droit fixant provisionnellement le montant du loyer est sans incidence sur la péremption d'instance. • Civ. 2e, 4 juin 1993, n° 91-20.428 P : *Rev. huiss. 1993. 1057.*

49. Déclaration de ne pas conclure. Après avoir justement retenu que la demande de fixation avait eu pour effet de faire courir un nouveau délai de péremption, la cour d'appel, qui a constaté que, dans le délai de deux ans, aucune *conclusion, aucune diligence* de nature à faire progresser l'affaire ni aucune nouvelle demande de fixation n'étaient intervenues, en a exactement déduit, peu important l'intention déclarée de l'appelante de ne plus conclure, que la péremption de l'instance était acquise • Civ. 2e, 11 févr. 2018, n° 16-17.618 P.

b. Acte sans rapport avec la procédure

50. Acte ne faisant pas partie de l'instance. Parce qu'ils ne font pas partie de l'instance et ne tendent pas à la continuer, sont dépourvus d'effet interruptif le paiement d'acomptes de loyers, dans une instance tendant à la fixation de leur montant. • Civ. 3e, 2 mars 1982 : *Gaz. Pal. 1982. 2. Pan. 279.* ♦ ... Le versement et la perception de la pension prévue par l'ordonnance de non-conciliation, dans une instance en divorce. • Civ. 2e, 17 mars 1982, n° 79-12.686 P : *Gaz. Pal. 1982. 2. 405, note Viatte.* ♦ ... Le renouvellement quinquennal de la saisie-arrêt des sommes dues par l'État, qui ne constitue pas un acte de poursuite de l'instance en validité. • Civ. 2e, 2 avr. 1990, n° 89-10.119 P. ♦ ... La contestation sur le paiement d'une provision complémentaire demandée par un expert. • Civ. 2e, 26 oct. 1994, n° 93-11.622 P.

51. Acte relevant d'une autre instance. Ne constitue pas un acte interruptif l'intervention d'une des parties dans un litige opposant l'autre partie à un tiers, lorsqu'il n'existe entre ces instances aucun lien direct et nécessaire. • Civ. 2e, 16 nov. 1978, n° 76-14.663 P.

52. Ne constitue pas un acte interruptif la consignation, invoquée par une partie, mais émanant d'une autre société, dans une autre instance, devant une juridiction différente, et relative à la seule évaluation du préjudice de cette autre société, alors que la partie à l'instance se prévaut d'un préjudice personnel distinct. • Civ. 2e, 7 nov. 1994, n° 92-20.148 P.

53. Les demandes d'homologation des transactions présentées au tribunal de commerce, ainsi que les recours subséquents qu'elles ont suscités étant indépendants de l'instance principale en responsabilité, l'absence de lien direct et nécessaire entre ces deux instances empêche toute interruption de la péremption, V. • Civ. 2e, 27 mai 2004, n° 02-15.107 P.

54. Lorsque l'instance principale et l'instance en garantie sont distinctes, les diligences faites dans l'une n'interrompent pas nécessairement la péremption de l'autre. • Civ. 2e, 13 janv. 1988, n° 86-15.922 P : *D. 1988. IR 128, obs. Julien* • 16 mai 1990, n° 89-11.160 P • 28 mai 1990, n° 89-11.134 P. ♦ Rappr. • Civ. 2e, 6 oct. 1993, n° 91-22.109 P.

55. Les diligences accomplies par le syndicat des copropriétaires dans une procédure à laquelle les copropriétaires n'étaient pas parties n'a pas pu avoir pour effet d'interrompre le délai de péremption qui leur est opposé. • Civ. 2e, 8 juill. 2004.

56. Une procédure engagée en référé pour obtenir la suspension de l'exécution provisoire d'un jugement est distincte et sans effet sur le fond de l'affaire et sur l'issue de l'instance d'appel. • Civ. 2e, 4 juin 1993, n° 91-20.428 P :

D. 1993. IR 184. ♦ L'instance en référé prenant fin avec la désignation de l'expert et l'instance au fond n'étant pas la continuation de l'instance en référé, les diligences accomplies à l'occasion des opérations d'expertise, dès lors qu'elles ne font pas partie de l'instance au fond, ne sont pas susceptibles d'interrompre le délai de péremption. • Civ. 2e, 11 avr. 2019, n° 18-14.223 P : *D. actu. 7 mai 2019, note Bolze ; D. 2019. 823 ; ibid. 2020. 576, obs. Fricero ; JCP 2019. 698, note Cagnoli ; ibid. 1386, obs. Jeuland ; Procédures 2019, n° 182, note Strickler ; Gaz. Pal. 22 juill. 2019, p. 45, obs. Kebir.*

D. DÉLAI DE PÉREMPTION

1° POINT DE DÉPART

57. *Remise de l'assignation au greffe.* Le délai de péremption ne court qu'à compter de la remise de l'assignation au greffe. • Civ. 2e, 29 févr. 1984, n° 82-12.259 P : *RTD civ. 1984. 559, obs. Perrot.*

58. *Instance au fond suivant un référé-expertise.* L'instance au fond qui suit un référé-expertise n'en est pas la continuation et, par conséquent, le délai de péremption a pour point de départ le jour où l'instance au fond a été introduite. • Civ. 3e, 8 oct. 1997 : *Procédures 1997, n° 178, note Perrot.*

59. *Appel.* Une fois le jugement rendu, la péremption ne joue qu'autant que le litige a été porté devant la cour d'appel. Par suite, dès lors que le jugement n'a pas été notifié, le délai d'appel n'a pas couru, non plus que le délai de péremption de l'instance d'appel. • Civ. 2e, 12 mars 1986, n° 84-16.642 P : *Rev. huiss. 1986. 638, obs. Perrot* • Soc. 7 juill. 1988, n° 86-42.162 P : *D. 1989. Somm. 181, obs. Julien* • Civ. 3e, 17 nov. 1993, n° 92-70.050 : *D. 1995. Somm. 159, obs. Catalano* . ♦ Mais V. art. 528-1.

60. L'acte de réassignation d'un intimé constitue le point de départ du délai de péremption. • Civ. 2e, 3 janv. 1980, n° 78-12.486 P : *Gaz. Pal. 1980. 1. 288, note Viatte ; RTD civ. 1980. 617, obs. Perrot.*

61. *Renvoi après cassation.* L'instance d'appel se poursuivant devant la juridiction de renvoi, le délai de péremption court à compter de l'arrêt de cassation. • Civ. 2e, 8 mai 1978 ; *D. 1979. IR 481, obs. Julien* • 1er déc. 1982, n° 81-13.866 P : *D. 1983. IR 141, obs. Julien* • Civ. 3e, 6 mars 1991, n° 89-13.867 P : *Gaz. Pal. 1992. 1. Pan. 1, obs. Croze et Morel.* ♦ Si l'arrêt a été rendu non contradictoirement, le délai ne court, à l'encontre de la partie défaillante, qu'à compter de la notification de cette décision. • Reims, 11 mai 1976 : *JCP 1976. IV. 6558.* – En ce sens déjà, V. • Req. 9 mai 1906 : *DP 1907. 1. 152.*

2° SUSPENSION OU INTERRUPTION

62. *Suspension de l'instance. Renvoi.* V. art. 392 et les notes.

63. *Interruption de l'instance. Renvoi.* V. art. 392 et les notes.

64. *Demande d'aide judiciaire.* La demande d'aide juridictionnelle interrompt le délai de péremption. • 19 nov. 2009, n° 08-16.698 P : *D. actu. 4 déc. 2009, obs. Dargent ; D. 2009. AJ 2871 ; ibid. 2010. Chron. C. cass. 536, obs. Sommer et Leroy-Gissinger ; ibid. 685, note Lefort ; JCP 2010. 546, n° 16, obs. Amrani Mekki ; Procédures 2010, n° 1, note Perrot ; Gaz. Pal. 14-18 mai 2010, p. 16, note Amrani Mekki.* ♦ *Contra* auparavant : ne constituent pas des diligences interruptives du délai de péremption les demandes d'aide judiciaire. • Civ. 2e, 26 nov. 1980 : *Gaz. Pal. 1981. 1. 199, note Viatte ; RTD civ. 1981. 692, obs. (crit.) Perrot* • 8 févr. 1989, n° 87-14.267 : *JCP 1990. II. 21473, obs. Cadiet* • 14 juin 1989 : *D. 1989. 546, note N. S.* ♦ ... Une demande d'aide juridictionnelle. • Civ. 2e, 19 mai 1998, n° 96-17.349 P : *D. 1998. IR 150* .

65. Lorsque, dans une procédure prud'homale soumise à la règle de l'unicité de l'instance, une partie demande, dans le délai de deux ans prévu par l'art. 386, l'aide juridictionnelle pour accomplir la diligence mise à sa charge par la juridiction, le délai de péremption ne court plus tant qu'il n'a pas été définitivement statué sur cette demande. • Soc. 28 janv. 2009, n° 07-42.287 P : *R. 374 ; D. 2009. 1576, note Lefort ; JCP 2009. Actu. 82, obs. Dauxerre ; ibid. 2009. I. 142, n° 1, note Jeuland ; Procédures 2009, n° 108, note Perrot.*

66. *Direction de la procédure échappant aux parties.* Justifie légalement sa décision le premier président d'une cour d'appel qui, statuant sur un recours en matière de taxe, écarte l'incident de péremption soulevé par une partie en relevant que la direction de la procédure échappe aux parties qui ne peuvent l'accélérer, la convocation de l'adversaire étant le seul fait du greffe. • Civ. 2e, 16 oct. 2003, n° 00-19.339 P : *D. 2003. 2730 ; RTD civ. 2004. 347, obs. Perrot* • 12 juill. 2007, n° 05-14.655 P : *D. 2007. 2243, obs. Pokora ; ibid. Chron. C. cass. 2008. 648, obs. Sommer et Nicoletis ; ibid. 944, obs. Blanchard* • 15 nov. 2012, n° 11-25.499 P : *D. actu. 6 déc. 2012, obs. Kebir ; Gaz. Pal. 2013. 917, note Herman ; Procédures 2013, n° 7, note Perrot* (contestation d'honoraires). ♦ Lorsque, en matière d'expropriation, les parties ont déposé leurs écritures dans les délais impartis par l'art. R. 13-49 C. expr., du fait qu'après l'expiration de ces délais, la direction de la procédure échappe aux parties, qui n'ont plus à accomplir de diligence de nature à faire progresser l'instance, la péremption n'est pas encourue.

• Civ. 3e, 26 janv. 2011, n° 09-71.734 : *Procédures 2011, n° 168, obs. Perrot ; JCP 2011. 802, obs. Huyghe.*

67. En matière d'appel exercé contre une décision fixant les indemnités d'expropriation, les parties n'ont plus à accomplir de diligences de nature à faire progresser l'instance après avoir déposé leurs mémoires dans les délais prescrits de sorte que la péremption d'instance ne peut être constatée. • Civ. 3e, 19 janv. 2017, n° 15-27.382 P : *D. 2017. Actu. 353*.

68. Indication d'une date d'audience. A compter de la fixation de la date des débats, les parties n'ont plus à accomplir de diligences de nature à faire progresser l'instance de sorte que le délai de péremption se trouve suspendu (visa des art. 2 et 386 C. pr. civ.). • Civ. 2e, 16 déc. 2016, n° 15-26.083 P : *D. actu. 10 janv. 2017, obs. Mélin ; D. 2017. 141, note Bléry ; ibid. 2017. Pan. 425, obs. Fricero ; ibid. 2018. Pan. 701, obs. Fricero ; JCP 2016. 5, obs. Deharo ; JCP 2017. 106, note Cholet* • 28 juin 2006, n° 04-17.992 P. ♦ Le cours de la péremption est suspendu, en l'absence de possibilité pour les parties d'accomplir des diligences de nature à faire progresser l'instance, à compter de la date de la fixation de l'affaire pour être plaidée pour un temps qui s'achève lorsque le retrait du rôle demandé par les parties est ordonné par le juge, date à partir de laquelle un nouveau délai de deux ans commence à courir. • Civ. 2e, 15 mai 2014, n° 13-17.294 P. ♦ Dès lors que le juge de la mise en état a fixé la date à laquelle l'affaire devait être plaidée, les parties n'ont plus à accomplir de diligences de nature à faire progresser l'affaire. • Civ. 2e, 12 févr. 2004, n° 01-17.565 P : *RTD civ. 2004. 347, obs. Perrot ; Procédures 2004, n° 50, note Perrot ; Gaz. Pal. 17-18 mars 2004, p. 10, note Baufumé.* ♦ V. encore, • Civ. 2e, 23 sept. 2010 : *Procédures 2010, n° 372, note Perrot.* ♦ Le cours du délai de péremption de l'instance est suspendu, en l'absence de possibilité pour les parties d'accomplir des diligences de nature à accélérer le déroulement de l'instance, à compter de la date de la fixation de l'affaire pour être plaidée. Lorsque l'affaire fait ultérieurement l'objet d'une radiation, un nouveau délai de deux ans commence à courir (visa des art. 2 et 386 C. pr. civ.). • Civ. 2e, 30 janv. 2020, n° 18-25.012 P : *D. actu. 10 mars 2020, note Kebir ; D. 2020. 289*. ♦ *Contra* auparavant, l'indication donnée aux parties, avant la clôture de l'instruction, d'une date d'audience, ne les dispense pas d'accomplir les diligences propres à manifester leur volonté de voir aboutir l'instance. • Civ. 2e, 9 nov. 2000, n° 97-10.492 P : *D. 2000. IR 305 ; RTD civ. 2001. 203, obs. Perrot ; Dr. et pr. 2000. 114, note Desdevises.* ♦ V. déjà • Civ. 2e, 27 mars 1996, n° 94-12.003 P : *D. 1996. Somm. 358, obs. Julien* • 15 mars 1989, n° 87-20.274 P : *JCP 1990. II. 21474, note Cadiet.* ♦ Si, dans la procédure ordinaire suivie devant la cour d'appel, le cours du délai de péremption de l'instance est suspendu, en l'absence de possibilité pour les parties d'accomplir des diligences de nature à accélérer le déroulement de l'instance, à compter de la date de la fixation de l'affaire pour être plaidée, tel n'est pas le cas lorsque, en application de l'art. 905, l'affaire est fixée à bref délai, les parties étant invitées à la mettre en état pour qu'elle soit jugée. • Civ. 2e, 2 déc. 2021, n° 20-18.122 P : *D. actu. 5 janv. 2022, note Hoffschir ; D. 2021. 2239 ; ibid. 2022. Pan. 631, obs. Fricero*.

69. Clôture des débats. Si, aux termes de l'art. 2, les parties conduisent l'instance sous les charges qui leur incombent, elles ne sont plus tenues à aucune diligence à compter de la clôture des débats, et dès lors la péremption ne peut plus leur être opposée. • Civ. 2e, 17 mars 1986, n° 84-14.726 P : *Gaz. Pal. 1986. 2. 425, note du Rusquec ; D. 1986. IR 347, obs. Julien ; RTD civ. 1986. 639, obs. Perrot* • 23 janv. 1991, n° 89-16.499 P : *D. 1991. Somm. 245, obs. Fricero*.

70. Attente de la vérification des créances. Dans le même sens, en matière de procédure collective, dès lors que les créanciers du débiteur n'ont aucune diligence à accomplir une fois effectuées leurs déclarations de créances, les opérations de la vérification des créances incombant au représentant des créanciers ou au liquidateur, V. • Com. 9 nov. 2004, n° 01-16.726 P : *D. 2005. AJ 301*. ♦ V. également • Com. 10 janv. 2006, n° 03-14.923 : *D. 2006. AJ 443, obs. A. Lienhard* • Com. 7 juill. 2009, n° 07-14.455 : *D. 2009. Actu. 2035 ; Procédures 2009, n° 324, note Perrot ; Gaz. Pal. 2009. 29, note Le Corre-Broly ; RPC 2009. Études 22, § 1, obs. Petit.* – V. déjà, sous l'empire de la loi et du décret de 1967 • Com. 3 oct. 1989, n° 88-12.797 P : *JCP 1990. II. 21474, obs. Cadiet.*

71. Révocation de l'ordonnance de clôture. Le délai de péremption, suspendu par l'ordonnance de clôture, reprend son cours, à compter de la révocation de la clôture. • Civ. 2e, 28 juin 2006, n° 04-17.992 P : *D. 2007. Pan. 1384, obs. Julien ; Gaz. Pal. 1er-2 févr. 2008, p. 27, note du Rusquec.*

72. Pluralité d'instances. Même s'il existe un lien de dépendance direct et nécessaire entre deux instances, les obstacles légaux à la péremption dans l'une ne s'appliquent qu'à celle-ci. • Civ. 2e, 25 mars 2010, n° 0-11.749 P : *D. 2010. Actu. 968*.

73. Existence d'une procédure pénale en cours. La seule existence d'une procédure pénale en cours n'a pas pour effet d'entraîner la suspension du délai de péremption. • Soc. 27 mars 2007, n° 05-43.459 P. ♦ De même, la décision du magistrat de la mise en état de procéder à des renvois successifs en attendant l'issue d'une procédure pénale en cours ne saurait suspendre le délai de péremption dès lors qu'aucune décision de sursis n'est intervenue. • Civ. 2e, 21 janv. 1987, n° 85-12.689 P

• 6 mai 1987, n° 85-13.454 : *Gaz. Pal. 1987. 1. Somm. 139* • 7 oct. 1987 : *Gaz. Pal. 1988. 1. Somm. 149, obs. Croze et Morel.* ♦ Rappr. : • Civ. 2e, 17 juin 1998, n° 96-14.800 P : *D. 1998. IR 196*. ♦ Le fait qu'une décision pénale doive être attendue pour justifier le bien-fondé de l'action ne saurait suspendre l'instance, la décision de sursis à statuer entraînant seule cette suspension. • Civ. 2e, 16 mai 1990, n° 89-11.160 P : *Gaz. Pal. 1990. 2. Pan. 156.* ♦ L'existence d'une instance pénale en cours ne fait pas obstacle à l'accomplissement de diligences dans une instance civile. • Civ. 2e, 29 mai 1991, n° 90-10.738 P.

74. Jugé cependant (en matière prud'homale) que le renvoi sine die d'une affaire en raison d'une instance pénale en cours, qui a fait l'objet d'une mention au registre d'audience, ne peut s'analyser qu'en un sursis à statuer et suspend le délai de péremption. • Soc. 19 juin 1990, n° 85-46.344 P. ♦ V. également pour une radiation dans l'attente d'une décision pénale de sorte que les parties n'avaient aucune diligence à accomplir. • Civ. 2e, 6 avr. 2006 : *Procédures 2006, n° 129, obs. Perrot.* ♦ Rappr. • Soc. 3 févr. 1986, n° 83-43.487 P : *RTD civ. 1986. 639, obs. Perrot* (suspension conventionnelle).

75. En cas de prononcé d'un sursis à statuer entrainant suspension de l'instance, V. notes ss. art. 392.

76. Mesure d'instruction. Le délai de péremption n'est pas suspendu durant l'exécution d'une mesure d'instruction. • Civ. 2e, 5 juin 1985 : *RTD civ. 1986. 186, obs. Perrot* • 5 mars 1991, n° 90-10.040 P • 5 avr. 1993, n° 91-19.976 P.

77. Si la décision qui ordonne une mesure d'instruction ne dessaisit pas le juge, il n'en résulte pas que cette décision exonère les parties de l'obligation de conduire l'instance sous les charges qui leur incombent. • Civ. 2e, 6 févr. 1991, n° 89-12.326 P • 4 juin 1993, n° 91-20.428 P : *D. 1993. IR 184.* ♦ Les pouvoirs conférés au juge après l'exécution d'une mesure d'instruction ne privent pas les parties de la possibilité d'accomplir des diligences. • Civ. 2e, 15 avr. 1991, n° 90-11.412 P. ♦ V. aussi s'agissant des pouvoirs conférés au magistrat de la mise en état, • Civ. 2e, 3 mai 1990, n° 88-19.837 P.

78. Décision de renvoi. N'interrompt pas la péremption la décision de remise de cause ou de renvoi à moins que le renvoi ne résulte des diligences d'une partie. • Civ. 3e, 6 nov. 1986, n° 84-10.103 P.

79. Renvoi devant une autre juridiction. Les dispositions de l'art. 97 (renvoi devant une autre juridiction) ne dispensent pas les parties d'accomplir, s'il y a lieu, les diligences propres à éviter la péremption de l'instance. • Civ. 2e, 6 juill. 2000, n° 98-17.893 P : *D. 2000. IR 238* ; *JCP 2001. II. 10565, note Puigelier ; Procédures 2000, n° 233, note Perrot ; Gaz. Pal. 4-5 janv. 2002, p. 9, obs. du Rusquec.* ♦ Dans le même sens, en cas de renvoi à la suite d'un déclinatoire, V. • Civ. 1re, 3 juill. 2001 : *RTD civ. 2001. 953, obs. Perrot* ; *Procédures 2001, n° 210, note Perrot.*

80. Mais jugeant qu'aucune diligence n'incombe aux parties avant la réception de la lettre recommandée du greffe prévue par l'art. 97. • Civ. 2e, 15 janv. 2009, n° 07-22.074 P : *D. 2009. AJ 304, note Dargent* ; *RTD civ. 2009. 365, obs. Perrot* ; *RLDC sept. 2009, n° 3555, obs. Beignier et Miniato.*

81. Décision de jonction. N'interrompt pas la péremption une décision de jonction. • Civ. 2e, 6 oct. 2005, n° 03-17.680 P.

82. Renvoi. V. également *supra* diligences interrompant la péremption.

3° APPRÉCIATION DU DÉLAI

83. Jour où la péremption est invoquée. L'existence de la péremption d'instance doit s'apprécier à la date où elle est invoquée et non à celle où le juge statue. • Civ. 2e, 20 juin 1979, n° 78-10.218 P.

84. En conséquence, la péremption ne peut être demandée avant l'expiration des délais nécessaires à son acquisition. • Civ. 2e, 23 oct. 1974, n° 73-12.960 P : *D. 1975. Somm. 4 ; RTD civ. 1975. 151, obs. Perrot.*

85. Délai prorogé. L'art. 642 est applicable au délai de péremption, dans la mesure où si le délai de deux ans expire normalement un samedi, il est prorogé jusqu'au premier jour ouvrable suivant. • Civ. 2e, 1er oct. 2020, n° 19-17.797 P : *D. actu. 4 nov. 2020, note Kebir ; D. 2020. 1959* ; *ibid. 2021. 543, obs. Fricero* ; *Rev. prat. rec. 2020. 9, chron. Cholet, Draillard, Laher et Salati.*

Art. 387 La péremption peut être demandée par l'une quelconque des parties.

Elle peut être opposée par voie d'exception à la partie qui accomplit un acte après l'expiration du délai de péremption.

a. Péremption demandée par voie d'action

1. Même devant la juridiction devant laquelle la représentation n'est pas obligatoire, aucun texte n'impose de soulever la péremption par voie d'assignation. • Civ. 2e, 15 avr. 1991, n° 90-11.412 P.

2. Ses propres diligences peuvent être opposées à celui qui soulève le moyen pris de la péremption. • Rennes, 1er juin 1983 : *Gaz. Pal. 1985. 2. 463, note du Rusquec.*

3. Indivisibilité des effets quant aux parties. Si, en règle générale, les actes de procédure n'ont qu'un effet relatif quant aux personnes qui les exercent ou à celles à qui ils peuvent être opposés, il en est différemment en matière de péremption d'instance, laquelle est, de sa nature, indivisible. Recevabilité de l'exception de péremption soulevée par certaines parties, alors que d'autres avaient déjà conclu au fond. • Civ. 2e, 11 juin 1997, n° 95-10.994 P.

4. Étant indivisible, la péremption éteint l'instance, lorsqu'elle est demandée par une des parties, au profit de toutes les autres. • Civ. 2e, 1er sept. 2016, n° 15-18.909 P : *Dr. et pr. 2016. 193, note Salati ; ibid. 195, note Vinckel ; D. 2016. Actu. 1758 ; Gaz. Pal. 2016. 71, note Herman.*

5. La péremption est, de sa nature, indivisible. • Civ. 2e, 11 juin 1997, n° 95-10.994 P : *RTD civ. 1997. 994, obs. Perrot ; Gaz. Pal. 1998. 2. 791, note du Rusquec* • 3 janv. 1980, n° 78–12.456 P : *RTD civ. 1980. 617, obs. Perrot.* ♦ V. également : • Civ. 2e, 15 nov. 1963 : *D. 1964. 40* • 18 févr. 1966 : *D. 1966. Somm. 72.*

6. Les cas exceptés de l'art. 324 ne concernent pas la péremption d'instance. • Dijon, 9 mai 1989 : *Gaz. Pal. 1991. 1. 191, note Renard.*

7. Notion de partie. Le Fonds de garantie des victimes des actes de terrorisme et d'autres infractions est une partie au sens de l'art. 386. • Civ. 2e, 13 mai 2004, n° 02-19.413 P.

b. Péremption demandée par voie d'exception

8. Sur l'opposabilité de la péremption par voie d'exception à la partie qui accomplit un acte après l'expiration du délai de péremption, V. • Civ. 2e, 17 mars 1982, n° 79-12.686 P : *Gaz. Pal. 1982. 2. 405, note Viatte ; RTD civ. 1983. 195, obs. Perrot* • 5 juin 1996, n° 94-14.027.

Art. 388 La péremption doit, à peine d'irrecevabilité, être demandée ou opposée avant tout autre moyen ; elle est de droit.

(Décr. n° 2017-892 du 6 mai 2017, art. 3) **« Le juge peut la constater d'office après avoir invité les parties à présenter leurs observations. »**

BIBL. ▶ **Décr. du 6 mai 2017 :** Bléry, *D. actu. 15 mai 2017.* – Jean, *AJ fam. 2018. 262* (la péremption en cause d'appel).

a. Péremption demandée in limine litis

1. Avant tout autre moyen. La péremption doit être demandée ou opposée avant tout autre moyen. • Civ. 2e, 15 févr. 1995, n° 93-13.960 P • 13 juill. 1999, n° 96-12.113 : *Procédures 1999, n° 225, note Perrot.* ♦ ... Même d'incompétence. • Civ. 2e, 13 mai 1991, n° 90-12.133 P. ♦ Elle ne peut être opposée pour la première fois en cause d'appel. • Civ. 2e, 31 janv. 1996, n° 93-11.246 P. ♦ Le fait d'invoquer la péremption à titre subsidiaire implique qu'elle n'est demandée qu'en second lieu et que le moyen est irrecevable. • Civ. 2e, 16 juill. 1993, n° 92-11.580 P : *JCP 1994. II. 22293, note du Rusquec.* ♦ Par contre, une partie invoquant la péremption et, subsidiairement, la confirmation de la décision de première instance, la demande a été présentée avant tout autre moyen, aucun texte n'interdisant de conclure subsidiairement au fond dans les mêmes écritures. • Civ. 2e, 11 janv. 1995, n° 92-13.102 P.

2. La péremption d'instance doit, à peine d'irrecevabilité, être demandée ou opposée avant tout autre moyen, qu'il soit développé devant le tribunal ou le juge de la mise en état. • Civ. 2e, 15 oct. 2015, n° 14-19.811 P : *Gaz. Pal. 2015. 28, note Raschel.*

3. L'exception de péremption est recevable dès lors, qu'avant de la soulever, le défendeur s'est borné à renoncer à certains moyens, sans invoquer aucun moyen nouveau ou ancien. • Civ. 2e, 12 janv. 1994, n° 92-11.293 P. ♦ La défenderesse qui se borne à s'opposer à une demande de rétablissement de l'affaire au rôle n'invoque aucun moyen au sens de l'art. 388 C. pr. civ., de sorte que l'incident de péremption qu'elle soulève, après cette demande, est recevable. • Civ. 2e, 27 sept. 2018, n° 17-18.881 P : *D. actu. 18 oct. 2018, obs. Kebir ; D. 2018. 1919 ; ibid. Pan. 2019 . 555, obs. N. Fricero ; Gaz. Pal. 27 nov.2018, p. 61, note Bléry.*

4. Il ne saurait être soutenu que le moyen de prescription, soulevé en premier lieu, contenait implicitement le moyen de péremption. • Civ. 2e, 23 nov. 1988, n° 87-18.288 P. ♦ La fin de non-recevoir tirée de la prescription d'une action, qui s'appuie sur la péremption d'une précédente instance, ne constitue pas une demande tendant à voir constater la péremption de l'instance devant, en application de l'art. 388, être formée avant tout autre moyen. • Civ. 2e, 21 févr. 2013, n° 12-12.751 P : *Gaz. Pal. 2013. 1790, note Raschel ; Dr. et pr. 2013. 69.*

5. Date d'appréciation du caractère in limine litis. La péremption doit être soulevée dans les premières conclusions postérieures à l'expiration du délai de péremption. • Civ. 2e, 8 avr. 2004, n° 02-16.207 P. ♦ L'art. 388 n'interdit pas à la partie qui a conclu sans demander ou opposer la péremption de demander ou d'opposer celle-ci si, depuis ses conclusions, aucune des parties n'accomplit de diligences pendant deux ans. • Civ. 2e, 3 mai 1990, n° 88-19.837 P. ♦ Viole l'art. 388, la cour d'appel qui a déclaré recevable l'exception de péremption d'instance, alors qu'elle n'était pas soulevée dans les premières conclusions, mais dans des conclusions déposées ultérieurement. • Civ. 2e, 10 déc. 2020, n° 18-15.383 P : *D. actu. 26 janv. 2021, note Ferrari.*

6. Irrecevabilité relevée d'office s'il y a lieu. La péremption doit, à peine d'irrecevabilité, relevée d'office s'il y a lieu, être demandée ou opposée avant tout autre moyen. • Civ. 2e,

8 avr. 2004, n° 02-16.207 P : *Gaz. Pal. 26-28 juin 2005, p. 34, obs. du Rusquec* • 8 juill. 2004, n° 01-11.565 P : *D. 2005. IR 339*.

7. Compétence. En application des art. 50 et 385, la péremption d'une instance constitue un incident qui, affectant cette instance, ne peut être prononcée que par la juridiction devant laquelle elle se déroule. Encourt dès lors la censure la cour d'appel qui retient la péremption d'une précédente instance alors que seule la juridiction devant laquelle se déroulait cette instance pouvait constater la péremption. • Civ. 2e, 21 févr. 2013, n° 12-12.751 P. ♦ V. dans le même sens, • Com. 8 avr. 2015, n° 14-10.172 P : *Gaz. Pal. 2013. 1790, note Raschel ; Dr. et pr. 2013. 69.*

8. Réinscription au rôle. La décision de réinscription au rôle de la cour d'appel d'une affaire radiée pour inexécution du jugement entrepris étant une mesure d'administration judiciaire, comme telle insusceptible de recours, aucune procédure n'était ouverte à cette occasion aux sociétés intimées pour soulever la péremption de l'instance. • Civ. 2e, 22 sept. 2016, n° 15-19.662 P : *JCP 2016. 1385, note Reverchon-Billot.*

b. Absence de pouvoir d'office du juge

9. Le juge, qui ne peut relever d'office la péremption, ne peut retenir un temps de péremption qui n'est pas invoqué par les parties. • Civ. 2e, 13 janv. 2000, n° 98-10.709 P : *D. 2000. IR 38* • 11 janv. 2006, n° 04-11.247 P : *D. 2006. IR 251* ; *Procédures 2006, n° 48, obs. Perrot* • 24 janv. 2008, n° 06-19.022 : *Procédures 2008, n° 102, note Perrot.*

Art. 389 La péremption n'éteint pas l'action ; elle emporte seulement extinction de l'instance sans qu'on puisse jamais opposer aucun des actes de la procédure périmée ou s'en prévaloir.

a. Absence d'extinction de l'action

1. Jugé que, la péremption éteignant l'instance et non point l'action, l'intervention du liquidateur d'une société pour régulariser l'assignation lancée par son président ne saurait être jugée tardive et déclarée nulle au motif qu'entre l'assignation et l'intervention se serait écoulé le délai de péremption. • Civ. 2e, 12 déc. 1990, n° 89-15.636 P : *RTD civ. 1991. 404, obs. (crit.) Perrot*.

2. La péremption d'instance ne court qu'à compter de l'introduction d'instance et ne fait pas obstacle à l'introduction d'une nouvelle instance. Il n'y a donc pas lieu de tenir compte du délai de deux ans écoulé entre le dépôt d'un rapport d'expertise et l'introduction d'une nouvelle instance. • Civ. 2e, 11 févr. 2010, n° 08-20.154 : *Procédures 2010, n° 172, note Perrot.*

3. Conséquence sur les intérêts moratoires. Lorsqu'une nouvelle instance est introduite après une demande en justice périmée, eût-elle été précédée d'une mise en demeure, les intérêts moratoires ne sont dus que postérieurement à la péremption de la première instance à compter de l'un des actes prévus à l'art. 1153, *al. 3, C. civ.* • *Com. 25 févr. 2004,* n° 01-13.588 P. – Rappr. • Civ. 2e, 17 déc. 1984, n° 82-16.250 P : *RTD civ. 1984. 448, obs. Perrot ; Gaz. Pal. 1985. 1. Pan. 93, obs. Guinchard.*

b. Extinction de l'instance

4. Effets. La péremption d'instance emportant dessaisissement du juge, la cour d'appel, qui constate une telle péremption, retient exactement que le congé, objet de l'instance périmée, n'est plus susceptible d'être contesté devant elle. • Civ. 3e, 22 juin 1988, n° 87-10.540 P.

5. Lorsque l'instance en incident de saisie est périmée et que le jugement statuant sur cet incident a été cassé, seule subsiste la procédure de saisie immobilière dégagée de tout incident. • Civ. 2e, 6 févr. 1991, n° 89-21.371 P.

6. Les ordonnances du juge de la mise en état dans une instance dont la péremption est définitivement acquise sont elles-mêmes atteintes par cette péremption. • Civ. 1re, 26 nov. 1996, n° 93-18.475 P : *RTD civ. 1997. 739, obs. Perrot*. ♦ V. aussi : • Civ. 2e, 23 sept. 1998, n° 96-13.271 P • 6 mai 1999, n° 96-13.271 : *Procédures 1999, n° 181, note Perrot.*

7. Conséquence sur la prescription. Si l'effet interruptif de la prescription résultant d'une action portée en justice se prolonge pendant la durée de l'instance, l'interruption de la prescription est non avenue lorsque le demandeur laisse périmer l'instance. • Civ. 1re, 10 avr. 2013, n° 12-18.193 P : *D. 2013. Actu. 1073* ; *Procédures 2013, n° 177, note Perrot ; JCP 2013. 605, note Deharo, ibid. 1225, n° 8, obs. Amrani Mekki ; ibid. 487, note Slim ; Gaz. Pal. 2013. 1643, note Saïd ; ibid. 3 sept. 2013, p. 35, note Orif ; LPA 17 juin 2013, p. 14, note Algadi ; Gaz. Pal. 2013. 3064, note Orif.* ♦ Pour une application de l'art. 389 à une citation en référé : • Com. 4 déc. 2007, n° 06-19.996 P : *BJS 2008, § 79, p. 378, note P. Mousseron ; RTD civ. 2008. 155, obs. Perrot*. ♦ La disparition de l'effet interruptif résultant de la péremption d'une instance au fond ne s'étend pas à une instance distincte en référé l'ayant précédée. • Civ. 3e, 6 mai 2003, n° 00-20.819 P : *RTD civ. 2003. 544, obs. Perrot*.

8. Rapport d'expertise. Le rapport d'expertise déposé au cours d'une instance périmée peut être retenu à titre de renseignement. • Civ. 2e, 21 avr. 1982, n° 80-11.463 P. – V. aussi • Civ.

2e, 7 nov. 2002, n° 01-03.352 : *RTD civ. 2003. 141, obs. Perrot ; Procédures 2003, n° 3, note Perrot.*

9. Déclaration de créance. La déclaration de créance qui est autonome par rapport à l'instance en paiement engagée par le créancier à laquelle elle n'est pas rattachée par un lien de dépendance direct et nécessaire n'est pas atteinte par la péremption de l'instance en paiement engagée par le créancier avant le jugement d'ouverture de la procédure collective. • Com. 3 déc. 2013, n° 12-20.985 P : *D. 2013. Actu. 2912 ; RPC 2014, n° 63, note Staes.* ♦ L'ouverture d'une procédure collective de redressement judiciaire n'interrompt l'instance, et le délai de péremption, qu'au profit de la personne soumise à cette procédure. Il appartient au créancier d'effectuer toute diligence utile pour reprendre l'instance dans le délai de deux ans, à défaut de quoi l'instance en paiement est périmée. Mais la déclaration de créance conserve son autonomie par rapport à l'instance périmée et n'est pas atteinte par la péremption. • Civ. 2e, 10 janv. 2008, n° 07-10.974 : *Procédures 2008, n° 83, note Rolland ; RTD com. 2008, p. 420, note Martin-Serf ; JCP 2008. I. 142, § 9, obs. Cabrillac ; ibid. E 2008. 1276, note Mélin ; RPC 2008, n° 134, note Staes.*

10. Indivisibilité. Sur l'indivisibilité quant aux parties des effets de la péremption, V. notes ss. art. 324.

11. Renvoi. V. art. 385 et les notes.

Art. 390 **La péremption en cause d'appel ou d'opposition confère au jugement la force de la chose jugée, même s'il n'a pas été notifié.**

1. Champ d'application. L'art. 390 ne s'applique qu'autant que le litige a été porté devant la cour d'appel ; ni le délai d'appel, ni le délai de péremption de l'instance d'appel ne courrent contre le jugement qui n'a pas été notifié à une partie. • Civ. 2e, 12 mars 1986, n° 84-16.642 • Soc. 7 juill. 1988, n° 84-42.162 • Civ. 3e, 17 nov. 1993, n° 92-70.050 : *D. 1995. Somm. 159, obs. Catalano .* ♦ L'art. 390 ne s'applique que pour un tribunal saisi d'une opposition à un jugement. • Civ. 2e, 15 déc. 2005, n° 04-11.975 P.

2. Renvoi après cassation. En cas de renvoi après cassation, le délai de péremption de l'instance, qui court du jour du prononcé de l'arrêt de cassation, s'il a été rendu contradictoirement, ne concerne que l'instance d'appel. La péremption encourue ne frappe donc pas la procédure de première instance. • Civ. 2e, 27 juin 1990, n° 89-14.276 P.

Art. 391 **Le délai de péremption court contre toutes personnes physiques ou morales, même** *(Décr. n° 2019-756 du 22 juill. 2019, art. 1er-I-3°)* **« mineures ou majeures protégées », sauf leur recours contre** *(Décr. n° 2019-756 du 22 juill. 2019, art. 1er-I-3°)* **« leur représentant légal ou la personne chargée de la mesure de protection juridique ».**

BIBL. ► **Décr. n° 2019-756 du 22 juill. 2019 :** TANI, *JCP N 2019. 682.*

Sur le point de départ du délai de péremption, V. notes 1 à 10 ss. art. 386.

Art. 392 *(Décr. n° 76-1236 du 28 déc. 1976, art. 5)* **L'interruption de l'instance emporte celle du délai de péremption.**

Ce délai continue à courir en cas de suspension de l'instance sauf si celle-ci n'a lieu que pour un temps ou jusqu'à la survenance d'un événement déterminé ; dans ces derniers cas, un nouveau délai court à compter de l'expiration de ce temps ou de la survenance de cet événement.

(Décr. n° 2019-1333 du 11 déc. 2019, art. 12-2°, en vigueur le 1er janv. 2020) **« Un nouveau délai court à compter de l'extinction de la convention de procédure participative aux fins de mise en état. »**

L'art. 12 du Décr. n° 2019-1333 du 11 déc. 2019 est applicable aux instances en cours au 1er janv. 2020 (Décr. préc., art. 55-I).

1° INTERRUPTION DE L'INSTANCE

1. Effet sur la péremption. L'interruption de l'instance (due en l'espèce à la cessation des fonctions de l'avocat lorsque la représentation est obligatoire) emporte interruption de la péremption, alors même qu'elle serait intervenue à une époque où l'affaire était radiée. • Civ. 2e, 21 juin 1989, n° 88-12.655 P : *JCP 1990. II. 21474, obs. Cadiet.* ♦ ... Peu important que l'avoué démissionnaire (auj. avocat) ait poursuivi son activité dans le cadre d'une SCP. • Civ. 2e, 15 juin 1994, n° 92-20.071 P : *D. 1994. IR 186 .* ♦ La cessation de fonctions de l'avoué (auj. avocat) n'interrompt l'instance qu'au profit de la partie concernée et n'interrompt donc pas le délai de péremption courant à l'encontre des autres parties. • Civ. 2e, 10 mars 2005, n° 03-12.437 P : *Procédures 2005, n° 126 ; D. 2006. Pan. 548, obs. Julien et Fricero .*

Sur l'interruption par cessation des fonctions de l'avocat ou de l'avoué, V. aussi notes ss. art. 369.

2. Il résulte de l'art. 370, ensemble l'art. 392, que le décès d'une des parties interrompt l'instance et, partant, le délai de péremption au profit de ses seuls ayants droit ; la péremption est acquise au profit de toutes les parties à l'égard desquelles l'instance n'a pas été interrompue. • Civ. 2e, 4 févr. 1999, n° 96-19.479 P : *D. 1999. Somm. 215, obs. Julien ; Procédures 1999, n° 91, note Perrot.*

3. Dès lors qu'une instance en cassation a été interrompue par la notification du décès du demandeur, cette interruption emportant celle du délai de péremption, celui-ci n'a pas recommencé à courir à défaut de reprise d'instance. • Civ. 2e, 1er mars 1995, n° 91-17.532 P. ♦ Mais faute de notification à l'adversaire, le décès d'une partie n'interrompt pas l'instance et le délai de péremption poursuit son cours. • Civ. 2e, 18 janv. 1984, n° 82-12.443 P : *D. 1984. 401, note Desdevises ; Gaz. Pal. 1984. 1. Pan. 159, obs. Guinchard* • Civ. 1re, 27 mars 2007, n° 06-11.003 P : *D. 2007. AJ 1147 ; Procédures 2007, n° 102, note Perrot ; RTD civ. 2007. 381, obs. Perrot .*

Sur l'interruption par le décès d'une partie, V. aussi notes ss. art. 370.

4. Une cour d'appel ne peut constater la péremption d'une instance alors qu'une ordonnance du conseiller de la mise en l'état en constate l'interruption, peu important que cette ordonnance ne fasse pas mention de la notification du décès de la partie et que cette notification n'ait pas eu lieu au jour de son prononcé. • Civ. 2e, 14 déc. 2006, n° 05-13.777 P.

5. L'ouverture d'une procédure collective de redressement judiciaire n'interrompt l'instance, et le délai de péremption, qu'au profit de la personne soumise à cette procédure. Il appartient au créancier d'effectuer toute diligence utile pour reprendre l'instance dans le délai de deux ans, à défaut de quoi l'instance en paiement est périmée. • Civ. 2e, 10 janv. 2008, n° 07-10.974 : *Procédures 2008, n° 83, note Rolland ; RTD com. 2008. 420, note Martin-Serf ; JCP 2008. I. 142, § 9, note Cabrillac ; ibid. E 2008. 1276, note Mélin ; RPC 2008, n° 134, note Staes.*

6. Le redressement judiciaire interrompt l'instance et, partant, le délai de péremption au profit *de la seule partie* qui y était soumise. • Civ. 2e, 28 juin 2006 : *D. 2007. Pan. 1384, obs. Julien ; Procédures 2006, n° 206, obs. Perrot.*

Sur l'interruption par l'ouverture d'une procédure collective, V. aussi notes ss. art. 369.

7. Reprise d'instance. L'interruption du délai de péremption ne prend fin que par la reprise de l'instance. • Civ. 2e, 5 avr. 1993, n° 91-18.734 P : *RTD civ. 1993. 646, obs. Perrot .* ♦ Viole les art. 373, 376 et 392 la cour d'appel qui fait courir le délai de péremption à compter de la notification de la date du décès d'une partie survenu en cours d'instance. • Même arrêt.

2° SUSPENSION DE L'INSTANCE

a. Principe – effet sur le délai de péremption

8. Décision de sursis à statuer. La décision de sursis à statuer ne suspend pas le délai de péremption lorsqu'elle est motivée par des diligences que le juge met à la charge d'une partie. • Civ. 2e, 15 mars 1995, n° 93-15.761 P. ♦ Il résulte des dispositions combinées des art. 383 et 392 que l'instance peut être suspendue sans que le délai de péremption le soit. • Paris, 30 mars 1990 : *D. 1990. IR 114.*

9. Décision de radiation. La radiation prononcée en application de l'art. 381 n'interrompt pas le cours du délai de péremption. • Civ. 2e, 24 sept. 2015, n° 14-20.299 P : *Gaz. Pal. 2015. 28, note Raschel.* ♦ V. également, • Soc. 19 oct. 2016, n° 15-16.120 P : *: JCP 2016. 1409, note Brissy.* ♦ Une radiation n'a pour effet que de suspendre l'instance, sans priver les parties de la faculté d'accomplir des diligences interruptives de la péremption. • Civ. 2e, 16 mars 2000 : *D. 2000. IR 128 ; Procédures 2000, n° 117, note Perrot ; RTD civ. 2000. 398, obs. Perrot .*

10. N'interrompt pas la péremption l'ordonnance prononçant la radiation de l'affaire du rôle. • Civ. 2e, 4 juin 1980 • 8 mars 1989 : *JCP 1990. II. 21474, obs. Cadiet* • 5 avr. 1994, n° 92-19.117 P • 28 juin 2006, n° 04-18.226 P : *D. 2007. Pan. 1384, obs. Julien* • 23 févr. 2017, n° 16-13.643.

11. En l'absence de dispositions similaires à celles applicables devant la Cour de cassation, l'ordonnance prononçant la radiation de l'affaire en application de l'art. 526, comme sa notification, n'ont pas pour effet d'interrompre le délai de péremption de l'instance d'appel. • Civ. 2e, 21 févr. 2013, n° 11-28.632 P : *Gaz. Pal. 24-25 mai 2013, p. 25, note Raschel ; Procédures 2013, n° 96, note Perrot ; Gaz. Pal. 2013. 1790, note Raschel.*

12. Mais jugé que la notification par lettre simple du greffe de la décision de radiation fait courir le délai de péremption. • Soc. 19 oct. 2016, n° 15-16.120 P : *préc. note 9.* ♦ Le point de départ du délai de péremption suite à une radiation faute d'exécution est le jour où la décision a été signifiée au débiteur. • Angers, 17 janv. 2012 : *JCP 2012. 193, obs. Ph. Gerbay.* ♦ La décision qui ordonne le retrait du rôle de la Cour de cassation (auj. radiation) fait courir le délai de péremption, au regard des diligences incombant alors au demandeur pour obtenir la réinscription de l'affaire. • Civ. 3e, 20 janv. 1999, n° 94-12.652 P : *Procédures 1999, n° 149, obs. Perrot.*

b. Limites

13. Sursis à statuer jusqu'à la survenance d'un événement déterminé. Seule une décision prise dans les conditions prévues par l'art. 392, al. 2, peut suspendre le délai de péremption. • Civ. 2e, 28 mai 1990, n° 89-11.134 P • 10 mai 1991, n° 90-12.257 P.

14. Lorsque la suspension du délai de péremption est la conséquence d'une décision de sursis à statuer jusqu'à la survenance d'un événement déterminé, un nouveau délai court à compter de la réalisation de cet événement, et non pas du jour où les intéressés en ont eu connaissance. • Soc. 18 déc. 2002, n° 00-46.519 P : *D. 2003. Somm. 1405, obs. Julien ; Procédures 2003, n° 60, note Perrot.* ♦ V. également • Civ. 2e, 15 sept. 2005, n° 03-20.037 P : *D. 2005. IR 2548 ; RTD civ. 2005. 823, obs. Perrot ; Procédures 2005, n° 271, note Perrot.* ♦ Ajoute en conséquence une condition à la loi une cour d'appel qui estime que, en l'absence de connaissance, de la part d'une partie, de l'événement constituant le point de départ du nouveau délai de péremption, ce délai n'avait pu commencer à courir à son encontre. • Civ. 2e, 3 sept. 2015, n° 14-11.091 P : *D. actu. 15 sept. 2015, obs. Kebir ; Procédures 2015, n° 318, note Strickler ; JCP 2015. 1304, obs. Serinet ; Rev. loyers 2015. 455, note Peignot ; Gaz. Pal. 17 oct. 2015, p. 18, note Reverchon-Billot ; RLDC nov. 2015, p. 58, obs. Raschel.* ♦ *Adde* • Civ. 2e, 18 oct. 2018, n° 17-22.757 : *cité note 2 ss. art. 386.*

15. La suspension de l'instance jusqu'à la clôture d'une procédure pénale suspend, en application de l'art. 392, le délai de péremption. • Civ. 3e, 10 juin 1981, n° 79-14.937 P.

16. Fin du sursis. A la survenance de l'événement dans l'attente duquel avait été ordonné le sursis court un nouveau délai de deux ans. • Civ. 2e, 8 oct. 1986, n° 85-10.110 P.

17. Le délai de péremption court à compter du prononcé de la décision de sursis (en vertu de l'art. 378), dès lors que l'événement, cause du sursis, était déjà intervenu à cette date. • Civ. 2e, 11 juill. 2002, n° 01-01.090 P : *JCP 2003. II. 10087, note du Rusquec ; Procédures 2002, n° 184, note Perrot ; Gaz. Pal. 30 mars-1er avr. 2003, p. 34, obs. du Rusquec.*

18. Renvoi. Pour les causes d'interruption et de suspension du délai de péremption indépendantes de l'interruption ou de la suspension de l'instance, V. notes ss. art. 386.

Art. 393 **Les frais de l'instance périmée sont supportés par celui qui a introduit cette instance.**

Preuve des frais. Doit être cassé l'arrêt qui, pour rejeter la demande du syndicat en condamnation du copropriétaire à lui verser une certaine somme au titre des frais exposés à l'occasion de l'instance périmée introduite par ces derniers, retient que si aux termes de l'art. 393 C. pr. civ., les frais de l'instance périmés sont supportés par celui qui a introduit l'instance, le syndicat, qui réclame le paiement de sommes au titre des frais exposés lors de l'instance précédente, ne produit aucune pièce de nature à justifier l'existence et le montant de ses débours, sans analyser, même de façon sommaire, les pièces versées aux débats en cause d'appel par le syndicat qui soutenait produire des factures correspondant aux frais de défense exposés au titre de l'instance périmée. • Civ. 3e, 19 juin 2013, n° 12-11.791 P : *JCP 2013. 1060, note Périnet-Marquet ; Rev. loyers 2013. 354, note Zalewski-Sicard ; JCP N 2013. 1248, obs. Périnet-Marquet ; Loyers et copr. 2013, n° 282, note Vigneron ; Administrer 10/2013. 46, obs. Bouyeure.*

SECTION II LE DÉSISTEMENT D'INSTANCE

RÉP. PR. CIV. v° *Désistement*, par STRICKLER.

DALLOZ ACTION *Droit et pratique de la procédure civile 2022/2023*, nos 352.221 s.

Sur le désistement devant la Cour de cassation, V. art. 1024 s.

SOUS-SECTION 1 LE DÉSISTEMENT DE LA DEMANDE EN PREMIÈRE INSTANCE

Art. 394 **Le demandeur peut, en toute matière, se désister de sa demande en vue de mettre fin à l'instance.**

1. Majeur protégé. Dans une procédure aux fins d'ouverture d'une mesure de protection en cours d'instruction devant le juge des tutelles et dès lors qu'aucune décision prononçant une telle mesure n'a encore été prise, le désistement d'instance émanant du requérant met fin à l'instance en application de l'art. 394. • Cass., avis, 20 juin 2011, n° 11-00.007 P : *D. 2011. 1771 ; ibid. Pan. 2501, obs. Lemouland, Noguéro et Plazy ; AJ fam. 2011. 377, obs. Verheyde ; RTD civ. 2011. 512, obs. J. Hauser ; ibid. 747, obs. Hauser ; Dr. fam. 2011, n° 134, obs. Maria ; Procédures 2011, n° 271, obs. Douchy-Oudot ; Dr. et pr. 2011. 217, note Norguin ; LPA 2011, n° 145, p. 10, note Noguéro.* ♦ Dans une procédure aux fins d'ouverture d'une mesure de protection en cours d'instruction devant le juge des tutelles, le désistement d'instance émanant du requérant ne met fin à l'instance que si aucune décision prononçant une mesure de protection n'a encore été prise. Le placement sous sauvegarde de justice au cours de l'instruction de la demande empêche le désistement d'instance d'être effectif. • Civ. 1re, 2 avr. 2014, n° 13-10.758 P : *D. 2014. Actu.*

928 ; *ibid. Pan. 2262, obs. Plazy* ; *ibid. 2268, obs. Lemouland* ; *Dr. fam. 2014, n° 83, note Maria* ; *Procédures 2014, n° 178, note Douchy-Oudot* ; *JCP N 2014. 1257, note Massip.*

2. *Pluralité de parties.* Le désistement d'instance dirigé contre l'un des coresponsables n'implique pas que le créancier consente à la division de la dette. • Civ. 3e, 24 janv. 1978, n° 76-10.592 P : *RTD civ. 1978. 752, obs. Perrot.*

3. *Désistement de l'intimé.* Viole l'art. 394, ensemble l'art. 50 C. pr. civ., la cour d'appel qui, pour constater le désistement d'instance du liquidateur, ès qualités, et lui donner acte de sa renonciation au bénéfice du jugement frappé d'appel, retient que le demandeur peut, en toute matière, se désister de sa demande en vue de mettre fin à l'instance, que l'acceptation du défendeur n'est pas nécessaire si celui-ci n'a présenté aucune défense au fond ni de fin de non-recevoir au moment où le demandeur se désiste et que les conclusions du liquidateur, ès qualités, ont été déposées le 9 août 2012 alors que ses adversaires n'ont conclu que postérieurement, de sorte que leur acceptation n'était pas nécessaire, alors qu'étant intimé en cause d'appel, le liquidateur, ès qualités, ne pouvait pas se désister de l'instance et renoncer au bénéfice du jugement frappé d'appel. • Civ. 2e, 20 mars 2014, n° 13-11.273 P. ♦ *Contra* : lorsque, en appel, l'intimé renonce au bénéfice du jugement « pour éviter les frais d'un arrêt qui ne pourrait que déclarer ce jugement nul », cette renonciation, acceptée par l'appelant, peut être tenue comme un désistement d'instance et non comme un désistement d'action. • Com. 26 nov. 1979, n° 78-13.966 P.

Art. 395 Le désistement n'est parfait que par l'acceptation du défendeur.

Toutefois, l'acceptation n'est pas nécessaire si le défendeur n'a présenté aucune défense au fond ou fin de non-recevoir au moment où le demandeur se désiste.

a. Principe : nécessité d'une acceptation

1. *Effet extinctif au jour de l'acceptation.* Dès lors que le débat est lié, le désistement ne produit effet que du jour où il est accepté, et jusque-là, le juge ne peut se dispenser de statuer sur la demande. • Civ. 2e, 5 janv. 1977, n° 75-15.200 P : *Gaz. Pal. 1977. 2. 601, note Viatte* • 12 juin 1976, n° 74-15.182 P.

2. *Rétractation.* Le désistement peut être rétracté tant qu'il n'a pas été accepté. • Civ. 2e, 28 mai 1973, n° 72-60.119 P : *D. 1973. IR 194.*

3. *Art. 700.* En présence d'un désistement d'instance, accepté par l'intimé, expressément limité au chef de la décision relatif à la demande au fond, la cour d'appel, tenue de statuer sur la demande dont elle reste saisie, a le pouvoir de réformer discrétionnairement l'ordonnance du chef de la condamnation prononcée sur le fondement de l'art. 700. • Civ. 2e, 22 mars 2006, n° 04-17.215 P.

b. Exceptions : absence de nécessité d'une acceptation

4. *Effet extinctif immédiat.* Le désistement produit immédiatement son effet extinctif dès lors qu'au moment où il est donné il n'appelle pas l'acceptation de la partie adverse. • Civ. 2e, 17 mars 1983, n° 81-16.263 P : *RTD civ. 1983. 790, obs. Perrot* • Civ. 3e, 9 déc. 1986, n° 85-10.479 P.

5. *Procédure orale.* Le désistement écrit du demandeur à l'instance avant l'audience produit immédiatement son effet extinctif. • Civ. 2e, 12 oct. 2006, n° 05-19.096 P : *D. 2007. Chron. C. cass. 898, obs. Vigneau* ; *Procédures 2007, n° 2, obs. Perrot* ; *Gaz. Pal. 2006. 3317, note Travier* ; *RLDC 2007/37, n° 2508, obs. Miniato* ; *Gaz. Pal. 6-7 juill. 2007, p. 23, note E. du Rusquec* • Civ. 1re, 10 janv. 2008, n° 06-21.098 P : *D. 2008. AJ 32* . ♦ *Contra* auparavant : la procédure étant orale devant le T. com., la communication par le défendeur de conclusions au fond la veille de l'audience ne peut être retenue pour dénier l'efficacité du désistement du demandeur formulé oralement à l'audience des débats. • Civ. 2e, 26 nov. 1998, n° 96-14.917 P : *RTD civ. 1999. 200, obs. Perrot.* – V. Ékollo, *Gaz. Pal. 2000. 1. Doctr. 190.* ♦ Comp. la jurispr. en matière de désistement d'appel ss. art. 401.

6. *Absence de défense au fond – notion.* Pour l'assimilation de la demande reconventionnelle à une défense au fond pour le jeu de l'art. 395, V. • Soc. 22 oct. 1981, n° 79-42.489 P (sol. impl.).

7. La demande tendant à faire déclarer l'instance périmée n'est ni une défense au fond, ni une fin de non-recevoir. Elle ne rend donc pas nécessaire le consentement de son auteur au désistement de la partie adverse. • Civ. 2e, 29 mai 1991, n° 89-21.112 P. ♦ La demande tendant au renvoi de l'affaire à une audience ultérieure ne constitue pas une défense au fond. • Civ. 2e, 27 janv. 1993, n° 91-14.395 P.

8. Le maintien d'une demande fondée sur l'art. 700 ne constitue pas une défense au fond susceptible de faire obstacle à l'effet extinctif immédiat du désistement à l'égard des parties défenderesses à l'instance. • Civ. 2e, 22 sept. 2005, n° 04-13.036 P : *D. 2005. IR 2705* .

9. *Renonciation du défendeur.* Lorsque le défendeur renonce à sa demande reconventionnelle, le désistement du demandeur n'est plus sous la dépendance de son acceptation. • Soc. 22 oct. 1981, n° 79-42.489 P.

Art. 396 **Le juge déclare le désistement parfait si la non-acceptation du défendeur ne se fonde sur aucun motif légitime.**

1. Pouvoir souverain. Le juge du fond dispose d'un pouvoir souverain pour apprécier l'existence ou non du motif légitime. • Civ. 2e, 3 juill. 2008, n° 07-16.130 P : *JCP 2008. I. 206, n° 21 ; RTD civ. 2008. 548, obs. Perrot.*

2. Illustrations de motifs légitimes. • Civ. 2e, 17 juill. 1974, n° 73-13.254 P • 12 juin 1976, n° 74-15.182 P.

3. Illustrations de motifs illégitimes. • Civ. 2e, 14 janv. 1981, n° 79-12.910 P : *Gaz. Pal. 1981. 1. 199, note Viatte ; D. 1981. IR 386, obs. Groslière* • Civ. 1re, 16 déc. 1986, n° 83-10.501 P : *D. 1987. IR 15* • Civ. 2e, 3 juill. 2008, n° 07-16.130 P : *RTD civ. 2008. 548, obs. Perrot* (simple conclusion au débouté de l'appelante et absence de demande reconventionnelle).

Art. 397 **Le désistement est exprès ou implicite ; il en est de même de l'acceptation.**

1. Appréciation souveraine. Les juges du fond apprécient souverainement la volonté de mettre fin à l'instance. • Civ. 2e, 17 mars 1983, n° 81-16.263 P.

2. Désistement exprès. Sur l'intérêt qu'il peut y avoir à déceler qu'un désistement implicite a précédé le désistement explicite, V. • TGI Paris, 7 janv. 1981 : *Gaz. Pal. 1981. 2. Somm. 208 ; RTD civ. 1981. 903, obs. Perrot* et, dans la même affaire : • Civ. 2e, 17 mars 1983, n° 81-16.263 P.

3. Désistement implicite. Le désistement implicite ne se présume pas et ne peut résulter que de faits incompatibles avec l'intention de continuer l'instance. • Civ. 2e, 6 nov. 1974, n° 73-12.030 P. ♦ La preuve de ces faits peut être rapportée par tous moyens. • Civ. 2e, 6 nov. 1974 : *préc.*

4. Le désistement ne peut se déduire de la seule abstention d'accomplir dans les délais les actes de procédure destinés à permettre l'examen de l'affaire. • Civ. 2e, 12 juin 1985, n° 84-10.853 P : *Gaz. Pal. 1985. 2. Pan. 291, obs. Croze et Morel.* ♦ ... Ni de la simple radiation du rôle. • Civ. 2e, 14 janv. 1976, n° 74-12.803 P • 11 juin 1980, n° 78-14.362 P.

5. La seule circonstance qu'un salarié ait signé un reçu pour solde de tout compte après avoir saisi la juridiction prud'homale n'est pas de nature à caractériser un désistement d'instance. • Soc. 12 mars 1996, n° 92-41.159 P.

6. Désistement sous contrainte. Le désistement donné sous la contrainte ne peut produire effet. • Civ. 2e, 19 juill. 1976, n° 75-11.875 P. ♦ Justifie légalement sa décision la cour d'appel qui pour annuler le désistement d'instance et d'action de la victime d'un accident contre une compagnie d'assurance retient, d'une part, que cette victime, qui avait été hospitalisée à la suite de son accident dans un centre psychothérapique pour troubles psychiques, était, à la date de la signature du désistement, intellectuellement incapable de prendre une décision en connaissance de cause, d'autre part, que cette victime, en signant ce désistement, n'avait agi que sous la pression des représentants de la compagnie d'assurance et sous l'effet de leurs manœuvres déloyales. • Civ. 1re, 13 mars 1979, n° 77-13.678.

7. Indifférence des mobiles. Le désistement produit ses effets, quels qu'en aient été les mobiles. • Soc. 5 nov. 1980, n° 79-11.842 P.

Art. 398 **Le désistement d'instance n'emporte pas renonciation à l'action, mais seulement extinction de l'instance.**

1. Absence de désistement d'action. Le désistement d'instance non accompagné d'un désistement d'action clair et non équivoque laisse intact le droit d'agir. • Soc. 12 janv. 1993, n° 88-43.754 P : *RTD civ. 1993. 887, obs. Perrot.*

2. Le désistement d'instance n'emportant pas renonciation à l'action, les demandes nouvelles dérivant du même contrat de travail sont recevables même en appel, quand bien même le demandeur se serait désisté de celles-ci en première instance. • Soc. 5 janv. 2011, n° 08-70.060 P : *JCP S 2011. 1094, note Verkindt ; RD trav. 2011. 177, note Pasquier* • Soc. 21 janv. 2014, n° 12-20.264 P : *JCP S 2014. 1297, note Brissy.*

3. Désistement pour incompétence. Est recevable l'action de la salariée qui, bien que s'étant désistée, avait manifesté, en présence de son adversaire, l'intention de saisir le conseil de prud'hommes territorialement compétent. • Soc. 27 janv. 2010, n° 08-42.827 P : *Procédures 2010, n° 181, note Bugada ; JCP S 2011, n° 1211, note Beynet.*

4. Effet sur la prescription. Le désistement ne permet de regarder l'interruption de la prescription comme non avenue que lorsqu'il s'agit d'un désistement d'instance pur et simple ; quand il est motivé par l'incompétence de la juridiction devant laquelle il est formulé et qu'il fait suite à la saisine d'une autre juridiction compétente pour connaître de la demande, le désistement maintient l'effet interruptif que l'art. 2246 C. civ., désormais 2241, attache à la citation en justice. Viole les art. L. 412-15 devenu l'art. L. 2143-8 C. trav., 2241 et 2247 C. civ., désormais 2241 et 2242, le tribunal d'instance qui, pour déclarer les demanderesses forcloses en leur contestation, retient que l'action engagée devant le tribunal d'instance de Montpellier n'aurait pu être considérée comme se poursuivant que par suite d'un jugement d'incompétence et de renvoi, et que tel n'était pas le cas puisque cette action avait fait l'objet d'un désistement constaté par jugement dudit tribunal, alors qu'il résulte des énonciations du jugement précité que la partie demanderesse déclare expressément se désister de son instance en raison de la saisine du tribunal d'instance de Mende pour le même litige. • Soc. 9 juill. 2008, n° 07-60.468 P : *D. 2008. AJ 2153* ; *RTD civ. 2008. 721, obs. Perrot*.

5. Le désistement ne permet de regarder l'interruption de la prescription comme non avenue que lorsqu'il s'agit d'un désistement d'instance pur et simple ; que quand il énonce que l'action sera reprise ultérieurement, le désistement maintient l'effet interruptif que l'art. 2246 C. civ. (auj. 2241) attache à la citation en justice ou à une demande incidente. • Com. 12 juill. 1994, n° 91-17.710 P.

6. Effets en matière de divorce. Celui des époux qui s'est désisté d'une action en séparation de corps en vue d'y substituer une demande en divorce demeure recevable à invoquer les griefs antérieurs à son désistement. • Civ. 2e, 10 mai 1972, n° 71-11.863 P • 5 févr. 1981 : *Gaz. Pal. 1981. 2. Pan. 204.* ♦ Le désistement d'une action a pour effet d'éteindre le droit et d'effacer les griefs anciens et il s'oppose à ce que, en l'absence de griefs nouveaux, il soit formé une demande nouvelle motivée par les mêmes faits. • Civ. 2e, 14 mars 1967 : *Bull. civ. II, n° 123.*

7. Effets en matière prud'homale. Sur les effets du désistement en matière prud'homale, V. • Soc. 21 janv. 1987, n° 85-42.628 P : *RTD civ. 1987. 596, obs. Perrot* • 2 avr. 1987, n° 85-40.351 P : *ibid.* ♦ La règle de l'unicité de l'instance ne fait pas obstacle à ce qu'une demande soit introduite devant le juge des référés alors même que l'instance est pendante au fond et le désistement devant le juge du fond est sans influence sur le pouvoir du juge des référés de statuer. • Soc. 17 mars 1999, n° 96-43.328 P : *Procédures 1999, n° 148, obs. Perrot.* ♦ Lorsqu'un employeur a licencié un salarié puis a saisi la juridiction prud'homale d'une demande dirigée contre ce salarié, ni le désistement de l'employeur de sa demande, ni la règle de l'unicité de l'instance, ne peuvent faire obstacle au droit du salarié de contester en justice son licenciement. • 7 juin 2006, n° 04-43.774 P : *D. 2007. Pan. 1381, obs. Julien* ; *RDT 2006. 194, obs. F. Guiomard*.

8. Désistement partiel. Le désistement n'étant que partiel, l'instance n'est éteinte que relativement à la demande, objet du désistement. • Civ. 2e, 24 juin 2004, n° 02-16.461 P.

9. Renvoi. V. art. 385 et notes ss. art. 385.

Art. 399 **Le désistement emporte, sauf convention contraire, soumission de payer les frais de l'instance éteinte.**

Absence de convention contraire. Les dépens ne peuvent, sauf accord des parties, être mis à la charge du défendeur. • Soc. 27 mai 1983, n° 81-40.785 P.

SOUS-SECTION 2 LE DÉSISTEMENT DE L'APPEL OU DE L'OPPOSITION

Art. 400 **Le désistement de l'appel ou de l'opposition est admis en toutes matières, sauf dispositions contraires.**

BIBL. ▶ BOULBÈS, *JCP 1963. I. 1765 et 1965. I. 1957.*

1. Procédures collectives. Le désistement d'appel, qui emporte acquiescement au jugement, ne peut valablement émaner que de la partie ayant formé le recours ou de celle ayant qualité pour poursuivre l'action ou y renoncer ; tel n'est pas le cas, lorsque l'appel d'un jugement a été relevé par une société ensuite déclarée en redressement judiciaire, du désistement notifié par le commissaire ultérieurement désigné pour veiller à l'exécution du plan de redressement de cette entreprise qui retrouve par l'effet du jugement arrêtant le plan la totalité de ses pouvoirs. • Soc. 7 déc. 2005, n° 04-40.557 P. ♦ Viole l'art. L. 622-9 C. com. la cour d'appel qui, pour dire parfait le désistement d'appel effectué par le liquidateur d'une société, mise en liquidation judiciaire en cours d'instance, retient que cette société, dessaisie de l'administration et de la disposition de ses biens, n'avait pas à se désister de son recours, alors qu'après l'appel formé par le débiteur avant sa mise en liquidation judiciaire contre une décision statuant sur l'existence et le montant de la créance, le désistement d'appel du liquidateur est impropre à dessaisir les juges d'appel, faute par eux d'avoir constaté le désistement du débiteur dans l'exercice de son droit propre. • Com. 1er oct. 2002, n° 99-21.143 P : *D. 2002. AJ 3013* ; *APC 2002, n° 240, obs. Fricero ; Procédures 2002, n° 222, note Perrot ; Dr. sociétés 2003, n° 70, note Legros.*

2. Pluralité de parties. Lorsque plusieurs parties forment ensemble un appel principal, le désistement d'une partie laisse subsister l'appel principal formé par les autres. Il s'ensuit qu'un indivisaire a qualité à poursuivre seul l'instance d'appel de la décision ayant rejeté la créance déclarée au nom de l'indivision, introduite initialement par l'ensemble des indivisaires et l'administrateur judiciaire de l'indivision. • Civ. 1re, 14 mars 2012, n° 10-10.006 P : *D. 2012. Actu. 813 ; Dr. et pr. 2012. 142 ; Defrénois 2012. 836, note Leblond ; RTD com. 2013. 845, obs. Martin-Serf ; RPC mai-juin 2012, n° 116, note Dumont-Lefrand.*

3. Lorsque deux parties forment un appel principal d'un même jugement, le désistement par une partie laisse subsister celui de l'autre partie, celle-ci eût-elle accepté le désistement. • Civ. 1re, 25 mars 1997, n° 95-10.649 P : *D. Affaires 1997. 539.*

4. Sur les effets du désistement en cas d'indivisibilité du litige, comp. : • Civ. 2e, 30 nov. 1983, n° 81-12.529 P.

5. Forme du désistement. Dans la procédure d'appel avec représentation obligatoire, les prétentions des parties sont fixées par leurs écritures régulièrement déposées : l'appelant doit se désister par des conclusions écrites. • Civ. 2e, 3 juin 1998, n° 96-20.057 P.

6. Décision de dessaisissement. L'ordonnance de dessaisissement, simple mesure d'administration judiciaire destinée à constater le désistement sans réserve du créancier, n'a pas à être signifiée au débiteur, même défaillant. • Civ. 2e, 21 juill. 1986, n° 85-13.126 P.

Art. 401 **Le désistement de l'appel n'a besoin d'être accepté que s'il contient des réserves ou si la partie à l'égard de laquelle il est fait a préalablement formé un appel incident ou une demande** *(Décr. n° 81-500 du 12 mai 1981, art. 13)* **« incidente ».**

1° ABSENCE DE NÉCESSITÉ D'UNE ACCEPTATION

1. Effet extinctif immédiat. Dès lors que l'appelant principal a expressément manifesté sa volonté de mettre fin à l'instance par le dépôt au greffe de conclusions écrites et que son désistement sans réserve n'a été précédé ni d'un appel incident, ni d'une demande incidente, il a immédiatement produit son effet extinctif. • Soc. 29 avr. 2003, n° 01-41.631 P : *RTD civ. 2003. 544, obs. Perrot ; D. 2003. IR 1548 ; Procédures 2003, n° 162, note Perrot.*

2. Nécessité de notification (non). Le désistement d'appel, lorsqu'il n'a pas besoin d'être accepté, produit son effet sans qu'il soit nécessaire de le notifier à la partie à l'égard de laquelle il est fait. • Civ. 2e, 10 juill. 2008, n° 07-17.042 P : *D. 2008. AJ 2230 ; Dr. et pr. 2009. 29, note Lefort.*

3. Rétractation du désistement. Pour une ordonnance admettant la rétractation d'un désistement signifié manifestement sur une cause erronée, V. • Paris, 21 nov. 1997 : *Bull. ch. avoués 1998. 1. 11.*

4. Procédure orale. En application des dispositions de l'art. R. 516-0 [devenu R. 1451-1] C. trav., en matière prud'homale le désistement de l'appel est régi par les dispositions du nouveau code de procédure civile [devenu code de procédure civile] communes à toutes les juridictions. • Soc. 27 nov. 2001, n° 99-45.940 P. ♦ Il en résulte que, malgré le caractère oral de la procédure, le dépôt au greffe de conclusions écrites contenant désistement de l'appel principal produit immédiatement un effet extinctif. • Même *arrêt.* ♦ *Comp., jugeant qu'en matière prud'homale le désistement d'appel est efficace en l'absence de preuve de l'antériorité au désistement de la notification de conclusions d'appel incident à la partie appelante.* • Soc. 27 janv. 2000 : *Procédures 2000, n° 102, note Sportouch.*

5. Le désistement par lettre parvenue à la juridiction antérieurement à l'audience produit immédiatement son effet extinctif avant l'ouverture des débats, la demande reconventionnelle de l'autre partie est nécessairement postérieure dès lors qu'elle n'a pu être valablement formulée qu'à l'audience en raison du caractère oral des débats en matière prud'homale. • Soc. 17 mai 2005, n° 03-43.195 P : *RTD civ. 2005. 634, obs. Théry.* ♦ Pour la même solution pour le désistement d'un recours en révision : en matière de procédure orale, le désistement formulé par écrit, antérieurement à l'audience, produit immédiatement son effet extinctif de sorte que, si la juridiction peut statuer sur la demande fondée sur l'art. 700 C. pr. civ. formulée à l'audience par l'autre partie, en l'absence de l'auteur du désistement, dès lors que le désistement emporte, sauf convention contraire, soumission de payer les frais de l'instance éteinte, elle ne peut statuer sur la demande reconventionnelle en dommages-intérêts formulée dans les mêmes conditions. • Civ. 2e, 10 janv. 2008, n° 06-21.938 P : *D. 2008. Actu. 362.*

2° NÉCESSITÉ D'UNE ACCEPTATION

a. Désistement avec réserves

6. Notion de réserves. Le désistement, non accepté par l'intimé, fait sous condition que soit adoptée une certaine interprétation de la décision attaquée est dépourvu d'effet extinctif. • Civ. 3e, 30 nov. 1988 : *D. 1988. IR 30.* ♦ La réserve, au sens de l'art. 401, doit s'entendre comme une restriction dans l'acte de désistement, par laquelle l'appelant manifeste qu'il entend, en cas de rebondissement imprévu, faire valoir ses droits, sans que puisse lui être opposée comme renonciation à le faire l'expression de son désistement. • Paris, 28 sept. 1989 : *D. 1989. IR 259.*

7. La convention prévoyant le paiement des frais d'appel par l'intimé est sans effet sur les droits que les parties tiennent du jugement frappé d'appel et ne saurait être considérée comme une réserve. • Paris, 28 sept. 1989 : *D. 1989. IR 259.* ♦ De même, les réserves sur la charge des dépens ne font pas obstacle aux effets du désistement, la partie qui se désiste devant supporter cette charge. • Paris, 29 mars 2001 : *D. 2001. IR 1434.*

b. Appel incident ou demande incidente

8. Antériorité. Le désistement sans réserve ne requiert l'acceptation de la partie adverse que si l'appel incident ou la demande incidente de cette dernière avait été formé préalablement. En cas de concomitance, le désistement produit effet. • Civ. 2e, 3 oct. 1984, n° 82-17.067 P : *Gaz. Pal. 1985. 1. Pan. 51, obs. Guinchard.*

9. En matière de divorce, lorsque l'appelant principal se désiste après que le conjoint a interjeté appel incident, le juge ne peut faire droit audit conjoint sans avoir constaté que le désistement avait été par lui accepté. • Civ. 2e, 6 mai 1987, n° 86-10.780 P.

10. Malgré le désistement d'appel, l'intervention d'un tiers est recevable dès lors qu'elle a été formulée avant que l'auteur d'un appel incident antérieur n'ait accepté ce désistement. • Civ. 1re, 15 avr. 1986, n° 84-16.643 P.

11. L'antériorité s'apprécie par référence aux dates de signification des conclusions respectives et non à celles de leur dépôt au greffe de la juridiction. • Reims, 2 déc. 1982 : *D. 1983. IR 292.*

12. Procédure orale. BIBL. Guyader, *Procédures 2007. Étude 8.* – Relmy, *Dr. et pr. 2008. 69.* ♦ Lorsqu'un appel incident a été formulé par un écrit déposé ou adressé au greffe antérieurement au désistement d'appel, l'exigence d'un procès équitable impose, au regard du principe de l'unicité de l'instance prud'homale, que le désistement soit accepté par l'auteur de l'appel incident. • Soc. 14 mars 2007, n° 05-43.351 P : *D. 2007. AJ 1007, obs. P. Guiomard ; ibid. Pan. 2429, obs. Fricero ; JCP E 2007. 1976, comm. Croze ; JCP S 2007. 1332, comm. Boubli ; Procédures 2007, n° 131, note Perrot ; Dr. et pr. 2007. 214, obs. Fricero ; RTD civ. 2007. 642, obs. Perrot ; RDT 2007. 335, obs. Boulmier ; RJS 2007. 480, n° 650.* ♦ Nonobstant le principe de l'oralité des débats en matière prud'homale, l'appel incident peut être régulièrement formé par dépôt ou envoi au greffe de conclusions valant déclaration d'appel ; lorsque l'appel incident a été formé avant le désistement de l'appelant principal, ce désistement ne peut être parfait en l'absence d'acceptation. • Soc. 5 juill. 2005, n° 02-47.233 P : *D. 2005. IR 1963* • 15 déc. 2006, n° 05-41.468 P. ♦ V. antérieurement, la solution inverse : lorsque la procédure est orale, les conclusions écrites d'appel incident préalablement notifiées par l'intimé ne font pas obstacle au désistement ultérieur de l'appelant. • Soc. 11 juin 2002 : *Procédures 2002, n° 181, note Perrot.*

13. Lorsque, dans une procédure orale, une demande incidente a été formulée par un écrit déposé au greffe antérieurement au désistement d'appel, l'égalité des armes et l'exigence d'un procès équitable imposent qu'il soit statué sur la demande incidente soutenue à l'audience. • Cass., ch. mixte, 13 mars 2009, n° 07-17.670 P : *BICC 1er juin 2009, p. 28, note R. Pronier, concl. Maynial ; R. 2009, p. 314 et 421 ; D. 2009. AJ 880 ; D. actu. 20 mars 2009, obs. Dargent ; JCP 2009. Actu. 166, obs. Salati ; ibid. 2009. I. 142, n° 11, note Serinet ; ibid. 2009. II. 10085, note Travier ; Gaz. Pal. 4 avr. 2009, Jurisp., p. 27 ; Procédures 2009, n° 137, note Perrot ; Dr. et pr. 2009. 219, note Salati ; Ann. Loyers 2009. 1011, obs. Salati.*

14. Notion de demande incidente. Le désistement d'appel doit être accepté lorsque la partie adverse a formé antérieurement une demande incidente en dommages-intérêts pour appel abusif. • Civ. 2e, 5 avr. 1991, n° 89-20.876 P.

15. Constitue une demande incidente la demande de capitalisation des intérêts. • Lyon, 9 oct. 2003 : *BICC 2004, n° 968.*

16. N'est pas une demande incidente la demande de condamnation aux frais irrépétibles de l'art. 700. • Civ. 2e, 10 déc. 1986, n° 85-16.359 P : *D. 1987. Somm. 227, obs. Julien ; Gaz. Pal. 1987. 2. Somm. 335, obs. C. et M. ; RTD civ. 1987. 153, obs. Perrot.*

17. Faire réserve de toutes demandes additionnelles dans de « banales conclusions imprimées » à fin de confirmation, émanant de l'intimé, ne sauraient faire échec au désistement de l'appelant. • Civ. 2e, 10 mars 1982, n° 80-16.838 P : *Gaz. Pal. 1982. 2. 406, note Viatte ; RTD civ. 1983. 197, obs. Perrot.*

18. Condamnation pour appel abusif. L'appelant peut être condamné pour appel abusif, bien qu'il se soit désisté de son recours, dès lors que ce désistement, signifié après la clôture des débats, n'avait fait l'objet d'aucune acceptation. • Civ. 2e, 9 mai 1979, n° 78-12.963 P.

19. Renvoi. Comp. les solutions en matière de désistement de pourvoi : V. notes ss. art. 1024.

Art. 402 Le désistement de l'opposition n'a besoin d'être accepté que si le demandeur initial a préalablement formé une demande additionnelle.

Art. 403 Le désistement de l'appel emporte acquiescement au jugement. Il est non avenu si, postérieurement, une autre partie interjette elle-même régulièrement appel.

1° ACQUIESCEMENT AU JUGEMENT

a. Principe

1. Caractère immédiat du désistement. Le désistement de l'appel emporte acquiescement au jugement. Il en résulte que les conclusions de désistement de l'appel de l'appelant, qui n'ont pas besoin d'être acceptées et qui sont parvenues pendant le cours du délibéré à la juridiction avant qu'elle ne rende sa décision, l'a immédiatement dessaisie. • Civ. 2e, 5 déc. 2019, n° 18-22.504 P : *D. actu. 13 janv. 2020, note Laffly ; D. 2019. 2421 ; JCP 2020. 4, note Gerbay.* ♦ V. aussi note 4.

2. Désistement sans réserve. C'est à bon droit qu'une cour d'appel déclare l'appel irrecevable dès lors qu'elle relève que le conseiller de la mise en état avait constaté, en l'absence d'appel incident ou de demande incidente de l'intimée, le désistement sans réserve de l'appel, que les conclusions de désistement d'appel déposées par cette dernière ne contenaient aucune réserve relative à un appel qui serait interjeté devant une autre cour d'appel au motif que seule cette juridiction serait compétente pour trancher le litige et exactement retenu que ce désistement sans réserve emportait acquiescement au jugement. • Civ. 2e, 27 févr. 2014, n° 13-11.199 P : *D. actu. 18 mars 2014, obs. Kebir ; Procédures 2014, n° 135, note Perrot ; Gaz. Pal. 25-27 mai 2014, p. 45, obs. Herman ; Gaz. Pal. 2014. 1740, note Herman.*

3. Moyens nouveaux à l'appui d'un appel incident antérieur au désistement. Le fait de soutenir un appel incident par un moyen nouveau ne constitue pas un nouvel appel. Dès lors, le désistement postérieur à l'appel incident produit ses effets même lorsque est soulevé un moyen nouveau au soutien de l'appel incident. • Civ. 3e, 16 juill. 1986, n° 85-10.329 P.

b. Limites

4. Désistement avec réserve. L'acte de désistement d'appel mentionnant être accompli en vue de la formation d'un nouveau recours, s'il n'emporte pas acquiescement au jugement et renonciation à l'exercice de ce recours, n'en produit pas moins immédiatement son effet extinctif de l'instance. En conséquence, ayant relevé que l'appelant avait indiqué s'être désisté de son instance d'appel, c'est à bon droit que la cour d'appel a constaté l'extinction de l'instance et son dessaisissement. • Civ. 2e, 21 févr. 2019, n° 18-13.467 P : *D. actu. 18 mars 2019, obs. Laffly ; Gaz. Pal. 2 juill. 2019, p. 55, obs. Anger.*

5. Décision en dernier ressort. Le désistement d'un appel formé contre une décision en dernier ressort n'emporte pas manifestation non équivoque d'une renonciation à se pourvoir en cassation. • Soc. 9 oct. 1980, n° 79-40.229 P. ♦ V. aussi • Soc. 19 déc. 2002 : *JCP 2003. II. 10001, note Perdriau.*

6. Procédure prud'homale. Le désistement de l'appel formé contre un jugement de caducité, s'il emporte acquiescement et renonciation aux voies de recours quant à ce jugement, n'emporte pas renonciation par le demandeur à exercer le droit qu'il tient du C. trav., art. R. 516-26-1 [devenu R. 1454-21], de renouveler sa demande initiale après une première citation déclarée caduque. • Soc. 16 févr. 1994, n° 90-42.696 P : *D. 1994. IR 67.*

7. Jugement avant-dire droit. Le désistement d'un appel interjeté prématurément contre un jugement avant-dire droit ou statuant sur une fin de non-recevoir n'implique pas renonciation à interjeter appel de ce jugement avec le jugement sur le fond. • Civ. 2e, 12 juin 2008, n° 07-12.976 P : *JCP 2008. Chron. 206 (§ 21) ; Gaz. Pal. 2009. 13.*

8. Acceptation du désistement. L'acceptation par l'intimé du désistement d'appel de l'appelant n'emporte pas, sauf déclaration expresse en ce sens, renonciation aux prétentions qui n'avaient pas été tranchées par le jugement contesté. • Soc. 29 mai 2013, n° 12-14.052 P : *D. actu. 14 juin 2013, obs. Kebir ; JCP S 2013. 1391, note Barège.* ♦ Le juge du fond apprécie souverainement l'étendue de l'acceptation de l'intimé. • Même arrêt.

9. Si le désistement n'est pas parfait, en l'absence d'acceptation de l'adversaire qui avait formé préalablement une demande incidente, il ne peut y avoir acquiescement au jugement. • Civ. 2e, 6 déc. 2012, n° 11-17.167.

10. Pluralité de parties. V. notes ss. art. 400.

2° CARACTÈRE NON AVENU

11. Appel incident. Le désistement partiel de l'appelant est non avenu dès lors que l'un des intimés, condamné en première instance à le garantir, a régulièrement interjeté appel incident. • Civ. 2e, 6 févr. 1985, n° 82-17.004 P : *Gaz. Pal. 1985. 1. Pan. 242, obs. Guinchard et Moussa.*

12. L'appel incident formé par une personne ayant été partie en première instance, même si elle n'a pas été intimée sur l'appel principal, est régulier et rend ainsi non avenu le désistement d'appel signifié antérieurement par une autre partie. • Com. 30 nov. 1993, n° 90-10.121 P. ♦ L'art. 403 vise l'appel provoqué aussi bien que l'appel principal. • Paris, 17 févr. 1982 : *Bull. ch. avoués 1982. 4. 120* • 23 sept. 1982 : *ibid. 1983. 1. 12.*

Art. 404 **Le désistement de l'opposition fait sans réserve emporte acquiescement au jugement.**

Art. 405 **Les articles 396, 397 et 399 sont applicables au désistement de l'appel ou de l'opposition.**

1. Application de l'art. 399. Le désistement d'appel emporte acquiescement au jugement et, sauf convention contraire, soumission de payer seulement les frais de l'instance éteinte... Par suite, viole les art. 399, 401, 403 et 405 C. pr. civ. l'arrêt qui, pour faire droit à la demande des dommages-intérêts comme à celle formée au titre de l'art. 700 C. pr. civ. par les intimés, après avoir constaté que le désistement de l'appelant était parfait, énonce qu'il n'a pas eu pour effet, faute de volonté exprimée par les intéressés, de les faire renoncer à leurs demandes incidentes, alors que les intimés n'ayant pas maintenu ces demandes dans leur acceptation de désistement qui réservait seulement la charge des dépens, l'instance se trouvait éteinte. • Civ. 2e, 5 nov. 1986, n° 85-16.305 P. ♦ Pour la même solution pour le désistement d'un recours en révision : en matière de procédure orale, le désistement formulé par écrit, antérieurement à l'audience, produit immédiatement son effet extinctif de sorte que, si la juridiction peut statuer sur la demande fondée sur l'art. 700 C. pr. civ. formulée à l'audience par l'autre partie, en l'absence de l'auteur du désistement, dès lors que le désistement emporte, sauf convention contraire, soumission de payer les frais de l'instance éteinte, elle ne peut statuer sur la demande reconventionnelle en dommages-intérêts formulée dans les mêmes conditions. • Civ. 2e, 10 janv. 2008, n° 06-21.938 P : *D. 2008. Actu. 362*.

2. La demande formée au titre de l'art. 700 NCPC [devenu C. pr. civ.] ne tend qu'à régler les frais de l'instance éteinte auxquels est tenu l'appelant par application de l'art. 399. • Civ. 2e, 9 nov. 2006, n° 05-16.611 P : *D. 2007. Chron. C. cass. 898, obs. Vigneau* (demande postérieure au désistement d'appel). ♦ Celui qui se désiste de son appel peut être également condamné aux frais irrépétibles de l'art. 700. • Paris, 9 nov. 1987 : *Gaz. Pal. 1988. 1. 205.* ♦ ... A moins que l'intimé n'ait omis d'en reprendre la demande en acceptant le désistement. • Civ. 2e, 5 nov. 1986, n° 83-14.843 P.

3. Amende civile. Sur la condamnation à dommages-intérêts et à amende civile pour appel abusif, en cas de désistement tardif et non accepté, V. • Civ. 2e, 9 mai 1979, n° 78-12.963 P.

SECTION III **LA CADUCITÉ DE LA CITATION**

RÉP. PR. CIV. v° *Caducité*, par CALLÉ.

DALLOZ ACTION *Droit et pratique de la procédure civile 2022/2023*, nos 352.450 s.

BIBL. ► RAYROUX, *Gaz. Pal. 1987. 1. Doctr. 21* (en matière prud'homale).

Art. 406 **La citation est caduque dans les cas et conditions déterminés par la loi.**

BIBL. ► RAYROUX, *Gaz. Pal. 1987. 1. Doctr. 21* (en matière prud'homale).

1. Effet interruptif de prescription (non). L'assignation dont la caducité a été constatée ne peut interrompre la prescription. • Cass., ass. plén., 3 avr. 1987, n° 86-11.536 P : *D. 1988. Somm. 122, obs. Julien ; JCP 1987. II. 20792, concl. Cabannes ; Gaz. Pal. 1987. 2. Somm. 86, obs. Croze et Morel ; RTD civ. 1987. 401, obs. Perrot* • Civ. 1re, 17 mai 1988, n° 86-10.817 P : *JCP 1989. II. 21197, note F. Boulanger ; JCP N 1989. II. 45, note T. Fossier.*

2. Renvoi. V. art. 271, 314, 468, 469, 757, 791, 839, 857, 1043, 1227, 1425 C. pr. civ., et les notes ; V. art. R. 1454-12, R. 1454-13 C. trav.

Art. 407 **La décision qui constate la caducité de la citation peut être rapportée, en cas d'erreur, par le juge qui l'a rendue.**

1. Appel. Seule la voie de la rétractation est ouverte contre une décision qui constate la caducité de la citation ; la voie de l'appel n'est ouverte qu'à l'égard de la décision par laquelle le juge refuse de rétracter la première décision. • Civ. 2e, 17 juin 1998, n° 95-12.810 P : *RTD civ. 1998. 743, obs. R. Perrot* • Soc. 23 mai 2007, n° 06-40.146 P : *D. 2007. AJ 1664, obs. Fabre ; Dr. et pr. 2007. 337, obs. Bugada* • 9 nov. 2005, n° 03-47.738.

2. Pourvoi en cassation. Le pourvoi en cassation n'est ouvert qu'à l'encontre de la décision du bureau de conciliation du conseil de prud'hommes qui refuse de rétracter une décision constatant la caducité de sa saisine et non contre la décision constatant la caducité. • Soc. 18 mai 2005, n° 02-46.947 P.

3. Jugement de caducité. Le jugement de caducité fondé sur l'art. 469 C. pr. civ., qui doit intervenir dans un débat contradictoire, ne peut faire l'objet d'un recours en rétractation prévu par l'art. 407. • Civ. 2e, 10 déc. 2020, n° 19-20.051 P : *cité note 3 ss. art. 469.*

SECTION IV **L'ACQUIESCEMENT**

RÉP. PR. CIV. v° *Acquiescement*, par STRICKLER.

DALLOZ ACTION *Droit et pratique de la procédure civile 2022/2023*, n°s 352.300 s.

BIBL. ▸ DJOUDI, *D. 1996. Chron. 91*. – JUNILLON, *Procédures 2003. Chron. 13* (la volonté d'acquiescer au jugement).

Art. 408 **L'acquiescement à la demande emporte reconnaissance du bien-fondé des prétentions de l'adversaire et renonciation à l'action.**

Il n'est admis que pour les droits dont la partie a la libre disposition.

FORM. PR. CIV. v° *Acquiescement à une demande par voie de conclusions ; Requête d'un enfant majeur pour obtenir un acte de notoriété de possession d'état d'enfant (C. civ., art. 317) ; Requête d'un parent afin d'obtenir un acte de notoriété relatif à la possession d'état de son enfant (C. civ., art. 317).*

1. Acquiescement partiel. A titre d'exemple d'acquiescement partiel, laissant subsister l'instance sur les questions non résolues, V. • Civ. 2e, 12 févr. 1975, n° 73-13.748 P.

2. Révocation de l'acquiescement. Peut être révoqué l'acquiescement à la demande que vicie une erreur de droit. • Civ. 2e, 20 oct. 1982, n° 81-14.296 P.

Art. 409 **L'acquiescement au jugement emporte soumission aux chefs de celui-ci et renonciation aux voies de recours sauf si, postérieurement, une autre partie** *(Décr. n° 79-941 du 7 nov. 1979, art. 8, en vigueur le 1er janv. 1980)* **« forme régulièrement un recours ».**

Il est toujours admis, sauf disposition contraire.

a. Domaine

1. Ordonnance sur requête. Une ordonnance sur requête ne constitue pas un jugement au sens de l'art. 409. • Civ. 2e, 30 nov. 2016, n° 15-15.035 P.

2. Chose jugée. On ne peut acquiescer qu'à ce qui a été jugé. Ne peut être déclaré irrecevable l'appel du chef du jugement de divorce relatif à la garde des enfants au motif que le tribunal n'aurait fait qu'entériner l'accord des parties, qui auraient acquiescé par avance au jugement. • Civ. 2e, 16 avr. 1986, n° 84-15.485 P. ♦ L'acquiescement au jugement sur le principe de la responsabilité n'emporte pas acquiescement au taux des condamnations, sur lequel il n'a pas encore été statué. • Civ. 2e, 17 oct. 1984, n° 82-14.792 P : *Gaz. Pal. 1985. 1. Pan. 49, obs. Guinchard.*

b. Parties

3. Pouvoir pour acquiescer. Aux termes de l'art. 464 C. civ., que l'art. 495 rend applicable à la tutelle des majeurs, le tuteur peut défendre seul à une action introduite contre l'incapable, mais il ne peut acquiescer qu'avec l'autorisation du conseil de famille. • Civ. 1re, 7 mars 2000, n° 97-20.650 P : *D. 2001. Somm. 1513, obs. Lemouland ; RTD civ. 2000. 294, obs. Hauser ; ibid. 397, obs. Perrot ; Gaz. Pal. 2001. Somm. 575, note Massip ; Dr. fam. 2000, n° 113, obs. Fossier.* ♦ L'avocat n'a pas plus de pouvoir que la partie qu'il représente en justice. • Même arrêt. ♦ V. également, art. 417 et notes ss. art. 417.

4. Bénéficiaires de l'acquiescement. L'acquiescement ne profite qu'aux parties à l'instance. • Civ. 2e, 28 oct. 1987, n° 86-13.574 P.

c. Effets

5. Principe : renonciation aux voies de recours. Exprès ou tacite, l'acquiescement emporte renonciation aux voies de recours. • Civ. 2e, 9 oct. 1985, n° 84-12.441 P.

6. Mais l'acquiescement à un jugement n'emporte pas renonciation à en demander la rectification pour cause d'erreur matérielle, s'il n'est pas établi que l'acquiescement est intervenu en connaissance de l'erreur invoquée. • Civ. 2e, 7 juill. 2011, n° 10-21.061 P : *D. 2011. Actu. 2051*.

7. Force de chose jugée. Lorsqu'un jugement a fait l'objet d'un acquiescement, ce jugement passe en force de chose jugée lorsqu'il n'est susceptible d'aucun recours suspensif d'exécution. • Civ. 1re, 31 mars 2010, n° 09-12.770 P : *D. 2010. Actu. 963 ; ibid. 2011. Pan. 1110, obs. Douchy-Oudot ; JCP 2010. 411, obs. Bosse-Platière ; Dr. et pr. 2010. 208, obs. Choquet ; Gaz. Pal. 2010. 18, note Mulon ; ibid. 32, note Lécuyer.*

8. Exception : en cas de recours d'une autre partie. Il résulte de l'art. 409 que, lorsqu'un jugement contient plusieurs chefs, et qu'une partie interjette un appel limité à l'un d'eux, l'intimé peut appeler incidemment des autres, même s'il avait exécuté auparavant le jugement. • Civ. 2e, 10 juill. 1991, n° 90-15.446 P.

9. La partie qui, en exécutant une condamnation, avait acquiescé au jugement retrouve la possibilité de se défendre et n'est plus tenue de se soumettre à cette décision une fois l'appel de l'autre partie connu d'elle. • Soc. 16 nov. 1993, n° 91-44.768.

10. Si l'acquiescement au jugement emporte soumission aux chefs de celui-ci et renonciation aux voies de recours, sauf lorsque postérieurement une autre partie forme régulièrement un recours, l'exception ne s'applique qu'à la condition qu'il s'agisse d'une partie ayant des intérêts opposés. • Civ. 2e, 20 juin 1996, n° 93-20.712 P.

Art. 410 **L'acquiescement peut être exprès ou implicite.**

L'exécution sans réserve d'un jugement non exécutoire vaut acquiescement, hors les cas où celui-ci n'est pas permis.

BIBL. ▶ DJOUDI, *D. 1996. Chron. 91*. – JUNILLON, *Procédures 2003. Chron. 13.*

FORM. PR. CIV. v^is *Acquiescement à une décision par un avocat ou par un avoué ; Acquiescement à une décision de justice au nom d'un mineur ; Acquiescement à un jugement ou un arrêt par une partie.*

PLAN DES ANNOTATIONS

1. Peut être révoqué l'acquiescement à la demande que vicie une erreur de droit. • Civ. 2e, 20 oct. 1982 : *Bull. civ. II, n° 128.*

A. ACQUIESCEMENT EXPRÈS OU IMPLICITE

2. Acquiescement certain. Si l'acquiescement peut être explicite ou tacite, il doit toujours être certain, c'est-à-dire résulter d'actes démontrant avec évidence et sans équivoque l'intention de la partie à laquelle on l'oppose d'accepter le bien-fondé de l'action (acquiescement à la demande). • Civ. 3e, 13 juin 1968, n° 66-13.559 P • 23 oct. 1991, n° 89-18.458 P • Civ. 2e, 25 mai 1994, n° 93-10.881 P. – V. aussi • Civ. 2e, 3 avr. 2003, n° 00-17.949 P : *D. 2003. IR 1263*. ♦ ... Ou, en cas d'acquiescement au jugement, d'accepter l'entière décision intervenue. • Civ. 2e, 29 mai 1979, n° 78-11.527 P : *Gaz. Pal. 1979. 2. 397, note Viatte ; D. 1979. IR 473, obs. Julien ; RTD civ. 1980. 171, obs. Perrot* • 10 déc. 1981, n° 80-15.613 P : *D. 1983. IR 78, obs. Groslière* • Soc. 19 juin 1991, n° 86-40.608 P. ♦ Il doit résulter d'actes incompatibles avec la volonté d'interjeter appel. • Civ. 2e, 20 juill. 1987, n° 88-10.198 P • 14 janv. 1999, n° 97-11.782 P • 8 avr. 2004, n° 02-15.884 : *Gaz. Pal. 26-28 juin 2005, p. 26, obs. du Rusquec.* ♦ Rappr. pour un défaut d'acquiescement au jugement faute de volonté non équivoque. • Civ. 2e, 23 nov. 2006, n° 05-11.589 P • 7 déc. 2006, n° 05-17.419 P. ♦ V. aussi sur la renonciation, notes ss. art. 558.

3. Acceptation. L'acquiescement pur et simple ne nécessite pas l'acceptation de la partie adverse. • Civ. 2e, 18 nov. 1999 : *RTD civ. 2000. 157, obs. Perrot*.

4. Désistement d'action en divorce. La décision qui constate le désistement d'action en divorce n'a qu'un caractère déclaratif ; l'instance en divorce se trouve éteinte dès la date de signification du désistement d'action d'une partie à l'autre ; les mesures provisoires et, notamment, la pension alimentaire prévue par l'ordonnance de non-conciliation deviennent caduques à compter de la date de la signification par l'époux de son désistement de l'action en divorce qu'il avait engagée, et non à compter de celle de la décision de désistement. • Civ. 1re, 19 avr. 2005, n° 03-14.664 P.

5. Preuve. Attestation de personnes étrangères à l'acquiescement. L'acquiescement implicite résulte d'actes ou de faits démontrant avec évidence et sans équivoque l'intention de la partie à laquelle on l'oppose. Doit être cassé l'arrêt d'une cour d'appel qui écarte par principe, sans les examiner, les attestations émanant de personnes étrangères à cet acquiescement, objet du débat devant elle. • Civ. 1re, 16 juin 2011, n° 10-30.689 P : *Dr. fam. 2011, n° 125, note Larribau-Terneyre ; Gaz. Pal. 12-13 août 2011, p. 31, obs. Mulon ; AJ fam. 2011. 428, note David* ; *RJPF 12/2011. 23, obs. Garé ; D. 2011. Actu. 1758*.

6. Acquiescement par avance (non). Une cour d'appel ne peut déclarer irrecevable un appel formé contre le chef d'un jugement prononçant le divorce, relatif à la garde des enfants, au motif que le tribunal n'a fait qu'entériner l'accord intervenu entre les parties qui avaient acquiescé par avance au jugement, alors qu'on ne peut acquiescer qu'à ce qui a été jugé. • Civ. 2e, 16 avr. 1986, n° 84-15.485 P.

7. Demande d'exécution. La demande d'exécution de la condamnation formulée sans réserve, accompagnée d'un compte détaillé conforme aux dispositions du jugement, implique acquiescement à celui-ci. • Civ. 2e, 29 mai 1979, n° 78-11.527 P : *Gaz. Pal. 1979. 2. 397, note Viatte ; D. 1979. IR 473, obs. Julien ; RTD civ.*

1980. 171, obs. Perrot. ♦ V. aussi, pour l'acquiescement de l'avocat ayant sollicité l'accord du conseil des ayants droits de la victime pour déduire du règlement à intervenir les provisions déjà versées. • Civ. 2e, 21 janv. 1999, n° 96-17.946 P. ♦ La demande du paiement de la condamnation prononcée par la CIVI, formulée sans réserves par la victime, vaut acquiescement. • Civ. 2e, 15 févr. 2007, n° 05-22.089 P : *D. 2007. AJ 726*.

8. Acceptation de l'exécution. Dans l'exercice de son appréciation souveraine, le juge peut estimer que le seul fait d'accepter le paiement des indemnités allouées par le premier juge ne constitue pas la preuve évidente de l'intention d'accepter la décision. • Civ. 2e, 21 oct. 1987 : *Gaz. Pal. 1987. 2. Pan. 274.* ♦ La réception du paiement qui n'a pas été sollicité à la suite du jugement d'une commission d'indemnisation des victimes d'infractions ne peut valoir acquiescement. • Civ. 2e, 15 déc. 2005, n° 04-10.847 P : *D. 2006. IR 175 ; Procédures 2006, n° 24, obs. Perrot.* ♦ L'encaissement de la provision allouée par le jugement qui ordonne une expertise ne peut, en aucun cas, emporter acquiescement. • Civ. 2e, 10 déc. 1986, n° 85-11.763 P : *Gaz. Pal. 1987. 2. Somm. 334, obs. Croze et Morel.*

9. Mais l'acquiescement à un jugement peut résulter de l'encaissement sans réserve de sommes non assorties de l'exécution provisoire dues au titre du jugement dès lors que la partie, par aucune manifestation, n'a fait douter de son intention d'acquiescer : • Civ. 2e, 17 juin 1998, n° 96-15.211 P. ♦ Rappr. : • Soc. 26 oct. 1982, n° 81-15.294 P.

10. Encaissement de sommes. Une épouse qui, d'une part, accepte d'être réglée par trois acomptes des dommages-intérêts et des frais dus en vertu du jugement prononçant le divorce aux torts de son mari, d'autre part, interjette appel général à un moment où elle n'a pas encore encaissé le deuxième acompte, ni reçu le troisième, ne peut pas être considérée comme l'auteur d'un acte exprès d'acquiescement ; au contraire, elle a manifesté sa volonté de ne pas accepter le jugement en interjetant appel et les encaissements ultérieurs par elle des deuxième et troisième acomptes ne sont pas suffisants, en l'absence d'un acte de désistement d'appel, pour établir sa volonté d'acquiescer. • Civ. 2e, 11 janv. 1989, n° 87-15.952 : *JCP 1989. II. 21293.*

11. Participation à une mesure d'instruction. La participation sans réserve à une mesure d'instruction, ordonnée par un jugement mixte, ne peut, à elle seule, valoir acquiescement implicite au jugement sur le principal. • Civ. 3e, 7 mai 2002, n° 99-16.153 P : *D. 2002. IR 1729 ; RTD civ. 2002. 563, obs. Perrot ; AJDI 2002. 605, note Dumont*. ♦ V. déjà, jugeant, par un arrêt portant revirement de jurisprudence, que les art. 410 et 558 ne sont pas applicables en cas de seule participation à une mesure d'instruction ordonnée par un jugement. • Civ. 2e, 22 mai 1995, n° 93-11.413 P : *D. 1995. IR 157 ; RTD civ. 1995. 685, obs. Perrot ; Justices 1996, n° 4, p. 274, obs. Wiederkehr.* ♦ V. encore l'acquiescement implicite doit être certain, c'est-à-dire résulter d'actes incompatibles avec la volonté d'exercer un recours, et démontrant avec évidence la volonté de celui auquel on l'oppose d'accepter la décision intervenue. Par suite, ne manifeste pas avec évidence son intention d'acquiescer au jugement et de renoncer au droit d'appel la compagnie d'assurance qui, condamnée en première instance à garantir les conséquences dommageables d'un sinistre par un jugement ayant ordonné une expertise pour recueillir tous éléments du préjudice, apporte son concours à la mesure d'instruction en adressant au technicien un dire mentionnant l'évaluation du préjudice proposé par son propre expert. • Civ. 2e, 8 avr. 2004, n° 02-15.884 P. ♦ Ni le versement ou la consignation des frais relatifs à une mesure d'instruction ni la participation à l'exécution de cette mesure n'emportent à eux seuls acquiescement à la décision qui l'a ordonnée. • Civ. 2e, 20 juin 1996, n° 94-15.948 P. ♦ *Contra*, la jurisprudence antérieure : la participation sans réserve aux opérations d'expertise vaut acquiescement au jugement qui a ordonné cette mesure. • Civ. 2e, 5 oct. 1988 : *préc. note 27* • 27 juin 1990, n° 89-13.364 P • 10 févr. 1993, n° 91-18.153 P. ♦ ... Ne résultant d'aucun texte que la décision prescrivant une expertise bénéficie de plein droit de l'exécution provisoire. • Civ. 2e, 27 juin 1990 : *préc.*

12. Participation sans réserve à une mesure d'instruction. L'acquiescement doit être certain et résulter d'actes incompatibles avec la volonté d'interjeter appel, démontrant à l'évidence l'intention de la partie à laquelle on l'oppose, d'accepter la décision intervenue (participation sans réserve à une mesure d'instruction relative à la recherche des causes du divorce). • Civ. 2e, 10 déc. 1981, n° 80-15.613 P : *D. 1983. IR 78, obs. Groslière.*

13. Rapport à justice. Le fait pour une partie de s'en rapporter à la justice sur les mérites d'une demande implique de sa part non un acquiescement à cette demande, mais la contestation de celle-ci. • Civ. 1re, 9 juill. 2014 : *Procédures 2014, n° 259, note Croze* • 25 nov. 1980, n° 79-15.403 P • 21 oct. 1997, n° 95-16.224 P : *Procédures 1998, n° 1, note Perrot* • Com. 22 avr. 1986, n° 84-17.578 P.

14. Conclusions. Les conclusions de confirmation ne valent pas acquiescement au jugement frappé d'appel et n'excluent pas la possibilité de prendre des conclusions d'appel incident. • Civ. 3e, 13 juin 1979, n° 78-11.803 P : *RTD civ. 1980. 171, obs. Perrot* • Civ. 1re, 14 mars 1984 : *Gaz. Pal. 1984. 2. Pan. 210, obs. Guinchard.*

15. Sur l'interprétation des conclusions tendant à ce qu'il soit donné acte à la partie adverse de ses prétentions, V. : • Civ. 1re, 10 juin 1964 : *Bull. civ. I, no 311.*

16. Audience. L'absence de contestation à l'audience lors d'une procédure orale ne caractérise pas la volonté non équivoque d'acquiescer. • Civ. 2e, 16 déc. 2004, no 03-12.642 P. ♦ Lors d'une procédure orale (TI), l'acquiescement ne peut être déduit de l'absence de contestation, à l'audience, du principe et du montant de la demande, ni de l'absence de conclusions écrites. • Civ. 2e, 25 mai 1994, no 93-10.881 P : *D. 1995. Somm. 107, obs. Fricero*.

17. Défaut d'accomplissement des actes de procédure. Le défaut d'accomplissement des actes de procédure destinés à permettre l'examen de l'affaire ne suffit pas à caractériser une volonté non équivoque d'acquiescer à la demande. • Civ. 3e, 21 juin 2006, no 05-12.975 P : *Procédures 2006, no 199, note Perrot.*

18. Signification du jugement. La signification du jugement, même sans réserve, n'emporte pas acquiescement. • Civ. 2e, 27 févr. 1980, no 78-14.761 P.

19. Expiration du délai pour exercer une voie de recours. L'expiration du délai pour exercer une voie de recours n'emporte pas, à elle seule, acquiescement au jugement. • Civ. 1re, 3 mars 1998, no 96-10.753 P : *D. 1998. 421, concl. Sainte-Rose* ; *RG proc. 1998. 656, obs. Wiederkehr ; Gaz. Pal. 1998. 2. Pan. 193* • 25 janv. 2000, no 97-21.846 P : *D. 2000. IR 267.*

20. Jugement d'incompétence. La saisine du tribunal administratif par un syndicat après que le TGI s'est déclaré incompétent pour connaître de sa demande en annulation d'un accord social ne caractérise pas une volonté non équivoque d'acquiescer au jugement du TGI. • Civ. 2e, 3 avr. 2003, no 00-17.949 P : *D. 2003. IR 1263*.

21. Constitution de partie civile. La constitution de partie civile du Fonds de garantie des victimes des actes de terrorisme et d'autres infractions devant la juridiction pénale n'implique pas son acquiescement à la décision de la commission d'indemnisation des victimes d'infraction assortie de l'exécution provisoire. • Civ. 2e, 6 juin 2002, no 01-01.609 P.

22. Procédures collectives. La décision de l'administrateur judiciaire de poursuivre un contrat en cours portant sur des biens faisant l'objet d'une requête en revendication ne vaut pas acquiescement à celle-ci. • Com. 12 janv. 2016, no 14-11.943 P. ♦ Rappr. • 3 mai 2016, no 14-24.586 P.

23. Sentence arbitrale. Les dispositions des art. 409 et 410 valent pour une sentence arbitrale. • Paris, 11 sept. 2003 : *Rev. arb. 2004. 140.* ♦ La circonstance qu'une société, contestant dès l'origine du litige la compétence de l'arbitre, ait suivi la procédure au fond sans former de recours avant la sentence finale ne constitue aucunement un acquiescement à une sentence « intérimaire », le recours contre cette sentence ne pouvant suspendre le cours de l'arbitrage. • Paris, 4 mars 2004 : *Rev. arb. 2005. 143, note Train.*

24. Appel limité. Par la limitation de leurs appels respectifs aux seuls chefs du jugement concernant la prestation compensatoire, les époux ont implicitement, mais nécessairement, acquiescé aux autres dispositions du jugement. • Civ. 2e, 24 févr. 1993, no 91-18.213 P : *JCP 1994. I. 3729, no 10, obs. Ferré-André.*

B. EXÉCUTION D'UN JUGEMENT

1o JUGEMENTS NON EXÉCUTOIRES

25. Intention d'acquiescer (non). L'exécution sans réserve d'un jugement non exécutoire vaut acquiescement sans qu'il y ait lieu de rechercher si la partie qui a exécuté avait ou non l'intention d'acquiescer. • Civ. 2e, 14 oct. 1981, no 80-15.227 P • 5 oct. 1988, no 87-14.100 P : *JCP 1989. II. 21273, obs. Cadiet ; RTD civ. 1989. 143, obs. Perrot* • 14 déc. 1992, no 91-13.193 P. ♦ ... Ce jugement eût-il prononcé une condamnation sous astreinte. • Civ. 2e, 15 avr. 1991, no 90-11.469 P. ♦ V. aussi, en cas d'exécution volontaire sous la menace d'un commandement de payer, • Soc. 2 avr. 1997 : *Procédures 1997, no 144, note Perrot.*

V. not., en cas de règlement d'une indemnité provisionnelle allouée sans exécution provisoire : • Civ. 2e, 17 oct. 1984, no 82-14.792 P • 15 avr. 1991, no 89-21.692 P.

26. Mais, l'offre de payer une somme inférieure au montant de la condamnation ne peut constituer un acquiescement dès lors que cette offre n'a pas été acceptée. • Civ. 2e, 28 mai 1979, no 77-15.118 P.

27. Exécution après appel. L'exécution sans réserve d'un jugement non exécutoire, fût-ce après en avoir relevé appel, vaut acquiescement sans qu'il y ait lieu de rechercher si la partie qui a exécuté le jugement avait ou on l'intention d'y acquiescer. Pour une exécution intégrale de la décision qui n'était assortie qu'en partie de l'exécution provisoire de droit, sans réserves, lesquelles ne peuvent résulter du seul fait que le paiement est intervenu après l'appel et après des conclusions d'incompétence. • Soc. 21 janv. 2014, no 12-18.427 P : *Dr. et pr. 2014. 62, note Salati ; Gaz. Pal. 25-27 mai 2014, p. 42, obs. Orif ; JCP S 2014. 1317, note Brissy ; Dr. et pr. 2014. 62.* ♦ V. aussi en ce sens • Civ. 3e, 3 nov. 2011. ♦ V. jugeant que l'exécution sans réserve d'un jugement non exécutoire vaut acquiescement, l'antériorité de la déclaration d'appel par rapport à l'exécution du jugement n'affectant pas la validité dudit acquiescement. • Bordeaux, 24 févr. 2014 : *JCP 2014. 362, obs. Danet.*

28. Erreur sur le caractère exécutoire.

Cependant, si une décision de première instance non exécutoire par provision a été exécutée sous l'effet de la peur et en se méprenant sur son caractère exécutoire, cette exécution, affectée d'un vice, ne vaut pas acquiescement. • Civ. 2e, 5 avr. 2007 : *Procédures 2007, n° 125, note Perrot.* ♦ De même, viole l'art. 410, al. 2, la cour d'appel qui décide qu'en exécutant un jugement susceptible d'appel et non assorti de l'exécution provisoire, l'appelant avait acquiescé, alors qu'il s'était fondé, pour procéder à l'exécution, sur les mentions erronées du jugement et de l'acte de signification. • Civ. 2e, 10 janv. 2008, n° 07-13.370 P : *Procédures 2008, n° 98, note Perrot ; Gaz. Pal. 2008. 27, note du Rusquec.* ♦ ... Peu important que l'exécution ait eu lieu en connaissance de l'erreur du juge. • Civ. 2e, 20 oct. 2011, n° 10-24.864.

29. Exécution partielle. L'exécution volontaire, par l'une des parties, de l'un des chefs d'une décision de justice n'entraine de sa part aucun acquiescement ni aucune renonciation au droit d'appel relativement à d'autres chefs du même jugement distincts et indépendants du chef volontairement exécuté. • Civ. 2e, 20 déc. 1971, n° 70-13.255 P.

30. La publication par l'organe de presse du dispositif du jugement, non assorti de l'exécution provisoire, ne vaut pas acquiescement au jugement dès lors que la déclaration d'appel a été formée antérieurement et que l'exécution du jugement n'a été que partielle. • Aix-en-Provence, 14 mars 2002 : *D. 2003. Somm. 1542, obs. Lepage.*

31. Jugement de divorce. Ne manifeste pas une volonté certaine et non équivoque d'acquiescer au jugement prononçant le divorce à ses torts l'époux qui, bien que participant aux opérations de liquidation du régime matrimonial, n'exécute pas les dispositions du jugement le condamnant au paiement d'une prestation compensatoire et de dommages-intérêts. • Civ. 2e, 14 janv. 1999, n° 97-11.782 P. ♦ De même, le fait pour un époux, auquel le jugement de divorce l'ayant condamné au paiement d'une prestation compensatoire n'avait pas été régulièrement signifié, d'avoir contracté une nouvelle union et d'avoir payé la pension alimentaire due pour les enfants, ne caractérise pas une volonté non équivoque d'acquiescer au jugement du chef de la prestation compensatoire. • Civ. 2e, 17 oct. 2002, n° 01-00.982 P : *D. 2002. IR 3057.* ♦ Rappr. : • Civ. 2e, 5 avr. 2007 : *Procédures 2007, n° 125, note Perrot.*

32. Jugement de divorce – Acquiescement implicite. Méconnaît les exigences de l'art. 455 C. pr. civ. et se détermine par des motifs contradictoires, une cour d'appel qui retient que l'épouse n'a pas acquiescé au jugement de divorce, faute de preuve de son intention maintenue de divorce, tout en relevant que celle-ci s'est comportée ouvertement comme étant divorcée. • Civ. 1re, 19 mars 2008, n° 06-21.250 P : *Defrénois 2008. 1835, obs. Massip.*

33. N'est pas exécutoire, en matière de divorce, un arrêt d'appel faute de notification préalable de l'arrêt de la Cour de cassation rejetant le pourvoi. • Civ. 2e, 14 sept. 2006, n° 04-18.178 P : *D. 2007. Chron. C. cass. 901, obs. Vigneau.* ♦ Le fait de permettre la réalisation de la mention de divorce sur les actes d'état civil ne caractérise pas la volonté d'exécuter volontairement l'arrêt de la Cour de cassation. • Même arrêt.

34. Dépens. Les art. 410 et 558 ne sont pas applicables en cas d'exécution des condamnations aux dépens ou aux sommes allouées en application de l'art. 700. • Civ. 2e, 23 nov. 1994, n° 92-18.354 P : *RTD civ. 1995. 187, obs. Perrot ; Gaz. Pal. 1995. 1. 187, note C. L. (2 esp.)* • 15 nov. 1995, n° 93-21.577 P : *D. 1996. Somm. 131, obs. Julien* • 4 janv. 1996, n° 93-19.416 P : *D. 1997. 86, note Puigelier* • 26 févr. 1997, n° 95-13.876 P : *Gaz. Pal. 1998. 2. 792, note du Rusquec.* ♦ Comp. : • Soc. 2 avr. 1997 : *Procédures 1997, n° 144, note Perrot.* ♦ Pour la jurisprudence antérieure, un tel règlement des frais valait acquiescement au jugement : • Civ. 2e, 24 mars 1993, n° 91-19.875 P • 14 déc. 1992, n° 91-13.193 P • 23 janv. 1991, n° 89-19.279 P • 26 nov. 1990, n° 89-14.873 P • 21 juin 1989, n° 88-12.708 P.

35. Exécution des mesures d'administration judiciaire. La présomption d'acquiescement ne s'applique pas à l'exécution des mesures d'administration judiciaire. Lorsque le juge des référés ordonne une expertise et autorise l'assignation à jour fixe devant le juge du fond (passerelle), la saisine de ce dernier ne vaut pas acquiescement au chef concernant la mesure d'instruction. • Paris, 5 nov. 1987 : *Gaz. Pal. 1987. 1. 272, note Renard.*

2° JUGEMENTS EXÉCUTOIRES

a. Principe

36. Jugement exécutoire : absence de présomption d'acquiescement. La présomption d'acquiescement instituée par l'art. 410, al. 2, ne s'applique pas lorsque le jugement est exécutoire. • Civ. 2e, 6 mai 1987, n° 86-10.384 P : *D. 1987. 435, note Groutel* • Civ. 3e, 5 juill. 1989, n° 02-16.916 P : *RDI 1990. 197* • 30 avr. 2002 : *RDI 2003. 51, note Morel* • Civ. 2e, 8 juill. 2004, n° 02-16.916 P : *RTD civ. 2004. 776, obs. Perrot ; Dr. et pr. 2005. 31, note Lefort* • 23 nov. 2006, n° 05-11.589 P (jurisprudence constante). ♦ V., s'agissant de l'exécution des décisions frappées de pourvoi : • Civ. 3e, 15 févr. 2006, n° 01-70.106 P.

37. Exécution provisoire. L'exécution d'un jugement assorti de l'exécution provisoire, faite avec réserves, n'emporte pas acquiescement, même si les sommes réglées comprenaient l'indemnité allouée au titre de l'art. 700. • Civ. 2e, 9 mars 1994, n° 92-19.583 P : *JCP 1995. II. 22421, obs. du Rusquec.*

38. Ordonnance de référé. Dès lors que le premier juge a statué par ordonnance de référé, exécutoire de droit, la présomption d'acquiescement ne peut s'appliquer, et l'acquiescement ne peut résulter du seul départ de la personne exécutée, avant l'expiration du délai de deux mois prévu par l'art. 62 de la L. n° 91-650 du 9 juill. 1991 [devenu C. pr. exéc., art. L. 412-1]. • Civ. 2e, 12 févr. 2004, n° 02-12.392 P : *Gaz. Pal. 13-15 mars 2005, p. 14, obs. du Rusquec.* ♦ ... S'agissant de l'exécution d'une décision d'incompétence du juge des référés de grande instance au profit du juge des référés commerciaux : • Civ. 2e, 26 févr. 1992, n° 90-19.322 P.

39. Condamnation au paiement d'une provision. Les condamnations au paiement d'une provision prononcées par les juges du fond sont exécutoires de droit à titre provisoire, de sorte que leur paiement, même sans réserve, par la partie condamnée, ne peut valoir acquiescement. • Civ. 2e, 18 nov. 1999, n° 97-12.709 P : *D. 2000. IR 33 ; JCP 2000. II. 10385, note Psaume.*

b. Limite

40. Preuve contraire. La preuve de l'acquiescement peut néanmoins résulter des circonstances de la cause. • Civ. 2e, 16 févr. 1984, n° 82-12.399 P : *RTD civ. 1984. 368, obs. Perrot.*

TITRE DOUZIÈME REPRÉSENTATION ET ASSISTANCE EN JUSTICE

RÉP. PR. CIV. v° *Assistance et représentation en justice*, par D. Cholet ; v° *Avocat*, par Dauchy-Gudot.

DALLOZ ACTION *Droit et pratique de la procédure civile 2022/2023*, nos 171.00 s.

BIBL. GÉN. ▸ Deharo, *Gaz. Pal. 6-7 déc. 2013, p. 10* (preuve du mandat *ad litem*). – Eymard et Doucède, *Gaz. Pal. 1990. 1. Doctr. 223* (représentation en référé). – Fricero, *Just. et cass. 2008. 90* (la représentation devant toutes les juridictions). – Lahrer, *RTD civ. 2017. 541* (mandat et confiance). – R. Martin, *JCP 2008. Actu. 592* (feu la postulation). – Vanusem, *RTD civ. 2011. 677* (l'étrange disparition du désaveu d' « avocat à la Cour » devant les juridictions judiciaires). – Viatte, *Gaz. Pal. 1976. 1. Doctr. 392* (mandat *ad litem*). – *Journées d'études des avoués, Nîmes 1990* (mandat de représentation de l'avoué).

Art. 411 Le mandat de représentation en justice emporte pouvoir et devoir d'accomplir au nom du mandant les actes de la procédure. — *V. L. n° 71-1130 du 31 déc. 1971, art. 4 reproduit ci-dessous.*

L'action dirigée contre les personnes légalement habilitées à représenter ou à assister les parties en justice à raison de la responsabilité qu'elles encourent de ce fait se prescrit par dix ans à compter de la fin de leur mission (C. civ., art. 2277-1, réd. L. n° 89-906 du 19 déc. 1989).

1. Encourt la cassation l'arrêt qui constate la représentation d'une partie dans une instance d'appel engagée après son décès. • Civ. 3e, 4 mars 1987 : *Bull. civ. III, n° 42.*

2. En application de l'art. 411, l'avocat constitué par une commune a le pouvoir de la représenter pour les actes de procédure, et peut soulever la prescription sans avoir à produire une autorisation expresse signée du maire. • Civ. 1re, *23 avr. 1986 : Bull. civ. I, n° 60.* ♦ Sur la portée et les limites du mandat de l'avocat, V. note Chartier ss. • Civ. 1re, 12 mai 1993 : *D. 1993. 411 ; JCP 1993. II. 22132, note R. Martin (2 esp.).*

3. L'avocat ne peut engager la partie qu'il représente que par les conclusions qu'il dépose en son nom. La reconnaissance d'un fait dans la plaidoirie ne peut donc constituer un aveu judiciaire. • Civ. 1re, 14 janv. 1981 : *Bull. civ. I, n° 13 ; RTD civ. 1981. 446, obs. (nuancées) Perrot* • 14 mai 1991 : *D. 1991. IR 154 ; Gaz. Pal. 1992. 1. Somm. 11, obs. Croze et Morel.* ♦ Mais il n'y a pas lieu de distinguer, dans les pièces de procédure établies par l'avocat, les moyens de droit et les énonciations de fait, lesquelles peuvent constituer un commencement de preuve par écrit. • Civ. 1re, 5 oct. 1976 : *Bull. civ. I, n° 283.*

4. Dans une procédure orale, l'avocat peut engager la partie qu'il représente par un aveu fait oralement. • Civ. 1re, 3 févr. 1993, n° 91-12.714 P : *RTD civ. 1993. 642, obs. Perrot .*

5. Sur la notification des jugements, V. note 1 ss. art. 420.

6. Le pouvoir de représenter une partie devant le conseil de prud'hommes n'implique pas celui d'interjeter appel. • Soc. 13 mai 1986 : *Bull. civ. V, n° 217.* ♦ V., en matière de pourvoi, notes ss. art. 984.

7. Il n'entre pas dans le mandat *ad litem* de l'avocat de déclarer à l'assureur le sinistre survenu à son client. • Paris, 1er juin 1987 : *D. 1988. Somm. 236, obs. Brunois.*

8. Le mandat de représentation en justice de l'avocat lui permet de consentir à la prorogation du délai d'arbitrage. • Civ. 2e, 21 nov. 2002, ⚖ n° 00-22.465 P.

9. Sur le droit de recouvrer les frais et émoluments contre le mandant, V. note 8 ss. art. 699.

Loi du 20 février 1922,

Sur l'exercice de la profession d'avocat et la discipline du barreau en Alsace-Lorraine.

Art. 8 Devant les tribunaux des départements de la Moselle, du Bas-Rhin et du Haut-Rhin, les avocats inscrits au tableau près ces tribunaux sont admis, à l'exclusion des stagiaires, à représenter les parties, à postuler, à conclure, et, d'une manière générale, faire tous les actes de procédure. Ils exerceront ce droit de représentation dans les conditions prévues par les lois locales dont les dispositions en cette matière sont maintenues en vigueur.

Les avocats inscrits au tableau des avocats de Colmar devront faire connaître, par une déclaration qui sera portée par le bâtonnier à la connaissance du procureur général, s'ils entendent exercer le droit de représenter et de postuler devant la cour d'appel ou devant le tribunal de première instance.

Les avocats inscrits pourront être autorisés, par le conseil de l'ordre, ou, sur appel, par la cour d'appel, à résider au siège d'un tribunal de bailliage dans le ressort du tribunal de première instance où ils sont inscrits.

Renvoi. V. note 4 ss. L. n° 71-1130 du 31 déc. 1971, art. 5, reproduit ci-dessous.

Loi n° 71-1130 du 31 décembre 1971,

Portant réforme de certaines professions judiciaires et juridiques (JO 5 janv.).

Art. 4 Nul ne peut, s'il n'est avocat, assister ou représenter les parties, postuler et plaider devant les juridictions et les organismes juridictionnels ou disciplinaires de quelque nature que ce soit, sous réserve des dispositions régissant les avocats au Conseil d'État et à la Cour de cassation *(Abrogé par L. n° 2011-94 du 25 janv. 2011, art. 12-I, à compter du 1er janv. 2012) « et les avoués près les cours d'appel ».*

Les dispositions qui précèdent ne font pas obstacle à l'application des dispositions législatives ou réglementaires spéciales en vigueur à la date de publication de la présente loi et, notamment, au libre exercice des activités des organisations syndicales régies par le code du travail ou de leurs représentants, en matière de représentation et d'assistance devant les juridictions sociales et paritaires et les organismes juridictionnels ou disciplinaires auxquels ils ont accès.

(L. n° 2010-1609 du 22 déc. 2010, art. 37-III) « Nul ne peut, s'il n'est avocat, assister une partie dans une procédure participative prévue par le code civil. »

Par dérogation aux dispositions de l'al. 1er de l'art. 4 ci-dessus, les parties peuvent se faire assister ou représenter devant le T. par. baux rur. par leur concubin ou la personne avec laquelle elles ont conclu un pacte civil de solidarité ou par un membre ou un salarié d'une organisation professionnelle agricole (L. n° 90-85 du 23 janv. 1990, art. 83, D. et ALD 1990. 118, mod. par L. n° 2007-1787 du 20 déc. 2007, art. 2-II).

Par dérogation aux dispositions de l'al. 1er de l'art. 4 ci-dessus, les parties peuvent également se faire assister ou représenter devant le tribunal d'instance, la juridiction de proximité ou en matière prud'homale par leur concubin ou la personne avec laquelle elles ont conclu un pacte civil de solidarité (L. n° 2007-1787 du 20 déc. 2007, art. 2-I).

L'art. 37-III de la L. n° 2010-1609 du 22 déc. 2010 entre en vigueur dans les conditions fixées par le décret modifiant le C. pr. civ. nécessaire à son application et au plus tard le 1er sept. 2011 (L. préc., art. 43).

BIBL. ▶ **L. 20 déc. 2007 :** LARRIBAU-TERNEYRE, *Dr. fam. 2008. 19.*

▶ **DemanderJustice.com :** BLÉRY et TEBOUL, *JCP 2014. 578* (entre nullité pour vice de forme, nullité pour irrégularité de fond et exercice illégal de la profession d'avocat : l'audacieux mais périlleux équilibre de *DemanderJustice.com*). – DEHARO, *Gaz. Pal. 6-7 déc. 2013, p. 10* (preuve du mandat *ad litem*). – DUFOUR, *LPA 11 févr. 2014, p. 4* (DemanderJustice.com, braconnier du droit ou pionnier ?) ; *ibid. 20 mars 2014, p. 4* (DemanderJustice.com n'est pas un braconnier du droit). – G'SELL, *JCP 2014. 597, n° 15.*

PLAN DES ANNOTATIONS

1. Constitutionnalité. Avocats aux conseils. Monopole de la représentation et de la prise de parole. Conformité (oui). Les dispositions de l'art. 4 de la loi de 1971, qui ont pour effet de réserver aux seuls avocats de l'Ordre des avocats aux conseils la représentation des parties devant le Conseil d'État lorsque le ministère d'avocat est rendu obligatoire par les règles de procédure applicables, ne portent pas atteinte au droit à un recours effectif garanti par l'art. 16 DDH, dès lors que lorsque le président de l'Ordre des avocats au Conseil d'État et à la Cour de cassation est saisi d'une demande de désignation d'un avocat de cet ordre pour former, devant le Conseil d'État, une requête en vue de laquelle l'intéressé n'a obtenu l'accord d'aucun avocat pour l'assister, une telle demande, qui a pour effet d'interrompre le délai du recours que l'intéressé envisageait d'introduire, ne peut être rejetée que si la requête projetée est manifestement dépourvue de chances raisonnables de succès, le Conseil d'État pouvant être saisi par l'intéressé d'un recours, lui-même dispensé du ministère d'avocat, afin de statuer sur la légalité d'une telle décision de rejet prise au nom de l'Ordre. La circonstance que les conditions d'exercice de ce pouvoir du président de l'Ordre ne soient pas précisées par ces dispositions législatives n'est pas de nature à affecter, par elle-même, l'exercice des droits et libertés garantis par la Constitution (litige tendant à l'annulation d'une décision du président de l'ordre des avocats au Conseil d'État et à la Cour de cassation refusant de désigner un avocat d'office pour introduire devant le Conseil d'État un recours en révision, lequel, en vertu de l'art. R. 834-3 CJA, ne peut être présenté que par le ministère d'un avocat au Conseil d'État). • CE 13 janv. 2014 : *D. avocats 2014. 49*. ♦ Eu égard aux spécificités des règles de procédure devant le Conseil d'État, juridiction suprême de l'ordre administratif, le monopole de la représentation et de la prise de parole par des avocats spécialisés, qui répond à l'objectif de valeur constitutionnelle de bonne administration de la justice et vise à garantir l'exercice effectif de leurs droits par les parties, ne méconnaît pas, par suite, le droit des parties à un procès équitable ou l'égalité de traitement entre les parties. Pour les mêmes motifs, les restrictions qu'il introduit dans l'exercice de la profession d'avocat ne portent pas d'atteinte injustifiée à l'égalité de traitement entre les avocats, ni d'atteinte disproportionnée à la liberté d'entreprendre de ces derniers. • CE 28 sept. 2016, n° 397231 : *D. avocats 2016. 262* ; *JCP 2017. 660, n° 31, obs. Vautrot-Schwarz.*

I. DOMAINE DE L'ASSISTANCE ET DE LA REPRÉSENTATION OBLIGATOIRES PAR AVOCAT

2. … Assurance de protection juridique. Sur la liberté de choix de l'avocat en matière d'assurance de protection juridique, V. C. assur., art. L. 127-3 et L. 322-2-3, al. 4, App., v° *Assurances, II, Assurance de protection juridique.*

3. Dispenses réglementaires du ministère d'avocat. Ni l'art. 4 de la loi de 1971 ni le principe général des droits de la défense n'ont pour objet ni pour effet d'interdire au pouvoir réglementaire, dans le cadre des pouvoirs qu'il détient pour régler la procédure civile ou administrative de dispenser les justiciables de recourir en certaines matières au ministère d'un avocat. • CE 19 mars 1993 : *JCP 1993. IV. 1334.*

4. Recours sur rémunération d'un technicien. Irrecevabilité du recours contestant la rémunération d'un technicien introduit par le père d'un fils majeur. • Paris, 19 sept. 1988 : *Bull. avoués 1988, n° 3, p. 104.*

5. Arbitrage. Les dispositions de l'art. 4 de la loi de 1971 ne sont pas applicables en ce qui concerne l'assistance et la représentation des parties devant les arbitres. • Civ. 1re, 19 juin 1979 : *Bull. civ. I, n° 185, Gaz. Pal. 1979. 2. 493, note Viatte ; Rev. arb. 1979. 487, note Bolard* • Paris, 14 oct. 1977 : *D. 1978. IR 85, obs. Julien.*

6. Tribunaux de commerce. Les dispositions conférant aux parties la faculté de se faire assister ou représenter par toute personne de leur choix devant une juridiction ne peuvent avoir pour effet, sauf disposition expresse contraire, de déroger au principe suivant lequel seuls les avocats peuvent assumer ces missions à titre habituel. • Civ. 1re, 7 avr. 1999, n° 97-10.656 P : *D. 1999. IR 119* ; *RTD civ. 1999. 698, obs. Perrot* ; *JCP 1999. II. 10107, note R. Martin ; RG proc. 1999. 406, obs. Putman.* ♦ Le recouvrement de créances pour le compte d'autrui ne figure pas au titre de ces exceptions. • Même arrêt. ♦ V. aussi note ss. art. 72 de la loi n° 71-1130.

7. Avocats au Conseil d'État et à la Cour de cassation. Il résulte de l'art. 4 de la loi de 1971 que les avocats au Conseil d'État et à la Cour de cassation sont seuls habilités à assurer la représentation et l'assistance devant cette Cour. • Civ. 2e, 21 févr. 2002, n° 02-01.241 P • Cass., QPC, 29 mars 2011 : *D. actu. 2 mai 2011, obs. Bigot de la Touane* (procédure de QPC). ♦ Doit, en conséquence, être rejetée la demande de plaidoirie d'un avocat à un barreau, formulée devant la Cour de cassation, à l'occasion de l'examen par celle-ci d'une demande de renvoi pour cause de suspicion légitime. • Même arrêt.

8. Collaborateur d'avocat. Il résulte des art. 4, al. 1er, et 6, al. 1er, de la loi de 1971, que si, sous réserve des dispositions législatives et réglementaires excluant l'application d'un tel principe dans les cas particuliers qu'elles déterminent, les avocats ont qualité pour représenter leurs clients devant l'administration fiscale sans avoir à justifier du mandat qu'ils sont réputés avoir reçu de ces derniers dès lors qu'ils déclarent agir pour leur compte, leurs collaborateurs n'ayant pas la qualité d'avocat ne peuvent intervenir que sous réserve de la production d'un mandat exprès du contribuable. • CE 13 janv. 2010 : *AJDA 2010. 70 ; JCP 2010. 270, n° 8, obs. Pillet ; LPA 5-6 avr. 2010, p. 10, note Rouault ; Gaz. Pal. 20 juill. 2010, p. 13, note Roumélian.*

9. Requérant ayant la qualité d'avocat. En vertu tant des dispositions relatives au mandat, résultant du CJA (CJA, art. R. 431-2 et R. 811-7) et du C. civ. (C. civ., art. 1984), que du principe d'indépendance de l'avocat, ce dernier doit être une personne distincte du requérant, dont les intérêts personnels ne sont pas en cause dans l'affaire soumise au juge. Ainsi, un requérant exerçant la profession d'avocat ne peut, dans une instance à laquelle il est personnellement partie, assurer sa propre représentation au titre de l'art. R. 431-2 CJA. • CE 22 mai 2009 : *Lebon 205 ; AJDA 2009. 1073, obs. Royer ; JCP 2009. Actu. 293, obs. Dauxerre ; Dr. fisc. 2009 n° 465, note L. Ayrault.* ♦ V. aussi, appliquant la même logique au défenseur syndical, note ss. art. L. 1453-1 A C. trav., App., v° *Procédure prud'homale*.

10. Procédure sans représentation obligatoire. Dans la mesure où son litige n'était pas d'une nature civile imposant une représentation obligatoire devant le TGI par élection de domicile auprès d'un avocat établi auprès de ce tribunal, M. X., qui se trouvait représenté par un avocat ressortissant d'un État membre de la Communauté européenne agissant en vertu des dispositions combinées des art. 202-1 du Décr. n° 91-1197 du 27 nov. 1991 et R. 431-2 CJA, se trouvait dispensé de l'obligation de faire élection de domicile dans le ressort du tribunal. • CAA Nancy, 23 mars 2009, *M. Wolfram X. : AJDA 2009. 1063 .*

11. Conseil des prud'hommes. Exécution provisoire. Aucune disposition propre à la juridiction du premier président ne prévoyant de dérogation susceptible de faire échec au monopole d'assistance de l'avocat devant les juridictions et les organismes juridictionnels ou disciplinaires de quelque nature que ce soit, tel que prévu par l'art. 4 de la L. n° 71-130 du 31 déc. 1971, un représentant syndical est dans l'impossibilité d'assister le salarié dans le cadre d'une instance tendant à l'arrêt de l'exécution provisoire de la décision d'un conseil de prud'hommes. En effet, si l'art. R. 1453-2 C. trav. dans sa version résultant du Décr. n° 2016-660 du 20 mai 2016 permet aux défenseurs syndicaux d'assister un salarié devant une juridiction sociale, de telles dispositions ne sauraient s'appliquer devant le premier président, lequel est une juridiction autonome distincte d'une juridiction sociale. • Riom, 8 déc. 2016, n° 16/00126.

12. Défenseur syndical. Les dispositions de l'art. L. 1458, al. 1er, C. trav. soumettent le défenseur syndical à une obligation de secret professionnel pour toutes les questions relatives aux procédés de fabrication. Elles lui imposent également une obligation de discrétion à l'égard des informations ayant un caractère confidentiel et présentées comme telles par la personne qu'il assiste ou représente ou par la partie adverse dans le cadre d'une négociation (consid. 20 et 21). Tout manquement du défenseur syndical à ses obligations de secret professionnel et de discrétion peut entraîner sa radiation de la liste des défenseurs syndicaux par l'autorité administrative. En outre, l'art. 226-13 C. pén. punit d'un an d'emprisonnement et de 15 000 € d'amende la révélation d'une information à caractère secret par une personne qui en est dépositaire soit par son état ou par sa profession, soit en raison d'une fonction ou d'une mission temporaire (consid. 22). Dès lors sont assurées aux parties, qu'elles soient représentées par un avocat ou par un défenseur syndical, des garanties équivalentes quant au respect des droits de la défense et de l'équilibre des droits des parties (consid. 23). Ainsi, en dépit des différences statutaires entre avocats et défenseurs syndicaux, le législateur avait prévu des garanties équivalentes en faveur des justiciables se faisant représenter ou assister par un défenseur syndical. • Cons. const. 7 avr. 2017, n° 2017-623 QPC : *JO 9 avr. ; D. avocats 2017. 131, obs. Dargent .*

II. ÉTENDUE DU POUVOIR D'ASSISTANCE ET DE REPRÉSENTATION

13. Preuve du mandat ad litem. L'avocat n'a pas à justifier de l'existence du contrat de représentation qui s'est formé, le plus souvent sans écrit, entre lui et son client. • Soc. 20 juin 1984 : *Bull. civ. V, n° 255* • Colmar, 21 juin 1984 : *JCP 1985. II. 20486, note Chambon ; D. 1987. Somm. 1967, obs. Brunois.* • Civ. 2e, 20 févr. 1991, n° 89-14.045 P • Soc. 29 nov. 1995 : *Dalloz jurisprudence.* ♦ Son appartenance à un ordre auquel un crédit certain est attaché lui permet d'être cru sur parole. • Civ. 1re, 2 déc. 1926 : DP *1927. 1. 55, note J. Appleton.* ♦ Ainsi, lorsqu'un avocat, se présentant pour assurer la défense d'un prévenu absent poursuivi devant la juridiction correctionnelle, dépose des conclusions, il s'en déduit qu'il agit en vertu d'un mandat de représentation. • Crim. 14 oct. 2008, n° 08-

81.617 P : *AJ pénal 2009. 185, obs. Ascensi* ; *RSC 2009. 411, obs. Finieltz* . ♦ De même, est recevable la requête présentée par un avocat agissant au nom d'une société anonyme qui s'est borné à indiquer qu'il agissait au nom de ses représentants légaux et qui s'est contenté de produire un extrait K *bis* sur lequel figure l'identité des personnes habilitées par le code de commerce à prendre la décision d'ester en justice. • CE 30 mars 2009 : *Dalloz jurisprudence.* ♦ Cependant, la présomption de l'existence même du mandat de représentation en justice peut être combattue par la preuve contraire. • Com. 19 oct. 1993, n° 91-15.795 P : *RTD civ. 1994. 160, obs. Perrot* . ♦ Sur l'application du mandat apparent à l'avocat qui intervient en dehors de tout procès, V. • Lyon, 8 janv. 1986 : *D. 1987. Somm. 66, obs. Brunois* • TGI Caen, 6 janv. 1986 : *Gaz. Pal. 1986. 2. 534.* ♦ ... Ou qui conclut une transaction. • Civ. 3e, 2 mars 2005, n° 03-15.466 P : *AJDI 2005. 680* .

14. L'art. R. 1454-13, al. 2, C. trav., en ce qu'il impose au mandataire représentant le défendeur de produire un mandat spécial l'autorisant à concilier en l'absence du mandant, ne s'applique pas à l'avocat, qui tient des art. 416 et 417 C. pr. civ. une dispense générale d'avoir à justifier, à l'égard du juge et de la partie adverse, qu'il a reçu un mandat de représentation comprenant notamment le pouvoir spécial d'accepter ou de donner des offres. • Cass., avis, 8 sept. 2014, n° 15009 P : *D. 2014. Actu. 1827* ; *ibid. 2015. Pan. 297, obs. Fricero* ; *ibid. 2015. Pan. 35, obs. Wickers* ; *D. avocats 2014. 294, obs. Dargent* ; *JCP 2014. 1093, n° 4, obs. Pillet* ; *Procédures 2014. Étude 13, note Bugada* ; *RDT 2014. 706, note Vigneau* ; *JCP S 2014. 1431, note Benoit et Sicard* • Soc. 10 juin 2015, n° 14-11.814 P.

15. Déclaration de créance. L'avocat du créancier a qualité, sans avoir à justifier d'un pouvoir, pour déclarer, au nom de son client, une créance au passif du redressement ou de la liquidation judiciaires du débiteur. • Civ. 1re, 20 févr. 2001 : *JCP 2001. I. 284, obs. R. Martin.* ♦ Cependant, un avoué n'est pas dispensé de justifier d'un pouvoir spécial donné par écrit pour déclarer une créance. • Com. 28 juin 2005, n° 04-14.651 P : *D. 2005. AJ 1940, obs. A. Lienhard* ; *ibid. 2006. Pan. 79, obs. Le Corre* ; *ibid. 547, obs. Julien et Fricero* ; *RTD com. 2005. 840, obs. Martin-Serf* ; *JCP 2005. II. 10113, note Rémery* • 29 nov. 2005 : *D. 2006. AJ 66, obs. A. Lienhard* .

16. Si le statut de l'avocat le dispense de justifier d'un mandat spécial lorsqu'il s'agit d'introduire une demande en justice, il doit signer personnellement les actes introductifs d'instance : ainsi, le ou la secrétaire d'un avocat ne saurait signer, sans disposer d'un pouvoir spécial, une déclaration de créance dans le cadre d'une procédure collective, quand bien même cette déclaration serait rédigée sur le papier à en-tête de l'avocat. • Com. 17 févr. 2009, n° 08-13.728 P : *D. 2009. AJ 627, obs. A. Lienhard* ; *ibid. Chron. C. cass. 1240, obs. Bélaval et Salomon* ; *JCP 2009. I. 136, n° 7, obs. Pétel* ; *ibid. 295, n° 5, obs. Pillet* ; *Gaz. Pal. 28 avr. 2009, p. 31, note Le Corre-Broly* ; *ibid. 21 mai 2009, p. 11, note Piedelièvre* ; *RTD com. 2009. 450, obs. Martin-Serf* ; *RPC 2010, n° 12, note F. Legrand et M.-N. Legrand.* ♦ Comp. : • Com. 3 juin 1997 : *Dr. sociétés 1997, n° 157, obs. Chaput.*

17. Déclaration d'appel. Un avocat, en vertu de son mandat *ad litem* et sans avoir à justifier d'un pouvoir spécial, est habilité à formuler au nom de son client une déclaration d'appel d'une ordonnance rendue par le juge d'instruction. • Crim. 15 mai 1979 : *Bull. crim. n° 174.* ♦ L'impossibilité d'identifier l'avocat signataire de la déclaration d'appel constitue un vice de forme. • Soc. 15 juin 2010 : *cité note 21 ss. C. pr. civ., art. 114.* ♦ De même doit être prononcée l'irrecevabilité de la déclaration d'appel portant pour signature de l'avocat la mention « pour ordre ». • Paris, 5 déc. 2006 : *JCP 2007. I. 151, n° 5, obs. Bortoluzzi.* ♦ Aucune disposition législative n'ayant édicté une règle contraire à celle posée par l'art. 4 de la loi du 31 déc. 1971 qui aurait eu pour objet d'interdire à un vétérinaire d'être représenté devant la juridiction disciplinaire devant laquelle il est poursuivi, la chambre de discipline des vétérinaires, qui a rejeté l'appel interjeté par l'intermédiaire d'un avocat au motif qu'il était irrecevable comme n'émanant pas de la partie poursuivie, a commis une erreur de droit et sa décision doit par suite être annulée. • CE 27 mars 2009, *Dessalle, Mestrallet, Druesne : Dalloz jurisprudence.*

18. Conclusions et déclarations orales. L'avocat ne peut engager la partie qu'il représente que par les conclusions qu'il dépose en son nom et non par les déclarations faites au cours de sa plaidoirie. • Civ. 1re, 14 janv. 1981 : *Bull. civ. I, n° 13* ; *RTD civ. 1981. 446, obs. Perrot.*

19. Procédure d'imposition. Aucune disposition législative ou réglementaire applicable au déroulement de la procédure d'imposition ne subordonne la possibilité pour un avocat de représenter un contribuable à la justification du mandat qu'il a reçu. • CE, avis, 5 juin 2002 : *D. 2002. 2286, note Douet* ; *Gaz. Pal., 22-24 sept. 2002, concl. Bachelier* ; *Procédures 2002, n° 197, note Pierre* ; *JCP 2003. I. 140, n° 11, obs. R. Martin.* ♦ Mandat présumé dans le cas d'une révélation de donation réalisée par l'avocat. • Com. 19 janv. 2010, n° 08-21.476 P. ♦ A la différence de l'avocat, le collaborateur d'avocat doit avoir reçu un mandat exprès pour intervenir auprès de l'administration fiscale pour son client : en l'espèce, les redressements notifiés à des clients avaient été contestés au moyen d'une lettre signée non par l'avocat lui-même, mais par sa collaboratrice, laquelle n'avait pas la qualité d'avocat. • CE 13 janv. 2010 : *préc. note 8.*

♦ Annulation d'une taxation d'office après mise en demeure adressée à l'avocat du contribuable au motif qu'il n'était pas démontré que la société avait été elle-même directement mise en demeure, ni que l'avocat « préalablement à la mise en demeure avait déclaré agir pour le compte de la société ». • Com. 20 nov. 2007 : *JCP 2008. I. 140, n° 10, obs. Pillet.*

20. Assistance et conseil. En dehors des procédures pour lesquelles ils les représentent, les avocats ne sont pas par leur profession les mandataires de leurs clients qu'ils assistent et conseillent. • TGI Caen, 16 déc. 1983 : *Gaz. Pal. 1984. 1. 148, note (crit.) Damien.* ♦ L'avocat doit disposer d'un pouvoir spécial pour exercer un droit personnel au client, tel l'exercice du droit personnel de réponse accordé par l'art. 13 de la loi du 29 juill. 1881 sur la liberté de la presse aux personnes mises en cause dans un écrit périodique. • Crim. 9 mai 1990, n° 88-83.414 P, le mandat devant être transmis au directeur de la publication avec la réponse établie au nom du client. • Crim. 22 févr. 2000, n° 99-82.011 P : *D. 2000. 124*. ♦ Nécessite également un pouvoir spécial la faculté de renonciation prévue par l'art. L. 132-5-1 C. assur. • Civ. 2e, 19 févr. 2009, n° 08-11.901 P : *D. 2009. AJ 729 ; JCP 2009. 295, n° 4, obs. Pillet ; RGA 2009. 54, obs. Kullman.*

III. MAINTIEN DES DISPOSITIONS SPÉCIALES EN VIGUEUR (AL. 2)

21. Injonction de payer. L'art. 1407 NCPC [devenu C. pr. civ.] entre dans les prévisions de l'art. 4, al. 2, en ce sens que cette disposition reprend l'art. 2 de la L. n° 57-756 du 4 juill. 1957, relative au recouvrement de certaines créances, en vigueur au jour de la promulgation de la loi du 31 déc. 1971, et qui prévoyait déjà que, en matière d'injonction de payer, le demandeur pouvait déposer sa requête par mandataire au greffe du tribunal. • Paris, 17 sept. 2003 : *D. 2003. IR 2929 ; JCP 2004. I. 117, n° 52, obs. R. Martin* • 12 mai 2004 : *D. 2004. IR 1769*.

Code du travail

Art. L. 1453-1 A *(L. n° 2019-222 du 23 mars 2019, art. 5-II)* Par dérogation au premier alinéa de l'article 4 de la loi n° 71-1130 du 31 décembre 1971 portant réforme de certaines professions judiciaires et juridiques, les parties peuvent se défendre elles-mêmes ou se faire assister ou représenter devant le conseil de prud'hommes, outre par un avocat, par :

1° Les salariés ou les employeurs appartenant à la même branche d'activité ;

2° Les défenseurs syndicaux ;

3° Leur conjoint, leur partenaire lié par un pacte civil de solidarité ou leur concubin.

L'employeur peut également se faire assister ou représenter par un membre de l'entreprise ou de l'établissement fondé de pouvoir ou habilité à cet effet.

Le représentant, s'il n'est pas avocat, doit justifier d'un pouvoir spécial. Devant le bureau de conciliation et d'orientation, cet écrit doit l'autoriser à concilier au nom et pour le compte du mandant, et à prendre part aux mesures d'orientation.

L'art. 5-II de la L. n° 2019-222 du 23 mars 2019 s'applique aux instances introduites à compter du lendemain de la publication de ladite loi (L. préc., art. 109-II).

Propre représentation du défenseur syndical. Un salarié, défenseur syndical, partie à une instance prud'homale, ne peut pas assurer sa propre représentation en justice ; le défenseur syndical, qui exerce un mandat de représentation en justice, ne pouvant pas confondre en sa personne les qualités de mandant et de mandataire et la déclaration d'appel, formée par une personne qui n'en a pas le pouvoir, est nulle. • Soc. 17 mars 2021, n° 19-21.349 P : *D. actu. 7 avr. 2021, obs. Couëdel ; RDT 2021. 335, obs. Guiomard ; Dr. soc. 2021. 564, obs. Petit ; JSL 2021, n° 520-2, obs. Nassom-Tissandier ; JCP S 2021. 1119, obs. Brissy ; Gaz. Pal. 20 juill. 2020, p. 46, obs. Orif.*

Art. 5 *(L. n° 2015-990 du 6 août 2015, art. 51-I-2°, en vigueur le 1er août 2016)* Les avocats exercent leur ministère et peuvent plaider sans limitation territoriale devant toutes les juridictions et organismes juridictionnels ou disciplinaires, sous les réserves prévues à l'article 4.

Ils peuvent postuler devant l'ensemble des *(Ord. n° 2019-964 du 18 sept. 2019, art. 35, en vigueur le 1er janv. 2020)* « tribunaux judiciaires *[ancienne rédaction : tribunaux de grande instance]* » du ressort de cour d'appel dans lequel ils ont établi leur résidence professionnelle et devant ladite cour d'appel.

Par dérogation au deuxième alinéa, les avocats ne peuvent postuler devant un autre tribunal que celui auprès duquel est établie leur résidence professionnelle ni dans le cadre des procédures de saisie immobilière, de partage et de licitation, ni au titre de l'aide juridictionnelle, ni dans des instances dans lesquelles ils ne seraient pas maîtres de l'affaire chargés également d'assurer la plaidoirie.

L'art. 5 de la L. n° 71-1130 du 31 déc. 1971 dans sa rédaction issue de la L. n° 2015-990 du 6 août 2015 est applicable en Nouvelle-Calédonie, en Polynésie française et à Wallis-et-Futuna (L. préc., art. 51-III).

L'art. 51 de la L. n° 2015-990 du 6 août 2015 est applicable sur le territoire de Saint-Pierre-et-Miquelon aux membres du corps des agréés aux îles Saint-Pierre-et-Miquelon. En matière administrative, les agréés en exercice à Saint-Pierre-et-Miquelon peuvent postuler devant la cour administrative d'appel territorialement compétente pour connaître des appels interjetés à l'encontre des jugements du tribunal administratif de Saint-Pierre-et-Miquelon (L. préc., art. 51-IV).

BIBL. ▶ AZIBERT, *JCP 2008, Hors-série cahier n° 23, p. 8* (un territoire protégé par un octroi). – ESTOUP, *Gaz. Pal. 1988. Doctr. 768* (rôle de la plaidoirie et responsabilité de l'avocat). – HOCQUARD, *Gaz. Pal. 18 janv. 2014, p. 13* (postulation devant la cour d'appel : multi ou ... mini).

▶ **L. 6 août 2015 :** BORTOLUZZI, *JCP 2015. 1078, n° 3* (modification des règles de postulation territoriale). – HOCQUARD, *Gaz. Pal. 24-25 avr. 2015, p. 3* (projet de loi Macron, mini ou « macron » postulation). – JARIEL, *JCP 2015. 1078, n° 2* (réforme des structures d'exercice). – G'SELL, *JCP n° 44 du 26 oct. 2015, p. 15* (une « déréglementation » très réglementée).

I. COMPÉTENCE D'ATTRIBUTION

1. Application aux instances disciplinaires. Les dispositions de l'art. 5 de la L. du 31 déc. 1971 sont applicables aux instances, à caractère disciplinaire, par lesquelles, en application des art. 17 s. de la convention nationale destinée à organiser les rapports entre les orthophonistes et les caisses d'assurance maladie conclue le 30 nov. 1984 et approuvée par Arr. interministériel du 4 déc. 1987, les caisses primaires d'assurance maladie peuvent, après avis de la commission paritaire régionale, sanctionner par sa mise hors convention le non-respect par un orthophoniste des dispositions conventionnelles. • CE 26 juill. 1996 : *Dalloz jurisprudence.*

II. COMPÉTENCE TERRITORIALE

2. Constitutionnalité. La règle de la territorialité de la postulation, qui ne fait que limiter le choix du défenseur habilité à représenter le justiciable en justice, sans lui interdire de désigner l'avocat plaidant de son choix, ne porte pas atteinte aux droits de la défense ni au principe d'égalité. • Civ. 2e, QPC, 12 oct. 2011, *Michaud c/ Sté BNP Paribas Personal finance*, n° 11-40.064 P : *D. 2011. Actu. 2606 ; AJDI 2011. 880, obs. Pocheron ; JCP 2011. 1372, n° 33, obs. Mathieu ; RDBF 2012, n° 25, note Piedelièvre.* ♦ La multipostulation place le justiciable dans une situation qui lui est plus favorable quant au choix de son conseil et au libre accès à la justice que celle à laquelle conduirait l'application du droit commun. Il n'est pas ainsi créé une rupture d'égalité devant la justice au détriment des avocats des barreaux qui bénéficient de la multipostulation et des justiciables des cours d'appel de Paris et de Versailles qui sont placés dans une situation identique. • Versailles, 18 oct. 2012 : *Dalloz jurisprudence.*

3. ... L. du 6 août 2015. Les 2°, 3° et 4° du § I de l'art. 51 modifiant les art. 5 et 8 de la L. du 31 déc. 1971 et créant un art. 5-1 dans cette même loi simplifient les règles de représentation devant les juridictions de l'ordre judiciaire en permettant aux avocats de postuler devant l'ensemble des juridictions de la cour d'appel dans laquelle ils sont établis, sauf pour certaines procédures et lorsqu'ils ne sont pas « maîtres de l'affaire chargés également d'assurer la plaidoirie ». Ces dispositions n'affectent pas les conditions d'accès au service public de la justice. Elles ne méconnaissent ni le principe d'égalité devant la justice, ni l'objectif de bonne administration de la justice. Contraires à aucune autre exigence constitutionnelle, elles sont ainsi conformes à la Constitution. • Cons. const. 5 août 2015, n° 2015-715 DC : *JCP 2015. 1078, n° 3, obs. Bortoluzzi.*

4. Contentieux prud'homal. Les art. 28, 29 et 30 du Décr. n° 2016-660 du 20 mai 2016 relatif à la justice prud'homale et au traitement judiciaire du contentieux du travail qui ont pour objet, à compter du 1er août 2016, de rendre obligatoire en appel la représentation des parties par tout avocat ou par un défenseur syndical, n'ont ni pour objet ni pour effet d'étendre, à compter de cette date, les règles de postulation prévues respectivement par l'art. 5 de la L. du 31 déc. 1971 et par l'art. 8 de la L. du 20 févr. 1922 aux procédures d'appel devant la chambre sociale de la cour d'appel d'un jugement d'un conseil de prud'hommes. • CE 21 déc. 2016, n° 401741 : *inédit au recueil Lebon.* ♦ Les art. 28, 29 et 30 du Décr. n° 2016-660 du 20 mai 2016 ne rendent pas obligatoire, dans les départements du Haut-Rhin, du Bas-Rhin et de la Moselle, la représentation des parties par un avocat inscrit à la cour d'appel en cas d'appel devant la chambre sociale de la cour d'appel d'un jugement d'un conseil de prud'hommes. Par suite, les moyens tirés de ce qu'en instituant, à compter du 1er août 2016, un tel monopole de représentation, ledit décret méconnaîtrait le principe fondamental reconnu par les lois de la République en matière de droit applicable en Alsace-Moselle, le principe d'égalité et la liberté d'entreprendre ne peuvent qu'être écartés. • Même décision. ♦ Les règles de la postulation prévues aux art. 5 et 5-1 de la L. n° 71-1130 du 31 déc. 1971 modifiée ne s'appliquent pas devant les cours d'appel statuant en matière prud'homale, consécutivement à la mise en place de la procédure avec représentation obligatoire. En effet, en application de l'art. R. 1461-2 du code du travail dans sa rédaction issue du Décr. n° 2016-660 du 20 mai 2016 relatif à la justice prud'homale et au traitement judiciaire du contentieux du travail, l'appel porté devant la chambre sociale de la cour d'appel est formé, instruit et jugé suivant la procédure avec représentation obligatoire, prévue par le code de procédure civile, sous réserve de dispositions particulières. Il résulte également de l'article L. 1453-4 du code du travail dans sa version issue de la L. n° 2015-990 du 6 août 2015 pour la croissance, l'activité et l'égalité des chances économiques, que les parties doivent s'y faire représenter par un avocat ou par un défenseur syndical. Par ailleurs, selon l'art. 5, 1er al., de la L. n° 71-1130 du 31 déc. 1971 portant réforme de certaines professions judiciaires et juridiques, tel que modifié par la L. du 6 août 2015, les avocats peuvent plaider sans limitation territoriale devant toutes les juridictions et, selon le deuxième alinéa de ce même texte, ils peuvent postuler devant l'ensemble des tribunaux de grande instance du ressort de la cour d'appel dans lequel ils ont établi leur résidence professionnelle et devant ladite cour d'appel, sous réserve des règles relatives à la multi-postulation prévue à l'art. 5-1 de la même loi. Ces dispositions, d'une part, instaurent une procédure spécifique de représentation obligatoire propre à la matière prud'homale, permettant aux parties d'être représentées non seulement par un avocat mais aussi par un défenseur syndical, et, d'autre part, élargissent le champ territorial de la postulation des avocats à l'effet, dans un objectif d'intérêt général, de simplifier et de rendre moins onéreux l'accès au service public de la justice. Il s'ensuit que l'application des dispositions du C. pr. civ relatives à la représentation obligatoire devant la cour d'appel statuant en matière prud'homale n'implique pas la mise en œuvre des règles de la postulation devant les cours d'appel, les parties pouvant être représentées par tout avocat, si elles ne font *pas le choix d'un défenseur syndical.* • Cass., avis, 5 mai 2017, n° 17007 P : *D. 2017. Actu. 990* ; *JCP 2017. 660, n° 7, obs. Caseau-Roche ; ibid. 732, note Lataste ; RDT 2017. 436, note Guiomard* ; *Gaz. Pal. 13 juin 2017, p. 10, note Hamoudi ; ibid. 25 juill. 2017, p. 46, note Herman ; Procédures 2017, n° 182, obs. Croze.*

5. *Missions anciennement dévolues aux avoués.* La déclaration d'enchère ayant été dévolue au ministère obligatoire de l'avoué auprès du tribunal du lieu de la vente, cette activité, par suite de la suppression des avoués de première instance, est exercée, en application de l'art. 5 de la loi du 31 déc. 1971, par les avocats exerçant exclusivement devant le TGI dans le ressort duquel ils ont établi leur résidence professionnelle. • Civ. 2e, 16 déc. 2004, n° 03-10.895 P. ♦ Ayant relevé que les instances en matière d'enregistrement ne nécessitaient pas le ministère d'avoué antérieurement à la loi du 31 déc. 1971, et que depuis lors les parties y sont libres de ne pas se faire représenter, le jugement en déduit qu'elles n'entrent pas dans le champ d'application de l'art. 5 de cette loi qui interdit aux avocats d'exercer ailleurs que devant le TGI dans le ressort duquel ils ont établi leur résidence professionnelle les activités antérieurement dévolues au ministère obligatoire de l'avoué auprès de ce tribunal, et retient, à bon droit, que le moyen tiré du défaut de capacité et de pouvoir de l'avocat auteur de l'assignation devait être rejeté. • Com. 16 déc. 1997, n° 95-20.365 P : *AJDI 1999. 207, étude Maublanc* .

6. *Résidence professionnelle et résidence effective.* L'art. 5, al. 2, de la L. du 31 déc. 1971, qui exige que l'avocat établisse sa résidence professionnelle dans le ressort du TGI auprès duquel il exerce l'activité de postulant, n'implique pas qu'il ait également sa résidence effective dans ce ressort, et il résulte des art. 5, al. 2, et 8, al. 5 et 6, de la même loi que le législateur a entendu permettre que, dans le ressort d'une même cour d'appel, une société civile professionnelle puisse librement regrouper des avocats associés appartenant à des barreaux différents et puisse ainsi postuler, par le ministère de ses associés, auprès de plusieurs TGI. Aucun texte ne restreint cette liberté d'association et n'exige en particulier que, lors de la formation d'une société civile professionnelle interbarreaux, les associés aient été préalablement inscrits au tableau du barreau étranger au siège de cette société. • Civ. 1re, 22 janv. 1985 : *Bull. civ. I, n° 30.*

7. *Cabinet secondaire.* V. Meunier, *JCP 4 mars 1998, Actualités* (bureaux secondaires et postulation). • Civ. 1re, 21 mars 1995 : *JCP 1995. II. 22434, note R. Martin* (postulation uniquement devant le tribunal auprès duquel les avocats du cabinet secondaire ont leur résidence professionnelle, quel que soit leur statut, salarié ou non, en groupe ou non). • 8 nov. 2007, n° 06-15.916 P. ♦ L'avocat exerçant en bureau secondaire ne peut postuler que dans le ressort de la juridiction auprès de laquelle est implantée sa résidence professionnelle. Les dispositions de droit interne relatives à la postulation n'engendrent pas de discrimination à rebours interdite par la Conv. EDH dès lors qu'en matière civile, lorsque la représentation est obligatoire devant le TGI, l'avocat ressortissant d'un État membre de la Communauté européenne ou de la Confédération suisse n'est tenu, pour se constituer, d'élire domicile auprès d'un avocat établi près le tribunal saisi que si cette mission de défense est accomplie au titre de la libre prestation de services au sens des art. 202 et 202-1 du Décr. n° 91-1197 du 27 nov. 1991 modifié par le Décr. n° 2004-1123 du 14 oct. 2004 dont les dispositions ne sont pas applicables aux avocats européens exerçant en France à titre permanent sous leur titre professionnel d'origine, lesquels sont tenus de postuler conformément aux règles de droit commun, au même titre que les avocats nationaux pareillement établis en France, en l'absence de toute discrimination à rebours. • Civ. 1re, 8 nov. 2007, n° 06-15.916 P : *D. 2008. AJ 95 ; JCP 2008. I. 123, n° 5, obs. R. Martin ; ibid. 140, n° 9, obs. Bortoluzzi.*

8. Avocat salarié. Il résulte de la combinaison des art. 5, 7 et 8 de la L. du 31 déc. 1971 et de l'art. 136 du Décr. n° 91-1197 du 27 nov. 1991 qu'un avocat salarié, qui ne peut avoir de clientèle personnelle, ne peut être inscrit à un barreau différent de celui de l'employeur pour le compte duquel il agit, sauf le cas des groupements, sociétés ou associations d'avocats appartenant à plusieurs barreaux. • Civ. 1re, 21 mars 1995, n° 93-13.634 P : *JCP 1995. II. 22434, 2e esp., note R. Martin* • Civ. 3e, 7 nov. 2001, n° 99-12.383 P.

9. Avocats européens. Sur la liberté de prestations et d'établissement en France des avocats européens, V. L. du 31 déc. 1971, art. 83 s., C. avocat.

10. Saisie immobilière. Les déclarations de créances mentionnées aux art. 46 et 47 du Décr. n° 2006-936 du 27 juill. 2006 doivent être faites par acte d'avocat inscrit au barreau du TGI devant lequel la vente est poursuivie, les dispositions de la L. du 31 déc. 1971 demeurant en vigueur. • Cass., avis, 16 mai 2008 : *Bull. civ. avis, n° 3 ; BICC 15 sept. 2008, p. 9, Rapp. Sommer, p. 10, concl. Maynial, p. 30 ; R. 2008. 407 ; D. actu. 6 juin 2008, obs. Dargent ; D. 2008. AJ 1631 ; ibid. 2009. Pan. 1168, obs. Leborgne ; JCP N 2008. Actu. 497 ; Dr. et pr. 2008. 285, note Leborgne ; Dr. et patr. 11/2008. 101, obs. Crocq.* ♦ *Adde* sur la demande d'avis : • TGI, Nanterre, 10 janv. 2008 : *D. 2008. Pan. 1167*

Art. 5-1 *(L. n° 2015-990 du 6 août 2015, art. 51-I-3°, en vigueur le 1er août 2016)* Par dérogation au deuxième alinéa de l'article 5, les avocats inscrits au barreau de l'un des *(Ord. n° 2019-964 du 18 sept. 2019, art. 35, en vigueur le 1er janv. 2020)* « tribunaux judiciaires *[ancienne rédaction : tribunaux de grande instance]* » de Paris, Bobigny, Créteil et Nanterre peuvent postuler auprès de chacune de ces juridictions. Ils peuvent postuler auprès de la cour d'appel de Paris quand ils ont postulé devant l'un des *(Ord. n° 2019-964 du 18 sept. 2019, art. 35, en vigueur le 1er janv. 2020)* « tribunaux judiciaires *[ancienne rédaction : tribunaux de grande instance]* » de Paris, Bobigny et Créteil, et auprès de la cour d'appel de Versailles quand ils ont postulé devant le *(Ord. n° 2019-964 du 18 sept. 2019, art. 35, en vigueur le 1er janv. 2020)* « tribunal judiciaire *[ancienne rédaction : tribunal de grande instance]* » de Nanterre.

La dérogation prévue au dernier alinéa du même article 5 leur est applicable.

V. note ss. art. 5 ci-dessus.

BIBL. ▶ FLICHY et GENTY, *Gaz. Pal. 4-5 avr. 2014, p. 9* (la multipostulation pour tous). – LATASTE, *Gaz. Pal. 7-8 déc. 2012, p. 7* (multipostulation des avocats, attention danger !).

▶ **L. 6 août 2015 :** BORTOLUZZI, *JCP 2015. 1078, n° 3* (modification des règles de postulation territoriale).

1. Constitutionnalité. L. du 6 août 2015. Renvoi. V. note 2 ss. L. n° 71-1130 du 31 déc. 1971, art. 5, ci-dessus.

2. Conditions. Postulation en première instance. Il résulte des dispositions de l'art. 1er, III, de la L. n° 71-1130 du 31 déc. 1971, portant réforme de certaines professions judiciaires et juridiques, que les avocats inscrits au barreau de l'un des TGI de Paris, Bobigny, Créteil et Nanterre ne peuvent former une déclaration d'appel devant la cour d'appel de Paris que dans l'affaire pour laquelle ils ont postulé devant celui des TGI de Paris, Bobigny ou Créteil qui a rendu la décision attaquée, ou devant la cour d'appel de Versailles dans l'affaire pour laquelle ils ont postulé devant le TGI de Nanterre. La postulation consistant à assurer la représentation obligatoire d'une partie devant une juridiction et un avocat ne postulant pas lorsque la représentation n'est pas obligatoire, la déclaration d'appel tendant à déférer une décision du juge des référés du TGI de Nanterre, formée par un avocat inscrit au barreau de Paris qui n'avait pas pu être postulant en première instance peu important qu'il ait antérieurement postulé devant le TGI de Nanterre dans une affaire soumise à la procédure avec représentation obligatoire, est nulle. • Civ. 2e, 28 janv. 2016, n° 14-29.185 P : *D. avocats 2016. 44, obs. Dargent* . ♦ V. déjà, notamment : • Versailles, 27 sept. 2013 : *D. 2012. 1749, obs. Bellichach ; D. avocats 2013. 457, note Royer ; JCP 2013. 1169, note Travier et Guichard.*

3. Portée. Élection de domicile. Viole les art. 53 de la L. du 29 juill. 1881 sur la liberté de la presse, 1er-III, de la L. du 31 déc. 1971 et 751 C. pr. civ. la cour d'appel qui prononce la nullité d'une assignation en diffamation au motif que si les avocats du barreau de Paris peuvent, du fait de la multipostulation, exercer leur activité de représentation également dans les ressorts des TGI de Bobigny, Créteil et Nanterre, cette spécificité ne dispense pas le demandeur en diffamation de l'obligation d'élire expressément domicile sur le territoire de la ville où siège le tribunal alors que l'indication, dans l'assignation, d'un avocat pouvant exercer les attributions autrefois dévolues au ministère d'avoué devant le TGI de la ville de Nanterre où siège la juridiction saisie et dont le domicile professionnel se trouve à Paris, emporte, par application de l'art. 1er de la L. du 31 déc. 1971, élection de domicile du demandeur au sens de l'art. 53 de la L. du 29 juill. 1881 préc. • Civ. 1re, 24 sept. 2009, n° 08-12.381 P : *D. 2009. AJ 2348, obs. Lavric ; Gaz. Pal. 4 mars 2010, p. 18, note Fourment.*

Circulaire JUSC1632342C du 27 juillet 2016,

Relative au nouveau régime de postulation territoriale et nouvelles modalités de représentation devant les cours d'appel statuant en matière prud'homale à compter du 1er août 2016.

Art. 412 **La mission d'assistance en justice emporte pouvoir et devoir de conseiller la partie et de présenter sa défense sans l'obliger.**

1. L'avocat plaidant ne peut, sauf mandat spécial, transiger au nom de la partie qu'il assiste. • Versailles, 23 sept. 1982 : *Gaz. Pal. 1983. 1. 174 ; D. 1984. IR 119, obs. Brunois.* ♦ Dans le même sens, mais s'agissant d'acquiescement, V. • Paris, 17 mars 1980 : *D. 1980. IR 464, obs. Julien.*

2. La mission d'assistance emporte pour l'avocat l'obligation d'informer son client sur les voies de recours existant contre les décisions rendues à l'encontre de celui-ci. • Civ. 1re, 13 nov. 1997, n° 95-14.141 P : *D. 1997. IR 259 ; D. Affaires 1997. 1466 ; Procédures 1998, n° 2, obs. Perrot.* ♦ Mais l'auxiliaire de justice, s'il doit s'acquitter de son obligation d'information de manière complète et objective, a, en déontologie, pour devoir de déconseiller l'exercice d'une voie de droit vouée à l'échec ou, à plus forte raison, abusive, de sorte qu'il ne peut être tenu de délivrer une information qui aurait eu pour seule justification de permettre au client d'engager un recours abusivement, à des fins purement dilatoires. • Civ. 1re, 23 nov. 2004, n° 03-15.090 P : *D. 2005. 2857, note Moret-Bailly ; JCP 2005. II. 10058, note T. Lamarche.*

3. L'avocat doit recueillir, de sa propre initiative auprès de ses clients, l'ensemble des éléments d'information et les documents propres à lui permettre d'assurer, au mieux, la défense de leurs intérêts. • Civ. 1re, 1er mars 2005, n° 03-16.329 P : *D. 2005. IR 913 .*

Art. 413 **Le mandat de représentation emporte mission d'assistance, sauf disposition ou convention contraire.**

Art. 414 **Une partie n'est admise à se faire représenter que par une seule des personnes, physiques ou morales, habilitées par la loi.**

1. Est nulle l'assignation par laquelle trois avocats constitués pour la même personne demandent distraction des dépens à leur profit. • Paris, 17 nov. 1975 : *Gaz. Pal. 1976. 2. 779 ; RTD civ. 1977. 185, obs. Perrot.* ♦ Rappr. • Rennes, 18 juin 1973 : *JCP 1974. II. 17610.*

2. Deux avocats ne sauraient être constitués pour une même personne et, faute de préciser lequel se trouve constitué, l'assignation est atteinte de la nullité de forme prévue par l'art. 752. • Paris, 10 juill. 1984 : *Gaz. Pal. 1984. 2. Somm. 293.*

3. Deux parties qui, représentées par le même avocat, ont formé pourvoi par un même acte sont *irrecevables à présenter un moyen de nature à préjudicier aux intérêts de l'une d'entre elles.* • Civ. 3e, 8 avr. 1987 : *Bull. civ. III, n° 81.*

Sur l'interdiction faite à un avocat de représenter des personnes ayant des intérêts opposés, V. • Civ. 1re, 30 juin 1981 : *D. 1982. 165, note Brunois.*

4. Mais il n'appartient pas au juge d'intervenir dans le libre choix, par une partie, de ses conseils. Grief ne peut lui être fait de n'avoir pas ordonné que deux parties, dont les intérêts étaient partiellement divergents, soient représentées par un conseil propre. • Civ. 3e, 31 oct. 1989 : *Bull. civ. III, n° 199.*

5. Lorsqu'une partie déclare avoir plusieurs avocats, l'élection de domicile faite auprès d'un seul d'entre eux désigne cet avocat comme le représentant de la partie. • Civ. 2e, 10 nov. 1998, n° 96-17.360 P : *Procédures 1999, n° 5, obs. Perrot ; D. 1999. IR 2 .* ♦ N'est pas nulle l'assignation qui mentionne deux avocats mais porte élection de domicile au cabinet d'un avocat inscrit au barreau du tribunal saisi, le second avocat mentionné n'étant pas inscrit à ce barreau, de telle sorte qu'il ne peut représenter le demandeur devant ce tribunal. • Civ. 2e, 17 nov. 2005, n° 03-20.871 P : *D. 2005. IR 3033 .*

6. Est par conséquent irrecevable le pourvoi en cassation formé par un avocat au Conseil d'État et à la Cour de cassation au nom d'une partie ayant déjà formé, en la même qualité et par l'intermédiaire d'un autre avocat au Conseil d'État et à la Cour de cassation, un précédent pourvoi contre la même décision. • Civ. 2e, 24 janv. 2008, n° 06-14.435 P.

Art. 415 **Le nom du représentant et sa qualité doivent être portés à la connaissance du juge par déclaration au** *(Décr. n° 2017-892 du 6 mai 2017, art. 68-I-3°)* **« greffier » de la juridiction.**

Art. 416 **Quiconque entend représenter ou assister une partie doit justifier qu'il en a reçu le mandat ou la mission.**

L'avocat *(Abrogé par Décr. n° 2012-634 du 3 mai 2012, art. 21-1°-a) « ou l'avoué »* **est toutefois dispensé d'en justifier.**

L'huissier de justice bénéficie de la même dispense dans les cas où il est habilité à représenter ou assister les parties.

BIBL. ► DEHARO, *Gaz. Pal. 6-7 déc. 2013, p. 10* (preuve du mandat *ad litem*).

1. Avocats et avoués. Sur la dispense de justification dont bénéficient avocats et avoués, V. • Soc. 20 juin 1984 : *JCP 1984. IV. 275* • Civ. 2e, 20 févr. 1991, n° 89-14.045 P • Colmar, 21 juin 1984 : *JCP 1985. II. 20486, note Chambon ; D. 1987. Somm. 1967, obs. Brunois.* ♦ La présomption de l'existence même du mandat de représentation en justice peut être combattue par la preuve contraire. • Com. 19 oct. 1993, n° 91-15.795 P : *RTD civ. 1994. 160, obs. Perrot*.

2. Sur l'application du mandat apparent à l'avocat qui intervient en dehors de tout procès, V. • Lyon, 8 janv. 1986 : *D. 1987. Somm. 66, obs. Brunois* • TGI Caen, 6 janv. 1986 : *Gaz. Pal. 1986. 2. 534.* ♦ ... Ou qui conclut une transaction. • Civ. 3e, 2 mars 2005, n° 03-15.466 P : *AJDI 2005. 680*.

3. Un avoué n'est pas dispensé de justifier d'un pouvoir spécial donné par écrit pour déclarer une créance. • Com. 28 juin 2005 : *JCP 2005. II. 10113, note Rémery ; D. 2005. AJ 1940, obs. Lienhard ; ibid. 2006. Pan. 79, obs. Le Corre ; ibid. 547, obs. Julien et Fricero* • 29 nov. 2005 : *D. 2006. AJ 66, obs. Lienhard* • Com. 17 févr. 2009, n° 08-13.728 P : *D. 2009. AJ 627, obs. Lienhard ; ibid. Chron. C. cass. 1240, obs. Bélaval et Salomon ; JCP 2009. I. 136, n° 7, obs. Pétel ; Gaz. Pal. 28 avr. 2009, p. 31, note Le Corre-Broly ; Gaz. Pal. 21 mai 2009, p. 11, note Piedelièvre ; RTD com. 2009. 450, obs. Martin-Serf ; RPC 2010, n° 12, note F. Legrand et M.-N. Legrand.* ♦ Comp. : • Com. 3 juin 1997 : *Dr. sociétés 1997, n° 157, obs. Chaput ; RJDA 1997, n° 1404.*

4. Huissiers. L'huissier de justice n'est dispensé de justifier d'un mandat que lorsqu'il assiste ou représente les parties devant une juridiction de son ressort. • Civ. 2e, 10 mai 1995, n° 93-16.028 P.

5. Syndicats. Équivalant à une demande en justice, la demande d'admission de créances de salaires ne peut être présentée par un syndicat que s'il justifie en avoir reçu mandat. • Com. 15 oct. 1991, n° 90-11.657 P.

6. Prud'hommes. L'art. R. 1454-13, al. 2, C. trav., en ce qu'il impose au mandataire représentant le défendeur de produire un mandat spécial l'autorisant à concilier en l'absence du mandant, ne s'applique pas à l'avocat, qui tient des art. 416 et 417 C. pr. civ. une dispense générale d'avoir à justifier, à l'égard du juge et de la partie adverse, qu'il a reçu un mandat de représentation comprenant notamment le pouvoir spécial d'accepter ou de donner des offres. • Cass., avis, 8 sept. 2014 : *Bull. avis, n° 5 ; D. 2014. Actu. 1827 ; ibid. 2015. Pan. 297, obs. Fricero ; D. 2015. Pan. 35, obs. Wickers ; D. avocats 2014. 294, obs. Dargent ; JCP 2014. 1093, n° 4, obs. Pillet ; Procédures 2014. Étude 13, note Bugada ; RDT 2014. 706, note Vigneau ; JCP S 2014. 1431, note Benoit et Sicard* • Soc. 10 juin 2015, n° 14-11.814 P.

7. La justification du mandat de représentation en justice prévu à l'art. 416 C. pr. civ. s'impose à celui qui entend représenter ou assister une partie, et non au tiers qu'une personne a mandaté aux fins de donner un tel mandat à un avocat. • Civ. 1re, 12 déc. 2018, n° 17-19.387 P : *D. actu. 10 janv. 2019, obs. Bolze ; D. 2019. 22 ; JA 2019, n° 593, p. 10, obs. Delpech ; JCP 2019, n° 7, note Cholet ; ibid. 2019. 616, obs. Veyre ; Gaz. Pal. 28 mai 2019, p. 20, obs. de Belval.*

Art. 417 **La personne investie d'un mandat de représentation en justice est réputée, à l'égard du juge et de la partie adverse, avoir reçu pouvoir spécial de faire ou accepter un désistement, d'acquiescer, de faire, accepter ou donner des offres, un aveu ou un consentement.**

1. L'avocat investi d'un pouvoir de représentation en justice est réputé, à l'égard du juge et de la partie adverse, avoir reçu pouvoir spécial de transiger. • Civ. 1re, 7 juill. 1987 : *Gaz. Pal. 1987. 1. 767, note Damien* • Civ. 3e, 16 déc. 1992, n° 91-12.502 P. ♦ ... D'acquiescer à la demande. • Civ. 1re, 24 oct. 1984 : *JCP 1985. IV. 2.* ♦ ... D'acquiescer au jugement. • Civ. 2e, 29 mai 1979 : *Gaz. Pal. 1979. 2. 397 ; D. 1979. IR 473, obs. Julien ; RTD civ. 1980. 166, obs. Perrot* • 27 févr. 1980 : *Gaz. Pal. 1981. 1. 5, note Viatte ; D. 1980. IR 464, obs. Julien* • 24 mai 1984 : *Bull. civ. II, n° 92 ; D. 1985. IR 110, obs. Brunois ; Gaz. Pal. 1984. 2. Pan. 289, obs. Guinchard* • 20 févr. 1991, n° 89-14.045 P. ♦ ... De faire un aveu. • Civ. 1re, 3 févr. 1993, n° 91-12.714 P : *RTD civ. 1993. 642, obs. Perrot*.

La solution est différente s'agissant d'une représentation obligatoire : • Soc. 30 oct. 2000 : *RTD civ. 2001. 210, obs. Perrot*.

2. L'acquiescement ainsi donné engage irrévocablement la partie sans qu'il y ait lieu de rechercher si son conseil avait reçu un pouvoir spécial à l'effet d'acquiescer. • Civ. 2e, 24 mai 1984 : *préc.* ♦ Le mandataire ne peut être admis à établir la preuve contraire. • Civ. 2e, 27 févr. 1980 : *préc. note 1.*

3. S'il n'est pas tenu de produire un pouvoir spécial pour acquiescer à la demande, l'avocat doit, dans ses rapports avec son client, être en mesure de justifier que le mandat reçu lui donnait effectivement ce pouvoir. • Civ. 1re, 9 mai 1996, n° 94-14.022 P. ♦ Le dépassement par l'avocat de ses pouvoirs est de nature à engager sa responsabilité civile envers son client. • TGI Dinan, 15 juin 1982 : *Gaz. Pal. 1983. 1. 289, note Avril.* ♦ ... Voire sa responsabilité disciplinaire. • Bordeaux, 11 mars 1983 : *Gaz. Pal. 1983. 2. 384, note Damien* et, sur pourvoi, • Civ. 1re, 11 juill. 1983 : *Gaz. Pal. 1984. 1. 152, note Damien.* ♦ L'avocat qui lui avait donné des instructions à cette fin serait-il *dominus litis,* l'avoué ne doit signifier de conclusions de désistement qu'après avoir obtenu du client un pouvoir spécial. • Civ. 1re, 2 févr. 1994, n° 92-12.467 P : *RTD civ. 1994. 418, obs. Perrot*. ♦ Sur la portée des instructions verbales données par le client, V. Rép. min. n° 24737, *JOAN Q, 3 nov. 2003, p. 8500.*

4. L'art. 417 est inapplicable à qui n'est investi que d'une mission d'assistance. ♦ V. note ss. art. 412. ♦ Sur les pouvoirs du mandataire, V. notes ss. art. 411.

5. L'aliénation d'un immeuble du client nécessite un mandat exprès. • Civ. 1re, 12 mai 1993 : *JCP 1993. II. 22132, note R. Martin.*

6. Il y a lieu d'autoriser le requérant à désavouer son avocat à la Cour de cassation pour avoir déposé sans mandat un acte de désistement ; s'agissant d'un des cas limitativement énumérés par l'art. 417, le désaveu paraît mériter d'être instruit. • Civ. 3e, 12 janv. 2000, n° 99-14.158 P : *D. 2000. IR 34*. – Rappr. : • Civ. 1re, 8 janv. 2002 : *Gaz. Pal. 12-14 janv. 2003, p. 38, obs. Perdriau.* – V. Julien, *Mél. A. Honorat, Éd. Frison-Roche, 2000, p. 277.*

Art. 418 **La partie qui révoque son mandataire doit immédiatement soit pourvoir à son remplacement, soit informer le juge et la partie adverse de son intention de se défendre elle-même si la loi le permet, faute de quoi son adversaire est fondé à poursuivre la procédure et à obtenir jugement en continuant à ne connaître que le représentant révoqué.**

Même discrétionnaire, l'exercice du droit de révocation peut constituer un abus lorsque son titulaire a agi hors de tout intérêt personnel, dans une intention purement malveillante et vexatoire. • Paris, 9 oct. 1985 : *D. 1987. Somm. 67 ;* sur appel de • TGI Paris, 2 mai 1984 : *D. 1985. IR 113, obs. Brunois.*

Art. 419 **Le représentant qui entend mettre fin à son mandat n'en est déchargé qu'après avoir informé de son intention son mandant, le juge et la partie adverse.**

Lorsque la représentation est obligatoire, l'avocat *(Abrogé par Décr. n° 2012-634 du 3 mai 2012, art. 21-1°-a)* **« *ou l'avoué* » ne peut se décharger de son mandat de représentation que du jour où il est remplacé par un nouveau représentant constitué par la partie ou, à défaut, commis par le bâtonnier ou par le président de la chambre de discipline.**

1. Il résulte de l'art. 419 que tant qu'il n'est pas remplacé par un nouveau représentant constitué, l'avocat ou l'avoué désigné au titre de l'aide judiciaire ne peut, lorsque la représentation est obligatoire, se décharger de son mandat de représentation. • Civ. 2e, 16 févr. 1984 : *Gaz. Pal. 1985. 1. 209, note du Rusquec ; Bull. civ. II, n° 31.* ♦ La décision de retrait de l'aide judiciaire ne met pas fin au mandat de l'avoué désigné. • Même arrêt.

2. Il résulte des dispositions des art. 419 NCPC [devenu C. pr. civ.] et 156 du décret du 27 nov. 1991 que l'avocat qui entend mettre fin à son mandat en est déchargé après avoir informé son mandant, le juge et la partie adverse, sous réserve toutefois que le client soit prévenu en temps utile pour pourvoir à la défense de ses intérêts. • Civ. 1re, 4 oct. 2000, n° 97-18.743 P : *D. 2000. IR 259 ; JCP 2001. I. 284, n° 9, obs. R. Martin ; Gaz. Pal. 14-16 avr. 2002, p. 14, obs. du Rusquec.*

3. Il ne peut être reproché à l'avoué qui a été révoqué par la partie de ne pas avoir effectué à temps un acte d'enrôlement en l'absence de constitution d'un autre avoué dans la mesure où il n'avait pas obligation de représenter les intérêts du mandant jusqu'à son remplacement, l'art. 419 étant inapplicable. • Amiens, 15 oct. 2002 : *JCP 2003. IV. 2606.*

4. Lorsque la représentation est obligatoire, l'avocat ou l'avoué ne peut se décharger de son mandat tant qu'il n'est pas remplacé par un nouveau représentant effectivement constitué en ses lieu et place. Dès lors, encourt la cassation l'ordonnance d'un premier président qui, statuant en matière de contestation d'honoraires, retient que la circonstance qu'un avocat désigné par un bâtonnier a été remplacé par un autre avocat ayant déclaré ne pas vouloir poursuivre sa collaboration n'a pas pour effet de faire revivre le mandat de l'avocat initialement constitué, alors que le premier président constatait que le second avocat désigné par le bâtonnier n'avait pas formalisé de constitution. • Civ. 2e, 21 févr. 2008, no 07-11.487 P : *Procédures 2008, no 168, note Perrot.*

Art. 420 **L'avocat** *(Abrogé par Décr. no 2012-634 du 3 mai 2012, art. 21-1o-a)* **« *ou l'avoué* » remplit les obligations de son mandat sans nouveau pouvoir jusqu'à l'exécution du jugement pourvu que celle-ci soit entreprise moins d'un an après que ce jugement soit *[est]* passé en force de chose jugée.**

Ces dispositions ne font pas obstacle au paiement direct à la partie de ce qui lui est dû.

V. Circ. 30 mars 1989 (D. et ALD 1989. 187) relative à la simplification de la réglementation du paiement des dépenses publiques.

1. Contenu du mandat. La signification des décisions de justice entre dans le mandat *ad litem* de l'avocat ou de l'avoué qui peut, sans avoir à solliciter de pouvoir particulier, faire procéder à la signification du jugement intervenu sur sa constitution. • Civ. 1re, 2 mars 1977 : *D. 1977. IR 235* • Civ. 2e, 27 févr. 1980 : *Bull. civ. II, no 42 ; D. 1980. IR 464, obs. Julien.* ♦ Cette notification fait courir le délai contre le client. • Civ. 2e, 27 févr. 1980 : *préc.*

2. Nouvelle instance. L'exercice de l'appel entraîne l'ouverture d'une nouvelle instance, obligeant les parties à constituer de nouveaux représentants et mettant par là même fin au mandat de représentation de l'avocat constitué en première instance. • Paris, 29 avr. 1988 : *Gaz. Pal. 1988. 2. Somm. 456, note De Belot.* ♦ L'avocat chargé de faire liquider une astreinte et dont le mandat a pris fin avec la procédure ayant abouti à une liquidation à titre provisoire ne peut engager une seconde procédure sans nouveau mandat. • Civ. 1re, 17 mars 2011, no 10-11.969 P : *D. 2011. Actu. 947 ; RLDC 05/2011, no 4235, note Bugnicourt.*

3. Obligation de conseil. L'avoué n'est pas dispensé de son devoir de conseil par la présence, au côté du client, d'un avocat ; il doit personnellement prendre l'initiative de donner au client qu'il représente les informations et conseils relatifs à la procédure qu'il conduit. • Civ. 1re, 1er févr. 2005, no 03-11.956 P : *Procédures 2005, no 85, obs. Perrot ; D. 2005. IR 457* . ♦ Lorsqu'une décision de justice emporte vente, l'avoué du vendeur est tenu, au même titre qu'un notaire, d'une obligation de conseil, peu importe que le vendeur, société spécialisée en immobilier, soit assisté par d'autres professionnels du droit. • Civ. 1re, 24 juin 1997, no 95-10.629 P : *D. 1998. IR 198* . – Sur la fin du mandat de l'avocat, V. notes ss. Décr. no 2005-790 du 12 juill. 2005, art. 13. – ***C. avocat.***

TITRE TREIZIÈME LE MINISTÈRE PUBLIC

Lorsque l'expression « le ministère public entendu » figure dans un texte, elle doit s'entendre comme signifiant « après avis du ministère public » (Décr. no 81-500 du 12 mai 1981, art. 51).

RÉP. PR. CIV. vo *Ministère public*, par FLORES.

DALLOZ ACTION *Droit et pratique de la procédure civile 2022/2023*, nos 102.110 s. (partie principale) ; nos 321.41 s. (partie jointe).

BIBL. GÉN. ▸ ALBERNHE, *Litec, 1988* (le ministère public). – MARCHAND, *Gaz. Pal. 1989. 2. Doctr. 598.* – SOLUS, *Mél. Capitant, p. 769.* – SUTTON, *Gaz. Pal. 1973. 1. Doctr. 342* (communication). – VINCENT, *Mél. Roubier, t. 2, p. 303* (procédure civile et ordre public).

▸ **En matière de procédures collectives, sur la L. 15 oct. 1981 :** DE LESTANG, *Rev. huiss. 1981. 679.* – SOINNE, *D. 1983. Chron. 11.* ... Sur la loi du 25 janv. 1985 : PERDRIAU, *JCP 1986. I. 3228 et 3233.* – RENUCCI, *RSC 1990. 187* .

▸ **En matière de filiation :** G. VIAL, *AJ fam. 2012. 34* (les frontières de l'ordre public et de la fraude à la loi).

Art. 421 **Le ministère public peut agir comme partie principale ou intervenir comme partie jointe. Il représente autrui dans les cas que la loi détermine.** – *Sur le rôle du ministère public en matière de procédures civiles d'exécution, V. C. pr. exéc., art. L. 121-5 et L. 121-6.*

Dans le cadre de la loi n° 85-98 du 25 janv. 1985 [C. com., liv. VI], V. : • Com. 20 janv. 1998, n° 94-20.177 P : *D. 1998. 125, rapp. Pasturel ; D. Affaires 1998. 297, obs. A. L.*

CHAPITRE PREMIER LE MINISTÈRE PUBLIC PARTIE PRINCIPALE

Art. 422 **Le ministère public agit d'office dans les cas spécifiés par la loi.**

1. L'obligation de constituer avoué (art. 899) ne vise pas le pouvoir d'action d'office du ministère public, partie intégrante de la juridiction. • Paris, 24 janv. 1986 : *Gaz. Pal. 1986. 1. 163.*

2. Lorsque le ministère public intervient en qualité de partie principale, la juridiction doit préciser si les conclusions écrites ont été communiquées à la partie défenderesse et s'assurer que celle-ci a été en mesure d'y répondre utilement. • Com. 17 nov. 2015, n° 14-17.607 P : *Procédures 2016, n° 3, note Strickler ; ibid. n° 69, obs. Rolland* (visa de l'art. 6, § 1er Conv. EDH et 422 C. pr. civ.). • Com. 27 sept. 2017, n° 16-16.955 : *Procédures 2017, n° 308, obs. Rolland.*

Art. 423 **En dehors de ces cas, il peut agir pour la défense de l'ordre public à l'occasion des faits qui portent atteinte à celui-ci.**

1. La communication d'une cause au ministère public n'emporte pas pour celui-ci le droit d'intervenir comme partie principale hors de toute atteinte à l'ordre public. • Civ. 2e, 14 déc. 1988 : *JCP 1989. II. 21268, obs. Cadiet.* ♦ En cas d'atteinte à l'ordre public, V. • Paris, 19 févr. 1979 : *JCP 1979. II. 19088, concl. Jéol.*

2. Appel. En application de l'art. 423, le ministère public est recevable à interjeter appel d'un jugement dont les dispositions portent atteinte à l'ordre public, même s'il n'a pas été partie à ce jugement. • Civ. 1re, 29 mai 1990, n° 88-45.425 P. ♦ Le ministère public est recevable à agir pour faire appel d'un jugement conforme à ses réquisitions, dès lors que son recours tend à l'exacte application de la loi. • Civ. 1re, 10 mars 1998 : *Gaz. Pal. 1998. 2. Pan. 210.*

3. Divorce. Est irrecevable la tierce opposition formée par le ministère public contre une décision prononçant le divorce sur demande conjointe qui lui apparaît contraire à l'ordre public. • Civ. 1re, 17 nov. 1981 : *Bull. civ. I, n° 338 ; D. 1982. 573, note Guiho ; ibid. 1983. IR 105, obs. Groslière ; JCP 1982. II. 19842, note Gobert ; Gaz. Pal. 1982. 567, note Massip ; RTD civ. 1983. 198, obs. Perrot ; Rev. crit. DIP 1982. 669, note J. Foyer.* – V. la décision frappée de pourvoi : • Lyon, 16 janv. 1980 : *D. 1981. 577, note Guiho ; JCP 1981. II. 19842, note Gobert ; Gaz. Pal. 1980. 428, note Viatte ; RTD civ. 1981. 698, obs. Perrot ; JDI 1981. 346, obs. Audit.*

4. Enlèvement international d'enfant. Est recevable le pourvoi formé par le procureur général contre un arrêt transférant la résidence d'un enfant du domicile de sa mère à l'étranger, chez son père en France, dès lors que l'autorité centrale chargée de satisfaire aux obligations qui lui sont imposées par la Conv. de La Haye du 25 oct. 1980, qui, pour la France, est le ministère de la Justice, avait saisi le procureur de la République qui, agissant en sa qualité de ministère public par application de l'art. 423 NCPC [devenu C. pr. civ.] pour la défense de l'ordre public que constitue le respect de la Conv. de La Haye, avait lui-même saisi le juge aux affaires familiales et que, partie principale, il pouvait, comme le procureur général, utiliser les voies de recours du droit commun. Le procureur général n'est pas tenu de constituer un avocat au Conseil d'État et à la Cour de cassation. • Civ. 1re, 19 mars 2002, n° 00-17.692 P.

5. Célébration d'un mariage. La célébration du mariage au mépris de l'opposition du ministère public ouvre à celui-ci une action en contestation de sa validité. • Civ. 1re, 13 mars 2007, n° 05-16.627 P : *D. 2007. 1389, rapp. Pluyette ; JCP 2007. Actu. 136, obs. Favier ; Gaz. Pal. 1er-2 févr. 2007, p. 23, note du Rusquec ; Dr. fam. 2007. Comm. 76, note Larribau-Terneyre* (annulation d'un mariage homosexuel). ♦ Sur l'action du ministère public en nullité d'un mariage fictif, V. • Grenoble, 3 nov. 1998 : *D. 1999. Somm. 373, obs. Lemouland .*

6. Nullité d'un mariage. L'appel du ministère public est recevable relativement à un jugement faisant droit à une demande en nullité de mariage à raison d'un mensonge de l'épouse relatif à sa virginité, « qualité essentielle » au sens de l'art. 180, al. 2, C. civ., car il est susceptible de mettre en jeu des principes d'ordre public relevant du droit des personnes, dont l'appréciation ne peut être laissée à la libre disposition des parties. • Douai, 17 nov. 2008 : *BICC 1er avr. 2008, p. 55 ; D. 2008. AJ 2938, obs. Egéa ; JCP 2009. I. 102, n° 1, obs. Gouttenoire ; AJ fam. 2008. 479, obs. Chénedé ; Dr. fam. 2008. 167, obs. Larribau-Terneyre ; JCP 2008. II. 10005, note Malaurie ; RJPF 2009-1/26, note Leborgne ; RLDC 2008/55, n° 3228, obs. Serra ; ibid. 2009/57, n° 3304, note Dekeuwer-Défossez* ♦ V. ég. • TGI Lille, 1er avr. 2008 : *D. 2008. 1389, note P. Labbée ; ibid. 2008. Pan. 1788, obs. Lemouland et Vigneau ; JCP 2008. II. 10122, note*

Raoul-Cormeil ; AJ fam. 2008. 300, obs. Chénedé ; RJPF 2008-7-8/10, note Dekeuwer-Défossez ; RLDC 2008/51, n° 3063, note Bernard-Xémard ; ibid, n° 3066, obs. Marraud des Grottes ; RTD civ. 2008. 455, obs. Hauser .

7. Gestation pour autrui. Aux termes de l'art. 423 C. pr. civ., le ministère public peut agir pour la défense de l'ordre public à l'occasion de faits portant atteinte à celui-ci, et de l'art. 16-7 C. civ., toute convention portant sur la procréation ou la gestation pour le compte d'autrui est nulle. Viole ces dispositions l'arrêt qui, pour déclarer irrecevable l'action du ministère public fondée sur une contrariété à l'ordre public, retient que le ministère public ne contestait ni l'opposabilité en France du jugement étranger, ni la foi à accorder, au sens de l'art. 47 C. civ., aux actes dressés à l'étranger, alors qu'il ressortait des constatations de l'arrêt que les mentions de ces actes ne pouvaient résulter que d'une convention portant sur la gestation pour autrui, de sorte que le ministère public justifiait d'un intérêt à agir en nullité. • Civ. 1re, 17 déc. 2008 : *D. 2009. AJ 166, note Egéa ; ibid. 340, note L. Brunet ; ibid. Pan. 778, obs. Granet-Lambrechts ; JCP 2009. Actu. 10, note Brusorio-Aillaud ; ibid. II. 10020, note Mirkovic ; ibid. 10021, note d'Avout ; ibid. I. 117, n° 13, note Byk ; ibid. I. 138, n° 5, obs. Mekki ; AJ fam. 2009. 81, note Chénedé ; Dr. fam. 2009. Alertes. 3 ; Dr. fam. 2009. Comm. 15, note Murat ; RLDC 2/2009. 43, obs. Pouliquen ; Procédures 2009, n° 52, obs. Douchy-Oudot ; Defrénois 2009, art. 38910, obs. Massip ; Gaz. Pal. 3 janv. 2009, Jurisp., p. 18, note Weiss-Gout ; Gaz. Pal. 12 mars 2009. Chron. 39, note Gabriel.* ♦ *Adde* • Paris, 26 févr. 2009 : *Gaz. Pal. 3 et 4 avr. 2009, p. 21, concl. Rouchereau ; JCP 2009, n° 26, p. 17, note Mirkovic ; Dr. fam. 2009. Comm. 75, note Murat ; LPA 14-15 juill. 2009, p. 18, note Massip.*

8. Procédure collective. En application de l'art. 157, al. 3, du décret n° 85-1388 du 27 déc. 1985, l'appel du procureur de la République en matière de redressement et de liquidation judiciaires doit être interjeté dans le délai de dix jours à compter de la réception de l'avis qui lui est donné du jugement même s'il déclare agir comme partie principale sur le fondement de l'art. 423. • Com. 8 juill. 2003, n° 01-13.693 P : *D. 2003. AJ 2173 .* ♦ Ne donne pas de base à sa décision au regard de l'art. 423 C. pr. civ., la cour d'appel qui, pour déclarer recevable la requête présentée par le ministère public aux fins de désignation d'un mandataire *ad hoc* chargé de suivre l'instance en paiement des dettes sociales après l'expiration de la mission du commissaire à l'exécution du plan, retient que, l'art. 90 du décret du 27 déc. 1985 n'imposant pas que la demande aux fins de désignation d'un mandataire *ad hoc* émane des seuls mandataires judiciaires, c'est à juste titre que les premiers juges ont considéré qu'il y avait atteinte à l'ordre public dès lors qu'une procédure collective se trouvait privée d'organes pouvant la représenter alors que la procédure n'est pas clôturée, sans préciser en quoi l'expiration de la mission du commissaire à l'exécution du plan qui est prévue par la loi elle-même était un fait portant atteinte à l'ordre public. • Com. 10 mars 2009 : *Procédures 2009, n° 169, obs. Rolland.*

CHAPITRE II LE MINISTÈRE PUBLIC PARTIE JOINTE

Art. 424 *(Décr. n° 81-500 du 12 mai 1981, art. 14)* **Le ministère public est partie jointe lorsqu'il intervient pour faire connaître son avis sur l'application de la loi dans une affaire dont il a communication.**

(Décr. n° 2017-891 du 6 mai 2017, art. 45, en vigueur le 1er sept. 2017) **« Lorsque le ministère public intervient, le greffe en informe aussitôt les parties. »**

BIBL. ► *R. 2004, p. 14 ; ibid., p. 11 ; ibid., p. 10* (suggestion de réforme).

1. Le ministère public, partie jointe, est irrecevable en son appel d'un jugement, en l'absence d'atteinte à l'ordre public. • Civ. 1re, 11 févr. 1986 : *Gaz. Pal. 1986. Somm. 415, obs. Croze et Morel.* ♦ Rappr. : • Com. 20 janv. 1998, n° 94-20.177 P : *D. 1998. 125, rapp. Pasturel ; D. Affaires 1998. 297, obs. A. L.* • 20 oct. 2009 : *Procédures 2009, n° 384, note Perrot.* ♦ V. note 1 ss. art. 423.

2. Sur l'irrecevabilité du pourvoi du ministère public, partie jointe, en matière d'indemnisation des victimes d'infractions, V. • Civ. 2e, 4 janv. 1989 : *Bull. civ. II, n° 4.* ♦ V. aussi note 11 ss. art. 445. ♦ ... Ou à l'occasion de l'examen d'un recours contre une décision du Conseil de la concurrence [devenu l'Autorité de la concurrence], V. • Com. 25 janv. 2005, n° 03-20.842 P : *D. 2005. AJ 430, obs. Chevrier .*

Art. 425 Le ministère public doit avoir communication :

1° Des affaires relatives à la filiation, à l'organisation de la tutelle des mineurs, *(Abrogé par Décr. n° 2019-756 du 22 juill. 2019, art. 2)* ***« à l'ouverture ou à la modification*** *(Décr. n° 2008-1276 du 5 déc. 2008, art. 3, en vigueur le 1er janv. 2009)* ***« des mesures judiciaires de protection juridique des majeurs » »*** *(Décr. n° 2012-98 du 27 janv. 2012, art. 2)* **« ainsi que des actions engagées sur le fondement des dispositions des instruments internationaux et européens relatives au déplacement illicite international d'enfants » ;**

(Décr. n° 2005-1677 du 28 déc. 2005, art. 357, en vigueur le 1er janv. 2006) **« 2° Des procédures de sauvegarde, de redressement judiciaire et de liquidation judiciaire, des causes relatives à la responsabilité pécuniaire des dirigeants sociaux et des procédures de faillite personnelle ou relatives aux interdictions prévues par l'article L. 653-8 du code de commerce. »**

(Décr. n° 81-500 du 12 mai 1981, art. 15) **« Le ministère public doit également avoir communication de toutes les affaires dans lesquelles la loi dispose qu'il doit faire connaître son avis. »**

Le Décr. n° 2012-98 du 27 janv. 2012 est applicable à Wallis-et-Futuna à compter du 1er juin 2012 (Décr. préc., art. 4).

L'art. 357 du Décr. n° 2005-1677 du 28 déc. 2005 est applicable à Mayotte ainsi qu'aux îles Wallis-et-Futuna.

Le Décr. n° 2008-1276 du 5 déc. 2008 est applicable aux procédures en cours (Décr. préc., art. 5). Il est, par ailleurs, applicable dans les îles Wallis-et-Futuna (Décr. préc., art. 4-I).

BIBL. ▶ PERDRIAU, *JCP 1986. I. 3228* (faillites). – Rapport de la Cour de cassation *2002, p. 28* (proposition de modification).

▶ **Décr. n° 2019-756 du 22 juill. 2019 :** TANI, *JCP N 2019. 682.*

PLAN DES ANNOTATIONS

1. Les prescriptions de l'art. 425 ont un caractère d'ordre public. • Civ. 1re, 14 déc. 1983 : *Bull. civ. I, n° 297* • 12 mai 1987 : *ibid. I, n° 150* (filiation) • Cass., ch. mixte, 21 juill. 1978 : *Gaz. Pal. 1978. 2. 579, note Viatte ; RTD civ. 1979. 192, obs. Perrot* • Com. 18 juin 1980 : *Bull. civ. IV, n° 269* (règlement judiciaire-liquidation des biens) • Civ. 2e, 29 mars 1979 : *Bull. civ. II, n° 104* • Com. 24 sept. 1981 : *JCP 1981. IV. 383* (responsabilité pécuniaire des dirigeants sociaux) • Civ. 1re, 17 juin 1986 : *Bull. civ. I, n° 171* (art. 371-4 C. civ.) • 17 oct. 2007, n° 06-16.923 P : *AJ fam. 2007. 485, obs. F. C. ; Dr. fam. 2007. Comm. 202, note Murat ; RJPF 2008-1/38, obs. Garé* • Civ. 3e, 15 mai 2008, n° 07-14.759 P : *AJ fam. 2008. 299, obs. Chénedé ; D. 2009. Pan. 53, obs. Douchy-Oudot.* ♦ ... Et elles sont applicables devant la cour d'appel, même dans le cas où la cause a été communiquée au ministère public en première instance. • Civ. 1re, 3 juin 1997, n° 95-18.431 P : *Gaz. Pal. 1998. 2. 793, note du Rusquec* • Civ. 3e, 15 mai 2008 : *préc.* ♦ La règle d'ordre public posée par l'art. 425-1° s'applique à tous les degrés de juridiction. • Civ. 1re, 21 mai 1997, n° 95-13.883 P : *D. 1998. Somm. 25, obs. Granet.*

2. Sur la sanction, en appel, des irrégularités commises devant les premiers juges, V. notes 15 s. ss. art. 562.

A. DOMAINE DE L'OBLIGATION DE COMMUNIQUER

3. Aucun texte ne prévoit la communication au ministère public des instances relatives à l'*exequatur* des décisions étrangères. • Civ. 1re, 10 déc. 1980 : *Bull. civ. I, n° 324* (dispositions civiles d'une décision répressive) • 15 déc. 1981 : *Bull. civ. I, n° 380* (condamnation à pension alimentaire) • 4 janv. 1995, n° 93-11.107 P (liquidation de biens).

a. Filiation et tutelles

4. Doivent notamment être communiquées au ministère public les contestations portant sur la validité d'une reconnaissance et d'une légitimation. • Civ. 1re, 12 mai 1987 : *Gaz. Pal. 1988. 1. 321, note Massip ; D. 1988. Somm. 401, obs. Huet-Weiller* • 6 févr. 2008, n° 06-22.141 P. ♦ ... Ou sur la possession d'état d'un enfant naturel. • Civ. 1re, 11 juill. 1988 : *D. 1988. Somm. 401, obs. Huet-Weiller* • 12 juill. 1994 : *Defrénois 1995. 318, obs. Massip ; Gaz. Pal. 1995. 2. Pan. 122.* ♦ ... Les actions à fins de subsides. • Civ. 1re, 7 oct. 1980 : *Bull. civ. I, n° 243 ; D. 1981. IR 298, obs. Huet-Weiller ; Gaz. Pal. 1981. 497, note J.-B. ; Defrénois 1981. 837, note Massip* • 29 mai 1985 : *Bull. civ. I, n° 168* • 12 mai 1987 : *Bull. civ. I, n° 149* • 17 oct. 2007 : *préc. note 1.* ♦ ... La contestation d'une décision de placement sous tutelle. • Civ. 1re, 15 mars 1977 : *D. 1977. 454, note Massip.* ♦ ... La contestation des actes de notoriété dès lors qu'elle tend à dénier les filiations établies par ces actes. • Civ. 1re, 30 sept. 2009 : *RJPF 12/2009. 28, note Garé.*

5. Les prescriptions de l'art. 425, 1°, ne sont pas applicables aux actions en nullité du mariage. • Civ. 1re, 15 janv. 1981 : *Bull. civ. I, n° 26.* ♦ ... Aux actions relatives au droit de visite et d'hébergement. • Civ. 1re, 17 juin 1986 : *Bull. civ. I,* n° 172 • 22 juill. 1987 : *Bull. civ. I, n° 251.* ♦ ... A l'action qui, sans mettre en jeu l'état d'une personne, porte sur la continuité de la chaîne des parentés la reliant au *de cujus.* • Civ. 1re, 2 juin 1987 : *D. 1988. 405, note Massip ; Gaz. Pal. 1987. 2. Somm. 488, obs. Guinchard et Moussa.* ♦ ... A l'action qui, après décès d'un majeur protégé, ne poursuit qu'un intérêt patrimonial. • Civ. 1re, 3 juill. 1984 : *Bull. civ. I, n° 217.* ♦ ... A la cause relative à l'action en majoration de subsides, dont le principe a été admis par une précédente décision. • Civ. 1re, 5 janv. 1999, n° 97-11.121 P. ♦ ... Aux demandes d'acte de notoriété adressées au juge des tutelles sur le fondement de l'ancien art. 311-3 C. civ. • Civ. 1re, 4 juill. 2007, n° 05-20.204 P : *Defrénois 2007. 1639, obs. Massip ; AJ fam. 2007. 362 ; Dr. fam. 2007. Comm. 169, note Murat ; RTD civ. 2007. 751, obs. Hauser.*

6. Le ministère public n'a pas qualité pour défendre au lieu et place des personnes prévues par l'art. 340-3 C. civ. à l'action en recherche de maternité naturelle. • Paris, 8 juin 2000 : *D. 2000. IR 231.*

b. Procédures collectives

7. L'art. 425-2° ne vise ni le litige qui, dans le cadre de la vérification collective des créances, oppose un créancier au débiteur et aux autres créanciers au sujet de l'existence, du montant et du caractère privilégié de sa créance. • Com. 4 févr. 1986 : *Bull. civ. IV, n° 4* • Soc. 23 avr. 1986 : *Bull. civ. V, n° 166* • 25 janv. 1989 : *Bull. civ. V, n° 61.* ♦ Rappr. • Soc. 24 mars 1988 : *ibid., n° 218* • 22 déc. 1988 : *ibid., n° 701.* ♦... Ni celui qui oppose le syndic au règlement judiciaire d'une société à une autre société à propos de la résiliation d'un contrat de concession. • Com. 10 janv. 1984 : *JCP 1984. IV. 87.* ♦ ... Ni l'action en paiement des fournitures faites durant la poursuite de l'activité d'un débiteur en règlement judiciaire. • Com. 9 déc. 1986 : *Gaz. Pal. 1987. 1. Pan. 60.* ♦ ... Ni le litige relatif à l'existence, au montant et au caractère d'une créance née d'un contrat de location-gérance, quand même les contractants seraient-ils l'un et l'autre en état de liquidation des biens. • Com. 28 mai 1991, n° 89-16.786 P.

8. Les causes relatives à la responsabilité pécuniaire des dirigeants sociaux ne concernent que le cas où celle-ci est invoquée par le syndic en vertu des art. 99 s. de la loi du 13 juill. 1967 au cours de la procédure collective ouverte contre une personne morale. • Civ. 3e, 26 sept. 1984 : *JCP 1984. IV. 327.* ♦ V. depuis, L. n° 85-98 du 25 janv. 1985, art. 179 s. [C. com., art. L. 624-2 s.] et • Com. 5 nov. 1991, n° 89-19.064 P.

Ne répond pas à cette définition l'action en recouvrement des charges de copropriété contre les actionnaires d'une société de construction. • Civ. 2e, 16 nov. 1978 : *Bull. civ. II, n° 328.* ♦ ... L'action en paiement d'une reconnaissance de dette souscrite par le gérant d'une société. • Com. 12 mars 1979 : *Bull. civ. IV, n° 96.* ♦ ... La liquidation des biens d'un commerçant, personne physique, exploitant en commun avec un tiers une société créée de fait. • Com. 26 mai 1987 : *Bull. civ. IV, n° 126.*

9. Doit être communiquée au ministère public la tierce opposition formée par le syndic qui soutenait n'avoir pas excédé ses pouvoirs en cédant le fonds de commerce sans autorisation du juge-commissaire, dès lors que la liquidation des biens a une influence sur la solution du litige. • Com. 11 janv. 1994, n° 91-20.847 P.

10. Sur la possibilité pour le ministère public d'interjeter appel lorsqu'il ne figure que comme partie jointe, V. • Com. 20 janv. 1998, n° 94-20.177 P. ♦ Aux termes de l'art. 176 de la loi n° 85-98 du 25 janv. 1985 [C. com., art. L. 623-8], lorsque le ministère public doit avoir communication des procédures de redressement judiciaire, le pourvoi en cassation pour défaut de communication n'est ouvert qu'au ministère public. • Com. 9 déc. 1997, n° 95-14.504 P : *D. Affaires 1998. 112, obs. A. L. ; Procédures 1998, n° 120, obs. Croze.*

11. L'art. 425-2° n'est pas applicable à la procédure collective de redressement judiciaire civil des difficultés financières des débiteurs personnes physiques édictée par les art. L. 332-1 s. ancien C. consom. • Civ. 1re, 18 févr. 1997, n° 96-04.015 P : *D. 1999. Somm. 205, obs. Chatain et Ferrière ; Gaz. Pal. 1998. 2. 797, note du Rusquec.*

c. Matières dans lesquelles le ministère public doit faire connaître son avis

12. En vertu des art. 425, dernier al., et 1100, le ministère public doit avoir connaissance des demandes formées en application de l'art. 371-4 C. civ. • Civ. 1re, 5 juill. 1988 : *Bull. civ. I, n° 220* • 13 déc. 1988 : *ibid., n° 355.*

13. En vertu des art. 425 NCPC [devenu C. pr. civ.] et 764 C. pr. civ., le ministère public doit avoir connaissance des causes soumises à la cour d'appel en matière de distribution du prix de vente des immeubles. • Civ. 2e, 4 déc. 1985 : *Bull. civ. II, n° 188.*

14. Doit être censuré l'arrêt qui ne mentionne pas que cause ait été communiquée au ministère public afin de donner son avis dans un dossier d'assistance éducative, alors que l'art. 425, dernier al., C. pr. civ., ensemble les art. 1187, 1189 et 1193 du même code, impose cette communication en la matière. • Civ. 1re, 16 déc. 2015, n° 14-24.256 P : *D. 2015. Pan. 1572, obs. Plazy ; ibid. 2016. Pan. 455, obs. Fricero ; Gaz. Pal. 6 oct. 2015, p. 47, note Robbe et Schlemmer-Bégué ; Dr. fam. 2016, n° 66, note Maria.*

B. PREUVE DE LA COMMUNICATION

15. Encourt la censure la décision qui statue dans une matière visée à l'art. 425, alors qu'il ne résulte d'aucune pièce de la procédure, ni du procès-verbal d'audience, ni d'aucun autre moyen de preuve que la cause ait été communiquée au ministère public. • Cass., ch. mixte, 21 juill. 1978 : *Gaz. Pal. 1978. 2. 579, note Viatte ; D. 1979. IR 292, obs. Julien ; RTD civ. 1979. 192, obs. Perrot* • Civ. 1re, 14 juin 1983 : *Bull. civ. I, no 297 ; D. 1984. IR 315, obs. Huet-Weiller.* ♦ ... Alors qu'il ne résulte ni de l'arrêt, ni du procès-verbal, ni d'aucun autre moyen de preuve que la cause ait été communiquée au ministère public. • Com. 14 juin 1982 : *Bull. civ. IV, no 227* • Civ. 1re, 12 mai 1987 : *Gaz. Pal. 1988. 1. 321, note Massip.*

16. Implique que le dossier a été préalablement communiqué la mention, dans l'arrêt ou au registre d'audience, que le ministère public était présent aux débats. • Civ. 2e, 28 avr. 1980 : *Bull. civ. II, no 91* • 13 mai 1987 : *ibid., no 111* • Civ. 1re, 10 févr. 1993, no 91-14.248 P. ♦ ... Qu'il a été entendu à l'audience. • Civ. 1re, 27 févr. 1979 : *Bull. civ. I, no 76* • Com. 15 oct. 1980 : *Bull. civ. IV, no 337.*

La même preuve résulte de la mention apposée sur le dossier « Vu au parquet général ». • Com. 20 févr. 1980 : *Bull. civ. IV, no 92.* ♦ ... « Pour le procureur général ». • Com. 12 nov. 1985 : *Gaz. Pal. 1986. 1. Pan. 46.* ♦ ... Ou du visa « pour le procureur général » porté en marge des conclusions d'une des parties. • Cass., ch. mixte, 21 juill. 1978 : *Bull. civ., ch. mixte, no 5 ; Gaz. Pal. 1978. 2. 578, note Viatte ; RTD civ. 1979. 192, obs. Perrot.* ♦ ... Ou du visa du procureur de la République, en marge de l'avis de la date d'audience. • Civ. 1re, 12 juill. 1994, no 92-15.735 P. ♦ V. aussi • Civ. 2e, 17 mai 1993, no 91-18.997 P.

La mention dans la décision de l'accomplissement de cette formalité n'est prévue par aucun texte. • Com. 10 oct. 1978 : *Bull. civ. IV, no 221.*

Art. 426 **Le ministère public peut prendre communication de celles des autres affaires dans lesquelles il estime devoir intervenir.**

Art. 427 **Le juge peut d'office décider la communication d'une affaire au ministère public.**

Pour un exemple, V. • TGI Paris, réf., 26 juill. 1984 : *Gaz. Pal. 1985. 1. 152, note Marchi.*

Art. 428 **La communication au ministère public est, sauf disposition particulière, faite à la diligence du juge.**

Elle doit avoir lieu en temps voulu pour ne pas retarder le jugement.

1. Le juge ne peut faire grief au demandeur en révision de n'avoir pas communiqué son recours au ministère public. • Civ. 2e, 8 oct. 1986 : *Gaz. Pal. 1986. 2. Pan. 286.*

2. L'énoncé dans le jugement que la procédure a été régulièrement communiquée au ministère public fait présumer que cette communication a eu lieu avant l'ouverture des débats. • Com. 11 mai 1982 : *Bull. civ. II, no 176.* ♦ Rappr. • Com. 11 juill. 1983 : *D. 1983. IR 439, obs. Derrida* • 30 mai 1985 : *Bull. civ. IV, no 175.*

Art. 429 **Lorsqu'il y a eu communication, le ministère public est avisé de la date de l'audience.**

TITRE QUATORZIÈME LE JUGEMENT

CHAPITRE PREMIER DISPOSITIONS GÉNÉRALES

RÉP. PR. CIV. vo *Jugement*, par EUDIER.

DALLOZ ACTION *Droit et pratique de la procédure civile 2022/2023*, nos 4.00 s.

SECTION PREMIÈRE LES DÉBATS, LE DÉLIBÉRÉ ET LE JUGEMENT

SOUS-SECTION 1 LES DÉBATS

DALLOZ ACTION *Droit et pratique de la procédure civile 2022/2023*, nos 321.11 s.

§ Ier DISPOSITIONS GÉNÉRALES *(Décr. no 2010-1165 du 1er oct. 2010, art. 5-1o, en vigueur le 1er déc. 2010).*

L'art. 5 du Décr. no 2010-1165 du 1er oct. 2010 est applicable dans les îles Wallis-et-Futuna (Décr. préc., art. 18-I).

Articles déplacés sans changement à l'intérieur du § 1er créé par Décr. n° 2010-1165 du 1er oct. 2010, art. 5-1°, en vigueur le 1er déc. 2010.

Art. 430 **La juridiction est composée, à peine de nullité, conformément aux règles relatives à l'organisation judiciaire.**

Les contestations afférentes à sa régularité doivent être présentées, à peine d'irrecevabilité, dès l'ouverture des débats ou dès la révélation de l'irrégularité si celle-ci survient postérieurement, faute de quoi aucune nullité ne pourra être ultérieurement prononcée de ce chef, même d'office.

Les dispositions de l'alinéa qui précède ne sont pas applicables dans les cas où il aurait été fait appel à une personne dont la profession ou les fonctions ne sont pas de celles qui l'habilitent à faire partie de la juridiction.

1. A peine de nullité, les jugements sont rendus par des magistrats délibérant en nombre impair. L'arrêt qui révèle l'inobservation de cette imparité, à laquelle une décision rectificative ne peut porter remède, encourt la nullité. • Civ. 1re, 25 mai 2004, n° 02-10.641 P : *D. 2004. IR 2548*. ♦ V. aussi note ss. art. L. 121-2 COJ.

2. Est irrecevable devant la Cour de cassation le moyen pris de la composition irrégulière de la juridiction dès lors qu'il ne résulte ni de l'arrêt attaqué, ni des productions qu'une contestation ait été élevée sur ce point devant les juges du fond. • Civ. 2e, 29 sept. 1982 : *Bull. civ. II, n° 114* • 12 juin 2003, n° 01-13.670 P • Civ. 1re, 15 mai 1984 : *JCP 1984. IV. 235* • Soc. 5 juin 1984 : *Bull. civ. V, n° 232* (jurisprudence constante).

Même solution devant la cour d'appel, s'agissant de la composition de la juridiction du premier degré. • Soc. 25 mai 1989 : *Bull. civ. V, n° 402*. – V. aussi • Civ. 2e, 5 janv. 1978 : *Gaz. Pal. 1978. 1. Pan. 76*.

3. Est recevable devant la Cour de cassation le moyen pris de la composition irrégulière d'une juridiction qui ne pouvait, en fait, être invoqué avant la clôture des débats. • Civ. 2e, 6 févr. 1991 : *Gaz. Pal. 1991. 1. Pan. 144* • Com. 23 févr. 1993 : *D. 1993. Somm. 188, obs. Julien*. ♦ Et il ne peut être reproché à un justiciable de s'être abstenu de soulever l'irrégularité structurelle du tribunal du contentieux de l'incapacité, alors que, ne pouvant s'adresser à une juridiction autrement composée, il s'exposait à ne pas voir statuer sur sa demande. • Civ. 2e, 8 mars 2005, n° 03-19.747 P.

4. Le greffier fait partie de la juridiction de jugement de sorte qu'à défaut de contestation régulièrement présentée conformément à l'art. 430, al. 2, le moyen tiré de ce qu'il n'aurait pas assisté à l'audience est irrecevable. • Civ. 1re, 13 oct. 1998, n° 96-14.201 P. ♦ V. aussi : • Civ. 2e, 21 déc. 2000, n° 98-23.276 P • 14 nov. 2002, n° 00-16.808 P.

5. Pour l'application de l'art. 430 au tribunal arbitral, V. • Toulouse, 17 nov. 1986 : *Rev. arb. 1987. 175, note (crit.) Zollinger*. ♦ ... A la suppléance des juges par les avocats appelés dans l'ordre du tableau (COJ art. L. 311-9) pour compléter le TGI, V. • Civ. 2e, 11 juill. 2002, n° 01-01.174 P : *JCP 2002. I. 172, n° 13, obs. R. Martin ; Gaz. Pal. 6-7 août 2003, p. 17, obs. du Rusquec*.

6. En ce qui concerne l'appel à une personne non habilitée, comp. : • Com. 13 nov. 1978 : *JCP 1979. IV. 29* (juridiction assistée d'une personne faisant office de greffier et dont il n'est pas justifié qu'elle ait prêté serment) • Com. 6 mars 1984 : *D. 1984. 566, note Honorat et Mas* (juridiction complétée par un auxiliaire de justice à la fois juge et partie) • Paris, 1er juin 1979 : *Gaz. Pal. 1979. 2. 357* (ordonnance rendue par un auditeur de justice).

7. Il résulte de la combinaison des art. 430 NCPC [devenu C. pr. civ.] et L. 321-5, R. 321-33, R. 321-34 [anciens] COJ que, lorsqu'un juge d'instance a acquiescé à sa récusation, son remplaçant est désigné par le président du TGI et qu'une décision rendue par un tribunal, dont la composition est irrégulière, est nulle. • Soc. 13 juill. 2004, n° 02-60.051 P.

8. Viole l'art. 6, § 1er, Conv. EDH, la cour d'appel qui, pour déclarer irrecevable le moyen pris de la composition irrégulière de la cour d'appel, énonce que les plaideurs ont connaissance par avance de cette composition et qu'ils sont réputés avoir renoncé sans équivoque à se prévaloir de l'art. 6, § 1er, dès lors qu'ils ne l'ont pas invoqué dans leurs première conclusions, alors que, statuant dans une composition où siégeait le magistrat qui avait rendu l'ordonnance déférée, le plaideur avait soulevé dès l'ouverture des débats cette irrégularité. • Civ. 2e, 10 sept. 2009 : *cité note 94 ss. Conv. EDH, art. 6, § 1er, App., v° Droit européen et international*.

Art. 431 **Le ministère public n'est tenu d'assister à l'audience que dans les cas où il est partie principale, dans ceux où il représente autrui ou lorsque sa présence est rendue obligatoire par la loi.**

(Décr. n° 81-500 du 12 mai 1981, art. 16) **« Dans tous les autres cas, il peut faire connaître son avis à la juridiction soit en lui adressant des conclusions écrites qui sont mises à la disposition des parties, soit oralement à l'audience. »** *— V. art. 421 s., 443 et 452.*

A. PARTIE PRINCIPALE

1. Il doit résulter soit du jugement, soit de quelque autre moyen de preuve que le ministère public, partie principale du fait de son appel, a été présent à l'audience des débats. • Civ. 1re, 18 janv. 1989 : *Bull. civ. I, n° 27.*

2. Mais le ministère public étant indivisible, il importe peu qu'il ait été représenté lors de l'audience des débats et du prononcé de la décision par l'un ou l'autre de ses membres. • Civ. 1re, 14 juin 1988 : *Bull. civ. I, n° 192.* ♦ V. art. 452.

3. Si le ministère public est tenu, en vertu de l'art. 431, d'assister à l'audience des débats lorsqu'il est partie principale, aucun texte ne l'oblige à déposer des conclusions écrites avant d'y prendre la parole. • Civ. 1re, 3 mars 1993, n° 91-13.648 P : *RTD civ. 1993. 640, obs. Perrot.*

B. PARTIE JOINTE

4. Dépôt de conclusions écrites. Mise à la disposition des parties. Défaut. Portée. Viole les art. 6, § 1er, Conv. EDH, 16 et 431 NCPC [devenu C. pr. civ.], la cour d'appel qui rend un arrêt visant des conclusions écrites du ministère public, intervenant en qualité de partie jointe, sans constater que l'une des parties avait eu communication de ces conclusions et des pièces jointes, ni qu'elle ait eu la possibilité d'y répondre. • Civ. 3e, 8 oct. 2003, n° 01-14.561 P : *D. 2003. IR 2547 ; RTD civ. 2004. 136, obs. Perrot ; Procédures 2004, n° 7, note Perrot ; JCP 2004. I. 133, n° 16, obs. Cadiet* • Civ. 1re, 23 janv. 2008 : *cité note 16 ss. art. 16.* ♦ Dans le même sens : • Civ. 1re, 4 déc. 2001 : *cité note 125 ss. Conv. EDH, art. 6, § 1er, App., v° Droit européen et international* (seul visa de l'art. 6, § 1er, Conv. EDH). ♦ Viole les art. 16 et 431 la cour d'appel qui place un majeur sous tutelle après avoir rappelé les réquisitions du ministère public, à qui la cause a été régulièrement communiquée, sans constater que les conclusions écrites de celui-ci, non représenté à l'audience, avaient été mises à la disposition de l'intéressé afin qu'il puisse y répondre utilement. • Civ. 1re, 20 nov. 2013 : *RJPF 2014. 21, obs. Mauclair.* ♦ Mais le ministère public, intervenant en qualité de partie jointe, et choisissant de déposer des conclusions écrites, n'est pas tenu de les communiquer aux parties avant l'audience ; il suffit qu'elles soient mises à leur disposition le jour de l'audience. • Civ. 1re, 20 juill. 1994, n° 92-14.665 P • Com. 11 mai 1999, n° 98-11.392 P : *RTD com. 1999. 761, obs. Vallens* • Com. 30 oct. 2007 : *Procédures 2007, n° 277, note Perrot.*

5. ... Moment. Justifie légalement sa décision de placer un majeur sous un régime de protection au regard des art. 16, 445 et 431, une cour d'appel qui relève que le ministère public, à qui l'affaire a été communiquée pour avis, était représenté à l'audience lors des débats et que l'intéressé présent en personne lors de ceux-ci aurait été en mesure de présenter ses observations. • Civ. 1re, 20 nov. 2013, n° 12-29.474 P : *RJPF 2014. 21, obs. Mauclair.*

6. Aucune disposition légale n'impose au ministère public d'assister à l'audience où est débattue une cause qui doit lui être communiquée. • Com. 4 mai 1976 : *D. 1976. IR 231* • 9 mai 1985 : *Bull. civ. IV, n° 145.* ♦ Il ne peut être fait grief à la cour d'appel d'avoir prononcé la conversion d'un règlement judiciaire en liquidation des biens sans que le ministère public ait été entendu, dès lors que, partie jointe, celui-ci n'était pas tenu de conclure à l'audience. • Com. 11 juill. 1977 : *Bull. civ. IV, n° 200.*

7. Lorsque le litige n'exigeait pas la présence du ministère public, il ne saurait être fait grief à la cour de n'avoir pas mentionné le nom de son représentant. • Civ. 3e, 17 avr. 1974 : *Bull. civ. III, n° 147.*

8. Sur le moment où peuvent être déposées les conclusions écrites du ministère public, V. notes ss. art. 443.

9. L'avis écrit par lequel le ministère public déclare « s'en rapporter » ne peut, étant sans influence sur la solution du litige, être assimilé à des conclusions écrites au sens de l'art. 431 C. pr. civ. et n'a pas à être communiqué aux parties. • Com. 1er avr. 2014 : *Procédures 2014, n° 165, note Perrot.*

Art. 432 **Les débats ont lieu au jour et, dans la mesure où le déroulement de l'audience le permet, à l'heure préalablement fixés selon les modalités propres à chaque juridiction. Ils peuvent se poursuivre au cours d'une audience ultérieure.**

En cas de changement survenu dans la composition de la juridiction après l'ouverture des débats, ceux-ci doivent être repris. — *V. art. 446.*

1. Renvoi. La faculté d'accepter ou de refuser *le renvoi* à une audience ultérieure d'une affaire fixée pour être plaidée relève du pouvoir discrétionnaire du juge dès lors que les parties ont été mises en mesure d'exercer leur droit à un débat oral. • Cass., ass. plén., 24 nov. 1989 : *D. 1990. 25, concl. Cabannes ; D. 1990. 429, note Julien ; JCP 1990. II. 21407, note Cadiet ; Gaz. Pal. 1990. 1. Somm. 358, obs. Guinchard et Moussa ; RTD civ. 1990. 145, obs. Perrot.* ♦ V. notes ss. art. 3 et 383.

2. La décision du juge sur une demande de remise est une mesure d'administration judiciaire, comme telle non susceptible de recours. • Civ. 2e, 6 mai 1987 : *Bull. civ. II, n° 106.* ♦ Est irrecevable le moyen critiquant le refus de faire droit à une demande commune de renvoi formée par les parties. • Même arrêt.

3. Sur l'information des parties, lorsque le renvoi n'est pas contradictoirement ordonné, V. • Civ. 2e, 14 mars 1984 : *Bull. civ. II, n° 51 ; Gaz. Pal. 1984. 2. Pan. 223, obs. Guinchard ; RTD civ. 1984. 564, obs. Perrot* • Com. 30 juin 1987 : *Bull. civ. IV, n° 170.*

4. Changement dans la composition du tribunal. La juridiction qui statue sur le fond peut avoir une composition différente de celle qui a prescrit antérieurement une mesure d'instruction. • Soc. 4 mars 1976 : *Bull. civ. V, n° 139.*

5. Les dispositions de l'al. 2 ne reçoivent application qu'au cas où il y a eu un changement dans la composition de la cour après l'ouverture des débats. • Civ. 2e, 5 févr. 1975 : *Bull. civ. II, n° 34.*

Art. 433 **Les débats sont publics sauf les cas où la loi exige qu'ils aient lieu en chambre du conseil.** — *V. art. 446. — V. L. n° 72-626 du 5 juill. 1972, art. 11-1 ss. art. 435.*

Ce qui est prévu à cet égard en première instance doit être observé en cause d'appel, sauf s'il en est autrement disposé.

1. Sur la publicité des débats, V. notes 1 s. ss. art. 22 et notes ss. art. 6-1 Conv. EDH. ♦ ... Devant une cour d'appel statuant en matière de liquidation judiciaire : • Com. 12 nov. 1997 : *Procédures 1998, n° 173, obs. Laporte.*

2. L'énonciation du jugement que le tribunal a statué publiquement suffit à établir que les débats eux-mêmes ont été publics. • Civ. 1re, 11 juill. 1983 : *Bull. civ. II, n° 202* • 10 mars 1987 : *Bull. civ. I, n° 88.*

Art. 434 **En matière gracieuse, la demande est examinée en chambre du conseil.** — *V. art. 446. — V. L. n° 72-626 du 5 juill. 1972, art. 11-1 ss. art. 435.*

Art. 435 **Le juge peut décider que les débats auront lieu ou se poursuivront en chambre du conseil s'il doit résulter de leur publicité une atteinte à l'intimité de la vie privée, ou si toutes les parties le demandent, ou s'il survient des désordres de nature à troubler la sérénité de la justice.** — *V. art. 446.*

BIBL. ▶ DELVOLVÉ, *D. 1980. Chron. 281.* - LINDON, *JCP 1973. I. 2527.* ▶ **Sur l'anonymisation des jugements civils :** CACHARD, *D. 2004, Point de vue, p. 429.* - PERDRIAU, *JCP 1999. I. 163.*

Bien qu'ayant été annulées par décision du Conseil d'État du 4 oct. 1974, les dispositions du deuxième al. de l'art. 83 du décret n° 72-684 du 20 juill. 1972 ont été reprises dans l'art. 435. Mais la loi n° 75-596 du 9 juill. 1975 ayant, entre-temps, repris les mêmes dispositions dans le troisième al. de l'art. 11-1 ajouté à la loi n° 72-626 du 5 juill. 1972, le Conseil d'État en a déduit, depuis, dans un arrêt du 12 oct. 1979, que la légalité de l'art. 435 ne pouvait plus être contestée. – V. • CE 4 oct. 1974 : *D. 1975. 369, note Auby ; JCP 1975. II. 17967, note Drago ; Gaz. Pal. 1975. 1. 117, note Amson ; RTD civ. 1975. 355, obs. Normand* • CE 12 oct. 1979 : *D. 1979. 606, note Bénabent ; JCP 1980. II. 19288, concl. Franc, note Boré ; Gaz. Pal. 1980. 1. 6, note Julien ; RTD civ. 1980. 145, obs. Normand.*

Loi n° 72-626 du 5 juillet 1972,

Instituant un juge de l'exécution et relative à la réforme de la procédure civile.

TITRE III *BIS*. DE LA PUBLICITÉ DES DÉBATS ET DES JUGEMENTS EN MATIÈRE CIVILE

Art. 11-1 *(L. n° 2019-222 du 23 mars 2019, art. 33-V-1°)* Les débats sont publics.

Sans préjudice de l'application des autres dispositions législatives, et sauf devant la Cour de cassation, ils ont toutefois lieu en chambre du conseil :

1° En matière gracieuse ;

2° Dans les matières relatives à l'état et à la capacité des personnes déterminées par décret ;

3° Dans les matières intéressant la vie privée déterminées par décret ;

4° Dans les matières mettant en cause le secret des affaires dans les conditions prévues au 3° de l'article L. 153-1 du code de commerce.

Le juge peut en outre décider que les débats auront lieu ou se poursuivront en chambre du conseil s'il doit résulter de leur publicité une atteinte à l'intimité de la vie privée, ou si toutes les parties le demandent, ou s'il survient des désordres de nature à troubler la sérénité de la justice.– *V. C. pr. civ., art. 1016.*

....

Art. 11-4 *(L. n° 2019-222 du 23 mars 2019, art. 110-XV)* Les articles 11-1 à 11-3 de la présente loi sont applicables dans les îles Wallis-et-Futuna, dans leur rédaction résultant de la loi n° 2019-222 du 23 mars 2019 de programmation 2018-2022 et de réforme pour la justice.

Art. 436 **En chambre du conseil, il est procédé hors la présence du public.**

Art. 437 **S'il apparaît ou s'il est prétendu, soit que les débats doivent avoir lieu en chambre du conseil alors qu'ils se déroulent en audience publique, soit l'inverse, le président se prononce sur-le-champ et il est passé outre à l'incident.**

Si l'audience est poursuivie sous sa forme régulière, aucune nullité fondée sur son déroulement antérieur ne pourra être ultérieurement prononcée, même d'office.

Art. 438 **Le président veille à l'ordre de l'audience. Tout ce qu'il ordonne pour l'assurer doit être immédiatement exécuté.**

Les juges disposent des mêmes pouvoirs sur les lieux où ils exercent les fonctions de leur état.

Art. 439 **Les personnes qui assistent à l'audience doivent observer une attitude digne et garder le respect dû à la justice. Il leur est interdit de parler sans y avoir été invitées, de donner des signes d'approbation ou de désapprobation, ou de causer du désordre de quelque nature que ce soit.**

Le président peut faire expulser toute personne qui n'obtempère pas à ses injonctions, sans préjudice des poursuites pénales ou disciplinaires qui pourraient être exercées contre elle. – *V. C. pén., art. 434-24 et 434-25.* — ***C. pén.***

V. notes ss. art. 24. ♦ V. également L. n° 71-1130 du 31 déc. 1971, art. 25, mod. par L. n° 82-506 du 15 juin 1982.

Art. 440 **Le président dirige les débats. Il donne la parole au rapporteur dans le cas où un rapport doit être fait.**

Le demandeur, puis le défendeur, sont ensuite invités à exposer leurs prétentions.

Lorsque la juridiction s'estime éclairée, le président fait cesser les plaidoiries ou les observations présentées par les parties pour leur défense.

BIBL. ▶ Bredin, *Mél. Buffet, LPA 2004, p. 59* (plaidoirie). – Cadiet, *Mél. Buffet, LPA 2004, p. 99* (construire ensemble des débats utiles). – Dossier, *Procédures mai 2017, p. 12* (la plaidoirie, pour quoi faire ?). – Tuffreau, *Gaz. Pal. 22-24 juin 2003, p. 2* (vers une organisation rationnelle de l'audience ?).

1. Rapport. L'art. 51 du décret du 9 sept. 1971 (art. 785, C. pr. civ.) laisse au président le soin d'apprécier discrétionnairement si l'affaire requiert qu'un rapport soit établi et, dès lors, la forme dans laquelle le rapport a été présenté ne peut donner ouverture à cassation. • Civ. 2e, 14 oct. 1975 : *RTD civ. 1976. 198, obs. Perrot* • Civ. 3e, 15 mai 1985 : *JCP 1985. IV. 257* (jurisprudence constante).

2. A défaut d'indication contraire, les débats sont réputés s'être déroulés en suivant l'ordre légal et l'audition du juge rapporteur avoir précédé celle des avocats. • Civ. 2e, 8 oct. 1975 : *Bull. civ. II, n° 243.* ♦ Les énonciations imprécises de l'arrêt peuvent être valablement complétées *par celles du registre d'audience.* • Com. 17 févr. 1975 : *Bull. civ. IV, n° 43.*

3. Exposé des prétentions. Dès lors que le jugement précise le nom des avocats de chacune des parties, il y a présomption que ceux-ci se sont présentés à la barre et que les droits de la défense ont été respectés. • Com. 20 mars 1978 : *D. 1978. IR 411, obs. Julien.* ♦ Dans le silence de l'arrêt, il y a lieu de présumer que les avocats ont été entendus conformément à la loi. • Civ. 2e, 19 janv. 1977 : *Gaz. Pal. 1977. 1. Somm. 81.*

4. Il résulte de l'art. 446 que les prescriptions relatives à l'ordre dans lequel les parties exposent leurs prétentions ne sont pas prescrites à peine de nullité. • Civ. 1re, 24 févr. 1987 : *Bull. civ. I, n° 63 ; D. 1989. Somm. 95, obs. Brunois.*

5. Sur l'application de l'art. 440, al. 3, V. • Soc. 17 mars 1977 : *Bull. civ. V, n° 206.*

6. La mention du déroulement des débats n'est pas prescrite à peine de nullité par les textes régissant la rédaction des jugements. • Soc. 13 nov. 1986 : *JCP 1987. IV. 28.* ♦ V. note 2 ss. art. 458.

Art. 441 **Même dans les cas où la représentation est obligatoire les parties, assistées de leur représentant, peuvent présenter elles-mêmes des observations orales.**

La juridiction a la faculté de leur retirer la parole si la passion ou l'inexpérience les empêche de discuter leur cause avec la décence convenable ou la clarté nécessaire.

BIBL. ► Dossier, *Procédures mai 2017, p. 12* (la plaidoirie, pour quoi faire ?).

1. Le président de la formation de jugement tient des art. 438 à 441 le pouvoir discrétionnaire d'autoriser ou non une partie représentée dans la procédure à présenter elle-même des observations orales à l'audience. • Civ. 2e, 24 juin 2004 : *D. 2004. IR 2085 ; Procédures 2004, no 198, note Perrot.* ♦ Les parties étant l'une et l'autre représentées à la barre et leurs prétentions étant exposées dans l'arrêt, le président avait la faculté de donner la parole à une partie mais n'était pas obligé de le faire. • Soc. 9 janv. 1980 : *Bull. civ. V, no 23.*

2. Lorsque la représentation est obligatoire, la faculté donnée à une partie de formuler elle-même sa défense est toujours subordonnée à une autorisation, laquelle peut être refusée à raison de l'inexpérience de l'intéressé et de la passion dont il avait fait preuve dans les écrits versés aux débats. • Civ. 1re, 9 avr. 1975 : *Bull. civ. I, no 122.*

3. Lorsque les parties ont été autorisées à présenter elles-mêmes leur défense, les conclusions prises sans réserve par leurs avoués après réouverture des débats valent renonciation à une nouvelle audition de ces mêmes parties. • Civ. 3e, 29 janv. 1975 : *Bull. civ. III, no 35.*

Art. 442 **Le président et les juges peuvent inviter les parties à fournir les explications de droit ou de fait qu'ils estiment nécessaires ou à préciser ce qui paraît obscur.** – *V. art. 8 et 13.*

1. Les dispositions du nouveau code n'imposent pas aux juges de demander aux parties les explications qu'ils estiment nécessaires. • Com. 30 janv. 1980 : *Bull. civ. IV, no 51.* ♦ Il ne peut leur être reproché de n'avoir pas interrogé les parties pour faire préciser les points obscurs. • Soc. 11 mars 1976 : *Bull. civ. V, no 156.* ♦ V. notes ss. art. 8 et 13.

2. Les parties ne sont pas seules visées et il n'est pas interdit au président de présenter une demande d'explication à l'avocat, investi précisément d'une mission d'assistance d'une partie à l'audience. • Civ. 3e, 7 déc. 1976 : *Bull. civ. III, no 448.*

3. Les explications fournies peuvent être orales. • Civ. 2e, 4 févr. 1976 : *Bull. civ. II, no 38.* ♦ Le texte est applicable devant la cour d'appel en matière de saisie immobilière. • Même arrêt.

4. Aucune disposition légale n'oblige le juge à statuer par des motifs spéciaux sur les explications de droit ou de fait fournies sous la forme d'une note, laquelle ne saurait modifier les éléments du litige fixés dans les écritures des parties. • Civ. 2e, 13 mars 1975 : *Bull. civ. II, no 89.* ♦ Les documents autres que ceux dont la production a été demandée en vertu de l'art. 442 ne peuvent qu'être écartés des débats clôturés. • Civ. 2e, 12 juill. 1984 : *Bull. civ. II, no 134.*

Art. 443 **Le ministère public, partie jointe, a le dernier la parole.**

S'il estime ne pas pouvoir prendre la parole sur-le-champ, il peut demander que son audition soit reportée à une prochaine audience.

1. L'art. 443 ne concerne que le cas où le ministère public a choisi de présenter ses observations oralement à l'audience et non celui où il a, conformément à l'art. 431, al. 2, adressé à la juridiction ses conclusions écrites sans ensuite assister aux débats. • Civ. 2e, 28 avr. 1986 : *Bull. civ. II, no 69 ; RTD civ. 1987. 594, obs. Perrot.*

2. La règle posée par l'art. 443, al. 1er, est d'ordre public. Encourt la cassation l'arrêt dont les énonciations font ressortir que le ministère public a été entendu avant les représentants des parties. • Civ. 3e, 18 mars 1974 : *Bull. civ. III, no 129* • Civ. 2e, 14 nov. 1975 : *JCP 1976. II. 18511, note Martin et Bernardini* • Civ. 3e, 6 janv. 1982 : *Gaz. Pal. 1982. 2. Pan. 183.* ♦ Le moyen peut être relevé d'office par la Cour de cassation. • Civ. 3e, 8 oct. 1974 : *Bull. civ. III, no 342.* ♦ Mais, seul, le ministère public est recevable à invoquer la violation de l'art. 443, al. 1er. • Civ. 1re, 9 juill. 2002 : *RJPF déc. 2002. 11.*

3. A défaut de preuve contraire, le ministère public est présumé avoir pris la parole le dernier. • Civ. 3e, 11 janv. 1978 : *Bull. civ. III, no 32 ; D. 1978. IR 87, obs. Julien* • Soc. 13 nov. 1986 : *Gaz. Pal. 1987. 1. Somm. 27.* ♦ La preuve contraire ne résulte pas de ce que l'énumération des personnes entendues ne cite pas le ministère public en dernier. • Com. 29 nov. 1988 : *Bull. civ. IV, no 328.*

4. Le fait que l'avocat de l'appelant ait eu la parole le dernier ne peut avoir nui aux droits de la défense et le moyen pris de cette irrégularité ne saurait être accueilli. • Civ. 1re, 22 juin 1976 : *D. 1976. IR 255* • 14 mars 1984 : *Bull. civ. I, no 100.* ♦ ... Dès lors qu'il n'est pas allégué par la partie adverse qu'elle a été effectivement empêchée de répliquer à son tour aux observations du ministère public. • Civ. 1re, 15 mai 1990, no 87-05.071 P.

Art. 444 **Le président peut ordonner la réouverture des débats. Il doit le faire chaque fois que les parties n'ont pas été à même de s'expliquer contradictoirement sur les éclaircissements de droit ou de fait qui leur avaient été demandés.**

En cas de changement survenu dans la composition de la juridiction, il y a lieu de reprendre les débats. — *V. art. 446.*

1. La faculté accordée au président, d'ordonner la réouverture des débats, hors le cas où celle-ci est obligatoire, relève de son pouvoir discrétionnaire. • Civ. 2e, 14 oct. 1999, nº 95-21.701 P : *D. 1999. IR 247* • Civ. 1re, 14 févr. 2006 : *D. 2006. IR 604 ; Gaz. Pal. 6-7 juill. 2007, p. 23, note E. du Rusquec.* ♦ Lorsque le président se borne à ordonner la réouverture des débats, à inviter les parties à produire des pièces complémentaires et à renvoyer l'affaire à une date ultérieure, c'est une mesure d'administration judiciaire, qui n'est susceptible d'aucun recours et n'est pas soumise aux dispositions de l'art. R. 311-7 C. pr. exéc. de sorte qu'elle n'a pas à être signifiée. • Civ. 2e, 13 mai 2015 : *D. actu. 29 mai 2015, obs. Mélin.*

2. Note en délibéré ou réouverture des débats. Il ne peut être fait grief à la cour d'appel de n'avoir pas recherché si les pièces produites pour répondre aux questions posées à l'audience par le président justifiaient la réouverture des débats, dès lors qu'aucun texte n'exige cette mesure, pas plus que la révocation de l'ordonnance de clôture quand les parties ont été à même de débattre contradictoirement des éléments de fait et de droit sur lesquels le président leur a demandé de s'expliquer. • Civ. 3e, 7 oct. 1987 : *Bull. civ. III, nº 166.* ♦ En ce sens également que la réouverture des débats ne s'impose pas lorsque les notes et les pièces produites au cours du délibéré à la demande du président ont été simultanément communiquées à la partie adverse, V. par exemple : • Com. 7 oct. 1980 : *Bull. civ. IV, nº 328* • Civ. 2e, 20 janv. 1982 : *Bull. civ. II, nº 11* • Soc. 26 mai 1983 : *Bull. civ. V, nº 283* • Civ. 2e, 12 juill. 1984 : *Bull. civ. II, nº 134* • Civ. 1re, 12 avr. 2005, nº 03-20.029 P : *Procédures 2005, nº 151, obs. Perrot* • Soc. 4 mars 2009 : *D. 2009. AJ 878 ; Procédures 2009, nº 187, obs. Perrot.*

3. Une cour d'appel qui invite les parties, à l'audience des débats, à déposer une note en délibéré sur une cause d'irrecevabilité de l'appel qu'elle relève d'office n'est pas tenue d'ordonner la réouverture des débats avant de statuer et de déclarer l'appel irrecevable, si chacune des parties a été mise en mesure de s'expliquer contradictoirement, durant le cours du délibéré, sur cette irrecevabilité. • Civ. 2e, 21 févr. 2019, nº 17-31.350 P : *D. actu. 21 mars 2019, obs. Laffly ; D. 2019. 1306, obs. Leborgne .*

4. Procédure orale. Viole les art. 4, 5 et 444 C. pr. civ., l'arrêt d'appel qui, pour confirmer la décision déférée et déclarer irrecevable la note en délibéré adressée par la société employeur après la clôture des débats, relève que le procédure sans représentation obligatoire est une procédure orale et que l'envoi de conclusions écrites ne supplée pas le défaut de comparution et retient que si l'appelant n'est ni comparant ni représenté devant la cour d'appel, celle-ci n'est saisie d'aucun moyen d'appel, alors qu'elle avait constaté dans son arrêt précédent que des écritures avaient été déposées par l'appelante puis reprises oralement à l'audience des débats, de sorte qu'elle demeurait saisie. • Civ. 2e, 9 avr. 2009, nº 07-44.389 P : *D. 2009. AJ 1211 ; Procédures 2009, nº 183, note Perrot.*

5. Le juge peut relever d'office un moyen de droit sans être tenu d'ordonner la réouverture des débats dès lors qu'informées par lui à l'audience, les parties ont été en mesure de faire connaître leurs observations au cours du délibéré. • Com. 24 juin 1980 : *Bull. civ. IV, nº 272 ; RTD civ. 1981. 204, obs. Normand* • Cass., ch. mixte, 10 juill. 1981 : *D. 1981. 637 ; RTD civ. 1981. 906, obs. Perrot* • Civ. 2e, 7 oct. 1981 : *Bull. civ. II, nº 178.* ♦ ... Et qu'elles se sont régulièrement communiqué les notes correspondantes. • Civ. 2e, 27 nov. 1984 : *Bull. civ. II, nº 319.*

6. Jugé, en sens contraire, que le juge ne peut, après avoir invité les parties à déposer des notes ou des pièces en délibéré, fonder sa décision sur les documents produits sans procéder à la réouverture des débats. • Civ. 3e, 9 janv. 1979 : *Bull. civ. III, nº 11 ; RTD civ. 1980. 161, obs. Perrot* • Civ. 2e, 13 janv. 1982 : *Gaz. Pal. 1982. 1. 243, note Viatte* • Soc. 17 déc. 1984 : *Gaz. Pal. 1985. 1. Pan. 126, obs. Guinchard* • Civ. 3e, 14 mars 1990, nº 88-17.666 P : *RTD civ. 1990. 561, obs. Perrot .* ♦ Rappr. • Soc. 7 janv. 1987 : *Bull. civ. V, nº 5* (complément d'enquête ordonné en cours de délibéré).

V. également, reprochant aux juges de n'avoir ni ordonné la réouverture des débats ni constaté la communication des documents litigieux : • Soc. 10 oct. 1989 : *Bull. civ. V, nº 576.* ♦ ... De ne pas avoir ordonné la réouverture des débats et de s'être fondés sur un versement de pièces effectué en cours de délibéré. • Com. 1er févr. 2000, nº 96-18.383 P.

7. Sur l'obligation d'ordonner la réouverture des débats en cas de relevé d'office d'un moyen de droit, V. • Soc. 8 nov. 1979 : *JCP 1980. IV. 25* • Com. 9 juin 1980 : *Bull. civ. IV, nº 246 ; RTD civ. 1981. 204, obs. Normand* • Com. 15 nov. 1988 : *Bull. civ. IV, nº 311* (réforme législative intervenue après la clôture des débats).

8. Sur l'incidence de la teneur des pièces et de l'importance et de la complexité des questions évoquées dans le choix entre le dépôt de notes et la réouverture des débats, V. obs. Perrot, *RTD civ. 1980. 161 et 1990. 561* ; obs. Normand, *RTD civ. 1981. 204.* ♦ Rappr. obs. Guinchard, *Gaz. Pal. 1985. 1. Pan. 126.*

9. Réouverture des débats et révocation de l'ordonnance de clôture. La révocation de l'ordonnance de clôture doit intervenir avant la clôture des débats ou sinon s'accompagner de la réouverture de ceux-ci. • Civ. 2e, 10 mai 1989 : *Bull. civ. II, n° 106 ; Gaz. Pal. 1990. 1. Somm. 8, obs. Guinchard et Moussa* • Civ. 2e, 26 juin 1991, n° 90-13.247 P. – V. déjà • Civ. 3e, 3 mai 1984 : *Bull. civ. III, n° 94* • Civ. 2e, 11 juill. 1988 : *Bull. civ. II, n° 173.* ♦ V. notes ss. art. 803.

10. La réouverture des débats n'emporte pas révocation de l'ordonnance de clôture et laisse l'affaire au stade du jugement en l'absence de renvoi à la mise en état. • Civ. 14 mai 1997, n° 95-17.009 P • Civ. 2e, 9 nov. 2000, n° 98-22.865 P • Civ. 1re, 20 mai 2003, n° 01-01.071 • Com. 19 juin 2001, n° 98-18.616 • Civ. 2e, 10 mars 2004, n° 02-14.971. ♦ La réouverture des débats emporte révocation de l'ordonnance de clôture lorsque l'affaire est renvoyée à la mise en état. • Civ. 2e, 19 févr. 2009, n° 07-19.504 P : *D. 2009. AJ 637* ; *JCP 2009. II. 10053, note Salati ; Procédures 2009, n° 119, note Junillon ; ibid. 189, obs. Perrot ; Ann. Loyers 2009. 1015, obs. Salati.*

11. Sur la recevabilité d'une demande étrangère à la question posée par l'arrêt ordonnant la réouverture des débats, V. • Civ. 3e, 13 nov. 1997, n° 95-15.705 P.

12. En ce sens, au contraire, que la réouverture des débats n'est pas, en elle-même, de nature à rendre recevables les conclusions prises après l'ordonnance de clôture, V. • Civ. 3e, 4 févr. 1986, n° 84-14.144 P : *Gaz. Pal. 1986. 2. Somm. 420, obs. Guinchard et Moussa.* ♦ V. notes ss. art. 784.

13. L'ordonnance de réouverture. La décision de réouverture des débats est une mesure d'administration judiciaire insusceptible de recours. • Soc. 23 mai 1984 : *Bull. civ. V, n° 220.* ♦ Jugé cependant que pouvait être frappée de pourvoi en même temps que le jugement sur le fond la décision qui ordonne la réouverture des débats, invite les parties à conclure sur un point complémentaire et renvoie l'affaire à une audience ultérieure. • Civ. 2e, 5 févr. 1986 : *Bull. civ. II, n° 6.*

14. Changement de composition de la juridiction. Un juge-commissaire désigné en remplacement d'un autre décédé ne peut au vu des notes d'audience rendre une décision sans que les débats aient été repris. • Civ. 2e, 24 sept. 1997, n° 95-17.976 P : *D. 1997. IR 217* ; *D. Affaires 1997. 1221.*

Art. 445 **Après la clôture des débats, les parties ne peuvent déposer aucune note à l'appui de leurs observations, si ce n'est en vue de répondre aux arguments développés par le ministère public, ou à la demande du président dans les cas prévus aux articles 442 et 444.**

BIBL. ▶ GREVET, *Gaz. Pal. 1971. 1. Doctr. 284* (notes en délibéré dans la procédure de mise en état). – PIERRON, *JCP 1952. I. 1036.*

1. L'interdiction posée par l'art. 445, sous réserve des exceptions prévues par ce texte, concerne toutes les écritures judiciaires, quels qu'en soient la présentation et le contenu. • Civ. 1re, 20 déc. 2017, n° 16-20.997 P.

2. Aucune disposition légale ne fait obligation au juge de statuer par des motifs spéciaux sur les explications de droit ou de fait fournies à sa demande sous la forme d'une note, laquelle ne saurait modifier les éléments du litige fixés par les écritures des parties. • Civ. 2e, 13 mars 1975 : *D. 1975. IR 144* • Com. 3 janv. 1974 : *Bull. civ. IV, n° 2* • Civ. 3e, 4 janv. 1977 : *Bull. civ. III, n° 5.*

3. Les notes en délibéré après clôture n'exigent d'être prises en considération que dans la mesure où, en application de l'art. 445, elles répondent aux conclusions du ministère public. • Paris, 3 oct. 1990 : *Gaz. Pal. 1991. 1. 113, note Frémond.* ♦ Des écritures autres que celles destinées à transmettre les documents, demandées par une cour d'appel sont irrecevables. • Civ. 2e, 25 juin 1997, n° 95-12.594 P : *Gaz. Pal. 1998. 2. 796, note du Rusquec.*

4. Le juge n'a pas à répondre à une note en délibéré remise après clôture des débats sur la seule initiative d'une partie. • Com. 13 avr. 1983 : *Bull. civ. IV, n° 114.* ♦ ... Non plus qu'aux pièces et conclusions déposées postérieurement aux débats. • Soc. 19 juill. 1994, n° 90-45.908 P : *Gaz. Pal. 1994. 2. Pan. 190.*

5. Viole l'art. 445 l'arrêt qui, pour retenir une note en délibéré, énonce qu'elle avait été régulièrement communiquée, alors qu'elle n'avait pas pour objet de répondre au ministère public, ni de déférer à une demande du président. • Civ. 2e, 12 déc. 1990, n° 89-18.981 P. ♦ Rappr. • Civ. 2e, 21 oct. 1987 : *Bull. civ. II, n° 205* • 12 févr. 2004, n° 02-12.540 P : *Gaz. Pal. 13-15 mars 2005, p. 22, obs. du Rusquec.*

6. L'audition reportée du ministère public n'implique pas réouverture des débats pour conclusions, le demandeur ayant la faculté de répondre aux conclusions du ministère public par note en délibéré. • Versailles, 8 déc. 1980 : *Gaz. Pal. 1982. 1. Somm. 181.*

7. Sur le respect, en la matière, du principe de la contradiction, V. not. : • Civ. 2e, 18 oct. 1978 : *Bull. civ. II, n° 212* • Soc. 20 févr. 1986 : *Bull. civ.*

V, n° 34. ♦ V. notes 11 à 14.

8. Sur le domaine respectif de la note en délibéré et de la réouverture des débats, V. notes 1 à 8 ss. art. 444.

9. Pour des cas d'application, V. : • Civ. 3e, 10 mars 1999, n° 97-17.334 P : *Procédures 1999, n° 120, obs. Perrot* • Civ. 1re, 14 févr. 2006 : *D. 2006. IR 604*.

10. Aucune disposition légale n'interdit au JEX, statuant sur la vérification des créances du débiteur dans le cadre d'une procédure de surendettement, de demander aux parties qui ont comparu de s'expliquer, après la clôture des débats, sur certains points de droit ou de fait, dans les termes de l'art. 445. • Civ. 1re, 27 févr. 2001, n° 99-04.169 P.

11. Le fait qu'un arrêt ait été rendu au vu des observations écrites du ministère public, sans qu'il ait été donné, ni fait mention d'une communication de ces conclusions à la partie intimée et sans avoir invité celle-ci à formuler ses observations, ne constitue pas une violation de l'art. 6, § 1er, Conv. EDH, dès lors que les parties ont la possibilité, en application de l'art. 445, de répondre, même après la clôture des débats, aux arguments développés par le ministère public. • Com. 29 mai 2001 : *cité note 132 ss. Conv. EDH, art. 6, § 1er, App., v° Droit européen et international.* ♦ Ne viole pas l'art. 6, § 1er, Conv. EDH, le fait que les parties n'aient pas pu prendre la parole après le ministère public développant oralement ses arguments, dans la mesure où elles ont la possibilité de répondre par écrit, après la clôture des débats. • Civ. 1re, 12 déc. 2006, n° 05-19.219 P. ♦ V. également • Civ. 2e, 21 déc. 2006 : *JCP 2007. IV. 1216.*

12. Une note en délibéré, lorsqu'elle est recevable, peut être accompagnée de pièces justifiant ce qu'elle énonce, à condition que les parties soient en mesure d'en débattre contradictoirement. Dès lors, en jugeant que l'autorisation donnée de déposer une note en délibéré ne saurait comprendre implicitement le dépôt de nouvelles pièces, la cour d'appel viole les art. 16 et 445 NCPC [devenu C. pr. civ.]. • Soc. 23 mai 2007, n° 05-42.401 P : *D. 2007. AJ 1667* ; *Procédures 2007, n° 181, note Perrot ; RTD civ. 2007. 638, obs. Perrot*.

13. Moyen nouveau. La note en délibéré avait été demandée par la cour d'appel, qui avait invité les parties à fournir leurs observations sur la portée juridique exacte du mandat du 13 janv. 1988, et en particulier sur la question de savoir si cette convention devait s'analyser en un mandat de vente ou en un simple mandat de recherche et de présentation de candidats acquéreurs. La cour d'appel ne pouvait répondre à un moyen nouveau formulé dans cette note et qui, sans rapport avec les questions posées, était irrecevable. • Civ. 1re, 10 mai 1995, n° 92-16.114 P.

14. Une décision de jurisprudence de la Cour de cassation transmise en cours de délibéré ne constitue pas une pièce à proprement parler mais doit être assimilée à une note en délibéré sur un élément de droit. • Lyon, 15 févr. 2007 : *JCP 2007. IV. 2461.* ♦ Dès lors qu'il ne ressort pas des pièces du dossier qu'elle ait été demandée par le premier juge et qu'elle a été déterminante dans la décision prise, le juge indiquant que l'arrêt produit en cours de délibéré confirme sa solution, le principe du contradictoire a été violé justifiant l'annulation de l'ordonnance. • Même arrêt.

15. L'affaire ayant été renvoyée à quinzaine à la demande du défendeur, afin qu'il puisse préparer sa défense, ce dernier connaissant nécessairement les éléments des débats par les actes qui lui avaient été délivrés, une cour d'appel peut, sans violer la Conv. EDH, rejeter la demande de nullité du jugement fondée sur les arguments développés à l'audience par le ministère public, dès lors que la réouverture des débats ne s'imposait pas en l'absence de demande d'éclaircissements sur des points de droit ou de fait et que, s'agissant d'une procédure dans laquelle le ministère public est partie principale, le grief tiré d'une violation de l'art. 445 est inopérant. • Civ. 1re, 1er avr. 2003, n° 00-14.293 P.

16. Aucune disposition n'impose au juge de mentionner dans sa décision les notes en délibéré, qu'elles soient ou non demandées par le président conformément à l'art. 445. • Civ. 2e, 6 juin 2013, n° 11-27.198 P : *Procédures 2013, n° 232, note Perrot.*

Art. 446 **Ce qui est prescrit par les articles 432 (alinéa 2), 433, 434, 435 et 444 (alinéa 2) doit être observé à peine de nullité.**

Toutefois aucune nullité ne pourra être ultérieurement soulevée pour inobservation de ces dispositions si elle n'a pas été invoquée avant la clôture des débats. La nullité ne peut pas être relevée d'office. — *V. art. 458.*

1. L'inobservation des règles relatives à la *publicité des débats* et des exceptions qu'elle comporte ne peut donner lieu à nullité si elle n'a pas été invoquée avant la clôture des débats. • Civ. 2e, 30 sept. 1983 : *Gaz. Pal. 1984. 1. Pan. 41* • Civ. 1re, 21 déc. 1987 : *D. 1988. IR 9* • Com. 17 déc. 1991, n° 89-18.302 P • Civ. 2e, 12 janv. 1994, n° 92-15.516 P • Com. 23 mars 1999, n° 97-30.319 P • Civ. 1re, 3 déc. 2002 : *RJPP 2003, n° 3, p. 15,* obs. Pansier • 12 déc. 2006, n° 05-19.219 P (jurisprudence constante). ♦ ... Cette règle n'étant pas contraire à l'art. 6 Conv. EDH du 4 nov. 1950. • Civ. 2e, 17 mai 1993 : *D. 1993. IR 145*.

Est irrecevable le grief fait à un arrêt de mentionner que la cause a été débattue en audience publique tenue en chambre du conseil, dès lors qu'il n'est pas allégué que la nullité ait été invoquée avant la clôture des débats. • Civ. 1re, 4 avr. 1978 : *Bull. civ. I, n° 146 ; D. 1978. IR 412, obs. Julien.* – V. aussi • Civ. 2e, 27 mai 2004, n° 02-13.483 P : *D. 2004. IR 1863* • 21 oct. 2004, n° 03-50.083 P.

2. La règle de la publicité des débats est applicable en matière de récusation même si l'affaire a été examinée sans que la partie ait été appelée. Dans ce cas, cette partie ne peut se voir opposer les dispositions de l'art. 446. • Civ. 2e, 20 nov. 1991, n° 90-15.428 P : *D. 1992. IR 11* • 9 mars 1994 : *Gaz. Pal. 1994. 1. Pan. 115.*

§ 2 DISPOSITIONS PROPRES À LA PROCÉDURE ORALE

(Décr. n° 2010-1165 du 1er oct. 2010, art. 5-2°, en vigueur le 1er déc. 2010)

L'art. 5 du Décr. n° 2010-1165 est applicable dans les îles Wallis-et-Futuna (Décr. préc., art. 18-I).

Pour une présentation de la réforme opérée par le Décr. n° 2010-1165 du 1er oct. 2010, V. Circ. 24 janv. 2011, reproduite ss. art. 446-4.

BIBL. ▶ Bléry et Teboul, Quarantième anniversaire du Code de procédure civile (1975-2015), *Hors-collection, Panthéon-Assas Paris II 2016, p. 309* (d'un principe de présence à une libre dispense de présentation). – J.-L. Gillet, *Just. et cass. 2010. 97* (l'office du juge dans les procédures orales). – B. Potier de la Varde, *Just. et cass. 2010. 315* (le statut juridique de la parole). – Strickler, Quarantième anniversaire du Code de procédure civile (1975-2015), *Hors-collection, Panthéon-Assas Paris II 2016, p. 289* (procédures orale et écrite : à la recherche d'un équilibre).

▶ **Décr. du 1er oct. 2010 :** Bléry, *JCP 2010. 1044.* – Croze et Laporte, *Procédures 2011. Étude 2.* – Fricero, *D. 2011. Pan. 265* ; *Dr. et pr. 2010. 282* (l'oralité dans tous ses états).

Art. 446-1 Les parties présentent oralement à l'audience leurs prétentions et les moyens à leur soutien. Elles peuvent également se référer aux prétentions et aux moyens qu'elles auraient formulés par écrit. Les observations des parties sont notées au dossier ou consignées dans un procès-verbal.

Lorsqu'une disposition particulière le prévoit, les parties peuvent être autorisées à formuler leurs prétentions et leurs moyens par écrit sans se présenter à l'audience. Le jugement rendu dans ces conditions est contradictoire. Néanmoins, le juge a toujours la faculté d'ordonner que les parties se présentent devant lui. — *V. le tribunal de commerce, V. C. pr. civ., art. 861-1 ; ... la cour d'appel, V. C. pr. civ., art. 939 ; ... le juge de l'exécution, V. C. pr. exéc., art. R. 121-5 s. ; ... les juridictions de sécurité sociale, V. CSS, art. R. 142-20-2, R. 143-10-1 et R. 143-26. — V. Circ. 24 janv. 2011, reproduite ss. art. 446-4.*

1. Prétentions écrites d'une partie non présente et non représentée sans en être dispensée. Statuant sur l'opposition formée à une ordonnance portant injonction de payer, la juridiction de proximité ne peut se fonder sur les prétentions écrites d'une partie qui n'était pas représentée, ni présente à l'audience, alors qu'elle n'en était pas dispensée. • Civ. 2e, 27 sept. 2012 : *Bull. civ. II, n° 155 ; D. 2013. Chron. C. cass. 599, obs. Bouvier, Adida-Canac, Leroy-Gissinger, Renault-Malignac et Salomon* . ♦ Une juridiction de proximité, requise de rendre un jugement sur le fond par la défenderesse et qui n'est saisie d'aucun moyen par le demandeur qui n'a pas comparu et ne s'est pas fait représenter pour formuler valablement ses prétentions et en justifier, sans dispense accordée par le juge, ne peut que rejeter ses demandes. • Civ. 2e, 17 oct. 2013, n° 12-26.046 P : *D. 2013. Actu. 2472* ; *Gaz. Pal. 8-10 déc. 2013, p. 26, obs. Bléry ; Procédures 2013, n° 334, note Perrot.* ♦ La procédure de référé étant orale et en l'absence de disposition particulière prévoyant que les parties peuvent être autorisées à formuler leurs prétentions et leurs moyens par écrit sans se présenter à l'audience, le dépôt par une partie d'observations écrites ne peut suppléer le défaut de comparution. • Soc. 25 sept. 2013 : *Gaz. Pal. 8-10 déc. 2013, p. 26, obs. Bléry.*

2. Procédure orale et conclusions écrites déposées à l'audience. La procédure sans représentation obligatoire applicable au contentieux général de la sécurité sociale étant orale, seules les conclusions écrites, réitérées verbalement à l'audience des débats, saisissent valablement le juge. • Civ. 2e, 15 mai 2014, n° 12-27.035 P : *D. actu. 26 mai 2014, obs. Mélin ; D. 2014. Actu. 1158* ; *JCP 2014. 840, note Bléry et Teboul ; JCP E 2014. 1559, note Bugada.* ♦ En matière de procédure orale, le juge est valablement saisi par les écritures déposées par une partie, l'appelant ayant été, en l'occurrence, présent à l'audience, assisté de son avocat. • Civ. 2e, 13 mai 2015 : *D. actu. 5 juin 2015, obs. Kebir ; D. 2015. Pan. 1572, obs. Plazy* ; *ibid. 2016. Pan. 455, obs. Fricero* ; *Gaz. Pal. 6 oct. 2015, p. 47, note Robbe et Schlemmer-Bégué ; Dr. et patr. 1/2016, p. 81, obs. Balivet.* ♦ Comp. jugeant qu'en procédure orale, hors les cas visés au second alinéa de l'art. 446-1 C. pr. civ., le juge n'est tenu de répondre qu'aux moyens et prétentions présentés à l'audience ; que les juges n'étant astreints à observer aucune règle de forme particulière pour l'exposé des moyens et prétentions des parties, il a été, en l'espèce, satisfait aux exigences de l'art. 455 du même code par le rappel qu'en a fait le premier président, dès lors qu'il n'est pas démontré que des prétentions formulées lors de l'audience ont été omises. • Civ. 2e, 26 sept. 2013, n° 12-22.422 • Com. 10 mars 2015, n° 13-26.443 P • Civ. 2e, 19 nov. 2015, n° 14-22.916 P : *Gaz. Pal. 9 févr. 2016, p. 64, obs. Bléry.* ♦ En matière de procédure orale, la cour d'appel demeure saisie des écritures, dont elle constate qu'elles ont été déposées par une partie ayant comparu, même si celle-ci ne comparaît pas, ou ne se fait pas représenter, à l'audience de renvoi pour laquelle elle a été à nouveau convoquée. • Civ. 2e, 3 févr. 2022, n° 20-18.715 P : *D. 2022. 283 ; D. actu. 1er mars 2022, note Lhermitte.*

3. Dispense de présentation sans autorisation judiciaire. Juridictions de la sécurité sociale. Ne donne pas de base légale à sa décision au regard des art. 446-1, al. 2, C. pr. civ. et R. 142-20-2, al. 2, CSS, le TASS qui pour valider la contrainte par la caisse d'allocations familiales en vue d'obtenir paiement d'un indu d'allocation de logement familiale, après avoir constaté que l'avocat avait adressé des conclusions au tribunal, retient que cet envoi, préalablement à l'audience, ne permettait pas de suppléer la non-comparution de cette partie qui n'avait pas été dispensée de se présenter à l'audience, alors que l'al. 2 de l'art. R. 142-20-2 CSS n'exige pas qu'une dispense de comparution soit accordée par le juge et alors qu'il n'avait pas recherché si les conclusions avaient été communiquées à la CAF avant l'audience. • Civ. 2e, 13 mars 2014 : *Gaz. Pal. 25-27 mai 2014, p. 37, obs. Bléry.*

4. Dispense judiciaire de présentation. Les parties peuvent être autorisées à formuler leurs prétentions et leurs moyens par écrit sans se présenter à l'audience, lorsqu'une disposition particulière le prévoit. Tel est le cas de l'art. 946 C. pr. civ. applicable devant la cour d'appel. Lorsqu'une telle dispense est accordée par le juge pour des raisons médicales, il n'y a alors pas lieu de distinguer entre les différentes écritures des parties, et notamment de déclarer irrecevables les conclusions de la partie dispensée, et de ne se référer qu'à son courrier de recours. La dispense rend recevables tous les écrits de la partie dispensée. • Civ. 2e, 25 juin 2015, n° 14-22.158 P.

Art. 446-2 Lorsque les débats sont renvoyés à une audience ultérieure, le juge peut organiser les échanges entre les parties comparantes. *(Décr. n° 2017-892 du 6 mai 2017, art. 4-1°)* « Après avoir recueilli leur avis », le juge peut ainsi fixer les délais et *(Décr. n° 2017-892 du 6 mai 2017, art. 4-1°)* « , si elles en sont d'accord, » les conditions de communication de leurs prétentions, moyens et pièces.

(Décr. n° 2017-892 du 6 mai 2017, art. 4-2°) « Lorsque toutes les parties comparantes formulent leurs prétentions et moyens par écrit et sont assistées ou représentées par un avocat, les conclusions doivent formuler expressément les prétentions ainsi que les moyens en fait et en droit sur lesquels chacune de ces prétentions est fondée avec indication pour chaque prétention des pièces invoquées et de leur numérotation. Un bordereau énumérant les pièces justifiant ces prétentions est annexé aux conclusions. Les conclusions comprennent distinctement un exposé des faits et de la procédure, une discussion des prétentions et des moyens ainsi qu'un dispositif récapitulant les prétentions. Les moyens qui n'auraient pas été formulés dans les écritures précédentes doivent être présentés de manière formellement distincte. Le juge ne statue que sur les prétentions énoncées au dispositif et n'examine les moyens au soutien de ces prétentions que s'ils sont invoqués dans la discussion. Les parties doivent reprendre dans leurs dernières conclusions les prétentions et moyens présentés ou invoqués dans leurs conclusions antérieures. A défaut, elles sont réputées les avoir abandonnés et le juge ne statue que sur les dernières conclusions déposées. »

Lorsque les parties formulent leurs prétentions et moyens par écrit *(Décr. n° 2017-892 du 6 mai 2017, art. 4-3°)* « et qu'elles ne sont pas assistées ou représentées par un avocat », le juge peut, avec leur accord, prévoir qu'elles seront réputées avoir abandonné les prétentions et moyens non repris dans leurs dernières écritures communiquées.

A défaut pour les parties de respecter les modalités de communication fixées par le juge, celui-ci peut rappeler l'affaire à l'audience, en vue de la juger ou de la radier.

Le juge peut écarter des débats les prétentions, moyens et pièces communiqués sans motif légitime après la date fixée pour les échanges et dont la tardiveté porte atteinte aux droits de la défense. — *V. Circ. 24 janv. 2011, reproduite ss. art. 446-4.*

Les dispositions de l'art. 4 du Décr. n° 2017-892 du 6 mai 2017 sont applicables aux instances introduites à compter du 11 mai 2017 (Décr. préc., art. 70-II).

BIBL. ▸ **Décr. du 6 mai 2017 :** BLÉRY, *D. actu. 16 mai 2017.*

1. Lorsqu'il autorise les parties à formuler par écrit leurs prétentions et moyens en procédure orale, le juge du tribunal de commerce peut fixer en accord avec elles les conditions de communication des écritures et des pièces ; excepté le cas où il écarte des débats les prétentions, moyens et pièces d'une partie communiqués sans motif légitime après la date fixée pour les échanges et dont la tardiveté porte atteinte aux droits de la défense, le juge, qui constate que le principe de la contradiction n'a pas été respecté, doit, en application de l'art. 16 C. pr. civ., renvoyer l'affaire à une prochaine audience. • Civ. 2e, 31 janv. 2019, n° 18-12.021 P.

2. Péremption. Si, en application de l'art. 446-2 C. pr. civ. dans sa rédaction issue du Décr. n° 2010-1165 du 1er oct. 2010, le juge ne peut fixer les délais et conditions de la communication entre parties de leurs prétentions, moyens et pièces, qu'après avoir recueilli l'accord des parties comparantes, il peut toujours, pour mettre l'affaire en état d'être jugée, prescrire des diligences à la charge des parties, telles que le dépôt au greffe de la cour d'appel de leurs conclusions écrites et pièces. Dès lors, une cour d'appel qui constate que des ordonnances du magistrat chargé d'instruire l'affaire prévoyaient que chaque partie devait adresser à la cour d'appel ses conclusions avec le bordereau récapitulatif des pièces versées et la lettre de rupture du contrat, et que les appelants n'avaient pas conclu pendant le délai de deux ans mentionné à l'art. 386 C. pr. civ., en déduit justement que la péremption d'instance est acquise. • Soc. 13 janv. 2021, n° 19-21.422 P : *D. actu. 5 févr. 2021, note Bléry ; D. 2021. 85 ; ibid. 543, obs. Fricero ; RDT 2021. 121, obs. Mardon .*

Art. 446-3 **Le juge peut inviter, à tout moment, les parties à fournir les explications de fait et de droit qu'il estime nécessaires à la solution du litige et les mettre en demeure de produire dans le délai qu'il détermine tous les documents ou justifications propres à l'éclairer, faute de quoi il peut passer outre et statuer en tirant toute conséquence de l'abstention de la partie ou de son refus.**

Lorsque les échanges ont lieu en dehors d'une audience en application *(Décr. n° 2020-1452 du 27 nov. 2020, art. 1er-4°, en vigueur le 1er janv. 2021)* **« des articles 446-2 du présent code ou L. 212-5-1 du code de l'organisation judiciaire », les parties sont avisées par tout moyen de la demande faite par le juge.** — *V. Circ. 24 janv. 2011, reproduite ss. art. 446-4.*

L'art. 1er-4° du Décr. n° 2020-1452 du 27 nov. 2020 s'applique aux instances en cours au 1er janv. 2021 (Décr. préc., art. 12).

Art. 446-4 **La date des prétentions et des moyens d'une partie régulièrement présentés par écrit est celle de leur communication entre parties.**

Prive sa décision de base légale au regard de l'art. 446-4 une cour d'appel qui, pour déclarer un contredit recevable, retient que l'exception avait été soulevée oralement avant toute défense au fond sans rechercher si le juge n'avait pas organisé les échanges écrits entre les parties conformément au dispositif de mise en état de la procédure orale prévu par l'art. 446-2, ce qui aurait rendu l'art. 446-4 applicable, peu important que les parties aient été ou non dispensées de comparaître. • Civ. 2e, 22 juin 2017, n° 16-17.118 P : *D. 2017. 1588, note Bléry et Teboul ; ibid. 1869, n° 2, obs. de Leiris ; ibid. 2018. Pan. 699, obs. Fricero ; Procédures 2017, n° 228, note Strickler.*

Circulaire JUSC1033666C du 24 janvier 2011,

Relative à la présentation du décret n° 2010-1165 du 1er octobre 2010 relatif à la conciliation et à la procédure orale en matière civile, commerciale et sociale.

SOUS-SECTION 2 LE DÉLIBÉRÉ

DALLOZ ACTION *Droit et pratique de la procédure civile 2022/2023, nos 411.00 s.*

BIBL. ▶ CANIVET, *Mél. S. Guinchard, Dalloz 2010, p. 205* (comprendre le délibéré ? ou « le mystère de la chambre du conseil »). – COSTA, *JCP 2012, suppl. au n° 47, p. 41* (le secret du délibéré). – Dossier, *Procédures mars 2011* (la délibération).

Art. 447 **Il appartient aux juges devant lesquels l'affaire a été débattue d'en délibérer. Ils doivent être en nombre au moins égal à celui que prescrivent les règles relatives à l'organisation judiciaire.** — *V. art. 458.*

Les magistrats qui participent à une session de formation peuvent être autorisés à assister aux délibérés des juridictions de l'ordre judiciaire auprès desquelles ils font leur stage (L. n° 77-749 du 8 juill. 1977, art. 1er).

BIBL. ► AUBERT, *Mél. Jestaz, Dalloz 2006, p. 19* (délibéré à la Cour de cassation). – BOLZE, *Gaz. Pal. 16-18 févr. 2003, p. 4* (le délibéré ou les mystères de la fabrication du droit). – BURGELIN, *D. 2001. Point de vue, p. 2755* (petits et grands secrets du délibéré). – DRAI, *Mél. Perrot, Dalloz 1996, p. 107* (le délibéré et l'imagination du juge).

1. A défaut d'indication contraire, les magistrats mentionnés dans l'arrêt comme ayant siégé à l'audience des débats sont présumés en avoir délibéré. • Civ. 2e, 20 janv. 1983 : *Bull. civ. II, no 15* • Com. 23 févr. 1988 : *Gaz. Pal. 1988. 2. 320, obs. Guinchard et Moussa.* ♦ Il en est de même pour ceux mentionnés sur le registre d'audience. • Soc. 12 févr. 1997, no 94-40.605 P. ♦ Les magistrats mentionnés dans le jugement comme ayant délibéré sont présumés être ceux-là même qui ont assisté aux débats. • Civ. 2e, 12 oct. 2006, no 04-18.727 P. ♦ A l'inverse, dès lors qu'un arrêt mentionne que trois magistrats, dont les noms sont indiqués, ont délibéré, ces magistrats sont présumés avoir seuls assisté aux débats. • Civ. 2e, 24 mars 1993 : *JCP 1993. IV. 1357.*

2. Doit être annulé l'arrêt dont les mentions ne permettent pas de présumer que l'un des magistrats qui l'ont rendu ait connu de l'ensemble des débats et en ait valablement délibéré. • Civ. 2e, 20 juill. 1988 : *Bull. civ. II, no 177 ; Gaz. Pal. 1989. 1. Somm. 258, obs. Guinchard et Moussa.*

3. Même solution lorsque le rapprochement des énonciations de l'arrêt et celles du registre d'audience font apparaître une composition différente à l'audience et lors du délibéré. • Soc. 18 juin 1986 : *Gaz. Pal. 1986. 2. Pan. 218* • 9 mars 1989 : *Bull. civ. V, no 203.*

4. En aucune manière une audience de référé ne peut être tenue par un magistrat et la décision rendue par un autre. • Versailles, 16 janv. 1991 : *D. 1991. IR 134.*

5. Il résulte de l'art. 447 que le magistrat chargé du rapport qui tient seul l'audience pour entendre les plaidoiries doit appartenir à la formation qui délibère de l'affaire. • Civ. 2e, 23 sept. 2004, no 02-20.561 P : *D. 2004. IR 2622* • Soc. 26 janv. 2005, no 03-43.184 P.

6. Dès lors qu'un arrêt porte que le rapporteur était présent aux débats et au délibéré, cette constatation entraîne présomption que ce magistrat a rendu compte des débats aux autres magistrats composant la cour lors du délibéré. • Civ. 2e, 9 janv. 1991, no 89-15.187 P • Com. 20 janv. 1998 : *Procédures 1998, no 90, obs. Laporte.*

7. Est nul, en vertu des art. 447 et 458, le jugement du T. com. dont les mentions font apparaître que le juge rapporteur devant lequel l'affaire a été débattue n'a pas participé au délibéré. • Paris, 14 avr. 1986 : *Gaz. Pal. 1986. 2. Somm. 457.* ♦ Rappr. • Paris, 31 oct. 1980 : *Gaz. Pal. 1981. 1. Somm. 159.*

8. Les arrêts d'appel sont, à peine de nullité, rendus par des magistrats délibérant en nombre impair. • Civ. 2e, 4 janv. 1984 : *Bull. civ. II, no 2 ; Gaz. Pal. 1984. 1. Pan. 156, obs. Guinchard* • Civ. 3e, 10 févr. 1988 : *JCP 1988. II. 21085, note Cadiet ; D. 1989. Somm. 180, obs. Julien.* ♦ Pour les tribunaux de commerce, V. • Civ. 2e, 6 févr. 1991, no 89-20.123 P.

Art. 448 Les délibérations des juges sont secrètes.

BIBL. ► BOURDOISEAU, *Procédures 2011. Dossier 6* (le secret du délibéré). – J.-P. DUMAS, *Mél. Catala, Litec 2001, p. 179* (secret de juges).

1. La mention de l'arrêt indiquant que la décision a été prise « à la majorité des voix » sans faire apparaître en quel sens chacun des juges a opiné ne porte pas atteinte au secret des délibérations. • Civ. 1re, 12 juin 1974 : *D. 1975. 173, note Aubert* • Soc. 14 mars 1974 : *Bull. civ. V, no 182.* ♦ V. cep. • Versailles, 22 mars 1979 : *JCP 1980. II. 19300, note Perrin ; D. 1981. IR 145, obs. Julien.*

2. Viole le secret du délibéré la décision mentionnant qu'elle a été prise à l'unanimité. • Reims, 29 juin 1977 : *JCP 1980. II. 19300, note Perrin.* ♦ En ce sens déjà, V. • Soc. 9 nov. 1945 : *Gaz. Pal. 1948. 1. 223.*

3. Il ne résulte pas de l'arrêt, qui, après avoir mentionné la composition lors des débats et du délibéré, indique le nom du représentant du ministère public que ce magistrat ait participé au délibéré. • Civ. 2e, 23 avr. 1986 : *Bull. civ. II, no 61.* ♦ Dans le même sens, s'agissant du greffier, V. • Soc. 11 déc. 1985 : *Bull. civ. V, no 609* • Com. 4 nov. 1987 : *Bull. civ. IV, no 220* • Soc. 21 mars 1991 : *Gaz. Pal. 1991. 1. Pan. 284.* ♦ Rappr. : • Civ. 3e, 24 juin 1998, no 96-15.678 P : *D. 1999. 221, note Bouloc* • Civ. 2e, 24 juin 1998, no 96-20.659 P : *D. 1999. 221, note Bouloc* • Civ. 1re, 19 oct. 1999, no 97-19.845 P : *D. 2000. 310, note Chartier* • Civ. 2e, 29 juin 2000, no 98-21.250 P : *Gaz. Pal. 4-5 janv. 2002, p. 8, obs. du Rusquec* • Cass., ass. plén., 12 juill. 2000, no 99-19.004 P.

Mais encourt la censure l'arrêt dont les énonciations font ressortir que le greffier a délibéré avec les magistrats. • Civ. 2e, 6 déc. 1989 : *Gaz. Pal. 1990. 1. Pan. 59.*

Loi n° 77-749 du 8 juillet 1977,

Permettant aux magistrats participant à des sessions de formation d'assister aux délibérés et aux greffiers en chef admis à suivre une formation spécifique à caractère probatoire avant leur nomination en qualité de magistrat, de participer à l'activité des parquets et juridictions de l'ordre judiciaire.

Art. 1er Les magistrats qui participent à une session de formation peuvent être autorisés à assister aux délibérés des juridictions de l'ordre judiciaire auprès desquelles ils font leur stage.

Art. 449 La décision est rendue à la majorité des voix.

SOUS-SECTION 3 LE JUGEMENT

DALLOZ ACTION *Droit et pratique de la procédure civile 2022/2023*, nos 413.00 s.

BIBL. ▶ Atias, *D. 2013. 1232* (une menace de perdition judiciaire).

Art. 450 Si le jugement ne peut être prononcé sur-le-champ, le prononcé en est renvoyé, pour plus ample délibéré, à une date que le président indique *(Décr. n° 2005-1678 du 28 déc. 2005, art. 43, 1°, en vigueur le 1er mars 2006)* **« à moins qu'il ait été fait application du troisième alinéa de l'article »** *(Décr. n° 2019-1333 du 11 déc. 2019, art. 29-3°, en vigueur le 1er janv. 2020)* **« 781 ».**

(Décr. n° 2004-836 du 20 août 2004, art. 4, en vigueur le 1er janv. 2005) **« Il peut toutefois aviser les parties, à l'issue des débats, que le jugement sera prononcé par sa mise à disposition au greffe de la juridiction, à la date qu'il indique »** *(Décr. n° 2005-1678 du 28 déc. 2005, art. 43, 1°, en vigueur le 1er mars 2006)* **« à moins qu'il ait été fait application du troisième alinéa de l'article »** *(Décr. n° 2019-1333 du 11 déc. 2019, art. 29-3°, en vigueur le 1er janv. 2020)* **« 781 ».**

(Décr. n° 2005-1678 du 28 déc. 2005, art. 43, 2°, en vigueur le 1er mars 2006) **« S'il décide de renvoyer le prononcé du jugement à une date ultérieure, le président en avise les parties par tout moyen. Cet avis comporte les motifs de la prorogation ainsi que la nouvelle date à laquelle la décision sera rendue. »**

L'art. 43 du Décr. n° 2005-1678 du 28 déc. 2005 est applicable aux procédures en cours (Décr. préc., art. 87, al. 1er).

L'art. 4 du Décr. n° 2004-836 du 20 août 2004 est applicable aux procédures en cours (Décr. préc., art. 59).

L'art. 29 du Décr. n° 2019-1333 du 11 déc. 2019 est applicable aux instances en cours au 1er janv. 2020 (Décr. préc., art. 55-I).

BIBL. ▶ **Décr. du 20 août 2004 :** Perrot et Croze, *Procédures 2004. Étude 13* ; Travier et Watremet, *RJ com. 2004. 399.* – Autres articles : Estoup, *D. 1985. Chron. 163* ; *Gaz. Pal. 1990. 2. Doctr. 498.* – Villacèque, *D. 2006. Chron. 539*.

1. Le jugement est prononcé sur-le-champ lorsqu'il est rendu après audition, le même jour, des représentants des parties, fût-ce après une suspension de l'audience. • Civ. 2e 10 juill. 1978 : *Gaz. Pal. 1979. 1. 111, note Viatte ; D. 1978. IR 498, obs. Julien ; RTD civ. 1979. 669, obs. Perrot* • 26 oct. 1978 : *Bull. civ. II, n° 226* • Soc. 11 oct. 1994 : *D. 1994. IR 248*. ♦ V. cep. • Rouen, ord., 27 févr. 1979 : *Gaz. Pal. 1979. 2. Somm. 363.*

2. Le juge qui statue sur-le-champ n'est pas tenu de constater la présence des parties lors du prononcé de la décision. • Civ. 2e, 10 juill. 1978 : *préc. note 1.*

3. Les règles fixant le point de départ du délai de recours au jour du jugement ne peuvent s'appliquer lorsque le prononcé a été renvoyé sans que sa date ait été portée, par le président, à la connaissance des parties. • Civ. 2e, 11 janv. 1978 : *Bull. civ. II, n° 13 ; D. 1978. IR 410, obs. Julien* • 3 janv. 1979 : *Bull. civ. II, n° 1* • 7 juill. 1983 : *Bull. civ. II, n° 146* • 6 déc. 1989 : *D. 1989. IR 321.*

4. Les dispositions de l'art. 450 supposent une indication orale à l'audience en présence des parties. • Paris, 30 mars 1998 : *Bull. ch. avoués 1998. 3. 92.* ♦ La mention, dans le jugement, de l'accomplissement de cette formalité n'est prévue par aucun texte. • Civ. 2e, 7 mai 1981 : *Bull. civ. II, n° 116 ; RTD civ. 1982. 208, obs. Perrot.*

Mais cet accomplissement doit faire l'objet d'une mention expresse et ne peut être présumé. • Civ. 3e, 13 juin 2001 : *Procédures 2001, n° 230, note Junillon* • Civ. 2e, 3 janv. 1979 : *Bull. civ. II, n° 1 ; RTD civ. 1979. 671, obs. Perrot* • Paris, 14 déc. 1988 : *D. 1989. Somm. 177, obs. Julien.* ♦ La mention du jugement selon laquelle avis a été donné aux parties que l'arrêt sera prononcé par mise à disposition au greffe, répond aux exigences posées par l'art. 450, al. 2, et fait preuve jusqu'à inscription de faux. • Civ. 1re, 25 avr. 2006, n° 05-16.345 P. ♦ La mention du jugement, selon laquelle la clôture des débats a été prononcée à une date déterminée, pour la décision être prononcée à une date ultérieure, également précisée, ne prouve pas que les parties ont été effectivement informées de la date du prononcé. • Civ. 2e, 13 mai 1985 : *Bull. civ. II, n° 98 ; D. 1985. IR 469, obs. Julien ; Gaz. Pal. 1985. 2. Somm. 250, obs. Guinchard ; RTD civ. 1986. 188, obs. Perrot* • Paris, 11 févr. 1987 : *Gaz. Pal. 1988. 1. Somm. 22.* ♦ ... Ni d'une mention semblable portée sur le registre d'audience. • Civ. 2e, 7 juill. 1983 : *Bull. civ. II, n° 146 ; Gaz. Pal. 1984. 1. Pan. 9, obs. Guinchard ; RTD civ. 1983. 781, obs. Perrot* • Civ. 2e, 6 déc. 1989 : *préc.* ♦ V. aussi jugeant que ne donne pas de base légale à sa décision la cour d'appel qui fait courir le point de départ du délai de l'art. R. 716-1 CPI à partir de la prise de connaissance de la date du prononcé de l'ordonnance, prise de connaissance déduite des conclusions des intimés, sans constater que l'ordonnance mentionnait que le président statuant en référé avait effectivement indiqué aux parties la date à laquelle elle serait rendue, et alors que la seule indication de la date de la mise en délibéré, dans les conclusions des intimés devant la cour, ne prouve pas qu'ils en avaient été effectivement informés par le président le jour de la clôture des débats • Com. 18 mai 2010 : *D. actu. 4 juin 2010, obs. Daleau.*

5. Dès lors que la date du prononcé du jugement n'a pas été indiquée aux parties, le délai de contredit part de la notification de la décision. • Civ. 2e, 23 avr. 1980 : *Gaz. Pal. 1980. 2. 574, note Viatte ; RTD civ. 1980. 619, obs. Perrot.* ♦ ... N'étant pas nécessaire que l'acte de notification indique le délai et les modalités du contredit. • Même arrêt. ♦ Les mentions erronées de cet acte n'auraient pas pour effet de suspendre le délai de recours. • Civ. 2e, 19 mai 1980 : *Bull. civ. II, n° 116 ; RTD civ. 1980. 811, obs. Perrot.*

6. A défaut de notification, le délai ne commence à courir qu'à la date à laquelle la partie qui entend former le recours a eu connaissance du jugement. • Civ. 2e, 30 nov. 1983 : *Bull. civ. II, n° 189 ; Gaz. Pal. 1984. 1. Pan. 75, obs. Guinchard ; RTD civ. 1984. 166, obs. Perrot* • Aix-en-Provence, 23 mars 1983 : *Gaz. Pal. 1983. 2. 689, note Dureuil.*

7. L'art. 450 est applicable à tous les jugements et pas seulement à ceux qui statuent sur le fond. • Lyon, 2 nov. 1978 : *D. 1978. IR 498, obs. Julien.*

Sur l'application de ces dispositions aux recours dont le point de départ est fixé au jour du jugement, V. également notes 6 s. ss. art. 82 et 272. ♦ V. aussi • Paris, 7 mars 1977 : *JCP 1978. II. 18870, note Chartier ; RTD civ. 1978. 734, obs. Perrot* (en matière de procédure collective).

8. Conv. EDH. Les dispositions de l'art. 450 ne sont pas contraires à l'art. 6 Conv. EDH dès lors qu'elles permettent à chacun, comme par une lecture en audience publique, d'avoir accès à la décision. • Civ. 1re, 25 avr. 2006, n° 05-16.345 P • Civ. 3e, 31 oct. 2006, n° 05-19.956 P • Civ. 1re, 12 déc. 2006, n° 06-10.982 P : *Gaz. Pal. 31 mai 2007, Pan., p. 24* • Civ. 2e, 3 mai 2007, n° 06-12.190 P • 7 juin 2007, n° 05-20.924 P. ♦ L'omission de l'avis que prévoit l'art. 450, al. 2, C. pr. civ. ne porte pas atteinte aux droits consacrés par l'art. 6 § 1 Conv. EDH. • Civ. 2e, 12 juin 2008, n° 07-10.579 P : *Dr. et pr. 2008. 333, note Bourdillet.*

9. Il ne saurait être reproché à un arrêt de ne pas avoir été prononcé en audience publique alors que les jugements et arrêts peuvent, depuis le Décr. n° 2004-836 du 20 août 2004, être prononcés soit en audience publique, soit par mise à la disposition du public au greffe. • Soc. 24 janv. 2007, n° 05-42.333 P.

10. Sanction. Les dispositions de l'art. 450 ne sont pas sanctionnées à peine de nullité. • Civ. 2e, 3 mai 2007, n° 06-13.115 P • 12 juin 2008 : *préc. note 8.*

Art. 451 **Les décisions contentieuses sont prononcées** *(Décr. n° 2004-836 du 20 août 2004, art. 5, en vigueur le 1er janv. 2005)* **« en audience publique » et les décisions gracieuses hors la présence du public, le tout sous réserve des dispositions particulières à certaines matières.**

(Décr. n° 2004-836 du 20 août 2004, art. 5) **« La mise à disposition au greffe obéit aux mêmes règles de publicité. »** – *C. pr. civ., art. 458.*

L'art. 5 du Décr. n° 2004-836 du 20 août 2004 est applicable aux procédures en cours (Décr. préc., art. 59).

1. L'énoncé, dans un jugement de divorce, qu'il a été statué « publiquement, contradictoirement et en chambre du conseil » implique, en l'absence de toute contestation devant le tribunal, qu'après débat contradictoire en chambre du conseil, le dispositif du jugement a été lu en audience publique. • Civ. 2e, 11 mars 1981 : *Gaz. Pal. 1981. 2. Pan. 268.* ♦ V. désormais art. 451, mod. par Décr. du 20 août 2004.

2. Il incombe à la partie qui entend assister auprononcé de la décision de se présenter, ou de se faire représenter, aux audiences successivement fixées pour l'accomplissement de cette formalité. • Civ. 1re, 6 avr. 1994, n° 92-15.170 P.

3. La partie au procès, représentée devant la cour d'appel, avisée de la date du prononcé de l'arrêt et qui n'a pas saisi la cour d'appel d'une demande de prononcé de l'arrêt en audience publique, n'est pas recevable, par application du second al. de l'art. 458, à soutenir devant la Cour de cassation que l'arrêt a été rendu à tort hors la présence du public. • Civ. 2e, 23 nov. 2006 : *JCP 2006. IV. 3499.*

4. Saisie d'un litige relatif à la recevabilité et au bien fondé de l'action du Ministère public sur le fondement de l'art. 90 du Décr. du 27 déc. 1985 [L. 626-25, al. 2] sollicitant par requête la désignation d'un mandataire *ad hoc*, c'est par une exacte application de l'art. 451 qu'une cour d'appel, statuant en matière contentieuse, a prononcé publiquement la décision par mise à disposition au greffe de la juridiction. • Com. 10 mars 2009 : *JCP 2009. IV. 1643.*

Loi nº 72-626 du 5 juillet 1972,

Instituant un juge de l'exécution et relative à la réforme de la procédure civile.

Art. 11-2 *(L. nº 2019-222 du 23 mars 2019, art. 33-V-1º)* Les jugements sont prononcés publiquement.

Sans préjudice de l'application des autres dispositions législatives, et sauf devant la Cour de cassation, ils ne sont toutefois pas prononcés publiquement :

1º En matière gracieuse ;

2º Dans les matières relatives à l'état et à la capacité des personnes déterminées par décret ;

3º Dans les matières intéressant la vie privée déterminées par décret ;

4º Dans les matières mettant en cause le secret des affaires dans les conditions prévues au 3º de l'article L. 153-1 du code de commerce. – *V. C. pr. civ., art. 1016.*

Art. 11-3 *(L. nº 75-596 du 9 juill. 1975)* Les tiers sont en droit de se faire délivrer copie des jugements prononcés publiquement.

BIBL. ► PERDRIAU, *JCP 1999. I. 163* (anonymisation des jugements civils).

Sur l'anonymisation des décisions, V. aussi CNIL, délibération nº 01-057 du 29 nov. 2001 (JCP 2002. Actu. 82).

Art. 452 *(Décr. nº 2004-836 du 20 août 2004, art. 6, en vigueur le 1er janv. 2005)* **« Le jugement prononcé en audience est rendu par l'un des juges qui en ont délibéré, même en l'absence des autres et du ministère public. »**

Le prononcé peut se limiter au dispositif.

L'art. 6 du Décr. nº 2004-836 du 20 août 2004 est applicable aux procédures en cours (Décr. préc., art. 59).

1. Le jugement est régulièrement rendu dès lors que, par une énonciation qui fait foi jusqu'à inscription de faux, il y est énoncé qu'il a été prononcé par un magistrat ayant participé aux débats et au délibéré. • Soc. 20 mars 1990, nº 86-44.139 P : *D. 1990. Somm. 342, obs. Julien.* ♦ Rappr. • Civ. 3e, 4 juill. 1974 : *Bull. civ. III, nº 308* • 4 nov. 1977 : *JCP 1978. IV. 3.*

2. Il résulte de l'art. 452 que le prononcé d'un arrêt peut être le fait d'un magistrat seul, à la condition qu'il soit l'un de ceux qui ont rendu la décision. • Civ. 2e, 19 oct. 1978 : *Bull. civ. II, nº 215.*

3. Il importe peu que certains des magistrats qui ont participé aux débats et au délibéré ne soient pas présents. • Civ. 1re, 1er oct. 1986 : *JCP 1986. IV. 317.* ♦ ... Soient décédés. • Civ. 1re, 11 févr. 1981 : *Bull. civ. I, nº 52* • Soc. 9 mars 1989 : *Bull. civ. V, nº 203.* ♦ ... Aient été remplacés. • Soc. 30 mai 1989 : *JCP 1989. IV. 282.*

4. Si l'arrêt ne mentionne pas le nom de tous les magistrats ayant participé au délibéré, il résulte du rôle de l'audience signé du greffier et du président et certifié conforme par le greffier en chef que la cour d'appel était en fait régulièrement composée des magistrats ayant délibéré. • Civ. 1re, 12 oct. 1999, nº 97-19.997 P : *RTD civ. 2000. 159, obs. Perrot.*

5. Est nul l'arrêt qui n'a pas été rendu par l'un des magistrats qui avaient assisté aux débats et avaient délibéré. • Civ. 3e, 30 oct. 1991 : *Gaz. Pal. 1992. 1. Pan. 26.* ♦ ... L'arrêt qui énonce que, lors des débats et du délibéré, la cour d'appel était composée d'un seul magistrat conseiller-rapporteur et qu'à l'audience de jugement, il a été rendu par une formation collégiale à laquelle le rapporteur n'appartenait pas. • Soc. 21 mars 1990, nº 88-41.870 P. ♦ Rappr. • Soc. 3 juill. 1991, nº 88-43.872 P.

6. Aucun texte n'exige que le nom du magistrat qui a lu l'arrêt y soit indiqué ; à défaut d'indication contraire de l'arrêt, il est à présumer que les magistrats ayant composé la juridiction lors du délibéré sont ceux en présence desquels cette décision a été prononcée et que le magistrat qui a signé la minute de l'arrêt est celui qui a prononcé celui-ci. • Civ. 1re, 13 oct. 1998, n° 96-18.322 P : *D. Affaires 1999. 172, obs. V. A.-R.* ♦ V. également : • Civ. 2e, 3 juin 1999, n° 97-14.159 P.

Art. 453 **La date du jugement est celle à laquelle il est prononcé** *(Décr. n° 2004-836 du 20 août 2004, art. 7, en vigueur le 1er janv. 2005)* **« , en audience ou par mise à disposition au greffe ».**

L'art. 7 du Décr. n° 2004-836 du 20 août 2004 est applicable aux procédures en cours (Décr. préc., art. 59).

Art. 454 **Le jugement est rendu au nom du peuple français.**

Il contient l'indication :

– de la juridiction dont il émane ;

– du nom des juges qui en ont délibéré ;

– de sa date ;

– du nom du représentant du ministère public s'il a assisté aux débats ;

– du nom du *(Décr. n° 2017-892 du 6 mai 2017, art. 68-I-3°)* **« greffier » ;**

– des nom, prénoms ou dénomination des parties ainsi que de leur domicile ou siège social ;

– le cas échéant, du nom des avocats ou de toute personne ayant représenté ou assisté les parties ;

– en matière gracieuse, du nom des personnes auxquelles il doit être notifié. – *V. art. 458.*

BIBL. ▸ Sur l'anonymisation des décisions de justice, V. Bibl. ss. art. 435.

A. JUGE ET JURIDICTION

1. Juge. Viole l'art. 454 l'arrêt : qui ne fait pas apparaître le nom des magistrats qui ont délibéré. • Civ. 2e, 13 mai 1981 : *JCP 1981. IV. 267.* ♦ ... Qui ne contient pas l'indication du nom du juge (unique) qui l'a rendu. • Soc. 18 mai 1983 : *JCP 1983. IV. 235* (juge d'instance) • Civ. 2e, 7 févr. 1990, n° 88-19.570 P (injonction de payer). ♦ ... Qui mentionne seulement, pour ce qui concerne la composition, que l'arrêt a été prononcé par Mme X, conseiller, et signé par Mme Y, président de chambre. • Civ. 2e, 12 juin 2003, n° 01-13.507 P : *D. 2003. IR 1734 ; Procédures 2003, n° 192, note Perrot.* ♦ Toutefois, les magistrats mentionnés par un jugement comme ayant assisté aux débats sont présumés, à défaut d'indications contraires, être ceux qui en ont délibéré. • Soc. 23 janv. 2008, n° 06-44.190 P. ♦ Ce vice n'est pas susceptible de réparation, l'inobservation des prescriptions légales résultant de la décision elle-même. • Civ. 2e, 5 avr. 1993 : *JCP 1993. II. 22109, note du Rusquec ; RTD civ. 1993. 650, obs. Perrot* • 12 juin 2003 : *préc.* • Com. 11 oct. 1994 : *JCP 1995. II. 22540, note Perdriau* • Civ. 1re, 28 janv. 2009 : *Procédures 2009, n° 106, note Perrot.* ♦ V. cependant : • Com. 23 nov. 1993, n° 91-19.042 P : *RTD civ. 1994. 421, obs. Perrot* • Cass., ass. plén., 8 févr. 1993, n° 92-14.281 P (en matière disciplinaire).

Mais il importe peu qu'un arrêt comporte une inexactitude dans les mentions relatives aux noms des magistrats ayant participé au délibéré, dès lors qu'il résulte du rôle de l'audience que la composition de la cour d'appel était régulière. • Civ. 1re, 12 oct. 1999, n° 97-19.997 P. ♦ V. aussi, sur la validité de la décision, dès lors qu'il a été établi par les productions que la personne qui a remplacé le secrétaire greffier lors du prononcé de l'arrêt avait prêté serment et que la cour d'appel a précisé l'identité de l'agent administratif qui faisait fonction de greffier lors du prononcé de l'arrêt, aucun doute n'étant, dès lors, possible sur l'identité du secrétaire qui a apposé sa signature sur la décision, • Com. 28 avr. 2004, n° 02-13.591 P.

Sur les moyens de compléter les énonciations défectueuses, V. notes ss. art. 459.

2. Mais l'art. 454 n'impose pas la mention distincte du nom des juges devant lesquels la cause a été débattue. • Civ. 2e, 16 juill. 1975 : *Bull. civ. II, n° 222.* – V. note 1 ss. art. 447. ♦ ... Ni celle du nom du magistrat de la mise en état. • Civ. 3e, 20 nov. 1974 : *Bull. civ. III, n° 423* • Civ. 2e, 5 févr. 1975 : *Bull. civ. II, n° 34.* ♦ ... Ou du juge chargé du rapport. • Civ. 2e, 16 juill. 1975 : *Bull. civ. II, n° 223.*

Il n'impose pas davantage l'indication des modalités de désignation des magistrats composant la formation qui a rendu l'arrêt. • Soc. 28 juin 1979 : *Gaz. Pal. 1980. 1. Pan. 43.* ♦ ... Ni, la cour statuant sur renvoi, l'indication de la chambre à laquelle appartenait chacun des conseillers ayant siégé. • Soc. 14 oct. 1982 : *Gaz. Pal. 1983. 1. Pan. 39, obs. Guinchard.* ♦ ... Ni, s'agissant toujours d'une cour statuant sur renvoi, l'indication de l'empêchement du premier président. • Cass., ass. plén., 14 mars 1997, n° 94-15.133 P.

3. Ministère public. A peine de nullité, le jugement doit mentionner la présence du ministère public, partie principale. • Civ. 1re, 18 janv. 1989 : ⚖ *JCP 1989. IV. 103.* – V. notes ss. art. 431. ♦ ... Mais pas le nom du représentant du ministère public lorsque le litige n'exigeait pas la présence de ce dernier aux débats. • Civ. 3e, 17 avr. 1974 : *Bull. civ. III, no 147* • Com. 27 mai 1974 : *Bull. civ. IV, no 168.*

4. Secrétaire. L'art. 458 C. pr. civ. ne sanctionne pas par la nullité le défaut de mention du nom du secrétaire ayant assisté à l'audience. • Cass., ch. mixte, 11 déc. 2009, ⚖ no 08-13.643 P : *BICC 15 févr. 2010, p. 11, rapp. Garban, avis Gariazzo ; R. 2009, p. 314 et 424 ; D. actu. 18 déc. 2009, obs. Dargent ; D. 2010. 520, obs. Vigneau* ✎ *; JCP 2009. 582, obs. Cholet ; ibid. 2010. 51, note (crit.) Le Bars ; ibid. 546, no 14, obs. Serinet ; Gaz. Pal. 24-26 janv. 2010, p. 16, note Cholet ; Dr. et pr. 2010. 84, note Putman ; RTD civ. 2010. 154, obs. Théry* ✎. ♦ Comp. antérieurement, jugeant que le jugement, authentifié par le greffier qui a assisté à son prononcé, doit comporter l'indication du nom de celui-ci. • Civ. 1re, 15 févr. 2001, ⚖ no 99-13.028 P • Soc. 18 mai 1983 : ⚖ *Bull. civ. V, no 275. Add.* • Com. 29 mai 2009, no 08-14.534 P. ♦ ... Ou le nom de la personne faisant fonction de secrétaire et ayant prêté le serment prévu à l'art. 32 du décret du 20 juin 1967 (V. art. R. 812-12 [ancien] COJ [devenu R. 123-14]). • Civ. 2e, 4 mars 1998, ⚖ no 98-60.165 P • Civ. 3e, 2 oct. 2002, ⚖ no 01-01.379 P : *D. 2002. IR 2776* ✎ *; Gaz. Pal. 30 mars-1er avr. 2003, p. 32, obs. du Rusquec.* ♦ Mais aucun texte n'exige la constatation que la personne faisant fonction de secrétaire-greffier ait été assermentée. • Civ. 2e, 4 janv. 1978 : *Bull. civ. II, no 2* • Civ. 1re, 23 avr. 1981 : *JCP 1981. IV. 238* • Civ. 2e, 11 juin 1997, ⚖ no 94-21.427 P.

Toutefois la censure doit être prononcée s'il n'est établi ni par l'arrêt ni par aucune des pièces produites que cette personne a prêté serment. • Com. 13 nov. 1978 : ⚖ *Bull. civ. IV, no 256.*

Il peut être suppléé à l'erreur matérielle concernant le nom du greffier assistant le président lors du prononcé de l'arrêt par la vérification de l'identité de ce greffier sur le registre d'audience. • Civ. 1re, 21 nov. 2000, ⚖ no 98-10.834 P : *D. 2001. IR 43* ✎. ♦ Comp. sur l'insuffisance de la mention dans l'arrêt que la cour d'appel était assistée, *lors des débats* de Mme K. greffier, et du fait que le président a signé la minute avec le greffier : • Civ. 3e, 2 oct. 2002 : ⚖ *préc.* ♦ V. aussi, sur la nullité de l'arrêt ne contenant pas l'indication du nom du greffier qui l'a signé, mais seulement la mention : « greffier, Mme P., lors des débats seulement » • Civ. 2e, 30 avr. 2003, ⚖ no 01-10.365 P : *D. 2003. IR 1410* ✎. *Gaz. Pal. 8-10 févr. 2004, p. 26, obs. du Rusquec.*

Il résulte de la mention d'un arrêt, selon laquelle les magistrats composant la cour d'appel étaient assistés lors des débats d'un greffier, qui a signé la décision, que ce greffier a assisté au prononcé de l'arrêt. • Civ. 2e, 26 sept. 2002, ⚖ no 00-18.149 P : *Gaz. Pal. 30 mars-1er avr. 2003, p. 33, obs. du Rusquec.* ♦ Dès lors qu'un arrêt indique clairement dans son en-tête le nom d'un greffier, il convient, en l'absence d'indication contraire, de présumer que celui-ci a assisté aux débats ainsi qu'au prononcé de l'arrêt, et qu'il a apposé sa signature au bas de celui-ci. • Com. 17 déc. 2002, ⚖ no 99-14.397 P : *Gaz. Pal. 6-7 août 2003, p. 20, obs. du Rusquec* • Civ. 2e, 10 mars 2005, ⚖ no 03-15.101 P : *Procédures 2005, no 125.* – V. aussi • Civ. 2e, 16 déc. 2004, ⚖ no 03-15.938 P.

B. DATE DU JUGEMENT

5. La mention de la date à laquelle le jugement a été rendu constitue une formalité substantielle. • Civ. 2e, 9 juin 1971 : *Bull. civ. I, no 208.* ♦ La contradiction entre les mentions relatives à la date équivaut à une absence de date. • Même arrêt. ♦ V. cep. notes ss. art. 459.

6. Le dispositif du jugement mentionnant une certaine date, celle-ci doit être tenue pour la seule date faisant foi. • Soc. 15 janv. 2003 : ⚖ *JCP 2003. II. 10145, note Perdriau.*

7. L'art. 454 ne comprend pas dans son énumération la date de l'audience des débats. • Civ. 2e, 14 déc. 1988 : *JCP 1989. II. 21292.*

C. PARTIES, CONSEILS, REPRÉSENTANTS

8. Le moyen pris de ce que l'arrêt ne contient pas toutes les indications de l'état civil d'une partie prescrites par l'art. 454 ne peut être accueilli s'il n'est allégué aucun préjudice et que les mentions de la décision ne laissent aucune incertitude sur l'identité de la personne concernée. • Soc. 9 nov. 1978 : ⚖ *JCP 1979. IV. 22.*

9. Le jugement de divorce qui, sans mentionner tous les éléments de l'identité des parties, contient certaines mentions permettant de les identifier sans risque de confusion satisfait aux exigences légales de l'art. 454. • Pau, 12 nov. 2001 : *BICC 2002, no 526.* ♦ Ainsi, la demande de nullité du jugement de divorce pour homonymie ne peut être acceptée si les actes introductifs d'instance sont établis au nom d'un époux avec indication de son identité et de sa date de naissance exactes. • Même arrêt.

10. La désignation d'une société par son sigle commercial et son siège social répond aux conditions de l'art. 454 si elles suffisent à l'identification de cette partie. • Soc. 6 juill. 1978 : *Bull. civ. V, no 576.* ♦ Rappr. • Soc. 8 juill. 1975 : *Bull. civ. V, no 384* • Civ. 3e, 20 déc. 1983 : *Gaz. Pal. 1984. 1. Pan. 157.*

11. Jugé que si, aux termes de l'art. 454, le jugement doit contenir les éléments d'identification des parties qu'il énumère, il résulte de l'art. 458 que ces indications ne sont pas prescrites à peine de nullité. • Civ. 1re, 1er juill. 1986 :

Gaz. Pal. 1986. 2. Pan. 218 • Civ. 3e, 20 déc. 1983 : *préc. note 10.*

12. L'indication dans un jugement du nom du conseil d'une partie n'est pas prescrite à peine de nullité. • Civ. 2e, 9 oct. 1985 : *Gaz. Pal. 1986. 1. Pan. 140* • 18 mars 1987 : *Gaz. Pal. 1987. 1. Pan. 125 ; D. 1987. IR 76.*

D. EXCLUSIONS DIVERSES

13. *Indications exclues.* Le juge n'est pas tenu de faire mention dans sa décision du déroulement des débats. • Soc. 13 nov. 1986 : *Bull. civ. V, n° 522.* ♦ ... De la connaissance donnée aux parties de la date à laquelle le jugement serait rendu. • Civ. 3e, 10 déc. 1974 : *Bull. civ. III, n° 457.* ♦ V. notes ss. art. 450. ♦ ... De l'injonction de conclure donnée, avant l'ordonnance de clôture, aux appelants qui s'étaient abstenus de déposer leurs conclusions. • Civ. 2e, 14 nov. 1990, n° 89-13.012 P. ♦ ... De tous les textes sur lesquels ils fondent leur décision. • Civ. 2e, 17 juill. 1978 : *Bull. civ. II, n° 195.* ♦ V. notes ss. art. 455.

14. *Ordonnances du juge-commissaire.* Dès lors qu'il a signé la liste des créances déclarées établie par le représentant des créanciers et contenant ses propositions d'admission des créances non contestées, le juge-commissaire a décidé d'admettre ces créances. • Com. 23 nov. 2004, n° 03-14.810 P : *D. 2005. AJ 301.*

Art. 455 *(Décr. n° 98-1231 du 28 déc. 1998, art. 11, en vigueur le 1er mars 1999, rect. JO 13 févr. 1999)* **Le jugement doit exposer succinctement les prétentions respectives des parties et leurs moyens. Cet exposé peut revêtir la forme d'un visa des conclusions des parties avec l'indication de leur date. Le jugement doit être motivé.**

Il énonce la décision sous forme de dispositif.

V. Circ. 31 janv. 1977 relative à la présentation des jugements (JONC 11 févr.) ; Circ. 15 sept. 1977 relative au vocabulaire judiciaire (JONC 24 sept.).

BIBL. ▶ J.-P. ANCEL, *BICC 1er mai 2003, p. 18* (divorce et accidents de la circulation). – ATIAS, *D. 2010. Chron. 221* (la « simple affirmation » du juge). – BLONDEL, *Mél. Ponsard, Litec, 2003, p. 59* (le manque de base légale, son avenir). – L. BORÉ, *JCP 2002. I. 104* (motivation et Conv. EDH). – CHAINAIS, FENOUILLET et GUERLIN, Les sanctions en droit contemporain, vol. 2 : Les motivations des sanctions prononcées en justice, *Dalloz 2013.* – CROZE, *Mél. Ph. Malaurie, Defrénois 2005, p. 181* (pour une motivation pas trop explicite des décisions de la Cour de cassation). – DESCORPS-DECLÈRE, *D. 2007. Chron. 2822* (motivations exogènes des décisions de la Cour de cassation). – DEUMIER, Principes de justice, *Mél. Burgelin, Dalloz 2008, p. 125* (les « motifs des motifs » des arrêts de la Cour de cassation) ; *D. 2015. 2024* (repenser la motivation des arrêts de la Cour de cassation ? Raisons, identification, réalisation). – ESTOUP, *Litec, 2e éd., 1990* (pratique des jugements) ; *Gaz. Pal. 1990. 2. Doctr. 413* (assouplissement souhaitable des règles) ; *Gaz. Pal. 1990. 1. Doctr. 242* (principes élémentaires). – GJIDARA, *LPA 26 mai 2004, p. 3* (impératifs anciens et exigences nouvelles). – HÉNON, *Gaz. Pal. 1999. 1, Doctr. 839* (procédure orale et art. 455 mod. par le décret de 1998). – JAMIN, *D. 15 oct. 2015, n° 35, Édito* (motivation des arrêts : une alternative). – MATHIEU, *RLDC 01/2012. 87* (le contrôle de la motivation). – PERDRIAU, *JCP 1986. I. 3257* (arrêts de la Cour de cassation) ; *JCP 1988. I. 3352* (dispositif implicite des jugements) ; *Gaz. Pal. 15-17 oct. 1995, Doctr.* (dispositif, forme) ; *JCP 1985. I. 162* (action en justice à la fois irrecevable et mal fondée). – TOUFFAIT et TUNC, *RTD civ. 1974. 487* (pour une motivation plus explicite). – TOURNIER, *RLDC 01/2012. 80* (les techniques de motivation des décisions de justice). – VIATTE, *Gaz. Pal. 1978. 1. Doctr. 84* (autorité des motifs). – VILLACÈQUE, *RLDC 01/2012. 76* (les techniques de motivation dans la préparation des décisions de justice). – WEBER, *RLDC 01/2012. 70* (la motivation des arrêts de la Cour de cassation). – ZENATI-CASTAING, *D. 2007. Chron. 1553* (motivation des décisions de justice et sources du droit).

PLAN DES ANNOTATIONS

A. MOYENS ET PRÉTENTIONS DES PARTIES

a. Jurisprudence antérieure au décret du 28 déc. 1998

1. L'obligation édictée par l'art. 455 ne concerne que les moyens présentés par les parties dans leurs conclusions. Elle ne vise pas les observations formulées sur un moyen relevé d'office. • Civ. 2e, 26 avr. 1984 : *Bull. civ. II, n° 71* • 4 nov. 1987 : *JCP 1988. IV. 9.*

2. L'obligation de rembourser les sommes versées, en vertu d'une décision de première instance assortie de l'exécution provisoire, résultant de plein droit de la réformation de ladite décision, il ne peut être fait grief à la cour d'appel de ne pas avoir motivé le chef de son arrêt ordonnant ce paiement. • Com. 19 déc. 2000 : *Gaz. Pal. 12-14 janv. 2003, p. 34, obs. Perdriau.*

3. Aucun texte ne détermine sous quelle forme doit être faite la mention des moyens présentés par les parties. Il suffit qu'elle résulte, même succinctement, des énonciations de la décision. • Civ. 3e, 27 févr. 1974 : *Bull. civ. III, n° 95* • Civ. 2e, 21 mars 1974 : *Bull. civ. II, n° 105* • 12 juin 1990 : *Bull. civ. II, n° 157.* ♦ V. note 7.

Il est satisfait à cette exigence lorsque le rappel des éléments de la cause et la motivation font apparaître que la cour répond ainsi aux moyens invoqués. • Civ. 1re, 15 mai 1984 : *Bull. civ. I, n° 161* • Soc. 20 oct. 1988 : *Gaz. Pal. 1989. 1. Pan. 11.* ♦ ... Lorsque sont discutées dans la décision les circonstances de fait et les déductions de droit sur lesquelles elle se fonde. • Civ. 2e, 12 mai 1980 : *Bull. civ. II, n° 109* • Civ. 1re, 12 juill. 1989 : *JCP 1989. IV. 348.*

Suffit également la référence aux énonciations d'une précédente décision rendue dans la même instance. • Civ. 1re, 8 janv. 1980 : *JCP 1980. IV. 112.* ♦ ... Du rapport du magistrat chargé d'instruire l'affaire. • Soc. 28 nov. 1984 : *Bull. civ. V, n° 459.* ♦ ... En appel, à la relation des premiers juges. • Civ. 1re, 1er oct. 1980 : *Gaz. Pal. 1981. 1. Somm. 13* • Civ. 3e, 10 févr. 1982 : *Gaz. Pal. 1982. 2. Pan. 237* • Civ. 1re, 16 juill. 1992, n° 89-14.254 P.

4. Fait une référence suffisante aux moyens et prétentions de l'appelant rappelés dans les énonciations de la décision entreprise la cour d'appel qui précise que « le demandeur persiste dans sa demande initiale ». • Civ. 2e, 6 mars 2003, n° 01-00.507 P : *Gaz. Pal. 8-10 févr. 2004, p. 26, obs. du Rusquec.*

5. Viole l'art. 455 la décision qui ne comporte aucun exposé, même sommaire, des prétentions et moyens des parties. • Civ. 2e, 3 mai 1985 : *Bull. civ. II, n° 90* • 10 déc. 1986 : *Gaz. Pal. 1987. 2. 584, note Richevaux.* ♦ ... Ne mettant pas la Cour de cassation en mesure d'exercer son contrôle. • Soc. 19 juin 1990, n° 85-45.496 P. ♦ ... qui se borne à viser, par simple énoncé de leur date, les conclusions des parties. • Civ. 2e, 16 avr. 1986 : *D. 1986. 591, note Richevaux* • 8 févr. 1989 : *Bull. civ. II, n° 35.* ♦ ... Qui se détermine par le seul visa des documents de la cause et la seule référence aux débats, n'ayant fait l'objet d'aucune analyse. • Civ. 2e, 3 juill. 1985 : *Bull. civ. II, n° 132.* ♦ ... Qui se borne à viser le jugement et les conclusions d'appel, alors que l'une des parties n'était pas en première instance. • Civ. 3e, 12 févr. 1997, n° 95-18.049 P.

b. Jurisprudence postérieure au décret du 28 déc. 1998

6. Ne méconnaît pas les exigences de l'art. 455, tel que modifié par le décret du 28 déc. 1998 (qui a ajouté la deuxième phrase), la cour d'appel ayant énoncé qu'il convenait de débouter le demandeur de son action sans qu'il soit nécessaire d'examiner les autres moyens, sans analyser ceux-ci ni même les énumérer, dès lors qu'elle a visé les conclusions des parties, indiqué leurs dates et y a répondu. • Civ. 2e, 3 oct. 2002, n° 00-12.303 P : *Gaz. Pal. 30 mars-1er avr. 2003, p. 27, obs. du Rusquec.* – V. aussi • Civ. 2e, 30 janv. 2003, n° 01-02.067 P : *Gaz. Pal. 10-11 oct. 2003, p. 15, obs. du Rusquec.* ♦ Doit être annulé l'arrêt qui ne mentionne ni exposé des moyens des parties, ni visa de leurs conclusions. • Civ. 1re, 20 juin 2006, n° 05-18.798 P.

7. Dernières conclusions. S'il n'expose pas succinctement les prétentions respectives des parties et leurs moyens, le juge, qui ne peut statuer que sur les dernières conclusions déposées, doit viser celles-ci avec l'indication de leur date. • Cass., ch. mixte, 6 avr. 2007, n° 05-16.375 P : *D. 2007. AJ 1279 ; ibid. Pan. 2428, obs. Fricero ; JCP 2007. II. 10102, note Putman ; Procédures 2007, n° 129, note Perrot ; Dr. et pr. 2007. 335, note Vinckel ; Dr. et patr., janv. 2008, p. 100, obs. Amrani-Mekki* • Civ. 1re, 4 juin 2007, n° 06-10.574 P • Civ. 2e, 24 janv. 2008, n° 06-20.539 P • Civ. 3e, 15 sept. 2010 : *D. actu. 24 sept. 2010, obs. Dargent.* ♦ Le visa de conclusions antérieures aux dernières écritures des parties n'a pas le caractère d'une erreur matérielle en l'absence d'éléments permettant de dire que le juge a statué sur les dernières conclusions du demandeur. • Civ. 1re, 4 juin 2007 : *préc.* ♦ Le visa des conclusions des parties avec l'indication de leur date n'est pas nécessaire si, dans la motivation de la décision, le juge expose succinctement les prétentions et moyens formulés dans les dernières écritures. • Civ. 2e, 4 juill. 2007, n° 06-16.436 P : *Procédures 2007, n° 239, obs. Perrot.* – V. aussi note 34 ss. art. 954. ♦ Doit être cassé l'arrêt d'une cour d'appel, qui n'a pas visé les dernières conclusions et qui s'est prononcée par des motifs dont il ne résulte pas qu'elle les aurait prises en considération, alors qu'il ressort des productions que ces conclusions développaient une argumentation complémentaire. • Civ. 2e, 19 nov. 2020, n° 19-19.514 P : *cité note 33 ss. art. 954.*

8. Maintenant à cet égard sa jurisprudence antérieure, la Cour de cassation considère qu'aucun texte ne détermine la forme dans laquelle la décision doit mentionner les moyens des parties. • Soc. 7 nov. 2001 : *Gaz. Pal. 9-10 oct. 2002, p. 41, obs. Perdriau.* ♦ Il ne peut donc être fait grief à un jugement d'avoir statué sans avoir repris le moyen exposé dans des conclusions, dès lors qu'il résulte des énonciations de ce jugement que le conseil des prud'hommes, après avoir exposé succinctement les moyens des parties, les a discutés dans le corps de sa décision. • Même arrêt. ♦ Mais viole cet art. la cour d'appel qui rejette comme tardive une action en garantie sans examiner les conclusions tendant à la confirmation du jugement, dont l'appelant est réputé s'être approprié les motifs, ayant retenu une obligation de résultat à l'encontre du garagiste. • Civ. 1re, 30 nov. 2004, n° 01-12.997 P.

9. Les dispositions des art. 455, al. 1er, et 458, qui prescrivent à peine de nullité que le visa des conclusions indique leur date, ne trouve pas à s'appliquer lorsqu'il n'y a qu'un seul dépôt de conclusions par chacune des parties. • Civ. 2e, 28 mai 2003, n° 01-14.172 P : *D. 2003. IR 1604 ; Gaz. Pal. 7-8 avr. 2004, p. 20, obs. du Rusquec* • Civ. 1re, 25 avr. 2006, n° 05-15.706 P. ♦ De même, ces dispositions ne sont pas applicables à une procédure orale, les écrits auxquels se réfère une partie et que mentionne le juge ont nécessairement pour date celle de l'audience. • Civ. 2e, 8 juill. 2004, n° 03-17.039 P • Civ. 2e, 4 févr. 2016, n° 14-23.960 P.

10. Doit être cassé pour violation des art. 455 C. pr. civ. et 6, § 1, Conv. EDH l'arrêt qui expose les prétentions d'une seule partie, même s'il vise les conclusions des deux parties avec indication de leur date. • Civ. 3e, 29 avr. 2009, n° 07-21.986 P : *AJDI 2009. 558* .

11. Conclusions d'incident. Défaut de réponse de la cour d'appel. Portée. Ne satisfait pas aux exigences de l'art. 455 la cour d'appel qui condamne une partie, après avoir relevé que, pour une connaissance des moyens des parties en appel, il convient de se référer à leurs conclusions notifiées les 29 févr. 2012 et 12 mars 2012, sans répondre aux conclusions d'incident de cette partie demandant à la cour d'appel de rejeter comme tardives les conclusions de la partie adverse datées du 12 mars 2012, soit la veille de la clôture fixée au 13 mars 2012. • Civ. 3e, 18 déc. 2013, n° 12-21.198 P.

B. MOTIVATION

12. La violation de l'obligation de motivation ne constitue pas un cas d'excès de pouvoir. • Com. 26 janv. 2010 : *D. 2010. Actu. 380 ; ibid. 2011. Pan. 265, obs. Fricero ; RTD civ. 2010. 375, obs. Perrot ; JCP 2010. 223, obs. Arbellot.*

13. Sur l'invocation des vices de motivation devant la Cour de cassation, V. notes ss. art. 604. ♦ Sur la motivation des sentences arbitrales, V. note ss. art. 1471.

14. Tout jugement doit être motivé en langue française. Il ne peut se fonder sur un document en langue étrangère sans préciser la signification qu'il en retient. • Civ. 2e, 11 janv. 1989 : *Bull. civ. II, n° 11 ; D. 1989. Somm. 181, obs. Julien ; Gaz. Pal. 1990. 1. Somm. 6, obs. Guinchard et Moussa ; RTD civ. 1989. 619, obs. Perrot.*

15. Aucun texte ne prohibe l'utilisation dans une décision judiciaire de motifs établis d'avance sur un formulaire. • Civ. 2e, 31 janv. 1985 : *Bull. civ. II, n° 26 ; Gaz. Pal. 1985. 1. Pan. 124, obs. (crit.) Guinchard* • 14 févr. 1990, n° 88-12.648 P : *Gaz. Pal. 1990. 2. Somm. 490, obs. Guinchard et Moussa.* ♦ Rappr. • Com. 29 oct. 1991, n° 90-13.368 P (motifs et dispositif préétablis par l'administration requérante).

16. Ne satisfait pas aux exigences de l'art. 455 la cour d'appel qui statue par des motifs inintelligibles. • Soc. 27 mars 1991 : *JCP 1991. IV. 203.* ♦ ...Le juge qui se borne à énoncer que la demande est régulière, recevable et bien fondée. • Com. 17 juin 1986 : *Gaz. Pal. 1987. 1. Pan. 54, obs. Guinchard et Moussa.* ♦ ... Légitime et bien fondée • Civ. 1re, 26 sept. 2012 : *Gaz. Pal. 2012. 3458, note Mulon ; ibid. 3511, note Bléry.* ♦ Rappr. • Com. 18 juin 1985 : *Gaz. Pal. 1986. 1. 72, note Richevaux ; RTD civ. 1986. 423, obs. Perrot* • Soc. 22 déc. 1988 : *Bull. civ. V, n° 702* • Civ. 2e, 16 juin 1993 : *Gaz. Pal. 1994. 1. Pan. 24.* ♦ ... Qu'il a des éléments suffisants pour faire droit à la demande. • Civ. 3e, 8 juill. 1981 : *Gaz. Pal. 1982. 1. Pan. 57.* ♦ Rappr. • Civ. 2e, 20 mars 1989 : *Bull. civ. II, n° 78.* ♦ Sur la justification par renvoi à des motifs généraux et abstraits, V. aussi • Soc. 4 avr. 1991 : *JCP 1991. IV. 215* • Com. 6 mai 1991, n° 89-13.131 P.

17. Ne met pas la Cour de cassation en mesure d'exercer son contrôle la cour d'appel qui ne précise pas l'objet de l'association à la demande de laquelle elle prend une mesure de protection de l'intérêt collectif de ses membres. • Soc. 11 oct. 1994, n° 90-11.206 P. ♦ Méconnaît les exigences de l'art. 455 une cour d'appel qui déboute une association de consommateurs de son appel, sans motiver son refus de faire droit à sa demande de diffusion au public du jugement rendu. • Civ. 1re, 5 oct. 1999, n° 97-17.559 P : *D. 2000. 110, note Paisant* .

18. Sur le débouté du demandeur ou la condamnation du défendeur au seul motif qu'ils ne comparaissent pas, V. notes ss. art. 472.

19. Ne satisfait pas davantage aux exigences de l'art. 455 le juge : qui énonce seulement que les pièces communiquées corroborent les moyens de l'assignation. • Civ. 2e, 6 déc. 1989 : *Bull. civ. II, n° 216* • Com. 30 mars 1993 : *JCP 1993. IV. 1428.* ♦ ... Qui, pour fixer une valeur en litige à un certain montant, se borne à énoncer qu'y a lieu de fixer cette valeur eu égard aux termes du litige et aux demandes formulées par le demandeur. • Civ. 1re, 28 oct. 2003, n° 01-00.238 P : *D. 2003. IR 2804* . ♦ ... Qui se détermine sur le seul visa de documents n'ayant fait l'objet d'aucune analyse. • Civ. 2e, 4 févr. 1987 : *Bull. civ. II, n° 34* • 6 déc. 1989 : *Bull. civ. II, n° 216* • Com. 25 juin 1991, n° 89-20.945 P (jurisprudence constante). ♦ ... Sans analyser, même sommairement, les éléments de preuve sur lesquels il se fonde. • Civ. 2e, 9 janv. 1991, n° 89-19.020 P • Com. 4 mai 1993, n° 91-17.937 P • Civ. 1re, 4 juin 2009 : *Dalloz jurisprudence.* ♦ Néanmoins, le juge du fond n'est pas tenu de s'expliquer sur les éléments de preuve qu'il décide d'écarter. • Civ. 1re, 3 juin 1998, ♘ n° 96-15.833 P.

20. Viole l'art. 6, § 1er, Conv. EDH, ensemble les art. 455 et 458 C. pr. civ. l'arrêt qui se borne, au titre de sa motivation, à reproduire sur tous les points en litige les conclusions d'appel d'une partie et qui statue ainsi par une apparence de motivation pouvant faire peser un doute sur l'impartialité de la juridiction. • Com. 23 mars 2010, ♘ n° 09-11.508 P : *D. 2010. Actu. 901* ; *RTD civ. 2010. 289, obs. Marguénaud* ; *Rev. jur. com. 2010. 381, note X. Lagarde* • Civ. 1re, 17 mars 2011, ♘ n° 10-10.583 P : *Dr. et pr. 2011. 151, note De Laforcade* ♦ V. aussi : • Civ. 3e, 18 nov. 2009 : *Procédures 2009, n° 18, note Perrot.* ♦ Mais il n'est pas interdit au juge de motiver sa décision en reprenant à son compte une partie des arguments avancés par l'une des parties. • Com. 16 juill. 1991, ♘ n° 89-21.911 P. ♦ ... De se référer, en visant les pièces versées aux débats, à l'analyse qu'en font les conclusions d'une partie. • Com. 8 nov. 1988 : *JCP 1989. IV. 13.*

21. Les juges du fond sont en droit de s'approprier l'avis de l'expert, même si celui-ci a exprimé une opinion excédant les limites de sa mission. • Civ. 3e, 5 mars 2003, ♘ n° 00-21.931 P : *D. 2003. IR 863* ; *JCP 2003. II. 10106, note Junillon* ; *Procédures 2003, n° 110, note Perrot.*

22. Le motif hypothétique équivaut au défaut de motif. • Civ. 2e, 14 nov. 1990, ♘ n° 88-15.816 P. ♦ De même des motifs dubitatifs. • 3 nov. 1993, ♘ n° 91-21.973 P • Civ. 2e, 6 déc. 1995, ♘ n° 93-21.748 P : *JCP 1996. II. 22717, note Puigelier.* ♦ V. cep. • Civ. 2e, 20 déc. 1973 : *Gaz. Pal. 1974. 1. Somm. 8* • Civ. 1re, 25 mai 1983 : *Bull. civ. I, n° 155.* ♦ L'emploi de verbes au mode conditionnel ne confère pas à la décision un caractère hypothétique ou dubitatif s'il est justifié par des raisons grammaticales. • Civ. 2e, 6 mai 2004, ♘ n° 02-15.925 P : *D. 2004. IR 1562* ; *Procédures 2004, n° 147, note Perrot.*

23. Le défaut de réponse à conclusions constitue un défaut de motif. • Civ. 2e, 11 janv. 1989 : *Bull. civ. II, n° 12* • 10 juill. 1991, ♘ n° 90-14.561 P • Civ. 1re, 5 mai 1993, ♘ n° 91-18.575 P • Soc. 4 janv. 2000, ♘ n° 98-41.100 P • Civ. 1re, 17 déc. 2009, ♘ n° 08-17.900 P : *D. actu. 14 janv. 2010, obs. Gallmeister.* ♦ Rappr. : • Soc. 9 déc. 1997, ♘ n° 97-60.078 P • Civ. 1re, 11 mars 2010 : ♘ *Defrénois 2010. 803.* ♦ V. notes ss. art. 604.

Il en va de même du défaut de réponse aux observations écrites déposées en matière de contredit. • Civ. 1re, 24 juin 1975 : ♘ *Bull. civ. I, n° 209* ; *RTD civ. 1975. 773, obs. Normand.* ♦ V. note 3 ss. art. 85.

En matière de procédure orale, le juge est tenu de répondre aux moyens exposés dans la requête introductive d'instance, sauf renonciation expresse à l'audience. • Soc. 18 déc. 1991, ♘ n° 90-60.534 P. ♦ Doit être cassé un arrêt de cour d'appel ayant statué sans répondre à des conclusions alors qu'elle avait, dans sa précédente décision ordonnant la réouverture des débats, révoqué l'ordonnance de clôture et renvoyé l'affaire à la mise en état. • Civ. 3e, 21 sept. 2005, ♘ n° 04-12.858 P.

24. Mais le juge n'est pas tenu de répondre à des conclusions formulées de façon imprécise et dubitative. • Civ. 3e, 11 mars 1987 : *Bull. civ. III, n° 44* • Civ. 1re, 22 janv. 1991, ♘ n° 89-13.412 P. ♦ ... Ni qui se contredisent, • Com. 11 déc. 2001 : ♘ *Gaz. Pal. 9-10 oct. 2002, p. 40, obs. Perdriau.* ♦ ... A un moyen fondé sur une simple allégation qui n'est assortie d'aucune offre de preuve. • Com. 23 oct. 1980 : *Bull. civ. IV, n° 353.* ♦ ... Ou sur de simples allégations. • Com. 15 mars 1994, ♘ n° 91-18.076 P. ♦ ... A des conclusions irrecevables ou irrégulières. • Civ. 2e, 14 févr. 1985 : *JCP 1988. II. 21030, note Héron* • Civ. 1re, 30 mai 1985 : *Bull. civ. I, n° 171.* ♦ ... Ou dépourvues de portée juridique. • Com. 25 nov. 1980 : *Gaz. Pal. 1981. 1. Pan. 102.*

25. Le moyen pris du défaut de réponse à conclusions doit être écarté dès lors qu'il peut être répondu par un motif de pur droit aux conclusions délaissées. • Civ. 1re, 19 juill. 1988 : *Gaz. Pal. 1988. 2. Pan. 251.*

26. La contradiction entre les motifs et le dispositif équivaut à une absence de motifs. • Com. 6 févr. 1990, ♘ n° 88-10.524 P • Civ. 1re, 26 févr. 1991 : ♘ *JCP 1991. IV. 157.* ♦ Il en va de même de la contradiction entre les motifs. • Civ. 3e, 3 oct. 1991, ♘ n° 90-12.088 P. ♦ ... Sauf en cas d'erreur purement matérielle que le contexte permet de rectifier. • Com. 19 juin 1984 : ♘ *Bull. civ. IV, n° 197* ; *Gaz. Pal. 1984. 2. Pan. 330, obs. Guinchard.*

Mais ne peut être accueilli le moyen tiré de la contradiction entre éléments du dispositif, cette contradiction pouvant donner lieu à requête en interprétation. • Civ. 2e, 5 avr. 1991, ♘ n° 89-15.613 P.

Sur l'ensemble, V. notes ss. art. 604.

27. Une cour d'appel de renvoi n'est pas tenue de répondre à des conclusions qui étaient inopérantes dès lors qu'elle se conformait à la doctrine de la Cour de cassation exprimée dans l'arrêt qui l'a saisie. • Soc. 26 sept. 2002 : ♘ *JCP 2003. II. 10046, note Perdriau.*

28. Motivation par référence. La référence à une décision rendue dans un litige différent ne saurait servir de fondement au jugement. • Soc. 27 févr. 1991, ♘ n° 88-42.705 P • Com. 8 juin 1993, ♘ n° 90-16.634 P. – V. aussi • Com. 11 févr. 1986 : *Bull. civ. IV, n° 6* ; *Gaz. Pal. 1986. 2. Pan. 419, obs. Croze et Morel.* ♦ Le juge, pour motiver sa décision, doit se déterminer d'après les circonstances particulières du procès et non par référence à des causes déjà jugées. • Civ. 3e, 27 mars 1991, ♘ n° 89-20.149 P • Civ. 1re, 4 avr. 1991, ♘ n° 90-04.005 P • Civ. 2e, 2 avr. 1997, ♘ n° 95-17.937 P : *JCP 1997. II. 22901, note du*

Rusquec ; Gaz. Pal. 1997. 2. 654, note Puigelier ; Justices 1997, n° 8, p. 140, obs. Wiederkehr.

29. Le juge peut néanmoins se référer aux motifs d'une décision rendue précédemment dans la même instance. • Civ. 1re, 14 nov. 1984 : *Bull. civ. I, n° 306 ; Gaz. Pal. 1985. 2. Pan. 154, obs. Croze et Morel* • Civ. 2e, 18 févr. 1987 : *Bull. civ. II, n° 50.*

Aucune disposition légale n'interdit à la cour d'appel de faire siens les motifs d'un jugement qu'elle annule pour justifier sa propre décision, dès lors que les parties ont conclu. • Com. 26 mars 1985 : *JCP 1985. IV. 208.*

Un arrêt d'appel est suffisamment motivé au regard de l'art. 6, § 1, Conv. EDH, dans le cas où rejetant le recours, il se borne à faire siens les motifs de la décision entreprise. • CEDH 21 janv. 1999 : *Procédures 1999, n° 230, note Perrot.* ♦ Mais une cour d'appel ne saurait adopter les motifs des premiers juges sans répondre aux conclusions faisant état de faits postérieurs. • Civ. 1re, 23 mai 2006 : *JCP 2006. IV. 2331.* ♦ De même une cour d'appel doit-elle indiquer de manière suffisante les motifs dans lesquels elles se fondent. Dès lors, méconnaît l'obligation de motivation le tribunal qui ne justifie même pas par renvoi aux considérations du jugement de première instance les raisons de son arrêt. • CEDH 10 nov. 2009, n° 25242/06 : *Procédures 2010, n° 9, note Fricero.*

30. Viole les dispositions de l'art. 455 en statuant par un motif d'ordre général la cour d'appel qui se borne à énoncer qu'il n'est pas démontré que le heurt et la chute d'un usager contre un wagon constituaient un événement imprévisible sans s'expliquer sur les circonstances particulières dans lesquelles celui-ci était intervenu. • Civ. 2e, 8 févr. 2018, n° 16-26.198 P.

31. Sur la règle que la décision est énoncée sous forme de dispositif, V. notes ss. art. 480.

Art. 456 *(Décr. n° 2012-1515 du 28 déc. 2012, art. 7)* **Le jugement peut être établi sur support papier ou électronique. Il est signé par le président et par le greffier. En cas d'empêchement du président, mention en est faite sur la minute qui est signée par l'un des juges qui en ont délibéré.**

Lorsque le jugement est établi sur support électronique, les procédés utilisés doivent en garantir l'intégrité et la conservation. Le jugement établi sur support électronique est signé au moyen d'un procédé de signature électronique *(Décr. n° 2019-402 du 3 mai 2019, art. 2)* **« qualifiée » répondant aux exigences du** *(Décr. n° 2017-1416 du 28 sept. 2017, art. 2)* **« décret n° 2017-1416 du 28 septembre 2017 relatif à la signature électronique ».**

(Décr. n° 2022-245 du 25 févr. 2022, art. 1er-11°) **« Le retrait de la qualification d'un ou plusieurs éléments nécessaires à la production de la signature constitue un vice de forme du jugement. »**

Les modalités d'application du présent article sont précisées par arrêté du garde des sceaux, ministre de la justice. — *V. art. 458.*

Sur l'anonymisation des décisions, V. Bibl. ss. art. 435.

L'art. 7 du Décr. n° 2012-1515 du 28 déc. 2012 est applicable à Wallis-et-Futuna (Décr. préc., art. 18).

Le Décr. n° 2017-1416 du 28 sept. 2017 est applicable dans les îles Wallis-et-Futuna (Décr. préc., art. 3).

Les dispositions issues de l'art. 1er du Décr. n° 2022-245 du 25 févr. 2022 sont applicables aux instances en cours (Décr. préc., art. 6-1°).

A. MAGISTRAT SIGNATAIRE

1. En aucun cas ne peut signer un jugement le magistrat qui assiste au prononcé, fût-ce comme président, sans avoir assisté aux débats ni participé au délibéré. • Civ. 2e, 30 janv. 1974 : *Bull. civ. II, n° 47* • Civ. 1re, 7 mars 1978 : *D. 1978. IR 411, obs. Julien* • Soc. 21 mars 1990 : *JCP 1990. IV. 194* • Com. 30 nov. 1993, n° 92-10.828 P • Civ. 2e, 9 juill. 1997 : *D. 1997. IR 206.*

2. Viole les art. 447 et 456 l'arrêt signé par un président qui n'a pas assisté aux débats et, par suite, n'a pu valablement délibérer. • Civ. 2e, 12 mai 1986 : *Gaz. Pal. 1986. 2. Pan. 203* • 23 févr. 1994, n° 92-20.301 P.

Mais lorsqu'un conseiller a entendu seul les plaidoiries et en a rendu compte à la cour dans son délibéré (art. 945-1), le président, dès lors qu'il a participé à ce dernier, signe, à bon droit, la décision rendue. • Civ. 2e, 17 févr. 1983 : *Bull. civ. II, n° 43 ; Gaz. Pal. 1983. 1. Pan. 176, obs. Guinchard.*

3. Bien qu'empêché lors du prononcé de l'arrêt, le président de chambre qui a assisté aux débats et au délibéré a qualité pour signer ensuite la minute de l'arrêt. • Civ. 2e, 13 juin 1985 : *Bull. civ. II, n° 119 ; Gaz. Pal. 1985. 2. Pan. 360, obs. Guinchard et Moussa.*

4. La minute d'un arrêt est régulièrement signée par le magistrat qui, ayant assisté aux plaidoiries et pris part au délibéré, assumait les fonctions de président lors du prononcé. • Civ. 3e,

17 déc. 1974 : *Bull. civ. III, n° 468.*

5. S'il résulte des mentions de l'arrêt que le magistrat qui l'a régulièrement prononcé était conseiller lors des débats et du délibéré, il est présumé, à défaut de preuve contraire et de mention d'un empêchement, que la signature qui figure sous la mention de président est celle du magistrat ayant présidé l'audience et participé au délibéré en cette qualité. • Civ. 3e, 18 juin 2003 : *JCP 2003. IV. 2434.* – V. déjà • Civ. 3e, 5 oct. 1983 : *Bull. civ. III, n° 179* • Soc. 4 févr. 1987 : *JCP 1987. IV. 120.* ♦ La signature illisible est présumée être celle du président. • Com. 5 déc. 1977 : *D. 1978. IR 411.*

6. En l'absence de preuve contraire, l'empêchement du président qui n'a pas signé lui-même la minute est présumé. • Soc. 11 juill. 1989 : *Bull. civ. V, n° 514* • Civ. 2e, 4 mars 2004 : *Procédures 2004, n° 94, note Perrot.* – V. déjà • Civ. 2e, 9 mai 1979 : *Bull. civ. II, n° 133* • Com. 5 juin 1984 : *Gaz. Pal. 1984. 2. Pan. 330, obs. Guinchard.* ♦ En l'absence de preuve contraire, la signature illisible portée à la dernière page de l'arrêt, après l'indication de l'empêchement du président, est présumée être celle d'un des magistrats ayant participé aux débats et au délibéré • Civ. 2e, 10 nov. 2010 : *BICC 1er mars 2011, n° 289.* ♦ Aucun texte n'exige que la cause de l'empêchement soit mentionnée dans la décision. • Civ. 2e, 14 janv. 1981 : *Gaz. Pal. 1981. 1. Pan. 166.*

B. GREFFIER SIGNATAIRE

7. Aucune disposition du statut particulier des greffiers des services judiciaires n'interdisant de confier au greffier stagiaire, durant son stage en juridiction après qu'il a accompli sa formation initiale professionnelle à l'École nationale des greffes, l'ensemble des missions pouvant être dévolues aux greffiers titulaires parmi lesquelles celles d'assister les magistrats dans les actes de leur juridiction et d'authentifier les actes juridictionnels dans les cas et conditions prévus par le COJ, le C. trav. et les textes particuliers, le jugement est valablement signé par un greffier stagiaire. • Civ. 2e, 13 oct. 2016, n° 15-50.060 P.

8. La signature du greffier s'impose à peine de nullité. • Civ. 3e, 11 juin 1981 : *Bull. civ. III, n° 123* • *Civ. 2e, 11 oct. 1995 : D. 1995. IR 237* • Civ. 2e, 7 janv. 1999, n° 96-16.944 P. ♦ V. aussi, pour une ordonnance de juge-commissaire, • Com. 18 mars 2003, n° 01-15.264 P : *APC 2003, n° 135, obs. Cagnoli* • 29 sept. 2009 : *D. 2009. AJ 2422, note Lienhard ; JCP E 2009. 2067, note Roussel Galle ; Procédures 2009, n° 20, obs. Rolland* (liquidation d'une astreinte). ♦ Comp. note 14 ss. art. 454. ♦ Jugé à propos d'une signature illisible, que jusqu'à inscription de faux, le greffier signataire du jugement est celui dont le nom figure dans la décision. • Cass., ch. mixte, 21 oct. 2005, n° 04-11.288 P : *D. 2006. Pan. 550, obs. Julien et Fricero* • Civ. 3e, 7 déc. 2005, n° 04-13.197 P.

9. Est nulle l'ordonnance, rendue par le premier président d'une cour d'appel statuant en matière de taxe, qui ne comporte pas la signature du greffier. • Civ. 2e, 4 mars 2004, n° 02-12.401 P.

10. Seul est qualifié pour signer un jugement le greffier qui a assisté à son prononcé. • Civ. 2e, 11 oct. 1995 : *préc. note 8* • Civ. 3e, 9 déc. 1998, n° 96-11.431 P : *D. 1999. IR 33* • Civ. 2e, 7 janv. 1999 : *préc. note 8.*

11. Aucun texte n'exige que le greffier signataire de la décision soit celui qui a tenu la plume à l'audience. • Civ. 2e, 22 oct. 1980 : *Bull. civ. II, n° 218* • Civ. 3e, 10 oct. 1984 : *Bull. civ. III, n° 167 ; Gaz. Pal. 1985. 1. Pan. 28, obs. Guinchard.*

12. Il y a présomption que le greffier qui a signé la décision est celui qui a assisté à son prononcé. • Civ. 2e, 10 juin 2004, n° 03-13.172 P • 24 juin 2004, n° 02-20.261 P. ♦ Un arrêt portant l'indication du nom du greffier présent lors des débats et précisant qu'il a été prononcé par le président qui l'a signé avec le greffier, que la signature du greffier figure au pied de l'arrêt, ces mentions emportent présomption que le greffier présent lors des débats était celui qui avait assisté au prononcé de la décision et a signé celle-ci. • Civ. 2e, 16 mars 2004, n° 02-30.334 P : *Procédures 2004, n° 94, note Perrot ; Gaz. Pal. 26-28 juin 2005, p. 33, obs. du Rusquec* • 24 juin 2004, n° 02-19.249 P : *D. 2004. IR 2548* • Civ. 1re, 21 sept. 2005, n° 03-10.679 P. ♦ De même, un arrêt mentionnant que les magistrats composant la cour d'appel étaient assistés lors des débats de Mme O., greffier, et que l'arrêt a été « prononcé par M. le président, qui a signé avec le greffier », il en résulte que ce greffier a assisté au prononcé de l'arrêt. • Civ. 2e, 18 mars 2004, n° 03-10.620 P. – V. note 4 ss. art. 454.

C. « RÉDACTEUR »

13. Aucun texte n'interdit au rédacteur d'un jugement d'apposer sa signature à côté de celles du président et du greffier, d'autant qu'il est à présumer que le rédacteur est un des magistrats ayant participé au délibéré. • Civ. 2e, 21 juin 1995, n° 93-16.761 P : *D. 1995. IR 220.*

D. DATE DE SIGNATURE

14. Aucun texte n'interdit de signer le jugement à une date antérieure à celle de son prononcé. • Civ. 2e, 24 janv. 2008, n° 06-20.539 P.

Arrêté JUST1910066A du 9 avril 2019,

Relatif à la signature électronique des décisions rendues par les tribunaux de commerce.

Art. 1er Les dispositions du présent arrêté sont applicables aux décisions rendues par les tribunaux de commerce.

Art. 2 Tout procédé utilisé pour apposer une signature électronique sur les actes mentionnés à l'article 456 du code de procédure civile met en œuvre une signature électronique qualifiée au sens du règlement susvisé.

Est une signature électronique qualifiée une signature électronique avancée conforme à l'article 26 du règlement susvisé et créée à l'aide d'un dispositif de création de signature électronique qualifié répondant aux exigences de l'article 29 dudit règlement qui repose sur un certificat qualifié de signature électronique répondant aux exigences de l'article 28 de ce règlement.

Art. 3 Le format de signature reconnu est PAdES tel que mentionné en annexe de la décision d'exécution (UE) n° 2015/1506 de la Commission du 8 septembre 2015.

Art. 4 La signature électronique peut être apposée unitairement ou au moyen d'un parapheur électronique.

Le parapheur électronique est un outil mis à disposition de chaque signataire et disposant de fonctions autorisant, au moins, le regroupement de documents à signer, la signature d'un même document par plusieurs signataires, sans en altérer l'intégrité. La signature est apposée sur chacun des documents.

Chaque signature doit pouvoir être vérifiée indépendamment des autres.

Art. 5 Le système d'information qui met en œuvre la signature électronique fait l'objet d'une homologation de sécurité conformément à l'article 5 du décret n° 2010-112 du 2 février 2010.

Cette homologation couvre l'ensemble du processus lié à la mise en œuvre de la signature électronique et des éléments permettant la création, la vérification, la conservation des actes signés par ce procédé.

Art. 6 La procédure d'inscription et d'enregistrement des données d'identification et d'habilitation des juges consulaires et des greffiers des tribunaux de commerce est à l'initiative et sous la responsabilité du Conseil national des greffiers des tribunaux de commerce.

Arrêté JUST2030158A du 20 novembre 2020,

Relatif à la signature électronique des décisions juridictionnelles rendues en matière civile.

Art. 1er Les dispositions du présent arrêté sont applicables aux décisions juridictionnelles rendues par les juridictions de l'ordre judiciaire en matière civile, à l'exclusion des décisions rendues par les tribunaux de commerce et les tribunaux mixtes de commerce.

Art. 2 Tout procédé utilisé pour apposer une signature électronique sur les décisions juridictionnelles mentionnées à l'article 456 du code de procédure civile met en œuvre une signature électronique qualifiée au sens du règlement *[n° 910/2014]* du Parlement européen et du Conseil du 23 juillet 2014 *[...]*.

Il s'appuie sur un dispositif de création de signature qualifiée et de certificat qualifié.

L'identification de l'agent est sécurisée par la combinaison d'un dispositif d'identification strictement personnel et d'un mot de passe.

La signature électronique contient :

— l'identification du signataire ;

— un jeton d'horodatage garantissant l'intégrité du document et la date de signature ;

— *un certificat de signature électronique* qualifié et valide, délivré par le ministère de la justice.

La signature électronique de la décision juridictionnelle contient la liste des certificats révoqués de l'autorité de certification qui a émis le certificat électronique identifiant le signataire.

La signature électronique de la décision juridictionnelle garantit que toute modification ultérieure du document soit détectable.

La signature effectuée sur la base d'un certificat dont la révocation a été demandée est nulle même si la publication de ce certificat sur la liste des certificats révoqués n'est pas encore intervenue.

Art. 3 Les formats de signature reconnus sont ceux mentionnés en annexe de la décision d'exécution (UE) n° 2015/1506 de la Commission du 8 septembre 2015 susvisée respectant les exigences des articles 1er et 2 de cette décision.

Art. 4 La signature peut être apposée par un seul ou plusieurs signataires, sans altérer l'intégrité du document.

Chaque signature doit pouvoir être vérifiée indépendamment des autres.

Art. 5 Le système d'information qui met en œuvre la signature électronique fait l'objet d'une homologation de sécurité conformément à l'article 5 du décret n° 2010-112 du 2 février 2010. Cette homologation couvre l'ensemble du processus lié à la mise en œuvre de la signature électronique et des éléments permettant la création, la vérification, la conservation des actes signés par ce procédé.

Art. 6 La procédure d'inscription et d'enregistrement des données d'identification et d'habilitation des magistrats, des conseillers prud'homaux, des agents du greffe et des personnes habilitées en vertu de l'article R. 123-14 du code de l'organisation judiciaire est à l'initiative et sous la responsabilité du ministère de la justice.

Art. 7 La décision juridictionnelle signée électroniquement est conservée dans un minutier électronique placé sous la responsabilité du directeur du greffe pendant les durées d'utilisation comme archives courantes et de conservation comme archives intermédiaires prévues à l'article R. 212-13 du code du patrimoine. Pendant ces durées, ce minutier garantit l'accessibilité, la lisibilité, l'intégrité, la sécurité et la confidentialité des décisions juridictionnelles signées électroniquement.

Dans un délai maximal de trois ans à compter de la signature*[,]* la décision juridictionnelle signée électroniquement est transférée automatiquement dans un système d'archivage électronique sécurisé.

Celui-ci permet d'étendre la fiabilité des signatures électroniques qualifiées au-delà de la période de validité technologique par les moyens suivants :

— l'identification de chaque décision juridictionnelle signée électroniquement par une empreinte électronique, garantissant que toute modification ultérieure de la pièce à laquelle elle est attachée soit détectable ;

— la traçabilité des opérations de consultation, de versement, de migration, d'effacement et d'extraction ;

— la traçabilité des opérations de migration requises pour assurer la lisibilité dans le temps de la décision juridictionnelle sous format numérique, afin de prouver qu'elles ne constituent pas une altération de son contenu ou de sa forme. Après la migration, le système d'archivage électronique génère une nouvelle empreinte électronique de la décision juridictionnelle sous format numérique ;

— la conservation des empreintes et des traces générées en application des alinéas précédents aussi longtemps que la décision juridictionnelle sous format numérique à laquelle elles se rattachent et dans des conditions ne permettant pas leur modification.

Art. 8 1° Le présent arrêté, à l'exception de son article 5, est applicable à Wallis-et-Futuna.

2° Pour l'application de l'article 2 à Saint-Barthélemy, Saint-Pierre-et-Miquelon et Wallis-et-*Futuna, la référence* au règlement (UE) n° 910/2014 du Parlement européen et du Conseil du 23 juillet 2014 sur l'identification électronique et les services de confiance pour les transactions électroniques au sein du marché intérieur est remplacée par la référence aux règles en vigueur en métropole en vertu du règlement (UE) n° 910/2014 du Parlement européen et du Conseil du 23 juillet 2014 précité.

3° Pour l'application de l'article 3 à Saint-Barthélemy, Saint-Pierre-et-Miquelon et Wallis-et-Futuna, la référence aux formats de signature mentionnés en annexe de la décision d'exécution (UE) n° 2015/1506 de la Commission du 8 septembre 2015 *[...]* est remplacée par la référence aux formats de signature en vigueur en métropole en vertu de la décision d'exécution (UE) n° 2015/1506 de la Commission du 8 septembre 2015 précitée.

Art. 9 L'arrêté du 18 octobre 2013 relatif à la signature électronique des décisions de justice rendues en matière civile par la Cour de cassation est abrogé.

Art. 457 Le jugement a la force probante d'un acte authentique, sous réserve des dispositions de l'article 459.

1. Un jugement ne fait foi jusqu'à inscription de faux que des faits que le juge y a énoncés comme les ayant accomplis lui-même ou comme ayant eu lieu en sa présence. • Com. 16 juill. 1980 : *Bull. civ. IV, n° 298.* – Rappr. • Cass., ord., 11 janv. 1979 : *Gaz. Pal. 1979. 1. 225, note Ancel.*

2. Font foi jusqu'à inscription de faux les mentions relatives à la présence des parties à l'audience. • Soc. 24 févr. 1983 : *Bull. civ. V, n° 117.* ♦ ... Aux déclarations qu'elles ont faites devant le juge. • Com. 31 mars 1981 : *Bull. civ. IV, n° 167* • 11 févr. 2004, n° 01-16.192 P : *D. 2004. AJ 805 ; Defrénois 2004. 724, obs. Théry ; Procédures 2004, n° 95, note Perrot ; BJS 2004. 647, note Scholer.* ♦ ... Au défaut de production d'une pièce. • Civ. 1re, 7 févr. 1990, n° 87-15.554 P. ♦ ... Au pouvoir dont était porteur le gérant d'une société. • Soc. 3 déc. 1987 : *JCP 1988. IV. 52.* ♦ ... Au déroulement des débats et au respect de la contradiction. • Soc. 26 janv. 1989 : *JCP 1989. IV. 111.* ♦ ... A la participation aux débats et au délibéré du magistrat qui a prononcé le jugement. • Soc. 20 mars 1990, n° 86-44.139 P : *D. 1990. Somm. 342, obs. Julien .* ♦ La constatation faite par le juge du fond que le contenu de la pièce produite devant lui par une partie est contraire à ce qui est prétendu dans les conclusions de cette partie sur cette même pièce ne peut être contestée que par la voie de l'inscription de faux. • Civ. 3e, 22 janv. 2014, n° 12-23.893 P.

3. L'authenticité conférée aux déclarations des parties ne s'attache qu'à une narration littérale ou brute que fait le juge et ne s'étend pas à leur interprétation, à leur reformulation ou à leur portée, éléments qui ressortent du pouvoir d'appréciation du juge. • Versailles, 9 juill. 1992 : *D. 1992. IR 227 .*

4. Un jugement non avenu ne peut avoir aucune valeur probatoire. • Civ. 1re, 28 janv. 1997, n° 94-18.898 P : *Gaz. Pal. 1998. 2. 794, note du Rusquec.*

5. L'appel ayant pour objet de remettre en question en fait et en droit la chose jugée, il appartient au juge d'appel de vérifier lui-même si l'acte d'assignation avait été ou non dénoncé au ministère public au plus tard le jour de sa remise au greffe (art. 1290 C. pr. civ.). Dès lors méconnaît l'étendue de ses pouvoirs la cour d'appel qui retient que le demandeur ne peut contredire la mention de l'ordonnance entreprise sur ce point, au motif qu'elle fait foi jusqu'à inscription de faux. • Civ. 1re, 6 févr. 2008, n° 07-10.622 P : *Procédures 2008, n° 101, note Perrot.*

Art. 458 Ce qui est prescrit par les articles 447, 451, 454, en ce qui concerne la mention du nom des juges, 455 (alinéa 1er) et 456 *(Décr. n° 2022-245 du 25 févr. 2022, art. 1er-12°)* **« (alinéas 1 et 2) » doit être observé à peine de nullité.**

Toutefois, aucune nullité ne pourra être ultérieurement soulevée ou relevée d'office pour inobservation des formes prescrites aux articles 451 et 452 si elle n'a pas été invoquée au moment du prononcé du jugement par simples observations dont il est fait mention au registre d'audience.

Les dispositions issues de l'art. 1er du Décr. n° 2022-245 du 25 févr. 2022 sont applicables aux instances en cours (Décr. préc., art. 6-1°).

1. Sur la sanction des jugements qui ne mentionnent pas le nom des juges, V. note 1 ss. art. 454.

2. Ne sont prescrites à peine de nullité par les règles régissant la rédaction des jugements : ni l'indication du nom des avocats. • Civ. 2e, 18 mars 1987 : *D. 1987. IR 76.* ♦ ... Ni les mentions relatives au déroulement des débats. • Soc. 13 nov. 1986 : *Bull. civ. V, n° 522.*

3. Est irrecevable devant la Cour de cassation le moyen qui reproche à la décision attaquée l'inobservation des formalités prescrites aux art. 451 et 452 dès lors qu'il n'est pas allégué que des observations aient été formulées à ce propos *au moment du prononcé du jugement.* • Civ. 1re, 4 janv. 1978 : *Bull. civ. I, n° 3* • 12 févr. 1980 : *Bull. civ. I, n° 52* • 12 juill. 1994, n° 92-15.735 P • Com. 12 juill. 2005 : *JCP 2005. IV. 3081* • 1er juill. 2008 : *JCP 2008. IV. 2428.* ♦ ... Ou qu'il ne résulte pas des productions qu'elles l'aient été. • Civ. 2e, 15 déc. 1980 : *Bull. civ. II, n° 265* • 11 mars 1982 : *Bull. civ. II, n° 43.* – V. aussi • Civ. 2e, 27 mai 2004, n° 02-13.483 P : *D. 2004. IR 1863 .*

4. L'art. 458 est applicable aux ordonnances sur requête. • Civ. 2e, 5 avr. 1993, n° 91-19.151 P.

5. L'art. 458, al. 2, est sans application lorsque la cause est débattue devant le magistrat rapporteur, les parties étant dans l'impossibilité de vérifier, lors du prononcé du jugement, la présence des magistrats ayant délibéré. • Civ. 1re, 9 mars 1994, n° 92-10.510 P : *RTD civ. 1994. 421, obs. Perrot .*

6. Il résulte de l'art. 458 que l'appel d'une décision du juge des enfants qui restreint l'exercice des droits de l'autorité parentale d'un majeur protégé constitue un acte strictement personnel que celui-ci peut accomplir sans assistance ni représentation. • Civ. 1re, 6 nov. 2013 : *BICC 1er mars 2014, n° 438 ; D. 2014. 467, note Raoul-Cormeil ; AJ fam. 2013. 717, obs. Verheyde ; JCP 2014. 14, note Peterka ; ibid.*

436, n° 3, obs. Libchaber ; Gaz. Pal. 19 déc. 2013. 20, note Massip.

7. V. notes ss. art. 447, 451, 454 à 456.

Art. 459 L'omission ou l'inexactitude d'une mention destinée à établir la régularité du jugement ne peut entraîner la nullité de celui-ci s'il est établi par les pièces de la procédure, par le registre d'audience ou par tout autre moyen que les prescriptions légales ont été, en fait, observées.

DALLOZ ACTION *Droit et pratique de la procédure civile 2022/2023*, n°s 422.21 s.

BIBL. ▶ PERDRIAU, *Gaz. Pal. 1999. 1. Doctr. 533* (présomption de régularité de la procédure instituée par la Cour de cassation).

1. Sur la preuve de la régularité du jugement quant à la composition de la juridiction lors des débats et (ou) du prononcé de la décision, V., par exemple : • Civ. 3e, 19 févr. 1975 : *Bull. civ. III, n° 71* (certificat du secrétaire-greffier en chef) • Civ. 1re, 14 févr. 1973 : *Gaz. Pal. 1973. 1. Somm. 54* (indications marginales de la grosse) • Civ. 2e, 20 mai 1978 : *Bull. civ. II, n° 130* (constat d'huissier sur le registre d'audience) • 13 nov. 1981 : *JCP 1982. IV. 40* (copie certifiée conforme du procès-verbal d'audience) • Civ. 1re, 7 févr. 1984 : *Bull. civ. I, n° 50* • 14 juin 1988 : *Bull. civ. I, n° 187* (registre d'audience) • Soc. 18 juin 1986 : *Bull. civ. V, n° 310* (rapprochement des énonciations de l'arrêt et du registre d'audience) • Civ. 2e, 20 oct. 2005, n° 03-17.550 P • Cass., ch. mixte, 11 déc. 2009 : *cité note 4 ss. art. 454* (registre d'audience).

Mais la production d'une attestation du greffier indiquant le nom du président qui avait signé l'ordonnance d'injonction de payer attaquée est inopérante. • Civ. 2e, 5 avr. 1993, n° 91-20.026 P : *JCP 1993. II. 22109, note du Rusquec ; RTD civ. 1993. 650, obs. Perrot*.

En ce sens, cependant, que l'irrégularité tenant à l'absence de mention du nom des juges qui ont délibéré n'est pas susceptible de réparation, V. note 1 ss. art. 454.

2. Quant à la présence du ministère public, V. • Com. 19 févr. 1985 : *Bull. civ. IV, n° 69 ; Gaz. Pal. 1985. 2. Somm. 188, obs. Guinchard et Moussa* (copie certifiée conforme du procès-verbal d'audience).

3. Quant à la publicité des débats, V. • Civ. 3e, 30 mai 1973 : *Bull. civ. III, n° 189* (copie du procès-verbal d'audience).

4. Quant à la régularité d'une mesure d'instruction, V. • Civ. 3e, 5 mars 1974 : *Bull. civ. III, n° 101* (rapport du magistrat de la mise en état).

5. Quant au greffier qui a assisté le président lors du prononcé, V. • Civ. 1re, 21 nov. 2000, n° 98-10.834 P : *D. 2001. IR 43 ; Gaz. Pal. 14-16 avr. 2002, p. 19, obs. du Rusquec.* (registre d'audience).

6. Quant à la date du jugement, V. • Civ. 2e, 3 oct. 2002, n° 01-10.031 P : *D. 2002. IR 2916 ; Gaz. Pal. 30 mars-1er avr. 2003, p. 32, obs. du Rusquec.*

7. Quant à la prise de parole de l'avocat du défendeur. V. • Civ. 1re, 27 mars 2019, n° 17-24.242 P (si l'arrêt ne mentionnait pas que l'avocat des personnes poursuivies, non comparantes, a eu la parole en dernier, il ressortait cependant de l'extrait du registre d'audience signé du greffier et du président, certifié conforme par le greffier en chef, que tel avait été le cas).

8. La modification de l'art. R. 12-4 C. expr. par le Décr. n° 2005-467 du 13 mai 2005 n'a pas pour conséquence d'interdire la réparation des omissions ou inexactitudes des mentions destinées à établir la régularité de l'ordonnance d'expropriation par l'examen des pièces du dossier, dès lors que cette possibilité est réservée au juge par l'art. 459 C. pr. civ., désormais applicable à la procédure d'expropriation. • Civ. 3e, 10 sept. 2008 : *JCP 2008. IV. 2590.*

Art. 460 La nullité d'un jugement ne peut être demandée que par les voies de recours prévues par la loi.

DALLOZ ACTION *Droit et pratique de la procédure civile 2022/2023*, n°s 163.211 s.

1. Sur la recevabilité de l'appel-nullité quand l'appel-réformation n'est pas ouvert, V. bibl. au dessus de l'art. 562 et notes ss. ledit art. – V. not. : • Com. 6 mars 1984 : *D. 1984. 566, note Honorat et Mas ; RTD civ. 1984. 568, obs. Perrot* • Civ. 2e, 3 juill. 1985 : *JCP 1986. II. 20625, note Lindon et Bénabent* • Paris, 17 janv. 1989 : *D. 1989. IR 182, obs. Julien.*

2. L'appel-nullité n'est ouvert qu'en l'absence d'autre voie de recours pour faire sanctionner l'irrégularité. • Civ. 2e, 27 juin 1984 : *RTD civ. 1984. 775, obs. Perrot.* ♦ La voie d'appel est toujours ouverte en cas de nullité pour excès de pouvoir. • Civ. 1re, 29 juin 1994, n° 92-18.084 P.

3. La contestation du consentement à l'adoption ne peut se faire qu'au moyen d'une remise en cause directe du jugement par l'exercice des voies de recours en conformité avec l'art. 460. • Civ. 1re, 27 nov. 2001, n° 00-10.151 P : *D. 2002. IR 39*

4. La convention de changement de régime matrimonial a un caractère contractuel que laisse subsister son homologation judiciaire, de sorte qu'elle peut être annulée pour les causes qui lui sont propres, et les prescriptions de l'art. 460 sont sans effet sur cette action en nullité. • Civ. 1re, 14 janv. 1997, n° 94-20.276 P : *D. 1997. 273, rapp. X. Savatier ; JCP 1997. II. 22912, note Paillet, et 1997. I. 4047, n° 12, obs. Wiederkehr ; Defrénois 1997. 420, obs. Champenois ; RTD civ. 1997. 985, obs. Vareille ; Procédures 1997, n° 89, note Croze ; Justices 1997, n° 8, p. 133, obs. Wiederkehr.*

5. Un jugement ne peut être attaqué que par les voies de recours ouvertes par la loi, au nombre desquelles ne figure pas l'action paulienne. • Civ. 1re, 26 janv. 2012 : *BICC 1er mai 2012, n° 547 ; D. 2012. Actu. 370 ; ibid. Chron. C. cass. 641, note Creton ; JCP 2012. 690, note Serinet ; Dr. et pr. 2012. 99, note Putman.* ♦ Viole en conséquence les art. 1167 C. civ. et 583, al. 2 C. pr. civ. la cour d'appel, qui pour déclarer recevable l'action formée contre un jugement, retient que l'action n'a ni pour objet d'obtenir une annulation, une rétractation ou une modification de la décision du JAF, mais de la voir déclarer inopposable par le biais d'une action paulienne. • Même arrêt.

6. L'annulation d'une décision de justice ne peut être demandée que par les voies de recours prévues par la loi conformément à l'art. 460 C. pr. civ. Ainsi, une cour d'appel qui n'est pas saisie d'un recours à l'encontre d'une ordonnance de référé devenue irrévocable ne peut considérer que cette ordonnance a été rendue à tort. • Civ. 2e, 21 févr. 2019, n° 18-13.543 P : *D. actu. 8 mars 2019, obs. de la Vaissière ; D. 2019. 430*.

Art. 461 **Il appartient à tout juge d'interpréter sa décision si elle n'est pas frappée d'appel.**

La demande en interprétation est formée par simple requête de l'une des parties ou par requête commune. Le juge se prononce les parties entendues ou appelées.

BIBL. ▸ BOURGEOIS, *Quot. jur. 1984, n° 129* (interprétation et réparation de l'*infra* et de l'*ultra petita*). – CARRE, *Gaz. Pal. 18 mai 1995. Doctr. 11.* – LESCAILLON, *Rev. huiss. 1978. 268* (interprétation, réparation, rectification). – LINDON, *D. 1973, Chron. 143 ; JCP 1973. I. 2527.* – PERROT et RIBAUT, *Gaz. Pal. 1981. 1. Doctr. 238* (journées d'études des avoués, Bastia 1980).

DALLOZ ACTION *Droit et pratique de la procédure civile 2022/2023*, nos 520.11 s.

1. Fond. La contradiction entre des chefs du dispositif d'une décision judiciaire donne lieu à interprétation. • Civ. 2e, 4 déc. 2003, n° 01-15.386 P : *Gaz. Pal. 29-30 oct. 2004, p. 21, obs. du Rusquec.* ♦ Prive sa décision de base légale au regard de l'art. 461 la cour d'appel qui, saisie d'une requête en interprétation d'un arrêt ayant accueilli l'action paulienne exercée contre la vente d'un bien, omet de rechercher s'il n'existe pas une contradiction appelant une interprétation entre la disposition de l'arrêt déclarant l'acte litigieux inopposable au créancier agissant et celle ordonnant la réintégration du bien vendu dans le patrimoine du débiteur. • Civ. 1re, 13 mai 2014, n° 13-14.409 P.

2. La contradiction entre deux chefs du dispositif, qui peut donner lieu à une requête en interprétation, ne saurait ouvrir la voie de la cassation. • Civ. 1re, 25 mai 1983 : *Bull. civ. I, n° 154* • Civ. 1re, 3 juill. 1979 : *JCP 1979. IV. 302* • Civ. 2e, 24 mars 1993, n° 91-17.508 P.

3. Ce n'est pas à la Cour de cassation, sur requête en interprétation, mais à la juridiction de renvoi qu'il revient de déterminer l'étendue de la cassation prononcée. • Civ. 2e, 16 févr. 1977 : *Gaz. Pal. 1977. 1. Pan. 154.*

4. Le juge ne peut, sous prétexte de déterminer le sens d'une précédente décision, apporter une modification quelconque aux dispositions précises de celle-ci (jurisprudence constante). – V. not. : • Civ. 1re, 5 juill. 1978 : *Bull. civ. I, n° 258* • Soc. 7 juill. 1983 : *Bull. civ. V, n° 433* • Civ. 2e, 3 mai 1990 : *JCP 1990. IV. 244.* – Pour une formulation voisine, V. • Civ. 2e, 16 juill. 1980 : *Bull. civ. II, n° 185* • Com. 19 janv. 1981 : *Bull. civ. IV, n° 36* • Versailles, 13 janv. 2000 : *D. 2000. IR 68*. ♦ ... Fussent-elles erronées. • Civ. 2e, 3 avr. 2003, n° 01-12.564 P : *D. 2003. IR 1265* • Civ. 1re, 24 sept. 2008, n° 06-21.198 P : *D. 2008. AJ 2504 ; RJPF 11/2008. 17, note Garé.*

5. N'excède pas ses pouvoirs d'interprétation le juge qui détermine le point de départ de la revalorisation d'une rente par référence aux dispositions légales sur lesquelles se fondait la décision interprétée. • Civ. 2e, 27 juin 1990 : *Gaz. Pal. 1991. 1. Pan. 12.* ♦ Rappr. • Soc. 31 oct. 1989 : *Bull. civ. V, n° 638* (point de départ des intérêts légaux).

Il est loisible au juge d'interpréter sa décision : en éclairant, par les motifs de celle-ci, la portée de son dispositif. • Com. 9 janv. 1990 : *Gaz. Pal. 1990. 2. Pan. 140.* ♦ ... En replaçant dans le dispositif la décision implicite qui se trouvait nécessairement dans les motifs. • Civ. 2e, 7 juin 1978 : *Gaz. Pal. 1979. 1. 24, note Viatte.*

6. Si les juges ne peuvent sous prétexte d'interpréter leur décision en modifier les dispositions précises, il leur appartient d'en fixer le sens lorsqu'elles donnent lieu à des lectures différentes. Ayant relevé que les parties s'opposaient sur le sens à donner au dispositif de l'arrêt infirmatif ayant fixé le montant de la contribution, c'est à bon droit qu'une cour d'appel a procédé à son interprétation. Sans rejuger le litige, elle n'a fait que rappeler les effets juridiques attachés à un arrêt infirmatif, pour retenir que, compte tenu de l'effet dévolutif de l'appel prévu par l'art. 561 C. pr. civ., en cas d'infirmation de la décision entreprise, le dispositif de l'arrêt se substitue à celui de cette décision, et prend rétroactivement la place de celle-ci qui est mise à néant des chefs infirmés et n'a pu qu'en déduire que la contribution fixée par l'arrêt était due à compter de la décision de première instance. • Civ. 1re, 2 avr. 2008, n° 07-11.890 P : *D. 2009. Pan. 58, note Douchy-Oudot ; Gaz. Pal. 2009. 2713, n° 1930, obs. Du Rusquec.*

7. Les juges, saisis d'une contestation relative à l'interprétation d'une précédente décision, ne peuvent, sous prétexte d'en déterminer le sens, apporter une modification quelconque aux dispositions précises de celle-ci, fussent-elles erronées. • Civ. 1re, 28 mai 2008, n° 07-16.690 P : *D. 2009. Pan. 53, obs. Douchy-Oudot ; Gaz. Pal. 7-9 juin 2009, p. 33, obs. Mulon.*

8. Une requête présentée en application de l'art. 461 C. pr. civ., qui tend à l'interprétation d'une décision de justice dont le dispositif présente une ambiguïté ou une obscurité, ne peut par conséquent être dirigée contre un arrêt ayant rejeté en totalité une requête en récusation et en renvoi pour cause de suspicion légitime. • Civ. 2e, 19 juin 2014, n° 14-01.419 P.

9. L'accord des parties ne suffit pas à fixer le sens d'un arrêt. • Cass., ch. mixte, 6 juill. 1984 : *Bull. ch. mixte, n° 3.*

10. Compétence. Une cour d'appel peut interpréter son arrêt alors même qu'il est frappé de pourvoi. • Civ. 3e, 25 févr. 1987 : *Gaz. Pal. 1987. 2. Somm. 485, obs. Guinchard et Moussa* • Nancy, 7 août 1980 : *D. 1982. IR 168, obs. Julien.* ♦ Mais le juge du premier degré ne peut interpréter une décision frappée d'appel. • Civ. 3e, 25 févr. 1987 : *préc.* • Paris, 30 juin 1987 : *D. 1987. IR 190.*

11. La compétence du juge qui a rendu la décision n'exclut pas l'interprétation incidente par une autre juridiction. • Civ. 1re, 18 janv. 1989 : *Bull. civ. I, n° 22.*

12. Le président du TGI, saisi en la forme des référés, n'est pas compétent pour interpréter une décision rendue en une autre qualité. • Civ. 2e, 1er avr. 1981 : *Gaz. Pal. 1982. 1. 1, note Viatte.*

13. Les appels du jugement du conseil de prud'hommes ayant été déclarés irrecevables, le conseil de prud'hommes avait retrouvé toute sa compétence pour interpréter le jugement. • Soc. 11 oct. 2000, n° 98-45.495 P : *Gaz. Pal. 14-16 avr. 2002, p. 19, obs. du Rusquec.*

14. Le pouvoir du JEX d'interpréter, s'il y a lieu, la décision de justice sur laquelle les poursuites sont fondées, ne fait pas échec au pouvoir reconnu par la loi à tout juge d'interpréter sa décision. Et, en cas d'appel, il appartient à la cour d'appel d'interpréter les dispositions ambiguës du jugement critiqué. • Civ. 2e, 11 déc. 2008, n° 07-19.046 P : *D. 2009. AJ 174 ; Procédures 2009, n° 46, obs. Perrot ; RTD civ. 2009. 173, obs. Perrot .*

15. Formes. S'il appartient à la Cour de cassation d'interpréter ses arrêts, la requête la saisissant, lorsqu'il s'agit d'une procédure avec représentation obligatoire, doit être présentée, à défaut de disposition contraire, par un avocat aux conseils. • Com. 3 janv. 1989 : *Bull. civ. IV, n° 1 ; D. 1989. Somm. 276, obs. Julien.* ♦ La formulation de la demande « par simple requête » n'implique pas que cette requête puisse être valablement présentée par la partie elle-même là où la représentation est obligatoire. • Grenoble, 29 mai 1980 : *JCP 1981. II. 19531.*

16. Sur la réouverture des débats, V. • Paris, 27 mars 1981 : *Bull. ch. avoués 1981. 3. 28.*

17. Voies de recours. Les jugements interprétatifs ont, quant aux voies de recours, les mêmes caractères et sont soumis aux mêmes règles que les jugements interprétés. • Civ. 2e, 18 juill. 1977 : *Bull. civ. II, n° 188* • 13 mars 1985 : *D. 1986. 108, note Bénabent* • Soc. 27 janv. 2000 : *JCP 2000. II. 10330, note Perdriau* • Civ. 2e, 10 nov. 2005, n° 04-10.534 P. ♦ ... A la condition cependant d'intervenir dans les mêmes conditions, ce qui n'est pas le cas, s'agissant d'une matière dans laquelle le délai de recours part du jour du jugement, lorsque le jugement interprétatif n'a pas, contrairement au jugement interprété, été rendu sur-le-champ. • Civ. 2e, 23 janv. 1991, n° 89-18.510 P. ♦ V. notes ss. art. 450. ♦ L'appel d'un jugement qui a refusé d'interpréter un précédent jugement est recevable même si les délais d'appel à l'encontre de ce précédent jugement sont expirés. • Civ. 2e, 8 oct. 1997, n° 95-16.532 P : *D. 1997. IR 221 .*

18. Les arrêts rectificatifs s'incorporent à la décision qu'ils interprètent et ne peuvent, sauf s'il leur est reproché une violation ou une dénaturation de la chose précédemment jugée, faire l'objet d'un pourvoi en cassation séparé. • Com. 8 févr. 1994 : *JCP 1994. IV. 963.*

19. Une décision rectificative réparant une omission de statuer n'ayant pas d'autre autorité que celle du jugement rectifié, frappé d'appel, auquel elle s'incorpore, la cour d'appel rejette à juste titre la fin de non-recevoir tirée de l'autorité de la chose jugée et décide exactement qu'elle est saisie de l'entier litige par l'effet dévolutif de l'appel. • Soc. 15 déc. 1999 : *JCP 2000. II. 10330, note Perdriau.*

20. Procédure pénale. Les règles de la procédure pénale étant, aux termes de l'art. 34 de la Constitution, du domaine de la loi, les dispositions des art. 461 et 462 régissant l'interprétation et la rectification des décisions de justice, de nature réglementaire, ne s'appliquent pas devant la juridiction pénale. • Crim. 13 déc. 2005 : *D. 2006. IR 323.*

Art. 462 **Les erreurs et omissions matérielles qui affectent un jugement, même passé en force de chose jugée, peuvent toujours être réparées par la juridiction qui l'a rendu ou par celle à laquelle il est déféré, selon ce que le dossier révèle ou, à défaut, ce que la raison commande.**

Le juge est saisi par simple requête de l'une des parties, ou par requête commune ; il peut aussi se saisir d'office.

Le juge statue après avoir entendu les parties ou celles-ci appelées. *(Décr. n° 2010-1165 du 1er oct. 2010, art. 15-1°, en vigueur le 1er déc. 2010)* **« Toutefois, lorsqu'il est saisi par requête, il statue sans audience, à moins qu'il n'estime nécessaire d'entendre les parties. »**

La décision rectificative est mentionnée sur la minute et sur les expéditions du jugement. Elle est notifiée comme le jugement.

Si la décision rectifiée est passée en force de chose jugée, la décision rectificative ne peut être attaquée que par la voie du recours en cassation.

Les dispositions issues de l'art. 15-1° du Décr. n° 2010-1165 du 1er oct. 2010 ne sont applicables qu'aux instances en rectification qui n'ont pas encore donné lieu à la convocation des parties à l'audience (Décr. préc., art. 17-2°).

L'art. 15 du Décr. n° 2010-1165 du 1er oct. 2010 est applicable dans les îles Wallis-et-Futuna (Décr. préc., art. 18-I).

BIBL. ▶ ATIAS, *D. 2007. Chron. 1156* (le rabat d'arrêt) ; *Gaz. Pal. 7-9 févr. 2010, p. 15* (le développement du rabat d'arrêt de la Cour de cassation) ; *Gaz. Pal. 8-9 mars 2013, p. 19* (actualité 2012 du rabat d'arrêt de la Cour de cassation). – BORÉ, *JCP 1994. I. 3735* (les rabats d'arrêts de la Cour de cassation) ; *D. 2017. 1924* (l'omission d'un chef de dispositif dans un jugement). – CAREL, *Gaz. Pal. 1973. 1. Doctr. 241*. – DORSNER-DOLIVET, *RTD civ. 1989. 205* (recours en rectification). – JULIEN, *Mél. Normand, Litec, 2003, p. 241* (« ce que la raison commande »). – LAMARCHE, *JCP 2012. 923* (évolution technologique et erreurs matérielles d'un nouveau type – proposition d'étendre la procédure de rabat au juge du fond pour les réparer). – PERDRIAU, *JCP 1995. I. 3886* (rectification des jugements civils). – PERROT et RIBAUT, *Gaz. Pal. 1981. 1. Doctr. 238*.

DALLOZ ACTION *Droit et pratique de la procédure civile 2022/2023*, nos 522.00 s.

A. FOND

1. L'indication des éléments de nature à justifier la rectification (le dossier, la raison) est limitative. La décision rectificative ne peut se fonder sur les souvenirs des membres de la juridiction. • Civ. 2e, 19 juin 1975 : *Bull. civ. II, n° 192* • Civ. 1re, 22 juin 1976 : *Bull. civ. I, n° 227*. ♦ Mais le juge peut s'en tenir à une analyse des motifs sans prendre en considération les données du dossier. • Civ. 2e, 29 janv. 1992, n° 90-17.104 P.

2. *Erreurs et omissions visées.* Il y a lieu à rectification d'erreur matérielle lorsque les divergences entre les motifs et le dispositif s'expliquent par une erreur de frappe. • Civ. 2e, 9 oct. 1974 : *Bull. civ. II, n° 261* • 24 mai 1975 : *Bull. civ. II, n° 148* • 29 juin 1978 : *JCP 1978. IV. 275*. ♦ ... Par une erreur de plume. • Paris, 29 avr. 1977 : *D. 1978. IR 86, obs. Julien*. ♦ ... Par une erreur de rédaction. • Civ. 2e, 24 nov. 1982 : *Gaz. Pal. 1983. 1. Pan. 103, obs. Guinchard* • Civ. 1re, *11 oct. 1983 : Bull. civ. I, n° 223* • Civ. 3e, 20 nov. 1991 : *Gaz. Pal. 1992. 1. Pan. 61* • Civ. 1re, 1er juill. 2009 : *Defrénois 2009. 2190, obs. Massip* (omission de la mention exigée par l'art. 1080 C. pr. civ.). ♦ V. aussi, pour une erreur résultant manifestement des énonciations de la décision ou du dossier de la procédure, • Civ. 1re, 18 juill. 2002, n° 98-10.103 P : *Gaz. Pal. 4-5 janv. 2002, p. 8, obs. du Rusquec*. ♦ ... Egalement pour une erreur matérielle dans le montant d'une prestation compensatoire, compte tenu d'une décision antérieure et du montant de la demande présentée par l'épouse. • Civ. 1re, 11 juill. 2006, n° 05-19.176 P. ♦ Mais l'interprétation erronée d'un document ne relève pas de la procédure de rectification des erreurs matérielles. • Civ. 2e, 9 juin 2005, n° 03-14.205 P.

3. Relève également de l'art. 462 l'erreur commise par le juge et portant sur un calcul. • Civ. 2e, 4 janv. 1978 : *Bull. civ. II, n° 3* • Aix-en-Provence, 1er mars 1984 : *Gaz. Pal. 1984. 1. 380, note Latil*. ♦ ... Sur la désignation d'une partie. • Com. 12 oct. 1976 : *Bull. civ. IV, n° 258 ; RTD civ. 1977. 619, obs. Perrot* • Soc. 7 févr. 1985 : *Gaz. Pal. 1985. 1. Pan. 154, obs. Guinchard et Moussa* • 27 févr. 1991, n° 87-42.375 P • Civ. 2e, 8 avr. 1999, n° 97-11.442 P : *Procédures 1999, n° 151, obs. Perrot* (inexistence de la personne morale visée régularisée). ♦ ... Sur l'indication inexacte du nom d'un juge. • Civ. 3e, 24 janv. 2007, n° 06-14.244 P. ♦ Mais doivent être relevés, dans ce dernier cas, les éléments de nature à établir cette inexactitude. • Civ. 3e, 30 oct. 1991, n° 89-21.729 P. ♦ Est ainsi justifiée la rectification du nom d'un juge figurant par erreur dans l'intitulé d'un arrêt lorsque le dossier de l'affaire porte l'indication de l'absence de ce juge à l'audience. • Civ. 3e, 24 janv. 2007 : *préc.* ♦ Comp., en matière d'omission du nom des juges : • Civ. 2e, 5 juin 1996, nos 93-13.542 P et 93-20.910 P • 12 juin 2003, no 01-13.507 P.

4. Procède à la rectification d'une erreur matérielle le jugement qui, s'appuyant sur les conclusions d'un rapport d'expertise, corrige une erreur d'addition. • Civ. 2e, 24 juin 1998, no 96-16.282 P.

5. Il y a lieu, de même, à rectification, lorsque le juge a omis de distinguer, dans l'indemnité précédemment allouée, la part du préjudice correspondant aux prestations sociales. • Civ. 2e, 12 oct. 1977 : *D. 1978. IR 86, obs. Julien.* ♦ ... Ou de tenir compte d'une provision déjà versée. • Civ. 2e, 15 oct. 1980 : *JCP 1981. IV. 6.* ♦ ... Lorsqu'il a omis, dans le jugement de divorce, d'indexer la prestation compensatoire. • Civ. 2e, 8 oct. 1980 : *Bull. civ. II, no 202 ; Gaz. Pal. 1981. 2. 422, note J. M. ; D. 1981. IR 273, obs. Bénabent* • 14 avr. 1985 : *D. 1986. IR 112* • 22 janv. 1992, no 90-20.437 P. ♦ ... Ou, dans un jugement allouant une rente indemnitaire, d'en fixer le point de départ. • Civ. 2e, 2 déc. 1992, no 91-14.411 P. ♦ ... Ou de distinguer, dans la créance admise à titre privilégié, la part relevant du superprivilège des salariés. • Com. 20 févr. 1985 : *Bull. civ. IV, no 76.* ♦ ... Ou lorsqu'il a omis, dans un arrêt de cassation, de mentionner le nom du défendeur au pourvoi. • Civ. 3e, 22 juill. 1979 : *Bull. civ. III, no 319.* ♦ V. aussi, pour la contradiction entre les motifs, retenant qu'il n'y a pas lieu de statuer sur les dépens « qui seront réservés puisque la procédure doit continuer » et le dispositif qui condamne aux dépens, V. • Civ. 2e, 6 mai 2004, no 02-14.954 P.

6. La juridiction qui a rendu un jugement peut réparer les erreurs matérielles qui l'affectent, même si le jugement est passé en force de chose jugée. • Civ. 2e, 23 sept. 1998, no 95-11.317 P : *JCP 1999. II. 10043, note du Rusquec.*

7. L'omission par un TI de la mention de l'exécution provisoire dans le dispositif, alors qu'il l'a estimée nécessaire dans les motifs de sa décision, est une erreur qui peut être réparée selon la procédure prévue par l'art. 462. V. Rép. min. Justice no 10912 : *JOAN Q, 5 févr. 2008, p 1026 ; Procédures 2008. Veille 12.*

8. *Viole les art. 462 et 463 C. pr. civ.*le conseil de prud'hommes qui retient que constitue une erreur matérielle l'omission dans son dispositif d'une demande sur laquelle il s'est expliqué dans ses motifs, alors qu'il s'agit d'une omission de statuer. • Soc. 26 juin 2019, no 18-10.918 P : *D. 2019. 1398 ; RTD civ. 2019. 648, obs. Cayrol ; JCP 2019. 1262, note Brissy.*

9. Imputabilité de l'erreur. L'erreur matérielle imputable à une partie, dès lors qu'elle ne consiste pas en l'omission d'un acte de procédure incombant à celle-ci, ne fait pas obstacle à une demande de rectification. • Civ. 1re, 18 janv. 1989 : *Bull. civ. I, no 23* (interversion entre les paragraphes des conclusions). ♦ En ce sens également, V. • Civ. 1re, 24 juin 2003, no 02-11.948 P : *Gaz. Pal. 9-10 juill. 2004, p. 14, obs. du Rusquec* (omission de faire figurer un montant dans des conclusions) • Civ. 3e, 29 juill. 1975 : *Bull. civ. III, no 237* (erreur d'identification d'une partie) • Soc. 21 févr. 1980 : *JCP 1980. IV. 176* (erreur de date) • Aix-en-Provence, 1er mars 1984 : *Gaz. Pal. 1984. 1. 380, note Latil* (erreur dans la conversion de devises étrangères en francs que le juge aurait dû rectifier).

Mais, excluant la rectification, V. • Civ. 2e, 6 mai 1976 : *Bull. civ. II, no 146 ; RTD civ. 1976. 832* • 5 mai 1993, no 91-17.583 P (omission d'un acte) • 2 juill. 1980 : *Gaz. Pal. 1981. 1. 29, note Viatte* (bases de calcul erronées) • Lyon, 8 juill. 1981 : *Gaz. Pal. 1981. 2. 424, note Viatte.*

10. Erreurs et omissions non visées. Le juge ne peut, sous couvert de rectification, prononcer une condamnation que ne comporte pas le jugement prétendument entaché d'erreur. • Civ. 2e, 8 oct. 1988 : *JCP 1989. II. 21271.* ♦ Rappr. • Civ. 3e, 12 oct. 1976 : *Bull. civ. III, no 338 ; RTD civ. 1977. 619, obs. Perrot.* ♦ ... Substituer au débiteur d'une indemnité identifié par ses précédentes décisions d'autres débiteurs et condamner une collectivité en raison d'un accident causé par un ouvrage public, en violation de la loi des 16-24 août 1790. • Civ. 1re, 16 nov. 2004, no 02-18.600 P : *D. 2004. IR 3194 ; JCP 2005. I. 125, obs. Amrani-Mekki.* ♦ ... Ordonner la rectification d'un précédent arrêt en remplaçant les références à une personne morale par la référence à une personne physique, exerçant en son nom personnel. • Civ. 2e, 27 sept. 2018, no 17-18.212 P : *D. actu. 6 nov. 2018, obs. Kebir.* ♦ ... Modifier les droits et obligations des parties tels qu'ils résultent du jugement et se livrer à une nouvelle appréciation des éléments de la cause. • Cass., ass. plén., 1er avr. 1994 : *D. 1994. 293, concl. Jéol ; JCP 1994. II. 22256, concl. Jéol ; ibid. I. 3805, no 16, obs. Cadiet ; RTD civ. 1994. 681, obs. Perrot* • Civ. 2e, 2 févr. 1988 : *Bull. civ. II, no 58* (modification du taux des intérêts produits par la condamnation) • 4 nov. 1992 : *JCP 1992. II. 22086, note du Rusquec* (liquidation d'astreinte) • Com. 1er déc. 1992 : *Rev. huiss. 1993. 208* • 11 oct. 1994, no 92-18.500 P • 6 déc. 1994, no 92-17.528 P • Civ. 3e, 30 mars 2010 : *RDI 2010. 306, note Hostiou .* ♦ V. déjà • Civ. 2e, 3 oct. 1980 : *JCP 1980. IV. 406* (modification du montant des indemnités d'expropriation) • Com. 3 nov. 1981 : *D. 1982. IR 168, obs. Julien* • Soc. 8 nov. 1984 : *Gaz. Pal. 1985. 1. Pan. 91, obs. Guinchard et Moussa.* ♦ Mais le juge ne peut refuser de rectifier une erreur matérielle en se fondant sur l'importance des conséquences résultant de la rectification (montant de l'indemnité d'éviction dans des proportions modifiant les droits et obligations des parties). • Civ. 3e, 8 févr. 2006, no 04-10.636 P :

D. 2006. IR 532 ; *Gaz. Pal. 6-7 juill. 2007, p. 29, note E. du Rusquec.*

11. Ne peut donner lieu à rectification l'erreur de droit. • Soc. 5 févr. 1992 : *JCP 1992. IV. 1008, p. 107.* ♦ ... L'erreur d'appréciation d'un fait. • Civ. 2e, 6 oct. 1976 : *Bull. civ. II, n° 268.* ♦ ... L'erreur d'appréciation d'une responsabilité. • Civ. 2e, 8 juin 1974 : *Bull. civ. II, n° 193 ; RTD civ. 1974. 859, obs. Perrot.* ♦ ... Le fait que le juge du fond n'ait pas tiré toutes les conséquences de son raisonnement. • Com. 17 déc. 1980 : *Bull. civ. IV, n° 430.* ♦ ... La confusion sur la personne de la partie défenderesse. • Civ. 2e, 2 avr. 1997, n° 95-14.871 P : *D. 1997. IR 108* .

12. Ne peut pas faire l'objet d'une procédure de rectification matérielle un jugement nul pour avoir été signé par un magistrat qui n'a pas connu de l'affaire. • Civ. 2e, 10 juill. 2003 : *Procédures 2003, n° 215, note Perrot.*

13. Il y a omission de statuer si le jugement omet de reprendre dans le dispositif une prétention sur laquelle il s'est expliqué dans les motifs. • Com. 22 janv. 2002 : *Procédures 2002, n° 71, obs. Perrot* • Civ. 3e, 6 mai 2009 : *JCP 2009. IV. 1952.*

14. Ne relève pas de la rectification d'une erreur ou omission matérielle la modification de l'indice de référence d'une pension alimentaire. • Civ. 2e, 12 déc. 1990, n° 89-18.679 P. ♦ ... La substitution du terme « autorité parentale » à celui de « garde ». • Civ. 2e, 18 oct. 1989 : *JCP 1990. II. 21490.* ♦ ... L'ajout à une condamnation d'un nouveau chef d'indemnisation. • Civ. 2e, 13 nov. 1981 : *D. 1982. IR 168, obs. Julien.* ♦ Rappr. • Civ. 3e, 8 janv. 1992 : *JCP 1992. IV. 698.* ♦ ... La substitution d'un bien à un autre. • Cass., ass. plén., 1er avr. 1994 : *préc. note 10.* ♦ ... Le remplacement de la partie d'une décision fixant les conditions de vente par d'autres qui leur sont contraires. • Civ. 2e, 12 févr. 1975 : *Gaz. Pal. 1975. 1. Pan. 66 ; RTD civ. 1975. 781, obs. Perrot.* ♦ ... La rectification d'une erreur sur l'expiration d'un délai. • Versailles, 28 févr. 1986 : *D. 1986. IR 248.*

15. Les arrêts rendus sur le fond par la Cour de cassation ne sont pas susceptibles de rectification hors des conditions prévues par l'art. 462. Est donc irrecevable la requête en rabat d'un arrêt de cassation fondée sur ce que le mémoire du demandeur n'avait pas été notifié au requérant. • Soc. 16 janv. 1991 : *D. 1991. 245, concl. Chauvy* .– V. aussi • Civ. 2e, 18 mars 1987 : *Bull. civ. II, n° 70.*

16. Le visa de conclusions antérieures aux dernières écritures des parties n'a pas le caractère *d'une erreur matérielle en l'absence* d'éléments permettant de dire si le juge a statué sur les dernières conclusions du demandeur. • Cass., ch. mixte, 6 avr. 2007, n° 05-16.375 P : *D. 2007. AJ 1279* ; *ibid. Pan. 2428, obs. Fricero* ; *JCP 2007. II. 10102, note Putman ; Procédures 2007, n° 129, note Perrot ; Dr. et pr. 2007. 335, note Vinckel ; Dr. et patr., janv. 2008, p. 100, obs. Amrani Mekki.*

B. JURIDICTION

17. Les erreurs et omissions matérielles affectant un jugement rendu par une formation collégiale ne peuvent être rectifiées que par une juridiction statuant en formation collégiale. • Civ. 2e, 24 mars 2022, n° 20-22.216 P.

18. L'art. 462 n'exige pas, pour réparer l'erreur, que la juridiction saisie siège dans la composition qui était la sienne lorsqu'a été rendue la décision rectifiée. • Civ. 3e, 20 janv. 1981 : *Gaz. Pal. 1981. 1. 330, note Viatte ; D. 1982. IR 168, obs. Julien.* ♦ Sur l'inapplicabilité de l'exigence d'impartialité, V. note 83 ss. art. 6 Conv. EDH.

19. Qu'une décision soit frappée de pourvoi n'ôte pas à la juridiction qui l'a rendue le pouvoir de la rectifier. • Com. 4 oct. 1983 : *Bull. civ. IV, n° 252 ; Gaz. Pal. 1984. 1. Pan. 43, obs. Guinchard* • Civ. 3e, 20 mars 1991, n° 89-70.332 P.

20. Le défaut d'indication de la qualité des conseillers prud'hommes composant une formation de référé résulte d'une omission matérielle qui peut être réparée. • Soc. 28 oct. 1997, n° 94-43.665 P.

21. Le jugement argué d'erreur est réputé « déféré » à la cour d'appel et ne peut plus être rectifié que par elle à compter de l'inscription de l'appel au rôle de la cour. • TGI Paris, 10 mai 1990 : *RTD civ. 1991. 168, obs. Perrot* . ♦ Et ce même postérieurement au dessaisissement de la cour à laquelle a été déféré ce jugement. • Civ. 2e, 22 oct. 1997, n° 95-14.508 P : *D. 1997. IR 249* • 21 déc. 2000, n° 98-19.550 P : *D. 2001. IR 430* ; *Procédures 2001, n° 57, obs. Perrot.* ♦ Lorsque la cour d'appel, saisie d'un déféré contre une ordonnance du conseiller de la mise en état, a statué dans les cas prévus aux al. 2 et 3 de l'art. 916 C. pr. civ., elle doit examiner, si la demande lui en est faite, les autres demandes soumises au conseiller de la mise en état que celui-ci n'aurait pas tranchées, y compris en raison d'une omission de statuer, dès lors qu'elles ont été formulées dans les conclusions soumises au conseiller de la mise en état et que celui-ci n'a pas réservé sa décision sur celles-ci. • Civ. 2e, 19 nov. 2020, n° 19-16.055 : *cité note 15 ss. art. 916.*

22. Est irrecevable l'appel strictement limité à la rectification d'une erreur contenue dans le jugement. • Paris, 15 déc. 1982 : Gaz. Pal. 1983. *1. 264, note Bertin.* ♦ Une erreur matérielle, dès lors qu'elle peut être rectifiée par les autres énonciations de la décision, ne constitue pas un cas d'ouverture à cassation. • Civ. 1re, 1er juin 1976 : *Bull. civ. I, n° 203.* ♦ Rappr. : • Civ. 3e, 26 nov. 1997, n° 96-10.962 P.

23. Les erreurs et omissions matérielles qui affectent une décision frappée de pourvoi ne pouvant être rectifiées par la Cour de cassation qu'à la condition que cette décision lui soit, sur ce point, déférée, une requête en rectification d'erreur matérielle ne peut être présentée en vue de rendre recevable un moyen de cassation. • Civ. 2e, 11 janv. 2018, n° 16-26.168 P.

24. Sur la compétence du juge-commissaire pour rectifier les erreurs matérielles de ses ordonnances, V. • Paris, 9 juill. 1980 : *Gaz. Pal. 1981. 1. Somm. 34.* ♦ Sur celle de la Cour de cassation pour rectifier ses propres arrêts, V. • Soc. 21 nov. 1984 : *JCP 1985. IV. 38.*

25. La contradiction entre les motifs et le dispositif peut, lorsqu'elle résulte d'une erreur matérielle, être réparée par la Cour de cassation à laquelle la décision est déférée. • Civ. 1re, 20 mars 1989 : *Bull. civ. I, n° 131* • 5 févr. 1991, n° 88-15.741 P : *D. 1992. Somm. 121, obs. Julien* • Civ. 3e, 26 mai 2004, n° 02-19.629 P.

26. La mention indiquant sur la minute de l'arrêt que le président avait été empêché suffit à démontrer que l'indication dactylographiée selon laquelle le président était le signataire de l'arrêt ne peut procéder que d'une erreur matérielle dont la rectification doit être sollicitée selon les formes prévues par l'art. 462 et ne donne pas ouverture à cassation. • Civ. 2e, 10 nov. 2010 : *cité note 6 ss. art. 456.*

C. PROCÉDURE

27. Conv. EDH, art. 6, § 1er. Applicabilité. La procédure en rectification d'erreur matérielle, qui ne vise pas à trancher une contestation sur un droit de caractère civil, n'entre pas dans le champ d'application de l'art. 6, § 1, Conv. EDH. • Civ. 1re, 15 mars 2017, n° 15-26.744 P : *D. 2017. Actu. 710* .

28. Prescription. La requête en rectification d'erreur matérielle, qui ne tend qu'à réparer les erreurs ou omissions matérielles qui affectent un jugement, et qui ne peut aboutir à une modification des droits et obligations reconnus aux parties dans la décision déférée, n'est pas soumise à un délai de prescription. • Civ. 1re, 7 juin 2018, n° 16-28.539 P : *D. actu. 4 juill. 2018, obs. Kebir ; D. 2018. Actu. 1265* ; *JCP 2018. 827, note Deharo.*

29. Exclusivité. L'erreur matérielle n'est pas un cas d'ouverture à cassation et ne peut être réparée que selon la procédure prévue par l'art. 462. • Soc. 11 juill. 2000 : *JCP 2000. IV. 2555.* ♦ Puisque le juge peut rectifier d'office une erreur matérielle, la demande n'a pas à être obligatoirement formée par requête. • Paris, 29 avr. 1977 : *Gaz. Pal. 1977. 2. 628 ; D. 1978. IR 86.* ♦ Il ne peut, pour la même raison, être fait grief au juge d'avoir accueilli la requête d'une personne qui n'avait pas été partie. • Civ. 3e, 8 janv. 1992 : *JCP 1992. IV. 698, p. 74.*

30. Contradictoire. Il doit résulter des mentions du jugement ou de la procédure que les parties ont été entendues ou appelées. • Civ. 2e, 16 févr. 1984 : *Gaz. Pal. 1984. 1. Pan. 157, obs. Guinchard.* – V. aussi • Com. 16 juill. 1982 : *Bull. civ. IV, n° 273* • Civ. 2e, 29 juin 1994, n° 92-15.931 P. ♦ Toutefois, l'ordonnance d'expropriation étant rendue sans débat, l'ordonnance rectificative doit être rendue dans des conditions identiques. • Civ. 3e, 18 mai 1976 : *D. 1976. IR 253.* ♦ Mais une partie n'est pas recevable, faute d'intérêt, à critiquer l'arrêt qui aurait méconnu les droits des autres parties. • Civ. 2e, 9 juin 2005, n° 03-14.205 P.

31. La procédure en rectification de l'erreur matérielle affectant un jugement, même passé en force de chose jugée, est soumise aux règles de représentation des parties applicables à la procédure ayant abouti à cette décision. • Civ. 2e, 11 avr. 2019, n° 18-11.073 P : *D. 2019. 895* ; *ibid. 2020. 576, obs. Fricero* ; *JCP 2019. 476, obs. Douchy-Oudot.*

32. ... Art. 462, al. 3 (Décr. du 1er oct. 2010). Le juge saisi d'une requête en rectification d'une erreur ou omission matérielle qui décide de tenir une audience doit entendre ou appeler les parties. • Civ. 2e, 9 avr. 2015 : *D. actu. 24 avr. 2015, obs. Kebir.* ♦ Lorsqu'il statue sans audience sur une requête en rectification d'une erreur ou d'une omission matérielle, le juge doit s'assurer que la requête a été portée à la connaissance des autres parties. • Civ. 2e, 21 févr. 2013, n° 12-15.105 P : *D. actu. 2 avr. 2013, obs. Kebir ; D. 2013. Actu. 575* ; *ibid. Pan. 2058, obs. Leroy-Gissinger et Renault-Malignac* ; *Procédures 2013, n° 141, note Perrot ; JCP 2013. 1225, n° 10, obs. Amrani-Mekki* (visa des art. 14 et 462). ♦ Ne satisfait aux exigences des art. 455 et 458 dont il résulte que tout jugement doit, à peine de nullité, exposer succinctement les prétentions respectives des parties et leurs moyens, cet exposé pouvant revêtir la forme d'un visa des conclusions des parties avec l'indication de leur date, une cour d'appel qui, saisie d'une requête en rectification d'une erreur matérielle, accueille la demande et rectifie sa précédente décision, sans viser les conclusions régulièrement déposées par la partie adverse ni exposer leur contenu. • Civ. 2e, 21 févr. 2013, n° 11-24.421 P : *D. 2013. Pan. 2058, obs. Leroy-Gissinger et Renault-Malignac* ; *JCP 2013. 1225, n° 10, obs. Amrani-Mekki.* ♦ Si, avant de statuer sans audience sur une requête en rectification d'une erreur ou omission matérielle, le juge doit s'assurer que la requête a été portée à la connaissance des autres parties, aucun texte ne prescrit une telle exigence dans le cas où les parties sont convoquées à l'audience en vue de statuer sur une requête en rectification d'erreur matérielle. • Civ. 1re, 15 mars 2017, n° 15-26.744 P : *préc. note 27.*

33. L'art. 462 ne fixant pas de délai de comparution devant le juge chargé de réparer les erreurs et omissions matérielles affectant un jugement, ce juge apprécie souverainement qu'il a été laissé un temps suffisant aux parties pour préparer leur défense. • Civ. 1re, 15 mars 2017, nº 15-26.744 P : *préc. note 27.*

34. L'instance en liquidation d'astreinte étant soumise au régime de la représentation obligatoire, c'est sans violer les dispositions des art. 14 et 462 qu'une cour d'appel, saisie d'une requête en rectification d'erreur matérielle, statue après qu'un avis d'audience a été envoyé par le réseau privé virtuel avocat à l'avocat représentant, dans l'instance initiale, les défendeurs à la requête. • Civ. 1re, 7 déc. 2017, nº 16-18.216 P : *D. actu. 3 janv. 2018, obs. Mélin ; D. 2017. Actu. 2542 ; Gaz. Pal. 6 févr. 2018, p. 56, obs. Bléry ; JCP 2018. 5, obs. Laporte ; ibid. 530, nº 9, obs. Jeuland.*

D. VOIES DE RECOURS

35. La décision rectificative a, quant aux voies de recours, le même caractère et est soumise aux mêmes règles que la décision rectifiée. • Civ. 2e, 22 sept. 2011, nº 11-10.119 P : *D. 2012. Chron. Cass. 644, obs. Leroy-Gissinger ; ibid. Pan. 1517, obs. Leborgne ; RDBF 2012, nº 24, note Piedelièvre.* ♦ La décision qui statue sur la rectification d'une prétendue erreur matérielle ne peut être frappée de pourvoi en cassation dès lors que la décision rectifiée n'est pas elle-même susceptible d'un tel recours. • Soc. 16 déc. 1998, nº 97-44.596 P • Civ. 2e, 7 juin 2018, nº 17-18.722 P : *D. actu. 15 juin 2018, obs. Mélin ; D. 2018. Actu. 1254 .* ♦ La décision qui statue sur la rectification d'une prétendue erreur matérielle ne peut être frappée de pourvoi en cassation dès lors que la décision rectifiée n'est pas elle-même susceptible d'un tel recours. • Soc. 16 déc. 1998, nº 97-44.596 P • Civ. 2e, 7 juin 2018, nº 17-18.722 P : *D. actu. 15 juin 2018, obs. Mélin ; D. 2018. Actu. 1254 .* ♦ Lorsque la décision rectifiée est passée en force de chose jugée, le juge du second degré doit relever d'office l'irrecevabilité de l'appel formé contre la décision rectificative. • Civ. 2e, 8 oct. 1986 : *Bull. civ. II, nº 145 ; D. 1987. Somm. 362, obs. Julien ; Gaz. Pal. 1987. 1. Somm. 279, obs. Croze et Morel* • Soc. 16 mars 2005, nº 03-40.058 P. ♦ Rappr. • Civ. 2e, 21 juill. 1982 : *Bull. civ. II, nº 110* (irrecevabilité de l'opposition). ♦ Excède ses pouvoirs le juge qui déclare recevable et examine un recours contre une décision rectificative alors que la décision rectifiée est passée en force de chose jugée. • Civ. 2e, 18 janv. 2006, nº 04-17.294 P : *D. 2006. IR 323* • Civ. 2e, 22 sept. 2011 : *préc.*

36. Les décisions rejetant une requête en rectification d'erreur ou d'omission matérielle obéissent, en ce qui concerne les voies de recours, aux règles ordinaires, et sont donc susceptibles d'appel ou de pourvoi en cassation selon qu'elles sont rendues en premier ou en dernier ressort. • Soc. 14 nov. 2000, nº 98-42.136 P. ♦ V. aussi : • Civ. 2e, 21 déc. 2000 : *préc. note 21* • Civ. 2e, 22 sept. 2011 : *préc. note 35.*

37. Le dernier al. de l'art. 462 vise exclusivement les décisions rectificatives et ne s'applique pas à celles qui rejettent les recours en rectification. • Civ. 2e, 26 oct. 1983 : *Bull. civ. II, nº 269 ; Gaz. Pal. 1984. 1. Pan. 44, obs. Guinchard* • Civ. 3e, 12 févr. 1986 : *JCP 1986. IV. 107.* ♦ Ces dernières sont susceptibles d'appel. • Mêmes arrêts. ♦ ... Ou de pourvoi en cassation. • Civ. 1re, 26 mai 1993 : *JCP 1993. IV. 1851* • Com. 14 mai 2002 : *Gaz. Pal. 12-14 janv. 2003, p. 24, obs. Perdriau.*

38. Le jugement rendu sur une requête en rectification d'erreur matérielle ne peut être frappé d'un pourvoi en cassation que dans la mesure où était elle-même susceptible de pourvoi la décision dont la rectification a été sollicitée. • Soc. 26 févr. 2002 : *Gaz. Pal. 12-14 janv. 2003, p. 28, obs. Perdriau.* ♦ Ainsi, le jugement d'adjudication étant insusceptible de pourvoi en cassation, la décision qui en prononce la rectification ne peut être frappée d'un tel recours. • Civ. 2e, 5 juin 1985 : *Bull. civ. II, nº 108.* ♦ Rappr. • Soc. 19 juill. 1988 : *JCP 1988. IV. 346* • 13 oct. 1993 : *D. 1993. IR 242 .* ♦ Mais aucune disposition ne peut interdire de faire constater selon les voies de recours de droit commun la nullité d'une décision entachée d'excès de pouvoir. • Com. 12 mai 1992, nº 90-14.124 P • 11 oct. 1994, nº 92-18.500 P.

39. La cassation de l'arrêt rectifié entraîne, par voie de conséquence, celle de la décision rectificative. • Soc. 11 juill. 1985 : *JCP 1985. IV. 316.* ♦ Rappr. • Civ. 3e, 14 janv. 1978 : *Bull. civ. III, nº 47.* ♦ Pour la cassation d'un arrêt ayant rejeté une demande de rectification pour erreur matérielle, V. • Soc. 29 janv. 2002 : *Gaz. Pal. 12-14 janv. 2003, p. 27, obs. Perdriau.*

40. Rapport en justice. Portée. La partie qui s'en est rapportée en justice sur le bien-fondé de la requête en rectification d'erreur matérielle présentée par ses adversaires n'est pas recevable à critique la décision accueillant cette requête. • Civ. 2e, 3 mai 2001 : *cité note 18 ss. art. 619.* • Civ. 3e, 30 oct. 2013, nº 12-21.128 P.

41. Rabats d'arrêts. Sur l'institutionnalisation de cette procédure non prévue par les textes, V. : • Cass., ass. plén., 30 juin 1995, nº 94-20.302 P : *D. 1995. 513, concl. Jéol, note Drago ; JCP 1995. II. 22478, note Perdriau.* ♦ Pour un ex., V. : • Com. 8 févr. 2000 : *JCP 2000. II. 10318,* note Perdriau. ♦ Sur un rabat pour extinction de l'action en divorce en raison du décès de l'épouse, V. • Civ. 2e, 18 déc. 1995, nº 95-11.062 P : *D. 1997. 208, note Overstake .* ♦ Sur un rabat d'arrêt à propos d'un mariage posthume. • Civ. 2e, 8 janv. 2009 : *Dr. fam. 2009. Comm. 12, obs. Larribau-Terneyre ; RLDC*

2009, n° 3378, obs. Bugnicourt. ♦ Pour des exemples de requête en rabat d'un arrêt de la Cour de cassation, V. : • Civ. 2e, 18 mai 1995, n° 95-60.739 P • Civ. 3e, 3 mars 2004, n° 02-15.091 P (deux arrêts de cassation inconciliables rendus sur des moyens identiques) • Civ. 1re, 16 nov. 2004, n° 02-12.268 P : *D. 2004. IR 3192*. ♦ Pour un refus, la requête ne reposant pas sur une erreur matérielle, V. • Civ. 3e, 17 déc. 2002 : *Gaz. Pal. 6-7 août 2003, p. 15, obs. du Rusquec.* ♦ Pour des exemples de rabats d'arrêt par des cours d'appel, V. • Douai, 5 oct. 1995 : *Gaz. Pal. 1997. 2. 657, note Renard* • Paris, 13 sept. 1996 : *Bull. ch. avoués 1998. 1. 20* • Besançon, 3 sept. 1999 : *Bull. ch. avoués 1999. 3. 86.*

Circulaire JUSC1033666C du 24 janvier 2011,

Relative à la présentation du décret n° 2010-1165 du 1er octobre 2010 relatif à la conciliation et à la procédure orale en matière civile, commerciale et sociale

Art. 463 La juridiction qui a omis de statuer sur un chef de demande peut également compléter son jugement sans porter atteinte à la chose jugée quant aux autres chefs, sauf à rétablir, s'il y a lieu, le véritable exposé des prétentions respectives des parties et de leurs moyens.

(Décr. n° 89-511 du 20 juill. 1989, art. 9, en vigueur le 15 sept. 1989) **« La demande doit être présentée un an au plus tard après que la décision est passée en force de chose jugée ou, en cas de pourvoi en cassation de ce chef, à compter de l'arrêt d'irrecevabilité. »**

Le juge est saisi par simple requête de l'une des parties, ou par requête commune. Il statue après avoir entendu les parties ou celles-ci appelées.

La décision est mentionnée sur la minute et sur les expéditions du jugement. Elle est notifiée comme le jugement et donne ouverture aux mêmes voies de recours que celui-ci.

BIBL. ▶ Bertin, *Gaz. Pal. 1984. 1. Doctr. 82* (omission de statuer et *ultra petita*). – Boré, *D. 2017. 1924* (l'omission d'un chef de dispositif dans un jugement). – Perdriau, *JCP 2001. I. 325* (multiplication des cas d'omission de statuer). – Ribaut, *Bull. ch. avoués 1981. 3. 1* (requête en rectification ou exercice d'une voie de recours). – V. également Bibl. ss. art. 461 et 462.

DALLOZ ACTION *Droit et pratique de la procédure civile 2022/2023*, nos 522.00 s.

A. RECOURS OUVERTS EN CAS D'OMISSION DE STATUER

1. En application de l'art. 463, seul est affecté d'une omission de statuer le jugement qui omet de statuer sur une demande en justice. La cour d'appel, qui constate que la requête en omission de statuer tend à ce qu'il soit statué sur certains points des conclusions et vise non des prétentions, mais des moyens, juge à bon droit qu'elle est irrecevable. • Civ. 2e, 4 nov. 2021, n° 20-12.354 P : *D. actu. 29 nov. 2021, note Hoffschir.*

2. En cas d'appel, tous les points du litige soumis au tribunal sont déférés à la connaissance de la cour, à laquelle il revient de statuer à nouveau et de réparer les omissions éventuelles de statuer. • Civ. 2e, 29 mai 1979 : *JCP 1979. IV. 252* • Civ. 3e, 4 mars 1980 : *Bull. civ. III, n° 49 ; D. 1981. IR 147, obs. Julien.* ♦ Dès lors qu'un appel n'est pas exclusivement formé pour réparer une omission de statuer, il appartient à la cour d'appel, en raison de l'effet dévolutif, de statuer sur la demande en réparation qui lui est faite. • Civ. 2e, 22 oct. 1997, n° 95-18.923 P. ♦ Dès lors que le jugement statuant sur la poursuite de l'activité d'une entreprise en redressement judiciaire n'est susceptible que d'un appel de la part du ministère public, et que l'appel formé par le débiteur est donc irrecevable, une cour d'appel n'a pas à examiner la demande au fond tendant exclusivement à réparer une omission de statuer imputée aux premiers juges, laquelle relève de la procédure de l'art. 463. • Civ. 2e, 21 oct. 2004, n° 02-20.728 P : *D. 2004. AJ 2935*. ♦ V. notes ss. art. 561.

3. Jugé que, tant que la décision n'est pas passée en force de chose jugée, l'omission de statuer doit être réparée par l'exercice d'une voie de recours produisant un effet suspensif. • Paris, 8 nov. 1983 : *Gaz. Pal. 1983. 2. 663.* – V. obs. (crit.) Bertin, *Gaz. Pal. 1984. 1. Doctr. 82.*

4. L'omission de statuer sur une demande, qui ne peut être réparée que selon la procédure de l'art. 463, ne peut donner ouverture à cassation. • Civ. 1re, 8 avr. 1988 : *D. 1988. IR 274* • Civ. 2e, 20 avr. 1988 : *JCP 1988. IV. 218* • Com. 12 janv. 1988 : *JCP 1988. II. 21037* • 15 oct. 2002, n° 00-14.328 P • Civ. 1re, 6 oct. 1993, n° 91-16.658 P : *D. 1995. Somm. 108, obs. Fricero* • 10 mai 2006, n° 03-19.001 P • Soc. 11 mai 2010 : *Gaz. Pal. 2-3 juin 2010, p. 28* • Civ. 2e, 14 nov. 2019, n° 18-19.465 P : *D. 2019. 2255* ; *Gaz.*

Pal. 28 janv. 2020, p. 60, note Kebir. ♦ V. déjà • Civ. 2e, 5 oct. 1976 : *Bull. civ. II, n° 328 ; RTD civ. 1977. 619, obs. Perrot* • Civ. 1re, 3 juin 1998, n° 96-15.833 P. ♦ ... A moins que cette omission ne s'accompagne d'une autre violation de la loi. • Civ. 1re, 26 mars 1985 : *Bull. civ. I, n° 105 ; Gaz. Pal. 1985. 2. Somm. 298, obs. Guinchard et Moussa.* ♦ ... Telle que la dénaturation des conclusions. • Civ. 3e, 19 oct. 1977 : *Bull. civ. III, n° 349.* ♦ ... La violation des art. 5 et 12. • Civ. 1re, 11 juill. 1979 : *Bull. civ. I, n° 208.* ♦ ... La violation des art. 4 et 5. • Soc. 6 juill. 1983 : *Bull. civ. V, n° 408.*

5. La victime de l'omission de statuer dispose d'une option : adresser une requête en rectification selon la procédure de l'art. 463, ou introduire une nouvelle instance selon la procédure de droit commun, non soumise au délai d'un an prévu par l'art. 463. • Civ. 2e, 23 mars 1994, n° 92-15.802 P : *D. 1995. Somm. 108, obs. Fricero* ; *RTD civ. 1994. 683, obs. Perrot* ; *JCP 1994. II. 22288, note du Rusquec.* ♦ Passé le délai d'un an prévu à l'art. 463 NCPC [devenu C. pr. civ.], il est possible qu'une nouvelle demande sur le chef de demande omis soit introduite selon la procédure de droit commun. • Civ. 2e, 25 juin 1997, n° 95-14.173 P : *D. 1997. IR 167* ; *Gaz. Pal. 1998. 2. 793, note du Rusquec.* ♦ V. not. pour un rappel de la sanction de l'irrecevabilité d'une demande de réparation d'une omission de statuer formée plus d'un an après le prononcé de l'arrêt : • Civ. 2e, 9 janv. 2014 : *Procédures 2014, n° 66, note Perrot.*

B. REQUÊTE EN RECTIFICATION

6. Un arrêt, en dépit de la formule générale du dispositif qui « déboute les parties de leurs demandes plus amples ou contraires », n'ayant pas statué sur le chef de demande relatif aux intérêts, dès lors qu'il ne résulte pas des motifs de la décision que la cour d'appel l'ait examiné, l'omission de statuer peut être réparée par la procédure prévue à l'art. 463. • Cass., ass. plén., 2 nov. 1999, n° 97-17.107 P : *JCP 1999. II. 10213, concl. Weber ; Procédures 2000, n° 30, obs. Perrot ; RTD civ. 2000. 160, obs. Perrot* ; *LPA 7 déc. 1999, note Perdriau.* ♦ V. déjà, jugeant qu'en l'absence de motivation sur l'un des chefs de conclusions, la formule générale du dispositif « Rejette toutes autres demandes » n'a pu viser ce chef particulier, sur lequel il a été omis de statuer. La requête en rectification est à son égard recevable. • Civ. 1re, 1er mars 1983 : *Bull. civ. I, n° 83 ; Gaz. Pal. 1983. 1. Pan. 178, obs. S. G. ; RTD civ. 1983. 596, obs. Perrot* • 6 oct. 1983 : *Bull. civ. I, n° 274.* ♦ En sens contraire, lorsque les divers chefs de prétention ont été visés dans les motifs, V. • Civ. 3e, 27 févr. 1985 : *Bull. civ. III, n° 43 ; Gaz. Pal. 1985. 2. Somm. 189, obs. Guinchard et Moussa.*

7. L'omission de statuer sur les intérêts peut être réparée par la procédure de rectification de l'art. 463. • Civ. 3e, 7 févr. 2007 : *Gaz. Pal. 1er-2 févr. 2008, p. 21, note du Rusquec ; AJDI 2007. 405, note Rouquet* .

8. L'ASSEDIC est, par l'effet de l'art. L. 122-14-4 [devenu art. L. 1235-2 à L. 1235-4, L. 1235-11 à L. 1235-13 et R. 1235-1] C. trav., partie au litige qui oppose l'employeur au salarié qui soutient avoir été licencié sans cause réelle et sérieuse. Elle est recevable en sa requête en rectification lorsque la juridiction prud'homale a omis d'ordonner d'office à l'employeur de lui rembourser les indemnités de chômage versées par elle au salarié. • Soc. 16 févr. 1987 : *Bull. civ. V, n° 90 ; Gaz. Pal. 1987. 2. Somm. 486, obs. Guinchard et Moussa ; RTD civ. 1988. 568, obs. Normand* • Soc. 12 janv. 1993 : *D. 1993. IR 31* . ♦ L'art. 463 est seul applicable en la matière. • Soc. 7 janv. 1992, n° 88-41.584 P. ♦ Jugé un moment que la tierce opposition était la voie appropriée. • Soc. 16 mars 1989 : *RTD civ. 1989. 680, obs. Perrot.* ♦ Option ensuite abandonnée. • Soc. 9 mai 1990 : *JCP 1990. IV. 260.*

Sur les conditions d'opposabilité aux ASSEDIC du délai d'un an, V. note 16.

9. Le jugement qui, en dépit de la formule très générale du dispositif qui déboute la salariée de l'intégralité de ses demandes, n'a pas statué sur le chef de demande relatif à la remise des bulletins de paie et du certificat de travail sous astreinte, dès lors qu'il ne résulte pas des motifs de la décision que le conseil l'ait examinée, participe d'une omission de statuer pouvant être réparée par la procédure prévue à l'art. 463. • Soc. 9 oct. 2013 : *Procédures 2014, n° 350, note Bugada.*

10. Pour l'omission de statuer sur une demande d'exécution provisoire, V. notes ss. art. 526.

11. La juridiction qui a omis de statuer sur un chef de demande ne peut admettre d'autres moyens qui n'ont pas été contradictoirement débattus avant le prononcé de la décision qu'elle complète. • Civ. 2e, 3 janv. 1980 : *Gaz. Pal. 1980. 1. 241, note Viatte ; D. 1981. IR 147, obs. Julien* • Civ. 3e, 16 mars 1994, n° 92-12.326 P : *D. 1994. IR 87* .

12. La présentation d'une simple requête ne constitue qu'un mode simplifié de saisine, qui n'est pas imposé à peine de nullité et laisse au demandeur la faculté de saisir à nouveau le tribunal par assignation. • Paris, 14 mars 1985 : *D. 1986. IR 226, obs. Julien.* ♦ Mais il doit le faire dans le délai d'un an prescrit par l'art. 463. • Même arrêt.

13. La requête en rectification doit être présentée par ministère d'avocat dans les matières soumises à représentation obligatoire. • Civ. 2e, 9 juill. 1980 : *Gaz. Pal. 1980. 2. Pan. 556.*

14. Lorsque la Cour de cassation a omis de statuer sur la demande d'indemnité de l'art. 700, il y a lieu, conformément à l'art. 463, de compléter *d'office* la décision incriminée. • Com. 28 avr. 1987 : *Bull. civ. IV, n° 94.*

15. Est irrecevable, comme tardive, la demande de rectification présentée plus d'un an après le prononcé d'une décision insusceptible de recours suspensif. • Civ. 2e, 3 janv. 1979 : *Bull. civ. II, n° 3.*

16. Le délai d'un an ne court contre l'ASSEDIC au profit de laquelle le jugement condamnant l'employeur pour licenciement sans cause réelle et sérieuse a omis d'ordonner d'office le remboursement des indemnités de chômage que par l'effet d'une notification de ce jugement, comportant les mentions relatives aux voies de recours. • Soc. 7 janv. 1992, n° 88-41.584 P. ♦ Mais, lorsqu'il s'agit d'un arrêt d'appel, qui passe en force de chose jugée dès son prononcé, le délai d'un an part de ce dernier. • Soc. 12 janv. 1993, n° 88-41.510 P : *RTD civ. 1993. 889, obs. Perrot.* ♦ V. note 15. ♦ L'acquiescement de l'employeur au jugement n'est pas opposable aux ASSEDIC et les règles de computation des délais de recours de l'art. 528 s'appliquent pour le point de départ du délai d'un an de l'art. 463. • Soc. 5 mars 1997, n° 94-40.848 P : *D. 1997. IR 103.*

17. Sur l'inapplicabilité de l'art. 6 Conv. EDH, V. note 83 ss. cet art.

C. VOIES DE RECOURS

18. Les dispositions issues d'une requête en omission de statuer, à laquelle il a été fait droit, n'ont d'autre vocation que de s'adjoindre à celles figurant dans le jugement précédent, pour aboutir, après correction du vice qui l'affectait, à une décision judiciaire unique dont les deux décisions la composant sont soumises à un régime identique de voies de recours. • Versailles, 25 févr. 1999 : *Gaz. Pal. 1999. 2. Somm. 379.*

19. Doit être déclarée irrecevable l'appel relevé contre une décision rendue sur requête en omission de statuer reprochée à un jugement ordonnant une expertise quand il n'a pas été autorisé par le premier président de la cour d'appel dans les conditions fixées par l'art. 272. • Versailles, 11 janv. 1999 : *Gaz. Pal. 1999. 2. 507, note du Rusquec.*

Art. 464 Les dispositions de l'article précédent sont applicables si le juge s'est prononcé sur des choses non demandées ou s'il a été accordé plus qu'il n'a été demandé.

DALLOZ ACTION *Droit et pratique de la procédure civile 2022/2023*, nos 522.00 s.

1. Sur l'obligation faite au juge de ne pas modifier l'objet de la demande, V. notes ss. art. 4 et 5.

2. Le prononcé sur des choses non demandées ou l'octroi de plus qu'il n'est demandé ne constituent pas un cas d'ouverture à cassation mais une irrégularité qui ne peut être réparée que selon la procédure prévue aux art. 463 et 464. • Com. 17 juin 1987 : *Bull. civ. IV, n° 145* • Civ. 2e, 3 mars 1988 : *Bull. civ. II, n° 52 ; Gaz. Pal. 1988. 2. Somm. 320, obs. Guinchard et Moussa* • Civ. 1re, 11 juin 1991 : *Gaz. Pal. 1991. 2. Pan. 292* • Soc. 14 juin 2006, n° 04-43.123 P : *Gaz. Pal. 1er-2 févr. 2008, p. 26, note du Rusquec* (jurisprudence constante).

3. Mais il en va autrement lorsque cette irrégularité s'accompagne d'une violation de la loi. • Civ. 1re, 29 juin 1981 : *Bull. civ. I, n° 242* • Civ. 2e, 3 mars 1988 : *préc.* • Civ. 1re, 11 juin 1991 : *préc.* ♦ ... Ou, selon une formule voisine, d'une autre violation de la loi. • Civ. 3e, 17 avr. 1984 : *Bull. civ. III, n° 85 ; Gaz. Pal. 1984. 1. Somm. 213, obs. Guinchard* • Civ. 1re, 26 mars 1985 : *Bull. civ. I, n° 185.* ♦ ... Telle la dénaturation des conclusions. • Com. 1er avr. 1981 : *Bull. civ. IV, n° 171* • Soc. 16 juin 1988 : *Bull. civ. V, n° 373.* ♦ ... La méconnaissance des termes du litige. • Soc. 8 juin 1988 : *Bull. civ. V, n° 346.* ♦ ... La violation du principe de la contradiction. • Civ. 3e, 18 mai 1976 : *D. 1976. IR 224.* ♦ ... Ou la violation d'une règle de fond. • Com. 22 mai 1985 : *Bull. civ. IV, n° 163.*

Mais le moyen de cassation qui invoque la violation de l'art. 5 est irrecevable par application des art. 463 et 464 • Com. 16 juin 1987 : *Bull. civ. IV, n° 145.*

4. N'entrent dans les prévisions de l'art. 463 que les omissions de statuer sur un chef de demande, et la prescription de l'action constitue une fin de non-recevoir, et comme telle, un moyen de défense. • Civ. 2e, 21 oct. 2004, n° 02-20.286 P : *D. 2004. IR 2972 ; JCP 2005. I. 125, obs. Amrani Mekki ; Procédures 2005, n° 4, obs. Perrot.*

5. Sur les difficultés de distinction entre ce qui relève respectivement du pourvoi en cassation et de la requête en rectification, V., à propos de la condamnation de l'appelé en garantie au profit d'une partie qui n'avait pas conclu contre lui : • Com. 8 mai 1978 : *Bull. civ. IV, n° 132* (requête) • Civ. 3e, 17 avr. 1984 : *Bull. civ. III, n° 85* (pourvoi). ♦ Comp. également • Civ. 3e, 31 mai 1978 : *JCP 1978. IV. 236* et • Soc. 3 févr. 1983 : *Bull. civ. V, n° 76.*

6. Le tribunal qui arrête un plan de redressement ou prononce une liquidation judiciaire ne statue pas sur une demande au sens des art. 463 et 464, lesquels sont dès lors inapplicables. • Com. 12 oct. 1993 : *D. 1994. Somm. 7, obs. Derrida ; JCP 1994. I. 3759, n° 1, obs. Pétel.*

Art. 465 Chacune des parties a la faculté de se faire délivrer une expédition revêtue de la formule exécutoire.

(Décr. n° 81-500 du 12 mai 1981, art. 17) **« S'il y a un motif légitime, une seconde expédition, revêtue de cette formule, peut être délivrée à la même partie par le** *(Décr. n° 2017-892 du 6 mai 2017, art. 68-I-3°)* **« greffier » de la juridiction qui a rendu le jugement. En cas de difficulté, le président de cette juridiction statue par ordonnance sur requête. »**

Sur la délivrance d'une copie aux tiers, V. L. n° 72-626 du 5 juill. 1972, art. 11-3, ss. art. 451.

DALLOZ ACTION *Droit et pratique de la procédure civile 2022/2023*, n°s 423.00 s.

Art. 465-1 *(Décr. n° 85-1330 du 17 déc. 1985, art. 1er, en vigueur le 1er janv. 1986)* **Lorsqu'un jugement fixe une pension alimentaire ou une des créances prévues aux articles 214, 276 et 342 du code civil, les parties sont informées par un document joint à l'expédition du jugement des modalités de recouvrement, des règles de révision de la créance et des sanctions pénales encourues.**

BIBL. ► BERTIN, *Gaz. Pal. 1986. 1. Doctr. 36* (décret du 17 déc. 1985). – LE NINIVIN, *JCP 1986. I. 3226* (décret du 17 déc. 1985).

DALLOZ ACTION *Droit et pratique de la procédure civile 2022/2023*, n°s 423.21 s.

Art. 466 **En matière gracieuse, copie de la requête est annexée à l'expédition du jugement.**

DALLOZ ACTION *Droit et pratique de la procédure civile 2022/2023*, n°s 423.21 s.

Sanction. La prescription de l'art. 466 C. pr. civ., qui ne concerne que la copie délivrée par le greffe d'un jugement, n'est pas, en vertu de l'art. 458 du même code, prévue à peine de nullité du jugement préalablement rendu. • Civ. 2e, 28 janv. 2016, n° 15-10.182 P.

SECTION II LE DÉFAUT DE COMPARUTION

RÉP. PR. CIV. v° *Jugement par défaut ou réputé contradictoire*, par BOURSIER.

DALLOZ ACTION *Droit et pratique de la procédure civile 2022/2023*, n°s 321.90 s. et 423.161 s.

SOUS-SECTION 1 LE JUGEMENT CONTRADICTOIRE

Art. 467 **Le jugement est contradictoire dès lors que les parties comparaissent en personne ou par mandataire, selon les modalités propres à la juridiction devant laquelle la demande est portée.**

Pour une application de l'art. 467, V. • Civ. 2e, 8 juill. 2004, n° 02-17.677 P.

Art. 468 **Si, sans motif légitime, le demandeur ne comparaît pas, le défendeur peut requérir un jugement sur le fond qui sera contradictoire, sauf la faculté du juge de renvoyer l'affaire à une audience ultérieure.**

Le juge peut aussi, même d'office, déclarer la citation caduque. *(Décr. n° 86-585 du 14 mars 1986, art. 1er)* **« La déclaration de caducité peut être rapportée si le demandeur fait connaître au greffe dans un délai de quinze jours le motif légitime qu'il n'aurait pas été en mesure d'invoquer en temps utile. Dans ce cas, les parties sont convoquées à une audience ultérieure. »**

V. pour le conseil de prud'hommes, art. R. 1454-21 C. trav., reproduit ss. art. 879.

BIBL. ► **Sur l'application de l'art. 468 en matière prud'homale :** BÉNAMARA-BOUAZIZ, *Dr. ouvrier 1985. 1 ; Cah. prud'h. 1984. Chron. 1.* – DESDEVISES, *Dr. soc. 1985. 140.* – SUPIOT, *Dr. soc. 1985. 240.* ► **Commentaire du Décr. du 14 mars 1986 :** RAYROUX, *Gaz. Pal. 1987. 1. Doctr. 21.*

1. Jugement sur le fond. En l'absence de comparution du demandeur, le juge ne peut rendre de jugement sur le fond que si le défendeur le requiert. Il ne saurait y procéder d'office. • Civ. 2e, 10 mars 1988 : *Bull. civ. II, n° 62 ; Gaz. Pal. 1988. 2. Somm. 495, obs. Guinchard et Moussa* • Soc. 20 oct. 1988 : *Bull. civ. V, n° 547 ; D. 1989. Somm. 180, obs. Julien* • Civ. 2e, 17 oct. 2002, n° 01-04.051 P : *Procédures 2003, n° 36, note Perrot ; Gaz. Pal. 30 mars-1er avr. 2003, p. 29, obs. du Rusquec* • 4 juill. 2007 : *Procédures 2007, n° 237, note Perrot* • Civ. 2e, 19 nov. 2015, n° 14-11.350 P : *D. actu. 11 déc. 2015, obs. Kebir ; Gaz. Pal. 9 févr. 2016, p. 63, obs. Bléry.* ♦ L'intimé qui, en l'absence de l'appelante à l'audience où les parties ont été convoquées, soumet oralement ses demandes à la cour d'appel, requiert nécessairement celle-ci de statuer sur le fond. • Soc. 14 mars 2007, n° 05-45.414 P. ♦ Les conclusions adressées par l'appelante à l'intimé ne peuvent suppléer à son absence à l'audience à laquelle elle avait été régulièrement convoquée. • Même arrêt.

2. Le juge n'a pas à rechercher d'office si une partie a un motif légitime de non-comparution. • Soc. 8 oct. 1981 : *Bull. civ. V, n° 773* • Civ. 2e, 16 juin 1993, n° 91-21.692 P.

3. Requis de statuer sur le fond, le juge ne peut débouter le demandeur non comparant sans motiver sa décision. • Civ. 2e, 24 mai 1982 : *Bull. civ. II, n° 80.* ♦ V. notes ss. art. 455 et ss. art. 472.

4. Non-réception des écritures et pièces adverses. La non-réception des écritures et pièces adverses ne constitue pas, au sens de l'art. 468, al. 2, un empêchement légitime de comparaître à l'audience fixée à l'occasion de la procédure orale. • Civ. 2e, 28 juin 2012, n° 11-21.051 P : *Gaz. Pal. 2012. 2809, note Raschel ; ibid. 3507, note Bléry.*

5. Renvoi. Le juge a la faculté de renvoyer l'affaire à une audience ultérieure que le défendeur ait ou non requis un jugement sur le fond. • Civ. 3e, 19 oct. 1976 : *Bull. civ. III, n° 358.*

6. Le juge qui refuse de remettre l'affaire à une autre audience use de son pouvoir discrétionnaire d'administration. • Soc. 23 mars 1983 : *JCP 1983. IV. 183.*

7. Caducité de la citation. Si, sur opposition à une ordonnance portant injonction de payer, le poursuivant s'abstient de comparaître, et l'opposant de requérir un jugement sur le fond, il convient de déclarer caduque la requête en injonction de payer. • TI Guingamp, 15 déc. 1983 : *JCP 1986. II. 20538, note Blaisse ; RTD civ. 1984. 572, obs. Perrot.*

8. Lorsque le demandeur ne comparaît pas devant le bureau de jugement du conseil de prud'hommes, la citation est déclarée caduque non en application du code du travail, qui ne vise que la non-comparution devant le bureau de conciliation, mais en vertu de l'art. 468. • Soc. 19 févr. 1992 : *JCP 1992. IV. 1182, p. 129.* ♦ Sur les effets de cette caducité, V. • Soc. 8 déc. 1988 : *Bull. civ. V, n° 653 ; D. 1989. Somm. 279, obs. Julien.*

9. La non-comparution à l'audience ultérieure, à laquelle les débats sur le fond ont été renvoyés, d'un demandeur qui a initialement comparu devant le bureau de conciliation puis le bureau de jugement ne constitue pas une cause de caducité de la citation. • Soc. 13 janv. 1999, n° 96-45.301 P.

10. La caducité de l'acte introductif ne saurait être prononcée lorsque le demandeur défaillant a un motif légitime de non-comparution. Après qu'un premier conseil de prud'hommes a prononcé la caducité de la demande, le salarié qui, sur nouvelle demande devant un conseil de prud'hommes limitrophe, justifie de sa non-comparution initiale par la présence de son employeur parmi les membres de la juridiction ne peut se voir opposer les dispositions dérogatoires au droit commun de l'art. R. 516-1 [devenu R. 1452-6] C. trav. • Soc. 22 juin 1978 : *Bull. civ. V, n° 506.*

11. Il résulte des art. 468 et R. 516-26-1 [devenu R. 1454-21] C. trav. qu'un salarié est irrecevable dans son appel contre la décision prononçant la caducité de la citation. Il convient en effet de solliciter, comme il en a la faculté, la rétractation du jugement emportant caducité, seule la décision qui refuse de rétracter ladite décision pouvant faire l'objet d'un appel. • Soc. 23 mai 2007, n° 06-40.146 P : *D. 2007. AJ 1664, obs. A. Fabre ; Dr. et pr. 2007. 337, note Bugada.*

12. Il résulte des art. R. 516-26-1 [devenu R. 1454-21] C. trav. et 468, al. 2, C. pr. civ. que la faculté de réitérer une nouvelle fois une demande déclarée caduque ne prive pas le défaillant de demander, dans les conditions prévues à l'art. 468, al. 2, la rétractation de la seconde décision de caducité. • Soc. 14 janv. 2009 : *Procédures 2009, n° 74, note Perrot.*

13. En cause d'appel. Le seul fait que (dans une matière soumise à la procédure sans représentation obligatoire) l'appelant n'ait pas comparu ne suffit pas à rendre caduque la déclaration d'appel. • Soc. 2 mars 1983 : *Bull. civ. V, n° 120 ; RTD civ. 1984. 171, obs. Perrot.*

En ce sens déjà que (dans le même type de matière) la cour statue par arrêt *réputé contradictoire* (et *non contradictoire*) lorsque l'appelant, bien que convoqué conformément aux dispositions de l'art. 937, ne comparaît pas, V. • Soc. 27 avr. 1978 : *Bull. civ. V, n° 300.*

14. Lorsque, après accomplissement des formalités de l'art. 97, l'appelant, bien qu'avisé par lettre recommandée délivrée à sa personne, ne comparaît pas sans que soit donné aucun motif légitime, la décision rendue sur le fond à la requête de l'intimé est contradictoire par application de l'art. 468. • Civ. 2e, 9 févr. 1983 : *Bull. civ. II, n° 34 ; Gaz. Pal. 1983. 1. Pan. 176, obs. Guinchard ; RTD civ. 1984. 172, obs. Perrot.*

15. Doit être cassé l'arrêt qui se fonde sur l'absence de comparution et de représentation de l'appelant à l'audience pour confirmer le jugement déféré. En effet, selon l'art. 468 NCPC, si, sans motif légitime, l'appelant ne comparaît pas, seul l'intimé peut requérir une solution sur le fond. • Civ. 2e, 17 janv. 2013 : *BICC 15 mai 2013, n° 760 ; D. actu. 29 janv. 2013, obs. Kebir ; Gaz. Pal. 24-25 mai 2013, p. 23, obs. Bléry ; JCP S 2013. 1105, note Tauran.*

16. Appel de la décision. Lorsque le juge déclare caduque une citation en justice, la voie de l'appel n'est ouverte qu'à l'égard de la décision par laquelle le juge refuse de rétracter sa première décision. • Civ. 2e, 17 juin 1998, n° 95-12.810 P : *RTD civ. 1998. 743, obs. Perrot .*

Art. 469 **Si, après avoir comparu, l'une des parties s'abstient d'accomplir les actes de la procédure dans les délais requis, le juge statue par jugement contradictoire au vu des éléments dont il dispose.**

Le défendeur peut cependant demander au juge de déclarer la citation caduque.

1. Un arrêt est rendu contradictoirement en appel lorsque l'avoué constitué par l'appelant dans sa déclaration d'appel n'a pas conclu ultérieurement, faisant connaître qu'après rejet de la demande d'aide judiciaire de son client il estimait que son mandat avait pris fin. • Paris, 7 nov. 1980 : *D. 1981. IR 374, obs. Julien.*

2. A la différence de l'art. 468, l'art. 469 ne prévoit pas que le juge puisse prononcer d'office la caducité de la citation. • Paris, 13 nov. 1985 : *D. 1986. IR 222, obs. Julien.*

Jugé, au contraire, qu'il y avait lieu de déclarer d'office l'assignation caduque lorsque l'avocat du demandeur, présent à l'audience, déclarait être sans nouvelles de son client, dans l'ignorance de son adresse, et ne pouvoir de ce fait régulariser la procédure. • TGI Bobigny, 24 sept. 1974 : *Gaz. Pal. 1975. 1. Somm. 162.*

3. Le jugement de caducité fondé sur l'art. 469, intervenu après un débat contradictoire, ne peut faire l'objet du recours en rétractation prévu par l'art. 407 C. pr. civ., qui permet au juge, en cas d'erreur, de rétracter sa décision prononçant la caducité d'une citation lorsque cette décision a été prise à l'insu du demandeur. • Civ. 2e, 10 déc. 2020, n° 19-20.051 : *D. actu. 22 janv. 2021, note Sansone ; D. 2021. 543, obs. Fricero.*

Art. 470 **Si aucune des parties n'accomplit les actes de la procédure dans les délais requis, le juge peut, d'office, radier l'affaire par une décision non susceptible de recours après un dernier avis adressé aux parties elles-mêmes et à leur mandataire si elles en ont un.**

1. La faculté d'accepter ou de refuser le renvoi à une audience ultérieure d'une affaire fixée pour être plaidée relève du pouvoir discrétionnaire du juge, qui peut procéder à la radiation de l'affaire si les parties conviennent de ne pas déposer leur dossier. • Cass., ass. plén., 24 nov. 1989 : *D. 1990. 25, concl. Cabannes ; JCP 1990. II. 21407, note Cadiet ; RTD civ. 1990. 145, obs. Perrot.* ♦ V. note 1 ss. art. 432.

2. Le juge ne peut radier l'affaire, dès lors, qu'en appel, l'intimé avait conclu à la confirmation du jugement, la faculté de radiation n'existant que si les avocats de chacune des parties s'abstiennent d'accomplir les actes de procédure dans les délais impartis. • Civ. 2e, 16 déc. 1982 : *Gaz. Pal. 1983. 1. Pan. 140, obs. Guinchard.* ♦ V. note ss. art. 801.

3. Radiation de l'affaire, devant la Cour de cassation, lorsque, après le décès du demandeur au pourvoi, ses héritiers, invités à faire part de leurs intentions, n'ont fait aucune diligence dans le délai imparti. • Civ. 2e, 6 déc. 1984 : *JCP 1985. IV. 57.*

SOUS-SECTION 2 LE JUGEMENT RENDU PAR DÉFAUT ET LE JUGEMENT RÉPUTÉ CONTRADICTOIRE

Art. 471 **Le défendeur qui ne comparaît pas peut, à l'initiative du demandeur ou sur décision prise d'office par le juge, être à nouveau invité à comparaître si la citation n'a pas été délivrée à personne.**

(Décr. n° 76-1236 du 28 déc. 1976, art. 6) **« La citation est, sauf application des règles particulières à certaines juridictions, réitérée selon les formes de la première citation. Le juge peut cependant ordonner qu'elle sera faite par acte d'huissier de justice lorsque la première citation avait été faite par le** *(Décr. n° 2017-892 du 6 mai 2017, art. 68-I-3°)* **« greffier » de la juridiction. La nouvelle citation doit faire mention, selon le cas, des dispositions des articles 472 et 473 ou de celles de l'article 474 (alinéa 2). »**

Le juge peut aussi informer l'intéressé, par lettre simple, des conséquences de son abstention.

1. L'indication liminaire d'un jugement, selon laquelle une partie est représentée, ne signifie pas nécessairement et à elle seule, dans les procédures sans représentation obligatoire, que le représentant a comparu. • *Civ. 2e, 21 janv. 1998 : Gaz. Pal. 1998. 2. Pan. 182.*

2. Vérification des mentions. Lorsqu'une partie, citée à comparaître par acte d'huissier de justice, ne comparaît pas, le juge, tenu de s'assurer de ce que celle-ci a été régulièrement appelée, doit vérifier que l'acte fait mention des diligences prévues, selon les cas, aux art. 655 à 659. A défaut, le juge ordonne une nouvelle citation de la partie défaillante. • Civ. 2e, 1er oct. 2020, n° 18-23.210 : *cité ss. note 22 ss. art. 14* (cassation de l'arrêt dans lequel la cour d'appel a condamné l'intimé qui n'a pas comparu alors qu'il avait reçu à domicile la citation à comparaître, sans vérifier si ladite citation comportait les mentions exigées par les art. 655 à 659).

Art. 472 **Si le défendeur ne comparaît pas, il est néanmoins statué sur le fond.**
Le juge ne fait droit à la demande que dans la mesure où il l'estime régulière, recevable et bien fondée.

1. L'employeur qui, régulièrement convoqué à l'audience du bureau de jugement, n'y comparaît pas ne saurait se prévaloir de sa propre défaillance pour reprocher à cette juridiction, qui n'est pas tenue de renvoyer l'affaire à une audience ultérieure ni, à défaut, de réouvrir les débats, d'avoir fondé sa décision sur des éléments régulièrement fournis par son ancien employé. • Soc. 19 juin 1986 : *Bull. civ. V, n° 325.*

2. Devant le conseil de prud'hommes, le dépôt de conclusions par la partie qui, bien que régulièrement convoquée, ne s'est ni présentée, ni fait représenter ne saurait suppléer à son défaut de comparution et le juge statue justement à son encontre par décision réputée contradictoire. • Soc. 24 avr. 1986 : *Bull. civ. V, n° 176.* ♦ Même solution dans toutes les procédures sans représentation obligatoire. • Soc. 16 janv. 1992, n° 89-21.716 P.

3. Il appartient au juge d'appel de vérifier si la condamnation prononcée en première instance à l'encontre d'une partie non comparante est régulière, recevable et bien fondée. • Civ. 2e, 18 oct. 2001 : *D. 2001. IR 3247.* ♦ Le juge est tenu, en application de l'art. 472, de vérifier la régularité de sa saisine à l'égard d'une partie non comparante. • Civ. 3e, 10 mai 1989 : *Bull. civ. III, n° 107* • Soc. 4 oct. 1989 : *Bull. civ. V, n° 566.* ♦ En cas de défaillance de la partie condamnée en première instance, le juge d'appel doit vérifier que la condamnation contre elle était régulière et bien fondée. • Civ. 2e, 21 oct. 1982 : *Bull. civ. II, n° 131.* ♦ Rappr., s'agissant du contrôle de recevabilité de la demande portée devant les premiers juges : • Civ. 3e, 19 juill. 1988 : *Bull. civ. III, n° 133.*

4. Le juge n'a pas à provoquer les explications de la demanderesse en garantie pour décider, au vu des actes qui sont dans le débat, qu'il n'est pas saisi de sa demande, non formulée par voie d'assignation. • Civ. 3e, 10 mai 1989 : *préc.* ♦ Une cour d'appel, tenue en vertu de l'art. 472, de vérifier la régularité de sa saisine à l'égard d'une partie non comparante, n'a pas à provoquer les explications des autres parties, pour décider au vu des actes qui étaient dans le débat, que la partie non comparante n'avait pas été régulièrement mise en cause. • Civ. 3e, 18 juin 2008, n° 07-13.117 P. ♦ V. notes ss. art. 16 et 68.

5. Ne satisfait pas aux exigences de l'art. 472 le jugement qui se borne à constater que le défendeur n'avait pas comparu et qu'il y avait lieu de statuer à son encontre sans rechercher dans quelle mesure la demande était régulière et bien fondée. • Civ. 2e, 17 déc. 1979 : *Bull. civ. II, n° 295* • Com. 12 févr. 1985 : *Gaz. Pal. 1985. 2. Pan. 188, obs. Guinchard et Moussa* • Soc. 19 juin 1991, n° 87-43.056 P • 9 déc. 1993 : *JCP 1994. IV. 17.* ♦ ... Qui se borne à constater, par des motifs dont la généralité ne permet pas à la Cour de cassation d'exercer son contrôle, que la demande est régulière, recevable et bien fondée. • Com. 17 juin 1986 : *Bull. civ. IV, n° 124.* ♦ ... Que le défaut du défendeur fait présumer qu'il avait renoncé à sa contestation. • Civ. 2e, 5 nov. 1986 : *D. 1986. IR 457* • Soc. 4 juill. 1990, n° 87-41.192 P. ♦ L'arrêt qui retient, pour confirmer un jugement ayant condamné le défendeur au paiement, que ce jugement n'est pas remis en cause en ce qui concerne les condamnations à l'encontre du défendeur. • Civ. 2e, 20 mars 2003, n° 01-03.218 P : *D. 2003. IR 943 ; JCP 2003. II. 10150, note du Rusquec.*

6. Intimé. En appel, si l'intimé ne conclut pas, il est néanmoins statué sur le fond, et le juge ne fait droit aux prétentions et moyens de l'appelant que dans la mesure où il les estime réguliers, recevables et bien fondés. Ne satisfait pas aux exigences de l'art. 472 l'arrêt qui, après avoir déclaré irrecevables les conclusions de l'intimé, déposées postérieurement à l'ordonnance de clôture, tendant à la confirmation des condamnations prononcées à son profit, se borne, pour le débouter, à retenir qu'aucune demande n'était formulée au soutien de la décision des premiers juges frappée d'appel. • Civ. 2e, 30 avr. 2003, n° 01-12.289 P : *D. 2003. IR 1477 ; Gaz. Pal. 8-10 févr. 2004, p. 21, obs. du Rusquec.* ♦ ... La cour d'appel qui, au motif que l'intimée est défaillante et ne soutient donc plus sa demande, prononce le divorce aux torts exclusifs de l'épouse sans examiner les mérites de l'appel du mari quant aux griefs allégués dans la demande principale de l'épouse et retenus contre lui par le premier juge qui avait prononcé le divorce à ses torts exclusifs. • Civ. 1re, 20 sept. 2006, n° 05-20.001 P : *D. 2007. Pan. 1382, obs. Julien.* ♦ ... La cour d'appel qui déduit de l'irrecevabilité des conclusions des intimés qu'ils ne sollicitent pas la confirmation du jugement, même dans ses dispositions qui leur sont favorables et qu'il y a lieu de faire droit à la demande de l'appelante et d'infirmer le jugement qui avait accueilli la demande de dommages-intérêts présentée par les intimés, ceux-ci ne soutenant plus leurs demandes. • Civ. 2e, 30 avr. 2009, n° 08-15.947 P. ♦ ... La cour d'appel qui, pour réformer le jugement et débouter Mme X... de toutes ses prétentions, l'arrêt retient que, les conclusions de l'intimé ayant été déclarées irrecevables par une ordonnance du conseiller de la mise en état, aucun moyen n'est opposé aux parties adverses qui concluent à son débouté, alors qu'elle devait examiner, au vu des moyens d'appel, la pertinence des motifs par lesquels le premier juge s'était déterminé. • Civ. 2e, 3 déc. 2015, n° 14-

26.676 P : *Gaz. Pal. 9 févr. 2016, p. 74, obs. Raschel.*

7. Ne satisfait pas aux exigences de l'art. 472 le TI qui condamne l'opposant à une ordonnance d'injonction de payer en énonçant que l'intéressé, défendeur, n'ayant pas comparu, son silence laisse présumer qu'il n'a aucun argument sérieux à opposer à son adversaire, lequel fournit aux débats toutes les pièces explicatives nécessaires, sans analyser, même sommairement, les éléments de preuve produits sur lesquels le tribunal fondait sa décision. • Civ. 2e, 10 oct. 1990, n° 89-17.214 P.

V. également, pour la condamnation du motif pris de la présomption d'absence d'argument sérieux : • Civ. 2e, 6 févr. 1980 : *JCP 1980. IV. 156.* ♦ ... Pour la condamnation de l'absence d'analyse des documents produits : • Civ. 2e, 3 mai 1985 : *Bull. civ. II, n° 91.* ♦ V. notes ss. art. 455.

8. Cassation du jugement accueillant l'opposition à une injonction de payer, en se fondant sur les pièces du dossier adressé par l'opposant qui n'avait pas comparu et n'avait pas été représenté. • Civ. 2e, 26 oct. 1994, n° 92-14.815 P. ♦ V. également en matière d'ordonnance d'injonction de payer : • Civ. 2e, 9 déc. 1997, n° 96-12.797 P • 13 juin 2002 : *Dr. et pr. 2002. 363, note Douchy.*

9. Sur l'application de l'art. 472 dans le cadre des pouvoirs de référé du premier président de la cour d'appel, V. note 7 ss. art. 956.

10. Viole l'art. 472 la juridiction de proximité qui, pour accueillir partiellement la demande, retient que le locataire a justifié les sommes restant dues par le bailleur et versé les calculs demandés par le juge, et qu'en conséquence, il convient de condamner le bailleur à verser au locataire le solde du dépôt de garantie retenu, assortis des pénalités de retard légales, sans analyser même succinctement les éléments de preuve produits par le bailleur ni s'expliquer sur les motifs des déductions opérées. • Civ. 3e, 1er févr. 2018, n° 16-27.204 P : *D. actu. 12 févr. 2018, obs. Mélin ; JCP 2018. 201, obs. Deharo.*

Art. 473 **Lorsque le défendeur ne comparaît pas, le jugement est rendu par défaut si la décision est en dernier ressort et si la citation n'a pas été délivrée à personne.**

Le jugement est réputé contradictoire lorsque la décision est susceptible d'appel ou lorsque la citation a été délivrée à la personne du défendeur.

1. La qualification inexacte du jugement par les juges qui l'ont rendu est sans effet sur le droit d'exercer un recours. • Civ. 2e, 1er avr. 1981 : *Bull. civ. II, n° 83 ; RTD civ. 1982. 210, obs. Perrot* • 6 déc. 1991, n° 90-17.415 P : *Gaz. Pal. 22 juill. 1992, obs. Ferrand et Moussa.* ♦ Est susceptible d'opposition le jugement en dernier ressort qualifié de réputé contradictoire bien que le défendeur non comparant ait été assigné à domicile. • Com. 13 nov. 1990 : *JCP 1991. IV. 12.* ♦ V. art. 536.

2. Le juge ne peut statuer par décision réputée contradictoire avant expiration du délai de comparution. • Civ. 2e, 30 juin 1977 : *Bull. civ. II, n° 174.*

3. La cour d'appel ne peut statuer par arrêt réputé contradictoire sans faire ressortir de ses constatations que l'intimé avait été assigné à personne. • Civ. 2e, 22 févr. 1989 : *Bull. civ. II, n° 45* • Civ. 1re, 20 nov. 2001, n° 99-17.017 P : *D. 2002. IR 43.*

4. La signification à parquet ne peut être réputée faite à personne s'il ne résulte pas de la décision que la copie de l'acte a été remise à la personne même de l'intéressé. • Civ. 2e, 11 mars 1976 : *Bull. civ. II, n° 99.*

5. La convocation par lettre simple devant le bureau de jugement du conseil de prud'hommes ne peut être assimilée à une citation délivrée à personne. • Soc. 8 janv. 1981 : *Bull. civ. V, n° 21 ; RTD civ. 1981. 690, obs. Perrot* • 6 juill. 1978 : *Bull. civ. V, n° 586.* ♦ Mais vaut citation à personne la convocation verbale avec émargement au procès-verbal de non-conciliation. • Soc. 14 mai 1981 : *Bull. civ. V, n° 428 ; RTD civ. 1982. 206, obs. Perrot.*

6. Ne saurait valoir comparution devant le conseil de prud'hommes le simple dépôt de conclusions écrites. • Soc. 24 avr. 1986 : *Bull. civ. V, n° 176.* ♦ Rappr. • Soc. 20 juin 1990 : *Gaz. Pal. 1991. 1. Pan. 29.* ♦ ... L'envoi d'un courrier. • Soc. 12 déc. 1991 : *D. 1992. IR 47.*

7. Faute de disposition particulière à cette juridiction, l'art. 473 est rendu applicable par l'art. 749 devant les cours d'appel. • Civ. 2e, 3 mai 1985 : *Gaz. Pal. 1985. 2. Pan. 252, obs. Croze et Morel.* – V. aussi • Civ. 2e, 21 oct. 1982 : *Gaz. Pal. 1983. 1. Pan. 103, obs. S. G.*

Art. 474 **En cas de pluralité de défendeurs cités pour le même objet, lorsque l'un au moins d'entre eux ne comparaît pas, le jugement est réputé contradictoire à l'égard de tous si la décision est susceptible d'appel ou si ceux qui ne comparaissent pas ont été cités à personne.**

(Décr. n° 2005-1678 du 28 déc. 2005, art. 44, en vigueur le 1er mars 2006) **« Lorsque la décision n'est pas susceptible d'appel et que l'une au moins des parties qui n'a pas comparu n'a pas été citée à personne, le jugement est rendu par défaut. »**

L'art. 44 du Décr. n° 2005-1678 du 28 déc. 2005 est applicable aux procédures en cours (Décr. préc., art. 87, al. 1er).

1. Les défendeurs sont cités pour le même objet lorsque le coauteur d'un accident et la victime sont intimés par un autre coauteur pour voir fixer la part de responsabilité du premier. • Civ. 2e, 29 mars 1976 : *Bull. civ. II, n° 102.* ♦ Il y a unité d'objet de la demande lorsque des locataires et un agent immobilier ont été intimés en vue d'être condamnés solidairement au remboursement de réparations locatives et à l'indemnisation d'une perte pour non-location, leurs manquements conjugués ayant concouru à la réalisation du même dommage dont il est demandé réparation. • Civ. 2e, 5 févr. 1997, n° 95-13.504 P : *D. 1999. 24, note S. Denoix de Saint Marc ; D. affaires 1997. 313 ; RTD civ. 1997. 513, obs. Perrot ; Gaz. Pal. 1998. Jurisp. 797, note du Rusquec.*

Ont le même objet l'appel formé par un syndic à l'encontre d'un dirigeant social condamné à payer une partie des dettes sociales et l'appel du même jugement formé par le syndic à l'encontre d'un autre dirigeant mis hors de cause. • Com. 15 nov. 1983 : *Bull. civ. IV, n° 304 ; D. 1984. IR 242, obs. Julien.*

Pour le cas, au contraire, de jonction de deux appels contre deux jugements ayant des objets différents, V. • Civ. 1re, 15 avr. 1980 : *Bull. civ. I, n° 110 ; D. 1981. IR 374, obs. Julien.*

2. Les juges du fond ne sauraient qualifier leur décision de réputée contradictoire sans préciser les modalités de citation des défendeurs. • Soc. 28 mai 1991, n° 88-40.653 P. ♦ Sur la recevabilité de l'opposition formée contre une décision réputée contradictoire dès lors que certains intimés ont comparu, V. : • Civ. 2e, 9 déc. 1997, n° 95-19.391 P : *JCP 1998. II. 10094, note du Rusquec.*

Art. 475 **Le juge ne peut statuer avant l'expiration du plus long délai de comparution, sur première ou seconde citation.**

Il statue à l'égard de tous les défendeurs par un seul et même jugement, sauf si les circonstances exigent qu'il soit statué à l'égard de certains d'entre eux seulement.

L'art. 475 n'est pas applicable à l'intervention forcée devant la cour. • Paris, 10 mars 1977 : *D. 1977. IR 230, obs. Julien.*

Art. 476 **Le jugement rendu par défaut peut être frappé d'opposition, sauf dans le cas où cette voie de recours est écartée par une disposition expresse.**

Art. 477 **Le jugement réputé contradictoire ne peut être frappé de recours que par les voies ouvertes contre les jugements contradictoires.**

Est inopérant, en l'absence de grief, le moyen pris par le demandeur au pourvoi de ce que l'arrêt a été improprement qualifié de contradictoire à son égard au lieu de simplement réputé contradictoire. • Civ. 2e, 12 nov. 1980 : *Gaz. Pal. 1981. 1. 374, note Viatte ; D. 1981. IR 374, obs. Julien.*

Art. 478 **Le jugement rendu par défaut ou le jugement réputé contradictoire au seul motif qu'il est susceptible d'appel est non avenu s'il n'a pas été notifié dans les six mois de sa date.**

La procédure peut être reprise après réitération de la citation primitive.

1. Les dispositions de l'art. 478 ne peuvent s'appliquer à un arrêt d'une cour d'appel réputé contradictoire. • Civ. 2e, 26 janv. 2017, n° 15-28.173 P.

2. *En application* de l'art. 478, seule la partie qui n'a pas comparu ni été citée à personne peut demander à ce que soit constaté le caractère non avenu du jugement. • Civ. 2e, 17 mai 2018, n° 17-17.409 P : *D. actu. 31 mai 2018, obs. Mélin ; D. 2018. Actu. 1081 ; JCP 2018. 636, note Guez ; Gaz. Pal. 31 juill. 2018, p. 64, obs. Herman.*

3. Lorsque le défendeur ne comparaît pas, seul est non avenu, s'il n'a pas été notifié dans les six mois de sa date, le jugement réputé contradictoire au motif qu'il est susceptible d'appel, rendu sur une assignation qui n'a pas été délivrée à personne. • Civ. 2e, 1er juin 1988 : *Bull. civ. II, n° 133 ; D. 1989. Somm. 180, obs. Julien* • Civ. 2e, 22 mars 2007 : *Procédures 2007, n° 130, note Perrot.*

4. Lorsque le jugement par défaut ou réputé contradictoire au seul motif qu'il est susceptible d'appel est non avenu pour n'avoir pas été signifié dans les six mois de sa date, la procédure peut être reprise après réitération de la citation primitive devant la juridiction compétente à la date de la réitération. • Civ. 2e, 6 janv. 2012, n° 10-16.289 P : *D. actu. 27 janv. 2012, obs. Tahri ; Dr. et pr. 2012. 54.* ♦ En application de l'art. 478, lorsqu'un jugement réputé contradictoire au seul motif qu'il est susceptible d'appel est déclaré non avenu, la procédure ne peut être reprise qu'après réitération de la citation primitive. Dès lors que cette dernière a été formée par assignation, la demande reconventionnelle formée par voie de conclusions ne peut valoir citation. • Civ. 2e, 15 mai 2014, n° 13-17.893 P.

5. L'appel de la partie défaillante en première instance emporte renonciation au bénéfice des dispositions protectrices de l'art. 478. • Civ. 2e, 10 juill. 2003, n° 99-15.914 P : *D. 2003. IR 2124 ; Dr. et pr. 2004. 26, note Vinckel ; Gaz. Pal. 9-10 juill. 2004, p. 11, obs. du Rusquec* • 23 sept. 2004 : *Procédures 2004, n° 225, note Perrot* • Com. 7 janv. 2003 : *Dr. sociétés 2003, n° 167, note J.-P. Legros* • Civ. 2e, 23 juin 2011, n° 10-20.563 P : *Dr. et pr. 2011. 221.* ♦ Mais tel n'est pas le cas si l'appel est formé par la partie comparante. • Civ. 2e, 26 oct. 2006 : *Procédures 2007, n° 5, obs. Perrot.* ♦ Et, si l'appel formé emporte renonciation à se prévaloir des dispositions protectrices de l'art. 478 C. pr. civ. permettant de solliciter la caducité d'un jugement réputé contradictoire non notifié dans les six mois, la cour d'appel doit néanmoins statuer sur la demande subsidiaire dont elle était saisie par l'effet dévolutif de l'appel qui tendait à la réformation du jugement. • Civ. 2e, 24 sept. 2015, n° 14-20.456 P : *D. actu. 7 oct. 2015, obs. Kebir.*

6. Viole les art. 2428 C. civ., ensemble l'art. 478 C. pr. civ., la cour d'appel qui déduit de l'accomplissement des formalités d'inscription d'une hypothèque judiciaire que le jugement sur le fondement duquel cette dernière a été prise avait été signifié dans les six mois de sa date, alors que l'inscription d'une hypothèque judiciaire n'est pas subordonnée à la production d'un jugement signifié. • Civ. 1re, 27 janv. 2016, n° 15-12.840 P.

7. L'art. 478 est sans application au cas où appel a été relevé du jugement avant expiration du délai, puisque, par le seul effet dévolutif de l'appel, la chose jugée se trouve remise en question devant la cour. • Paris, 9 juill. 1981 : *Bull. ch. avoués 1981. 4. 11.*

8. Il n'importe qu'un arrêt de cassation rendu par défaut ne soit pas notifié, dès lors que la juridiction de renvoi est saisie dans les six mois de son prononcé. • Civ. 2e, 9 oct. 1991 : *D. 1991. IR 263* . ♦ Mais cette solution n'est pas valable si l'appel n'a pas été formé par la partie défaillante. • Civ. 2e, 27 mars 1996, n° 94-14.578 P : *RTD civ. 1996. 707, obs. Perrot ; JCP 1996. II. 22708, note du Rusquec* • Com. 3 avr. 2001, n° 98-14.191 P. ♦ La partie défaillante n'est pas recevable à invoquer, sur le fondement de l'art. 478, le caractère non avenu, faute de notification dans les six mois de sa date, d'un jugement qui ne lui fait pas grief. • Civ. 2e, 27 juin 2013 : *BICC 15 déc. 2013, n° 1526 ; D. 2013. Actu. 1694 ; Gaz. Pal. 3 sept. 2013, p. 42, note Lauvergnat ; RTD civ. 2013. 667, obs. Perrot* .

9. La notification dans les six mois s'entend de celle qui est faite à la partie elle-même et non à son mandataire. • Civ. 2e, 14 avr. 1988 : *Bull. civ. II, n° 81.* ♦ V. art. 677.

10. Hors le cas d'indivisibilité, seule la partie non comparante peut se prévaloir du défaut de notification d'un jugement réputé contradictoire dans le délai de six mois. • Civ. 2e, 14 avr. 1988 : *Bull. civ. II, n° 82.* – V. aussi • Civ. 2e, 28 nov. 1984 : *Bull. civ. II, n° 181* • 13 janv. 1988 : *Bull. civ. II, n° 17* • Com. 20 févr. 2001 : *Procédures 2001, n° 122, obs. Perrot* • Civ. 2e, 9 nov. 2006 : *Procédures 2007, n° 32, obs. Perrot.* – Comp. : • Metz, 14 juin 2001 : *RTD civ. 2001. 954, obs. Perrot* . ♦ Sur la nécessité d'exposer de quels faits résulte l'indivisibilité, V. • Civ. 2e, 23 sept. 2004, n° 02-14.200 P : *D. 2004. IR 2623* . ♦ Pour cette raison, la cour de renvoi n'a pas à rechercher d'office si l'arrêt de cassation avait été notifié au défaillant dans les six mois. • Civ. 2e, 13 janv. 1988 : *préc.*

L'exception tendant à faire constater la caducité du jugement par application de l'art. 478 est irrecevable dès lors que l'appelant l'a fait précéder de conclusions au fond. • Civ. 2e, 22 nov. 2001, n° 99-17.875 P : *Dr. et pr. 2002. 163, note Douchy* • Besançon, 23 oct. 2001 : *JCP 2002. IV. 1804.* ♦ Comp., jugeant que le défaillant peut former appel et soulever le moyen tiré de la péremption du jugement, avant toute dépense de fond : • Com. 11 mars 1997 : *RTD civ. 1997. 511, obs. crit. Perrot ; Procédure 1997, com. 402, note Croze.*

Sur l'intérêt que peut avoir le demandeur à se prévaloir de la « péremption » de l'art. 478, V. cep. • Paris, 22 nov. 1977 : *JCP 1976. IV. 6611, p. 215.*

11. Un jugement rendu par défaut ou réputé contradictoire au seul motif qu'il est susceptible d'appel, portant condamnation solidaire, notifié à l'un des coobligés est non avenu à l'égard de ceux, non comparants, auxquels il n'a pas été notifié dans les délais prévus à l'art. 478 NCPC [devenu C. pr. civ.]. • Civ. 2e, 29 janv. 1997, n° 95-10.046 P : *D. 1997. IR 64 ; RTD civ. 1997. 511, obs. Perrot ; Gaz. Pal. 1998. 2. 792, note du Rusquec ; JCP 1997. II. 22789, concl. Kessous ; Procédures 1997, n° 55, note Perrot.* – Rappr. : • Civ. 1re, 24 nov. 1998, n° 96-15.572 P.

12. En ce sens que l'appel, qui tend à faire réformer ou annuler le jugement, n'est pas ouvert à la partie qui entend faire constater la caducité d'un jugement en vertu de l'art. 478. Il appartient à celle-ci de saisir le JEX ou d'en référer au président du TGI en application de l'art. 811, V. • Paris, 16 mai 1986 : *D. 1987. Somm. 230, obs. Julien.* – V. aussi • Paris, 13 nov. 1976 : *JCP 1977. II. 18558*, note J. A. ; RTD civ. 1977. 620, *obs. Perrot* • Dijon, 18 nov. 1980 : *JCP 1980. II. 19460, note J. A.* • Paris, 14 janv. 1983 : *Gaz. Pal. 1983. 1. 211, note Bertin ; RTD civ. 1983. 389, obs. Perrot* • Limoges, 11 oct. 1993 : *D. 1993. IR 241* . ♦ Comp. • Civ. 2e, 22 nov. 2001 : *préc. note 10* • Com. 11 mars 1997 : *ibid.*

13. La « péremption » qui frappe un jugement de divorce rendu par défaut non signifié dans le délai de six mois n'atteint pas l'ordonnance de non-conciliation, laquelle précède l'assignation. • Civ. 2e, 10 mars 1977 : *D. 1977. IR 231, obs. Julien.*

14. La cour d'appel qui constate la « péremption » du jugement réputé contradictoire qui a prononcé la liquidation des biens ne peut prononcer d'office la liquidation des biens en application de l'art. 8 du décret du 22 déc. 1967, ce constat ne comportant ni annulation, ni infirmation du jugement. • Com. 20 mars 1978 : *D. 1979. IR 36 ; RTD civ. 1978. 928, obs. Perrot.* – V. Décr. n° 85-1388 du 27 déc. 1985, art. 11. – **C. com.**

15. L'art. 478 ne s'applique pas aux jugements qui ne dessaisissent pas le juge (à propos d'une décision de sursis à statuer qui suspend seulement le cours de l'instance). • Civ. 2e, 6 janv. 2005, n° 02-19.506 P : *D. 2006. Pan. 548, obs. Julien et Fricero.*

16. L'art. 478 ne s'applique pas aux arrêts rendus par la Cour de cassation. • Civ. 2e, 2 mars 2000, n° 97-11.736 P : *D. 2000. IR 99 ; JCP 2000. II. 10285, note Perdriau ; Procédures 2000, n° 140, obs. Perrot* • Civ. 3e, 13 oct. 2004, n° 02-21.444 P : *D. 2005. IR 339.* ♦ Il en résulte que la demande tendant à une reprise de l'instance doit être déclarée irrecevable. • Com. 29 janv. 2002 : *Gaz. Pal. 12-14 janv. 2003, p. 38, obs. Perdriau.*

17. La circonstance qu'un jugement d'ouverture de redressement judiciaire n'ait pas été notifié dans le délai prévu à l'art. 478 est sans incidence sur la validité d'un réquisitoire et d'une procédure ultérieure pour banqueroute, dès lors que l'ouverture du redressement judiciaire, avérée en l'espèce, n'est qu'une condition préalable à l'exercice de l'action publique. • Crim. 10 mars 2004, n° 03-87.441 P.

18. La partie non comparante ni représentée dans la procédure ayant donné lieu à un arrêt qu'elle a pris l'initiative de faire signifier après l'écoulement du délai de six mois mentionné à l'art. 478 C. pr. civ., contre lequel elle a formé un pourvoi en cassation, et qui a poursuivi l'instance jusqu'à son terme, a dès lors reconnu que l'arrêt en cause s'applique à elle et renoncé à se prévaloir de son caractère non avenu. • Civ. 2e, 26 juin 2008, n° 07-14.688 P : *Procédures 2008, n° 262, note Perrot ; Dr. et pr. 2008. 329, note Vinckel.*

19. Lorsqu'un jugement est déclaré non avenu, l'assignation initiale conserve son effet interruptif. • Civ. 2e, 18 déc. 2008 : *Procédures 2009, n° 38, obs. Perrot.*

Art. 479 **Le jugement par défaut ou le jugement réputé contradictoire rendu contre une partie demeurant à l'étranger doit constater expressément les diligences faites en vue de donner connaissance de l'acte introductif d'instance au défendeur.**

1. Lorsqu'un acte introductif d'instance est transmis dans un État membre de l'Union européenne aux fins de signification ou de notification selon les dispositions du règlement (CE) n° 1348 du 29 mai 2000 et que le défendeur ne comparaît pas, le juge doit constater expressément les diligences faites en vue de lui donner connaissance de l'acte. • Civ. 2e, 15 nov. 2007, n° 06-14.996 P : *Procédures 2008, n° 7, note Perrot.*

2. En application de l'art. 479 C. pr. civ., le jugement doit constater expressément les diligences faites en vue de donner connaissance de l'acte au défendeur. Encourt en conséquence la censure, l'arrêt d'une cour d'appel qui statue sur renvoi de cassation, sans s'assurer que la notification de la déclaration de saisine à une société défenderesse, établie dans un autre État membre de l'Union européenne, avait été attestée par les autorités de cet État ni, à défaut, préciser les modalités de transmission de cette déclaration et les diligences accomplies auprès de ces autorités pour obtenir une telle attestation. • Civ. 2e, 11 avr. 2019, n° 17-31.497 P : *cité note ss. art. 688.*

CHAPITRE II DISPOSITIONS SPÉCIALES

SECTION PREMIÈRE LES JUGEMENTS SUR LE FOND

RÉP. PR. CIV. v° *Chose jugée*, par Bouty ; *Chose jugée*, par J. Karila de Van.

DALLOZ ACTION *Droit et pratique de la procédure civile 2022/2023*, nos 421.00 s. ; *Droit de la responsabilité et des contrats 2010/2011*, nos 696 s. (autorité de la chose jugée au pénal sur le civil).

SOUS-SECTION 1 DISPOSITIONS COMMUNES

(Décr. n° 2019-1419 du 20 déc. 2019, art. 1er-1°-a)

L'art. 1er du Décr. n° 2019-1419 du 20 déc. 2019 s'applique aux demandes introduites à compter du 1er janv. 2020 (Décr. préc., art. 24-II).

Art. 480 **Le jugement qui tranche dans son dispositif tout ou partie du principal, ou celui qui statue sur une exception de procédure, une fin de non-recevoir ou tout autre incident a, dès son prononcé, l'autorité de la chose jugée relativement à la contestation qu'il tranche.**

Le principal s'entend de l'objet du litige tel qu'il est déterminé par l'article 4. – *V. C. civ., art. 1351.* – ***C. civ.***

BIBL. ► ANDRIOT-LEBŒUF, *RRJ 2000/3. 1205* (principe d'autorité de chose jugée au pénal sur le civil). – M. AUDIT, *Procédures 2007. Étude 16* (la loi applicable à l'autorité de la chose jugée). – BENAYOUN, *D. 1999. Chron. 476* (autorité de la chose jugée au pénal en matière de cause étrangère). – BENCIMON, *Bull. avoués 2007, nº 176, p. 3* (notion de chose jugée : une longue histoire). – BLÉRY, *Procédures 2007. Étude 11* (qu'est-ce que l'autorité de la chose jugée ? une question d'école ?) ; *Mél. Héron, LGDJ-Lextenso 2008, p. 111* (concentration des demandes et offices du juge : une nouvelle donne au sein des principes directeurs du procès ?). – BOLARD, *JCP 1997. I. 4003* (jugements « en l'état »). – BOYER, *RTD civ. 1951. 163.* – BRENNER, *Procédures 2007. Étude 13* (les décisions dépourvues d'autorité de chose jugée) ; Le NCPC (1975-2005), *Economica 2006, p. 221* (conceptions actuelles de l'autorité de la chose jugée en matière civile au regard de la jurisprudence). – CADIET, *JCP 2008. Hors-série – cahier nº 2, p. 17* (de la jurisprudence vers les codes). – DELAPORTE, *BICC 2005, hors série nº 3* (objet et cause de la demande). – DELVOLVÉ, *Procédures 2007. Étude 14* (autorité de la chose jugée de l'administratif sur le judiciaire et du judiciaire sur l'administratif). – DESDEVISES, *Mél. Cosnard, éd. Economica, 1990, p. 325* (le fond en procédure civile). – DINTILHAC, *R. 2004, p. 57* (la vérité de la chose jugée). – FOULON et STRICKLER, *Dr. et pr. 2014, p. 178* (l'équivoque en droit : le jugement définitif). – FRICERO, Principes de justice, *Mél. Burgelin, Dalloz 2008, p. 199* (le fabuleux destin de l'autorité de la chose jugée). – GHESTIN, *Mél. Waline, Dalloz 2002, p. 575* (l'autorité de chose jugée des motifs d'une décision judiciaire en droit privé) ; *Mél. Normand, Litec, 2003, p. 199* (l'autorité de chose jugée des motifs ayant tranché une question de fond dont dépendait la compétence). – GRANDSARD, *Procédures 2007. Étude 15* (le regard du praticien). – GROUTEL, *RCA 2001. Chron. 25* (faute pénale, faute civile et assurance). – GUILLIEN, *Mél. Vincent, Dalloz, 1981, p. 117* (étude de certains contrats ; notion d'acte juridictionnel). – GUINCHARD, *Mél. Wiederkehr, Dalloz, 2009, p. 379.* – HÉRON, *Mél. Perrot, Dalloz 1996, p. 131* (localisation de l'autorité de la chose jugée ou rejet de l'autorité positive de la chose jugée). – A. HUET, *Mél. Wiederkehr, Dalloz 2009, p. 397* (l'autorité négative de chose jugée des jugements étrangers – Réflexions sur le droit international privé commun français). – JOURDAIN, *RCA 2009, Étude nº 3* (recours en contribution). – KERNALEGUEN, *Mél. Normand, Litec, 2003, p. 261* (choses jugées entre elles). – LE BARS, *Procédures 2007. Étude 12* (autorité positive et autorité négative de chose jugée). – R. MARTIN, *JCP 1979. I. 2938* (contradictions de la chose jugée). – MAYER, *Mél. Héron, LGDJ-Lextenso 2008, p. 331* (réflexions sur l'autorité négative de la chose jugée). – MOTULSKY, *D. 1968. Chron. 1.* – NORMAND, *obs. RTD civ. 1988. 386* (part des motifs dans la chose jugée) ; *BICC 2005, hors série nº 3* (motifs et dispositif). – OHL, *Just. et cass. 2007. 108* (la durée de la chose jugée dans le procès civil). – PERDRIAU, *JCP 1988. I. 3352* (dispositifs implicites).– POILLOT, *RRJ 2007-4, p. 1921* (le siège de la chose jugée). – DE PUYBUSQUE, *Gaz. Pal. 1986. 1. Doctr. 133* (jugements préparatoires). – ROBERT, *Procédures 2007. Étude 19* (l'autorité de la chose jugée au pénal sur le civil). – STRICKLER, *Procédure civile et procédure pénale – Unité ou diversité ?, Procédures(s), Bruylant 2014, p. 127* (les notions d'objet et de cause). – THÉRY, *Procédures 2007. Étude 22* (rapport de synthèse). – VIATTE, *Gaz. Pal. 1978. 1. Doctr. 84* (autorité des motifs). – WIEDERKEHR, *Rev. Justices 1995. nº 2. 288* (limites de l'autorité de chose jugée) ; *Mél. Normand, Litec, 2003, p. 507* (sens, signifiance et signification de l'autorité de chose jugée). – Fiche méthodologique, *BICC 15 févr. 2008, p. 8* (l'autorité de la chose jugée des jugements civils).

PLAN DES ANNOTATIONS

B. CHOSE JUGÉE ET JURIDICTION ADMINISTRATIVE nos 120 à 122

VI. CIVIL ET CONSTITUTIONNEL nos 123 à 126

VII. CHOSE JUGÉE ET CEDH no 127

VIII. AUTORITÉ AU CIVIL DE LA CHOSE JUGÉE AU PÉNAL nos 128 à 168

A. PRINCIPE nos 128 à 138

1° DÉCISIONS STATUANT SUR L'ACTION CIVILE nos 128 à 130

2° DÉCISIONS STATUANT SUR L'ACTION PUBLIQUE nos 131 à 138

B. DÉCISIONS PÉNALES REVÊTUES DE L'AUTORITÉ DE CHOSE JUGÉE nos 139 à 145

C. ÉTENDUE DE L'AUTORITÉ DE CHOSE JUGÉE nos 146 à 168

1. *Ordre public.* V. notes 84 s., 107.

I. ACTES REVÊTUS DE L'AUTORITÉ DE CHOSE JUGÉE

A. NATURE DES ACTES

2. *Décisions gracieuses.* Les décisions judiciaires émanant de la juridiction gracieuse ne sont pas revêtues de l'autorité de la chose jugée, et restent susceptibles d'être rapportées ou modifiées, si les circonstances dans lesquelles elles ont été rendues ont elles-mêmes changé (requête en rectification d'un acte de l'état civil). • Civ. 25 oct. 1905 : *DP 1906. 1. 337, note Planiol* • Civ. 1re, 6 avr. 1994, no 92-15.170 P : *D. 1994. 123* ; *RTD civ. 1994. 563, obs. Hauser*. ♦ Mais l'opposition du ministère public à la rectification d'un acte de naissance, sollicitée par l'intéressé, confère un caractère contentieux à la procédure, la décision acquérant autorité de la chose jugée, ce qui fait obstacle à la recevabilité d'une nouvelle requête aux mêmes fins. • Civ. 1re, 16 déc. 2015, no 14-26.479 P.

3. *... Jugement d'homologation.* Lorsque des contestations ont été soumises au juge et tranchées par lui, le jugement d'homologation du partage présente un caractère contentieux et est revêtu de l'autorité de la chose jugée. • Civ. 1re, 28 févr. 2006, no 04-12.647 P. ♦ L'inscription de faux n'est pas recevable contre la partie d'un acte sous seing privé reconnue ou vérifiée par un jugement passé en force de chose jugée. • Civ. 1re, 15 nov. 2017, no 16-23.136 P. ♦ *Contra* : l'autorité de la chose jugée ne s'attache pas au jugement d'homologation du partage lorsqu'il ne tranche aucune contestation débattue entre les parties. • Civ. 1re, 14 juin 1988, no 86-18.112 P.

4. *Contrat judiciaire.* Le contrat judiciaire résultant de l'accord de deux époux sur le paiement d'une pension alimentaire sous forme d'un capital constitué par l'abandon de droits dans divers immeubles, à l'occasion d'une séparation de corps, entériné par le juge aux affaires familiales, est dépourvu de l'autorité de la chose jugée. • Civ. 1re, 12 déc. 2006, no 04-11.579 P : *D. 2007. AJ 154* ; *RJPF 2007-4/37, note Valory* ; *RDC 2007. 434, obs. Serinet, et 759, obs. Bénabent.*

5. *Conciliation, non-conciliation.* Le procès-verbal de non-conciliation, qui n'est pas un jugement, ne tranche aucune contestation et n'a pas autorité de la chose jugée. • Civ. 2e, 26 janv. 2017, no 15-29.095 P : *D. 2017. 304*.

La caducité de l'ordonnance de non-conciliation, qui résulte de l'art. 1113 C. pr. civ., dans sa rédaction issue du Décr. no 2004-1158 du 29 oct. 2004, affecte les mesures provisoires fixées par cette ordonnance, ainsi que l'autorisation d'introduire l'instance, mais ne s'étend pas aux dispositions sur la compétence internationale du juge français, lesquelles, édictées préalablement à la tentative de conciliation, présentent un caractère autonome et sont revêtues de l'autorité de la chose jugée. • Civ. 1re, 17 nov. 2021, no 20-20.746 B : *D. actu. 7 déc. 2021, note Mélin* ; *D. 2021. 2087* ; *AJ fam. 2022. 49*.

6. *Donné acte.* Un donné acte, qui se borne à réserver à une partie la faculté de faire valoir, ultérieurement, certaines prétentions, sans nullement préjuger de la solution à intervenir, ne constitue pas une décision consacrant la reconnaissance d'un droit au profit de l'une et à l'encontre de l'autre partie. • Civ. 2e, 2 janv. 1959 : *D. 1959. 35.* ♦ La disposition d'un arrêt qui donne acte d'une renonciation n'est pas revêtue de l'autorité de la chose jugée. • Civ. 2e, 15 oct. 2009, no 07-20.129 P : *D. 2009. Actu. 2612* ; *ibid. 2010. 169, obs. Fricero* ; *ibid. 2010. Pan. 604, obs. Gaumont-Prat* ; *JCP 2009. 574, no 10, obs. Serinet* ; *RLDC 2009/66, no 3644, obs. Bugnicourt.*

7. *Jugement d'adjudication.* La décision qui n'a statué sur aucun incident contentieux et s'est bornée à relater le déroulement des enchères et à déclarer adjudicataire le dernier enchérisseur n'est pas susceptible d'acquérir l'autorité de la chose jugée. • Civ. 2e, 13 févr. 1985 : *Bull. civ. II, no 35* • 11 juill. 2013 : *D. 2013. Actu. 1908*.

8. *Astreinte.* La disposition par laquelle est prononcée une astreinte ne tranche aucune contestation et n'a pas dès lors l'autorité de la chose jugée. • Civ. 2e, 30 avr. 2002, no 00-13.815 P : *D. 2002. AJ 1595, et les obs.* ; *RTD civ. 2002. 812, obs. Mestre et Fages* ; *ibid. 2003. 144, obs. Perrot* • 17 nov. 2005, no 03-20.157 P : *D. 2005. IR 2968* ; *AJDI 2006. 46* • 4 juin 2009, no 08-11.129 P : *D. 2009. Actu. 1700* • 2 juill. 2009, no 08-17.335 P : *AJDI 2009. 735* • 15 nov. 2012, no 08-11.061 P : *D. actu. 5 déc. 2012, obs. Tahri* ; *D. 2012. Actu. 2747* ; *ibid. 2013. Chron. 607, note Leroy-*

Gissinger et Renault-Malignac ; *ibid. 1574, obs. Leborgne* ; *Gaz. Pal. 2012. 3358, obs. Azibert* ; *Dr. et pr. 2013. 37, note Hoonakker* • Soc. 19 déc. 2018, n° 17-26.508 : *Procédures 2019, n° 44, note Raschel.* ♦ La décision prononçant une astreinte étant dépourvue de l'autorité de chose jugée, sa suppression pour l'avenir est possible même en l'absence de cause étrangère, l'art. L. 131-4, al. 3, C. pr. exéc. ne concernant que la liquidation de l'astreinte qui a déjà couru. • Civ. 2e, 21 févr. 2019, n° 17-27.900 P : *Gaz. Pal. 18 juin 2019, p. 27, note Ansault* ; *ibid. 22 juill. 2019, p. 61, obs. Hoffschir.*

9. La décision qui désigne, pour son exécution, un huissier de justice n'a pas, sur ce point, autorité de la chose jugée. • Civ. 2e, 8 sept. 2011, n° 10-23.115 P : *D. 2011. Actu. 2212* .

10. Mesure d'administration judiciaire. La mesure par laquelle le juge-commissaire dispense de la vérification des créances ou remet en cause cette décision en ordonnant la vérification est une mesure d'administration judiciaire qui n'a pas autorité de chose jugée, de sorte qu'elle peut être modifiée à tout moment. • Com. 17 sept. 2013, n° 12-30.158 P : *D. 2013. 2220* ; *Rev. sociétés 2013. 730, obs. Roussel Galle* ; *RTD com. 2014. 199, obs. Vallens* .

11. Transaction. Une transaction, qui ne met fin au litige que sous réserve de son exécution, n'a pas autorité de chose jugée et ne peut être opposée par l'une des parties que si celle-ci en a respecté les conditions. • Civ. 1re, 9 juill. 2012, n° 09-11.582 P : *D. 2012. Actu. 2577, note Pailler* ; *RTD civ. 2013. 138, obs. Gautier* ; *ibid. 169, obs. Théry* ; *Gaz. Pal. 2012. 3498, note Bléry* ; *CCC 2012, n° 250, note Leveneur* ; *RDC 2013. 83, note Laithier* ; *Dr. et pr. 2013, « suppl. droit du recouvrement », n° 3, p. 4, note Putman.* ♦ L'homologation d'un accord transactionnel qui a pour seul effet de lui conférer force exécutoire ne fait pas obstacle à une contestation de la validité de cet accord devant le juge de l'exécution. • Civ. 1re, 1er juin 2017, n° 15-18.751 P : *D. actu. 20 juin 2017, obs. Camensuli-Feuillard* • Civ. 2e, 28 sept. 2017, n° 16-19.184 P : *D. actu. 16 oct. 2017, obs. Camensuli-Feuillard* ; *D. 2017. Actu. 1983* ; *ibid. Pan. 694, obs. Fricero* ; *Dr. et pr. 2017. 256, note Gorchs-Gelzer* ; *ibid. mai 2018, suppl. MARD août 2017-avr. 2018, p. 7, n° 9, obs. Gorchs-Gelzer* ; *Gaz. Pal. 6 févr. 2018, p. 40, note Mayer* ; *RDBF 2017, n° 262, note Piedelièvre.*

12. … C. civ., art. 2052 (L. n° 2016-1547 du 18 nov. 2016). Selon les art. 1103 et 2052 C. civ., la réparation du dommage est définitivement fixée à la date à laquelle une transaction est intervenue, celle-ci faisant obstacle à l'introduction ou à la poursuite entre les parties d'une action en justice ayant le même objet. En procédant à une nouvelle évaluation des besoins de la victime sans tenir compte de la transaction, la cour d'appel a méconnu l'autorité de la chose jugée y étant attachée. • Civ. 2e, 4 mars 2021, n° 19-16.859 P : *D. actu. 18 mars 2021, note Bléry.*

B. CATÉGORIE DE JUGEMENTS CONTENTIEUX

13. Décision disciplinaire. Lorsqu'une décision disciplinaire constitue un véritable jugement, c'est-à-dire au cas où elle est rendue par un tribunal sur les poursuites du ministère public, la règle selon laquelle les décisions disciplinaires ont l'autorité de la chose jugée s'applique d'une façon absolue. • Civ. 27 nov. 1928 : *DH 1929. 82.* ♦ La décision d'une juridiction ordinale quant à un manquement à la déontologie et à sa sanction disciplinaire n'a pas autorité de chose jugée devant le juge judiciaire. • Soc. 7 nov. 2006, n° 04-47.683 P : *R., p. 305* ; *D. 2006. Actu. 2873* ; *Just. & cass. 2007. 403, rapp. Gillet* ; *Dr. soc. 2007. 104, obs. Savatier* ; *RDT 2007. 39, obs. de Quenaudon* . ♦ Mais la décision de la juridiction du contentieux du contrôle technique de la sécurité sociale, statuant sur un litige de nature disciplinaire, ne peut avoir autorité de la chose jugée. • Civ. 2e, 11 juill. 2019, n° 18-14.688 P.

14. Sentence arbitrale. BIBL. Dossier, *Rev. arb. 2016. 1* (autorité de la chose jugée et arbitrage). ♦ Une sentence arbitrale a autorité de la chose jugée indépendamment de l'*exequatur*. • Civ. 2e, 7 juin 1972 : *D. 1973. 73, note Robert* • Com. 3 févr. 1981 : *D. 1981. 377, note Derrida.* ♦ V. art. 1476 C. pr. civ.

15. Jugement étranger. La décision par laquelle une juridiction étrangère s'est déclarée compétente dans un litige relatif au paiement du prix dans une vente internationale, dès lors qu'elle a été reconnue et déclarée exécutoire en France, a autorité de chose jugée sur la question de la compétence internationale et fait obstacle à l'introduction devant une juridiction française d'une instance entre les mêmes parties en nullité de la vente pour erreur. • Civ. 1re, 11 mars 1997, n° 94-19.699 P : *D. 1997. IR 92* . ♦ Les circonstances d'une procédure précipitée en Algérie constituant une fraude au jugement dans le but de faire échec à l'exécution d'une décision française devant intervenir, la fin de non-recevoir tirée de l'autorité de chose jugée de la décision algérienne est à bon droit rejetée. • Civ. 1re, 20 juin 2012, n° 11-30.120 P : *D. 2012. Actu. 1676* ; *ibid. 2013* . *Pan. 1503, obs. Jault-Seseke* ; *AJ fam. 2012. 460* ; *Rev. crit. DIP 2012. 900, note Gaudemet-Tallon* ; *Dr. fam. 2012, n° 137, obs. Abadie* ; *Gaz. Pal. 2012. 2850, note Eppler* ; *ibid. 2012. 3504, note Nioche* (jugement algérien de divorce destiné à faire échec à une condamnation au versement de la contribution aux charges du mariage par le tribunal français). ♦ Sur l'autorité de la chose jugée attachée à un jugement étranger rejetant une demande de mesure conservatoire. • Com. 8 mars 2011 : *D. 2012. Pan. 1228, obs.*

Jault-Seseke ; Rev. crit. DIP 2012. 277, note Nioche ; Dr. et pr. 2011. 179, note Cuniberti. ♦ ... Déclarant la créance d'un salarié non admise à une procédure de liquidation judiciaire. • Soc. 14 oct. 2015, n° 14-17.622 P.

Sur le renvoi à la CJUE de la question de savoir si la définition autonome de l'autorité de la chose jugée de l'art. 33 du Règl. n° 44/2001 du 22 déc. 2000 concerne l'ensemble des conditions et des effets de celle-ci ou si une part doit être réservée à la loi de la juridiction saisie et/ou à la loi de la juridiction qui a rendu la décision, V. • Civ. 1re, 17 nov. 2021, n° 19-23.298 P : *D. actu. 1er oct. 2021, note Bléry et Riehcling ; D. 2021. 2095 ; BJS févr. 2022, p. 15, note Grundeler.*

16. ... Conv. franco-algérienne du 27 août 1964. Résultant de l'art. 1er, d) de la Conv. franco-algérienne du 27 août 1964 que les décisions gracieuses ou contentieuses rendues par les juridictions algériennes n'ont de plein droit l'autorité de la chose jugée que si elles ne contiennent rien de contraire à l'ordre public et de l'art. 5 du protocole du 22 nov. 1984, n° VII, additionnel à la Conv. EDH, que les époux jouissent de l'égalité de droits et de responsabilité lors de la dissolution du mariage, la décision algérienne qui constate la répudiation unilatérale et discrétionnaire par la seule volonté du mari, pour des motifs que ce dernier n'est tenu ni de révéler ni de justifier, sans donner d'effet juridique à l'opposition des époux lors de la dissolution du mariage, quelles que soient les nouvelles voies de droit ouvertes à l'épouse pour y parvenir. • Civ. 1re, 23 oct. 2013 : *D. 2013. Actu. 2518 ; AJ fam. 2013. 709, obs. Boiché ; RTD civ. 2014. 94, obs. Hauser ; JCP 2013. Actu. 1162.*

17. Décision avant-dire droit. Le jugement qui se borne dans son dispositif à ordonner une mesure d'instruction n'ayant pas au principal autorité de la chose jugée (C. pr. civ., art. 482), les juges du fond ne peuvent décider qu'un tel jugement a implicitement écarté la fin de non-recevoir tirée par l'une des parties de l'expiration d'un délai de prescription. • Com. 8 oct. 1985 : *Bull. civ. IV, n° 232.* ♦ Une décision qui ordonne une expertise en fixant le cadre juridique de la mission de l'expert n'a pas pour effet de limiter les débats après expertise à ce cadre. • Civ. 3e, 1er oct. 2008, n° 07-17.051 P : *AJDI 2009. 41 .* ♦ Les ordonnances du juge de la mise en état n'ont pas l'autorité de la chose jugée sauf pour les exceptions prévues par l'art. 775 C. pr. civ. • Civ. 3e, 8 juill. 2009, n° 08-14.611 P : *AJDI 2009. 736 .* ♦ Les ordonnances du juge de la mise en état visées par l'art. 775 C. pr. civ. ont autorité de chose jugée. • Civ. 2e, 23 juin 2016, n° 15-13.483 P (décision d'incompétence en raison de l'objet du litige). ♦ Les ordonnances du juge de la mise en état n'ont pas, au principal, l'autorité de la chose jugée (C. pr. civ., art. 775), et en conséquence le pouvoir de statuer sur la liquidation d'une astreinte définitive prononcée et déjà liquidée par le juge de la mise en état ne peut être dénié aux juges saisis du litige au principal. • Civ. 2e, 27 mai 1983 : *Bull. civ. II, n° 117.* ♦ Comp., sur la portée de l'absence d'autorité de la chose jugée des ordonnances du conseiller de la mise en état : • Civ. 2e, 20 juill. 1987 : *D. 1988. 128, note M. Rémy.*

18. Jugement mixte. Si en règle générale l'interlocutoire ne lie pas le juge, il en va différemment lorsqu'un tel jugement renferme des dispositions définitives. • Cass., Ch. réun., 19 mai 1965 : *D. 1965. 461, note Laroque.* – V. aussi • Civ. 1re, 1er avr. 1981 : *JCP 1982. II. 19897, note Tomasin ; RTD civ. 1982. 662, obs. Perrot.* ♦ Autorité de chose jugée d'une décision avant-dire droit reconnaissant l'existence d'une créance et décidant la réouverture des débats pour procéder au décompte précis du solde restant dû. • Com. 11 févr. 2004, n° 01-13.738 P. ♦ Mais c'est seulement si le juge, statuant sur sa compétence, a tranché dans le dispositif la question de fond dont elle dépend, que sa décision a autorité sur cette question de fond. • Soc. 23 sept. 2008, n° 07-41.954 P.

19. Décisions statuant sur une fin de non-recevoir. Le jugement qui rejette une fin de non-recevoir a, de ce chef, l'autorité de la chose jugée. • Soc. 13 nov. 1985 : *Bull. civ. V, n° 524.* – V. aussi • Civ. 2e, 30 mars 2000, n° 96-20.639 P.

Si la décision rejetant une fin de non-recevoir a autorité de chose jugée, cette autorité se limite au rejet de la fin de non-recevoir et ne s'étend pas au fond du litige. • Civ. 3e, 18 oct. 2018, n° 17-14.799 P : *D. actu. 26 oct. 2018, obs. Bléry ; D. 2018. 2087 ; JCP 2018. 1202, note V. Mazeaud ; Gaz. Pal. 29 janv. 2019, p. 57, note Kebir ; ibid. 26 févr. 2019, p. 72, note Ajaccio, Caston et Porte* (après la décision de rejet de la fin de non-recevoir ayant porté sur l'existence d'un intérêt légitime du demandeur, qui, selon l'assureur défendeur, n'était pas le créancier de l'indemnité due, le demandeur peut, sans se heurter à l'autorité de la chose jugée, agir pour la reconnaissance et l'évaluation de sa créance contre l'assureur).

20. L'ordonnance du conseiller de la mise en état statuant sur une fin de non-recevoir a autorité de chose jugée, de sorte que si le recours prévu par l'art. 916 C. pr. civ. n'a pas été exercé dans le délai, elle est irrévocable. • Civ. 2e, 3 sept. 2015, n° 13-27.060 P. ♦ La décision du conseiller de la mise en état statuant sur la fin de non-recevoir tirée de l'irrecevabilité du recours a autorité de chose jugée et devient irrévocable si elle n'a pas été déférée dans le délai de 15 jours à la cour d'appel. • Civ. 1re, 4 nov. 2015, n° 14-22.630 P. ♦ Cassation, pour non-respect de l'autorité de la chose jugée, de l'arrêt ayant statué au vu de conclusions déclarées irrecevables par une ordonnance du conseiller de la mise en état. • Civ. 2e, 17 sept. 2020, n° 19-17.673 P.

21. Irrecevabilité. L'autorité de la chose jugée attachée à l'arrêt ayant déclaré irrecevable une demande, comme formée pour la première fois en cause d'appel, n'interdit pas à son auteur d'introduire celle-ci dans une nouvelle instance devant les juges du premier degré. • Civ. 3e, 27 mai 2009, n° 08-11.388 P : *RDC 2009. 1391, obs. Deshayes* • Civ. 2e, 9 juill. 2009, n° 08-17.600 P. ♦ ... Restés saisis d'une partie du litige. • Civ. 2e, 2 déc. 2010, n° 09-68.295 P : *JCP S 2011, n° 1054, note Brissy.*

22. Une décision d'irrecevabilité ayant été rendue, une nouvelle demande ne se heurte pas à l'autorité de chose jugée, du moment que la cause d'irrecevabilité a entretemps disparu. • Civ. 1re, 8 oct. 2009, n° 07-21.990 P : *D. 2009. Pan. 2959, obs. Clay ; JCP 2009, n° 462, & 8, obs. Ortscheidt ; ibid. 2010, n° 644, note Béguin.*

23. Rejet d'une exception. Après le rejet de l'exception qu'elle a soulevée, en l'espèce fondée sur la caducité d'un jugement, une partie ne saurait la reprendre sous forme d'action dans une nouvelle instance. • Civ. 2e, 30 avr. 2009, n° 08-12.422 P.

24. Rejet d'une demande de récusation. La décision du juge d'appui statuant sur une demande de récusation d'un des arbitres pour défaut d'indépendance et d'impartialité a autorité de la chose jugée et rend irrecevable une demande d'annulation de la sentence arbitrale sur les mêmes circonstances, faute d'élément nouveau survenu après l'ordonnance du juge d'appui. • Civ. 1re, 13 mars 2013 : *D. 2013. Actu. 780 ; ibid. Pan. 2936, obs. Clay ; RTD civ. 2013. 631, obs. Gautier.* – *Adde*, Haftel, *D. 2016. 139.*

Cassation de l'ordonnance qui déclare une requête en récusation irrecevable, au motif qu'elle est en tout point identique à des requêtes antérieurement rejetées, alors que ces requêtes avaient été présentées à l'occasion de procédures en contestation d'honoraires distinctes les opposant à d'autres avocats. • Civ. 2e, 27 juin 2019, n° 18-18.112 P : *Gaz. Pal. 5 nov. 2019, p. 52, obs. Raschel.*

25. Décision d'admission d'une créance au passif d'une liquidation judiciaire. L'autorité de la chose jugée attachée à la décision d'admission d'une créance prononcée à titre privilégié, à raison de l'inscription d'une hypothèque judiciaire, fait obstacle à l'action en nullité de cette inscription sur le fondement de l'art. L. 632-1, I, 6° C. com., même en cas de report de la date de la cessation des paiements. • Com. 19 déc. 2018, n° 17-19.309 P.

L'autorité de chose jugée qui s'attache à la décision irrévocable d'admission d'une créance au passif de la liquidation d'une société civile s'impose à ses associés, de sorte que, s'il n'a pas présenté contre une telle décision la réclamation prévue par l'art. R. 624-8 C. com., dans le délai fixé par ce texte, l'associé d'une société civile en liquidation judiciaire est sans intérêt à former tierce opposition à la décision antérieure, condamnant la société au paiement de ladite créance et sur le fondement de laquelle celle-ci a été admise. • Com. 20 janv. 2021, n° 19-13.539 P : *D. actu. 3 févr. 2021, note Ferrari ; D. 2021. 132 ; Rev. sociétés 2021. 201, obs. Henry.*

26. Jugement en l'état. Fût-il rendu en l'état des justifications produites, le jugement qui tranche dans son dispositif tout ou partie du principal a, dès son prononcé, l'autorité de la chose jugée relativement à la contestation qu'il tranche ; il s'ensuit que le juge est dessaisi de cette contestation. • Com. 8 mars 1994, n° 92-10.139 P. ♦ Il n'entre pas dans les pouvoirs du juge qui, en dehors des cas où la loi le prévoit, n'est jamais tenu de surseoir à statuer, de limiter l'autorité de la chose jugée attachée au jugement qui tranche une contestation. • Civ. 1re, 30 avr. 2009, n° 07-21.881 P : *AJDI 2009. 647.*

La mention « en l'état » est sans portée dans une décision statuant au fond ; dès lors, une décision définitive ayant été rendue, le demandeur ne peut introduire une nouvelle instance ayant le même objet. • Civ. 2e, 10 déc. 1998, n° 96-21.288 P : *D. 1999. Somm. 215, obs. Julien ; JCP 1999. II. 10073, note du Rusquec.* – V. aussi • Civ. 1re, 20 févr. 2007, n° 05-12.913 P • Civ. 3e, 2 mai 2007 : *AJDI 2007. 742, note Zalewski* • Civ. 2e, 4 juin 2009, n° 08-15.837 P : *D. 2009. Chron. C. cass. 2069, obs. Sommer.* ♦ V. cependant • Civ. 1re, 7 janv. 1969 : *D. 1969. 454* (l'autorité de la chose jugée ne s'attache qu'à ce qui a été décidé sans condition ni réserve et la décision qui n'a débouté le demandeur « qu'en l'état » et faute par lui de produire certaines pièces ne s'oppose pas à une nouvelle instance dans laquelle les documents ignorés des juges lors de la première décision sont versés aux débats). – V. aussi • Com. 18 mai 1981 : *Bull. civ. IV, n° 235.* ♦ Un jugement qui déclare irrecevable en l'état, une demande parce qu'elle a été formée prématurément n'a pas l'autorité de la chose jugée. • Civ. 2e, 3 juill. 2008, n° 07-16.398 P : *D. 2009. 848, note Perret-Richard ; RDC 2008. 1289, obs. Serinet.* ♦ **Bibl.** Bolard, *JCP 1997. I. 4003.*

27. Jugement sous réserve ou condition. L'autorité de la chose jugée ne s'attache qu'à ce qui a été décidé sans condition ni réserve. • Civ. 1re, 25 févr. 2016, n° 14-23.363 P : *cité ss. art. 308* (validation d'offres et de la consignation subséquente, sous réserve de la consignation complémentaire de la majoration du taux de l'intérêt légal).

28. Rejet de toutes autres demandes. Sur la portée de la formule de style : « rejette toutes autres demandes », V. • Civ. 1re, 1er mars 1983 : *Bull. civ. I, n° 83* • Com. 16 juill. 1991, n° 90-

11.809 P • Reims, 25 nov. 1991 : *JCP 1992. II. 21924, note Lévy.* ♦ Sur une formule voisine : • Civ. 2e, 21 mars 2013 : *RTD civ. 2013. 434, obs. Perrot* (bien que le jugement ait déclaré débouter les parties « de leurs demandes plus amples ou contraires », l'autorité de la chose jugée ne s'étend pas aux points sur lesquels il n'a pas statué).

29. Jugement confirmé en toutes ses dispositions par motifs adoptés. Un arrêt ayant confirmé en toutes ses dispositions, par motifs adoptés, un jugement ayant, dans son dispositif, expressément débouté le demandeur de certaines demandes ne peut être rectifié et complété dans ces domaines. • Civ. 2e, 28 juin 2012, nº 11-18.147 P.

30. Désignation d'un huissier. La décision qui désigne, pour son exécution, un huissier de justice n'a pas sur ce point autorité de la chose jugée. • Civ. 2e, 8 sept. 2011 : *Dalloz jurisprudence.*

31. Décision rectificative. L'arrêt rectificatif n'a d'autre autorité de la chose jugée que celle de l'arrêt rectifié, de sorte qu'il ne peut modifier les termes du litige, ni ouvrir aucun droit nouveau. • Civ. 3e, 15 déc. 2016, nº 15-28.786 P.

32. Ordonnance portant injonction de payer. L'autorité de chose jugée, attachée à l'ordonnance portant injonction de payer, fait obstacle aux demandes relatives à la résolution de conventions conclues entre les parties pour inexécution des obligations et à la restitution des sommes versées en exécution de l'ordonnance. • Civ. 2e, 1er févr. 2018, nº 17-10.849 P : *D. actu. 9 mars 2018, obs. Kebir ; JCP 2018. 530, obs. Mayer ; Procédures 2018, nº 102, note Strickler.*

33. Juge de l'exécution. Une décision du juge de l'exécution ordonnant la suspension d'une procédure de saisie immobilière a, dès son prononcé, l'autorité de la chose jugée et s'impose au juge de la saisie immobilière, lequel ne peut, dès lors, rejeter une demande de remise de l'adjudication. • Civ. 2e, 22 mars 2006, nº 04-10.776 P : *D. 2006. AJ 1252* . ♦ La procédure de vérification et d'admission des créances ne tend qu'à vérifier l'existence, le montant et la nature des créances détenues sur le débiteur, de sorte que lorsqu'une créance a été constatée par une décision ayant autorité de la chose jugée, cette décision est opposable au liquidateur judiciaire qui ne peut que vérifier que la créance déclarée est conforme au titre qui l'a constatée mais ne peut en contester ni le principe ni le montant. • Com. 13 sept. 2017, nº 15-28.833 P. ♦ L'ordonnance qui, dans son dispositif, admet un créancier à la procédure d'exécution forcée immobilière pour un montant déterminé, est revêtue de l'autorité de la chose jugée et il incombe au débiteur qui la conteste de présenter, dès la notification de la décision d'admission, l'ensemble des moyens qu'il estime de nature à justifier son rejet total ou partiel. • Civ. 2e, 5 sept. 2019, nº 18-16.680 P : *cité note 6 ss. art. 954.*

Si le jugement statuant sur une demande de mainlevée d'une mesure conservatoire n'a pas autorité de la chose jugée au principal, le chef de dispositif de cette décision qui statue sur une demande incidente portant sur le fond du droit, qu'elle soit ou non irrecevable devant le juge de l'exécution faute de constituer une contestation de la mesure conservatoire, est revêtu de cette autorité. • Civ. 2e, 12 avr. 2018, nº 16-28.530 P : *D. 2018. 856* ; *AJDI 2018. 799, obs. de La Vaissière* ; *Gaz. Pal. 2018. 1488, obs. Sadi.*

Le juge de l'exécution avait constaté, lors de la procédure de saisie immobilière, dans le dispositif du jugement d'orientation, que la créance de la banque en principal, frais, intérêts et accessoires, s'élevait à une somme précise ; cette décision a autorité de la chose jugée et s'impose au juge de la saisie des rémunérations, même en l'absence de contestation formée devant le juge de l'exécution sur l'existence ou le montant de la créance. • Civ. 2e, 6 sept. 2018, nº 17-21.337 P.

34. Le juge, qui statue sur la contestation des mesures recommandées par une commission de surendettement, peut vérifier que le débiteur se trouve en situation de surendettement, sans méconnaître ainsi l'autorité de la chose jugée de la décision du juge de l'exécution qui avait déclaré les parties recevables à bénéficier de la procédure et renvoyé le dossier à la commission de surendettement. • Civ. 2e, 17 oct. 2013, nº 12-23.360 P : *D. 2013. Actu. 2460* .

35. L'autorité de la chose jugée attachée à l'Ord. d'homologation du juge de l'exécution a un caractère provisoire pour le créancier titulaire d'une hypothèque judiciaire provisoire, en application des art. R. 532-8 et R. 533-5 C. pr. exéc. ; dans un contexte de contestation sur des honoraires d'avocat, l'autorité de la chose jugée attachée à l'Ord. d'homologation du juge de l'exécution qui attribue une somme au créancier n'a donc pas pour effet d'attribuer définitivement cette somme, mais de bloquer celle-ci, qui ne pourra être versée à ce dernier que sous réserve qu'il ait obtenu un titre constatant l'existence et le montant de la créance revendiquée. • Civ. 2e, 4 juin 2020, nº 18-18.534 P.

36. Référé. Une décision de référé étant dépourvue d'autorité de la chose jugée au principal, l'une des parties à l'instance en référé a la faculté de saisir le juge du fond afin d'obtenir un jugement. • Civ. 3e, 25 févr. 2016, nº 14-29.760 P. ♦ La décision de référé ayant ordonné provisoirement la réintégration d'un salarié est dépourvue de l'autorité de la chose jugée ; après la validation par la cour d'appel du licenciement de ce salarié, l'employeur est fondé à mettre fin aux fonctions du salarié sans nouvelle procédure de licenciement. • Soc. 9 avr. 2008, nº 07-41.377 P : *Dr. soc. 2008. 735, obs. Roy-Loustaunau* .

C. JUGEMENTS IRRÉGULIERS OU CONTESTÉS

37. Décision irrégulière : principe de l'autorité. Le principe de l'autorité de la chose jugée est général et absolu et s'attache même aux décisions erronées. • Civ. 1re, 22 juill. 1986 : *Bull. civ. I, no 225* • Com. 14 nov. 1989 : *ibid. IV, no 289* • Soc. 19 mars 1998, no 95-45.205 P • Civ. 2e, 27 mai 2004, no 03-04.070 P. ♦ Seules les erreurs ou omissions matérielles qui affectent un jugement, même passé en force de chose jugée, peuvent toujours être réparées par la juridiction qui l'a rendu ; une erreur dans l'appréciation des responsabilités ne saurait revêtir le caractère d'une erreur matérielle. • Civ. 2e, 8 juin 1974 : *Bull. civ. II, no 193.* ♦ Il résulte des art. 1351 C. civ. et 461 C. pr. civ. que les juges saisis d'une contestation relative à une précédente décision ne peuvent, sous prétexte d'en déterminer le sens, apporter une modification quelconque aux dispositions précises de celle-ci. • Soc. 17 mai 1984 : *Bull. civ. V, no 208.*

38. … Portée du principe. L'irrégularité dont peut être entachée une décision judiciaire, celle-ci eût-elle même statué *extra* ou *ultra petita*, ne saurait faire obstacle à ce que cette décision acquière l'autorité de la chose jugée, si elle n'a point été attaquée par les voies de droit. • Civ. 1re, 3 nov. 1966 : *JCP 1966. II. 14880, note J. A.* ♦ Et l'irrévocabilité qui en résulte ne peut être remise en cause par la prétendue violation d'une règle d'ordre public. • Com. 30 mai 1985 : *Bull. civ. IV, no 174* • Civ. 2e, 25 oct. 2007, no 06-19.151 P : *D. 2008. Chron. C. cass. 653, obs. Sommer*. ♦ Il en est ainsi lorsqu'un arrêt irrévocable a qualifié de définitive l'astreinte assortissant une décision d'expulsion. • Civ. 3e, 5 oct. 1982 : *Bull. civ. III, no 189.* ♦ De même, lorsqu'un jugement devenu irrévocable a prononcé le divorce aux torts du mari et l'a condamné à verser à son ex-épouse une pension alimentaire, il ne peut être ultérieurement décidé que la pension alimentaire constitue en réalité une prestation compensatoire. • Civ. 2e, 7 janv. 1981 : *Bull. civ. II, no 1 ; RTD civ. 1981. 436, obs. Normand.* ♦ Comp. • Civ. 2e, 22 mai 1979 : *D. 1980. 507, note Massip ; Gaz. Pal. 1979. 2. 608, note Viatte ; RTD civ. 1980. 570, obs. Nerson* (cas où les époux ont prévu, dans la convention définitive de divorce, une « pension alimentaire »).

39. … Limites. V. cependant • Civ. 1re, 17 oct. 1995, no 94-04.025 P : *RTD civ. 1996. 709, obs. Perrot* (l'autorité de chose jugée ne s'attachant qu'aux décisions judiciaires rendues en matière contentieuse sur les contestations débattues entre les parties ou sur lesquelles elles ont été appelées à débattre, est dépourvue d'autorité de chose jugée la décision d'ouverture d'un redressement judiciaire civil rendue sans convocation préalable des parties et au seul vu des pièces produites par le débiteur). – Dans le même sens : • Civ. 2e, 17 juin 1999, no 97-14.140 P : *D. Affaires 1999. 1395, obs. C. R.*

40. Décision frappée d'appel. Si une décision frappée d'appel ne peut servir de base à une demande en justice tendant à la réalisation des effets qu'elle comporte, elle n'en subsiste pas moins et ne peut être remise en cause tant qu'elle n'a pas été réformée, de telle sorte qu'une juridiction ne peut statuer sur un chef de demande déjà tranché par un jugement dont la connaissance appartient à la juridiction saisie de l'appel contre ce jugement. • Civ. 1re, 11 juin 1991, no 88-18.130 P. ♦ Une décision sur le fond, même frappée d'appel et non assortie de l'exécution provisoire, a l'autorité de la chose jugée et s'impose au juge des référés. • Civ. 2e, 10 mars 2005, no 02-20.513 P : *D. 2005. AJ 1053 ; RTD civ. 2006. 142, obs. Théry*. ♦ Méconnaît ainsi l'autorité de chose jugée attachée au jugement au fond ayant débouté une partie de demandes similaires à celles soumises au juge des référés, la cour d'appel qui confirme l'ordonnance de référé liquidant l'astreinte fixée par une précédente ordonnance. • Civ. 2e, 2 déc. 2021, no 20-12.851 P : *D. actu. 15 déc. 2021, note Bléry.*

II. ÉLÉMENTS DE LA DÉCISION AYANT AUTORITÉ DE CHOSE JUGÉE

41. Dispositif. L'autorité de la chose jugée n'a lieu qu'à l'égard de ce qui fait l'objet d'un jugement et a été tranché dans son dispositif. • Cass., ass. plén., 13 mars 2009, no 08-16.033 P : *R., p. 420 ; BICC 1er juin 2009, rapp. Gabet, avis Maynial ; D. 2009. AJ 879, et les obs. ; ibid. 2010. Pan. 169, obs. Fricero ; JCP 2009. II. 10077, note Serinet ; Gaz. Pal. 2009. 1314, note Janville ; LPA 16 juill. 2009, note Bargue ; Dr. et pr. 2009. 266, obs. Putman ; RTD civ. 2009. 366, obs. Perrot* • Civ. 2e, 5 avr. 1991, no 89-20.546 P • Com. 14 mai 1991, no 89-16.696 P • Civ. 2e, 10 juill. 2003, no 01-15.195 P • 22 janv. 2004, no 02-16.377 P : *D. 2004. Somm. 1204, obs. Julien* • Com. 31 mars 2004, no 02-16.437 P : *D. 2004. 1231, obs. Avena-Robardet ; RTD com. 2004. 582, obs. Legeais* • Civ. 1re, 13 déc. 2005, no 04-16.502 P : *D. 2006. AJ 97 ; RTD civ. 2006. 97, obs. Hauser* • 17 janv. 2006, no 04-19.053 P • Civ. 1re, 6 mai 2009 : *RTD civ. 2009. 518, obs. Hauser* • Com. 26 sept. 2018, no 16-25.937 P.

42. Dispositif éclairé par les motifs. Si, en vertu de l'art. 480 C. pr. civ., seul ce qui est tranché par le dispositif de l'arrêt peut avoir l'autorité de la chose jugée, il n'est pas interdit d'éclairer la portée de ce dispositif par les motifs de la décision. • Civ. 1re, 12 juill. 1982 : *Bull. civ. I, no 256.*

43. Motifs décisifs. Les motifs, seraient-ils le soutien nécessaire du dispositif, n'ont pas autorité de chose jugée. • Civ. 1re, 8 juill. 1994, no 91-17.250 P • 7 oct. 1998, no 97-10.548 P • Civ. 2e, 12 févr. 2004, no 02-11.331 P : *AJDI*

2004. 566 • Civ. 1re, 22 nov. 2005, n° 02-20.122 P • Civ. 3e, 22 mars 2006, n° 05-12.178 P : *AJDI 2006. 585* • Civ. 1re, 20 févr. 2007 : *préc. note 19.* – V. déjà : • Civ. 2e, 3 oct. 1984 : *Bull. civ. II, n° 140* • 12 mars 1981 : *Bull. civ. II, n° 57 ; RTD civ. 1983. 778, obs. Normand* • Com. 15 juill. 1987 : *JCP 1989. II. 21189, note Le Mintier-Feuillet* • 24 févr. 1988 : *ibid.* • Soc. 16 oct. 1991 : *D. 1992. 220, note Mirabail* • Civ. 2e, 17 mai 1993 : *JCP 1993. II. 22162, note du Rusquec* • Com. 8 juin 1999, n° 96-22.071 P • Soc. 30 janv. 2008, n° 06-14.218 P : *D. 2008. AJ 553*. ♦ Lorsque la détermination de la compétence dépend d'une question de fond, mais que celle-ci n'a été abordée que dans les motifs, l'autorité de chose jugée est limitée à la décision sur la compétence tranchée dans le dispositif. • Civ. 3e, 10 juin 2009, n° 08-15.405 P. ♦ V. également la seule prise en considération du dispositif, et le refus de tenir compte des motifs du jugement, quelle qu'en fût la portée, en matière d'exercice des voies de recours : • Soc. 29 avr. 1981 : *D. 1982. 66, note Blaisse* • Civ. 1re, 12 avr. 1983 : *JCP 1984. II. 20288, note Blaisse.* ♦ Sur la solution contraire, V. : • Cass., ch. mixte, 6 juill. 1984 : *Bull. civ. n° 1* • Civ. 3e, 27 avr. 1982 : *Bull. civ. III, n° 106 ; RTD civ. 1983. 778, obs. Normand* • 15 oct. 1985 : *Gaz. Pal. 1986. 1. Somm. 178.* ♦ Comp. • Civ. 1re, 1er avr. 1981 : *JCP 1982. II. 19897, note Tomasin ; RTD civ. 1982. 662, obs. Perrot.* ♦ Sur l'ensemble de la question, V. Bibl. ♦ Les motifs d'une décision ne peuvent être pris en considération pour justifier un nouveau droit d'agir. • Civ. 2e, 20 mai 2010, n° 09-15.435 P : *D. 2010. Actu. 1424*. ♦ V. cependant, considérant que si les motifs d'une décision ne bénéficient jamais de l'autorité de la chose jugée, il n'a pas pour autant été interdit d'éclairer la portée du dispositif d'une décision par ses motifs. • Com. 4 juin 2013 : *Gaz. Pal. 23-25 juin 2013, p. 14, obs. Le Mesle.* ♦ Les motifs d'une décision ne peuvent être pris en considération pour justifier un nouveau droit d'agir. • Civ. 2e, 20 mai 2010, n° 09-15.435 P : *D. 2010. Actu. 1424*.

44. Jugements implicites. Si l'autorité de chose jugée s'attache seulement au dispositif des arrêts et non à leurs motifs, elle s'étend à ce qui est implicitement compris dans le dispositif. • Com. 28 juin 1988 : *JCP 1988. II. 21072, note A. P.* ♦ Dans le même sens : • Civ. 2e, 22 mai 1995, n° 93-19.016 P : *RTD civ. 1995. 961, obs. Perrot*. ♦ Sur les dispositifs implicites, V. Bibl.

La condamnation sous astreinte d'une personne morale à modifier sa dénomination sociale emporte nécessairement l'interdiction d'utiliser la dénomination prohibée. • Civ. 2e, 30 mai 2002, n° 00-15.312 P.

45. Qualification du jugement. La qualification par le juge de sa décision, peu important qu'il ait fait l'objet d'une demande de rectification d'une erreur matérielle, n'est pas revêtue de l'autorité de la chose jugée. • Civ. 2e, 17 oct. 2013, n° 12-23.074 P : *JCP 2014. 436, n° 4, obs. Serinet.*

III. ÉTENDUE DE L'AUTORITÉ DE CHOSE JUGÉE

A. IDENTITÉ DES PARTIES

46. Principe. Pour invoquer l'autorité que la loi attribue à la chose jugée, il faut, entre autres conditions, que la demande soit entre les mêmes parties et formée pour elles ou contre elles en la même qualité. • Req. 28 févr. 1911 : *DP 1913. 1. 405.* ♦ En l'absence d'identité de parties, l'admission ou le rejet de la créance dans la première procédure collective n'a pas autorité de la chose jugée dans la seconde ouverte à l'encontre du même débiteur. • Cass., ass. plén., 10 avr. 2009, n° 08-10.154 P : *BICC 15 juin 2009, rapp. Crédeville, avis Bonnet ; D. 2009. 1138, et les obs.* ; *ibid. 2010. Pan. 169, obs. Fricero* ; *RTD com. 2010. 423, obs. Martin-Serf*. ♦ En l'absence d'identité de parties, l'extinction de la créance dans la procédure de rétablissement personnel n'a pas autorité de la chose jugée dans la procédure de liquidation judiciaire reprise à l'égard du même débiteur. • Com. 22 mars 2016, n° 14-18.873 P : *D. 2016. 702* ; *RTD com. 2016. 545, obs. Martin-Serf*. ♦ N'a pas la qualité de partie une personne qui n'a pas été appelée en la cause. • Soc. 16 juill. 1998, n° 96-43.681 P (personne qui a été seulement déclarée employeur d'une partie). ♦ Le passage d'une partie de la qualité de propriétaire indivis à celle de propriétaire divis, par suite du partage intervenu entre temps, ne permet pas d'écarter l'autorité de chose jugée du premier jugement. • Civ. 3e, 19 sept. 2007, n° 06-11.962 P.

47. Ayant cause universel. L'autorité de la chose jugée à l'égard d'une partie est opposable à l'ayant cause universel de celle-ci (société ayant par fusion recueilli l'intégralité du patrimoine d'une autre). • Com. 18 févr. 2004, n° 02-11.453 P : *D. 2004. AJ 640*, *et les obs.* • 21 oct. 2008, n° 07-19.102 P : *D. 2008. AJ 2792, obs. Lienhard* ; *Rev. sociétés 2009. 351, obs. Thomas* ; *RTD civ. 2009. 323, obs. Fages* ; *ibid. 362, obs. Théry*.

48. Codébiteur solidaire. Chaque codébiteur solidaire devant être considéré comme le représentant nécessaire de ses co-obligés, la chose qui a été jugée à l'égard de l'un est opposable aux autres qui sont restés en dehors de l'instance. • Soc. 7 oct. 1981 : *Bull. civ. V, n° 764.*

La caution solidaire peut se prévaloir de l'autorité de chose jugée attachée à l'ordonnance de rejet d'une créance rendue en faveur de son cofidéjusseur, dans le cadre d'une procédure collective. • Com. 18 nov. 2014 : *D. 2014. Actu. 2405* ; *RTD com. 2015. 152, obs. Martin-Serf* ; *RDBF 2015, n° 7, note Legeais ; ibid., n° 56, note Houin-Bressand ; RPC janv.-févr. 2015. Étude 1, obs. Petit.*

49. Obligation in solidum. En l'absence de représentation mutuelle entre eux, l'un des coresponsables ne peut se prévaloir du partage de responsabilité obtenu par un autre coresponsable. • Civ. 1re, 3 févr. 2011, n° 09-71.179 P : *D. 2011. Actu. 525*.

50. Mandataire judiciaire et société redevenue maîtresse de ses biens. L'autorité de chose jugée de la décision d'un conseil de prud'hommes, tranchant le litige opposant un salarié au mandataire judiciaire d'une société en redressement judiciaire, et qui a jugé que le licenciement du salarié était fondé sur une cause réelle et sérieuse, bénéficie à la société, celle-ci étant redevenue maîtresse de ses biens. • Soc. 7 févr. 2018, n° 16-13.732 P.

51. Assureur et victime. L'assureur qui a indemnisé la victime étant subrogé dans les droits de celle-ci, il y a, en ce qui les concerne, identité de parties. • Civ. 2e, 14 janv. 1999, n° 96-22.260 P : *RCA 1999. Chron. 8, par Groutel.*

52. Syndicat. Le jugement rendu en la seule présence des syndicats de réalisateurs de télévision agissant dans l'intérêt collectif de la profession, mais sans avoir reçu mandat de représenter les réalisateurs eux-mêmes, n'a pas autorité de chose jugée à l'égard de ces derniers. • Soc. 7 oct. 1981 : *Bull. civ. V, n° 297.* ♦ Ni le principe de l'autorité de la chose jugée, ni celui de l'unicité de l'instance ne font obstacle à ce que, suite à un jugement rendu par la juridiction prud'homale sur le fondement de l'art. L. 2313-2 C. trav. anc., dont l'objet est de faire ordonner, à la demande des représentants du personnel, les mesures propres à faire cesser une atteinte aux droits des personnes, à leur santé physique et mentale ou aux libertés individuelles, le salarié intéressé engage ultérieurement une action au titre de l'exécution et de la rupture de son contrat de travail. • Soc. 8 sept. 2021, n° 20-14.011 P : *D. actu. 17 sept. 2021, note Clément ; D. 2021. 1632 ; JCP S 2021. 1323, note Leborgne-Ingelaere ; ibid. S 2021. 1261, note Brissy ; ibid. E 2021. 1495, note Eliphe* (cassation d'un arrêt ayant déclaré irrecevable la demande d'un salarié au motif que l'action en substitution avait permis à une organisation syndicale d'intervenir en lieu et place et que celui-ci ne pouvait intenter une action à son tour, mais seulement intervenir à l'instance).

53. Époux et communauté. La décision relative au sort d'un bien de la communauté, rendue à l'égard d'un des époux, a autorité de chose jugée à l'égard de l'autre. • Civ. 2e, 21 janv. 2010, n° 08-17.707 P : *RJPF 2010-4/22, obs. Vauvillé ; RLDC 2010/69, n° 3753, obs. Pouliquen.*

54. Personne morale fictive. Ne donne pas de base légale au regard des art. 1351 C. civ. et 488, al. 2, la cour d'appel qui refuse de faire jouer l'autorité de la chose jugée d'une ordonnance à l'égard d'une personne qui n'était pas partie à l'instance, sans rechercher, alors qu'elle n'y était pas invitée, si la personne en cause ne constituait pas une société fictive, contrôlée par la partie au jugement et créée afin de lui permettre d'organiser son insolvabilité. • Com. 3 févr. 2015 : *Procédures 2015, n° 133, note Rolland.*

55. Partie non appelée. La créance du salarié ayant été fixée au passif de la procédure de redressement judiciaire de la société, par une décision à laquelle il était partie et dont son employeur, redevenu maître de ses biens, pouvait, bien que non appelé en cause, se prévaloir en raison de l'autorité absolue de chose jugée qui s'attache aux décisions de fixation des créances. • Soc. 7 févr. 2018, n° 16-13.732 P : *Gaz. Pal. 17 avr. 2018, p. 83, obs. Cheikh-Vecchioni.*

56. Opposabilité du jugement aux tiers. Si le jugement n'a pas autorité de chose jugée à l'égard des tiers, il leur est cependant opposable. • Com. 11 sept. 2019, n° 18-11.401 P : *D. 2019. 1756 ; ibid. Chron. C. cass. 2208, obs. Barbot ; ibid. 2020. 366, obs. Mekki ; AJ contrat 2019. 539, obs. Tirel ; RTD civ. 2019. 863, obs. Barbier ; JCP E. 2019. 1551, obs. Tehrani ; ibid. 1574, obs. Seube* (ordonnance du juge-commissaire constatant la résiliation d'un contrat en cours en application de l'art. L. 641-11-1 C. com.).

B. PRINCIPE DE CONCENTRATION DES MOYENS (CAUSE)

BIBL. Bléry, *Procédures 2010. Alerte 1* (des effets dévastateurs du principe de concentration) ; *Procédures 2010. Focus 28* (QPC, jurisprudence Cesareo et office du juge : l'impossible conciliation) ; *Procédures 2011. Focus 5* (les tribulations de la cause et de l'objet au regard de l'autorité de la chose jugée en jurisprudence). – Charles-Neveu, *Gaz. Pal. 15-17 avr. 2012, p. 13* (principe de concentration des moyens et avocats : un dangereux consensus). – De La Vaissière, *AJDI. Point de vue. 729* (un nouvel horizon de défense en droit immobilier ?). – Donnier, Quarantième anniversaire du Code de procédure civile (1975-2015), *Hors-collection, Panthéon-Assas Paris II 2016, p. 147* (faut-il codifier le principe de concentration des moyens dans le code de procédure civile ?). – Douchy-Oudot, *Mél. G. Goubeaux, Dalloz/LGDJ 2009, p. 99* (l'office du juge). – Julien, *Gaz. Pal. 7 févr. 2017, p. 14* (mode d'hiver : la tendance est à la concentration). – Lacabarats, *Just. et cass. 2008. 116* (autorité de la chose jugée au civil : la concentration des moyens au cours d'une même instance et le droit d'accès au juge). – Martin, *RTD civ. 2007. 723* (les détournements de la procédure judiciaire). – Douchy-Oudot, *Mél. Wiederkehr, Dalloz 2009, p. 233* (la scission des phases de la procédure : la mise en état). – Guinchard, *Mél. Wiederkehr, Dalloz 2009, p. 379* (l'autorité de la chose qui n'a pas été jugée à l'épreuve des nouveaux principes directeurs du procès civil et de la simple faculté pour le juge de changer le fondement juridique des demandes). – Grandjean, *Gaz. Pal. 8-9 mars 2013, p. 21* (réflexions d'un patricien sur le principe de concentration des moyens). – Strickler, *Dr. et pr. 2011. 166* (la concentration des moyens et la nouvelle procédure d'appel).

57. Affirmation du principe. La nouvelle demande qui invoque un fondement juridique que le demandeur s'était abstenu de soulever en temps utile se heurte à la chose précédemment jugée relativement à la même contestation, le demandeur devant présenter dès l'instance relative à la première demande l'ensemble des moyens qu'il estime de nature à fonder celle-ci. • Cass., ass. plén., 7 juill. 2006, n° 04-10.672 P : *BICC 15 oct. 2006, rapp. Charruault, note Koering-Joulin, avis Benmakhlouf ; D. 2006. 2135, note Weiller ; JCP 2006. I. 183, obs. Amrani Mekki ; ibid. 2007. II. 20070, note Wiederkehr ; Gaz. Pal. 2007. 398, note Gain ; Dr. et pr. 2006. 348, note Fricero ; RDI 2006. 500, obs. Malinvaud ; RTD civ. 2006. 825, obs. Perrot* (première demande en paiement de sommes fondée sur le salaire différé, seconde demande fondée sur l'enrichissement sans cause).

58. Applications du principe. • Civ. 3e, 13 févr. 2008, n° 06-22.093 P : *D. 2008. AJ 621, obs. Forest ; JCP 2008. II. 10052, note Weiller ; Gaz. Pal. 2008. 1888, obs. Dagorne-Labbe ; RDI 2008. 280, obs. Malinvaud* (première demande en indemnisation d'un préjudice, suivie d'une demande en rescision pour lésion) • Civ. 1re, 28 mai 2008, n° 07-13.266 P : *D. 2008. AJ 1629, note Delpech ; ibid. 3111, obs. Clay ; JCP 2008. Actu. 411, note Béguin ; RDC 2008. 1143, obs. Deshayes ; RTD civ. 2008. 551, obs. Perrot ; RTD com. 2010. 535, obs. Loquin* (application à deux sentences arbitrales) • Civ. 3e, 20 janv. 2010, n° 08-70.206 P (nouvelle demande en validation d'un congé pour reprise dans le cadre d'un bail rural, en se prévalant d'une autorisation administrative d'exploiter qui fondait le refus initial de validation et obtenue depuis la première décision) • Civ. 1re, 1er juill. 2010, n° 09-10.364 P : *D. 2010. Actu. 1780, obs. Avena-Robardet ; ibid. 2092, Chron. C. cass., obs. Auroy et Creton ; ibid. 2011. Pan. 265, obs. Fricero ; ibid. Pan. 406, obs. Crocq ; RTD civ. 2011. 586, obs. Théry* (application aux demandes de la caution tendant à voir rejeter la demande de paiement du créancier) • Com. 25 oct. 2011, n° 10-21.383 P : *D. 2011. 2735, obs. Avena-Robardet ; RTD com. 2012. 851, obs. Martin-Serf* (caution agissant contre la banque pour une faute dans la déclaration des intérêts postérieurs à l'ouverture de la procédure collective, alors qu' elle avait eu la possibilité, dès la première instance, de présenter le moyen invoqué à l'appui de son action) • Com. 6 juill. 2010, n° 09-15.671 P : *D. 2010. Chron. C. cass. 2092, obs. Auroy ; ibid. 2011. Pan. 406, obs. Crocq ; D. actu. 22 juill. 2010, obs. Avena-Robardet ; RLDC 2010/75, n° 3968, obs. Ansault* • 25 oct. 2011 : *D. 2011. 2735, obs. Avena-Robardet ; RTD com. 2012. 851, obs. Martin-Serf* (caution agissant contre la banque pour une faute dans la déclaration des intérêts postérieurs à l'ouverture de la procédure collective, moyen qu'elle aurait pu invoquer dès la première instance). – V. aussi • Civ. 1re, 16 janv. 2007, n° 05-21.571 P : *D. 2007. Pan. 2427, obs. Fricero* • Com. 20 févr. 2007, n° 05-18.322 P : *D. 2011. Actu. 1566, obs. Avena-Robardet ; ibid. 2012. Pan. 244, obs. Fricero ; RTD civ. 2011. 593, obs. Perrot* • Civ. 2e, 25 oct. 2007, n° 06-19.524 P : *D. 2007. AJ 2955 ; ibid. 2008. Chron. C. cass. 653, obs. Sommer ; LPA 1er-2 janv. 2008, note Barbièri ; RDI 2008. 48, obs. Malinvaud ; RDC 2008. 1143, obs. Deshayes ; RTD civ. 2008. 159, obs. Perrot* (relaxe d'un médecin au pénal du chef de blessures par imprudence, nouvelle demande au civil en responsabilité contractuelle) • Civ. 3e, 16 juin 2011, n° 10-18.925 P (demandes tendant à la reconnaissance d'un droit de passage grevant et profitant aux mêmes parcelles sur le fondement d'une enclave puis sur celui d'une servitude par destination du père de famille découlant d'un acte découvert après le début de l'instance) • Civ. 2e, 20 mars 2014, n° 13-14.738 P (demande de restitution de la TVA se heurtant à l'autorité de la chose jugée de la condamnation à payer le montant des travaux TTC). ♦ Dès lors qu'il y a identité de parties, de cause et d'objet entre une ordonnance d'injonction de payer ayant acquis l'autorité de la chose jugée et une demande formulée postérieurement au délai d'opposition, cette dernière se heurte à la fin de non-recevoir tirée de la chose jugée et est donc irrecevable. • Civ. 1re, 1er oct. 2014 : *BICC 15 janv. 2015, n° 10 ; D. actu. 22 oct. 2014, obs. Kebir ; D. 2014. Actu. 2004 ; Gaz. Pal. 23-24 déc. 2014, p. 23, note Laval* • Civ. 1re, 12 mai 2016, n° 15-13.435 P : *JCP 2016. 1296, n° 6, obs. Libchaber ; Procédures 2016, n° 223, note Strickler* • 1er juill. 2021, n° 20-11.706 P : *D. actu. 22 juill. 2021, note Hoffchir* (caution agissant contre la banque pour un manquement au devoir de mise en garde et de conseil engageant sa responsabilité, moyen qu'elle aurait pu soulever en première instance et qui avait été déclaré irrecevable comme nouvelle en appel). – Ayant relevé que l'autorité de chose jugée attachée à l'ordonnance portant injonction de payer faisait obstacle aux demandes relatives à la résolution de conventions conclues entre les parties pour inexécution par la société cessionnaire de ses obligations et à la restitution des sommes versées en exécution de l'ordonnance, faisant ainsi ressortir qu'il appartenait à la société débitrice de former une opposition régulière à cette ordonnance afin de présenter à cette occasion l'ensemble de ses moyens de défense, la cour d'appel en a exactement déduit que les demandes de la société débitrice étaient irrecevables pour se heurter à la fin de non-recevoir tirée de la chose jugée. • Civ. 2e, 1er févr. 2018, n° 17-10.849 P : *D. actu. 9 mars 2018, obs. Kebir ; Procédures 2018, n° 102, note Strickler ; JCP 2018. 530, n° 8, obs. L. Mayer.* ♦ L'autorité de chose jugée du jugement ayant rejeté une demande en nullité du congé fondée dur l'insanité d'esprit de son auteur s'oppose à une nouvelle demande fondée sur une autre cause d'irrecevabilité qui ne constitue qu'un moyen nouveau. • Civ. 2e, 11 avr. 2019, n° 17-31.785 P : *D. 2019. 824 ; ibid. 1412, obs. Lemouland et Noguéro ; JCP 2019, n° 594, note Bléry ; Gaz. Pal. 22 juill. 2019, p. 41, obs. Amrani-Mekki ; LPA 16 sept. 2019, p. 18, note Courtois.* ♦ La demande de nullité d'un prêt formée par des emprunteurs devant le TI concernant le même prêt que celui dont le prêteur avait poursuivi l'exécution devant le TGI, ne tend qu'àremettre en cause, en dehors de l'exercice des voies de recours, par un moyen non soutenu devant le TGI, une décision revêtue de l'autorité de chose jugée à leur égard. • Civ. 2e, 27 févr. 2020, n° 18-23.972 P. ♦ La demande de remboursement des sommes prétendument indues émanant de cautions d'un prêt à titre de contrepartie de leur obligation de cautionnement précédemment tranchée ne tend, en réalité, qu'à remettre en cause, en dehors de l'exercice des voies de recours, une décision revêtue de l'autorité de la chose jugée à leur égard. • Civ. 2e, 27 févr. 2020, n° 18-23.370 P (cour d'appel s'étant placée dans l'hypothèse où l'action en répétition de l'indu serait recevable pour énoncer que la dette existait). ♦ *Contra* antérieurement : • Cass., ass. plén., 3 juin 1994 : *Bull. ass. plén., n° 8* • Com. 12 mai 2015 : *D. actu. 3 juin 2015, obs. Delpech* (une demande originaire en constatation de la résiliation du contrat en application de la clause résolutoire et en paiement des redevances jusqu'à la libération des lieux par le locataire-gérant, formée entre les mêmes parties, tendait aux mêmes fins de paiement au titre de l'occupation par le locataire-gérant des locaux du loueur postérieurement à la résiliation du contrat de location-gérance, peu important que celui-ci ait invoqué un fondement juridique différent). ♦ Mais V. déjà • Civ. 2e, 4 mars 2004 : *Bull. civ. II, n° 84 ; D. 2004. Somm. 1204, obs. Fricero* • Civ. 1re, 28 mars 1995 (2 arrêts) : *préc. note 37.* ♦ Rappr. aujourd'hui • Civ. 3e, 4 juill. 2012 : *cité note 73.* ♦ Lorsqu'à la suite de l'annulation d'un contrat de construction de maison individuelle, un premier jugement s'est prononcé sur la demande de restitution des sommes versées par le maître de l'ouvrage en exécution du contrat, le principe de l'autorité de la chose jugée ne s'oppose pas à ce que le constructeur demande, à l'occasion d'une seconde instance, le versement d'une provision à valoir sur le coût des prestations qu'il a fournies, puisqu'il n'invoque pas alors un nouveau moyen à l'appui de sa demande, mais forme une nouvelle demande. • Civ. 3e, 17 juin 2015, n° 14-14.372 P : *D. 2015. Actu. 1369 ; JCP 2015. 788, note Serinet.*

59. Extension du principe aux moyens de défense. Dans une instance en déchéance du terme pour un prêt, il appartient au défendeur de présenter dès l'instance devant le TGI l'ensemble des moyens qu'il estime de nature à justifier le rejet total ou partiel de la demande, ce qui entraîne l'irrecevabilité de la demande de nullité formée devant le tribunal d'instance concernant le même prêt. • Civ. 2e, 27 févr. 2020, n° 18-23.972 P : *D. 2020. Chron. C. cass. 2198, obs. de Leiris*.

60. Conformité du principe à la Conv. EDH. Affirmant que la solution ne contrevient pas à la Conv. EDH. • Civ. 1re, 24 sept. 2009, n° 08-10.517 P : *D. 2010. Chron. C. cass. 522, n° 5, obs. Creton ; RLDC 2009/65, n° 3598, obs. Le Gallou ; RTD civ. 2010. 129, obs. Gautier ; ibid. 147, obs. Théry ; ibid. 155, obs. Perrot* (demande d'expulsion sur le fondement de la résiliation judiciaire pour reprise puis demande d'expulsion sur le fondement de la résiliation du prêt à usage) • Civ. 3e, 16 juin 2011, n° 10-18.925 P (demandes tendant à la reconnaissance d'un droit de passage grevant et profitant aux mêmes parcelles sur le fondement d'une enclave puis sur celui d'une servitude par destination du père de famille découlant d'un acte dont l'existence a été découverte après le début de l'instance). ♦ V. aussi : • CEDH 26 mai 2011, n° 23228/08 : *JCP 2011. 730, obs. Picheral ; Dr. et pr. 2012. 237, note Fricero ; ibid., suppl. Droit des procédures internationales, p. 2, obs. Fricero.* ♦ Le principe de concentration des moyens tend à assurer une bonne administration de la justice en ce qu'il vise à réduire le risque de manœuvres dilatoires et à favoriser un jugement dans un délai raisonnable. La limitation au droit d'accès à un tribunal qu'il opère s'inscrit donc dans un objectif légitime. • CEDH 17 mars 2015, n° 21686 : *JCP 2015. 670, note Bléry ; RTD civ. 2015. 698, obs. Théry* • 9 avr. 2015, n° 12686-10 : *Gaz. Pal. 12-13 juin 2015, p. 15, note A. Dommier.*

61. Événements postérieurs. L'autorité de chose jugée ne peut être opposée, lorsque des événements postérieurs sont venus modifier la situation antérieurement reconnue en justice. • Civ. 2e, 10 juill. 2008 : *RDC 2008.1289, obs. Serinet* • Civ. 1re, 16 avr. 2015 : *D. actu. 4 mai 2015, obs. Kebir.* ♦ Le refus par un propriétaire indivis d'exécuter un jugement devenu irrévocable ordonnant le partage en nature ne peut constituer un fait nouveau privant cette décision de l'autorité de chose jugée. • Civ. 1re, 4 déc. 2013, n° 12-25.088 P : *D. 2014. Actu. 219, obs. Delpech ; Procédures 2014, n° 37, note Perrot ; Gaz. Pal. 15 avr. 2014, p. 17, note Casey.* ♦ Lorsque, postérieurement à un jugement tranchant une prétention, une nouvelle prétention est formée eu égard à des faits distincts et postérieurs, le demandeur conserve la possibilité d'invoquer un moyen déjà soulevé dans la précédente instance. • Civ. 1re, 9 juin 2017, n° 16-17.298 P (actes publicitaires distincts et postérieurs à ceux ayant donné lieu au précédent jugement relatif à une demande de retrait de publicités). ♦ Doit être cassé l'arrêt qui, pour écarter l'autorité de la chose jugée attachée à un jugement, a statué sur le fondement d'un moyen qui n'avait pas été invoqué devant le juge du fond et n'a pas relevé l'existence d'un fait nouveau justifiant d'écarter l'autorité de la chose jugée. • Civ. 2e, 10 déc. 2020, n° 19-12.140 P : *D. actu. 19 janv. 2021, note Bléry.*

62. Circonstances nouvelles. La question soumise au juge saisi d'une demande en changement de nom est celle de savoir si, au jour où il statue, le changement est conforme aux intérêts en présence ; cet intérêt peut changer avec les circonstances, notamment avec l'âge de l'enfant, de sorte que la décision qui a rejeté une première demande n'a pas, à l'égard d'une seconde demande, l'autorité de la chose jugée. • Civ. 1re, 18 déc. 1979 : *Gaz. Pal. 1980. 1. 249, note J. M.*

63. ... Illustrations. Pour d'autres cas où, en raison des circonstances nouvelles, l'autorité d'un jugement ne peut être opposée à une nouvelle demande, V. • Civ. 2e, 27 juin 1985 : *JCP 1986 II 20644, note Lindon et Bénabent* (réduction d'une pension alimentaire) • Civ. 1re, 13 juin 1984 : *Bull. civ. I, n° 195* (demande de remplacement du notaire désigné comme liquidateur d'une succession) • Soc. 26 juin 1985 : *Bull. civ. I, n° 361* (représentativité d'un syndicat) • Civ. 1re, 22 oct. 2002, n° 00-14.035 P : *Rev. crit. DIP 2003. 299, note Pataut* (*exequatur* refusé, puis accordé après signification régulière de la décision étrangère) • Soc. 18 févr. 2003 : *Bull. civ. V, n° 59* (annulation de l'autorisation administrative de licenciement d'un salarié protégé) • Civ. 2e, 6 mai 2004 : *Bull. civ. II, n° 208 ; Defrénois 2004. 1690, obs. Massip* (nouvelle demande de droit de visite et d'hébergement des enfants) • Civ. 3e, 25 avr. 2007, n° 06-10.662 P : *D. 2007. AJ 1344 ; ibid. Pan. 2430, obs. Fricero* (annulation par le juge administratif de l'arrêté approuvant un POS : fait juridique nouveau) • Civ. 2e, 6 mai 2010, n° 09-14.737 P : *D. 2010. Actu. 1291 ; RTD civ. 2010. 615, obs. Perrot* (habilitation du syndic dont la demande avait été jugée irrecevable faute d'habilitation). ♦ La décision qui a rejeté la demande en résolution d'un plan de redressement fondé sur l'inexécution de ses engagements par le débiteur, au motif que ces engagements avaient en réalité été respectés, ne s'oppose pas à la recevabilité d'une nouvelle demande en résolution fondée sur un état de cessation de paiements intervenu ultérieurement. • Com. 26 janv. 2016, n° 14-17.672 P.

64. Limites à la prise en compte de circonstances nouvelles. Si l'indemnité d'éviction doit être évaluée à la date la plus proche de l'éviction, une nouvelle évaluation, qu'aucune disposition légale n'autorise, se heurte à l'autorité de chose jugée. • Civ. 3e, 28 sept. 1982 : *Bull. civ. III, n° 183.* ♦ Comp., en matière d'évaluation d'un bien faisant l'objet d'une attribution préférentielle ou d'un bien transmis à titre gratuit donnant lieu à indemnité de réduction, note 1 ss. art. 832-4. ♦ Mais l'attribution préférentielle n'étant qu'une modalité du partage, la décision qui l'accorde oblige seulement à placer le bien dans le lot du bénéficiaire. L'estimation du bien devant être faite à la date la plus proche du partage, cette décision n'a d'autorité, en ce qui concerne la valeur du bien, que si elle a fixé la date de la jouissance divise. • Civ. 1re, 24 janv. 1990 : *Bull. civ. I, n° 24* • 3 févr. 1987 : *Bull. civ. I, n° 39 ; JCP N 1987. II. 295 (2e esp.), note Salvage* • 25 févr. 2003, n° 00-22.672 P : *D. 2003. IR 810 ; JCP 2004. I. 155, n° 7, obs. Le Guidec ; Defrénois 2003. 1365, obs. Champenois ; AJ fam. 2003. 150, obs. S. D.-B* . • 8 avr. 2009 : *Bull. civ. I, n° 75 ; JCP 2009. 391, n° 17, obs. Tisserand-Martin.* ♦ ... Ou si elle a assorti le prix d'une indexation de telle sorte qu'il soit réajusté en fonction de la valeur de l'indice au jour du partage. • Civ. 1re, 18 nov. 1986 : *RTD civ. 1988. 163, obs. Patarin.* ♦ De même, en matière de partage, la décision qui, sans se prononcer sur la date de la jouissance divise, a statué sur la valeur du bien, n'a pas d'autorité quant à l'estimation définitive. • Civ. 1re, 3 mars 2010, n° 09-11.005 P : *D. 2010. Chron. C. cass. 2092, obs. Auroy ; ibid. 2011. Pan. 1040, obs. Lemouland et Vigneau ; AJ fam. 2010. 188, obs. Chénedé ; Defrénois 2010. 1336, note Autem ; RTD civ. 2010. 305, obs. Hauser ; ibid. 303, obs. Vareille*

65. ... Moyens de preuve nouveaux. Une seconde instance en divorce qui ne s'appuie que sur des faits intervenus antérieurement à la première décision se heurte à l'autorité de chose jugée de cette dernière. • Civ. 2e, 10 mars 1982 : *Gaz. Pal. 1982. 2. 512, note Viatte.* ♦ La production d'une pièce nouvelle ou la présentation d'un nouveau moyen de preuve n'empêche pas une nouvelle demande de se heurter à l'autorité de chose jugée d'une première décision. • Com. 29 janv. 1985 : *Bull. civ. IV, n° 37* • 20 févr. 1980 : *ibid. IV, n° 87* • Civ. 3e, 19 sept. 2007 : *Bull. civ. III, n° 146* • Civ. 1re, 23 juin 2011 : *D. 2011. Actu. 1830* (rapport d'expertise amiable sollicité postérieurement au premier jugement).

66. Circonstances non considérées comme nouvelles. Le refus d'exécuter un jugement devenu irrévocable ne peut constituer un fait nouveau privant cette décision de l'autorité de la chose jugée. • Civ. 1re, 4 déc. 2013, n° 12-25.088 P : *D. 2014. 219, obs. Delpech ; Gaz. Pal. 15 avr. 2014, p. 17, note Casey.* ♦ Le caractère nouveau de l'événement permettant d'écarter la fin de non-recevoir tirée de l'autorité de chose jugée ne peut résulter de ce que la partie qui l'invoque a négligé d'accomplir une diligence en temps utile. • Civ. 2e, 25 juin 2015, n° 14-17.504 P • Civ. 1re, 19 sept. 2018, n° 17-22.678 P : *D. 2018. 2347, note Jourdan-Marques ; AJ fam. 2019. 51, obs. Casey .*

La délivrance d'un certificat de nationalité, qui ne constitue pas un titre de nationalité, mais un document établi par une autorité administrative afin de faciliter la preuve de la nationalité française, ne saurait constituer, en raison de sa nature, un fait nouveau modifiant la situation antérieurement reconnue en justice, par un jugement ayant l'autorité de chose jugée. • Civ. 1re, 2 sept. 2020, n° 19-13.483 P : *D. 2020. 1720 ; JCP 2020, n° 1169, note Pierre-Maurice.*

67. Relaxe au pénal. V. • Civ. 2e, 20 mars 2014 : *cité note 128* • 15 nov. 2018, n° 17-18.656 P : *cité note 131.*

C. IDENTITÉ DES DEMANDES (OBJET)

68. Refus d'un principe de concentration des demandes. S'il incombe au demandeur de présenter dès l'instance relative à la première demande l'ensemble des moyens qu'il estime de nature à fonder celle-ci, il n'est pas tenu de présenter dans la même instance toutes les demandes fondées sur les mêmes faits. • Civ. 2e, 26 mai 2011, n° 10-16.735 P : *D. 2011. 1566, obs. Avena-Robardet ; ibid. 2012. 244, obs. Fricero ; RTD civ. 2011. 593, obs. Perrot ; JCP 2011. 749, note Deharo ; ibid. 1424, note Serinet* (la demande en paiement des loyers n'a pas le même objet que la demande tendant à faire juger que la vente de l'immeuble était parfaite) • Civ. 1re, 12 mai 2016, n° 15-16.743 P : *JCP 2016. 1296, n° 6, obs. Libchaber ; Procédures 2016, n° 223, note Strickler* • 7 déc. 2016, n° 16-12.216 P : *D. 2016. 2570 ; AJ fam. 2017. 78, obs. Casey ; RDC 2017. 74, note Barthez.* ♦ Et on ne peut opposer aux demandeurs l'autorité de la chose jugée attachée à un jugement qui a non seulement annulé la résolution prise au cours d'une assemblée générale de copropriété mais les a également déboutés de leurs autres demandes, alors que dans l'assignation à jour fixe initiale les demandeurs sollicitaient seulement l'annulation d'une délibération de l'assemblée non inscrite à l'ordre du jour. • Civ. 3e, 21 sept. 2011 : *D. 2011. Actu. 2344 .* ♦ Rappr. : • Com. 20 sept. 2011 : *D. 2011. Actu. 2345, obs. Delpech ; ibid. 2012 . 167, chron. C. Maréchal ; RTD civ. 2011. 760, obs. Fages .*

La seule différence de fondement juridique entre deux demandes ayant le même objet est insuffisante à écarter la fin de non-recevoir tirée de l'autorité de la chose jugée. • Civ. 1re, 12 avr. 2012, *n° 11-14.123 P : D. 2012. 1132 ; ibid. 2991, obs. Clay ; Dr. et pr. 2012. 164* • 26 sept. 2018, n° 17-20.143 P (action sur le fondement de l'art. L. 615-2 CPI puis sur celui de l'art. 1382, devenu 1240 C. civ., tendant toutes deux à obtenir réparation du préjudice causé par la contrefaçon d'un brevet).

Une action qui tend à la nullité de l'association syndicale, dont la révision des charges n'aurait été qu'une conséquence, n'a pas le même objet que la demande en révision des charges formée en application des statuts de l'association syndicale. • Civ. 3e, 22 janv. 2014, n° 12-22.275 P.

69. Requêtes identiques portant sur des procédures distinctes. N'est pas irrecevable la requête en récusation lorsqu'elle concerne une procédure distincte de celles des requêtes en récusation qui ont précédemment donné lieu à des jugements. • Civ. 2e, 27 juin 2019, n° 18-18.112 P : *Gaz. Pal. 5 nov. 2019, p. 52, obs. Raschel.*

70. Révision du loyer et résiliation du bail. Il ne suffit pas, pour que l'exception de chose jugée puisse être accueillie, que la même chose matérielle soit en litige, mais il faut encore que l'on réclame le même droit sur la même chose ; faute d'identité d'objet, l'autorité de la chose jugée sur la seule question de la révision du loyer ne peut être opposée à une demande ultérieure en résiliation du bail. • Req. 8 nov. 1937 : *DH 1937. 581.*

71. Exécution du contrat de bail et résiliation. L'action en résiliation qui a pour effet de mettre à néant le contrat de bail ne tend pas aux mêmes fins que la demande tendant à l'application de clauses de ce contrat, qui le laisse subsister. • Civ. 3e, 20 janv. 2010, n° 09-65.272 P : *D. 2011. Pan. 472, obs. Fauvarque-Cosson ; JCP 2010, n° 516, obs. Ghestin ; AJDI 2010. 404, obs. Porcheron ; RDC 2010. 825, obs. Génicon ; ibid. 909, obs. Seube ; ibid. 935, obs. Serinet.*

72. Diminution du loyer et remboursement de travaux. Une demande en diminution du loyer fondée sur l'art. 1722 C. civ. n'a pas le même objet qu'une demande en remboursement du coût des travaux de réfection des lieux partiellement détruits. • Civ. 3e, 11 juill. 1990, n° 89-13.769 P.

73. Résiliation du bail demandée sur des fondements différents. Irrecevabilité d'une demande d'expulsion sur le fondement de la résiliation d'un prêt d'usage faisant suite à une demande d'expulsion sur le fondement de la résiliation judiciaire pour reprise. • Civ. 1re, 24 sept. 2009 : *cité note 46.* ♦ Mais la décision qui a statué sur une demande d'exercice du droit de reprise des bailleurs, n'ayant pas eu à trancher la demande de déchéance du droit au maintien dans les lieux de la locataire, n'a pas autorité de la chose jugée sur ce point, même si les dispositions invoquées tendent aux mêmes fins, la dénégation du bénéfice du droit au maintien dans les lieux. • Civ. 3e, 4 juill. 2012, n° 11-19.725 P : *D. 2012. 1887 ; ibid. 2013. 863, obs. Damas ; AJDI 2013. 210, obs. Damas ; Dr. et pr. 2012. 256, note Yildirim.*

74. Actions en annulation d'assemblées générales différentes. Une action en annulation d'une assemblée générale de copropriété n'a pas le même objet qu'une action en annulation d'une assemblée ultérieure, même si cette dernière a pris la même décision et si la demande d'annulation est fondée sur des motifs identiques. • Civ. 3e, 2 févr. 1994, nº 91-17.370 P : *D. 1996. Somm. 162, obs. Bouyeure*.

75. Exécution forcée et résolution. La demande de résolution qui vise à mettre à néant le contrat ne tend pas aux mêmes fins que la demande d'exécution sous astreinte qui le laisse subsister. • Civ. 2e, 8 sept. 2011 : *D. 2011. 2211* ; *RTD civ. 2011. 762, obs. Fages*.

76. Consignation et arrêt de l'exécution provisoire. La demande tendant à la consignation du montant de la condamnation comporte un objet différent de celui de la demande tendant exclusivement à arrêter l'exécution provisoire. • Civ. 2e, 7 janv. 1982 : *Gaz. Pal. 1983. 1. 74, note du Rusquec.*

77. Éléments de préjudice différents. L'action tendant à la réparation d'un élément de préjudice qui n'a pas été inclus dans la demande initiale et sur lequel il n'avait donc pu être statué a un objet différent de celle ayant donné lieu au premier jugement. • Cass., ass. plén., 9 juin 1978 : *Gaz. Pal. 1978. 2. 557, rapport Viatte* • Civ. 2e, 1er déc. 1982 : *Bull. civ. II, nº 153* • 30 oct. 1989 : *Bull. civ. II, nº 198* • 6 janv. 1993, nº 91-15.391 P. – Rappr. • Civ. 2e, 12 févr. 2004, nº 02-13.400 P (distinction d'une demande globale et de demandes individuelles en réparation d'un préjudice moral). ♦ Même solution en cas d'instance en révision pour aggravation, distincte par son objet de l'instance en fixation du taux d'incapacité pouvant exister à la date de consolidation des blessures. • Soc. 23 févr. 1983 : *Bull. civ. V, nº 107.* ♦ Inversement, quand le préjudice a été liquidé en prenant en compte une créance pour frais futurs, porte atteinte à l'autorité de la chose jugée l'arrêt ultérieur qui modifie les modalités de la liquidation. • Civ. 2e, 10 juill. 2003, nº 01-14.600 P. ♦ V. aussi • Civ. 2e, 29 mars 2012 : *D. 2012. 1014* ; *RTD civ. 2012. 535, obs. Jourdain* (recevabilité de la nouvelle demande d'indemnisation contre le FIVA fondée sur l'aggravation de l'état de santé et tendant à la réparation des préjudices complémentaires ou nouveaux nés de cette aggravation).

L'action en réparation d'une atteinte à la dignité fondée sur une discrimination n'a pas le même objet que celle visant à obtenir réparation pour le caractère abusif du licenciement. • Crim. 19 nov. 2013 : *Dalloz jurisprudence.*

L'action en réparation du dommage résultant du délit d'escroquerie à la TVA est distincte de l'action en recouvrement de la taxe fraudée dans le cadre d'une procédure fiscale. • Crim. 16 mai 2018, nº 17-81.151 P : *AJ pénal 2018. 365, obs. Beaussonie*.

78. Liquidation du préjudice. La demande de liquidation des différents chefs de préjudice corporel et la demande de paiement des intérêts majorés en raison du caractère tardif de l'offre d'indemnisation n'ont pas le même objet. Viole en conséquence les art. 1351 C. civ. et 480 C. pr. civ., l'arrêt qui, pour accueillir la fin de non-recevoir tirée de l'autorité de la chose jugée, retient que la sanction du doublement des intérêts faute d'offre suffisante est une composante de la réparation du préjudice fondée sur les dispositions de la L. nº 85-677 du 5 juill. 1985, que le préjudice invoqué est le même et que l'action est fondée sur les mêmes faits et met en cause les mêmes parties que celles entre lesquelles il a été statué par le précédent jugement. • Civ. 2e, 22 mars 2012 : *Gaz. Pal. 6-7 juill. 2012, p. 23, obs. Tapinos.*

79. Réduction non prévue des dommages. Mais lorsque les juges ont procédé à l'évaluation du préjudice, considéré alors comme définitif, et n'ont pas réservé d'une manière expresse la faculté de procéder à sa révision, l'autorité de la chose jugée s'oppose à ce que la rente allouée soit réduite en raison de l'amélioration ultérieure de l'état de santé de la victime. • Civ. 2e, 12 oct. 1972 : *JCP 1974. II. 17609, note Brousseau* ; *Gaz. Pal. 1973. 1. 69, note H. M.* ♦ Une nouvelle indemnisation n'est possible qu'en cas d'aggravation de l'état de la victime. • Civ. 2e, 9 déc. 1999, nº 98-10.416 P.

80. Désordres évolutifs. Identité d'objet entre l'instance en réparation des dommages immobiliers d'origine et l'instance en réparation des aggravations : V. • Civ. 3e, 8 oct. 2003, nº 01-17.868 P : *D. 2003. IR 2727, et les ob s.* ; *Gaz. Pal. 2004. Somm. 1290, obs. Peisse* ; *RDI 2004. 121, obs. Malinvaud*.

81. Avances différentes sur la même somme due. L'autorité de la chose jugée ne s'attache pas aux décisions ordonnant le versement d'une avance, mesure qui par sa nature est susceptible de renouvellement dans les limites des droits du requérant et qui de ce fait présente chaque fois un objet différent. • Civ. 1re, 8 juill. 1981 : *Bull. civ. I, nº 253.*

82. La nouvelle procédure portant sur des actes publicitaires postérieurs et distincts de ceux qui avaient fait l'objet d'un précédent jugement ne se heurte pas à l'autorité de la chose jugée de ce dernier. • Civ. 1re, 9 juin 2017, nº 16-17.298 P : *préc. note 61* (actes publicitaires distincts et postérieurs à ceux ayant donné lieu à un premier jugement ayant statué sur la responsabilité d'une association en matière de déontologie des chirurgiens-dentistes).

83. Condamnation in solidum et appel en garantie. En prononçant une condamnation *in solidum*, le juge ne statue pas sur l'appel en garantie exercé par l'un des codébiteurs condamnés à l'encontre d'un autre, ni ne préjuge de la manière dont la contribution à la dette entre tous les codébiteurs condamnés devra s'effectuer. • Civ. 2e, 11 avr. 2013 : *Dalloz jurisprudence.*

84. Astreinte et dommages-intérêts. L'autorité de chose jugée attachée à un arrêt ayant liquidé définitivement une astreinte ne peut être opposée à une demande de dommages-intérêts, les deux actions n'ayant pas le même objet. • Civ. 1re, 28 févr. 1989 : *Bull. civ. I, n° 97 ; RTD civ. 1989. 621, obs. Perrot.*

85. Interdiction et demande de dommages-intérêts. Une demande tendant à faire interdire la diffusion d'une lettre n'a pas le même objet que la demande en réparation du préjudice résultant de cette diffusion. • Com. 11 juin 2013 : *BICC 1er déc. 2013, n° 1374.*

86. Possessoire et pétitoire. La chose jugée au possessoire n'a pas autorité au pétitoire. • Civ. 3e, 3 mai 1990 : *Bull. civ. III, n° 103.*

87. Bornage et propriété. Le jugement rendu sur une demande en bornage et qui n'a donc pas eu à trancher la question de propriété de la parcelle ne fait pas obstacle à une action en revendication. • Civ. 3e, 18 oct. 2006, n° 05-13.852 P : *D. 2006. IR 2689 ; JCP 2007. I. 117, n° 2, obs. Périnet-Marquet* • 8 juill. 2009, n° 08-15.042 P : *D. 2010. Pan. 2183, obs. Reboul-Maupin ; JCP 2009. 337, n° 2, obs. Périnet-Marquet* • 10 nov. 2009, n° 08-19.756 P : *D. 2009. AJ 2806 ; ibid. 2010. Pan. 2183, obs. Reboul-Maupin ; JCP 2010, n° 83, note Bléry ; AJDI 2010. 410, obs. Gavin-Millan-Oosterlynck .* ♦ Déjà dans le même sens : • Civ. 3e, 28 oct. 1992, n° 90-18.573 P.

88. Servitude conventionnelle et servitude légale. La demande de reconnaissance d'une servitude de passage du fait de l'homme et celle d'une servitude légale n'ont pas le même objet, de sorte que, le principe de concentration des moyens n'étant pas applicable, la seconde demande ne se heurte pas à l'autorité de la chose jugée sur la première. • Civ. 3e, 25 mars 2021, n° 19-20.603 P : *D. 2021. Chron. C. cass. 980, obs. Jariel .*

89. Nullité de l'acte et inopposabilité. Une action en nullité et une action en inopposabilité d'un même acte tendent toutes deux à le voir déclarer sans effet ; il y a dès lors identité d'objet. • Civ. 1re, 8 mars 2005 : *Bull. civ. I, n° 113.*

90. Nullité du contrat et responsabilité. Il n'y a aucune identité d'objet entre l'instance en nullité de contrats de prêt et de cautionnement et celle tendant à rechercher la responsabilité de la banque. • Civ. 2e, 1er févr. 2006, n° 04-12.697 P. ♦ *... Entre l'instance ayant donné lieu à la résolution du contrat et celle tendant à la recherche de la responsabilité précontractuelle.* • Civ. 2e, 14 sept. 2006, n° 05-14.346 P : *D. 2006. IR 2344 ; Dr. et pr. 2007. 23, obs. Putman* (crédit-bail).

91. Exécution du contrat et responsabilité contractuelle. L'action en exécution du contrat d'assurance n'a pas le même objet que l'action en paiement de dommages-intérêts pour manquement de la société d'assurances à son devoir de conseil. • Civ. 2e, 10 nov. 2010, n° 09-14.948 P : *D. 2011. Chron. C. cass. 622, obs. Sommer et Leroy-Gissinger ; JCP 2010, n° 1270, note Barbièri ; RGDA 2011. 276, note Schulz.* ♦ L'action en responsabilité intentée contre la banque n'a pas le même objet que l'action en paiement exercée par celle-ci. • Civ. 2e, 23 sept. 2010, n° 09-69.730 P : *D. 2011. 265, obs. Fricero ; RTD civ. 2011. 586, obs. Théry .*

92. Nullité de conventions et demande reconventionnelle en restitution des intérêts fondée sur l'annulation. La demande en restitution des intérêts formée par la banque n'ayant pas été tranchée par l'arrêt de la cour d'appel seulement saisie d'une demande principale en annulation de conventions et restitution de capital, la banque n'était pas tenue de présenter dès l'instance initiale une demande reconventionnelle en paiement des sommes qui lui seraient dues si l'annulation des conventions était prononcée. • Civ. 2e, 17 oct. 2013, n° 12-26.178.

93. Nullité d'une convention et restitution. Le constructeur ne se heurte pas à l'autorité de chose jugée de la décision qui a annulé le contrat de construction d'une maison individuelle pour violation de l'ordre public, s'il introduit une nouvelle demande pour obtenir la restitution des sommes qu'il a déboursées, en l'absence de démolition de la maison. • Civ. 3e, 17 juin 2015, n° 14-14.372 P.

94. Révision ou exécution d'un contrat et réparation du préjudice. Une demande en réparation d'un préjudice de jouissance n'a pas le même objet qu'une demande en réduction du montant du loyer pour modification de la surface louée. • Civ. 3e, 16 sept. 2009, n° 08-10.487 P : *AJDI 2009. 812, obs. de La Vaissière ; JCP 2009, n° 574, obs. Grosser ; RDC 2009. 1391, obs. Deshayes.*

95. Révision du prix et dommages-intérêts pour dol. L'action en dommages-intérêts pour dol n'a pas le même objet que la décision qui s'est prononcée sur la demande en réduction du prix de cession de parts sociales. • Com. 2 févr. 2010 : *Bull. civ. V, n° 32.*

96. ... Révision du prix et dommages-intérêts ou annulation de la vente pour dol. L'action en dommages-intérêts pour dol, n'ayant pas le même objet, ne se heurte pas à l'autorité de la décision qui s'est prononcée sur la demande en réduction du prix de cession de parts sociales. • Com. 2 févr. 2010, n° 09-11.064 P : *RTD civ. 2010. 322, obs. Fages .* ♦ La demande en nullité de la vente pour dol et la demande en réduction du prix de la vente par les victimes de ce dol n'ont pas le même objet. • Civ. 3e, 11 janv.

2012, n° 10-23.141 P : *D. 2012. AJ 280* ; *AJDI 2013. 225, obs. Cohet-Cordey* ; *JCP 2012, n° 442, note Ghestin et Serinet.*

97. *Déclaration d'une créance au passif du débiteur soumis à une procédure collective et demande en paiement d'une somme d'argent formée contre le déclarant.* La déclaration d'une créance au passif d'un débiteur soumis à une procédure collective et la contestation de cette créance au cours de la procédure de vérification n'a pas le même objet que la demande en paiement d'une somme d'argent formée contre le déclarant. • Com. 9 oct. 2019, n° 18-17.730 P : *D. 2019. 1989* ; *Rev. sociétés 2019. 783, obs. Reille* ; *RDBF 2019, n° 209, note Houin-Bressant.*

98. *Suspension d'une saisie et paiement.* L'action en suspension de poursuites de saisie n'a pas le même objet que l'action en remboursement de sommes et paiement de dommages-intérêts. • Civ. 2e, 18 sept. 2008, n° 07-17.158 P.

99. *Astreintes, liquidation : demande portant sur une période différente.* L'autorité de la chose jugée attachée à une décision de liquidation d'astreinte ne fait pas obstacle à la présentation d'une nouvelle demande de liquidation pour la période postérieure, dès lors que l'astreinte n'était pas limitée dans le temps et que l'obligation qui en était assortie n'a pas été exécutée. • Civ. 2e, 8 déc. 2011, n° 10-25.719 P : *D. 2012. Actu. 27* ; *ibid. 1509, obs. Leborgne* .

100. *Divorce.* La demande de suppression de la prestation compensatoire et celle de sa réduction. • Civ. 2e, 20 mai 2010, n° 09-67.662 P : *D. 2010. Actu. 1417* ; *AJ fam. 2010. 277* ; *Dr. fam. 2010, n° 146, obs. Larribau-Terneyre.* ♦ Le rejet de la demande en divorce pour rupture de la vie commune fondé sur la clause d'exceptionnelle dureté n'a pas autorité de la chose jugée à l'égard d'une demande postérieure pour altération du lien conjugal, les demandes n'ayant pas le même fondement. • Poitiers, 10 nov. 2010 : *Dr. fam. 2011, n° 93, obs. Larribau-Terneyre.*

101. *Régime matrimonial et droits successoraux.* L'action ouverte, à l'art. 1527, al. 2, C. civ., aux enfants non issus des deux époux, et tendant à limiter les effets d'une clause d'une convention portant adoption d'une communauté conventionnelle, n'a pas le même objet que celle tendant à obtenir la nullité d'une telle convention. • Civ. 1re, 7 déc. 2016, n° 16-12.216 P : *D. 2016. 2570* ; *AJ fam. 2017. 78, obs. Casey* ; *RDC 2017. 74, note Barthez.*

102. *Contentieux pré- et post-électoral.* La décision prise en matière de contentieux pré-électoral n'a pas autorité de chose jugée dans le litige tendant à l'annulation des élections professionnelles. • Soc. 27 oct. 2004 : *Bull. civ. V, n° 271* ; *JCP 2005. I. 166, n° 13, obs. Martinon* ; *JCP E 2004. 1821, concl. Duplat.* ♦ L'instance tendant à l'annulation des opérations électorales, une fois celles-ci intervenues, n'a pas le même objet que celle visant à vider préventivement le litige relatif au calcul de l'effectif à prendre en compte. • Soc. 1er avr. 2008 : *Bull. civ. V, n° 78.*

103. *Retraite.* N'ont pas le même objet une demande de reconnaissance du droit au départ anticipé et d'admission au bénéfice de l'inactivité par anticipation dirigée contre l'employeur, et une demande de liquidation de pension dirigée contre un organisme d'assurance vieillesse. • Civ. 2e, 27 nov. 2014 : *BICC 1er mars 2015, n° 280* ; *JCP S 2015. 1120, note Brissy.*

104. Lorsqu'un point, déterminant pour la solution d'une nouvelle demande, a été définitivement tranché par un précédent jugement rendu entre les mêmes parties, l'autorité de chose jugée de ce dernier s'impose au second juge, qui ne saurait contredire le premier, même si l'objet de la nouvelle demande n'est pas identique à celui du jugement déjà rendu. • Civ. 2e, 15 févr. 2018, n° 17-12.567 P (une première décision, rendue entre la caisse primaire d'assurance maladie et l'employeur, ayant décidé que l'accident n'avait pas un caractère professionnel, la demande de la caisse de récupérer contre l'employeur le montant des majorations de rentes et d'indemnités allouées à la victime et à ses ayants droit, en raison de la faute inexcusable de l'employeur, est déclarée irrecevable comme se heurtant à l'autorité de la chose jugée de la première décision).

105. *Contentieux technique de la sécurité sociale.* L'appréciation faite par la juridiction du contentieux technique de l'incapacité d'un taux d'invalidité ne peut lier la juridiction du contentieux général de la sécurité sociale, saisie de la régularité de la procédure ayant abouti à la suppression d'une rente, laquelle a un objet différent. • Civ. 2e, 31 mai 2012, n° 11-16.348 P.

106. *Assurance.* La demande de liquidation des différents chefs de préjudice corporel et la demande de paiement des intérêts majorés en raison de la tardiveté de l'offre d'indemnisation n'ont pas le même objet. • Civ. 2e, 22 mars 2012 : *Dalloz jurisprudence* • 5 mars 2015 : *Dalloz jurisprudence.* ♦ La fin de non-recevoir présentée par un assureur, qui tend à éviter la condamnation de l'assureur au profit d'une personne n'ayant pas la qualité de créancier, ne porte pas sur le principe de la créance indemnitaire mais sur son titulaire. • Civ. 3e, 18 oct. 2018, n° 17-14.799 P.

IV. EFFETS

107. *Dessaisissement du juge.* V. note 19.

108. *Autorité à l'égard d'un autre juge.* Le juge qui supprime une astreinte provisoire ne peut porter atteinte aux décisions de liquidation d'astreinte antérieures passées en force de chose jugée. • Civ. 2e, 1er mars 1995, n° 93-12.701 P.

109. *Autorité à l'égard des arbitres.* • Civ. 1re, 30 juin 2016, n° 15-13.755 P.

110. Autorité d'une décision en annulant une autre pour erreur manifeste d'appréciation. L'autorité de chose jugée qui s'attache à l'arrêt par lequel la C. cass., statuant sur le recours formé contre une décision prise en matière d'inscription ou de réinscription d'un expert judiciaire par l'autorité chargée de l'établissement des listes, annule cette décision pour erreur manifeste d'appréciation, fait obstacle à ce que, en l'absence de modification de la situation de droit ou de fait, cette autorité reprenne la même décision pour un motif identique à celui qui a ainsi été censuré. • Civ. 2e, 17 juin 2021, n° 20-60.054 P : *D. actu. 13 juill. 2021, note Mélin.*

111. Moyen soulevé d'office par le juge du fond. Le juge est tenu de relever d'office la fin de non-recevoir attachée à une décision précédemment rendue dans la même instance. • Civ. 2e, 14 janv. 2021, n° 19-17.758 P : *D. actu. 2 févr. 2021, note Bléry ; JCP 2021. 174, note Cholet* (exception de procédure déjà tranchée par le juge de la mise en état).

112. Renonciation à l'autorité de chose jugée. L'autorité qui s'attache à la chose jugée par la juridiction civile n'étant pas d'ordre public, il est loisible aux parties d'y renoncer et cette renonciation peut être tacite. • Civ. 2e, 25 juin 1959 : *Bull. civ. II, n° 511* • Civ. 1re, 10 févr. 1953 : *JCP 1953. II. 7636, note Perrot* (renonciation présumée des parties, par suite de leur silence et de leur inaction, à se prévaloir de la première décision rendue, celle-ci étant inconciliable avec la seconde). ♦ Cette solution n'est plus en accord avec l'art. 125, al. 2, C. pr. civ. ♦ V. note 84.

113. Caractère d'ordre privé ou d'ordre public de l'autorité de chose jugée. Le moyen tiré de l'autorité de la chose jugée n'est pas d'ordre public ; il n'est en conséquence recevable devant la Cour de cassation que si l'exception a été soulevée devant le juge du fond. • Com. 16 févr. 1953 : *D. 1953. 302* • Civ. 2e, 4 oct. 1972 : *Bull. civ. II, n° 230* • Com. 19 juill. 1983 : *ibid. IV, n° 225.* ♦ Malgré la modification de l'al. 2 de l'art. 125 C. pr. civ. (V. note 84), la solution devrait continuer à s'imposer. – Comp., en ce qui concerne le défaut d'intérêt : • Civ. 2e, 20 déc. 1961 : *Bull. civ. II, n° 901* • Soc. 19 nov. 1987 : *Bull. civ. V, n° 655.*

Mais en cas de cassation limitée, laissant subsister certains chefs de la décision critiquée, ces derniers acquièrent force de chose jugée, et la sanction de ce principe est une cassation, pour violation de la chose jugée, de la décision de la cour de renvoi qui aurait statué sur une disposition du premier arrêt non atteinte par la cassation ; lorsqu'elle s'attache ainsi à une décision de justice irrévocable rendue au cours de la même instance, l'autorité de la chose jugée peut être invoquée pour la première fois devant la Cour de cassation. • Civ. 3e, 6 déc. 1977 : *Bull. civ. III, n° 425.* – Même sens : • Com. 18 déc. 1984 : *ibid. IV, n° 350.* ♦ De même, le moyen tiré de la chose jugée est d'ordre public quand, au cours de la même instance, il est statué sur les suites d'une précédente décision passée en force de chose jugée (en l'espèce, demande de reprise d'une poursuite de saisie immobilière, après qu'un précédent jugement, passé en force de chose jugée, ait prononcé la conversion en vente volontaire de la saisie, cette décision n'ayant pas été exécutée par suite de la carence d'une partie). • Civ. 2e, 28 avr. 1986 : *Bull. civ. II, n° 67.* – V. conf. • Civ. 1re, 29 oct. 1990, n° 87-16.605 P.

Le moyen invoqué pour la première fois devant la Cour de cassation, lorsqu'il est d'ordre public et qu'il résulte d'un fait dont la cour d'appel avait été mise à même d'avoir connaissance, est recevable ; le moyen tiré de la violation de l'autorité de chose jugée est d'ordre public quand, au cours de la même instance, il est statué dans la suite d'une précédente décision. • Civ. 2e, 17 sept. 2020, n° 19-17.673 P (recevabilité du moyen tiré de la violation de l'autorité de chose jugée par la cour d'appel de l'ordonnance du conseiller de la mise en état, rendue au cours de la même instance et qui était versée au dossier).

114. Décision non notifiée. La force de chose jugée attachée à un arrêt de cour d'appel dès son prononcé ne peut avoir pour effet de priver une partie d'un droit tant que cette décision ne lui a pas été notifiée. • Cass., ch. mixte, 16 déc. 2005, n° 03-12.206 P : *R., p. 376 ; BICC 15 févr. 2006, rapp. Marais, concl. de Gouttes ; D. 2006. AJ 177 ; AJDI 2006. 225 ; JCP 2006. II. 10093, note Salhi ; Dr. et pr. 2006. 154, note Putman ; RTD civ. 2006. 376, obs. Perrot* • Civ. 2e, 14 sept. 2006, n° 04-20.602 P : *D. 2007. Chron. C. cass. 901, obs. Vigneau ; ibid. Pan. 2692, obs. Douchy-Oudot ; RTD civ. 2006. 824, obs. Perrot .*

115. Sécurité juridique et protection des justiciables (Conv. EDH). Si le caractère absolu d'un délai de recours, en l'espèce contre une mesure de saisie d'un logement, sert l'intérêt général consistant à préserver la sécurité juridique et protège les acquéreurs de bonne foi, il n'y a pas violation de ce principe lorsqu'il existe des motifs sérieux et impérieux. Violation de l'art. 8 Conv. EDH lorsque la propriétaire d'un logement en a été expulsée, pour non-paiement d'une dette modeste et dans le cadre de procédures simplifiées, sans que les décisions de justice lui aient été personnellement signifiées et alors qu'elle n'était pas en état de veiller à ses besoins, notamment à la suite d'une hospitalisation psychiatrique, et dès lors que la protection juridique dont elle a finalement bénéficié est intervenue trop tard pour remettre en cause la vente judiciaire. • CEDH, sect. I, 16 juill. 2009, *Zehentner c/ Autriche,* n° 20082/02.

116. Perte de fondement juridique. Dans la mesure où l'astreinte est une mesure accessoire destinée à assurer l'exécution d'une condamnation, l'annulation du contrat sur lequel s'est fondé la décision ordonnant l'astreinte fait perdre à cette décision son fondement juridique, de sorte que les sommes versées au titre de la décision ayant liquidé l'astreinte doivent être restituées. • Civ. 2e, 24 sept. 2015, n° 14-14.977 P. – V. note 95.

117. Absence d'effet direct des arrêts de la CEDH. En matière civile, le constat par un arrêt de la CEDH d'une violation de la Conv. EDH n'ouvre aucun droit à réexamen de la cause et ne prive pas de l'autorité de chose jugée la décision qui a donné lieu à condamnation de la CEDH. • Soc. 30 sept. 2005, n° 04-47.130 P : *D. 2005. 2800 ; ibid. 2773, étude Gautier ; JCP 2005. II. 10180, note Bonfils.*

V. CIVIL ET ADMINISTRATIF

A. CHOSE JUGÉE ET ACTE ADMINISTRATIF

118. L'annulation d'une autorisation administrative (autorisation de cumul) ne saurait porter atteinte au droit régulièrement exercé en vertu d'une décision passée en force de chose jugée (droit de reprise d'une exploitation agricole). • Civ. 3e, 27 mars 1985 : *Bull. civ. III, n° 61.*

119. Une décision judiciaire définitive, intervenue dans une procédure en réduction de loyer et ayant reconnu à la convention passée entre une commune et des particuliers le caractère d'un bail commercial, ne saurait empêcher le préfet d'élever le conflit dans une procédure ultérieure, encore que la question de savoir si la convention litigieuse a ou non un caractère commercial se posât dans l'une et l'autre instance. • T. confl. 16 janv. 1967, *Sté du Vélodrome du Parc des Princes c/ Ville de Paris : D. 1967. 416, concl. Lindon ; JCP 1967. II. 15246, note Charles.*

B. CHOSE JUGÉE ET JURIDICTION ADMINISTRATIVE

120. Autorité réciproque. Principe selon lequel la chose jugée au civil (même par un juge incompétent) s'impose au juge administratif : • CE 19 déc. 1924, *Cie des Phosphates de Constantine : DP 1925. 3. 53, concl. Cahen-Salvador* • 16 mars 1945, *Dauriac : D. 1946. 141, concl. Lefas.* ♦ Pour le principe réciproque de l'autorité de la chose jugée par la juridiction administrative s'imposant au juge civil, V. • Pau, 20 mai 1986 : *D. 1987. 167, note de Béchillon.* ♦ La décision du juge administratif qui, pour annuler une autorisation administrative de licenciement d'un salarié protégé, a retenu que les faits fautifs invoqués par l'employeur, soit ne sont pas établis, soit ne justifient pas le licenciement, s'oppose à ce que le juge judiciaire, appréciant les mêmes faits, décide qu'ils constituent une cause réelle et sérieuse de licenciement. • Soc. 26 sept. 2007, n° 05-42.599 P : *D. 2007. AJ 2529, obs. Perrin .* ♦ V. aussi : • Soc. 26 sept. 2007, n° 05-45.665 P • 17 juin 2009, n° 08-42.614 P : *D. 2009. AJ 1766 .*

121. Éléments de la décision ayant autorité de chose jugée. L'autorité de chose jugée de la décision de la juridiction administrative s'attache tant au dispositif qu'aux motifs qui en sont le soutien nécessaire. • Civ. 1re, 15 juin 2016, n° 15-21.628 P.

122. Perte de fondement juridique. L'annulation par le Conseil d'État d'un jugement de tribunal administratif ayant retenu la responsabilité d'un architecte prive de tout fondement l'arrêt civil rendu antérieurement à la décision du Conseil d'État et qui a accueilli l'action du maître de l'ouvrage contre l'assureur de l'architecte. • Civ. 1re, 24 juin 1997, n° 95-13.885 P : *RCA 1997. Comm. 315, et Chron. 23, par Groutel.* ♦ Toute déclaration d'illégalité d'un texte réglementaire par le juge administratif, même décidée à l'occasion d'une autre instance, s'impose au juge civil qui ne peut faire application de ce texte illégal. • Soc. 7 déc. 1993 : *JCP 1994. II. 22245, note Waquet* • Com. 26 avr. 2000, n° 97-16.953 P : *D. 2000. AJ 247, obs. Lienhard* • 20 févr. 2001, n° 98-13.049 P : *D. 2001. AJ 921, obs. Lienhard* • Civ. 1re, 18 sept. 2002, n° 01-01.424 P • Civ. 2e, 21 avr. 2005, n° 03-20.683 P • Civ. 1re, 8 nov. 2005, n° 03-30.458 P • Soc. 21 déc. 2006, n° 04-46.365 P • 23 oct. 2007, n° 06-43.329 P • 8 avr. 2009, n° 07-43.891 P. – V. déjà : • Civ. 1re, 19 juin 1985 : *D. 1985. 426, rapp. et note Sargos.* ♦ L'annulation par la juridiction administrative d'un acte administratif implique que cet acte est réputé n'avoir jamais existé et prive de base légale la poursuite engagée pour violation de cet acte. • Crim. 12 déc. 2012, n° 12-82.919.

VI. CIVIL ET CONSTITUTIONNEL

123. Autorité des décisions du Conseil constitutionnel. Autorité de la décision du Conseil constitutionnel qui déclare une disposition légale contraire à la Constitution. • Civ. 1re, 6 juill. 2016, n° 15-17.346 P.

124. Si l'autorité des décisions du Conseil constitutionnel s'attache non seulement au dispositif, mais aussi aux motifs qui en sont le soutien nécessaire, ces décisions ne s'imposent aux pouvoirs publics et aux autorités administratives et juridictionnelles qu'en ce qui concerne le texte soumis à l'examen du conseil. • Cass., ass. plén., 10 oct. 2001, n° 01-84.922 P : *R., p. 486 ; BICC 15 nov. 2001, concl. de Gouttes, rapp. Roman ; D. 2002. 237, note Debbasch ; RFDA 2001. 1169, étude Jouanjan ; Gaz. Pal. 2001. 1841, note Monnet ; RTD civ. 2002. 169, obs. Molfessis ; RD publ. 2001. 1613, chron. Chagnollaud.* ♦ Dans le même sens, à propos des réserves d'interprétation : • CE, sect., 22 juin 2007 : *AJDA 2007. 2130, chron. Boucher et Bourgeois-Machureau ; AJFP 2007. 295 , et les obs. ; RFDA 2007. 1077, concl. Olson ; ibid. 1283. Chron. Roblot-Troizier .*

125. Si le Cons. const. a jugé que l'art. 23-5, al. 4, de l'Ord. du 7 nov. 1958 peut conduire à ce qu'une décision définitive soit rendue dans une instance à l'occasion de laquelle le Cons. const. a été saisi d'une QPC et sans attendre qu'il ait statué, dans une telle hypothèse, ni cette disposition, ni l'autorité de la chose jugée ne sauraient priver le justiciable de la faculté d'introduire une nouvelle instance pour qu'il puisse être tenu compte de la décision du Cons. const. • Crim. 8 juill. 2020, n° 20-81.739 P : *D. 2020. 1774, note Falxa ; ibid. 1643, obs. Pradel ; AJ fam. 2020. 498, obs. Mary ; AJ pénal 2020. 404, note Frinchaboy ; RFDA 2021. 87, note Perrier ; RTD civ. 2021. 83, obs. Deumier .*

126. Perte d'autorité du jugement rendu après la QPC mais avant la décision du Cons. const. favorable à cette dernière. Selon la décision du Cons. const. n° 2009-595 DC du 3 déc. 2009, si une décision définitive a été prononcée dans une instance à l'occasion de laquelle le Cons. const. a été saisi d'une QPC, mais avant qu'il ne se soit prononcé en faveur de celle-ci, l'autorité de chose jugée du jugement ne saurait priver le justiciable de la faculté d'ouvrir une nouvelle instance pour qu'il puisse être tenu compte de la décision du Cons. const. • Crim. 14 oct. 2020, n° 20-84.077 P.

VII. CHOSE JUGÉE ET CEDH

127. Décision française irrévocable et condamnation de la CEDH. La décision de la CEDH condamnant la France n'a pas pour effet de remettre en cause l'autorité de chose jugée d'une décision devenue irrévocable. • Civ. 1re, 5 juill. 2017, n° 16-20.052 P : *D. 2017. 1737, note Fulchiron ; AJ fam. 2017. 547, obs. Berdeaux ; Procédures 2017, n° 241, note Douchy-Oudot.*

VIII. AUTORITÉ AU CIVIL DE LA CHOSE JUGÉE AU PÉNAL

A. PRINCIPE

1° DÉCISIONS STATUANT SUR L'ACTION CIVILE

128. Autorité des décisions statuant sur l'action civile. L'étendue de l'autorité de la chose jugée et ses limites sont les mêmes que le jugement sur l'action civile émanant d'une juridiction civile ou d'une juridiction pénale. • Crim. 19 nov. 2013 : *préc. note 77.* ♦ L'autorité de la chose jugée au pénal sur le civil s'attache à ce qui a été définitivement, nécessairement et certainement décidé par le juge pénal sur l'existence du fait qui forme la base commune de l'*action civile et de l'action pénale*, sur sa qualification ainsi que sur la culpabilité de celui à qui le fait est imputé. • Civ. 1re, 24 oct. 2012, n° 11-20.442 P : *D. 2013. 68, note Rias ; RTD civ. 2013. 87, obs. Hauser ; Defrénois 2013. 191, obs. Massip* (insanité d'esprit dans le cadre d'un abus de faiblesse). ♦ Les décisions définitives des juridictions pénales statuant au fond sur l'action publique ont au civil autorité absolue, à l'égard de tous, en ce qui concerne ce qui a été nécessairement jugé quant à l'existence du fait incriminé, sa qualification et la culpabilité ou l'innocence de ceux auxquels le fait est imputé. • Civ. 2e, 23 janv. 2020, n° 18-19.080 P (prévenu déclaré coupable du délit de travail dissimulé, ce qui lui interdit de remettre en cause sa qualité d'employeur retenue par la juridiction pénale, de sorte que l'action en reconnaissance de la faute inexcusable de l'employeur dirigée à l'encontre de celui-ci est recevable). ♦ Si les décisions de la justice pénale ont au civil l'autorité de la chose jugée à l'égard de tous en ce qui concerne l'existence du fait incriminé, sa qualification, la culpabilité ou l'innocence de ceux auxquels le fait est imputé, il n'en est pas de même lorsque ces décisions statuent accessoirement à l'action publique sur des dommages-intérêts ; elles n'interviennent alors que dans un intérêt purement privé, et sont soumises à la règle de la relativité de la chose jugée par l'art. 1351. • Com. 22 juill. 1952 : *D. 1952. 746.* – Dans le même sens : • Civ. 2e, 11 juill. 1956 : *JCP 1956. II. 9584 (1re esp.), note Esmein* • 3 mai 2006, n° 05-11.339 P. ♦ Les mesures de restitution prévues par l'art. L. 480-5 du code de l'urbanisme ne constituant pas des sanctions pénales, le principe de l'autorité de chose jugée ne s'oppose pas à l'action par laquelle un syndicat de propriétaires, non partie à l'instance pénale, demande à la juridiction civile la remise en état des lieux. • Civ. 2e, 9 oct. 2008, n° 07-17.482 P : *D. 2008. AJ 2670* . ♦ Une juridiction pénale ayant, par décision irrévocable, rejeté la demande d'une partie civile, la nouvelle demande devant le juge civil visant à l'indemnisation du même préjudice se heurte à l'autorité de chose jugée • Civ. 2e, 25 mars 2010, n° 08-21.687 P : *D. 2011. Pan. 265, obs. Fricero* . ♦ L'art. 470-1 C. pr. pén. ne donnant compétence à la juridiction pénale pour statuer sur la demande de la partie civile en réparation de tous les dommages résultant des faits ayant fondé la poursuite que lorsqu'elle est saisie de poursuites exercées pour une infraction non intentionnelle dont elle prononce la relaxe, lorsque le juge pénal, qui a prononcé la relaxe pour violences volontaires, a rejeté la demande en dommages-intérêts fondée sur les art. 1382 et 1383 C. civ., l'autorité de la chose jugée de sa décision ne s'oppose pas à une nouvelle demande devant le juge civil fondée sur l'art. 1384 C. civ. • Civ. 2e, 20 mars 2014, n° 13-16.391 P. ♦ Refus d'indemniser au civil un préjudice déjà indemnisé par le tribunal correctionnel, ayant alloué, par une décision définitive, une indemnisation à la victime au titre de la réparation de l'ensemble de ses préjudices. • Civ. 2e, 10 nov. 2010, n° 09-14.728 P : *D. 2011. Pan. 265, obs. Fricero ; ibid. 632. Chron. C. cass., obs. Sommer, Leroy-Gissinger, Adida-Canac et Grignon-Dumoulin ; AJ pénal 2011. 196, obs.*

Lasserre Capdeville • Soc. 25 mars 2020, n° 18-23.682 P (si la relaxe a été prononcée en raison de l'absence de l'élément intentionnel de l'infraction, le juge civil ne se heurte pas à l'autorité de chose jugée de la décision pénale en fondant la responsabilité de l'auteur des faits sur une faute non intentionnelle).

129. ... Action civile déclarée irrecevable devant la juridiction pénale. Lorsque la juridiction pénale déclare l'action civile irrecevable comme exercée après la décision sur l'action publique, l'autorité de la chose jugée ne s'oppose pas à ce que l'action civile soit portée devant la juridiction civile, s'il n'y a pas prescription. • Civ. 2e, 13 juin 2002, n° 00-21.737 P : *D. 2002. IR 2169*. ♦ Comp. : la décision du juge pénal déclarant irrecevable la constitution de partie civile d'une personne morale pour défaut de pouvoir de son représentant fait obstacle à la recevabilité de l'action de cette personne morale en réparation de son préjudice devant le juge civil. • Civ. 2e, 29 janv. 2004, n° 01-14.487 P : *D. 2004. Somm. 1204, obs. Julien*. ♦ Impossibilité pour le juge civil d'apprécier la recevabilité de l'action pénale. • Civ. 2e, 1er févr. 2006, n° 04-12.431 P.

130. ... Arrêt d'appel s'étant prononcé uniquement sur l'action civile. Même prononcé sur le seul appel de la partie civile, après relaxe en première instance, un arrêt déclarant établis des faits de vol est revêtu de l'autorité de la chose jugée. • Soc. 6 juill. 1999, n° 96-40.882 P : *JCP 1999. II. 10211, note Puigelier* • Crim. 24 juin 2014, n° 13-84.478 P : *D. 2014. Actu. 1453 ; ibid. 1673, note Detraz*. ♦ La relaxe en première instance sur le fondement de la légitime défense du prévenu poursuivi pour des faits de violence volontaire n'empêche pas la cour saisie en appel de la seule action civile de retenir les mêmes faits comme constituant des violences volontaires et, en conséquence, la responsabilité civile de l'intéressé. • Crim. 16 juin 2015, n° 13-88.263 P. ♦ V., cependant, • Crim. 13 oct. 2015, n° 14-82.272 P (la cour statuant sur le seul appel des parties civiles ne peut retenir la culpabilité des intimés définitivement relaxés par le premier juge et, pour les condamner civilement, ne peut se fonder que sur une faute civile distincte de l'infraction pénale). ♦ Mais l'autorité de la chose jugée du jugement, qui a définitivement condamné le prévenu pour défaut d'assurance et fait droit à l'exception de non-garantie de l'assureur mis en cause, ne s'oppose pas à ce que le juge du second degré, statuant sur le seul appel de la partie civile, recherche, en application des règles de droit civil, si la garantie est due. • Crim. 11 juill. 2017, n° 16-82.904 P.

2° DÉCISIONS STATUANT SUR L'ACTION PUBLIQUE

131. Autorité des décisions statuant sur l'action publique. L'autorité de chose jugée d'une décision de relaxe n'empêche pas la partie civile de saisir le juge civil, alors qu'elle n'avait pas demandé au juge pénal qu'il soit statué en cas de relaxe sur l'action civile en application des règles de droit civil. • Civ. 2e, 15 nov. 2018, n° 17-18.656 P : *D. 2019. 555, obs. Fricero ; JCP 2019. 616, obs. Libchaber ; Procédures 2019. Étude 3, obs. Cerf et Le Bars.* ♦ Les décisions pénales ont, au civil, autorité absolue, relativement à ce qui a été jugé quant à l'existence de l'infraction et à la culpabilité de la personne poursuivie. • Civ. 2e, 21 mai 2015, n° 14-18.339 P. ♦ Il n'est pas permis aux juges civils de méconnaître ce qui a été jugé par une juridiction répressive soit quant à l'existence du fait qui forme la base commune de l'action publique et de l'action civile, soit quant à la participation du contrevenant à ce même fait ; mais l'autorité de la chose jugée ne s'attache qu'à ce qui a été jugé à cet égard et les tribunaux civils conservent leur entière liberté d'appréciation toutes les fois qu'ils ne décident rien d'inconciliable avec ce qui a été nécessairement jugé au criminel. • Req. 15 janv. 1945 : *D. 1945. 220.* ♦ Si la chose définitivement jugée au pénal s'impose au juge civil, celui-ci peut cependant, sans contredire cette autorité, décider qu'est inexcusable la faute commise par l'employeur qui a été condamné pour homicide par imprudence dans le cadre du travail sur la personne de son salarié, le condamné devant être considéré comme ayant eu conscience du danger et comme n'ayant pas pris les mesures nécessaires pour l'en préserver. • Civ. 2e, 11 oct. 2018, n° 17-18.712 P. ♦ Le juge prud'homal ne saurait retenir une discrimination syndicale écartée par le juge pénal, peu important les règles de preuve différente applicables à chacune de ces instances. • Soc. 28 févr. 2012 : *Gaz. Pal. 2012. 836, note Detraz.* ♦ Le prévenu ayant été reconnu coupable des faits reprochés, il appartient au juge saisi de l'action civile d'évaluer lui-même le préjudice, dans les limites des faits constatés par le juge pénal et qui sont le soutien nécessaire de la condamnation pénale. • Crim. 1er juin 2016, n° 15-80.721 P. ♦ Sur la détermination du préjudice subi, V. • Civ. 2e, 17 avr. 2008 : *cité note 124.*

L'autorité de chose jugée, attachée au jugement déclarant l'auteur de faits de violence coupable de violences avec arme ayant entraîné une ITT inférieure à huit jours, ne fait pas obstacle à ce qu'il soit jugé que ces faits délictueux ont entraîné, pour la victime, une incapacité totale de travail personnel, au sens de l'art. 706-3 C. pr. pén., supérieure à l'ITT retenue par le juge répressif pour l'application du texte pénal d'incrimination. • Civ. 2e, 5 mars 2020, n° 19-12.720 P : *D. 2021. 46, obs. Quézel-Ambrunaz*.

La partie civile, seule appelante d'un jugement de relaxe, peut obtenir de la partie relaxée réparation de son dommage si une faute civile est établie à partir et dans les limites des faits, objet de la poursuite. • Crim. 19 févr. 2019, nº 18-80.195 P. ♦ La faute pénale du préposé, dont résulte la faute civile au sens de l'art. 1242, al. 5, ne peut plus être contestée par le commettant, fût-ce à l'occasion d'un procès ayant pour objet la seule action civile, lorsqu'elle constitue le fondement d'une condamnation pénale devenue définitive ; dès lors, une clinique dont la responsabilité civile est engagée du fait du harcèlement moral commis par un préposé, s'il lui est loisible d'invoquer une cause d'exonération de sa responsabilité en établissant que ce préposé s'est placé hors des fonctions auxquelles il était employé, n'est plus recevable à contester l'existence de la faute commise par ce dernier. • Crim. 13 nov. 2018, nº 17-81.398 P : *D. 2018. 2234* ; *RDT 2019. 112, obs. Gallois*. ♦ La décision de relaxe rendue par le tribunal correctionnel sur l'action publique n'ayant pas fait l'objet d'un appel, la cour d'appel saisie du seul recours de la partie civile ne peut retenir que les faits présentent « la matérialité du délit d'abus de confiance », chef dont l'intimé a été définitivement relaxé, mais peut retenir que ce dernier a commis une faute ayant causé un préjudice ouvrant droit à réparation au profit de la victime. • Crim. 5 févr. 2014, nº 12-80.154 P : *D. 2014. Actu. 425* ; *ibid. 807, note Saenko* ; *ibid. Chron. 1426, note Moreau* ; *Dr. pénal 2014, nº 5, note Bonnet* ; *ibid., nº 46, note Maron et Haas* ; *Gaz. Pal. 17 avr. 2014, p. 11, note Guégan-Lécuyer.*

132. Autorité à l'égard des autorités et juridictions administratives. L'autorité de la chose jugée au pénal ne s'impose aux autorités et juridictions administratives qu'en ce qui concerne les constatations de fait que les juges répressifs ont retenues et qui sont le support nécessaire de leur décision ; toutefois, il en va autrement lorsque la légalité d'une décision administrative est subordonnée à la condition que les faits qui servent de fondement à cette décision constituent une infraction pénale (arrêté municipal ordonnant l'interruption de travaux de construction pris en application des dispositions du code de l'urbanisme) ; dans cette hypothèse, l'autorité de la chose jugée s'étend exceptionnellement à la qualification juridique donnée aux faits par le juge pénal. • CE 3 janv. 1975, *SCI foncière Cannes-Bénéfiat* : *D. 1976. 7, note Petite* • 27 juill. 2005 : *Lebon 348* ; *RFDA 2005. 1063*.

133. ... Condamnation pénale amnistiée. L'autorité de la chose jugée au pénal subsiste, même après l'amnistie, dès lors que celle-ci réserve les droits des tiers. • Civ. 2e, 6 juill. 1966 : *JCP 1967. II. 14948, note Michaud* • Civ. 1re, 24 mars 1971 : *Gaz. Pal. 1971. 2. 688 (1er arrêt), note M. de V.*

134. ... Opposabilité aux tiers. La décision de la juridiction pénale qui acquitte un prévenu établit à l'égard de tous l'inexistence de l'infraction poursuivie. • Civ. 1re, 3 févr. 1976 : *D. 1976. 441, note Contamine-Raynaud.* ♦ La décision d'un tribunal correctionnel, en ce qu'elle a définitivement jugé quel était le conducteur du véhicule en le condamnant pour ses fautes de conduite, a autorité de chose jugée à l'égard de tous, donc à l'égard de l'assureur, non partie à l'instance pénale. • Civ. 1re, 29 avr. 1985 : *Bull. civ. I, nº 131.* ♦ La décision pénale définitive ayant condamné un dirigeant de société pour travail clandestin a autorité de chose jugée à l'égard de tous et implique l'existence d'un contrat de travail entre la société et la partie civile. • Soc. 27 mars 2001, nº 98-45.429 P : *D. 2002. 1170, note Puigelier*.

135. ... Autorité des motifs. L'autorité de chose jugée s'étend aux motifs qui sont le soutien nécessaire du dispositif prononçant la décision. • Civ. 2e, 30 juin 2016, nº 14-25.070 P. ♦ L'autorité de la chose jugée au pénal ne s'attache qu'au dispositif de la décision et aux motifs qui en sont le soutien nécessaire. • Civ. 2e, 18 févr. 1971 : *Bull. civ. II, nº 59* • Soc. 27 mai 1983 : *ibid. V, nº 287* • Civ. 1re, 2 mai 1984 : *ibid. I, nº 144.* ♦ Ainsi, elle s'étend aux motifs qui sont le soutien nécessaire du chef du dispositif prononçant la relaxe. • Civ. 1re, 8 juill. 1994, nº 91-21.617 P • 25 mars 1997, nº 94-20.299 P. ♦ Comp., en matière civile, note 33. ♦ Elle ne s'étend pas aux motifs d'un arrêt pénal qui sont étrangers à la qualification légale du fait incriminé, et sont dès lors surabondants. • Civ. 2e, 19 nov. 1997, nº 95-15.432 P : *D. Affaires 1998. 67, obs. V. A.-R.* ♦ Prise en compte, pour évaluer le préjudice résultant d'un abus de confiance, de la somme visée par la déclaration de culpabilité telle qu'indiquée dans l'ordonnance de renvoi. • Civ. 1re, 30 sept. 2015, nº 14-21.111 P.

136. ... Intérêt privé ou ordre public. Lorsque seuls sont en cause les intérêts des parties, la fin de non-recevoir tirée de la chose jugée, fût-ce au criminel, n'est pas d'ordre public et ne peut donc être proposée pour la première fois devant la Cour de cassation. • Civ. 2e, 15 déc. 1980 : *Bull. civ. II, nº 264.* ♦ Sans remettre en cause la solution, l'al. 2 de l'art. 125 C. pr. civ. empêche aujourd'hui de considérer que la fin de non-recevoir est de pur intérêt privé. ♦ V. note 84.

137. Absence d'effet rétroactif. L'autorité de la chose jugée au pénal n'a aucun effet rétroactif et l'arrêt d'acquittement rendu après cassation limitée à la décision pénale de condamnation, faute de pourvoi formé contre l'arrêt statuant sur l'action civile, n'a pas pu anéantir ou priver d'effet cet arrêt de la cour d'assises relatif aux intérêts civils qui était passé en force de chose jugée. • Cass., ch. mixte, 19 mars 1982, *Goldman* : *Bull. ch. mixte, nº 1* ; *R., p. 39* ; *D. 1982. 473, concl. Cabannes.*

138. Perte de fondement juridique. La décision de relaxe prise par la juridiction pénale postérieurement à la décision civile de condamnation prive celle-ci de son autorité de chose jugée. • Civ. 2e, 17 janv. 2019, n° 18-10.350 P : *D. actu. 19 févr. 2019, obs. Kebir.* ♦ V. égal. : • Civ. 3e, 28 mars 2019, n° 17-17.501 P : *D. 2019. 1511, obs. Dumont ; ibid. Chron. C. cass. 2199, obs. Collomp .*

B. DÉCISIONS PÉNALES REVÊTUES DE L'AUTORITÉ DE CHOSE JUGÉE

139. Seules les décisions définitives des juridictions pénales statuant au fond sur l'action publique ont au civil autorité de chose jugée à l'égard de tous. • Cass., ch. mixte, 10 oct. 2008, n° 04-16.174 P : *BICC 1er févr. 2009, rapp. Radenne, avis de Gouttes ; D. 2008. AJ 2604 ; AJ pénal 2009. 37, obs. Dourneau-Josette ; JCP 2008. II. 10199, note. Walther ; RTD civ. 2009. 169, obs. Perrot* (est dépourvue de l'autorité de chose jugée au civil la décision du juge d'instruction tranchant un incident de procédure).

140. Absence d'autorité de la décision de refus d'informer. Une décision de refus d'informer d'une juridiction d'instruction, devenue définitive à la suite du rejet du pourvoi, n'a pas l'autorité de la chose jugée au pénal sur le civil. • Civ. 2e, 19 nov. 1998, n° 96-21.599 P.

141. Ordonnances de non-lieu, absence d'autorité. L'autorité de la chose jugée en matière criminelle ne s'attache qu'aux décisions des juridictions de jugement qui sont définitives et statuent sur le fond de l'action publique ; elle ne saurait donc appartenir aux ordonnances de non-lieu, qui sont provisoires et révocables en cas de survenance de charges nouvelles ; de telles décisions, quels qu'en soient les motifs en fait, ne peuvent exercer aucune influence sur l'action portée devant les tribunaux civils. • Civ. 2e, 9 mai 1956 : *D. 1956. 663 ; JCP 1956. II. 9379, note C. L.* • 12 nov. 1997, n° 95-22.109 P • Civ. 1re, 18 juill. 2000 : *D. 2000. IR 217* • Civ. 1re, 25 févr. 2015, n° 14-23.363 P : *cité ss. art. 308.* ♦ En s'estimant liés par une ordonnance de non-lieu, peu important à cet égard que celle-ci n'ait pas été frappée d'appel ou que l'information n'ait pas été rouverte sur charges nouvelles, les juges du second degré ont violé le principe ci-dessus rappelé. • Soc. 16 oct. 1984 : *Bull. civ. V, n° 374.* ♦ V. cependant : • Grenoble, 15 juin 1993 : *D. 1994. 239, note Lebreton .*

142. Rappel à la loi, absence d'autorité. Le rappel à la loi auquel procède le procureur de la République (C. pr. pén., art. 41-1) est dépourvu de l'autorité de la chose jugée et n'emporte pas par lui-même preuve du fait imputé à un auteur et de sa culpabilité. • Soc. 21 mai 2008, n° 06-44.948 P : *JCP 2008. II. 10135, note Detraz* • Civ. 2e, 7 mai 2009, n° 08-10.362 P : *D. 2009. AJ 1545 ; RCA 2009, n° 205, note Hocquet-Berg ; RLDC 2009/62, n° 393, obs. Bugnicourt.*

143. Composition pénale, absence d'autorité. L'ordonnance aux fins de validation de la composition pénale rendue par le président du tribunal (C. pr. pén., art. 41-2), sans débat contradictoire à seule fin de réparer le dommage, l'action publique étant seulement suspendue, n'a pas autorité de chose jugée au pénal sur le civil. • Soc. 13 janv. 2009, n° 07-44.718 P : *R., p. 373 ; D. 2009. Actu. 291, obs. Lavric ; ibid. 2009. 709, note Beyneix et Rovinski .*

144. Autorité de la décision de relaxe. La décision de la juridiction pénale qui acquitte un prévenu établit à l'égard de tous l'inexistence de l'infraction poursuivie. • Civ. 1re, 3 févr. 1976 : *D. 1976. 441, note Contamine-Raynaud.* ♦ La relaxe au pénal, fût-ce au bénéfice du doute, du préposé d'un garagiste, poursuivi pour blessures involontaires à la suite de l'accident d'une voiture qu'il avait réparée, établit l'absence de faute permettant au garagiste de s'exonérer de sa responsabilité. • Civ. 1re, 9 juin 1993, n° 91-17.387 P : *RTD civ. 1993. 828, obs. Jourdain .* ♦ Lorsqu'une personne a été relaxée, fût-ce au bénéfice du doute, du chef de conduite sans permis, le juge civil ne peut juger cette personne non titulaire d'un permis de conduire valable et la condamner en conséquence à rembourser à son assureur l'indemnité versée. • Civ. 1re, 30 oct. 1985 : *Bull. civ. I, n° 280.* ♦ La relaxe d'un employeur du chef de harcèlement sexuel fait obstacle à ce qu'il soit condamné à dommages-intérêts par le juge prud'homal, au prétendu motif que l'appréciation de ce dernier serait nécessairement différente de celle du juge pénal. • Soc. 3 nov. 2005, n° 03-46.839 P : *D. 2005. IR 2826 .* ♦ La relaxe d'une société du chef de travail dissimulé par une décision définitive d'une juridiction de jugement, statuant sur le fond de l'action publique, interdit de poursuivre le recouvrement des cotisations sociales correspondantes ; cassation de l'arrêt ayant considéré que, à défaut d'exposé des motifs du jugement, il ne peut être déduit de cette seule relaxe qu'il n'existait aucun contrat de travail et que la matérialité de l'infraction supposant une dimension intentionnelle n'est pas requise s'agissant du paiement des cotisations sociales. • Civ. 2e, 31 mai 2018, n° 17-18.142 P • 12 mars 2020, n° 18-21.648 P. ♦ Comp. : La relaxe prononcée pour un délit de délaissement, supposant un acte positif exprimant de la part de son auteur la volonté d'abandonner définitivement la victime, n'empêche pas que pussent être constatés, au plan civil, les manquements commis par l'intéressé à ses obligations contractuelles. • Civ. 3e, 14 avr. 2010, n° 08-21.346 P : *D. 2010, Actu. 1144 ; CCC 2010, n° 173, obs. Leveneur ; RTD civ. 2010. 554, obs. Fages .* ♦ V. également • Lyon, 21 mai 1974 : *D. 1975. 9, note Guiho* (annulation d'un mariage en application de l'art. 147 C. civ. malgré la relaxe au bénéfice du doute du prévenu poursuivi pour bigamie).

145. Absence d'autorité de la décision non encore définitive au décès du prévenu. Est dépourvue de l'autorité de chose jugée une décision sur l'action publique anéantie par le décès du prévenu, pendant le délai d'appel, avant qu'elle soit devenue irrévocable. • Civ. 2e, 6 janv. 2000, n° 97-21.360 P.

C. ÉTENDUE DE L'AUTORITÉ DE CHOSE JUGÉE

146. Faits déclarés non établis par le juge pénal : garde d'un animal. La décision de relaxe d'un prévenu poursuivi du chef de divagation d'animal dangereux faute d'éléments permettant de déterminer qui était propriétaire du chien fait obstacle à une action ultérieure dirigée contre la même personne prise en tant que gardien de l'animal. • Civ. 2e, 3 déc. 1997, n° 95-22.318 P.

147. ... Qualité de conducteur. Doit être cassé l'arrêt qui retient que les fautes du conducteur ont pour effet d'exclure la réparation de son dommage, alors que l'intéressé a été relaxé au pénal faute de preuve de sa qualité de conducteur de la motocyclette impliquée dans l'accident. • Civ. 2e, 19 juin 2003, n° 00-18.991 P : *D. 2003. IR 2414 ; RGDA 2003. 729, note Landel ; RTD civ. 2003. 722, obs. Jourdain*.

148. ... Cause réelle et sérieuse de licenciement. Viole le principe de l'autorité de la chose jugée la cour d'appel qui retient comme cause réelle et sérieuse de licenciement des faits que le juge pénal avait écartés comme n'étant pas établis. • Soc. 12 mars 1991, n° 88-43.153 P • 20 mars 1997, n° 94-41.918 P : *JCP 1997. II. 22887, note Puigelier (2e esp.)*. – Dans le même sens : • Soc. 6 oct. 1998, n° 96-42.603 P.

149. ... Discrimination syndicale. La relaxe par le juge pénal du chef de discrimination syndicale s'impose à la juridiction prud'homale saisie d'une requête en annulation du licenciement, peu important les règles de preuve différentes applicables à chacune de ces instances. • Soc. 28 févr. 2012 : *Gaz. Pal. 22-24 avr. 2012, p. 28, note Detraz*.

150. ... Défaut d'assurance. Relaxe du chef de conduite sans assurance : V. • Civ. 1re, 25 nov. 1980 : *Bull. civ. I, n° 303* • 1er juill. 1980 : *ibid. I, n° 204* • Crim. 25 janv. 1995 : *D. 1996. Somm. 191, obs. Groutel*.

151. ... Faute de la victime. Doit être cassé l'arrêt qui, statuant sur les intérêts civils, déboute la victime, propriétaire d'un véhicule volé, au motif qu'elle avait laissé son véhicule ouvert avec les clés sur le tableau de bord, de sorte que la garde et la conduite de l'automobile n'avaient pas été obtenues contre le gré de son propriétaire, alors que la déclaration de culpabilité du prévenu, du chef de vol, passée en force de chose jugée, excluait que la victime ait consenti à la soustraction de son véhicule. • Crim. 19 juin 2007, n° 06-88.454 P : *Gaz. Pal. 2008. 930, note Monnet*.

152. Faute d'imprudence écartée par le juge pénal. La relaxe au pénal d'un conducteur du chef de blessures involontaires implique nécessairement l'inexistence d'une faute à sa charge. • Civ. 2e, 3 mars 1993, n° 91-19.193 P • 28 avr. 1993, n° 91-20.931 P. ♦ V. conf., pour un piéton : • Civ. 2e, 27 mai 1998, n° 95-22.066 P. ♦ La relaxe au pénal d'un conducteur sur le fondement de l'art. R. 11-1 (R. 413-17 : défaut de maîtrise de sa vitesse) C. route fait obstacle à ce que le juge civil retienne à la charge de ce conducteur une faute constituée par le défaut de maîtrise. • Civ. 2e, 17 mai 1995, n° 90-20.236 P. ♦ En l'état d'une décision pénale qui considère comme insuffisants pour retenir une faute d'imprudence caractérisée les éléments invoqués par le client d'un hôtelier victime d'une chute, l'autorité de la chose jugée au pénal empêche de qualifier au civil les mêmes faits de fautifs. • Civ. 1re, 22 mai 1991, n° 89-21.791 P : *Gaz. Pal. 1994. 2. 520, note Pohe ; RTD civ. 1991. 757, obs. Jourdain*. ♦ V. cependant, note 134.

153. Constatations liant le juge civil : fait. L'autorité de la chose jugée au pénal s'impose au juge civil relativement aux faits constatés qui constituent le soutien nécessaire de la condamnation pénale. • Soc. 27 sept. 2006 : *D. 2006. IR 2416 ; JCP E 2007. 1197, n° 2, obs. Cesaro ; RDT 2006. 382, obs. Amauger-Lattes*. ♦ Ainsi, le juge pénal ayant constaté l'existence du lien de subordination et, partant, le contrat de travail sur lequel repose l'abus de confiance dont le salarié a été déclaré coupable au préjudice de son employeur, cette constatation s'impose au juge civil. • Même arrêt. ♦ Pour le cas de condamnation pénale déniant l'existence quelconque d'un contrat d'assurance dont le conducteur de l'automobile aurait pu se prévaloir, V. • Civ. 1re, 25 févr. 1975 : *D. 1976. 61 (3e esp.), note Durry*. ♦ La juridiction pénale qui retient, pour déclarer les prévenus coupables du délit d'abus de faiblesse, par un motif qui en est le soutien nécessaire, que la victime ne pouvait manifester sa volonté caractérise ainsi son insanité d'esprit lors de la rédaction de son testament. • Civ. 1re, 24 oct. 2012 : *préc. note 128*. ♦ Viole les art. 1351 C. civ. et 4 du C. pr. pén., ensemble l'art. 706-3 de ce code, la cour d'appel qui, pour accueillir la demande en réparation du préjudice causé par une infraction, a estimé rapportée la preuve de faits présentant le caractère matériel d'un viol, alors qu'il résultait de ses propres constatations que la seule personne mise en cause par la victime pour viol avait été acquittée par une décision définitive. • Civ. 2e, 21 mai 2015 : *Dalloz jurisprudence*.

154. ... Dommage. Une juridiction statuant sur la seule évaluation du dommage éprouvé par la victime d'un délit qui s'est constituée partie civile, dommage dont le principe a été admis par une décision antérieure, devenue définitive sur ce point, ne peut sans méconnaître l'autorité de la chose jugée procéder à un partage de responsabilité entre la victime et l'auteur du délit, non retenu par la première décision. • Crim. 26 oct. 1967 : *D. 1968. 108*. ♦ Comp. • Crim. 28 mars 1966 : *Gaz. Pal. 1966. 2. 158*. ♦ Une juridiction, statuant sur la seule évaluation du dommage éprouvé par la victime d'une infraction ne peut, sans méconnaître l'autorité de la chose jugée, écarter, même partiellement, le principe de sa réparation lorsque l'existence de ce dommage a été constatée par une décision antérieure devenue définitive. • Crim. 18 nov. 1998, n° 97-85.776 P. ♦ Inversement, l'étendue du préjudice ne constitue pas le soutien nécessaire de la condamnation pénale prononcée : viole le principe de l'autorité, au civil, de la chose jugée au pénal la cour d'appel qui condamne une personne condamnée pour faux en écriture à payer les sommes réclamées par la victime, en retenant qu'au regard de la condamnation pénale, il n'appartient pas à la juridiction civile de déterminer l'étendue du droit à réparation. • Civ. 2e, 17 avr. 2008, n° 06-20.992 P : *D. 2008. AJ 1351*.

155. ... *Lien de causalité.* La décision pénale retenant que la construction d'une véranda en contravention au règlement du POS a causé un préjudice direct au propriétaire voisin a autorité de chose jugée en ce qui concerne la preuve du lien de causalité. • Civ. 3e, 11 mai 2000, n° 98-18.791 P. ♦ Si la responsabilité civile du prévenu reconnu définitivement coupable de contravention de violences est acquise, le lien de causalité entre ces violences et les préjudices dont la partie civile demande réparation reste en discussion, dans la limite des faits constatés qui constituent le soutien nécessaire de la condamnation pénale. • Crim. 5 déc. 2017, n° 17-80.688 P. ♦ Une décision de relaxe fondée sur le fait que les blessures de la victime d'un accident de la circulation avaient été constatées tardivement et que le lien de causalité entre les blessures et l'accident n'était pas établi s'impose au juge civil. • Civ. 2e, 31 mars 1993, n° 91-18.691 P : *D. 1994. Somm. 16, obs. Fortis*.

156. ... *Légitime défense.* La légitime défense reconnue par le juge pénal ne peut donner lieu devant la juridiction civile à une action en dommages-intérêts de la part de celui qui l'a rendue nécessaire. • Civ. 2e, 22 avr. 1992 : *D. 1992. 353, note Burgelin ; RTD civ. 1992. 768, obs. Jourdain*.

157. *Limites de l'autorité : constatations étrangères aux éléments constitutifs de l'infraction poursuivie.* L'autorité de la chose jugée ne s'attache qu'aux éléments constitutifs de l'infraction poursuivie et ne fait pas obstacle à ce que d'autres éléments étrangers à cette dernière soient soumis à l'appréciation de la juridiction civile. • Civ. 2e, 15 nov. 2001 : *JCP 2002. II. 10130, note Guihal.* ♦ Une demande en réparation du préjudice résultant de morsures de chien ne porte pas atteinte à l'autorité de chose jugée d'une décision pénale sur les conséquences de l'infraction de divagation de chien. • Civ. 2e, 22 mars 1995, n° 93-12.517 P. ♦ V. aussi note 106.

158. ... *Référé.* Le juge des référés saisi d'une demande de provision ne saurait invoquer l'existence d'une instance pénale pour refuser de statuer, sans rechercher si l'existence de l'obligation invoquée était sérieusement contestable. • Civ. 2e, 10 janv. 2008, n° 07-12.564 P.

159. ... *Faits différents de ceux poursuivis devant le juge pénal.* Le juge civil peut retenir contre le conducteur relaxé au pénal une faute différente de celle qui avait donné lieu aux poursuites pénales (circulation dans la voie de circulation inverse, au lieu de défaut de maîtrise). • Civ. 2e, 20 juin 2002, n° 00-21.414 P : *JCP 2003. I. 152, n° 1 s., obs. Viney.* ♦ Le juge civil qui prononce le divorce aux torts du mari ne méconnaît pas l'autorité de chose jugée de la décision pénale relaxant ce dernier du chef de soumission de son épouse à des conditions d'hébergement indignes, dès lors qu'il s'appuie sur des éléments (violences) sur l'existence desquels le juge pénal ne s'est pas prononcé. • Civ. 1re, 17 oct. 2007 : *RJPF 2008-1/21, obs. Garé.*

160. ... *Faute pénale intentionnelle et faute civile d'imprudence.* La décision de relaxe du juge pénal, fondée sur le fait que le prévenu poursuivi pour recel avait pu ne pas avoir connaissance de l'origine délictueuse du meuble acquis par lui, ne fait obstacle ni à ce que le juge civil retienne la responsabilité de cette personne pour une faute non intentionnelle, ni à ce qu'il relève les vices de la possession. • Civ. 1re, 2 févr. 1965 : *D. 1965. 371.*

161. ... *Faute pénale involontaire et faute civile d'imprudence.* La déclaration par le juge répressif de l'absence de faute pénale non intentionnelle ne fait pas obstacle à ce que le juge civil retienne une faute civile d'imprudence ou de négligence. • Civ. 1re, 30 janv. 2001, n° 98-14.368 P : *R., p. 460 ; D. 2001. Somm. 2232, obs. Jourdain ; JCP 2001. I. 338, n° 4 s., obs. Viney ; RCA 2001. Chron. 16, par Agard ; RTD civ. 2001. 376, obs. Jourdain*. ♦ V. aussi C. pr. pén., art. 4-1, issu de L. n° 2000-647 du 10 juill. 2000, en note ss. art. 1383. ♦ La relaxe au pénal au titre de l'art. 322-5 C. pén. (incendie provoqué par un manquement à une obligation de sécurité ou de prudence) ne fait pas obstacle à une condamnation à réparation sur le fondement de l'art. 1384, al. 2, C. civ. • Civ. 2e, 7 mai 2003, n° 01-13.790 P : *D. 2004. Somm. 1343, obs. Jourdain ; JCP 2004. I. 101, n° 3, obs. Viney.*

162. *Faute pénale et inexécution d'une obligation contractuelle.* L'action indemnitaire se fondant sur la non-conformité de la chose délivrée ne se heurte pas à l'autorité de chose jugée de la décision relaxant le vendeur du chef de tromperie sur les qualités substantielles. • Civ. 1re, 6 avr. 2016, n° 15-12.881 P : *D. 2016. 840 ; AJ pénal 2016. 436 ; RTD civ. 2016. 640, obs. Jourdain ; RTD com. 2016. 319, obs. Bouloc ; RDC 2017. 99, note Malabat.*

163. ... *Action civile fondée sur la loi de 1985.* L'action civile exercée sur le fondement de la L. du 5 juill. 1985 procède d'un fondement juridique autonome, distinct de la réparation d'une faute pénale, et ne se heurte pas à l'autorité de la chose jugée au pénal. • Civ. 2e, 21 juill. 1992, n° 91-12.609 P : *JCP 1992. I. 3625, n° 8, obs. Viney* (condamnation du propriétaire du véhicule à indemniser les victimes, malgré la condamnation pour homicide involontaire d'un garagiste ayant occasionné l'accident pour avoir mal revissé une roue, ce garagiste étant insolvable). – Dans le même sens : • Civ. 2e, 25 mars 1998, n° 96-15.444 P • 7 oct. 2004, n° 03-15.621 P (recevabilité de l'action civile de l'ayant droit de la victime décédée, en l'absence de faute inexcusable de celle-ci, malgré la relaxe du conducteur poursuivi pour homicide involontaire).

164. ... Faute pénale et faute civile inexcusable. Incidences de la chose jugée au pénal sur la reconnaissance d'une faute inexcusable reprochée à l'employeur en matière d'accident du travail : V. • Soc. 21 déc. 1965 : *D. 1966. 675, note Ghestin* • 13 févr. 1969 : *Bull. civ. IV, n° 101* • 3 oct. 1973 : *D. 1974. 109, note Saint-Jours* • 20 juin 1984 : *Bull. civ. V, n° 259* (condamnation pénale et pas de faute inexcusable) • 4 juill. 1984 : *ibid. V, n° 292* (pas de condamnation pénale et faute inexcusable retenue). ♦ Comp. • Soc. 30 juin 1982 : *Bull. civ. V, n° 432* • 6 janv. 1982 : *ibid. V, n° 1* • 13 juill. 1994, n° 92-11.234 P (cassation de l'arrêt qui, après condamnation pénale de l'employeur, ne retient pas la faute inexcusable de celui-ci). ♦ V. aussi Saint-Jours, *D. 1969. Chron. 229.* ♦ Rappr., en matière d'assurances : • Civ. 1re, 27 mai 2003, n° 01-10.478 P : *JCP 2004. I. 101, n° 4, obs. Viney* (différence entre la faute pénale volontaire et la faute intentionnelle visée à l'art. L. 113-1 C. assur., exonératoire pour l'assureur).

165. La relaxe au pénal de l'employeur n'interdit pas au juge civil de rechercher sa responsabilité sur le fondement de la faute inexcusable dans le cas où il s'est substitué un salarié qui n'a fait l'objet d'aucune poursuite pénale. • Soc. 15 juin 2000, n° 98-21.929 P : *D. 2000. 795, note Saint-Jours*. ♦ La déclaration par le juge répressif de l'absence de faute pénale non intentionnelle ne fait pas obstacle à la reconnaissance d'une faute inexcusable en application de l'art. L. 452-1 CSS. • Soc. 12 juill. 2001, n° 99-18.375 P : *R., p. 380 ; D. 2001. 3390, note Saint-Jours* ; *D. 2002. Somm. 1311, obs. Jourdain* • 28 mars 2002, n° 00-11.627 P : *JCP 2002. I. 186, n° 28 s., obs. Viney* • Civ. 2e, 16 sept. 2003, n° 01-16.715 P : *D. 2003. Somm. 2862, obs. Prétot* ; *D. 2004. 721, note Bonfils*. ♦ V. aussi note 133.

166. ... Gravité respective des fautes. Les facteurs de la responsabilité civile et de la responsabilité pénale étant différents, l'appréciation par le juge répressif de la gravité respective des fautes imputées à divers prévenus en vue de la fixation de la peine ne s'impose pas au juge civil, sollicité de statuer sur le partage des responsabilités et sur la répartition des dommages-intérêts qui en découle. • Civ. 2e, 25 oct. 1955 : *JCP 1956. II. 9584 (2e esp.), note Esmein.* ♦ C'est sans méconnaître l'autorité de la chose jugée au pénal que, dans l'exercice de son pouvoir souverain, la cour d'appel a estimé que les fautes commises par chacun des trois condamnés à des peines différentes étaient d'égale importance et qu'il y avait lieu, dans leurs rapports contributifs, de répartir par parts égales la charge de l'indemnisation. • Civ. 2e, 13 sept. 2018, n° 17-14.954 P : *D. actu. 8 oct. 2018, obs. Kebir.*

167. ... Faute de la victime. Lorsque la victime ne s'est pas constituée partie civile devant la juridiction répressive, l'affirmation par cette juridiction que la victime a commis une faute ne s'impose pas au juge civil qui conserve toute liberté pour apprécier le comportement de celle-ci. • Civ. 2e, 16 juin 1965 : *Bull. civ. II, n° 513.* ♦ L'appréciation par le juge pénal, sur le fondement de la L. du 5 juill. 1985, du comportement d'un piéton, partie civile, n'a pas autorité de chose jugée dans l'instance civile en réparation du dommage causé par le piéton au conducteur du véhicule, fondée sur les art. 1382 s. C. civ. • Civ. 2e, 4 mars 1999, n° 97-10.888 P : *D. 1999. IR 90*.

168. ... Force majeure. Les appréciations du juge pénal sur l'existence d'un cas de force majeure ne peuvent lier le juge civil. • Civ. 1re, 28 févr. 1995, n° 93-13.291 P.

Code civil

LIVRE III. DES DIFFÉRENTES MANIÈRES DONT ON ACQUIERT LA PROPRIÉTÉ

TITRE III. DES CONTRATS OU DES OBLIGATIONS CONVENTIONNELLES EN GÉNÉRAL

CHAPITRE VI. *DE LA PREUVE DES OBLIGATIONS ET DE CELLE DU PAYEMENT*

SECTION III. *Des présomptions*

§ 1er. *Des présomptions établies par la loi*

Art. 1355 *(Ord. n° 2016-131 du 10 févr. 2016, art. 4, en vigueur le 1er oct. 2016, ratifiée par L. n° 2018-287 du 20 avr. 2018, art. 1er, en vigueur le 1er oct. 2018)* L'autorité de la chose jugée n'a lieu qu'à l'égard de ce qui a fait l'objet du jugement. Il faut que la chose demandée soit la même ; que la demande soit fondée sur la même cause ; que la demande soit entre les mêmes parties, et formée par elles et contre elles en la même qualité.

Les dispositions de l'Ord. n° 2016-131 du 10 févr. 2016 sont entrées en vigueur le 1er oct. 2016. Les contrats conclus avant cette date demeurent soumis à la loi ancienne. Lorsqu'une instance a été introduite avant l'entrée en vigueur de ladite ordonnance, l'action est poursuivie et jugée conformément à la loi ancienne. Cette loi s'applique également en appel et en cassation (Ord. préc., art. 9).

RÉP. CIV. v° *Chose jugée*, par J. Karila de Van.

DALLOZ ACTION *Droit de la responsabilité et des contrats 2010/2011*, n° 696 s. (autorité de la chose jugée au pénal sur le civil).

BIBL. ▸ Andriot-Lebœuf, *RRJ 2000/3. 1205* (principe d'autorité de chose jugée au pénal sur le civil). – Benayoun, *D. 1999. Chron. 476* (autorité de la chose jugée au pénal en matière de cause étrangère). – Bolard, *JCP 1997. I. 4003* (jugements « en l'état »). – Boyer, *RTD civ. 1951. 163*. – Dintilhac, *R. 2004, p. 57* (la vérité de la chose jugée). – Delaporte, *BICC 2005, hors série n° 3* (objet et cause de la demande). – Fricero, *Mél. J.-F. Burgelin, Dalloz, 2008* (fabuleux destin de la chose jugée). – Ghestin, *Études J. Waline, Dalloz, 2002* (autorité de chose jugée des motifs) ; *Études Normand, Litec, 2003* (motifs de fond influant sur la compétence). – Groutel, *RCA 2001. Chron. 25* (faute pénale, faute civile et assurance). – Guillien, *Mél. Vincent, Dalloz, 1981, p. 117* (étude de certains contrats ; notion d'acte juridictionnel). – Guinchard, *Mél. Wiederkehr, Dalloz, 2009, p. 379*. – Héron, *Mél. Perrot, Dalloz, 1996* (autorité de la chose jugée et motifs). – Huet, *Mél. Wiederkehr, Dalloz, 2009, p. 133* (autorité négative de la chose jugée des jugements étrangers). – Jourdain, *RCA 2009, Étude n° 3* (recours en contribution). – R. Martin, *JCP 1979. I. 2938*. – Mayer, *Mél. Héron, LGDJ, 2009, p. 331* (autorité négative de la chose jugée). – Motulsky, *D. 1968. Chron. 1*. – Normand, obs. *RTD civ. 1988. 386* (part des motifs dans la chose jugée) ; *BICC 2005, hors série n° 3* (motifs et dispositif). – Perdriau, *JCP 1988. I. 3352* (dispositifs implicites). – Nayral de Puybusque, *Gaz. Pal. 1986. 1. Doctr. 133* (jugements préparatoires). – Viatte, *Gaz. Pal. 1978. 1. Doctr. 84* (autorité des motifs des jugements).

Ancien art. 1351 *(Abrogé par Ord. n° 2016-131 du 10 févr. 2016, art. 4, à compter du 1er oct. 2016)* *L'autorité de la chose jugée n'a lieu qu'à l'égard de ce qui a fait l'objet du jugement. Il faut que la chose demandée soit la même ; que la demande soit fondée sur la même cause ; que la demande soit entre les mêmes parties, et formée par elles et contre elles en la même qualité.— V., à compter du 1er oct. 2016, C. civ., art. 1355 ci-dessous.*

L'Ord. n° 2016-131 du 10 févr. 2016 a été ratifiée par la L. n° 2018-287 du 20 avr. 2018, art. 1er, en vigueur le 1er oct. 2018.

Pour des dérogations légales à la règle suivant laquelle la chose jugée n'a autorité qu'à l'égard des parties à l'instance, V. C. civ., art. 324, (filiation) ; ... C. civ., art. 29-5, (nationalité). — **C. civ.** — *... C. consom., art. L. 115-15 (appellations d'origine).* — ***C. consom.***

Art. 481 Le jugement, dès son prononcé, dessaisit le juge de la contestation qu'il tranche.

Toutefois, le juge a le pouvoir de rétracter sa décision en cas d'opposition, de tierce opposition ou de recours en révision.

Il peut également l'interpréter ou la rectifier sous les distinctions établies aux articles 461 à 464.

BIBL. ▸ Atias, *D. 1998. Chron. 243* (jugé en [mauvais] état). – Bolard, *JCP 1997. I. 4003* (jugement en l'« état »).

1. Méconnaît la règle du dessaisissement le tribunal qui se déclare incompétent pour connaître *d'une demande, alors que, par un premier jugement devenu irrévocable, il s'était déjà, dans le même litige, reconnu compétent.* • Soc. 29 oct. 1986 : *Bull. civ. V, n° 497.* ♦ Rappr., s'agissant de la recevabilité d'un appel : • Civ. 2e, 27 janv. 1988 : *Bull. civ. II, n° 29.*

2. Dessaisie de la contestation par un arrêt qui a ordonné l'exécution de travaux, la cour d'appel, saisie de demandes fondées sur l'inexécution de ces travaux, ne peut, en se fondant sur l'évolution du litige, admettre la mise en cause d'un tiers. • Civ. 3e, 21 juin 1978 : *Bull. civ. III, n° 264.* ♦ V. note 16 ss. art. 555. – Rappr. • Civ. 3e, 15 mars 1989 : *Bull. civ. III, n° 66.*

3. Le juge d'appel qui confirme un jugement en ce qu'il a rejeté le plan de continuation mais l'infirme en ce qu'il a prononcé la liquidation judiciaire ne peut, le premier juge étant dessaisi, lui renvoyer l'affaire afin qu'il statue sur l'offre d'acquisition reçue durant l'instance d'appel. • Com. 21 janv. 1992, n° 90-13.127 P.

4. Fût-il dit rendu en l'état, le jugement dessaisit le juge de la contestation qu'il tranche dès son prononcé. • Civ. 2e, 22 avr. 1992, n° 90-20.225 P : *RTD civ. 1993. 195, obs. Perrot* • 31 mars 1993, n° 91-19.567 P • Com. 8 mars 1994, n° 92-10.139 P. ♦ V. note 7 ss. art. 480.

5. Méconnaît la règle du dessaisissement la

cour d'appel qui alloue une somme indemnisant un préjudice d'agrément, alors que par un précédent arrêt partiellement avant-dire droit, rendu dans la même cause et entre les mêmes parties, elle avait tranché la contestation portant sur l'indemnisation des préjudices personnels de la victime. • Civ. 2e, 21 avr. 2005, n° 03-17.497 P.

6. L'art. 481 n'est pas applicable aux décisions rendues en matière gracieuse, lesquelles, n'ayant pas autorité de la chose jugée, restent susceptibles d'être rapportées ou modifiées si les circonstances dans lesquelles elles ont été prononcées viennent à changer. • Civ. 1re, 6 avr. 1994, n° 92-15.170 P.

7. Une juridiction qui tranche une partie du litige et réserve l'examen d'une autre partie reste saisie de ce qu'elle n'a pas tranché. • Civ. 2e, 30 avr. 2009, n° 08-13.641 P.

8. Viole l'art. 481 la cour d'appel qui ordonne la réouverture des débats et condamne un ex-mari à prolonger sa contribution à l'entretien de l'enfant, alors qu'un premier arrêt avait fixé la suppression de la pension et dessaisi le juge de la contestation. • Civ. 2e, 9 juill. 2009 : *Procédures 2010, n° 352, note Perrot.*

9. Viole l'art. 481 la cour d'appel qui, pour modifier les préjudices d'une victime, énonce qu'un premier arrêt antérieur a été rendu sans que le conseil de la victime ait été averti de la clôture et de la fixation de l'affaire, que les débats ont été rouverts et que les parties ne reconnaissent pas de valeur juridictionnelle à cet arrêt. • Civ. 2e, 27 mars 2014 : *Gaz. Pal. 25-27 mai 2014, p. 41, obs. L. Mayer.*

SOUS-SECTION 2 LES JUGEMENTS EN PROCÉDURE ACCÉLÉRÉE AU FOND

(Décr. n° 2019-1419 du 20 déc. 2019, art. 1er-1°-b)

L'art. 1er du Décr. n° 2019-1419 du 20 déc. 2019 s'applique aux demandes introduites à compter du 1er janv. 2020 (Décr. préc., art. 24-II).

Art. 481-1 **A moins qu'il en soit disposé autrement, lorsqu'il est prévu par la loi ou le règlement qu'il est statué selon la procédure accélérée au fond, la demande est formée, instruite et jugée dans les conditions suivantes :**

1° La demande est portée par voie d'assignation à une audience tenue aux jour et heure prévus à cet effet ;

2° Le juge est saisi par la remise d'une copie de l'assignation au greffe avant la date fixée pour l'audience, sous peine de caducité de l'assignation constatée d'office par ordonnance du juge, ou, à défaut, à la requête d'une partie ;

3° Le jour de l'audience, le juge s'assure qu'il s'est écoulé un temps suffisant depuis l'assignation pour que la partie assignée ait pu préparer sa défense. La procédure est orale ;

4° Le juge a la faculté de renvoyer l'affaire devant la formation collégiale, à une audience dont il fixe la date, qui statuera selon la procédure accélérée au fond ;

5° A titre exceptionnel, en cas d'urgence manifeste à raison notamment d'un délai imposé par la loi ou le règlement, le président du tribunal, statuant sur requête, peut autoriser à assigner à une heure qu'il indique, même les jours fériés ou chômés ;

6° Le jugement est exécutoire de droit à titre provisoire dans les conditions prévues aux articles 514-1 à 514-6 ;

7° La décision du juge peut être frappée d'appel à moins qu'elle n'émane du premier président de la cour d'appel ou qu'elle n'ait été rendue en dernier ressort en raison du montant ou de l'objet de la demande.

Le délai d'appel ou d'opposition est de quinze jours.

SECTION II LES AUTRES JUGEMENTS

SOUS-SECTION 1 LES JUGEMENTS AVANT-DIRE DROIT

Art. 482 **Le jugement qui se borne, dans son dispositif, à ordonner une mesure d'instruction ou une mesure provisoire n'a pas, au principal, l'autorité de la chose jugée.**

RÉP. PR. CIV. v° *Jugement*, par BÉNABENT.

BIBL. ▶ NAYRAL DE PUYBUSQUE, *Gaz. Pal. 1986. 1. Doctr. 133* (appel et autorité de chose jugée). – NORMAND, *obs. RTD civ. 1978. 188 ; 1983. 778 ; 1988. 386.* – PERROT, *obs. RTD civ. 1979. 437.* – V. Bibl. ss. art. 480.

1. En ce sens que n'ont aucune autorité les motifs, décisifs ou décisoires, des jugements qui se bornent, dans leur dispositif, à ordonner une mesure d'instruction ou une mesure provisoire, V.

• Civ. 2e, 30 juin 1977 : *Bull. civ. II, n° 175 ; RTD civ. 1978. 187, obs. Normand* • Civ. 2e, 12 mars 1981 : *Bull. civ. II, n° 57 ; RTD civ. 1982. 662, obs. Perrot* • Civ. 2e, 24 févr. 1988 : *JCP 1989. II. 21189, note Le Mintier-Feuillet* • Civ. 3e, 22 juin 1977 : *Gaz. Pal. 1978. 1. 21, note Viatte ; RTD civ. 1978. 189, obs. Normand* • Civ. 3e, 10 avr. 1991, n° 89-17.939 P • Com. 8 oct. 1985 : *Bull. civ. IV, n° 232 ; Gaz. Pal. 1986. 1. Somm. 177, obs. Croze et Morel* • Com. 6 nov. 1990, n° 88-13.253 P et • 20 nov. 1990, n° 89-14.644 P • Soc. 6 juill. 1979 : *Bull. civ. V, n° 621* • Soc. 1er mars 1984 : *Bull. civ. V, n° 84* • Soc. 11 juin 1987 : *Bull. civ. V, n° 386 ; D. 1987. Somm. 358, obs. Julien* • Civ. 1re, 7 janv. 1982 : *D. 1982. IR 223, obs. Julien* • Civ. 1re, 6 juin 1990, n° 88-19.686 P.

2. Dès lors qu'un arrêt antérieur ne s'est pas borné à ordonner une mesure d'instruction et a précisé que l'expert aurait à se conformer aux motifs pour procéder aux investigations dont il était chargé, il a nécessairement incorporé au dispositif les éléments de décision énoncés dans les motifs et tranchant la contestation déjà élevée sur le fond du litige. • Civ. 1re, 10 oct. 1979 : *Bull. civ. I, n° 243 ; RTD civ. 1980. 415, obs. Perrot.*

En autorisant la preuve par les demandeurs qu'ils avaient accepté la succession, le juge a nécessairement incorporé au dispositif les éléments de décision énoncés dans les motifs et tranchant les contestations élevées sur l'existence d'un lien de filiation. • Civ. 1re, 1er avr. 1981 : *JCP 1982. II. 19897, note Tomasin ; RTD civ. 1982. 662, obs. Perrot.*

Rappr. • Paris, 22 févr. 1988 : *D. 1988. IR 81* • Versailles, 1er juin 1989 : *Gaz. Pal. 1989. 2. Somm. 510.*

3. Pour une illustration du concept de jugement mixte, V. • Civ. 1re, 23 nov. 1982 : *Bull. civ. I, n° 336* • Civ. 3e, 28 févr. 1990 : *Gaz. Pal. 1990. 1. Pan. 100* • Soc. 13 févr. 1991, n° 87-40.893 P.

4. Sur la portée des motifs, V. également notes ss. art. 480 et 544.

5. N'a pas autorité de chose jugée le jugement qui se borne dans son dispositif à rabattre l'ordonnance de clôture et à ordonner la réouverture des débats, après avoir dans ses motifs écarté des conclusions d'irrecevabilité. • Civ. 2e, 4 juin 1993, n° 91-21.382 P.

6. Le jugement avant-dire droit (en l'occurrence déclarant recevable une pièce produite en cours de délibéré) ne dessaisissant pas le juge et n'ayant pas, dès lors qu'il se borne dans son dispositif à ordonner une mesure d'instruction ou une mesure provisoire, au principal, l'autorité de la chose jugée, les juges du fond peuvent en ordonner le retranchement, sans violer les dispositions du C. pr. civ. • Civ. 3e, 5 mars 2008, n° 06-20.732 P.

Art. 483 **Le jugement avant-dire droit ne dessaisit pas le juge.**

SOUS-SECTION 2 LES ORDONNANCES DE RÉFÉRÉ

RÉP. PR. CIV. v° *Référé civil*, par CAYROL.

DALLOZ ACTION *Droit et pratique de la procédure civile 2022/2023*, nos 323.00 s.

BIBL. GÉN. ▸ BLAISSE, *JCP 1982. I. 3083* (quo vadis ?). – BUISSON-FIGELLIER, *Dr. et patr., mars 2000, p. 37* (analyse pratique). – ESTOUP, *Litec 1990* (procédures rapides). – R. MARTIN, *D. 1979. Chron. 158* (référé, théâtre d'apparence). – PERDRIAU, *JCP 1988. I. 3365* (contrôle de la Cour de cassation). – PERROT, *Gaz. Pal. 1974. 2. Doctr. 895 ; Mél. Hébraud 1981, p. 645* (évolution des référés). – ROUSSE, *Gaz. Pal. 1977. 1. Doctr. 249* (nature et finalité des mesures). – VIATTE, *Gaz. Pal. 1976. 2. Doctr. 709*. – TENDLER, *D. 1991. Chron. 139*.

Art. 484 **L'ordonnance de référé est une décision provisoire rendue à la demande d'une partie, l'autre présente ou appelée, dans les cas où la loi confère à un juge qui n'est pas saisi du principal le pouvoir d'ordonner immédiatement les mesures nécessaires.**

Sur la compétence de la juridiction civile, saisie en référé, malgré la saisine du juge pénal, pour ordonner toutes mesures provisoires lorsque l'existence de l'obligation n'est pas sérieusement contestable, V. C. pr. pén., art. 5-1. — ***C. pr. pén.***

A. ABSENCE DE SAISINE DU PRINCIPAL

1. Il n'est pas au pouvoir du juge des référés de prononcer des condamnations à des dommages-intérêts. • Civ. 3e, 26 avr. 1984 : *JCP 1984. IV. 210* • Civ. 2e, 11 mars 1992 : *Gaz. Pal. 1992. 2. Pan. 217* • 27 janv. 1993, n° 90-20.928 P • Soc. 24 nov. 1994, n° 92-15.773 P (en matière de sécurité sociale) • Agen, 12 janv. 2009, n° 07/01681 : *BICC 1er mai 2010, n° 660.* ♦ V. cependant, s'agissant des dommages-intérêts pour abus de procédure, notes ss. art. 491. ♦ S'agissant du référé-provision, V. notes ss. art. 835, 873, 894.

2. Le juge des référés ne peut prononcer la résiliation d'un contrat de bail. • Civ. 3e, 25 mars 1987 : *Bull. civ. III, n° 64* • Civ. 3e, 27 nov. 1990, n° 89-17.249 P • Com. 13 oct. 1998 : *Procé-*

dures 1999, n° 35, obs. Laporte (Procédures collectives). ♦ ... Ou d'un contrat d'apprentissage. • Soc. 28 juin 1989 : *JCP 1989. IV. 330.*

Mais il peut constater l'acquisition d'une clause résolutoire. • Civ. 3e, 11 mars 1980 : *Bull. civ. III, n° 57* • Civ. 3e, 9 janv. 1991 : *JCP 1991. II. 21729, note Lévy* • Com. 11 janv. 1994, n° 92-11.288 P. ♦ N'a d'ailleurs pas à constater l'urgence le juge des référés qui statue en application des stipulations du bail lui attribuant compétence pour constater la résiliation du bail. • Civ. 3e, 9 déc. 1986 : *Bull. civ. III, n° 176.*

Sur l'absence d'autorité au principal des décisions ainsi rendues, V. notes ss. art. 488.

3. Le juge des référés ne peut annuler une sanction disciplinaire. • Soc. 5 mars 1987 : *JCP 1987. IV. 164.* ♦... Un contrat de bail. • Paris, 8 févr. 1985 : *D. 1985. IR 186.* ♦ ... Un procès-verbal d'expulsion. • Paris, 14 mars 1990 : *D. 1990. IR 102.* ♦ ... Un préavis de grève, ses pouvoirs, dans ce dernier cas, se limitant à en suspendre provisoirement les effets. • Versailles, 6 juin 1984 : *JCP 1985. II. 20327, note Teyssié ; RTD civ. 1985. 438, obs. Normand.* ♦ Rappr. • Com. 23 févr. 1988 : *Bull. civ. IV, n° 84.* ♦ ... Une assemblée générale de société. • Paris, 23 mai 2001 : *BICC 2002, n° 292.*

4. La juridiction des référés, qui n'a pas le pouvoir de modifier les droits et les obligations reconnus aux parties par une décision judiciaire, ne saurait pas plus en neutraliser l'exécution. • Paris, 19 oct. 2001 : *BICC 2002, n° 528.*

5. Sur la compétence du juge des référés en matière de vérification d'écritures, V. note ss. art. 285.

6. L'exécution des mesures ordonnées en référé pour faire cesser un trouble manifestement illicite n'est pas exclusive de la réparation du préjudice que ce trouble a pu causer. • Civ. 3e, 14 janv. 2016, n° 14-19.092 P.

B. CARACTÈRE PROVISOIRE DE LA DÉCISION

7. Tant en première instance qu'en appel, le juge des référés doit se placer, pour ordonner les mesures sollicitées, à la date à laquelle il prononce sa décision. • Civ. 2e, 2 oct. 1980 : *Bull. civ. II, n° 196* • Com. 23 oct. 1990, n° 88-12.837 P (jurisprudence constante).

8. Le caractère provisoire de la décision n'interdit pas de prendre des mesures de nature à causer un préjudice au défendeur. • Civ. 3e, 11 mars 1980 : *Bull. civ. III, n° 57.* ♦ ... Ou à produire des conséquences irréversibles. • Civ. 1re, 18 janv. 1989 : *D. 1989. IR 33.*

En ordonnant la publication de sa décision le juge des référés ne fait qu'ordonner la mesure de remise en état qui lui paraît s'imposer pour faire cesser un trouble manifestement illicite. • Civ. 2e, 23 oct. 1985 : *JCP 1986. IV. 13.* ♦ Rappr. • Versailles, 28 janv. 1988 : *Gaz. Pal. 1988. 1. 129.* ♦ V. *contra*, jugeant cette publication incompatible avec le caractère provisoire de la décision : • Paris, 20 déc. 1974 : *D. 1975. 312, concl. Franck.*

9. En conformité avec le caractère provisoire de sa décision, le juge des référés précise justement que l'interdiction d'exécuter un contrat s'appliquera jusqu'à la décision définitive du juge du fond sur la valeur et la portée de cette convention. • Civ. 2e, 12 févr. 1992, n° 90-18.711 P.

10. Le juge des référés ne saurait ordonner la mainlevée d'une hypothèque, cette mesure ne pouvant résulter que d'un jugement en dernier ressort ou passé en force de chose jugée. • Civ. 1re, 9 mars 1977 : *JCP 1978. II. 18977, note Goubeaux* • Civ. 2e, 24 avr. 1989 : *Bull. civ. II, n° 96.* ♦ Rappr. • Civ. 3e, 19 oct. 1988 : *Gaz. Pal. 1989. 1. 386, obs. Piedelièvre.* ♦ V. notes ss. art. 2157 C. civ. – **C. civ.**

11. Si la saisie immobilière peut être poursuivie en vertu d'une ordonnance de référé, l'adjudication ne peut se faire qu'après un jugement définitif en dernier ressort ou passé en force de chose jugée. • Civ. 2e, 17 févr. 1983 : *Bull. civ. II, n° 43 ; Gaz. Pal. 1983. 1. Pan. 180, obs. Véron ; RTD civ. 1983. 601, obs. Perrot* • Civ. 2e, 27 nov. 1985 : *D. 1986. 169, note Prévault ; RTD civ. 1987. 155, obs. Perrot.* ♦ V. note ss. C. pr. exéc., art. L. 331-2 – **C. pr. exéc.**

En ce sens également que le jugement qui valide une saisie-arrêt pratiquée en exécution d'une ordonnance de référé doit examiner le bien-fondé de la créance, la décision rendue en référé, même devenue définitive, n'ayant prononcé de condamnation qu'à titre provisoire, V. • Civ. 3e, 25 juin 1991, n° 90-15.477 P : *D. 1992. Somm. 126, obs. Julien ; JCP 1993. II. 21983, note Lévy.* ♦ V. déjà • Civ. 2e, 21 juill. 1986 : *D. 1987. 68, note Prévault ; RTD civ. 1987. 155, obs. Perrot* • Civ. 2e, 7 mars 1990, n° 89-11.144 P. ♦ Pour l'avenir, cependant, V. C. pr. exéc., art. L. 111-1. – **C. pr. exéc.**

Les créances constatées par des décisions de référé-provision et dont le sort définitif est lié à une instance pendante devant le juge du fond ne peuvent être prises en compte pour déterminer le passif exigible. • Com. 22 févr. 1994 : *JCP 1994. I. 3799, n° 1, obs. Pétel.*

C. EFFETS DE LA CITATION EN RÉFÉRÉ

12. L'instance en référé étant distincte de l'instance au fond, l'incompétence du juge saisi au principal peut être soulevée bien que celle du juge des référés ne l'ait pas été. • Com. 3 avr. 1990, n° 88-16.427 P. ♦ N'avoir pas invoqué en référé une clause attributive de compétence ne manifeste pas la volonté non équivoque de renoncer à s'en prévaloir dans le cadre d'une instance au fond. • Com. 28 mai 1991, n° 89-19.683 P.

13. Il n'y a pas de litispendance entre une instance au fond et une demande de provision devant le juge des référés. • Civ. 2e, 17 mai 1982 : *Bull. civ. II, no 75 ; RTD civ. 1983. 587, obs. Normand.*

14. L'art. 4 C. pr. pén. (le criminel tient le civil en l'état) est inapplicable devant le juge des référés, dont les décisions, de caractère provisoire, sont dépourvues au principal d'autorité de la chose jugée. • Com. 14 févr. 1989 : *Bull. civ. IV, no 65* • Civ. 2e, 12 févr. 1992 : *JCP 1992. IV. 1103, p. 119* • 24 juin 2004, no 02-17.383 P • Civ. 3e, 7 janv. 2009, no 07-21.501 P : *D. 2009. AJ 567 ; JCP 2009. I. 142, no 14, note Clay ; Procédures 2009, no 76, note Perrot.*

15. L'assignation en référé ne peut s'analyser en une action en justice au sens de l'art. 5 C. pr. pén. (*una via electa*), dont les dispositions sont, dès lors, inapplicables. • Crim. 4 oct. 1983 : *Gaz. Pal. 1984. 1. Somm. 93* • 21 juin 2000 : *D. 2000. IR 253* .

16. Ne viole ni l'art. 9 de la Déclaration des droits de l'homme, ni l'art. 6 de la Convention européenne des droits de l'homme la cour d'appel qui, en référé, condamne l'auteur d'un coup de feu à verser une provision à la victime, la décision du juge des référés, de caractère provisoire, étant dépourvue au principal de l'autorité de la chose jugée. • Civ. 2e, 17 janv. 1990 : *Gaz. Pal. 1990. 1. Pan. 76.* ♦ V. notes ss. art. 5-1 **C. pr. pén.** ♦ V. Bertin, *Gaz. Pal. 1985. 1. Doctr. 226* ; Le Calvez, *Gaz. Pal. 1985. 1. Doctr. 259.*

17. Sur l'effet interruptif de prescription qui s'attache à la citation en référé, V. notes ss. art. 2241 C. civ., reproduit ss. C. pr. civ., art. 53. ♦ V. not. • Com. 30 janv. 1990, no 88-12.447 P • Civ. 1re, 12 févr. 1991, no 88-19.826 P. ♦ Le délai décennal de garantie est interrompu par une assignation en référé, l'interruption gardant effet jusqu'au jour de l'ordonnance de référé, un nouveau délai décennal commençant à courir à compter de cette date. • Civ. 3e, 11 mai 1994, no 92-19.747 P. ♦ V. Bertin, *Gaz. Pal. 1985. 2. Doctr. 507* ; Desdevises, *RDI 1989. 327* (en matière de responsabilité des constructeurs).

18. En ce sens que l'assignation en référé satisfait aux exigences de l'art. 1648 C. civ. (action en garantie des vices cachés), V. • Civ. 1re, 19 oct. 1999, no 97-14.067 P : *D. 2001. 413, note Bufflier ; RTD civ. 2000. 133, obs. Gautier* • Com. 6 mars 2001, no 98-18.562 P : *D. 2001. IR 983* .

D. AUDIENCE

19. L'absence de comparution du défendeur, régulièrement convoqué et assigné, n'empêche pas la formation des référés de statuer. • Soc. 13 déc. 1994, no 93-42.301 P : *Gaz. Pal. 1995. 1. Pan. 41.*

20. Le renvoi d'une affaire fixée pour être plaidée, qui relève du pouvoir discrétionnaire du juge, ne peut être demandé que par les parties comparantes ou leurs représentants. • Soc. 13 déc. 1994 : *préc. note 19.*

E. EN LA FORME DES RÉFÉRÉS

21. Rendu comme en matière de référé, l'ordonnance du président du TGI instituant une servitude de cour commune est un véritable jugement qui acquiert, à défaut d'exercice des voies de recours, l'autorité de la chose irrévocablement jugée. • Civ. 3e, 29 juin 1976 : *Bull. civ. III, no 291.* ♦ Elle n'est pas exécutoire par provision. • Civ. 3e, 4 janv. 1973 : *D. 1973. 398, note Franck.* ♦ Sur ce dernier point, rappr. • Soc. 24 avr. 1985 : *Bull. civ. V, no 252* (loi d'amnistie du 4 août 1981).

22. Si le juge aux affaires matrimoniales, saisi après le prononcé du divorce, statue en la forme des référés, sa décision est une décision au fond n'appartenant pas à la catégorie des ordonnances de référé. • Civ. 2e, 29 juin 1988 : *D. 1988. IR 204* • Paris, 31 mars 1989 : *D. 1989. IR 141.*

23. Les mesures urgentes que prévoit l'art. 815-6 C. civ. sont prises, en raison de leur nature, en la forme des référés et les pouvoirs du président ne sont pas limités par la présence d'une contestation sérieuse. • Civ. 1re, 16 févr. 1988 : *Bull. civ. I, no 45 ; RTD civ. 1989. 371, obs. Patarin.* ♦ Rappr. • Civ. 1re, 9 févr. 1988 : *Bull. civ. I, no 33* • Civ. 1re, 8 janv. 1991, no 89-15.271 P. ♦ V. aussi • Aix-en-Provence, 12 juill. 1991 : *JCP 1992. II. 21949, note Henderycksen.* ♦ V. Rousse, *Gaz. Pal. 1977. 2. Doctr. 557.* – Normand, *obs. RTD civ. 1981. 893.* ♦ V. également note 68 ss. art. 834.

Art. 485 La demande est portée par voie d'assignation à une audience tenue à cet effet aux jour et heure habituels des référés.

Si, néanmoins, le cas requiert célérité, le juge des référés peut permettre d'assigner, à heure indiquée, même les jours fériés ou chômés *(Abrogé par Décr. no 2012-66 du 20 janv. 2012, art. 33)* ***«, soit à l'audience, soit à son domicile portes ouvertes ».***

L'art. 33 du Décr. no 2012-66 du 20 janv. 2012 est applicable dans les îles Wallis-et-Futuna (Décr. préc., art. 44).

1. Assistance et représentation. Faute de disposition dérogatoire au principe posé par l'art. 4 de la loi du 31 déc. 1971, l'huissier de justice ne peut représenter les parties, même en référé. Il ne peut saisir le juge des référés que lors d'une difficulté rencontrée dans l'exercice de ses fonctions propres d'exécution. • Paris, 2 mai 1990 : *D. 1990. IR 160* . ♦ V. Normand, *obs. RTD* *civ. 1983. 384* ; Ruellan, *Gaz. Pal. 1992. 1. Doctr. 119* (devant le juge des référés de grande instance). ♦ Rappr. C. pr. exéc., art. L. 122-2.

2. Référé à heure indiquée. L'assignation à comparaître à heure indiquée délivrée sans autorisation du juge ne peut être déclarée nulle si le vice de forme n'a causé aucun grief au défendeur qui a comparu et a été en mesure d'assurer sa défense. • Paris, 4 févr. 1975 : *JCP 1976. IV. 88.* ♦ Rappr. • TGI Paris, réf., 23 oct. 1986 : *Gaz. Pal. 1987. 1. Somm. 219.*

3. Le juge des référés qui autorise une assignation à heure indiquée apprécie souverainement si le délai de comparution est suffisant pour que le défendeur puisse préparer sa défense. • Soc. 14 janv. 1988 : *Bull. civ. V, n° 47.* ♦ V. déjà • Civ. 2e, 19 déc. 1973 : *JCP 1974. II. 17790, note Assouline* • Basse-Terre, 14 oct. 1985 : *Gaz. Pal. 1986. 1. 12, note A. D.* ♦ Dans le cas d'une assignation délivrée à 16 heures pour le lendemain à 9 heures, V. • Civ. 2e, 4 nov. 1988 : *Bull. civ. II, n° 205 ; Gaz. Pal. 1989. 1. Somm. 259, obs. Guinchard et Moussa.* ♦ V. aussi • Versailles, 23 janv. 1991 : *D. 1991. IR 143 ; RTD civ. 1991. 597, obs. Perrot .* ♦ V. Estoup, *Gaz. Pal. 1988. 2. Doctr. 436.*

Art. 486 **Le juge s'assure qu'il s'est écoulé un temps suffisant entre l'assignation et l'audience pour que la partie assignée ait pu préparer sa défense.**

1. Le juge des référés apprécie souverainement si le défendeur a disposé d'un temps suffisant pour préparer sa défense. • Civ. 1re, 4 mars 1975 : *Bull. civ. I, n° 93* • Soc. 14 janv. 1988 : *Bull. civ. V, n° 67.* ♦ V. notes 2 s. ss. art. 485.

Mais il ne peut se borner à énoncer qu'une demande de renvoi prouve que son auteur a eu connaissance de l'assignation sans rechercher s'il avait disposé de ce temps. • Civ. 2e, 18 févr. 1987 : *Bull. civ. II, n° 53 ; Gaz. Pal. 1987. 2. Somm. 487, obs. Guinchard et Moussa.* ♦ Rappr. • Civ. 2e, 29 avr. 1982 : *Gaz. Pal. 1982. 2. Pan. 298* • Com. 29 juin 1993, n° 91-16.371 P.

2. L'art. 486 n'exige pas que la constatation du temps suffisant fasse, à peine de nullité, l'objet d'une mention expresse de l'ordonnance. • Civ. 1re, 3 avr. 1984 : *Bull. civ. I, n° 125.* ♦ Le juge d'appel peut donc suppléer sur ce point au silence du premier juge. • Même arrêt. ♦ Rappr. • Civ. 2e, 25 mai 1994, n° 92-15.269 P. ♦ En l'absence de mention relative à l'heure des débats et du délibéré dans l'ordonnance de référé, une cour d'appel doit s'assurer que les défendeurs, assignés en mairie et à personne le jour même de l'audience de référé à laquelle ils n'ont pas comparu, ont disposé d'un temps suffisant pour préparer leur défense. • Civ. 2e, 21 janv. 1998, n° 96-17.150 P.

3. Une demande de référé est irrecevable lorsque le défendeur n'a pas eu connaissance de l'assignation avant les jour et heure de l'audience. • Paris, 16 oct. 1990 : *D. 1990. IR 267 .*

4. Les délais de distance prévus aux art. 643 s. sont inapplicables au référé. • Civ. 2e, 9 nov. 2006, n° 06-10.714 P : *D. 2006. IR 2874 ; Procédures 2007, n° 8, obs. Perrot* • Saint-Denis de la Réunion, 27 oct. 1989 : *Gaz. Pal. 1991. 2. 69, note Putman* • Paris, 22 oct. 2003 : *Bull. ch. avoués 2003. 12.*

Art. 486-1 *(Décr. n° 2017-892 du 6 mai 2017, art. 5)* **Lorsque la demande en référé porte sur une mesure d'instruction exécutée par un technicien ou sur une mesure d'expertise, le défendeur qui a indiqué, avant l'audience, acquiescer à la demande, est dispensé de comparaître. Néanmoins, le juge a toujours la faculté d'ordonner qu'il soit présent devant lui.**

La décision rendue dans ces conditions est contradictoire.

BIBL. ► LAPORTE, *Procédures 2017. Focus 20* (faut-il modifier certaines formules d'assignations ?).

Art. 487 **Le juge des référés a la faculté de renvoyer l'affaire en état de référé devant la formation collégiale de la juridiction à une audience dont il fixe la date.**

BIBL. ► RACINE, *Mél. Julien, Edilaix, 2003, p. 354 (technique de la « passerelle »).*

1. Les jugements rendus en application de l'art. 487 doivent être assimilés aux ordonnances de référé. Leur exécution provisoire ne peut donc être suspendue. • Paris, 18 mai 1984 : *Bull. ch. avoués 1984. 2. 72.*

2. *Pour une application discutable de* l'art. 487, le juge renvoyant en état de référé à la formation collégiale un point dont il estime que la connaissance excéderait ses pouvoirs, V. • Aix-en-Provence, ord., 8 nov. 1976 : *JCP 1977. II. 18668, note J. A. ; RTD civ. 1977. 599, obs. Normand.*

3. N'intervenant pas en qualité de juge des référés, le juge aux affaires matrimoniales, saisi après divorce, ne peut se prévaloir de l'art. 487 et renvoyer à la formation collégiale une affaire dont lui seul pouvait connaître. • Bourges, 22 avr. 1980 : *Gaz. Pal. 1981. 1. Somm. 30 ; RTD civ. 1980. 596,* obs. Normand.

4. La « passerelle ». Le président du TGI qui estime, pour cause de contestation sérieuse, n'y avoir lieu à référé, peut néanmoins autoriser le demandeur à assigner à jour fixe devant la juridiction du fond. • TGI Paris, réf., 3 août 1983 : *Gaz. Pal. 1983. 2. 558, note Pluyette ; JCP 1983.*

II. 20177, note Blaisse • Paris, 12 juill. 1984 : *Gaz. Pal. 1985. 1. 96, note Caratini ; D. 1984. 603, note Julien*. – V. notes ss. art. 788. ♦ Sur les raisons données d'exclure ce procédé devant le T. com., V. • T. com. Paris, réf., 3 janv. 1990 : *Gaz. Pal. 26 mars 1992, note Benezra*. ♦ *Contra* : • T. com. Paris, 14 janv. 1986 : *Gaz. Pal. 1986. 1. 110*. ♦ V. Benezra, *Gaz. Pal. 1990. 1. Doctr. 400*.

Art. 488 L'ordonnance de référé n'a pas, au principal, l'autorité de la chose jugée.

Elle ne peut être modifiée ou rapportée en référé qu'en cas de circonstances nouvelles.

A. ABSENCE D'AUTORITÉ AU PRINCIPAL

1. Pour les conséquences du défaut d'autorité au principal sur l'exercice des voies d'exécution, V. note 14 ss. art. 484. ♦ Sur le recours au référé-provision malgré l'ouverture d'une procédure répressive, V. notes 12 à 14 s. ss. art. 484.

2. La provision allouée par une ordonnance de référé ne peut, en l'absence d'autorité de chose jugée de cette dernière, entrer en compensation avec une créance certaine, liquide et exigible. • Soc. 10 juin 1982 : *Bull. civ. V, n° 391*.

3. Lorsqu'il est appelé à liquider l'astreinte définitive prononcée par le juge des référés, le juge du fond ne peut s'estimer lié par le taux fixé par ce dernier, dont la décision n'avait pas, au principal, l'autorité de la chose jugée. • Civ. 2e, 6 févr. 1991 : *JCP 1992. II. 21842, note Lévy ; RTD civ. 1991. 796, obs. Normand*. ♦ V. également, mais dans un cas où les juges du fond avaient estimé injustifiée la mesure même ordonnée sous astreinte : • Civ. 2e, 18 oct. 1978 : *Gaz. Pal. 1979. 1. 211, note Viatte ; D. 1980. IR 463, obs. Julien ; RTD civ. 1979. 428, obs. Normand*. ♦ V. notes ss. art. 491.

4. L'ordonnance de référé constatant l'acquisition de la clause résolutoire n'a pas au principal l'autorité de la chose jugée et ne s'impose pas au juge du fond saisi aux mêmes fins. • Civ. 3e, 9 janv. 1991, n° 89-13.790 : *JCP 1991. II. 21729, note Lévy*. – V. dans le même sens : • Civ. 3e, 14 oct. 1987, n° 85-11.407 P : *RTD civ. 1988. 579, obs. Perrot* • Civ. 3e, 25 janv. 1989, n° 88-13.428 P. ♦ Néanmoins, la cour d'appel statuant dans une instance ayant un objet différent (l'opposabilité au bailleur de la cession du fonds postérieure à l'ordonnance) déclare exactement que, cette ordonnance étant devenue définitive, le locataire était devenu sans droit au bail. • Civ. 3e, 9 janv. 1991 : *préc.* ♦ V. Debeaurain, *Ann. loyers 1988. 552*. ♦ Comp., pour un arrêt de cassation au visa de l'art. L. 145-41 C. com. jugeant que, dès lors que les délais octroyés par l'ordonnance de référé ayant suspendu la réalisation de la clause résolutoire n'avaient pas été respectés, la cour d'appel, saisie au fond, ne pouvait accorder de nouveaux délais : • Civ. 3e, 2 avr. 2003, n° 01-16.834 P : *D. 2003. AJ 1366, obs. Rouquet ; AJDI 2003. 583, note Blatter ; JCP 2003. II. 10108, concl. Guérin ; Loyers et copr. 2003, n° 111, obs. Brault et Pereira-Osouf ; LPA 30 déc. 2003, p. 20, note Keita*. ♦ V. aussi, jugeant que, si l'ordonnance de référé constatant l'acquisition de la clause résolutoire n'a pas au principal l'autorité de la chose jugée et ne s'impose pas au juge saisi au fond aux mêmes fins, la cour d'appel, statuant dans une instance ayant un objet distinct, déduit exactement du non-respect par les preneurs d'une échéance fixée par l'ordonnance ayant suspendu les effets de la clause, que celle-ci était réputée acquise à cette date et que, l'ordonnance de référé étant devenue irrévocable, les preneurs ne pouvaient valablement solliciter le renouvellement du bail, • Civ. 3e, 25 févr. 2004, n° 02-12.021 P : *D. 2004. AJ 1086*. ♦ En raison de l'autorité de chose jugée attachée au jugement qui statue sur le fond du litige, l'arrêt rendu en référé – dans un sens contraire – doit être annulé. • Civ. 2e, 13 juill. 2005, n° 05-15.853 P.

5. L'ordonnance de référé qui suspend les effets de la clause résolutoire d'un bail sous la condition que le locataire se libère n'a pas, au principal, l'autorité de la chose jugée et, même définitive, ne fait pas obstacle à ce qu'il soit jugé que la location étant soumise à la loi du 1er sept. 1948, la clause résolutoire ne pouvait être appliquée. • Civ. 3e, 3 juin 1992 : *Rev. huiss. 1992. 1125, note Bourdillat*.

Mais le juge saisi d'une demande tendant à constater l'acquisition d'une clause résolutoire doit rechercher si le locataire ne s'est pas conformé aux dispositions d'une décision qui, même rendue en référé, lui aurait accordé des délais pour s'acquitter en suspendant les effets de la clause résolutoire. • Civ. 3e, 9 janv. 1991 : *D. 1992. 133, note Santa-Croce*. ♦ Comp. : • Civ. 3e, 8 juin 1977 : *Bull. civ. III, n° 253* • Civ. 3e, 4 juill. 1978 : *Bull. civ. III, n° 275*.

6. Le juge du fond ne peut, pour rejeter la contestation par l'employeur de l'éligibilité d'un salarié dont le licenciement était intervenu, se fonder sur l'ordonnance qui avait, en référé, prescrit la réintégration de l'intéressé. • Soc. 28 juin 1979 : *Bull. civ. V, n° 590*.

Mais il résulte de l'ordonnance de réintégration que le salarié faisant toujours partie du personnel était éligible aux élections sociales qui ont eu lieu après son licenciement. • Soc. 21 juill. 1986 : *Bull. civ. V, n° 406*. ♦ Rappr. • Soc. 11 mars 1982 : *JCP 1982. IV. 185* • Soc. 22 juill. 1982 : *Bull. civ. V, n° 512*.

7. Le juge d'instance ne peut rejeter la demande fondée sur une action en répétition de l'indu en considérant qu'une telle demande vise à réformer l'ordonnance de référé du conseil de prud'hommes, devenue définitive et ayant reconnu et fixé le principe et le montant de la dette. • Civ. 2e, 10 févr. 2011 : *Procédures 2011, no 140, note Bugada.*

8. L'ordonnance de référé étant dépourvue d'autorité de la chose jugée au principal, il est toujours loisible à l'une des parties à la procédure de référé (condamnation d'un locataire à payer une provision correspondant aux loyers échus impayés et une indemnité d'occupation) de saisir le juge du fond pour obtenir un jugement définitif (aux fins de saisie immobilière). • Civ. 1re, 13 nov. 2014 : *Procédures 2015, no 5, note Croze.* ♦ ... Dès lors, le propriétaire d'un fonds servant peut agir au fond en cessation de l'aggravation des conditions d'exercice de la servitude alors même qu'un arrêt rendu en référé a déjà statué sur ce point. • Civ. 3e, 25 févr. 2016, no 14-29.760 P.

B. CIRCONSTANCES NOUVELLES

9. En l'absence de fait nouveau, le juge des référés ne saurait méconnaître l'autorité s'attachant aux ordonnances antérieurement rendues entre les parties. • Civ. 2e, 25 juin 1986 : *Bull. civ. II, no 100* • Civ. 3e, 29 juin 1988 : *Bull. civ. III, no 118.* ♦ Il n'importe que ces ordonnances n'aient pas été signifiées. • Civ. 2e, 20 nov. 1985 : *Bull. civ. II, no 177 ; Gaz. Pal. 1986. 2. Somm. 334, obs. Guinchard et Moussa.*

10. En cas de circonstances nouvelles, le juge peut modifier une précédente décision, eût-elle été rendue par la formation collégiale sur renvoi en état de référé. • Civ. 2e, 17 nov. 1982 : *Gaz. Pal. 1983. 1. Pan. 119.* ♦ Le juge d'appel ayant prononcé la décision de référé a seul qualité pour la rapporter ou la modifier en cas de circonstances nouvelles. • TGI Saintes, réf., 12 oct. 1993 : *Gaz. Pal. 1994. 2. 424, note M. Renard.*

11. A titre d'exemples de circonstances nouvelles, V. • Civ. 3e, 11 oct. 1977 : *Bull. civ. III, no 337* • Paris, 19 juin 1985 : *D. 1985. IR 434* • Com. 6 juill. 1993, no 91-15.996 P (dépôt des conclusions d'une expertise) • Civ. 3e, 20 oct. 1993, no 91-17.264 P • Soc. 24 mars 2004, no 02-20.789 P : *Gaz. Pal. 26-28 juin 2005, p. 35, obs. du Rusquec* (décision de relaxe) • Versailles, 1er juill. 1999 : *D. 1999. IR 228* (ordonnance de non-lieu).

12. Ne constitue pas une circonstance nouvelle l'extinction de la créance, conséquence de l'irrégularité de la déclaration à la procédure collective du débiteur, survenue postérieurement à l'ouverture de la procédure collective. • Com. 8 janv. 2008, no 06-13.746 P.

13. Les circonstances nouvelles ne peuvent résulter de la modification des textes applicables à la matière. • Civ. 2e, 30 nov. 1983 : *RTD civ. 1984. 354, obs. Normand.* ♦ ... Ni de faits antérieurs à la date de l'audience devant le juge des référés qui a rendu l'ordonnance et connus de celui qui sollicite la rétractation. • Civ. 3e, 16 déc. 2003, no 02-17.316 P : *D. 2004. IR 251 ; Procédures 2004, no 23, note Pernot ; Gaz. Pal. 29-30 oct. 2004, p. 22, obs. du Rusquec.* ♦ ... Auquel il appartenait de les invoquer. • Civ. 2e, 3 oct. 1984 : *Bull. civ. II, no 161.*

14. Les dispositions de l'art. 488, al. 2, ne sauraient s'appliquer à l'encontre d'une ordonnance de référé frappée d'appel en raison de l'effet dévolutif attaché à cette voie de recours. • TGI Angoulême, 23 avr. 1992 : *Rev. huiss. 1993. 798.*

C. COUR D'APPEL

15. L'art. 488, qui vise de façon générique l'ordonnance de référé, s'applique tant à l'ordonnance rendue en référé par le juge de première instance qu'à l'arrêt rendu en pareille matière sur l'appel qui en est interjeté. • Paris, 14 janv. 1998 : *Bull. ch. avoués 1998. 2. 48.* ♦ Le pouvoir de modifier ou de rapporter la décision pour circonstances nouvelles appartient à la juridiction qui l'a prononcée. • Même arrêt.

Art. 489 *(Abrogé par Décr. no 2019-1333 du 11 déc. 2019, art. 3-1o-a, à compter du 1er janv. 2020) (Décr. no 81-500 du 12 mai 1981, art. 18)* ***« L'ordonnance de référé est exécutoire à titre provisoire. Le juge peut toutefois subordonner l'exécution provisoire à la constitution d'une garantie dans les conditions prévues aux articles 517 à 522. »***

En cas de nécessité, le juge peut ordonner que l'exécution *(Décr. no 2019-1333 du 11 déc. 2019, art. 3-1o-b, en vigueur le 1er janv. 2020)* ***« de l'ordonnance de référé » aura lieu au seul vu de la minute.***

L'art. 3 du Décr. no 2019-1333 du 11 déc. 2019 est applicable aux instances introduites devant les juridictions du premier degré à compter du 1er janv. 2020 (Décr. préc., art. 55-II).

1. L'ordonnance de référé ne peut être mise en *exécution qu'après signification*, hors les cas exceptionnels où le juge la déclare exécutoire sur minute. • Paris, 23 mars 1984 : *D. 1984. IR 248.* ♦ A propos de l'exécution sur minute, V. • Paris, 5 nov. 1958 : *JCP 1958. II. 10893, concl. Combaldieu.*

2. Le demandeur exécute à ses risques et périls la décision du juge des référés et peut, en cas d'infirmation de cette dernière, être condamné à réparer le préjudice causé par cette exécution. • Civ. 3e, 16 oct. 1979 : *D. 1980. IR 99.*

3. Les ordonnances rendues en la forme des référés ne sont pas exécutoires de plein droit. • Civ. 3e, 4 janv. 1973 : *D. 1973. 398, note Franck.* ♦ V. notes ss. art. 484.

4. Sur la reconnaissance et l'exécution dans un autre pays d'une décision de référé, V. • Civ. 2e, 8 oct. 1997, ♗ n° 93-20.795 P.

Art. 490 *(Décr. n° 86-585 du 14 mars 1986, art. 2)* **L'ordonnance de référé peut être frappée d'appel à moins qu'elle n'émane du premier président de la cour d'appel ou qu'elle n'ait été rendue en dernier ressort en raison du montant ou de l'objet de la demande.**

L'ordonnance rendue en dernier ressort par défaut est susceptible d'opposition.

Le délai d'appel ou d'opposition est de quinze jours.

A. APPEL

1. Ordonnances rendues en dernier ressort. Sur le décret du 14 mars 1986, V. Bertin, *Gaz. Pal. 1986. 1. Doctr. 258,* et Hanine, *Rev. huiss. 1986. 738.* ♦ Jugé, en application du droit antérieur, que les règles relatives au taux du ressort, de portée générale, s'appliquent aussi aux décisions de référé. • Soc. 5 nov. 1987 : *Bull. civ. V, n° 626* • 26 nov. 1987 : *ibid., n° 693.* ♦ Sur les hésitations des cours d'appel, V. obs. Perrot, *RTD civ. 1983. 593 et 1984. 168* ; Normand, *Semaine soc. Lamy 1984, n° 225, p. D. 52.*

2. Ordonnances relatives aux mesures d'instruction. V. notes ss. art. 145, 150 et 170. ♦ Dès lors que le juge des référés reste saisi d'une demande distincte des mesures d'instruction ordonnées, l'ordonnance ne peut faire l'objet d'un appel immédiat. • Civ. 2e, 24 mars 1993 : ♗ *JCP 1993. II. 22120, note du Rusquec.*

3. Ordonnances « mixtes ». L'appel des ordonnances de référé obéit aux dispositions des art. 544 et 545 lorsque le juge des référés s'est borné à rejeter une exception de procédure sans trancher les autres questions qui lui étaient soumises. • Civ. 2e, 23 sept. 2004 : ♗ *D. 2004. IR 2619* ; *Procédures 2004, n° 228, note Perrot.*

4. Est immédiatement recevable, sans autorisation du premier président de la cour d'appel, l'appel interjeté contre une ordonnance de référé pour laquelle le juge a vidé sa saisine en ordonnant une expertise. • Lyon, 23 oct. 2008, n° 08-01720 : *BICC 1er mai 2010, n° 661.*

5. Intérêt. Lorsqu'un huissier a été désigné pour constater les irrégularités qui pourraient être commises lors d'élections sociales, l'exécution de l'ordonnance n'a pas fait disparaître l'intérêt de l'entreprise à soumettre au contrôle de la cour une décision dont elle avait, en première instance, contesté la régularité. • Civ. 2e, 7 févr. 1979 : ♗ *Bull. civ. II, n° 35.* ♦ Rappr. • Paris, 13 juin 1984 : *Bull. ch. avoués 1985. 3. 82,* et, sur pourvoi, • Com. 17 déc. 1985 : *Bull. civ. IV, n° 295* • Paris, 13 mai 1988 : *Gaz. Pal. 1989. 1. 143, concl. Benas* • Civ. 2e, 14 déc. 1988 : *Bull. civ. II, n° 253.*

6. Ayant constaté qu'à la date de la décision des premiers juges, le trouble allégué avait disparu, la cour d'appel a décidé à bon droit qu'il n'y avait plus lieu à référé. • Soc. 26 juin 1991, ♗ n° 88-17.936 P. ♦ Rappr. • Paris, 9 janv. 1985 : *JCP 1986. II. 20583* • Paris, 13 sept. 1989 : *D. 1989. IR 251.*

Est irrecevable, faute d'intérêt, le recours formé contre une décision ayant alloué une provision dès lors que, dans l'intervalle, les juges du fond ont condamné le débiteur à la totalité de la dette. • Douai, 17 nov. 1983 : *D. 1984. IR 422, obs. Julien* • Com. 14 févr. 1984 : *Bull. civ. IV, n° 61.*

7. Délai. Le délai d'appel court de la signification de l'ordonnance et non du jour de son prononcé. • Douai, 1er juill. 1975 : *Gaz. Pal. 1976. 1. Somm. 57* • Rennes, 11 sept. 1974 : *D. 1975. 55, note Giverdon ; Gaz. Pal. 1974. 2. 832, note Barbier.*

8. Effet dévolutif. Saisie de l'appel d'une ordonnance de référé, la cour ne peut statuer que dans les limites des pouvoirs de celui-ci. • Civ. 1re, 19 avr. 1977 : *Bull. civ. I, n° 168* • Civ. 2e, 11 juin 1980 : *Bull. civ. II, n° 136* • Com. 20 juin 1989 : *Bull. civ. IV, n° 196.*

B. OPPOSITION

9. Le décret du 14 mars 1986 ouvrant l'opposition contre les ordonnances rendues en dernier ressort n'est pas applicable aux décisions rendues avant la promulgation de ce texte. • Soc. 25 oct. 1989 : *Bull. civ. V, n° 619.*

10. Est recevable l'opposition formée contre une ordonnance par défaut du premier président. • Paris, ord., 17 déc. 1987 : *Bull. ch. avoués 1988. 1. 28.*

C. RECOURS EN RÉVISION

11. Le recours en révision n'est pas ouvert contre les ordonnances de référé susceptibles d'être modifiées ou rapportées en cas de circonstances nouvelles. • Civ. 2e, 27 avr. 1988 : ♗ *Bull. civ. II, n° 102 ; D. 1989. Somm. 183, obs. Julien ; RTD civ. 1988. 578, obs. Perrot.*

Art. 490-1 *Abrogé par Décr. n° 2004-836 du 20 août 2004, art. 20.*

Art. 491 *(Décr. n° 2017-892 du 6 mai 2017, art. 6)* **« Le juge des référés qui assortit sa décision d'une astreinte peut s'en réserver la liquidation. »**

Il statue sur les dépens.

Sur le régime de l'astreinte, V. C. pr. exéc., art. L. 131-1 s.

BIBL. ▸ **Décr. du 6 mai 2017 :** BLÉRY, *D. actu. 16 mai 2017.*

A. ASTREINTES

1. Ainsi le juge des référés, qui n'est pas resté saisi de l'affaire, ne peut liquider l'astreinte qu'à condition de s'être réservé le droit de le faire. • Civ. 2e, 15 févr. 2001, n° 99-13.102 P : *D. 2001. IR 904 ; Procédures 2001, n° 79, obs. Perrot ; ibid. 103, obs. Perrot.*

2. Pour l'exécution des décisions prises en référé. Le juge des référés a le pouvoir de prononcer une astreinte définitive pour assurer l'exécution de ses décisions. • Civ. 2e, 4 mai 1977 : *Gaz. Pal. 1977. 2. 553 ; D. 1977. IR 387, obs. Julien* • Soc. 30 mai 1979 : *Bull. civ. V, n° 480.* ♦ Pour un exemple caractéristique, V. • TGI Nanterre, réf., 23 mai 1985 : *Gaz. Pal. 1985. 2. Somm. 366 ; RTD civ. 1986. 177, obs. Normand.*

3. Il entre dans les pouvoirs du juge des référés de liquider, à titre provisoire, les astreintes qu'il prescrit pour assurer l'exécution des mesures par lui ordonnées. • Civ. 2e, 30 mai 1980 : *Bull. civ. II, n° 125 ; D. 1980. IR 463, obs. Julien.* ♦ Les textes instituant le JEX n'ont pas abrogé l'art. 491 NCPC [devenu C. pr. civ.] qui permet au juge des référés de liquider une astreinte à titre provisionnel. • TGI Pointe-à-Pitre, réf., 22 janv. 1993 : *D. 1994. Somm. 339, obs. Julien ; BICC 1994, n° 824 ; Rev. huiss. 1993. 986.*

4. Pour l'exécution des décisions que d'autres ont prononcées. Avant la loi du 9 juill. 1991, et son art. 33 préc. [devenu C. pr. exéc., art. L. 131-1], le juge des référés, appelé à statuer dans les conditions prévues à l'art. 811, tenait des dispositions de l'art. 7 de la loi du 5 juill. 1972 le pouvoir d'ordonner, même d'office, une astreinte pour l'exécution d'une décision émanant d'une autre juridiction. • Com. 21 janv. 1992, n° 90-14.193 P. – En ce sens déjà, V. • Versailles, 2 mai 1986 : *Gaz. Pal. 1986. 2. 464, note Plantavit de la Pauze.* ♦ *Contra* : • Rouen, 31 mars 1981 : *Gaz. Pal. 1981. 2. Somm. 246 ; RTD civ. 1982. 195, obs. Normand.*

5. Mais il avait déjà été jugé qu'il résulte de l'art. 491 que le juge des référés ne peut liquider que les astreintes qu'il a lui-même prononcées, ne pouvant liquider, même à titre provisoire, les astreintes prononcées par les juges du fond. • Civ. 2e, 19 févr. 1986 : *Bull. civ. II, n° 24 ; Gaz. Pal. 1987. 1. Somm. 47, obs. Guinchard et Moussa.* ♦ Solution aujourd'hui confirmée par l'art. 35 préc. de la L. n° *91-650* du 9 juill. 1991 [devenu C. pr. exéc., art. L. 131-3].

6. Il résulte des art. 491 et 809, al. 2, que le juge des référés ne peut accorder une provision sur une astreinte non liquidée. • Civ. 2e, 11 mars 1992 : *Gaz. Pal. 1993. 1. Somm. 10, obs. Croze et Morel.* – En ce sens déjà, V. • TGI Paris, réf., 17 oct. 1988 : *RTD civ. 1989. 131, obs. Normand.*

B. LES FRAIS IRRÉPÉTIBLES

7. La juridiction des référés a le pouvoir de prononcer une condamnation en application de l'art. 700. • Civ. 3e, 19 nov. 1980 : *Bull. civ. III, n° 183 ; D. 1981. IR 372, obs. Julien ; RTD civ. 1981. 680, obs. Normand.* ♦ Pour une illustration, V. • Colmar, 6 mai 2004 : *D. 2005. 1005, note Foulon et Strickler .*

C. ABUS DE PROCÉDURE

8. Par sa généralité, la disposition de l'art. 559 autorisant la condamnation de l'auteur d'un appel dilatoire à une amende civile s'applique à l'appel d'une ordonnance de référé. • Civ. 2e, 20 juill. 1981 : *Bull. civ. II, n° 168 ; RTD civ. 1982. 197, obs. Normand.*

9. Il appartient à toutes les juridictions, y compris celle des référés, de statuer sur le dommage causé par le comportement abusif de l'une des parties dans le développement procédural dont elle a eu à connaître. • Com. 2 mai 1989 : *Bull. civ. IV, n° 143 ; RTD civ. 1989. 806, obs. Normand* • Civ. 1re, 4 févr. 1992, n° 89-12.725 P • Civ. 2e, 25 mars 1998 : *Procédures 1998, n° 138, note Perrot.* ♦ Rappr. • Civ. 1re, 16 déc. 1986 : *Bull. civ. I, n° 308 ; Gaz. Pal. 1987. 2. Somm. 340, obs. Guinchard et Moussa ; RTD civ. 1987. 800, obs. Normand.* ♦ Le contraire avait été jugé dans un premier temps. • Civ. 2e, 20 juill. 1981 : *Bull. civ. II, n° 168* • Civ. 3e, 4 oct. 1983 : *Gaz. Pal. 1984. 1. Pan. 78, obs. Guinchard.*

D. DÉPENS

10. Le juge des référés a l'obligation de statuer sur les dépens. • Civ. 2e, 29 oct. 1990, n° 89-14.925 P : *RTD civ. 1991. 794, obs. Normand .* ♦ Pour une illustration, V. • Colmar, 6 mai 2004 : *préc. note 7* • 22 janv. 2004 : *D. 2005. 1005, note Foulon et Strickler* • 18 sept. 2003 : *ibid.*

Art. 492 **Les minutes des ordonnances de référé sont conservées au** *(Décr. n° 2017-892 du 6 mai 2017, art. 68-I-2°)* **« greffe » de la juridiction.**

Art. 492-1 *(Abrogé par Décr. n° 2019-1419 du 20 déc. 2019, art. 1er-2°) (Décr. n° 2011-1043 du 1er sept. 2011, art. 4)* ***A moins qu'il en soit disposé autrement, lorsqu'il est prévu***

que le juge statue comme en matière de référé ou en la forme des référés, la demande est formée, instruite et jugée dans les conditions suivantes :

1° Il est fait application des articles 485 à 487 et 490 ;

2° Le juge exerce les pouvoirs dont dispose la juridiction au fond et statue par une ordonnance ayant l'autorité de la chose jugée relativement aux contestations qu'elle tranche ;

3° L'ordonnance est exécutoire à titre provisoire, à moins que le juge en décide autrement.

L'art. 4 du Décr. n° 2011-1043 du 1er sept. 2011 n'est pas applicable dès lors qu'un greffier en chef a déjà procédé, à la date de sa publication, à une mesure conservatoire ou qu'il a été saisi à cette fin (Décr. préc., art. 11). Il est applicable aux îles Wallis-et-Futuna (Décr. préc., art. 9).

L'art. 1er du Décr. n° 2019-1419 du 20 déc. 2019 s'applique aux demandes introduites à compter du 1er janv. 2020 (Décr. préc., art. 24-II).

BIBL. ► CROZE, *Procédures 2011. Repère 9.*

► **Décr. n° 2019-1419 du 20 déc. 2019 :** KEBIR, *D. actu. 13 janv. 2020* et *D. avocats 2020. 57* (procédure accélérée au fond devant les juridictions judiciaires).

SOUS-SECTION 3 LES ORDONNANCES SUR REQUÊTE

DALLOZ ACTION *Droit et pratique de la procédure civile 2022/2023,* nos 324.00 s.

BIBL. GÉN. ► APPERT et JUILLIARD, *D. 1976. Chron. 140* (appel des ordonnances sur requête). – BARBIER, *Gaz. Pal. 1974. 1. Doctr. 223* (nouveau régime des ordonnances sur requête). – BERTIN, *Gaz. Pal. 1979. 1. Doctr. 294* (nouveaux signataires) ; *Gaz. Pal. 1984. 1. Doctr. 237* (le président du tribunal et la Trinité). – FOULON et STRICKLER, *Dr. et pr. 2006. Chron. 71* ; *Gaz. Pal. 24-25 mai 2013, p. 7* (conséquences d'une requête mal rédigée et pouvoirs du juge saisi). – R. MARTIN, *JCP 1976. I. 2787* (matière gracieuse et ordonnance sur requête) ; *JCP 1977. I. 2837* (appel des ordonnances sur requête). – PERROT, *Mél. Normand, Litec, 2003, p. 387* (prouesses de l'ordonnance sur requête). – PIERRE-MAURICE, *Ordonnance sur requête et matière gracieuse, Dalloz 2003* ; *Gaz. Pal. 15-17 janv. 2012, p. 19* (la procédure sur requête dans le Décr. n° 2011-1043 du 1er sept. 2011) ; *Defrénois 2013. 731* (procédures sur requête et notariat). – VIATTE, *Gaz. Pal. 1976. 2. Doctr. 622* (matière gracieuse et ordonnance sur requête).

Art. 493 L'ordonnance sur requête est une décision provisoire rendue non contradictoirement dans les cas où le requérant est fondé à ne pas appeler de partie adverse.

1. Champ d'application. L'art. 493 s'applique seulement aux requêtes « innommées ». Tel n'est pas le cas de la requête de l'art. 1008 C. civ. qui est une requête « nommée » ou « spéciale », qui ne nécessite pas de procéder à l'examen des circonstances exigeant que la mesure réclamée ne soit prise contradictoirement au sens de l'art. 493. • Paris, 5 févr. 2015 : *JCP 2015. 435, note Foulon et Strickler.*

2. La décision d'extension de la mission de l'expert désigné par un juge des référés, rendue à la demande d'une partie sollicitant le respect du principe de la contradiction par le juge du contrôle des expertises ne constitue pas, du seul fait que les parties n'ont été ni entendues ni appelées à l'instance, une ordonnance sur requête rendant l'appel immédiat de la décision irrecevable. • Civ. 2e, 27 juin 2019, n° 18-12.194 P : *D. actu. 31 juill. 2019 ;, note Kebir ; D. 2019. 1397 ; JCP 2019. 890, note Pierre-Maurice ; Gaz. Pal. 5 nov. 2019, p. 59, obs. Raschel.*

3. Circonstances fondant le requérant à ne pas appeler de partie adverse. Une requête ne peut rester muette sur les circonstances susceptibles de justifier qu'il soit procédé non contradictoirement et se contenter d'énoncer que, pour être efficace et éviter tout risque de dépérissement des preuves, la mesure de constat ne pouvait pas être sollicitée contradictoirement, ce qui ne constituait que la reprise des termes de l'art. 493 C. pr. civ. sans démonstration ni prise en compte d'éléments propres au cas d'espèce. • Civ. 2e, 19 mars 2015 : *Procédures 2015, n° 152, obs. Strickler ; Dr. et pr. 2015. 72, note Mourre-Schreiber.* ♦ Un constatant ne peut être désigné par ordonnance sur requête pour assister aux séances d'un organe collégial sans qu'il soit recherché si la mesure sollicitée exigeait une dérogation à la règle de la contradiction. • Civ. 2e, 13 mai 1987 : *Bull. civ. II, n° 112 ; RTD civ. 1988. 181, obs. Perrot.* ♦ Sur la nécessité de rechercher en quoi la mesure nécessite une dérogation à la règle de la contradiction, V. • Civ. 2e, 11 mai 2006, n° 04-17.399 P : *Procédures 2006, n° 154, obs. Perrot* • Civ. 2e, 30 avr. 2009 : *préc. note 21 ss. art. 145.* • Civ. 2e, 19 mars 2015 : *préc.* ♦ Ainsi, en confirmant l'ordonnance de référé ayant refusé de rétracter la décision au motif que la requérante justifiait au vu des pièces produites d'un motif légitime à voir ordonner la mesure d'expertise, une cour d'appel ne donne pas de base légale à sa décision. • Civ. 2e, 30 avr. 2009 : *préc.* ♦ Pour un exemple de circonstances justificatives, V. • Com. 22 mars 1988 : *Bull. civ. IV, n° 123.* ♦ Rappr. jugeant qu'il appartient donc au juge saisi d'une demande de rétractation d'une ordonnance sur requête de rechercher si la requête et l'ordonnance rendue sur son fondement exposent les circonstances exigeant que la mesure réclamée ne soit pas prise contradictoirement. • Civ. 2e, 8 sept. 2011, nº 10-25.403 P : *D. 2012. Pan. 252, obs. Fricero*. ♦ Ayant relevé que l'ordonnance sur requête ne faisait pas état de motifs justifiant de la nécessité d'ordonner les mesures requises en dérogeant au principe de la contradiction, que les mesures ordonnées reposaient sur l'utilisation d'un stratagème consistant à recourir aux services de tiers, au statut non défini, pour une mise en scène dont l'huissier instrumentaire était chargé de rapporter le déroulement et le résultat, et que ce dernier était autorisé à demeurer dans la clandestinité lors de l'accomplissement de sa mission, une cour d'appel juge à bon droit l'ordonnance de rétractation. • Civ. 2e, 26 sept. 2013 : *Dalloz jurisprudence*. ♦ Le juge, saisi d'une demande en rétractation d'une ordonnance sur requête ayant autorisé des mesures d'instruction sur le fondement de l'art. 145, ne peut se fonder sur des circonstances postérieures à la requête ou à l'ordonnance pour justifier la dérogation au principe de la contradiction. • Civ. 2e, 3 mars 2022, nº 20-22.349 P.

4. Il peut être dérogé à la règle du contradictoire lorsqu'il y a lieu de craindre que les documents soient détruits ou que des pressions soient exercées. • Versailles, 13 oct. 1988 : *D. 1989. Somm. 278, obs. Julien.*

Pour la désignation d'un administrateur provisoire, V. • Civ. 3e, 2 juill. 1986 : *JCP 1986. IV. 266.* ♦ Rappr. • TGI Paris, 11 févr. 1982 : *Gaz. Pal. 1982. 2. Somm. 367.*

5. Les mesures d'instruction prévues à l'art. 145 ne peuvent être ordonnées sur requête que lorsque les circonstances exigent qu'elles ne soient pas prises contradictoirement. • Civ. 2e, 13 mai 1987 : *Bull. civ. II, nº 112.* ♦ V. note 16 ss. art. 145.

6. Ne tire pas les conséquences légales de ses propres constatations, viole les art. 493 et 812, une cour d'appel qui, pour rejeter la demande de rétractation, retient que le juge des référés saisi de l'instance en rétractation d'une ordonnance sur requête demeure, au terme d'une procédure contradictoire, investi des pouvoirs appartenant à l'auteur de l'ordonnance et que la mesure ordonnée est toujours d'actualité, après avoir énoncé que la dérogation au principe de la contradiction n'était pas justifiée pour ordonner la mesure contraignante prise. • Civ. 3e, 22 sept. 2016, nº 17-24.277 P.

7. Astreinte. C'est par une exacte application de l'art. 493 qu'une cour d'appel retient qu'il n'était justifié d'aucune circonstance fondant le requérant à ne pas appeler la partie adverse, alors qu'il n'avait pas interjeté appel de l'ordonnance ayant rejeté sa demande d'astreinte, mais présenté, dans les formes prescrites par les art. 494 s. C. pr. civ., une nouvelle requête tendant à ce que l'obligation impartie à la partie adverse par l'ordonnance précitée soit assortie d'une astreinte, ce dont il découlait que cette nouvelle requête était soumise aux dispositions de l'art. 493 C. pr. civ. • Civ. 2e, 10 sept. 2009 : *RDC 2010. 160, note Pelletier.*

8. Le constat d'adultère peut être autorisé sur requête. • Civ. 1re, 6 févr. 1979 : *Gaz. Pal. 1979. 1. 252, note Viatte ; JCP 1980. II. 19290, note Lindon ; RTD civ. 1979. 663, obs. Perrot* • Civ. 1re, 18 nov. 1992, nº 90-19.368 P : *Rev. huiss. 1993. 1113, obs. Soulard.* – V. aussi • TGI Paris, réf., 1er juin 1976 : *JCP 1976. II. 18395 bis* • Nancy, 14 mars 1979 : *JCP 1979. II. 19210, note Goubeaux.* ♦ *Contra*, s'agissant du constat de concubinage : • Paris, 5 nov. 1981 : *D. 1982. 342, note Massip.*

9. Sur le recours à l'ordonnance sur requête lorsqu'il y a lieu d'obtenir une mesure à l'encontre d'un groupe de personnes qu'il est impossible d'attraire individuellement devant le juge, V. • Soc. 17 mai 1977 : *D. 1977. 645, note Jeammaud ; JCP 1978. II. 18992, note Desdevises ; Dr. soc. 1978. 119, note J. Savatier ; RTD civ. 1977. 602, obs. Normand* • Soc. 21 févr. 1978 : *Bull. civ. V, nº 127* • Lyon, 14 mars 1978 : *D. 1978. 495, note Jeammaud* • Versailles, 20 juin 1978 : *Gaz. Pal. 1980. 1. Somm. 280.* ♦ Jugé que le référé dirigé contre les seuls délégués syndicaux vaut ordonnance sur requête aux mêmes fins contre toutes autres personnes se trouvant dans la même situation volontairement et en accord avec eux. • TGI Saint-Étienne, 18 févr. 1983 : *Gaz. Pal. 1983. 1. 306.*

10. L'ordonnance en vertu de laquelle le rôle des cotisations est rendu exécutoire (art. L. 723-9 CSS) n'est pas de nature juridictionnelle et ne constitue pas une ordonnance sur requête susceptible d'être rétractée. • Civ. 2e, 20 nov. 2003 : *RTD civ. 2004. 140, obs. Perrot*.

11. Conséquences du caractère provisoire de la mesure. L'ordonnance sur requête n'a pas pour effet de fixer par avance la compétence d'un litige ni de permettre de déroger aux règles qui sont légalement prévues à cet effet. • Paris, 15 juin 1988 : *D. 1988. IR 223.*

12. Autorité de chose jugée. Une ordonnance sur requête étant dépourvue de l'autorité de chose jugée, une cour d'appel n'a pas à statuer sur la fin de non-recevoir tirée de la circonstance que, sur les mêmes faits, des mesures d'investigation ont été précédemment ordonnées sur requête. • Civ. 2e, 10 déc. 1998 : *RTD civ. 1999. 464, obs. Perrot*. ♦ V. aussi note 22 ss. art. 497.

13. Compétence territoriale. Sauf disposition légale contraire, le juge territorialement compétent pour rendre une ordonnance sur requête est le président de la juridiction saisie au fond ou celui du tribunal du lieu où la mesure demandée doit être exécutée. • Civ. 2e, 18 nov. 1992, no 91-16.447 P : *D. 1993. 91, note Chartier ; RTD civ. 1993. 648, obs. Perrot ; JCP 1993. I. 3678, obs. Cadiet.*

Art. 494 **La requête est présentée en double exemplaire. Elle doit être motivée.** *(Décr. no 89-511 du 20 juill. 1989, art. 11, en vigueur le 15 sept. 1989)* **« Elle doit comporter l'indication précise des pièces invoquées. »**

Si elle est présentée à l'occasion d'une instance, elle doit indiquer la juridiction saisie.

En cas d'urgence, la requête peut être présentée au domicile du juge.

BIBL. ► **Décr. du 20 juill. 1989 :** DORSNER-DOLIVET, *JCP 1989. I. 3419, Err. 3422 bis.*

1. La requête tendant à obtenir du président du TGI une mesure urgente doit être présentée par un avocat postulant. • Civ. 3e, 13 nov. 1985 : *Bull. civ. III, no 171 ; RTD civ. 1986. 421, obs. Perrot.* ♦ V. du Rusquec, *Gaz. Pal. 1986. 2. Doctr. 643.*

2. La requête aux fins de constat d'adultère n'est pas présentée « à l'occasion » d'une instance en divorce sur requête conjointe et il ne peut être reproché à l'époux requérant de n'avoir pas indiqué la juridiction saisie de cette dernière. • Paris, 23 avr. 1980 : *JCP 1981. II. 19539, note Lindon et Bertin.*

3. Contradiction. Le défaut d'indication des pièces invoquées dans la requête constitue une violation du principe de la contradiction. • Civ. 2e, 6 mai 1999 : *Procédures 1999, no 177, obs. Perrot.* ♦ L'indication précise des pièces invoquées, destinée à assurer le respect du principe de la contradiction, constitue une condition de la recevabilité de la requête (cassation pour violation des art. 16 et 494 C. pr. civ.). • Civ. 2e, 11 févr. 2010 : *D. 2010. AJ 507 ; Procédures 2010, no 112, note Perrot.*

4. La requête initiale en divorce présentée sur le fondement de l'art. 242 C. civ. ayant pour seul objet d'amener le juge à convoquer l'époux défendeur à la tentative de conciliation, il n'est pas nécessaire qu'elle indique les faits invoqués comme constitutifs de cause de divorce. • Civ. 2e, 11 janv. 2001 : *Procédures 2001, no 87, obs. S. T.*

Art. 495 **L'ordonnance sur requête est motivée.**

Elle est exécutoire au seul vu de la minute.

(Décr. no 89-511 du 20 juill. 1989, art. 12, en vigueur le 15 sept. 1989) **« Copie de la requête et de l'ordonnance est laissée à la personne à laquelle elle est opposée. »**

BIBL. ► PIERRE-MAURICE, *D. 2017. 1540* (procédure sur requête : l'instruction pragmatique de l'art. 495, al. 3).

1. L'ordonnance qui, visant la requête, en adopte les motifs satisfait à l'art. 495. • Civ. 1re, 24 oct. 1978 : *Bull. civ. I, no 317.* ♦ Une cour d'appel peut admettre qu'en rendant l'ordonnance au pied de la requête, le juge en avait adopté les motifs. • Civ. 2e, 6 mai 1999 : *JCP 1999. IV. 2153.*

Sur l'indication du nom du juge qui rend l'ordonnance, rappr., rendu en matière d'injonction de payer : • Civ. 2e, 6 avr. 1987 : *Bull. civ. II, no 84.* ♦ L'ordonnance sur requête n'a pas pour sa validité à être signée par le greffier. • Civ. 2e, 17 mars 2005, no 02-14.514 P.

2. L'ordonnance d'envoi en possession rendue sur requête d'un légataire universel est, à ce titre, exécutoire sur minute, et donc exécutoire par provision nonobstant appel. • Civ. 1re, 15 déc. 1976 : *JCP 1978. II. 18874, note Thuillier.*

3. L'ordonnance sur requête est exécutoire au seul vu de la minute, tant qu'elle n'a pas été rétractée. • Civ. 2e, 7 nov. 2002, no 00-22.189 P : *D. 2002. IR 3188 ; RTD civ. 2003. 143, obs. Perrot ; Procédures 2003, no 4, note Perrot ; Gaz. Pal. 6-7 août 2003, p. 16, obs. du Rusquec.* ♦ Dès lors que le juge qui a rendu l'ordonnance a dit n'y avoir lieu à rétractation, l'appel de l'ordonnance par laquelle le juge, saisi d'un référé-rétractation, confirme les dispositions d'une première ordonnance sur requête n'emporte pas suspension de l'ordonnance sur requête. • Même arrêt. ♦ L'ordonnance du premier président autorisant l'assignation à jour fixe est exécutoire et s'impose à la cour d'appel à défaut de rétractation par le premier président. • Civ. 3e, 3 mai 1983 : *Bull. civ. III, no 101 ; RTD civ. 1983. 795, obs. Perrot.*

4. L'exécution d'une décision de justice exécutoire ne constitue pas une faute ; il ne peut être reproché à un notaire de s'être dessaisi de fonds dont il était le séquestre au vu d'une ordonnance sur requête. • Civ. 1re, 1er févr. 2005, no 03-10.018 P : *D. 2005. IR 596*. ♦ Mais il ne saurait être fait grief à un huissier de justice d'avoir refusé d'opérer une saisie au vu d'une simple copie de l'ordonnance. • Civ. 2e, 1er juill. 1992, no 91-11.434 P.

5. L'art. 495 doit être respecté quelle que soit la qualité de la personne du débiteur auquel cette copie est délivrée, fût-il avocat. • Paris, 2 sept. 1999 : *D. 1999. IR 238*. ♦ Copie de la requête comportant l'indication précise des pièces invoquées et de l'ordonnance sur requête devant être laissée à la personne à laquelle elle est opposée, viole les art. 16 et 495 la cour d'appel qui, pour refuser de rétracter son arrêt, avait retenu que, si la requête initiale comportant l'indication précise des pièces invoquées n'a pas été laissée à la société à laquelle elle était opposée, l'arrêt rendu, tenant lieu d'ordonnance sur requête, a été signifié et que cet arrêt reprenait les moyens exposés par la requérante. • Civ. 2e, 18 nov. 2004, n° 02-20.713 P : *D. 2004. IR 3195 ; Procédures 2005, n° 5, obs. Perrot.* ♦ Comp., rejetant le pourvoi contre un arrêt d'appel ayant décidé que l'absence de remise de la copie de la requête était sans effet sur la régularité de la procédure dès lors que l'ordonnance rendue par le président du TGI et remise en copie à l'intéressé était suffisamment motivée et détaillée : • Civ. 2e, 28 nov. 2002 : *RJPF 2003, n° 3, p. 18.*

6. L'art. 236 du Décr. n° 92-755 du 31 juill. 1992 [devenu C. pr. exéc., art. R. 523-3] aux termes duquel l'acte de dénonciation de la saisie conservatoire contient à peine de nullité une copie de l'autorisation du juge n'exclut pas l'application de l'art. 495, et l'omission par l'huissier de justice de signifier la requête en même temps que l'autorisation du juge justifie l'annulation de la dénonciation de la saisie. • Civ. 2e, 6 déc. 2001, n° 99-19.894 P : *D. 2002. IR 258 ; RTD civ. 2002. 362, obs. Perrot ; Procédures 2002, n° 26, note Perrot ; RDBF 2002, n° 74, obs. Delleci ; Dr. et pr. 2002. 177, note Dymant.*

7. Le délai imparti par l'ordonnance sur requête pour organiser des opérations de constat et de saisie doit être respecté, faute de quoi l'autorisation devient caduque. • Civ. 2e, 14 déc. 2006, n° 04-20.673 P.

8. Copie de la requête et de l'ordonnance sur requête. Viole les art. 16 et 495, al. 3, NCPC [devenu C. pr. civ.] la cour d'appel qui fonde sa décision sur un constat d'huissier de justice effectué en exécution d'une ordonnance rendue sur requête, alors qu'elle constate que n'a pas été respectée l'obligation, résultant de l'art. 495, al. 3, de laisser une copie de la requête et de l'ordonnance à la personne à laquelle elle est opposée, quand bien même l'ordonnance aurait été communiquée au cours de la procédure. • Civ. 2e, 10 janv. 2008, n° 06-21.816 P : *D. 2008. AJ 301 ; Dr. et pr. 2008. 155, note Salati.* ♦ V. également, jugeant que le principe de la contradiction exige qu'une copie de la requête et de l'ordonnance sur requête soit remise à la personne qui supporte l'exécution de la mesure ordonnée, et que méconnaît cette exigence la juridiction d'appel qui refuse d'annuler le constat d'huissier produit à la suite de cette mesure alors que seule une copie l'ordonnance sur requête avait été déposée. • Civ. 2e, 1er sept. 2016, n° 15-23.326 P : *D. actu. 21 sept. 2016, obs. Kebir ; RTD civ. 2017. 484, obs. Cayrol ; Gaz. Pal. 29 nov. 2016, p. 75, obs. Raschel ; Dr. et pr. 2016. 173, note Dorol.* ♦ En matière d'ordonnance sur requête, le respect du principe de la contradiction qui fonde l'exigence posée à l'al. 3 de l'art. 495, requiert que copie de la requête et de l'ordonnance soit remise à la personne à laquelle elle est opposée antérieurement à l'exécution des mesures d'instruction qu'elle ordonne et impose que l'ordonnance ne puisse être exécutée contre cette personne qu'après lui avoir été notifiée. Dès lors, viole les art. 495, al. 3, et 503 C. pr. civ. la cour d'appel qui, pour dire n'y avoir lieu à rétractation d'une ordonnance désignant un huissier de justice aux fins d'investigations et de constatations et autorisant celui-ci à ne faire état de l'ordonnance le commettant et fixant sa mission qu'une fois cette dernière accomplie, retient que l'ordonnance sur requête autorise l'huissier de justice à agir dans l'anonymat et qu'aucun texte ne précise quand l'huissier de justice commis doit dévoiler son identité • Civ. 2e, 10 févr. 2011, n° 10-13.894 P : *D. 2011. Actu. 600 ; D. actu. 27 févr. 2011, obs. Tahri ; RTD civ. 2011. 388, obs. Perrot ; Dr. et pr. 2011. 122, note Lauvergnat.* ♦ Comp., jugeant que l'art. 495, al. 3, a pour seule finalité de permettre le rétablissement du principe de la contradiction en portant à la connaissance de celui qui subit la mesure ordonnée à son insu ce qui a déterminé la décision du juge, et d'appréhender l'opportunité d'un éventuel recours, de sorte que le juge des requêtes peut retarder la notification de la décision à l'issue des opérations autorisées. • Civ. 2e, 4 sept. 2014 : *D. 2015. Pan. 296, obs. Fricero ; Procédures 2014, n° 291, note Croze ; Dr. et pr. 2015. 201, note Dorol.* ♦ Si, aux termes de l'art. 495, al. 3, une copie de la requête et de l'ordonnance est laissée à la personne à laquelle elle est opposée, cette règle ne s'applique qu'à la personne qui supporte l'exécution de la mesure, qu'elle soit ou non défendeur au procès potentiel. • Civ. 2e, 4 juin 2015, n° 14-14.233 P : *D. actu. 30 juin 2015, obs. Kebir ; D. 2015. Actu. 1279 ; ibid. Chron. C. cass. 1791, obs. Adida-Canac, Vasseur et de Leiris ; Gaz. Pal. 22 sept. 2015, p. 26, note Raschel* • 4 juin 2015, n° 14-16.647 P : *D. actu. 30 juin 2015, obs. Kebir ; JCP 2015. 947, note Foulon et Strickler.* ♦ L'absence de remise de la copie au destinataire de la mesure ne peut constituer un motif de rétractation de l'ordonnance sur requête délivrée sur le fondement de l'art. 145 C. pr. civ., dès lors qu'il apparaît que l'huissier de justice a été empêché d'exécuter sa mission en raison du refus d'obtempérer opposé par ledit destinataire. • Civ. 2e, 30 nov. 2016, n° 15-15.035 P : *D. actu. 15 déc. 2016, obs. Kebir ; D. 2016. Actu. 2523 ; RTD civ. 2017. 484, obs. Cayrol .* ♦ L'art. 495, al. 3, qui impose de laisser copie de la requête et de l'ordonnance à la personne à laquelle elle est opposée, ne s'applique qu'à la personne qui supporte l'exécution de la mesure, qu'elle soit ou non défendeur potentiel au procès envisagé. Dès lors, viole ce texte la cour d'appel qui, tout en constatant que les mesures d'instruction sollicitées doivent s'exécuter dans les locaux d'une société, ce dont il résulte que cette société est la seule personne à laquelle l'ordonnance est opposée, décide qu'elle devra être notifiée aux personnes à l'encontre desquelles un procès pourrait être engagé. • Civ. 2e, 13 nov. 2015, n° 13-27.563 P. ♦ La signification à l'étude de l'huissier de l'ordonnance ayant autorisé sur requête une mesure d'instruction avant tout procès sur le fondement de l'art. 145 ne peut tenir lieu de remise de l'ordonnance et de la requête à celui à qui la mesure est opposée, exigée par l'art. 495, al. 3. • Civ. 2e, 23 juin 2016, n° 15-19.671 P : *préc. note 124 ss. art. 145.*

9. Pièces invoquées à l'appui de la requête. Il résulte de l'art. 495, al. 3, qu'une copie de la requête et de l'ordonnance est laissée à la personne à laquelle elle est opposée, à l'exclusion des pièces invoquées à l'appui de cette requête. • Civ. 2e, 14 janv. 2021, n° 20-15.673 P : *D. actu. 1er févr. 2021, note Sansonne ; D. 2021. 543, obs. Fricero ; Rev. prat. rec. 2021. 7, chron. Cholet, Cousin, Jullien et Laher.*

10. Jugement étranger. L'art. 495 ne s'appliquent pas aux requêtes présentées aux fins de reconnaissance ou de constatation sur le territoire français de la force exécutoire des décisions des autres États membres régies par les art. 509-2 s. • Civ. 1re, 30 janv. 2014 : *cité note 2 ss. art. 509-2.*

Art. 496 *(Décr. n° 76-1236 du 28 déc. 1976, art. 7)* **S'il n'est pas fait droit à la requête, appel peut être interjeté à moins que l'ordonnance n'émane du premier président de la cour d'appel. Le délai d'appel est de quinze jours. L'appel est formé, instruit et jugé comme en matière gracieuse.**

S'il est fait droit à la requête, tout intéressé peut en référer au juge qui a rendu l'ordonnance.

BIBL. ▸ Foulon et Strickler, *Dr. et pr. 2013. 214* (la mention du « recours » dans l'acte de signification d'une ordonnance sur requête).

1. Recours. L'ordonnance donnant force exécutoire à une transaction rendue à la suite du dépôt d'une requête par l'une des parties à un accord, ayant reçu mandat à cet effet des autres parties, qui n'est pas une ordonnance sur requête au sens de l'art. 812, al. 1er (auj. 845, al. 1er), ne peut faire l'objet d'aucun recours. • Civ. 2e, 1er sept. 2016, n° 15-22.915 P.

A. APPEL OU RÉFÉRÉ

2. La procédure de référé étant seule ouverte à ceux auxquels l'ordonnance fait grief, est irrecevable l'appel interjeté par une société d'une ordonnance nommant à sa tête un administrateur provisoire à la requête de plusieurs de ses salariés. • Civ. 2e, 6 avr. 1987 : *Bull. civ. II, n° 85 ; Gaz. Pal. 1987. 2. Somm. 486, obs. Guinchard et Moussa.* ♦ ... L'appel interjeté par un syndicat d'une ordonnance faisant droit à une demande d'expulsion de grévistes. • Civ. 2e, 22 janv. 1997, n° 95-12.654 P : *Gaz. Pal. 1998. 2. 796, note du Rusquec.*

3. Si les tiers intéressés ne sont pas recevables à interjeter appel de l'ordonnance prononcée, il leur est loisible, après en avoir référé au magistrat qui a rendu cette dernière, de frapper d'appel la décision qui refuse de la modifier ou de la rétracter. • Paris, 28 mars 1977 : *Gaz. Pal. 1977. 2. 446, note Viatte ; RTD civ. 1977. 828, obs. Perrot* • Versailles, 26 nov. 1979 : *Gaz. Pal. 1980. 2. Somm. 480.*

4. C'est par voie d'appel et non de demande en rétractation que doit procéder l'adversaire du requérant lorsque son conseil a été entendu par le premier juge avant que l'ordonnance sur requête ne soit rendue. • Civ. 1re, 7 nov. 1979 : *Bull. civ. I, n° 274 ; RTD civ. 1980. 164, obs. Perrot.*

5. C'est à la cour d'appel qui, infirmant une ordonnance sur requête, a autorisé une mesure conservatoire que le débiteur doit demander de rapporter sa décision et non à la Cour de cassation, cette dernière voie n'étant ouverte que lorsque les autres sont fermées. • Civ. 3e, 13 déc. 1977 : *Bull. civ. III, n° 441.*

6. Dès lors que, même à tort, le juge a cru pouvoir statuer sur simple requête, l'adversaire peut seulement, en application de l'art. 496, en référer à ce magistrat et non relever appel. • Civ. 2e, 24 avr. 1989 : *Bull. civ. II, n° 98 ; JCP 1990. II. 21472, note Cadiet ; Gaz. Pal. 1990. 1. Somm. 7, obs. Guinchard et Moussa.*

7. L'ordonnance sur requête autorisant l'assignation à une date déterminée étant insusceptible de recours, il ne peut être reproché à la cour d'appel d'avoir déclaré valable la procédure à jour fixe suivie devant le premier juge. • Com. 7 mai 1988 : *Bull. civ. IV, n° 196 ; Gaz. Pal. 1989. 1. Pan. 258, obs. Guinchard et Moussa* • Paris, 12 juill. 1984 : *D. 1984. 603, note Julien ; Gaz. Pal. 1985. 1. 96, note Caratini.*

En ce sens, cependant, qu'une demande de rétractation peut être formée devant le juge qui a délivré l'autorisation, V. • Civ. 3e, 3 mai 1983 : *Bull. civ. III, n° 101 ; RTD civ. 1983. 795, obs. Perrot* • Aix-en-Provence, ord., 11 févr. 1985 : *Gaz. Pal. 1985. 1. 353, note Dureuil* • Grenoble, 14 févr. 1985 : *Gaz. Pal. 1986. 2. Somm. 458.* ♦ V. notes ss. art. 788 et 917.

8. Lorsqu'il est fait droit à la requête, tout intéressé peut en référer au premier président qui a rendu l'ordonnance pour en demander la rétractation. • Civ. 1re, 15 mai 2008, n° 07-20.624 P :

D. 2009. 62, note Guez ; *AJ fam. 2008. 261, obs. Chénedé* ; *Procédures 2008, n° 194, note Perrot* ; *RLDC 11/2008. 64, obs. Beignier.* ♦ Lorsqu'une mesure d'instruction est ordonnée sur requête, la personne visée par l'éventuelle future action au fond est nécessairement, en tant que défendeur potentiel, une personne intéressée et peut saisir le juge qui a rendu l'ordonnance. • Civ. 1re, 1er sept. 2016, n° 15-19.799 P : *D. 2016. 2320, note Jéhannin* ; *ibid. 2017. 605, obs. de Leiris* ; *ibid. 2018. Pan. 268, obs. Bretzner* ; *RTD civ. 2017. 488, obs. Cayrol* ; *Procédures 2016, n° 318, note Strickler.* ♦ L'instance en rétractation d'une ordonnance sur requête a pour seul objet de soumettre à l'examen d'un débat contradictoire les mesures initialement ordonnées à l'initiative d'une partie en l'absence de son adversaire. Dès lors, seul le juge des requêtes qui a rendu l'ordonnance peut être saisi d'une demande en rétractation de celle-ci. • Civ. 2e 19 mars 2020, n° 19-11.323 P : *D. actu. 11 juin 2020, obs. Sansone* ; *D. 2021. 543, obs. Fricero* ; *Rev. prat. rec. 2020. 12, obs. Couturier, Jullien et Salati* ; *Gaz. Pal. 3 nov. 2020, p. 49, note Kebir* (irrecevabilité de la demande en rétractation adressée au juge des référés).

9. Dès lors que la partie a saisi aux fins de rétractation le juge qui avait rendu l'ordonnance sur requête, peu importe l'intitulé de l'assignation, ce juge n'a pu statuer qu'en exerçant les pouvoirs du juge des référés que lui confère exclusivement l'art. 496, al. 2 C. pr. civ. Viole en conséquence ledit art. 496, la cour d'appel qui pour déclarer le président statuant en la forme des référés incompétent pour connaître de la demande en rétractation de l'ordonnance sur requête, retient que l'art. 492-1 C. pr. civ. précise qu'à moins qu'il en soit disposé autrement, lorsqu'il est prévu que le juge statue comme en matière de référé ou en la forme des référés, il exerce les pouvoirs dont dispose la juridiction au fond et statue par une ordonnance ayant l'autorité de la chose jugée relativement aux contestations qu'elle tranche et qu'il résulte de ces dispositions que l'instance en rétractation ne peut être introduite devant le juge qu'en référé et qu'il ne peut statuer en la forme des référés, cette formule impliquant qu'il rende une décision au fond et non une décision provisoire. • Civ. 1re, 19 févr. 2015 : *D. 2015. Actu. 494* ; *Procédures 2015, n° 110, note Strickler.*

10. Il résulte de l'art. 496, al. 2, que l'instance en rétractation d'une ordonnance sur requête a pour seul objet de soumettre à l'examen d'un débat contradictoire les mesures initialement ordonnées, à l'initiative d'une partie, en l'absence de son adversaire, et que la saisine du juge de la rétractation se trouve limitée à cet objet. Dès lors, seul le juge des requêtes qui a rendu l'ordonnance peut être saisi d'une demande de rétractation de celle-ci. Ayant constaté que le président du tribunal de commerce, juridiction des requêtes désignée par l'art. 875 C. pr. civ., avait été saisi en référé d'une demande de rétractation de l'ordonnance qu'il avait rendue sur requête, la cour d'appel en a exactement déduit que la demande en rétractation portée devant le juge des référés était recevable. • Civ. 2e, 24 mars 2022, n° 20-21.925 P.

B. LE RÉGIME DE L'APPEL

11. Général, le renvoi à la matière gracieuse est applicable quelle que soit la nature de l'ordonnance rendue et notamment lorsqu'elle relève de la juridiction contentieuse (envoi en possession). • Civ. 1re, 11 oct. 1988 : *Bull. civ. I, n° 283.*

12. Délai. Dès lors qu'il n'y avait pas lieu à exécution de l'ordonnance ayant rejeté la requête ni, en l'absence de partie adverse, à sa notification, le délai de recours commence à courir à la date de l'ordonnance, n'étant pas démontré que la minute de cette dernière n'ait pas été délivrée lors de son prononcé. • Civ. 2e, 16 juill. 1992 : *D. 1993. Somm. 186, obs. Julien* • Civ. 2e, 16 mai 1990 : *JCP 1991. II. 21645, note du Rusquec* ; *RTD civ. 1991. 172, obs. Perrot* • Paris, 29 juin 1989 : *Bull. ch. avoués 1989. 3. 76.* ♦ V. aussi obs. Perrot, *RTD civ. 1993. 194* . ♦ Mais le délai d'appel ne court pas lorsque la minute de l'ordonnance n'est pas délivrée. • Limoges, 27 janv. 1992 : *D. 1993. Somm. 186, obs. Julien* .

13. Sur le régime du référé, V. notes ss. art. 497.

Art. 497 Le juge a la faculté de modifier ou de rétracter son ordonnance, même si le juge du fond est saisi de l'affaire.

BIBL. ► FOULON et STRICKLER, *D. 2010. 456* (référé-rétractation).

1. Compétence. Le référé afin de rétractation ne constitue pas une voie de recours mais s'inscrit dans le nécessaire respect par le juge du principe de la contradiction qui commande qu'une partie, à l'insu de laquelle une mesure urgente a été ordonnée, puisse disposer d'un recours approprié contre la décision qui lui fait grief ; le juge aux affaires familiales qui a pris, par ordonnance sur requête, des mesures urgentes, reste compétent pour connaître en référé de la demande de rétractation de son ordonnance, en dépit de la comparution des parties devant le juge de la conciliation, • Civ. 1re, 13 juill. 2005, n° 05-10.519 P : *D. 2006. Chron. 1779, note Jault-Seseke et Pigache* ; *RTD civ. 2005. 763, obs. Hauser* ; *RJPF déc. 2005. 36, obs. Garé.* ♦ Le président du TGI qui a autorisé une mesure conservatoire est seul compétent pour rétracter en référé cette autorisation, aurait-il été, entretemps, jugé au fond que la créance était de nature commerciale. • Civ. 2e, 14 janv. 1987 : *D. 1987. IR 19 ; RTD civ. 1987. 410, obs. Perrot.* ♦ Le recours en rétractation relève de la compétence exclusive du juge qui a rendu l'ordonnance. • Civ. 2e, 9 nov. 2006, n° 05-16.691 P (exclusion de la tierce opposition incidente).

2. Juge. Identité (non). L'art. 497 n'exige pas que le juge de la rétractation soit la même personne physique que celle qui a ordonné la mesure critiquée. • Civ. 2e, 11 mars 2010 : *D. actu. 31 mars 2010, obs. Lavric ; Gaz. Pal. 24-25 mars 2010, p. 27.*

3. L'ordonnance rendue par le juge chargé du contrôle d'une expertise ne peut être annulée ou rétractée en référé. • Civ. 2e, 7 déc. 1983 : *D. 1984. 227, note Guinchard et Moussa* • Rouen, 31 mars 1981 : *Gaz. Pal. 1981. 2. Somm. 243.*

4. Il ne résulte pas de l'art. 497 que le juge de la rétractation ne puisse être que la personne physique qui a autorisé la mesure critiquée. • Civ. 2e, 11 mai 2006, n° 05-16.678 P : *D. 2006. IR 1705 ; JCP 2006. I. 183, obs. Amrani Mekki ; Dr. et pr. 2006. 271, obs. Fricero ; RLDC 2006/31, n° 2446, obs. Miniato.*

5. Temps. Les art. 496 et 497 ne prévoient aucun délai pour en référer au juge qui a rendu l'ordonnance, lequel a la faculté de la modifier ou de la rétracter même si le juge du fond est saisi de l'affaire. • Civ. 2e, 26 nov. 1990, n° 89-18.207 P. ♦ Rappr. • Civ. 2e, 6 janv. 1983 : *Gaz. Pal. 1983. 1. Pan. 197, obs. S. G.* ♦ Ainsi, la demande de rétractation d'une ordonnance autorisant à prendre une inscription d'hypothèque judiciaire provisoire n'était pas soumise au délai d'un mois de l'art. 50 (abrogé) C. pr. civ. • Civ. 2e, 17 oct. 2002, n° 01-11.536 P : *D. 2002. IR 3244* . ♦ Sur la possibilité de procéder à la rétractation malgré la saisine des juges du fond, V. • Civ. 2e, 23 janv. 1975 : *RTD civ. 1975. 382, obs. Perrot* • TGI Nanterre, 17 juin 1976 : *RTD civ. 1977. 194, obs. Perrot* • Com. 7 juin 1994, n° 92-15.108 P.

6. Pouvoirs du juge. Sur la nature du « recours en rétractation », V. obs. Perrot, *RTD civ. 1977. 829 ; 1984. 367 ; 1987. 410 ; 1988. 580.* ♦ V. aussi Bertin, *JCP 1984. I. 3146.*

7. Caducité de la mesure. Ayant relevé que les opérations de constat et de saisie avaient été réalisées après l'expiration du délai imparti dans l'ordonnance, c'est à bon droit que la cour d'appel a retenu que, l'autorisation donnée par le juge pour exécuter ces mesures étant devenue caduque, il entrait dans les pouvoirs du juge de la rétractation de constater cette caducité. • Civ. 2e, 26 sept. 2019, n° 18-13.438 P : *D. actu. 17 oct. 2019, note M.-P. Mourre-Schreiber ; D. 2019. 1943 ; ibid. 2379, obs. Auguet ; Gaz. Pal. 28 janv. 2020, p. 52, obs. Hoffschir.*

8. Étendue. Il résulte des art. 145, 496 et 497 que le juge qui a rendu l'ordonnance sur requête peut la rétracter ou la modifier. Dès lors, méconnaît l'étendue de ses pouvoirs la cour d'appel qui retient qu'il n'appartient pas au juge de la rétractation de modifier la mission de l'huissier de justice en ordonnant la mise sous séquestre des éléments qu'il a collectés en exécutant sa mission conformément à l'ordonnance sur requête. • Civ. 2e, 23 juin 2016, n° 15-15.186 P : *D. actu. 8 juill. 2016, obs. Kebir ; RTD civ. 2017. 482 ; ibid. 491, obs. Cayrol ; Dr. et pr. 2016. 144, note Dorol.*

9. Le juge saisi d'une demande de rétractation d'une ordonnance sur requête est investi des attributions du juge qui l'a rendue et doit, après débat contradictoire, statuer sur les mérites de la requête. • Civ. 2e, 9 déc. 1987 : *Bull. civ. II, n° 262 ; Gaz. Pal. 1988. 1. Somm. 262, obs. Véron ; RTD civ. 1988. 404, obs. Perrot* • 9 mai 1988 : *Bull. civ. II, n° 113 ; RTD civ. 1988. 580, obs. Perrot* • 8 févr. 1989 : *Bull. civ. II, n°s 33 et 40.* ♦ La demande en rétractation de l'ordonnance sur requête, qui requiert le rétablissement du principe de la contradiction, implique ainsi que soient appelés à l'instance en rétractation les défendeurs à cette demande. • Civ. 2e, 7 janv. 2010 : *Procédures 2010, n° 113, note Perrot.* ♦ Il lui est loisible d'étendre la mission de l'administrateur provisoire initialement désigné. • Civ. 1re, 4 mai 1994, n° 92-10.671 P.

10. Saisi de la demande de nullité des mesures d'instruction exécutées sur le fondement de l'ordonnance sur requête dont il prononce la rétractation, le juge doit constater la perte de fondement juridique de ces mesures et la nullité qui en découle. • Civ. 2e, 5 janv. 2017, n° 15-25.035 P : *D. actu. 26 janv. 2017, obs. Kebir ; D. 2017. 115 ; ibid. 2018. Pan. 267, obs. Bretzner ; RTD civ. 2017. 477, obs. Cayrol ; Procédures 2017, n° 60, note Strickler.*

11. Le contentieux de l'exécution de la mesure d'instruction ordonnée sur le fondement de l'art. 145, qui n'affecte pas la décision ayant ordonné cette mesure, ne relève pas des pouvoirs du juge de la rétractation. • Civ. 2e, 17 mars 2016, n° 15-12.456 P : *cité note 123 ss. art. 145.*

12. L'instance en rétractation d'une ordonnance sur requête ayant ordonné une mesure d'instruction sur le fondement de l'art. 145, ayant pour seul objet de soumettre à l'examen d'un débat contradictoire les mesures initialement ordonnées à l'initiative d'une partie en l'absence de son adversaire, la saisine du juge de la rétractation se trouve limitée à cet objet. Dès lors, est irrecevable la demande incidente du requérant tendant à la production de nouvelles pièces, qui, n'ayant pas été présentée au juge des requêtes, est soumise pour la première fois au juge de la rétractation. • Civ. 2e, 9 sept. 2010 : *BICC 15 déc. 2010, n° 1878 ; D. 2010. AJ 2166 ; Dr. et pr. 2010. 319, note Douchy-Oudot ; Procédures 2010, n° 371, note Perrot.*

13. L'instance en rétractation, prévue par l'art. 497, a pour seul objet de soumettre à un débat contradictoire les mesures initialement ordonnées à l'initiative d'une partie en l'absence de son adversaire, de sorte que la saisine du juge de la rétractation se trouve limitée à cet objet. En conséquence, est irrecevable devant le juge de la rétractation une demande tendant à voir ordonner, en cas de rejet de la demande de rétractation, la mainlevée d'une mesure de séquestre. • Civ. 2e, 27 sept. 2018, n^{o}, 17-20.127 P : *D. actu. 22 oct. 2018, obs. Pinat ; D. 2018. Actu. 1920 ; JCP 2018. 1207, note Strickler.*

14. Une cour d'appel, saisie d'une demande de rétractation d'une ordonnance rendue sur requête, qui procède à la vérification de la régularité de la saisine du premier juge, ne relève pas d'office un moyen de droit et n'est donc pas tenue d'inviter les parties à présenter leurs observations. Aussi, une cour d'appel qui, après avoir constaté que le certificat complémentaire de protection (CCP) expirait dix-sept jours après la présentation de la requête fondée sur les dispositions de l'art. L. 615-3 CPI, relève qu'il était encore possible d'obtenir une décision du juge en respectant le principe de la contradiction, par la voie du référé d'heure à heure ou à une date très rapprochée en se prévalant de l'urgence, et qui, après avoir également relevé qu'il existait un doute sur la commercialisation imminente des produits en cause à la date de présentation de la requête, retient que le préjudice qui résulterait de la mise sur le marché des génériques dix-sept jours avant l'expiration du CCP était susceptible d'être réparé par l'allocation de dommages-intérêts, a pu déduire que les circonstances exigeant que les mesures urgentes soient prises de manière non contradictoire n'étaient pas réunies. • Com. 16 sept. 2014, n° 13-10.189 P : *D. 2014. Actu. 1871 ; RTD com. 2014. 793, note Azéma ; JCP 2015. 484, note Binctin.*

15. Il appartient au requérant de justifier de ce que sa requête était fondée, et non au demandeur à la rétractation de rapporter la preuve qu'elle ne l'est pas. • Civ. 2e, 21 oct. 1987 : *Bull. civ. II, n° 209 ; RTD civ. 1988. 404, obs. Perrot.*

16. Le juge de la rétractation doit se placer au jour où il statue, en considérant la situation qui existe à cet instant (et non à la date où le premier juge s'est prononcé). • Civ. 3e, 2 oct. 2001 : *RTD civ. 2001. 146, obs. Perrot ; Procédures 2001, n° 228, note Perrot.* ♦ Le juge ne peut, sans méconnaître l'étendue de ses pouvoirs, refuser de tenir compte des faits postérieurs à l'ordonnance attaquée. • Civ. 2e, 20 nov. 1985 : *Bull. civ. II, n° 176* • *12 janv. 1994,* n° 92-14.605 P : *RTD civ. 1994. 426, obs. Perrot.*

Jugé cependant que l'instance en rétractation a pour seul objet de soumettre à la vérification d'un débat contradictoire les mesures initialement ordonnées et que la saisine du juge doit être nécessairement définie dans les limites de cet objet. • Paris, 16 déc. 1983 : *JCP 1984. II. 20290, note (crit.) Le Ninivin ; RTD civ. 1984. 367, obs. (crit.) Perrot* • Versailles, 11 oct. 1991 : *D. 1992. IR 2.*

17. Le juge n'ayant à se prononcer que sur ce qui lui est demandé, il ne peut lui être reproché de n'avoir pas examiné si le recouvrement de la créance était en péril alors que le moyen n'avait pas été soulevé devant lui. • Civ. 2e, 29 oct. 1990, n° 89-16.488 P.

18. Le juge auquel il est demandé de modifier ou de rétracter son ordonnance est saisi comme en matière de référé. • Civ. 2e, 20 févr. 1980 : *Bull. civ. II, n° 39* • Com. 24 sept. 1981 : *Bull. civ. IV, n° 339.*

19. La recevabilité de la demande n'est pas subordonnée à l'urgence. • Civ. 2e, 3 janv. 1979 : *Bull. civ. II, n° 6 ; D. 1979. IR 291, obs. Julien.*

20. Absence de contestation sérieuse. Exigence (non). Le référé à fin de rétractation d'une ordonnance sur requête n'est pas subordonné à l'absence de contestation sérieuse. • Civ. 2e, 20 févr. 1980 : *préc. note 18* • Com. 15 févr. 1983 : *Bull. civ. IV, n° 65* • Civ. 1re, 18 oct. 1988 : *Bull. civ. I, n° 294* • Civ. 2e, 1er juin 1988 : *Gaz. Pal. 1989. 1. Somm. 167, obs. Guinchard et Moussa* • Com. 30 mai 2000, n° 97-18.457 P. ♦ Le juge ne peut refuser la rétractation demandée au motif qu'il existe une contestation sérieuse sur l'existence de la créance. • Civ. 2e, 20 févr. 1980 : *préc.* ♦ ... Ou sur les droits prétendus de chacune des parties. • Com. 1er déc. 1987 : *Bull. civ. IV, n° 258 ; JCP 1988. II. 21091, note Cadiet.*

21. Le référé tendant à la rétractation ou à l'annulation de l'ordonnance sur requête relève de la matière contentieuse, tant en première instance qu'en appel. • Civ. 2e, 30 janv. 2003 : *D. 2003. IR 604.*

22. Nouvelle requête. Rien n'interdit la présentation d'une nouvelle requête, et aucun texte ne fait obligation au plaideur de faire mention lors de la présentation de la seconde requête, du rejet de la première. • Toulouse, 14 févr. 2002 : *D. 2003. 160, note crit. Strickler.*

23. Surendettement. L'ordonnance par laquelle le JEX donne force exécutoire aux mesures recommandées par la commission de surendettement (art. R. 332-3 C. consom., rédaction antérieure au décret du 24 févr. 2004), qui peut être frappée de pourvoi, n'est pas susceptible d'être rétractée. • Civ. 2e, 23 sept. 2004 : *JCP 2004. IV. 3061.*

Art. 498 **Le double de l'ordonnance est conservé au** *(Décr. n° 2017-892 du 6 mai 2017, art. 68-I-2°)* **« greffe ».**

CHAPITRE III DISPOSITION FINALE

Art. 499 Les dispositions du présent titre ne sont pas applicables aux mesures d'administration judiciaire.

TITRE QUINZIÈME L'EXÉCUTION DU JUGEMENT

Art. 500 A force de chose jugée le jugement qui n'est susceptible d'aucun recours suspensif d'exécution.

Le jugement susceptible d'un tel recours acquiert la même force à l'expiration du délai du recours si ce dernier n'a pas été exercé dans le délai.

RÉP. PR. CIV. v° *Appel*, par FERRAND.

BIBL. ▶ FOULON et STRICKLER, *Dr. et pr. 2014, p. 178* (l'équivoque en droit : le jugement définitif) ; *Gaz. Pal. 21-23 déc. 2014, p. 11* (du jugement définitif).

1. Un jugement acquiert force de chose jugée à l'égard d'une partie en raison de l'expiration du délai d'appel principal, peu important l'ouverture d'une instance d'appel sur l'initiative d'une autre partie et la formation d'appels provoqués. • Civ. 2e, 21 janv. 2016, n° 14-19.337 P.

2. A force de chose jugée l'arrêt d'une cour d'appel devenu exécutoire de plein droit par la notification faite par acte d'huissier. • TGI Paris, réf., 15 mai 1990 : *D. 1990. 553, note Santa-Croce*.

3. Il résulte des art. 500 et 501 qu'un arrêt de cassation avec renvoi, qui n'est susceptible d'aucun recours suspensif d'exécution et qui, dès son prononcé, a force de chose jugée, est exécutoire. • Paris, 20 janv. 2000 : *D. 2000. IR 101* ; *Procédures 2000, n° 89, note Perrot.*

4. Sur la distinction entre l'autorité et la force de la chose jugée : • Civ. 1re, 11 juin 1991, n° 88-18.130 P : *RTD civ. 1992. 187, obs. Perrot* • Civ. 2e, 10 mars 2005, n° 02-20.513 P : *D. 2005. IR 1053* ; *Procédures 2005, n° 119, obs. Perrot* • Com. 5 oct. 2010 : *RTD civ. 2011. 174, obs. Perrot*.

5. Le jugement de divorce ne passe en force de chose jugée que lorsqu'il n'est susceptible d'aucun recours suspensif d'exécution. Doit être approuvé l'arrêt qui, ayant relevé que le jugement de divorce avait acquis force de chose jugée par l'acquiescement du mari, postérieur à celui de l'épouse, décide qu'avait pris fin à cette date l'exigibilité de la pension alimentaire due à l'épouse au titre du devoir de secours. • Civ. 1re, 31 mars 2010, n° 09-12.770 P : *D. actu. 12 avr. 2010, note Lavric ; D. 2010. Actu. 963* ; *RTD civ. 2010. 310, obs. Hauser* ; *ibid. 618, obs. Perrot* ; *JCP 2010. 411, obs. Bosse-Platière ; RJPF juin 2010, p. 20, obs. Garé ; Gaz. Pal. 22 mai 2010, p. 32, note Lécuyer ; ibid. 11 sept. 2010, p. 18, note Mulon ; Dr. et pr. 2010. 208, note Choquet.*

6. Encourt la cassation l'arrêt d'appel qui retient, pour nier la force exécutoire d'un jugement condamnant une héritière à verser une somme à une succession, que celle-ci avait renoncé à ses droits sur la succession alors que, rendu antérieurement à la renonciation, ce jugement a acquis force de chose jugée. • Civ. 1re, 6 nov. 2013 : *D. actu. 3 déc. 2013, obs. Kebir.*

7. Séquestre. Prorogation. La prorogation d'une mesure de séquestre, décidée par un juge des requêtes dans l'exercice des pouvoirs, conférés par l'art. 149, qu'il s'était expressément réservés par l'ordonnance sur requête exécutoire ayant ordonné la saisie, ne peut être contestée sans que soit sollicitée la rétractation de cette ordonnance. • Civ. 2e, 17 oct. 2013 : *D. 2013. Actu. 2472* ; *ibid. 2014. Chron. Cass. 571, obs. Adida-Canac*.

Art. 501 Le jugement est exécutoire, sous les conditions qui suivent, à partir du moment où il passe en force de chose jugée à moins que le débiteur ne bénéficie d'un délai de grâce ou le créancier de l'exécution provisoire. — *Sur le délai de grâce, V. art. 510 s. — Sur l'exécution provisoire, V. art. 514 s.*

1. Sur la règle que l'effet suspensif de l'appel ne prive pas l'intimé des droits qui résultent pour lui des condamnations prononcées par le jugement lorsque celui-ci est confirmé, V. notes 5 s. ss. art. 539.

2. Lorsqu'une décision, exécutoire par provision, ordonne la requalification d'un contrat à durée déterminée en contrat à durée indéterminée, la rupture du contrat de travail intervenue postérieurement à la notification de cette décision au motif de l'arrivée du terme stipulé dans ledit contrat à durée déterminée est nulle. Viole les art. L. 1121-1, L. 1245-1 et R. 1245-1 C. trav., ensemble l'art. 6, § 1er Conv. EDH, les arrêts d'appel qui, pour rejeter la demande des salariés tendant à l'annulation de leur licenciement et à leur réintégration, retiennent que le défaut d'exécution volontaire d'un jugement assorti de l'exécution provisoire mais frappé d'appel ne saurait caractériser en soi une atteinte au droit d'accès à la justice et que les salariés ne justifiaient pas de ce que la rupture du contrat était précisément intervenue à raison de l'instance en cours, sans vérifier si les jugements ordonnant la requalification du contrat à durée déterminée en contrat à durée indéterminée avaient été notifiés à l'employeur par le greffe du conseil de prud'hommes, avant le terme du contrat à durée déterminée, objet de la requalification en contrat à durée indéterminée. • Soc. 18 déc. 2013 : *D. actu. 21 janv. 2014, obs. Ines ; D. 2014. Actu. 88 ; ibid. 1115, obs. Lokiec et Porta ; Dr. soc. 2014. 290, obs. Mouly .*

CHAPITRE PREMIER CONDITIONS GÉNÉRALES DE L'EXÉCUTION

RÉP. PR. CIV. v° *Exécution des jugements et actes*, par CHOLET.

DALLOZ ACTION *Droit et pratique de la procédure civile 2022/2023*, n°s 423.00 s.

Art. 502 **Nul jugement, nul acte ne peut être mis à exécution que sur présentation d'une expédition revêtue de la formule exécutoire, à moins que la loi n'en dispose autrement.**

1. La formule exécutoire n'a pas à figurer sur les décisions exécutoires sur minute. • Civ. 2e, 15 juill. 1959 : *D. 1960. Somm. 32* • Paris, 5 nov. 1958 : *JCP 1958. II. 10893, concl. Combaldieu ; RTD civ. 1959. 159, obs. Raynaud.*

2. N'entraîne pas la nullité de la signification l'omission, dans la formule exécutoire, de certains mots, sans conséquence sur son sens ni sa portée. • Soc. 16 juin 1965 : *Bull. civ. IV, n° 470.*

3. En principe, une décision de justice ne peut constituer titre exécutoire que si elle emporte condamnation ; cependant, et même en l'absence de toute condamnation positive, une telle décision est susceptible d'exécution forcée ; il en est notamment ainsi d'un arrêt cassant ou infirmant un jugement déjà exécuté par provision, quand bien même il n'aurait pas ordonné formellement la restitution de ce qui a été versé en vertu de ce dernier. • TGI Fontainebleau, 5 nov. 1986 : *Gaz. Pal. 1987. 1. Somm. 128.*

4. Une partie, débitrice d'une obligation, ne peut résister abusivement à l'exécution de celle-ci que si le jugement qui l'authentifie lui a préalablement été signifié. • Civ. 2e, 28 oct. 1999, n° 97-12.734 P : *D. 1999. IR 266 .*

5. Sur l'inapplicabilité de l'art. 502 en matière de saisie-attribution, V. note 1 ss. C. pr. exéc., art. R. 211-1. – **C. pr. exéc.**

6. Décision de rétrocession d'honoraires du bâtonnier. Nécessité de la formule exécutoire. Même exécutoire de droit à titre provisoire, la décision du bâtonnier ne constitue pas une décision à laquelle la loi attache les effets d'un jugement de sorte qu'elle ne peut être exécutée que sur présentation d'une expédition revêtue de la formule exécutoire. En conséquence, viole l'art. 502 C. pr. civ., ensemble l'art. L. 111-3 C. pr. exéc. et l'art. 153 du Décr. n° 91-1197 du 27 nov. 1991, la cour d'appel qui, alors qu'un cabinet a été condamné par le bâtonnier à payer à un avocat, exerçant en qualité de collaborateur libéral au sein de ce cabinet, diverses sommes au titre de rétrocessions d'honoraires, et que cet avocat, sur le fondement de cette décision partiellement exécutoire de droit par provision, avait fait délivrer un commandement aux fins de saisie vente à l'encontre du cabinet qui conteste cette mesure devant le JEX du TGI, retient d'une part, que la décision du bâtonnier qui est de droit exécutoire à titre provisoire, comme portant sur des honoraires dus dans la limite de neuf mois de rétrocession d'honoraires et ayant été régulièrement notifiée à l'appelante, peut faire l'objet d'une exécution forcée et, d'autre part, que les dispositions de l'art. 1487 C. pr. civ. relatives à l'*exequatur* des sentences arbitrales sont inopérantes dans ce litige, l'art. 153 du Décr. de 1991 étant seul applicable dès lors que ce décret donne, en son titre III chapitre II section IV, compétence exclusive au bâtonnier de l'ordre des avocats pour le règlement des litiges nés à l'occasion d'un contrat de collaboration ou d'un contrat de travail conclu avec un avocat. • Civ. 2e, 30 janv. 2014, n° 12-29.246 P : *D. actu. 14 févr. 2014, obs. Kebir ; D. 2014. Actu. 377 ; ibid. Pan. 1466, obs. Leborgne ; D. avocats 2014. 114, note Royer ; RDC 2014. 387, note Libchaber ; LPA 23 déc. 2014, p. 10, obs. Porteron ; JCP 2014. 597, obs. Bolze ; Gaz. Pal. 21 juin 2014, p. 18, note J. Villacèque.*

Décret n° 47-1047 du 12 juin 1947,

Relatif à la formule exécutoire.

Art. 1er Les expéditions des arrêts, jugements, mandats de justice, ainsi que les grosses et expéditions des contrats et de tous les actes susceptibles d'exécution forcée, seront intitulées ainsi qu'il suit :

« RÉPUBLIQUE FRANÇAISE

« Au nom du peuple français »,

et terminées par la formule suivante :

« En conséquence, la République française mande et ordonne à tous *(Décr. nº 58-1289 du 22 déc. 1958)* « huissiers de justice », sur ce requis, de mettre ledit arrêt (ou ledit jugement, etc.) à exécution, aux procureurs généraux et aux procureurs de la République près les *(Décr. nº 2019-966 du 18 sept. 2019, art. 8, en vigueur le 1er janv. 2020)* « tribunaux judiciaires *[ancienne rédaction : tribunaux de grande instance]* » d'y tenir la main, à tous commandants et officiers de la force publique de prêter main-forte lorsqu'ils en seront légalement requis.

« En foi de quoi le présent arrêt (ou jugement, etc.) a été signé par ... »

Art. 2 Les porteurs de grosses et expéditions d'actes revêtues des formules prescrites antérieurement à la publication du présent décret pourront faire mettre ces actes à exécution sans faire ajouter la formule ci-dessus indiquée.

Le décret du 12 juin 1947 a été rendu applicable aux territoires d'outre-mer par le Décr. nº 47-1353 du 18 juill. 1947 (JO 22 juill.).

En ce qui concerne l'apposition de la formule exécutoire sur les décisions émanant des institutions des communautés européennes, V. Décr. nº 77-533 du 18 mai 1977 (D. et BLD 1977. 210).

Décret des 16-24 août 1790, *sur l'organisation judiciaire.* **Art. 5** Les commissaires du Roi (officiers du ministère public), chargés de tenir la main à l'exécution des jugements, poursuivront d'office cette exécution dans toutes les dispositions qui intéressent l'ordre public, et en ce qui concerne les particuliers, ils pourront, sur la demande qui leur en sera faite, soit enjoindre aux huissiers de prêter leur ministère, soit ordonner les ouvertures de portes, soit requérir main-forte lorsqu'elle sera nécessaire.

Art. 503 Les jugements ne peuvent être exécutés contre ceux auxquels ils sont opposés qu'après leur avoir été notifiés, à moins que l'exécution n'en soit volontaire.

En cas d'exécution au seul vu de la minute, la présentation de celle-ci vaut notification.

BIBL. ▶ Boré, *Bull. ch. avoués 1983. 3 et 4. 57* (signification de l'arrêt de cassation).

1. Principe. Les jugements, même passés en force de chose jugée, ne peuvent être exécutés contre ceux auxquels ils sont opposés qu'après leur avoir été régulièrement notifiés, à moins que l'exécution ne soit volontaire. • Civ. 2e, 29 janv. 2004, nº 02-15.219 P : *Gaz. Pal. 13-15 mars 2005, p. 21, obs. du Rusquec.* – V. aussi • Civ. 2e, 18 déc. 2003 : *D. 2004. Somm. 1496, obs. Taormina* . ♦ Les décisions de la CIVI n'échappent pas à ce principe. • Civ. 2e, 16 juin 2005, nº 03-18.982 P. ♦ Il appartient au créancier poursuivant d'établir la preuve de la notification préalable de la décision dont il se prévaut. • Civ. 2e, 21 déc. 2006, nº 05-19.679 P : *Procédures 2007, nº 86, note Perrot ; RDBF 2007. 162, obs. Piedelièvre.*

2. Preuve. *La preuve d'une signification ne peut être faite que par la production de l'acte dressé par l'huissier de justice, sauf le cas de force majeure.* • Civ. 2e, 7 déc. 2016, nº 16-12.297 P : *D. 2018. Pan. 269, obs. Bretzner*

3. Portée. Si, en vertu de l'art. 503, les jugements ne peuvent être exécutés contre ceux auxquels ils sont opposés qu'après leur avoir été notifiés, à moins que l'exécution n'en soit volontaire, il résulte de l'art. 480 que l'autorité de la chose jugée est acquise dès leur prononcé. • Civ. 1re, 25 mai 2016, nº 15-10.788 P.

4. Astreinte. L'astreinte tendant à assurer l'exécution d'une décision de justice ne peut prendre effet avant la notification de la décision. • Civ. 3e, 9 nov. 1976 : *D. 1977. 561, note Denis ; RTD civ. 1978. 194, obs. Perrot* • Soc. 25 oct. 1990, nº 88-18.624 P • Civ. 3e, 14 nov. 1990, nº 89-11.543 P : *RTD civ. 1991. 534, obs. Mestre* • Civ. 2e, 5 mai 1993 : *D. 1993. IR 133* • Soc. 9 févr. 1999 : *Procédure 1999, nº 123, obs. Sportouch.* ♦ Jurisprudence confirmée depuis par Décr. nº 92-755 du 31 juill. 1992, art. 51 [devenu C. pr. exéc., art. R. 131-1].

Mais elle peut prendre effet dès le jour de son prononcé si elle assortit une décision déjà exécutoire. • Soc. 27 nov. 1980 : *Gaz. Pal. 1981. 1. 236, note Viatte ; RTD civ. 1981. 451, obs. Perrot.* ♦ Jurisprudence confirmée depuis par Décr. nº 92-755 du 31 juill. 1992, art. 51, al. 2 [devenu C. pr. exéc., art. R. 131-1].

5. En application de l'art. 503, la décision d'arrêt de l'exécution provisoire ne peut être opposée au créancier de l'obligation si elle ne lui a pas été signifiée. • Civ. 2e, 20 déc. 2001, nº 98-23.102 P : *Dr. et pr. 2002. 165, note Hoonakker ; Procédures 2002, nº 45, note Perrot.*

6. Intérêt légal. Le taux de l'intérêt légal majoré n'est applicable qu'à l'expiration d'un délai de deux mois à compter du jour où la décision de condamnation a été notifiée. • Civ. 2e, 4 avr. 2002, nº 00-19.822 P : *D. 2002. AJ 1484, obs.*

A. Lienhard ; Procédures 2002, n° 114, note Perrot ; Dr. et pr. 2002. 298, note Hoonakker ; RTD civ. 2002. 562, obs. Perrot. ♦ Viole l'art. 503 NCPC [devenu C. pr. civ.], ensemble l'art. 3 de la loi n° 75-619 du 11 juill. 1975 [devenu l'art. L. 313-3 C. mon. fin.], une cour d'appel qui retient que, le jugement étant assorti de l'exécution provisoire, il était inutile qu'il fût signifié pour faire courir les intérêts. • Même arrêt.

7. Référé. L'astreinte assortissant une ordonnance de référé ne peut commencer à courir qu'à compter de la signification de cette décision. • Civ. 2e, 8 avr. 2004, n° 02-15.144 P : *Gaz. Pal. 13-14 avr. 2005, p. 29, obs. Brenner.* ♦ Les art. 502 et 503 s'appliquent aux ordonnances de référé, lesquelles ne peuvent être mises à exécution qu'après signification d'une expédition revêtue de la formule exécutoire, hormis le cas exceptionnel où le juge déclare l'ordonnance exécutoire « sur minute ». • Paris, 23 mars 1984 : *D. 1984. IR 248.*

Mais l'art. 503 est inapplicable lorsque la décision de référé fixe à une date limite précisée le règlement du loyer en suspendant jusque-là le jeu de la clause résolutoire. • Civ. 3e, 17 juill. 1986 : *JCP 1986. IV. 285.*

8. Expertise. Les art. 503 et 504 sont sans application en matière d'expertise. • Civ. 3e, 22 juill. 1992, n° 90-17.792 P. ♦ V. note 3 ss. art. 267.

9. Expulsion. La notification d'un jugement d'adjudication doit être préalable à son exécution par ordonnance de référé. • Civ. 2e, 1er mars 1995, n° 93-16.007 P. ♦ ... Dès lors, la régularisation de la procédure par signification postérieure du jugement n'est plus possible. • Civ. 2e, 11 avr. 1986 : *Bull. civ. II, n° 50 ; Gaz. Pal. 1986. 2. Somm. 424, obs. Véron.* ♦ Peut faire l'objet d'une expulsion le sous-locataire tenant son droit d'occupation du locataire, dont l'expulsion a été ordonnée et auquel l'ordonnance de référé a été signifiée. • Civ. 3e, 30 nov. 2005 : *D. 2006. IR 99 ; Procédures 2006, n° 28, obs. Perrot ; Dr. et pr. 2006. 152, obs. Salati.*

10. Adjudication. Est nulle la procédure effectuée en vue de l'adjudication sans que l'arrêt infirmant un précédent jugement qui avait prononcé la nullité du commandement et ordonnant la reprise des poursuites ait été signifié. • Civ. 2e, 10 oct. 1990, n° 89-15.945 P.

11. Abandon de famille. Le jugement allouant une pension alimentaire ne peut servir de base à une poursuite pour abandon de famille s'il *n'a pas été signifié à l'époque* des faits incriminés. • Paris, 18 févr. 1983 : *JCP 1984. IV. 189.*

12. Jugement pénal. La partie civile qui poursuit l'exécution d'une condamnation prononcée à son profit par les voies et moyens que le code de procédure civile met à sa disposition doit faire notifier le jugement à celui à l'encontre duquel elle l'exécute. • Civ. 2e, 15 mars 1995, n° 93-13.655 P : *D. 1995. IR 96*. – V. aussi • TGI Meaux, 4 avr. 2003 : *BICC 2003, n° 741.*

13. Justice administrative. La notification des décisions de juridictions administratives obéissent à des règles propres, prévues par l'art. R. 751-3 CJA • Civ. 2e, 21 nov. 2002, n° 01-11.039 P.

14. Ordonnance sur requête. Si une ordonnance sur requête est exécutoire sur minute encore faut-il que la minute soit présentée à la personne à laquelle on veut l'opposer. • Civ. 2e, 28 mars 1996, n° 94-11.460 P • Civ. 2e, 10 févr. 2011 : *cité note 8 ss. art. 495.*

15. Pour un jugement passé en force de chose jugée : • Civ. 2e, 25 févr. 1998, n° 96-12.438 P : *D. 1998. IR 81 ; D. Affaires 1998. 535, obs. S. P.*

16. Exécution volontaire. Viole l'art. 503 la cour d'appel qui condamne l'appelant à une indemnité d'occupation alors que celui-ci avait libéré volontairement les lieux en exécution du jugement, au motif que l'effet suspensif de l'appel empêchait le propriétaire de reprendre possession des lieux loués. • Civ. 3e, 13 janv. 1999, n° 97-11.931 P. ♦ N'est pas volontaire le paiement effectué à la suite de la délivrance d'un commandement de saisie-vente ; il s'ensuit que ce paiement ne peut priver le débiteur du droit de contester l'absence de signification de la décision servant de fondement à la saisie-vente. • Civ. 2e, 9 sept. 2010, n° 09-13.525 P : *D. 2011. Pan. 1509, obs. A. Leborgne ; Procédures 2010, n° 404, note Perrot ; RDBF 2010, n° 226, note Piedelièvre ; Dr. et pr. 2010. 330, note Lefort.* ♦ L'exécution volontaire du jugement, qui dispense le débiteur de le notifier, est caractérisée par la volonté non équivoque de celui-ci d'accepter son exécution et n'est pas subordonnée à l'accord des parties. • Civ. 1re, 25 mai 2016, n° 15-10.788 P : *cité note 3.*

17. Arrêt interprétatif. L'arrêt interprétatif non notifié ne peut donner lieu à exécution faute d'avoir été notifié. • Civ. 2e, 11 mai 2006, n° 04-15.213 P : *Gaz. Pal. 1er-2 févr. 2008, p. 26, note du Rusquec* (impossibilité d'exécuter l'astreinte prévue par le jugement interprété).

18. Absence de notification. La force de chose jugée attachée à une décision judiciaire dès son prononcé ne peut avoir pour effet de priver une partie d'un droit tant que cette décision ne lui a pas été notifiée. • Cass., ch. mixte, 16 déc. 2005, n° 03-12.206 P : *Procédures 2006, n° 46, obs. Perrot ; Dr. et pr. 2006. 154, obs. Putman ; JCP 2006. II. 10093, note Salhi* (arrêt prononçant la résiliation d'un bail rural mais notifié postérieurement à l'exercice de son droit de préemption par le preneur) • Civ. 2e, 14 sept. 2006, n° 04-20.602 P : *D. 2007. Chron. C. cass. 901, obs. Vigneau ; ibid. Pan. 2692, obs. Douchy-Oudot ; Dr. et pr. 2007. 25, obs. Salati.*

19. Formule exécutoire. Omission. L'irrégularité tenant à l'omission de la mention de la formule exécutoire sur la copie d'un jugement d'adjudication, dont le caractère exécutoire n'est pas contesté, signifiée aux débiteurs saisis dont l'expulsion est sollicitée, constitue une irrégularité de forme ne pouvant entraîner la nullité de la signification qu'au cas où elle a causé à ces derniers un grief • Civ. 2e, 11 févr. 2010, n° 09-65.404 P : *D. 2010. AJ 589* ; *D. 2011. Pan. 265, obs. Fricero* ; *Procédures 2010, n° 116, note Perrot.*

Art. 504 *(Décr. n° 81-500 du 12 mai 1981, art. 19)* **« La preuve du caractère exécutoire ressort du jugement lorsque celui-ci n'est susceptible d'aucun recours suspensif ou qu'il bénéficie de l'exécution provisoire. »**

Dans les autres cas, cette preuve résulte :

– soit de l'acquiescement de la partie condamnée ;

– soit de la notification de la décision et d'un certificat permettant d'établir, par rapprochement avec cette notification, l'absence, dans le délai, d'une opposition, d'un appel, ou d'un pourvoi en cassation lorsque le pourvoi est suspensif.

Art. 505 **Toute partie peut se faire délivrer par le** *(Décr. n° 2017-892 du 6 mai 2017, art. 68-I-3°)* **« greffier » de la juridiction devant laquelle le recours pouvait être formé un certificat attestant l'absence d'opposition, d'appel ou de pourvoi en cassation ou indiquant la date du recours s'il en a été formé un.**

BIBL. ▸ NARRAN, *D. 2002. Point de vue. 2947* (certificat de non-appel).

Aucune disposition légale ne donne mission au greffier, avant de délivrer un certificat de non-appel, de rechercher, par rapprochement avec les actes de notification, si les délais d'appel sont expirés et si la décision concernée est devenue exécutoire. • Rennes, 2 déc. 2003 : *D. 2004. 2076, note Narran* .

Art. 506 **Les mainlevées, radiations de sûretés, mentions, transcriptions ou publications qui doivent être faites en vertu d'un jugement sont valablement faites au vu de la production, par tout intéressé, d'une expédition ou d'une copie certifiée conforme du jugement ou d'un extrait de celui-ci et s'il n'est pas exécutoire à titre provisoire, de la justification de son caractère exécutoire. Cette justification peut résulter d'un certificat établi par l'avocat** *(Abrogé par Décr. n° 2012-634 du 3 mai 2012, art. 21-1°-a)* ***« ou l'avoué ».***

1. L'art. 506 ne porte pas atteinte aux prescriptions édictées par l'art. 2157 [ancien] C. civ. en matière hypothécaire et le conservateur refuse à bon droit toute radiation si l'ordonnance de référé, portant rétractation de l'autorisation, est frappée d'appel. • Paris, 20 janv. 1977 : *RTD civ. 1977. 381, obs. Perrot.*

Plus généralement, le juge des référés ne saurait ordonner mainlevée d'une hypothèque, cette mesure ne pouvant résulter que d'un jugement en dernier ressort ou passé en force de chose jugée. • Civ. 1re, 9 mars 1977 : *JCP 1978. II. 18977, note Goubeaux.* ♦ V. notes 7 s. ss. art. 484.

2. L'art. 2157 [ancien] C. civ. est étranger à l'institution de l'hypothèque provisoire, dont la constitution et la radiation sont réglementées spécialement par les art. 54 et 55 C. pr. civ. [ACPC]. • Civ. 2e, 21 nov. 1978 : *JCP 1979. II. 19150, note Frémont* ; *RTD civ. 1979. 442, obs. Perrot.* ♦ V. l'abrogation de ces textes par L. n° 91-650 du 9 juill. 1991, art. 94, 2°, et pour la compétence en matière de radiation, C. pr. exéc., art. R. 533-6.

3. En cas de saisie-arrêt, le tiers saisi peut, conformément à l'art. 506, disposer des fonds précédemment saisis au vu d'une expédition ou d'une copie certifiée conforme ou d'un extrait du jugement rétractant l'autorisation de saisir, et de la justification de son caractère exécutoire, qui peut résulter d'un certificat établi par l'avocat ou l'avoué. • Civ. 2e, 26 févr. 1986 : *D. 1986. 435, note Prévault* ; *Gaz. Pal. 1986. 2. Somm. 426, obs. Véron.*

Art. 507 *(Abrogé par Décr. n° 2012-783 du 30 mai 2012, art. 9-1°, à compter du 1er janv. 2012)* ***La remise du jugement ou de l'acte à l'huissier de justice vaut pouvoir pour toute exécution pour laquelle il n'est pas exigé de pouvoir spécial.***

1. Sur les conditions de régularité de la pénétration d'un huissier de justice dans un local privé, V. • Cass., ass. plén., 16 déc. 1974 : *JCP 1975. II. 17962, note Lindon* ; *RTD civ. 1975. 377, obs. Perrot* • Paris, 31 mai 1975 : *RTD civ. 1976. 409.* ♦ V., désormais, C. pr. exéc., art. R. 141-1.

2. Sur la responsabilité encourue en cas de refus, par l'Administration, de prêter le concours de la force publique, V. • CE 30 nov. 1923 : *S. 1923. 3. 57* • CE 29 juill. 1983 : *D. 1984. IR 338, obs. Moderne et Bon* • CE 27 juill. 1984 : *D. 1986. IR 251, obs. Moderne et Bon* • 27 déc. 1984 : *eod. loc.* ♦ V., désormais, C. pr. exéc., art. L. 153-1.

Art. 508 Aucune exécution ne peut être faite avant 6 heures et après 21 heures non plus que les jours fériés ou chômés si ce n'est en vertu de la permission du juge en cas de nécessité.

Sur les jours fériés, V. notes ss. art. 642.

CHAPITRE II LA RECONNAISSANCE TRANSFRONTALIÈRE

(Décr. nº 2004-836 du 20 août 2004, art. 17, en vigueur le 1er janv. 2005)

L'art. 17 du Décr. nº 2004-836 du 20 août 2004 est applicable aux procédures en cours (Décr. préc., art. 59).

BIBL. ▶ **Décr. du 26 déc. 2014 :** DARGENT, *D. 2015. 7.* – NDLR, *JCP 2015. 4.*

Art. 509 Les jugements rendus par les tribunaux étrangers et les actes reçus par les officiers étrangers sont exécutoires sur le territoire de la République de la manière et dans les cas prévus par la loi.

Le Décr. nº 2004-836 du 20 août 2004 ne fait que reprendre mot pour mot le texte de l'ancien art. 509.

BIBL. ▶ B. ANCEL et MUIR WATT, *Mél. Gaudemet-Tallon, Dalloz 2008, p. 135* (les jugements étrangers et la règle de conflit de lois – chronique d'une séparation). – BOULANGER, *Mél. J. Foyer, Economica 2008, p. 125* (reconnaître en France une dissolution du mariage prononcée en Algérie ou au Maroc). – DOUCHY-OUDOT, *Procédures 2006. Chron. 16.* – GANNAGÉ, *Mél. Gaudemet-Tallon, Dalloz 2008, p. 285* (regards sur les compétences judiciaires exclusives – les systèmes confessionnels face aux systèmes laïcisés). – GAUDEMET-TALLON, *Rev. int. dr. comp. 1986. 487* (jugements étrangers portant sur une somme d'argent). – GAUTHIER, *Mél. Gaudemet-Tallon, Dalloz 2008, p. 437* (la contrariété à l'ordre public d'une décision étrangère, échec à sa reconnaissance ou son *exequatur*). – KINSCH, *Mél. Gaudemet-Tallon, Dalloz 2008, p. 447* (la « sauvegarde de certaines politiques législatives », cas d'intervention de l'ordre public international ?). – MUIR WATT, *Mél. Holleaux, 1990, p. 301* (effets en France des jugements étrangers indépendamment de l'*exequatur*). – NIBOYET, SINOPOLI et DE BÉRARD, *Gaz. Pal. 16-17 juin 2004* (étude de 1390 décisions inédites, 1999-2001). – PAMBOUKIS, *Rev. crit. DIP 2008. 513* (la renaissance-métamorphose de la méthode de reconnaissance). – WEISSBERG, *Gaz. Pal. 17-19 nov. 2002, p. 16* (*exequatur* des jugements entre la France et les États-Unis). – Colloque du 8 nov. 2004, *Exequatur* et exécution en France des décisions exequaturées, *Gaz. Pal. 10-13 nov. 2004, p. 2.*

1. Modalités procédurales. L'*exequatur* aux fins de reconnaissance ou d'exécution d'un jugement étranger peut être demandé par voie incidente dans une instance qui n'a pas pour objet principal ce jugement, y compris pour la première fois en appel lorsque la partie défenderesse n'a pas été constituée en première instance. • Civ. 1re, 10 janv. 2018, nº 16-20.416 P : *D. 2018. Actu. 118 ; ibid. Pan. 982, obs. Jault-Seseke ; Dr. fam. 2018, nº 115, note Devus ; Defrénois sept. 2018, p. 39, obs. Callé.*

A. JUGEMENTS ET ACTES VISÉS

2. Effet de fait d'un jugement étranger. Sur l'admission d'un effet de fait du jugement étranger, indépendant de l'*exequatur*, V. not. : • Com. 4 oct. 2005, nº 02-18.201 P : *D. 2006. 2449, note Sagot-Duvauroux ; Rev. crit. DIP 2006. 405, note Muir-Watt ; RTD com. 2006. 247, obs. P. Delebecque ; JDI 2006. 601, note Cuniberti ; RJ com. 2006. 391, note Attal ; Gaz. Pal. 25 févr. 2006, p. 26, note Niboyet* (saisie conservatoire) • Civ. 1re, 11 juill. 2006, nº 01-02.593 P : *D. 2007. Pan. 1757, obs. Courbe et Jault-Seseke ; Rev. crit. DIP 2007. 414, note Muir-Watt ; JDI 2007. 554, note Fohrer-Dedeurwaerder* • 22 janv. 2009 : *Rev. crit. DIP 2009. 533, note Muir-Watt* (contrefaçon). • 20 oct. 2010, nº 08-17.033 P : *D. 2010. Actu. 2581 ; ibid. 2011. 1664, note Agostini ; Rev. crit. DIP 2011. 53, note B. Ancel ; JCP N 2011. 1211, note Godechot-Patris ; ibid. 1256, obs. Fongaro ; RDC 2011. 415, note Savaux* (succession) • 4 mai 2011, nº 10-14.142 P : *D. actu. mai 2011, obs. Rabu ; D. 2011. Actu. 1347 ; ibid. 2012 . Pan. 1239, obs. Jault-Seseke ; AJ fam. 2011. 322, obs. Boiché ; JCP 2011. 1397, obs. Jeuland ; Dr. fam. 2011, nº 120, note Abadie* (divorce).

3. En application de l'art. 509, peuvent être reconnus et exécutés en France, d'une part et sous réserve de leur régularité internationale, tous les actes prononcés au nom d'une souveraineté étrangère au sujet d'un rapport de droit privé, quelle que soit l'autorité dont ils émanent, issus ou non d'une procédure contentieuse, à condition toutefois de revêtir un caractère véritablement décisionnel, d'autre part, les actes publics étrangers dits « instruments » publics étrangers dépourvus quant à eux de tout caractère décisionnel. • Paris, 2 avr. 1998 : *D. 1998. IR 133 ; Rev. crit. DIP 1999. 102, note Pamboukis .*

4. Jugements rendus par les tribunaux étrangers. Constitue une décision pouvant recevoir *exequatur* toute intervention du juge qui produit des effets à l'égard des personnes ou sur les biens, droits et obligations (à propos de l'ordonnance d'un juge américain ayant pour effet de suspendre toute poursuite des créanciers). • Civ. 1re, 17 oct. 2000, n° 98-19.913 P : *D. 2001. 688, note Vallens ; Rev. crit. DIP 2001. 121, note Rémery et Muir Watt ; Gaz. Pal. 2001. 1. 814, note M.-L. Niboyet.* ♦ Sur l'inapplicabilité de l'art. 509 à un acte de naissance reconstitué en exécution d'une décision de justice polonaise, V. • Civ. 1re, 18 juill. 2000 : *D. 2000. IR 253 ; Rev. crit. DIP 2000. 349, note Muir-Watt.* ♦ Ne peut recevoir *exequatur* le jugement étranger qui n'a pas fait l'objet de la « notification-diffusion » requise par le droit étranger pour lui conférer force exécutoire. • Civ. 1re, 3 oct. 2006, n° 04-10.447 P : *D. 2006. AJ 2626 ; ibid. 2007. Pan. 1901, obs. Delebecque, Bretzner et Vasseur* (absence d'*exequatur* pour un jugement qui n'a pas fait l'objet de la notification-diffusion auquel le droit étranger subordonne l'octroi de la force exécutoire).

5. Les actes de juridiction gracieuse peuvent être déclarés exécutoires en France, dès lors qu'ils y sont de la compétence des autorités judiciaires (à propos du jugement déclaratif de décès d'une Française prononcé par une juridiction californienne). • Paris, 20 avr. 2000 : *D. 2000. IR 191*.

6. État et capacité des personnes. Sous réserve de leur régularité internationale, notamment de leur conformité à la conception française de l'ordre public international et de l'absence de fraude, les jugements rendus par un tribunal étranger relativement à l'état et à la capacité des personnes produisent leurs effets en France indépendamment de toute déclaration d'*exequatur*, sauf dans la mesure où ils impliquent des actes d'exécution matérielle sur des biens ou de coercition sur des personnes. • CE 24 nov. 2006 : *AJDA 2007. 638, note Lecucq ; AJ fam. 2007. 225, obs. Boiché ; Dr. fam. 2007, n° 126, note Larribau-Terneyre ; Gaz. Pal. 25 nov. 2008, p. 53, note Butruille-Cardew.* ♦ En l'absence de texte en disposant autrement, la validité et l'opposabilité en France d'un jugement de divorce rendu par un tribunal étranger ne sont *pas subordonnées à la mention préalable de ce* jugement en marge de l'acte de mariage ou de la transcription de celui-ci sur les registres de l'état civil français. • CE 24 nov. 2006 : *préc.*

7. C'est à la partie qui invoque l'autorité d'une décision étrangère d'établir qu'elle est passée en force de chose jugée. • Civ. 1re, 19 oct. 1999, n° 97-14.994 P : *D. 1999. IR 258 ; Rev. crit. DIP 2000. 49, note Muir Watt*.

8. Actes reçus par les officiers étrangers. Si certains actes de l'autorité publique étrangère, judiciaire ou non judiciaire, sont susceptibles d'*exequatur* bien que celle-ci n'ait exercé aucun pouvoir décisionnel et se soit contentée de recevoir un acte juridique privé et d'émettre un « instrument », c'est à la condition nécessaire que celle-ci ait joué un rôle moteur dans l'élaboration de l'acte et ne se soit pas bornée à l'enregistrer, par apposition de nom et signature sur la déclaration de la partie elle-même, sans s'en approprier les éléments ni l'avoir « reçue », ne fût-ce qu'en lui donnant forme. • Paris, 2 avr. 1998 : *préc. note 2.*

9. La reconnaissance de paternité par acte authentique reçu par un officier étranger (allemand), au sens de l'art. 509, peut être reconnue en France et recevoir exécution, si cet acte satisfait aux conditions requises par le droit international privé français en la matière (et bien que son exécution ne puisse bénéficier de la convention de Bruxelles du 27 sept. 1968). • Paris, 22 févr. 1990 : *D. 1990. IR 108*.

10. Le juge de l'*exequatur* qui retient qu'une condamnation au paiement d'une somme d'argent à titre de sanction d'une injonction d'un juge étranger constitue une décision de nature civile en déduit exactement qu'elle est susceptible d'*exequatur*. • Civ. 1re, 28 janv. 2009, n° 07-11.729 P : *D. 2009. AJ 436, obs. Gallmeister ; ibid. Pan. 2384, obs. Bollé ; JCP 2009. Actu. 80, obs. E. Cornut ; ibid. 2009. II. 10086, note Martel ; Procédures 2009, n° 146, note Perrot ; LPA 3 juin 2010, p. 17, obs. Picard et de Drée.*

B. CONDITIONS DE L'EXEQUATUR

1° PRINCIPE

11. Principe. Pour accorder l'*exequatur* hors de toute convention internationale, le juge français doit s'assurer que trois conditions sont remplies, à savoir la compétence indirecte du juge étranger, fondée sur le rattachement du litige au juge saisi, la conformité à l'ordre public international de fond et de procédure et l'absence de fraude à la loi ; le juge de l'*exequatur* n'a donc pas à vérifier que la loi appliquée par le juge étranger est celle désignée par la règle de conflit de lois française. • Civ. 1re, 20 févr. 2007, n° 05-14.082 P : *D. 2007. AJ 727, obs. Gallmeister ; ibid. Chron. C. cass. 892, obs. Chauvin ; ibid. 1115, note d'Avout et Bollée ; D. 2007. Pan. 1758, obs. Courbe et Jault-Seseke ; JCP 2007. Actu. 107, note Bruneau ; ibid. I. 172, n° 13, obs. Marmisse-d'Abbadie d'Arrast ; Gaz. Pal. 2007. Doctr. 1387, obs. Niboyet ; ibid. 1880, obs. Guerchoun ; Dr. fam. 2007, n° 97, note M. Farge ; Rev. crit. DIP. 2007. 420, note Ancel et Muir Watt ; JDI 2007.1195, note Train ; RJ com 2007. 340, obs. Attal ; DMF 2007. 988, note Job et Franciscis* • Civ. 1re, 30 janv. 2013, n° 11-10.588 P : *D. 2013. Actu. 371 ; ibid. Pan. 2293, obs. Bollée ; ibid. 1513, obs. Jault-Seseke ; ibid. 1577, obs. Leborgne ; ibid. 1709, obs. Crocq ; JCP 2013. 165, note Akchoti ; RTD com. 2013. 389, obs. Delebecque ; Defrénois 2014. 434,* *note Cabrillac.* ♦ Comp. antérieurement : sur les cinq conditions d'octroi de l'*exequatur* (compétence du tribunal étranger qui a rendu la décision ; régularité de la procédure suivie devant cette juridiction ; application de la loi compétente d'après les règles françaises de conflit ; conformité à l'ordre public international ; absence de toute fraude à la loi), V. • Civ. 1re, 7 janv. 1964, *Munzer : JCP 1964. II. 13590, note Ancel ; Rev. crit. DIP 1964. 344, note Batiffol ; JDI 1964. 302, note Goldman* • 4 oct. 1967, *Bachir : D. 1968. 95, note Mezger ; JCP 1968. II. 15634, note Sialelli.*

12. Divorce Khôl. V. dans le sens qu'un divorce Khôl prononcé au consulat du Maroc produit effet en France dès lors qu'il émane d'une autorité compétente, n'est pas contraire à la conception française de l'ordre public et n'est pas entaché de fraude. • Versailles, 25 mars 2010 : *Dr. fam. 2010, n° 173, note Farges.*

13. L'intérêt supérieur de l'enfant devant toujours primer, les juges luxembourgeois ne pouvaient raisonnablement passer outre au statut juridique créé valablement à l'étranger et correspondant à une vie familiale au sens de l'art. 8 Conv. EDH, faisant alors valoir les règles de conflit luxembourgeoises sur la réalité sociale et sur la situation des personnes concernées en leur appliquant les limites que la loi luxembourgeoise pose à l'adoption plénière et qui portaient à refuser ainsi, en se dispensant d'un examen concret de la situation, la reconnaissance des liens familiaux qui préexistaient *de facto* entre les requérants. Ce refus de reconnaissance est contraire à l'art. 14 dès lors qu'il a pour conséquence que la deuxième requérante subit au quotidien une différence de traitement par rapport à un enfant dont l'adoption plénière étrangère est reconnue au Luxembourg, notamment en ce que, d'une part, les liens de l'enfant sont rompus avec sa famille d'origine, mais que, d'autre part, aucun lien de substitution plein et entier n'existe avec sa mère adoptive ; quant à la première requérante, elle subit au quotidien, par ricochet, les inconvénients causés à son enfant, dans la mesure où elle doit notamment accomplir toutes les démarches administratives engendrées par la non-obtention de la nationalité luxembourgeoise de la mineure. • CEDH 28 juin 2007, *Wagner,* n° 76240/01 : *AJDA 2007. 1920, obs. Flauss ; D. 2007. 2700, note Marchadier ; Rev. crit. DIP 2007. 815, note Kinsch ; JDI 2008. 183, note D'Avout.*

14. Le contrôle à titre incident de la régularité internationale d'un jugement étranger peut être opéré par tout juge devant lequel ce jugement est invoqué pour contester son pouvoir de juger. • Civ. 1re, 10 mai 2007, n° 06-11.323 P : *D. 2007. AJ 1432, obs. Gallmeister ; ibid. Pan. 2327, obs. Chauvin ; Defrénois 2007. 1313, obs. Massip ; LPA 6 nov. 2007, note Mahinga ; ibid. 2690, obs. Douchy-Oudot ; AJ fam. 2007. 433, obs. Boiché* • 10 mai 2007, n° 06-12.476 P : *D. 2007. AJ 1432, obs. Gallmeister ; ibid. Pan. 2327, obs. Chauvin ; Defrénois 2007. 1313, obs. Massip ; LPA 6 nov. 2007, note Mahinga ; AJ fam. 2007. 433, obs. Boiché* (JAF au stade de la tentative de conciliation). ♦ V. déjà • Civ. 1re, 9 juill. 1991, n° 89-13.940 P : *D. 1992. 334, note Massip ; JCP 1992. II. 21818, note Muir Watt.* ♦ Rappr. • Civ. 1re, 14 janv. 2009 : *cité note 16 ss. art. 1070.*

2° CONFORMITÉ À L'ORDRE PUBLIC INTERNATIONAL

15. Conformité à l'ordre public international. La contrariété à l'ordre public international de procédure d'une décision étrangère ne peut être admise que s'il est démontré que les intérêts d'une partie ont été objectivement compromis par une violation des principes fondamentaux de la procédure. • Civ. 1re, 19 sept. 2007, n° 06-17.096 P : *D. 2007. AJ 2542 ; Dr. et pr. 2008. 32, note Cuniberti ; JDI 2008. 153, note Chalas ; Rev. crit. DIP 2008. 617, note Pataut.* ♦ L'*exequatur* d'une décision étrangère ouvrant une procédure collective à l'égard d'un non-commerçant n'est pas contraire à la conception française de l'ordre public international. • Com. 18 janv. 2000, n° 97-11.906 P : *D. 2000. AJ 105, obs. Faddoul ; JCP E 2000, n° 14, p. 611, note Chaput ; ibid., n° 17, p. 699, obs. Pétel ; LPA 12 avr. 2000, p. 12, note Vallens ; Rev. crit. DIP 2000. 442, note Bureau ; Gaz. Pal. 2000. 2. Somm. 2104, obs. M.-L. Niboyet.* ♦ De même, l'application concrète d'un jugement espagnol en ce qui concerne la fixation de la période suspecte à une durée de vingt-trois mois avant le jugement d'ouverture de la procédure collective entraîne un résultat admissible au regard de la sécurité du commerce et du crédit du débiteur, telle qu'elle est conçue dans l'ordre public international français. • Com. 5 févr. 2002, n° 98-22.683 P : *D. 2002. AJ 957, obs. Lienhard ; Procédures 2002, n° 75, obs. Croze ; RJ com. 2002. 175, note Menjucq ; Gaz. Pal. 20 févr. 2003, Somm. p. 26, note Niboyet ; JCP 2002. I. 153, n° 10, obs. Fabries ; ibid. E 2003, n° 854, note Raimon ; RLDA 2002/49, n° 3148, obs. Haberer.* ♦ De même, l'absence d'extinction de la créance pour défaut de déclaration à la procédure collective du débiteur principal n'est pas contraire à la conception française de l'ordre public international. • Com. 16 oct. 2007, n° 06-14.681 P : *D. 2007. Actu. 2737, note A. Lienhard ; RJ com. 2008. 221, note Sortais ; Gaz. Pal. 24 janv. 2008, p. 27, note Mélin.* ♦ La décision constatant une répudiation unilatérale du mari sans donner d'effet juridique à l'opposition éventuelle de la femme et en privant l'autorité compétente de tout pouvoir autre que celui d'aménager les conséquences financières de cette rupture du lien matrimonial, est contraire au principe d'égalité des époux lors de la dissolution du mariage, reconnu par l'art. 5 du protocole du 22 nov. 1984, n° 7, additionnel à la Conv. EDH, que la France s'est engagée à garantir à toute personne relevant de sa juridiction, et à l'ordre public international réservé par l'art. 1er d) de la Convention franco-algérienne du 27 août 1964, dès lors que la femme, sinon même les deux époux, sont domiciliés sur le territoire français. • Civ. 1re, 17 févr. 2004, n° 02-11.618 P : *D. 2004. 824, concl. Cavarroc ; RTD civ. 2004. 367, obs. Marguénaud ; Rev. crit. DIP 2004. 423, note Hammje ; AJ fam. 2004. 140, obs. David ; Dr. et patr. 4/2004. 124, obs. Monéger ; Gaz. Pal. 25-26 févr. 2004, p. 29, note Niboyet ; JCP 2004. II. 10128, note Fulchiron ; Defrénois 2004. 812, note Massip* • Civ. 1re, 23 oct. 2013, n° 12-25.802 P : *JCP 2014. 43, note Lamarche ; Dr. fam. 2014, n° 31, note Farge ; Gaz. Pal. 21 janv. 2014, p. 46, note Eppler ; ibid. 1er avr. 2014, p. 15, note Leroyer ; Dr. fam. 2014, n° 31, note Farge*. – V. aussi Courbe, *D. 2004. Chron. 815* ; Meyzeaud-Garaud, *RJPF mai 2004. 6* ; M.-L. Niboyet, *Gaz. Pal. 3-4 sept. 2004, p. 27*. ♦ Il en va ainsi même lorsque cette décision étrangère a été mentionnée, par le service central d'état civil de Nantes, en marge de l'acte de mariage comme portant dissolution de celui-ci. Dès lors que cette décision étrangère est dénuée d'effets en France, elle ne rend pas irrecevable la demande en divorce de l'épouse, portée devant une juridiction française, ni ne met fin au devoir de secours de l'époux. • Civ. 1re, 14 mai 2014, n° 13-17.124 P : *Gaz. Pal. 24 juin 2014, p. 33, note Hamou*. ♦ V. également • Civ. 1re, 10 mai 2006, n° 05-15.707 P : *D. 2007. Pan. 1751, obs. Courbe et Jault-Seseke ; AJ fam. 2006. 374, obs. Boiché* (jugement étranger attribuant la puissance conjugale à l'époux) • 20 sept. 2006, n° 04-16.534 P • 19 sept. 2007, n° 06-19.577 P : *D. 2007. AJ 2477* • 10 mai 2006, n° 04-19.444 P : *D. 2006. AJ 1481 ; AJ fam. 2006. 374, obs. Boiché* (violation du principe de l'égalité des époux pour des conjoints de nationalité française) • Civ. 1re, 20 oct. 2010 : *Gaz. Pal. 4-5 févr. 2011, p. 25, note Eppler ; RJPF janv. 2011, p. 20, obs. Garé* • Civ. 1re, 23 févr. 2011 : *cité note 9 ss. art. 100 (violation du principe d'égalité des époux et du respect des droits de la défense)*. ♦ V. également • Civ. 1re, 20 sept. 2006, n° 05-20.507 P : *D. 2011. Actu. 762 ; AJ fam. 2011. 259, obs. Nord ; RTD eur. 2012. 524, obs. Panet et Corso ; Dr. fam. 2007, n° 95, note M. Farge*. ♦ *Adde* • Civ. 1re, 4 nov. 2009, n° 08-20.574 P : *D. 2009. AJ 2749 ; D. 2010. 543, note Lardeux ; ibid. 1243, obs. Serra et Williatte-Pellitteri ; JCP 2009. 477, obs. Devers ; Gaz. Pal. 22-23 janv. 2010, p. 37, obs. Eppler ; RJPF 2010-2/27, obs. Garé ; AJ fam. 2010. 86, note Boiché ; Rev. crit. DIP 2010. 313, étude Zaher*. ♦ Lorsqu'une décision de divorce a été prononcée à l'étranger en application d'une loi qui n'accorde pas à l'un des époux, en raison de son appartenance à l'un ou l'autre sexe, une égalité d'accès au divorce, sa reconnaissance ne heurte pas l'ordre public international, dès lors qu'elle est invoquée par celui des époux à l'égard duquel sont prévues les règles les moins favorables, que la procédure suivie n'a pas été entachée de fraude et que l'autre époux a pu faire valoir ses droits. • Civ. 1re, 17 mars 2021, n° 20-14.506 P : *D. 2021. 631* (*khol'â* : divorce obtenu par l'épouse moyennant compensation) prononcé en Algérie). ♦ Peut recevoir *exequatur* un divorce prononcé au terme d'une procédure non contradictoire suivie à l'étranger qui n'est que la conséquence de la carence de l'épouse à se présenter devant le juge devant lequel elle avait été régulièrement assignée ; le divorce prononcé, selon la loi étrangère applicable, pour cessation de toute cohabitation entre les époux pendant plus d'un an, par une décision se référant à des « affidavits » n'est pas contraire à l'ordre public international. • Civ. 1re, 10 mai 2006, n° 04-19.988 P. ♦ Sur l'inopposabilité d'un jugement canadien de divorce pour « escroquerie au jugement », V. • Civ. 1re, 30 sept. 2003, n° 01-13.142 P : *Gaz. Pal. 3-4 sept. 2004, p. 32, note Niboyet*. ♦ Ne donne pas de base légale à sa décision au regard des art. 3 C. civ. et 455 C. pr. civ. la cour d'appel qui, pour accorder à une épouse une prestation compensatoire en application du droit français, relève que la loi marocaine ne permettait pas d'accorder à l'épouse une allocation suffisante après le divorce de sorte qu'elle était, sur ce point, contraire à l'ordre public français, sans analyser les termes du nouveau code marocain désigné par l'art. 8 de la Conv. de La Haye du 2 oct. 1973 relative à la loi applicable en matière d'obligation alimentaire en l'absence de dispositions particulières de la Conv. franco-marocaine du 10 août 1981. • Civ. 1re, 4 nov. 2009, n° 08-20.355 P : *D. 2009. AJ 2749, obs. Gallmeister ; AJ fam. 2010. 38, obs. Boiché ; D. 2010. 543, note Lardeux ; JCP 2009. 477, obs. Devers ; Dr. fam. 2010, n° 13, note Abadie ; RJPF 2010-2/27, obs. Garé*. ♦ Une cour d'appel écarte valablement comme contraire à l'ordre public international français la disposition du jugement étranger par laquelle la mère devait assumer seule l'entretien de sa fille, dès lors qu'elle relève d'une part, que l'enfant commun a acquis la nationalité française par décret de naturalisation de son père en 2005 et qu'elle et ses parents demeurent d'une manière habituelle en France, et d'autre part, que le droit aux aliments est un droit qui s'impose aux père et mère qui ne peuvent y renoncer. • Civ. 1re, 14 oct. 2009 : *D. 2010. 177, note Bollée ; Gaz. Pal. 22-23 janv. 2010, p. 42, obs. Mulon ; RLDC 2009. 3688, obs. Pouliquen*. ♦ N'est pas contraire à l'ordre public international l'« *anti suit injunction* » dont, hors champ d'application de conventions ou du droit communautaire, l'objet consiste seulement à sanctionner la violation d'une obligation contractuelle préexistante. • Civ. 1re, 14 oct. 2009, n° 08-16.369 P : *D. 2009. AJ 2556, obs. Delpech ; ibid. 177, note Bollée ; ibid. 2010. Pan. 1585, obs. Courbe et Jault-Seseke ; ibid. 2323, obs. d'Avout et Bollée ; Rev. crit. DIP 2010. 158, note Muir Watt ; RTD civ. 2010. 372, obs. Théry ; RTD com. 2010. 459, obs. Delebecque ; JCP 2009. 416, obs. Cornut ; ibid. 505, note Legros ; Gaz. Pal. 28 nov. 2009, p. 34, note Niboyet ; RLDC 2010. 3669, obs. Le Gallou ; ibid. 3796, obs. Cuniberti ; RDC 2010. 721, obs. Treppoz ; Procédures 2009, n° 12, note Nourissat ; JDI 2010. 146, note Clavel* (jugeant qu'un contrat de distribution exclusive conclu entre une société américaine et une société française comportant une clause attributive de compétence aux juridictions américaines, une cour d'appel retient exactement, d'abord, que, eu égard à cette clause librement acceptée par les parties, aucune fraude ne peut résulter de la saisine par la société américaine de la juridiction expressément désignée comme compétente et, ensuite, qu'il ne peut y avoir privation de l'accès au juge, dès lors que la décision du juge américain, interdisant à la partie française de poursuivre la procédure engagée devant un tribunal français, a précisément pour objet de statuer sur sa propre compétence et pour finalité de faire respecter la convention attributive de compétence souscrite par les parties). ♦ Comp. en droit communautaire. • CJCE 10 févr. 2009 : *cité note ss. art. 1er, Règl. n° 44/2001 du 22 déc. 2000, App., Droit européen et international, Droit de l'Union européenne.* – V. aussi en faveur de la reconnaissance d'un divorce marocain pour discorde : • Civ. 1re, 23 févr. 2011 : *D. 2011. Actu. 762, obs. Gallmeister ; ibid. Pan. 1374, obs. Jault-Seseke ; AJ fam. 2011. 210, obs. Boiché ; Dr. fam. 201, n° 88, note Abadie.* ♦ Si le principe d'une condamnation à des dommages-intérêts punitifs n'est pas, en soi, contraire à l'ordre public, il en est autrement lorsque le montant alloué est disproportionné au regard du préjudice subi et des manquements aux obligations contractuelles du débiteur. • Civ. 1re, 1er déc. 2010, n° 09-13.303 P : *R., p. 471 ; D. 2011. Actu. 423, obs. I. Gallmeister ; ibid. note F.-X. Licari ; ibid. Pan. 1374, obs. F. Jault-Seseke ; ibid. 2443, obs. d'Avout ; Rev. crit. DIP 2011. 93, note H. Gaudemet-Tallon ; RTD civ. 2011. 122, obs. Fages ; JCP 2011. 140, note Juvénal ; 435, obs. Stoffel-Munck ; iibid. 258, n° 12, obs. Nourissat ; ibid. 666, n° 28, obs. Jeuland ; Gaz. Pal. 2011, nos 82 et 83, note Bérard ; ibid. 1576, obs. Mekki ; Dr. et patr. 8/2011. 42, obs. Attal ; RJ com. 2011. 284, obs. M.-E. Ancel ; RDC 2011. 459, note Carval.* ♦ *Adde* : Wester-Ouisse, *RCA 2011. Étude 5* (la Cour de cassation ouvre la porte aux dommages-intérêts punitifs). ♦ *Contra* : • Poitiers, 26 févr. 2009 : *JDI 2010. 1230, note Licari.* ♦ Le refus d'*exequatur* fondé sur la contrariété à l'ordre public international français de la décision étrangère suppose que celle-ci comporte des dispositions qui heurtent des principes essentiels du droit français ; il n'en est pas ainsi de la décision qui partage l'autorité parentale entre la mère et l'adoptante d'un enfant. • Civ. 1re, 8 juill. 2010, n° 08-21.740 P : *R., p. 469 ; D. 2010. AJ 1787, obs. Gallmeister ; ibid. 2011. Pan. 1374, obs. Jault-Seseke ; AJ fam. 2010. 387, obs. Mirkovic , obs. Haftel , interview Mécary ; RDSS 2010. 1128, note Neirinck ; Rev. crit. DIP 2010. 747, note Hammje ; RTD civ. 2010. 547, obs. Hauser ; JCP 2010. 809, obs. Devers ; ibid. 911, note Rubellin-Devichi ; ibid. 932, note Mathieu ; ibid. 1173, obs. Fulchiron ; ibid. N 2011. 1122, note Massip ; Gaz. Pal. 2 sept. 2010, p. 16, note Petit ; Gaz. Pal. 11 sept. 2010, p. 39, note Eppler ; Dr. fam. 2010. Repère 9, obs. Neirinck ; ibid. n° 156, note Farge ; LPA 1er juin 2011, p. 18, note Kerckhove ; Procédures 2010, n° 349, note Douchy-Oudot ; JDI 2011. 119, note Bollée* • Paris, 18 mars 2010 : *D. 2010. Pan. 1210, obs. Egéa ; ibid. Pan. 1683, note Geouffre de la Pradelle ; ibid. 1904, obs. Gouttenoire ; ibid. 2011. Pan. 1374, obs. Jault-Seseke ; AJ fam. 2010. 233, note Chénedé ; ibid. 147, obs. Avena-Robardet ; RTD civ. 2010. 317, obs. Hauser .* ♦ ... Ni d'une décision étrangère qui prononce l'adoption par un couple d'hommes non mariés et qui partage entre eux l'autorité parentale • Paris, 24 févr. 2011 : *AJ fam. 2011. 207 ; Dr. fam. 2011, n° 87, note Farge.* ♦ Un jugement de divorce étranger qui met à néant l'exercice conjoint de l'autorité parentale en donnant à une mère le droit de prendre seule toutes les décisions concernant les enfants et faisant au père des injonctions lui interdisant de recevoir ses enfants en présence d'une femme sauf en cas de mariage, porte atteinte à des principes essentiels du droit français fondés sur l'égalité des parents dans l'exercice de l'autorité parentale et sur le respect de la vie privée et familiale ; une cour d'appel a, par ce seul motif, rejeté à bon droit la fin de non-recevoir tirée de ce jugement et a estimé, par une appréciation souveraine de la loi étrangère, que celui-ci présentait un caractère indivisible ne permettant pas un *exequatur* partiel. • Civ. 1re, 4 nov. 2010, n° 09-15.302 P : *D. 2010. Actu. 2649 ; ibid. 2011. Pan. 1384, obs. Jault-Seseke ; AJ fam. 2011. 46, note Boiché ; RLDC 2011. 4098, note J. Gallois ; Gaz. Pal. 4-5 févr. 2011, p. 30, obs. Eppler ; RJPF janv. 2011, p. 23, note Meyzeaud-Garaud ; Dr. fam. 2011, n° 47, note Fabre ; RTD civ. 2011. 115, obs. Hauser .* ♦ Si l'art. 346 C. civ., qui réserve l'adoption conjointe à des couples unis par le mariage, ne consacre pas un principe essentiel reconnu par le droit français, en revanche, l'ordre public international s'oppose à ce que soit ordonné l'exequatur d'une décision étrangère d'adoption ayant pour effet de rompre les liens de filiation antérieurs de l'enfant, dont la transcription sur les registres de l'état civil français emporterait inscription de cet enfant comme né de deux parents de même sexe, en contrariété avec un principe essentiel du droit français de la filiation consacré notamment à l'art. 310 C. civ. • Civ. 1re, 7 juin 2012, n° 11-30.261 P : *R. 2012. 403 ; D. 2012. Actu. 1546, obs. Gallmeister ; ibid. 1992, note Vigneau ; ibid. 1973, point de vue d'Avout ; ibid. 2013. Pan. 1436, obs. Granet-Lambrechts ; ibid. Pan. 1503, obs. Jault-Seseke ; ibid. AJ fam. 2012. 397, obs. Haftel ; Rev. crit. DIP 2013. 587, note Gannagé ; RTD civ. 2012. 522, obs. Hauser ; JCP N 2012. 1314, note Azincourt.* ♦ Si l'art. 346 C. civ., qui réserve l'adoption conjointe à des couples unis par le mariage, ne consacre pas un principe essentiel reconnu par le droit français, ... est en revanche contraire à l'ordre public international la décision qui prononce l'*exequatur* d'une décision étrangère d'adoption sans rechercher, ainsi qu'il lui incombait, si la transcription du jugement sur les registres de l'état civil français n'aurait pas pour effet d'inscrire cet enfant comme étant né de deux parents du même sexe, en contrariété avec un principe essentiel du droit français de la filiation consacré notamment à l'art. 310 C. civ. • Civ. 1re, 7 juin 2012, n° 11-30.262 P : *D. 2012. 1992, note Vigneau ; ibid. 1973, point de vue d'Avout ; ibid. 2013. Pan. 1436, obs. F. Granet-Lambrechts ; ibid. Pan. 1503, obs. Jault-Seseke ; AJ fam. 2012. 397, obs. Dionisi-Peyrusse ; Rev. crit. DIP 2013. 587, note Gannagé ; RTD civ. 2012. 522, obs. Hauser ; JCP 2013. 949, obs. Byk ; ibid. 2012. 1314, note Azincourt.* ♦ Viole l'art. 509 la cour d'appel qui pour confirmer le jugement ayant annulé les actes de naissance, et après avoir énoncé que le débat ne se pose pas sur le terrain de l'*exequatur*, mais seulement sur celui de l'opposabilité de la décision étrangère, a retenu qu'il apparaît que le juge étranger par une décision opposable en France a déclaré nuls des actes de naissance, sans rechercher si la décision du juge étranger réunissait les conditions de sa régularité internationale. • Civ. 2e, 29 janv. 2014 : *BICC 15 avr. 2014, n° 713 ; AJ fam. 2014. 185, note Boiché.*

16. Motivation. Est contraire à la conception française de l'ordre public international la reconnaissance d'une décision étrangère lorsque ne sont pas produits des documents de nature à servir d'équivalent à la motivation défaillante. • Civ. 1re, 17 janv. 2006, n° 03-14.483 P : *Dr. et pr. 2006. 220, note Cuniberti ; JCP 2006. II. 10052, note Martel* • 28 nov. 2006, n° 04-14.646 P : *D. 2007. AJ 19* • 22 oct. 2008, n° 06-15.577 P : *D. 2008. AJ 2801, obs. Gallmeister ; ibid. 2009. 59, note Motte-Suraniti ; JCP 2008. Actu. 651, note E. Cornut ; RLDC févr. 2009, n° 3320, obs. Beignier.* ♦ Une telle équivalence peut être un ensemble de documents comprenant les écritures des parties, le témoignage de l'une d'elles, des ordonnances et la transcriptions des débats. • Civ. 1re, 17 janv. 2006 : *préc.* • 28 nov. 2006, n° 04-14.646 P : *D. 2007. AJ 19.* ♦ Il incombe au demandeur de produire ces documents. • Même arrêt. ♦ Dans le même sens, • Civ. 1re, 28 nov. 2006, n° 04-19.031 P. ♦ La conception française de l'ordre public international s'oppose à ce que la motivation d'une décision étrangère reconnue défaillante par le juge de l'*exequatur* puisse être complétée par des décisions rendues postérieurement à la saisine de celui-ci. • Civ. 1re, 7 nov. 2012, n° 11-23.871 P : *D. actu. 28 nov. 2012, obs. Kebir ; D. 2012. Actu. 2671 ; ibid. 2013. Pan. 2293, obs. Bollée ; LPA 10 janv. 2013, p. 9, note Legrand ; JCP 2013. 519, obs. Jeuland ; ibid. 170, note Piacitelli-Guedj.*

17. Procès équitable. Est contraire à l'ordre public international la violation des droits de la défense. • Dijon, 16 déc. 1998 : *Gaz. Pal. 30 janv.-1er févr. 2000, p. 9.* ♦ Est assimilée à une telle violation la fraude aux droits de la défense (déclaration mensongère de l'ignorance de l'adresse de la partie adverse). • Civ. 1re, 30 sept. 2003 : *Gaz. Pal. 3-4 sept. 2004, p. 32, obs. Niboyet.* ♦ Comp. jugeant que, sauf à procéder à une révision prohibée de la décision étrangère, la demande d'*exequatur* d'un jugement étranger ne peut être refusée pour être contraire à l'ordre public international français, motif pris de ce que cette décision se fonderait sur les conclusions d'un expert lié par contrat à l'une des parties et présenterait un défaut objectif d'indépendance, alors que tous les recours contre cette décision avaient été exercés dans l'État d'origine et que le recours en révision fondé sur le défaut d'impartialité de l'expert avait pu être examiné par le juge étranger conformément aux règles de procédure de cet État : • Civ. 1re, 31 janv. 2006, n° 04-20.689 P : *D. 2006. 1662, note Montfort ; ibid. 2007. Pan. 1759, obs. Courbe et Jault-Seseke ; JCP 2006. II. 10114, note Dammann et Ollivry ; ibid. 183, obs. Jeuland ; LPA 1er août 2006, p. 16, note Mahinga.* ♦ Jugeant, d'une part, que l'appréciation portée par le juge sur les affirmations d'une partie ne révélait aucun parti pris hostile, d'autre part, que les mesures prises étaient fondées sur des éléments objectifs tirés de la situation personnelle des parties, et enfin, que l'exercice des voies de recours ouvertes contre les décisions a permis à l'appelant de faire entendre sa cause devant une autre juridiction dont l'impartialité n'était pas discutée, ce qui était de nature à exclure toute atteinte à ses droits, la cour d'appel a déduit l'absence de violation de l'ordre public international de procédure. • Civ. 1re, 2 déc. 2020, n° 18-20.691 P : *D. actu. 22 janv. 2021, note Panet ; D. 2020. 2457 ; AJ fam. 2021. 134 obs. Boiché ; JCP N 2021. 162, note Latil ; Defrénois 2021, n° 6, p. 27, note Callé.*

3° ABSENCE DE FRAUDE

18. Fraude. V. not. notes 21 et 22 ss. art. 509. ♦ V. aussi note 15. ♦ Il n'y a pas lieu à *exequatur* d'un jugement américain prescrivant le retour des enfants aux États-Unis, pour y vivre avec leur mère, dès lors qu'elle a fait en sorte d'accréditer, par une présentation fallacieuse de la situation existante, que la résidence familiale était demeurée établie sur le sol américain et que le séjour des enfants en France n'était pas consécutif à la décision conjointement prise par les époux d'établir la résidence de la famille à Paris, trompant ainsi délibérément le juge étranger. • Civ. 1re, 17 déc. 2014 : *D. 2015. Actu. 16* ⌀.

4° COMPÉTENCE INDIRECTE

a. Droit commun

19. Absence de caractère exclusif. Toutes les fois que la règle française de solution des conflits de juridictions n'attribue pas compétence exclusive aux tribunaux français, le tribunal étranger doit être reconnu compétent si le litige se rattache d'une manière caractérisée au pays dont le juge a été saisi et si le choix de la juridiction n'a pas été frauduleux ; cassation, au visa de l'art. 1070 [ancien] et des principes qui régissent la compétence juridictionnelle internationale, de l'arrêt qui refuse la compétence du tribunal étranger alors que, d'une part, il constate qu'il existe un lien caractérisé avec le pays dont le juge a été saisi (épouse de nationalité britannique, ayant son domicile en Angleterre où les époux s'étaient mariés, avaient fixé le domicile conjugal et où le mari possédait certains biens), d'autre part, l'art. 1070 [ancien] ne donne pas une compétence exclusive aux juridictions françaises pour connaître du divorce dans les cas auxquels il se réfère. • Civ. 1re, 6 févr. 1985, n° 83-11.241 P : *D. 1985. 469, note Massip ; ibid. IR 497, obs. B. Audit ; Rev. crit. DIP 1985. 369 et 243, chron. Francescakis ; JDI 1985. 460, note A. Huet.* ♦ Sur renvoi : • Paris, 4 mars 1987 : *D. 1987. Somm. 346, obs. Audit ; Gaz. Pal. 1987. 457, concl. Boittiaux.* ♦ De même, l'art. 1072 [ancien] ; [dont l'al. 2 a été repris à l'avant-dernier al. de l'actuel art. 1070] n'attribue pas compétence exclusive aux juridictions françaises. • Civ. 1re, 8 juin 1999, n° 97-13.406 P : *D. 1999. IR 169* ⌀ *; Gaz. Pal. 2000. 1. Somm. 792, obs. Massip ; Rev. crit. DIP 2000. 35, note Rémy-Corlay* ⌀. ♦ Une juridiction française fût-elle première saisie, la décision de divorce prononcée par un juge des États-Unis doit être reconnue en France, dès lors que le litige se rattache de manière caractérisée avec le pays étranger dont l'épouse a la nationalité, où elle réside sans fraude aux droits du père avec ses enfants depuis plus de six mois, sans preuve d'une *fraude à la compétence du juge français* pour lequel la procédure devient sans objet et les mesures provisoires caduques. • Civ. 1re, 30 sept. 2009, n° 08-18.769 P : *R. 2009, p. 464 ; D. 2009. AJ 2433, note Gallmeister* ⌀ *; JCP 2009. 439, obs. Devers ; AJ fam. 2009. 493, note Boiché* ⌀ *; RLDC 11/2009. 3615, obs. Pouliquen ; Dr. fam. 2009. Comm. 166, note Abadie ; RJPF 12/2009. 22, note Garé ; Gaz. Pal. 22-23 janv. 2010, p. 36, obs. Eppler ; ibid. 2009. Doctr. 3460, obs. M.-L. Niboyet ; Rev. crit. DIP 2010. 133, note H. Gaudemet-Tallon* ⌀.

b. Droit conventionnel

Conv. franco-algérienne du 27 août 1964

20. Principe. Il résulte de l'art. 1er-a de cette Conv., ensemble les principes qui régissent la compétence juridictionnelle internationale, que la compétence de la juridiction saisie doit être appréciée selon les règles concernant les conflits de compétence admises dans l'État où la décision doit être exécutée et que, comme c'est le cas en matière de divorce, toutes les fois que la règle française de solution des conflits de juridiction n'attribue pas compétence exclusive aux tribunaux français, le tribunal étranger doit être reconnu compétent si le litige se rattache d'une manière caractérisée au pays dont le juge a été saisi et si le choix de la juridiction n'a pas été frauduleux. • Civ. 1re, 1er mars 1988, n° 87-12.007 P : *D. 1988. 486, note Massip ; Rev. crit. DIP 1989. 721, note Sinay-Cytermann.*

21. Lien caractérisé. Est légalement justifié l'arrêt qui, pour déclarer la juridiction algérienne compétente, relève que les époux étaient tous deux de nationalité algérienne, que l'épouse résidait en Algérie, où le mariage avait été célébré, avec le troisième enfant issu de l'union et que la loi algérienne était compétente pour régir le fond du divorce. • Civ. 1re, 6 janv. 1987, n° 85-13.621 P : *D. 1987. 467, note Massip ; Rev. crit. DIP 1988. 337, note Lequette ; JDI 1988. 435, note Jacquet.* ♦ La nationalité algérienne des époux constitue un rattachement caractérisé avec l'Algérie. • Civ. 1re, 15 juin 1994, n° 92-22.111 P : *D. 1994. Somm. 352, obs. B. Audit* ⌀ *; LPA 22 févr. 1995, p. 21, note Massip ; Rev. crit. DIP 1996. 127, note B. Ancel* ⌀. ♦ *Contra*, lorsque les deux époux sont domiciliés en France, leur nationalité algérienne commune ne suffit pas à rattacher le litige d'une manière caractérisée à l'Algérie et le juge algérien n'est pas compétent pour en connaître. • Civ. 1re, 17 févr. 2004, n° 02-17.479 P : *Gaz. Pal. 25-26 févr. 2004, p. 31, note M.-L. Niboyet ; ibid. 3-4 sept. 2004, p. 33, note M.-L. Niboyet ; AJ fam. 2004. 141, obs. David* ⌀ *; Dr. et patr., avr. 2004. 125, obs. F. Monéger ; Defrénois 2004. 812, note Massip.* ♦ V. déjà, antérieurement : doit être déclaré inopposable le jugement de divorce prononcé en Algérie entre époux algériens à la demande du mari, après que sa femme a déposé en France, où les époux et leurs enfants étaient domiciliés, une requête en séparation de corps, le seul lien de rattachement du litige avec l'ordre juridique du juge algérien étant la nationalité algérienne commune des époux, rattachement qui ne suffit pas en la matière, alors qu'il s'agit de prononcer la dissolution du lien matrimonial et de statuer sur ses conséquences à l'égard des époux et des enfants, pour constituer un lien caractérisé avec le pays du juge saisi et justifier la compétence de ce juge. • Paris, 15 nov. 1988 : *D. 1989. Somm. 257, obs. B. Audit.* ♦ Malgré la force théorique de ce rattachement dans une matière relevant au fond du statut des personnes, la nationalité des époux ne constitue pas un critère général de détermination de la compétence internationale qui dépend de la localisation effective des intérêts et des droits en jeu ; spécialement, les questions d'ordre personnel ou patrimonial soulevées par le divorce, que ce soit entre les époux ou vis-à-vis de leurs enfants, sont localisées à Paris, où demeurent les époux et ceux de leurs enfants concernés par le divorce et où leurs revenus respectifs sont perçus ; le litige présente ainsi des liens de rattachement prépondérants avec la juridiction française qui est donc compétente, à l'exclusion du juge algérien saisi par le mari et avec l'ordre juridique duquel le divorce n'a que la nationalité algérienne commune des deux époux comme seul lien de rattachement. • Paris, 15 mars 1990 : *D. 1990. Somm. 263, obs. B. Audit* ✎.

22. Choix frauduleux. Manque de base légale l'arrêt qui, pour décider que les juridictions algériennes étaient compétentes pour connaître du divorce de deux époux algériens, mariés en Algérie mais domiciliés en France, se borne à relever que l'épouse a comparu devant les tribunaux algériens, en se faisant représenter par un avocat qui a fait valoir ses moyens de défense et n'a pas contesté la compétence de ces tribunaux, sans rechercher si le choix de la juridiction algérienne n'avait pas été frauduleux et n'avait pas été fait dans le seul but d'échapper aux conséquences du jugement français condamnant l'époux à contribuer aux charges du mariage. • Civ. 1re, 1er mars 1988, n° 87-12.007 P : *préc. note 17 ter.* ♦ Ne donne pas de base légale à sa décision au regard de l'art. 1, § a, de la Conv. franco-algérienne du 27 août 1964 au terme duquel les décisions rendues par les juridictions algériennes ont en France, de plein droit, l'autorité de la chose jugée à condition que la décision émane d'une juridiction compétente selon les règles concernant les conflits de compétences admises dans l'État où la décision doit être exécutée, une cour d'appel qui déclare compétente une juridiction algérienne sans rechercher si le choix de cette juridiction n'avait pas été fait de manière frauduleuse pour échapper aux conséquences d'un jugement français, dès lors que les époux résidaient en France, et qu'une procédure était en cours devant les tribunaux français. • Civ. 1re, 30 sept. 2009, n° 08-16.883 P : *D. 2010. 58, note B. Audit* ✎ ; *AJ fam. 2009. 493, note Boiché* ✎ ; *RJPF 12/2009. 22, note Garé ; Gaz. Pal. 22-23 janv. 2010, p. 35, obs. Eppler ; JDI 2010. 841, note Guillaumé.* ♦ Justifie légalement sa décision de retenir une fraude au jugement destinée à faire échec à l'exécution d'une décision française à intervenir visant à faire condamner un époux algérien au versement d'une contribution aux charges du mariage, en s'appuyant sur les circonstances ayant entouré la saisine hâtive du juge algérien par ce même époux pour obtenir le divorce et échapper ainsi à une condamnation en France. • Civ. 1re, 20 juin 2012, n° 11-30.120 P : *D. 2012. Actu. 1676* ✎ ; *AJ fam. 2012. 460* ✎ ; *Rev. crit. DIP 2012. 900, note Gaudemet-Tallon* ✎ ; *Dr. fam. 2012, n° 137, note Abadie ; Gaz. Pal. 14-15 sept. 2012, p. 39, obs. Eppler ; Gaz. Pal. 7-8 déc. 2012, p. 36, note Nioche.* ♦ Comp. : il n'apparaît pas que la décision algérienne a été obtenue dans le seul but de neutraliser les conséquences pécuniaires d'un divorce prononcé en France en fraude des droits de l'épouse, dès lors que celle-ci n'a pas soulevé l'incompétence des tribunaux algériens devant lesquels elle a débattu de sa situation sur le fond. • Nancy, 20 janv. 2003 : *BICC 2003, n° 1186.*

Conv. franco-marocaine du 10 août 1981

23. Époux de nationalité marocaine. Aux termes de l'art. 11 de cette Conv., les juridictions de l'État dont les époux ont tous deux la nationalité peuvent être compétentes, quel que soit le domicile des époux au moment de l'introduction de l'action judiciaire ; en conséquence, l'acte de divorce obtenu par le mari marocain au Maroc est opposable à l'épouse marocaine, bien que les époux soient domiciliés en France. • Douai, 9 mars 1989 : *JCP 1989. II. 21388, note X. L.* ♦ Il ne peut valablement être fait grief à un époux de nationalité marocaine d'avoir commis une fraude au jugement en choisissant la juridiction marocaine plutôt que la juridiction française, car l'art. 11 de la Conv. préc. fait échec aux dispositions de l'art. 1070 [ancien]. • Versailles, 9 oct. 1989 : *D. 1990. Somm. 99, obs. Groslière* ✎.

Conv. franco-tunisienne du 28 juin 1972

24. Époux ne résidant pas en Tunisie. Justifie légalement sa décision l'arrêt qui, pour déduire l'incompétence de la juridiction tunisienne, relève que si l'époux est de nationalité tunisienne, il ne résidait pas habituellement dans ce pays depuis au moins un an à la date de l'acte introductif d'instance et que dès lors que l'exception de litispendance ne peut être accueillie que lorsque la décision à intervenir à l'étranger est susceptible d'être reconnue en France et a été rendue par une juridiction compétente au sens de l'art. 16-1, d) de la Conv. franco-tunisienne du 28 juin 1972, ce tribunal est celui de l'État de la nationalité du demandeur lorsque celui-ci réside depuis plus d'un an dans cet État. • Civ. 1re, 28 janv. 2009, n° 08-10.185 P : *AJ fam. 2009. 260, note Boiché* ✎.

25. Compétence indirecte. En application de

l'art. 36 de l'Accord de coopération en matière de justice du 24 avr. 1961 liant la France et le Burkina Faso, une décision prononcée dans ce pays ne peut pas obtenir l'*exequatur* en France dès lors que le contrat litigieux comportait une clause attributive de juridiction désignant un tribunal français et que le juge burkinabé était donc dépourvu de compétence indirecte. • Civ. 1re, 15 mai 2018, nº 17-17.546 P : *D. actu. 4 juin 2018, obs. Mélin ; JCP 2018. 919, note Mailhé.* ♦ Il appartient au juge de l'exequatur de contrôler la compétence indirecte du juge étranger en vérifiant si, au regard des règles du droit international privé français, le litige se rattache de manière caractérisée au juge étranger. • Civ. 1re, 3 mars 2021, nº 19-19-471 P : *D. actu. 22 mars 2021, note Panet ; D. 2021. 530* (sanction de l'absence de contrôle).

C. PORTÉE DE L'EXEQUATUR

26. Octroi de l'exequatur. Sur la fonction déclaratoire de régularité des jugements étrangers reconnue à l'*exequatur*, V. • Civ. 1re, 3 janv. 1980 : *D. 1981. IR 161, obs. Audit ; Rev. crit. DIP 1980. 597, note Holleaux.* ♦ En présence d'une décision étrangère dotée de la force exécutoire en France, l'exécution engagée doit l'être en respectant les voies d'exécution régies par la loi du for. • Civ. 1re, 30 oct. 2006, nº 04-17.326 P : *RTD civ. 2007. 180, obs. Perrot* .

27. Absence d'exequatur. En l'absence d'*exequatur* d'une décision de faillite prononcée en Angleterre, cette décision ne peut produire en France aucun effet de dessaisissement du débiteur, ni de suspension des poursuites individuelles. • Civ. 1re, 24 mars 1998, nº 96-10.171 P : *D. 1998. IR 108 ; JCP 1998. II. 10155, note Kerckhove ; RTD com. 1998. 831, obs. Dubarry et Loquin* . ♦ Un jugement étranger produit en France des effets, en tant que fait juridique, indépendamment d'une vérification de sa régularité internationale par une procédure de reconnaissance ou d'*exequatur*. • Civ. 1re, 11 juill. 2006, nº 01-02.593 P : *D. 2006. IR 2211 ; ibid. 2007. Pan. 1758, obs. Jault-Seseke ; Rev. crit. DIP. 2007. 414, note Muir Watt ; JDI 2007. 555, note Fohrer-Dedeurwaerder.*

28. Office du juge. Le juge doit rechercher si le jugement étranger remplit toutes les conditions de régularité internationale tant au regard de la compétence du juge saisi, que de l'application au litige de la loi appropriée. • Civ. 1re, 4 juill. 2006, nº 04-17.590 P : *Rev. crit. DIP. 2007. 413, note Muir Watt ; ibid. 422, note Ancel et Muir Watt* . ♦ Doit être cassé l'arrêt ayant rejeté l'exception de chose jugée tirée du jugement étranger de divorce sans rechercher si ce jugement prononcé au Texas remplissait les conditions de régularité internationale pour être reconnu en France. • Civ. 1re, 10 mai 2007, nº 06-11.323 P : *D. 2007. Actu. 1432, obs. Gallmeister ; ibid. Chron. C. cass. 2327, obs. Chauvin et Creton ; ibid. Pan. 2690, obs. Douchy-Oudot ; ibid. 2008. Pan. 1507, obs. Courbe et Jault-Seseke ; AJ fam. 2007. 433, obs. Boiché ; LPA 6 nov. 2007, p. 15, note Mahinga ; JCP 2007. Actu. 242, note Devers ; Defrénois 2007, art. 38653, nº 54, obs. Massip.*

29. Conversion de la condamnation étrangère. Il n'appartient pas au juge français de modifier les termes d'une condamnation à somme fixe, prononcée par un juge étranger dans sa monnaie nationale et sans autre indication de sa part. Dès lors, il ne saurait tenir compte d'une dévaluation intervenue avant la décision étrangère, et que les parties auraient pu faire valoir devant le juge étranger. • Civ. 1re, 19 sept. 2007 : *préc. note 15.*

30. Prohibition de la révision au fond. Procède à la révision au fond de la décision étrangère le juge qui, pour refuser l'*exequatur* aux dispositions d'un jugement étranger, retient que celui-ci se borne à affirmer que les voies d'exécution ont été entreprises sur le fondement d'une créance certaine, liquide et exigible, correspondant à des factures impayées, sans préciser les circonstances et justifications contractuelles de cette créance et que la société demanderesse à l'*exequatur* s'abstient de produire les justifications de la créance dont elle entend poursuivre l'exécution en France. • Civ. 1re, 14 janv. 2009, nº 07-17.194 P : *D. 2009. AJ 303, obs. Gallmeister ; ibid. Pan. 1567, obs. Jault-Seseke ; Rev. crit. DIP 2009. 331, note d'Avout ; JCP 2009. Actu. 51, obs. E. Cornut ; ibid. II. 10033, note Mahinga.* ♦ V. aussi, jugeant qu'il n'appartient pas au juge de l'*exequatur*, mais au seul juge compétent au fond de statuer sur la liquidation des intérêts patrimoniaux. • Civ. 1re, 28 mars 2013, nº 11-19.279 P : *D. 2013. Actu. 929 ; ibid. 2014. Pan. 1059, obs. Gaudemet-Tallon et Jault-Seseke ; AJ fam. 2013. 389, obs. Boiché ; JCP N 2013. 1199, note Bidaud-Garon ; ibid. 1242, nº 8, obs. Devers ; Dr. fam. 2013, nº 111, note Abadie ; LPA 7 oct. 2013, p. 8, obs. Boillot ; Gaz. Pal. 2013. 1817, note Hamou.* ♦ En application des art. 1er et 4 de la conv. franco-algérienne relative à l'*exequatur* du 27 août 1964, le juge français saisi d'une demande d'*exequatur* d'un jugement algérien ne peut pas procéder à une révision au fond de ce jugement en substituant sa propre appréciation de la valeur et de la portée des éléments de preuve à celle du juge algérien. • Civ. 1re, 12 juill. 2017, nº 16-24.013 P : *D. 2018. Pan. 981, obs. Jault-Seseke ; D. actu. 31 juill. 2017, obs. Mélin ; AJ fam. 2017. 548 ; JCP 2017. 1124, note Mailhé.* ♦ Il est interdit au juge de l'*exequatur* de procéder à la révision au fond de la décision étrangère. Viole l'art. 36 de l'Accord de coopération en matière de justice signé entre la France et la Côte d'Ivoire le 24 avr. 1961 et l'art. 370-3 C. civ. la cour d'appel qui, pour refuser l'*exequa-*

tur à une décision ivoirienne d'adoption plénière, retient l'irrégularité du consentement donné par les parents biologiques, alors que la violation de l'art. 370-3 C. civ. ne peut être opposée à l'*exequatur* d'un jugement d'adoption. • Civ. 1re, 7 déc. 2016, n° 16-23.471 P : *Procédures 2017, n° 61, note Strickler.*

31. Intérêts moratoires. L'art. 1153-1 s'applique, comme loi du for, à l'exécution en France d'une condamnation prononcée par une juridiction étrangère reconnue exécutoire. • Civ. 1re, 6 mars 2007, n° 04-17.127 P : *D. 2007. AJ 874, obs. Gallmeister ; ibid. Pan. 2328, obs. Chauvin ; ibid. 2008. Pan. 1507, obs. Courbe et Jault-Seseke ; Rev. crit. DIP 2007. 784, note Libchaber ; RTD com. 2008. 212, obs. Delebecque ; JDI 2008. 537, note Bollée ; RJ com. 2007. 334, obs. Attal.* ♦ Les intérêts moratoires dus en exécution d'une condamnation prononcée par une juridiction étrangère ne courent qu'à compter de la décision d'*exequatur.* • Même arrêt.

Art. 509-1 *(Décr. n° 2015-1395 du 2 nov. 2015, art. 1er)* **I. — Sont présentées au** *(Décr. n° 2017-892 du 6 mai 2017, art. 68-I-1°)* **« directeur de greffe » de la juridiction qui a rendu la décision** *(Décr. n° 2019-756 du 22 juill. 2019, art. 4-1°)* **« , homologué la convention ou visé le mandat de protection future : »** *(Abrogé par Décr. n° 2017-892 du 6 mai 2017, art. 7-1°-a) « les requêtes aux fins de certification des titres exécutoires français en vue de leur reconnaissance et de leur exécution à l'étranger en application »*

(Décr. n° 2017-892 du 6 mai 2017, art. 7-1°-b) **« 1° Les requêtes aux fins de certification des titres exécutoires français en vue de leur reconnaissance et de leur exécution à l'étranger en application : »**

— des articles 45 à 58 et 61 du règlement (UE) n° 650/2012 du Parlement européen et du Conseil du 4 juillet 2012 relatif à la compétence, la loi applicable, la reconnaissance et l'exécution des décisions, et l'acceptation et l'exécution des actes authentiques en matière de successions et à la création d'un certificat successoral européen ; *— V. Règl. (UE) n° 650/2012 du 4 juill. 2012, App., v° Droit européen et international.*

(Décr. n° 2018-1219 du 24 déc. 2018, art. 1er) **« — des articles 44 à 57 et 60 du règlement (UE) n° 2016/1103 du Conseil du 24 juin 2016 mettant en œuvre une coopération renforcée dans le domaine de la compétence, de la loi applicable, de la reconnaissance et de l'exécution des décisions en matière de régimes matrimoniaux ;**

« — des articles 44 à 57 et 60 du règlement (UE) n° 2016/1104 du Conseil du 24 juin 2016 mettant en œuvre une coopération renforcée dans le domaine de la compétence, de la loi applicable, de la reconnaissance et de l'exécution des décisions en matière d'effets patrimoniaux des partenariats enregistrés ; »

— du règlement (UE) n° 1215/2012 du Parlement européen et du Conseil du 12 décembre 2012 concernant la compétence judiciaire, la reconnaissance et l'exécution des décisions en matière civile et commerciale ; *— V. Règl. (UE) n° 1215/2012 du 12 déc. 2012, App., v° Droit européen et international.*

— de l'article 39 du règlement (CE) n° 2201/2003 du Conseil du 27 novembre 2003 relatif à la compétence, la reconnaissance et l'exécution des décisions en matière matrimoniale et en matière de responsabilité parentale abrogeant le règlement (CE) n° 1347/2000 ; *— V. Règl. (CE) n° 2201/2003 du 27 nov. 2003, App., v° Droit européen et international.*

(Abrogé par Décr. n° 2017-892 du 6 mai 2017, art. 7-1°-c) « — du règlement (CE) n° 805/2004 du Parlement européen et du Conseil du 21 avril 2004 portant création d'un titre exécutoire européen pour les créances incontestées ; » — V. Règl. (CE) n° 805/2004 du 21 avr. 2004, App., v° Droit européen et international.

— de la convention concernant la compétence judiciaire, la reconnaissance et l'exécution des décisions en matière civile et commerciale, faite à Lugano le 30 octobre 2007. *— V. Conv. de Lugano du 30 oct. 2007, App., v° Droit européen et international.*

(Décr. n° 2017-892 du 6 mai 2017, art. 7-1°-d) **« 2° Les requêtes aux fins d'obtention d'un extrait d'une décision présentées en application de l'article 28, paragraphe 1, du règlement (CE) n° 4/2009 du Conseil du 18 décembre 2008 relatif à la compétence, la loi applicable, la reconnaissance et l'exécution des décisions et la coopération en matière d'obligations alimentaires. »** *— Les dispositions du d du 1° de l'art. 7 du Décr. n° 2017-892 du 6 mai 2017 sont applicables aux requêtes aux fins d'obtention d'un extrait de décision présentées en application de l'art. 28, § 1er, du Règl. n° 4/2009 du Conseil du 18 déc. 2008 relatif à la compétence, la loi applicable, la reconnaissance et l'exécution des décisions et la coopéra-*

tion en matière d'obligations alimentaires, pour toutes les décisions judiciaires quelle que soit la date à laquelle elles ont été rendues (Décr. préc., art. 70-III).

(Décr. n° 2019-756 du 22 juill. 2019, art. 4-2°) **« 3° Les requêtes aux fins de délivrance du certificat mentionné à l'article 38 de la Convention de La Haye du 13 janvier 2000 sur la protection internationale des adultes. »**

II. – Sont présentées au juge qui a rendu la décision ou homologué la convention :

1° Les requêtes aux fins de certification des titres exécutoires français en vue de leur reconnaissance et exécution à l'étranger en application :

– des articles 41 et 42 du règlement (CE) n° 2201/2003 du Conseil du 27 novembre 2003 relatif à la compétence, la reconnaissance et l'exécution des décisions en matière matrimoniale et en matière de responsabilité parentale abrogeant le règlement (CE) n° 1347/2000 ; *– V. Règl. (CE) n° 2201/2003 du 27 nov. 2003, App., v° Droit européen et international.*

(Décr. n° 2017-892 du 6 mai 2017, art. 7-2°) **« – du règlement (CE) n° 805/2004 du Parlement européen et du Conseil du 21 avril 2004 portant création d'un titre exécutoire européen pour les créances incontestées ; »** *– Les dispositions du 2° de l'art. 7 sont applicables aux requêtes aux fins de certification des titres exécutoires français en application du Règl. (CE) n° 805/2004 du Parlement européen et du Conseil du 21 avr. 2004 portant création d'un titre exécutoire européen pour les créances incontestées pour tous les titres dressés ou décisions rendues depuis l'entrée en vigueur dudit règlement (Décr. préc., art. 70-III).*

– des articles 5,9 et 14.1 du règlement (UE) n° 606/2013 du Parlement européen et du Conseil du 12 juin 2013 relatif à la reconnaissance mutuelle des mesures de protection en matière civile ; *– V. Règl. (UE) n° 606/2013 du 12 juin 2013, App., v° Droit européen et international.*

2° Les requêtes aux fins d'obtention d'un extrait d'une décision présentées en application de l'article 20, paragraphe 1, du règlement (CE) n° 4/2009 du Conseil du 18 décembre 2008 relatif à la compétence, la loi applicable, la reconnaissance et l'exécution des décisions et la coopération en matière d'obligations alimentaires. *– V. Règl. (CE) n° 4/2009 du 18 déc. 2008, App., v° Droit européen et international.*

Les requêtes présentées devant le juge sont dispensées du ministère d'avocat.

L'art. 1er du Décr. n° 2015-1395 du 2 nov. 2015 s'applique aux décisions judiciaires rendues, aux actes authentiques dressés ou enregistrés formellement et aux transactions judiciairement approuvées à compter du 17 août 2015 (Décr. préc., art. 7).

Les dispositions de l'art. 1er du Décr. n° 2018-1219 du 24 déc. 2018 s'appliquent aux procédures engagées, aux actes authentiques formellement dressés ou enregistrés et aux transactions judiciaires approuvées ou conclues à compter du 29 janv. 2019. Toutefois, elles sont applicables aux décisions rendues à compter du 29 janv. 2019 à la suite de procédures engagées antérieurement à cette date, dès lors que les règles de compétence appliquées sont conformes à celles prévues par le chapitre II des Règl. n° 2016/1103 et n° 2016/1104 du 24 juin 2016 (Décr. préc., art. 11).

BIBL. ▸ **Décr. du 6 mai 2017 :** BLÉRY, *D. actu. 16 mai 2017.*

▸ **Décr. n° 2018-1219 du 24 déc. 2018 :** NOURISSAT, *Defrénois 5 sept. 2019, p. 31.*

▸ **Décr. n° 2019-756 du 22 juill. 2019 :** TANI, *JCP N 2019. 682.*

Circulaire JUSC1033666C du 24 janvier 2011,

Relative à la présentation du décret n° 2010-1165 du 1er octobre 2010 relatif à la conciliation et à la procédure orale en matière civile, commerciale et sociale.

Circulaire JUSC1501985C du 12 février 2015,

De présentation des dispositions du décret n° 2014-1633 du 26 décembre 2014 modifiant le décret n° 2010-434 du 29 avril 2010 relatif à la communication par la voie électronique en matière de procédure civile et portant adaptation au droit de l'Union européenne.

Art. 509-2 *(Décr. n° 2015-1395 du 2 nov. 2015, art. 1er)* **Sont présentées au** *(Décr. n° 2017-892 du 6 mai 2017, art. 68-I-1°)* **« directeur de greffe » du** *(Décr. n° 2019-966 du 18 sept. 2019, art. 8, en vigueur le 1er janv. 2020)* **« tribunal judiciaire** *[ancienne rédac-*

tion : tribunal de grande instance] **» les requêtes aux fins de reconnaissance ou de constatation de la force exécutoire, sur le territoire de la République, des titres exécutoires étrangers en application :**

– des articles 45 à 58 et 61 du règlement (UE) n° 650/2012 du Parlement européen et du Conseil du 4 juillet 2012 relatif à la compétence, la loi applicable, la reconnaissance et l'exécution des décisions, et l'acceptation et l'exécution des actes authentiques en matière de successions et à la création d'un certificat successoral européen ; *– V. Règl. (UE) n° 650/2012 du 4 juill. 2012, App., v° Droit européen et international.*

(Décr. n° 2018-1219 du 24 déc. 2018, art. 2) **« – des articles 44 à 57 et 60 du règlement (UE) n° 2016/1103 du Conseil du 24 juin 2016 mettant en œuvre une coopération renforcée dans le domaine de la compétence, de la loi applicable, de la reconnaissance et de l'exécution des décisions en matière de régimes matrimoniaux ;**

« – des articles 44 à 57 et 60 du règlement (UE) n° 2016/1104 du Conseil du 24 juin 2016 mettant en œuvre une coopération renforcée dans le domaine de la compétence, de la loi applicable, de la reconnaissance et de l'exécution des décisions en matière d'effets patrimoniaux des partenariats enregistrés ; »

– de la convention concernant la compétence judiciaire, la reconnaissance et l'exécution des décisions en matière civile et commerciale, faite à Lugano le 30 octobre 2007. *– V. Conv. de Lugano du 30 oct. 2007, App., v° Droit européen et international.*

Sont présentées au président du *(Décr. n° 2019-966 du 18 sept. 2019, art. 8, en vigueur le 1er janv. 2020)* **« tribunal judiciaire** *[ancienne rédaction : tribunal de grande instance]* **» ou à son délégué les requêtes aux fins de reconnaissance ou de constatation de la force exécutoire, sur le territoire de la République, des titres exécutoires étrangers en application :**

– du règlement (CE) n° 2201/2003 du Conseil du 27 novembre 2003 relatif à la compétence, la reconnaissance et l'exécution des décisions en matière matrimoniale et en matière de responsabilité parentale abrogeant le règlement (CE) n° 1347/2000 ; *– V. Règl. (CE) n° 2201/2003 du 27 nov. 2003, App., v° Droit européen et international.*

– des articles 26 et 27 du règlement (CE) n° 4/2009 du Conseil du 18 décembre 2008 relatif à la compétence, la loi applicable, la reconnaissance et l'exécution des décisions et la coopération en matière d'obligations alimentaires. *– V. Règl. (CE) n° 4/2009 du 18 déc. 2008, App., v° Droit européen et international.*

Les requêtes présentées devant le juge sont dispensées du ministère d'avocat.

L'art. 1er du Décr. n° 2015-1395 du 2 nov. 2015 s'applique aux décisions judiciaires rendues, aux actes authentiques dressés ou enregistrés formellement et aux transactions judiciairement approuvées à compter du 17 août 2015 (Décr. préc., art. 7).

Les dispositions de l'art. 2 du Décr. n° 2018-1219 du 24 déc. 2018 s'appliquent aux procédures engagées, aux actes authentiques formellement dressés ou enregistrés et aux transactions judiciaires approuvées ou conclues à compter du 29 janv. 2019. Toutefois, elles sont applicables aux décisions rendues à compter du 29 janv. 2019 à la suite de procédures engagées antérieurement à cette date, dès lors que les règles de compétence appliquées sont conformes à celles prévues par le chapitre II des Règl. n° 2016/1103 et n° 2016/1104 du 24 juin 2016 (Décr. préc., art. 11).

BIBL. ▸ **Décr. n° 2018-1219 du 24 déc. 2018 :** NOURISSAT, *Defrénois 5 sept. 2019, p. 31.*

Ancien art. 509-2 *(Décr. n° 2010-1165 du 1er oct. 2010, art. 15-3°, en vigueur le 1er déc. 2010)* ***« Les requêtes aux fins de reconnaissance ou de constatation de la force exécutoire, sur le territoire de la République, des titres exécutoires étrangers, en application*** *(Abrogé par Décr. n° 2014-1633 du 26 déc. 2014, art. 2-III)* ***« du règlement (CE) du Conseil n° 44/2001 du 22 décembre 2000 concernant la compétence judiciaire, la reconnaissance et l'exécution des décisions en matière civile et commerciale et » de la convention concernant la compétence judiciaire, la reconnaissance et l'exécution des décisions en matière civile et commerciale, faite à Lugano le 30 octobre 2007, sont présentées au greffier en chef du tribunal de grande instance. »***

(Décr. n° 2005-460 du 13 mai 2005, art. 27) ***« Les requêtes aux fins de reconnaissance ou de constatation de la force exécutoire, sur le territoire de la République, des titres exécutoires étrangers, en application du règlement (CE) n° 2201/2003 du Conseil du 27 novembre 2003 relatif à la compétence, la reconnaissance et l'exécution des décisions en matière matrimoniale et de responsabilité parentale*** *(Décr. n° 2011-1043 du 1er sept. 2011, art. 5-I-2°)* ***« et en application des articles 26 et 27 du règlement (CE) du Conseil n° 4/2009 du 18 décembre 2008 relatif à la compétence, la loi applicable, la reconnaissance et l'exécution des décisions et la coopération en***

matière d'obligations alimentaires », sont présentées au président du tribunal de grande instance ou à son délégué. Elles sont dispensées du ministère d'avocat. » *– V. Règl. (CE) n° 2201/2003 du 27 nov. 2003 et Règl. (CE) n° 4/2009 du Conseil du 18 déc. 2008, App., v° Droit européen et international, Droit de l'Union européenne.*

L'art. 15 du Décr. n° 2010-1165 du 1er oct. 2010 est applicable dans les îles Wallis-et-Futuna (Décr. préc., art. 18-I).

L'art. 5 du Décr. n° 2011-1043 du 1er sept. 2011 n'est pas applicable dès lors qu'un greffier en chef a déjà procédé, à la date de sa publication, à une mesure conservatoire ou qu'il a été saisi à cette fin (Décr. préc., art. 11). Il est applicable aux îles Wallis-et-Futuna (Décr. préc., art. 9).

Les dispositions de l'art. 2-III du Décr. n° 2014-1633 du 26 déc. 2014 s'appliquent aux actions judiciaires intentées, aux actes authentiques dressés ou enregistrés formellement et aux transactions judiciairement approuvées ou conclues à compter du 10 janv. 2015. Les décisions rendues dans les actions judiciaires intentées, les actes authentiques dressés ou enregistrés formellement et les transactions approuvées ou conclues avant le 10 janv. 2015 demeurent dans le champ d'application du Règl. (CE) n° 44/2001 du Conseil du 22 déc. 2000 concernant la compétence judiciaire, la reconnaissance et l'exécution des décisions en matière civile et commerciale (Décr. préc., art. 3-I).

Pour une présentation des dispositions du Décr. n° 2014-1633 du 26 déc. 2014, V. Circ. du 12 févr. 2015 ss. art. 509-1.

1. La requête soumise au greffier en chef d'un TGI aux fins de déclaration constatant la force exécutoire en France d'un jugement étranger n'a pas à être présentée par un avocat. Une cour d'appel n'a pas méconnu le principe de la contradiction en décidant que la régularité de la procédure n'était pas affectée par le défaut de traduction de pièces non retenues pour sa décision. • Civ. 2e, 29 sept. 2011, n° 10-14.968 P : *D. 2011. Actu. 2482 ; ibid. 2012. Pan. 1228, obs. Gaudemet-Tallon et Jault-Seseke ; JCP 2012. 690, note Serinet ; Gaz. Pal. 2012. 870, note L. Mayer.*

2. Non-applicabilité de l'art. 495. Les dispositions des art. 509-2 s. prises pour régir les requêtes présentées aux fins de reconnaissance ou de constatation, sur le territoire français, de la force exécutoire de décisions d'autres États membres ne prévoient ni n'imposent de signifier au préalable à la personne à laquelle la déclaration de force exécutoire est par la suite opposée une copie de la requête et de l'ordonnance. • Civ. 2e, 30 janv. 2014, n° 12-27.821 P : *D. actu. 12 févr. 2014, obs. Mélin ; D. 2014. Actu. 377 ; AJ fam. 2014. 182, obs. A. Boiché ; Dr. fam. 2014, n° 71, note Maria ; Gaz. Pal. 24 juin 2014, p. 32, note Hamou.*

Art. 509-3 *(Décr. n° 2015-1395 du 2 nov. 2015, art. 2)* **« Par dérogation aux articles 509-1 et 509-2, sont présentées au président de la chambre des notaires ou, en cas d'absence ou d'empêchement, à son suppléant désigné parmi les membres de la chambre les requêtes aux fins de certification, de reconnaissance ou de constatation de la force exécutoire, sur le territoire de la République, des actes authentiques notariés étrangers en application :** *Ndlr : la référence au Règl. n° 1215/2012 du 12 déc. 2012 donnant compétence au président de la chambre des notaires pour examiner les requêtes aux fins de certification, de reconnaissance ou de constatation de la force exécutoire, sur le territoire de la République, des actes authentiques notariés étrangers, est dépourvue de sens dès lors qu'en application dudit règlement une telle requête n'existe pas.*

« – de l'article 60 du règlement (UE) n° 650/2012 du Parlement européen et du Conseil du 4 juillet 2012 relatif à la compétence, la loi applicable, la reconnaissance et l'exécution des décisions, et l'acceptation et l'exécution des actes authentiques en matière de successions et à la création d'un certificat successoral européen ; » *– V. Règl. (UE) n° 650/2012 du 4 juill. 2012, App., v° Droit européen et international.*

(Décr. n° 2018-1219 du 24 déc. 2018, art. 3-1°) **« – de l'article 59 du règlement (UE) n° 2016/1103 du Conseil du 24 juin 2016 mettant en œuvre une coopération renforcée dans le domaine de la compétence, de la loi applicable, de la reconnaissance et de l'exécution des décisions en matière de régimes matrimoniaux ;**

« – de l'article 59 du règlement (UE) n° 2016/1104 du Conseil du 24 juin 2016 mettant en œuvre une coopération renforcée dans le domaine de la compétence, de la loi applicable, de la reconnaissance et de l'exécution des décisions en matière d'effets patrimoniaux des partenariats enregistrés ; »

(Décr. n° 2015-1395 du 5 nov. 2015, art. 2) **« – du règlement (UE) n° 1215/2012 du Parlement européen et du Conseil du 12 décembre 2012 concernant la compétence judiciaire, la reconnaissance et l'exécution des décisions en matière civile et commerciale ;** *– V. Règl. (UE) n° 1215/2012 du 12 déc. 2012, App., v° Droit européen et international.*

« – du règlement (CE) n° 4/2009 du Conseil du 18 décembre 2008 relatif à la compétence, la loi applicable, la reconnaissance et l'exécution des décisions et la coopération en matière d'obligations alimentaires ; – *V. Règl. (CE) n° 4/2009 du 18 déc. 2008, App., v° Droit européen et international.*

« – de la convention concernant la compétence judiciaire, la reconnaissance et l'exécution des décisions en matière civile et commerciale, faite à Lugano le 30 octobre 2007 ». – *V. Conv. de Lugano du 30 oct. 2007, App., v° Droit européen et international.*

(Décr. n° 2011-1043 du 1er sept. 2011, art. 5-I-4°) « Pour l'application du règlement précité du *(Décr. n° 2014-1633 du 26 déc. 2014, art. 2-IV)* « 12 décembre 2012 », ainsi que de la convention précitée du 30 octobre 2007 » *(Décr. n° 2010-1165 du 1er oct. 2010, art. 15-4°, en vigueur le 1er déc. 2010)* « , l'élection de domicile est faite dans le ressort de la cour d'appel où siège la chambre des notaires. » – *V. Conv. de Lugano du 30 oct. 2007 et Règl. (CE) n° 4/2009 du Conseil du 18 déc. 2008, App., v° Droit européen et international, Droit de l'Union européenne.*

(Décr. n° 2015-1395 du 2 nov. 2015, art. 2) « Par dérogation à l'article 509-1 sont présentées au notaire ou à la personne morale titulaire de l'office notarial conservant la minute de l'acte reçu les requêtes aux fins de certification des actes authentiques notariés en vue de leur acceptation et de leur exécution à l'étranger en application :

« – du règlement (CE) n° 805/2004 du Parlement européen et du Conseil du 21 avril 2004 portant création d'un titre exécutoire européen pour les créances incontestées ; – *V. Règl. (CE) n° 805/2004 du 21 avr. 2004, App., v° Droit européen et international.*

« – *(Décr. n° 2018-1219 du 24 déc. 2018, art. 3-2°)* « des articles 59 et 60 » du règlement (UE) n° 650/2012 du Parlement européen et du Conseil du 4 juillet 2012 relatif à la compétence, la loi applicable, la reconnaissance et l'exécution des décisions, et l'acceptation et l'exécution des actes authentiques en matière de successions et à la création d'un certificat successoral européen. » – *V. Règl. (UE) n° 650/2012 du 4 juill. 2012, App., v° Droit européen et international.*

(Décr. n° 2018-1219 du 24 déc. 2018, art. 3-3°) « – des articles 58 et 59 du règlement (UE) n° 2016/1103 du Conseil du 24 juin 2016 mettant en œuvre une coopération renforcée dans le domaine de la compétence, de la loi applicable, de la reconnaissance et de l'exécution des décisions en matière de régimes matrimoniaux ;

« – des articles 58 et 59 du règlement (UE) n° 2016/1104 du Conseil du 24 juin 2016 mettant en œuvre une coopération renforcée dans le domaine de la compétence, de la loi applicable, de la reconnaissance et de l'exécution des décisions en matière d'effets patrimoniaux des partenariats enregistrés ; »

(Décr. n° 2016-1907 du 28 déc. 2016, art. 2) « Par dérogation à l'article 509-1, sont présentées au notaire ou à la personne morale titulaire de l'office notarial ayant reçu en dépôt la convention de divorce *(Décr. n° 2019-1380 du 17 déc. 2019, art. 8-1°)* « ou de séparation de corps » par consentement mutuel prévue à l'article 229-1 du code civil les requêtes aux fins de certification du titre exécutoire en vue de sa reconnaissance et de son exécution à l'étranger en application de l'article 39 du règlement (CE) n° 2201/2003 du Conseil du 27 novembre 2003 relatif à la compétence, la reconnaissance et l'exécution des décisions en matière matrimoniale et en matière de responsabilité parentale abrogeant le règlement (CE) n° 1347/2000. » – *V. Règl. (CE) n° 2201/2003 du Conseil du 27 nov. 2003, art. 39, App., v° Droit européen et international.*

L'art. 15 du Décr. n° 2010-1165 du 1er oct. 2010 est applicable dans les îles Wallis-et-Futuna (Décr. préc., art. 18-I).

L'art. 5 du Décr. n° 2011-1043 du 1er sept. 2011 n'est pas applicable dès lors qu'un greffier en chef a déjà procédé, à la date de sa publication, à une mesure conservatoire ou qu'il a été saisi à cette fin (Décr. préc., art. 11). Il est applicable aux îles Wallis-et-Futuna (Décr. préc., art. 9).

Les dispositions de l'art. 2-IV du Décr. n° 2014-1633 du 26 déc. 2014 s'appliquent aux actions judiciaires intentées, aux actes authentiques dressés ou enregistrés formellement et aux transactions judiciairement approuvées ou conclues à compter du 10 janv. 2015. Les décisions rendues dans les actions judiciaires intentées, les actes authentiques dressés ou enregistrés formellement et les transactions approuvées ou conclues avant le 10 janv. 2015 demeurent dans le champ d'application du Règl. (CE) n° 44/2001 du Conseil du 22 déc. 2000 concernant la compétence judiciaire, la reconnaissance et l'exécution des décisions en matière civile et commerciale (Décr. préc., art. 3-I).

Pour une présentation des dispositions du Décr. n° 2014-1633 du 26 déc. 2014, V. Circ. du 12 févr. 2015 ss. art. 509-1.

L'art. 2 du Décr. n° 2015-1395 du 2 nov. 2015 s'applique aux décisions judiciaires rendues, aux actes authentiques dressés ou enregistrés formellement et aux transactions judiciairement approuvées à compter du 17 août 2015 (Décr. préc., art. 7 ; Décr. n° 2018-1219 du 24 déc. 2018, art. 9-1°).

Sur l'entrée en vigueur du Décr. n° 2016-1907 du 28 déc. 2016, V. note au-dessus de l'art. 1144.

Les dispositions de l'art. 3 du Décr. n° 2018-1219 du 24 déc. 2018 s'appliquent aux procédures engagées, aux actes authentiques formellement dressés ou enregistrés et aux transactions judiciaires approuvées ou conclues à compter du 29 janv. 2019. Toutefois, elles sont applicables aux décisions rendues à compter du 29 janv. 2019 à la suite de procédures engagées antérieurement à cette date, dès lors que les règles de compétence appliquées sont conformes à celles prévues par le chapitre II des Règl. n° 2016/1103 et n° 2016/1104 du 24 juin 2016 (Décr. préc., art. 11).

BIBL. ▸ PEROZ, *JCP N 2008. Actu.* 505 (le notaire, nouvel acteur du titre exécutoire européen) ; *JDI 2009.* 138 (les autorités certificatrices de titre exécutoire européen).

▸ **Décr. du 29 avr. 2010 :** LAUVERGNAT, *JCP 2010.* 523.

▸ **Décr. n° 2018-1219 du 24 déc. 2018 :** NOURISSAT, *Defrénois 5 sept. 2019, p. 31.*

Art. 509-4 **La requête est présentée en double exemplaire. Elle doit comporter l'indication précise des pièces invoquées.**

Art. 509-5 **La décision rejetant la requête aux fins de constatation de la force exécutoire est motivée.**

Art. 509-6 **Le certificat, ou la décision relative à la demande de reconnaissance ou de constatation de la force exécutoire, est remis au requérant contre émargement ou récépissé, ou lui est notifié par lettre recommandée avec demande d'avis de réception.**

Le double de la requête ainsi que du certificat ou de la décision sont conservés au *(Décr. n° 2017-892 du 6 mai 2017, art. 68-I-2°)* **« greffe ».**

(Décr. n° 2014-1633 du 26 déc. 2014, art. 2-V) **« Le certificat délivré en application du règlement (UE) n° 606/2013 du Parlement européen et du Conseil du 12 juin 2013 relatif à la reconnaissance mutuelle des mesures de protection en matière civile est en outre notifié par le greffe à la personne à l'origine du risque encouru. »**

(Décr. n° 2015-1395 du 2 nov. 2015, art. 3) **« La décision constatant la force exécutoire prévue à l'article 48 du règlement (UE) n° 650/2012 du Parlement européen et du Conseil du 4 juillet 2012 relatif à la compétence, la loi applicable, la reconnaissance et l'exécution des décisions, et l'acceptation et l'exécution des actes authentiques en matière de successions et à la création d'un certificat successoral européen est notifiée par le greffe à la partie contre laquelle l'exécution est demandée. »** *(Décr. n° 2018-1219 du 24 déc. 2018, art. 4)* **« Il en est de même des décisions constatant la force exécutoire prévues aux articles 47 des règlements (UE) n° 2016/1103 et n° 2016/1104 du Conseil du 24 juin 2016 mettant en œuvre une coopération renforcée dans le domaine de la compétence, de la loi applicable, de la reconnaissance et de l'exécution des décisions en matière de régimes matrimoniaux et d'effets patrimoniaux des partenariats enregistrés. »** *— V. Règl. (UE) n° 650/2012 du 4 juill. 2012, App., v° Droit européen et international.*

L'art. 2-V du Décr. n° 2014-1633 du 26 déc.2014 s'applique aux mesures de protection ordonnées à compter du 11 janv. 2015, quelle que soit la date à laquelle la procédure a été engagée (Décr. préc., art. 3-II).

Pour une présentation des dispositions du Décr. n° 2014-1633 du 26 déc. 2014, V. Circ. du 12 févr. 2015 ss. art. 509-1.

L'art. 3 du Décr. n° 2015-1395 du 2 nov. 2015 s'applique aux décisions judiciaires rendues, aux actes authentiques dressés ou enregistrés formellement et aux transactions judiciairement approuvées à compter du 17 août 2015 (Décr. préc., art. 7 ; Décr. n° 2018-1219 du 24 déc. 2018, art. 9-1°).

Les dispositions de l'art. 4 du Décr. n° 2018-1219 du 24 déc. 2018 s'appliquent aux procédures engagées, aux actes authentiques formellement dressés ou enregistrés et aux transactions judiciaires approuvées ou conclues à compter du 29 janv. 2019. Toutefois, elles sont applicables aux décisions rendues à compter du 29 janv. 2019 à la suite de procédures engagées antérieurement à cette date, dès lors que les règles de compétence appliquées sont conformes à celles prévues par le chapitre II des Règl. n° 2016/1103 et n° 2016/1104 du 24 juin 2016 (Décr. préc., art. 11).

BIBL. ▸ **Décr. n° 2018-1219 du 24 déc. 2018 :** NOURISSAT, *Defrénois 5 sept. 2019, p. 31.*

Art. 509-7 S'il n'émane du juge, le refus de délivrance du certificat peut être déféré au président du *(Décr. n° 2019-966 du 18 sept. 2019, art. 8, en vigueur le 1er janv. 2020)* **« tribunal judiciaire** *[ancienne rédaction : tribunal de grande instance]* **». Ce dernier statue en dernier ressort sur requête, le requérant et l'autorité requise entendus ou appelés.**

Art. 509-8 *(Décr. n° 2014-1633 du 26 déc. 2014, art. 2-VI)* **Les demandes formées en application des articles 11 et 13 du règlement (UE) n° 606/2013 du Parlement européen et du Conseil du 12 juin 2013 relatif à la reconnaissance mutuelle des mesures de protection en matière civile sont faites devant le président du** *(Décr. n° 2019-966 du 18 sept. 2019, art. 8, en vigueur le 1er janv. 2020)* **« tribunal judiciaire** *[ancienne rédaction : tribunal de grande instance]* **»** *(Décr. n° 2019-1419 du 20 déc. 2019, art. 5-2°)* **« statuant selon la procédure accélérée au fond ».**

L'art. 2-VI du Décr. n° 2014-1633 du 26 déc.2014 s'applique aux mesures de protection ordonnées à compter du 11 janv. 2015, quelle que soit la date à laquelle la procédure a été engagée (Décr. préc., art. 3-II).

Pour une présentation des dispositions du Décr. n° 2014-1633 du 26 déc. 2014, V. Circ. du 12 févr. 2015 ss. art. 509-1.

L'art. 5 du Décr. n° 2019-1419 du 20 déc. 2019 s'applique aux demandes introduites à compter du 1er janv. 2020 (Décr. préc., art. 24-II).

Art. 509-9 *(Décr. n° 2015-1395 du 2 nov. 2015, art. 4)* **La décision statuant sur la demande de déclaration constatant la force exécutoire, sur le territoire de la République, des titres et actes étrangers, prévue à l'article 48 du règlement (UE) n° 650/2012 du Parlement européen et du Conseil du 4 juillet 2012 relatif à la compétence, la loi applicable, la reconnaissance et l'exécution des décisions, et l'acceptation et l'exécution des actes authentiques en matière de successions et à la création d'un certificat successoral européen peut faire l'objet d'un recours par le demandeur à la déclaration ou par la partie contre laquelle l'exécution est demandée.** *(Décr. n° 2018-1219 du 24 déc. 2018, art. 5)* **« Il en est de même des décisions statuant sur la demande de déclaration constatant la force exécutoire prévues aux articles 47 des règlements (UE) n° 2016/1103 et n° 2016/1104 du Conseil du 24 juin 2016 mettant en œuvre une coopération renforcée dans le domaine de la compétence, de la loi applicable, de la reconnaissance et de l'exécution des décisions en matière de régimes matrimoniaux et d'effets patrimoniaux des partenariats enregistrés. »** — *V. Règl. (UE) n° 650/2012 du 4 juill. 2012, App., v° Droit européen et international.*

Le recours contre la déclaration constatant la force exécutoire et contre la décision de rejet de la demande de déclaration constatant la force exécutoire est porté devant le président du *(Décr. n° 2019-966 du 18 sept. 2019, art. 8, en vigueur le 1er janv. 2020)* **« tribunal judiciaire** *[ancienne rédaction : tribunal de grande instance]* **» qui statue en dernier ressort sur requête, le requérant et l'autorité requise entendus ou appelés.**

L'art. 3 du Décr. n° 2015-1395 du 2 nov. 2015 s'applique aux décisions judiciaires rendues, aux actes authentiques dressés ou enregistrés formellement et aux transactions judiciairement approuvées à compter du 17 août 2015 (Décr. n° 2018-1219 du 24 déc. 2018, art. 9-1°).

Les dispositions de l'art. 5 du Décr. n° 2018-1219 du 24 déc. 2018 s'appliquent aux procédures engagées, aux actes authentiques formellement dressés ou enregistrés et aux transactions judiciaires approuvées ou conclues à compter du 29 janv. 2019. Toutefois, elles sont applicables aux décisions rendues à compter du 29 janv. 2019 à la suite de procédures engagées antérieurement à cette date, dès lors que les règles de compétence appliquées sont conformes à celles prévues par le chapitre II des Règl. n° 2016/1103 et n° 2016/1104 du 24 juin 2016 (Décr. préc., art. 11).

BIBL. ▸ **Décr. n° 2018-1219 du 24 déc. 2018 :** NOURISSAT, *Defrénois 5 sept. 2019, p. 31.*

CHAPITRE III LE DÉLAI DE GRÂCE

Le présent chap. résulte de la renumérotation de l'anc. chap. II par l'art. 16 du Décr. n° 2004-836 du 20 août 2004, en vigueur le 1er janv. 2005.

RÉP. PR. CIV. v° *Exécution des jugements et actes*, par WIEDERKEHR et D'AMBRA.

DALLOZ ACTION *Droit et pratique de la procédure civile 2022/2023*, n°s 423.201 s.

Art. 510 *(Décr. n° 96-1130 du 18 déc. 1996, art. 1er)* **Sous réserve des alinéas suivants, le délai de grâce ne peut être accordé que par la décision dont il est destiné à différer l'exécution.**

En cas d'urgence, la même faculté appartient au juge des référés.

Après signification d'un commandement ou d'un acte de saisie *(Décr. n° 2020-1452 du 27 nov. 2020, art. 1er-5°, en vigueur le 1er janv. 2021)* **« ou à compter de l'audience prévue par l'article R. 3252-17 du code du travail », selon le cas, le juge de l'exécution a compétence pour accorder un délai de grâce.** *(Abrogé par Décr. n° 2019-913 du 30 août 2019, art. 19-3°, à compter du 1er janv. 2020)* ***« Cette compétence appartient au tribunal d'instance en matière de saisie des rémunérations. »***

L'octroi du délai doit être motivé.

L'art. 1er-5° du Décr. n° 2020-1452 du 27 nov. 2020 s'applique aux instances en cours au 1er janv. 2021 (Décr. préc., art. 12).

BIBL. ► SOUSTELLE, *D. 1999. Chron. 517* (compétence du juge des référés pour octroyer un délai de grâce).

1. Les juges du fond apprécient souverainement l'opportunité d'accorder le délai de grâce sollicité. • Civ. 2e, 10 juin 1970 : *Bull. civ. II, n° 201* • Com. 8 févr. 1972 : *JCP 1973. II. 17386, note Kahn* • Civ. 1re, 5 juill. 1988 : *Bull. civ. I, n° 216.*

2. Sur l'obligation de motiver, V. • Civ. 2e, 11 oct. 1978 : *Bull. civ. II, n° 206.*

3. Sur une demande de délai lorsqu'est présentée une requête en *exequatur* d'une décision étrangère. • TGI Bourg-en-Bresse, 19 févr. 1998 : *Procédures 1998, n° 114, obs. Croze.*

4. Excède ses pouvoirs et viole les art. 510 et 524, le premier président qui accorde un délai de grâce sur le fondement de l'art. 1244-1 C. civ. • Civ. 2e, 14 sept. 2006, n° 05-21.300 P : *D. 2007. Pan. 1384, obs. Julien* ; *Procédures 2006, n° 263, obs. Perrot.*

Art. 511 Le délai court du jour du jugement lorsque celui-ci est contradictoire ; il ne court, dans les autres cas, que du jour de la notification du jugement.

1. Lorsque l'art. 511 est sollicité, le délai de grâce court du jour du jugement contradictoirement rendu, même si ce dernier n'est pas ensuite signifié. • Aix-en-Provence, 17 mai 1984 : *Gaz. Pal. 1985. 1. 163, note Latil* • Paris, 6 juill. 1989 : *D. 1989. IR 238.*

2. Le délai imparti au débiteur pour exécuter ses obligations par un jugement qui le condamne, en même temps, au paiement d'une somme d'argent en cas de non-respect de ce délai ne peut courir que du jour de la signification de la décision. • Civ. 3e, 27 avr. 1977 : *Bull. civ. III, n° 177.*

3. Viole l'art. 511 le jugement contradictoire prononcé un 8 mars et qui accorde un délai de grâce d'un mois à compter du 1er mars. • Civ. 3e, 18 déc. 1991, n° 89-19.914 P.

4. Dès lors que l'ordonnance de référé a été rendue contradictoirement, il en résulte, conformément à l'art. 511, et sans violer l'art. 6 Conv. EDH, que le délai de grâce court du jour de la décision. • Civ. 2e, 12 févr. 2004, n° 02-13.344 P : *Dr. et pr. 2004. 212, note Leborgne.*

Art. 512 Le délai de grâce ne peut être accordé au débiteur dont les biens sont saisis par d'autres créanciers ni à celui *(Abrogé par Décr. n° 2012-66 du 20 janv. 2012, art. 34)* ***« qui est en état de règlement judiciaire ou de liquidation des biens*** *[de redressement ou de liquidation judiciaires]*, ***ou »*** **qui a, par son fait, diminué les garanties qu'il avait données par contrat à son créancier.**

Le débiteur perd, dans ces mêmes cas, le bénéfice du délai de grâce qu'il aurait préalablement obtenu.

L'art. 34 du Décr. n° 2012-66 du 20 janv. 2012 est applicable dans les îles Wallis-et-Futuna (Décr. préc., art. 44).

Art. 513 Le délai de grâce ne fait pas obstacle aux mesures conservatoires.

CHAPITRE IV **L'EXÉCUTION PROVISOIRE**

V. ancien art. 514 s. reproduits à la suite de l'art. 524.

BIBL. ▸ **Décr. n° 2019-1333 du 11 déc. 2019 :** Bencimon, *D. avocats 2020. 45* (l'exécution provisoire de droit ou la consécration du titre précaire). – Schreiber, *D. actu. 17 déc. 2019* (réforme de la procédure civile : exécution provisoire de droit des décisions de justice).

Art. 514 *(Décr. n° 2019-1333 du 11 déc. 2019, art. 3-2°, en vigueur le 1er janv. 2020)* **Les décisions de première instance sont de droit exécutoires à titre provisoire à moins que la loi ou la décision rendue n'en dispose autrement.** – *[Ancien art. 514.]*

L'art. 3 du Décr. n° 2019-1333 du 11 déc. 2019 s'applique aux instances introduites devant les juridictions du premier degré à compter du 1er janv. 2020 (Décr. préc., art. 55-II).

SECTION PREMIÈRE L'EXÉCUTION PROVISOIRE DE DROIT

(Décr. n° 2019-1333 du 11 déc. 2019, art. 3-2°, en vigueur le 1er janv. 2020)

Sur l'application dans le temps, V. note ss. art. 514.

Art. 514-1 Le juge peut écarter l'exécution provisoire de droit, en tout ou partie, s'il estime qu'elle est incompatible avec la nature de l'affaire.

Il statue, d'office ou à la demande d'une partie, par décision spécialement motivée.

Par exception, le juge ne peut écarter l'exécution provisoire de droit lorsqu'il statue en référé, qu'il prescrit des mesures provisoires pour le cours de l'instance, qu'il ordonne des mesures conservatoires ainsi que lorsqu'il accorde une provision au créancier en qualité de juge de la mise en état. – *[Ancien art. 514.]*

Art. 514-2 Sans préjudice des dispositions de l'article 514-3, l'exécution provisoire de droit ne peut être écartée que par la décision en cause. – *[Ancien art. 514.]*

Art. 514-3 En cas d'appel, le premier président peut être saisi afin d'arrêter l'exécution provisoire de la décision lorsqu'il existe un moyen sérieux d'annulation ou de réformation et que l'exécution risque d'entraîner des conséquences manifestement excessives.

La demande de la partie qui a comparu en première instance sans faire valoir d'observations sur l'exécution provisoire n'est recevable que si, outre l'existence d'un moyen sérieux d'annulation ou de réformation, l'exécution provisoire risque d'entraîner des conséquences manifestement excessives qui se sont révélées postérieurement à la décision de première instance.

En cas d'opposition, le juge qui a rendu la décision peut, d'office ou à la demande d'une partie, arrêter l'exécution provisoire de droit lorsqu'elle risque d'entraîner des conséquences manifestement excessives. – *[Ancien art. 514 et 524.]*

Selon l'art. 55, II, du Décr. n° 2019-1333 du 11 déc. 2019, les dispositions de l'art. 3 relatives à l'instauration du principe de l'exécution provisoire de droit s'appliquent aux instances introduites devant les juridictions du premier degré à compter du 1er janv. 2020. Excède ses pouvoirs un premier président qui, pour déclarer irrecevable une demande aux fins d'arrêt de l'exécution provisoire d'un jugement, statue sur le fondement de l'art. 514-3, issu du Décr. du 11 déc. 2019, alors que ce texte n'était pas applicable à l'instance introduite avant le 1er janv. 2020. • Civ. 2e, 13 janv. 2022, n° 20-17.344 P : *D. actu. 11 févr. 2022, note Goujon-Béthan.*

Art. 514-4 Lorsque l'exécution provisoire de droit a été écartée en tout ou partie, son rétablissement ne peut être demandé, en cas d'appel, qu'au premier président ou, dès lors qu'il est saisi, au magistrat chargé de la mise en état et à condition qu'il y ait urgence, que ce rétablissement soit compatible avec la nature de l'affaire et qu'il ne risque pas d'entraîner des conséquences manifestement excessives. – *[Ancien art. 514.]*

Art. 514-5 Le rejet de la demande tendant à voir écarter ou arrêter l'exécution provisoire de droit et le rétablissement de l'exécution provisoire de droit peuvent être subordonnés, à la demande d'une partie ou d'office, à la constitution d'une garantie, réelle ou personnelle, suffisante pour répondre de toutes restitutions ou réparations. – *[Ancien art. 514 et 524.]*

Art. 514-6 Lorsqu'il est saisi en application des articles 514-3 et 514-4, le premier président statue en référé, par une décision non susceptible de pourvoi. – *[Ancien art. 514.]*

SECTION II L'EXÉCUTION PROVISOIRE FACULTATIVE

(Décr. n° 2019-1333 du 11 déc. 2019, art. 3-2°, en vigueur le 1er janv. 2020)

Sur l'application dans le temps, V. note ss. art. 514.

Art. 515 **Lorsqu'il est prévu par la loi que l'exécution provisoire est facultative, elle peut être ordonnée, d'office ou à la demande d'une partie, chaque fois que le juge l'estime nécessaire et compatible avec la nature de l'affaire.**

Elle peut être ordonnée pour tout ou partie de la décision. – *[Ancien art. 515.]*

Art. 516 **L'exécution provisoire ne peut être ordonnée que par la décision qu'elle est destinée à rendre exécutoire, sous réserve des dispositions des articles 517-2 et 517-3.** – *[Ancien art. 516.]*

Art. 517 **L'exécution provisoire peut être subordonnée à la constitution d'une garantie, réelle ou personnelle, suffisante pour répondre de toutes restitutions ou réparations.** – *[Ancien art. 517.]*

Art. 517-1 **Lorsque l'exécution provisoire a été ordonnée, elle ne peut être arrêtée, en cas d'appel, que par le premier président et dans les cas suivants :**

1° Si elle est interdite par la loi ;

2° Lorsqu'il existe un moyen sérieux d'annulation ou de réformation de la décision et que l'exécution risque d'entraîner des conséquences manifestement excessives ; dans ce dernier cas, le premier président peut aussi prendre les mesures prévues aux articles 517 et 518 à 522.

Le même pouvoir appartient, en cas d'opposition, au juge qui a rendu la décision lorsque l'exécution risque d'entraîner des conséquences manifestement excessives. – *[Ancien art. 524.]*

Art. 517-2 **Lorsque l'exécution provisoire a été refusée, elle ne peut être demandée, en cas d'appel, qu'au premier président ou, dès lors qu'il est saisi, au magistrat chargé de la mise en état et à condition qu'il y ait urgence.** – *[Ancien art. 525.]*

Art. 517-3 **Lorsque l'exécution provisoire n'a pas été demandée, ou si, l'ayant été, le juge a omis de statuer, elle ne peut être demandée, en cas d'appel, qu'au premier président ou, dès lors qu'il est saisi, au magistrat chargé de la mise en état.** – *[Ancien art. 525-1.]*

Art. 517-4 **Lorsqu'il est saisi en application des articles 517-1, 517-2 et 517-3, le premier président statue en référé, par une décision non susceptible de pourvoi.** – *[Ancien art. 525-2.]*

SECTION III DISPOSITIONS COMMUNES

(Décr. n° 2019-1333 du 11 déc. 2019, art. 3-2°, en vigueur le 1er janv. 2020)

Sur l'application dans le temps, V. note ss. art. 514.

Art. 518 **La nature, l'étendue et les modalités de la garantie prévue aux articles 514-5 et 517 sont précisées par la décision qui en prescrit la constitution.** – *[Ancien art. 518.]*

Art. 519 **Lorsque la garantie consiste en une somme d'argent, celle-ci est déposée à la Caisse des dépôts et consignations ; elle peut aussi l'être, à la demande de l'une des parties, entre les mains d'un tiers commis à cet effet.**

Dans ce dernier cas, le juge, s'il fait droit à cette demande, constate dans sa décision les modalités du dépôt.

Si le tiers refuse le dépôt, la somme est déposée, sans nouvelle décision, à la Caisse des dépôts et consignations. – *[Ancien art. 519.]*

Art. 520 **Si la valeur de la garantie ne peut être immédiatement appréciée, le juge invite les parties à se présenter devant lui à la date qu'il fixe, avec leurs justifications. Il est alors statué sans recours.**

La décision est mentionnée sur la minute et sur les expéditions du jugement. – *[Ancien art. 520.]*

Art. 521 **La partie condamnée au paiement de sommes autres que des aliments, des rentes indemnitaires ou des provisions peut éviter que l'exécution provisoire soit pour-**

suivie en consignant, sur autorisation du juge, les espèces ou les valeurs suffisantes pour garantir, en principal, intérêts et frais, le montant de la condamnation.

En cas de condamnation au versement d'un capital en réparation d'un dommage corporel, le juge peut aussi ordonner que ce capital sera confié à un séquestre à charge d'en verser périodiquement à la victime la part que le juge détermine. – *[Ancien art. 521.]*

Art. 522 Le juge peut, à tout moment, autoriser la substitution à la garantie primitive d'une garantie équivalente. – *[Ancien art. 522.]*

Art. 523 Les demandes relatives à l'application des articles 514-5, 517 et 518 à 522 ne peuvent être portées, en cas d'appel, que devant le premier président statuant en référé ou, dans les cas prévus aux articles 514-4, 517-2 ou 517-3, devant le magistrat chargé de la mise en état dès lors qu'il est saisi. – *[Ancien art. 523.]*

Art. 524 Lorsque l'exécution provisoire est de droit ou a été ordonnée, le premier président ou, dès qu'il est saisi, le conseiller de la mise en état peut, en cas d'appel, décider, à la demande de l'intimé et après avoir recueilli les observations des parties, la radiation du rôle de l'affaire lorsque l'appelant ne justifie pas avoir exécuté la décision frappée d'appel ou avoir procédé à la consignation autorisée dans les conditions prévues à l'article 521, à moins qu'il lui apparaisse que l'exécution serait de nature à entraîner des conséquences manifestement excessives ou que l'appelant est dans l'impossibilité d'exécuter la décision.

La demande de l'intimé doit, à peine d'irrecevabilité prononcée d'office, être présentée avant l'expiration des délais prescrits aux articles 905-2, 909, 910 et 911.

La décision de radiation est notifiée par le greffe aux parties ainsi qu'à leurs représentants par lettre simple. Elle est une mesure d'administration judiciaire.

La demande de radiation suspend les délais impartis à l'intimé par les articles 905-2, 909, 910 et 911.

Ces délais recommencent à courir à compter de la notification de la décision autorisant la réinscription de l'affaire au rôle de la cour ou de la décision rejetant la demande de radiation.

La décision de radiation n'emporte pas suspension des délais impartis à l'appelant par les articles 905-2, 908 et 911. Elle interdit l'examen des appels principaux et incidents ou provoqués.

Le délai de péremption court à compter de la notification de la décision ordonnant la radiation. Il est interrompu par un acte manifestant sans équivoque la volonté d'exécuter. Le premier président ou le conseiller de la mise en état peut, soit à la demande des parties, soit d'office, après avoir invité les parties à présenter leurs observations, constater la péremption.

Le premier président ou le conseiller de la mise en état autorise, sauf s'il constate la péremption, la réinscription de l'affaire au rôle de la cour sur justification de l'exécution de la décision attaquée. – *[Ancien art. 526.]*

CHAPITRE IV *[ANCIEN]* L'EXÉCUTION PROVISOIRE

Le présent Chap. n'est plus en vigueur depuis le 1er janv. 2020 (Décr. no 2019-1333 du 11 déc. 2019, art. 3-2o). – V. note ss. l'art. 514.

RÉP. PR. CIV. vo *Exécution provisoire*, par Hoonakker.

DALLOZ ACTION *Droit et pratique de la procédure civile 2022/2023*, nos 43.00 s., par Hoonakker.

BIBL. GÉN. ▶ Argellies, *Gaz. Pal. 1987. 1. Doctr. 187* (redressement et liquidation judiciaires). – Cadiet, *Mél. Julien, Edilaix, 2003, p. 49*. – Ferrand, *Gaz. Pal. 1987. 1. Doctr. 370* (exécution provisoire en France et en RFA). – Guilguet-Pauthe, *BICC hors série, 2003, no 2, p. 63* (exécution provisoire : bilan et perspectives). – Hanine, *JCP 1976. I. 2756*. – Journées d'études des avoués, Pau 1983, *Gaz. Pal. 1984. 1. Doctr. 9*. – Junillon, *Mél. S. Guinchard, Dalloz 2010, p. 125* (Un fonds de garantie pour la justice civile ?) – Loyer-Larher, *Gaz. Pal. 1976. 2. Doctr. 586* (commentaire) ; *Gaz. Pal. 1982. 1. Doctr. 151* (jurisprudences d'Angers et Rennes). – Perrot, Beauchard et Pluyette, *Gaz. Pal. 1986. 1. Doctr. 74* (problèmes actuels). – Perrot, *Mél. Wiederkehr, Dalloz 2009, p. 611* (les métamorphoses de l'exécution provisoire). – Rezenthel, *Gaz. Pal. 1988. 1. Doctr. 310* (exécution provisoire de droit) ; *BICC 1er nov. 2005, p. 5*. – Vallansan, *LPA 28 nov. 2008, p. 31* (l'exécution provisoire dans les procédures collectives).

▸ **Sur le projet de suppression de l'effet suspensif de l'appel :** E. Bonnet, *Gaz. Pal. 27-29 avr. 2003, p. 2* (amendement sénatorial au projet de réforme du statut des professions judiciaires ou juridiques). – Burguburu, *Gaz. Pal. 13-14 sept. 2002, p. 2.* – Cadiet, *JCP 2002. Actu, n° 346 ; LPA 26 nov. 2002, p. 4.* – Coulon, *BICC 1er mai 2003, p. 23 ; LPA 24 juin 2002, p. 4 ; Mél. Buffet, LPA 2004, p. 171.* – Croze, *Procédures 2003. Chron. 5.* – Fanet, *Gaz. Pal. 26-27 juill. 2002, p. 26.* – Gerbay, *Procédures 2008. Étude 5* (le titre exécutoire provisoire et le recouvrement des créances). – Griffon, *Les annonces de la Seine, 12 juin 2003.* – Guinchard, *LPA 5 juin 2002, p. 4 ; ibid. 28 oct. 2002, p. 7.* – Hoonakker, *ibid. 11 déc. 2002, p. 13 ; Mél. Julien, Edilaix, 2003, p. 209.* – T. Le Bars, *D. 2002. 1987* ✐. – Magendie, *D. 2002. 2411* ✐. – R. Martin, *D. 2002. 3147* ✐. – Moury, *Mél. Normand, Litec, 2003, p. 353.* – Norguin, *Dr. et pr. 2006. 252.* – Parmentier, *Gaz. Pal. 14-16 juill. 2002.* – Villacèque, *D. 2002. 1989* ✐. – V. aussi le communiqué de l'Ordre des avocats à la Cour de Paris : *JCP 2002, n° 310.* – V. Bibl. ss. art. 524 et 526.

Ancien art. 514 ***L'exécution provisoire ne peut pas être poursuivie sans avoir été ordonnée si ce n'est pour les décisions qui en bénéficient de plein droit.***

(Décr. n° 81-500 du 12 mai 1981, art. 20) ***« Sont notamment exécutoires de droit à titre provisoire les ordonnances de référé, les décisions qui prescrivent des mesures provisoires pour le cours de l'instance, celles qui ordonnent des mesures conservatoires ainsi que les ordonnances du juge de la mise en état qui accordent une provision au créancier. »*** *— V. art. 1074-1 et 1087.*

S'agissant de l'exécution provisoire des décisions en matière prud'homale, V. C. trav., art. R. 1454-16 et R. 1454-28. — ***C. trav.*** *— ... En matière de redressement et de liquidation judiciaires, V. C. com., art. R. 661-1. —* ***C. pr. coll. et C. com.*** *— ... En matière de copropriété, V. L. n° 65-557 du 10 juill. 1965, art. 19-2. —* ***C. civ. ou C. copr.***

Le présent art. n'est plus en vigueur depuis le 1er janv. 2020 (Décr. n° 2019-1333 du 11 déc. 2019, art. 3-2°). — V. note ss. l'art. 514.

Plan des annotations

I. ALINÉA 1er

1. Poursuite de l'exécution provisoire. Sur les conséquences de l'information ultérieure de la décision exécutée à titre provisoire, V. notes 10 s. ss. art. 526.

2. Sentence arbitrale. Les règles sur l'exécution provisoire des jugements ne figurant pas parmi les principes directeurs du procès, elles sont, dans l'instance arbitrale, supplétives de la volonté des parties. • Civ. 2e, 11 juill. 2002, ☎ n° 00-21.823 P : *D. 2002. IR 2846* ✐. ♦ L'art. 28 du règlement d'arbitrage de la CCI, qui stipule que toute sentence arbitrale a un caractère obligatoire pour les parties qui s'engagent à l'exécuter et sont réputées avoir renoncé à toutes voies de recours auxquelles elles peuvent valablement renoncer, ne prévoit pas que la sentence arbitrale soit exécutoire par provision ; une cour d'appel en déduit exactement, d'abord que l'engagement d'exécuter la sentence arbitrale n'a pas pour effet de conférer à celle-ci la valeur d'une décision exécutoire de plein droit ni de priver les parties d'un recours en annulation, toujours possible même lorsque le règlement d'arbitrage l'exclut, contre la sentence arbitrale rendue en France, ensuite que l'exécution provisoire n'ayant pas été ordonnée par le tribunal arbitral, le recours formé par une partie est suspensif d'exécution sauf si la décision était exécutoire de droit. • Civ. 1re, 4 juill. 2007, ☎ n° 05-16.586 P : *D. 2007. AJ 2025, obs. Delpech* ✐ *; LPA 26 sept. 2007, p. 29, note Gillet ; Dr. et pr. 2007. 345, note Cuniberti ; RJ com. janv.-févr. 2008, p. 58, obs. Moreau.* ♦ *Adde*, nouvel art. 1484, al. 2.

II. ALINÉA 2ND

A. CAS D'EXÉCUTION PROVISOIRE DE PLEIN DROIT CITÉS

1° ORDONNANCES DE RÉFÉRÉ

a. Type de décision

3. Jugements en état de référé. Doivent être assimilés aux ordonnances de référé les jugements rendus en application de l'art. 487 en état de référé. • Paris, 18 mai 1984 : *Bull. ch. avoués 1984. 2. 72.*

4. Référés en la forme. La décision rendue par une juridiction statuant comme en matière de référé, étant une décision sur le fond, n'est pas de plein droit exécutoire par provision, et une cour d'appel en déduit exactement que, frappée d'appel, elle n'est plus susceptible d'exécution. • Soc. 24 avr. 1985 : *Bull. civ. V, n° 252.* ♦ Comp., disposant que lorsqu'il est prévu que le juge statue comme en matière de référé ou en la forme des référés, l'ordonnance est exécutoire à titre provisoire, à moins que le juge en décide autrement : art. 492-1, 3°, dans sa rédaction issue du Décr. n° 2011-1043 du 1er sept. 2011.

b. Type de condamnation

5. Art. 700. L'ordonnance de référé bénéficie de plein droit de l'exécution provisoire dans toutes ses dispositions y compris celles portant condamnation au titre de l'art. 700. • Civ. 2e, 24 juin 1998, n° 96-22.851 P : *D. 1999. 148, note Hoonakker ; Dr. et patr. 1999. 94, note Théry.*

2° MESURES PROVISOIRES POUR LE COURS DE L'INSTANCE ET MESURES CONSERVATOIRES

6. Assistance éducative. L'ordonnance de placement provisoire d'un enfant dans un centre hospitalier est, en raison de son caractère provisoire, exécutoire de droit en application de l'art. 514, al. 2. • Limoges, 5 janv. 1999 : *D. 2000. 469, note Huyette .*

7. Divorce. Les mesures provisoires ordonnées en application de l'art. 255 C. civ. sont exécutoires de droit dès leur prononcé. • Civ. 2e, 8 juill. 1998, n° 96-22.732 P : *RTD civ. 1998. 887, obs. Hauser .* ♦ Pour les mesures provisoires prises sur le fondement de l'art. 255 C. civ., V., depuis le Décr. du 29 oct. 2004, l'art. 1074-1 C. pr. civ. (exécution provisoire de plein droit) et, pour les mesures accessoires au divorce, l'art. 1083 C. pr. civ. (renvoi à l'art. 1074-1 C. pr. civ.). ♦ V. cependant, en matière de prestation compensatoire (art. 1079 C. pr. civ.) et, en cas de rejet de la demande en divorce (art. 258 C. civ.), note 5 ss. art. 515. ♦ *Adde* L'interdiction édictée par l'art. 1079 C. pr. civ. d'assortir la prestation compensatoire de l'exécution provisoire ne s'étend pas à la condamnation au paiement d'une prestation compensatoire provisionnelle, qui est par nature une mesure provisoire exécutoire de plein droit en application de l'art. 514, al. 2. • Civ. 1re, 28 mai 2008, n° 07-14.232 P : *D. 2008. AJ 1700 ; ibid. 2009. Pan. 53, obs. Douchy-Oudot ; JCP 2008. I. 206, n° 22, obs. S. Amrani Mekki ; Defrénois 2008. 1837, obs. Massip ; RTD civ. 463, obs. Hauser.*

8. Contrefaçon de marque. L'ordonnance qui accueille la demande formée sur le fondement de l'art. L. 716-6 CPI, dans sa rédaction antérieure à celle issue de la L. n° 2007-1544 du 29 oct. 2007, prescrit des mesures provisoires pour le cours de l'instance et des mesures conservatoires ; elle est en conséquence exécutoire de droit à titre provisoire. • Com. 8 avr. 2008, n° 06-22.152 P : *D. 2008. AJ 1206, et les obs. ; Dr. et pr. 2008. 212, note Putman ; Procédures 2008, n° 166, note Perrot.*

9. Obligation de faire. Le juge de l'exécution est compétent pour dire si un acte constitue un titre exécutoire au sens de l'art. 3 L. n° 91-650 du 9 juill. 1991 [devenu C. pr. exéc., art. L. 111-3] et s'il porte une condamnation susceptible d'exécution ; après avoir rappelé que sont exécutoires de droit, au sens de l'art. 514, al. 2, les décisions qui ordonnent une mesure conservatoire, et exactement retenu qu'une mesure prise par un tribunal arbitral, contraignant une partie à ouvrir un compte séquestre et à demander à son débiteur, tiers à la sentence, d'y verser les fonds dus en vertu de décisions judiciaires, ne constitue pas une mesure conservatoire mais une obligation de faire non exécutoire de droit, une cour d'appel ne peut qu'en déduire, sans méconnaître l'autorité de la chose jugée, que le juge de l'exécution n'a pas le pouvoir d'ordonner une mesure d'astreinte, dès lors que celui-ci ne peut assortir d'une astreinte que l'exécution d'une obligation devenue exécutoire, fût-ce provisoirement, et que la sentence arbitrale est frappée d'un recours en annulation, suspensif d'exécution. • Civ. 1re, 4 juill. 2007, n° 05-16.586 P : *D. 2007. AJ 2025, obs. Delpech ; LPA 26 sept. 2007, p. 29, note Gillet ; Dr. et pr. 2007. 345, note Cuniberti ; RJ com. janv.-févr. 2008, p. 58, obs. Moreau.*

10. Annulation d'une délibération. Viole l'art. 514 la décision retenant, au visa de ce texte, qu'est exécutoire de droit à titre provisoire l'ordonnance qui se borne à rejeter la contestation de la délibération d'un comité d'hygiène, de sécurité et des conditions de travail relative à une expertise visée à l'art. L. 4614-12 C. trav. • Civ. 2e, 16 mai 2012, n° 11-19.395 P : *Procédures 2012, n° 212, note Perrot.*

3° ORDONNANCES DU JUGE DE LA MISE EN ÉTAT ACCORDANT UNE PROVISION

11. Juges du fond. Les condamnations au paiement d'une provision prononcées par les juges du fond sont exécutoires de droit à titre provisoire. • Civ. 2e, 18 nov. 1999, n° 97-12.709 P : *D. 2000. IR 33 ; ibid. 2001. Pan. 3299, chron. Hoonakker ; JCP 2000. II. 10385, note Psaume.* ♦ Dans le même sens • Civ. 2e, 13 janv. 2000, n° 99-13.265 P : *D. 2000. IR 36 ; ibid. 2001. 3299, chron. Hoonakker ; RTD civ. 2000. 400, obs. R. Perrot ; JCP 2000. II. 10431, note Jacotot ; Procédures 2000, n° 56, obs. Perrot.*

B. AUTRES CAS D'EXÉCUTION PROVISOIRE DE PLEIN DROIT

1° ORDONNANCES SUR REQUÊTE

12. Envoi en possession. L'ordonnance d'envoi en possession, rendue en application de l'art. 1008 C. civ., sur la requête d'un légataire universel, est à ce titre exécutoire sur minute en vertu de l'art. 83 Décr. du 9 sept. 1971 [devenu 495 C. pr. civ.] ; une telle ordonnance est donc exécutoire par provision nonobstant appel. • Civ. 1re, 15 déc. 1976 : *Bull. civ. I, no 411 ; JCP 1978. II. 18874, note Thuillier ; RTD civ. 1978. 177 et 907, obs. Savatier.*

2o MESURES D'EXPERTISE

13. Non. Il ne résulte d'aucun texte que la décision prescrivant une expertise bénéficie de plein droit de l'exécution provisoire. • Civ. 2e, 27 juin 1990, no 89-13.364 P : *Gaz. Pal. 1991. 1. Somm. 153, obs. Guinchard et Moussa ; RTD civ. 1991. 164, obs. Perrot.*

14. Conséquence. L'appelant d'un jugement non assorti de l'exécution provisoire ne peut se voir opposer une expertise ordonnée par le jugement, à laquelle il n'a pas assisté et qui a été diligentée avant qu'il n'ait été statué sur l'appel. • Civ. 2e, 9 oct. 1991, no 90-15.249 P : *Gaz. Pal. 22 juill. 1992. Somm., obs. Ferrand et Moussa.*

Ancien art. 515 ***Hors les cas où elle est de droit, l'exécution provisoire peut être ordonnée, à la demande des parties ou d'office, chaque fois que le juge l'estime nécessaire et compatible avec la nature de l'affaire, à condition qu'elle ne soit pas interdite par la loi.***

Elle peut être ordonnée pour tout ou partie de la condamnation. *(Abrogé par Décr. no 2005-1678 du 28 déc. 2005, art. 46, à compter du 1er mars 2006)* ***« En aucun cas, elle ne peut l'être pour les dépens. »***

L'art. 46 du Décr. no 2005-1678 du 28 déc. 2005 est applicable aux procédures en cours (Décr. préc., art. 87, al. 1er).

Le présent art. n'est plus en vigueur depuis le 1er janv. 2020 (Décr. no 2019-1333 du 11 déc. 2019, art. 3-2o). — V. note ss. l'art. 514.

PLAN DES ANNOTATIONS

A. ALINÉA 1er

1o EXÉCUTION PROVISOIRE ORDONNÉE

1. Assistance éducative. Le jugement ordonnant le placement d'un mineur à l'aide sociale à l'enfance est une décision au fond que, spécialement, le juge des enfants peut assortir de l'exécution provisoire. • Limoges, 5 janv. 1999 : *D. 2000. 469, note Huyette.*

2. Motivation. Sur la question de savoir si l'exécution provisoire ordonnée par le juge doit être, au moins implicitement, motivée, V., pour l'affirmative : • Caen, 28 sept. 1982 : *JCP 1984. IV. 116* • Rennes, 24 févr. 1984 : *Rev. jur. Ouest 1984. 86, note Loyer-Larher ; RTD civ. 1984. 566, obs. Perrot* • Douai, 5 avr. 1984 : *RTD civ. 1984. 774, obs. Perrot* • 10 mai 1984, *eod. loc. 1er juin 1984 : eod. loc.* ♦ *Contra* : • Angers, 30 avr. 1981 : *Rev. jur. Ouest 1984. 85.*

3. Conseil de l'ordre. Il résulte des art. 16 et 198 Décr. du 27 nov. 1991 et 515 NCPC [devenu C. pr. civ.] que si la décision d'un conseil de l'Ordre ordonnant la mainlevée de la mesure de suspension provisoire d'un avocat peut être assortie de l'exécution provisoire par une disposition expresse, cette décision n'est pas exécutoire de plein droit ; le conseil de l'Ordre, qui s'est borné à constater, de manière erronée, que sa décision était exécutoire de plein droit, n'en a pas ordonné l'exécution provisoire, de sorte que la décision est en définitive dépourvue du caractère exécutoire par provision. • Civ. 1re, 28 sept. 2004, no 03-14.415 P : *D. 2004. IR 2832 ; JCP 2005. I. 112, no 26, obs. R. Martin.*

2o EXÉCUTION PROVISOIRE PROHIBÉE

4. Bâtonnier de l'ordre. Il résulte de l'art. 178 Décr. du 27 nov. 1991 que le bâtonnier ne peut assortir de l'exécution provisoire la décision qu'il prend en matière de contestation d'honoraires. • Civ. 1re, 9 avr. 2002, no 99-19.761 P : *D. 2002. 1787, note Beignier ; JCP 2002. II. 10086, note R. Martin.* ♦ Il résulte de l'art. 178 Décr. du 27 nov. 1991 que le président du TGI ayant seul le pouvoir de rendre exécutoire une ordonnance de taxe, le bâtonnier ne peut assortir de l'exécution provisoire la décision qu'il rend en matière de contestation d'honoraires, et que ce magistrat ne peut rendre exécutoire la décision du bâtonnier lorsque celle-ci a été déférée au premier président ; il s'ensuit que le premier président, saisi en référé d'une demande de suspension de l'exécution provisoire, a exactement décidé que, le bâtonnier ne pouvant rendre sa décision exécutoire, la suspension de l'exécution provisoire devait être ordonnée comme contraire à la loi. • Civ. 2e, 18 juin 2009, no 08-14.219 P : *D. 2009. Pan. 2704, obs. Blanchard* ; JCP 2009. 295, obs. Jasmin.

5. Droit de la famille. V. en matière de divorce, à propos du port du nom. • Civ. 2e, 12 juill. 1972 : *Bull. civ. II, no 216 ; D. 1973. 185, note Groslière ; RTD civ. 1973. 170, obs. Raynaud* (encourt la cassation l'arrêt qui, prononçant un divorce, prescrit l'exécution provisoire du chef de l'interdiction faite à la femme de porter le nom de son mari ; en effet, sauf en ce qui concerne les mesures provisoires par leur nature dont le divorce peut être l'occasion, aucune exécution provisoire ne peut être ordonnée quant aux dispositions qui dépendent seulement de la décision définitive sur le bien ou le mal-fondé de l'action) et, à propos de la prestation compensatoire, l'art. 1079. ♦ Comp., à propos d'une prestation compensatoire provisionnelle, note 7 ss. art. 514. ♦ *Adde*, les mesures ordonnées par les juges en vertu de l'art. 258 C. civ. ne pouvant prendre effet que lorsque le rejet du divorce est devenu définitif, elles ne peuvent être assorties de l'exécution provisoire. • Civ. 2e, 25 nov. 1992, n° 91-12.208 P : *RTD civ. 1993. 106, obs. Hauser*.

6. Contredit. L'instance étant, en application de l'art. 81, suspendue jusqu'à l'expiration du délai de contredit, est interdite par la loi l'exécution provisoire de la décision qui, ayant rejeté l'exception d'incompétence, ordonne une mesure d'instruction. • Lyon, 17 févr. 1981 : *JCP 1981. II. 19690, note J. A.*

7. Exécution provisoire dépourvue de signification. La décision qui fixe le prix d'un bien sur lequel une SAFER entend exercer son droit de préemption est purement estimatoire et son exécution provisoire, qui n'aurait aucun sens, ne peut être ordonnée. • Bordeaux, 12 mai 1980 : *Gaz. Pal. 1981. 1. 265, note Rozier ; RTD civ. 1981. 695, obs. Perrot* • Grenoble, 16 mars 1982 : *Gaz. Pal. 1982. 2. 375, note Loyer-Larher.*

8. Condamnation indéterminée. Ce n'est pas parce qu'un chef de condamnation est indéterminé en son montant qu'il ne peut être assorti de l'exécution provisoire. • Paris, 19 déc. 2018, n° 18/2219.

3° EXÉCUTION PROVISOIRE ORDONNÉE ALORS QUE PROHIBÉE

9. Renvoi. Sur la sanction, V. art. 524 et les notes ss. ce texte.

B. ALINÉA 2ND

10. Pouvoir souverain. En cas d'appel, il appartient à la cour d'interpréter les dispositions ambiguës du jugement critiqué ; c'est dans l'exercice de son pouvoir souverain d'interprétation de la décision frappée d'appel que la cour d'appel retient que seule la condamnation au paiement de dommages-intérêts était assortie de l'exécution provisoire. • Civ. 2e, 11 déc. 2008, n° 07-19.046 P : *D. 2009. AJ 174 ; RTD civ. 2009. 173, obs. Perrot*.

11. Prise d'effet. L'exécution provisoire produit effet au jour de la notification de la décision qui l'ordonne. • TI Toulon, 2 juin 1984 : *D. 1984. IR 421, obs. Julien.*

Ancien art. 516 ***L'exécution provisoire ne peut être ordonnée que par la décision qu'elle est destinée à rendre exécutoire, sous réserve des dispositions des articles 525 et 526.***

Le présent art. n'est plus en vigueur depuis le 1er janv. 2020 (Décr. n° 2019-1333 du 11 déc. 2019, art. 3-2°). — V. note ss. l'art. 514.

Ancien art. 517 ***L'exécution provisoire peut être subordonnée à la constitution d'une garantie, réelle ou personnelle, suffisante pour répondre de toutes restitutions ou réparations.***

V. ss. art. 1031-7, Décr. n° 80-367 du 19 mai 1980 relatif aux constitutions de garantie auxquelles peut être subordonnée l'exécution de certaines décisions de justice prononcées contre les personnes morales de droit public.

Le présent art. n'est plus en vigueur depuis le 1er janv. 2020 (Décr. n° 2019-1333 du 11 déc. 2019, art. 3-2°). — V. note ss. l'art. 514.

I. CONSTITUTION D'UNE GARANTIE

1. Caractère suffisant. Dès lors qu'il relève que la caution fournie par la partie gagnante n'était pas suffisante pour répondre de toutes restitutions ou réparations et que l'exécution du jugement poursuivie sur une caution non valable *était interdite par la loi*, le premier président d'une cour d'appel ne peut, sans violer les art. 517 et 521, subordonner la suspension de l'exécution provisoire du jugement à la consignation par la partie condamnée d'une somme dont il fixe le montant. • Civ. 2e, 31 janv. 1985 : *Bull. civ. II, n° 27 ; Gaz. Pal. 1985. 1. Pan. 122, obs. Guinchard et Moussa.*

2. Condition de l'exécution. En cas de condamnation, le taux de l'intérêt légal majoré de 5 points n'est applicable qu'à l'expiration d'un délai de 2 mois à compter du jour où la décision de justice peut être mise à exécution ; encourt, par suite, la cassation l'arrêt qui retient que la majoration du taux de l'intérêt légal devait remonter au jugement de première instance portant notamment condamnation pécuniaire, alors que l'exécution de celui-ci avait été subordonnée de ce chef, en application de l'art. 517, à la constitution d'une garantie qui n'avait pas été réalisée. • Civ. 2e, 19 mai 1999, n° 96-22.280 P : *Procédures 1999, n° 175, note Perrot.*

II. RESTITUTIONS OU RÉPARATIONS

3. Notion de réparations. Les réparations visées à l'art. 517 englobent les intérêts légaux sur les sommes versées au titre de l'exécution provisoire. • Paris, 22 mai 1985 : *Bull. ch. avoués 1985. 3. 94.* ♦ Mais le point de départ de ces intérêts est différé. V. notes 16 s. ss. art. 526. ♦ Sur les responsabilités encourues du fait de l'exécution d'un jugement ultérieurement infirmé, V. aussi notes 10 s. ss. art. 526.

Ancien art. 518 ***La nature, l'étendue et les modalités de la garantie sont précisées par la décision qui en prescrit la constitution.***

Le présent art. n'est plus en vigueur depuis le 1er janv. 2020 (Décr. n° 2019-1333 du 11 déc. 2019, art. 3-2°). — V. note ss. l'art. 514.

Ancien art. 519 ***Lorsque la garantie consiste en une somme d'argent, celle-ci est déposée à la caisse des dépôts et consignations ; elle peut aussi l'être, à la demande de l'une des parties, entre les mains d'un tiers commis à cet effet.***

(Décr. n° 76-714 du 29 juill. 1976, art. 2) ***« Dans ce dernier cas, le juge, s'il fait droit à cette demande, constate dans sa décision les modalités du dépôt. »***

Si le tiers refuse le dépôt, la somme est déposée, sans nouvelle décision, à la Caisse des dépôts et consignations.

Le présent art. n'est plus en vigueur depuis le 1er janv. 2020 (Décr. n° 2019-1333 du 11 déc. 2019, art. 3-2°). — V. note ss. l'art. 514.

Ancien art. 520 ***Si la valeur de la garantie ne peut être immédiatement appréciée, le juge invite les parties à se présenter devant lui à la date qu'il fixe, avec leurs justifications.***

Il est alors statué sans recours.

La décision est mentionnée sur la minute et sur les expéditions du jugement.

Le présent art. n'est plus en vigueur depuis le 1er janv. 2020 (Décr. n° 2019-1333 du 11 déc. 2019, art. 3-2°). — V. note ss. l'art. 514.

Ancien art. 521 *(Décr. n° 84-618 du 13 juill. 1984, art. 3)* ***« La partie condamnée au paiement de sommes autres que des aliments, des rentes indemnitaires ou des provisions peut éviter » que l'exécution provisoire soit poursuivie en consignant, sur autorisation du juge, les espèces ou les valeurs suffisantes pour garantir, en principal, intérêts et frais, le montant de la condamnation.***

En cas de condamnation au versement d'un capital en réparation d'un dommage corporel, le juge peut aussi ordonner que ce capital sera confié à un séquestre à charge d'en verser périodiquement à la victime la part que le juge détermine.

Le présent art. n'est plus en vigueur depuis le 1er janv. 2020 (Décr. n° 2019-1333 du 11 déc. 2019, art. 3-2°). — V. note ss. l'art. 514.

PLAN DES ANNOTATIONS

I. MISE EN ŒUVRE PAR LE JUGE

1. Consignation. La possibilité d'aménagement de l'exécution provisoire prévue par l'art. 521 n'est pas subordonnée à la condition, prévue par l'art. 524, 2°, que cette exécution risque d'entraîner des conséquences manifestement excessives. • Civ. 2e, 23 janv. 1991, n° 89-18.925 P.

II. MISE EN ŒUVRE PAR LE PREMIER PRÉSIDENT

2. Renvoi. V. notes ss. art. 524.

A. CAS

1° EXÉCUTION PROVISOIRE ORDONNÉE

*a. Articulation avec les art. 517 et 524-1°*

3. Pouvoir limité. Dès lors qu'il relève que la caution fournie par la partie gagnante n'était pas suffisante pour répondre de toutes restitutions ou réparations et que l'exécution du jugement poursuivie sur une caution non valable était interdite par la loi, le premier président d'une cour d'appel ne peut, sans violer les art. 517 et 521, subordonner la suspension de l'exécution provisoire du jugement à la consignation par la partie condamnée d'une somme dont il fixe le montant. • Civ. 2e, 31 janv. 1985 : *Bull. civ. II, n° 27 ; Gaz. Pal. 1985. 1. Pan. 122, obs. Guinchard et Moussa.*

*b. Articulation avec l'art. 524-2°*

4. Pouvoir discrétionnaire. Il relève du pouvoir discrétionnaire du premier président d'ordonner la consignation des condamnations. • Civ. 2e, 6 déc. 2007, n° 06-19.134 P : *D. 2008. AJ 96 ; Dr. et pr. 2008. suppl. Droit du recouvrement 4, obs. Putman ; RTD civ. 2008. 158, obs. Perrot* • Civ. 2e, 27 févr. 2014, n° 12-24.873 P : *Gaz. Pal. 25-27 mai 2014, p. 47, obs. Herman.*

5. Limite (partie condamnée). Il résulte des art. 517 à 524 que, sous les réserves et dans les conditions qu'ils prévoient, le premier président de la cour d'appel, saisi d'une demande tendant à faire arrêter l'exécution provisoire d'un jugement, a la faculté de maintenir l'exécution provisoire moyennant la constitution, par le bénéficiaire de celle-ci, d'une garantie réelle ou personnelle suffisante pour répondre de toutes restitutions ou réparations, ou bien de l'arrêter moyennant consignation par la partie condamnée d'espèces ou de valeurs suffisantes pour garantir en principal, intérêts et frais, le montant de la condamnation ; viole ces textes le premier président qui décide que l'exécution provisoire sera arrêtée moyennant consignation par une partie du montant de la condamnation exécutoire par provision, alors qu'aucune condamnation n'avait été prononcée ni à l'encontre, ni au profit de cette partie. • Civ. 2e, 6 oct. 1982 : *Bull. civ. II, no 118 ; Gaz. Pal. 1982. 1. Pan. 45, obs. Guinchard.*

6. Limite (nature des sommes). Saisi d'une demande tendant à faire ordonner la consignation, le premier président a exactement décidé, l'indemnité de préavis présentant, comme le salaire, un caractère alimentaire, que la consignation excédait ses pouvoirs. • Soc. 11 déc. 1990, no 86-45.377 P.

2o EXÉCUTION PROVISOIRE DE DROIT

7. Séquestre : conditions écartées. Lorsque l'exécution provisoire est de droit, le premier président peut, pour toute condamnation au versement d'un capital, ordonner qu'il sera confié à un séquestre à charge d'en verser périodiquement une part à la victime sans avoir à rechercher si l'exécution aurait des conséquences manifestement excessives. • Civ. 2e, 16 juill. 1992, no 91-11.280 P (dommage résultant pour un pépiniériste acquéreur de tourbe de l'impropriété de cette marchandise).

8. Séquestre : condition requise. C'est en violation des art. 524, al. 3 [al. 5], et 521, al. 2, que le premier président, saisi en référé par un employeur pour obtenir que l'exécution provisoire de droit attachée à certaines dispositions du jugement prud'homal soit subordonnée à la constitution d'une garantie, se borne à ordonner la consignation d'une somme entre les mains d'un séquestre, sans déterminer la part que ce dernier devrait périodiquement verser à la salariée. • Soc. 11 déc. 1990, no 89-13.249 P.

B. RÉGIME

9. Droit de préférence. Les dispositions prévues par les art. 2073 et 2075-1 C. civ. [devenus 2333 et 2350 C. civ.] sont applicables à la consignation ordonnée par le premier président d'une cour d'appel à titre de garantie de l'exécution provisoire non arrêtée d'un jugement ; dès lors, viole ces textes et l'art. 521 C. pr. civ., ensemble l'art. 524 du même code, la cour d'appel qui retient que, en raison de l'absence d'équivalence de la consignation à un paiement, l'ordonnance de consignation prise par un premier président ne peut être assimilée à une décision visée par l'art. 2075-1 C. civ. [devenu 2350 C. civ.]. • Civ. 2e, 21 déc. 2006, no 04-10.167 P : *AJDI 2007. 323*.

Ancien art. 522 ***Le juge peut, à tout moment, autoriser la substitution à la garantie primitive d'une garantie équivalente.***

Le présent art. n'est plus en vigueur depuis le 1er janv. 2020 (Décr. no 2019-1333 du 11 déc. 2019, art. 3-2o). — V. note ss. l'art. 514.

1. Substitution. Le premier président ne peut autoriser la substitution à la garantie primitive d'une garantie équivalente qu'autant qu'une garantie avait été initialement imposée. • Versailles, 25 févr. 1982 : *Gaz. Pal. 1982. 2. 522, note Etivant.*

2. Condition. La décision de substitution d'une garantie à une autre est subordonnée à la justification d'une modification survenue dans la situation du débiteur depuis la décision. • Rennes, 31 mars 1983 : *Gaz. Pal. 1984. 1. 164, note Larher ; RTD civ. 1984. 368, obs. (crit.) Perrot.*

3. Juge ayant ordonné la garantie primitive. La substitution de garantie prévue à l'art. 522 suppose que la garantie initiale ait été ordonnée au titre de l'exécution provisoire par le jugement dont il est relevé appel et non par le juge des référés statuant en application de l'art. 567 [anc.] C. pr. civ. [en matière de voies d'exécution ; aujourd'hui compétence du JEX]. • Paris, 30 oct. 1981 : *Bull. ch. avoués 1981. 4. 33.* – V. aussi • Paris, 28 oct. 1998 : *Bull. ch. avoués 1998. 3. 88.*

Ancien art. 523 ***Les demandes relatives à l'application des articles 517 à 522 ne peuvent être portées, en cas d'appel, que devant le premier président statuant en référé*** *(Décr. no 76-1236 du 28 déc. 1976, art. 8)* ***« ou, dans les cas prévus aux articles 525 ou*** *(Décr. no 2014-1338 du 6 nov. 2014, art. 3-I)* ***« 525-1 », devant le magistrat chargé de la mise en état dès lors qu'il est saisi ».***

Le présent art. n'est plus en vigueur depuis le 1er janv. 2020 (Décr. no 2019-1333 du 11 déc. 2019, art. 3-2o). — V. note ss. l'art. 514.

Renvoi. V. notes 2 s. ss. art. 525 et ss. art. 525-1.

Ancien art. 524 *Lorsque l'exécution provisoire a été ordonnée, elle ne peut être arrêtée, en cas d'appel, que par le premier président* (Abrogé par Décr. n° 2014-1338 du 6 nov. 2014, art. 3-II) *« statuant en référé » et dans les cas suivants :*

1° Si elle est interdite par la loi ;

2° Si elle risque d'entraîner des conséquences manifestement excessives ; dans ce dernier cas, (Décr. n° 76-1236 du 28 déc. 1976, art. 9-I) *« le premier président » peut aussi prendre les mesures prévues aux articles 517 à 522.*

(Décr. n° 76-1236 du 28 déc. 1976, art. 9-II) *« Le même pouvoir appartient, en cas d'opposition, au juge qui a rendu la décision. »*

(Décr. n° 81-500 du 12 mai 1981, art. 22) *« Lorsque l'exécution provisoire est de droit, le premier président peut prendre les mesures prévues au deuxième alinéa de l'article 521 et à l'article 522. »*

(Décr. n° 2004-836 du 20 août 2004, art. 8, en vigueur le 1er janv. 2005) *« Le premier président peut arrêter l'exécution provisoire de droit en cas de violation manifeste du principe du contradictoire ou de l'article 12 et lorsque l'exécution risque d'entraîner des conséquences manifestement excessives. »*

L'art. 8 du Décr. n° 2004-836 du 20 août 2004 est applicable aux procédures en cours (Décr. préc., art. 59).

Sur le pouvoir modérateur du premier président, V., en matière de procédure collective, C. com. art. R. 661-1. — ***C. pr. coll. et C. com.*** *— ... En matière de concurrence, C. com., art. L. 464-1, L. 464-7, L. 464-8 et R. 464-10 s. —* ***C. com.*** *— ... S'agissant de l'Autorité des marchés financiers, V. Décr. n° 2003-1109 du 21 nov. 2003, art. 28. —* ***C. soc.*** *— ... En matière de presse, L. 29 juill. 1881, art. 64. —* ***C. pén. et C. communic.***

Le présent art. n'est plus en vigueur depuis le 1er janv. 2020 (Décr. n° 2019-1333 du 11 déc. 2019, art. 3-2°). — V. note ss. l'art. 514.

BIBL. ▸ **Commentaire de la réforme du 20 août 2004 :** FRICERO, *Dr. et pr. 2005. 4.* – GERBET, *Gaz. Pal. 2008. Doctr. 3042* (mise en œuvre devant la cour d'appel de Montpellier). – HOONAKKER, *D. 2004. Chron. 2314* ; *Mél. S. Guinchard, Dalloz 2010, p. 713* (retour sur l'arrêt de l'exécution provisoire de droit : un espoir déçu). – PERROT et CROZE, *Procédures 2004. Étude 13* (commentaire du décret du 20 août 2004). – VALLENS, *RTD com. 2004. 815* (procédures collectives). – VERDUN, *Gaz. Pal. 13-14 oct. 2004, p. 7.* – TRAVIER et WATREMET, *RJ com. 2004. 399.* ▸ **Autres thèmes :** BERGERÈS, *LPA 26 janv. 2004, p. 13* (sursis à exécution des jugements des tribunaux administratifs). – BLAISSE, *JCP 1985. I. 3183.* – CROZE, *BICC hors série, 2003, n° 2, p. 66* (arrêt et aménagement de l'exécution provisoire). – GERBAY, *D. 1980. Chron. 65* (la juridiction du premier président). – GIVERDON, *D. 1973. Chron. 265* (premières manifestations de la juridiction du premier président). – HOONAKKER, *Dr. et pr. 2002. 77* (l'exécution provisoire de droit et la Constitution). – MONTOURCY, *AJ fam. 2015. 46* (droit des majeurs vulnérables et arrêt de l'exécution provisoire). – ORTSCHEIDT, *Rev. arb. 2004. 9* (octroi et arrêt de l'exécution provisoire des sentences arbitrales). – VIATTE, *Gaz. Pal. 1974. 1. Doctr. 463 ; Gaz. Pal. 1977. 1. Doctr. 213.* – V. *BICC 15 févr. 2007, p. 7.* – VILLACÈQUE, *Gaz. Pal. 2008. Doctr. 3044* (un bénéfice aléatoire).

PLAN DES ANNOTATIONS

I. GÉNÉRALITÉS

A. COMPÉTENCE

1. Premier président. L'art. 524 donne compétence exclusive au premier président et la matière est étrangère aux attributions du conseiller de la mise en état. • Paris, 18 juill. 1977 : *JCP 1978. II. 18826, note J. A.* ♦ Rappr. • Aix-en-Provence, 28 févr. 1977 : *Gaz. Pal. 1977. 2. 340.* ♦ V. aussi art. 523 et comp. art. 525, 525-1 et 526. ♦ Le premier président de la cour d'appel est compétent pour arrêter l'exécution provisoire de droit tant que la cour d'appel n'a pas déclaré l'appel irrecevable ou qu'elle n'a pas donné acte au débiteur d'un désistement de son appel. • Civ. 2e, 18 févr. 2016, n° 14-20.199 P : *D. actu. 9 mars 2016, obs. Kebir ; Gaz. Pal. 17 mai 2016, p. 71, obs. Raschel.*

2. Cas. Les dispositions de l'art. 524 ne s'appliquent que lorsque l'exécution provisoire a été ordonnée par la juridiction de première instance ; si elle est ordonnée par le conseiller de la mise en état, la décision de celui-ci ne peut être déférée à la cour d'appel que dans les conditions prévues par l'art. 914, al. 2 [devenu l'art. 916, al. 2]. • Civ. 2e, 9 oct. 1991, n° 90-16.021 P. ♦ V. aussi notes 8 s. ss. art. 525 et notes 12 s. ss. art. 525-1.

B. ARTICULATION AVEC DES RÈGLES PARTICULIÈRES

1° RÈGLES CONCERNANT LES SENTENCES ARBITRALES

3. Renvoi. V. art. 1497 (réd. Décr. du 13 janv. 2011).

2° RÈGLES CONCERNANT LE JUGE RÉPRESSIF STATUANT SUR LES INTÉRÊTS CIVILS

4. Renvoi. V. C. pr. pén., art. 515-1. – **C. pr. pén.**

5. Mise en œuvre. Compétent pour arrêter l'exécution provisoire des dispositions civiles d'un jugement répressif (art. 515-1 C. pr. pén.), le premier président l'est également pour aménager cette exécution en prenant l'une des mesures prévues aux art. 521 et 522 NCPC [devenus art. 521 et 522 C. pr. civ.]. • Caen, 12 janv. 1988 : *JCP 1988. II. 21092, note Cadiet* • Rennes, 26 juill. 1991 : *JCP 1992. II. 21925, note du Rusquec.*

3° RÈGLES CONCERNANT LES DÉCISIONS DU JEX

6. Exclusion de l'art. 524. L'art. 524 n'est pas applicable lorsque le premier président est saisi d'une demande de sursis à exécution d'une décision d'un juge de l'exécution ; en décidant de rejeter une telle demande de sursis à exécution, un premier président ne fait qu'exercer les pouvoirs qu'il tient des dispositions de l'al. 3 de l'art. L. 311-12-1 COJ [l'art. L. 213-6 COJ n'a pas repris ces dispositions dont la teneur figure néanmoins à l'art. 31 Décr. n° 92-755 du 31 juill. 1992, réd. Décr. du 18 déc. 1996 ; devenu C. pr. exéc., art. R. 121-22] sans avoir à motiver spécialement sa décision. • Civ. 2e, 20 juin 1996, n° 93-19.320 P : *Procédures 1996, n° 250, obs. Perrot ; Gaz. Pal. 22 mars 1997, note du Rusquec.* ♦ Dans le même sens • Civ. 2e, 20 juin 1996, n° 94-16.464 P : *Procédures 1996, n° 250 ; Gaz. Pal. 22 mars 1997, note du Rusquec.* ♦ L'art. 524 n'est pas applicable aux demandes de sursis à exécution des mesures ordonnées par le juge de l'exécution ; le premier président de la cour d'appel, saisi en application de l'art. 31 Décr. du 31 juill. 1992 [devenu C. pr. exéc., art. R. 121-22], tient de la loi le pouvoir souverain d'apprécier s'il existe des moyens sérieux d'annulation ou de réformation de la décision du juge de l'exécution, sans être tenu de se référer aux moyens d'appel. • Civ. 2e, 20 déc. 2001, n° 00-17.029 P : *D. 2002. IR 622 ; Dr. et pr. 2002. 167, note Hoonakker.* ♦ Il résulte de l'art. 31 Décr. du 31 juill. 1992 [devenu C. pr. exéc., art. R. 121-22], ensemble l'art. 524 NCPC [devenu C. pr. civ.], que le prononcé d'une astreinte ne peut donner lieu à un sursis à exécution. • Civ. 2e, 12 juin 2003, n° 01-13.670 P. ♦ L'art. 524 n'est pas applicable aux demandes de sursis à exécution des décisions rendues par le juge de l'exécution ; le prononcé d'une astreinte ne peut donner lieu à un sursis à exécution sur le fondement de l'art. 31 Décr. du 31 juill. 1992 [devenu C. pr. exéc., art. R. 121-22]. • Civ. 2e, 10 févr. 2011, n° 10-14.424 P : *D. 2012. Pan. 1514, obs. Leborgne ; Procédures 2011, n° 128, note Perrot.* ♦ V. aussi, de manière plus générale, l'art. 31 Décr. du

31 juill. 1992 [devenu C. pr. exéc., art. R. 121-22] et les notes ss. ce texte.

7. Application de l'art. 524. Il résulte de la combinaison des art. L. 311-12-1 COJ [V. *supra* note 6 les explications sur le sort de ce texte] et 8, al. 2, Décr. du 31 juill. 1992 que la compétence spécifique du premier président en cas d'appel d'une décision assortie de l'exécution provisoire n'est en rien abrogée. • Paris, 1er mars 1993 : *D. 1993. IR 122.* ♦ Mais la saisie-attribution produit, en vertu de l'art. 43 L. n° 91-650 du 9 juill. 1991 [devenu C. pr. exéc., art. L. 211-2], sous réserve des pouvoirs du JEX, un effet d'exécution immédiat qui paralyse les pouvoirs que le premier président, qui n'est pas compétent pour donner mainlevée de la saisie, tient de l'art. 524, dans la mesure où la somme saisie est supérieure à celle qui est exigible en vertu de l'exécution provisoire ; les demandes de mainlevée et d'aménagement de l'exécution provisoire sont donc sans objet. • Limoges, 18 mars 2003 : *BICC 2003, n° 828.* ♦ Le premier président, saisi en référé en vue d'arrêter une exécution provisoire ordonnée, ne peut remettre en cause les effets des actes d'exécution accomplis ou les paiements effectués antérieurement à sa décision ; par suite, viole l'art. 524 le premier président qui, pour arrêter intégralement l'exécution provisoire d'un jugement, retient que les sommes qui ont fait l'objet d'une saisie-attribution sont inférieures à la créance et que la saisie de valeurs mobilières échappe à l'application de l'art. 43 L. n° 91-650 du 9 juill. 1991 [devenu C. pr. exéc., art. L. 211-2], de telle sorte qu'il ne peut être considéré que le débiteur a exécuté le jugement ou que celui-ci a fait l'objet d'une exécution forcée. • Civ. 2e, 13 juin 2002, n° 00-15.852 P : *D. 2002. IR 2656*.

8. Conséquence en cas d'erreur. L'erreur d'une partie sur le fondement juridique de sa demande (art. 524 NCPC [devenu C. pr. civ.] au lieu de l'art. 31 Décr. du 31 juill. 1992 [devenu C. pr. exéc., art. R. 121-22]) ne constitue pas, à elle seule, une faute permettant l'allocation de dommages-intérêts pour procédure abusive (cassation d'une ordonnance déduisant l'abus du « défaut total d'argumentation juridique de la demande, mal fondée dans ses références juridiques et non rectifiée après les claires conclusions des cautions »). • Civ. 2e, 18 déc. 2003, n° 01-16.617 P : *D. 2004. IR 252* ; *Gaz. Pal. 21-22 juill. 2004, p. 11, obs. Brenner.*

4° RÈGLES CONCERNANT LES PROCÉDURES COLLECTIVES

9. Renvoi. V. C. com., art. R. 661-1. – **C. com.**

C. RECOURS

10. Pourvoi en cassation. L'ordonnance du premier président de la cour d'appel qui statue en référé, en vertu des pouvoirs propres que lui confèrent les art. 524 à 526 NCPC [devenus art. 524 à 525-1 C. pr. civ.], sur une demande tendant à voir ordonner ou arrêter l'exécution provisoire du jugement frappé d'appel, met fin à l'instance autonome introduite devant ce magistrat et peut être frappée d'un pourvoi en cassation indépendamment de la décision sur le fond. • Cass., ass. plén., 2 nov. 1990, n° 90-12.698 P : *JCP 1991. II. 21631, concl. Monnet, note Estoup ; RTD civ. 1991. 169, obs. Perrot* ; *JCP 1992. I. 3606, obs. Vray.*

II. EXÉCUTION PROVISOIRE ORDONNÉE

A. CONDITIONS D'INTERVENTION

1° QUANT AUX PARTIES

11. Auteur de la saisine. Seule la partie qui a succombé et contre laquelle l'exécution provisoire a été prononcée peut, en cas d'appel de sa part, agir sur le fondement de l'art. 524. • Paris, 6 mai 1981 : *Bull. ch. avoués 1981. 2. 32.* ♦ Dans le même sens : en cas de condamnation solidaire contre deux parties dont une seule a interjeté appel, est irrecevable la demande formée par l'autre en arrêt de l'exécution provisoire. • Versailles, 10 févr. 1989 : *Gaz. Pal. 1989. 2. Somm. 422.* ♦ *Contra* : les dispositions de l'art. 524 peuvent recevoir application dès lors que l'affaire est portée devant la cour par l'une ou l'autre des parties, le texte ne formulant à cet égard aucune distinction. • Paris, 20 janv. 1984 : *Bull. ch. avoués 1984. 1. 33.* ♦ Rappr. • Paris, 5 oct. 1987 : *Bull. ch. avoués 1987. 4. 190* (demande émanant d'un intervenant volontaire).

2° QUANT AU RECOURS

12. Tierce opposition (non). Le premier président ne peut suspendre l'exécution provisoire d'un arrêt frappé de tierce opposition, la formation collégiale de la cour d'appel étant seule investie de ce pouvoir. • Paris, 6 août 1976 : *JCP 1977. II. 18534, note Hanine.*

13. Existence d'un appel. La partie qui n'exerce pas de recours, principal ou incident, à l'encontre du jugement est irrecevable à demander la suspension de l'exécution provisoire. • Paris, 12 févr. 1980 : *Bull. ch. avoués 1980. 2. 26* • Paris, 25 mai 1988 : *Bull. ch. avoués 1988. 4. 158.*

14. Recevabilité de l'appel (non). Il n'appartient pas au premier président de se substituer à la cour pour juger de la recevabilité de l'appel ; il lui suffit que, recevable ou non, un appel ait été formé. • Paris, 24 févr. 1976 : Ann. propr. ind. *1976. 32, note Mathély* • Aix-en-Provence, 7 juill. 1983 : *Gaz. Pal. 1983. 1. 331, note Dureuil ; RTD civ. 1983. 793, obs. Perrot* • Saint-Denis de la Réunion, 12 juin 1990 : *Gaz. Pal. 1991. 1. Somm. 61.* ♦ Comp. : jugeant que les dispositions de l'art. 524 s'appliquent tant que la cour d'appel n'a pas déclaré l'appel irrecevable ou qu'elle n'a pas donné acte au débiteur d'un désistement de son appel. • Civ. 2e, 18 févr. 2016, n° 14-20.199 P. ♦ V. aussi note 21 ss. art. 524.

15. Disparition de l'appel. Est irrecevable, comme émanant d'une partie dépourvue d'intérêt à agir, la demande d'arrêt d'exécution provisoire d'un jugement frappé d'un appel dépourvu d'effet suspensif, pour avoir été radié, en application de l'art. 915 [abrogé]. • Limoges, 24 sept. 1992 : *D. 1993. Somm. 186, obs. Julien*. ♦ Comp. : la radiation de l'appel, ordonnée en application de l'art. 915, al. 2 [abrogé], ne rend pas caduque l'ordonnance du premier président qui a aménagé l'exécution provisoire du jugement. • Aix-en-Provence, 19 mai 1994 : *Gaz. Pal. 1994. 2. Somm.* ♦ Désormais, l'absence de conclusions est sanctionnée par la caducité de la déclaration d'appel. V. art. 908 réd. Décr. du 9 déc. 2009 mod. Décr. du 28 déc. 2010. ♦ Comp. la solution retenue à propos de la radiation de l'art. 526, note 25 ss. art. 524.

B. CAS D'INTERVENTION

1° EXÉCUTION PROVISOIRE PROHIBÉE

a. Cas

16. Renvoi. V. notes 4 s. ss. art. 515.

b. Pouvoirs du premier président

(i). En l'absence de prohibition légale

17. Si l'art. 524 permet au premier président d'une cour d'appel d'arrêter l'exécution provisoire d'un jugement lorsqu'elle est interdite par la loi, il ne lui donne pas le pouvoir de déduire cette interdiction de la prétendue irrégularité du jugement. • Civ. 2e, 12 mars 1997, n° 96-14.326 P. ♦ Il n'appartient au premier président d'apprécier le bien-fondé des décisions assorties de l'exécution provisoire en sorte qu'il n'entre pas dans ses pouvoirs de se prononcer sur l'application des dispositions du C. trav. interdisant la réintégration forcée du salarié. • Soc. 26 nov. 2013, n° 12-18.447 P : *RDT 2014. 108, obs. Debord ; ibid. 278, obs. Guiomard ; Procédures 2014, n° 50, note Bugada ; Gaz. Pal. 11 mars 2014, p. 45, note Orif ; JCP S 2014. 1145, note Lahalle.*

(ii). En cas de prohibition légale

18. Arrêt de l'exécution provisoire. Dès lors qu'il relève que la caution fournie par la partie gagnante n'était pas suffisante pour répondre de toutes restitutions ou réparations et que l'exécution du jugement poursuivie sur une caution non valable était interdite par la loi, le premier président d'une cour d'appel ne peut, sans violer les art. 517 et 521, subordonner la suspension de l'exécution provisoire du jugement à la consignation par la partie condamnée d'une somme dont il fixe le montant. • Civ. 2e, 31 janv. 1985 : *Bull. civ. II, n° 27 ; Gaz. Pal. 1985. 1. Pan. 122, obs. Guinchard et Moussa.*

19. Obligation. Étant interdite par la loi, doit être arrêtée l'exécution provisoire assortissant la décision de mainlevée d'une mesure de suspension prononcée par un conseil de l'ordre des avocats. • Aix-en-Provence, 2 mai 2003 : *JCP 2003. II. 10111, note R. Martin.* ♦ Il résulte de l'art. 178 du Décr. n° 91-1197 du 27 nov. 1991 que le président du TGI ayant seul le pouvoir de rendre exécutoire une ordonnance de taxe, le bâtonnier ne peut assortir de l'exécution provisoire la décision qu'il rend en matière de contestation d'honoraires, et que ce magistrat ne peut rendre exécutoire la décision du bâtonnier lorsque celle-ci a été déférée au premier président ; il s'ensuit que le premier président, saisi en référé d'une demande de suspension de l'exécution provisoire, a exactement décidé, que le bâtonnier ne pouvant rendre sa décision exécutoire, la suspension de l'exécution provisoire devait être ordonnée comme contraire à la loi. • Civ. 2e, 18 juin 2009 n° 08-14.219 P : *D. 2009. Pan. 2704, obs. Blanchard ; JCP 2009. 295, obs. Jamin.*

2° RISQUE DE CONSÉQUENCES MANIFESTEMENT EXCESSIVES

20. Abus de droit d'agir. Un premier président ayant relevé que la demande d'arrêt de l'exécution provisoire avait été introduite par une partie avec légèreté et mauvaise foi dans le seul but de faire échec au jugement sans démontrer que l'exécution de celui-ci provoquerait des conséquences manifestement excessives sur sa situation et avait causé un préjudice aux bénéficiaires du jugement a pu sans excéder ses pouvoirs décider que la procédure abusive et dilatoire justifiait l'allocation de dommages-intérêts. • Civ. 2e, 12 nov. 1997 *Bull. civ. II, n° 274.* ♦ Comp. note 8 pour un cas d'erreur sur le fondement juridique de la demande.

a. Contrôle exclusif

(i). Principe

21. Absence de contrôle de la recevabilité de l'appel. Excède ses pouvoirs le premier président qui, pour rejeter une demande de suspension de l'exécution provisoire d'une décision, énonce qu'il doit vérifier si l'appel interjeté n'est pas à l'évidence irrecevable ou mal fondé et qui, analysant les faits eu égard au texte applicable, retient que l'appel n'a aucune chance de succès. • Civ. 3e, 4 nov. 1987 : *Bull. civ. III, n° 179 ; Gaz. Pal. 1988. 1. Somm. 257, obs. Guinchard et Moussa ; D. 1988. Somm. 123, obs. Julien.*

22. Absence de contrôle de la régularité ou du bien-fondé du jugement. Le caractère manifestement excessif des conséquences de l'exécution provisoire ordonnée ne doit être apprécié qu'au regard de la situation du débiteur, compte tenu de ses facultés et des facultés de remboursement de la partie adverse et non au regard de la régularité ou du bien-fondé du jugement frappé d'appel. • Civ. 2e, 12 nov. 1997, n° 95-20.280 P. ♦ Saisi d'une demande tendant à l'arrêt de l'exécution provisoire, le premier président d'une cour d'appel n'a pas le pouvoir d'apprécier la régularité ou le bien-fondé de la décision rendue par le premier juge pour en suspendre les effets. • Civ. 2e, 6 déc. 2007, n° 06-19.134 P : *D. 2008. AJ 96* ; *Dr. et pr. 2008, suppl. Droit du recouvrement. 4, obs. Putman ; RTD civ. 2008. 158, obs. Perrot*. ♦ V. déjà • Civ. 2e, 25 mars 1992, n° 90-21.962 P (cassation de l'ordonnance du premier président qui, pour prononcer l'arrêt d'une exécution provisoire, se borne à énoncer que le jugement est affecté d'une erreur grossière, sans qu'il résulte de ces motifs que l'exécution provisoire risquait d'entraîner pour le débiteur des conséquences manifestement excessives).

23. Absence de contrôle de la régularité de l'échange des pièces. Encourt la cassation l'ordonnance d'un premier président qui arrête l'exécution provisoire d'un jugement en retenant qu'une pièce n'avait pas été adressée au défendeur et qu'en raison de cette méconnaissance des droits de la défense l'exécution provisoire du jugement aboutirait à des conséquences manifestement excessives alors qu'il ne résulte pas de ces motifs que l'exécution provisoire risquait d'entraîner pour le débiteur des conséquences manifestement excessives eu égard à ses facultés de paiement ou aux facultés de remboursement du créancier. • Civ. 2e, 27 nov. 1996, n° 95-10.384 P.

24. Absence de contrôle de la régularité des mesures d'instruction. Lorsque l'exécution provisoire a été ordonnée, elle peut être arrêtée, en cas d'appel, par le premier président statuant en référé, si elle risque d'entraîner des conséquences manifestement excessives ; cependant, excède ses pouvoirs le premier président qui déduit le caractère manifestement excessif non des effets de l'exécution provisoire mais de la régularité d'une mesure d'instruction. • Civ. 2e, 24 févr. 1993, n° 91-17.230 P : *D. 1993. Somm. 185, obs. Julien*.

25. Absence d'incidence de la radiation de l'art. 526. Il résulte de l'art. 524 que seul le premier président de la cour d'appel, statuant en référé, peut arrêter, en cas d'appel, l'exécution provisoire ordonnée par le premier juge ; par suite, méconnaît l'étendue de ses pouvoirs le premier *président qui rejette la demande* d'arrêt de l'exécution provisoire d'un jugement au motif qu'il n'est pas rapporté la preuve de faits nouveaux ou de circonstances nouvelles inconnues du conseiller de la mise en état et susceptibles de permettre la remise en cause de la décision de radiation du rôle de l'affaire prise par celui-ci sur le fondement de l'art. 526. • Civ. 2e, 17 févr. 2011, n° 10-15.115 P : *Procédures 2011, n° 167, obs. Perrot ; RTD civ. 2011. 389, obs. Perrot*. ♦ V. aussi note 7 ss. art. 526 et comp. note 15.

26. Charge du risque. Les conséquences de l'exécution provisoire, en cas d'appel, doivent être appréciées au regard de la situation du débiteur. • Civ. 2e, 15 juin 1994, n° 92-15.638 P. ♦ Comp. : encourt la cassation l'ordonnance d'un premier président dès lors qu'il ne résulte pas que l'exécution provisoire risquait d'entraîner pour le débiteur des conséquences manifestement excessives eu égard à ses facultés de paiement ou aux facultés de remboursement du créancier. • Civ. 2e, 13 mars 1996, n° 95-16.325 P. ♦ Le caractère manifestement excessif des conséquences de l'exécution provisoire ordonnée ne doit être apprécié qu'au regard de la situation du débiteur, compte tenu de ses facultés et des facultés de remboursement de la partie adverse et non au regard de la régularité ou du bien-fondé du jugement frappé d'appel. • Civ. 2e, 12 nov. 1997 : *préc. note 22*. ♦ Viole l'art. 524 le premier président qui, pour arrêter l'exécution provisoire du jugement, se borne à retenir que le paiement des sommes auxquelles la débitrice a été condamnée peut être très difficilement récupéré en cas d'infirmation du jugement, alors qu'il ne résulte pas de tels motifs que l'exécution provisoire risquait d'entraîner pour la débitrice des conséquences manifestement excessives eu égard à ses facultés de paiement ou aux facultés de remboursement du créancier. • Civ. 2e, 10 sept. 2009 : *Procédures 2010, n° 350, note Perrot*. ♦ *Adde* : Créent un risque de conséquences manifestement excessives, l'état de liquidation judiciaire dans lequel se trouve le bénéficiaire de la condamnation. • Rennes, 19 mai 1991 : *JCP 1992. II. 21786, note du Rusquec*. ♦ V. aussi • Rennes, 26 juill. 1991 : *JCP 1992. II. 21925, note du Rusquec* • Versailles, 4 août 2004 : *JCP E 2004. 1741, note Merrien et Sitterlé*. ♦ ... Le fait que le bénéficiaire de la condamnation ne réside ni ne soit domicilié en France et n'y possède aucun bien de nature à répondre d'une éventuelle obligation de restitution. • Paris, 18 mai 1994 : *Gaz. Pal. 26 nov. 1994, concl. Delafaye*.

(ii). Exception

27. Procédures collectives. V. l'art. R. 661-1, al. 3, C. com. (exigence que les moyens invoqués à l'appui de l'appel paraissent sérieux).

b. Appréciation

28. Constat nécessaire. Méconnaît ses pouvoirs et viole l'art. 524 le premier président qui, statuant en référé, refuse de rechercher si l'exécution provisoire prononcée par le tribunal ne risquait pas d'entraîner des conséquences manifestement excessives pour une partie, au motif qu'une telle recherche conduirait à connaître de l'opportunité de la décision prise par les premiers juges. • Civ. 2e, 5 janv. 1978 : *Bull. civ. II, no 11.* ♦ Selon l'art. 524, l'exécution provisoire ordonnée ne peut être arrêtée, en cas d'appel, par le premier président statuant en référé que si elle risque d'entraîner pour le débiteur des conséquences manifestement excessives ; encourt dès lors la cassation l'ordonnance du premier président qui, pour arrêter l'exécution provisoire, se borne à énoncer des motifs tirés de l'importance des indemnités allouées ou du défaut d'urgence de l'exécution de la condamnation, sans constater que l'exécution provisoire risquerait d'entraîner pour le débiteur des conséquences manifestement excessives eu égard à ses facultés ou aux facultés de remboursement du créancier. • Cass., ass. plén., 2 nov. 1990 : *préc. note 10.* ♦ Ne donne pas de base légale à sa décision le premier président qui arrête l'exécution provisoire d'un jugement, sans rechercher si l'exécution provisoire de la condamnation risquait d'entraîner, pour le demandeur, compte tenu de ses facultés ou des facultés de remboursement de l'autre partie, des conséquences manifestement excessives. • Civ. 2e, 23 oct. 1991, no 90-15.272 P.

29. Constat suffisant. Viole l'art. 524, en statuant au regard de conditions que la loi ne prévoit pas, le premier président qui, pour rejeter une demande d'arrêt de l'exécution provisoire, retient que celle-ci ne peut être considérée comme entraînant des conséquences manifestement excessives qu'à la double condition de mettre en péril grave la situation de la partie condamnée et d'avoir été prononcée par une décision entachée d'une erreur évidente et grossière de forme ou de fond. • Civ. 2e, 13 juin 2002, no 01-14.814 P : *D. 2002. IR 2236 ; Dr. et pr. 2002. 361, note Hoonakker ; Gaz. Pal. 9-10 juill. 2003, p. 10, note Watremet.*

30. Pouvoir souverain. Le premier président qui a énoncé que les demandeurs n'établissaient pas que l'exécution provisoire puisse entraîner à leur détriment des conséquences manifestement excessives a, dans l'exercice du pouvoir souverain qui lui appartient en la matière, légalement justifié son rejet de la demande de suspension de l'exécution provisoire. • Civ. 2e, 11 juill. 1977 : *Bull. civ. II, no 184.* ♦ Il ne saurait être fait grief à une ordonnance de référé rendue par un premier président d'avoir refusé d'arrêter l'exécution provisoire d'un jugement, ce magistrat n'ayant fait qu'user du pouvoir souverain lui appartenant en la matière en énonçant que l'exécution provisoire ne risquait pas d'entraîner des conséquences manifestement excessives. • Civ. 2e, 5 janv. 1978 : *Bull. civ. II, no 10.* ♦ C'est souverainement que le premier président retient qu'il n'est pas établi que l'exécution provisoire risque d'entraîner des conséquences manifestement excessives. • Civ. 3e, 25 oct. 1983 : *Bull. civ. III, no 199.* ♦ Le premier président apprécie souverainement si l'exécution provisoire risque, ou non, d'entraîner, en cas d'infirmation du jugement, des conséquences manifestement excessives. • Soc. 11 déc. 1990, no 86-45.377 P. ♦ C'est dans l'exercice de son pouvoir souverain d'appréciation de la valeur et de la portée des éléments de preuve qui lui étaient soumis qu'un premier président, statuant sur une demande d'arrêt de l'exécution provisoire d'un jugement, retient que le demandeur n'établissait pas que l'exécution de ce jugement risquerait d'entraîner, pour lui, des conséquences manifestement excessives. • Civ. 2e, 29 mai 1991, no 89-22.002 P. ♦ Le premier président d'une cour d'appel saisi d'une demande d'arrêt de l'exécution provisoire d'un jugement statue dans l'exercice de son pouvoir souverain d'appréciation des éléments qui lui sont soumis. • Civ. 2e, 5 févr. 1997, no 94-21.070 P : *D. 1997. IR 71* .

31. Illustrations (oui). Engendre un risque de conséquences manifestement excessives, à raison de la situation irréversible qu'elle créerait, l'exécution d'une mesure : de nature à ruiner complètement la trésorerie d'une entreprise. • Paris, 3 mai 1985 : *Bull. ch. avoués 1985. 3. 94* • 3 avr. 2002 : *Bull. ch. avoués 2002. 1. 47.* ♦ … Prescrivant la démolition d'un pavillon. • Paris, 20 mai 1985 : *Bull. ch. avoués 1985. 3. 93.* ♦ … Ou interdisant la poursuite dune activité. • Paris, 19 mai 1982 : *Gaz. Pal. 1982. 2. Somm. 246* • Paris, 12 sept. 1989 : *Bull. ch. avoués 1989. 4. 127* • Paris, 6 févr. 1992 : *Bull. ch. avoués 1992. 1. 29.* ♦ … Ou exigeant la communication d'une transaction confidentielle. • Paris, 21 avr. 2005 : *JCP 2005. II. 10141, note Schmitt.* ♦ … Ou entraînant le fait pour une association, qui n'y survivrait pas, de devoir annuler un festival. • Poitiers, 26 févr. 2002 : *BICC 2005, no 744.* ♦ … Ou pouvant impliquer la cruauté de la situation faite à l'enfant si la décision ordonnant sa remise aux parents naturels venait à être infirmée. • Paris, 21 févr. 1983 : *Bull. ch. avoués 1983. 3. 92.* ♦ V. également, à raison de son comportement passé, la réintégration dans son emploi d'un salarié licencié : • Nîmes, 25 mars 1983 : *Cah. prud'h. 1983. 51.*

32. Illustrations (non). La contrariété des motifs et du dispositif ne permet pas de caractériser l'existence d'une conséquence manifestement excessive au sens de l'art. 524. • Paris, 22 nov. 2000 : *D. 2001. 881, note Julien* . ♦ V. aussi *supra*, notes 21 s. ss. art. 524. ♦ *Adde*, rejetant tout caractère irréversible, disproportionné et impossible de l'exécution. • Paris, 11 juill. 2008 : *Dr. et pr. 2009. 33, note Lauvergnat* (paiement de dommages-intérêts et interdiction de diffusion d'annonces relatives à des produits fabriqués par des sociétés de parfumerie, interdiction d'user de dénominations de ces sociétés).

c. Conséquence

(i). Arrêt de l'exécution provisoire ordonnée

33. Étendue. C'est dans l'exercice de son pouvoir souverain d'appréciation des éléments de fait qui lui étaient soumis que le premier président, constatant une incapacité partielle de remboursement, a limité l'arrêt de l'exécution provisoire à une certaine somme. • Civ. 2e, 6 déc. 2007, n° 06-19.134 P : *D. 2008. AJ 96 ; Dr. et pr. 2008, suppl. Droit du recouvrement. 4, obs. Putman ; RTD civ. 2008. 158, obs. Perrot*.

34. Condition. Sur l'application de l'art. 503 à l'ordonnance du premier président prononçant l'arrêt de l'exécution provisoire, V. note 5 ss. ce texte.

35. Exécution antérieure. Le premier président saisi en référé en vue d'arrêter une exécution provisoire ordonnée qui risque d'entraîner des conséquences manifestement excessives ne peut remettre en cause les effets des actes d'exécution accomplis ou les paiements effectués antérieurement à sa décision ; viole l'art. 524 l'ordonnance du premier président qui suspend pour l'avenir les effets de l'exécution provisoire, en limite pour le passé les effets à une certaine somme et décide que les sommes perçues en sus seront répétées. • Civ. 2e, 24 sept. 1997, n° 94-19.485 P : *D. 1997. IR 216 ; RTD civ. 1997. 994, obs. R. Perrot*. ♦ Le premier président saisi en référé en vue d'arrêter une exécution provisoire ordonnée ne peut remettre en cause les effets des actes d'exécution accomplis ou les paiements effectués antérieurement à sa décision ; par suite, viole l'art. 524 le premier président qui, pour arrêter intégralement l'exécution provisoire d'un jugement, retient que les sommes qui ont fait l'objet d'une saisie-attribution sont inférieures à la créance et que la saisie de valeurs mobilières échappe à l'application de l'art. 43 L. n° 91-650 du 9 juill. 1991 [devenu C. pr. exéc., art. L. 211-2], de telle sorte qu'il ne peut être considéré que le débiteur a exécuté le jugement ou que celui-ci a fait l'objet d'une exécution forcée. • Civ. 2e, 13 juin 2002, n° 00-15.852 P : *D. 2002. IR 2656 ; Procédures 2002, n° 155, note Perrot*. ♦ Dans le même sens, sur le fondement des art. 42 et 43 L. n° 91-650 du 9 juill. 1991 [devenus respectivement C. pr. exéc., art. L. 211-1 et L. 211-2]. • Civ. 2e, 31 janv. 2002, n° 00-11.881 P : *D. 2002. IR 866 ; Procédures 2002, n° 91, note Perrot ; RDBF 2002, n° 108, obs. Delleci* (fait une exacte application des dispositions légales la cour d'appel qui retient que l'ordonnance du premier président arrêtant l'exécution provisoire d'un jugement ne peut remettre en cause les effets des actes d'exécution accomplis et les paiements effectués avant sa décision ; mais l'arrêt de l'exécution provisoire du jugement sur le fondement duquel ont été pratiquées des saisies-*attributions au titre de loyers* interdit au créancier saisissant de recevoir le paiement des sommes dues au titre des loyers postérieurs à l'arrêt de l'exécution provisoire).

36. Autorité du rejet de la demande. La demande tendant à la constitution, par le bénéficiaire de l'exécution provisoire, d'une garantie suffisante pour répondre de toutes restitutions ou réparations comporte un objet différent de celui de la demande qui tend exclusivement à arrêter l'exécution provisoire et peut donc être formée après le rejet de cette dernière sans se heurter à l'art. 1351 C. civ. • Civ. 2e, 7 janv. 1982 : *Bull. civ. II, n° 4 ; Gaz. Pal. 1983. 1. 74, note du Rusquec ; RTD civ. 1983. 390, obs. Perrot*.

(ii). Constitution de garantie

37. Renvoi. Sur l'application des règles régissant l'aménagement de l'exécution provisoire, V. notes ss. art. 517 à 522.

38. Illustrations. Saisi d'une demande d'arrêt de l'exécution provisoire, le premier président peut subordonner cette dernière à la constitution d'un cautionnement bancaire. • Grenoble, 31 mai 1988 : *JCP 1989. II. 21272, note Cadiet*. ♦ V. aussi • Versailles, 4 août 2004 : *préc. note 26*.

39. Pouvoir discrétionnaire du premier président. Il relève du pouvoir discrétionnaire du premier président d'ordonner la consignation des condamnations. • Civ. 2e, 6 déc. 2007, n° 06-19.134 P : *D. 2008. AJ 96 ; Dr. et pr. 2008, suppl. Droit du recouvrement 4, obs. Putman ; RTD civ. 2008. 158, obs. Perrot*. ♦ Comp. : ayant le pouvoir de suspendre totalement l'exécution provisoire, le premier président dispose *a fortiori* de la possibilité de fractionner dans le temps le paiement d'une condamnation pécuniaire lorsque les circonstances rendent cette mesure nécessaire. • Versailles, 29 mars 1989 : *Gaz. Pal. 1989. 2. Somm. 422* • Paris, 8 oct. 1987 : *Bull. ch. avoués 1987. 4. 191*.

40. Limite (partie condamnée visée par l'art. 521). Il résulte des art. 517 à 524 que, sous les réserves et dans les conditions qu'ils prévoient, le premier président de la cour d'appel, saisi d'une demande tendant à faire arrêter l'exécution provisoire d'un jugement, a la faculté de maintenir l'exécution provisoire moyennant la constitution par le bénéficiaire de celle-ci d'une garantie réelle ou personnelle suffisante pour répondre de toutes restitutions ou réparations, ou bien de l'arrêter moyennant consignation par la partie condamnée d'espèces ou de valeurs suffisantes pour garantir en principal, intérêts et frais le montant de la condamnation ; viole ces textes le premier président qui décide que l'exécution provisoire sera arrêtée moyennant consignation par une partie du montant de la condamnation exécutoire par provision, alors qu'aucune condamnation n'avait été prononcée ni à l'encontre, ni au profit de cette partie. • Civ. 2e, 6 oct. 1982 : *Bull. civ. II, n° 118 ; Gaz. Pal. 1982. 1. Pan. 45, obs. Guinchard*.

41. Limite (nature des sommes visées par l'art. 521). Saisi d'une demande tendant à faire ordonner la consignation, le premier président a exactement décidé, l'indemnité de préavis présentant, comme le salaire, un caractère alimentaire, que la consignation excédait ses pouvoirs. • Soc. 11 déc. 1990, n° 86-45.377 P.

42. Point de départ. En cas de condamnation, le taux de l'intérêt légal majoré de 5 points n'est applicable qu'à l'expiration d'un délai de 2 mois à compter du jour où la décision de justice peut être mise à exécution ; encourt, par suite, la cassation l'arrêt qui retient que la majoration du taux de l'intérêt légal devait remonter au jugement de première instance portant notamment condamnation pécuniaire, alors que l'exécution de celui-ci avait été subordonnée de ce chef par le premier président, en application de l'art. 517, à la constitution d'une garantie qui n'avait pas été réalisée. • Civ. 2e, 19 mai 1999, n° 96-22.280 P : *Procédures 1999, n° 175, note Perrot.*

III. EXÉCUTION PROVISOIRE DE DROIT

A. CONSTITUTION DE SÉQUESTRE

43. Domaine. Tel que prévu aux art. 521, 522 et 524, l'aménagement de l'exécution provisoire ne concerne que les mesures pécuniaires, les textes ne prévoyant que des mesures de séquestre ou de consignation de fonds. • Versailles, 26 juill. 1988 : *D. 1989. Somm. 179, obs. Julien.*

1° REFUS

44. Pouvoir discrétionnaire. C'est dans l'exercice des pouvoirs laissés à sa discrétion que le premier président décide qu'il n'y a pas lieu de prendre les mesures d'aménagement de l'exécution provisoire prévues aux art. 521, al. 2 et 522. • Civ. 2e, 15 oct. 2009, n° 08-15.489 P : *D. 2009. AJ 2692 ; Dr. et pr. 2010. 59, note Hoonakker ; Procédures 2009, n° 388, obs. Perrot ; Gaz. Pal. 14-18 mai 2010, p. 20, note Amrani Mekki.*

2° DÉCISION D'Y RECOURIR

45. Renvoi. V. art. 521, al. 2, et 522.

46. Conditions écartées. Lorsque l'exécution provisoire est de droit, le premier président peut, pour toute condamnation au versement d'un capital, ordonner qu'il sera confié à un séquestre, à charge d'en verser périodiquement une part à la victime sans avoir à rechercher si l'exécution aurait des conséquences manifestement excessives. • Civ. 2e, 16 juill. 1992, n° 91-11.280 P (dommage résultant pour un pépiniériste acquéreur de tourbe, de l'impropriété de cette marchandise).

47. Condition requise. C'est en violation des art. 524, al. 3 [al. 5], et 521, al. 2, que le premier président, saisi en référé par un employeur pour obtenir que l'exécution provisoire de droit attachée à certaines dispositions du jugement prud'homal soit subordonnée à la constitution d'une garantie, se borne à ordonner la consignation d'une somme entre les mains d'un séquestre, sans déterminer la part que ce dernier devrait périodiquement verser à la salariée. • Soc. 11 déc. 1990, n° 89-13.249 P.

B. ARRÊT DE L'EXÉCUTION PROVISOIRE DE DROIT

48. Spécificité des procédures collectives. C'est par dérogation aux dispositions du dernier alinéa de l'art. 524 NCPC [réd. ant. Décr. du 20 août 2004], qui autorise l'aménagement mais non l'arrêt de l'exécution provisoire de droit, que l'art. 155, al. 2, Décr. du 27 décembre 1985 [devenu R. 661-1, al. 3, C. com.] permet au premier président de la cour d'appel d'arrêter l'exécution provisoire de certains jugements rendus en matière de redressement ou de liquidation judiciaires. • Com. 22 févr. 1994, n° 92-14.160 P : *JCP 1994. I. 3799, n° 2, obs. Pétel ; JCP E 1994. I. 394, n° 2, obs. Pétel.*

49. Réforme. Autrefois prohibé, l'arrêt de l'exécution provisoire de droit a été introduit en droit commun par le Décr. du 20 août 2004 à l'art. 524 *in fine.*

50. Application dans le temps. Une procédure est en cours jusqu'au jour où la décision à intervenir est rendue ; dès lors, encourt la cassation l'ordonnance rendue par un premier président qui, pour déclarer irrecevable une demande de suspension de l'exécution provisoire de droit, retient que, à la date de la clôture des débats, l'art. 8 Décr. du 20 août 2004, applicable, en vertu de l'art. 59 du même Décr., aux procédures en cours au 1er janv. 2005, n'était pas entré en vigueur. • Civ. 2e, 8 déc. 2005, n° 05-13.107 P.

1° CONVENTIONNALITÉ DU MÉCANISME

51. La faculté ouverte au premier président par l'art. 8 Décr. du 20 août 2004 est de nature à apporter au justiciable des garanties supplémentaires en cas de violation du principe du contradictoire et dans les cas où le juge a méconnu les obligations qui lui incombent en application de l'art. 12 NCPC [devenu C. pr. civ.] ; cette disposition n'est pas contraire à l'art. 6, § 1, Conv. EDH. • CE 6 avr. 2006 : *AJDA 2006. 1463 ; D. 2006. 1188 ; RDT 2006. 331, obs. Grumbach et Serverin ; Gaz. Pal. 17-18 mai 2006, p. 7, concl. Aguila.*

2° MISE EN ŒUVRE DU MÉCANISME

52. Conditions. Caractère cumulatif. L'art. 524 C. pr. civ. dispose que le premier président peut arrêter l'exécution provisoire de droit en cas de violation manifeste du principe du contradictoire ou de l'art. 12 C. pr. civ. et lorsque l'exécution risque d'avoir des conséquences manifestement excessives. Dès lors, doit être cassée l'ordonnance du premier président qui, pour suspendre l'exécution provisoire, relève une violation du principe du contradictoire sans constater, également, les conséquences manifestement excessives qu'une telle exécution risquerait d'avoir. • Soc. 13 sept. 2012, n° 11-20.348 P : *RD. banc. fin. 2012, n° 192, obs. Piedelièvre ; JCP S 2012. 192, note Brissy ; Gaz. Pal. 8 déc. 2012, p. 45, note Herman ; Procédures 2012, n° 329, note Bugada ; RDT 2012. 528* • Paris, 6 févr. 2013 : *D. avocats 2013. 123.*

a. Notion de violation manifeste de l'art. 12

53. Erreur dans l'application ou l'interprétation d'une règle de droit (non). L'erreur commise par un juge dans l'application ou l'interprétation d'une règle de droit ne constitue pas une violation manifeste de l'art. 12 au sens de l'art. 524. • Soc. 18 déc. 2007, n° 06-44.548 P : *BICC 1er avr. 2008, n° 520, p. 60 et la note ; D. 2008. AJ 165 ; JCP 2008. II. 10030, note Croze ; ibid. I. 138, obs. Amrani Mekki ; Gaz. Pal. 11-12 janv. 2008, p. 1, communiqué ; Dr. et pr. 2008. 149, note Lefort ; ibid. suppl. Droit du recouvrement. 4, obs. Putman ; RTD civ. 2008. 158, obs. Perrot* • Civ. 2e, 19 févr. 2015 : *Procédures 2015, n° 147, note Croze.*

54. Défaut de motivation (non). La méconnaissance par le juge de l'obligation de motiver les jugements ne constitue pas une violation manifeste de l'art. 12, au sens de l'art. 524. • Civ. 2e, 15 oct. 2009, n° 08-15.489 P : *D. 2009. AJ 2692 ; Dr. et pr. 2010. 59, note Hoonakker ; JCP 2010. 546, n° 18, obs. Serinet ; Procédures 2009, n° 388, obs. Perrot ; Gaz. Pal. 14-18 mai 2010, p. 20, note Amrani Mekki.*

b. Illustrations d'absence de violation manifeste de l'art. 12

55. Viole l'art. 524 le premier président qui retient, pour arrêter l'exécution provisoire de droit attachée à une ordonnance de référés ordonnant une expulsion à la suite d'un jugement d'adjudication, que le juge des référés n'a pas recherché si l'appel interjeté contre le jugement d'adjudication ne constituait pas une contestation sérieuse au sens de l'art. 808 alors que, ce jugement n'étant pas susceptible d'appel, le juge des référés n'avait pas commis de violation manifeste de l'art. 12. • Civ. 2e, 7 juin 2007, n° 07-10.826 P : *D. 2007. AJ 1793, obs. Avena-Robardet ; JCP 2007. I. 200, n° 23, obs. Amrani Mekki ; Procédures 2007, n° 214, note Perrot ; RDBF 2007, n° 230, obs. Piedelièvre ; Dr. et patr., janv. 2008, p. 106, obs. Amrani Mekki.*

56. Il résulte des art. 779 C. pr. civ. et L. n° 91-650 du 9 juill. 1991, art. 35 [devenu C. pr. exéc., art. L. 131-3] que le juge de la mise en état a, jusqu'à son dessaisissement, le pouvoir de liquider l'astreinte qu'il a ordonnée ; dès lors, encourt la cassation pour violation de l'art. 524 C. pr. civ. l'ordonnance d'un premier président qui, pour arrêter l'exécution provisoire d'une ordonnance d'un juge de la mise en état ayant liquidé une astreinte qu'il avait ordonnée, retient que ce juge a excédé ses pouvoirs et commis une violation manifeste de l'art. 12. • Civ. 2e, 21 févr. 2008, n° 07-17.160 P : *D. 2008. Actu. 791 ; JCP 2008. II. 10075, note Salati.*

Ancien art. 525 (*Décr. n° 81-500 du 12 mai 1981, art. 23*) ***Lorsque l'exécution provisoire a été refusée, elle ne peut être demandée, en cas d'appel, qu'au premier président*** (*Abrogé par Décr. n° 2014-1338 du 6 nov. 2014, art. 3-II*) ***« statuant en référé » ou, dès lors qu'il est saisi, au magistrat chargé de la mise en état et à condition qu'il y ait urgence.***

Le présent art. n'est plus en vigueur depuis le 1er janv. 2020 (Décr. n° 2019-1333 du 11 déc. 2019, art. 3-2°). — V. note ss. l'art. 514.

BIBL. ▶ Bertin, *Gaz. Pal. 1978. 1. Doctr. 83* (pouvoirs respectifs du premier président et du conseiller de la mise en état). – Ortscheidt, *Rev. arb. 2004. 9* (octroi et arrêt de l'exécution provisoire des sentences arbitrales). – Rives, *RTD civ. 1984. 645* (juridiction du conseiller de la mise en état).

Plan des annotations

1. Renvois. En matière de sentences arbitrales, V. art. 1497, 2°, C. pr. civ. ♦ S'agissant du juge répressif statuant sur les intérêts civils, V. art. 515-1, al. 2, C. pr. pén.

A. COMPÉTENCE

2. Organisation. Le partage des compétences est sans application dans les affaires dans lesquelles il n'existe pas de mise en état des causes. • Lyon, 25 sept. 1979 : *D. 1980. IR 49, obs. Julien ; Gaz. Pal. 1979. 2. 635, note P. B.*

3. Chronologie. Le premier président conserve compétence dès lors qu'il a été saisi avant la désignation du magistrat de la mise en état ; à défaut d'autre précision, le conseiller de la mise en état est réputé saisi le jour où le greffe adresse à l'avoué de l'appelant l'avis qui l'informe à la fois de la distribution de l'affaire à une chambre et de la désignation d'un conseiller de la mise en état. • Paris, 10 oct. 1980 : *Gaz. Pal. 1980. 2. 656, note Viatte ; RTD civ. 1980. 813, obs. Perrot.*

B. CONDITIONS

1° APPEL

4. *Auteur de l'appel.* L'art. 525 n'exige pas, pour son application, que l'appel ait été interjeté par la partie condamnée. • Paris, 23 févr. 1976 : *Gaz. Pal. 1976. 2. 632.* ♦ Comp. note 11 ss. art. 524.

2° DROIT COMMUN

5. *Renvoi.* Saisi en application des art. 525 ou 526 [devenu 525-1], le juge doit vérifier que les conditions de l'art. 515 sont réunies. • Paris, 27 janv. 1978 : *Bull. ch. avoués 1978. 4. 24* • Versailles, 28 juin 1978 : *Gaz. Pal. 1979. 1. Somm. 264.*

3° DROIT SPÉCIAL

6. *Urgence.* Aux termes de l'art. 525, lorsque l'exécution provisoire a été refusée, elle ne peut être accordée par le premier président ou par le magistrat chargé de la mise en état qu'à la condition qu'il y ait urgence ; à cet égard, l'urgence de nature à justifier l'exécution provisoire ne résulte pas, même implicitement, de l'ordonnance d'un premier président qui se borne à énoncer, à l'occasion d'un litige opposant un syndicat de copropriétaires à des promoteurs, à des architectes et à plusieurs entrepreneurs, que les motifs pour lesquels l'exécution provisoire a été ordonnée par les premiers juges contre les seuls promoteurs conduisent nécessairement à assortir de l'exécution provisoire les condamnations prononcées contre l'architecte et l'entrepreneur appelé à les garantir, lesquels ne démontrent pas le caractère excessif des difficultés qu'ils pourraient rencontrer pour poursuivre la restitution des sommes versées en cas d'infirmation du jugement. • Civ. 2e, 9 mai 1983 : *Gaz. Pal. 1983. 2. Pan. 258.* ♦ En statuant par des considérations d'ordre général, sans rechercher si l'urgence, rendant l'exécution provisoire nécessaire, s'imposait, eu égard aux circonstances de la cause, le premier président ne donne pas de base légale à sa décision au regard de l'art. 525. • Civ. 3e, 17 juin 1992 : *JCP 1992. IV. 2377, p. 261.* ♦ Comp. art. 525-1 et note 8 ss. ce texte.

C. RÉGIME

7. *Pouvoirs du juge.* Sur la possibilité d'aménagement de l'exécution provisoire, V. art. 523 (réd. Décr. du 28 déc. 1976).

8. *Recours.* Est irrecevable, en application de l'art. 914 [devenu art. 916], le pourvoi formé contre la décision du conseiller de la mise en état qui ordonne l'exécution provisoire d'un jugement frappé d'appel. • Civ. 2e, 7 mai 1980 : *Gaz. Pal. 1980. 2. 619/669, note Viatte ; RTD civ. 1981. 452, obs. Perrot.* ♦ *Adde* : Les dispositions de l'art. 524 ne s'appliquent que lorsque l'exécution provisoire a été ordonnée par la juridiction de première instance ; si elle est ordonnée par le conseiller de la mise en état, la décision de celui-ci ne peut être déférée à la cour d'appel que dans les conditions prévues par l'art. 914, al. 2 [devenu l'art. 916, al. 2]. • Civ. 2e, 9 oct. 1991, no 90-16.021 P (irrecevabilité de la saisine du premier président aux fins de suspension de l'exécution provisoire). ♦ Comp. note 10 ss. art. 524, à propos des ordonnances du premier président. • Cass., ass. plén., 2 nov. 1990, no 90-12.698 P : *JCP 1991. II. 21631, concl. Monnet, note Estoup ; RTD civ. 1991. 169, obs. Perrot ; JCP 1992. I. 3606, obs. Vray* (l'ordonnance du premier président de la cour d'appel qui statue en référé, en vertu des pouvoirs propres que lui confèrent les art. 524 à 526 NCPC [devenus art. 524 à 525-1 C. pr. civ.], sur une demande tendant à voir ordonner ou arrêter l'exécution provisoire du jugement frappé d'appel, met fin à l'instance autonome introduite devant ce magistrat et peut être frappée d'un pourvoi en cassation indépendamment de la décision sur le fond).

Ancien art. 525-1 *(Décr. no 81-500 du 12 mai 1981, art. 24)* ***Lorsque l'exécution provisoire n'a pas été demandée, ou si, l'ayant été, le juge a omis de statuer, elle ne peut être demandée, en cas d'appel, qu'au premier président*** *(Abrogé par Décr. no 2014-1338 du 6 nov. 2014, art. 3-II)* ***« statuant en référé » ou, dès lors qu'il est saisi, au magistrat chargé de la mise en état.***

L'art. 525-1 résulte de la renumérotation de l'ancien art. 526 par l'art. 47-I du Décr. no 2005-1678 du 28 déc. 2005, en vigueur le 1er mars 2006.

Le présent art. n'est plus en vigueur depuis le 1er janv. 2020 (Décr. no 2019-1333 du 11 déc. 2019, art. 3-2o). — V. note ss. l'art. 514.

1. *Renvois.* En matière de sentences arbitrales, V. art. 1497, 2°, C. pr. civ. ♦ S'agissant du juge répressif statuant sur les intérêts civils, V. art. 515-1, al. 2, C. pr. pén.

1° COMPÉTENCE

2. *Principe.* Il résulte des art. 526 et 912 [devenus 525-1 et 915] que, lorsque le juge a omis de statuer sur une demande d'exécution provisoire, celle-ci ne peut être accordée, en cas d'appel, lorsque le conseiller de la mise en état est saisi, que par ce magistrat, dont la compétence est exclusive. • Civ. 2e, 5 janv. 1978 : *Bull. civ. II, no 9 ; Gaz. Pal. 1978. 1. 249, note Viatte.*

3. *Exception.* Le partage des compétences est sans application dans les affaires dans lesquelles il n'existe pas de mise en état des causes. • Lyon, 25 sept. 1979 : *D. 1980. IR 49, obs. Julien ; Gaz. Pal. 1979. 2. 635, note P. B.*

4. Chronologie. Le premier président conserve compétence dès lors qu'il a été saisi avant la désignation du magistrat de la mise en état ; à défaut d'autre précision, le conseiller de la mise en état est réputé saisi le jour où le greffe adresse à l'avoué de l'appelant l'avis qui l'informe à la fois de la distribution de l'affaire à une chambre et de la désignation d'un conseiller de la mise en état. • Paris, 10 oct. 1980 : *Gaz. Pal. 1980. 2. 656, note Viatte ; RTD civ. 1980. 813, obs. Perrot.*

2° CAS

5. Exécution provisoire non demandée. Lorsque le premier juge a ordonné d'office l'exécution provisoire partielle, le bénéficiaire est recevable à demander l'exécution provisoire totale devant le conseiller de la mise en état. • Toulouse, 8 févr. 1993 : *BICC 15 juin 1993, n° 720.*

6. Omission de statuer. L'absence de disposition relative à l'exécution provisoire dans le dispositif du jugement entrepris ne constitue pas une erreur ou une omission matérielle affectant ce jugement (art. 462) mais une omission de statuer sur l'exécution provisoire relevant de l'art. 526 [devenu 525-1], dès lors que la demande avait été formulée en première instance. • Paris, 26 févr. 1986 : *Bull. ch. avoués 1986. 2. 66.* ♦ V. aussi art. 463.

3° CONDITIONS

7. Renvoi. Saisi en application des art. 525 ou 526 [devenu 525-1], le juge doit vérifier que les conditions de l'art. 515 sont réunies. • Paris, 27 janv. 1978 : *Bull. ch. avoués 1978. 4. 24* • Versailles, 28 juin 1978 : *Gaz. Pal. 1979. 1. Somm. 264.*

8. Urgence (non). Les mesures prévues à l'art. 526 [devenu 525-1] ne sont pas subordonnées à l'urgence. • Dijon, 30 nov. 1981 : *D. 1982. 323, note Gerbay.* ♦ Comp. art. 525 et note 10 ss. ce texte.

4° APPRÉCIATION DU JUGE

9. Pouvoir discrétionnaire. En estimant nécessaire d'assortir un jugement de l'exécution provisoire, le premier président ne fait qu'user des pouvoirs remis à sa discrétion par l'art. 526 [devenu 525-1]. • Civ. 3e, 8 avr. 1999, n° 97-14.152 P.

10. Renvoi. Sur la possibilité d'aménagement de l'exécution provisoire, V. art. 523 (réd. Décr. du 28 déc. 1976).

5° RÉGIME

11. Prise d'effet. La décision qui, réparant une omission de statuer, prononce l'exécution provisoire d'un jugement, n'a pas d'effet rétroactif. • Civ. 2e, 22 oct. 2009, n° 08-19.559 P : *D. 2009. AJ 2692 ; Procédures 2010, n° 4, note Perrot ; Gaz. Pal. 22-23 janv. 2010, p. 43 ; Dr. et pr. 2010. 61, note Putman ; AJ fam. 2010. 80, obs. Gallmeister* (violation de l'art. 526, devenu 525-1, par le conseiller de la mise en état ayant énoncé que l'exécution provisoire prenait effet à compter du jugement, conférant ainsi un effet rétroactif à sa décision).

12. Recours. Est irrecevable, en application de l'art. 914 [devenu art. 916], le pourvoi formé contre la décision du conseiller de la mise en état qui ordonne l'exécution provisoire d'un jugement frappé d'appel. • Civ. 2e, 7 mai 1980 : *Gaz. Pal. 1980. 2. 619/669, note Viatte ; RTD civ. 1981. 452, obs. Perrot.* ♦ *Adde* : Les dispositions de l'art. 524 ne s'appliquent que lorsque l'exécution provisoire a été ordonnée par la juridiction de première instance ; si elle est ordonnée par le conseiller de la mise en état, la décision de celui-ci ne peut être déférée à la cour d'appel que dans les conditions prévues par l'art. 914, al. 2 [devenu l'art. 916, al. 2]. • Civ. 2e, 9 oct. 1991, n° 90-16.021 P (irrecevabilité de la saisine du premier président aux fins de suspension de l'exécution provisoire). ♦ Comp. note 10 ss. art. 524, à propos des ordonnances du premier président. • Cass., ass. plén., 2 nov. 1990, n° 90-12.698 P : *JCP 1991. II. 21631, concl. Monnet, note Estoup ; RTD civ. 1991. 169, obs. Perrot ; JCP 1992. I. 3606, obs. Vray* (l'ordonnance du premier président de la cour d'appel qui statue en référé, en vertu des pouvoirs propres que lui confèrent les art. 524 à 526 NCPC [devenus art. 524 à 525-1 C. pr. civ.], sur une demande tendant à voir ordonner ou arrêter l'exécution provisoire du jugement frappé d'appel met fin à l'instance autonome introduite devant ce magistrat et peut être frappée d'un pourvoi en cassation indépendamment de la décision sur le fond).

Ancien art. 525-2 *(Décr. n° 2014-1338 du 6 nov. 2014, art. 4)* ***Lorsqu'il est saisi en application des articles 524, 525 et 525-1, le premier président statue en référé, par une décision non susceptible de pourvoi.***

V. Circ. du 12 nov. 2014, ss. art. 380.

Le présent art. n'est plus en vigueur depuis le 1er janv. 2020 (Décr. n° 2019-1333 du 11 déc. 2019, art. 3-2°). — V. note ss. l'art. 514.

BIBL. ▸ Baraduc et Boré, *JCP 2014. 1242* (simplification de la procédure devant la Cour de cassation).

Ancien art. 526 *(Décr. n° 2005-1678 du 28 déc. 2005, art. 47-II, en vigueur le 1er mars 2006)* ***Lorsque l'exécution provisoire est de droit ou a été ordonnée, le premier président ou, dès qu'il est saisi, le conseiller de la mise en état peut, en cas d'appel, décider, à la demande de l'intimé et après avoir recueilli les observations des parties, la radiation du rôle de l'affaire lorsque l'appelant ne justifie pas avoir exécuté la décision frappée d'appel ou avoir procédé à la consignation autorisée dans les conditions prévues à l'article 521, à moins qu'il lui apparaisse que l'exécution serait de nature à entraîner des conséquences manifestement excessives ou que l'appelant est dans l'impossibilité d'exécuter la décision.***

(Décr. n° 2017-891 du 6 mai 2017, art. 46-1°, en vigueur le 1er sept. 2017) ***« La demande de l'intimé doit, à peine d'irrecevabilité prononcée d'office, être présentée avant l'expiration des délais prescrits aux articles 905-2, 909, 910 et 911.***

« La décision de radiation est notifiée par le greffe aux parties ainsi qu'à leurs représentants par lettre simple. Elle est une mesure d'administration judiciaire.

« La demande de radiation suspend les délais impartis à l'intimé par les articles 905-2, 909, 910 et 911.

« Ces délais recommencent à courir à compter de la notification de la décision autorisant la réinscription de l'affaire au rôle de la cour ou de la décision rejetant la demande de radiation.

« La décision de radiation n'emporte pas suspension des délais impartis à l'appelant par les articles 905-2, 908 et 911. Elle interdit l'examen des appels principaux et incidents ou provoqués.

« Le délai de péremption court à compter de la notification de la décision ordonnant la radiation. Il est interrompu par un acte manifestant sans équivoque la volonté d'exécuter. Le premier président ou le conseiller de la mise en état peut, soit à la demande des parties, soit d'office, après avoir invité les parties à présenter leurs observations, constater la péremption. »

(Décr. n° 2005-1678 du 28 déc. 2005, art. 47-II, en vigueur le 1er mars 2006) ***« Le premier président ou le conseiller*** *(Abrogé par Décr. n° 2017-891 du 6 mai 2017, art. 46-2°, à compter du 1er sept. 2017)* ***« chargé » de la mise en état autorise, sauf s'il constate la péremption, la réinscription de l'affaire au rôle de la cour sur justification de l'exécution de la décision attaquée. »***

L'art. 47 du Décr. n° 2005-1678 du 28 déc. 2005 est applicable aux procédures en cours (Décr. préc., art. 87, al. 1er).

L'art. 46 du Décr. n° 2017-891 du 6 mai 2017 s'applique aux demandes de radiation formées à compter du 1er sept. 2017 (Décr. préc., art. 53-IV ter, créé par Décr. n° 2017-1227 du 2 août 2017, art. 1er-2-c).

Le présent art. n'est plus en vigueur depuis le 1er janv. 2020 (Décr. n° 2019-1333 du 11 déc. 2019, art. 3-2°). — V. note ss. l'art. 514.

BIBL. ▶ Bernabé, *Gaz. Pal. 13-14 juin 2007, p. 6* (un piège pour l'intimé) ; *Gaz. Pal. 14-15 nov. 2014, p. 8* (pour l'intimé, le piège se transforme en guet-apens). – Chainais et Tapie, *D. 2008 AJ 2780* (précautions d'emploi). – Fisselier et Bequet, *Bull. ch. avoués 2007, n° spécial, p. 5.* – Gerbay, *Gaz. Pal. 12-14 févr. 2006, p. 3 ; Procédures 2006. Chron. 15 ; JCP 2012. 193* (transposition de l'art. 1009-2 C. pr. civ. devant la cour d'appel). – Hoonakker, *D. 2006. Chron. 754*. – Hugon, *D. 2006. Chron. 1641* ; *Gaz. Pal. 2008. Doctr. 3048.* – Lacabarats et Lacroix-Andrivet, *Mél. S. Guinchard, Dalloz 2010, p. 783* (la procédure de radiation du rôle des art. 526 et 1009-1 C. pr. civ. et le droit d'accès au juge). – Martin, *RTD civ. 2007. 723* (les détournements de la procédure judiciaire). – Moreau, *D. 2006. Chron. 525*. – Torregrosa, *Gaz. Pal. 2008. Doctr. 3051* (point de vue du magistrat). – Verdun, *Mél. S. Guinchard, Dalloz 2010, p. 869* (la radiation atypique de l'art. 526). – Villacèque, *D. 2006. Chron. 539*.

▶ **Propositions de réforme :** *R. 2012. 45.*

PLAN DES ANNOTATIONS

I. CONSÉQUENCE DE L'ABSENCE D'EXÉCUTION DE LA DÉCISION ATTAQUÉE (RADIATION)

1. Entrée en vigueur du mécanisme. La radiation prévue par l'art. 526 issu Décr. du 28 déc. 2005 ne s'applique pas à un jugement rendu avant son entrée en vigueur, ce décret constituant un élément nouveau inconnu du tribunal lors du prononcé de son jugement. • Dijon, 26 avr. 2006 : *Gaz. Pal. 17-18 mai 2006, p. 6, obs. Gerbay.*

A. CONVENTIONNALITÉ DU MÉCANISME

2. Jurisprudence européenne. La mesure de radiation du rôle de l'affaire décidée sur le fondement de l'art. 526 C. pr. civ. par un conseiller de la mise en état a privé le requérant du double degré de juridiction ; compte tenu de la gravité de l'atteinte au droit à un tribunal à ce stade de la procédure, l'État dispose d'une marge d'appréciation plus restreinte que dans le cas de l'art. 1009-1 C. pr. civ. ; les buts poursuivis par l'obligation d'exécution d'une décision, à savoir notamment assurer la protection du créancier, éviter les appels dilatoires et assurer la bonne administration de la justice en désengorgeant les tribunaux sont légitimes ; mais la disproportion – rapport de 1 à 240 – entre la situation matérielle du requérant et les sommes dues au titre de la décision frappée d'appel ressortit à l'évidence, de sorte que la décision de radiation a constitué en l'espèce une mesure disproportionnée au regard des buts visés et que l'accès effectif du requérant au « tribunal » s'en est trouvé entravé dans sa substance même, en violation de l'art. 6, § 1er, Conv. EDH. • CEDH 31 mars 2011, *Chatellier c/ France*, n° 34658/07 : *Procédures 2011, n° 171, note Fricero ; RTD civ. 2012. 313, obs. Marguénaud ; JCP 2011. 735, note Milano.* ♦ Mais constatant que la mesure de radiation avait été prise par le conseiller de la mise en état au motif que les requérants ne démontraient ni l'impossibilité pour eux de procéder à l'exécution de la décision de première instance ni le risque de conséquences manifestement excessives que celle-ci faisait courir, les requérants s'étant contentés de verser à la procédure leurs avis d'imposition sur le revenu 2007, sans fournir d'explications sur leurs situations réciproques. Les pièces produites devant la Cour laissaient apparaître, pour le couple, un important revenu fiscal de référence cumulé en 2007, 2008 et 2009, ainsi que des revenus fonciers substantiels, la CEDH considère qu'aucune disproportion entre la situation matérielle des requérants et les sommes dues au titre de la décision frappée d'appel ne ressort des circonstances de l'espèce. De plus, elle note l'absence, de la part des requérants, d'un quelconque effort de paiement, même partiel, notamment entre l'ordonnance de référé et le constat de la péremption de l'instance d'appel. Elle en conclut que la décision de radiation de l'affaire du rôle de la cour d'appel, suivie du constat de la péremption de l'instance, n'a pas constitué une entrave disproportionnée au droit d'accès à la cour d'appel. Ainsi, il n'y a pas eu violation de l'art. 6, § 1er, de la Convention européenne.. • CEDH 10 oct. 2013, n° 37/64011 : *D. actu. 8 nov. 2013, obs. Kebir ; JCP 2014. 436, n° 7, obs. Amrani Mekki ; Procédures 2013, n° 344, note Fricero.*

3. Jurisprudence interne. Pour l'appréciation de l'art. 526 réd. Décr. du 28 déc. 2005 au regard du droit à un procès équitable, V. • Limoges, 31 août 2006 : *Dr. et pr. 2007. 73, note Norguin* (inconventionnalité). ♦ V. aussi • Colmar, 10 janv. 2008 : *D. 2008. 204, note Norguin ; Dr. et pr. 2008. 107, note Hoonakker* (conventionnalité).

B. DOMAINE D'APPLICATION DU MÉCANISME

4. Sentences arbitrales. La substance de l'art. 526 ayant été transférée par le Décr. du 28 déc. 2005 dans un nouvel art. 525-1, le renvoi opéré par l'art. 1479 [ancien] non modifié doit être regardé comme étant fait aux art. 525 et 525-1 ; la radiation de l'instance, prévue par l'art. 526, ne fait donc pas l'objet d'une extension aux recours en matière d'arbitrage par l'art. 1479 [ancien] ; elle n'est pas davantage visée par le renvoi que l'art. 1487 [devenu 1495] fait aux dispositions propres à la procédure en matière contentieuse devant la cour d'appel. • Paris, 29 oct. 2009 : *Rev. arb. 2010. 116, note Ortscheidt.* ♦ Comp. l'art. 1497 réd. Décr. du 13 janv. 2011, dont le libellé diffère de celui de l'art. 1479 réd. Décr. du 12 mai 1981 (absence de reprise de l'al. 1er de l'art. 1479 ancien).

C. COMPÉTENCE

5. Excède ses pouvoirs le tribunal supérieur d'appel qui ordonne la radiation de l'affaire du rôle sur le fondement de l'art. 526, alors que seul le premier président ou le conseiller de la mise en état, à l'exclusion de la juridiction d'appel elle-même, peut procéder à cette radiation. • Civ. 2e, 23 sept. 2010, n° 09-14.864 P : *D. 2011. Chron. C. cass. 632, obs. Sommer, Leroy-Gissinger, Adida-Canac et Grignon-Dumoulin ; Banque et Dr. 132/2010, p. 30, obs. de Vauplane et a. ; BJB 2010. 298, n° 38, note Schmidt ; RDBF 2010, n° 199, note Bompoint ; RTD com. 2010. 57, obs. Rontchevsky ; Rev. sociétés 2010. 587, note Dezeuze ; RLDA oct. 2010, n° 3066, obs. Roch.*

D. NATURE DE LA DÉCISION

6. Mesure d'administration judiciaire. La décision de radiation prise par le conseiller de la mise en état sur le fondement de l'art. 526, constituant une mesure d'administration judiciaire, une cour d'appel en déduit exactement, sans violer l'art. 6, § 1er, Conv. EDH, que cette décision n'est pas susceptible de recours et ne peut lui être déférée. • Civ. 2e, 18 juin 2009, n° 08-15.424 P : *D. 2009. AJ 1768 ; ibid. Chron. C. cass. 2073, obs. Sommer et Nicolétis ; ibid. 2532, note Norguin ; JCP 2009. 369, n° 19, obs. Amrani Mekki ; Dr. et pr. 2009. 349, note Douchy-Oudot ; Procédures 2009, n° 265, note Perrot.* ♦ Violes les art. 526, 537 et 916 C. pr. civ., ens ensemble l'art. 6 § 1er Conv. EDH, la cour d'appel qui pour déclarer irrecevable la requête en déféré contre cette ordonnance, l'arrêt retient que la mesure de radiation du rôle, prise en application de l'art. 526, est une mesure d'administration judiciaire, sans aucun caractère juridictionnel et sans aucune incidence sur le lien juridique d'instance qui subsiste et qu'en application de l'art. 537, elle n'est sujette à aucun recours, fut-ce pour excès de pouvoir, alors qu'il était allégué que la radiation de l'affaire procédait d'une méconnaissance par le conseiller de la mise en état de l'étendue de ses pouvoirs, dès lors que le jugement attaqué n'était pas assorti de l'exécution provisoire. • Civ. 2e, 9 janv. 2020, n° 18-19.301 P : *D. actu. 4 févr. 2020, note Laffly ; D. 2020. 89*. ♦ V. aussi art. 383.

E. ARTICULATION AVEC L'ART. 524

7. *Cumul.* La radiation du rôle de l'affaire ordonnée par un conseiller de la mise en état sur le fondement de l'art. 526 ne fait pas obstacle à l'application de l'art. 524. • Civ. 2e, 9 juill. 2009, n° 08-13.451 P : *D. 2009. AJ 2044 ; ibid. 2010. Chron. C. cass. 535, obs. Sommer et Leroy-Gissinger ; JCP 2009. 260, obs. Cholet ; ibid. 2010. 546, n° 18, obs. Serinet ; Procédures 2009, n° 303, note Perrot ; Gaz. Pal. 14-18 mai 2009, p. 21, note Amrani Mekki.* ♦ V. aussi note 25 ss. art. 524.

F. PÉREMPTION

8. *Point de départ.* En l'absence de dispositions similaires à celles applicables devant la Cour de cassation, l'ordonnance prononçant la radiation de l'affaire en application de l'art. 526, comme sa notification, n'ont pas pour effet d'interrompre le délai de péremption de l'instance d'appel. En appel, la péremption a donc pour point de départ les dernières conclusions de l'appelant et non le jour où l'ordonnance de retrait du rôle a été notifiée à l'appelant. • Civ. 2e, 21 févr. 2013, n° 11-28.632 P : *Gaz. Pal. 2013. 1790, note Raschel.* ♦ V. aussi jugeant que le point de départ de la péremption est la date du dépôt des dernières conclusions ! • Besançon, 21 janv. 2014 : *JCP 2014. 434, obs. Gerbay.*

9. *Diligence interruptive.* Lorsque l'appel fait l'objet d'une radiation du rôle, faute pour l'appelant de justifier avoir exécuté la décision frappée d'appel, tout acte d'exécution significative de cette décision manifeste la volonté non équivoque de l'exécuter et constitue, par conséquent, une diligence interrompant le délai de péremption de l'instance d'appel. L'appréciation du caractère significatif de l'exécution de la décision est faite en considération de ce qui a été décidé par le premier juge dans le dispositif de sa décision... • Civ. 2e, 19 nov. 2020, n° 19-25.100 P : *cité note 33 ss. art. 386.* ♦ ... Tel est le cas lorsque l'appelant a réglé la seule condamnation pécuniaire mise à sa charge, au titre de l'art. 700 C. pr. civ., qui ne laissait inexécutée que sa condamnation aux dépens. • Civ. 2e, 14 janv. 2021, n° 19-20.721 P : *cité note 33 ss. art. 386.*

II. CONSÉQUENCES DE L'INFIRMATION DE LA DÉCISION ATTAQUÉE (RESPONSABILITÉS)

A. EXÉCUTION AUX RISQUES ET PÉRILS DU POURSUIVANT

1° OBLIGATION DE RÉPARATION

10. *En cas d'inexécution (non).* L'inexécution d'une décision assortie de l'exécution provisoire ne peut donner lieu à réparation lorsque cette décision est infirmée. • Civ. 2e, 27 janv. 1993, n° 91-15.720 P : *D. 1993. Somm. 185, obs. Julien ; RTD civ. 1993. 651, obs. Perrot.*

11. *En cas d'exécution (oui).* Même autorisée à titre provisoire, l'exécution d'une décision de justice frappée d'appel n'a lieu qu'aux risques et périls de celui qui la poursuit, à charge par lui de réparer, en cas d'infirmation de la décision, le préjudice qui a pu être causé par cette exécution, sans qu'il y ait lieu de relever de faute dans l'exécution de la décision. • Civ. 1re, 6 juin 1990, n° 87-19.661 P (jurisprudence constante) • Civ. 3e, 1er juill. 1998 : *Procédures 1998, n° 240, note Perrot.* ♦ L'exécution d'une décision de justice exécutoire à titre provisoire n'a lieu qu'aux risques et périls de celui qui la poursuit, à charge par lui de restituer le débiteur dans ses droits en nature ou par équivalent. • Civ. 2e, 18 juin 2009 : *Procédures 2009, n° 270, obs. Perrot ; D. 2010. Pan. 1307, obs. Leborgne.*

2° PORTÉE

12. *Exécution provisoire de droit.* L'exécution d'une décision de justice exécutoire de droit à titre provisoire n'a lieu qu'aux risques et périls de celui qui la poursuit, à charge par lui d'en réparer les conséquences dommageables ; le droit à réparation n'est, dès lors, pas subordonné à une faute dans l'exécution de la décision. • Civ. 2e, 10 juill. 2003, n° 01-14.778 P : *D. 2003. IR 2207 ; Gaz. Pal. 9-10 juill. 2004, p. 13, obs. du Rusquec.*

13. *Ordonnance de référé.* L'exécution d'une décision de référé n'a lieu qu'aux risques et périls de celui qui la poursuit, à charge pour lui d'en réparer les conséquences dommageables sans qu'il soit nécessaire de relever une faute à son encontre. • Civ. 2e, 22 janv. 2004, n° 01-00.580 P : *Procédures 2004, n° 73, note Perrot.*

14. Décision préparatoire ou provisoire. L'exécution d'une décision de justice préparatoire ou provisoire n'a lieu qu'aux risques et périls de celui qui la poursuit, à charge par lui d'en réparer les conséquences dommageables ; justifie dès lors légalement sa décision, sans être tenue de relever une faute dans l'exécution de la décision, la cour d'appel qui condamne un époux ayant, dans le cadre d'une procédure de divorce, fait dresser par un huissier de justice commis par ordonnance sur requête d'un juge aux affaires familiales l'inventaire du contenu de garages appartenant au conjoint à des dommages-intérêts au titre de la remise en état des fermetures des portes de garage fracturées par un serrurier en exécution de cette mission. • Civ. 2e, 9 janv. 2003, n° 00-22.188 P : *D. 2003. IR 312 ; Dr. et pr. 2003. 241, note Bourdillat ; Gaz. Pal. 10-11 oct. 2003, p. 14, obs. du Rusquec.*

B. RESTITUTIONS

1° PRINCIPAL

15. Caractère automatique. Sauf acquiescement formel de l'intimé, les juges d'appel ne sont pas tenus d'ordonner expressément le remboursement de sommes versées en vertu d'une décision de première instance assortie de l'exécution provisoire, l'obligation de rembourser résultant de plein droit de la réformation de ladite décision. • Soc. 20 mars 1990, n° 86-45.721 P. ♦ Dans le même sens • Soc. 27 févr. 1991, n° 87-44.965 P.

2° INTÉRÊTS AU TAUX LÉGAL

16. Point de départ. La partie qui doit restituer une somme qu'elle détenait en vertu d'une décision de justice exécutoire n'en doit les intérêts au taux légal qu'à compter de la notification, valant mise en demeure, de la décision ouvrant droit à restitution. • Cass., ass. plén., 3 mars 1995, n° 91-19.497 P : *R., p. 333 ; BICC 15 avr. 1995, n° 407, concl. Jéol, note Séné ; D. 1995. 249, concl. Jéol ; JCP 1995. II. 22482, note Delebecque ; Gaz. Pal. 1995. 2. 372, concl. Jéol, note Ferrand ; RTD civ. 1995. 687, obs. Perrot* • Civ. 1re, 26 nov. 1996, n° 93-18.475 P • 2 avr. 1997, n° 95-13.928 P • 3 févr. 1998, n° 96-10.264 P • Civ. 3e, 1er juill. 1998 : *Procédures 1998, n° 240, note Perrot* • Civ. 1re, 12 nov. 1998, n° 96-18.041 P • Civ. 2e, 6 mai 1999, n° 97-10.121 P • 9 déc. 1999, n° 98-10.416 P : *Procédures 2000, n° 57, note Perrot.*

17. Notification valant mise en demeure. La partie, qui doit restituer une somme qu'elle détenait en vertu d'une décision de justice exécutoire, en doit les intérêts au taux légal à compter de la notification, valant mise en demeure de la décision ouvrant droit à restitution ; viole l'art. 1153, al. 3, C. civ. la cour d'appel de renvoi qui, pour dire qu'une partie ne dispose pas de titre exécutoire portant sur les intérêts des sommes devant être restituées, retient qu'une sommation de payer aurait dû être faite postérieurement à l'arrêt d'appel cassé, alors que l'arrêt de cassation avait été signifié et que cette signification valait mise en demeure. • Civ. 2e, 15 déc. 2005, n° 04-12.299 P : *D. 2006. IR 177* .

18. Décision ouvrant droit à restitution. La partie qui doit restituer une somme qu'elle détenait en vertu d'une décision de justice exécutoire n'en doit les intérêts au taux légal qu'à compter de la notification, valant mise en demeure, de la décision ouvrant droit à restitution ; par suite, la somme détenue par une partie en exécution d'un arrêt de cour d'appel qui, infirmant la décision des premiers juges, a condamné la partie adverse à lui rembourser la somme qu'elle lui avait primitivement versée, ne peut produire intérêt qu'à compter de la notification de l'arrêt de la Cour de cassation ayant censuré l'arrêt de la cour d'appel. • Civ. 2e, 25 juin 1997, n° 95-12.851 P. ♦ Viole l'art. 1153, al. 3, C. civ. la cour d'appel de renvoi qui rend un arrêt infirmatif condamnant une partie à restitution avec intérêts au taux légal à compter de la date de la cassation de l'arrêt confirmant la décision des premiers juges, alors que le paiement objet de la restitution n'avait pas été obtenu en vertu de l'arrêt cassé mais du jugement initial et que la cassation intervenue avait eu pour seul effet de remettre la cause et les parties dans la situation où elles étaient avant le prononcé de l'arrêt cassé, ce dont il résulte que l'arrêt prononcé par la cour d'appel de renvoi constitue la décision ouvrant droit à restitution. • Com. 20 janv. 1998 : *D. 1999. 261, note Cottin* . ♦ Comp. : c'est l'arrêt qui casse une décision ayant prononcé des condamnations à paiement qui ouvre droit à restitution des sommes versées en exécution de cette décision. • Civ. 3e, 1er avr. 1998, n° 95-21.647 P. ♦ V. Hoonakker, *D. 1999. Chron. 328* .

19. Fondement. Il résulte de l'art. 1153, al. 3, C. civ. qu'une partie qui doit restituer une somme qu'elle détenait en vertu d'une décision de justice exécutoire n'en doit les intérêts au taux légal qu'à compter de la notification, valant mise en demeure, de la décision ouvrant droit à restitution ; dans les obligations au paiement d'une somme d'argent, le préjudice découlant de la seule exécution d'une décision exécutoire à titre provisoire, ultérieurement anéantie, s'analyse comme un retard dans l'exécution et ne peut être réparé que par des intérêts au taux légal dus à compter de la notification valant mise en demeure. • Civ. 2e, 15 mai 2003, n° 99-21.657 P : *D. 2003. IR 1546 ; RTD civ. 2003. 548, obs. Perrot ; Gaz. Pal. 7-8 avr. 2004, p. 20, obs. du Rusquec.*

20. Illustrations. La partie qui doit restituer

une somme qu'elle détenait en vertu d'une décision de justice exécutoire n'en doit les intérêts au taux légal qu'à compter de la notification, valant mise en demeure, de la décision ouvrant droit à restitution ; tel est le cas d'une victime qui doit restituer la différence entre la provision qui lui a été allouée par une première décision de justice et le préjudice dont le montant est, par la suite, arrêté à une somme inférieure à ladite provision. • Com. 24 févr. 1998, n° 95-18.909 P : *D. Affaires 1998. 534, obs. J. F.* ♦ En application de l'art. 1153, al. 3, C. civ., la partie qui doit restituer une somme qu'elle détient en vertu d'une décision de justice exécutoire n'en doit les intérêts moratoires qu'à compter de la notification, valant mise en demeure, de la décision ouvrant droit à restitution ; encourt, dès lors, la cassation l'arrêt qui, confirmant le jugement déféré en ce qu'il avait subordonné le paiement d'une partie des dommages-intérêts à l'exécution d'une condition, constate que les provisions versées à la victime en application de précédentes décisions exécutoires excèdent le montant de l'indemnité réparatrice exigible et condamne la victime à restituer le trop-perçu avec intérêts au taux légal à compter du jugement partiellement confirmé. • Civ. 1re, 18 oct. 2000, n° 98-10.680 P : *D. 2000. IR 273* . ♦ De même, viole l'art. 1153, al. 3, C. civ. la cour d'appel, qui condamne des époux à restituer au notaire liquidateur de la succession une somme, avec intérêts au taux légal à compter du prononcé de son arrêt, qui leur avait été versée en exécution d'une ordonnance de référé, • Civ. 1re, 23 janv. 2001, n° 97-20.618 P. ♦ ... Qui condamne une partie à restituer à son adversaire, avec intérêts au taux légal à compter de son prononcé, les sommes qu'elle lui avait payées en exécution d'un arrêt de condamnation qui a été annulé et ordonne la capitalisation des intérêts. • Civ. 1re, 6 janv. 2004 : *Procédures 2004, n° 93, note Perrot.*

3° INDEMNITÉ SUPPLÉMENTAIRE

21. Possibilité. La cour d'appel statuant sur renvoi après cassation qui, pour condamner une société à payer une indemnité en sus des intérêts au taux légal sur la somme à restituer à la suite de l'arrêt cassé, retient que la demande de remboursement des frais exposés par l'adversaire pour la réalisation d'un prêt avec hypothèque en vue de payer les sommes dues au titre de l'exécution provisoire trouve son fondement dans la demande de la société sans laquelle ses frais n'auraient pas eu lieu d'être restitue ainsi l'adversaire dans ses droits. • Civ. 2e, 14 avr. 2005, n° 03-14.195 P : *D. 2005. IR 1305* ; *Procédures 2005, n° 145, obs. Perrot.*

III. JUSTIFICATION DE L'EXÉCUTION DE LA DÉCISION ATTAQUÉE

22. Ré-enrôlement. Nature. La décision de réinscription au rôle de la cour d'appel d'une affaire radiée pour inexécution du jugement entrepris est une mesure d'administration judiciaire, comme telle insusceptible de recours, de sorte qu'aucune procédure n'est ouverte à cette occasion à l'intimé pour soulever la péremption de l'instance. • Civ. 2e, 22 sept. 2016, n° 15-19.662 P : *D. actu. 12 oct. 2016, obs. Mélin ; JCP 2016. 1385, note Reverchon-Billot.*

Décret n° 80-367 du 19 mai 1980,

Relatif aux constitutions de garantie auxquelles peut être subordonnée l'exécution de certaines décisions de justice prononcées contre les personnes morales de droit public.

Art. 1er Sont abrogés :

Le décret des 16 et 19 juillet 1793 portant qu'il ne sera fait aucun paiement par la trésorerie nationale et les caisses des diverses administrations de la République en exécution de jugements attaqués par la voie de cassation, sans une caution préalable ;

La loi du 11 fructidor an V relative à l'exécution provisoire des jugements rendus sur les instances dans lesquelles l'*(Décr. n° 2012-985 du 23 août 2012, art. 6)* « agent judiciaire de l'État » aura été partie.

Art. 2 Lorsqu'une personne morale de droit public se pourvoit en cassation contre une décision la condamnant à verser une indemnité à une personne privée, le premier président de la cour d'appel, statuant en référé, peut, à la demande de la personne morale de droit public, subordonner l'exécution de la décision à la constitution d'une garantie, réelle ou personnelle, suffisante pour répondre de toutes restitutions ou réparations.

La nature, l'étendue et les modalités de la garantie sont précisées par la décision qui en prescrit la constitution.

La décision du premier président ne peut faire l'objet d'aucun recours.

L'avance des frais de la garantie est faite par le demandeur.

Les frais de garantie incomberont à la partie qui aura été condamnée aux dépens par la décision devenue irrévocable.

TITRE SEIZIÈME LES VOIES DE RECOURS

Art. 527 Les voies ordinaires de recours sont l'appel et l'opposition, les voies extraordinaires la tierce opposition, le recours en révision et le pourvoi en cassation.

BIBL. ▸ ALMAIRAC, *JCP 1978. I. 2884* (du jugement à l'arrêt). – APPERT et JUILLIARD, *D. 1976. Chron. 140 et 201* (les voies de recours dans le nouveau code). – CADIET, *Mél. Héron, LGDJ-Lextenso 2008, p. 125* (sanction et procès civil). – HAAS, *Just. et cass. 2008. 110* (les décisions insusceptibles de recours). – MÉLÈ, Le droit en tableaux, *Delmas 2009, p. 194*. – VINCENT, *D. 1976. Chron. 179* (nouvelles dimensions de l'appel). – WIEDERKEHR, *Rev. int. dr. comp. 1989. 225* (le système des voies de recours).

▸ **Application dans le temps des lois relatives aux voies de recours :** HÉBRAUD, *obs. RTD civ. 1973. 154* (recours en rectification ou en interprétation). – NORMAND, *RTD civ. 1976. 180* (recevabilité de l'appel) ; *ibid. 596* (ordonnances de taxe) ; *ibid. 1977. 589* (taux du ressort, requête civile, délais d'appel) ; *ibid. 1980. 393* (recours en révision).

SOUS-TITRE PREMIER DISPOSITIONS COMMUNES

DALLOZ ACTION *Droit et pratique de la procédure civile 2022/2023*, nos 531.11 s.

*Sur le caractère justifié de la variété des délais de recours selon l'urgence de l'affaire et la nature de la diligence à accomplir, variété qui ne porte pas préjudice aux parties dès lors que leur information sur les voies de recours qui leur sont ouvertes et les modalités de leur exercice est assurée, et considérant que la fixation d'un délai général de recours de deux mois pourrait aller à l'encontre de l'objectif tendant à ce que le procès civil se déroule dans un délai adapté au degré d'urgence de l'affaire, V : * Rép. min. n° 12046 : JO Sénat Q, 6 mai 2010 ; D. actu. 28 mai 2010, obs. Lavric ; D. 2010. Actu. 1291.*

Art. 528 Le délai à l'expiration duquel un recours ne peut plus être exercé court à compter de la notification du jugement, à moins que ce délai n'ait commencé à courir, en vertu de la loi, dès la date du jugement.

Le délai court même à l'encontre de celui qui notifie.

1. A compter de la notification. Toute partie à un jugement peut le notifier afin de l'exécuter ou de faire courir le délai d'appel. • Civ. 2e, 17 févr. 1983 : *Gaz. Pal. 1983. 1. Pan. 170, obs. S. G.* ♦ Il n'importe que cette partie n'ait pas eu qualité pour agir seule, dès lors que le moyen n'avait pas été relevé devant les premiers juges. • Même arrêt.

2. C'est la notification du jugement qui fait courir le délai d'appel, peu important, en cas de signification au parquet, la date de remise effective de la copie au destinataire. • Civ. 2e, 5 janv. 1977 : *Bull. civ. II, n° 1 ; D. 1977. IR 226, obs. Julien* • Civ. 2e, 29 mai 1979 : *Bull. civ. II, n° 161* • 21 janv. 1998, n° 97-16.078 P. ♦ ... En cas de signification à domicile, la date de réception de la lettre notifiant le dépôt en mairie. • Civ. 2e, 29 janv. 1976 : *Bull. civ. II, n° 31* • Civ. 2e, 28 mai 1979 : *Bull. civ. II, n° 156.* ♦ ... Ou la date de retrait de la copie de l'acte. • Paris, 30 avr. 1976 : *Gaz. Pal. 1976. 2. Somm. 310.* ♦ Le délai de forclusion ne saurait courir de la seule date à laquelle l'appelant a eu connaissance de la décision frappée d'appel. • Civ. 2e, 13 janv. 1983 : *Bull. civ. II, n° 8 ; Gaz. Pal. 1983. 2. 444, note du Rusquec* • Civ. 1re, 3 mai 2000, n° 99-05.011 P : *D. 2000. IR 155* • Com. 12 janv. 2010 : *Procédures 2010, n° 67, note Perrot.*

3. Le délai de recours ne peut partir que d'une signification régulière. • Civ. 1re, 16 janv. 1985 : *Bull. civ. I, n° 24* • Civ. 2e, 3 mai 2007, n° 06-10.949 P : *D. 2007. AJ 1435* • Civ. 1re, 10 mai 2007 : *JCP 2007. IV. 2194.* ♦ L'acte de notification d'un jugement qui ne mentionne pas la voie de recours ouverte, son délai ou ses modalités d'exercice ou qui comporte des mentions erronées la concernant ne fait pas courir le délai de recours. • Civ. 2e, 3 déc. 2015, n° 14-24.909 P : *D. actu. 16 déc. 2015, obs. Kebir ; Gaz. Pal. 9 févr. 2016, p. 66, obs. L. Mayer* • Civ. 2e, 28 janv. 2016, n° 15-11.391 P. ♦ En conséquence, dès lors qu'une caution qui n'a pu former son recours dans le délai imparti car elle n'avait pas eu connaissance de l'arrêt, soutient que la notification de l'arrêt n'était pas régulière, elle est recevable à saisir la cour d'appel de son opposition déposée au greffe de ladite cour, sans avoir à saisir le Premier président par voie d'assignation d'une demande de relevé de forclusion. • Civ. 2e, 3 mai 2007 : *préc.* ♦ Mais peu importe qu'un jugement prud'homal ait employé le terme de « signification » pour celui de « notification », l'appelant auquel est opposée la tardiveté de son recours ne pouvant se prévaloir que d'une erreur de l'acte de notification. • Soc. 7 mai 1985 : *Bull. civ. V, n° 287.* ♦ Le délai de recours ne court pas lorsque le jugement entrepris comporte une mention erronée sur sa qualification, à moins que l'acte de notification de ce jugement n'ait indiqué la voie de recours qui était effectivement ouverte. • Civ. 2e, 3 juin 1999, n° 97-15.511 P : *RTD civ. 1999. 702, obs. Perrot* ; *D. 1999. IR 175* ; *Procédures 1999, n° 226, obs. Perrot.* – V. Perdriau, *Gaz. Pal. 1998. 2. Doctr. 917.*

La signification d'un jugement réputé contradictoire par voie de procès-verbal de recherches infructueuses fait courir le délai d'appel. • Com. 2 mai 2001 : *Procédures 2001, n° 143, obs. Perrot.*

4. La cour d'appel n'est pas tenue de vérifier d'office la régularité, non critiquée devant elle, de la notification du jugement. • Soc. 8 janv. 1976 : *Bull. civ. V, n° 15* • Soc. 10 mai 1976 : *Bull. civ. V, n° 155.*

5. Lorsque le pourvoi est tardif, il importe peu que la notification faite par le greffe ait été réitérée par acte d'huissier, les mentions de cet acte ne pouvant faire courir un nouveau délai. • Soc. 10 nov. 1988 : *Bull. civ. V, n° 585.* ♦ La deuxième chambre civile de la Cour de cassation avait jugé qu'une nouvelle signification de la même décision faite à l'initiative de l'intimé ne vaut pas de sa part acceptation que soit reporté le point de départ du délai. • Civ. 2e, 23 févr. 1994, n° 92-11.057 P. ♦ En ce sens déjà : • Paris, 10 déc. 1980 : *Bull. ch. avoués 1981. 1. 5* • Paris, 10 juin 1987 : *ibid. 1987. 3. 119.* ♦ *Contra* : • Nancy, 11 févr. 1981 : *RTD civ. 1982. 654, obs. Perrot* • Paris, 15 janv. 1988 : *Bull. ch. avoués 1988. 4. 164.* ♦ Puis, en sens contraire, elle a décidé que viole l'art. 528, al. 1er, une cour d'appel qui déclare l'appel irrecevable comme tardif alors que la seconde notification de la décision du JEX, effectuée dans le délai de recours de la première, avait fait courir un nouveau délai à compter de sa date : • Civ. 2e, 20 déc. 2001, n° 00-14.629 P : *D. 2002. 1165, note Julien* . ♦ V. aussi, notamment pour la position de la Chambre sociale, note 8 ss. art. 612.

6. Ayant déjà fait signifier le jugement, par un acte comportant une mention erronée quant à la voie de recours susceptible d'être exercée, une société ne peut, par une seconde signification, ouvrir à son profit un nouveau délai de recours. • Civ. 2e, 30 janv. 2003, n° 00-19.987 P : *D. 2003. Somm. 1399, obs. Julien* ; *Dr. et pr. 2003. 244, note Douchy* ; *Procédures 2003, n° 85 et 112, notes Perrot* ; *Gaz. Pal. 10-11 oct. 2003, p. 9, obs. du Rusquec.* ♦ V. aussi note 17 et note 4 ss. art. 1034.

7. Pluralité de notifications. En cas de pluralité de notifications, la seconde en date n'ouvre pas un nouveau délai dès lors du moins que la première a été délivrée régulièrement. • Civ. 2e, 3 avr. 2003 : *Bull. civ. II, n° 91* • 22 mai 2008, n° 06-14.665 P • Com. 7 oct. 2008 : *inédit* • Civ. 2e, 15 janv. 2009 : *inédit* • 5 févr. 2009 : *Bull. civ. II, n° 35* ; *Procédures 2009, n° 107, note Perrot* • 5 févr. 2009 : *inédit* • Civ. 2e, 8 avr. 2009 : *D. actu. 30 avr., obs. Dargent* • Com. 3 nov. 2010 : *Procédures 2011, n° 4, note Perrot* • Civ. 2e, 13 janv. 2022, n° 20-12.914 P : *D. actu. 10 févr. 2022, note Goujan-Béthan.* ♦ Sur la jurisprudence antérieure contraire, V. • Soc. 3 mars 1993, n° 91-45.275 P : *RTD civ. 1993. 651, obs. Perrot* • Soc. 14 avr. 1999 : *Procédures 2000, n° 143, obs. Perrot* ; *Gaz. Pal. 2-4 avr. 2000, p. 36, obs. Perdriau* • Civ. 2e, 20 déc. 2001 : *D. 2002. 1165, obs. Julien* .

8. En cas de significations effectuées à des dates différentes par les parties gagnantes, la signification profite à celui qui l'a faite et fait courir le délai contre celui qui l'a reçue, hors le cas de solidarité ou d'indivisibilité. • Civ. 2e, 23 sept. 2004, n° 99-21.000 P : *D. 2004. IR 2619* .

9. Lorsque l'acte de notification d'un jugement a été retourné au secrétariat-greffe, le délai d'appel ne peut courir qu'à compter de la signification par acte d'huissier à la diligence de la partie intéressée. • Soc. 29 mai 1990 : *Bull. civ. V, n° 247* ; *D. 1991. Somm. 244, obs. Fricero* • 7 juill. 1993, n° 90-41.346 P. ♦ V. art. 668 s.

10. En matière gracieuse, le point de départ du délai d'appel n'est pas le prononcé de la décision mais sa notification. • Saint-Denis de la Réunion, 4 déc. 1981 : *D. 1982. IR 153, obs. Julien.* ♦ *Contra* : Rép. min. n° 19301, *JOAN, 11 juin 1975, p. 4033* (à propos de l'homologation du changement de régime matrimonial).

11. Le délai pour former opposition ne court pas contre la partie défaillante à qui l'arrêt par défaut n'a pas été notifié. • Soc. 30 sept. 1992, n° 88-43.027 P.

12. Sur le point de départ du délai, en matière d'ordonnance sur requête, V. notes 11 s. ss. art. 496. ♦ ... En matière de rémunération du technicien, V. notes ss. art. 724.

13. A dater du jugement. Les règles fixant le point de départ du délai de recours au jour du jugement ne peuvent s'appliquer lorsque le prononcé a été renvoyé sans que sa date ait été portée à la connaissance des parties. • Civ. 1re, 7 juill. 1983 : *Bull. civ. I, n° 146* ; *Gaz. Pal. 1984. 1. Pan. 9, obs. S. G.* ♦ Le délai ne court alors qu'à compter de la notification de la décision. • Civ. 2e, 23 avr. 1980 : *Gaz. Pal. 1980. 2. 574, note Viatte* ; *RTD civ. 1980. 619, obs. Perrot.* ♦ ... Qu'à la date à laquelle l'auteur du recours a eu connaissance du jugement. • Civ. 1re, 30 nov. 1983 : *Gaz. Pal. 1984. 1. Pan. 75, obs. Guinchard.* ♦ V. notes 16 s. ss. art. 82, ss. art. 272 et ss. art. 450.

14. Handicap. En vertu du droit fondamental d'accès à un tribunal, le délai d'appel ne court à l'encontre d'un justiciable atteint de cécité qu'à compter du moment où il a effectivement pris connaissance du jugement qu'il conteste. • Aix-en-Provence, 15 mai 2009 : *D. 2010. 388, note Boujeka* ; *JCP 2009. 368, n° 8, obs. Amrani Mekki.*

15. Le cours du délai à l'encontre de celui qui notifie. Le délai d'appel court dès la notification du jugement à l'encontre de la partie qui a procédé à cet acte, même lorsque la notification a été faite à une personne qui n'était pas partie à l'instance. • Com. 7 juill. 1987 : *Bull. civ. IV, n° 171 ; D. 1988. Somm. 122, obs. Julien.* – V. aussi • Toulouse, 16 juin 2000 : *Bull. ch. avoués 2002. 1. 5.*

16. La notification faite par le greffe à la demande d'une partie ne fait courir de délai à son encontre que si elle est avisée de la date à laquelle cette formalité a été accomplie. • Soc. 11 déc. 1980 : *Gaz. Pal. 1981. 1. 318, note Viatte ; RTD civ. 1981. 696, obs. Perrot.* ♦ Jugé d'ailleurs que l'art. 528, al. 2, ne s'appliquait que lorsqu'une des parties faisait signifier une décision par acte d'huissier. • Paris, 14 nov. 1978 : *Gaz. Pal. 1979. 1. 203.*

17. Celui qui a déjà fait signifier une décision ne peut, par une nouvelle signification, ouvrir à son profit un nouveau délai de recours. • Riom, 3 oct. 1989 : *inédit.* ♦ V. note 5.

18. Jugement interprétatif. Sur la recevabilité d'un appel formé contre un jugement interprétatif : • Civ. 2e, 8 oct. 1997, n° 95-16.532 P : *D. 1997. IR 221.*

Art. 528-1 *(Décr. n° 89-511 du 20 juill. 1989, art. 13, en vigueur le 15 sept. 1989)* **Si le jugement n'a pas été notifié dans le délai de deux ans de son prononcé, la partie qui a comparu n'est plus recevable à exercer un recours à titre principal après l'expiration dudit délai.**

Cette disposition n'est applicable qu'aux jugements qui tranchent tout le principal et à ceux qui, statuant sur une exception de procédure, une fin de non-recevoir ou tout autre incident, mettent fin à l'instance.

L'art. 13 du Décr. n° 89-511 du 20 juill. 1989 n'est applicable qu'aux recours formés contre les jugements rendus après le 25 juill. 1989 (Décr. préc., art. 34, al. 2).

BIBL. ▸ **Commentaires du Décr. du 20 juill. 1989 :** CARATINI, *Gaz. Pal. 1989. 2. Doctr. 418.* – DORSNER-DOLIVET, *JCP 1989. I. 3419, Err. 3422 bis.* – LASALLE, *Bull. ch. avoués 1993. 241.*

1. Conformité à la Conv. EDH. Les principes de sécurité juridique et de bonne administration de la justice qui fondent les dispositions de l'art. 528-1 constituent des impératifs qui ne sont pas contraires aux dispositions de l'art. 6, § 1, Conv. EDH. • Civ. 2e, 30 janv. 2003, n° 99-19.488 P : *D. 2003. 2722, note Ben Merzouk ; JCP 2003. I. 128, n° 20, obs. Cadiet ; Dr. et pr. 2003. 248, note Hoonakker ; Gaz. Pal. 10-11 oct. 2003, p. 15, obs. du Rusquec* • Soc. 9 nov. 2005, n° 02-41.243 P. ♦ Ne méconnaît pas le droit au procès équitable la cour d'appel qui déclare irrecevable le recours en révision contre une décision rectifiée qui n'a pas été régulièrement notifiée dans les deux ans. • Civ. 2e, 17 mai 2018, n° 16-28.742 P : *D. actu. 31 mai 2018, obs. Kebir ; D. 2018. Actu. 1081 ; ibid. 1471, note Jourdan-Marques ; JCP 2018. 764, note Cholet ; Gaz. Pal. 19 juin 2018, p. 31, note Clavier ; ibid. 31 juill. 2018, note Raschel ; Procédures 2018, n° 210, note Croze.*

2. Décisions visées. L'expression « jugement » devant s'entendre de toute décision juridictionnelle de première instance, les ordonnances du JAF sont concernées par l'art. 528-1. • Paris, 12 mai 1999 : *Bull. ch. avoués 1999. 2. 47.* ♦ ... De même que les ordonnances de référé. • Paris, 14 déc. 1999 : *Bull. ch. avoués 1999. 3. 91.* ♦ Sur l'inapplicabilité en cas de cassation sans renvoi d'un arrêt de cour d'appel ayant déclaré l'appel irrecevable contre le jugement non notifié, V. • Civ. 2e,10 mars 2004, n° 02-14.855 P : *Gaz. Pal. 26-28 juin 2005, p. 28, obs. du Rusquec.*

3. En revanche, les dispositions de l'art. 528-1 ne s'appliquent pas aux sentences arbitrales. • Civ. 2e, 18 oct. 2001, n° 00-11.572 P : *D. 2001. IR 3248 ; JCP 2002. I. 132, n° 26, obs. Cadiet ; Dr. et patr., juill.-août 2002, p. 111, obs. Mestre ; Rev. arb. 2002. 157, note Pinsolle* • 13 juill. 2005, n° 02-15.904 P. ♦ ... A un arrêt qui ordonne une mesure d'instruction et ne tranche dans son dispositif qu'une partie du principal. • Civ. 1re, 8 avr. 2009, n° 07-21.090 P.

4. Le juge des référés ayant tranché tout le principal au regard de l'objet du litige qui lui était soumis et épuisé sa saisine en prescrivant, avant tout procès et en vertu de l'art. 145, les mesures destinées à établir la preuve de faits dont pouvait dépendre la solution du litige, c'est par une exacte application de l'art. 528-1 que la cour d'appel en a déduit que l'appel, formé plus de deux ans après le prononcé de l'ordonnance, n'était pas recevable. • Civ. 2e, 6 juin 2013, n° 12-21.683 P : *Gaz. Pal. 3 sept. 2013, p. 41, note Orif ; Dr. et pr. 2013. 205, note Salati.*

5. Partie ayant comparu. La société bénéficiaire d'un apport partiel d'actif selon le régime des scissions acquiert de plein droit la qualité de partie aux instances précédemment engagées par la société apporteuse et s'expose aux causes de déchéance de l'appel prévues pour ceux qui ont comparu en première instance. • Civ. 2e, 7 janv. 2010, n° 08-18.619 P : *D. 2010. AJ 205 ; Dr. sociétés 2010, n° 65, note Coquelet ; JCP 2010. 349, note Barbièri ; JCP E 2010. 1145, n° 4, obs. Deboissy et Wicker ; Gaz. Pal. 5-6 mai 2010, p. 13, note Zattara-Gros.*

6. Absence de notification. L'art. 528-1 n'est pas applicable dès lors que le jugement a été notifié. • Soc. 10 nov. 1998, n° 96-42.749 P : *RG proc. 1999. 623, obs. Wiederkehr.* ♦ L'appel est donc recevable lorsque la décision a été notifiée, peu important que la notification soit entachée d'une irrégularité susceptible d'en affecter l'efficacité. • Civ. 2e, 2 mars 2000, n° 98-13.648 P : *D. 2000. IR 87* ; *RTD civ. 2000. 404, obs. Perrot* • 9 nov. 2001 : *Procédures 2002, n° 1, note Perrot* • Paris, 16 janv. 2003 : *Bull. ch. avoués 2003. 3. 21* • Civ. 2e, 7 juill. 2005, n° 03-13.943 P : *D. 2006. Pan. 548, obs. Julien et Fricero* ; *Dr. et pr. 2005. 345, note Salati* ; *RTD civ. 2005. 826, obs. Perrot* (signification d'un jugement de divorce qui n'a pas été précédée d'une notification à l'avocat de l'époux) • 17 mai 2018, n° 17-14.291 P : *D. actu. 31 mai 2018, obs. Kebir* ; *D. 2018. 1471, note Jourdan-Marques* ; *JCP 2018. 764, note Cholet* ; *Procédures 2018, n° 210, note Croze* ; *Gaz. Pal. 31 juill. 2018, p. 69, obs. Raschel.* ♦ La délivrance d'une sommation de restituer, intervenue dans le délai de deux ans suivant le prononcé du jugement de divorce, vaut signification, peu important que celle-ci soit entachée d'une irrégularité susceptible d'en affecter la validité. • Civ. 2e, 19 févr. 2015 : *Procédures 2015, n° 162, note Douchy-Oudot.*

7. La notification survenue au-delà du délai prévu par l'art. 528-1, faisant suite à une première tentative, ne rouvre pas le délai de recours. • Soc. 17 nov. 1998, n° 96-43.838 P : *RG proc. 1999. 623, obs. Wiederkehr.*

8. La notification à prendre en compte au sens de l'art. 528-1 est la signification à partie dont la notification à avocat n'est qu'un préalable. • Civ. 2e, 19 mai 1998, n° 96-11.935 P : *D. 1998. IR 147* ; *RG proc. 1999. 623, obs. Wiederkehr.* – V. note 7.

9. Une lettre recommandée adressée par le greffe constitue la notification prévue par l'art. 528-1, peu important que celle-ci soit entachée d'une irrégularité. Viole cette disposition l'arrêt considérant que la lettre du greffe, retournée à son expéditeur pour correction de l'identité du destinataire, ne constitue pas une notification et qu'il n'est pas établi que le jugement ait été notifié dans les deux ans de son prononcé. • Cass. ass. plén. 7 oct. 2011, n° 10-30.191 P : *Dr. et pr. 2011. 301, note Vinckel.*

10. Portée du délai de deux ans. Les dispositions de l'art. 528-1 ne fixent pas le point de départ d'un délai de recours, mais le terme au-delà duquel aucun recours ne peut plus être exercé par la partie qui a comparu, peu important la date à laquelle cette partie a eu connaissance effective de la décision. • Civ. 2e, 11 mars 1998, n° 96-17.187 P : *D. 1998. IR 97* ; *Gaz. Pal. 1998. 2. Pan. 226* ; *RTD civ. 1998. 475, obs. Perrot* ; *RG proc. 1999. 623, obs. Wiederkehr* (2 arrêts). ♦ Il s'ensuit que l'appel est irrecevable dès lors que plus de deux ans se sont écoulés entre la date du jugement déféré à la cour d'appel et la date de l'appel. • Civ. 2e, 11 mars 1998 : *préc.* (arrêt n° 1). – V. aussi : • Soc. 9 nov. 2005, n° 02-47.243 P. ♦ L'art. 528-1 s'applique aux voies de recours ordinaires et extraordinaires ; un recours en révision contre un jugement qui n'a pas été notifié dans les deux ans de son prononcé est irrecevable. • Civ. 2e, 7 juill. 2005, n° 03-15.662 P : *D. 2005. IR 2174* ; *RTD civ. 2005. 826, obs. Perrot*.

11. Le délai de l'art. 528-1 ne peut courir à l'encontre de l'appelant dès lors que l'appel d'un jugement comportant la mention erronée de la possibilité d'en faire appel est irrecevable ; le pourvoi en cassation est donc recevable. • Com. 1er avr. 1997 : *JCP 1997. II. 22896, note Perdriau* ; *RTD civ. 1997. 996, obs. Perrot*.

12. En l'absence de notification du jugement, et malgré un appel formé avant l'expiration du délai de deux ans, l'intervention d'un administrateur *ad hoc* au-delà de ce délai pour régulariser la procédure est tardive ; l'appel est irrecevable. • Civ. 28 juin 2006 : *D. 2006. IR 1985* ; *Gaz. Pal. 1er-2 févr. 2008, p. 26, note du Rusquec.* ♦ L'art. 528-1 n'est pas applicable dès lors que l'appelant avait, dans le délai de deux ans du jugement, formé un pourvoi, fût-il irrecevable. • Civ. 2e, 15 mai 2003, n° 01-03.407 P : *D. 2003. IR 1601* ; *RTD civ. 2003. 547, obs. Perrot* ; *Gaz. Pal. 7-8 avr. 2004, p. 15, obs. du Rusquec.*

13. En revanche, n'est pas recevable le pourvoi formé contre un arrêt ayant confirmé un jugement qui a rejeté un recours en révision, par une partie ayant comparu plus de deux ans après le prononcé de l'arrêt. • Civ. 2e, 10 déc. 1998, n° 96-12.380 P : *D. 1999. Somm. 220, obs. Julien* ; *RG proc. 1999. 623, obs. Wiederkehr.*

14. Le délai édicté par l'art. 528-1 n'est pas un délai de péremption, mais un délai relatif à l'exercice des voies de recours, dont l'inobservation constitue une fin de non-recevoir qui peut être invoquée en tout état de cause et qui doit être relevée d'office par le juge. • Civ. 2e, 19 mai 1998, n° 96-11.935 P : *Procédures 1998, n° 216, obs. Perrot* ; *RG proc. 1999. 623, obs. Wiederkehr.* ♦ N'est pas recevable l'appel d'un jugement rectificatif formé plus de deux ans après le prononcé du jugement rectifié qui n'avait pas été notifié. • Civ. 2e, 22 mars 2006, n° 04-12.767 P : *Procédures 2006, n° 128, obs. Perrot.*

15. Interruption du délai. La demande d'aide juridictionnelle interrompt le délai de l'art. 528-1. • Civ. 2e, 21 oct. 2010, n° 09-66.510 P : *D. 2010. AJ 2590* ; *Procédures 2011, n° 7, note Perrot.*

16. La signification d'un jugement postérieurement à l'expiration du délai de deux ans ne permet pas de faire courir un nouveau délai d'appel. • Civ. 2e, 14 oct. 1999 : *Procédures 1999, n° 265, obs. Perrot.*

17. Charge de la preuve. C'est à la partie qui exerce un recours plus de deux ans après son prononcé d'établir qu'il est recevable au regard des dispositions de l'art. 528-1. • Civ. 2e, 30 janv. 2014, n° 12-29.512 P.

Art. 529 **En cas de condamnation solidaire ou indivisible de plusieurs parties, la notification faite à l'une d'elles ne fait courir le délai qu'à son égard.**

Dans le cas où un jugement profite solidairement ou indivisiblement à plusieurs parties, chacune peut se prévaloir de la notification faite par l'une d'elles.

BIBL. ▸ Forum de procédure 1997, *Bull. ch. avoués 1998, n° spéc. p. 11.*

1. Condamnation solidaire ou indivisible de plusieurs parties. En faisant procéder à la double signification d'un jugement au garant et au garanti, condamnés solidairement, le demandeur principal se conforme à l'art. 529 et la signification faite au garant fait courir à son égard le délai d'appel. • Civ. 2e, 16 janv. 1980 : *Bull. civ. II, n° 9 ; D. 1980. IR 373, obs. Julien.* ♦ Mais l'appel interjeté par l'appelant en garantie contre l'appelé ne saurait être déclaré irrecevable du fait d'un délai qui n'avait couru qu'entre le demandeur originaire et le demandeur en garantie. • Civ. 2e, 5 mai 1982 : *Bull. civ. II, n° 70.*

2. Viole l'art. 529 la cour d'appel qui décide qu'en raison de l'indivisibilité de la matière, la signification du jugement par une partie à une autre fait courir le délai d'appel à l'égard de tous, alors qu'il s'agissait d'une condamnation indivisible de plusieurs parties et que la notification faite à l'une d'elles ne faisait courir qu'à son égard le délai d'appel. • Civ. 2e, 18 mars 1987 : *Bull. civ. II, n° 71.*

3. Profit solidaire ou indivisible. La signification effectuée par l'une d'elles faisant courir le délai d'appel à l'égard de toutes les parties en matière indivisible, l'appel d'un jugement ayant homologué le partage est irrecevable même à l'égard de ceux de la part desquels la signification n'était pas valable, dès lors qu'elle était régulière de la part de certains autres. • Civ. 2e, 14 mars 1979 : *Gaz. Pal. 1979. 2. 420, note Viatte.*

4. C'est seulement dans le cas où le jugement profite solidairement à plusieurs parties que chacune peut se prévaloir de la notification faite par l'une d'elles. • Civ. 2e, 10 déc. 1986 : *Bull. civ. II, n° 178* • Com. 3 nov. 2010 : *Procédures 2011, n° 5, note Perrot* • Civ. 2e, 2 déc. 2010 : *D. actu. 7 janv. 2011, obs. Tahri* • Civ. 2e, 7 avr. 2016, n° 15-10.126 P (absence d'impossibilité d'exécuter séparément les dispositions du jugement concernant chacune des parties). ♦ Un jugement qui rejette une demande en paiement solidaire dirigée contre plusieurs dirigeants sociaux n'instaure aucune solidarité entre eux, la responsabilité de chacun d'eux dans le passif social devant être appréciée individuellement et leur condamnation pouvant être prononcée avec ou sans solidarité. • Même arrêt. – V. aussi • Civ. 2e, 12 juin 2003, n° 01-13.571 P : *Gaz. Pal. 9-10 juill. 2004, p. 7.* ♦ De même, il n'y a pas d'indivisibilité entre l'action principale du maître de l'ouvrage contre le maître d'œuvre et le recours en garantie de celui-ci contre un autre constructeur. • Civ. 2e, 17 janv. 1996, n° 94-10.279 P : *JCP 1996. II. 22668, note Perdriau.* ♦ Sur le caractère dérogatoire de l'art. 529, al. 2, V. • Civ. 2e, 15 nov. 1995, n° 93-10.186 P : *Procédures 1996, n° 4, obs. Perrot.* ♦ Sur la recherche de la solidarité dans un acte préexistant : • Civ. 2e, 6 mai 1998, n° 95-14.609 P : *D. 1998. IR 137 ; JCP 1998. II. 10174, note du Rusquec.*

5. Il résulte de l'art. 529 que la notification d'un arrêt faite à une partie ne fait courir le délai de pourvoi qu'à l'égard de celle-ci lorsque la décision ne profite ni solidairement ni indivisiblement à plusieurs parties. • Civ. 1re, 8 juill. 2003, n° 98-20.475 P.

6. La signification d'un jugement faite à la requête de la veuve de l'un des demandeurs ne peut faire courir le délai d'appel contre les enfants de celui-ci, les créances successorales se divisant de plein droit entre les héritiers. • Civ. 2e, 20 juin 1979 : *Gaz. Pal. 1979. 2. 561, note Viatte.* ♦ Mais l'exécution d'une interdiction d'ouverture demandée par une société et une fédération et prononcée par une décision de référé n'est pas divisible ; la décision profite indivisiblement à la fédération et à la société : la première peut soulever l'irrecevabilité de l'appel dirigé contre la décision signifiée par la seconde. • Civ. 2e, 7 juill. 2005, n° 04-13.972 P : *D. 2005. IR 2337 ; Procédures 2005, n° 247, obs. Perrot ; Dr. et pr. 2006. 33, note Vinckel.* – V. également • Civ. 2e, 7 juill. 2005, n° 04-13.973 P. ♦ Inversement, une partie ne peut se prévaloir de la notification faite par l'autre lorsqu'il s'avère qu'il n'aurait pas été impossible d'exécuter à la fois les décisions respectivement rendues au profit de l'une et de l'autre au cas où seul aurait été déclaré recevable le recours dirigé contre elle. • Civ. 2e, 12 oct. 2006, n° 05-14.573 P : *Dr. et pr. 2007. 76, note Vinckel.*

7. Un jugement rendu par défaut ou réputé contradictoire, au seul motif qu'il est susceptible d'appel, portant condamnation solidaire, notifié à l'un des coobligés est non avenu à l'égard de ceux, non comparants, auxquels il n'a pas été notifié dans les délais imposés par l'art. 478. • Civ. 2e, 29 janv. 1997, n° 95-10.046 P : *Gaz. Pal. 1998. 2. 792, note du Rusquec.*

8. Dès lors que la région n'est intervenue volontairement que pour appuyer les prétentions de la direction des Douanes, représentant l'État, au rejet d'une demande en remboursement de droits d'octroi de mer, et qu'elle avait des intérêts qui n'étaient pas distincts de ceux de l'État, le jugement déboutant la société de sa demande profite indivisiblement à ces deux parties. • Civ. 2e, 3 avr. 2003, n° 00-20.848 P.

Art. 530 **Le délai ne court contre une personne en tutelle que du jour où le jugement est notifié tant à son représentant légal qu'au subrogé tuteur, s'il y a lieu, encore que celui-ci n'ait pas été mis en cause.**

Le délai ne court contre le majeur en curatelle que du jour de la notification faite au curateur.

Art. 531 **S'il se produit, au cours du délai du recours, un changement dans la capacité d'une partie à laquelle le jugement avait été notifié, le délai est interrompu.** *(Décr. nº 2017-891 du 6 mai 2017, art. 47, en vigueur le 1er sept. 2017)* **« Ce délai est également interrompu par l'effet du jugement qui prononce la sauvegarde, le redressement judiciaire ou la liquidation judiciaire dans les causes où il emporte assistance ou dessaisissement du débiteur. »**

Le délai court en vertu d'une notification faite à celui qui a désormais qualité pour la recevoir.

L'art. 47 du Décr. nº 2017-891 du 6 mai 2017 s'applique aux décisions prononcées avant le 1er sept. 2017, lorsque le délai de recours n'est pas expiré à la date du jugement qui prononce la sauvegarde, le redressement judiciaire ou la liquidation judiciaire – dans les causes où il emporte assistance ou dessaisissement du débiteur (Décr. préc., art. 53-IV quater, créé par Décr. nº 2017-1227 du 2 août 2017, art. 1er-2º-c).

Le décès d'une partie. Il résulte des art. 370 et 371 que lorsqu'une partie décède après la clôture des débats, l'instance n'étant pas interrompue, la décision doit être rendue à l'égard de cette partie. En application de l'art. 531, le délai de recours est interrompu par le décès de la partie à laquelle le jugement doit être notifié et ce délai court alors en vertu d'une notification faite aux héritiers. Il découle de la combinaison de ces textes qu'en cas de décès d'une partie après la clôture des débats, le délai d'appel, ouvert aux héritiers, ne court qu'à compter de la notification qui leur est faite de ce jugement. • Civ. 2e, 22 oct. 2020, nº 19-18.671 P : *cité note 3 ss. art. 371.*

Art. 532 **Le délai est interrompu par le décès de la partie à laquelle le jugement avait été notifié.**

Il court en vertu d'une notification faite au domicile du défunt, et à compter de l'expiration des délais pour faire inventaire et délibérer si cette nouvelle notification a eu lieu avant que ces délais fussent expirés.

Cette notification peut être faite aux héritiers et représentants, collectivement et sans désignation de noms et qualités.

Interrompu par le décès d'un plaideur, le délai de recours ne court pas à l'encontre des héritiers auxquels le jugement n'a pas été notifié. • Civ. 3e, 16 nov. 1988 : *JCP 1989. IV. 22.*

Art. 533 **Si la partie qui a notifié le jugement est décédée, le recours peut être notifié au domicile du défunt, à ses héritiers et représentants, collectivement et sans désignation de noms et qualités.**

Un jugement ne peut toutefois être requis contre les héritiers et représentants que si chacun a été cité à comparaître.

Art. 534 **Celui qui représentait légalement une partie peut, en cas de cessation de ses fonctions et s'il y a un intérêt personnel, exercer le recours en son nom. Le recours** ***est pareillement*** **ouvert contre lui.**

Société en liquidation judiciaire. L'appel de la société en liquidation judiciaire exercé en la personne de son gérant ne peut être déclaré recevable, dès lors que ni un liquidateur amiable, ni mandataire *ad hoc* n'étaient intervenus dans l'instance avant l'expiration du délai d'appel et que le recours avait été exercé par la société prise en la personne de son gérant et non par le représentant légal de celle-ci en son nom personnel (cassation au visa des art. 1844-7, 7º, C. civ., L. 623-1, 2º, C. com. et 534 NCPC [devenu C. pr. civ.]). • Com. 28 janv. 2004 : *APC 2004, nº 61.* – Dans le même sens : • Paris, 3e ch. C, 7 mars 2003 : *D. 2003. AJ 1038, obs. A. Lienhard ; Dr. sociétés 2003, nº 128, note J.-P. Legros ; RDBF 2003, nº 145, obs. F.-X. Lucas.* – *Contra* : • Paris, 3e ch. A, 24 mai 2002 : *D. 2002. AJ 2055, obs. A. Lienhard ; BJS 2002. 1154 et 1165, chron. Vallansan* • Paris, 3e ch. B, 22 nov. 2002 : *Bull. ch. avoués 2002. 3. 19* • 26 mars 2004 : *D. 2004. AJ 1168.*

Art. 535 **La partie à laquelle est notifié un recours est réputée, pour cette notification, demeurer à l'adresse qu'elle a indiquée dans la notification du jugement.**

Art. 536 **La qualification inexacte d'un jugement par les juges qui l'ont rendu est sans effet sur le droit d'exercer un recours.**

(Décr. n° 2004-836 du 20 août 2004, art. 9, en vigueur le 1er janv. 2005) **« Si le recours est déclaré irrecevable en raison d'une telle inexactitude, la décision d'irrecevabilité est notifiée par le greffe à toutes les parties à l'instance du jugement. Cette notification fait courir à nouveau le délai prévu pour l'exercice du recours approprié. »**

L'art. 9 du Décr. n° 2004-836 du 20 août 2004 est applicable aux procédures en cours (Décr. préc., art. 59).

BIBL. ▸ PERDRIAU, *Gaz. Pal. 1998. 2. Doctr. 917.* – PERROT et CROZE, *Procédures 2004. Étude 13* (décret du 20 août 2004).

1. Est irrecevable le pourvoi contre une décision qualifiée à tort « en dernier ressort » et qui, statuant sur une demande indéterminée, était susceptible d'appel. • Civ. 3e, 16 juill. 1974 : *Bull. civ. III, n° 304.* ♦ Est irrecevable l'appel contre une décision qualifiée à tort « en premier ressort ». • Civ. 2e, 6 déc. 1991 : *Gaz. Pal. 1992. 2. Somm. 271, obs. Ferrand et Moussa.* ♦ Sur les conséquences de cette dernière jurisprudence sur la possibilité d'un pourvoi ultérieur, V. • Com. 1er avr. 1997 : *préc. note 11 ss. art. 528-1.*

2. Est susceptible d'opposition le jugement en dernier ressort qualifié « de réputé contradictoire », alors que le défendeur, non comparant, avait été assigné à domicile. • Com. 13 nov. 1990 : *JCP 1991. IV. 12.*

3. Le moyen de cassation qui se borne à critiquer la qualification retenue est irrecevable faute d'intérêt. • Civ. 2e, 17 oct. 1984 : *Bull. civ. II, n° 153 ; Gaz. Pal. 1985. 1. Pan. 53, obs. Guinchard* • Civ. 2e, 10 janv. 2008, n° 06-15.584 P. – V. aussi • Soc. 16 mars 1976 : *Bull. civ. V, n° 171.* ♦ V. notes ss. art. 473.

4. Le délai de recours ne court pas lorsque le jugement entrepris comporte une mention erronée sur sa qualification, à moins que l'acte de notification de ce jugement n'ait indiqué la voie de recours qui était effectivement ouverte. • Civ. 2e, 3 juin 1999, n° 97-15.511 P : *D. 1999. IR 75 ; RTD civ. 1999. 702, obs. Perrot ; Procédures 1999, n° 226, obs. Perrot* • 16 mai 2002 : *D. 2002. IR 2647.*

5. La qualification inexacte d'une décision par les juges qui l'ont rendue étant, en vertu de l'art. 536, sans effet sur le droit d'exercer un recours, le moyen qui se borne à critiquer les énonciations de l'arrêt, dont la cour d'appel a déduit la qualification de celui-ci, est irrecevable faute d'intérêt. • Civ. 2e, 18 oct. 2001, n° 00-13.650 P : *D. 2001. IR 3247.*

Art. 537 **Les mesures d'administration judiciaire ne sont sujettes à aucun recours.**

BIBL. ▸ CHOLET, *Gaz. Pal. 12-13 oct. 2007, p. 8* (contrôle de l'activité non juridictionnelle des juridictions). – BÉNABENT, *Mél. Ph. Malinvaud, Litec 2007, p. 11* (le discrétionnaire). – DEGOFFE et JEULAND, *Mél. Normand, Litec, 2003, p. 141.* – HAAS, *Just. et cass. 2008. 110* (les décisions insusceptibles de recours). – PERDRIAU, *Gaz. Pal. 6-7 mars 2002, p. 2* (mesures d'administration judiciaire au regard de la Cour de cassation). – THÉRON, *D. 2010. 2246* (proposition d'un critère de qualification). – *Adde* GASSIN, *Mél. S. Guinchard, Dalloz 2010, p. 951* (les mesures d'administration judiciaire en procédure pénale).

1. Constitue un acte d'administration judiciaire et n'est, de ce fait, sujet à aucun recours le jugement d'adjudication qui ne statue sur aucun incident et ne fait que constater un contrat judiciaire. • Civ. 2e, 11 janv. 1979 : *Bull. civ. II, n° 16* • Civ. 1re, 10 mai 1984 : *Bull. civ. I, n° 80.* ♦ ... La décision de jonction ou de disjonction d'instances. • Civ. 1re, 16 juin 1981 : *Bull. civ. I, n° 219* • Civ. 2e, 16 févr. 1984 : *Gaz. Pal. 1985. 1. 209, note du Rusquec* • Civ. 2e, 17 mai 1993 : *D. 1993. IR 146* • Paris, 26 févr. 1998 : *Bull. ch. avoués 1998. 2. 34.* ♦ ... L'ordonnance de radiation. • Soc. 18 juin 1981 : *JCP 1981. IV. 319.* ♦ ... Celle par laquelle le président fixe la date de l'audience. • Civ. 2e, 22 juin 1988 : *JCP 1988. IV. 306.* ♦ ... L'arrêt invitant les parties à conclure sur le fond. • Com. 7 janv. 1980 : *JCP 1980. IV. 111.* ♦ ... La décision ordonnant la réouverture des débats. • Soc. 23 mai 1984 : *Bull. civ. V, n° 220.* ♦ ... La décision du Premier président de la Cour de cassation désignant la juridiction chargée de connaître de la procédure collective d'un débiteur. • Com. 17 févr. 1998, n° 96-13.831 P : *D. 1998. IR 274 ; ibid. 274, note Derrida et Perdriau ; D. Affaires 1998. 675, obs. V. A.-R.*

La même qualification a été donnée à une décision qui avait ordonné la mise en cause de tiers, la production de documents et sursis à statuer au fond jusqu'à leur exécution. • Civ. 3e, 2 oct. 1984 : *Bull. civ. III, n° 157 ; RTD* civ. 1985. 618, *obs. (crit.) Perrot.*

2. La décision statuant sur une demande de remise est une mesure d'administration judiciaire, comme telle insusceptible de recours. • Civ. 2e, 6 mai 1987, n° 86-10.581 P.

3. L'ordonnance sur requête rendue en application de l'art. 788 (assignation à jour fixe) constitue une mesure d'administration judiciaire qui, comme telle, est insusceptible de tout recours et ne peut donner lieu à référé à fin de rétractation. • Civ. 2e, 24 juin 2004, n° 02-14.886 P : *D. 2004. IR 2086*.

4. Présente un caractère contentieux l'ordonnance d'envoi en possession rendue après audition du requérant et du conseil de la partie adverse. • Civ. 1re, 7 nov. 1979 : *JCP 1980. IV. 21.*

5. La seule acceptation de prêter un serment décisoire n'est pas un contrat judiciaire et l'appel du jugement qui l'ordonne est recevable. • Civ. 2e, 3 avr. 1979 : *Bull. civ. II, n° 118 ; D. 1979. IR 480, obs. Julien.*

6. Constitue un acte juridictionnel, et non une simple mesure d'administration judiciaire, l'ordonnance qui refuse le remplacement d'un expert. • Civ. 2e, 14 juin 1978 : *Gaz. Pal. 1978. 2. 578, note Viatte ; D. 1978. IR 364, obs. Julien.* ♦ Même solution, en matière de récusation d'un technicien. • Toulouse, 2 avr. 1982 : *JCP 1983. IV. 322* • Paris, 4 nov. 1997 : *Bull. ch. avoués 1998. 1. 10.* ♦ Rappr. • Civ. 2e, 31 mai 1976 : *Bull. civ. II, n° 185.* ♦ *Contra* : • Paris, 25 avr. 1978 : *Gaz. Pal. 1979. 2. 294, note Viatte.* ♦ V. notes ss. art. 234 et 235.

7. L'ordonnance de transmission de l'affaire au président de la juridiction supérieure, prévue par l'art. 359 en matière de renvoi pour suspicion de cause légitime, n'est pas une mesure d'administration judiciaire. • Soc. 19 déc. 2003, n° 02-41.429 P.

8. La mesure par laquelle le juge-commissaire dispense de la vérification des créances ou remet en cause cette décision en ordonnant la vérification est une mesure d'administration judiciaire qui n'a pas autorité de chose jugée, de sorte qu'elle peut être modifiée à tout moment. • Com. 17 sept. 2013, n° 12-30.158 P : *D. 2013. Actu. 2220 ; ibid. 2551, obs. Le Bras, Guillou, Arbellot et Lecaroz ; Rev. sociétés 2013. 730, obs. Roussel-Galle ; RTD com. 2014. 199, obs. Vallens ; Gaz. Pal. 10 déc. 2013, p. 41, note Théron ; ibid. 14 janv. 2014, p. 28, note Le Corre ; Dr. sociétés 2014, n° 15, note Legros ; RPC 2014, n° 4, note Cagnoli (1re esp.) ; JCP E 2014. 1020, obs. Pétel.*

9. Si une décision d'ouverture d'une procédure de liquidation judiciaire est susceptible de recours, l'exercice par le tribunal ou la cour d'appel de la faculté d'appliquer les règles de la liquidation judiciaire simplifiée est une mesure d'administration judiciaire insusceptible de recours. • Com. 4 mars 2008, n° 07-10.033 P : *Procédures 2008, n° 147, note Rolland.*

10. Prorogation de séquestre. Renvoi. V. note 2 ss. art. 149.

11. La décision par laquelle le tribunal constate la bonne exécution par le débiteur d'un plan de redressement judiciaire, qui est susceptible d'affecter les droits des créanciers, n'est pas une mesure d'administration judiciaire. • Com. 8 sept. 2015, n° 14-11.393 : *JCP 2015. 1065, note Théron ; Procédures 2015, n° 332, note Rolland.*

12. La décision par laquelle le tribunal proroge le délai d'examen de la clôture de la procédure de liquidation judiciaire en application de l'art. L. 643-9, al. 1er, C. com. et rejette, par voie de conséquence, la demande de clôture faite par le débiteur pour s'opposer à ce report, est une mesure d'administration judiciaire non susceptible de recours, fût-ce pour excès de pouvoir, contrairement à la décision qui rejetterait la demande de clôture de la procédure formée par le débiteur à tout autre moment, en application de l'art. L. 643-9, al. 4, du même code. • Com. 7 nov. 2018, n° 17-16.176 P : *D. actu. 23 nov. 2018, obs. Delpech ; D. 2018. 2180 ; RPC 2019, n° 4, note Cagnoli ; Dr. sociétés 2019, n° 34, note Legros.*

13. Constitue une mesure d'administration judiciaire, non susceptible de recours, sauf excès de pouvoir, la décision d'un juge qui se borne à enjoindre à une partie sollicitant un sursis à statuer du fait d'une information pénale dans laquelle elle est constituée partie civile, de produire des éléments de la procédure pénale en vue d'établir l'influence de celle-ci sur la solution du procès civil et qui renvoie les parties à une audience ultérieure. • Civ. 2e, 16 déc. 2021, n° 19-26.243 P : *D. actu. 17 janv. 2022, note Hoffschir.*

SOUS-TITRE II LES VOIES ORDINAIRES DE RECOURS

RÉP. PR. CIV. v° *Appel*, par FERRAND.

DALLOZ ACTION *Droit et pratique de la procédure civile 2022/2023*, nos 54.00 s.

Art. 538 **Le délai de recours par une voie ordinaire est d'un mois en matière contentieuse ; il est de quinze jours en matière gracieuse.**

BIBL. ▶ APPERT, *D. 1976. Chron. 17* (délais de procédure). – APPERT et JUILLIARD, *D. 1976. Chron. 119 et 201.*

1. Sur l'application du délai de l'art. 538 au jugement d'un TI qui rejette le recours en révision contre la décision ayant statué sur la validité d'une saisie-arrêt sur salaires, V. • Civ. 2e, 7 mai 1981 : *Gaz. Pal. 1982. 1. 2, note Viatte.*

2. Une partie n'échappe à la déchéance née de

l'inobservation du délai de recours qu'en cas de force majeure, en rapportant la preuve d'un obstacle invincible entraînant l'impossibilité d'agir. • Civ. 2e, 24 oct. 1973 : *JCP 1974. II. 12809, note H. B. ; RTD civ. 1974. 855, obs. Perrot.* ♦ V. le cas d'une lettre parvenue à l'avoué un mois après avoir été postée : • Civ. 2e, 14 févr. 1979 : *RTD civ. 1979. 662, obs. Perrot.*

Est irrecevable l'appel retardé par les perturbations du trafic postal, alors que la lettre a emprunté le service lent à cause d'un affranchissement insuffisant. • Civ. 2e, 8 mai 1980 : *Gaz. Pal. 1980. 2. 559 ; D. 1980. IR 462, obs. Julien ; RTD civ. 1980. 806, obs. Perrot.*

3. Sur la compétence du conseiller de la mise en état pour déclarer l'appel irrecevable, V. notes ss. art. 911 (mod. par Décr. no 84-618 du 13 juill. 1984). ♦ Sur l'incompétence du premier président, saisi d'une demande d'arrêt de l'exécution provisoire, V. notes 5 et 6 ss. art. 524.

4. Doit être relevé d'office, à raison de son caractère d'ordre public, le moyen pris de l'irrecevabilité d'un recours et fondé sur la tardiveté de ce dernier. • Civ. 2e, 21 juill. 1986 : *Bull. civ. II, no 133* • Civ. 2e, 20 juill. 1988 : *Bull. civ. II, no 184.* ♦ Encore convient-il que le juge ait été mis à même de constater l'irrecevabilité du recours par la production des pièces établissant le point de départ du délai. • Civ. 2e, 24 oct. 1979 : *Gaz. Pal. 1980. 1. 122, note Viatte.* ♦ V. notes ss. art. 125.

5. Quand bien même le délai pour interjeter appel est un délai préfix, le fait que le salarié ait interjeté appel auprès du greffe d'une cour d'appel aux lieu et place de celui d'une autre cour d'appel territorialement compétente ne saurait le priver valablement du second degré de juridiction, sous peine d'atteinte au principe de l'art. 6, § 1 Conv. EDH entendant garantir à tout citoyen le libre accès à un tribunal, au sens large du terme, étant rappelé que le présent litige se situe dans le cadre d'une procédure sans représentation obligatoire, sans que le jugement du conseil de prud'hommes, ni le courrier de notification de ce jugement aient visé la cour d'appel territorialement compétente, mention d'autant plus essentielle que, depuis le Décr. du 20 août 2004, le lieu d'appel a été transféré du greffe du conseil de prud'hommes à celui de la cour d'appel. En conséquence, l'appel est recevable et le dossier est renvoyé devant la cour d'appel compétente. • Nancy, 30 mars 2007 : *JCP 2007. IV. 2577.*

Art. 539 **Le délai de recours par une voie ordinaire suspend l'exécution du jugement. Le recours exercé dans le délai est également suspensif.**

BIBL. ▶ Granet-Lambrechts, *Gaz. Pal. 1983. 1. 252* (à l'égard des mesures accessoires au divorce). – Loyer-Larher, *Gaz. Pal. 1981. 1. 60.*

1. Tout acte fait en exécution d'un jugement frappé d'appel est nécessairement nul. • Civ. 2e, 2 mai 1984 : *Bull. civ. II, no 74 ; D. 1984. IR 419, obs. Julien* (adjudication réalisée bien que le jugement rejetant la demande de suspension ait été frappé d'appel).

2. Qui fait appel d'un jugement non assorti de l'exécution provisoire ne peut se voir opposer une expertise ordonnée par cette décision, à laquelle il n'a pas assisté et qui a été diligentée avant que la cour ne se soit prononcée. • Civ. 2e, 9 oct. 1991, no 90-15.249 P : *Gaz. Pal. 22 juill. 1992, Somm., obs. Ferrand et Moussa.* – Dans le même sens, V. • Civ. 2e, 5 juill. 1982 : *Bull. civ. II, no 102.*

3. Il résulte de l'effet suspensif du délai d'appel et de l'appel que l'interruption de la prescription résultant de l'assignation subsiste après le jugement tant que celui-ci n'est pas devenu définitif. • Civ. 2e, 29 janv. 1992, no 90-17.243 P.

4. On ne saurait faire grief à l'appelant de n'avoir pas profité du délai que lui avait accordé le premier juge pour exécuter la condamnation prononcée. • Civ. 2e, 27 juin 1979 : *Bull. civ. II, no 197.* ♦ V. cep. • Civ. 2e, 3 mai 1967 : *Bull. civ. II, no 105 ; RTD civ. 1967. 704, obs. Raynaud* • Civ. 2e, 3 déc. 1969 : *Bull. civ. II, no 326.*

5. L'effet suspensif de l'appel ne préjudicie pas aux droits résultant pour l'intimé des condamnations prononcées par le jugement attaqué lorsque celui-ci est confirmé. • Com. 3 juin 1981 : *Bull. civ. IV, no 262* • Civ. 2e, 23 avr. 1986 : *D. 1986. IR 221, obs. Julien* • Com. 6 mai 2002 : *RTD civ. 2002. 565, obs. Perrot.* ♦ En conséquence, l'astreinte prononcée par le premier juge a pour point de départ la date fixée par le jugement. • Civ. 2e, 23 avr. 1986 : *préc.* • Riom, 25 mai 1989 : *Gaz. Pal. 1990. 1. Somm. 116.* ♦ Sur la date de prise d'effet de l'astreinte, V. aussi notes ss. art. 503. ♦ En matière de saisie-arrêt, V. : • Civ. 2e, 9 déc. 1997, no 96-11.452 P. ♦ La confirmation du jugement qui avait ordonné l'expulsion dans le mois de la signification autorise l'expulsion dès la signification de l'arrêt d'appel. • Civ. 2e, 5 avr. 1994, no 92-19.808 P : *JCP 1995. II. 22381, note du Rusquec.*

6. Si une décision frappée d'appel est, en principe, suspendue, quant à son exécution, jusqu'à ce que la juridiction du second degré ait statué, elle n'en constitue pas moins un titre susceptible de recouvrer tous ses effets en cas de mise à néant de l'appel. • Civ. 1re, 4 févr. 1981 : *Bull. civ. I, no 44.*

7. Un jugement de condamnation, même frappé d'appel, constitue un titre suffisant à la prise d'une mesure conservatoire. • Civ. 2e, 18 févr. 1981 : *Gaz. Pal. 1981. 1. 316, note Viatte ; D. 1982. 24, note Joly ; RTD civ. 1981. 702,* *obs. Perrot* • Civ. 3e, 14 mai 1974 : *D. 1975. 147, note Franck ; JCP 1975. II. 18156, note Thuillier* (jurisprudence constante). ♦ V. C. pr. exéc., art. L. 511-2.

8. En cas d'appel d'un jugement subordonnant la résolution d'une vente à l'absence de paiement dans un certain délai, l'effet suspensif du recours s'applique à cette condition et le juge d'appel reconduit à bon droit le délai à compter de la signification de l'arrêt. • Civ. 2e, 27 janv. 1988 : *JCP 1988. IV. 121.*

Art. 540 **Si le jugement a été rendu par défaut ou s'il est réputé contradictoire, le juge a la faculté de relever le défendeur de la forclusion résultant de l'expiration du délai si le défendeur, sans qu'il y ait eu faute de sa part, n'a pas eu connaissance du jugement en temps utile pour exercer son recours, ou s'il s'est trouvé dans l'impossibilité d'agir.**

Le relevé de forclusion est demandé au président de la juridiction compétente pour connaître de l'opposition ou de l'appel. Le président est saisi *(Décr. n° 2019-1419 du 20 déc. 2019, art. 5-3°-a)* **« par voie d'assignation ».**

(Décr. n° 2005-1678 du 28 déc. 2005, art. 48, en vigueur le 1er mars 2006) **« La demande est recevable jusqu'à l'expiration d'un délai de deux mois suivant le premier acte signifié à personne ou, à défaut, suivant la première mesure d'exécution ayant pour effet de rendre indisponibles en tout ou partie les biens du débiteur. »**

Le président se prononce sans recours.

S'il fait droit à la *(Décr. n° 2019-1419 du 20 déc. 2019, art. 5-3°-b)* **« demande », le délai d'opposition ou d'appel court à compter de la date de sa décision, sauf au président à réduire le délai ou à ordonner que la citation sera faite pour le jour qu'il fixe.**

(Décr. n° 2011-1043 du 1er sept. 2011, art. 5-II) **« Par exception aux dispositions qui précèdent, le droit au réexamen prévu à l'article 19 du règlement (CE) du Conseil n° 4/2009 du 18 décembre 2008 relatif à la compétence, la loi applicable, la reconnaissance et l'exécution des décisions et la coopération en matière d'obligations alimentaires s'exerce par la voie de l'appel. »**

L'art. 48 du Décr. n° 2005-1678 du 28 déc. 2005 est applicable aux procédures en cours (Décr. préc., art. 87, al. 1er).

L'art. 5 du Décr. n° 2011-1043 du 1er sept. 2011 n'est pas applicable dès lors qu'un greffier en chef a déjà procédé, à la date de sa publication, à une mesure conservatoire ou qu'il a été saisi à cette fin (Décr. préc., art. 11). Il est applicable aux îles Wallis-et-Futuna (Décr. préc., art. 9).

L'art. 5 du Décr. n° 2019-1419 du 20 déc. 2019 s'applique aux demandes introduites à compter du 1er janv. 2020 (Décr. préc., art. 24-II).

BIBL. ► APPERT, *Bull. ch. avoués 1988. 3. 84* (délais). – GASSIOT et GIVERDON, *Gaz. Pal. 1974. 1. Doctr. 416* (juridiction du premier président). – LANDAUER, *Gaz. Pal. 1973. 1. Doctr. 414.*

A. DOMAINE

1. Aucune disposition légale ne permet de relever une partie de la forclusion résultant de l'expiration du délai imparti pour interjeter appel d'un jugement contradictoire rendu en matière contentieuse. • Versailles, 1er févr. 1978 : *D. 1978. IR 365* • Paris, 20 juin 1989 : *Bull. ch. avoués 1989. 3. 96* • 22 juin 1989 : *eod. loc.* ♦ Il n'importe donc qu'une difficulté, dont le défendeur n'était pas responsable, l'ait empêché de recevoir notification de cette décision. • Paris, 19 nov. 1991 : *Bull. ch. avoués 1991. 4. 181.*

2. L'art. 540 s'applique au pourvoi en cassation comme à tout autre voie de recours. • Civ. 2e, 8 oct. 1997, n° 95-20.478 P. ♦ L'art. 540 s'applique à toute décision susceptible de donner lieu à une voie de recours comme atteignant, même à titre provisoire, une partie dans ses droits. • Nancy, 12 sept. 1973 : *D. 1973. Somm. 137.*

3. L'art. 540 NCPC [devenu C. pr. civ.] n'est pas applicable en cas d'irrégularité prétendue de la notification et ne peut être opposé à la recevabilité de l'opposition formée par voie de conclusions déposées au greffe de la cour d'appel. • Civ. 2e, 3 mai 2007, n° 06-10.949 P : *D. 2007. AJ 1435* . ♦ V. également : • Aix-en-Provence, 27 juill. 1977 : *Gaz. Pal. 1977. 2. 619, note Lachaud ; D. 1978. IR 58, obs. Julien ; RTD civ. 1978. 193, obs. Perrot* • Paris, 8 nov. 1985 : *Bull. ch. avoués 1986. 2. 80* • 11 janv. 1990 : *ibid. 1990. 1. 29.* ♦ *Contra,* et procédant en pareil cas au relevé de forclusion : • Paris, 28 nov. 1985 : *Bull. ch. avoués 1986. 2. 80* • 5 déc. 1985 : *ibid. 81.*

4. Sur l'application dans le temps des dispositions instituant le relevé de forclusion, V. • Paris, 17 janv. 1973 : *D. 1973. 140, note Giverdon ; RTD civ. 1973. 379, obs. Hébraud.*

B. CAS DE RELEVÉ DE FORCLUSION

5. Ignorance non fautive. Le défendeur doit être relevé de la forclusion encourue lorsque la signification a été faite sans recherches suffisantes de l'huissier instrumentaire. • Paris, 28 nov. 1985 : *préc. note 3* • 5 déc. 1985 : *eod. loc.* • 13 déc. 1991 : *Bull. ch. avoués 1992. 1. 30.* ♦ ... Lorsque les boîtes aux lettres d'un immeuble collectif sont en mauvais état en raison de négligences et de dégradations qui ne sont pas le fait du défendeur. • Paris, 27 mai 1974 : *Gaz. Pal. 1974. 2. 693 ; RTD civ. 1974. 855* • 28 mai 1991 : *Bull. ch. avoués 1991. 2. 79.* ♦ Rappr. • Paris, 26 oct. 1979 : *Bull. ch. avoués 1980. 1. 36.* ♦ ... Lorsque le jugement a été signifié non au siège social, pourtant connu, de la société défenderesse, mais au siège d'autres sociétés dépendant du même groupe. • Versailles, 2 mars 1978 : *D. 1978. IR 365, obs. Julien.*

6. Ne peut prétendre ne pas avoir eu connaissance du jugement en temps utile la partie qui a négligé de prendre les dispositions nécessaires pour que son courrier la suive. • Paris, 28 sept. 1990 : *Bull. ch. avoués 1990. 4. 150* • 8 nov. 1990 : *eod. loc.* ♦ ... La partie qui a, durant le délai d'appel, diligenté son recours en des formes inadéquates. • Paris, 27 févr. 1992 : *Bull. ch. avoués 1992. 1. 32.* ♦ ... La partie qui excipe seulement de ce que l'acte de signification s'est égaré dans ses services. • Paris, 17 juin 1985 : *Bull. ch. avoués 1985. 4. 123.* ♦ ... Ou de ce qu'il a été remis à son fils âgé de douze ans. • Paris, 29 juin 1990 : *Bull. ch. avoués 1990. 3. 103.* ♦ ... Qui, par inattention, en elle-même fautive, a diligenté 13 appels au lieu de 14. • Paris, 8 avr. 1988 : *Bull. ch. avoués 1988. 2. 76.*

7. Impossibilité d'agir. Justifie d'une impossibilité d'agir la partie à laquelle le bénéfice de l'aide judiciaire, demandé en temps utile, n'a été accordé qu'après l'expiration du délai d'appel. • Paris, 30 avr. 1980 : *Bull. ch. avoués 1980. 3. 31* • 24 nov. 1988 : *ibid. 1988. 4. 167* • 17 avr. 1991 : *ibid. 1991. 2. 78.* ♦ *Contra,* dans un premier temps : • Rennes, 5 nov. 1975 : *Gaz. Pal. 1975. 2. 777, note du Rusquec ; RTD civ. 1976. 203, obs. Perrot.*

8. Justifie de la même impossibilité la partie qui s'est d'abord pourvue en cassation contre un jugement déclaré à tort en dernier ressort, et s'est trouvée par suite hors délai pour faire appel. • Paris, 8 févr. 1991 : *Bull. ch. avoués 1991. 1. 39.* ♦ V., pour le cas d'erreur commise par les conseils ou représentants d'une partie : • Paris, 14 mars 1983 : *Bull. ch. avoués 1983. 1-2. 49* • Agen, 23 mai 1985 : *ibid. 1985. 3. 85.* ♦ ... Pour le cas de l'assassinat d'un avocat, ayant aggravé le désordre de ses dossiers : • Paris, 2 déc. 1987 : *JCP 1988. II. 21106, note Assouline.*

9. Mais les demandeurs ne justifiant d'aucune impossibilité d'agir et qui se sont désintéressés de l'instance ne sont pas en droit d'invoquer le bénéfice de l'art. 540. • Bordeaux, 5 juill. 1974 : *Gaz. Pal. 1974. 2. 852 ; Rec. gén. lois 1974. 626, obs. Boyer ; RTD civ. 1974. 855, obs. Perrot.* ♦ V. également • Paris, 20 janv. 1975 : *Gaz. Pal. 1975. 2. 675.*

C. PROCÉDURE

10. Le demandeur débouté par les premiers juges et auquel il incombe, ayant engagé l'action, d'en suivre le déroulement ne peut bénéficier du relevé de forclusion. • Paris, 17 févr. 1992 : *Bull. ch. avoués 1992. 1. 31.* ♦ Rappr. • Paris, 6 juin 1980 : *Bull. ch. avoués 1980. 3. 31.*

11. L'art. 540 ne distinguant pas, il est indifférent qu'un acte d'appel ait été délivré ou non avant la requête en relevé de forclusion. • Cass., ass. plén., 20 nov. 1981 : *D. 1982. 121, concl. Cabannes, note Boyer ; JCP 1982. II. 19731, note Giverdon ; RTD civ. 1982. 213, obs. Perrot.* ♦ Lorsqu'une partie ayant formé un appel tardif est relevée de la forclusion, elle doit le réitérer. • Même arrêt.

12. Le premier président est seul compétent pour connaître de la demande de relevé de forclusion, laquelle doit être présentée dans les formes prévues aux art. 484 s. Est donc irrecevable la demande formulée par simples conclusions déposées devant le président de la chambre à laquelle l'affaire a été distribuée. • Paris, 17 mars 1987 : *D. 1987. IR 89.*

13. Le premier président est saisi par requête déposée au greffe et placée au rôle de cette juridiction, avant que la demande ne soit, conformément à l'art. 485, portée à l'audience par voie d'assignation. • Paris, 4 juill. 1990 : *Bull. ch. avoués 1990. 3. 104* • 13 juill. 1990 : *eod. loc.* ♦ Il en résulte que la demande interruptive du délai est formée par le dépôt de la requête au greffe de la cour. • Mêmes arrêts.

14. En ce sens qu'il n'appartient pas au premier président d'apprécier la validité de la signification et qu'il incombe au demandeur de soulever devant la cour la nullité de la notification, V. • Paris, 2 juill. 1974 : *Gaz. Pal. 1974. 2. 692.* ♦ ... Que la régularité de la signification étant contestée, il y a question préjudicielle imposant au premier président de surseoir jusqu'à ce que la cour ait tranché, V. • Paris, 14 mai 1979 : *Bull. ch. avoués 1979. 4. 33.* ♦ V. notes 1 à 4.

15. Jugé cependant que si, en principe, la régularité de la signification échappe au contrôle du premier président, il lui revient de vérifier le point de départ du délai d'un an et de porter ainsi sur la signification une appréciation, qui ne lie d'ailleurs pas la formation collégiale éventuellement chargée de connaître ensuite de l'appel. • Paris, 5 août 1988 : Bull. ch. avoués 1988. 3. 119. ♦ V. déjà • Paris, 7 mai 1986 : *Bull. ch. avoués 1986. 4. 195.* ♦ V. Appert, *Bull. ch. avoués 1988. 3. 84.*

16. La disposition qui soustrait l'ordonnance du président à tout recours s'applique, par sa généralité et son caractère absolu, au pourvoi en cassation comme à toute autre voie de recours. • Civ. 2e, 24 nov. 1976 : *Bull. civ. II, n° 313 ; RTD civ. 1977. 375* • 9 mai 1983 : *Bull. civ. II, n° 107.*

17. Par sa généralité et son caractère absolu, la disposition de l'art. 540 selon laquelle le président de la juridiction compétente pour connaître de l'appel se prononce sans recours, s'applique au pourvoi en cassation comme à toute autre voie de recours. • Civ. 2e, 10 nov. 1998 : *Gaz. Pal. 1999. 2. Somm. 692, obs. Perdriau.*

Art. 541 **Lorsqu'un intéressé n'a pu, sans faute de sa part, exercer dans le délai prescrit le recours ouvert contre une décision gracieuse, il peut être relevé de la forclusion dans les conditions prévues à l'article précédent.**

CHAPITRE PREMIER L'APPEL

RÉP. PR. CIV. v° *Appel*, par FERRAND.

DALLOZ ACTION *Droit et pratique de la procédure civile 2022/2023*, nos 541.00 s., par PELLERIN.

DALLOZ RÉFÉRENCE *Droit et pratique de l'appel 2018/2019*, par D'AMBRA.

BIBL. GÉN. ▸ **Ouvrages :** D'AMBRA, Droit et pratique de l'appel 2018-2019, *Dalloz référence, 3e éd., Dalloz 2018.* – GALLET et DE LEIRIS, La procédure civile devant la cour d'appel, *4e éd., Lexisnexis 2018.* – GERBAY et GERBAY, Guide du procès civil en appel, *Les guides, 3e éd., LexisNexis 2017.*

▸ **Articles :** BUFFET, *BICC hors-série, 2003, n° 2, p. 41* (panorama de la jurisprudence récente). – DRAGO, *Just. et cass. 2010. 125* (l'office du juge d'appel). – FERRAND, Mél. S. Guinchard, *Dalloz 2010, p. 249* (la restriction du champ de l'appel : les précieux enseignements du droit allemand). – FERRAND et PIREYRE (ss. dir.), Prospective de l'appel, actes du colloque de Lyon du 10 déc. 2015, *Société de législation comparée 2016.* – GERBAY, *D. 1993. Chron. 143* (voie d'annulation). – HONORAT et MAS, *D. 1988. 409* (appel-nullité). – LAFFLY, *D. avocats 2020. 108* (Bilan des réformes de la procédure d'appel en matière civile, commerciale et sociale et perspectives – un malade et des remèdes). – LOYER-LARHER, *JCP 1989. I. 3407* (la jurisprudence d'appel). – PERROT, *Gaz. Pal. 1974. 1. Doctr. 471* (effets de l'appel quant aux personnes). – RAVARANI, Mél. S. Guinchard, *Dalloz 2010, p. 355* (interrogations autour d'un droit fondamental : l'appel). – Journées d'études des avoués, *Gaz. Pal. 1986. 1. Doctr. 125* (appel incident ou provoqué) ; *ibid. 2. Doctr. 517* (restrictions au droit d'appel) ; *ibid. 1987. 1. Doctr. 175* (procédures collectives) ; *BICC 1er juin 2005, p. 5* (l'effet dévolutif de l'appel et l'évocation).

▸ **Décr. du 9 déc. 2009 :** AMRANI-MEKKI, *JCP 2010. 546.* – BLÉRY et HUVELIN, *Gaz. Pal. 24-26 mars 2013, p. 9* (mais que fait la chancellerie ?). – BOCCON-GIBOD, *D. avocats 2013. 144* (procédure d'appel : le champ n'est pas encore déterminé). – BRENNER et FRICERO, La nouvelle procédure d'appel, *Axe Droit, Lamy 2010.* – CROZE, *JCP 2010. 3.* – D'AMBRA et BOUCON, *D. 2010. 1093* (gestion des flux du contentieux judiciaire). – D. FLEURIOT, *Gaz. Pal. 2010. Doctr. 3299* (une révolution ?). – FRICERO, *Procédures 2010. Étude 3* (l'appel nouveau est arrivé) ; *D. 2011. Pan. 265*. – FRICERO et BRENNER, La nouvelle procédure d'appel, *Lamy Axedroit 2010.* – GERBAY, *Gaz. Pal. 10-12 janv. 2010, p. 12* ; Quarantième anniversaire du Code de procédure civile (1975-2015), *Hors-collection, Panthéon-Assas Paris II, 2016, p. 392* (l'appel et sa voie d'achèvement confrontés aux réformes Magendie). – GUETTARD, *Gaz. Pal. 20-21 sept. 2013, p. 11* (le décret Magendie : cela suffit !). – GUYADER, *Procédures 2010. Alerte 11* (délais). – HERMAN, *Gaz. Pal. 2011. 2631* (nouvelles obligations et délais pour conclure) ; *ibid. 2654* (l'autonomie encadrée du conseiller de la mise en état). – JOUGLA-YGOUF, *Gaz. Pal. 2-4 déc. 2012, p. 13* (procédure civile : même au poker il y a des règles...). – LAVRIC, *D. 2009. 2918*. – NARRAN, *Gaz. Pal. 2009. Doctr. 3366.* – SALATI, *Dr. et pr. 2010. Chron. 3.* – VILLACÈQUE, *D. 2010. 663* (paradoxe d'une réforme). – WEILLER, *D. 2010. 591*.

▸ ***État des lieux :*** LAFFLY, *JCP 2014. 1293* (décret Magendie : premier bilan après l'apocalypse). – LHERMITTE, *JCP 2015. 713* (et si l'on toilettait le décret Magendie ?).

▸ **Décr. du 11 mars 2015 :** BLÉRY, *Gaz. Pal. 27 mars 2015, p. 6* (une nouvelle ère pour la procédure civile). – CROZE, *JCP 2015. 356* (choix de simplification procédurale ?).

▸ **Décr. du 6 mai 2017 :** AMRANI-MEKKI, *JCP 2017. 659* (l'appel en matière civile : en marche vers un nouvel équilibre procédural ?). – CROZE, *Procédures 2017. Étude 23* (dernier appel de la République hollandaise). – FRICERO, *D. actu. 12 mai 2017* (l'appel nouveau est arrivé).

Art. 542 *(Décr. n° 2017-891 du 6 mai 2017, art. 7, en vigueur le 1er sept. 2017)* **L'appel tend, par la critique du jugement rendu par une juridiction du premier degré, à sa réformation ou à son annulation par la cour d'appel.**

Les dispositions de l'art. 7 du Décr. n° 2017-891 du 6 mai 2017 s'appliquent aux appels formés à compter du 1er sept. 2017. Elles s'appliquent aux instances consécutives à un renvoi après cassation lorsque la juridiction de renvoi est saisie à compter du 1er sept. 2017 (Décr. préc., art. 53-II bis, créé par Décr. no 2017-1227 du 2 août 2017, art. 1er-2o-b).

BIBL. ► L. Boré, *Gaz. Pal. 25 sept. 2018, p. 3* (l'appel : un contradictoire différé).

1. Décr. no 2017-891 du 6 mai 2017. Légalité. La définition de l'office du juge d'appel, telle qu'elle ressort des dispositions du décret attaqué, ne saurait méconnaître, par elle-même, les stipulations de l'art. 6 Conv. EDH qui garantissent le droit à un recours effectif. D'autre part, les dispositions critiquées, qui répondent à un objectif de bonne administration de la justice, ne font pas obstacle à ce qu'un jugement en son entier soit critiqué devant le juge d'appel. Elles n'ont ni pour objet ni pour effet d'empêcher qu'une juridiction puisse connaître des demandes du justiciable qui ne sont pas l'accessoire, la conséquence ou le complément nécessaire des prétentions qu'il a soumises au premier juge. Par suite, le moyen tiré de ce que ces dispositions restreindraient le droit reconnu à toute personne de soumettre sa cause à une juridiction et méconnaîtraient par suite l'art. 6 Conv. EDH doit être écarté. • CE 13 nov. 2019, nos 412255, 412286, 412287, 412308 et 415651 : *cité note 1 ss. art. 83.*

2. Réformation ou annulation : finalité exclusive. Lorsque la condamnation a été définitivement acquise en première instance, l'appel formé pour obtenir exclusivement des délais de paiement est irrecevable. • Civ. 2e, 24 juin 2010, no 09-16.069 P : *JCP 2010. 1040, obs. Loiseau ; Procédures 2010, no 307, note Perrot ; Dr. et pr. 2010. 246.*

3. Est irrecevable, comme poursuivant une fin non prévue par l'art. 542, l'appel qui tend uniquement à faire déclarer un jugement non avenu en application de l'art. 478. • Paris, 14 janv. 1983 : *Gaz. Pal. 1983. 1. 211, note Bertin* • 16 mai 1986 : *D. 1987. Somm. 230, obs. Julien* • 14 févr. 2003 : *Bull. ch. avoués 2003. 9.* ♦ ... L'appel qui tend à la rectification d'une erreur matérielle. • Paris, 15 déc. 1982 : *Gaz. Pal. 1983. 1. 264, note Bertin.*

4. Irrecevabilité de l'appel et jugement au fond. Une cour d'appel, qui décide que l'appel dont elle est saisie est irrecevable, excède ses pouvoirs en statuant au fond sur le jugement qui a fait l'objet de cet appel. • Cass., ass. plén., 15 mai 1992, no 90-12.705 P • Soc. 13 mars 2001, no 00-40.944 P : *D. 2002. 241, note Puigelier ; Dr. social 2001. 681, obs. Savatier.* ♦ La cour ne peut, après avoir déclaré l'appel irrecevable, examiner le fond du litige en statuant sur les moyens des parties. • Civ. 2e, 20 juin 1985, no 83-14.776 P : *Gaz. Pal. 1985. 2. Somm. 292, obs. Croze et Morel* • 10 juill. 2003, no 01-16.551 P : *D. 2003. IR 2281 ; Gaz. Pal. 9-10 juill. 2004, p. 8, obs. du Rusquec* • 30 juin 1993, no 91-11.787 P : *Gaz. Pal. 1993. 2. Pan. 291* • 9 déc. 1997, no 96-10.233 P : *D. 1998. IR 33.* ♦ Une cour d'appel, qui décide que l'appel dont elle est saisie est sans objet, excède ses pouvoirs en statuant au fond sur le jugement qui fait l'objet de cet appel. • Civ. 2e, 15 janv. 2004, no 01-17.734 P : *D. 2004. IR 537.* ♦ Sur la sanction de la confusion entre la recevabilité de l'appel et le bien-fondé de la demande, V. • Civ. 3e, 7 févr. 2012, no 11-12.195 : *Gaz. Pal. 25-26 mai 2012, p. 41, note Bléry.*

5. Viole les dispositions des art. 546, 561 et 562 du NCPC [devenu C. pr. civ.] la cour d'appel qui, avant d'examiner au fond la demande relative à la prestation compensatoire allouée par les premiers juges à son épouse, déclare irrecevable, faute d'intérêt, l'appel également interjeté sur le fond du divorce par le mari, au motif qu'il a obtenu le bénéfice de ses conclusions de première instance. • Civ. 1re, 26 sept. 2007, no 04-15.051 P : *D. 2007. 2542.*

6. Irrecevabilité des demandes et jugement au fond. Le juge qui décide que les demandes dont il est saisi sont irrecevables excède ses pouvoirs en statuant au fond. • Civ. 1re, 9 nov. 2004, no 00-19.318 P : *D. 2004. IR 3191* • Civ. 3e, 19 oct. 2010, no 09-16.539.

7. Annulation du jugement. Lorsqu'elle annule un jugement, la cour d'appel ne peut le confirmer ou l'infirmer. Par suite, lorsqu'un jugement du TAS a été annulé par un premier arrêt qui a renvoyé la cause à une audience ultérieure, la cour d'appel ne peut, par un second arrêt, confirmer le jugement sur certains chefs et l'infirmer sur d'autres. • Civ. 2e, 8 sept. 2011, no 10-22.960 P. ♦ Viole l'art. 562 (561 ?) le premier président, saisi d'une contestation des honoraires dus à un avocat, qui, après avoir annulé la décision du bâtonnier, a statué par adoption des motifs de la décision annulée. • Civ. 1re, 9 mai 2001, no 99-13.809 P.

8. Impartialité. L'appel tendant à faire réformer ou annuler par la cour d'appel le jugement rendu par une juridiction du premier degré, un même magistrat ne peut siéger en appel après avoir siégé en première instance. • Civ. 2e, 3 juill. 1985, no 84-10.356 P : *D. 1986. 546, concl. Charbonnier ; ibid. 1986. IR 228, obs. Julien ; Gaz. Pal. 1986. 1. Somm. 88, obs. Guinchard et Moussa* • 21 juin 1989, no 88-13.759 P • 3 nov. 1993, no 91-21.661 P. ♦ Dans le même sens, mais sur le fondement de l'art. 6-1 Conv. EDH, V. : • Civ. 3e, 27 mars 1991, no 89-13.239 P : *D. 1992. 129, obs. Julien* • Civ. 1re, 16 juill. 1991, no 90-15.487 P : *D. 1992. Somm. 129, obs. Julien* • Civ. 2e, 5 mai 1993, no 91-19.099 P : *JCP 1994. II. 22227, note du Rusquec ; RTD civ. 1993. 561, obs. Hauser ; ibid. 876, obs. Normand.* ♦ V. notes ss. art. 341 et ss. art. 6, § 1er Conv. EDH.

9. Double degré de juridiction. La règle du double degré de juridiction n'a pas valeur constitutionnelle. • Cons. const. 12 févr. 2004, no 2004-491 DC • 13 sept. 2013, no 2013/338.

SECTION PREMIÈRE LE DROIT D'APPEL

RÉP. PR. CIV. v° *Appel*, par Ferrand.

DALLOZ ACTION *Droit et pratique de la procédure civile 2022/2023*, n°s 542.00 s., par Pellerin.

DALLOZ RÉFÉRENCE *Droit et pratique de l'appel 2018/2019*, par D'Ambra, n°s 11.00 s.

SOUS-SECTION 1 LES JUGEMENTS SUSCEPTIBLES D'APPEL

RÉP. PR. CIV. v° *Appel*, par Ferrand.

DALLOZ ACTION *Droit et pratique de la procédure civile 2022/2023*, n°s 542.11 s., par Pellerin.

DALLOZ RÉFÉRENCE *Droit et pratique de l'appel 2018/2019*, par D'Ambra, n°s 111.00 s.

BIBL. ▸ Durry, *RTD civ. 1960. 5* (jugements dits mixtes). – Gerbay, *Bull. ch. avoués 1982. 2. 34* (Cour de cassation et atteintes au double degré de juridiction). – Nayral de Puybusque, *Gaz. Pal. 1976. 2. Doctr. 200* (appel des jugements avant-dire droit). – Olivier, *Bull. ch. avoués 1984. 3* (voies de recours et jurisprudence créatrice). – Viatte, *Gaz. Pal. 1980. 1. Doctr. 104* (en matière d'incident de saisie).

▸ **Sur l'appel nullité :** Barret, *RTD civ. 1990. 199*. – Bolard, *D. 1988. Chron. 177*. – Gerbay, *D. 1993. Chron. 143* ; *Gaz. Pal. 24-25 janv. 2003, p. 6*. – Journées d'études des avoués, Versailles 1985, rapport Perrot, Hardouin et Fisselier, *Gaz. Pal. 18 sept. 1986* ; Mél. D. Tricot, *Litec/Dalloz 2011, p. 365* (les effets de l'appel-nullité : un choix à pile ou face ?). – Huet, *Rev. jur. Ouest 1989. 359* (particularisme de l'appel-nullité).

Art. 543 La voie de l'appel est ouverte en toutes matières, même gracieuses, contre les jugements de première instance s'il n'en est autrement disposé.

BIBL. ▸ Gerbay, *Bull. ch. avoués 1982. 2. 34* (Cour de cassation et atteintes au double degré de juridiction). – Olivier, *Bull. ch. avoués 1984. 3. 81* (voies de recours et jurisprudence créatrice). – Viatte, *Gaz. Pal. 1980. 1. Doctr. 104* (en matière d'incident de saisie).

A. VOIE OUVERTE

1. Toute décision juridictionnelle de première instance. Le terme « jugement » dans l'art. 543 s'entend de toute décision juridictionnelle de première instance et vise notamment les ordonnances de référé et les ordonnances sur requête. • Paris, 13 juill. 1978 : *D. 1980. 45, note Rameau.*

2. Aucun texte ne restreint le droit d'appel : d'un jugement statuant sur un incident de surenchère dans une procédure de partage. • Civ. 2e, 22 juin 1983, n° 82-10.650 P • 20 juin 1985, n° 84-11.407 P. ♦ ... D'un jugement désignant un suppléant à un notaire empêché. • Nîmes, 27 janv. 1982 : *JCP 1983. IV. 209.* ♦ ... D'un jugement d'adjudication sur licitation lorsqu'il statue sur une contestation. • Civ. 2e, 19 nov. 2020, *n°s 19-18.800 et 19-18.801* P : *D. actu. 22 déc. 2020, note Kieffer ; Rev. prat. rec. 2021. 11, chron. Draillard, Provansal et Salati* • 10 déc. 2020, n° 19-16.691 P : *D. actu. 22 déc. 2020, note Kieffer ; AJ fam. 2021. 65, obs. Eudier ; Rev. prat. rec. 2021. 11, chron. Draillard, Gregori, Provansal et Simon.*

3. Il résulte de l'art. 543 que la disposition du jugement qui ordonne la cession des actions détenues par un ou plusieurs dirigeants sociaux d'une société en redressement judiciaire en application de l'art. 23 de la L. n° 85-98 du 25 janv. 1985, devenu l'art. L. 621-59 C. com., est susceptible d'appel de la part de ces dirigeants. • Com. 26 juin 2001, n° 98-19.665 P : *D. 2001. AJ 2299, obs. A. Lienhard ; ibid. 2002. Somm. 1482, obs. Honorat ; Procédures 2001, n° 216, note Laporte ; RTD com. 2001. 778, obs. Vallens.*

4. L'ordonnance rendue par le président du T. com. en application de l'art. L. 622-32-IV C. com est susceptible d'appel de la part du débiteur dans les conditions de forme et de délai de droit commun. • Com. 16 juin 2004, n° 01-12.480 P : *D. 2004. AJ 1902, obs. A. Lienhard.* ♦ Les jugements statuant sur les recours formés contre les ordonnances rendues par le juge-commissaire, qui ne sont pas visés par les dispositions spéciales réglementant les voies de recours, sont susceptibles des voies de recours de droit commun. • Com. 7 févr. 2012, n° 10-26.164 P : *D. 2012. Actu. 430, obs. A. Lienhard ; ibid. 703, note Rémery ; RPC mars-avr. 2012, p. 14, § 16 ; RLDA 2012. 3954, note Lebel ; RJ com. 2012, p. 62, note Sortais ; RPC mai-juin 2012, n° 62, note Cagnoli.*

5. Distinction recevabilité de l'appel-recevabilité des demandes. V. notes 9 et 10 ss. art. 564.

6. Renvoi. V. également notes ss. art. 490 (ordonnance de référé).

B. VOIE FERMÉE

7. Mesure d'administration judiciaire. V. art. 537 et les notes.

8. Contrat judiciaire. La décision qui ne statue sur aucune contestation et qui, se bornant à donner aux parties les actes qu'elles sollicitent, constate un contrat judiciaire n'a pas le caractère d'un jugement et n'est donc pas susceptible d'appel. • Civ. 2e, 14 avr. 1988, n° 86-18.350 P : *Gaz. Pal. 1988. 2. Somm. 491, obs. Guinchard et Moussa.*

9. Courrier du juge. La réponse d'un juge à une demande de consultation d'un dossier archivé est un courrier administratif qui ne peut être qualifié de jugement au sens de l'art. 543. • Civ. 1re, 1er juill. 2009, n° 08-11.043 : *RJPF 12/2009. 24, obs. Eudier.*

10. Jugement en dernier ressort. Un jugement qui statue sur le recours en révision formé contre une décision rendue en dernier ressort n'est pas susceptible d'appel. Cette fin de non-recevoir d'ordre public doit être relevée d'office. • Civ. 2e, 21 sept. 2000, n° 98-17.400 P : *D. 2000. IR 264.*

11. Recours en interprétation et recours en rectification d'erreur et d'omission matérielle. V. notes ss. art. 461 et 462.

12. Divorce. V. art. 1112 et les notes.

C. APPEL-NULLITÉ

13. Excès de pouvoir – Généralités. L'appel-nullité n'est recevable qu'en cas d'excès de pouvoir, consistant pour le juge à méconnaître l'étendue de son pouvoir de juger. • Civ. 1re, 20 févr. 2007, n° 06-13.134 P : *D. 2007. AJ 803 ; AJDI 2007. 407 ; RTD civ. 2007. 386, obs. Perrot ; RTD com. 2007. 459, obs. Vallens.* ♦ Il n'est dérogé à toute règle interdisant un recours qu'en cas d'excès de pouvoir. Ne constituent pas un excès de pouvoir ni celle des règles relatives à la composition des juridictions ni la violation du principe de la contradiction. • Civ. 2e, 17 nov. 2005, n° 03-20.815 P : *D. 2005. 3085, obs. A. Lienhard ; Procédures 2006, n° 12, obs. Junillon* • Com. 12 mai 1992, n° 90-14.124 P : *D. 1992. 345, note Bolard ; Defrénois 1992. 1376, obs. Sénéchal.* ♦ La violation de l'obligation de motivation ne constitue pas un excès de pouvoir. • Com. 26 janv. 2010, n° 08-21.330 P : *D. 2010. AJ 380, obs. A. Lienhard ; JCP 2010. 223, note Arbellot* • 7 sept. 2010, n° 09-16.845 : *D. 2011. 265, obs. Fricero ; Procédures 2011, n° 368, note Perrot.* ♦ L'appel-nullité est irrecevable dès lors qu'il n'est pas allégué que le jugement a été rendu au mépris d'un principe essentiel de procédure. La critique faite au jugement en ce qu'il a rejeté une exception de nullité de l'assignation relève exclusivement de l'appel de droit commun. • Com. 2 mai 2001, n° 98-11.329 P.

14. Ne constitue pas un excès de pouvoir la violation du principe de la contradiction. • Civ. 1re, 28 avr. 1998, n° 95-22.241 P : *cité note 26 ss. art. 545* • 17 juin 2009, n° 08-11.697 P : *RTD civ. 2009. 576, obs. Perrot.* ♦ ... La violation du principe de loyauté processuelle et des garanties procédurales de l'art. 6, §1er, Conv. EDH. • Com. 12 juill. 2011, n° 09-71.764 P : *D. 2011. Actu. 815, obs. A. Lienhard ; Procédures 2011, n° 178, note Rolland.* ♦ Dès lors que la violation alléguée des règles relatives à la présentation des prétentions dans une procédure orale constitue, à la supposer établie, un mal-jugé par erreur de droit mais non un excès de pouvoir, justifie légalement sa décision la cour d'appel qui déclare irrecevable l'appel-nullité formé contre le jugement. • Civ. 2e, 18 déc. 2008, n° 07-20.662 P.

15. L'appel peut être recevable lorsque la cour d'appel statue sur la fin de non-recevoir tirée de l'immunité de juridiction d'un État écartée par le premier juge. • Civ. 1re, 27 avr. 2004, n° 01-12.442 P : *Rev. crit. DIP 2005. 75, note Muir Watt ; RTD civ. 2004. 769, obs. Théry.*

16. Excès de pouvoir – Procédures collectives. Ne constituent pas un excès de pouvoir la violation invoquée du principe de la contradiction prévu par l'art. 16 C. pr. civ., ni le grief tiré de la méconnaissance de l'objet du litige prévu par l'art. 4 du même code. • Com. 28 janv. 2014, n° 12-25.008 P : *D. 2014. Actu. 368 ; ibid. 1010, chron. Le Bras, Guillou et Arbellot ; Procédures 2014, n° 99, note Perrot ; Gaz. Pal. 25-27 mai 2014, p. 46, obs. Amrani-Mekki ; RPC juill.-août 2014, p. 30, note Cagnoli ; LPA 5 nov. 2014, p. 15, note Boillot.* ♦ Pour de nombreuses applications de ces principes, notamment en matière de procédures collectives, V. C. com., notes ss. art. L. 623-4. – **C. com.** ♦ V. aussi jugeant, en matière de procédure collective, que la méconnaissance des art. 6, § 1er, et 13 Conv. EDH ne caractérise pas un excès de pouvoir. • Com. 12 juill. 2011, n° 09-71.764 P : *D. 2011. 815, et les obs. ; RTD com. 2011. 424, obs. Vallens* • 19 juin 2012, n° 11-20.066 P : *D. 2012. 1670, et les obs.* ♦ Commet un excès de pouvoir le tribunal qui admet un recours formé par l'auteur d'une offre d'acquisition de gré à gré d'un actif du débiteur et statue au fond, alors que celui-ci n'est pas recevable à exercer un recours contre la décision du juge-commissaire autorisant la vente au profit de l'auteur d'une offre concurrente. • Com. 28 avr. 2009, n° 07-18.715 P : *D. 2009. AJ 1276 ; JCP 2009. 1814, obs. Pétel ; Gaz. Pal. 2009. 2716, n° 1943, obs. Fricero.*

17. Excès de pouvoir – Procédure prud'homale. En cas d'excès de pouvoir, les décisions du bureau de conciliation sont susceptibles d'appel immédiat quel que soit le montant de la demande. • Soc. 12 juin 1986, n° 83-46.164 P : Gaz. Pal. 1986. 2. Pan. 220. ♦ Malgré l'art. R. 516-19 [devenu art. R. 1454-16] C. trav., l'ordonnance du bureau de conciliation peut être frappée d'appel indépendamment du jugement sur le fond lorsque a été accordée une provision dépassant les limites prévues par l'art. R. 516-18 [devenu art. R. 1454-14 et R. 1454-15 du code précité], caractérisant un excès de pouvoir. • Soc. 3 oct. 1985, n° 83-41.084 P. ♦ Dans le même sens, en cas de défaut de convocation régulière, V. • Soc. 3 oct. 1985, n° 83-40.960 P. ♦ Commet un excès de pouvoir le conseil des prud'hommes qui, saisi directement en sa formation de bureau de jugement, d'une demande portant sur la requalification d'un contrat à durée déterminée, comme le prévoit expressément l'art. L. 122-3-13 [devenu art. L. 1245-1, L. 1245-2 et R. 1245-1] C. trav., déclare à tort la procédure irrégulière, faute de préliminaire de conciliation, et renvoie l'affaire devant le bureau de conciliation. • Paris, 9 sept. 2003 : *BICC 2004, n° 454.*

18. L'absence de motivation ne caractérise pas à elle seule l'excès de pouvoir justifiant qu'il soit dérogé à l'art. R. 516-19 [devenu art. R. 1454-16] C. trav. • Soc. 21 nov. 1990, n° 87-44.047 P : *RTD civ. 1991. 403, obs. Perrot.* ♦ ... Non plus que l'octroi d'une provision sur obligation sérieusement contestable. • Soc. 16 juill. 1987, n° 86-40.089 P : *RTD civ. 1988. 399, obs. Perrot.*

19. Caractère subsidiaire. L'appel-nullité, de caractère subsidiaire, ne peut être utilisé que lorsque aucune autre voie de recours n'est ouverte. • Com. 7 juill. 1998, n° 96-13.248 : *APC 1998, n° 128.*

20. Autonomie (non). Viole l'art. 542 la cour d'appel qui, pour déclarer irrecevable l'appel-nullité formé contre l'ordonnance d'un juge-commissaire, énonce que l'appel de droit commun et l'appel-nullité constituent deux recours différents, puis retient que la déclaration d'appel indiquait que l'appel tendait à la réformation ou à l'annulation de la décision de la juridiction du premier degré et non pas à la nullité de celle-ci, de sorte que la société, qui avait formé un appel de droit commun, était irrecevable à interjeter un appel-nullité par des conclusions postérieures à l'expiration du délai de recours, alors que l'appel-nullité, ouvert en cas d'excès de pouvoir, n'est pas une voie de recours autonome. • Civ. 2e, 8 déc. 2011, n° 10-18.413 P : *D. actu. 13 janv. 2012, obs. Tahri ; D. 2012. Actu. 107 ; RTD civ. 2012. 375, obs. Perrot ; Dr. et pr. 2012. 40, note Salati.*

21. L'appel nullité ne peut être formé que par une partie au procès. • Civ. 1re, 9 juin 2010, n° 09-10.641 P : *D. 2010. 1555 ; ibid. 2092, chron. Auroy et Creton ; AJ fam. 2010. 393 ; RTD civ. 2010. 545, obs. Hauser.*

22. Sur la distinction avec l'appel-nullité au sens strict. V. notes ss. art. 562.

Art. 544 Les jugements qui tranchent dans leur dispositif une partie du principal et ordonnent une mesure d'instruction ou une mesure provisoire peuvent être immédiatement frappés d'appel comme les jugements qui tranchent tout le principal.

Il en est de même lorsque le jugement qui statue sur une exception de procédure, une fin de non-recevoir ou tout autre incident met fin à l'instance. — *V. art. 170, 272, 482.*

BIBL. ► DURRY, *RTD civ. 1960. 5* (jugements dits mixtes). – NAYRAL DE PUYBUSQUE, *Gaz. Pal. 1976. 2. Doctr. 200* (appel des jugements avant-dire droit). – PARMENTIER, *Bull. ch. avoués 1979. 3. 1.* – VIATTE, *Gaz. Pal. 1974. 2. Doctr. 873.*

A. RECEVABILITÉ DE L'APPEL IMMÉDIAT

1. Renvoi. V. notes ss. art. 150, 272, 380, 490, 607 et 608.

a. Jugement qui tranche le principal

2. Notion de principal. Pour chaque partie, le principal s'entend de l'objet du litige la concernant. • Civ. 2e, 18 déc. 2003, n° 02-12.925 P : *D. 2004. IR 185 ; Dr. et pr. 2004. 153, note Junillon* • 24 mai 1984, n° 83-11.781 P : *D. 1985. IR 261, obs. Julien ; RTD civ. 1985. 216, obs. Perrot* • Civ. 1re, 7 juill. 1993, n° 90-16.695 P.

3. Le moyen tiré de l'aptitude d'un débiteur à bénéficier des dispositions de la L. du 30 déc. 1988 (suspension des poursuites au profit des rapatriés) constitue un moyen de défense au fond, de sorte que le jugement rejetant la demande d'une société d'en bénéficier est immédiatement susceptible d'appel. • Civ. 2e, 16 déc. 2004, n° 03-11.180 P. ♦ Tranche une partie du principal la décision qui sursoit à statuer sur la validité d'un acte et accorde un délai pour couvrir la nullité encourue. • Com. 14 févr. 1983, n° 81-12.740 P. ♦ ... Qui invite les parties à refaire leurs décomptes du fait de la prescription applicable aux intérêts de deux des prêts litigieux. • Civ. 1re, 21 nov. 2006, n° 05-11.396 P : *D. 2007. 842, note Libchaber.* ♦ ... Qui statue dans son dispositif sur la régularité de la demande de révision dont le bailleur invoquait la nullité au regard des exigences de l'art. 26, al. 2, du Décr. du 30 sept. 1953 devenu l'art. R. 145-20 C. com. • Civ. 3e, 19 mars 2008, n° 07-10.679 P : *D. 2008. 1055, obs. Rouquet ; AJDI 2008. 671, obs. Denizot.* ♦ ... Qui sursoit à statuer sur la régularité de l'exercice du droit de reprise jusqu'à l'obtention par le bailleur d'une autorisation de cumul, tranchant ainsi la partie du litige relative à la nécessité de cette autorisation. • Civ. 3e, 11 juin 1986, n° 85-10.712 P. • 1er juill. 1987, n° 85-17.423 : *Gaz. Pal. 1988. 1. Pan. 7.* ♦ V. aussi notes ss. art. 545.

4. Tranche une partie du principal le jugement qui, dans la procédure spéciale de rescision pour lésion, déclare l'action recevable en application de l'art. 1677 C. civ. et autorise le demandeur à prouver la lésion. • Civ. 3e, 29 juin 1977, n° 76-11.636 P • 14 nov. 1991, n° 90-12.210 P : *Gaz. Pal. 1992. 1. Pan. 49* (jurisprudence constante).

5. *Jugement mixte.* Tranche une partie du principal la décision qui fixe la créance du bailleur à l'égard des locataires et ordonne une mesure d'instruction. • Civ. 3e, 13 juin 2007, n° 06-11.784 P : *D. 2007. Chron. 2757, obs. Monge et Nési ; AJDI 2007. 943, obs. de La Vaissière*. ♦ ... Qui statue sur les mesures provisoires et décide, dans son dispositif, de la loi applicable au divorce. • Civ. 1re, 13 oct. 1992, n° 90-19.903 P.

6. *Chefs de jugement non compris dans le dispositif (non).* Il ne peut être tenu compte, pour l'application de l'art. 544, de dispositions qui, eussent-elles présenté un caractère décisoire, n'étaient pas comprises dans le dispositif lui-même. • Civ. 3e, 21 juill. 1993, n° 91-19.378 P • Civ. 2e, 16 juill. 1993, n° 91-19.781 P • 20 févr. 1991, n° 89-15.104 P • Civ. 1re, 12 avr. 1983, n° 82-11.920 P : *JCP 1983. II. 20288, note Blaisse* • Civ. 3e, 9 juin 1982, n° 81-70.393 P • Soc. 4 avr. 1979, n° 77-15.670 P • Com. 8 avr. 1976, n° 74-14.351 P • Civ. 2e, 11 avr. 1975, n° 74-40.031 P : *Gaz. Pal. 1975. 2. 615, note Viatte ; RTD civ. 1975. 588, obs. Normand.* ♦ La cour d'appel n'avait pas à tenir compte, pour l'application de l'art. 544, des motifs du jugement, quelle qu'en fut la portée. • Com. 29 avr. 1981, n° 79-41.759 P : *D. 1982. 66, note Blaisse* • Civ. 2e, 24 oct. 1979, n° 78-10.259 P. ♦ V., en matière d'autorité de la chose jugée, notes ss. art. 482.

b. Jugement qui met fin à l'instance

7. *Illustrations.* Met fin à l'instance et peut être frappé d'un appel immédiat le jugement qui déclare irrecevable en l'état la demande d'un syndicat de copropriétaires, faute par le syndic d'avoir justifié de son habilitation. • Civ. 2e, 9 oct. 1985, n° 84-12.334 P.

B. EXERCICE DE L'APPEL IMMÉDIAT

8. *Jugement mixte.* Est irrecevable l'appel immédiat limité au chef du jugement qui ordonne une mesure d'instruction. • Civ. 3e, 5 oct. 1977, n° 76-12.710 P • Civ. 2e, 21 nov. 1979, n° 78-40.911 P : *RTD civ. 1980. 417, obs. Perrot* • Civ. 1re, 8 févr. 1984, n° 82-16.647 P • Com. 6 mars 1984, nos 82-11.350 et 82-14.517 P • Soc. 16 juill. 1987, n° 84-43.425 P. ♦ ... Qui ordonne un sursis à statuer. • Civ. 1re, 21 juill. 1987, n° 85-13.417 P : *Gaz. Pal. 1988. 1. Somm. 14, obs. Croze et Morel* (jurisprudence constante). ♦ Est recevable, en application des art. 544 et 562 C. pr. civ., dans sa rédaction alors applicable antérieure au Décr. n° 2017-891 du 6 mai 2017, l'appel immédiat général formé contre un jugement ayant ordonné une mesure d'instruction et tranché (dans son dispositif) une partie du principal, peu important que l'appelant n'ait pas d'intérêt à critiquer le chef de dispositif tranchant le principal. • Civ. 2e, 27 sept. 2018, n° 17-25.799 P : *D. actu. 19 oct. 2018, obs. Laffly ; D. 2018. 1919 ; Gaz. Pal. 29 janv. 2019, p. 70, note Hoffschir.*

9. Lorsque a été déférée à la cour, par voie d'appel limité, la partie tranchée du principal, l'appel incident de la mesure provisoire également ordonnée par les premiers juges n'est pas soumis à l'autorisation préalable du premier président. • Soc. 11 déc. 1990, n° 87-41.317 P.

10. *Délai d'appel.* Ne peut être remis en question devant la cour d'appel le chef du jugement qui, statuant sur une partie du principal, n'a pas fait l'objet d'un recours dans le délai légal et est ainsi devenu définitif. • Soc. 7 févr. 1980, n° 78-16.218 P • 14 mai 1987, n° 83-46.073 P : *RTD civ. 1987. 600, obs. Perrot.*

11. *Acquiescement.* V. art. 410 et les notes.

Art. 545 **Les autres jugements ne peuvent être frappés d'appel indépendamment des jugements sur le fond, que dans les cas spécifiés par la loi.**

BIBL. ► V. Bibl. ss. art. 544.

A. PRINCIPE : IRRECEVABILITÉ DE L'APPEL IMMÉDIAT

a. Domaine

1. *Décision de mise en cause.* Ne peut être frappé d'appel le jugement qui se borne à ordonner la mise en cause d'un tiers. • Soc. 8 juin 1978, n° 77-11.628 P : *D. 1978. IR 496, obs. Julien.*

2. *Décision de maintien dans la cause.* Ne tranche pas une partie du principal le jugement qui se borne, dans son dispositif, à maintenir une partie dans la cause. • Soc. 8 juill. 1985, n° 84-40.284 P.

3. *Décision de recevabilité.* Ne tranche pas le principal le jugement qui, dans son dispositif, se borne à dire recevable l'intervention volontaire d'un tiers sans trancher du bien-fondé des prétentions respectives des parties. • Com. 15 déc. 2009, n° 08-19.800 P : *Procédures 2010, n° 69, note Perrot.*

4. *Question préjudicielle.* Le jugement qui refuse de poser une question préjudicielle à la CJUE ne tranchant pas le fond du litige n'est pas susceptible d'appel. • Soc. 27 févr. 2013, n° 11-26.864 P : *D. 2013. 646 ; RTD civ. 2013. 435, obs. Perrot ; RTD eur. 2014. 438, obs. Le Baut-Ferrarese .*

5. *Condamnation pour procédure abusive.* Ne tranche pas une partie du principal le jugement qui contient une condamnation à payer des dommages-intérêts pour procédure abusive, cette condamnation n'étant pas afférente au fond du litige. • Civ. 2e, 26 oct. 2006, n° 05-14.489 P : *D. 2006. IR 2872 ; Procédures 2007, n° 4, obs. Perrot ; RLDC 2007/37, n° 2508, obs. Beignier.*

6. Viole les art. 544 et 545 l'arrêt d'appel qui, pour déclarer l'appel recevable, et retenant que les demandeurs avaient, à titre principal, exclusivement sollicité de la juridiction qu'elle statue sur sa compétence internationale et qu'elle condamne les défenderesses à des dommages-intérêts pour abus du droit d'ester en justice, juge que les premiers juges, en déclarant irrecevable la première demande et en rejetant la seconde, avaient tranché tout le principal, dès lors que le jugement ne s'était pas prononcé sur le fond du litige et n'avait pas mis fin à l'instance, et que la demande en dommages-intérêts pour abus de procédure, qui constituait une demande accessoire, n'était pas afférente au fond du litige. • Civ. 2e, 30 avr. 2009, n° 08-14.883 P : *D. 2009. AJ 1489*.

7. Frais irrépétibles et dépens. Les dispositions du jugement afférentes aux frais irrépétibles et aux dépens ne tranchent pas le principal. • Civ. 2e, 16 mars 2000, n° 97-13.889 : *Procédures 2000, n° 116, note Perrot.*

8. Décision de sursis à statuer. Est irrecevable l'appel immédiat formé sans autorisation du premier président contre une décision de sursis à statuer. • Civ. 3e, 15 janv. 1985, n° 83-16.164 P : *Gaz. Pal. 1985. 2. Somm. 146, obs. Croze et Morel* • Soc. 2 mai 1989, n° 86-40.048 P. ♦ ... L'appel immédiat d'un jugement qui sursoit à statuer en attendant la décision du juge administratif, dès lors que son dispositif ne contient aucune disposition décisoire au principal. • Civ. 2e, 24 oct. 1979, n° 78-10.259 P • 15 mars 1978, n° 76-15.397 P • Soc. 2 mai 1989, n° 86-42.048 P. ♦ ... D'un jugement qui s'est borné à rejeter une demande de sursis à statuer fondée sur l'art. 4 C. pr. pén. • Soc. 27 févr. 1991, n° 87-43.206 P. ♦ V. notes ss. art. 380.

9. Selon les art. 380, al. 1er, 544 et 545, le jugement qui, sans trancher une partie du principal, prononce le sursis à statuer ne peut être frappé d'appel qu'avec l'autorisation du premier président de la cour d'appel s'il est justifié d'un motif grave et légitime. • Civ. 2e, 18 déc. 2003, n° 02-12.925 P : *D. 2004. IR 185 ; Dr. et pr. 2004. 153, note Junillon.*

10. Décision relative aux mesures d'instruction. V. notes ss. art. 150, 272 et 544.

11. La décision qui rejette les demandes de récusation et de remplacement d'un expert formées au cours d'une action en responsabilité ne peut être frappée d'appel indépendamment du jugement sur le fond, dès lors que ces demandes se rapportent à la seule exécution de la mesure d'expertise. La circonstance que ces demandes aient été formées par assignation est sans influence. • Versailles, 15 mai 2003 : *BICC 2004, n° 78.*

12. Ne tranche dans son dispositif aucune partie du principal le jugement qui rejette une fin de non-recevoir et ordonne une mesure d'instruction. • Civ. 2e, 10 mars 1977, n° 75-11.818 P : *Gaz. Pal. 1978. 1. 3, note Viatte ; RTD civ. 1977. 623, obs. Perrot* • Civ. 3e, 18 mai 1978, n° 77-10.764 P : *D. 1978. IR 366, obs. Julien* • Civ. 2e, 12 juin 1991, n° 90-11.004 P.

13. Sont irrecevables, même d'office, les appels des décisions des JAF qui ne tranchent pas immédiatement le principal mais ordonnent une mesure d'instruction (enquête sociale, enquête médico-psychologique) et organisent, en attendant, la vie de l'enfant et les droits et obligations des parties. • Paris, 15 mars 2001 : *Bull. ch. avoués 2001. 1. 17* • 13 févr. 2003 : *ibid. 2003. 3. 9.* – V. aussi : *Bull. ch. avoués 2002. 1. 15.*

14. Expertise et provision. Le jugement, se bornant dans son dispositif à ordonner une expertise et le versement d'une provision, ne tranche pas une partie du principal, ce dont il résulte que la cour d'appel doit déclarer d'office l'appel irrecevable. • Cass., ch. mixte, 25 oct. 2004, n° 03-14.219 P : *D. 2005. 757, note Serinet ; RTD civ. 2005. 187, obs. Perrot ; Procédures 2004, n° 251, note Perrot ; Gaz. Pal. 6-8 mars 2005, p. 9, concl. Domingo* • Civ. 3e, 31 oct. 2006, n° 05-16.819 P : *D. 2006. 2946 ; AJDI 2007. 54* ♦ V. déjà, dans le sens de l'irrecevabilité de l'appel immédiat, • Civ. 3e, 7 oct. 1998, n° 96-20.404 P : *Procédures 1998, n° 258, note Perrot.* ♦ *Contra* auparavant • Civ. 2e, 27 juin 2002, n° 00-19.826 P : *D. 2002. 2428, note Julien ; Procédures 2002, n° 185, note Perrot* • Civ. 1re, 19 oct. 1999, n° 97-11.988 : *Procédures 2000, n° 31, obs. Perrot.*

15. V. cependant, jugeant que la décision qui ordonne une expertise médicale technique tranche par là même une question touchant au fond du droit, elle est donc susceptible d'un recours immédiat : • Civ. 2e, 28 nov. 2013, n° 12-28.331 P : *D. actu. 13 déc. 2013, obs. Kebir ; Gaz. Pal. 11 mars 2014, p. 38, note L. Mayer* (visa des art. 380, al. 1er, 544, al. 1er, C. pr. civ., et L. 141-1 CSS) • Soc. 23 mars 2000, n° 98-15.298 P. ♦ Tranche une question de fond la décision qui, en matière de sécurité sociale, ordonne une expertise technique. • Soc. 13 mai 1987, n° 84-12.773 P • 12 oct. 1988, n° 86-11.930 P. ♦ ... Ordonne une expertise judiciaire au lieu d'une expertise technique • Soc. 15 mars 1979, n° 77-15.625 P. ♦ ... Ou à la suite d'une expertise technique. • Soc. 30 nov. 1978, n° 77-14.395 P.

16. Contestation de la validité des modes de preuve. Viole les art. 544 et 545 la cour d'appel qui, pour dire l'appel immédiat recevable, retient qu'en se prononçant sur la validité d'une mesure probatoire permettant au demandeur d'établir la réalité des agissements dénoncés et autorisant le juge de la mise en état à ordonner une expertise, les premiers juges ont rendu une décision mixte et tranché une partie du principal, alors qu'en se prononçant sur le moyen de défense au fond tenant à la régularité des procès-verbaux de constat établis sur requête, le premier juge n'avait pas tranché une partie du principal. • Civ. 2e, 17 oct. 2013, n° 12-18.042 P : *D. 2013. 2472* ; *ibid. 2014. Chron. C. cass. 577, obs. Adida-Canac*.

17. Jugement avant dire droit. La décision qui déclare applicable une loi étrangère sous réserve de l'ordre public est un jugement avant-dire droit ne pouvant être frappé d'appel indépendamment du jugement sur le fond. • Civ. 1re, 19 oct. 2004, n° 02-15.680 P.

18. Jugement ne mettant pas fin à l'instance. Ne mettant pas fin à l'instance, est insusceptible d'appel immédiat le jugement qui rejette le moyen pris de la péremption d'instance. • Civ. 2e, 20 janv. 1983 : *Gaz. Pal. 1983. 1. Pan. 158.* ♦ ... Qui écarte une fin de non-recevoir. • Civ. 2e, 28 avr. 1982, n° 80-13.393 : *Gaz. Pal. 1982. 1. Pan. 290.*

19. Une cour d'appel qui, saisie de l'appel d'un jugement rendu par un tribunal ayant déclaré recevable l'action d'une banque en « inopposabilité et rétractation » d'une ordonnance de référé, a retenu qu'en rejetant une fin de non-recevoir tirée du défaut d'intérêt à agir de la banque, le jugement n'avait pas mis fin à l'instance, en a exactement déduit que le seul recours immédiat ouvert à son encontre était le contredit (auj. appel) et que l'appel était irrecevable. • Civ. 2e, 4 juill. 2007, n° 06-20.500 P : *AJDI 2008. 312, note de La Vaissière*.

20. Autres illustrations. Irrecevabilité de l'appel immédiat d'un jugement qui se borne à refuser une jonction d'instance, à déclarer un rapport d'expertise opposable à une partie et à renvoyer les parties à conclure sur le préjudice. • Civ. 2e, 11 janv. 1995, n° 93-10.647 P : *Rev. huissiers 1995. 345, obs. R. Martin.*

21. L'appel est irrecevable contre un jugement qui s'est borné à admettre l'existence de présomptions graves de paternité rendant l'action en recherche de paternité recevable et à ordonner une expertise. • Civ. 1re, 2 mars 2004, n° 01-11.678 : *AJ fam. 2004. 142, obs. F. B.* ; *Procédures 2004, n° 96, note Perrot.*

b. Régime

22. Unité de l'acte d'appel. Relevant que la déclaration d'appel du 16 mars 2011 visait le jugement sur le fond, que ce n'était que le 9 sept. 2011 que l'appelant avait régularisé une déclaration d'appel visant les deux jugements et ayant exactement retenu que l'acte de signification du jugement sur le fond en date du 21 févr. 2011 n'avait pas à mentionner les modalités et délais de l'appel du jugement avant dire droit du 26 févr. 2010 régulièrement signifié, et que pour être recevable, l'appel de ce jugement devait être formé en même temps que l'appel du jugement sur le fond, c'est à bon droit que la cour d'appel a dit que l'appel du jugement sur le fond, interjeté par déclaration du 9 sept. 2011, était irrecevable comme tardif et, partant, qu'était irrecevable l'appel du jugement du 26 févr. 2010. • Civ. 2e, 17 oct. 2013, n° 12-22.650 P : *D. 2013. Actu. 2472* ; *JCP 2014. 436, n° 8, obs. Serinet* ; *Dr. et pr. 2014. 14, note Salati.*

23. La concomitance de l'art. 545 s'entend de former les deux appels par le même acte ou par deux actes du même jour. • Civ. 2e, 5 avr. 2001, n° 99-17.613 P : *D. 2001. IR 1361* ; *RTD civ. 2001. 665, obs. Perrot* ; *Procédures 2001, n° 121, obs. Perrot.* ♦ Une déclaration d'appel qui ne contient que l'indication du jugement rendu sur le fond d'un litige ne défère pas à la cour d'appel un jugement antérieur, qui, dans la même instance et sans y mettre fin, a statué sur une exception de procédure, une fin de non-recevoir ou tout autre incident. • Civ. 2e, 21 janv. 1998, n° 95-18.728 P : *Procédures 1998, n° 110, obs. Perrot.*

24. Lien entre la recevabilité des appels. L'appel du jugement ordonnant une mesure d'instruction formé en même temps que l'appel du jugement sur le fond n'est recevable que si cet appel est lui-même recevable. • Civ. 2e, 26 janv. 1994, n° 92-15.328 P.

25. Lorsqu'un jugement a statué sur une exception de procédure, une fin de non-recevoir ou tout autre incident sans mettre fin à l'instance, la déclaration d'appel qui contient l'indication du seul jugement ultérieurement rendu sur le fond ne défère à la cour d'appel que cette dernière décision. • Civ. 2e, 21 janv. 1998, n° 95-18.728 P : *Gaz. Pal. 1998. 2. Pan. 162.*

B. EXCEPTIONS

a. L'excès de pouvoir

26. Les dispositions des art. 544 et 545, qui n'autorisent l'appel immédiat des décisions statuant sur une exception de procédure que lorsqu'elles mettent fin à l'instance, ne reçoivent d'exception qu'en cas d'excès de pouvoir. • Civ. 1re, 28 avr. 1998, n° 95-22.241 P : *D. 1998. IR 137* ; *RG proc. 1998. 645, obs. Wiederkher* ; *Procédures 1998, n° 165, note Perrot* ; *Gaz. Pal. 1998. 2. Somm. 586.*

27. Sur la notion d'excès de pouvoir, V. notes citée ss. art. 150, 543, 562 et 608.

b. Les cas spécifiés par la loi

28. Renvoi. V. art. 272 (expertise), 320 (serment décisoire), 380 (sursis à statuer), 490 (ordonnance de référé), 776 (ordonnance du juge de la mise en état), 868 (ordonnance du juge rapporteur devant le tribunal de commerce), 1102 et 1112 (divorce).

SOUS-SECTION 2 LES PARTIES

RÉP. PR. CIV. v° *Appel*, par FERRAND.

DALLOZ ACTION *Droit et pratique de la procédure civile 2022/2023*, n°s 542.91 s., par PELLERIN.

DALLOZ RÉFÉRENCE *Droit et pratique de l'appel 2018/2019*, par D'AMBRA, n°s 112.00 s.

BIBL. ▸ D'AMBRA, Quarantième anniversaire du Code de procédure civile (1975-2015), *Hors-collection, Panthéon-Assas Paris II, 2016, p. 402* (l'art. 550, al. 1er, C. pr. civ. et la survie de l'appel incident en cas de caducité de l'appel principal). – BERGERES, *LPA 13 janv. 2004, p. 8* (l'appel incident de l'administration fiscale). – BUSSY, *D. 2003. Chron. 1376* (notion de partie à l'instance). – FRICERO, *D. 2017, p. 1057* (commentaire du décret n° 2017-891 du 6 mai 2017). – GAS, *Gaz. Pal. 1981. 2. Doctr. 325* (autonomie des appels incidents). – GIVERDON et AVRIL, *Gaz. Pal. 1986. 1. Doctr. 121* (intervention en appel). – LOBIN, *Gaz. Pal. 1986. 1. Doctr. 125* (appel incident et appel provoqué – journées des avoués, Rennes 1984). – PERROT, *Colloque des IEJ, Aix-en-Provence 1963* (appel provoqué et indivisibilité *in* La voie d'appel). – RENARD, *Gaz. Pal. 21-22 mai 1993, Doctr. 6.* – TERRÉ, *Colloque des IEJ, Aix-en-Provence 1963, p. 113* (intervention en appel). – TISSOT et PERROT, *Gaz. Pal. 1974. 1. Doctr. 408* (effets de l'appel, ouverture quant aux personnes – journées avoués, Dijon). – P. et D. VEAUX, *Mél. Weill 1983, p. 547* (représentation mutuelle des coobligés). – VERDUN, *Gaz. Pal. 1986. 1. Doctr. 127* (recevabilité des appels incidents et des appels provoqués). – VINCENT, *D. 1973. Chron. 179* (dimensions nouvelles de l'appel civil).

Art. 546 Le droit d'appel appartient à toute partie qui y a intérêt, si elle n'y a pas renoncé.

En matière gracieuse, la voie de l'appel est également ouverte aux tiers auxquels le jugement a été notifié.

BIBL. ▸ BUSSY, *D. 2003. Chron. 1376* (notion de partie à l'instance).

A. MATIÈRE CONTENTIEUSE

1° AVOIR QUALITÉ

a. Partie en première instance

1. Procédures collectives. A moins que la loi ou le règlement n'en dispose autrement, une partie conserve, malgré l'exécution provisoire, le pouvoir de critiquer le jugement qui la prive du droit d'agir. Viole les art. 514 et 546 une cour d'appel qui, pour déclarer irrecevable l'appel du liquidateur contre le jugement ayant prononcé la clôture de la liquidation judiciaire pour insuffisance d'actif, avait retenu que, par suite du jugement entrepris, exécutoire par provision, le demandeur avait perdu sa qualité de liquidateur en laquelle il était partie en première instance. • Com. 13 févr. 2007, n° 05-19.182 P : *D. 2007. AJ 735 ; RTD civ. 2007. 384, obs. Perrot ; RTD com. 2007. 458, obs. Vallens.* ♦ Pour pouvoir faire appel, il faut avoir été partie au procès devant les premiers juges. Est pour cette raison irrecevable l'appel interjeté par l'ancien gérant du jugement reportant la date de cessation des paiements d'une société, la tierce opposition étant seule ouverte à l'intéressé. • Com. 11 janv. 1984, n° 81-16.095 P. ♦ V. aussi, sur l'irrecevabilité de l'appel contre une décision du juge-commissaire en matière d'admission des créances formé par un ancien dirigeant de la société en redressement judiciaire, poursuivi en comblement de passif social, qui n'avait pas été partie en première instance : • Com. 19 nov. 2003, n° 02-13.826 P : *D. 2003. AJ 3050 ; RTD com. 2004. 593, obs. Martin-Serf ; LPA 17 févr. 2004, p. 12, obs. F.-X. Lucas.*

2. Même non entendu ou dûment appelé, le débiteur n'est pas un tiers par rapport au jugement qui prononce son règlement judiciaire. Son appel est donc recevable, quand bien même n'aurait-il pas été assigné devant le tribunal. • Com. 17 juin 1975, n° 73-14.660 P : *D. 1976. IR 65, obs. Julien ; RTD civ. 1976. 404, obs. Perrot* (3 arrêts).

3. Sociétés. Sur l'absence de qualité de partie d'une société absorbante dans la procédure engagée par la société absorbée, V. • Com. 18 févr. 2004, n° 02-11.453 P : *D. 2004. AJ 640 ; Dr. et patr., mai 2004. 84, obs. Poracchia ; BJS 2004. 671, note Constantin ; Gaz. Pal. 13-15 mars 2005, p. 16, obs. du Rusquec.* ♦ Sur le rôle du juge dans la recherche de l'identité des parties en cas de différence entre la dénomination d'une société et son enseigne, V. • Civ. 2e, 27 mai 2004, n° 02-12.000 P. ♦ V. également sur l'appel d'une entreprise éditrice formé contre un jugement ayant condamné le directeur de la publication : • Civ. 2e, 1er avr. 1998, n° 95-18.030 P.

4. Celui qui a été condamné en première instance, sans qu'une citation lui ait été délivrée, a qualité pour relever appel. • Paris, 17 juin 2002 :

Gaz. Pal. 1er-3 déc. 2002, p. 17, note du Rusquec. ♦ Tel est le cas du président d'une association comparu qu'en cette qualité, a été condamné aux frais irrépétibles et aux dépens à titre personnel et qui est ainsi bien fondé à demander la nullité du jugement entrepris. • Même arrêt.

5. Assistance éducative. V. art. 1191 C. pr. civ. ♦ Ne sont pas des parties au procès le grand-oncle et la grand-tante d'un enfant, tiers dans l'instance en désignation d'un administrateur *ad hoc* chargé de représenter le mineur dans le cadre de la procédure d'assistance éducative. • Civ. 1re, 9 juin 2010, n° 09-10.641 P : *D. actu. 29 juill. 2010, obs. Égéa ; D. 2010. AJ 1555 ; ibid. Chron. 2092, obs. Auroy et Creton ; AJ fam. 2010. 393 ; RTD civ. 2010. 545, obs. Hauser ; RJPF oct. 2010, p. 27, obs. Eudier ; Procédures 2010, n° 317, note Douchy-Oudot ; LPA 1er juin 2011, p. 5, note Autem.*

6. Adoption. Sur la possibilité d'interjeter appel en cas de comparution personnelle, V. à propos du conjoint de l'adoptant : • Civ. 1re, 2 déc. 1997, n° 95-17.508 P : *Procédures 1998, n° 31, obs. Perrot.*

7. Intervenant forcé. Celui dont la garantie a été retenue en première instance est recevable à interjeter appel du jugement par lequel son ayant cause a été condamné à indemniser un tiers. • Civ. 1re, 21 juin 2005, n° 02-18.631 P : *Procédures 2005, n° 205, obs. Perrot.* ♦ Lorsque le garant a conclu devant les premiers juges contre le demandeur principal en première instance, son appel contre celui-ci est recevable. • Civ. 2e, 1er avr. 2004, n° 02-14.864 P.

8. Partie au procès, l'intervenant forcé à l'égard duquel il a été statué a qualité pour interjeter appel. • Civ. 2e, 25 juin 1981, n° 80-10.122 : *Gaz. Pal. 1982. 1. 110, note Viatte.*

9. Intervenant volontaire principal. L'intervenant principal en première instance a qualité pour interjeter appel. • Soc. 2 déc. 1982, n° 80-41.578 P. ♦ Un assureur, recevable à intervenir volontairement dans une instance en référé tendant à ordonner une expertise avant tout procès sur le fondement de l'art. 145, a qualité pour interjeter appel de l'ordonnance du juge des référés dès lors que, son assuré n'ayant pas été partie à la procédure, il est intervenu à titre principal, au sens de l'art. 329 pour ne se prévaloir que de ses intérêts propres. • Versailles, 26 sept. 2002 : *Rev. jurispr. com. 2003. 286.* ♦ L'appel d'un intervenant en première instance formé contre une partie est recevable quand bien même il n'aurait pas conclu contre elle, dès lors que celle-ci avait conclu contre lui. • Civ. 3e, *5 janv. 1972, n° 70-10.764 P.*

10. Intervenant volontaire accessoire. L'irrecevabilité de l'appel formé par une partie intervenante à titre accessoire au lieu et place de la partie dont elle a soutenu les prétentions n'est pas d'ordre public. • Civ. 2e, 24 févr. 1993, n° 91-15.532 P.

11. V. notes ss. art. 330 et 609.

b. Représenté en première instance

12. Ayant cause à titre particulier. L'ayant cause à titre particulier n'est pas représenté par son auteur pour les actes accomplis dans une procédure relative au bien transmis, après la cession de celui-ci. • Civ. 2e, 22 mars 2007, n° 05-21.781 P : *Procédures 2007, n° 127, note Perrot* (absence de qualité à interjeter appel d'une société devenue propriétaire d'un local, alors qu'elle n'était pas intervenue et n'avait pas été attraite en première instance).

13. L'ayant cause à titre particulier n'est pas représenté par son auteur pour les actes accomplis dans une procédure relative à un bien donné en location-gérance. • Civ. 2e, 8 avr. 2008, n° 07-13.427 : *Procédures 2008, n° 164, note Perrot.*

14. Mandataire. Pour la cassation pour violation du principe selon lequel « Nul en France ne plaide par procureur » et de l'art. 546 d'un arrêt qui, pour déclarer recevable l'appel d'une société mandataire d'un bailleur, avait retenu que le preneur avait assigné cette société devant le JEX en sa qualité de mandataire et qu'il ne pouvait reprocher à cette société d'avoir relevé appel en son nom dès lors qu'il ne pouvait y avoir aucune équivoque sur la personne qui portait appel et sur sa qualité, alors que cette société n'avait été condamnée, par le jugement dont elle avait relevé appel, qu'en qualité de « représentant » du bailleur. • Civ. 3e, 19 mars 2003, n° 00-17.668 : *Gaz. Pal. 17-18 oct. 2003, p. 23, note Barbier.*

2° AVOIR INTÉRÊT

a. Principe

15. Nécessité d'une succombance. L'appel n'est pas recevable lorsque le jugement rendu conformément aux conclusions de l'appelant ne lui fait aucun grief. • Civ. 2e, 11 juill. 1990, n° 87-16.836 P.

16. L'épouse est recevable à faire appel lorsque, ayant formé une demande de divorce aux torts du mari, le premier juge a prononcé le divorce aux torts partagés des époux, peu important l'existence de conclusions concordantes des parties sur l'anc. art. 248-1 C. civ. • Civ. 1re, 25 avr. 2007, n° 06-16.380 P : *D. 2007. AJ 1427 ; AJ fam. 2007. 396, obs. David ; RTD civ. 2007. 552, obs. Hauser ; Dr. fam. 2007. Comm. 127, note Larribau-Terneyre.*

17. Toute partie condamnée ayant intérêt pour interjeter appel dès lors qu'elle n'y a pas renoncé, ne peut être déclaré irrecevable l'appel formé contre un jugement condamnant au paiement d'effets de commerce l'accepteur de ces effets au motif que, devant la juridiction du premier degré, il n'avait pas contesté devoir les sommes réclamées. • Civ. 2e, 8 janv. 1975, n° 73-13.850 P. ♦ … Ni l'appel interjeté par un coïndivisaire contre un jugement de vente sur licitation, bien que l'immeuble ait fait l'objet auparavant d'un jugement d'adjudication dont le coïndivisaire n'a pas relevé appel. • Civ. 2e, 9 déc. 1997, n° 95-14.666 P : *JCP 1998. II. 10090, note du Rusquec.*

18. Bien que n'occupant plus l'immeuble revendiqué, une partie a intérêt à faire appel de la décision qui a ordonné son expulsion sous astreinte et l'a condamnée à des dommages-intérêts. • Civ. 2e, 28 févr. 1979, n° 77-14.095 P.

19. Une partie a intérêt à faire appel, bien que le jugement ait été exécuté par son assureur, dès lors qu'une condamnation a été prononcée contre elle, outre celle des dépens, et que son recours en garantie contre certaines personnes a été rejeté. • Civ. 3e, 22 avr. 1975, n° 73-14.459 P. ♦ Doit être déclaré recevable l'appel principal d'une partie dirigé contre un demandeur qui n'a formé aucune demande contre elle en première instance et dont seule la garantie est recherchée par le défendeur à l'action principale dès lors que cette partie a pris position sur les prétentions qui la concernent par « ricochet » et qu'une seule décision a été rendue sur l'action principale et en garantie, V. : • Civ. 2e, 1er avr. 2004, n° 02-12.337 P : *Procédures 2004, n° 122, note Perrot ; Gaz. Pal. 26-28 juin 2005, p. 27, obs. du Rusquec* • Civ. 3e, 4 juill. 1990, n° 89-10.748 P.

20. Succombance partielle. Une partie a intérêt à faire appel dès lors que ses prétentions n'ont pas été complètement accueillies. • Com. 3 oct. 1989, n° 88-12.325 P • Civ. 2e, 9 juill. 1981, n° 79-17.055 P.

21. Justifie d'un intérêt la partie qui fait appel contre trois jugements indissociables dont le premier n'est pas contraire à ses conclusions mais dont le deuxième a rejeté une demande ultérieure et le troisième a prononcé une condamnation contre elle. • Civ. 2e, 20 oct. 1982, n° 81-14.296 P.

22. Condamnation aux dépens. La condamnation aux dépens est suffisante pour justifier l'appel, toute personne condamnée ayant qualité et intérêt pour interjeter appel. • Civ. 2e, 4 nov. 1992, *n° 91-15.182 P.*

23. Renonciation au droit d'appel. Le fait de s'en rapporter à la justice en première instance n'implique pas renonciation à l'appel. • Civ. 2e, 17 déc. 1998, n° 97-15.121 : *Procédures 1999, n° 23, obs. Perrot.* ♦ De même, le seul fait de ne pas s'opposer à une mesure d'expertise n'emporte pas en lui-même renonciation à l'appel d'une décision ayant tranché le litige dans son principe. • Civ. 2e, 31 mars 2011, n° 09-69.907 P : *Procédures 2011, n° 193, note Perrot.* ♦ Sur l'acquiescement au jugement, V. notes ss. art. 409.

24. En invitant le tribunal à statuer « ce que de droit » sur le préjudice corporel de la victime d'un accident, une caisse de sécurité sociale n'a émis aucune prétention contraire à celle de la victime, qui avait obtenu de ce chef l'intégralité de sa demande. N'ayant pas succombé sur ce chef de prétention, elle est dépourvue d'intérêt à faire appel. • Soc. 2 févr. 1983, n° 82-10.014 P.

25. Accord judiciaire. Une société a un intérêt à faire appel d'une ordonnance de juge-commissaire constatant un accord entre les parties, dès lors que cette ordonnance était nulle, faute d'avoir été signée par le greffier, V. • Com. 18 mars 2003, n° 01-15.264 P : *D. 2003. IR 943* .

26. Moment d'appréciation. L'existence de l'intérêt à faire appel doit s'apprécier au jour de l'appel dont la recevabilité ne peut dépendre de circonstances postérieures qui l'auraient rendu sans objet. • Civ. 1re, 4 mars 1981, n° 79-17.130 P : *D. 1983. IR 341, obs. Julien* • Civ. 2e, 7 oct. 1987, n° 86-13.290 P : *Gaz. Pal. 1988. 1. Somm. 150, obs. H. C. et C. M.* • 6 mai 1998, n° 96-19.014 P : *JCP 1998. II. 10209, note du Rusquec ; Procédures 1998, n° 166, obs. Perrot* • Com. 13 nov. 2003, n° 00-10.382 : *BJS 2004. 511, note Dondero* • Civ. 2e, 13 juill. 2006, n° 05-11.389 P : *D. 2006. IR 2273* ; *Gaz. Pal. 1er-2 févr. 2008, p. 18, note du Rusquec.* • Civ. 1re, 14 avr. 2010, n° 09-11.218 P : *D. 2010. 1087* ; *ibid. 2011. 1107, obs. Douchy-Oudot* ; *JCP 2010. 1220, n° 7, obs. Wiederkehr ; ibid. N 2010. 1274, note Massip ; Gaz. Pal. 11 sept. 2010, p. 43, note Casey ; Procédures 2010, n° 234, note Douchy-Oudot ; Defrénois 2010. 1367, note Massip ; ibid. 2011. 375, obs. Champenois ; RJPF sept. 2010, p. 28, obs. Vauvillé* (une cour d'appel admet souverainement qu'a intérêt à interjeter appel le mari qui, depuis le prononcé du jugement homologuant la convention de changement de régime matrimonial, par laquelle des époux mariés sous le régime de la séparation de biens étaient convenus d'adopter le régime de la communauté universelle avec clause d'attribution de la communauté au conjoint survivant, s'oppose à ladite convention en raison de la décision prise par l'épouse de divorcer).

27. Ordonnance de référé. V. notes ss. art. 490.

b. Limites

28. Mensonge d'une partie. Caractérise l'intérêt d'une épouse à former appel d'un jugement ayant prononcé son divorce et accueilli l'ensemble de ses demandes, notamment celle relative à l'octroi d'une prestation compensatoire, une cour d'appel qui estime que l'ignorance de l'information selon laquelle l'époux avait perçu des revenus d'un montant supérieur à celui mentionné dans l'attestation sur l'honneur qu'il avait souscrite était de nature à affecter tant la teneur des prétentions de l'épouse que l'appréciation de celles-ci par les premiers juges. • Civ. 1re, 23 nov. 2011, n° 10-19.839 P : *D. 2011. Actu. 2943 ; ibid. 2012. Pan. 250, note Fricero ; ibid. 635, note Vassalo ; ibid. 1033, obs. Douchy-Oudot ; RTD civ. 2012. 101, obs. Hauser ; ibid. 151, obs. Perrot ; JCP 2011. 1345, note Salati ; Gaz. Pal. 2012. 272, note Devers ; ibid. 855, note Bléry ; Procédures 2012, n° 13, note Douchy-Oudot.*

29. Méconnaissance de l'office du juge. L'épouse séparée de corps qui bénéficiait d'une pension alimentaire a intérêt à interjeter appel du jugement de conversion en divorce dès lors que le tribunal, méconnaissant son office (art. 1076-1), n'avait pas invité les parties à s'expliquer sur le versement d'une prestation compensatoire. • Civ. 1re, 25 mai 2004, n° 02-10.424 P : *D. 2004. IR 1770 ; RTD civ. 2004. 491, obs. Hauser ; Gaz. Pal. 8-10 août 2004, p. 21, concl. Sainte-Rose ; Dr. fam. 2004, n° 173, note Strickler.*

30. Conséquence de l'absence d'appel incident sur la possibilité d'interjeter appel principal. Du fait de son abstention de conclure et former éventuellement un appel incident dans le délai prévu à l'art. 909, alors que cette voie de recours lui était ouverte dans les conditions prévues par l'art. 550, l'intimé n'est pas recevable à relever ensuite appel principal du jugement précédemment attaqué, la date de la signification de ce dernier étant indifférente. • Civ. 2e, 13 oct. 2016, n° 15-25.926 P : *D. actu. 7 nov. 2016, obs. Laffly ; D. 2017. 92, note Hoffschir ; ibid. Pan. 422, obs. Fricero.* ♦ V. déjà : • Civ. 2e, 4 déc. 2014, n° 13-25.684 : *D. 2015. 287, obs. Fricero* • 7 avr. 2016, n° 15-12.770 : *D. 2017. Pan. 422, obs. Fricero* • 12 mai 2016, n° 15-18.906. ♦ La personne, intimée par l'appelant, qui s'est abstenue de former un appel incident, alors qu'elle avait comparu devant la cour d'appel et que cette voie de recours lui était ouverte par l'art. 550, n'est pas recevable à relever appel principal du jugement précédemment attaqué. • Civ. 2e, 28 mai 2003, n° 01-12.177 P : *D. 2003. IR 2051 ; RTD civ. 2003. 549, obs. Perrot ; Gaz. Pal. 7-8 avr. 2004, p. 15, obs. du Rusquec.* ♦ V. art. 911-1 et notes.

31. Ministère public. Le ministère public est recevable à agir pour faire appel d'un jugement conforme à ses réquisitions, dès lors que son recours tend à l'exacte application de la loi. • Civ. 1re, 10 mars 1998, n° 96-13.497 P : *RTD civ. 1999. 204, obs. Perrot ; RG proc. 1998. 653, obs. Wiederkehr.*

B. MATIÈRE GRACIEUSE

32. Tiers auxquels le jugement a été notifié. En vertu des art. 546, al. 2, et 583, al. 2, en matière gracieuse, la voie d'appel est seule ouverte aux tiers auxquels le jugement a été notifié. • Civ. 2e, 5 janv. 1983 : *inédit ; JCP 1983. II. 20043, note Le Ninivin.*

33. L'art. 11 du décret du 2 déc. 1966, applicable à la cause, ne déroge pas au principe posé par l'art. 546, al. 2, selon lequel en matière gracieuse, la voie de l'appel est ouverte aux tiers auxquels le jugement a été notifié. Est donc recevable l'appel d'un jugement d'adoption interjeté par le grand-père de l'adopté auquel le jugement avait été notifié. • Civ. 1re, 24 févr. 1982, n° 80-16.396 P • 26 mai 1982, n° 81-11.463 P.

34. Est irrecevable une déclaration d'appel faite par un tiers auquel le jugement n'a pas été notifié par le secrétariat de la juridiction. • Civ. 1re, 23 janv. 1996, n° 93-20.553 P.

Art. 547 **En matière contentieuse, l'appel ne peut être dirigé que contre ceux qui ont été parties en première instance. Tous ceux qui ont été parties peuvent être intimés.**

En matière gracieuse, l'appel est recevable même en l'absence d'autres parties.

A. MATIÈRE CONTENTIEUSE – SEULS CEUX QUI ONT ÉTÉ PARTIES EN PREMIÈRE INSTANCE

1. Principe. L'appel ne peut être dirigé que contre ceux qui ont été parties en première instance et dans la même qualité. Viole l'art. 547 l'arrêt, qui, pour condamner une partie à verser diverses sommes à titre de dommages-intérêts relativement à la vente d'un tableau, déclare recevables les demandes formées à son encontre, pris en sa qualité de commissaire-priseur, alors qu'il n'avait été partie en première instance qu'en qualité d'héritier du vendeur du tableau litigieux. • Civ. 2e, 10 juill. 2014, n° 12-21.533 P : *D. actu. 12 sept. 2014, obs. Kebir ; JCP 2014. 1232, n° 8, obs. Amrani-Mekki.* ♦ Est irrecevable l'appel formé contre un comité d'entreprise d'un jugement ayant déclaré irrecevable l'action en nullité d'une délibération de cet organisme qui avait été dirigée contre ses membres pris individuellement. • Civ. 2e, 15 janv. 1992, n° 90-16.556 P.

2. Des arbitres, n'étant pas parties à l'instance arbitrale, ne peuvent être intimés devant la cour d'appel dans une instance relative aux honoraires des arbitres. • Civ. 2e, 10 oct. 1990, n° 89-15.959 P.

3. Un assureur qui est partie à la procédure de première instance en qualité d'assureur d'une partie ne peut y être attrait par voie de conclusions en qualité d'assureur d'une autre partie ; il doit dès lors être mis hors de cause lorsqu'il est assigné pour la première fois en cause d'appel en cette qualité. • Civ. 3e, 18 juin 2008, n° 07-13.117 P.

4. Erreur dans la désignation de l'intimé. V. aussi note ss. art. 901.

L'erreur manifeste, dans la désignation de l'intimé, au regard de l'objet du litige, tel que déterminé par les prétentions des parties devant les juges du fond, n'est pas de nature à entraîner l'irrecevabilité de l'appel. • Cass., ass. plén., 6 déc. 2004, n° 03-11.053 P : *D. 2005. IR 11* ; *Gaz. Pal. 10-11 déc. 2004, p. 13 ; Dr. et pr. 2005. 161, obs. Douchy-Oudot* (cet arrêt a cassé une décision qui, pour déclarer l'appel irrecevable comme ayant été dirigé contre une personne qui n'était pas partie en première instance, avait retenu que la qualité mentionnée dans la déclaration d'appel ne pouvait résulter d'une erreur due à la rédaction de l'en-tête du jugement qui indiquait comme défendeur « M. X..., pris en qualité de mandataire judiciaire », cette mention rappelant la qualité professionnelle de l'intéressé, et que celui-ci n'avait pas été attrait personnellement dans l'instance, les événements procéduraux postérieurs à l'acte d'appel tendant à sa mise en cause personnelle n'ayant pu modifier les formes dans lesquelles l'appel avait été formé). ♦ Comp. : • Civ. 2e, 4 oct. 2007, n° 06-16.879 P : *D. 2007. AJ 2677* .

5. Si la désignation de l'administrateur judiciaire, ès qualités (alors qu'il avait été attrait en son nom propre en première instance), dans l'acte d'appel résulte d'une erreur trouvant son origine dans une confusion née de la procédure suivie en première instance, elle est susceptible d'être rectifiée par la partie, même après l'expiration des délais d'appel. • Civ. 2e, 12 juin 2003, n° 01-10.079 P : *D. 2003. IR 1876* ; *RTD civ. 2004. 141, obs. Perrot* ; *Procédures 2003, n° 212, note Perrot ; Gaz. Pal. 7-8 avr. 2004, p. 15, obs. du Rusquec.*

B. MATIÈRE CONTENTIEUSE – TOUS CEUX QUI ONT ÉTÉ PARTIES EN PREMIÈRE INSTANCE

6. Peuvent être intimés tous ceux qui ont été parties en première instance. L'appelant en garantie qui interjette appel d'un jugement ayant prononcé diverses condamnations contre lui et sursis à statuer sur le recours en garantie jusqu'au résultat d'une expertise peut intimer l'appelé en garantie. • Civ. 2e, 14 déc. 1981, n° 80-15.882 P. ♦ L'appel ne peut être dirigé contre d'autres personnes que celles ayant été parties en première instance sans encourir l'irrecevabilité. • Civ. 2e, 7 sept. 2017, nos 16-21.756 et 16-21.762 P : *D. actu. 19 sept. 2017, obs. Bléry ; D. 2017. Actu. 1767* ; *ibid. 2018. Pan. 696, obs. Fricero* ; *JCP 2017. 1154, note Laffly ; ibid. 1355, obs. Libchaber ; Procédures 2017, n° 257, note Croze ; RLDC oct. 2017, p. 36, obs. Boccara.*

Art. 548 L'appel peut être incidemment relevé par l'intimé tant contre l'appelant que contre les autres intimés.

BIBL. ▶ BERGERÈS, *LPA 13 janv. 2004, p. 8* (l'appel incident de l'administration fiscale). – GAS, *Gaz. Pal. 1981. 2. Doctr. 325* (autonomie des appels incidents). – LOBIN, *Gaz. Pal. 1986. 1. Doctr. 125* (appel incident et appel provoqué – Journées des avoués, *Rennes 1984*). – VERDUN, *Gaz. Pal. 1986. 1. Doctr. 127* (recevabilité des appels incidents et des appels provoqués). ▶ **Sur le droit antérieur aux réformes des années 1970,** V. GUILLOT et MEURISSE, *JCP 1954. I. 1161.*

A. NOTION D'APPEL INCIDENT

1. L'assureur intimé sur l'appel de son assuré, qui demande à la cour d'exclure sa garantie, relève par là même appel incident. • Civ. 2e, 19 avr. 1985, n° 84-10.081 P : *Gaz. Pal. 1985. 2. Pan. 291, obs. C. et M.*

2. Un intimé peut, en tout état de cause, relever appel incident contre un autre intimé et cet appel est formé par acte d'avoué à avoué (auj. *avocat à avocat*). • *Civ. 2e, 4 mai 1977,* n° 75-13.458 P.

3. Lorsqu'un jugement contient plusieurs chefs distincts et qu'une partie interjette appel de l'un d'eux, l'autre peut appeler incidemment des autres chefs contre un autre intimé s'il existe, quant à l'objet du litige, un lien entre toutes les parties. • Civ. 1re, 12 févr. 1991, n° 86-18.678 P.

B. RÉGIME DE L'APPEL INCIDENT

4. Lorsqu'un syndicat de copropriétaires est intimé devant la cour, le syndic n'a pas à être spécialement habilité pour faire appel incident. • Civ. 3e, 7 déc. 1988, n° 87-12.947 P.

5. Étendue de la dévolution. V. notes ss. art. 562

6. Renvoi. Sur le régime, V. aussi art. 550 et 551.

Art. 549 L'appel incident peut également émaner, sur l'appel principal ou incident qui le provoque, de toute personne, même non intimée, ayant été partie en première instance.

BIBL. ▶ PERROT, *Colloque des IEJ, Aix-en-Provence 1963* (appel provoqué et indivisibilité *in* La voie d'appel). – V. Bibl. ss. art. 548.

A. NOTION D'APPEL PROVOQUÉ

1. Appel provoqué émanant de l'appelant principal. L'appel provoqué peut émaner de l'appelant principal quand il est provoqué par l'appel incident de l'intimé. • Civ. 3e, 26 mai 1988 • Civ. 2e, 21 juin 1995, n° 93-16.707 P : *D. 1995. IR 165.* ♦ L'appel provoqué ne peut émaner de l'appelant principal que lorsqu'il découle de l'appel incident formé par l'intimé. • Civ. 2e, 4 déc. 2003, n° 01-15.027 P : *D. 2004. IR 186 ; Gaz. Pal. 29-30 oct. 2004, p. 16, obs. du Rusquec.*

2. La limitation de l'appel principal n'interdit pas de former, de la même manière que le sont les demandes incidentes, un appel provoqué par l'appel incident de l'intimé et d'étendre ainsi la critique du jugement. • Soc. 5 juill. 2005, n° 03-44.366 P : *D. 2006. Pan. 29, obs. Centre de recherche en droit social de l'IETL, Université Lumière Lyon 2 ; Procédures 2005, n° 222, obs. Perrot.*

3. Appel provoqué émanant de l'intimé. L'appel provoqué peut émaner de l'intimé, et être dirigé contre toute autre partie à l'instance devant le premier juge, non présente à l'instance d'appel. • Civ. 3e, 4 juin 1986, n° 84-12.976 P : *Gaz. Pal. 1987. 1. Somm. 172, obs. C. et M.*

4. Le plaideur intimé au principal par l'appelant est, en cette qualité, recevable à former un appel provoqué contre toute partie à l'instance devant le premier juge non présente à l'instance d'appel et ce, malgré le désistement pur et simple de l'appelant. Il n'importe que cet appel incident ait été formé après que le désistement est intervenu et a été accepté par les parties contre lesquelles était dirigé l'appel provoqué. • Civ. 3e, 4 juin 1986, n° 84-12.976 P : *Gaz. Pal. 1987. 1. Somm. 172, obs. Croze et Morel.*

5. Autres appels provoqués. L'appel incident ou provoqué peut émaner de toute personne ou être dirigé contre toute personne ayant été partie en première instance. • Civ. 3e, 26 mai 1988, n° 85-17.734 P : *Gaz. Pal. 1988. 2. Somm. 490, obs. C. et M.* ♦ L'appel provoqué peut émaner d'une personne ayant été partie en première instance et qui n'est ni appelante ni intimée. • Civ. 2e, 16 févr. 1984, n° 83-11.106 P : *Gaz. Pal. 1984. 1. Pan. 145, obs. Guinchard.* ♦ ... D'une partie qui avait d'abord renoncé à l'appel en exécutant le jugement. • Civ. 2e, 17 mai 1977, n° 75-15.689 P : *D. 1977. IR 385, obs. Julien.*

6. L'appel provoqué ne peut être formé contre une personne déjà mise hors de cause en présence de toutes les parties. • Civ. 2e, 21 juill. 1986, n° 83-16.114 P : *Gaz. Pal. 1986. 2. Somm. 242.*

B. RÉGIME DE L'APPEL PROVOQUÉ

7. Recevabilité. Sur la notion spécifique d'intérêt en matière d'appel provoqué, V. obs. S. G., *Gaz. Pal. 1983. 1. Pan. 37, note Tomasin ; JCP 1985. II. 20408.*

8. L'appel incident formé par l'entrepreneur intimé tendant à aggraver la condamnation d'une entreprise sous-traitante peut motiver, en lui donnant un intérêt nouveau, l'appel provoqué de celle-ci contre un autre sous-traitant, afin de se décharger de tout ou partie de sa responsabilité. • Civ. 3e, 5 janv. 1978, n° 76-12.615 P : *D. 1978. IR 174.*

9. Est recevable l'appel provoqué se greffant sur un autre appel provoqué, dès lors que l'appel principal et l'appel provoqué peuvent modifier la situation de la partie qui a formé le second et lui découvrent ainsi un intérêt nouveau à exercer ce recours. • Civ. 2e, 17 mai 1977, n° 75-15.689 P : *D. 1977. IR 385, obs. Julien.*

10. Irrecevabilité. Est irrecevable l'appel provoqué qui concerne une partie du litige à laquelle l'appel principal était étranger. • Civ. 2e, 9 mai 1985, n° 84-11.318 P.

11. Le jugement qui se borne à ordonner une mesure d'instruction, sans trancher une partie du principal, ne pouvant être frappé d'appel que sur autorisation du premier président et le principal s'entendant, pour chacune des parties, de l'objet du litige la concernant, est irrecevable l'appel provoqué formé par une partie contre un jugement mixte qui s'est borné, en ce qui concerne cette partie, à ordonner une expertise. • Civ. 3e, 23 nov. 1994, n° 92-19.806 P : *Gaz. Pal. 1995. 1. Pan. 65.*

Art. 550 *(Décr. n° 2009-1524 du 9 déc. 2009, art. 9, en vigueur le 1er janv. 2011)* **« Sous réserve des articles** *(Décr. n° 2017-891 du 6 mai 2017, art. 8-1°, en vigueur le 1er sept. 2017)* **« 905-2, » 909 et 910, » l'appel incident ou l'appel provoqué peut être formé en tout état de cause, alors même que celui qui l'interjetterait serait forclos pour agir à titre principal. Dans ce dernier cas, il ne sera toutefois pas reçu si l'appel principal n'est pas lui-même recevable** *(Décr. n° 2017-891 du 6 mai 2017, art. 8-2°, en vigueur le 1er sept. 2017)* **« ou s'il est caduc ».**

La cour peut condamner à des dommages-intérêts ceux qui se seraient abstenus, dans une intention dilatoire, de former suffisamment tôt leur appel incident ou provoqué.

Les dispositions de l'art. 9 du Décr. n° 2009-1524 du 9 déc. 2009 s'appliquent aux appels formés à compter du 1er janv. 2011 (Décr. préc., art. 15, al. 2). Elles s'appliquent par ailleurs aux instances consécutives à un renvoi après cassation lorsque la juridiction de renvoi est saisie à compter du 1er sept. 2017 (Décr. n° 2017-891 du 6 mai 2017, art. 52).

Les dispositions de l'art. 8 du Décr. n° 2017-891 du 6 mai 2017 s'appliquent aux appels formés à compter du 1er sept. 2017. Elles s'appliquent aux instances consécutives à un renvoi après cassation lorsque la juridiction de renvoi est saisie à compter du 1er sept. 2017 (Décr. préc., art. 53-II bis, créé par Décr. n° 2017-1227 du 2 août 2017, art. 1er-2°-b).

BIBL. ► D'AMBRA, Quarantième anniversaire du Code de procédure civile (1975-2015), *Hors-collection, Panthéon-Assas Paris II 2016, p. 402* (l'art. 550, al. 1er, C. pr. civ. et la survie de l'appel incident en cas de caducité de l'appel principal).

A. MOMENT DE L'APPEL INCIDENT

a. Principe

1. En tout état de cause. L'appel incident peut être formé en tout état de cause, alors même que celui qui l'interjette serait forclos pour agir au principal. • Civ. 2e, 11 janv. 2006, n° 03-18.188 P • Soc. 28 nov. 2000, n° 98-42.999 P : *Dr. soc. 2001. 194, obs. C. Roy-Loustaunau ; Procédures 2001, n° 2, note Perrot* • Civ. 3e, 9 juin 1982, n° 81-70.523 P : *Gaz. Pal. 1983. 1. 31, note Angeli.* ♦ Il importe peu que l'appel incident ou provoqué soit formé hors délai pour interjeter appel à titre principal. • Civ. 2e, 5 avr. 2007, n° 06-11.835 P • 9 janv. 2014, n° 12-27.109. ♦ Est recevable l'appel incident formé sur un appel principal recevable de la partie adverse, quand bien même l'appelant incident aurait précédemment formé un appel principal ayant fait l'objet d'une mesure de radiation en application de l'art. 526 C. pr. civ. • Civ. 2e, 19 nov. 2020, n° 18-21.550 P : *D. actu. 11 janv. 2021, note Lhermitte ; Gaz. Pal. 26 janv. 2021, p. 78, note Egéa.*

2. Malgré la forclusion encourue pour appeler à titre principal, un appel provoqué est recevable dès lors qu'il se greffe, fût-ce de façon médiate, à la suite d'un autre appel provoqué, sur l'appel principal dont la recevabilité n'est pas contestée. • Civ. 2e, 17 mai 1977, n° 75-15.689 P : *D. 1977. IR 385, obs. Julien.* ♦ Intimé sur appel principal, le fonds de garantie automobile se trouve, jusqu'à ce qu'il en ait été décidé autrement, en cause devant les juges d'appel, même à supposer que les appelants n'aient pas eu qualité pour l'y attraire, et quoiqu'il n'ait pas cru devoir constituer avoué (auj. avocat). Est dès lors recevable l'appel éventuel de la victime, provoqué par l'appel principal. • Civ. 2e, 14 févr. 1974, n° 72-13.504 P.

3. *Le droit de relever appel incident* reste ouvert à un plaideur sur le recours d'une autre partie, antérieur à son appel principal, quand bien même, en raison d'une déchéance, il serait forclos de celui-ci. • Civ. 3e, 24 nov. 1987, n° 86-70.254 P.

4. Contradiction. Lorsque les conclusions comportent un appel incident, elles peuvent être déposées jusqu'à la date de la clôture ; il appartient à la partie adverse, si elle entend répondre, de demander soit le report de cette date, soit la révocation de l'ordonnance de clôture. • Cass., ch. mixte, 3 févr. 2006, n° 03-16.203 P : *R. 2006, p. 412 ; D. 2006. IR 600 ; Procédures 2006. 67, obs. Perrot ; Dr. et pr. 2006. 212, obs. Vinckel ; RTD civ. 2006. 381, obs. Perrot ; Dr. et patr., févr. 2007, p. 119, obs. Amrani-Mekki* • Civ. 2e, 10 févr. 2000, n° 98-15.828 : *Procédures 2000, n° 86, note Perrot.* ♦ Comp., jugeant que le rejet des conclusions déposées peu de temps avant la clôture est applicable même lorsqu'elles comportent un appel incident : • Com. 5 nov. 2002, n° 99-19.454 : *Procédures 2003, n° 1, note Perrot.* ♦ V. art. 784. ♦ Mais, dans le cadre d'une procédure sans représentation obligatoire, l'appel incident peut être formé à l'audience, malgré la non-comparution de l'appelant principal, sauf à faire respecter le principe de la contradiction. • Soc. 30 mars 1994, n° 90-42.380 P : *RTD civ. 1994. 685, obs. Perrot.*

5. Renvoi après cassation. L'appel incident est recevable en tout état de cause, y compris après renvoi sur cassation d'une décision « dans toutes ses dispositions ». • Civ. 2e, 14 déc. 2006, n° 06-11.777 : *Procédures 2007, n° 28, obs. Perrot.*

6. Conséquence de l'absence d'appel incident sur la possibilité d'interjeter appel principal. V. notes ss. art. 546 et art. 911-1.

b. Limite

7. Réserve des art. 905-2, 909 et 910. Renvoi, V. art. 905-2, 909 et 910 et les notes ss. ces art.

8. Après avoir constaté que « l'appel provoqué » d'une partie avait été formé contre les mêmes parties et aux mêmes fins que l'appel principal qu'elle avait antérieurement interjeté et qui a été déclaré tardif, une cour d'appel a pu retenir que cette partie, déclarée irrecevable pour agir à titre principal, était également irrecevable pour le faire par la voie de « l'appel provoqué ». • Civ. 2e, 3 janv. 1985, n° 83-10.039 P. ♦ Mais il a été jugé que l'intimé est recevable à former appel incident sur l'appel principal recevable quand bien même son propre appel principal avait été déclaré caduc. • Civ. 3e, 7 janv. 2016, n° 14-14.814 : *D. 2016. 449, obs. Fricero ; ibid. 2017. 422, obs. Fricero.*

9. Si, en vertu de l'art. 550, un appel incident peut être formé par celui qui serait forclos pour agir à titre principal, la partie, qui, après déclaration d'appel par d'autres parties, s'est désistée de son appel principal et a ainsi acquiescé au jugement, ne peut plus revenir par voie d'appel incident sur cet acquiescement irrévocable à moins que, postérieurement, une autre partie n'interjette régulièrement contre elle appel principal ou incident. • Soc. 4 févr. 1988, n° 83-45.076 P.

B. LIEN AVEC L'APPEL PRINCIPAL

10. Recevabilité de l'appel principal. L'appel incident ou provoqué est recevable dès lors que l'appel principal l'est lui-même, fût-ce pour partie. • Civ. 2e, 5 avr. 2007, n° 06-11.836 P • 12 juin 2003, n° 01-13.571 P : *D. 2003. IR 2051* • 16 avr. 1986, n° 84-16.074 P • Civ. 3e, 4 avr. 2002, n° 00-70.158 P : *D. 2002. IR 1528*.

11. La recevabilité de l'appel incident est subordonnée à celle de l'appel principal. • Soc. 10 févr. 2000, n° 98-14.393 P • Civ. 2e, 13 mars 2008, n° 06-18.796 P.

12. Dessaisissement de la cour d'appel sur l'appel principal. L'appel incident n'est recevable que si, au jour où il est formé, le juge du second degré est encore valablement saisi de l'appel principal. • Civ. 3e, 13 mars 1979, n° 78-70.061 P • Civ. 1re, 13 oct. 1982, n° 81-14.430 P : *D. 1983. 301, note Breton.*

13. Désistement de l'appelant. L'appel incident ne demeure possible que si le juge d'appel reste saisi du fond du litige, ce qui n'est pas le cas lorsque l'appelant principal s'est désisté avant que l'intimé n'ait lui-même accepté le débat par la présentation de défense au fond ou l'introduction d'un appel incident. • Civ. 2e, 20 janv. 1977, n° 75-11.946 P : *D. 1977. IR 225, obs. Julien* • 21 juill. 1986, n° 85-12.126 P. ♦ Sur l'antériorité de l'appel incident par rapport au désistement de l'appel principal, sa notion et ses effets, V. notes ss. art. 401 et 403.

14. Lorsque le désistement de l'appelant, limité à l'appel formé par lui contre l'un des intimés, est sans effet sur l'appel principal dirigé contre un second intimé, celui-ci est recevable à former appel provoqué contre le premier. • Soc. 16 oct. 1984, n° 81-43.013 P. ♦ Le plaideur intimé au principal par l'appelant est, en cette qualité, recevable à former un appel provoqué contre toute partie à l'instance devant le premier juge non présente à l'instance d'appel et ce, malgré le désistement pur et simple de l'appelant. Il n'importe que cet appel incident ait été formé après que le désistement est intervenu et a été accepté par les parties contre lesquelles était dirigé l'appel provoqué. • Civ. 3e, 4 juin 1986, n° 84-12.976 P : *Gaz. Pal. 1987. 1. Somm. 172, obs. Croze et Morel.*

15. Caducité de l'appel principal. L'appel incident formé par la partie intimée à la partie appelante dont la déclaration d'appel encourt la caducité, faute de signification de ses conclusions d'appel dans le délai requis, ne peut faire échec à la caducité de la déclaration d'appel prévue par l'art. 908. • Civ. 2e, 13 nov. 2014, n° 13-24.142 P. ♦ L'appel incident, peu important qu'il ait été interjeté dans le délai pour agir à titre principal, ne peut être reçu en cas de caducité de l'appel principal qui entraîne l'extinction de l'instance d'appel. • Civ. 2e, 13 mai 2015, n° 14-13.801 P : *D. actu. 1er juin 2015, obs. Kebir ; D. 2015. Actu. 1106 ; ibid. 1423, note Bléry et Raschel ; ibid. Chron. C. cass. 1791, obs. Adida-Canac, Vasseur et de Leiris ; ibid. 2016. 449, obs. Fricero ; Gaz. Pal. 22 sept. 2015, p. 9, note Hoffschir ; ibid. 16 juin 2015, p. 16, note Pellerin* • 12 mai 2016, n° 15-18.906 • 7 avr. 2016, n° 15-12.770.

Art. 551 **L'appel incident ou l'appel provoqué est formé de la même manière que le sont les demandes incidentes.**

1. Appel dirigé contre une partie présente à l'instance d'appel. L'appel incident est notifié dans la forme des notifications entre avoués (auj. avocats). • Civ. 2e, 14 déc. 1981, n° 80-15.816 P : *Gaz. Pal. 1982. 1. 210, note Viatte.* ♦ Aucun texte n'interdit de notifier par le même acte une constitution d'avoué (auj. avocats) et un appel incident. • Même arrêt.

2. La disposition de l'art. 551 n'exclut pas la possibilité de former un appel incident dans les mêmes formes que l'appel principal. • Soc. 21 mars 2000, n° 97-45.780 : *Procédures 2000, n° 139, obs. Perrot.*

3. Appel dirigé contre une partie non présente à l'instance d'appel. L'appel incident contre une partie défaillante doit, à peine d'irrecevabilité, être formé par voie d'assignation. • Civ. 2e, 13 mars 1996, n° 94-14.278 P • Soc. 9 avr. 1987, n° 84-43.206 P • Civ. 2e, 23 mars 1994, n° 92-19.059 P. ♦ Même solution pour l'appel provoqué dirigé contre des personnes non parties en cause d'appel. • Paris, 17 févr. 1982 : *Bull. ch. avoués 1982. 4. 1204.* ♦ L'appel provoqué à jour fixe est recevable sur un appel principal à jour fixe, sans que l'appelant provoqué ait à dénoncer en tête de sa propre assignation celle qui lui a été signifiée par l'appelant principal. • Paris, 20 mars 1984 : *Bull. ch. avoués 1984. 4. 125.*

4. Indépendance de procédure. Est irrecevable l'appel incident fondé sur un appel principal limité, alors, d'une part, que cet appel incident a été régularisé non par simple acte d'avoué à avoué (auj. avocat à avocat) ou par conclusions écrites, mais par déclaration au greffe de la cour et que, d'autre part, cet appelant incident s'est fait autoriser à assigner à jour fixe, ce qui caractérise encore l'indépendance de sa propre procédure. • Paris, 29 avr. 1987 : *Bull. ch. avoués 1987. 2. 69.*

Art. 552 **En cas de solidarité ou d'indivisibilité à l'égard de plusieurs parties, l'appel formé par l'une conserve le droit d'appel des autres, sauf à ces dernières à se joindre à l'instance.**

Dans les mêmes cas, l'appel dirigé contre l'une des parties réserve à l'appelant la faculté d'appeler les autres à l'instance.

La cour peut ordonner d'office la mise en cause de tous les cointéressés. – *V. art. 529.*

BIBL. ▸ PERROT, *Colloque des IEJ, Aix-en-Provence 1963* (appel provoqué et indivisibilité *in* La voie d'appel, *p. 91 s.*). – TISSOT et PERROT, *Gaz. Pal. 1974. 1. Doctr. 408* (effets de l'appel, ouverture quant aux personnes – Journées avoués, *Dijon*). – P. et D. VEAUX, *Mél. Weill 1983, p. 547* (représentation mutuelle des coobligés).

A. NOTION DE SOLIDARITÉ OU D'INDIVISIBILITÉ

1. *Solidarité.* La décision qui rejette une demande de paiement solidaire contre plusieurs défendeurs n'instaure aucune solidarité entre eux. • Civ. 2e, 10 déc. 1986, n° 84-14.165 P. ♦ Il n'y a pas de solidarité quand l'un des codéfendeurs a été mis hors de cause. • Paris, 9 janv. 1979 : *Bull. ch. avoués 1979. 2. 26.*

2. L'art. 552 n'exige pas, pour son application, que les appelants aient des intérêts communs et soutiennent les mêmes moyens. • Civ. 2e, 8 oct. 1986, n° 84-15.842 P.

3. *Indivisibilité.* Il n'existe aucune indivisibilité entre décisions contraires lorsque l'exécution de l'une n'est pas incompatible avec celle de l'autre. • Soc. 4 juin 1984, n° 82-16.499 P. ♦ ... Entre l'action en responsabilité intentée, à la suite d'une collision, par le conducteur du premier véhicule contre le conducteur du second et celle qui est engagée par le passager du premier véhicule contre le conducteur du second. • Civ. 2e, 16 nov. 1977, n° 76-10.084 P. ♦ V. encore • Civ. 3e, 25 oct. 1972, n° 70-14.368 P • 7 déc. 1976, n° 75-13.153 P.

4. Sur l'indivisibilité des procédures en matière de partage successoral, V. : • Civ. 2e, 14 mars 1979, n° 77-14.250 P : *Gaz. Pal. 1979. 2. 420, note Viatte.* ♦ ... En matière de procédures collectives, V. : • Com. 17 déc. 1980, n° 79-14.397 P • 22 févr. 1983, n° 81-15.473 P. ♦ Sur l'indivisibilité entre covendeurs, en cas d'action en résolution d'une vente pour défaut de paiement du prix, V. : • Civ. 3e, 30 nov. 1977, n° 76-11.980 P.

5. *Office du juge.* Lorsque aucune condamnation n'a été prononcée en première instance, la cour d'appel doit, pour faire application de l'art. 552, caractériser l'existence d'une solidarité ou d'une indivisibilité. • Civ. 3e, 26 mai 1992, n° 90-16.619 P.

6. Sur la nécessité, pour la cour d'appel, de caractériser l'existence d'une solidarité ou d'une indivisibilité, V. : • Civ. 2e, 18 sept. 2003, n° 01-14.826 P.

7. *Renvoi.* Sur la notion de solidarité ou d'indivisibilité, V. aussi notes ss. art. 529.

B. EFFET DE LA SOLIDARITÉ OU DE L'INDIVISIBILITÉ

a. Solidarité ou indivisibilité entre les appelants

8. *Sauvegarde du droit d'appel.* Dans un litige indivisible, tous les créanciers, y compris ceux dont la créance est inférieure au taux du dernier ressort, sont recevables à interjeter appel. • Civ. 3e, 4 févr. 1971, n° 69-11.046 P : *JCP 1972. II. 16980, note Dagot et Spiteri.*

9. *Renvoi de cassation.* Une cour d'appel statuant sur renvoi après cassation ne peut déclarer irrecevable la demande formée devant elle par une partie condamnée solidairement avec une autre au paiement d'une certaine somme, au motif que cette partie n'est pas appelante du jugement déféré et n'est pas non plus appelante incidente, alors que cette partie s'était jointe à l'instance d'appel qui se poursuit. • Civ. 2e, 20 janv. 2005, n° 03-13.607 P : *D. 2005. IR 456 ; Procédures 2005, n° 83, obs. Perrot ; D. 2005. IR 456.* ♦ Le codébiteur *in solidum* est recevable en son intervention devant la cour d'appel de renvoi, après cassation d'un arrêt en toutes ses dispositions, dès lors qu'il s'est associé au pourvoi de ses co-obligés par un premier pourvoi, peu important le constat de la déchéance de celui-ci, et qu'un second pourvoi formé par lui contre le même arrêt a seulement été déclaré irrecevable. • Com. 13 janv. 2009, n° 08-11.992 P : *D. 2009. AJ 376, note Avena-Robardet.*

10. *Conséquence de l'absence d'appel en cas de connexité.* Si un codébiteur solidaire néglige de relever appel du jugement l'ayant condamné en première instance ou de se joindre au recours recevable formé par son consort, ce jugement a force de chose jugée contre lui-même s'il est réformé sur l'appel du codébiteur. • Com. 9 avr. 2002, n° 99-19.600 : *Procédures 2002, n° 111, note Perrot ; Dr. et pr. 2002. 322.*

b. Solidarité ou indivisibilité entre les intimés

11. *Sauvegarde de la faculté d'intimé.* En cas de solidarité ou d'indivisibilité à l'égard de plusieurs parties, l'appel dirigé contre l'une d'elles réserve à l'appelant la faculté d'appeler les autres à l'instance • Civ. 3e, 23 juin 1999, n° 97-22.607 P : *JCP 2000. II. 10260, note du Rus-*

quec • Civ. 2e, 19 mars 1980, n° 78-16.185 : *Gaz. Pal. 1980. 2. 568, note Viatte.* ♦ Rappr. • Civ. 2e, 22 oct. 1981 : *inédit ; Gaz. Pal. 1982. 1. 58, note Viatte.* ♦ En cas de bail consenti par deux copropriétaires, le locataire qui a régulièrement interjeté appel contre l'un est recevable à intimer l'autre après expiration du délai de recours. • Civ. 3e, 29 juin 1976, n° 75-13.579 P.

12. Ayant retenu que le litige opposant les parties était indivisible et que la déclaration d'appel du 11 sept. 2013, en tant qu'elle avait été formée contre « l'Établissement public, Trésor public » et non contre l'Agent judiciaire de l'État, seul habilité à représenter l'État devant les juridictions de l'ordre judiciaire, était affectée d'une irrégularité de fond, puis, exactement retenu que l'art. 552 permettait à un appelant, dès lors que son appel était recevable à l'égard d'au moins une partie et que l'instance était encore en cours, d'appeler les autres parties à la cause après l'expiration du délai pour interjeter appel, la cour d'appel en a exactement déduit que le second appel formé le 5 mai 2014 contre l'Agent judiciaire de l'État était recevable. • Civ. 2e, 7 sept. 2017, n° 16-20.463 P : *D. actu. 21 sept. 2017, obs. Laffly ; RLDC oct. 2017, p. 36, obs. Boccara.* ♦ La seconde déclaration d'appel, formée par l'appelant pour appeler à la cause les parties omises dans sa première déclaration d'appel, régularise l'appel sans créer une nouvelle instance, laquelle demeure unique. • Civ. 2e, 19 nov. 2020, n° 19-16.009 : *D. actu. 8 janv. 2021, note Lhermitte ; D. 2021. 543, obs. Fricero.* ♦ Dans un litige où l'objet est indivisible, c'est à bon droit qu'une cour d'appel statue au regard des dernières conclusions, sans se référer à d'autres conclusions, et peu important que l'appelant ait formé successivement deux appels et qu'une jonction d'instances ait postérieurement été prononcée • Même arrêt.

13. Possibilité d'un nouvel appel principal (non). Il résulte de l'art. 552, al. 2, qu'en cas de solidarité ou d'indivisibilité à l'égard de plusieurs parties, l'appel dirigé contre l'une des parties réserve à l'appelant la faculté d'appeler les autres parties à l'instance. Cette faculté, qui est limitée au cas où la recevabilité de l'appel est conditionnée à l'appel en cause de toutes les parties à l'instance, permet à l'appelant, par une nouvelle déclaration d'appel, d'étendre l'intimation aux parties omises dans la déclaration d'appel initiale. Elle ne l'autorise pas à former un nouvel appel principal du même jugement à l'égard de la même partie, sauf à méconnaître les dispositions de l'art. 911-1, al. 3, dans sa rédaction issue du Décr. n° 2017-891 du 6 mai 2017. • Civ. 2e, 30 sept. 2021, n° 19-24.580 P : *D. actu. 14 oct. 2021, note Laffly ; D. 2021. 1818 ; JCP 2021. 1198, note Lhermitte ; Gaz. Pal. 19 oct. 2021, p. 41, obs. Berlaud ; ibid. 18 janv. 2022, p. 63, note Habu Groud.*

14. Irrecevabilité de l'appel. L'art. 552, al. 2, ne peut recevoir application que si l'instance d'appel introduite dans le délai est toujours en cours, ce qui n'est pas le cas lorsque l'appel a été déclaré irrecevable par une décision irrévocable. • Civ. 2e, 15 avr. 1981, n° 80-10.228 P : *Gaz. Pal. 1981. 2. 614, note Viatte.*

15. Office du juge. En enjoignant à l'un des héritiers d'une partie de mettre en cause ses coïndivisaires, le juge ne fait qu'user de la faculté que lui donne l'art. 552, al. 3. • Soc. 28 avr. 1994, n° 90-44.756 P.

16. Renvoi. V. aussi art. 553 et les notes.

Art. 553 **En cas d'indivisibilité à l'égard de plusieurs parties, l'appel de l'une produit effet à l'égard des autres même si celles-ci ne se sont pas jointes à l'instance ; l'appel formé contre l'une n'est recevable que si toutes sont appelées à l'instance.**

1. Notion d'indivisibilité. V. notes ss. art. 552 et ss. art. 529.

A. INDIVISIBILITÉ ENTRE LES APPELANTS

2. Assurance. Les condamnations *in solidum* de l'assureur et de son assuré à intégralement indemniser une victime de ses préjudices consécutifs à un accident de la circulation ne sont pas indivisibles. Dès lors, l'infirmation du jugement de condamnation sur le seul appel de l'assuré ne peut produire effet à l'égard de l'assureur dont l'appel est déclaré irrecevable. • Civ. 2e, 7 janv. 2016, *n° 14-13.721 P : D. actu. 19 janv. 2016, obs. Kebir ; JCP 2016. 72, obs. Tirvaudey.* ♦ Mais l'assureur, contre lequel l'action directe a été exercée par la victime d'un sinistre, ayant relevé appel du jugement constatant la responsabilité de son assuré, la cour d'appel ne peut, en vertu du caractère indivisible du litige, s'abstenir de se prononcer sur les moyens articulés par l'assureur pour contester cette responsabilité en faisant valoir que l'assuré ne s'est pas associé à ce recours. • Civ. 1re, 12 oct. 2004, n° 00-17.367 P : *D. 2004. IR 3035.*

3. Indivision. L'appel formé par certains indivisaires produit effet à l'égard des autres du fait de l'indivisibilité entre toutes les parties. • Civ. 3e, 19 juin 2002, n° 00-21.869 P.

4. Saisie immobilière. En matière de procédure de saisie immobilière, il existe un lien d'indivisibilité entre tous les créanciers, de sorte qu'en application de l'art. 553 C. pr. civ., l'appel de l'une des parties à l'instance devant le juge de l'exécution, fût-il limité à la contestation de la créance du créancier poursuivant, doit être formé contre toutes les parties à l'instance, à peine d'irrecevabilité de l'appel. • Civ. 2e, 21 févr. 2019, n° 17-31.350 P : *cité note 3 ss. art. 444.*

B. INDIVISIBILITÉ ENTRE LES INTIMÉS

5. Irrecevabilité. Si, lorsque la matière est indivisible, l'appel interjeté en temps utile contre l'une des parties conserve le droit de l'appelant vis-à-vis des autres et couvre l'irrégularité ou la tardiveté d'intimation, encore faut-il que tous les intéressés aient été mis en cause devant la juridiction d'appel. • Com. 28 avr. 1998, n° 96-18.741 P.

6. La liquidation des biens d'une société commerciale ayant été prononcée par un jugement, sur assignation de quatre créanciers, l'appel formé par la société doit être déclaré irrecevable en raison du caractère indivisible du jugement de liquidation des biens dès lors qu'elle n'a intimé que deux de ces créanciers. • Com. 22 mai 1978, n° 76-15.606 P.

7. Il existe un lien d'indivisibilité au sens de l'art. 553, en matière de vérification du passif, entre le créancier, le débiteur et le mandataire judiciaire, de sorte que, lorsque l'appel contre une décision d'admission du juge-commissaire est formé par le débiteur seul, il lui appartient d'intimer non seulement le créancier, mais aussi le mandataire judiciaire, sans pouvoir s'en dispenser en invoquant une prétendue communauté d'intérêts qui l'unirait à ce dernier. • Com. 29 sept. 2015, n° 14-13.257 P : *D. 2015. Actu. 2007* ; *D. actu. 14 oct. 2015, obs. Delpech* ; *Gaz. Pal. 22 déc. 2015, p. 34, obs. Théron* ; *ibid. 22 oct. 2015, p. 23, note Berlaud* ; *ibid. 19 janv. 2016, p. 58, obs. Fricero* ; *Dr. sociétés 2015, n° 220, note Legros* ; *Procédures 2015, n° 367, note Rolland* • 15 nov. 2016, n° 14-29.885 P : *D. 2016. AJ 2334* ; *RTD com. 2017. 181, obs. Martin-Serf*. ♦ Ayant constaté que l'appel formé à l'encontre d'une ordonnance de vérification et d'admission des créances du juge commissaire sans intimer le mandataire judiciaire, partie indivisible à la procédure de redressement judiciaire, et retenu que la signification de la déclaration d'appel et des conclusions effectuée par l'appelant au mandataire judiciaire n'avait pu entraîner une régularisation, c'est donc à bon droit que la cour d'appel a déclaré que l'appel, dans une matière où l'objet est indivisible, était irrecevable. • Civ. 2e, 2 juill. 2020, n° 19-14.855 P : *D. actu. 8 janv. 2021, note Lhermitte* ; *Rev. prat. rec. 2020. 7, obs. Cholet et Salati.*

8. Relevé d'office. Doit être relevée d'office l'irrecevabilité de l'appel formé contre l'une des parties seulement à l'égard desquelles la matière est indivisible. • Civ. 2e, 28 mai 1990, n° 88-15.257 P. ♦ Sur le caractère d'ordre public de l'irrecevabilité : • Civ. 1re, 8 févr. 2017, n° 15-26.133 P.

Art. 554 **Peuvent intervenir en cause d'appel dès lors qu'elles y ont intérêt les personnes qui n'ont été ni parties, ni représentées en première instance ou qui y ont figuré en une autre qualité.**

BIBL. ► GIVERDON et AVRIL, *Gaz. Pal. 1986. 1. Doctr. 121* (intervention en appel). – PERROT et TISSOT, *Gaz. Pal. 1974. I. Doctr. 408* (effet de l'appel, ouverture quant aux personnes). – RENARD, *Gaz. Pal. 21-22 mai 1993. Doctr. 6.* – TERRÉ, *Colloque des IEJ, Aix-en-Provence 1963, p. 113* (intervention en appel). – VINCENT, *D. 1973. Chron. 179* (dimensions nouvelles de l'appel civil).

A. CONDITIONS DE L'INTERVENTION VOLONTAIRE EN CAUSE D'APPEL

a. N'avoir été ni parties, ni représentés en première instance

1. Notion de tiers. Le représentant d'une société appelante peut intervenir en appel du moment qu'il le fait en une qualité différente de celle en laquelle il avait interjeté appel. • Com. 3 févr. 1981, n° 77-10.718 P : *Gaz. Pal. 1981. 2. Pan. 198.*

2. Le preneur à bail peut intervenir en appel et demander la nullité du congé. • Civ. 3e, 18 févr. 2009, n° 08-10.919 : *AJDI 2009. 724, obs. Prigent* ; *Procédures 2009, n° 154, note Junillon.*

3. A défaut d'avoir été appelé en première instance, l'administrateur judiciaire, par son intervention volontaire, permet la régularisation de la procédure, de sorte que l'appel interjeté contre une décision d'ouverture de redressement judiciaire à l'égard d'un associé en nom collectif contre le seul représentant des créanciers est recevable. • Com. 3 déc. 2003, n° 01-00.485 P : *D. 2004. IR 139*.

4. L'art. 554 ne peut s'appliquer qu'aux tiers qui n'ont été ni parties, ni représentés en première instance ou qui y ont figuré sous une autre qualité, et ne saurait certainement pas concerner et être invoqué par les coïndivisaires qui ont omis, volontairement ou non, d'agir en première instance, dans la mesure où ils n'ont manifestement pas la qualité de tiers exigée. • Paris, 13 sept. 1996 : *Procédures 1997, n° 8, note Croze.* ♦ N'a pas la qualité de tiers l'indivisaire qui intervient en cause d'appel dans l'instance engagée par son coïndivisaire qui a obtenu en première instance la condamnation à une indemnité d'occupation d'un tiers occupant sans droit l'immeuble indivis et son expulsion, dès lors que son intervention qui tendait aux mêmes fins, et avait été faite avant que le coïndivisaire ne se désiste de son appel, s'analysait en une demande accessoire à la demande originaire. • Civ. 2e, 29 nov. 1978, n° 76-14.697 P.

5. Renvoi. Sur la notion de tiers, V. note ss. art. 583.

b. Avoir intérêt

6. Pouvoir souverain. L'appréciation de l'intérêt à agir de l'intervenant volontaire et du lien suffisant qui doit exister entre ses demandes et les prétentions originaires relève du pouvoir souverain des juges du fond. • Cass., ch. mixte, 9 nov. 2007, n° 06-19.508 P. ♦ V. déjà : • Civ. 3e, 20 janv. 1976, n° 74-13.290 P • 1er févr. 1978, n° 76-14.147 P : *D. 1979. IR 509, obs. Julien* • 9 oct. 1991, n° 89-13.299 P.

7. A intérêt à intervenir le tiers qui pourrait être ultérieurement recherché en qualité d'héritier de la caution. • Civ. 1re, 7 mars 1989, n° 86-19.609 P. ♦ ... Le propriétaire d'un brevet dans une action en contrefaçon. • Com. 11 janv. 2000, n° 97-10.838 P.

8. Droit propre. La représentation des copropriétaires par le syndicat des copropriétaires dans une instance concernant des parties communes n'exclut pas qu'un copropriétaire, titulaire d'un droit de jouissance privatif sur ces parties communes, dispose d'un droit propre échappant à sa représentation par le syndicat. • Civ. 3e, 16 oct. 2013, n° 12-23.793 P : *Rev. loyers 2013, p. 510, note Déchelette-Tolot ; Loyers et copr. 2014, n° 32, obs. Vigneron ; Administrer 1/2014, p. 44, note Bouyeure ; Procédures 2014, n° 2, note Perrot.*

9. Est irrecevable l'intervention d'une société qui, représentée en première instance, n'invoque, devant la cour d'appel, aucun droit propre distinct. • Civ. 3e, 18 mai 1988, n° 97-10.838 P.

10. Renvoi. Sur l'intérêt, V. notes ss. art. 325, 329 et 330.

c. L'existence d'un lien suffisant entre l'intervention et les prétentions

11. Principe. Peuvent intervenir en cause d'appel, dès lors qu'elles y ont intérêt, les personnes qui n'ont été ni parties ni représentées en première instance ou qui y ont figuré en une autre qualité, à condition que l'intervention se rattache aux prétentions des parties par un lien suffisant. • Civ. 2e, 15 janv. 2004, n° 02-10.745 P : *D. 2004. IR 539 ; RTD civ. 2004. 350, obs. Perrot ; Banque et Dr. 3-4/2004. 54, obs. Rontchevsky ; Procédures 2004, n° 72, note Perrot ; Gaz. Pal. 13-15 mars 2005, p. 14, obs. du Rusquec* • Civ. 1re, 10 janv. 2006, n° 03-17.839 P. ♦ Sont irrecevables les interventions volontaires en cause d'appel qui ont pour objet de demander des condamnations personnelles non *soumises aux premiers juges*. • Civ. 1re, 11 juill. 2018, n° 17-18.177 P.

12. Pouvoir souverain. L'appréciation de l'intérêt à agir de l'intervenant volontaire et du lien suffisant qui doit exister entre ses demandes et les prétentions originaires relève du pouvoir souverain des juges du fond. • Cass., ch. mixte, 9 nov. 2007, n° 06-19.508 P • Civ. 3e, 9 oct. 1991, n° 89-13.299 P.

13. Évolution du litige (non). Il n'y a pas lieu de rechercher si une évolution du litige est intervenue en cause d'appel, cette condition n'étant pas prévue par la loi. • Civ. 2e, 15 janv. 2004, n° 02-10.745 P : *préc. note 11.* ♦ La recevabilité de l'intervention volontaire n'est pas subordonnée à l'évolution du litige. • Civ. 2e, 29 mars 1979, n° 77-12.062 P : *RTD civ. 1980. 424, obs. Perrot.* ♦ Mais si, en principe, un tiers ne peut intervenir en appel pour demander la condamnation personnelle de l'une des parties, il en va autrement lorsque l'évolution du litige fonde cette intervention. • Civ. 1re, 11 janv. 1983, n° 80-14.950 P : *Gaz. Pal. 1983. 1. Somm. 138, obs. S. G. ; RTD civ. 1983. 392.* ♦ Sur la notion d'évolution du litige, V. notes ss. art. 555.

B. EFFETS DE L'INTERVENTION VOLONTAIRE EN CAUSE D'APPEL

14. Intervention à titre accessoire. L'art. 554 ne permet pas à l'intervenant en cause d'appel de soumettre un litige nouveau et de demander des condamnations personnelles n'ayant pas subi l'épreuve du premier degré de juridiction. • Civ. 2e, 11 juin 1975, n° 73-14.233 P • 11 mars 1981, n° 79-16.775 P : *RTD civ. 1981. 907, obs. Perrot* • 22 févr. 1984, n° 82-15.231 P : *D. 1984. IR 242, obs. Julien.* ♦ Le tiers ne peut donc demander, par voie d'intervention en appel, réparation du préjudice personnel que lui ont occasionné les faits débattus en première instance. • Mêmes arrêts. – V. aussi • Com. 4 janv. 1984, n° 82-12.056 : *Gaz. Pal. 1985. 1. 118, note du Rusquec ; RTD civ. 1984. 776, obs. Perrot.*

15. Le litige n'est pas nouveau lorsque la défense procède directement de la demande originaire et tend aux mêmes fins. • Civ. 2e, 9 juill. 1986, n° 85-10.750 P : *Gaz. Pal. 1987. 1. Somm. 275, obs. C. et M.* ♦ V. aussi pour la demande présentée par une compagnie d'assurance portant sur la même créance que celle qui avait été présentée par une autre compagnie en première instance. • Civ. 2e, 17 oct. 2002, n° 01-02.414 P : *Gaz. Pal. 30 mars-1er avr. 2003, p. 31, obs. du Rusquec.*

16. L'intervenant ne soumet pas un litige nouveau lorsque la demande à laquelle il s'associe avait été déclarée irrecevable en première instance, ce qui avait exclu son examen au fond. • Civ. 2e, 14 janv. 1987, n° 84-17.714 : *Gaz. Pal. 1987. 1. Pan. 59.*

17. L'intervention en cause d'appel d'un tiers payeur non partie ni représenté en première instance, en vue d'obtenir le remboursement des prestations qu'il a versées à la victime d'un accident de la circulation, ne soumet pas à la cour d'appel un litige nouveau. • Civ. 2e, 4 mars 1999, n° 97-10.888 P.

18. Lorsque a été soumis aux premiers juges, par un salarié, un manquement de l'employeur aux dispositions légales relatives au travail à temps partiel, l'intervention en cause d'appel d'un syndicat poursuivant la réparation du préjudice causé par le même manquement à la profession dont il défend les intérêts ne soumet pas à la cour d'appel un litige nouveau. • Soc. 7 juill. 2004, n° 02-40.955 P : *D. 2004. IR 2345*.

19. L'intervention volontaire en cause d'appel étant subordonnée à la seule existence d'un intérêt pour celui qui la forme et d'un lien suffisant avec les prétentions originaires souverainement appréciés par les juges du fond, les attributaires de pavillons, y compris ceux qui n'auraient pas encore accédé à la propriété de leurs pavillons, sont recevables à intervenir en appel au litige opposant promoteur et constructeur et à demander réparation des troubles de jouissance dus aux désordres dénoncés. • Civ. 3e, 9 oct. 1991, n° 89-13.299 P. ♦ V. déjà, sur le même motif de principe, pour admettre l'intervention de l'assureur, subrogé dans les droits de son assuré, et qui reprend à son compte les prétentions de ce dernier : • Civ. 3e, 1er juill. 1987, n° 86-10.251 P • 25 oct. 1989, n° 87-15.533 P.

20. Exclusion de la tierce opposition. Tant que l'affaire est, en son entier, pendante devant la cour, la voie de l'intervention est, à l'exclusion de la tierce opposition, seule ouverte aux personnes étrangères à l'instance. • Soc. 31 mai 1989, n° 87-43.538 : *RTD civ. 1990. 150, obs. Perrot*.

Art. 555 **Ces mêmes personnes peuvent être appelées devant la cour, même aux fins de condamnation, quand l'évolution du litige implique leur mise en cause.** – *C. pr. civ. art. 68, 327 et 331 s.*

BIBL. ▶ Gisser-Pierrard, *JCP 1978. I. 2888.* – Légier, *D. 1978. Chron. 151.* – Maria, *Gaz. Pal. 1984. 1. Doctr. 255.* – Perrot, *obs. RTD civ. 1977. 832 ; ibid. 1979. 203 ; ibid. 1980. 425 ; ibid. 1983. 394 ; ibid. 1985. 621 ; ibid. 1989. 623.* – V. aussi Bibl. ss. art. 554.

A. DOMAINE

1. L'art. 555 est applicable à l'appel des ordonnances de référé. • Civ. 1re, 24 oct. 1979, n° 77-12.556 P : *RTD civ. 1980. 425, obs. Perrot.*

2. Il est également applicable aux cas d'appel en déclaration d'arrêt commun. • Civ. 1re, 28 mars 1977, n° 75-14.892 P : *D. 1977. IR 409, obs. Julien ; RTD civ. 1977. 832, obs. Perrot* • Civ. 3e, 8 nov. 1977, n° 76-10.455 P.

3. Les dispositions de l'art. R. 516-2 [devenu R. 1452-7] C. trav. relatives à la recevabilité des demandes nouvelles même en appel, sans que puisse être opposée l'absence de tentative de conciliation, n'excluent pas l'application des dispositions de l'art. 555 NCPC [devenu C. pr. civ.] quant à la recevabilité de l'intervention forcée en cause d'appel. • Soc. 20 déc. 2006, n° 04-48.256 P.

4. Une partie, qui a été appelée à la procédure en première instance, ne peut être intimée par la voie de l'intervention forcée en appel qui est réservée à la mise en cause des tiers. • Civ. 2e, 13 juill. 2005, n° 01-11.798 P.

5. Renvoi. Sur les conditions de recevabilité de l'intervention forcée en général, V. notes ss. art. 331 et 332. ♦ Pour l'incidence de l'évolution du litige sur la recevabilité de l'intervention volontaire en cause d'appel, V. notes ss. art. 554. ♦ Sur l'incidence de l'évolution du litige sur la recevabilité des demandes nouvelles, V. art. 564 et les notes.

B. NOTION D'ÉVOLUTION DU LITIGE

1° DÉFINITION

6. L'évolution du litige impliquant la mise en cause d'un tiers devant la cour d'appel, au sens de l'art. 555, n'est caractérisée que par la révélation d'une circonstance de fait ou de droit, née du jugement ou postérieure à celui-ci, modifiant les données juridiques du litige. • Cass., ass. plén., 11 mars 2005, n° 03-20.484 P : *D. 2005. 2368, note Fischer ; Procédures 2005, n° 118, obs. Perrot ; Gaz. Pal. 16-17 mars 2005, p. 39 ; BICC 1er juin 2005, p. 17, rapp. Betch, avis Cedras ; RTD civ. 2005. 455, obs. Perrot* • Civ. 2e, 28 févr. 2006, n° 03-19.125 P : *D. 2006. IR 810 ; Gaz. Pal. 6-7 juill. 2007, p. 28, note E. du Rusquec* • Civ. 3e, 8 mars 2006, n° 05-12.543 P : *D. 2006. IR 1247* • Civ. 1re, 30 oct. 2006, n° 03-19.595 P • Cass., ch. mixte, 9 nov. 2007, n° 03-19.508 P • Civ. 2e, 23 juin 2011, n° 10-20.563 P. ♦ Comp. : • Civ. 2e, 6 mai 1999, n° 97-14.539 P : *D. 1999. IR 150*. ♦ V. également : • Civ. 2e, 23 sept. 1999, n° 96-22.753 P.

7. L'évolution du litige implique l'existence d'un élément nouveau, révélé par le jugement ou survenu postérieurement à celui-ci et impliquant la mise en cause. • Civ. 2e, 31 janv. 1990, n° 88-14.263 P • Com. 19 mars 1991, n° 89-14.701. ♦ Tel est le cas d'un élément intervenu postérieurement à l'instance devant les premiers juges et modifiant les données du litige. • Civ. 1re, 22 févr. 1983, n° 82-11.004 P.

8. Moment d'appréciation. L'évolution du litige s'apprécie à la date de la clôture des débats de première instance, V. : • Civ. 3e, 8 avr. 1999, n° 96-18.520 P.

2° APPLICATIONS

a. Existence

9. Modification de jurisprudence. Peut provoquer une évolution du litige au sens de l'art. 555 la modification de la jurisprudence survenue depuis la décision des premiers juges. • Civ. 1re, 15 janv. 1985, n° 83-14.058 P : *D. 1985. IR 265, obs. Julien ; Gaz. Pal. 1985. 2. Somm. 172, obs. C. et M. ; RTD civ. 1985. 621, obs. Perrot.* ♦ ... La modification en appel de la vision juridique des faits (accident de travail en accident de trajet). • Lyon, 2 avr. 1974 : *JCP 1975. IV. 10.*

10. Modification de la position juridique d'une partie. Autorise l'une des parties à mettre un tiers en cause ou à l'appeler en garantie la modification en appel de la position juridique de l'autre partie, tel le refus par l'assureur de prendre en charge la condamnation prononcée en première instance. • Civ. 3e, 8 juin 1982 : *Bull. civ. II, n° 147.* ♦ ... Le fait que le défendeur conteste pour la première fois en appel être le commettant de l'auteur du dommage. • Civ. 2e, 26 févr. 1986, n° 84-16.196 P. ♦ ... La demande reconventionnelle formée en appel. • Civ. 3e, 14 déc. 1977, n° 76-11.294 P • Com. 6 nov. 1984, n° 82-16.298 P : *Gaz. Pal. 1985. 1. Somm. 91, obs. Guinchard.* – V. encore pour une modification de position juridique. • Com. 14 juin 1976, n° 74-13.025 P. ♦ Mais, la simple circonstance d'un changement de stratégie de défense d'une caution (décidant en appel d'invoquer la nullité du cautionnement) ne correspond à aucune évolution du litige dès lors que tous les éléments étaient connus dès l'assignation. • Versailles, 1er juin 2001 : *Gaz. Pal. 26-27 juill. 2002, p. 21.*

11. Ouverture d'une procédure collective. Ne constitue pas une évolution du litige au sens de ce texte l'ouverture, après la décision de première instance, d'une procédure collective à l'égard d'une partie. Cette procédure n'est, dès lors, pas de nature à permettre la mise en cause, pour la première fois devant la cour d'appel, de l'assureur de cette partie. • Civ. 2e, 11 févr. 2021, n° 18-16.535 P : *D. actu. 1er mars 2021, note Laffly.* ♦ *Contra* jugeant que l'ouverture, postérieure au jugement, d'une procédure collective contre la partie condamnée constitue, pour son adversaire, une évolution du litige qui rend recevable la mise en cause d'un tiers : • Civ. 1re, 25 mars 1991, n° 89-14.645 P • 25 févr. 1992, n° 89-12.423 P. ♦ Rappr. • Civ. 1re, 15 mars 1978, n° 76-13.166 P : *RTD civ. 1979. 203* • Civ. 3e, 14 janv. 1987, n° 85-13.261 : *Gaz. Pal. 1987. 2. Somm. 334, obs. Croze et Morel.* ♦ Comp. : • Civ. 2e, 8 avr. 2004, n° 02-14.746 P.

12. Nouvelles nuisances. De nouvelles nuisances, survenues postérieurement au premier *jugement, constituent une évolution* du litige justifiant une demande en réparation en cause d'appel. • Civ. 2e, 19 févr. 2009, n° 07-19.504 P.

13. Connaissance nouvelle d'un fait antérieur. Constitue un élément nouveau engendrant évolution du litige le cas de faits nouveaux révélés par l'expertise ordonnée en appel. • Civ. 1re, 6 déc. 1977, n° 76-12.855 P. ♦ ... Ou par des procès-verbaux d'enquête qui n'ont pu être produits qu'en cause d'appel. • Civ. 1re, 27 oct. 1981, n° 80-12.989 P. ♦ Pour la révélation, postérieurement au jugement entrepris et modifiant les données du litige, qu'une personne avait été la signataire d'un contrat de bail litigieux, V. • Civ. 3e, 3 juin 2004, n° 03-10.114 P.

b. Absence

14. Éléments déjà connus. Il ne peut être prétendu à une évolution du litige lorsque les éléments dont se prévaut le demandeur en intervention étaient déjà connus en première instance. • Civ. 1re, 22 févr. 1983, n° 82-11.004 P • 24 janv. 1984, n° 82-15.393 P • Civ. 2e, 16 juin 1993, n° 91-20.832 P. ♦ ... Lorsque la victime connaissait dès l'origine le rôle du tiers appelé en cause dans la réalisation du dommage. • Civ. 2e, 30 juin 1982, n° 81-12.589 P. ♦ Rappr. : • Civ. 2e, 9 janv. 2003, n° 00-22.188 P. ♦ ... Lorsque la mise en cause est fondée sur un rapport d'expertise amiable versé aux débats devant le premier juge. • Civ. 2e, 27 oct. 1982, n° 81-11.250 P. ♦ V. égal. : • Civ. 3e, 31 mai 1978, n° 77-10.955 P. ♦ L'évolution du litige autorisant une intervention forcée en cause d'appel n'est pas caractérisée lorsque dès le début du litige la responsabilité de tiers a été invoquée ; le fait qu'une deuxième expertise les ait expressément mis en cause, contrairement à une première expertise excluant leur responsabilité, ne justifie pas leur intervention forcée pour la première fois en cause d'appel. • Civ. 2e, 23 nov. 2006, n° 06-10.942 P : *D. 2007. AJ 231 ; Procédures 2007, n° 89, obs. Croze.* ♦ Pas d'évolution du litige pour le preneur à bail commercial disposant, dès la première instance, des éléments lui permettant d'orienter la procédure comme il l'estimait nécessaire, dès lors qu'il était constaté qu'il avait découvert, au cours de la première instance l'opposant à son bailleur, que l'affectation commerciale des locaux n'était régulière que pour une partie d'entre eux. • Cass., ch. mixte, 9 nov. 2007, n° 03-19.508 P.

15. La mise en liquidation judiciaire étant opposable à tous dès sa publication, le seul fait qu'un appelant en intervention n'ait pris connaissance qu'au cours de l'instance d'appel d'une liquidation prononcée avant le jugement dont appel ne constitue pas une évolution du litige lui permettant d'assigner un tiers en garantie pour la première fois devant la juridiction du second degré. • Civ. 3e, 28 janv. 2009, n° 07-19.240 P : *D. 2009. AJ 505 ; RTD civ. 2009. 368, obs. Perrot.* ♦ V. déjà : • Civ. 3e, 17 mars 1993, n° 91-19.271 P • 14 mars 1990, n° 88-15.231 P • 17 juin 1998, n° 96-17.643 P.

16. Lorsqu'une partie a demandé, devant le premier juge, la condamnation d'une autre partie, celle-ci dispose dès ce moment des éléments nécessaires pour apprécier l'opportunité d'un appel en garantie d'une troisième personne, elle-même partie à l'instance. • Civ. 2e, 31 janv. 1990, n° 88-14.263 P • 26 oct. 1994, n° 92-13.478 P. ♦ Il en est de même en cas d'une variation de moyens invoqués au cours de la procédure de première instance. • Civ. 1re, 22 mars 1977, n° 75-12.213 P.

17. Condamnation d'une partie. La condamnation d'une partie, en conséquence de demandes dont elle avait connaissance, ne peut être considérée comme une évolution du litige au sens de l'art. 555 ; est donc irrecevable devant la cour l'appel en garantie, par ladite partie, de son assureur. • Civ. 1re, 11 avr. 1995, n° 93-16.147 P.

18. N'est pas un élément nouveau la situation née de la décision avant-dire droit du juge du second degré estimant qu'il n'est pas possible, en l'absence de l'entreprise d'étanchéité, de statuer sur la responsabilité de l'entrepreneur, seul assigné en première instance. • Civ. 3e, 1er févr. 1989, n° 98-16.244 P : *RTD civ. 1989. 623, obs. Perrot.* ♦ De même, la décision prise en première instance par le juge des référés ne peut constituer l'évolution du litige requise par l'art. 555. • Paris, 23 mai 2001 : *BICC 2002, n° 123.*

19. Défaut en première instance. Le seul fait de comparaître en cause d'appel après avoir fait défaut en première instance n'implique pas une évolution du litige au sens de l'art. 555. • Com. 7 juin 1983, n° 82-12.142 P : *Gaz. Pal. 1983. 2. Pan. 270, obs. Guinchard.* ♦ V. aussi : • Civ. 2e, 8 juin 1979, n° 76-13.226 P : *RTD civ. 1980. 426, obs. Perrot.*

20. Erreur d'une partie. Ne peut constituer une évolution du litige l'erreur commise par une partie qui, en première instance, a assigné en intervention forcée un assureur au lieu d'un autre. • Civ. 2e, 24 oct. 1979, n° 77-15.585 P : *RTD civ. 1980. 426, obs. Perrot.* ♦ ... A assigné une personne qui n'avait pas qualité pour défendre. • Com. 1er févr. 1994, n° 92-14.588 P.

21. Intervention volontaire. Qui suscite une évolution du litige en intervenant volontairement en cause d'appel n'est pas recevable pour autant à assigner un tiers en intervention forcée. • Civ. 2e, 21 nov. 1979, n° 77-14.137 P : *Gaz. Pal. 1980. 1. 186, note Viatte ; RTD civ. 1980. 426, obs. Perrot.*

22. Élément sans incidence sur les données juridiques du litige. Exclusion d'une évolution ne résidant que dans la nature et le coût de réparations. • Cass., ass. plén., 11 mars 2005, n° 03-20.484 P : *D. 2005. 2368, note Fischer ; Procédures 2005, n° 118, obs. Perrot ; Gaz. Pal. 16-17 mars 2005, p. 39 ; BICC 1er juin 2005, p. 17, rapp. Betch, avis Cedras ; RTD civ. 2005. 455, obs. Perrot.* ♦ Insanité d'esprit invoquée n'ayant pas d'incidence sur les données juridiques du litige. • Civ. 1re, 30 oct. 2006, n° 03-19.595 P : *RTD civ. 2007. 321, obs. Hauser.*

23. Évocation. L'évocation décidée sur contredit (auj. appel) ne constitue pas une évolution du litige. • Civ. 2e, 7 juin 2006, n° 04-16.251 P : *D. 2006. IR 1840 ; JCP 2006. I. 183, obs. Serinet ; Gaz. Pal. 1er-2 févr. 2008, p. 25, note du Rusquec ; Dr. et patr., févr. 2007, p. 117, obs. Amrani-Mekki.*

C. SANCTION

24. Parties pouvant invoquer la fin de non-recevoir. La fin de non-recevoir tirée de l'absence d'évolution du litige peut être proposée non seulement par l'appelé en cause mais aussi par toute personne qui y a intérêt. • Civ. 3e, 12 févr. 1992, n° 89-70.423 P : *Gaz. Pal. 1992. 1. Pan. 172.*

25. Office du juge. La fin de non-recevoir tirée de l'absence d'évolution du litige n'étant pas d'ordre public, le juge d'appel ne peut refuser de statuer si aucune des parties ne soulève le moyen. • Civ. 2e, 23 oct. 1991, n° 90-15.150 P. ♦ V. déjà : • Civ. 1re, 10 mai 1977, n° 75-15.647 P • Com. 17 avr. 1980, n° 78-12.579 P. – V. notes ss. art. 125.

26. Irrecevabilité devant la Cour de cassation. Mélangé de fait et de droit, le moyen pris de l'irrecevabilité de l'intervention forcée en cause d'appel ne peut être soulevé pour la première fois devant la Cour de cassation. • Cass., ch. mixte, 16 janv. 1976, n° 73-11.405 P • Civ. 1re, 4 oct. 1977, n° 75-10.473 P.

Art. 556 Les personnes capables de compromettre peuvent renoncer à l'appel. Elles *ne le peuvent que pour les droits* dont elles ont la libre disposition.

Renvoi. V. art. 41.

Art. 557 La renonciation à l'appel ne peut être antérieure à la naissance du litige.

1. Clause de renonciation contractuelle (non). La saisine de la cour d'appel ne peut être limitée par une clause de la convention liant les parties avant la naissance du litige. • Civ. 3e, 12 juill. 1988, n° 86-17.944 P.

2. Renonciation dans requête conjointe (oui). Pour un exemple de renonciation insérée dans la requête conjointe saisissant le premier juge, V. • Civ. 1re, 27 mai 1986, n° 84-14.154 P : *D. 1987. 209, note Gauthier.* ♦ V. art. 57.

Art. 558 La renonciation peut être expresse ou résulter de l'exécution sans réserve d'un jugement non exécutoire.

La renonciation ne vaut pas si, postérieurement, une autre partie interjette elle-même régulièrement appel. — *V. art. 409 et 410.*

Renvoi. V. sur l'acquiescement au jugement les art. 409 et 410 et les notes.

SOUS-SECTION 3 DISPOSITIONS DIVERSES

RÉP. PR. CIV. v° *Appel*, par FERRAND.

DALLOZ ACTION *Droit et pratique de la procédure civile 2022/2023*, n°s 542.311 s., par PELLERIN.

DALLOZ RÉFÉRENCE *Droit et pratique de l'appel 2018/2019*, par D'AMBRA, n°s 111.171 s.

BIBL. ▶ VIATTE, *Gaz. Pal. 1978. 2. Doctr. 305* (amende civile).

Art. 559 En cas d'appel principal dilatoire ou abusif, l'appelant peut être condamné à une amende civile *(Décr. n° 2005-1678 du 28 déc. 2005, art. 77, en vigueur le 1er mars 2006)* « d'un maximum de *(Décr. n° 2017-892 du 6 mai 2017, art. 67)* « 10 000 » € », sans préjudice des dommages-intérêts qui lui seraient réclamés. — *V., formulant le principe général pour toute action en justice, art. 32-1.*

Cette amende, perçue séparément des droits d'enregistrement de la décision qui l'a prononcée, ne peut être réclamée aux intimés. Ceux-ci peuvent obtenir une expédition de la décision revêtue de la formule exécutoire sans que le non-paiement de l'amende puisse y faire obstacle.

L'art. 77 du Décr. n° 2005-1678 du 28 déc. 2005 ne s'applique qu'aux instances introduites et procédures diligentées après le 1er mars 2006 (Décr. préc., art. 87, al. 2).

L'art. 67 du Décr. n° 2017-892 du 6 mai 2017 est applicable dans les îles Wallis-et-Futuna (Décr. préc., art. 72-II).

BIBL. ▶ VIATTE, *Gaz. Pal. 1978. 2. Doctr. 305* (amende civile). — V. également Bibl. ss. art. 32-1.

A. CHAMP D'APPLICATION

1. Appel d'une ordonnance de référé. Par sa généralité, l'art. 559 est applicable à l'appel d'une ordonnance de référé, en ce qu'il autorise la condamnation à une amende civile. • Civ. 2e, 20 juill. 1981, n° 80-13.590 P : *RTD civ. 1982. 197, obs. Normand.* ♦ ... Comme en ce qu'il autorise une condamnation à dommages-intérêts. • Com. 2 mai 1989, n° 87-11.149 P : *RTD civ. 1989. 806, obs. Normand* • Civ. 1re, 4 févr. 1992, n° 89-12.725 P.

2. Recours contre une sentence arbitrale. L'art. 559 est applicable au recours en annulation d'une sentence arbitrale. • Civ. 1re, 23 févr. 1994, n° 92-12.*309 P.* ♦ V. notes ss. art. 1491.

3. L'art. 559 est applicable au recours en annulation d'une sentence arbitrale rendue en France en matière d'arbitrage international, mais en présence d'un recours irrecevable, seule une indemnisation pour procédure abusive au titre de l'art. 32-1 peut être réclamée. • Paris, 6 mai 2004 : *Rev. arb. 2004. 726.*

4. Pluralité d'appels. Une cour d'appel, qui a été saisie de deux appels, peut retenir que les appels interjetés contre chacun des deux jugements sont abusifs et condamner les appelants à une amende pour chacun de ces appels, et peut, par une appréciation souveraine des conditions d'application de l'art. 700, condamner les parties perdantes à payer des sommes distinctes au titre de chacune de ces instances. • Civ. 2e, 24 juin 2004, n° 02-16.989 P : *D. 2004. IR 2346 ; RTD civ. 2004. 551, obs. Perrot.*

5. Appel incident de l'intimé. L'art. 559 est inapplicable à l'appel incident de l'intimé. • Com. 19 janv. 1982 : *Gaz. Pal. 1982. 1. Pan. 205.*

6. Recours en arrêt de l'exécution provisoire. L'art. 559 est inapplicable au référé du premier président, à fin d'arrêt de l'exécution provisoire (art. 524). • Paris, 5 juin 1989 : *Bull. ch. avoués 1989. 3. 91.*

B. ABUS CARACTÉRISÉS

7. Office du juge. Sur l'obligation, pour le juge, de considérer l'ensemble des moyens invoqués à l'appui de l'appel, V. • Civ. 1re, 6 mai 2003, n° 01-02.543 P. ♦ ... Et de caractériser la faute de la société appelante. V. : • Cass., ch. mixte, 11 mars 2005, n° 02-41.371 P.

8. Indifférence de la mauvaise foi ou du dol. L'abus de procédure, qui n'exige ni la mauvaise foi, ni le dol, peut résulter d'un comportement fautif. • Civ. 2e, 5 mai 1978, n° 76-14.728 P.

9. Indifférence de l'aide juridictionnelle ou de l'autorisation du premier président. Qu'une partie ait obtenu l'aide judiciaire pour relever appel n'exclut pas que l'exercice de cette voie de recours puisse être abusif. • Civ. 2e, 19 juin 1980, n° 78-15.488 P : *D. 1980. IR 461, obs. Julien.* ♦ Même solution lorsque l'appel est formé avec l'autorisation du premier président. • Civ. 2e, 5 mai 1978, n° 76-14.728 P.

10. Illustrations. Le caractère abusif et dilatoire de l'appel peut se déduire de ce que l'appelant ne conclut pas. • Civ. 2e, 13 févr. 1985, n° 83-15.195 P • 25 févr. 1976, n° 74-14.049 P. ♦ ... De ce qu'il poursuit une procédure sur le mal-fondé de laquelle il était suffisamment éclairé par les motifs du jugement attaqué. • Civ. 1re, 22 avr. 1986, n° 84-10.288 P. ♦ Rappr. • Civ. 2e, 16 avr. 1986, n° 84-16.969 P. ♦ ... Du caractère manifestement infondé de ses prétentions. • Com. 29 févr. 1984, n° 81-14.183 P. ♦ ... De ce que ses moyens reposent sur de simples allégations dépourvues de preuves. • Com. 22 févr. 1983, n° 81-15.851 P • 20 févr. 1985, n° 83-15.655 P. ♦ ... De son intention malicieuce et vexatoire à l'encontre des intimés : • Civ. 1re, 9 juill. 2010, n° 09-10.641 P : *cité note 1 ss. art. 1210-2.* ♦ V. aussi, pour une dissimulation d'adresse : • Paris, 12 déc. 2001 : *Bull. ch. avoués 2002. 1. 23.*

11. Peut être qualifié de dilatoire l'appel formé par une partie qui n'a pas contesté, en première instance, devoir la somme réclamée et dont le moyen soulevé en appel est écarté. • Civ. 1re, 19 déc. 1989, n° 88-13.964 P. ♦ ... L'appel déclaré irrecevable et dont il est constaté qu'il ne pouvait prospérer en aucune façon. • Soc. 14 mai 1987, n° 84-42.943 P.

12. Peut être condamnée pour appel abusif la partie qui succombe en son recours en cas d'appel dépourvu de toute utilité ne reposant sur aucun moyen sérieux, alors même que l'intimé aurait été déclaré irrecevable en son propre appel incident. • Com. 3 févr. 1981, n° 77-10.705 P.

13. Renvoi. V. notes citées ss. art. 32-1.

C. ABUS NON CARACTÉRISÉS

14. Bien-fondé partiel. Qui triomphe, même partiellement, en son appel ne peut être condamné à des dommages-intérêts pour avoir abusé de son droit d'exercer des voies de recours. • Civ. 2e, 7 mars 1984, n° 82-16.700 P. ♦ V. aussi : • Soc. 7 févr. 1980, n° 78-41.395 P.

15. Faible importance de l'intérêt litigieux. La faible importance de l'intérêt d'un litige ne suffit pas à faire dégénérer en abus l'exercice d'une voie de recours ordinaire telle que l'appel. • Civ. 1re, 7 déc. 1999, n° 97-22.505 P.

16. Réitération des moyens de première instance. La réitération en appel des moyens soutenus en première instance ne constitue pas un abus en soi. • Com. 10 mars 2004, n° 00-22.783 P : *D. 2004. IR 1069*. ♦ Ne suffit pas à caractériser la faute le simple constat que les conclusions prises par l'appelant ne faisaient valoir que les moyens qu'il avait déjà fait valoir devant les premiers juges et que ceux-ci avaient été rejetés par des motifs pertinents et explicites. • Civ. 3e, 16 janv. 1991, n° 89-13.236 P.

17. Nouveaux moyens. Ne suffit pas à caractériser la faute le simple constat que le défendeur n'a soulevé que pour la première fois en appel le moyen pris de la nullité de la convention litigieuse, sans relever en quoi le droit de soulever en tout état de cause un tel moyen de défense au fond avait, en l'espèce, dégénéré en abus. • Com. 15 nov. 1982, n° 80-17.202 P. ♦ ... Que l'appelant n'avait pu se méprendre de bonne foi sur l'étendue et la portée de ses droits, éclairé qu'il était par la décision des premiers juges, alors qu'il avait, en appel, donné à sa demande un fondement nouveau. • Civ. 1re, 3 nov. 1988, n° 87-13.042 P : *Gaz. Pal. 1988. 2. Pan. 275.* ♦ Pour l'exercice non abusif d'un droit d'appel sur le maintien en zone d'attente d'un étranger, V. • Civ. 2e, 7 oct. 2004, n° 03-50.114 P.

18. Caractère infondé et abusif de la procédure. L'abus d'exercice d'une voie de recours ne résulte pas du seul caractère infondé et abusif de la procédure. • Civ. 1re, 16 nov. 2016, n° 15-24.248 P.

19. Renvoi. V. notes ss. art. 32-1.

Art. 560 Le juge d'appel peut condamner à des dommages-intérêts celui qui forme un appel principal après s'être abstenu, sans motif légitime, de comparaître en première instance.

SECTION II LES EFFETS DE L'APPEL

RÉP. PR. CIV. *vis Appel*, par FERRAND ; *Demandes nouvelles*, par PÉTEL-TEYSSIÉ.

DALLOZ ACTION *Droit et pratique de la procédure civile 2022/2023*, nos 541.220 s., par PELLERIN.

DALLOZ RÉFÉRENCE *Droit et pratique de l'appel 2018/2019*, par D'AMBRA, nos 12.00 s.

BIBL. ► BAGANINA, *Gaz. Pal. 27-29 janv. 2009. 2* (immutabilité du litige et recevabilité des demandes nouvelles en appel). – FRICERO, *D. 2017. 1057* (commentaire du Décr. n° 2017-891 du 6 mai 2017). – GERBAY, Mél. Daniel Tricot, *Dalloz, 2011, p. 365* (les effets de l'appel nullité). – HÉMOUR, *Gaz. Pal. 29-30 juill. 2015. 13* (effet dévolutif). – JULIEN et BENCIMON, *Gaz. Pal. 24 mai 2016.16* (concentration c/ appel). – LE BARS, *Gaz. pal. 30-31 juill. 2014. 41* (faut-il abandonner l'appel voie d'achèvement ?) – R. MARTIN, *JCP 1976. I. 2768* (notion de moyen). – SERINET, *JCP 2010. 545* (la sanction par l'irrecevabilité des demandes nouvelles en appel). – VINCENT et DU RUSQUEC, *Gaz. Pal. 1974. 1. Doctr. 401* (effets de l'appel quant à l'objet, Journées des avoués, Dijon 1973).

Sur l'effet suspensif de l'appel, V. art. 500, 526 et 539.

SOUS-SECTION 1 L'EFFET DÉVOLUTIF

RÉP. PR. CIV. v[is] *Appel*, par FERRAND ; *Demandes nouvelles*, par PÉTEL-TEYSSIÉ.

DALLOZ ACTION *Droit et pratique de la procédure civile 2022/2023*, n°s 543.21 s., par PELLERIN.

DALLOZ RÉFÉRENCE *Droit et pratique de l'appel 2018/2019*, par D'AMBRA, n°s 122.00 s.

BIBL. ▸ **Sur l'effet dévolutif :** CADIET, *RPC 1988. 1. 17* (appel en nullité) ; *ibid. 1989. 3. 371* (évolution de l'appel). – DUHAMEL, *BICC hors-série, 2003, n° 2, p. 48* (effet dévolutif de l'appel au regard de l'acte d'appel et des écritures des parties). – GIVERDON, *Gaz. Pal. 1974. 2. 401*. – KOHL, Mél. R. Martin, *Univ. Nice Sophia-Antipolis, Bruylant, LGDJ, 2004, p. 111* (effet dévolutif en droit belge, français et allemand). – MEURISSE, *Gaz. Pal. 1950. 1. Doctr. 2* (effet dévolutif, évocation, plénitude de juridiction). – MOTULSKY, *JCP 1958. I. 1423* (effet dévolutif-évocation).

▸ **Sur l'appel-nullité :** BARRET, *RTD civ. 1990. 199* . – BOLARD, *D. 1988. Chron. 177*. – GERBAY, *D. 1993. Chron. 143* ; *Gaz. Pal. 24-25 janv. 2003. 6*. – Journées d'études des avoués, Versailles 1985, rapport Perrot, Hardouin et Fisselier, *Gaz. Pal. 18 sept. 1986* ; Mél. D. Tricot, *Litec/Dalloz 2011, p. 365* (les effets de l'appel-nullité : un choix à pile ou face ?). – HUET, *Rev. jur. Ouest 1989. 359* (particularisme de l'appel-nullité).

▸ **Sur le cas particulier des procédures collectives :** JULIEN, *BICC 2003, hors-série, n° 2, p. 52* (effet dévolutif de l'appel au regard de l'appel tendant à l'annulation du jugement). – MAS, *D. 1984. Chron. 169* (effet dévolutif de l'appel et procédures collectives). – SOINNE, *Gaz. Pal. 1987. 2. Doctr. 695*. – Journées d'études des avoués, Montpellier 1986, *Gaz. Pal. 1987. 1. Doctr. 175*.

Art. 561 **L'appel remet la chose jugée en question devant la juridiction d'appel** *(Abrogé par Décr. n° 2017-891 du 6 mai 2017, art. 9-1°, à compter du 1er sept. 2017)* ***« pour qu'il soit à nouveau statué en fait et en droit ».***

(Décr. n° 2017-891 du 6 mai 2017, art. 9-2°, en vigueur le 1er sept. 2017) **« Il est statué à nouveau en fait et en droit dans les conditions et limites déterminées aux livres premier et deuxième du présent code. »**

Les dispositions de l'art. 9 du Décr. n° 2017-891 du 6 mai 2017 s'appliquent aux appels formés à compter du 1er sept. 2017. Elles s'appliquent aux instances consécutives à un renvoi après cassation lorsque la juridiction de renvoi est saisie à compter du 1er sept. 2017 (Décr. préc., art. 53-II bis, créé par Décr. n° 2017-1227 du 2 août 2017, art. 1er-2°-b).

1. Décr. n° 2017-891 du 6 mai 2017. Légalité. Renvoi. V. : • CE 13 nov. 2019, n°s 412255, 412286, 412287, 412308 et 415651 : *cité note 1 ss. art. 83.*

A. REMISE EN QUESTION DE LA CHOSE JUGÉE

2. Principe. L'appel remet la chose jugée en question devant la juridiction d'appel pour qu'il soit à nouveau statué en fait et en droit. En conséquence, méconnaît l'étendue de ses pouvoirs et viole les art. 481, 561 et 562 NCPC [devenu C. pr. civ.] la cour d'appel qui, après avoir ordonné une expertise, décide que l'expert déposera son rapport au greffe d'un TGI qui restera compétent pour statuer sur la demande d'indemnisation et retient que les opérations d'expertise seront surveillées par le juge de la mise en état de ce tribunal. • Civ. 2e, 14 juin 2007, n° 06-15.319 P.

3. L'appel ayant pour objet de remettre en question en fait et en droit la chose jugée, il appartient au juge d'appel de vérifier lui-même si l'acte d'assignation avait été ou non dénoncé au ministère public au plus tard le jour de sa remise au greffe (art. 1290 C. pr. civ.). Dès lors méconnaît l'étendue de ses pouvoirs la cour d'appel qui retient que le demandeur ne peut contredire la mention de l'ordonnance entreprise sur ce point, au motif qu'elle fait foi jusqu'à inscription de faux (art. 457 C. pr. civ.). • Civ. 1re, 6 févr. 2008, n° 07-10.622 P.

4. Le jugement ne confère aucun droit acquis à l'encontre des parties qui le remettent en cause devant le juge d'appel pour qu'il soit à nouveau statué en fait et en droit (application de la loi nouvelle dans les instances en cours). • Civ. 3e, 7 oct. 1987, n°s 84-11.424 et 84-11.621 P.

5. L'appel ayant pour conséquence d'attribuer la connaissance de la cause au juge du second degré, tout acte fait en exécution d'un jugement frappé de ce recours est nécessairement nul. • Civ. 2e, 2 mai 1984, n° 74-12.426 P : D. 1984. IR *419, obs. Julien.*

6. Limite : le renvoi préjudiciel. La compétence conférée à toute juridiction nationale par l'art. 234 CE (auj. art. 267 TFUE) d'ordonner un renvoi préjudiciel devant la CJCE (auj. CJUE) ne saurait être remise en cause par l'application de règles nationales qui permettent à la juridiction saisie en appel de réformer la décision ordonnant un renvoi préjudiciel devant la Cour, d'écarter le renvoi et d'enjoindre à la juridiction ayant rendu ladite décision de reprendre la procédure de droit interne qui avait été suspendue. • CJCE 16 déc. 2008, n° C-210/06 : *Procédures 2009, n° 83, note Nourissat.*

B. DÉVOLUTION EN FAIT ET EN DROIT

7. Principe. Une cour d'appel ne peut, sans violer l'art. 561, refuser d'examiner les moyens de nullité d'un congé en matière de bail rural, au motif que l'appel n'a d'effet dévolutif que pour les points du litige soumis au tribunal, que le preneur n'avait pas comparu devant le Tribunal paritaire, de sorte que les premiers juges n'étaient pas valablement saisis de ces moyens, alors que le tribunal avait débouté ce preneur de sa demande de nullité du congé délivré par lettre recommandée avec demande d'avis de réception. • Civ. 3e, 2 avr. 2003, n° 01-17.245 P : *Gaz. Pal. 8-10 févr. 2004, p. 20, obs. du Rusquec.*

8. Saisie par l'effet dévolutif de l'appel, une cour d'appel peut statuer sur l'ensemble des données du litige sans être tenue d'inviter l'intimé qui n'a conclu qu'à l'irrecevabilité de l'appel à s'expliquer sur le fond. • Civ. 2e, 18 déc. 2008, n° 07-21.906 P : *D. 2009. Chron. C. cass. 760, obs. Sommer.*

9. Si une demande d'indemnisation pour inexécution d'un arrêt ne relève pas de la compétence du JEX, la cour d'appel, saisie de l'entier litige par l'effet dévolutif de l'appel et qui est la juridiction d'appel tant du JEX que du conseil de prud'hommes, a compétence pour apprécier elle-même l'incidence de l'irrégularité dénoncée. • Civ. 2e, 8 avr. 2004, n° 01-17.557 P : *D. 2004. IR 1769 ; RTD civ. 2004. 540, obs. Théry ; Procédures 2004, n° 143, note Perrot ; Gaz. Pal. 26-28 juin 2005, p. 31, obs. du Rusquec.*

10. En recherchant si le jugement dont une société créancière se prévaut à l'encontre du débiteur appelant autorise les poursuites de saisie, une cour d'appel ne fait qu'exercer les pouvoirs qu'elle tient de la loi. • Civ. 2e, 10 juill. 2003, n° 01-13.536 P : *Gaz. Pal. 29 févr.-2 mars 2004, p. 35, obs. Brenner.*

11. Moment d'appréciation. L'effet dévolutif commande au juge du second degré de statuer au regard de tous les éléments qui lui sont produits, même s'ils ne sont parvenus à la connaissance des parties qu'en cours d'instance d'appel. • Civ. 2e, 15 avr. 1970, n° 69-10.415 P : *JCP 1970. II. 16487, note Viatte* • 7 nov. 1973, n° 72-11.470 P : *D. 1974. IR 1.* ♦ La connaissance du litige dévolue aux juges d'appel s'étend aux faits survenus au cours de l'instance d'appel et depuis le jugement. • Civ. 2e, 25 juin 2002, n° 99-14.435 P : *D. 2002. IR 2302 ; Procédures 2002, n° 180, note Perrot.* ♦ S'agissant d'une demande en suppression de pension alimentaire, une cour d'appel ne peut se placer à la date de la demande faite au juge aux affaires familiales. • Même arrêt. ♦ Si le juge des enfants peut à tout moment modifier ou rapporter ses décisions, il incombe à la cour d'appel de se placer au moment où elle statue pour apprécier les faits. Méconnaît l'étendue de ses pouvoirs et viole l'art. 561 C. pr. civ. la cour d'appel qui énonce que l'effet dévolutif de l'appel ne l'autorise qu'à apprécier le bien-fondé d'une décision d'assistance éducative au jour où elle a été prononcée, sans prendre en compte l'évolution subséquente de la situation de l'enfant et de ses parents dont le juge des enfants reste saisi en application des dispositions de l'art. 375-6 C. civ. • Civ. 1re, 20 oct. 2010, n° 09-68.141 P : *D. 2011. 574, note Huyette ; ibid. 622, chron. Auroy et Creton ; AJ fam. 2010. 536, obs. Douris ; JCP 2010. Actu. 1080 ; RJPF févr. 2011, p. 25, note Eudier ; Gaz. Pal. 4-5 févr. 2011, p. 27, obs. Mansard ; Dr. fam. 2011, n° 184, note Neirinck.* ♦ Le juge des enfants ayant donné mainlevée de la mesure de placement et déchargé en conséquence le conseil départemental de l'exercice de celle-ci, une cour d'appel, se plaçant au moment où elle statuait pour apprécier la situation au regard de l'effet dévolutif de l'appel, en a déduit exactement, sans méconnaître le droit d'accès à un tribunal, que l'appel était devenu sans objet. • Civ. 1re, 17 mai 2017, n° 16-19.259 P.

12. Une cour d'appel peut prendre en considération la situation des époux jusqu'au jour de leurs dernières conclusions dès lors que l'appel était général et qu'en conséquence le divorce n'était pas définitif. • Civ. 2e, 3 déc. 1997, n° 95-18.461 P.

13. Étendue de la dévolution. Renvoi. V. art. 562 et les notes.

14. Appel d'une ordonnance de référé. Saisie de l'appel d'une ordonnance de référé, la cour ne peut statuer que dans les limites des pouvoirs de celui-ci. • Civ. 1re, 19 avr. 1977, n° 76-10.412 P • Civ. 2e, 11 juin 1980, n° 78-16.587 P • Com. 20 juin 1989, nos 87-19.594 et 88-10.195 P • 3 nov. 1992, n° 90-16.842 P • Civ. 1re, 28 oct. 2009, n° 08-11.245 P : *cité note 1 ss. art. 1073.* ♦ ... Sans que puisse être invoquée en l'occurrence sa plénitude de juridiction. • Soc. 2 juill. 1974, n° 73-11.263 P : *RTD civ. 1975. 361, obs. Normand.* ♦ Sur la plénitude de juridiction de la cour d'appel, V. notes ss. art. 90 anc. ♦ V. aussi : • Civ. 3e, 13 juill. 1999, n° 97-22.326 P : *Procédures 1999, n° 268, obs. Junillon.*

15. Appel d'une ordonnance sur requête. Saisie de l'appel d'une ordonnance sur requête, la cour ne peut refuser de la rétracter en se fondant sur le caractère plausible des faits tels que soumis au juge des requêtes, sans rechercher elle-même le caractère plausible de ces faits dans le cadre d'un débat contradictoire et au vu des conclusions des parties. • Civ. 2e, 23 nov. 1994, n° 92-17.774 P.

16. La cour d'appel saisie de l'appel d'une décision ayant rétracté une ordonnance sur requête est investie des attributions du juge qui l'a rendue et doit statuer sur les mérites de la requête. • Civ. 2e, 22 oct. 2009, n° 08-17.485 P : *D. 2009. AJ 2692 ; ibid. 2010. Chron. C. cass. 536, obs. Sommer et Leroy-Gissinger ; Dr. et pr. 2010. 51, note Douchy-Oudot ; Procédures 2010, n° 389, note Perrot.* ♦ Pour une application de la règle, selon laquelle la cour d'appel doit examiner les faits et le droit à la date à laquelle elle statue, à une ordonnance sur requête prise sur le fondement de l'art. 145, dans une espèce où le juge du fond n'avait pas été saisi à la date de la décision initiale, faute d'enrôlement de l'assignation, V. : • Civ. 2e, 3 oct. 2002, n° 01-00.177 P : *D. 2002. IR 2916 ; Procédures 2002, n° 225, note Perrot ; Gaz. Pal. 30 mars-1er avr. 2003, p. 29, obs. du Rusquec.*

17. Autorité de la concurrence. Pour une application de l'art. 561, combiné avec l'art. L. 464-8 C. com., en matière d'appel contre une décision du Conseil de la concurrence [devenu l'Autorité de la concurrence], V. : • Com. 7 janv. 2004, n° 00-12.451 P. ♦ Saisie d'un recours en annulation ou en réformation d'une décision du Conseil de la concurrence [devenu l'Autorité de la concurrence], la cour d'appel qui annule cette décision est tenue de statuer en fait et en droit sur les demandes et griefs des parties. • Com. 27 sept. 2005, n° 04-16.677 P : *D. 2005. AJ 2590, obs. Chevrier.*

18. Irrecevabilité de l'appel et jugement au fond. Une cour d'appel, qui décide que l'appel dont elle est saisie est irrecevable, excède ses pouvoirs en statuant au fond sur le jugement qui a fait l'objet de cet appel. • Cass., ass. plén., 15 mai 1992, n° 90-12.705 P • Soc. 13 mars 2001, n° 00-40.944 P : *D. 2002. 241, note Puigelier.* ♦ La cour ne peut, après avoir déclaré l'appel irrecevable, examiner le fond du litige en statuant sur les moyens des parties. • Civ. 2e, 20 juin 1985, n° 83-14.776 P : *Gaz. Pal. 1985. 2. Somm. 292, obs. Croze et Morel* • 10 juill. 2003, n° 01-16.551 P : *Gaz. Pal. 9-10 juill. 2004, p. 8, obs. du Rusquec* • 30 juin 1993, n° 91-11.787 P : *Gaz. Pal. 1993. 2. Pan. 291* • 9 déc. 1997, n° 96-10.233 P : *D. 1998. IR 33.* ♦ Une cour d'appel, qui décide que l'appel dont elle est saisie est sans objet, excède ses pouvoirs en statuant au fond sur le jugement qui fait l'objet de cet appel. • Civ. 2e, 15 janv. 2004, n° 01-17.734 P : *D. 2004. IR 537.* ♦ Sur la sanction de la confusion entre la recevabilité de *l'appel et le bien-fondé de la demande*, V. : • Civ. 3e, 7 févr. 2012, n° 11-12.195 : *Gaz. Pal. 25-26 mai 2012, p. 41, note Bléry.*

19. Viole les dispositions des art. 546, 561 et 562 du NCPC [devenu C. pr. civ.] la cour d'appel qui, avant d'examiner au fond la demande relative à la prestation compensatoire allouée par les premiers juges à son épouse, déclare irrecevable, faute d'intérêt, l'appel également interjeté sur le fond du divorce par le mari, au motif qu'il a obtenu le bénéfice de ses conclusions de première instance. • Civ. 1re, 26 sept. 2007, n° 04-15.051 P.

20. Irrecevabilité des demandes et jugement au fond. Le juge qui décide que les demandes dont il est saisi sont irrecevables excède ses pouvoirs en statuant au fond. • Civ. 1re, 9 nov. 2004, n° 00-19.318 P : *D. 2004. IR 3191* • Civ. 3e, 19 oct. 2010, n° 09-16.539.

21. Annulation d'un jugement. Lorsqu'elle annule un jugement, la cour d'appel ne peut le confirmer ou l'infirmer. Par suite, lorsqu'un jugement du TAS a été annulé par un premier arrêt qui a renvoyé la cause à une audience ultérieure, la cour d'appel ne peut, par un second arrêt, confirmer le jugement sur certains chefs et l'infirmer sur d'autres. • Civ. 2e, 8 sept. 2011, n° 10-22.960 P : *Gaz. Pal. 28-29 sept. 2011, p. 25.* ♦ Viole l'art. 562 (561 ?) le premier président, saisi d'une contestation des honoraires dus à un avocat, qui, après avoir annulé la décision du bâtonnier, a statué par adoption des motifs de la décision annulée. • Civ. 1re, 9 mai 2001, n° 99-13.809 P.

22. Arrêt confirmatif. La confirmation d'un jugement a pour effet de lui restituer sa portée initiale. • Civ. 2e, 13 juill. 2006, n° 04-20.690 • 8 déc. 2011, n° 10-26.338. ♦ L'arrêt qui confirme purement et simplement un jugement exécutoire ne prive pas celui-ci de son caractère de titre exécutoire. • Civ. 2e, 4 juin 2020, n° 19-12.727 P : *D. actu. 3 juill. 2020, obs. Couturier ; Rev. prat. rec. 2020. 17, chron. Cholet, Cousin, Faivre, Gregori, Laher et Salati ; RTD civ. 2020. 701, obs. Cayrol ; RDBF 2020, n° 109, note Piédelièvre ; JCP 2020. 751, note Cholet ; Gaz. Pal. 8 déc. 2020, p. 36, note Brenner* (saisie-attribution réalisée sur le fondement du jugement de première instance).

23. Arrêt infirmatif. L'obligation de rembourser résulte de plein droit de la réformation de la décision de première instance ayant alloué des sommes d'argent. • Civ. 3e, 19 févr. 2002, n° 00-20.665 : *Procédures 2002, n° 86, note Perrot* • Civ. 2e, 11 mars 2010, n° 09-13.320. ♦ Par combinaison de l'art. 561 et 542, et à défaut de précision, le dispositif d'un arrêt d'appel infirmatif se substitue à celui de la décision de première instance exécutoire par provision avec effet à compter de la date de la décision infirmée. • Civ. 1re, 8 févr. 2005, n° 02-12.406 P. ♦ V. aussi notes ss. C. pr. exéc., art. L. 111-3 et R. 221-1.

Art. 562 L'appel *(Abrogé par Décr. n° 2017-891 du 6 mai 2017, art. 10-1°, à compter du 1er sept. 2017)* **« ne » défère à la cour** *(Abrogé par Décr. n° 2017-891 du 6 mai 2017,* *art. 10-1°, à compter du 1er sept. 2017)* **« *que* » la connaissance des chefs de jugement qu'il critique expressément** *(Abrogé par Décr. n° 2017-891 du 6 mai 2017, art. 10-1°, à compter du 1er sept. 2017)* **« *ou implicitement* » et de ceux qui en dépendent.**

La dévolution *(Décr. n° 2017-891 du 6 mai 2017, art. 10-2°-a, en vigueur le 1er sept. 2017)* **« ne » s'opère pour le tout** *(Décr. n° 2017-891 du 6 mai 2017, art. 10-2°-a, en vigueur le 1er sept. 2017)* **« que » lorsque l'appel** *(Abrogé par Décr. n° 2017-891 du 6 mai 2017, art. 10-2°-b, à compter du 1er sept. 2017)* **« *n'est pas limité à certains chefs, lorsqu'il* » tend à l'annulation du jugement ou si l'objet du litige est indivisible.**

Les dispositions de l'art. 10 du Décr. n° 2017-891 du 6 mai 2017 s'appliquent aux appels formés à compter du 1er sept. 2017. Elles s'appliquent aux instances consécutives à un renvoi après cassation lorsque la juridiction de renvoi est saisie à compter du 1er sept. 2017 (Décr. préc., art. 53-II bis, créé par Décr. n° 2017-1227 du 2 août 2017, art. 1er-2°-b).

BIBL. ► V. Bibl. au-dessus de l'art. 569.

1. Décr. n° 2017-891 du 6 mai 2017. Légalité. Renvoi. V. : • CE 13 nov. 2019, nos 412255, 412286, 412287, 412308 et 415651 : *cité note 1 ss. art. 83.*

I. PRINCIPE : DÉVOLUTION LIMITÉE

2. Renvoi. Sur le principe selon lequel la saisine de la cour est limitée aux chefs critiqués, V. art. 901-4 et 933. ♦ La déclaration d'appel qui mentionne « appel général » ou « appel total » ne répond pas aux exigences de l'art. 901-4° et encourt la nullité prévue par l'art. 901, nullité qui ne sanctionne pas une irrégularité de fond, mais une irrégularité de forme, charge à celui qui l'invoque de démontrer un grief. • Civ. 2e, 20 déc. 2017, nos 17019, 17020 et 17021 P : *D. actu. 12 janv. 2018, obs. Laffly ; D. 2018. Actu. 18 ; Gaz. Pal. 6 févr. 2018, p. 34 ; JCP 2018. 173, note Gerbay.* ♦ Seul l'acte d'appel opère la dévolution des chefs critiqués du jugement. Aussi, lorsque la déclaration d'appel tend à la réformation du jugement sans mentionner les chefs de jugement qui sont critiqués, l'effet dévolutif n'opère pas. • Civ. 2e, 30 janv. 2020, n° 18-22.528 P : *D. actu. 17 févr. 2020, note Laffly ; D. 2020. 288 ; ibid. 576, obs. Fricero* • Civ. 2e, 25 mars 2021, n° 20-12.037 P. ♦ Comp. antérieurement, jugeant qu'il ne résulte de l'art. 562 aucune fin de non-recevoir : • Civ. 2e, 20 déc. 2017, nos 17019, 17020 et 17021 P : *préc.* ♦ V. aussi : • Civ. 2e, 2 juill. 2020, n° 19-16.954 P : *D. actu. 18 sept. 2020, obs. Laffly ; D. 2021. 543, obs. Fricero ; JCP 2020. 1170, note Herman ; Gaz. Pal. 3 nov. 2020, p. 61 note Hoffschir ; Gaz. Pal. 6 oct. 2020, p. 24, note Fertier* (lorsque la déclaration d'appel sollicite la réformation et/ou l'annulation de la décision sur les chefs qu'elle énumérait et que l'énumération ne comportait que l'énoncé des demandes formulées devant le premier juge, la cour d'appel n'est saisie d'aucun chef du dispositif du jugement). ♦ Et si, lorsque la procédure d'appel est avec représentation obligatoire, la déclaration d'appel doit mentionner les chefs expressément critiqués, faute de quoi la dévolution n'opère pas, il n'en est pas de même en procédure d'appel sans représentation obligatoire, pour laquelle les charges procédurales doivent être allégées de manière à permettre aux parties d'accomplir les actes de la procédure d'appel. En conséquence, la déclaration d'appel, en procédure sans représentation obligatoire, qui ne mentionne pas les chefs critiqués opère en tout état de cause dévolution pour l'ensemble des chefs du jugement. • Civ. 2e, 9 sept. 2021, n° 20-13.662 P : *D. actu. 5 oct. 2021, note Lhermitte ; D. 2021. 1680 ; ibid. 1798, obs. Jollec et de Leiris ; ibid. 2022. Pan. 635, obs. Fricero ; JCP 2021. 1050, note Fricero ; ibid. 1341, obs. Veyre ; ibid. S 2021. 1280, note Bouilloux ; ibid. 2022. Chron. 1097, obs. P. Baron, A. Seguin, K. Ozingi et M. Rodrigues ; Gaz. Pal. 2 nov. 2021, p. 60, note Guez.*

3. Conclusions de l'appelant. Un appel, général dans sa déclaration, peut être limité par les conclusions ultérieures de l'appelant. Limité par les conclusions de l'appelant aux dispositions du jugement ordonnant une expertise et un sursis à statuer, ce recours est de ces chefs irrecevable. • Civ. 2e, 10 févr. 2000, n° 98-10.713 : *Procédure 2000, n° 85, obs. Perrot ; RTD civ. 2000. 407, obs. Perrot* . ♦ La portée de l'appel étant déterminée d'après l'état des dernières conclusions, lorsque, après avoir relevé un appel non limité, l'appelant n'a critiqué qu'un seul chef de la décision attaquée, la cour peut décider, sans violer l'art. 562, al. 2, que par un tel désistement accepté par l'intimé, l'instance d'appel s'est trouvée éteinte pour le surplus. • Civ. 2e, 28 janv. 1987, n° 85-17.608 P. ♦ Mais l'étendue de la saisine du juge d'appel est limitée par les énonciations de l'acte qui a déféré le jugement à la cour, et ne peut être élargie aux conclusions subséquentes. • Civ. 1re, 22 juin 1999, n° 97-15.225 P : *Procédures 1999, n° 193, obs. Perrot ; JCP 1999. II. 10275, note du Rusquec.*

4. Viole l'art. 562 la cour d'appel qui met hors de cause un plaideur qui n'a pas critiqué devant elle la décision des premiers juges le condamnant à garantie. • Civ. 3e, 10 mai 1989, n° 87-16.761 P.

5. L'appel fixe l'étendue de la dévolution à l'égard des parties intimées, et cette saisine initiale ne peut être élargie que par un appel incident ou un appel provoqué. • Civ. 3e, 15 mai

2002, n° 99-10.507 P. ♦ Un entrepreneur ayant limité son appel principal dirigé contre toutes les parties à certains chefs du jugement n'est pas recevable à former ensuite un appel général à l'encontre de l'une de ces parties qui ne lui aurait pas fait régulièrement signifier la décision. • Même arrêt.

6. Ayant retenu que l'assureur de l'entrepreneur n'avait pas été régulièrement mis en cause, une cour d'appel peut, sans violer l'art. 562, répartir la charge définitive de la condamnation prononcée *in solidum* entre les seules parties déclarées responsables et régulièrement mises en cause, dans une proportion qu'elle a souverainement fixée. • Civ. 3e, 18 juin 2008, n° 07-13.117 P.

7. Les conclusions sont seules, à l'exclusion de l'acte d'appel, susceptibles de saisir la cour des moyens des parties. • Civ. 2e, 13 févr. 1974, n° 72-14.626 P : *Rec. gén. lois 1974. 625, obs. Boyer* • Civ. 3e, 25 janv. 1977, n° 75-11.721 P.

8. En l'absence de conclusions, la cour n'est saisie d'aucun moyen ; elle ne peut que rejeter le recours et confirmer au fond le jugement entrepris. • Civ. 2e, 24 nov. 1982, n° 81-11.148 P. ♦ ... Sauf à relever, le cas échéant, les moyens d'ordre public. • Civ. 3e, 2 juill. 1974, n° 73-10.551 P. ♦ Sur la formulation des conclusions d'appel, V. notes ss. art. 954.

9. Appel incident. La cour ne peut aggraver le sort de l'appelant sur son unique appel et en l'absence d'appel incident de l'intimé. • Civ. 2e, 26 juin 1991, n° 90-13.398 P • 11 janv. 1995, n° 93-10.212 P • 31 mai 1995, n° 92-20.455 P • 3 mai 1974, n° 72-14.559 P • Soc. 29 juin 1983, n° 82-13.311 P • Civ. 1re, 10 mars 1987, n° 84-17.458 P • Civ. 2e, 13 mai 2004, n° 03-13.220 P • 21 avr. 2005, n° 02-19.709 P • 23 juin 2005, n° 03-16.382 P (jurisprudence constante). ♦ Le sort de l'appelant ne peut être aggravé sur son seul appel et, à cet égard, l'appel incident subsidiaire d'un intimé est sans portée lorsqu'a été accueillie la prétention principale de celui-ci tendant à la confirmation du jugement en ses dispositions le concernant. • Civ. 2e, 12 juin 2008, n° 07-12.967 P. ♦ La cour ne peut aggraver les condamnations prononcées contre l'appelant sur son unique appel. Doit dès lors être censurée une cour d'appel qui, saisie du seul appel formé par l'avocat contre l'arrêté du conseil de discipline ayant prononcé une peine disciplinaire, a confirmé cette décision, sauf en ce qu'elle avait relaxé le mis en cause des fins de la poursuite fondée sur les dispositions de l'art. 9.3 du Règlement intérieur national de la profession d'avocat, et a dit que l'avocat s'était rendu coupable d'un manquement déontologique à ces dispositions en faisant délivrer à un confrère une assignation en responsabilité sans avoir obtenu au préalable une autorisation du bâtonnier. • Civ. 1re, 16 nov. 2016, n° 15-26.725 P.

10. La cour ne peut statuer sur un chef de jugement non visé par l'appel, en retenant que l'intimé en avait discuté le bien-fondé, alors qu'il n'avait conclu que subsidiairement sur ce point, tout en soutenant au principal que l'appel était limité aux autres chefs de la demande. • Civ. 3e, 10 févr. 1976, n° 75-70.004 P. ♦ Les limites apportées à l'appel principal sont sans conséquence sur l'appel incident qui peut être étendu aux chefs du jugement non visés par l'appel principal. • Soc. 28 nov. 2000, n° 98-42.999 P : *Procédures 2001, n° 2, note Perrot* • 4 mars 2008, n° 06-45.221 P. ♦ Lorsqu'un jugement contient plusieurs chefs et qu'une partie interjette appel de l'un d'eux, l'intimé peut appeler incidemment des autres chefs. • Civ. 2e, 29 mai 1979, n° 78-10.263 P • Civ. 3e, 9 mai 1983, nos 82-70.135 et 82-70.139 P • Soc. 22 mars 2006, n° 04-43.662 P. ♦ Une partie qui avait agi devant le tribunal à titre personnel et en qualité d'administrateur légal de ses enfants mineurs ayant fait appel, en son nom personnel, du jugement condamnant une compagnie d'assurance à verser certaines sommes et cette compagnie ayant formé un appel incident, c'est à bon droit qu'un arrêt retenant que l'appelant n'avait interjeté appel qu'à titre personnel, de telle sorte que l'instance n'avait été dévolue à la cour d'appel que des chefs du jugement le concernant, énonce que la compagnie d'assurance ne pouvait former un appel incident des autres chefs et déclare irrecevable cet appel dirigé contre la partie « ès *qualités* » et les enfants de celle-ci devenus majeurs. • Civ. 2e, 8 janv. 1993, n° 91-16.961 P.

11. Lorsqu'un jugement contient plusieurs chefs distincts et qu'une partie interjette appel de l'un d'eux, l'intimé peut appeler incidemment des autres chefs. Viole l'art. 548 une cour d'appel qui, pour déclarer irrecevable l'appel incident d'une partie en ce qu'il tend à l'infirmation d'une disposition qui n'a pas été soumise, par l'effet de la dévolution, à la cour d'appel, retient qu'en application de l'art. 562 (ancien), l'appel n'a déféré à la cour d'appel que la connaissance des chefs de jugement expressément critiqués dont se trouve exclue la condamnation au titre de la liquidation de l'astreinte définitive et que l'appel incident ne peut poursuivre la remise en cause d'une disposition non déférée, faute pour celui-ci d'avoir régularisé appel principal sur ce point particulier dans le délai de quinze jours de la notification qu'il avait reçue du jugement. • Civ. 2e, 13 oct. 2016, n° 15-21.973 P. ♦ Sur les conséquences de l'appel incident sur l'étendue de la dévolution, V. : • Soc. 21 juill. 1986, n° 83-45.320 P • Civ. 2e, 8 oct. 1986, n° 85-14.964 P.

12. Office du juge. La cour qui constate de quels éléments du litige elle est saisie ne soulève pas d'office un moyen et n'a donc pas à inviter les parties à présenter leurs observations. • Civ. 2e, 4 févr. 1976, n° 74-13.949 P.

13. Ayant constaté que l'appel principal était devenu sans objet du fait de l'expulsion de Mme X..., la cour d'appel, saisie d'un appel d'une décision du juge d'instance statuant sur la suspension d'une mesure d'expulsion à la demande d'une commission de surendettement des particuliers qui était soumis aux règles de la procédure sans représentation obligatoire, a pu, cet appel n'étant pas déclaré irrecevable et sans excéder ses pouvoirs, examiner l'appel incident dont elle avait été saisie par l'intimée relatif à la condition mise par le premier juge à la suspension de la mesure d'expulsion. • Civ. 2e, 19 oct. 2017, n° 16-12.885 P : *Gaz. Pal. 6 févr. 2018, p. 57, obs. Hoffschir ; RDBF 2017, n° 255, note Piedelièvre.*

14. L'appelant qui limite sa déclaration d'appel à une demande d'expertise afin de contester sa paternité critique implicitement le rejet par le premier juge de sa demande d'annulation de sa paternité. • Civ. 2e, 3 avr. 2019, n° 18-13.387 P : *D. actu. 13 mai 2019, obs. Laffly ; Procédures 2019, n° 181, note Croze ; Gaz. Pal., 2 juill. 2019, p. 65, note Galvez ; AJ fam. 2019. 291, note Houssier*.

II. EXCEPTION : DÉVOLUTION POUR LE TOUT

A. APPEL-NULLITÉ

15. Principe. Lorsque l'appel tend à l'annulation du jugement, la cour est tenue de statuer sur l'entier litige, quelles que soient les écritures prises sur le fond par l'appelant. • Civ. 2e, 24 févr. 1988, n° 86-18.519 P (violation des droits de la défense). ♦ V. aussi : • Soc. 5 nov. 1980, n° 78-41.713 P (nullité de la procédure de conciliation) • Civ. 1re, 12 nov. 1985, n° 84-14.503 P (défaut de communication au ministère public) • Com. 13 déc. 2005, n° 04-18.391 P : *D. 2006. AJ 228, obs. A. Lienhard* (dévolution complète en raison d'une irrégularité résultant de la violation du principe du contradictoire). ♦ Encourt la cassation l'arrêt qui, après avoir écarté les moyens d'annulation du jugement par l'appelant, a refusé de statuer sur le fond de l'affaire (l'appelant, ayant invoqué des moyens de réformation dans ses conclusions en réitérant les moyens qu'il avait soumis au premier juge, n'a *pas formé d'appel incident*). • *Civ. 2e, 19 mars* 2020, n° 19-11.387 P : *D. actu. 24 juin 2020, obs. Laffly ; Gaz. Pal. 21 juill. 2020, p. 84, note Hoffschir.*

16. Lorsque la nullité concerne non pas la saisine du premier juge mais une défectuosité de la procédure suivie devant celui-ci, le juge d'appel, saisi de l'entier litige, est tenu de se prononcer sur le fond du droit, sans même devoir statuer préalablement sur le moyen tiré de l'irrégularité du jugement. • Com. 10 juill. 2001, n° 98-19.491 : *RTD civ. 2001. 957, obs. Perrot*.

17. Viole l'art. 562 la cour d'appel, qui pour déclarer nulle la décision du bâtonnier en fixation des honoraires d'une avocate et dire irrecevables les demandes de ladite avocate, énonce que cette décision a été rendue hors délai et que les demandes de l'avocate ont été présentées plus d'un mois après l'expiration du délai laissé au bâtonnier pour se prononcer sur sa réclamation, alors que l'effet dévolutif du recours l'avait saisi de tous les points en litige. • Civ. 1re, 11 sept. 2014, n° 13-21.455 P.

18. Est irrecevable, faute d'intérêt, le moyen de cassation pris de la nullité du jugement, dès lors que l'appel tendant à titre principal à l'annulation de ce dernier, le juge du second degré se trouvait, par l'effet dévolutif, saisi de l'entier litige et devait statuer au fond, même s'il déclarait le jugement nul. • Com. 24 mars 1980, n° 78-14.180 P • 25 févr. 1981, n° 79-14.542 P : *RTD civ. 1981. 906, obs. Perrot* • Soc. 4 févr. 1987, nos 83-44.575 et 83-44.603 P • Civ. 2e, 20 oct. 1993, n° 92-12.516 P. ♦ Une partie est sans intérêt à critiquer l'annulation du jugement par la cour d'appel dès lors que celle-ci, saisie pour le tout, a statué sur le fond du litige. • Soc. 13 nov. 1991, n° 88-443.523 P.

19. Quand l'appel tend à l'annulation du jugement, l'affaire ne peut être renvoyée pour être plaidée au fond que si elle est en état d'être jugée, l'appelant ne pouvant être condamné au motif qu'il n'a invoqué aucun moyen pour s'opposer à la demande s'il n'a pas reçu injonction de conclure au fond. • Civ. 2e, 24 oct. 1990, n° 89-15.113 P. ♦ Rappr. • Civ. 2e, 22 avr. 1992, n° 90-18.005 P • Com. 12 juill. 1993, n° 91-18.113 P • Civ. 2e, 1er juin 1994, n° 92-15.586 P • 22 mai 1995, n° 93-17.170 P • 26 nov. 1997, n° 95-15.288 P : *D. 1998. IR 17* • 13 juill. 2000, n° 98-18.026 P : *D. 2001. 499, note Bolard ; RTD civ. 2001. 957, obs. Perrot ; Gaz. Pal. 4-5 janv. 2002, obs. du Rusquec.* ♦ Lorsque la cour d'appel prononce la nullité d'une décision du conseil de l'ordre des avocats qui lui est déférée, elle ne peut examiner le fond et prononcer la condamnation de la partie qui s'était bornée à demander la nullité, sans l'avoir invitée, au préalable, à conclure au fond. • Civ. 1re, 1er déc. 2011, n° 10-16.544 P : *D. actu. 2 janv. 2012, obs. Tahri ; D. 2011. Actu. 3003 ; Gaz. Pal. 2012. 773, note Mayer.* ♦ *Contra*, auparavant, lorsque l'appel porte sur la nullité du jugement, la cour d'appel, saisie de l'entier litige par l'effet dévolutif, est tenue de statuer sur le fond quelle que soit sa décision sur la nullité, sans que l'appelant ait à recevoir une injonction de conclure au fond. • Civ. 2e, 9 déc. 1997, n° 96-12.472 P : *D. 1998. IR 33 ; D. Affaires 1998. 422, obs. S. P.* • 22 mars 2006, n° 04-14.962 P • 11 juin 1997, n° 94-20.249 : *Procédures 1997, n° 230, note Perrot* • 13 juill. 1999 : *Procédures 1999, n° 224, note Perrot.*

20. Exception : l'irrégularité de l'acte introductif d'instance. Lorsque l'appel tend à l'annulation du jugement, la dévolution pour le tout ne peut s'opérer si le premier juge n'a pas été valablement saisi. • Civ. 2e, 7 mars 1984, n° 82-12.804 P : *D. 1984. IR 421, obs. Julien ; RTD civ. 1984. 777, obs. Perrot.* ♦ Ainsi, lorsque le premier juge a statué en l'absence d'assignation contre le défendeur qui n'a pas comparu, et qui n'a pas conclu au fond en appel. • Civ. 2e, 5 déc. 1979, n° 78-10.497 P : *Gaz. Pal. 1980. 1. 213, note Viatte ; ibid. 2. 446, note du Rusquec ; D. 1980. IR 373, obs. Julien ; RTD civ. 1980. 421, obs. Perrot* • 10 mars 1982, n° 81-10.023 P : *D. 1983. IR 393, obs. Julien ; RTD civ. 1984. 777, obs. Perrot* • 26 juin 1985, n° 84-13.402 P : *Gaz. Pal. 1986. 1. Somm. 83, obs. Croze et Morel.* ♦ En cas d'annulation du jugement d'orientation découlant de la nullité de l'acte introductif d'instance, la dévolution ne s'opère pas pour le tout, de sorte que la cour d'appel ne peut pas statuer sur une demande tendant à l'annulation du commandement de payer valant saisie immobilière. Viole les art. R. 311-5 C. pr. exéc. et 562 C. pr. civ. la cour d'appel qui pour annuler le commandement de payer valant saisie immobilière et, en conséquence, tous les actes subséquents de la procédure de saisie immobilière, en ce compris le jugement d'orientation, retient que la délivrance des actes à l'adresse du bien saisi, en connaissance du fait qu'il ne correspondait pas au domicile du débiteur, a fait grief au débiteur en ne lui permettant pas d'assurer sa défense devant le JEX, ce qui le prive de tout moyen de contestation en cause d'appel, en vertu de l'art. R. 311-5 préc. • Civ. 2e, 4 mars 2021, n° 19-22.193 P : *D. actu. 15 mars 2021, note Kieffer.*

21. Si la dévolution s'opère pour le tout lorsque l'appel tend à l'annulation du jugement, il en va différemment lorsque le premier juge a statué en l'absence de convocation régulière du défendeur non comparant et que celui-ci n'a pas conclu au fond en appel. • Soc. 16 déc. 1998, n° 96-45.540 : *Procédures 1999, n° 62, note Sportouch.*

22. La dévolution sur le fond ne peut s'opérer si l'irrégularité de la saisine tient au défaut d'existence légale du demandeur (cassation au visa des art. 117, 121 et 562, al. 2). • Soc. 13 nov. 2002, n° 00-17.176 : *RTD civ. 2003. 145, obs. Perrot ; Procédures 2003, n° 2, note Perrot.* ♦ ... Lorsque la cour d'appel prononce l'annulation de l'acte introductif d'instance à raison d'un vice qui ne peut être couvert : • Com. 30 nov. 1999, n° 97-14.595 P : *Procédures 2000, n° 101, note Croze ; RTD civ. 2000. 635, obs. Perrot.*

23. Il résulte de la combinaison des art. 562 NCPC [devenu C. pr. civ.] et 6, § 1, Conv. EDH et 11 du Décr. du 27 déc. 1985 que, lorsque l'appel tend à l'annulation du jugement pour irrégularité de la saisine de la juridiction de première instance, la cour d'appel qui annule l'acte introductif et le jugement n'a pas le pouvoir de prononcer d'office le redressement ou la liquidation judiciaires d'un dirigeant d'une personne morale. • Com. 4 janv. 2005, n° 03-11.465 P : *D. 2005. AJ 280, obs. A. Lienhard ; ibid. Pan. 2012, obs. Lucas et Le Corre ; ibid. 2006. Pan. 548, obs. Julien et Fricero ; JCP 2005. II. 10080, note Cagnoli ; Gaz. Pal. 2-3 mars 2005, note Gerbay ; Dr. et pr. 2005. 217, obs. Gibirila ; RTD civ. 2005. 636, obs. Perrot* • 13 févr. 2007, n° 05-20.375 • 17 nov. 2009, n° 08-15.693 : *D. actu. 1er déc. 2009, obs. A. Lienhard ; Procédures 2010, n° 2, note Perrot ; ibid. 14, note Rolland.*

24. En cas d'annulation du jugement, en raison de la nullité de l'acte introductif d'instance, et si la dévolution ne s'opère pas pour le tout, seul un plaideur peut prendre l'initiative d'introduire une nouvelle instance et la cour ne peut renvoyer la cause devant les premiers juges. • Civ. 1re, 18 déc. 1996, n° 94-16.332 P : *D. 1997. IR 27 ; RTD civ. 1997. 515, obs. Perrot.*

25. Si la cour d'appel qui annule un jugement, pour un motif autre que l'irrégularité de l'acte introductif d'instance, est, en vertu de l'effet dévolutif de l'appel, tenue de statuer sur le fond de l'affaire, viole l'art. 562 l'arrêt qui retient que, au regard de l'effet dévolutif, le non-respect du contradictoire est assimilé à la nullité de l'assignation, dont il est acquis qu'elle prive l'appel de son effet dévolutif. • Civ. 2e, 17 mai 2018, n° 16-28.390 P : *D. 2018. Actu. 1081 ; Gaz. Pal. 31 juill. 2018, p. 73, obs. Hoffschir ; Procédures 2018, n° 207, note Croze.*

26. Exception à l'exception : conclusions au fond à titre principal de l'appelant. Il résulte de l'art. 562 que lorsque l'appelant a conclu au fond devant la cour, la dévolution s'opère pour le tout, même si l'appel tendait à l'annulation de l'acte introductif d'instance. • Civ. 2e, 9 juill. 1981, n° 80-12.333 P : *RTD civ. 1982. 473, obs. Perrot* • 22 nov. 1984, n° 83-11.184 P : *Gaz. Pal. 1985. 1. Pan. 83, obs. Guinchard* • 21 févr. 1990, n° 88-19.899 P • Com. 12 nov. 1991, n° 89-20.496 P • Civ. 2e, 13 janv. 1993, n° 91-15.586 P.

27. Si l'appel tend à l'annulation du jugement, la dévolution ne s'opère pour le tout, lorsque l'acte introductif d'instance est annulé (ce qui entraîne l'annulation du jugement subséquent), que lorsque l'appelant a conclu au fond à titre principal devant la cour d'appel. • Civ. 2e, 3 oct. 2002, n° 00-21.648 P : *D. 2002. IR 2846 ; Gaz. Pal. 30 mars-1er avr. 2003, p. 26, obs. du Rusquec.* ♦ Comp. jugeant que, si l'appel tend à l'annulation du jugement, la dévolution s'opère pour le tout, même si l'acte introductif d'instance est annulé, dès lors que l'appelant a comparu et conclu au fond en première instance : • Civ. 2e, 9 déc. 1997, n° 96-10.007 P : *D. 1998. 229, note Bolard* • Civ. 1re, 19 janv. 1999, n° 96-22.105 P : • 3 mai 2000, n° 98-15.977 : *Procédures 2000, n° 160, note Perrot.*

28. Conclusions subsidiaires. En l'absence d'acte introductif d'instance, l'appel est dépourvu d'effet dévolutif, les conclusions au fond étant sans portée dès lors qu'elles sont subsidiaires. • Civ. 2e, 3 avr. 2003, n° 01-03.254 P : *Procédures 2003, n° 136, note Perrot.*

29. Lorsque l'appel tend à l'annulation du jugement pour irrégularité de la saisine de la juridiction de première instance, la cour d'appel ne peut statuer sur le fond lorsque les conclusions sur le fond l'ont été à titre subsidiaire. • Civ. 2e, 25 mai 2000, n° 98-20.941 P : *D. 2000. 819, note Bolard ; JCP 2000. I. 267, n° 2, obs. Cadiet ; Procédures 2000, n° 160, obs. Perrot.* – V. aussi : • Civ. 1re, 12 juin 2001, n° 98-22.268 P : *D. 2001. Somm. 2715, obs. Julien ; JCP 2001. I. 362, n° 2, obs. Cadiet ; RTD civ. 2001. 957, obs. Perrot ; Gaz. Pal. 26-27 juill. 2002, p. 11, obs. du Rusquec* • 17 oct. 2007, n° 06-20.232 P : *RJPF 2008-1/22.* ♦ *Contra*, auparavant, en faveur de la dévolution pour le tout même lorsque l'appelant n'avait conclu au fond que subsidiairement : • Com. 26 mai 1999, n° 96-19.709 : *Procédures 2000, n° 29, obs. Perrot* • Civ. 2e, 27 févr. 1985, n° 83-16.446 P : *D. 1985. IR 262, obs. Julien ; Gaz. Pal. 1985. 1. Pan. 196, obs. Guinchard et Moussa ; RTD civ. 1985. 451, obs. Perrot* • Com. 18 avr. 1989, n° 87-14.768 P : *RTD civ. 1990. 149, obs. Perrot* • 6 oct. 1992, n° 90-19.598 P : *D. 1993. Somm. 181, obs. Julien.*

30. Cas du rejet de la demande de nullité. Lorsque l'appelant n'a conclu qu'à l'annulation du jugement en raison de l'irrégularité de l'acte introductif d'instance, la cour d'appel, si elle écarte cette nullité, ne peut statuer au fond qu'après que les parties ont été invitées à conclure au fond. • Civ. 2e, 26 juin 2003, n° 00-12.773 P : *Gaz. Pal. 9-10 juill. 2004, p. 8, obs. du Rusquec.* ♦ ... Peu important que l'appelant ait ou non comparu ou conclu en première instance : • Civ. 2e, 13 juill. 2000, n° 98-18.026 P : *préc. note 19.*

31. Dès lors que le défendeur n'a pas seulement conclu à la nullité de l'acte introductif d'instance, mais a, à titre subsidiaire, soulevé l'irrecevabilité des demandes, c'est sans méconnaître le principe de la contradiction que la cour d'appel, qui, ayant écarté l'exception de nullité de l'assignation, était saisie par l'effet dévolutif de l'appel, a statué sans avoir invité la partie à conclure au fond. • Civ. 2e, 10 avr. 2014, n° 12-27.144 P.

32. Distinction avec l'appel-nullité (pour excès de pouvoir). V. notes ss. art. 543.

B. OBJET DU LITIGE INDIVISIBLE

33. Notion d'indivisibilité. V. notes ss. art. 552.

Art. 563 Pour justifier en appel les prétentions qu'elles avaient soumises au premier juge, les parties peuvent invoquer des moyens nouveaux, produire de nouvelles pièces ou proposer de nouvelles preuves.

RÉP. PR. CIV. v° *Demandes nouvelles*, par PÉTEL-TEYSSIÉ.

BIBL. ► BAGANINA, *Gaz. Pal. 27-29 janv. 2009, p. 2* (immutabilité du litige et recevabilité des demandes nouvelles en appel). – R. MARTIN, *JCP 1976. I. 2768* (notion de moyen).

A. MOYENS NOUVEAUX

1. Demande de rejet d'une prétention. L'art. 563 ne permet aux parties en cause d'appel d'invoquer des moyens nouveaux, de produire de nouvelles pièces ou de proposer de nouvelles preuves qu'à l'effet de justifier des prétentions que ces parties avaient préalablement soumises au premier juge. C'est sans méconnaître ce texte qu'une cour d'appel déclare irrecevable une demande de rejet des prétentions adverses formée pour la première fois en cause d'appel par un appelant qui s'était borné, en première instance, à soulever la péremption d'instance. • Civ. 2e, 9 sept. 2021, n° 20-17.435 P : *D. actu. 8 oct. 2021, note Hoffschir ; JCP 2021. 1341, obs. Veyre ; Gaz. Pal. 2 nov. 2021, p. 66, note Guerre ; RDC 2022/1, p. 81, note Cattalano.* ♦ Sur la recevabilité en appel de la demande tendant à faire écarter les prétentions adverses, V. cep., art. 564, not. note 14.

2. Recevabilité. Repose sur un moyen nouveau et ne constitue pas une prétention nouvelle la demande de réintégration formée en appel sur un fondement juridique totalement différent de celui invoqué devant le premier juge. • Soc. 9 mai 1978, n° 76-40.051 P.

3. La demande d'interprétation d'un contrat ne constitue qu'un nouveau moyen de défense • Civ. 1re, 3 févr. 1987, n° 84-14.612 P : *Gaz. Pal. 1987. 2. 384, note J. M.* ♦ Sur la possibilité d'invoquer des moyens nouveaux pour justifier en appel les prétentions soumises aux premiers juges, V. : • Civ. 1re, 27 févr. 2013, n° 12-15.308 • Civ. 2e, 4 juin 1993, n° 91-20.917 P • Civ. 3e, 24 févr. 1999, n° 97-14.536 P : *D. 1999. IR 79.*

4. Les défenses au fond peuvent être invoquées en tout état de cause et, pour justifier les prétentions qu'elles ont soumises au premier juge, les parties peuvent, en cause d'appel, invoquer des moyens nouveaux. Par suite, viole les art. 72 et 563 la cour d'appel qui déclare irrecevable un moyen nouveau en invoquant la règle de l'estoppel, selon laquelle nul ne peut se contredire au détriment d'autrui. • Com. 10 févr. 2015, n° 13-28.262 P : *cité ss. art. 122.*

5. Étant juridiction d'appel pour les décisions

rendues par le juge des loyers commerciaux comme pour celles rendues par le TGI, la cour d'appel doit examiner le moyen tiré de l'inapplicabilité du statut des baux commerciaux présenté pour la première fois devant elle. • Civ. 3e, 13 juill. 1999, n° 97-22.326 P : *D. 1999. AJ 51, obs. Y. R.*

6. *Sauf renonciation.* Nul ne peut se prévaloir en appel d'un moyen auquel il a expressément renoncé devant les premiers juges. • Civ. 3e, 8 juin 1979, n° 78-11.905 P • Civ. 2e, 1er févr. 2018, n° 16-27.489 : *Procédures 2018, n° 123, note Croze.*

B. PIÈCES ET PREUVES NOUVELLES

7. *Recevabilité.* Sur la possibilité de produire de nouvelles pièces, V. : • Civ. 1re, 25 janv. 1978, n° 76-12.276 P. ♦ Le juge d'appel est tenu d'examiner les nouveaux moyens de preuve proposés devant lui pour justifier les prétentions soumises aux premiers juges. • Civ. 2e, 23 oct. 1991, n° 90-13.524 P.

8. Le juge d'appel ne peut rejeter une demande d'enquête formulée pour la première fois devant lui au seul motif qu'il appartient à l'appelant de faire son offre devant le premier juge. • Civ. 2e, 15 mars 1979, n° 78-11.198 P : *Gaz. Pal. 1979. 2. Pan. 303.* ♦ ... Ni rejeter l'expertise qu'une partie invoque en appel au motif que le rapport avait été déposé après la clôture des débats en première instance. • Civ. 3e, 12 juill. 1988, n° 86-15.456 P.

Art. 564 *(Décr. n° 2009-1524 du 9 déc. 2009, art. 10, en vigueur le 1er janv. 2011)* **« A peine d'irrecevabilité relevée d'office, »** *(Décr. n° 81-500 du 12 mai 1981, art. 25)* **« les parties ne peuvent soumettre à la cour de nouvelles prétentions si ce n'est pour opposer compensation, faire écarter les prétentions adverses ou faire juger les questions nées de l'intervention d'un tiers, ou de la survenance ou de la révélation d'un fait. »**

RÉP. PR. CIV. v° *Demandes nouvelles,* par I. TEYSSIÉ.

BIBL. ► SERINET, *JCP 2010. 545* (la sanction par l'irrecevabilité des demandes nouvelles en appel). – VINCENT, *D. 1973. Chron. 179.* – VINCENT et DU RUSQUEC, *Gaz. Pal. 1974. 1. Doctr. 401* (effets de l'appel quant à l'objet, journées des avoués, Dijon 1973).

A. LE PRINCIPE : LA PROHIBITION DES PRÉTENTIONS NOUVELLES

a. Notion

1. Le droit d'intimer en appel tous ceux qui ont été parties en première instance n'emporte pas celui de présenter des prétentions à l'encontre des parties contre lesquelles l'appelant n'a pas conclu en première instance. • Civ. 3e, 24 mai 2017, n° 15-27.302 P : *D. 2017. Actu. 1121* ; *Gaz. Pal. 14 nov. 2017, p. 32, note Millard ; Rev. loyers 2017, p. 380, note Peignot* • Civ. 2e, 12 juin 2008, n° 06-20.400 : *Procédures 2008, n° 258, note Perrot* • Civ. 1re, 18 mars 2003, n° 01-01.073 P : *RTD civ. 2003. 355, obs. Perrot* ; *Procédures 2003, n° 109, note Perrot.* ♦ Le seul fait d'avoir intimé un codéfendeur n'autorise pas une partie à former contre lui une demande non soumise au premier juge. • Civ. 1re, 12 oct. 1977, n° 76-11.641 P.

2. *Illustrations.* V. notes ss. art. 565.

b. Régime

3. *Sanction.* La nouveauté d'une demande présentée pour la première fois en cause d'appel *entraîne son irrecevabilité et non son rejet.* • Civ. 3e, 18 nov. 2009, n° 08-21.289 : *Procédures 2009, n° 3, note Perrot.*

4. Le moyen soutenant qu'une demande est irrecevable comme nouvelle en appel constitue non pas une exception de procédure devant être présentée avant toute défense au fond mais une fin de non-recevoir susceptible d'être soulevée en tout état de cause. • Civ. 2e, 24 janv. 2008, n° 07-15.433 P : *D. 2008. AJ 555* ; *Procédures 2008, n° 103, obs. Perrot.* ♦ Sur la distinction entre demande nouvelle et moyen : • Civ. 2e, 11 mars 1998, n° 96-11.443 P : *Procédures 1998, n° 109, obs. Perrot.*

5. *Irrecevabilité d'une demande et jugement au fond.* Une cour d'appel qui décide qu'une demande dont elle est saisie est irrecevable excède ses pouvoirs en statuant ensuite au fond de ce chef. • Civ. 1re, 9 nov. 2004, n° 00-19.318 P : *D. 2004. IR 3191* • Civ. 3e, 19 oct. 2010, n° 09-16.539.

6. *Autorité de la chose jugée.* L'autorité de la chose jugée qui s'attache à l'irrecevabilité d'une demande formée pour la première fois en cause d'appel n'interdit pas à son auteur d'agir devant les juges du premier degré. • Com. 12 janv. 1993, n° 90-17.764 P.

7. *Office du juge.* L'art. 564, en sa rédaction issue du Décr. n° 2009-1524 du 9 déc. 2009, ne confère au juge que la simple faculté de relever d'office la fin de non-recevoir tirée de la nouveauté d'une demande en appel, qui n'est pas d'ordre public. • Civ. 2e, 10 janv. 2013, n° 12-11.667 P : *D. 2013. Actu. 182* ; *ibid. Pan. 2058, obs. Leroy-Gissinger et Renault-Malignac* ; *Procédures 2013, n° 62, note Perrot ; Dr. et pr. 2013. 109, note Douchy-Oudot.*

8. Une juridiction d'appel, saisie d'une fin de non-recevoir tirée de l'irrecevabilité de prétentions nouvelles en cause d'appel ou la relevant d'office, est tenue de l'examiner au regard des exceptions prévues aux art. 564 à 567. • Civ. 3e, 25 févr. 2016, n° 14-29.760 P.

9. Distinction recevabilité de l'appel-recevabilité des demandes. La recevabilité de l'appel n'est pas subordonnée à celle des demandes de l'appelant. • Civ. 2e, 4 juin 2009, n° 08-12.818 : *Procédures 2009, n° 261, note Perrot* • 11 janv. 2018, n° 16-27.945 : *Procédures 2018, n° 98, note Croze.* ♦ Une cour d'appel ne peut donc déclarer irrecevable un appel au motif que les demandes se heurtent à l'autorité de la chose jugée et à l'interdiction de soumettre des prétentions nouvelles. • Civ. 2e, 20 janv. 2005, n° 03-13.468 P : *D. 2005. IR 520.*

10. Mais l'irrecevabilité de l'appel rend irrecevable une demande nouvelle, même si celle-ci aurait pu être présentée pour la première fois en cause d'appel. • Civ. 1re, 25 mai 2004, n° 01-16.289 P : *RTD civ. 2004. 491, obs. Hauser ; D. 2004. IR 2544 ; Gaz. Pal. 8-10 août 2004, p. 19, concl. Sainte-Rose ; Dr. fam. 2004, n° 173, note Strickler* • 25 sept. 2013, n° 12-22.341 : *Procédures 2013, n° 331, note Perrot ; Gaz. Pal. 13-15 mars 2014, p. 29, obs. Casado* • Civ. 2e, 2 nov. 1994, n° 93-10.050 P • 10 déc. 1998, n° 97-12.843 : *Procédures 1999, n° 64, note S.T.* ♦ L'irrecevabilité de l'appel, faute d'intérêt à agir, s'étend aux nouvelles demandes qui auraient été présentées pour la première fois en cause d'appel. Ainsi, l'époux demandeur en divorce qui a obtenu des premiers juges le bénéfice intégral de ses conclusions est irrecevable à faire appel aux fins d'obtenir une prestation compensatoire non sollicitée en première instance. • Civ. 2e, 19 juin 1980, n° 79-10.821 P : *D. 1980. IR 462, obs. Julien ; D. 1981. 531, note Massip* • 19 nov. 1980, n° 78-13.908 : *Gaz. Pal. 1981. 1. 219, note Viatte ; D. 1981. IR 270, obs. Bénabent.*

B. LES EXCEPTIONS

a. Les prétentions tendant à opposer compensation

11. Compensation. La demande de compensation n'est recevable en appel que si elle est opposée à une demande de la partie adverse. • Civ. 1re, 19 mai 1976, n° 74-13.485 P.

12. Est recevable en cause d'appel la demande du maître de l'ouvrage tendant à ce que soit déduite de la somme due à l'entreprise celle correspondant à un travail prévu au contrat mais qui a été finalement exécuté par une autre entreprise. • Civ. 3e, 10 mai 1977, n° 75-15.007 P. ♦ Est recevable en application de l'article 564 du code de procédure civile, la demande reconventionnelle en réparation de malfaçons formée pour la première fois en cause d'appel par le maître d'ouvrage aux fins de compensation avec sa dette d'un solde de travaux que lui réclame l'entrepreneur. • Civ. 3e, 14 déc. 1977, n° 76-11.294.

13. La demande reconventionnelle formée par l'acquéreur après que les premiers juges ont annulé la vente d'actions, aux fins d'obtenir l'indemnisation des plus-values par lui apportées à la société, n'est pas de nature à faire écarter une partie des prétentions adverses, et ne constitue pas une compensation à une demande en nullité et en restitution de parts, puisqu'elle tend à l'allocation d'une somme d'argent. • Civ. 1re, 13 nov. 1974, n° 73-10.424 P : *JCP 1976. II. 18242, note Couchez.* ♦ V. encore pour une irrecevabilité • Com. 9 oct. 1972, n° 70-14.377 P.

b. Les prétentions tendant à faire écarter les prétentions adverses

14. Défense à la prétention adverse. Est recevable en appel la demande qui tend à faire écarter les prétentions adverses. • Civ. 2e, 22 sept. 2016, n° 15-23.886 • 25 mars 1998, n° 95-21.809 P : *Procédures 1998, n° 111, obs. Perrot* • Civ. 3e, 13 sept. 2011, n° 10-20.865 : *Gaz. Pal. 28-29 sept. 2011, p. 25* • Civ. 2e, 9 sept. 2021, n° 20-17.435 P. ♦ Par ex., la demande d'expulsion fondée sur le manquement des locataires et occupants à leurs obligations et de nature à faire écarter leur prétention au maintien dans les lieux. • Civ. 3e, 30 janv. 1991, n° 89-19.272 P. ♦ ... La demande de suspension des effets d'une clause résolutoire insérée dans un bail commercial et qui tend à faire écarter la demande du bailleur en constatation de la résiliation du bail. • Civ. 3e, 6 janv. 1993, n° 91-15.454 P : *D. 1993. IR 35.* ♦ ... La demande d'une compagnie d'assurance qui, pour s'opposer au versement d'une indemnité provisionnelle, fait valoir qu'elle ne saurait être tenue au-delà des limites de la garantie. • Civ. 1re, 17 janv. 1978, n° 76-10.142 P : *JCP 1979. II. 19083, note Couchez.* ♦ ... La demande d'annulation de la délibération d'une assemblée générale sur laquelle se fondaient les prétentions du syndic de copropriété. • Civ. 3e, 4 mars 1980, n° 78-13.302 P : *D. 1981. IR 147, obs. Julien.*

15. La demande, qualifiée d'« exception de nullité », tendant à l'annulation d'un contrat dont l'adversaire demande l'exécution est recevable pour la première fois en cause d'appel. • Civ. 1re, 26 avr. 2000, n° 98-14.212 : *Procédures 2000, n° 159, note Perrot.* ♦ Rappr., s'agissant du moyen pris en appel de la nullité du contrat. • Civ. 1re, 23 juin 1993, n° 90-10.112 P. ♦ V. aussi, en ce sens que les demandes tendant à faire écarter la demande principale sont recevables en tout état de cause : • Civ. 3e, 19 déc. 2000, n° 99-14.727 : *Procédures 2001, n° 55, obs. Perrot.*

16. Le moyen tiré de la nullité de l'engagement de caution sur lequel est fondée la demande constitue une défense au fond (recevabilité de la prétention). • Civ. 2e, 16 déc.

2004, n° 03-12.642 P : *D. 2005. IR 311* .

17. Mais la demande de délai de grâce n'est pas de nature à faire écarter une demande d'opposition à commandement formulée en première instance. • Civ. 1re, 17 juin 1975, n° 74-10.664 P.

18. En matière d'opposition à contrainte délivrée pour le recouvrement des cotisations d'assurance vieillesse des professions artisanales, la qualité de défendeur appartient à la partie qui saisit les premiers juges aux fins de voir statuer sur la régularité des contraintes qui lui ont été délivrées. Est recevable, dès lors, la demande de l'assuré, formée pour faire écarter les prétentions adverses. • Soc. 23 janv. 2003, n° 00-22.014 P : *RTD civ. 2003. 351, obs. Perrot* . ♦ Le débiteur qui saisit le tribunal d'une opposition à contrainte a la qualité de défendeur. • Soc. 6 févr. 2003, n° 01-20.085 P : *RTD civ. 2003. 351, obs. Perrot* .

19. De même, la demande tendant à voir déclarer prescrite une créance constitue une fin de non-recevoir qu'il appartient à la cour d'appel de qualifier comme telle et qui pouvait être proposée en tout état de cause. Viole les art. 123 et 564, la cour d'appel qui, pour déclarer irrecevable une telle demande, juge que les parties ne peuvent soumettre à la cour de nouvelles prétentions, si ce n'est pour opposer compensation, faire écarter des conclusions adverses ou faire juger les questions nées de l'intervention d'un tiers, ou de la révélation d'un fait, et que la demande tendant à voir déclarer prescrite la créance de l'appelante n'avait pas été présentée au premier juge. • Civ. 2e, 1er déc. 2016, n° 15-27.143 P.

20. Partage de succession. En matière de partage de succession, les parties étant respectivement demanderesses et défenderesses quant à l'établissement de l'actif et du passif, toute demande doit être considérée comme une défense à une prétention adverse. • Civ. 1re, 25 sept. 2013, n° 12-21.280 P : *AJ fam. 2013. 722, obs. Hilt* ; *RTD civ. 2013. 882, obs. Vareille* ; *ibid. 884, obs. Vareille* ; *Gaz. Pal. 29 oct. 2013, p. 18, note Casey ; ibid. 21 janv. 2014, p. 19, note Casey ; JCP 2013. 1323, obs. Simler* • 3 avr. 2001, n° 99-20.717 : *Procédures 2001, n° 155, note Croze.* • 17 juin 1976, n° 74-14.697 P • 10 janv. 1978, n° 76-10.835 P • 20 mars 1989, n° 87-10.798 P : *Gaz. Pal. 1989. 1. Pan. 94* (demande de salaire différé) • Civ. 2e, 3 févr. 1983, n° 80-16.702 P : *Gaz. Pal. 1983. 1. Pan. 170, obs. Guinchard* • Civ. 1re, 12 nov. 1987, n° 86-10.258 : *Gaz. Pal. 1987. 2. Pan. 289* (demande en paiement de loyers par un légataire) • 1er oct. 1996, n° 94-18.297 : *Procédures 1996, n° 322, note Perrot* (attribution préférentielle).

c. Les prétentions nées de l'intervention d'un tiers ou de la révélation d'un fait

21. La notion d'évolution du litige est étrangère à la recevabilité des demandes nouvelles formées en appel contre des personnes qui étaient parties au procès devant le premier juge. • Civ. 3e, 15 juin 1982, n° 81-10.509 P : *RTD civ. 1983. 394, obs. Perrot.* • Civ. 2e, 9 juill. 1997, n° 95-20.740 : *Procédures 1997, n° 257, note Perrot* • Civ. 3e, 10 janv. 2001, n° 99-11.374 P : *D. 2001. 2541, note Becquet* ; *Procédures 2001, n° 77, obs. Perrot.* • 30 mars 1994, n° 92-11.996 P • 25 janv. 1995, n° 93-12.815 P.

22. Le demandeur principal ne peut exercer en appel son action directe contre l'appelé en garantie à l'égard duquel il n'avait pas conclu en première instance que si l'évolution du litige implique sa mise en cause. • Civ. 1re, 25 févr. 1992, n° 89-12.423 P : *Gaz. Pal. 1992. 1. Pan. 188.*

23. Exemples. L'invocation de nouvelles malfaçons apparues depuis le jugement ayant statué sur d'autres malfaçons est née de la survenance ou de la révélation d'un fait et peut être opposée en défense aux prétentions adverses. • Civ. 2e, 13 mars 1985, n° 83-16.648 : *Gaz. Pal. 1985. 1. Pan. 196, obs. Croze et Morel.* ♦ La demande en réparation des vices qui n'ont pu être constatés, ou ne se sont révélés qu'après le dépôt du rapport de l'expert, ne constitue pas une prétention nouvelle prohibée en appel • Civ. 2e, 27 mars 1974, n° 73-10.668 P. ♦ Viole l'art. 564 l'arrêt d'appel qui, pour déclarer irrecevable la demande de restitution formée par la société, retient encore que le premier juge avait uniquement été saisi d'une question relative à la régularité formelle du commandement de payer, et d'une demande d'annulation de celui-ci pour défaut de titre exécutoire ; que c'est de sa propre initiative que la société a payé les causes du commandement ainsi que des sommes supplémentaires, et qu'il n'y a donc survenance d'aucun fait nouveau, alors que l'obligation de restitution des sommes résultait de plein droit de l'arrêt de cassation partielle intervenu le 25 oct.2017, interprété par arrêt du 24 janv. 2018, soit à une date postérieure à la clôture des débats devant le premier juge, le 26 oct. 2016, la cour d'appel a violé l'article susvisé. • Civ. 2e, 27 févr. 2020, n° 18-25.382 P : *cité note 45 ss. COJ, art. L. 213-6.*

24. L'insolvabilité totale d'un vendeur d'immeuble révélée après le jugement de première instance ayant donné gain de cause à l'acheteur demandant la résolution de la vente rend recevable la demande tendant en appel à la délivrance de l'immeuble, V. • Civ. 2e, 20 nov. 2003, n° 02-10.465 P : *cité note 22 ss. art. 565.*

25. La demande en dommages-intérêts, née de la révélation en cause d'appel de la production d'un faux, constitue une prétention nouvelle recevable. • Civ. 3e, 17 oct. 2012, n° 10-25.848 : *Gaz. Pal. 8-9 mars 2013, p. 45, note Herman.*

26. Contre-exemple. Le fait pour une compagnie d'assurance de s'apercevoir, après exécution d'un jugement provisionnel, qu'elle avait payé une somme dépassant les limites de sa garantie n'est pas la révélation d'un fait rendant recevable sa demande nouvelle en restitution. • Civ. 1re, 17 janv. 1978, n° 76-10.142 P : *JCP 1979. II. 19063, note Couchez.*

27. Dès lors qu'une précédente décision avait accordé à l'occupante un délai de trois ans pour quitter les lieux, la demande d'un délai supplémentaire, qui ne tend pas à faire juger une question née de la survenance ou de la révélation d'un fait, est irrecevable. • Civ. 3e, 5 mai 1999, n° 97-14.872 P.

Art. 565 Les prétentions ne sont pas nouvelles dès lors qu'elles tendent aux mêmes fins que celles soumises au premier juge même si leur fondement juridique est différent.

A. DEMANDES NON NOUVELLES

a. En matière patrimoniale

1. Nécessité d'une demande en première instance. La faculté de soumettre aux juges d'appel des demandes tendant aux mêmes fins que celles portées devant les premiers juges implique qu'une demande ait été formée devant ces derniers. • Civ. 2e, 15 juin 1982, n° 81-10.509 P. ♦ Mais le fait qu'une demande présentée, à titre subsidiaire, devant le premier juge soit présentée à titre principal devant la cour d'appel ne lui confère pas le caractère de demande nouvelle au sens de l'art. 564, rien n'interdisant à une partie d'opérer un tel changement dans la conduite du procès. • Versailles, 2 avr. 1993 : *D. 1993. IR 153.*

2. Responsabilité contractuelle. N'introduit pas une demande nouvelle la partie qui, en matière de responsabilité civile, invoque en appel l'art. 1147 C. civ. anc. après s'être fondée devant les premiers juges sur les art. 1382 s. anc. du même code. • Civ. 1re, 30 juin 1970, n° 69-10.630 P. ♦ Rappr. • Soc. 16 févr. 1978, n° 76-15.382 P • Civ. 2e, 8 févr. 1978, n° 76-14.049 P.

3. Est recevable en appel la substitution de l'action fondée sur le droit de propriété du bailleur sur son véhicule donné en « location-bail » à une action fondée sur l'art. 1144 C. civ. • Civ. 2e, 4 juin 1993, n° 91-20.917 P : *JCP 1995. II. 22376, note du Rusquec.*

4. La demande d'indemnisation du préjudice personnel professionnel n'est pas nouvelle en cause d'appel dès lors qu'elle tend aux mêmes fins que les prétentions tendant à la réparation des préjudices matériel et moral formées en première instance. • Civ. 3e, 6 sept. 2018, n° 17-21.329 P : *D. actu. 2 oct. 2018, obs. R. Laffly.*

5. Exécution contractuelle. En matière contractuelle, tendent à la fin initialement poursuivie l'action en paiement exercée en vertu du contrat liant les parties et l'action résultant de la lettre de change tirée en exécution de cette convention et déclarée prescrite par le premier juge. • Com. 10 juin 1986, n° 85-10.292 P : *Gaz. Pal. 1986. 2. Pan. 246.* ♦ Est recevable la demande en démolition et reconstruction formée en cause d'appel, dès lors qu'elle ne constitue qu'une modalité de la réparation du préjudice. • Civ. 3e, 10 janv. 1990, n° 88-18.098 P. ♦ V. aussi pour la demande d'exécution d'un contrat et la demande de réparation par équivalent : • Civ. 2e, 10 mars 2004, n° 02-15.062 P : *Gaz. Pal. 26-28 juin 2005, p. 26, obs. du Rusquec.*

6. Ne sont pas nouvelles les demandes tendant à ce qu'une société d'assurance soit condamnée à payer aux souscripteurs, en exécution du contrat, des sommes correspondant au montant, outre les intérêts, des fonds investis dans les contrats d'assurance vie. Ces demandes ont en effet le même objet que celles formées en première instance, à savoir le paiement des sommes investies, peu important que les souscripteurs aient en première instance demandé une réparation en équivalent à raison des fautes imputées à la société d'assurance. • Civ. 2e, 3 juill. 2008, n° 07-19.367 P.

7. Élévation du montant de la demande. Ne sont pas nouvelles les prétentions par lesquelles les parties élèvent le montant de leurs réclamations dès lors qu'elles tendent à la même fin d'indemnisation du préjudice subi. • Civ. 2e, 4 mars 2004, n° 00-17.613 P : *Gaz. Pal. 26-28 juin 2005, p. 26, obs. du Rusquec.* ♦ N'est pas nouvelle la demande que forme un employeur en majorant en cause d'appel le montant de la somme qu'il avait réclamée pour violation de la clause de non-concurrence, cette prétention ne différant que par son montant de celle dont il avait originairement saisi les premiers juges. • Soc. 16 avr. 1975, nos 74-40.081 et 74-40.228 P. ♦ V. aussi : • Com. 4 juin 1973, n° 72-10.860 P.

8. Cessation des rapports contractuels. N'est pas nouvelle l'action en nullité d'un partage d'ascendant qui tend, comme l'action en rescision à laquelle elle fait suite, à l'anéantissement de l'acte. • Civ. 1re, 13 oct. 1976, n° 74-15.011 P : *D. 1977. IR 11.* ♦ La solution inverse prévaut en matière de vente d'immeuble : V. note 9. ♦ Ne sont pas nouvelles : la demande de constatation de l'acquisition d'une clause résolutoire et celle tendant au prononcé de la résiliation du bail fondées sur un commandement et des manquements différents et postérieurs à ceux soumis au premier juge. • Civ. 3e, 25 sept. 2002, n° 01-11.339 P. ♦ … La demande en résiliation d'un bail rural fondée en appel sur la sous-location de parcelles, alors qu'était invoquée en première instance la sous-location de bâtiments. • Civ. 3e, 25 févr. 1976, n° 74-14.837 P.

♦ … La demande d'exécution d'un congé avec refus de renouvellement en appel alors qu'avaient été invoquées devant les premiers juges la cessation des rapports locatifs et l'expulsion des locataires. • Civ. 3e, 24 mai 2000, n° 98-22.732 P. ♦ Est recevable en appel la substitution de l'action en nullité d'un don manuel à une action en restitution d'un bien. • Civ. 2e, 10 janv. 1979, n° 77-11.357 P. ♦ Rappr. • Civ. 2e, 9 févr. 1994, n° 92-15.515 P.

9. Tendent aux mêmes fins la demande du bailleur en exécution d'un congé et la demande initiale en résiliation. • Civ. 3e, 9 juill. 1979, n° 76-14.590 P • 30 janv. 1991, n° 89-19.272 P. ♦ … La demande en résolution d'une vente et la demande originelle en exercice de la faculté de réméré. • Civ. 3e, 31 janv. 1984, n° 82-13.549 P : *D. 1984. IR 237, obs. Julien.* ♦ … L'action en résiliation et l'action primitive en retrait d'une coopérative. • Civ. 1re, 3 oct. 1984, n° 83-11.373 P : *JCP 1985. II. 20475, note Prévault ; Gaz. Pal. 1985. Pan. 18, obs. Guinchard ; RTD civ. 1985. 450, obs. Perrot.*

10. Anéantissement d'une société. Tendent globalement aux mêmes fins la demande en dissolution d'une société pour mésentente entre associés et la demande en nullité de cette société pour atteinte à la liberté de vote des actionnaires. • Paris, 2 oct. 1980 : *D. 1981. 44, concl. Jéol ; JCP 1981. II. 19602, concl. Jéol, note Terré.* ♦ L'action en dissolution judiciaire de la société civile de moyens et l'action tendant à faire constater que cette société était arrivée à son terme, faute de prorogation régulière, tendent aux mêmes fins : la dissolution de la société. • Civ. 1re, 20 nov. 2001, n° 99-16.447 P.

11. Procédures collectives. En matière de procédure collective, n'est pas nouvelle l'action du syndic en remboursement des sommes prélevées par le défendeur sur les fonds sociaux et faisant suite à l'action en extension de la procédure collective, l'une comme l'autre tendant à la reconstitution de l'actif. • Com. 20 janv. 1987, n° 84-15.626 : *D. 1987. Somm. 354, obs. Honorat.*

12. Droit des biens. Tendant, comme la demande d'exécution de travaux en nature, à la réparation d'un même préjudice, la demande en paiement d'une somme représentant le coût de ces travaux formée en appel n'est pas nouvelle. • Civ. 3e, 10 mars 2016, n° 15-12.291 P : *D. 2016. Actu. 661.* ♦ … Comme la demande en exécution de travaux de démolition présentée pour la première fois en appel et qui poursuit la même fin que celle en indemnisation du coût de ces travaux présentée devant les premiers juges dès lors qu'elle tend à faire cesser l'atteinte au droit de propriété. • Civ. 3e, 10 nov. 2009, n° 08-17.526 P : *JCP 2010. 336, n° 4, obs. Périnet-Marquet.*

13. Successions. Viole l'art. 565 la cour d'appel qui, pour déclarer irrecevable la demande d'attribution préférentielle formée par l'appelant, retient qu'elle ne tend pas aux mêmes fins que la demande initiale visant à priver l'intimé de tous droits dans la succession, alors que la demande d'attribution préférentielle, qui avait pour objet le règlement de la succession, tendait aux mêmes fins que les prétentions initiales, dont celle formulée au titre du recel successoral. • Civ. 1re, 22 oct. 2014, n° 13-24.617 P : *BICC 1er févr. 2015, n° 95 ; D. 2014. Actu. 2180 ; ibid. 2015. Pan. 516, obs. Guyon-Renard ; Gaz. Pal. 23 déc. 2014, p. 46, note Herman.* ♦ V. égal. notes ss. art. 564.

14. Social. Est recevable en appel la demande en nullité du licenciement qui tend aux mêmes fins que la demande initiale au titre d'un licenciement sans cause réelle et sérieuse, dès lors que ces demandes tendent à obtenir l'indemnisation des conséquences du licenciement qu'un salarié estime injustifié. • Soc. 1er déc. 2021, n° 20-13.339 P : *D. actu. 4 janv. 2022, note Couëdel ; D. 2021. 2238 ; JCPS 2022. 1006, note Dauxerre.*

15. Autres illustrations. N'est pas nouvelle, puisque poursuivant la même fin, la demande en récusation d'un expert faisant suite à la demande de remplacement de celui-ci pour manquement à ses devoirs. • Civ. 2e, 15 mars 1979, n° 78-10.299 P. ♦ Ne sont pas nouvelles la demande en nullité d'un procès-verbal d'expulsion, alors qu'avaient été demandées la réintégration dans l'appartement et la restitution des meubles. • Civ. 3e, 3 juill. 2002, n° 01-00.448 : *Bull. ch. avoués 2003. 1. 24.* ♦ … La demande d'une compagnie d'assurance en remboursement d'indemnités fondée en appel sur la tardiveté de la déclaration de l'assuré, alors qu'était invoquée devant les premiers juges la nullité du contrat pour déclaration mensongère. • Civ. 1re, 23 févr. 1977, n° 75-10.935 : *D. 1977. IR 290, obs. Berr et Groutel ; RTD civ. 1976. 628, obs. Perrot.* ♦ V. encore pour une demande tendant à voir dire que le bailleur avait renoncé au congé : • Civ. 2e, 11 déc. 1975, n° 74-12.869 P • 10 janv. 1979, n° 77-11.357 P.

16. N'est pas nouvelle la demande de pension alimentaire formée pour la première fois en appel par un époux qui avait, en première instance, demandé par erreur une prestation compensatoire. • Civ. 2e, 28 mai 1984, n° 82-13.730 P. ♦ … Et réciproquement. • Civ. 2e, 19 nov. 1980, n° 79-13.060 P : *Gaz. Pal. 1981. 1. 336, note Viatte.* ♦ Sont recevables les demandes poursuivant les mêmes fins d'indemnisation des préjudices causés par la chute d'une grue sur un bâtiment en construction. • Civ. 2e, 8 mars 2007, n° 05-21.627 P : D. 2007. AJ 1147. ♦ … La demande de paiement d'une indemnité, prévue par le contrat d'assurance, en cas de perte partielle de la valeur d'un fonds de commerce, cette demande ayant le même fondement que la demande initiale et poursuivant la même fin d'indemnisation du préjudice causé par un incendie.

• Civ. 2e, 1er févr. 2006, n° 05-13.291 P : *D. 2006. IR 465 ; Gaz. Pal. 6-7 juill. 2007, p. 19, note du Rusquec.*

17. Procédure orale. En matière de procédure orale, une demande ne peut être considérée comme nouvelle en appel lorsque, formée initialement devant la juridiction de première instance, il n'a pas été mentionné dans le jugement que le demandeur y a expressément renoncé. Doit dès lors être cassé l'arrêt qui, pour considérer comme nouvelle la demande de résiliation judiciaire formulée par le salarié, a relevé que cette demande n'était pas reprise dans le dernier état des demandes mentionnées dans le jugement, sans constater qu'il y avait été expressément renoncé. • Soc. 13 janv. 2009, n° 07-42.465 P.

b. En matière extrapatrimoniale

18. N'introduit pas une demande nouvelle la partie qui invoque en appel une altération des facultés mentales après avoir demandé au juge des tutelles l'ouverture d'une curatelle pour prodigalité. • Civ. 1re, 25 janv. 2000, n° 98-12.366 P : *D. 2001. Somm. 1509, obs. Delmas Saint-Hilaire ; RTD civ. 2000. 293, obs. Hauser ; Dr. fam. 2000, n° 66, obs. Fossier ; Defrénois 2000. 1062, obs. Massip.*

19. Tendent toutes deux à faire juger que le mari est le père de l'enfant la demande en rétablissement de la présomption de paternité légitime et la demande en nullité de la reconnaissance d'enfant naturel à laquelle la première fait suite. • Civ. 1re, 19 avr. 1988, n° 86-10.861 P : *Gaz. Pal. 1988. 2. 858, note Massip.*

B. DEMANDES NOUVELLES

20. Matière contractuelle. Constituent une demande nouvelle la demande tendant à la résiliation, qui a pour effet de mettre à néant le contrat de bail, et la demande tendant à l'application de clauses de ce contrat, qui le laisse subsister. • Civ. 3e, 20 janv. 2010, n° 09-65.272 P : *Procédures 2010, n° 65, note Perrot.* ♦ La demande en nullité d'une vente, formée en cause d'appel, ne tend pas aux mêmes fins que la demande en paiement d'une partie du prix soumise aux premiers juges. • Com. 23 févr. 1981, n° 79-15.161 P : *Gaz. Pal. 1981. 2. Pan. 217.* ♦ Le gérant d'une société à responsabilité limitée qui a formé, en première instance, une action en payement de sa rémunération est irrecevable à demander pour la première fois en appel l'annulation de la délibération de l'assemblée générale ayant fixé sa rémunération. • Com. 2 juin 1975, n° 73-13.352 P. ♦ Constitue une demande nouvelle la demande d'exécution sous astreinte après une demande en résolution. • Civ. 2e, 8 sept. 2011, n° 09-13.086 P.

21. L'action en nullité ou en résolution, qui a pour objet de mettre à néant le contrat, ne tend pas aux mêmes fins que l'action en responsabilité, qui laisse subsister le contrat. • Com. 30 nov. 1999, n° 96-14.028 P.

22. La demande de délivrance d'un immeuble ne tend pas aux mêmes fins que celle de la résolution de la vente demandée et obtenue en première instance. • Civ. 2e, 20 nov. 2003, n° 02-10.465 P : *RTD civ. 2004. 141, obs. Perrot ; Procédures 2004, n° 19, note Perrot ; Gaz. Pal. 29-30 oct. 2004, p. 17, obs. du Rusquec.*

23. L'action en rescision pour lésion d'une vente immobilière ne tend pas aux mêmes fins que l'action en nullité. • Civ. 3e, 21 mai 1979, n° 78-10.578 P : *D. 1979. IR 474, obs. Julien ; RTD civ. 1980. 169, obs. Perrot.* ♦ ... Et inversement. • Civ. 3e, 19 déc. 1977, n° 76-15.078 P : *RTD civ. 1978. 738, obs. Perrot.* ♦ La solution contraire a prévalu en matière de donation-partage : V. note 22.

24. Est nouvelle, par rapport à la demande en nullité d'une vente, la demande subsidiaire formée en appel en réduction du prix. • Com. 18 janv. 1984, n° 83-11.184 P : *Gaz. Pal. 1984. 1. Pan. 147, obs. Guinchard.* ♦ ... La demande de paiement de charges et de frais de consommation d'eau formée par une partie qui avait demandé en première instance la condamnation à libérer l'accès de ses locaux et le paiement des dommages-intérêts pour résistance abusive. • Civ. 2e, 18 janv. 2007, n° 04-10.230 P. ♦ Émet une prétention nouvelle le bailleur qui demande en appel le paiement du coût de réparations locatives après avoir demandé en première instance l'application de la clause résolutoire et le paiement d'un arriéré de loyers. • Civ. 3e, 13 oct. 2004, n° 02-21.444 P.

25. La demande d'indemnité pour plus-values apportées au fonds ne tend pas aux mêmes fins que la demande en nullité de congé. • Civ. 2e, 5 juill. 1982, n° 81-14.201 P.

26. Est nouvelle la revendication de propriété d'un fonds faisant suite à la demande en reconnaissance du droit au renouvellement du sous-bail. • Civ. 3e, 7 déc. 1977, n° 76-12.386 P.

27. Procédures civiles d'exécution. Est nouvelle la demande en distraction de biens saisis, substituée à la demande en nullité de la saisie. • Civ. 2e, 21 févr. 1979, n° 77-13.505 P : *RTD civ. 1980. 170, obs. Perrot.*

28. Dès lors que l'appelant s'est borné en première instance à demander le débouté du demandeur de ses demandes en réparation de l'exécution dommageable d'une décision de justice, sans formuler une quelconque prétention à l'encontre de l'huissier de justice, doit être déclarée irrecevable comme nouvelle la demande en garantie contre l'huissier, en l'absence d'une évolution du litige permettant d'attraire en cause d'appel l'huissier en qualité de garant. • Civ. 2e, 9 janv. 2003, n° 00-22.188 P.

29. Matière familiale. La demande en réparation du préjudice causé par la dissolution du mariage ne tend pas aux mêmes fins que la demande originaire d'augmentation de la pension alimentaire. • Civ. 2e, 28 avr. 1980, n° 78-15.504 P. ♦ Émet une prétention nouvelle celui qui présente une demande en légitimation, après une demande en changement de nom. • Nancy, 28 avr. 2005 : *BICC 2006, n° 213.*

30. Contrefaçon et concurrence déloyale. Est irrecevable, comme nouvelle, la demande relative à des agissements déloyaux (réparation du préjudice consécutif à des agissements fautifs) présentés pour la première fois en appel alors qu'une demande en contrefaçon (constat et sanction de l'atteinte à un droit privatif) avait été formée devant les premiers juges. • Com. 29 mars 2011, n° 10-12.046 : *CCE 2011, n° 53, note Caron* • 22 sept. 1983, n° 82-12.120 P : *Gaz. Pal. 1984. 1. Pan. 33, obs. Guinchard.* ♦ *Adde*, jugeant déjà que l'action en contrefaçon et l'action en concurrence déloyale ne constituent pas sous des formes différentes l'exercice du même droit et ne tendent pas aux mêmes fins, dès lors que la première a pour fondement l'atteinte à un droit privatif tandis que la seconde sanctionne une faute commise à l'encontre d'une personne qui ne peut justifier d'un droit privatif ou en tout cas qui peut justifier d'une faute distincte de l'atteinte portée à un tel droit. • Paris, 14 mai 2003 : *JCP E 2003. 1627, obs. Caron.*

31. Ne tendent pas aux mêmes fins la demande en garantie de condamnation pour contrefaçon et la demande en rescision de la vente de titres de propriété industrielle formée par l'acheteur évincé. • Com. 16 juin 1980, n° 78-16.230 P.

32. Changement de qualité juridique. Sont irrecevables, car nouvelles en appel, les demandes formées contre un assureur pris en sa qualité d'assureur constructeur non réalisateur (CNR), lorsque deux polices distinctes ont été souscrites, que cet assureur a été assigné en référé en sa qualité d'assureur dommages-ouvrage, et qu'en première instance, aucune demande n'a été formulée contre lui en qualité d'assureur CNR, les garanties et demandes étant de natures différentes. • Civ. 3e, 20 oct. 2010, n° 07-16.727 P : *BICC 15 févr. 2011, n° 141 ; AJDI 2010. 898, obs. Porcheron ; RDI 2010. 617, obs. Leguay.*

33. Autres illustrations. Une demande en garantie présentée en appel ne tend pas à la même fin qu'une défense au fond tendant à une mise hors de cause sollicitée en première instance. • Soc. 3 juin 1997, n° 94-43.880 P : *Gaz. Pal. 1998. 2. 795, note du Rusquec.*

34. Est nouvelle par rapport à la demande d'expertise tendant à faire constater l'aggravation du préjudice la demande d'indemnisation, formée en appel, de ce préjudice supplémentaire. • Civ. 2e, 18 janv. 1984, n° 82-11.317 P.

Art. 566 *(Décr. n° 2017-891 du 6 mai 2017, art. 11, en vigueur le 1er sept. 2017)* **Les parties ne peuvent ajouter aux prétentions soumises au premier juge que les demandes qui en sont l'accessoire, la conséquence ou le complément nécessaire.**

Les dispositions de l'art. 11 du Décr. n° 2017-891 du 6 mai 2017 s'appliquent aux appels formés à compter du 1er sept. 2017. Elles s'appliquent aux instances consécutives à un renvoi après cassation lorsque la juridiction de renvoi est saisie à compter du 1er sept. 2017 (Décr. préc., art. 53-II bis, créé par Décr. n° 2017-1227 du 2 août 2017, art. 1er-2°-b).

Décr. n° 2017-891 du 6 mai 2017. Légalité. Renvoi. V. : • CE 13 nov. 2019, nos 412255, 412286, 412287, 412308 et 415651 : *cité note 1 ss. art. 83.*

Ancien art. 566 *Les parties peuvent aussi expliciter les prétentions qui étaient virtuellement comprises dans les demandes et défenses soumises au premier juge et ajouter à celles-ci toutes les demandes qui en sont l'accessoire, la conséquence ou le complément.*

1. Office du juge. Lorsqu'un réservataire poursuit sans succès devant le premier juge l'exécution du contrat préliminaire et la réparation du préjudice résultant du refus du promoteur d'exécuter la demande subsidiaire de dommages-intérêts présentée pour la première fois, en appel qui se fonde sur la perte d'un gain dû à la non-réalisation de la vente provenant de la nullité du contrat, elle peut être déclarée irrecevable comme nouvelle par la cour d'appel devant laquelle il n'a pas été soutenu que cette demande était l'accessoire, la conséquence ou le complément des demandes soumises au premier juge. • Civ. 3e, 9 oct. 2013, n° 12-20.107 : *JCP 2013. 1225, n° 9, obs. Serinet.*

2. Nécessité d'une demande en première instance. Une prétention ne peut être considérée comme l'accessoire, la conséquence et le complément d'une demande soumise aux premiers juges lorsque, devant ces derniers, l'appelant s'était désisté de cette demande. • Soc. 3 mars 1982, n° 80-10.844 P.

A. DEMANDES RECEVABLES

3. Intérêts, dommages et intérêts, indemnités. L'art. 566 ne limitant pas au préjudice souffert depuis le jugement la faculté d'ajouter aux demandes en cours d'appel, une partie est recevable à demander en appel les intérêts échus de la créance fixée par le tribunal. • Civ. 3e, 25 juin 1974, n° 73-11.640 P. ♦... Les dommages-intérêts qui sont l'accessoire des incidents d'exécution provoqués par la partie adverse. • Civ. 1re, 12 févr. 1975, nº 73-10.960 P. ♦ ... Les dommages-intérêts qui sont l'accessoire et le complément de la défense opposée à la demande principale. • Civ. 2e, 3 mai 1990, nº 88-17.812 P. ♦ ... Les frais d'agios entraînés par les troubles de trésorerie dus au défaut de paiement du débiteur. • Civ. 2e, 18 janv. 1978, nº 76-12.774 P. ♦ ... La demande d'indemnité d'éviction agricole, accessoire de l'indemnité d'expropriation. • Civ. 3e, 7 nov. 1975, nº 74-70.358 P. ♦ ... La demande d'indemnité d'occupation accessoire de la demande en résiliation de bail et expulsion soumise au premier juge. • Civ. 3e, 13 juin 2001, nº 99-18.415 P : *Gaz. Pal. 26-27 juill. 2002, p. 10, obs. du Rusquec.* ♦ ... La demande tendant à obtenir réparation du préjudice résultant de l'inexécution par le bailleur, ou le liquidateur qui le représente, de ses obligations issues d'un contrat en cours postérieurement au jugement d'ouverture de la procédure collective de ce bailleur, accessoire ou complément de la demande principale tendant à l'exécution des travaux. • Civ. 3e, 29 avr. 2002, nº 99-16.602 P : *D. 2002. AJ 1674, obs. A. Lienhard ; AJDI 2002. 602, note Le Corre.*

4. Constitue le complément de la demande originaire la demande additionnelle portant sur les charges de copropriété échues postérieurement au jugement. • Civ. 3e, 15 oct. 1975, nº 74-11.941 P : *D. 1976. 57, concl. Paucot, note Giverdon ; JCP 1975. II. 18201, note Guillot.* ♦ ... La demande de capitalisation des intérêts échus faisant suite à la demande en paiement de ces derniers. • Com. 9 nov. 1993, nº 91-18.813 P. ♦ ... La demande tendant à l'application de l'art. L. 211-13 C. assur. (doublement du taux de l'intérêt légal en cas de non-respect du délai pour l'offre d'indemnisation). • Civ. 2e, 7 oct. 2004, nº 03-15.034 P. ♦ ... La demande en paiement des intérêts au double du taux légal faisant suite à la demande en indemnisation du préjudice par l'assureur dommages-ouvrage formée en première instance à titre principal. • Civ. 3e, 9 oct. 2013, nº 12-21.809 P : *Gaz. Pal. 3 déc. 2013, p. 13, note Cerveau-Colliard ; ibid. 17 déc. 2013, p. 39, note Ajaccio, Caston et Porte.*

5. Viole l'art. 566 une cour d'appel qui déclare *irrecevable la demande d'indemnité d'éviction* formulée pour la première fois en cause d'appel par le preneur, alors qu'elle avait relevé qu'il n'existait aucun motif grave justifiant un refus d'indemnité d'éviction. • Civ. 3e, 8 avr. 1999, nº 97-19.321 P : *D. Affaires 1999. 979, obs. Y. R. ; Defrénois 2000. 583, obs. Duplan-Miellet.*

6. Donation. La révocation de la donation qui opère rétroactivement entraîne restitutions réciproques, de sorte que la demande tendant au remboursement des impenses supportées par le donataire est la conséquence de la demande en révocation. • Civ. 1re, 28 janv. 2015, nº 13-27.125 P : *D. 2015. Actu. 320 ; D. actu. 14 févr. 2015, obs. Mesa ; JCP 2015. 399, note Serinet ; LPA 14 avr. 2015, p. 9, note Mahinga.*

7. Divorce et séparation de corps. La demande de report des effets du divorce, entre les époux, quant à leurs biens, à une date antérieure à l'ordonnance de non-conciliation, accessoire à la demande en divorce, pouvait être présentée pour la première fois en appel dès lors qu'en présence d'un appel général, la décision de divorce n'avait pas acquis force de chose jugée. • Civ. 1re, 11 févr. 2015, nº 13-26.390 : *Gaz. Pal. 21-23 juin 2015, p. 17, obs. Galvez.* ♦ V. dans le même sens s'agissant du report de l'effet du jugement de divorce à la date où les époux ont cessé de cohabiter et de collaborer. • Civ. 1re, 14 mars 2006, nº 04-20.765 P : *D. 2006. Pan. 2437, obs. Douchy-Oudot ; BICC 15 juin 2006, nº 1275.* ♦ Accessoire de la demande en divorce, la demande de prestation compensatoire peut être formée pour la première fois en appel. • Civ. 2e, 13 juin 1985, nº 83-16.446 P • 9 janv. 1991, nº 89-15.187 P • 31 mai 2000, nº 97-16.589 P : *JCP 2000. II. 10425, note Brière.* ♦ ... Tant que la décision, en ce qu'elle prononce le divorce, n'a pas acquis la force de chose jugée. • Civ. 2e, 11 févr. 1998, nº 96-12.917 P • 31 mai 2000, nº 97-16.589 P : *préc.* • Civ. 1re, 10 juill. 2013, nº 12-23.332. ♦ La demande de prestation compensatoire présentée pour la première fois en appel par l'époux qui a interjeté un appel non limité du jugement prononçant le divorce est recevable dès lors que la décision de divorce n'est pas passée en force de chose jugée. • Civ. 2e, 22 oct. 1997, nº 95-16.846 P. ♦ ... Encore faut-il que l'appel soit lui-même recevable indépendamment de cette demande. • Civ. 2e, 10 déc. 1998, nº 97-12.843 : *Procédures 1999, nº 64, note Thouret.*

8. Est recevable la demande d'indemnité exceptionnelle sur le fondement de l'art. 280-1, al. 2, C. civ. dans sa rédaction antérieure à la L. nº 2004-439 du 26 mai 2004, accessoire de la demande en divorce. • Civ. 1re, 16 avr. 2008, nº 07-14.345 : *Procédures 2008, nº 165, note Perrot.* ♦ La demande, de l'épouse, de dommages-intérêts constitue l'accessoire de la demande principale de séparation de corps aux torts exclusifs de l'époux et peut être présentée pour la première fois en appel, l'instance d'appel eût-elle porté sur les seules conséquences de la séparation de corps prononcée aux torts de l'époux. • Civ. 2e, 24 juin 2004, nº 02-11.160 P : *D. 2004. IR 2082 ; RTD civ. 2004. 554, obs. Perrot.* ♦ V. encore s'agissant d'une demande de dommages-intérêts, V. : • Civ. 1re, 13 févr. 2013, nº 11-28.671 • Civ. 2e, 4 oct. 1978, nº 77-12.836 P • 1er juin 1983, nº 82-11.574 P.

9. Filiation. Est recevable en cause d'appel la demande de droit de visite formée par le père naturel en complément à sa défense à une action en nullité de sa reconnaissance de paternité. • Civ. 1re, 21 juin 1977, n° 76-14.176 P. ♦ ... La demande de dommages-intérêts, accessoire de l'action en recherche de paternité. • Civ. 1re, 7 juin 2006, n° 04-11.661 P : *Procédures 2006, n° 174, obs. Perrot ; Gaz. Pal. 31 mai 2007. Pan. 17.* ♦ V. déjà : n'est pas nouvelle la demande de subsides faisant suite à l'action en recherche de paternité portée devant les premiers juges. • Civ. 1re, 27 nov. 1979, n° 78-10.825 P : *D. 1980. IR 425, obs. Huet-Weiller.* ♦ V. déjà : • Civ. 1re, 28 avr. 1970, n° 67-13.392 P : *JCP 1970. II. 16418, note R. L. ; RTD civ. 1971. 186, obs. Hébraud.*

10. Droit des biens. La demande subsidiaire d'un possesseur de bonne foi en remboursement des impenses faites sur un terrain est la conséquence de sa défense à l'action en revendication dirigée contre lui. • Civ. 3e, 12 mars 1986, n° 84-15.718 P.

11. Astreinte. Liquidation. Il résulte des dispositions de l'art. 566, dans sa rédaction antérieure au Décr. n° 2017-891 du 6 mai 2017, qu'une cour d'appel saisie d'une demande additionnelle en liquidation d'astreinte exerce les pouvoirs qu'elle tient de l'effet dévolutif de l'appel en liquidant l'astreinte prononcée en première instance, sous le bénéfice de l'exécution, provisoire, que le tribunal s'était expressément réservé le pouvoir de liquider. • Civ. 2e, 28 juin 2018, n° 17-15.045 P : *D. actu. 27 juill. 2018, obs. Camensulli-Feuillard.*

12. Autres illustrations. Viole les art. 565 et 566 l'arrêt qui, pour déclarer irrecevable la demande en paiement d'une rémunération complémentaire, retient que cette demande concernait le remboursement d'un avoir consenti à des clients à titre de prime de fidélité et que cette société n'avait réclamé en première instance que le paiement des commissions. • Com. 15 janv. 2008, n° 06-14.698 P.

B. DEMANDES IRRECEVABLES

13. Matière contractuelle. Est irrecevable comme nouvelle la demande formulée pour la première fois en appel en tendant à la restitution d'une somme représentant le pas-de-porte versé lors de la conclusion du bail commercial, qui n'est ni l'accessoire, ni la conséquence, ni le complément de la demande d'annulation d'un congé ni de la demande subsidiaire en fixation d'une indemnité d'éviction. • Civ. 3e, 14 janv. 2016, n° 14-19.092 P : *cité note 6 ss. art. 484.* ♦ V. aussi : • Soc. 9 oct. 2013, n° 12-23.718 P : *D. 2013. Actu. 2407 ; Dr. soc. 2014. 11, obs. Tournaux ; JCP 2013. 1225, n° 9, obs. Serinet ; Gaz. Pal. 16 nov. 2013, p. 13, note Piau ; ibid. 7 janv. 2014, p. 27, note Colonna et Renaux-Personnic ; JCP 2014. 597, obs. Pillet ; ibid. S 2014. 1044, note Brissy.*

14. Sociétés. La demande d'annulation d'une assemblée générale n'est ni l'accessoire, ni la conséquence, ni le complément de la demande d'annulation de décisions prises par cette assemblée. • Paris, 30 sept. 1977 : *Gaz. Pal. 1978. 1. Somm. 214.*

15. Divorce et séparation de corps. La demande d'attribution préférentielle de la maison d'habitation ne peut être considérée comme l'accessoire de la demande en séparation de corps. • Civ. 2e, 24 nov. 1982, n° 81-11.148 P : *Gaz. Pal. 1983. 1. Pan. 98, obs. Guinchard.*

16. Accessoire des demandes d'une autre partie. Une partie n'est pas recevable à présenter pour la première fois en cause d'appel des prétentions qui seraient le prolongement ou l'accessoire des demandes formées en première instance par une autre partie. • Civ. 2e, 30 juin 2011, n° 10-23.537 P.

Art. 567 **Les demandes reconventionnelles sont également recevables en appel.**

RÉP. PR. CIV. v° *Demandes reconventionnelles*, par DOUCHY-OUDOT.

BIBL. ▸ ROUSSE, *Gaz. Pal. 1976. 2. Doctr. 619.*

Sur les demandes reconventionnelles, V. art. 63 s.

1. Notion de demande reconventionnelle. N'est pas reconventionnelle la demande formée en appel par une partie contre un de ses codéfendeurs en première instance qui n'a élevé aucune prétention à son encontre. • Civ. 3e, 3 déc. 2008, n° 07-16.748 : *D. 2009. AJ 107 .*

2. Sur la notion de demande reconventionnelle, V. art. 64 et les notes.

3. Principe. Une demande reconventionnelle, émanant d'un défendeur en première instance, est recevable pour la première fois en cause d'appel. • Civ. 3e, 10 mars 2010, n° 09-10.412 P : *Procédures 2010, n° 169, note Perrot.*

4. Lien avec les prétentions originaires. Les demandes reconventionnelles sont recevables en appel à la condition, posée par l'art. 70, de se rattacher aux prétentions originaires par un lien suffisant. • Civ. 1re, 6 juin 1978, n° 77-10.835 P • Civ. 2e, 29 mai 1979, n° 78-11.527 P : *D. 1979. IR 473, obs. Julien ; RTD civ. 1980. 624, obs. (crit.) Perrot* • Civ. 3e, 30 juin 1999, n° 97-11.491 P : *D. 2000. 559, note M.-E. Ancel .*

5. La demande reconventionnelle visant à obtenir une indemnité d'occupation des locaux dont la vente a été ordonnée ne se rattache pas aux prétentions initiales tendant à contester la vente. • Civ. 2e, 10 juill. 2003, n° 01-16.373 P : *Gaz. Pal. 9-10 juill. 2004, p. 8, obs. du Rusquec.*

6. La recevabilité de la demande des défendeurs tendant à voir constater leur droit de propriété sur la parcelle litigieuse, formée pour la première fois en cause d'appel et qui revêt un caractère reconventionnel, doit s'apprécier au regard du lien éventuel la rattachant à la prétention originaire des demandeurs tendant à leur interdire l'usage de ladite parcelle. • Civ. 2e, 23 févr. 2017, n° 16-12.859 P : *D. 2017. 517* ; *ibid. 2018. 692, obs. Fricero* ; *RTD civ. 2017. 436, obs. Dross* ; *Gaz. Pal. 2 mai 2017, p. 77, note Raschel.*

SOUS-SECTION 2 L'ÉVOCATION

RÉP. PR. CIV. v° *Appel*, par FERRAND.

DALLOZ ACTION *Droit et pratique de la procédure civile 2022/2023*, nos 541.91 s., par PELLERIN.

DALLOZ RÉFÉRENCE *Droit et pratique de l'appel 2018/2019*, par D'AMBRA, nos 123.00 s.

BIBL. ▶ CARATINI, *Gaz. Pal. 1984. 1. Doctr. 130.* – HÉBRAUD, *Colloque des IEJ, Aix-en-Provence 1963, p. 143 s.* – COHEN, Mél. Héron, *LGDJ-Lextenso 2008, p. 173* (domaine de l'évocation).

Art. 568 Lorsque la cour d'appel *(Décr. n° 2017-891 du 6 mai 2017, art. 12, en vigueur le 1er sept. 2017)* **« infirme ou annule un jugement » qui a ordonné une mesure d'instruction, ou** *(Abrogé par Décr. n° 2017-891 du 6 mai 2017, art. 12, à compter du 1er sept. 2017)* **« *d'un jugement* » qui, statuant sur une exception de procédure, a mis fin à l'instance, elle peut évoquer les points non jugés si elle estime de bonne justice de donner à l'affaire une solution définitive, après avoir ordonné elle-même, le cas échéant, une mesure d'instruction.**

L'évocation ne fait pas obstacle à l'application des articles 554, 555 et 563 à 567.

Les dispositions de l'art. 12 du Décr. n° 2017-891 du 6 mai 2017 s'appliquent aux appels formés à compter du 1er sept. 2017. Elles s'appliquent aux instances consécutives à un renvoi après cassation lorsque la juridiction de renvoi est saisie à compter du 1er sept. 2017 (Décr. préc., art. 53-II bis, créé par Décr. n° 2017-1227 du 2 août 2017, art. 1er-2°-b).

A. FACULTÉ D'ÉVOCATION

1. Simple faculté. Si l'art. 568 ouvre à la cour d'appel une faculté d'évocation, il ne lui en fait pas une obligation. • Civ. 2e, 28 avr. 1980, n° 78-14.826 P : *Gaz. Pal. 1980. 2. 498, note Viatte* • 1er avr. 1974, n° 73-12.460 P. ♦ Faisant état de pouvoir discrétionnaire, V. : • Civ. 1re, 2 mai 1989, n° 87-17.705 P. ♦ C'est ainsi, sans violer le principe de la contradiction, qu'une cour d'appel, saisie de l'appel général d'un jugement mixte, use, à la demande de l'une des parties, de la faculté que lui confère l'art. 568 d'évoquer les points non jugés, dès lors que l'autre partie, en mesure de se prononcer sur cette demande d'évocation, s'est bornée à conclure au fond. • Civ. 1re, 10 avr. 2014, n° 12-26.362 P.

2. La faculté d'évocation ne peut porter que sur les points du litige qui n'ont pas été jugés en première instance. • Civ. 2e, 25 oct. 1978, n° 76-15.031 P.

3. Méconnaît l'art. 564 la cour d'appel qui, statuant, en matière de référé déclare recevable une demande en paiement de redevances sur le fondement d'une expertise ordonnée par elle dans un précédent arrêt, au motif que ce précédent arrêt avait évoqué le litige qui lui était déféré sur la seule compétence, alors que la demande qui était formée pour la première fois devant elle après le dépôt du rapport de l'expert n'avait pu être comprise dans l'évocation décidée par le précédent arrêt. • Civ. 1re, 11 juill. 1978, n° 77-13.695 P.

B. CONDITIONS DE L'ÉVOCATION

4. Conclusions au fond. La cour d'appel doit, lorsqu'elle entend évoquer, mettre les parties en mesure de conclure sur le fond sur les points qu'elle se propose d'évoquer. • Civ. 1re, 18 mars 2003, n° 01-03.999 P : *JCP 2003. I. 140, n° 22, obs. R. Martin* ; *Gaz. Pal. 8-10 févr. 2004, p. 21, obs. du Rusquec* • Civ. 2e, 23 sept. 2004, n° 02-21.141 P : *Dr. et pr. 2005. 33, note Fricero* • 16 juill. 1992, n° 90-21.050 P : *Rev. huiss. 1993. 409* • Soc. 24 nov. 1998, n° 97-43.670 P.

5. Dès lors qu'il a été conclu au fond devant la cour, l'affaire est en état de recevoir une solution définitive et le juge du second degré peut évoquer. • Civ. 2e, 21 oct. 1976, n° 75-10.657 P.

C. DOMAINE DE L'ÉVOCATION

a. Jugement ayant ordonné une mesure d'instruction

6. Une cour d'appel peut faire usage de son droit d'évocation lorsqu'elle est saisie de l'appel d'un jugement ayant ordonné une mesure d'instruction, y compris si cette mesure tient à la fourniture de certains documents par les parties, dès lors que la mesure a pour objet de fournir les éléments de fait permettant de déterminer la créance en cause. • Civ. 2e, 28 juin 2006, n° 05-19.156 P : *D. 2006. IR 2051* ; *RTD civ. 2006. 828, obs. Perrot*. ♦ Lorsqu'une cour d'appel constate que la mesure ordonnée par le premier juge avait pour objet de lui fournir des éléments de fait permettant de déterminer la valeur d'un droit viager d'usufruit sur un bien commun pour se prononcer sur la prestation compensatoire, c'est par une exacte application de l'art. 568 qu'elle fait usage de son droit d'évocation et se prononce sur la demande de prestation compensatoire. • Civ. 1re, 28 oct. 2009, n° 08-20.724 P : *D. 2009. AJ 2607, obs. Delpech ; ibid. 2971, note Houtcieff ; ibid. 2010. Pan. 990, obs. Douchy-Oudot ; JCP 2010. 546, n° 22, obs. Amrani-Mekki ; Gaz. Pal. 22-23 janv. 2010, p. 31, obs. Lécuyer ; Dr. fam. 2010, n° 2, note Larribau-Terneyre ; RJPF 2010-1, p. 25, obs. Garé.* ♦ La cour ne peut évoquer la partie du litige ayant fait l'objet d'une mesure d'instruction ordonnée par le tribunal qu'autant qu'elle est saisie du chef du jugement qui a prescrit cette mesure. • Civ. 2e, 12 mars 1980, n° 78-15.054 P : *Gaz. Pal. 1980. 2. 455, note Viatte* • 27 avr. 1981, n° 79-16.681 P : *Gaz. Pal. 1981. 2. 703, note Viatte* • Com. 15 juin 1982, n° 79-13.367 P.

b. Jugement ayant mis fin à l'instance

7. La cour a la faculté d'évoquer lorsque les premiers juges ont déclaré l'action irrecevable sans se prononcer sur le fond. • Civ. 3e, 1er mars 1983, n° 81-14.157. ♦ L'ordonnance de référé qui lui était soumise ayant statué sur une exception d'incompétence et mis fin à l'instance, une cour d'appel peut évoquer les points non jugés. • Civ. 2e, 17 déc. 2009, n° 09-11.847 P : *cité note ss. art. 98 anc.*

c. Jugement de sursis à statuer

8. V. notes ss. art. 380.

d. Jugement ayant statué sur la compétence

9. Renvoi. V. notes ss. art. 88 et 89 anc.

SECTION III DISPOSITIONS FINALES

RÉP. PR. CIV. v° *Appel*, par FERRAND.

Art. 569 **L'exécution des jugements improprement qualifiés en dernier ressort peut être arrêtée par le juge d'appel à tout moment de l'instance.**

Compétence du tribunal (non). Sur l'impossibilité, pour un tribunal, d'ordonner le sursis aux poursuites jusqu'à l'extinction de l'instance sur appel d'un jugement exécutoire, bien que la personne poursuivie soutenait qu'il avait été improprement qualifié en dernier ressort, dès lors qu'il n'était pas allégué que le juge d'appel avait arrêté son exécution, V. : • Civ. 2e, 23 sept. 2004, n° 02-19.649 P : *D. 2004. IR 2691 ; Dr. et pr. 2005. 49, note Salati.*

Art. 570 **L'exécution de l'arrêt d'appel appartient à la juridiction qui a statué en premier ressort ou, si cette dernière ne peut connaître de l'exécution de ses décisions, au** *(Décr. n° 2019-966 du 18 sept. 2019, art. 8, en vigueur le 1er janv. 2020)* **« tribunal judiciaire** *[ancienne rédaction : tribunal de grande instance]* **».**

Toutefois, la juridiction d'appel peut, même d'office, décider dans son arrêt d'en retenir l'exécution à moins que celle-ci ne soit attribuée par la loi à une autre juridiction ; sous la même réserve, elle peut aussi désigner la juridiction qui connaîtra de l'exécution de son arrêt, à la condition que cette juridiction soit compétente pour connaître de l'exécution des décisions de justice.

BIBL. ▸ VIATTE, *Gaz. Pal. 1979. 2. Doctr. 244.*

1. Notion d'exécution. Sur la distinction entre l'interprétation et l'exécution d'un arrêt d'appel, V. • Paris, 24 févr. 1982 : *Bull. ch. avoués 1982. 2. 64.* ♦ ... Entre l'exécution de l'arrêt et celle d'une mesure d'instruction, V. • Paris, 3 juill. 1979 : *Gaz. Pal. 1979. 2. 647, note Viatte.*

2. Liquidation de l'astreinte. Lorsque la mesure d'astreinte prévue par un arrêt définitif n'a pas conduit les parties condamnées à exécuter la décision de justice, le juge peut, sur une nouvelle demande de la partie bénéficiaire et sans violer l'autorité de la chose jugée, mais, au contraire, pour en assurer le respect, prescrire toutes autres mesures d'exécution devenues nécessaires. • Civ. 2e, 16 juill. 1992, n° 91-11.813 P : *JCP 1993. II. 22017, note Le Tourneau.*

3. La demande en liquidation d'astreinte n'est que la continuation et le développement de l'instance ayant abouti à son prononcé, aussi la juridiction qui l'a décidée reste compétente pour la liquidation du montant de cette astreinte. • Civ. 2e, 1er juin 1992, n° 90-21.140 P : *D. 1992. IR 197.*

4. Le juge qui a prononcé l'astreinte n'ayant pas compétence exclusive pour la liquider, la cour d'appel a le pouvoir de liquider l'astreinte prononcée par les premiers juges. • Soc. 4 juill. 1989, n° 87-45.198 P. ♦ ... Par le conseiller de la mise en état. • Civ. 1re, 17 févr. 1981, n° 79-16.387 P. ♦ ... Par une autre cour. • Civ. 2e, 28 mai 1990, n° 89-15.089 P : *D. 1990. 444.*

5. L'ordonnance de référé n'a pas, au principal, l'autorité de la chose jugée ; dès lors, le juge du principal devant liquider l'astreinte, qualifiée de définitive par l'ordonnance de référé qui l'avait fixée, n'était pas lié par le taux de celle-ci. • Civ. 2e, 6 févr. 1991, n° 89-16.908 (juge des référés).

6. L'astreinte n'est pas une modalité de l'exécution forcée des jugements, telle que les voies d'exécution dont la connaissance échappe aux tribunaux de commerce, mais une condamnation pécuniaire accessoire et éventuelle qui tend à obtenir du débiteur l'exécution d'une obligation. Par suite, en vertu de l'art. 570 la cour d'appel a la faculté de désigner, pour la liquider, le tribunal de commerce qui l'a ordonnée. • Civ. 2e, 14 nov. 1979, n° 78-12.269 P : *Gaz. Pal. 1980. 1. 179, note Viatte ; D. 1980. IR 463, obs. Julien.*

7. Sur la compétence en matière d'astreinte, V. art. L. 131-1 C. pr. exéc.

8. Notion de juridiction. Une juridiction de première instance autrement composée équivaut, au sens de l'art. 570, à une juridiction différente de celle qui a statué en premier ressort. • Civ. 2e, 22 mai 1979, n° 78-10.899 P : *Gaz. Pal. 1979. 2. 298, note Viatte ; D. 1980. IR 50, obs. Julien.*

CHAPITRE II L'OPPOSITION

RÉP. PR. CIV. v° *Opposition*, par BOURSIER.

DALLOZ ACTION *Droit et pratique de la procédure civile 2022/2023*, nos 542.00 s.

BIBL. GÉN. ► BARRÈRE, *Mél. Hébraud 1981, p. 1.*

Art. 571 **L'opposition tend à faire rétracter un jugement rendu par défaut.**

Elle n'est ouverte qu'au défaillant.

1. Qualité de défaillant. En application de l'art. 571 C. pr ; civ., l'opposition, qui n'est ouverte qu'au défaillant, tend à faire rétracter un jugement rendu par défaut. En outre, il résulte des art. 473 et 474 du même code, que seul constitue un jugement rendu par défaut celui rendu en dernier ressort, en l'absence de comparution d'un défendeur, auquel la citation n'a pas été délivrée à personne. Il découle de la combinaison de ces textes que seul ce défendeur a la qualité de défaillant, au sens de l'art. 571. Par conséquent, ayant relevé que l'opposition à un précédent arrêt avait été formée par la partie appelante, c'est à bon droit qu'une cour d'appel en déduit que cette partie n'avait pas la qualité de défaillant au sens de l'art. 571 et que son opposition était irrecevable. • Civ. 2e, 6 juin 2019, n° 18-16.291 P : *D. actu. 2 juill. 2019, note Mélin ; D. 2019. 1234 ; JCP 2019. 627, note Cholet ; Procédures 2019, n° 220, note Croze.* ♦ V. aussi : la notion de défaillant : • Civ. 1re, 23 sept. 2020, n° 19-13.652 P : *D. actu. 2 oct. 2020, note Auché et De Andrade.*

2. Injonction de payer. L'opposition de l'art. 571, qui est une voie de recours ouverte au défaillant et qui tend à faire rétracter un jugement rendu par défaut, reste ouverte lorsque la personne défaillante avait précédemment formé, en application de l'art. 1412 du NCPC [devenu C. pr. civ.], opposition à une ordonnance portant injonction de payer • Civ. 2e, 18 oct. 2007 : *cité ss. art. 578.*

3. Appel. Si le propre d'un jugement par défaut est d'être insusceptible d'appel, puisqu'il ne peut faire l'objet que d'une opposition dans les conditions prévues par les art. 571 s. C. pr. civ., en revanche, aucun texte ne ferme la voie de l'appel contre le jugement qui statue sur cette opposition. • Montpellier, 10 févr. 2009, n° 08-869.

Art. 572 **L'opposition remet en question, devant le même juge, les points jugés par défaut pour qu'il soit à nouveau statué en fait et en droit.**

Le jugement frappé d'opposition n'est anéanti que par le jugement qui le rétracte.

1. Le défendeur à l'opposition ne peut reprendre les prétentions dont *il* a été débouté par la décision rendue par défaut dès lors qu'elles sont dissociables des points soumis à un nouvel examen. • Civ. 2e, 17 nov. 1993, n° 91-20.186 P : *RTD civ. 1994. 173, obs. Perrot* . ♦ Cependant, si le défendeur à l'opposition a été débouté de ces demandes sur la prestation compensatoire, mais que le demandeur à l'opposition forme une nouvelle prétention relative à ladite prestation tendant à en augmenter le montant, que le défendeur est en droit de rejeter en formulant des conclusions en ce sens, la cour d'appel, à laquelle était déféré l'ensemble des chefs du jugement, retient exactement qu'elle devait à nouveau statuer en droit et en fait sur les points jugés par défaut, y compris la demande de prestation compensatoire. • Civ. 2e, 7 juin 2007, n° 06-17.507 P : *D. 2007. Pan. 2694, obs. Douchy-Oudot ; AJ fam. 2007. 314, obs. Avena-Robardet .*

2. Il résulte de l'art. 572, al. 1er, que l'instance qui a donné lieu à la décision rendue par défaut est reprise en cas d'opposition de la partie défaillante. • Soc. 16 mars 1999, n° 96-42.850 P.

Art. 573 **L'opposition est faite dans les formes prévues pour la demande en justice devant la juridiction qui a rendu la décision.**

Elle peut être faite en la forme des notifications entre avocats devant les juridictions où la représentation est obligatoire.

(Décr. nº 84-618 du 13 juill. 1984, art. 4) **« Lorsque l'opposition tend à faire rétracter une décision d'une cour d'appel rendue par défaut dans une matière régie par la procédure sans représentation obligatoire, elle est formée par une déclaration que la partie ou tout mandataire fait, ou adresse par pli recommandé, au** *(Décr. nº 2004-836 du 20 août 2004, art. 52-I, en vigueur le 1er janv. 2005)* **« greffe » de la cour qui a statué. L'opposition est instruite et jugée selon les règles applicables devant la cour d'appel à la procédure sans représentation obligatoire. »**

L'art. 52-I du Décr. nº 2004-836 du 20 août 2004 est applicable aux procédures en cours (Décr. préc., art. 59).

BIBL. ▶ BERTIN, *Gaz. Pal. 1984. 2. Doctr. 436.* – JULIEN, *ALD 1984. Comm. 103* (commentaire du décret du 13 juill. 1984).

Art. 574 **L'opposition doit contenir les moyens du défaillant.**

1. Le défaut de motivation de l'opposition constitue un simple vice de forme qui ne peut entraîner la nullité de l'acte que s'il en est résulté un grief pour l'adversaire. • Aix-en-Provence, 5 juill. 1984 : *Gaz. Pal. 1985. 1. 399, note Dureuil ; RTD civ. 1985. 619, obs. Perrot.*

Fournit un moyen au soutien de son opposition l'opposant qui affirme n'avoir pas été convoqué pour l'audience à laquelle il n'avait pas comparu. • Civ. 2e, 6 oct. 1993, ⚖ nº 89-44.398 P.

2. Statuant sur une opposition motivée, le jugement doit répondre aux moyens de l'opposition ; le défaut de réponse constitue un défaut de motifs. • Civ. 2e, 11 janv. 1989 : *Bull. civ. II, nº 12.*

3. Le débiteur qui forme opposition à une ordonnance d'injonction de payer n'est pas tenu de motiver son acte. • Civ. 2e, 14 janv. 1987 : ⚖ *D. 1987. IR 19, obs. Julien ; RTD civ. 1987. 411, obs. Perrot.*

4. Viole les art. 573 et 574 la cour d'appel qui, pour déclarer irrecevable une opposition, retient, après avoir relevé que l'opposant invoquait seulement un défaut de convocation à l'audience, que l'opposition ne contient aucun moyen. • Civ. 2e, 6 oct. 1993 : ⚖ *JCP 1993. IV. 2541.*

Art. 575 **Dans le cas où l'opposition est faite selon le mode prévu à l'article 573 (alinéa 2) elle doit, à peine d'irrecevabilité, être déclarée au** *(Décr. nº 2017-892 du 6 mai 2017, art. 68-I-2º)* **« greffe » de la juridiction qui a rendu la décision par l'avocat** *(Abrogé par Décr. nº 2012-634 du 3 mai 2012, art. 21-1º-a)* ***« ou l'avoué »*** **constitué par le défaillant, dans le mois de la date où elle a été formée.**

L'art. 52-II du Décr. nº 2004-836 du 20 août 2004 est applicable aux procédures en cours (Décr. préc., art. 59).

Art. 576 **L'affaire est instruite et jugée selon les règles applicables devant la juridiction qui a rendu la décision frappée d'opposition.**

Sur opposition, le juge doit statuer sur l'ensemble des demandes figurant dans les dernières conclusions, l'objet du litige n'étant pas limité aux prétentions formulées dans l'acte d'opposition. • Civ. 2e, 23 juin 2011 : ⚖ *cité note 10 ss. art. 478.*

Art. 577 **Dans l'instance qui recommence, la recevabilité des prétentions respectives du demandeur et de l'opposant s'apprécie, en fonction de la demande primitive, suivant les règles ordinaires.**

1. La recevabilité des prétentions des parties s'apprécie en fonction de la demande primitive, l'opposition remettant en question les points jugés par défaut, en fonction des conclusions prises par les parties sur l'opposition. • Civ. 2e, 18 janv. 1989 : ⚖ *Bull. civ. II, nº 17.*

2. Renverse la charge de la preuve qui incombe au demandeur originaire, et non à l'opposant, le juge qui décide que ce dernier doit faire droit aux réclamations de l'adversaire parce qu'étant demandeur à l'opposition, il n'apporte pas la preuve du bien-fondé de sa demande. • Soc. 3 avr. 1979 : ⚖ *Bull. civ. V, nº 306 ; RTD civ. 1979. 84, obs. Perrot.*

Art. 578 **Celui qui se laisserait juger une seconde fois par défaut n'est plus admis à former une nouvelle opposition.**

Injonction de payer. L'opposition de l'art. 571, qui est une voie de recours ouverte au défaillant et qui tend à faire rétracter un jugement rendu par défaut, reste ouverte lorsque la personne défaillante avait précédemment formé, en application de l'art. 1412 du NCPC [devenu C. pr. civ.], opposition à une ordonnance portant injonction de payer • Civ. 2e, 18 oct. 2007, n° 06-17.201 P : *D. 2007. AJ 2811, obs. Avena-Robardet ; JCP 2008. I. 138, obs. Jeuland ; Procédures 2007, n° 276, note Perrot.*

SOUS-TITRE III LES VOIES EXTRAORDINAIRES DE RECOURS

DALLOZ ACTION *Droit et pratique de la procédure civile 2022/2023*, nos 55.00 s.

Art. 579 Le recours par une voie extraordinaire et le délai ouvert pour l'exercer ne sont pas suspensifs d'exécution si la loi n'en dispose autrement.

Cas exceptionnels de recours suspensifs d'exécution : V. les art. 1045, 1069, 1121 et 1122, en matière de pourvoi en cassation. — V. également l'art. 590 ouvrant la faculté, pour le juge saisi de la tierce opposition, de suspendre l'exécution du jugement attaqué.

BIBL. ► FOULON et STRICKLER, *Dr. et pr. 2014, p. 178* (l'équivoque en droit : le jugement définitif).

1. Le recours par une voie extraordinaire et le délai ouvert pour l'exercer ne sont pas suspensifs d'exécution si la loi n'en dispose autrement ; en matière de tierce opposition et de recours en révision, seule une exécution fautive peut donner lieu à réparation. • Civ. 2e, 9 nov. 2000 : *Procédures 2001, n° 31, obs. Perrot.*

2. Il n'y a pas lieu à des dommages-intérêts en réparation du dommage causé du fait de l'exécution d'une décision ultérieurement cassée, cette exécution n'étant pas fautive. • Civ. 3e, 15 févr. 1977 : *D. 1977. IR 263, obs. Julien ; RTD civ. 1977. 833, obs. Perrot ; Bull. civ. III, n° 73.* ♦ En revanche, l'exécution doit donner lieu à restitution et, si celle-ci n'est pas possible en nature, elle doit être faite en deniers. • Civ. 3e, 4 oct. 1978 : *Gaz. Pal. 1978. 2. Pan. 429.*

3. Le pourvoi en cassation, voie de recours extraordinaire, n'ayant pas d'effet suspensif, les actes d'exécution de la décision des juges du fond n'impliquent pas, par eux-mêmes, acquiescement, surtout si l'intéressé a pris soin, lors de l'exécution, de rappeler qu'il a formé un pourvoi. • Civ. 1re, 5 avr. 1978 : *D. 1978. IR 363.*

4. Une cour ne peut condamner une partie à payer des dommages-intérêts en se bornant à énoncer que le recours en révision, exercé de manière abusive, n'a eu « à l'évidence que pour effet de retarder l'exécution de la mesure d'expulsion », de tels motifs ne caractérisant pas une faute dans l'exercice de ce recours dépourvu d'effet suspensif. • Civ. 2e, 11 janv. 1995, n° 93-13.070 P.

Art. 580 Les voies extraordinaires de recours ne sont ouvertes que dans les cas spécifiés par la loi.

Art. 581 En cas de recours dilatoire ou abusif, son auteur peut être condamné à une amende civile *(Décr. n° 2005-1678 du 28 déc. 2005, art. 77, en vigueur le 1er mars 2006)* **« d'un maximum de** *(Décr. n° 2017-892 du 6 mai 2017, art. 67)* **« 10 000 » € », sans préjudice des dommages-intérêts qui seraient réclamés à la juridiction saisie du recours.** *— V., formulant le principe général pour toute action en justice, art. 32-1.*

L'art. 77 du Décr. n° 2005-1678 du 28 déc. 2005 ne s'applique qu'aux instances introduites et procédures diligentées après le 1er mars 2006 (Décr. préc., art. 87, al. 2).

L'art. 67 du Décr. n° 2017-892 du 6 mai 2017 est applicable dans les îles Wallis-et-Futuna (Décr. préc., art. 72-II).

1. La légalité du texte a été affirmée par le Conseil d'État. • CE 12 oct. 1979 : *D. 1979. 606, note Bénabent ; JCP 1980. II. 19228, concl. Franck, note Boré ; Gaz. Pal. 1980. 1. 6, note Julien.* ♦ V. Delvolvé, *D. 1979. Chron. 281* (le NCPC [devenu C. pr. civ.] devant le Conseil d'État).

2. Le caractère fautif de l'exercice du recours doit être établi pour justifier la condamnation. • Civ. 1re, 29 oct. 1979 : *Bull. civ. I, n° 260.*

CHAPITRE PREMIER LA TIERCE OPPOSITION

RÉP. PR. CIV. v° *Tierce opposition*, par FRICERO.

DALLOZ ACTION *Droit et pratique de la procédure civile 2022/2023*, nos 551.00 s.

BIBL. GÉN. ► BARRÈRE, *Mél. Hébraud 1981, p. 1* (rétractation du juge civil). – BOYER, *RTD civ. 1951. 163* (effets du jugement à l'égard des tiers). – FRICERO, *LPA 28 nov. 2008, p. 26* (tierce opposition et procédure collective). – R. MARTIN, *Gaz. Pal. 1991. 1. Doctr. 303* (utilité de la tierce opposition). – PERROT, *Mél. Segni, t. 3, p. 675* (aspects nouveaux de la tierce opposition). – ROLAND, *LGDJ 1958* (chose jugée et tierce opposition). – WIEDERKEHR, *Rev. Justices 1995, n° 1. 248* (représentation des tiers).

Art. 582 La tierce opposition tend à faire rétracter ou réformer un jugement au profit du tiers qui l'attaque.

Elle remet en question relativement à son auteur les points jugés qu'elle critique, pour qu'il soit à nouveau statué en fait et en droit.

BIBL. ► GARE, *RJPF, févr. 2004, p. 14* (tierce opposition au jugement de divorce).

1. La tierce opposition n'est ouverte que contre un jugement ; l'accord amiable conclu en présence du conciliateur selon l'art. 27 de la loi du 30 déc. 1988 [C. rur., art. L. 351-6] n'a pas le caractère d'un jugement. • Civ. 3e, 18 mai 1994, n° 92-14.794 P.

2. La tierce opposition n'est ouverte que contre le dispositif des décisions de justice et non contre les motifs. • Civ. 2e, 3 juin 1970 : *Bull. civ. II, n° 196* • Paris, 15 nov. 1988 : *D. 1989. Somm. 183, obs. Julien.*

3. Pour les effets de la tierce opposition : V. notes 1 s. ss. art. 591.

4. Il incombe au tiers opposant d'établir que la décision attaquée a été mal rendue. • Com. 24 nov. 1965 : *JCP A 1966. IV. 4796, obs. J. A.* ♦ *Contra,* ne mettant pas la charge de la preuve sur le tiers opposant, en rappelant que le tiers opposant est dans une situation semblable à celle où il se serait trouvé s'il était intervenu dans l'instance pour résister à l'action : • Civ. 1re, 28 janv. 1997 : *Procédures 1997, n° 56, note Perrot.* – V. aussi, en ce sens, • Civ. 2e, 11 mars 1999 : *RTD civ. 1999. 467, obs. Perrot.*

5. L'objet de la tierce opposition n'étant que de mettre en question les points jugés qu'elle critique, des demandes nouvelles ne peuvent être formulées. • Paris, 31 mai 1962 : *Gaz. Pal. 1962. 2. 120 ; RTD civ. 1963. 116, obs. Raynaud* • Com. 11 janv. 1994, n° 91-20.847 P • Civ. 1re, 25 juin 2008 : *RTD civ. 2008. 555, obs. Perrot.* ♦ Mais la tierce opposition remettant en question relativement à son auteur les points jugés qu'elle critique, pour qu'il soit à nouveau statué en fait et en droit, le tiers opposant est dans une situation semblable à celle où il se serait trouvé s'il était intervenu pour s'opposer à l'action, et il est donc autorisé à invoquer les moyens qu'il aurait pu présenter s'il était intervenu à l'instance avant que la décision ne fut rendue. • Civ. 2e, 21 mars 2013 : *RTD civ. 2013. 669, obs. Perrot.*

6. L'effet dévolutif de la tierce opposition est limité à la remise en question relativement à son auteur des points jugés qu'elle critique et ne l'autorise qu'à invoquer les moyens qu'il aurait pu présenter s'il était intervenu à l'instance avant que la décision ne fût rendue. • Civ. 2e, 7 janv. 1999, n° 95-21.197 P : *D. 1999. IR 42 ; RG proc. 1999. 630, obs. Wiederkehr.* ♦ Il résulte du caractère limité de l'effet dévolutif de la tierce opposition que sont irrecevables l'assignation en intervention forcée par le tiers opposant d'une personne qui n'était ni présente ni représentée dans l'instance ayant abouti à la décision dont la rétractation est demandée, ainsi que la prétention nouvelle formulée par voie de demande reconventionnelle en appel par le défendeur à la tierce opposition, qui n'a que le pouvoir de demander que soient écartées les prétentions du tiers opposant. • Basse-Terre, 20 avr. 1998 : *Gaz. Pal. 1999. 1. Somm. 186, obs. Vray.* ♦ L'effet dévolutif de la tierce opposition étant limité à la remise en question, relativement à son auteur, des points jugés qu'elle critique, le défendeur n'est pas recevable à présenter d'autres prétentions que celles tendant à faire écarter celles du tiers opposant. • Civ. 2e, 9 oct. 2008, n° 07-12.409 P : *D. 2008. AJ 2674 ; ibid. 2009. Chron. C. cass. 760, obs. J.-M. Sommer.* ♦ L'effet dévolutif limité de la tierce opposition, voie extraordinaire de recours qui tend à rétracter ou réformer un jugement d'un chef de son dispositif, ne permet pas d'instaurer un nouveau litige devant la juridiction saisie. En conséquence, les conclusions ne contenant pas une demande de réformation ou de rétractation de la décision ne permettent pas d'accueillir la tierce opposition. • Civ. 3e, 4 mars 2021, n° 20-14.195 P : *D. actu. 30 mars 2021, note Lhermitte.*

7. Les chefs du jugement qui ne sont pas critiqués par celui qui exerce la tierce opposition de l'art. 582 sont regardés comme définitivement acquis à son égard. • Civ. 1re, 21 nov. 2000, n° 98-13.860 P.

8. La tierce opposition remet en question relativement à son auteur les points jugés qu'elle critique, pour qu'il soit à nouveau statué en fait et en droit ; le juge ne peut se contenter de déclarer que la tierce opposition est fondée. • Civ. 2e, 8 févr. 2007 : *D. 2007. AJ 666 ; Procédures 2007, n° 107, obs. Perrot.*

9. S'agissant de la tierce opposition-nullité, en matière de procédures collectives, la Cour de cassation considère qu'il résulte des dispositions de l'art. 175 de la loi du 25 janv. 1985 [C. com., art. L. 623-7] que ne sont pas susceptibles de tierce opposition, fût-ce aux fins de prononcé de leur nullité, les jugements ou arrêts rendus en application de l'art. 174 [C. com., art. L. 623-6], à moins que ne soit en cause la violation d'un principe essentiel de procédure ou l'excès de pouvoir. • Com. 25 janv. 1994, n° 91-20.220 P : *D. 1994. 325, rapp. Pasturel, et 379, note Derrida* • 26 avr. 1994, n° 92-18.966 P :

D. 1994. 542, note Derrida ; *RJDA 1994, nos 713 à 715, et p. 498, concl. M. Raynaud*. – V. aussi Vasseur, *D. 1994. Chron. 317*. – V. également • Com. 14 janv. 1997 : *D. 1997. IR 67* • 28 mai 1996 : *RPC 1998. 329, obs. Soinne.*

10. Il incombe au juge des référés, saisi d'une tierce opposition contre une ordonnance ayant alloué une provision, d'apprécier si l'obligation invoquée par le demandeur en référé n'était pas sérieusement contestable. • Civ. 2e, 14 déc. 2006, no 05-19.939 P.

Art. 583 **Est recevable à former tierce opposition toute personne qui y a intérêt, à la condition qu'elle n'ait été ni partie ni représentée au jugement qu'elle attaque.**

Les créanciers et autres ayants cause d'une partie peuvent toutefois former tierce opposition au jugement rendu en fraude de leurs droits ou s'ils invoquent des moyens qui leur sont propres.

En matière gracieuse, la tierce opposition n'est ouverte qu'aux tiers auxquels la décision n'a pas été notifiée ; *(Décr. no 81-500 du 12 mai 1981, art. 26)* **« elle l'est également contre les jugements rendus en dernier ressort même si la décision leur a été notifiée ».**

Plan des annotations

1. Contestation d'honoraires d'avocats. Exclusion. Il résulte des art. 174 et 175 du Décr. no 91-1197 du 27 nov. 1991, qui réservent l'action en contestation d'honoraires d'avocats à ces derniers et à leurs clients, et de l'art. 66-5, al. 1er, de la L. no 71-1130 du 31 déc. 1971, qui prévoit que les relations entre l'avocat et son client sont couvertes par le secret professionnel, que, conformément aux prévisions des art. 582 et 583 C. pr. civ., la voie de la tierce opposition, qui tend non seulement à faire rétracter le jugement attaqué, mais également à le réformer, n'est pas ouverte contre la décision du bâtonnier saisi d'une contestation d'honoraires. • Civ. 2e, 5 mars 2020, no 18-24.430 P : *D. actu. 26 mars 2020, note Caseau-Roche ; D. 2020. 545* ; *ibid. 2198, chron. Touati, Bohnert, de Leiris et Palle* ; *ibid. 2021. 104, obs. Wickers* ; *AJ fam. 2020. 306, obs. Casey* ; *D. avocats 2020. 258, étude Caseau-Roche* ; *Gaz. Pal. 16 juin 2020, p. 32, note Brenner ; ibid. 6 oct. 2020, p. 40, note de Belval ; JCP 2020. 753, note Deharo.*

I. CONDITION GÉNÉRALE : AVOIR INTÉRÊT

2. Hormis l'intérêt, l'art. 583 n'exige de la part du tiers qui exerce le recours aucune justification supplémentaire. • Civ. 3e, 30 janv. 1979 : *D. 1980. IR 51.* ♦ L'intérêt auquel est subordonnée la tierce opposition n'implique pas nécessairement que la décision attaquée ait statué sur les droits et obligations de l'opposant. • Civ. 1re, 16 juill. 1997 : *RTD civ. 1997. 997, obs. Perrot* .

3. En ce sens que la violation d'une disposition légale ne saurait constituer l'intérêt direct et personnel exigé par l'art. 583, V. • Civ. 2e, 23 sept. 1998, no 95-15.687 P.

4. La recevabilité de la tierce opposition au jugement d'adoption ne se confond pas avec le bien-fondé de la demande en adoption. • Civ. 1re, 6 févr. 2008, no 06-20.054 P : *D. 2008. AJ 692* ; *ibid. Chron. Cass. 638, obs. Chauvin et Creton* ; *ibid. 2009. Pan. 53, obs. Douchy-Oudot* ; *Gaz. Pal. 25-26 juill. 2008, p. 21, obs. Massip* ; *RTD civ. 2008. 286, obs. Hauser* .

5. Il appartient au juge, saisi de la tierce opposition, de décider si le demandeur a un intérêt suffisant et, pour cela, de se prononcer souverainement sur la question du préjudice invoqué. • Civ. 2e, 19 avr. 1973 : *Bull. civ. II, no 107* • Civ. 2e, 3 mai 1990, no 88-16.854 P. ♦ C'est donc à bon droit que le juge déclare irrecevable la tierce opposition, en appréciant souverainement l'absence de préjudice. • Civ. 2e, 20 mars 1974 : *Bull. civ. II, no 103.* ♦ Sur la recherche nécessaire du préjudice personnel invoqué, V. • Civ. 3e, 26 juin 2002, no 00-15.718 P. ♦ Sur l'appréciation souveraine de l'intérêt du demandeur à exercer une tierce opposition et de l'existence d'un préjudice, V. • Civ. 2e, 2 juill. 2020, no 19-13.616 P : *D. actu. 27 juill. 2020, obs. Sansone.*

6. Le juge est tenu de répondre aux conclusions de l'adversaire qui nie l'existence du préjudice subi par le tiers opposant. • Civ. 3e, 17 mars 1977 : *Gaz. Pal. 1977. 2. Pan. 311.*

7. Le préjudice peut être matériel ou seulement moral. Pour des exemples de préjudice moral, V. • Civ. 1re, 27 oct. 1981 : *Bull. civ. I, no 309* (demandeur privé de sa qualité de grand-père du fait d'une décision ayant accueilli une contestation de paternité) • Civ. 1re, 17 juin

1986 : *Bull. civ. I, n° 165* (grands-parents formant tierce opposition contre un jugement rendu en matière d'assistance éducative).

8. L'intérêt invoqué doit être direct et personnel ; la fille des parents nourriciers d'un mineur n'est pas recevable à former tierce opposition contre le jugement ordonnant la restitution de l'enfant à sa famille naturelle. • Civ. 1re, 29 oct. 1979 : *Bull. civ. I, n° 260.* ♦ ... Un fils n'est pas recevable à former tierce opposition contre le jugement qui condamne son père pour rupture abusive de promesse de mariage. • Paris, 15 nov. 1988 : *Bull. civ. II, n° 5 ; D. 1989. Somm. 183, obs. Julien.*

9. La tierce opposition formée par les époux des personnes condamnées n'est pas recevable, faute d'intérêt pour agir (préjudice indirect). • Pau, 20 mai 2003 : *Cah. jurispr. Aquitaine 2003, n° 3, p. 626.*

10. Jugé que des grands-parents, qui n'ont plus de lien légal avec un enfant, pupille de l'État, sont irrecevables à former tierce opposition au jugement ayant prononcé l'adoption plénière de ce mineur, pour défaut de qualité pour agir. • Dijon, 19 mai 1998 : *D. 2000. Somm. 174, obs. crit. Autem.* ♦ Un nouvel employeur ne peut former tierce opposition contre un jugement déboutant un salarié de sa demande en nullité de la clause de non-concurrence, le salarié pouvant seul agir en nullité de cette clause. • Soc. 2 févr. 2006 : *D. 2006. IR 471 ; Procédures 2006, n° 49, obs. Perrot.*

11. Si l'intérêt doit être actuel, il n'est pas nécessaire pour autant que le préjudice qui le fonde soit déjà réalisé, ce préjudice pouvant être futur, voire éventuel. • Civ. 29 mai 1953 : *D. 1953. 515.*

12. Pour des exemples du pouvoir d'appréciation des juges du fond de l'intérêt du tiers opposant, V. • Civ. 2e, 23 sept. 1998 : *préc. note 3* • Soc. 25 mai 2000, n° 98-12.771 P.

13. L'exigence d'un procès équitable implique que des rétrocessionnaires soient recevables à former une tierce opposition à l'encontre d'une décision annulant la préemption elle-même, mais aussi les actes subséquents de rétrocession, les privant de leurs droits (cassation au visa de l'art. 6, § 1, Conv. EDH, ensemble l'art. 583). • Civ. 3e, 22 oct. 2003 : *D. 2003. IR 2732.* ♦ Dans le même sens, pour le bénéficiaire du congé pour reprise, contre une décision annulant ce congé, V. • Civ. 3e, 23 févr. 2005, n° 03-20.110 P.

14. Un arrêt ayant décidé qu'un occupant de parcelles, qui avait invoqué sa qualité de propriétaire par usucapion et l'état d'indivision, avec ses frères et sœurs, de ces immeubles, était sans droit ni titre et qu'il devra les libérer, la cour d'appel, qui, saisie, d'une tierce opposition à cette décision par le frère de l'occupant, a relevé, d'abord, qu'en raison d'une évidente communauté entre les indivisaires, dès l'origine de la procédure, ceux-ci étaient en état de faire valoir leurs droits, soit en intervenant volontairement à tout stade de la procédure, soit en étant appelés en la cause à la diligence de l'occupant des parcelles qui en avait fait l'offre, soit par représentation de ce dernier ayant officiellement revendiqué devant un huissier de justice la qualité de gestionnaire des biens indivis, ensuite, que l'opposant admettait l'indivisibilité entre tous les coïndivisaires de l'action en revendication initiée en défense par son frère, enfin, qu'il ne pouvait invoquer de moyens qui lui étaient propres dès lors qu'il appuyait son action en revendication, non sur des actes matériels de possession qui lui étaient personnels, mais sur ceux de son frère qui ont été rejetés, en a exactement déduit, sans violer les dispositions de l'art. 6 Conv. EDH ni celles de l'art. 455 C. pr. civ., que le demandeur à la tierce opposition n'était pas recevable à invoquer un intérêt personnel et direct. • Civ. 1re, 5 mars 2008, n° 07-11.667 P : *Gaz. Pal. 2009. 2751, n° 2029, obs. Du Rusquec.*

15. Viole les art. 583 et 591 C. pr. civ. la cour d'appel qui déclare la tierce opposition de l'épouse irrecevable, alors qu'elle constate que la condamnation de son mari autorisait sa belle-sœur à exercer des poursuites sur la part revenant à l'épouse dans l'indivision post-communautaire, ce dont il résulte que la décision comportait pour elle un chef préjudiciable. • Civ. 1re, 30 avr. 2009 : *Gaz. Pal. 22-23 janv. 2010, p. 52.*

16. Tutelle. Déboute à bon droit la parente du majeur protégé de sa tierce opposition à l'encontre de l'ordonnance ayant autorisé la vente aux enchères des meubles de ce dernier le tribunal qui, d'une part, retient justement que l'enlèvement prématuré des meubles opéré par le gérant de tutelle a été régularisé par ladite ordonnance et énonce exactement, d'autre part, que, s'agissant d'une vente partielle de meubles de la personne protégée maintenue à son domicile, l'avis du médecin traitant prévu par l'art. 490, al. 3, C. civ. dans sa rédaction antérieure à la L. n° 2007-308 du 5 mars 2007 n'est pas requis. • Civ. 1re, 17 mars 2010 : *Gaz. Pal. 31 mars-1er avr. 2010, p. 26.*

II. CONDITION SPÉCIFIQUE : ÊTRE TIERS

A. NOTION DE TIERS

17. La tierce opposition ne peut être formée que par un tiers au jugement attaqué, c'est-à-dire par une personne ni partie ni représentée à cette décision. • Civ. 2e, 16 mai 1973 : Bull. civ. *II, n° 165* • Paris, 24 févr. 1967 : *D. 1968. Somm. 4 ; RTD civ. 1967. 706, obs. Raynaud* • Soc. 13 juin 1979 : *Gaz. Pal. 1979. 2. Pan. 527.* ♦ La personne qui peut interjeter appel n'est pas recevable à critiquer le jugement par la voie de la tierce opposition. • Com. 19 oct. 1993, n° 91-17.564 P (comité d'entreprise et jugement de liquidation judiciaire). ♦ La tierce opposition n'est plus recevable si le tiers opposant intervient volontairement à l'appel formé contre le même jugement. • Versailles, 20 nov. 1997 : *Procédures 1999, n° 245, note Perrot.* ♦ V. aussi, pour le plaideur ayant exercé un recours en révision, note 2 ss. art. 594. ♦ Sur la qualité de tiers d'un État à l'égard d'un jugement rendu à l'encontre d'une société qu'il contrôle : • Civ. 1re, 27 janv. 1998, n° 95-16.457 P : *D. 1998. IR 69 ; Procédures 1998, n° 83, obs. Perrot.*

18. L'expert, qui est commis par le juge pour l'éclairer sur une question de fait, est un auxiliaire de justice qui, de ce fait, n'est pas un tiers et n'a pas qualité pour former tierce opposition à la décision de récusation dont il est l'objet. • Civ. 2e, 24 juin 2004 : *D. 2004. IR 2011 ; JCP 2004. II. 10141, note Croze ; Gaz. Pal. 13-14 avr. 2005, p. 18, note Olivier.*

19. Tiers électeur. Si, aux termes de l'art. L. 25, al. 2, du C. élect., tout électeur inscrit sur la liste électorale de la commune peut réclamer l'inscription ou la radiation d'un électeur omis ou indûment inscrit, l'électeur qui use de cette faculté n'agit pas en vertu d'un droit privé et dans un but personnel, mais exerce une action populaire appartenant à tous les électeurs, qui tend à assurer la sincérité de toutes les listes électorales. Ce tiers électeur est donc irrecevable, faute de l'intérêt personnel exigé par l'art. 583 C. pr. civ., à former tierce opposition à une décision rendue, en matière d'inscription sur les listes électorales, sur le fondement du premier alinéa de l'art. L. 25 du C. élect. à l'initiative d'un électeur contestant la décision de refus d'inscription qui lui était opposée par la commission administrative chargée de la révision de la liste électorale. • Civ. 2e, 18 nov. 2008, n° 08-60.503 P : *BICC 1er avr. 2009, n° 464 et la note.*

20. Trésorier-payeur général. Le ministère public agissant en qualité de partie principale est un organe de l'État, de sorte qu'un autre organe de celui-ci n'est pas recevable à former tierce opposition à un jugement qui a débouté le premier. • Civ. 2e, 5 févr. 2009, n° 08-10.717 P : *D. 2009. Chron. C. cass. 2072, obs. Sommer et Nicoletis ; Procédures 2009, n° 111, note Perrot.*

21. Art. 1421 C. civ. Il se déduit de ce que chacun des époux, ayant le pouvoir d'administrer seul les biens communs et d'en disposer, a qualité pour exercer seul, en défense ou en demande, les actions relatives aux biens communs, et de ce que les décisions rendues à l'encontre du seul époux en liquidation judiciaire, représenté par son liquidateur, relativement à la vente d'un bien commun étant opposables au conjoint maître de ses biens, que la tierce opposition formée par ce dernier à leur encontre n'est pas recevable. • Com. 28 avr. 2009, n° 08-10.368 P : *D. 2009. AJ 1353 ; ibid. 2143, concl. Souhami ; JCP 2009. 391, obs. Simler ; AJ fam. 2009. 265, note Hilt ; Procédures 2009, n° 240, obs. Rolland ; Gaz. Pal. 28 juill. 2009, p. 46, note Antonini-Cochin ; RJPF 07-08/2009. 18, obs. Vauvillé* • Civ. 2e, 2 déc. 2010 : *D. 2011. AJ 23 ; ibid. 632, chron. Sommer, Leroy-Gissinger, Adida-Canac et Grignon-Dumoulin ; RTD civ. 2011. 175, obs. Perrot ; Gaz. Pal. 4-5 févr. 2011, p. 36, obs. Casey.*

22. Notion de partie. Le défaillant est partie au jugement et la voie de la tierce opposition lui est fermée. • Civ. 7 juill. 1869 : *DP 1869. 1. 348.*

23. La circonstance que deux instances provoquées par les mêmes faits relèvent de la même cour d'appel n'empêche pas une personne qui n'était pas partie à l'une des procédures et n'y était pas représentée d'y former tierce opposition. • Civ. 2e, 5 avr. 1993, n° 91-19.354 P. ♦ A la qualité de tiers celui dont la demande a été déclarée irrecevable en première instance, la procédure s'étant poursuivie entre d'autres parties tant en première instance qu'en appel. • Civ. 2e, 21 mars 1979 : *D. 1980. IR 51, obs. Julien.* ♦ De même, la personne qui a été partie en première instance, mais non à l'instance d'appel, est recevable à former tierce opposition contre l'arrêt d'appel. • Civ. 2e, 4 juill. 1974 : *Bull. civ. II, n° 221 ; RTD civ. 1975. 161, obs. Perrot.*

24. Une partie au jugement peut former tierce opposition en une autre qualité. Ainsi, un copropriétaire indivis, partie en son nom personnel à l'instance introduite par un locataire, peut continuer la procédure sur tierce opposition formée par un autre copropriétaire indivis entre-temps décédé et dont il est le légataire universel. • Soc. 29 juin 1951 : *S. 1952. 1. 20 ; D. 1952. Somm. 72.*

25. Selon une jurisprudence ancienne, n'est pas recevable la tierce opposition formée par le représentant en justice de l'une des parties. • Civ. 23 janv. 1888 : *DP 1888. 1. 125.* – Pour un arrêt plus récent qui esquive le problème, V. • Civ. 2e, 3 mai 1972 : *Bull. civ. II, n° 121.*

26. Le juge de première instance n'est pas recevable à former tierce opposition contre l'arrêt qui a réformé le jugement rendu par lui. • Metz, 27 oct. 1987 : *JCP 1988. II. 21093, note Cadiet.*

27. Un arbitre est irrecevable à former tierce opposition contre l'arrêt qui a annulé la sentence arbitrale. • Paris, 6 déc. 1994 : *Gaz. Pal. 15 avr. 1995, p. 15, obs. Renard,* conf. par • Civ. 1re, 16 déc. 1997 : *Gaz. Pal. 1998. 2. 367, note Sagon.*

28. Continuateurs de la personne du défunt, les ayants cause universels ou à titre universel d'une partie au jugement ne peuvent, pas plus que cette dernière, exercer la tierce opposition. • Civ. 1re, 29 janv. 1975 : *Bull. civ. I, n° 41 ; Defrénois 1975. 30954, note Souleau.* ♦ V. aussi, pour les héritiers d'une usufruitière, devenus pleinement propriétaires du fait du décès de celle-ci : • Civ. 1re, 24 févr. 1998, n° 95-11.779 P : *JCP 1998. II. 10108, note du Rusquec.* ♦ Sur la nécessité de préciser à quel titre, d'ayant cause universel du *de cujus* ou d'héritier exerçant un droit propre, agit l'enfant, V. • Civ. 1re, 8 juin 1999, n° 97-13.780 P.

29. Mais, au cas où la partie défenderesse étant décédée, il n'y a pas eu reprise d'instance par le demandeur à qui le décès a été notifié, la procédure s'étant poursuivie entre ce demandeur et la veuve de la partie décédée, les héritiers du défunt sont recevables à former tierce opposition. • Civ. 2e, 7 nov. 1977 : *Gaz. Pal. 1978. 1. 141 ; RTD civ. 1978. 731, obs. Perrot.*

30. Notion de représenté. Sont irrecevables à former tierce opposition les personnes qui ont été représentées au sens du droit commun, que la représentation soit conventionnelle ou légale. Pour des personnes morales et leurs membres, V. • Civ. 2e, 16 juin 1977 : *Bull. civ. II, n° 137* • Civ. 3e, 15 janv. 1975 : *Bull. civ. III, n° 18* • Civ. 3e, 29 mars 2000, n° 98-18.520 P • Civ. 3e, 20 févr. 2002 : *BJS 2002. 816, note Garçon* • Com. 15 juill. 1975 : *Bull. civ. IV, n° 207* (sociétés). ♦ Pour un syndicat de copropriétaires, V. • Civ. 3e, 17 juill. 1985 : *Bull. civ. III, n° 111.* ♦ *Contra* : • Civ. 2e, 28 janv. 2015 : *D. 2015. Actu. 321 ; Procédures 2015, n° 150, note Croze ; Gaz. Pal. 3 mars 2015, p. 20, note Parmentier.* ♦ Pour les incapables, V. • Civ. 1re, 6 nov. 1985 : *Bull. civ. I, n° 291.* ♦ Comp., sur l'absence de représentation d'enfants majeurs par leur mère : • Civ. 2e, 30 sept. 1999, n° 96-15.201 P. ♦ Pour les époux sous régime de communauté, V. • Civ. 1re, 24 juin 1986 : *Gaz. Pal. 1987. 1. Somm. 60, obs. Guinchard et Moussa ; JCP N 1988. II. 121, note Henry.* ♦ *Contra*, en faveur de la recevabilité de la tierce opposition de l'époux : • Civ. 2e, 21 sept. 2000 : *D. 2001. Somm. 2934, obs. Nicod ; Gaz. Pal. 4-5 janv. 2002, p. 11, obs. du Rusquec* (expulsion d'un bien commun). ♦ L'État doit être considéré comme représenté, même s'il l'a été par le préfet, organe en l'occurrence dépourvu de qualité à cet effet. • Bordeaux, 3 janv. 1994 : *JCP 1994. IV. 1422.* ♦ Comp. note 41.

Les ayants cause à titre particulier ne sont représentés par leur auteur que pour les actes accomplis par celui-ci sur le bien transmis. • Civ. 1re, 18 avr. 2000 : *Procédures 2000, n° 184, note Perrot.* ♦ Il résulte de l'art. R. 2342-4 CGCT qu'un comptable public chargé du recouvrement ne s'identifie pas au créancier et n'est pas son mandataire. • Civ. 2e, 19 mai 2005, n° 04-04.037 P. ♦ L'adopté, qui n'y est pas partie et auquel le jugement d'adoption n'a pas été notifié, peut former tierce opposition contre ce jugement. • Nancy, 17 mai 2004 : *JCP 2005. II. 10002, note M. Garnier.*

31. La notion de représentation en matière de tierce opposition, outre les cas de représentation de droit commun, englobe tous les cas où les intérêts d'une personne ont eu en fait un défenseur à l'instance. Ainsi, les membres d'une société de fait ne peuvent former tierce opposition contre le jugement qui a condamné celle-ci. • Civ. 1re, 13 oct. 1967 : *Bull. civ. I, n° 265.*

32. Pour une raison identique, lorsque le contrat d'assurance comporte une clause de direction du procès, l'assureur n'est pas recevable à former tierce opposition au jugement rendu contre son assuré. • Soc. 26 mai 1965 : *Bull. civ. IV, n° 404 ; D. 1965. Somm. 117.*

33. En cas de solidarité et, *a fortiori*, d'indivisibilité, les créanciers ou les débiteurs solidaires ou indivisibles sont censés se représenter mutuellement. • Civ. 1re, 21 févr. 1968 : *Bull. civ. I, n° 77.*

34. La caution est censée être représentée par le débiteur principal. • Com. 6 juin 1961 : *Bull. civ. III, n° 250.*

35. La notion de communauté ou d'identité d'intérêts entre une personne et l'une des parties au jugement explique que les juges aient pu décider que la tierce opposition est irrecevable, alors même que les conditions de la représentation du droit commun ont, en cours d'instance, cessé d'être remplies. • Civ. 1re, 15 mai 1974 : *Bull. civ. I, n° 149* • Civ. 3e, 15 janv. 1975 : *Bull. civ. III, n° 18.*

36. La même idée explique qu'en l'absence de toute représentation au sens strict, la tierce opposition soit irrecevable de la part d'une personne dont une partie au jugement dépend étroitement en ce qui concerne l'objet du litige. • Civ. 1re, 21 janv. 1976 : *Bull. civ. I, n° 31 ; RTD civ. 1977. 376, obs. Perrot* (ASSEDIC par rapport à l'UNEDIC). ♦ Les organismes chargés de la gestion du régime spécial de garantie de salaire institué par les art. L. 143-11-1 s. [devenus L. 3253-6 et L. 3253-8] C. trav. (AGS, ASSEDIC) ne peuvent être considérés comme représentés à l'instance par l'employeur ou le salarié ou comme ayant la qualité de créancier ou ayant droit de l'employeur. • Soc. 2 juill. 1992 : *D. 1992. IR 246*.

37. La coïncidence d'intérêts explique que le locataire soit considéré comme représenté par son bailleur dans un jugement concernant la propriété des lieux loués. • Paris, 20 mai 1963 : *JCP A 1963. IV. 4353, obs. J. A.* ♦ ... Que le sous-locataire soit représenté par le locataire à l'occasion du conflit qui oppose celui-ci au bailleur. • Civ. 3e, 25 mai 1983 : *Gaz. Pal. 1983. 1. Pan. 273, obs. Guinchard.* ♦ ... Que le locataire-gérant du fonds de commerce soit représenté par le locataire dans l'instance en résiliation d'un bail commercial. • Civ. 3e, 5 avr. 1995, n° 94-10.678 P. ♦ Sur la communauté d'intérêts entre une commune et une régie exploitant des remontées mécaniques, V. • Civ. 1re, 8 déc. 1998, n° 97-16.013 P : *RTD civ. 1999. 205, obs. Perrot ; RG proc. 1999. 625, obs. Wiederkehr.* ♦ V. cependant note 40.

38. Les ayants cause à titre particulier sont

considérés comme représentés par leur auteur, mais seulement pour les actes accomplis par celui-ci avant la naissance de leurs droits. • Civ. 3e, 20 nov. 1969 : *Bull. civ. III, n° 741* • 11 janv. 1977 : *Bull. civ. III, n° 16* • Civ. 2e, 17 nov. 1977 : *D. 1978. IR 413, obs. Julien* • 20 juin 1979 : *D. 1980. IR 51, obs. Julien.*

Lorsque l'acte est soumis à publicité foncière, la représentation ne prend fin qu'à compter de l'accomplissement des formalités de publicité. • Civ. 1re, 13 oct. 1987 : *D. 1988. Somm. 126, obs. Julien* • Civ. 3e, 12 janv. 2010 : *D. 2010. AJ 303 ; Gaz. Pal. 26-27 janv. 2011, p. 29.* ♦ Est en conséquence recevable la tierce opposition formée par les acquéreurs d'un bien immobilier contre un arrêt ayant parfait une promesse de vente antérieure sur le même bien, dès lors que ces acquéreurs, ayant publié leur titre à la conservation des hypothèques, n'étaient plus représentés par la SCI venderesse à la date de l'arrêt. • Même arrêt.

39. Les créanciers chirographaires sont traditionnellement considérés comme représentés par leur débiteur. • Req. 8 juill. 1850 : *DP 1850. 1. 244.* ♦ Il en va de même des créanciers hypothécaires ou privilégiés. • Req. 21 mars 1904 : *DP 1907. 1. 5* • Civ. 2e, 20 oct. 1965 : *Bull. civ. II, n° 765.* ♦ V. cep., art. 1397 C. civ. qui ouvre la voie de la tierce opposition aux créanciers contre le jugement homologuant un changement de régime matrimonial, et note 50.

40. Cependant, selon la 2e chambre civile, la communauté d'intérêts ne suffit pas à caractériser la représentation. • Civ. 2e, 5 mai 1993, n° 91-18.612 P : *D. 1993. IR 148 ; JCP 1993. II. 22171, note du Rusquec* • 22 oct. 1998 : *RTD civ. 1999. 205, obs. Perrot* • 8 juill. 2004, n° 02-14.385 P : *D. 2004. IR 2349.* ♦ V. aussi, sur la portée d'un prétendu acquiescement à un jugement du fait de l'absence d'appel, • Civ. 2e, 18 mars 2004, n° 03-10.567 P : *Gaz. Pal. 26-28 juin 2005, p. 35, obs. du Rusquec.*

41. La tierce opposition de la commune dirigée contre un arrêt ordonnant la démolition d'une construction élevée sur le domaine public de cette commune, à la suite de l'action intentée par un contribuable sur le fondement de l'art. L. 316-5 C. communes [CGCT, art. L. 2132-5], est recevable. • Toulouse, 17 janv. 1994 : *D. 1995. Somm. 111, obs. Fricero.* ♦ V. aussi, en ce sens que l'agent judiciaire du Trésor peut former tierce opposition contre un jugement dans lequel l'État était représenté par le préfet, • Civ. 2e, 25 oct. 1995, n° 94-11.930 P : *D. 1995. IR 262 ; RTD civ. 1996. 477, obs. Perrot ; Justices 1996. 4. 254, obs. Héron.*

42. Associés. Les associés d'une SCI, représentés à l'instance par le gérant, ne sont pas recevables à former tierce opposition au jugement. • Com. 23 mai 2006 : *D. 2006. AJ 1742, obs. A. Lienhard.* ♦ Si l'associé est, en principe, représenté, dans les litiges opposant la société à des tiers, par le représentant légal de la société, il est néanmoins recevable à former tierce opposition contre un jugement auquel celle-ci a été partie s'il invoque une fraude à ses droits ou un moyen qui lui est propre. Viole l'art. 583 la cour d'appel qui, pour déclarer irrecevable la tierce opposition formée par une associée, retient que les moyens qu'elle invoque ont tous été soulevés par la société dans le cadre de l'instance ayant abouti à l'arrêt contesté et que, s'ils concernent uniquement les actionnaires, ce sont des moyens qui leur sont communs à tous et qui ont été soutenus et défendus en tant que tels par la société, qui les représentait, et en déduit que l'associée n'étant pas seule à pouvoir les invoquer, il ne s'agit pas de moyens propres au sens des dispositions de l'art. 583, alors que l'associée prétendait que le plan de redressement adopté par l'arrêt contesté portait atteinte à sa qualité d'associée et à son droit préférentiel de souscription, de sorte qu'elle invoquait un moyen qui lui était propre, peu important que chacun des autres associés ait disposé d'un droit préférentiel de souscription. • Com. 31 mars 2021, n° 19-14.839 P. ♦ Une société créée de fait, dépourvue de la personnalité juridique, ne représentant pas son associé de fait, celui-ci, faute d'avoir été partie au jugement d'extension de la procédure collective d'une société à cette société créée de fait, ne peut agir que par la voie de la tierce opposition (et non par la voie de l'appel-nullité). • Com. 11 févr. 2004, n° 01-01.642 P : *D. 2004. IR 678 ; Dr. sociétés 2004, n° 128, obs. Legros.* ♦ Mais l'associé d'une SCI, qui répond indéfiniment des dettes sociales à proportion de sa part dans le capital social, est recevable à former tierce opposition à l'encontre du jugement ouvrant la liquidation judiciaire de la SCI. • Com. 19 déc. 2006, n° 05-14.816 P : *D. 2007. AJ 157, obs. A. Lienhard ; D. 2007. 1321, note Orsini ; JCP 2007. II. 10076, note Cholet ; JCP 2007. I. 179, n° 8, obs. Caussain, Deboissy et Wicker ; Procédures 2007, n° 43, obs. Lucas ; BJS 2007. 467, note Cagnoli et Vallansan ; Dr. sociétés 2007. Comm. 22, obs. H. Lécuyer ; ibid. Comm. 24, obs. F.-X. Lucas.* • Com. 26 juin 2010 : *Procédures 2010, n° 338, note Perrot* ♦ Le droit effectif au juge implique que l'associé d'une société civile immobilière en liquidation judiciaire soit recevable à former tierce opposition au jugement ayant fixé une créance dans une instance en paiement engagée contre cette personne morale avant l'ouverture de sa liquidation judiciaire. • Com. 26 mai 2010 : *D. actu. 8 juin 2010, obs. Lienhard ; D. 2010. Actu. 1415, obs. Lienhard ; Rev. sociétés 2010. 406, obs. Roussel Galle ; RTD com. 2010. 567, obs. Monsèrié-Bon ; JCP E 2010. 1861, note Perrot ; Procédures 2010, n° 338, note Perrot ; APC 2010, n° 180, obs. Fin-Langer ; Dr. sociétés 2010, n° 158, note Hovasse ; RPC 2010, n° 194, obs. Lebel ; BJS 2010. 839, obs. Staes ; Dr. et pr. 2011, suppl. Droit des entreprises en difficulté, p. 23,* *obs. Reille.* ♦ Le droit effectif au juge implique que l'associé d'une société civile, poursuivi en paiement des dettes sociales, dont il répond indéfiniment à proportion de sa part dans le capital social, soit recevable à former tierce opposition à l'encontre de la décision condamnant la société au paiement, dès lors que cet associé invoque des moyens que la société n'a pas soutenus. • Civ. 3e, 6 oct. 2010 : *BICC 1er mars 2011, n° 229 ; D. 2010. AJ 2361, obs. Lienhard*. – Sur l'hypothèse de la collusion frauduleuse entre le gérant et les créanciers, V. note 46.

43. C'est à celui qui soutient l'irrecevabilité de la tierce opposition d'établir que le tiers opposant a été représenté. • Civ. 1re, 7 janv. 1971 : *Bull. civ. I, n° 11.* ♦ Cependant le juge peut soulever d'office l'irrecevabilité à condition d'inviter les parties à présenter leurs observations. • Com. 26 oct. 1976 : *Bull. civ. IV, n° 273.*

44. BIBL. Fricero, *LPA 28 nov. 2008, p. 26* (tierce opposition et procédures collectives). ♦ Il résulte des art. L. 661-2 C. com. dans sa rédaction antérieure à l'Ord. du 18 déc. 2008 et 583, al. 2, C. pr. civ. que la tierce opposition est ouverte à l'encontre du jugement statuant sur l'ouverture de la procédure de sauvegarde à tout créancier invoquant des moyens qui lui sont propres. • Com. 8 mars 2011 : *D. 2011. Actu. 919, obs. A. Lienhard ; ibid. note P.-M. Le Corre ; ibid. 1441, chron. L. Arcelin Lécuyer ; JCP E 2011. 1215, note Couret et Dondero ; LPA 23 mars 2011, p. 6, note Teboul ; JCP 2011. 627, n° 1, obs. Pétel ; RLDA mai 2011, n° 3417, note Cavet ; Gaz. Pal. 2 avr. 2011, p. 7, obs. Reille ; Procédures 2011, n° 179, note Rolland.* ♦ V. déjà dans le cadre du Règl. (CE) n° 1346/2000 du 29 mai 2000 relatif aux procédures d'insolvabilité et sur le fondement du droit d'accès au juge de l'art. 6, § 1er, Conv. EDH : • Com. 30 juin 2009, n° 08-11.902 P : *D. 2009. 2591, note Moreil ; ibid. Chron. C. cass. 2582, obs. Orsini ; ibid. AJ 1886, obs. Lienhard ; Gaz. Pal. 26-28 juill. 2009, p. 7, note Fricero ; ibid. 1er-3 nov. 2009, p. 6, obs. Reille ; JCP E 2009. 1974, note Rolland ; ibid. 2010. 1011, n° 2, obs. Pétel ; RTD com. 2009. 625, obs. Vallens ; DP diff. entr. 2009, bull. n° 306, obs. Rémery ; LEDEN 9/2009. 1, obs. F.-X. Lucas ; BJS 2009. 877, note Jault-Seseke et Robine ; APC 2009, n° 224, obs. Dom ; RLDA 2009, n° 42, p. 25, obs. Mélin ; Dr. sociétés 2009, n° 230, note Legros ; RPC 2009, n° 147, obs. Mastrullo ; Dr. et patr. 10/2010. 88, obs. Saint-Alary-Houin et Monsèrié-Bon. – V. concl. Bonhomme, RPC 2009. Étude 16. – V. l'arrêt cassé : Paris, 29 nov. 2007 : D. 2008. AJ 12, obs. Lienhard ; APC 2008, n° 50, obs. Cagnoli ; RTD com. 2008. 424, obs. Vallens ; Dr. et patr. juill.-août 2008. 104, obs. Saint-Alary-Houin.* – A propos de cet arrêt, V. aussi Scholastique, *JCP E 2008. 1087 ; Menjucq, RPC 2008. 9.* ♦ Dès lors que les fonctions de dirigeant social ont pris fin par l'effet de la démission de ce dernier, peu important que celle-ci n'ait pas fait l'objet des mesures de publicité légale, l'intéressé ne peut figurer en qualité de représentant légal de la société à l'instance ultérieurement introduite à l'égard de celle-ci devant le tribunal de commerce. En conséquence, l'ancien dirigeant, qui conteste la date retenue pour la cessation des paiements, ne peut être déclaré irrecevable à former tierce opposition au jugement d'ouverture de la procédure collective de la société au seul motif que, faute de réalisation des mesures de publicité de sa démission, il restait son représentant légal à la date de ce jugement. • Com. 12 mai 2015 : *D. actu. 2 juin 2015, obs. Delpech.* ♦ Il résulte des art. 583, al. 2, C. pr. civ. et L. 661-3 C. com., dans sa rédaction issue de l'Ord. du 18 déc. 2008, que le créancier n'est recevable à former tierce opposition contre le jugement arrêtant le plan de sauvegarde de son débiteur que s'il invoque un moyen qui lui est propre. N'invoque pas un tel moyen la société qui soutient que le plan arrêté par le tribunal ne constituait pas une possibilité sérieuse de redressement de la société et méconnaissait les impératifs dictés par les textes. • Com. 26 janv. 2016, n° 14-11.298 P.

B. LIMITES DE LA CONDITION

a. Fraude

45. La représentation cesse en cas de fraude. Il appartient au tiers opposant d'alléguer et d'établir cette fraude. • Com. 15 juill. 1975 : *Bull. civ. IV, n° 207.* ♦ ... Et au juge d'apprécier son existence. • Civ. 1re, 28 oct. 1969 : *Bull. civ. I, n° 317.* ♦ Pour l'irrecevabilité de la tierce opposition d'un créancier hypothécaire, faute de preuve de la fraude, V. • Colmar, 17 sept. 1998 : *Gaz. Pal. 1999. 2. Somm. 452, obs. Vray.*

46. Les associés sont recevables à former tierce opposition contre la décision obtenue par collusion frauduleuse entre le gérant d'une société civile et la partie adverse. • Civ. 2e, 17 nov. 1971 : *Bull. civ. II, n° 316.* – V. aussi • Civ. 3e, 15 oct. 1980 : *Gaz. Pal. 1980. 2. Pan. 462* (fraude commise par une SAFER). ♦ *Contra*, en l'absence de fraude, pour les associés représentés à l'instance par le gérant. • Com. 23 mai 2006 : *D. 2006. AJ 1742, obs. A. Lienhard.*

b. Moyens propres

47. La tierce opposition est ouverte à la personne qui normalement serait considérée comme représentée, dans la mesure où elle fait valoir un moyen qui lui est personnel. • Soc. 26 mai 1965 : *Bull. civ. IV, n° 404 ; D. 1965. Somm. 117* (assureur normalement représenté par son assuré) • Com. 6 févr. 1978 : Bull. civ. IV, n° 52 ; *D. 1978. IR 336, obs. Derrida* (créancier en principe représenté par le syndic du règlement ou de la liquidation judiciaire) • 18 juin 1991, n° 89-17.719 P (créancier saisissant contestant la validité d'une sûreté accordée à un autre créancier) • 6 mars 1968 : *Bull. civ. IV, n° 98 ; RTD civ. 1968.*

587, obs. Raynaud (créancier hypothécaire normalement représenté par le débiteur mais faisant valoir un droit qu'il tient d'une autre personne) • 6 juin 1961 : *Bull. civ. III, n° 250* (caution en principe représentée par le débiteur principal) • Soc. 2 juill. 1993, n° 91-44.434 P (ASSEDIC et AGS créancières d'une société mise en liquidation à propos de créances salariales) • Civ. 3e, 20 avr. 2005 : *Procédures 2005, n° 152, obs. Perrot* (moyen propre du locataire résultant de l'opposabilité aux adjudicataires du bail qui lui a été consenti sur partie de l'immeuble).

48. La cotitularité du bail instituée par l'art. 1751 C. civ. a pour conséquence que l'époux, partie à une instance relative au bail, ne représente pas son conjoint qui a un droit propre et peut donc former tierce opposition. • Civ. 3e, 9 juin 1982 : *D. 1983. IR 158, obs. Julien* • 23 janv. 1985 : *Bull. civ. III, n° 16.*

C. MATIÈRE GRACIEUSE

49. Les tiers à qui la décision gracieuse a été notifiée sont irrecevables à former tierce opposition, la voie de l'appel leur étant ouverte. • Civ. 2e, 5 janv. 1983 : *JCP 1983. II. 20043, note Le Ninivin* • Soc. 9 mars 1983 : *Bull. civ. V, n° 139.*

50. L'art. 583 n'est pas applicable au jugement homologuant un changement de régime matrimonial ; aux termes de l'art. 1397 C. civ., alinéa dernier, la tierce opposition est réservée aux seuls créanciers des époux. En est, en conséquence, exclu l'héritier. • Civ. 1re, 24 nov. 1993, n° 92-21.712 P : *D. 1994. 342, rappr. Thierry.* ♦ Sur la recevabilité de la tierce opposition des enfants, motif pris de leur qualité de créanciers alimentaires, V. • Nancy, 6 sept. 1999 : *JCP 2001. I. 309, n° 5, obs. Wiederkehr.*

Art. 584 **En cas d'indivisibilité à l'égard de plusieurs parties au jugement attaqué, la tierce opposition n'est recevable que si toutes ces parties sont appelées à l'instance.**

En cas d'indivisibilité, V. notes ss. art. 591.

Art. 585 **Tout jugement est susceptible de tierce opposition si la loi n'en dispose autrement.**

Cas exceptionnels de décision non susceptible de tierce opposition : C. pr. civ., art. 1488 et 1489, à propos d'une ordonnance accordant ou refusant l'exequatur à une sentence arbitrale française.

Cas exceptionnels de limitation du recours à la tierce opposition : en matière d'adoption, C. civ., art. 353-2. — ... De séparation de biens judiciaire, art. 1298. — V. aussi C. civ., art. 324 en matière de filiation, et art. 29-5 en matière de nationalité. — **C. civ.**

1. Tout jugement étant en principe susceptible de tierce opposition, il en est ainsi des décisions susceptibles d'appel comme des décisions rendues en dernier ressort. • Civ. 1re, 9 déc. 1980 : *D. 1981. 558, note Joly.* – V., par exemple, pour les arrêts d'appel : • Civ. 2e, 4 juill. 1974 : *JCP 1976. II. 18364, note Couchez ; RTD civ. 1975. 160, obs. Perrot.* ♦ Mais un jugement frappé d'appel ne peut faire l'objet d'une tierce opposition en ce qui concerne les chefs qui font l'objet de cet appel, le tiers pouvant intervenir à l'instance d'appel. • Com. 6 juill. 1967 : *Bull. civ. III, n° 282* • Civ. 3e, 5 nov. 1970 : *Bull. civ. III, n° 570* • Civ. 3e, 13 avr. 1988 : *Bull. civ. III, n° 75* • Soc. 31 mai 1989 : *Bull. civ. V, n° 423* • Com. 22 nov. 2011 : *Gaz. Pal. 27-28 avr. 2012, p. 16, obs. Fricero.*

2. Les mesures d'administration judiciaire ainsi que les contrats judiciaires, qui ne constituent pas des décisions, ne sont pas susceptibles de tierce opposition. • Soc. 1er févr. 1957 : *Gaz. Pal. 1957. 2. 403* (procès-verbal de conciliation) • Civ. 2e, 10 mai 1984 : *Bull. civ. II, n° 80* (jugement d'adjudication sur saisie immobilière). ♦ En revanche, un jugement interprétatif est susceptible de tierce opposition. • Civ. 2e, 27 juin 1990, n° 88-20.000 P.

3. Les ordonnances de référé sont susceptibles de tierce opposition. • Civ. 2e, 28 avr. 1980 : *Bull. civ. II, n° 94 ; D. 1980. IR 466, obs. Julien.* ♦ ... Comme les ordonnances du juge de la mise en état. • Paris, 22 janv. 1987 : *D. 1987. Somm. 234, obs. Julien.* ♦ Si les art. 1488 et 1489 interdisent la tierce opposition contre l'ordonnance accordant ou refusant l'*exequatur* d'une sentence arbitrale française, en revanche, la tierce opposition peut être formée contre le jugement d'*exequatur* d'une décision judiciaire étrangère. • Civ. 3e, 5 avr. 1968 : *Bull. civ. III, n° 161.*

4. Spécialement prévue par l'art. 311-10 C. civ., la tierce opposition contre les jugements en matière de filiation n'en est pas moins soumise aux conditions des art. 582 s. • Civ. 1re, 29 janv. 1975 : *Bull. civ. I, n° 41.*

5. Les jugements relatifs à l'état des personnes ou à l'état civil, même opposables *erga omnes,* sont susceptibles de tierce opposition. • Civ. 1re, 28 mars 1962 : *D. 1962. 489* • 7 janv. 1975 : *D. 1975. Somm. 28* • 6 juill. 1977 : *JCP 1978. II. 18817, note R. Savatier.*

6. Le caractère réservé d'une action met obstacle à l'exercice de la tierce opposition. Ainsi, la tierce opposition n'est pas recevable sur le prononcé du divorce, ni sur les conséquences légales. • Civ. 2e, 7 mars 2002, n° 97-21.852 P : *JCP 2003. II. 10050, note Gaboriau.* – V. déjà • Civ. 2e, 3 juin 1970 : *Bull. civ. II, n° 196* (décision antérieure à l'art. 585) • Civ. 1re, 17 nov. 1981 : *Bull. civ. I, no 338 ; D. 1982. 573, note Guiho ; D. 1983. IR 105, obs. Groslière ; JCP 1982. II. 19842, note Gobert ; Gaz. Pal. 1982. 567, note Massip ; RTD civ. 1983. 198, obs. Perrot ; Rev. crit. DIP 1982. 669, note J. Foyer.* – V. la décision frappée de pourvoi : • Lyon, 16 janv. 1980 : *D. 1981. 577, note Guiho ; JCP 1981. II. 19842, note Gobert ; Gaz. Pal. 1980. 428, note Viatte ; RTD civ. 1981. 698, obs. Perrot ; JDI 1981. 346, obs. Audit.* ♦ Il en est de même en matière de filiation, • Civ. 1re, 7 juin 1995, no 93-16.089 P : *D. 1996. 306, note Massip.* ♦ Cependant, si un créancier est irrecevable, faute de qualité, à former tierce opposition à un jugement, en ce qu'il prononce le divorce, aucune disposition légale ne lui interdit, sauf les restrictions apportées par l'art. 1104 relatives au divorce sur demande conjointe, d'exercer cette voie de recours à l'encontre des dispositions du jugement de divorce portant sur ses conséquences patrimoniales dans les rapports entre époux, comme celle fixant une prestation compensatoire. • Civ. 1re, 5 nov. 2008, no 06-21.256 P : *D. 2008. AJ 2938 ; AJ fam. 2009. 33, note David ; RJPF 2/2009. 16, note Garé ; Dr. fam. 2009. Comm. 2, note Larribau-Terneyre ; Procédures 2009, no 18, note Douchy-Oudot ; RLDC 2009. 3466, note Lisanti.*

7. Selon l'art. 353-2 C. civ., la tierce opposition contre les jugements d'adoption est limitée au cas du dol ou de la fraude imputable à l'adoptant. • Civ. 1re, 7 mars 1989 : *Bull. civ. I, no 112* (exemple de dol). ♦ Si le dol ou la fraude émane d'un tiers, la tierce opposition est irrecevable. • Civ. 1re, 23 oct. 1973 : *JCP 1973. II. 17689, note E. S. de la Marnierre.* ♦ Cette limitation de la recevabilité de la tierce opposition ne concerne que la décision d'adoption elle-même et non ses effets secondaires. • Civ. 1re, 21 mai 1974 : *D. 1976. 173, note Le Guidec ; JCP 1976. II. 18227, note Bétant-Robert ; RTD civ. 1976. 408, obs. Perrot* (recevabilité de la tierce opposition contre la décision en ce qu'elle concerne le nom).

8. En ce qui concerne les ordonnances sur requête, l'art. 496 prévoyant que, s'il est fait droit à la requête, tout intéressé peut en référer au juge qui a rendu l'ordonnance, la question est posée de savoir si le référé exclut la tierce opposition. Deux arrêts de la Cour de cassation, sans avoir tranché la question, servent d'arguments en sens opposé. En faveur de la tierce opposition, V. • Civ. 1re, 1er janv. 1977 : *Gaz. Pal. 1977. 2. 455, note J. V.* ♦ *Contra* : • Civ. 2e, 3 janv. 1979 : *D. 1979. IR 291, obs. Julien.*

9. Le code du travail ayant institué en matière de contestations relatives aux conditions de désignation des délégués syndicaux une procédure spéciale comportant comme seule voie de recours le pourvoi en cassation (art. L. 412-15), les décisions du TI ne peuvent faire l'objet d'une tierce opposition. • Soc. 26 nov. 2003, no 02-60.689 P.

Art. 586 **La tierce opposition est ouverte à titre principal pendant trente ans à compter du jugement à moins que la loi n'en dispose autrement.**

Elle peut être formée sans limitation de temps contre un jugement produit au cours d'une autre instance par celui auquel on l'oppose.

En matière contentieuse, elle n'est cependant recevable, de la part du tiers auquel le jugement a été notifié, que dans les deux mois de cette notification, sous réserve que celle-ci indique de manière très apparente le délai dont il dispose ainsi que les modalités selon lesquelles le recours peut être exercé. *(Décr. no 81-500 du 12 mai 1981, art. 27)* **« Il en est de même en matière gracieuse lorsqu'une décision en dernier ressort a été notifiée. »**

Des textes spéciaux dérogent à l'art. 586, notamment dans les matières suivantes :

– Séparation judiciaire de biens (un an), art. 1298 ;

– Redressement et liquidation judiciaires (dix jours), C. com., art. R. 661-2. – **C. pr. coll. et C. com.**

– Nullité de société (six mois), C. com., art. R. 235-3. – **C. com.**

1. L'art. 586, al. 2, est applicable à tous les jugements, y compris ceux qui, rendus en matière d'état des personnes ou d'état civil, sont opposables à tous. • Civ. 1re, 10 déc. 1985 : *Bull. civ. I, no 344.* ♦ L'application de ce texte est toutefois exclue en matière de redressement et de *liquidation judicaires, où seul s'applique* l'art. 156 du décret du 27 déc. 1985. • Com. 14 mai 2002 : *D. 2002. AJ 1981.*

2. Devant les TGI des départements du Bas-Rhin, du Haut-Rhin et de la Moselle, il résulte de l'art. 31, al. 1er, de l'annexe du NCPC [devenu C. pr. civ.] relative à son application dans ces départements que la tierce opposition doit être considérée comme formée par la remise au greffe de l'acte introductif d'instance prévu par ce texte et non par la signification ultérieure de cet acte au défendeur à la tierce opposition. • Cass., ass. plén., 2 nov. 1999, no 97-11.930 P : *D. 1999. IR 274 ; JCP 2000. II. 10265, note du Rusquec.*

Art. 587 **La tierce opposition formée à titre principal est portée devant la juridiction dont émane le jugement attaqué.**

La décision peut être rendue par les mêmes magistrats.

Lorsque la tierce opposition est dirigée contre un jugement rendu en matière gracieuse, elle est formée, instruite et jugée selon les règles de la procédure contentieuse.

1. Le juge de la mise en état est seul compétent pour connaître de la tierce opposition formée à titre principal contre une de ses ordonnances. • Paris, 22 janv. 1987 : *D. 1987. Somm. 234, obs. Julien.*

2. Même si l'arrêt d'appel n'a fait que confirmer le jugement de première instance, seul cet arrêt est susceptible de tierce opposition et la cour est seule compétente pour en connaître. • Civ. 1re, 5 déc. 1956 : *Bull. civ. I, n° 446.*

3. La tierce opposition formée à titre principal est, sauf dispositions particulières, portée devant la juridiction dont émane le jugement attaqué par voie d'assignation ou de remise d'une requête conjointe au secrétariat de la juridiction concernée. • Civ. 2e, 8 juill. 2004, n° 02-12.789 P : *D. 2004. IR 2198 ; Procédures 2004, n° 202, note Perrot.*

4. La procédure de conciliation n'est pas applicable en cas de tierce opposition contre un jugement du conseil de prud'hommes. • Soc. 7 nov. 1989 : *Bull. civ. V, n° 645 ; Dr. soc. 1990. 504, obs. Desdevises.*

Art. 588 **La tierce opposition incidente à une contestation dont est saisie une juridiction est tranchée par cette dernière si elle est de degré supérieur à celle qui a rendu le jugement ou si, étant d'égal degré, aucune règle de compétence d'ordre public n'y fait obstacle. La tierce opposition est alors formée de la même manière que les demandes incidentes.**

Dans les autres cas, la tierce opposition incidente est portée, par voie de demande principale, devant la juridiction qui a rendu le jugement.

Art. 589 **La juridiction devant laquelle le jugement attaqué est produit peut, suivant les circonstances, passer outre ou surseoir.** – *V. art. 110.*

Il appartient au juge d'apprécier souverainement l'opportunité de surseoir ou non à statuer. • Civ. 1re, 28 nov. 1973 : *Bull. civ. I, n° 330* • Civ. 2e, 20 févr. 1975 : *Bull. civ. II, n° 59* • Civ. 1re, 28 mai 1976 : *Bull. civ. I, n° 171* • Soc. 14 janv. 1988 : *Bull. civ. IV, n° 48.*

Art. 590 **Le juge saisi de la tierce opposition à titre principal ou incident peut suspendre l'exécution du jugement attaqué.**

1. Le juge des référés a le pouvoir d'ordonner la discontinuation des poursuites exercées sur le fondement d'un jugement frappé de tierce opposition. • Civ. 2e, 16 mai 1984 : *Bull. civ. II, n° 87 ; Gaz. Pal. 1984. 2. Somm. 301 ; RTD civ. 1985. 219, obs. Perrot.*

2. Sur l'incidence de la cassation de l'arrêt rendu sur la tierce opposition et de la saisine de la cour de renvoi sur la décision de sursis à exécution prononcée au préalable, V. note 4 ss. art. 631.

3. Le juge saisi de la tierce opposition ne peut suspendre l'exécution provisoire de l'arrêt attaqué que si le tiers opposant établit que l'exécution de la décision entraînerait des conséquences irréparables. • Montpellier, 22 sept. 2009, n° 09/01127 : *Gaz. Pal. 12-13 mai 2010, p. 28.*

Art. 591 **La décision qui fait droit à la tierce opposition ne rétracte ou ne réforme le jugement attaqué que sur les chefs préjudiciables au tiers opposant. Le jugement primitif conserve ses effets entre les parties, même sur les chefs annulés.**

Toutefois la chose jugée sur tierce opposition l'est à l'égard de toutes les parties appelées à l'instance en application de l'article 584.

A. PRINCIPE : RELATIVITÉ DES EFFETS DU JUGEMENT RENDU

1. Les effets produits par la décision qui accueille la tierce opposition sont ceux de l'inopposabilité au tiers opposant du jugement attaqué, ce dernier conservant tous ses effets entre les parties, même sur les chefs annulés. • Civ. 3e, 13 oct. 1981 : *Bull. civ. III, n° 155* • Civ. 2e, 16 déc. 1985 : *Bull. civ. II, n° 200* • Civ. 2e, 18 juin 2009 : *Procédures 2009, n° 308, obs. Perrot.*

2. L'inopposabilité étend ses effets aux décisions qui sont la conséquence de la décision rétractée. • Req. 17 juin 1863 : *DP 1863. 1. 457.*

3. Sur l'effet de la rétractation du jugement d'ouverture d'une procédure collective sur l'interdiction de payer les créances antérieures, V. • Com. 14 mai 2002 : *D. 2002. AJ 1904.*

B. EXCEPTION : INDIVISIBILITÉ

4. La décision rendue sur tierce opposition n'a d'effet à l'égard de toutes les parties appelées à l'instance qu'en cas d'indivisibilité. • Civ. 2e, 19 mars 2009 : *Procédures 2009, n° 140, note*

Perrot • Civ. 2e, 18 juin 2009 : *préc. note 1.*

5. L'indivisibilité résulte de l'impossibilité d'exécuter en même temps les deux décisions. • Soc. 17 nov. 1960 : *JCP 1961. II. 19924, note R. L. ; RTD civ. 1961. 564, obs. Raynaud* • Civ. 2e, 18 juin 2009 : *préc. note 1.*

Il existe une impossibilité juridique d'exécution, tenant à la contrariété de deux décisions, l'une annulant des contrats, l'autre en ordonnant l'exécution. • Civ. 2e, 30 avr. 2003, n° 00-22.712 P : *D. 2003. IR 1411 ; Gaz. Pal. 8-10 févr. 2004, p. 28, obs. du Rusquec.*

De même, en raison du caractère absolu et exclusif du droit de propriété, l'arrêt rendu sur tierce opposition, qui fait droit à la revendication immobilière du tiers opposant, celui-ci ayant démontré qu'il était le vrai propriétaire, produit effet à l'égard de toutes les parties en cause. • Civ. 3e, 6 nov. 1970 : *Bull. civ. III, n° 595.* ♦ La rétractation intervenue sur tierce opposition au profit d'un créancier nanti d'un arrêt ayant constaté la résiliation d'un bail consenti au débiteur a effet à l'égard de toutes les parties en cause, en raison de la nature indivisible des obligations découlant du bail. • Civ. 3e, 3 nov. 1988 : *Bull. civ. III, n° 155* • 15 déc. 1976 : *Bull. civ. III, n° 466.* ♦ Cassation de l'arrêt rejetant l'indivisibilité entre une demande fondée sur la responsabilité contractuelle d'un bailleur et une demande fondée sur la responsabilité quasi délictuelle d'un notaire, ce motif tiré de la nature des obligations en cause étant inopérant, alors qu'il existait une impossibilité juridique d'exécution simultanée de ces décisions tenant à leur contrariété irréductible. • Civ. 1re, 20 mars 2007, n° 05-11.296 P : *D. 2007. AJ 1148.*

6. L'indivisibilité peut résulter de la loi, ainsi, sous l'emprise de l'art. 1670 C. civ., de l'obligation de restituer la chose vendue, à la suite d'une résolution, d'une annulation ou d'une rescision. • Soc. 29 juin 1951 : *S. 1952. 1. 20.*

7. L'art. 1751 C. civ. organisant la cotitularité du bail, la décision rendue sur tierce opposition au profit de l'un des époux étend ses effets à l'autre, alors même que celui-ci était partie au jugement attaqué. • Civ. 3e, 9 juin 1982 : *Bull. civ. III, n° 153 ; D. 1983. IR 158, obs. Julien* • 23 janv. 1985 : *Bull. civ. III, n° 16.*

8. Solidarité. En revanche, la solidarité ne constitue pas l'indivisibilité et une caution reste tenue de la condamnation prononcée par un jugement, alors même que ce dernier a été rétracté au profit d'une autre caution, malgré la solidarité de ces cautions. • Paris, 3 juill. 1978 : *Gaz. Pal. 1978. 2. 607, note R. D.*

Art. 592 Le jugement rendu sur tierce opposition est susceptible des mêmes recours que les décisions de la juridiction dont il émane.

1. Un jugement rendu sur une tierce opposition dirigée contre l'ensemble d'un jugement qui, s'étant prononcé notamment sur une demande indéterminée, était susceptible d'appel, est également susceptible d'appel ; le pourvoi en cassation formé contre ce jugement est donc irrecevable. • Civ. 2e, 1er févr. 1995, n° 93-10.859 P.

2. La règle s'applique à la décision du juge des tutelles de sorte que sont ouverts les recours prévus aux art. 1215 à 1218. • Civ. 1re, 10 juin 1981 : *Bull. civ. I, n° 200 ; D. 1983. IR 158, obs. Julien.* ♦ ... Au jugement ayant prononcé la liquidation judiciaire, de sorte que l'appel n'est pas ouvert aux actionnaires de la société débitrice. • Com. 14 déc. 1993, n° 90-19.382 P.

3. Le recours que le défendeur prétendrait former contre l'arrêt qui a déclaré mal fondée la tierce opposition est irrecevable et le moyen peut être soulevé d'office. • Civ. 3e, 23 janv. 1973 : *Bull. civ. III, n° 65.*

4. Il résulte des dispositions combinées des art. 592 NCPC [devenu C. pr. civ.] et 171 de la loi du 25 janv. 1985 [C. com., art. L. 623-1] que l'appel contre un jugement rendu sur tierce opposition à un jugement statuant sur l'ouverture d'une procédure de redressement ou sur une liquidation judiciaire est un appel contre un jugement statuant sur l'ouverture du redressement ou sur la liquidation judiciaire. • Paris, 18 déc. 1997 : *Gaz. Pal. 1998. 1. Somm. 96.* ♦ Toutefois, dès lors que la communauté de patrimoines n'est qu'un élément accessoire des décisions concernant la procédure de redressement ou de liquidation judiciaires et est la seule disposition de ces décisions qui soit critiquée par les tiers opposants, leur appel est recevable. • Même arrêt.

CHAPITRE II LE RECOURS EN RÉVISION

RÉP. PR. CIV. v° *Recours en révision*, par COLSON.

DALLOZ ACTION *Droit et pratique de la procédure civile 2022/2023*, nos 552.00 s.

BIBL. GÉN. ▸ BARRÈRE, *Mél. Hébraud, 1981, p. 1* (rétractation du juge civil). – BOYER, *RTD civ. 1955. 55* (réflexions sur la requête civile). – DEFFERRARD, Quarantième anniversaire du Code de procédure civile (1975-2015), *Hors-collection, Panthéon-Assas Paris II 2016, p. 427* (le recours en révision comme moyen de rétablir la contradiction dans le procès civil). – LANDRY, *JCP 2013. 1003.*

Art. 593 **Le recours en révision tend à faire rétracter un jugement passé en force de chose jugée pour qu'il soit à nouveau statué en fait et en droit.**

V., en matière d'arbitrage, art. 1491 et 1507.

PLAN DES ANNOTATIONS

1. Pour un rappel de la nécessité de statuer à nouveau en fait et en droit, V. • Civ. 2e, 7 avr. 2011 : *Procédures 2011, n° 198, note Perrot.*

I. DÉCISIONS SUSCEPTIBLES DE RECOURS EN RÉVISION

A. NATURE DES DÉCISIONS

2. Le jugement d'adjudication est considéré par la Cour de cassation comme un contrat judiciaire qui n'est pas plus susceptible de recours en révision que d'une autre voie de recours. • Civ. 2e, 16 juill. 1987 : *Bull. civ. II, n° 88* • 16 juill. 1987 : *Bull. civ. II, n° 99 ; Gaz. Pal. 1985. 2. Pan. 270, obs. Guinchard et Moussa.* ♦ Le recours en révision est impossible contre la décision d'une caisse primaire d'assurance maladie, organisme de sécurité sociale n'entrant pas dans les prévisions de l'art. 593. • Civ. 2e, 13 juill. 2006, n° 05-14.471 P.

3. Le recours en révision n'est pas ouvert contre les ordonnances de référé qui sont susceptibles d'être rapportées ou modifiées en cas de circonstances nouvelles. • Civ. 2e, 27 avr. 1988 : *Bull. civ. II, n° 53 ; D. 1989. Somm. 183, obs. Julien ; Gaz. Pal. 1988. 2. Somm. 497 ; RTD civ. 1988. 578, obs. Perrot* • 3 juin 1999, n° 97-18.754 P : *Procédures 1999, n° 231, obs. Perrot ; RTD civ. 1999. 821, obs. Perrot* • Civ. 2e, 11 juill. 2013, n° 12-22.630 P : *Procédures 2013, n° 277, note Perrot ; Gaz. Pal. 10 déc. 2013, p. 42, note Lauvergnat.*

4. Les jugements avant-dire droit ne sont pas susceptibles de recours en révision. • Civ. 2e, 3 févr. 1982 : *Gaz. Pal. 1982. 2. 260, note Viatte.* ♦ *... Non plus qu'un jugement d'expertise qui participe de l'instruction du litige et ne préjuge pas de son règlement.* • Civ. 2e, 22 févr. 2007 : *Procédures 2007, n° 106, obs. Perrot ; Gaz. Pal. 1er-2 févr. 2008, p. 28, note du Rusquec.*

5. La voie du recours en révision n'est pas ouverte devant la Cour de cassation. • Civ. 3e, 12 juin 1991, n° 90-15.411 P : *D. 1992. Somm. 127, obs. Julien* • 2 déc. 1998, n° 97-20.125 P : *RG proc. 1999. 635, obs. Wiederkehr ; Gaz. Pal. 1999. 2. Somm. 688, obs. Perdriau.*

6. Décisions gracieuses. BIBL. Sur la recevabilité du recours en révision contre les décisions gracieuses : Bergel, *D. 1983. Chron. 171* (la juridiction gracieuse). – Le Ninivin, La juridiction gracieuse dans le NCPC, *Litec 1983, n°s 339 s.* ♦ L'art. 593 n'exclut pas, non plus qu'aucun autre texte, de son champ d'application les jugements rendus en matière gracieuse, de sorte qu'il ne peut qu'être déclaré applicable aux jugements qui relèvent de cette matière, tel le jugement d'adoption. • Versailles, 22 nov. 2001 : *BICC n° 778 ; D. 2003. Somm. 654, obs. G. Serra ; RTD civ. 2002. 282, obs. Hauser*

7. La jurisprudence paraît en faveur de la recevabilité du recours contre les décisions disciplinaires, V. • Civ. 1re, 28 mai 1980 : *Bull. civ. I, n° 161.*

8. Le recours en révision est ouvert contre tout jugement passé en force de chose jugée. Aucune disposition n'interdit l'exercice d'un tel recours contre le jugement rendu en application de l'art. 174 [C. com., art. L. 623-6] qui arrête ou rejette le plan de cession d'une entreprise en redressement judiciaire. • Com. 2 avr. 1996, n° 92-20.728 P : *D. 1996. IR 123 ; JCP E 1996. I. 584, n° 1, obs. Cabrillac.*

9. Sur l'exclusion du recours en révision s'agissant des mesures provisoires en matière de divorce, V. note 3 ss. art. 1118.

10. Le prononcé du divorce et l'homologation de la convention définitive ayant un caractère indissociable, le recours en révision partielle du jugement prononçant le divorce sur requête conjointe en ses seules dispositions relatives au partage des biens est irrecevable. • Civ. 1re, 5 nov. 2008, n° 07-14.439 P : *D. 2008. AJ 2939 ; ibid. 2009. Pan. 837, obs. G. Serra ; JCP N 2010. 1363, note Lesbats ; RLDC 12/2008, n° 3229, note Serra ; Dr. fam. 2008, n° 170, obs. Larribau-Terneyre ; RJPF 2/2009. 18, obs. Garé ; Procédures 2009, n° 19, note Douchy-Oudot ; Gaz. Pal. 3 et 4 déc. 2008, Jurisp., p. 8, note Legoux ; ibid. 7-9 juin 2009, p. 32, obs. Travade-Lannoy ; Defrénois 2009. 547, obs. Massip ; AJ fam. 2008. 476, obs. David ; RTD civ. 2009. 100, obs. Hauser .*

B. DÉCISIONS AYANT FORCE DE CHOSE JUGÉE

11. Le recours en révision peut être exercé pendant le délai du pourvoi en cassation, ce délai n'étant pas suspensif d'exécution. • Civ. 2e, 8 nov. 1983 : *Bull. civ. II, n° 171 ; Gaz. Pal. 1984. 1. Pan. 80, obs. Guinchard* • 3 févr. 1988 : *Bull. civ. II, n° 34 ; Gaz. Pal. 1988. 2. Somm. 497, obs. Croze et Morel.* ♦ *Contra* : • Nancy, 10 juill. 1979 : *D. 1980. 560, note Joly.* ♦ ... Et même pendant l'instance en cassation. • Civ. 3e, 22 févr. 1977 : *D. 1977. IR 262, obs. Julien* (décision en matière de requête civile). ♦ Comp. : • Civ. 1re, 9 oct. 1979 : *Bull. civ. I, n° 237* • Soc. 29 sept. 1988 : *Gaz. Pal. 1989. 1. Somm. 161, obs. Guinchard et Moussa.*

12. Moment de l'appréciation de la force de chose jugée. Le recours n'est recevable que si son auteur n'a pu, sans faute de sa part, faire valoir la cause qu'il invoque avant que la décision ne soit passée en force de chose jugée, l'appréciation de cette dernière condition se faisant à la date d'introduction du recours. • Civ. 2e, 30 janv. 2014, n° 12-20.249 P : *Procédures 2014, n° 104, obs. Perrot.*

II. COMPÉTENCE

13. Voie de rétractation, le recours en révision relève de la compétence du juge qui a rendu la décision attaquée. • Aix-en-Provence, 19 mai 1987 : *Gaz. Pal. 1987. 2. 652, note Latil* (à propos du juge aux affaires matrimoniales). ♦ Un magistrat ayant participé au jugement de l'affaire en première instance ne peut connaître du recours en révision de l'arrêt rendu en appel de ce jugement. • Civ. 2e, 3 nov. 1993 : *cité note 98 ss. Conv. EDH, art. 6, § 1er, App., v° Droit européen et international.*

III. IMPARTIALITÉ DU TRIBUNAL

14. Il résulte de l'art. 6, § 1er, Conv. EDH qu'un magistrat qui a fait partie d'une cour d'appel ayant rendu un arrêt ultérieurement cassé, ne peut siéger dans la formation appelée à connaître du recours en révision formé à l'encontre de l'arrêt rendu après cassation. • Civ. 2e, 12 juill. 2001 : *cité note 98 ss. Conv. EDH, art. 6, § 1er, App., v° Droit européen et international.* ♦ Mais, le recours en révision étant une voie de rétractation supposant l'existence d'un élément nouveau, c'est sans méconnaître l'obligation d'impartialité édictée par l'art. 6, § 1er, qu'une cour d'appel, devant laquelle peut s'instaurer un débat contradictoire, est composée par des magistrats ayant délibéré de la décision qui fait l'objet du recours. • Soc. 13 juill. 2004, n° 01-45.206 P. – Dans le même sens, V. • Civ. 2e, 1er avr. 2004 : *Dr. et pr. 2004. 270, note Boursier.*

IV. UNICITÉ DE L'INSTANCE

15. Le recours en révision n'est pas soumis à la règle de l'unicité de l'instance prévue par l'art. R. 1452-6. • Soc. 13 juin 2012 : *Bull. civ. V, n° 182.*

Art. 594 **La révision ne peut être demandée que par les personnes qui ont été parties ou représentées au jugement.**

1. Un appelé en garantie, ayant conclu contre le demandeur, est recevable à exercer un recours en révision contre ce dernier. • Civ. 2e, 11 juill. 1979 : *Gaz. Pal. 1980. 1. 21, note J. V.* ♦ Sur la recevabilité du recours en révision exercé par les enfants légitimes sur le jugement d'homologation de changement de régime matrimonial de leurs parents, V. • Civ. 1re, 5 janv. 1999, n° 96-22.914 P : *D. 1999. 242, note Thierry ; JCP 1999. II. 10094, note Casey.*

2. Le plaideur qui a exercé un recours en révision déclaré irrecevable parce que tardif, ne peut pas ensuite former une tierce opposition. • Civ. 2e, 14 oct. 1999, n° 97-16.630 P : *D. 1999. IR 251 ; Procédures 1999, n° 266, obs. Perrot ; JCP 2000. I. 221, n° 20, obs. Cadiet.*

3. Le recours en révision dirigé contre le jugement de révocation d'une adoption est exclusivement attaché à la personne de l'adoptant et de l'adopté ; l'héritier de l'adopté est irrecevable à l'exercer lorsque cette action n'a pas été engagée par l'adopté. • Civ. 1re, 6 déc. 2005, n° 04-11.689 P : *D. 2006. IR 10.*

4. Un tiers peut-il intervenir ? Une intervention volontaire principale d'un tiers peut être formée à l'occasion d'un recours en révision, aucun texte ne l'interdisant. • Civ. 2e, 4 juill. 2007, n° 06-18.335 P : *RTD civ. 2007. 812, obs. Perrot.* ♦ Un tiers peut intervenir à une instance en révision. Ayant constaté qu'il avait été révélé, depuis l'arrêt par lequel elle avait statué sur la demande d'indemnisation des demandeurs pour les désordres et malfaçons subis par leur immeuble, que ceux-ci n'en étaient plus les propriétaires lors de cette décision, pour l'avoir revendu, et relevé que seuls les propriétaires d'un immeuble atteint de désordres étaient fondés à percevoir les indemnisations allouées au titre des désordres matériels et de jouissance pendant la durée des travaux, une cour d'appel en déduit exactement que l'intervention des acquéreurs à l'instance en révision était recevable en raison de l'évolution du litige. • Civ. 3e, 10 nov. 2016, n° 14-25.318 P : *JCP 2016. 1348, note Defferrard.*

Art. 595 **Le recours en révision n'est ouvert que pour l'une des causes suivantes :**

1. S'il se révèle, après le jugement, que la décision a été surprise par la fraude de la partie au profit de laquelle elle a été rendue ;

2. Si, depuis le jugement, il a été recouvré des pièces décisives qui avaient été retenues par le fait d'une autre partie ;

3. S'il a été jugé sur des pièces reconnues ou judiciairement déclarées fausses depuis le jugement ;

4. S'il a été jugé sur des attestations, témoignages ou serments judiciairement déclarés faux depuis le jugement.

Dans tous ces cas, le recours n'est recevable que si son auteur n'a pu, sans faute de sa part, faire valoir la cause qu'il invoque avant que la décision ne soit passée en force de chose jugée.

1. L'énumération faite par le texte des causes est exhaustive. • Paris, 13 janv. 1978 : *D. 1978. IR 412, obs. Julien.*

2. Le demandeur, sans faute de sa part, doit avoir été dans l'impossibilité de faire valoir la cause, avant que la décision ait acquis force de chose jugée. • Civ. 2e, 21 mars 1979 : *D. 1979. IR 482, obs. Julien ; RTD civ. 1979. 674, obs. Perrot* • 17 mars 1983 : *Gaz. Pal. 1983. 2. Pan. 227, obs. Guinchard* • Paris, 14 sept. 2000 : *D. 2000. IR 269*. ♦ Comp. : • Civ. 2e, 9 juill. 1986 : *Gaz. Pal. 1986. 2. Pan. 255* • Versailles, 20 déc. 1988 : *D. 1989. Somm. 183, obs. Julien.* ♦ ... Et c'est au demandeur qu'il appartient de faire la preuve de cette impossibilité. • Civ. 2e, 10 mars 1988 : *Bull. civ. II, no 63.*

A. FRAUDE

3. La cause prévue par l'art. 595 est la fraude et non le dol personnel. • Civ. 2e, 21 juill. 1980 : *Bull. civ. II, no 190 ; Gaz. Pal. 1981. 1. 154, note Viatte ; RTD civ. 1981. 456, obs. Perrot.*

4. Les motifs tirés de la tardiveté de la communication de pièces ne suffisent pas à caractériser une fraude. • Civ. 3e, 5 mai 2009 : *Procédures 2009, no 228, note Perrot.*

5. Tromper le juge constitue une fraude. Il en est ainsi des mensonges. • Douai, 23 juin 1976 : *Gaz. Pal. 1977. 1. 90.* ♦ ... De la réticence. • Soc. 29 avr. 1969 : *Bull. civ. V, no 282* (requête civile) • Paris, 11 juin 1982 : *Gaz. Pal. 1982. 2. 562.* ♦ ... Des manœuvres. • Civ. 2e, 16 juill. 1976 : *Bull. civ. II, no 245.* ♦ ... De l'omission de toute mention relative à un enfant naturel dans une procédure de changement de régime matrimonial. • Paris, 31 oct. 1996 : *D. 1997. 251, note Paire*, et sur pourvoi, • Civ. 1re, 5 janv. 1999 : *préc. note 1 ss. art. 594.* ♦ Mais le silence observé par le mari sur sa vie sentimentale ne constitue pas une fraude susceptible d'entraîner la révision du jugement de divorce prononcé aux torts de son épouse. • Civ. 2e, 24 janv. 1996 : *Procédures 1996, no 73, obs. Perrot.* ♦ De même, un simple mensonge ne suffit pas à caractériser la fraude s'il n'est pas accompagné de manœuvres dolosives destinées à le corroborer. • Civ. 2e, 11 mars 2010 : *Procédures 2010, no 173, note Perrot.*

6. Seul peut constituer un acte frauduleux le silence gardé par une partie sur des faits contestés par l'autre partie ou dont il lui est demandé de rendre compte (à l'exclusion du silence d'une partie sur des faits qui ne lui sont pas reprochés et sur lesquels aucune explication ne lui est demandée). • Toulouse, 1er juill. 2003 : *Cah. jurispr. Aquitaine 2003, no 3, p. 628.*

7. La fraude suppose la preuve d'une dissimulation, ce qui n'est pas le cas lorsqu'une décision est rendue au vu d'un permis de construire faux, alors que ce permis avait été délivré régulièrement par le maire, mais que celui-ci a exercé son droit de retrait prévu par le code de l'urbanisme. • Paris, 14 janv. 2009 : *Gaz. Pal. 2009. 2747, no 2010, obs. J.-G. M.*

8. L'utilisation de fausses pièces, bien que cause distincte, peut aussi être un élément de la fraude. • Civ. 2e, 22 oct. 1981 : *Gaz. Pal. 1982. 1. Pan. 107.* ♦ Ainsi, s'agissant d'un jugement d'adoption intervenu alors qu'au jour de la présentation de la requête le demandeur était décédé, si l'absence de dénonciation au Parquet par l'adopté du décès de l'adoptant et de l'acte le constatant ne suffit pas à caractériser la fraude de l'adopté, la révélation de cet acte correspond en tout cas au recouvrement d'une pièce décisive qui avait été retenue par le fait de l'adopté et constitue un cas d'ouverture du recours en révision, prévu à l'art. 595. • Versailles, 22 nov. 2001 : *BICC 2002, no 778.*

9. La fraude suppose l'intention de tromper. • Dijon, 6 avr. 1976 : *JCP 1977. II. 18648, note J. A. ; RTD civ. 1977. 590, obs. Normand.*

10. La fraude doit avoir été décisive. • Civ. 2e, 17 mars 1983 : *Gaz. Pal. 1983. 2. Pan. 227.* ♦ Viole les art. 595 C. pr. civ., ensemble les art. 271 et 272 C. civ., la cour d'appel qui, pour déclarer irrecevable le recours en révision, retient que l'un des époux, dans sa déclaration sur l'honneur établie en application de l'art. 271 C. civ., a sciemment omis d'indiquer qu'elle était propriétaire d'un studio pour lequel elle remboursait un emprunt, mais que ce mensonge regrettable ne revêt pas le caractère frauduleux exigé par l'art. 595, dans la mesure où il n'a pas été décisif au regard de la motivation de son arrêt précédent, alors que le patrimoine est un élément d'appréciation expressément prévu par la loi dont le juge doit tenir compte pour fixer la prestation compensatoire, de telle sorte que la dissimulation de l'épouse de l'existence d'un patrimoine immobilier lui appartenant était nécessairement déterminante dans la fixation de la prestation compensatoire. • Civ. 2e, 12 juin 2008, no 07-15.962 P : *D. 2008. AJ 1765 ; ibid. 2009. Pan. 53, obs. Douchy-Oudot ; AJ fam. 2008. 344, note David ; RTD civ. 2008. 462, obs. Hauser.*

11. Les juges du fond apprécient souverainement la fraude. • Civ. 2e, 21 juill. 1980 : *Bull. civ. II, nº 190 ; Gaz. Pal. 1981. 1. 154, note Viatte* • Civ. 2e, 12 févr. 2004, nº 02-11.913 P : *D. 2004. IR 736 ; Rev. arb. 2004. 359, note Rivier ; JCP 2004. I. 179, nº 5, obs. Béguin ; Gaz. Pal. 13-15 mars 2005, p. 23, obs. du Rusquec.* ♦ Pour un exemple de fraude d'un époux demandeur en divorce, ayant caché, tout à la fois, à son épouse l'existence de la procédure diligentée à son encontre et au tribunal l'adresse à laquelle celle-ci pouvait être jointe pour les besoins de l'instance, V. • TGI Paris, 23 mars 2004 : *AJ fam. 2004. 456, obs. David .*

12. Divorce. Une cour d'appel qui relève que le débiteur d'une prestation compensatoire invoque, à l'appui de sa demande de suppression de cette prestation, la dissimulation par la créancière de ses revenus lors de la précédente instance modificative, décide à bon droit que cette demande relève du recours en révision ouvert par l'art. 595 et que seuls les changements importants survenus dans les ressources ou besoins des parties depuis la dernière décision peuvent justifier une nouvelle demande sur le fondement de l'art. 276-3 C. civ. • Civ. 1re, 4 nov. 2010 : *BICC 1er mars 2011, nº 274 ; Dr. fam. 2011, nº 4, note Larribau-Terneyre ; RJPF janv. 2011, p. 18, note Garé.* ♦ Le patrimoine étant un élément d'appréciation prévu par la loi dont le juge doit tenir compte pour fixer la prestation compensatoire, la dissimulation par l'un des époux de l'existence de revenus constitue une fraude ouvrant droit à un recours en révision. Ce sans qu'il ne soit nécessaire que ce mensonge soit accompagné de manœuvres destinées à le corroborer. • Civ. 2e, 2 févr. 2013 : *BICC 15 juin 2013, nº 879 ; D. 2013. Actu. 568 ; AJ fam. 2013. 236, obs. David ; Procédures 2013, nº 142, note Perrot.*

13. Ayant constaté qu'à la date à laquelle elle avait statué sur la demande en réparation des désordres de nature décennale affectant l'immeuble des demandeurs, ceux-ci n'en étaient plus propriétaires pour l'avoir revendu 9 mois auparavant, relevé que l'acte de vente ne comportait aucune clause informant les acquéreurs des désordres et malfaçons pour lesquels les vendeurs exerçaient un recours ni de l'indemnisation reçue à titre provisoire ou mettant à la charge des vendeurs les frais de reprise, que les demandeurs lui avaient demandé, par trois jeux de conclusions dans lesquelles ils s'étaient toujours domiciliés dans l'immeuble litigieux, notamment le paiement d'une somme au titre de ce sinistre et retenu, par une appréciation souveraine des éléments de preuve qui lui étaient soumis, que les demandeurs lui avaient dissimulé ainsi qu'aux parties la vente de cet immeuble, sans avoir effectué les travaux pour lesquels ils avaient reçu les sommes allouées par le jugement assorti de l'exécution provisoire, et avaient commis une tromperie délibérée pour fausser la décision de cette juridiction, une cour d'appel en déduit exactement que le recours en révision devait être accueilli. • Civ. 3e, 10 nov. 2016, nº 14-25.318 P : *cité note 4 ss. art. 594.*

B. RÉTENTION DE PIÈCES

14. Caractère intentionnel. La pièce doit avoir été volontairement retenue par la partie gagnante. • Civ. 2e, 28 avr. 1980 : *Bull. civ. II, nº 93* • 3 juill. 1985 : *Bull. civ. II, nº 135 ; D. 1986. IR 228, obs. Julien ; Gaz. Pal. 1986. 1. Somm. 91, obs. Guinchard et Moussa* • Civ. 2e, 19 nov. 2009 : *Procédures 2010, nº 32, note Perrot.* ♦ ... Ou par un tiers à condition que la partie gagnante ait été complice. • Civ. 2e, 3 févr. 1982 : *Gaz. Pal. 1982. 2. 620, note Viatte.* ♦ Sur le caractère volontaire de la rétention, V. • Paris, 11 juin 1982 : *Gaz. Pal. 1982. 2. 562.* ♦ Un testament recouvré postérieurement à la décision dont la révision est poursuivie ne peut être considéré comme ayant fait l'objet d'une rétention au sens de l'art. 595, dès lors qu'il n'est pas allégué que cette pièce ait été volontairement retenue. • Civ. 1re, 12 juill. 1994, nº 92-16.765 P.

15. Caractère décisif. La pièce doit être décisive, en ce sens qu'il doit y avoir une forte probabilité que sa connaissance par le juge aurait amené celui-ci à prendre une décision différente. • Amiens, 2 juill. 1979 : *D. 1979. IR 540* • Civ. 2e, 2 oct. 1985 : *JCP 1985. IV. 354.*

C. FAUSSES PIÈCES

16. La fausse pièce doit avoir été décisive. • Soc. 10 déc. 1980 : *Gaz. Pal. 1981. 1. Pan. 134.*

17. La reconnaissance de la fausseté s'entend par l'aveu de la partie qui en a fait usage. • Civ. 3e, 13 déc. 1989 : *D. 1990. IR 19 .*

18. L'anéantissement à l'étranger d'un jugement ne peut être assimilé à une déclaration judiciaire de faux. • Civ. 1re, 12 nov. 1986 : *Rev. crit. DIP 1987. 750, note Kessedjian.*

19. Le faux doit avoir été établi préalablement au recours en révision et ne peut faire l'objet d'un incident de faux devant le juge de la révision. • Civ. 1re, 28 mai 1980 : *Bull. civ. I, nº 161* • Civ. 2e, 17 févr. 1983 : *Bull. civ. II, nº 41.*

20. Viole l'art. 595-3º la cour d'appel qui déclare un recours en révision recevable après avoir reconnu dans le même arrêt la fausseté d'une pièce, alors que cette dernière ne peut résulter que d'une déclaration judiciaire antérieure ou d'une reconnaissance, laquelle s'entend de l'aveu de la partie qui a fait usage de la pièce. • Civ. 2e, 26 juin 2014, nº 13-21.986 P : *D. 2014. Actu. 1457 .*

Art. 596 **Le délai du recours en révision est de deux mois.**

Il court à compter du jour où la partie a eu connaissance de la cause de révision qu'elle invoque.

1. C'est à compter de la date où le demandeur en a eu connaissance, et non à partir de celle de la cause de révision, que court le délai. • Civ. 2e, 24 juin 1987 : *Bull. civ. II, nº 147.* ♦ V. également : • Civ. 2e, 28 janv. 1998, nº 95-15.311 P • Civ. 1re, 5 janv. 1999, nº 96-22.914 P : *D. 1999. 242, note Thierry ; JCP 1999. II. 10094, note Casey.* ♦ Il résulte des art. 596 et 598 que le recours en révision doit être formé par voie de citation dans un délai de deux mois à compter de la date à laquelle la partie a eu connaissance de la cause de la révision. • Civ. 2e, 3 déc. 2015, nº 14-14.590 P : *Gaz. Pal. 9 févr. 2016, p. 77, obs. Biéry.*

2. Lorsque le pourvoi en cassation est suspensif, le délai de deux mois pour introduire un recours en révision contre une décision prononçant le divorce frappé de pourvoi ne commence à courir qu'à compter du prononcé de l'arrêt de la Cour de cassation. • Civ. 2e, 17 févr. 2011 : *RTD civ. 2011. 391, obs. Perrot .*

3. C'est au demandeur en révision qu'il incombe de rapporter la preuve de la date à laquelle il a eu connaissance du fait qu'il invoque. • Civ. 2e, 2 avr. 1979 : *Bull. civ. II, nº 108 ; D. 1979. IR 482, obs. Julien ; RTD civ. 1979. 674, obs. Perrot ; Gaz. Pal. 1979. 2. Somm. 426* • Paris, 15 juin 1983 : *D. 1984. IR 68* • Civ. 2e, 10 févr. 1993, nº 91-17.235 P.

4. Les juges du fond apprécient souverainement la date de la connaissance. • Civ. 2e, 10 mars 1988 : *JCP 1988. IV. 185* • 28 nov. 1984 : *Bull. civ. II, nº 183* • Civ. 3e, 23 mars 1982 : *Bull. civ. III, nº 78.*

5. Le juge qui veut relever d'office la tardiveté du recours doit au préalable inviter les parties à fournir leurs explications. • Civ. 2e, 8 févr. 1989 : *Bull. civ. II, nº 37.* ♦ Si le juge doit relever d'office l'irrecevabilité du délai imparti par la loi pour exercer une voie de recours, encore faut-il qu'il ait été mis à même de constater cette irrecevabilité. • Civ. 2e, 16 mars 2000 : *Procédures 2000, nº 118, note Perrot.*

6. C'est la citation, et non l'enrôlement de l'assignation, qui doit être faite dans le délai de deux mois. • Civ. 2e, 27 oct. 1983 : *Bull. civ. II, nº 136 ; Gaz. Pal. 1983. 1. Pan. 106, obs. Guinchard.*

7. Conv. EDH et procédures collectives. Le délai de deux mois pour former un recours en révision confère au débiteur un temps suffisant pour obtenir judiciairement la désignation d'un mandataire *ad hoc* en vue d'introduire un recours à l'encontre du jugement d'ouverture de la procédure collective, et n'atteint pas dans sa substance même son droit d'accès à un tribunal résultant de l'art. 6, § 1er Conv. EDH. • Civ. 2e, 5 mars 2009, nº 08-11.149 P : *D. 2009. AJ 807, note Lienhard ; Dr. sociétés 2009. Comm. 101, note Legros ; Procédures 2009, nº 138, note Perrot ; ibid. 170, note Blandine-Rolland.*

8. Conv. EDH et succession. Le droit à l'accès au juge, notamment en matière de révision, implique que la tentative d'assignation par acte d'huissier de justice d'une personne qui s'avère décédée interrompe le délai pour agir dès lors qu'il n'est pas établi que le demandeur avait connaissance du décès, pour lui permettre d'assigner les successibles du *de cujus*. Viole les art. 6, § 1er Conv. EDH, 2241 C. civ. et 596 C. pr. civ. l'arrêt qui, pour déclarer irrecevable l'action en révision, retient qu'il résulte de la combinaison des art. 596, 597 et 598 C. pr. civ. qu'à peine d'irrecevabilité, l'auteur du recours en révision doit appeler dans le délai de deux mois toutes les parties à l'instance ayant donné lieu à la décision attaquée et que faute d'avoir signifié le recours en révision dans le délai de deux mois qui a suivi la connaissance du rapport d'expertise aux ayants droit, le recours en révision est irrecevable à l'égard de toutes les parties, alors qu'il résultait de ses constatations qu'une tentative d'assignation en révision avait été effectuée le 4 nov. 2016, de sorte qu'à cette date, le délai du recours en révision avait été interrompu à l'égard des successibles du *de cujus* dès lors qu'il n'était pas établi que la demanderesse en révision avait eu connaissance du décès. • Civ. 2e, 25 mars 2021, nº 19-15.611 P : *D. actu. 7 avr. 2021, note Lhermitte.*

Art. 597 **Toutes les parties au jugement attaqué doivent être appelées à l'instance en révision par l'auteur du recours, à peine d'irrecevabilité.**

Il résulte de la combinaison des art. 596, 597 et 598 C. pr. civ. que, à peine d'irrecevabilité, l'auteur du recours en révision doit appeler, dans le délai de deux mois de la découverte de la cause de révision, toutes les parties au jugement. • Civ. 2e, 15 avr. 2010 : *D. actu. 11 mai 2010, obs. Dargent.* ♦ V. déjà, sur la nécessité d'appeler toutes les parties, jugeant que pour les besoins de l'instance en révision à laquelle elle est partie, la société débitrice dissoute à la suite du jugement arrêtant le plan de cession totale de ses actifs et dont la personnalité morale subsiste doit être représentée à l'instance par un administrateur *ad hoc* désigné à la demande des auteurs du recours en révision. • Civ. 2e, 6 mai 1999, nº 96-18.070 P : *D. 1999. IR 160 ; D. Affaires 1999. 908 ; Dr. sociétés 1999, nº 125, note Bonneau ; BJS 1999. 990, note Le Cannu ; Rev. sociétés 1999. 817, note Chartier .* ♦ V. aussi déjà, sur le nécessaire respect de deux mois : • Paris, 17 mars 1978 : *Gaz. Pal. 1979. 1. 18, note R. D.*

Art. 598 **Le recours en révision est formé par citation.**

Toutefois, s'il est dirigé contre un jugement produit au cours d'une autre instance entre les mêmes parties devant la juridiction dont émane le jugement, la révision est demandée suivant les formes prévues pour la présentation des moyens de défense.

1. Pour une application, V. • Versailles, 20 déc. 1988 : *D. 1989. Somm. 183, obs. Julien.*

2. C'est la citation, et non l'enrôlement de l'assignation, qui doit être faite dans le délai de deux mois. • Civ. 2e, 27 oct. 1983 : *préc. note 6 ss. art. 596.*

3. Dans une action en révision, les nouvelles causes de révision invoquées par voie de conclusions et non par assignation distincte délivrée dans le délais de deux mois de leur révélation sont irrecevables. • Civ. 2e, 13 sept. 2007 : *Bull. civ. II, no 220.*

4. Le jugement qui fait l'objet d'un recours ne peut être considéré comme un jugement produit au cours d'une autre instance au sens de l'al. 2. • Com. 16 oct. 1985 : *D. 1986. 589, note Abitbol.* ♦ V. aussi • Civ. 2e, 16 juin 1993, no 91-14.156 P : *D. 1993. IR 172 ; Rev. huiss. 1993. 992.*

5. La dérogation prévue par l'art. 598, al. 2, ne concerne pas le recours en révision contre une sentence arbitrale. Par suite, un recours en révision formé contre une telle sentence ne peut être formé devant la chambre arbitrale de Paris mais doit l'être par voie de citation devant la cour d'appel et, en l'absence d'une telle citation, ce recours doit être déclaré irrecevable. • Paris, 24 nov. 1992 : *D. 1993. IR 49.*

6. Sur l'application de l'obligation d'impartialité prévue par l'art. 6, § 1, Conv. EDH, V. note 98 ss. cet art., App., *vo Droit européen et international.*

Art. 599 **Si une partie s'est pourvue ou déclare qu'elle entend se pourvoir en révision contre un jugement produit dans une instance pendante devant une juridiction autre que celle qui l'a rendu, la juridiction saisie de la cause dans laquelle il est produit peut, suivant les circonstances, passer outre ou surseoir jusqu'à ce que le recours en révision ait été jugé par la juridiction compétente.**

Les juges du fond apprécient souverainement s'il y a lieu de surseoir à statuer. • Soc. 10 déc. 1980 : *Gaz. Pal. 1981. 1. Pan. 134.*

Art. 600 **Le recours en révision est communiqué au ministère public.** — *V. art. 428.*

(Décr. no 2012-1515 du 28 déc. 2012, art. 8) **« Lorsque le recours en révision est formé par citation, cette communication est faite par le demandeur auquel il incombe, à peine d'irrecevabilité de son recours, de dénoncer cette citation au ministère public. »**

L'art. 8 du Décr. no 2012-1515 du 28 déc. 2012 est applicable à Wallis-et-Futuna (Décr. préc., art. 18).

1. Le recours en révision est communiqué au ministère public ; cette formalité est d'ordre public. • Civ. 1re, 12 févr. 2002, no 98-22.606 P.

2. Il résulte de l'application combinée de l'art. 600 et de l'art. 428 que, la communication se faisant à la diligence du juge, il ne peut être reproché au demandeur en révision de ne pas avoir effectué lui-même cette communication. • Civ. 2e, 8 oct. 1986 : *Bull. civ. II, no 149 ; Gaz. Pal. 1987. 2. Somm. 281, obs. Guinchard et Moussa.* ♦ Cependant, la Cour de cassation a aussi décidé que l'art. 600 est d'ordre public, de sorte que doit être cassé l'arrêt qui a accueilli l'action en révision alors que le recours en révision n'avait pas été communiqué. • Civ. 2e, 6 févr. 1991, no 89-21.659 P • 6 janv. 1993, no 91-15.885 P • 1er févr. 1995, no 93-15.198 P • 15 févr. 1995, no 93-15.200 P.

3. La communication du recours en révision doit se faire tant en première instance qu'en cause d'appel. • Civ. 2e, 6 janv. 1993 : *D. 1993. IR 33.*

4. L'indication de la communication du dossier au ministère public suffit à satisfaire aux exigences de l'art. 600. • Civ. 2e, 12 févr. 2004, no 02-11.913 P : *Procédures 2004, no 98, note Perrot ; Gaz. Pal. 13-15 mars 2005, p. 23, obs. du Rusquec.*

Circulaire JUSC1243674C du 3 janvier 2013,

Relative à la présentation du décret no 2012-1515 du 28 décembre 2012 portant diverses dispositions relatives à la procédure civile et à l'organisation judiciaire (BOMJ no 2013-01 du 31 janv. 2013).

Art. 601 **Si le juge déclare le recours recevable, il statue par le même jugement sur le fond du litige, sauf s'il y a lieu à complément d'instruction.**

1. Si le juge déclare le recours en révision recevable, il doit statuer sur le fond du litige. • Civ. 2e, 25 mars 2010 : *Procédures 2010, no 221, note Perrot.* ♦ Viole l'art. 601 la cour d'appel qui pour déclarer irrecevables les demandes tendant à ce qu'il soit statué au fond et renvoyer les parties devant le TGI afin qu'il soit statué au fond, retient que le recours en révision a pour finalité la rétractation du jugement précédemment rendu et que les conditions d'une évocation par la cour d'appel ne sont pas réunies. • Civ. 2e, 25 mars 2010 : *préc.*

2. Lorsque la décision attaquée par le recours en révision a été rétractée, le pourvoi en cassation formé parallèlement contre cette décision est sans objet. • Civ. 1re, 9 févr. 1977 : *Bull. civ. I, no 76* (requête civile).

3. La rétractation d'un jugement sur recours en révision entraîne l'annulation par voie de conséquence de toute décision qui est la suite ou l'application du jugement rétracté. • Civ. 2e, 27 juin 1984 : *D. 1985. 199, concl. Charbonnier ; Gaz. Pal. 1984. 2. Pan. 301, obs. Guinchard.*

4. La recevabilité du recours, étant distincte de son bien-fondé, n'implique pas, par elle-même, rétractation de la décision attaquée. • Lyon, 18 juin 1977 : *Gaz. Pal. 1977. 2. 602.*

Art. 602 Si la révision n'est justifiée que contre un chef du jugement, ce chef est seul révisé à moins que les autres n'en dépendent.

La révision limitée à la convention définitive de divorce sur requête conjointe est possible, alors même que cette convention homologuée est indivisible du jugement de divorce auquel elle est annexée. • Aix-en-Provence, 19 mai 1987 : *Gaz. Pal. 1987. 2. 652, note Latil.* ♦ Dans le même sens, V. • Civ. 2e, 4 mars 1992 : *D. 1993. 215, note Piotraut ; JCP 1993. II. 22092, note Martin.*

Art. 603 Une partie n'est pas recevable à demander la révision d'un jugement qu'elle a déjà attaqué par cette voie, si ce n'est pour une cause qui se serait révélée postérieurement.

Le jugement qui statue sur le recours en révision ne peut être attaqué par cette voie.

Les autres voies de recours sont ouvertes selon les règles du droit commun contre la décision statuant sur le recours en révision. • Civ. 3e, 7 mai 1981 : *Bull. civ. II, no 117 ; Gaz. Pal. 1982. 1. 1, note Viatte ; RTD civ. 1982. 214, obs. Perrot.*

CHAPITRE III LE POURVOI EN CASSATION

(Décr. no 79-941 du 7 nov. 1979, art. 2, en vigueur le 1er janv. 1980)

RÉP. PR. CIV. vo *Pourvoi en cassation*, par J. Boré et L. Boré.

DALLOZ ACTION *Droit et pratique de la procédure civile 2022/2023*, nos 553.00 s. ; *La cassation en matière civile 2015/2016.*

BIBL. GÉN. ▶ Atias, *D. 1993. Chron. 133* (image doctrinale de la Cour de cassation). – Bachelier, *BICC 15 mai 2009, p. 18* (le pouvoir souverain des juges du fond). – Barthélémy, *Mél. Drai, Dalloz 2000, p. 185* (droit au pourvoi). – Bellet, *Rev. int. dr. comp. 1978. 193* (la Cour de cassation française). – Bénabent, *D. 1989. Chron. 222* (pour la Cour de cassation, mais autrement). – Bonneau, *D. 1995. Chron. 24* (« rétroactivité » des arrêts de principe et des arrêts de revirement). – Boré, *D. 1979. Chron. 247* (sélection des affaires) ; *D. 1981. Chron. 299* (loi du 6 août 1981) ; *D. 1995. Chron. 133 et 139* (la Cour de cassation de l'an 2000). – Bouix, *Procédures 2018. Étude 6* (réflexions sur le traitement des seconds pourvois en cassation). – Breton, *Ann. univ. sc. soc. Toulouse 1975, p. 7* (l'arrêt de la Cour de cassation). – Burgetin, *D. 2001. 932* (la Cour de cassation en question ; point de vue). – Calin, *Rev. int. dr. comp. 1978. 229* (Cour de cassation et Conseil d'État). – Charruault, *BICC 15 mai 2009, p. 24* (la souveraineté du juge à l'épreuve de quelques faits). – Corpart, *LPA 6 févr. 1995* (encombrement croissant). – Drai, *JCP 1989. I. 3374* (pour la Cour de cassation). – Fattacini, *D. 2015. 1734* (l'intensité du contrôle de cassation – le contrôle de proportionnalité de la Cour de cassation). – Faye, *Duchemin, 1903, éd. 1970* (la Cour de cassation). – Franck, *D. 1983. Chron. 119* (décisions de la Cour de cassation). – Georges, *Mél. Boré, Dalloz 2007, p. 233* (pouvoir de suppléance de la Cour de cassation dans la procédure des pourvois avec représentation obligatoire). – Ghestin, Mél. Ponsard, *Litec, 2003, p. 181* (interprétation des arrêts de la Cour de cassation) ; *D. 2004. Chron. 2239* (même thème). – Gridel, *Gaz. Pal. 8-9 avr. 2009, p. 2 et 10-11 avr., p. 2* (théorie, pratique et activité usuelle d'un conseiller au civil). – Guinchard, *Mél. Terré, Dalloz, Juris-classeur, PUF, 1999, p. 761* (cassation des arrêts de la Cour de cassation). – Guinchard, Ferrand et Moussa, *D. 2015. 278* (une chance pour la France et le droit continental : la technique de cassation, vecteur particulièrement approprié au contrôle de conventionalité). – Hébraud, *D. 1979. Chron. 205* (aggiornamento de la Cour de cassation). –

JEANTIN, *Mél. Hébraud, 1984, p. 465* (réformer la Cour de cassation). – JOBARD-BACHELLIER et BACHELLIER, *Dalloz 2010* (la technique de la cassation). – LINDON, *JCP 1975. I. 2681* (motivation des arrêts) ; *JCP 1980. I. 2967* (récentes modifications de la procédure) ; *JCP 1981. I. 3051* (loi du 6 août 1981). – LOBIN, *Mél. Audinet, 1968* (réformes de la Cour de cassation). – MARLANGE, *Just. et cass. 2008. 237* (le pourvoi-nullité). – PERDRIAU, *JCP 1993. I. 3650* (droits de la défense) ; *Gaz. Pal. 1994. 2. Doctr. 1416* (recommandations anti-cassation) ; *JCP 2001. I. 364* (pragmatisme de la Cour de cassation) ; *JCP 2002. 5. 150* (rôle disciplinaire du juge de cassation) ; *JCP 1998. I. 188* (avertissements donnés par la Cour de cassation) ; *D. 2002. Chron. 1993* (pourvoi-nullité). – PIWNICA, *Mél. J.-F.Burgelin, Dalloz 2009, p. 295* (A propos des divergences de jurisprudence en matière judiciaire). – THÉRY, *D. 2015. 1731* (Cours suprêmes : essai – manqué – de typologie et de définition). – TUNC, *Arch. philos. droit, t. 30, p. 157* (Cour de cassation en crise). – RADÉ, *D. 2005. Chron. 988* (rétroactivité des revirements de jurisprudence). – WEBER, *BICC 15 mai 2009, p. 6* (comprendre un arrêt de la Cour de cassation rendu en matière civile).

Art. 604 Le pourvoi en cassation tend à faire censurer par la Cour de cassation la non-conformité du jugement qu'il attaque aux règles de droit. — *V. art. 975, 984, 989.*

DALLOZ ACTION *La cassation en matière civile 2009/2010*, par J. et L. BORÉ, n°s 30.01 s. et 67.00 s.

BIBL. ▸ J.-P. ANCEL, *BICC 1er avr. 2010, p. 6* (le manque de base légale). – AUBERT, *D. 2005. Chron. 1115* (distinction du fait et du droit). – BETOULLE, *JCP 2002. I. 171* (distinction contrôle lourd / contrôle léger). – BILLIAU, *Mél. Normand, Litec, 2003, p. 31* (rôle de la Cour de cassation au XXIe siècle). – BORÉ, *RTD civ. 1972. 249* (contrôle de la dénaturation des actes). – FOUSSARD, *BICC 1er avr. 2010, p. 6* (le manque de base légale). – GHESTIN, *Mél. Ponsard, Litec, 2003, p. 181* (réflexions sur l'interprétation des arrêts de la Cour de cassation). – JONQUÈRES, *Journées de la société de législation comparée, 1980, Litec, 1981, p. 117* (contrôle des constatations de fait). – LE CLEC'H, *JCP 1948. I. 690* (insuffisance de motifs, manque de base légale) ; *JCP 1948. I. 720* (manque de base légale et violation de la loi) ; *JCP 1947. I. 364* (moyens de forme et moyens de fond). – MARRAUD, *PUF, 1974* (notion de dénaturation en droit privé). – MARTY, *thèse Toulouse, 1929* (distinction du fait et du droit). – MIMIN, *JCP 1946. I. 541* (énonciations nécessaires, base légale) ; *JCP 1946. I. 556* (cassation pour faute de langage). – MOTULSKY, *JCP 1949. I. 77* 5 (manque de base légale). – PERDRIAU, *JCP 1993. I. 3683* (les Chambres civiles jugent-elles en fait ?) ; *LPA 15 déc. 1999, p. 6* (contradictions). – RIGAUX, *Bruxelles, 1966* (nature du contrôle de la Cour de cassation). – ROTONDI, *RTD civ. 1977. 1* (considérations en fait et en droit). – FOURNON, *JCP 1946. I. 553* (défaut de motif, vice de forme). – VOULET, *JCP 1965. I. 1912* (défaut de réponse à conclusions) ; *JCP 1971. I. 2410* (grief de la dénaturation).

PLAN DES ANNOTATIONS

I. GÉNÉRALITÉS

1. Le pourvoi est irrecevable si la déclaration de pourvoi ne contient l'énoncé d'aucun moyen. • Civ. 2e, 16 juill. 1993, n° 92-50.014 P. ♦ ... S'il ne contient pas l'énoncé d'un moyen de cassation *fondé sur la non-conformité* de la décision attaquée aux règles de droit ; ainsi du pourvoi formé en matière de rétention d'étranger qui n'indique pas le texte qui aurait été violé. • Civ. 2e, 17 juin 1992, n° 92-50.002 P. ♦ ... Si le moyen est inconciliable avec le grief sur lequel il s'appuie. • Com. 11 janv. 1994 : *JCP 1994. IV. 646* (cautionnement prétendu nul, alors que le grief porte sur la preuve). ♦ ... Si le moyen est contraire aux engagements du contrat de procédure conclu par le demandeur au pourvoi. • Civ. 1re, 13 janv. 1993, n° 90-20.426 P. ♦ ... Si le moyen est dirigé contre une décision n'ayant pas fait l'objet du pourvoi. • Civ. 2e, 16 févr. 1994, n° 92-13.498 P (moyens dirigés contre l'ordonnance du conseiller de la mise en état, alors que le pourvoi avait été exclusivement formé contre l'arrêt de la cour).

2. Lorsqu'une juridiction de renvoi a statué conformément à l'arrêt de cassation, le moyen appelant la Cour de cassation à revenir sur ce qu'elle avait décidé dans son précédent arrêt est irrecevable. • Cass., ass. plén., 9 juill. 1993, n° 89-19.211 P. ♦ Il en va de même si, postérieurement à son arrêt et dans une autre instance, la Cour de cassation est revenue sur la solution. • Cass., ass. plén., 21 déc. 2006, n° 05-11.966 P : *R., p. 422 ; D. 2007. AJ 160, obs. Avena-Robardet ; JCP 2007. II. 10016, note Guyader ; Gaz. Pal. 1er-2 févr. 2008, p. 19, note du Rusquec ; Dr. et pr. 2007. 158, note Desdevises.* ♦ V. encore jugeant que le moyen, qui reproche à la juridiction de renvoi d'avoir statué conformément à l'arrêt de cassation qui la saisissait, est irrecevable. • Cass., ass. plén., 19 juin 2015, n° 13-19.582 P : *D. actu. 1er juill. 2015, obs. Mélin ; JCP 2015. 785 ; Dr. et pr. 2016. Chron. 9, obs. Rocheteau.* ♦ Est cependant recevable le moyen critiquant la décision par laquelle la juridiction s'est conformée à la doctrine de l'arrêt de cassation qui l'avait saisie, lorsqu'est invoqué un changement de norme intervenu postérieurement à cet arrêt, et aussi longtemps qu'un recours est ouvert contre la décision sur renvoi • Cass., ass. plén., 2 avr. 2021, n° 19-18.814 P : *D. actu. 9 avr. 2021, note Hélaine ; D. 2021. 703 ; ibid. 1164, note Haftel ; ibid. 2021. 1984, obs. Bacache ; JCP 2021. 591, obs. L. Mayer ; ibid. 2021. 401, note Molfessis ; ibid. S 2021. 1143, note Asquinazi-Bailleux ; Gaz. Pal. 1 juin 2021, p. 11, note Dubarry ; ibid., p. 81, note Mégret ; Gaz. Pal. 21 sept. 2021, p. 33, note Gerry-Vernières.*

3. Est irrecevable, faute d'intérêt, le moyen de cassation formé par une partie déclarée à tort irrecevable en ses demandes par la cour d'appel, dès lors qu'elle invoquait devant cette dernière des moyens identiques à ceux d'une autre partie et qui ont été rejetés. • Civ. 1re, 1er oct. 2014 : *D. actu. 16 oct. 2014, obs. Mélin.*

4. C'est la non-conformité de la décision attaquée aux règles de droit qui doit être invoquée par l'auteur du pourvoi et non l'irrégularité de sa signification. • Soc. 27 févr. 1985 : *JCP 1985. IV. 160* • 13 mars 1985 : *JCP 1985. IV. 186* • 14 janv. 1987 : *JCP 1987. IV. 91.*

5. La Cour de cassation n'exerce pas son contrôle sur l'appréciation des faits par les juges du fond. Il en résulte qu'elle ne peut pas ordonner des mesures d'instruction. • Crim. 17 mars 1838 : *S. 1838. 1. 943.* ♦ ... Ni examiner de nouvelles pièces. • Soc. 31 juill. 1950 : *Bull. civ. III, n° 711* • Com. 7 mars 1950 : *Bull. civ. II, n° 86* • Civ. 2e, 8 nov. 1962 : *Bull. civ. II, n° 707.* ♦ ... Ni réexaminer les preuves soumises au juge du fond. • Soc. 11 juin 1959 : *Bull. civ. IV, n° 720* • Com. 16 févr. 1970 : *Bull. civ. IV, n° 57.*

6. La demande d'une partie tendant à ce que la condamnation prononcée à son encontre soit partagée avec une autre partie est irrecevable devant la Cour de cassation. • Soc. 26 mai 1999 : *Gaz. Pal. 1999. 2. Somm. 692, obs. Perdriau.*

II. CAS D'OUVERTURE À CASSATION

A. MÉCONNAISSANCE DE LA RÈGLE DE DROIT

a. Violation de la loi

7. La violation de la loi peut consister dans le refus du juge de l'appliquer. • Civ. 1re, 16 mars 1971 : *Bull. civ. I, n° 88* • Com. 10 mars 1976 : *Bull. civ. IV, n° 95.* ♦ ... Dans la fausse interprétation qu'il en a faite. • Civ. 1re, 4 févr. 1976 : *Bull. civ. I, n° 53.* ♦ ... Ou dans sa fausse application à une situation de fait qu'elle ne devrait pas régir (contrôle de la qualification des faits). • Civ. 1re, 9 févr. 1960 : *Bull. civ. I, n° 90* • Com. 10 juin 1960 : *Bull. civ. III, n° 225.*

8. Le pourvoi pour violation de la loi doit se fonder sur un texte précis. • Soc. 5 oct. 1978 : *JCP 1978. IV. 332.*

9. La loi dont la violation est invoquée s'entend au sens matériel du terme. Il s'agit d'un texte s'intégrant dans la hiérarchie des normes, loi au sens formel, mais aussi ordonnance, décret. • Civ. 2e, 6 juill. 1978 : *JCP 1979. II. 19214, note Boré.* ♦ ... Acte réglementaire ministériel. • Civ. 28 avr. 1926 : *DH 1926. 299* • Soc. 20 juill. 1949 : *Bull. civ. III, n° 718* • Com. 10 juill. 1951 : *Bull. civ. II, n° 228.*

10. La Cour de cassation étend son contrôle aux conventions collectives. • Cass., ass. plén., 6 avr. 1976 : *Bull. civ., ass. plén., n° 2.*

11. Ne peut donner lieu à ouverture à cassation la violation d'une circulaire administrative, parce que dépourvue de caractère réglementaire. • Civ. 1re, 22 déc. 1953 : *Bull. civ. I, n° 378* • Civ. 2e, 18 mai 1967 : *Bull. civ. II, n° 182* • Civ. 3e, 23 mars 1982 : *Bull. civ. III, n° 77* • Com. 13 nov. 1990, n° 89-12.826 P.

12. La Cour de cassation contrôle l'application d'un usage par les juges du fond lorsque cette application est commandée par la loi. • Civ. 3e, 10 juin 1970 : *Bull. civ. III, n° 293.* ♦ ... Mais ne contrôle pas l'existence de l'usage. • Soc. 13 févr. 1948 : *Bull. civ. III, n° 174.* ♦ ... Ni son interprétation. • Civ. 1re, 19 oct. 1955 : *Bull. civ. I, n° 348* • Soc. 7 juin 1979 : *JCP 1979. IV. 262.*

13. La violation de la jurisprudence n'est pas un cas d'ouverture à cassation. • Req. 21 déc. 1891 : *DP 1892. 1. 543* • Soc. 17 mai 1958 : *Bull. civ. IV, n° 595.*

14. La Cour de cassation fonde, dans un certain nombre de cas, la cassation sur un principe général du droit non écrit, V. • Civ. 1re, 16 déc. 1953 : *D. 1954. 145* (enrichissement sans cause) • Req. 23 janv. 1933 : *S. 1933. 1. 249* (indépendance des États).

15. La Cour de cassation se refuse à contrôler la constitutionnalité des lois. • Crim. 26 févr. 1974 : *D. 1974. 273, concl. Touffait.*

16. La conformité à la loi de l'acte administratif réglementaire ou non constitue une question préjudicielle de la compétence exclusive des juridictions administratives. • T. confl. 16 juin 1923 : *DP 1924. 3. 41, concl. Matter ; S. 1923. 3. 49, note Hauriou* • Civ. 1re, 11 avr. 1973 : *Bull. civ. I, n° 141.* ♦ Cependant, ce principe est écarté en matière pénale. • T. confl. 5 juill. 1951 : *Gaz. Pal. 1951. 1. 136.* ♦ ... Et même le juge civil peut apprécier la légalité du règlement, lorsque celui-ci porte une atteinte grave à des droits fondamentaux. • T. confl. 30 oct. 1947 : *D. 1947. 476, note Josse* • Civ. 1re, 5 janv. 1975 : *D. 1975. 671, note Drago.*

17. Les recommandations de la Commission des clauses abusives ne sont pas génératrices de règles dont la méconnaissance ouvre la voie de la cassation. • Civ. 1re, 13 nov. 1996, n° 94-17.369 P : *D. 1997. Somm. 174, obs. Delebecque.*

18. *Loi étrangère.* BIBL. Perdriau, *LPA 6 juin 2002, p. 7.* ♦ Les juges du fond interprètent souverainement la loi étrangère. • Civ. 1re, 10 janv. 1990, n° 87-15.307 P • 13 janv. 1993, n° 91-14.415 P. ♦ Néanmoins, la loi étrangère est une règle de droit qui ne relève pas des prescriptions du NCPC [devenu C. pr. civ.], art. 7. • Civ. 1re, 13 janv. 1993 : *préc.* ♦ Et son application présente pour les juges un caractère obligatoire lorsque les éléments d'extranéité qui la rendent applicable figurent dans la procédure. • Civ. 1re, 6 juin 1990, n° 88-16.909 P (état des personnes : âge de la majorité et divorce) • 4 oct. 1989 : *Rev. crit. DIP 1990. 316, note Lagarde* (vente, à défaut d'accord exprès des parties) • 10 mai 1988 : *Bull. civ. I, n° 135 ; D. 1988. Somm. 316, obs. Audit* • 6 déc. 1988 : *Bull. civ. I, n° 346* (délit, à défaut d'accord exprès des parties) • 19 avr. 1988 : *D. 1988. Somm. 345, obs. Audit ; Rev. crit. DIP 1989. 68, note Batiffol.* ♦ Les juges du fond ont l'obligation d'appliquer d'office la loi étrangère compétente au regard de la règle de conflit française. • Civ. 1re, 11 oct. 1988 : *JDI 1989. 349, note Alexandre* • 18 oct. 1988 : *ibid.* (état des personnes et donation).

19. L'application que fait le juge du droit étranger, quelle qu'en soit la source, légale ou jurisprudentielle, échappe, sauf dénaturation, au contrôle de la Cour de cassation. • Civ. 1re, 16 mars 1999, n° 96-19.143 P. ♦ V. aussi : • Civ. 1re, 26 mai 1999 : *Rev. crit. DIP 1999. 713, note Muir-Watt.*

20. *Traités internationaux.* La loi violée peut être un traité international, à condition qu'il soit *directement applicable en droit interne*, ce qui n'est pas le cas de la Convention de New York du 26 janv. 1990 relative aux droits de l'enfant. • Civ. 1re, 10 mars 1993, n° 91-11.310 P • 2 juin 1993, n° 91-17.487 P • 15 juill. 1993, n° 92-05.015 P : *D. 1994. 191, note Massip ; JCP 1994. II. 22219, note Benhamou.*

21. L'interprétation d'un traité international doit être renvoyée au ministre des Affaires étrangères chaque fois que se trouve soulevée une question de droit international public. • Cass., Ch. réun., 27 avr. 1950 : *Bull. civ., Ch. réun., n° 1* • Cass., ass. plén., 11 mars 1953 : *D. 1953. 297* • Soc. 3 nov. 1977 : *Bull. civ. V, n° 587.*

22. La Cour de cassation contrôle la conformité aux traités internationaux d'une loi même postérieure. • Cass., ch. mixte, 14 mai 1975 : *D. 1975. 497, concl. Touffait ; JCP 1975. II. 18180, concl. Touffait* (normes communautaires) • Civ. 1re, 15 févr. 1977 : *Bull. civ. I, n° 83* (traité bilatéral). ♦ V. aussi • Cons. const. 15 janv. 1975 : *JCP 1975. II. 18030, note Bey.*

23. *Normes communautaires.* En matière de droit communautaire, la Cour de cassation doit renvoyer l'interprétation à la Cour de justice des communautés si la norme communautaire présente une ambiguïté sérieuse et si la question n'a pas déjà fait l'objet d'une interprétation dans un arrêt antérieur de la Cour de justice. • Civ. 2e, 28 avr. 1967 : *Bull. civ. II, n° 158* • Crim. 5 janv. 1967 : *D. 1967. 465, rapp. Mazard.* ♦ L'interprétation de la Cour de justice s'impose à la Cour de cassation. • Civ. 2e, 21 mars 1968 : *Bull. civ. II, n° 94.*

24. *Commerce international.* Il n'appartient pas à la Cour de cassation de contrôler l'existence et l'application des principes et usages du commerce international. • Civ. 1re, 6 janv. 1987 : *D. 1987. IR 18.*

25. *Conv. EDH.* La méconnaissance du délai raisonnable prévu par l'art. 6, § 1, Conv. EDH, à la supposer établie, ne peut fonder l'annulation de la décision attaquée ; elle permet seulement de saisir, le cas échéant, la juridiction nationale compétente d'une demande en réparation ou, s'il y a lieu, la CEDH. • Soc. 10 mai 2001 : *Gaz. Pal. 12-14 janv. 2003, p. 24, obs. Perdriau.* – V. déjà • Soc. 29 mai 1991, n° 90-60.411 P.

b. Incompétence

26. L'incompétence de la juridiction saisie ne peut être invoquée pour la première fois devant la Cour de cassation. • Cass., ch. mixte, 24 mai 1975 : *préc. note 16 ss. art. 74.*

27. Sur le pouvoir de la Cour de cassation de soulever d'office l'incompétence, V. notes 3 s. et 4 ss. art. 92.

c. Excès de pouvoir

28. L'excès de pouvoir est la transgression par un juge compétent pour connaître du litige d'une règle d'ordre public par laquelle la loi a circonscrit son autorité. • Req. 5 juill. 1875 : *DP 1875. 475 ; S. 1876. 1. 106, concl. Reverchon* • 15 févr. 1938 : *DP 1938. 1. 126.*

29. Le juge commet un excès de pouvoir lorsqu'il statue à l'encontre d'une personne non appelée au débat. • Com. 23 nov. 1955 : *JCP 1956. II. 9159.* ♦ ... Ou lorsqu'il la condamne en une qualité autre que celle en laquelle elle a été assignée. • Civ. 2e, 15 févr. 1957 : *Bull. civ. II, n° 15.* ♦ ... Ou lorsqu'il transgresse les limites du litige. • Civ. 1re, 2 oct. 1979 : *Bull. civ. I, n° 231* • Civ. 3e, 13 mars 1969 : *Bull. civ. III, n° 230* (V. art. 616 sur les domaines respectifs du pourvoi en cassation et du recours en rectification prévu par les art. 463 et 464). ♦ ... Ou lorsqu'il viole un principe fondamental de l'organisation judiciaire ou de la procédure. • Crim. 20 mars 1926 : *DH 1926. 254.* ♦ ... Par exemple, le principe du double degré de juridiction qui suppose qu'un même magistrat ne puisse siéger en appel après avoir siégé en première instance. • Civ. 2e, 3 juill. 1986 : *D. 1986. 546, concl. Charbonnier.* ♦ ... Ou la liberté de la défense. • Com. 23 nov. 1955 : *JCP 1956. II. 9159.*

30. Le juge commet un excès de pouvoir lorsqu'il méconnaît le principe de la séparation des pouvoirs, par exemple en critiquant la loi ou le décret. • Civ. 1re, 30 mai 1967 : *Bull. civ. I, n° 188* • Civ. 3e, 9 oct. 1973 : *D. 1974. 45.* ♦ ... Ou en statuant par voie générale, au mépris de l'art. 5 C. civ. • Civ. 2e, 18 oct. 1961 : *Bull. civ. II, n° 662.* ♦ ... Ou par déni de justice. • Civ. 3e, 16 avr. 1970 : *D. 1970. 474, note Contamine-Raynaud.* ♦ V. aussi note 70.

d. Violation des formes

31. Le silence de la décision attaquée fait présumer que les formes ont été respectées, lorsque la loi n'exige pas à titre substantiel que mention en soit faite. • Civ. 2e, 24 nov. 1965 : *Bull. civ. II, n° 921.* – V. art. 458 s. sur les omissions et inexactitudes des mentions. ♦ La présomption cède devant la preuve contraire. • Civ. 2e, 13 déc. 1961 : *Bull. civ. II, n° 866.*

e. Contrariété de jugements

32. Sur la contrariété de jugements, V. art. 617 et 618.

f. Perte de fondement juridique

33. Une décision peut perdre son fondement juridique par l'effet d'une loi ou d'un règlement lorsque le texte est déclaré expressément applicable aux affaires pendantes devant la Cour de cassation. • Soc. 21 nov. 1963 : *Bull. civ. IV, n° 820* • Civ. 2e, 28 févr. 1974 : *Bull. civ. II, n° 82* • Civ. 1re, 2 févr. 1977 : *Gaz. Pal. 1977. 1. Pan. 146.* ♦ ... Ou à la suite de l'annulation de l'acte administratif qui servait de fondement à la décision. • Com. 29 janv. 1962 : *Bull. civ. III, n° 61* • Civ. 2e, 31 mai 1965 : *Bull. civ. II, n° 467* • Soc. 5 nov. 1986 : *JCP 1987. IV. 16* (actes réglementaires) • Civ. 3e, 4 juin 1970 : *Bull. civ. III, n° 379* • 4 févr. 1987 : *JCP 1987. IV. 117* (actes non réglementaires).

Sur la portée de l'annulation par le Conseil d'État d'un jugement administratif, V. • Civ. 1re, 24 juin 1997, n° 96-22.116 P : *RG proc. 1998. 322, obs. Wiederkehr.*

34. Pour la cassation par voie de conséquence, V. art. 625.

B. VICES DE MOTIVATION

35. Sur l'obligation de motiver et sa sanction, V. art. 455 et 458.

36. Sur la substitution de motifs, V. art. 620.

a. Vice de forme

37. Absence de motifs. Le vice peut consister en un défaut total de motifs, les conclusions d'une partie ayant été implicitement rejetées. • Civ. 1re, 16 mai 1960 : *Bull. civ. I, n° 261* • Civ. 2e, 26 oct. 1966 : *Bull. civ. II, n° 870* • Com. 5 déc. 1967 : *Bull. civ. III, n° 399.*

38. Une motivation de pure forme équivaut à une absence de motifs ; il en va ainsi si la seule motivation consiste à déclarer que la demande est « juste et bien fondée ». • Com. 26 oct. 1976 : *Bull. civ. IV, n° 271.* – Comp. : • Civ. 2e, 2 mars 1977 : *Bull. civ. II, n° 59.* ♦ Il en est de même d'une motivation d'ordre général impropre à justifier légalement la décision. • Com. 1er mars 1994, n° 92-10.025 P.

39. Le seul visa des documents de la cause et la seule référence aux débats, sans aucune analyse, ne constituent pas une motivation suffisante. • Civ. 1re, 22 nov. 1965 : *Bull. civ. I, n° 635* • Soc. 13 juin 1973 : *Bull. civ. V, n° 378* • Civ. 1re, 20 déc. 1993, n° 92-10.134 P (référence à des conventions des parties sans explication ni sur leur nature, ni sur leur contenu). ♦ ... A l'exclusion du cas de l'évaluation d'un préjudice. • Civ. 2e, 22 oct. 1970 : *Bull. civ. II, n° 286.*

40. Il ne peut être suppléé à la motivation par une référence à une autre décision, fût-elle annexée, qui n'a pas été rendue dans la même instance. • Com. 8 juin 1993, n° 90-16.634 P. ♦ La seule référence à une décision antérieure rendue dans un litige analogue ne constitue pas une motivation. • Civ. 2e, 15 nov. 1961 : *Bull. civ. II, n° 753.* ♦ ... Ni la référence à une décision concomitante rendue entre d'autres parties. • Civ. 2e, 3 nov. 1965 : *Bull. civ. II, n° 826.* ♦ ... Ni la référence à une décision précédemment rendue entre les mêmes parties dans une affaire analogue. • Civ. 2e, 8 mai 1967 : *Bull. civ. II, n° 170.* ♦ ... Ni la référence à une jurisprudence. • Civ. 3e, 6 févr. 1969 : *Bull. civ. III, n° 119* • Com. 13 avr. 1964 : *Bull. civ. III, n° 179.*

41. Une décision peut être motivée par référence à une décision d'avant-dire droit rendue dans la même instance. • Soc. 9 mars 1967 : *Bull. civ. IV, n° 236.* ♦ Un arrêt d'appel peut être motivé par simple adoption des motifs du premier juge. • Soc. 15 mai 1962 : *Bull. civ. IV, n° 514.* ♦ ... Si du moins des moyens nouveaux n'ont pas été produits en appel. • Civ. 1re, 4 janv. 1966 : *Bull. civ. I, no 8.*

42. Une décision peut être motivée par homologation des conclusions de l'expertise ordonnée à l'occasion du litige. • Com. 9 mars 1964 : *Bull. civ. III, no 129.* ♦ ... Mais non par référence à un rapport d'expertise établi à l'occasion d'une autre instance. • Civ. 2e, 1er juill. 1960 : *Bull. civ. II, nos 432 et 433 (2 esp.).*

43. Une décision peut adopter les motifs de l'assignation qu'elle vise. • Civ. 2e, 12 mars 1969 : *Bull. civ. II, no 78.* ♦ ... Mais non se contenter de se référer au seul exposé de la prétention de l'une des parties. • Civ. 2e, 2 mars 1977 : *Bull. civ. II, no 59.*

44. L'utilisation, dans une décision judiciaire, de motifs empruntés à un formulaire n'est prohibée par aucun texte. • Soc. 10 déc. 1998 : *Gaz. Pal. 1999. 2. Somm. 252, obs. Perdriau.*

45. *Contradiction de motifs.* La contradiction de motifs équivaut à un défaut de motifs. • Civ. 7 janv. 1891 : *DP 1891. 1. 51* • Cass., ch. mixte, 21 juin 1974 : *Bull. civ., ch. mixte, no 2* • Civ. 2e, 19 nov. 1986 : *JCP 1987. IV. 35.*

46. Une simple impropriété de termes ou une erreur matérielle manifeste ne constituent pas une contradiction de motifs. • Civ. 1re, 10 juin 1964 : *Bull. civ. I, no 309* • 1er juill. 1965 : *Bull. civ. I, no 443.* – V. art. 462.

47. La contradiction de motifs peut consister en une contradiction entre les motifs et le dispositif. • Civ. 2e, 12 mai 1961 : *Bull. civ. II, no 343* • 23 oct. 1968 : *Bull. civ. II, no 247* • Com. 20 janv. 1987 : *JCP 1987. IV. 101.*

48. La contradiction entre deux chefs du dispositif n'ouvre pas la voie à la cassation, mais peut donner lieu à une requête en interprétation. • Civ. 1re, 21 juill. 1980 : *JCP 1980. IV. 379* • Civ. 2e, 24 mars 1993, no 91-17.508 P.

49. La contradiction n'entraîne cassation que si elle a exercé une influence sur la décision. • Soc. 21 juill. 1986 : *JCP 1986. IV. 294.* ♦ Si la contradiction affecte des motifs surabondants, le pourvoi sera rejeté. • Civ. 3e, 24 juin 1971 : *Bull. civ. III, no 411* • Civ. 1re, 13 mai 1985 : *JCP 1985. IV. 257.*

50. Méconnaît les exigences de l'art. 455 C. pr. civ. et se détermine par des motifs contradictoires la cour d'appel qui retient que l'épouse n'a pas acquiescé au jugement de divorce faute de preuve de son intention maintenue de divorcer tout en relevant que celle-ci s'est comportée ouvertement comme étant divorcée. • Civ. 1re, *19 mars 2008, no 06-21.250 P.*

51. *Motif dubitatif ou hypothétique.* Les motifs dubitatifs équivalent à une absence de motifs. • Com. 6 juill. 1966 : *Bull. civ. III, no 345* • Civ. 3e, 17 déc. 1969 : *Bull. civ. III, no 850* • Civ. 2e, 3 nov. 1993, no 91-21.973 P (« Il semblerait que ... »). ♦ ... Ou à un manque de base légale. • Com. 15 mars 1965 : *Bull. civ. III, no 197* • Civ. 2e, 16 mars 1966 : *Bull. civ. II, no 346.*

52. *Défaut de réponse à conclusions.* Le défaut de réponse à conclusions constitue un défaut de motifs. • Soc. 17 févr. 1960 : *Bull. civ. IV, no 343* • Com. 17 mars 1965 : *Bull. civ. III, no 203* • Civ. 2e, 18 mars 1966 : *Bull. civ. II, no 374.*

53. Le demandeur au pourvoi n'est recevable à invoquer que le défaut de réponse à ses propres conclusions. • Civ. 2e, 24 févr. 1966 : *Bull. civ. II, no 260.*

54. Les juges ne sont tenus de répondre aux conclusions que si elles sont régulièrement faites, signifiées et produites. • Civ. 2e, 23 janv. 1974 : *Bull. civ. II, no 37* (modifications par déclaration à la barre de conclusions écrites, dans une procédure où la représentation par avoué est obligatoire) • Civ. 1re, 30 mai 1985 : *Bull. civ. I, no 171 ; D. 1985. IR 471, obs. Julien* (copies de prétendues conclusions non conformes aux conclusions figurant au dossier de la cour d'appel) • Civ. 1re, 10 févr. 1969 : *Bull. civ. I, no 65* (conclusions déposées après la clôture des débats) • Com. 16 févr. 1965 : *Bull. civ. III, no 128* (notes en délibéré).

55. Les demandes des parties s'apprécient selon le dernier état de leurs conclusions. • Civ. 2e, 2 févr. 1961 : *Bull. civ. II, no 101.* ♦ ... Sans que le juge ait à répondre à des conclusions antérieures non reprises. • Civ. 2e, 5 janv. 1974 : *Bull. civ. II, no 8.*

56. Le juge n'est tenu de répondre aux conclusions que dans la mesure où le moyen est sérieux. • Soc. 9 mai 1968 : *Bull. civ. V, no 234* (conclusions vagues et imprécises) • Civ. 2e, 6 mai 1965 : *Bull. civ. II, no 403* (conclusions hors débat proposant un moyen de fond à l'occasion d'un débat sur la compétence) • Com. 5 juill. 1982 : *Bull. civ. IV, no 262* (moyen manifestement infondé) • Civ. 1re, 19 févr. 1964 : *Bull. civ. I, nos 99 et 100* (moyen inopérant, sans incidence sur la solution du litige (2 esp.)).

57. Le juge n'est tenu de répondre qu'aux véritables moyens et non aux simples arguments. • Civ. 1re, 14 oct. 1964 : *Bull. civ. I, no 2464.*

58. La Cour de cassation se reconnaît le droit de suppléer le défaut de réponse à conclusions en apportant elle-même la réponse, lorsque celle-ci consiste en un motif de pur droit. • Civ. 1re, 25 mai 1982 : *D. 1984. 273, note Prieur* • 9 mars 1983 : *eod. loc.* • 13 avr. 1983 : *eod. loc.*

59. Lorsque l'arrêt attaqué déclare l'appel irrecevable, le moyen de cassation qui soutient que la cour d'appel aurait omis d'exposer ou d'examiner un moyen de fond est inopérant. • Civ. 2e, 12 mai 2016, no 15-18.019 P.

b. Défaut de base légale

60. Il y a défaut de base légale lorsque la motivation de la décision ne permet pas à la Cour de cassation d'exercer un contrôle de la conformité du jugement attaqué aux règles de droit. • Crim. 22 mai 1812 : *S. 1813. 1. 68.*

61. Le défaut de base légale est constitué lorsque les constatations de fait sont insuffisantes pour justifier de l'application de la règle de droit. • Civ. 24 juill. 1946 : *JCP 1946. II. 3301, note Becqué* • Civ. 1re, 11 févr. 1981 : *D. 1981. IR 370, obs. Julien.* ♦ Sur l'utilisation, par la Cour de cassation, du défaut de base légale en matière de contrôle de qualification des faits, V. note Bretaudeau ss. • Civ. 1re, 16 avr. 1991 : *D. 1993. 186.*

62. La Cour de cassation décide qu'il y a manque de base légale lorsque la décision laisse planer l'incertitude sur la base légale de la condamnation, c'est-à-dire lorsque l'imprécision porte sur l'identité de la règle de droit dont il a été fait application. • Civ. 2e, 19 juill. 1960 : *Bull. civ. II, n° 495.*

63. Selon la jurisprudence dominante, le défaut de base légale constitue un vice de fond. En ce sens, V. • Com. 13 mars 1972 : *JCP 1972. II. 17196 (2 arrêts)* • Civ. 1re, 7 févr. 1973 : *JCP 1975. II. 17918* • Soc. 22 mars 1973 : *Bull. civ. V, n° 191* • Civ. 2e, 5 mai 1973 : *Bull. civ. II, n° 156* (visa du texte que le juge du fond a prétendu appliquer). ♦ Cependant la Chambre criminelle assimile le défaut de base légale à l'absence de motifs. • Crim. 12 nov. 1974 : *Bull. crim. n° 325.*

C. DÉNATURATION DE L'ÉCRIT

64. La dénaturation se définit comme la méconnaissance du sens clair et précis d'un écrit. • Civ. 6 juin 1921 : *DP 1921. 1. 73, rapp. Colin* • Civ. 1re, 4 déc. 1968 : *Bull. civ. I, n° 310* • 19 janv. 1994 : *JCP 1994. IV. 762.*

65. Selon la Chambre commerciale, l'appréciation de la portée juridique d'un acte, sans reproduction inexacte de ses termes, n'est pas susceptible d'être critiquée au moyen d'un grief de dénaturation. • Com. 2 mars 1993 : *JCP 1993. II. 22072, note (crit.) Perdriau* (2e esp.) • 14 avr. 1992 : *JCP 1993. II. 22079, note Boré.* ♦ V. cependant, en sens contraire, cassant l'arrêt d'une cour pour dénaturation des termes clairs et précis d'une facture : • Com. 31 janv. 1995 : *JCP 1995. II. 22385, note Perdriau.*

66. Une clause n'est claire et précise que si elle n'est susceptible que d'un seul sens. • Civ. 12 janv. 1938 : *DH 1938. 197* • Civ. 1re, 28 févr. 1962 : *Bull. civ. I, n° 128.*

67. L'ambiguïté d'une clause peut résulter de sa discordance avec une autre stipulation. • Civ. 1re, 5 janv. 1956 : *Bull. civ. I, n° 11* • Com. 5 mai 1970 : *Bull. civ. IV, n° 147.*

68. L'ambiguïté d'une clause exige une interprétation du juge et exclut toute dénaturation. • Soc. 17 avr. 1985 : *JCP 1985. IV. 224.*

69. Le contrôle de la dénaturation ne s'exerce que sur un écrit et non sur des faits. • Civ. 1re, 3 févr. 1981 : *JCP 1981. IV. 132.* ♦ Tout document soumis au juge, même à la libre appréciation de celui-ci, peut faire l'objet d'un contrôle de la dénaturation. • Civ. 1re, 28 déc. 1962 : *Bull. civ. I, n° 568* (PV d'enquête) • 27 nov. 1963 : *Bull. civ. I, n° 521* (attestation de témoins). ♦ ... A condition toutefois que la pièce dénaturée ne soit pas étrangère au litige. • Com. 4 janv. 1994, n° 91-15.601 P.

D. DÉNI DE JUSTICE

70. Pour un exemple de violation de l'art. 4 du code civil, dans une hypothèse où une cour d'appel, après avoir relevé qu'une société A et une société B poursuivaient le paiement de factures à l'encontre d'une société C, a retenu « qu'il n'est pas possible de choisir l'une des sociétés pour créancières », V. • Com. 11 mai 1999 : *Gaz. Pal. 1999. 2. Somm. 253, obs. Perdriau.*

SECTION PREMIÈRE **L'OUVERTURE DU POURVOI EN CASSATION**

Art. 605 **Le pourvoi en cassation n'est ouvert qu'à l'encontre de jugements rendus en dernier ressort.**

BIBL. ▶ Delage, *Rev. huiss. 1986. 1516* (décisions avant-dire droit et pourvoi en cassation).

1. Une requête ne contenant pas la manifestation de la volonté d'obtenir la cassation d'une décision judiciaire n'est pas un pourvoi en cassation. • Soc. 3 déc. 1987 : *Bull. civ. V, n° 708.* – Comp. : • Civ. 2e, 4 mai 1973 : *Bull. civ. II, n° 149* • Soc. 15 nov. 1973 : *Bull. civ. V, n° 579.* – V. également art. 975, 984 et 985.

2. Le pourvoi en cassation n'est pas ouvert contre les arrêts de la Cour de cassation. • Civ. 2e, 24 juin 1998, n° 96-14.161 P : *RG proc. 1999. 217, obs. Wiederkehr.* ♦ Le pourvoi en cassation n'est ouvert qu'à l'encontre des dispositions figurant dans le dispositif des décisions judiciaires en dernier ressort ; est donc irrecevable le pourvoi dont les moyens ne concernent aucune partie du dispositif de l'arrêt attaqué. • Com. 17 mars 1998 : *Gaz. Pal. 1998. 2. Pan. 196.*

3. L'avis, même donné par un organe juridictionnel, ne peut faire l'objet d'un pourvoi en cassation. • Com. 5 mai 1964 : *Bull. civ. III, n° 234* • Civ. 1re, 19 mars 1973 : *Bull. civ. I, n° 203* • Civ. 3e, 16 mars 1977 : *Bull. civ. III, n° 134* (avis d'une commission de remembrement). ♦ ... En revanche, un pourvoi est recevable contre la décision contentieuse de cette même commission. • Com. 4 janv. 1958 : *Bull. civ. III, n° 5.* ♦ Un projet signé ni par le président, ni par aucun des juges ayant délibéré n'est pas un jugement en la forme et ne peut être critiqué par la voie du pourvoi en cassation. • Com. 19 mars 1991, n° 89-17.267 P.

4. Une simple mesure d'administration judiciaire ne saurait donner lieu à un pourvoi en cassation. • Civ. 3e, 19 févr. 1985 : *Bull. civ. III, n° 36 ; D. 1985. IR 263, obs. Julien ; Gaz. Pal. 1985. 2. 182, note Guinchard et Moussa* (refus du premier président d'autoriser l'appel contre une décision de sursis à statuer) • Civ. 2e, 11 juin 1980 : *Bull. civ. II, n° 137 ; D. 1981. IR 145, obs. Julien* • Soc. 18 juin 1980 : *Bull. civ. V, n° 532* (refus d'autoriser l'appel contre une décision ordonnant une expertise) • Civ. 2e, 2 mars 1983 : *Bull. civ. II, n° 58* • Soc. 18 juin 1981 : *Bull. civ. V, n° 577* (radiation du rôle) • Civ. 1re, 16 juin 1981 : *Bull. civ. I, n° 219* (disjonction d'instance) • Soc. 4 févr. 1988 : *Bull. civ. V, n° 101* • Civ. 2e, 22 juin 1988 : *Bull. civ. II, n° 150* (fixation d'audience) • 4 janv. 1989 : *JCP 1989. IV. 79* (renvoi en cas de récusation de plusieurs juges) • 17 mai 1993, n° 91-20.849 P (disjonction d'instance).

5. Un jugement de donné acte ne peut donner lieu à un pourvoi en cassation. • Civ. 2 janv. 1959 : *D. 1959. 35* • Soc. 2 févr. 1984 : *D. 1984. Flash, n° 7* • Civ. 2e, 7 févr. 1988 : *JCP 1989. II. 21096* • Civ. 3e, 4 mars 1998, n° 95-20.633 P : *RG proc. 1998. 657, obs. Wiederkehr* • Civ. 1re, 11 juin 2002, n° 01-00.039 P • Civ. 3e, 27 mai 2003, n° 02-10.660 P : *Gaz. Pal. 7-8 avr. 2004, p. 16, obs. du Rusquec.* ♦ Le jugement d'adjudication est de ce point de vue considéré comme tel par la Cour de cassation. • Civ. 2e, 6 janv. 1966 : *Bull. civ. II, n° 1* • 9 juin 1982 : *Bull. civ. II, n° 87* • 4 févr. 1976 : *D. 1976. IR 118* (sur surenchère) • 20 oct. 1993, n° 92-13.236 P • 24 mars 2005, n° 03-14.912 P. ♦ V. aussi depuis la réforme de 2006 : • Civ. 2e, 19 nov. 2009 : *cité note 4 ss. C. pr. exéc., art. R. 322-60.* ♦ Le refus ou l'omission de donner acte ne peut pas non plus donner lieu à pourvoi. • Civ. 2e, 17 janv. 1979 : *Bull. civ. II, n° 20* (refus) • Com. 29 mai 1973 : *Bull. civ. IV, n° 189* (omission). – Rappr. • Cass., ass. plén., 9 juill. 1978 : *Bull. ass. plén., n° 2.*

6. A la différence du jugement de donné acte, le jugement d'expédient constitue une véritable décision susceptible de faire l'objet d'un pourvoi en cassation. • Civ. 25 févr. 1901 : *DP 1903. 1. 580* • Req. 29 avr. 1931 : *DP 1931. 1. 123, note E. P.*

7. Le jugement qui homologue la convention des époux et prononce le divorce sur requête conjointe peut donner lieu à un pourvoi en cassation. • Civ. 2e, 28 mars 1979 : *Bull. civ. II, n° 97 ; D. 1980. 297, note Massip ; JCP 1979. II. 19231, note Lindon.*

8. Par application de la L. n° 85-98 du 25 janv. 1985 [C. com., livre VI], est irrecevable le pourvoi contre un jugement statuant sur le recours formé contre une ordonnance rendue par le juge commissaire dans la limite de ses attributions, à l'exception du jugement qui statue sur les revendications. • Civ. 2e, 13 janv. 1993, n° 91-17.562 P • Civ. 1re, 25 mars 1997, n° 95-15.467 P. ♦ V. également, en application de l'art. L. 623-4 C. com., dans sa rédaction issue de la loi du 26 juill. 2005 : • Com. 18 sept. 2007, n° 06-11.223 P • Civ. 1re, 12 déc. 2007, n° 06-20.962 P. ♦ Il en va ainsi, même à supposer que le juge commissaire statue hors la limite de ses attributions ou que soit en cause un excès de pouvoir, le jugement étant alors susceptible d'appel. • Com. 18 déc. 2007 : *préc.* • Civ. 1re, 12 déc. 2007 : *préc.* ♦ Est recevable le pourvoi contre l'ordonnance du juge-commissaire ayant admis une créance au passif du redressement judiciaire, lorsque la valeur de la créance n'excède pas le taux de compétence en dernier ressort du tribunal qui a ouvert la procédure. • Com. 19 janv. 1993, n° 91-11.462 P.

9. Irrecevabilité du pourvoi contre une décision d'une commission d'indemnisation des victimes d'infraction, rendue en premier ressort par application de l'art. 706-4 C. pr. pén. • Civ. 2e, 5 oct. 1994, n° 92-21.583 P.

10. Les décisions gracieuses peuvent donner lieu à pourvoi en cassation. • Civ. 1re, 10 juin 1981 : *Bull. civ. I, n° 200.* – En matière gracieuse, V. art. 610.

11. Une décision qui se borne à constater un contrat judiciaire n'a pas le caractère d'un jugement et n'est pas susceptible d'un pourvoi en cassation. • Civ. 3e, 4 mars 1998, n° 95-20.633 P.

12. Les jugements interprétatifs ont, quant aux voies de recours, le même caractère que les jugements interprétés. • Civ. 2e, 18 juill. 1977 : *Bull. civ. II, n° 188* • Com. 26 oct. 1993, n° 91-16.575 P • Soc. 27 janv. 2000 : *JCP 2000. II. 10330, note Perdriau.* ♦ Le pourvoi formé contre la décision interprétative ne peut cependant remettre en cause les dispositions devenues irrévocables de l'arrêt interprété. • Civ. 1re, 14 mars 1979 : *Bull. civ. I, n° 91.* – Pour les jugements rectificatifs, V. art. 462, al. 5. ♦ Les décisions rejetant une requête en rectification d'erreur ou d'omission matérielle obéissent, pour ce qui concerne les voies de recours, aux règles ordinaires et sont susceptibles de pourvoi en cassation lorsqu'elles ont été rendues en dernier ressort. • Civ. 1re, 26 mai 1993, n° 90-17.048 P. ♦ La décision rectificative s'incorpore à la décision rectifiée ; s'il ne lui est pas reproché d'avoir violé ou dénaturé la chose précédemment jugée, elle ne peut faire l'objet d'un pourvoi en cassation séparé. • Com. 8 févr. 1994 : JCP 1994. IV. 963.

13. La décision qui statue sur la rectification d'une prétendue erreur matérielle ne peut être frappée de pourvoi en cassation dès lors que la décision rectifiée n'est pas elle-même susceptible d'un tel recours. • Soc. 16 déc. 1998, n° 97-44.596 P : *cité note 35 ss. art. 462* • Civ. 2e, 7 juin

2018, n° 17-18.722 P : *cité note 35 ss. art. 462.*

14. Si le demandeur au pourvoi n'a pas critiqué, en cause d'appel, un motif du premier juge, il est irrecevable à le faire devant la Cour de cassation. • Civ. 1re, 24 nov. 1987 : *Bull. civ. I, n° 307.* ♦ *A fortiori,* n'est pas recevable le moyen contraire aux prétentions exprimées dans les conclusions d'appel. • Civ. 1re, 6 mars 1990, n° 88-19.937 P. ♦ ... Ou contraire à ses propres écritures, même s'il est d'ordre public. • Civ. 2e, 14 mars 1990, n° 89-10.505 P • Com. 9 avr. 1991, n° 89-16.259 P. ♦ ... Ou même s'il est de pur droit. • Com. 21 janv. 1992, n° 90-11.562 P.

15. Le pourvoi n'est pas recevable dès lors que, s'agissant d'une ordonnance sur requête, l'appel en est possible en application de l'art. 496. • Soc. 17 déc. 2002, n° 01-60.736 P : *Gaz. Pal. 6-7 août 2003, p. 17, obs. du Rusquec.*

16. Aucun texte ne limitant le droit d'appel contre l'ordonnance d'un JEX conférant force exécutoire aux mesures recommandées par une commission de surendettement, en application de l'art. L. 332-1 C. consom., le pourvoi formé contre une telle décision par une partie, qui ne peut agir en rétractation, dans les conditions de l'art. R. 332-1-2 du même code est irrecevable. • Civ. 2e, 13 nov. 2008, n° 07-15.682 P : *D. 2008. AJ 3082, note Avena-Robardet.*

17. Pour une illustration de ce que le pourvoi n'est ouvert qu'à l'encontre des jugements rendus en dernier ressort. • Civ. 3e, 23 mai 2007 : *D. 2007. AJ 1661* (ordonnance d'expropriation transférant la propriété d'immeubles susceptible d'appel). ♦ Le pourvoi est recevable contre un jugement en dernier ressort inexactement qualifié en premier ressort. • Civ. 2e, 12 mars 1969 : *Bull. civ. II, n° 75* • Soc. 10 oct. 1962 : *Bull. civ. IV, n° 695.* ♦ A l'inverse, le pourvoi est irrecevable contre un jugement inexactement qualifié en dernier ressort. • Civ. 2e, 29 mars 1962 : *Bull. civ. II, n° 359* • Soc. 5 avr. 1965 : *Bull. civ. IV, n° 293* • 5 mars 1981 : *Gaz. Pal. 1981. 2. Pan. 228.* ♦ ... Ou qui était encore susceptible d'appel. • Civ. 2e, 24 mars 2005 : *JCP 2005. IV. 2053.*

18. Résultant de l'art. 605 C. pr. civ. que le pourvoi en cassation n'est ouvert qu'à l'encontre des jugements rendus en dernier ressort et des art. 914 et. 916 C. pr. civ. que l'ordonnance du conseiller de la mise en état statuant sur un incident de nature à mettre fin à l'instance peut être déférée à la cour d'appel, un pourvoi, fût-il dirigé en même temps contre un arrêt statuant au fond, en ce qu'il est dirigé contre une ordonnance du conseiller de la mise en état ayant statué, sans l'accueillir, sur un incident de péremption, n'est pas recevable. • Civ. 2e, 18 avr. 2019, n° 17-21.189 P : *D. 2019. 887 ; AJ contrat 2019. 204 ; Gaz. Pal. 18 juin 2019, p. 77, note Leducq ; ibid. 23 juill. 2019, p. 54, note Hoffschir ; RDBF 2019, n° 129, note Leblond.* ♦ Si la sécurité juridique, invoquée sur le fondement du droit à un procès équitable garanti par l'art. 6, § 1er Conv. EDH, pour contester l'application immédiate d'une solution nouvelle résultant d'une évolution de la jurisprudence, ne saurait consacrer un droit acquis à une jurisprudence figée, dès lors que la partie qui s'en prévaut n'est pas privée du droit à l'accès au juge, et si l'irrecevabilité du pourvoi résulte d'une interprétation de l'art. 916 C. pr. civ., rendue nécessaire par l'ambiguïté de sa rédaction issue du Décr. n° 2009-1524 du 9 déc. 2009, faisant référence à un « incident mettant fin à l'instance », cette interprétation ne fait que reprendre celle qui a été donnée aux art. 775 et 776 C. pr. civ., rédigés en des termes similaires et relatifs aux ordonnances du magistrat de la mise en état, par des arrêts de la Cour de cassation rendus antérieurement à l'ordonnance attaquée, son application ne porte pas atteinte au droit à un procès équitable. • Même arrêt.

19. La recevabilité d'un pourvoi en cassation formé contre un jugement exactement rendu en dernier ressort ne peut être affectée par un appel exercé à tort contre la même décision. • Soc. 15 janv. 2002 : *Gaz. Pal. 12-14 janv. 2003, p. 37, obs. Perdriau.*

20. Le pourvoi qui se borne à critiquer la qualification en dernier ressort est irrecevable. • Civ. 2e, 17 oct. 1984 : *Gaz. Pal. 1985. 1. Pan. 53, obs. Guinchard.* ♦ Le moyen tendant à faire déclarer irrecevable un appel en raison du taux du ressort ne peut être invoqué pour la première fois devant la Cour de cassation. • Soc. 9 déc. 1987 : *Bull. civ. V, n° 711.*

21. Le pourvoi contre le jugement qualifié en dernier ressort est irrecevable du moment que la cour d'appel, par un arrêt devenu irrévocable, a déclaré l'appel recevable. • Soc. 19 juin 1987 : *Bull. civ. V, n° 397* • Com. 3 juill. 1962 : *Bull. civ. III, n° 336* • Civ. 1re, 18 oct. 1988 : *Bull. civ. I, n° 290 ; D. 1989. Somm. 273, obs. Julien* • Soc. 17 déc. 2004, n° 03-42.805 P. ♦ Aucun texte ne restreint le droit d'appel d'un jugement statuant sur la fixation d'une nouvelle mise à prix dans une procédure de partage ; par suite, est irrecevable le pourvoi formé contre un tel jugement qui est susceptible d'appel. • Civ. 1re, 6 juill. 1999, n° 97-20.289 P.

22. La décision rendue par défaut est susceptible d'un pourvoi en cassation, mais seulement après expiration du délai d'opposition. • Civ. 2e, 18 janv. 1989 : *JCP 1989. II. 21274, note Cadiet* • Civ. 2e, 21 mars 1988 : *Bull. civ. II, n° 73.* – V. art. 613.

23. Lorsque le juge des tutelles, par un nouveau jugement, a prononcé la mainlevée d'une mesure ordonnée par un précédent jugement, le pourvoi formé contre ce dernier est devenu sans objet. • Civ. 1re, 30 juin 1993, n° 91-22.141 P. ♦ De même, est sans objet le pourvoi formé contre un arrêt déclaré nul et non avenu par le T. confl.. • Com. 26 oct. 1993, n° 91-17.570 P. ♦ Le décès en cours d'instance de la personne placée sous sauvegarde de justice ne rend pas sans objet le pourvoi formé par l'un des héritiers, celui-ci ayant intérêt à remettre éventuellement en cause la validité des actes passés par le mandataire désigné par le jugement attaqué. • Civ. 1re, 8 déc. 1993, n° 92-10.698 P.

24. Le pourvoi en cassation est immédiatement recevable en cas d'excès de pouvoir. • Civ. 1re, 26 juin 2001, n° 99-17.586 P • Civ. 2e, 27 juin 2002, n° 01-13.935 P. ♦ Le pourvoi qui invoque l'excès de pouvoir du juge judiciaire, caractérisé par la méconnaissance du principe de la séparation des pouvoirs, est immédiatement recevable devant la Cour de cassation. • Civ. 1re, 9 déc. 2003, n° 01-13.835 P.

25. S'agissant de la désignation d'un expert demandée aux fins de mettre en jeu la responsabilité professionnelle d'un expert judiciaire précédemment commis, le juge des référés ayant épuisé sa saisine en prescrivant, avant tout procès et en vertu de l'art. 145, les mesures destinées à établir la preuve des faits dont pouvait dépendre la solution du litige, le pourvoi est recevable. • Civ. 1re, 19 mars 2002 : *Procédures 2002, n° 115, note Perrot.*

26. Ne résultant ni de l'art. L. 431-1, al. 6 [devenu L. 2322-4], C. trav., ni d'aucun autre texte que la décision judiciaire qui tend au principal à la reconnaissance d'une unité économique et sociale est rendue en dernier ressort, le pourvoi est irrecevable. • Soc. 12 sept. 2007, n° 06-60.275 P.

Art. 606 **Les jugements en dernier ressort qui tranchent dans leur dispositif une partie du principal et ordonnent une mesure d'instruction ou une mesure provisoire peuvent être frappés de pourvoi en cassation comme les jugements qui tranchent en dernier ressort tout le principal.**

1. Irrecevabilité du pourvoi contre la décision d'une commission d'indemnisation des victimes d'infraction qui s'est bornée à allouer une provision et ordonner une expertise sans trancher tout ou partie du principal. • Civ. 2e, 19 oct. 1994, n° 92-18.852 P. – V. aussi note 1 ss. art. 607.

2. Est immédiatement recevable le pourvoi formé contre un arrêt qui, statuant sur des mesures provisoires, tranche dans son dispositif une partie du principal en décidant de la loi applicable à un divorce. • Civ. 1re, 13 oct. 1992, n° 90-19.903 P. ♦ Le pourvoi formé contre un arrêt qui, statuant sur un recours en annulation de la sentence arbitrale, annule la sentence. • Civ. 2e, 7 janv. 1999, n° 97-10.292 P : *Procédures 1999, n° 58, note Perrot.* ♦ V. aussi note 1 ss. art. 607.

3. Le principe de l'unicité de l'instance, prévu par l'art. R. 516-1 [devenu R. 1452-6] C. trav., ne fait pas obstacle à l'application des dispositions de l'art. 606. • Soc. 28 sept. 2004, n° 00-44.434 P : *D. 2004. IR 2765.*

4. Un arrêt qui confirme la mission de l'expert d'avoir à déterminer la valeur des parts détenues dans une société, et non celle d'un boni de liquidation, tout en infirmant quant à la recherche d'une dissolution de la société, tranche une partie du principal ; le pourvoi en cassation est recevable. • Civ. 1re, 13 déc. 2005, n° 02-16.605 P.

5. Le simple visa d'une règle de droit ne constituant pas une décision tranchant une partie du principal, doit par conséquent être déclaré irrecevable le pourvoi formé contre un arrêt qui prononce discrétionnairement un sursis à statuer en vue d'une bonne administration de la justice et qui, dans son dispositif, se borne à viser le texte de loi estimé ultérieurement applicable au litige, sans trancher une partie du principal ni mettre fin à l'instance. • Civ. 2e, 22 nov. 2007, n° 06-18.892 P.

6. Le moyen pris de la nullité d'un acte de saisie ne constituant pas une exception de procédure, au sens de l'art. 73 du NCPC [devenu C. pr. civ.], l'arrêt qui la rejette, tranchant dans son dispositif une partie du principal, est susceptible de pourvoi en cassation. • Civ. 2e, 6 déc. 2007, n° 06-15.178 P : *Dr. et pr. 2008. 160, note Putman.*

7. L'autorité de la chose jugée n'ayant lieu qu'à l'égard de ce qui a fait l'objet d'un jugement et a été tranché dans son dispositif, n'est pas recevable le pourvoi formé contre un arrêt qui se borne dans son dispositif, sans mettre fin à l'instance, à ordonner avant-dire droit la réouverture des débats sans se prononcer sur le fond du litige. • Soc. 16 janv. 2008, n° 05-41.313 P : *BICC 15 avr. 2008, n° 628 et la note.*

8. Tranche une partie du principal l'arrêt qui se prononce sur la validité d'une opération de saisie-contrefaçon. • Civ. 1re, 26 mai 2011, n° 10-14.495 P : *D. 2011. Actu. 1554 ; ibid. 1680, obs. Avena-Robardet ; RTD civ. 2011. 589, obs. Perrot ; RTD com. 2011. 755, obs. Pollaud-Dulian ; Dr. et pr. 2011. 304, note Hugon.*

9. Statue sur une partie du principal la cour d'appel qui, dans un litige tendant à la radiation de la publication d'un jugement d'adjudication sur surenchère, accueille dans son dispositif une demande tendant à voir dire que l'adjudicataire sur surenchère n'a pas payé le prix d'adjudication, et ordonne la réouverture des débats. • Civ. 2e, 11 juill. 2013, n° 12-13.737 P : *D. 2013. Actu. 1908 ; Rev. banc. fin. 2013, n° 61, note Piedelièvre ; Dr. et pr. 2013. 226, note Leborgne.*

Art. 607 **Peuvent également être frappés de pourvoi en cassation les jugements en dernier ressort qui, statuant sur une exception de procédure, une fin de non-recevoir ou tout autre incident, mettent fin à l'instance.**

1. Sauf dans les cas spécifiés par la loi, les jugements qui ne mettent pas fin à l'instance ne peuvent être frappés de pourvoi en cassation indépendamment des jugements sur le fond que s'ils tranchent dans leur dispositif tout ou partie du principal. • Cass., ass. plén., 5 déc. 1997, n° 95-17.858 P : *D. 1998. IR 27 ; D. Affaires 1998. 24, obs. S. P. ; RG proc. 1998. 449, obs. Héron ; JCP 1998. II. 10006, concl. J.-F. Weber ; Procédures 1998, n° 3, obs. Perrot* • Civ. 1re, 17 févr. 1998, n° 96-04.138 P : *D. 1998. IR 79 ; D. Affaires 1998. 801, obs. S. P. ; Procédures 1998, n° 148, obs. Croze* • 23 juin 1998 : *D. Affaires 1998. 1320, obs. S. P.* • 23 juin 1998 : *D. 1999. IR 231* • Civ. 1re, 12 déc. 2018, n° 17-19.387 P : *cité note 7 ss. art. 416* (pourvoi dirigé contre un arrêt qui, en ce qu'il dit n'y avoir lieu à annulation, d'une part, de l'assignation de parties à l'instance, d'autre part, des interventions volontaires d'ayants droit, ne tranche pas une partie du principal et ne met pas fin à l'instance). ♦ V. déjà en ce sens, • Civ. 1re, 19 juill. 1989 : *Bull. civ. I, n° 294* • Civ. 2e, 7 févr. 1985 : *D. 1985. IR 263, obs. Julien* • 8 nov. 1993, n° 92-11.613 P • 19 oct. 1994, n° 92-18.852 P • Civ. 1re, 6 nov. 1990, n° 88-12.132 P. ♦ Comp., ayant considéré qu'une décision met fin à l'instance du moment que la saisine du juge s'en trouve épuisée, le pourvoi en cassation étant alors recevable : • Civ. 3e, 4 nov. 1987 : *D. 1988. Somm. 124, obs. Julien ; RTD civ. 1988. 189, obs. Perrot* • 9 déc. 1986 : *Bull. civ. III, n° 173 ; RTD civ. 1987. 601, obs. Perrot* • 24 févr. 1988 : *Bull. civ. III, n° 46* • 7 mai 1996 : *Procédures 1996, n° 213, obs. Perrot.* ♦ Comp. aussi, sur la position antérieure de l'Assemblée plénière : • Cass., ass. plén., 2 nov. 1990 : *JCP 1991. II. 21631, concl. Monnet, note Estoup.* ♦ Comp. jugeant qu'une ordonnance d'un JME qui rejette une demande de récusation et de remplacement d'un expert ne tranche aucune partie du principal et ne met pas fin à l'instance, que l'appel formé contre une telle décision est en conséquence irrecevable et qu'est tout autant irrecevable, en application des art. 606, 607 et 608 C. pr. civ., un pourvoi formé contre un tel arrêt. • Civ. 2e, 17 avr. 2008, n° 07-11.132 P : *D. 2008. AJ 1420* .

2. La décision qui prononce la nullité de la clause compromissoire met fin à l'instance et ne se borne pas à statuer sur une question de compétence internationale, ce qui rend le pourvoi recevable. • Civ. 1re, 5 janv. 1999, n° 96-21.430 P.

3. La détermination du juge compétent, qui dépend d'une question de fond relative à la nature de l'immeuble construit, met fin à l'instance en déclarant incompétente la juridiction judiciaire. • Civ. 3e, 6 juill. 2005, n° 04-12.170 P.

4. Exception d'incompétence internationale. V. note 14 ss. art. 73.

5. V. aussi notes ss. art. 608.

Art. 607-1 *(Décr. n° 2014-1338 du 6 nov. 2014, art. 5)* **Peut également être frappé de pourvoi en cassation l'arrêt par lequel la cour d'appel se prononce sur la compétence sans statuer sur le fond du litige.**

V. Circ. du 12 nov. 2014, ss. art. 380.

BIBL. ▶ Baraduc et Boré, *JCP 2014. 1242* (simplification de la procédure devant la Cour de cassation). – Rocheteau, *Dr. et pr. 2016. Chron. 6.*

1. Aux termes de l'art. 607-1, issu du Décr. n° 2014-1338 du 6 nov. 2014, relatif à la procédure civile applicable à la Cour de cassation, peut être frappé d'un pourvoi en cassation l'arrêt par lequel la cour d'appel se prononce sur la compétence sans statuer sur le fond du litige. • Civ. 1re, 1er juin 2017, n° 16-18.739 P.

2. L'arrêt d'une cour d'appel, saisie de l'appel d'une ordonnance d'un juge de la mise en état, qui écarte une fin de non-recevoir prise de ce que le premier juge ne peut, en application de l'art. 5-1 C. pr. pén., accorder une provision dès lors que seul le juge des référés, dans l'hypothèse d'une procédure pénale, dispose de ce pouvoir, ne statue pas sur une exception d'incompétence. Il s'ensuit que le pourvoi formé contre cet arrêt, qui n'a pas tranché une partie du principal ni mis fin à l'instance devant le TGI et qui n'est pas entaché d'excès de pouvoir, n'est pas recevable. • Civ. 2e, 6 déc. 2018, n° 17-16.948 P : *D. actu. 9 janv. 2019, obs. Bolze.*

Art. 608 *(Décr. n° 2014-1338 du 6 nov. 2014, art. 6)* **Hors les cas spécifiés par la loi, les autres jugements en dernier ressort ne peuvent être frappés de pourvoi en cassation indépendamment des jugements sur le fond. Le pourvoi peut être formé par le demandeur dans le délai de remise au greffe du mémoire afférent au pourvoi dirigé contre le jugement sur le fond.**

V. Circ. du 12 nov. 2014, ss. art. 380.

BIBL. ▶ Baraduc et Boré, *JCP 2014. 1242* (simplification de la procédure devant la Cour de cassation).

A. IRRECEVABILITÉ

1. Il résulte des art. 606 et 608, non contraires à l'exigence d'un procès équitable énoncée à l'art. 6, § 1er, Conv. EDH, que les jugements en dernier ressort qui, sans trancher dans leur dispositif une partie du principal, ordonnent une mesure provisoire, ne peuvent être frappés de pourvoi en cassation indépendamment des jugements sur le fond que dans les cas spécifiés par la loi. • Civ. 1re, 2 mars 2004, n° 02-14.901 P : *D. 2004. IR 922* ; *Gaz. Pal. 26-28 juin 2005, p. 28, obs. du Rusquec.* ♦ Les jugements en dernier ressort, qui, sans trancher dans leur dispositif une partie du principal, ordonnent une mesure d'instruction ou une mesure provisoire, ne peuvent être frappés de pourvoi en cassation indépendamment des jugements sur le fond que dans les cas spécifiés par la loi. • Civ. 2e, 6 juin 2002, n° 00-18.787 P : *D. 2002. IR 2234* ; *JCP 2003. II. 10020, note du Rusquec.* ♦ V. aussi jugeant que sauf dans les cas spécifiés par la loi, les décisions en dernier ressort qui ne mettent pas fin à l'instance ne peuvent être frappées de pourvoi en cassation indépendamment des décisions sur le fond que si elles tranchent dans leur dispositif tout ou partie du principal. Appliquée aux mesures provisoires prises au cours d'une procédure de divorce, une telle règle, qui ne restreint que temporairement l'accès au juge de cassation, ne porte pas atteinte, dans sa substance même, au droit à un tribunal, au sens de l'art. 6, § 1er, Conv. EDH : • Civ. 1re, 4 mai 2017, n° 16-15.322 P : *RTD civ. 2017. 619, obs. Hauser* . ♦ Le pourvoi en cassation formé contre la décision avant-dire droit qui, dans une instance en divorce se borne à rejeter la fin de non-recevoir tirée de la clause d'exceptionnelle dureté prévue à l'art. 240 C. civ. et à renvoyer les parties devant les premiers juges pour être statué sur les conséquences financières du divorce à intervenir, doit donc être déclaré irrecevable. • Même arrêt.

2. Les arrêts qui, sans trancher dans leur dispositif une partie du principal, ordonnent une mesure provisoire, ne peuvent, sauf excès de pouvoir, être frappés de pourvoi en cassation, indépendamment des décisions sur le fond, que dans les cas spécifiés par la loi. • Civ. 2e, 16 oct. 2003, n° 01-17.520 P : *D. 2003. IR 2802* • Civ. 1re, 29 févr. 2012 : *BICC 1er juin 2012, n° 725* ; *D. 2012. Actu. 688* ; *Dr. et pr. 2012. 110.*

3. Est irrecevable le pourvoi contre un jugement *ordonnant ou refusant une* mesure d'instruction ou des mesures provisoires ou une provision ou statuant à leur propos, sans trancher une partie du principal. • Civ. 2e, 27 janv. 1983 : *Bull. civ. II, n° 23* • Soc. 21 juill. 1982 : *Bull. civ. V, n° 490* • Civ. 1re, 18 nov. 1997 : *Gaz. Pal. 1998. 2. Pan. 196* • Com. 3 avr. 2007, n° 06-12.762 P (mesures d'instruction) • Civ. 2e, 9 mai 1985 : *D. 1985. IR 468, obs. Julien* • Com. 17 mai 1989 : *Bull. civ. IV, n° 150* • Civ. 2e, 10 févr. 1982 : *D. 1983. IR 80, obs. Groslière* • 20 juill. 1983 : *Gaz. Pal. 1984. 2. 776, note J. M.* (mesures provisoires) • 7 févr. 1985 : *D. 1985. IR 263 (1re esp.), obs. Julien* (provision refusée) • 16 sept. 2003, n° 02-12.373 P (provision accordée) • 8 oct. 1986 : *JCP 1986. IV. 322* (décision refusant la récusation d'un expert) • 17 janv. 1990, n° 88-18.614 P • Com. 6 mars 1990, n° 89-10.831 P (provision et expertise) • Civ. 2e, 16 nov. 1994, n° 93-10.208 P : *D. 1995. IR 3* (ord. JAM) • 25 mars 1998, n° 95-18.157 P (ord. JME) • Com. 20 oct. 1998 : *Gaz. Pal. 1999. 2. Somm. 258, obs. Perdriau* (refus de provision) • Civ. 2e, 16 déc. 2004, n° 02-15.519 P (mesure d'instruction et provision) • Civ. 2e, 12 mai 2016, n° 15-17.265 P. – V. aussi, sur la position de l'Assemblée plénière, note 1 ss. art. 607.

4. Le refus d'ordonner une mesure d'instruction, relevant du pouvoir discrétionnaire des juges du fond, ne saurait, fût-il fondé sur des motifs erronés, constituer un excès de pouvoir. • Com. 3 avr. 2007 : *préc. note 3.*

5. Les décisions en dernier ressort qui se bornent à statuer sur une exception de procédure, une fin de non-recevoir ou tout autre incident, sans mettre fin à l'instance, ne peuvent être frappées de pourvoi en cassation indépendamment des jugements sur le fond que dans les cas spécifiés par la loi. • Civ. 2e, 10 févr. 2005, n° 03-15.324 P : *D. 2005. IR 592* • Soc. 12 juill. 2005, n° 03-47.046 P (irrecevabilité d'un pourvoi contre un arrêt statuant sur contredit de compétence, ayant déclaré la juridiction prud'homale compétente, évoqué le litige, et renvoyé la cause à une prochaine audience) • Com. 14 févr. 2006 : *Procédures 2006, n° 68, obs. Perrot.* ♦ Il en est ainsi de l'arrêt d'une cour d'appel qui, saisie à tort par la voie du contredit, demeure néanmoins saisie et, statuant en matière d'appel, se borne à renvoyer le dossier devant le juge qu'elle estime compétent. • Civ. 2e, 31 mars 2011, n° 10-15.794 P : *D. 2011. Actu. 1090* ; *Dr. et pr. 2011. 161.* ♦ ... De l'arrêt par lequel une cour d'appel se prononce sur la recevabilité des conclusions qui ne respectent pas le formalisme prescrit de l'art. 930-1. • Civ. 2e, 25 juin 2015 : *cité note 3 ss. art. 914.* ♦ Est irrecevable le pourvoi dirigé contre une décision : qui se borne à rejeter une exception de procédure. • Civ. 1re, 16 févr. 1983 : Bull. civ. I, n° 64 • Civ. 2e, 23 janv. 1985 : *Bull. civ. II, n° 16* ; *Gaz. Pal. 1985. 1. Pan. 115, obs. Guinchard* (exception d'incompétence) • Soc. 28 mai 1991, n° 88-41.409 P. ♦ ... Qui se borne à statuer sur une exception de procédure sans mettre fin à l'instance. • Soc. 16 mars 1999 : *JCP 1999. IV. 1866.* ♦ ... Qui se borne à déclarer irrecevable l'intervention volontaire d'une société HLM, recevable l'action d'un syndicat des copropriétaires et à ordonner une expertise. • Civ. 3e, 10 déc. 2003, n° 02-12.602 P. ♦ ... Qui se borne à confirmer un jugement en ce qu'il avait annulé le rapport d'un précédent expert et désigné un nouvel expert, après avoir rejeté les moyens de nullité invoqués à l'encontre du jugement. • Civ. 2e, 8 avr. 2004, n° 01-17.310 P : *Gaz. Pal. 26-28 juin 2005, p. 27, obs. du Rusquec.* ♦ ... Qui rejette la demande de rétractation de la suspension de saisie immobilière, cette décision ne procédant pas d'un excès de pouvoir, et n'ayant donc pas mis fin à l'instance. • Civ. 1re, 13 oct. 1999, n° 98-04.072 P. ♦ Est également irrecevable le pourvoi formé par un créancier contre la décision du JEX admettant la recevabilité de la demande de traitement de la situation de surendettement du débiteur. • Civ. 1re, 17 févr. 1998, n° 96-04.138 P • Civ. 1re, 27 mars 2001, n° 00-04.059 P • Civ. 1re, 2 oct. 2001, n° 00-04.165 P. ♦ ... Qui rejette la contestation de la décision d'une commission de surendettement d'orientation du dossier des débiteurs et l'a renvoyé à la commission pour poursuite de la procédure, n'a pas mis fin à l'instance, il s'ensuit que le pourvoi n'est pas recevable. • Civ. 2e, 25 sept. 2014, n° 13-13.731 P : *Gaz. Pal. 21 mai 2015, p. 18, note Mouial-Bassilana.* ♦ ... Ou ouvrant une procédure de rétablissement personnel, cette décision ne mettant pas fin à l'instance. • Civ. 2e, 14 sept. 2006, n° 05-12.581 P : *D. 2006. AJ 2312, obs. Avena-Robardet ; Dr. et pr. 2007. 27, obs. Bazin ; Procédures 2007, n° 18, obs. Croze.* ♦ Dans le même sens, pour le rejet d'une demande d'ouverture d'une procédure de rétablissement personnel, V. • Civ. 2e, 14 sept. 2006, n° 05-04.024 P : *D. 2006. AJ 2312, obs. Avena-Robardet*. ♦ Mais, lorsque le JEX écarte une créance dans une procédure de traitement d'une situation de surendettement, il met fin à l'instance à l'égard de ce créancier, et le pourvoi formé par celui-ci est recevable. • Civ. 1re, 2 oct. 2001, n° 00-04.149 P. ♦ Sont pareillement irrecevables : le pourvoi contre l'ordonnance en dernier ressort du JEX rejetant la demande en rétractation de la décision par laquelle il a ordonné la suspension des procédures d'exécution diligentées contre le débiteur. • Civ. 1re, 23 juin 1998, n° 96-04.166 P : *D. 1999. 231, note Marrotte*. ♦ ... Le pourvoi formé contre la décision en dernier ressort du JEX qui vérifie la validité des titres de créance et le montant des sommes réclamées. • Civ. 1re, 23 juin 1998, n° 96-04.175 P : *D. 1999. 231, note Marotte*. ♦ ... Le pourvoi formé contre la décision du JEX qui, saisi d'une demande de vérification d'une créance, dans le cadre d'une procédure de surendettement, dit cette créance recevable et en fixe le montant. • Civ. 2e, 20 mars 2003, n° 99-04.178 P. ♦ ... Le pourvoi formé par le Crédit municipal à l'encontre de l'ordonnance du JEX qui, refusant de conférer force exécutoire aux mesures recommandées par la commission de surendettement des particuliers, renvoie à celle-ci le dossier en vue de l'élaboration de nouvelles recommandations. • Civ. 2e, 27 mai 2004, n° 03-04.032 P. ♦ La Cour de cassation décide même qu'est irrecevable le pourvoi contre une décision par laquelle le juge se déclare incompétent et invite les parties à se pourvoir devant le juge compétent déjà saisi par l'autre partie. • Civ. 2e, 7 juill. 1983 : *Bull. civ. II, n° 145* • Civ. 1re, 20 nov. 1984 : *Bull. civ. I, n° 310.* ♦ En revanche, est recevable le pourvoi dirigé contre un arrêt par lequel une cour refuse de se déclarer incompétente en application de la clause compromissoire figurant dans un contrat international. • Civ. 1re, 9 oct. 1990, n° 89-12.561 P. ♦ Le pourvoi contre la décision par laquelle le juge, statuant en application de l'art. 1843-4 C. civ., procède à la désignation d'un expert chargé d'arbitrer le prix de cession. • Com. 30 nov. 2004, n° 03-13.756 P.

6. Ne met pas fin à l'instance la décision qui, rejetant une exception d'incompétence territoriale, se borne à confirmer un jugement ayant retenu la compétence du T. com. de Paris, puis, évoquant, à renvoyer les parties devant le conseiller de la mise en état pour qu'elles concluent au fond. • Civ. 2e, 19 déc. 2002, n° 01-02.530 P. ♦ Est irrecevable le pourvoi formé indépendamment du jugement sur le fond contre une décision du TI se bornant, en matière d'élections professionnelles, à rejeter une demande de renvoi devant une juridiction limitrophe présentée en application de l'art. 47 et à renvoyer l'affaire à une date ultérieure. • Soc. 30 avr. 2003, n° 01-60.870 P : *Gaz. Pal. 7-8 avr. 2004, p. 16, obs. du Rusquec.*

7. Ne met pas fin à l'instance, au sens de l'art. 607, l'ordonnance du juge de la mise en état du TGI saisi d'une action disciplinaire contre un notaire, ayant fait droit à la demande de changement d'administrateur provisoire désigné dans le cadre d'une autre instance qui a prononcé la suspension provisoire de ce notaire. • Civ. 1re, 23 nov. 2004, n° 02-18.411 P : *D. 2005. IR 109*. ♦ Ne met pas fin à l'instance l'arrêt qui rejette un appel-nullité formé contre une ordonnance d'un juge de la mise en état qui, saisi de conclusions de sursis à statuer, a rejeté la demande de report de l'audience d'incident, a dit n'y avoir lieu à application des dispositions de l'art. 339 et a renvoyé la connaissance de l'incident de sursis à statuer à une audience collégiale. • Civ. 2e, 8 déc. 2005, n° 03-15.905 P.

8. Est irrecevable le pourvoi dirigé contre l'arrêt qui se borne à rejeter l'exception de péremption ou d'extinction de l'instance, en renvoyant les parties devant les premiers juges pour la poursuite de l'instance. • Civ. 2e, 2 oct. 1985 : *Bull. civ. II, n° 145* • 7 oct. 1987 : *ibid. nos 185 et 186* • Com. 7 oct. 1987 : *ibid. IV, n° 214.* ♦ ... Contre un arrêt, statuant sur appel d'une ordonnance du juge de la mise en état ayant décliné la compétence du TGI, se bornant pour infirmer ladite ordonnance, à dire que la juridiction civile était compétente compte tenu de la nature des contrats et à renvoyer les parties devant le TGI compétent. • Soc. 29 juin 2005, n° 03-16.311 P. ♦ ... Contre un arrêt qui confirme le jugement du juge de l'exécution en ce qu'il a ordonné la prorogation des effets du commandement valant saisie immobilière, la cour d'appel n'a pas tranché une partie du principal ni mis fin à l'instance pendante relative à la procédure de saisie immobilière et n'a pas commis d'excès de pouvoirs, même si ce commandement avait indûment été prorogé par une décision antérieure, aucune partie ne s'étant alors prévalue de sa péremption. • Civ. 2e, 23 mars 2020, n° 19-10.469 P : *D. actu. 29 juin 2020, obs. Kieffer ; Rev. prat. rec. 2020. 17, chron. Cholet, Cousin, Faivre, Gregori, Laher et Salati.*

9. En l'absence de dispositions spéciales de la loi, est irrecevable le pourvoi formé contre un jugement qui dit n'y avoir lieu à question préjudicielle et statue sur la capacité à agir de l'une des parties. • Soc. 23 mai 2002, n° 00-16.863 P. ♦ De même, à défaut de disposition spéciale, le pourvoi, formé indépendamment du jugement sur le fond contre une décision qui a seulement statué sur des mesures provisoires prévues pour la durée de l'instance (de divorce), n'est pas recevable. • Civ. 1re, 18 déc. 2003 : *Dr. fam. 2004, n° 20, note Larribau-Terneyre.* – V. aussi • Civ. 2e, 29 janv. 2004, n° 02-13.439 P : *Gaz. Pal. 13-15 mars 2005, p. 15, obs. du Rusquec* • Civ. 1re, 3 mars 2010 : *Gaz. Pal. 21-22 mai 2010, p. 31, note Lécuyer.*

10. En matière de discrimination, le pourvoi n'est recevable que lorsque la décision attaquée s'est prononcée sur la demande. Tel n'est pas le cas lorsque l'arrêt d'appel ordonne à l'employeur la production de pièces en indiquant, dans son dispositif, que la salariée a établi des faits laissant présumer l'existence d'une discrimination. • Soc. 7 avr. 2010 : *Procédures 2010, n° 233, note Bugada.*

11. Est irrecevable le pourvoi dirigé contre un jugement qui rejette une fin de non-recevoir. • Civ. 2e, 27 janv. 1983 : *Bull. civ. II, n° 23* • Com. 2 mai 1985 : *Gaz. Pal. 1985. 2. Pan. 297, obs. Croze et Morel* • Civ. 1re, 23 juin 1987 : *D. 1987. 613, note Massip* • Civ. 2e, 8 mars 1989 : *Bull. civ. II, n° 64.* ♦ ... Qui rejette une fin de non-recevoir et ordonne une expertise. • Civ. 1re, 24 nov. 1993 : *JCP 1994. IV. 250.* ♦ ... Qui écarte, avant-dire droit, la prescription invoquée. • Com. 12 févr. 2002 : *Gaz. Pal. 12-14 janv. 2003, p. 37, obs. Perdriau.*

12. Est irrecevable le pourvoi dirigé contre la décision de saisir la Cour de justice des Communautés européennes d'une question d'interprétation du Traité de Rome. • Com. 11 juill. 1988 : *Bull. civ. IV, n° 242.*

13. Une décision, en ce qu'elle retient l'application de la loi française en matière d'obligation alimentaire entre époux, durant la procédure de divorce, au titre du devoir de secours, ne met pas fin à l'instance ni ne procède d'un excès de pouvoir. En l'absence de dispositions spéciales de la loi, le pourvoi, qui se borne à contester la décision sur ce point, n'est pas recevable. • Civ. 1re, 25 mars 2015 : *cité note 2 ss. Conv. de Lugano, 30 oct. 2007, art. 5, App., v° Droit européen et international.*

B. JUGEMENT SUR LE FOND

14. Excès de pouvoir. En cas d'excès de pouvoir, le pourvoi est immédiatement recevable. • Civ. 1re, 15 avr. 1986 : *Bull. civ. I, n° 87 ; Gaz. Pal. 1987. 1. Pan. 17, obs. Guinchard et Moussa* (décision refusant le bénéfice de l'immunité de juridiction) • Civ. 2e, 17 juin 1987 : *D. 1987. Somm. 359, obs. Julien ; RTD civ. 1988. 184, obs. Perrot.* ♦ Le pourvoi en cassation contre une décision qui ne met pas fin à l'instance est exceptionnellement recevable en cas d'excès de pouvoir. • Civ. 1re, 20 févr. 2001, n° 98-21.041 P : *Gaz. Pal. 9-10 oct. 2002, p. 51, obs. Perdriau ; Procédures 2001, n° 80, obs. Perrot.* ♦ Le juge qui empiète sur le pourvoir législatif ou exécutif commet un excès de pouvoir qui ouvre un pourvoi immédiat restauré contre une décision avant-dire droit. • Com. 16 avr. 2013 : *D. 2013. Actu. 1061 ; Gaz. Pal. 24-25 mai 2013, p. 35, note Bléry.*

15. Le pourvoi qui invoque l'excès de pouvoir du juge judiciaire, caractérisé par la méconnaissance du principe de la séparation des pouvoirs, est immédiatement recevable devant la Cour de cassation. • Civ. 1re, 9 déc. 2003, n° 01-13.835 P.

16. BIBL. Piwnica, Le NCPC (1975-2005), *Economica 2006, p. 259* (pourvoi en cassation et excès de pouvoir). ♦ Aucun excès de pouvoir ne peut résulter de la violation d'une règle de procédure, fût-elle établie. • Civ. 2e, 29 janv. 2004, n° 02-13.439 P. ♦ ... Ni de la violation du principe du contradictoire. • Cass., ch. mixte, 28 janv. 2005, n° 02-19.153 P : *Procédures 2005, n° 87, obs. Perrot ; D. 2005. IR 386, obs. Avena-Robardet ; Gaz. Pal. 2005. II. 1127* • Civ. 1re, 29 févr. 2012 : *préc. note 2.* ♦ ... Ni de la méconnaissance de la condition d'évolution du litige assortissant l'intervention forcée en cause d'appel du fait d'avoir ordonné une mesure d'instruction palliant la carence d'une partie dans l'administration de la preuve. • Soc. 14 juin 2005, n° 03-42.311 P. ♦ ... Ni le grief de manque de base légale au regard de l'art. 4, al. 3, C. pr. pén. • Civ. 1re, 29 févr. 2012 : *préc.* ♦ L'appel-nullité n'est recevable qu'en cas d'excès de pouvoir, consistant pour le juge à méconnaître l'étendue de son pouvoir de juger. • Civ. 1re, 20 févr. 2007 : *D. 2007. AJ 803*. ♦ Ne sauraient constituer un excès de pouvoir les griefs, à les supposer même fondés, tirés d'une violation de la loi par le juge qui, saisi d'une requête en adoption, ordonne un examen comparé des sangs pour vérifier s'il n'y avait pas eu fraude aux conditions légales de l'adoption. • Civ. 1re, 16 févr. 1999, n° 96-21.223 P : *D. 1999. Somm. 201, obs. Granet ; RTD civ. 1999. 372, obs. Hauser ; RG proc. 1999. 670, obs. Gouttenoire-Cornut.* ♦ Pour une distinction entre excès de pouvoir et erreur de droit, V. • Civ. 2e, 12 mai 2005, n° 03-18.538 P. ♦ De même, l'expertise étant de droit en matière de filiation, sauf motif légitime pour ne pas y procéder, le juge de la mise en état qui ordonne une expertise biologique statue dans les limites de son pouvoir d'ordonner une mesure d'instruction. Il en résulte qu'est irrecevable le pourvoi formé contre l'arrêt qui, sans trancher le fond du litige, confirme l'ordonnance du juge de la mise en état. • Civ. 1re, 28 nov. 2007, n° 06-19.157 P : *AJ fam. 2008. 37, obs. Chénedé*. ♦ L'art. 16-11 C. civ. ne fait pas obstacle à ce que soit ordonnée, à l'occasion d'une action en recherche ou en contestation de paternité, une expertise biologique visant à comparer les empreintes génétiques de l'enfant avec celles de membres de la famille du père supposé, lorsque ce dernier est décédé. Il en résulte qu'est irrecevable le pourvoi formé contre l'arrêt qui, sans excès de pouvoir, a déclaré recevable l'action en recherche de paternité et a ordonné une expertise biologique, sans mettre fin à l'instance ni trancher une partie du principal. • Civ. 1re, 3 mars 2021, n° 19-21.384 P : *D. actu. 26 mars 2021, note Bolze.*

17. Même s'il n'est pas fait dans le même acte, le pourvoi contre le jugement avant-dire droit est recevable, du moment qu'il a été formé le même jour que le pourvoi contre le jugement sur le fond. • Civ. 3e, 11 janv. 1978 : *D. 1978. IR 86 (3e esp.), obs. Julien ; Bull. civ. III, n° 30 ; RTD civ. 1978. 376, obs. Perrot* • Civ. 2e, 10 janv. 1985 : *Bull. civ. II, n° 7.* ♦ Dans le même sens pour un pourvoi contre un arrêt ayant ordonné la réouverture des débats après avoir statué sur des incidents de procédure. • Civ. 3e, 30 nov. 2005, n° 04-18.055 P.

18. Litispendance internationale. Le pourvoi en cassation est immédiatement recevable contre un arrêt ayant statué sur une exception de litispendance internationale. • Civ. 1re, 12 déc. 2006, n° 04-11.088 P : *Pluyette et Monéger, Mél. Gaudemet-Tallon, Dalloz 2008, p. 568* • 12 déc. 2006, n° 04-15.099 P. – V. aussi Pluyette et Monéger, *Mél. Gaudemet-Tallon, Dalloz 2008, p. 568.*

Art. 609 Toute partie qui y a intérêt est recevable à se pourvoir en cassation même si la disposition qui lui est défavorable ne profite pas à son adversaire.

A. PARTIE À L'INSTANCE

1. En application des art. 609 et 611, nul ne peut se pourvoir en cassation contre une décision à laquelle il n'a point été partie à moins qu'elle n'ait prononcé une condamnation à son encontre. • Soc. 19 déc. 2003, n° 03-10.014 P ; *D. 2004. IR 398 ; Gaz. Pal. 15-17 févr. 2004, p. 6, avis Collomp ; ibid. 14-16 mars 2004, p. 13, obs. Boubli* • Civ. 2e, 11 févr. 2009 : *Procédures 2009, n° 141.* ♦ Dès lors qu'un conseiller prud'homme, dont la récusation est demandée, ne devient pas partie à l'instance devant la juridiction appelée à statuer sur cette requête, son pourvoi contre la décision le récusant n'est pas recevable. • Mêmes arrêts. ♦ Dans le même sens, V. • Civ. 2e, 24 juin 2004, n° 03-10.014 P : *D. 2004. IR 2011 ; RTD civ. 2004. 555, obs. Perrot ; JCP 2004. II. 10141, note Croze.* ♦ De même, est irrecevable le pourvoi formé par un procureur général près une cour d'appel contre une ordonnance rendue par le juge des libertés et de la détention d'un TGI qui a ordonné la remise en liberté d'un étranger placé en rétention administrative dès lors que le procureur général ne représente pas le ministère public près la juridiction qui a rendu la décision attaquée et qu'il n'a donc pas été partie devant elle. • Civ. 1re, 25 juin 2008, n° 07-19.482 P.

2. Si, en principe, nul ne peut se pourvoir en cassation contre une décision à laquelle il n'a pas été partie, une dérogation à cette règle doit être admise en matière électorale, lorsque le réclamant, après avoir été radié de la liste électorale d'une commune à la requête d'un tiers électeur, a saisi directement le tribunal d'instance, territorialement compétent, d'une demande d'inscription sur la liste électorale de la commune où il estime remplir les conditions pour être inscrit, et que, de ce fait, les tiers électeurs, ayant ignoré cette réclamation, n'ont pas été en mesure d'intervenir à l'instance pour exercer le droit. • Civ. 2e, 5 mars 2008, n° 08-60.336 P.

B. CAPACITÉ

3. Un pourvoi ne peut pas être formé au nom d'une personne décédée. • Civ. 2e, 23 juill. 1979 : *Bull. civ. II, n° 222* • Com. 11 mars 2009 : *JCP 2009. IV. 1650.* ♦ ... Ni contre une personne décédée. • Civ. 1re, 12 nov. 1986 : *JCP 1987. IV. 26* • Civ. 2e, 19 mai 1980 : *Gaz. Pal. 1980. 2. 622, note Viatte ; Bull. civ. II, n° 114.*

4. La procédure ne peut être poursuivie au nom d'une personne décédée en cours d'instance, sauf le cas de reprise d'instance. • Civ. 1re, 15 déc. 1958 : *Bull. civ. I, n° 559.* ♦ V. notes ss. art. 373 à 376.

5. Est irrecevable le pourvoi formé par le commissaire à l'exécution du plan dont la mission a pris fin, seul un mandataire *ad hoc* pouvant former un pourvoi. • Com. 2 févr. 1999 : *Gaz. Pal. 1999. 2. Somm. 697, obs. Perdriau.*

C. QUALITÉ POUR AGIR

6. N'est pas recevable le pourvoi formé par une personne contre une décision à laquelle elle n'était pas partie et qui n'a prononcé aucune condamnation à son encontre. • Civ. 2e, 14 déc. 1983 : *Bull. civ. II, n° 140* • Soc. 27 mai 1987 : *Bull. civ. V, n° 343* • Com. 1er déc. 1992, n° 90-11.642 P • Civ. 1re, 20 déc. 1993, n° 92-04.173 P • Com. 12 janv. 1998 : *Gaz. Pal. 1999. 2. Somm. 696, obs. Perdriau* • Soc. 24 nov. 1998, n° 97-43.670 P • Civ. 2e, 20 févr. 2008, n° 08-60.032 P. ♦ ... Ni celui dirigé contre une personne qui n'est pas partie à l'affaire. • Soc. 16 mars 1994 : *JCP 1994. IV. 1300.*

7. Celui dont l'intervention a été déclarée irrecevable n'est pas partie à l'instance et ne peut donc former un pourvoi contre la décision intervenue par la suite entre d'autres parties. • Soc. 27 avr. 1989 : *Bull. civ. V, n° 307* • Com. 26 oct. 1993, n° 91-17.572 P.

8. Le débiteur en liquidation judiciaire dispose d'un droit propre de former un pourvoi contre l'arrêt qui a rejeté l'appel-nullité interjeté par lui, à l'encontre d'un jugement ayant confirmé le relevé de forclusion d'un créancier prononcé par le juge-commissaire. • Com. 26 oct. 1999, n° 97-13.238 P.

9. L'erreur de désignation du demandeur n'entraîne pas l'irrecevabilité du pourvoi, du moment qu'il résulte sans équivoque des actes de la procédure que le pourvoi concerne bien ce demandeur. • Civ. 1re, 21 janv. 1981 : *Bull. civ. I, n° 24.*

10. Une personne, en la même qualité, ne peut former qu'un seul pourvoi contre la même décision. • Com. 6 janv. 1987 : *Bull. civ. IV, n° 1* • 20 déc. 1988 : *Bull. civ. IV, n° 345* • 7 déc. 1993 : *Bull. civ. IV, n° 447* • Civ. 2e, 13 mai 2004, n° 02-19.413 P.

11. Même en des qualités différentes, une même personne ne peut à la fois être demandeur et défendeur au pourvoi. • Com. 7 avr. 1987 : *Bull. civ. IV, n° 90* (personne formant un pourvoi en qualité de syndic de la liquidation des biens d'un dirigeant social contre elle-même prise en qualité de syndic de la liquidation des biens de la personne morale).

12. Est irrecevable le pourvoi formé par une personne qui n'a ni constitué avoué, ni conclu devant la cour d'appel. • Civ. 1re, 26 juill. 1980 : *Bull. civ. I, n° 214 ; RTD civ. 1981. 453, obs. Perrot.* ♦ ... Ou contre une personne qui n'a ni constitué avoué, ni conclu devant la cour d'appel. • Civ. 2e, 11 févr. 1987 : *JCP 1987. IV. 128.*

13. Bien que formé par une partie, est irrecevable le pourvoi par lequel celle-ci entend critiquer la mise hors de cause d'une partie contre laquelle elle n'avait pas conclu. • Com. 18 mars 1986 : *JCP 1986. IV. 149.* ♦ ... Ou plus généralement attaquer un chef de la décision concernant exclusivement les rapports d'autres parties à l'instance. • Civ. 2e, 20 juin 1984 : *Bull. civ. II, n° 112* • Cass., ass. plén., 15 nov. 1985 : *JCP 1986. IV. 38.*

14. L'intervenant à titre accessoire n'a pas qualité pour former un pourvoi si la partie principale ne l'a pas fait. • Civ. 1re, 17 mars 1993 : *Bull. civ. I, n° 114* • Com. 29 mai 1984 : *Bull. civ. IV, n° 179* • 16 nov. 1982 : *Bull. civ. IV, n° 352* • 28 nov. 1979 : *D. 1980. IR 375, obs. Julien ; Bull. civ. IV, n° 312* • Civ. 2e, 25 juin 1998, n° 98-60.079 P • 25 juin 2015, n° 14-24.545 P : *JCP 2015. 823, obs. Deharo.* ♦ En revanche, l'intervenant forcé, de même que l'intervenant volontaire à titre principal, a qualité pour former un pourvoi. • Civ. 2e, 24 mars 1965 : *Bull. civ. II, n° 300.* ♦ Les mêmes règles s'appliquent au ministère public, sauf cas du pourvoi dans l'intérêt de la loi et du pourvoi pour excès de pouvoir (art. 17 et 18 de la loi n° 67-523 du 3 juill. 1967), qui peut former pourvoi lorsqu'il a été partie principale. • Civ. 5 nov. 1884 : *DP 1885. 1. 81.* ♦ ... Mais non lorsqu'il a été partie jointe. • Civ. 2e, 4 janv. 1989 : *Bull. civ. II, n° 4.*

15. Le juge récusé n'a pas qualité pour former un pourvoi en cassation. • Civ. 2e, 23 nov. 1983 : *Gaz. Pal. 1984. 1. Pan. 151, obs. Guinchard.*

16. Le conseil de l'ordre des avocats, juridiction disciplinaire du premier degré, n'est pas partie à la procédure devant la cour d'appel ; un pourvoi ne peut donc être dirigé contre lui. • Civ. 1re, 25 avr. 1989 : *cité note 125 ss. Conv. EDH, art. 6, § 1er, App., v° Droit européen et international.*

17. Dès lors qu'il ne s'agit pas d'une instance de nature fiscale mais d'une action qui obéit aux règles procédurales de droit commun, le trésorier-payeur général a qualité pour former un pourvoi (en l'espèce, action tendant au paiement de bons de caisse à leur porteur). • Com. 21 mars 1995, n° 93-12.383 P.

18. Si l'art. 15 de l'Ord. du 1er déc. 1986, devenu l'art. L. 464-8 C. com., autorise le ministre chargé de l'économie à exercer un recours devant la cour d'appel de Paris contre la décision du conseil de la concurrence [devenu l'Autorité de la concurrence], même s'il n'a pas été partie à la décision, ce texte ne déroge pas à la règle selon laquelle le pourvoi en cassation n'est ouvert qu'aux parties à l'instance devant le juge du second degré. • Com. 25 mars 2003, n° 01-01.556 P : *D. 2003. AJ 1163 ; Gaz. Pal. 8-10 févr. 2004, p. 22, obs. du Rusquec.* – V. déjà • Com. 19 juin 2001, n° 99-13.190 P : *Gaz. Pal. 9-10 oct. 2002, p. 50, obs. Perdriau.*

Aucun texte ne limitant le droit d'appel contre

l'ordonnance d'un juge de l'exécution conférant force exécutoire aux mesures recommandées par une commission de surendettement, en application de l'art. L. 332-1 du code de la consommation, le pourvoi formé contre une telle décision par une partie, qui ne peut agir en rétractation, dans les conditions de l'art. R. 332-1-2 du même code, est irrecevable. • Civ. 2e, 13 nov. 2008, n° 07-15.682 P.

19. Est irrecevable le pourvoi formé au nom d'une association qui avait fait l'objet d'une décision de dissolution, dès lors que le liquidateur amiable n'est intervenu à l'instance qu'après l'expiration du délai imparti pour produire le mémoire ampliatif. • Civ. 2e, 27 nov. 2013, n° 12-15.995 P.

D. INTÉRÊT À AGIR

20. Une partie n'a pas intérêt à former pourvoi contre une décision qui fait droit à sa demande, quelles que soient les difficultés rencontrées pour son exécution. • Soc. 7 juill. 1981 : *Bull. civ. V, n° 658* • Civ. 2e, 16 juill. 1979 : *Bull. civ. II, n° 216 ; D. 1980. IR 374, obs. Julien* • 16 mai 1990, n° 89-10.729 P • 15 avr. 1991, n° 90-10.267 P. ♦ Comp. : • Civ. 1re, 2 mars 1994 : *JCP 1994. IV. 647.* ♦ ... Surtout si la décision est plus avantageuse pour elle que celle qui aurait dû être prise. • Civ. 2e, 12 janv. 1994, n° 92-14.460 P • 15 déc. 2005, n° 04-13.456 P : *D. 2006. IR 248* • 1er févr. 2006, n° 04-14.247 P : *Gaz. Pal. 6-7 juill. 2007, p. 20, note du Rusquec.* ♦ ... Ou contre la disposition d'une décision qui rejette les prétentions d'une autre partie. • Civ. 2e, 15 avr. 1991, n° 90-10.267 P. ♦ ... Ou, plus généralement, contre une décision qui ne lui fait pas grief. • Soc. 16 juill. 1987 : *Bull. civ. V, n° 515* • Com. 9 janv. 1985 : *JCP 1985. IV. 108* (cautions condamnées *in solidum* et non pas solidairement). ♦ Peu important la motivation de la décision. • Soc. 21 janv. 2003, n° 01-40.670 P : *D. 2003. Somm. 1399, obs. Julien*. ♦ Une partie en appel étant irrecevable à se pourvoir en cassation contre l'arrêt dont aucun des chefs du dispositif ne lui fait grief, est irrecevable le pourvoi formé par le notaire rédacteur de l'acte notarié de prêt sur le fondement duquel le prêteur poursuivait une saisie immobilière, contre un arrêt ayant uniquement déclaré nul et de nul effet un commandement valant saisie immobilière et ordonné la mainlevée de cette saisie, peu important que la cour d'appel se soit fondée, dans les motifs de son arrêt, sur l'irrégularité de cet acte notarié. • Civ. 2e, 5 juin 2014, n° 13-12.410 P.

21. Ne justifie d'aucun intérêt à la cassation le demandeur au pourvoi formé contre une décision qui a accueilli ses demandes, tendant à l'annulation d'une élection professionnelle, peu important que les juges du fond l'ait annulée sur le fondement d'une partie des moyens qu'il avançait lors du recours. • Civ. 1re, 5 déc. 2000, n° 00-60.188 P. – V. aussi • Civ. 1re, 8 mars 2005, n° 00-22.093 P.

22. Une partie n'est pas recevable à soutenir devant la Cour de cassation un moyen qui tend à remettre en cause la situation qu'elle avait elle-même revendiquée devant les juges du fond. • Civ. 2e, 23 oct. 2008, n° 07-15.769 P : *D. 2008 AJ 2878* . ♦ Rappr. • Com. 21 janv. 1992, n° 92-11.562 P.

23. Le refus ou l'omission de donner acte, ne privant pas la partie d'exercer ses droits ultérieurement, ne peut faire l'objet d'un pourvoi en cassation. • Cass., ass. plén., 9 juin 1978, n° 76-11.524 P : *Gaz. Pal. 1978. 2. 557, note J. V.* • Soc. 8 nov. 1979 : *JCP 1980. IV. 22.*

24. Si le gagnant a renoncé à se prévaloir de la décision et a exécuté la prestation réclamée par le perdant, celui-ci n'a pas d'intérêt à former un pourvoi. • Civ. 1re, 4 janv. 1984 : *Bull. civ. I, n° 3.* ♦ Comp. : • Soc. 9 juill. 1987 : *Bull. civ. V, n° 456 ; D. 1987. Somm. 123, obs. Julien* (renonciation formelle à se prévaloir de la décision attaquée).

25. Est irrecevable le pourvoi contre un arrêt qui n'a prononcé aucune condamnation à l'encontre du demandeur en cassation. • Civ. 2e, 16 juill. 1993 : *Gaz. Pal. 1994. 1. Pan. 4* • Soc. 24 nov. 1998, n° 97-43.670 P. ♦ Mais une condamnation aux dépens constitue un intérêt suffisant. • Soc. 6 févr. 1985 : *Bull. civ. V, n° 141.* ♦ ... De même qu'une condamnation à une amende civile d'une partie qui a obtenu satisfaction sur le fond. • Civ. 2e, 16 juin 1993, n° 91-20.203 P.

26. Est recevable le pourvoi formé contre le prononcé d'une amende civile prévue à l'art. 559 NCPC [devenu C. pr. civ.]. • Civ. 2e, 16 mars 2000 : *JCP 2000. II. 10358, note Perdriau.*

27. L'employeur ne saurait invoquer, à l'appui d'un pourvoi, la violation ou la méconnaissance d'une règle de droit édictée dans le seul intérêt du salarié. • Soc. 6 nov. 2001 : *Gaz. Pal. 9-10 oct. 2002, p. 38, obs. Perdriau* • 7 nov. 2001 : *ibid.* • 12 déc. 2001 : *ibid.*

28. Une personne mise en cause par une partie afin de lui rendre commun le jugement et qui présente des demandes incidentes a intérêt à former un pourvoi en cassation contre l'arrêt qui la déboute de toutes ses demandes. • Civ. 1re, 9 juill. 2008, n° 07-16.253 P : *D. 2008. AJ 2145* ; *JCP 2009. I. 102, n° 5 ; Procédures 2008, n° 274, note Douchy-Oudot ; Gaz. Pal. 14 mars 2009, Jurisp. p. 19.*

Loi n° 67-523 du 3 juillet 1967,

Relative à la Cour de cassation.

TITRE II. COMPÉTENCE ET PROCÉDURE

Art. 17 Si le procureur général près la Cour de cassation apprend qu'il a été rendu, en matière civile, une décision contraire aux lois, aux règlements ou aux formes de procéder, contre laquelle cependant aucune des parties n'a réclamé dans le délai fixé, ou qui a été exécutée, il en saisit la Cour de cassation après l'expiration du délai ou après l'exécution. — *V. C. pr. civ., art. 618-1.*

Si une cassation intervient, les parties ne peuvent s'en prévaloir pour éluder les dispositions de la décision cassée.

DALLOZ ACTION *La cassation en matière civile 2009/2010*, n°s 142.00 s.

Pour une application de l'art. 17, al. 1er, en matière d'état des personnes, V. • Civ. 1re, 2 oct. 2001 : *Gaz. Pal. 9-10 oct. 2002, p. 50, obs. Perdriau.*

Art. 18 Le garde des Sceaux, ministre de la justice, peut, en matière civile, prescrire au procureur général de déférer à la chambre compétente de la Cour de cassation les actes par lesquels les juges excèdent leurs pouvoirs.

Les parties sont mises en cause par le procureur général qui leur fixe des délais pour produire leurs mémoires ampliatifs et en défense. Le ministère d'avocat n'est pas obligatoire.

La chambre saisie annule ces actes s'il y a lieu et l'annulation vaut à l'égard de tous.

DALLOZ ACTION *La cassation en matière civile 2009/2010*, n° 141.00 s.

BIBL. ▶ FRICERO, *RG proc. 1998. 17.*

....

Art. 23 Sont abrogées toutes dispositions contraires à la présente loi et notamment l'article 16 de la loi du 27 novembre 1790, les titres Ier, III et V, la section III de la première partie du titre II, ainsi que les articles 51, 52 et 61 de la loi modifiée n° 47-1366 du 23 juillet 1947 modifiant l'organisation et la procédure de la Cour de cassation.

Art. 24 Les références faites dans des textes législatifs ou réglementaires aux dispositions abrogées de la loi modifiée du 23 juillet 1947 sont réputées faites aux dispositions correspondantes de la présente loi.

Art. 25 Des décrets en Conseil d'État fixeront les modalités d'application de la présente loi et les mesures transitoires nécessaires à son application.

La présente loi entrera en vigueur le 1er janvier 1968.

Art. 610 En matière gracieuse, le pourvoi est recevable même en l'absence d'adversaire.

Sur la recevabilité de l'appel contre une décision gracieuse, V. • Civ. 1re, 10 juin 1981 : *Bull. civ. I, n° 200.*

Art. 611 En matière contentieuse, le pourvoi est recevable même lorsqu'une condamnation a été prononcée au profit ou à l'encontre d'une personne qui n'était pas partie à l'instance.

1. Est recevable le pourvoi d'un expert dont le rapport d'expertise a été annulé, les frais de l'expertise étant laissés à sa charge. • Civ. 2e, 16 déc. 1985 : *Bull. civ. II, n° 197.*

2. *Est irrecevable le pourvoi dirigé par* un avocat contre le conseil de l'Ordre, juridiction disciplinaire du premier degré qui à ce titre n'est pas partie à la procédure ; le pourvoi aurait dû être dirigé contre le procureur général près la cour d'appel. • Civ. 1re, 27 avr. 1994, n° 92-17.342 P : *D. 1994. IR 128*.

3. Les dispositions d'un arrêt qui a seulement déclaré employeur une société sans l'avoir appelée en la cause n'ayant pas de force de chose jugée à son égard, le pourvoi de cette société contre cet arrêt, qui n'a prononcé aucune condamnation à son encontre et contre lequel elle pouvait former une tierce opposition, n'est pas recevable. • Soc. 16 juill. 1998, n° 96-43.681 P.

Art. 611-1 *(Abrogé par Décr. n° 2014-1338 du 6 nov. 2014, art. 7) (Décr. n° 2008-484 du 22 mai 2008, art. 2)* ***Hors les cas où la notification de la décision susceptible de pourvoi incombe au greffe de la juridiction qui l'a rendue, la décision attaquée est signifiée, à peine d'irrecevabilité du pourvoi, avant l'expiration du délai prévu à l'article 978.***

V. Circ. du 12 nov. 2014, ss. art. 380.

BIBL. ▸ **Sur l'ancien art. 611-1 dans sa rédaction issue du Décr. n° 99-131 du 26 févr. 1999 :** JAMIN, *RTD civ. 1999. 486*. – MONOD, *Procédures 1999. Chron. 5*. – PERDRIAU, *JCP 1999. I. 121*. – HANNOTIN, *Just. et cass. 2007. 244* (réception par la Cour de cassation de la fin de non-recevoir prévue par l'article 611-1 du NCPC).

▸ **Décr. du 22 mai 2008 :** PUTMAN et SALATI, *Dr. et pr. 2008. 184*. – X. VUITTON, *Procédures 2008. Focus. 21*.

▸ **Décr. du 6 nov. 2014 :** BARADUC et BORÉ, *JCP 2014. 1242* (simplification de la procédure devant la Cour de cassation). – ROCHETEAU, *Dr. et pr. 2016. Chron. 7*.

1. Hors le cas où la notification de la décision susceptible de pourvoi incombe au greffe de la juridiction qui l'a rendue, le pourvoi en cassation n'est recevable que si la décision qu'il attaque a été préalablement signifiée. • Cass., ass. plén., 23 nov. 2007, n° 05-17.975 P : *BICC 15 mars 2008, p. 23, rapp. Moussat, avis, de Gouttes ; D. 2007. AJ 3078, obs. Dargent ; JCP 2007. II. 10204, note Chauvin ; ibid. 2008. I. 138, obs. Amrani Mekki ; Procédures 2008, n° 15, note Douchy-Oudot ; RTD civ. 2008. 160, obs. Perrot ; Dr. et pr. 2008. 93, note Leborgne* • Civ. 1re, 23 janv. 2008, n° 05-20.438 P : *D. 2008. AJ 489* • 8 oct. 2008, n° 07-18.811 P.

2. État civil. Le pourvoi en cassation n'est recevable que si la décision qu'il attaque a été préalablement signifiée, sauf dans le cas où la notification de la décision susceptible de pourvoi incombe au greffe de la juridiction qui l'a rendue, ce qui est le cas lorsque, en l'absence de litige, le juge statue en matière gracieuse. Tel n'est pas le cas lorsque le ministère public qui a fait procéder à la rectification d'un acte de décès s'est opposé à la demande de rectification des actes d'état civil par les ayants droit du défunt, ce qui a conféré à cette procédure un caractère contentieux. • Civ. 1re, 14 mai 2014, n° 13-15.186 P : *AJ fam. 2014. 430, note Eudier*.

3. Baux ruraux. **BIBL.** Peignot, *Gaz. Pal. 1999. 2. Doctr. 1295*. ♦ En ce sens que le pourvoi n'est recevable en matière de baux ruraux que si la décision a été notifiée par acte d'huissier de justice, V. • Civ. 3e, 27 févr. 2002 : *Dr. et pr. 2002. 233, note Douchy*. – Rép. min. n° 68806 : *Dr. et pr. 2002. 197*.

4. Expropriation. Les dispositions de l'art. 611-1 sont applicables au pourvoi formé contre un arrêt fixant des indemnités d'expropriation, cet arrêt devant obligatoirement être signifié par acte extrajudiciaire par la partie la plus diligente, et une ordonnance de retrait du rôle d'un pourvoi formé contre un arrêt non signifié rendu à la requête du défendeur à ce recours ne prive pas ce dernier, en cas de rétablissement au rôle après exécution, de la possibilité de soulever l'irrecevabilité du pourvoi. • Civ. 3e, 25 sept. 2002, n° 00-70.105 P : *D. 2002. IR 3058 ; Gaz. Pal. 30 mars-1er avr. 2003, p. 27, obs. du Rusquec ; RDI 2003. 250, note Morel*.

5. Arrêt avant-dire droit. L'art. 611-1 s'applique au pourvoi formé contre un arrêt partiellement avant-dire droit qui tranche dans son dispositif le litige relatif aux intérêts de la dette. • Com. 11 févr. 2004, n° 01-13.738 P. ♦ En application des art. 611-1 et 979 C. pr. civ., la partie qui forme un pourvoi contre un arrêt avant-dire droit en même temps que l'arrêt sur le fond du droit doit, à peine d'irrecevabilité du pourvoi contre l'arrêt avant-dire droit, signifier cet arrêt et remettre au greffe une copie de cette signification. • Civ. 1re, 8 juill. 2010, n° 08-15.067 P : *D. 2010. 2691, note L. Boré*.

6. Suppression de prénom – ministère public. L'action fondée sur l'art. 57 C. civ. relevant de la procédure contentieuse, le pourvoi n'est recevable, en vertu de l'art. 611-1, dont les dispositions s'appliquent au ministère public, que si la décision qu'il attaque a été préalablement signifiée. • Civ. 1re, 14 déc. 2004, n° 02-20.080 P : *D. 2005. IR 521*.

Art. 612 **Le délai de pourvoi en cassation est de deux mois, sauf disposition contraire.**

Des dispositions contraires sont instituées dans les matières suivantes :

– rectification de jugement (art. 616) ;

– élections professionnelles (art. 999) ;

– divorce (art. 1103) ;

– expropriation pour cause d'utilité publique (C. expr., art. L. 12-5. — ***C. expr.****) ;*

– pourvoi du ministère public (V. L. n° 67-523 du 3 juill. 1967, ss. art. 609) ;

– presse (Décr. n° 2012-373 du 16 mars 2012, art. 22, al. 2).

1. Le pourvoi formé hors délai est irrecevable. • Civ. 1re, 25 mai 1987 : *Bull. civ. I, no 169* • Soc. 22 janv. 2002, no 00-40.787 P (jurisprudence constante). ♦ ... Sauf en cas de solidarité ou d'indivisibilité entre plusieurs parties à condition que l'une ait formé le pourvoi dans le délai. • Soc. 30 mai 1989 : *Bull. civ. V, no 404* • Civ. 2e, 11 juin 2008 : *Procédures 2008, no 261, note Perrot.* ♦ ... Et sauf en cas de force majeure. • Soc. 10 mai 1983 : *Bull. civ. V, no 250.*

2. Dès lors que le délai pour se pourvoir expirait le 2 janv. 2002, est irrecevable le pourvoi formé par un débiteur en liquidation judiciaire dont le dessaisissement n'a pris fin que par jugement du 22 avr. 2002. • Civ. 2e, 15 janv. 2004, no 01-17.646 P.

3. Point de départ. Le délai court à compter de la signification. Il en est ainsi même si la partie est domiciliée à l'étranger, que la signification a été faite à parquet et que l'intéressé n'a effectivement pris connaissance de la décision qu'ultérieurement. • Civ. 1re, 15 juin 1982 : *Bull. civ. I, no 222* • Civ. 2e, 10 mars 1983 : *Bull. civ. II, no 75* • 11 juill. 1988 : *Bull. civ. II, no 167* • Civ. 2e, 21 janv. 1998 : *Gaz. Pal. 1998. 2. Pan. 165.*

4. Le délai ne court qu'à compter d'une signification régulière de la décision que l'on se propose d'attaquer. • Civ. 1re, 16 janv. 1985 : *Gaz. Pal. 1985. 1. Pan. 86* (signification incomplète, une page de la décision ayant été omise) • Soc. 19 juin 1986 : *Bull. civ. V, no 324* (fausse indication selon laquelle la décision était susceptible d'appel) • Com. 23 mars 1993, no 91-10.717 P • Soc. 27 févr. 1991, no 89-40.499 P (absence de preuve de la notification).

5. L'absence de mention, dans l'acte de notification du jugement, des sanctions encourues par l'auteur d'un recours abusif ou dilatoire, n'empêche pas que la signification fixe le point de départ du recours. • Civ. 2e, 30 mai 2002, no 99-14.175 P : *D. 2002. IR 2101 ; JCP 2003. II. 10015, note Fradin ; Gaz. Pal. 25-28 déc. 2002, p. 11, note Étienne et Perdriau.*

6. La signification n'est pas une condition pour former le pourvoi. • Soc. 21 oct. 1964 : *Bull. civ. IV, no 679* • 8 janv. 1965 : *Bull. civ. IV, no 14.*

7. Pour les parties domiciliées à l'étranger, V. note 7 ss. art. 684.

8. Significations successives. Le délai à l'expiration duquel un pourvoi ne peut plus être exercé court à compter de la première signification régulière. • Soc. 27 juin 1990, no 89-40.993 P • Civ. 1re, 8 avr. 2009 : *cité note 2 ss. art. 528-1.* ♦ La signification faite après l'expiration du délai pour former un pourvoi ouvert par une première notification n'a pu faire courir un nouveau délai, peu important que le demandeur au pourvoi ait été admis au bénéfice de l'aide juridictionnelle sur la base de cette signification. • Soc. 11 oct. 2006, no 05-45.623 P : *D. 2006. IR 2688* . ♦ V. également note 8 ss. art. 528.

9. Une décision avant-dire droit ne pouvant être frappée de pourvoi indépendamment de celle statuant au fond, le délai de pourvoi contre cette première décision court à compter de la première signification de cette seconde décision, sans qu'une signification ultérieure de la décision avant-dire droit n'ouvre un nouveau délai pour se pourvoir en cassation. • Com. 7 oct. 2008, no 06-20.093 P : *D. 2008. AJ 2674 ; RTD civ. 2009. 171, obs. Perrot* .

10. Interruption du délai. La demande d'aide juridictionnelle ne produit pas d'effet interruptif si elle est présentée après l'expiration du délai pour former un recours en cassation. • Civ. 1re, 14 avr. 2010 : *Procédures 2010, no 217, note Perrot.* ♦ De même, le recours formé devant le Premier président de la Cour de cassation, après le rejet d'une demande d'aide juridictionnelle, n'interrompt pas une nouvelle fois le délai de pourvoi qui a commencé à courir à compter de la notification de la décision de rejet de la demande. • Civ. 2e, 22 oct. 1997, no 95-17.414 P. ♦ Une nouvelle demande d'aide juridictionnelle, présentée en vue de se pourvoir en cassation après rejet d'une précédente demande, motivée par l'absence de moyen sérieux de cassation, n'a pas pour effet d'interrompre le délai de pourvoi prévu à l'art. 612 C. pr. civ. • Civ. 2e, 21 oct. 2010 : *cité note 15 ss. art. 528-1.*

Le pourvoi formé par une partie pendant l'interruption du délai pour former pourvoi résultant de la demande d'aide juridictionnelle adressée au bureau d'aide juridictionnelle par cette partie, ne fait pas obstacle à ce qu'un nouveau délai pour former pourvoi court à compter de la date de la désignation de l'avocat au Conseil d'État et à la Cour de cassation chargé de l'assister. • Soc. 18 févr. 1998 : *Gaz. Pal. 1998. 2. Pan. 211.* ♦ L'interruption du délai du pourvoi qui résulte de la demande d'aide juridictionnelle ne profite qu'à celui qui l'a formée. • Com. 11 juill. 2006, no 05-13.047 P • 30 janv. 2007, no 04-19.208 P : *Procédures 2007, no 74, obs. Perrot.*

11. Dissolution et transmission universelle. La signification d'une décision à une société avant son absorption par une autre société fait courir le délai de pourvoi contre la société absorbante par suite de la transmission universelle de patrimoine d'une société à l'autre. • Civ. 3e, 12 mars 2008, no 07-15.278 P : *D. 2008. AJ 918, obs. Lienhard ; Dr. sociétés 2008. Comm. 91*, note Coquelet ; BJS 2008. 476, note Le Cannu ; *Rev. sociétés 2008. 771, note Amiel-Cosme* .

Art. 613 *(Décr. no 2014-1338 du 6 nov. 2014, art. 8)* **A l'égard des décisions par défaut, le pourvoi ne peut être formé par la partie défaillante qu'à compter du jour où son opposition n'est plus recevable.**

V. Circ. du 12 nov. 2014, ss. art. 380.

BIBL. ▶ **Décr. du 6 nov. 2014 :** BARADUC et L. BORÉ, *JCP 2014. 1242* (simplification de la procédure devant la Cour de cassation). – BLÉRY, *RLDC mai 2015. 63*. – ROCHETEAU, *Dr. et pr. 2016. Chron. 7*.

1. Le pourvoi n'est recevable que s'il est justifié de l'expiration du délai d'opposition. • Civ. 2e, 7 nov. 1984 : *Bull. civ. II, n° 159* • 21 mars 1988 : *Bull. civ. II, n° 73* • 18 janv. 1989 : *JCP 1989. II. 21274, note Cadiet.* ♦ V. également • Soc. 20 mai 2008 : *JCP 2008. II. 10162, note (crit.) L. Boré.*

2. Le délai d'opposition n'a pu courir dans l'hypothèse d'un arrêt de cour d'appel rendu par défaut, l'acte de signification de l'arrêt n'indiquant ni que la décision était susceptible d'opposition ni le délai imparti pour exercer cette voie de recours. • Soc. 13 juill. 2005, n° 03-45.505 P. ♦ V. jugeant que la lettre de notification du jugement ne mentionnant pas qu'il pouvait être frappé d'opposition, le délai d'opposition n'a pas couru et le pourvoi formé contre un tel jugement n'est dès lors pas recevable • Civ., 20 mai 2010 : *Procédures 2010, n° 308, note Perrot.*

3. Décisions par défaut (rédaction antérieure au Décr. du 6 nov. 2014). Le délai de pourvoi en cassation ne court, à l'égard des décisions par défaut, même pour les parties qui ont comparu devant les juges du fond, qu'à compter du jour où l'opposition n'est plus recevable. • Civ. 3e, 27 nov. 2013, n° 12-25.824 P • Civ. 2e, 4 sept. 2014, n° 13-16.703 P : *D. 2014. Actu. 1827 ; ibid. 2015 . Chron. C. cass. 519, obs. Vasser, De Leiris et Adida-Canac* • Civ. 2e, 25 juin 2015, n° 14-24.545 P : *cité note 14 ss. art. 609.*

Art. 614 **La recevabilité du pourvoi incident, même provoqué, obéit aux règles qui gouvernent celle de l'appel incident, sous réserve des dispositions de l'article 1010.**

1. Sur la recevabilité du pourvoi incident, V. notes ss. art. 548 à 551.

2. Le pourvoi principal ayant été déclaré irrecevable, le pourvoi provoqué l'est également. • Civ. 1re, 17 mars 1993, n° 91-16.353 P.

3. L'irrecevabilité du pourvoi principal formé hors délai entraîne celle du pourvoi incident formé après l'expiration du délai pour agir à titre principal, peu important le désistement de l'auteur du pourvoi principal. • Civ. 2e, 1er mars 1995, n° 92-21.885 P.

4. Les personnes qui sont ou ont été parties à l'instance ouverte par un pourvoi en cassation contre des dispositions de fond d'une décision ne sauraient, après l'expiration des délais ouverts pour former et régulariser un pourvoi principal ou incident, remettre en cause la validité de cette décision pour incompétence de la juridiction qui l'a rendue. • Com. 23 mars 1999 : *JCP 1999. II. 10161, note Perdriau.*

5. En application des art. 549, 614 et 1110 C. pr. civ., le pourvoi provoqué formé, dans le délai du mémoire en défense, par un défendeur contre un codéfendeur à l'égard duquel le demandeur principal s'est préalablement désisté, est recevable. • Civ. 3e, 23 mai 2012 : *D. 2012. Actu. 1489* .

Art. 615 **En cas d'indivisibilité à l'égard de plusieurs parties le pourvoi de l'une produit effet à l'égard des autres même si celles-ci ne sont pas jointes à l'instance de cassation.**

Dans le même cas, le pourvoi formé contre l'une n'est recevable que si toutes sont appelées à l'instance.

1. Sauf cas d'indivisibilité, un pourvoi ne profite qu'à ceux qui l'ont formé. Ainsi, à défaut de pourvoi de sa part, une partie à la décision cassée ne peut se prévaloir de la cassation devant la juridiction de renvoi. • Cass., ass. plén., 28 mai 1982 : *D. 1983. 117, concl. Cabannes.*

2. *Mais s'il existe un lien d'indivisibilité* entre l'intérêt du demandeur au pourvoi et l'intérêt de parties qui ne se sont pas jointes à l'instance en cassation, ces dernières pourront se prévaloir de la cassation. • Com. 25 févr. 1965 : *Bull. civ. III, n° 154* • Civ. 3e, 19 avr. 1977 : *Bull. civ. III, n° 165* • 21 juin 1977 : *Bull. civ. III, n° 269* • 10 mars 1981 : *D. 1981. 429, note Boré* (obligation *in solidum*) • Civ. 1re, 5 juin 1985 : *D. 1986. 361, note Aubert ; Gaz. Pal. 1985. 1. Pan. 196, obs. Guinchard et Moussa* • Soc. 23 mars 2000, n° 98-18.798 P. ♦ ... Sauf au cas où l'une d'elles, sans se joindre aux autres, a, de son côté, formé un pourvoi qui a été rejeté. • Civ. 1re, 5 juin 1985 : *préc.*

3. En cas d'indivisibilité, l'acte introductif d'instance ayant été présenté par plusieurs demandeurs, le pourvoi formé dans le délai par certains d'entre eux produit effet à l'égard de celui qui a déposé le sien tardivement. • Com. 9 nov. 1993 : *JCP 1994. IV. 61.* ♦ De même, dès lors que les intérêts des demandeurs sont indivisibles, le pourvoi régulièrement formé par l'un, produit effet à l'égard de celui dont la propre déclaration est irrecevable car non signée. • Civ. 1re, 22 nov. 1994 : *CCC déc. 1994. chron. Marie* (époux en situation de surendettement).

4. Lorsque le lien d'indivisibilité existe entre les adversaires du demandeur au pourvoi, le pourvoi n'est recevable, même à l'encontre de celui contre qui il a été dirigé, que si tous les adversaires sont appelés à l'instance. • Soc. 7 mai

1987 : *Bull. civ. V, n° 281* • 9 mai 1989 : *Bull. civ. V, n° 343.* ♦ Dans le même sens, V. • Civ. 2e 26 mai 1992 : *JCP 1992. IV. 2111.* – V. aussi • Soc. 15 janv. 2002 : *Gaz. Pal. 14-16 janv. 2003, p. 29, obs. Perdriau.* ♦ • Civ. 1re, 6 janv. 2011 : *D. actu. 18 janv. 2011, obs. Dargent ; Dr. et pr. 2011. 71, note Salati* (surendettement des particuliers).

5. Le pourvoi formé contre un jugement annulant l'élection du collège salarié, section activités diverses et commerce, d'un conseil de prud'hommes étant indivisible à raison de son objet doit, à peine d'irrecevabilité, être dirigé contre chacun des conseillers prud'homaux dont l'élection a été annulée. • Civ. 2e, 25 juin 1998, n° 98-60.064 P.

6. La situation de surendettement de deux époux, appréciée globalement par une cour d'appel, confère aux mesures de redressement adoptées un caractère indivisible entre ces deux époux comme entre les créanciers ; la cassation de l'arrêt, sur pourvoi de l'épouse, produit donc effet à l'égard de l'époux. • Civ. 1re, 22 nov. 1994, n° 93-04.097 P : *D. 1995. IR 3 ; Gaz. Pal. 1995. 1. Pan. 82.*

7. L'art. 615 ne s'applique pas à une décision fixant une indemnité d'expropriation qui n'est pas prononcée au profit du commissaire du Gouvernement [devenu rapporteur public] ou à son encontre. • Civ. 3e, 29 mars 2006, n° 03-70.203 P.

8. En application de l'art. 615, en cas d'indivisibilité à l'égard de plusieurs parties, le pourvoi de l'une produit effet à l'égard des autres même si celles-ci ne sont pas jointes à l'instance de cassation, de sorte qu'il n'est pas nécessaire de leur notifier le mémoire ampliatif. • Soc. 16 avr. 2008 : *BICC 15 sept. 2008, n° 1330.*

9. Un pourvoi indivisible en raison de son objet, et dirigé notamment contre l'administrateur légal d'un mineur devenu majeur, entre le prononcé de l'arrêt attaqué et la déclaration de pourvoi est irrecevable ; l'irrecevabilité tirée de cette fin de non-recevoir peut être relevée d'office. • Civ. 3e, 26 mai 2016, n° 14-14.566 P.

10. En cas d'indivisibilité à l'égard de plusieurs parties, le pourvoi formé contre l'une n'est recevable que si toutes sont appelées à l'instance. Il existe un tel lien d'indivisibilité en matière d'admission des créances entre le créancier, le débiteur et le mandataire judiciaire. N'est dès lors pas recevable le pourvoi formé par le débiteur contre l'ordonnance ayant admis au passif de son redressement judiciaire une créance, lorsqu'il a été dirigé contre le créancier et non contre le mandataire judiciaire, lequel n'est pas intervenu à l'instance devant la Cour de cassation dans le délai de dépôt du mémoire ampliatif. • Com. 31 janv. 2018, n° 16-20.080 P : *D. 2018. Actu. 293 ; Procédures 2018, n° 116, obs. Rolland ; RDBF 2018, n° 49, note Houin-Bressand.*

Art. 616 **Lorsque le jugement peut être rectifié en vertu** *(Décr. n° 2014-1338 du 6 nov. 2014, art. 9-1°)* **« de l'article 463 », le pourvoi en cassation n'est ouvert,** *(Décr. n° 2014-1338 du 6 nov. 2014, art. 9-2°)* **« dans le cas prévu par cet article », qu'à l'encontre du jugement statuant sur la rectification.**

V. Circ. du 12 nov. 2014, ss. art. 380.

BIBL. ▶ BARADUC et L. BORÉ, *JCP 2014. 1242* (simplification de la procédure devant la Cour de cassation).

Pour une illustration, V. • Civ. 1re, 6 oct. 1993, n° 91-16.658 P.

Art. 617 **La contrariété de jugements peut être invoquée lorsque la fin de non-recevoir tirée de l'autorité de la chose jugée a en vain été opposée devant les juges du fond.**

En ce cas, le pourvoi en cassation est dirigé contre le jugement second en date ; lorsque la contrariété est constatée, elle se résout au profit du premier.

BIBL. ▶ CONTAMINE-RAYNAUD, *Mél. Raynaud, 1985, p. 113* (inconciliabilité des jugements). – JULIEN, *Mél. Hébraud, 1981, p. 493* (contrariété des décisions de justice). – LOISEL, *JCP 1945. I. 486* (contrariété de jugements). – MAURO, *Gaz. Pal. 1980. Doctr. 144* (code de procédure et Convention de Bruxelles).

La contrariété de jugements ne peut être invoquée que si la fin de non-recevoir fondée sur *l'autorité de chose jugée* a été en vain soulevée devant le juge du fond. • Soc. 12 févr. 1985, n° 84-60.857 P.

Art. 618 **La contrariété de jugements peut aussi, par dérogation aux dispositions de l'article 605, être invoquée lorsque deux décisions, même non rendues en dernier ressort, sont inconciliables et qu'aucune d'elles n'est susceptible d'un recours ordinaire ; le pourvoi en cassation est alors recevable, même si l'une des décisions avait déjà été frappée d'un pourvoi en cassation et que celui-ci avait été rejeté.**

En ce cas, le pourvoi peut être formé même après l'expiration du délai prévu à l'article 612. Il doit être dirigé contre les deux décisions ; lorsque la contrariété est constatée, la Cour de cassation annule l'une des décisions ou, s'il y a lieu, les deux.

1. Selon l'art. 618, lorsque deux décisions, même non rendues en dernier ressort et dont aucune n'est susceptible d'un recours ordinaire, sont inconciliables, elles peuvent être frappées d'un pourvoi unique, la Cour de cassation, si la contrariété est constatée, annulant l'une des décisions ou, s'il y a lieu, les deux. • Civ. 2e, 22 janv. 2004, n° 01-11.665 P : *D. 2004. Somm. 1202, obs. Julien ; Gaz. Pal. 13-15 mars 2005, p. 16, obs. du Rusquec.* ♦ V. s'agissant de deux procédures de liquidation judiciaire ouvertes à l'encontre d'un même débiteur à plusieurs années d'intervalle et non clôturées. • Com. 17 nov. 2009 : *Procédures 2010, n° 19, obs. Rolland* (annulation en raison du principe de l'unicité de l'instance des procédures collectives, de la seconde procédure en date) • Com. 18 juin 2013 : *RTD civ. 2013. 668, obs. Perrot* .

2. L'art. 618 n'exige pas qu'il y ait identité des parties, ni que les pourvois formés antérieurement contre les décisions aient été rejetés. • Civ. 3e, 6 janv. 1982 : *Bull. civ. III, n° 3 ; Gaz. Pal. 1982. 2. 388, note Viatte ; RTD civ. 1982. 790, obs. Perrot* • Civ. 2e, 23 janv. 1991, n° 89-18.023 P.

3. Le pourvoi fondé sur une contrariété de décisions prévu par l'art. 618 n'est recevable que si celles-ci sont inconciliables dans leur exécution. • Civ. 2e, 19 mars 2015 : *D. actu. 18 mai 2015, obs. Kebir.*

4. Le pourvoi doit être formé contre les deux décisions. • Civ. 2e, 17 nov. 1982 : *Bull. civ. II, n° 144 ; Gaz. Pal. 1983. 1. Pan. 100, obs. J. G.* ♦ Le pourvoi dirigé uniquement contre une seule décision est irrecevable. • Civ. 1re, 13 oct. 1998, n° 96-18.881 P.

5. Les deux décisions inconciliables doivent toutes deux émaner de juridictions de l'ordre judiciaire. • Soc. 9 déc. 1985 : *Bull. civ. V, n° 578* (arrêt de cour d'appel et jugement de TA : pourvoi irrecevable).

6. Lorsque deux décisions sont inconciliables dans leur exécution, elles peuvent être frappées d'un pourvoi unique, la Cour de cassation, si la contrariété est constatée, annulant l'une des décisions ou, s'il y a lieu, les deux. • Civ. 2e, 14 oct. 2004, n° 02-20.733 P. ♦ L'inconciliabilité suppose que les deux décisions ne puissent recevoir simultanément exécution. • Soc. 12 mars 1987 : *Bull. civ. V, n° 162* (un jugement valide et l'autre annule la désignation d'un délégué syndical) • 23 mai 1989 : *Bull. civ. V, n° 374* (une décision nie et l'autre affirme le transfert d'un contrat de travail d'une société à une autre) • Civ. 1re, 30 juin 1992, n° 90-19.489 P • 13 janv. 1998, n° 96-15.718 P • Civ. 2e, 12 janv. 1994, n° 92-13.543 P : *JCP 1995. II. 22435, note Puigelier* • 7 janv. 1998, n° 95-20.489 P. ♦ Il ne suffit donc pas que les deux décisions statuent différemment à propos d'un même fait. • Civ. 1re, 18 oct. 1983 : *Bull. civ. I, n° 235 ; Gaz. Pal. 1984. 1. Pan. 69, obs. Guinchard* (décisions concernant des victimes différentes) • Com. 12 janv. 1988 : *JCP 1988. IV. 100* (deux décisions condamnant un dirigeant, l'une à la faillite personnelle et l'autre au comblement partiel du passif social ne sont pas inconciliables) • Civ. 2e, 7 nov. 1994, n° 93-11.127 P : *Justices 1995. 2. 279, note Héron* (un arrêt retenant l'incompétence du juge des référés, l'autre confirmant l'ordonnance de référé).

7. La Cour de cassation peut annuler soit l'une, soit l'autre, soit encore les deux décisions inconciliables. • Com. 12 janv. 1988 : *Bull. civ. V, n° 10* (annulation de l'une des décisions) • Civ. 1re, 11 janv. 1986 : *Bull. civ. I, n° 19* (annulation des deux décisions) • Com. 5 mars 1991, n° 89-20.255 P. ♦ En présence de deux décisions inconciliables, dès lors que la seconde décision est conforme à la doctrine de la Cour de cassation, il convient d'annuler la première. • Soc. 13 sept. 2005, n° 03-43.361 P.

8. Le pourvoi dirigé contre deux décisions dont l'une émane du juge pénal et l'autre du juge civil est recevable lorsque, même non rendues en dernier ressort et alors qu'aucune d'elles n'est susceptible d'un recours ordinaire, elles sont inconciliables et aboutissent à un déni de justice. • Cass., ass. plén., 29 nov. 1996, n° 93-20.799 P : *D. 1997. IR 6* • Civ. 2e, 22 janv. 1997 : *D. 1997. IR 51* • Cass., ch. mixte, 11 déc. 2009 : *R. 2009, p. 315 et 442 ; D. 2010. AJ 19, obs. Girault ; JCP 2009. 583, obs. Cholet* (mainlevée d'inscription provisoire d'hypothèque accordée par un arrêt – chambre de l'instruction – et refusée par un autre – chambre civile. Annulation de la seconde décision de la chambre civile non conforme à la doctrine de la Cour de cassation en la matière) • Cass., ass. plén., 3 juill. 2015, n° 14-13.205 P : *D. actu. 2 sept. 2015, obs. Mélin ; D. 2015. Actu. 1496 ; Gaz. Pal. 22 sept. 2015, p. 33, note Piwnica ; JCP 2015. 852, obs. Cholet ; ibid. 946, note Botton* (annulation de décisions civiles dont l'exécution matérielle n'était pas incompatible avec celle de la décision pénale, mais dont le rapprochement avec cette décision aboutissait à un déni de justice, dès lors que le jugement civil prononçait une condamnation du demandeur sur le fondement d'un acte qu'il n'avait pas souscrit et dont la falsification par un tiers avait été établie par une décision pénale définitive). Par application de l'art. 625, l'annulation prononcée entraîne, par voie de conséquence, celle de toute décision qui se rattache à celles annulées par un lien de dépendance nécessaire. • Cass., ass. plén., 3 juill. 2015, n° 14-13.205 P : *préc.*

Art. 618-1 *(Abrogé par Décr. n° 2014-1338 du 6 nov. 2014, art. 10) (Décr. n° 81-500 du 12 mai 1981, art. 28)* ***Le procureur général près la Cour de cassation peut, en vue de déférer, dans l'intérêt de la loi, un jugement à la cour, inviter le ministère public près la juridiction qui a rendu ce jugement à le faire notifier aux parties. La notification est effectuée par le secrétaire de la juridiction par lettre recommandée avec demande d'avis de réception.*** *— Sur le pourvoi dans l'intérêt de la L. n° 67-523 du 3 juill. 1967, art. 17, reproduite ss. art. 1031-7.*

V. Circ. du 12 nov. 2014, ss. art. 380.

BIBL. ▶ Baraduc et L. Boré, *JCP 2014. 1242* (simplification de la procédure devant la Cour de cassation).

SECTION II LES EFFETS DU POURVOI EN CASSATION

Art. 619 **Les moyens nouveaux ne sont pas recevables devant la Cour de cassation.**

Peuvent néanmoins être invoqués pour la première fois, sauf disposition contraire :

1° Les moyens de pur droit ;

2° Les moyens nés de la décision attaquée.

BIBL. ▶ J.-P. Ancel, *Mél. Gaudemet-Tallon, Dalloz 2008, p. 3* (l'invocation d'un droit étranger et le contrôle de la Cour de cassation). – Bolard, *Mél. Buffet, LPA 2004, p. 51* (le moyen contraire aux précédentes écritures). – Le Clec'h, *JCP 1947. I. 634* (moyens de forme et moyens de fond). – Voulet, *JCP 1951. I. 939* (moyens et arguments) ; *JCP 1973. I. 2544* (irrecevabilité des moyens nouveaux).

A. MOYENS NOUVEAUX

1. On ne peut présenter devant la Cour de cassation des moyens nouveaux, mais seulement apprécier la solution légale donnée aux moyens débattus devant les juges du fond. • Req. 23 nov. 1852 : *DP 1852. 1. 324.*

2. Est nouveau le moyen qui n'a pas été soulevé devant les juges du fond. • Civ. 3e, 1er juill. 1971 : *Bull. civ. III, n° 437* • Civ. 1re, 12 juill. 1989 : *Bull. civ. I, n° 288* • Civ. 3e, 10 nov. 1999, n° 97-18.987 P (acquiescement). • 31 mars 2005, n° 03-20.012 P • Civ. 1re, 9 janv. 2008, n° 06-16.783 P (point de départ du délai de prescription).

3. Est nouveau le moyen qui, soulevé en première instance, n'a pas été repris devant le juge d'appel. • Civ. 2e, 1er mai 1961 : *Bull. civ. II, n° 164.* ♦ L'appelant qui n'a pas conclu sur le fond du litige devant la cour d'appel est irrecevable à critiquer les dispositions du jugement pour la première fois devant la Cour de cassation. • Cass., ass. plén., 18 févr. 1994 : *Gaz. Pal. 1994, 22-23 avr., p. 14, concl. Jéol.*

4. Est nouveau le moyen qui n'a pas fait l'objet de conclusions. • Civ. 2e, 31 mai 1972 : *Bull. civ. II, n° 158* • Civ. 1re, 13 janv. 1982 : *Bull. civ. I, n° 20.* ♦ ... Régulières. • Civ. 2e, 28 oct. 1968 : *Bull. civ. II, n° 257* • Civ. 1re, 18 févr. 1981 : *Bull. civ. I, n° 59* • Civ. 2e, 5 déc. 1985 : *Gaz. Pal. 1986. 2. Somm. 324, obs. Guinchard et Moussa.* ♦ ... Ou *suffisamment précises.* • *Civ. 21 janv. 1895 : DP 1895. 1. 112.*

5. Le moyen est nouveau soit en raison de son objet. • Com. 30 mai 1972 : *Bull. civ. IV, n° 168.* ♦ Est irrecevable le pourvoi qui reproche aux juges du fond de n'avoir pas ordonné une restitution qui n'avait pas été demandée. • Même arrêt. ♦ ... Soit en raison de son fondement juridique. • Civ. 2e, 12 janv. 1972 : *Bull. civ. II, n° 60.* ♦ Est irrecevable le pourvoi qui reproche aux juges du fond de ne pas avoir condamné le défendeur sur le fondement de l'art. 1384, al. 1er, C. civ., alors que seul l'art. 1382 avait été invoqué. • Même arrêt. ♦ ... Soit parce qu'il fait état de faits ou de documents non soumis aux juges du fond. • Civ. 1re, 16 févr. 1970 : *Bull. civ. I, n° 57.*

6. L'exception tirée de l'existence d'une question préjudicielle ne peut être soulevée pour la première fois devant la Cour de cassation. • Civ. 3e, 4 nov. 1998, n° 96-14.267 P.

7. Dès lors qu'une partie n'a pas opposé à la juridiction du fond l'exception de légalité d'un acte administratif réglementaire, ni en conséquence demandé aux juges de surseoir à statuer au motif qu'il existait à cet égard une contestation sérieuse, elle est irrecevable, par application de l'art. 74, à s'en prévaloir pour la première fois devant la Cour de cassation. • Civ. 2e, 4 déc. 2002, n° 02-60.781 P.

B. MOYENS DE PUR DROIT

8. N'est pas recevable le moyen qui est mélangé de fait et de droit. • Civ. 3e, 1er juill. 1971 : *Bull. civ. III, n° 437* • Soc. 26 févr. 1981 : *JCP 1981. IV. 168* • 7 déc. 1988 : *Bull. civ. V, n° 634* • Civ. 1re, 9 janv. 2008 : *préc. note 2.* ♦ En revanche, le moyen de pur droit peut être invoqué pour la première fois devant la Cour de cassation. • Civ. 20 févr. 1854 : *DP 1854. 1. 62* • Com. 26 oct. 1983 : *Bull. civ. IV, n° 280* • Civ. 1re, 6 janv. 1993, n° 90-11.823 P.

9. Est un moyen de pur droit celui qui ne se fonde pas sur un fait dont la constatation ou l'appréciation n'a pas été soumise à l'approbation du juge du fond ou qui n'a pas été débattu devant lui. • Civ. 2e, 20 juill. 1987 : *JCP 1987. IV. 349* • Com. 26 oct. 1983 : *Bull. civ. IV, no 280 ; Gaz. Pal. 1984. 1. Pan. 70, obs. Guinchard.* ♦ Le moyen est de pur droit dès lors qu'il ne se réfère à aucune considération de fait qui ne résulterait pas des énonciations des juges du fond. • Civ. 1re, 16 févr. 1994, no 91-17.270 P • 30 sept. 2020, no 19-11.543 P : *D. 2020. 1954 ; AJ fam. 2020. 601, obs. Laurent-Bonne ; RTD civ. 2020. 931, obs. Grimaldi ; ibid. 933, obs. Grimaldi ; Gaz. Pal. 5 janv. 2021, p. 88, obs. Fernandes.*

10. Le moyen d'ordre public invoqué pour la première fois devant la Cour de cassation n'est recevable que si la juridiction qui a rendu la décision attaquée a été mise à même de connaître le fait qui sert de base au grief et d'en vérifier la réalité. • Req. 12 déc. 1871 : *DP 1872. 1. 316, rapp. Rau* • Civ. 2e, 20 mai 1966 : *Bull. civ. II, no 595.*

11. Est irrecevable, comme nouveau et mélangé de fait et de droit, le moyen qui reproche à une cour d'appel d'avoir statué sur le fond, alors que l'intimé s'était borné à conclure à l'irrecevabilité de l'appel sans proposer de manière explicite une fin de non-recevoir. • Civ. 2e, 7 nov. 1994, no 92-20.028 P.

12. Pour d'autres exemples de moyens nouveaux irrecevables, V. • Civ. 1re, 15 déc. 1999, no 97-17.729 P (insuffisance de la mention manuscrite opposée sur des actes de cautionnement). • Civ. 2e, 20 avr. 2000, no 98-18.809 P (responsabilité délictuelle d'une institutrice) • 11 janv. 2001, no 98-19.170 P (tardiveté du dépôt des conclusions) • Com. 27 mars 2001, no 99-10.045 P : *D. 2001. AJ 1537, obs. Chevrier* (présence du rapporteur au délibéré du Conseil de la concurrence [devenu l'Autorité de la concurrence]) • Civ. 1re, 18 sept. 2002, no 99-19.294 P (insuffisance de motivation d'une décision rendue par une juridiction étrangère) • Soc. 14 janv. 2003, no 00-43.025 P : *Gaz. Pal. 10-11 oct. 2003, p. 10, obs. du Rusquec* (délai de mise en œuvre de la procédure de licenciement pour faute grave). ♦ • Civ. 3e, 20 juin 2007 : *D. 2007. AJ 1959, obs. Forest* (violation de *l'égalité des armes en raison du rôle tenu par le* commissaire du Gouvernement [devenu rapporteur public] dans la procédure de fixation des indemnités d'expropriation).

13. Fût-il de pur droit et d'ordre public, un moyen contraire à la thèse présentée aux juges du fond ne peut être soutenu devant la Cour de cassation. • Com. 8 déc. 1998 : *Gaz. Pal. 1999. 2. Somm. 694, obs. Perdriau.*

14. Est de pur droit et peut donc être soulevé pour la première fois devant la Cour de cassation le moyen fondé sur le caractère discriminatoire de l'énoncé d'une disposition conventionnelle. • Soc. 24 sept. 2008 : *Bull. civ. V, no 187 ; JCP S 2008. Actu. no 511 ; D. 2008. AJ 2509 ; ibid. 2009. Pan. 198, note Mathieu-Géniaut ; RDT 2008. Actu. 639.*

15. Moyen nouveau tiré de l'application de la Conv. EDH. Dès lors qu'il invoque une atteinte à la substance même du droit d'accès au juge sans appeler à la prise en considération d'un élément de fait qui ne résulterait pas des constatations de l'arrêt, le moyen est de pur droit, partant recevable. • Civ. 1re, 9 avr. 2013, no 11-27.071 P : *AJDA 2012. 1132 ; D. 2013. Actu. 996 ; ibid. 2013. Pan. 1436, obs. Granet-Lambrechts ; ibid. 1100, note Chevallier ; AJ fam. 2012. 454 ; RTD civ. 2012. 523, obs. Hauser ; Gaz. Pal. 9-11 juin 2013, p. 19, note Régis ; JCP 2013. 623, obs. Mathieu.*

C. MOYENS NÉS DE LA DÉCISION ATTAQUÉE

16. Est recevable le moyen dirigé contre une disposition de l'arrêt qui ne pouvait être critiqué avant qu'il fût rendu. • Civ. 2e, 27 mai 1968 : *Bull. civ. II, no 154* • 9 mars 1994 : *JCP 1994. IV. 1380.* ♦ Ainsi en est-il du moyen fondé sur un vice de forme de la décision attaquée. • Civ. 2e, 29 mars 1971 : *Bull. civ. II, no 138.* ♦ ... Ou de celui qui se fonde sur un vice interne à la décision attaquée. • Civ. 2e, 19 oct. 1961 : *Bull. civ. II, no 672* (vice de motivation) • Civ. 3e, 18 juill. 1972 : *Bull. civ. III, no 475* (dénaturation) • Civ. 2e, 12 mars 1969 : *Bull. civ. II, no 76* (moyen relevé d'office).

17. Est recevable le moyen tiré de la violation de l'art. 6, § 1, Conv. EDH, dès lors que le demandeur au pourvoi, qui n'était pas assisté devant la juridiction du fond, n'a connu la composition de celle-ci qu'au moment de la notification de la décision. • Soc. 1er mars 2001, no 99-15.224 P.

D. COHÉRENCE DE L'ENSEMBLE

18. Une partie qui s'en rapporte à justice sur le mérite d'une prétention conserve néanmoins un intérêt à former un recours à l'encontre de la décision rendue. Pour autant, elle n'est pas recevable à invoquer devant la Cour de cassation un moyen (fondé sur l'art. 462) critiquant un chef de la décision ayant donné lieu audit rapport en justice. • Civ. 2e, 3 mai 2001, no 98-23.647 P : *D. 2001. IR 1667 ; LPA 14 mars 2002, p. 19, note Chabot.* ♦ Ainsi, le plaideur qui s'en rapporte à justice sur la recevabilité d'un chef de demande, n'est pas recevable à présenter devant la Cour de cassation un moyen critiquant son irrecevabilité. • Soc. 25 oct. 2007, no 06-42.661 P : *Procédures 2007, no 278, note Perrot.*

E. CONTRÔLE

19. La CEDH considère que sa tâche est de s'assurer que l'irrecevabilité du moyen nouveau n'est pas le résultat d'une erreur manifeste ; le droit au procès équitable ne peut passer pour effectif que si ces observations sont dûment examinées par le tribunal ; l'art. 6-1 implique à la charge du tribunal l'obligation de se livrer à un examen effectif des moyens, arguments et offres de preuve des parties, sauf à en apprécier la pertinence. • CEDH 21 mars 2000 : *D. 2000. 883, note Clay* ; *JCP 2000. II. 10344, note Perdriau ; RTD civ. 2000. 439, obs. Marguénaud*, *et 635, obs. Perrot* ; *Procédures 2000, n° 186, note Fricero*. – V. aussi • CEDH 29 août 2000 : *JCP 2000. II. 10435, note Perdriau*. – V. Burgelin, *D. 2001, Point de vue, p. 932*.

Art. 620 **La Cour de cassation peut rejeter le pourvoi en substituant un motif de pur droit à un motif erroné ; elle le peut également en faisant abstraction d'un motif de droit erroné mais surabondant.**

Elle peut, sauf disposition contraire, casser la décision attaquée en relevant d'office un moyen de pur droit. – *V. art. 12, 1015.*

BIBL. ► PRIEUR, *Economica, 1986* (substitution de motifs par la Cour de cassation en matière civile).

A. SUBSTITUTION DE MOTIFS

1. La Cour de cassation peut substituer un motif de pur droit à un motif erroné. • Civ. 3ᵉ, 10 déc. 1975 : *Bull. civ. III, n° 370.* ♦ ... Ou même suppléer des motifs absents dans le cas d'une décision attaquée pour défaut de réponse à conclusions. • Civ. 1ʳᵉ, 25 mai 1982 : *D. 1984. 273, note Prieur* • 9 mars 1983 : *eod. loc.* • 13 avr. 1983 : *eod. loc.*

B. MOTIFS SURABONDANTS

2. Le motif est surabondant dans la mesure où il n'est pas indispensable au soutien de la décision. • Civ. 2ᵉ, 4 janv. 1974 : *Bull. civ. II, n° 3.* ♦ La Cour de cassation peut faire abstraction du moyen fondé sur un motif surabondant, même s'il n'est pas erroné. • Civ. 2ᵉ, 25 nov. 1966 : *Bull. civ. II, n° 926.*

C. CASSATION EN RELEVANT D'OFFICE UN MOYEN DE PUR DROIT

3. Pour une décision de cassation sans renvoi, sur un moyen relevé d'office, au visa commun de l'art. R. 213-10 C. urb. et de l'art. 620, al. 2, NCPC [devenu C. pr. civ.], V. • Civ. 3ᵉ, 4 juin 2003, n° 00-17.084 P.

Art. 621 **Si le pourvoi en cassation est rejeté, la partie qui l'a formé n'est plus recevable à en former un nouveau contre le même jugement, hors le cas prévu à l'article 618.**

Il en est de même lorsque la Cour de cassation constate son dessaisissement, déclare le pourvoi irrecevable ou prononce la déchéance.

(Décr. n° 86-585 du 14 mars 1986, art. 3) **« Le défendeur qui n'a pas formé de pourvoi incident ou provoqué contre le jugement attaqué dans les délais impartis par l'article 1010 n'est plus recevable à se pourvoir à titre principal contre ce jugement. »**

1. Les arrêts rendus par la Cour de cassation ne sont susceptibles d'aucune voie de recours. • Civ. 23 févr. 1885 : *DP 1885. 1. 308* • Soc. 5 juin 1985 : *Bull. civ. V, n° 323 ; D. 1986. IR 222, obs. Julien* • Soc. 21 juin 1984 : *D. 1984. Flash, n° 27.*

2. Est recevable le pourvoi introduit par une partie en vue de « régulariser », au regard de l'art. 611-1 du NCPC [devenu C. pr. civ.], un premier pourvoi, toujours pendant devant la haute juridiction. • Cass., ass. plén., 23 nov. 2007, n° 05-17.975 P : *BICC 15 mars 2008, p. 23, rapp. Moussat, avis de Gouttes ; D. 2007. AJ 3078, obs. Dargent* ; *JCP 2007. II. 10204, note Chauvin ; ibid. 2008. I. 138, obs. Amrani Mekki ; Procédures 2008, n° 15, note Douchy-Oudot ; RTD civ. 2008. 160, obs. Perrot* ; *Dr. et pr. 2008. 93, note Leborgne* (recevabilité implicite). ♦ Est irrecevable le nouveau pourvoi formé par une partie après son désistement d'un premier pourvoi, lorsque ce désistement a déjà été constaté par la Cour de cassation. • Soc. 2 mai 1978 : *Bull. civ. V, n° 144* • 28 févr. 1985 : *Bull. civ. V, n° 137 ; Gaz. Pal. 1985. 1. Pan. 199, note Guinchard et Moussa.* ♦ ... Ou bien si la Cour de cassation a déclaré irrecevable le premier pourvoi. • Civ. 2ᵉ, 4 juin 1981 : *Bull. civ. II, n° 127.* ♦ ... Ou bien si elle a prononcé la déchéance. • Civ. 3ᵉ, 31 mai 1983 : *Bull. civ. III, n° 129* • Civ. 1ʳᵉ, 3 févr. 1998, n° 96-16.029 P : *D. 1998. IR 63* . – V. aussi • Civ. 2ᵉ, 4 déc. 2003, n° 01-17.269 P : *Gaz. Pal. 29-30 oct. 2004, p. 18, obs. du Rusquec.* ♦ La partie (un employeur) qui a formé un pourvoi principal dont la déchance est prononcée n'est pas recevable à présenter, en la même qualité, un nouveau recours en cassation par la voie d'un pourvoi incident sur le pourvoi principal du salarié contre le même arrêt. • Soc. 14 nov. 2000, n° 97-45.001 P. ♦ En revanche, le pourvoi est recevable lorsque l'ordonnance qui constate le désistement du premier pourvoi est postérieure à la déclaration du second pourvoi. • Civ. 1ʳᵉ, 30 mars 2004, n° 01-14.542 P. ♦ L'irrecevabilité encourue par un premier pourvoi par suite du non-respect des art. 1441-1 et 978, et sur laquelle il n'a pas été statué à la date à laquelle est formé, par la même partie, un second pourvoi attaquant la même décision, ne fait pas obstacle à la recevabilité de ce second pourvoi conformément à l'art. 621. • Com. 10 déc. 2013 : *cité note 2 ss. art. 1441-1.*

3. Lorsqu'une décision avant-dire droit a déjà fait l'objet d'un pourvoi en cassation, même déclaré irrecevable pour inobservation des conditions de forme, elle ne peut être critiquée à l'occasion d'un pourvoi formé contre la décision au fond. • Com. 9 oct. 1984 : *D. 1985. 411, note Abitbol.* ♦ Comp., jugeant que l'art. 621 ne peut être appliqué en cas de déchéance d'un pourvoi formé contre un arrêt contre lequel la voie du recours en cassation n'était pas encore ouverte : • Com. 11 mars 1997 : *Procédures 1997, nº 402, note Croze.*

4. L'art. 621 ne s'applique pas en cas de désistement formé contre un arrêt contre lequel la voie de recours en cassation n'est pas encore ouverte. • Civ. 1re, 23 juin 1987 : *Bull. civ. I, nº 204 ; D. 1987. 613, note Massip.*

5. Est irrecevable le pourvoi formé à titre principal par une partie qui, sur le pourvoi d'une autre partie au procès, s'est bornée à déposer un mémoire en défense sans former de pourvoi incident. • Soc. 30 sept. 1992, nº 90-12.368 P • Civ. 2e, 24 févr. 2000, nº 97-16.933 P • Civ. 3e, 7 déc. 2005, nº 04-15.577 P.

6. Lorsqu'un pourvoi provoqué est dirigé, dans une même instance, dans les conditions de forme et de délai prévues par l'art. 1010, contre une décision qui n'était pas susceptible d'un pourvoi immédiat indépendamment de la décision sur le fond, ce pourvoi est recevable, alors même qu'il est formé contre une décision qui n'est pas celle dont le pourvoi principal, dirigé contre la décision sur le fond, demande la cassation. • Soc 16 juin 2004, nº 01-43.804 P : *D. 2004. IR 2411.* ♦ Si la voie du recours en cassation n'est pas encore ouverte lorsqu'un premier recours a été formé, l'art. 621 n'est pas applicable ; il en résulte qu'un second pourvoi peut être déposé, dans les formes et délais prévus à cet effet, qu'une décision d'irrecevabilité du premier pourvoi soit ou non intervenue au moment où le second pourvoi a été déclaré. • Même arrêt.

7. La radiation du rôle de la Cour de cassation d'un premier pourvoi prononcée en application de l'art. 1009-1 C. pr. civ. pour inexécution de l'arrêt attaqué, mesure d'administration judiciaire, n'entre pas dans les prévisions de l'art. 621 du même code et est dès lors sans incidence sur le sort d'un second pourvoi formé avant l'ordonnance de radiation. • Com. 10 mars 2015 : *D. 2015. Actu. 678 ; Gaz. Pal. 5 mai 2015, p. 42, note Montéran.*

8. Il résulte des dispositions de l'art. 621 que le pourvoi formé contre un arrêt ayant statué sur un appel-nullité n'est pas recevable lorsque cet arrêt a déjà fait l'objet d'un précédent pourvoi ayant été déclaré irrecevable par une décision non spécialement motivée en l'absence d'excès de pouvoir consacré ou commis par la cour d'appel. • Cass., Ch. mixte, 7 juill. 2017, nº 15-25.651 P : *cité note 25 ss. art. 12 C. pr. civ.*

9. Le pourvoi formé après un premier pourvoi dirigé contre la même décision et les mêmes parties est recevable en application de l'art. 621 C. pr. civ. dès lors que l'ordonnance constatant la déchéance du premier pourvoi est postérieure à la déclaration du second pourvoi. • Civ. 2e, 27 juin 2019, nº 17-28.111 P : *D. actu. 25 juill. 2019, note Bolze ; D. 2019. 726 ; JCP 2019. 1386, obs. Veyre ; Gaz. Pal. 5 nov. 2019, p. 69, obs. Kebir.*

Art. 622 **Les arrêts rendus par la Cour de cassation ne sont pas susceptibles d'opposition.**

Art. 623 **La cassation peut être totale ou partielle. Elle est partielle lorsqu'elle n'atteint que certains chefs dissociables des autres.**

1. Cassation totale. La cassation d'un arrêt « en toutes ses dispositions » ou « en son entier » est une cassation totale. • Soc. 8 juin 1961 : *Bull. civ. IV, nº 615* • *Civ. 2e, 25 nov. 1987 : Bull. civ. II, nº 244* • Civ. 1re, 20 juin 1995, nº 92-16.555 P : *D. 1995. IR 194.* ♦ Il en va de même lorsque la Cour de cassation déclare s'être prononcée « sans qu'il y ait lieu de statuer sur les autres branches ou moyens ». • Soc. 1er juill. 1964 : *Bull. civ. IV, nº 584* • Civ. 3e, 10 janv. 1984 : *Gaz. Pal. 1984. 1. Pan. 149, obs. Guinchard.*

2. Il résulte des art. 623, 625 et 628 que la cassation d'une décision « en toutes ses dispositions » investit la juridiction de renvoi de la connaissance de l'entier litige, dans tous ses éléments de fait et de droit, sans que le rejet de certains des moyens proposés n'ait d'incidence sur l'étendue de cette saisine. • Civ. 1re, 7 déc. 1999, nº 97-15.613 P. ♦ ... Et quel que soit le moyen qui a déterminé la cassation. • Com. 15 oct. 2002, nº 01-11.518 P : *Gaz. Pal. 30 mars-1er avr. 2003, p. 26, obs. du Rusquec* • Civ. 2e, 13 juill. 2006 : *Gaz. Pal. 1er-2 févr. 2008, p. 19, note du Rusquec.*

3. La cassation d'une décision « dans toutes ses dispositions » investit la juridiction de renvoi de la connaissance de l'entier litige dans tous ses éléments de fait et de droit, de sorte qu'elle ne laisse subsister aucun chef du dispositif de cette décision, concernerait-il des personnes qui n'ont pas été parties à l'instance de cassation ou qui, par suite d'un désistement partiel des demandeurs au cours de cette instance, n'y ont plus figuré. • Soc. 15 janv. 2013 : *BICC 1er mai 2013, no 656.*

4. *Cassation partielle.* La censure qui s'attache à un arrêt de cassation est limitée à la portée du moyen qui lui sert de base et laisse subsister les dispositions non attaquées par le pourvoi, sauf dans les cas d'indivisibilité ou d'indépendance nécessaire. • Civ. 1re, 12 oct. 1999, no 97-15.717 P. ♦ La force de chose jugée des parties de la décision non attaquées par le pourvoi ne s'applique toutefois qu'aux divers chefs de la demande et non aux simples moyens allégués. • Soc. 21 janv. 1998, no 95-44.332 P. ♦ Une cassation qui ne porte que sur le calcul des intérêts est une cassation partielle qui n'affecte pas le principe même des intérêts de la créance. • Com. 31 mai 1983 : *Bull. civ. IV, no 160.*

5. Sur les effets d'une cassation partielle prononcée sur le recours d'un agent judiciaire du Trésor [devenu agent judiciaire de l'État], V. : • Civ. 2e, 3 déc. 1997, no 96-12.049 P.

6. Il résulte de ce que l'astreinte n'est que l'accessoire de la condamnation qu'elle assortit, que n'est pas recevable devant la cour d'appel de renvoi la demande de suppression ou de modification d'une astreinte assortissant une injonction faite à un débiteur par un arrêt qui a fait l'objet d'une cassation partielle n'affectant pas cette injonction. • Civ. 2e, 14 oct. 2010 : *cité note 1 quater ss. C. pr. exéc., art. L. 131-1.*

7. *Moyen subsidiaire.* La cassation intervenue sur des moyens relatifs à la contestation du principe même d'une créance litigieuse prive d'intérêt l'examen du moyen qui, relatif à la demande d'allocation de dommages-intérêts destinés à être compensés avec cette créance, dont par là même le principe a été reconnu, ne peut être que subsidiaire. • Civ. 1re, 1er avr. 2003, no 00-12.413 P.

Art. 624 *(Décr. no 2014-1338 du 6 nov. 2014, art. 11)* **La portée de la cassation est déterminée par le dispositif de l'arrêt qui la prononce. Elle s'étend également à l'ensemble des dispositions du jugement cassé ayant un lien d'indivisibilité ou de dépendance nécessaire.**

V. Circ. du 12 nov. 2014, ss. art. 380.

BIBL. ▸ VOULET, *JCP 1977. I. 1877* (étendue de la cassation en matière civile).

▸ **Décr. du 6 nov. 2014 :** BARADUC et L. BORÉ, *JCP 2014. 1242* (simplification de la procédure devant la Cour de cassation).

A. PRINCIPE

1. *Limite de la cassation.* La cassation d'une décision prononcée « dans toutes ses dispositions » investit la juridiction de renvoi de la connaissance de l'entier litige, dans tous ses éléments de fait et de droit. • Cass., ass. plén., 27 oct. 2006, no 05-18.977 P : *JCP 2007. II. 10019, note Leveneur ; CCC 2007, no 43, obs. Leveneur* • Soc. 5 déc. 2006, no 05-45.697 P. ♦ Comp. : quelle que soit la généralité des termes prononçant la cassation, toutes les parties de la décision qui n'ont pas été attaquées par le pourvoi subsistent en principe comme passées en force de chose jugée. • Com. 20 déc. 1982 : *Bull. civ. IV, no 416* • Civ. 1re, 26 juin 1984 : *Bull. civ. I, no 208* • 19 juill. 1989 : *Bull. civ. I, no 295.*

2. *Portée.* La cassation annule intégralement le chef du dispositif qu'elle atteint, quel que soit le moyen qui a déterminé la cassation ; la cour de renvoi n'est pas liée par les motifs de l'arrêt cassé, elle n'est pas tenue de respecter même ceux des motifs qui n'ont pas été critiqués, mais qui venaient au soutien du chef du dispositif annulé *dans l'arrêt attaqué. • Civ. 3e, 3 mai 1978 : Bull. civ. III, no 184* • Com. 16 févr. 1988 : *Gaz. Pal. 1988. 2. Somm. 491, obs. Croze et Morel* • Civ. 2e, 3 févr. 2000, no 98-13.718 P. ♦ La cour de renvoi est tenue d'examiner tous les moyens soulevés devant elle, quel que soit le moyen qui a déterminé la cassation. • Civ. 2e, 28 mai 1990, no 89-14.349 P • 13 juill. 2006, no 04-12.984 P : *D. 2006. IR 2123* .

3. Sur la délimitation de leur saisine par les juridictions de renvoi après cassation, V. : • Paris, 18 nov. 1998 : *JCP 1999. II. 10059, note Perdriau.* ♦ V. également : • Civ. 3e, 5 mai 1999, no 96-19.712 P.

B. INDIVISIBILITÉ ET DÉPENDANCE NÉCESSAIRE

4. *Compétence et recevabilité.* Une cassation obtenue sur la compétence ou sur la recevabilité s'étend nécessairement aux dispositions de fond. • Soc. 5 nov. 1965 : *Bull. civ. IV, no 752* • Civ. 1re, 23 juin 1969 : *Bull. civ. I, no 241.*

5. *Principal et accessoire.* La cassation d'une disposition principale s'étend nécessairement aux dispositions accessoires. • Civ. 3e, 25 mai 1972 : *Bull. civ. III, no 328* (intérêts de la condamnation).

6. *Conséquences d'une condamnation.* Lorsque la décision attaquée n'a tranché certains points que parce qu'elle s'est prononcée en un sens déterminé dans le chef de dispositif qui a été cassé, l'effet de la cassation s'étend également à ces points. Ainsi, si la cassation est intervenue sur le principe de la responsabilité, elle s'étend nécessairement à l'évaluation du dommage. • Civ. 3e, 23 mai 1984 : *Gaz. Pal. 1984. 2. Pan. 293, obs. Guinchard.*

7. La cassation de l'arrêt ayant été prononcée

pour défaut de réponse aux conclusions d'un salarié attribuant la rupture du contrat de travail à la faute de l'employeur et l'appréciation du caractère réel et sérieux des motifs de la rupture respectivement invoqués par chacune des parties au contrat étant indivisible, la cassation obtenue sur la rupture invoquée par le salarié s'étend aux dispositions confirmatives de l'arrêt cassé relatives aux causes du licenciement invoquées par l'employeur. • Soc. 26 sept. 2001 : *JCP 2002. II. 10076, note Perdriau.* ♦ Par ailleurs, conformément à l'art. 624, la cassation encourue du chef des dispositions de l'arrêt attaqué relatives à l'imputabilité de la rupture et à l'indemnisation du licenciement entraîne, par voie de dépendance nécessaire, celle des dispositions relatives au préjudice moral du salarié. • Même arrêt.

8. Pour un exemple de lien de dépendance nécessaire en matière de contentieux prud'homal, V. • Civ. 2e, 10 juin 2004, n° 03-60.489 P.

9. Demandes principale et reconventionnelle. Les chefs de décision relatifs aux demandes principale et reconventionnelle en divorce fondées sur l'art. 245 C. civ. sont indivisibles. • Civ. 2e, 20 avr. 1988 : *JCP 1988. IV. 218.* ♦ Comp. : • Civ. 2e, 26 avr. 1990, n° 89-11.137 P.

10. Dépens. Les effets de la cassation partielle prononcée sur la liquidation de l'astreinte s'étendent nécessairement aux condamnations prononcées par la décision cassée au titre des dépens et de l'art. 700. • Civ. 2e, 15 déc. 2005, n° 04-12.299 P : *D. 2006. IR 177* ; *RTD civ. 2006. 158, obs. Perrot* .

Art. 625 **Sur les points qu'elle atteint, la cassation replace les parties dans l'état où elles se trouvaient avant le jugement cassé.**

Elle entraîne, sans qu'il y ait lieu à une nouvelle décision, l'annulation par voie de conséquence de toute décision qui est la suite, l'application ou l'exécution du jugement cassé ou qui s'y rattache par un lien de dépendance nécessaire.

(Décr. n° 2014-1338 du 6 nov. 2014, art. 12) **« Si elle en est requise, la Cour peut dans le dispositif de l'arrêt de cassation prononcer la mise hors de cause des parties dont la présence devant la cour de renvoi n'est plus nécessaire à la solution du litige. »**

V. Circ. du 12 nov. 2014, ss. art. 380.

BIBL. ▶ LE BARS, Le NCPC (1975-2005), *Economica 2006, p. 269* (la perte de fondement juridique en droit judiciaire privé).

▶ **Décr. du 6 nov. 2014 :** BARADUC et L. BORÉ, *JCP 2014. 1242* (simplification de la procédure devant la Cour de cassation).

1. La cassation entraîne, sans qu'il y ait lieu à une nouvelle décision, l'annulation par voie de conséquence de toute décision qui est la suite, l'application ou l'exécution du jugement cassé ou qui s'y rattache par un lien de dépendance nécessaire. • Civ. 3e, 31 oct. 2001, n° 99-12.181 P : *Gaz. Pal. 9-20 oct. 2002, p. 32, obs. Perdriau.* – V. déjà • Civ. 3e, 13 mai 1975 : *Bull. civ. III, n° 170.*

2. La cassation d'un arrêt entraîne, par voie de conséquence et sans qu'il y ait lieu à une nouvelle décision, l'annulation de l'arrêt qui l'a rectifié • Cass., ass. plén., 9 oct. 2006, n° 06-14.975 P. ♦ La cassation en toutes ses dispositions d'un arrêt entraîne de plein droit la nullité de l'expertise qui en était l'exécution. • Civ. 3e, 31 oct. 2001 : *Gaz. Pal. 12-14 janv. 2003, p. 32, obs. Perdriau.*

3. La cassation d'un arrêt en toutes ses dispositions, qui s'applique à la charge des dépens, entraîne l'annulation par voie de conséquence de l'ordonnance fixant le montant des émoluments dus par les appelants, condamnés aux dépens, à l'avoué de l'intimé. • Civ. 2e, 24 janv. 2008, n° 06-21.986 P.

4. La cassation d'un arrêt d'appel qui a été exécuté constitue le titre ouvrant droit à restitution. • Civ. 2e, 12 juill. 2011 : *Procédures 2011, n° 303, note Perrot.*

5. L'annulation opérant de plein droit, la décision ou l'acte concernés doivent être considérés comme non avenus. • Com. 7 févr. 1962 : *Bull. civ. IV, n° 82.* ♦ Il en résulte que, si un pourvoi est formé contre une telle décision, c'est un arrêt de non-lieu à statuer qui doit être rendu. • Civ. 2e, 19 mars 1980 : *Bull. civ. II, n° 62 ; D. 1980. IR 465, obs. Julien ; Gaz. Pal. 1980. 2. 568, note Viatte* • Civ. 1re, 23 juin 1982 : *D. 1983. IR 395, obs. Julien* • Cass., ch. mixte, 6 juill. 1984 : *Bull. civ. n° 2 ; Gaz. Pal. 1985. 1. Pan. 53, obs. Guinchard* • Soc. 1er juill. 1985 : *JCP 1985. IV. 316* • Civ. 2e, 9 juill. 1997, n° 96-12.137 P : *RG proc. 1998. 320, obs. Wiederkehr.* ♦ Comp. : • Com. 15 mars 1994, n° 91-13.523 P. ♦ V. aussi : • Civ. 1re, 8 juill. 1998, n° 93-21.119 P.

6. La cassation d'un arrêt prononçant une condamnation solidaire profite à tous les codébiteurs solidaires. • Com. 16 févr. 1993, n° 91-11.585 P.

7. La Cour de cassation ayant dit qu'il n'y avait pas lieu de statuer sur la première branche du second moyen, la cassation prononcée sur la seconde branche s'étend nécessairement aux dispositions critiquées par la première branche. • Soc. 3 juill. 2001 : *JCP 2002. II. 10076, note Perdriau.* ♦ En limitant sa saisine, la cour de renvoi viole par conséquent les art. 624 et 625. • Même arrêt.

8. L'arrêt attaqué s'étant prononcé sur l'appel

d'un jugement, objet d'une cassation totale, il est annulé par voie de conséquence, et la Cour de cassation n'a pas à statuer sur le pourvoi. • Soc. 12 nov. 2003, n° 01-00.007 P.

9. La juridiction de renvoi n'a pas à révoquer l'ordonnance de clôture rendue par une juridiction dont la décision a été cassée, cette ordonnance ayant cessé de produire ses effets par la cassation prononcée. • Civ. 2e, 15 févr. 1995, n° 93-13.213 P.

10. La cassation de l'arrêt qui avait statué sur l'existence d'une dette du tiers saisi envers la personne saisie annule, par voie de conséquence, la décision qui, statuant sur la régularité de la déclaration affirmative du tiers saisi, avait condamné celui-ci à payer au créancier saisissant les sommes saisies-arrêtées. • Civ. 1re, 4 janv. 1995, n° 92-19.875 P. ♦ Par l'effet nécessaire de l'arrêt de cassation et du renvoi de l'affaire, le juge dont la décision est annulée est dessaisi de plein droit de l'affaire et ne peut, dans la même procédure de saisie immobilière, accueillir la demande de prorogation des effets du commandement. • Civ. 2e, 12 mars 1997, n° 95-11.469 P : *D. 1997. IR 95*.

11. La cassation du jugement qui avait déclaré irrecevable l'exception de déchéance des poursuites entraîne l'annulation du jugement d'adjudication. • Civ. 2e, 13 janv. 2000, n° 98-10.619 P • 3 mai 2001, n° 98-18.162 P • 13 juin 2002 : *Procédures 2002, n° 208, note Junillon.* ♦ V. aussi, pour l'annulation d'une saisie-vente pratiquée sur le seul fondement de l'arrêt cassé, • Civ. 2e, 11 juill. 2002, n° 01-00.269 P : *D. 2002. IR 2378* ; *Dr. et pr. 2002. 366, note Douchy.* ♦ ... D'un commandement de payer, d'une saisie-arrêt et d'un jugement statuant sur l'attribution d'une somme consignée à l'occasion d'un litige relatif à l'exécution de l'arrêt cassé, • Civ. 2e, 17 oct. 2002, n° 00-15.020 P : *D. 2002. IR 3124* ; *Gaz. Pal. 30 mars-1er avr. 2003, p. 27, obs. du Rusquec.* ♦ ... D'une expertise ordonnée par l'arrêt cassé, • Civ. 3e, 31 oct. 2001, n° 99-12.181 P : *Gaz. Pal. 9-10 oct. 2002, p. 32, obs. Perdriau.* ♦ ... D'une autre disposition de l'arrêt cassé en ce qu'il avait imputé la rupture de son contrat de travail à un salarié, condamnant ce salarié au versement d'un « dédit-formation », qui, suivant la convention liant les parties, n'était dû que si le salarié quittait son employeur par sa seule volonté, • Soc. 25 févr. 2003, n° 01-40.588 P. ♦ ... D'une ordonnance d'admission de créance du juge commissaire se rattachant par un lien de dépendance nécessaire à l'arrêt ayant reconnu une personne titulaire d'une créance, • Com. 13 mai 2003, n° 00-16.012 P : *JCP E 2003. 1396, n° 9, obs. Pétel ; Gaz. Pal. 7-8 avr. 2004, p. 16, obs. du Rusquec.*

12. Lorsqu'un titre exécutoire sur lequel est fondé un commandement à fin de saisie-vente est annulé partiellement, le commandement demeure valable à concurrence du montant de la créance correspondant à la partie du titre non annulée. • Civ. 2e, 27 févr. 2020, n° 18-25.382 P : *D. 2020. 493*.

13. L'arrêt de cassation constitue un titre exécutoire en lui-même permettant d'entreprendre après un commandement préalable toute mesure d'exécution en remboursement de toute somme indûment perçue au titre de l'arrêt cassé. • Paris, 19 sept. 2002 : *Bull. ch. avoués 2003. 1. 16.*

14. La juridiction de renvoi n'a pas le pouvoir d'exercer un contrôle de légalité de l'arrêt de cassation qui la saisit et ne peut trancher le litige par voie de référence à la décision cassée dont toutes les dispositions se trouvent annulées. • Soc. 10 déc. 1997 : *Gaz. Pal. 1998. 2. 365, note Perdriau.*

15. La partie qui a obtenu gain de cause sur le fond retrouve, en cas de cassation sur le pourvoi de son adversaire, le droit de proposer à nouveau devant la juridiction de renvoi les exceptions rejetées par la décision cassée : • Soc. 21 janv. 1998 : *Gaz. Pal. 1998. 2. Pan. 211.*

16. Lorsque la cause et les parties sont remises dans l'état où elles se trouvaient avant l'arrêt cassé, les demandes formées par une partie qui ne s'était pas pourvue en cassation contre le précédent arrêt, qui étaient l'accessoire, la conséquence ou le complément d'une demande initiale sur laquelle il avait été statué par un chef de l'arrêt atteint par la cassation, sont recevables. • Civ. 2e, 21 déc. 2006, n° 06-12.293 P.

17. Les dispositions d'un jugement concernant l'évaluation d'un dommage se trouvent dans un lien de dépendance nécessaire avec le chef de l'arrêt cassé relatif à la responsabilité ; la cassation intervenue de ce seul chef replace les parties devant la cour de renvoi dans l'état où elles se trouvaient avant l'arrêt cassé tant sur la responsabilité du dommage que sur la réparation de celui-ci. • Civ. 2e, 26 oct. 2006, n° 05-21.398 P : *Dr. et pr. 2007. 78, obs. Salati.*

18. Faute de saisine de la juridiction de renvoi dans le délai de quatre mois de l'art. 1034 C. pr. civ., les parties se retrouvent dans l'état où elles se trouvaient avant le jugement cassé. En conséquence, même si les parties ont été renvoyées devant une juridiction autre que la juridiction dont la décision est cassée, cette dernière est compétente pour connaître du litige. • Civ. 3e, 11 avr. 2012, n° 11-12.851 P : *Dr. et pr. 2012. 164.*

19. La décision française qui accorde l'*exequatur* à un arrêt étranger doit être annulée en ce qu'elle est privée de fondement juridique si, postérieurement au prononcé de cette décision, l'arrêt étranger est cassé. • Civ. 1re, 23 sept. 2015, n° 14-14.823 P : *D. 2015. Actu. 1959* ; *ibid. 2016. Pan. 1059, obs. Jault-Seseke*.

20. En suite d'un jugement non revêtu de l'exécution provisoire, le juge, pour procéder au décompte des sommes dues, est tenu de s'assurer que les sommes, non concernées par la cassation intervenue, ont bien été versées avant le prononcé de l'arrêt cassé. • Civ. 2e, 12 avr. 2018, n° 16-23.176 P : *D. actu. 14 mai 2018, obs. Laffly.*

Art. 626 *(Décr. no 2012-66 du 20 janv. 2012, art. 35)* **En cas de cassation suivie d'un renvoi de l'affaire à une juridiction, celle-ci est désignée et statue, le cas échéant, conformément à l'article L. 431-4 du code de l'organisation judiciaire.**

L'art. 35 du Décr. no 2012-66 du 20 janv. 2012 est applicable dans les îles Wallis-et-Futuna (Décr. préc., art. 44).

1. Viole l'art. 626 l'arrêt de renvoi rendu sous la présidence d'un magistrat qui avait participé au délibéré de l'arrêt cassé. • Civ. 3e, 11 juin 1987 : *cité note 95 ss. Conv. EDH, art. 6, § 1er, App., vo Droit européen et international.* ♦ De même, doit être cassé l'arrêt de renvoi rendu par une cour d'appel, en audience ordinaire, composée de trois magistrats dont l'un avait participé à la décision attaquée. • Civ. 2e, 14 oct. 1987 : *D. 1987. IR 207.*

2. La juridiction de renvoi peut être composée, même en majorité, des mêmes juges que la juridiction dont la décision a été annulée pour irrégularité de la procédure, les appréhensions du justiciable à l'égard de l'impartialité objective des juges n'étant pas fondées, puisque aucun élément nouveau quant au fond n'est en cause. • CEDH 18 déc. 2008, n° 30609 : *Procédures 2009. no 49, note Fricero.*

Art. 627 *(Décr. no 2012-66 du 20 janv. 2012, art. 35)* **La Cour de cassation peut casser sans renvoyer l'affaire dans les cas et conditions prévues par l'article L. 411-3 du code de l'organisation judiciaire.**

L'art. 35 du Décr. no 2012-66 du 20 janv. 2012 est applicable dans les îles Wallis-et-Futuna (Décr. préc., art. 44).

BIBL. ▶ FABRE, *JCP 2001. I. 347* (cassation sans renvoi). – HÉBRAUD, *D. 1979. Chron. 205* (aggiornamento de la Cour de cassation). – LUXEMBOURG, *D. 2006. Chron. 2359* (cassation sans renvoi). – PERDRIAU, *JCP 1985. I. 3180* (cassation sans renvoi) ; *JCP 2001. I. 334.* – TEXIER, *D. 2011. 116* (la possibilité pour la Cour de cassation de mettre fin au procès civil). – WAQUET, Procès du travail, travail du procès, *Bibliothèque de l'Institut André-Tunc, t. 16, LGDJ 2008, p. 407* (la cassation sans renvoi : d'une bonne idée à une pratique fâcheuse).

1. Pouvoir discrétionnaire. Il résulte de l'art. L. 411-3 COJ qu'en ordonnant le renvoi de l'affaire devant la cour d'appel autrement composée la Cour de cassation a exercé un pouvoir discrétionnaire, exclusif de toute erreur matérielle. • Civ. 1re, 28 janv. 2010 : *D. 2010. AJ 449*.

2. La cassation a lieu sans renvoi lorsqu'il ne reste plus rien à juger ; ainsi lorsque la Cour de cassation casse une décision de recevabilité. • Soc. 14 oct. 1981 : *Bull. civ. V, no 781* • Crim. 25 juin 1979 : *D. 1980. 153, note Jeandidier.* ♦ ... Ou une décision par laquelle le juge du fond s'est reconnu compétent. • Civ. 1re, 21 mai 1985 : *JCP 1985. IV. 269.* ♦ ... Ou une décision qui répare à tort une erreur, alors que celle-ci n'était pas simplement matérielle. • Civ. 2e, 12 déc. *1990, no 89-18.679 P.* ♦ ... *Ou une décision* ayant refusé d'ordonner le retrait des débats d'une pièce obtenue en violation du secret médical. • Civ. 1re, 12 janv. 1999, n° 96-20.580 P.

3. La cassation a lieu sans renvoi lorsque la Cour de cassation peut appliquer le droit au fait tel que constaté et apprécié par les juges du fond. • Civ. 1re, 26 nov. 1985 : *Bull. civ. I, no 317* (cassation sans renvoi d'une décision qui, tout en constatant l'absence de mandat écrit, avait condamné un acheteur à payer une commission à un agent immobilier). ♦ V. également • Soc. 18 mars 1986 : *Bull. civ. V, no 96* • Civ. 1re, 19 mai 1987 : *Bull. civ. I, no 157* • 8 mars 1988 : *Bull. civ. I, no 63* • Com. 18 janv. 2000 : *JCP 2000. II. 10300, note Perdriau* • Soc. 23 févr. 2000 : *ibid.* • 8 juill. 2003, n° 01-42.170 P. ♦ Pour un exemple d'arrêt de cassation sans renvoi dans lequel la Cour de cassation effectue des opérations mathématiques découlant de l'application de la règle de droit, V. • Soc. 18 juill. 2001 : *Gaz. Pal. 9-10 oct. 2002, p. 34, obs. Perdriau.*

4. Dès lors qu'un jugement rendu dans une instance opposant un premier syndicat à un second syndicat et à un salarié désigné délégué syndical se rattache par un lien de dépendance nécessaire, né de l'indivisibilité du litige, à un autre jugement rendu dans une instance opposant l'employeur au second syndicat et au délégué syndical qui n'a pas été jointe à celle visée par le pourvoi du premier syndicat, ce jugement se trouve, par voie de conséquence annulé de plein droit par l'annulation de l'autre jugement, sans qu'il y ait lieu à statuer sur le pourvoi. • Soc. 29 oct. 2003, n° 02-60.705 P.

5. Pour un exemple de la pratique consistant à prononcer deux cassations dans un même arrêt de censure (l'une, partielle et sans renvoi, concernant un des chefs en discussion, l'autre, avec renvoi, portant sur le surplus), • Soc. 13 déc. 2001 : *Gaz. Pal. 9-10 oct. 2002, p. 33, obs. Perdriau.* ♦ ... Ou pour un rejet et une cassation partielle sans renvoi : • Soc. 30 mars 2005, n° 03-41.518 P. ♦ ... Ou une cassation partiellement sans renvoi. • Soc. 11 mai 2005, n° 03-40.837 P • 17 mai 2005, n° 03-42.646 P • 11 oct. 2006, n° 04-48.314 P • 16 janv. 2007, n° 05-43.434 P.

6. Si la Cour se prononce sur les dépens afférents aux instances du fond, c'est à l'exclusion des dépens des décisions dont elle n'avait pas connaissance. • Civ. 2e, 9 mars 1994, n° 92-17.449 P.

7. L'arrêt qui, cassant sans renvoi, contient des condamnations est revêtu de la formule exécutoire et emporte exécution forcée. • Civ. 1re, 21 mai 1986 : *Bull. civ. I, n° 131 ; Gaz. Pal. 1987. 1. Pan. 19, obs. Guinchard et Moussa.*

Art. 628 *(Décr. n° 2004-836 du 20 août 2004, art. 33, en vigueur le 1er janv. 2005)* **Le demandeur en cassation qui succombe dans son pourvoi ou dont le pourvoi n'est pas admis peut, en cas de recours jugé abusif, être condamné à une amende civile dont le montant ne peut excéder** *(Décr. n° 2017-892 du 6 mai 2017, art. 67)* **« 10 000 » euros et, dans les mêmes limites, au paiement d'une indemnité envers le défendeur.** – *V., formulant le principe général pour toute action en justice, art. 32-1.*

L'art. 33 du Décr. n° 2004-836 du 20 août 2004 est applicable uniquement aux recours dirigés à l'encontre des décisions rendues à compter du 1er janv. 2005 (Décr. préc., art. 59).

L'art. 67 du Décr. n° 2017-892 du 6 mai 2017 est applicable dans les îles Wallis-et-Futuna (Décr. préc., art. 72-II).

BIBL. ► Cour de cassation, http://www.courdecassation.fr (étude sur le prononcé des amendes civiles prononcées par les chambres civiles de la Cour de cassation (2000-2011)).

► **Décr. du 17 déc. 1985 :** Le Ninivin, *JCP 1986. I. 3226.* – Normand, *RTD civ. 1986. 172.*

Pour une application, V. : • Com. 6 févr. 2001 : *JCP 2001. II. 10587, note Perdriau.*

Art. 629 *(Décr. n° 85-1330 du 17 déc. 1985, art. 3, en vigueur le 1er janv. 1986)* **Sans préjudice de l'application des dispositions de l'article 700, la Cour de cassation peut laisser la totalité ou une fraction des dépens à la charge d'une partie autre que celle qui succombe.**

BIBL. ► Perdriau, *LPA 9 mars 2000, p. 12.* – Saint-Jours, *D. 2005. 2169.*

Art. 630 **L'arrêt emporte exécution forcée pour le paiement de l'amende, de l'indemnité et des dépens.**

Art. 631 **Devant la juridiction de renvoi, l'instruction est reprise en l'état de la procédure non atteinte par la cassation.**

1. Étendue du renvoi. Il résulte du texte qu'en cas de cassation totale la juridiction de renvoi est saisie de l'ensemble du litige et doit répondre aux conclusions prises devant la juridiction qui a rendu la décision attaquée. • Civ. 3e, 8 avr. 1987 : *Bull. civ. III, n° 82 ; Gaz. Pal. 1987. 2. Pan. 149.*

La cassation d'un arrêt expressément prononcée en toutes ses dispositions investit la juridiction de renvoi de la connaissance de l'entier litige dans tous ses éléments de fait et de droit quel que soit le moyen qui a déterminé la cassation. • Com. 15 oct. 2002 : *Gaz. Pal. 30 mars-1er avr. 2003, p. 26, obs. du Rusquec.* ♦ L'appel n'ayant pas été limité, la cour d'appel de renvoi est saisie de l'entier litige, aucune autorité de chose jugée ne pouvant être attachée au jugement entrepris ; est donc recevable une exception de nullité présentée en première instance et reprise en appel. • Civ. 1re, 10 janv. 2006 : *Procédures 2006, n° 45, obs. Perrot.*

2. En ce sens que la décision qui, en suite d'une tierce opposition, suspend l'exécution du jugement ainsi attaqué n'a d'effet que jusqu'à ce qu'il ait été statué de façon définitive sur cette voie de recours, et que la cassation de l'arrêt rendu sur la tierce opposition et la saisine de la cour de renvoi sont sans incidence ni conséquence sur la décision de sursis à exécution prononcée au préalable, laquelle continue de produire ses effets, à plus forte raison quand elle a acquis un caractère irrévocable, V. • TGI Paris, JEX, 23 avr. 2003 : *Dr. et pr. 2003. 358, note Bourdillat.*

3. Modalités du renvoi. Procédure avec représentation obligatoire. Il résulte sans ambiguïté de la combinaison des art. 631, 1032 d'une part, et 930-1 d'autre part, que la déclaration saisissant la cour d'appel, en cas de renvoi après cassation, doit être remise par voie électronique au greffe de la cour d'appel de renvoi. Cette obligation ne porte pas atteinte au droit à un procès équitable. • Civ. 2e, 1er déc. 2016, n° 15-25.972 P : *cité note 1 ss. art. 930-1.*

4. Cour de renvoi. Sous prétexte de litispendance, la cour de renvoi ne peut elle-même renvoyer l'affaire à la cour dont l'arrêt a été cassé. • Civ. 2e, 10 oct. 1990, n° 89-12.447 P. ♦ ... De connexité, la cour de renvoi ne peut elle-même renvoyer l'affaire à la cour dont l'arrêt a été cassé. • Civ. 3e, 14 oct. 1992, n° 90-17.817 P.

♦ Viole les art. 463 et 631 la cour d'appel de renvoi qui, pour déclarer irrecevables les demandes du salarié à titre de solde de congés payés et de treizième mois, l'arrêt retient que la cour d'appel de Paris ayant omis de statuer dans son arrêt du 12 mars 2009 qui a été cassé, c'est cette cour d'appel que le salarié devait saisir de ces demandes en application de l'art. 463, alors que l'effet nécessaire de la cassation et du renvoi est de dessaisir de plein droit de toute connaissance ultérieure de l'affaire le juge dont la décision est cassée pour en investir exclusivement le juge du renvoi et que cette règle, qui touche à l'ordre des juridictions, est d'ordre public. • Soc. 19 sept. 2013 : *Dr. et pr. 2014. 165, note Boisliveau.*

5. Parties. En cas de solidarité à l'égard de plusieurs parties, l'appel formé par l'une conserve le droit d'appel des autres, sauf à ces dernières à se joindre à l'instance, dès lors, une cour d'appel statuant sur renvoi après cassation ne peut déclarer irrecevable la demande formée devant elle par une partie condamnée solidairement avec une autre au paiement d'une certaine somme, au motif que cette partie n'est pas appelante du jugement déféré et n'est pas non plus appelante incidente, alors que cette partie s'était jointe à l'instance d'appel qui se poursuit. • Civ. 2e, 20 janv. 2005, nº 03-13.607 P : *Procédures 2005, nº 83, obs. Perrot ; D. 2005. IR 456*. ♦ Lorsqu'une cession de créance est intervenue au cours d'une instance d'appel relative au recouvrement de celle-ci, engagée par le cédant et poursuivie par ce dernier postérieurement à la cession signifiée au cours de l'instance en cassation, le cessionnaire, substitué de plein droit au cédant dans les actions lui appartenant, intervenu volontairement devant la Cour de cassation et devenu ainsi partie à cette instance, a qualité pour saisir la cour d'appel de renvoi. • Civ. 2e, 22 avr. 2011 : *LPA 12 avr. 2012, p. 7, note Pelletier.*

Art. 632 Les parties peuvent invoquer de nouveaux moyens à l'appui de leurs prétentions.

1. Une partie peut reprendre devant la juridiction de renvoi les moyens rejetés par la décision cassée. • Civ. 3e, 20 mai 1987 : *JCP 1987. IV. 251.* ♦ Mais il n'en est ainsi que si la décision ayant fait l'objet d'une cassation partielle n'a pas été maintenue sur ces points. • Soc. 10 déc. 1980 : *JCP 1981. IV. 76* • Civ. 1re, 9 mars 1982 : *Bull. civ. I, nº 100.*

2. Il résulte des art. 624, 631, 632 et 633 C. pr. civ. que la cassation qui atteint un chef de dispositif n'en laisse rien subsister, quel que soit le moyen qui a déterminé la cassation ; que par l'effet de la cassation partielle intervenue, aucun des motifs de fait ou de droit ayant justifié la disposition annulée ne subsiste, de sorte que la cause et les parties sont remises de ce chef dans le même état où elles se trouvaient avant l'arrêt précédemment déféré et qu'elles peuvent devant la cour de renvoi invoquer de nouveaux moyens ou former des prétentions nouvelles qui sont soumises aux règles qui s'appliquent devant la juridiction dont la décision a été annulée. • Soc. 10 mars 2009 : *JCP 2009. IV. 1649.*

3. S'il y a cassation partielle, le rejet des autres demandes est irrévocable. • Com. 22 févr. 2000, nº 97-22.423 P : *D. 2000. IR 133*.

4. Une partie peut invoquer de nouveaux faits et de nouvelles preuves et peut, par exemple, demander à la juridiction de renvoi d'ordonner une mesure d'instruction. • Soc. 6 févr. 1985 : *JCP 1985. IV. 143.*

5. Les parties peuvent invoquer devant la juridiction de renvoi les lois nouvelles dans la mesure où elles sont applicables aux instances en cours. • Com. 1er déc. 1969 : *Bull. civ. IV, nº 354.*

6. Les moyens nouveaux ne peuvent être proposés que s'ils ne sont pas tardifs ; la partie qui a déjà présenté des défenses au fond devant la juridiction dont la décision a été cassée ne peut plus soulever l'exception d'incompétence devant la juridiction de renvoi. • Soc. 21 mars 1981 : *JCP 1981. IV. 207.*

Art. 633 La recevabilité des prétentions nouvelles est soumise aux règles qui s'appliquent devant la juridiction dont la décision a été cassée.

Les demandes entièrement nouvelles sont irrecevables devant la cour de renvoi ; ainsi en est-il des demandes formulées pour la première fois par des parties qui ne s'étaient pas pourvues en cassation. • Cass., ass. plén., 28 mai 1982 : *D. 1983. 117, concl. Cabannes.*

Art. 634 Les parties qui ne formulent pas de moyens nouveaux ou de nouvelles prétentions sont réputées s'en tenir aux moyens et prétentions qu'elles avaient soumis à la juridiction dont la décision a été cassée. Il en est de même de celles qui ne comparaissent pas.

1. Dès lors qu'une partie comparaît et conclut devant une juridiction de renvoi, celle-ci n'est tenue de répondre qu'aux prétentions et moyens formulés devant elle, alors même que la procédure est orale. • Cass., ass. plén., 26 oct. 2001, nº 99-60.559 P : *RTD civ. 2002. 148, obs. Perrot ; Procédures 2002, nº 23, note Perrot.*

2. En cas de renvoi après cassation, la partie qui ne comparaît pas est réputée s'en tenir aux moyens et prétentions qu'elle avait remis à la juridiction dont la décision avait été cassée. • Civ. 2e, 12 févr. 2004, n° 02-15.108 P : *D. 2004. IR 674 ; Procédures 2004, n° 97, note Perrot ; Gaz. Pal. 13-15 mars 2005, p. 16, obs. du Rusquec* • Civ. 2e, 25 févr. 2010 : *Procédures 2010, n° 108, note Perrot.* ♦ Il incombe à chaque partie de prouver les faits nécessaires au succès de sa prétention, ce qui n'est pas le cas en l'absence de production de pièces au soutien des conclusions déposées devant la juridiction dont la décision a été cassée. • Civ. 2e, 22 mars 2006, n° 04-15.204 P : *D. 2006. IR 999*. ♦ L'arrêt de la cour de renvoi ne peut recevoir la qualification de décision rendue par défaut et faire l'objet d'une opposition, dès lors que la partie défaillante a comparu devant la cour dont l'arrêt a été cassé. • Civ. 1re, 19 juin 2007, n° 06-20.240 P : *D. 2007. AJ 1971, obs. Avena-Robardet ; RTD civ. 2007. 813, obs. Perrot* (visa des art. 631, 634 et 469 al. 1er NCPC [devenu C. pr. civ.]). ♦ En cas de renvoi après cassation, l'instance se poursuit devant la juridiction de renvoi et lorsqu'après avoir comparu devant les juridictions dont la décision a été cassée, l'une des parties ne comparaît pas, elle est réputée s'en tenir aux moyens et prétentions qu'elle avait soumis à la juridiction dont la décision a été cassée et le juge statue par jugement contradictoire. En statuant sur l'opposition, alors que les parties ayant comparu devant la cour d'appel dont l'arrêt a été cassé, l'arrêt rendu après cassation qualifié à tort par défaut, était contradictoire et non susceptible d'opposition, la cour d'appel, qui était tenue de relever d'office la fin de non-recevoir d'ordre public résultant de l'absence d'ouverture de cette voie de recours, viole les art. 631, 634, 469 C. pr. civ. et l'art. 125 du même code. • Civ. 2e, 19 févr. 2015 : *D. 2015. Actu. 493 ; Procédures 2015, n° 149, note Croze ; Dr. et pr. 2016. Chron. 11, obs. Rocheteau.* ♦ V. aussi : • Civ. 2e, 1er oct. 2020, n° 18-23.210 P : *D. actu. 30 oct. 2020, note Bolze ; D. 2020. 1959 ; ibid. 2021. 491, chron. Guého, Talabardon, Lemoine, de Leiris, Le Fischer et Gauthier ; Rev. prat. rec. 2020. 9, chron. Cholet, Draillard, Laher et Salati.*

3. Sur les points qu'elle atteint, la cassation replace les parties dans l'état où elles se trouvaient avant l'arrêt cassé devant la juridiction de renvoi, l'instruction est reprise en l'état de la procédure non atteinte par la cassation ; il en résulte que si par l'effet de la cassation totale intervenue, l'ordonnance de clôture a cessé de produire ses effets, les conclusions subsistent en ce qu'elles demandent que la clôture soit prononcée et que l'affaire soit jugée au vu des conclusions de première instance. • Civ. 2e, 20 janv. 2005, n° 03-14.750 P : *D. 2005. IR 457*.

4. Viole ce texte l'arrêt qui, après avoir relevé que l'avoué de l'appelant a déclaré « n'avoir charge, n'ayant pas reçu d'instruction », en déduit que cet appelant a renoncé à soutenir devant la cour de renvoi la demande reconventionnelle faite devant la première cour d'appel et l'a en conséquence rejetée. • Civ. 2e, 21 juill. 1982 : *Bull. civ. II, n° 108.* ♦ Pour une application en matière successorale, V. : • Civ. 1re, 21 oct. 1997, n° 95-21.667 P.

5. Pour une application du principe formulé par le texte : • Civ. 2e, 9 févr. 1994, n° 92-15.853 P • 9 déc. 1997, n° 96-12.296 P.

6. Les dispositions de l'art. 634 sont applicables en matière de procédure orale. • Soc. 10 déc. 1997, n° 94-42.185 P.

Art. 635 **L'intervention des tiers est soumise aux mêmes règles que celles qui s'appliquent devant la juridiction dont la décision a été cassée.**

Art. 636 **Les personnes qui, ayant été parties à l'instance devant la juridiction dont la décision a été cassée, ne l'ont pas été devant la Cour de cassation peuvent être appelées à la nouvelle instance ou y intervenir volontairement, lorsque la cassation porte atteinte à leurs droits.**

Un codébiteur qui a, de son côté, formé un pourvoi en cassation, sans le joindre à celui des autres codébiteurs, son propre pourvoi étant rejeté alors que celui de ses coobligés est admis, ne peut intervenir à la procédure de renvoi, sa condamnation étant devenue irrévocable. • Civ. 1re, 5 juin 1985 : *Gaz. Pal. 1985. 2. Pan. 296.*

Art. 637 **Ces personnes peuvent, sous la même condition, prendre l'initiative de saisir elles-mêmes la juridiction de renvoi.**

Art. 638 **L'affaire est à nouveau jugée en fait et en droit par la juridiction de renvoi à l'exclusion des chefs non atteints par la cassation.**

1. *Sur la reprise des moyens rejetés* par la décision cassée, V. note 1 ss. art. 632.

2. Sur les chefs cassés, l'affaire doit être rejugée en fait comme en droit. • Com. 16 févr. 1988 : *Bull. civ. IV, n° 70 ; Gaz. Pal. 1988. 2. Somm. 491, obs. Croze et Morel.* ♦ Si la décision a été cassée « en toutes ses dispositions », la juridiction de renvoi connaît de l'entier litige dans tous ses éléments de fait et de droit. • Civ. 2e, 9 janv. 1991, n° 89-12.109 P • Civ. 3e, 25 nov. 1992, n° 90-21.389 P • Civ. 2e, 11 janv. 1995, n° 93-12.754 P • Civ. 1re, 7 déc. 1999, n° 97-15.613 P : *D. 2000. IR 2*. ♦ Lorsqu'une décision prononce une condamnation unique, mais correspondant à des chefs de demande distincts qui ne sont pas indivisément liés, et que la cassation n'intervient que sur l'un d'eux, cette décision n'est pas remise en cause des autres chefs. • Civ. 1re, 3 juin 1997, n° 95-18.458 P • 12 oct. 1999, n° 97-15.717 P. ♦ V. aussi notes 1 s. ss. art. 624.

3. Le rejet préalable de certains moyens n'a pour objet que d'éclairer la juridiction de renvoi sur la doctrine de la Cour de cassation et est sans incidence sur l'étendue de la cassation prononcée. • Civ. 1re, 2 mai 2001, n° 98-14.416 P : *D. 2001. IR 1770*.

4. La Cour de cassation ayant cassé le chef du dispositif de l'arrêt de la cour d'appel qui, en rejetant la demande des appelants, avait nécessairement écarté la fin de non-recevoir tirée de sa nouveauté en cause d'appel, la cour d'appel de renvoi a pu, sans excéder sa saisine, statuer sur la recevabilité de cette demande. • Civ. 3e, 22 janv. 2003, n° 01-11.693 P : *Gaz. Pal. 10-11 oct. 2003, p. 10, obs. du Rusquec.*

5. La décision de la juridiction de renvoi se substitue à la décision cassée. • Civ. 2e, 20 oct. 1993, n° 92-11.066 P.

6. La juridiction de renvoi n'a pas le pouvoir d'exercer un contrôle de légalité de l'arrêt qui la saisit. • Soc. 17 sept. 2003, n° 02-43.599 P : *D. 2003. IR 2482*. ♦ ... Et ne peut trancher le litige par voie de référence à la décision cassée dont toutes les dispositions se trouvent annulées. • Soc. 10 déc. 1997 : *Gaz. Pal. 1998. 2. 365, note Perdriau.*

7. La cassation d'une décision « dans toutes ses dispositions » investit la juridiction de renvoi de la connaissance de l'entier litige dans tous ses éléments de fait et de droit ; elle ne peut considérer qu'une partie des dispositions de l'arrêt cassé sont irrévocables. • Civ. 2e, 28 févr. 2006, n° 04-12.936 P : *D. 2006. IR 745* ; *Gaz. Pal. 6-7 juill. 2007, p. 20, note E. du Rusquec* • Civ. 1re, 12 déc. 2006, n° 05-21.388 P.

8. La cassation d'un arrêt qui ne comportait pas, dans son dispositif, un chef spécifique à la responsabilité de la société expert-comptable, dans sa disposition condamnant ladite société à payer des dommages-intérêts au demandeur, investit la juridiction de renvoi de la connaissance du chef du litige tranché par cette disposition, dans tous ses éléments de fait et de droit. En conséquence, viole les art. 623, 625 et 268 C. pr. civ. la cour d'appel qui juge que les dispositions relatives à la responsabilité de cette société, qui n'ont pas été censurées par la Cour de cassation, sont définitives. • Civ. 2e, 13 mars 2008, n° 07-13.195 P.

9. Viole les art. 624, 625, 632 et 638 l'arrêt, qui pour limiter l'examen des moyens invoqués par la débitrice à celui tiré de l'absence de ventilation dans le tableau d'amortissement du prêt entre le capital remboursé et les intérêts payés, retient que l'intéressée n'a invoqué que ce seul moyen à l'appui de son pourvoi, alors qu'il lui appartenait d'examiner l'ensemble des moyens invoqués par la débitrice au soutien de sa contestation du montant de la collocation fixé par le chef de dispositif censuré. • Civ. 1re, 10 sept. 2014 : *AJDI 2014. 799, obs. Porcheron* ; *JCP 2014. 1232, n° 9, obs. Amrani Mekki* ; *Dr. et pr. 2014. 219, obs. Rocheteau.*

Art. 639 **La juridiction de renvoi statue sur la charge de tous les dépens exposés devant les juridictions du fond y compris sur ceux afférents à la décision cassée.**

1. La juridiction de renvoi peut mettre à la charge de la partie perdante les dépens afférents à l'arrêt cassé à son profit. • Com. 18 mars 1980 : *Bull. civ. IV, n° 131* • Civ. 3e, 12 juill. 1988 : *Bull. civ. III, n° 129.* ♦ ... Sans même motiver spécialement sa décision. • Civ. 1re, 22 juin 1983 : *Bull. civ. I, n° 184* • Com. 21 juill. 1987 : *Bull. civ. IV, n° 205.*

2. L'art. 639 n'instituant pas une faculté mais une obligation pour la juridiction de renvoi de statuer sur les dépens et sur l'indemnité de procédure dont le sort est assimilé aux dépens, les dispositions relatives aux dépens et indemnités de procédure exposés en première instance et en appel jusqu'à la décision censurée sont implicitement cassées, sauf en cas de cassation sans renvoi. • Poitiers, 2 juill. 2003 : *BICC 2004, n° 1162.*

3. Pour une application : • Civ. 3e, 5 mai 1999, n° 96-19.712 P.

4. L'instance devant la juridiction de renvoi étant la poursuite de celle introduite par l'acte d'appel devant la juridiction dont l'arrêt a été cassé, il s'ensuit que la juridiction de renvoi qui constate la péremption de l'instance et condamne une partie aux dépens de l'instance périmée a nécessairement statué sur les dépens afférents à l'arrêt cassé, conformément à l'art. 639 C. pr. civ. • Civ. 2e, 19 nov. 2008, n° 07-20.281 P : *D. 2008. AJ 3093* ; *Dr. et pr. 2009. 152, note Léon.*

SECTION III LE POURVOI DU PROCUREUR GÉNÉRAL PRÈS LA COUR DE CASSATION

(Décr. n° 2014-1338 du 6 nov. 2014, art. 13)

BIBL. ► BARADUC et L. BORÉ, *JCP 2014. 1242* (simplification de la procédure devant la Cour de cassation).

Art. 639-1 Le pourvoi prévu à l'article 17 de la loi n° 67-523 du 3 juillet 1967 est formé contre une décision ayant acquis force de chose jugée.

Il est formé à compter du jour où la décision n'est plus susceptible d'aucun recours par les parties ou du jour où celles-ci l'ont acceptée ou exécutée. Il ne peut être exercé au-delà d'un délai de cinq ans à compter du prononcé de la décision.

Le procureur général près la Cour de cassation peut, en vue de déférer, dans l'intérêt de la loi, un jugement à la Cour, inviter le ministère public près la juridiction qui a rendu ce jugement à le faire notifier aux parties. La notification est effectuée par le *(Décr. n° 2017-892 du 6 mai 2017, art. 68-I-2°)* « greffe » de la juridiction par lettre recommandée avec demande d'avis de réception.

Le pourvoi est formé par requête motivée, déposée au greffe de la Cour de cassation ; il est dirigé contre les motifs ou le dispositif du jugement dont la cassation est demandée et qui est joint à la requête.

Les parties sont avisées, par tout moyen, par le greffier, du pourvoi du procureur général et qu'elles sont recevables à formuler des observations écrites dans un délai de deux mois à compter de cet avis. La constitution d'un avocat au Conseil d'État et à la Cour de cassation n'est pas obligatoire.

Art. 639-2 Le jugement attaqué conserve ses effets entre les parties, même sur les chefs annulés.

Art. 639-3 Le pourvoi prévu à l'article 18 de la loi n° 67-523 du 3 juillet 1967 est formé par requête motivée du procureur général, déposée au greffe de la Cour de cassation ; il est dirigé contre l'acte judiciaire dont l'annulation est demandée et qui est joint à la requête.

Ce pourvoi peut être exercé à tout moment et dans un délai de cinq ans à compter de l'établissement de l'acte attaqué.

Le procureur général met en cause les parties.

Aucun effet suspensif n'est attaché au pourvoi du procureur général pour excès de pouvoir.

L'annulation pour excès de pouvoir vaut à l'égard de tous. La décision d'annulation n'est susceptible d'aucun recours.

Art. 639-4 La procédure prévue aux articles 1011 à 1022 est applicable aux pourvois formés en application des articles 17 et 18 de la loi n° 67-523 du 3 juillet 1967.

TITRE DIX-SEPTIÈME DÉLAIS, ACTES D'HUISSIER DE JUSTICE ET NOTIFICATIONS

BIBL. GÉN. ▶ APPERT, *D. 1973. Chron. 47 ; D. 1976. Chron. 17* (délais de procédure). – APPERT et JUILLIARD, *D. 1976. Chron. 119 et 140.* – BARBAUD, *Dalloz 1974* (dictionnaire des délais de procédure, de prescription et de formalités). – DERRIDA, *D. 1973. Chron. 299* (certains délais de procédure). – GUINCHARD, *Annales Clermont 1983, fasc. 20, p. 21, LGDJ* (le temps en procédure civile). – NORMAND, *RTD civ. 1985. 205* (application dans le temps des délais de procédure). – VASSEUR, *RTD civ. 1950. 439* (délais préfix, délais de prescription, délais de procédure).

CHAPITRE PREMIER LA COMPUTATION DES DÉLAIS

RÉP. PR. CIV. v° *Délais*, par AMRANI MEKKI.

DALLOZ ACTION *Droit et pratique de la procédure civile 2022/2023*, n°s 104.51 s.

BIBL. GÉN. ▶ BEDON, *Dr. et pr. 2012. 279* (computation des délais et actes interruptifs de prescription). – T. LE BARS, *JCP 2000. I. 258 (dies a quo* et *dies ad quem)* – LISBONNE, *Gaz. Pal. 1974. 2. Doctr. 840* (computation des délais).

Art. 640 ***Lorsqu'un acte ou une formalité doit être accompli avant l'expiration d'un délai, celui-ci a pour origine la date de l'acte, de l'événement, de la décision ou de la notification qui le fait courir.***

Sur la date des notifications, V. art. 653 et 668.

1. Champ d'application. Sécurité sociale. A la différence de la contrainte, la mise en demeure préalable délivrée par une URSSAF n'est pas de nature contentieuse, les dispositions des art. 640 à 694 ne sont pas applicables. • Cass., ass. plén., 7 avr. 2006 : *BICC 15 juin 2006, p. 15, rapp. Rouzet, avis Barrairon.*

2. Point de départ. Le délai ne commence à courir qu'au lendemain à zéro heure de l'acte, de l'événement, de la décision ou de la notification. • Civ. 2e, 23 janv. 1985 : *Bull. civ. II, n° 17 ; Gaz. Pal. 1985. 1. Pan. 120, obs. Guinchard.*

Art. 641 **Lorsqu'un délai est exprimé en jours, celui de l'acte, de l'événement, de la décision ou de la notification qui le fait courir ne compte pas.**

Lorsqu'un délai est exprimé en mois ou en années, ce délai expire le jour du dernier mois ou de la dernière année qui porte le même quantième que le jour de l'acte, de l'événement, de la décision ou de la notification qui fait courir le délai. A défaut d'un quantième identique, le délai expire le dernier jour du mois.

Lorsqu'un délai est exprimé en mois et en jours, les mois sont d'abord décomptés, puis les jours.

1. La règle formulée par l'al. 2 s'applique à la notification de tous les actes juridiques et judiciaires, quelle que soit la qualification du délai. • Civ. 3e, 21 déc. 1987 : *Bull. civ. III, nos 215 et 216 ; JCP 1988. II. 21012, note Prévault ; RTD civ. 1988. 392, obs. Perrot* (délai préfix) • 8 déc. 1993, n° 90-22.070 P (rescision pour lésion) • 23 févr. 1994, n° 91-20.075 P : *D. 1995. IR 149* (révision du loyer d'un bail commercial) • Soc. 27 janv. 1993, n° 91-45.870 P (pourvoi en cassation) • Civ. 2e, 12 oct. 1994, n° 92-19.332 P : *JCP 1995. II. 22469, note du Rusquec* (délai d'appel civil) • Civ. 1re, 17 mars 1998, n° 96-15.567 P (délai de forclusion en matière de crédit à la consommation) • Soc. 9 juin 1999, n° 97-41.349 P (convocation à l'entretien préalable au licenciement) • Civ. 3e, 29 nov. 2000, n° 99-11.022 P (procédure de rejet des formalités de publicité foncière) • 19 mars 2003, n° 01-16.284 P (droit de préemption du preneur rural). – V. aussi • Soc. 29 oct. 2003, n° 02-60.702 P (contestation de la désignation d'un délégué syndical).

2. Il résulte des art. 35 *quater* de l'ordonnance du 2 nov. 1945, 11, al. 1er, et 18 du décret du 15 déc. 1992 que le délai de 48 heures accordé au premier président pour statuer sur l'appel d'une ordonnance autorisant le maintien d'un étranger en zone d'attente n'est pas soumis aux dispositions des art. 640 à 642. • Civ. 2e, 9 mars 2000, n° 98-50.050 P.

3. Les dispositions de l'art. 641, al. 2, C. pr. civ., propres à la computation des délais légaux pour l'accomplissement d'un acte ou d'une formalité, n'ont pas vocation à s'appliquer au calcul d'un délai fixé par un organisme de sécurité sociale à un employeur pour venir consulter le dossier de la caisse préalablement à la décision à intervenir sur la prise en charge d'un accident au titre de la législation professionnelle. • Civ. 2e, 13 nov. 2008, n° 07-18.731 P : *JCP S 2009. 1021, note Tauran ; Procédures 2009, n° 2, note Perrot.*

4. Les règles de computation des délais de procédure, énoncées aux art. 641 et 642 C. pr. civ., prévoyant que le délai expire à la fin du jour portant le même quantième que celui du point de départ, sont sans application en matière de prescription pour laquelle, selon l'art. 2229 C. civ., la prescription est acquise lorsque le dernier jour du terme est accompli. Il en résulte que le délai quinquennal de prescription ayant commencé à courir le 19 juin 2008, en application de l'art. 26, II, de la L. n° 2008-561 du 17 juin 2008, est expiré le 18 juin 2013 à vingt-quatre heures. • Civ. 1re, 12 déc. 2018, n° 17-25.697 P : *D. actu. 17 janv. 2019, obs. Kebir ; D. 2018. 2414 ; Rev. prat. rec. 2002. 24, obs. Salati ; CCC 2019, n° 38, note Leveneur ; JCP 2019. 616, obs. Libchaber ; JCP E 2019. 1167, obs. Chavance ; Procédures 2019, n° 39, note Strickler.*

Art. 642 **Tout délai expire le dernier jour à vingt-quatre heures.**

Le délai qui expirerait normalement un samedi, un dimanche ou un jour férié ou chômé, est prorogé jusqu'au premier jour ouvrable suivant.

Sont jours fériés, en vertu des textes actuellement en vigueur, le dimanche, Noël, l'Ascension, l'Assomption et la Toussaint (Arr. 29 germinal an X), le 1er janvier (Avis Cons. d'Ét. 23 mars 1810), le 14 juillet (L. 6 juill. 1880, DP 80. 4. 57), le lundi de Pâques et le lundi de Pentecôte (L. 8 mars 1886, DP 86. 4. 17), le 11 novembre (L. 24 oct. 1922, DP 1924. 4. 22), le 1er mai (L. n° 48-746 du 29 avr. 1948, D. 1948. 183), le 8 mai (L. n° 81-893 du 2 oct. 1981, D. et BLD 1981. 345).

Sur les journées fériées pour la commémoration de l'abolition de l'esclavage dans les départements de Guadeloupe, de Guyane, de Martinique, de la Réunion et de Mayotte, V. L. n° 83-550 du 30 juin 1983 (D. et ALD 1983. 322) et Décr. n° 83-1003 du 23 nov. 1983 (D. et ALD 1983. 523).

A. PRINCIPE

1. Les délais ne sont plus francs et la formalité accomplie le lendemain du jour de l'échéance doit être considérée comme hors délai. • Civ. 2e, 12 janv. 1977 : *Bull. civ. II, n° 8 ; D. 1977. IR 229, obs. Julien* • Civ. 1re, 2 févr. 1977 : *Bull. civ. I, n° 62* • Civ. 2e, 12 oct. 1994 : *préc. note 1 ss. art. 641* • Civ. 3e, 24 juin 1998, n° 95-17.722 P (révision du prix d'un bail rural, art. L. 411-13 C. rur.).

2. Les dispositions de l'art. 642 ne s'appliquent que lorsqu'un acte ou une formalité doit être accompli avant l'expiration d'un délai. • Civ. 2e, 4 févr. 1998 : *Gaz. Pal. 1998. 2. Pan. 205.* ♦ Elles ne s'appliquent pas à une action en comblement de passif. • Com. 10 janv. 2006 : *D. 2006. AJ 301, obs. A. Lienhard.*

3. L'art. 642 n'est que l'expression, en matière procédurale, d'une règle de portée générale applicable à tout délai, quand bien même il s'agirait d'un délai préfix (à propos de l'art. L. 242-1 C. assur.). • Civ. 3e, 18 févr. 2004, n° 02-17.976 P : *D. 2004. Somm. 1206, obs. Julien ; JCP 2004. II. 10095, note Billemont.* ♦ Pour une application de ces dispositions en matière de bail à loyer, V. • Civ. 3e, 8 avr. 1998, n° 97-15.929 P. ♦ Sur l'application de l'art. 642 en matière d'expropriation, V. Forum de procédure 1997 ; *Bull. ch. avoués 1998, n° spéc., p. 39.*

4. Un congé notifié, en vertu de l'art. L. 145-9 C. com., le 30 déc. 1996 fait courir un délai de préavis de six mois qui expire le 30 juin 1997 à vingt-quatre heures. • Civ. 3e, 13 janv. 2004, n° 02-18.337 P : *D. 2004. AJ 350, obs. Rouquet ; Defrénois 2004. 528, obs. Ruet.*

5. Les règles de computation des délais de procédure énoncées aux art. 641 et 642 C. pr. civ., prévoyant que le délai expire à la fin du jour portant le même quantième que celui du point de départ, sont sans application en matière de prescription. • Civ. 1re, 12 déc. 2018, n° 17-25.697 P : *cité note 4 ss. art. 641.* ♦ Le délai de prescription de l'art. 65 de la loi du 29 juill. 1881 (diffamation) se décomptant de quantième à quantième, les dispositions de l'art. 642 sont sans application. • Civ. 2e, 5 févr. 2004, n° 02-14.218 P : *Gaz. Pal. 13-15 mars 2005, p. 19, obs. du Rusquec.*

B. PROROGATION JUSQU'AU PREMIER JOUR OUVRABLE

6. La règle formulée par la seconde phrase de *l'art. 642 est imposée par l'art.* 5 de la Convention européenne sur les computations des délais. • Civ. 3e, 10 déc. 1985 : *Bull. civ. III, n° 165.*

7. Un délai expirant normalement un samedi est prorogé jusqu'au premier jour ouvrable qui suit. • Civ. 2e, 20 juin 1985 : *JCP 1988. II. 20915, note Blaisse.*

Pour une recevabilité d'un appel déposé le lendemain du dernier jour du délai en cas de fermeture du greffe la veille, V. : • Civ. 2e, 4 oct. 2001, n° 00-14.705 P : *D. 2001. IR 3017 ; Procédures 2001, n° 208, note Perrot.* ♦ Est recevable la déclaration d'appel adressée par télécopie au greffe de la cour le dernier jour du délai entre l'heure de la fermeture du greffe et minuit, dès lors que le lendemain le greffier, authentificateur des actes de la procédure, indique sur l'exemplaire remis par l'avoué que la déclaration a été reçue la veille en dehors des heures d'ouverture fixées par le premier président. • Douai, 25 oct. 2001 : *D. 2002. 367, note Bottiau.* – Rappr., en matière prud'homale : • Toulouse, 20 janv. 1995 : *Procédures 1995, n° 298, note Croze.* ♦ V. aussi notes 2 ss. art. 54, 902 et 950. ♦ Pour une application de l'art. 642, al. 2, à une saisie-attribution, V. • Civ. 2e, 4 juin 2020, n° 19-12.260 P : *D. actu. 25 juin 2020, obs. Payan ; D. 2020. 1235 ; RDBF 2020, n° 110, note Piédelièvre ; JCP 2020. 918, note Lauvergnat ; Gaz. Pal. 3 nov. 2020, p. 67, note Habu Groud ; ibid. 8 déc. 2020, p. 43, note Ansault.*

8. Doit être déclaré recevable l'appel formé le lundi 5 janv. 1981 d'un jugement signifié le 2 déc. 1980, du moment que le vendredi 2 janv. 1981 figure sur la liste énonciative des jours chômés publiée par le secrétaire d'État chargé de la fonction publique et applicable aux fonctionnaires des secrétaires-greffes. • Civ. 3e, 13 juin 1984 : *Bull. civ. III, n° 113 ; Gaz. Pal. 1984. 2. Pan. 290, obs. Guinchard ; RTD civ. 1984. 770, obs. Perrot.*

9. Une décision du conseil de l'ordre des avocats et de la chambre des huissiers ne suffit pas à conférer à un vendredi saint le caractère réglementaire de jour chômé. • Civ. 2e, 16 juill. 1976 : *Bull. civ. II, n° 242.*

10. L'art. 642 ne s'applique que lorsqu'un acte ou une formalité doit être accompli avant l'expiration d'un délai. C'est à bon droit qu'un jugement statuant en matière de saisie immobilière retient que la prorogation prévue par cet article, si elle était fixée par l'art. 727 C. pr. civ., entraînerait en violation des droits de la défense une réduction du délai avant lequel les dires doivent être formulés. • Civ. 2e, 14 févr. 1990 : *D. 1990. Somm. 350, obs. Julien ; RTD civ. 1990. 557, obs. Perrot ; Gaz. Pal. 1990. 2. Somm. 492, obs. Véron* • 4 févr. 1998, n° 96-13.391 P : *D. 1998. IR 69 ; RTD civ. 1998, 470, obs. Perrot ; Procédures 1998, n° 80, obs. Perrot.* ♦ V. aussi : • Soc. 30 mars 2010 : *cité note 14.* ♦ En sens inverse : • Civ. 2e, 20 juin 1985 : *Bull. civ. II, n° 126 ; RTD civ. 1986. 179, obs. Perrot.*

La prorogation au premier jour ouvrable suivant est applicable même lorsque le délai est libellé en heures. • Civ. 2e, 30 nov. 2000 : *Procédures 2001, n° 30, obs. Perrot.* ♦ Comp. note 2 ss. art. 641. ♦ L'art. 642 est applicable au délai de péremption de l'instance prévu à l'art. 386. • Civ. 2e, 1er oct. 2020, n° 19-17.797 : *cité note*

85 ss. art. 386.

11. Copropriété. Pour une application de ce texte au délai de 2 mois de l'art. 42 de la loi n° 65-557 du 10 juill. 1965, V. • Civ. 3e, 26 mars 1997, n° 94-21.498 P : *D. 1997. IR 329*.

12. Construction immobilière. Les dispositions de l'art. 642 sont applicables au délai de réflexion prévu par l'art. L. 271-1 CCH. • Civ. 3e, 5 déc. 2007, n° 06-19.567 P : *JCP N 2007. Actu. 841 ; ibid. 2008. 1197, n° 5, obs. Piedelièvre.*

13. Procédures collectives. Pour une application de ce texte en matière de procédures collectives (délai de déclaration des créances), V. • Com. 17 févr. 1998, n° 95-18.686 P : *D. 1998. 381, note Pasturel ; D. Affaires 1998. 429 ; Procédures 1998, n° 91, obs. Croze.* ♦ V. aussi note 7 ss. art. 643 et note 1 ss. art. 644.

14. Grève. Les dispositions de l'art. 642 sont inapplicables à la durée du préavis de grève. • Soc. 30 mars 2010 : *D. 2010. Actu. 1084 ; JCP S 2010. 228, note Miara ; Procédures 2010, n° 219, note Perrot.*

Art. 642-1 *(Décr. n° 76-1236 du 28 déc. 1976, art. 10)* **Les dispositions des articles 640 à 642 sont également applicables aux délais dans lesquels les inscriptions et autres formalités de publicité doivent être opérées.**

Art. 643 **Lorsque la demande est portée devant une juridiction qui a son siège en France métropolitaine, les délais de comparution, d'appel, d'opposition,** *(Décr. n° 2017-892 du 6 mai 2017, art. 8)* **« de tierce opposition dans l'hypothèse prévue à l'article 586** *[,]* **alinéa 3, » de recours en révision et de pourvoi en cassation sont augmentés de :**

1. Un mois pour les personnes qui demeurent *(Décr. n° 2008-452 du 13 mai 2008, art. 22)* **« en Guadeloupe, en Guyane, à la Martinique, à La Réunion, à Mayotte, à Saint-Barthélemy, à Saint-Martin, à Saint-Pierre-et-Miquelon, en Polynésie française, dans les îles Wallis-et-Futuna, en Nouvelle-Calédonie et dans les Terres australes et antarctiques françaises » ;**

2. Deux mois pour celles qui demeurent à l'étranger.

Les augmentations de délais prévues à l'art. 643 ne s'appliquent pas aux recours présentés devant l'Autorité de la concurrence (C. com., art. R. 464-31).

BIBL. ▶ **Décr. du 6 mai 2017 :** Bléry, *D. actu. 17 mai 2017.*

1. Pour une application : • Civ. 2e, 14 déc. 2006, n° 05-17.535 P • 21 déc. 2006, n° 04-16.726 P : *RLDC 2007/37, n° 2508, obs. Miniato.*

2. N'est pas recevable le pourvoi formé plus de quatre mois après la notification de l'arrêt attaqué par une société dont le siège social est à l'étranger. • Civ. 2e, 11 juill. 1988 : *Bull. civ. II, n° 167.*

3. Sur la distinction du point de départ de quatre mois pour former pourvoi selon que le défendeur (une société suisse) est régi par les dispositions traditionnelles des art. 683 à 688 NCPC [devenu C. pr. civ.] ou par les dispositions du règlement communautaire n° 1348/2000 du 29 mai 2000, V. • Com. 11 févr. 2004, n° 01-16.651 P : *RTD civ. 2004. 346, obs. Perrot ; Procédures 2004, n° 126, note Perrot.*

4. Pour l'application de l'art. 643, il faut tenir compte du lieu où demeure la personne à la date où le jugement lui a été régulièrement notifié ; ne bénéficie pas de la prorogation de délai la partie qui, au moment de la notification, demeurait en France, peu important les lieux où elle a pu se rendre par la suite. • Soc. 26 janv. 1977 : *Gaz. Pal. 1977. 2. 582, note Viatte* • Civ. 1re, 25 mai 1987 : *Bull. civ. I, n° 169* (personne domiciliée en France, en déplacement à l'étranger au moment de la signification). – Comp. : • Paris, 2 nov. 2000 : *Bull. ch. avoués 2001. 26.*

5. Il résulte des dispositions combinées des art. 643 et 645, al. 1er, que la prorogation de délai prévue en faveur d'une partie demeurant à l'étranger est subordonnée à la seule condition du domicile à l'étranger, sans autre exception possible qu'en vertu d'une disposition dérogatoire expresse. • Versailles, 16 juill. 2003 : *BICC 2004, n° 168.* ♦ Aucune analogie avec l'exception prévue à l'art. 647 ne peut donc être faite lorsqu'il s'agit d'un appelant demeurant à l'étranger qui a signifié la décision frappée d'appel. • Même arrêt.

6. En l'absence de préjudice causé au destinataire de l'acte, la signification faite en France au représentant d'une société, dont le siège social est à l'étranger, fait courir le délai d'un mois pour interjeter appel. • Civ. 2e, 7 mars 1979 : *Bull. civ. II, n° 66* • 12 nov. 1997, n° 95-20.202 P.

7. L'art. 643 est applicable en matière de contredit de compétence. • Civ. 2e, 10 févr. 1988 : *Bull. civ. II, n° 39 ; D. 1988. 452, note Fadlallah ; Gaz. Pal. 1989. 1. Somm. 165, obs. Guinchard et Moussa.* ♦ V. aussi, pour le délai d'action en relevé de forclusion en matière de procédures collectives, • Paris, 17 déc. 1999 : *D. 2000. AJ 116*. ♦ En revanche, jugé qu'il n'a pas vocation à s'appliquer au délai d'exercice de la revendication (art. L. 621-115 C. com.). • Com. 7 févr. 2006, n° 04-19.342 P : *D. 2006. AJ 577, obs. Lienhard*, confirmant • Paris, 26 mars 2004 : *D. 2004. AJ 1165*. ♦ Ni au délai d'un mois pour saisir le juge-commissaire à compter de l'expiration du délai imparti au mandataire de justice pour répondre à la demande de revendication qu'il a reçue (art. 85-1 du Décr. du 27 déc. 1985). • Com. 28 sept. 2004 : *D. 2005. AJ 301 ; APC 2004, n° 210, obs. Le Corre.*

8. Le protocole franco-algérien du 28 août 1982, en son art. 21, ne met pas en cause l'application des dispositions de l'art. 643. • Civ. 1re, 15 juin 1982 : *Bull. civ. I, n° 222.*

9. Les prorogations de délai prévues aux art. 643, 644 et 645 ne s'appliquent pas au délai de saisine de la cour de renvoi. • Civ. 2e, 27 mai 2004, n° 02-17.897 P : *Procédures 2004, n° 176, note Perrot ; Dr. et patr., oct. 2004, p. 123, obs. Lissarague* (conf. • Paris, 10 avr. 2002 : *D. 2002. Somm. 2649, obs. Julien ; Bull. ch. avoués 2002. 4. 55*) • Soc. 4 mars 1999, n° 97-14.363 P : *D. 1999. Somm. 213, obs. Julien ; Procédures 1999, n° 89, obs. Perrot.* ♦ ... Ni devant le juge des référés, qui doit seulement s'assurer qu'il s'est écoulé un temps suffisant entre l'assignation et l'audience pour que les parties assignées aient pu préparer leur défense. • Paris, 22 oct. 2003 : *Bull. ch. avoués 2003. 12.*

10. Les augmentations de délai édictées à l'art. 643 ne s'appliquent pas au délai de dépôt du mémoire d'appel prévu par l'art. R. 13-49 C. expr. • Civ. 3e, 16 mai 2001, n° 00-70.046 P.

11. Les dispositions des art. 643 et 645, tendant à aménager une égalité des armes entre des parties au procès placées dans des situations différentes, ne caractérisent donc pas l'octroi d'un avantage indu à l'une des parties par rapport aux autres et ne sont pas contraires à la Conv. EDH, notamment au droit à un procès équitable prévu à son art. 6, § 1. • Versailles, 16 juill. 2003 : *préc. note 5.*

12. La notification à un domicile élu en France métropolitaine d'un acte destiné à une personne demeurant à l'étranger ne fait pas obstacle à l'application des délais de distance. • Civ. 2e, 9 sept. 2010 : *Procédures 2010, n° 367, note Perrot.*

13. V. note 1 ss. art. 645 et note 7 ss. art. 684.

14. Domaine d'application. Lorsque la loi ne fixe pas de délai de comparution (en l'espèce, art. 462), les art. 643 et 645, qui ont pour objet d'augmenter un tel délai, ne sont pas applicables. • Civ. 2e, 18 oct. 2012, n° 11-24.807 P : *Procédures 2013, n° 4, note Perrot.* ♦ Il résulte de l'art. 631 qu'en cas de renvoi après cassation l'instance se poursuit devant la juridiction de renvoi. Par conséquent, l'art. 643, qui prévoit l'augmentation, au profit des personnes domiciliées à l'étranger, des délais de comparution, d'appel, d'opposition, de tierce opposition, de recours en révision et de pourvoi en cassation, ne s'applique pas au délai dans lequel doit intervenir la saisine de la juridiction de renvoi après cassation. • Civ. 2e, 4 févr. 2021, n° 19-23.638 P : *cité note 2 ss. art. 1034.*

15. Déféré. La requête en déféré est un acte de procédure qui s'inscrit dans le déroulement de la procédure d'appel et n'ouvre pas une instance autonome, de sorte que l'augmentation de délais prévue par l'art. 643 C. pr. civ. pour les personnes domiciliées à l'étranger, lorsque la demande est portée devant une juridiction qui a son siège en France métropolitaine, ne s'applique pas à ladite requête. • Civ. 2e, 11 janv. 2018, n° 16-23.992 P : *cité note 12 ss. art. 916.*

Art. 644 *(Décr. n° 2008-452 du 13 mai 2008, art. 23)* **Lorsque la demande est portée devant une juridiction qui a son siège en Guadeloupe, en Guyane, à la Martinique, à La Réunion, à Mayotte, à Saint-Barthélemy, à Saint-Martin, à Saint-Pierre-et-Miquelon et dans les îles Wallis-et-Futuna, les délais de comparution, d'appel, d'opposition** *[,]* *(Décr. n° 2017-892 du 6 mai 2017, art. 8)* **« de tierce opposition dans l'hypothèse prévue à l'article 586** *[,]* **alinéa 3, » et de recours en révision, sont augmentés d'un mois pour les personnes qui ne demeurent pas dans la collectivité territoriale dans le ressort de laquelle la juridiction a son siège et de deux mois pour les personnes qui demeurent à l'étranger.**

BIBL. ▸ **Décr. du 6 mai 2017 :** Bléry, *D. actu. 17 mai 2017.*

1. Déclaration des créances. Le délai de déclaration des créances ne constitue pas un délai de comparution au sens de l'art. 644 NCPC [devenu C. pr. civ.] et la prolongation prévue par l'art. 66, al. 1er, du décret du 27 déc. 1985 ne bénéficie qu'aux seuls créanciers domiciliés hors de la France métropolitaine (et non pas aux créanciers domiciliés en France métropolitaine lorsque la procédure collective est ouverte hors de la France métropolitaine). • Com. 23 nov. 1999, n° 96-21.034 P : *D. 2000. AJ 31, obs. A.L. ; APC 2000, n° 5, obs. Vallansan ; JCP E 2000, n° 18-19, p. 752, obs. Pétel ; Procédures 2000, n° 66, obs. Laporte ; RTD com. 2000. 185, obs. Vallens*

2. V. note 9 ss. art. 643.

3. Délai d'appel. Il résulte de l'art. 644 C. pr. civ., dans sa rédaction antérieure au Décr. n° 2017-8892 du 6 mai 2017, que le délai d'appel devant la cour d'appel de Basse-Terre est augmenté d'un mois pour les personnes qui ne demeurent pas dans le département de la Guadeloupe, dans le ressort duquel la cour d'appel a son siège. Il s'ensuit que bénéficie de l'augmentation du délai d'appel, la partie qui, demeurant sur l'île de Saint Barthélémy, interjette appel devant la cour d'appel de Basse-Terre. • Civ. 2e, 11 avr. 2019, n° 18-11.268 P : *D. actu. 2 mai 2019, note Laffly ; D. 2019. 824*.

Art. 645 Les augmentations de délais prévues aux articles 643 et 644 s'appliquent dans tous les cas où il n'y est pas expressément dérogé.

Les délais de recours judiciaires en matière d'élections ne font l'objet de prorogation que dans les cas spécifiés par la loi.

1. La signification à personne d'un jugement français en France par une personne domiciliée à l'étranger n'est pas un obstacle à l'augmentation des délais de recours en raison des distances, lorsque celle-ci interjette appel. • Versailles, 26 mars 2002 : *Dr. et pr. 2002. 296, note Douchy.*

2. L'art. 643 s'applique à la partie qui a signifié le jugement (art. 528) et qui demeure à l'étranger. • Paris, 13 juin 2001 : *Bull. ch. avoués 2003. 7.*

3. Il n'existe aucun texte, visant le cas de l'appelant ayant notifié le jugement, qui déroge aux dispositions de l'art. 643. • Versailles, 9 avr. 2002 : *BICC 2003, n° 116.* ♦ Au regard des exigences de la Conv. EDH, l'octroi de délais de distance à la partie étrangère qui notifie le jugement ne lui confère aucun avantage indu par rapport aux autres parties, puisque les motifs légitimes présidant à l'octroi de ces délais à la partie demeurant à l'étranger subsistent, que la partie notifie ou que lui soit notifié le jugement, que par ailleurs celui qui notifie un jugement dans un pays qui n'est pas le sien ne connaît pas nécessairement la procédure à suivre pour interjeter appel en raison du caractère distinct des procédures de signification et d'appel qui supposent des recours à des officiers ministériels différents, et que, contrairement à l'auteur de la notification, le destinataire de l'acte reçoit dans sa propre langue toutes les informations nécessaires pour former appel. • Même arrêt.

4. N'est pas recevable le pourvoi formé au-delà du délai de l'art. R. 15-1 C. élect. par une personne demeurant à l'étranger, la prorogation instituée par l'art. 643 NCPC [devenu C. pr. civ.] en faveur de ces personnes étant exclue en matière d'élections par l'art. 645. • Civ. 2e, 5 avr. 2007, n° 07-60.095 P.

5. V. notes 7 et 9 ss. art. 643.

6. Domaine d'application. V. note 14 ss. art. 643.

Art. 646 Les dispositions qui précèdent ne font pas obstacle au pouvoir des juges, en cas d'urgence, d'abréger les délais de comparution ou de permettre de citer à jour fixe.

1. Dans un arrêt antérieur au texte, la Cour de cassation s'est prononcée dans le sens que la réduction de délai peut atteindre le délai de distance. • Civ. 2e, 3 déc. 1953 : *Bull. civ. II, n° 335.*

2. Pour un exemple de décision abrégeant le délai de convocation d'une société de droit américain assignée en dissolution d'une société par actions simplifiée pour mésentente entre associés, V. • Paris, 12 sept. 2003 : *JCP E 2004, n° 271.*

Art. 647 Lorsqu'un acte destiné à une partie domiciliée en un lieu où elle bénéficierait d'une prorogation de délai est notifié à sa personne en un lieu où ceux qui y demeurent n'en bénéficieraient point, cette notification n'emporte que les délais accordés à ces derniers.

La notification faite à une partie domiciliée à l'étranger au domicile élu par elle en France ne fait pas perdre à celle-ci le bénéfice du délai de distance, lorsque cette notification n'a pas été faite à personne. • Soc. 7 juill. 1986 : *Bull. civ. V, n° 258* • Com. 15 mai 2001 : *RTD civ. 2001. 952, obs. Perrot* • Paris, 31 oct. 2001 : *BICC 2002, n° 463* • Civ. 2e, 9 sept. 2010 : *D. actu. 30 sept. 2010, obs. Tahri.*

Art. 647-1 *(Décr. n° 2005-1678 du 28 déc. 2005, art. 62, en vigueur le 1er mars 2006)* **La date de notification** *(Décr. n° 2010-1647 du 28 déc. 2010, art. 15-1°)* **« , y compris lorsqu'elle doit être faite dans un délai déterminé, » d'un acte judiciaire ou extrajudiciaire** *(Décr. n° 2008-452 du 13 mai 1008, art. 24)* **« , en Polynésie française, dans les îles Wallis-et-Futuna, en Nouvelle-Calédonie et dans les Terres australes et antarctiques françaises » ainsi qu'à l'étranger est, à l'égard de celui qui y procède, la date d'expédition de l'acte par l'huissier de justice ou le greffe, ou, à défaut, la date de réception par le parquet compétent.**

L'art. 62 du Décr. n° 2005-1678 du 28 déc. 2005 est applicable aux procédures en cours (Décr. préc., art. 87, al. 1er).

CHAPITRE II LA FORME DES ACTES D'HUISSIER DE JUSTICE

RÉP. PR. CIV. v° *Actes de procédure*, par LEBORGNE.

DALLOZ ACTION *Droit et pratique de la procédure civile 2022/2023*, n°s 161.10 s.

BIBL. GÉN. ▸ BERTIN, *Gaz. Pal. 1976. 2. Doctr. 350* (actes d'huissier).

Art. 648 Tout acte d'huissier de justice indique, indépendamment des mentions prescrites par ailleurs :

1. Sa date ;

2. *a)* Si le requérant est une personne physique : ses nom, prénoms, profession, domicile, nationalité, date et lieu de naissance ;

***b)* Si le requérant est une personne morale : sa forme, sa dénomination, son siège social et l'organe qui la représente légalement.**

3. Les nom, prénoms, demeure et signature de l'huissier de justice ;

4. Si l'acte doit être signifié, les nom et domicile du destinataire, ou, s'il s'agit d'une personne morale, sa dénomination et son siège social.

Ces mentions sont prescrites à peine de nullité.

V. Circ. 2 mai 1974 (JO 11 mai ; Rect., JO 28 juill.) relative à la rédaction des actes d'huissier de justice (modèles d'actes les plus usuels en matière civile) ; Circ. 27 juin 1979 (JONC 26 oct.) relative à la modernisation des actes des huissiers de justice (formulaires les plus usuels en matière de baux d'habitation, de baux commerciaux et de baux ruraux).

V. Décr. 2 thermidor an II et Arr. 22 prairial an XI sur l'exigence de la rédaction en français. — V. aussi L. n° 75-1349 du 31 déc. 1975 sur l'emploi de la langue française (D. et BLD 1976. 74).

1. Les dispositions du texte sont sans application lorsque la contestation porte non pas sur l'irrégularité ou l'omission d'une des mentions exigées, mais sur sa véracité. • Civ. 2e, 3 févr. 1977 : *D. 1977. IR 229, obs. Julien.*

2. L'acte de procédure dressé par un huissier de justice comprend des mentions faisant foi jusqu'à inscription de faux en écriture. • Paris, 5 juin 2003 : *Dr. et pr. 2004. 150, note Eid.* ♦ Sur l'application de l'art. 441-1 C. pén. (faux en écriture), V. ce même arrêt.

A. DATE

3. La mention de la date est une formalité substantielle exigée à peine de nullité. • Civ. 2e, 8 oct. 1970 : *JCP A 1971. IV. 5854.*

4. Une date illisible équivaut à une absence de date. • Paris, 24 oct. 1979 : *Bull. ch. avoués 1979. 2. 20.* ♦ Il en est de même d'une date raturée sans approbation de la rature. • Civ. 2e, 20 juin 1968 : *Bull. civ. II, n° 188.* ♦ ... Ou s'il y a divergence de date entre l'original et la copie. • Civ. 9 nov. 1921 : *DP 1923. 1. 51.*

5. La date doit figurer non seulement sur l'original, mais encore sur la copie remise au destinataire. • Civ. 18 nov. 1947 : *D. 1948. 177, note Hébraud ; S. 1948. 1. 137, note Solus ; RTD civ. 1948. 247, obs. Raynaud* • Civ. 2e, 5 mai 1962 : *Bull. civ. II, n° 411.*

6. L'indication de l'heure n'est pas requise. • Douai, 30 avr. 1980 : *D. 1980. 572, note J.-T. T.*

7. Le vice résultant de l'absence de date constitue un vice de forme dont la sanction relève des art. 112 s., notamment en ce qui concerne l'exigence d'un grief. • Civ. 2e, 9 févr. 1983 : *Bull. civ. II, n° 36 ; Gaz. Pal. 1983. 1. Pan. 177, obs. Guinchard* • 12 déc. 1990, n° 89-18.876 P.

B. IDENTIFICATION DU REQUÉRANT

8. Conformément à l'art. 114, la nullité pour omission de l'une des mentions exigées pour la désignation du requérant n'est encourue que si le destinataire établit que le vice lui cause un grief. • Civ. 2e, 24 mai 1984 : *Bull. civ. II, n° 820 ; Gaz. Pal. 1984. 2. Pan. 257, obs. Guinchard* • 17 juill. 1985 : *JCP 1985. IV. 331* • Toulouse, 17 déc. 2001 : *JCP 2002. IV. 2016.* ♦ *Contra*, pour une nullité de fond : • Paris, 7 mars 2002 : *BJS 2002. 803, note Cuif.*

9. Au regard des dispositions de l'art. 648, une assignation introductive d'instance mentionnant le domicile professionnel du demandeur est irrégulière et encourt la nullité à charge pour celui qui s'en prévaut de prouver le grief en résultant pour lui. • Versailles, 20 nov. 2003 : *BICC 2004, n° 1080.* ♦ La difficulté future d'exécution du jugement déféré ou de l'arrêt à intervenir n'est pas démontrée lorsque celui qui l'invoque a fait assigner l'intimé à l'adresse critiquée et que l'acte de signification a été délivré à la personne même de son destinataire, de sorte que le risque invoqué, très hypothétique, n'est pas de nature à constituer le grief nécessaire à l'annulation de l'acte. • Même arrêt.

10. Doit être annulée l'assignation irrégulière au regard des dispositions de l'art. 648, en ce qu'elle fait mention erronée du domicile, et qui cause préjudice aux contradicteurs en ce qu'elle leur a empêché de faire exécuter une décision rendue en référé à leur profit. Ne peuvent faire obstacle à cette nullité ni le fait que la décision ait depuis été exécutée, ni le fait que le requérant recevait des courriers à l'adresse indiquée sur l'assignation, le domicile ne pouvant se confondre avec la simple domiciliation. • Montpellier, 24 avr. 2007 : *BICC 15 juill. 2008, n° 1277.*

11. Si l'organe qui représente la personne morale représentée doit être désigné, la mention du nom de la personne physique qui exerce les pouvoirs de représentant n'est pas exigée. • Civ. 2e, 14 janv. 1987 : *RTD civ. 1987. 399, obs. Perrot ; Bull. civ. II, nos 4 et 5* • Civ. 2e, 18 nov. 1987 : *RTD civ. 1988. 176, obs. Perrot.* ♦ Dans le même sens, pour une association, V. • Civ. 2e, 22 mai 1995, n° 93-15.564 P : *Rev. Justices 1996, n° 3, p. 367, obs. Héron.* ♦ Mais, l'absence des mentions d'identification du requérant, indispensables pour permettre à la partie adverse de vérifier notamment la réalité de l'existence de la personne ainsi désignée, rend irrecevables les conclusions et les prétentions de cette partie à l'instance. • Civ. 2e, 17 déc. 1998, n° 96-20.411 P : *D. 1999. IR 33 ; RTD civ. 1999. 197, obs. Perrot.*

Pour la confirmation, par la Chambre mixte, que le défaut de désignation de l'organe représentant la personne morale constitue un vice de forme, V. note 17 ss. art. 114. ♦ Une cour d'appel, qui constate que l'acte introductif d'instance et la déclaration d'appel d'une société comportaient la mention « société anonyme » aux côtés de celle selon laquelle elle agissait poursuites et diligences de ses représentants légaux, rejette à bon droit l'exception de nullité formée à l'encontre de tels actes, l'indication de la forme de cette société permettant à elle seule de déterminer l'organe habilité à la représenter. • Civ. 1re, 30 sept. 2008 : *RTD civ. 2008. 720, obs. Perrot.*

C. IDENTIFICATION DE L'HUISSIER

12. L'omission de la signature de l'huissier n'entraîne pas l'inexistence de l'acte et constitue seulement un vice de forme dont la sanction est subordonnée aux conditions de l'art. 114. • Civ. 2e, 19 janv. 1977 : *Bull. civ. II, n° 13 ; D. 1977. IR 232, obs. Julien ; Gaz. Pal. 1977. 1. 348.*

13. Selon la chambre commerciale, dans les actes établis par une société civile professionnelle, doivent figurer, à peine de nullité, les nom, prénoms, la qualité d'associé et la signature de l'huissier de justice qui a instrumenté, ainsi que la mention de la société dont il est membre et l'adresse du siège de cette société. • Com. 20 oct. 1998, n° 95-15.804 P : *Rev. huiss. 2000. 206, note Bourdillat.* ♦ V. aussi, pour un procès-verbal de saisie-contrefaçon, • Paris, 23 mars 2001 : *D. 2001. IR 1436.* ♦ Sur la qualification de vice de fond, V. également • Paris, 15 févr. 2000 : *Bull. ch. avoués 2001. 3. 59.* ♦ Mais, pour la deuxième chambre civile, si, dans les actes établis par une société civile professionnelle, doit figurer, à peine de nullité, l'indication des nom et prénoms de l'huissier de justice qui a instrumenté, l'omission de cette mention constitue une irrégularité de forme qui n'est sanctionnée par la nullité de l'acte que s'il en résulte un grief. • Civ. 2e, 7 nov. 2002, n° 01-00.379 P : *D. 2002. IR 3185 ; Dr. et pr. 2003. 115, note Hoonakker ; Gaz. Pal. 30 mars-1er avr. 2003, p. 31, obs. du Rusquec* • 27 mai 2004, n° 02-20.160 P : *D. 2004. IR 1860* • Civ. 2e, 15 janv. 2009 : *D. 2010. Pan. 1307, obs. Leborgne ; Procédures 2009, n° 79, note Perrot.*

14. Nom du clerc ayant procédé à la signification de l'acte. Aucune disposition légale ou réglementaire n'impose que le nom du clerc d'huissier de justice assermenté ayant procédé à la signification d'un acte figure sur celui-ci ; dans le cas d'une telle signification par un clerc assermenté, les dispositions de l'art. 7 de la L. du 27 déc. 1923 relative à la suppléance des huissiers blessés et à la création des clercs assermentés, selon lesquelles l'acte à signifier est préalablement signé par l'huissier de justice qui, après la signification, vise les mentions faites par le clerc assermenté, le tout à peine de nullité, permettent d'établir que la diligence a été accomplie par ce dernier. • Civ. 2e, 11 avr. 2019, n° 17-23.272 P : *D. 2019. 824 ; RLDC 1er juin 2019, note Blanchet ; LPA 26 juill. 2019, p. 10, note Richevaux ; Dr. et pr. 2019. 100, obs. Yatera.*

D. IDENTIFICATION DU DESTINATAIRE

15. L'al. 4 de l'art. 648 n'exige pas la mention du représentant de la personne morale destinataire ; l'assignation d'une société civile immobilière sans indication exacte de la personne de son gérant est régulière. • Civ. 2e, 24 nov. 1982 : *Gaz. Pal. 1983. 1. Pan. 140, obs. Guinchard.* ♦ La mention de l'identité du représentant légal d'une personne morale n'est pas une formalité substantielle. • Civ. 3e, 6 mai 1998, n° 96-15.696 P : *JCP 1999. II. 10037, note du Rusquec.* ♦ Rappr. : • Civ. 3e, 6 mai 1998, n° 96-15.696 P. ♦ En cas d'incertitude sur la personne morale que le demandeur entend faire assigner, V. • TGI Paris, 26 juin 1991 : *Rev. huiss. 1992. 1006, note Hanine.*

16. L'assignation donnée à une épouse sous le nom patronymique de son mari est régulière puisqu'elle ne laisse aucun doute quant à l'identité de la destinataire. • Civ. 3e, 24 janv. 2001, n° 99-14.310 P : *D. 2001. IR 743 ; Dr. et pr. 2001. 239, note Bourdillat.*

17. Le domicile s'entend du lieu du principal établissement de l'intéressé et non d'un simple lieu d'incarcération provisoire dans une maison d'arrêt. • TGI Paris, 12 mai 1993 : *Rev. huiss. 1993. 1185.*

18. La circonstance qu'une signification est faite au domicile élu ne supprime pas l'obligation d'indiquer le siège social. • Civ. 2e, 17 janv. 1996, n° 94-12.139 P.

Art. 649 **La nullité des actes d'huissier de justice est régie par les dispositions qui gouvernent la nullité des actes de procédure.** – *V. art. 112 s.*

1. Sur la nullité des actes d'huissier de justice, V. notes 7, 8 et 12 ss. art. 648.

2. Volonté du requérant. La nullité des actes d'huissier de justice étant régie par les dispositions qui gouvernent les actes de procédure, la nullité d'un congé ne peut être prononcée au motif que l'huissier aurait agi en dehors de son mandat, ou que cet acte aurait été délivré par erreur et en l'absence de consentement. Si l'huissier de justice a mal exécuté le mandat qui lui a été donné, c'est ainsi à bon droit qu'une cour d'appel en déduit exactement que l'absence d'intention du locataire ne constitue pas une irrégularité de fond de l'art. 117 C. pr. civ. • Civ. 3e, 5 juin 2013, n° 12-12.065 P : *D. 2013. Actu. 1473, obs. Rouquet ; RTD civ. 2013. 665, obs. Perrot ; Gaz. Pal. 3 sept. 2013, p. 32, note L. Mayer ; JCP E 2013. 1680, note Kenfack ; Rev. loyers 2013, p. 392, note Chaoui ; Dr. et pr. 2014, suppl. Droit des baux immobiliers, n° 1, p. 8, obs. Schütz.*

3. Doit être cassé l'arrêt qui décide que le congé délivré en application de l'art. 17 de la loi du 22 juin 1982 ne relève pas du régime général de la nullité de forme des actes d'huissier. • Civ. 3e, 13 mars 1991, n° 89-18.477 P.

Art. 650 **Les frais afférents aux actes inutiles sont à la charge des huissiers de justice qui les ont faits, sans préjudice des dommages-intérêts qui seraient réclamés. Il en est de même des frais afférents aux actes nuls par l'effet de leur faute.**

1. Les huissiers de justice, légalement ou contractuellement tenus de conseiller leurs clients sur l'efficacité des actes qu'ils sont requis d'accomplir, doivent rapporter la preuve de l'exécution de cette obligation. • Civ. 1re, 15 déc. 1998, n° 96-15.321 P.

2. Renvoi. V. note 2 ss. art. 711.

CHAPITRE III LA FORME DES NOTIFICATIONS

RÉP. PR. CIV. v° *Actes de procédure*, par LEBORGNE.

DALLOZ ACTION *Droit et pratique de la procédure civile 2022/2023*, nos 162. 00 s., 423. 60 s.

Art. 651 **Les actes sont portés à la connaissance des intéressés par la notification qui leur en est faite.**

La notification faite par acte d'huissier de justice est une signification.

La notification peut toujours être faite par voie de signification alors même que la loi l'aurait prévue sous une autre forme.

1. La notification du dépôt en mairie d'un dossier d'expropriation peut être faite par voie de signification, même si la loi a prévu d'autres formes. • Civ. 3e, 20 janv. 1988 : *Bull. civ. III, n° 17.*

2. L'art. 651, applicable à toutes les juridictions, autorise la signification par huissier de justice du certificat de vérification des dépens. • Civ. 2e, 14 oct. 2004 : *cité note 1 ss. art. 718* • 14 févr. 2008 : *cité note 1 ss. art. 718.* ♦ Le coût incombe à la partie qui supporte les dépens. • Civ. 2e, 14 févr. 2008 : *préc.*

3. L'al. 3 s'applique même hors du domaine judiciaire, par exemple, pour la notification d'un licenciement qui peut être faite par le procédé de la signification. • Soc. 8 nov. 1978 : *Bull. civ. V, n° 746 ; RTD civ. 1979. 429, obs. Perrot* • Civ. 3e, 10 déc. 1985 : *JCP 1986. IV. 73.* ♦ Comp. : • Civ. 3e, 23 janv. 1991, n° 89-14.071 P (droit de préemption d'un locataire) • 10 mars 1993, *n° 91-15.280 P.* ♦ *Mais il ne s'applique pas* à une notification qui n'est pas de nature contentieuse. • Com. 3 oct. 2006 : *D. 2006. AJ 2603, obs. A. Lienhard ; JCP 2007. I. 104, n° 7, obs. Wintgen ; Procédures 2007, n° 6, obs. Perrot* (droit de préemption contractuel qui devait être exercé par lettre recommandée avec demande d'avis de réception).

4. Le terme de signification désignant, selon l'art. 651, la notification d'un acte par huissier de justice, la référence dans l'art. 10 (7°) de la loi du 1er sept. 1948 à la signification du congé rend nécessaire la notification de l'acte par cet officier ministériel. • Civ. 3e, 7 mai 2002, n° 00-19.011 P. ♦ La référence dans l'art. 978 C. pr. civ. à la signification du mémoire au défendeur nécessite, à peine de déchéance, la notification de l'acte par cet officier ministériel. • Civ. 1re, 16 avr. 2008 : *JCP 2008. IV. 1955.*

5. Portée. Dès lors qu'aux termes de l'art. 651, les actes sont portés à la connaissance des intéressés par la notification qui leur en est faite, et que, si l'absence de mention, dans une notification de la voie de recours ouverte, de son délai ou de ses modalités a pour effet de ne pas faire courir le délai de recours, l'acte de notification ne peut être considéré comme nul à défaut de preuve de l'existence d'un grief de sorte qu'il est susceptible de constituer la mise en demeure préalable, nécessaire à une exécution forcée. • Civ. 2e, 14 févr. 2008, n° 06-20.988 P : *Procédures 2008, n° 105, note Perrot.*

Art. 652 **Lorsqu'une partie a chargé une personne de la représenter en justice, les actes qui lui sont destinés sont notifiés à son représentant sous réserve des règles particulières à la notification des jugements.**

La notification du compte des dépens a lieu, s'il y a mandataire constitué, dans les formes de l'art. 652. • Civ. 2e, 22 oct. 1980 : *Bull. civ. II, n° 216.*

SECTION PREMIÈRE **LA SIGNIFICATION**

BIBL. GÉN. ▶ Bédon, *Rev. prat. rec. mai 2020. 6* (la signification à l'épreuve de la pratique : de la théorie au réel !). – Canal et Saragoussi, *Gaz. Pal. 2011. 2023* (perspectives et enjeux de la signification dématérialisée au regard de l'expérience de la Cour de cassation). – Collectif, *Dr. et pr. 2009. 313, spéc. 323* (la pratique de l'huissier de justice face au respect de la vie privée). – Fischer, *Dr. et pr. 2007. 308* (diligences requises de l'huissier de justice). – Fradin, *Dr. et patr. 1/2010, p. 66* (l'acte d'huissier de justice au service de la sécurité juridique). – Hanine, *Rev. huiss. 1985. 406* (modalités de signification). – Mathieu, *Mél. J. Isnard, EJT 2009, p. 255* (la signification électronique... doit-on s'en méfier ?). – Viatte, *Gaz. Pal. 1973. 2. Doctr. 498* (signification des actes d'huissier de justice).

▶ **Décr. n° 2012-366 du 15 mars 2012 :** Ghera, *Dr. et pr. 2012. 114* (entre équilibre et modernité, la sécurité juridique au cœur de la communication électronique judiciaire). – Lauvergnat, *Procédures 2012. Étude 3* (un souffle nouveau en matière de notification) ; *Gaz. Pal. 25-26 mai 2012, p. 8* (la signification virtuelle est maintenant bien réelle !).

Art. 653 *(Décr. n° 2012-366 du 15 mars 2012, art. 2)* **La signification est faite sur support papier ou par voie électronique.**

L'art. 2 du Décr. n° 2012-366 du 15 mars 2012 entre en vigueur en même temps que l'arrêté du garde des sceaux définissant, en application de l'art. 748-6 C. pr. civ., les garanties que doivent présenter les procédés utilisés par les huissiers de justice pour signifier les actes par voie électronique. Cet arrêté doit intervenir au plus tard le 1er sept. 2012 (Décr. préc., art. 24).

1. Les art. 653 s. sont applicables en matière de référé. • Civ. 1re, 3 avr. 1984 : *Bull. civ. I, n° 125.*

2. Jugé que les parties peuvent renoncer au bénéfice du texte, en faisant réaliser une nouvelle signification à personne impliquant renonciation au bénéfice du premier délai. • Amiens, 21 avr. 1977 : *D. 1977. IR 409, obs. crit. Julien.*

3. En cas de signification au parquet, c'est la date de la signification qui est le point de départ du délai et non celle de la remise de la copie au destinataire. • Civ. 2e, 5 janv. 1977 : *Bull. civ. II, n° 1* • 9 mai 1978 : *Bull. civ. II, n° 70* (délai d'appel) • Soc. 7 janv. 1988 : *Bull. civ. V, n° 7* (délai pour saisir la juridiction de renvoi après cassation).

4. En revanche, en cas de signification en mairie, la notification étant réputée faite à domicile, c'est la date de l'avis de passage et non celle de la remise de la copie en mairie qui fait courir le délai. • Civ. 2e, 13 oct. 1977 : *Gaz. Pal. 1978. 1. 135, note Viatte* • Civ. 2e, 28 mai 1979 : *JCP 1979. IV. 252* • Civ. 2e, 5 févr. 1997, n° 95-11.752 P : *Gaz. Pal. 1998. 2. 793, note du Rusquec.*

5. Le délai d'appel court du jour de la signification à domicile et non de celui de l'envoi de la lettre prévue par l'art. 658. • Civ. 2e, 12 oct. 1994, n° 92-19.332 P : *JCP 1995. II. 22469, note du Rusquec.*

Art. 654 **La signification doit être faite à personne.**

La signification à une personne morale est faite à personne lorsque l'acte est délivré à son représentant légal, à un fondé de pouvoir de ce dernier, ou à toute autre personne habilitée à cet effet. — *V. art. 693.*

En ce qui concerne les significations faites aux majeurs protégés, V. C. civ., art. 510-2 (majeur en curatelle), CSP, art. L. 3211-7 (majeur placé dans un établissement de soins, en tutelle ou en curatelle), ss. art. 514 C. civ. — V. ces textes au **C. civ.**

A. PRINCIPE

1. Les dispositions de l'art. 654 s'imposent quel que soit le lieu de la signification, sans distinction entre les grandes agglomérations où l'huissier rencontre d'importantes difficultés et les autres. • Paris, 30 mars 1987 : *D. 1987. IR 117.*

2. La signification doit être faite à personne et lorsque l'acte concerne plusieurs personnes elle doit être faite séparément à chacune d'elles. • Civ. 2e, 8 nov. 2001 : *Dr. et pr. 2002. 106, note Menut.* ♦ Il en est de même lorsque l'acte est signifié selon les modalités de l'art. 659. • Même arrêt.

3. Pour une application de l'art. 654 à la signification d'un commandement délivré en vertu d'une clause résolutoire, V. • Civ. 2e, 30 mai 2002 : *Dr. et pr. 2002. 322.*

4. Les dispositions des art. 654 s. ne sont sanctionnées par la nullité que si leur violation a porté grief à la partie qui l'invoque. • Civ. 2e, 16 juill. 1982 : *Bull. civ. II, no 107.*

B. SIGNIFICATION À UNE PERSONNE MORALE

5. Doit être censurée la cour d'appel qui a retenu qu'un acte destiné à une personne morale avait été remis à personne habilitée à le recevoir alors que la copie signifiée d'un acte d'huissier de justice tient lieu d'original pour la partie à laquelle elle a été remise ou adressée et qu'il n'y était pas mentionné que la personne ayant accepté l'acte était habilitée à cette fin mais que la remise avait été faite à personne présente au domicile. • Civ. 2e, 6 déc. 2018, no 17-26.852 P : *D. actu. 10 janv. 2019, obs. Laher ; Dr. et pr. 2019. 8, note Bédo ; JCP 2018. 1369, note Lauvergnat.*

6. La signification à une personne morale est réputée à personne lorsque l'acte est délivré notamment à son représentant légal ; si celui-ci est domicilié en France, alors même que le siège social de la société qu'il représente est à l'étranger, il n'y a pas lieu à signification à parquet. • Civ. 2e, 12 mai 1975 : *Bull. civ. II, no 144.* ♦ La signification à une personne morale, en l'absence d'établissement, doit être faite à l'un de ses représentant légaux. • Civ. 2e, 16 mars 2000, no 95-13.210 P : *D. 2000. IR 125.*

7. Lorsque la signification d'un acte est destinée à une personne morale en état de liquidation judiciaire, l'acte doit être délivré à son liquidateur. • Civ. 2e, 3 avr. 1979 : *Bull. civ. II, no 116* • 17 mai 1983 : *Bull. civ. II, no 112.* ♦ Comp. : • Civ. 1re, 16 mai 1987 : *Bull. civ. I, no 199 ; Gaz. Pal. 1988. 1. Somm. 34, obs. Croze et Morel.* ♦ Encore faut-il que les fonctions du liquidateur n'aient pas déjà pris fin. • Com. 31 mai 1988 : *Bull. civ. IV, no 186.*

8. L'ancien représentant légal de la société, bien que privé de ses pouvoirs de représentation dès le prononcé de la liquidation judiciaire de la société (par l'effet de l'art. 1844-7, 7o), demeure une personne habilitée à recevoir la signification de l'arrêt confirmant le jugement de liquidation judiciaire. • Com. 30 juin 2004 : *D. 2004. AJ 2043, obs. A. Lienhard ; ibid. 2004. 2429, note Derrida, Julien et Renucci ; JCP E 2005, no 1-2, p. 27, obs. Pétel ; Rev. sociétés 2004. 959, note Le Corre ; Procédures 2004, no 212, note Thouret et Laporte ; APC 2004, no 203, obs. Monsèrié-Bon ; Dr. et pr. 2004. 329, note Putman* • 12 avr. 2005, no 04-11.994 P : *Procédures 2005, no 254, obs. Laporte.*

9. Est nulle la signification à une société faite à un employé de celle-ci, si celui-ci ne déclare pas avoir été habilité à cet effet. • Soc. 26 juin 1975 : *Bull. civ. V, no 358* • 4 avr. 1978 : *Bull. civ. V, no 278* • Soc. 12 sept. 2007 : *Procédures 2007, no 273, note Perrot* • Civ. 3e, 28 oct. 2009 : *Procédures 2010, no 391, note Perrot.*

10. En revanche, constitue une signification à personne régulière la signification délivrée à un secrétaire « habilité à recevoir copie » dont le nom est indiqué. • Com. 19 juin 1979 : *Bull. civ. IV, no 207.* ♦ V. aussi • Dijon, 28 avr. 1992 : *Rev. huiss. 1993. 661, note Dahan.* ♦ Constitue également une signification à personne régulière la signification délivrée à une secrétaire s'étant déclarée habilitée à recevoir l'acte. • Paris, 5 sept. 2013 : *Dr. et pr. 2013. 257.*

11. La signification d'un jugement à une personne morale est faite à personne lorsque l'acte est délivré à toute personne habilitée sans que l'huissier de justice ait à vérifier la qualité déclarée par la personne à qui est remise la copie de l'assignation. • Civ. 2e, 18 sept. 2003, no 01-16.604 P : *D. 2003. IR 2543 ; Gaz. Pal. 29-30 oct. 2004, p. 22, obs. du Rusquec.* – V. déjà • Civ. 2e, 14 déc. 1981 : *Gaz. Pal. 1982. 1. 191, note Viatte* • Paris, 24 sept. 1998 : *D. Affaires 1999. 209, obs. V. A.-R.*

12. La remise de l'acte à un « responsable entretien » qui a déclaré être habilité à le recevoir, ce dont l'huissier n'avait pas à vérifier l'exactitude, constitue une signification à personne. • Com. 12 nov. 2008 : *Procédures 2009, no 7, note Perrot.*

13. Le débat judiciaire devant être loyal et chacun devant apporter son concours à la justice en vue de la manifestation de la vérité, jugé que la signification à l'ancienne adresse du siège social de la personne morale, qui ne rapporte pas la preuve de ce qu'elle a informé ses adversaires de son changement d'adresse, est valable. • Montpellier, 18 mars 2003 : *BICC 2003, no 1421.*

14. Lorsqu'une société n'a pas la personnalité morale, la signification doit être faite à chacun des associés. • Civ. 2e, 7 janv. 1960 : *Bull. civ. II, no 10* (société de fait).

15. Les jugements doivent être notifiés aux parties elles-mêmes et lorsque la décision concerne plusieurs personnes, la notification doit être faite séparément à chacune d'elles, même si la décision qui leur est signifiée les condamne solidairement et si elles habitent à la même adresse. • Civ. 2e, 15 janv. 2009, no 07-20.472 P : *D. 2009. AJ 378 ; ibid. Chron. C. cass. 757, obs. Sommer ; Procédures 2009, no 78, note Perrot ; Dr. et pr. 2009. 157, note Douchy-Oudot ; Gaz. Pal. 17-18 juin 2009, p. 20, note Lauvergnat.*

16. V. aussi art. 655, notes 8 s., et art. 690, notes 6 s.

Art. 655 **Si la signification à personne s'avère impossible, l'acte peut être délivré soit à domicile, soit, à défaut de domicile connu, à résidence.**

(Décr. n° 2005-1678 du 28 déc. 2005, art. 54, en vigueur le 1er mars 2006) **« L'huissier de justice doit relater dans l'acte les diligences qu'il a accomplies pour effectuer la signification à la personne de son destinataire et les circonstances caractérisant l'impossibilité d'une telle signification.**

« La copie peut être remise à toute personne présente au domicile ou à la résidence du destinataire.

« La copie ne peut être laissée qu'à condition que la personne présente l'accepte et déclare ses nom, prénoms et qualité. »

L'huissier de justice doit laisser, dans tous ces cas, au domicile ou à la résidence du destinataire, un avis de passage daté l'avertissant de la remise de la copie et mentionnant la nature de l'acte, le nom du requérant ainsi que les indications relatives à la personne à laquelle la copie a été remise. – *V. art. 693.*

L'art. 655 du Décr. n° 2005-1678 du 28 déc. 2005 est applicable aux procédures en cours (Décr. préc., art. 87, al. 1er).

BIBL. ▶ FRICERO, *Dr. et pr. 2006. Chron. 68.* – J.-M. et F.-J. PANSIER, *Rev. huiss. 1985. 1129* (signification à domicile ou à résidence). – PERROT, *Procédures 2006. Chron. 3.* – SOULARD, *Procédures 2006. Chron. 10.*

A. IMPOSSIBILITÉ DE LA SIGNIFICATION À PERSONNE

1. L'huissier doit mentionner les circonstances caractérisant l'impossibilité de la signification à personne. • Civ. 2e, 27 avr. 1983 : *Bull. civ. II, n° 103* • 26 janv. 1986 : *Bull. civ. II, n° 175* • 11 févr. 1987 : *Bull. civ. II, n° 43.* ♦ ... Et ces circonstances doivent être décrites de manière suffisamment précise. • Civ. 2e, 21 juill. 1986 : *Bull. civ. II, n° 130 ; Gaz. Pal. 1987. 1. Somm. 172, obs. Croze et Morel* (insuffisance de la formule « malgré toutes démarches effectuées et personnes interrogées »). – V. aussi • Civ. 3e, 21 févr. 2001, n° 99-16.979 P. ♦ La signification par procès-verbal de remise à l'étude du jugement sur lequel se fonde l'acte de saisie-attribution ne pouvait être annulée, l'huissier ayant justifié d'une impossibilité de signifier à personne ou à domicile. • Civ. 2e, 4 juin 2020, n° 19-12.727 P : *D. actu. 3 juill. 2020, obs. Couturier ; Rev. prat. rec. 2020. 17, chron. Cholet, Cousin, Faivre, Gregori, Laher et Salati ; RTD civ. 2020. 701, obs. Cayrol ; RDBF 2020, n° 109, note Piédelièvre ; JCP 2020. 751, note Cholet ; Gaz. Pal. 8 déc. 2020, p. 36, note Brenner.*

2. Des déclarations relatives à l'impossibilité de signifier à personne, mais postérieures à l'acte de signification et dont il n'a pas été fait état dans celui-ci, ne valident pas la signification. • Civ. 2e, 3 oct. 1979 : *Bull. civ. II, n° 231 ; Gaz. Pal. 1980. 1. 355, note du Rusquec* • 26 nov. 1986 : *Bull. civ. II, n° 175 ; D. 1987. Somm. 357, obs. Julien ; Gaz. Pal. 1987. 2. 663, note du Rusquec.*

3. La signification à domicile n'est possible qu'à la condition que toutes les diligences aient été faites pour que l'acte puisse être signifié à personne et qu'elles soient demeurées infructueuses. • Civ. 2e, 8 déc. 1983 : *Gaz. Pal. 1984. 1. Pan. 67, obs. Guinchard ; RTD civ. 1984. 362, obs. Perrot* • 11 févr. 1987 : *D. 1987. Somm. 359, obs. Julien* • Civ. 3e, 12 mai 1993, n° 91-21.113 P • Civ. 2e, 30 juin 1993 : *JCP 1994. II. 22274, note du Rusquec* • Civ. 2e, 9 mars 1994 : *JCP 1994. IV. 1242* • Civ. 3e, 4 mai 1994 : *JCP 1994. IV. 1643.* ♦ ... Et ces diligences doivent être accomplies même en cas de domicile élu. • Civ. 2e, 9 févr. 1983 : *Bull. civ. II, n° 37* • Civ. 1re, 16 juin 1993, n° 91-10.608 P. – V. également • Civ. 2e, 10 nov. 2005, n° 03-20.369 P.

4. Nullité de l'acte signifié à domicile, à l'épouse du signifié, cet acte ne précisant pas les circonstances ayant empêché la signification à personne, alors que l'huissier ne pouvait pas ne pas avoir été informé de l'hospitalisation du signifié et qu'il pouvait encore délivrer l'acte à personne, à l'hôpital (situé dans le ressort). • Montpellier, 28 févr. 1995 : *Rev. huiss. 1995. 816, obs. Bourdillat.*

5. Aucune disposition légale n'impose à l'huissier de se présenter à nouveau au domicile de l'intéressé pour parvenir à une signification à personne. • Civ. 2e, 28 mars 1984 : *Bull. civ. II, n° 56 ; RTD civ. 1984. 558, obs. Perrot* • Civ. 2e, 26 févr. 1997, n° 95-15.377 P : *D. Affaires 1997. 509.*

6. La signification à une personne morale est faite au lieu de son établissement ; justifie avoir accompli les diligences nécessaires l'huissier qui, s'étant rendu au siège de la société, constate que l'employé qu'il y a trouvé refuse de recevoir l'acte en l'absence de son directeur au motif qu'il n'a pas reçu les instructions nécessaires, la carence de la société rendant ainsi impossible la signification à personne. • Com. 10 juill. 1989 : *Bull. civ. IV, n° 220.* ♦ L'huissier n'a l'obligation de tenter la signification qu'au lieu du siège social dont l'existence n'est pas contestée. • Civ. 2e, 21 févr. 1990, n° 88-17.230 P : *D. 1990. IR 63* . ♦ Il n'a pas à rechercher le domicile du gérant. • Civ. 2e, 21 juin 1995, n° 93-16.761 P : *D. 1995. IR 217* . ♦ V. aussi : • Civ. 2e, 7 oct. 1992, n° 91-12.499 P.

Une société est réputée conserver son siège social au lieu fixé par les statuts et publié au registre du commerce et des sociétés tant qu'elle n'a pas fait choix d'un nouveau siège social. • Paris, 8 juill. 1992 : *Rev. huiss. 1993. 1120.*

7. Les juges du fond apprécient souverainement la portée des éléments de fait dont ils déduisent l'impossibilité de signifier à personne. • Civ. 2e, 28 mars 1984 : *Bull. civ. II, no 56.*

B. REMISE À TOUTE PERSONNE PRÉSENTE

8. L'acceptation de la personne présente est nécessaire. • Civ. 2e, 16 mai 1979 : *JCP 1979. IV. 237.* ♦ Mais la personne présente au domicile du destinataire d'une signification à qui, en l'absence de celui-ci, copie a été remise l'accepte nécessairement en la recevant. • Civ. 2e, 28 mars 1984 : *Bull. civ. II, no 56* • 1er juill. 1987 : *D. 1987. IR 171.*

9. La régularité de la signification suppose que le nom et la qualité de la personne à qui la copie a été laissée soient mentionnés sur l'original. • Civ. 2e, 17 nov. 1976 : *Bull. civ. II, no 305* • 24 mars 2005, no 04-12.704 P : *D. 2005. IR 1051.* ♦ Mais il suffit que la précision soit suffisante pour permettre de déterminer cette personne. • Civ. 2e, 6 juill. 1977 : *Bull. civ. II, no 178* (la mention de la qualité de père du destinataire rend inutile la mention du nom, de la qualité et du domicile). ♦ L'huissier de justice qui n'a pas indiqué dans l'acte l'identité de la personne présente dans les lieux, doit procéder, en les mentionnant, à des investigations complémentaires pour établir la réalité du domicile. • Civ. 2e, 22 oct. 1997, no 95-20.542 P : *D. 1997. IR 245 ; D. Affaires 1998. 26, obs. V. A.-R.*

La signification de l'acte faisant courir le délai d'appel, la remise de l'acte à une personne présente, qui comporte un aléa irréductible quant à sa transmission au destinataire, porte atteinte aux droits de celui-ci si l'impossibilité de signification à personne n'a pas été formellement constatée. • Limoges, 1er juin 1992 : *D. 1992. IR 247.*

10. L'huissier n'est pas tenu de vérifier l'exactitude des déclarations faites par la personne présente qui accepte la remise. • Civ. 2e, 6 oct. 1971 : *Bull. civ. II, no 264* • 4 juill. 2007, no 06-16.961 P : *D. 2007. AJ 2309* (identité de la personne qui déclare être le destinataire de l'acte). ♦ La signification est régulière dès lors que l'huissier de justice s'étant présenté à l'adresse du destinataire de l'acte dont il avait reçu confirmation par une personne présente sur place, peu important que cette personne, qui avait fourni un renseignement s'étant avéré exact, n'ait pas déclaré son identité. • Civ. 2e, 13 mai 2015, no 14-12.089 P : *Dr. et pr. 2015. 184, note Lauvergnat* ♦ ... Et les erreurs sur la qualité de cette personne n'entraînent pas la nullité de la signification. • Civ. 2e, 12 oct. 1972 : *Bull. civ. II, no 56 ; D. 1973. Somm. 67.*

11. La remise peut être faite à un mineur, pourvu qu'il ait un discernement suffisant. • Paris, 27 févr. 1953 : *D. 1953. 328* • 16 janv. 1984 : *Bull. ch. avoués 1984. 65* • Crim. 19 déc. 1956 : *D. 1957. 93 ; RTD civ. 1957. 394, obs. Raynaud.* ♦ Un enfant de douze ans a un discernement suffisant pour recevoir l'acte et le remettre à ses parents avec lesquels il demeure. • Civ. 2e, 21 juin 1995, no 93-10.326 P : *D. 1996. IR 242 ; Justices 1996, no 3, p. 371, obs. Héron.* ♦ Comp., pour un enfant de cinq ans : • Poitiers, 6 févr. 2001 : *JCP 2002. IV. 2211.*

12. La remise est valablement faite à toute personne présente, par exemple, à la belle-fille du directeur d'une société. • Civ. 2e, 1er juill. 1987 : *RTD civ. 1988. 177, obs. crit. Perrot.* ♦ ... Mais ne pourrait être faite sans méconnaître les droits de la défense à celui qui a requis la signification même s'il est présent au domicile du destinataire. • Civ. 2e, 19 déc. 1973 : *RTD civ. 1974. 454, obs. Perrot* • Caen, 9 nov. 1973 : *Gaz. Pal. 1974. 1. 75.*

13. La notion de voisin est une question de fait. • Crim. 24 juin 1959 : *D. 1959. 467* • Paris, 15 oct. 1964 : *D. 1965. 90.*

C. AVIS DE PASSAGE

14. Le dépôt de l'avis de passage est une formalité substantielle et doit à peine de nullité être mentionné par l'acte. • Nîmes, 19 mars 1975 : *Gaz. Pal. 1975. 1. Somm. 237* • Rennes, 12 nov. 1987 : *Gaz. Pal. 1988. 1. 341, note du Rusquec.*

15. Mais il n'est pas nécessaire que cet avis de passage soit effectivement parvenu à son destinataire. • Civ. 2e, 12 nov. 1980 : *Bull. civ. II, no 231* • 18 janv. 1984 : *Bull. civ. II, no 11.*

Art. 656 *(Décr. no 2005-1678 du 28 déc. 2005, art. 55, en vigueur le 1er mars 2006)* **Si personne ne peut ou ne veut recevoir la copie de l'acte et s'il résulte des vérifications faites par l'huissier de justice, dont il sera fait mention dans l'acte de signification, que le destinataire demeure bien à l'adresse indiquée** *(Décr. no 2006-1805 du 23 déc. 2006, art. 6, en vigueur le 1er janv. 2007)* **« , la signification est faite à domicile. Dans ce cas, » l'huissier de justice laisse au domicile ou à la résidence de celui-ci un avis de passage conforme aux prescriptions du dernier alinéa de l'article 655. Cet avis mentionne, en outre, que la copie de l'acte doit être retirée dans le plus bref délai à l'étude de l'huissier de justice, contre récépissé ou émargement, par l'intéressé ou par toute personne spécialement mandatée.**

La copie de l'acte est conservée à l'étude pendant trois mois. Passé ce délai, l'huissier de justice en est déchargé.

L'huissier de justice peut, à la demande du destinataire, transmettre la copie de l'acte à une autre étude où celui-ci pourra le retirer dans les mêmes conditions.

L'art. 55 du Décr. nº 2005-1678 du 28 déc. 2005 est applicable aux procédures en cours (Décr. préc., art. 87, al. 1er).

JURISPRUDENCE ANTÉRIEURE AU DÉCRET DU 28 DÉC. 2005

1. La signification étant réputée faite à domicile, la date de la signification est celle de l'avis de passage et non celle de la remise de la copie en mairie (jurisprudence antérieure au Décr. du 28 déc. 2005). • Civ. 2e, 13 oct. 1977 : *Bull. civ. II, nº 197 ; Gaz. Pal. 1978. 1. 135, note Viatte* • Paris, 28 sept. 1989 : *JCP 1990. II. 21417, note Hanine.*

2. L'huissier doit impérativement vérifier que le destinataire demeure à l'adresse indiquée et mentionner sur l'acte qu'il a procédé à cette vérification ; l'acte doit justifier d'investigations concrètes et une simple formule de style serait inopérante à cet égard. • Civ. 2e, 25 mai 1978 : *Bull. civ. II, nº 141 ; Gaz. Pal. 1978. 2. 453, note Viatte* • 18 mars 1981 : *Bull. civ. II, nº 68 ; Gaz. Pal. 1982. 1. 76, note du Rusquec ; RTD civ. 1981. 896, obs. Perrot* • Com. 29 nov. 1982 : *Bull. civ. IV, nº 376* • Civ. 1re, 12 janv. 1988 : *Bull. civ. I, nº 3 ; Gaz. Pal. 1988. 2. Somm. 318, obs. Guinchard et Moussa.* ♦ Comp., rejetant le moyen tiré de la « mention préimprimée faisant état de l'impossibilité de délivrer l'acte à personne, mais omettant d'indiquer les diligences concrètes entreprises par l'huissier de justice pour y parvenir », au motif qu'après avoir relevé que personne n'a pu ou voulu recevoir l'acte, bien que l'huissier de justice se soit déplacé au domicile du destinataire de la signification, dont il avait vérifié l'exactitude, la cour d'appel a pu en déduire que la signification était régulière : • Civ. 2e, 18 déc. 2003, nº 01-16.445 P : *Gaz. Pal. 29-30 oct. 2004, p. 20, obs. du Rusquec.* ♦ La certification de la réalité du domicile par une personne présente dans les lieux sans indication de l'identité de celle-ci est insuffisante. • Civ. 2e, 22 oct. 1997, nº 95-20.542 P : *D. 1997. IR 245 ; D. Affaires 1998. 25, obs. V. A.-R.* ♦ La seule mention dans l'acte de signification de la confirmation du domicile par différents voisins est insuffisante à caractériser les vérifications imposées à l'huissier de justice. • Civ. 2e, 28 févr. 2006, nº 04-12.133 P : *D. 2006. IR 743 ; Gaz. Pal. 6-7 juill. 2007, p. 22, note E. du Rusquec.* ♦ Comp., jugeant que, l'huissier de n'étant pas tenu de mentionner l'identité des personnes auprès desquelles il s'assure du domicile, la régularité de l'acte de signification peut être déduite du fait que l'huissier s'est rendu à l'adresse figurant sur le jugement qui lui a été confirmée par un voisin. • Civ. 2e,10 juin 2004, nº 02-16.839 P : *D. 2004. IR 1860* • 8 mars 2006, nº 04-19.140 P.

3. L'huissier s'exécute suffisamment en vérifiant, dès lors que personne ne peut recevoir l'acte, que le domicile auquel il se présente est bien celui qui est indiqué dans les pièces de procédure et que le nom du destinataire figure sur la boîte aux lettres. • Toulouse, 13 oct. 2003 : *JCP 2004. IV. 1670.* ♦ Le fait que le destinataire ait déménagé et en ait informé l'autre partie ne saurait à lui seul entacher d'irrégularité la signification ainsi faite dès lors qu'il n'a accompli aucune diligence pour formaliser son changement d'adresse, de sorte que c'est bien son domicile initial qui figure sur le jugement et sur l'acte d'appel. • Même arrêt.

4. Si la signification d'un acte ne peut être faite à personne, elle est faite à domicile, la copie de l'acte n'étant remise à la mairie que si la personne n'a pu ou voulu la recevoir (jurisprudence antérieure au Décr. du 28 déc. 2005). • Civ. 2e, 10 nov. 1998 : *Procédures 2000, nº 33, obs. Perrot.*

5. La remise d'un acte en mairie, conformément à l'art. 656 du NCPC [devenu C. pr. civ.], ne constitue pas un acte d'exécution de la mesure de saisie et peut donc être effectuée par un clerc assermenté. • Civ. 2e, 4 oct. 2007, nº 06-17.879 P : *D. 2007. AJ 2678 ; ibid. 2008. Pan. 1169, obs. Leborgne ; Dr. et pr. 2008. 42, note Lefort.*

JURISPRUDENCE POSTÉRIEURE AU DÉCRET DU 28 DÉC. 2005

6. Pour l'application de l'art. 656 C. pr. civ., la mention « nom sur la boîte aux lettres » ne constitue pas à elle seule une vérification suffisante de ce que le destinataire de l'acte demeure bien à l'adresse de signification, alors qu'une précédente signification a été effectuée à une autre adresse. • Civ. 2e, 15 janv. 2009 : *cité note 15 ss. art. 654.*

7. Le manquement d'un cotisant à son obligation de déclarer son changement d'adresse à la caisse de sécurité sociale ne décharge pas l'huissier de son obligation de procéder aux diligences qui lui incombent. Il ne peut se contenter, pour s'assurer de la réalité d'un domicile, de constater l'indication du nom du destinataire sur la boîte aux lettres. • Civ. 2e, 4 mars 2021, nº 19-25.291 P : *D. actu. 19 mars 2021, note Goujon-Bethan ; D. 2021. 530.*

8. La signification d'un commandement de payer à une société au lieu de son établissement, lequel correspond au lieu de son siège social tel que figurant au K *bis*, est, en l'absence sur place de toute personne susceptible de recevoir l'acte, régulière. • Civ. 2e, 11 mars 2010 : *cité note 2 ss. art. 659.* ♦ La signification effectuée au siège social de la société est régulière et il ne peut être reproché à la partie à l'origine de la procédure de ne pas avoir fait signifier l'acte à l'adresse personnelle du gérant de la société, cette adresse fût-elle connue d'elle pour être mentionnée dans le contrat la liant au défendeur. La signification à l'adresse personnelle du gérant n'étant pas requise, l'huissier peut se contenter d'établir un procès-verbal de recherches infructueuses à l'égard de la société en application de l'art. 659 du C. pr. civ. • Civ. 2e, 19 févr. 2015 : *D. 2015. Actu. 493* ; *Dr. sociétés 2015, no 70, obs. Gallois-Cochet* ; *BJS 2015. 224, note Staes* ; *Dr. et pr. 2015. 96, note Dorol* ; *Gaz. Pal. 16 juin 2015, p. 24, note Lauvergnat.* ♦ La notification destinée à une personne morale de droit privé est faite au lieu de son établissement et l'huissier instrumentaire n'est pas tenu de se présenter au siège social pour parvenir à une signification à personne. Après avoir constaté que son principal établissement était situé à Bourges, où était exploitée l'activité, objet du litige, une cour d'appel en a exactement déduit que les significations avaient été valablement délivrées au lieu du principal établissement du preneur et étaient régulières en la forme. • Civ. 1re, 12 oct. 2016, no 15-14.896 P : *JCP 2016. 1166, obs. Lauvergnat.*

9. La signification d'un acte ne peut être délivrée à domicile en un lieu où son destinataire se borne à exercer une activité professionnelle. • Civ. 2e, 4 juin 2009 : *Procédures 2009, no 269, note Perrot.*

10. Viole l'art. 656 la cour d'appel qui, pour la débouter de ses demandes, retient que si le destinataire d'un acte s'est fait domicilier en Chine vis-à-vis de l'administration fiscale, il apparaît qu'il possède en France, à Sainte-Marguerite-sur-Mer, une résidence où un huissier de justice a pu lui délivrer courant 2005 des actes de procédure et que les significations faites à cette résidence étaient valablement effectuées compte tenu des vérifications suffisantes opérées par l'huissier de justice et des différents lieux de vie du destinataire de l'acte, sans qu'il ne soit déterminé un lieu préférentiel par rapport à un autre, alors que les seules mentions dans l'acte de signification de la confirmation de la résidence par la mairie et de la « connaissance certaine de l'étude » étaient impropres à établir la réalité du domicile du destinataire de l'acte. • Civ. 2e, 31 mars 2011 : *Dr. et pr. 2011. 162.*

Art. 657 *(Décr. no 2005-1678 du 28 déc. 2005, art. 56, en vigueur le 1er mars 2006)* **« Lorsque l'acte n'est pas délivré à personne, l'huissier de justice mentionne sur la copie les conditions dans lesquelles la remise a été effectuée. »**

La copie de l'acte signifié doit être placée sous enveloppe fermée ne portant que l'indication des nom et adresse du destinataire de l'acte, et le cachet de l'huissier apposé sur la fermeture du pli. – *V. art. 693.*

L'art. 56 du Décr. no 2005-1678 du 28 déc. 2005 est applicable aux procédures en cours (Décr. préc., art. 87, al. 1er).

BIBL. ▸ *Soulard, Rev. huiss. 1958. 169* (formalité du pli fermé dans les exploits).

Art. 658 **Dans tous les cas prévus aux articles 655 et 656, l'huissier de justice doit aviser l'intéressé de la signification, le jour même ou au plus tard le premier jour ouvrable, par lettre simple comportant les mêmes mentions que l'avis de passage et rappelant, si la copie de l'acte a été** *(Décr. no 2005-1678 du 28 déc. 2005, art. 57, en vigueur le 1er mars 2006)* **« déposée en son étude », les dispositions du dernier alinéa de l'article 656 ; la lettre contient en outre une copie de l'acte de signification.**

Il en est de même en cas de signification à domicile élu ou lorsque la signification est faite à une personne morale.

Le cachet de l'huissier est apposé sur l'enveloppe. – *V. art. 693.*

L'art. 57 du Décr. no 2005-1678 du 28 déc. 2005 est applicable aux procédures en cours (Décr. préc., art. 87, al. 1er).

1. La date de la signification n'est pas reportée au jour de la réception de la lettre dont l'art. 658 prescrit l'envoi. • Civ. 2e, 29 janv. 1976 : *Bull. civ. II, no 31* • 28 mai 1979 : *Bull. civ. II, no 156* • 12 oct. 1994, no 92-19.332 P : *JCP 1995. II. 22469, note du Rusquec.*

2. Lorsque l'huissier remet copie d'un acte en mairie, le dépôt d'un avis de passage et l'envoi d'une lettre simple sont exigés à peine de nullité, ainsi que la mention de ces formalités dans l'original de l'acte. • Civ. 2e, 10 déc. 1975 : *Bull. civ. II, no 265* • 26 nov. 1986 : *JCP 1987. IV. 43.* ♦ Même solution dans le cas d'une signification non à personne, mais à domicile. • Com. 14 avr. 1992, no 88-13.973 P.

3. En revanche, si ces formalités ont été accomplies, la signification est régulière, sans qu'il importe que l'avis de passage et la lettre soient effectivement parvenus au destinataire. • Civ. 2e, 12 oct. 1972 : *Bull. civ. II, no 244* • 1er juill. 1976 : *Bull. civ. II, no 223* • 12 nov. 1980 : *Bull. civ. II, no 230.* ♦ L'art. 658 exige seulement que la lettre contienne en outre une copie de l'acte de signification ; le fait qu'aient figuré dans la copie les mentions de l'acte de signification visant l'ordonnance à signifier qui n'avait à être jointe qu'à l'acte de signification lui-même n'est pas constitutif d'un faux. • Civ. 2e, 15 sept. 2005, n° 03-17.914 P : *D. 2005. IR 2479* ; *Procédures. 2005, n° 250, obs. Perrot ; Dr. et pr. 2006. 92, obs. Menut.* ♦ Est régulier l'acte de signification en mairie qui mentionne que la lettre prévue par l'art. 658 a été envoyée « dans les délais légaux prévus par l'article susvisé », les mentions de cet acte faisaient foi jusqu'à inscription de faux, la cour d'appel n'ayant pu qu'en déduire que la lettre avait bien été envoyée par l'officier ministériel le jour prescrit. • Cass., ch. mixte, 6 oct. 2006, n° 04-17.070 P : *BICC 15 déc. 2006, rapp. Breillat, avis Maynial ; R. 2006, p. 415 ; D. 2006. IR 2547, obs. Avena-Robardet* ; *JCP 2007. I. 139, n° 13, obs. Jeuland ; Procédures 2007, n° 58, obs. Perrot* • Civ. 1re, 23 janv. 2007, n° 05-20.287 P : *RTD civ. 2007. 317, obs. Hauser* ; *Gaz. Pal. 6-7 juill. 2007, p. 22, note E. du Rusquec.*

4. Lorsque la signification est faite à personne morale, les prescriptions de l'art. 658 sont exigées même si la signification est réputée faite à personne. • Civ. 2e, 20 juill. 1981 : *Bull. civ. II, n° 167 ; Gaz. Pal. 1982. 1. 327, note du Rusquec* • 14 avr. 1983 : *Bull. civ. II, n° 94 ; Gaz. Pal. 1983. 1. Pan. 225, obs. Guinchard* • Civ. 3e, 16 juill. 1987 : *Gaz. Pal. 1988. 1. Somm. 148, obs. Croze et Morel.* ♦ Mais la nullité n'est alors encourue que si la preuve est rapportée d'un grief résultant de l'omission. • Civ. 2e, 18 janv. 1984 : *Bull. civ. II, n° 11* • 18 févr. 1987 : *JCP 1987. IV. 141* • Com. 2 févr. 1993, n° 90-21.182 P • Civ. 2e, 1er févr. 1995, n° 93-15.203 P. ♦ Sur le pouvoir souverain des juges du fond pour apprécier l'existence d'un grief, V. • Civ. 2e, 23 sept. 2004, n° 02-18.252 P : *D. 2004. IR 2765* ; *Procédures 2004, n° 257, note Perrot ; Dr. et pr. 2005. 39, note Putman.* ♦ *Contra* : • Rennes, 12 nov. 1987 : *Gaz. Pal. 1988. 1. 341, note du Rusquec* (l'omission entraîne nécessairement un grief).

Art. 659 *(Décr. n° 89-511 du 20 juill. 1989, art. 15, en vigueur le 15 sept. 1989)* **Lorsque la personne à qui l'acte doit être signifié n'a ni domicile, ni résidence, ni lieu de travail connus, l'huissier de justice dresse un procès-verbal où il relate avec précision les diligences qu'il a accomplies pour rechercher le destinataire de l'acte.**

Le même jour ou, au plus tard le premier jour ouvrable suivant, à peine de nullité, l'huissier de justice envoie au destinataire, à la dernière adresse connue, par lettre recommandée avec demande d'avis de réception, une copie du procès-verbal à laquelle est jointe une copie de l'acte objet de la signification.

Le jour même, l'huissier de justice avise le destinataire, par lettre simple, de l'accomplissement de cette formalité.

Les dispositions du présent article sont applicables à la signification d'un acte concernant une personne morale qui n'a plus d'établissement connu au lieu indiqué comme siège social par le registre du commerce et des sociétés. – *V. art. 693.*

BIBL. ► D'AMBRA, *Dr. et pr. 2004. 16* (application de l'art. 659 et procès équitable). – HÉRON, *Rev. Justices 1995, n° 1. 237.* – R. MARTIN, *Rev. huiss. 1986. 733* (signification à une personne sans domicile connu). – RENAUT, *Dr. et pr. 2001. 216* (diligences de l'huissier).

*Sur les difficultés de la signification d'une assignation à une partie sans domicile connue, V. * Rép. min., n° 52445 : JOAN Q, 2 févr. 2010, p. 1169 ; Procédures 2010. Alerte 12.*

1. Domaine – Domicile inconnu. La procédure de l'art. 659 ne peut valablement être mise en œuvre que dans les cas où les diligences nécessaires n'ont permis de découvrir ni domicile, ni résidence, ni lieu de travail de la personne à qui l'acte doit être signifié. • Paris, 11 janv. 2002 : *BICC 2002, n° 845.* ♦ Il en est tout particulièrement ainsi lors de la signification d'un jugement *réputé contradictoire*, qui fait courir le délai d'appel et conditionne ainsi le droit au juge de la partie non comparante condamnée en première instance. • Même arrêt.

2. Personne morale. L'art. 659 s'applique à une personne morale dont l'extrait *Kbis* indique une adresse à laquelle n'existe qu'une grande boîte aux lettres sur laquelle figurent les noms d'une cinquantaine de sociétés et qui n'exerce aucune activité dans l'immeuble et n'y a aucun bureau : il en résulte que la société n'avait plus d'établissement connu au lieu indiqué comme siège social par le registre du commerce et des sociétés, et l'huissier de justice peut procéder dans les formes prescrites par l'art. 659. • Civ. 2e, 28 févr. 2006, n° 04-14.696 P : *D. 2006. IR 743* ; *Gaz. Pal. 6-7 juill. 2007, p. 23, note E. du Rusquec.* ♦ Dès lors qu'il est constaté, pour la signification des actes d'une procédure d'expulsion, que l'huissier de justice avait indiqué qu'après plusieurs passages à l'adresse du siège social de la société il avait trouvé le restaurant fermé, qu'un voisin lui avait précisé que celui-ci était fermé depuis plusieurs semaines, que les services télématiques ne mentionnaient pas d'abonné au nom de la société et à l'adresse en cause et que le *Kbis* ne mentionnait aucun changement de siège social, une cour d'appel en déduit exactement que la signification avait été régulièrement faite selon les modalités de l'art. 659 C. pr. civ., sans qu'il puisse être reproché au bailleur de ne pas avoir signifié l'acte à l'adresse personnelle du gérant de la société. • Civ. 2e, 11 mars 2010 : *D. actu. 23 mars 2010,* *obs. Avena-Robardet ; Loyers et copr. 2010, n° 138, note Chavance.*

3. Diligences accomplies. Le procès-verbal doit mentionner précisément les diligences accomplies par l'huissier de justice pour rechercher le destinataire de l'acte. • Civ. 2e, 3 nov. 1993, n° 92-11.441 P • 7 déc. 2006, n° 06-11.211 P.

4. Diligences suffisantes. Une cour d'appel est tenue de vérifier si les diligences mentionnées au procès-verbal sont suffisantes et si l'adresse du destinataire n'aurait pas pu être obtenue selon le moyen indiqué par les conclusions. • Civ. 2e, 20 oct. 1993, n° 92-11.540 P. ♦ ... Et notamment, pour une pension alimentaire après séparation de corps, de rechercher si la nouvelle adresse ne pouvait être obtenue auprès des enfants du couple. • Civ. 2e, 15 nov. 1995, n° 94-10.139 P : *D. 1997. 217, note Bourdillat ; Procédures 1996, n° 32, obs. Perrot.* ♦ Comp. : • Civ. 2e, 9 mars 1994, n° 92-18.865 P • 28 sept. 2000 : *JCP 2000. II. 10442, note du Rusquec.* ♦ Est irrégulière, faute d'avoir été précédée des diligences nécessaires, la signification, selon les modalités de l'art. 659, du jugement réputé contradictoire prononcé à l'encontre du gérant d'une société mise en liquidation judiciaire, dès lors que moins de deux mois avant le prononcé de ce jugement, un précédent jugement précisait l'adresse du gérant, que ce dernier comparaissait à l'audience assisté de son avocat et qu'il suffisait donc au défendeur d'interroger le liquidateur de la société pour obtenir son adresse. • Paris, 11 janv. 2002 : *préc. note 1.* ♦ V. aussi, dans une hypothèse où après la signification du jugement le débiteur avait pu être touché à sa nouvelle adresse dans le cadre d'une saisie et où le créancier bénéficiaire du jugement frappé d'appel avait connaissance du lieu de travail du débiteur, • Paris, 24 sept. 1999 : *Gaz. Pal. 2000. Somm. 327, obs. Vray.* ♦ ... Une hypothèse où l'huissier aurait pu rechercher la nouvelle adresse d'un étudiant auprès de son père qui s'était porté caution de ses engagements, • Paris, 9 avr. 2004 : *AJDI 2004. 574*. ♦ Pour un cas où la nouvelle adresse figurait dans l'annuaire, V. • Bordeaux, 28 mai 2002 : *Cah. jurispr. Aquitaine 2002, n° 3, p. 670.* ♦ Sur la nécessité, pour l'huissier, de préciser l'identité des personnes, voisins et administrations consultés, V. • Paris, 26 mars 2001 : *Bull. ch. avoués 2003. 1. 9* • 23 oct. 2002 : *Bull. ch. avoués 2003. 1. 8.* ♦ Ne sont pas suffisantes les diligences de l'huissier de justice instrumentaire qui n'effectue pas toutes les recherches nécessaires pour délivrer une assignation à personne, notamment en négligeant de prendre l'attache des services postaux avec lesquels le destinataire de l'acte avait signé un contrat de réexpédition de son courrier et alors qu'il n'avait pas changé de numéro de téléphone. • Civ. 2e, 17 nov. 2011 : *Dr. et pr. 2011. 27.* ♦ La circonstance qu'un locataire n'ait pas communiqué sa nouvelle adresse au cours des opérations d'expulsion ne dispense pas l'huissier de justice des diligences destinées à rechercher la nouvelle adresse du destinataire de l'acte de signification. • Civ. 2e, 10 janv. 2013, n° 11-23.151 P : *D. 2013. Pan. 1574, obs. Leborgne ; Gaz. Pal. 24-25 mai 2013, p. 22, obs. Lauvergnat ; Dr. et pr. 2013. 112, note Tomasone ; Procédures 2013, n° 68, note Perrot ; JCP 2013. 142, note Sousa ; Dr. et patr. 11/2013, p. 79, obs. Lefort.* ♦ L'huissier n'est pas tenu de mentionner dans le procès-verbal de signification l'identité des personnes auprès desquelles il s'assurait du domicile. • Civ. 2e, 26 sept. 2013 : *Dalloz jurisprudence.*

5. Est nulle la signification sur le fondement de l'art. 659, dès lors que le domicile réel du débiteur était connu du créancier qui a fait signifier, de manière malicieuse, en un lieu où il savait que le débiteur ne résidait pas. • Civ. 2e, 21 déc. 2000, n° 99-13.218 P. ♦ Même solution, dans l'hypothèse où le créancier connaissait l'adresse à laquelle le débiteur pouvait être joint, sans diligence de l'huissier de justice pour délivrer l'acte à cette adresse. • Civ. 2e, 20 oct. 2005, n° 03-19.489 P. ♦ Mais la signification faite selon la procédure prévue par l'art. 659 est régulière dès lors que l'appelant a indiqué dans ses conclusions d'appel avoir été domicilié au jour de la signification à une autre adresse que celle de son père ; il n'est pas recevable à faire valoir que l'huissier disposait d'une adresse où il savait que pouvait lui être remis l'acte de signification. • Civ. 2e, 19 mai 2005, n° 03-15.608 P.

6. La signification est régulière, au regard de l'art. 659, dès lors que l'huissier de justice s'est présenté à la dernière adresse connue à laquelle le destinataire avait résidé et a constaté que ce dernier n'y habitait plus, qu'aucune boîte à lettres ou sonnette n'existait à son nom, que la mairie n'avait pu donner aucun renseignement sur l'intéressé, que les recherches sur le minitel avaient été vaines. • Civ. 2e, 20 mars 2003, n° 01-11.542 P : *D. 2003. IR 943 ; Gaz. Pal. 8-10 févr. 2004, p. 20, obs. du Rusquec.* ♦ Pour la validité de la signification, peu importe qu'en raison d'une erreur des services postaux, la lettre adressée par l'huissier ne soit pas parvenue à son destinataire. • Aix-en-Provence, 13 oct. 1993 : *JCP 1994. IV. 625.*

7. L'huissier de justice qui a interrogé un voisin et fait des démarches auprès de la mairie, de la poste qui lui a opposé le secret postal, et du commissariat de police, a accompli toutes diligences utiles, dès lors qu'il n'est pas tenu d'adresser, avant la rédaction de son procès-verbal de recherches infructueuses, une lettre recommandée avec demande d'avis de réception à la dernière adresse connue du destinataire de l'acte, ni de procéder à une nouvelle signification au vu d'éléments parvenus postérieurement à sa connaissance. • Civ. 2e, 18 nov. 2004, ♜ no 03-13.158 P : *Procédures 2005, no 4, obs. Perrot.*

8. Justifie légalement sa décision de déclarer régulière une signification effectuée selon les modalités de l'art. 659 C. pr. civ., la cour d'appel qui a constaté que le destinataire n'avait ni domicile, ni résidence connus et que l'acte n'avait pu lui être délivré à personne sur son lieu de travail, malgré plusieurs tentatives. • Civ. 2e, 19 nov. 2008, ♜ no 07-19.472 P : *Dr. et pr. 2009. 94, note Lauvergnat.* ♦ *Contra*, jugeant que dès lors que le lieu de travail du destinataire de l'acte est connu, la signification par procès-verbal de recherches ne peut être valablement effectuée. • Toulouse, 30 mai 1995 : *D. 1996. Somm. 131, obs. Julien* ✐. ♦ Comp. • Paris, 11 janv. 2002 : *BICC 2002, no 845.*

9. Dernière adresse connue. La notification d'un acte en un lieu autre que ceux qui sont prévus par la loi ne vaut pas notification. • Civ. 2e, 9 déc. 1997, ♜ no 96-11.488 P • Civ. 2e, 16 déc. 2004, ♜ no 03-11.510 P : *D. 2005. IR 166* ✐ (signification à une adresse autre que la dernière adresse connue). ♦ V. aussi : • Civ. 2e, 2 juill. 2020, ♜ no 19-14.893 P : *D. actu. 28 juill. 2020, obs. Maugain ; Rev. prat. rec. 2020. 12, obs. Cousin, Draillard, Joly et Laher ; Gaz. Pal. 3 nov. 2020, p. 53, note Bléry.*

10. La signification d'un jugement, faite à l'adresse indiquée dans celui-ci, située en Suisse, selon les modalités de la Conv. de la Haye du 15 nov. 1965 relative à la signification internationale des actes judiciaires et extra judiciaires, est régulière, sans qu'il y ait lieu de mettre en œuvre les dispositions de l'art. 659 C. pr. civ., quand bien même l'acte n'aurait pu être remis au destinataire par l'autorité helvétique compétente, en raison d'un changement d'adresse. • Civ. 1re, 10 nov. 2010 : ♜ *BICC 1er mars 2011, no 272 ; D. 2010. 2780* ✐ *; ibid. 2011. Chron. 632* ✐*, Sommer, Leroy-Gissinger, Adida-Canac et Grignon-Dumoulin ; Gaz. Pal. 4-5 févr. 2011, p. 26, note Eppler.*

11. Procès équitable. La signification d'un jugement réputé contradictoire par voie de procès-verbal de recherches infructueuses fait courir le délai d'appel sans être contraire à l'exigence d'un procès équitable, dès lors que la régularité de cette signification, soumise par la loi à des conditions et modalités précises et à des investigations complètes de l'huissier de justice, peut être contestée et que son destinataire dispose d'une procédure de relevé de la forclusion encourue. • Com. 2 mai 2001, ♜ no 98-12.037 P : *D. 2001. IR 1669* ✐ *; Procédures 2001, no 143, obs. Perrot* • Civ. 2e, 20 mars 2003 : ♜ *préc. note 6.* ♦ Par un autre arrêt, la Cour de cassation a affirmé que la signification d'un jugement par voie de procès-verbal de recherches infructueuses, qui est soumise, par la loi, à des conditions et à des modalités bien définies avec l'obligation, pour l'huissier de justice significateur, de relever dans l'acte, avec précision, les diligences accomplies pour rechercher le destinataire, doit satisfaire aux exigences du procès équitable. • Civ. 2e, 19 déc. 2002, ♜ no 01-02.583 P : *D. 2003. Somm. 1398, obs. Julien* ✐ *; Dr. et pr. 2003. 165, note Douchy ; Gaz. Pal. 6-7 août 2003, p. 19, obs. du Rusquec.*

12. Le juge n'ayant pas le pouvoir de relever d'office l'exception de procédure tirée de l'insuffisance des investigations portées par l'huissier de justice dans son acte, la décision qui relève simplement, en l'absence du défendeur, que celui-ci a été assigné et réassigné à dernier domicile connu conformément à l'art. 659, sans constater que le procès-verbal de recherches comportait avec précisions les diligences accomplies par l'huissier de justice, ne méconnaît pas le droit à un accès effectif au tribunal. • Civ. 2e, 20 mars 2003, ♜ no 01-03.218 P : *D. 2003. IR 943* ✐.

13. Pour une violation, à la fois de l'art. 14 et de l'art. 659, V. note 12 ss. art. 14.

14. V. aussi, en cas de pluralité de destinataires, note 2 ss. art. 654.

15. Les mentions, dans un acte de signification, des diligences accomplies par un huissier de justice valent jusqu'à inscription de faux, même s'il s'agit de mentions préimprimées. • Civ. 2e, 26 sept. 2013 : ♜ *préc. note 4.*

Art. 660 *(Décr. no 2005-1678 du 28 déc. 2005, art. 63, en vigueur le 1er mars 2006)* **Si l'acte est destiné à une personne qui demeure** *(Décr. no 2008-452 du 13 mai 2008, art. 24)* **« , en Polynésie française, dans les îles Wallis-et-Futuna, en Nouvelle-Calédonie et dans les Terres australes et antarctiques françaises », et à moins que la signification ait pu être faite à personne, l'huissier de justice expédie l'acte à l'autorité compétente aux fins de sa remise à l'intéressé selon les modalités applicables dans la collectivité où il demeure.**

L'huissier de justice doit, le jour même ou, au plus tard, le premier jour ouvrable suivant, expédier au destinataire, par lettre recommandée avec demande d'avis de réception, la copie certifiée conforme de l'acte.

L'art. 63 du Décr. no 2005-1678 du 28 déc. 2005 est applicable aux procédures en cours (Décr. préc., art. 87, al. 1er).

Art. 661 *(Décr. no 2005-1678 du 28 déc. 2005, art. 64, en vigueur le 1er mars 2006)* **L'autorité compétente informe l'huissier de justice des diligences faites ; elle lui trans-**

met, le cas échéant, tout procès-verbal ou récépissé constatant la remise de l'acte. Ces documents sont tenus par l'huissier de justice à la disposition de la juridiction.

L'art. 64 du Décr. nº 2005-1678 du 28 déc. 2005 est applicable aux procédures en cours (Décr. préc., art. 87, al. 1er).

Art. 662 *(Décr. nº 86-585 du 14 mars 1986, art. 6, en vigueur le 2 mai 1986)* **« Si, dans les cas prévus aux articles 659 et 660, il n'est pas établi » que le destinataire a été effectivement avisé, le juge peut prescrire d'office toutes diligences complémentaires, sauf à ordonner les mesures provisoires ou conservatoires nécessaires à la sauvegarde des droits du demandeur.**

La faculté donnée au juge de prescrire des diligences complémentaires ne l'autorise pas à retarder le point de départ du délai d'appel, une telle mesure ne pouvant intervenir que sur une demande de relevé de forclusion présentée au premier président de la cour d'appel. • Civ. 2e, 5 janv. 1977 : *Bull. civ. II, nº 1 ; D. 1977. IR 226, obs. Julien.*

Art. 662-1 *(Décr. nº 2012-366 du 15 mars 2012, art. 3)* **La signification par voie électronique est faite par la transmission de l'acte à son destinataire dans les conditions prévues par le titre XXI du présent livre. Les articles 654 à 662 ne sont pas applicables.**

L'acte de signification porte mention du consentement du destinataire à ce mode de signification.

La signification par voie électronique est une signification faite à personne si le destinataire de l'acte en a pris connaissance le jour de la transmission de l'acte. Dans les autres cas, la signification est une signification faite à domicile et l'huissier de justice doit aviser l'intéressé de la signification, le premier jour ouvrable, par lettre simple mentionnant la délivrance de la signification par voie électronique ainsi que la nature de l'acte et le nom du requérant.

L'art. 3 du Décr. nº 2012-366 du 15 mars 2012 entre en vigueur en même temps que l'arrêté du garde des sceaux définissant, en application de l'art. 748-6 C. pr. civ., les garanties que doivent présenter les procédés utilisés par les huissiers de justice pour signifier les actes par voie électronique. Cet arrêté doit intervenir au plus tard le 1er sept. 2012 (Décr. préc., art. 24).

Art. 663 Les originaux des actes d'huissier de justice doivent porter mention des formalités et diligences auxquelles donne lieu l'application des dispositions de la présente section, avec l'indication de leurs dates. *(Décr. nº 2012-366 du 15 mars 2012, art. 4)* **« En cas de signification par voie électronique faite à personne, ils mentionnent les date et heure auxquelles le destinataire de l'acte en a pris connaissance. »**

Lorsque la signification n'a pas été faite à personne, l'original de l'acte doit préciser les nom et qualité de la personne à laquelle la copie a été laissée. Il en est de même dans le cas prévu à l'article 654 (alinéa 2). — *V. art. 693.*

L'art. 4 du Décr. nº 2012-366 du 15 mars 2012 entre en vigueur en même temps que l'arrêté du garde des sceaux définissant, en application de l'art. 748-6 C. pr. civ., les garanties que doivent présenter les procédés utilisés par les huissiers de justice pour signifier les actes par voie électronique. Cet arrêté doit intervenir au plus tard le 1er sept. 2012 (Décr. préc., art. 24).

1. Sur l'exigence de la mention des formalités et diligences accomplies, V. note 2 ss. art. 658, note 2 ss. art. 656 et note 1 ss. art. 655.

2. Les juges doivent vérifier si les recherches de l'huissier satisfont aux exigences prescrites et s'il en est fait mention à l'original de l'acte. • Civ. 2e, 12 mai 1980 : *Gaz. Pal. 1981. 1. 139, note du Rusquec ; RTD civ. 1981. 897, obs. Perrot.*

3. Les mentions doivent figurer sur chaque original. • Civ. 2e, 5 mai 1971 : *Rev. huiss. 1972. 835, note Cadiou ; RTD civ. 1972. 182, obs. Raynaud.* ♦ Mais seuls les originaux doivent porter mention des formalités et diligences auxquelles donne lieu la signification à domicile, la copie de l'acte délivrée au destinataire ne comportant que les indications relatives à la personne à laquelle la copie a été laissée ou celle de la mairie à laquelle elle a été remise. • Civ. 2e, 15 juin 1994, nº 92-14.904 P : *D. 1994. IR 183.*

4. L'original fait foi des mentions qu'il porte ; l'art. 663 n'exige pas que les mentions soient reproduites sur la copie remise au destinataire. • Civ. 2e, 30 juin 1993, nº 91-19.189 P. ♦ ... Ou sur la copie de l'acte de signification. • Civ. 2e, 18 oct. 2007, nº 07-11.421 P : *Dr. et pr. 2008. 88, note Salati.*

Art. 664 **Aucune signification ne peut être faite avant six heures et après vingt et une heures, non plus que les dimanches, les jours fériés ou chômés, si ce n'est en vertu de la permission du juge en cas de nécessité.** – *V. art. 693.*

Sur les jours fériés, V. note ss. art. 642.

L'indication de l'heure de la signification n'est pas une mention obligatoire de l'acte. • Douai, 30 avr. 1980 : *D. 1980. 572, note J.-T. T.*

Art. 664-1 *(Décr. n° 2012-366 du 15 mars 2012, art. 5)* **La date de la signification d'un acte d'huissier de justice, sous réserve de l'article 647-1, est celle du jour où elle est faite à personne, à domicile, à résidence ou, dans le cas mentionné à l'article 659, celle de l'établissement du procès-verbal.**

La date et l'heure de la signification par voie électronique sont celles de l'envoi de l'acte à son destinataire.

L'art. 5 du Décr. n° 2012-366 du 15 mars 2012 entre en vigueur en même temps que l'arrêté du garde des sceaux définissant, en application de l'art. 748-6 C. pr. civ., les garanties que doivent présenter les procédés utilisés par les huissiers de justice pour signifier les actes par voie électronique. Cet arrêté doit intervenir au plus tard le 1er sept. 2012 (Décr. préc., art. 24).

SECTION II LA NOTIFICATION DES ACTES EN LA FORME ORDINAIRE

RÉP. PR. CIV. v° *Lettre recommandée*, par GAONAC'H.

BIBL. GÉN. ▶ BÉRAUD, *Ann. loyers 1981. 527* (peu recommandée, la lettre recommandée). – FAU, *Ann. loyers 1995. 1113* (les incertitudes de la lettre recommandée).

Art. 665 **La notification doit contenir toutes indications relatives aux nom et prénoms ou à la dénomination ou raison sociale de la personne dont elle émane et au domicile ou siège social de cette personne.**

Elle doit désigner de la même manière la personne du destinataire. – *V. art. 693.*

1. La mise en demeure que le créancier doit adresser au débiteur en application de l'art. 1146 C. civ., dans sa rédaction antérieure à celle issue de l'Ord. n° 2016-131 du 10 févr. 2016, n'étant pas de nature contentieuse, les dispositions des art. 665 à 670-3 C. pr. civ. ne sont pas applicables. • Civ. 1re, 20 janv. 2021, n° 19-20.680 P : *D. actu. 11 févr. 2021, note Pellier.*

2. Le défaut d'indication dans l'acte de la qualité de la personne à laquelle on signifie n'entraîne pas la nullité de la signification lorsque aucun grief causé par cette omission n'est allégué. • Civ. 2e, 26 mai 1979 : *Bull. civ. II, n° 140.*

Art. 665-1 *(Décr. n° 2005-1678 du 28 déc. 2005, art. 58, en vigueur le 1er mars 2006)* **Lorsqu'elle est effectuée à la diligence du greffe, la notification au défendeur d'un acte introductif d'instance comprend, de manière très apparente :**

1° Sa date ;

2° L'indication de la juridiction devant laquelle la demande est portée ;

3° L'indication que, faute pour le défendeur de comparaître, il s'expose à ce qu'un jugement soit rendu contre lui sur les seuls éléments fournis par son adversaire ;

4° Le cas échéant, la date de l'audience à laquelle le défendeur est convoqué ainsi que les conditions dans lesquelles il peut se faire assister ou représenter.

L'art. 58 du Décr. n° 2005-1678 du 28 déc. 2005 est applicable aux procédures en cours (Décr. préc., art. 87, al. 1er).

Art. 666 **Les autres mentions que doit comporter la notification sont déterminées, selon la nature de l'acte notifié, par les règles particulières à chaque matière.**

Art. 667 **La notification est faite sous enveloppe ou pli fermé, soit par la voie postale, soit par la remise de l'acte au destinataire contre émargement ou récépissé.**

(Décr. n° 2012-66 du 20 janv. 2012, art. 36) **« La notification en la forme ordinaire peut toujours être faite par remise contre émargement ou récépissé alors même que la loi n'aurait prévu que la notification par la voie postale. »**

L'art. 36 du Décr. n° 2012-66 du 20 janv. 2012 est applicable dans les îles Wallis-et-Futuna (Décr. préc., art. 44).

1. Selon la Cour de cassation, la preuve que l'enveloppe ne contenait pas la copie de l'acte notifié est à la charge du destinataire. • Civ. 2e, 1er avr. 1981 : *Gaz. Pal. 1982. 2. 480, note Viatte.*

2. Le refus ou le non-retrait de la lettre ne mettent pas en cause la validité de la notification. • Soc. 30 nov. 1972 : *Bull. civ. V, no 665 ; JCP 1973. II. 17562.*

3. Lorsque l'acte est destiné à une personne morale, la notification est valable même si elle a été faite au lieu de l'établissement à un préposé de la société non qualifié pour recevoir le courrier. • Soc. 20 mars 1988 : *RTD civ. 1988. 573, obs. Perrot.* ♦ La notification ayant été adressée au siège social d'une société, la signature sur l'avis de réception est réputée avoir été apposée par le représentant légal ou une personne habilitée. • Civ. 3e, 2 févr. 1994, no 92-70.325 P : *D. 1994. 250, note Bonneau.*

4. Lorsque plusieurs décisions sont notifiées, par la voie postale, dans un même envoi, l'enveloppe doit contenir, outre chacune des notifications, un document récapitulatif permettant l'identification de chacune des décisions. Il s'ensuit que doit être déclarée irrégulière la notification d'un ensemble de décisions en cinq envois accompagnés d'une lettre de notification par décision, mais sans état récapitulatif. • Civ. 2e, 21 juin 1995, no 93-12.451 P : *D. 1995. IR 173.* – Dans le même sens, V. • Com. 22 mai 2002 : *Procédures 2002, no 156, note Perrot.*

5. V. jugeant que la signature figurant sur l'avis de réception d'une lettre recommandée adressée à une personne physique est présumée être jusqu'à preuve du contraire celle de son destinataire ou de son mandataire et qu'il appartient au destinataire, qui conteste le contenu de l'envoi, d'établir l'absence du document l'informant de la modification intervenue. • Civ. 1re, 15 déc. 2011 : *RTD civ. 2012. 146, obs. Perrot.*

Art. 668 *(Décr. no 2002-1436 du 3 déc. 2002, art. 25)* **« Sous réserve de l'article** *(Décr. no 2005-1678 du 28 déc. 2005, art. 67, en vigueur le 1er mars 2006)* **« 647-1 », » la date de la notification par voie postale est, à l'égard de celui qui y procède, celle de l'expédition, et, à l'égard de celui à qui elle est faite, la date de la réception de la lettre.**

L'art. 67 du Décr. no 2005-1678 du 28 déc. 2005 est applicable aux procédures en cours (Décr. préc., art. 87, al. 1er).

BIBL. ▶ BERTIN, *Gaz. Pal. 1985. 1. 109* (date de l'appel par lettre recommandée).

1. Portée de la règle. La date de notification est à l'égard de celui qui y procède celle de l'expédition ; en conséquence, n'est pas tardif l'appel formé par lettre expédiée le dernier jour du délai. • Civ. 2e, 5 oct. 1983 : *Bull. civ. II, nos 157 et 158 ; D. 1984. IR 239, obs. Julien ; RTD civ. 1984. 568, obs. Perrot ; JCP 1986. II. 20560, note Joly* • 27 avr. 1988 : *Bull. civ. II, no 99* • Soc. 19 juill. 1988 : *Bull. civ. V, no 474 ; D. 1989. Somm. 271, obs. Julien* • 11 janv. 1989 : *Bull. civ. V, no 9* • Paris, 3 avr. 1998 : *D. 1998. IR 129* • Civ. 3e, 9 déc. 1998, no 97-70.227 P : *JCP 1999. II. 10063, note du Rusquec* • Civ. 1re, 12 oct. 2011 : *AJ fam. 2012. 611.* ♦ ... Sous réserve que la lettre parvienne entre les mains de son destinataire. • Civ. 1re, 25 janv. 2007 : *Procédures 2007, no 105, obs. Perrot.* ♦ S'agissant de la personne à qui est faite la notification par voie postale, sur l'obligation des juges du fond de constater qu'elle a bien reçu la lettre dès lors qu'elle le conteste, V. • Civ. 2e, 21 oct. 2004, no 02-21.343 P : *D. 2004. IR 3038 ; APC 2004, no 250, obs. Cagnoli.* ♦ Pour une application à la convocation des associés à une assemblée générale, V. • Cass., ch. mixte, 16 déc. 2005, no 04-10.986 P : *D. 2006. AJ 146, obs. Lienhard ; RTD civ. 2006. 372, obs. Perrot.*

2. Pourvoi en cassation. V. note 1 ss. art. 989.

3. Prescription. La prescription quadriennale des titres exécutoires émis par les collectivités locales n'est pas interrompue par l'envoi d'un commandement de payer qui n'est jamais parvenu à son destinataire. • Com. 18 nov. 2008 : *Dr. et pr. 2009. 162, note Lauvergnat.*

4. Déclaration de créance. En vertu des dispositions de l'art. 668, la date de notification de la déclaration de créance effectuée par voie postale est, à l'égard du créancier qui y procède, celle de l'expédition ; on ne peut donc soutenir que la date de la déclaration est celle de la réception par le représentant des créanciers. • Com. 28 janv. 1997, no 94-21.125 P : *D. 1997. Somm. 214, obs. Honorat ; JCP E 1997. I. 651, no 13, obs. Cabrillac ; RD bancaire 1997. 78, obs. Campana et Calendini ; Gaz. Pal. 1998. 2. 799, note du Rusquec* • Versailles, 30 oct. 1991 : *JCP E 1992. I. 168, no 12, obs. Cabrillac.*

5. Fonds d'indemnisation des victimes de l'amiante. Il résulte de l'art. 27 du Décr. no 2001-963 du 23 oct. 2001 qu'aucune forme n'est imposée pour le dépôt au greffe de la cour d'appel de l'exposé des motifs, qui doit être déposé dans le délai d'un mois qui suit le dépôt de la déclaration lorsqu'elle ne le contient pas, à peine d'irrecevabilité de la demande. Il s'ensuit que le dépôt de l'exposé des motifs peut être effectué par l'envoi d'une LRAR et que, dans ce cas, la date d'expédition de la lettre doit être prise en compte pour déterminer si le délai d'un mois pour déposer cet exposé a été respecté. • Civ. 2e, 21 mai 2015 : *Dalloz jurisprudence.*

Art. 669 **La date de l'expédition d'une notification faite par la voie postale est celle qui figure sur le cachet du bureau d'émission.**

La date de la remise est celle du récépissé ou de l'émargement.

La date de réception d'une notification faite par lettre recommandée avec demande d'avis de réception est celle qui est apposée par l'administration des postes lors de la remise de la lettre à son destinataire.

1. La date de la notification est à l'égard de celui qui y procède celle de l'expédition. • Civ. 2e, 5 oct. 1983 (2e esp.) : *préc. note 1 ss. art. 668* • Com. 28 avr. 1998, n° 96-16.440 P : *D. Affaires 1998. 1004, obs. V. A.-R. ; D. 1998. IR 141 ; Procédures 1998, n° 136, obs. Perrot.* ♦ ... Sous réserve que la lettre parvienne entre les mains de son destinataire. • Civ. 1re, 25 janv. 2007 : *Procédures 2007, n° 105, obs. Perrot.*

2. La preuve de la date de l'expédition ou de la réception résulte exclusivement des cachets apposés par l'administration des postes. • Soc. 5 déc. 1985 : *Bull. civ. V, n° 574.* ♦ Mais aucun texte n'exige que la date de remise de la lettre à son destinataire soit apposée à l'aide d'un cachet du bureau de poste distributeur. • Com. 28 avr. 1998 : *préc. note 1.* ♦ En matière de baux d'habitation, V. • Civ. 3e, 7 janv. 1998, n° 96-10.326 P.

3. La date de l'opposition à un jugement rendu par défaut, formée par lettre recommandée avec demande d'avis de réception, est celle de l'expédition de la lettre figurant sur le cachet du bureau d'émission. • Civ. 2e, 21 oct. 2004, n° 02-20.836 P.

4. Est dépourvu de base légale l'arrêt qui, en présence d'un avis de réception comportant des dates différentes, retient l'une de ces dates sans rechercher si elle a été apposée par l'administration des postes. • Civ. 1re, 4 févr. 1986 : *Bull. civ. I, n° 3 ; D. 1986. IR 223, obs. Julien ; RTD civ. 1986. 663, obs. Perrot.* ♦ V. aussi • Civ. 2e, 21 oct. 2004 : *préc. note 3.* ♦ V. également, en matière de taxe, s'agissant du délai d'un mois pour contester le compte vérifié, prévu par l'art. 706, • Civ. 2e, 2 déc. 2004, n° 03-12.466 P.

5. Pour apprécier la date de signification au destinataire, il est tenu compte de la date de remise de la lettre de notification, et non de sa simple présentation. • Civ. 2e, 10 mars 2005, n° 03-11.033 P : *D. 2005. AJ 984 ; Procédures 2005, n° 121* • Com. 18 mars 2008 : *Procédures 2008, n° 136, note Perrot.* ♦ Le juge ne peut déclarer valable un congé au regard du délai de préavis de l'art. 15-1 de la loi du 6 juillet 1989 en retenant que lorsque la lettre, bien que présentée, n'a pas été remise en mains propres et que l'avis de réception n'a pas été signé, la notification n'en est pas moins valable comme l'est une signification faite à domicile ou par délivrance de l'acte en mairie et vaut réception, sauf s'il s'est avéré que le locataire n'a pas été recherché sérieusement, alors qu'il constate que la lettre recommandée n'a pas été remise à son destinataire, absent, mais a été renvoyée à l'expéditeur. • Civ. 3e, 14 déc. 1994, n° 93-12.481 P. ♦ Est tardive la notification du non-renouvellement d'un bail par lettres recommandées présentées à l'adresse du siège social des sociétés bailleresses avant la date de renouvellement du bail, puis mises en instance et retirées postérieurement à cette date, faute de preuve de manœuvres dolosives déployées par les bailleresses pour empêcher la distribution des lettres recommandées. • Civ. 3e, 2 févr. 2005, n° 04-10.219 P.

Art. 670 **La notification est réputée faite à personne lorsque l'avis de réception est signé par son destinataire.**

(Décr. n° 2005-1678 du 28 déc. 2005, art. 59, en vigueur le 1er mars 2006) **« La notification est réputée faite à domicile ou à résidence lorsque l'avis de réception est signé par une personne munie d'un pouvoir à cet effet. »**

L'art. 59 du Décr. n° 2005-1678 du 28 déc. 2005 est applicable aux procédures en cours (Décr. préc., art. 87, al. 1er).

BIBL. ▸ PERROT, *Procédures 2006. Chron. 3.*

1. Signature par un tiers. La notification d'un jugement en la forme ordinaire n'est valablement faite à personne que si l'accusé de réception est signé par le destinataire lui-même et non pas par son conjoint, même si ce dernier a procuration pour signer à sa place. • Civ. 2e, 27 mai 1988 : *Bull. civ. II, n° 125 ; RTD civ. 1988. 573, obs. Perrot* • Soc. 4 mai 1993 : *D. 1993. IR 133* ♦ La notification en la forme ordinaire n'est réputée faite à la partie elle-même que lorsque l'accusé de réception est signé par le destinataire. • Soc. 4 mai 1993, n° 88-45.634 P. ♦ V. aussi, en matière de sécurité sociale. • Soc. 1er avr. 1999 : *RG proc. 1999. 662, obs. Vachet.* ♦ La notification est réputée faite à domicile ou à résidence lorsque l'avis de réception est signé par une personne munie d'un pouvoir à cet effet. Il en résulte que la signature figurant sur l'avis de réception d'une lettre recommandée adressée à une personne physique est présumée être, jusqu'à preuve du contraire, celle de son destinataire ou de son mandataire. • Civ. 2e, 1er oct. 2020, n° 19-15.753 P : *D. 2020. 1959 ; Rev. prat. rec. 2020. 9, chron. Cholet, Draillard,*

Laher et Salati ; Gaz. Pal. 26 janv. 2021, jur. p. 64, note Hoffschir (il appartient au destinataire de l'acte d'établir l'absence de mandat).

2. Cachet. Le cachet apposé sur un avis de réception ne vaut pas signature. • Civ. 2e, 24 mai 2006, n° 04-18.928 P : *Procédures 2006, n° 153, obs. Perrot.*

3. Indices à caractère personnel ou professionnel. La notification d'un acte de recouvrement, dont l'avis de réception n'est pas signé par le redevable destinataire ou son fondé de pouvoir mais par un tiers, est régulière au regard des art. R. 256-6 et R. 257-1 LPF, dès lors que le pli a été remis à l'adresse indiquée par le destinataire et que le signataire de l'avis a avec le redevable des liens suffisants d'ordre personnel ou professionnel, de telle sorte que l'on puisse attendre qu'il fasse diligence pour transmettre ce pli. • Com. 26 juin 2007, n° 06-13.112 P : *RTD civ. 2007. 809, obs. Perrot.*

Art. 670-1 *(Décr. n° 76-1236 du 28 déc. 1976, art. 12)* **En cas de retour au** *(Décr. n° 2017-892 du 6 mai 2017, art. 68-I-2°)* **« greffe » de la juridiction d'une lettre de notification** *(Décr. n° 2005-1678 du 28 déc. 2005, art. 60, en vigueur le 1er mars 2006)* **« dont l'avis de réception n'a pas été signé dans les conditions prévues à l'article 670 », le** *(Décr. n° 2017-892 du 6 mai 2017, art. 68-I-3°)* **« greffier » invite la partie à procéder par voie de signification.**

L'art. 60 du Décr. n° 2005-1678 du 28 déc. 2005 est applicable aux procédures en cours (Décr. préc., art. 87, al. 1er).

1. En cas de retour au secrétariat de la juridiction d'une lettre de notification qui n'a pu être remise à son destinataire, le délai d'appel ne court que de la signification du jugement par acte d'huissier à la diligence de la partie intéressée. • Civ. 2e, 22 juin 1983 : *Bull. civ. II, n° 134* • 17 oct. 1984 : *Bull. civ. II, n° 152* • Soc. 7 mai 1987 : *Bull. civ. V, n° 286* • Civ. 1re, 25 avr. 1989 : *Bull. civ. I, n° 171* • Soc. 29 mai 1990 : *D. 1991. Somm. 244, obs. Fricero* • Soc. 7 juill. 1993, n° 90-41.346 P : *D. 1993. IR 189.*

2. En cas de retour au secrétariat de la juridiction d'une lettre de notification avec la mention « refusée », il incombe à l'autre partie de procéder par voie de signification, conformément à l'art. 670-1, afin de faire courir les délais de recours. • Soc. 31 mars 2003, n° 02-30.765 P : *Procédures 2003, n° 164, note Perrot.* ♦ A défaut de l'accomplissement de cette formalité, le délai de recours ouvert par une notification en la forme ordinaire ne peut courir. • Civ. 2e, 10 mars 2004 : *JCP 2004. IV. 1920.* ♦ Il est procédé à la radiation de l'affaire lorsque le demandeur ne fait pas parvenir au greffe la justification de l'accomplissement de la formalité de signification dans le délai imparti. • Soc. 29 juin 2005, n° 04-40.623 P.

3. Les dispositions de l'art. 670-1 sont applicables, en vertu du principe posé par l'art. 749, à toutes les juridictions y compris aux tribunaux des affaires de la sécurité sociale. • Civ. 2e, 10 févr. 1982 : *Bull. civ. II, n° 22 ; Gaz. Pal. 1982. 2. 446, note Viatte.* ♦ ... Ainsi qu'aux conseils de prud'hommes. • Soc. 5 mars 1992, n° 89-42.408 P. ♦ V. aussi note ss. art. 938.

4. *Si l'accusé de réception de la lettre recommandée ne figure pas au dossier de la procédure*, il incombe à la cour d'appel, avant de statuer, de vérifier que l'appelante avait procédé par voie de signification. • Civ. 1re, 2 oct. 1996 : *Procédures 1996, n° 326, note Perrot.* ♦ Dans le même sens, V. : • Soc. 11 mai 1999, n° 97-40.996 P : *D. 1999. IR 147.* ♦ V. aussi, s'agissant de la procédure de contestation des honoraires de l'avocat, note 4 ss. art. 177 du Décr. du 27 nov. 1991. – ***C. avocat.***

5. Il incombe à la partie intéressée de procéder par voie de signification, conformément à l'art. 670-1, quel que soit le motif du retour. • Soc. 7 nov. 2007 : *Procédures 2008, n° 6, note Perrot.* ♦ Ainsi n'y a-t-il pas lieu de distinguer le cas où le retour de la lettre de notification est provoqué par le refus de son destinataire de la réclamer et celui dû à une adresse reconnue inexacte par La Poste. • Même arrêt. ♦ ... Le cas où le retour de la convocation ne provient pas de l'impossibilité d'une remise au destinataire, et celui où il provient seulement du fait que celui-ci ne l'a pas réclamée. • Civ. 2e, 8 janv. 1997, n° 95-11.452 P : *Gaz. Pal. 1998. 2. 797, note du Rusquec.*

6. En application de l'art. 670-1 C. pr. civ., en cas de retour au secrétariat de la juridiction d'une lettre de notification dont l'avis de réception n'a pas été signé dans les conditions prévues à l'art. 670 du même code, le secrétaire invite la partie à procéder par voie de signification. En ce cas, le délai d'appel ne peut courir que de la signification de la décision par acte d'huissier, à la diligence de la partie intéressée. • Aix-en-Provence, 11 févr. 2009, n° 08/12547 : *BICC 15 déc. 2009, n° 1721.*

Art. 670-2 *(Décr. n° 2008-452 du 13 mai 2008, art. 25)* **« Si l'acte est destiné à une personne qui demeure en Polynésie française, dans les îles Wallis-et-Futuna, en Nouvelle-Calédonie et dans les Terres australes et antarctiques françaises, et à moins que la notification ait pu être faite par lettre recommandée avec demande d'avis de**

réception, le *(Décr. n° 2017-892 du 6 mai 2017, art. 68-I-3°)* **« greffier » de la juridiction expédie l'acte à l'autorité compétente aux fins de sa remise à l'intéressé selon les modalités applicables dans la collectivité où il demeure. »**

(Décr. n° 2005-1678 du 28 déc. 2005, art. 65, en vigueur le 1er mars 2006) **« L'autorité compétente informe la juridiction des diligences faites ; elle lui transmet, le cas échéant, tout procès-verbal ou récépissé constatant la remise de l'acte. »**

L'art. 65 du Décr. n° 2005-1678 du 28 déc. 2005 est applicable aux procédures en cours (Décr. préc., art. 87, al. 1er).

Il résulte des art. 670-2 et 683, al. 2, que lorsque l'appel a été porté à la connaissance de l'intéressé seulement par la voie postale, le jugement déféré ne lui a pas été notifié. • Soc. 18 févr. 1999, n° 97-12.474 P : *D. 1999. IR 73*.

Art. 670-3 *(Décr. n° 2004-836 du 20 août 2004, art. 18, en vigueur le 1er janv. 2005)* **Lorsque, pour la notification à l'étranger accomplie à la diligence du** *(Décr. n° 2017-892 du 6 mai 2017, art. 68-I-2°)* **« greffe » de la juridiction, la traduction de l'acte, ou de toute autre pièce, paraît nécessaire, le traducteur est requis par le** *(Décr. n° 2017-892 du 6 mai 2017, art. 68-I-1°)* **« directeur de greffe » ou le responsable du** *(Décr. n° 2017-892 du 6 mai 2017, art. 68-I-2°)* **« greffe » de la juridiction.**

La traduction est rémunérée en application de l'article R. 122 du code de procédure pénale.

Les frais occasionnés par la notification d'un acte à l'étranger à la diligence du *(Décr. n° 2017-892 du 6 mai 2017, art. 68-I-2°)* **« greffe » de la juridiction sont taxés, avancés et recouvrés au titre des frais** *(Décr. n° 2016-479 du 18 avr. 2016, art. 16)* **« visés au 13° du I de l'article R. 93 » du code de procédure pénale.**

L'art. 18 du Décr. n° 2004-836 du 20 août 2004 est applicable aux procédures en cours (Décr. préc., art. 59).

L'art. 16 du Décr. n° 2016-479 du 18 avr. 2016 entre en vigueur à compter du 1er mai 2016 (Décr. préc., art. 19-I). Il est applicable dans les îles Wallis-et-Futuna, mais ne l'est pas en Nouvelle-Calédonie ni en Polynésie française (Décr. préc., art. 18-I et III).

SECTION III LES NOTIFICATIONS ENTRE AVOCATS

BIBL. ▸ DEHARO, *RJ com. 2008. 409* (les actes du palais). – LAMARCHE, *JCP 2011. 225* (pour une simplification des actes de procédure entre auxiliaires de justice).

Art. 671 Les dispositions des sections I et II ne sont pas applicables à la notification des actes entre avocats. Celle-ci se fait par signification ou par notification directe.

Le procureur général près la cour d'appel, dispensé de constituer avocat au Conseil d'État et à la Cour de cassation, est en droit de signifier son mémoire par l'intermédiaire du procureur général près la Cour de cassation à l'avocat constitué par la partie adverse selon les dispositions propres aux significations entre avocats. • Cass., ch. mixte, 6 févr. 2004, n° 00-19.107 P : *BICC 1er avr. 2004, p. 32 et 34, rapp. Bezombes, avis Sainte-Rose ; D. 2004. IR 2824 ; Gaz. Pal. 11-12 févr. 2004, p. 27.*

Art. 672 La signification est constatée par l'apposition du cachet et de la signature de l'huissier de justice sur l'acte et sa copie avec l'indication de la date et du nom de *l'avocat destinataire.* – V. art. 693.

Les conditions de l'art. 672 ne sont pas remplies dès lors que, s'agissant d'une signification entre avocat portant le cachet du groupement des huissiers audienciers du TGI de Paris et la signature du président dudit groupement, le cachet et la signature de l'huissier de justice n'étaient pas apposés sur l'acte. • Civ. 2e, 22 mai 1996, n° 93-15.683 P. ♦ Comp., sur la nécessité de prouver un grief : • Paris, 20 mars 1998 : *D. 1999. 658, note Bourdillat*. ♦ Les art. 671, 672 et 114 n'exigent pas que l'huissier audiencier indique sur l'acte à qui la copie a été remise. • Civ. 2e, 13 mai 1987 : *Bull. civ. II, n° 110.* ♦ Pour une autre application de l'art. 672, V. • Civ. 2e, 29 avr. 2004 : *Procédures 2004, n° 125, note Perrot.* ♦ Viole les art. 672 et 673, la cour d'appel qui s'est prononcée sans débat au visa des conclusions de l'intimé sans vérifier si celles-ci avaient été notifiées à l'avocat des appelants dans les formes requises. • Civ. 2e, 2 juill. 2020, nos 19-12.752 et 19-12.753 P : *D. actu. 28 juill. 2020, obs. Maugain. D. 2020. 1472 ; Rev. prat. rec. 2020. 12, obs. Cousin, Draillard, Joly et Laher ; Gaz. Pal. 3 nov. 2020, p. 51, note Bléry.*

Art. 673 **La notification directe s'opère par la remise de l'acte en double exemplaire à l'avocat destinataire, lequel restitue aussitôt à son confrère l'un des exemplaires après l'avoir daté et visé.**

Art. 674 *(Abrogé par Décr. n° 2012-634 du 3 mai 2012, art. 21-1°-b)* ***Les notifications entre avoués sont soumises aux mêmes règles.***

SECTION IV RÈGLES PARTICULIÈRES À LA NOTIFICATION DES JUGEMENTS

RÉP. PR. CIV. v° *Exécution des jugements et des actes*, par CHOLET.

DALLOZ ACTION *Droit et pratique de la procédure civile 2022/2023*, n°s 423.31 s.

BIBL. GÉN. ▶ LOBIN, *Mél. Raynaud, 1985, p. 381* (notification des jugements et ses sanctions).

Art. 675 **Les jugements sont notifiés par voie de signification à moins que la loi n'en dispose autrement.**

En matière gracieuse, les jugements sont notifiés par le *(Décr. n° 2017-892 du 6 mai 2017, art. 68-I-3°)* **« greffier » de la juridiction, par lettre recommandée avec demande d'avis de réception.** — *V. art. 693.*

1. Baux ruraux. Aucun texte ne dispose que les arrêts rendus en matière de baux ruraux sont notifiés par le secrétariat de la juridiction par lettre recommandée avec demande d'avis de réception. • Civ. 3e, 27 févr. 2002 : *Dr. et pr. 2002. 233, note Douchy ; Procédures 2002, n° 166, note Croze* • 14 nov. 2002, n° 00-20.188 P. ♦ De même, aucun texte ne disposant qu'elles sont notifiées par le secrétariat de la juridiction, les ordonnances de référé rendues par le président du T. par. doivent être notifiées par voie de signification, • Civ. 2e, 8 juill. 2004 : *D. 2005. Pan. 337, obs. Julien et Fricero ; Procédures 2004, n° 264, note Croze.*

2. Procédure d'expropriation. Le délai d'appel ne court pas lorsque le jugement fixant l'indemnité d'expropriation n'a pas été notifié par voie de signification. En conséquence, viole l'art. 675 l'arrêt qui retient que l'art. R. 13-41 C. expr. prévoit une modalité particulière et déroge au texte d'application générale, et que la notification a ainsi été régulièrement faite par le greffe, alors qu'elle n'a pas été faite par voie de signification. • Civ. 3e, 17 juin 2009 : *AJDI 2009. 727, obs. Lévy ; RDI 2009. 465, obs. Morel .* ♦ Rappr. • Civ. 3e, 30 janv. 2008 : *cité note 18 ss. art. 680.*

3. Procédure prud'homale. Si l'art. R. 1454-26 C. trav., dans sa rédaction issue du Décr. n° 2016-660 du 20 mai 2016, prévoit que les décisions du conseil de prud'hommes sont notifiées aux parties par le greffe de ce conseil au lieu de leur domicile, ce texte n'en dispose pas de même pour les arrêts des cours d'appel statuant en matière prud'homale. • Soc. 23 sept. 2020, n° 18-20.869 P : *JCP S 2020. 3045, note Carré* (à défaut de signification par voie d'huissier et nonobstant la notification par le greffe de l'arrêt aux parties par lettre recommandée, le délai de pourvoi n'a pas couru).

Art. 676 **Les jugements peuvent être notifiés par la remise d'une simple expédition.**

1. Le fait que la copie du jugement remise au destinataire n'ait pas été authentifiée par le greffier n'affecte pas la régularité de la signification faite par l'huissier de justice sous sa propre responsabilité. • Civ. 2e, 15 oct. 1981 : *Bull. civ. II, n° 188,* rejetant par substitution de motifs, le pourvoi contre • Toulouse, 31 mars 1980 : *D. 1980. 558, note Lobin* (signification au moyen d'une photocopie du jugement, la photocopie ne comportant aucune mention de certificat du greffe).

2. A peine de nullité, la signification doit comprendre le texte intégral de la décision. • Civ. 1re, 16 janv. 1985 : *Bull. civ. I, n° 24.*

Art. 677 **Les jugements sont notifiés aux parties elles-mêmes.**

1. N'est pas régulière la signification seulement faite au domicile du mandataire des parties et non aux parties elles-mêmes. • Civ. 2e, 16 avr. 1988 : *Bull. civ. II, n° 81* • Civ. 2e, 2 févr. 2012 : *BICC 15 mai 2012, n° 690 ; D. 2012. Actu. 510 ; Dr. et pr. 2012. 101, note Douchy-Oudot.* – Comp. : • Civ. 2e, 17 mars 1986 : *JCP 1987. II. 20794, note Petit.*

2. Pour faire courir le délai d'appel, l'ordonnance du juge-commissaire d'un redressement judiciaire statuant sur la contestation d'une créance doit être notifiée au créancier lui-même et non à son mandataire ayant déclaré la créance. • Com. 15 déc. 1992, n° 89-20.750 P.

3. Est irrégulière la notification d'un jugement qui n'avait pas été adressée à la société appelante elle-même, mais à une autre personne morale, peu important qu'elles appartiennent au même groupe de sociétés. • Civ. 2e, 21 janv. 2016, n° 15-10.108 P.

4. Pluralité de destinataires. Bibl. Lauvergnat, *Procédures 2011. Focus 31* (l'acte à pluralité de destinataires : la fin d'une controverse). ♦ Lorsque la décision concerne plusieurs personnes, la notification doit être faite séparément à chacune d'elles. Les délais d'appel ne courent pas contre des époux dont l'un seulement a signé la notification qui leur était faite conjointement par l'envoi d'un pli unique. • Civ. 2e, 8 juin 1995, n° 93-19.339 P : *D. 1995. IR 165 ; Justices 1996, n° 3, p. 364, obs. Héron.* ♦ Dans le même sens, V. • Civ. 2e, 11 oct. 1995, n° 92-18.799 P • 31 mai 2001 : *Procédures 2001, n° 192, note Perrot.* ♦ Viole ainsi l'art. 677 la cour d'appel qui pour rejeter la demande de nullité d'un acte de signification retient qu'il ne saurait être reproché à l'huissier de justice de ne pas avoir délivré séparément ledit acte, dès lors que l'ordonnance ainsi signifiée prononçait des condamnations solidaires contre eux, et que de ce fait l'huissier pouvait dresser un procès-verbal unique de signification, dans la mesure où, comme en l'espèce, « il a bien fait figurer dans l'acte, le nom de chacun des destinataires » dont il n'est pas contesté, par ailleurs, qu'ils demeuraient ensemble à la même adresse. • Civ. 2e, 15 janv. 2009 : *cité note 15 ss. art. 654.* ♦ De même, rejette à bon droit la demande de nullité d'une saisie-attribution la cour d'appel qui constate que le procès-verbal de signification d'un arrêt dressé par l'huissier de justice comportait des mentions distinctes de remise de l'acte de signification pour chacun des destinataires, ce dont il résultait par des mentions faisant foi jusqu'à inscription de faux que cet acte avait été remis dans son intégralité séparément à chacun d'eux et que les diligences de l'art. 656 C. pr. civ. avaient bien été mises en œuvre pour chacun d'eux. • Civ. 2e, 31 mars 2011 : *cité note ss. art. 699.* ♦ Mais l'ordonnance de référé ordonnant l'expulsion d'un locataire n'a pas à être signifiée au sous-locataire, même connu du bailleur. • Civ. 3e, 30 nov. 2005 : *D. 2006. IR 99.*

5. Élection de domicile. Portée. V. note 3 ss. art. 855.

Art. 678 *(Décr. n° 2020-1201 du 30 sept. 2020, art. 2-1°, en vigueur le 1er oct. 2020)* **« Lorsque la représentation est obligatoire, le jugement doit en outre être préalablement porté à la connaissance des représentants des parties :**

« *a)* Par remise d'une copie de la décision par le greffe, lorsque le jugement est notifié aux parties à sa diligence ;

« *b)* Dans la forme des notifications entre avocats dans les autres cas, à peine de nullité de la notification à partie ; mention de l'accomplissement de cette formalité doit être portée dans l'acte de notification destiné à la partie.

« Ces dispositions ne s'appliquent pas si le représentant est décédé ou a cessé d'exercer ses fonctions. Dans ce cas, la notification est faite à la partie avec l'indication du décès ou de la cessation de fonctions. »

Le délai pour exercer le recours part de la notification à la partie elle-même. — *V. art. 693.*

1. L'irrégularité de la signification d'un jugement à une partie résultant de l'absence de notification préalable à son avocat est un vice de forme qui n'entraîne la nullité de la signification destinée à la partie que sur justification d'un grief. • Civ. 2e, 22 sept. 2016, n° 15-22.386 P. ♦ *Contra* auparavant : l'absence de notification au représentant constitue une nullité, sans qu'il y ait lieu de rechercher si l'omission a causé grief. • Civ. 3e, 6 déc. 1978 : *Bull. civ. III, n° 365 ; Gaz. Pal. 1979. 1. 217, note R. D. ; RTD civ. 1979. 835, obs. Perrot* • *Civ. 2e, 15 févr. 1995,* n° 93-15.459 P : *D. 1995. IR 69 ; JCP 1995. II. 22506, note du Rusquec.* ♦ Même solution, la signification n'ayant pas été faite en autant de copies que de parties représentées par le conseil. • Cass., ass. plén., 15 mai 1992, n° 90-12.705 P : *JCP 1992. II. 21884, note du Rusquec.* ♦ Mais le pourvoi en cassation est recevable dès lors que la décision qu'il attaque a été préalablement signifiée à partie, peu important que cette décision n'ait pas été préalablement signifiée aux représentants des parties. • Civ. 3e, 13 avr. 2005, n° 03-10.935 P : *D. 2006. Pan. 551, obs. Julien et Fricero.* ♦ Est recevable l'appel qui fait suite à la signification à partie du jugement qui mentionne la signification à avocat, ce dont il se déduit qu'elle a été faite préalablement, peu important qu'elle ait été effectuée le même jour. • Civ. 2e, 18 janv. 2007, n° 05-11.947 P : *Procédures 2007, n° 56, obs. Perrot.*

2. La signification à avocat prévue par l'art. 678 ne peut être régulièrement faite qu'à l'avocat du destinataire de la signification. • Civ. 2e, 27 oct. 1982 : *Bull. civ. II, n° 132 ; D. 1983. 541, note Coste-Floret ; JCP 1984. II. 20284, note Blaisse ; Gaz. Pal. 1982. 2. Pan. 541, obs. Guinchard ; RTD civ. 1984. 773, obs. Perrot* • Civ. 2e, 12 avr. 2012 : *cité note 33 ss. art. 114.* ♦ Est irrégulière au sens de l'art. 678 la notification préalable d'un jugement à un avocat associé de la société civile professionnelle différent de celui représentant la partie. • Nancy, 27 févr. 1998 : *JCP 1999. IV. 1543.*

3. La formalité de l'art. 678 doit être accomplie pour la signification d'un arrêt de cassation du moment que le destinataire était obligatoirement représenté par un avocat, même si celui qui notifie n'était pas lui-même représenté, la notification à avocat pouvant être faite par huissier. • Civ. 2e, 13 janv. 1988 : *Bull. civ. II, n° 17 ; RTD civ. 1988. 401, obs. Perrot.*

4. Le défaut de signature de l'avocat qui notifie un jugement n'est pas une cause de nullité de l'acte de notification entre avocats. • Civ. 2e, 23 sept. 2004 : *D. 2004. IR 2619.*

5. Faute de mention sur la notification à partie de la notification préalable à l'avocat, la preuve de cette notification et de son caractère préalable incombe à la partie qui a notifié. • Civ. 2e, 4 juill. 1984 : *Bull. civ. II, n° 129 ; Gaz. Pal. 1984. 2. Pan. 291, obs. Guinchard ; RTD civ. 1985. 214, obs. Perrot.*

6. La représentation n'étant pas obligatoire devant le T. com., les dispositions de l'art. 678 sont inapplicables s'agissant de la signification d'un jugement de ce tribunal faite au parquet sans être précédée d'une signification à l'avocat chargé des intérêts de la partie concernée. • Paris, 8 juin 1979 : *D. 1980. IR 375, obs. Julien.*

7. Une partie ne peut, dans une matière où l'assistance d'un avocat n'est pas obligatoire, exiger que la signification des jugements le concernant soit faite au domicile de l'avocat qu'elle a élu. • Civ. 2e, 18 févr. 1987 : *Bull. civ. II, n° 51.*

8. L'acte de notification préalable d'un jugement par l'avocat de la partie poursuivante à l'avocat du défendeur, en application de l'art. 678, est un acte interruptif de la prescription. • Civ. 2e, 11 juin 1998, n° 96-10.454 P.

9. Lorsque les parties qui procèdent à la signification du jugement étaitent représentées par le même avocat que le destinataire de cette signification, la signification du jugement à partie n'a pas à être précédée d'une notification au représentant. • Civ. 6 nov. 2008 : *Procédures 2009, n° 39, obs. Perrot.*

10. Viole l'art. 678 C. pr. civ., la cour d'appel qui déclare l'appel recevable, le délai n'ayant pas couru en l'absence de signification régulière du jugement, alors qu'elle constate que l'acte de signification à partie mentionne la notification à avocat, ce dont il se déduit que celle-ci a été faite préalablement, peu important qu'elle ait été effectuée le même jour. • Civ. 1re, 28 mai 2008, n° 06-17.313 P : *Gaz. Pal. 2009. 2713, n° 1931, obs. du Rusquec.*

11. L'acte de notification préalable d'un arrêt de cassation par l'avocat de la partie poursuivante à l'avocat de la partie adverse, en application de l'art. 678 C. pr. civ., et l'acte de signification à partie de cet arrêt sont des actes de poursuite interruptifs de la prescription édictée par l'art. 65 de la L. du 29 juill. 1881 sur la liberté de la presse. • Civ. 1re, 10 oct. 2019, n° 18-23.026 P : *D. 2019. 1993 ; ibid. 2020. 279, obs. Dreyer ; Gaz. Pal. 22 oct. 2019, p. 32, note Berlaud ; CCE 2020. Chron. 4, obs. Bigot.*

Art. 679 **En matière gracieuse, le jugement est notifié aux parties et aux tiers dont les intérêts risquent d'être affectés par la décision, ainsi qu'au ministère public lorsqu'un recours lui est ouvert.**

Art. 680 **L'acte de notification d'un jugement à une partie doit indiquer de manière très apparente le délai d'opposition, d'appel ou de pourvoi en cassation dans le cas où l'une de ces voies de recours est ouverte, ainsi que les modalités selon lesquelles le recours peut être exercé ;** *(Décr. n° 81-500 du 12 mai 1981, art. 29)* **« il indique, en outre, que l'auteur d'un recours abusif ou dilatoire peut être condamné à une amende civile et au paiement d'une indemnité à l'autre partie ».** *— V. art. 693.*

(Abrogé par Décr. n° 2013-1280 du 29 déc. 2013, art. 2-I-4°) (Décr. n° 2011-1202 du 28 sept. 2011, art. 3) ***« Lorsque le recours peut être formé sans le ministère*** *(Abrogé par Décr. n° 2012-634 du 3 mai 2012, art. 21-1°-c)* ***« d'un avoué ou » d'un avocat et est assujetti à l'acquittement de la contribution pour l'aide juridique, l'acte de notification rappelle cette exigence, ainsi que l'irrecevabilité encourue en cas de non-respect et les modalités selon lesquelles la partie non représentée doit justifier de cet acquittement. »*** *— Sur la contribution à l'aide juridique, V. art. 62 s. [abrogés] et notamment, s'agissant de la justification de son acquittement, art. 62-4 [abrogé].*

L'art. 3 du Décr. n° 2011-1202 du 28 sept. 2011 [abrogé] n'était pas applicable à la notification des décisions rendues avant le 1er oct. 2011 (Décr. préc., art. 21-I-2° [abrogé]).

Les dispositions de l'art. 2 du Décr. n° 2013-1280 du 29 déc. 2013 entrent en vigueur le 1er janv. 2014 pour les instances introduites à compter de cette date. Les dispositions réglementaires relatives à la contribution pour l'aide juridique demeurent applicables dans leur rédaction en vigueur au 31 déc. 2013 pour les instances introduites jusqu'à cette date (Décr. préc., art. 25).

BIBL. ▸ ORSONI, *Rev. huiss. 1982. 130* (champ d'application de l'art. 680). – FOULON et STRICKLER, *Dr. et pr. 2013. 214* (la mention du « recours » dans l'acte de signification d'une ordonnance sur requête).

A. DOMAINE D'APPLICATION

1. L'art. 680 s'applique quel que soit le mode de notification et notamment à la notification par lettre recommandée. • Civ. 1re, 18 mars 1980 : *Bull. civ. I, n° 88 ; RTD civ. 1981. 213, obs. Perrot.* ♦ Ayant constaté que la lettre de notification indiquait qu'il incombait à la partie de faire le choix d'un avocat inscrit à l'un des barreaux de la cour d'appel d'Aix-en-Provence, qui effectuera les diligences nécessaires à l'instruction de son recours, la cour d'appel en a déduit que ces mentions sont suffisantes pour informer de manière satisfaisante des modalités du recours à exercer. • Civ. 2e, 1er oct. 2020, n° 19-15.753 P : *D. 2020. 1959 ; Rev. prat. rec. 2020. 9, chron. Cholet, Draillard, Laher et Salati ; Gaz. Pal. 26 janv. 2021, p. 64, note Hoffschir.*

2. L'art. 680 s'applique à la notification par lettre recommandée d'une décision d'un conseil de l'ordre. • Rennes, 24 mai 1977 : *Gaz. Pal. 1977. 2. 437, note Damien ; RTD civ. 1978. 193, obs. Perrot.*

3. L'art. 680 ne concerne pas le délai de contestation des factures protestables. • Civ. 2e, 1er juill. 1976 : *D. 1977. 415.*

4. L'art. 680 ne s'applique pas à la notification du certificat de vérification des dépens, qui n'est pas une décision juridictionnelle. • Civ. 2e, 14 oct. 2004 : *cité note 1 ss. art. 718.*

5. L'art. 680 ne visant expressément que l'opposition, l'appel et le pourvoi en cassation, il avait été décidé qu'il ne s'appliquait pas à l'appel-nullité contre une sentence arbitrale rendue en dernier ressort. • Civ. 2e, 29 mars 1977 : *Bull. civ. II, n° 100 ; D. 1977. IR 386, obs. Julien ; RTD civ. 1978. 193, obs. Perrot.* ♦ Mais la Cour de cassation s'est par la suite prononcée en faveur de son applicabilité au recours en annulation. • Civ. 2e, 28 avr. 1986 : *Bull. civ. II, n° 66 ; Gaz. Pal. 1987. 1. Pan. 7, obs. Guinchard et Moussa* • 4 févr. 1999, n° 93-19.450 P : *D. 1999. IR 57* .

6. La Cour de cassation a décidé que les dispositions de l'art. 680 s'appliquaient au « pourvoi immédiat », recours prévu par le droit local alsacien-mosellan. • Civ. 2e, 19 avr. 1985 : *Gaz. Pal. 1985. 2. Pan. 241, obs. Guinchard et Moussa.*

7. L'art. 680 n'est pas applicable à la notification d'un jugement étranger, la régularité de la signification d'une telle décision étant régie, en vertu de l'art. 47 de la Convention de Bruxelles du 27 sept. 1968, par la loi de l'État d'origine. • Paris, 5 oct. 1992 : *D. 1993. IR 38* .

8. Sur l'application de l'art. 680 en matière de procédures collectives, V. : • Com. 9 juin 1998, n° 95-18.486 P : *D. 1999. Somm. 70, obs. Honorat ; JCP 1998. II. 10140, rapp. Rémery ; Procédures 1998, n° 262, note Croze* (pas d'indication obligatoire de l'appel-nullité) • 13 oct. 1998 : *Procédures 1999, n° 34, note Laporte* • 17 oct. 2000 : *D. 2000. AJ 412, obs. A. Lienhard* • Civ. 2e, 3 mai 2001, n° 99-18.326 P : *D. 2001. AJ 1797, obs. A. Lienhard ; Procédures 2001, n° 147, note Perrot.*

9. En matière douanière, dès lors qu'elle a été expressément informée par l'acte de signification du jugement que l'appel devait, selon les dispositions claires et précises de l'art. 367 C. douanes, suivre les règles applicables à la procédure sans représentation obligatoire, la société appelante n'a pas été privée de l'accès effectif à un tribunal et à un recours contre la décision de première instance. • Civ. 2e, 3 avr. 2003, n° 00-20.848 P.

10. Mesures d'exécution forcée (non). Les dispositions de l'art. 680 C. pr. civ., qui visent la notification des jugements, ne s'appliquent pas à la notification d'une mesure d'exécution. • Civ. 2e, 8 sept. 2011, n° 10-23.003 P : *D. 2011. Actu. 2212 ; Procédures 2011, n° 335, note Perrot ; Dr. et pr. 2011. 265, note Salati ; RDBF 2011, n° 209, note S. Piedelièvre* (acte de conversion de saisie-attribution).

B. MENTIONS EXIGÉES

11. Le destinataire doit être informé de la voie de recours ouverte contre le jugement notifié et de son délai. • Civ. 2e, 1er avr. 1981 : *Gaz. Pal. 1982. 1. 1, note Viatte.* ♦ ... Ainsi que du point de départ de ce délai. • Civ. 2e, 4 févr. 1987 : *Bull. civ. II, n° 36 ; D. 1987. Somm. 227, obs. Julien ; Gaz. Pal. 1987. 1. 367, note du Rusquec ; JCP 1988. II. 20983, note Blaisse ; RTD civ. 1987. 406, obs. Perrot.* ♦ ... Et des modalités de la voie de recours. • Civ. 2e, 2 févr. 1983 : *Bull. civ. II, n° 26* • 7 janv. 1982 : *Bull. civ. II, n° 6 ; Gaz. Pal. 1982. 1. 313, note Viatte* • Soc. 5 févr. 1987 : *Bull. civ. V, n° 70 ; Gaz. Pal. 1987. 2. Somm. 339, obs. Guinchard et Moussa.* ♦ Constitue une modalité du recours le lieu où celui-ci doit être exercé. • Soc. 29 mai 2013, n° 12-13.357 P : *D. 2013. Actu. 1418 ; JCP S 2013. 1307, note Brissy.* ♦ Mais l'acte de signification d'un jugement sur le fond n'a pas à mentionner les modalités et délais de l'appel du jugement avant dire droit régulièrement signifié. • Civ. 2e, 17 oct. 2013 : cité note 22 ss. art. 545. ♦ L'exigence d'indication du délai de recours n'impose pas de mentionner, pour un destinataire résidant à l'étranger, que le recours doit être formé dans un délai de trois mois, dès lors qu'est indiqué le délai de recours d'un mois et reproduit l'art. 643 C. pr. civ. faisant état de l'augmentation du délai de deux mois supplémentaires en pareille hypothèse. • Civ. 2e, 19 févr. 2015, n° 14-10.916 P : *D. 2015. Chron. C. cass. 1791, obs. Adida-Canac, Vasseur et de Leiris* .

12. Les exigences de l'art. 680 ne sont pas satisfaites par un simple visa de l'art. 678, al. 3. • Civ.

2e, 4 févr. 1987 : *préc. note 11.* ♦ ... Ni par la mention générale des voies de recours, de leurs délais et de la procédure à suivre pour chaque voie, sans spécification de celle qui est ouverte en l'espèce. • Soc. 8 nov. 1979 : *Gaz. Pal. 1981. 1. 19, note du Rusquec ; RTD civ. 1980. 413, obs. Perrot* • Civ. 2e, 15 avr. 1981 : *Gaz. Pal. 1981. 2. 584, note Viatte ; RTD civ. 1982. 209, obs. Perrot.*

13. Les mentions portées doivent être exactes. • Civ. 2e, 25 oct. 1979 : *Gaz. Pal. 1980. 2. 456, note du Rusquec ; RTD civ. 1980. 413, obs. Perrot* • 4 juin 1986 : *Gaz. Pal. 1987. 1. Somm. 41, obs. Guinchard et Moussa* • 17 déc. 1997, n° 95-19.333 P : *D. 1998. IR 33*. ♦ Peu importe à cet égard que les erreurs soient la conséquence de la qualification erronée donnée au jugement par les juges mêmes qui l'ont rendu. • Soc. 23 oct. 1984 : *JCP 1985. II. 20472, note Joly* • Civ. 2e, 1er avr. 1981 : *Bull. civ. II, n° 83 ; Gaz. Pal. 1981. 2. 602, note Viatte ; RTD civ. 1982. 209, obs. Perrot.* ♦ La mention erronée dans l'acte de notification d'un jugement du délai de la voie de recours ne fait pas courir le délai. • Civ. 2e, 19 mai 1998, n° 96-16.706 P : *D. 1998. IR 147 ; D. Affaires 1998. 1128, obs. S. P.* • Soc. 26 avr. 2006 : *Procédures 2006, n° 182, obs. Boubli.*

14. Compétence territoriale. Constitue une modalité du recours au sens de l'art. 680 le lieu où celui-ci doit être exercé. • Civ. 2e, 10 sept. 2009, n° 07-13.015 P : *R. 2009, p. 425 ; D. 2009. AJ 2169 ; D. actu. 17 sept. 2009, obs. Dargent ; D. 2010. Pan. 171, obs. Fricero ; ibid. Chron. C. Cass., obs. Sommer et Leroy-Gissinger ; JCP 2009. 421, note Fricero ; ibid. S 2009. 1588, note Boulmier ; Dr. et pr. 2009. 351, note Salati.* ♦ V. déjà • Civ. 2e, 8 déc. 1982 : *Bull. civ. II, n° 163 ; Gaz. Pal. 1983. 1. Pan. 134, obs. Guinchard* • Besançon, 8 juill. 1983 : *Gaz. Pal. 1984. 1. Somm. 110* • Rouen, 13 sept. 1984 : *Gaz. Pal. 1985. 1. Somm. 2 ou 11* • Paris, 26 oct. 1984 : *Bull. avoués 1984. 119 ; ibid. 1985. 11* • Paris, 4 mars 1985 : *Bull. avoués. 1985. 43 ; RTD civ. 1986. 424, obs. Perrot* • Civ. 2e, 3 mai 2001, n° 99-18.326 P : *D. 2001. AJ 1797, obs. Lienhard.* ♦ *Contra* • Civ. 2e, 17 déc. 1984 : *Bull. civ. II, n° 201 ; Gaz. Pal. 1985. 1. Pan. 83, obs. Guinchard ; RTD civ. 1985. 449, obs. (crit.) Perrot* • Paris, 23 mai 1985 : *Bull. avoués 1985. 79* • Paris, 19 févr. 1986 : *Bull. avoués 1986. 2. 52* • Paris, 16 févr. 1988 : *Bull. avoués 1988. 4. 164* • Paris, 18 oct. 1988 : *Bull. avoués 1988. 3. 99* • Soc. 17 juin 2009 : *Dalloz jurisprudence.*

15. Aucun texte n'exige que le délai pour faire opposition à une ordonnance d'injonction de payer soit mentionné sur un autre acte que celui portant signification de cette ordonnance. • Civ. 2e, 8 mars 2001, n° 99-14.411 P : *D. 2001. IR 1076*.

16. En cas de doute sur la mention de délai de saisine de la juridiction dans une notification, c'est au destinataire de celle-ci qu'il appartient de rapporter la preuve de ce que la notification est complète. • Soc. 7 mai 1998 : *RG proc. 1998. 476, obs. Vachet.*

17. Constitution d'avocat. Constitue une modalité d'exercice de l'appel l'indication que l'avocat constitué par l'appelant ne peut être qu'un avocat admis à postuler devant un TGI dépendant du ressort de la cour d'appel concernée. Viole en conséquence l'art. 680 la cour d'appel qui, pour déclarer irrecevable l'appel formé hors délai, juge qu'il n'est nullement nécessaire de préciser que l'appel devait être formé par un avocat établi et postulant dans le ressort de telle cour d'appel, une telle formule ne résultant d'aucun texte en vigueur, l'art. 901 C. pr. civ. disposant que la déclaration d'appel est déposée par l'avocat constitué et que d'ailleurs l'appel a été formé par un avocat du barreau du ressort de la cour d'appel qui assistait déjà les parties devant le TGI dudit ressort. • Civ. 2e, 4 sept. 2014 : *D. 2014. Actu. 1769 ; Procédures 2014, n° 292, note Croze ; Gaz. Pal. 21-23 déc. 2014, p. 44, obs. Herman.* ♦ Le délai d'appel ne court pas faute pour la notification du jugement de mentionner que l'appelant devait constituer avocat et que celui-ci ne pouvait être qu'un avocat admis à postuler devant un TGI dépendant du ressort de la cour d'appel concernée. • Civ. 2e, 9 avr. 2015 : *D. 2015. Chron. C. cass. 1791, obs. Adida-Canac, Vasseur, de Leiris* (censure d'un arrêt de la cour d'appel qui avait déclaré irrecevable l'appel formé plus d'un mois suivant une notification indiquant par erreur la nécessité de constituer un avoué au motif que cette irrégularité n'aurait pas causé de grief à son destinataire). • Civ. 2e, 10 nov. 2016, n° 15-24.490 P (censure d'une cour d'appel pour avoir déclaré l'appel irrecevable comme tardif, alors qu'elle relevait que l'acte de signification avait omis de mentionner que l'appel devait être interjeté par un avocat inscrit au barreau institué auprès de l'un des TGI relevant du ressort de la cour d'appel).

C. SANCTIONS

18. L'absence de mention ou la mention erronée dans l'acte de notification d'un jugement de la voie de recours ouverte, de son délai ou de ses modalités a pour effet de ne pas faire courir le délai de recours. • Civ. 2e, 12 févr. 2004, n° 02-13.332 P : *D. 2004. Somm. 1203, obs. Julien*. ♦ • Civ. 2e, 14 nov. 2013 : *D. actu. 4 déc. 2013, obs. Kebir* (signification du jugement ne mentionnant pas toutes les modalités légales prévues pour former un appel). ♦ Viole les art. 675 et 680 C. pr. civ., ensemble l'art. R. 131-47 C. expr., l'arrêt qui pour déclarer irrecevable comme tardif l'appel retient que le secrétariat-greffe du TGI a délivré une « grosse » du jugement d'expropriation au président du syndicat, alors qu'il résultait de ses propres constatations que le jugement n'avait pas été notifié par voie de signification régulière et que le délai d'appel n'avait pas couru. • Civ. 3e, 30 janv. 2008, n° 07-

10.999 P : *D. 2008. Chron. C. cass. 1227, obs. Nési* ; *JCP 2009. 83, n° 21, obs. M. Huyghe* ; *RDI 2008. 152, obs. Morel* . ♦ Viole les art. 528 et 680 la cour d'appel qui déclare l'appel irrecevable comme formé, après l'expiration du délai de quinze jours à compter de la signification du jugement, au motif que la banque, qui avait saisi la cour d'appel de Dijon, n'avait pas été trompée par les erreurs matérielles contenues dans la signification, laquelle avait donc fait courir le délai d'appel. • Civ. 2e, 13 nov. 2014 : *Gaz. Pal. 10 mars 2015, p. 34, note Herman* ; *Procédures 2015, n° 3, note Croze.* ♦ Viole les art. 528 et 680 l'arrêt qui, pour déclarer irrecevable comme tardif l'appel du jugement d'orientation d'une procédure de saisie immobilière, retient que l'absence d'indication dans l'acte du détail de la procédure à suivre ne saurait être considérée comme une cause de nullité de la signification puisque la formalité d'assignation à jour fixe est prévue par un texte, et que la procédure d'appel en cause s'effectue avec représentation obligatoire, alors qu'elle constatait que l'acte de signification avait omis de mentionner les modalités de l'appel contre le jugement d'orientation qui est formé, instruit et jugé selon la procédure à jour fixe en application de l'art. R. 322-19 C. pr. exéc. • Civ. 2e, 24 sept. 2015, n° 14-23.768 P : *JCP 2015. 1124, obs. Cholet.*

19. Même en cas d'inobservation d'une formalité substantielle ou d'ordre public, l'omission d'une mention exigée par l'art. 680 n'entraîne la nullité de l'acte de notification que si la partie qui l'invoque établit le grief que lui cause cette irrégularité. • Civ. 2e, 7 mars 1979 : *Bull. civ. II, n° 66* • 8 déc. 1982 : *D. 1982. IR 39* • 20 juin 1979 : *Bull. civ. II, n° 138* • 23 févr. 1994, n° 92-15.689 P.

20. La connaissance de la voie de recours non indiquée ou la possibilité de prendre conseil ne suffisent pas à démontrer l'absence de grief. • Civ. 2e, 15 oct. 1979 : *Bull. civ. II, n° 252* ; *Gaz. Pal. 1980. 2. 456, note du Rusquec* • 25 avr. 1981 : *Gaz. Pal. 1981. 2. 584, note Viatte.*

21. L'indication erronée de l'existence d'un recours ou de son délai n'a pas pour effet de rendre celui-ci recevable. • Com. 2 mai 1977 : *D. 1978. IR 57, obs. Julien* ; *RTD civ. 1978. 426, obs. Perrot* (indication d'un délai d'appel dans l'acte de notification à une personne non partie au jugement notifié).

22. La notification d'un jugement par lettre recommandée mentionnant l'appel comme seule voie de recours n'a pu faire courir le délai du pourvoi en cassation ; un pourvoi formé après l'expiration de ce délai est donc recevable. • Soc. 19 mars 1998 : *D. 1999. 189, note Puigelier* .

23. En ce sens qu'une notification de jugement portant une mention erronée sur la voie de recours qui peut être exercée ne fait pas courir le délai d'appel, même si elle est suivie d'une nouvelle notification portant une mention exacte, V. • Civ. 2e, 7 mars 2002 : *D. 2002. Somm. 2644, obs. Fricero* ; *Procédures 2002, n° 70, note Perrot* ; *Dr. et pr. 2002. 233, note Douchy.*

24. Le délai d'appel (d'une décision de retrait de l'autorité parentale) ne peut commencer à courir ni à compter d'une première notification, régulière mais rétractée par le greffe avant l'expiration du délai de recours, ni à compter d'une seconde notification irrégulière (cassation pour violation des art. 680, 1191 et 1209). • Civ. 1re, 17 sept. 2003 : *D. 2003. IR 2544* .

25. Le délai de recours ne court pas lorsque le jugement entrepris comporte une mention erronée sur sa qualification, alors même que cette erreur n'aurait causé aucun préjudice. • Civ. 2e, 30 sept. 1999, n° 97-19.089 P : *Procédures 2000, n° 4, note Perrot.*

26. Le délai de recours ne court pas lorsque le jugement entrepris comporte une mention erronée sur sa qualification, à moins que l'acte de notification de ce jugement n'ait indiqué la voie de recours qui était effectivement ouverte. • Civ. 2e, 3 juin 1999, n° 97-15.511 P : *RTD civ. 1999. 702, obs. Perrot* ; *D. 1999. IR 175* ; *Procédures 1999, n° 226, obs. Perrot* • Civ. 2e, 3 mai 2001 : *préc. note 8* • 16 mai 2002, n° 01-02.300 P : *D. 2002. Somm. 2647, obs. Julien* .

27. L'absence de mention, dans l'acte de notification du jugement, des sanctions encourues par l'auteur d'un recours abusif ou dilatoire, n'empêche pas que la signification fixe le point de départ du recours. • Civ. 2e, 30 mai 2002, n° 99-14.175 P : *D. 2002. IR 2101* ; *JCP 2003. II. 10015, note Fradin* ; *Gaz. Pal. 25-28 déc. 2002, p. 11, note Étienne et Perdriau.*

28. Un acte de notification qui ne comporte pas les mentions relatives aux modalités des voies de recours et dont la nullité n'est pas acquise, à défaut de preuve de l'existence d'un grief, peut constituer une mesure préalable nécessaire à l'exécution forcée. • Civ. 2e, 14 févr. 2008, n° 06-20.988 P : *RTD civ. 2008. 544, obs. Théry* .

Art. 681 **La notification, même sans réserve, n'emporte pas acquiescement.**

Art. 682 **La notification d'un jugement est valablement faite au domicile élu en France par la partie demeurant à l'étranger.**

1. Les dispositions de l'art. 682 s'appliquent aux décisions rendues en matière prud'homale, l'art. R. 516-42 [devenu R. 1454-26] C. trav. n'y dérogeant pas. • Soc. 7 juill. 1986 : *Bull. civ. V, n° 358* ; *RTD civ. 1987. 151, obs. Perrot.*

2. Sur l'application de l'augmentation de délai prévue par l'art. 643, V. note 7 ss. art. 643.

SECTION V RÈGLES PARTICULIÈRES AUX NOTIFICATIONS INTERNATIONALES *(Décr. n° 76-1236 du 28 déc. 1976, art. 13).*

V. Décr. n° 72-1019 du 9 nov. 1972 (D. et BLD 1972. 569) portant publication de la Convention du 15 nov. 1965 relative à la signification et à la notification à l'étranger des actes judiciaires et extrajudiciaires en matière civile et commerciale.

V. Règl. (UE) 2020/1784 du Parlement européen et du conseil du 25 nov. 2020, App., v° Droit européen et international, Droit de l'Union européenne.

BIBL. GÉN. ▶ Chatin, *Rev. crit. DIP 1977. 610* (notifications à l'étranger). – Delgrange, *Gaz. Pal. 1988. 1. Doctr. 73* (formalités prévues par la Convention de La Haye du 15 nov. 1965). – Normand, *Rev. crit. DIP 1966. 387* (délivrance des actes à l'étranger). – Sadourny, *Gaz. Pal. 21 juill. 2020, p. 12* (signification internationale des actes de procédure et procès équitable). – Sampieri-Marceau, *D. 2009. 1434* (les significations d'actes judiciaires et extrajudiciaires dans l'Union européenne) ; *D. 2011. 527* (signification au domicile élu en France par la partie demeurant à l'étranger (CE)).

Art. 683 *(Décr. n° 2017-892 du 6 mai 2017, art. 9)* **Les notifications des actes judiciaires et extrajudiciaires à l'étranger ou en provenance de l'étranger sont régies par les règles prévues par la présente section, sous réserve de l'application des règlements européens et des traités internationaux.**

BIBL. ▶ **Décr. du 6 mai 2017 :** Bléry, *D. actu. 17 mai 2017.*

1. La notification par le secrétaire d'une juridiction à une personne qui demeure à l'étranger est effectuée par la remise ou la transmission de l'acte de notification au parquet et non par lettre recommandée. • Civ. 2e, 18 nov. 2003, n° 02-30.679 P • 8 juill. 2010, n° 09-10.070 P • 31 mars 2011 : *Procédures 2011, n° 197, note Perrot.* ♦ V. aussi : • Civ. 1re, 19 déc. 2012 : *BICC 1er avr. 2013, n° 538 ; D. 2013. Actu. 96 ; Gaz. Pal. 8-9 mars 2013, p. 39, note Raschel ; ibid. 9 avr. 2013, p. 10, note Raschel.*

2. Ne justifie pas légalement sa décision au regard des art. 683 s. C. pr. civ., la cour d'appel qui pour déclarer tardif un appel, retient que le jugement constatant son extranéité a été remis à son destinataire par les services consulaires de l'ambassade de France à Erevan, se déterminant ainsi, par des motifs inopérants au regard des dispositions du code de procédure civile propres aux notifications internationales. • Civ. 1re, 24 juin 2015, n° 14-21.382 P.

3. Sur la nécessité de respecter les traités internationaux et, en l'espèce, la Convention de La Haye du 15 nov. 1965, V. • Dijon, 13 juin 2000 : *Gaz. Pal. 2001. 2. 1072, note Renard.*

4. Sur la régularité de la notification par voie postale d'un acte introductif d'instance aux États-Unis, V. Douchy-Oudot, note ss. • Paris, 29 oct. 2008 : *D. 2009. 212.*

SOUS-SECTION 1 NOTIFICATION DES ACTES À L'ÉTRANGER *(Décr. n° 76-1236 du 28 déc. 1976, art. 13).*

BIBL. ▶ **Décr. n° 2012-366 du 15 mars 2012 :** Ghera, *Dr. et pr. 2012. 114* (entre équilibre et modernité, la sécurité juridique au cœur de la communication électronique judiciaire). – Lauvergnat, *Procédures 2012. Étude 3* (un souffle nouveau en matière de notification) ; *Gaz. Pal. 25-26 mai 2012, p. 8* (la signification virtuelle est maintenant bien réelle !).

Art. 684 *(Décr. n° 2005-1678 du 28 déc. 2005, art. 66, en vigueur le 1er mars 2006)* **L'acte destiné à être notifié à une personne ayant sa résidence habituelle à l'étranger est remis au parquet, sauf dans les cas où un** *(Décr. n° 2017-892 du 6 mai 2017, art. 10)* **« règlement européen » ou un traité international autorise l'huissier de justice ou le greffe à transmettre directement cet acte à son destinataire ou à une autorité compétente de l'État de destination.**

L'acte destiné à être notifié à un État étranger, à un agent diplomatique étranger en France ou à tout autre bénéficiaire de l'immunité de juridiction est remis au parquet et transmis par l'intermédiaire du ministre de la justice aux fins de signification par voie diplomatique, à moins qu'en vertu d'un *(Décr. n° 2017-892 du 6 mai 2017, art. 10)* **« règlement européen » ou d'un traité international la transmission puisse être faite par une autre voie.**

Le parquet auquel la remise doit être faite est, selon le cas, celui de la juridiction devant laquelle la demande est portée, celui de la juridiction qui a statué ou celui de la juridiction dans le ressort de laquelle demeure le requérant. S'il n'existe pas de parquet près la juridiction, l'acte est remis au parquet du *(Décr. n° 2019-966 du 18 sept. 2019,* *art. 8, en vigueur le 1er janv. 2020)* **« tribunal judiciaire** *[ancienne rédaction : tribunal de grande instance]* **» dans le ressort duquel cette juridiction a son siège.**

L'art. 66 du Décr. n° 2005-1678 du 28 déc. 2005 est applicable aux procédures en cours (Décr. préc., art. 87, al. 1er).

V. Circ. DACS n° 2005-20 du 1er févr. 2006, BOMJ n° 102.

BIBL. ▸ THOMINETTE et LE QUILLEC, *JCP 2006. I. 147.* – THOMINETTE, *D. 2007. Chron. 1897* (faut-il interdire au créancier d'un État étranger d'avoir accès aux juridictions françaises ?).

▸ **Décr. du 6 mai 2017 :** BLÉRY, *D. actu. 17 mai 2017.*

1. Champ d'application. Les dispositions du texte s'appliquent aux actes extrajudiciaires comme aux actes judiciaires. • Paris, 30 juin 1981 : *Rev. crit. DIP 1982. 129, note Bourel* (congé).

2. Les dispositions de l'art. 684 ne s'appliquent pas du moment que des recherches effectuées n'ont pas permis d'établir de manière certaine que le destinataire de la signification était domicilié à l'étranger, ni même qu'il y exerçait ses activités professionnelles. • Civ. 2e, 11 oct. 1984 : *Gaz. Pal. 1985. 1. Pan. 51, obs. Guinchard.*

3. Est nulle l'assignation délivrée à un État étranger faisant l'objet d'une reconnaissance de fait par l'État français et qui bénéficie, en tant que tel, d'une immunité de juridiction justifiant une notification par voie diplomatique. Au regard de l'existence d'un ministère des affaires étrangères au sein de cet État, rien n'empêchait que cette assignation soit faite par cette voie conformément aux dispositions de l'art. 684, al. 2. • Civ. 1re, 19 mars 2014, n° 11-20.312 P : *D. 2014. Actu. 783 ; JCP S 2013. 1307, note Brissy.*

4. Délai. Point de départ. A l'encontre des parties domiciliées à l'étranger le délai de pourvoi de deux mois augmenté de deux mois court à compter du jour de la signification régulièrement faite au parquet et non de la date de la remise aux intéressés d'une copie de l'acte par les autorités étrangères, sauf dans les cas où un règlement communautaire ou un traité international autorise l'huissier de justice ou le greffe à transmettre directement cet acte à son destinataire ou à une autorité compétente de l'État de destination. • Com. 6 oct. 2009, n° 08-16.732 P : *D. 2009. 2496*. ♦ A l'égard des parties domiciliées à l'étranger, le délai de pourvoi de deux mois augmenté de deux mois court à compter du *jour de la remise régulièrement faite au parquet* et non de la date de la remise aux intéressés d'une copie de l'acte par les autorités étrangères, sauf dans les cas où un règlement communautaire ou un traité international autorise l'huissier de justice ou le greffe à transmettre directement cet acte à son destinataire ou à une autorité compétente de l'État de destination. • Civ. 1re, 10 oct. 2018, n° 16-19.430 P : *D. actu. 24 oct. 2018, obs. Mélin* • Civ. 1re, 10 oct. 2018, n° 17-14.401 P : *D. actu. 24 oct. 2018, obs. Mélin.* ♦ A l'égard de ce destinataire, la date de signification d'un acte, effectuée selon les modalités du Règl. (CE) n° 1348/2000 du 29 mai 2000, est celle à laquelle l'acte a été signifié conformément à la législation de l'État membre requis. • Com. 6 oct. 2009, n° 08-16.732 P : *préc.* ♦ A l'égard du destinataire, la date de signification d'un acte, selon les modalités du Règl. n° 1393/2007 ayant abrogé le Règl. n° 1348/2000 du 29 mai 2000, est celle à laquelle l'acte a été signifié conformément à la législation de l'État membre requis. • Civ. 1re, 10 oct. 2018, n° 16-19.430 P : *préc.* • Civ. 1re, 10 oct. 2018, n° 17-14.401 P : *préc.* ♦ La date de signification d'un arrêt à l'adresse indiquée dans celui-ci, selon les modalités de la Convention de La Haye du 15 nov. 1965, est, à l'égard de son destinataire, celle à laquelle l'autorité étrangère compétente lui a remis l'acte. • Civ. 1re, 10 oct. 2018, n° 16-19.430 P : *préc.* • Civ. 1re, 10 oct. 2018, n° 17-14.401 P : *préc.* ♦ Viole l'art. 684 C. pr. civ., dans sa rédaction antérieure au Décr. n° 2017-892 du 6 mai 2017, dont il résulte que la date à laquelle est effectuée la remise à parquet de la décision à notifier ne constitue pas le point de départ du délai pour interjeter appel de cette décision, l'arrêt d'appel qui, pour déclarer les appels irrecevables, retient, par motifs propres et adoptés, qu'à l'encontre des personnes domiciliées à l'étranger, le délai d'appel court du jour de la signification régulièrement faite au parquet et non de la date de remise à l'intéressé d'une copie de l'acte par les autorités étrangères, et que la société justifiant d'une notification du jugement entrepris à parquet, par acte du 21 sept. 2016, pour une personne ayant sa résidence habituelle à l'étranger, comme l'exige l'art. 684, al. 1er, celle-ci a valablement fait courir le délai d'appel de trois mois ouvert à la société destinataire de la notification, laquelle ne l'a interjeté que tardivement, le 20 juin 2017. • Civ. 2e, 29 janv. 2020, n° 18-23.917 P : *D. actu, 27 févr. 2020, note Jobert ; D. 2020. 289* . ♦ Dans le même sens, V. • Civ. 2e, 1er oct. 2020, n° 19-14.746 P : *Rev. prat. rec. 2020. 9, chron. Cholet, Draillard, Laher et Salati.*

5. Selon l'art. 684, al. 2, C. pr. civ., l'acte destiné à être notifié à un État étranger, à un agent diplomatique étranger en France ou à tout autre bénéficiaire de l'immunité de juridiction est remis au parquet et transmis par l'intermédiaire du ministère de la Justice aux fins de signification par voie diplomatique, à moins qu'en vertu d'un règlement européen ou d'un traité international la transmission puisse être faite par une autre voie. La notification d'un acte judiciaire rendu en matière prud'homale à un État partie à la Conv. du 15 nov. 1965 relative à la signification et à la notification à l'étranger des actes judiciaires et extrajudiciaires en matière civile ou commerciale est régie par cette convention, qui n'exige pas que l'acte notifié soit traduit dans la langue de l'État requis. • Civ. 2e, 21 févr. 2019, n° 16-25.266 P : *D. actu. 12 mars 2019, obs. Mélin ; JCP 2019. 480, note Heymann ; ibid. 616, note Jeuland ; Gaz. Pal. 2 juill. 2019, p. 55, note Schlemmer-Begue.*

6. Destinataire de la notification. Un acte peut régulièrement être notifié à la personne du représentant légal d'une société ayant son siège légal à l'étranger, si le représentant est domicilié en France. • Civ. 2e, 12 mai 1975 : *Bull. civ. II, n° 144 ; RTD civ. 1976. 195, obs. Perrot.*

La signification d'un acte destiné à une personne morale ayant son siège à l'étranger peut être faite au parquet, alors même que cette personne morale a une domiciliation en France où la signification aurait pu être effectuée. • Civ. 2e, 30 mars 2000, n° 98-15.286 P.

7. Double notification. Si, en application des art. 683 et 684, la notification d'un acte destiné à une personne domiciliée à l'étranger est faite par voie de signification à parquet, il peut être procédé directement, par la poste, à une seconde notification aux personnes résidant dans un État membre de l'Union européenne, conformément à l'art. 14 du règlement n° 1348/2000 du 29 mai 2000 ; lorsque la seconde notification a été faite dans le délai ouvert par la signification à parquet, l'appel formé dans le délai indiqué par cette notification est recevable. • Soc. 21 sept. 2005, n° 03-45.090 P : *D. 2005. IR 2479 ; RTD civ. 2005. 826, obs. Perrot.*

8. Effets de la notification. La date de la signification est celle de la remise des copies au parquet et il n'y a pas lieu de rechercher à quel moment une copie a été remise à son destinataire. • Civ. 2e, 9 mars 1978 : *Bull. civ. II, n° 70* • 21 janv. 1998, n° 97-16.078 P • Civ. 1re, 15 juin 1982 : *Bull. civ. I, n° 222* • Com. 11 févr. 2004, n° 01-16.651 P.

9. A l'encontre des parties domiciliées à l'étranger le délai de pourvoi court du jour de la signification régulièrement faite au parquet et non de la date de remise à l'intéressé d'une copie de l'acte par les autorités étrangères. • Civ. 2e, 30 avr. 2003, n° 01-13.329 P : *D. 2003. IR 1406 ; Gaz. Pal. 8-10 févr. 2004, p. 22, obs. du Rusquec.* ♦ La signification du jugement au parquet fait courir le délai de recours sans être contraire à l'exigence d'un procès équitable, dès lors que le délai est augmenté de deux mois pour les parties qui demeurent à l'étranger et que, le jour même de la signification ou le premier jour ouvrable suivant, l'huissier de justice avise le destinataire en lui adressant, par lettre recommandée avec avis de réception, une copie de l'acte signifié. • Même arrêt. ♦ N'est pas recevable, au regard des art. 528, 612, 640, 643, 653 et 684 du NCPC [devenu C. pr. civ.], ces deux derniers dans leur rédaction antérieure au Décr. n° 2005-1678 du 28 déc. 2005, le pourvoi de demandeurs, représentés par un avoué devant la cour d'appel et domiciliés à l'étranger, auxquels a été adressée, par huissier de justice, une copie conforme de l'acte par lettre recommandée avec demande d'avis de réception et qui en ont reçu copie par les autorités étrangères avant l'expiration du délai de deux mois augmenté de deux mois, formé plus de quatre mois à compter de la signification régulièrement faite à parquet et plus de deux mois à compter de la date de remise de l'acte. • Civ. 3e, 3 oct. 2007, n° 06-15.089 P.

10. Agent diplomatique. La notification d'un acte à un État étranger doit être faite par la voie diplomatique. • Civ. 1re, 22 juin 1999, n° 96-18.583 P : *D. 1999. IR 189 ; JCP 2000. II. 10253, note du Rusquec.* – V. aussi • Paris, 9 sept. 2002 : *Gaz. Pal. 6-7 déc. 2002, p. 15, obs. Bonnet.*

11. Est nulle l'assignation en divorce délivrée à un fonctionnaire de nationalité étrangère de l'UNESCO, assimilé à un membre de mission diplomatique. • Civ. 1re, 15 avr. 1986 : *Bull. civ. I, n° 87 ; Rev. crit. DIP 1986. 723, note Couchez ; JDI 1987. 632, note Kahn.*

12. Conv. de La Haye du 15 nov. 1965. Il résulte des art. 14, 683, 684 C. pr. civ. et 10 de la Conv. de La Haye du 15 nov. 1965 que l'acte destiné à être notifié par le secrétaire d'une juridiction à une personne ayant sa résidence habituelle en Inde est transmis directement à l'autorité centrale désignée pour le recevoir ; si l'intéressé est de nationalité française, la notification peut être faite par voie diplomatique ou consulaire. • Civ. 2e, 10 mai 2012, n° 11-15.508 P. ♦ Dès lors que l'État destinataire d'un acte n'a pas consenti à ce que la notification des actes par la voie diplomatique soit faite à son ambassadeur en France et que cet État a, par note diplomatique, refusé l'acte notifié en faisant connaître au ministère français des Affaires étrangères que la voie diplomatique officielle n'avait pas été utilisée pour porter l'affaire à sa connaissance, la notification ne peut être regardée comme une notification régulière effectuée par la voie diplomatique conformément à l'art. 9, al. 2, de la Conv. du 15 nov. 1965. • Civ. 2e, 21 févr. 2019, n° 16-25.266 P : *préc. note 5.*

13. Conv. de La Haye du 1er mars 1954. La date de signification d'un arrêt à l'adresse indiquée dans celui-ci selon les modalités de la Conv. de La Haye du 1er mars 1954 relative à la procédure civile est, à l'égard du destinataire de l'acte, celle à laquelle l'autorité étrangère compétente a signifié l'acte à son destinataire. Lorsque cet acte n'a pu lui être remis, la signification est réputée faite à la date à laquelle l'autorité étrangère compétente a dressé l'attestation constatant le fait, la forme et la date de la signification. Le défendeur au pourvoi qui ne produit pas cette attestation n'établit pas que le délai de pouvoir a valablement couru à l'encontre de l'auteur du pourvoi. • Civ. 1re, 18 déc. 2014 : *BICC 1er avr. 2015, n° 379 ; Gaz. Pal. 17 mars 2015, p. 28, note Bolze ; JCP 2015. 604, obs. Delebecque.*

Art. 684-1 *(Décr. n° 2012-366 du 15 mars 2012, art. 18)* **L'huissier de justice ou le greffier relate dans l'acte les modalités de son expédition, de sa transmission ou de sa remise.**

Art. 685 *(Décr. n° 2005-1678 du 28 déc. 2005, art. 66, en vigueur le 1er mars 2006)* **L'autorité chargée de la notification remet deux copies de l'acte au procureur de la République qui vise l'original.**

Le procureur de la République fait parvenir sans délai les copies de l'acte au ministre de la justice aux fins de transmission ou à l'autorité désignée en vertu du *(Décr. n° 2017-892 du 6 mai 2017, art. 10)* **« règlement européen » ou du traité international applicable.**

Il y joint une ordonnance du juge prescrivant la transmission de l'acte lorsque l'intervention du juge est exigée par le pays destinataire.

L'art. 66 du Décr. n° 2005-1678 du 28 déc. 2005 est applicable aux procédures en cours (Décr. préc., art. 87, al. 1er).

BIBL. ▸ **Décr. du 6 mai 2017 :** Bléry, *D. actu. 17 mai 2017.*

Il n'est pas exigé que la copie remise au parquet soit accompagnée de sa traduction. • Civ. 2e, 12 nov. 1987 : *Bull. civ. II, n° 224* • 14 nov. 1990, n° 89-13.378 P.

Art. 686 *(Décr. n° 2005-1678 du 28 déc. 2005, art. 66, en vigueur le 1er mars 2006)* **A moins que la notification ait pu être faite par voie postale, l'autorité chargée de la notification doit, le jour même ou, au plus tard, le premier jour ouvrable suivant, expédier au destinataire, par lettre recommandée avec demande d'avis de réception, une copie certifiée conforme de** *(Décr. n° 2012-366 du 15 mars 2012, art. 19)* **« l'acte à notifier » indiquant de manière très apparente qu'elle en constitue une simple copie.**

L'art. 66 du Décr. n° 2005-1678 du 28 déc. 2005 est applicable aux procédures en cours (Décr. préc., art. 87, al. 1er).

1. Le texte n'interdit pas d'expédier une lettre recommandée unique à deux époux qui ont la même adresse, du moment qu'il n'est pas allégué par l'un d'eux qu'il n'a pas été informé en temps utile par son conjoint de la réception de ladite lettre. • Paris, 6 mars 1987 : *Gaz. Pal. 1987. 2. 588, note Renard ; Bull. ch. avoués 1987. 2. 54.*

2. L'huissier n'est pas tenu de mentionner sur l'acte de signification à parquet l'accomplissement de la formalité prévue par l'art. 686. • Civ. 2e, 14 nov. 1990, n° 89-13.378 P.

3. Pour une décision subordonnant la validité de l'acte au retour de l'accusé de réception, V. • Paris, 13 févr. 2002 : *Bull. ch. avoués 2002. 1. 22.*

Art. 687 *(Décr. n° 2005-1678 du 28 déc. 2005, art. 66, en vigueur le 1er mars 2006)* **Le procureur de la République informe l'autorité requérante des diligences faites ; il lui transmet, le cas échéant, tout procès-verbal ou récépissé constatant la remise de la copie de l'acte, pour être annexé au premier original. Si la notification a été requise par un huissier de justice, celui-ci tient ces documents à la disposition de la juridiction.**

L'art. 66 du Décr. n° 2005-1678 du 28 déc. 2005 est applicable aux procédures en cours (Décr. préc., art. 87, al. 1er).

Art. 687-1 *(Décr. n° 2012-366 du 15 mars 2012, art. 20)* **S'il ressort des éléments transmis par l'autorité requise ou les services postaux que le destinataire n'habite pas à l'adresse indiquée et que celui-ci n'a plus ni domicile ni résidence connus, l'huissier de justice relate dans l'acte les indications ainsi fournies et procède à la signification comme il est dit aux alinéas 2 à** *(Décr. n° 2017-892 du 6 mai 2017, art. 11)* **« 4 » de l'article 659.**

BIBL. ▸ **Décr. du 6 mai 2017 :** Bléry, *D. actu. 17 mai 2017.*

Art. 687-2 *(Décr. n° 2019-402 du 3 mai 2019, art. 7)* **La date de notification d'un acte judiciaire ou extrajudiciaire à l'étranger est, sans préjudice des dispositions de**

l'article 687-1, à l'égard de celui à qui elle est faite, la date à laquelle l'acte lui est remis ou valablement notifié.

Lorsque l'acte n'a pu être remis ou notifié à son destinataire, la notification est réputée avoir été effectuée à la date à laquelle l'autorité étrangère compétente ou le représentant consulaire ou diplomatique français a tenté de remettre ou notifier l'acte, ou lorsque cette date n'est pas connue, celle à laquelle l'une de ces autorités a avisé l'autorité française requérante de l'impossibilité de notifier l'acte.

Lorsqu'aucune attestation décrivant l'exécution de la demande n'a pu être obtenue des autorités étrangères compétentes, nonobstant les démarches effectuées auprès de celles-ci, la notification est réputée avoir été effectuée à la date à laquelle l'acte leur a été envoyé.

Art. 688 *(Décr. nº 2012-366 du 15 mars 2012, art. 21)* « La juridiction est saisie de la demande formée par assignation par la remise qui lui est faite de l'acte complété par les indications prévues à l'article 684-1 ou *[,]* selon le cas, à l'article 687-1, le cas échéant accompagné des justificatifs des diligences accomplies en vue de sa notification au destinataire. »

(Décr. nº 2005-1678 du 28 déc. 2005, art. 66, en vigueur le 1er mars 2006) « S'il n'est pas établi que le destinataire d'un acte en a eu connaissance en temps utile, le juge saisi de l'affaire ne peut statuer au fond que si les conditions ci-après sont réunies :

« 1° L'acte a été transmis selon les modes prévus par les *(Décr. nº 2017-892 du 6 mai 2017, art. 10)* « règlements européens » ou les traités internationaux applicables ou, à défaut de ceux-ci, selon les prescriptions des articles 684 à 687 ;

« 2° Un délai d'au moins six mois s'est écoulé depuis l'envoi de l'acte ;

« 3° Aucun justificatif de remise de l'acte n'a pu être obtenu nonobstant les démarches effectuées auprès des autorités compétentes de l'État où l'acte doit être remis.

« Le juge peut prescrire d'office toutes diligences complémentaires, notamment donner commission rogatoire à toute autorité compétente aux fins de s'assurer que le destinataire a eu connaissance de l'acte et de l'informer des conséquences d'une abstention de sa part.

« Toutefois, le juge peut ordonner immédiatement les mesures provisoires ou conservatoires nécessaires à la sauvegarde des droits du demandeur. »

L'art. 66 du Décr. nº 2005-1678 du 28 déc. 2005 est applicable aux procédures en cours (Décr. préc., art. 87, al. 1er).

BIBL. ▶ Diloy, *D. 2010. Chron. 165* (notification internationale des actes introductifs d'instance : dispositions contre le délitement des droits de l'assigné non comparant). – Douchy-Oudot, *D. 2009. 212* (notification internationale et droits de la défense).

▶ **Décr. du 6 mai 2017 :** Bléry, *D. actu. 17 mai 2017.*

Il résulte de la combinaison des art. 19 de ce même Règl. et 688 C. pr. civ. que lorsque la transmission porte sur un acte introductif d'instance ou un acte équivalent et que le défendeur ne comparaît pas, le juge judiciaire français ne peut statuer qu'après s'être assuré soit que l'acte a été notifié selon un mode prescrit par la loi de l'État membre requis, soit que l'acte a été transmis selon un des modes prévus par le règlement, qu'un délai d'au moins six mois s'est écoulé depuis la date d'envoi de l'acte et qu'aucune attestation n'a pu être obtenue nonobstant toutes les démarches effectuées auprès des autorités ou entités compétentes de l'État membre. ● Civ. 2e, 11 avr. 2019, nº 17-31.497 P : *D. actu. 6 mai 2019, note Mélin ; D. 2019. 824 ; JCP 2019. 595, note Mehtiyeva.*

SOUS-SECTION 2 NOTIFICATION DES ACTES EN PROVENANCE DE L'ÉTRANGER

(Décr. nº 76-1236 du 28 déc. 1976, art. 16)

Art. 688-1 Les actes en provenance d'un État étranger dont la notification est demandée par les autorités de cet État sont notifiés par voie de simple remise ou de signification.

Art. 688-2 Le ministre de la justice transmet les actes qui lui sont adressés au ministère public près le *(Décr. nº 2019-966 du 18 sept. 2019, art. 8, en vigueur le 1er janv. 2020)* « tribunal judiciaire *[ancienne rédaction : tribunal de grande instance]* » dans le ressort duquel ils doivent être notifiés ou à la chambre nationale des huissiers de justice, à moins qu'en vertu d'un traité la transmission puisse être effectuée directement par les

autorités étrangères au ministère public ou à la chambre nationale des huissiers de justice et sous réserve de tous autres modes de notification. *(Décr. n° 2012-366 du 15 mars 2012, art. 22)* **« Il peut également notifier ces actes à leur destinataire par lettre recommandée avec demande d'avis de réception. »**

Art. 688-3 Lorsque la notification est faite par les soins du ministère public, elle a lieu par voie de simple remise et sans frais *(Décr. n° 2017-892 du 6 mai 2017, art. 12)* **« , contre récépissé attestant de la date et des conditions de la remise ».**

Les dispositions de l'art. 12 du Décr. n° 2017-892 du 6 mai 2017 sont applicables à compter du 1er sept. 2017 (Décr. préc., art. 70-IV).

BIBL. ▸ **Décr. du 6 mai 2017 :** BLÉRY, *D. actu. 17 mai 2017.*

Art. 688-4 La chambre nationale des huissiers de justice transmet les actes qui lui sont adressés à un huissier de justice territorialement compétent pour les signifier.

Art. 688-5 La partie requérante est tenue de faire l'avance des frais de signification sous réserve des conventions internationales existantes.

Art. 688-6 L'acte est notifié dans la langue de l'État d'origine.

Toutefois le destinataire qui ne connaît pas la langue dans laquelle l'acte est établi peut en refuser la notification et demander que celui-ci soit traduit ou accompagné d'une traduction en langue française, à la diligence et aux frais de la partie requérante. *(Décr. n° 2017-892 du 6 mai 2017, art. 13)* **« L'autorité en charge de la remise ou de la signification informe le destinataire de l'acte de cette possibilité. Mention est faite de cette information dans l'acte constatant la remise ou la signification. »**

Les dispositions de l'art. 13 du Décr. n° 2017-892 du 6 mai 2017 sont applicables à compter du 1er sept. 2017 (Décr. préc., art. 70-IV).

BIBL. ▸ **Décr. du 6 mai 2017 :** BLÉRY, *D. actu. 17 mai 2017.*

Art. 688-7 Les pièces constatant l'exécution ou le défaut d'exécution des demandes de notification ou de signification sont transmises en retour selon les mêmes voies que celles par lesquelles les demandes avaient été acheminées.

Art. 688-8 L'exécution d'une demande de notification ou de signification peut être refusée par l'autorité française si elle est de nature à porter atteinte à la souveraineté ou à la sécurité de l'État. Elle peut également être refusée si la demande n'est pas présentée conformément aux dispositions du présent code.

SECTION VI LE LIEU DES NOTIFICATIONS

Art. 689 Les notifications sont faites au lieu où demeure le destinataire s'il s'agit d'une personne physique.

Toutefois, lorsqu'elle est faite à personne, la notification est valable quel que soit le lieu où elle est délivrée, y compris le lieu de travail.

La notification est aussi valablement faite au domicile élu lorsque la loi l'admet ou l'impose. — *V. art. 693.*

1. La loi n'impose, ni n'admet, la notification à *domicile élu d'un jugement du TASS.* • Civ. 2e, 10 mars 1993, n° 91-19.568 P. ♦ Un tribunal ne saurait se fonder sur une élection de domicile faite à seules fins fiscales pour établir la régularité de la signification faite à ce domicile. • Civ. 2e, 26 janv. 1994, n° 92-17.300 P.

2. Ne satisfait pas aux exigences des art. 654 à 656, 663 et 689 une signification à domicile diligentée à Itteville, le destinataire de l'acte soutenant qu'il n'avait plus à cette adresse qu'une résidence secondaire inoccupée, sans boîte aux lettres et d'un accès difficile, et alors que les pièces versées aux débats établissent également une domiciliation à Maisons-Alfort. • Civ. 2e, 7 nov. 1994, n° 93-10.203 P : *Gaz. Pal. 1995. 2. Pan. 114.*

3. Il résulte des art. 654, 655 et 689 C. pr. civ. que lorsqu'il s'est assuré de la réalité du domicile du destinataire de l'acte et que celui-ci est absent, l'huissier de justice n'est pas tenu de tenter une signification à personne sur son lieu de travail, et peut remettre l'acte à domicile. • Civ. 2e, 2 déc. 2021, n° 19-24.170 P : *D. actu. 12 janv. 2022, note Goujon-Bethan ; D. 2021. 2238 ; Gaz. Pal. 18 janv. 2022, p. 45, note Hoffschir.*

Art. 689-1 *(Décr. nº 2017-892 du 6 mai 2017, art. 14)* **Toute partie demeurant à l'étranger a la faculté de déclarer au greffe de la juridiction saisie, dès l'introduction de l'instance, qu'elle élit domicile en France afin d'être rendue destinataire :**

1° Des envois, remises, et notifications des actes de procédure, des pièces, avis, avertissements ou convocations, des rapports et des procès-verbaux, lorsque la partie n'a pas chargé une personne demeurant en France de la représenter en justice ;

2° De la notification du jugement prévue à l'article 682 ;

3° De la notification relative à l'exercice d'une voie de recours.

La déclaration d'élection de domicile est faite par la partie elle-même ou par la personne chargée de la représenter en justice.

L'élection de domicile prend effet à l'égard de la juridiction, à compter de la déclaration faite au greffe, et à l'égard des autres parties, à compter de l'avis qui leur en est donné par la personne qui élit domicile.

BIBL. ▶ **Décr. du 6 mai 2017 :** BLÉRY, *D. actu. 17 mai 2017*. – LAPORTE, *Procédures 2017. Focus 20* (faut-il modifier certaines formules d'assignations ?).

Art. 690 **La notification destinée à une personne morale de droit privé ou à un établissement public à caractère industriel ou commercial, est faite au lieu de son établissement.**

A défaut d'un tel lieu, elle l'est en la personne de l'un de ses membres habilité à la recevoir. — *V. art. 693.*

A. NOTION D'ÉTABLISSEMENT

1. Assurances. Pour une compagnie d'assurances, l'agence générale est un établissement au sens du texte. • Civ. 2e, 27 nov. 1985 : *Bull. civ. II, nº 179 ; Gaz. Pal. 1986. 2. Somm. 413, obs. Croze et Morel.*

2. Banques. V. note 1 ss. C. pr. exéc., art. L. 162-1, et note 5 ss. C. pr. exéc., art. R. 523-5.

3. SCP. Le lieu d'établissement d'une société civile professionnelle d'avocats, au sens de l'art. 690, est son siège social et non le lieu où l'associé exerce effectivement la profession d'avocat. • Orléans, 30 janv. 2003 : *Dr. sociétés 2003, nº 189, note F.-X. Lucas.*

4. L'acte destiné à une personne morale de droit privé peut être délivré dans un autre lieu que celui de son établissement, à condition qu'il soit remis entre les mains de la personne ayant qualité pour la représenter. • Civ. 2e, 30 avr. 2009, nºer P : *Procédures 2009, nº 185, note Perrot.* ♦ Rappr. • Civ., 2e, 12 mai 1975 : *Bull. civ. II, nº 144.* ♦ V aussi, jugeant que la délivrance d'une assignation destinée à une personne morale dont le siège est situé à Londres est régulière dès lors qu'elle est faite à la personne de son représentant légal domicilié en France. • Com. 20 nov. 2012, nº 11-17.653 P.

5. Signification au domicile du gérant de la société (non). Viole l'art. 690 la cour d'appel *qui prononce la nullité de l'assignation* au motif du manquement de l'huissier de justice à son obligation de signifier l'acte au domicile du gérant de la société, alors que dès lors que la signification a été faite au siège social de la personne morale, elle est régulière. • Civ. 2e, 19 févr. 2015 : *cité note 8 ss. art. 656.*

B. REMISE DE L'ACTE

6. Est régulière la lettre de notification parvenue au lieu d'établissement d'une société, même si l'avis de réception a été signé par un préposé ne faisant pas partie des personnes habilitées par cette société à recevoir le courrier recommandé. • Soc. 10 mars 1988 : *Bull. civ. V, nº 176 ; RTD civ. 1988.573, obs. Perrot.* – Comp. : • Soc. 25 avr. 1990, nº 87-40.635 P • Civ. 2e, 22 janv. 1997, nº 95-11.877 P : *RTD civ. 1997. 505, obs. Perrot ; Gaz. Pal. 1998. 2. 795, note du Rusquec.*

7. L'acte de notification de l'arrêt ayant été délivré à la société destinataire à une adresse autre que celle de son siège social, lequel est mentionné dans l'arrêt, et le procès-verbal de recherches infructueuses n'indiquant aucune recherche à cette adresse, les prescriptions de l'art. 690 n'ont pas été satisfaites ; la notification est nulle et ne fait pas courir le délai du pourvoi en cassation. • Civ. 3e, 3 févr. 1999 : *JCP 1999. IV. 1580.*

8. Doit être cassé l'arrêt qui rejette l'exception de nullité soulevée par une société en retenant que le commandement de payer et l'acte introductif d'instance ont été valablement délivrés au lieu où la société a fait élection de domicile, alors que le siège social n'était pas situé au domicile élu et qu'il n'a été relevé aucune diligence de l'huissier en vue d'une signification à la personne d'un représentant de la société. • Civ. 3e, 4 mai 1994, nº 92-13.039 P : *D. 1994. IR 143* ♦ Pour une nouvelle convocation devant les prud'hommes qui n'a été délivrée ni au siège social de la personne morale, ni au lieu de son établissement où le litige a pris naissance, V. • Soc. 5 févr. 1997, nº 94-40.653 P. ♦ Sur la remise d'actes de poursuites à une adresse autre que celle du siège social indiquée sur l'extrait K *bis* du registre du commerce et des sociétés, V. • Civ. 2e, 19 mai 1998, n° 96-19.668 P.

9. L'huissier de justice, qui a agi sans faute et sans fraude, ayant constaté, lors de la signification de l'acte, que la société n'exerçait à l'adresse de son siège social aucune activité et n'y était pas représentée, il ne peut lui être reproché de ne pas avoir poursuivi ses diligences au domicile du représentant de la société dès lors qu'il n'avait pas d'autre obligation que de tenter la signification au lieu du siège social fixé par les statuts et publié au registre du commerce et des sociétés, dont l'existence n'était pas contestée. • Civ. 2e, 8 mars 2001 : *Procédures 2001. Chron. 14, par Fradin.*

10. L'huissier de justice, qui a précisé dans le procès-verbal de recherches infructueuses que la société n'a plus d'activité et de lieu d'établissement, ne peut se borner à mentionner l'identité et le domicile de son représentant sans autre diligence en vue de lui signifier l'acte. • Civ. 2e, 14 oct. 2004, n° 02-18.540 P : *D. 2004. IR 2971 ; Procédures 2005, n° 6, obs. Perrot.*

11. Doit être annulé l'acte introductif d'instance et par voie de conséquence le jugement auquel elle donne lieu, sans qu'il y ait lieu de s'arrêter à l'erreur affectant les mentions portées au RCS, indiquant que le dirigeant était domicilié au numéro 4 et dès lors que l'irrégularité constatée lui a causé un grief, ce dernier n'ayant pu organiser sa défense devant le premier juge, les diligences accomplies par l'huissier de justice qui s'est contenté de se présenter à l'adresse indiquée au RCS et qui mentionne que selon un locataire le dirigeant était parti sans laisser d'adresse depuis trois semaines environ étant insuffisantes, observation étant faite que la véritable adresse du destinataire de l'acte pouvait être obtenue par la simple consultation de l'annuaire téléphonique. • Paris, 2 sept. 2008 : *Dr. et pr. 2009. 54.*

12. Sociétés en liquidation. V. note 7 ss. art. 654.

Art. 691 **Les notifications destinées au ministère public, et celles qui doivent être faites au parquet, le sont, selon le cas, au parquet de la juridiction devant laquelle la demande est portée, à celui de la juridiction qui a statué ou à celui du dernier domicile connu.**

S'il n'existe pas de parquet près la juridiction, la notification est faite au parquet du *(Décr. n° 2019-966 du 18 sept. 2019, art. 8, en vigueur le 1er janv. 2020)* **« tribunal judiciaire** *[ancienne rédaction : tribunal de grande instance]* **» dans le ressort duquel cette juridiction a son siège.** – *V. art. 693.*

SECTION VII DISPOSITIONS DIVERSES

Art. 692 **Les notifications destinées aux collectivités publiques et aux établissements publics sont faites au lieu où ils sont établis à toute personne habilitée à les recevoir.** – *V. art. 693.*

Art. 692-1 *(Décr. n° 2015-282 du 11 mars 2015, art. 1er)* **Nonobstant toute disposition contraire, les convocations destinées aux personnes morales de droit privé, aux administrations de l'État, aux collectivités territoriales, aux établissements publics à caractère administratif, aux organismes de sécurité sociale et aux autres organismes chargés de la gestion d'un service public administratif peuvent leur être adressées par le greffe par tous moyens auxquels ils ont préalablement consenti.**

La convocation adressée dans ces conditions est réputée notifiée à personne à la date à laquelle son destinataire en a accusé réception. A défaut, elle est réputée notifiée à domicile. – *V. Circ. du 20 mars 2015.*

Circulaire JUSC1505620C du 20 mars 2015,

De présentation du décret n° 2015-282 du 11 mars 2015 relatif à la simplification de la procédure civile, à la communication électronique et à la résolution amiable des différends

Art. 692-2 *(Décr. n° 2017-892 du 6 mai 2017, art. 15)* **Lorsqu'en application du présent code, le greffe convoque les parties à l'audience par lettre recommandée avec demande d'avis de réception, les parties ou certaines d'entre elles peuvent, sur mention du juge au dossier, être avisées de cette date d'audience par lettre simple. Si une partie avisée par lettre simple ne comparaît pas à l'audience ou n'y a pas été repré-**

sentée, elle est convoquée par lettre recommandée avec demande d'avis de réception à une audience ultérieure.

BIBL. ▸ **Décr. du 6 mai 2017 :** BLÉRY, *D. actu. 17 mai 2017.*

Art. 693 *(Décr. nº 2012-366 du 15 mars 2012, art. 23)* **Ce qui est prescrit par les articles 654 à 659, 663 à 665-1, 672, 675, 678, 680, 683 à 684-1, 686, le premier alinéa de l'article 688 et les articles 689 à 692 est observé à peine de nullité.**

Doivent être également observées, à peine de nullité *[,]* **les dispositions des articles 4, 6, 7 et 8, paragraphes 1, 2** *[,]* **4 et 5 du règlement (CE) nº 1393/2007 du Parlement européen et du Conseil du 13 novembre 2007 en cas d'expédition d'un acte vers un autre État membre de l'Union européenne.** – *V. désormais Règl. (UE) 2020/1784 du Parlement européen et du conseil du 25 nov. 2020, App., vº Droit européen et international (Droit de l'Union européenne).*

BIBL. ▸ DYMANT, *Bull. ch. avoués 1985. 34* (nullités de forme et de fond en matière de signification d'actes).

1. En l'absence de contestation par l'appelant de la régularité de la signification, la cour d'appel n'a pas à la vérifier d'office. • Civ. 2e, 7 nov. 1988 : *Bull. civ. II, nº 212.* ♦ Mais du moment qu'elle y a été invitée par les conclusions d'une partie, la cour est tenue de vérifier. • Civ. 2e, 6 oct. 1993, nº 92-10.728 P.

2. Ayant retenu qu'une sommation est régulière, la cour d'appel en déduit justement que la société saisie n'est pas recevable à remettre en cause la procédure de saisie immobilière, dès lors qu'elle statue sur une action en nullité de l'adjudication. • Civ. 2e, 27 mai 2004, nº 02-20.467 P.

3. La règle « pas de nullité sans grief » s'applique. • Civ. 1re, 5 déc. 1978 : *Bull. civ. I, nº 375* • Civ. 2e, 7 mars 1979 : *Bull. civ. II, nos 66 et 70* • Civ. 3e, 20 juin 1979 : *Bull. civ. III, nº 138.*

4. Le destinataire ne peut invoquer un grief imputable à son propre comportement. • Civ. 2e, 15 oct. 1981 : *Bull. civ. II, nº 189.*

5. Il a été décidé que, s'agissant de notifications, le nouveau code de procédure civile [devenu code de procédure civile] ne connaît que la nullité et non l'inexistence. • Toulouse, 31 mars 1980 : *D. 1980. 558, note Lobin.*

6. L'absence de mention, dans l'acte de notification du jugement, des sanctions encourues par l'auteur d'un recours abusif ou dilatoire, n'empêche pas que la signification fixe le point de départ du recours. • Civ. 2e, 30 mai 2002, nº 99-14.175 P : *D. 2002. IR 2101.*

7. V. aussi notes 18 s. ss. art. 680.

Art. 694 **La nullité des notifications est régie par les dispositions qui gouvernent la nullité des actes de procédure.** – *V. art. 112 s.*

TITRE DIX-HUITIÈME LES FRAIS ET LES DÉPENS

RÉP. PR. CIV. vº *Frais et dépens*, par PANSIER.

DALLOZ ACTION *Droit et pratique de la procédure civile 2022/2023*, nos 611.00 s.

BIBL. GÉN. ▸ **Dossier :** *AJ fam. 2008. 412* (divorce et dépens). – ARBELLOT, *Procédures 2004. Étude 9.* – MATUTANO, *D. 2005. 2404.* – HOCQUET-BERG, *RCA 2009. Dossier 6* (le procès civil envisagé comme fait générateur de dommages).

CHAPITRE PREMIER LA CHARGE DES DÉPENS

Art. 695 **Les dépens afférents aux instances, actes et procédures d'exécution comprennent :**

1. Les droits, taxes, redevances ou émoluments perçus par les *(Décr. nº 2017-892 du 6 mai 2017, art. 68-I-2º)* **« greffes » des juridictions ou l'administration des impôts à l'exception des droits, taxes et pénalités éventuellement dus sur les actes et titres produits à l'appui des prétentions des parties ;**

2. *(Décr. nº 2002-1346 du 3 déc. 2002, art. 27)* **« Les frais de traduction des actes lorsque celle-ci est rendue** *(Décr. nº 2004-836 du 20 août 2004, art. 44, en vigueur le 1er janv. 2005)* **« nécessaire » par la loi ou par un engagement international ; »**

3. Les indemnités des témoins ;

4. La rémunération des techniciens ;

5. Les débours tarifés ;

6. Les émoluments des officiers publics ou ministériels ;

7. La rémunération des avocats dans la mesure où elle est réglementée *(Décr. nº 78-62 du 20 janv. 1978, art. 19-II)* « *[,]* **y compris les droits de plaidoirie** » ;

(Décr. nº 2004-836 du 20 août 2004, art. 44, en vigueur le 1er janv. 2005) « **8. Les frais occasionnés par la notification d'un acte à l'étranger ;**

« **9. Les frais d'interprétariat et de traduction rendus nécessaires par les mesures d'instruction effectuées à l'étranger à la demande des juridictions dans le cadre du règlement (CE) nº 1206/2001 du Conseil du 28 mai 2001 relatif à la coopération entre les juridictions des États membres dans le domaine de l'obtention des preuves en matière civile et commerciale ;** » – *V. Règl. (CE) nº 1206/2001 du 28 mai 2001, App., vº Droit européen et international, Droit de l'Union européenne.*

(Décr. nº 2009-285 du 12 mars 2009, art. 13) « **10. Les enquêtes sociales ordonnées en application des articles 1072** *(Décr. nº 2011-54 du 13 janv. 2011, art. 3)* « **, 1171 et 1221** » **;** »

(Décr. nº 2009-572 du 20 mai 2009, art. 2) « **11. La rémunération de la personne désignée par le juge pour entendre le mineur, en application de l'article 388-1 du code civil** » ;

(Décr. nº 2012-98 du 27 janv. 2012, art. 3) « **12°. Les rémunérations et frais afférents aux mesures, enquêtes et examens requis en application des dispositions de l'article 1210-8.** »

Le Décr. nº 2012-98 du 27 janv. 2012 est applicable à Wallis-et-Futuna à compter du 1er juin 2012 (Décr. préc., art. 4).

L'art. 44 du Décr. nº 2004-836 du 20 août 2004 est applicable aux procédures en cours (Décr. préc., art. 59).

Le Décr. nº 2009-572 du 20 mai 2009 est applicable à Wallis-et-Futuna (Décr. préc., art. 4).

BIBL. ▶ JULLIEN, *Gaz. Pal. 2011. 3221* (quels dépens d'appel en 2012 ?).

1. Les dépens afférents aux instances, actes et procédures d'exécution sont limitativement énumérés par l'art. 695 ; spécialement, en cas de procédure d'expulsion, ne sont pas compris dans les dépens les frais de déménagement. • Civ. 2e, 6 mai 1987 : *D. 1987. IR 131 ; Gaz. Pal. 1987. 2. Pan. 203.* ♦ *Contra* : aux termes de l'art. 695, les dépens comprennent les débours tarifés ; l'assistance d'une entreprise de déménagement et l'intervention d'un serrurier étant expressément prévues par les art. 7-2 et 1er du décret nº 67-18 du 5 janv. 1967 portant tarif des huissiers de justice, c'est à bon droit que le premier président d'une cour d'appel, devant lequel la personne expulsée n'a contesté ni le caractère nécessaire de ces frais, ni leur montant, rejette la contestation présentée par cette personne faisant grief d'avoir pris en compte les frais de serrurier et de déménagement. • Civ. 2e, 2 mars 2000, nº 97-21.101 P : *D. 2000. IR 107*.

2. Rémunération de l'avocat. Même réglementée, *la rémunération des avocats*, lorsque leur ministère n'est pas obligatoire, n'est pas comprise dans les dépens ; en revanche, y est comprise la rémunération des personnes chargées des enquêtes sociales en matière de divorce et de séparation de corps (Décr. nº 76-998 du 4 nov. 1976, art. 3, mod. par Décr. nº 88-600 du 6 mai 1988 puis abrogé par Décr. nº 2009-285 du 12 mars 2009, art. 15). • Civ. 2e, 2 déc. 1987 : *Bull. civ. II, nº 258.*

3. Prise en charge par l'aide juridictionnelle. Dès lors qu'elle est prise en charge au titre de l'aide juridictionnelle, la rémunération de l'avocat est comprise dans les sommes taxées relevant des dépens. • Civ. 2e, 2 juill. 2009, nº 08-14.586 P.

4. Sont exclus des dépens les émoluments de l'avoué assistant une partie dans une procédure sans représentation obligatoire. • Soc. 14 nov. 1985 : *Bull. civ. V, nº 537* • Civ. 2e, 22 févr. 2012 : *BICC 1er juin 2012, nº 742 ; D. actu. 12 mars 2012, obs. Khébir ; D. 2012. Actu. 688 ; Dr. et pr. 2012. 109.*

5. Les dépens ne comprennent que les seuls débours relatifs à des actes ou procédures judiciaires ; en sont exclus les honoraires des techniciens non désignés par le juge. • Civ. 2e, 5 déc. 1973 : *Bull. civ. II, nº 321* (honoraires de consultation d'un professeur). – V. aussi, sur la nécessité d'une désignation judiciaire, • Civ. 3e, 17 mars 2004, nº 00-22.522 P.

6. Les dépens ne comprennent pas les droits perçus seulement à l'occasion de la décision, qui demeurent à la charge de la partie à qui ils incombent d'après les lois civiles et fiscales, à moins que le jugement n'en impose le paiement à l'autre partie à titre de dommages-intérêts. • Com. 6 déc. 1994, nº 91-17.684 P • Civ. 2e, 17 juin 1999, nº 96-22.873 P.

7. Les droits d'enregistrement afférents aux actes nécessaires à la réalisation d'un plan de cession, qui ne sont pas inclus dans les dépens mis à la charge du « redressement judiciaire » par le jugement arrêtant le plan, doivent être supportés par l'acquéreur. • Com. 6 déc. 1994 : *préc. note 6.*

8. Viole l'art. 695 le premier président qui inclut dans les dépens les frais de constats d'un huissier de justice non désigné à cet effet par décision de justice. • Civ. 2e, 12 janv. 2017, n° 16-10.123 P.

Art. 696 La partie perdante est condamnée aux dépens, à moins que le juge, par décision motivée, n'en mette la totalité ou une fraction à la charge d'une autre partie. *(Décr. n° 2011-272 du 15 mars 2011, art. 23)* **« Les conditions dans lesquelles il peut être mis à la charge d'une partie qui bénéficie de l'aide juridictionnelle tout ou partie des dépens de l'instance sont fixées par les dispositions de la loi n° 91-647 du 10 juillet 1991 et** *(Décr. n° 2020-1717 du 28 déc. 2020, art. 181-1°, en vigueur le 1er janv. 2021)* **« du décret n° 2020-1717 du 28 décembre 2020 ». »** – *V. not. App., v° Aide juridique, L. n° 91-647 du 10 juill. 1991, art. 42.*

Sur l'exequatur des condamnations aux frais et dépens, V. art. 15 à 17 de la Conv. du 25 oct. 1980, tendant à faciliter l'accès international à la justice, publiée par Décr. n° 88-979 du 11 oct. 1988 (D. et ALD 1988. 442).

BIBL. ► Boustani, *D. 2014. 389* (la réparation intégrale et les règles de procédure : principe prétendu ou droit effectif ?). – Gerbay, *D. 1978. Chron. 93* (clauses de remboursement forfaitaire des frais de recouvrement). – Perdriau, *LPA 2 juin 2000* (condamnation aux dépens civils au regard du juge de cassation).

A. PRINCIPE

1. La condamnation des parties perdantes aux dépens relève du pouvoir discrétionnaire des juges du fond. • Civ. 2e, 7 nov. 2002, n° 01.11.672 P. ♦ V. aussi note 7.

2. Infirmation. En cas d'infirmation d'une décision, la cour d'appel met à bon droit l'ensemble des dépens de première instance et d'appel à la charge de la partie qui, après avoir gagné en première instance, succombe en appel. • Civ. 3e, 9 mai 1978 : *Bull. civ. III, n° 199* • Civ. 2e, 2 avr. 1979 : *Bull. civ. II, n° 106* • Civ. 1re, 16 janv. 1980 : *Bull. civ. I, n° 29.* ♦ La juridiction de renvoi statue sur la charge de tous les dépens exposés devant les juridictions du fond, y compris ceux afférents à la décision cassée. • Com. 13 mars 1983 : *JCP 1984. IV. 161* • Civ. 3e, 5 mai 1999 : *D. 1999. IR 139.* ♦ *Contra* : • Civ. 1re, 3 nov. 1976 : *Bull. civ. I, n° 319* • Civ. 2e, 29 mai 1979 : *D. 1979. IR 473, obs. Julien.*

3. Incompétence. La partie qui succombe à une exception d'incompétence peut être condamnée aux dépens. • Civ. 2e, 7 juin 2006, n° 05-18.531 P.

4. Jonction. Dès lors qu'elle a joint des procédures connexes, une cour d'appel qui doit statuer sur les dépens d'une instance unique, ne fait qu'user de son pouvoir discrétionnaire en condamnant l'une des parties aux dépens de toute l'instance. • Civ. 3e, 28 sept. 2005, n° 04-14.577 P. ♦ *Contra* précédemment : seules les parties sont condamnées aux dépens ; en l'état de la jonction de deux instances par le tribunal, la cour statuant sur l'appel du jugement ne peut condamner aux dépens de première instance et d'appel une partie qui, devant les premiers juges, n'avait été l'objet d'une demande que dans une instance et non dans l'autre. • Civ. 2e, 15 févr. 1973 : *JCP 1973. IV. 125* • 31 janv. 1973 : *JCP 1973. IV. 104.*

5. Pluralité d'instances. Une cour d'appel, ayant relevé que plusieurs instances, dont l'une devenue sans objet, avaient opposé les mêmes parties, peut mettre les dépens de toutes les instances à la charge de l'une des parties. • Civ. 1re, 29 janv. 1985 : *Bull. civ. I, n° 39 ; Gaz. Pal. 1985. 2. Pan. 186, obs. Croze et Morel.* ♦ De même, le juge qui statue sur un litige peut condamner les parties aux dépens d'une autre instance, s'il s'agit de frais relatifs à une instance ayant préparé celle dont le juge est saisi (frais relatifs à la procédure de référé et frais d'expertise). • Civ. 3e, 17 mars 2004, n° 00-22.522 P • Civ. 2e, 28 mai 2003, n° 01-12.612 P : *Gaz. Pal. 7-8 avr. 2004, p. 17, obs. du Rusquec.*

6. Frais d'expertise. L'expert judiciaire n'a pas de recours contre l'État pour ses frais et honoraires du chef de leur non-paiement par les parties en litige. • Civ. 1re, 22 déc. 1987 : *D. 1988. 578, note Moussa ; Gaz. Pal. 1988. 1. 149, note Sellon et Caratini ; RTD civ. 1988. 397, obs. Perrot.* ♦ Il appartient au juge pénal qui, après avoir statué sur l'action publique, ordonne une expertise sur les intérêts civils de mettre la rémunération de l'expert à la charge de l'auteur de l'infraction, partie perdante, en application des art. 695 et 696. • Crim. 19 juin 2007, n° 06-87.417 P : *Gaz. Pal. 13 oct. 2007, p. 18, note M.B.*

B. SUCCOMBANCE PARTIELLE

7. Répartition. Lorsqu'une partie ne succombe que partiellement, le tribunal a le pouvoir discrétionnaire d'effectuer la répartition des dépens. • Civ. 3e, 4 févr. 1976 : *Bull. civ. III, n° 47* • Civ. 2e, 27 févr. 1980 : *Bull. civ. II, n° 46* • Soc. 25 févr. 1988 : Bull. civ. V, n° 135. ♦ Il a, par exemple, la faculté de mettre l'intégralité des dépens à la charge de l'une des parties perdantes. • Civ. 2e, 18 mai 1989 : *D. 1989. IR 175* • Soc. 12 janv. 1989 : *Gaz. Pal. 1989. 1. Somm. 68.* ♦ Les conventions particulières des parties sur les dépens ne peuvent porter atteinte à ce pouvoir discrétionnaire. • Civ. 2e, 13 févr. 1991, n° 89-20.804 P.

8. Le tribunal n'a pas à justifier sa décision par des motifs spéciaux. • Soc. 16 nov. 1983 : *D. 1984. IR 124* • Civ. 1re, 12 mai 1987 : *JCP 1987. IV. 242.*

9. L'admission d'une partie des prétentions de l'une des parties à la suite de la cassation partielle d'une décision peut entraîner une modification du chef relatif aux dépens. • Soc. 21 avr. 1988 : *JCP 1988. IV. 219.*

C. DÉPENS MIS À LA CHARGE DU GAGNANT

10. Le tribunal usant de la faculté exceptionnelle de mettre les dépens ou partie des dépens à la charge du gagnant doit motiver sa décision. • Soc. 22 mars 1983 : *Bull. civ. V, n° 180* • Civ. 2e, 15 févr. 1984 : *JCP 1984. IV. 128* • 6 mai 2004, n° 02-16.466 P : *Procédures 2004, n° 148, note Perrot.* ♦ Mais il suffit que la décision soit motivée. • Civ. 2e, 10 févr. 1993, n° 91-13.778 P.

11. Jugé que, quand il a été fait droit à la totalité de la réclamation du demandeur, auquel on a de plus accordé de fortes indemnités ; en mettant de surcroît le montant des dépens à la charge du débiteur, l'équité se trouverait compromise. • TI Rodez, 12 oct. 2000 : *Gaz. Pal. 2001. 1. 447, note du Rusquec.*

D. PROCÉDURES COLLECTIVES

12. V. note 33 ss. art. 700.

E. SÉCURITÉ SOCIALE

13. La procédure devant les juridictions de sécurité sociale étant gratuite et sans frais, les dépenses liées à la signification effectuée en application des dispositions de l'art. R. 142-19, al. 4 CSS pour convoquer une partie à laquelle la lettre de convocation adressée par le greffe n'a pu être remise, doivent rester à la charge de l'organisme social concerné. • Civ. 2e, 17 avr. 2008, n° 06-21.859 P.

Art. 697 *(Décr. n° 76-714 du 29 juill. 1976, art. 3)* **Les avocats,** *(Décr. n° 2012-634 du 3 mai 2012, art. 20-I)* **« anciens » avoués et huissiers de justice peuvent être personnellement condamnés aux dépens afférents aux instances, actes et procédures d'exécution accomplis en dehors des limites de leur mandat.**

Art. 698 *(Décr. n° 76-714 du 29 juill. 1976, art. 4)* **« Les dépens afférents aux instances, actes et procédure d'exécution injustifiés sont à la charge des auxiliaires de justice qui les ont faits, » sans préjudice des dommages-intérêts qui seraient réclamés. Il en est de même des dépens afférents aux instances, actes et procédures d'exécution nuls par l'effet de leur faute.**

1. L'art. 698 qui a pour objet de dissuader les auxiliaires de justice de procéder à des actes qui ne trouvent pas de justifications dans les besoins du litige ou sont frappés de nullité, est une règle de procédure civile qui relève de la compétence du pouvoir réglementaire ; il ne résulte d'aucune disposition législative ni d'aucun principe général du droit que seule une partie au procès pourrait être condamnée à l'issue de l'instance. • CE 25 mai 2005 : *D. 2006. Pan. 552, obs. Julien et Fricero* ; *Gaz. Pal. 3-4 juin 2005, p. 4, concl. Aguila ; JCP 2005. II. 10136, note Salhi.* ♦ Les dispositons de l'art. 698 fixent une règle de procédure mais n'ont ni pour objet ni pour effet d'en fixer les modalités d'application, notamment au regard des possibilités pour l'auxiliaire de justice de s'expliquer sur les circonstances qui l'ont amené à introduire l'instance, faire l'acte ou diligenter la procédure d'exécution en cause. • Même arrêt. ♦ Cet art. n'institue pas une sanction mais a pour but d'assurer le bon fonctionnement du service public et ne porte aucune atteinte ni au droit au recours ni aux prérogatives de la défense, dès lors que ne peuvent être mis à la charge des auxiliaires de justice que les frais correspondant aux actes de procédure que l'exercice normalement attentif, diligent et loyal de leur profession aurait dû les conduire à ne pas faire ; par suite, cet art. ne méconnaît pas les stipulations de l'art. 6 § 1, de la convention européenne de sauvegarde des droits de l'homme et des libertés fondamentales. • Même arrêt.

2. Notion d'auxiliaires de justice. L'art. 698 est applicable aux mandataires judiciaires à la liquidation des entreprises. • Civ. 2e, 28 juin 1995, n° 93-14.506 P : *D. 1995. IR 211* .

3. Renvoi devant une juridiction limitrophe. Une demande fondée sur l'art. 698 n'entre pas dans le champ d'application de l'art. 47 lorsqu'elle est formulée au titre des dépens d'une instance à laquelle l'auxiliaire n'était pas partie. • Civ. 2e, 7 déc. 2000, n° 97-13.172 P : *D. 2001. IR 179* ; *JCP 2001. I. 311, n° 13, obs. Cadiet.*

4. Pouvoir du juge. Tenu de statuer sur les dépens, le juge, en application des art. 697 et 698, a, même en l'absence de toute demande des parties, le pouvoir de les mettre à la charge des auxiliaires de justice concernés. • Civ. 2e, 28 mai 2003, n° 01-14.296 P : *D. 2003. IR 1604* ; *JCP 2004. I. 117, n° 23, obs. R. Martin ; Procédures 2003, n° 191, note Perrot ; Gaz. Pal. 7-8 avr. 2004, p. 17, obs. du Rusquec.*

5. Mise en cause à titre personnel. Nécessité (non). La condamnation d'un auxiliaire de justice aux dépens, qui a été demandée sur le fondement de l'art. 698, ne nécessite pas, contrairement à sa condamnation en paiement de dommages-intérêts, sa mise en cause à titre personnel. • Civ. 2e, 23 juin 2011, n° 09-15.572 P : *D. 2011. Actu. 1910* ; *Procédures 2011, n° 297, note Perrot* ; *Dr. et pr. 2011. 223.*

Art. 699 **Les avocats** *(Abrogé par Décr. n° 2012-634 du 3 mai 2012, art. 21-1°-d)* **« et *les avoués* » peuvent, dans les matières où leur ministère est obligatoire, demander que la condamnation aux dépens soit assortie à leur profit du droit de recouvrer directement contre la partie condamnée ceux des dépens dont ils ont fait l'avance sans avoir reçu provision.**

La partie contre laquelle le recouvrement est poursuivi peut toutefois déduire, par compensation légale, le montant de sa créance de dépens.

BIBL. ▶ LARHER, *Gaz. Pal. 1983. 2. Doctr. 402* (jurisprudence de la cour de Rennes).

1. *Préjudice réparable (non).* Les frais non compris dans les dépens ne constituent pas un préjudice réparable et ne peuvent être remboursés que sur le fondement de l'art. 700. • Soc. 16 févr. 2010 : *RCA 2010, n° 45, note Hocquet-Berg* ; *Procédures 2010, n° 351, note Perrot.*

A. CONDITIONS DU RECOUVREMENT DIRECT

2. *Ministère obligatoire.* L'avocat ou l'avoué ne peut obtenir le bénéfice de la distraction des dépens que si son ministère est obligatoire. • Paris, 2 mars 1983 : *D. 1984. 347, note Julien* (contredit) • Soc. 21 nov. 1979 : *Gaz. Pal. 1980. 1. 158, note Viatte* • 20 mai 1985 : *Bull. civ. V, n° 296* ; *Gaz. Pal. 1985. 2. Pan. 359, obs. Croze et Morel* (matière prud'homale) • Civ. 2e, 23 oct. 2008, n° 07-16.207 P : *D. 2008. AJ 2878* ; *ibid. 2009. Chron. C. cass. 764, obs. Sommer* ; *RLDC févr. 2009, n° 3320, obs. Miniato* • Civ. 2e, 22 févr. 2012 : *cité note 4 ss. C. pr. civ., art. 695, Partie II, VIII, Frais et dépens, A, Matière civile.* ♦ Comp. : • Com. 26 nov. 1985 : *Bull. civ. IV, n° 279* ; *Gaz. Pal. 1986. 2. Somm. 329, obs. Croze et Morel* • Civ. 2e, 22 oct. 1997, n° 94-15.305 P : *D. 1997. IR 245* (litige où l'administration des domaines est partie) • 8 janv. 2015 : *Procédures 2015, n° 71, note Strickler* (contentieux des baux d'habitation, première instance). ♦ Ayant représenté une partie dans une procédure de référé où son ministère n'est pas obligatoire, l'avocat ne peut recouvrer directement les dépens contre l'adversaire, ni en demander la vérification pour son propre compte. • Civ. 2e, 23 oct. 2008 : *préc.*

3. L'avocat postulant en première instance, et dont le mandat a pris fin avec le jugement déféré, ne peut obtenir la distraction des dépens devant la cour d'appel. • Paris, 5 mars 1987 : *D. 1987. IR 75.*

4. *Avance des frais.* Le premier président doit *rechercher l'existence de provisions couvrant* les dépens invoquée par la partie condamnée. • Civ. 2e, 4 janv. 2006, n° 04-14.080 P : *D. 2006. IR 178* .

5. *Octroi du recouvrement direct.* L'avocat ou l'avoué n'a le droit de recouvrer directement les frais dont il a fait l'avance qu'autant que cette action lui a été conférée par le jugement. • Civ. 2e, 18 mars 1987 : *D. 1987. IR 76.* ♦ Comp. : • TGI Lyon, 28 sept. 1993 : *Gaz. Pal. 1994, 12-14 juin, Somm.*

B. COMPENSATION

6. La compensation prévue par l'art. 699 suppose que la décision, en statuant sur les dépens, en a réparti la charge entre les parties ; elle ne peut intervenir lorsque la totalité a été laissée à la charge d'une des parties. • Civ. 2e, 4 févr. 1987 : *D. 1987. IR 38.*

7. L'art. 699 NCPC [devenu C. pr. civ.] ne s'applique pas au Trésor public poursuivant le recouvrement de ses avances et aucune compensation, qu'elle soit légale ou judiciaire, ne peut lui être opposée. • Cass., avis, 14 nov. 1997, n° 09-70.009 P : *D. 1997. IR 262* .

C. RECOUVREMENT SUR LE CLIENT

8. *Paiement par le mandant.* Le droit de recouvrement direct constitue un privilège qui ne fait pas disparaître le droit de l'avocat ou de l'avoué mandataire de réclamer, sur le fondement de l'art. 1999 C. civ., à son propre mandant le paiement de sa rémunération. • Civ. 2e, 23 janv. 1980 : *Gaz. Pal. 1980. 2. 323, note J. V.* • Reims, 6 mars 1984 : *Gaz. Pal. 1985. 1. 9, note du Rusquec* • Civ. 2e, 14 févr. 1990 : *D. 1991. 141, note Vasserot* ; *JCP 1991. II. 21675, note du Rusquec.*

9. L'avoué a la faculté de recouvrer ses frais et émoluments sur son client en vertu du mandat *ad litem* dont celui-ci l'a investi. • Civ. 2e, 7 nov. 2002, n° 00-22.203 P : *D. 2002. IR 3188* ; *Gaz. Pal. 30 mars-1er avr. 2003, p. 28, obs. du Rusquec.* ♦ V. aussi note 5.

10. L'avoué ayant agi pour plusieurs parties, qui a obtenu le bénéfice du recouvrement direct des dépens, n'en conserve pas moins la faculté de recouvrer ces dépens sur l'une quelconque des parties en vertu du mandat *ad litem* dont celles-ci l'ont investi, en étant chacune tenue solidairement envers lui des effets de ce mandat. • Civ. 2e, 26 juin 1991 : *Bull. ch. avoués 1992. 3. 88.*

D. PRESCRIPTION

11. L'action des avoués en recouvrement des dépens se prescrit (art. 2273 C. civ.) par deux ans à compter du jugement des procès sans qu'il y ait lieu de distinguer selon qu'elle est exercée par l'avoué à l'encontre de son mandant ou (art. 699 NCPC [devenu C. pr. civ.]) de l'adversaire condamné aux dépens. • Civ. 2e, 17 mai 2001, n° 98-12.637 P : *D. 2002. 128, note (crit.) Chatteleyn et Loyer* • Cass., ass. plén., 12 janv. 2007, n° 05-11.816 P : *Dr. et pr. 2007. 161, note Fricero ; JCP 2007. II. 10075, note Taisne ; ibid. I. 174, n° 18, obs. R. Martin ; Gaz. Pal. 1er-2 févr. 2008, p. 23, note du Rusquec.* ♦ Le jugement marque le point de départ du délai de prescription. • Civ. 2e, 19 oct. 2006 : *D. 2006. IR 2751* .

E. PAIEMENT DES DÉPENS PAR LEUR DÉBITEUR À LA PARTIE ADVERSE

12. La distraction des dépens ne prive pas le client de l'avocat, ou de l'avoué, de son droit de poursuivre le débiteur du chef de ces mêmes dépens. • Civ. 2e, 31 mars 2011, n° 09-17.376 P : *D. actu. 22 avr. 2011, obs. Tahri.*

Art. 700 *(Décr. n° 2013-1280 du 29 déc. 2013, art. 22)* **Le juge condamne la partie tenue aux dépens ou qui perd son procès à payer :**

1° A l'autre partie la somme qu'il détermine, au titre des frais exposés et non compris dans les dépens ;

2° Et, le cas échéant, à l'avocat du bénéficiaire de l'aide juridictionnelle partielle ou totale une somme au titre des honoraires et frais, non compris dans les dépens, que le bénéficiaire de l'aide aurait exposés s'il n'avait pas eu cette aide. Dans ce cas, il est procédé comme il est dit aux alinéas 3 et 4 de l'article 37 de la loi n° 91-647 du 10 juillet 1991. — *V. L. n° 91-647 du 10 juill. 1991, art. 37, App., v° Aide juridique.*

Dans tous les cas, le juge tient compte de l'équité ou de la situation économique de la partie condamnée. Il peut, même d'office, pour des raisons tirées des mêmes considérations, dire qu'il n'y a pas lieu à ces condamnations. *(Abrogé par Décr. n° 2022-245 du 25 févr. 2022, art. 1er-13°-a)* ***« Néanmoins, s'il alloue une somme au titre du 2° du présent article, celle-ci ne peut être inférieure à la part contributive de l'État. »***

(Décr. n° 2022-245 du 25 févr. 2022, art. 1er-13°-b) **« Les parties peuvent produire les justificatifs des sommes qu'elles demandent.**

« La somme allouée au titre du 2° ne peut être inférieure à la part contributive de l'État majorée de 50 %. »

Les dispositions issues de l'art. 1er du Décr. n° 2022-245 du 25 févr. 2022 sont applicables aux instances en cours (Décr. préc., art. 6-1°).

RÉP. PR. CIV. v° *Frais irrépétibles*, par ARBELLOT.

BIBL. ▸ ARBELLOT, *BICC 15 déc. 2004, p. 3.* – BOCCARA, *JCP 1976. I. 2828* (condamnation aux honoraires). – BOUSTANI, *D. 2014. 389* (la réparation intégrale et les règles de procédure : principe prétendu ou droit effectif ?). – DAMIEN, *Gaz. Pal. 1980. 2. Doctr. 472* (jurisprudence de la cour d'Aix-en-Provence). – GOULARD, *RJF 1994. 653.* – LICARI, *RLDC 2006/31, n° 2247* (frais d'avocats comme dommage réparable). – LOYER-LARHER, *D. 1977. Chron. 205.* – MAILLARD, *Gaz. Pal. 26-27 oct. 2005, p. 4* (art. 77 au Trib. com. de Paris). – R. MARTIN, *JCP 1976. IV. 6630* (abus du droit d'action et art. 700). – F.-J. et J.-M. PANSIER, *JCP 1983. I. 3105* (abus de procédure, art. 700 et référé). – ROUBY, *Gaz. Pal. 1977. 1. Doctr. 160* (plaidoyer pour un art. 700). – VRAY, *Gaz. Pal. 1993. 1. Doctr. 620.* (nouvel art. 700). – WOOG, *Gaz. Pal. 1998. 2. Doctr. 825* (art. 700, indicateur sociologique).

▸ **Propositions de réforme :** CNB, *D. avocats 2013. 216* (lignes directrices d'une réforme globale de l'accès au droit et à la justice).

▸ **Décr. du 29 déc. 2013 :** FRICERO, *D. 2014. Pan. 795* ; *Procédures 2014. Étude 2.* – LAPORTE, *Procédures 2015. Étude 1* (quoi de neuf en matière d'aide juridictionnelle ?).

A. DOMAINE D'APPLICATION

a. Juridictions

1. L'art. 700 s'applique devant toutes les juridictions de l'ordre judiciaire. • Soc. 20 juill. 1978 : *Gaz. Pal. 1978. 2. Somm. 443* (TI) • 21 févr. 1979 : *Bull. civ. V, n° 159 ; D. 1979. IR 425, obs. Pélissier ; JCP 1981. II. 19525, note Herzog ; Gaz. Pal. 1979. 2. Somm. 331* (conseil de prud'hommes) • Civ. 2e, 23 juin 1982 : *Bull. civ. II, n° 96* (juridiction de sécurité sociale, malgré la gratuité de la procédure) • TGI Bastia, 16 avr. 1993 : *Rev. huiss. 1993. 1124* (JEX) • Soc. 19 mars 1986 : *Bull. civ. V, n° 104 ; D. 1986. IR 377, obs. Prétot ; Gaz. Pal. 1987. 1. Somm. 54, obs. Croze et Morel* • Civ. 2e, 5 janv. 1994, n° 92-12.264 P (Commission d'indemnisation des victimes d'infractions).

2. Il avait été jugé, avant que la loi n° 81-82

du 28 févr. 1981 n'introduise des dispositions similaires à l'art. 700 dans le code de procédure pénale (V. art. 216, al. 5, 375, al. 2, et 475-1 C. pr. pén.) que l'art. 700 ne trouvait pas application devant la juridiction pénale. • Crim. 2 juin 1980 : *D. 1981. IR 372, obs. Julien.*

3. L'art. 700 s'applique devant toutes les formations des juridictions. • Civ. 3ᵉ, 19 nov. 1980 : *Bull. civ. III, nº 183 ; D. 1981. IR 372, obs. Julien ; Gaz. Pal. 1981. 1. Somm. 102 ; RTD civ. 1981. 680, obs. Normand* (référés) • Rennes, 29 juin 1979 : *Gaz. Pal. 1981. 1. 802, note Loyer-Larher.*

4. L'art. 700 s'applique en principe en tous domaines. • Com. 23 févr. 1988 : *Gaz. Pal. 1988. 1. 514, note Hauroux* (contentieux douanier) • Paris, 9 nov. 1987 : *Gaz. Pal. 1987. 2. 725* (recours contre une décision du conseil de la concurrence [devenu l'Autorité de la concurrence]) • Com. 22 juill. 1986 : *Bull. civ. IV, nº 176* (contentieux fiscal, les art. L. 207 et R. 207-1 LPF ne dérogeant pas à l'art. 700) • Paris, 8 mai 1979 : *Gaz. Pal. 1979. 2. 344, note Mauro* (exequatur) • Civ. 2ᵉ, 17 oct. 1990, nº 90-60.374 P (contentieux électoral) • 6 mars 2003, nº 02-60.835 P (contentieux des élections aux conseils de prud'hommes).

b. Procédures

5. L'art. 700 est applicable que la représentation par avocat soit obligatoire ou non. • Soc. 21 févr. 1979 : *Bull. civ. V, nº 159 ; D. 1979. IR 425, obs. Pélissier ; JCP 1981. II. 19525, note Herzog ; Gaz. Pal. 1979. 2. Somm. 331.* ♦ Ainsi, bien que le ministère d'avocat ne soit pas obligatoire dans les instances en matière d'enregistrement, l'administration, lorsqu'elle est partie perdante, peut être condamnée à payer une somme au titre de l'art. 700. • Versailles, 24 janv. 2002 : *Gaz. Pal. 1ᵉʳ-3 déc. 2002, p. 20, note J. C.*

6. Les sommes allouées au titre de l'art. 700 étant distinctes des dépenses prises en compte par l'aide judiciaire, le bénéficiaire de cette aide peut réclamer l'application de l'art. 700. • Civ. 3ᵉ, 26 avr. 1984 : *Bull. civ. III, nº 92 ; Gaz. Pal. 1984. 2. Pan. 261, obs. Guinchard* • Soc. 5 nov. 1987 : *Gaz. Pal. 1988. 1. 441, note Balsan.* – V. aussi • Pau, 10 déc. 2001 : *Cah. jurispr. Aquitaine 2002, nº 1, p. 150.*

7. Le bénéfice de l'art. 700 ne peut être demandé que pour les sommes exposées dans le cadre de l'instance où il est sollicité et non, par exemple, pour les sommes exposées à l'occasion d'une procédure antérieure. • Civ. 2ᵉ, 19 nov. 1986 : *Bull. civ. II, nº 171 ; Gaz. Pal. 1987. 1. Pan. 27.* ♦ *... Ou pour toute autre instance, même si* la partie contre qui le bénéfice est demandé en est le responsable. • Civ. 1ʳᵉ, 9 déc. 1980 : *Bull. civ. I, nº 319 ; D. 1980. IR 372, obs. Julien ; Gaz. Pal. 1981. 1. Somm. 117.* ♦ ... Et, *a fortiori*, pour des sommes non exposées en raison d'une instance. • Civ. 3ᵉ, 20 nov. 1979 : *Bull. civ. III, nº 202* (intérêts d'un emprunt). ♦ Rappr. • Civ. 2ᵉ, 16 juill. 1992 : *D. 1992. IR 239.*

8. En revanche, en appel, le bénéfice de l'art. 700 peut être demandé pour l'ensemble des sommes exposées à la fois en seconde et en première instance. • Civ. 3ᵉ, 12 juill. 1988 : *Bull. civ. III, nº 129.*

9. En cas de saisine, par la cour d'appel, de deux appels, V. note 4 ss. art. 559.

10. Lorsque l'appel est irrecevable, la demande fondée sur l'art. 700 est elle-même irrecevable. • Paris, 17 janv. 1978 : *Bull. ch. avoués 1978. 3. 26 et 1979. 1. 8.* ♦ ... Ou doit être rejetée. • Paris, 11 oct. 1977 : *Bull. ch. avoués 1978. 2. 26* (appel tardif) • Civ. 3ᵉ, 4 janv. 1985 : *Bull. civ. III, nº 3* (autre cause d'irrecevabilité). ♦ La solution est cependant différente, en raison de l'art. R. 516-2 [devenu R. 1452-7] C. trav., en matière prud'homale. • Soc. 14 mai 1987 : *Bull. civ. V, nº 333 ; Gaz. Pal. 1988. 1. Somm. 38.*

Sur les conséquences d'un désistement, V. art. 399, 401 et 1025.

11. Les dispositions de l'art. 700 sont applicables à la procédure tendant à la réparation à raison d'une détention. • CNR détentions, 24 janv. 2002 : *BICC 2002, nº 208.*

12. Le juge qui ordonne une simple mesure d'administration et de régulation n'a pas le pouvoir de condamner ; en conséquence, le premier président de la Cour de cassation qui ordonne le retrait du rôle sur le fondement de l'art. 1009-1 ne peut pas statuer sur la demande formulée au titre de l'art. 700. • Cass., ord., 8 nov. 1993, nº 90-18.078 P.

13. L'art. 700 n'exclut pas de son bénéfice les parties qui interviennent volontairement à l'audience. • Civ. 1ʳᵉ, 11 sept. 2013, nº 12-17.794 P : *D. 2013. 2388, note Querzola ; JCP 2013. 1071, note Binctin ; ibid. 2014. 364, note Caron ; CCE 2013, nº 100, note Caron ; ibid. 2014. Chron., p. 21, obs. Daverat ; Gaz. Pal. 10 déc. 2013, p. 34, note Foulon et Strickler.*

14. La juridiction de renvoi n'a pas le pouvoir de statuer sur les frais irrépétibles exposés devant la Cour de cassation. • Civ. 2ᵉ, 8 déc. 2016, nº 13-22.961 P : *D. 2016. Actu. 2567 ; Gaz. Pal. 7 févr. 2017, p. 50, note Klein.*

c. Parties

15. Ne peut être condamnée au titre de l'art. 700 une partie qui n'a pas la charge des dépens (solution non conforme au nouveau texte). • Civ. 2ᵉ, 3 janv. 1980 : *D. 1981. IR 372 (1ʳᵉ esp.), obs. Julien* ; Gaz. Pal. 1980. 1. 267, note J. V. • Soc. 4 nov. 1982 : *Gaz. Pal. 1983. 1. Pan. 102, obs. Guinchard* • Civ. 3ᵉ, 4 janv. 1985 : *Bull. civ. III, nº 3.* ♦ ... En totalité ou partiellement. • Civ. 2ᵉ, 3 févr. 1993, nº 91-18.733 P • Civ. 1ʳᵉ, 6 mai 2009 : *JCP 2009. IV. 1951.* ♦ Inversement, une partie condamnée à verser tous les dépens ne peut obtenir le bénéfice de l'art. 700. • Civ. 2e, 1er avr. 1987 : *D. 1987. Somm. 275, obs. Groslière ; Gaz. Pal. 1987. 2. Pan. 155 ; Bull. civ. II, no 78.*

16. Il suffit qu'une partie ait été condamnée à payer une fraction des dépens pour qu'elle puisse être condamnée au titre de l'art. 700 même au profit d'une partie elle-même condamnée à payer une fraction des dépens. • Civ. 2e, 15 févr. 1984 : *Bull. civ. II, no 28 ; Gaz. Pal. 1984. 1. Pan. 204, obs. Guinchard.*

17. Le bénéfice de l'art. 700 peut être accordé à une partie bien que celle-ci n'ait pas obtenu gain de cause sur toutes ses demandes. • Civ. 3e, 3 juin 1982 : *Bull. civ. III, no 141 ; Gaz. Pal. 1982. 2. Pan. 322.*

18. La partie défenderesse à une demande d'expertise ordonnée sur le fondement de l'art. 145 C. pr. civ. ne peut être considérée comme la partie perdante au sens de l'art. 700 du même code. • Civ. 2e, 10 févr. 2011, no 10-11.774 P.

19. La réduction en cause d'appel de la condamnation d'une partie ne met pas obstacle à l'application de l'art. 700 à son encontre. • Soc. 7 févr. 1980 : *Bull. civ. V, no 118.*

20. A titre exceptionnel, la partie gagnante peut être condamnée sur le fondement de l'art. 700 ; ainsi d'un créancier qui a utilisé une procédure trop longue pour recouvrer une créance minime. • Civ. 2e, 1er déc. 1982 : *D. 1983. IR 155, obs. Julien ; RTD civ. 1983. 597, obs. Perrot.* ♦ Mais il ne suffirait pas d'une simple disparité de ressources. • Soc. 22 mars 1983 : *JCP 1984. II. 20169, note Chatillon et Hanine.*

21. La condamnation de l'administration à payer l'indemnité prévue par l'art. 700 revenant à condamner la collectivité, il convient de considérer qu'il n'est ni inéquitable ni économiquement injustifié de laisser aux demandeurs qui ont gagné leur cause la charge de leurs frais irrépétibles. • TGI Paris, 4 juin 1997 : *Gaz. Pal. 1998. 2. Somm. 442, note du Rusquec.*

B. RÉGIME JURIDIQUE

22. Le bénéfice de l'art. 700 ne peut être accordé que s'il est demandé. • Civ. 3e, 5 avr. 1978 : *Bull. civ. III, no 151* • 8 déc. 1981 : *Gaz. Pal. 1982. 1. Pan. 56 ; RTD civ. 1983. 183, obs. Normand.*

23. La demande formée au titre de l'art. 700 C. pr. civ. n'a pas le caractère d'une demande incidente dès lors qu'elle ne tend qu'à régler les frais de l'instance auxquels est tenu l'appelant et n'implique pas, pour la juridiction, la nécessité d'examiner le fond. • Civ. 2e, 10 déc. 1986 : *Bull. civ. II, no 179 ; D. 1987. Somm. 227, obs. Julien ; Gaz. Pal. 1987. 2. Somm. 335, obs. Croze et Morel ; RTD civ. 1987. 153, obs. Perrot* • Civ. 2e, 17 mai 1993, no 91-18.028 P : *D. 1993. IR 142* • Civ. 2e, 22 sept. 2005, no 04-13.036 P : *D. 2005. 2706* • Cass., ch. mixte, 13 mars 2009 : *cité note 13 ss. art. 401.* ♦ *Contra*, jugeant que la demande est une demande incidente, • Civ. 3e, 13 nov. 1986 : *Bull. civ. III, no 159* • Com. 28 avr. 1987 : *Bull. civ. IV, no 94* • Soc. 26 juill. 1987 : *Bull. civ. V, no 498.*

24. La demande de dommages-intérêts pour procédure abusive peut implicitement contenir une demande d'application de l'art. 700. • Civ. 1re, 19 juill. 1978 : *Bull. civ. I, no 277 ; JCP 1988. II. 18971, note Baudouin ; Gaz. Pal. 1978. 2. Somm. 416* • Civ. 3e, 9 oct. 1979 : *RTD civ. 1981. 433, obs. Normand* • Com. 26 janv. 1982 : *Bull. civ. IV, no 31 ; RTD civ. 1983. 184, obs. Normand.* ♦ *Contra* : • Civ. 3e, 8 déc. 1981 : *Gaz. Pal. 1982. 1. Pan. 156 ; RTD civ. 1983. 183, obs. Normand.*

25. Une cour d'appel retient exactement que, chacune des parties étant tenue au paiement d'une fraction des dépens au sens de l'art. 696 C. pr. civ., il pouvait être fait application des dispositions de l'art. 700 du même code au profit de l'une d'elles. • Civ. 1re, 19 juin 2013, no 12-19.286 P : *Gaz. Pal. 8 oct. 2013, p. 18, note Bascoulergue ; ibid. 10 déc. 2013, p. 40, note Lauvergnat.*

26. L'application de l'art. 700 relève du pouvoir discrétionnaire du juge. • Civ. 2e, 10 oct. 2002, no 00-13.832 P : *D. 2002. IR 2916 ; Dr. et pr. 2003. 97, note Douchy ; Gaz. Pal. 30 mars-1er avr. 2003, p. 28, obs. du Rusquec* • Civ. 2e, 7 nov. 2002 : *Gaz. Pal. 9-11 févr. 2003, p. 7, note J.-G. M.* • Civ. 2e, 6 mars 2003 : *préc. note 4.* ♦ Les juges ont un pouvoir souverain d'appréciation de la condition d'iniquité posée par l'art. 700. • Civ. 2e, 27 janv. 1982 : *Bull. civ. II, no 12* • Civ. 3e, 22 juin 1982 : *Bull. civ. III, no 165.* ♦ ... Et le simple visa de l'art. 700 suffit. • Soc. 20 mars 1985 : *Bull. civ. V, no 194* • Civ. 2e, 17 févr. 1983 : *Bull. civ. II, no 47* • Com. 27 janv. 1982 : *Bull. civ. IV, no 37.* ♦ C'est dans l'exercice du pouvoir discrétionnaire qu'elle tient des dispositions de l'art. 700, exclusif de l'exigence de motivation, qu'une cour d'appel fixe le montant des sommes allouées au titre des frais exposés, de sorte que l'allocation de ces sommes n'est de nature ni à créer un doute sur l'impartialité du juge ni à constituer un obstacle à l'accès à celui-ci. • Civ. 1re, 11 sept. 2013, no 12-17.794 P : *D. 2013. Actu. 2101 ; ibid. 2382, obs. Querzola ; JCP 2013. 1071, note Binctin ; Gaz. Pal. 8-10 déc. 2013, p. 34, obs. Foulon et Strickler ; CCE 2013, no 100, note Caron ; ibid. 2014. Chron., p. 21, obs. Daverat.* ♦ C'est dans l'exercice de son pouvoir discrétionnaire qu'une cour d'appel met à la charge d'une partie, qui n'ayant pas obtenu la condamnation qu'elle réclamait, sur le fondement de l'art. 700 C. pr. civ., succombait partiellement en ses prétentions, les dépens ainsi qu'une indemnité au titre des frais irrépétibles.

• Civ. 1re, 18 févr. 2015 : *D. 2015. Actu. 487* ; *Procédures 2015, n° 116, obs. Strickler.*

27. L'application de l'art. 700 n'est pas subordonnée à la condition d'une faute. • Civ. 2e, 20 juill. 1980 : *Bull. civ. II, n° 189.* ♦ ... A la constatation que les frais irrépétibles invoqués aient été préalablement payés. • Com. 8 déc. 1992, n° 90-21.783 P.

28. L'indemnité prévue à l'art. 700 comporte un fondement juridique et un objet distincts de ceux des dépens. • Civ. 2e, 19 févr. 1984 : *Bull. civ. II, n° 28 ; Gaz. Pal. 1984. 2. Pan. 204, obs. Guinchard.* ♦ V. cep. notes 15 et 16.

29. Les frais non compris dans les dépens ne constituent pas un préjudice réparable et ne peuvent être remboursés que sur le fondement de l'art. 700. • Civ. 2e, 8 juill. 2004, n° 03-15.155 P : *D. 2004. IR 2195* ; *Dr. et pr. 2005. 29, note Vinckel.*

30. La demande fondée sur l'art. 700 ne constitue pas une prétention dont la valeur doit être prise en compte pour la détermination du taux du ressort de la juridiction. • Civ. 3e, 6 janv. 1981 : *D. 1981. IR 370, obs. Julien ; Bull. civ. III, n° 4 ; Gaz. Pal. 1981. 1. 260 ; RTD civ. 1981. 904, obs. Perrot* • Versailles, 2 mars 2001 : *D. 2001. IR 1073* . ♦ Rappr., à propos de l'intérêt du litige pour le calcul du droit proportionnel de l'avoué : • Civ. 2e, 1er juill. 1992 : *D. 1992. IR 213* .

31. L'indemnité accordée sur le fondement de l'art. 700, qui représente des frais exposés à l'occasion de l'instance, doit être exclue de l'évaluation de l'intérêt du litige pour le calcul des émoluments dus à l'avoué. • Civ. 2e, 12 févr. 2004, n° 02-11.136 P : *Gaz. Pal. 13-15 mars 2005, p. 18, obs. du Rusquec.* – V. aussi • Civ. 2e, 1er juill. 1992 : *préc. note 30.*

32. L'application de l'art. 700 n'est pas subordonnée à la condition que les frais irrépétibles invoqués aient été préalablement payés. • Com. 8 déc. 1992, n° 90-21.783 P • 4 mai 1993, n° 91-12.439 P.

33. La créance de dépens et de frais résultant de l'application de l'art. 700, mis à la charge du débiteur en redressement ou en liquidation judiciaires, trouve son origine dans la décision qui statue sur ces dépens et frais et entre dans les prévisions de l'art. L. 621-32 C. com. (priorité de paiement) lorsque cette décision est postérieure au jugement d'ouverture de la procédure collective. • Com. 11 juin 2002, n° 00-12.289 P : *R. 2002, p. 426 ; D. 2002. AJ 2121, obs. A. Lienhard* ; *ibid. 2002. Somm. 2642, obs. Fricero* ; *Dr. et pr. 2002. 300, note Douchy ; Procédures 2002, n° 187, note Laporte* • Civ. 3e, 12 juin 2002, n° 00-19.038 P : *D. 2002. AJ 2122, obs. A. Lienhard* • Soc. 12 févr. 2003, n° 99-42.985 P : *D. 2003. AJ 768* ; *Procédures 2003, n° 145, note Laporte.* ♦ Comp., auparavant : • Com. 17 févr. 1998, n° 95-18.686 P : *D. 1998. 381, note Pasturel* ; *Procédures 1998, n° 91, obs. Croze* • Com. 4 janv. 2000 : *Procédures 2000, n° 63, obs. C. L.* • Soc. 10 janv. 2001 : *Procédures 2001, n° 89, obs. C. L.* • Civ. 3e, 7 oct. 2009, n° 08-12.920 P : *D. 2009. AJ 2548, note Lienhard* ; *JCP E 2009. 2194, note Vallansan ; Gaz. Pal. 9 janv. 2010, p. 18, note Henry ; LPA 30 avr. 2010, p. 5, note Sortais.* – V. Cunha, *Gaz. Pal. 25-26 juin 2004, p. 8.*

34. L'art. 1153-1 C. civ. qui dispose qu'en toute matière, la condamnation à une indemnité emporte intérêts au taux légal même en l'absence de demande ou de disposition spéciale du jugement et que sauf dispositions contraires de la loi, ces intérêts courent à compter du prononcé du jugement à moins que le juge n'en décide autrement, est applicable aux sommes dues au titre de l'art. 700. • Civ. 2e, 6 mai 1999, n° 96-20.827 P : *D. 1999. IR 150* • Civ. 3e, 31 oct. 2007, n° 06-19.128 P.

35. Indemnité forfaitaire de gestion (CSS, art. L. 376-1). Cumul. L'indemnité forfaitaire de gestion prévue à l'art. L. 3761 CSS diffère tant par ses finalités que par ses modalités d'application des frais exposés non compris dans les dépens de l'instance. Dès lors, viole les art. 9 de l'Ord. n° 96-51 du 24 janv. 1996 et L. 376-1 CSS, ensemble l'art. 700 C. pr. civ., le tribunal qui, pour annuler la contrainte décernée par une CPAM afin d'obtenir le recouvrement de l'indemnité forfaitaire de gestion, énonce que cette indemnité fait double emploi avec la somme allouée à la caisse au titre de ses frais irrépétibles. • Civ. 2e, 12 avr. 2012, n° 11-12.808 P.

36. La demande formée au titre de l'art. 700 C. pr. civ. ne tend qu'à régler les frais de l'instance éteinte auxquels est tenue une partie par application de l'art. 399 du même code de sorte qu'une demande au titre de l'art. 700 préc., même formée postérieurement au désistement mais dans le délai prévu à l'art. 982 C. pr. civ, peut être satisfaite. • Civ. 3e, 27 avr. 2011 : *Dr. et pr. 2011. 187.*

37. Dès lors que, par une décision motivée, le juge a laissé à chacune des parties la charge de ses propre dépens, ce dont il résulte que chacune d'elles est tenue au paiement d'une fraction des dépens au sens de l'art. 696, il peut être fait application des dispositions de l'art. 700 au profit de l'une d'elles. • Civ. 2e, 27 juin 2013, n° 12-19.286 P : *Gaz. Pal. 6-8 oct. 2013, p. 18, note Bascoulergue ; ibid. 10 déc. 2013, p. 40, note Lauvergnat.*

C. CONVENTIONNALITÉ ET LÉGALITÉ

38. Les dispositions de l'art. 700, qui n'imposent nullement au juge de condamner l'une ou l'autre des parties à supporter les frais exposés par la partie adverse, mais, au contraire, lui imposent de tenir compte tant des considérations d'équité que de la situation, notamment financière, de celles-ci, ne peuvent être regardées comme un obstacle à un égal accès au juge civil au sens de l'art. 6, § 1er, Conv. EDH. • CE 3 déc. 2003, n° 250140 : *D. 2004. IR 608*. ♦ Est légal l'art. 163 du décret du 19 déc. 1991, qui a modifié l'art. 700 pour y introduire les règles issues de l'art. 75 (I) de la loi du 10 juill. 1991 relative à l'aide juridique. • Même arrêt.

CHAPITRE II LA LIQUIDATION DES DÉPENS À RECOUVRER PAR LE GREFFE *(Décr. n° 2017-892 du 6 mai 2017, art. 68-I-4°).*

Art. 701 **Les dépens prévus à** *(Décr. n° 78-62 du 20 janv. 1978, art. 20)* **« l'article 695 (1° et 3°) » sont liquidés dans le jugement qui les adjuge ou par mention apposée sur la minute par l'un des juges de la juridiction.**

Les expéditions du jugement peuvent être délivrées avant que la liquidation ne soit faite.

L'avocat surenchérisseur, non poursuivant et non adjudicataire sur la surenchère, ne bénéficie pas de frais taxés. • Civ. 2e, 10 mai 1995, n° 93-15.374 P.

Art. 702 **Lorsque le montant des dépens liquidés ne figure pas dans l'expédition du jugement, le** *(Décr. n° 2017-892 du 6 mai 2017, art. 68-I-3°)* **« greffier » délivre un titre exécutoire.**

Art. 703 *(Décr. n° 78-62 du 20 janv. 1978, art. 21)* **La liquidation peut être contestée selon la procédure prévue aux articles 708 à 718.**

La vérification de l'état des frais par le greffier est un préalable nécessaire à la saisine du juge taxateur, quelle que soit la partie à laquelle les frais sont réclamés et l'ordonnance de taxation doit être cassée si le montant des dépens n'a pas été préalablement vérifié par le secrétaire de la juridiction et que le débiteur n'a pas été appelé à présenter ses observations. • Civ. 2e, 10 févr. 1982 : *Bull. civ. II, n° 19 ; Gaz. Pal. 1982. 2. 488, note Padovani ; JCP 1982. II. 19904, note Bailly* • Aix-en-Provence, 13 nov. 1981 : *Gaz. Pal. 1982. 1. 87.*

CHAPITRE III LA VÉRIFICATION ET LE RECOUVREMENT DES DÉPENS

(Décr. n° 84-618 du 13 juill. 1984, art. 6)

BIBL. GÉN. ▶ ARBELLOT, *BICC 15 nov. 2004, p. 4* (procédure de vérification des dépens) ; *ibid., p. 6* (éléments de calcul des dépens tarifaires) ; *ibid. 15 sept. 2005, p. 6.* – AVENA-ROBARDET et RICHARD, *AJ fam. 2008. 420*. – FEUGNET, *Dr. et pr. 2018. 123* (la taxation des frais de l'huissier de justice). – LARHER, *Gaz. Pal. 1983. 2. Doctr. 402* (recouvrement des frais et dépens). – VIATTE, *Gaz. Pal. 1976. 2. Doctr. 65.*

Art. 704 *(Décr. n° 84-618 du 13 juill. 1984, art. 7, en vigueur le 1er oct. 1984)* **« Les parties peuvent, en cas de difficultés, demander, sans forme, au** *(Décr. n° 2017-892 du 6 mai 2017, art. 68-I-3°)* **« greffier » de la juridiction compétente en application de l'article 52, de vérifier le montant des dépens mentionnés à l'article 695. »**

Il en est de même de l'auxiliaire de justice qui entend recouvrer les dépens ; sa demande est alors accompagnée du compte détaillé qu'il est tenu de remettre aux parties en vertu de la réglementation tarifaire. Ce compte mentionne les provisions reçues.

1. Les demandes relatives à la vérification et au recouvrement des frais, émoluments et débours afférents aux actes et procédures d'exécution sont portées, selon le montant des frais, devant le TI ou le TGI dans le ressort duquel l'officier public ou ministériel ou l'auxiliaire de justice exerce ses fonctions. • Cass., avis, 17 mai 2004 : *BICC 15 déc. 2004, p. 16, rapp. Vigneau, obs. Benmakhlouf.* ♦ Les dispositions de l'art. R. 519-1 [devenu R. 1423-53] du C. trav. ne s'appliquent pas aux émoluments dus pour les actes et procédures d'exécution des décisions de justice en matière prud'homale. • Même avis.

2. Il résulte de l'application combinée des art. 704 et 52, al. 1er, que, dès lors que les dépens objet de la contestation ont été exposés devant une cour d'appel, la demande d'ordonnance de taxe doit être formée devant le premier président de cette même juridiction. • Civ. 2e, 5 déc. 2002, n° 01-02.299 P : *Gaz. Pal. 6-7 août 2003, p. 16, obs. du Rusquec.*

3. L'art. 704 est sans application à la procédure de contestations relatives à la rémunération des techniciens. • Civ. 2e, 5 avr. 2007, n° 06-13.063 P : *Dr. et pr. 2007. 272, note Putman.*

4. Doit être relevé d'office le moyen tiré de l'irrecevabilité d'une contestation des émoluments tarifés d'un huissier de justice, formée directement devant un juge taxateur, résultant de l'absence de vérification préalable, par le secrétaire de la juridiction, des droits contestés. • Civ. 2e, 2 juill. 2009, n° 08-16.268 P.

Art. 705 **Le** *(Décr. n° 2017-892 du 6 mai 2017, art. 68-I-3°)* **« greffier » de la juridiction vérifie le montant des dépens après avoir, s'il y a lieu, procédé aux redressements nécessaires afin de rendre le compte conforme aux tarifs. Il remet ou adresse par simple lettre à l'intéressé un certificat de vérification.**

La vérification des dépens peut être effectuée, sous l'autorité du directeur de greffe, par un greffier de la juridiction. • Civ. 2e, 9 oct. 2008, n° 07-13.295 P : *D. 2008. AJ 2605 ; ibid. 2009. Chron. C. cass. 763, obs. J.-M. Sommer*. ♦ Rappr. note 3, ss. art. 718.

Art. 706 **La partie poursuivante notifie le compte vérifié à l'adversaire qui dispose d'un délai d'un mois pour le contester. La notification emporte acceptation par son auteur du compte vérifié.**

(Décr. n° 84-618 du 13 juill. 1984, art. 8, en vigueur le 1er oct. 1984) **« Cette notification doit mentionner le délai de contestation et les modalités de son exercice et préciser qu'à défaut de contestation dans le délai indiqué, le certificat de vérification peut être rendu exécutoire. »**

1. Sur la vérification préalable de l'état des frais, V. note ss. art. 703.

2. La notification doit être faite dans la forme prévue à l'art. 652. • Civ. 2e, 22 oct. 1980 : *Bull. civ. II, n° 216.* ♦ *Contra* : • Toulouse, 24 mars 1983 : *Gaz. Pal. 1983. 1. 252, note P. M.* (notification dans la forme de l'art. 718).

3. La mention par le greffier vérificateur, sur le certificat de vérification, de l'absence de contestation d'un compte vérifié dans le délai vaut titre exécutoire, tant à l'encontre de la partie pour laquelle, selon le cas, l'avocat ou l'avoué a occupé, qu'à l'encontre de la partie condamnée aux dépens, dès lors que le compte a été régulièrement notifié à cette partie. • Civ. 2e, 16 juin 1993 : *D. 1993. IR 170*.

4. La partie à laquelle a été notifié le certificat de vérification des dépens établi par le greffier en chef est en mesure de faire valoir ses moyens dans une phase ultérieure de saisine du président de la juridiction qui assure le respect du principe de la contradiction, de sorte que la procédure suivie ne méconnaît pas l'art. 6, § 1, Conv. EDH. • Civ. 2e, 14 oct. 2004 : *cité note 1 ss. art. 718.* ♦ L'auteur d'une contestation formée contre un certificat de vérification n'a pas à notifier le certificat à la partie adverse. • Civ. 2e, 22 mars 2007, n° 06-12.318 P : *D. 2007. AJ 1147*.

5. Viole les art. 706, 707 et 710 C. pr. civ. le premier président qui déclare irrecevable le recours contre le certificat de vérification de l'état de frais d'une SCP d'huissier de justice qui avait été revêtu de la formule exécutoire, par une ordonnance qui retient que l'huissier de justice avait un titre définitif et que, compte tenu de la formule exécutoire, le juge taxateur ne pouvait plus statuer, alors qu'il constatait qu'il existait une contestation de sorte que la mention valant titre exécutoire avait été apposée à tort sur le certificat de vérification et qu'il devait annuler cette mention. • Civ. 2e, 26 juin 2008, n° 07-15.579 P.

6. La procédure de vérification des dépens n'est qu'une incidente de l'instance à laquelle ceux-ci se rapportent, de sorte que l'habilitation donnée à un maire et au président d'un syndicat mixte d'agir en justice en vue de la mise en œuvre d'une clause de convention de ZAC prévoyant le retour de terrains cédés vaut habilitation pour la contestation du certificat de vérification des dépens auxquels la commune et le syndicat ont été condamnés. • Civ. 2e, 23 juin 2011, n° 10-19.333 P : *D. 2011. Actu. 1832 ; JCP 2011. 1045, note Cholet ; Dr. et pr. 2011. 242, note Lefort.*

7. La date de notification par voie postale de la contestation d'un état de vérification des dépens est à l'égard de celui qui y procède, celle de l'expédition et non celle de la réception par le greffe. • Civ. 2e, 26 mars 2015 : *D. 2015. Actu. 811*.

Art. 707 **En l'absence de contestation par l'adversaire dans le délai, le poursuivant peut demander au** *(Décr. n° 2017-892 du 6 mai 2017, art. 68-I-3°)* **« greffier » vérificateur de le mentionner sur le certificat de vérification. Cette mention vaut titre exécutoire.**

1. Nécessité de la mention. Le certificat de vérification des dépens ne vaut titre exécutoire que s'il est revêtu par le secrétaire vérificateur de la mention de l'absence de contestation par l'adversaire, c'est-à-dire la partie à laquelle était opposé le client de l'avocat demandeur à la vérification des dépens. • Angers, 2 mars 2004 : *JCP 2004. IV. 3282.*

2. Portée de la mention. La mention vaut titre exécutoire tant à l'encontre de la partie pour laquelle l'avocat ou l'avoué a occupé qu'à l'encontre de la partie condamnée aux dépens, si le compte a été régulièrement notifié à cette dernière. • Civ. 2e, 16 juin 1993, n° 91-20.773 P.

3. Titre exécutoire. Une partie ne peut poursuivre, par voie d'exécution forcée, le recouvrement des dépens par elle avancés qu'au vu d'un certificat de vérification ou d'une ordonnance de taxe exécutoire. • Civ. 2e, 3 mai 2007 : *D. 2007. AJ 1511*.

Art. 708 Celui qui entend contester la vérification peut toujours présenter lui-même une demande d'ordonnance de taxe ; il peut aussi le faire par l'intermédiaire de son représentant.

(Décr. n° 84-618 du 13 juill. 1984, art. 9, en vigueur le 1er oct. 1984) **« La demande est faite oralement ou par écrit au** *(Décr. n° 2017-892 du 6 mai 2017, art. 68-I-2°)* **« greffe » de la juridiction qui a vérifié le compte. Elle doit être motivée et être accompagnée du certificat de vérification. »**

1. La formule « contester la vérification » mentionnée à l'art. 708 ne signifie pas seulement que le montant des frais vérifié peut être discuté, mais que le fondement même et l'existence du droit sont susceptibles d'être contestés. • Lyon, 7 avr. 1998 : *Gaz. Pal. 2000. 1. Somm. 291, obs. Vray.*

2. La personne qui demande elle-même une ordonnance de taxe peut, si la contestation n'émane pas des organes habilités par la loi à la représenter, être représentée par tout préposé, titulaire d'une délégation de pouvoirs dont il peut être justifié par acte ayant ou non date certaine jusqu'à ce que le juge statue. • Civ. 2e, 25 nov. 1999, n° 98-10.910 P.

3. S'agissant du délai d'un mois, et de la prise en compte de la date de notification du recours par voie postale conformément aux art. 668 et 669, V., pour l'obligation du premier président de rechercher la date d'émission figurant sur le cachet du bureau d'émission, • Civ. 2e, 2 déc. 2004 : *préc. note 4 ss. art. 669.*

4. L'auteur d'une contestation formée contre un certificat de vérification n'a pas à notifier le certificat à la partie adverse. • Civ. 2e, 22 mars 2007, n° 06-12.318 P : *D. 2007. AJ 1147* • Civ. 2e, 21 mars 2013 : *Procédures 2013, n° 136, note Perrot.*

5. L'art. 899 n'est pas applicable aux procédures dont connaît le premier président, dont la contestation de la vérification des dépens. • Civ. 2e, 21 déc. 2006, n° 05-18.502 P.

6. Sur la vérification préalable de l'état des frais, V. note ss. art. 703.

Art. 709 Le président de la juridiction ou le magistrat délégué à cet effet statue par ordonnance au vu du compte vérifié et de tous autres documents utiles, après avoir recueilli *(Décr. n° 84-618 du 13 juill. 1984, art. 10, en vigueur le 1er oct. 1984)* **« les observations du défendeur à la contestation » ou les lui avoir demandées.**

1. Principe du contradictoire. Si les art. 708 et 709 n'exigent pas que les parties soient entendues, il incombe au juge qui décide de tenir une audience, de convoquer les parties, de s'assurer du caractère effectif et régulier des convocations adressées aux parties, et d'organiser au cours de cette audience un débat contradictoire permettant à chaque partie de prendre connaissance et de discuter toute pièce ou observation présentée au juge en vue d'influencer sa décision ; cassation d'une ordonnance rendue en audience publique en la seule présence des défendeurs, alors que le premier président ne s'était pas assuré que le contestant avait été régulièrement convoqué à l'audience et que les observations écrites du défendeur avaient été portées à sa connaissance. • Civ. 2e, 4 janv. 2006, n° 04-14.080 P : *D. 2006. IR 878*. ♦ L'ordonnance rendue par le premier président d'une cour d'appel, statuant en matière de taxe, encourt la cassation lorsqu'il ne résulte ni de l'ordonnance, ni des productions, que les observations de l'avoué ont été portées à la connaissance de l'auteur de la contestation. • Civ. 2e, 9 juill. 2009, n° 08-14.584 P. ♦ Il résulte des art. 6, § 1, Conv. EDH et 16 NCPC [devenu C. pr. civ.] que le président de la juridiction, ou le magistrat délégué par lui, qui statue en matière de vérification des dépens doit s'assurer que les observations du défendeur ont été portées à la connaissance du contestant. • Civ. 2e, 22 mars 2001, n° 99-17.345 P. ♦ Comp., le premier président, qui oppose au contestant ayant soulevé un moyen tiré de son absence à l'audience de première instance les dispositions de l'art. 709, n'est tenu à aucune autre recherche dès lors que le contestant n'invoque aucune violation du principe de la contradiction. • Civ. 2e, 11 mars 1998, n° 95-20.548 P. ♦ V. déjà • Poitiers, 27 juin 1995 : *D. 1996. Somm. 357, obs. Julien*. ♦ L'art. 709 exige seulement que soient recueillies, ou du moins demandées, les observations du défendeur à la contestation et non celles du contestant. • Civ. 2e, 2 mai 1989 : *Bull. civ. II, n° 101 ; Gaz. Pal. 1990. 1. Somm. 15, obs. Guinchard et Moussa.*

2. Les art. 708 et 709 n'exigeant pas que les parties soient entendues, c'est sans porter atteinte au principe de l'égalité des armes que le premier président, saisi par le recours motivé du demandeur, statue sur celui-ci après avoir recueilli les observations écrites du défendeur à la contestation. • Civ. 2e, 30 janv. 2003, n° 01-02.067 P : *D. 2003. IR 532*.

3. Procédures collectives. Dès lors que la décision fixant le montant des émoluments d'un représentant des créanciers émane du président du T. com., et non du président du TGI, il résulte de l'art. 29 du décret n° 85-1390 du 27 déc. 1985 que l'art. 709 ne s'applique pas. • Com. 18 janv. 2000, n° 97-14.933 P.

Art. 710 Le juge statue tant sur la demande de taxe que sur les autres demandes afférentes au recouvrement des dépens.

La compétence du juge taxateur n'est pas limitée à la stricte vérification du montant des frais, émoluments ou honoraires, objet de la taxe. • Civ. 2e, 26 oct. 2006, n° 04-20.091 P.

Art. 711 Le juge procède, même d'office, à tous les redressements nécessaires afin de rendre le compte conforme aux tarifs. Il mentionne, s'il y a lieu, les sommes déjà perçues à titre de provision.

1. Le juge taxateur doit fixer lui-même le montant de la rémunération revenant aux avocats sans pouvoir renvoyer les parties devant le greffier en chef pour l'établissement d'un nouveau certificat de vérification. • Civ. 2e, 18 janv. 2007, n° 05-21.415 P • Civ. 2e, 9 avr. 2009, n° 07-20.114 P : *D. 2009. AJ 1211*.

2. La vérification des frais afférents à des actes d'huissier de justice et de leur conformité avec le tarif, prévue par l'art. 711, n'exclut pas que soit appréciée leur utilité au sens de l'art. 650. • Lyon, 10 déc. 1996 : *Gaz. Pal. 1998. 1. Somm. 191, obs. Vray.*

Art. 712 Le juge a la faculté de renvoyer la demande, en l'état, à une audience du tribunal dont il fixe la date. *(Décr. n° 84-618 du 13 juill. 1984, art. 11, en vigueur le 1er oct. 1984)* « Les parties sont convoquées quinze jours au moins à l'avance par le *(Décr. n° 2017-892 du 6 mai 2017, art. 68-I-3°)* « greffier » de la juridiction. »

Art. 713 L'ordonnance de taxe est revêtue sur minute de la formule exécutoire par le *(Décr. n° 2017-892 du 6 mai 2017, art. 68-I-3°)* « greffier ».

Lorsqu'elle est susceptible d'appel, la notification de l'ordonnance contient, à peine de nullité :

1. La mention que cette ordonnance deviendra exécutoire si elle n'est pas frappée de recours dans les délais et formes prévus aux articles 714 et 715 ;
2. La teneur des articles 714 et 715.

Mention de la teneur des art. 714 et 715. Une notification reproduisant un texte incomplet (en l'espèce, l'art. 715 amputé de son al. 2 issu du décret du 20 juill. 1989) est nulle et sans effet. • Versailles, 8 janv. 2003 : *Gaz. Pal. 18-19 juill. 2003, p. 14.*

Art. 714 L'ordonnance de taxe rendue par le président d'une juridiction de première instance peut être frappée par tout intéressé d'un recours devant le premier président de la cour d'appel.

Le délai de recours est d'un mois : il n'est pas augmenté en raison des distances.

Le délai de recours et l'exercice du recours dans le délai sont suspensifs d'exécution.

1. L'ordonnance de taxe rendue par le président d'une juridiction de première instance peut être frappée par tout intéressé d'un recours devant le premier président de la cour d'appel, indépendamment du montant de la demande ; il en résulte que le pourvoi en cassation n'est pas recevable. • Civ. 2e, 7 juill. 2005, n° 03-14.520 P : *D. 2005. IR 1961* • Dijon, 31 janv. 1978 : *Gaz. Pal. 1978. 1. 330, note Viatte* • Grenoble, 30 janv. 1979 : *D. 1979. IR 175.*

2. Le délai du recours contre l'ordonnance de taxe court à compter de la notification de l'ordonnance. • Civ. 2e, 10 mars 1988 : *Bull. civ. II, n° 61 ; Gaz. Pal. 1988. 1. Pan. 101, obs. Guinchard et Moussa.* ♦ La signification d'une ordonnance de taxe effectuée par lettre recommandée avec demande d'avis de réception qui n'a pas touché son destinataire ne fait pas courir le délai de recours. • Civ. 3e, 7 mai 2014 : *D. actu. 23 mai 2014, obs. Rouquet.*

3. Le premier président de la cour d'appel ne saurait statuer sur le recours formé contre une ordonnance du magistrat taxateur de cette même cour. • Civ. 2e, 22 juin 1983 : *Bull. civ. II, n° 133 ; D. 1984. 133, note J. V.*

4. Le recours formé contre une ordonnance de taxe, sur le fondement de l'art. 714, n'est recevable que si, avant l'expiration du délai prévu pour l'exercice d'un tel recours, une copie de la note exposant les motifs de ce recours est simultanément envoyée à toutes les parties au litige principal. • Civ. 2e, 30 mars 2000, n° 98-17.534 P : *D. 2000. IR 123*.

5. Une partie qui interjette appel contre une ordonnance de taxe la déboutant de sa contestation formée contre un état de frais vérifié par un avocat dans une instance en référé est sans intérêt à critiquer la régularité pour défaut de signature de l'ordonnance et d'assistance du juge par le greffier, dès lors que le premier président, saisi en application de l'art. 714, est tenu de statuer au fond. • Civ. 2e, 11 mars 1998, n° 95-20.548 P.

6. L'appelant d'une ordonnance de taxe dont il n'est pas établi qu'il ait réellement eu la faculté d'user du droit de demander au juge aux affaires familiales à pouvoir bénéficier, en cas de condamnation, de dispense totale ou partielle de l'obligation de remboursement au Trésor public des sommes avancées par l'État au titre de l'aide juridictionnelle accordée à l'autre partie, doit, en vertu de l'art. 6, § 1, Conv. EDH, pouvoir exercer ce droit devant le juge chargé de contrôler le montant des sommes à recouvrer. • Versailles, 8 janv. 2003 : *Gaz. Pal. 18-19 juill. 2003, p. 14.*

7. Le premier président dispose des mêmes pouvoirs que le juge taxateur et ne peut se contenter de renvoyer les parties devant le greffier en chef pour l'établissement d'un nouveau certificat de vérification. • Civ. 2e, 18 janv. 2007 : *cité note 1 ss. art. 711.*

8. Seul le syndicat des copropriétaires a qualité pour agir en justice contre l'ordonnance de taxe au nom de la collectivité des copropriétaires. • Civ. 3e, 7 mai 2013 : *préc. note 2.* ♦ Une autorisation de l'assemblée générale des copropriétaires n'est pas nécessaire pour contester une ordonnance de taxe et défendre l'action intentée contre le syndicat. • Civ. 3e, 11 janv. 2012, n° 10-23.647 P : *D. 2012. Actu. 285, obs. Rouquet ; ibid. 2013. Pan. 1856, spéc. 1861, obs. Capoulade ; Gaz. Pal. 25-26 mai 2012, p. 39, note L. Mayer ; Loyers et copr. 2012, n° 89, note Vigneron ; Administrer 5/2012, p. 44, obs. Bouyeure.*

9. Viole les art. 528 et 724 C. pr. civ., ensemble l'art. 714 du même code, l'ordonnance qui, pour déclarer irrecevable le recours, énonce qu'en application des art. 714 et 724 précités, l'ordonnance de taxe rendue par le président d'une juridiction de première instance est susceptible de recours devant le premier président de la cour d'appel dans un délai d'un mois, qu'il résulte de ces dispositions qu'à l'égard du technicien, le délai court soit à compter du prononcé de l'ordonnance soit à compter du jour où il en a eu connaissance, sauf le cas où le juge ferait connaître préalablement la date à laquelle il rendra sa décision, et qu'à défaut pour l'expert d'apporter la preuve qu'il n'avait eu connaissance de l'ordonnance de taxe qu'à une date postérieure, le délai de recours a commencé à courir à compter de la date du prononcé de l'ordonnance entreprise, alors qu'en vertu de l'art. 528 C. pr. civ. le délai à l'expiration duquel un recours ne peut être exercé court à compter de la notification de la décision, à moins que ce délai n'ait commencé à courir, en vertu de la loi, dès la date de la décision et que l'art. 714 du même code ne contient pas une telle dérogation. • Civ. 2e, 26 mars 2015 : *JCP 2015. 394.*

Art. 715 **Le recours est formé par la remise ou l'envoi au** *(Décr. n° 2004-836 du 20 août 2004, art. 52-I, en vigueur le 1er janv. 2005)* **« greffe » de la cour d'appel, d'une note exposant les motifs du recours.**

(Décr. n° 89-511 du 20 juill. 1989, art. 16, en vigueur le 15 sept. 1989) **« A peine d'irrecevabilité du recours, copie de cette note est simultanément envoyée à toutes les parties au litige principal. »**

L'art. 52-I du Décr. n° 2004-836 du 20 août 2004 est applicable aux procédures en cours (Décr. préc., art. 59).

1. Domaine. L'art. 715 n'est pas applicable à la procédure de fixation des honoraires de l'avocat. • Civ. 1re, 4 nov. 1992 : *JCP 1993. II. 22066, note Martin.* ♦ Le recours incident sur la charge du complément de rémunération de l'expert, qui peut être formé en tout état de cause, n'est pas soumis aux formalités de l'art. 715 C. pr. civ. • Civ. 2e, 16 avr. 2015 : *Dalloz jurisprudence.*

2. LRAR (non). Viole les art. 714, al. 2, 715 et 724 en ajoutant à la loi une condition qu'elle ne prévoit pas la cour d'appel qui, pour déclarer irrecevable le recours contre une décision du juge fixant la rémunération d'un expert, énonce qu'il a été formulé par lettre simple et non par LRAR comme il est requis. • Civ. 2e, 21 mai 2015 : *D. actu. 3 juin 2015, obs. Kebir.*

3. Envoi simultané. La fin de non-recevoir prise de l'absence d'envoi simultané aux parties intéressées d'une note exposant les motifs du recours contre l'ordonnance fixant les honoraires de l'expert est d'ordre public. • Civ. 2e, 20 nov. 2003 : *D. 2003. IR 3009*

4. Destinataires de la note. La note exposant les motifs du recours formé contre une ordonnance ayant fixé la rémunération d'un expert doit, à peine d'irrecevabilité de ce recours, être aussi adressée à l'expert. • Civ. 2e, 20 déc. 2007, n° 06-20.324 P.

Art. 716 **Les parties sont convoquées quinze jours au moins à l'avance par le** *(Décr. n° 82-716 du 10 août 1982, art. 1er)* **« greffier » de la cour d'appel.**

Le premier président ou son délégué les entend contradictoirement.

Il procède ou fait procéder, s'il y a lieu, à toutes investigations utiles.

1. L'expert doit être convoqué au moins quinze jours à l'avance, sous peine de cassation de l'ordonnance du premier président. • Civ. 2e, 11 mai 1992, n° 89-20.584 P.

2. Sur le respect du principe de la contradiction, V. • Civ. 2e, 10 févr. 1993, n° 91-15.285 P.

Art. 717 **Le premier président ou son délégué a la faculté de renvoyer la demande en l'état à une audience de la cour dont il fixe la date.**

Art. 718 **Les notifications ou convocations sont faites par lettre recommandée avec demande d'avis de réception.**

(Décr. nº 76-1236 du 28 déc. 1976, art. 17) **« Lorsqu'elles sont faites par le** *(Décr. nº 2017-892 du 6 mai 2017, art. 68-I-3º)* **« greffier » de la juridiction, elles peuvent l'être par simple bulletin si elles sont adressées aux avocats** *(Abrogé par Décr. nº 2012-634 du 3 mai 2012, art. 21-1º-c)* ***« ou aux avoués ».*** **»**

1. Signification. L'art. 651, applicable à toutes les juridictions, autorise la signification par huissier de justice du certificat de vérification des dépens. • Civ. 2e, 14 oct. 2004, nº 02-14.510 P : *D. 2004. IR 2892* • 14 févr. 2008, nº 06-19.894 P. ♦ Le coût incombe à la partie qui supporte les dépens. • Civ. 2e, 14 févr. 2008 : *préc.*

2. Irrégularité. Pour une irrégularité sans grief (visa de l'art. 606 au lieu de l'art. 706), V. • Civ. 2e, 14 oct. 2004 : *préc. note 1.*

3. L'art. 680 ne s'applique pas à la notification du certificat de vérification des dépens, qui n'est pas une décision juridictionnelle. • Civ. 2e, 14 oct. 2004 : *préc. note 1.* ♦ Rappr. note ss. art. 705.

CHAPITRE IV LES DEMANDES OU CONTESTATIONS RELATIVES AUX FRAIS, ÉMOLUMENTS ET DÉBOURS NON COMPRIS DANS LES DÉPENS

(Décr. nº 84-618 du 13 juill. 1984, art. 12, en vigueur le 1er oct. 1984)

Art. 719 **Les demandes ou contestations relatives aux frais, émoluments et débours qui ne sont pas compris dans les dépens mentionnés à l'article 695, formées par ou contre les auxiliaires de justice et les officiers publics ou ministériels sont soumises aux règles prévues aux articles 704 à 718.**

1. A titre occasionnel, le séquestre judiciaire a qualité d'auxiliaire de justice au sens de l'art. 719. • Civ. 2e, 3 févr. 1982 : *Bull. civ. II, nº 32.* ♦ Il en est de même de la personne investie d'une mission d'administration provisoire d'une copropriété. • Civ. 2e, 10 déc. 1986 : *JCP 1986. IV. 61.* ♦ ... Et d'un conciliateur désigné dans le cadre d'un règlement amiable : • Com. 17 févr. 1998, nº 94-17.292 P : *D. 1998. IR 82 ; Procédures 1998, nº 86, obs. Croze.*

2. L'arbitre n'acquiert pas la qualité d'auxiliaire de justice en raison de sa nomination par un juge qui ne lui confie en réalité aucune mission de nature judiciaire ; la procédure de taxation prévue à l'art. 719 pour les auxiliaires de justice ne peut donc pas s'appliquer. • Reims, 16 déc. 1999 : *JCP 2001. IV. 2167.*

3. Viole les art. 704 et 719 C. pr. civ. la cour d'appel qui, pour condamner un acquéreur d'un bien immobilier, ayant fait l'objet d'une négociation par le notaire, à verser l'émolument demandé, retient que cette prestation ouvre droit à un émolument qui n'a pas lieu de faire l'objet d'un avertissement préalable par écrit, alors que s'agissant d'une contestation relative à des émoluments tarifés, la demande n'était pas recevable, faute pour la SCP d'avoir suivi la procédure spécifique de taxe qui imposait une vérification préliminaire par le greffe de la juridiction des émoluments contestés. • Civ. 1re, 14 oct. 2010 : *BICC 1er févr. 2011, nº 102 ; JCP N 2011. 1096, note Hébert ; Defrénois 2010. 2368, note Crone.*

Art. 720 **Les contestations relatives aux honoraires des auxiliaires de justice ou des officiers publics ou ministériels dont le mode de calcul n'est pas déterminé par une disposition réglementaire demeurent soumises aux règles qui leur sont propres.**

1. En l'absence de règles qui leur sont propres, les contestations des honoraires de ces auxiliaires demeurent soumises aux règles des art. 710 et 712 à 718 du NCPC [devenu C. pr. civ.]. • Civ. *2e, 26 mars 1997, nº 94-21.741 P.*

2. Administrateur judiciaire. Le président de la juridiction ayant confié un mandat en matière civile à un administrateur judiciaire qui fixe la rémunération, il n'est pas tenu de procéder selon la procédure de taxe, et sa décision, prise conformément aux dispositions des art. 720 et 721 C. pr. civ., est, aux termes de l'art. R. 817-27 C. com., susceptible de recours selon les règles des art. 714 à 718 C. pr. civ. • Civ. 2e, 12 janv. 2017, nº 16-12.536 P.

Art. 721 **Dans le cas de l'article 720, le juge statue suivant la nature et l'importance des activités de l'auxiliaire de justice ou de l'officier public ou ministériel, les dif-**

ficultés qu'elles ont présentées et la responsabilité qu'elles peuvent entraîner. Il mentionne, s'il y a lieu, les sommes déjà perçues soit à titre de provision, soit à titre de frais ou d'honoraires.

Il résulte de l'art. 4 du Décr. n° 78-262 du 8 mars 1978 et des art. 720 et 721 que le juge taxateur, saisi d'une demande de fixation des honoraires, n'a pas le pouvoir de connaître, même à titre incident, de la responsabilité de ce notaire à l'égard de son client en raison des fautes commises dans l'exécution de sa mission. • Civ. 2e, 20 nov. 2014 : *BICC 1er mars 2015, n° 257 ; D. 2015. Chron. 525, obs. Lazergues-Cousquer et Touati ; JCP N 2014. 1242, obs. Hébert.*

Art. 722 et 723 *Abrogés par Décr. n° 84-618 du 13 juill. 1984, art. 13, à compter du 1er oct. 1984.*

CHAPITRE V LES CONTESTATIONS RELATIVES À LA RÉMUNÉRATION DES TECHNICIENS

BIBL. GÉN. ▶ Arbellot, *Procédures 2006. Chron. 21.* – Parmentier, *Bull. ch. avoués 1987. 153* (recours devant le premier président...).

Art. 724 *(Décr. n° 85-1330 du 17 déc. 1985, art. 5, en vigueur le 1er janv. 1986)* **« Les décisions mentionnées aux articles 255, 262 et 284, émanant d'un magistrat d'une juridiction de première instance ou de la cour d'appel, peuvent être frappées de recours devant le premier président de la cour d'appel dans les conditions prévues aux articles 714 (alinéa 2) et 715 à 718. Si la décision émane du premier président de la cour d'appel, elle peut être modifiée dans les mêmes conditions par celui-ci. »**

(Décr. n° 76-1236 du 28 déc. 1976, art. 18) **Le délai court, à l'égard de chacune des parties, du jour de la notification qui lui est faite par le technicien.**

Le recours et le délai pour l'exercer ne sont pas suspensifs d'exécution. Le recours doit, à peine d'irrecevabilité, être dirigé contre toutes les parties et contre le technicien s'il n'est pas formé par celui-ci.

BIBL. ▶ Bréval, *LPA 29 nov. 1996.* – Caratini, *Gaz. Pal. 1986. 1. Doctr. 30* (l'art. 724, al. 1er). – Grimaldi, Guinchard et Moussa, *Gaz. Pal. 1986. 1. Doctr. 31.* – Le Ninivin, *JCP 1986. I. 3226.*

1. *Décisions visées.* La procédure spéciale prévue par ces textes s'applique aux contestations relatives à la rémunération des techniciens désignés par le juge, en celles comprises la répartition de leur charge entre les parties. • Civ. 2e, 16 janv. 2014, n° 13-10.655 P : *D. 2014. Actu. 287 ; ibid. Chron. C. Cass. 575, obs. Lazerges-Cousqer et Touati.* ♦ Seules peuvent donner lieu au recours de l'art. 724 les décisions prises par le juge pour fixer la rémunération d'un technicien qu'il a commis pour l'éclairer par des constatations, une consultation ou une expertise ; il n'en est pas ainsi si le technicien a été désigné pour assister un administrateur judiciaire. • Civ. 2e, 29 oct. 1980 : *Bull. civ. II, n° 228 ; Gaz. Pal. 1981. 1. 140, note Viatte.* ♦ ... Ou s'il était chargé d'une mission de constat de bonne fin de *travaux en dehors du domaine* des textes visés par l'art. 724. • Limoges, 12 mai 1986 : *Gaz. Pal. 1986. 1. 389, note Caratini.*

2. Le recours n'est pas ouvert contre la décision fixant la provision de l'expert, l'art. 269 n'étant pas visé par l'art. 724. • Paris, 3 déc. 1979 : *Gaz. Pal. 1980. 1. 254, note J. V.* • Versailles, 25 juin 1986 : *D. 1986. IR 458.* ♦ ... Ni contre la décision ordonnant un complément de consignation. • Paris, 2 mai 1988 : *Bull. ch. avoués 1988. 2. 75.*

3. Le recours n'est pas ouvert pour la contestation de la validité des opérations d'expertise. • Paris, 16 nov. 1987 : *Bull. ch. avoués 1987. 4. 176.*

4. *Délai.* Conformément à l'al. 2 de l'art. 724, c'est la notification par le technicien à la partie qui fait courir le délai de recours contre l'ordonnance de taxe. • Civ. 2e, 10 juill. 1980 : *D. 1981. IR 228 ; Gaz. Pal. 1981. 1. Somm. 27.* ♦ De même, si c'est le technicien qui exerce le recours, le délai court du jour de la notification qui lui est faite de l'ordonnance. • Civ. 2e, 12 oct. 1988 : *Bull. civ. II, n° 197 ; Gaz. Pal. 1989. 1. Somm. 257, obs. Guinchard et Moussa.* ♦ *Contra* : • Lyon, 24 avr. 1979 : *Gaz. Pal. 1979. 1. 366, note (crit.) Bréval ; JCP 1980. II. 19314, note J. A. ; D. 1979. IR 479, obs. Julien* • Lyon, 12 juill. 1977 : *D. 1977. IR 390, obs. Julien ; JCP 1978. II. 18775, note J. A. ; RTD civ. 1978. 421, obs. Perrot.*

5. *Destinataires du recours.* Le recours doit être formé contre toutes les parties et contre le technicien, lorsque celui-ci ne l'a pas formé lui-même, à peine d'irrecevabilité. • Rennes, 8 mai 1979 : *Gaz. Pal. 1979. 2. 453 ; Rev. huiss. 1981. 14, note Lescaillon.*

6. Le recours n'a pas à être dirigé contre la partie qui n'est plus susceptible d'être condamnée aux dépens et donc d'avoir à supporter les frais d'expertise. • Civ. 2e, 31 mai 1989 : *Bull. civ. II, n° 119 ; Gaz. Pal. 1990. 1. Somm. 17, obs. Guinchard et Moussa.* ♦ Dans le même sens : • Civ. 2e, 28 sept. 2000, n° 98-15.229 P : *JCP 2000. II.*

10610, note du Rusquec ; Gaz. Pal. 2001. 650, note Olivier. ♦ Comp. : à peine d'irrecevabilité du recours, copie de la note exposant les motifs du recours est simultanément envoyée à toutes les parties au litige principal, y compris à celles qui, en raison d'une décision du juge du fond irrévocable, ne peuvent plus être condamnées à supporter les dépens dont la charge a été définitivement fixée. • Civ. 2e, 20 oct. 2005, n° 04-12.801 P : *D. 2005. IR 2824*. ♦ Le recours contre une ordonnance de taxe fixant les honoraires d'un technicien introduisant une procédure sans représentation obligatoire, la note exposant les motifs du recours doit être envoyée aux parties elles-mêmes et non aux avocats ayant pu les représenter et les assister dans le cadre du litige principal. • Même arrêt.

7. Le recours contre l'ordonnance de taxe et le délai pour l'exercer n'étant pas suspensifs d'exécution, la notification de l'ordonnance n'a pas à comporter l'indication selon laquelle cette décision deviendrait exécutoire si elle n'était pas frappée de recours. • Civ. 2e, 7 nov. 1994, n° 93-13.357 P.

8. Appréciation de la rémunération. Le premier président apprécie souverainement la rémunération du technicien. • Civ. 2e, 27 avr. 1979 : *D. 1979. IR 479, obs. Julien ; Bull. civ. II, n° 124* • 17 nov. 1982 : *Bull. civ. II, n° 146 ; Gaz. Pal. 1983. 1. Pan. 101, obs. Guinchard.*

9. Office du Premier président. Le Premier président, saisi en application de l'art. 724, est tenu de statuer au fond même s'il déclare nulle l'ordonnance du juge chargé du contrôle des expertises. • Civ. 2e, 5 avr. 2007, n° 06-13.063 P : *Dr. et pr. 2007. 272, note Putman.*

10. Respect du contradictoire et du procès équitable. Dès lors que la partie, à laquelle l'ordonnance du juge chargé du contrôle des expertises fixant la rémunération du technicien a été notifiée, est en mesure de faire valoir ses observations au cours d'une phase ultérieure qui se déroule devant le premier président de la cour d'appel, la procédure prévue par l'art. 724 ne méconnaît pas le principe de la contradiction et les dispositions de l'art. 6, § 1, Conv. EDH. • Civ. 2e, 5 avr. 2007, n° 06-13.063 P : *Dr. et pr. 2007. 272, note Putman.*

Art. 725 **La notification doit mentionner, à peine de nullité, la teneur de l'article précédent ainsi que celle** *(Décr. n° 85-1330 du 17 déc. 1985, art. 6, en vigueur le 1er janv. 1986)* **« des articles 714 (alinéa 2) et 715 ».**

CHAPITRE VI LES CONTESTATIONS RELATIVES AUX FRAIS, ÉMOLUMENTS ET DÉBOURS DES GREFFIERS DES TRIBUNAUX DE COMMERCE

(Décr. n° 85-1330 du 17 déc. 1985, art. 7, en vigueur le 1er janv. 1986)

Art. 725-1 **Par dérogation aux articles 704 à 708, les demandes ou contestations relatives aux frais, émoluments et débours, compris ou non dans les dépens des greffiers des tribunaux de commerce sont portées directement devant le président du** *(Décr. n° 2019-966 du 18 sept. 2019, art. 8, en vigueur le 1er janv. 2020)* **« tribunal judiciaire** *[ancienne rédaction : tribunal de grande instance]* **» dans le ressort duquel le greffier du tribunal de commerce exerce ses fonctions, sans qu'il y ait lieu d'établir préalablement un certificat de vérification.**

BIBL. ▸ BERTIN, *Gaz. Pal. 1986. 1. Doctr. 36.*

TITRE DIX-NEUVIÈME LE GREFFE DE LA JURIDICTION *(Décr. n° 2017-892 du 6 mai 2017, art. 68-I-5°).*

Art. 726 **Le** *(Décr. n° 2017-892 du 6 mai 2017, art. 68-I-2°)* **« greffe » tient un répertoire général des affaires dont la juridiction est saisie.**

Le répertoire général indique la date de la saisine, le numéro d'inscription, le nom des parties, la nature de l'affaire, s'il y a lieu la chambre à laquelle celle-ci est distribuée, la nature et la date de la décision.

Art. 727 **Pour chaque affaire inscrite au répertoire général, le** *(Décr. n° 2017-892 du 6 mai 2017, art. 68-I-3°)* **« greffier » constitue un dossier sur lequel sont portés, outre les indications figurant à ce répertoire, le nom du ou des juges ayant à connaître de l'affaire et, s'il y a lieu, le nom des personnes qui représentent ou assistent les parties.**

Sont versés au dossier, après avoir été visés par le juge ou le *(Décr. n° 2017-892 du 6 mai 2017, art. 68-I-3°)* **« greffier », les actes, notes et documents relatifs à l'affaire.**

Y sont mentionnés ou versés en copie les décisions auxquelles celle-ci donne lieu, les avis et les lettres adressés par la juridiction.

Lorsque la procédure est orale, les prétentions des parties ou la référence qu'elles font aux prétentions qu'elles auraient formulées par écrit, sont notées au dossier ou consignées dans un procès-verbal.

BIBL. ▸ **Procédure orale :** *R. 2003, p. 11 ; ibid. 2009, p. 11* (suggestion de réforme).

Art. 728 Le *(Décr. n° 2017-892 du 6 mai 2017, art. 68-I-3°)* « greffier » de la formation de jugement tient un registre où sont portés, pour chaque audience :

– la date de l'audience ;

– le nom des juges et du *(Décr. n° 2017-892 du 6 mai 2017, art. 68-I-3°)* « greffier » ;

– le nom des parties et la nature de l'affaire ;

– l'indication des parties qui comparaissent elles-mêmes dans les matières où la représentation n'est pas obligatoire ;

– le nom des personnes qui représentent ou assistent les parties à l'audience.

Le *(Décr. n° 2017-892 du 6 mai 2017, art. 68-I-3°)* « greffier » y mentionne également le caractère public ou non de l'audience, les incidents d'audience et les décisions prises sur ces incidents.

L'indication des jugements prononcés est portée sur le registre qui est signé, après chaque audience, par le président et le *(Décr. n° 2017-892 du 6 mai 2017, art. 68-I-3°)* « greffier ».

Art. 729 *(Décr. n° 79-941 du 7 nov. 1979, art. 9, en vigueur le 1er janv. 1980)* « En cas de recours ou de renvoi après cassation, le *(Décr. n° 2017-892 du 6 mai 2017, art. 68-I-3°)* « greffier » adresse le dossier à la juridiction compétente, soit dans les quinze jours de la demande qui lui en est faite, soit dans les délais prévus par des dispositions particulières.

Le *(Décr. n° 2017-892 du 6 mai 2017, art. 68-I-3°)* « greffier » établit, s'il y a lieu, copie des pièces nécessaires à la poursuite de l'instance.

Art. 729-1 *(Décr. n° 2005-1678 du 28 déc. 2005, art. 71, en vigueur le 1er mars 2006)* Le répertoire général, le dossier et le registre peuvent être tenus sur support électronique. Le système de traitement des informations doit en garantir l'intégrité et la confidentialité et permettre d'en assurer la conservation.

TITRE VINGTIÈME LES COMMISSIONS ROGATOIRES

RÉP. PR. CIV. v° *Commission rogatoire*, par CHOLET.

CHAPITRE PREMIER LES COMMISSIONS ROGATOIRES INTERNES

Art. 730 Lorsque l'éloignement des parties ou des personnes qui doivent apporter leur concours à la justice, ou l'éloignement des lieux, rend le déplacement trop difficile ou trop onéreux, le juge peut, à la demande des parties ou d'office, commettre la juridiction de degré égal ou inférieur qui lui paraît la mieux placée sur le territoire de la République, afin de procéder à tous les actes judiciaires qu'il estime nécessaires.

BIBL. ▸ BRUNEAU, *JCP 2001. I. 349* (obtention des preuves en matière civile : Règlement CE n° 1206/2001 du 28 mai 2001).

Art. 731 La décision est transmise avec tous documents utiles par le *(Décr. n° 2017-892 du 6 mai 2017, art. 68-I-2°)* « greffe » de la juridiction commettante à la juridiction commise. Dès réception, il est procédé aux opérations prescrites à l'initiative de la juridiction commise ou du juge que le président de cette juridiction désigne à cet effet.

Les parties ou les personnes qui doivent apporter leur concours à la justice sont directement convoquées ou avisées par la juridiction commise. Les parties ne sont pas tenues de constituer avocat *(Abrogé par Décr. n° 2012-634 du 3 mai 2012, art. 21-1°-a)* « *ou avoué* » devant cette juridiction.

Art. 732 Sitôt les opérations accomplies, le *(Décr. n° 2017-892 du 6 mai 2017, art. 68-I-2°)* « greffe » de la juridiction qui y a procédé transmet à la juridiction commettante les procès-verbaux accompagnés des pièces et objets annexés ou déposés.

Les dispositions des art. 730 à 732 C. pr. civ. relatifs aux commissions rogatoires sont applicables à la procédure devant les juridictions administratives (CJA, art. R. 626-3).

CHAPITRE II LES COMMISSIONS ROGATOIRES INTERNATIONALES

BIBL. ▸ **Décr. du 6 mai 2017 :** BLÉRY, *D. actu. 17 mai 2017.*

Art. 733 *(Décr. nº 2017-892 du 6 mai 2017, art. 16-1º)* **Les dispositions du présent chapitre s'appliquent sous réserve des règlements européens et des traités internationaux.**

SECTION PREMIÈRE COMMISSIONS ROGATOIRES À DESTINATION DE L'ÉTRANGER *(Décr. nº 2017-892 du 6 mai 2017, art. 16-2º).*

Art. 734 **Le juge peut, à la demande des parties, ou d'office, faire procéder dans un État étranger aux mesures d'instruction ainsi qu'aux autres actes judiciaires qu'il estime nécessaires en donnant commission rogatoire soit à toute autorité judiciaire compétente de cet État, soit aux autorités diplomatiques ou consulaires françaises.** – *Anc. art. 733 (Décr. nº 2017-892 du 6 mai 2017, art. 16-3º).*

Détermination de l'autorité judiciaire compétente. Lorsqu'un juge français donne commission rogatoire à une autorité étrangère, l'autorité judiciaire compétente pour l'exécuter est désignée par la loi du pays requis et procède selon les formes de cette loi. • Civ. 1re, 22 mai 2007, nº 02-12.857 P : *D. 2007. AJ 1667.* ♦ En conséquence, et à peine de cassation pour violation des art. 733 NCPC [devenu C. pr. civ.] et 3 C. civ., une cour d'appel doit rechercher, avant de faire application le cas échéant de l'exception d'ordre public, si et à quelles conditions, selon la loi du pays requis, les ministres instrumentaires avaient la qualité d'autorité judiciaire compétente pour accomplir la mesure d'instruction sollicitée. • Même arrêt.

Art. 734-1 *(Décr. nº 2017-892 du 6 mai 2017, art. 16-4º)* **Le greffe de la juridiction commettante adresse au ministère public une expédition de la décision donnant commission rogatoire à moins que la transmission doive se faire directement à la juridiction ou à l'autorité étrangère compétente.**

La décision donnant commission rogatoire est accompagnée d'une traduction établie à la diligence des parties, à moins que ne soit autorisée sa transmission en langue française. – *Anc. art. 734 (Décr. nº 2017-892 du 6 mai 2017, art. 16-4º).*

Art. 734-2 **Le ministère public** *(Décr. nº 2017-892 du 6 mai 2017, art. 16-5º)* **« près la juridiction commettante » fait aussitôt parvenir la commission rogatoire au ministre de la justice aux fins de transmission, à moins qu'en vertu d'un traité la transmission** *(Décr. nº 2017-892 du 6 mai 2017, art. 16-5º)* **« doive » être faite directement à l'autorité étrangère.** – *Anc. art. 735 (Décr. nº 2017-892 du 6 mai 2017, art. 16-5º).*

SECTION II COMMISSIONS ROGATOIRES EN PROVENANCE DE L'ÉTAT ÉTRANGER *(Décr. nº 2017-892 du 6 mai 2017, art. 16-6º).*

§ 1er EXÉCUTION DE LA COMMISSION ROGATOIRE INTERNATIONALE PAR LE TRIBUNAL JUDICIAIRE *(Décr. nº 2019-966 du 18 sept. 2019, art. 8, en vigueur le 1er janv. 2020).*

(Décr. nº 2017-892 du 6 mai 2017, art. 16-7º)

Art. 735 *(Décr. nº 2017-892 du 6 mai 2017, art. 16-8º)* **Le** *(Décr. nº 2019-966 du 18 sept. 2019, art. 8, en vigueur le 1er janv. 2020)* **« tribunal judiciaire** *[ancienne rédaction : tribunal de grande instance]* **» a seul compétence pour connaître des commissions rogatoires.**

Le *(Décr. nº 2019-966 du 18 sept. 2019, art. 8, en vigueur le 1er janv. 2020)* **« tribunal judiciaire** *[ancienne rédaction : tribunal de grande instance]* **» territorialement compétent est celui dans le ressort duquel la commission rogatoire doit être exécutée.**

Art. 736 **Le ministre de la justice transmet au ministère public** *(Décr. nº 2017-892 du 6 mai 2017, art. 16-9º)* **« près le** *(Décr. nº 2019-966 du 18 sept. 2019, art. 8, en vigueur le 1er janv. 2020)* **« tribunal judiciaire** *[ancienne rédaction : tribunal de grande instance]* **» compétent » les commissions rogatoires qui lui sont adressées** *(Abrogé par Décr. nº 2017-892 du 6 mai 2017, art. 16-9º) « par les États étrangers ».*

Art. 737 **Le ministère public fait aussitôt parvenir la commission rogatoire** *(Décr. nº 2017-892 du 6 mai 2017, art. 16-10º)* **« au président du** *(Décr. nº 2019-966 du*

18 sept. 2019, art. 8, en vigueur le 1er janv. 2020) **« tribunal judiciaire** *[ancienne rédaction : tribunal de grande instance]* **» » aux fins d'exécution.**

Art. 738 Dès réception de la commission rogatoire, *(Décr. n° 2017-892 du 6 mai 2017, art. 16-11°)* **« le juge commis à cet effet par le président du** *(Décr. n° 2019-966 du 18 sept. 2019, art. 8, en vigueur le 1er janv. 2020)* **« tribunal judiciaire** *[ancienne rédaction : tribunal de grande instance]* **» procède aux opérations prescrites ».**

Art. 739 La commission rogatoire est exécutée conformément à la loi française à moins que la juridiction étrangère n'ait demandé qu'il y soit procédé selon une forme particulière.

Si demande en est faite dans la commission rogatoire, les questions et les réponses sont intégralement transcrites ou enregistrées.

Art. 740 Les parties et leurs défenseurs, même s'ils sont étrangers, peuvent, sur autorisation du juge, poser des questions ; celles-ci doivent être formulées ou traduites en langue française ; il en est de même des réponses qui leur sont faites.

Art. 741 Le juge commis est tenu d'informer la juridiction commettante qui en fait la demande des lieu, jour et heure auxquels il sera procédé à l'exécution de la commission rogatoire ; le juge étranger commettant peut y assister.

Art. 742 Le juge ne peut pas refuser d'exécuter une commission rogatoire au seul motif que la loi française revendique une compétence exclusive, ou qu'elle ne connaît pas de voie de droit répondant à l'objet de la demande portée devant la juridiction commettante, ou qu'elle n'admet pas le résultat auquel tend la commission rogatoire.

Art. 743 Le juge commis peut refuser, d'office ou à la demande de toute personne intéressée, l'exécution d'une commission rogatoire s'il estime qu'elle ne rentre pas dans ses attributions. Il doit la refuser si elle est de nature à porter atteinte à la souveraineté ou à la sécurité de l'État français.

Les personnes intéressées peuvent également, dans ces mêmes cas, demander au juge commis de rapporter les mesures qu'il a déjà prises et d'annuler les actes constatant l'exécution de la commission rogatoire.

Pour une application, V. • Paris, 19 janv. 2000 : *D. 2000. IR 61.*

Art. 744 Le ministère public doit s'assurer du respect des principes directeurs du procès dans l'exécution des commissions rogatoires.

En cas de violation de ces principes, le ministère public ou la partie intéressée peut demander au juge commis de rapporter les mesures qu'il a prises ou d'annuler les actes constatant l'exécution de la commission rogatoire.

Art. 745 Si la commission rogatoire a été transmise irrégulièrement, le juge commis peut d'office ou à la demande du ministère public refuser de l'exécuter ; il peut également, à la demande du ministère public, rapporter les mesures qu'il a déjà prises et annuler les actes constatant l'exécution de la commission rogatoire.

Art. 746 La décision par laquelle le juge refuse d'exécuter une commission rogatoire, annule les actes constatant son exécution, rapporte les mesures qu'il a prises, ou refuse de les rapporter, doit être motivée.

Les parties et le ministère public peuvent interjeter appel de la décision.

Le délai d'appel est de quinze jours ; il n'est pas augmenté en raison des distances.

Art. 747 Les actes constatant l'exécution de la commission rogatoire ou la décision par laquelle le juge refuse de l'exécuter, sont transmis à la juridiction commettante selon les mêmes voies que celles par lesquelles la commission rogatoire a été transmise à la juridiction requise.

§ 2 EXÉCUTION DIRECTE DES COMMISSIONS ROGATOIRES TRANSMISES EN VERTU DU CHAPITRE Ier DE LA CONVENTION DE LA HAYE DU 18 MARS 1970 SUR L'OBTENTION DES PREUVES À L'ÉTRANGER EN MATIÈRE CIVILE ET COMMERCIALE

(*Décr. no 2017-892 du 6 mai 2017, art. 16-12o*)

Art. 747-1 Si demande en est faite dans la commission rogatoire, et pour autant que la mesure d'instruction prescrive qu'il soit exclusivement procédé à une audition, le ministère de la justice peut en autoriser l'exécution directe par la juridiction étrangère, notamment par vidéoconférence, sans contrainte ni sanction possible.

Art. 747-2 S'il est déféré à la demande de la juridiction étrangère, le ministère de la justice indique dans quelles conditions il doit être procédé à la mesure d'instruction et, s'il y a lieu, désigne le (*Décr. no 2019-966 du 18 sept. 2019, art. 8, en vigueur le 1er janv. 2020*) **« tribunal judiciaire** [*ancienne rédaction : tribunal de grande instance*] **» compétent chargé d'assister la juridiction étrangère dans l'exécution de la mesure d'instruction.**

§ 3 DISPOSITIONS COMMUNES

(*Décr. no 2017-892 du 6 mai 2017, art. 16-13o*)

Art. 748 L'exécution des commissions rogatoires a lieu sans frais ni taxes.

Toutefois, les sommes dues aux témoins, aux experts, aux interprètes ainsi qu'à toute personne prêtant son concours à l'exécution de la commission rogatoire sont à la charge de l'autorité étrangère. Il en est de même des frais résultant de l'application d'une forme particulière de procéder à la demande de la juridiction commettante.

V. la Convention du 18 mars 1970, sur l'obtention des preuves à l'étranger en matière civile ou commerciale, publiée par Décr. no 75-250 du 9 avr. 1975 (D. et BLD 1975. 124). — V. aussi Décr. no 89-43 du 24 janv. 1989 (D. et ALD 1989. 104) portant publication de la déclaration française du 24 déc. 1986.

TITRE VINGT ET UNIÈME LA COMMUNICATION PAR VOIE ÉLECTRONIQUE

(*Décr. no 2005-1678 du 28 déc. 2005, art. 73*)

L'art. 73 du Décr. no 2005-4678 du 28 déc. 2005 entre en vigueur le 1er janv. 2009. Toutefois, un arrêté du garde des Sceaux, ministre de la justice, peut prévoir une application anticipée de l'art. 73 dans le ressort des juridictions et pour les actes de procédure qu'il désigne. Pour les procédures avec représentation obligatoire, cet arrêté est pris après conclusion de conventions passées entre le président de la juridiction et une ou plusieurs catégories d'auxiliaires de justice et organisant le recours à la communication électronique dans les conditions prévues par cet article (Décr. no 2005-1678 du 28 déc. 2005, art. 88, mod. par Décr. no 2008-484 du 22 mai 2008, art. 21).

RÉP. PR. CIV. vo *Communication électronique*, par E. DE LEIRIS,

BIBL. ▸ Dossier, *Procédures 2014. Dossiers 1 à 8* (les avocats dans le monde numérique : qu'en est-il aujourd'hui ?). – AMRANI MEKKI, *Procédures 2010. Dossier 5* (efficacité et nouvelles technologies). – BENSOUSSAN, RPVA – Réseau Privé Virtuel d'Avocat : De la procédure électronique au cabinet numérique, Dossier pratique, *Francis Lefebvre 2013*. – BERREBI, *Gaz. Pal. 25-26 mai 2011, p. 13* (les procédures immatérielles : état des lieux) ; *Gaz. Pal. 7-9 juill. 2013, p. 10* (l'expansion de e-Barreau ou la réalité du terrain). – BLÉRY et TEBOUL, *JCP 2012. 1189* (la communication par voie électronique, de la procédure civile avant tout !) ; *Gaz. Pal. 8-9 mars 2013, p. 12* (dématérialisation du procès : trois pas en avant, deux pas en arrière ?) ; *Procédures 2014. Dossier 3* (communication par voie électronique et procédure orale : rencontre du troisième type). – BLÉRY et HUVELIN, *Gaz. Pal. 24-26 mars 2013, p. 9* (mais que fait la chancellerie ?). – BLÉRY, LAMBREY DE SOUZA, PICOT-SERSIN et TEBOUL, *JCP 2014. 224* (RPVA devant le tribunal de commerce de Versailles : regards croisés de la théorie et de la pratique). – BLÉRY et TEBOUL, *JCP 2017. 665* (de la communication par voie électronique au Code de cyberprocédure civile). – BOCCARA, *Gaz. Pal. 10-12 mars 2013, p. 9* (RPVA : le passage du virtuel au réel). – CADIET, Procédures *2010. Dossier 8* (le procès civil à l'épreuve des nouvelles technologies). – CANAL et SARAGOUSSI, *Gaz. Pal. 2011. 2023* (perspectives et enjeux de la signification dématérialisée au regard de l'expérience de la Cour de cassation). – COIGNAC, *JCP 2010. 46* (E-barreau et dématérialisation des procédures). – CROZE, *JCP 2009. I. 108* (le progrès technique de la procédure civile) ; *Procédures 2010. Dossier 4* (les actes de procédure civile et les nouvelles technologies) ; *Procédures 2011. Repère 9* (rapport de l'IPEJ de sept. 2011) ; *Procédures 2012. Repère 5* (qu'est-ce qu'une audience ?). – Derlange et Errera, *JCP 2008. I. 224* (l'essor des téléprocédures judiciaires en France et à l'étranger : vers la justice de demain) ; *Gaz. Pal. 15-17 févr. 2009, p. 18* (la dématérialisation des procédures dans la région Poitou). – Didier et Sabater, *JCP 2008. I. 118* (une révolution culturelle nécessaire). – Dochy, La dématérialisation des actes du procès civil, *Nouvelle Bibliothèque de Thèses, Dalloz 2021*. – L. Ferrand, *Procédures 2014. Dossier 8* (la dématérialisation des procédures transfrontalières). – Fricero, *Procédures 2014. Dossier 5* (demande en justice et nouvelles technologies : aspects procéduraux). – Gascón Inchausti, *Procédures 2010. Dossier 7* (l'introduction des nouvelles technologies dans le procès civil espagnol). – Ghera, *Gaz. Pal. 2011. 2645* (dématérialisation des procédures judiciaires : l'équilibre entre professions à l'épreuve de l'évolution culturelle) ; *Dr. et pr. 2012. 114* (Décr. n° 2012-366 du 15 mars 2012 – Entre équilibre et modernité, la sécurité juridique au cœur de la communication électronique judiciaire). – Gleitz-Winterstein et Attal, *JCP 2014. 498* (communication électronique *versus* libre accès à la justice par l'avocat). – S. Grayot, *Procédures 2010. Dossier 2* (le droit au procès équitable à l'aune des nouvelles technologies) ; *Procédures 2013. Étude 2* (la cause étrangère et l'usage des nouvelles technologies dans le procès civil). – Huvelin, *Gaz. Pal. 28 févr.-1er mars 2014, p. 9* (quand pourrons-nous notifier au tribunal de commerce des messages par « RPA-VTC » et lesquels ?). – IPEJ, Dématérialisation des procédures judiciaires en France et en Europe : l'équilibre entre professions à l'épreuve de l'évolution culturelle, *Travaux de l'IPEJ, sept. 2011*. – Jougla-Ygouf, *Gaz. Pal. 2-4 déc. 2012, p. 13* (procédure civile : même au poker il y a des règles...). – Lamarche, *JCP 2012. 923* (évolution technologique et erreurs matérielles d'un nouveau type – proposition d'étendre la procédure de rabat au juge du fond pour les réparer). – Lambertye-Autrand, *Procédures 2010. Dossier 6* (regard européen sur l'introduction des nouvelles technologies dans le procès civil). – Lauvergnat, *Gaz. Pal. 24-26 mars 2013, p. 13* (signification électronique et contradictoire : une contradiction). – Piette-Coudol, *CCE 2009. Étude 24* (recours aux moyens électroniques en droit processuel). – Ricard et Ferrete, *Procédures 2006. Chron. 17* (la technique au service de l'efficacité de la procédure civile). – Sabater, *JCP 2008. I. 223* (nouvelles technologies et système judiciaire). – Vallens, *JCP 2007. I. 119* (la dématérialisation des décisions judiciaires : une évolution nécessaire). – Viret, *Bull. Aix avr.-juin 2006, p. 49* (vers une mise en place d'une e-procédure ?).

▶ **Décr. n° 2008-484 du 22 mai 2008 :** Putman et Salati, *Dr. et pr. 2008. 184*.

▶ **Arr. du 17 juin 2008 :** *Procédures 2008. Alerte 34*. – Lamanda et Le Prado (entretien), *JCP 2009. I. 115*. – *Procédures 2010. Veille 2* (dématérialisation totale effective devant la Cour de cassation).

▶ **Arr. du 7 avr. 2009 :** *Procédures 2009. Alerte 32 ; CCE 2009, n° 72, obs. Caprioli.*

▶ **Arr. du 14 déc. 2009 :** Croze, *JCP 2010. 3*.

▶ **Décr. du 9 déc. 2009 :** Croze, *JCP 2010. 3 ; Procédures 2010. Repère 2*.

Art. 748-1 Les envois, remises et notifications des actes de procédure, des pièces, avis, avertissements ou convocations, des rapports, des procès-verbaux ainsi que des copies et expéditions revêtues de la formule exécutoire des décisions juridictionnelles peuvent être effectués par voie électronique dans les conditions et selon les modalités fixées par le présent titre *(Décr. n° 2009-1524 du 9 déc. 2009, art. 3-I, en vigueur le 1er janv. 2011)* **« , sans préjudice des dispositions spéciales imposant l'usage de ce mode de communication. »**

Les dispositions de l'art. 3 du Décr. n° 2009-1524 du 9 déc. 2009 s'appliquent aux appels formés à compter du du 1er janv. 2011 (Décr. préc., art. 15, al. 2). Elles s'appliquent par ailleurs aux instances consécutives à un renvoi après cassation lorsque la juridiction de renvoi est saisie à compter du 1er sept. 2017 (Décr. n° 2017-891 du 6 mai 2017, art. 52).

1. Notification des actes de procédure entre avocats. L'adhésion d'un avocat au « réseau privé virtuel avocat » (RPVA) emporte nécessairement consentement de sa part à recevoir la notification d'actes de procédure par la voie électronique. • Cass., avis, 9 sept. 2013 : *Bull. civ. avis, n° 10 ; BICC 15 nov. 2013, p. 6, rapp. Vasseur, obs. Mucchielli ; D. avocats 2013. 379, note Dargent ; D. 2013. Actu. 2104 ; ibid. 2014. Pan. 169, obs. Wickers ; JCP 2013. 979, obs. Bléry ; Gaz. Pal. 20-21 sept. 2013, p. 17, note Berrebi ; ibid. 13-14 sept. 2013, p. 11, note Lhermitte ; JCP 2013. 1807, n° 6, obs. G'sell Macrez ; ibid. 1225, n° 7, obs. Amrani Mekki ; Procédures 2013. Dossier 6, obs. Fricero.* ♦ Comp. antérieurement dans le sens que les conclusions peuvent être notifiées par voie électronique entre avocats malgré l'absence de consentement exprès du destinataire, notamment retenant qu'en adhérant au RPVA et en devenant attributaire d'une adresse personnelle, l'avocat est présumé avoir accepté de consentir à l'utilisation de la voie électronique pour la notification des conclusions sans qu'il soit nécessaire de recueillir son accord exprès en application de l'art. 748-2 C. pr. civ. qui n'a pas vocation à s'appliquer entre avocats adhérents au RPVA : • Bordeaux, 5 mars 2012 : *D. actu. 20 mars 2012, obs. Tahri ; D. 2012. Actu. 824* ; *ibid. 1664, entretien Lhermitte* ; *JCP 2012. 406, note Croze ; ibid. 350, obs. Gerbay ; ibid. 622, n° 6, obs. Caseau-Roche ; Gaz. Pal. 18-20 mars 2012, p. 5 ; ibid. 25-27 mars 2012, p. 11, note Moore ; RGDA 2012. 885, note Schulz* • 1er mars 2013 : *Dalloz jurisprudence* • Nîmes, 4 déc. 2012 : *Dalloz jurisprudence.* ♦ ... Plus simplement, que l'avocat étant attributaire d'une adresse électronique du RPVA a nécessairement consenti à l'utilisation de la voie électronique pour la signification des actes de procédure qui lui étaient destinés : • Paris, 21 mars 2013 (deux arrêts) : *Dalloz jurisprudence* • 11 avr. 2013 : *Dalloz jurisprudence.* ♦ ... Tout en relevant l'adhésion au RPVA, se fondaient également sur la convention passée entre la cour d'appel et les barreaux de son ressort : Riom, 29 oct. 2012 • Rouen, 18 févr. 2013 : *Dalloz jurisprudence* • Orléans, 7 janv. 2013 : *Dalloz jurisprudence* • 17 janv. 2013 : *Dalloz jurisprudence* • Pau, 19 mars 2013, n° 13/1159 (ces deux dernières précisant que la convention s'impose aux membres du barreau). ♦ ... Voire en faisait le fondement essentiel de leur solution : • Reims, 27 nov. 2012 : *Dalloz jurisprudence.* ♦ *Contra* : jugeant que, dans l'état actuel du droit, le recours au RPVA ne peut se faire, s'agissant de la notification entre avocats de leurs conclusions, qu'en cas d'accord exprès et non tacite de l'avocat destinataire, étant relevé que cet accord ne peut en aucun cas être tacite ou se présumer et qu'il ne peut dès lors résulter de la seule inscription de l'avocat destinataire à e-barreau.fr ou de l'adhésion de ce dernier au RPVA. • Toulouse, 4 déc. 2012 : *D. avocats 2013. 72, obs. Dargent* ; *ibid. 148, obs. G. Royer* ; *D. 2014. Pan. 169, obs. Wickers* ; *JCP 2013. 69, obs. Bléry ; ibid. 219 ; Guiguet-Schielé ; ibid. 622, n° 6, obs. Caseau-Roche ; Gaz Pal. 24-26 févr. 2013, p. 19, obs. Berrebi.* ♦ V. aussi, rejetant le pourvoi contre cette décision au motif que l'irrégularité de la notification préalable à avocat est un vice de forme qui n'entraîne la nullité de la signification destinée à la partie que sur justification d'un grief dont il n'était pas justifié : • Civ. 2e, 16 mai 2013 : *D. actu. 23 mai 2013, obs. Portmann ; D. avocats 2013. 266, obs. Dargent ; JCP 2013. 763, note Croze ; ibid. 1087, obs. G'ssel ; ibid. 1225, obs. Amrani Mekki ; Gaz. Pal. 3 sept. 2013, p. 30, note Bléry.* ♦ N'encourt pas la nullité la notification du jugement entre avocats qui n'est pas formalisée dans un acte mais qui est attestée par la délivrance d'un avis électronique de réception adressée par le destinataire, indiquant la date et l'heure de celle-ci et tenant lieu de visa, cachet et signature apposés sur l'acte ou sa copie. • Civ. 2e, 7 sept. 2017, n° 16-21.762 P : *D. actu. 19 sept. 2017, obs. Bléry ; JCP 2017. 1154, note Laffly.*

2. Est régulière la communication de conclusions en pièce jointe à un second message électronique afin de réparer l'omission de ces conclusions dans un premier message, dès lors que la transmission a lieu avant l'ordonnance de clôture. • Civ. 2e, 7 janv. 2016, n° 14-28.887 P : *D. actu. 26 janv. 2016, obs. Kebir.*

3. Fermeture du greffe. V. dans le sens que les envois d'actes de procédure après la fermeture – physique – du greffe sont recevables s'ils sont adressés par voie électronique jusqu'à 24 h : • Paris, 26 mai 2015, n° 15/03699 : *JCP 2015. 827, obs. Bléry.*

4. Expropriation pour cause d'utilité publique. Il résulte de la combinaison des art. 748-1, 748-3 et 748-6 C. pr. civ. et l'art. 1er de l'Arr. du garde des sceaux du 5 mai 2010 relatif à la communication électronique dans la procédure sans représentation obligatoire devant les cours d'appel, que, en matière d'expropriation pour cause d'utilité publique, la déclaration d'appel, les actes de constitution et les pièces qui leur sont associées peuvent être valablement adressées au greffe de la chambre de l'expropriation par la voie électronique par le biais du « réseau privé virtuel avocat » (RPVA). • Civ. 2e, 10 nov. 2016, n° 14-25.631 P : *D. 2016. Actu. 2349* ; *ibid. 2502, note Bléry* ; *ibid. 2017. Pan. 428, obs. N. Fricero* ; *ibid. Chron. C. cass. 605, obs. de Leiris* ; *D. avocats 2017. 28, obs. Lhermitte* ; *ibid. 72, obs. Lhermitte* ; *ibid. 660, n° 6, obs. Caseau-Roche ; JCP 2017. 585, obs. Amrani-Mekki ; ibid. 1069, obs. Huyghe.* ♦ Viole l'art. R. 13-47 C. expr., ensemble les art. 748-1, 748-3 et 748-6 C. pr. civ. et l'art. 1er de l'Arr. du 5 mai 2010 relatif à la communication électronique dans la procédure sans représentation obligatoire devant les cours d'appel, la cour d'appel qui pour déclarer l'appel irrecevable retient, après avoir relevé que la déclaration d'appel avait été reçue par le RPVA, que la procédure particulière d'appel en matière d'expropriation, mise en place par l'art. R. 13-47, n'a pas été respectée, la chambre traitant non pas les messages reçus par la voie du RPVA mais les courriers déposés au greffe ou adressés par lettre recommandée. • Même arrêt. ♦ Les conclusions des parties ne peuvent pas être valablement adressées au greffe de la cour d'appel par la voie électronique. • Civ. 3e, 23 sept. 2020, n° 19-16.092 : *D. 2020. 1891* (caducité de la déclaration d'appel prononcée par la cour d'appel, après avoir retenu qu'elle n'avait pu être saisie des conclusions adressées par voie électronique et que les conclusions et pièces adressées par la suite au greffe par courrier n'avaient pas été déposées dans le délai imparti par la loi).

5. Contestation d'honoraires d'avocat. Étant porté devant le premier président de la cour d'appel, le recours formé, en application de l'art. 176 du Décr. du 27 nov. 1991, contre la décision du bâtonnier statuant en matière de contestations d'honoraires et débours n'entre pas dans le champ d'application de l'Arr. du garde des

Sceaux du 5 mai 2010, relatif à la communication par voie électronique dans la procédure sans représentation obligatoire devant les cours d'appel, tel que fixé par son art. 1er. • Civ. 2e, 6 sept. 2018, n° 17-20.047 P : *D. actu. 14 sept. 2018, obs. Bléry.*

6. Contrat de collaboration d'un avocat. Pour les litiges nés à l'occasion d'un contrat de collaboration ou d'un contrat de travail d'un avocat, relevant de la compétence du bâtonnier et portés devant la cour d'appel, la déclaration d'appel, les actes de constitution et les pièces qui leur sont associés peuvent être valablement adressés au greffe de la cour d'appel par la voie électronique par le biais du RPVA. • Civ. 2e, 19 mars 2020, n° 19-11.450 P : *D. actu. 2 juin 2020, obs. Bléry ; D. 2020. 1116 ; D. avocats 2020. 330 ; Gaz. Pal. 21 juill. 2020, p. 82, note Hoffschir ; ibid. 6 oct. 2020, p. 41, note Landry.* ♦ V. cep. • Civ. 2e, 6 sept. 2018 : *préc.* (recours formé contre la décision du bâtonnier statuant en matière de contestations d'honoraires et débours).

7. Procédure avec représentation obligatoire. L'art. 10 de l'Arr. du 30 mars 2011 relatif à la communication par voie électronique dans les procédures avec représentation obligatoire devant les cours d'appel, pris pour l'application des art. 748-1 s. et 930-1, prévoit que le message de données relatives à une déclaration d'appel provoque un avis de réception par les services du greffe, auquel est joint un fichier récapitulatif reprenant les données du message, qui tient lieu de déclaration d'appel, de même que son édition par l'auxiliaire de justice tient lieu d'exemplaire de cette déclaration lorsqu'elle doit être produite sous un format papier. Ayant constaté que le document annexé aux actes de signification accomplis en application de l'art. 902 consistait, non pas en un récapitulatif de la déclaration d'appel, émis en application de l'art. 10 de l'Arr., mais en un document qui ne confirmait pas la réception par le greffe de l'acte d'appel, c'est à bon droit que la cour d'appel a constaté la caducité de celle-ci. • Civ. 2e, 22 oct. 2020, n° 19-21.978 P : *D. actu. 27 nov. 2020, note Bléry ; D. 2020. 2123* .

8. Procédure sans représentation obligatoire. Appel prud'homal. Même sous le régime de la procédure sans représentation obligatoire, la déclaration d'appel adressée par le Réseau privé virtuel avocat est recevable dès lors qu'elle respecte les formalités des art. 58 et 933. Il résulte en effet de l'art. 748-1, rendu applicable devant les juridictions prud'homales par l'art. 749 du même code, que les envois, remises et notifications des actes de procédure, des pièces, avis, avertissements ou convocations, des rapports, des procès-verbaux ainsi que des copies et expéditions revêtues de la formule exécutoire des décisions juridictionnelles peuvent être effectués par voie électronique dans les conditions et selon les modalités fixées par le présent titre. De même, l'arrêté du garde des Sceaux du 5 mai 2010, relatif à la communication électronique dans la procédure sans représentation obligatoire devant les cours d'appel, fixe les garanties pour l'envoi par un auxiliaire de justice de la déclaration d'appel, de l'acte de constitution et des pièces qui leur sont associées. Or, ces dispositions, qui n'ouvrent en matière prud'homale qu'une faculté, ne dérogent pas au principe d'égalité de traitement dès lors que les prescriptions des art. 58 et 933 demeurent applicables. • Soc. 18 janv. 2017, n° 14-29.013 P : *JCP S 2017. 1112, note Bugada.*

9. Déclaration de recours formé contre la décision du directeur général de l'INPI. L'envoi ou la remise au greffe de la cour d'appel, en application de l'art. R. 411-21 CPI, de la déclaration de recours formé contre la décision du directeur général de l'Institut national de la propriété industrielle (INPI) rendue à l'occasion de la délivrance, du rejet ou du maintien d'un titre de propriété industrielle, et, le cas échéant, de l'exposé des moyens déposé dans le mois suivant la déclaration, peuvent être effectués conformément aux dispositions du titre vingt et unième du livre premier du code de procédure civile relatives à la communication par voie électronique et au sens de l'arrêté du garde des Sceaux du 5 mai 2010.

Pour la formalisation, dans le cadre de la mise en œuvre de la communication électronique, du recours prévu par l'art. R. 411-21 CPI, le destinataire de la déclaration de recours à laquelle est jointe la décision attaquée, et des moyens déposés dans le mois suivant la déclaration, est le greffe de la cour d'appel.

Sauf à ce qu'il ait consenti à son utilisation conformément à l'art. 748-2 C. pr. civ. et dans les conditions posées par l'art. 748-6 du même code, le directeur général de l'INPI ne peut pas recevoir par la voie électronique la déclaration de recours, les actes de constitution et les pièces qui leur sont associées. • Com. 13 mars 2019, n° 17-10.861 P : *D. actu. 28 mars 2019, obs. Bléry.* ♦ Rendu sur : • Civ. 2e, 18 oct. 2018, n° 17-10.861.

10. Procédure fiscale. L'art. R.* 202-2 LPF doit être interprété en ce sens que les parties à l'instance, dûment représentées par un avocat inscrit à l'un des barreaux du ressort de la cour d'appel dont dépend le tribunal judiciaire saisi, notifient valablement leurs mémoires entre elles par le réseau privé virtuel des avocats, dans les conditions prévues aux art. 748-1 à 748-7, et sans autre formalité, tandis qu'elles doivent faire respectivement signifier leurs mémoires par voie d'huissier, lorsque l'administration n'est pas représentée par un avocat, aux régions, aux départements, aux communes et à leurs établissements publics. • Com. 1er déc. 2021, nos 21-70.018, 21-70.019, 21-70.020, 21-70.021 : *D. actu. 5 janv. 2022, note Bléry.*

11. Récusation. La requête en récusation, qui introduit une procédure autonome relevant du premier président de la cour d'appel, a été adressée à ce dernier par le réseau privé virtuel des avocats, sans que les modalités techniques permettant le recours à la transmission électronique aient été définies par un arrêté du garde des sceaux pour une telle procédure. • Civ. 2e, 6 juill. 2017, n° 17-01.695 P : *D. 2018. Pan. 695, obs. Fricero ; Procédures 2017, n° 229, note Croze.*

12. Protocoles de procédure. Portée. La régularité de la transmission par la voie électronique d'une déclaration d'appel formée contre un jugement rendu en matière d'expropriation s'apprécie au regard des seules dispositions des art. 748-1 s. C. pr. civ. et de l'arrêté pris en application de ces articles par le garde des Sceaux le 5 mai 2010. • Civ. 2e, 19 oct. 2017, n° 16-24.234 P : *D. actu. 7 nov. 2017, obs. Bléry ; D. 2017. Actu. 2157 ; ibid. 2353, note Bléry ; ibid. 2018. Pan. 695 et 698, obs. Fricero ; Dr. et pr. 2017. 17, note Poisson ; Procédures 2018, n° 2, note Croze ; Gaz. Pal. 6 févr. 2018, p. 60, obs. Hoffschir.* ♦ V. aussi, jugeant que viole les art. R. 311-6 C. pr. exéc. et 748-6 C. pr. civ. et l'Arr. du 7 avr. 2009 relatif à la communication par voie électronique devant les tribunaux de grande instance l'arrêt qui, pour déclarer caduc le commandement valant saisie immobilière, retient que le conseil de la banque a adressé sa demande de report de l'audience de vente forcée et ses pièces par la voie du réseau privé virtuel des avocats (RPVA), alors que la convention sur la communication électronique signée entre le barreau de Lorient et le TGI de Lorient n'incluait pas dans son périmètre les saisies immobilières, de sorte que le message, reçu au greffe, n'a pas été transmis au juge de l'exécution, et qui en a déduit que la banque n'avait pas déposé de conclusions de report, alors que l'Arr. du 7 avr. 2009 n'exclut pas de son champ d'application les procédures de saisie immobilière. • Civ. 2e, 1er mars 2018, n° 16-25.462 P : *D. actu. 13 mars 2018, obs. Bléry ; D. 2018. Actu. 517 ; ibid. 1231, obs. Leborgne ; JCP 2018. 388, note Laporte ; ibid. 514, note Raschel ; Gaz. Pal. 19 mars 2018, p. 48, note Brenner ; ibid. 15 mai 2018, p. 70, note Herman.*

13. Contraintes techniques du RPVA. Renvoi. V. note 10 ss. art. 930-1.

Art. 748-2 **Le destinataire des envois, remises et notifications mentionnés à l'article 748-1 doit consentir expressément à l'utilisation de la voie électronique** *(Décr. n° 2009-1524 du 9 déc. 2009, art. 3-II, en vigueur le 1er janv. 2011)* **« , à moins que des dispositions spéciales n'imposent l'usage de ce mode de communication. »**

(Décr. n° 2015-282 du 11 mars 2015, art. 16) **« Vaut consentement au sens de l'alinéa précédent l'adhésion par un auxiliaire de justice, assistant ou représentant une partie, à un réseau de communication électronique tel que défini par un arrêté pris en application de l'article 748-6. »**

Les dispositions de l'art. 3 du Décr. n° 2009-1524 du 9 déc. 2009 s'appliquent aux appels formés à compter du du 1er janv. 2011 (Décr. préc., art. 15, al. 2). Elles s'appliquent par ailleurs aux instances consécutives à un renvoi après cassation lorsque la juridiction de renvoi est saisie à compter du 1er sept. 2017 (Décr. n° 2017-891 du 6 mai 2017, art. 52).

Sur le Décr. n° 2015-287 du 11 mars 2015, V. Circ. du 20 mars 2015, ss. art. 692-1.

BIBL. ▸ **Décr. du 11 mars 2015 :** BLÉRY, *Gaz. Pal. 27 mars 2015, p. 6* (une nouvelle ère pour la procédure civile). – CROZE, *JCP 2015. 356* (choix de simplification procédurale ? – G'SELL, *JCP 2015. 673.*

Signification des jugements entre avocats. Présomption de consentement de l'abonné. La portée de l'inscription d'un avocat au RPVA, qui permet d'accéder à la plate-forme « e-barreau » assurant notamment « l'interfaçage des échanges entre les avocats et le système ComCi CA », doit être analysée comme s'appliquant à l'utilisation de la voie électronique pour la signification des jugements entre avocats adhérents même si elle ne constitue qu'une simple faculté en l'état, sur la base de la convention nationale relative à la communication électronique entre les juridictions ordinaires du premier et du second degré et les avocats en date du 16 juin 2010 signée entre le ministère de la justice et le CNB, qui définit le périmètre fonctionnel de la communication électronique. Dès lors, en adhérant au RPVA et en devenant attributaire d'une adresse personnelle dont le caractère spécifique résulte de l'identification par son nom et son prénom précédé d'un radical unique constitué par son numéro d'affiliation à la CNBF, l'avocat doit être présumé avoir accepté de consentir à l'utilisation de la voie électronique pour la signification des jugements à son égard. Il n'est donc pas nécessaire de recueillir son accord exprès en application de l'art. 748-2 C. pr. civ., qui n'a pas vocation à s'appliquer entre avocats postulants adhérents au RPVA. • Bordeaux, 5 mars 2012 : *préc. note ss. C. pr. civ., art. 748-1.*

Art. 748-3 **Les envois, remises et notifications mentionnés à l'article 748-1 font l'objet d'un avis électronique de réception adressé par le destinataire, qui indique la date et, le cas échéant, l'heure de celle-ci.**

(Décr. n° 2019-402 du 3 mai 2019, art. 3-1°) **« Lorsque les envois, remises et notifications mentionnés à l'article 748-1 se font par l'intermédiaire d'une plateforme d'échanges dématérialisés entre le greffe et les personnes mentionnées à l'article 692-1, ils font l'objet d'un avis électronique de mise à disposition adressé au destinataire à l'adresse choisie par lui, lequel indique la date et, le cas échéant l'heure de la mise à disposition. »**

(Décr. n° 2008-484 du 22 mai 2008, art. 17) **«** *(Décr. n° 2019-402 du 3 mai 2019, art. 3-2°)* **« Ces avis électroniques de réception ou de mise à disposition tiennent » lieu de visa, cachet et signature ou autre mention de réception qui sont apposés sur l'acte ou sa copie lorsque ces formalités sont prévues par le présent code.**

« En cas de transmission par voie électronique, il n'est pas fait application des dispositions du présent code prévoyant la transmission en plusieurs exemplaires et la restitution matérielle des actes, et pièces remis ou notifiés. »

BIBL. ▶ BLÉRY, *JCP 2015. 827* (recevabilité d'un contredit remis par voie électronique après l'heure de fermeture du greffe).

1. Avis de réception. Présentation et contenu. Un accusé de réception sur lequel est mentionné la date et l'heure de réception ainsi que les termes suivants : « A été délivré à 000000000@avocat-conseils.fr avec les pièces jointes : signification de jugement à avocat du 1er juin 2011.pdf » est conforme aux exigences de l'art. 748-3 C. pr. civ., qui en exigent l'émission à titre de preuve. • Bordeaux, 5 mars 2012 : *préc. note ss. art. 748-1.*

2. C. pr. civ., art. 909. Point de départ du délai imparti à l'intimé pour conclure. V. notes 2 s. ss. art. 909.

Art. 748-4 **Lorsqu'un document a été établi en original sur support papier, le juge peut en exiger la production.**

Art. 748-5 **L'usage de la communication par voie électronique ne fait pas obstacle au droit de la partie intéressée de demander la délivrance, sur support papier, de l'expédition de la décision juridictionnelle revêtue de la formule exécutoire.**

Art. 748-6 **Les procédés techniques utilisés doivent garantir, dans des conditions fixées par arrêté du garde des Sceaux, ministre de la justice, la fiabilité de l'identification des parties à la communication électronique, l'intégrité des documents adressés, la sécurité et la confidentialité des échanges, la conservation des transmissions opérées et permettre d'établir de manière certaine la date d'envoi et** *(Décr. n° 2019-402 du 3 mai 2019, art. 4-1°)* **« , celle de la mise à disposition ou » celle de la réception par le destinataire.** — *S'agissant de la procédure devant la Cour de cassation, V. Arr. du 17 juin 2008. — S'agissant de la procédure devant les cours d'appel, V. Arr. du 20 mai 2020. — S'agissant de la procédure devant les TGI, V. Arr. du 7 avr. 2009. — S'agissant de la protection judiciaire des majeurs, V. Arr. du 22 févr. 2011. — S'agissant des procédures devant les tribunaux de commerce, V. Arr. du 21 juin 2013* 🏛.

(Décr. n° 2018-1219 du 24 déc. 2018, art. 6-I) **« Vaut signature, pour l'application des dispositions du présent code aux actes que** *(Décr. n° 2019-402 du 3 mai 2019, art. 4-2°)* **« les parties, » le ministère public ou les auxiliaires de justice assistant ou représentant les parties notifient ou remettent à l'occasion des procédures suivies devant les juridictions des premier et second degrés, l'identification réalisée, lors de la transmission par voie électronique, selon les modalités prévues au premier alinéa. »**

1. Avis de réception. Présentation et contenu. La présentation formelle et le contenu de l'avis de réception sur lequel est mentionné la date et l'heure de réception ainsi que les termes suivants : « A été délivré à 000000000@avocat-conseils.fr avec les pièces jointes : signification de jugement à avocat du 1er juin 2011.pdf » sont conformes aux dispositions de l'art. 748-6 C. pr. civ. • Bordeaux, 5 mars 2012 : *préc. note ss. C. pr. civ., art. 748-1.*

2. Expropriation pour cause d'utilité publique. Si aucune disposition du C. expr. n'exclut, devant la cour d'appel, la faculté pour les parties d'effectuer par voie électronique l'envoi, la remise et la notification des actes de procédure, instituée par l'art. 748-1 C. pr. civ., cette faculté est subordonnée, en application de l'art. 748-6 du même code, à l'emploi de procédés techniques garantissant, dans des conditions fixées par arrêté du garde des sceaux, la fiabilité de l'identification des parties, l'intégrité des documents, ainsi que la confidentialité et la conservation des échanges et permettant la date certaine des transmissions. Les dispositions liminaires, claires et intelligibles, de l'art. 1er de l'arrêté du garde des sceaux du 5 mai 2010, relatif à la communication électronique dans la procédure sans représentation obligatoire devant les cours d'appel, ne fixent une telle garantie que pour l'envoi par un auxiliaire de justice de la déclaration d'appel, de l'acte de constitution et des pièces qui leur sont associées, à l'exclusion des écritures des parties ; que cette restriction est conforme aux exigences du procès équitable dès lors que, répondant à l'objectif de sécurisation de l'usage de la communication électronique, elle est dénuée d'ambiguïté pour un professionnel avisé comme un auxiliaire de justice lorsqu'il recourt à la communication électronique et ne le prive pas de la possibilité d'adresser au greffe les mémoires prévus par l'art. R. 13-49 C. expr. pour cause d'utilité publique alors applicable dans les conditions fixées par ce texte. C'est à bon droit qu'une cour d'appel, qui n'était pas saisie du mémoire transmis par la voie électronique, ayant constaté que celui-ci n'avait adressé son mémoire que par un courrier posté alors que le délai de deux mois était expiré, a prononcé la déchéance de l'appel. • Civ. 2e, 10 nov. 2016, no 15-25.631 P : *cité note 4 ss. art. 748-1.*

3. Arr. du 7 avr. 2009. Champ d'application. L'Arr. du 7 avr. 2009 n'exclut pas de son champ d'application les procédures de saisie immobilières. • Civ. 2e, 1er mars 2018, no 16-25.462 P : *cité note 12 ss. art. 748-1.*

Arrêté du 17 juin 2008,

Portant application anticipée pour la procédure devant la Cour de cassation des dispositions relatives à la communication par voie électronique (JO 26 juin).

Art. 1er L'article 73 du décret du 28 décembre 2005 susvisé est applicable, devant la Cour de cassation, le premier jour du mois suivant la publication du présent arrêté au *Journal officiel* de la République française.

Dans les matières régies par le code de procédure civile, lorsque les parties sont représentées par un avocat au Conseil d'État et à la Cour de cassation, les envois, remises et notifications des actes de procédure et des pièces suivants peuvent être effectués par voie électronique : les déclarations de pourvoi et les pièces qui leur sont associées ; les mémoires et les pièces qui leur sont associées, en particulier les mémoires en demande, en défense, les pourvois incidents ou provoqués, les mémoires en réponse à ces pourvois et d'une façon générale tous les mémoires permettant la transmission d'une constitution, d'une requête ou d'observations.

Art. 2 La sécurité de la connexion des avocats ainsi que la confidentialité des informations communiquées par la juridiction sont garanties par l'utilisation d'un dispositif de certification permettant l'authentification des avocats au Conseil d'État et à la Cour de cassation pour l'accès à un réseau intranet disposant d'un point d'accès sécurisé et, dans le cas où cet accès se fait via internet, par l'utilisation des moyens de cryptographie préservant la confidentialité des informations.

La sécurité de la connexion des magistrats et des agents du greffe de la Cour de cassation ainsi que la confidentialité des informations communiquées par la juridiction aux avocats sont garanties par l'utilisation d'un applicatif de gestion fonctionnant sur un réseau intranet, dénommé "réseau privé virtuel justice" (RPVJ). Les agents habilités de la Cour de cassation pour procéder à ces échanges sur cet applicatif de gestion disposent d'un identifiant strictement personnel.

Art. 3 Pour accéder au réseau intranet, la société civile professionnelle ou l'avocat exerçant à titre individuel doit s'authentifier grâce à un certificat électronique délivré par un prestataire de services de certification électronique satisfaisant aux exigences du *(Décr. no 2017-1416 du 28 sept. 2017, art. 2)* « décret no 2017-1416 du 28 septembre 2017 relatif à la signature électronique ».

L'accès des avocats au réseau intranet est établi au moyen d'une plate-forme sécurisée proposée par un prestataire de services de confiance qualifié choisi par l'ordre des avocats au Conseil d'État et à la Cour de cassation. Cette plate-forme dispose d'une fonction de vérification de la validité du certificat électronique.

Art. 4 Les actes de procédure transmis par voie électronique sont signés par leur auteur *au moyen* d'un dispositif sécurisé de création de signature électronique remplissant les exigences du *(Décr. no 2017-1416 du 28 sept. 2017, art. 2)* « décret no 2017-1416 du 28 septembre 2017 relatif à la signature électronique ».

La signature électronique est contrôlée par le prestataire de services de certification électronique au moment de l'envoi de l'acte ou par la juridiction au moment de la réception de l'acte. Elle peut être contrôlée à tout moment par la juridiction lorsque l'acte est conservé par celle-ci.

Art. 5 La liaison entre la plate-forme du prestataire de services de confiance et la société civile professionnelle ou l'avocat exerçant à titre individuel est sécurisée par l'utilisation du protocole HTTPS.

Les échanges entre la plate-forme du prestataire de services de confiance et la juridiction se font au moyen d'une liaison spécialisée jusqu'au point d'accès au réseau privé justice et ensuite au sein de ce réseau.

Art. 6 Les fichiers transmis par les avocats sont conservés sur les serveurs de la juridiction. Il est procédé à une consignation de leur transmission dans un journal de l'historique des échanges.

La consultation en ligne du dossier informatique, comprenant les données de procédure et les documents numériques associés, fait également l'objet d'un archivage dans un journal.

La durée de conservation des dossiers informatiques et des journaux est fixée à dix ans.

Les dispositifs d'archivage respectent les référentiels de l'administration électronique et les normes en vigueur.

Art. 7 Les actes et pièces transmis par les avocats sont réceptionnés sur un serveur de fichiers de la juridiction synchronisé sur le serveur de temps du réseau privé justice, lui-même synchronisé sur plusieurs serveurs de temps de niveau supérieur.

La réception des actes et pièces fait l'objet d'un horodatage associé au fichier correspondant et consigné dans le journal de l'historique des échanges.

Art. 8 Les garanties d'intégrité des actes signifiés par les huissiers de justice selon les dispositions propres aux notifications entre avocats sont les mêmes que celles concernant les actes et pièces transmis par les avocats. Elles reposent sur l'utilisation d'une signature électronique réalisée à l'aide d'un certificat personnel et nominatif, identifiant l'huissier de justice, stocké sur un support matériel.

Arrêté du 7 avril 2009,

Relatif à la communication par voie électronique devant les tribunaux de grande instance [tribunaux judiciaires] (JO 11 avr.).

Art. 1er Lorsqu'ils sont effectués par voie électronique entre avocats ou entre un avocat et la juridiction, dans le cadre d'une procédure devant le *(Décr. n° 2019-966 du 18 sept. 2019, art. 8, en vigueur le 1er janv. 2020)* « tribunal judiciaire *[ancienne rédaction : tribunal de grande instance]* », les envois, remises et notifications des actes de procédure, des pièces, avis, avertissements ou convocations, des rapports, des procès-verbaux ainsi que des copies et expéditions revêtues de la formule exécutoire des décisions juridictionnelles doivent répondre aux garanties fixées par le présent arrêté.

CHAPITRE Ier. *DU SYSTÈME DE COMMUNICATION ÉLECTRONIQUE MIS À DISPOSITION DES JURIDICTIONS*

Art. 2 Le système de communication électronique mis à disposition des agents du ministère de la justice chargés du traitement et de l'exploitation des informations recueillies ou expédiées par la voie électronique, conformément aux dispositions de l'article 748-1 du code de procédure civile, est un système d'information fondé sur les procédés techniques d'une messagerie automatisée dénommé « ComCi TGI ».

Art. 3 Les agents du ministère de la justice susvisés accèdent au système de messagerie automatisé ComCi TGI, composante de l'application informatique de la chaîne civile WinCi TGI, adossée sur le réseau privé virtuel justice (RPVJ). L'accès à l'application WinCi TGI est contrôlé par un identifiant strictement personnel.

Art. 4 Les fonctions de sécurité du réseau privé virtuel justice sont spécifiées par l'arrêté du 31 juillet 2000 portant création d'un traitement automatisé d'informations nominatives pour l'ensemble des agents du ministère de la justice relatif à la diffusion interne d'informations au titre de la communication ministérielle.

CHAPITRE II. *DE LA SÉCURITE DES MOYENS D'ACCÈS DES AVOCATS AU SYSTÈME DE COMMUNICATION ÉLECTRONIQUE MIS À DISPOSITION DES JURIDICTIONS*

Art. 5 L'accès des avocats au système de communication électronique mis à disposition des juridictions se fait par l'utilisation d'un procédé de raccordement à un réseau indépendant privé opéré sous la responsabilité du Conseil national des barreaux, dénommé « réseau privé virtuel avocat » (RPVA).

Art. 6 Dans le cas où le raccordement de l'équipement terminal de l'avocat au RPVA se fait via le réseau ouvert au public internet, il utilise des moyens de cryptologie préservant la confidentialité des informations.

Art. 7 Le contrôle de l'accès des avocats au RPVA fait l'objet d'une procédure d'habilitation au moyen d'une application informatique hébergée par une plate-forme de services de communication électronique sécurisée dénommée « e-barreau ». Cette plate-forme est opérée par un prestataire de services de confiance qualifié, agissant sous la responsabilité du Conseil national des barreaux.

Art. 8 Le RPVA dispose d'un point de terminaison sécurisé autorisant une interconnexion avec le RPVJ. L'interconnexion entre les points de terminaison sécurisés du RPVA et du RPVJ est opérée par un prestataire de services de confiance du Conseil national des barreaux.

CHAPITRE III. *DE L'IDENTIFICATION DES PARTIES À LA COMMUNICATION ÉLECTRONIQUE ET SA FIABILITÉ*

Art. 9 La sécurité de la connexion des avocats au RPVA est garantie par un dispositif d'identification. Ce dispositif est fondé sur un service de certification garantissant l'authentification de la qualité d'avocat personne physique, au sens du décret du 30 mars 2001 susvisé. Le dispositif comporte une fonction de vérification de la validité du certificat électronique. Celui-ci est délivré par un prestataire de services de certification électronique agissant au nom du Conseil national des barreaux, autorité de certification.

Art. 10 Au sein du RPVJ, les courriers électroniques sont formatés par l'application WinCi TGI et émis au nom du service compétent par les utilisateurs authentifiés.

Art. 11 Au sein du RPVJ, la liste des données communiquées par l'ordre pour l'identification et l'habilitation de l'avocat comporte un indicateur « inscrit à la communication électronique », les données relatives au barreau d'appartenance, la qualité, le numéro CNBF et l'adresse de la boîte aux lettres sécurisée associée au certificat électronique. Si l'avocat appartient à une structure d'exercice professionnelle conformément aux dispositions de l'article 93 du décret du 27 novembre 1991 susvisé, elle comporte également le numéro SIREN de la structure et un indicateur « niveau d'habilitation ».

Art. 12 L'adresse de la boîte aux lettres sécurisée de l'avocat est hébergée par un serveur de messagerie dont le nom de domaine est « avocat-conseil.fr ». La structure de l'adresse de messagerie est de la forme « cnbf.nomprénom@avocat-conseil.fr », le préfixe « cnbf.nomprénom » permettant d'identifier l'avocat. L'utilisation de cette adresse de messagerie couplée à l'utilisation du certificat avocat permet de garantir l'identité de l'avocat en tant qu'expéditeur ou destinataire du courrier électronique.

Art. 13 La liste des adresses de messagerie dédiées à la communication électronique civile utilisées par les services des juridictions est mise à disposition des avocats au moyen du service « e-barreau ».

Art. 14 La procédure d'inscription et d'enregistrement des données d'identification et d'habilitation des avocats est à l'initiative et sous la responsabilité de l'ordre des avocats.

CHAPITRE IV. *DE LA SÉCURITÉ DES TRANSMISSIONS*

Art. 15 Les dispositifs techniques mis à disposition des juridictions pour créer, envoyer, recevoir, conserver ou traiter de toute autre manière des courriers électroniques sont synchronisés sur le serveur de temps du RPVJ, lui-même synchronisé sur plusieurs serveurs de temps reconnus au plan international. La réception ou l'expédition d'un message de données par le système d'information ComCi fait l'objet de l'enregistrement de ses données de transmission dans un journal de l'historique des messages échangés.

Art. 16 *Les courriers électroniques expédiés par les agents habilités de la juridiction ou* les avocats, ainsi que le journal de l'historique des échanges, sont enregistrés et conservés au moyen de dispositifs de stockage mis à disposition de chaque juridiction.

Art. 17 La confidentialité des informations communiquées par la juridiction et circulant entre le point de terminaison sécurisé du RPVJ et le lieu où l'avocat exerce son activité est assurée par les fonctions de sécurité mises en œuvre au sein du RPVA. La confidentialité des informations communiquées par les avocats et circulant entre le point de terminaison sécurisé du RPVJ et l'équipement terminal mis à disposition des agents des juridictions habilités est assurée par les fonctions de sécurité mises en œuvre au sein du RPVJ.

Art. 18 Le présent arrêté est applicable dans les îles Wallis-et-Futuna.

Pour l'application du présent arrêté à Saint-Pierre-et-Miquelon, à Mayotte et à Wallis-et-Futuna, les termes : *(Décr. n° 2019-966 du 18 sept. 2019, art. 8, en vigueur le 1er janv. 2020)* « "tribunal judiciaire" *[ancienne rédaction : tribunal de grande instance]* » sont remplacés par les termes : "tribunal de première instance". — *Dans tous les textes réglementaires applicables au Département de Mayotte, la référence au tribunal de première instance est remplacée par celle au TGI, au TI, au tribunal mixte de commerce, au TASS, au tribunal du contentieux de l'incapacité ou au trib. par. baux rur. conformément à la répartition des compétence fixées entre les juridictions par le COJ, le C. com., le CSS, le C. rur. (Décr. n° 2011-338 du 29 mars 2011, art. 17, en vigueur le 1er avr. 2011). La référence à Mayotte au deuxième alinéa du présent art. devient donc sans objet.*

Arrêté du 22 février 2011 *[Abrogé]*,

Relatif à la communication par voie électronique en matière de protection judiciaire des majeurs (JO 10 avr.).

Le présent arrêté est abrogé par l'Arr. du 31 déc. 2021 (NOR : JUST2138603A, JO 6 janv.).

BIBL. ▶ *Procédures 2011. Veille 26.*

Art. 1er *Lorsqu'ils sont effectués par voie électronique entre un mandataire judiciaire à la protection des majeurs ou une personne désignée en application de l'article 449 du code civil et un (Décr. n° 2019-966 du 18 sept. 2019, art. 8, en vigueur le 1er janv. 2020) « tribunal judiciaire [ancienne rédaction : tribunal d'instance] », dans le cadre d'une mesure de protection judiciaire des majeurs, les envois, remises et notifications des actes de procédures, des pièces, avis, avertissements ou convocations, des rapports, des procès-verbaux ainsi que des copies et expéditions revêtues de la formule exécutoire des décisions juridictionnelles doivent répondre aux garanties fixées par le présent arrêté.*

CHAPITRE Ier *[ABROGÉ]. DU SYSTÈME DE COMMUNICATION ÉLECTRONIQUE MIS À DISPOSITION DES JURIDICTIONS*

Art. 2 *Le système de communication électronique mis à disposition des agents du ministère de la justice et des libertés chargés du traitement et de l'exploitation des informations recueillies ou expédiées par la voie électronique, conformément aux dispositions de l'article 748-1 du code de procédure civile, s'appuie sur un traitement automatisé de données exclusivement réservé à la gestion des demandes de suivi des mesures de protection, à l'exclusion de l'instauration, de la modification ou de la mainlevée de mesure de protection.*

Art. 3 *L'accès à l'application des agents visés à l'article 2 se fera via le réseau privé virtuel justice (RPVJ) et sera contrôlé par un identifiant et l'usage d'un mot de passe strictement personnels.*

Art. 4 *Les fonctions de sécurité du réseau privé virtuel justice sont spécifiées par l'arrêté du 31 juillet 2000 portant création d'un traitement automatisé d'informations nominatives pour l'ensemble des agents du ministère de la justice relatif à la diffusion interne d'informations au titre de la communication ministérielle. — V. Arr. du 31 juill. 2000 (JO 22 août).*

CHAPITRE II *[ABROGÉ]. DE L'IDENTIFICATION DES PARTIES À LA COMMUNICATION ÉLECTRONIQUE ET SA FIABILITÉ*

Art. 5 *La procédure d'enregistrement des données d'identification et d'habilitation d'une personne chargée de la protection d'un majeur est mise en œuvre à son initiative expresse et sous sa responsabilité conformément aux dispositions de l'article 748-2 du code de procédure civile.*

Art. 6 *Dans l'hypothèse où la personne chargée de la protection des majeurs utilise une application permettant un échange de données informatisées, le raccordement avec le RPVJ se fait via une liaison utilisant des moyens de cryptologie préservant la confidentialité des informations échangées, sous la responsabilité de la personne concernée.*

Art. 7 *La liste des données utilisées pour l'identification et l'habilitation de la personne chargée de la protection d'un majeur comporte l'adresse de la boîte aux lettres électronique communiquée au greffe de la juridiction par la personne chargée de la protection d'un majeur, le numéro du (Décr. n° 2019-966 du 18 sept. 2019, art. 8, en vigueur le 1er janv. 2020) « tribunal judiciaire [ancienne rédaction : tribunal d'instance] », le numéro de la mesure et un* *mot de passe à usage unique par requête appelé numéro de saisie dans l'application.*

Ces données sont échangées entre la personne chargée de la protection d'un majeur et le directeur ou chef de greffe conformément à la procédure décrite en annexe I au présent arrêté. — V. Annexe I reproduite à la suite du présent arrêté.

Art. 8 *L'adresse de la boîte aux lettres de la personne chargée de la protection d'un majeur peut être hébergée par un serveur de messagerie localisé au sein du réseau ouvert au public internet. La structure de l'adresse de messagerie, permettant d'identifier la personne, est libre.*

L'utilisation de cette adresse de messagerie couplée à l'utilisation du mot de passe à usage unique par demande appelé numéro de saisie dans l'application permet de garantir l'identité de la personne chargée de la protection d'un majeur, d'authentifier sa qualité et de contrôler son habilitation en tant qu'expéditeur ou destinataire d'une communication électronique.

La personne en charge d'une mesure de protection qui souhaite utiliser le mode d'échange par télétransmission doit en faire la demande selon les modalités décrites en annexe II du présent arrêté. — V. Annexe II reproduite à la suite du présent arrêté.

Art. 9 *Les courriers électroniques et les messages de données adressés aux personnes chargées de la protection d'un majeur sont formatés et émis au nom du service compétent par les utilisateurs authentifiés.*

CHAPITRE III *[ABROGÉ]. DE LA SÉCURITÉ DES MOYENS DE MISE EN RELATION DU SYSTÈME D'INFORMATION MIS EN ŒUVRE PAR UNE PERSONNE CHARGÉE DE LA PROTECTION D'UN MAJEUR AVEC LE SYSTÈME DE COMMUNICATION ÉLECTRONIQUE MIS À DISPOSITION DES JURIDICTIONS*

Art. 10 *En fonction des conditions propres à chacun des actes de procédure mentionnés dans l'article 1er du présent arrêté, le mode d'échange de données informatisées par voie électronique proposé aux personnes chargés de la protection d'un majeur met en œuvre un procédé d'interconnexion entre le système de traitement mis en œuvre par la personne et le système mis à disposition des juridictions.*

Le système d'information mis en œuvre par la personne chargée de la protection d'un majeur qui souhaite utiliser le mode d'échange par télétransmission doit être homologué conformément aux dispositions décrites en annexe III au présent arrêté. — V. Annexe III reproduite à la suite du présent arrêté.

Art. 11 *Les requêtes et actes de procédure cités à l'article 1er échangés entre le système de traitement mis en œuvre par la personne chargée de la protection d'un majeur et le système mis à disposition des juridictions transitent via le réseau ouvert au public internet sous la forme de messages contenant les données saisies et enregistrées par les systèmes de traitement informatique respectifs. Le système assure l'authentification de l'émetteur, la vérification d'intégrité des messages et la traçabilité des échanges.*

Art. 12 *La procédure de demande d'autorisation pour l'utilisation du mode d'échange par télétransmission par une personne chargée de la protection d'un majeur est déclenchée à son initiative expresse et sous sa responsabilité conformément aux dispositions de l'article 748-2 du code de procédure civile.*

CHAPITRE IV *[ABROGÉ]. DE LA SÉCURITÉ DES TRANSMISSIONS*

Art. 13 *Les dispositifs techniques mis à disposition des juridictions pour créer, envoyer, recevoir, conserver ou traiter de toute autre manière des messages électroniques sont synchronisés entre eux et font l'objet de vérifications quotidiennes de cohérence.*

Art. 14 *La réception ou l'expédition d'un message de données par le système d'information mis à disposition des juridictions fait l'objet de l'enregistrement des données transmises.*

Les messages de données électroniques expédiés par les agents habilités de la juridiction ou les personnes chargées de la protection d'un majeur sont enregistrés et conservés au moyen de dispositifs de stockage.

Art. 15 *La confidentialité des informations échangées entre l'équipement terminal de la personne chargée de la protection d'un majeur et la juridiction est assurée par l'utilisation du protocole HTTPS en mode SSLv3. La confidentialité des informations communiquées par la personne chargée de la protection d'un majeur et circulant entre le point de terminaison sécurisé du RPVJ et l'équipement terminal mis à disposition des agents des juridictions habilités est assurée par les fonctions de sécurité mises en œuvre au sein du RPVJ.*

Art. 16 *Pour l'application du présent arrêté à Saint-Pierre-et-Miquelon et à Mayotte, les termes :* (Décr. n° 2019-966 du 18 sept. 2019, art. 8, en vigueur le 1er janv. 2020) *« "tribunal judi-*

ciaire" [ancienne rédaction : tribunal d'instance] » sont remplacés par les termes : "tribunal de première instance". — Dans tous les textes réglementaires applicables au Département de Mayotte, la référence au tribunal de première instance est remplacée par celle au TGI, au TI, au tribunal mixte de commerce, au TASS, au tribunal du contentieux de l'incapacité ou au trib. par. baux rur. conformément à la répartition des compétence fixées entre les juridictions par le COJ, le C. com., le CSS, le C. rur. (Décr. n° 2011-338 du 29 mars 2011, art. 17, en vigueur le 1er avr. 2011). La référence à Mayotte au présent art. devient donc sans objet.

ANNEXE
ANNEXE 1

Modalités de délivrance des données d'identification et d'habilitation de l'usager personne chargée de la protection d'un majeur

Après avoir reçu la décision qui la désigne, la personne chargée de la protection d'un majeur peut exprimer le souhait de recourir à l'usage du portail.

A cette fin, la personne désignée doit se présenter à la juridiction compétente, indiquer son adresse de messagerie et justifier de son identité.

L'agent du greffe inscrit dans l'application de gestion des mesures de tutelles les informations permettant l'obtention du mot de passe à usage unique par requête : numéro de tribunal d'instance, numéro de mesure, adresse électronique de la personne chargée de la mesure de protection.

La personne chargée de la mesure de protection peut, dès lors, demander la génération d'un mot de passe à usage unique en renseignant sur le système mis à sa disposition les informations suivantes : numéro de tribunal d'instance, numéro de mesure par requête, adresse électronique communiquée au greffe du tribunal d'instance.

Le système contrôle la cohérence de ces informations et génère un mot de passe à usage unique par requête.

Ce mot de passe, appelé numéro de saisie dans l'application, est transmis à la personne chargée de la mesure de protection à l'adresse précisée ci-dessus.

Ce mot de passe est valable quarante-huit heures. Dans ce délai, la personne chargée de la protection peut se connecter au portail, utiliser ce code pour la saisie d'une requête, d'un compte de gestion ou d'inventaire. Passé ce délai, ce code ne permet plus l'accès.

Ce numéro de saisie autorise la personne chargée de la protection à consulter ou à compléter la requête.

Si la personne chargée de la mesure de protection du majeur doit saisir plusieurs requêtes, elle devra obtenir autant de numéros de saisie.

ANNEXE II

Modalités de demande d'autorisation pour l'utilisation du mode d'échange par télétransmission

Pour la télétransmission d'informations saisies dans un logiciel préalablement homologué par le ministère de la justice et des libertés, la personne chargée de la mesure de protection se rend au tribunal d'instance dont elle dépend.

Le directeur de greffe ou le chef de greffe du tribunal d'instance lui remet un mot de passe généré par l'application.

Ce mot de passe est valable deux ans à compter de sa date d'émission.

La personne chargée de la mesure de protection du majeur renseigne ce mot de passe dans le logiciel homologué.

A chaque connexion, le logiciel doit fournir au service web le mot de passe de la personne effectuant la requête.

ANNEXE III

Modalités d'homologation des systèmes d'information mis en œuvre pour une personne chargée de la protection d'un majeur

Les éditeurs ne peuvent communiquer qu'après avoir obtenu une homologation du logiciel qu'ils comptent utiliser.

Cette phase obligatoire comprend plusieurs étapes :

— fourniture par l'éditeur des éléments suivants :

• extrait de K *bis* ;

• ou autres documents pour les associations ;

• déclaration CNIL du logiciel utilisé ;

— signature d'une convention par laquelle l'éditeur s'engage à respecter cette procédure et les normes définies par le ministère de la justice et des libertés ;

— contrôle des mesures de sécurité propres au logiciel permettant des échanges structuré *[structurés]*.

Les tests de contrôle sont conduits au moyen de données fictives.

Arrêté du 24 décembre 2012,

Relatif à la communication par voie électronique devant les tribunaux judiciaires et les juges des contentieux de la protection pour les procédures d'injonction de payer (Arr. du 24 déc. 2019, art. 1er, en vigueur le 1er janv. 2020).

Art. 1er Lorsqu'elles sont effectuées par voie électronique entre un huissier de justice et un *(Décr. no 2019-966 du 18 sept. 2019, art. 8, en vigueur le 1er janv. 2020)* « tribunal judiciaire *[ancienne rédaction : tribunal d'instance]* » ou *(Arr. du 24 déc. 2019, art. 1er, en vigueur le 1er janv. 2020)* « un juge des contentieux de la protection », dans le cadre d'une procédure d'injonction de payer, les transmissions des données documentaires transmises en pièces jointes et des données structurées relatives aux procédures d'injonction de payer doivent répondre aux garanties fixées par le présent arrêté.

CHAPITRE Ier. *DU SYSTÈME DE COMMUNICATION ÉLECTRONIQUE MIS À DISPOSITION DES JURIDICTIONS*

Art. 2 La communication électronique mise à disposition, dans le cadre d'une procédure d'injonction de payer, des agents du ministère de la justice chargés du traitement et de l'exploitation des informations recueillies ou expédiées par la voie électronique, conformément aux dispositions de l'article 748-1 susvisé, repose sur un système d'information fondé sur le traitement automatisé de données dénommé " IPWEB " créé par l'arrêté du 3 mars 2011 susvisé.

Art. 3 Les agents du ministère de la justice cités à l'article 2 du présent arrêté ayant activé au préalable leur compte dans l'annuaire professionnel centralisé (Lightweight Directory Access Protocol-LDAP) accèdent à l'application IPWEB adossée au réseau privé virtuel justice (RPVJ) grâce à l'utilisation d'un identifiant unique ou d'un dispositif d'identification forte strictement personnel et d'un mot de passe.

Cette modalité d'accès sécurisée est conforme à la politique de sécurité des systèmes d'information de l'opérateur d'importance vitale " direction des services judiciaires ", version 1.0, du 16 décembre 2011.

Art. 4 Les fonctions de sécurité du réseau privé virtuel justice sont spécifiées par l'arrêté du 31 juillet 2000 susvisé.

CHAPITRE II. *DE L'IDENTIFICATION DES PARTIES À LA COMMUNICATION ÉLECTRONIQUE ET SA FIABILITÉ*

Art. 5 La sécurité de la connexion de l'équipement terminal utilisé par un office d'huissier de justice est garantie par un dispositif d'identification forte délivré par un prestataire de service de certification électronique.

Art. 6 Au sein du RPVJ, les messages de données sont formatés par l'application IPWEB et émis au nom de la juridiction par les utilisateurs authentifiés.

Lors de l'intégration dans IPWEB des données de la requête en injonction de payer, un numéro de répertoire général (RG) est attribué automatiquement.

Art. 7 Au sein du RPVJ, la liste des données communiquées pour l'identification et l'habilitation d'un huissier de justice comporte la dénomination et l'identifiant professionnel de l'étude de l'huissier de justice.

CHAPITRE III. *DE LA SÉCURITÉ DES TRANSMISSIONS*

Art. 8 Le mode de communication par voie électronique proposé aux offices d'huissier de justice utilise la plate-forme du centre serveur de l'Association droit électronique et communication (ADEC), selon les modalités prévues par l'arrêté du 28 août 2012 portant application des dispositions du titre XXI du livre Ier du code de procédure civile aux huissiers de justice.

Le contrôle de l'accès du système de traitement informatique mis en œuvre au sein de l'office d'huissier de justice à la plate-forme de l'ADEC fait l'objet d'une authentification.

Les procédures d'enregistrement et de communication des données de gestion, d'identification et d'habilitation des offices d'huissier de justice sont à l'initiative et sous la responsabilité de l'ADEC et de la Chambre nationale des huissiers de justice.

Toutes les données transmises entre les études et l'ADEC sont chiffrées.

Ces modalités de protection des données sont placées sous la responsabilité de la Chambre nationale des huissiers de justice.

Art. 9 Les données visées à l'article 1er transitent entre IPWEB et la plate-forme de l'ADEC via la plate-forme de services sécurisés Transjuris. Cette transmission des messages contenant les données saisies et enregistrées s'effectue, après authentification mutuelle des plates-formes via certificats électroniques, sur un canal SSL qui assure l'intégrité et la confidentialité des données.

Art. 10 La plate-forme de services sécurisés Transjuris est exploitée par un prestataire de services de confiance de la Caisse des dépôts et consignations dont les modalités d'intervention sont prévues dans la convention constitutive du groupement GIP-ADAJ publiée par arrêté du 18 novembre 2008.

Les normes, standards et protocoles techniques utilisés par la plate-forme Transjuris sont conformes au référentiel général d'interopérabilité mentionné à l'article 11 de l'ordonnance no 2005-1516 du 8 décembre 2005 afin de garantir l'interopérabilité entre les systèmes impliqués dans la procédure d'injonction de payer.

Les protocoles techniques utilisés par la plate-forme Transjuris sont conformes au référentiel général de sécurité pris pour l'application des articles 9, 10 et 12 de l'ordonnance no 2005-1516.

Art. 11 La réception ou l'expédition d'un message de données par le système d'information IPWEB fait l'objet de l'enregistrement d'une trace de la transmission dans un journal de l'historique des messages échangés.

Art. 12 La confidentialité des informations communiquées par les offices d'huissier de justice et circulant entre ceux-ci et le point de terminaison sécurisé du RPVJ est assurée par la Chambre nationale des huissiers et la Caisse des dépôts et consignations.

La confidentialité des informations circulant entre le point de terminaison sécurisé du RPVJ et les postes informatiques des agents habilités des juridictions est assurée par le ministère de la justice, grâce aux modalités de sécurité mises en œuvre au sein du RPVJ.

CHAPITRE IV. *DU STOCKAGE DES INFORMATIONS*

Art. 13 Les traces des transmissions et opérations effectuées (versement, consultation, migration, élimination, extraction) sont conservées trois ans sous la responsabilité de la Caisse des dépôts et consignations dans un système de stockage électronique sécurisé.

Arrêté du 28 août 2012,

Portant application des dispositions du titre XXI du livre Ier du code de procédure civile aux huissiers de justice (JO 31 août).

BIBL. ▶ LAUVERGNAT, *Gaz. Pal. 23-25 sept. 2012, p. 17* (les actes du palais dématérialisés : une avancée ?). – TEBOUL, *JCP 2012. 955* (les actes du palais peuvent être signifiés électroniquement).

Art. 1er *Le présent arrêté s'applique* aux transmissions électroniques effectuées par les huissiers de justice conformément aux dispositions du titre XXI du livre Ier du code de procédure civile aux huissiers de justice.

CHAPITRE Ier. *DISPOSITIONS GÉNÉRALES RELATIVES À LA SÉCURITÉ DES MOYENS DE COMMUNICATION ÉLECTRONIQUE DES HUISSIERS DE JUSTICE ET À L'IDENTIFICATION DES PARTIES*

Art. 2 Les envois, remises et notifications énoncés à l'article 748-1 du code de procédure civile réalisés par les huissiers de justice sont effectuées par l'utilisation d'un procédé de raccordement à un réseau indépendant privé opéré sous la responsabilité de la Chambre nationale des huissiers de justice, dénommé "réseau privé sécurisé huissiers" (RPSH), et à travers la plate-forme de services de communication électronique sécurisée dénommée "e-huissier".

Art. 3 Dans le cas où le raccordement de l'équipement terminal de l'huissier de justice au RPSH se fait via le réseau ouvert au public internet, il utilise des moyens de cryptologie préservant la confidentialité des informations et mis à sa disposition par un prestataire de services de confiance agissant sous la responsabilité de la Chambre nationale des huissiers de justice préservant la confidentialité des informations.

Art. 4 Le contrôle de l'accès des huissiers de justice au RPSH fait l'objet d'une procédure d'habilitation au moyen d'un référentiel hébergé. Cette procédure est opérée par la Chambre nationale des huissiers de justice.

Art. 5 Aux fins d'identification des parties prévue à l'article 748-6 du code de procédure civile, l'huissier de justice en charge des envois, remises et notifications énoncés à l'article 748-1 du code de procédure civile ainsi que le destinataire de ceux-ci doivent disposer d'un moyen d'identification fiable.

L'huissier de justice doit disposer dans ses équipements terminaux du certificat RPSH, issu d'une architecture à clefs publiques privée (PKI) gérée par la Chambre nationale des huissiers de justice. L'accès par l'huissier de justice au portail "e-huissier" s'effectue par une authentification sur le mode login/mot de passe ou par certificat d'authentification. Dès lors qu'il souhaite procéder à la transmission d'un des actes prévus au chapitre II du présent arrêté, l'identification par certificat d'authentification est requise.

Art. 6 L'huissier de justice doit apposer sa signature électronique qualifiée sur les envois, remises et notifications énoncés à l'article 748-1 du code de procédure civile. L'intégrité de ces envois, remises et notifications doit être assurée lors de leur transmission.

Art. 7 Tous les envois, remises et notifications mentionnés à l'article 748-1 du code de procédure civile sont chiffrés avant toute transmission au destinataire dans des conditions de nature à en garantir la confidentialité.

CHAPITRE II. *DES CONDITIONS DE FORME DES ACTES D'HUISSIER DE JUSTICE SIGNIFIÉS PAR VOIE ÉLECTRONIQUE*

Art. 8 *(Arr. du 7 avr. 2021)* « L'acte signifié par voie électronique est constitué d'un fichier au format [PDF/A], signé électroniquement par l'huissier de justice, auquel est associé un message de données qui doit reprendre les éléments essentiels de l'acte et pouvant faire l'objet d'un traitement automatisé par une application informatique du destinataire.

« Le fichier au format [PDF/A] et le message de données sont intégrés dans [un seul flux XML], mis à la disposition du destinataire, dans un coffre-fort électronique placé sous la responsabilité de la chambre nationale des commissaires de justice. »

Le dépôt dans le coffre-fort électronique du destinataire s'effectue par liaison privée et sécurisée.

Le destinataire est averti de la remise de l'acte dans son coffre-fort électronique par le moyen d'un courrier électronique ou par un message (SMS) mis en forme et expédié par l'huissier de justice à travers une plate-forme dédiée à la signification par voie électronique (dénommée "SECURACT").

Le destinataire accède à son coffre-fort électronique par une authentification sur le mode login/mot de passe.

Art. 9 Pour permettre aux huissiers audienciers, désignés conformément à l'article 12 du décret n° 56-222 du 29 février 1956, d'accomplir les actes mentionnés à l'article 672 du code de procédure civile par voie électronique, les avocats dans le ressort du *(Décr. n° 2019-966 du 18 sept. 2019, art. 8, en vigueur le 1er janv. 2020)* « tribunal judiciaire *[ancienne rédaction : tribunal de grande instance]* » ou de la cour d'appel déposent leurs actes aux fins de transmission à travers un portail dédié mis à leur disposition par la Chambre nationale des huissiers de justice.

Pour l'application de l'article 861-1 du code de procédure civile, les avocats chargés de la représentation des parties devant le tribunal de commerce procèdent selon les mêmes modalités techniques afin de permettre aux huissiers de justice audienciers d'accomplir les actes mentionnés à l'article 672 du code de procédure civile.

Les huissiers de justice audienciers transmettent ces actes aux avocats destinataires et aux greffes des juridictions selon la procédure indiquée à l'article 8.

Les avocats destinataires ainsi que les greffes des juridictions accèdent à leurs coffres-forts électroniques par une authentification par login/mot de passe ou par certificat d'authentification.

Art. 10 Les renseignements et pièces justificatives fournis par le tiers saisi en vertu d'un acte signifié par voie électronique selon l'article 59 du décret n° 92-755 du 31 juillet 1992 susvisé sont adressés à l'huissier de justice par voie électronique par une interface mise à sa disposition par la Chambre nationale des huissiers de justice.

Arrêté du 21 juin 2013,

Portant communication par voie électronique entre les avocats et entre les avocats et la juridiction dans les procédures devant les tribunaux de commerce (JO 26 juin).

BIBL. ▶ Amrani Mekki, *JCP 2013. 1225, no 1.* – Bléry, *JCP 2013. 792* (un pas en avant dans la dématérialisation du procès et dans l'utilité de l'écrit en procédure orale). – NDLR, *Procédures 2013. Alerte 52.*

Art. 1er Lorsqu'ils sont effectués par voie électronique entre les avocats et entre les avocats et la juridiction à l'occasion d'une procédure devant le tribunal de commerce, les envois, remises et notifications des actes de procédure, des pièces, avis, avertissements ou convocations, des rapports, des procès-verbaux ainsi que des copies et expéditions revêtues de la formule exécutoire des décisions juridictionnelles doivent répondre aux garanties fixées par le présent arrêté.

CHAPITRE Ier. *DU SYSTÈME DE COMMUNICATION ÉLECTRONIQUE MIS À DISPOSITION DES JURIDICTIONS PAR LES GREFFIERS DES TRIBUNAUX DE COMMERCE*

Art. 2 Le système de communication électronique, opéré sous la responsabilité du Conseil national des greffiers des tribunaux de commerce, est accessible aux greffiers des tribunaux de commerce. Ce système d'information est fondé sur des procédés techniques d'échanges sécurisés pour le traitement des envois, remises et notifications prévus à l'article 1er. Le système dispose d'un point de terminaison sécurisé autorisant une interconnexion avec le réseau privé virtuel décrit à l'article 4.

Art. 3 Pour procéder au traitement prévu à l'article 2, les greffiers des tribunaux de commerce accèdent à la plate-forme d'échanges et de suivi sécurisée, dénommée "i-greffes", au moyen d'une liaison dont la sécurité est assurée, pour la réception des envois, remises et notifications mentionnés à l'article 1er, selon le mode login/mot de passe, et pour leur transmission, par certificat électronique d'authentification.

CHAPITRE II. *DE LA SÉCURITÉ DES MOYENS D'ACCÈS DES AVOCATS AU SYSTÈME DE COMMUNICATION ÉLECTRONIQUE DES TRIBUNAUX DE COMMERCE*

Art. 4 L'accès des avocats au système de communication électronique mis à disposition des tribunaux de commerce se fait par l'utilisation du procédé de raccordement au réseau indépendant privé opéré sous la responsabilité du Conseil national des barreaux, dénommé "réseau privé virtuel avocat" (RPVA) tel que décrit aux articles 5 et 6 qui dispose d'un point de terminaison sécurisé autorisant une interconnexion avec la plate-forme nationale d'échange et de suivi sécurisée décrite à l'article 3.

Art. 5 Dans le cas où le raccordement de l'équipement terminal de l'avocat au RPVA se fait via le réseau ouvert au public internet, il utilise des moyens de cryptologie préservant la confidentialité des informations.

Art. 6 Le contrôle de l'accès des avocats au RPVA fait l'objet d'une procédure d'habilitation au moyen d'une application informatique hébergée par une plate-forme de services de communication électronique sécurisée dénommée "e-barreau". Cette plate-forme est opérée par un prestataire de services de confiance qualifié, agissant sous la responsabilité du Conseil national des barreaux.

CHAPITRE III. *DE L'IDENTIFICATION DES PARTIES À LA COMMUNICATION ÉLECTRONIQUE ET DE SA FIABILITÉ*

Art. 7 La sécurité de la connexion des avocats au RPVA est garantie par un dispositif d'authentification. Ce dispositif est fondé sur un service de certification garantissant l'authentification de la qualité d'avocat personne physique, au sens du décret du 30 mars 2001 susvisé. Le dispositif comporte une fonction de vérification de la validité du certificat électronique. Celui-ci est délivré par un prestataire de services de certification électronique agissant au nom du Conseil national des barreaux, autorité de certification.

Art. 8 La liste des avocats inscrits à la communication électronique est transmise par le Conseil national des barreaux au Conseil national des greffiers des tribunaux de commerce pour intégration à la plate-forme nationale d'échanges et de suivi sécurisée dénommée "i-greffes".

Art. 9 L'utilisation de l'adresse de messagerie en la forme "cnbf.nomprénom@avocat-conseil.fr" couplée à l'utilisation du certificat avocat permet de garantir l'identité de l'avocat en tant qu'expéditeur ou destinataire du courrier électronique.

CHAPITRE IV. *DE LA SÉCURITÉ DES TRANSMISSIONS*

Art. 10 Les dispositifs techniques mis à disposition des tribunaux de commerce pour traiter les envois, remises et notifications prévus à l'article 1er permettent la synchronisation et l'enregistrement sur la plate-forme nationale d'échanges et de suivi sécurisée dénommée "i-greffes".

Art. 11 La confidentialité des informations communiquées par la juridiction et circulant entre le point de terminaison sécurisé de la plate-forme nationale d'échanges et de suivi sécurisée dénommée "i-greffes" et le lieu où l'avocat exerce son activité est assurée par les fonctions de sécurité mises en œuvre au sein du RPVA. La confidentialité des informations communiquées par les avocats et circulant entre le point de terminaison sécurisé de la plate-forme nationale et de suivi sécurisée et les greffiers des tribunaux de commerce est assurée par les fonctions de sécurité mises en œuvre au sein de la plate-forme nationale d'échanges et de suivi sécurisée dénommée "i-greffes".

CHAPITRE V. *DE LA COMMUNICATION PAR VOIE ÉLECTRONIQUE DES NOTIFICATIONS DIRECTES ENTRE AVOCATS*

Art. 12 Pour permettre aux avocats, en application de l'article 861-1 du code de procédure civile, d'accomplir les notifications directes prévues à l'article 673 dudit code, la remise de l'acte à l'avocat destinataire s'opère par sa transmission au moyen du RPVA.

Art. 13 Un avis électronique de réception qui comporte la date de la transmission est adressé par l'avocat destinataire ; cet avis tient lieu de visa du destinataire. Conformément aux dispositions du troisième alinéa de l'article 748-3 du code de procédure civile il n'est pas fait application des dispositions de l'article 673 dudit code prescrivant la transmission en plusieurs exemplaires et la restitution matérielle de l'acte notifié.

Art. 14 L'acte notifié accompagné de l'avis prévu à l'article 13 est transmis parallèlement par voie électronique, par la plate-forme nationale d'échanges et de suivi sécurisée dénommée "i-greffes", au greffe du tribunal de commerce.

CHAPITRE VI. *DISPOSITIONS FINALES*

Art. 15 Le présent arrêté entre en vigueur le lendemain de sa publication.

Arrêté du 9 février 2016,

Portant application des dispositions du titre XXI du livre Ier du code de procédure civile aux greffiers des tribunaux de commerce (JO 24 févr.).

BIBL. ▶ Bléry, *JCP 2016. 256* (SECURIGREFFE : l'identité numérique judiciaire opposable est née).

Art. 1er Conformément aux dispositions du titre XXI du livre Ier du code de procédure civile, le présent arrêté s'applique aux envois, remises et notifications mentionnés à l'article 748-1 du code de procédure civile.

Le présent arrêté ne s'applique pas aux transmissions effectuées par voie électronique en exécution de l'arrêté du 21 juin 2013 portant communication par voie électronique entre les avocats et entre les avocats et la juridiction dans les procédures devant les tribunaux de commerce.

Art. 2 Ces communications sont réalisées au moyen d'un système dénommé " SECURIGREFFE " opéré sous la responsabilité du Conseil national des greffiers des tribunaux de commerce et qui garantit, dans les conditions ci-après décrites, la fiabilité de l'identification des parties à la communication électronique, l'intégrité des documents adressés, la sécurité et la confidentialité des échanges, la conservation des transmissions opérées et l'établissement de manière certaine de la date d'envoi et de celle de la réception par le destinataire.

Art. 3 Aux fins d'identification des parties, l'accès par le greffier du tribunal de commerce au portail ″ SECURIGREFFE ″ s'effectue au moyen d'un certificat d'authentification.

L'identification des autres parties s'effectue par une authentification sur le mode login/mot de passe ou par certificat d'authentification.

Art. 4 L'intégrité des documents adressés est garantie par l'affectation à chacun d'eux d'une suite unique et non réversible de caractères, dite ″ empreinte ″, qui permet, lors de la consultation du document, d'établir qu'il n'est ni tronqué ni altéré.

Art. 5 La sécurité des échanges est garantie par une fonction de contrôle de l'origine et de la destination des flux transitant par le système ″ SECURIGREFFE ″ et par une fonction de contrôle du contenu de ces flux.

La confidentialité des échanges est garantie par un procédé de chiffrement.

Art. 6 La conservation des transmissions opérées est garantie par un procédé qui enregistre, au fur et à mesure et sans délai, l'ensemble des chaînes d'opérations effectuées dans le système ″ SECURIGREFFE ″. Cet enregistrement est horodaté, il identifie l'utilisateur et l'objet de l'opération concernée. Une empreinte telle que définie à l'article 4 est affectée à cet enregistrement pour en garantir l'intégrité.

Art. 7 Les dates d'envoi et de réception des documents sont établies par des avis horodatés adressés à l'expéditeur.

Art. 8 La première identification au système ″ SECURIGREFFE ″ par les parties à la communication électronique emporte consentement de leur part à l'utilisation de la voie électronique.

Arrêté du 30 mai 2016,

Relatif à la délégation de droit d'accès pour la communication électronique des avocats avec les juridictions civiles de premier et de second degré.

BIBL. ▶ BORTOLUZZI, *JCP 2016. 1086, n° 17.*

Art. 1er Le Conseil national des barreaux a développé une solution technique permettant aux avocats d'accéder, par un portail partagé de sécurisation, aux services de la profession d'avocats et, notamment à la plateforme e-barreau pour la communication électronique des avocats avec les juridictions civiles de premier et de second degré.

La délégation de droit d'accès est autorisée, conformément aux dispositions de l'article 2.

Cette plateforme de délégation permet aux avocats d'accéder à tous les services développés par le Conseil national des barreaux sur le portail et ce, sous le contrôle et la responsabilité de ce dernier.

Dans ce cadre, le Conseil national des barreaux est chargé de certifier et d'assurer la transparence et la traçabilité de la délégation sous les réserves ci-après énoncées.

Art. 2 Tout avocat est autorisé à déléguer ses droits d'accès à des avocats ainsi qu'au personnel administratif de son cabinet.

La définition du droit d'accès des personnes exerçant leurs fonctions au sein d'un cabinet d'avocats relève exclusivement de la responsabilité de l'avocat ou des autorités compétentes au sein du cabinet, dans le respect des dispositions du code de procédure civile.

La plateforme de délégation placée sous le contrôle du Conseil national des barreaux permet de paramétrer les droits d'accès des personnes habilitées à s'y connecter selon les fonctionnalités qu'elles sont autorisées à utiliser et, le cas échéant, les dossiers auxquels elles sont autorisées à accéder.

Les fonctionnalités que les personnes sont autorisées à utiliser en tout ou en partie, dans le respect des textes en vigueur, comprennent la consultation des différents services de messagerie et de données de communication électronique avec les juridictions civiles de premier et de second degré (RPVA/RPVJ), la préparation de la transmission de documents, la validation de la transmission de documents ainsi que la gestion des profils des différents utilisateurs et, le cas échéant, le paramétrage des subdivisions permettant l'accès au dossier.

Art. 3 L'avocat ou l'autorité compétente, responsable du suivi de la délégation de droits d'accès, s'engage par la délégation à mettre à la disposition du Conseil national des barreaux l'ensemble des documents ou historiques de connexions permettant d'assurer la transparence et la traçabilité de celle-ci.

Art. 4 La délégation cesse lorsque l'avocat perd ses droits d'accès.

Arrêté du 14 juin 2017,

Portant application des dispositions du titre XXI du livre Ier du code de procédure civile aux experts judiciaires (JO 18 juin).

Art. 1er Conformément aux dispositions du titre XXI du livre Ier du code de procédure civile, le présent arrêté s'applique aux envois, remises et notifications mentionnés à l'article 748-1 du code de procédure civile.

Le système permet de dématérialiser et de sécuriser la communication de l'expertise judiciaire civile, entre la juridiction, les avocats, l'expert et les parties.

Art. 2 Les communications sont effectuées au moyen d'un système, appelé ci-après plateforme. Cette plateforme est opérée par un prestataire de services, tiers de confiance agissant sous la responsabilité du Conseil national des compagnies d'experts de justice. Ce prestataire garantit, dans les conditions ci-après décrites, la fiabilité de l'identification des parties à la communication électronique, l'intégrité des documents adressés, la sécurité et la confidentialité des échanges, la conservation des actions opérées et l'établissement de manière certaine de la date de dépôt des documents et d'ouverture des documents notamment les convocations, notes, pré-rapport, rapport, dires, annexes.

Cette plateforme est compatible avec le cadre de cohérence technique du ministère de la justice.

Art. 3 La sécurité de la connexion à la plateforme est garantie par un dispositif d'identification. Ce dispositif est fondé sur un service de certification garantissant l'authentification des personnes physiques, au sens du décret du 30 mars 2001. Le dispositif comporte une fonction de vérification de la validité du certificat électronique. Celui-ci est délivré par un prestataire de services de certification électronique agissant au nom du Conseil national des compagnies d'experts de justice, autorité de certification.

L'accès pour le personnel de justice (magistrats et greffiers), ainsi que pour les avocats et experts *[,]* se fait au moyen d'un certificat électronique sur support cryptographique (carte ou clé).

L'identification des autres parties s'effectue par certificat logiciel.

Art. 4 L'intégrité des documents est attestée par une empreinte électronique qui garantit que toute modification ultérieure du document auquel elle est attachée sera détectable.

Les documents sont également horodatés lors de leur dépôt sur la plateforme. Ils sont conservés le temps de leur durée d'utilité administrative.

Les données personnelles sont protégées conformément à la loi n° 78-17 du 6 janvier 1978, modifiée par la loi du 6 août 2004, relative à l'informatique, aux fichiers et aux libertés.

Art. 5 La sécurité et la confidentialité des échanges sont garanties par des protocoles de chiffrement à la fois au niveau des échanges entre les postes utilisateurs et la plateforme, mais également lors du stockage des données sur le serveur.

Art. 6 La conservation des actions opérées est garantie par un procédé qui enregistre, au fur et à mesure et sans délai, l'ensemble des chaînes d'opérations effectuées sur la plateforme. Cet enregistrement est horodaté, il identifie l'utilisateur et l'objet de l'opération concernée. Une empreinte telle que définie à l'article 4 est affectée à cet enregistrement pour en garantir l'intégrité.

Art. 7 Les dates de dépôts des fichiers sont garanties par des contremarques de temps affichés sur la plateforme et consultables.

Les dates d'ouvertures des documents soumis au contradictoire sont garanties par des contremarques de temps.

La durée de conservation des contremarques de temps est celle de la prescription des décisions en matière civile.

Ces éléments sont consultables conformément à la matrice des droits passée entre le CNCEJ et son prestataire, annexée à la convention conclue entre le ministère de la justice et le CNCEJ.

Art. 8 Avant la première authentification, les parties sont invitées à valider les conditions générales d'utilisation (CGU), ce qui vaut consentement de leur part à l'utilisation de la plateforme.

Arrêté JUST2002909A du 20 mai 2020,

Relatif à la communication par voie électronique en matière civile devant les cours d'appel.

Art. 1er L'arrêté du 5 mai 2010 relatif à la communication par voie électronique dans les procédures sans représentation obligatoire devant les cours d'appel et l'arrêté du 30 mars 2011 relatif à la communication par voie électronique dans les procédures avec représentation obligatoire devant les cours d'appel sont abrogés.

Art. 2 Lorsqu'ils sont effectués par voie électronique entre avocats, ou entre un avocat et la juridiction, ou entre le ministère public et un avocat, ou entre le ministère public et la juridiction, dans le cadre d'une procédure avec ou sans représentation obligatoire devant la cour d'appel ou son premier président, les envois, remises et notifications mentionnés à l'article 748-1 du code de procédure civile doivent répondre aux garanties fixées par le présent arrêté.

CHAPITRE Ier. *DES CONDITIONS DE FORME DES ACTES DE PROCÉDURE REMIS PAR LA VOIE ÉLECTRONIQUE*

Art. 3 Le message de données relatif à l'envoi d'un acte de procédure remis par la voie électronique est constitué d'un fichier au format XML destiné à faire l'objet d'un traitement automatisé par une application informatique du destinataire.

Art. 4 Lorsqu'un document doit être joint à un acte, il est communiqué sous la forme d'un fichier séparé du fichier au format XML contenant l'acte sous forme de message de données. Ce document est un fichier au format PDF, produit soit au moyen d'un dispositif de numérisation par scanner si le document à communiquer est établi sur support papier, soit par enregistrement direct au format PDF au moyen de l'outil informatique utilisé pour créer et conserver le document original sous forme numérique.

Art. 5 L'acte de procédure remis par un avocat à un service de la cour d'appel sous la forme d'un message de données est adressé au moyen d'un courrier électronique mis en forme et expédié au nom du professionnel par une plate-forme de services de communication électronique sécurisée dénommée "e-barreau". La plate-forme de services "e-barreau" est opérée par un prestataire de services de confiance agissant sous la responsabilité du conseil national des barreaux.

Les envois et remises au greffe de la cour d'appel des déclarations d'appel et des conclusions du ministère public sont effectués par la voie électronique au moyen d'un message électronique acheminé au sein du réseau privé virtuel justice depuis la boîte électronique dédiée du ministère public, pour les parquets près les tribunaux judiciaires du type "parquet01.tgi-ville@justice.fr" et pour les parquets généraux "parquetgeneral.ca-ville@justice.fr".

La réception de ce message génère un avis de réception à destination de son expéditeur.

Art. 6 Un courrier électronique expédié par la plate-forme de services "e-barreau" provoque l'envoi d'un avis de réception technique par le destinataire. Cet avis et celui mentionné au dernier alinéa de l'article 5 tiennent lieu de visa par la partie destinataire au sens de l'article 673 du code de procédure civile. L'envoi simultané au greffe et aux parties du fichier les contenant tient lieu de remise au greffe au sens de l'article 906 du code de procédure civile. Les dispositifs techniques du système de messagerie justice adressent automatiquement les avis demandés conformément aux normes et standards en vigueur.

Art. 7 Les courriers électroniques expédiés par les agents habilités de la juridiction ou les avocats, ainsi que le journal de l'historique des échanges, sont enregistrés et conservés au moyen de dispositifs de stockage mis à disposition de chaque juridiction au travers des applications Winci CA et ComCi CA.

Art. 8 Le message de données relatif à une déclaration d'appel provoque un avis de réception par les services du greffe, auquel est joint un fichier récapitulatif reprenant les données du message. Ce récapitulatif accompagné, le cas échéant, de la pièce jointe établie sous forme de copie numérique annexée à ce message et qui fait corps avec lui tient lieu de déclaration d'appel, de même que leur édition par l'avocat tient lieu d'exemplaire de cette déclaration lorsqu'elle doit être produite sous un format papier.

CHAPITRE II. *DU SYSTÈME DE COMMUNICATION ÉLECTRONIQUE MIS À DISPOSITION DES JURIDICTIONS ET DU MINISTÈRE PUBLIC*

Art. 9 Le système de communication électronique mis à disposition des agents du ministère de la justice chargés du traitement et de l'exploitation des informations recueillies ou expédiées par la voie électronique, conformément aux dispositions de l'article 748-1 du code de procédure civile, est un système d'information fondé sur les procédés techniques d'une messagerie automatisée dénommée "ComCi CA".

Art. 10 Les agents du ministère de la justice susvisés accèdent au système de messagerie automatisé ComCi CA, composante de l'application informatique de la chaîne civile WinCi CA, adossée au réseau privé virtuel justice (RPVJ). L'accès à l'application WinCi CA est contrôlé par un identifiant strictement personnel.

Art. 11 Les fonctions de sécurité du RPVJ sont spécifiées par l'arrêté du 31 juillet 2000 portant création d'un traitement automatisé d'informations nominatives pour l'ensemble des agents du ministère de la justice relatif à la diffusion interne d'informations au titre de la communication ministérielle.

CHAPITRE III. *DE LA SÉCURITÉ DES MOYENS D'ACCÈS DES AVOCATS AU SYSTÈME DE COMMUNICATION ÉLECTRONIQUE MIS À LEUR DISPOSITION*

Art. 12 L'accès des avocats au système de communication électronique mis à leur disposition se fait par l'utilisation d'un procédé de raccordement à un réseau indépendant privé opéré sous la responsabilité du conseil national des barreaux, dénommé "réseau privé virtuel avocat" (RPVA).

Art. 13 Dans le cas où le raccordement de l'équipement terminal de l'avocat au RPVA se fait via le réseau ouvert au public internet, il utilise des moyens de cryptologie mis à sa disposition par un prestataire de services de confiance agissant sous la responsabilité du conseil national des barreaux et préservant la confidentialité des informations.

Art. 14 Le contrôle de l'accès des avocats au RPVA fait l'objet d'une procédure d'habilitation au moyen d'une application informatique hébergée par une plate-forme de services de communication électronique sécurisée dénommée "e-barreau". Cette plate-forme est opérée par un prestataire de services de confiance qualifié agissant sous la responsabilité du conseil national des barreaux.

Art. 15 Le RPVA dispose d'un point de terminaison sécurisé autorisant une interconnexion avec le RPVJ. L'interconnexion entre les points de terminaison sécurisés du RPVA et du RPVJ est opérée par un prestataire de services de confiance du conseil national des barreaux.

CHAPITRE IV. *DE L'IDENTIFICATION DES PARTIES À LA COMMUNICATION ÉLECTRONIQUE ET DE SA FIABILITÉ*

Art. 16 La sécurité de la connexion des avocats au RPVA est garantie par un dispositif d'identification. Ce dispositif est fondé sur un service de certification garantissant l'authentification de la qualité de l'avocat personne physique, au sens du règlement du 23 juillet 2014 susvisé. Le dispositif comporte une fonction de vérification de la validité du certificat électronique. Celui-ci est délivré par un prestataire de services de certification électronique agissant au nom du conseil national des barreaux, autorité de certification.

Art. 17 Au sein du RPVJ, l'acte de procédure remis par un service de la cour d'appel ou par le ministère public à un avocat sous la forme d'un message de données est adressé au moyen d'un courrier électronique mis en forme par l'application WinCi CA. Le courrier électronique est émis au nom du service compétent par un utilisateur authentifié.

Art. 18 Au sein du RPVJ, la liste des données communiquées par l'ordre ou par le conseil national des barreaux pour l'identification et l'habilitation de l'avocat comporte un indicateur "inscrit à la communication électronique", les données relatives au barreau d'appartenance, la qualité, le numéro d'identifiant unique et pérenne de l'avocat, et l'adresse de la boîte aux lettres sécurisée associée au certificat électronique. Si l'avocat appartient à une structure d'exercice professionnel conformément aux dispositions de l'article 93 du décret du

27 novembre 1991 susvisé, elle comporte également le numéro SIREN de la structure et un indicateur "niveau d'habilitation".

Art. 19 L'adresse de la boîte aux lettres sécurisée de l'avocat est hébergée par un serveur de messagerie dont le nom de domaine est "avocat-conseil.fr". La structure de l'adresse de messagerie est de la forme "cnbf.nomprénom@avocat-conseil.fr", le préfixe "cnbf.nomprénom" permettant d'identifier l'avocat. L'utilisation de cette adresse de messagerie couplée à l'utilisation du certificat électronique permet de garantir l'identité de l'avocat en tant qu'expéditeur ou destinataire du courrier électronique.

Art. 20 La liste des adresses de messagerie dédiées à la communication électronique civile utilisées par les services des juridictions est mise à disposition des avocats au moyen du service "e-barreau".

Art. 21 La procédure d'inscription et d'enregistrement, de modification et de désinscription des données d'identification et d'habilitation est effectuée à l'initiative des instances professionnelles représentant les avocats exerçant leur profession dans un ressort déterminé et sous leur contrôle.

CHAPITRE V. *DE LA SÉCURITÉ DES TRANSMISSIONS*

Art. 22 Les dispositifs techniques mis à disposition des juridictions et du ministère public pour créer, envoyer, recevoir, conserver ou traiter de toute autre manière des courriers électroniques sont synchronisés sur le serveur de temps du RPVJ, lui-même synchronisé sur plusieurs serveurs de temps reconnus au plan international. La réception ou l'expédition d'un message de données par le système d'information ComCi donne lieu à l'enregistrement de ses données de transmission dans un journal de l'historique des messages échangés.

Art. 23 La confidentialité des informations communiquées par la juridiction ou le ministère public, et circulant entre le point de terminaison sécurisé du RPVJ et le lieu où l'avocat exerce son activité, est assurée par les fonctions de sécurité mises en œuvre au sein du RPVA. La confidentialité des informations communiquées par les avocats et circulant entre le point de terminaison sécurisé du RPVJ et l'équipement terminal mis à disposition des agents des juridictions habilités est assurée par les fonctions de sécurité mises en œuvre au sein du RPVJ.

CHAPITRE VI. *DISPOSITIONS TRANSITOIRES ET FINALES*

Art. 24 Le présent arrêté entre en vigueur à la date de sa publication à l'exception des dispositions de l'article 2, en ce qu'elles portent sur la transmission des actes de procédure au premier président près la cour d'appel, qui entrent en vigueur le 1er septembre 2020.

Art. 748-7 *(Décr. nº 2009-1524 du 9 déc. 2009, art. 4)* **Lorsqu'un acte doit être accompli avant l'expiration d'un délai et ne peut être transmis par voie électronique le dernier jour du délai pour une cause étrangère à celui qui l'accomplit, le délai est prorogé jusqu'au premier jour ouvrable suivant.**

BIBL. ▶ Dos-Reis, *Dr. et pr. 2018. 70* (cause étrangère et communication par voie électronique).

1. Communication électronique facultative (oui). L'art. 748-7 s'applique lorsque la *communication par voie électronique* est facultative. • Civ. 2e, 17 mai 2018, nº 17-20.001 P : *D. actu. 4 juin 2018, obs. Bléry ; D. 2018. Actu. 1081*.

2. Cause étrangère. Notion. Renvoi. V. note 10 ss. art. 930-1.

Art. 748-8 *(Décr. nº 2019-402 du 3 mai 2019, art. 5)* **Par dérogation aux dispositions du présent titre, lorsqu'il est prévu qu'un avis, une convocation ou un récépissé est adressé par le greffe à une partie par tous moyens, par lettre simple, par lettre recommandée sans avis de réception, il peut lui être envoyé par voie électronique sur le "Portail du justiciable" du ministère de la justice, à la condition que la partie y ait préalablement consenti.**

La déclaration par laquelle une partie consent à l'utilisation de la voie électronique mentionne ses adresse électronique et numéro de téléphone portable, à charge pour elle de signaler toute modification de ceux-ci.

La partie est alertée de toute nouvelle communication par un avis de mise à disposition envoyé à l'adresse électronique indiquée par elle qui indique la date et, le cas échéant, l'heure de celle-ci.

Les procédés techniques utilisés doivent garantir, dans des conditions fixées par arrêté du garde des sceaux, ministre de la justice, la fiabilité de l'identification des parties à la communication électronique, l'intégrité des documents adressés, la sécurité et la confidentialité des échanges, la conservation des transmissions opérées et permettre d'établir de manière certaine la date d'envoi.

BIBL. ▶ **Décr. du 11 mars 2015 :** Bléry, *Gaz. Pal. 27 mars 2015, p. 6* (une nouvelle ère pour la procédure civile). – Croze, *JCP 2015. 356* (choix de simplification procédurale ? – A propos du décret n° 2015-282 du 11 mars 2015).

Arrêté JUST1915427A du 28 mai 2019,

Autorisant la mise en œuvre d'un traitement automatisé de données à caractère personnel dénommé « Portail du justiciable » (Arr. du 18 févr. 2020, art. 1er).

BIBL. ▶ **Arr. du 28 mai 2019 :** Bléry, *D. actu. 17 juill. 2019* (portail du justiciable : complexité juridique mais faible avancée technique).

▶ **Arr. du 18 févr. 2020 :** Bléry et Teboul, *D. actu. 5 mars 2020* (dématérialisation des procédures : saisine d'une juridiction par le Portail du justiciable).

Art. 1er *(Arr. du 18 févr. 2020, art. 2)* Il est créé par le ministère de la justice un traitement automatisé de données à caractère personnel, dénommé "Portail du justiciable".

Ce traitement permet au justiciable, depuis son espace personnel sécurisé accessible depuis justice. fr :

— la consultation à distance de l'état d'avancement de son affaire judiciaire ;

— l'accès à certains documents dématérialisés, relatifs à ces mêmes procédures, tels que des avis, des convocations et des récépissés ;

— la transmission électronique à la juridiction de sa requête et de pièces.

Il permet en outre aux agents de greffe visés à l'article 3, la consultation d'une affaire judiciaire, aux fins d'information du justiciable, via le portail du service d'accueil unique du justiciable, service interne au ministère de la justice.

Il permet également aux agents de greffe et aux magistrats visés à l'article 3 la consultation et l'enregistrement des requêtes numériques qui leur sont adressées. Il permet enfin la réalisation de statistiques.

Art. 2 Les catégories d'informations et de données à caractère personnel communes à toutes les procédures enregistrées dans le traitement sont les suivantes :

— l'indication du consentement ou de l'absence de consentement de l'utilisateur ;

(Arr. du 18 févr. 2020, art. 3) « — L'indication de l'acceptation des conditions générales d'utilisation ; »

— l'adresse électronique du justiciable ;

— le numéro de téléphone mobile du justiciable ;

— le numéro d'affaire Portalis *[,] (Arr. du 18 févr. 2020, art. 3)* « le numéro de dossier » ;

— la clé de fédération générée par FranceConnect ;

— le nom de la juridiction en charge de l'affaire ;

— la date de saisine de la juridiction ;

— la nature de l'affaire ;

— les éléments identifiant les parties : civilité, nom, nom d'usage, prénom(s), date de naissance, raison sociale et forme juridique pour les personnes morales, le titre pour les autorités administratives ainsi que la qualité dans l'affaire *[,] (Arr. du 18 févr. 2020, art. 3)* « la qualité de majeur bénéficiant d'un régime de protection » ;

— les éléments d'identification des représentants des parties : nom, prénom, barreau et civilité pour l'avocat ; civilité, nom et prénom pour le délégué syndical ; nom et prénom du représentant légal ;

(Arr. du 18 févr. 2020, art. 3) « — Le statut de la requête : brouillon, échec, envoyée, enregistrée ;

« — Les éléments constitutifs de la requête ;

« — Les pièces jointes complétant la requête ;

« — Les éléments identifiant les tiers mentionnés dans la requête : civilité, nom, nom d'usage, prénom(s), raison sociale et forme juridique pour les personnes morales, le titre pour les autorités administratives ; »

— le statut de l'affaire : en cours, suspendue, terminée, jugée, classée, faisant l'objet d'un recours, dossier rattaché à un autre dossier, mesure de protection en cours et mesure de protection terminée ;

— les éléments relatifs aux audiences : les date, heure, lieu et nature de l'audience.

Art. 3 Les personnes ou catégories de personnes qui peuvent directement accéder aux données enregistrées dans le traitement sont :

— le justiciable qui aura préalablement consenti à la dématérialisation de son affaire *(Arr. du 18 févr. 2020, art. 4)* « et uniquement pour les données qui y sont relatives » ;

— les agents de greffe *(Abrogé par Arr. du 18 févr. 2020, art. 4)* « *affectés dans un service d'accueil unique du justiciable* », individuellement désignés et dûment habilités par le directeur de greffe ;

(Arr. du 18 févr. 2020, art. 4) « — les magistrats, individuellement désignés et dûment habilités par le directeur de greffe ».

Art. 4 *(Arr. du 18 févr. 2020, art. 5)* Dans le cadre des finalités mentionnées aux troisième, quatrième et sixième alinéas de l'article 1er, les données sont conservées pendant toute la procédure puis pour une durée d'un an à compter de la date de la clôture du dossier.

Dans le cadre des finalités mentionnées aux cinquième et septième alinéas de l'article 1er, les données des requêtes en ligne au statut brouillon sont conservées pendant une durée de trente jours à compter du premier jour où le justiciable a initié sa requête. Les données des requêtes en ligne au statut envoyée sont conservées pendant toute la procédure puis pour une durée de 5 ans à compter de la date de clôture du dossier.

Art. 5 *(Arr. du 18 févr. 2020, art. 6)* I. — Concernant le justiciable, dans le cadre de sa consultation à distance de l'état d'avancement de son affaire judiciaire et de l'accès à certains documents dématérialisés, relatifs à ces mêmes procédures, le droit d'accès prévu à l'article 15 du règlement (UE) 2016/679 du 27 avril 2016 susvisé s'exerce directement dans son espace personnel sécurisé. Dans ce même cadre et afin de garantir les procédures judiciaires, le droit de rectification du justiciable, prévu à l'article 16 du même règlement, ne s'applique pas conformément au *f* de l'article 23 du même règlement.

Dans le cadre de l'envoi de sa demande sous format numérique à une juridiction, ses droits d'accès et de rectification, prévus aux articles 15 et 16 du règlement susvisé, s'exercent directement dans le portail personnalisé et sécurisé, jusqu'à la transmission de sa requête à la juridiction. Une fois la requête effectivement transmise, et afin de garantir la protection des procédures judiciaires et l'exécution des demandes de droit civil, les droits d'accès et de rectification du justiciable ne s'appliquent pas, en application des *f* et *j* de l'article 23 du même règlement.

II. — Concernant les autres personnes concernées par une requête, et afin de garantir la protection des procédures judiciaires et l'exécution des demandes de droit civil, leurs droits d'accès et de rectification ne s'appliquent pas au présent traitement en application des *f* et *j* de l'article 23 du règlement (UE) 2016/679 du 27 avril 2016 susvisé.

III. — Pour l'ensemble des personnes mentionnées au I et II, et afin de garantir la protection des procédures judiciaires et l'exécution des demandes de droit civil, les droits à la limitation et d'opposition prévus aux articles 18 et 21 du règlement (UE) 2016/679 du 27 avril 2016 susvisé ne s'appliquent pas au présent traitement en application des *f* et *j* de l'article 23 du même règlement et des article 53 et 56 de la loi n° 78-17 du 6 janvier 1978 susvisée.

De même, en application des *b* et *e* du 3 de l'article 17 du même règlement, le droit à l'effacement ne s'applique pas au présent traitement.

Art. 6 Le traitement conserve pendant une durée de six mois les informations relatives aux créations, modifications, suppressions et consultations dont il fait l'objet, en précisant la qualité de la personne ou autorité ayant procédé à l'opération.

Arrêté JUST1913143A du 6 mai 2019,

Relatif aux caractéristiques techniques de la communication par voie électronique via le « Portail du justiciable » (Arr. du 18 févr. 2020, art. 1er).

BIBL. ▶ **Arr. du 6 mai 2019 :** BLÉRY, *D. actu. 17 juill. 2019* (portail du justiciable : complexité juridique mais faible avancée technique).

▶ **Arr. du 18 févr. 2020 :** BLÉRY et TEBOUL, *D. actu. 5 mars 2020* (dématérialisation des procédures : saisine d'une juridiction par le Portail du justiciable).

Art. 1er Le "Portail du justiciable" est une application fondée sur une communication par voie électronique des informations relatives à l'état d'avancement des procédures civiles utilisant le réseau internet.

Il permet la communication par voie électronique au justiciable des avis, convocations et récépissés émis par le greffe *(Arr. du 18 févr. 2020, art. 2)* « d'un tribunal paritaire des baux ruraux, d'un conseil de prud'hommes, d'une cour d'appel ou de tribunaux de grande instance et d'instance » dans les conditions fixées par le présent arrêté.

(Arr. du 18 févr. 2020, art. 2) « Le "Portail du justiciable" permet également au justiciable d'adresser une requête à une juridiction.

« La requête est composée des informations saisies par le justiciable ainsi que des pièces qu'il souhaite joindre à sa demande.

« La réception de la requête génère automatiquement un avis électronique de réception à destination du justiciable. Cet avis contient la date de la saisine, le numéro de la saisine ainsi que la juridiction saisie. Il tient lieu de visa par le greffe au sens de l'article 769 du code de procédure civile. »

CHAPITRE Ier. *DU SYSTÈME DE COMMUNICATION ÉLECTRONIQUE MIS À DISPOSITION DES JURIDICTIONS*

Art. 2 Le système de communication électronique mis à disposition des agents du ministère de la justice chargés du traitement et de l'exploitation des informations recueillies ou expédiées par la voie électronique depuis les applications civiles vers le "Portail du justiciable", conformément aux dispositions *(Arr. du 18 févr. 2020, art. 3)* « des articles 748-1 à 748-8 » du code de procédure civile *(Arr. du 18 févr. 2020, art. 3)* « et de l'article 803-1 du code de procédure pénale », est un système d'information fondé sur les procédés techniques d'envoi automatisé de données et d'éditions.

Art. 3 Les agents mentionnés à l'article 2 accèdent aux applications civiles *(Arr. du 18 févr. 2020, art. 4)* « et pénales » via le réseau privé virtuel justice dont les fonctions sont spécifiées par l'arrêté du 31 juillet 2000 susvisé. Les accès à ces applications sont contrôlés par un procédé d'identification et d'authentification strictement personnel.

CHAPITRE II. *DE LA SÉCURITÉ DES MOYENS D'ACCÈS DES JUSTICIABLES AU SYSTÈME DE COMMUNICATION ÉLECTRONIQUE MIS À DISPOSITION DES JURIDICTIONS*

Art. 4 L'accès des justiciables au système de communication électronique mis à disposition des juridictions se fait via le site sécurisé www.monespace.justice.fr disponible sur le réseau ouvert au public internet.

CHAPITRE III. *DE L'IDENTIFICATION DES PARTIES À LA COMMUNICATION ÉLECTRONIQUE ET SA FIABILITÉ*

Art. 5 *(Arr. du 18 févr. 2020, art. 5)* « Le justiciable qui adresse sa requête via le "Portail du justiciable" doit accepter les conditions générales d'utilisation. »

Afin de consulter son dossier sur son compte www.monespace.justice.fr, le justiciable doit au préalable consentir à la communication électronique auprès de la juridiction *(Arr. du 18 févr. 2020, art. 5)* « ou depuis son espace personnel s'il a adressé sa requête via le "Portail du justiciable" lorsqu'il saisit la justice en ligne. » Ce faisant, le justiciable consent à recevoir sur son espace personnel des informations propres à la procédure suivie et renonce à ce que ces documents lui soient adressés par lettre simple, par lettre recommandée sans avis de réception ou par tous moyens par le greffe de la juridiction. Ces éditions sont reçues au format.pdf.

Le consentement est unique pour chaque affaire.

Art. 6 Le justiciable *(Arr. du 18 févr. 2020, art. 6)* « qui souhaite suivre son affaire en ligne et recevoir les avis, convocations et récépissés mentionnés à l'article 748-8 du code de procédure civile » peut consentir à la communication par voie électronique à tout moment de sa procédure par écrit via le formulaire CERFA dédié ou par déclaration formulée par procès-verbal de greffe ou d'un agent assermenté. Le consentement donné est irrévocable.

Art. 7 L'adresse de messagerie du justiciable peut être hébergée par un serveur de messagerie localisé au sein du réseau ouvert au public internet. La structure de l'adresse de messagerie, permettant d'identifier la personne, est libre.

Afin que le consentement soit valide, le justiciable doit nécessairement communiquer à la juridiction un numéro de téléphone portable et une adresse courriel valides. Il lui revient de signaler à la juridiction toute modification ultérieure.

Le justiciable accède à son espace personnel au moyen de "FranceConnect", dispositif créé par l'arrêté du 24 juillet 2015 susvisé permettant de garantir l'identité d'un utilisateur en s'appuyant sur des comptes existants pour lesquels son identité a déjà été vérifiée.

La visualisation n'est possible que si le justiciable a, au préalable, rattaché son affaire à son compte. Ce rattachement se fait au moyen d'un numéro d'identification (numéro propre au justiciable et unique à chaque affaire) envoyé sur son adresse courriel et d'un code temporaire envoyé à son numéro de téléphone portable. L'adresse courriel et le numéro de téléphone portable sont ceux déclarés par le justiciable.

Art. 8 Les courriels adressés via le "Portail du justiciable" sont formatés par l'application et émis au nom du service compétent par les utilisateurs authentifiés. Le justiciable reçoit par courriel les notifications *(Arr. du 18 févr. 2020, art. 7)* « relatives au traitement de sa requête ainsi que les notifications » de mise à jour relatives à l'état d'avancement de la procédure le concernant. Il s'agit de messages génériques ne comportant pas de données confidentielles.

Art. 9 Les rappels d'audience ou d'auditions sont envoyés au numéro de téléphone portable déclaré par le justiciable.

CHAPITRE IV. *DE LA SÉCURITÉ DES TRANSMISSIONS*

Art. 10 Les dispositifs techniques mis à disposition des juridictions pour créer, envoyer, recevoir, conserver ou traiter de toute autre manière des courriels sont synchronisés sur le serveur de temps du réseau privé virtuel justice, lui-même synchronisé sur plusieurs serveurs de temps reconnus au plan international. La réception ou l'expédition d'un message de données par le système d'information "Portail du justiciable" fait l'objet de l'enregistrement de ses données de transmission dans un journal de l'historique des messages échangés.

Art. 11 Les courriels expédiés par la juridiction, ainsi que le journal de l'historique des échanges, sont enregistrés et conservés pendant un an à compter de la clôture du dossier au moyen de dispositifs de stockage mis à disposition de chaque juridiction.

Art. 12 Le présent arrêté est applicable aux îles de Wallis-et-Futuna *(Arr. du 18 févr. 2020, art. 8)* « dans sa rédaction issue de l'arrêté du 18 février 2020 modifiant l'arrêté du 6 mai 2019 relatif aux caractéristiques techniques de la communication par voie électronique des avis, convocations ou récépissés via le "Portail du justiciable" ».

Art. 748-9 *(Décr. n° 2019-402 du 3 mai 2019, art. 6)* **« Par dérogation aux dispositions du présent titre, lorsqu'il est prévu qu'un avis, une convocation ou un récépissé est adressé par le greffe à une personne mentionnée à l'article 692-1, par tous moyens, par lettre simple, par lettre recommandée sans avis de réception, il peut lui être envoyé, si elle y a préalablement consenti, par courrier électronique dans des conditions assurant la confidentialité des informations transmises. »** *(Décr. n° 2015-282 du 11 mars 2015, art. 17)* **« Ce consentement peut être révoqué à tout moment. La date de la convocation adressée dans ces conditions est, à l'égard du destinataire, celle du premier jour ouvré suivant son envoi. Elle est réputée faite à personne si un avis électronique de réception est émis dans ce délai et, faite** *[et faite]* **à domicile dans le cas contraire. »**

Sur le Décr. n° 2015-287 du 11 mars 2015, V. Circ. du 20 mars 2015, ss. art. 692-1.

BIBL. ▶ **Décr. du 11 mars 2015 :** Bléry, *Gaz. Pal. 27 mars 2015, p. 6* (une nouvelle ère pour la procédure civile). – *Croze, JCP 2015. 356* (choix de simplification procédurale ? – A propos du décret n° 2015-282 du 11 mars 2015).

TITRE VINGT-DEUXIÈME **DISPOSITION FINALE**

(Décr. n° 2005-1678 du 28 déc. 2005, art. 72, en vigueur le 1er mars 2006)

Art. 749 Les dispositions du présent livre s'appliquent devant toutes les juridictions de l'ordre judiciaire statuant en matière civile, commerciale, sociale, rurale ou prud'homale, sous réserve des règles spéciales à chaque matière et des dispositions particulières à chaque juridiction.

BIBL. ▶ Sagalovitsch, *Gaz. Pal. 21 nov. 2017, p. 14* (du nom de l'avocat à la cour devant le Cour de cassation et le Conseil d'État).

1. Les règles de procédure pénale relevant, aux termes de l'art. 34 de la Constitution, de la loi, les dispositions du nouveau code de procédure civile [devenu code de procédure civile], de nature réglementaire, ne sont pas applicables à l'instance pénale. • Crim. 19 janv. 1982 : *D. 1983. IR 74, obs. Roujou de Boubée* (à propos de l'art. 593). ♦ ... Sauf extension de ces dispositions par la loi. • Angers, 10 janv. 1980 : *D. 1980. 402, note Petit.*

2. Sur l'arrêt de l'exécution provisoire d'une condamnation à des dommages-intérêts prononcée par le juge pénal, V. note 24 ss. art. 524.

3. En l'absence de dispositions contraires, les règles générales de procédure civile sont applicables en matière fiscale devant le TGI. • Com. 18 avr. 1989 : *JCP 1990. II. 21476, obs. Cadiet.*

LIVRE DEUXIÈME DISPOSITIONS PARTICULIÈRES À CHAQUE JURIDICTION

BIBL. GÉN. ▸ Solus et Perrot, *Droit judiciaire privé, t. 3, Procédure de première instance, Sirey, 1991.*

TITRE PREMIER DISPOSITIONS PARTICULIÈRES AU TRIBUNAL JUDICIAIRE

(Décr. n° 2019-1333 du 11 déc. 2019, art. 4-I, en vigueur le 1er janv. 2020)

L'art. 4 du Décr. n° 2019-1333 du 11 déc. 2019 est applicable aux instances en cours au 1er janv. 2020 (Décr. préc., art. 55-I).

Par dérogation à l'art. 55-I du Décr. n° 2019-1333 du 11 déc. 2019, les dispositions des art. 750 à 759 C. pr. civ., des 3° et 6° de son art. 789 et de ses art. 818 et 839, dans leur rédaction résultant dudit Décr., sont applicables aux instances introduites à compter du 1er janv. 2020 (Décr. préc., art. 55-II ; rect. par Décr. n° 2019-1419 du 20 déc. 2019, art. 22-I-5°).

Par dérogation à l'art. 55-II du Décr. n° 2019-1333 du 11 déc. 2019, jusqu'au 1er juill. 2021, dans les procédures soumises, au 31 déc. 2019, à la procédure écrite ordinaire, la saisine par assignation de la juridiction et la distribution de l'affaire demeurent soumises aux dispositions des art. 56, 752, 757 et 758 C. pr. civ. dans leur rédaction antérieure audit Décr.

Jusqu'au 1er juill. 2021, les assignations demeurent soumises aux dispositions de l'art. 56 C. pr. civ., dans sa rédaction antérieure audit Décr., dans les procédures au fond suivantes :

1° Celles prévues aux art. R. 202-1 s. LPF ;

2° Celles prévues au livre VI du C. com. devant le tribunal judiciaire ;

3° Celles diligentées devant le trib. paritaire des baux ruraux (Décr. préc., art. 55-III, mod. par Décr. n° 2020-950 du 30 juill. 2020, art. 3, et Décr. n° 2020-1641 du 22 déc. 2020, art. 1er-1°).

Les dispositions de l'art. 55-III du Décr. n° 2019-1333 du 11 déc. 2019 ne sont pas applicables aux procédures prévues aux sous-sections 3 et 4 de la section II du chapitre V du titre Ier du livre troisième du code de procédure civile (C. pr. civ., art. 1106 s. et 1129 s.) (Décr. n° 2020-1641 du 22 déc. 2020, art. 1er-2°).

Les formes de procéder applicables devant le tribunal judiciaire dans les matières prévues par le livre VI de la partie législative C. com. sont déterminées par les art. 853 s. C. pr. civ. pour tout ce qui n'est pas réglé par ce livre et par le livre IV de la partie réglementaire du même code. Toute partie qui ne se présente pas personnellement ne peut être représentée que par un avocat (C. com., art. R. 662-2). Sur la procédure, devant le tribunal judiciaire, de règlement amiable destinée à prévenir et à régler les difficultés financières des exploitations agricoles, V. C. rur., art. L. 351-1 s. et R. 351-1 s. — ***C. rur.***

BIBL. ▸ **Décr. n° 2019-1333 du 11 déc. 2019 :** Bléry, *D. actu. 24 déc. 2019* (réforme de la procédure civile : prise de date d'audience devant le tribunal judiciaire) ; *D. avocats 2020. 25* (nouveaux modes d'introduction de la procédure et communication par voie électronique). – Boccara, *D. avocats 2020. 32* (l'extension de la représentation obligatoire par avocat). – Bolze, *D. actu. 19 déc. 2019* (réforme de la procédure civile : extension de la représentation obligatoire par un avocat et procédure sans audience). – Croze, *Procédures 2020. Étude 6* (procédure écrite ordinaire devant le tribunal judiciaire). – Kebir, *D. actu. 23 déc. 2019* (réforme de la procédure civile : promotion de la mise en état conventionnelle et extension des pouvoirs du JME) ; *D. actu. 13 janv. 2020 et D. avocats 2020. 57* (procédure accélérée au fond devant les juridictions judiciaires). – Laffly, *D. avocats 2020. 36* (fins de non-recevoir : un juge de la mise en état doté de "super-pouvoirs"). – Laporte et Garrigue, *D. avocats 2020. 41* (la mise en état conventionnelle par avocat et la procédure sans audience : renaissance du principe du dispositif ?). – Maugain, *D. actu. 16 déc. 2019* (réforme de la procédure civile : cas de recours préalable obligatoire aux modes de résolution amiable des différends). – Mourre-Schreiber, *D. actu. 18 déc. 2019* (réforme de la procédure civile : simplification des modes de saisine). – Payan, *D. avocats 2020. 29* (généralisation des préalables amiables obligatoires). – Wickers, *D. 2020. 51* (nouveaux schémas de procédure).

DALLOZ ACTION *Droit et pratique de la procédure civile 2020/2021,* nos 441.00 s.

SOUS-TITRE PREMIER DISPOSITIONS COMMUNES

CHAPITRE PREMIER L'INTRODUCTION DE L'INSTANCE

Les dispositions des art. 750 à 759 dans leur rédaction issue du Décr. n° 2019-1333 du 11 déc. 2019, art. 4-I, sont applicables aux instances introduites à compter du 1er janv. 2020 (Décr., art. 55-II).

BIBL. ▸ **Décr. n° 2019-1333 du 11 déc. 2019 :** BLÉRY, *D. actu. 24 déc. 2019* (réforme de la procédure civile : prise de date d'audience devant le tribunal judiciaire). – CROZE, *Procédures 2020. Étude 6* (procédure écrite ordinaire devant le tribunal judiciaire). – MOURRE-SCHREIBER, *D. actu. 18 déc. 2019* (réforme de la procédure civile : simplification des modes de saisine).

Art. 750 **La demande en justice est formée par assignation.**

Elle peut l'être également par requête lorsque le montant de la demande n'excède pas 5 000 euros en procédure orale ordinaire ou dans certaines matières fixées par la loi ou le règlement.

Dans tous les cas, les parties peuvent saisir la juridiction par une requête conjointe. – *[Ancien art. 750 et 841.]*

Les dispositions de l'art. 750 dans leur rédaction issue du Décr. n° 2019-1333 du 11 déc. 2019, art. 4-I, sont applicables aux instances introduites à compter du 1er janv. 2020 (Décr. préc., art. 55-II). Par dérogation à l'art. 55-II du Décr. n° 2019-1333 du 11 déc. 2019, jusqu'au 1er juill. 2021 (Décr. n° 2020-1641 du 22 déc. 2020), dans les procédures soumises à la procédure écrite ordinaire, la saisine par assignation de la juridiction et la distribution de l'affaire demeurent soumises aux dispositions des art. 56, 752, 757 et 758 C. pr. civ. dans leur rédaction antérieure audit Décr.

1. JAF. V. art. 1137.

2. Mentions assignation. Renvois. Pour les mentions communes à toutes les assignations, V. art. 54 et 56. Pour les mentions spécifiques aux assignations devant le tribunal judiciaire, V. art. 752 et 753.

3. Mentions requête. Renvois. Pour les mentions communes à toutes les requêtes, V. art. 54 et 57. Pour les mentions spécifiques aux requêtes devant le tribunal judiciaire, V. art. 757.

Art. 750-1 **A peine d'irrecevabilité que le juge peut prononcer d'office, la demande en justice doit être précédée, au choix des parties, d'une tentative de conciliation menée par un conciliateur de justice, d'une tentative de médiation ou d'une tentative de procédure participative, lorsqu'elle tend au paiement d'une somme n'excédant pas 5 000 euros ou lorsqu'elle est relative à l'une des actions mentionnées aux articles R. 211-3-4 et R. 211-3-8 du code de l'organisation judiciaire** *(Décr. n° 2022-245 du 25 févr. 2022, art. 1er-14°-a)* **« ou à un trouble anormal de voisinage ».**

Les parties sont dispensées de l'obligation mentionnée au premier alinéa dans les cas suivants :

1° Si l'une des parties au moins sollicite l'homologation d'un accord ;

2° Lorsque l'exercice d'un recours préalable est imposé auprès de l'auteur de la décision ;

3° Si l'absence de recours à l'un des modes de résolution amiable mentionnés au premier alinéa est justifiée par un motif légitime tenant soit à l'urgence manifeste soit aux circonstances de l'espèce rendant impossible une telle tentative ou nécessitant qu'une décision soit rendue non contradictoirement, soit à l'indisponibilité de conciliateurs de justice entraînant l'organisation de la première réunion de conciliation dans un délai manifestement excessif au regard de la nature et des enjeux du litige ;

4° Si le juge ou l'autorité administrative doit, en application d'une disposition particulière, procéder à une tentative préalable de conciliation ;

(Décr. n° 2022-245 du 25 févr. 2022, art. 1er-14°-b) **« 5° Si le créancier a vainement engagé une procédure simplifiée de recouvrement des petites créances, conformément *à l'article L. 125-1 du code* des procédures civiles d'exécution. »**

Les dispositions de l'art. 750-1 dans leur rédaction issue du Décr. n° 2019-1333 du 11 déc. 2019, art. 4-I, sont applicables aux instances introduites à compter du 1er janv. 2020 (Décr. préc., art. 55-II).

Les dispositions issues de l'art. 1er du Décr. n° 2022-245 du 25 févr. 2022 sont applicables aux instances en cours (Décr. préc., art. 6-1°).

BIBL. ▸ C. Pelissier, *Rev. prat. rec. mars 2020. 3* (la tentative préalable obligatoire de résolution amiable, premières impressions pratiques).

Référé. La tentative de résolution amiable du litige n'étant pas, par principe, exclue en matière de référé, l'absence de recours à un mode de résolution amiable dans une telle hypothèse peut, le cas échéant, être justifiée par un motif légitime au sens de l'art. 750-1, al. 2, 3°, de sorte qu'une partie peut avoir intérêt à contester une décision prononçant la nullité d'une assignation en référé en l'absence de précision relative aux diligences entreprises en vue de la résolution amiable du litige. • Civ. 2e, 14 avr. 2022, n° 20-22.886 P. ♦ Viole les art. 5, 16 et 455, le président d'un tribunal judiciaire statuant en référé, qui, pour dire que l'assignation est entachée de nullité en l'absence de précision relative aux diligences entreprises en vue de la résolution amiable du litige, constater l'absence de contrat et débouter la société de ses demandes, retient, sans inviter les parties à présenter leurs observations, et en se déterminant par des motifs en contradiction avec le dispositif de son ordonnance, que l'assignation est irrecevable faute de mentionner les diligences entreprises en vue de parvenir à une résolution amiable du litige, alors qu'il était saisi d'une fin de non-recevoir tirée de l'irrecevabilité de la demande pour défaut de mise en œuvre d'une médiation préalable. • Civ. 2e, 14 avr. 2022, n° 20-22.886 P : *préc.*

SECTION PREMIÈRE L'INTRODUCTION DE L'INSTANCE PAR ASSIGNATION

Les dispositions des art. 751 à 755 dans leur rédaction issue du Décr. n° 2019-1333 du 11 déc. 2019, art. 4-I, sont applicables aux instances introduites à compter du 1er janv. 2020 (Décr. préc., art. 55-II).

Art. 751 **La demande formée par assignation est portée à une audience dont la date est communiquée par** *(Décr. n° 2020-1452 du 27 nov. 2020, art. 1er-6°, en vigueur le 1er janv. 2021)* **« le greffe au demandeur sur présentation du projet d'assignation. Un arrêté du garde des sceaux détermine les modalités d'application du présent article ».**

Les dispositions de l'art. 751 dans leur rédaction issue du Décr. n° 2019-1333 du 11 déc. 2019, art. 4-I, sont applicables aux instances introduites à compter du 1er janv. 2020 (Décr. préc., art. 55-II).

L'art. 1er-6° du Décr. n° 2020-1452 du 27 nov. 2020 s'applique aux instances en cours au 1er janv. 2021 (Décr. préc., art. 12).

JAF. Renvoi. V. art. 1137.

Arrêté JUSC2001176A du 9 mars 2020,

Relatif aux modalités de communication de la date de première audience devant le tribunal judiciaire.

Art. 1er Lorsque la demande en justice est formée par assignation devant le tribunal judiciaire, la communication de la date de première audience se fait par tout moyen et notamment selon les modalités prévues au présent arrêté.

Art. 2 Lorsque la communication de la date est sollicitée par téléphone ou par télécopie, elle est obtenue auprès du greffe des services civils.

Art. 3 La date d'audience peut être obtenue au moyen d'un courrier électronique.

Elle peut être également communiquée par voie électronique, au moyen du système de communication électronique mentionné à l'arrêté du 28 août 2012 portant application des dispositions du titre XXI du livre Ier du code de procédure civile aux huissiers de justice.

Elle peut également être communiquée, s'agissant de la procédure de référé, au moyen du système de communication électronique mentionné à l'arrêté du 7 avril 2009 relatif à la communication par voie électronique devant les tribunaux judiciaires.

Art. 4 Le présent arrêté est applicable dans les îles Wallis-et-Futuna.

Art. 752 **Lorsque la représentation par avocat est obligatoire, outre les mentions prescrites aux articles 54 et 56, l'assignation contient à peine de nullité :**

1° La constitution de l'avocat du demandeur ;

2° Le délai dans lequel le défendeur est tenu de constituer avocat.

Le cas échéant, l'assignation mentionne l'accord du demandeur pour que la procédure se déroule sans audience en application de l'article L. 212-5-1 du code de l'organisation judiciaire. – *[Ancien art. 752.]*

Par dérogation à l'art. 55-II du Décr. n° 2019-1333 du 11 déc. 2019, jusqu'au 1er juill. 2021 (Décr. n° 2020-1641 du 22 déc. 2020), dans les procédures soumises à la procédure écrite ordinaire, la saisine par assignation de la juridiction et la distribution de l'affaire demeurent soumises aux dispositions des art. 56, 752, 757 et 758 C. pr. civ. dans leur rédaction antérieure audit Décr.

1. « Ayant pour avocat ». La mention sur l'assignation du nom de l'avocat, de son adresse et de sa qualité d'avocat, par l'expression « ayant pour avocat », vaut constitution dès lors qu'il n'existe aucun doute sur l'identité de l'avocat constitué. • Civ. 2e, 23 oct. 2008, n° 07-19.700 P : *D. 2008. AJ 2878*.

2. Postulation. L'avocat mentionné doit obligatoirement être un avocat admis à postuler devant le tribunal à saisir. • Douai, 15 avr. 2004 : *JCP 2004. IV. 3213.*

3. SCP. Chaque associé exerçant les fonctions d'avocat au nom de la société, l'avocat agit nécessairement au nom de la société civile professionnelle dont il est membre ; l'absence d'indication dans l'assignation du nom de cette société constitue une irrégularité de forme. • Civ. 2e, 5 avr. 2007, n° 06-14.818 P : *D. 2007. AJ 1208, obs. Avena-Robardet ; JCP 2007. I. 174, n° 6, obs. R. Martin.* ♦ L'indication de la société d'avocats sans précision dans l'assignation du nom de l'avocat, personne physique, constitue une irrégularité de forme, la société d'avocats représentant les demandeurs qui l'ont constituée. • Civ. 2e, 1er févr. 2006, n° 05-17.742 P : *R. 2006, p. 419 ; D. 2006. IR 465 ; JCP 2006. II. 10071, note R. Martin ; Gaz. Pal. 17-18 févr. 2006, p. 13 ; Dr. et pr. 2006. 267, obs. Douchy-Oudot ; Procédures 2006, n° 151, obs. Perrot.*

4. Sanction. Le défaut de constitution ou la constitution d'un avocat non habilité constitue une irrégularité de fond, qui peut dès lors être soulevée en tout état de cause et ne suppose pas la démonstration d'un grief. Il y a donc lieu de prononcer la nullité de l'acte introductif d'instance et, par conséquent, celle du jugement. • Douai, 15 avr. 2004 : *préc.* ♦ La mention de deux avocats sans indication de celui d'entre eux qui est constitué entraine la nullité de l'assignation. • Paris, 10 juill. 1984 : *Bull. ch. avoués 1984. 133.*

5. Presse. L'indication dans l'assignation de l'avocat postulant au barreau du TGI (auj. TJ) de la ville où siège la juridiction saisie et dont le domicile professionnel en cette ville est précisé, emporte nécessairement une élection de domicile du demandeur en son cabinet et satisfait ainsi aux exigences de l'art. 53, L. du 29 juill. 1881. • Civ. 1re, 15 mai 2007, n° 06-10.464 P. ♦ *Contra* : L'art. 53, L. du 29 juill. 1881, qui exige que l'assignation délivrée à la requête du plaignant contienne élection de domicile dans la ville où siège la juridiction saisie, prime sur les dispositions des art. 751 (auj. 760) et 752 C. pr. civ. • Civ. 2e, 10 juin 2004, n° 02-21.515 P. ♦ V. déjà sur la nécessité de la mention de l'élection de domicile. L'assignation introductive d'instance ne contenait pas élection de domicile dans la ville où siégeait la juridiction saisie, de sorte que l'exception de nullité de cette assignation, régulièrement invoquée avant toute défense au fond, devait être accueillie, sans que la partie demanderesse à cette exception ait à justifier d'un grief. • Civ. 2e, 22 janv. 2004, n° 02-12.046 P. ♦ Dès lors, c'est à bon droit que le juge du fond a prononcé la nullité de l'acte d'assignation en considérant que la mention d'un avocat postulant n'équivalait pas à l'élection de domicile exigée par l'art. 53, L. du 29 juill. 1881. • Civ. 2e, 10 juin 2004, n° 02-21.515 P : *préc.* ♦ V. égal. notes ss. art. 834 et 835.

6. Constitution d'avocat. V. art. 760 s.

Art. 753 **Lorsque la représentation par avocat n'est pas obligatoire, l'assignation contient, à peine de nullité, outre les mentions prescrites aux articles 54 et 56, les nom, prénoms et adresse de la personne chez qui le demandeur élit domicile en France lorsqu'il réside à l'étranger.**

Le cas échéant, l'assignation mentionne l'accord du demandeur pour que la procédure se déroule sans audience en application de l'article L. 212-5-1 du code de l'organisation judiciaire.

L'acte introductif d'instance rappelle en outre les dispositions de l'article 832 et mentionne les conditions dans lesquelles le défendeur peut se faire assister ou représenter, ainsi que, s'il y a lieu, le nom du représentant du demandeur. – *[Ancien art. 837.]*

Les dispositions de l'art. 753 dans leur rédaction issue du Décr. n° 2019-1333 du 11 déc. 2019, art. 4-I, sont applicables aux instances introduites à compter du 1er janv. 2020 (Décr. préc., art. 55-II).

Art. 754 **La juridiction est saisie, à la diligence de l'une ou l'autre partie, par la remise au greffe d'une copie de l'assignation.**

(Décr. n° 2020-1452 du 27 nov. 2020, art. 1er-7°, en vigueur le 1er janv. 2021) **« Sous réserve que la date de l'audience soit communiquée plus de quinze jours à l'avance, la remise doit être effectuée au moins quinze jours avant cette date. »**

(Abrogé par Décr. n° 2021-1322 du 11 oct. 2021, art. 1er-a, à compter du 14 oct. 2021) ***« En outre, lorsque la date de l'audience est communiquée par voie électronique, la remise doit être faite dans le délai de deux mois à compter de cette communication. »***

La remise doit avoir lieu dans *(Décr. n° 2021-1322 du 11 oct. 2021, art. 1er-b, en vigueur le 14 oct. 2021)* **« ce délai » sous peine de caducité de l'assignation constatée d'office par ordonnance du juge, ou, à défaut, à la requête d'une partie.** – *[Ancien art. 757 et 839.]*

Les dispositions de l'art. 754 dans leur rédaction issue du Décr. n° 2019-1333 du 11 déc. 2019, art. 4-I, sont applicables aux instances introduites à compter du 1er janv. 2020 (Décr. préc., art. 55-II).

L'art. 1er-7° du Décr. n° 2020-1452 du 27 nov. 2020 s'applique aux instances en cours au 1er janv. 2021 (Décr. préc., art. 12).

BIBL. ► CALLÉ, *Rép. pr. civ. Dalloz* (caducité). – FRICERO, *thèse dactyl. Nice, 1979* (la caducité en droit judiciaire privé). – VIATTE, *Gaz. Pal. 1974. 2. Doctr. 372* (péremption d'instance, caducité et radiation).

A. DOMAINE

1. Matière fiscale. En l'absence de dispositions contraires expresses édictées dans le code général des impôts, ou le Livre des procédures fiscales, en ce qui concerne la saisine du TGI (auj. TJ), les règles générales de procédure civile sont applicables en matière fiscale. Il en est ainsi de celles énoncées à l'art. 757 (auj. 754) C. pr. civ. • Com. 24 févr. 1987, n° 85-11.977 P • 21 oct. 1980, n° 79-13.081 P.

2. Copropriété. En matière de copropriété, l'art. 42 de la L. du 10 juill. 1965, relatif au délai de deux mois de contestation des décisions d'assemblée générale, ne déroge pas à l'art. 757 (auj. 754), V. • Civ. 3e, 15 mai 2002, n° 00-22.175 P : *D. 2002. 2499, note Atias ; ibid. 2003. Somm. 1326, obs. Giverdon ; Dr. et pr. 2002. 288, note Atias ; Procédures 2002, n° 182, note Perrot.* – V. aussi Atias, *D. 2000. Chron. 508.* ♦ Ne justifie pas légalement sa décision au regard des art. 42, al. 2, de la L. du 10 juill. 1965 et 2244 C. civ. une cour d'appel qui déclare irrecevable la demande d'un copropriétaire en annulation d'une assemblée générale en retenant que le délai pour agir édicté par l'art. 42, al. 2, était expiré à la date du dépôt de la copie de l'assignation au greffe du tribunal sans rechercher à quelle date cette assignation avait été notifiée au syndicat des copropriétaires. • Civ. 3e, 26 juin 2002, n° 00-22.557 P.

B. REMISE AU GREFFE

3. Date d'introduction de l'instance. Détermination. Lorsqu'une demande est présentée par assignation, la date d'introduction de l'instance doit s'entendre de la date de cette assignation, à condition qu'elle soit remise au greffe. • Civ. 1re, 18 nov. 2015, n° 14-23.411 P : *Gaz. Pal. 9 févr. 2016, p. 63, obs. Herman.* ♦ Une cour d'appel, qui rappelle exactement qu'aux termes de l'art. 20, III, de l'Ord. n° 2005-759 du 4 juill. 2005, lorsque l'instance a été introduite avant l'entrée en vigueur de l'Ord., le 1er juill. 2006, l'action est poursuivie et jugée conformément à la loi ancienne, et constaté que les demandeurs avaient engagé leur action par assignations des 12, 13 et 18 avr., 4 et 30 mai et 20 juill. 2006, ce dont il résultait que l'instance avait été introduite avant le 1er juill. 2006, en déduit, à bon droit, que la loi ancienne était applicable, la circonstance qu'une assignation ait été signifiée postérieurement au 1er juill. 2006 étant sans incidence eu égard à l'indivisibilité du lien d'instance en matière de filiation. • Même décision.

4. Saisine du tribunal. C'est à compter de la remise de la copie de l'assignation au greffe que le tribunal est saisi ; l'affaire n'est pendante et ne peut donner lieu à litispendance qu'à partir de cette remise. • Civ. 3e, 10 déc. 1985, n° 84-16.799 P : *Gaz. Pal. 1986. 2. Somm. 328, obs. Guinchard et Moussa ; D. 1986. Somm. 225, obs. Julien ; RTD civ. 1986. 634, obs. Perrot.*

5. Renvoi. Pour la remise au greffe du tribunal de commerce, V. art. 857 et notes ss. art. 857. Pour la remise au greffe de la déclaration d'appel, V. art. 901 et 930-1 et notes ss. art. 901 et 930-1.

C. PRONONCÉ DE LA CADUCITÉ

6. Caducité – compétence. La juridiction pénale est incompétente pour constater la caducité de l'assignation prévue par l'art. 757 (auj. 754). • Crim. 4 mai 1976, n° 75-91.472 P.

7. Caducité – pouvoir du juge. Le délai étant écoulé, le juge n'a aucun pouvoir d'appréciation. • Civ. 2e, 15 mai 1974, n° 73-13.955 P : *RTD civ. 1974. 861, obs. Perrot.* ♦ Mais l'ordonnance qui constate la caducité doit être motivée. • Civ. 2e, 15 oct. 1975, n° 74-12.379 P : *D. 1975. IR 425 ; RTD civ. 1975. 599, obs. Perrot.* ♦ La cour d'appel n'est pas tenue de relever d'office la caducité, faute de remise dans le délai de quatre mois (anc. art. 757) de l'assignation introductive d'instance devant les juges du premier degré. • Civ. 1re, 18 janv. 1989, n° 87-11.304 P : *RTD civ. 1989. 614, obs. Perrot.*

8. Assignation itérative. La réitération d'une assignation, dans le délai prévu par l'art. 65 de la L. du 29 juill. 1881, en empêche la caducité au sens de l'art. 757 (auj. 754). • Civ. 2e, 6 mai 1999, n° 95-18.883 P. ♦ ... Dès lors que l'assignation itérative a été remise au greffe. • Civ. 2e, 11 oct. 2001, n° 99-16.269 P.

D. EFFET DE LA CADUCITÉ

9. Effet sur l'instance. La caducité entraîne l'extinction de l'instance, laquelle peut donc être constatée même devant la cour d'appel, sans pouvoir être couverte par des conclusions au fond. • Civ. 1re, 10 oct. 1995, n° 93-20.701 P.

10. Effet sur la prescription. L'assignation, dont la caducité a été constatée, n'interrompt pas la prescription. • Cass., ass. plén., 3 avr. 1987, n° 86-11.536 P : *JCP 1987. II. 20792, concl. Cabannes ; D. 1988. Somm. 122, obs. Julien ; Gaz. Pal. 1987. 2. Somm. 486, obs. Croze et Morel ; RTD civ. 1987. 401, obs. Perrot* • Civ. 1re, 17 mai 1988, n° 86-10.817 P : *JCP 1989. II. 21197, note Boulanger.* ♦ V. aussi note ss. art. 53. ♦ En cas d'assignations successives, le défaut de remise au greffe de la dernière assignation en entraîne la caducité et la prive d'effet interruptif de la prescription. • Civ. 2e, 11 oct. 2001, n° 99-16.269 P.

Art. 755 **En cas d'urgence, les délais de comparution et de remise de l'assignation peuvent être réduits par autorisation du juge.**

Ces délais peuvent également être réduits en application de la loi ou du règlement. – *[Ancien art. 840.]*

Les dispositions de l'art. 755 dans leur rédaction issue du Décr. n° 2019-1333 du 11 déc. 2019, art. 4-I, sont applicables aux instances introduites à compter du 1er janv. 2020 (Décr. préc., art. 55-II).

SECTION II L'INTRODUCTION DE L'INSTANCE PAR REQUÊTE

Les dispositions des art. 756 à 759 dans leur rédaction issue du Décr. n° 2019-1333 du 11 déc. 2019, art. 4-I, sont applicables aux instances introduites à compter du 1er janv. 2020 (Décr. préc., art. 55-II).

RÉP. PR. CIV. v° *Requête conjointe*, par PIERRE-MAURICE.

Les litiges civils nés de l'application du C. consom. relèvent, lorsque le montant de la demande n'excède pas 5 000 €, des règles relatives à la saisine par requête conformément aux dispositions des art. 756 à 759 C. pr. civ. (C. consom., art. R. 631-1).

Art. 756 **Dans les cas où la demande peut être formée par requête, la partie la plus diligente saisit le tribunal par la remise au greffe de la requête. Cette requête peut être remise ou adressée ou effectuée par voie électronique dans les conditions prévues par arrêté du garde des sceaux.**

Lorsque les parties ont soumis leur différend à un conciliateur de justice sans parvenir à un accord, leur requête peut également être transmise au greffe à leur demande par le conciliateur. – *[Ancien art. 795 et 842.]*

Les dispositions de l'art. 756 dans leur rédaction issue du Décr. n° 2019-1333 du 11 déc. 2019, art. 4-I, sont applicables aux instances introduites à compter du 1er janv. 2020 (Décr. préc., art. 55-II).

Art. 757 **Outre les mentions prescrites par les articles 54 et 57, la requête doit contenir, à peine de nullité, un exposé sommaire des motifs de la demande. Les pièces que le requérant souhaite invoquer à l'appui de ses prétentions sont jointes à sa requête en autant de copies que de personnes dont la convocation est demandée.**

Le cas échéant, la requête mentionne l'accord du requérant pour que la procédure se déroule sans audience en application de l'article L. 212-5-1 du code de l'organisation judiciaire.

Lorsque la requête est formée par voie électronique, les pièces sont jointes en un seul exemplaire.

Lorsque chaque partie est représentée par un avocat, la requête contient, à peine de nullité, la constitution de l'avocat ou des avocats des parties. Elle est signée par les avocats constitués. – *[Ancien art. 593.]*

Elle vaut conclusions.

Les dispositions de l'art. 757 dans leur rédaction issue du Décr. n° 2019-1333 du 11 déc. 2019, art. 4-I, sont applicables aux instances introduites à compter du 1er janv. 2020 (Décr. préc., art. 55-II).

Art. 758 **Lorsque la juridiction est saisie par requête, le président du tribunal fixe les lieu, jour et heure de l'audience. Lorsque la requête est signée conjointement par les parties, cette date est fixée par le président du tribunal ; s'il y a lieu il désigne la chambre à laquelle elle est distribuée. Les parties en sont avisées par le greffier.**

Le requérant en est avisé par tous moyens.

Le greffier convoque le défendeur à l'audience par lettre recommandée avec demande d'avis de réception. Outre les mentions prescrites par l'article 665-1, la convocation rappelle les dispositions de l'article 832 *(Décr. n° 2020-1452 du 27 nov. 2020, art. 1er-8°, en vigueur le 1er janv. 2021)* **« et indique les modalités de comparution devant la juridiction ».**

Cette convocation vaut citation.

Lorsque la représentation est obligatoire, l'avis est donné aux avocats par simple bulletin.

La copie de la requête est jointe à l'avis adressé à l'avocat du défendeur ou, lorsqu'il n'est pas représenté, au défendeur. — *[Ancien art. 796, 806 et 807.]*

Les dispositions de l'art. 758 dans leur rédaction issue du Décr. n° 2019-1333 du 11 déc. 2019, art. 4-I, sont applicables aux instances introduites à compter du 1er janv. 2020 (Décr. préc., art. 55-II).

L'art. 1er-8° du Décr. n° 2020-1452 du 27 nov. 2020 s'applique aux instances en cours au 1er janv. 2021 (Décr. préc., art. 12).

Art. 759 **Lorsque la requête est formée conjointement par les parties, les requérants peuvent, dès le dépôt de la requête au greffe, demander que l'affaire soit attribuée à un juge unique, ou renoncer à la faculté de demander le renvoi à la formation collégiale.** — *[Ancien art. 794.]*

Les dispositions de l'art. 759 dans leur rédaction issue du Décr. n° 2019-1333 du 11 déc. 2019, art. 4-I, sont applicables aux instances introduites à compter du 1er janv. 2020 (Décr. préc., art. 55-II).

CHAPITRE II CONSTITUTION D'AVOCAT ET CONCLUSIONS

BIBL. ▸ **Décr. n° 2019-1333 du 11 déc. 2019 :** BOCCARA, *D. avocats 2020. 32* (l'extension de la représentation obligatoire par avocat). – BOLZE, *D. actu. 19 déc. 2019* (réforme de la procédure civile : extension de la représentation obligatoire par un avocat et procédure sans audience). – JOURDAIN, *Gaz. Pal. 1983. 2. Doctr. 415* (conclusions dans le procès civil).

Art. 760 **Les parties sont, sauf disposition contraire, tenues de constituer avocat devant le tribunal judiciaire.**

La constitution de l'avocat emporte élection de domicile. — *[Ancien art. 751.]*

1. Dépôt de conclusions. Le dépôt de conclusions vaut constitution d'avocat. • Civ. 3e, 29 oct. 1979, n° 78-13.282 P : *D. 1980. IR 464, obs. Julien.*

2. Unicité d'avocat. Lorsqu'une partie déclare avoir plusieurs avocats, l'élection de domicile faite auprès d'un seul le désigne comme étant le représentant de cette partie. • Civ. 2e, 10 nov. 1998, n° 96-17.360 P. ♦ N'est pas nulle l'assignation qui mentionne deux avocats mais porte élection de domicile au cabinet du seul avocat inscrit au barreau du tribunal saisi et donc seul susceptible de représenter le demandeur. • Civ. 1re, 17 nov. 2005, n° 03-20.871 : *D. 2005. IR 3033*. ♦ *Adde*, art. 752 et notes ss. art. 752.

3. Commission de surendettement. L'art. 751 (auj. 760) s'applique à la commission de surendettement demandant une suspension de procédure de saisie immobilière, V. • TGI Besançon, 6 mars 1998 : *D. 1999. Somm. 210, obs. Chatain et Ferrière* • TGI Paris, 7 mai 1998 : *JCP 1998. II. 10192, note Gallet.* ♦ En sens contraire, V. • TGI Meaux, 28 mai 1998 : *D. 1999. Somm. 210, obs. Chatain et Ferrière*.

4. Presse. L'indication dans l'assignation de l'avocat postulant au barreau du TGI (auj. TJ) de la ville où siège la juridiction saisie et dont le domicile professionnel en cette ville est précisé, emporte nécessairement une élection de domicile du demandeur en son cabinet et satisfait ainsi aux exigences de l'art. 53, L. du 29 juill. 1881. • Civ. 1re, 15 mai 2007, n° 06-10.464 P. ♦ *Contra* : L'art. 53 de la L. du 29 juill. 1881, qui exige que l'assignation délivrée à la requête du plaignant contienne élection de domicile dans la ville où siège la juridiction saisie, prime sur les dispositions des art. 751 (auj. 760) et 752 C. pr. civ. • Civ. 2e, 10 juin 2004, n° 02-21.515 P. ♦ V. déjà sur la nécessité de la mention de l'élection de domicile. L'assignation introductive d'instance ne contenait pas élection de domicile dans la ville où siégeait la juridiction saisie, de sorte que l'exception de nullité de cette assignation, régulièrement invoquée avant toute défense au fond, devait être accueillie, sans que la partie demanderesse à cette exception ait à justifier d'un grief. • Civ. 2e, 22 janv. 2004, n° 02-12.046 P. ♦ Dès lors, c'est à bon droit que le juge du fond a prononcé la nullité de l'acte d'assignation en considérant que la mention d'un avocat postulant n'équivalait pas à l'élection de domicile exigée par l'art. 53 de la L. du 29 juill. 1881. • Civ. 2e, 10 juin 2004, n° 02-21.515 P : *préc.*

5. Dispositions contraires. Des dispositions contraires sont instituées notamment dans les matières suivantes : ordonnance sur requête (art. 846), délégation de l'autorité parentale (art. 1203), injonction de payer (art. 1406), contentieux de l'impôt (LPF, art. R. 202-2).

6. Constitution du défendeur. V. art. 763 s.

7. Mentions de l'assignation. V. art. 54, 56 et 752.

8. Assistance et représentation de l'État. Si l'objectif poursuivi par la réforme opérée par la L. n° 2019-222 du 23 mars 2019, tel qu'il ressort des travaux préparatoires de la loi, a été d'étendre le principe de la représentation obligatoire par avocat, il n'a pas été envisagé de limiter la faculté pour l'État, les régions, les départements, les communes et leurs établissements publics de se faire représenter ou assister par un fonctionnaire ou un agent de leur administration aux seuls cas où la représentation par avocat n'est pas obligatoire.

Ainsi l'art. 2, I, de la L. du 20 déc. 2007 doit être interprété en ce sens que la faculté pour l'État, les régions, les départements, les communes et les établissements publics de se faire représenter ou assister devant le tribunal judiciaire par un fonctionnaire ou un agent de leur administration, autonome dans sa mise en œuvre, n'est pas restreinte aux seules matières dans lesquelles les parties sont dispensées de constituer avocat, de sorte qu'elle s'applique également lorsque la représentation par avocat est, en principe, obligatoire, sauf disposition particulière présentant alors un caractère dérogatoire.

Dans les instances introduites postérieurement au 1er janv. 2020 devant le juge de l'exécution, l'État, les départements, les régions, les communes et les établissements publics peuvent se faire représenter ou assister par un fonctionnaire ou un agent de leur administration, même lorsque la demande n'est pas relative à l'expulsion ou a pour origine une créance ou tend au paiement d'une somme excédant 10 000 €. • Cass., avis, 18 févr. 2021, n° 20-70.006 P : *D. actu. 9 mars 2021, note Kieffer ; AJDA 2021. 426*. ♦ Sur la représentation des parties devant le JEX, V. C. pr. exéc., art. L. 121-4.

Art. 761 *(Décr. n° 2019-1333 du 11 déc. 2019, art. 4-I, en vigueur le 1er janv. 2020 ; rect. par Décr. n° 2019-1419 du 20 déc. 2019, art. 22-I-1°)* **Les parties sont dispensées de constituer avocat dans les cas prévus par la loi ou le règlement et dans les cas suivants :**

1° Dans les matières relevant de la compétence du juge des contentieux de la protection ;

2° Dans les matières énumérées par les articles R. 211-3-13 à R. 211-3-16, R. 211-3-18 à R. 211-3-21, R. 211-3-23 du code de l'organisation judiciaire et dans les matières énumérées au tableau IV – II annexé au code de l'organisation judiciaire ;

3° A l'exclusion des matières relevant de la compétence exclusive du tribunal judiciaire, lorsque la demande porte sur un montant inférieur ou égal à 10 000 euros ou a pour objet une demande indéterminée ayant pour origine l'exécution d'une obligation dont le montant n'excède pas 10 000 euros. Le montant de la demande est apprécié conformément aux dispositions des articles 35 à 37. Lorsqu'une demande incidente a pour effet de rendre applicable la procédure écrite ou de rendre obligatoire la représentation par avocat, le juge peut, d'office ou si une partie en fait état, renvoyer l'affaire à une prochaine audience tenue conformément à la procédure applicable et invite les parties à constituer avocat.

(Décr. n° 2020-1452 du 27 nov. 2020, art. 1er-9°, en vigueur le 1er janv. 2021) **« Dans les matières relevant de la compétence exclusive du tribunal judiciaire qui ne sont pas dispensées du ministère d'avocat, les parties sont tenues de constituer avocat quel que soit le montant sur lequel porte la demande. »**

L'État, les départements, les régions, les communes et les établissements publics peuvent se faire représenter ou assister par un fonctionnaire ou un agent de leur administration.

L'art. 1er-9° du Décr. n° 2020-1452 du 27 nov. 2020 s'applique aux instances en cours au 1er janv. 2021 (Décr. préc., art. 12).

Art. 762 Lorsque la représentation par avocat n'est pas obligatoire, les parties se défendent elles-mêmes.

Les parties peuvent se faire assister ou représenter par :

— un avocat ;

— leur conjoint, leur concubin ou la personne avec laquelle elles ont conclu un pacte civil de solidarité ;

— leurs parents ou alliés en ligne directe ;

— leurs parents ou alliés en ligne collatérale jusqu'au troisième degré inclus ;

— les personnes exclusivement attachées à leur service personnel ou à leur entreprise.

Le représentant, s'il n'est avocat, doit justifier d'un pouvoir spécial. — *[Ancien art. 826-24, 827 et 828.]*

1. ***Légitimité.*** Sur la légitimité de la procédure sans ministère d'avocat obligatoire, V. : * Rép. min., n° 13228 : *JO Sénat Q. 13 janv. 2011, p. 95 ; Procédures 2011. Alerte 10.*

2. ***Salarié d'une entreprise.*** Seules peuvent recevoir délégation pour représenter une entreprise, les personnes exclusivement à son service. Viole en conséquence l'art. 828 (auj. 762) le tribunal qui considère une personne comme habilitée à représenter une société devant le tribunal d'instance (auj. TJ), alors qu'il avait constaté qu'elle n'était pas le salarié de ladite société. • Soc. 5 mars 2008, n° 06-60.125 P : *Gaz. Pal. 2009. 2759, n° 2060, obs. Du Rusquec ; Procédures 2008, n° 138, note Perrot ; BJS 2008. 474, note Saintourens ; JCP S 2008. 1454, obs. Gauriau.*

3. ***Huissier de justice.*** Un huissier de justice n'a pas qualité pour représenter une partie. • Civ. 2e, 1er juill. 1981, n° 80-12.360 P : *RTD civ. 1982. 477, obs. Perrot.*

4. ***Pouvoir spécial.*** Le père du demandeur, représentant ce dernier, doit justifier, s'il n'est avocat, d'un pouvoir spécial. • Civ. 2e, 6 avr. 1995, n° 95-60.545 P.

5. ***Office du juge.*** Ne donne pas de base légale à sa décision le tribunal qui mentionne que le demandeur est représenté à l'audience, sans rechercher si le représentant a qualité pour le représenter. • Civ. 2e, 23 mars 1995, n° 95-60.177 P : *D. 1995. IR 156.* ♦ Viole l'art. 828 (auj. 762) la juridiction qui écarte le moyen tiré du défaut de qualité du gérant d'une société détentrice d'un mandat de gestion pour le compte d'un bailleur à représenter celui-ci en justice, alors qu'il n'était pas habilité à représenter les bailleurs en justice. • Civ. 3e, 5 sept. 2012, n° 11-20.369 P : *D. 2012. Actu. 2099 ; AJDI 2013. 57, obs. de La Vaissière ; Gaz. Pal. 2012. 3505, note L. Mayer ; Loyers et copr. 2012, n° 285, note Vial-Pedroletti.* ♦ Le tribunal n'est pas tenu de rechercher d'office si le représentant de l'État, d'une commune ou d'un établissement public, muni d'un pouvoir spécial, a la qualité de fonctionnaire ou d'agent de son administration. • Civ. 2e, 10 févr. 2005, n° 02-20.495 P.

6. ***Ordonnance sur requête.*** V. art. 846.

7. ***Injonction de payer.*** V. art. 1407.

Art. 763 Lorsque la représentation par avocat est obligatoire, le défendeur est tenu de constituer avocat dans le délai de quinze jours, à compter de l'assignation. *(Décr. n° 2020-1452 du 27 nov. 2020, art. 1er-10°, en vigueur le 1er janv. 2021)* **« Toutefois, si l'assignation lui est délivrée dans un délai inférieur ou égal à quinze jours avant la date de l'audience, il peut constituer avocat jusqu'à l'audience. »** — *[Ancien art. 755.]*

L'art. 1er-10° du Décr. n° 2020-1452 du 27 nov. 2020 s'applique aux instances en cours au 1er janv. 2021 (Décr. préc., art. 12).

Saisie immobilière – délai de distance. Après avoir relevé que le délai prévu par l'art. 690 C. pr. civ. se trouvait, en application de ce texte, prorogé de 2 mois conformément à l'art. 643 C. pr. civ., en raison de la domiciliation à l'étranger de la société saisie, c'est à bon droit qu'un jugement retient que la procédure de saisie immobilière n'impose pas d'ajouter à cette prorogation le délai de comparution prévu par l'art. 755 C. pr. civ. (auj. 763) pour les assignations dans les procédures de droit commun, s'agissant non d'une assignation mais d'une sommation. • Civ. 2e, 31 janv. 1996, n° 93-19.725 P.

Art. 764 Dès qu'il est constitué, l'avocat du défendeur en informe celui du demandeur ; copie de l'acte de constitution est remise au greffe.

L'acte comporte, le cas échéant, l'accord du défendeur pour que la procédure se déroule sans audience en application de l'article L. 212-5-1 du code de l'organisation judiciaire. — *[Ancien art. 756.]*

BIBL. ▶ CORDELIER et FLÉCHEUX, *Gaz. Pal. 1986. 1. Doctr. 116* (dépôt au greffe de l'acte de constitution).

Avocat du défendeur. Il appartient à l'avocat du défendeur de déposer sa constitution au greffe. Il n'y a pas lieu d'annuler le jugement au motif que l'avocat du demandeur aurait dû déposer au greffe la constitution de son confrère en même temps que l'acte d'assignation. • Civ. 2e, 26 oct. 2006, no 05-10.356 P : *D. 2006. IR 2751* ; *JCP 2007. I. 139, no 15, obs. Serinet.*

Art. 765 La constitution de l'avocat par le défendeur ou par toute personne qui devient partie en cours d'instance est dénoncée aux autres parties par notification entre avocats.

Cet acte indique :

a) Si le défendeur est une personne physique, ses nom, prénoms, profession, domicile, nationalité, date et lieu de naissance ;

b) Si le défendeur est une personne morale, sa forme, sa dénomination, son siège social et l'organe qui le représente légalement. – *[Ancien art. 814.]*

Renvoi. Pour des erreurs de rédaction commises dans la rédaction de la constitution d'avoué (auj. avocat) devant la cour d'appel, V. art. 960 et notes ss. art. 960.

Art. 766 Les conclusions des parties sont signées par leur avocat et notifiées dans la forme des notifications entre avocats. En cas de pluralité de demandeurs ou de défendeurs, elles doivent être notifiées à tous les avocats constitués. Elles ne sont pas recevables tant que les indications mentionnées à l'alinéa 2 de l'article 765 n'auront pas été fournies.

La communication des pièces produites est valablement attestée par la signature de l'avocat destinataire apposée sur le bordereau établi par l'avocat qui procède à la communication. – *[Ancien art. 815.]*

BIBL. ▶ DEHARO, *JCP 2009. 520* (le défaut de signature des conclusions par l'avocat). – LHERMITTE, *Gaz. Pal. 1er-5 nov. 2013, p. 11* (les conclusions valent-elles constitution ?).

Absence de signature. Un document, qui est dénié et ne comportant pas la signature de l'avocat postulant mais seulement son cachet, ne peut être considéré comme valant conclusions. • Civ. 2e, 13 janv. 2000, no 98-12.204 P : *D. 2000. IR 36*. – V. aussi un document dépourvu de la signature de l'avocat n'a pas valeur de conclusions. Il ne s'agit pas d'un simple vice de forme. • Civ. 2e, 13 déc. 2001, no 99-18.692 P. ♦ *Contra*, jugeant qu'il résulte des art. 114 et 766 que l'absence de signature des conclusions, déposées au greffe conformément à l'art. R. 311-6 C. pr. éxec., constitue une irrégularité de forme qui ne peut entraîner la nullité de l'acte que s'il est justifié d'un grief. • Civ. 2e, 4 nov. 2021, no 20-16-393 P : *D. actu. 30 nov. 2021, note Hoffschir.*

Art. 767 La remise au greffe de la copie de l'acte de constitution et des conclusions est faite soit dès leur notification avec la justification de leur notification, soit si celle-ci est antérieure à la saisine de la juridiction, avec la remise de la copie de l'assignation. – *[Ancien art. 816.]*

1. Preuve. L'acceptation du dépôt des conclusions par le greffe fait présumer qu'elles étaient accompagnées de la justification de leur notification. • Civ. 2e, 11 oct. 1978, no 76-15.285 P : *RTD civ. 1979. 191, obs. Perrot.*

2. Non-respect du dépôt de la copie des conclusions. Le non-respect du dépôt de la copie des conclusions au greffe n'entraîne l'irrecevabilité des conclusions que s'il est justifié d'un grief. • Com. 6 avr. 1993, no 91-11.720 P.

Art. 768 Les conclusions doivent formuler expressément les prétentions des parties ainsi que les moyens en fait et en droit sur lesquels chacune de ces prétentions est fondée avec indication pour chaque prétention des pièces invoquées et de leur numérotation. Un bordereau énumérant les pièces justifiant ces prétentions est annexé aux conclusions.

Les conclusions comprennent distinctement un exposé des faits et de la procédure, une discussion des prétentions et des moyens ainsi qu'un dispositif récapitulant les prétentions. Les moyens qui n'auraient pas été formulés dans les conclusions précédentes doivent être présentés de manière formellement distincte. Le tribunal ne statue que sur les prétentions énoncées au dispositif et n'examine les moyens au soutien de ces prétentions que s'ils sont invoqués dans la discussion.

Les parties doivent reprendre dans leurs dernières conclusions les prétentions et moyens présentés ou invoqués dans leurs conclusions antérieures. A défaut, elles sont réputées les avoir abandonnés et le tribunal ne statue que sur les dernières conclusions déposées. — *[Ancien art. 753.]*

BIBL. ▶ V. ss. art. 56.

1. Nature des conclusions. Les conclusions soumises aux prescriptions de l'art. 753, al. 2 (auj. 768), C. pr. civ., sont celles qui déterminent l'objet du litige ou qui soulèvent un incident de nature à mettre fin à l'instance. Tel n'est pas le cas de conclusions tendant exclusivement à s'opposer à la demande de sursis à statuer. • Civ. 2e, 20 janv. 2005, n° 03-12.834 P : *D. 2004. IR 1354 ; Procédures 2004, n° 120, note Perrot ; Gaz. Pal. 26-28 juin 2005, p. 30, obs. du Rusquec.* ♦ ... Ni celles tendant exclusivement à défendre à l'exception de nullité de l'assignation. • Civ. 2e, 20 janv. 2005, n° 03-18.931 P : *D. 2005. IR 2902 ; Procédures 2005, n° 269, obs. Perrot ; Gaz. Pal. 23-27 déc. 2005, p. 4, note Watremet ; Dr. et pr. 2006. 97, obs. Fricero.* ♦ ... Ni de conclusions tendant exclusivement à répondre à un incident soulevé par les adversaires. • Civ. 2e, 8 avr. 2004, n° 02-11.630 P.

2. Renvoi. Pour les conclusions devant la cour d'appel, V. art. 954 et notes ss. art. 954.

CHAPITRE III LE GREFFE

Art. 769 La remise au greffe de la copie d'un acte de procédure ou d'une pièce est constatée par la mention de la date de remise et le visa du greffier sur la copie ainsi que sur l'original, qui est immédiatement restitué. — *[Ancien art. 821.]*

Art. 770 La copie de la requête est, dès sa remise au greffe, présentée par le greffier au président du tribunal en vue des formalités de fixation et de distribution.

La décision du président fait l'objet d'une simple mention en marge de la copie. — *[Ancien art. 822.]*

Art. 771 Le dossier de l'affaire est conservé et tenu à jour par le greffier de la chambre à laquelle l'affaire a été distribuée.

Il est établi une fiche permettant de connaître à tout moment l'état de l'affaire. — *[Ancien art. 823.]*

Art. 772 Dans le cas prévu à l'article 840, les copies de la requête et des pièces remises au président sont, ainsi qu'une copie de son ordonnance, placées par le greffier dans le dossier, dès sa constitution.

Si, le jour où l'affaire doit être appelée, la copie de l'assignation n'a pas été remise au greffe, le greffier restitue d'office à l'avocat les copies qu'il détient. — *[Ancien art. 824.]*

Art. 773 Le greffier avise aussitôt les avocats dont la constitution lui est connue du numéro d'inscription au répertoire général, des jour et heure fixés par le président du tribunal pour l'appel de l'affaire et de la chambre à laquelle celle-ci est distribuée.

Cet avis est donné aux avocats dont la constitution n'est pas encore connue, dès la remise au greffe de la copie de l'acte de constitution. — *[Ancien art. 825.]*

Art. 774 En procédure écrite ordinaire, les avocats de chacune des parties sont convoqués ou avisés des charges qui leur incombent par le président ou par le juge de la mise en état, selon le mode d'instruction de l'affaire ; ils sont convoqués ou avisés verbalement, *avec émargement* et mention au dossier.

En cas d'absence, ils le sont par simple bulletin, daté et signé par le greffier, et remis ou déposé par celui-ci au lieu où sont effectuées, au siège du tribunal, les notifications entre avocats.

Les injonctions doivent toujours donner lieu à la délivrance d'un bulletin. — *[Ancien art. 826.]*

SOUS-TITRE II LA PROCÉDURE ÉCRITE

CHAPITRE PREMIER LA PROCÉDURE ORDINAIRE

BIBL. ▶ **Décr. n° 2019-1333 du 11 déc. 2019 :** BLÉRY, *D. actu. 24 déc. 2019* (réforme de la procédure civile : prise de date d'audience devant le tribunal judiciaire) ; *D. avocats 2020. 25* (nouveaux modes d'introduction de la procédure et communication par voie électronique). – Boccara, *D. avocats 2020. 32* (l'extension de la représentation obligatoire par avocat). – Bolze, *D. actu. 19 déc. 2019* (réforme de la procédure civile : extension de la représentation obligatoire par un avocat et procédure sans audience). – Croze, *Procédures 2020. Étude 6* (procédure écrite ordinaire devant le tribunal judiciaire) – Kebir, *D. actu. 23 déc. 2019* (réforme de la procédure civile : promotion de la mise en état conventionnelle et extension des pouvoirs du JME). – Laffly, *D. avocats 2020. 36* (fins de non-recevoir : un juge de la mise en état doté de "super-pouvoirs"). – Laporte et Garrigue, *D. avocats 2020. 41* (la mise en état conventionnelle par avocat et la procédure sans audience : renaissance du principe du dispositif ?). – Wickers, *D. 2020. 51* (nouveaux schémas de procédure).

Art. 775 **La procédure est écrite sauf disposition contraire.**

SECTION PREMIÈRE L'ORIENTATION DE L'AFFAIRE

Art. 776 **Sous réserve des dispositions de l'article 1108, au jour de l'audience d'orientation, l'affaire est appelée devant le président de la chambre saisie ou à laquelle l'affaire a été distribuée.**

Celui-ci confère de l'état de la cause avec les avocats présents en leur demandant notamment s'ils envisagent de conclure une convention de procédure participative aux fins de mise en état dans les conditions du titre II du livre V. – *[Ancien art. 759.]*

Art. 777 **Lorsque les parties et leurs avocats justifient avoir conclu une convention de procédure participative aux fins de mise en état de l'affaire, le président prend les mesures prévues au deuxième alinéa de l'article 1546-1. Sauf en cas de retrait du rôle, il désigne le juge de la mise en état.**

Art. 778 **Le président renvoie à l'audience de plaidoirie les affaires qui, d'après les explications des avocats et au vu des conclusions échangées et des pièces communiquées, lui paraissent prêtes à être jugées sur le fond.**

Il renvoie également à l'audience de plaidoirie les affaires dans lesquelles le défendeur ne comparaît pas si elles sont en état d'être jugées sur le fond, à moins qu'il n'ordonne la réassignation du défendeur.

Dans tous ces cas, le président déclare l'instruction close.

Il fixe la date de l'audience de plaidoirie qui peut être tenue le jour même.

Lorsque les parties ont donné leur accord pour que la procédure se déroule sans audience conformément aux dispositions de l'article L. 212-5-1 du code de l'organisation judiciaire, le président déclare l'instruction close et fixe la date pour le dépôt des dossiers au greffe de la chambre. Le greffier en avise les parties et, le cas échéant, le ministère public et les informe du nom des juges de la chambre qui seront amenés à délibérer et de la date à laquelle le jugement sera rendu. – *[Ancien art. 760 à 762.]*

Art. 779 **Le président peut décider que les avocats se présenteront à nouveau devant lui, à une date d'audience qu'il fixe, pour conférer une dernière fois de l'affaire s'il estime qu'un ultime échange de conclusions ou une ultime communication de pièces suffit à mettre l'affaire en état ou que les conclusions des parties doivent être mises en conformité avec les dispositions de l'article 768. Les parties peuvent également solliciter un délai pour conclure une convention de procédure participative aux fins de mise en état.**

La décision de renvoi fait l'objet d'une simple mention au dossier. Le président impartit, s'il y a lieu, à chacun des avocats le délai nécessaire à la notification des conclusions et à la communication des pièces.

A la date d'audience fixée par lui, lorsque les parties et leurs avocats justifient avoir conclu une convention de procédure participative aux fins de mise en état, le président prend les mesures prévues au deuxième alinéa de l'article 1546-1. Sauf en cas de retrait du rôle, il désigne le juge de la mise en état. A défaut d'une telle justification et ***si l'affaire est*** **en état d'être jugée, le président déclare l'instruction close et renvoie l'affaire à l'audience de plaidoiries. Elle peut être tenue le jour même.**

Si l'affaire est en état d'être jugée, il peut être fait application des dispositions du dernier alinéa de l'article 778.

Le président renvoie au juge de la mise en état, les affaires qui ne sont pas en état d'être jugées. Il fixe la date de l'audience de mise en état. Le greffe en avise les avocats constitués. – *[Anciens art. 760 à 762.]*

SECTION II L'INSTRUCTION DEVANT LE JUGE DE LA MISE EN ÉTAT

BIBL. ▸ **Décr. n° 2019-1333 du 11 déc. 2019 :** KEBIR, *D. actu. 23 déc. 2019* (réforme de la procédure civile : promotion de la mise en état conventionnelle et extension des pouvoirs du JME). – LAFFLY, *D. avocats 2020. 36* (fins de non-recevoir : un juge de la mise en état doté de "super-pouvoirs"). – LAPORTE et GARRIGUE, *D. avocats 2020. 41* (la mise en état conventionnelle par avocat et la procédure sans audience : renaissance du principe du dispositif ?). – WILCKERS, *D. 2020. 51* (nouveau schémas de procédure).

BIBL. ANT. AU DÉCR. N° 2019-1333 DU 11 DÉC. 2019 : ▸ ANQUETIL, *JCP A 1972. IV. 6150* (nouveau visage de la procédure civile). – BREDIN, *BLD 1966. Comm. 195* (commentaire du décret du 13 oct. 1965). – CARATINI, *Gaz. Pal. 1985. 2. Doctr. 631* (contrat de procédure) ; *Gaz. Pal. 1986. 1. Doctr. 61* (contrat de procédure). – CORNU et MOTULSKY, *JCP 1968. I. 2150* (modifications apportées par le décret du 7 déc. 1967). – DEPARIS, *Gaz. Pal. 11-13 déc. 2005, p. 2.* – DORSNER-DOLIVET, *Gaz. Pal. 1986. 1. Doctr. 23* (incertitudes de la mise en état dans la jurisprudence). – DOUCHY-OUDOT, *Mél. Wiederkehr, Dalloz. 2009, p. 233* (la scission des phases de l'instance : la mise en état). – ESTOUP, *Gaz. Pal. 1985. 2. Doctr. 677* (contrat de procédure). – FRICERO, *Dr. et pr. 2006. Chron. 68.* – KARSENTY, *JCP 2007. I. 160* (de nouveaux droits fondamentaux de procédure en matière de mise en état). – LE POGAM et DUDIT, *Gaz. Pal. 13-14 mars 2009, p. 2* (deux ans après le décret du 28 déc. 2005). – LOBIN, *D. 1966. Chron. 15* (Décr. du 13 oct. 1965) ; *D. 1968. Chron. 39* (Décr. du 7 déc. 1967). – LOBIN et JOURDAN, *Gaz. Pal. 1974. 1. Doctr. 394* (la mise en état). – R. MARTIN, *RTD civ. 1971. 279* (instruction du procès civil). – METTAIS et VALETTE, *JCP 2017. 1369* (le séquencement comme instrument de régulation de l'instance). – NARRAN, *Gaz. Pal. 28-29 avr. 2006, p. 2.* – MIKALEF-TOUDIC et ORIF (dir.), *Gaz. Pal. 25-29 déc. 2015* (l'instruction du procès civil). – PERROT, *Procédures 2006. Chron. 3.* – PERROT et CROZE, *Procédures 2004. Étude 13* (commentaire du décret du 20 août 2004). – RASKIN, *Gaz. Pal. 15-17 févr. 2009, p. 7* (le juge de la mise en état : problématiques de compétence exclusive). – DU RUSQUEC, *Gaz. Pal. 1979. 1. 264* (appel filtré des ordonnances du JME). – SALATI, *Dr. et pr. 2009. 192* (trois ans après le décret du 28 déc. 2005). – SEIGLE, *Gaz. Pal. 1966. 1. Doctr. 28* (Décr. du 13 oct. 1965). – THOMINETTE, *D. 2006. 1765* . – TIRVAUDEY, *Dr. et patr. 11/2012, p. 49* (l'impartialité du juge de la mise en état). – VIATTE, *Gaz. Pal. 1973. 1. Doctr. 153* (magistrat chargé de suivre la procédure et magistrat de la mise en état). – VEYRE, *JCP 2018. 530, n° 3* (chantiers de la justice). – VILLACÈQUE, *D. 2006. Chron. 539* . – *VIIe colloque des IEJ, Ann. fac. dr. Lyon, 1970* (la mise en état).

Art. 780 L'affaire est instruite sous le contrôle d'un magistrat de la chambre saisie ou à laquelle l'affaire a été distribuée.

Celui-ci a mission de veiller au déroulement loyal de la procédure, spécialement à la ponctualité de l'échange des conclusions et de la communication des pièces.

Il peut entendre les avocats et leur faire toutes communications utiles. Il peut également, si besoin est, leur adresser des injonctions.

Il peut ordonner le retrait du rôle dans les cas et conditions des articles 382 et 383. – *[Ancien art. 763.]*

1. Date de saisine. A défaut de document permettant d'établir avec précision la date de la saisine du magistrat de la mise en état, cette saisine doit être réputée intervenir le jour où le greffe adresse à l'avoué (auj. avocat) de l'appelant l'avis l'informant de la distribution de l'affaire au rôle d'une chambre et de la désignation d'un conseiller de la mise en état (proc. appel par renvoi de l'art. 910, auj. 907). • Paris, 10 oct. 1980 : *Gaz. Pal. 1980. 2. 656 ; RTD civ. 1980. 812, obs. Perrot.* ♦ Comp. : • Riom, 11 juill. 1973 : *D. 1973. 646 ; Gaz. Pal. 1973. 2. 616.* ♦ Le renvoi, décidé de manière contradictoire, d'une affaire au juge de la mise en état marque la fin de la procédure à jour fixe, sans qu'il soit besoin d'un avis informant les parties de la distribution de l'affaire à la mise en état. • Aix-en-Provence, 6 juin 2006 : *Dr. et pr. 2006. 340, note Salati.*

2. Matière fiscale. En l'absence de dispositions contraires édictées dans le CGI ou le LPF, les règles générales de procédure civile sont applicables en matière fiscale devant le TGI (auj. TJ). Il en est ainsi de celles énoncées aux art. 763 s. C. pr. civ. (auj. 780 s.), sauf exceptions légales. • Com., 18 avr. 1989, n° 87-16.082 P. ♦ Constitue une telle exception la limitation des effets de l'ordonnance de clôture qui, en vertu de l'art. R. 202-2 LPF, n'interdit pas aux parties de demander au tribunal, seul compétent pour les accorder, des délais pour présenter leur défense. • Com., 31 mai 1988, n° 86-19.229.

3. Principe de la contradiction. Sur le respect du principe de la contradiction, V. notes ss. art. 15 et 16.

Art. 781 Le juge de la mise en état fixe, au fur et à mesure, les délais nécessaires à l'instruction de l'affaire, eu égard à la nature, à l'urgence et à la complexité de celle-ci, et après avoir provoqué l'avis des avocats.

Il peut accorder des prorogations de délai.

Il peut, après avoir recueilli l'avis des avocats, fixer un calendrier de la mise en état.

Le calendrier comporte le nombre prévisible et la date des échanges de conclusions, la date de la clôture, celle des débats et, par dérogation aux premier et deuxième alinéas de l'article 450, celle du prononcé de la décision.

Les délais fixés dans le calendrier de la mise en état ne peuvent être prorogés qu'en cas de cause grave et dûment justifiée.

Le juge peut également renvoyer l'affaire à une audience de mise en état ultérieure en vue de faciliter le règlement du litige. – *[Ancien art. 764.]*

BIBL. ▶ Francès-Lagarrigue, *AJDA 2008. Tribune. 1289* (leçon à tirer de l'art. 764 C. pr. civ.). – Villacèque, *D. 2006. Chron. 539*.

Art. 782 Le juge de la mise en état peut inviter les avocats à répondre aux moyens sur lesquels ils n'auraient pas conclu, à fournir les explications de fait et de droit nécessaires à la solution du litige et, le cas échéant, à mettre leurs écritures en conformité avec les dispositions de l'article 768.

Il peut se faire communiquer l'original des pièces versées aux débats ou en demander la remise en copie. – *[Ancien art. 765.]*

Art. 783 Le juge de la mise en état procède aux jonctions et disjonctions d'instance. – *[Ancien art. 766.]*

1. Conditions. V. art. 367 et notes ss. art. 367.

2. Mesure d'administration judiciaire. V. art. 368 et notes ss. art. 368.

Art. 784 Le juge de la mise en état peut, même d'office, entendre les parties.

L'audition des parties a lieu contradictoirement à moins que l'une d'elles, dûment convoquée, ne se présente pas. – *[Ancien art. 767.]*

Faculté. Une partie ne saurait faire grief au juge d'avoir rendu sa décision sans son audition ou celle de son avocat (audition en vue d'une conciliation). • Civ. 2e, 1er déc. 1971, n° 70-11.393 P : *D. 1972. Somm. 126.* ♦ ... L'audition des parties n'étant, en effet, qu'une simple faculté pour le juge (sur le fondement de l'art. 8 C. pr. civ.). • Civ. 2e, 7 déc. 1973, n° 73-10.187 P : *Gaz. Pal. 1974. 1. Somm. 8.*

Art. 785 Le juge de la mise en état peut constater la conciliation, même partielle, des parties.

Le juge de la mise en état peut également désigner un médiateur dans les conditions de l'article 131-1.

Il homologue, à la demande des parties, l'accord qu'elles lui soumettent. – *[Ancien art. 768.]*

Conciliation. V. art. 21 et 127 à 131.

Art. 786 Le juge de la mise en état peut inviter les parties à mettre en cause tous les intéressés dont la présence lui paraît nécessaire à la solution du litige. – *[Ancien art. 768-1.]*

BIBL. ▶ Bertin, *Gaz. Pal. 1984. 2. Doctr. 436.* – Blanc, *Journ. not. 1984. 1193.* – Julien, *ALD 1984. Comm. 103.*

Mise en cause. V. art. 332 et 333 et notes ss. art. 332 et 333.

Art. 787 Le juge de la mise en état constate l'extinction de l'instance. – *[Ancien art. 769.]*

Absence d'autorité de la chose jugée. Si le juge de la mise en état a le pouvoir de constater l'extinction de l'instance, par exemple à la suite d'une transaction, sa décision n'a pas au principal l'autorité de chose jugée. • Civ. 2e, 3 mai 1990, n° 88-19.953 P. ♦ Sur l'autorité de la chose jugée, V. aussi art. 794.

Art. 788 Le juge de la mise en état exerce tous les pouvoirs nécessaires à la communication, à l'obtention et à la production des pièces. — *[Ancien art. 770.]*

1. Communication, obtention et production des pièces. V. art. 11 et 132 s.

2. Retrait des pièces des débats. Consacre la méconnaissance par le juge de la mise en état de l'étendue de ses pouvoirs et viole les art. 763 à 772-1, dans leur rédaction antérieure au Décr. n° 2019-1333 du 11 déc. 2019, la cour d'appel qui pour déclarer irrecevable l'appel formé contre l'ordonnance du juge de la mise en état, retient que la décision de ce juge étant insusceptible de recours immédiat, les appelants sont recevables en leur appel-nullité, mais qu'il leur appartient d'établir que ce juge, en ordonnant le retrait de pièces des débats, peu important la nature de ces pièces, a commis un excès de pouvoir, qu'ils sont défaillants dans l'administration de cette preuve, seule la compétence du juge de la mise en état ayant fait débat et non pas la demande dont il était saisi qui excéderait ses pouvoirs, et que le juge de la mise en état ne s'est pas attribué un pouvoir qu'il n'avait pas mais a éventuellement exercé une compétence qu'il n'avait pas, alors qu'il résulte de ces textes, fixant de façon limitative les attributions du juge de la mise en état, que seul le TGI dispose du pouvoir d'écarter des pièces du débat auquel donne lieu l'affaire dont cette juridiction est saisie. • Civ. 2e, 25 mars 2021, n° 19-16.216 P.

Art. 789 Lorsque la demande est présentée postérieurement à sa désignation, le juge de la mise en état est, jusqu'à son dessaisissement, seul compétent, à l'exclusion de toute autre formation du tribunal, pour :

1° Statuer sur les exceptions de procédure, les demandes formées en application de l'article 47 et les incidents mettant fin à l'instance ;

Les parties ne sont plus recevables à soulever ces exceptions et incidents ultérieurement à moins qu'ils ne surviennent ou soient révélés postérieurement au dessaisissement du juge ;

2° Allouer une provision pour le procès ;

3° Accorder une provision au créancier lorsque l'existence de l'obligation n'est pas sérieusement contestable. Le juge de la mise en état peut subordonner l'exécution de sa décision à la constitution d'une garantie dans les conditions prévues aux articles 514-5, 517 et 518 à 522 ;

4° Ordonner toutes autres mesures provisoires, même conservatoires, à l'exception des saisies conservatoires et des hypothèques et nantissements provisoires, ainsi que modifier ou compléter, en cas de survenance d'un fait nouveau, les mesures qui auraient déjà été ordonnées ;

5° Ordonner, même d'office, toute mesure d'instruction ;

6° Statuer sur les fins de non-recevoir.

Lorsque la fin de non-recevoir nécessite que soit tranchée au préalable une question de fond, le juge de la mise en état statue sur cette question de fond et sur cette fin de non-recevoir. Toutefois, dans les affaires qui ne relèvent pas du juge unique ou qui ne lui sont pas attribuées, une partie peut s'y opposer. Dans ce cas, et par exception aux dispositions du premier alinéa, le juge de la mise en état renvoie l'affaire devant la formation de jugement, le cas échéant sans clore l'instruction, pour qu'elle statue sur cette question de fond et sur cette fin de non-recevoir. Il peut également ordonner ce renvoi s'il l'estime nécessaire. La décision de renvoi est une mesure d'administration judiciaire.

Le juge de la mise en état ou la formation de jugement statuent sur la question de fond et sur la fin de non-recevoir par des dispositions distinctes dans le dispositif de l'ordonnance ou du jugement. La formation de jugement statue sur la fin de non-recevoir même si elle n'estime pas nécessaire de statuer au préalable sur la question de fond. Le cas échéant, elle renvoie l'affaire devant le juge de la mise en état.

Les parties ne sont plus recevables à soulever ces fins de non-recevoir au cours de la même instance à moins qu'elles ne surviennent ou soient révélées postérieurement au dessaisissement du juge de la mise en état. — *[Ancien art. 771.]*

L'art. 4 du Décr. n° 2019-1333 du 11 déc. 2019 est applicable aux instances en cours au 1er janv. 2020 (Décr. préc., art. 55-I).

Cependant, les dispositions des 3° et 6° de l'art. 789 dans sa rédaction issue du Décr. n° 2019-1333 du 11 déc. 2019, art. 4-I sont applicables aux instances introduites à compter du 1er janv. 2020 (Décr. préc., art. 55-II ; rect. par Décr. n° 2019-1419 du 20 déc. 2019, art. 22-I-5°).

A. COMPÉTENCE DU JUGE DE LA MISE EN ÉTAT

1° EXCEPTIONS DE PROCÉDURE ET INCIDENTS METTANT FIN À L'INSTANCE

1. Compétence du conseiller de la mise en état. Le conseiller de la mise en état, dont les attributions ne concernent que les exceptions de procédure et les incidents relatifs à l'instance d'appel, n'est pas compétent pour statuer sur une exception de procédure relative à la première instance (juris. rendue ss. anc. art. 910, auj. 907). • Cass., avis., 2 avr. 2007, n° 00-70.007 P : *D. 2007. AJ 1208, obs. Avena-Robardet ; ibid. Pan. 2432, obs. Fricero ; RTD civ. 2007. 639, obs. Perrot ; JCP 2007. Actu. 182, obs. Salati ; Gaz. Pal. 15-17 avr. 2007, p. 15, note E. Julien ; Procédures 2007, n° 160, note Perrot ; Dr. et pr. 2007. 270, note Salati ; Dr. et patr., janv. 2008, p. 105, obs. Amrani-Mekki* • Civ. 2e, 7 mai 2008, n° 07-14.784 P : *D. 2008. AJ 1489 ; ibid. Chron. C. cass. 2373, obs. Sommer et Nicoletis ; Gaz. Pal. 2009. 2714, n° 1935, obs. du Rusquec* • 18 déc. 2008, n° 07-17.299 : *Procédures 2009, n° 103, note Perrot ; RTD civ. 2009. 171, obs. Perrot* • Civ. 1re, 8 juill. 2009, n° 08-17.401 P : *D. 2009. AJ 1981 ; RJPF 11/2009. 28, obs. Casey.*

2° SURSIS À STATUER

2. Sursis à statuer. BIBL. Cholet, *Gaz. Pal. 2008. Doctr. 3306* (le sursis à statuer au cours de la mise en état). ♦ Sur la compétence du juge de la mise en état pour ordonner un sursis à statuer, V. disant n'y avoir lieu à avis, la question n'étant pas nouvelle : • Cass., avis, 29 sept. 2008, n° 08-00.008 P : *BICC 1er déc. 2008, n° 8, R. Paul-Loubière et obs. Maynial ; R. 2008. 408.* ♦ V. déjà si les demandes de sursis à statuer font partie d'un titre du C. pr. civ. consacré aux incidents d'instance, la jurisprudence les soumet néanmoins au régime des exceptions de procédure de sorte qu'elles relèvent de la compétence du juge de la mise en état. • Cass., avis, 10 juill. 2006, n° 0060006 : *JCP 2006. Actu. 347.* ♦ Viole l'art. 771, 1°, (auj. 789) C. pr. civ. une cour d'appel qui, pour déclarer irrecevable une demande de sursis à statuer, retient que le sursis à statuer prévu à l'art. 378 C. pr. civ. est un incident d'instance qui ne met pas fin à celle-ci alors que la demande de sursis à statuer constitue une exception de procédure. • Com. 7 janv. 2014, n° 11-24.157 P : *D. 2014. Actu. 151 ; ibid. 2014. Pan. 1071, note Jault-Seseke ; ibid. 1976, note d'Avout ; JCP 2014. 436, n° 6, obs. Amrani Mekki ; Gaz. Pal. 18 mars 2014, p. 29, note Morel-Maroger ; BJB 2014. 145, note Tenenbaum ; LPA 18 nov. 2014, p. 18, note Brière.*

3° PROVISION AD LITEM

3. Provision pour le procès. Le juge de la mise en état peut allouer une provision pour le procès et il est seul compétent pour le faire jusqu'à son dessaisissement. • Paris, 2 févr. 1981 : *D. 1981. 502, note Bettinger.*

4° PROVISION AU CRÉANCIER

4. Domaine. Si aucun texte ne prévoit expressément la possibilité de condamner une partie à verser à son adversaire une provision à ce titre, si ce n'est dans le cadre du divorce, l'art. 771, 2° (auj. 789) confère ce pouvoir au juge de la mise en état et donc avant sa saisine au juge des référés, sans réserver cette occurrence aux instances entre époux (litige entre une banque et un syndic de copropriété). • Paris, 30 mai 2008 : *JCP 2008. I. 206, n° 18, obs. S. Amrani Mekki.*

5. Montant. Le montant de la provision n'a d'autre limite que le montant non contestable de la dette alléguée. • Com. 20 janv. 1981, n° 79-13.050 P : *Gaz. Pal. 1981. 1. 332, note Bertin.*

6. Conditions. Encore faut-il que l'obligation ne soit pas sérieusement contestable. • Civ. 3e, 18 févr. 1987, n° 84-15.854 P. ♦ Pour un ex. de provision refusée (faute de preuve de la responsabilité des personnes assurées), V. • Paris, 7 mai 2002 : *Gaz. Pal. 15-17 sept. 2002, p. 14.* ♦ ... La Cour de cassation exerçant son contrôle. • Civ. 2e, 9 mars 1978, n° 76-11.916 P. ♦ Viole l'article 771, alinéa 3 C. pr. civ. (auj. 789) l'arrêt, statuant en appel d'une ordonnance du juge de la mise en état, qui, pour condamner un marchand de biens ayant rénové un immeuble dont il a vendu les appartements à payer une provision à un acquéreur, invoquant l'existence de désordres, se prononce sur la qualification et la recevabilité de l'action ainsi que sur l'existence d'une faute du vendeur. • Civ. 3e, 24 févr. 1988, n° 86-14.488 P.

7. La règle selon laquelle « le criminel tient le civil en l'état » est inapplicable devant le juge de la mise en état saisi d'une demande de provision. • TGI Béthune, 4 févr. 2000 : *D. 2000. IR 100 ; Procédures 2000, n° 115, note Perrot.*

5° MESURES PROVISOIRES

8. Illustrations. Le juge de la mise en état est compétent pour condamner à titre provisoire l'un des époux à payer, conformément à ses engagements, les charges et les mensualités d'un prêt afférent à l'appartement commun. • Civ. 2e, 13 mai 1981, n° 80-11.227 P. ♦ L'administration de la masse partageable étant nécessaire pendant la durée de l'action en partage, le juge de la mise en état est compétent pour ordonner la nomination d'un administrateur provisoire de la succession. • Civ. 2e, 24 mars 1980, n° 78-14.379 P. ♦ En revanche, les attributions conférées au conseiller de la mise en état par l'art. 910 anc. (auj 907), ainsi que par l'art. 771 (auj 789), ne lui permettent pas de désigner un mandataire ad hoc chargé de représenter une société précédemment liquidée. • Cass., avis, 2 mai 1994, nº 09-40.006 P.

9. Matière familiale. Sur l'articulation entre la disposition générale de l'art. 771 (auj. 789) et les dispositions spéciales prévues en matière familiale par les art. 1083 et 1119, V. • Paris, 18 juill. 2002 : *Bull. ch. avoués 2003. 1. 25.*

6º MESURES D'INSTRUCTION

10. Appréciation de l'opportunité. Le magistrat de la mise en état a, sans excéder ses pouvoirs, apprécié l'opportunité d'ordonner la mesure d'instruction sollicitée, compte tenu des circonstances de la cause. • Civ. 3e, 9 oct. 1991, nº 89-20.089 P.

11. Demande de nullité de l'expertise. La demande de nullité de l'expertise, si elle est soumise au régime des nullités de procédure en application de l'art. 175 C. pr. civ., ne constitue pas une exception de procédure au sens de l'art. 73 du même code. Viole en conséquence cet article l'arrêt qui déclare irrecevable la demande de nullité de l'expertise judiciaire présentée au tribunal, au motif qu'elle relève du juge de la mise en état. • Civ. 2e, 31 janv. 2013, nº 10-16.910 P.

B. EXCLUSIVITÉ DE LA COMPÉTENCE DU JUGE DE LA MISE EN ÉTAT

12. Incompétence du juge des référés. A partir de la désignation du juge de la mise en état, le juge des référés est incompétent pour accorder une provision. • Civ. 2e, 9 déc. 1976, nº 76-10.130 P : *D. 1978. 329, note Donnier ; RTD civ. 1977. 360, obs. Normand* • 21 mai 1979, nº 78-11.723 P.

13. Limite à l'incompétence du juge des référés. Le caractère exclusif des attributions du juge de la mise en état ne joue que si la demande est présentée au juge des référés postérieurement à la désignation du juge de la mise en état. • Civ. 2e, 18 mars 1998, nº 96-18.510 P. ♦ Le juge des référés est compétent dès lors que la demande lui avait été présentée avant la désignation du juge de la mise en état. • Civ. 2e, 11 janv. 1995, nº 93-12.889 P. ♦ Mais le juge des référés est tenu de vérifier et d'énoncer dans son ordonnance qu'aucun juge de la mise en état n'a été désigné à la suite d'une instance au fond tendant aux mêmes fins et opposant les mêmes parties. • Paris, 8 avr. 1987 : *Gaz. Pal. 1987. 1. 291, note Caratini.* ♦ Le juge de la mise en état qui est dessaisi dès l'ouverture des débats devant le tribunal même si ceux-ci portent sur un sursis à statuer, n'est pas compétent pour statuer sur une demande de provision qui relève alors de la compétence du juge des référés. • Civ. 3e, 22 juin 2005, nº 04-12.364 P.

14. Autre formation du tribunal. Il résulte de l'article 771 C. pr. civ. (auj. 789), que, tenues, à peine d'irrecevabilité, de soulever les exceptions de procédure devant le juge de la mise en état, seul compétent, jusqu'à son dessaisissement, pour statuer sur celles-ci, les parties ne sont plus recevables à les soulever ultérieurement à moins qu'elles ne surviennent ou soient révélées postérieurement au dessaisissement du juge. La demande de nullité de l'assignation pour défaut de constitution d'avocat constitue une exception de procédure qui relève de la compétence exclusive du JME. • Civ. 2e, 10 nov. 2010, nº 08-18.809 P : *BICC 1er mars 2011, nº 293 ; D. 2010. Actu. 2711 ; ibid. 2011. Pan. 265, obs. Fricero ; Procédures 2011, nº 6, note Perrot.* ♦ Lorsque la demande est présentée postérieurement à sa désignation, le juge de la mise en état est, jusqu'à son dessaisissement, seul compétent, à l'exclusion de toute autre formation du tribunal pour allouer une provision. • Civ. 2e, 18 juin 1986, nº 84-17.649 P : *Gaz. Pal. 1986. 2. Pan. 238.* ♦ Lorsqu'une demande est présentée postérieurement à la désignation du magistrat chargé de la mise en état, celui-ci est, jusqu'à son dessaisissement, seul compétent à l'exclusion de toute autre formation de la juridiction, pour modifier ou compléter, en cas de survenance d'un fait nouveau, les mesures qui auraient déjà été ordonnées. Une cour d'appel étant saisie de l'appel contre une décision d'un juge aux affaires matrimoniales ayant, après divorce, statué sur la résidence d'un enfant mineur, encourt la cassation l'ordonnance du premier président qui, saisi par voie de référé, retient que l'art. 956 C. pr. civ. lui conférait le pouvoir d'ordonner toute mesure que justifiait l'existence d'un différend alors que le conseiller de la mise en état était déjà désigné (CME par renvoi de 910, auj. 907). • Civ. 2e, 28 févr. 1996, nº 93-19.742 P. ♦ Selon l'art. 771 (auj. 789) C. pr. civ., le juge de la mise en état est, jusqu'à son dessaisissement, seul compétent, à l'exclusion de toute autre formation du tribunal, pour statuer sur les exceptions de procédure. En matière d'incident de péremption, si celui-ci n'a pas été porté devant le conseiller de la mise en état avant son dessaisissement, la formation de jugement a compétence pour statuer (CME par renvoi de l'art. 910, auj. 907). • Civ. 2e, 12 juin 2003, nº 01-10.813 P.

15. Le moyen tiré de l'existence d'une clause attribuant compétence au tribunal de commerce pour connaître des difficultés d'application d'un protocole transactionnel constitue une exception de procédure. Dès lors, celui qui s'en prévaut n'est pas, en application des art. 771, 1º, (auj. 789) et 75 s., recevable à l'invoquer devant la formation de jugement, le JME ayant, postérieurement à sa désignation et jusqu'à son dessaisissement, seul compétence à l'exclusion de toute autre formation du tribunal pour statuer sur les exceptions de procédure à moins qu'elles ne surviennent ou ne soient révélées postérieurement à son dessaisissement. • Com. 4 juin 2013, nº 11-26.961 : *JCP 2013. 1225, nº 2, obs. Serinet.*

16. Procédure sur requête. En revanche, seul le premier président peut, au cours de l'instance d'appel, ordonner sur requête toutes mesures urgentes relatives à la sauvegarde des droits d'une partie lorsque les circonstances exigent qu'elles ne soient pas prises contradictoirement. • Civ. 3e, 17 nov. 1981, nº 80-10.372 P.

17. Date de saisine. V. notes ss. art. 780.

18. Portée de l'exclusivité. L'art. 771 (auj. 789), relatif à l'exclusivité de la compétence du juge de la mise en état, n'est applicable qu'aux instances pendantes devant les formations d'une même juridiction. Dès lors, la cour d'appel saisie de l'appel d'une ordonnance de référé qui constate que le TGI (auj. TJ) a été saisi au fond reste compétente sans avoir à rechercher si un juge de la mise en état a été désigné (demande d'arrêt de travaux entrepris bien que non autorisés par une assemblée générale de copropriétaires). • Civ. 3e, 14 oct. 1981, nº 80-11.842 P.

Art. 790 **Le juge de la mise en état peut statuer sur les dépens et les demandes formées en application de l'article 700.** – *[Ancien art. 772.]*

Art. 791 **Le juge de la mise en état est saisi par des conclusions qui lui sont spécialement adressées distinctes des conclusions au sens de l'article 768** *(Décr. nº 2019-1380 du 17 déc. 2019,art. 2, en vigueur le 1er janv. 2021)* **« , sous réserve des dispositions de l'article 1117 ».** – *[Ancien art. 772-1.]*

Les requêtes en divorce ou en séparation de corps introduites avant le 1er janv. 2021 sont traitées selon les règles en vigueur avant cette date (Décr. nº 2019-1380 du 17 déc. 2019, art. 15 ; rect. par Décr. nº 2019-1419 du 20 déc. 2019, art. 22-II et Décr. nº 2020-950 du 30 juill. 2020, art. 4).

1. Conclusions comportant des moyens de fond. Le magistrat de la mise en état n'est saisi des demandes relevant de sa compétence que par les conclusions qui lui sont spécialement adressées. Est donc irrecevable l'incident soulevé dans des conclusions qui comportent en outre des moyens et demandes au fond. • Civ. 2e, 12 mai 2016, nº 14-28.086 P : *D. actu. 30 mai 2016, obs. M. Kebir ; D. 2016. 1290, note Bléry ; ibid. 1886, obs. Adida-Canac, Vasseur et de Leiris ; JCP 2016. 1154, note Mas : ibid. 1296, nº 7, obs. L. Mayer ; Gaz. Pal. 30 août 2016, p. 56, obs, Amrani Mekki.*

2. Procédure d'appel. Pour une disposition similaire, V. art. 914.

Art. 792 **Les mesures prises par le juge de la mise en état sont l'objet d'une simple mention au dossier ; avis en est donné aux avocats.**

Toutefois, dans les cas prévus aux articles 787 à 790, le juge de la mise en état statue par ordonnance motivée sous réserve des règles particulières aux mesures d'instruction. – *[Ancien art. 773.]*

Art. 793 **L'ordonnance est rendue, immédiatement s'il y a lieu, les avocats entendus ou appelés.**

Les avocats sont convoqués à l'audience par le juge de la mise en état.

En cas d'urgence, une partie peut, par notification entre avocats, inviter l'autre à se présenter devant le juge aux jour, heure et lieu fixés par celui-ci. – *[Ancien art. 774.]*

Art. 794 **Les ordonnances du juge de la mise en état n'ont pas, au principal, l'autorité de la chose jugée à l'exception de celles statuant sur les exceptions de procédure, sur les fins de non-recevoir, sur les incidents mettant fin à l'instance et sur la question de fond tranchée en application des dispositions du 6º de l'article 789.** – *[Ancien art. 775.]*

1. Liquidation d'astreinte. Viole l'art. 775 (auj. 794) la cour d'appel qui dénie aux premiers juges saisis du litige au principal le pouvoir de statuer sur la liquidation d'une astreinte définitive déjà liquidée par le juge de la mise en état au prétexte qu'ainsi, les premiers juges se seraient érigés en juridiction d'appel. • Civ. 2e, *27 mai 1983, nº 81-15.659 P : RTD civ. 1983. 790, obs. Perrot ; Gaz. Pal. 1983. 2. Pan. 254.*

2. Ordonnance statuant sur une exception de procédure. Les ordonnances du juge de la mise en état statuant sur une exception de procédure ont autorité de la chose jugée en application de l'art. 775 (auj. 794). • Civ. 2e, 23 juin 2016, nº 15-13.483 P : *D. 2016. 1867 ; Procédures 2016, nº 279, obs. Strickler ; JCP 2016. 1296, obs. L. Mayer.* ♦ (...), qu'elles mettent ou non fin à l'instance. • Civ. 2e, 9 janv. 2020, nº 18-21.997 P : *D. actu. 7 févr. 2020, note Kebir ; D. 2020. 88 ; Rev. prat. rec. 2020. 8, obs. Salati.* ♦ *Contra*, antérieurement, jugeant que c'est seulement lorsque, en statuant sur une exception de procédure, l'ordonnance du conseiller de la mise en état met fin à l'instance que cette ordonnance a, au principal, l'autorité de la chose jugée. Dès lors, une ordonnance ayant rejeté l'exception de nullité de l'assignation, la validité de l'acte peut être remise en cause devant la cour d'appel (proc. appel par renvoi de l'art. 910, auj. 907). • Civ. 2e, 13 mars 2008, n° 07-11.384 P : *JCP 2008. II. 10076, note Salati ; Procédures 2008, n° 134, note Perrot. – Adde* : • Cass., avis, 29 sept. 2008, n° 08-00.007 P : *BICC 1er déc. 2008, n° 7, R. Paul-Loubière et obs. Maynial ; R. 2008. 408 ; RLDC 2/2009. 63, obs. Beignier.*

3. Décision dépourvue d'autorité de la chose jugée. Si le juge de la mise en état a le pouvoir de constater l'extinction de l'instance, par exemple en raison d'une transaction, sa décision n'a pas au principal l'autorité de chose jugée. • Civ. 2e, 3 mai 1990, n° 88-19.953 P. ♦ Les décisions du juge de la mise en état dépourvues d'autorité de la chose jugée sont atteintes par la péremption de l'instance au cours de laquelle elles ont été prononcées. • Civ. 2e, 23 sept. 1998, n° 96-13.271 P : *Procédures 1999, n° 178, obs. Perrot.*

Art. 795 Les ordonnances du juge de la mise en état *(Décr. n° 2020-1452 du 27 nov. 2020, art. 1er-11°-a, en vigueur le 1er janv. 2021)* « et les décisions rendues par la formation de jugement en application du neuvième alinéa de l'article 789 » ne sont pas susceptibles d'opposition.

Elles ne peuvent être frappées d'appel ou de pourvoi en cassation qu'avec le jugement statuant sur le fond.

Toutefois, elles sont susceptibles d'appel dans les cas et conditions prévus en matière d'expertise ou de sursis à statuer.

Elles le sont également, dans les quinze jours à compter de leur signification, lorsque :

1° Elles statuent sur un incident mettant fin à l'instance, elles ont pour effet de mettre fin à celle-ci ou elles en constatent l'extinction ;

2° Elles statuent sur une exception de procédure ou une fin de non-recevoir ; *(Décr. n° 2020-1452 du 27 nov. 2020, art. 1er-11°-b, en vigueur le 1er janv. 2021)* « lorsque la fin de non-recevoir a nécessité que soit tranchée au préalable une question de fond, l'appel peut porter sur cette question de fond ; »

3° Elles ont trait aux mesures provisoires ordonnées en matière de divorce ou de séparation de corps ;

4° Dans le cas où le montant de la demande est supérieur au taux de compétence en dernier ressort, elles ont trait aux provisions qui peuvent être accordées au créancier au cas où l'existence de l'obligation n'est pas sérieusement contestable. – *[Ancien art. 776.]*

L'art. 1er-11° du Décr. n° 2020-1452 du 27 nov. 2020 s'applique aux instances en cours au 1er janv. 2021 (Décr. préc., art. 12).

A. APPEL

1° MOMENT

a. Appel avec le jugement sur le fond

1. Mesures provisoires en matière de filiation. L'al. 3 [2] de l'art. 776 (auj. 795) étant d'interprétation stricte, doivent en être exclues les mesures provisoires relatives à la garde et au droit de visite en matière de filiation naturelle. • Paris, 6 nov. 1986 : *Gaz. Pal. 1987. 1. 39, note Bertin.*

2. Refus de donner injonction et de procéder à des mises en cause. Pas d'appel immédiat contre la décision du juge de la mise en état refusant de donner injonction de communiquer un dossier pénal et refusant de procéder à diverses mises en cause. • Civ. 2e, 7 oct. 1992, n° 91-11.120 P.

b. Appel immédiat

3. Ordonnance ne mettant pas fin à l'instance. Il résulte de l'art. 776, 1° (auj. 795) C. pr. civ. que, même lorsqu'elles ne mettent pas fin à l'instance, les ordonnances du juge de la mise en état statuant sur un incident de nature à y mettre fin peuvent être frappées d'appel indépendamment du jugement sur le fond. En conséquence, est recevable l'appel formé contre l'ordonnance du juge de la mise en état rejetant un incident de péremption d'instance. • Civ. 2e, 11 juill. 2013, n° 12-15.994 P : *D. 2013. Actu. 1840 ; ibid. 2014. Cass. Chron. 571, n° 8, obs. de Leiris ; Procédures 2013, n° 276, note Perrot.*

4. Exception de procédure. Pour un rappel de ce que les ordonnances du juge de la mise en état sont susceptibles d'appel quand elles statuent sur une exception de procédure, V. : • Civ. 2e, 14 mai 2009, n° 08-10.292 P : *D. 2009. AJ 1544 ; Gaz. Pal. 2010. Somm. 3854* (exception de nullité de l'assignation pour vice de forme tenant à la désignation du défendeur par l'enseigne sous laquelle il exerce son activité) • Civ. 2e, 26 sept. 2013, n° 12-20.493. ♦ Est susceptible d'appel l'ordonnance du juge de la mise en état qui tranche une exception d'incompétence soulevée *in limine litis* par une partie appelée en intervention forcée, dès lors que les dispositions de l'art. 333, qui interdisent au tiers mis en cause de décliner la compétence territoriale de la juridiction devant laquelle il est attrait, sont sans incidence sur l'exercice du droit d'appel visé à l'art. 776 (auj. 795). • Versailles, 6 juin 2002 : *préc.* ♦ L'appel immédiat est possible sans autorisation préalable du premier président lorsque le juge de la mise en état a non seulement statué sur sa compétence, mais également accordé une provision. • Aix-en-Provence, 14 févr. 1983 : *Gaz. Pal. 1983. 1. 315, note Dubreuil.*

5. Caducité. L'appel immédiat est possible contre l'ordonnance qui constate la caducité de l'assignation. • Paris, 13 déc. 1979 : *Bull. ch. avoués 1980. 27.*

6. Pluralité de recours. Si l'appel est en principe uniquement ouvert avec le jugement sur le fond, il importe en revanche peu que ce ne soit pas la même partie qui interjette appel du jugement sur le fond et de l'ordonnance du juge de la mise en état. Viole l'art. 776 (auj. 795) C. pr. civ. la cour d'appel qui, pour déclarer irrecevable l'appel de la veuve d'un *de cujus* et dire n'y avoir lieu à jonction de l'instance introduite par cet appel avec celle ouverte par l'appel des héritiers dudit défunt, retient que les ordonnances du juge de la mise en état ne peuvent être frappées d'appel que si la partie concernée a aussi interjeté appel du jugement sur le fond, alors qu'une partie est recevable à former un appel dirigé contre l'ordonnance non susceptible d'appel immédiat rendue par un juge de la mise en état lorsqu'une autre partie a fait appel du jugement prononcé sur le fond dans la même instance, les deux recours devant être jugés ensemble. • Civ. 2e, 15 mars 2012, n° 10-23.694 P : *D. 2012. Actu. 85 ; Gaz. Pal. 25-26 mai 2012, p. 42, note Raschel.*

7. Expertise. V., art. 272 et notes ss. art. 272. – Comp. : • Paris, 6 juill. 1973 : *JCP 1973. IV. 6347, obs. J. A.* • 16 juin 1973 : *Gaz. Pal. 1973. 2. 816 ; RTD civ. 1973. 19, obs. Raynaud* (appel immédiat possible sans autorisation contre l'ordonnance ayant décidé d'une expertise en matière de divorce ou de séparation de corps).

8. Sursis à statuer. V. art. 380 et notes ss. art. 380.

2° PROCÉDURE

a. Principe : renvoi à l'art. 905

9. Procédure à bref délai. V. art. 905 et notes ss. art. 905.

10. Signification. La signification visée par l'al. 3 de l'art. 776 (auj. 795) ne peut résulter que d'un acte d'huissier. • Paris, 26 juin 1973 : *Gaz. Pal. 1973. 2. 815 ; RTD civ. 1973. 196, obs. Raynaud.*

b. Exception

11. Ordonnance statuant exclusivement sur la compétence. Il résulte des articles 83, 84 et 85 C. pr. civ., dans leur rédaction issue du Décr. n° 2017-891 du 6 mai 2017, que, nonobstant toute disposition contraire, l'appel dirigé contre la décision de toute juridiction du premier degré se prononçant sur la compétence sans statuer sur le fond du litige relève, lorsque les parties sont tenues de constituer un avocat, de la procédure à jour fixe et qu'en ce cas, l'appelant doit saisir, dans le délai d'appel, le premier président de la cour d'appel en vue d'être autorisé à assigner l'intimé à jour fixe. L'application de ces textes spécifiques à l'appel d'une ordonnance d'un juge de la mise en état statuant sur la compétence du TGI se fonde sur la lettre et la finalité de l'ensemble du dispositif, dont l'objectif, lié à la suppression du contredit, était de disposer d'une procédure unique et rapide pour l'appel de tous les jugements statuant sur la compétence. • Civ. 2e, 2 juill. 2020, n° 19-11.624 P. ♦ V. art. 83 et notes ss. art. 83.

B. POURVOI EN CASSATION

12. Irrecevabilité du pourvoi en cassation immédiat. Les ordonnances du juge de la mise en état ne sont pas susceptibles d'un pourvoi en cassation indépendamment du jugement sur le fond. • Civ. 1re, 11 juin 1981, n° 79-16.499 P.

13. Irrecevabilité du pourvoi contre l'arrêt d'appel. En vertu de l'art. 776 (auj. 795), est irrecevable le pourvoi formé contre l'arrêt qui a statué sur l'appel d'une ordonnance du juge de la mise en état (arrêt d'appel confirmant une ordonnance du juge de la mise en état accordant une provision et décidant qu'une partie aurait un recours en garantie contre des tiers). • Com. 7 juill. 1987, n° 86-10.324 P : *Gaz. Pal. 1988. 2. Somm. 269, obs. Guinchard et Moussa* • Civ. 2e, 7 févr. 1985, n° 83-17.018 P : *D. 1985. IR 263, obs. Julien* (arrêt rendu sur appel d'une ordonnance du juge de la mise en état se bornant à refuser une provision) • 31 mai 1985, n° 84-11.516 P : *D. 1985. IR 468, obs. Julien* (irrecevabilité du pourvoi contre un arrêt rendu sur appel d'une ordonnance du juge de la mise en état ayant accordé une provision et ordonné une expertise) • Civ. 2e, 17 janv. 1990, n° 88-18.614 P. – V. aussi • Civ. 1re, 27 oct. 1992, n° 90-15.258 P (provision) • Cass., ass. plén., 5 déc. 1997, n° 95-17.858 P : *préc. note 1 ss. art. 607.* ♦ *Contra* la cour d'appel ayant épuisé sa saisine : • Civ. 3e, 6 mai 1987, n° 85-17.118 P : *JCP* 1987. IV. 230.

Art. 796 Le juge de la mise en état contrôle l'exécution des mesures d'instruction qu'il ordonne, sous réserve des dispositions du troisième alinéa de l'article 155. – *[Ancien art. 777.]*

Art. 797 Dès l'exécution de la mesure d'instruction ordonnée, l'instance poursuit son cours à la diligence du juge de la mise en état. – *[Ancien art. 778.]*

SECTION III LA CLÔTURE DE L'INSTRUCTION ET RENVOI À L'AUDIENCE DE PLAIDOIRIE

Art. 798 La clôture de l'instruction, dans les cas prévus aux articles 778, 779, 799 et 800, est prononcée par une ordonnance non motivée qui ne peut être frappée d'aucun recours. Copie de cette ordonnance est délivrée aux avocats. – *[Ancien art. 782.]*

BIBL. ▶ LARHER, *Rev. jur. Ouest 1988. 159* (jurisprudence des cours d'Angers et de Rennes). – LAROCHE DE ROUSSANE, *Dr. et patr. 1993. 63* (stratégie de la clôture). – PELLOQUIN, *Gaz. Pal. 1968. 2. Doctr. 39* (ordonnance de clôture).

1. Mention dans le jugement (non). Aucun texte n'impose au tribunal de faire mention dans son jugement de la date de l'ordonnance de clôture. • Civ. 1re, 4 mai 1973, n° 72-11.289 P • Civ. 2e, 3 oct. 1973, n° 72-10.683 P • Com. 20 janv. 1975, n° 73-14.915 : *D. 1975. IR 173* • Civ. 3e, 4 janv. 1977, n° 75-10.767 P : *D. 1977. IR 232, obs. Julien* • Com. 17 janv. 1989, n° 87-18.519.

2. Respect du délai de comparution. L'ordonnance de clôture ayant été rendue avant l'expiration du délai légal de comparution, la suite de la procédure est nulle en raison de la violation des droits de la défense. • Civ. 2e, 28 mai 1970, n° 69-13.467 P : *D. 1970. 547 ; Rec. gén. lois 1970. 188, obs. Boyer ; RTD civ. 1970. 821, obs. Raynaud*, cassant • Nancy, 28 mai 1969 : *D. 1970. 251, note Lobin ; RTD civ. 1970. 624, obs. Raynaud.* ♦ Est nulle l'ordonnance de clôture rendue avant que l'intervenant forcé n'ait pu conclure dans les quinze jours impartis dans l'assignation. • Civ. 1re, 28 nov. 1978, n° 77-13.357 P.

3. Absence d'ordonnance de clôture. Sanction. L'absence prétendue d'ordonnance de clôture, n'ayant pas fait l'objet de conclusions en appel, est un moyen nouveau irrecevable devant la Cour de cassation, car mélangé de fait et de droit. • Civ. 2e, 12 févr. 1976, n° 74-13.240 P.

Art. 799 Sauf dans le cas où il est fait application des dispositions du deuxième alinéa de l'article 781, le juge de la mise en état déclare l'instruction close dès que l'état de celle-ci le permet et renvoie l'affaire devant le tribunal pour être plaidée à la date fixée par le président ou par lui-même s'il a reçu délégation à cet effet. La date de la clôture doit être aussi proche que possible de celle fixée pour les plaidoiries.

S'il l'estime nécessaire pour l'établissement de son rapport à l'audience de plaidoirie, le juge de la mise en état peut demander aux avocats de déposer au greffe leur dossier, comprenant notamment les pièces produites, à la date qu'il détermine.

(Décr. n° 2021-1322 du 11 oct. 2021, art. 2-1°, en vigueur le 1er nov. 2021) « Le président ou le juge de la mise en état, s'il a reçu délégation à cet effet, peut également, à la demande des avocats, et après accord, le cas échéant, du ministère public, autoriser le dépôt des dossiers au greffe de la chambre à une date qu'il fixe, quand il lui apparaît que l'affaire ne requiert pas de plaidoiries. »

Lorsque les parties ont donné leur accord pour que la procédure se déroule sans audience conformément aux dispositions de l'article L. 212-5-1 du code de l'organisation judiciaire, le juge de la mise en état déclare l'instruction close dès que l'état de celle-ci le permet et fixe la date pour le dépôt des dossiers au greffe de la chambre. Le greffier en avise les parties et, le cas échéant, le ministère public.

Le juge de la mise en état demeure saisi jusqu'à l'ouverture des débats ou jusqu'à la date fixée pour le dépôt des dossiers des avocats. – *[Ancien art. 779.]*

Le Décr. n° 2021-1322 du 11 oct. 2021 est applicable aux instances en cours à la date de son entrée en vigueur (Décr. préc., art. 8-I).

1. Affaire en état d'être jugée. L'état de l'instruction permet le renvoi lorsque l'affaire est en état d'être jugée. • Civ. 2e, 30 mai 1980, n° 79-10.030 P : *Gaz. Pal. 1980. 2. 547, note Viatte.* ♦ Viole les art. 779 et 783 (auj. 799 et 802) l'arrêt qui, d'office, rejette les conclusions additionnelles déposées le jour de l'ordonnance de clôture, ainsi que des pièces communiquées quelques jours auparavant, au prétexte que le plaideur qui provoque la fixation de son affaire à une date plus proche que son tour de rôle a le devoir strict de respecter la contradiction des débats, alors que l'affaire ne doit être renvoyée à l'audience que lorsque l'état de l'instruction le permet. • Civ. 2e, 30 mai 1980, n° 79-10.030 P • 14 avr. 1983, nos 81-16.203 et 81-16.203 P. ♦ Viole l'art. 779 (auj. 799) ainsi que l'art. 910 (auj. 907) l'arrêt qui statue sur le fond, alors que l'appelant, qui n'avait conclu que sur la nullité de la procédure, n'a pas reçu injonction de conclure sur le fond. L'affaire est renvoyée devant la cour d'appel pour être plaidée lorsque l'état de l'instruction le permet (proc. appel par renvoi de 907). • Civ. 2e, 17 févr. 1988, n° 86-16.379 P : *Gaz. Pal. 1988. 2. Somm. 495, obs. Guinchard et Moussa.*

2. Délai entre l'ordonnance de clôture et l'audience. La règle relative à la fixation de l'audience de plaidoirie et du délai qui la sépare de l'ordonnance de clôture n'est pas sanctionnée par la nullité. Son non-respect ne constitue, par elle-même, une cause de révocation de l'ordonnance de clôture. • Civ. 2e, 24 avr. 1985, n° 83-15.803 P : *Gaz. Pal. 1985. 2. Pan. 362, obs. Guinchard et Moussa.* ♦ Mais un délai excessif pourrait éventuellement constituer le motif grave justifiant la révocation de l'ordonnance. • Paris, 7 juin 1978 : *Bull. ch. avoués 1978. 35.*

3. Provision postérieure à l'ordonnance de clôture. Le juge de la mise en état demeure compétent, en vertu de l'art. 779 (auj. 799) pour accorder une provision, sur le fondement de l'art. 771, 3°, (auj. 789) postérieurement à l'ordonnance de clôture. • Poitiers, 5 déc. 1995 : *JCP 1996. I. 3938, n° 22, obs. Cadiet.*

4. Ouverture des débats. La compétence du juge de la mise en état cesse une fois les débats ouverts, même si ceux-ci portent sur un sursis à statuer. • Civ. 3e, 22 juin 2005, n° 04-12.364 P.

5. Renvoi. Sur la recevabilité de conclusions déposées très peu de temps avant l'ordonnance de clôture, V. art. 802 et notes ss. art. 802.

6. Dépôt du dossier. Lorsque l'arrêt mentionne que les parties ont été autorisées à déposer leur dossier, cela signifie que l'autorisation a été sollicitée. • Civ. 2e, 10 févr. 2011, n° 09-70.577 P : *Procédures 2011, n° 131, note Perrot.* ♦ Il résulte de ce que le conseiller de la mise en état, à la demande des parties, avait autorisé les avocats à déposer leur dossier au greffe, que l'autorisation avait été sollicitée (proc. appel sur renvoi de l'art. 910, auj. 907). • Civ. 2e, 7 janv. 2016, n° 14-25.391 P : *D. actu. 20 janv. 2016, obs. Mélin.*

Art. 800 Si l'un des avocats n'a pas accompli les actes de la procédure dans le délai imparti, le juge peut ordonner la clôture à son égard, d'office ou à la demande d'une autre partie, sauf, en ce dernier cas, la possibilité pour le juge de refuser par ordonnance motivée non susceptible de recours. Copie de l'ordonnance est adressée à la partie défaillante, à son domicile réel ou à sa résidence.

Le juge rétracte l'ordonnance de clôture partielle, d'office ou lorsqu'il est saisi de conclusions à cette fin, pour permettre de répliquer à des demandes ou des moyens nouveaux présentés par une partie postérieurement à cette ordonnance. Il en est de même en cas de cause grave et dûment justifiée.

Si aucune autre partie ne doit conclure, le juge ordonne la clôture de l'instruction et le renvoi devant le tribunal. – *[Ancien art. 780.]*

Art. 801 Si les avocats s'abstiennent d'accomplir les actes de la procédure dans les délais impartis, le juge de la mise en état peut, d'office, après avis donné aux avocats, prendre une ordonnance de radiation motivée non susceptible de recours.

Copie de cette ordonnance est adressée à chacune des parties par lettre simple adressée à leur domicile réel ou à leur résidence. – *[Ancien art. 781.]*

Faculté. L'art. 781 (auj. 801) ouvre une faculté pour le juge, mais ne lui en fait pas une obligation et cette faculté suppose qu'aucune des parties n'ait accompli les actes de procédure dans les délais impartis, cette condition n'étant pas remplie du moment que l'intimé a conclu à la confirmation du jugement. • Civ. 2e, 16 déc. 1982 : *inédit ; Gaz. Pal. 1983. 1. Somm. 140, obs. Guinchard.*

Art. 802 Après l'ordonnance de clôture, aucune conclusion ne peut être déposée ni aucune pièce produite aux débats, à peine d'irrecevabilité prononcée d'office.

Sont cependant recevables les demandes en intervention volontaire, les conclusions relatives aux loyers, arrérages, intérêts et autres accessoires échus et aux débours faits jusqu'à l'ouverture des débats, si leur décompte ne peut faire l'objet d'aucune contestation sérieuse, ainsi que les demandes de révocation de l'ordonnance de clôture.

Sont également recevables les conclusions qui tendent à la reprise de l'instance en l'état où celle-ci se trouvait au moment de son interruption. – *[Ancien art. 783.]*

BIBL. ▶ BLAISSE, *JCP 1988. I. 3317* (pièces et conclusions tardives).

A. PRINCIPE

1° CONCLUSIONS ET PIÈCES DÉPOSÉES APRÈS L'ORDONNANCE DE CLÔTURE

1. *Irrecevabilité.* Les conclusions ou les pièces déposées après l'ordonnance de clôture, dont la révocation n'a pas été demandée ou prononcée d'office, sont irrecevables. • Civ. 2e, 11 juin 2008, n° 07-19.558 P: *D. 2009. Pan. 53, obs. Douchy-Oudot* • 4 juin 1975, n° 74-10.438 P • Civ. 1re, 3 févr. 1976, n° 74-13.138 P • 8 févr. 1977, n° 74-14.701 P : *D. 1977. IR 232, obs. Julien* • Civ. 2e, 16 juill. 1979, n° 77-15.659 P : *RTD civ. 1980. 614* • 27 mai 1983, n° 82-12.235 P • 5 juin 1985, n° 84-11.561 P : *Gaz. Pal. 1985. 2. Pan. 362* • 21 oct. 1987, n° 86-12.396 P : *RTD civ. 1987. 144, obs. Perrot* • 11 juill. 1994, n° 92-21.388 P • 7 déc. 1994, n° 92-20.661 P : *JCP 1995. II. 22458, note du Rusquec.* ♦ Les conclusions déposées postérieurement à un arrêt qui, refusant de révoquer l'ordonnance de clôture, enjoint à une partie de produire une pièce et ordonne la réouverture des débats, doivent être déclarées d'office irrecevables. • Civ. 3e, 7 sept. 2017, n° 16-18.777 P.

2. *Preuve.* La preuve que les pièces ou conclusions n'ont été produites ou déposées qu'après l'ordonnance de clôture incombe à celui qui se prévaut de cette tardiveté ; la référence par la décision à des documents fait présumer qu'ils ont été régulièrement produits. • Civ. 1re, 3 févr. 1976, n° 74-13.138 P.

3. *Prononcé d'office.* L'irrecevabilité des conclusions déposées après l'ordonnance de clôture est prononcée d'office. • Civ. 2e, 11 juin 2008, n° 07-19.558 : *préc.* • 3 nov. 1993, n° 90-16.609 P : *Gaz. Pal. 1994. 1. Pan. 60 et 61.* ♦ Il résulte de l'art. 783, al. 1er, C. pr. civ. (auj. 802) qu'après l'ordonnance de clôture, aucune conclusion ne peut être déposée ni aucune pièce produite aux débats à peine d'irrecevabilité prononcée d'office (proc. appel par renvoi de l'art. 910, auj. 907). • Civ. 1re, 11 juin 2008, n° 07-19.558 P.

4. *Principe de la contradiction.* Le juge qui relève d'office le moyen tiré de l'irrecevabilité de conclusions déposées après l'ordonnance de clôture n'a pas à inviter au préalable les parties à présenter leurs observations sur ce moyen. • Civ. 2e, 11 mars 1992, n° 90-19.699 : *Gaz. Pal. 7-9 févr. 1993, Somm., obs. Ferrand et Moussa.* ♦ Pour prononcer l'irrecevabilité, la juridiction n'a pas l'obligation de rouvrir les débats. • Civ. 2e, 10 janv. 1979, n° 77-11.676 P.

5. *Délai pour conclure.* Sur la nécessité qu'un délai pour conclure ait été donné pour écarter des conclusions postérieures à l'ordonnance de clôture, V. • Civ. 2e, 25 mars 1985, n° 83-14.080 P : *Gaz. Pal. 1985. 2. Somm. 254, obs. Guinchard et Moussa ; RTD civ. 1986. 183, obs. Perrot.* ♦ Sur l'absence de nécessité d'une injonction préalable, lorsqu'une partie a eu tout le temps nécessaire pour conclure et qu'elle connaissait la date de l'ordonnance de clôture. • Civ. 2e, 23 mars 1994, n° 92-19.505 P : *JCP 1994. IV. 1393* • Com. 9 nov. 1993, n° 90-18.815 P : *JCP 1994. IV. 78.*

6. *Conséquence de l'irrecevabilité.* Viole l'art. 783 (auj. 802) ainsi que l'art. 784 (auj. 803) l'arrêt qui s'est déterminé au vu de conclusions qui étaient irrecevables puisque déposées postérieurement à l'ordonnance de clôture. • Civ. 2e, 5 juin 1985, n° 84-11.561 P. ♦ Comp. pour la nécessité pour statuer sur des conclusions postérieures de révoquer l'ordonnance de clôture et rouvrir les débats : • Civ. 2e, 24 avr. 1989, n° 87-19.876 : *JCP 1990. II. 21489.* ♦ Rappr. : • Civ. 2e, 22 mars 2006, n° 04-13.555 P : *D. 2006. IR 1066* (nécessité dans une procédure d'appel, pour prendre en compte une pièce produite au cours du délibéré, après réouverture des débats, de révoquer l'ordonnance de clôture). ♦ Le fait de répondre dans sa décision à des conclusions irrecevables, puisque déposées après l'ordonnance de clôture, constitue de la part du juge un *ultra petita* susceptible du recours en retranchement de l'art. 464. • Civ. 2e, 25 oct. 1978, n° 77-12.667 P : *Gaz. Pal. 1979. 1. 81.*

7. *Distinction pièces-conclusions.* Sur la distinction entre la date à laquelle il faut se placer pour les pièces (qui doivent être communiquées avant la clôture) et pour les conclusions (qui doivent être déposées au greffe avant la clôture), V. • Com. 19 févr. 2002, n° 98-20.589 : *Procédures 2002, n° 88, obs. Perrot.*

2° CONCLUSIONS ET PIÈCES DÉPOSÉES LE JOUR MÊME DE L'ORDONNANCE DE CLÔTURE

8. *Recherche de l'antériorité ou de la postériorité.* Sont irrecevables les conclusions déposées le jour même de l'ordonnance de clôture, mais postérieurement à celle-ci. • Civ. 3e, 13 janv. 1981, n° 79-11.177 P : *D. 1983. IR 157, obs. Julien ; Gaz. Pal. 1981. 1. 290, note Viatte ; RTD civ. 1981. 897, obs. Perrot* • 13 nov. 2015, n° 15-10.844. ♦ Les conclusions déposées le jour de l'ordonnance de clôture sont réputées signifiées avant celle-ci, mais le juge doit rechercher si elles ont été déposées en temps utile. • Civ. 2e, 25 févr. 2010, n° 09-13.400. ♦ Mais il était jugé auparavant que doit être cassé l'arrêt qui, pour déclarer recevables des conclusions, se borne à constater qu'elles ont été déposées le jour de l'ordonnance de clôture, sans rechercher leur antériorité. • Com. 3 janv. 1991, n° 89-13.844 P.

9. *Irrecevabilité relevée d'office.* Doivent être déclarées d'office irrecevables des conclusions qui ont été notifiées directement d'avoué à avoué (auj. avocat à avocat), le jour de l'ordonnance de clôture, après la fermeture du greffe, ce qui reportait nécessairement leur dépôt au lendemain. • Civ. 1re, 16 juill. 1998, n° 96-14.306 P. ♦ Mais une partie, qui n'a élevé aucune contestation sur la recevabilité des conclusions, ne saurait, sous le couvert du défaut d'une recherche à laquelle la cour d'appel n'est pas tenue de procéder, invoquer ce grief pour la première fois devant la C. cass. (procédure d'appel). • Civ. 2e, 20 nov. 2003, n° 01-11.839 P : *D. 2003. IR 3005 ; Procédures 2004, n° 21, note Perrot.*

10. Preuve. En retenant que les conclusions déposées le jour de l'ordonnance de clôture n'étaient pas tardives, la cour d'appel a nécessairement constaté qu'elles étaient antérieures à l'ordonnance de clôture. • Civ. 2e, 11 janv. 2001, n° 98-15.033 P. ♦ Ayant relevé que l'appelant avait, le jour de l'ordonnance de clôture, pris des conclusions auxquelles l'intimé avait répliqué en demandant la révocation de l'ordonnance, la cour d'appel, qui n'avait pas à tenir compte des écritures tardives de l'intimé, a pu estimer que l'appelant avait voulu priver celui-ci de la possibilité de lui répondre et qu'il convenait de déclarer irrecevables ses conclusions. • Civ. 2e, 26 nov. 1990, n° 89-18.346 P.

3° CONCLUSIONS ET PIÈCES DÉPOSÉES AVANT L'ORDONNANCE DE CLÔTURE

11. Principe de la contradiction. Si des pièces ou des conclusions ont été déposées tardivement, c'est-à-dire peu de temps avant le moment prévu pour l'ordonnance de clôture, le juge de la mise en état doit veiller au respect des droits de la défense et éventuellement les écarter des débats. • Civ. 2e, 2 févr. 1977, n° 75-13.910 P : *RTD civ. 1977. 820, obs. Perrot* • 27 févr. 1985, n° 83-16.725 P : *Gaz. Pal. 1985. 2. Somm. 253, obs. Guinchard et Moussa ; RTD civ. 1985. 447, obs. Perrot* • 11 juill. 1988, n° 87-14.238 : *Gaz. Pal. 1988. 2. Pan. 253* • 11 oct. 1989, n° 88-13.707 P • 28 mai 1990, n° 89-11.664 P • 20 mars 1991, n° 89-21.560 P. ♦ Le magistrat de la mise en état n'est pas tenu de révoquer l'ordonnance de clôture. • Civ. 2e, 27 avr. 1981, n° 79-16.950 P : *Gaz. Pal. 1981. 2. 630, note Viatte ; RTD civ. 1981. 899, obs. Perrot* • 28 avr. 1982, n° 80-11.229 P : *Gaz. Pal. 1983. 1. 131, note du Rusquec ; D. 1983. IR 157, obs. Julien.* ♦ Encore doit-il préciser les circonstances qui auraient pu empêcher la partie adverse d'y répondre. • Civ. 3e, 6 mai 1998, n° 96-13.002 : *Procédures 1998, n° 167, obs. Perrot* • Civ. 2e, 31 mai 2000, n° 98-17.896 P : *Procédures 2000, n° 161, note Perrot* • 11 sept. 2003, n° 01-14.941 P • Civ. 1re, 4 nov. 2003, n° 01-02.190 P : *D. 2003. IR 2867 ; Procédures 2004, n° 6, note Perrot.* ♦ V. exigeant des circonstances particulières qui empêchent l'adversaire de répondre à des conclusions irrecevables comme tardives (conclusions déposées le 10 mars pour une clôture le 17 mars). • Civ. 3e, 2 juin 1999, n° 97-16.818 : *Procédures 1999, n° 244, obs. Perrot.* ♦ Viole les art. 15, 16 et 783 C. pr. civ. (auj. 802), une cour d'appel qui, pour écarter des conclusions récapitulatives déposées et signifiées quatre jours avant l'ordonnance de clôture, retient que ce laps de temps n'a pas permis à l'adversaire de conclure en réponse en temps utile, sans caractériser les circonstances particulières qui empêchaient celui-ci de répondre (proc. appel par renvoi de 910, auj. 907). • Civ. 2e, 5 juin 2003, n° 01-16.738 P. ♦ V. encore • Civ. 2e, 17 févr. 2004, n° 01-16.659 P.

12. Si le juge décide de retenir les pièces ou les conclusions tardives, il a la possibilité de révoquer l'ordonnance de clôture. • Civ. 2e, 11 juin 1981, n° 80-12.464 : *Gaz. Pal. 1981. 2. 733, note Viatte.* ♦ A défaut, et si les droits de la défense de ce fait n'ont pas été respectés, le jugement sera nul. • Civ. 2e, 8 oct. 1986, n° 84-17.724 P : *Gaz. Pal. 1986. 2. Pan. 284* ♦ Sur l'obligation de réouverture des débats, V. notes ss. art. 803.

13. Applications. Sont irrecevables des conclusions déposées par le défendeur trois jours avant la date de clôture de l'instruction (date connue depuis plusieurs mois). • Civ. 2e, 11 mars 1998, n° 96-12.660 P. ♦ Ne donne pas de base légale à sa décision la cour d'appel qui, pour écarter des documents produits par l'appelant trois jours avant l'ordonnance de clôture, se borne à énoncer que la tardiveté de leur communication n'a normalement pas permis à l'intimé de les consulter, alors que l'ordonnance de clôture avait été reportée pour permettre à l'appelant de répondre aux conclusions adverses et produire les diverses pièces qu'il venait d'obtenir. • Civ. 2e, 11 juill. 1988, n° 86-19.351 P. ♦ Viole l'art. 16 C. pr. civ. l'arrêt qui, pour fixer le montant de l'indemnité due à la victime d'un accident de la circulation par une compagnie d'assurances, a déduit de l'indemnité soumise au recours des organismes sociaux la créance d'une caisse de sécurité sociale telle qu'elle résultait d'un état visé dans les conclusions de cette caisse signifiées à la victime la veille de l'ordonnance de clôture, sans s'assurer que la victime, qui demandait la révocation de l'ordonnance de clôture, avait été en mesure de discuter utilement de ces conclusions. • Civ. 2e, 8 oct. 1986, n° 84-17.724 P.

14. Conclusions déposées avant mais notifiées après. Sont irrecevables les conclusions déposées avant l'ordonnance de clôture, mais notifiées après celle-ci. • Civ. 2e, 27 avr. 1981, n° 80-12.654 P : *D. 1983. IR 157, obs. Julien ; Gaz. Pal. 1981. 2. 646,* note Viatte ; RTD civ. 1981. 897, *obs. Perrot.*

15. Loyauté. Justifie sa décision une cour d'appel qui, pour écarter les conclusions déposées huit jours avant l'ordonnance de clôture par une partie, qui avait déjà précédemment déposé des conclusions et communiqué des pièces le jour même pour lequel la clôture de l'instruction était annoncée, caractérise un comportement contraire à la loyauté des débats (proc. appel par envoi de l'art. 910, auj. art. 907). • Civ. 2e, 23 oct. 2003, n° 01-00.242 P.

16. Recevabilité partielle (non). Le juge qui se prononce sur la recevabilité de conclusions signifiées avant le prononcé de l'ordonnance de clôture ne peut en recevoir une partie et en écarter une autre. • Civ. 2e, 14 févr. 2008, n° 07-13.391 P.

17. Renvoi. Sur les conclusions et communications de dernière heure, V. égal. art. 15 et notes ss. art. 15.

18. Relevé d'office. Irrecevabilité de conclusions tardives relevées d'office sans provoquer un débat contradictoire. • Com. 27 nov. 2001, n° 98-18.700 : *JCP 2002. II. 10068, note Perdriau.*

19. Preuve. A défaut d'énonciation contraire dans la décision, les documents sur lesquels les juges se sont appuyés et dont la production n'a donné lieu à aucune contestation devant eux sont réputés, sauf preuve contraire, avoir été régulièrement produits aux débats avant le prononcé de l'ordonnance de clôture et soumis à la libre discussion des parties • Civ. 1re, 5 juill. 1978, n° 76-15.599 P : *Gaz. Pal. 1979. 1. 43, note Viatte.* ♦ V. cep. il ne résulte ni des écritures de la cause, ni du dossier de la procédure, ni de l'arrêt, que la société ait invoqué et produit ledit document avant l'ordonnance de clôture • Com. 22 nov. 1978, n° 77-12.632 P. ♦ Sur le principe selon lequel aucun texte n'exige que la date de l'ordonnance de clôture soit mentionnée dans le jugement, V. notes ss. art. 798.

B. ATTÉNUATIONS

20. Conclusions en réplique. Une cour d'appel qui constate que des conclusions, déposées le jour de l'ordonnance de clôture en réplique aux conclusions adverses déposées quelques jours auparavant, ne soulèvent ni moyens nouveaux ni prétentions nouvelles et n'appellent aucune réponse, décide à bon droit qu'aucune atteinte n'ayant été portée aux droits de la défense, ces conclusions sont recevables. • Civ. 2e, 11 janv. 2001, n° 98-20.326 P. ♦ Les conclusions déposées le jour même de la clôture sont recevables si elles sont prises en réplique à des conclusions adverses et ne soulèvent ni moyens nouveaux ni prétentions nouvelles. • Civ. 3e, 12 juin 2002, n° 01-01.233 P. ♦ Une cour d'appel retient souverainement qu'en tirant argument d'un arrêt produit par son contradicteur, une partie ne viole pas le principe de la contradiction, ses dernières écritures déposées le jour de l'ordonnance de clôture étant des conclusions en réponse à celles faisant état de cette décision. • Civ. 1re, 6 oct. 2010, n° 09-12.686 P. ♦ Mais les juges du fond ne peuvent faire droit à une demande additionnelle sans révoquer l'ordonnance de clôture • Civ. 3e, 16 juin 1982, n° 80-11.238 P. ♦ Les conclusions déposées postérieurement à l'ordonnance de clôture peuvent être prises en considération, si elles ne contiennent pas de moyens nouveaux et se contentent de développer les moyens articulés par des conclusions antérieures (procédure d'appel) : V. • Com. 8 janv. 1973, n° 71-12.433 P. • Civ. 1re, 2 juin 1982, n° 81-13.718 P :*D. 1983. IR 157, obs. (crit.) Julien ; Gaz. Pal. 1983. 1. 444, note (crit.) du Rusquec.*

21. Note en délibéré. De même, les juges du fond peuvent prendre en considération une note en délibéré dans laquelle une partie ne fait que reprendre et développer un moyen déjà présenté par elle dans ses conclusions. V. • Civ. 3e, 28 janv. 1975, n° 73-12.734 P : *RTD civ. 1976. 394, obs. (crit.) Perrot* • Soc. 4 mai 1988, n° 85-12.508 P. ♦ Comp. la chambre sociale a décidé qu'une cour d'appel a pu se fonder sur un document produit après l'ordonnance de clôture, les juges ayant renvoyé l'audience pour permettre aux parties de s'expliquer et celles-ci n'ayant pas soulevé d'objection. • Soc. 5 juill. 1978, n° 77-11.795 P : *RTD civ. 1979. 829, obs. Perrot.* ♦ V. art. 445.

22. Comp. la chambre sociale a décidé qu'une cour d'appel a pu se fonder sur un document produit après l'ordonnance de clôture, les juges ayant renvoyé l'audience pour permettre aux parties de s'expliquer et celles-ci n'ayant pas soulevé d'objection. • Soc. 5 juill. 1978, n° 77-11.795 P : *RTD civ. 1979. 829, obs. Perrot.*

C. EXCEPTIONS

1° EXCEPTIONS TEXTUELLES

23. Demande de révocation de l'ordonnance de clôture. Les conclusions postérieures à l'ordonnance de clôture par lesquelles une partie demande la révocation de l'ordonnance de clôture ou le rejet des débats des conclusions ou productions de dernière heure de l'adversaire sont recevables. • Civ. 2e, 14 déc. 2006, n° 05-19.939 P : *D. 2007. Chron. C. cass. 901, obs. Vigneau* • Civ. 1re, 8 juill. 2015, n° 14-14.942. ♦ Il résulte de la combinaison des art. 455 et 783, al. 2, dans sa version antérieure au Décr. n° 2019-1333 du 11 déc. 2019 que sont recevables les conclusions postérieures à l'ordonnance de clôture aux termes desquelles une partie en demande la révocation et qu'il appartient au juge qui en est saisi d'y répondre. Viole ces dispositions l'arrêt qui, pour confirmer le jugement, se détermine au regard de prétentions et moyens respectifs des parties, après avoir seulement visé la date de l'ordonnance de clôture du 6 juin 2019, alors qu'il lui appartenait de se prononcer sur la demande de révocation de l'ordonnance de clôture, formulée dans les conclusions remises au greffe le 11 juin 2019, fût-ce pour la rejeter. • Civ. 2e, 25 mars 2021, n° 20-10.689 P. ♦ En application de l'art. 783 (auj. 802), les demandes de révocation de l'ordonnance de clôture doivent être formées par conclusions. • Civ. 2e, 1er avr. 2004, n° 02-13.996 P : *D. 2004. IR 1353 ; Dr. et pr. 2004. 267, note Vinckel ; Gaz. Pal. 13-15 mars 2005, p. 21, obs. du Rusquec.* ♦ Dès lors, en retenant que la demande de révocation, faite par lettre, n'était pas régulière, une cour d'appel, par ce seul motif, justifie légalement sa décision au regard de l'art. 783 (auj. 802) et de l'art. 6, § 1, Conv. EDH. • Même arrêt.

24. Absence de demande de révocation. Conséquence. Une partie n'est pas recevable à reprocher à une cour d'appel d'avoir tenu compte de conclusions déposées antérieurement à l'ordonnance de clôture, mais notifiées le jour même de celle-ci, dès lors que cette partie ne justifie pas avoir usé de la faculté qui lui était ouverte par l'art. 784 (auj. 803) C. pr. civ. de demander la révocation de cette ordonnance, si elle estimait n'être pas en mesure d'organiser sa défense. • Civ. 1re, 29 janv. 1985, n° 83-13.249 P : *Gaz. Pal. 1985. 2. Somm. 190, obs. Guinchard et Moussa* • Civ. 3e, 5 avr. 1978, n° 76-13.421 P. ♦ V. aussi : • Civ. 2e, 31 janv. 1996, n° 93-19.056 P • 11 janv. 2001, n° 98-19.170 P : *JCP 2001. IV. 1375* • Com. 10 févr. 1976, n° 74-12.638 P • Civ. 1re, 6 nov. 1990, n° 88-16.336 : *D. 1990. IR 277* • Civ. 3e, 29 mai 1991, n° 89-13.504 P. ♦ Une partie ne peut invoquer le fait que la clôture ait été prématurée si elle ne justifie pas avoir demandé la révocation de l'ordonnance. • Civ. 1re, 22 juill. 1986, n° 84-15.563 P : *Gaz. Pal. 1987. 1. Somm. 176, obs. Guinchard et Moussa* • Civ. 2e, 27 juin 1990, n° 89-14.146 P. ♦ Les conclusions déposées la veille de l'ordonnance de clôture ne faisaient que compléter une argumentation déjà développée depuis le début de l'instance, la cour d'appel, qui n'était pas saisie d'une demande de révocation de l'ordonnance de clôture, a pu estimer qu'aucune réplique n'était nécessaire pour que fût organisée sa défense. • Civ. 2e, 21 mars 1988, n° 86-19.385 P : *JCP 1988. IV. 201.* ♦ Lorsque les conclusions comportent un appel incident, elles peuvent être déposées jusqu'à la date de la clôture ; il appartient à la partie adverse, si elle entend répondre, de demander soit le report de cette date, soit la révocation de l'ordonnance de clôture. • Civ. 2e, 31 janv. 1996, n° 93-19.056 P.

25. Intervention volontaire. Si l'intervention volontaire reste possible après l'ordonnance de clôture. • Soc. 12 mars 1980, n° 78-10.566 P. ♦ (...) Elle n'entraîne pas pour autant révocation de plein droit de cette ordonnance. • Civ. 2e, 5 mai 1978, n° 76-13.469 P : *D. 1979. IR 509, obs. Julien* (irrecevabilité des conclusions des appelants postérieures à l'ordonnance dont ni le report, ni la révocation n'avaient été demandés). ♦ Si l'intervention risque de retarder excessivement le jugement, le juge peut décider de statuer d'abord sur la cause principale. • Civ. 2e, 27 mai 1988, n° 87-13.560 P : *D. 1989. Somm. 277, obs. Julien ; Gaz. Pal. 1989. 1. Somm. 257, obs. Guinchard et Moussa.*

26. Conclusions relatives aux loyers, arrérages, intérêts. Même s'il s'agit d'une créance de loyer, sont irrecevables les conclusions qui, déposées après l'ordonnance de clôture, tendent à son actualisation à une date antérieure à celle-ci. • Civ. 3e, 13 juin 2001, n° 99-17.985 P : *Procédures 2001, n° 168, obs. Perrot.* ♦ En ce qui concerne les loyers, arrérages, intérêts, débours et autres accessoires, les conclusions ne sont recevables que si les sommes réclamées sont échues postérieurement à l'ordonnance de clôture. • Civ. 2e, 4 nov. 1988, n° 87-14.914 : *Gaz. Pal. 1989. 1. Pan. 259, obs. Guinchard et Moussa.* ♦ V., toutefois, pour la recevabilité de pièces relatives à la situation financière d'un époux dans un contentieux de divorce, dès lors que ces documents ne modifient pas de manière importante la situation résultant des dernières conclusions. • Paris, 10 mai 2000 : *Bull. ch. avoués 2000. 3. 92.*

27. Pour une décision considérant que les conclusions d'anatocisme n'entrent pas dans les prévisions de l'art. 783, al. 2, (auj. 802) dès lors qu'elles ne portent pas sur les intérêts et accessoires échus, V. • Paris, 12 sept. 1997 : *Bull. ch. avoués 1998. 1. 20.*

2° *EXCEPTIONS JURISPRUDENTIELLES*

28. Demande d'irrecevabilité des conclusions adverses. Il est possible de demander après l'ordonnance de clôture l'irrecevabilité des conclusions adverses pour non-respect du contradictoire. Si les juges du fond disposent d'un pouvoir souverain pour apprécier si des conclusions et/ou des pièces ont été déposées en temps utile au sens de l'art. 15 C. pr. civ., ils se doivent de répondre à des conclusions qui en sollicitent le rejet, que ces dernières soient déposées avant ou après le prononcé de l'ordonnance de clôture. • Civ. 1re, 20 juin 2012, n° 11-12.122 • Civ. 2e, 14 déc. 2006, n° 05-19.939 P : *D. 2007. Chron. C. cass. 901, obs. Vigneau* • Civ. 1re, 8 juill. 2015, n° 14-14.942.

29. Demande de rejet d'une pièce non communiquée. Les conclusions qui sollicitent le rejet d'une pièce non communiquée par la partie adverse sont recevables, peu important qu'elles aient été déposées après l'ordonnance de clôture. • Civ. 1re, 25 sept. 2013, n° 12-22.531 : *Gaz. Pal. 8-10 déc. 2013, p. 30, obs. Raschel.*

Art. 803 L'ordonnance de clôture ne peut être révoquée que s'il se révèle une cause grave depuis qu'elle a été rendue ; la constitution d'avocat postérieurement à la clôture ne constitue pas, en soi, une cause de révocation.

Si une demande en intervention volontaire est formée après la clôture de l'instruction, l'ordonnance de clôture n'est révoquée que si le tribunal ne peut immédiatement statuer sur le tout.

L'ordonnance de clôture peut être révoquée, d'office ou à la demande des parties, soit par ordonnance motivée du juge de la mise en état, soit, après l'ouverture des débats, par décision du tribunal. – *[Ancien art. 784.]*

BIBL. ▶ COLLARD-DUTILLEUL, *Rev. jur. Ouest 1978. 2. 1* (révocation de l'ordonnance de clôture).

A. CAUSES DE RÉVOCATION

1° CAUSES RETENUES

1. Accession à la majorité. Est justifiée la décision de révocation lorsqu'il s'agit de permettre à un mineur, devenu majeur en cours d'instance, d'assumer personnellement sa défense, le changement de capacité, bien qu'antérieur à l'ordonnance de clôture, n'étant apparu qu'à l'occasion de débats ultérieurs. • Civ. 1re, 6 oct. 1982, n° 81-13.632 P.

2. Découverte de l'acte de signification. La révocation est justifiée lorsque la découverte de l'acte de signification d'un jugement permet d'établir la tardiveté d'un appel. • Civ. 2e, 21 juill. 1986, n° 85-11.733 P.

3. Aide juridictionnelle. Les circonstances dans lesquelles l'aide juridictionnelle a été accordée, ne permettant pas à l'avocat tardivement désigné d'intervenir, peuvent constituer une cause grave de nature à entraîner la révocation de l'ordonnance et le renvoi de l'affaire à la mise en état. • Civ. 2e, 6 mai 2004, n° 02-16.165 P : *D. 2004. IR 1639* • 8 juill. 2004, n° 02-15.374 : *D. 2004. IR 2348 ; Procédures 2004, n° 201, note Perrot.* ♦ Encourt la cassation l'arrêt qui ne recherche pas si, dans les circonstances dans lesquelles a été instruite une demande d'aide juridictionnelle, la constitution tardive de l'avoué (auj. avocat) ne constituait pas une cause grave de nature à entraîner la révocation. • Civ. 2e, 12 mars 1997, n° 94-20.180 P : *D. 1997. IR 113*.

4. Désistement d'appel. Le désistement d'appel signifié et déposé postérieurement à l'ordonnance de clôture constitue une cause grave, au sens de l'art. 784 (auj. 803), justifiant la révocation de cette ordonnance. • Agen, 21 oct. 2008, n° 07/00569 : *BICC 15 déc. 2009, n° 1725.*

2° CAUSES NON RETENUES

5. Causse antérieure à la clôture. L'art. 50, al. 1er, du Décr. du 9 sept. 1971 (auj. art. 803, al. 1er, C. pr. civ.) exige que la cause, de nature à justifier la révocation, se soit révélée postérieurement à la clôture. Cette condition n'est pas remplie lorsque la révocation est demandée au prétexte de la signification et du dépôt de conclusions par l'adversaire deux mois avant l'ordonnance. • Civ. 2e, 5 mai 1975, n° 73-13.537 P. ♦ Les règles relatives à la fixation de la date de l'audience des plaidoiries et au délai qui sépare celle-ci de l'ordonnance de clôture n'étant pas sanctionnées par la nullité, c'est dans l'exercice de son pouvoir souverain que la cour d'appel, après avoir, motivant sa décision, relevé que seule une carence inexcusable de l'appelante, était à l'origine de la tardivité de ses conclusions, retient que n'est pas constituée une cause grave et postérieure à l'ordonnance de clôture justifiant la révocation de celle-ci • Civ. 2e, 24 avr. 1985, n° 83-15.803 P : *Gaz. Pal. 1985. 2. Pan. 362, obs. Guinchard et Moussa.* ♦ L'ordonnance de clôture ne peut être révoquée que s'il se révèle une cause grave depuis qu'elle a été rendue. Manque dès lors de base légale l'arrêt qui, pour révoquer une ordonnance de clôture, après avoir retenu que les parties avaient produit tardivement leurs conclusions, se borne à énoncer que celles-ci demeuraient utiles aux débats et qu'il était nécessaire à une bonne administration de la justice de les accueillir en rabattant l'ordonnance de clôture, sans relever les éléments d'une cause grave de révocation. • Civ. 2e, 4 oct. 1989, n° 88-13.661 P.

6. Délai suffisant pour conclure. Une cour d'appel a pu retenir qu'aucune cause grave ne justifiait un nouveau report de l'ordonnance de clôture, et écarter des débats les conclusions signifiées et déposées le 30 juin 1999, dès lors que le demandeur, informé du report au 30 juin 1999 de la date de clôture de l'instruction initialement prévue au 26 mai précédent, a disposé ainsi d'un délai supérieur à quatre semaines pour répliquer aux dernières conclusions signifiées par la partie adverse le 25 mai 1999. • Civ. 2e, 28 mars 2002, n° 00-11.293 P.

7. Conclusions de l'intimé. C'est dans l'exercice de son pouvoir souverain d'appréciation qu'une cour d'appel décide, en application de l'art. 784 (auj. 803), que ne constitue pas une cause grave de révocation de l'ordonnance de clôture la remise au greffe, dans le délai fixé par l'art. 908, de conclusions par l'intimé qui n'avait pas constitué avocat dans le délai de quinzaine imparti par l'art. 902 (proc. appel par renvoi de l'art. 910, auj. 907). • Civ. 2e, 6 juin 2013, n° 11-25.655 P : *Gaz. Pal. 7-9 juill. 2013, p. 18, note Piau ; ibid. sept. 2013, p. 44, note Herman.*

8. Indisposition du gérant d'une société. L'indisposition de son gérant dont une société fait état en produisant un certificat médical, pour justifier la non-transmission à ses conseils des éléments de sa défense dans les délais qui lui étaient impartis, établi l'avant-veille de l'audience des plaidoiries et dix jours après que l'ordonnance de clôture a été rendue, ne constitue pas une cause grave, au sens de l'art. 784 (auj. 803), de nature à justifier la révocation de l'ordonnance de clôture ni le renvoi des plaidoiries. • Paris, 29 sept. 2000 : *D. 2000. IR 269.*

B. RÉGIME

1° ORDONNANCE DE RÉVOCATION

9. Absence de demande de révocation – conséquence. V. notes ss. art. 802.

10. Consentement des parties – incidence sur la décision. Le consentement d'une partie à la demande de révocation formée par son adversaire n'oblige pas le juge à accéder à cette demande. • Civ. 3e, 28 oct. 1985, n° 84-13.397 P : *D. 1987. 534, note Feneaux ; Gaz. Pal. 1986. 1. Somm. 245, obs. Guinchard et Moussa ; RTD civ. 1986. 417, obs. Perrot.* ♦ Si les parties ont la libre disposition de l'instance, l'office du juge est de veiller au bon déroulement de celle-ci ; dès lors, le juge n'est pas lié par une demande de report de l'ordonnance de clôture, qui, serait-elle formée du commun accord des parties, n'est pas de nature à influer sur les termes du litige. • Civ. 2e, 18 nov. 1992, n° 91-14.036 P.

11. Pouvoir souverain. Il appartient aux juges d'apprécier souverainement s'ils doivent ou non rapporter l'ordonnance de clôture. • Civ. 2e, 9 mars 1978, n° 76-12.643 P • Civ. 1re, 25 févr. 1981, n° 79-15.850 P • Civ. 2e, 11 juin 1981, n° 80-12.464 : *Gaz. Pal. 1981. 2. 733, note Viatte* • 10 janv. 1979, n° 77-11.676 • 6 juin 2013, n° 11-25.655 P : *Gaz. Pal. 7-9 juill. 2013, p. 18, note Piau ; ibid. sept. 2013, p. 44, note Herman.* ♦ C'est dans l'exercice de son pouvoir souverain d'appréciation que la cour d'appel a retenu qu'il n'existait aucune cause grave justifiant la révocation de l'ordonnance de clôture. • Civ. 2e, 11 mars 1998, n° 96-12.660 P • 6 juin 2013, n° 11-25.655 P : *Gaz. Pal. 7-9 juill. 2013, p. 18, note Piau ; ibid. sept. 2013, p. 44, note Herman.*

12. Motivation. La décision de révocation doit être motivée. • Civ. 2e, 10 janv. 1979, n° 77-11.676 P • Civ. 1re, 6 oct. 1982, n° 81-13.632 P. ♦ ... Et relever une cause grave de révocation. • Civ. 3e, 21 mars 1984, n° 82-16.916 P : *RTD civ. 1984. 562, obs. Perrot* • Civ. 2e, 4 oct. 1989, n° 88-13.661 P : *Gaz. Pal. 1990. 2. Somm. 359, obs. Guinchard et Moussa.* ♦ Encourt la cassation l'arrêt qui, pour révoquer l'ordonnance, se borne à énoncer que les parties ne s'y opposent pas, sans relever l'existence d'une cause grave. • Civ. 3e, 8 janv. 1992, n° 89-20.346 P. ♦ ... L'arrêt qui rejette une demande de révocation de l'ordonnance de clôture sans indiquer la cause de révocation invoquée ni assortir sa décision d'aucun motif. • Civ. 2e, 26 nov. 1997, n° 95-11.919 P. ♦ ... L'arrêt qui révoque l'ordonnance de clôture sans relever l'existence d'une cause grave de révocation, alors que l'appelant demandait à titre principal de rejeter les pièces et conclusions communiquées après la clôture et seulement à titre subsidiaire de révoquer cette ordonnance. • Civ. 3e, 8 déc. 1999, n° 97-22.434 P. ♦ Ne donne pas de base légale à sa décision, au regard de l'art. 784 C. pr. civ. (auj. 803), la cour d'appel qui, pour dire n'y avoir lieu de révoquer l'ordonnance de clôture, se borne à relever que la demande d'intervention volontaire formée après l'ordonnance de clôture est recevable, sans s'expliquer sur les causes graves invoquées à l'appui de la demande de révocation. • Civ. 2e, 16 déc. 2010, n° 09-17.045 : *RTD civ. 2011. 171, obs. Perrot*.

13. Révocation implicite (non). La simple réouverture des débats pour permettre aux parties de conclure sur une éventuelle révocation de l'ordonnance de clôture n'emporte pas la révocation de celle-ci. • Civ. 2e, 18 oct. 1989, n° 88-13.791 P : *RTD civ. 1990. 147, obs. Perrot*. ♦ La réouverture des débats n'est pas en elle-même de nature à rendre recevables les conclusions prises après l'ordonnance de clôture. • Civ. 3e, 4 févr. 1986, n° 84-14.144 P. ♦ La réouverture des débats, ordonnée pour permettre un changement de la composition de la juridiction, n'impliquait pas la révocation de l'ordonnance de clôture. • Civ. 3e, 18 juill. 1995, n° 93-19.530. ♦ V. cep. antérieurement jugeant que la réouverture des débats avait emporté révocation de l'ordonnance de clôture • Civ. 2e, 27 janv. 1982, inédit : *Gaz. Pal. 1982. 2. 455, note Viatte.* ♦ La décision par laquelle une cour d'appel enjoint, postérieurement à l'ordonnance de clôture, à une partie de communiquer des pièces à l'autre partie emporte révocation d'office de l'ordonnance afin de mettre à la partie qui recevra la communication en mesure d'organiser sa défense en déposant des conclusions. • Civ. 2e, 4 juin 1975, n° 74-10.438 P : *RTD civ. 1976. 197, obs. Perrot.* ♦ Pourtant, l'exigence plus strictement entendue de la motivation et de la mention de la cause grave paraît s'opposer à la révocation implicite.

14. Obligation de réouverture des débats. Lorsque le juge révoque l'ordonnance de clôture, cette décision, qui doit être motivée par une cause grave, doit intervenir avant la clôture des débats ou, sinon, s'accompagner de leur réouverture, de sorte qu'une même décision ne peut simultanément révoquer l'ordonnance de clôture et statuer sur le fond du litige • Civ. 1re, 1er mars 2018, n° 16-27.592 P : *D. actu. 15 mars 2018, obs. Danet ; Procédures 2018, n° 135, note Strickler ; Gaz. Pal. 15 mai 2018, p. 76, obs. Raschel* • Civ. 2e, 10 mai 1989, n° 88-10.137 P : *Gaz. Pal. 1990. 1. Somm. 8, obs. Guinchard et Moussa* • Soc. 25 oct. 1990, n° 88-10.137 P : *JCP 1990. IV. 415* • Civ. 2e, 7 oct. 1992, n° 91-12.596 P : *D. 1993. 154, note Laroche de Roussane* • Civ. 1re, 18 nov. 1992, n° 91-10.920 P : *JCP 1993. II. 22060, note du Rusquec* • Civ. 2e, 9 mars 1994, n° 92-17.944 P • 20 juill. 1987, n° 86-12.257 P : *Gaz. Pal. 1988.*

1. Pan. 39, obs. Guinchard et Moussa. ♦ Si l'ordonnance de clôture est révoquée, la réouverture des débats doit être ordonnée pour permettre aux parties de s'expliquer contradictoirement, si la révocation n'est pas antérieure à la clôture des débats. • Civ. 3e, 3 mai 1984, no 82-13.281 P • Civ. 2e, 11 juill. 1988, no 87-10.632 P : *JCP 1988. IV. 339* • Civ. 3e, 27 sept. 2005, no 04-17.101. ♦ Doit être cassé pour violation du principe de la contradiction l'arrêt qui en même temps révoque l'ordonnance de clôture, fixe celle-ci à une date antérieure aux débats et statue au fond, sans ordonner la réouverture des débats. • Civ. 2e, 11 janv. 2001, no 98-20.811 P. ♦ V. encore, le juge ne peut pas reporter les effets de l'ordonnance au jour de l'audience. • Civ. 2e, 5 déc. 1985, no 84-15.851 P : *Gaz. Pal. 1986. 2. Somm. 332, obs. Guinchard et Moussa* • 20 juill. 1987, no 86-12.257 P : *Gaz. Pal. 1988. 1. Somm. 39, obs. Guinchard et Moussa ; D. 1988. 517, note Fenaux.*

15. Effet de la révocation. La révocation rend recevables de nouvelles conclusions, le juge devant alors veiller à ce que l'adversaire soit à même de répondre à ces conclusions. • Civ. 2e, 11 févr. 1987, nos 85-15.323 et 85-13.099 P (deux arrêts) • 18 févr. 1987, no 85-18.111 P. ♦ Une cour d'appel ne peut, sans violer le principe de la contradiction, révoquer l'ordonnance de clôture pour rendre recevables les écritures échangées entre les parties et, le même jour, entendre les parties et statuer au fond. • Civ. 2e, 23 févr. 1994, no 92-15.837 P. ♦ Si le juge a reporté la clôture (de trois jours) à la demande d'une partie pour lui permettre de répondre aux conclusions notifiées tardivement par l'adversaire, ce dernier ne peut demander que soient écartées des débats, comme ayant été communiquées tardivement, les pièces produites en réponse à ses conclusions tardives. • Civ. 2e, 11 juill. 1988, no 86-19.351 P : *JCP 1988. IV. 340.*

2o RECOURS

16. Absence de recours. La décision par laquelle le conseiller de la mise en état révoque l'ordonnance de clôture ne tranche aucune contestation et relève de son pouvoir propre ; elle ne peut dès lors être remise en cause devant la formation collégiale de la cour d'appel. • Civ. 2e, 15 févr. 2001, no 99-12.664 P : *D. 2001. IR 1144* • Civ. 1re, 1er mars 2018, no 17-11.284 P : *D. actu. 15 mars 2018, obs. Danet ; Gaz. Pal. 15 mai 2018, p. 76, obs. Raschel.* ♦ En aucun cas la cour d'appel ne peut remettre en cause la décision par laquelle le conseiller de la mise en état révoque l'ordonnance de clôture. • Civ. 2e, 1er mars 2018, no 17-11.284 P.

17. Consentement des parties – incidence sur le recours. Les deux parties avaient demandé la révocation de l'ordonnance de clôture, l'une d'elle est sans intérêt à critiquer la décision qui a accueilli sa demande. • Civ. 2e, 8 mars 2007, no 06-12.483 P. ♦ Une partie n'est pas recevable à critiquer l'arrêt d'avoir accueilli une demande de révocation de l'ordonnance de clôture qu'elle avait acceptée. • Civ. 1re, 27 juin 2007, no 05-20.173 P : *D. 2007. Pan. 2759, obs. Monge et Nési*. ♦ Est irrecevable, comme incompatible avec la position adoptée devant les juges du fond, le moyen par lequel une partie fait grief à un arrêt d'avoir révoqué l'ordonnance de clôture pour rendre recevables les conclusions de la partie adverse, fixé celle-ci le jour même, entendu les parties et statué au fond, dès lors que l'arrêt relève que les parties avaient, à l'audience, sollicité le rabat de l'ordonnance de clôture rendue quelques jours avant et expressément demandé que l'affaire soit retenue en l'état des écritures notifiées plusieurs mois auparavant par l'appelant et la veille de l'audience par l'intimé. • Civ. 2e, 20 oct. 2005, no 03-13.932 P. ♦ Dans le cas où les conclusions d'un intimé étant postérieures à la clôture et le président ayant, à l'ouverture des débats, invité les parties à s'en expliquer, celles-ci ont été d'accord pour retenir l'affaire à l'audience de ce jour en l'état de toutes les écritures déposées, l'appelant n'est pas recevable à critiquer l'arrêt d'avoir accueilli la demande de révocation de l'ordonnance de clôture (procédure appel par renvoi de l'art. 910, auj. 907). • Civ. 2e, 10 mars 1993, no 91-18.678 P. ♦ La partie qui, devant la cour d'appel, a demandé la révocation de l'ordonnance de clôture, est irrecevable à critiquer cette révocation devant la C. cass. • Civ. 3e, 25 janv. 1995, no 93-12.017 P • Civ. 1re, 2 mars 1994, no 92-10.796 P. ♦ Si l'ordonnance de clôture a été révoquée à la demande d'une partie pour dépôt de conclusions en réplique, celle-ci est irrecevable, faute d'intérêt, à reprocher la non-réouverture des débats. • Com. 25 mars 1997, no 95-10.995 P. ♦ Si, en application de l'art. 784, devenu 803, l'ordonnance de clôture ne peut être révoquée que s'il se révèle une cause grave depuis qu'elle a été rendue, la partie qui a accepté la révocation demandée par son adversaire est irrecevable à critiquer la décision accueillant cette demande. Est réputée avoir accepté une telle demande de révocation, la partie qui, alors que son adversaire a pris, postérieurement à l'ordonnance de clôture, des conclusions sur le fond, sollicitant la révocation de l'ordonnance de clôture, a elle-même conclu sur le fond, sans s'opposer à la demande de révocation de la partie adverse ni invoquer l'irrecevabilité de ses conclusions postérieures à cette ordonnance. • Civ. 2e, 9 sept. 2021, no 19-14.020 P : *D. actu. 28 sept. 2021, note Laffly : JCP 2021. 978, note Herman ; Gaz. Pal. 2 nov. 2021, p. 51, note Kebir.*

18. Dès lors qu'une ordonnance de clôture a été révoquée à la demande d'une partie qui entendait seulement répliquer aux conclusions adverses, cette partie n'est pas fondée à critiquer la mesure qu'elle a sollicitée. • Civ. 2e, 3 mars 1993, n° 91-18.304 P. – Comp. : une cour d'appel n'ayant révoqué l'ordonnance de clôture de l'instruction que pour admettre aux débats les conclusions des appelants en réplique à l'intervention volontaire d'une autre partie, laquelle était recevable, bien que postérieure à l'ordonnance de clôture, en application des dispositions de l'art. 783, al. 2, C. pr. civ. (auj. 802), les appelants sont irrecevables, faute d'intérêt, à faire grief à la cour d'appel d'avoir, par la même décision, révoqué ladite ordonnance et statué sur le fond du litige. • Com. 2 févr. 1993, n° 91-17.167 P. ♦ Une partie qui a sollicité la révocation de l'ordonnance de clôture pour que soient admises ses écritures postérieures à la clôture n'est pas recevable à reprocher à la cour qui a fait droit à sa demande d'avoir prononcé la clôture à la date des débats. • Civ. 2e, 30 juin 1993, n° 92-11.536 P.

Art. 804 **Le juge de la mise en état fait un rapport oral de l'affaire à l'audience avant les plaidoiries. Exceptionnellement, le rapport peut être fait par le président de la chambre ou un autre juge qu'il désigne.**

Le rapport expose l'objet de la demande et les moyens des parties, il précise les questions de fait et de droit soulevées par le litige et fait mention des éléments propres à éclairer le débat, sans faire connaître l'avis du magistrat qui en est l'auteur. – *[Ancien art. 785.]*

BIBL. ► SUDAKA, *Gaz. Pal. 1973. 2. Doctr. 776* (juge rapporteur). – TUFFREAU, *Gaz. Pal. 12-14 févr. 2012, p. 12* (le plaider utile : une chimère ?). – VILLACÈQUE, *D. 2006. Chron. 539*.

1. Rapport écrit. La décision d'établir un rapport écrit appartenant au président, la forme dans laquelle ce rapport a été présenté ne saurait donner ouverture à cassation. • Civ. 2e, 23 oct. 1974, n° 73-14.702 P • 4 juin 1975, n° 74-12.912 P • 8 oct. 1975, n° 74-11.657 P • 14 oct. 1975, n° 73-14.805 P : *RTD civ. 1976. 198, obs. (crit.) Perrot.*

2. Rapport oral. Lorsqu'il ne résulte d'aucune mention de l'arrêt que le président de la chambre ait, en application de l'art. 51 du Décr. du 9 sept. 1971 (auj. art. 804), chargé un conseiller d'établir un rapport écrit, le fait qu'un rapport oral ait été présenté à l'audience ne peut avoir pour effet d'entacher l'arrêt d'irrégularité. • Com. 26 mars 1974, n° 73-12.549 P. ♦ Aucun texte n'exige que le nom du magistrat chargé du rapport oral de l'affaire à l'audience soit mentionné dans la décision • Civ. 3e, 13 févr. 2008, n° 07-11.462 P • 10 juill. 2008, n° 07-16.682 P : *D. 2008. AJ 2231 ; ibid. Chron. Cour cass. 2380, obs. Sommer et Nicoletis* • 13 nov. 2008, n° 07-17.965 P : *D. 2008. AJ 3018 ; RLDC 2/2009. 63, obs. Beignier.* ♦ ... Ni ne sanctionne par la nullité le jugement ne comportant pas la mention de l'exécution du rapport oral prévu par l'art. 785 (auj. 804). • Civ. 3e, 10 juill. 2008, n° 07-16.682 : *préc.* • 13 nov. 2008, n° 07-17.965 P : *préc.*

3. Ordre des débats. A défaut d'indication contraire dans la décision, il ne saurait être reproché à un arrêt de n'avoir pas précisé si l'audition du rapporteur a précédé celle des avocats, les débats étant réputés s'être déroulés en suivant l'ordre légal. • Civ. 2e, 8 oct. 1975, n° 74-11.657 P.

4. Matière fiscale. En matière d'enregistrement, l'art. 1974-3° CGI [art. R.* 199-1 et R. 202-2 LPF] impose que le jugement soit rendu sur le rapport d'un juge fait en audience publique, à peine de nullité. • Com. 16 oct. 1978, n° 77-12.132 P. ♦ ... Mais cette prescription ne s'impose plus lorsque la cause a été entendue et la décision rendue par un juge unique. • Com. 30 oct. 1978, n° 77-11.925 P.

Art. 805 **Le juge de la mise en état ou le magistrat chargé du rapport peut, si les avocats ne s'y opposent pas, tenir seul l'audience pour entendre les plaidoiries. Il en rend compte au tribunal dans son délibéré.** – *[Ancien art. 786.]*

1. Conditions. Il résulte de l'art. 786 (auj. 805) que si le juge de la mise en état ou le magistrat chargé du rapport peut tenir seul l'audience, c'est à la double condition de constater que les avocats ne s'y opposent pas et d'entendre les plaidoiries. • Civ. 2e, 14 déc. 1978, n° 77-12.166 P. ♦ Les mentions qui indiquent que les débats ont *eu lieu devant un seul magistrat* qui a fait rapport à la formation collégiale suffisent à établir qu'il a été satisfait aux exigences de l'art. 786 (auj. 805), faute d'opposition des avocats. • Civ. 1re, 19 nov. 2002, n° 00-18.339 P • Civ. 2e, 10 juill. 1991, n° 89-12.792 P. ♦ *Adde* • Civ. 3e, 8 févr. 1989, n° 87-16.237 P : *JCP 1989. IV. 124* (l'arrêt se contente de la mention que les débats ont eu lieu conformément au texte) • Civ. 3e, 23 janv. 1991, n° 89-15.433 P • 13 mai 1992, n° 90-14.454 P : *RTD civ. 1993. 200, obs. Perrot.* ♦ V. aussi • Civ. 2e, 10 mars 1993, n° 91-18.103 P. ♦ V. auparavant les mentions de la décision doivent constater l'observation de cette double condition. • Com. 27 juin 1989, n° 87-18.633 P : *Gaz. Pal. 1990. 2. Somm. 357, obs. Guinchard et Moussa.*

2. Représentation non obligatoire. Dans les cas où la représentation par avocat n'est pas obligatoire, c'est aux personnes qui ont qualité pour présenter les observations orales qu'il appartient de ne pas faire opposition. • Com. 12 janv. 1988, n° 86-15.780 P : *Gaz. Pal. 1988. 2. Somm. 16, obs. Guinchard et Moussa.*

3. Représentation obligatoire. Dans les procédures avec représentation obligatoire, la faculté de faire opposition n'appartient qu'aux avocats. • Civ. 2e, 10 mars 1993, n° 91-18.103 P. ♦ Si l'une des parties ne conclut pas, il suffit de l'absence de l'opposition de l'avocat de l'autre. • Civ. 2e, 7 oct. 1971, n° 70-13.963 : *D. 1971. 705 ; Gaz. Pal. 1972. 1. 84 ; RTD civ. 1972. 440, obs. Raynaud.* ♦ Seuls les avocats ayant la possibilité de s'opposer à ce que les plaidoiries ne soient entendues que par le conseiller rapporteur (application de l'art. 786 – auj. 805 – sur renvoi de l'art. 910, auj. 907). • Civ. 3e, 12 déc. 2001, n° 00-14.157 P : *JCP 2002. I. 132, n° 27, obs. Cadiet ; ibid. 2002. II. 10120, note du Rusquec ; Procédures 2002, n° 24, note Perrot.*

4. Présomption. Il est présumé que le juge qui a entendu seul les plaidoiries était habilité à le faire. • Civ. 2e, 10 mai 1984, n° 83-12.534 P.

5. Obligation de rendre compte. Le magistrat qui tient seul l'audience pour entendre les plaidoiries doit en rendre compte au tribunal dans son délibéré et le jugement doit, à peine de nullité, contenir le nom des juges qui ont délibéré. • Civ. 2e, 18 oct. 1989, n° 88-16.632 P : *RTD civ. 1990. 147, obs. Perrot.* ♦ Lorsqu'un arrêt porte que le rapporteur est présent aux débats et au délibéré, cette constatation entraîne présomption que ce magistrat a rendu compte des débats aux autres magistrats, conformément à l'art. 786 (auj. art. 805) (proc. appel par renvoi de 910, auj. 907). • Civ. 1re, 4 févr. 2003, n° 99-13.939 P : *D. 2003. IR 604 ; Gaz. Pal. 10-11 oct. 2003, p. 13, obs. du Rusquec.* • Civ. 2e, 9 janv. 1991, n° 89-15.187 P • Com. 20 janv. 1998, n° 95-16.345. ♦ V. notes ss. art. 458.

6. Audience tenue par deux magistrats. Deux magistrats peuvent valablement tenir l'audience de plaidoiries, à la double condition qu'il en soit rendu compte en délibéré au troisième magistrat de la formation, et que l'arrêt soit rendu collégialement. • Civ. 1re, 12 juill. 1994, n° 91-21.347 P • Civ. 2e, 11 févr. 1998, n° 96-17.638 P : *Gaz. Pal. 1998. 2. Pan. 200.* ♦ Si, aux termes de l'art. 786 (auj. 805), les plaidoiries peuvent être entendues, avec l'accord des avocats, par le juge de la mise en état ou le magistrat chargé du rapport, rien n'interdit qu'elles le soient par deux magistrats, dès lors qu'il en est ensuite rendu compte à la formation collégiale dans son délibéré, peu important que le magistrat « assistant » le président rapporteur n'en fasse pas partie. • Civ. 1re, 3 févr. 2004, n° 01-11.898 P : *D. 2004. Somm. 1206, obs. Julien ; Procédures 2004, n° 48, note Perrot ; Gaz. Pal. 13-15 mars 2005, p. 20, obs. du Rusquec.*

7. Contentieux de la concurrence. Sur l'application de l'art. 786 (auj. 805) dans le contentieux de la concurrence, V. • Com. 9 juin 2004, n° 03-16.668 P : *D. 2004. AJ 2227.*

Art. 806 **Lorsqu'il a été fait application des dispositions du** *(Décr. n° 2022-245 du 25 févr. 2022, art. 1er-15°)* **« quatrième » alinéa de l'article 799, le président de la chambre, à l'expiration du délai prévu pour la remise des dossiers, informe les parties du nom des juges de la chambre qui seront amenés à délibérer et de la date à laquelle le jugement sera rendu.**

Il est procédé comme il est dit à l'article 444 lorsque le tribunal estime qu'il n'est pas possible de rendre une décision au regard des preuves écrites ou si l'une des parties en fait la demande. — *[Ancien art. 786-1.]*

Les dispositions issues de l'art. 1er du Décr. n° 2022-245 du 25 févr. 2022 sont applicables aux instances en cours (Décr. préc., art. 6-1°).

Art. 807 **Les mesures d'instruction ordonnées par le tribunal sont exécutées sous le contrôle du juge de la mise en état, sous réserve des dispositions du troisième alinéa de l'article 155.**

Dès l'accomplissement d'une mesure d'instruction, le président de la chambre à laquelle l'affaire a été distribuée la renvoie à l'audience du tribunal ou au juge de la mise en état comme il est dit à la section 2 ci-dessus. — *[Ancien art. 787.]*

CHAPITRE II LA PROCÉDURE EN MATIÈRE GRACIEUSE

BIBL. ANT. AU DÉCR. N° 2019-1333 DU 11 DÉC. 2019 : ► BERGEL, *D. 1983. Chron. 153* (juridiction gracieuse en droit français) ; *D. 1983. Chron. 165* (juridiction gracieuse et matière contentieuse). – CALLÉ, *Procédures avr. 2003, Chron. 6* (L'élévation du contentieux). – LE NINIVIN, *thèse Rennes, 1982* (la juridiction gracieuse dans le nouveau code de procédure civile). – R. MARTIN, *JCP 1976. I. 2787* (matière gracieuse et ordonnance sur requête).

DALLOZ ACTION *Droit et pratique de la procédure civile 2020/2021*, nos 432.000 s.

Art. 808 **La demande est formée par un avocat, ou par un officier public ou ministériel dans les cas où ce dernier y est habilité par les dispositions en vigueur.** — *[Ancien art. 797.]*

BIBL. ► R. MARTIN, *JCP 1976. I. 2819* (formalisme de la demande gracieuse).

Art. 809 Le ministère public doit avoir communication des affaires gracieuses. – *[Ancien art. 798.]*

Art. 810 Un juge rapporteur est désigné par le président de la chambre saisie ou à laquelle l'affaire est distribuée.

Il dispose, pour instruire l'affaire, des mêmes pouvoirs que le tribunal. – *[Ancien art. 799.]*

Art. 811 Le ministère public, s'il y a des débats, est tenu d'y assister ou de faire connaître son avis. – *[Ancien art. 800.]*

Contentieux relatif aux inscriptions au RCS. Le contentieux relatif aux inscriptions au registre du commerce et des sociétés étant soumis aux règles de la procédure gracieuse, la présence du ministère public à l'audience est obligatoire s'il y a des débats. • Civ. 2e, 16 juill. 1992, nº 91-12.032 P : *JCP 1993. II. 22053, note Le Ninivin.*

CHAPITRE III LE JUGE UNIQUE

BIBL. ANT. AU DÉCR. Nº 2019-1333 DU 11 DÉC. 2019 : ► NORMAND, *IXe colloque des IEJ, Nice 1974, p. 2* (le juge unique en droit judiciaire privé). – PERROT, *Rev. int. dr. comp. 1977. 659* (juge unique). – TARABEUX, *Gaz. Pal. 1974. 1. Doctr. 544* (le juge unique devant le TGI de Paris). – VINCENT, *Mél. Faletti, Ann. fac. dr. Lyon, 1971-II, p. 561* (juridiction collégiale ou juge unique) ; *Mél. Lambert, 1975, p. 581* (juge unique).

Art. 812 L'attribution d'une affaire au juge unique peut être décidée jusqu'à la fixation de la date de l'audience.

La répartition des affaires attribuées au juge unique est faite par le président du tribunal ou par le président de la chambre saisie ou à laquelle elles ont été distribuées. – *[Ancien art. 801.]*

Art. 813 Lorsqu'une affaire est attribuée au juge unique, celui-ci exerce les pouvoirs conférés tant au tribunal qu'au juge de la mise en état.

Si l'affaire est ultérieurement renvoyée à la formation collégiale, son instruction est poursuivie, s'il y a lieu, soit par le même juge avec les pouvoirs du juge de la mise en état, soit par le juge de la mise en état, selon la décision du président de la chambre. – *[Ancien art. 802.]*

Art. 814 L'attribution au juge unique ainsi que le renvoi à la formation collégiale font l'objet d'une mention au dossier. Avis en est donné aux avocats constitués.

Dans les affaires dispensées du ministère d'avocat, cet avis est adressé aux parties par lettre recommandée avec demande d'avis de réception. – *[Ancien art. 803.]*

Art. 815 La demande de renvoi à la formation collégiale d'une affaire attribuée au juge unique doit, à peine de forclusion, être formulée dans les quinze jours de la réception de l'avis prévu à l'article 814.

Le renvoi d'une affaire à la formation collégiale par le président du tribunal ou son délégué peut être décidé à tout moment. – *[Ancien art. 804.]*

Art. 816 Les dispositions du deuxième alinéa de l'article 814 et du premier alinéa de l'article 815 cessent d'être applicables s'il est renoncé à la faculté de demander le renvoi à la formation collégiale. – *[Ancien art. 805.]*

SOUS-TITRE III LA PROCÉDURE ORALE

BIBL. ► **Décr. nº 2019-1333 du 11 déc. 2019 :** MAUGAIN, *D. actu. 16 déc. 2019* (réforme de la procédure civile : cas de recours préalable obligatoire aux modes de résolution amiable des différends). – PAYAN, *D. avocats 2020. 29* (généralisation des préalables amiables obligatoires). – WICKERS, *D. 2020. 51* (nouveaux schémas de procédure).

► ***Bibl. ant. au Décr. nº 2019-1333 du 11 déc. 2019 :*** BARRIÈRE, Gaz. Pal. 1987. 1. Doctr. 420 (oralité des débats devant le TI). – CROS, *Gaz. Pal. 1986. 1. Doctr. 288* (conclusions devant le TI). – CROZE, *JCP 2008. Hors-série - cahier nº 2, p. 24* (pour en finir avec la procédure orale). – ÉKOLLO, *Gaz. Pal. 2000. Doctr. 190* (rôle des écritures dans la procédure orale). – GENTILI, *Procédures 2007. Étude 24* (l'écrit des parties dans la procédure orale). – ROUSSE, *Gaz. Pal. 1972. Doctr. 260* (principe de la contradiction devant le TI). – TRAVIER, *Procédures orales, Dalloz service, 2002.* – TRAVIER et CROS, *Procédures 2007. Étude 5* (procédures orales à l'aune de la Conv. EDH).

▸ Rapport de la Cour de cassation, *2003, p. 11 ; ibid. 2009, p. 11* (suggestion de réforme).

CHAPITRE PREMIER LA PROCÉDURE ORDINAIRE

Art. 817 **Lorsque les parties sont dispensées de constituer avocat conformément aux dispositions de l'article 761, la procédure est orale, sous réserve des dispositions particulières propres aux matières concernées.** – *[Ancien art. 846.]*

1. Comparution. Nécessité. En procédure orale, une demande en justice présentée dans un écrit n'est valablement formée que lorsqu'elle est oralement soutenue à l'audience des débats. • Civ. 3e, 18 juin 2014, n° 12-20.714 P. ♦ L'oralité de la procédure impose à la partie de comparaître ou de se faire représenter pour formuler valablement des prétentions et les justifier. • Civ. 2e, 4 mars 2004, n° 02-11.423 P : *D. 2004. IR 853 ; Procédures 2004, n° 97, note Perrot* • 2 déc. 1992, n° 92-60.536 P • 8 nov. 2001, n° 00-13.141 : *Dr. et pr. 2002. 160, note Spinelli* • 23 févr. 1994, n° 92-18.427 P : *D. 1994. IR 82* • Civ. 3e, 16 juill. 1998, n° 95-20.683. ♦ La procédure étant orale, ne sont pas recevables les conclusions adressées au juge par une partie qui ne comparaît ni n'est représentée. • Civ. 2e, 12 févr. 2004, n° 02-15.108 P : *D. 2004. IR 674 ; Procédures 2004, n° 97, note Perrot* • 14 juin 1989, n° 88-14.425 P : *Gaz. Pal. 1990. 1. Somm. 223, obs. Croze et Morel ; D. 1991. Somm. 245, obs. Fricero* • Soc. 16 nov. 1993, n° 92-60.456 P. ♦ Le dépôt de conclusions ne peut suppléer le défaut de comparution. • Civ. 3e, 19 sept. 2007, n° 06-15.524 P. ♦ Mais dès lors qu'une partie a comparu à une audience à laquelle elle avait déposé des écritures, le juge, qui demeure saisi en cas de renvoi, est tenu de statuer sur leur bien-fondé. • Civ. 2e, 17 déc. 2009, n° 08-17.357 P : *D. 2010. AJ 157*.

2. Demande incidente. Devant le tribunal d'instance (auj. TJ), la procédure est orale et les prétentions des parties doivent être formulées au cours de l'audience. Dès lors, encourt la cassation le jugement qui déclare irrecevables les demandes reconventionnelles formulées à l'audience par l'une des parties au motif que les conclusions contenant ces demandes n'ont pas été communiquées à la partie adverse non comparante, alors que, régulièrement saisi des demandes soutenues oralement devant lui, il appartient au tribunal de renvoyer l'affaire à une prochaine audience pour faire respecter le principe de la contradiction. • Civ. 2e, 19 mars 2015, n° 14-15.740 P.

3. Compatibilité Conv. EDH. L'oralité de la procédure imposant à une partie de comparaître ou de se faire représenter pour formuler valablement ses prétentions et les justifier, un tribunal qui constate que le demandeur ne comparaît pas et ne se fait pas représenter en déduit exactement, sans violer l'art. 6, § 1er, Conv. EDH, que ses observations adressées par courrier ne sont pas recevables. • Civ. 2e, 23 sept. 2004, n° 02-20.497 P : *D. 2004. IR 2624* • 10 févr. 2005, n° 02-20.495 P • Civ. 3e, 16 juill. 1998, n° 95-20.683.

4. Moyens – preuve. On ne saurait reprocher au tribunal de n'avoir pas répondu à des moyens dont il n'est pas établi qu'il ait été saisi. • Civ. 1re, 22 oct. 1974, n° 73-14.142 P : *RTD civ. 1975. 594, obs. Perrot* • 11 oct. 1978, n° 77-11.089 P. ♦ C'est à celui qui le soutient de rapporter par tous moyens de preuve qu'un moyen a été soulevé dans une procédure orale. • Com. 2 mars 1999, n° 97-10.503 P.

5. Respect du principe de la contradiction – présomption. En matière de procédure orale sans représentation obligatoire, les moyens retenus par le jugement sont présumés, sauf preuve contraire, avoir été débattus contradictoirement à l'audience. • Civ. 2e, 10 juill. 2008, n° 07-13.027 P. ♦ V. déjà, • Soc. 16 févr. 1977, n° 75-14.740 P : *Gaz. Pal. 1977. 1. Somm. 189 ; RTD civ. 1977. 825, obs. Perrot* • Soc. 29 mai 1985, n° 84-60.595 P. ♦ Cette présomption ne vaut évidemment plus dès lors qu'une partie n'était pas présente à l'audience • Civ. 22 oct. 2020, n° 19-15.985 P. ♦ Viole les art. 16, 841 anc. et 843 anc. le tribunal qui, pour déclarer irrecevable une demande reconventionnelle, énonce que cette demande n'a pas été communiquée à l'autre partie conformément à l'art. 16, alors qu'il lui appartenait, si cela était nécessaire pour faire respecter le principe de la contradiction, de renvoyer l'affaire à une prochaine audience. • Civ. 2e, 27 janv. 1993, n° 91-15.950 P. ♦ Si dans les procédures orales, les moyens soulevés d'office sont présumés, sauf preuve contraire, avoir été débattus contradictoirement à l'audience, cette preuve contraire peut résulter de ce que la décision constate que les parties ont développé à l'audience leurs observations écrites lorsque celles-ci ne font pas état de tels moyens. • Civ. 2e, 24 sept. 2020, n° 19-17.948.

6. Écrit. Portée. En matière de procédure orale, des conclusions reconventionnelles déposées à une audience par une partie présente ou représentée interrompent, à leur date, la prescription, dès lors que cette partie ou son représentant a comparu et les a reprises oralement lors de l'audience de plaidoirie ultérieure, peu important que la partie adverse n'ait pas elle-même comparu lors de l'audience à laquelle elles ont été déposées. • Civ. 1re, 13 nov. 2008, n° 06-21.745 P. ♦ V. égal., jugeant que satisfait aux exigences des art. 455 et 843 anc. le tribunal qui, visant la déclaration au greffe à laquelle était jointe une note exposant les prétentions et les moyens du demandeur, ainsi que les conclusions du défendeur, a constaté que les parties avaient sollicité le bénéfice de leurs écritures au cours de l'audience. • Civ. 3e, 28 janv. 2004, n° 02-15.810 P. ♦ Ainsi, si les parties présentent en principe oralement à l'audience leurs prétentions et leurs moyens, elles peuvent également se référer aux prétentions et aux moyens qu'elles auraient formulés par écrit. La seule référence suffit donc sans qu'il soit besoin de présenter oralement les moyens et prétentions. En revanche, il convient tout de même qu'elles soient réitérées oralement. • Civ. 2e, 15 mai 2014, n° 12-27.035 : *RTD civ. 2015. 938, obs. N. Cayrol*. ♦ Sur le rôle de l'écrit dans la procédure orale, V. art. 446-1 et notes ss. art. 446-1.

7. Désistement. En matière de procédure orale, le désistement formulé par écrit, antérieurement à l'audience, produit immédiatement son effet extinctif de sorte que, si la juridiction peut statuer sur la demande fondée sur l'art. 700 C. pr. civ. formulée à l'audience par l'autre partie, en l'absence de l'auteur du désistement, elle ne peut statuer sur la demande reconventionnelle en dommages-intérêts formulée dans les mêmes conditions. • Civ. 2e, 10 janv. 2008, n° 06-21.938 P : *D. 2008. AJ 362*. ♦ Lorsque dans une procédure orale, une demande incidente a été formulée par un écrit déposé au greffe antérieurement au désistement d'appel, l'égalité des armes et l'exigence d'un procès équitable imposent qu'il soit statué sur la demande incidente soutenue à l'audience. • Ch. mixte, 13 mars 2009, n° 07-17.670 P.

Art. 818 **La demande en justice est formée soit par une assignation soit par une requête remise ou adressée conjointement par les parties.**

La demande peut également être formée par une requête lorsque le montant de la demande n'excède pas 5 000 euros *(Décr. n° 2020-1452 du 27 nov. 2020, art. 1er-12°, en vigueur le 1er janv. 2021)* **« , lorsqu'elle est formée aux fins de tentative préalable de conciliation ou lorsque la loi ou le règlement le prévoit. »** – *[Ancien art. 829.]*

Les dispositions de l'art. 818 dans sa rédaction issue du Décr. n° 2019-1333 du 11 déc. 2019, art. 4-I sont applicables aux instances introduites à compter du 1er janv. 2020 (Décr. préc., art. 55-II).

L'art. 1er-12° du Décr. n° 2020-1452 du 27 nov. 2020 s'applique aux instances en cours au 1er janv. 2021 (Décr. préc., art. 12).

Assignation. Selon les art. 53, 54 et 829 (auj. 818), la demande en justice peut être formée devant le TI (auj. TJ) par voie d'assignation, laquelle introduit l'instance. • Civ. 1re, 20 oct. 1998, n° 96-12.907 P : *D. 1999. Somm. 220, obs. Julien*.

SECTION PREMIÈRE LA TENTATIVE PRÉALABLE DE CONCILIATION

BIBL. ANT. AU DÉCR. N° 2019-1333 DU 11 DÉC. 2019 : ▶ Barrière, *Gaz. Pal. 2001. Doctr. 270* (nouvelles pratiques des conciliateurs de justice dans les tribunaux d'instance). – Desdevises, *D. 1981. Chron. 241* (conciliation). – Estoup, *Gaz. Pal. 1986. 2. Doctr. 288* (conciliation judiciaire et extrajudiciaire). – Martin, *JCP 1996. I. 3977*. – Perrot, *Procédures 1996. Chron. 9.*

Art. 820 *(Décr. n° 2021-1322 du 11 oct. 2021, art. 2-2°, en vigueur le 1er nov. 2021)* **« La demande en justice peut être formée aux fins de tentative préalable de conciliation hors les cas dans lesquels le premier alinéa de l'article 750-1 s'applique. »**

La demande aux fins de tentative préalable de conciliation est formée par requête faite, remise ou adressée au greffe.

La prescription et les délais pour agir sont interrompus par l'enregistrement de la demande. – *[Ancien art. 830.]*

Le Décr. n° 2021-1322 du 11 oct. 2021 est applicable aux instances en cours à la date de son entrée en vigueur (Décr. préc., art. 8-I).

SOUS-SECTION 1 LA CONCILIATION DÉLÉGUÉE À UN CONCILIATEUR DE JUSTICE

Art. 821 **Le juge peut déléguer à un conciliateur de justice la tentative préalable de** ***conciliation.***

Le greffier avise par tous moyens le défendeur de la décision du juge. L'avis précise les nom, prénoms, profession et adresse du demandeur et l'objet de la demande. – *[Ancien art. 831.]*

Art. 822 **Le demandeur et le conciliateur de justice sont avisés par tous moyens de la décision du juge. Une copie de la demande est adressée au conciliateur.**

Le conciliateur de justice procède à la tentative de conciliation comme il est dit aux articles 129-3 à 129-5, 130 et 131. A sa demande, sa mission peut être renouvelée, sans qu'il soit nécessaire de recueillir l'accord des parties.

En cas d'échec de la tentative de conciliation, le conciliateur de justice en informe le juge en précisant la date de la réunion à l'issue de laquelle il a constaté cet échec. – *[Ancien art. 832.]*

Art. 823 Les avis adressés aux parties par le greffier précisent que chaque partie peut se présenter devant le conciliateur avec une personne ayant qualité pour l'assister devant le juge.

Les parties sont en outre avisées qu'en application des articles 824 et 826, dont les dispositions sont reproduites, la juridiction peut être saisie aux fins d'homologation de leur accord ou aux fins de jugement en cas d'échec de la conciliation. – *[Ancien art. 832-1.]*

Art. 824 La demande d'homologation du constat d'accord formée par les parties est transmise au juge par le conciliateur. Une copie du constat y est jointe. – *[Ancien art. 833.]*

SOUS-SECTION 2 LA CONCILIATION MENÉE PAR LE JUGE

Art. 825 Lorsque le juge procède lui-même à la tentative préalable de conciliation, le greffe avise le demandeur par tout moyen des lieu, jour et heure auxquels l'audience de conciliation se déroulera.

Le défendeur est convoqué par lettre simple. La convocation mentionne les nom, prénoms, profession et adresse du demandeur ainsi que l'objet de la demande.

L'avis et la convocation précisent que chaque partie peut se faire assister par une des personnes énumérées à l'article 762. – *[Ancien art. 834.]*

SOUS-SECTION 3 LA DEMANDE AUX FINS DE JUGEMENT EN CAS D'ÉCHEC DE LA CONCILIATION

Art. 826 En cas d'échec total ou partiel de la tentative préalable de conciliation, le demandeur peut saisir la juridiction aux fins de jugement de tout ou partie de ses prétentions initiales.

La saisine de la juridiction est faite selon les modalités prévues par l'article 818. – *[Ancien art. 836.]*

SECTION II LA PROCÉDURE AUX FINS DE JUGEMENT

SOUS-SECTION 1 LA CONCILIATION

Art. 827 Le juge s'efforce de concilier les parties.

Le juge peut également, à tout moment de la procédure, inviter les parties à rencontrer un conciliateur de justice aux lieu, jour et heure qu'il détermine. Les parties en sont avisées, selon le cas, dans l'acte de convocation à l'audience ou par tous moyens. L'avis indique la date de l'audience à laquelle l'affaire sera examinée afin que le juge constate la conciliation ou tranche le litige. L'invitation peut également être faite par *le juge à l'audience*. – *[Ancien art. 845.]*

SOUS-SECTION 2 LES DÉBATS

Art. 828 A tout moment de la procédure, les parties peuvent donner expressément leur accord pour que la procédure se déroule sans audience conformément aux dispositions de l'article L. 212-5-1 du code de l'organisation judiciaire.

(Décr. n° 2020-1452 du 27 nov. 2020, art. 1er-13°-a, en vigueur le 1er janv. 2021) « Dans ce cas, le juge organise les échanges entre les parties. Celles-ci formulent leurs prétentions et leurs moyens par écrit. La communication entre elles est faite par lettre recommandée avec demande d'avis de réception ou par notification entre avocats et il en est justifié auprès du juge dans les délais qu'il impartit. Le juge fixe la date avant laquelle les parties doivent communiquer au greffe leurs prétentions, moyens et pièces.

A cette date, le greffe informe les parties de la date à laquelle le jugement sera rendu. Celui-ci est contradictoire. »

Le *(Décr. n° 2020-1452 du 27 nov. 2020, art. 1er-13°-b, en vigueur le 1er janv. 2021)* **« juge » peut décider de tenir une audience s'il estime qu'il n'est pas possible de rendre une décision au regard des preuves écrites ou si l'une des parties en fait la demande.**

L'art. 1er-13° du Décr. n° 2020-1452 du 27 nov. 2020 s'applique aux instances en cours au 1er janv. 2021 (Décr. préc., art. 12).

Art. 829 **Lorsqu'elle est formulée en cours d'instance, la déclaration par laquelle chacune des parties consent au déroulement de la procédure sans audience est remise ou adressée au greffe et comporte à peine de nullité :**

1° Pour les personnes physiques : l'indication des nom, prénoms, profession, domicile, nationalité, date et lieu de naissance ;

2° Pour les personnes morales : l'indication de leur forme, leur dénomination, leur siège social et de l'organe qui les représente légalement ;

Elle est écrite, datée et signée de la main de son auteur. Celui-ci doit lui annexer, en original ou en photocopie, tout document officiel justifiant de son identité et comportant sa signature.

Art. 830 **A défaut de conciliation constatée à l'audience, l'affaire est immédiatement jugée ou, si elle n'est pas en état de l'être, renvoyée à une audience ultérieure. Dans ce cas, le greffier avise par tous moyens les parties qui ne l'auraient pas été verbalement de la date de l'audience.** – *[Ancien art. 847.]*

Art. 831 **Le juge peut, conformément au second alinéa de l'article 446-1, dispenser une partie qui en fait la demande de se présenter à une audience ultérieure. Dans ce cas** *(Abrogé par Décr. n° 2020-1452 du 27 nov. 2020, art. 1er-14°-a, à compter du 1er janv. 2021)* ***« et dans celui mentionné aux deux premiers alinéas de l'article 828 »*****, le juge organise les échanges entre les parties. La communication entre elles est faite par lettre recommandée avec demande d'avis de réception ou par notification entre avocats et il en est justifié auprès du** *(Décr. n° 2020-1452 du 27 nov. 2020, art. 1er-14°-b, en vigueur le 1er janv. 2021)* **« juge dans les délais qu'il impartit. A l'issue de la dernière audience, le greffe » informe les parties de la date à laquelle le jugement sera rendu.** – *[Ancien art. 847-1.]*

L'art. 1er-14° du Décr. n° 2020-1452 du 27 nov. 2020 s'applique aux instances en cours au 1er janv. 2021 (Décr. préc., art. 12).

Art. 832 **Sans préjudice des dispositions de l'article 68, la demande incidente tendant à l'octroi d'un délai de paiement en application de l'article 1343-5 du code civil peut être formée par courrier remis ou adressé au greffe. Les pièces que la partie souhaite invoquer à l'appui de sa demande sont jointes à son courrier. La demande est communiquée aux autres parties, à l'audience, par le juge, sauf la faculté pour ce dernier de la leur faire notifier par le greffier, accompagnée des pièces jointes, par lettre recommandée avec demande d'avis de réception.**

L'auteur de cette demande incidente peut ne pas se présenter à l'audience, conformément au second alinéa de l'article 446-1. Dans ce cas, le juge ne fait droit aux demandes présentées contre cette partie que s'il les estime régulières, recevables et bien fondées. – *[Ancien art. 847-2.]*

Art. 833 **La reprise de l'instance, après une suspension, a lieu sur l'avis qui en est donné aux parties par le greffier, par tout moyen.** – *[Ancien art. 847-3.]*

CHAPITRE II **LES ORDONNANCES DE RÉFÉRÉ**

RÉP. PR. CIV. v° *Référé civil*, par Cayrol.

DALLOZ ACTION *Droit et pratique de la procédure civile 2020/2021*, nos 4334.000 s.

BIBL. GÉN. ▶ Barbier, *Gaz. Pal. 1973. 1. Doctr. 149* (pouvoirs du juge des référés). – Blaisse, *JCP 1982. I. 3083* (Quo vadis référé ?). – Boiron et Mirat, *CCE 2011. Fiche pratique 8* (agir en référé aux fins de solliciter l'interdiction de la diffusion d'une œuvre audiovisuelle). – Burgelin, Coulon et Frison-Roche, *D. 1995. Chron. 67* (le juge des référés au regard des principes procéduraux).

– Charlot, *Dr. soc. 1985. 493* (référé en droit du travail). – Choucroy, *Mél. Drai, Dalloz 2000, p. 523* (juge des référés et religion). – Cousin, *Gaz. Pal. 17-19 avr. 2005, p. 30* (référé en matière de contenu illicite). – Dreyer, *JCP 2007. I. 171* (perversion du référé en matière de presse). – Estoup, *Gaz. Pal. 1988. 1. Doctr. 203* (liberté d'expression). – Foulon et Strickler, *Gaz. Pal. 25-26 mai 2012, p. 17* (les pouvoirs du juge des référés). – Gorchs, *Procédures 2007. Étude 1, et CCE 2007. Études 31* (référé de l'internet). – Grayot, *Mél. G. Viney, LGDJ-Lextenso 2008, p. 467* (de la responsabilité civile conjuguée au provisoire). – Guilbaud, *Rev. huiss. 1976. 77.* – Héron, *Rev. Justices 1995, n° 2. 274.* – Kayser, *D. 1989. Chron. 11* (liberté de communication et d'expression). – Laurent, *Gaz. Pal. 1984. 2. Doctr. 544* (fonction communautaire du juge des référés). – Louvet, *Légipresse 1994. II. 85* (référé en droit de la presse). – M. Malaurie, *JCP 1993. I. 3637* (référé-concurrence). – R. Martin, *Rev. huiss. 1976. I. 173* (nouveau régime des référés) ; *D. 1979. Chron. 158* (théâtre d'apparence) ; *Ann. loyers 1981. 655* (cas d'ouverture). – Normand, *Mél. Julien, Edilaix, 2003, p. 295* (dommage imminent et trouble manifestement illicite) ; *Dr. soc. mai 1985, spéc. 45* (référé en droit du travail). – Paquet, *D. Affaires 1999. 322* (contrefaçon de marque). – Parléani, *D. 1990. Chron. 65* (référé et droit communautaire). – Perdriau, *JCP 1988. I. 3365* (contrôle de la Cour de cassation). – Perrot, *Gaz. Pal. 1974. 2. Doctr. 895* (compétence du juge des référés) ; *Mél. Hébraud 1981, p. 645* (évolution des référés). – Petit, *RTD civ. 1986. 485* (évidence). – Plouvin, *Gaz. Pal. 1989. 1. Doctr. 102* (référé civil en matière administrative) ; *Gaz. Pal. 1991. 2. Doctr. 497* (référé et mutation d'office d'un fonctionnaire). – Rondeau-Rivier, *Gaz. Pal. 1991. 2. Doctr. 355* (évidence et contestation sérieuse). – Rousse, *Gaz. Pal. 1974. 2. Doctr. 835* (contestation sérieuse et compétence du juge des référés) ; *Gaz. Pal. 1977. 1. Doctr. 249* (nature et finalité de la mesure de référé). – Strickler, *D. 2013. 2588* (pour une nouvelle approche de la provision *ad litem* – les soubresauts du volet civil de l'affaire du Médiator). – Tendler, *D. 1991. Chron. 139* (une procédure ordinaire ?). – Viatte, *Gaz. Pal. 1976. 2. Doctr. 709* (pouvoirs du juge des référés). – X. et J. Vuitton , Les référés – Procédure civile, contentieux administratif, procédure pénale, 3e éd., *LexisNexis 2012.*

Art. 834 Dans tous les cas d'urgence, le président du tribunal judiciaire ou le *(Décr. n° 2020-1452 du 27 nov. 2020, art. 1er-15°, en vigueur le 1er janv. 2021)* **« juge des contentieux de la protection » dans les limites de sa compétence, peuvent ordonner en référé toutes les mesures qui ne se heurtent à aucune contestation sérieuse ou que justifie l'existence d'un différend.** — *[Ancien art. 808 et 848.]*

L'art. 1er-15° du Décr. n° 2020-1452 du 27 nov. 2020 s'applique aux instances en cours au 1er janv. 2021 (Décr. préc., art. 12).

Sur la compétence de la juridiction civile saisie en référé malgré la saisine du juge pénal pour ordonner toutes mesures provisoires lorsque l'existence de l'obligation n'est pas sérieusement contestable, V. C. pr. pén., art. 5-1. — ***C. pr. pén.*** *— Sur la saisine du juge des référés en matière de stationnement des gens du voyage, V. L. n° 2000-614 du 5 juill. 2000, art. 9 (D. 2000. Lég. 307).*

1. Notion d'ordonnance de référé. V. art. 484 s. et notes ss. art. 484 s.

I. COMPÉTENCE

2. Distinction compétence-pouvoir. Le moyen tiré de l'existence d'une contestation sérieuse sur la validité d'un commandement de payer visant la clause résolutoire ne constitue pas une exception de procédure mais un moyen de nature à faire obstacle aux pouvoirs du juge des référés. • Civ. 3e, 30 mars 2017, n° 16-10.366 P : *cité note ss. art. 74.* ♦ Le moyen tiré, devant le juge des référés, de l'existence d'une contestation sérieuse, ne constitue pas une exception d'incompétence ; par suite, il n'a pas à être présenté avant toute défense au fond. • Civ. 3e, 19 mars 1986, n° 84-17.524 P : *Gaz. Pal. 1987. 1. Somm. 55, obs. Guinchard et Moussa.* ♦ L'employeur qui soutenait que la juridiction de référé était « incompétente » pour statuer sur la demande d'annulation d'une sanction disciplinaire irrégulière en la forme a soulevé un moyen relatif aux pouvoirs de la juridiction des référés. • Soc. 23 mars 1989, n° 86-40.053 P.

3. Difficulté d'exécution d'une sentence arbitrale (non). Le juge des référés est dépourvu de pouvoir pour décider de mesures d'interdiction assorties d'une astreinte destinées à assurer l'exécution d'une sentence arbitrale non revêtue de l'exequatur et qui fait l'objet d'un recours en annulation. • Com. 18 mai 2005, n° 03-13.832 P : *D. 2005. IR 1585 ; RTD com. 2005. 485, obs. Loquin ; JCP 2005. IV. 2496, obs. Rouault* (arbitrage international).

A. SÉPARATION DES ORDRES ADMINISTRATIF ET JUDICIAIRE

4. Incompétence du juge judiciaire. Le juge judiciaire des référés ne peut ordonner une mesure d'instruction ou la suspension de travaux publics autorisés que lorsque le fond du litige est de nature à relever, ne serait-ce qu'en partie, de la compétence des juridictions de l'ordre auquel il appartient ; tel n'est pas le cas lorsque la connaissance des questions qui lui sont soumises tend nécessairement au contrôle, à l'annulation ou à la réformation des décisions de l'autorité administrative dans l'exercice de ses prérogatives de puissance publique. • Civ. 1re, 17 oct. 2007, n° 06-21.054 P : *D. 2008. Pan. 2829, obs. Bretzner ; AJDA 2007. 2004*. ♦ En l'état d'un contrat administratif liant un médecin à un hôpital psychiatrique dont l'interprétation échappe à la compétence des tribunaux judiciaires, la cour d'appel qui constate que l'employeur a résilié le contrat en se conformant apparemment à ses stipulations, peut en déduire que l'existence d'une voie de fait n'est pas caractérisée et que le juge des référés est incompétent pour statuer sur la demande en réintégration de ce médecin. • Soc. 25 oct. 1978, n° 77-13.578 P.

5. Contrat de droit privé. La convention intervenue entre une commune et les usagers du service de distribution de l'eau, qui met à la charge des usagers des obligations non exorbitantes du droit commun, présente un caractère industriel et commercial et revêt, dès lors, celui d'un contrat de droit privé ; il s'ensuit que les contestations relatives à l'exécution d'une telle convention, en particulier la demande de rétablissement de la fourniture d'eau formée devant le juge des référés, relèvent de la compétence exclusive des tribunaux judiciaires. • Civ. 1re, 18 nov. 1975, n° 74-13.784 P : *D. 1976. IR 51.* ♦ N'a pas méconnu le principe de la séparation des autorités administratives et judiciaires la cour d'appel qui, pour retenir sa compétence en vue de la désignation en référé d'un médecin expert, a relevé qu'en cas d'admission d'un malade en clientèle privée d'un médecin hospitalier à temps plein d'un hôpital public, le contrat de droit privé conclu ne peut être modifié sans l'accord du patient ou de sa famille. • Civ. 1re, 20 juill. 1988, n° 86-15.215 P.

6. Occupation du domaine public. Les tribunaux de l'ordre judiciaire sont compétents pour ordonner en référé les mesures propres à mettre un terme à une occupation sans droit ni titre par un particulier d'une partie du domaine public. • Civ. 1re, 22 juin 1983, n° 82-12.872 P.

7. Arrêté de fermeture. Le juge des référés de l'ordre judiciaire est compétent pour statuer sur la demande du maire d'une commune tendant à faire ordonner, sous astreinte, la fermeture d'une discothèque et d'un débit de boissons exploités par une personne privée, en application d'arrêtés de fermeture pris par l'autorité municipale. • Civ. 1re, 11 mars 2003, n° 00-17.979 P : *Gaz. Pal. 8-10 févr. 2004, p. 27, obs. du Rusquec.*

8. Mesure d'instruction. Un juge des référés saisi d'une demande tendant à voir ordonner une mesure d'instruction relative à un litige de nature à relever, ne fût-ce que pour partie, de la compétence des juridictions de l'ordre auquel il appartient, ne peut refuser de statuer sur la participation à cette mesure de toute personne susceptible d'être partie au litige. • T. confl. 19 oct. 2009, n° 09-03.721 P.

9. Renvoi. V. aussi notes ss. art. 145 et notes ss. art. 835.

B. COMPÉTENCE AU SEIN DE L'ORDRE JUDICIAIRE

1° EN PRÉSENCE D'UNE CONVENTION DES PARTIES

a. Clause de conciliation obligatoire

10. Incidence. L'existence d'une clause contractuelle de conciliation n'exclut pas la faculté pour l'une ou l'autre partie de saisir la juridiction des référés lorsque cette saisine est justifiée par l'urgence des mesures sollicitées. • Paris, 4 juill. 2001, n° 125 : *BICC 2002, n° 125.*

b. Convention d'arbitrage

11. Renvoi. V. art. 1449 et 1506 et notes ss. art. 1449 et 1506.

c. Clause attributive de juridiction

12. Matière internationale. Sans méconnaître que lorsque l'urgence est établie ou que la sécurité des personnes ou la conservation de leurs biens est en péril, le juge des référés français est compétent pour ordonner toutes mesures de sauvegarde, même en l'état d'une clause attribuant compétence à une juridiction étrangère pour connaître du fond du litige, une cour d'appel peut retenir qu'en l'espèce, les parties, qui avaient la libre disposition de leurs droits, étaient convenues de soumettre aux juridictions libyennes toute demande, même relevant des attributions du juge des référés, et relative à l'exécution aussi bien du contrat de sous-traitance que du contrat de base et que déjà le juge libyen avait désigné un expert. • Civ. 1re, 17 déc. 1985, n° 84-16.338 P : *Rev. crit. DIP 1986. 537, note Gaudemet-Tallon ; D. 1986. IR 265, obs. Audit.*

2° EN L'ABSENCE D'UNE CONVENTION DES PARTIES

a. Principe

13. Compétence territoriale : alternative. Si, en principe, le juge des référés doit appartenir territorialement à la juridiction appelée à statuer sur le fond, cette compétence n'exclut pas celle du juge dans le ressort duquel est né l'incident ou celui dans le ressort duquel les mesures d'urgence doivent être prises. • Civ. 2e, 10 juill. 1991, n° 90-11.815 P.

14. ... Juge du lieu. Le juge des référés compétent pour ordonner des mesures conservatoires est celui du lieu où ces mesures doivent être prises même si les parties de nationalité étrangère ne sont pas domiciliées dans son ressort. • Civ. 2e, 9 déc. 1976, nos 75-13.429 et 75-14.091 P (séquestre).

15. Abus de procédure (dommages-intérêts). La juridiction des référés a le pouvoir de statuer sur le dommage causé par le comportement abusif des parties à la procédure dont elle est saisie. • Civ. 2e, 22 mai 1995, no 93-17.962 P : *D. 1996. 139, obs. Julien* • 25 mars 1998, no 95-22.251 : *Procédures 1998, no 138, note Perrot.*

16. Droit des assurances. Il résulte de l'art. R. 421-9 C. assur. que seul le juge des référés peut, lorsque sont remplies les conditions mentionnées au 1o de l'art. R. 421-8, condamner l'assureur, en cas de contestation de la validité du contrat d'assurance, à payer à la victime, pour le compte de qui il appartiendra, les sommes qui lui ont été allouées en application des art. 515, 771 (auj. 789) et 808 s. (auj. 834 s.) C. pr. civ. et qui lui seraient versées par le fonds de garantie si le règlement était effectué par ce dernier. • Civ. 1re, 14 nov. 1995, no 93-11.750 P.

b. Limites

17. Désignation d'un juge de la mise en état. A partir de la désignation du juge de la mise en état, le juge des référés est incompétent pour accorder une provision. • Civ. 2e, 9 déc. 1976, no 76-10.130 P : *D. 1978. 329, note Donnier ; RTD civ. 1977. 360, obs. Normand* • 21 mai 1979, no 78-11.723 P. ♦ Le caractère exclusif des attributions du juge de la mise en état ne joue que si la demande est présentée au juge des référés postérieurement à la désignation du juge de la mise en état. • Civ. 2e, 18 mars 1998, no 96-18.510 P. ♦ Le juge des référés est compétent dès lors que la demande lui avait été présentée avant la désignation du juge de la mise en état. • Civ. 2e, 11 janv. 1995, no 93-12.889 P. ♦ Mais le juge des référés est tenu de vérifier et d'énoncer dans son ordonnance qu'aucun juge de la mise en état n'a été désigné à la suite d'une instance au fond tendant aux mêmes fins et opposant les mêmes parties. • Paris, 8 avr. 1987 : *Gaz. Pal. 1987. 1. 291, note Caratini.* ♦ Le juge de la mise en état qui est dessaisi dès l'ouverture des débats devant le tribunal même si ceux-ci portent sur un sursis à statuer, n'est pas compétent pour statuer sur une demande de provision qui relève alors de la compétence du juge des référés. • Civ. 3e, 22 juin 2005, no 04-12.364 P.

II. QUALITÉ POUR AGIR

18. Société aux droits d'une autre société. Toute personne qui justifie d'un intérêt légitime au succès d'une prétention peut introduire une instance en référé et il appartient au juge des référés de se prononcer sur la fin de non-recevoir tirée d'un prétendu défaut de qualité du demandeur en référé, que la contestation de cette qualité par la partie adverse soit ou non sérieuse ; viole les art. 31 et 122, la cour d'appel déclarant la formation de référé incompétente au motif que la qualité du demandeur à agir en justice, contestée par la défense, touche au fond du droit. • Soc. 22 juin 1993, no 91-40.736 P : *D. 1993. IR 187.*

19. Droit des assurances. Il résulte de l'art. R. 421-9 C. assur. que seules les victimes d'un accident ou leurs ayants droit qui ont obtenu d'une juridiction civile une indemnité peuvent réclamer par voie de référé à l'assureur du responsable, en cas de contestation de la validité du contrat d'assurance, le paiement pour le compte de qui il appartiendra des sommes qui leur ont été allouées en application des art. 515, 771 (auj. 789) et 808 s. C. pr. civ. (auj. 834 s.) et qui leur seraient versées par le Fonds de garantie, si le règlement était effectué par ce dernier. • Civ. 1re, 14 nov. 1995, no 93-11.750 P.

III. CONDITIONS

A. CONDITIONS COMMUNES À TOUTES LES MESURES : L'URGENCE

20. Recevabilité. Lorsqu'il ne statue que sur la recevabilité d'une demande, le juge des référés n'a pas à constater l'urgence ou l'absence de contestation sérieuse. • Civ. 3e, 11 janv. 1983, no 81-16.211 P.

21. Contrôle de la Cour de cassation. L'urgence requise pour qu'il soit statué par application de l'art. 808 (auj. 834) est souverainement appréciée par le juge des référés. • Civ. 1re, 21 juin 1989, no 87-18.210 P. ♦ L'urgence et le péril des droits d'une partie sont souverainement appréciés par le juge des référés. • Civ. 1re, 29 avr. 1975, no 74-12.247 P : *D. 1978. 664, note Tendler ; RTD civ. 1977. 599, obs. Normand.* ♦ Les juges du fond saisis en référé d'une demande tendant à la désignation d'un administrateur provisoire pour gérer un fonds de commerce apprécient souverainement l'urgence de cette mesure. • Civ. 1re, 3 janv. 1979, no 77-10.288 P : *RTD civ. 1980. 152, obs. Normand.* ♦ En confirmant une ordonnance de référé, la cour d'appel fait sien le constat d'urgence qu'avaient fait les premiers juges. • Civ. 11 mars 1980, no 78-15.175 P. ♦ L'urgence est souverainement appréciée par les juges du fond et peut résulter implicitement de leurs constatations. • Civ. 1re, 7 oct. 1980, no 79-10.903 P.

22. Circonstances. L'urgence peut résulter du fait même que, depuis des mois, se prolonge une situation privant les salariés d'une entreprise de la représentation que leur garantit la loi, peu important les difficultés alléguées par l'employeur. • Soc. 16 mars 1978, no 77-60.685 P. ♦ Caractérise implicitement l'urgence au sens de l'art. 808 (auj. 834), la cour d'appel qui énonce qu'existe une situation périlleuse et conflictuelle pour désigner un expert-comptable en qualité d'administrateur provisoire afin de permettre de rendre à la société paralysée par la maladie d'un associé et l'impossibilité actuelle de tenir une comptabilité véritable une activité qui n'aurait jamais dû cesser. • Civ. 1re, 25 oct. 1989, n° 87-16.804 P. ♦ S'il résulte de l'art. 808 (auj. 834) que, dans tous les cas d'urgence, le juge des référés peut, même en présence d'une contestation sérieuse, ordonner les mesures justifiées par l'existence d'un différend, la cour d'appel a, dans l'exercice de son pouvoir souverain, considéré qu'il n'était pas établi que le fonctionnement de la clinique était sérieusement mis en cause et qu'en conséquence il n'y avait pas urgence. • Civ. 1re, 20 mars 1978, n° 77-10.662 P (demande formée par la direction d'une clinique pour être autorisée à faire enlever le matériel d'un praticien dont le contrat le liant à la clinique avait été résilié).

23. Pourvoi en cassation. Est nouveau et, mélangé de fait et de droit, irrecevable devant la Cour de cassation, le moyen non soulevé en appel qui reproche à la juridiction des référés d'avoir statué sans constater l'urgence. • Civ. 2e, 23 juin 1976, n° 75-11.473 P • Civ. 1re, 19 juill. 1976, n° 75-12.575 P.

24. Art. 8 et 13. Le demandeur en référé débouté pour défaut de justification de l'urgence ne peut reprocher à la cour d'appel d'avoir méconnu les dispositions du C. pr. civ. permettant aux juges d'inviter les parties à fournir les explications qu'ils estiment nécessaires, dès lors que les dispositions ainsi invoquées n'imposent pas aux juges de demander aux parties de s'expliquer et que la cour d'appel a justifié sa décision en constatant que l'urgence de la mesure sollicitée n'était pas démontrée. • Com. 30 janv. 1980, n° 78-13.334 P.

25. Date d'appréciation. En appel comme en première instance, la juridiction des référés doit se placer, pour apprécier l'urgence attributive de sa compétence, à la date où elle prononce sa décision. • Civ. 3e, 10 mai 1977, n° 76-11.012 P • 5 oct. 1976, n° 75-13.645 P.

26. Renvoi. Sur le rôle de l'urgence, dans d'autres cas de référés. V. notes ss. art. 145 et notes ss. art. 835.

B. CONDITIONS PROPRES À CERTAINES MESURES

27. Alternative. Aux termes de l'art. 808 (auj. 834), dans tous les cas d'urgence, le président du TGI (auj. pdt TJ) peut ordonner en référé toutes les mesures qui ne se heurtent à aucune contes*tation sérieuse ou que justifie* l'existence d'un différend ; par suite, manque de base légale l'arrêt qui rejette une demande d'expertise médicale formée par la cliente d'un hôtel blessée à la suite d'une chute dans un escalier de cet hôtel, au seul motif que la mesure sollicitée se heurtait à une contestation sérieuse et sans rechercher si elle n'était pas justifiée par l'existence d'un différend. • Civ. 1re, 16 juill. 1987, n° 85-16.844 P. ♦ Dès lors que la mesure sollicitée est justifiée par l'existence d'un différend, le juge des référés ne peut pas se déclarer incompétent au motif qu'il existe une contestation sérieuse. • Civ. 2e, 19 mai 1980, n° 78-15.549 P. ♦ Justifie légalement sa décision le juge, statuant en référé, qui autorise un locataire de locaux à usage commercial appartenant à des propriétaires indivis, à déposer pour le compte de l'ensemble des indivisaires et malgré l'opposition de l'un d'entre eux, une demande de permis de construire en vue de la réfection des vitrines du magasin détruites par effraction dès lors que, ces réparations s'imposant d'urgence, la mesure sollicitée était justifiée par l'existence d'un différend opposant les parties. • Civ. 3e, 20 nov. 1984, n° 83-10.471 P. ♦ Ne donne pas de base légale à sa décision, au regard de l'art. 808 (auj. 834), la cour d'appel qui, pour rejeter la mesure d'instruction sollicitée, retient qu'il n'apparaissait pas que la production de quatorze contrats suffisait à démontrer de manière incontestable le détournement de clientèle allégué, que la désorganisation alléguée n'était pas démontrée et que les sociétés et le GIE ne faisaient pas la preuve d'une faute commise ni d'un préjudice certain en son principe, alors que, dans tous les cas d'urgence, peuvent être ordonnées en référés les mesures que justifie l'existence d'un différend, même en cas de contestation sérieuse. • Com. 4 déc. 2001, n° 00-12.007 : *Gaz. Pal. 9-10 oct. 2002, p. 35, obs. Perdriau.* ♦ Le juge des référés ne peut ordonner que les mesures qui, lorsqu'elles ne se justifient pas par l'existence d'un diffférend, ne se heurtent à aucune contestation sérieuse. • Civ. 3e, 15 avr. 1982, n° 80-15.915 P.

1° ABSENCE DE CONTESTATION SÉRIEUSE

a. Notion

Existence

28. Interprétation d'un contrat. Il résulte de l'art. 808 (auj. 834) que le juge des référés ne peut, en cas d'urgence, ordonner les mesures sollicitées que si elles ne se heurtent à aucune contestation sérieuse ; viole ce texte la cour d'appel, statuant en référé, qui, pour refuser de déclarer commune à l'assureur d'une société civile immobilière une expertise destinée à constater les désordres et malfaçons survenus dans un immeuble dont cette société avait assumé la construction, interprète les termes de la police et d'un avenant pour déterminer la nature de l'assurance et décider de l'applicabilité en l'espèce d'un article de cette police, et tranche ainsi une contestation sérieuse. • Civ. 1re, 26 avr. 1978, n° 76-14.424 P : *JCP 1979. II. 19251, note Couchez.* ♦ Constitue une contestation sérieuse faisant obstacle à l'exercice des pouvoirs du juge des référés, l'examen d'un litige portant tant sur l'interprétation des clauses du contrat de bail que sur les conséquences de la délivrance d'un permis de construire. • Civ. 3e, 10 févr. 1988, n° 86-18.864 P.

29. Qualification d'un bien ou d'un acte. Constitue une contestation sérieuse au sens de l'art. 808 (auj. 834) le point de savoir si des immeubles par destination non encore détachés de l'immeuble par nature à l'exploitation duquel ils sont affectés, conservent cette qualité jusqu'au moment de la vente. • Civ. 1re, 20 juill. 1994, n° 92-14.665 P : *D. 1994. IR 223.* ♦ Tranche une contestation sérieuse et viole l'art. 808 (auj. 834) C. pr. civ. la cour d'appel qui, pour constater la nullité d'un bail, retient que le bailleur, en faillite personnelle, n'avait pas la capacité juridique pour le conclure, la signature d'un bail commercial devant s'analyser comme un acte de direction d'entreprise commerciale. • Civ. 3e, 27 janv. 1999, n° 96-22.253 P : *D. 1999. IR 63 ; AJDI 1999. 346 ; RTD com. 1999. 432, obs. Champaud et Danet ; JCP E 1999, n° 18-19, p. 816, obs. Cabrillac.*

30. Droit du travail. Excède sa compétence le juge des référés qui déclare régulier le licenciement d'un conseiller prud'homme fait sans qu'aient été observées les formalités protectrices prévues par l'art. L. 514-2 [devenu L. 1442-19] C. trav. au motif que ce texte n'est applicable qu'en cas de licenciement d'un conseiller en fonction et que cette expression signifie que le conseiller prud'homme protégé est celui qui est non seulement élu mais encore investi de ses fonctions par l'installation et la prestation du serment, ce qui n'était pas le cas de l'intéressé, alors que celui-ci soutenait avoir été en fonction du seul fait de son élection et de la proclamation de celle-ci par la commission de recensement, ce qui constituait une contestation sérieuse. • Soc. 21 janv. 1982, n° 80-14.151 P. ♦ Encourt la cassation l'arrêt qui ordonne à l'employeur de faire application à un salarié de l'art. L. 122-32-5 [devenu L. 1226-10] C. trav. sous astreinte, alors que l'employeur soutenait que ce texte ne pouvait s'appliquer en l'espèce, s'agissant d'un salarié relevant du C. aviation civile et pour lequel le contrat avait été rompu par l'effet d'un acte administratif, ces éléments du litige soulevant une contestation sérieuse. • Soc. 4 mars 1987, n° 84-41.052 P (à propos de l'art. R. 516-30 [devenu R. 1455-5] C. trav.).

31. Nécessité d'un pouvoir spécial. Une cour d'appel peut retenir qu'il existe une contestation sérieuse portant sur le point de savoir si l'avocat d'une banque garante peut, sans être muni d'un pouvoir spécial, former, dans les conclusions déposées pour celle-ci, une demande constituant un appel de la contre-garantie. • Com. 21 juin 1988, n° 86-16.210 P.

32. Agrément d'un sous-traitant. Viole les art. 808 (auj. 834) et 872 la cour d'appel qui, saisie d'une demande dirigée par un entrepreneur principal contre un sous-traitant et fondée sur les clauses d'un contrat de sous-traitance, retient la compétence du juge des référés alors que les énonciations de l'arrêt faisaient apparaître l'existence d'une contestation sérieuse tenant à l'absence de la double acceptation exigée par l'art. 3 de la L. du 31 déc. 1975 à défaut de laquelle l'entrepreneur principal ne peut invoquer le contrat de sous-traitance à l'encontre du sous-traitant. • Com. 4 juill. 1989, n° 87-18.448 P.

33. Validité d'un congé. Tranche une contestation sérieuse, la juridiction des référés qui, pour prononcer l'expulsion d'un locataire qui revendiquait le droit au maintien dans les lieux à raison de la nullité du bail conclu en violation des dispositions de l'art. 3 *ter* de la loi du 1er sept. 1948, retient qu'un congé avait mis fin au bail sans que sa validité ait été contestée, alors que la contestation de la validité d'un tel bail peut être soulevée après son expiration. • Civ. 3e, 15 avr. 1982, n° 80-15.915 P. ♦ Pour une contestation sérieuse tenant à l'existence d'une instance au fond sur l'applicabilité de la L. du 1er sept. 1948. • Civ. 3e, 11 mars 1987, n° 85-15.298 P. ♦ V. encore pour une expulsion entre concubins • Civ. 1re, 17 nov. 1999, n° 97-17.541.

Absence

34. Compatibilité avec la vérification d'écritures. Le juge des référés peut procéder, incidemment, à une vérification d'écritures sous seing privé, dès lors que cette contestation n'est pas sérieuse. • Civ. 1re, 27 juin 2000, n° 98-19.726 P : *D. 2000. IR 252 ; Procédures 2000, n° 211, note Perrot ; JCP 2001. II. 10480, note Vuitton ; Gaz. Pal. 4-5 janv. 2002, p. 9, obs. du Rusquec.* ♦ (...) une cour d'appel, ayant relevé que les signatures apposées sur des bons de commande, dont l'authenticité était déniée, étaient identiques à celle figurant sur une lettre adressée par l'acheteur à son fournisseur et constaté que les factures produites aux débats attestaient tant de la réalité que de la date de la livraison des marchandises, a pu retenir que l'obligation invoquée n'était pas sérieusement contestable. • Civ. 2e, 21 janv. 1999, n° 96-19.816 P : *D. 1999. Somm. 214, obs. Julien ; D. Affaires 1999. 518, obs. V. A.-R. ; RTD civ. 1999. 461, obs. Perrot .* ♦ *Contra* auparavant : La vérification des écritures sous seing privé relève de la compétence du seul juge saisi du principal lorsqu'elle est demandée incidemment. • Civ. 2e, 17 mai 1993, n° 91-22.187 P : *D. 1993. IR 146 ; RTD civ. 1993. 643, obs. Perrot .* ♦ V. aussi art. 285.

35. Suite d'un litige. Ne constitue pas une contestation sérieuse, de nature à rendre incompétente la juridiction des référés la demande d'un tiers tendant à faire autoriser un expert à pénétrer chez son voisin pour se livrer, sur le bien immobilier de celui-ci, à des fouilles du sol et à des sondages de fondations, à l'occasion d'un litige auquel ce voisin est étranger, dès lors que l'expertise fait suite à un litige ayant opposé les deux voisins et a été ordonnée lors d'une action en garantie consécutive à une condamnation à réparer un dommage causé à l'immeuble du défendeur. • Civ. 2e, 29 mai 1979, ♖ n° 78-11.375 P.

36. Privilège du commissionnaire de transport. Une cour d'appel qui constate qu'un commissionnaire de transport, se prévalant des dispositions de l'art. 95 [devenu L. 132-2] C. com., retient les marchandises qui lui ont été remises pour un transport par l'un de ses clients en se prétendant créancier de celui-ci pour des opérations de commission qu'il avait antérieurement effectuées pour son compte, décide à bon droit, par une appréciation souveraine des éléments de preuve qui lui sont soumis, que ce commissionnaire savait, lorsque lui avaient été remises les marchandises à transporter, qu'elles n'étaient pas la propriété de son client et que la demande restitution formée devant la juridiction des référés par leur propriétaire ne se heurtait pas à une contestation sérieuse de la part du commissionnaire. • Com. 5 févr. 1980, ♖ n° 78-15.097 P.

37. Apparence de légalité. En énonçant que l'arrêté préfectoral a « toutes les apparences de la légalité », le juge des référés se borne à constater que l'exception d'illégalité soulevée devant lui ne présente pas un caractère sérieux. • Soc. 23 mars 1989, ♖ n° 87-18.599 P.

38. Clause claire et précise. La simple application de la clause claire et précise d'un contrat de résidence, prévoyant la résiliation de ce contrat un mois après mise en demeure infructueuse par lettre recommandée avec demande d'avis de réception de payer la redevance convenue, ne soulève aucune contestation sérieuse. • Civ. 3e, 2 avr. 2003, ♖ n° 01-14.774 P : *RTD civ. 2003. 705, obs. Mestre et Fages* ✎ ; *Gaz. Pal. 8-10 févr. 2004, p. 27, obs. du Rusquec ; Loyers et copr. 2003, n° 146, note Vial-Pedroletti ; CCC 2003, n° 122 ; Rev. Loyers 2003. 347, obs. Rémy.* ♦ Comp. pour une absence de contestation sérieuse, les délais de paiement accordés par une précédente ordonnance de référé n'ayant pas été respectés. • Civ. 3e, 4 nov. 1987, ♖ n° 86-15.115 P : *JCP 1988. IV. 14.*

39. Bouleversement de l'économie du contrat. Ayant relevé qu'un accord conclu entre les maîtres de l'ouvrage et le groupement d'entreprises comprenant celle chargée du lot toiture tirait les conséquences des difficultés rencontrées par celles-ci en leur consentant une indemnisation globale de dix millions de francs et en acceptant divers travaux complémentaires *représentant onze avenants au marché*, une cour d'appel, statuant en référé, a pu retenir, sans trancher une contestation sérieuse, que les nombreuses difficultés rencontrées avaient bouleversé l'économie du contrat et que les modifications intervenues lors de la réalisation d'un ensemble complexe et évolutif avaient, par leur nature, leur coût et leur ampleur, fait perdre au marché son caractère forfaitaire initial. • Civ. 3e, 20 mars 2002, ♖ n° 00-16.713 P.

40. Absence de contestation d'avis à tiers détenteur. Viole, par fausse application, l'art. 808 (auj. 834) C. pr. civ. et, par refus d'application, les art. 1922, 1926 *bis*, 1931, 1932-1, 1910 et 1917 CGI, la cour d'appel qui autorise le séquestre de fonds provenant de la vente de biens successoraux, à qui un receveur des finances avait notifié un avis à tiers détenteur pour avoir paiement d'impositions dues par la succession, à consigner les fonds à la Caisse des dépôts et consignations, en énonçant qu'il y a contestation sérieuse sur l'existence et la quotité de la créance d'impôts, alors que l'avis à tiers détenteur n'a pas été l'objet de réclamation dans les formes et délais prescrits par la loi fiscale, de la part des personnes habilitées à le faire. • Com. 5 mai 1981, ♖ n° 79-15.545 P.

b. Contrôle de la Cour de cassation

41. Étendue. Le juge des référés qui se déclare incompétent au motif qu'un procès est pendant quant à la propriété d'un titre litigieux, qu'une demande semblable a déjà été rejetée par une précédente ordonnance et qu'il apparaît qu'il existe en la cause une difficulté sérieuse, sans préciser quelles étaient les parties aux instances et décisions auxquelles il se référait ni quel en était l'objet, ne met pas la Cour de cassation en mesure d'exercer son contrôle sur l'existence d'une contestation sérieuse justifiant l'incompétence de la juridiction des référés. • Civ. 1re, 30 janv. 1979, ♖ n° 77-13.228 P. ♦ Manque de base légale au regard de l'art. 808 (auj. 834) l'arrêt qui décide qu'au vu des documents produits et des explications des parties, un acte n'a pas été fait dans des conditions manifestement illicites, sans préciser quels étaient les documents et explications des parties auxquels il se référait, ne mettant pas ainsi la Cour de cassation en mesure d'exercer son contrôle sur l'absence de contestation sérieuse. • Civ. 1re, 19 mai 1981, ♖ n° 80-11.817.

c. Date d'appréciation

42. Prononcé de la décision. Viole l'art. 808 (auj. 834) la cour d'appel qui infirme une ordonnance de référé ayant prononcé l'expulsion d'un locataire gérant, alors qu'à la date où elle se prononçait, il n'existait plus aucune contestation sérieuse puisque la prorogation de la gérance invoquée par le locataire était expirée. • Com. 26 nov. 1979, ♖ n° 78-13.813 P. ♦ L'existence d'une contestation sérieuse, de nature à affecter les pouvoirs du juge des référés d'ordonner une mesure, s'apprécie à la date de sa décision, laquelle, selon le cas, est seulement susceptible d'appel ou de pourvoi en cassation. Elle ne relève pas du recours prévu par l'article 488 C. pr.

civ. relatif à la compétence du juge des référés en cas de circonstances nouvelles. • Civ. 22 févr. 1983, n° 81-11.440 P.

2° *EXISTENCE D'UN DIFFÉREND*

43. Illustrations. L'art. 808 (auj. 834) permet au juge des référés d'ordonner, en cas d'urgence, toute mesure que justifie l'existence d'un différend, même si la partie qui s'oppose à cette mesure a des arguments à faire valoir ; par suite, la cour d'appel qui constate l'existence d'un différend entre une société et son comité d'établissement sur le point de savoir si l'organisation d'une consultation juridique constituait ou non une œuvre sociale au sens de l'art. L. 432-2 [devenu art. L. 2323-13, L. 2323-14 et L. 2323-32] C. trav., et relève qu'il y avait urgence pour la société à suspendre l'exécution de la décision susceptible d'être illégale qui entraînait l'utilisation, à des fins contestées, de locaux qui étaient sa propriété et l'imputation irréversible sur le budget du comité des honoraires de l'avocat, justifie, par ces énonciations qui impliquent que la prétention de la société lui a paru avoir au moins une apparence de fondement, sa décision autorisant la société à s'opposer provisoirement à l'entrée de cet avocat dans les locaux sociaux. • Soc. 23 mars 1982, n° 80-17.098 P. ♦ Justifie sa compétence conformément à l'art. 73 du Décr. du 9 sept. 1971 (auj. 834 C. pr. civ.), pour ordonner une mesure de suspension de travaux, la juridiction des référés qui relève l'existence d'un différend pendant devant le TGI (auj. TJ) et s'abstient de trancher la contestation soumise à celui-ci. • Civ. 3e, 20 oct. 1976, n° 75-11.905 P. ♦ V. encore pour une suspension des travaux. • Civ. 3e, 11 juin 1974, n° 73-11.752 P.

IV. MESURES POUVANT ÊTRE ORDONNÉES

44. Administrateur provisoire. Justifie sa décision de nomination d'un administrateur provisoire d'une société à la demande d'un administrateur la cour d'appel qui retient la mésintelligence grave des trois seuls administrateurs en fonction qui avait provoqué une crise grave au sein de la société risquant d'entraîner sa disparition et fait ainsi ressortir l'urgence de la mesure prise. • Com. 26 avr. 1982, n° 81-10.514 P. ♦ V. encore pour la nomination d'un administrateur d'une association, • Civ. 1re, 20 janv. 1976, n° 74-14.753 P. ♦ Dès lors qu'elle a relevé que les faits imputés au gérant d'une société à responsabilité limitée étaient de nature à porter un préjudice irrémédiable aux intérêts de la société et qu'ils induisaient une suspicion qui paralysait son administration, c'est à bon droit qu'une cour d'appel, statuant en matière de référé, nomme un administrateur provisoire, ayant fait ressortir le péril menaçant la société et caractérisé l'urgence de cette nomination. • Com. 17 oct. 1989, n° 87-19.369 P.

45. Communication d'adresse. Toute personne est en droit, notamment pour échapper aux indiscrétions ou à la malveillance, de refuser de faire connaître le lieu de son domicile ou de sa résidence, de telle sorte qu'en principe sa volonté doit être sur ce point respectée par les tiers ; toutefois, il en va autrement lorsque cette dissimulation lui est dictée par le seul dessein illégitime de se dérober à l'exécution de ses obligations et de faire échec aux droits de ses créanciers ; dès lors, une cour d'appel, statuant en référé, fait usage des pouvoirs qu'elle tient de l'art. 808 (auj. 834), en mettant un terme à une telle manœuvre frauduleuse qui était manifeste, en ordonnant à une administration de communiquer l'adresse de son agent aux huissiers chargés de recouvrer le montant d'une condamnation prononcée contre lui. • Civ. 1re, 30 juin 1992, n° 90-18.458 P.

46. Séquestre. Après avoir constaté que les actionnaires minoritaires d'une société de holding invoquaient l'existence d'une action en nullité du protocole constitutif de cette dernière, et demandaient une mesure de séquestre des actions détenues par la société de holding dans une filiale afin de garantir le maintien du statu quo pendant la durée de l'instance, la cour d'appel, qui énonce d'un côté qu'en raison de l'urgence et en présence d'un litige grave une telle mesure est de la compétence du juge des référés, dès lors qu'elle a pour but de prévenir un danger immédiat et demeure sans influence sur le fond du droit, et d'un autre côté que le droit de vote attaché aux actions entre dans les pouvoirs d'administration du séquestre lorsque son exercice a un but conservatoire, décide à juste titre après avoir retenu que les intérêts des actionnaires étaient en péril, qu'il convient de désigner un séquestre ayant mission de prendre part aux assemblées générales de la filiale et par son vote, d'éviter la création d'une situation irréversible en attendant la décision des juges du fond. • Com. 15 févr. 1983, n° 82-10.782 P.

47. Garantie de paiement. C'est sans violer les art. 808 s. (auj. 834 s.) qu'une cour d'appel, statuant en référé après avoir admis que l'existence de l'obligation de garantie d'une compagnie d'assurances envers son assurée n'était pas sérieusement contestable, a décidé que cette compagnie devrait garantir le paiement de la provision mise à la charge de son assuré. • Civ. 1re, 29 juin 1982, n° 81-13.779 P.

48. Droit de visite. Justifie légalement sa décision la cour d'appel qui, ayant relevé que des grands-parents n'avaient vu leurs petits-enfants qu'une seule fois depuis plusieurs années et que la procédure risquait d'être longue, a souverainement estimé qu'il y avait urgence à rétablir sans délai, en attendant la décision du tribunal saisi au fond, des liens affectifs entre les petits-enfants et leurs grands-parents, et leur accorde en référé un droit de visite. • Civ. 1re, 1er févr. 1983, n° 81-16.815 P : *JCP 1984. II. 20315, note Blaisse.*

49. Ouverture d'une clôture. Saisie en référé d'une demande d'ouverture dans une clôture afin d'accéder à un puits, alors même qu'existe une contestation sérieuse sur la propriété de ce puits, la cour d'appel n'a pas excédé ses pouvoirs en ordonnant une mesure que justifiait l'existence d'un différend. • Civ. 3e, 25 janv. 1989, n° 87-15.940 P.

50. Passage par une autre propriété. Justifie légalement sa décision la cour d'appel statuant en matière de référé sur le fondement de l'art. 808 (auj. 834) et qui n'avait pas à se prononcer sur la contestation de fond invoquée, retient qu'il était urgent de faire procéder à des travaux sur le mur d'un immeuble et que le seul moyen pour les réaliser était d'installer un échafaudage en passant par une autre propriété sans qu'il en résultât pour les propriétaires une sujétion intolérable et excessive. • Civ. 2e, 8 janv. 1992, n° 90-17.870 P : *D. 1993. 32, obs. Robert ; RDI 1993. 196, obs. Bergel ; RTD civ. 1993. 855, obs. Zenati .*

51. Rétablissement d'une jouissance paisible. Une demande tendant au rétablissement d'une jouissance paisible peut être accueillie par le juge des référés sur le fondement de l'art. 848 (auj. 834), si l'existence d'un différend et l'urgence sont constatés et si le juge ne se prononce pas sur l'action possessoire. • Civ. 3e, 15 mai 2008, n° 07-14.759 : *D. 2008. AJ 1560 ; ibid. 2009. Pan. 2300, obs. Reboul-Maupin ; AJDI 2009. 54, note Forest ; Dr. et patr. 2/2009, p. 144, obs. Seube* • 22 mars 1995, n° 92-21.269 P : *D. 1996. 193, note Leroy ; JCP 1995. I. 3878, obs. Périnet-Marquet ; ibid. 3891, obs. Cadiet ; AJDI 1995. 968, obs. Léost ; RDI 1996. 179, obs. Bergel ; RTD civ. 1996. 427, obs. Zenati* • 21 nov. 2001, n° 99-21.841 : *JCP 2002. II. 10164, note Ferreira.* ♦ L'abrogation, par la L. du 16 févr. 2015, de l'art. 2279 C. civ., selon lequel les actions possessoires étaient ouvertes dans les conditions prévues par le C. pr. civ. à ceux qui possédaient ou détenaient paisiblement, a emporté abrogation des art. 1264 à 1267 C. pr. civ., qui définissaient le régime de ces actions et qui avaient été édictés spécifiquement pour l'application de l'art. 2279. En conséquence, seules les actions en référé assurent, depuis le 18 févr. 2015, l'exercice de la protection possessoire. • Civ. 3e, 23 sept. 2020, n° 19-16.370 P : *D. actu. 23 oct. 2020, note Strickler ; D. 2020. 1887 ; ibid. 2021. 171, note Sofian Goudjil ; ibid. 2020. 2469, chron. Jariel et Collomp ; RDI 2020. 672, obs. Bergel ; JCP N 2020. 1254, note Périnet-Marquet.*

52. Suspension de travaux, d'une note de service etc. Justifie sa compétence pour ordonner une mesure de suspension de travaux, la juridiction des référés qui relève l'existence d'un différend pendant devant le TGI (auj. TJ) et s'abstient de trancher la contestation soumise à celui-ci. • Civ. 3e, 20 oct. 1976, n° 75-11.905 P. ♦ N'excède pas les pouvoirs qu'elle tient de l'art. 808 (auj. 834) la cour d'appel qui, après avoir relevé qu'une note de service remettait en cause un accord dont il n'était pas contesté qu'il avait été appliqué jusque là et créait une situation conflictuelle entre les salariés, décide qu'il y avait urgence à en ordonner la suspension, cette mesure étant justifiée par l'existence du différend. • Soc. 25 mars 1985, n° 83-12.714 P.

53. Résiliation d'un bail d'immeuble (non). Il n'entre pas dans les pouvoirs du juge des référés de prononcer la résiliation d'un bail d'habitation. • Civ. 3e, 26 févr. 1985, n° 83-16.775 P • 27 nov. 1990, n° 89-17.249 P. ♦ ... Ni d'un bail commercial. • Civ. 3e, 20 déc. 2018, n° 17-16.783.

54. Constatation d'une clause résolutoire. Mais il entre dans les pouvoirs du juge des référés de constater l'application d'une clause résolutoire de plein droit. Le caractère provisoire d'une ordonnance de référé n'implique pas qu'il soit interdit au juge des référés de prendre une mesure de nature à causer un préjudice à l'une des parties. • Civ. 3e, 19 déc. 1983, n° 82-11.205 P • 11 mars 1980, n° 78-15.175 P. ♦ N'a pas à relever l'urgence, le juge des référés qui statue en application des stipulations du bail, lui attribuant compétence pour constater en référé la résiliation de la convention. • Civ. 3e, 9 déc. 1986, n° 83-12.503 P • 20 janv. 1988, n° 86-18.276 P. ♦ *V. note Paisant, D. 1989. 426.* ♦ La suspension des poursuites individuelles intervenue pendant une procédure d'appel ne fait pas obstacle à la constatation de la résiliation d'un contrat de bail à construction par application d'une clause résolutoire de plein droit qui a produit ses effets antérieurement au jugement d'ouverture de redressement judiciaire du preneur. • Civ. 3e, 28 janv. 2004, n° 01-00.893 P.

55. L'ordonnance de référé constatant l'acquisition de la clause résolutoire n'a pas au principal l'autorité de la chose jugée et ne s'impose pas au juge du fond saisi aux mêmes fins. • Civ. 3e, 9 janv. 1991, n° 89-13.790 : *JCP 1991. II. 21729, note Lévy.* – V. dans le même sens : • Civ. 3e, 14 oct. 1987, n° 85-11.407 P : *RTD civ. 1988. 579, obs. Perrot* • Civ. 3e, 25 janv. 1989, n° 88-13.428 P. ♦ Sur l'autorité de la chose jugée, V. art. 488.

56. Relogement (non). Les art. 808 et 809 (auj. 834 et 835) ne donnent pas en eux-mêmes le pouvoir au juge des référés d'ordonner à un bailleur le relogement de son locataire. • Civ. 3e, 14 janv. 2004, n° 01-12.510 P : *Rev. loyers 2004. 227, obs. Rémy ; AJDI 2004. 706, obs. Des Lyons ; Loyers et copr. 2004, n° 139, note Vial-Pedroletti.*

57. Annulation d'un procès-verbal d'expulsion (non). L'art. 848 (auj. 834) lui donnant seulement le pouvoir d'ordonner des mesures, le juge d'instance (auj. tribunal judiciaire) ne peut, en référé, annuler le procès-verbal d'expulsion d'un locataire. • Paris, 14 mars 1990 : *D. 1990. IR 102.* ♦ V. note 2 ss. art. 484.

58. *Constatation de la résolution d'une promesse et radiation de sa publication.* La cour d'appel qui a relevé, d'une part, que le bénéficiaire d'une promesse synallagmatique de vente qui n'avait pas exercé sa faculté de rétractation, n'avait pas déposé le dépôt de garantie dans le délai et les formes convenus, qu'il avait été mis en demeure, après notification de l'acquisition de la clause résolutoire, de régulariser la vente mais ne s'était pas présenté et qu'il avait reconnu que la promesse de vente était caduque et, d'autre part, que l'un des héritiers réservataires du bien immobilier, qui avait fait part de son accord à la transaction, était intervenu volontairement à l'instance au soutien de sa mère et de sa sœur, en a exactement déduit qu'aucune contestation sérieuse ne s'opposait à la constatation de la résolution de la promesse de vente ; la cour d'appel qui a retenu que les bénéficiaires de la promesse synallagmatique de vente ne disposaient d'aucun droit justifiant qu'il fût procédé à la publication de cette promesse à la conservation des hypothèques alors qu'elle n'était plus susceptible de produire d'effets et qu'il y avait urgence à permettre aux vendeurs de disposer de leur bien actuellement immobilisé, en a exactement déduit qu'aucune contestation sérieuse ne s'opposait à la radiation de sa publication à la conservation des hypothèques. • Civ. 3e, 16 janv. 2013, n° 11-25.262 P : *D. 2013. Actu. 243* ; *Gaz. Pal. 2013, p. 1036, note M. Parmentier ; JCP N 2013. 1232, note Lafond ; Defrénois 2014. 10, note Piedelièvre.*

59. *Élections sociales.* Le juge d'instance (auj. TJ) peut, en référé, charger un mandataire de justice d'une mission d'information, de médiation et de contrôle relative à l'organisation des élections. • Soc. 2 mai 1979, nos 78-16.103, 78-60.781 et 78-60.782 : *D. 1980. IR 21, obs. Langlois.* ♦ ... Ordonner qu'il soit sursis aux élections de délégués du personnel, en raison du différend sur les nouvelles modalités de celles-ci. • Soc. 7 juill. 1981, n° 81-60.149 P.

60. *Fixation de la date d'une réunion et de l'ordre du jour.* Dès lors qu'il a constaté l'urgence, le juge des référés peut, dans l'exercice de ses pouvoirs, ordonner la fixation de l'ordre du jour d'un comité d'établissement et fixer la date de sa réunion. • Soc. 2 mars 2004, n° 02-16.554 P : *D. 2004. 2186, obs. Paulin* .

61. *Anatocisme (non).* Il n'entre pas dans les pouvoirs du juge des référés de prononcer la capitalisation d'intérêts échus. • Civ. 3e, 4 mars 1987, n° 85-17.914 P : *D. 1987. Somm. 233, obs. Julien.*

V. ARTICULATION AVEC D'AUTRES TEXTES

A. DÉLAI DE GRÂCE

62. *Renvoi.* V. art. 510, al. 2, C. pr. civ., 1343-5 C. civ. et L. 145-41 C. com. ♦ Saisi aux fins de suspension de la clause de résiliation d'un bail commercial, il appartient au juge des référés d'examiner la demande au regard des seules dispositions de l'art. 25 du Décr. du 30 sept. 1953 [C. com., art. L. 145-41] et, par voie de conséquence, de l'art. 1244 (auj. 1343-5) C. civ. et non par application des art. 848 et 849 (auj. 834 et 835). • Civ. 3e, 15 janv. 1992, n° 90-15.483 P.

B. L. DU 29 JUILL. 1881

63. *Diffamation.* L'action en diffamation soumise à la juridiction des référés ne peut être examinée avant l'expiration du délai de dix jours prévu à l'art. 55 de la L. du 29 juill. 1881 ; doit être cassé l'arrêt confirmant la décision d'un juge des référés qui, un éditeur ayant été assigné d'heure à heure, renvoie l'affaire à une audience ultérieure pour examen des éléments de preuve susceptibles d'être produits par le défendeur et, sur le fondement de l'art. 808 (auj. 834), ordonne le retrait provisoire du bandeau recouvrant un livre et interdit toute publicité reproduisant la couverture de l'ouvrage recouvert du bandeau litigieux. • Civ. 2e, 14 nov. 2002, n° 00-16.808 P : *D. 2002. IR 3244 , et les obs. ; RTD civ. 2003. 345, obs. Normand ; LPA 21 mars 2003, p. 4, note Derieux ; ibid. 9 avr. 2003, p. 9, note Boccara ; Gaz. Pal. 23 déc. 2003, p. 49, note Guerder.*

C. RÉFÉRÉ DE L'ART. 835

64. *Indépendance.* Est sans portée le moyen tiré de la violation des art. 808 (auj. 834) et 956 alors que la cour d'appel, statuant en référé, s'est fondée sur les dispositions de l'art. 809 (auj. 835). • Civ. 3e, 29 nov. 1995, n° 94-11.735 P.

D. RÉFÉRÉ-CONCURRENCE

65. *Rattachement au droit commun.* Sur la possibilité, en référé, pour le président de la juridiction saisie de pratiques restrictives de vente d'enjoindre la cessation des agissements en cause ou d'ordonner toute autre mesure provisoire, V. C. com., art. L. 442-4. ♦ Le juge statuant en référé en vertu de l'art. 36 de l'Ord. du 1er déc. 1986 [devenu l'art. L. 442-4 C. com.] qui l'habilite à prendre diverses mesures en cas de certaines atteintes énumérées au jeu de la concurrence, ne peut ordonner ces mesures que si les conditions fixées soit aux art. 808 ou 809 (art. 834 ou 835), soit aux art. 872 ou 873 C. pr. civ. sont remplies. • Com. 27 juin 1989, n° 88-10.250 P : *D. 1990. Somm. 107, obs. Gavalda et Lucas de Leyssac ; JCP 1990. II. 21530, note Virassamy.*

66. Moment. Le dernier al. de l'art. 36 de l'Ord. du 1er déc. 1986 [devenu le dernier al. de l'art. L. 442-4 C. com.] n'interdit pas de saisir le juge des référés avant que l'action au fond ne soit introduite si les conditions fixées tant par les autres al. de ce texte que par les art. 808, 809, 872 ou 873 C. pr. civ. sont remplies. • Com. 17 juill. 1990, n° 89-14.119 P : *D. 1991. 471, note Reynès*.

E. PROCÉDURE ACCÉLÉRÉE AU FOND

67. Renvoi. V. art. 481-1 et 839 et notes ss. art. 481-1 et 839.

68. Art. 815-6 (et a.) C. civ. Les art. 808 s. (auj. 834 s.) C. pr. civ. sont inapplicables à la désignation d'un administrateur provisoire d'une succession par le président du TGI (auj. pdt TJ), qui tient de l'art. 815-6 C. civ. le pouvoir de prescrire toutes les mesures urgentes que requiert l'intérêt commun des indivisaires ; la mission de cet administrateur est définie, notamment, en tant que de raison, par l'art. 1873-6 C. civ. ; il en résulte que la « mission la plus large » conférée à un tel administrateur ne peut être que celle définie par l'art. 1873-6 C. civ. • Civ. 1re, 9 févr. 1988, n° 85-18.582 P. ♦ Le texte de l'art. 808 (auj. 834) C. pr. civ. donnant compétence au juge des référés lorsqu'il n'y a pas de contestation sérieuse n'est pas applicable au cas qui concerne l'exécution des mesures prévues à l'art. 815-6 C. civ., qui permettent de préjudicier au principal, puisque ces mesures, en raison de leur nature, concernent l'un des cas où le juge statue « en la forme des référés » (auj. proc. accélérée au fond). • Civ. 1re, 16 févr. 1988, n° 86-16.489 P (mesures urgentes nécessaires dans l'intérêt commun des indivisaires, telles que la vente de titres pour payer les frais de partage). ♦ Le président du TGI (auj. pdt TJ) saisi sur le fondement de l'art. 815-6 C. civ. statue en la forme des référés (auj. proc. accélérée au fond) et n'est donc pas soumis aux art. 808 et 809 (auj. 834 et 835). • Civ. 1re, 3 févr. 2004, n° 01-02.758 P : *Dr. rural 2004, n° 54.* ♦ Le président du TGI (auj. pdt TJ) saisi en application des art. 815-6, 815-7, 815-9 ou 815-11 C. civ. statue en la forme des référés (auj. proc. accélérée au fond) et non en référé, de sorte que les art. 808 et 809 C. pr. civ. (auj. 834 et 835) ne sont pas applicables. • Civ. 1re, 20 mai 2009, n° 07-21.679 P : *D. 2009. AJ 1536 ; ibid. Chron. C. cass. 2060, obs. Chauvin ; ibid. 2011. Pan. 207, obs. Atias ; JCP 2009. 337, n° 6, obs. Périnet-Marquet ; Procédures 2009, n° 235, note Junillon ; ibid. 267, note Perrot ; RLDC 10/2009. 69, obs. Perruchot-Triboulet ; RJPF 07-08/2009. 28, obs. Casey.* ♦ Le juge des référés saisi sur le fondement de l'art. 808 (auj. 834) C. pr. civ. ne peut faire application de l'art. 815-6 C. civ. • Civ. 3e, 16 déc. 2009, n° 08-21.200 P : *D. 2010. AJ 150 ; JCP 2010. 336, n° 12, obs. Périnet-Marquet ; Procédures 2010, n° 40, note Junillon ; Dr. et pr. 2010. 120, note Douchy-Oudot.*

69. Art. 815-5 C. civ. Si le président du TGI (auj. pdt TJ) statue en la forme des référés, lorsqu'il est saisi en application des art. 815-6, 815-7, 815-9 et 815-11 C. civ., le droit commun redevient applicable lorsqu'il est saisi sur le fondement de l'art. 815-5 du même code, ce texte ne désignant pas la juridiction compétente ; il s'ensuit que lorsqu'il est saisi en référé sur le fondement de ce texte, sa décision est une ordonnance de référé qui n'est pas revêtue de l'autorité de la chose jugée au fond. • Civ. 1re, 15 févr. 2012, n° 10-21.457 P : *D. 2012. Actu. 553 ; JCP 2012. 465, obs. H. Périnet-Marquet ; Ibid. N 2012 n° 1233, obs. Collard et Coutant-Lapalus ; Defrénois 2012, art. 40519, note Leblond ; ibid. 514, note Tranchant ; Gaz. Pal. 2012. 1539, note Foulon et Strickler.*

Art. 835 **Le président du tribunal judiciaire ou le** *(Décr. n° 2020-1452 du 27 nov. 2020, art. 1er-15°, en vigueur le 1er janv. 2021)* **« juge des contentieux de la protection » dans les limites de sa compétence peuvent toujours, même en présence d'une contestation sérieuse, prescrire en référé les mesures conservatoires ou de remise en état qui s'imposent, soit pour prévenir un dommage imminent, soit pour faire cesser un trouble manifestement illicite.**

Dans les cas où l'existence de l'obligation n'est pas sérieusement contestable, ils peuvent accorder une provision au créancier, ou ordonner l'exécution de l'obligation même s'il s'agit d'une obligation de faire. – *[Ancien art. 809 et 849.]*

L'art. 1er-15° du Décr. n° 2020-1452 du 27 nov. 2020 s'applique aux instances en cours au 1er janv. 2021 (Décr. préc., art. 12).

1. Notion d'ordonnance de référé. V. art. 484 s.

I. COMPÉTENCE

A. SÉPARATION DES ORDRES ADMINISTRATIF ET JUDICIAIRE

2. Contentieux électoral. Une cour d'appel, ayant relevé qu'il était demandé de prescrire des mesures portant sur des documents électoraux, retient à bon droit qu'il n'appartient pas aux tribunaux de l'ordre judiciaire d'interférer dans les opérations électorales, dont le contentieux ressortit au seul juge de l'élection. • Cass., ass. plén., 8 mars 1996, n° 93-15-274 P : *D. 1996. 373, note Ghévontian ; JCP 1996. II. 22621, note du Rusquec* • 8 mars 1996, n° 93-14.903 P : *D. 1996. 373, note Ghévontian ; JCP 1996. II. 22621,* *note du Rusquec.* ♦ Comp. C'est à bon droit qu'une cour d'appel se reconnaît compétente pour statuer sur la demande de l'association des maires de France concernant des mentions figurant sur le site internet d'un candidat à l'élection présidentielle, dès lors que les mesures ordonnées pour faire cesser un trouble manifestement illicite né d'une atteinte à des droits privés ne portent pas sur les documents électoraux et ne remettent pas en cause un acte administratif préparatoire à l'élection. • Civ. 1re, 9 juill. 2008, n° 07-19.664 P : *D. 2008. AJ 2006* ; *JCP 2008. Actu. 521.*

3. Manipulation de l'information. V. le référé spécial prévu par l'art. L. 163-2 C. élect. créé par la L. n° 2018-1202 du 22 déc. 2018 relative à la lutte contre la manipulation de l'information.

4. Refus de se conformer à une décision administrative. Il appartient au juge des référés saisi par l'autorité administrative compétente de constater le refus d'un administré de se conformer à une décision administrative le concernant et d'ordonner les mesures propres à mettre un terme à une situation manifestement illicite. • Civ. 1re, 2 mai 1978, n° 77-11.930 P. ♦ Le juge administratif ayant rejeté la demande de sursis à l'exécution d'actes administratifs faisant l'objet d'un recours en annulation, une cour d'appel statuant en référé, constatant le caractère exécutoire en l'état de ces actes, en déduit exactement l'existence d'un trouble illicite constitué par une atteinte portée à une décision de l'autorité administrative légitime. • Civ. 1re, 15 mai 2001, n° 99-19.334 P.

5. Atteinte à une profession. L'action engagée pour défendre les intérêts privés des membres de la profession de médecine vétérinaire et pour obtenir réparation de l'atteinte portée à ces intérêts relève de la compétence des tribunaux de l'ordre judiciaire et ainsi, la juridiction des référés judiciaire est compétente sur le fondement de l'art. 809 (auj. art. 835) pour prendre toute mesure de nature à faire cesser le trouble manifestement illicite que peut constituer une telle atteinte. • Civ. 1re, 30 nov. 1982, n° 81-16.380 P.

6. Occupation du domaine public. En l'absence de contrat comportant occupation du domaine public, les tribunaux de l'ordre judiciaire sont compétents pour prescrire les mesures propres à mettre fin au trouble manifestement illicite résultant de l'occupation sans droit ni titre par une personne privée d'un immeuble, même s'il fait partie du domaine public. • Civ. 1re, 4 nov. 1986, n° 85-10.826 P.

7. Règle d'urbanisme. Le juge des référés de l'ordre judiciaire est compétent pour statuer sur l'action d'une commune tendant à la fermeture d'un établissement, ce qui impliquait la vérification de la conformité des travaux aux règles de l'urbanisme, dès lors que la connaissance du litige relève au fond du juge répressif, qui appartient au même ordre de juridiction. N'excède pas les limites de sa compétence le juge des référés qui ne précise pas la date à laquelle prendra fin la fermeture sous astreinte qu'il ordonne de cet établissement, dès lors que cette date ne peut qu'être celle de l'obtention du permis régularisant la situation des travaux. • Civ. 1re, 17 déc. 2002, n° 00-18.708 P : *AJDI 2003. 135* ; *RDI 2003. 385, obs. Soler-Couteaux*.

8. Diffamation envers des fonctionnaires. L'interdiction faite à la juridiction civile, par l'art. 46 de la L. du 29 juill. 1881, de connaître de l'action civile née des délits de diffamation commis envers des fonctionnaires publics et des citoyens chargés d'un service public, à raison de leurs fonctions ou de leur qualité, ne met pas obstacle à ce que le juge des référés prenne, conformément à l'art. 809, al. 1er C. pr. civ. (auj. art. 835) les mesures qui s'imposent pour faire cesser le trouble manifestement illicite qui résultait des faits incriminés. • Civ. 2e, 3 mai 1985, n° 83-16.953 P (magistrat) • Civ. 2e, 12 oct. 1988, n° 86-19.387 P (maire). ♦ L'interdiction faite à la juridiction civile par les art. 31 et 46 de la L. du 29 juill. 1881 de connaître de l'action civile née de délits de diffamation commis envers un ou plusieurs membres du Gouvernement à raison de leurs fonctions ou de leur qualité, ne met pas obstacle à ce que le juge des référés prenne, conformément à l'art. 809, al. 1er C. pr. civ (auj. 835), les mesures qui s'imposent pour faire cesser le trouble manifestement illicite qui résulterait des faits incriminés. L'arrêt, après avoir relevé que les termes de l'article de presse jettent le discrédit sur la personne du secrétaire d'État à l'action humanitaire et sur les missions d'intérêt public dont il était chargé, retient, dans l'exercice de son pouvoir souverain, que ces propos ont provoqué un trouble manifestement illicite imposant qu'il y soit mis fin par la parution d'un communiqué. • Civ. 2e, 27 janv. 1993, nos 91-15.451 et 91-17.042 P.

9. Installations classées. La compétence exclusive du préfet en matière d'installation classée ne fait pas obstacle à la mise en jeu de la responsabilité de l'exploitant pour trouble de voisinage devant le juge judiciaire et donc à la constatation d'un trouble manifestement illicite par le juge des référés. • Civ. 1re, 15 mai 2001, n° 99-20.339 P.

10. Voie de fait administrative. Sur l'évolution, dans un sens restrictif, de la notion qui justifie, par exception au principe de séparation des autorités administratives et judiciaires, la compétence des juridictions de l'ordre judiciaire et donc, éventuellement, du juge des référés, V., en dernier lieu. • T. confl. 17 juin 2013, n° C3911 P : *AJDA 2013. 1245* ; *ibid. 1568, chron. Domino et Bretonneau* ; *JCP Adm. 2013. 2301, note Dubreuil* ; *RJEP oct. 2013. 38, note Seiller* ; *RFDA 2013. 1041, note Delvolvé* ; *LPA 2 sept.*

2013, p. 6, note de Gliniasty ; ibid. 20 nov. 2013, p. 3, note Rouault ; Gaz. Pal. 25 juill. 2013, p. 14, note Guyomard ; JCP 2013. 1057, note Biagini-Girard ; ibid. 1060, note Périnet-Marquet ; ibid. 2013. 1359, obs. Eveillard (arrêt Bergoend).

11. Question de fond dont dépend la compétence. Il appartient à la juridiction des référés, comme à toute juridiction, de vérifier sa compétence et, même lorsqu'elle met en jeu le principe de la séparation des pouvoirs, de trancher toute contestation sur la question de fond dont dépend sa compétence, à la condition que cette contestation ne touche pas le fond du droit ; statuant en matière de provision demandée en référé, c'est donc à bon droit qu'une cour d'appel, pour déterminer l'ordre juridictionnel compétent, tranche une contestation relative à la qualification administrative ou civile d'un contrat, une telle contestation ne portant pas sur l'existence de l'obligation, seule condition requise par l'art. 809, al. 2 (auj. 835 al. 2) pour l'octroi d'une provision. • Civ. 1re, 27 nov. 1985, n° 84-10.899 P.

12. Renvoi. V. aussi notes ss. art. 145 et notes ss. art. 834.

B. COMPÉTENCE AU SEIN DE L'ORDRE JUDICIAIRE

1° EN PRÉSENCE D'UNE CONVENTION DES PARTIES

13. Convention d'arbitrage. V. art. 1449 et 1506 et notes ss. art. 1449 et 1506.

2° EN L'ABSENCE D'UNE CONVENTION DES PARTIES

14. Alsace-Moselle. La compétence pour ordonner l'expulsion des débiteurs saisis reconnue au tribunal de l'exécution par l'art. 161 de la L. du 1er juin 1924 applicable à l'exécution forcée en matière immobilière dans les départements du Bas-Rhin, du Haut-Rhin et de la Moselle n'étant pas exclusive, le juge des référés du TGI (auj. TJ) tient de l'art. 809 C. pr. civ. (auj. 835) le pouvoir de faire cesser un trouble manifestement illicite. • Civ. 2e, 30 sept. 1999, n° 97-13.008 P : *D. 1999. IR 248*.

15. Carence des instances ordinales. Le juge des référés est compétent, en application de l'art. 809 (auj. 835), pour trancher le conflit d'intérêts invoqué par une partie soutenant que l'avocat de son co-mis en examen aurait dû se déporter de la défense de son client afin que soit *respecté le principe de l'égalité des armes*, en l'état de la carence constatée des instances ordinales, préalablement saisies. • Civ. 1re, 27 mars 2001, n° 98-16.508 P : *D. 2002. 848, obs. Blanchard ; JCP 2001. II. 10549, note R. Martin.*

16. Désignation d'un juge de la mise en état. A partir de la désignation du juge de la mise en état, le juge des référés est incompétent pour accorder une provision. • Civ. 2e, 9 déc. 1976, n° 76-10.130 P : *D. 1978. 329, note Donnier ; RTD civ. 1977. 360, obs. Normand* • 21 mai 1979, n° 78-11.723 P. ♦ Le caractère exclusif des attributions du juge de la mise en état ne joue que si la demande est présentée au juge des référés postérieurement à la désignation du juge de la mise en état. • Civ. 2e, 18 mars 1998, n° 96-18.510 P. ♦ Le juge des référés est compétent dès lors que la demande lui avait été présentée avant la désignation du juge de la mise en état. • Civ. 2e, 11 janv. 1995, n° 93-12.889 P. ♦ Mais le juge des référés est tenu de vérifier et d'énoncer dans son ordonnance qu'aucun juge de la mise en état n'a été désigné à la suite d'une instance au fond tendant aux mêmes fins et opposant les mêmes parties. • Paris, 8 avr. 1987 : *Gaz. Pal. 1987. 1. 291, note Caratini.* ♦ Le juge de la mise en état qui est dessaisi dès l'ouverture des débats devant le tribunal même si ceux-ci portent sur un sursis à statuer, n'est pas compétent pour statuer sur une demande de provision qui relève alors de la compétence du juge des référés. • Civ. 3e, 22 juin 2005, n° 04-12.364 P.

17. L'art. 771 (auj. 789) n'est applicable qu'aux instances pendantes devant les formations d'une même juridiction ; dès lors, la cour d'appel saisie de l'appel d'une ordonnance de référé qui constate que le TGI (auj. TJ) a été saisi au fond reste compétente sans avoir à rechercher si un juge de la mise en état a été désigné (demande d'arrêt de travaux entrepris bien que non autorisés par une assemblée générale de copropriétaires). • Civ. 3e, 14 oct. 1981, n° 80-11.842 P.

II. PREMIER AL.

A. CONDITIONS

18. Alternative. Il ne saurait être reproché à la juridiction des référés qui, statuant sur la demande d'un employeur tendant à obtenir la suspension de la décision d'un comité d'établissement nommant un expert-comptable pour examiner la situation et les conséquences du projet de licenciement pour motif économique, a rejeté cette demande en constatant que la décision du comité d'établissement, fondée sur les dispositions de l'art. L. 434-6 [devenu art. L. 2325-35 à 2325-38] C. trav., n'était pas manifestement illicite, d'avoir méconnu les dispositions de l'art. 809, al. 1er (auj. 835) C. pr. civ., dès lors qu'il n'apparaît pas que l'employeur se soit borné à invoquer un dommage imminent ou s'y soit même référé. • Soc. 14 mai 1987, n° 85-17.565 P. ♦ Comp. Un jugement ayant condamné pénalement une personne pour fraude fiscale et dit que la contrainte par corps pourra être exercée pour la durée prévue à l'art. 750 C. pr. pén., le trésorier principal ayant fait signifier deux commandements aux fins de contrainte par corps et le contribuable ayant saisi le juge des référés, encourt la cassation l'arrêt qui se fonde uniquement sur l'absence d'une voie de fait pour écarter l'application de l'art. 809, al. 1er, (auj. 835, al. 1er) alors que la notion de dommage imminent était dans la cause, le contribuable ayant soutenu que l'erreur de l'administration fiscale dans le décompte de la créance pour le montant de laquelle étaient délivrés les commandements était de nature à entraîner son incarcération pour un temps supérieur à celui qui aurait résulté de l'application correcte du jugement autorisant la contrainte par corps. • Civ. 2e, 6 nov. 1991, n° 90-17.996 P.

1° DOMMAGE IMMINENT

19. Appréciation : pouvoir souverain. Une société qui a entrepris la démolition d'une maison acquise d'une personne qui a reçu ce bien par voie testamentaire, et, les ayants droit successoraux du frère de la testatrice invoquant une créance sur la succession de celle-ci, relative à des travaux effectués sur ce bien par celui-là, ayant sollicité en référé la suspension des travaux de démolition, est légalement justifié l'arrêt rejetant cette demande, la cour d'appel ayant retenu que la société avait régulièrement acquis l'immeuble de sa propriétaire et que les demandeurs n'avaient qu'une créance d'argent et, ayant relevé, dans l'exercice de son pouvoir souverain, qu'il n'existait pas de dommage imminent justifiant la suppression des travaux. • Civ. 2e, 16 juin 1993, n° 91-20.356 P. ♦ L'imminence du dommage comme la nécessité d'en prévenir la réalisation, dont l'appréciation relève de son pouvoir souverain, justifient l'application de l'art. 809 (auj. 835), bien que le juge des référés ait été dans l'obligation d'interpréter une convention. • Civ. 2e, 27 juin 1979, n° 78-13.012 P.

20. Conv. EDH. Compatibilité. Justifie légalement sa décision d'expulsion au regard des droits fondamentaux protégés par l'art. 8 Conv. EDH, la cour d'appel qui, constatant que deux campements se trouvaient sur des espaces situés à l'angle d'avenues et à proximité d'une bretelle de sortie du boulevard périphérique, que ces campements ne disposaient ni de sanitaires, ni d'eau courante, ni d'électricité, que l'éclairage se faisait à la bougie et le chauffage au bois dans des cabanes et que deux agents municipaux venus effectuer des réparations sur la voirie avaient été agressés par des chiens appartenant aux occupants, retient, par un motif non critiqué, que la nécessité de prévenir un dommage imminent caractérisé par un danger pour la sécurité tant des usagers du boulevard périphérique que des intéressés eux-mêmes et de leurs familles exigeait leur expulsion sans délai. • Civ. 3e, 22 oct. 2015, nos 14-11.776 et 14-21.515 P : *JCP 2015. 1199, obs. Laporte.*

21. Incompatibilité entre le droit national et européen. Ne peut constituer une faute de concurrence interdite, génératrice d'un dommage imminent, l'inobservation d'une réglementation nationale contraire au droit communautaire. • Com. 15 mai 1985, n° 84-10.144 P : *D. 1986. 159, note Goyet* (vente de carburants à des prix inférieurs aux prix minima).

22. Internet. Sur la possibilité, pour le juge civil, de prescrire en référé ou sur requête toutes mesures propres à prévenir un dommage ou à faire cesser un dommage occasionné par le contenu d'un service de communication au public en ligne, V. L. n° 2004-575 du 21 juin 2004, art. 6-I, 8 (*JO* 22 juin). ♦ Il résulte de l'art. 809 C. pr. civ. (auj. 835), ensemble l'art. 6 de la L. n° 2004-575 du 21 juin 2004, que le juge judiciaire peut prescrire en référé toutes mesures propres à prévenir un dommage ou à faire cesser un dommage occasionné par le contenu d'un service de communication au public en ligne, peu important à cet égard que les auteurs du texte litigieux ne soient pas les titulaires ou les exploitants du site mis en cause. • Civ. 1re, 13 mars 2007, n° 06-10.983 P : *D. 2007. AJ 1009, obs. Manara* ; *CCE 2007, n° 136, note Stoffel-Munck.*

23. Contrat. Dénonciation régulière. Sur les limites de la saisine du juge des référés qui ordonnerait la suspension de la dénonciation régulière d'un contrat en l'absence de dommage imminent dûment constaté, V. not. : • Paris, 5 juill. 2017, n° 17/08926 : *RDC 2017. 645, note Cayrol.*

2° TROUBLE MANIFESTEMENT ILLICITE

a. Éléments indifférents

24. Urgence. Une cour d'appel peut, sans excéder les pouvoirs du juge des référés et sans avoir à constater l'urgence, décider qu'un droit de passage s'exerce sur la totalité de la largeur d'un chemin et qu'en conséquence l'obstacle mis à l'exercice de cette servitude constitue un trouble manifestement illicite, dès lors qu'elle constate que le bénéficiaire avait, en vertu d'un titre qui n'était contredit par aucun autre, droit à ce chemin faisant communiquer son fonds avec la voie publique. • Civ. 3e, 26 oct. 1982, n° 81-14.461 P : *RTD civ. 1983. 381, obs. Normand.* ♦ L'application de l'art. 809, al. 1er (auj. 835, al. 1er) n'est pas subordonnée à la preuve de l'urgence de la mesure sollicitée. • Civ. 3e, 22 mars 1983, n° 81-14.547 P (remettre un mur de clôture percé dans son état antérieur).

25. Contestation sérieuse. Une contestation sérieuse sur le fond du droit n'interdit pas au juge des référés de prendre les mesures prévues à l'art. 809, al. 1er, C. pr. civ. (auj. 835 al. 1er) pour faire cesser un trouble manifestement illicite. • Civ. 2e, 7 juin 2007, n° 07-10.601 P • 21 avr. 1982, n° 81-11.165 P (travaux de remise en état de toitures affectées de désordres d'étanchéité) • Civ. 2e, 8 juin 1983, n° 82-

12.765 P. ♦ Le juge des référés qui retient l'existence d'un trouble manifestement illicite, au sens de l'art. 809 (auj. 835), justifie par là même sa décision ordonnant qu'il y soit mis fin ; il ne peut donc lui être fait grief d'avoir statué malgré une contestation sérieuse. • Civ. 1re, 15 oct. 1985, n° 84-12.291 P. ♦ V. aussi • Civ. 1re, 3 juin 1986, n° 84-16.363 P : *RTD civ. 1988. 169, obs. Normand.* ♦ Si l'existence d'une contestation sérieuse n'interdit pas au juge des référés de prendre les mesures prévues par l'art. 809, al. 1er (auj. 835), le juge doit apprécier le caractère manifestement illicite du trouble invoqué. • Civ. 2e, 21 juill. 1986, n° 84-15.397 P. ♦ La constatation de l'existence d'une contestation sérieuse sur le fond du droit est insuffisante pour justifier le refus du juge des référés de prendre les mesures prévues par l'art. 809, al. 1er. • Civ. 2e, 25 févr. 1987, n° 85-16.493 P. ♦ V. confirmation dans la lettre même de l'art. 809, réd. Décr. n° 87-434 du 17 juin 1987. ♦ *Adde*, si l'existence d'une contestation sérieuse n'interdit pas au juge des référés de prendre les mesures prévues par l'art. 809, al. 1er (auj. 835, al. 1), le juge doit apprécier le caractère manifestement illicite du trouble causé ; viole dès lors ce texte la cour d'appel qui, pour interdire l'installation d'un laboratoire d'analyses médicales, se borne à se référer à l'existence d'une clause de non-concurrence, fût-elle non ambiguë, sans vérifier si cette clause était licite et de nature à justifier l'interdiction demandée. • Com. 17 nov. 1998, n° 96-17.878 P : *D. 1999. IR 15*. ♦ Si l'existence d'une contestation sérieuse n'interdit pas au juge des référés de prendre les mesures prévues par l'art. 849, al. 1er (auj. 835, al. 1er), le juge doit néanmoins vérifier le caractère manifestement illicite du trouble invoqué. • Civ. 3e, 13 juill. 2011, nos 10-19.989 à 10-19.996 P : *D. 2011. Actu. 2041* ; *Dr. et pr. 2011. 18, note Yildirim.*

26. Gravité exceptionnelle. Viole l'art. 809 (auj. 835) en ajoutant une condition qu'il ne prévoit pas l'arrêt qui, pour rejeter la demande tendant à l'interdiction d'un film ou à la suppression de certains passages de nature à blesser les adhérents des associations demanderesses, dans leurs croyances et sentiments religieux, retient que ces atteintes ne sont pas portées dans des circonstances telles qu'elles constitueraient un trouble de gravité exceptionnelle, pouvant seul justifier des mesures restrictives de la liberté d'expression. • Civ. 1re, 21 juill. 1987, n° 85-15.044 P : *Gaz. Pal. 1987. 2. 577 ; Bertin, Gaz. Pal. 1987. 2. Doctr. 589.* ♦ Sur renvoi : • Dijon, 22 mars 1988 : *Gaz. Pal. 1988. 1. 379, note Bertin ; D. 1988. Somm. 250, obs. Hassler.* ♦ Et l'arrêt de *renvoi a été conf. par* • *Civ. 1re, 10 janv. 1990,* n° 88-14.235 P.

b. Appréciation

27. Date d'appréciation. Pour apprécier la réalité du trouble ou du risque allégué, la cour d'appel, statuant en référé, doit se placer au jour où le premier juge a rendu sa décision et non au jour où elle statue. • Civ. 2e, 4 juin 2009, n° 08-17.174 P : *D. 2009. Chron. C. cass. 2069, obs. Sommer et Nicolétis ; JCP S 2009. 1448, obs. Bugada ; RTD civ. 2009. 575, obs. Perrot*. ♦ C'est sans modifier l'objet de la demande, ni violer le principe du double degré de juridiction et de la non-rétroactivité de la loi pénale qu'une cour d'appel, statuant au regard de tous les éléments qui lui étaient produits même s'ils n'étaient entrés dans le débat qu'en cause d'appel, retient que la publication de textes ayant pour but avoué la négation du génocide juif et remettant en cause des crimes contre l'humanité en contestant la déportation et l'extermination de plusieurs millions de personnes, était constitutive d'un trouble illicite de nature à porter atteinte à l'ordre public, dont l'arrêt a jugé à bon droit qu'il était à présent défini par les dispositions de la L. du 13 juill. 1990 et qu'il s'imposait au juge au moment où il statuait. • Civ. 2e, 25 nov. 1992, n° 91-10.832 P : *Gaz. Pal. 1993. 1. Pan. 125.*

28. Motivation. Pour caractériser un trouble manifestement illicite, il appartient au juge d'interpréter le texte qu'elle estimait obscur ou insuffisant. • Soc. 11 oct. 2005, n° 02-14.912. ♦ Un juge d'instance (auj. TJ) ayant, par une décision irrévocable, déclaré irrecevable une demande fondée sur un trouble possessoire, pour n'avoir pas été exercée dans l'année du trouble, ne peut ensuite comme juge des référés constater l'existence d'un trouble manifestement illicite. • Civ. 3e, 6 avr. 2005, n° 02-21.518 P.

29. Contrôle de la Cour de cassation. En faveur d'un contrôle de la Cour de cassation : le propriétaire d'un fonds étant empêché d'y accéder en raison des obstacles qu'a placés sur sa parcelle une personne dont la propriété, revendiquée par une commune, avait été reconnue par une décision irrévocable, une cour d'appel, statuant en référé, après avoir relevé qu'il appartenait à la juridiction du fond de statuer sur l'existence d'une servitude légale et sur l'assiette du passage et constaté que les obstacles empêchaient tout accès au fonds et que le propriétaire de celui-ci avait utilisé sans violence ni voie de fait une servitude de passage préalablement consentie par la commune, a pu en déduire l'existence d'un trouble manifestement illicite. • Cass., ass. plén. 28 juin 1996, n° 94-15.935 P : *D. 1996. 497, concl. Weber et note Coulon ; AJDI 1996. 807, obs. C. Giraudel ; RDI 1996. 536, obs. J.-L. Bergel ; RTD civ. 1997. 216, obs. Normand* ; ibid. 463, obs. Zénati ; JCP 1996. *II. 22712, note Mémeteau ; Procédures 1996, n° 334, note Perrot.* ♦ *Contra* en faveur d'un pouvoir souverain : l'appréciation du trouble manifestement illicite au sens de l'art. 809 (auj. 835) relève du pouvoir souverain. • Civ. 2e, 6 déc. 1978, n° 77-13.558 P. ♦ Il appartient au juge des référés d'apprécier souverainement si la grève, qui est licite dans son principe en cas de revendications professionnelles, n'entraîne pas un trouble manifestement illicite. • Cass., ass. plén. 4 juill. 1986, n° 84-15.735 P : *D. 1986. 477, concl. Bouyssic et note Ray ; JCP 1986. II. 20694, note Teyssié.* ♦ L'appréciation du caractère manifestement illicite d'un trouble et la prescription de mesures nécessaires pour y mettre fin relèvent du pouvoir souverain du juge des référés. • Civ. 2e, 12 oct. 1988, n° 86-19.387 P.

30. Assistance d'un avocat. L'assemblée générale d'une société d'exercice libéral à responsabilité limitée n'est pas un organisme juridictionnel ou disciplinaire, mais un organe de gestion interne dont la décision excluant de la société un associé ou le révoquant de ses fonctions de gérant relève du contrôle juridictionnel du TGI (auj. TJ), puis de la cour d'appel ; dès lors, le fait que l'assistance d'un avocat devant l'assemblée générale a été refusée à l'intéressé qui a été régulièrement assisté devant le tribunal et la cour d'appel ne constitue pas un trouble manifestement illicite. • Com. 10 mai 2006, n° 05-16.909 P : *D. 2006. 1533, note Lienhard ; ibid. 2007. Pan. 267, obs. Hallouin et Lamazerolles ; Rev. sociétés 2007. 70, note Godon ; RTD com. 2007. 145, obs. Champaud et Danet ; Dr. sociétés 2006, n° 110, note H. Hovasse ; BJS 2006. 1154, n° 239, note Daigre ; JCP 2006. I. 188, note R. Martin ; RDC 2006. 1186, note Lucas ; RJ com. 2006. 376, note Monsèrié-Bon ; Banque et Dr. 110/2006, p. 62, obs. Riassetto.*

31. Succession. Viole l'art. 809, al. 1er, C. pr. civ. (auj. 835, al. 1er) la cour d'appel qui énonce que la prise de possession des biens dépendant de la succession par des héritiers caractérise un trouble manifestement illicite au motif qu'il existe un conjoint survivant, alors que la prise de possession des biens héréditaires était antérieure à l'opposabilité du mariage aux tiers. • Civ. 1re, 20 juin 2006, n° 05-19.595 P.

32. Droit du travail. Statuant sur la demande en réintégration dans ses fonctions antérieures d'un représentant du personnel qui prétend avoir été l'objet d'une sanction déguisée consistant en un déclassement par réduction de ses attributions, une cour d'appel justifie légalement sa décision déclarant n'y avoir lieu à référé dès lors qu'elle constate que la modification des attributions du salarié résulte d'une restructuration de l'entreprise, qu'il a conservé le même niveau hiérarchique, la même qualification professionnelle et la même rémunération et qu'il n'énonce aucun fait sérieux permettant d'admettre qu'il a été gêné dans l'exercice de ses mandats électifs, ce dont il résulte que l'existence d'un trouble manifestement illicite n'est pas établie. • Soc. 30 janv. 1980, n° 78-13.204 P. ♦ Une cour d'appel, qui constate que l'employeur avait été placé en liquidation judiciaire, peut en déduire que le droit des salariés licenciés à bénéficier de la portabilité des garanties frais de santé et prévoyance, prévue par l'art. L. 911-8 CSS, n'apparaissait pas avec l'évidence requise devant le juge des référés et que le trouble manifestement illicite invoqué n'était ainsi pas caractérisé. • Civ. 2e, 18 janv. 2018, n° 17-10.636 P. ♦ Le seul fait pour un syndicat de devancer la date de début de la campagne officielle ne caractérise pas un trouble manifestement illicite. • Soc. 15 nov. 2017, n° 16-24.798 P : *JCP 2017. 1283, obs. Corrignan-Carsin.*

33. Occupation d'une usine. Doit être approuvé l'arrêt d'une cour d'appel qui, pour écarter l'existence d'un trouble manifestement illicite invoqué pour mettre fin à une occupation des lieux par des salariés, intervenue en réaction à la fermeture décidée par l'employeur d'une unité de production, relève, d'une part, que cet employeur, qui a décidé l'arrêt des activités et cette fermeture sans information ni consultation préalable des institutions représentatives du personnel, a interdit aux salariés l'accès à leur lieu de travail en leur notifiant sans autre explication leur mise en disponibilité, et constate, d'autre part, que si les salariés ont occupé les locaux, aucun fait de dégradation du matériel, de violence, séquestration ou autre comportement dangereux à l'égard des personnels se trouvant sur le site n'était établi. • Soc. 9 mars 2011, n° 10-11.588 P : *D. 2011. Actu. 888 ; Dr. soc. 2011. 734, obs. Gauriau ; Procédures 2011, n° 173, note Bugada.*

34. Distribution publicitaire. Le juge des référés ayant, à la requête d'un cabinet médical, interdit à un magasin d'optique de procéder à toute distribution publicitaire à moins de 50 m de ce cabinet et un autre magasin d'optique s'estimant victime d'actes de concurrence déloyale à la suite de la poursuite de la distribution, c'est à bon droit qu'une cour d'appel décide que cette distribution ne revêtait pas un caractère manifestement illicite de nature à justifier une décision d'interdiction du juge des référés en retenant qu'elle n'était interdite par aucune disposition légale ou réglementaire, que le prospectus ne contenait aucun élément comportant violation de règles déontologiques ou emportant dénigrement de la société concurrente. • Civ. 2e, 29 mars 2006, n° 05-13.728 P : *JCP E 2006. 2405, n° 8, obs.* Caron.

35. Refus d'insertion d'un droit de réponse. L'exercice du droit de réponse peut être limité dans les cas où les termes de la réponse seraient contraires aux lois, aux bonnes mœurs, à l'intérêt légitime des tiers ou à l'honneur du journaliste ; dès lors, ne caractérise pas un trouble manifestement illicite relevant des pouvoirs du juge des référés, le refus d'insertion d'un droit de réponse lorsque la mise en cause d'un tiers, étranger tant à la publication qu'à la rédaction de l'article auquel il est répondu, porte atteinte à ses intérêts légitimes. • Civ. 1re, 10 avr. 2008, n° 07-15.461 P : *D. 2008. AJ 1279* ; *ibid. 2009. 1779, obs. Massis* ; *CCE 2008, n° 96, note Lepage ; RLDC 06/2008, n° 3030, note Marraud des Grottes.*

36. Interdiction d'un film. Justifie légalement sa décision de rejeter la demande tendant à obtenir, en référé, l'interdiction d'un film ou, à titre subsidiaire, la suppression de certains passages de celui-ci, la cour d'appel qui relève que, si certains aspects dudit film peuvent choquer la sensibilité religieuse des adhérents des associations demanderesses, il n'en résulte pas pour autant l'existence d'un trouble manifestement illicite, seul de nature à limiter la liberté d'expression, dès lors que la réprobation n'est pas unanime chez les catholiques pour une œuvre qui, de compréhension difficile et achevant sa carrière dans l'indifférence, n'a eu qu'un impact très limité. • Civ. 1re, 10 janv. 1990, n° 88-14.235 P.

37. Incompatibilité entre le droit national et européen. Ne constitue pas un trouble manifestement illicite la vente de carburant à des prix non conformes aux textes réglementaires français en vigueur, eux-mêmes inapplicables comme contraires au droit communautaire. • Com. 15 mai 1985, n° 84-14.982 P : *D. 1986. 159, note Goyet.* ♦ Ne donne pas de base légale à sa décision au regard des art. 86 anc. du Traité CEE et 809 (auj. 835) C. pr. civ. la cour d'appel qui, pour enjoindre à des entreprises de cesser d'organiser des obsèques sur le territoire de communes ayant concédé l'exploitation exclusive du service des pompes funèbres à une société déterminée, retient que la légalité de cette situation n'est pas contestée, ni sa régularité, mais seulement sa compatibilité avec le traité précité et qu'une telle argumentation n'est pas de nature à affecter l'évidence de la licéité de la position de la société concessionnaire et à permettre à ses adversaires d'agir comme si cette position était contraire à la loi, alors qu'il appartenait à cette juridiction, en se référant aux conditions et critères retenus par la Cour de justice pour l'application de l'art. 86 anc. du traité, de rechercher, par une appréciation concrète des éléments de fait qui lui étaient soumis, si la société concessionnaire, à qui incombait la charge de la preuve, établissait qu'elle exerçait son monopole conformément au droit communautaire. • Com. 14 janv. 1992, n° 90-15.319 P. ♦ Encourt la cassation un arrêt de cour d'appel qui, pour retenir que la réglementation nationale réservant au groupement d'intérêt économique Pari mutuel urbain un droit exclusif pour organiser, hors des hippodromes, des paris sur les courses de chevaux se déroulant en France, se trouve justifiée au regard des exigences du droit communautaire, de sorte que sa méconnaissance serait constitutive d'un trouble manifestement illicite, a relevé que cette réglementation prévoit un contrôle des courses et des chevaux avec une efficacité qui n'est généralement pas contestée, alors qu'il ne pouvait être déduit de cet élément que la réglementation en cause tendrait à éviter les risques de délits et de fraude et à limiter les occasions de jeux, sans rechercher, comme elle y était invitée, si les autorités nationales n'adoptaient pas une politique expansive dans le secteur des jeux afin d'augmenter les recettes publiques. Ainsi, encourt la cassation un arrêt de cour d'appel qui, pour retenir que la réglementation en cause n'apporte pas de restriction disproportionnée à la libre prestation de services, relève que cette réglementation, outre qu'elle s'applique de manière non discriminatoire, permet, notamment, de prévenir les risques d'exploitation frauduleuse des activités de jeux et de limiter les paris et les occasions de jeux par un système qui ne va pas au-delà de ce qui est nécessaire pour atteindre ces objectifs, sans rechercher si l'intérêt général sur lequel se fondent les objectifs consistant à limiter les occasions de jeux et à prévenir l'exploitation de ces activités à des fins criminelles ou frauduleuses n'est pas déjà sauvegardé par les règles auxquelles le prestataire de services est soumis dans l'État membre où il est établi. • Com. 10 juill. 2007, n° 06-13.986 P : *D. 2007. 2359, obs. Manara, note Clergerie* ; *ibid. 2008. 40, obs. Nourissat* .

38. Prohibition du port du voile. Ne constitue pas un trouble manifestement illicite et n'est pas contraire à la L. du 31 déc. 1959, actuellement les art. L. 442-1 s. C. éduc., la prohibition, par le règlement intérieur d'un collège sous contrat d'association, du port du voile dans l'enceinte de l'établissement ; il s'agit là d'un simple mode d'expression ostensible de convictions religieuses, qui, n'affectant ni celles-ci, ni la neutralité de l'enseignement dispensé, ni la liberté de conscience des élèves, relève de l'organisation scolaire et du projet éducatif propre. • Civ. 1re, 21 juin 2005, n° 02-19.831 P : *AJDA 2005. 1863* ; *D. 2005. AJ 1960* .

39. Contre-passation d'un titre irrégulier. Alors que la banque présentatrice qui justifie d'un motif légitime, tel que le rejet pour falsification du titre, fût-il un chèque de banque, est fondée à se rembourser de l'avance qu'elle a consentie à son client, viole l'art. 809, al. 1er (auj. 835 al. 1er) C. pr. civ et les art. L. 131-1 s. C. mon. fin., l'arrêt qui, pour caractériser l'existence d'un trouble manifestement illicite commis par la banque présentatrice, retient que celle-ci avait pris l'initiative de contre-passer l'écriture sans vérifier auprès de la banque émettrice la régularité du titre. • Com. 14 févr. 2006, n° 05-12.805 P : *D. 2006. 856, obs. Avena-Robardet* ; *RTD com. 2006. 457, obs. Legeais* ; *RDBF 125/2006, p. 8, note Crédot et Samin.*

40. Spectacle taurin. Une cour d'appel, qui apprécie souverainement l'existence d'une tradition locale ininterrompue d'organisation de spectacles taurins et qui retient exactement que les organisateurs de ces manifestations peuvent se prévaloir de l'immunité légale de l'art. 521-1 C. pén., peut en déduire l'absence de trouble manifestement illicite. • Civ. 2e, 22 nov. 2001, n° 00-16.452 P : *JCP 2002. II. 10073, note Daverat ; RTD civ. 2002. 181, obs. Molfessis*. – Sur cette question, V. plus généralement : Tifine, *RFDA 2002. 496.*

41. Expulsion. Dans le cadre d'une demande de réintégration d'un locataire expulsé, après annulation de la procédure d'expulsion par un jugement devenu irrévocable et ayant ordonné la réintégration, la relocation du logement à un tiers emporte impossibilité de toute réintégration ; est dès lors inopérante, sur le fondement de l'art. 809 C. pr. civ. (auj. 835), l'allégation d'un trouble manifestement illicite caractérisé par la relocation à de nouveaux locataires en violation des droits du locataire expulsé. Viole l'art. 809 C. pr. civ. (auj. 835) le juge des référés qui ordonne au bailleur, condamné par une décision définitive à procéder à la réintégration d'un preneur dans le logement dont il l'a expulsé, de lui délivrer ce local alors qu'il relève qu'il a été loué à un tiers. • Civ. 3e, 12 déc. 2019, n° 18-22.410 P : *D. 2020. 11 ; Loyers et copr. 2020 n° 14 note Vial-Pedroletti.*

42. Relations commerciales. Une cour d'appel, qui constate qu'une société n'avait à l'égard d'une autre qu'une obligation de moyens et que l'interprétation des obligations contractuelles mises à la charge de chacun justifiait un débat devant le juge du fond, peut en déduire que le droit à la poursuite des relations commerciales n'apparaissait pas avec l'évidence requise devant le juge des référés et que le trouble manifestement illicite invoqué n'était ainsi pas caractérisé. • Civ. 2e, 3 mars 2022, n° 21-13.892 P.

Existence

43. Violation évidente d'une règle de droit. Constitue un trouble manifestement illicite la violation évidente d'une règle de droit résultant d'un fait matériel ou juridique. • Civ. 1re, 14 déc. 2016, nos 15-21.597 et 15-24.610 P.

44. Atteinte au droit de propriété. L'atteinte au droit de propriété constitue par elle-même une voie de fait et cause un trouble manifestement illicite que le juge des référés a le devoir de faire cesser ; encourt la cassation l'arrêt qui, tout en constatant une atteinte au droit de propriété, rejette la demande de remise en état, sollicitée en référé, en raison de l'absence d'un trouble manifeste. • Civ. 3e, 22 mars 1983, n° 81-14.547 P. ♦ Caractérise le trouble manifestement illicite causé au propriétaire d'une péniche, justifiant une mesure d'interdiction de diffusion de cartes postales la représentant, les juges qui retiennent que la péniche était le sujet principal de l'image. • Civ. 1re, 25 janv. 2000, n° 98-10.671 P : *D. 2000. IR 61 ; JCP 2001. II. 10554, note Tenenbaum ; RTD civ. 2001. 618, obs. Revet ; LPA 24 nov. 2000, note Le Bars.*

45. Occupation sans droit ni titre. Après avoir énoncé à bon droit que l'obligation de restitution des lieux loués, après enlèvement des objets les garnissant, avait pour fait générateur la résiliation du bail, constatée après l'ouverture de la procédure collective et en avoir exactement déduit que cette obligation avait une origine postérieure au jugement d'ouverture, la cour d'appel, qui a constaté que l'attitude du liquidateur qui se maintenait dans les locaux sans droit ni titre constituait un trouble manifestement illicite, n'a fait qu'user des pouvoirs qu'elle tient de l'art. 809, al. 1er (auj. 835, al. 1er) en prenant les mesures de remise en état de nature à faire cesser ce trouble. • Com. 6 mars 2001, n° 98-12.835 P : *D. 2001. IR 1469 , et les obs. ; AJDI 2001. 980 ; ibid. 981, obs. Gallet ; RTD com. 2001. 523, obs. Vallens .* ♦ L'occupation sans droit ni titre d'un immeuble appartenant à autrui constitue un trouble manifestement illicite au sens de l'art. 809, al. 1er (auj. 835, al. 1er) • Civ. 3e, 20 janv. 2010, n° 08-16.088 P : *D. 2010. AJ 326, obs. Forest ; ibid. 1103, Chron. C. cass. Monge et Nési ; ibid. Pan. 2011. 1181, obs. Damas ; AJDI 2010. 544, obs. Damas ; ibid. 2011. 421, obs. Zitouni ; Dr. et pr. 2010. 147, note Choquet.* ♦ Le juge des référés, saisi d'une demande formée contre une société en expulsion des locaux occupés en vertu d'un bail pour lequel la signature du propriétaire avait été obtenue par voie de fait, a souverainement déduit des éléments qui lui avaient été soumis que cette occupation sans titre constituait un trouble dont il a justement reconnu l'illicéité manifeste au sens de l'art. 809, al. 1er (auj. 835, al. 1er). Justifie sa décision ordonnant l'expulsion, mesure qu'il a jugée opportune pour faire cesser le trouble, en vertu du texte précité dont l'application n'est pas soumise aux conditions exigées par l'article 808 (auj. 834) du même code. • Civ. 1re, 23 févr. 1988, n° 86-12.607 P.

46. L'occupation sans droit ni titre du bien d'autrui constitue un trouble manifestement illicite. Viole en conséquence l'art. 849, al. 1er (auj. 835, al. 1er), la cour d'appel qui, pour dire n'y avoir lieu à référé, retient qu'une mesure d'expulsion, qui aurait pour effet de placer les occupants dans une plus grande précarité, s'agissant de ressortissants syriens ayant été contraints de quitter leur pays d'origine, caractériserait une atteinte plus importante au droit au respect de leur domicile que le refus de cette mesure au droit de propriété, et serait, à l'évidence, dans les circonstances de l'espèce, de nature à compromettre l'exercice par ceux-ci de leurs droits consacrés par l'art. 8 Conv. EDH, de sorte que le trouble allégué est dépourvu de toute illicéité manifeste. • Civ. 1re, 21 déc. 2017, n° 16-25.469 P : *Procédures 2018, n° 71, note Strickler ; D. 2018. Actu. 9 ; ibid. Chron. C. cass. 1330, obs. Méano ; AJDI 2018. 450, obs. le Rudulier ;*

JCP N 2018. 1180, obs. Périnet-Marquet ; Loyer et copr. 2018, n° 51, note Vial-Pedroletti ; Gaz. Pal. 20 févr. 2018, p. 65, note Parmentier ; Administrer 5/2018, p. 44, note Mazure.

47. Occupation par un indivisaire. Un indivisaire occupant l'immeuble indivis sans avoir versé aucune somme au titre de l'indemnité d'occupation dont il est redevable depuis 2004 et, à la suite du jugement, ayant ordonné la licitation de ce bien, et qui n'a répondu ni à la lettre simple ni à la lettre recommandée du notaire lui demandant de procéder ou de le laisser procéder aux diagnostics immobiliers nécessaires ni ne s'est pas plus manifesté auprès de l'huissier de justice qui s'est rendu sur les lieux sans pouvoir la rencontrer. En l'état de ces énonciations, la cour d'appel a souverainement estimé que le maintien dans les lieux était incompatible avec les droits concurrents de l'autre indivisaire sur l'immeuble indivis et a pu en déduire l'existence d'un trouble manifestement illicite. • Civ. 1re, 30 janv. 2019, n° 18-12.403 P.

48. Voie de fait. Ayant souverainement constaté que le débiteur saisi occupait les lieux ayant fait l'objet de l'adjudication, une cour d'appel a pu déduire que la prise de possession des locaux par l'adjudicataire sans signification préalable du jugement d'adjudication et d'un titre d'expulsion constituait une voie de fait, caractéristique d'un trouble manifestement illicite. • Civ. 2e, 7 juin 2007, n° 07-10.601 P : *D. 2007. AJ 1883 ; AJDI 2007. 766 ; Gaz. Pal. 13 janv. 2008, p. 37, note Du Rusquec.*

49. Construction sans autorisation. Caractérise l'existence d'un trouble manifestement illicite, au sens de l'art. 809 (auj. 835), et la nécessité d'y mettre fin, la cour d'appel qui relève qu'un particulier avait construit sans autorisation et sans titre à l'intérieur de la zone des cinquante pas géométriques définie par l'art. L. 86 C. dom. Ét. et qui retient que ni une occupation de fait tolérée pendant quelques années ni des autorisations de desserte d'une zone en eau et électricité ne pouvaient donner un droit de se maintenir sur le terrain d'autrui et d'y construire sans autorisation. • Civ. 1re, 16 juill. 1987, n° 85-16.999 P. ♦ Le juge des référés pouvant toujours prescrire les mesures conservatoires ou de remise en état qui s'imposent afin de faire cesser le trouble manifestement illicite que constitue l'inexécution des mesures de démolition ordonnées par le juge pénal, la cour d'appel a retenu à bon droit sa compétence pour statuer sur la demande d'expulsion des occupants des constructions irrégulièrement édifiées. • Civ. 3e, 29 janv. 2014, n° 13-10.803 P : *Procédures 2014, n° 105, note Perrot* • 5 mars 2014, n° 13-12.540 P : *Procédures 2014, n° 170, note Perrot.*

50. Exploitation sans autorisation. Le fait pour un employeur d'ouvrir son établissement le dimanche sans qu'il y soit autorisé de droit ou par autorisation préfectorale constitue un trouble manifestement illicite. • Soc. 10 juill. 2013, n° 12-12.181 : *Gaz. Pal. 8-10 déc. 2013, p. 37, obs. Orif.* ♦ Relevant qu'un arrêt d'une cour administrative d'appel confirmant l'annulation d'une autorisation de création d'un supermarché donnée par une commission départementale d'équipement commercial est exécutoire nonobstant pourvoi en cassation, une cour d'appel, constatant que cet arrêt a pour conséquence de faire disparaître la décision initiale, d'où il suit une exploitation sans autorisation, en déduit exactement l'existence d'un trouble manifestement illicite. • Civ. 1re, 6 oct. 2010, n° 09-12.686 P : *D. actu. 21 oct. 2010, obs. Tahri ; D. 2010. Actu. 2440 ; AJDA 2010. 2389, obs. Porcheron ; AJDI 2011. 391 ; Procédures 2010, n° 389, note Perrot.*

51. Atteinte à l'environnement. Constitue un trouble manifestement illicite au sens de l'art. 809 (auj. 835), la réalisation de remblais de nature à porter une atteinte grave à l'environnement dans une vallée en dénaturant le site. • Civ. 1re, 14 mai 1991, n° 89-20.492 P.

52. Publication en dépit d'un refus. Justifie légalement sa décision retenant le trouble manifestement illicite qui résultait pour une personne de la publication d'un entretien à laquelle cette personne s'était opposée, la cour d'appel qui relève que la diffusion de l'entretien était contractuellement soumise à l'accord préalable de cette personne, et constate que l'éditeur avait enfreint le refus catégorique de publication opposé par la personne interviewée. • Civ. 1re, 17 oct. 2000, n° 98-13.805 P : *D. 2000. IR 274* .

53. Refus de distribution. Une cour d'appel, statuant en matière de référé, qui, après avoir constaté le refus d'un exploitant de kiosque de diffusion de presse de diffuser les produits d'une société de messageries de presse, énonce que le corollaire des libertés fondamentales de la presse et d'expression consacré par la L. du 2 avr. 1947 implique que, à l'occasion de la distribution, soient respectés les principes de liberté, d'impartialité et d'égalité de traitement des titres puis relève que la réglementation sur la tenue des kiosques à journaux établie par la ville de Paris fait obligation au gérant de vendre toute la presse sans discrimination de titres et retient enfin que l'absence de lien contractuel ne peut légitimer le comportement de l'exploitant dudit kiosque, a pu en déduire l'existence d'un trouble manifestement illicite. • Com. 3 oct. 2000, n° 97-20.520 P : *D. 2000. IR 263* .

54. Refus d'un organisme financier. Constitue un trouble manifestement illicite au sens de l'art. 809 (auj. 835), le fait pour un organisme financier de refuser l'accès à un compte et la délivrance d'un relevé d'identité bancaire, au seul motif que le récépissé constatant le dépôt d'une demande de statut de réfugié était périmé, dès lors que le tenant pour une pièce officielle d'identité, cet organisme n'avait exigé, lors de l'ouverture du compte, aucun autre document justificatif et qu'il n'existait aucun doute sur l'identité du titulaire du compte. • Com. 18 déc. 2007, n° 07-12.382 P : *D. 2008. AJ 287, obs. Avena-Robardet ; Banque et Dr. 118/2008, p. 13, note Bonneau ; JCP E 2008. 1768, n° 8, note Salgueiro.*

55. Maintien d'un accord collectif frappé d'opposition. Dès lors que la régularité de l'exercice du droit d'opposition à un accord d'entreprise par un syndicat n'a pas été contestée, le maintien en vigueur de l'accord frappé d'opposition, et ainsi réputé non écrit, constitue un trouble manifestement illicite, peu important l'existence d'une contestation sérieuse sur la nature dérogatoire de l'accord. • Soc. 25 mai 2004, n° 02-18.783 P.

56. Nouveaux locaux syndicaux. L'employeur ne peut apporter des restrictions aux libertés individuelles et collectives des salariés et de leurs représentants qui ne seraient pas justifiées par un motif légitime et proportionnées au but recherché ; encourt dès lors la cassation l'arrêt qui, pour décider que l'installation des locaux syndicaux dans une annexe située dans l'enceinte de l'entreprise ne nuisait pas à l'exercice des activités syndicales et ne caractérisait pas un trouble illicite, énonce que le fait que les locaux ne soient plus installés dans le bâtiment principal mais dans une annexe ne suffit pas à marginaliser l'activité des syndicats en rendant l'accès à celle-ci plus difficile, alors que les syndicats faisaient valoir que pour se rendre dans les nouveaux locaux, il fallait passer sous un portique électronique, présenter un badge et subir éventuellement une fouille, sans que de telles mesures ne soient justifiées par des impératifs de sécurité et proportionnées au but recherché, ce dont il résultait que le trouble apporté à la liberté syndicale était manifestement illicite. L'expulsion des syndicats du local jusqu'alors mis à leur disposition s'était réalisée sans titre exécutoire, la demande présentée à cette fin par la société ayant été rejetée le 9 mai 2005 par le juge des référés, ce qui caractérisait une voie de fait constitutive d'un trouble manifestement illicite justifiant des mesures de remise en état. • Soc. 26 sept. 2007, n° 06-13.810 P : *D. 2007. AJ 2609 ; Dr. soc. 2007. 1329, obs. Verkindt .*

57. Imputation sur un compte épargne formation individuel. Constitue un trouble manifestement illicite l'imputation sur un compte épargne formation individuel créé par un accord collectif d'actions de formation, quelle que soit leur nature, qui n'ont pas été demandées par le salarié, alors que selon cet accord et les dispositions de l'art. L. 932-2 C. trav. alors applicables, le temps passé par le salarié pour assurer son adaptation à son poste de travail est un temps de travail effectif. • Soc. 16 janv. 2008, n° 07-10.095 P : *D. 2008. AJ 426 ; RDT 2008. 245, obs. Véricel .*

58. Vente d'articles nazis. Justifie légalement sa décision la cour d'appel qui, pour juger que constituait un trouble manifestement illicite la diffusion d'un catalogue de vente d'articles militaires nazis ou vichystes, retient que l'avertissement figurant en tête de ce catalogue tendait à reconnaître aux exactions nazies un rang d'égalité avec les faits d'armes alliés et ainsi à banaliser le nazisme et l'antisémitisme par l'oblitération du souvenir de la barbarie attachée à la mémoire collective. • Civ. 2e, 12 févr. 2004, n° 01-17.632 P : *Gaz. Pal. 13-15 mars 2005, p. 23, obs. du Rusquec.*

59. Vente de boissons alcooliques. Constitue un trouble manifestement illicite, au sens de l'art. 873, la vente de boissons alcooliques sans être titulaire d'une licence lors de pratiques du *cocooking* (dîners rémunérés et organisés à son domicile et dont les invités se sont inscrits par l'intermédiaire d'une plateforme en ligne). • Com. 2 sept. 2020, n° 18-24.863 P : *D. actu. 14 sept. 2020, obs. Bonnet ; D. 2020. 1724 ; JT 2020, n° 235, p. 14, obs. Delpech ; Gaz. Pal. 27 oct. 2020, p. 17, note Guinamant ; CCC 2020, n° 155, note Malaurie-Vignal ; CCE 2020, n° 80, note Loiseau.*

B. MESURES

1° MESURES NON AUTORISÉES

60. Mesure non de nature à mettre fin au trouble. Les mesures que le juge des référés peut prescrire sur le fondement de l'art. 809, al. 1er (auj. 835, al 1er), ne doivent tendre qu'à la cessation du trouble manifestement illicite justifiant son intervention ; viole ce texte la cour d'appel qui constate que la mesure ordonnée n'était pas de nature à mettre fin au trouble. • Civ. 2e, 30 avr. 2009, n° 08-16.493 : *Procédures 2009, n° 184, note Perrot.* ♦ Justifie légalement sa décision, au regard des art. 9 C. civ. et 8 § 1 et 10 § 2 Conv. EDH, une cour d'appel qui, après avoir confirmé une ordonnance ayant sur le fondement de l'art. 809, al. 2 C. pr. civ. (auj. 835, al. 2) et au nom du respect dû à la vie privée et à l'image de la personne, décidé le versement d'une provision et la suppression d'un article sur le site internet de la publication, l'a néanmoins infirmée quant au retrait, également enjoint, du magazine de tous ses points de vente, dès lors qu'après avoir relevé que la mesure litigieuse, qui prendrait effet trois jours avant la fin de la parution du numéro concerné, au reste déjà vendu en un grand nombre d'exemplaires, était rendue difficilement praticable eu égard au défaut de mise en cause de la société distributrice, a souverainement estimé que la mesure sollicitée était impropre à faire cesser un trouble largement consommé. • Civ. 1re, 5 déc. 2006, n° 06-13.350 P.

61. Annulation de délibérations. L'annulation des délibérations de l'assemblée des actionnaires d'une société, qui n'est ni une mesure conservatoire, ni une mesure de remise en état, n'entre pas dans les pouvoirs du juge des référés. • Com. 29 sept. 2009, n° 08-19.937 P : *D. 2009. AJ 2425 ; LPA, 13 janv. 2010, note Moubsit ; BJS 2010. 23, note Gil ; RJ com. 2010, p. 180, note Messaï-Bahri.*

62. Transfert de permis de construire. L'autorisation de transfert, au nom des acquéreurs d'un immeuble, d'un permis de construire, délivré au profit de coïndivisaires, en présence d'un refus de ceux-ci, n'est pas une mesure conservatoire ou de remise en état que le juge des référés peut prescrire sur le fondement de l'art. 809, al. 1er (auj. 835, al. 1er). • Civ. 1re, 2 oct. 2001, n° 99-15.962 P : *D. 2001. IR 3020 , et les obs.*

63. Transfert de nom de domaine. Excède ses pouvoirs la cour d'appel qui ordonne le transfert de l'enregistrement d'un nom de domaine au bénéfice d'une société, au motif que le défendeur ne justifie d'aucun droit, ni d'aucun intérêt légitime, à choisir le nom de domaine qui est la marque de cette société, et que le juge, avec les pouvoirs de l'art. 809 (auj. 835), peut ordonner ce transfert, alors que ledit transfert ne constitue ni une mesure conservatoire, ni une mesure de remise en état. • Com. 9 juin 2009, n° 08-12.904 P : *D. 2009. AJ 1599, obs. Manara ; ibid. Pan. 1992, obs. Larrieu, Le Stanc et Tréfigny ; CCE 2009, n° 78, note Caron ; Gaz. Pal. 12 déc. 2009, p. 20, note Dreyfus.*

64. Relogement. Les art. 808 et 809 (auj. 834 et 835) ne donnent pas en eux-mêmes le pouvoir au juge des référés d'ordonner à un bailleur le relogement de son locataire. • Civ. 3e, 14 janv. 2004, n° 01-12.510 P : *Gaz. Pal. 13-15 mars 2005, p. 23, obs. du Rusquec.*

65. Réquisition de salariés grévistes. Les pouvoirs attribués au juge des référés en matière de dommage imminent consécutif à l'exercice du droit de grève ne comportent pas celui de décider la réquisition de salariés grévistes. • Soc. 25 févr. 2003, n° 01-10.812 P : *D. 2003. IR 1925.*

66. Proportionnalité. Prive sa décision de base légale la cour d'appel qui, ayant retenu l'existence d'un trouble manifestement illicite, ordonne l'enlèvement d'ouvrages et de caravanes installés sur un terrain en violation du plan local d'urbanisme, sans rechercher, comme il le lui était demandé, si les mesures ordonnées étaient proportionnées au regard du droit au respect de la *vie privée et familiale et du domicile* des propriétaires du terrain et de ces équipements, garanti par l'art. 8 Conv. EDH. • Civ. 3e, 17 déc. 2015, n° 14-22.095 P ♦ Pas d'injonction d'ordre général à propos d'une demande de déréférencement du site Google en raison d'une atteinte à la vie privée, le juge devant procéder à la mise en balance des intérêts en présence. • Civ. 1re, 14 févr. 2018, n° 17-10.499 P. ♦ L'exercice de la liberté d'expression peut être soumis à certaines formalités, conditions, restrictions ou sanctions prévues par la loi, qui constituent des mesures nécessaires à la protection de la réputation ou des droits d'autrui ; il s'ensuit qu'en étendant à l'intégralité du territoire français une saisie provisoire d'un roman destinée à protéger des personnes établies dans un département sans caractériser l'adéquation de cette mesure au but poursuivi et partant sa nécessité, une cour d'appel a violé l'art. 10 Conv. EDH, ensemble l'art. 809, al. 1er C. pr. civ. (auj. 835). • Civ. 1re, 31 janv. 1989, n° 87-15.139 P.

2° MESURES AUTORISÉES

a. Mesures de remise en état

67. Choix souverain. Le juge des référés apprécie souverainement le choix de la mesure propre à faire cesser un trouble manifestement illicite. • Civ. 2e, 15 nov. 2007, n° 07-12.304 P • Civ. 1re, 5 déc. 2006, n° 06-13.350 P. • Civ. 2e, 12 févr. 2004, n° 01-17.632 P : *Gaz. Pal. 13-15 mars 2005, p. 23, obs. du Rusquec.* ♦ Déterminant souverainement la mesure propre à mettre fin au trouble manifestement illicite qu'il constate, le juge des référés peut enjoindre à un avocat de faire procéder à la suppression d'un lien informatique entre son site internet et celui d'un autre avocat spécialisé dans la même activité. • Civ. 2e, 12 juill. 2012, n° 11-20.687 P. ♦ C'est dans l'exercice de son pouvoir souverain d'appréciation que le juge, statuant en référé, estime que la mesure conservatoire d'interdiction de poursuivre la diffusion d'un ouvrage comportant la révélation de faits couverts par le secret médical, prise à titre provisoire et dont les effets étaient limités dans le temps, était seule de nature à faire cesser le trouble manifestement illicite que constituaient ces révélations. • Civ. 1re 16 juill. 1997, nos 96-12.762 P et 96-12.876 P.

68. Démolition. La mesure peut tenir en la démolition d'un barrage. • Civ. 3e, 24 juin 1998, n° 96-12.637.

69. Publication de la décision. Les associations de consommateurs qui sont recevables à saisir le juge des référés d'une demande tendant à faire cesser un trouble illicite, peuvent, en application des dispositions de l'art. L. 421-9 C. consom., solliciter la publication de la décision. Dès lors, c'est à bon droit qu'une cour d'appel qui a caractérisé l'aspect trompeur d'une publicité et établi la réalité de l'infraction reprochée, ordonne la publication de sa décision. • Civ. 1re, 9 mars 2004, n° 01-11.296 P. ♦ La seule constatation de l'atteinte au respect dû à la vie privée et à l'image par voie de presse caractérise l'urgence et ouvre droit à réparation ; la forme de cette réparation est laissée à la libre appréciation du juge, qui tient tant de l'art. 809, al. 2 C.

pr. civ. (auj. 835 al. 2) que de l'art. 9, al. 2 C. civ., le pouvoir de prendre en référé toutes mesures propres à empêcher ou à faire cesser l'atteinte, ainsi qu'à réparer le préjudice qui en résulte ; la publication de la décision du juge, ordonnée sous astreinte à compter de sa signification, constitue une mesure appropriée, et une telle restriction à la liberté d'expression respecte les exigences de l'art. 10 § 2 de la Conv. EDH, à la fois quant à son fondement légal, quant à sa nécessité pour la protection des droits d'autrui et quant à sa proportionnalité aux atteintes retenues ; l'atteinte au respect dû à la vie privée et l'atteinte au droit de chacun sur son image constituent des sources de préjudice distinctes, ouvrant droit à des réparations distinctes. • Civ. 1re, 12 déc. 2000, n° 98-17.521 P : *D. 2001. 2434, note Saint-Pau ; ibid. Somm. 1987, obs. Caron ; RTD civ. 2001. 329, obs. Hauser ; LPA 2 févr. 2001, note Dérieux ; CCE 2001, n° 94, note Lepage.*

70. Interdiction d'un livre, d'un film. Est légalement justifié l'arrêt, rendu en matière de référé qui pour interdire la diffusion d'un livre, relève qu'il comportait la reproduction de nombreuses pièces, annulées pour certaines d'entre elles, d'un dossier dont l'instruction est en cours, retient que sa publication revêtait un caractère manifestement illicite et en déduit que par cette atteinte à la présomption d'innocence dont bénéficie le demandeur, le livre lui causait un trouble auquel il pouvait solliciter en référé qu'il fût mis fin. • Civ. 2e, 19 févr. 1992, n° 90-20.312 P. ♦ V. pour l'interdiction d'un film, • Com. 20 mars 1990, n° 88-15.373. ♦ Bien qu'un peintre ait autorisé la reproduction de l'un de ses tableaux pour la réalisation d'une affiche annonçant un festival qui a été mise en vente et diffusée dans le public, constitue une nouvelle reproduction soumise à son consentement préalable l'utilisation de cette affiche comme élément de décor d'un film publicitaire sur un produit ménager ; c'est donc à bon droit que le juge des référés décide que, malgré le caractère accessoire et fugace de la présence de l'affiche dans le film litigieux, une telle utilisation de l'œuvre du peintre, prohibée par l'art. 40 de la L. du 11 mars 1957, constituait un trouble manifestement illicite auquel il convenait de mettre fin en interdisant *la diffusion du film* sans en avoir fait disparaître les images reproduisant le tableau. • Civ. 1re, 15 oct. 1985, n° 84-12.291 P.

71. Interdiction de la diffusion d'une revue. La liberté de réception des signaux hertziens ne peut autoriser quiconque à prétendre bénéficier gratuitement d'un réseau privé d'émissions audiovisuelles réservées aux personnes ayant souscrit un abonnement et versant une redevance ; dès lors qu'elle a constaté que les indications figurant dans un article de revue donnaient aux lecteurs les moyens techniques de réaliser un appareil destiné à la réception frauduleuse des programmes diffusés dans de telles conditions, une cour d'appel, sans porter atteinte à l'exercice de la liberté de la presse, ne fait qu'user des pouvoirs qu'elle tient de l'art. 809, al. 1er (auj. 835, al. 1er), en faisant défense au directeur de la publication d'en poursuivre la diffusion tant qu'elle contiendrait l'article litigieux. • Com. 26 mai 1987, n° 84-17.777 P. ♦ Le juge des référés peut, sans méconnaître les limites de sa compétence, faire défense à une société de faire paraître un journal d'annonces publicitaires jusqu'à décision sur le fond dès lors qu'après avoir relevé que le titre de ce nouveau journal était le surnom sous lequel était connu du public un journal exploité par une autre société dans la même région et ayant le même objet et que cette société s'était prévalu du droit au titre en raison du surnom donné à sa publication, il admet d'une part que le fond du droit était source de difficultés certaines, d'autre part une confusion manifeste créée entre le journal qui allait être diffusé et celui existant déjà, et retient que cette confusion était créatrice d'un dommage imminent et que seule la défense de paraître était susceptible d'éviter un dommage irrémédiable. • Civ. 2e, 9 mars 1978, n° 76-14.862 P.

72. Interdiction de publication d'écoutes. L'art. 10 Conv. EDH dispose que la liberté de recevoir et de communiquer des informations peut être soumise à des restrictions prévues par la loi et nécessaires, dans une société démocratique, à la protection des droits d'autrui afin d'empêcher la divulgation d'informations confidentielles, retient exactement qu'il en va particulièrement ainsi du droit au respect de la vie privée, lui-même expressément affirmé par l'art. 8 de la même Conv., lequel, en outre, étend sa protection au domicile de chacun. Si, dans une telle société, et pour garantir cet objectif, la loi pénale prohibe et sanctionne le fait d'y porter volontairement atteinte, au moyen d'un procédé de captation, sans le consentement de leur auteur, de paroles prononcées à titre privé ou confidentiel, comme de les faire connaître du public, le recours à ces derniers procédés constitue un trouble manifestement illicite, que ne sauraient justifier la liberté de la presse ou sa contribution alléguée à un débat d'intérêt général, ni la préoccupation de crédibiliser particulièrement une information, au demeurant susceptible d'être établie par un travail d'investigation et d'analyse couvert par le secret des sources journalistiques, la sanction par le retrait et l'interdiction ultérieure de nouvelle publication des écoutes étant adaptée et proportionnée à l'infraction commise, peu important, enfin, que leur contenu, révélé par la seule initiative délibérée et illicite d'un organe de presse de les publier, ait été ultérieurement repris par d'autres. • Civ. 1re, 2 juill. 2014, n° 13-21.929 P.

73. Discrimination d'un syndicat. Ne fait

qu'user des pouvoirs qu'elle tient de l'art. 809, al. 1er (auj. 835, al. 1er), la cour d'appel qui, après avoir constaté que l'employeur n'avait pas mis en œuvre la procédure de négociation annuelle obligatoire définie à l'art. L. 132-28 [devenu L. 2242-1] C. trav. et en l'absence de l'accord prévu à l'art. L. 132-22 [devenu L. 2232-20] du même code entre l'employeur et les organisations syndicales représentatives dans l'entreprise, pour fixer l'objet et la périodicité des négociations concernant les accords collectifs dans celle-ci, a pris les mesures propres à remédier à la discrimination dont un syndicat faisait l'objet. • Soc. 13 juill. 1988, n° 86-16.302 P.

74. Réintégration de salariés. Un licenciement effectué au mépris des dispositions légales constitue un trouble manifestement illicite auquel la cour d'appel, statuant en référé, est fondée à mettre fin en exécution des pouvoirs qu'elle tient de l'art. 809 (auj. 835), en ordonnant la réintégration des intéressés dans leur emploi. • Soc. 17 janv. 1979, n° 77-14.012 P. ♦ Le juge des référés, saisi de la demande d'un salarié protégé, tendant à sa réintégration provisoire dans son emploi, peut ordonner la remise des parties en leur état antérieur, sans examiner le fond du litige ; viole l'art. 809 (auj. 835) la cour d'appel qui décide que le juge des référés est incompétent pour statuer sur la réintégration sollicitée. • Civ. 1re, 27 mars 1979, n° 78-11.328 P. ♦ Comp. Le juge des référés, saisi par des salariés protégés mutés d'une demande de réintégration dans leur ancien emploi, peut estimer qu'en l'état de contestations sérieuses, le trouble invoqué par les demandeurs n'était pas manifestement illicite au sens de l'art. 809 (auj. 835). • Soc. 21 avr. 1982, n° 81-10.824 P.

75. Réintégration dans des locaux. Fait une exacte application de l'art. 809 (auj. 835) la cour d'appel qui, pour ordonner la réintégration d'un médecin dans les locaux précédemment mis à sa disposition par une clinique en vertu d'une convention que celle-ci prétend résiliée, retient, sans se prononcer sur cette éventuelle résiliation, que la décision unilatérale de cette clinique qui, sans autorisation de quiconque, sans préavis et par surprise, a transféré le service de ce praticien dans des locaux vétustes et moins bien adaptés, constituait une voie de fait, génératrice d'un trouble manifestement illicite, écartant ainsi implicitement les conclusions de la clinique, selon lesquelles il serait entré dans ses pouvoirs de modifier l'emplacement des lits réservés aux chirurgiens attachés à l'établissement en fonction des problèmes quotidiens auxquels elle avait *à faire face. • Civ. 1re, 12 déc. 1978,* n° 77-14.755 P.

76. Interdiction de poursuivre une activité. Une cour d'appel statuant en référé, qui retient qu'une personne exerçait illégalement la profession de médecin vétérinaire et lui interdit la poursuite de cette activité, n'a pas à apprécier la validité de la décision du conseil régional de l'ordre des vétérinaires refusant à la personne poursuivie son inscription au tableau de l'ordre mais se borne à constater que ladite personne pratique la médecine des animaux sans remplir l'une des conditions exigées pour l'exercice de cette profession, à savoir l'habilitation préalable du conseil de l'ordre. • Civ. 1re, 30 nov. 1982, n° 81-16.380 P.

77. Interdiction de campagne publicitaire. Ayant constaté qu'une campagne publicitaire contraire à la L. du 10 août 1981 et génératrice d'un trouble manifestement illicite avait été décidée et coordonnée par une association regroupant les exploitants de magasins distribuant leurs produits sous une même enseigne, une cour d'appel n'a fait qu'user des pouvoirs qu'elle tient de l'art. 809 C. pr. civ. (auj. 835) en faisant défense à cette association de mettre en œuvre la campagne publicitaire. • Com. 2 oct. 1990, n° 88-13.923 P.

b. Mesures conservatoires

78. Expulsion. La nécessité de prévenir un dommage imminent, caractérisé par un danger pour la sécurité des familles occupant un campement irrégulier et des usagers du boulevard périphérique situé à proximité, exige l'expulsion sans délai des occupants du campement. • Civ. 3e, 22 oct. 2015, nos 14-11.776 P et 14-21.515 P.

79. Intervention d'un avocat aux conseils. La défense constitue pour toute personne un droit fondamental à caractère constitutionnel et son exercice effectif exige que soit assuré l'accès de chacun, avec l'assistance d'un défenseur, au juge chargé de statuer sur sa prétention, de sorte que le président de l'Ordre est tenu de procéder à la désignation d'office d'un avocat au Conseil d'État et à la Cour de cassation pour assister un justiciable dans une procédure avec représentation obligatoire devant la Cour de cassation ; cependant, ce justiciable est, hors le cas où il remplit les conditions de l'octroi de l'aide juridictionnelle totale, sans droit à revendiquer l'assistance gratuite de l'avocat aux Conseils désigné d'office, dont, en outre, l'indépendance exclut qu'il puisse faire l'objet de mesures de contrôle ou d'injonctions dans l'accomplissement de sa mission, sans préjudice de l'action en responsabilité civile ou de l'action disciplinaire dont il pourrait éventuellement faire l'objet pour un manquement à ses obligations professionnelles ; dès lors, est légalement justifié l'arrêt qui énonce qu'il n'entre pas dans les pouvoirs du juge des référés d'ordonner les mesures sollicitées, tendant à l'intervention d'un avocat aux Conseils désigné d'office, sans versement préalable de ses honoraires, et au respect de ses obligations professionnelles. • Civ. 1re, 16 mai 2012, n° 11-18.181 P : *D. 2012. Actu. 1411 ; JCP 2012. 664, note Salati ; Gaz. Pal. 2012. 2812, note Herman ; ibid.*

2012. 1433, note Deharo ; RJ com. 2012, n° 4, p. 19, obs. Deharo.

80. Suspension d'un licenciement collectif. Il entre dans les pouvoirs que le juge des référés tient de l'art. 809 C. pr. civ. (auj. 835) d'ordonner la suspension de la procédure de licenciement collectif prévue par l'art. L. 321-3 C. trav. [devenu L. 1233-29], dès lors qu'il constate que la poursuite de cette procédure est de nature à causer aux salariés un dommage imminent. • Soc. 27 juin 1989, n° 88-10.538 P.

III. SECOND ALINÉA

A. RÉFÉRÉ-PROVISION

81. Domaine d'application. L'art. 174 du Décr. du 27 nov. 1991, qui dispose que les contestations concernant le montant et le recouvrement des honoraires ne peuvent être réglées qu'en recourant à la procédure prévue aux art. suivants, exclut qu'il puisse être recouru à la procédure instituée par l'art. 809, al. 2 (auj. 835 al. 2) C. pr. civ. • Civ. 2e, 7 mai 2003, n° 01-17.016 P : *D. 2003. AJ 1545.*

82. Nature de la procédure. La procédure instituée par l'art. 809 (auj. 835), qui tend à procurer au créancier dépourvu de titre un titre provisoirement exécutoire, ne constitue pas une voie d'exécution. • Civ. 2e, 24 avr. 1985, n° 83-17.098 P • Com. 9 févr. 1988, n° 86-11.951 P.

1° CONDITIONS

a. Conditions évincées

83. Urgence. L'art. 809 (auj. 835) n'exige pas la constatation de l'urgence, mais seulement celle de l'existence d'une obligation non sérieusement contestable comme condition à l'octroi d'une provision par le juge des référés. • Civ. 3e, 31 mai 1978, n° 77-12.485 P • Civ. 1re, 4 nov. 1976, n° 75-14.617 P : *RTD civ. 1977. 361.*

84. Controverse sur le montant de l'obligation. Une provision peut être allouée même si le montant de l'obligation est encore sujet à controverse, dès lors que le principe même de l'obligation n'est pas sérieusement contestable. • Com. 11 mars 2014, *n° 13-13.304 : Procédures 2014, n° 137, note Perrot ; JCP 2014. 1232, n° 5, obs. Serinet.*

85. Dommage imminent. L'existence d'une contestation sérieuse fait obstacle à l'octroi d'une provision en référé ; par suite, viole l'art. 809 (auj. 835) le magistrat des référés qui, pour accorder une provision à un assuré, tranche une difficulté sérieuse portant sur l'obligation à garantie de l'assureur et retient inexactement que la contestation de ce dernier expose l'assuré à un dommage imminent. • Civ. 1re, 14 oct. 1997, n° 95-19.049 P.

b. Condition à examiner : obligation non sérieusement contestable

86. Condition nécessaire. Il résulte de l'art. 809, al. 2 (auj. 835), que le juge des référés ne peut accorder une provision au créancier que dans le cas où l'obligation n'est pas sérieusement contestable. • Civ. 1re, 17 janv. 1978, n° 76-13.970 P.

87. Condition suffisante. L'art. 809, al. 2 (auj. 835, al. 2), exige seulement la constatation de l'existence d'une obligation non sérieusement contestable comme condition à l'octroi d'une provision au créancier. • Civ. 3e, 6 déc. 1977, n° 76-13.482 P • Civ. 2e, 18 janv. 1978, n° 76-13.863 P : *D. 1979. IR 512, obs. Julien ; RTD civ. 1978. 713, obs. Normand.*

88. Office du juge des référés. L'invocation d'une cause d'exonération de responsabilité constitue une contestation dont le sérieux doit être examiné par le juge des référés saisi d'une demande de provision à valoir sur les frais de l'instance, et ce, sans que puisse être exigée l'évidence de la réunion des conditions de l'exonération. • Civ. 2e, 4 juin 2015, n° 14-13.405 P : *D. actu. 25 juin 2015, obs. Kebir ; D. 2015. Actu. 1273 ; ibid. Chron. C. cass. 1791, obs. Adida-Canac, Vasseur et de Leiris.*

89. Contrôle de la Cour de cassation. Une cour d'appel qui, pour allouer une provision, se borne à énoncer que, quel que soit le fondement contractuel ou quasi délictuel de la responsabilité de la partie mise en cause, son obligation n'est pas sérieusement contestable, ne met pas la Cour de cassation en mesure d'exercer son contrôle sur l'existence d'une obligation non sérieusement contestable. • Cass., ass. plén., 16 nov. 2001, n° 99-20.114 P : *D. 2002. 598, note Puigelier ; JCP 2001. II. 10646, concl. De Gouttes, note A. P. ; JCP 2002. I. 132, n° 28, obs. Cadiet ; Procédures 2002, n° 4, obs. Perrot ; LPA 5 mars 2002, p. 19, note Boujeka.* – V. aussi Beauchard, *RGDA 2002. 315.* ♦ *Contra* auparavant : l'existence d'une contestation sérieuse, au sens de l'art. 809, al. 2 (auj. 835, al. 2), ne relève pas du contrôle de la Cour de cassation ; il s'ensuit que le moyen, pris de ce que la juridiction des référés aurait tranché une telle contestation, est inopérant ; toutefois, encourt la cassation l'arrêt rendu en référé qui, accordant une provision à valoir sur la créance d'indemnités d'un maître de l'ouvrage, d'abord se fonde sur un fait qui n'était pas dans le débat, et ensuite méconnaît les règles régissant la responsabilité décennale des constructeurs. • Civ. 1re, 4 oct. 2000 (2 arrêts), nos 97-20.867 P et 97-20.990 P : *D. 2001. 1580, note Boujeka ; RTD civ. 2001. 428, obs. Normand.* ♦ L'existence d'une contestation sérieuse, au sens de l'art. 809, al. 2, ne relève pas du contrôle de la Cour de cassation ; toutefois, encourt la cassation l'arrêt rendu en référé qui a dénaturé les termes clairs et précis de la clause limitant la garantie aux seuls dommages survenus après la réception. • Civ. 1re, 4 avr. 2001, n° 98-20.528 P : *RTD civ. 2001. 946, obs. Normand* ; *RDI 2001. 224, obs. Durry* ; *ibid. 370, obs. Boubli* ; *JCP 2001. II. 10647, note Puigelier.* ♦ V. encore • Civ. 1re, 9 mai 2001, n° 99-16.446 P : *D. 2001. Somm. 2720, obs. Julien* ; *RTD civ. 2001. 946, obs. Normand*. ♦ C'est dans l'exercice de son pouvoir souverain d'appréciation qu'une cour d'appel, statuant en référé, en l'état d'une expertise médicale constatant, malgré l'absence de consolidation au jour de l'expertise, que le déficit fonctionnel permanent ne sera pas inférieur à 55 %, fixe le montant de la provision allouée à la victime au montant qu'elle retient. • Civ. 1re, 31 mars 2022, n° 21-12.296 P.

90. Charge de la preuve. S'il appartient au demandeur à une provision d'établir l'existence de la créance qu'il invoque, c'est au défendeur de prouver que cette créance est sérieusement contestable. • Civ. 1re, 4 nov. 1987, n° 86-14.379 P.

91. Mesure d'instruction. Le juge des référés, auquel il incombe de vérifier que l'existence de l'obligation n'est pas sérieusement contestable, a le pouvoir d'ordonner, à cet effet, toute mesure d'instruction qu'il estime utile, et, notamment, la comparution personnelle des parties. • Civ. 2e, 10 juill. 1978, n° 77-11.897 P.

92. Comportement abusif d'une partie. La juridiction des référés a le pouvoir de statuer sur le dommage causé par le comportement abusif de parties à la procédure dont elle est saisie. • Civ. 2e, 8 févr. 2018, n° 17-10.456 P.

Obligation sérieusement contestable

93. Légitime défense. Est sérieusement contestable l'obligation d'un gardien de la paix, ayant blessé avec son arme à feu un suspect qu'il soupçonnait d'avoir commis un vol, d'indemniser l'intéressé alors que le policier prétend avoir agi en état de légitime défense. • Civ. 2e, 27 mars 2003, n° 01-12.663 P.

94. Tierce opposition. Il incombe au juge des référés, saisi d'une tierce opposition contre une ordonnance ayant alloué une provision, d'apprécier si l'obligation invoquée par le demandeur en référé n'était pas sérieusement contestable. • Civ. 2e, 14 déc. 2006, n° 05-19.939 P.

95. Commissions de VRP. Le juge des référés ne peut allouer une provision à un représentant multicartes lorsque l'employeur soutient que, tant en vertu du contrat que d'un usage commercial constant, l'intéressé ne peut recevoir de commissions autres que celles afférentes aux ventes d'articles dont il est parvenu à obtenir l'inscription sur les catalogues des centrales d'achat de magasins à grande surface, et qu'il conteste les conclusions du rapport de l'expert commis ; en statuant autrement par des motifs qui apprécient à la fois la portée discutée d'une convention, l'insuffisance des éléments de preuve relatifs à l'existence d'un usage, et la pertinence d'une expertise critiquée dans son exécution et dans ses résultats, ce dont il ressort que l'obligation de l'employeur est sérieusement contestable, le juge des référés méconnaît les dispositions de l'art. 809, al. 2 (auj. 835, al. 2). • Soc. 9 févr. 1977, n° 75-12.775 P.

96. Interprétation d'un contrat. Méconnaît l'art. 809, al. 2 (auj. 835, al. 2), en tranchant une contestation sérieuse, la cour d'appel qui, statuant en référé sur le litige opposant les propriétaires de pavillons à la société civile immobilière qui les a construits et à son assureur, à la suite de malfaçons, procède à une interprétation de la police pour déterminer la nature de l'assurance et allouer une provision aux victimes du sinistre. • Civ. 1re, 14 avr. 1982, n° 81-10.566 P. ♦ Dès lors qu'une compagnie d'assurance conteste sa garantie, la question de l'interprétation d'une clause de la police d'assurance, quant à la détermination du point de départ de la garantie, constitue une contestation sérieuse faisant obstacle à l'octroi d'une provision en référé. • Civ. 1re, 11 mai 1982, n° 81-12.191 P. ♦ Tranche une contestation sérieuse la cour d'appel qui, pour dire qu'un assureur est tenu à garantie, procède à l'interprétation des clauses imprécises d'un contrat d'assurance. • Civ. 1re, 31 mars 1998, n° 96-13.781 P. ♦ Ayant estimé, au vu des pièces versées aux débats, que seul un examen approfondi des documents produits pouvait permettre de connaître la commune intention des parties et la nature exacte du contrat conclu entre elles, une cour d'appel, qui n'était pas liée par la décision du tribunal statuant au fond mais frappée d'appel, a pu, sans violer l'art. 809, al. 2 (auj. 835, al. 2), retenir qu'il existait une contestation sérieuse excluant la compétence du juge des référés. • Com. 19 janv. 1988, n° 85-17.918 P.

97. Accident de la circulation. Tranche une contestation sérieuse la cour d'appel statuant sur appel d'une ordonnance de référé qui alloue une provision à la victime de heurts provoqués volontairement par le conducteur d'une automobile, en énonçant que la L. du 5 juill. 1985 était applicable, peu importe le caractère volontaire de ce comportement. • Civ. 2e, 5 oct. 1994, n° 92-19.006 P. ♦ Méconnaît l'art. 809 (auj. 835) l'arrêt qui alloue en référé une provision à l'occupant d'un véhicule blessé lors d'un accident de la circulation, dès lors qu'en l'absence d'identification du conducteur du véhicule, l'obligation de l'assureur était sérieusement contestable. • Civ. 2e, 10 mars 2004, n° 01-14.794 P. ♦ Doit être cassé l'arrêt qui accueille une demande de provision en application de l'art. 809, al. 2 (auj. 835, al. 2), en affirmant qu'il n'existait sur la qualité de piéton de la victime d'un accident de la circulation aucune contestation sérieuse, tout en retenant l'existence de thèses opposées soutenues par les parties sur la qualité réelle de la victime précitée (conducteur ou piéton). • Civ. 2e, 19 juin 1991, n° 90-13.301 P. ♦ Comp. *infra*.

98. Compatibilité au droit européen. En accordant par voie de référé les sommes demandées à titre de provision alors que le contrat était argué d'incompatibilité tant avec le droit communautaire [de l'Union européenne] qu'avec le droit interne, qu'une instance était en cours à ce sujet et que l'obligation invoquée était sérieusement contestable, la cour d'appel viole l'art. 809, al. 2 (auj. 835, al. 2). • Civ. 1re, 26 mai 1982, n° 80-16.057 P (sommes réclamées par la SACEM en exécution d'un contrat général de représentation conclu avec l'exploitant d'une discothèque). ♦ En refusant ainsi d'examiner s'il pouvait être ou non sérieusement soutenu que le taux de redevance proposé par la SACEM à son cocontractant avait été fixé en violation du droit communautaire (auj. européen), tel qu'interprété par les arrêts de la Cour de justice des communautés européennes, la cour d'appel a violé le principe de primauté du droit communautaire (auj. européen) et l'art. 809, al. 2. • Civ. 1re, 13 oct. 1993, nos 91-19.655 à 91-19.664 (10 arrêts).

99. Validité d'un contrat discutée. Viole l'art. 809, al. 2 (auj. 835, al. 2), l'arrêt, statuant en référé, qui retient que l'absence des mentions sur le garant n'est pas susceptible d'entraîner la nullité du mandat confié à l'agent immobilier, tranche une contestation sérieuse relative à la nullité éventuelle du mandat dépourvu de la mention des nom et adresse du garant. • Civ. 1re, 6 juill. 2016, n° 15-18.763 P.

100. Appréciation du délai pour agir. Tranche une contestation sérieuse la juridiction des référés qui, pour condamner le vendeur d'un immeuble à payer à l'acquéreur une provision sur le coût de travaux de réfection retient que ce dernier avait agi devant le juge du fond dans le bref délai imparti par l'art. 1648 C. civ. dès lors qu'il avait intenté son action dans un laps de temps raisonnable après le dépôt du rapport d'expertise qui lui avait permis de découvrir la nature exacte et la gravité réelle du vice. • Civ. 3e, 19 mars 1986, n° 84-16.688 P.

101. Responsabilité médicale. Selon le 1er al. de l'art. 5 de la L. n° 2002-1577 du 30 déc. 2002 relative à la responsabilité médicale, l'art. L. 251-2 C. assur. s'applique aux contrats conclus ou renouvelés à compter du 31 déc. 2002 ; selon le 2e al. du même article, sans préjudice de l'application des clauses contractuelles stipulant une période de garantie plus longue, tout contrat d'assurance de responsabilité civile garantissant les risques mentionnés à l'art. L. 1142-2 CSP, conclu antérieurement au 31 déc. 2002, garantit les sinistres dont la première réclamation est formulée postérieurement à cette date et moins de cinq ans après l'expiration ou la résiliation de tout ou partie des garanties, si ces sinistres sont imputables aux activités garanties à la date d'expiration ou de résiliation et s'ils résultent d'un fait générateur survenu pendant la période de validité du contrat ; par suite, viole ce texte et l'art. 809 C. pr. civ. une cour d'appel qui condamne en référé une société d'assurance garantissant la responsabilité professionnelle d'un médecin à verser une provision à la victime d'une faute médicale, révélée le 15 déc. 2003, tout en constatant que le contrat d'assurance avait été conclu avant le 31 déc. 2002 et que le fait dommageable était intervenu le 7 déc. 2000, pendant la période de validité d'un précédent contrat souscrit auprès d'une autre société d'assurance. • Civ. 2e, 21 févr. 2008, n° 07-14.293 P.

102. Analyse technique complexe. Ayant retenu que l'analyse technique complexe nécessaire afin d'établir, le cas échéant, un lien de causalité entre la prise d'un médicament et la pathologie développée par un patient démontrait le caractère sérieusement contestable de l'obligation d'indemnisation du laboratoire, c'est à bon droit que la cour d'appel a rejeté la demande de provision pour frais d'instance. • Civ. 2e, 29 juin 2015, n° 13-24.691 P : *D. 2015. Actu. 329 ; ibid. 2015. Chron. 1791, obs. Adida-Canac, Vasseur et de Leiris ; Procédures Août 2015, 254, note Strickler ; Gaz. Pal. 8-10 mars 2015, p. 30, note Raschel ; RLDC mai 2015, p. 73, obs. Raschel ; LPA 2 mars 2016, p. 12, obs. Guerlin.*

Obligation non sérieusement contestable

103. Assurance. Viole les dispositions de l'art. 809, al. 2, C pr. civ. (auj. 835, al. 2), une cour d'appel qui, statuant en référé, déboute un assuré de l'intégralité de sa demande de provision à valoir sur l'indemnisation de son préjudice en retenant l'existence d'une contestation sérieuse alors que les contestations soulevées par l'assureur de dommages ne se rapportaient qu'à l'étendue de son obligation et qu'il ne contestait ni les dommages ni le principe de son obligation. • Civ. 2e, 11 juill. 2013, n° 12-24.722 P.

104. Utilisation d'une photographie sans autorisation. Ayant procédé à l'étude des relations contractuelles entre le producteur d'une œuvre de publicité et son auteur, la cour d'appel qui, statuant en référé, retient que l'utilisateur de la photographie, tiers au contrat, n'établit à son profit ni une cession des droits d'exploitation ni une autorisation d'emploi, peut estimer que la réclamation de provision à l'utilisateur par l'auteur de l'œuvre se fonde sur une obligation non sérieusement contestable. Ayant, en outre, relevé l'ignorance des conditions exactes dans lesquelles l'utilisateur avait appréhendé et utilisé cette photographie, la cour d'appel décide légalement que le recours en garantie de l'utilisateur contre le concessionnaire des lieux photographiés est sujet à contestation sérieuse. • Civ. 1re, 19 févr. 2002, n° 99-21.506 P.

105. Assurance dommages-ouvrage. Viole l'art. 809, al. 2 (auj. 835, al. 2), la cour d'appel qui a retenu l'existence d'une contestation sérieuse, alors qu'il résulte de ses énonciations qu'une compagnie d'assurances n'a pas, dans les délais prévus par l'annexe II à l'art. A 243-1 ancien C. assur., répondu à la déclaration du sinistre et qu'il s'en déduit nécessairement, sans qu'il soit utile de procéder à des recherches sur la nature des désordres, qu'elle devait garantir la réparation intégrale des dommages. • Civ. 1re, 26 nov. 1991, n° 86-13.604 P. ♦ Viole l'art. 809, al. 2 (auj. 835, al. 2), la cour d'appel qui a retenu l'existence d'une contestation sérieuse sur l'obligation à garantie de l'assureur, alors qu'il résulte des art. L. 242-1 et A. 243-1 C. assur. et de l'annexe II à ce dernier article que l'assureur ne peut valablement notifier à son assuré dans le délai qui lui est imparti sa décision sur le principe de sa garantie sans avoir préalablement communiqué à son assuré le rapport préliminaire en sa possession établi par l'expert. • Civ. 3e, 18 févr. 2004, n° 02-17.976 P : *D. 2004. 1206, obs. Julien ; ibid. 2005. 1317, obs. Groutel ; RDI 2004. 151, obs. Leguay ; JCP 2004. II. 10095, note Billemont.*

106. Couverture d'un séisme par l'assurance. Ayant relevé qu'il résultait de façon évidente des conditions générales du contrat d'assurance et d'un courrier versés aux débats qu'étaient assurés les dommages ayant eu pour cause déterminante l'intensité anormale d'un agent naturel et affectant l'immeuble dans son ensemble sans que cette garantie ne soit limitée aux seules parties communes, et que l'assureur ne justifiait pas d'une quelconque restriction à ce titre dans les conditions particulières, une cour d'appel a pu, sans interpréter le contrat ni trancher une contestation sérieuse, allouer une provision au syndicat des copropriétaires. • Civ. 3e, 18 sept. 2013, n° 12-17.440 P : *D. 2013. 2225, obs. Rouquet*

107. Compensation légale. L'art. 809, al. 2 (auj. 835, al. 2) ne prive pas la juridiction des référés du pouvoir d'apprécier si l'éventualité d'une compensation entre créances réciproques est de nature à rendre sérieuse ou non la contestation de l'obligation invoquée par la partie qui demande une provision et, dans la négative, prononcer la condamnation au versement d'une provision. • Civ. 3e, 22 nov. 1978, n° 77-14.040 P.

108. Prix de vente. Justifie légalement sa décision la cour d'appel qui, saisie en référé d'une demande de provision sur le prix de vente de marchandises dans un contrat international, juge que le défaut de conformité de la marchandise vendue n'est pas établi, pour en déduire que l'obligation de l'acheteur de payer le prix n'est pas sérieusement contestable, faisant ainsi implicitement application de la Conv. de Vienne du 11 avr. 1980, applicable en la cause, sans avoir à déterminer plus avant le droit applicable au fond. • Civ. 1re, 8 janv. 2002, n° 00-13.453 P : *Rev. crit. DIP 2002. 343, note Muir Watt .*

109. Solde d'un marché. Viole l'art. 809, al. 2 (auj. 835, al. 2) la cour d'appel qui rejette une demande de provision sur le solde d'un marché au motif qu'il existe des contestations sérieuses sur les retards ayant donné lieu à l'application de pénalités, sans constater que le solde du marché était sérieusement contesté. • Civ. 3e, 26 mars 2003, n° 01-01.281 P : *RDI 2003. 261, obs. Boubli .*

110. Responsabilité d'une entreprise. La juridiction des référés qui relève qu'une entreprise a exécuté le travail de reprise en sous-œuvre d'un mur mitoyen sans avoir reçu les plans de l'ingénieur-conseil et sans suivre les instructions du maître de l'ouvrage peut en déduire que la responsabilité de cette entreprise n'est pas sérieusement contestable et allouer sur le fondement de l'art. 809 (auj. 835) une provision au propriétaire voisin auquel ces travaux ont causé préjudice. • Civ. 3e, 8 mars 1978, n° 77-10.596 P.

111. Maître de l'ouvrage débiteur. Ayant relevé le caractère limité d'une cession de créances professionnelles, qui ne comprenait que des créances correspondant aux seules prestations effectuées personnellement par l'entrepreneur principal, évaluées à une somme déterminée, une cour d'appel en a exactement déduit que les sommes dues aux entreprises sous-traitantes étaient hors du champ d'application de cette cession ; ayant ensuite constaté que les sous-traitants, qui avaient fondé leur demande sur les dispositions de l'art. 12 de la L. du 31 déc. 1975, avaient effectivement réalisé des travaux pour lesquels le maître de l'ouvrage restait leur devoir certaines sommes, la cour d'appel a pu décider, statuant en matière de référé, que l'obligation incombant au maître de l'ouvrage n'était pas sérieusement contestable et accorder aux sous-traitants des provisions. • Com. 20 juin 1989, n° 87-19.331 P.

112. Menace d'éviction du créancier gagiste. A pu considérer, au regard de l'art. 809, al. 2 (auj. 835, al. 2), que n'était pas sérieusement contestable l'obligation du vendeur de garantir son acquéreur menacé d'éviction par le créancier gagiste judiciairement autorisé à se prévaloir de son droit sur le véhicule vendu et, en conséquence, le condamner à verser une provision à cet acquéreur pour désintéresser le créancier gagiste. • Civ. 1re, 20 mars 1990, n° 87-19.162 P.

113. Accident de la circulation. Viole les art. 1er, 3 et 4 de la L. du 5 juill. 1985 et 809 (auj. 835) C. pr. civ. l'arrêt qui, pour se déclarer incompétent sur la demande de provision et d'expertise présentée en référé par les victimes d'un accident de la circulation ayant comporté deux collisions successives contre le conducteur d'un camion intervenu dans la seconde collision, retient que, pour être impliqué dans un accident, un véhicule doit avoir joué un rôle dans la réalisation des dommages et que, le premier choc ayant été très violent, il est sérieusement contestable que le second ait contribué à la réalisation des dommages corporels des victimes, alors qu'il constatait que le camion, en mouvement, était entré en collision avec la voiture des victimes, d'où il résultait que son implication n'était pas sérieusement contestable. • Civ. 2e, 16 mai 1988, n° 87-12.783 P. ♦ La collision de deux véhicules terrestres à moteur en mouvement caractérise l'implication de ceux-ci dans un accident de la circulation ; ainsi, l'obligation pour la compagnie d'assurance de l'un des véhicules d'indemniser les passagers de celui-ci n'est pas sérieusement contestable au sens de l'art. 809, al. 2 (auj. 835 al. 2). • Civ. 2e, 16 oct. 1991, n° 90-15.118 P. ♦ Des collisions successives s'étant produites, encourt la cassation l'arrêt qui, statuant en matière de référé, condamne le conducteur d'une voiture à verser une provision à un autre conducteur en retenant que les trois collisions se sont produites en une unité de temps et de lieu, qu'elles forment un accident qui doit être considéré comme global et que peu importe, dans ces conditions, que certains véhicules en ayant heurté d'autres ou ayant été heurtés par d'autres ne soient pas la cause de l'accident ou des dommages, alors que la cour d'appel constatait que le véhicule du conducteur condamné à payer la provision avait heurté un autre véhicule que celui du conducteur bénéficiant de cette condamnation, après que ce dernier eut été blessé. • Civ. 2e, 5 nov. 1998, n° 96-20.243 P. ♦ Dès lors que les circonstances de l'accident excluent la faute inexcusable de la victime au sens de l'art. 3 de la L. du 5 juill. 1985, à savoir une faute volontaire d'une exceptionnelle gravité exposant sans raison valable son auteur à un danger dont il aurait dû avoir conscience, une cour d'appel statuant sur l'appel d'une ordonnance de référé peut accorder une provision à ladite victime, l'obligation de réparation n'étant pas sérieusement contestable. • Civ. 2e, 20 janv. 2000, n° 98-14.490 P : *D. 2000. IR 53*. ♦ Comp. *supra*.

114. Transfusions sanguines. Après avoir relevé, en l'absence de preuve, qu'une personne hémophile a été contaminée par le virus VIH pour d'autres causes que de multiples transfusions de produits sanguins non chauffés à une époque où la technique du chauffage était reconnue, que le lien de causalité entre la transfusion et la contamination ne pouvait être discuté, la cour d'appel a pu déduire que l'obligation du centre régional de transfusion sanguine n'était pas sérieusement contestable au sens de l'art. 809, al. 2 (auj. 835, al. 2) et accorder une provision à la victime. • Civ. 2e, 20 juill. 1993, n° 91-22.370 P.

115. Rapport d'expertise. Un juge des référés ayant constaté que la réunion d'expertise s'était déroulée contradictoirement, a pu retenir, en se fondant sur le rapport d'expertise, qu'il existait une obligation à indemnisation non sérieusement contestable permettant l'allocation d'une provision. • Civ. 2e, 18 oct. 2007, n° 06-20.938 P.

116. Faute intentionnelle. La cour d'appel qui, statuant en référé, retient qu'il résulte des pièces communiquées que le salarié d'une entreprise a insulté et menacé de mort un autre salarié et commis de ce fait une faute intentionnelle, peut, par ce seul motif, en déduire que la demande aux fins d'expertise médicale et de provision de la victime se fonde sur une obligation non sérieusement contestable. • Civ. 2e, 21 sept. 2004, n° 03-15.451 P.

117. Hospitalisation d'office irrégulière. Ne donne pas de base légale à sa décision au regard des art. 5 § 5 Conv. EDH, 1382 C. civ. et 809, al. 2 C. pr. civ. (auj. 835 al. 2), la cour d'appel statuant en référé qui, pour débouter une personne hospitalisée d'office en exécution d'un arrêté préfectoral de sa demande de provision à valoir sur la réparation de ses préjudices matériel et moral et de l'atteinte à sa liberté, énonce qu'il existe une contestation sérieuse concernant le bien-fondé de la mesure d'hospitalisation prise à son égard et qu'il n'appartient pas au juge des référés d'allouer la provision sollicitée, alors qu'elle constate que l'arrêté de placement d'office a été annulé par le juge administratif, de sorte que la créance de l'intéressé contre l'État du chef des conséquences dommageables des irrégularités ayant entaché cette mesure de placement d'office n'était pas sérieusement contestable. • Civ. 2e, 23 sept. 2004, n° 03-14.284 P.

118. Personne morale condamnée. La cour d'appel qui, saisie par une partie d'une demande tendant à ce que les associés d'une société civile immobilière soient condamnés à lui verser, à titre provisionnel, la somme au paiement de laquelle cette SCI avait été précédemment condamnée, a constaté l'existence d'un titre exécutoire contre la personne morale et relevé que toute poursuite préalable à l'encontre de celle-ci avait été vaine a pu retenir, en vertu des dispositions générales régissant le fonctionnement des sociétés civiles, que la demande dirigée contre les associés ne se heurtait à aucune contestation sérieuse. • Civ. 2e, 13 févr. 2003, n° 01-03.194 P : Gaz. Pal. 10-11 oct. 2003, p. 16, *obs. du Rusquec*.

119. Indemnités kilométriques. Doit être approuvé le juge des référés qui, en l'absence de disposition contractuelle ou conventionnelle relative à la prise en charge des frais professionnels et après avoir relevé que leur remboursement avait été fixé par l'employeur à un montant inférieur à leur coût réel, a exactement décidé que l'obligation de ce dernier ne se heurtait pas à une contestation sérieuse et a estimé le montant de la provision due à titre de compléments de remboursement d'indemnités kilométriques. • Soc.

23 sept. 2009, n° 07-44.477 P : *D. 2009. AJ 2431* ; *JCP S 2009. 1558, note L. Drai* ; *RDT 2009. 726, obs. Véricel* ; *Procédures 2010, n° 12, note Bugada.*

2° PROVISION

120. Dommages-intérêts (non). Excède ses pouvoirs la cour d'appel qui, saisie en référé, fait droit à une demande de dommages-intérêts, et non de provision. • Civ. 2e, 11 déc. 2008, n° 07-20.255 P : *D. 2010. Pan. 169, obs. Fricero* ; *Procédures 2009, n° 42, note Perrot* ; *Dr. et pr. 2009, suppl. droit du recouvrement, n° 7, obs. Putman.*

121. Provision ad litem. Le juge des référés a le pouvoir, sur le fondement de l'art. 809, al. 2 (auj. 835, al. 2), d'accorder une provision pour frais d'instance dont l'allocation n'est pas subordonnée à la preuve de l'impécuniosité de la partie qui en sollicite l'attribution. • Civ. 2e, 18 juin 2009, n° 08-14.864 P : *D. 2009. AJ 1761* ; *ibid. Chron. C. cass. 2069, note Sommer et Nicolétis* .

122. Indemnité d'occupation. Dans les cas où l'existence d'une obligation n'est pas sérieusement contestable, le juge des référés peut, en application de l'art. 809 C. pr. civ. (auj. 835), ordonner le paiement d'une indemnité d'occupation, à titre provisionnel. • Civ. 3e, 13 mai 1998, n° 96-19.545.

123. Paiement. L'allocation d'une provision en référé implique que le créancier puisse la recevoir. • Civ. 2e, 22 févr. 2007, n° 06-14.737 P : *JCP 2007. I. 200, n° 21, obs. Serinet* ; *Dr. et patr., janv. 2008, p. 106, obs. Amrani-Mekki* (absence de délivrance d'un legs).

124. Astreinte. Le juge des référés ne peut accorder une provision sur une astreinte non liquidée. • Civ. 2e, 11 mars 1992, n° 90-20.010 P. ♦ Le juge des référés, qui rejette la demande de saisie des numéros d'un magazine en considérant que les révélations qui y sont faites ne concernent pas l'intimité de la vie privée du demandeur, au sens de l'al. 2 de l'art. 9 C. civ., peut, dès lors qu'il estime que ces révélations n'en constituent pas moins une intrusion fautive et délibérée dans la vie d'un homme, contraire à la disposition d'ordre général de l'al. 1er de ce même art. suivant laquelle « chacun a droit au respect de sa vie privée », prononcer, par application de l'art. 809 C. pr. civ. (auj. 835), « à titre de dommages-intérêts provisionnels », une astreinte due à défaut de remise en état volontaire et spontanée opérée par voie de retour des numéros déjà proposés à la vente publique ou par voie de rétention des numéros en instance de routage. • Civ. 1re, 13 avr. 1988, n° 85-18.472 P.

125. Montant – appréciation souveraine. Ne fait qu'user des pouvoirs qui lui sont donnés par l'art. 809, al. 2 (auj. 835, al. 2) la cour d'appel, statuant en matière de référé, qui accorde au créancier une provision dont elle fixe souverainement le montant, dès lors qu'il résulte de ses énonciations que l'obligation du débiteur n'était pas sérieusement contestable. • Com. 22 juill. 1986, n° 85-12.678 P. ♦ Viole l'art. 809, al. 2 (auj. 835, al. 2) l'arrêt statuant en référé qui, pour condamner un maître d'ouvrage à payer à des entrepreneurs à titre de provision la totalité des sommes réclamées par ceux-ci pour l'édification de son siège social, retient qu'aucun des moyens invoqués par le maître de l'ouvrage n'est de nature à ôter à la créance des entrepreneurs son caractère de certitude, tout en retenant l'existence de malfaçons incontestables. • Civ. 3e, 16 déc. 1987, n° 86-13.745 P. ♦ L'existence de l'obligation n'étant pas mise en cause, c'est dans l'exercice des pouvoirs qu'elle tient de l'art. 809, al. 2 (auj. 835, al. 2) qu'une cour d'appel a déterminé le préjudice qui n'était pas sérieusement contestable et, dans cette limite, fixé le montant de la provision. • Civ. 2e, 10 nov. 1998, n° 96-17.087 P : *Procédures 1999, n° 4, note Perrot.*

126. Clause pénale. Si le juge des référés peut accorder une provision sur le montant non contestable d'une clause pénale, il n'entre pas dans ses pouvoirs de diminuer ce montant à proportion de l'intérêt que l'exécution partielle de l'obligation a procuré au créancier. • Civ. 3e, 19 févr. 2003, n° 01-16.991 P : *RTD civ. 2003. 705, obs. Mestre et Fages* ; *Loyers et copr. 2003, n° 136, note Brault et Pereira-Osouf* ; *Gaz. Pal. 10-11 oct. 2003, p. 16, obs. du Rusquec.* ♦ Mais le pouvoir du juge du fond d'arbitrer une clause pénale n'exclut pas celui du juge des référés d'allouer une provision quand la dette n'est pas sérieusement contestable. • Civ. 2e, 10 juill. 1978, n° 77-11.897 P.

127. Intérêts moratoires. Le juge des référés peut, sans excéder ses pouvoirs, assortir d'intérêts moratoires les condamnations qu'il prononce. • Soc. 21 févr. 1990, n° 88-40.471 P. ♦ (...) et en ordonner la capitalisation. • Civ. 3e, 17 juin 1998, n° 96-19.230 P.

3° PRESCRIPTION

128. La décision par laquelle la juridiction des référés, statuant en application de l'art. 809, al. 2, C. pr. civ. (auj. 835, al. 2), rejette une demande en raison du défaut de la condition tenant à l'existence d'une obligation non sérieusement contestable, ne constitue pas une décision sur la compétence mais une décision sur le fond même du référé ; il s'ensuit, en application de l'art. 2247 [devenu 2243] C. civ., que lorsque la demande a été rejetée, l'effet interruptif de l'assignation en référé doit être considéré comme non avenu. • Civ. 1re, 27 févr. 1996, n° 93-21.436 P : *D. 1996. IR 354, obs. Julien* ; *ibid. Pan. 1998. 47, obs. Groutel* .

B. RÉFÉRÉ INJONCTION

129. Illustration. Décision ordonnant à une ex-épouse d'exécuter, sous peine d'astreinte, l'obligation, à laquelle elle était tenue, de radiation de l'inscription du privilège du copartageant. • TGI Toulouse, 11 mars 1998 : *D. 1999. 396, note Hellenbrand* .

IV. ARTICULATION ENTRE LES DEUX ALINÉAS

130. Substitution. La partie qui, en première instance, a demandé au juge des référés l'attribution d'une provision pour l'exécution de travaux de remise en état, peut demander en cause d'appel sans que puisse lui être opposée la nouveauté la condamnation de son adversaire à procéder aux travaux de remise en état. • Civ. 2e, 21 avr. 1982, n° 81-11.165 P.

V. APPEL

131. Effet dévolutif. Une cour d'appel, juridiction d'appel tant à l'égard du TGI (auj. TJ) ayant statué que du conseil de prud'hommes désigné par la société défenderesse comme étant compétent pour connaître de la demande de réintégration d'une salariée licenciée, est fondée à statuer sur ce litige dont elle est saisie par l'effet dévolutif de l'appel. • Soc. 12 avr. 2012, n° 11-10.003.

132. Évocation. Saisie de l'appel d'une ordonnance du juge des référés la cour d'appel ne peut statuer que dans les limites de la compétence de celui-ci. • Civ. 2e, 6 déc. 1978, n° 77-13.558 P.

133. Évolution du litige. L'art. 555 est applicable à l'appel des ordonnances de référé. • Civ. 1re, 24 oct. 1979, n° 77-12.556 P (mise en cause de l'assureur d'un entrepreneur pour la première fois devant la cour d'appel).

VI. ARTICULATION AVEC D'AUTRES TEXTES

A. INJONCTION DE FAIRE

134. Renvoi. Sur le référé-injonction de faire en droit des sociétés, V. art. 1843-3, al. 5, C. civ. ainsi que les art. L. 238-1, L. 238-2 et L. 238-3 C. com. et les textes auxquels ils renvoient.

B. RÉFÉRÉ-CONCURRENCE

135. Rattachement au droit commun. Sur la possibilité, en référé, pour le président de la juridiction saisie de pratiques restrictives de vente d'enjoindre la cessation des agissements en cause ou d'ordonner toute autre mesure provisoire, V. C. com., art. L. 442-4. ♦ Le juge statuant en référé en vertu de l'art. 36 de l'Ord. du 1er déc. 1986 [devenu l'art. L. 442-6 C. com.], qui l'habilite à prendre diverses mesures en cas de certaines atteintes énumérées au jeu de la concurrence, ne peut ordonner ces mesures que si les conditions fixées soit aux art. 808 ou 809 (auj. 834 et 835), soit aux art. 872 ou 873 C. pr. civ., sont remplies. • Com. 27 juin 1989, n° 88-10.250 P : *D. 1990. Somm. 107, obs. Gavalda et Lucas de Leyssac* ; *JCP 1990. II. 21530, note Virassamy.*

136. Moment. Le dernier al. de l'art. 36 de l'Ord. du 1er déc. 1986 [devenu le dernier al. de l'art. L. 442-6 C. com.] n'interdit pas de saisir le juge des référés avant que l'action au fond ne soit introduite si les conditions fixées tant par les autres al. de ce texte que par les art. 808, 809 (auj. 834 et 835), 872 ou 873 C. pr. civ., sont remplies. • Com. 17 juill. 1990, n° 89-14.119 P : *D. 1991. 471, note Reynès* .

C. ART. 9 C. CIV.

137. Sur la possibilité, pour le juge des référés, d'ordonner l'insertion d'une rectification ou la diffusion d'un communiqué aux fins de faire cesser une atteinte à la présomption d'innocence dans le cadre d'une enquête ou d'une instruction judiciaire, V. C. civ., art. 9-1.

D. L. DU 29 JUILL. 1881

138. Presse. Il résulte de l'art. 53 de la L. du 29 juill. 1881 que l'assignation délivrée à la requête du plaignant doit préciser et qualifier le fait invoqué, indiquer le texte de loi applicable à la demande, contenir élection de domicile dans la ville où siège la juridiction saisie et être notifiée au ministère public ; ces dispositions sont applicables à l'assignation en référé ; une cour d'appel qui retient que l'assignation introductive d'instance délivrée par une association, même si elle vise l'art. 809 (auj. 835) C. pr. civ. et invoque l'existence d'un trouble manifestement illicite, fait expressément référence à la L. du 29 juill. 1881 puisqu'il est écrit que les propos contenus dans le tract litigieux constituent « une terrible provocation à la discrimination, la haine et la violence raciale » et sont susceptibles d'entraîner des condamnations pénales au sens de cette loi, que l'association fonde ainsi le caractère illicite du trouble qu'elle demande au juge de faire cesser sur la violation de ladite loi, dont les formalités sont prescrites à peine de nullité, qu'elle n'a pas fait élection de domicile dans la ville où siège la juridiction saisie et n'a pas notifié l'assignation au ministère public, déduit à bon droit de ces constatations et énonciations que l'exception de nullité de l'assignation régulièrement invoquée devant le premier juge devait être accueillie, étant observé que la partie qui invoque la nullité d'une assignation pour violation des dispositions de l'art. 53 de la L. du 29 juill. 1881 n'a pas à justifier d'un grief. • Civ. 2e, 6 févr. 2003, n° 00-22.697 P : *D. 2003. AJ 667* . ♦ Les dispositions de l'art. 53 de la L. du 29 juill. 1881, selon lesquelles l'assignation délivrée à la requête du plaignant doit préciser et qualifier le fait invoqué, indiquer le texte de loi applicable à la demande, contenir élection de domicile dans la ville où siège la juridiction saisie et être notifiée au ministère public, sont applicables à l'assignation en référé. • Civ. 2e, 22 janv. 2004, n° 01-11.887 P : *RLDA 2004. 4392, obs. Costes.* ♦ Sur la seule question de l'élection de domicile, V. désormais : l'indication dans l'assignation de l'avocat postulant au barreau du TGI (auj. TJ) de la ville où siège la juridiction saisie et dont le domicile professionnel en cette ville est précisé, emporte nécessairement une élection de domicile du demandeur en son cabinet et satisfait ainsi aux exigences de l'art. 53 de la L. du 29 juill. 1881. • Civ. 1re, 15 mai 2007, n° 06-10.464 P : *cité ss. art. 752.*

E. PROCÉDURE ACCÉLÉRÉE AU FOND

139. Renvoi. V. art. 481-1 et 839 et notes ss. art. 481-1 et 839.

140. Indivision. L'art. 809 C. pr. civ. (auj. 835) est sans application pour ce qui concerne les mesures pouvant être prises ou autorisées dans l'intérêt commun des indivisaires, en vertu de l'art. 815-6 C. civ. • Civ. 1re, 8 janv. 1991, n° 89-15.271 P. ♦ Le président du TGI (auj. pdt TJ) saisi sur le fondement de l'art. 815-6 C. civ. statue en la forme des référés (auj. procédure accélérée au fond) et n'est donc pas soumis aux art. 808 et 809 (auj. 834 et 835) C. pr. civ. • Civ. 1re, 3 févr. 2004, n° 01-02.758 P : *Dr. rural 2004, n° 54.* ♦ Le président du TGI (auj. pdt TJ) saisi en application des art. 815-6, 815-7, 815-9 ou 815-11 C. civ. statue en la forme des référés (auj. 834 et 835) et non en référé, de sorte que les art. 808 et 809 C. pr. civ. (auj. 834 et 835) ne sont pas applicables. • Civ. 1re, 20 mai 2009, nos 07-21.679 et 08-10.413 P : *D. 2009. AJ 1536 ; ibid. Chron. C. cass. 2060, obs. Chauvin ; JCP 2009. 337, n° 6, obs. Périnet-Marquet ; Procédures 2009, n° 235, note Junillon ; ibid. 267, note Perrot ; RLDC 10/2009. 69, obs. Perruchot-Triboulet ; RJPF 07-08/2009. 28, obs. Casey.* ♦ V. aussi notes ss. art. 834.

Art. 836 **Les pouvoirs du président du tribunal judiciaire prévus aux deux articles précédents s'étendent à toutes les matières où il n'existe pas de procédure particulière de référé.** — *[Ancien art. 810.]*

Renvoi. Devant le tribunal de commerce, V. art. 873 s. – Devant le tribunal paritaire des baux ruraux, V. art. 893 s. – Devant la cour d'appel, V. art. 956 s. – Devant le conseil des prud'hommes, V. art. R. 1455-5 s. C. trav.

Art. 836-1 *(Décr. n° 2020-1452 du 27 nov. 2020, art. 1er-16°, en vigueur le 1er janv. 2021)* **A tout moment de la procédure, les parties peuvent donner expressément leur accord pour que la procédure se déroule sans audience conformément aux dispositions de l'article L. 212-5-1 du code de l'organisation judiciaire. Dans ce cas, il est fait application de l'article 828 et, lorsque la représentation par avocat n'est pas obligatoire, de l'article 829.**

L'art. 1er-16° du Décr. n° 2020-1452 du 27 nov. 2020 s'applique aux instances en cours au 1er janv. 2021 (Décr. préc., art. 12).

Art. 837 **A la demande de l'une des parties et si l'urgence le justifie, le président du tribunal judiciaire ou le juge des contentieux de la protection saisi en référé peut renvoyer l'affaire à une audience dont il fixe la date pour qu'il soit statué au fond. Il veille à ce que le défendeur dispose d'un temps suffisant pour préparer sa défense. L'ordonnance emporte saisine de la juridiction.**

Lorsque la représentation par avocat est obligatoire devant la juridiction à laquelle l'affaire est renvoyée, il est ensuite procédé comme il est dit à l'article 842 et aux trois derniers alinéas de l'article 844. Lorsque le président de la juridiction a ordonné la réassignation du défendeur non comparant, ce dernier est convoqué par acte d'huissier de justice à l'initiative du demandeur. — *[Ancien art. 811 et 849-1.]*

BIBL. ► RACINE, *Mél. Julien, Edilaix 2003, p. 354* (technique de la « passerelle »).

1. Mise en œuvre. Une partie ne peut demander au juge d'appel, sur le fondement de l'art. 811 (auj. 837), de saisir directement le juge du premier degré. • *Civ. 3e, 8 oct. 2003,* n° 02-10.708 P : *JCP 2004. I. 133, n° 17, obs. Cadiet.*

2. Renvoi. Pour la passerelle devant le T. com., V. art. 873-1 ; le T. par. baux rur., V. art. 896 ; le conseil de prud'hommes, V. art. R. 1455-8 C. trav., reproduit ss. art. 879.

Art. 838 **Le président du tribunal judiciaire dispose des mêmes pouvoirs dans les contestations nées à l'occasion du contrat de travail lorsqu'elles relèvent de sa compétence.** — *[Ancien art. 850.]*

CHAPITRE III LA PROCÉDURE ACCÉLÉRÉE AU FOND

BIBL. ▸ **Décr. n° 2019-1419 du 20 déc. 2019 :** KEBIR, *D. actu. 13 janv. 2020 ; D. avocats 2020. 57* (procédure accélérée au fond devant les juridictions judiciaires).

Art. 839 **Lorsqu'il est prévu par la loi** *(Décr. n° 2019-1419 du 20 déc. 2019, art. 5-4°)* **« ou le règlement » qu'il est statué selon la procédure accélérée au fond, le président du tribunal judiciaire connaît de l'affaire dans les conditions de l'article 481-1.**

(Décr. n° 2020-1452 du 27 nov. 2020, art. 1er-17°, en vigueur le 1er janv. 2021) **« A tout moment de la procédure, les parties peuvent donner expressément leur accord pour que la procédure se déroule sans audience conformément aux dispositions de l'article L. 212-5-1 du code de l'organisation judiciaire. Dans ce cas, il est fait application de l'article 828 et, lorsque la représentation par avocat n'est pas obligatoire, de l'article 829. »**

Les dispositions de l'art. 839, dans sa rédaction issue du Décr. n° 2019-1333 du 11 déc. 2019, art. 4-I, sont applicables aux instances introduites à compter du 1er janv. 2020 (Décr. préc., art. 55-II).

L'art. 5 du Décr. n° 2019-1419 du 20 déc. 2019 s'applique aux demandes introduites à compter du 1er janv. 2020 (Décr. préc., art. 24-II).

L'art. 1er-17° du Décr. n° 2020-1452 du 27 nov. 2020 s'applique aux instances en cours au 1er janv. 2021 (Décr. préc., art. 12).

1. Copropriété. Difficultés des copropriétés d'immeubles bâtis, V. L. n° 65-557 du 10 juill. 1965, art. 29-1 à 29-4.

2. Art. 815-6 (et a.) C. civ. Les art. 808 s. (auj. 834 s.) C. pr. civ. sont inapplicables à la désignation d'un administrateur provisoire d'une succession par le président du TGI (auj. pdt TJ), qui tient de l'art. 815-6 C. civ. le pouvoir de prescrire toutes les mesures urgentes que requiert l'intérêt commun des indivisaires ; la mission de cet administrateur est définie, notamment, en tant que de raison, par l'art. 1873-6 C. civ. ; il en résulte que la « mission la plus large » conférée à un tel administrateur ne peut être que celle définie par l'art. 1873-6 C. civ. • Civ. 1re, 9 févr. 1988, n° 85-18.582 P. ♦ Le texte de l'art. 808 C. pr. civ. (auj. 834) donnant compétence au juge des référés lorsqu'il n'y a pas de contestation sérieuse n'est pas applicable au cas qui concerne l'exécution des mesures prévues à l'art. 815-6 C. civ. qui permettent de préjudicier au principal puisque ces mesures, en raison de leur nature, concernent l'un des cas où le juge statue « en la forme des référés » (auj. proc. accélérée au fond). • Civ. 1re, 16 févr. 1988, n° 86-16.489 P (mesures urgentes nécessaires dans l'intérêt commun des indivisaires, telles que la vente de titres pour payer les frais de partage). ♦ Le président du *TGI* (auj. pdt TJ), saisi sur le fondement de l'art. 815-6 C. civ., statue en la forme des référés (auj. proc. accélérée au fond) et n'est donc pas soumis aux art. 808 et 809 (auj. 834 et 835). • Civ. 1re, 3 févr. 2004, n° 01-02.758 P : *Dr. rural 2004, n° 54.* ♦ Le président du TGI (auj. pdt TJ), saisi en application des art. 815-6, 815-7, 815-9 ou 815-11 C. civ., statue en la forme des référés (auj. procédure accélérée au fond) et non en référé, de sorte que les art. 808 et 809 (auj. 834 et 835) C. pr. civ. ne sont pas applicables. • Civ. 1re, 20 mai 2009, n° 07-21.679 P : *D. 2009. AJ 1536 ; ibid. Chron. C. cass. 2060, obs. Chauvin ; ibid. 2011. Pan. 207, obs. Atias ; JCP 2009. 337, n° 6, obs. Périnet-Marquet ; Procédures 2009, n° 235, note Junillon ; ibid. 267, note Perrot ; RLDC 10/2009. 69, obs. Perruchot-Triboulet ; RJPF 07-08/2009. 28, obs. Casey.*

3. Art. 815-5 C. civ. Si le président du TGI (auj. pdt TJ) statue en la forme des référés (auj. procédure accélérée au fond), lorsqu'il est saisi en application des art. 815-6, 815-7, 815-9 et 815-11 C. civ., le droit commun redevient applicable lorsqu'il est saisi sur le fondement de l'art. 815-5 du même code, ce texte ne désignant pas la juridiction compétente ; il s'ensuit que lorsqu'il est saisi en référé sur le fondement de ce texte, sa décision est une ordonnance de référé qui n'est pas revêtue de l'autorité de la chose jugée au fond. • Civ. 1re, 15 févr. 2012, n° 10-21.457 P : *D. 2012. Actu. 553 ; JCP 2012. 465, obs. H. Périnet-Marquet ; Ibid. N 2012 n° 1233, obs. Collard et Coutant-Lapalus ; Defrénois 2012, art. 40519, note Leblond ; ibid. 514, note Tranchant ; Gaz. Pal. 2012, p. 1539, note Foulon et Strickler.*

4. Procédure. V. art. 481-1 et notes ss. art. 481-1.

SOUS-TITRE IV LES AUTRES PROCÉDURES

CHAPITRE PREMIER LA PROCÉDURE À JOUR FIXE

Art. 840 **Dans les litiges relevant de la procédure écrite ordinaire, le président du tribunal peut, en cas d'urgence, autoriser le demandeur, sur sa requête, à assigner le**

défendeur à jour fixe. Il désigne, s'il y a lieu, la chambre à laquelle l'affaire est distribuée.

La requête doit exposer les motifs de l'urgence, contenir les conclusions du demandeur et viser les pièces justificatives.

Copie de la requête et des pièces doit être remise au président pour être versée au dossier du tribunal. – *[Ancien art. 788.]*

BIBL. ▸ CARATINI, *Gaz. Pal. 1989. 2. Doctr. 418.* – DORSNER-DOLIVET, *JCP 1989. I. 3419, Err. 3422 bis* (Décr. du 20 juill. 1989). – JUNILLON, *RG proc. 1998. 577.*

A. CONDITION

1. Urgence. L'urgence relève de l'appréciation souveraine du président, mais doit être constatée. Pour un cas où l'urgence était caractérisée, V. • Com. 9 déc. 1980, n° 79-10.877 P : *JCP 1981. IV. 79.*

2. Suspension provisoire des officiers publics et ministériels. L'obligation imposée par l'art. 30 du Décr. du 28 déc. 1973 relatif à la discipline des officiers publics ou ministériels de saisir le tribunal par assignation à jour fixe inclut par elle-même le critère de l'urgence et dispense le procureur de la République, exerçant les poursuites, d'en exposer les motifs dans sa requête. • Civ. 1re, 1er avr. 2003, n° 00-14.293 P. ♦ V. App., v° *Officiers publics et ministériels, I Dispositions communes*, note ss. Décr. n° 73-1202 du 28 déc. 1973, art. 30.

B. PROCÉDURE

3. Pièces justificatives. L'omission, dans la requête du demandeur, du visa de toutes les pièces justificatives, n'est pas de nature à nuire aux intérêts du défendeur, du moment que l'assignation précisait qu'il pouvait être pris connaissance des pièces justificatives au greffe du tribunal. • Com. 9 déc. 1980, n° 79-10.877 P : *RTD civ. 1981. 449, obs. Perrot.* ♦ La non-communication de la copie de la requête et de l'ordonnance n'entre pas dans les prévisions de l'art. 117 sur les irrégularités de fond et constitue un vice de forme n'affectant pas la validité de l'acte s'il n'y a pas de grief. • Civ. 3e, 12 oct. 2005, n° 04-18.511 P : *Procédures 2005, n° 270, obs. Perrot.*

4. Absence d'autorisation. Sanction. Faute d'autorisation, l'assignation directe à jour fixe est irrecevable pour non-respect des dispositions de l'art. 788 (auj. 840). • Grenoble, 20 nov. 2000 : *Gaz. Pal. 2001. 392, note Balsan* • Bordeaux 12 janv. 2010 : *JCP 2010. 307, obs. (crit.) Capdepon.*

5. Rapport. La formalité du rapport n'est pas requise lorsque la juridiction saisie d'une assignation à jour fixe n'a pas estimé devoir renvoyer l'affaire devant le magistrat chargé des mises en état. • Com., 3 nov. 1972, n° 71-12.875 P.

6. Recours. L'Ord. autorisant l'assignation à jour fixe rendue en application de l'art. 788 (auj. 840) constitue une mesure d'administration judiciaire qui, comme telle, est insusceptible de tout recours et ne peut donner lieu à référé à fin de rétractation. Au cours de l'instance d'appel, le premier président est seul compétent pour ordonner sur requête une mesure de saisie-contrefaçon. • Civ. 2e, 24 juin 2004, n° 02-14.886 P : *D. 2004. IR 2086*. ♦ Tout plaideur est fondé à solliciter par voie de requête du président du tribunal compétent l'autorisation d'assigner son adversaire à une date déterminée par ce magistrat ; l'autorisation accordée par le président du tribunal est insusceptible de recours. • Com. 7 juin 1988, n° 86-19.253 P : *Gaz. Pal. 1989. 1. Pan. 258, obs. Guinchard et Moussa.* ♦ Comp. pour un pourvoi contre un arrêt déclarant irrecevable l'appel d'une autorisation d'assigner à jour fixe. • Civ. 2e, 18 nov. 1987, n° 84-16.728 P (l'arrêt qui déclare l'appel irrecevable ne peut être frappé de pourvoi indépendamment de la décision sur le fond).

7. Demandes incidentes. Les dispositions qui régissent la procédure à jour fixe n'apportent aucune dérogation à la forme des demandes incidentes régie par l'art. 68 C. pr. civ.. Lorsque, dans cette procédure à jour fixe, la demande incidente doit, par application combinée des art. 68 et 791 (auj. 843) C. pr. civ., être formée contre une partie défaillante ou un tiers par voie d'assignation, celle-ci n'a pas à être précédée d'une requête à fin d'autorisation d'assigner à jour fixe sollicitée en application de l'art. 788 C. pr. civ. (auj. 840), laquelle n'a ni pour objet ni pour effet l'introduction de l'instance. En conséquence, l'intervenant volontaire dans une procédure à jour fixe n'a pas à solliciter au préalable une autorisation d'assignation à jour fixe. • Civ. 3e, 1er oct. 2020, n° 18-15.670. ♦ En application de l'art. 70 C. pr. civ., une demande peut être formée à titre reconventionnel à condition de se rattacher à la demande originaire par un lien suffisant, souverainement apprécié par le juge du fond. Il n'est pas dérogé à cette règle par les dispositions régissant la procédure à jour fixe. • Civ. 1re, 20 sept. 2017, n° 16-18.442 P.

8. Délai raisonnable. Sur le point de départ du délai raisonnable d'un procès en responsabilité contre l'État en cas d'autorisation d'assigner à jour fixe, V. note 25 ss. art. 6 Conv. EDH, App., v° *Droit européen et international.*

9. Renvoi. V., s'agissant de la procédure à jour fixe devant la cour d'appel, art. 917 s. ; V., s'agissant de la procédure à jour fixe pour l'appel du jugement statuant exclusivement sur la compétence, art. 83 s.

Art. 841 L'assignation indique à peine de nullité les jour et heure fixés par le président auxquels l'affaire sera appelée ainsi que la chambre à laquelle elle est distribuée. Copie de la requête est jointe à l'assignation.

L'assignation informe le défendeur qu'il peut prendre connaissance au greffe de la copie des pièces visées dans la requête et lui fait sommation de communiquer avant la date de l'audience celles dont il entend faire état. – *[Ancien art. 789.]*

Art. 842 Le défendeur est tenu de constituer avocat avant la date de l'audience. – *[Ancien art. 790.]*

Art. 843 Le tribunal est saisi par la remise d'une copie de l'assignation au greffe.

Cette remise doit être faite avant la date fixée pour l'audience faute de quoi l'assignation sera caduque.

La caducité est constatée d'office par ordonnance du président de la chambre à laquelle l'affaire est distribuée. – *[Ancien art. 791.]*

(Décr. n° 2020-1452 du 27 nov. 2020, art. 1er-18°, en vigueur le 1er janv. 2021) « A tout moment de la procédure, les parties peuvent donner expressément leur accord pour que la procédure se déroule sans audience conformément aux dispositions de l'article L. 212-5-1 du code de l'organisation judiciaire. Dans ce cas, le président de la chambre organise les échanges entre les parties. Celles-ci formulent leurs prétentions et leurs moyens par écrit. La communication entre elles est faite par notification entre avocats et il en est justifié auprès du président de la chambre dans les délais qu'il impartit. Il peut faire application des dispositions prévues au cinquième alinéa de l'article 446-2 et à l'article 446-3. Il fixe la date avant laquelle les parties doivent communiquer au greffe leurs prétentions, moyens et pièces. A cette date, le greffe informe les parties de la date à laquelle le jugement sera rendu. Celui-ci est contradictoire.

« Le président de la chambre peut décider d'organiser une audience s'il estime qu'il n'est pas possible de rendre une décision au regard des preuves écrites ou si l'une des parties en fait la demande. »

L'art. 1er-18° du Décr. n° 2020-1452 du 27 nov. 2020 s'applique aux instances en cours au 1er janv. 2021 (Décr. préc., art. 12).

Art. 844 Le jour de l'audience, le président s'assure qu'il s'est écoulé un temps suffisant depuis l'assignation pour que la partie assignée ait pu préparer sa défense.

Si le défendeur a constitué avocat, l'affaire est plaidée sur-le-champ en l'état où elle se trouve, même en l'absence de conclusions du défendeur ou sur simples conclusions verbales.

En cas de nécessité, le président de la chambre peut user des pouvoirs prévus à l'article 779 ou renvoyer l'affaire devant le juge de la mise en état.

Si le défendeur n'a pas constitué avocat, il est procédé selon les règles prévues à l'article 778. – *[Ancien art. 792.]*

Délai du défenseur. V. annulant un jugement rendu dans le cadre de la procédure à jour fixe aux motifs que l'urgence justifiant le recours à cette procédure n'était pas caractérisée et que les magistrats n'avaient pas accordé aux défendeurs un délai suffisant pour préparer leur défense, et refusant de connaître du fond de l'affaire, renvoyant les parties à saisir à nouveau le juge compétent du premier degré : • Toulouse, 2 févr. 2014, n° 11/03670 : *JCP 2014. 943, note Cazalbou.*

CHAPITRE II LES ORDONNANCES SUR REQUÊTE

RÉP. PR. CIV. v° *Ordonnance sur requête,* par PIERRE-MAURICE.

DALLOZ ACTION *Droit et pratique de la procédure civile 2020/2021,* n°s 435.000 s.

Art. 845 Le président du tribunal judiciaire ou le juge des contentieux de la protection est saisi par requête dans les cas spécifiés par la loi.

Il peut également ordonner sur requête toutes mesures urgentes lorsque les circonstances exigent qu'elles ne soient pas prises contradictoirement.

Les requêtes afférentes à une instance en cours sont présentées au président de la chambre saisie ou à laquelle l'affaire a été distribuée ou au juge déjà saisi. – *[Ancien art. 812 et 851.]*

1. *Notion d'ordonnance sur requête.* V. art. 493 et notes ss. art. 493 s.

A. COMPÉTENCE

2. *Requête déposée au cours de la procédure de première instance.* Les dispositions de l'art. 812, al. 3 (auj. 845, al. 3) C. pr. civ. ne s'appliquent qu'aux requêtes déposées au cours de la procédure de première instance. • Com. 14 sept. 2010, n° 09-16.854 : *cité note 2 ss. art. 958.* ♦ Le président du TGI (auj. pdt du TJ) est compétent pour statuer sur la requête en désignation d'un huissier de justice présentée par une association aux fins de procéder à des constatations au sein de la zone d'attente d'un aéroport, dès lors que ce constat peut, le cas échéant, être produit devant le juge des libertés et de la détention à l'occasion d'une éventuelle prolongation du maintien en zone d'attente d'un étranger décidée sur le fondement des art. L. 222-1 et L. 222-2 CESEDA et n'est ainsi pas manifestement insusceptible d'être utile lors d'un litige relevant de la compétence des juridictions de l'ordre judiciaire. • Civ. 1re, 1er oct. 2014, n° 13-22.853 P : *BICC 15 janv. 2015, n° 51 ; Dr. proc. 2015. 32, note Mourre-Schreiber.*

3. *Requête prud'homale.* Le président du conseil de prud'hommes n'ayant pas compétence pour statuer par ordonnance sur requête et le conseiller rapporteur n'ayant pas reçu le pouvoir de se faire remettre des pièces contre le gré de leur détenteur, le président du TGI (auj. pdt TJ) est compétent pour ordonner, conformément aux art. 142 et 812 (auj. 845), la production de pièces litigieuses, en vue de permettre à un salarié de faire valoir ses droits dans le litige l'opposant à son employeur. En application de l'art. 8.2 Conv. EDH, il peut y avoir ingérence d'une autorité publique dans l'exercice du droit au respect de la correspondance, dans la mesure où cette ingérence est prévue par la loi et constitue une mesure qui, dans une société démocratique, est notamment nécessaire à la protection des droits d'autrui ; que le président du TGI tenant des art. 142 et 812 (auj. 845) C. pr. civ. le pouvoir d'ordonner la production d'un élément de preuve détenu par une partie, la cour d'appel a pu, sans violer l'art. 8.1 Conv. préc., ordonner la production des pièces litigieuses en vue de permettre au salarié de faire valoir ses droits dans le litige l'opposant à son employeur. • Soc. 12 avr. 1995, n° 93-10.982 P : *D. 1995. IR 122.*

4. *Coordination avec l'art. 875.* La compétence dévolue par l'article 812 (auj. 845) C. pr. civ au président du TGI (auj. pdt du TJ) pour statuer sur requête ne pouvait faire échec à celle conférée au président du T. com. par l'art. 875 du même code lorsque le litige pour la solution et dans la perspective duquel étaient requises les mesures d'instruction relevait de la juridiction de ce dernier. • Civ. 2e, 20 mars 2014, n° 12-29.913 P : *cité note 5 ss. art. 875.*

5. *Renvoi.* Pour les requêtes devant le T. com., V. art. 874 s. – Pour les requêtes devant la cour d'appel, V. art. 958 s.

B. CIRCONSTANCES EXIGEANT QUE LES MESURES NE SOIENT PAS PRISES CONTRADICTOIREMENT

6. *Conditions. Généralité.* Les mesures urgentes prévues par l'art. 812 (auj. 845) ne peuvent être ordonnées que lorsque les circonstances exigent qu'elles ne soient pas prises contradictoirement. • Civ. 1re, 10 févr. 1993, n° 91-13.288 P : *D. 1993. IR 63.* ♦ Tel n'est pas le cas de la délivrance d'une pièce détenue par un notaire et dont la conservation est, de ce fait, assurée, alors qu'un débat contradictoire s'imposait sur la levée du secret professionnel. • Même arrêt. ♦ Le juge ne peut faire droit à la requête sans avoir recherché si la mesure sollicitée exigeait une dérogation à la règle de la contradiction. • Civ. 2e, 13 mai 1987, n° 86-11.098 P : *RTD civ. 1988. 181, obs. Perrot.* ♦ V. aussi : • Civ. 2e, 23 nov. 1994, n° 92-17.774 P. ♦ Le juge saisi d'une demande de rétractation d'une ordonnance sur requête doit rechercher même d'office si la requête et l'ordonnance rendue sur son fondement exposent les circonstances justifiant que la mesure sollicitée ne soit pas prise contradictoirement. • Civ. 3e, 21 janv. 2021, n° 19-20.801 P.

7. *Effet de surprise.* Le président du tribunal tient des art. 145 et 812 (auj. 845) le pouvoir d'autoriser un constat en vue de préconstituer la preuve de la violation de l'obligation de fidélité par un époux au domicile d'un tiers. • Civ. 1re, 18 nov. 1992, n° 90-19.368 P. ♦ En autorisant un huissier de justice à procéder dans les locaux d'un foyer d'hébergement à un constat, à l'effet d'établir, fût-ce en s'assurant de l'identité des personnes, la présence de tiers non autorisés à s'y installer, le président du tribunal n'a pas violé les dispositions des art. 78-1 s. C. pr. pén. sur les contrôles d'identité. • Civ. 1re, 14 juin 1988, n° 86-10.763 P. ♦ V. notes ss. art. 145 et ss. art. 493.

8. *Impossibilité d'identifier ses adversaires.* Il appartient à la cour d'appel de rechercher si le président du tribunal qui a le pouvoir d'ordonner sur requête toutes mesures urgentes lorsque les circonstances exigent qu'elles ne soient prises contradictoirement ne devait pas en l'espèce statuer de la sorte à l'égard des autres occupants, sous réserve de la faculté pour ceux-ci de lui en référer, en raison de l'urgence à prévenir un dommage imminent et de la difficulté pratique d'appeler individuellement en cause tous les occupants. • Soc. 17 mai 1977, n° 75-11.474. ♦ Pour un ex. de recours justifié à l'art. 812 (auj. 845) pour une mesure d'expulsion de gens du voyage stationnant sur le site d'une centrale thermique, en raison de l'urgence et de la difficulté pratique d'appeler individuellement tous les occupants dès lors qu'ils ne sont pas identifiés, V. • Paris, 6 nov. 2002, n° 2002/14126.

C. REQUÊTE AFFÉRENTE À UNE INSTANCE EN COURS

9. Al. 3. Dès lors que la juridiction est saisie au fond, la partie qui sollicite en cours de procédure une saisie-contrefaçon doit agir sur le fondement de l'art. 812, al. 3, C. pr. civ. (auj. 845, al. 3) et non sur celui de l'art. L. 716-7 CPI. • Com. 26 mars 2008, n° 05-19.782 P : *D. 2008. 2332, note Lancrenon ; Dr. et pr. 2008. 275, note Hugon ; CCC 2008, n° 65, note Caron.* ♦ L'art. 812, al. 3 (auj. 845, al. 3) ne pose pas une règle de compétence d'attribution entre les différentes formations de jugement composant la juridiction, mais une mesure d'administration judiciaire destinée à assurer la répartition des requêtes pour le bon ordre du service. • TGI Paris, réf., 5 mars 1984 : *Gaz. Pal. 1984. 1. 576.* – Bertin ; *Gaz. Pal. 1984. 1. Doctr. 237.* • Paris, 21 janv. 2000 : *Bull. ch. avoués 2000. 3. 95.*

Art. 846 La requête est présentée par un avocat ou par un officier public ou ministériel dans les cas où ce dernier y est habilité par les dispositions en vigueur.

Dans les cas où les parties sont dispensées de représentation par avocat, la requête est remise ou adressée au greffe par le requérant ou par tout mandataire. Si elle est présentée à l'occasion d'une instance, elle doit indiquer la juridiction saisie. — *[Ancien art. 813 et 852.]*

Des textes spéciaux attribuent compétence au président du tribunal judiciaire, notamment dans les matières suivantes :

— Entrée et séjour des étrangers en France, V. CESEDA, art. L. 222-4. — **CESEDA.**

— Prévention des difficultés des entreprises (personnes morales de droit privé non commerçantes), V. C. com., art. L. 611-3 s. — **C. com.**

— Difficultés des copropriétés d'immeubles bâtis, V. L. n° 65-557 du 10 juill. 1965, art. 29-1 à 29-4. — **C. baux.**

— Consignation des biens susceptibles d'être non conformes aux dispositions de la loi sur l'air et l'utilisation rationnelle de l'énergie, V. L. n° 96-1236 du 30 déc. 1996, art. 34 (D. 1997. Lég. 99).

1. Avocat postulant. La requête tendant à obtenir du président d'un TGI (auj. pdt TJ) une mesure urgente dans des circonstances exigeant qu'elle ne soit pas prise contradictoirement, doit être présentée par un avocat postulant. • Civ. 2e, 13 nov. 1985, n° 84-11.077 P.

2. Absence de signature. Hors les cas où elle est présentée par un officier public ou ministériel, la requête présentée par un avocat postulant doit être signée ; l'absence de signature au pied de la requête constitue une nullité de fond de l'acte dont les mentions ne peuvent servir à établir la réalité de la postulation. • Civ. 2e, 24 févr. 2005, n° 03-11.718 P : *D. 2006. Pan. 552, obs. Julien et Fricero ; RTD civ. 2005. 630, obs. Théry.*

3. Art. 64 C. douanes. L'art. 813 C. pr. civ. (auj. 846) n'est pas applicable aux ordonnances de l'art. 64 C. douanes. • Com. 24 juin 1997, n° 95-30.072 P : *D. Affaires 1997. 961 ; Gaz. Pal. 1998. 2. 788, note du Rusquec.*

4. Art. R. 160-6 C. assur. La demande d'autorisation prévue à l'art. R. 160-6 C. assur. doit être formée par avocat conformément à l'art. 813 (auj. 846), dès lors qu'elle relève de la compétence du président du TGI et non du TI (auj. TJ). • Cass., avis, 23 mars 1998, n° 09-70.014 P : *D. 1998. IR 131 ; Procédures 1998, n° 171, obs. Croze.*

5. Injonction de payer. V. art. 1407.

Loi n° 2016-1547 du 18 novembre 2016,

De modernisation de la justice du XXIe siècle.

Art. 4 *(L. n° 2019-222 du 23 mars 2019, art. 3-II, en vigueur le 1er janv. 2020)* Lorsque la demande tend au paiement d'une somme n'excédant pas un certain montant ou est relative à un conflit de voisinage *(L. n° 2021-1729 du 22 déc. 2021, art. 46-1°)* « ou à un trouble anormal de voisinage », la saisine du *(Ord. n° 2019-964 du 18 sept. 2019, art. 35, en vigueur le 1er janv. 2020)* « tribunal judiciaire *[ancienne rédaction : tribunal de grande instance]* » doit, à peine d'irrecevabilité que le juge peut prononcer d'office, être précédée, au choix des parties, d'une tentative de conciliation menée par un conciliateur de justice, d'une tentative de médiation, telle que définie à l'article 21 de la loi n° 95-125 du 8 février 1995 relative à l'organisation des juridictions et à la procédure civile, pénale et administrative, ou d'une tentative de procédure participative, sauf :

1° Si l'une des parties au moins sollicite l'homologation d'un accord ;

2° Lorsque l'exercice d'un recours préalable est imposé auprès de l'auteur de la décision ;

3° Si l'absence de recours à l'un des modes de résolution amiable mentionnés au premier alinéa est justifiée par un motif légitime, notamment l'indisponibilité de conciliateurs de justice dans un délai raisonnable ;

4° Si le juge ou l'autorité administrative doit, en application d'une disposition particulière, procéder à une tentative préalable de conciliation ;

(L. n° 2021-1729 du 22 déc. 2021, art. 46-2°) « 5° Si le créancier a vainement engagé une procédure simplifiée de recouvrement des petites créances. »

Un décret en Conseil d'État définit les modalités d'application du présent article, notamment les matières entrant dans le champ des conflits de voisinage ainsi que le montant en-deçà duquel les litiges sont soumis à l'obligation mentionnée au premier alinéa. Toutefois, cette obligation ne s'applique pas aux litiges relatifs à l'application des dispositions mentionnées à l'article L. 314-26 du code de la consommation.

Ancien art. 4 *A peine d'irrecevabilité que le juge peut prononcer d'office, la saisine du (Ord. n° 2019-964 du 18 sept. 2019, art. 35, en vigueur le 1er janv. 2020) « tribunal judiciaire [ancienne rédaction : tribunal d'instance] » par déclaration au greffe doit être précédée d'une tentative de conciliation menée par un conciliateur de justice, sauf :*

1° Si l'une des parties au moins sollicite l'homologation d'un accord ;

2° Si les parties justifient d'autres diligences entreprises en vue de parvenir à une résolution amiable de leur litige ;

3° Si l'absence de recours à la conciliation est justifiée par un motif légitime.

BIBL. ▶ AMRANI MEKKI, *Gaz. Pal. 31 janv. 2017, p. 48* (loi J21: avancées et inquiétudes procédurales). – AUFIÈRE, HOUSTY et SCHELLINO, *AJ fam. 2017. 192* (des fleurs pour la médiation...). – BERNHEIM-DESVAUX, *CCC 2017. Repère 2.* – CLAY, *JCP 2016. 1295* (l'arbitrage, les modes alternatifs de règlement des différends et la transaction dans la loi Justice du XXIe siècle). – MOLLARD-COURTEAU, *LPA 28 nov. 2016, p. 12* (la tentative de conciliation obligatoire à la saisine du tribunal d'instance : enjeux et limites).

Art. 4-1 *(L. n° 2019-222 du 23 mars 2019, art. 4)* Les personnes physiques ou morales proposant, de manière rémunérée ou non, un service en ligne de conciliation ou de médiation, telle que définie à l'article 21 de la loi n° 95-125 du 8 février 1995 relative à l'organisation des juridictions et à la procédure civile, administrative et pénale, sont soumises aux obligations relatives à la protection des données à caractère personnel et, sauf accord des parties, de confidentialité. Le service en ligne délivre une information détaillée sur les modalités selon lesquelles la résolution amiable est réalisée.

Art. 4-2 *(L. n° 2019-222 du 23 mars 2019, art. 4)* Les personnes physiques ou morales proposant, de manière rémunérée ou non, un service en ligne d'arbitrage sont soumises aux obligations relatives à la protection des données à caractère personnel et, sauf accord des parties, de confidentialité. Le service en ligne délivre une information détaillée sur les modalités selon lesquelles l'arbitrage est rendu.

La sentence arbitrale peut être rendue sous forme électronique, sauf opposition de l'une des parties.

Art. 4-3 *(L. n° 2019-222 du 23 mars 2019, art. 4)* Les services en ligne mentionnés aux articles 4-1 et 4-2 ne peuvent avoir pour seul fondement un traitement algorithmique ou automatisé de données à caractère personnel. Lorsque ce service est proposé à l'aide d'un tel traitement, les parties doivent en être informées par une mention explicite et doivent expressément y consentir. Les règles définissant ce traitement ainsi que les principales caractéristiques de sa mise en œuvre sont communiquées par le responsable de traitement à toute partie qui en fait la demande. Le responsable de traitement s'assure de la maîtrise du traitement et de ses évolutions afin de pouvoir expliquer, en détail et sous une forme intelligible, à la partie qui en fait la demande la manière dont le traitement a été mis en œuvre à son égard.

Art. 4-4 *(L. n° 2019-222 du 23 mars 2019, art. 4)* Les personnes physiques ou morales proposant, de manière rémunérée ou non, un service en ligne d'aide à la saisine des juridictions sont soumises aux obligations relatives à la protection des données à caractère personnel et de confidentialité.

Art. 4-5 *(L. n° 2019-222 du 23 mars 2019, art. 4)* Les personnes physiques ou morales mentionnées aux articles 4-1, 4-2 et 4-4 ne peuvent réaliser des actes d'assistance ou de représentation que dans les conditions prévues à l'article 4 de la loi n° 71-1130 du 31 décembre 1971 portant réforme de certaines professions judiciaires et juridiques. Elles ne peuvent donner des consultations juridiques ou rédiger des actes sous seing privé qu'à la condition de respecter les obligations résultant de l'article 54 de la même loi.

Art. 4-6 *(L. n° 2019-222 du 23 mars 2019, art. 4)* Les personnes physiques ou morales qui concourent à la fourniture ou au fonctionnement des services en ligne mentionnés aux articles 4-1 et 4-2 accomplissent leur mission avec impartialité, indépendance, compétence et diligence.

L'article 226-13 du code pénal leur est applicable.

Art. 4-7 *(L. n° 2019-222 du 23 mars 2019, art. 4)* Les services en ligne fournissant des prestations de conciliation, de médiation, telle que définie à l'article 21 de la loi n° 95-125 du 8 février 1995 précitée, ou d'arbitrage peuvent faire l'objet d'une certification par un organisme accrédité.

Cette certification est accordée au service en ligne qui en fait la demande, après vérification du respect des exigences mentionnées aux articles 4-1 à 4-6.

Par exception, la certification est accordée de plein droit aux conciliateurs de justice, aux médiateurs inscrits sur la liste prévue à l'article L. 615-1 du code de la consommation au titre de leur activité de médiation de consommation ainsi qu'aux personnes inscrites, dans le ressort d'une cour d'appel, sur la liste des médiateurs prévue à l'article 22-1 A de la loi n° 95-125 du 8 février 1995 précitée.

Les conditions de délivrance et de retrait de la certification mentionnée au présent article ainsi que les conditions dans lesquelles est assurée la publicité de la liste des services en ligne de conciliation, de médiation ou d'arbitrage sont précisées par décret en Conseil d'État. – *V. Décr. n° 2019-1089 du 25 oct. 2019, ci-dessous.*

Décret n° 2019-1089 du 25 octobre 2019,

Relatif à la certification des services en ligne de conciliation, de médiation et d'arbitrage.

Art. 1er La certification mentionnée à l'article 4-7 de la loi du 18 novembre 2016 susvisée est délivrée par un organisme certificateur sur le fondement d'un référentiel mettant en œuvre les exigences mentionnées aux articles 4-1 à 4-3, 4-5 et 4-6 de la même loi et approuvé par arrêté du garde des sceaux, ministre de la justice.

Art. 2 L'organisme certificateur est accrédité par le Comité français d'accréditation ou par tout autre organisme d'accréditation signataire d'un accord de reconnaissance mutuelle multilatéral pris dans le cadre de la coordination européenne des organismes d'accréditation, conformément à un référentiel d'accréditation publié par arrêté du garde des sceaux, ministre de la justice. – *V. Décr. n° 2020-1682 du 23 déc. 2020 à la suite du présent Décr.*

Art. 3 Les personnes physiques ou morales proposant, de manière rémunérée ou non, un service en ligne mentionné aux articles 4-1 et 4-2 de la loi du 18 novembre 2016 susvisée et candidates à la certification, adressent leur demande à un organisme certificateur par tout moyen de communication de nature à donner date certaine à leur saisine.

L'organisme certificateur informe le demandeur du délai prévisible de traitement de sa demande et des modalités de l'audit mis en œuvre en vue de la certification.

Une demande de certification ne peut être déposée concomitamment devant plusieurs *organismes certificateurs.*

Art. 4 L'organisme certificateur procède à un audit du service en ligne fournissant des prestations de conciliation, de médiation ou d'arbitrage, sur pièces et sur place *(Décr. n° 2021-95 du 29 janv. 2021, art. 2-1°)* « ou à distance ».

Art. 5 A l'issue de l'audit, le cas échéant au terme d'une procédure de mise en conformité réalisée dans le délai imparti par l'organisme certificateur, si le service en ligne remplit les conditions requises par le référentiel mentionné à l'article 1er, une décision de certification est notifiée au demandeur. Le certificat délivré par l'organisme certificateur comprend notamment les mentions suivantes :

1° *(Décr. n° 2021-95 du 29 janv. 2021, art. 2-2°-a)* « Les » activités certifiées ;

2° Le référentiel appliqué et sa version ;

3° Le nom de l'organisme certificateur ayant délivré le certificat ;

4° La date de prise d'effet et de fin de validité du certificat ;

(Décr. nº 2021-95 du 29 janv. 2021, art. 2-2º-b) « 5° La localisation des sites où s'exercent les activités certifiées et les adresses des sites internet correspondants. »

Le certificat est délivré pour une durée de trois ans renouvelable. Il est accessible en ligne aux utilisateurs.

Durant la durée de validité du certificat, l'organisme certificateur est informé sans délai de toute modification concernant le statut juridique, l'organisation et le fonctionnement du service en ligne certifié.

(Décr. nº 2021-95 du 29 janv. 2021, art. 2-2º-c et d) « Le service en ligne fait l'objet d'un audit de suivi par l'organisme certificateur. Cet audit est réalisé à distance entre le quatorzième et le vingt-deuxième mois suivant la date d'obtention de la certification. Par exception, il est réalisé sur pièces et sur place en cas de signalements effectués conformément aux règles de réclamations définies par l'organisme certificateur, ou à la suite d'une analyse de risque issue de l'audit précédent.

« Lorsque le service en ligne souhaite obtenir la certification d'une nouvelle catégorie de services, il sollicite l'extension de sa certification auprès de l'organisme certificateur. Un audit est alors mis en œuvre dans le cadre de cette extension dans les mêmes conditions qu'un audit initial. »

L'audit de renouvellement du certificat par l'organisme certificateur et la décision de renouvellement de la certification doivent intervenir, à la demande du service en ligne, avant l'échéance du certificat en cours de validité. Le certificat est renouvelé pour une nouvelle période de trois ans.

Art. 6 Lorsque l'organisme certificateur relève, lors d'un audit de suivi, de renouvellement ou à l'occasion d'une réclamation, que le service en ligne ne remplit plus une ou plusieurs conditions requises par le référentiel de certification, il notifie au représentant du service en ligne les griefs et non conformités retenus et lui octroie un délai qui ne saurait être supérieur à trente jours, pour se mettre en conformité. L'organisme certificateur peut suspendre la certification pendant ce délai en cas de manquement manifeste aux exigences du référentiel. *(Décr. nº 2021-95 du 29 janv. 2021, art. 2-3º-a)* « Pendant la période de suspension, il est interdit au service en ligne de faire référence à sa certification et d'apposer sur son site internet le logo en attestant. »

A défaut pour le service en ligne de s'être mis en conformité dans le délai imparti, l'organisme certificateur lui notifie la décision motivée de retrait de la certification.

La décision de refus, de suspension ou de retrait de la certification porte mention de la voie de recours prévue à l'article *(Décr. nº 2021-95 du 29 janv. 2021, art. 2-3º-b)* « 7 ».

Art. 7 *(Décr. nº 2021-95 du 29 janv. 2021, art. 2-4º)* Le représentant du service en ligne peut contester par écrit la décision de refus, de suspension ou de retrait de la certification auprès de l'organisme certificateur dans un délai d'un mois à compter de la notification de la décision.

Ce recours ne suspend pas l'exécution de la décision de l'organisme certificateur.

L'organisme certificateur accuse réception de ce recours qui est examiné par son ou ses instances internes compétentes dans un délai de quatre mois à compter de sa réception. La décision motivée est notifiée au service en ligne.

Art. 7-1 *(Décr. nº 2021-95 du 29 janv. 2021, art. 2-4º)* Le transfert d'une certification est la reprise d'une certification existante et valide par un autre organisme certificateur.

Le service en ligne certifié qui souhaite changer d'organisme certificateur adresse sa demande de transfert à un autre organisme certificateur de son choix.

Une demande de transfert de certification ne peut être déposée concomitamment devant plusieurs organismes certificateurs.

Dès réception de la demande, l'organisme certificateur peut indiquer par écrit qu'il refuse de l'examiner pour un motif objectif lié à son organisation interne.

S'il accepte d'examiner la demande, il vérifie que les activités certifiées entrent dans le *cadre de son accréditation et que* le service en ligne possède une certification conforme à la réglementation en vigueur. Il s'assure, par tous moyens, que cette certification n'est pas suspendue ou retirée. En cas de suspension ou de retrait de la certification, la demande de transfert est rejetée*[.]*

L'organisme certificateur émetteur transmet à l'organisme certificateur récepteur, dans un délai de vingt jours à compter de sa demande, une copie du certificat en cours de validité et, le cas échéant, les dernières conclusions d'audit, un dossier détaillant les non-conformités détectées depuis l'édiction du certificat, le plan d'action associé pour y remédier et les réclamations reçues. Si l'organisme certificateur émetteur refuse de transmettre ces pièces, l'organisme certificateur récepteur fait un signalement auprès de l'organisme d'accréditation.

Dans un délai de trente jours à compter de la réception complète de ces pièces, l'organisme certificateur récepteur décide :

— de reprendre la certification en émettant un nouveau certificat pour la durée restant à courir du certificat initial ;

— de refuser la reprise de la certification par une décision motivée notifiée au demandeur ;

— ou d'organiser une évaluation adaptée avant de se prononcer sur la reprise de la certification.

Le refus de reprendre une certification est sans incidence sur la validité de cette dernière.

Art. 8 *(Décr. n° 2021-95 du 29 janv. 2021, art. 2-4°)* Seules les personnes mentionnées au troisième alinéa de l'article 4-7 de la loi *[n° 2016-1547]* du 18 novembre 2016 susvisée, qui proposent un service en ligne de conciliation ou de médiation soit seules, soit avec d'autres personnes mentionnées au même alinéa, bénéficient de la certification de plein droit de leur service.

Les personnes qui en bénéficient rendent accessible en ligne aux utilisateurs le document justifiant de leur qualité et, le cas échéant, de celle des personnes concourant à la fourniture du service, dans les conditions suivantes :

1° Les conciliateurs de justice justifient de l'ordonnance de nomination du premier président de la cour d'appel prévue à l'article 3 du décret *[n° 78-381]* du 20 mars 1978 susvisé ;

2° Les médiateurs de la consommation justifient de leur inscription sur la liste prévue à l'article L. 615-1 du code de la consommation ;

3° Les médiateurs justifient de leur inscription sur la liste prévue à l'article 22-1 A de la loi *[n° 95-125]* du 8 février 1995 susvisée, dans la rubrique relative aux services en ligne fournissant des prestations de médiation.

Cette certification de plein droit ne vaut que pour l'activité au titre de laquelle les personnes qui en bénéficient sont, selon le cas, nommées au titre du 1o ou inscrites sur l'une des listes mentionnées aux 2° et 3° du présent article et pour la durée de leur nomination ou de leur inscription.

Art. 9 Les organismes accrédités informent sans délai le ministre de la justice de la délivrance, de la suspension ou du retrait de la certification.

Ils adressent au ministre de la justice un rapport annuel d'activité qui comporte les renseignements relatifs au nombre de demandes, de délivrances et de retraits de certification, au nombre de contrôles effectués et décrit les difficultés rencontrées.

Art. 10 *(Décr. n° 2021-95 du 29 janv. 2021, art. 2-5°)* Les services en ligne dont le certificat est en cours de validité et les personnes qui bénéficient de la certification de plein droit de leur service, pour la période au titre de laquelle elles sont nommées au titre du 1° ou inscrites sur l'une des listes mentionnées aux 2° et 3° de l'article 8, peuvent apposer sur leur site internet le logo attestant de leur certification.

Les services en ligne faisant usage de ce logo peuvent demander au ministère de la justice leur inscription sur une liste publiée sur le site justice.fr.

Art. 11 Les présentes dispositions sont applicables dans les Terres australes et antarctiques françaises *(Décr. n° 2021-95 du 29 janv. 2021, art. 2-6°)* « dans leurs rédactions issues du décret n° 2021-95 du 29 janvier 2021 ».

Art. 12 Les dispositions du présent décret entrent en vigueur à une date fixée par arrêté du garde des sceaux et au plus tard le 1er janvier 2021.

Décret n° 2020-1682 du 23 décembre 2020,

Relatif à la procédure d'accréditation des organismes certificateurs délivrant la certification des services en ligne fournissant des prestations de conciliation, de médiation et d'arbitrage.

Art. 1er Les organismes certificateurs candidats à l'accréditation mentionnée à l'article 2 du décret du 25 octobre 2019 susvisé déposent un dossier de demande d'accréditation auprès de l'organisme d'accréditation mentionné à ce même article.

A compter de la notification à l'organisme certificateur de la recevabilité de sa demande d'accréditation par l'organisme d'accréditation pour la certification des services en ligne de conciliation, de médiation ou d'arbitrage, l'organisme certificateur est autorisé à délivrer des certificats pendant douze mois.

Si l'accréditation n'est pas obtenue dans ce délai, l'organisme certificateur en informe ses clients pour qu'ils prennent contact avec un autre organisme certificateur pour obtenir un nouveau certificat.

Les certificats émis pendant la période durant laquelle l'organisme certificateur candidat est autorisé à délivrer des certificats sont réémis sous accréditation selon les modalités définies par l'organisme d'accréditation.

L'organisme d'accréditation réalise des évaluations régulières du fonctionnement des organismes certificateurs accrédités. Les évaluations sont constituées d'une analyse sur pièces ainsi que de l'observation d'un audit de certification pour vérifier la qualité des procédures et la façon dont elles sont appliquées.

Art. 2 L'accréditation peut être suspendue, à l'initiative de l'organisme d'accréditation et après que l'organisme certificateur a été mis en mesure de présenter ses observations dans un délai fixé par l'organisme d'accréditation.

L'organisme d'accréditation notifie par lettre recommandée avec demande d'avis de réception la décision de suspension à l'organisme certificateur et adresse par voie électronique une copie du courrier de suspension au ministre de la justice.

La décision de suspension est motivée et précise la portée de la suspension de l'accréditation, ainsi que les conditions dans lesquelles l'organisme d'accréditation pourra lever la suspension de l'accréditation de l'organisme certificateur.

Dès la réception de la décision de suspension de son accréditation, l'organisme certificateur cesse de traiter de nouvelles candidatures à la certification et de prendre toute décision relative au certificat "services en ligne de conciliation, de médiation ou d'arbitrage". Il peut néanmoins maintenir les certifications en cours de validité. Il informe ses clients de la suspension de son accréditation et cesse toute nouvelle référence à l'accréditation.

Si l'organisme certificateur ne transmet pas les réponses demandées par l'organisme d'accréditation dans les délais impartis dans la décision de suspension, l'accréditation est retirée pour les activités de certification des services en ligne de conciliation, de médiation ou d'arbitrage.

La décision de levée de suspension ne peut être prise par l'organisme d'accréditation qu'à la suite d'une évaluation de l'organisme certificateur sur site ou sur la base d'un rapport d'audit interne réalisé par l'organisme certificateur. Si le rapport ne fournit pas d'éléments suffisants pour démontrer la conformité aux exigences d'accréditation, l'organisme certificateur est informé par courrier que sa suspension ne pourra être levée qu'au vu des résultats d'une évaluation sur site.

La décision de levée de suspension est notifiée par lettre recommandée avec demande d'avis de réception par l'organisme d'accréditation à l'organisme certificateur. Une nouvelle attestation d'accréditation mentionnant la date de prise d'effet de la levée de suspension est établie et l'annexe technique définissant les activités pour lesquelles l'accréditation a été accordée est mise à jour. La date de fin de validité de l'accréditation est inchangée par rapport à l'accréditation initiale.

Art. 3 L'accréditation peut être retirée, à l'initiative de l'organisme d'accréditation et après que l'organisme certificateur a été mis en mesure de présenter ses observations dans un délai fixé par l'organisme d'accréditation.

L'organisme d'accréditation notifie par lettre recommandée avec demande d'avis de réception la décision de retrait à l'organisme certificateur et adresse par voie électronique une copie du courrier de retrait de l'accréditation au ministre de la justice.

La décision de retrait de l'accréditation est motivée. Le retrait de l'accréditation prend effet à la date de notification de la décision par l'organisme d'accréditation.

L'organisme certificateur dont l'accréditation a été retirée cesse toute activité liée à la certification des services en ligne de conciliation, de médiation ou d'arbitrage. Il en informe sans délai les clients dont il est chargé de suivre la certification, afin que ces derniers puissent formuler une demande de transfert du suivi de leur certification à un autre organisme certificateur accrédité à cet effet.

L'organisme certificateur qui reçoit une demande de transfert mentionnée au précédent alinéa évalue si le cycle de certification peut être repris à l'étape de certification en cours à la date de la notification du retrait de l'accréditation de l'organisme certificateur initial. A défaut, la demande de certification est traitée comme une demande de certification initiale.

L'organisme d'accréditation a la possibilité d'intervenir sur le site de l'organisme certificateur afin de s'assurer que les activités liées à la certification des services en ligne de conciliation, médiation ou arbitrage ont cessé et que les clients ont été informés.

Art. 4 L'organisme certificateur qui cesse son activité est tenu d'informer sans délai l'organisme d'accréditation, ainsi que les clients concernés afin que ces derniers puissent formuler une demande de transfert du suivi de leur certification à un autre organisme certificateur accrédité.

L'organisme certificateur qui reçoit une demande de transfert mentionnée au précédent alinéa évalue si le cycle de certification peut être repris à l'étape de certification en cours à la date de cessation de l'activité de l'organisme certificateur initial. A défaut, la demande de certification est traitée comme une demande de certification initiale.

L'organisme d'accréditation informe sans délai le ministre de la justice de toute cessation de d'activité *[l'activité]* de l'organisme certificateur.

Art. 5 L'accréditation des organismes certificateurs des services en ligne de conciliation, de médiation ou d'arbitrage est délivrée sur le fondement d'un référentiel publié par arrêté du garde des sceaux, ministre de la justice. — *V. Arr. du 23 déc. 2021, reproduit à la suite du présent Décr.*

Art. 6 Le présent décret entre en vigueur le 1er janvier 2021.

Arrêté du 23 décembre 2020,

Portant approbation du référentiel d'accréditation des organismes certificateurs et du référentiel de certification des services en ligne de conciliation, de médiation et d'arbitrage.

Art. 1er Le référentiel relatif à l'accréditation des organismes certificateurs des services en ligne de conciliation, de médiation et d'arbitrage, mentionné à l'article 2 du décret du 25 octobre 2019 susvisé, annexé au présent arrêté, est approuvé.

Art. 2 Le référentiel relatif à la certification des services en ligne de conciliation, de médiation et d'arbitrage, mentionné à l'article 1er du décret du 25 octobre 2019 susvisé, annexé au présent arrêté, est approuvé.

Art. 3 Le décret du 25 octobre 2019 susvisé ainsi que le présent arrêté entrent en vigueur le 1er janvier 2021.

CHAPITRE III LA PROCÉDURE SUR DÉCISION DE RENVOI DE LA JURIDICTION PÉNALE

Art. 847 Lorsque, dans les conditions et selon les modalités prévues par le code de procédure pénale, une affaire a été renvoyée devant le tribunal judiciaire afin qu'il soit statué, en application des règles du droit civil, sur la réparation de tous les dommages résultant des faits qui ont fondé la poursuite, le greffe convoque à l'audience, un mois au moins à l'avance et par lettre recommandée avec demande d'avis de réception, les parties à l'instance civile qui avait été engagée devant la juridiction pénale ainsi que les tiers responsables mentionnés dans la décision de renvoi. La convocation à laquelle est annexée une copie de la décision de renvoi vaut citation en justice.

Le greffe convoque les parties à l'audience dans un délai maximal de deux mois.

La convocation précise si la représentation à l'audience par avocat est obligatoire. Elle indique en tout état de cause que même s'ils ne comparaissent pas, des décisions exécutoires à titre provisoire seront prises contre les parties autres que la victime du dommage et contre les tiers responsables mentionnés dans la décision de renvoi sauf décision contraire du juge.

Les organismes de sécurité sociale, le fonds de garantie des assurances obligatoires de dommages ou le fonds de garantie des victimes des actes de terrorisme et d'autres infractions, s'ils sont intervenus devant la juridiction pénale, sont convoqués à la même audience au moyen d'une lettre recommandée avec demande d'avis de réception adressée par le greffe. Une copie de la décision de renvoi est annexée à la convocation.

A l'audience, lorsque la représentation par avocat est obligatoire, il est procédé comme il est dit aux articles 776 à 779. A défaut il est procédé comme il est dit aux articles 827 à 833.

Une provision peut être accordée en référé dans les conditions prévues par l'article 835. – *[Anciens art. 826-1 et 852-1.]*

CHAPITRE IV L'ACTION DE GROUPE

Art. 848 Sous réserve des dispositions particulières prévues pour chacune de ces actions, le présent sous-titre est applicable aux actions de groupe suivantes engagées sur le fondement du titre V de la loi n° 2016-1547 du 18 novembre 2016 de modernisation de la justice du XXIe siècle :

1° L'action ouverte sur le fondement de la loi n° 2008-496 du 27 mai 2008 portant diverses dispositions d'adaptation au droit communautaire dans le domaine de la lutte contre les discriminations ;

2° L'action ouverte sur le fondement des articles L. 1134-6 à L. 1134-10 du code du travail ;

3° L'action ouverte sur le fondement de l'article L. 142-3-1 du code de l'environnement ;

4° L'action ouverte sur le fondement du chapitre III du titre IV du livre Ier de la première partie du code de la santé publique ;

5° L'action ouverte sur le fondement de l'article 37 de la loi n° 78-17 du 6 janvier 1978 relative à l'informatique, aux fichiers et aux libertés. – *[Ancien art. 826-2.]*

L'action de groupe prévue par l'art. L. 623-1 C. consom. est exercée conformément aux dispositions du C. pr. civ., sous réserve des dispositions du C. consom. (C. consom., art. R. 623-1).

SECTION PREMIÈRE DISPOSITIONS PRÉLIMINAIRES

Art. 849 Le tribunal judiciaire territorialement compétent est celui du lieu où demeure le défendeur.

Le tribunal judiciaire de Paris est compétent lorsque le défendeur demeure à l'étranger ou n'a ni domicile ni résidence connus. – *[Ancien art. 826-3.]*

Art. 849-1 Outre les mentions prescrites aux articles 752 ou 753 selon les cas, l'assignation expose expressément, à peine de nullité, les cas individuels présentés par le demandeur au soutien de son action. – *[Ancien art. 826-4.]*

Art. 849-2 La demande est formée, instruite et jugée selon les règles applicables à la procédure écrite ordinaire. – *[Ancien art. 826-5.]*

SECTION II CESSATION DU MANQUEMENT

Art. 849-3 Lorsqu'il désigne un tiers aux fins de mise en œuvre des mesures destinées à faire cesser le manquement, le juge statue par décision spécialement motivée énonçant les chefs de la mission confiée et le délai dans lequel le tiers lui en fait rapport.

Le tiers est choisi parmi tout professionnel justifiant d'une compétence dans le domaine considéré. – *[Ancien art. 826-6.]*

Art. 849-4 Dès le prononcé de la décision désignant un tiers, le greffe lui en notifie copie par tout moyen.

Le tiers fait connaître sans délai au juge son acceptation. Il commence ses opérations dès qu'il est avisé du versement de la provision mentionnée à l'article 849-5, à moins que le juge ne lui enjoigne d'entreprendre immédiatement ses opérations. – *[Ancien art. 826-7.]*

Art. 849-5 Le coût de la mission est à la charge de l'auteur du manquement. Le juge qui désigne le tiers fixe le montant d'une provision à valoir sur la rémunération de celui-ci aussi proche que possible de sa rémunération définitive prévisible et détermine le délai dans lequel l'auteur du manquement la consigne au secrétariat de la juridiction. Le juge aménage, s'il y a lieu, les échéances dont la consignation peut être assortie. – *[Ancien art. 826-8.]*

Art. 849-6 A l'issue du délai imparti par le juge, le tiers remet son rapport, accompagné de sa demande de rémunération, dont il adresse un exemplaire aux parties par tout moyen permettant d'en établir la réception. S'il y a lieu, l'auteur du manquement adresse au tiers et au juge ses observations écrites sur cette demande dans un délai de quinze jours à compter de sa réception. – *[Ancien art. 826-9.]*

Art. 849-7 Le greffier invite l'auteur du manquement à consigner la provision au greffe dans le délai et selon les modalités impartis. – *[Ancien art. 826-10.]*

Art. 849-8 Si le tiers se heurte à des difficultés qui font obstacle à l'accomplissement de sa mission ou si une extension de celle-ci s'avère nécessaire, il en fait rapport aux parties et au juge.

Celui-ci peut, en se prononçant, proroger le délai dans lequel le tiers doit déposer son rapport. – *[Ancien art. 826-11.]*

Art. 849-9 Le tiers peut, sur justification de l'état d'avancement de ses opérations, être autorisé par le juge à prélever un acompte sur la somme consignée si la complexité de l'affaire le requiert.

En cas d'insuffisance manifeste de la provision allouée, au vu des diligences faites ou à venir, le tiers en fait sans délai rapport au juge, qui, s'il y a lieu, ordonne la consignation d'une provision complémentaire. A défaut de consignation dans le délai et selon les modalités fixées par le juge, et sauf prorogation de ce délai, le tiers dépose son rapport en l'état. – *[Ancien art. 826-12.]*

Art. 849-10 Passé le délai imparti à l'auteur du manquement pour présenter ses observations, le juge fixe la rémunération du tiers en fonction, notamment, des diligences accomplies, du respect des délais impartis et de la qualité du travail fourni.

Il autorise le tiers à se faire remettre, à due concurrence, les sommes consignées au greffe. Il ordonne, selon le cas, soit le versement des sommes complémentaires dues au tiers, soit la restitution des sommes consignées en excédent.

Lorsque le juge envisage de fixer la rémunération du tiers à un montant inférieur au montant demandé, il doit au préalable l'inviter à formuler ses observations.

Le juge délivre au tiers un titre exécutoire. – *[Ancien art. 826-13.]*

SECTION III RÉPARATION DES PRÉJUDICES

SOUS-SECTION 1 JUGEMENT SUR LA RESPONSABILITÉ

Art. 849-11 Le jugement qui reconnaît la responsabilité du défendeur fixe le délai dans lequel ce dernier doit mettre en œuvre les mesures de publicité ordonnées en application de l'article 67 de la loi du 18 novembre 2016 susmentionnée et, à défaut, à l'expiration duquel elles le seront par le demandeur à l'action aux frais du défendeur. – *[Ancien art. 826-14.]*

Art. 849-12 Le jugement qui reconnaît la responsabilité du défendeur précise s'il est fait application de la procédure individuelle de réparation ou de la procédure collective de liquidation des préjudices. – *[Ancien art. 826-15.]*

Art. 849-13 Les mesures d'information ordonnées par le juge comportent, outre les mentions éventuellement prescrites par le jugement :

1° La reproduction du dispositif de la décision ;

2° Selon qu'il est fait application de la procédure collective de liquidation ou de la procédure individuelle de réparation, les coordonnées de la ou des parties auprès desquelles chaque personne intéressée peut adresser sa demande de réparation ;

3° La forme, le contenu de cette demande de réparation ainsi que le délai dans lequel elle doit être adressée, dans le cadre d'une procédure individuelle de réparation des préjudices, au choix de la personne intéressée, soit à la personne déclarée responsable, soit au demandeur à l'action, et dans le cadre d'une procédure collective de liquidation des préjudices, au demandeur à l'action ;

4° L'indication que la demande de réparation adressée au demandeur à l'action lui confère un mandat aux fins d'indemnisation et, le cas échéant, en cas de refus d'indemnisation opposé par la personne déclarée responsable, aux fins de représentation pour engager une action en réparation ou pour l'exécution forcée du jugement prononcé à l'issue de cette action, ainsi que l'indication qu'elle peut y mettre fin à tout moment et que ce mandat ne vaut ni n'implique adhésion à l'association qui engage l'action ;

5° L'indication que, à défaut de demande de réparation reçue selon les modalités et dans le délai prévu par le jugement, la personne intéressée ne sera plus recevable à obtenir une indemnisation dans le cadre de l'action de groupe mais qu'elle pourra toujours agir en indemnisation de ses préjudices à titre individuel ;

6° L'indication qu'en cas d'adhésion, la personne intéressée ne pourra plus agir individuellement à l'encontre de la personne déclarée responsable en réparation du préjudice déjà indemnisé dans le cadre de l'action de groupe mais qu'elle pourra toujours agir en indemnisation de ses autres préjudices ;

7° L'indication que la personne intéressée doit produire tout document utile au soutien de sa demande. – *[Ancien art. 826-16.]*

SOUS-SECTION 2 MISE EN ŒUVRE DU JUGEMENT ET RÉPARATION DES PRÉJUDICES

§ 1er ADHÉSION AU GROUPE

Art. 849-14 L'adhésion au groupe prend la forme d'une demande de réparation. Elle est faite par tout moyen permettant d'en accuser la réception, selon les modalités et dans le délai déterminés par le juge :

1° Auprès de l'une des parties à l'instance lorsqu'il est fait application de la procédure individuelle de réparation des préjudices ;

2° Auprès du demandeur à l'action lorsqu'il est fait application de la procédure collective de liquidation des préjudices.

Elle contient notamment les nom, prénoms, domicile de la personne intéressée ainsi que, le cas échéant, une adresse électronique à laquelle elle accepte de recevoir les informations relatives à la procédure.

Cette demande justifie que les critères de rattachement au groupe sont remplis. – *[Ancien art. 826-17.]*

Art. 849-15 Dans le cadre de la mise en œuvre de la procédure individuelle de réparation des préjudices, lorsque la personne intéressée adresse directement la demande de réparation à la personne déclarée responsable, elle en informe le demandeur à l'action ou le demandeur de son choix en cas de pluralité de demandeurs. – *[Ancien art. 826-18.]*

Art. 849-16 Les personnes susceptibles d'appartenir au groupe qui n'y ont pas adhéré dans le délai prévu dans le jugement statuant sur la responsabilité et dans les conditions prévues par l'article 849-13 ne sont plus recevables à demander leur indemnisation dans le cadre de l'action de groupe et ne sont pas représentées par le demandeur à l'action. – *[Ancien art. 826-19.]*

Art. 849-17 Le mandat aux fins d'indemnisation donné au demandeur à l'action par l'effet de l'adhésion de la personne intéressée au groupe vaut pouvoir d'accomplir au nom de celle-ci tous actes de procédure et diligences en vue d'obtenir la réparation du préjudice subi par elle et entrant dans le champ de l'action de groupe, notamment pour l'exercice des voies de recours.

Le mandat emporte avance par le demandeur à l'action de toutes les dépenses et frais liés à la procédure et représentation des personnes intéressées lors du déroulement d'éventuelles mesures d'instruction et lors de l'action en justice tendant à la réparation du préjudice subi.

La personne intéressée peut mettre un terme au mandat à tout moment. Elle doit en informer le demandeur à l'action par tout moyen permettant d'en accuser la réception et celle-ci en avise la personne déclarée responsable sans délai. La révocation du mandat emporte renonciation à l'adhésion au groupe. – *[Ancien art. 826-20.]*

§ 2 RÉPARATION DES PRÉJUDICES PAR LE JUGE ET EXÉCUTION FORCÉE DU JUGEMENT

Art. 849-18 Le demandeur à l'action ayant reçu mandat aux fins d'indemnisation est réputé créancier, au sens des articles L. 111-1 et L. 111-2 du code des procédures civiles d'exécution, pour l'exécution forcée du jugement rendu sur le fondement de l'article 71 ou de l'article 73 de la loi du 18 novembre 2016 susmentionnée. – *[Ancien art. 826-21.]*

Art. 849-19 Dans tous les actes relatifs à la réparation par le juge des préjudices et à l'exécution forcée du jugement, le demandeur à l'action précise, outre les mentions prévues par la loi, à peine de nullité, l'identité des personnes pour le compte desquelles il agit. – *[Ancien art. 826-22.]*

SOUS-SECTION 3 GESTION DES FONDS REÇUS AU TITRE DE L'INDEMNISATION DES MEMBRES DU GROUPE

Art. 849-20 Le demandeur à l'action ouvre auprès de la Caisse des dépôts et consignations un compte spécifique au groupe des personnes lésées défini par le juge.

Sous réserve de l'article 240 du décret n° 91-1197 du 27 novembre 1991, toute somme reçue au titre des articles 68 et 74 de la loi du 18 novembre 2016 susmentionnée est immédiatement déposée par le demandeur à l'action sur le compte ouvert conformément à l'alinéa précédent.

Le demandeur à l'action est seul habilité, sous sa responsabilité, à procéder aux mouvements sur chaque compte ouvert conformément au premier alinéa et à le clôturer.

La tenue des comptes ouverts conformément au premier alinéa peut donner lieu à des frais de gestion perçus par la Caisse des dépôts et consignations, qui ne peuvent être imputés sur les indemnités versées. – *[Ancien art. 826-23.]*

SECTION IV DISPOSITIONS DIVERSES

Art. 849-21 La substitution dans les droits du demandeur à l'action défaillant est faite par voie de demande incidente.

Lorsque le juge fait droit à une demande de substitution à un demandeur défaillant, il statue, saisi de conclusions en ce sens, sur le transfert de tout ou partie de la provision qui aura pu être allouée en application des dispositions de l'article 68 de la loi du 18 novembre 2016 susmentionnée.

La substitution emporte transfert du mandat donné par les personnes intéressées au demandeur substitué.

Le demandeur défaillant est tenu de remettre les pièces ainsi que les fonds détenus, le cas échéant pour le compte des personnes intéressées, au demandeur qui lui est substitué qui en accuse réception. Tant que cette remise n'a pas lieu, le demandeur défaillant n'est pas déchargé de ses obligations. – *[Ancien art. 826-24, 827 et 828.]*

SOUS-TITRE V DISPOSITIONS DIVERSES

CHAPITRE PREMIER LA COMMUNICATION ÉLECTRONIQUE

Art. 850 I. – A peine d'irrecevabilité relevée d'office, en matière de procédure écrite ordinaire et de procédure à jour fixe, les actes de procédure à l'exception de la requête mentionnée à l'article 840 sont remis à la juridiction par voie électronique.

II. – Lorsqu'un acte ne peut être transmis par voie électronique pour une cause étrangère à celui qui l'accomplit, il est établi sur support papier et remis au greffe selon les modalités de l'article 769 ou lui est adressé par lettre recommandée avec demande d'avis de réception. Si l'acte est une requête ou une déclaration d'appel, il est remis ou adressé au greffe en autant d'exemplaires qu'il y a de destinataires, plus deux.

Lorsque l'acte est adressé par voie postale, le greffe l'enregistre à la date figurant sur le cachet du bureau d'émission et adresse à l'expéditeur un récépissé par tout moyen.

III. – Les avis, avertissements ou convocations sont remis aux avocats des parties par voie électronique, sauf impossibilité pour cause étrangère à l'expéditeur.

Un arrêté du garde des sceaux, ministre de la justice, définit les modalités des échanges par voie électronique. – *[Ancien art. 96-1.]*

BIBL. ▸ BLERY, *D. avocats 2020. 25* (nouveaux modes d'introduction de la procédure et communication par voie électronique).

CHAPITRE II MESURES D'ADMINISTRATION JUDICIAIRE

Art. 851 **Le juge chargé de contrôler l'exécution des mesures d'instruction, désigné dans les conditions de l'article 155-1, est compétent pour assurer le contrôle des mesures d'instruction ordonnées en référé, sauf s'il en est décidé autrement lors de la répartition des juges entre les différentes chambres et services du tribunal.**

Il est également compétent pour les mesures ordonnées par le juge de la mise en état en application de l'article 789, sauf si ce dernier s'en réserve le contrôle. – *[Ancien art. 819.]*

BIBL. ▸ RUELLAN et MARIE, *Experts oct. 2013, p. 12.*

Art. 852 **Le président du tribunal judiciaire peut déléguer à un ou plusieurs magistrats tout ou partie des pouvoirs qui lui sont dévolus au titre du présent livre.**

Les présidents de chambre peuvent de même déléguer aux magistrats de leur chambre tout ou partie des fonctions qui leur sont attribuées par le sous-titre II. – *[Ancien art. 820.]*

TITRE PREMIER *[ANCIEN]* DISPOSITIONS PARTICULIÈRES AU TRIBUNAL DE GRANDE INSTANCE

RÉP. PR. CIV. v° *Procédure devant le tribunal de grande instance*, par CAYROL.

DALLOZ ACTION *Droit et pratique de la procédure civile 2022/2023*, n°s 331.00 s.

BIBL. GÉN. ▸ MARTIN, *Litec, préface Foyer* (procédure devant les tribunaux de grande instance). – MÉLÈ, Le droit en tableaux, *Delmas 2009, p. 189.*

▸ **Décr. du 6 mai 2017 :** BLÉRY, *D. actu. 18 mai 2017.* – BROUSOLLE, *LPA 19 oct. 2017, p. 8.* – JAVAUX, *RLDC juin 2017. 44* (des règles *a minima*).

▸ **Décr. du 11 mars 2015 :** BLÉRY, *Gaz. Pal. 27 mars 2015, p. 6* (une nouvelle ère pour la procédure civile). – BLÉRY et TEBOUL, *Gaz. Pal. 17-18 avr. 2015, p. 7* (une nouvelle ère pour la procédure civile). – CROZE, *JCP 2015. 356* (choix de simplification procédurale ? – A propos du décret n° 2015-282 du 11 mars 2015). – DOUCHY-OUDOT, *Procédures 2015, n° 167* (médiation familiale : résolution amiable du litige). – ÉGÉA, *Dr. fam. 2015. Chron. 3.* – LANDRY, *JCP 2015. 464.* – Sur le Décr. n° 2015-287 du 11 mars 2015, V. Circ. du 20 mars 2015, ss. art. 692-1.

▸ **Décr. du 20 août 2004 :** PERROT et CROZE, *Procédures 2004. Étude 13.* – TRAVIER et WATREMET, *RJ com. 2004. 399.*

▸ **Décr. du 28 déc. 1998 :** V. Bibl. ss. art. 56.

SOUS-TITRE PREMIER *[ANCIEN]* LA PROCÉDURE DEVANT LE TRIBUNAL

CHAPITRE PREMIER *[ANCIEN]* LA PROCÉDURE EN MATIÈRE CONTENTIEUSE

Ancien art. 750 ***La demande en justice est formée par assignation ou par remise au*** *(Décr. n° 2004-836 du 20 août 2004, art. 52-I, en vigueur le 1er janv. 2005)* ***« greffe » d'une requête conjointe, sous réserve des cas dans lesquels le tribunal peut être saisi par simple requête*** *(Décr. n° 94-42 du 14 janv. 1994, art. 8, en vigueur le 1er févr. 1994)* ***« ou par déclaration ».***
V. art. 750.

Déclaration au greffe déposée via une plate-forme internet. V., rejetant l'exception de nullité de l'acte introductif d'instance au motif que la déclaration au greffe a été rédigée, déposée et signée par une société dépourvue de l'habilitation devant le juge de proximité donnée à certaines personnes par l'art. 828 C. pr. civ., le juge de proximité considérant que le demandeur n'a pas confié de mandat *ad litem* à la société demanderjustice.com mais a rédigé et signé lui-même l'acte introductif d'instance, la société s'étant contentée, en sa qualité d'intermédiaire, de mettre à sa disposition un formulaire internet lui permettant de le faire, la signature électronique du demandeur ayant été apposée sur le document. • Antibes, j. prox., 7 mars 2013, n° 91-12.000176 : *D. actu. 3 mai 2013, obs. Portmann ; JCP 2013. 626, entretien Oinino.* ♦ *Contra* : • Nogent-sur-Marne, j. prox., 12 nov. 2012, n° 91-126000092 : *D. actu. 3 mai 2013, obs. Portmann. JCP 2013. 626, entretien Oinino.*

Ancien art. 751 ***Les parties sont, sauf disposition contraire, tenues de constituer avocat.***

La constitution de l'avocat emporte élection de domicile.

V. art. 760.

Ancien art. 752 ***Outre les mentions prescrites à l'article 56, l'assignation contient, à peine de nullité :***

1° La constitution de l'avocat du demandeur ;

2° Le délai dans lequel le défendeur est tenu de constituer avocat.

V. art. 752.

Ancien art. 753 *(Décr. n° 98-1231 du 28 déc. 1998, art. 13, en vigueur le 1er mars 1999)* ***« Les conclusions doivent formuler expressément les prétentions des parties ainsi que les moyens en fait et en droit sur lesquels chacune de ces prétentions est fondée*** *(Décr. n° 2017-892 du 6 mai 2017, art. 18-1°)* ***« avec indication pour chaque prétention des pièces invoquées et de leur numérotation ». Un bordereau énumérant les pièces justifiant ces prétentions est annexé aux conclusions.***

(Décr. n° 2017-892 du 6 mai 2017, art. 18-2°) ***« Les conclusions comprennent distinctement un exposé des faits et de la procédure, une discussion des prétentions et des moyens ainsi qu'un dispositif récapitulant les prétentions. Les moyens qui n'auraient pas été formulés dans les conclusions précédentes doivent être présentés de manière formellement distincte. Le tribunal ne statue que sur les prétentions énoncées au dispositif et n'examine les moyens au soutien de ces prétentions que s'ils sont invoqués dans la discussion. »***

(Décr. n° 98-1231 du 28 déc. 1998, art. 13, en vigueur le 1er mars 1999) ***« Les parties doivent reprendre dans leurs dernières conclusions les prétentions et moyens présentés ou invoqués dans leurs conclusions antérieures. A défaut, elles sont réputées les avoir abandonnés et le tribunal ne statue que sur les dernières conclusions déposées. »***

Les conclusions sont notifiées et les pièces communiquées par l'avocat de chacune des parties à celui de l'autre partie ; en cas de pluralité de demandeurs ou de défendeurs, elles doivent l'être à tous les avocats constitués.

Copie des conclusions est remise au greffe avec la justification de leur notification.

Les dispositions de l'art. 18 du Décr. n° 2017-892 du 6 mai 2017 sont applicables aux instances introduites à compter du 11 mai 2017 (Décr. préc., art. 70-II).

V. art. 768.

Ancien art. 754 ***Le tribunal est saisi et l'affaire instruite en suivant, sauf le cas d'urgence, les règles de la procédure ordinaire.***

SECTION PREMIÈRE *[ANCIENNE]* LA PROCÉDURE ORDINAIRE

DALLOZ ACTION *Droit et pratique de la procédure civile 2022/2023,* n°s 321.20 s.

SOUS-SECTION 1 *[ANCIENNE]* SAISINE DU TRIBUNAL

Ancien art. 755 ***Le défendeur est tenu de constituer avocat dans le délai de quinze jours, à compter de l'assignation.***

V. art. 763.

Ancien art. 756 ***Dès qu'il est constitué, l'avocat du défendeur en informe celui du demandeur ; copie de l'acte de constitution est remise au*** *(Décr. n° 2004-836 du 20 août 2004, art. 52-I, en vigueur le 1er janv. 2005)* ***« greffe ».***

Ancien art. 757 ***Le tribunal est saisi, à la diligence de l'une ou l'autre partie, par la remise au*** *(Décr. n° 2004-836 du 20 août 2004, art. 52-I, en vigueur le 1er janv. 2005)* ***« greffe » d'une copie de l'assignation.***

(Décr. n° 2015-282 du 11 mars 2015, art. 22) ***« Cette remise doit être faite dans les quatre mois de l'assignation, faute de quoi celle-ci sera caduque, à moins qu'une convention de procédure***

participative ne soit conclue avant l'expiration de ce délai. Dans ce cas, le délai de quatre mois est suspendu jusqu'à l'extinction de la procédure conventionnelle. »

La caducité est constatée d'office par ordonnance du président ou du juge saisi de l'affaire.

A défaut de remise, requête peut être présentée au président en vue de faire constater la caducité.

V. art. 754.

1. Légalité de l'art. 757. Sur la légalité de l'art. 757, V. • CE 12 oct. 1979, nos 01875, 01905, 01948 à 01951 P : *D. 1979. 606, note Bénabent ; Delvolvé, D. 1979. Chron. 281 ; RTD civ. 1980. 145, obs. Normand ; Gaz. Pal. 1980. 1. 6, note Julien ; Gaz. Pal. 1980. 1. Doctr. 21, Viatte ; JCP 1980. II. 19288, concl. Franc, note Boré.*

2. Caducité – compétence. A défaut de la constatation par le président de la juridiction saisie de la caducité, il appartient à la juridiction elle-même de constater l'inaccomplissement d'une formalité substantielle. • Civ. 2 déc. 1982, no 80-15.998 P : *Gaz. Pal. 1986. 2. Somm. 419, obs. Croze et Morel ; RTD civ. 1983. 593, obs. (crit.) Perrot.*

Ancien art. 758 ***Le président du tribunal fixe les jour et heure auxquels l'affaire sera appelée ; s'il y a lieu, il désigne la chambre à laquelle elle est distribuée.***

Avis en est donné par le *(Décr. no 82-716 du 10 août 1982, art. 1er)* ***« greffier » aux avocats constitués.***

Ancien art. 759 ***Au jour fixé, l'affaire est obligatoirement appelée devant le président de la chambre à laquelle elle a été distribuée.***

Celui-ci confère de l'état de la cause avec les avocats présents.

V. art. 776.

SOUS-SECTION 2 *[ANCIENNE]* RENVOI À L'AUDIENCE

Ancien art. 760 ***Le président renvoie à l'audience les affaires qui, d'après les explications des avocats et au vu des conclusions échangées et des pièces communiquées, lui paraissent prêtes à être jugées sur le fond.***

Il renvoie également à l'audience les affaires dans lesquelles le défendeur ne comparaît pas si elles sont en état d'être jugées sur le fond, à moins qu'il n'ordonne la réassignation du défendeur.

Dans tous ces cas, le président déclare l'instruction close et fixe la date de l'audience. Celle-ci peut être tenue le jour même.

V. art. 778.

Ancien art. 761 *(Décr. no 98-1231 du 28 déc. 1998, art. 14, en vigueur le 1er mars 1999)* ***« Le président peut également décider que les avocats se présenteront à nouveau devant lui, à une date qu'il fixe, pour conférer une dernière fois de l'affaire, s'il estime qu'un ultime échange de conclusions ou une ultime communication de pièces suffit à la mettre en état ou que les conclusions des parties doivent être mises en conformité avec les dispositions de l'article 753. »***

Dans ce cas, il impartit à chacun des avocats le délai nécessaire à la signification des conclusions et, s'il y a lieu, à la communication des pièces. Sa décision fait l'objet d'une simple mention au dossier.

A la date fixée par lui, le président renvoie l'affaire à l'audience si elle a été mise en état dans les délais impartis ou si l'un des avocats le demande, auxquels cas il déclare l'instruction close et fixe la date de l'audience. Celle-ci peut être tenue le jour même.

V. art. 779.

Ancien art. 762 ***Toutes les affaires que le président ne renvoie pas à l'audience sont mises en état d'être jugées, conformément aux dispositions ci-après.***

(Décr. no 2017-891 du 6 mai 2017, art. 48, en vigueur le 1er sept. 2017) ***« Le greffe avise les avocats constitués de la désignation du juge de la mise en état. »***

V. art. 779.

SOUS-SECTION 3 *[ANCIENNE]* INSTRUCTION DEVANT LE JUGE DE LA MISE EN ÉTAT

Ancien art. 763 ***L'affaire est instruite sous le contrôle d'un magistrat de la chambre à laquelle elle a été distribuée.***

Celui-ci a mission de veiller au déroulement loyal de la procédure, spécialement à la ponctualité de l'échange des conclusions et de la communication des pièces.

Il peut entendre les avocats et leur faire toutes communications utiles. Il peut également, si besoin est, leur adresser des injonctions.

(Décr. n° 2004-836 du 20 août 2004, art. 10, en vigueur le 1er janv. 2005) « Il peut ordonner le retrait du rôle dans les cas et conditions des articles 382 et 383. »

V. art. 780.

Ancien art. 764 *Le juge de la mise en état fixe, au fur et à mesure, les délais nécessaires à l'instruction de l'affaire, eu égard à la nature, à l'urgence et à la complexité de celle-ci, et après avoir provoqué l'avis des avocats.*

Il peut accorder des prorogations de délai.

(Décr. n° 2005-1678 du 28 déc. 2005, art. 23, en vigueur le 1er mars 2006) « Il peut, après avoir recueilli l'(Décr. n° 2017-892 du 6 mai 2017, art. 19) « avis » des avocats, fixer un calendrier de la mise en état.

« Le calendrier comporte le nombre prévisible et la date des échanges de conclusions, la date de la clôture, celle des débats et, par dérogation aux premier et deuxième alinéas de l'article 450, celle du prononcé de la décision.

« Les délais fixés dans le calendrier de la mise en état ne peuvent être prorogés qu'en cas de cause grave et dûment justifiée.

« Le juge peut également renvoyer l'affaire à une conférence ultérieure en vue de faciliter le règlement du litige. »

V. art. 781.

Ancien art. 765 *(Décr. n° 98-1231 du 28 déc. 1998, art. 15, en vigueur le 1er mars 1999) « Le juge de la mise en état peut inviter les avocats à répondre aux moyens sur lesquels ils n'auraient pas conclu, à fournir les explications de fait et de droit nécessaires à la solution du litige et, le cas échéant, à mettre leurs écritures en conformité avec les dispositions de l'article 753. »*

Il peut se faire communiquer l'original des pièces versées aux débats ou en demander la remise en copie.

V. art. 782.

Ancien art. 766 *Le juge de la mise en état procède aux jonctions et disjonctions d'instance.*

V. art. 783.

Ancien art. 767 *Le juge de la mise en état peut, même d'office, entendre les parties.*

L'audition des parties a lieu contradictoirement à moins que l'une d'elles, dûment convoquée, ne se présente pas.

V. art. 784.

Ancien art. 768 *Le juge de la mise en état peut constater la conciliation, même partielle, des parties.*

(Décr. n° 2005-1678 du 28 déc. 2005, art. 24, en vigueur le 1er mars 2006) « Il homologue, à la demande des parties, l'accord qu'elles lui soumettent. »

V. art. 785.

Ancien art. 768-1 *(Décr. n° 84-618 du 13 juill. 1984, art. 14, en vigueur le 1er oct. 1984) Le juge de la mise en état peut inviter les parties à mettre en cause tous les intéressés dont la présence lui paraît nécessaire à la solution du litige.*

V. art. 786.

Ancien art. 769 *Le juge de la mise en état constate l'extinction de l'instance.*

V. art. 787.

Ancien art. 770 *Le juge de la mise en état exerce tous les pouvoirs nécessaires à la communication, à l'obtention et à la production des pièces.*

V. art. 788.

Ancien art. 771 *(Décr. n° 81-500 du 12 mai 1981, art. 30) Lorsque la demande est présentée postérieurement à sa désignation, le juge de la mise en état est, jusqu'à son dessaisissement, seul compétent, à l'exclusion de toute autre formation du tribunal, pour :*

1. (Décr. n° 98-1231 du 28 déc. 1998, art. 16, en vigueur le 1er mars 1999) « Statuer sur les exceptions de procédure » (Décr. n° 2012-66 du 20 janv. 2012, art. 37) « , les demandes formées en application de l'article 47 » (Décr. n° 2004-836 du 20 août 2004, art. 11, en vigueur le 1er janv. 2005) « et sur les incidents mettant fin à l'instance » (Décr. n° 2005-1678 du 28 déc. 2005, art. 25, en vigueur le 1er mars 2006) « ; les parties ne sont plus recevables à soulever ces

exceptions et incidents ultérieurement à moins qu'ils ne surviennent ou soient révélés postérieurement au dessaisissement du juge ; »

2. Allouer une provision pour le procès ;

3. Accorder une provision au créancier lorsque l'existence de l'obligation n'est pas sérieusement contestable. Le juge de la mise en état peut subordonner l'exécution de sa décision à la constitution d'une garantie dans les conditions prévues aux articles 517 à 522 ;

4. Ordonner toutes autres mesures provisoires, même conservatoires, à l'exception des saisies conservatoires et des hypothèques et nantissements provisoires, ainsi que modifier ou compléter, en cas de survenance d'un fait nouveau, les mesures qui auraient déjà été ordonnées ;

5. Ordonner, même d'office, toute mesure d'instruction.

L'art. 11 du Décr. n° 2004-836 du 20 août 2004 est applicable aux procédures en cours (Décr. préc., art. 59).

L'art. 25 du Décr. n° 2005-1678 du 28 déc. 2005 est applicable aux procédures en cours (Décr. préc., art. 87, al. 1er).

L'art. 37 du Décr. n° 2012-66 du 20 janv. 2012 est applicable dans les îles Wallis-et-Futuna (Décr. préc., art. 44).

V. art. 789.

BIBL. ▶ VERDUN, *Bull. ch. avoués 1999. 4. 115 ; Gaz. Pal. 2000. 1. Doctr. 772.*

1. Fin de non-recevoir. Sauf dispositions spécifiques, le juge ou le conseiller de la mise en état n'est pas compétent pour statuer sur une fin de non-recevoir. • Cass., avis, 13 févr. 2012, n° 11-00.008 P. ♦ … Telle celle tirée de l'immunité de juridiction d'un État. • Civ. 1re, 9 mars 2011, n° 10-10.044.

2. Les incidents mettant fin à l'instance visés par l'al. 2 sont ceux mentionnés par les art. 384 et 385 et n'incluent pas les fins de non-recevoir. • Cass., avis, 13 nov. 2006, n° 06-00.012 P : *BICC 1er févr. 2007, p. 22, rapp. Guilguet-Pauthe, obs. Kessous ; D. 2007. Pan. 1382, obs. Julien ; ibid. Pan. 2430, obs. Fricero ; JCP 2007. II. 10027, note Salati ; ibid. I. 139, n° 20, obs. Serinet ; Procédures 2007, n° 48, obs. Perrot ; Dr. et pr. 2007. 80, obs. Putman ; RLDC 2007/37, n° 2508, obs. Miniato ; RTD civ. 2007. 177, obs. Perrot.*

Ancien art. 772 ***Le juge de la mise en état peut statuer sur les dépens*** *(Décr. n° 2005-1678 du 28 déc. 2005, art. 26, en vigueur le 1er mars 2006)* ***« et les demandes formées en application de l'article 700 ».***

L'art. 26 du Décr. n° 2005-1678 du 28 déc. 2005 est applicable aux procédures en cours (Décr. préc., art. 87, al. 1er).

V. art. 790.

Ancien art. 772-1 *(Décr. n° 2017-891 du 6 mai 2017, art. 49, en vigueur le 1er sept. 2017)* ***Le juge de la mise en état est saisi par des conclusions qui lui sont spécialement adressées distinctes des conclusions au sens de l'article 753.***

V. art. 791.

Ancien art. 773 ***Les mesures prises par le juge de la mise en état sont l'objet d'une simple mention au dossier ; avis en est donné aux avocats.***

Toutefois, dans les cas prévus aux articles 769 à 772, le juge de la mise en état statue par ordonnance motivée sous réserve des règles particulières aux mesures d'instruction.

V. art. 792.

Ancien art. 774 ***L'ordonnance est rendue, immédiatement s'il y a lieu, les avocats entendus ou appelés.***

Les avocats sont convoqués par le juge à son audience.

En cas d'urgence, une partie peut, par notification entre avocats, inviter l'autre à se présenter devant le juge aux jour, heure et lieu fixés par celui-ci.

V. art. 793.

Ancien art. 775 ***Les ordonnances du juge de la mise en état n'ont pas, au principal, l'autorité de la chose jugée*** *(Décr. n° 2005-1678 du 28 déc. 2005, art. 27, en vigueur le 1er mars 2006)* ***« à l'exception de celles statuant sur les exceptions de procédure et sur les incidents mettant fin à l'instance ».***

V. art. 794.

Ancien art. 776 *(Décr. n° 2005-1678 du 28 déc. 2005, art. 28, en vigueur le 1er mars 2006)* ***Les ordonnances du juge de la mise en état ne sont pas susceptibles d'opposition.***

Elles ne peuvent être frappées d'appel ou de pourvoi en cassation qu'avec le jugement statuant sur le fond.

Toutefois, elles sont susceptibles d'appel dans les cas et conditions prévus en matière d'expertise ou de sursis à statuer.

Elles le sont également, dans les quinze jours à compter de leur signification, lorsque :

1° Elles statuent sur un incident mettant fin à l'instance, elles ont pour effet de mettre fin à celle-ci ou elles en constatent l'extinction ;

2° Elles statuent sur une exception de procédure ;

3° Elles ont trait aux mesures provisoires ordonnées en matière de divorce ou de séparation de corps ;

4° Dans le cas où le montant de la demande est supérieur au taux de compétence en dernier ressort, elles ont trait aux provisions qui peuvent être accordées au créancier au cas où l'existence de l'obligation n'est pas sérieusement contestable.

V. art. 795.

Ancien art. 777 *(Décr. n° 98-1231 du 28 déc. 1998, art. 18, en vigueur le 1er mars 1999) Le juge de la mise en état contrôle l'exécution des mesures d'instruction qu'il ordonne, sous réserve des dispositions du troisième alinéa de l'article 155.*

V. art. 796.

Ancien art. 778 *Dès l'exécution de la mesure d'instruction ordonnée, l'instance poursuit son cours à la diligence du juge de la mise en état.*

V. art. 797.

Ancien art. 779 *(Décr. n° 2005-1678 du 28 déc. 2005, art. 29, en vigueur le 1er mars 2006) Sauf dans le cas où il est fait application des dispositions du deuxième alinéa de l'article 764, le juge de la mise en état déclare l'instruction close dès que l'état de celle-ci le permet et renvoie l'affaire devant le tribunal pour être plaidée à la date fixée par le président ou par lui-même s'il a reçu délégation à cet effet. La date de la clôture doit être aussi proche que possible de celle fixée pour les plaidoiries.*

S'il l'estime nécessaire pour l'établissement de son rapport à l'audience, le juge de la mise en état peut demander aux avocats de déposer au greffe leur dossier, comprenant notamment les pièces produites, à la date qu'il détermine.

Le président ou le juge de la mise en état, s'il a reçu délégation à cet effet, peut également, à la demande des avocats, et après accord, le cas échéant, du ministère public, autoriser le dépôt des dossiers au greffe de la chambre à une date qu'il fixe, quand il lui apparaît que l'affaire ne requiert pas de plaidoiries.

Le juge de la mise en état demeure saisi jusqu'à l'ouverture des débats ou jusqu'à la date fixée pour le dépôt des dossiers des avocats.

V. art. 799.

Ancien art. 780 *(Décr. n° 2005-1678 du 28 déc. 2005, art. 30, en vigueur le 1er mars 2006) Si l'un des avocats n'a pas accompli les actes de la procédure dans le délai imparti, le juge peut ordonner la clôture à son égard, d'office ou à la demande d'une autre partie, sauf, en ce dernier cas, la possibilité pour le juge de refuser par ordonnance motivée non susceptible de recours. Copie de l'ordonnance est adressée à la partie défaillante, à son domicile réel ou à sa résidence.*

Le juge rétracte l'ordonnance de clôture partielle, d'office ou lorsqu'il est saisi de conclusions à cette fin, pour permettre de répliquer à des demandes ou des moyens nouveaux présentés par une partie postérieurement à cette ordonnance. Il en est de même en cas de cause grave et dûment justifiée.

Si aucune autre partie ne doit conclure, le juge ordonne la clôture de l'instruction et le renvoi devant le tribunal.

V. art. 800.

Ancien art. 781 *Si les avocats s'abstiennent d'accomplir les actes de la procédure dans les délais impartis, le juge de la mise en état peut, d'office, après avis donné aux avocats, prendre une ordonnance de radiation motivée non susceptible de recours.*

Copie de cette ordonnance est adressée à chacune des parties par lettre simple adressée à leur domicile réel ou à leur résidence.

V. art. 801.

SOUS-SECTION 4 *[ANCIENNE]* DISPOSITIONS COMMUNES

Ancien art. 782 *La clôture de l'instruction, dans les cas prévus aux articles 760, 761, 779 et 780, est prononcée par une ordonnance non motivée qui ne peut être frappée d'aucun recours. Copie de cette ordonnance est délivrée aux avocats.*

V. art. 798.

Ancien art. 783 *Après l'ordonnance de clôture, aucune conclusion ne peut être déposée ni aucune pièce produite aux débats, à peine d'irrecevabilité prononcée d'office.*

Sont cependant recevables, les demandes en intervention volontaire, les conclusions relatives aux loyers, arrérages, intérêts et autres accessoires échus et aux débours faits jusqu'à l'ouverture des débats, si leur décompte ne peut faire l'objet d'aucune contestation sérieuse, ainsi que les demandes de révocation de l'ordonnance de clôture.

Sont également recevables, les conclusions qui tendent à la reprise de l'instance en l'état où celle-ci se trouvait au moment de son interruption.

V. art. 802.

Ancien art. 784 *L'ordonnance de clôture ne peut être révoquée que s'il se révèle une cause grave depuis qu'elle a été rendue ; la constitution d'avocat postérieurement à la clôture ne constitue pas, en soi, une cause de révocation.*

Si une demande en intervention volontaire est formée après la clôture de l'instruction, l'ordonnance de clôture n'est révoquée que si le tribunal ne peut immédiatement statuer sur le tout.

L'ordonnance de clôture peut être révoquée, d'office ou à la demande des parties, soit par ordonnance motivée du juge de la mise en état, soit, après l'ouverture des débats, par décision du tribunal.

V. art. 803.

Ancien art. 785 *(Décr. n° 2005-1678 du 28 déc. 2005, art. 31, en vigueur le 1er mars 2006) Le juge de la mise en état fait un rapport oral de l'affaire à l'audience avant les plaidoiries. Exceptionnellement, le rapport peut être fait par le président de la chambre ou un autre juge qu'il désigne.*

Le rapport expose l'objet de la demande et les moyens des parties, il précise les questions de fait et de droit soulevées par le litige et fait mention des éléments propres à éclairer le débat, sans faire connaître l'avis du magistrat qui en est l'auteur.

L'art. 31 du Décr. n° 2005-1678 du 28 déc. 2005 est applicable aux procédures en cours (Décr. préc., art. 87, al. 2).

V. également les textes particuliers sur le rapport :

– ordre entre créanciers (ACPC, art. 762) ;

– contentieux fiscal (LPF, art. R. 199-1 à R.* 202-1).*

V. art. 804.

Ancien art. 786 *Le juge de la mise en état ou le magistrat chargé du rapport peut, si les avocats ne s'y opposent pas, tenir seul l'audience pour entendre les plaidoiries. Il en rend compte au tribunal dans son délibéré.*

V. art. 805.

Ancien art. 786-1 *(Décr. n° 2005-1678 du 28 déc. 2005, art. 32, en vigueur le 1er mars 2006) Lorsqu'il a été fait application du troisième alinéa de l'article 779, le président de la chambre, à l'expiration du délai prévu pour la remise des dossiers, informe les parties du nom des juges de la chambre qui seront amenés à délibérer et de la date à laquelle le jugement sera rendu.*

V. art. 806.

Ancien art. 787 *Les mesures d'instruction ordonnées par le tribunal sont exécutées sous le contrôle du juge de la mise en état.*

Dès l'accomplissement d'une mesure d'instruction, le président de la chambre à laquelle l'affaire a été distribuée la renvoie à l'audience du tribunal ou au juge de la mise en état comme il est dit à la sous-section II ci-dessus.

V. art. 807.

SECTION II *[ANCIENNE]* PROCÉDURE À JOUR FIXE

Ancien art. 788 ***En cas d'urgence, le président du tribunal peut autoriser le demandeur, sur sa requête, à assigner le défendeur à jour fixe. Il désigne, s'il y a lieu, la chambre à laquelle l'affaire est distribuée.***

La requête doit exposer les motifs de l'urgence, contenir les conclusions du demandeur et viser les pièces justificatives.

Copie de la requête et des pièces doit être remise au président pour être versée au dossier du tribunal.

Al. 4 abrogé par Décr. n° 98-1231 du 28 déc. 1998, art. 20, à compter du 1er mars 1999.

V. art. 840.

Ancien art. 789 ***L'assignation indique à peine de nullité les jour et heure fixés par le président auxquels l'affaire sera appelée ainsi que la chambre à laquelle elle est distribuée. Copie de la requête est jointe à l'assignation.***

L'assignation informe le défendeur qu'il peut prendre connaissance au greffe de la copie des pièces visées dans la requête et lui fait sommation de communiquer avant la date de l'audience celles dont il entend faire état.

V. art. 841.

Ancien art. 790 ***Le défendeur est tenu de constituer avocat avant la date de l'audience.***

V. art. 842.

Ancien art. 791 ***Le tribunal est saisi par la remise d'une copie de l'assignation au*** *(Décr. n° 2004-836 du 20 août 2004, art. 52-I, en vigueur le 1er janv. 2005)* ***« greffe ».***

Cette remise doit être faite avant la date fixée pour l'audience faute de quoi l'assignation sera caduque.

La caducité est constatée d'office par ordonnance du président de la chambre à laquelle l'affaire est distribuée.

V. art. 843.

Ancien art. 792 ***Le jour de l'audience, le président s'assure qu'il s'est écoulé un temps suffisant depuis l'assignation pour que la partie assignée ait pu préparer sa défense.***

Si le défendeur a constitué avocat, l'affaire est plaidée sur-le-champ en l'état où elle se trouve, même en l'absence de conclusions du défendeur ou sur simples conclusions verbales.

En cas de nécessité, le président de la chambre peut user des pouvoirs prévus à l'article 761 ou renvoyer l'affaire devant le juge de la mise en état.

Si le défendeur n'a pas constitué avocat, il est procédé selon les règles prévues à l'article 760.

V. art. 844.

SECTION III *[ANCIENNE]* LA REQUÊTE CONJOINTE

Ancien art. 793 ***Outre les mentions prescrites à l'article 57, la requête conjointe contient, à peine d'irrecevabilité, la constitution des avocats des parties.***

Elle est signée par les avocats constitués.

V. art. 757.

Ancien art. 794 ***Les requérants peuvent, dès la requête conjointe, demander que l'affaire soit attribuée à un juge unique, ou renoncer à la faculté de demander le renvoi à la formation collégiale.***

V. art. 759.

Ancien art. 795 ***Le tribunal est saisi par la remise au*** *(Décr. n° 2004-836 du 20 août 2004, art. 52-I, en vigueur le 1er janv. 2005)* ***« greffe » de la requête conjointe.***

V. art. 756.

Ancien art. 796 ***Le président du tribunal fixe les jour et heure auxquels l'affaire sera appelée ; s'il y a lieu, il désigne la chambre à laquelle elle est distribuée.***

Avis en est donné par le *(Décr. n° 2004-836 du 20 août 2004, art. 52-I, en vigueur le 1er janv. 2005)* ***« greffe » aux avocats constitués.***

Il est alors procédé comme il est dit aux articles 759, 760 et 762, sauf dans le cas prévu à l'article 794 où l'affaire aurait été attribuée à un juge unique.

V. art. 758.

SECTION IV *[ANCIENNE]* DISPOSITIONS COMMUNES

(Décr. nº 2017-892 du 6 mai 2017, art. 20)

Les dispositions de l'art. 20 du Décr. nº 2017-892 du 6 mai 2017 sont applicables aux actes afférents aux instances introduites à compter du 1er sept. 2019 (Décr. préc., art. 70-IX).

Ancien art. 796-1 ***I. — A peine d'irrecevabilité relevée d'office, les actes de procédure sont remis à la juridiction par voie électronique.***

II. — Lorsqu'un acte ne peut être transmis par voie électronique pour une cause étrangère à celui qui l'accomplit, il est établi sur support papier et remis au greffe selon les modalités de l'article 821 ou lui est adressé par lettre recommandée avec demande d'avis de réception. Si l'acte est une simple requête ou une déclaration, il est remis ou adressé au greffe en autant d'exemplaires qu'il y a de destinataires, plus deux.

Lorsque l'acte est adressé par voie postale, le greffe l'enregistre à la date figurant sur le cachet du bureau d'émission et adresse à l'expéditeur un récépissé par tout moyen.

III. — Les avis, avertissements ou convocations sont remis aux avocats des parties par voie électronique, sauf impossibilité pour cause étrangère à l'expéditeur.

Un arrêté du garde des sceaux, ministre de la justice [,] définit les modalités des échanges par voie électronique.

V. art. 850.

CHAPITRE II *[ANCIEN]* PROCÉDURE EN MATIÈRE GRACIEUSE

Ancien art. 797 *(Décr. nº 76-714 du 29 juill. 1976, art. 6)* ***La demande est formée par un avocat, ou par un officier public ou ministériel dans les cas où ce dernier y est habilité par les dispositions en vigueur.***

V. art. 808.

Ancien art. 798 ***Le ministère public doit avoir communication des affaires gracieuses.***

V. art. 809.

Ancien art. 799 ***Un juge rapporteur est désigné par le président de la chambre à laquelle l'affaire est distribuée.***

Il dispose, pour instruire l'affaire, des mêmes pouvoirs que le tribunal.

V. art. 810.

Ancien art. 800 *(Décr. nº 2015-282 du 11 mars 2015, art. 27)* ***Le ministère public, s'il y a des débats, est tenu d'y assister ou de faire connaître son avis.***

V. art. 811.

CHAPITRE III *[ANCIEN]* LE JUGE UNIQUE

Ancien art. 801 ***L'attribution d'une affaire au juge unique peut être décidée jusqu'à la fixation de la date de l'audience.***

La répartition des affaires attribuées au juge unique est faite par le président du tribunal ou par le président de la chambre à laquelle elles ont été distribuées.

V. art. 812.

Ancien art. 802 ***Lorsqu'une affaire est attribuée au juge unique, celui-ci exerce les pouvoirs conférés tant au tribunal qu'au juge de la mise en état.***

Si l'affaire est ultérieurement renvoyée à la formation collégiale, son instruction est poursuivie, s'il y a lieu, soit par le même juge avec les pouvoirs du juge de la mise en état, soit par le juge de la mise en état, selon la décision du président de la chambre.

V. art. 813.

Ancien art. 803 ***L'attribution au juge unique ainsi que le renvoi à la formation collégiale font l'objet d'une mention au dossier. Avis en est donné aux avocats constitués.***

Dans les affaires dispensées du ministère d'avocat, cet avis est adressé aux parties par lettre recommandée avec demande d'avis de réception.

V. art. 814.

Ancien art. 804 ***La demande de renvoi à la formation collégiale d'une affaire attribuée au juge unique doit, à peine de forclusion, être formulée dans les quinze jours de l'avis prévu à l'article précédent, ou de sa réception lorsqu'il est adressé aux parties elles-mêmes.***

Le renvoi d'une affaire à la formation collégiale par le président du tribunal ou son délégué peut être décidé à tout moment.

V. art. 815.

Ancien art. 805 ***Les dispositions du deuxième alinéa de l'article 803 et du premier alinéa de l'article 804 cessent d'être applicables s'il est renoncé à la faculté de demander le renvoi à la formation collégiale.***

Pour l'application dans les départements de la Guadeloupe, de la Guyane, de la Martinique et de La Réunion des dispositions concernant le juge unique, V. Décr. n° 72-909 du 29 sept. 1972, art. 2 (D. et BLD 1972. 534) modifiant l'art. 13 du Décr. n° 62-138 du 2 févr. 1962.

V. art. 816.

CHAPITRE IV *[ANCIEN]* DISPOSITIONS DIVERSES

Ancien art. 806 ***Lorsque le tribunal est saisi par requête, en matière contentieuse ou gracieuse, les parties sont avisées de la date de l'audience par le*** *(Décr. n° 82-716 du 10 août 1982, art. 1er)* ***« greffier ».***
V. art. 758.

Ancien art. 807 *(Décr. n° 2015-282 du 11 mars 2015, art. 2)* ***L'avis est donné aux avocats par simple bulletin. Lorsque la représentation n'est pas obligatoire, cet avis est transmis au défendeur par lettre recommandée avec demande d'avis de réception et au demandeur par tous moyens. Copie de la requête est jointe à l'avis adressé à l'avocat du défendeur ou, lorsque la représentation n'est pas obligatoire, au défendeur.***
V. art. 758.

SOUS-TITRE II *[ANCIEN]* LES POUVOIRS DU PRÉSIDENT

CHAPITRE PREMIER *[ANCIEN]* LES ORDONNANCES DE RÉFÉRÉ

Ancien art. 808 ***Dans tous les cas d'urgence, le président du tribunal de grande instance peut ordonner en référé toutes les mesures qui ne se heurtent à aucune contestation sérieuse ou que justifie l'existence d'un différend.***

V. art. 834.

Ancien art. 809 ***Le président peut toujours,*** *(Décr. n° 87-434 du 17 juin 1987, art. 1er)* ***« même en présence d'une contestation sérieuse », prescrire en référé les mesures conservatoires ou de remise en état qui s'imposent, soit pour prévenir un dommage imminent, soit pour faire cesser un trouble manifestement illicite.***

Dans les cas où l'existence de l'obligation n'est pas sérieusement contestable, il peut accorder une provision au créancier, *(Décr. n° 85-1330 du 17 déc. 1985, art. 8)* ***« ou ordonner l'exécution de l'obligation même s'il s'agit d'une obligation de faire ».***

V. art. 835.

Ancien art. 810 ***Les pouvoirs du président du tribunal de grande instance prévus aux deux articles précédents, s'étendent à toutes les matières où il n'existe pas de procédure particulière de référé.***
V. art. 836.

Ancien art. 811 *(Décr. n° 98-1231 du 28 déc. 1998, art. 21, en vigueur le 1er mars 1999)* ***A la demande de l'une des parties et si l'urgence le justifie, le président saisi en référé peut renvoyer l'affaire à une audience dont il fixe la date pour qu'il soit statué au fond. Il veille à ce que le défendeur dispose d'un temps suffisant pour préparer sa défense. L'ordonnance emporte saisine du tribunal. Il est ensuite procédé comme il est dit à l'article 790 et aux trois derniers alinéas de l'article 792.***

V. art. 837.

CHAPITRE II *[ANCIEN]* LES ORDONNANCES SUR REQUÊTE

Ancien art. 812 ***Le président du tribunal est saisi par requête dans les cas spécifiés par la loi.***

Il peut également ordonner sur requête toutes mesures urgentes lorsque les circonstances exigent qu'elles ne soient pas prises contradictoirement.

Les requêtes afférentes à une instance en cours sont présentées au président de la chambre à laquelle l'affaire a été distribuée ou au juge déjà saisi.

V. art. 845.

Ancien art. 813 (*Décr. n° 76-714 du 29 juill. 1976, art. 7*) *La requête est présentée par un avocat, ou par un officier public ou ministériel dans les cas où ce dernier y est habilité par les dispositions en vigueur.*

Si elle est présentée à l'occasion d'une instance, elle doit indiquer la juridiction saisie.

V. art. 846.

SOUS-TITRE III *[ANCIEN]* DISPOSITIONS DIVERSES

CHAPITRE PREMIER *[ANCIEN]* CONSTITUTION D'AVOCAT ET CONCLUSIONS

Ancien art. 814 *La constitution de l'avocat par le défendeur ou par toute personne qui devient partie en cours d'instance est dénoncée aux autres parties par notification entre avocats.*

Cet acte indique :

a) Si le défendeur est une personne physique, ses nom, prénoms, profession, domicile, nationalité, date et lieu de naissance.

b) Si le défendeur est une personne morale, sa forme, sa dénomination, son siège social et l'organe qui le représente légalement.

V. art. 765.

Ancien art. 815 *Les conclusions des parties sont signées par leur avocat et notifiées dans la forme des notifications entre avocats. Elles ne sont pas recevables tant que les indications mentionnées à l'alinéa 2 de l'article 814 n'auront pas été fournies.*

La communication des pièces produites est valablement attestée par la signature de l'avocat destinataire apposée sur le bordereau établi par l'avocat qui procède à la communication.

V. art. 766.

Ancien art. 816 *La remise au* (*Décr. n° 2004-836 du 20 août 2004, art. 52-I, en vigueur le 1er janv. 2005*) *« greffe » de la copie de l'acte de constitution et des conclusions est faite soit dès leur notification, soit, si celle-ci est antérieure à la saisine du tribunal, avec la remise de la copie de l'assignation.*

V. art. 767.

CHAPITRE PREMIER *BIS [ABROGÉ]* CONTRIBUTION POUR L'AIDE JURIDIQUE

(*Abrogé par Décr. n° 2013-1280 du 29 déc. 2013, art. 2-I-2°*)
(*Décr. n° 2011-1202 du 28 sept. 2011, art. 4*)

Ancien art. 818 *Abrogé par Décr. n° 2013-1280 du 29 déc. 2013, art. 2-I-2°.*

CHAPITRE II *[ANCIEN]* MESURES D'ADMINISTRATION JUDICIAIRE

Ancien art. 819 (*Décr. n° 2012-1451 du 24 déc. 2012, art. 4*) *Le juge chargé de contrôler l'exécution des mesures d'instruction, désigné dans les conditions de l'article 155-1, est compétent pour assurer le contrôle des mesures d'instruction ordonnées en référé, sauf s'il en est décidé autrement lors de la répartition des juges entre les différentes chambres et services du tribunal.*

Il est également compétent pour les mesures ordonnées par le juge de la mise en état en application de l'article 771, sauf si ce dernier s'en réserve le contrôle.

V. art. 851.

Ancien art. 820 *Le président du tribunal de grande instance peut déléguer à un ou plusieurs magistrats tout ou partie des pouvoirs qui lui sont dévolus par les sous-titres Ier et II.*

Les présidents de chambre peuvent de même déléguer aux magistrats de leur chambre tout ou partie des fonctions qui leur sont attribuées par le sous-titre Ier.

V. art. 852.

CHAPITRE III *[ANCIEN]* LE GREFFE

Ancien art. 821 *La remise au* (*Décr. n° 2004-836 du 20 août 2004, art. 52-I, en vigueur le 1er janv. 2005*) *« greffe » de la copie d'un acte de procédure ou d'une pièce est constatée par la*

mention de la date de remise et le visa du** (Décr. n° 82-716 du 10 août 1982, art. 1er) **« greffier » sur la copie ainsi que sur l'original, qui est immédiatement restitué.

V. art. 769.

Ancien art. 822 ***La copie de l'assignation, de la requête ou de la requête conjointe est, dès sa remise au** (Décr. n° 2004-836 du 20 août 2004, art. 52-I, en vigueur le 1er janv. 2005) **« greffe », présentée par le** (Décr. n° 82-716 du 10 août 1982, art. 1er) **« greffier » au président du tribunal en vue des formalités de fixation et de distribution.***

La décision du président fait l'objet d'une simple mention en marge de la copie.

V. art. 770.

Ancien art. 823 ***Le dossier de l'affaire est conservé et tenu à jour par le** (Décr. n° 82-716 du 10 août 1982, art. 1er) **« greffier » de la chambre à laquelle l'affaire a été distribuée.***

Il est établi une fiche permettant de connaître à tout moment l'état de l'affaire.

V. art. 771.

Ancien art. 824 ***Dans le cas prévu à l'article 788, les copies de la requête et des pièces remises au président sont, ainsi qu'une copie de son ordonnance, placées par le** (Décr. n° 82-716 du 10 août 1982, art. 1er) **« greffier » dans le dossier, dès sa constitution.***

Si, le jour où l'affaire doit être appelée, la copie de l'assignation n'a pas été remise au** (Décr. n° 2004-836 du 20 août 2004, art. 52-I, en vigueur le 1er janv. 2005) **« greffe », le** (Décr. n° 82-716 du 10 août 1982, art. 1er) **« greffier » restitue d'office à l'avocat les copies qu'il détient.

L'art. 52-I du Décr. n° 2004-836 du 20 août 2004 est applicable aux procédures en cours (Décr. préc., art. 59).

Ancien art. 825 ***Le** (Décr. n° 82-716 du 10 août 1982, art. 1er) **« greffier » avise aussitôt les avocats dont la constitution lui est connue du numéro d'inscription au répertoire général, des jour et heure fixés par le président du tribunal pour l'appel de l'affaire et de la chambre à laquelle celle-ci est distribuée.***

Cet avis est donné aux avocats dont la constitution n'est pas encore connue, dès la remise au** (Décr. n° 2004-836 du 20 août 2004, art. 52-I, en vigueur le 1er janv. 2005) **« greffe » de la copie de l'acte de constitution.

V. art. 772.

Ancien art. 826 ***Les avocats de chacune des parties sont convoqués ou avisés des charges qui leur incombent par le président ou par le juge de la mise en état, selon le mode d'instruction de l'affaire ; ils sont convoqués ou avisés verbalement, avec émargement et mention au dossier.***

En cas d'absence, ils le sont par simple bulletin, daté et signé par le** (Décr. n° 82-716 du 10 août 1982, art. 1er) **« greffier », et remis ou déposé par celui-ci au lieu où sont effectuées, au siège du tribunal, les notifications entre avocats.

Les injonctions doivent toujours donner lieu à la délivrance d'un bulletin.

V. art. 774.

SOUS-TITRE IV *[ANCIEN]* LA PROCÉDURE SUR DÉCISION DE RENVOI DE LA JURIDICTION PÉNALE

(Décr. n° 83-1155 du 23 déc. 1983, art. 3, en vigueur le 1er janv. 1984)

Ancien art. 826-1 (Décr. n° 2019-547 du 31 mai 2019, art. 1er-1°-a) ***« Lorsque, dans les conditions et selon les modalités prévues par le code de procédure pénale, une affaire a été renvoyée devant le tribunal de grande instance afin qu'il soit statué, en application des règles du droit civil, sur la réparation de tous les dommages résultant des faits qui ont fondé la poursuite », le** (Décr. n° 2004-836 du 20 août 2004, art. 52-I, en vigueur le 1er janv. 2005) **« greffe » convoque à l'audience, un mois au moins à l'avance et par lettre recommandée avec demande d'avis de réception, les parties à l'instance civile qui avait été engagée devant la juridiction pénale ainsi que les tiers responsables mentionnés dans la décision de renvoi.** (Abrogé par Décr. n° 2015-282 du 11 mars 2015, art. 3) **« Le** (Décr. n° 2004-836 du 20 août 2004, art. 52-I, en vigueur le 1er janv. 2005) **« greffe » adresse le même jour aux mêmes personnes copie de la convocation par lettre simple. » La convocation à laquelle est annexée une copie de la décision de renvoi vaut citation en justice.*** – *Sur le Décr. n° 2015-282 du 11 mars 2015, V. Circ. du 20 mars 2015, ss. art. 692-1.*

(Décr. nº 2019-547 du 31 mai 2019, art. 1er-1º-b) « Le greffe convoque les parties à l'audience dans un délai maximal de deux mois. »

La convocation précise que la représentation à l'audience par avocat est obligatoire et que, même s'ils ne comparaissent pas, des décisions exécutoires à titre provisoire pourront être prises contre les parties autres que la victime du dommage et contre les tiers responsables mentionnés dans la décision de renvoi.

Les organismes de sécurité sociale (Décr. nº 2019-547 du 31 mai 2019, art. 1er-1º-c) « , le fonds de garantie automobile ou le fonds d'indemnisation des victimes des actes de terrorisme et d'autres infractions », s'ils sont intervenus devant la juridiction pénale, sont convoqués à la même audience au moyen d'une lettre recommandée avec demande d'avis de réception adressée par le (Décr. nº 2004-836 du 20 août 2004, art. 52-I, en vigueur le 1er janv. 2005) « greffe ». Une copie de la décision de renvoi est annexée à la convocation.

A l'audience, il est procédé comme il est dit aux articles 759 à 762. Le président de la chambre peut accorder en référé une provision dans les conditions prévues par l'alinéa 2 de l'article 809.

V. art. 847.

SOUS-TITRE V *[ANCIEN]* L'ACTION DE GROUPE

(Décr. nº 2017-888 du 6 mai 2017, art. 1er)

Le Décr. nº 2017-888 du 9 mai 2017 est applicable dans les îles Wallis-et-Futuna (Décr. préc., art. 9-I).

BIBL. ▸ **Décr. du 6 mai 2017 :** Brousolle, *LPA 19 oct. 2017, p. 8.* – Javaux, *RLDC juin 2017. 44* (des règles *a minima*).

Ancien art. 826-2 *Sous réserve des dispositions particulières prévues pour chacune de ces actions, le présent sous-titre est applicable aux actions de groupe suivantes engagées sur le fondement du titre V de la loi nº 2016-1547 du 18 novembre 2016 de modernisation de la justice du XXIe siècle :*

1º L'action ouverte sur le fondement de la loi nº 2008-496 du 27 mai 2008 portant diverses dispositions d'adaptation au droit communautaire dans le domaine de la lutte contre les discriminations ;

2º L'action ouverte sur le fondement des articles L. 1134-6 à L. 1134-10 du code du travail ;

3º L'action ouverte sur le fondement de l'article L. 142-3-1 du code de l'environnement ;

4º L'action ouverte sur le fondement du chapitre III du titre IV du livre Ier de la première partie du code de la santé publique ;

5º L'action ouverte sur le fondement de l'article 43 ter de la loi nº 78-17 du 6 janvier 1978 relative à l'informatique, aux fichiers et aux libertés.

CHAPITRE PREMIER *[ANCIEN]* DISPOSITIONS PRÉLIMINAIRES

Ancien art. 826-3 *Le tribunal de grande instance territorialement compétent est celui du lieu où demeure le défendeur.*

Le tribunal de grande instance de Paris est compétent lorsque le défendeur demeure à l'étranger ou n'a ni domicile ni résidence connus.

V. art. 849.

Ancien art. 826-4 *Outre les mentions prescrites aux articles 56 et 752, l'assignation expose expressément, à peine de nullité, les cas individuels présentés par le demandeur au soutien de son action.*

V. art. 849-1.

Ancien art. 826-5 *La demande est formée, instruite et jugée selon les règles applicables à la procédure ordinaire en matière contentieuse.*

V. art. 849-2.

CHAPITRE II *[ANCIEN]* CESSATION DU MANQUEMENT

Ancien art. 826-6 *Lorsqu'il désigne un tiers aux fins de mise en œuvre des mesures destinées à faire cesser le manquement, le juge statue par décision spécialement motivée énonçant les chefs de la mission confiée et le délai dans lequel le tiers lui en fait rapport.*

Le tiers est choisi parmi tout professionnel justifiant d'une compétence dans le domaine considéré.

V. art. 849-3.

Ancien art. 826-7 *Dès le prononcé de la décision désignant un tiers, le greffe lui en notifie copie par tout moyen.*

Le tiers fait connaître sans délai au juge son acceptation. Il commence ses opérations dès qu'il est avisé du versement de la provision mentionnée à l'article 826-8, à moins que le juge ne lui enjoigne d'entreprendre immédiatement ses opérations.

V. art. 849-4.

Ancien art. 826-8 *Le coût de la mission est à la charge de l'auteur du manquement. Le juge qui désigne le tiers fixe le montant d'une provision à valoir sur la rémunération de celui-ci aussi proche que possible de sa rémunération définitive prévisible et détermine le délai dans lequel l'auteur du manquement la consigne au secrétariat de la juridiction. Le juge aménage, s'il y a lieu, les échéances dont la consignation peut être assortie.*

V. art. 849-5.

Ancien art. 826-9 *A l'issue du délai imparti par le juge, le tiers remet son rapport, accompagné de sa demande de rémunération, dont il adresse un exemplaire aux parties par tout moyen permettant d'en établir la réception. S'il y a lieu, l'auteur du manquement adresse au tiers et au juge ses observations écrites sur cette demande dans un délai de quinze jours à compter de sa réception.*

V. art. 849-6.

Ancien art. 826-10 *Le greffier invite l'auteur du manquement à consigner la provision au greffe dans le délai et selon les modalités impartis.*

V. art. 849-7.

Ancien art. 826-11 *Si le tiers se heurte à des difficultés qui font obstacle à l'accomplissement de sa mission ou si une extension de celle-ci s'avère nécessaire, il en fait rapport aux parties et au juge.*

Celui-ci peut, en se prononçant, proroger le délai dans lequel le tiers doit déposer son rapport.

V. art. 849-8.

Ancien art. 826-12 *Le tiers peut, sur justification de l'état d'avancement de ses opérations, être autorisé par le juge à prélever un acompte sur la somme consignée si la complexité de l'affaire le requiert.*

En cas d'insuffisance manifeste de la provision allouée, au vu des diligences faites ou à venir, le tiers en fait sans délai rapport au juge, qui, s'il y a lieu, ordonne la consignation d'une provision complémentaire. A défaut de consignation dans le délai et selon les modalités fixés par le juge, et sauf prorogation de ce délai, le tiers dépose son rapport en l'état.

V. art. 849-9.

Ancien art. 826-13 *Passé le délai imparti à l'auteur du manquement pour présenter ses observations, le juge fixe la rémunération du tiers en fonction, notamment, des diligences accomplies, du respect des délais impartis et de la qualité du travail fourni.*

Il autorise le tiers à se faire remettre, à due concurrence, les sommes consignées au greffe. Il ordonne, selon le cas, soit le versement des sommes complémentaires dues au tiers, soit la restitution des sommes consignées en excédent.

Lorsque le juge envisage de fixer la rémunération du tiers à un montant inférieur au montant demandé, il doit au préalable l'inviter à formuler ses observations.

Le juge délivre au tiers un titre exécutoire.

V. art. 849-10.

CHAPITRE III *[ANCIEN]* RÉPARATION DES PRÉJUDICES

SECTION PREMIÈRE *[ANCIENNE]* JUGEMENT SUR LA RESPONSABILITÉ

Ancien art. 826-14 *Le jugement qui reconnaît la responsabilité du défendeur fixe le délai dans lequel ce dernier doit mettre en œuvre les mesures de publicité ordonnées en application de l'article 67 de la loi du 18 novembre 2016 susmentionnée et, à défaut, à l'expiration duquel elles le seront par le demandeur à l'action aux frais du défendeur.*

V. art. 849-11.

Ancien art. 826-15 *Le jugement qui reconnaît la responsabilité du défendeur précise s'il est fait application de la procédure individuelle de réparation ou de la procédure collective de liquidation des préjudices.*

V. art. 849-12.

Ancien art. 826-16 *Les mesures d'information ordonnées par le juge comportent, outre les mentions éventuellement prescrites par le jugement :*

1° La reproduction du dispositif de la décision ;

2° Selon qu'il est fait application de la procédure collective de liquidation ou de la procédure individuelle de réparation, les coordonnées de la ou des parties auprès desquelles chaque personne intéressée peut adresser sa demande de réparation ;

3° La forme, le contenu de cette demande de réparation ainsi que le délai dans lequel elle doit être adressée, dans le cadre d'une procédure individuelle de réparation des préjudices, au choix de la personne intéressé [intéressée], *soit à la personne déclarée responsable, soit au demandeur à l'action, et dans le cadre d'une procédure collective de liquidation des préjudices, au demandeur à l'action ;*

4° L'indication que la demande de réparation adressée au demandeur à l'action lui confère un mandat aux fins d'indemnisation et, le cas échéant, en cas de refus d'indemnisation opposé par la personne déclarée responsable, aux fins de représentation pour engager une action en réparation ou pour l'exécution forcée du jugement prononcé à l'issue de cette action, ainsi que l'indication qu'elle peut y mettre fin à tout moment et que ce mandat ne vaut ni n'implique adhésion à l'association qui engage l'action ;

5° L'indication que, à défaut de demande de réparation reçue selon les modalités et dans le délai prévus par le jugement, la personne intéressée ne sera plus recevable à obtenir une indemnisation dans le cadre de l'action de groupe mais qu'elle pourra toujours agir en indemnisation de ses préjudices à titre individuel ;

6° L'indication qu'en cas d'adhésion, la personne intéressée ne pourra plus agir individuellement à l'encontre de la personne déclarée responsable en réparation du préjudice déjà indemnisé dans le cadre de l'action de groupe mais qu'elle pourra toujours agir en indemnisation de ses autres préjudices ;

7° L'indication que la personne intéressée doit produire tout document utile au soutien de sa demande.

V. art. 849-13.

SECTION II *[ANCIENNE]* MISE EN ŒUVRE DU JUGEMENT ET RÉPARATION DES PRÉJUDICES

SOUS-SECTION 1 *[ANCIENNE]* ADHÉSION AU GROUPE

Ancien art. 826-17 *L'adhésion au groupe prend la forme d'une demande de réparation. Elle est faite par tout moyen permettant d'en accuser la réception, selon les modalités et dans le délai déterminés par le juge :*

1° Auprès de l'une des parties à l'instance lorsqu'il est fait application de la procédure individuelle de réparation des préjudices ;

2° Auprès du demandeur à l'action lorsqu'il est fait application de la procédure collective de liquidation des préjudices.

Elle contient notamment les nom, prénoms, domicile de la personne intéressée ainsi que, le cas échéant, une adresse électronique à laquelle elle accepte de recevoir les informations relatives à la procédure.

Cette demande justifie que les critères de rattachement au groupe sont remplis.

V. art. 849-14.

Ancien art. 826-18 *Dans le cadre de la mise en œuvre de la procédure individuelle de réparation des préjudices, lorsque la personne intéressée adresse directement la demande de réparation à la personne déclarée responsable, elle en informe le demandeur à l'action ou le demandeur de son choix en cas de pluralité de demandeurs.*

V. art. 849-15.

Ancien art. 826-19 *Les personnes susceptibles d'appartenir au groupe qui n'y ont pas adhéré dans le délai prévu dans le jugement statuant sur la responsabilité et dans les conditions prévues par l'article 826-16 ne sont plus recevables à demander leur indemnisation dans le cadre de l'action de groupe et ne sont pas représentées par le demandeur à l'action.*

V. art. 849-16.

Ancien art. 826-20 *Le mandat aux fins d'indemnisation donné au demandeur à l'action par l'effet de l'adhésion de la personne intéressée au groupe vaut pouvoir d'accomplir au nom de celle-ci* *tous actes de procédure et diligences en vue d'obtenir la réparation du préjudice subi par elle et entrant dans le champ de l'action de groupe, notamment pour l'exercice des voies de recours.*

Le mandat emporte avance par le demandeur à l'action de toutes les dépenses et frais liés à la procédure et représentation des personnes intéressées lors du déroulement d'éventuelles mesures d'instruction et lors de l'action en justice tendant à la réparation du préjudice subi.

La personne intéressée peut mettre un terme au mandat à tout moment. Elle doit en informer le demandeur à l'action par tout moyen permettant d'en accuser la réception et celle-ci en avise la personne déclarée responsable sans délai. La révocation du mandat emporte renonciation à l'adhésion au groupe.

V. art. 849-17.

SOUS-SECTION 2 *[ANCIENNE]* RÉPARATION DES PRÉJUDICES PAR LE JUGE ET EXÉCUTION FORCÉE DU JUGEMENT

Ancien art. 826-21 *Le demandeur à l'action ayant reçu mandat aux fins d'indemnisation est réputé créancier, au sens des articles L. 111-1 et L. 111-2 du code des procédures civiles d'exécution, pour l'exécution forcée du jugement rendu sur le fondement de l'article 71 ou de l'article 73 de la loi du 18 novembre 2016 susmentionnée.*

V. art. 849-18.

Ancien art. 826-22 *Dans tous les actes relatifs à la réparation par le juge des préjudices et à l'exécution forcée du jugement, le demandeur à l'action précise, outre les mentions prévues par la loi, à peine de nullité, l'identité des personnes pour le compte desquelles il agit.*

V. art. 849-19.

SECTION III *[ANCIENNE]* GESTION DES FONDS REÇUS AU TITRE DE L'INDEMNISATION DES MEMBRES DU GROUPE

Ancien art. 826-23 *Le demandeur à l'action ouvre auprès de la Caisse des dépôts et consignations un compte spécifique au groupe des personnes lésées défini par le juge.*

Sous réserve de l'article 240 du décret nº 91-1197 du 27 novembre 1991, toute somme reçue au titre des articles 68 et 74 de la loi du 18 novembre 2016 susmentionnée est immédiatement déposée par le demandeur à l'action sur le compte ouvert conformément à l'alinéa précédent.

Le demandeur à l'action est seul habilité, sous sa responsabilité, à procéder aux mouvements sur chaque compte ouvert conformément au premier alinéa et à le clôturer.

La tenue des comptes ouverts conformément au premier alinéa peut donner lieu à des frais de gestion perçus par la Caisse des dépôts et consignations, qui ne peuvent être imputés sur les indemnités versées.

V. art. 849-20.

CHAPITRE IV *[ANCIEN]* DISPOSITIONS DIVERSES

Ancien art. 826-24 *La substitution dans les droits du demandeur à l'action défaillant est faite par voie de demande incidente.*

Lorsque le juge fait droit à une demande de substitution à un demandeur défaillant, il statue, saisi de conclusions en ce sens, sur le transfert de tout ou partie de la provision qui aura pu être allouée en application des dispositions de l'article 68 de la loi du 18 novembre 2016 susmentionnée.

La substitution emporte transfert du mandat donné par les personnes intéressées au demandeur substitué.

Le demandeur défaillant est tenu de remettre les pièces ainsi que les fonds détenus, le cas échéant pour le compte des personnes intéressées, au demandeur qui lui est substitué qui en accuse réception. Tant que cette remise n'a pas lieu, le demandeur défaillant n'est pas déchargé de ses obligations.

V. art. 849-1.

TITRE DEUXIÈME *[ABROGÉ]* DISPOSITIONS PARTICULIÈRES AU TRIBUNAL D'INSTANCE *(Décr. nº 2017-683 du 28 avr. 2017, art. 2-1º).*

(Abrogé par Décr. nº 2019-1333 du 11 déc. 2019, art. 4-II, à compter du 1er janv. 2020)

BIBL. GÉN. ▶ BALLAND, *Rev. huiss. 1976. 85* (simplification de la procédure devant le TI). – BLÉRY, *D. 2005. Chron. 1891* . – CAGNOLI, *JCP 2005. 1103* (technique de répartition des compétences). – CANU, *Gaz. Pal. 11-13 sept. 2005, p. 3* (assignation à toutes fins). – ESTOUP, *D. 1985. Chron. 245* (procédure devant le TI) ; *Gaz. Pal. 1987. 1. Doctr. 67, 197 et 336* (juge d'instance). – MÉLÈ, Le droit en tableaux, *Delmas 2009, p. 188*. – PERROT, *VIIe colloque des IEJ, Ann. fac. dr. Lyon, 1970-II, p. 632* (unification des procédures devant les juridictions autres que les tribunaux de grande instance).

Art. 827 ***Les parties se défendent elles-mêmes.***

Elles ont la faculté de se faire assister ou représenter.

V. art. 762.

Art. 828 ***Les parties peuvent se faire assister ou représenter par :***

— un avocat ;

— leur conjoint ;

— *(Décr. n° 2008-484 du 22 mai 2008, art. 18)* ***« comme il est dit à l'article 2 de la loi n° 2007-1787 du 20 décembre 2007 relative à la simplification du droit, leur concubin ou la personne avec laquelle elles ont conclu un pacte civil de solidarité ; »***

— leurs parents ou alliés en ligne directe ;

— leurs parents ou alliés en ligne collatérale jusqu'au troisième degré inclus ;

— les personnes exclusivement attachées à leur service personnel ou à leur entreprise.

L'État, les départements, *(Décr. n° 2012-66 du 20 janv. 2012, art. 38)* ***« les régions, » les communes et les établissements publics peuvent se faire représenter ou assister par un fonctionnaire ou un agent de leur administration.***

Le représentant, s'il n'est avocat, doit justifier d'un pouvoir spécial.

Les modifications issues du Décr. n° 98-1231 du 28 déc. 1998 ont été annulées par arrêt du Conseil d'État. — V. jurisprudence ci-dessous.

L'art. 38 du Décr. n° 2012-66 du 20 janv. 2012 est applicable dans les îles Wallis-et-Futuna (Décr. préc., art. 44).

BIBL. ▶ DEHAN-CHANTRIER, *JCP 2005. 1990* (représentation devant le tribunal d'instance et le juge de l'exécution). – GUILBAUD, *Rev. huiss. 1976. 29* (huissiers et tribunal d'instance).

Légalité du décret du 28 déc. 1998. Les art. 22 et 31 du Décr. n° 98-1231 du 28 déc. 1998, qui avaient ajouté le concubin à la liste des personnes qui peuvent assister ou représenter une partie en cause et en n'exigeant plus, lorsqu'une personne se fait représenter par une personne attachée à son service ou à son entreprise, que cette personne soit exclusivement attachée à son service, avaient illégalement étendu la faculté de représentation devant le juge d'instance et le JEX en méconnaissance des dispositions du deuxième alinéa de l'art. 4 de la loi n° 71-1130 du 31 déc. 1971. • CE 6 avr. 2001 : *D. 2002. 913, note Van de Wynckele-Bazela ; RTD civ. 2001. 654, obs. Perrot ; Procédures 2001, n° 144, note Perrot ; Dr. et pr. 2001. 315, obs. Douchy ; Gaz. Pal. 8-9 juin 2001, note du Rusquec.* – V. aussi, Croze, *Procédures, mai 2001, p. 3.*

SOUS-TITRE PREMIER *[ABROGÉ]* LA PROCÉDURE ORDINAIRE

BIBL. GÉN. ▶ ESTOUP, *Gaz. Pal. 1988. 2. Doctr. 280* (saisine du tribunal d'instance). – FAU et DEBEAURAIN, *Ann. loyers 1988. 840* (nouvelles procédures civiles). – GAGET, *Gaz. Pal. 1987. 2. Doctr. 498* (procédures au TI de Lyon). – R. MARTIN, *Procédures 2000. Chron. 13* (point noir de la procédure orale).

Art. 829 *(Décr. n° 2010-1165 du 1er oct. 2010, art. 6-1°, en vigueur le 1er déc. 2010)* ***La demande en justice est formée par assignation à fin de conciliation et, à défaut, de jugement, sauf la faculté pour le demandeur de provoquer une tentative de conciliation.***

La demande peut également être formée soit par une requête conjointe remise au greffe, soit par la présentation volontaire des parties devant le juge, soit, dans le cas prévu à l'article 843, par une déclaration au greffe.

L'art. 6 du Décr. n° 2010-1165 du 1er oct. 2010 est applicable dans les îles Wallis-et-Futuna (Décr. préc., art. 18-I).

Sur l'obligation de tentative de conciliation en cas de saisine du tribunal d'instance par déclaration au greffe, V. L. n° 2016-1547 du 18 nov. 2016, art. 4, reproduit ss. art. 846.

V. art. 818.

Présentation volontaire des parties. Cassation du jugement qui déclare irrecevable la demande d'un syndicat sous prétexte que celui-ci a fait parvenir sa requête par lettre recommandée avec demande d'accusé de réception, sans procéder à une déclaration au secrétariat-greffe, alors que le juge a constaté la présence à l'audience du représentant de ce syndicat et qu'aucune des parties n'a soulevé l'irrégularité de l'acte introductif (sur le fondement de l'art. R. 423-3 C. trav.). • Soc. 16 mai 1990, n° 89-61.441 P.

CHAPITRE PREMIER *[ABROGÉ]* LA TENTATIVE PRÉALABLE DE CONCILIATION

(Décr. n° 2010-1165 du 1er oct. 2010, art. 6-2°, en vigueur le 1er déc. 2010)

Les dispositions des art. 830 à 836 issues du Décr. n° 2010-1165 du 1er oct. 2010 ne sont applicables qu'aux instances introduites après la date de son entrée en vigueur (Décr. préc., art. 17-1°).

L'art. 6 du Décr. n° 2010-1165 du 1er oct. 2010 est applicable dans les îles Wallis-et-Futuna (Décr. préc., art. 18-I).

Pour une présentation de la réforme opérée par le Décr. n° 2010-1165 du 1er oct. 2010, V. Circ. 24 janv. 2011, reproduite ss. art. 131 et 446-4.

Ancien art. 830 ***La demande aux fins de tentative préalable de conciliation est formée par déclaration faite, remise ou adressée au greffe.***

Le demandeur indique les nom, prénoms, profession et adresse des parties, ainsi que l'objet de sa prétention.

(Abrogé par Décr. n° 2015-282 du 11 mars 2015, art. 23) ***« Le demandeur qui s'oppose à ce que la conciliation soit déléguée à un conciliateur de justice le signale dans sa déclaration. »***

La prescription et les délais pour agir sont interrompus par l'enregistrement de la demande.

V. art. 820.

SECTION PREMIÈRE *[ABROGÉE]* LA CONCILIATION DÉLÉGUÉE À UN CONCILIATEUR DE JUSTICE

Ancien art. 831 *(Décr. n° 2015-282 du 11 mars 2015, art. 24)* ***Le juge peut déléguer à un conciliateur de justice la tentative préalable de conciliation.***

Le greffier avise par tous moyens le défendeur de la décision du juge. L'avis précise les nom, prénoms, profession et adresse du demandeur et l'objet de la demande.

V. art. 821.

Ancien art. 832 *(Décr. n° 2015-282 du 11 mars 2015, art. 25)* ***« Le demandeur et le conciliateur de justice sont avisés par tous moyens de la décision du juge. »*** *(Décr. n° 2010-1165 du 1er oct. 2010, art. 6-2°, en vigueur le 1er déc. 2010)* ***« Une copie de la demande est adressée au conciliateur.*** *– V. Circ. du 20 mars 2015, ss. art. 692-1.*

« Le conciliateur de justice procède à la tentative de conciliation comme il est dit aux articles *(Décr. n° 2017-892 du 6 mai 2017, art. 21)* ***« 129-3 à 129-5 », 130 et 131. A sa demande, sa mission peut être renouvelée, sans qu'il soit nécessaire de recueillir l'accord des parties.***

« En cas d'échec de la tentative de conciliation, le conciliateur de justice en informe le juge en précisant la date de la réunion à l'issue de laquelle il a constaté cet échec. » *– V. Circ. 24 janv. 2011, reproduite ss. art. 131 et 446-4.*

V. art. 822.

Ancien art. 832-1 ***Les avis adressés aux parties par le greffier précisent que chaque partie peut se présenter devant le conciliateur avec une personne ayant qualité pour l'assister devant le juge.***

Les parties sont en outre avisées qu'en application des articles 833 et 836, dont les dispositions sont reproduites, la juridiction peut être saisie aux fins d'homologation de leur accord ou aux fins de jugement en cas d'échec de la conciliation. *– V. Circ. 24 janv. 2011, reproduite ss. art. 131 et 446-4.*

V. art. 823.

Ancien art. 833 ***La demande d'homologation du constat d'accord formée par les parties est transmise au juge par le conciliateur. Une copie du constat y est jointe.*** *– V. Circ. 24 janv. 2011, reproduite ss. art. 131 et 446-4.*

V. art. 824.

SECTION II *[ABROGÉE]* LA CONCILIATION MENÉE PAR LE JUGE

Pour une présentation de la réforme opérée par le Décr. n° 2010-1165 du 1er oct. 2010, V. Circ. 24 janv. 2011, reproduite ss. art. 131 et 446-4.

Ancien art. 834 *Lorsque le juge procède lui-même à la tentative préalable de conciliation, le greffe avise le demandeur par tout moyen des lieu, jour et heure auxquels l'audience de conciliation se déroulera.*

Le défendeur est convoqué par lettre simple. La convocation mentionne les nom, prénoms, profession et adresse du demandeur ainsi que l'objet de la demande.

L'avis et la convocation précisent que chaque partie peut se faire assister par une des personnes énumérées à l'article 828. — V. Circ. 24 janv. 2011, reproduite ss. art. 131 et 446-4.

V. art. 825.

Ancien art. 835 *A défaut de conciliation, l'affaire peut être immédiatement jugée si les parties y consentent. Dans ce cas, il est procédé selon les modalités de la présentation volontaire.*

Dans le cas contraire, les parties comparantes sont avisées que la juridiction peut être saisie aux fins de jugement de la demande, en application de l'article 836 dont les dispositions sont reproduites. — V. Circ. 24 janv. 2011, reproduite ss. art. 131 et 446-4.

SECTION III *[ABROGÉE]* LA DEMANDE AUX FINS DE JUGEMENT EN CAS D'ÉCHEC DE LA CONCILIATION

Ancien art. 836 *En cas d'échec total ou partiel de la tentative préalable de conciliation, le demandeur peut saisir la juridiction aux fins de jugement de tout ou partie de ses prétentions initiales.*

La saisine de la juridiction est faite selon les modalités prévues par l'article 829.

La demande qui n'entre pas dans le champ d'application de l'article 843 peut également être faite par déclaration au greffe lorsqu'elle est formée dans le mois suivant la réunion ou l'audience à l'issue de laquelle a été constaté l'échec de la tentative de conciliation. Toutefois, dans ce cas, le tribunal peut renvoyer le demandeur à mieux se pourvoir, s'il lui apparaît que l'affaire ne relève pas de sa compétence, ou à le saisir autrement, si la déclaration est tardive ou ne mentionne pas son fondement juridique. Cette décision est une mesure d'administration judiciaire qui peut être prise par simple mention au dossier. — V. Circ. 24 janv. 2011, reproduite ss. art. 446-4.

V. art. 826.

CHAPITRE II *[ABROGÉ]* LA PROCÉDURE AUX FINS DE JUGEMENT

(Décr. n° 2010-1165 du 1er oct. 2010, art. 6-2°, en vigueur le 1er déc. 2010)

L'art. 6 du Décr. n° 2010-1165 du 1er oct. 2010 est applicable dans les îles Wallis-et-Futuna (Décr. préc., art. 18-I).

SECTION PREMIÈRE *[ABROGÉE]* L'INTRODUCTION DE L'INSTANCE

Pour une présentation de la réforme opérée par le Décr. n° 2010-1165 du 1er oct. 2010, V. Circ. 24 janv. 2011, reproduite ss. art. 131 et 446-4.

SOUS-SECTION 1 *[ABROGÉE]* LA SAISINE PAR ASSIGNATION À TOUTES FINS

Ancien art. 837 *L'assignation contient, à peine de nullité, outre les mentions prescrites à l'article 56 :*

1° Les lieu, jour et heure de l'audience à laquelle la conciliation sera tentée si elle ne l'a déjà été, et, le cas échéant, l'affaire jugée ;

2° Si le demandeur réside à l'étranger, les nom, prénoms et adresse de la personne chez qui il élit domicile en France.

L'acte introductif d'instance rappelle en outre les dispositions de l'article 847-2 (Décr. n° 2011-1043 du 1er sept. 2011, art. 5-III) *« , lorsqu'il contient une demande en paiement, » et mentionne les conditions dans lesquelles le défendeur peut se faire assister ou représenter, ainsi que, s'il y a lieu, le nom du représentant du demandeur.*

L'assignation est accompagnée des pièces énumérées dans le bordereau annexé.

V. art. 753.

L'art. 5 du Décr. n° 2011-1043 du 1er sept. 2011 n'est pas applicable dès lors qu'un greffier en chef a déjà procédé, à la date de sa publication, à une mesure conservatoire ou qu'il a été saisi à cette fin (Décr. préc., art. 11). Il est applicable aux îles Wallis-et-Futuna (Décr. préc., art. 9).

BIBL. ▸ **Décr. du 1er sept. 2011 :** CROZE, *Procédures 2011. Repère 9.*

Ancien art. 838 *L'assignation doit être délivrée quinze jours au moins avant la date de l'audience.*

1. Matière prud'homale. La matière prud'homale relevant de l'art. R. 516-11 [devenu R. 1452-4] C. trav., le délai de l'art. 837 (838 depuis le Décr. n° 2010-1165) ne lui est pas applicable. • Soc. 5 juin 1984, n° 80-41.726 P.

2. Déclaration au greffe. Le délai de l'art. 837 (838 depuis le Décr. n° 2010-1165) est sans application dans la procédure introduite par déclaration au greffe. • Civ. 1re, 17 nov. 1993, n° 90-11.615 P.

Ancien art. 839 *Le juge est saisi, à la diligence de l'une ou l'autre partie, par la remise au greffe d'une copie de l'assignation.*

Cette remise doit avoir lieu au plus tard huit jours avant la date de l'audience, sous peine de caducité de l'assignation constatée d'office par ordonnance du juge, ou, à défaut, à la requête d'une partie.

V. art. 754.

BIBL. ► DU RUSQUEC, *Gaz. Pal. 1988. 1. Doctr. 271* (placement tardif de l'assignation).

1. Saisie-arrêt. Il appartient à l'huissier de justice, chargé d'enrôler l'affaire, de s'assurer, dans la mesure où il ne déposait pas lui-même le second original, que cet acte envoyé par la poste était bien parvenu au greffe. • Civ. 1re, 3 déc. 1996, n° 94-17.671 P : *D. 1997. IR 12* ; *D. Affaires 1997. 187.*

2. Seconde assignation « sur et aux fins ». Est nulle pour irrégularité de fond une seconde assignation ne comportant aucune demande et délivrée « sur et aux fins » de la première établie pour une date erronée qui n'avait pas régulièrement saisi le premier juge. • Civ. 2e, 15 nov. 1995, n° 93-17.053 P : *Gaz. Pal. 1996. 2. 369, note du Rusquec.*

Ancien art. 840 *En cas d'urgence, les délais de comparution et de remise de l'assignation peuvent être réduits par autorisation du juge.*

V. art. 755.

SOUS-SECTION 2 *[ABROGÉE]* LA REQUÊTE CONJOINTE ET LA PRÉSENTATION VOLONTAIRE DES PARTIES

Ancien art. 841 *Les parties peuvent exposer leurs prétentions par requête conjointe. Elles peuvent aussi se présenter volontairement devant le juge pour les faire juger.*

Ancien art. 842 *Le juge est saisi soit par la remise de la requête conjointe, soit par la signature d'un procès-verbal constatant que les parties se présentent volontairement pour faire juger leurs prétentions.*

Le procès-verbal contient les mentions prévues à l'article 57.

Lorsque les parties ont soumis leur différend à un conciliateur de justice sans parvenir à un accord, leur requête conjointe peut également être transmise au greffe à leur demande par le conciliateur.

V. notes ss. art. 756.

SOUS-SECTION 3 *[ABROGÉE]* LA DÉCLARATION AU GREFFE

BIBL. GÉN. ► BLANC, *Journ. not. 1988. 1300* (petits litiges). – BLUM, *Gaz. Pal. 1988. 1. Doctr. 255* (du nouveau au TI). – PIZZIO, *ALD 1988. Comm. 181.* – ZÉNATI, *RTD civ. 1988. 426.*

Ancien art. 843 *Lorsque le montant de la demande n'excède pas 4 000 euros, la juridiction peut être saisie par une déclaration faite, remise ou adressée au greffe, où elle est enregistrée. La prescription et les délais pour agir sont interrompus par l'enregistrement de la déclaration.*

Outre les mentions prescrites par l'article 58, la déclaration doit contenir, à peine de nullité, un exposé sommaire des motifs de la demande. Les pièces que le demandeur souhaite invoquer à l'appui de ses prétentions sont jointes à sa déclaration en autant de copies que de personnes dont la convocation est demandée.

1. Déclaration au greffe. L'art. 843 C. pr. civ. n'autorisant la saisine de la juridiction de proximité par déclaration au greffe que pour les demandes dont le montant n'excède pas 4 000 €, ce dont il résulte que ce mode de saisine n'est pas ouvert dans les cas où la demande est indéterminée, c'est à bon droit que la cour d'appel, prenant en compte au titre de l'évaluation des demandes celles qui, indéterminées, avaient été formées à titre subsidiaire, a décidé que la saisine de la juridiction de proximité par déclaration au greffe n'était pas recevable. • Civ. 2e, 28 janv. 2016, n° 14-29.117 P : *Gaz. Pal. 17 mai 2016, p. 64, obs. Raschel.*

2. Taux du ressort. La déclaration au greffe faite pour une demande supérieure au taux du dernier ressort est constitutive, non d'un vice de forme, mais d'une fin de non-recevoir et cette demande ne saisit pas le tribunal. • Civ. 2e, 6 mai 2010, n° 09-10.974 P.

3. Forme de l'opposition. Dès lors que l'art. 847-1 (devenu 843) déroge à l'art. 829 et qu'il résulte de l'art. 573 que l'opposition est faite dans les formes prévues pour la demande en justice devant la juridiction qui a rendu la décision, est recevable l'opposition par lettre recommandée avec avis de réception. • Civ. 2e, 12 juin 2003, n° 01-13.075 P : *D. 2003. IR 1736 ; Gaz. Pal. 9-10 juill. 2004, p. 10, obs. du Rusquec.*

Ancien art. 844 (*Décr. n° 2015-282 du 11 mars 2015, art. 4*) ***« Le greffier convoque le défendeur à l'audience par lettre recommandée avec demande d'avis de réception. Le demandeur est avisé par tous moyens des lieu, jour et heure de l'audience. »***

(*Décr. n° 2010-1165 du 1er oct. 2010, art. 6-2°, en vigueur le 1er déc. 2010*) ***« Outre les mentions prescrites par l'article 665-1, la convocation adressée au défendeur rappelle les dispositions de l'article 847-2 et comprend en annexe une copie de la déclaration et des pièces qui y sont jointes. Cette convocation vaut citation. »***

Respect du contradictoire. Le défendeur, qui est appelé à l'audience conformément aux exigences de l'art. 14, par la convocation que lui adresse le greffier dans les termes de l'art. 847-2 (devenu 844), est ainsi mis en mesure de débattre contradictoirement des pièces produites par son adversaire, lequel n'est pas tenu de procéder à une communication des pièces avant l'audience. • Civ. 2e, 7 nov. 2002, n° 99-19.415 P : *Gaz. Pal. 6-7 août 2003, p. 20, obs. du Rusquec.*

SECTION II *[ABROGÉE]* LE DÉROULEMENT DE L'INSTANCE

SOUS-SECTION 1 *[ABROGÉE]* LA CONCILIATION

Ancien art. 845 ***Le juge s'efforce de concilier les parties.***

Le juge peut également, à tout moment de la procédure, inviter les parties à rencontrer un conciliateur de justice aux lieu, jour et heure qu'il détermine. Les parties en sont avisées, selon le cas, dans l'acte de convocation à l'audience ou par (*Décr. n° 2015-282 du 11 mars 2015, art. 5*) ***« tous moyens ». L'avis indique la date de l'audience à laquelle l'affaire sera examinée afin que le juge constate la conciliation ou tranche le litige. L'invitation peut également être faite par le juge à l'audience.***

V. art. 827.

SOUS-SECTION 2 *[ABROGÉE]* LES DÉBATS

Ancien art. 846 ***La procédure est orale.***

V. art. 817.

Ancien art. 847 ***A défaut de conciliation constatée à l'audience, l'affaire est immédiatement jugée ou, si elle n'est pas en état de l'être, renvoyée à une audience ultérieure. Dans ce cas, le greffier avise par*** (*Décr. n° 2015-282 du 11 mars 2015, art. 5*) ***« tous moyens » les parties qui ne l'auraient pas été verbalement de la date de l'audience.***

V. art. 830.

Renvoi à une audience ultérieure. Le renvoi à une audience ultérieure en cas d'échec de la tentative de conciliation nécessite que chacune des parties ait été avisée de la date de l'audience ; cassation du jugement réputé contradictoire prononcé à l'encontre d'une partie non avisée par le greffier de la date de l'audience. • Civ. 2e, 14 mars 1984, n° 82-14.176 P : *Gaz. Pal. 1984. 2. Pan. 223, obs. Guinchard ; RTD civ. 1984. 564, obs. Perrot.* ♦ Les parties doivent être avisées soit verbalement si elles sont présentes, soit par lettre simple du greffe. • Civ. 1re, 15 juill. 1981, n° 80-10.690 P. ♦ Il appartient au greffe d'aviser la partie non comparante de la date de l'audience à laquelle l'affaire a été renvoyée, peu important qu'elle en ait eu connaissance par un courrier de la partie adverse. • Civ. 2e, 8 févr. 2007, n° 06-10.636 P : *D. 2007. AJ 806 ; Procédures 2007, n° 108, obs. Perrot.*

Ancien art. 847-1 ***Le juge qui organise les échanges entre les parties comparantes peut, conformément au second alinéa de l'article 446-1, dispenser une partie qui en fait la demande de se présenter à une audience ultérieure. Dans ce cas, la communication entre les parties est faite par lettre recommandée avec demande d'avis de réception ou par notification entre avocats et il en est justifié auprès du tribunal dans les délais que le juge impartit.***

V. art. 831 et notes ss. art. 446-1.

Renvoi. V. notes ss. art. 446-1.

Ancien art. 847-2 ***Sans préjudice des dispositions de l'article 68, la demande incidente tendant à l'octroi d'un délai de paiement en application de l'article*** *(Décr. n° 2016-1278 du 29 sept. 2016, art. 1er)* ***« 1343-5*** *[al. 1er à 3 et 6] [ancienne rédaction : art. 1244-1]* ***» du code civil peut être formée par courrier remis ou adressé au greffe. Les pièces que la partie souhaite invoquer à l'appui de sa demande sont jointes à son courrier. La demande est communiquée aux autres parties, à l'audience, par le juge, sauf la faculté pour ce dernier de la leur faire notifier par le greffier, accompagnée des pièces jointes, par lettre recommandée avec demande d'avis de réception.***

L'auteur de cette demande incidente peut ne pas se présenter à l'audience, conformément au second alinéa de l'article 446-1. Dans ce cas, le juge ne fait droit aux demandes présentées contre cette partie que s'il les estime régulières, recevables et bien fondées.

V. art. 832.

Ancien art. 847-3 ***La reprise de l'instance, après une suspension, a lieu sur l'avis qui en est donné aux parties par le greffier, par tout moyen.***

V. art. 833.

SOUS-SECTION 3 *[ABROGÉE]* DES RENVOIS DE COMPÉTENCE *(Décr. n° 2003-542 du 23 juin 2003, art. 20, en vigueur le 15 sept. 2003).*

(Abrogée par Décr. n° 2017-683 du 28 avr. 2017, art. 2-2°, à compter du 1er juill. 2017)

La présente sous-section correspond depuis le 1er déc. 2010 à l'ancien chapitre V du présent sous-titre Ier.

Ancien art. 847-4 ***Lorsqu'il se heurte à une difficulté juridique sérieuse portant sur l'application d'une règle de droit ou sur l'interprétation d'un contrat liant les parties, le juge de proximité, après avoir entendu les parties, renvoie l'affaire au juge d'instance en lui transmettant immédiatement le dossier.***

Sa décision est une mesure d'administration judiciaire. Elle peut revêtir la forme d'une simple mention au dossier.

Le juge d'instance reprend la procédure en l'état où l'a laissée le juge de proximité, sauf à réentendre les parties si elles ont déjà plaidé.

Ancien art. 847-5 ***Le juge de proximité renvoie toutes les exceptions d'incompétence au juge d'instance. Sa décision peut revêtir la forme d'une simple mention au dossier.***

Le juge de proximité peut toujours relever d'office son incompétence ainsi que le tribunal d'instance au profit du juge de proximité.

Le juge d'instance statue sans recours si sa décision concerne seulement sa propre compétence et la compétence des juges de proximité de son ressort.

Les articles 96 et 97 sont applicables.

Exception d'incompétence. V., pour un rappel de ce que le juge de proximité doit renvoyer l'examen de toutes les exceptions d'incompétence au juge d'instance : • Civ. 2e, 10 mars 2011 : *Dr. et pr. 2011. 134.*

SOUS-TITRE II *[ABROGÉ]* LES ORDONNANCES DE RÉFÉRÉ DEVANT LE JUGE D'INSTANCE *(Décr. n° 2003-542 du 23 juin 2003, art. 25-I, en vigueur le 15 sept. 2003).*

Art. 848 ***Dans tous les cas d'urgence, le juge du tribunal d'instance peut, dans les limites de sa compétence, ordonner en référé toutes les mesures qui ne se heurtent à aucune contestation sérieuse ou que justifie l'existence d'un différend.***

V. art. 834.

Art. 849 ***Le juge du tribunal d'instance peut toujours,*** *(Décr. n° 87-434 du 17 juin 1987, art. 2)* ***« même en présence d'une contestation sérieuse », prescrire en référé les mesures conservatoires ou de remise en état qui s'imposent, soit pour prévenir un dommage imminent, soit pour faire cesser un trouble manifestement illicite.***

Dans les cas où l'existence de l'obligation n'est pas sérieusement contestable, il peut accorder une provision au créancier, (Décr. nº 85-1330 du 17 déc. 1985, art. 9) *« ou ordonner l'exécution de l'obligation même s'il s'agit d'une obligation de faire ».*

V. art. 835.

Art. 849-1 (Décr. nº 2004-836 du 20 août 2004, art. 13, en vigueur le 1er janv. 2005) *A la demande de l'une des parties, et si l'urgence le justifie, le juge, saisi en référé, peut renvoyer l'affaire à une audience dont il fixe la date pour qu'il soit statué au fond. Il veille à ce que le défendeur dispose d'un temps suffisant pour préparer sa défense. L'ordonnance emporte saisine du tribunal.*

V. art. 837.

Art. 850 *Le juge du tribunal d'instance dispose des mêmes pouvoirs dans les contestations nées à l'occasion du contrat de travail lorsqu'elles relèvent de sa compétence.*

V. art. 850.

SOUS-TITRE III [ABROGÉ] LES ORDONNANCES SUR REQUÊTE DEVANT LE JUGE D'INSTANCE (Décr. nº 2003-542 du 23 juin 2003, art. 25-II).

Art. 851 *Le juge du tribunal d'instance est saisi par requête dans les cas spécifiés par la loi.*

Il peut également ordonner sur requête, dans les limites de sa compétence, toutes mesures urgentes lorsque les circonstances exigent qu'elles ne soient pas prises contradictoirement.

V. art. 845.

Art. 852 *La requête est remise ou adressée au* (Décr. nº 2004-836 du 20 août 2004, art. 52-I, en vigueur le 1er janv. 2005) *« greffe » par le requérant ou par tout mandataire.*

V. art. 846.

SOUS-TITRE IV [ABROGÉ] LA PROCÉDURE SUR DÉCISION DE RENVOI DE LA JURIDICTION PÉNALE

(Décr. nº 83-1155 du 23 déc. 1983, art. 4, en vigueur le 1er janv. 1984)

Art. 852-1 *Lorsqu'une affaire a été renvoyée devant le* (Décr. nº 2003-542 du 23 juin 2003, art. 19-I, en vigueur le 15 sept. 2003) *« juge dans les conditions prévues par l'alinéa 2 de l'article 470-1 et par l'article R. 41-2 » du code de procédure pénale, le greffe de ce* (Décr. nº 2003-542 du 23 juin 2003, art. 19-I, en vigueur le 15 sept. 2003) *« juge » convoque à l'audience, un mois au moins à l'avance et par lettre recommandée avec demande d'avis de réception, les parties à l'instance civile qui avait été engagée devant la juridiction pénale ainsi que les tiers responsables mentionnés dans la décision de renvoi.* (Abrogé par Décr. nº 2015-282 du 11 mars 2015, art. 3) *« Le greffe adresse le même jour aux mêmes personnes copie de la convocation par lettre simple. » La convocation à laquelle est annexée une copie de la décision de renvoi vaut citation en justice.* – Sur le Décr. nº 2015-282 du 11 mars 2015, V. Circ. du 20 mars 2015, ss. art. 692-1.

La convocation indique que, même s'ils ne comparaissent pas, des décisions exécutoires à titre provisoire pourront être prises contre les parties autres que la victime du dommage et contre les tiers responsables mentionnés dans la décision de renvoi.

Les organismes de sécurité sociale et le fonds de garantie automobile, s'ils sont intervenus devant la juridiction pénale, sont convoqués à la même audience au moyen d'une lettre recommandée avec demande d'avis de réception adressée par le greffe. Une copie de la décision de renvoi est annexée à la convocation.

A l'audience, il est procédé comme il est dit aux articles (Décr. nº 2017-892 du 6 mai 2017, art. 22) *« 845 à 847-3 ». Le président peut accorder en référé une provision dans les conditions prévues par l'alinéa 2 de l'article 849.*

V. art. 847.

TITRE TROISIÈME DISPOSITIONS PARTICULIÈRES AU TRIBUNAL DE COMMERCE

RÉP. PR. CIV. v° *Procédure commerciale*, par BRUSCHI.

DALLOZ ACTION *Droit et pratique de la procédure civile 2022/2023*, n°s 333.00 s.

BIBL. GÉN. ▶ MÉLÈ, Le droit en tableaux, *Delmas 2009, p. 190.*

Art. 853 *(Décr. n° 2019-1333 du 11 déc. 2019, art. 5-1°, en vigueur le 1er janv. 2020)* **Les parties sont, sauf disposition contraire, tenues de constituer avocat devant le tribunal de commerce.**

La constitution de l'avocat emporte élection de domicile.

Les parties sont dispensées de l'obligation de constituer avocat dans les cas prévus par la loi ou le règlement, lorsque la demande porte sur un montant inférieur ou égal à 10 000 euros *(Décr. n° 2020-1452 du 27 nov. 2020, art. 1er-19°-a, en vigueur le 1er janv. 2021)* **« ou qu'elle a pour origine l'exécution d'une obligation dont le montant n'excède pas 10 000 euros », dans le cadre des procédures instituées par le livre VI du code de commerce ou pour les litiges relatifs à la tenue du registre du commerce et des sociétés.** *(Décr. n° 2020-1452 du 27 nov. 2020, art. 1er-19°-b, en vigueur le 1er janv. 2021)* **« Le montant de la demande est apprécié conformément aux dispositions des articles 35 à 37. »**

Dans ces cas, elles ont la faculté de se faire assister ou représenter par toute personne de leur choix.

Le représentant, s'il n'est avocat, doit justifier d'un pouvoir spécial.

(Décr. n° 2021-1322 du 11 oct. 2021, art. 2-3°, en vigueur le 1er nov. 2021) **« L'État, les régions, les départements, les communes et leurs établissements publics peuvent se faire assister ou représenter par un fonctionnaire ou un agent de leur administration. »**

L'art. 5 du Décr. n° 2019-1333 du 11 déc. 2019 est applicable aux instances introduites à compter du 1er janv. 2020 (Décr., art. 55-II).

L'art. 1er-19° du Décr. n° 2020-1452 du 27 nov. 2020 s'applique aux instances introduites à compter du 1er janv. 2021 (Décr. préc., art. 12).

Le Décr. n° 2021-1322 du 11 oct. 2021 est applicable aux instances en cours à la date de son entrée en vigueur (Décr. préc., art. 8-I).

1. Une personne mandatée aux fins de recouvrement devant le T. com. doit justifier d'un pouvoir spécial si elle n'est avocat. • Com. 14 mars 2000 : *Procédures 2000, n° 150, note Croze.* ♦ La constitution d'avocat n'emporte pas élection de domicile, l'art. 751 étant inapplicable devant le T. com. • Civ. 2e, 24 févr. 1988 : *JCP 1988. II. 21094, note Cadiet.*

2. Au sens des dispositions des art. 853 et 416, le pouvoir spécial délivré en vue de la représentation d'une société devant le T. com. doit avoir été donné pour une instance déterminée, préciser la juridiction saisie, l'objet de la demande et mentionner la partie adverse. • Versailles, 16 janv. 2003 : *BICC 2003, n° 1263 ; Gaz. Pal. 18-19 juill. 2003, p. 16.* ♦ Le pouvoir donnant mandat d'exercer tous droits tenus d'une créance et notamment de procéder à tous recouvrements amiables ou judiciaires, rédigé dans des termes très généraux, s'analyse comme une procuration de recouvrement et non comme un pouvoir spécial. • Même arrêt.

3. Le directeur général d'une société anonyme tient des dispositions combinées des art. 113, al. 1er et 2, et 117, al. 2, de la loi du 24 juillet 1966 [C. com., art. L. 225-51, al. 1er et 2, et L. 225-56, al. 2] le pouvoir d'ester en justice au nom de la société, au même titre que le président du conseil d'administration. Il a par conséquent la faculté, devant les juridictions où les parties se défendent elles-mêmes, de donner à toute personne de son choix un pouvoir spécial aux fins de représentation de la société en justice. • Com. 9 mai 1995, n° 93-16.976 P. – V. aussi • Versailles, 16 janv. 2003 : *préc. note 2.*

4. Les dispositions conférant aux parties la faculté de se faire assister ou représenter par toute personne de leur choix devant une juridiction ne peuvent avoir pour effet de déroger au principe suivant lequel seuls les avocats peuvent assumer ces fonctions à titre habituel ; l'activité consistant à intervenir de manière habituelle devant les tribunaux pour engager et suivre des actions tendant au recouvrement judiciaire de créance d'autrui est constitutive d'un trouble manifestement illicite vis-à-vis des avocats. • Civ. 1re, 7 avr. 1999, n° 97-10.656 P : *D. Affaires 1999. 868, obs. V. A.-R. ; JCP 1999. II. 10108, note R. Martin ; RTD civ. 1999. 698, obs. Perrot ; RG proc. 1999. 706, obs. Putman.* ♦ V. aussi • Civ. 1re, 21 janv. 2003, n° 01-14.383 P : *D. 2003. Somm. 1400, obs. Taormina ; JCP 2003. I. 128, n° 16, obs.*

Cadiet ; JCP 2004. I. 117, n° 5, obs. R. Martin ; Procédures 2003, n° 88, note Perrot (cassant • Paris, 21 mai 2001 : *D. 2001. IR 2084* ; *Gaz. Pal. 2001. 791, obs. Gizardin*). ♦ Doit être condamné pour exercice illégal de la profession d'avocat (art. 4 et 72 de la loi du 31 déc. 1971) le prévenu qui reconnaît et revendique l'exercice habituel d'une activité libérale d'assistance et de représentation des parties devant les tribunaux de commerce. • Crim. 1er févr. 2000 : *D. 2002. Somm. 851, obs. Blanchard* . ♦ Doit être écartée l'argumentation du prévenu, selon laquelle il se serait borné, conformément aux prévisions de l'art. 853 NCPC [devenu C. pr. civ.], et en justifiant à chaque fois d'un pouvoir spécial, à assister ou représenter les parties devant les tribunaux de commerce. • Même arrêt. ♦ V. aussi note 5 ss. art. 1407 NCPC [devenu C. pr. civ.] et note 3 ss. art. 54 de la L. du 31 déc. 1971. – **C. *avocat***.

5. Sur la déclaration de créances au passif du redressement judiciaire d'un débiteur, V. notes ss. ancien art. L. 621-43 C. com. – **C. com.** ou **C. pr. coll.**

Code de commerce

Art. L. 721-1 *(Ord. n° 2006-673 du 8 juin 2006, art. 2)* Les tribunaux de commerce sont des juridictions du premier degré, composées de juges élus et d'un greffier. Leur compétence est déterminée par le présent code et les codes et lois particuliers.

Les tribunaux de commerce sont soumis aux dispositions, communes à toutes les juridictions, du livre Ier du code de l'organisation judiciaire. — *[COJ, art. L. 411-1.]*

1. Unicité d'instance. La règle de l'unicité d'instance prud'homale, qui autorise les demandes nouvelles en cause d'appel, n'est pas applicable devant la juridiction commerciale. • Soc. 23 janv. 2013, n° 10-20.568 P : *D. 2013. Actu. 369* ; *Dr. soc. 2013. 287, note Chaumette* .

2. Greffier. Sur le paiement d'une redevance pour occupation du domaine public s'agissant de l'activité extra-judiciaire des greffiers des tribunaux de commerce, V. • CE 12 mars 2021, n° 442284 : *AJDA 2021. 2518, note Tarlet* ; *AJCT 2021. 379, obs. Dreyfus* ; *RFDA 2021. 469, concl. Victor* ; *RDI 2021. 429, obs. Hasquenoph* • TA Lyon, 8 juin 2020, n° 1808606 : *RFDA 2021. 25, concl. Flechet* . ♦ V. aussi Circ. NOR : JUST2022434C du 6 févr. 2020 relative à l'occupation des locaux judiciaires par les greffiers des tribunaux de commerce *(BOMJ 21 août 2020)*.

Art. L. 721-2 *(Ord. n° 2006-673 du 8 juin 2006, art. 2)* Dans les circonscriptions où il n'est pas établi de tribunal de commerce, le *(Ord. n° 2019-964 du 18 sept. 2019, art. 35, en vigueur le 1er janv. 2020)* « tribunal judiciaire *[ancienne rédaction : tribunal de grande instance]* » connaît des matières attribuées aux tribunaux de commerce. — *[COJ, art. L. 411-3.] — V. art. R. 420-4, R. 721-5.*

Jusqu'au 31 déc. 2008, dans les TGI qui connaissent en application de l'art. L. 721-2 des matières attribuées au tribunal de commerce : 1° Les régies instituées auprès du greffe sont également compétentes pour toutes les opérations, en recettes et en dépenses, liées à cette compétence. Pour ces opérations, les régisseurs d'avances et les régisseurs de recettes sont tenus aux garanties et encourent les responsabilités définies par la réglementation des régies. Ils perçoivent une indemnité de responsabilité. Les art. R. 743-140 à R. 743-157 sont applicables aux redevances perçues par le greffe de ces tribunaux ; 2° Les demandes sont formées, instruites et jugées conformément aux règles établies par le titre III du livre deuxième du code de procédure civile (Décr. n° 2008-522 du 2 juin 2008, art. 12).

Compétence du tribunal judiciaire. Le tribunal (ch. com.) saisi d'une procédure dont la loi lui confère le pouvoir d'en connaître ne peut se déclarer incompétent au seul motif qu'elle relève d'une autre de ses formations (ch. civ.). • Chambéry, 8 nov. 1994 : *D. 1995. 292, notes aprob. Croze et crit. Reinhard* • 20 déc. 1994 : *Gaz. Pal. 1995. 2. Somm. 491, obs. Croze ; JCP 1995. II. 22473, obs. du Rusquec.*

Art. L. 721-3 *(Ord. n° 2006-673 du 8 juin 2006, art. 2)* Les tribunaux de commerce connaissent :

1° Des contestations relatives aux engagements entre commerçants, *(L. n° 2016-1547 du 18 nov. 2016, art. 95-I-1°)* « entre artisans, » entre établissements de crédit *(Ord. n° 2013-544 du 27 juin 2013, art. 7, en vigueur le 1er janv. 2014)* « , entre sociétés de financement » ou entre eux ;

2° De celles relatives aux sociétés commerciales ;

3° De celles relatives aux actes de commerce entre toutes personnes.

Toutefois, les parties peuvent, au moment où elles contractent, convenir de soumettre à l'arbitrage les contestations ci-dessus énumérées. *(Ord. n° 2021-1192 du 15 sept. 2021, art. 28-*

4°, en vigueur le 1er janv. 2022) « Par exception, lorsque le cautionnement d'une dette commerciale n'a pas été souscrit dans le cadre de l'activité professionnelle de la caution, la clause compromissoire ne peut être opposée à celle-ci. » — *[COJ, art. L. 411-4.]*

Les art. L. 721-3, L. 721-4 et L. 721-6 C. com. (anc. art. L. 411-4, L. 411-5 et L. 411-7 COJ) reprennent en substance les art. 631, 636, 637 et 638, al. 1er, C. com. (ancien) qui avaient été abrogés par le Décr. n° 78-329 du 16 mars 1978, texte validé par L. n° 91-1258 du 17 déc. 1991. — Ils ont pris effet à la date d'entrée en vigueur de l'art. 3 de la L. du 17 déc. 1991 (JO 19 déc.) ... modifiant le COJ et donnant force de loi audit code. — Toutefois, les décisions prononcées par les tribunaux d'instance et de grande instance, avant l'entrée en vigueur de la L. n° 2001-420 du 15 mai 2001 (JO 16 mai), dans les matières mentionnées aux art. préc. sont, sous réserve des décisions de justice passées en force de chose jugée, réputées rendues par des juridictions compétentes (L. préc. du 15 mai 2001, art. 127-III).

Le 1° du I de l'art. 95 de la L. n° 2016-1547 du 18 nov. 2016 entre en vigueur à une date fixée par décret, et au plus tard le 1er janv. 2022. A cette date, les procédures relatives aux litiges entre artisans en cours devant les tribunaux de grande instance sont transférées en l'état aux tribunaux de commerce territorialement compétents. Les convocations et citations données aux parties peuvent être délivrées avant la date d'entrée en vigueur du même art. 95 pour une comparution postérieure à cette date devant la juridiction nouvellement compétente. Il n'y a pas lieu de renouveler les actes, formalités et jugements régulièrement intervenus antérieurement au transfert des procédures, à l'exception des convocations et citations données aux parties qui n'auraient pas été suivies d'une comparution devant la juridiction antérieurement compétente. Les parties ayant comparu devant la juridiction antérieurement compétente sont informées par l'une ou l'autre des juridictions qu'il leur appartient d'accomplir les actes de la procédure devant la juridiction à laquelle les procédures sont transférées. Les archives et les minutes du greffe des juridictions antérieurement compétentes sont transférées au greffe des tribunaux de commerce compétents. Les frais de transfert de ces archives et minutes sont imputés sur le crédit ouvert à cet effet au budget du ministère de la justice (L. préc., art. 114-VIII).

Sur la compétence du tribunal de commerce en matière d'injonction de payer, V. C. pr. civ., art. 1406. — ***C. pr. civ.*** — *... De son président, en matière de mesures conservatoires, V. C. pr. exéc., art. L. 511-3.* — ***C. pr. exéc.***

V. pour l'arbitrage international et la reconnaissance, l'exécution forcée et les voies de recours à l'égard des sentences arbitrales rendues à l'étranger ou en matière d'arbitrage international, C. pr. civ., art. 1504 s. — ***C. pr. civ.***

RÉP. COM. vis *Arbitrage commercial*, par MOREAU, BEREGOI, DESCOURS-KARMITZ, MALLET et LELEU ; *Arbitrage international*, par MOREAU, GLUCKSMANN ET FENG ; *Actes de commerce*, par HOUTCIEFF ; *Commerçant*, par Lebel ; *Compétence commerciale*, par TAP.

BIBL. ▶ DELEAU-DESHAYES, *RJ com. 1961. 276* (ordre public et compétence commerciale). – GEISENBERGER, *RTD com. 1964. 39* (exception d'incompétence d'attribution des tribunaux de commerce). – DE LA MORINERIE, *Actes du forum de l'AFIC du 18 mars 1998, p. 14* (compétence d'attribution du tribunal de commerce). – DUPICHOT, *Mél. Guyon, Dalloz, 2003, p. 365* (observations sur la compétence « commerciale » au regard du concept de droit commercial). – KESSEDJIAN, Le code de commerce 1807-2007, Livre du bicentenaire, *Dalloz, 2007, p. 601* (règlement des différends entre professionnels : entre justice publique et justice privée). – ARMAND-PRÉVOST, *Gaz. Pal. 2007. 639* (interrogations sur le traitement des litiges entre sociétés commerciales). – J.-P. et M. BERTREL, *Dr. et patr. 1/2008. 30* (commercialité de l'acquisition de contrôle). – MASSART, *BJS 2008. 366* (commercialité de la cession des droits sociaux d'une société commerciale : tableau didactique). – REINHARD, *Procédures 2011. Dossier 11* (compétence et sociétés commerciales). – VOINOT, *ibid. 12* (quelles compétences pour les tribunaux de commerce en matière de procédures collectives ?). – DEHARO, *RTD com. 2013. 177* (stratégie judiciaire et performance de l'entreprise). – M. BERTREL, *RTD civ. 2013. 759* (la détention du contrôle d'une société commerciale relève-t-elle vraiment du droit civil ?). – ROLLAND, *Procédures 2017. Étude 14* (justice du XXIe siècle : extension de la compétence des tribunaux de commerce aux litiges des artisans). – FOUCHARD, *D. avocats 2020. 355* (la clause de règlement des litiges en droit commercial : le cas de la clause de règlement des litiges à plusieurs niveaux).

PLAN DES ANNOTATIONS

(Jurispr. rendue sur le fondement de l'art. 631 C. com., abrogé, mais dont les dispositions ont été reprises à l'art. L. 411-4 COJ (devenu l'art. L. 721-3 C. com.) par la L. no 2001-420 du 15 mai 2001).

I. ABROGATION DE L'ART. 631 C. COM.

BIBL. Le Bars, *JCP 2000. Actu. 2163* (nouvelles observations sur la codification à « droit constant » du code de commerce : l'art. 631 abrogé depuis 1991). – Douvreleur, *D. 2001. 530* (de la compétence des tribunaux de commerce). – Croze, *Procédures 2000, no 12* (tribunaux de commerce : conséquence de l'abrogation de l'ancien code de commerce).

1. *Portée de l'abrogation.* S'il est exact que l'art. 4 de l'Ord. no 2000-912 du 18 sept. 2000, relative à la partie législative du code de commerce, a abrogé celui-ci, et par conséquent les dispositions prévues par l'art. 631 dudit code, dès lors que le litige revêt un caractère purement commercial, il relève de la compétence du tribunal de commerce. • Paris, 31 janv. 2001 : *D. 2001. AJ 783, obs. Lienhard ; JCP 2001. I. 311, no 5, obs. Cadiet ; RJ com. 2001. 111 note Fages et Vexliard.* ♦ Considérant qu'il ne saurait résulter de l'abrogation de l'art. 631 C. com. par la L. no 91-1258 du 17 déc. 1991, l'absence d'existence légale des tribunaux de commerce, V. • Orléans, 10 janv. 2001 : *JCP 2001. I. 311, no 5, obs. Cadiet ; Procédures 2001, no 90, obs. Croze.* – Comp. : • Lyon, 11 janv. 2001 : *Procédures 2001, no 90, obs. Croze.*

2. *Rétablissement de la substance de l'art. 631 C. com.* L'intervention du législateur *qui s'est borné à rétablir*, dans des termes équivalents, des dispositions réglementant la compétence des tribunaux de commerce qui, à la suite d'une maladresse législative, avaient été abrogées sans que d'autres ne soient venues les remplacer, a répondu ainsi à un impérieux motif d'intérêt général. • Com. 14 déc. 2004, no 01-10.780 P : *D. 2005. AJ 146, obs. Lienhard ; JCP E 2005, no 5, p. 162 ; Dr. sociétés 2005, no 31, obs. Hovasse ; BJS 2005. 728, note Fages et Vexliard ; Procédures 2005, no 60, obs. Perrot.* ♦ Par la L. du 15 mai 2001, le législateur n'a fait que réparer l'erreur qu'il avait commise lors de son entreprise de codification, et le juge ne peut violer l'art. 6 (1) de la Conv. EDH en faisant application d'une loi qui rétroactivement en fait coïncider la lettre avec l'esprit. • Paris, 17 oct. 2001 : *D. 2001. AJ 3438, obs. Lienhard ; RTD civ. 2002. 843, obs. Normand .*

II. CONTESTATIONS ENTRE COMMERÇANTS

3. *Présomption de commercialité.* La nature commerciale de l'acte s'apprécie à la date à laquelle il a été passé, peu important que son auteur ait perdu depuis lors la qualité de commerçant. • Com. 12 mars 2013, no 12-11.765 P : *D. 2013. Actu. 769 ; RTD com. 2013. 223, obs. Saintourens ; JCP 2013, no 610, note Lebel ; RJDA 2013, no 862 ; Procédures 2013, no 143, obs. Perrot.* ♦ Les tribunaux de commerce connaissant des contestations relatives aux engagements entre commerçants, c'est à tort que les juges du fond ont considéré que le TGI, qui connaît de toutes les affaires pour lesquelles compétence n'a pas été expressément attribuée à une autre juridiction, n'est pas incompétent pour connaître du litige dont la compétence n'a pas été expressément attribuée au tribunal de commerce. • Com. 27 oct. 2009, no 08-18.004 P : *D. 2009. AJ 2682 ; JCP E 2010. 1037, note Lebel ; LPA 21 janv. 2010, note Loir ; RJDA 2010, no 103 ; RJ com. 2010. 154, obs. Messaï-Bahri.* ♦ Les actes accomplis par un commerçant pour les besoins de son commerce sont commerciaux par accessoire. • Com. 14 févr. 1956 : *RTD com. 1957. 413* • 18 mars 1974 : *Gaz. Pal. 1974. 1. Somm. 134, obs. Jauffret.* ♦ C'est à celui qui invoque le caractère civil de l'acte à prouver qu'il n'a pas été accompli pour les besoins du commerce. • Orléans, 22 avr. 1974 : *JCP 1974. IV. 6445, obs. J. A.* ♦ Sur la commercialité par accessoire, V. note 22 ss. art. L. 110-1.

4. *Contrat de travail.* L'action dirigée contre une société, fondée sur la complicité de celle-ci dans la violation par un ancien salarié d'une clause de non-concurrence, relevant de la compétence du tribunal de commerce, suppose que soit tranchée la question préalable de la violation de la clause de non-concurrence par l'intéressé, laquelle relève de la compétence exclusive de la juridiction prud'homale. • Com. 6 mai 2003, nº 01-15.268 : *JCP E 2003, nº 27, p. 1120 ; RJDA 2003, nº 1145.* ♦ Lorsque des gérants exercent leur activité non pas dans les conditions d'un contrat de travail de droit commun, mais dans les conditions fixées par l'art. L. 781-1 [L. 7321-1 s. nouv.] C. trav., la compétence prud'homale est écartée, et le tribunal de commerce retrouve sa compétence, lorsque le litige porte sur les modalités d'exploitation commerciale de la succursale. • Soc. 9 juill. 1974, nº 73-11.650 P • Paris, 11 juill. 1975 : *RTD com. 1975. 803, obs. Jauffret ; JCP 1976. IV. 120* • Soc. 14 janv. 2015, nº 13-20.707 : *RJDA 2015, nº 471.* ♦ Tel est le cas lorsque le différend concerne une demande en paiement de fourniture et de frais d'exploitation. • Soc. 10 juin 1976, nº 74-13.536 P • 8 nov. 1979, nº 78-10.062 P. ♦ ... Ou porte sur un remboursement d'une certaine somme correspondant à des détournements et à un déficit d'inventaire. • Soc. 8 mars 2006, nº 04-17.059 P : *JCP E 2006, nº 16, p. 741.* ♦ Pour une reconnaissance de la compétence prud'homale, V. • Soc. 22 mars 2006, nº 05-42.233 P : *JCP E 2006, nº 19, p. 883 ; Gaz. Pal. 2006. Somm. 2086, obs. Boubli.*

5. *Droit d'auteur.* **BIBL.** Bruguière et Deprez, *JCP E 2008, nº 39, p. 3.* ♦ V. la rédaction de l'art. L. 331-1 CPI, conférant une compétence exclusive aux TJ. – **CPI.** ♦ V. aussi note 73 ss. L. nº 63-628 du 2 juill. 1963, art. 2, App., vº *Concurrence.*

6. *Demandes multiples.* Lorsque la demande comprend des chefs distincts, les uns civils, les autres commerciaux, mais unis par des liens de connexité si étroits qu'on risquerait, en les jugeant séparément, de leur donner des solutions inconciliables, la juridiction civile doit prévaloir sur la juridiction exceptionnelle et être saisie de l'entier litige. • Civ. 21 janv. 1903 : *DP 1903. 1. 177* • 21 oct. 1931 : *ibid. 1933. 1. 100.* ♦ Il en est de même quand une action est intentée contre plusieurs défendeurs dont les uns sont tenus civilement et les autres commercialement. • Civ. 5 févr. 1907 : *DP 1907. 1. 429.* ♦ Le tribunal de commerce n'est, en principe, compétent pour connaître des demandes reconventionnelles que si elles ont, comme la demande principale, une cause commerciale, ou si, étant de nature civile, elles sont indivisibles de la demande principale. • Req. 19 déc. 1922 : *DP 1923. 1. 189.* ♦ En cas de connexité entre deux instances, l'une soumise au TGI, l'autre au tribunal de commerce, le premier ne peut se déclarer incompétent au profit du second, dès lors que certaines demandes n'entrent pas dans la compétence d'attribution de ce dernier. En effet, aucun texte ne donne compétence au tribunal de commerce pour statuer sur une demande dirigée contre une personne n'ayant pas la qualité de commerçant et n'ayant pas accompli un acte de commerce. • Civ. 2e, 1er mars 2018, nº 16-22.987 P : *D. actu. 14 mars 2018, obs. Jourdan-Marques.* ♦ Lorsque le défendeur, assigné devant une juridiction commerciale, soulève un moyen de défense portant sur un point de droit civil ou rendant nécessaire l'interprétation d'un contrat civil, la solution doit en être soumise préjudiciellement à la juridiction civile. • Civ. 6 févr. 1924 : *DP 1924. 1. 181, note Appleton.*

7. *Commission rogatoire.* La demande de l'autorité requérante décernée en application des dispositions de la Conv. de La Haye du 18 mars 1970 sur l'obtention des preuves à l'étranger en matière civile ou commerciale ayant pour seul objet l'exécution d'une commission rogatoire, cette demande, qui n'entre pas dans le champ de la compétence d'attribution du tribunal de commerce telle que définie par l'art. L. 721-3, relève de la compétence du TGI. • Cass., avis, 18 mars 2013, nº 12-70.020 P : *BICC 1er mai 2013, p. 20, rapp. Matet, obs. Domingo ; D. 2013. Actu. 845 ; JCP E 2013, nº 279 ; BJS 2013. 354, note Cholet.*

III. SOCIÉTÉS DE COMMERCE

8. *Actions relatives à la vie sociale.* Les tribunaux de commerce connaissent des contestations relatives aux sociétés commerciales (action contre les dirigeants sociaux de fait, alors même que les sociétés qu'ils dirigent n'ont pas elles-mêmes été personnellement mises en cause). • Com. 27 oct. 2009, nº 08-20.384 P : *D. 2010. 296, note Dondero ; RTD com. 2009. 766, obs. Le Cannu et Dondero ; Rev. sociétés 2010. 30, note Saintourens ; JCP 2009, nº 52, p. 30, note Lebel ; LPA 29 déc. 2009, note Brignon ; RJDA 2010, nº 51 ; RLDA déc. 2009. 10, note Poracchia et Merland.* ♦ Les tribunaux de commerce sont compétents pour connaître des actions en responsabilité engagées par des sociétés commerciales contre leurs dirigeants de fait. • Com. 30 mars 2022, nº 20-11.776 B : *D. actu. 19 avr. 2022, obs. Ferrari.* ♦ Le fait qu'un gérant de SARL ne soit pas personnellement commerçant ne peut pas le soustraire à la juridiction commerciale dès lors que les faits allégués contre lui se rattachent par un lien direct à la gestion de la société. • Com. 7 avr. 1967, nº 64-14.121 P : *D. 1968. 61, note Calais-Auloy* • Paris, 14 juin 2002 : *RJDA 2003, nº 848* (litige entre un associé et le gérant d'une société en participation ayant une activité commerciale). ♦ Les manquements commis par le gérant d'une société commerciale

(SARL) à l'occasion de l'exécution d'un contrat se rattachent par un lien direct à la gestion de celle-ci et la circonstance qu'il ne soit pas personnellement commerçant ou qu'il n'ait pas accompli d'actes de commerce est indifférente. • Com. 14 nov. 2018, n° 16-26.115 P : *D. 2019. Chron. C. cass. 1371, obs. Gauthier ; RTD com. 2019. 148, obs. Lecourt ; Rev. sociétés 2019. 394, obs. El Mejri ; JCP E 2018, n° 1632, note Houtcieff ; RJDA 2019, n° 344 ; BJS 2019. 17, note Reygrobellet ; RLDA mai 2019. 13, note Hassoun.* ♦ Viole l'art. L. 721-3, la cour d'appel qui retient que l'action en responsabilité prévue par l'art. L. 213-12, dirigée contre le liquidateur amiable d'une SARL, relève de la compétence de la juridiction civile, alors que le liquidateur, comme le gérant, agit dans l'intérêt social et réalise des opérations se rattachant directement à la gestion de la société. • Même arrêt. ♦ La juridiction commerciale est compétente en cas de litige opposant deux associés de fait dont l'un a assigné l'autre en résiliation et dissolution à ses torts de la société de fait commerciale et en dommages-intérêts. • Com. 8 juill. 1970, n° 69-13.855 P : *D. 1971. 324.* ♦ Le conseil de prud'hommes n'est pas compétent pour statuer sur les conditions de mise en œuvre d'un pacte d'actionnaires qui ne constitue pas un accessoire au contrat de travail. • Soc. 18 oct. 2007, n° 06-45.331 P : *RJDA 2008, n° 133.* ♦ Si l'attribution par l'employeur à un salarié d'une option donnant droit à une souscription d'actions constitue un accessoire du contrat de travail dont la connaissance relève du conseil de prud'hommes, les différends pouvant ensuite s'élever dans les relations entre la société et le salarié devenu actionnaire, indépendamment des conditions d'acquisition de ses actions, sont de la compétence de la juridiction commerciale. • Soc. 16 sept. 2008, n° 07-20.444 P : *Rev. sociétés 2009. 102, note Barbièri ; JCP E 2009, n° 3, p. 24, note Kovac et Montanier ; RJDA 2008, n° 1277* • 27 févr. 2013, n° 11-27.319 : *RJDA 2013, n° 422.* ♦ Jugeant que la demande en paiement de dommages-intérêts d'un salarié en réparation du préjudice causé par les conditions particulières de cession de ses actions en raison de la perte de sa qualité de salarié du fait de son licenciement constitue un différend né à l'occasion du contrat de travail : • Soc. 9 juill. 2008, n° 06-45.800 P : *Rev. sociétés 2008. 780, note Barbièri ; RJDA 2008, n° 1261 ; RJ com. 2009. 38, obs. Desbarats.* ♦ L'art. R. 221-27, 3°, COJ ne donne pas compétence au tribunal d'instance pour connaître des contestations portant sur la désignation, par les salariés actionnaires, d'un *candidat à l'élection d'un administrateur* par l'assemblée générale des actionnaires, régie par l'art. L. 225-23 C. com. En l'absence de toute autre disposition prévoyant la compétence du tribunal d'instance en cette matière, c'est à bon droit que la cour d'appel a retenu que le litige, portant sur une contestation relative aux sociétés commerciales, relevait de la compétence du tribunal de commerce, en application de l'art. L. 721-3, 2°, C. com. • Com. 18 mars 2020, n° 17-24.039 P : *cité note 2 ss. art. L. 225-23.*

Le tribunal de commerce est compétent pour connaître du litige qui oppose deux sociétés commerciales au sujet de l'exécution des engagements résultant d'un contrat de bail qui a le caractère d'un acte de commerce, aucun texte, et notamment pas l'art. R. 321-2 COJ, n'attribuant compétence exclusive aux tribunaux d'instance pour, dans de telles conditions, connaître des actions nées d'un contrat de louage d'immeuble. • Lyon, 15 mai 1992 : *D. 1993. 3, note Reinhard* • Civ. 2e, 30 sept. 1981, n° 81-12.359 P : *D. 1982. IR 158, obs. Julien.* ♦ Sur la compétence commerciale pour un litige opposant deux associés d'une société commerciale sur le nombre d'actions devant être attribuées à l'un deux, V. • Com. 14 févr. 2006, n° 03-19.823 : *Rev. sociétés 2006. 787, note Saintourens ; JCP E 2007, n° 12, p. 27, note Legros ; RJDA 2006, n° 793.*

9. Option de compétence du demandeur non-commerçant. Si la compétence des juridictions consulaires peut être retenue lorsque les défendeurs sont des personnes qui n'ont ni la qualité de commerçant ni celle de dirigeant de droit d'une société commerciale dès lors que les faits qui leur sont reprochés sont en lien direct avec la gestion de cette société, toutefois, lorsque le demandeur est un non-commerçant, il dispose du choix de saisir le tribunal civil ou le tribunal de commerce ; les demandeurs n'ayant pas la qualité de commerçant, il s'en déduit qu'ils disposent d'une option de compétence leur permettant de saisir valablement le juge civil d'une action en concurrence déloyale dirigée contre une société commerciale et deux de ses salariés. • Com. 18 nov. 2020, n° 19-19.463 P : *D. 2020. Actu. 2342 ; Rev. sociétés 2021. 165, note Reygrobellet ; RJDA 2021, n° 101.* – V. aussi, dans le cadre d'un acte préparatoire à une cession de contrôle : • Com. 31 mars 2021, n° 19-17.900 : *RJDA 2021, n° 534.*

10. Cessions de droits sociaux. BIBL. J.-P. et M. Bertrel, *Dr. et patr. 1/2008. 30* (la commercialité de l'acquisition de contrôle). ♦ Le litige qui oppose les cédants des actions d'une SA aux dirigeants de la société cédée porte sur la clause de non-concurrence contenue dans la convention de cession, ce dont il résulte qu'en application de l'art. L. 721-3, ce litige, né à l'occasion d'une cession de titres d'une société commerciale, relève de la compétence du tribunal de commerce. • Com. 10 juill. 2007, n° 06-16.548 P : *D. 2008. 518, note Thévenet-Montfrond ; D. 2007. Chron. C. cass. 2768, obs. Salomon ; RTD com. 2007. 783, obs. Le Cannu et Dondero ; Rev. sociétés 2007. 793, note Saintourens ; JCP E 2007, n° 46, p. 27, note Legros ; LPA 27 déc. 2007, note Navarro ; RJDA*

2007, nº 1245 ; BJS 2007. 1242, note Poracchia. ♦ Le litige relatif à une cession de créance, qui oppose les parties à l'acte de cession des actions et porte sur une stipulation insérée dans ledit acte, est né à l'occasion de la cession des titres d'une société commerciale et ressortit à ce titre à la compétence du tribunal de commerce. • Com. 12 févr. 2008, nº 07-14.912 P : *D. 2008. AJ 612, obs. Lienhard ; RTD com. 2008. 358, obs. Le Cannu et Dondero ; Rev. sociétés 2008. 370, note Saintourens ; JCP 2008. II. 10129, note Lebel ; LPA 17 juill. 2008, note Brignon ; RJDA 2008, nº 533 ; BJS 2008. 485, note Barbièri.* ♦ Ayant constaté que le litige, qui oppose deux associés d'une société commerciale, porte sur la validité d'un acte de cession de parts sociales composant le capital de cette dernière société, c'est à bon droit que l'arrêt retient qu'en application de l'art. L. 721-3 le litige, né à l'occasion d'une cession de titres d'une société commerciale, relève de la compétence du tribunal de commerce. • Com. 6 janv. 2021, nº 19-10.238 : *RJDA 2021, nº 478 ; Gaz. Pal. 2 mars 2021, p. 18, note Azoulay et Zagury.*

11. Cession de contrôle. Présente un caractère commercial la cession d'un nombre de parts entraînant le contrôle de la société. • Com. 28 déc. 1978 : *D. 1980. 316, note Bousquet* • 19 nov. 1985, nº 84-13.768 P • 24 nov. 1992, nº 91-10.699 P • 2 juill. 2002, nº 00-10.121 : *BJS 2002. 1179, note Fages ; JCP E 2003, nº 19, p. 804, obs. Béguin ; RJDA 2003, nº 501.* ♦ Les conventions qui emportent cession de contrôle d'une société commerciale présentent un caractère commercial encore qu'elles ne soient pas conclues entre commerçants. • Com. 28 nov. 2006, nº 05-14.827 : *RTD com. 2007. 148, obs. Champaud et Danet ; RJDA 2007, nº 489 ; Dr. sociétés 2007, nº 30, obs. Hovasse.* ♦ Sur la notion d'opération juridique globale dans laquelle peut s'inscrire une cession d'action revêtant un caractère commercial, V. • Civ. 2e, 30 mars 2000, nº 98-18.262 : *RJDA 2000, nº 873.* – V. aussi • Com. 22 mars 2005, nº 01-16.331 : *RJDA 2005, nº 987* • Paris, 9 oct. 2009 : *RJDA 2010, nº 193.* ♦ Comp., jugeant que la prise de contrôle d'une société s'appréciant non pas au regard du vendeur, mais au regard de chacun des cessionnaires pris séparément, des cessions distinctes de parts sociales consenties par actes séparés à des personnes n'ayant entre elles aucun lien de parenté ne constituent pas des cessions en bloc mais des actes civils relevant de la compétence du TGI. • Versailles, 17 sept. 1998 : *BJS 1998. 1266, note Etain ; JCP 1999. I. 134, nº 5, obs. Viandier et Caussain ; RTD com. 1999. 141, obs. Reihnard .* ♦ Un pacte d'actionnaires portant sur le contrôle d'une société commerciale pouvant avoir pour objet ou pour effet de transférer ce contrôle à une autre société ou au contraire de faire obstacle à ce transfert et de renforcer le contrôle exercé par les actionnaires, doit être considéré comme un acte de commerce par nature, et non comme un acte mixte. • TGI Lyon, 10 avr. 1992 : *RTD com. 1992. 642, obs. Reinhard .*

Lorsque, alors que les apports de deux investisseurs faisaient perdre le contrôle de la société et de ses filiales à l'actionnaire majoritaire, une société holding a été créée pour éviter ce résultat et que, pour protéger les associés majoritaires en capital qu'un tel montage rendait minoritaires en voix, un droit de sortie leur a été garanti par l'engagement de rachat pris par l'actionnaire majoritaire, la clause de rachat ne constitue pas un engagement autonome, mais son acceptation, imposée par les investisseurs, donne à l'actionnaire majoritaire le contrôle des sociétés, effet suffisant pour lui donner la nature d'acte commercial. • Com. 26 mars 1996, nº 94-14.051 P : *D. 1996. Somm. 342, obs. Hallouin ; BJS 1996. 588, note Rontchevsky ; JCP E 1996. II. 855, note Bonneau* (conf. • Paris, 2 mars 1994 : *D. 1994. IR 126 ; BJS 1994. 513, note Couret*). ♦ Retenant la compétence commerciale pour une action en paiement d'honoraires intentée par un conseiller financier chargé d'une mission préparatoire à une cession du contrôle de la société : • Com. 15 janv. 2008, nº 07-12.102 P : *D. 2008. AJ 413, obs. Chevrier ; RTD com. 2008. 496, obs. Saintourens ; ibid. 573, obs. Champaud et Danet ; JCP 2008. IV. 1290 ; LPA 17 juill. 2008, note Brignon ; LPA 8 août 2008, note Favario ; RJDA 2008, nº 744 ; Defrénois 2008. 1472, obs. Thullier ; BJS 2008. 386, obs. Vidal.* ♦ Sur l'assimilation à la cession d'un fonds de commerce, V. note 7 ss. art. L. 141-1.

12. Actes de nature civile. **BIBL.** Jeandidier, *D. 1979. Chron. 7.* – Dekeuwer, *JCP E 1977. I. 12392.* ♦ Les actes faits par une société à forme commerciale, même s'ils sont de nature civile, sont à son égard des actes de commerce. • Com. 14 févr. 1956 : *JCP 1956. II. 9375* • 19 nov. 1956 : *Gaz. Pal. 1957. 1. 203* • 3 janv. 1956 : *JCP 1956. II. 9232, note Derrida* • 10 mars 1998, nº 95-21.580 P : *D. Affaires 1998. 722, obs. V. A.-R. ; BJS 1998. 665, note Daigre ; Rev. sociétés 1998. 307, note Barbièri .* ♦ V. cep., s'agissant des actes constitutifs ou translatifs de droits réels immobiliers, • Paris, 22 avr. 1950 : *Gaz. Pal. 1950. 2. 367* • Nancy, 30 juin 1960 : *D. 1960. 678.* ♦ Une cour d'appel fait une exacte application des dispositions de l'art. L. 721-3 en retenant la compétence du tribunal de commerce pour connaître d'une demande d'expertise *in futurum* formée par un liquidateur judiciaire contre une SARL de commissariat aux comptes exerçant une activité professionnelle libérale réglementée. • Com. 29 sept. 2009, nº 08-17.205 : *BJS 2010. 32, note Godon.*

13. Cautionnement. La compétence des juridictions commerciales s'étend au cautionnement, acte civil par nature, qui devient commercial lorsque la caution a un intérêt patrimonial personnel dans l'opération garantie. • Com. 7 avr. 2004, n° 02-12.954 : *RJDA 2004, n° 1040.* ♦ V. désormais le 11° de l'art. L. 110-1.

IV. ASSOCIATIONS

14. BIBL. Simon, *D. 1977. Chron. 153.* ♦ Bien qu'une association de la loi de 1901 relève en principe des tribunaux civils, la juridiction commerciale peut être compétente lorsque les actes de commerce qu'elle accomplit deviennent habituels. • Com. 8 juill. 1969 : *JCP 1970. II. 16155 bis, note J. A. ; RTD civ. 1970. 349, obs. Jauffret* • Paris, 13 juin 1990 : *D. 1990. IR 192.* ♦ V., pour un club de football professionnel : • Reims, 19 févr. 1980 : *JCP 1981. II. 19496, note Guyon ; RTD com. 1981. 520, obs. Dubarry ; ibid. 606, obs. Merle.* ♦ Une association, qui offre de manière permanente aux particuliers un site internet visant à favoriser les échanges d'immeubles, effectue des opérations d'intermédiaire pour l'achat ou la vente d'immeubles, et relève de la compétence du tribunal de commerce. • Com. 14 févr. 2006, n° 05-13.453 P : *D. 2006. AJ 783, obs. Chevrier ; RTD com. 2006. 564, obs. Saintourens ; JCP 2006. IV. 1548 ; Gaz. Pal. 2006. 3384, obs. Ballet ; CCC 2006, n° 102, obs. Leveneur ; RJDA 2006, n° 848.*

V. GROUPEMENT D'INTÉRÊT ÉCONOMIQUE

15. Dès lors que les statuts du GIE autorisent celui-ci à effectuer toutes opérations commerciales se rattachant directement ou indirectement à la réalisation de son objet, il en résulte que ce groupement effectue des actes de commerce et que son objet présente un caractère commercial, justifiant la compétence du tribunal de commerce. • Com. 15 juin 2010, n° 09-15.130 : *Rev. sociétés 2010. 386, obs. Lienhard ; JCP E 2010, n° 1966, note Hovasse ; RJDA 2010, n° 1089.*

VI. ACTES MIXTES

16. Option de compétence. En cas de litige entre deux parties dont l'une seulement est commerçante ou à propos d'un acte qui n'est commercial que pour l'une d'elles, la partie qui n'est pas commerçante ou qui n'a pas fait d'acte de commerce a le droit d'être jugée par la juridiction civile compétente à son égard et si elle est demanderesse, à actionner, à son choix, le défendeur commerçant devant le tribunal civil ou commercial. • Civ. 8 mai 1907 : *DP 1911. 1. 222* • Civ. 1er juill. 1908 : *ibid. 1909. 1. 11* • Civ. 6 mai 1930 : *DH 1930. 363* • *22 juin 1943 : DC 1944. J. 83* • Com. 20 juill. 1965 : *D. 1965. 581.* – V. aussi • Com. 18 nov. 2020, n° 19-19.463 P : *préc. note 9.* ♦ ... Mais la partie non commerçante peut toujours renoncer à se prévaloir de l'incompétence du tribunal de commerce. • Civ. 2e, 17 mai 1982, n° 80-16.063 P. ♦ ... Et la juridiction saisie ne peut pas relever d'office son incompétence lorsque la partie commerçante a saisi le tribunal de commerce et que l'autre partie n'a pas décliné cette compétence. • Orléans, 27 déc. 2001 : *RJDA 2002, n° 1342.* ♦ Il résulte des art. L. 211-3 COJ et L. 721-3 et L. 225-102-4 C. com. que le plan de vigilance, incombant à une SA en application de l'art. L. 225-102-4, ne constitue pas un acte de commerce au sens du 3° de l'art. L. 721-3 et que, si l'établissement et la mise en œuvre d'un tel plan présentent un lien direct avec la gestion de cette société, justifiant la compétence des juridictions consulaires par application du 2° de l'art. L. 721-3, le demandeur non commerçant qui entend agir à cette fin dispose toutefois, en ce cas, du choix de saisir le tribunal civil ou le tribunal de commerce. Pour retenir la compétence exclusive du tribunal de commerce, l'arrêt retient que le plan de vigilance, dont l'établissement et la mise en œuvre sont en lien direct avec la gestion de la société, constitue un acte commercial et non un acte mixte qui, seul, ouvrirait un droit d'option aux associations demanderesses. En statuant ainsi, alors que les demandeurs, non commerçants, pouvaient choisir d'agir devant la juridiction civile, la cour d'appel a violé les textes susvisés. • Com. 15 déc. 2021, n° 21-11.882 B : *cité ss. art. L. 225-102-4.* ♦ V. désormais COJ, art. L. 211-21 donnant compétence au tribunal judiciaire de Paris.

17. Clauses attributives de compétence. V. notes 54 s.

18. Preuve. V. art. L. 110-3.

19. Prescription. V. art. L. 110-4.

VII. CLAUSE COMPROMISSOIRE

BIBL. Reinhard, *LPA 15 mai 1996* (arbitrage et sociétés). – Croze et Reinhard, *JCP E 2005, n° 14, p. 612* (procédures collectives et arbitrages : conseils pratiques). – Braconnier, *Dr. et patr. 10/2005. 59* (arbitrage et contrats publics d'affaires). – Idot, *D. 2007. 2681* (la place de l'arbitrage dans la résolution des litiges en droit de la concurrence). – Tricot et Paclot, *Dr. et patr. 1/2008. 50* (garantie de passif : pourquoi choisir la voie de l'arbitrage ?). – Castel et Reigné, *ibid. 55* (clause compromissoire et garantie de passif). – Paillusseau, *ibid. 60* (l'arbitre et le prix de la cession de contrôle). – Lécuyer et Poracchia, *ibid. 67* (circulation de la garantie de passif et de la clause compromissoire). – Legros, *RD transp. sept. 2008, p. 15* (arbitrage et connaissement). – Vidal, *Gaz. Pal. 2009. 2996* (procédure collective et procédure d'arbitrage : quelle rencontre ?). – Racine, *LPA 8 oct. 2010* (l'arbitre face aux pratiques illicites du commerce international). – Ruet, *Defrénois 2012. 966* (arbitrage et baux commerciaux).

20. Loi du 15 mai 2001. BIBL. Marini et Fages, *D. 2001. 2658* . – Loquin, *RTD com. 2001. 642* . – Rontchevsky, *AJDI 2002. 270* (arbitrage et baux commerciaux depuis la loi

NRE). – Dossier, *Dr. et patr. 6/2002, p. 51* (nouvelles perspectives en matière d'arbitrage). – Augendre, *RJ com. 2002. 292* (réforme de l'arbitrage : de nouveaux territoires ?). ♦ Validité, par application de L. du 15 mai 2001, d'une clause compromissoire insérée dans une convention conclue entre professionnels avant l'entrée en vigueur de la loi nouvelle, peu important, à cet égard, que la convention ait ou non pris fin avant cette entrée en vigueur. • Civ. 1re, 22 nov. 2005, n° 04-12.655 P : *D. 2006. 277, note Le Bars et Callé ; RTD com. 2006. 302, obs. Loquin ; JCP E 2006, n° 5, p. 239, note Croze ; LPA 22 mars 2006, note Peltier ; Gaz. Pal. 2006. 463, note Vatier ; RJDA 2006, n° 207.* ♦ L'art. L. 721-3, 3°, C. com. prévoit des dispositions particulières qui figurent au nombre de celles visées par l'art. 2061 C. civ. [rédaction antérieure à la L. n° 2016-1547 du 18 nov. 2016] ; après avoir qualifié de commercial l'acte en cause, ce dont il résultait que les contestations relatives à l'acte entraient dans les prévisions de l'art. L. 721-3, 3°, c'est à bon droit que la cour d'appel, en présence d'une clause compromissoire qui n'était pas manifestement nulle, a retenu que la juridiction étatique n'était pas compétente pour connaître du litige. • Civ. 1re, 22 oct. 2014, n° 13-11.568 P : *D. 2015. 56, note Dondero ; AJCA 2015. 74, obs. Boucaron-Nardetto ; RTD com. 2016. 66, obs. Loquin ; JCP 2014, n° 1138, obs. Le Bars ; RJDA 2015, n° 227 ; RLDA janv. 2015, note Bert ; BJS 2014. 685, note Barbièri.* ♦ Mais, les époux n'exerçant plus aucune activité professionnelle à la date de la conclusion des contrats renfermant la clause compromissoire, ces contrats n'ont pas été conclus en raison d'une activité professionnelle au sens de l'art. 2061 C. civ., de sorte que la clause compromissoire était nulle et de nul effet. • Civ. 1re, 29 févr. 2012, n° 11-12.782 P : *D. 2012. 1312, note Rouaud ; JCP E 2012, n° 1314, note Monéger ; LPA 22 mai 2012, note Legrand ; RJDA 2012, n° 544.* ♦ V. la nouvelle rédaction de l'art. 2061 C. civ. issue de la L. n° 2016-1547 du 18 nov. 2016. – **C. civ.**

A. AUTONOMIE

21. Absence d'incidence sur la clause compromissoire de l'inefficacité de l'acte qui la contient. En application du principe de validité de la convention d'arbitrage et de son autonomie en matière internationale, la nullité non plus que l'inexistence du contrat qui la contient ne l'affectent. • Civ. 1re, 25 oct. 2005, n° 02-13.252 P : *D. 2006. 199, avis Sainte-Rose ; D. 2005. Pan. 3052, obs. Clay ; JCP E 2006, n° 26, p. 1156, obs. Béguin* • 11 juill. 2006, n° 04-14.950 P : *JCP 2006. II. 10182, note Callé ; RJDA 2007, n° 427* • Civ. 2e, 4 avr. 2002, n° 00-18.009 P : *D. 2003. 1117, note Degos ; JCP 2002. II. 10154, note Reifegerste.* ♦ En droit interne de l'arbitrage, la clause compromissoire présente, par rapport à la convention principale dans laquelle elle s'insère, une autonomie juridique qui exclut, sauf stipulation contraire, qu'elle puisse être affectée par une éventuelle inefficacité de cette convention. • Com. 9 avr. 2002, n° 98-16.829 P : *D. 2003. 1117, note Degos ; JCP 2002. II. 10154, note Reifegerste* • Civ. 2e, 20 mars 2003, n° 01-02.253 P : *D. 2003. Somm. 2470, obs. Clay ; JCP E 2003, n° 21-22, p. 880 ; RJDA 2003, n° 1030.*

22. Nullité ou inapplicabilité manifeste de la clause compromissoire. Est seule de nature à faire obstacle à la compétence prioritaire de l'arbitre la nullité ou l'inapplicabilité manifeste de la clause d'arbitrage. • Com. 25 nov. 2008, n° 07-21.888 P : *D. 2009. 1516, note Pillet ; JCP 2009. II. 10023, note Mainguy ; LPA 20 juill. 2009, obs. Larroumet.* ♦ Le fait que le litige porte sur une obligation précontractuelle alors que la convention d'arbitrage a été stipulée pour trancher les litiges nés des relations contractuelles ne caractérise pas une inapplicabilité manifeste de la clause d'arbitrage. • Civ. 1re, 4 juill. 2006, n° 05-17.460 P : *D. 2006. Pan. 3029, obs. Clay ; RTD com. 2006. 764, obs. Loquin ; JCP 2006. IV. 2698.* – V. aussi • Civ. 1re, 25 avr. 2006, n° 05-15.528 P : *JCP E 2006, n° 50, p. 2147, obs. Seraglini ; CCC 2006, n° 151, obs. Leveneur ; Rev. crit. DIP 2007. 128, note Jault-Seseke* (rupture brutale des pourparlers). ♦ Sur le principe compétence-compétence, V. note 28. ♦ Sur l'éviction du principe compétence-compétence dans les contrats de consommation internationaux, V. • Civ. 1re, 30 sept. 2020, n° 18-19.241 P : *D. 2020. 2501, note Mouralis ; AJ contrat 2020. 485, note Mainguy ; RTD com. 2021. 529, obs. Loquin ; JCP E 2021, n° 1178, note Casson ; RJDA 3/2021. 197, avis Marilly.*

23. Extension de la clause compromissoire. BIBL. Bessis, *LPA 2 août 2012* (extension *ratione personae* des conventions d'arbitrage international). ♦ L'existence et l'efficacité d'une clause compromissoire s'apprécient, sous réserve des règles impératives du droit français et de l'ordre public international, d'après la commune volonté des parties, sans qu'il soit nécessaire de se référer à une loi étatique. • Civ. 1re, 30 mars 2004, n° 01-14.311 P : *JCP E 2004, n° 45-46, p. 1786, note Chabot ; RTD com. 2004. 443, obs. Loquin .* ♦ En l'absence de nullité manifeste, la clause compromissoire, contenue dans une convention internationale, doit recevoir application en vertu de l'indépendance d'une telle clause en droit international, sous la seule réserve des règles d'ordre public international qu'il appartiendra aux arbitres de mettre en œuvre, sous le contrôle du juge de l'annulation, pour vérifier leur propre compétence, spécialement en ce qui concerne l'arbitrabilité du litige. • Civ. 1re, 30 mars 2004, n° 02-12.259 P : *D. 2004. 2458, note Najjar ; JCP E 2005, n° 18-19, p. 755, obs. Seraglini ; RTD com. 2004. 447, obs. Loquin ; RJDA 2004, n° 1406.* ♦ Donnant compétence à l'arbitre en vertu du principe de compétence-compétence (sur ce principe, V. note 28) pour se prononcer sur une obligation précontractuelle et légale qui incombe à l'un des signataires de la convention d'arbitrage, alors que cette dernière avait été stipulée pour trancher les éventuels litiges nés des relations contractuelles des signataires, V. • Civ. 1re, 4 juill. 2006, n° 05-17.460 P : *préc. note 22.* ♦ En présence de deux contrats qui n'ont pas le même objet, dont l'un contient une clause compromissoire (contrat d'approvisionnement) et l'autre une clause attributive de compétence (contrat de gage), l'arbitre ne peut étendre sa compétence au contrat autre que celui qui contenait la clause d'arbitrage. • Civ. 1re, 4 juill. 2006, n° 05-11.591 P : *D. 2006. Pan. 3029, obs. Clay ; RTD com. 2006. 764, obs. Loquin ; JCP E 2006, n° 50, p. 2147, obs. Seraglini ; RJDA 2007, n° 112.* ♦ L'effet de la clause d'arbitrage international contenue dans le contrat initial s'étend au sous-traitant qui en a eu connaissance lors de la signature de son contrat et qui est directement impliqué dans l'exécution du premier contrat. • Civ. 1re, 26 oct. 2011, n° 10-17.708 P : *cité note 32.* ♦ Sur les demandes incidentes, V. note 38.

B. CONDITIONS DE VALIDITÉ

24. *Principe général de validité dans les contrats internationaux.* La clause compromissoire est valable dans les contrats internationaux. • Civ. 1re, 28 janv. 2003, n° 00-22.680 P : *JCP E 2003, n° 12, p. 491 ; Rev. crit. DIP 2003. 641, note Jault-Seseke.* ♦ La qualification, interne ou internationale, d'un arbitrage, déterminée en fonction de la nature des relations économiques à l'origine du litige, ne dépend pas de la volonté des parties, et fixe le régime des voies de recours. • Civ. 1re, 13 mars 2007, n° 04-10.970 P : *D. 2008. Pan. 183, obs. Clay ; JCP E 2007, n° 19, p. 23, obs. Ortscheidt ; LPA 25 sept. 2007, obs. Ben-Reguiga ; RJDA 2008, n° 346* • 20 nov. 2013, n° 12-25.266 P : *D. 2013. Actu. 2785, obs. Delpech ; RTD civ. 2014. 107, obs. Barbier ; JCP E 2014, n° 1076, note Le Bars ; RJDA 2014, n° 287.* ♦ Est international l'arbitrage qui met en cause des intérêts du commerce international ; l'internationalité de l'arbitrage fait appel à une définition économique selon laquelle il suffit que le litige soumis à l'arbitre porte sur une opération qui ne se dénoue pas économiquement dans un seul État, et ce, indépendamment de la qualité ou de la nationalité des parties, de la loi applicable au fond ou à l'arbitrage, ou encore du siège du tribunal arbitral. • Civ. 1re, 26 janv. 2011, n° 09-10.198 P : *D. 2011. Actu. 312, obs. Delpech ; Rev. crit. DIP 2011. 704, note Laazouzi ; JCP E 2011, n° 1219, note Asfar Cazenave ; RJDA 2011, p. 563, rapp. Pluyette.*

25. *Exigence d'un écrit.* Si l'art. 1443 NCPC [renommé C. pr. civ.] exige que la clause compromissoire figure dans un document écrit, il ne régit ni la forme, ni l'existence des stipulations qui, se référant à ce document, font la convention des parties. • Civ. 2e, 21 janv. 1999, n° 95-18.761 P (validité de la clause compromissoire par référence). ♦ L'engagement d'une société à l'arbitrage ne s'apprécie pas par référence à une quelconque loi nationale mais par la mise en œuvre d'une règle matérielle déduite du principe de validité de la convention d'arbitrage fondée sur la volonté commune des parties, de l'exigence de bonne foi et de la croyance légitime dans les pouvoirs du signataire de la clause pour conclure un acte de gestion courante qui lie la société. • Civ. 1re, 8 juill. 2009, n° 08-16.025 P : *D. 2009. Pan. 2385, obs. D'Avout ; Rev. crit. DIP 2009. 779, note Jault-Seseke ; JCP E 2009, n° 50, p. 18, obs. Ortscheidt ; RJDA 2010, n° 796.* ♦ Jugeant que la clause compromissoire contenue aux avant-contrats, qu'étaient les réservations de fret, avait été remplacée, par une nouvelle expression de la volonté des parties, par les stipulations des connaissements, de sorte qu'elle était de ce fait devenue manifestement inapplicable. • Civ. 1re, 11 juill. 2006, n° 03-19.838 P : *D. 2006. Pan. 3029, obs. Clay ; RTD com. 2006. 764, obs. Loquin ; JCP E 2006, n° 50, p. 2147, obs. Seraglini ; Gaz. Pal. 2006. 2609, avis Sainte-Rose ; RJDA 2006, p. 1109, note Bouche.*

26. *Désignation des arbitres.* BIBL. Dupeyre, *LPA 6 févr. 2006* (tribunaux arbitraux permanents et préconstitués). – Ruhlmann, *RTD com. 2014. 729* (les listes d'arbitres). ♦ Les prétendues irrégularités affectant les modalités de désignation de l'arbitre sont sans incidence sur la validité de la clause compromissoire elle-même. • Civ. 1re, 9 juill. 2014, n° 13-13.598 P : *D. 2014. Actu. 1553 ; RTD com. 2016. 703, obs. Loquin ; JCP E 2014, n° 1457 ; RJDA 2014, n° 950.* ♦ Le principe d'égalité des parties qui s'impose dans la désignation des arbitres est d'ordre public et on ne peut y renoncer qu'après la naissance du litige. • Civ. 1re, 7 janv. 1992, n° 89-18.708 P : *Rev. arb. 1992. 470, note P. Bellet.* ♦ Les dispositions des art. 1453 et 1459 NCPC [C. pr. civ., art. 1451 et 1461 nouv.] imposent, sans que les parties puissent y déroger, que le tribunal arbitral soit constitué d'un seul arbitre ou de plusieurs en nombre impair. • Civ. 2e, 21 nov. 2002, n° 00-22.864 P : *RTD com. 2003. 62, obs. Loquin ; JCP E 2003, n° 45-46, p. 1814, obs. Ortscheidt ; LPA 21 nov. 2003, p. 18, note Barbièri ; RJDA 2003, n° 453.* ♦ Si les parties à une convention d'arbitrage désignent les arbitres en nombre pair, la composition du tribunal arbitral peut être régularisée selon les modalités prévues à l'art. 1454 NCPC [C. pr. civ., art. 1451 nouv.]. • Civ. 2e, 25 mars 1999, n° 97-13.448 P. ♦ Un requérant, en participant à la procédure sans émettre aucune réserve sur l'investiture des arbitres, n'est pas recevable à contester devant une cour d'appel la validité de la convention d'arbitrage. • Civ. 1re, 6 mai 2003, n° 00-16.822 P :

JCP E 2003, n° 27, p. 1119 ; Gaz. Pal. 2004. Somm. 1232, obs. du Rusquec ; RJDA 2004, n° 385 ; Rev. crit. DIP 2004. 124, note Chilstein . ♦ L'instance arbitrale n'est en cours qu'à partir du moment où le tribunal arbitral est définitivement constitué et peut donc être saisi du litige, c'est-à-dire à partir de l'acceptation par tous les arbitres de leur mission. • Civ. 1re, 25 avr. 2006, n° 05-13.749 P : *D. 2006. Pan. 3029, obs. Clay* ; *JCP E 2006, n° 50, p. 2143, obs. Béguin ; LPA 27 juin 2006, p. 18, note Chabot ; Procédures 2006, n° 150, obs. Perrot.* ♦ L'impossibilité pour une partie d'accéder au juge, fût-il arbitral, chargé de statuer sur sa prétention, à l'exclusion de toute juridiction étatique, constitue un déni de justice qui fonde la compétence internationale du président du TGI de Paris, dans sa mission d'assistance et de coopération du juge étatique à la constitution d'un tribunal arbitral, dès lors qu'il existe un rattachement avec la France. • Civ. 1re, 1er févr. 2005, n° 01-13.742 P : *D. 2005. 2727 note Hotte* ; *ibid. Pan. 3054, obs. Clay* ; *JCP E 2005, n° 11, p. 476, note Kessler ; RTD com. 2005. 266, obs. Loquin* ; *Gaz. Pal. 2005. Somm. 2034, obs. Train ; RJDA 2005, n° 772 ; Rev. crit. DIP 2006. 140, obs. Clay* ; *RJ com. 2006. 384, obs. Attal.* ♦ L'appel des décisions par lesquelles le président du tribunal de grande instance ou du tribunal de commerce refuse de désigner un ou des arbitres pour une des causes prévues à l'art. 1444, al. 3, C. pr. civ. [art. 1452 nouv.] doit être formé, instruit et jugé comme en matière de contredit de compétence ; il en est de même lorsque la décision de désignation procède d'un excès de pouvoir. • Civ. 1re, 9 févr. 2011, n° 09-71.416 P : *D. 2011. Actu. 600, obs. Delpech* ; *JCP E 2011, n° 1221.*

27. Indépendance des arbitres. BIBL. Derache, *JCP E 2012, n° 1480* (indépendance et impartialité de l'arbitre). – Ferrier et Magendie, *D. 2015. 29* (la transparence : une exigence raisonnable pour l'indépendance de l'arbitre ?). ♦ L'arbitre est tenu de révéler à l'une des parties à la convention d'arbitrage l'existence d'un courant d'affaire entre lui et l'autre partie à cette convention, afin de mettre en mesure la première d'exercer son droit de récusation. • Civ. 1re, 20 oct. 2010, n° 09-68.997 P : *D. 2010. Actu. 2589, obs. Delpech* ; *JCP 2010, n° 1306, note Le Bars et Juvénal ; JCP E 2011, n° 1109, spéc. n° 1, obs. Seraglini ; RJDA 2011, n° 196 ; RJ com. 2011. 79, obs. Moreau ; Dr. et pr. 2011. 17, note Asfar Cazenave.* ♦ Il appartient à l'arbitre, avant d'accepter sa mission, de révéler toute circonstance susceptible d'être regardée comme affectant son impartialité afin de permettre à la partie d'exercer, à bref délai, s'il y a lieu, son droit de récusation. • Civ. 1re, 1er févr. 2012, n° 11-11.084 P : *D. 2012. Actu. 446, obs. Delpech* ; *Gaz. Pal. 2012. 1502, obs. Bensaude ; RJDA 2012, n° 627 ; Procédures 2012, n° 73, obs. Weiller ; RLDA avr. 2012. 59, note Désérable ; RJ com. janv.-févr. 2013. 30, obs. Moreau.* ♦ L'occultation par un arbitre des circonstances susceptibles de provoquer, dans l'esprit des parties, un doute raisonnable quant à son impartialité et à son indépendance, dans le but de favoriser l'une des parties, constitue une fraude rendant possible la rétractation de la sentence arbitrale dès lors que cette décision a été surprise par le concert frauduleux existant entre l'arbitre et cette partie ou les conseils de celle-ci. • Civ. 1re, 30 juin 2016, n° 15-13.755 P : *D. 2016. Actu. 1505* ; *Rev. crit. DIP 2017. 245, note Racine* ; *RJDA 2016. 871, rapp. Bignon.* ♦ La partie qui, en connaissance de cause, s'abstient d'exercer, dans le délai prévu par le règlement d'arbitrage applicable, son droit de récusation en se fondant sur toute circonstance de nature à mettre en cause l'indépendance ou l'impartialité d'un arbitre, est réputée avoir renoncé à s'en prévaloir devant le juge de l'annulation. • Civ. 1re, 25 juin 2014, n° 11-26.529 P : *D. 2014. 1981, concl. Chevalier* ; *ibid. 1986, note Le Bars* ; *JCP 2014. Actu. 742, obs. Clay ; RJDA 2014, n° 810 ; Procédures 2014, n° 269, obs. Weiller.*

C. EFFETS

1° ENTRE LES PARTIES

a. Incompétence des juridictions étatiques

1. Principe

BIBL. Khatchadourian, *RJ com. 2002. 212* (l'arbitrage à deux vitesses... existe-t-il ?). – Racine, *Rev. arb. 2010. 729* (la sentence d'incompétence). – Burda, *RTD com. 2013. 653* (renonciation au recours en annulation dans le nouveau droit français de l'arbitrage).

28. Principe de compétence-compétence. La combinaison des principes de validité et de compétence-compétence interdit, par voie de conséquence, au juge étatique français de procéder à un examen substantiel et approfondi de la convention d'arbitrage, et ce, quel que soit le lieu où siège le tribunal arbitral, la seule limite dans laquelle le juge peut examiner la clause d'arbitrage avant qu'il ne soit amené à en contrôler l'existence ou la validité dans le cadre d'un recours contre la sentence étant celle de sa nullité ou de son inapplicabilité manifeste. • Civ. 1re, 7 juin 2006, n° 03-12.034 P : *D. 2006. IR 1701* ; *JCP E 2006, n° 50, p. 2146, obs. Seraglini.* ♦ Lorsqu'un litige relevant d'une convention d'arbitrage est porté devant une juridiction de l'État, celle-ci se déclare incompétente sauf si le tribunal arbitral n'est pas encore saisi et si la convention d'arbitrage est manifestement nulle ou manifestement inapplicable. • Civ. 1re, 21 sept. 2016, n° 15-28.941 P : *JCP E 2016, n° 1542 ; RJDA 2016, n° 917 ; RLDA nov. 2016. 27, note Bailly et Haranger.* ♦ La contradiction entre une clause d'arbitrage et une clause attributive de compétence ne remet pas en cause le principe selon lequel l'arbitre doit statuer sur sa propre compétence. • Civ. 2e, 18 déc. 2003, n° 02-13.410 P : *D. 2004. IR 321 ; JCP 2004. II. 10075, note Noblot ; RTD com. 2004. 255, obs. Loquin ; RJDA 2004, n° 498* • Civ. 1re, 27 avr. 2004, n° 01-13.831 P : *RTD com. 2005. 486, obs. Loquin ; JCP E 2004, n° 50, p. 1973, obs. Béguin ; Procédures 2004, n° 157, obs. Nourissat ; RJDA 2005, n° 1171* • 20 févr. 2007, n° 06-14.107 P : *D. 2008. Pan. 183, obs. Clay ; RTD civ. 2008. 151, obs. Théry ; JCP E 2007, n° 35, p. 31, obs. Béguin ; RJDA 2007, p. 423, rapp. Pascal* (désignation impérative de deux institutions arbitrales). ♦ Jugeant que seul le tribunal arbitral est compétent pour se prononcer sur la caducité éventuelle d'une convention d'arbitrage : • Civ. 2e, 8 avr. 2004, n° 02-16.163 P : *D. 2004. IR 1559 ; JCP 2004. IV. 2141 ; RTD civ. 2004. 770, obs. Théry ; RJDA 2004, n° 921 ; BJS 2004. 1242, note Rontchevsky.* ♦ Sur l'éviction du principe compétence-compétence dans les contrats de consommation internationaux, V. • Civ. 1re, 30 sept. 2020, n° 18-19.241 P : *préc. note 22.*

29. Exception de procédure. L'exception tirée de l'existence d'une clause compromissoire est régie par les dispositions qui gouvernent les exceptions de procédure, de sorte qu'elle ne peut être soulevée par une partie qui avait préalablement conclu au fond. • Civ. 2e, 22 nov. 2001, n° 99-21.662 P : *CCC 2002, n° 41, obs. Leveneur.*

2. Tempérament

30. Renonciation. Il est loisible aux parties de renoncer à l'exécution d'une convention d'arbitrage. • Civ. 1re, 7 juin 2006, n° 04-19.290 P : *D. 2006. IR 1769 ; JCP E 2006, n° 50, p. 2143, obs. Ortscheidt ; RJDA 2007, n° 113.* ♦ Dès lors qu'il est constaté que, nonobstant la présence des clauses compromissoires dans les contrats de franchise et d'approvisionnement visant notamment les litiges liés à leur exécution, les franchiseurs ont assigné le franchisé devant la juridiction consulaire dont elle n'a pas soulevé l'incompétence ; qu'après avoir retenu l'existence d'une renonciation irrévocable des parties à l'arbitrage dans les contrats de franchise et d'approvisionnement et ajouté que, l'incompétence de la juridiction étatique au profit du tribunal arbitral opposée par les franchiseurs à l'action exercée par le franchisé étant sans effet sur cette renonciation, la clause ne pouvait être invoquée pour soumettre à l'arbitrage le contrat de location-gérance, dépourvu de toute clause compromissoire, la cour d'appel en a exactement déduit que la clause d'arbitrage invoquée était *manifestement inapplicable.* • Civ. 1re, 20 avr. 2017, n° 16-11.413 P : *AJ contrat 2017. 343, obs. de Fontmichel ; JCP E 2017, n° 1280 ; RJDA 2017, n° 595.* ♦ La saisine du juge des référés aux fins de mesures provisoires ou conservatoires ne s'analyse pas en une renonciation au bénéfice de la convention d'arbitrage, de sorte que viole les art. 1442 et 1458, al. 2, NCPC [C. pr. civ., art. 1442 et 1488 nouv.], l'arrêt qui, pour rejeter l'exception d'incompétence fondée sur la clause compromissoire stipulée dans un contrat, retient que la société ayant obtenu la désignation d'un expert en référé, le maître de l'ouvrage a, par cette action en justice, manifesté sa volonté de ne pas faire application de la clause compromissoire. • Civ. 2e, 7 mars 2002, n° 99-12.167 P : *D. 2002. IR 1113 ; Dr. et patr. 6/2002, p. 122, obs. Mestre* • Com. 4 oct. 2005, n° 03-18.482 P : *JCP 2005. IV. 3354.* ♦ L'accord d'une partie pour la mise en œuvre d'une médiation judiciaire n'emporte pas, à défaut de manifestation de volonté non équivoque en ce sens, renonciation à l'arbitrage et acceptation de la compétence de la juridiction étatique. • Civ. 1re, 28 janv. 2003, n° 00-22.680 : *préc. note 24.*

31. Estoppel. Une partie, qui a elle-même formé une demande d'arbitrage et qui a participé sans aucune réserve pendant plus de neuf ans à la procédure arbitrale, est irrecevable, en vertu de la règle de l'estoppel, à soutenir, par un moyen contraire, que cette juridiction aurait statué sans convention d'arbitrage ou sur convention nulle, faute de convention qui lui soit applicable. • Civ. 1re, 6 juill. 2005, n° 01-15.912 P : *D. 2006. 1424, note Agostini ; RTD com. 2006. 309, obs. Loquin ; JCP E 2005, n° 47, p. 1988, obs. Ortscheidt ; Gaz. Pal. 2006. Somm. 513, obs. Train.*

32. Saisine du juge des référés. La clause compromissoire n'exclut pas, tant que le tribunal arbitral n'est pas constitué, la faculté de saisir le juge des référés aux fins de mesures provisoires ou conservatoires. • Civ. 1re, 6 déc. 2005, n° 03-16.572 P : *RTD com. 2006. 297, obs. Loquin ; RJDA 2006, n° 729.* ♦ L'existence d'une convention d'arbitrage ne fait pas obstacle au pouvoir du juge des référés d'ordonner sur le fondement de l'art. 145 NCPC [renommé C. pr. civ.], et avant saisine de la juridiction compétente, toutes les mesures d'instruction légalement admissibles, qui ne se limitent pas aux constatations. • Civ. 2e, 11 oct. 1995, n° 92-20.496 P : *D. 1995. IR 231 ; Procédures 1996, n° 3, obs. Perrot.* ♦ La compétence exceptionnelle reconnue au juge des référés en présence d'une convention d'arbitrage est soumise à la condition de l'urgence. • Civ. 1re, 26 oct. 2011, n° 10-17.708 P : *D. 2011. Actu. 2736 ; JCP 2012, n° 99, note Barbièri ; RJDA 2012, n° 222 ; RJ com. 2012. 17, obs. Moreau ; Procédures 2012, n° 11, obs. Weiller.* ♦ L'instance arbitrale est en cours à partir du jour où le tribunal arbitral est définitivement constitué et peut donc être saisi du litige, c'est-à-dire à partir de l'acceptation par tous les arbitres de leur mission. • Civ. 1re, 30 mars 2004, n° 01-11.951 P : *D. 2004. Somm. 3183, obs. Clay ; JCP 2004. I. 159, n° 17, obs. Besrour ; RJDA 2004, n° 1011.*

33. Référé-provision. En présence d'une

clause d'arbitrage, le juge des référés ne peut accueillir la demande de provision formée par une partie, en relevant qu'aucune contestation sérieuse ne s'oppose au paiement de la provision, sans constater l'urgence. • Civ. 2e, 13 juin 2002, n° 00-20.077 P : *D. 2002. 2439, note Najjar ; Dr. et patr. 3/2003. 99, obs. Mestre.*

34. Ordonnance sur requête. L'existence d'une clause compromissoire ne prive pas le président du tribunal de commerce du pouvoir qu'il tient de l'art. 875 NCPC [renommé C. pr. civ.] d'ordonner sur requête toutes les mesures urgentes dont les circonstances exigent qu'elles ne soient pas prises contradictoirement. • Com. 10 mars 1998, n° 95-21.581 P : *RTD com. 1998. 834, obs. Dubarry et Loquin .*

35. Concentration des moyens et autorité de la chose jugée. Il incombe au demandeur de présenter dans la même instance toutes les demandes fondées sur la même cause et il ne peut invoquer dans une instance postérieure un fondement juridique qu'il s'était abstenu de soulever en temps utile. • Civ. 1re, 28 mai 2008, n° 07-13.266 P : *D. 2008. Pan. 3116, obs. Clay ; RTD com. 2010. 535, obs. Loquin ; JCP E 2008, n° 25, p. 17, obs. Béguin ; JCP 2008. II. 10157, note Chabot ; LPA 3 oct. 2008, obs. Maire du Poset ; RLDA sept. 2008. 47, note Raynard ; RJ com. 2009. 60, obs. Moreau.*

b. Sort de la clause compromissoire en cas d'expiration du délai d'arbitrage

36. Maintien de la compétence arbitrale. La clause compromissoire ne stipulant aucun délai, la sentence devait intervenir dans les six mois de la constitution du tribunal, sauf prorogation conventionnelle ou judiciaire. • Civ. 1re, 22 sept. 2010, n° 09-17.410 P : *D. 2010. Pan. 2941, obs. Clay ; JCP E 2010, n° 1938, obs. Béguin ; RJDA 2011, n° 93.* ♦ Le délai légal ou conventionnel dans lequel les arbitres doivent accomplir leur mission ne peut être prorogé que par l'accord des parties ou en justice. • Civ. 2e, 7 nov. 2002, n° 01-10.351 P : *D. 2002. IR 3241 ; JCP E 2003, n° 45-46, p. 1814, obs. Ortscheidt ; Gaz. Pal. 2003. 2306, note Moreau ; RJDA 2004, n° 1070.* ♦ Ayant relevé que les parties n'avaient pas renoncé à l'application d'une clause compromissoire et qu'aucun obstacle caractérisé ne faisait échec à la continuation de la procédure d'arbitrage, une cour d'appel a retenu, à bon droit, que la compétence arbitrale avait subsisté à l'extinction du lien d'instance. • Civ. 2e, 18 févr. 1999, n° 97-12.770 P : *D. 1999. IR 73 ; D. Affaires 1999. 714, obs. V. A.-R.* ♦ Sur la prorogation du délai d'arbitrage : • Civ. 2e, 21 nov. 2002, n° 00-22.465 P : *JCP E 2003, n° 32-35, p. 1337, note Chabot ; RTD com. 2003. 475, obs. Loquin ; Procédures 2003, n° 35, obs. Perrot* • Civ. 1re, 23 mai 2006, n° 05-14.895 P : *JCP E 2006, n° 26, p. 1159* • Civ. 2e, 7 nov. 2002, n° 01-01.885 P : *JCP E 2003, n° 45-46, p. 1814, obs. Ortscheidt* • Civ. 1re, 6 juill. 2005, n° 03-15.223 P : *JCP E 2005, n° 47, p. 1986, obs. Ortscheidt ; RJDA 2006, n° 354.*

37. Responsabilité de l'arbitre. **BIBL.** Martel, *RTD com. 2007. 1* (le contrôle de la mission de l'arbitre). ♦ Sur la responsabilité de l'arbitre, tenu à cet égard d'une obligation de résultat, qui a laissé expirer le délai d'arbitrage sans demander sa prorogation au juge d'appui : • Civ. 1re, 6 déc. 2005, n° 03-13.116 P : *D. 2006. 274, note Gautier ; RTD com. 2006. 299, obs. Loquin ; JCP E 2006, n° 8, p. 344, note Chabot ; RJDA 2006, n° 728.* ♦ Comp. : les arbitres n'étant tenus que d'une obligation de moyens, il ne peut leur être reproché, en l'absence de stipulation d'un délai d'arbitrage, d'avoir laissé s'éterniser la procédure arbitrale. • Civ. 1re, 17 nov. 2010, n° 09-12.352 P : *D. 2010. Pan. 2935, obs. Clay ; JCP 2010, n° 1236 ; RJDA 2011, n° 271.* ♦ La responsabilité civile des arbitres suppose l'existence d'un manquement de ceux-ci à leur obligation d'impartialité et de bonne foi, ou encore la commission d'une faute personnelle équipollente au dol ou constitutive d'une fraude, d'une faute lourde ou d'un déni de justice. • Civ. 1re, 15 janv. 2014, n° 11-17.196 P : *D. 2014. Actu. 219, obs. Delpech ; AJCA 2014. 35, obs. de Fontmichel ; RTD com. 2014. 315, obs. Loquin ; JCP 2014, n° 231, concl. Chevalier ; Gaz. Pal. 2014. 1142, obs. Mekki ; Procédures 2014, n° 72, obs. Weiller.*

c. Demande incidente

38. Recevabilité. Lorsque son investiture procède d'une clause compromissoire, l'arbitre peut être saisi par une partie d'une demande incidente, dès lors qu'entrant par son objet dans les prévisions de la clause compromissoire, cette demande se rattache par un lien suffisant aux prétentions originaires que la partie lui avait soumises. • Civ. 2e, 8 avr. 1999, n° 96-18.516 P : *D. 1999. IR 133 ; Procédures 1999, n° 146, obs. Perrot.* ♦ Même solution pour un compromis d'arbitrage : • Civ. 1re, 6 mars 2007, n° 06-16.423 P : *D. 2008. Pan. 185, obs. Clay ; RTD com. 2007. 684, obs. Loquin ; JCP E 2007, n° 35, p. 28, obs. Ortscheidt ; LPA 25 sept. 2007, obs. Betto ; RJDA 2007, n° 917.*

2° À L'ÉGARD DES TIERS

39. Relativité de la clause compromissoire. La clause compromissoire ne lie pas un tiers non partie à la convention. • Com. 15 nov. 1978 : *D. 1979. IR 130.* ♦ Mais jugeant que la clause compromissoire est attachée au contrat et donc opposable aux parties, même non signataires : • Civ. 1re, 11 juill. 2006, n° 03-11.768 P : *D. 2006. Pan. 3029, obs. Clay ; RTD com. 2006. 764, obs. Loquin ; JCP E 2006, n° 50, p. 2148, obs. Seraglini.* ♦ La clause d'arbitrage contenue dans le contrat liant le stipulant au promettant peut être invoquée par et contre le tiers bénéficiaire d'une stipulation pour autrui, et donc contre la société bénéficiaire de la garantie de passif. • Civ. 1re, 11 juill. 2006, n° 03-11.983 P : *D. 2006. Pan. 3028, obs. Clay ; RTD com. 2006. 773, obs. Loquin ; JCP E 2006, n° 49, p. 2092, note Legros ; RJDA 2007, n° 208.* ♦ Sur l'articulation entre une procédure collective et une instance arbitrale non en cours au jour du jugement d'ouverture, V. • Com. 2 juin 2004, n° 02-13.940 P : *D. 2004. Somm. 3184, obs. Clay ; JCP E 2004, n° 26, p. 1053, note N. S. ; LPA 21 juill. 2004, p. 15, note Touchent ; RTD com. 439, obs. Loquin ; RJDA 2004, n° 1240.* – V. sur la question, Croze et Reinhard, *JCP E 2005, n° 14, p. 612.* ♦ La clause compromissoire ne peut pas être invoquée par un tiers à son profit de sorte que le bénéficiaire d'une stipulation pour autrui n'est pas fondé à se prévaloir de la clause compromissoire liant uniquement le stipulant et le promettant. • Com. 4 juin 1985, n° 84-10.344 P : *RTD civ. 1986. 593, obs. Mestre ; Rev. arb. 1987. 139, note Goutal.*

40. Transmission de la clause compromissoire. BIBL. Moury, *D. 2002. 2744* (réflexions sur la transmission des clauses de compétence dans les chaînes de contrats translatifs). – Mathieu-Bouyssou, *JCP 2003. I. 116* (transmission de la clause compromissoire au cessionnaire de la créance). – Derache, *JCP E 2012, n° 1048* (transmission des clauses de règlement des litiges dans les groupes de contrat). ♦ La clause d'arbitrage international, valable par le seul effet de la volonté des contractants, est transmise au cessionnaire avec la créance telle qu'elle existe dans les rapports entre le cédant et le débiteur cédé. • Civ. 1re, 5 janv. 1999, n° 96-20.202 P : *D. 1999. IR 31 ; Rev. crit. DIP 1999. 536, note Pataut* • Civ. 2e, 20 déc. 2001, n° 00-10.806 P : *D. 2002. IR 251 ; RTD com. 2002. 279, obs. Loquin.* – V. Pradel, *D. 2003. 569.* ♦ La clause d'arbitrage international s'impose à toute partie venant aux droits de l'un des contractants. • Civ. 1re, 8 févr. 2000, n° 95-14.330 P : *Rev. crit. DIP 2000. 763, note Coipel-Cordonnier.* ♦ Dans une chaîne homogène de contrats translatifs, la clause d'arbitrage international se transmet avec l'action contractuelle, sauf preuve de l'ignorance raisonnable de l'existence de cette clause. Dès lors, encourt la cassation l'arrêt qui déclare une telle clause inopposable à l'acquéreur final au motif inopérant qu'il ne l'a pas acceptée. • Civ. 1re, 6 févr. 2001, n° 98-20.776 P : *D. 2001. Somm. 1135, obs. Delebecque ; RTD com. 2001. 754, obs. Bouloc ; Rev. crit. DIP 2001. 522, note Jault-Seseke ; JCP E 2001, n° 29, p. 1238.* ♦ La cession d'une créance comprend les accessoires de celle-ci. Dès lors, viole l'art. 1492 C. civ. l'arrêt qui, pour rejeter le contredit, retient que dans le cas où seule une créance a été cédée, la clause compromissoire insérée dans le contrat auquel le cessionnaire n'avait pas été partie, en raison du principe d'autonomie qui y est attaché, n'a pu être transmise, alors que la clause d'arbitrage avait été transmise au cessionnaire avec la créance. • Civ. 2e, 20 déc. 2001, n° 00-10.806 P : *RTD com. 2002. 279, obs. Saintourens ; Dr. et patr. 6/2002, p. 123, obs. Mestre.* ♦ Dans une chaîne de contrats translatifs de propriété, la clause compromissoire est transmise de façon automatique en tant qu'accessoire du droit d'action, lui-même accessoire du droit substantiel transmis, sans incidence du caractère homogène ou hétérogène de cette chaîne. • Civ. 1re, 27 mars 2007, n° 04-20.842 P : *D. 2007. 2077, note Bollée ; RTD com. 2007. 677, obs. Loquin ; Rev. crit. DIP 2007. 798, note Jault-Seseke ; JCP 2007. II. 10118, note Golhen ; LPA 10 août 2007, note Malan ; Gaz. Pal. 2007. 3683, note Train ; RJDA 2008, n° 591.*

En matière internationale, la clause d'arbitrage, juridiquement indépendante du contrat principal, est transmise avec lui, quelle que soit la validité de la transmission des droits substantiels. • Civ. 1re, 28 mai 2002, n° 00-12.144 P : *D. 2003. Somm. 2471, obs. Clay ; Rev. crit. DIP 2002. 758, note Coipel-Cordonnier ; JCP E 2003, n° 15, p. 656, obs. Raynard ; LPA 3 déc. 2002, note Legros.* ♦ V. toutefois, considérant que le fait que la convention d'arbitrage soit contractée en considération de la personne peut faire obstacle à sa transmission. • Même arrêt. ♦ En l'état d'un litige concernant l'indemnisation d'avaries relatives au fret opposant un affréteur au voyage et un fréteur liés par une charte-partie, justifie également sa décision la cour d'appel qui, ayant relevé que l'affréteur était intervenu à l'instance, non en cette qualité mais en qualité de cessionnaire du destinataire de la marchandise, décide que la clause compromissoire figurant à la charte-partie ne trouve pas à s'appliquer. • Com. 8 oct. 2003, n° 01-16.028 P : *Rev. crit. DIP 2004. 763, note Jault-Seseke ; Rev. arb. 2004. 77, note Cachard.*

D. POUVOIRS DES ARBITRES

41. Principe de la contradiction. Les arbitres ont l'obligation de mettre les parties en mesure de débattre contradictoirement de toute information qu'ils ont recueillie et utilisée. • Civ. 2e, 21 juin 1995, n° 92-14.594 P : *BJS 1995. 1053, note Rontchevsky.* ♦ Si le tribunal arbitral n'a pas l'obligation de soumettre au préalable l'argumentation juridique qui étaye sa motivation à la discussion des parties, il doit cependant respecter le principe de la contradiction. • Civ. 1re, 14 mars 2006, n° 03-19.764 P : *D. 2006. IR 943, obs. Avena-Robardet ; JCP E 2006, n° 47, p. 1980, note Danis ; RJDA 2006, n° 1094* • 29 juin 2011, n° 03-19.764 P : *D. 2011. Actu. 1911, obs. Delpech ; JCP E 2011, n° 1609 ; RJDA 2011, n° 1090 ; Procédures 2011, n° 307, obs. Weiller.*

42. Mission. La mission des arbitres, définie par la convention d'arbitrage, est délimitée principalement par l'objet du litige, tel qu'il est déterminé par les prétentions des parties sans s'attacher uniquement à l'énoncé des questions dans l'acte de mission. • Civ. 2e, 24 juin 2004, n° 02-16.329 P : *JCP E 2004, n° 37, p. 1369.*

43. Respect des règles impératives. Il appartient à l'arbitre, hors les cas où la non arbitrabilité relève de la matière, de mettre en œuvre les règles impératives du droit, sous le contrôle du juge de l'annulation. • Com. 9 avr. 2002, n° 98-16.829 P : *D. 2002. IR 1402*. ♦ Sur le contrôle du juge de l'annulation, V. note 60.

44. Sursis à statuer. La règle « le criminel tient le civil en l'état » ne s'applique dans les relations internationales qu'en vertu d'un traité. • Civ. 1re, 6 mai 2003, n° 00-16.822 P : *préc. note 26.*

45. Amiable composition. BIBL. Paillusseau, *JCP E 2006, n° 1, p. 19* (le choix entre le droit et l'équité). – Béguin, *Mél. Wiederkehr, Dalloz, 2009, p. 1* (l'étonnante liberté de l'arbitre amiable compositeur). ♦ Les arbitres, statuant comme amiables compositeurs, s'ils se prononcent exclusivement par application des règles de droit, doivent s'expliquer sur la conformité de celles-ci à l'équité. • Civ. 2e, 15 févr. 2001, n° 98-21.324 P : *D. 2001. 2780, note Rontchevsky* • 10 juill. 2003, n° 01-16.964 P : *D. 2003. Somm. 2474, obs. Clay ; JCP E 2004, n° 4, p. 131, note Chabot ; RTD com. 2003. 699, obs. Loquin*. ♦ Le tribunal arbitral, auquel les parties ont conféré mission de statuer comme amiable compositeur, doit faire ressortir dans sa sentence qu'il a pris en compte l'équité. • Civ. 1re, 1er févr. 2012, n° 11-11.084 P : *préc. note 27.* ♦ Après avoir mentionné que le tribunal arbitral avait pour mission de statuer sur le préjudice subi par la banque et de prononcer, le cas échéant, toutes condamnations, l'arrêt retient à bon droit qu'en évaluant le préjudice et en décidant qu'il serait inéquitable de laisser la banque propriétaire de ses parts dans le capital de la société, les arbitres avaient exercé leur pouvoir d'amiable compositeur et recherché, en équité, la solution la plus adéquate. • Civ. 2e, 10 juill. 2003, n° 01-16.628 P : *RTD com. 2005. 484, obs. Loquin ; JCP E 2003, n° 39, p. 1511.* ♦ Jugeant que le juge doit rechercher si les parties n'ont pas renoncé sans équivoque à l'amiable composition au profit d'un arbitrage de droit. • Civ. 1re, 3 oct. 2006, n° 04-19.929 P : *D. 2006. IR 2548 ; JCP E 2006, n° 47, p. 1985 ; RJDA 2007, n° 306 ; Procédures 2007, n° 1, obs. Perrot.* ♦ Pour une référence implicite à l'équité, V. • Civ. 1re, 28 nov. 2007, n° 06-16.835 P : *D. 2008. Pan. 187, obs. Clay ; RTD com. 2008. 521, obs. Loquin ; JCP E 2008, n° 1, p. 28, obs. Béguin ; LPA 24-25 mars 2008, note Jaeger ; RJDA 2008, n° 739 ; RJ com. 2008. 57, obs. Moreau.* ♦ Lorsque le juge d'appel statue comme amiable compositeur, il doit nécessairement faire référence à l'équité ou à la mission d'amiable compositeur qui lui a été conférée. • Civ. 1re, 17 déc. 2008, n° 07-19.915 P : *D. 2009. Pan. 2966, obs. Clay ; RTD com. 2009. 550, obs. Loquin ; JCP E 2009, n° 4, p. 18, note Béguin ; LPA 16 mars 2009, obs. Coutelier ; RJDA 2009, n° 491 ; RJ com. 2009. 58, obs. Moreau.*

E. FORCE EXÉCUTOIRE DE LA SENTENCE ET VOIES DE RECOURS

46. Force exécutoire. La cour d'appel, qui rappelle que l'art. 28 du règlement d'arbitrage de la CCI stipule que toute sentence arbitrale a un caractère obligatoire pour les parties qui s'engagent à l'exécuter et sont réputées avoir renoncé à toutes voies de recours auxquelles elles peuvent valablement renoncer et qui retient à juste titre que ce texte ne prévoit pas que la sentence arbitrale soit exécutoire par provision ou de droit, en déduit exactement, d'abord, que l'engagement d'exécuter la sentence n'a pas pour effet de conférer à la sentence arbitrale la valeur d'une décision exécutoire de plein droit ni de priver les parties d'un recours en annulation, toujours possible même lorsque le règlement d'arbitrage l'exclut, contre la sentence arbitrale rendue en France et, ensuite, que, l'exécution provisoire n'ayant pas été ordonnée par le tribunal arbitral, le recours formé est suspensif d'exécution sauf si la décision était exécutoire de droit. • Civ. 1re, 4 juill. 2007, n° 05-14.918 P : *D. 2008. 451, note Clay ; Rev. crit. DIP 2007. 822, note Usunier ; JCP E 2008, n° 4, p. 21, obs. Ortscheidt ; LPA 25 sept. 2007, obs. Gillet ; RJDA 2008, n° 347.*

47. Engagement d'exécuter la sentence. L'engagement pris par un État signataire de la clause d'arbitrage d'exécuter la sentence dans les termes de l'art. 24 du règlement d'arbitrage de la CCI implique renonciation de cet État à l'immunité d'exécution. • Civ. 1re, 6 juill. 2000, n° 98-19.068 P : *D. 2000. IR 209 ; JCP E 2001. 223, note Kaplan et Cuniberti.*

48. Exequatur. Seule une véritable sentence arbitrale peut faire l'objet d'un exequatur. • Civ. 1re, 5 mars 2014, n° 12-29.112 P : *RTD com. 2014. 323, obs. Loquin ; JCP E 2014, n° 1179 ; Procédures 2014, n° 147, obs. Weiller.* ♦ Sur l'admission de l'exequatur en France d'une sentence arbitrale étrangère annulée, V. • Civ. 1re, 29 juin 2007, n° 05-18.053 P : *D. 2008. 1429, note Degos ; RTD com. 2007. 682, obs. Loquin ; Rev. crit. DIP 2008. 109, note Bollée ; JCP E 2007, n° 40, p. 34, obs. Reinhard ; Gaz. Pal. 2007. 3690, note Pinsolle ; RJDA 2007, p. 883, note Ancel.* ♦ Il n'entre pas dans les pouvoirs du juge étatique français d'intervenir dans le déroulement d'une instance arbitrale internationale, car le tribunal arbitral international est une juridiction autonome. • Civ. 1re, 12 oct. 2011, n° 11-

11.058 P : *D. 2011. Actu. 2483* ; *RTD com. 2012. 522, obs. Loquin* ; *JCP E 2012, n° 1140, spéc. n° 6, obs. Seraglini* ; *RJDA 2012, n° 224* ; *RJ com. 2012. 26, obs. Moreau* ; *Procédures 2011, n° 371, obs. Weiller.*

49. Appel. Lorsque les parties n'ont pas renoncé à l'appel, ou qu'elles se sont réservé expressément cette faculté dans la convention d'arbitrage, la voie de l'appel est seule ouverte, qu'elle tende à la réformation de la sentence arbitrale ou à son annulation. • Civ. 2e, 20 mars 2003, n° 01-12.398 P : *D. 2003. IR 943* ; *JCP E 2003, n° 21-22, p. 880* ; *RTD com. 2003. 699, obs. Loquin* ; *LPA 2 déc. 2003, note Chabot* ; *RJDA 2003, n° 1031* • Civ. 1re, 14 mars 2006, n° 03-18.801 P : *D. 2006. IR 1329* ; *JCP E 2006, n° 26, p. 1155, obs. Ortscheidt* ; *RJDA 2006, n° 1093* ; *Procédures 2006, n° 124, obs. Perrot.* ♦ Sur le principe selon lequel la sentence n'est pas susceptible d'appel sauf volonté contraire des parties (arbitrage interne), V. C. pr. civ., art. 1489. – **C. pr. civ.**

50. Appel-nullité. Seules peuvent faire l'objet d'un recours en annulation les véritables sentences arbitrales, c'est-à-dire les actes des arbitres qui tranchent de manière définitive, en tout ou en partie, le litige qui leur est soumis, que ce soit sur le fond, sur la compétence ou sur un moyen de procédure qui les conduit à mettre fin à l'instance. • Civ. 1re, 12 oct. 2011, n° 09-72.439 P : *D. 2011. Actu. 2483* ; *JCP E 2012, n° 1140, spéc. n° 8, obs. Ortscheidt* ; *RJDA 2012, n° 546* ; *Procédures 2011, n° 369, obs. Weiller.* ♦ L'acte déféré n'étant pas une sentence arbitrale dès lors que l'existence d'un litige, sans lequel il n'existe pas d'arbitrage juridictionnel, n'était pas caractérisé, le recours en annulation est irrecevable. • Civ. 1re, 15 déc. 2010, n° 09-16.943 P : *D. 2011. Actu. 88, obs. Delpech* ; *RTD civ. 2011. 385, obs. Théry* ; *JCP E 2011, n° 1056, obs. Béguin* ; *RJDA 2011, n° 368.* ♦ L'appel-nullité n'est ouvert, à titre exceptionnel, que contre une décision qui n'est susceptible d'aucun autre recours. Dès lors, la voie de l'appel-nullité n'est pas ouverte contre l'ordonnance d'exequatur d'une sentence internationale qui peut être attaquée par la voie du recours exercé contre cette sentence. • Civ. 1re, 6 nov. 2013, n° 11-17.739 P : *D. actu. 22 nov. 2013, obs. Delpech* ; *Procédures 2014, n° 48, obs. Weiller.* ♦ Le recours formé contre une sentence arbitrale rendue en France, sur le fondement d'une convention d'arbitrage, dans un litige né de l'exécution ou de la rupture d'un contrat conclu entre une personne morale de droit public française et une personne de droit étranger, exécuté sur le territoire français, mettant en jeu les intérêts du commerce international, fût-il administratif selon les critères du droit interne français, est porté à titre de principe devant le juge judiciaire. • T. confl. 17 mai 2010, n° 3754 P : *D. 2010. 2633, note Lemaire* ; *ibid. Pan. 2330, obs. Bollée* ; *RTD com. 2010. 525, obs. Loquin* ; *Rev. crit. DIP 2010. 653, note Laazouzi* ; *AJDA 2010. 1564, note Cassia* ; *RFDA 2010. 959, concl. Guyomar, note Delvolvé* ; *RDI 2010. 551, obs. Braconnier* ; *JCP 2010, n° 552, note Clay* ; *Gaz. Pal. 2010. 1642, obs. Guyomar* ; *Procédures 2010, n° 274, obs. Nourissat* ; *ibid., n° 299, obs. Deygas* ; *Dr. adm. 2010, n° 122, obs. Brenet et Melleray.* – Sur les suites du litige, V. • Civ. 1re, 26 janv. 2011 : *préc. note 24.* – V. sur cette problématique : Gaudemet, Lapp et Steimer, D. 2011. 2552 (les personnes publiques et l'arbitrage international). ♦ Une sentence « ordinaire » est susceptible d'appel à moins que les parties n'en aient décidé autrement, et les parties étant convenues, dans l'acte de cession, que la sentence devait être rendue en « premier et dernier ressort », elles ont manifesté ainsi leur intention de renoncer à la voie de l'appel. • Civ. 1re, 26 oct. 2011, n° 10-26.815 P : *D. actu. 10 nov. 2011, obs. Delpech* ; *JCP E 2011, n° 1838* ; *RJDA 2012, n° 545* ; *Procédures 2012, n° 10, obs. Weiller.* ♦ Lorsque les parties n'ont pas renoncé à l'appel, ou qu'elles se sont réservé expressément cette faculté dans la convention d'arbitrage, la voie de l'appel est seule ouverte, qu'elle tende à la réformation de la sentence arbitrale ou à son annulation. • Civ. 2e, 20 mars 2003, n° 01-12.398 P : *D. 2003. IR 943* ; *JCP E 2003, n° 21-22, p. 880* ; *RTD com. 2003. 699, obs. Loquin* ; *LPA 2 déc. 2003, note Chabot* ; *RJDA 2003, n° 1031* • Civ. 1re, 14 mars 2006, n° 03-18.801 P : *D. 2006. IR 1329* ; *JCP E 2006, n° 26, p. 1155, obs. Ortscheidt* ; *RJDA 2006, n° 1093* ; *Procédures 2006, n° 124, obs. Perrot.* ♦ Lorsque la juridiction saisie d'un recours en annulation annule la sentence arbitrale, elle statue sur le fond dans les limites de la mission de l'arbitre, sauf volonté contraire de toutes les parties. • Civ. 1re, 18 mai 2005, n° 03-12.047 P : *D. 2005. Pan. 3058, obs. Clay* ; *JCP E 2005, n° 27-28, p. 1187.* ♦ La cour d'appel, statuant sur le fond dans les limites de la mission de l'arbitre, peut être saisie par une partie d'une demande incidente, dès lors qu'entrant dans les prévisions de la clause compromissoire, cette demande se rattache aux prétentions originaires par un lien suffisant de dépendance, dont l'appréciation relève de son pouvoir souverain. • Civ. 1re, 13 mai 2015, n° 14-12.978 P : *D. actu. 2 juin 2015, obs. Delpech* ; *JCP E 2015, n° 1283* ; *RJDA 2015, n° 795.* ♦ La cour d'appel saisie d'un recours en annulation d'une sentence arbitrale ne peut modifier la décision rendue par l'arbitre en y ajoutant. • Civ. 1re, 11 sept. 2013, n° 12-26.180 P : *D. 2013. Actu. 2105* ; *JCP E 2013, n° 1619, note Mouralis* ; *RJDA 2014, n° 64* ; *RJ com. 2014. 25, obs. Moreau* ; Procédures 2013, *n° 310, obs. Weiller.* ♦ Sur le contrôle des sentences arbitrales au regard de l'ordre public concurrentiel, V. • Paris, 18 nov. 2004 : *D. 2005. Pan. 3058, obs. Clay* ; *JCP 2005. II. 10038, note Chabot* ; *RTD com. 2005. 263, obs. Loquin* ; *Rev. crit. DIP 2006. 104, obs. Bollée* ; *RJ com. 2007.*

44, obs. Rueda. – Sur cette question, V. aussi Lesguillons, *Gaz. Pal. 2003. Doctr. 1495.*

Le recours formé contre une sentence arbitrale rendue en France, sur le fondement d'une convention d'arbitrage, dans un litige né de l'exécution ou de la rupture d'un contrat conclu entre une personne morale de droit public française et une personne de droit étranger, exécuté sur le territoire français, mettant en jeu les intérêts du commerce international, fût-il administratif selon les critères du droit interne français, est porté à titre de principe devant le juge judiciaire. • T. confl. 17 mai 2010, n° 3754 P : *D. 2010. 2633, note Lemaire ; RTD com. 2010. 525, obs. Loquin ; Rev. crit. DIP 2010. 653, note Laazouzi ; JCP 2010, n° 552, note Clay ; Gaz. Pal. 2010. 1642, obs. Guyomar ; Procédures 2010, n° 274, obs. Nourissat.* – Sur les suites du litige, V. • Civ. 1re, 26 janv. 2011 : *préc. note 24.* – V. sur cette problématique : Gaudemet, Lapp et Steimer, *D. 2011. 2552* (les personnes publiques et l'arbitrage international).

51. Tierce-opposition. Le droit effectif au juge implique que la caution solidaire, qui n'a pas été partie à l'instance arbitrale, soit recevable à former tierce opposition à l'encontre de la sentence arbitrale déterminant le montant de la dette du débiteur principal à l'égard du créancier. • Com. 5 mai 2015, n° 14-16.644 P : *D. 2015. Pan. 1814, obs. Crocq ; RTD com. 2016. 59, obs. Loquin ; Rev. sociétés 2016. 317, obs. Le Bars ; JCP E 2015, n° 1362, note Jourdan-Marques ; RJDA 2015, n° 524 ; LPA 10 déc. 2015, note Hazoug.*

52. Étendue du contrôle du juge de l'annulation. **BIBL.** Mayer, *Mél. Gaudemet-Tallon, Dalloz, 2008, p. 459* (étendue du contrôle, par le juge étatique, de la conformité des sentences arbitrales aux lois de police). – Seraglini, *Gaz. Pal. 2009. 951* (le contrôle de la sentence au regard de l'ordre public international par le juge étatique). – Boucaron-Nardetto, *AJCA 2014. 208* (contrôle par le juge étatique de l'ordre public concurrentiel). ♦ S'agissant de la violation de l'ordre public international, seule la reconnaissance ou l'exécution de la sentence est examinée par le juge de l'annulation au regard de la compatibilité de sa solution avec cet ordre public, dont le contrôle se limite au caractère flagrant, effectif et concret de la violation alléguée. • Civ. 1re, 4 juin 2008, n° 06-15.320 P : *D. 2008. Pan. 2566, obs. Bollée ; RTD com. 2008. 518, obs. Loquin ; JCP E 2008, n° 27, p. 14, obs. Ortscheidt ; LPA 3 oct. 2008, note Duprey ; Gaz. Pal. 2009. 539, note Train ; RJDA 2009, n° 492.* ♦ La cour d'appel, qui a procédé, dans les limites de ses pouvoirs, c'est-à-dire sans révision au fond de la sentence arbitrale, au contrôle des sentences au regard de l'application des règles communautaires de la concurrence, a exactement dit que leur reconnaissance et leur exécution n'étaient pas contraires à l'ordre public international. • Même arrêt. ♦ Le juge de l'annulation est juge de la sentence pour admettre ou refuser son insertion dans l'ordre juridique français et non juge de l'affaire pour laquelle les parties ont conclu une convention d'arbitrage. • Civ. 1re, 12 févr. 2014, n° 10-17.076 P : *D. 2014. Pan. 1975, obs. Bollée ; JCP 2014, n° 474, avis Chevalier ; ibid., n° 475, note Mouralis ; RJDA 2014, n° 496 ; Procédures 2014, n° 107, obs. Weiller.* ♦ Le juge chargé de contrôler la régularité de la sentence arbitrale ne peut, pour rejeter le recours en annulation, faire l'économie d'une motivation, sans laquelle la Cour de cassation n'est pas en mesure d'exercer son contrôle. • Civ. 1re, 11 févr. 2009, n° 06-18.746 P : *D. 2009. Pan. 2966, obs. Clay ; JCP E 2009, n° 35, p. 24, obs. Ortscheid.* ♦ Aucune méconnaissance de l'art. 6 Conv. EDH n'étant caractérisée et aucune violation de l'ordre public international qui imposerait qu'elle fût flagrante, effective et concrète, n'étant établie, la cour d'appel a pu, sans dénaturation, en déduire que le demandeur sollicitait en réalité une révision au fond de la sentence, interdite au juge de l'annulation. • Civ. 1re, 6 oct. 2010, n° 09-10.530 P : *D. 2011. Pan. 270, obs. Fricero ; JCP E 2010, n° 1984 ; RJDA 2011, n° 94.*

53. Pouvoirs du juge de l'annulation. Lorsque la juridiction saisie d'un recours en annulation annule la sentence arbitrale, elle statue sur le fond dans les limites de la mission de l'arbitre, sauf volonté contraire de toutes les parties. • Civ. 1re, 18 mai 2005, n° 03-12.047 P : *D. 2005. Pan. 3058, obs. Clay ; JCP E 2005, n° 27-28, p. 1187.* ♦ La cour d'appel, statuant sur le fond dans les limites de la mission de l'arbitre, peut être saisie par une partie d'une demande incidente, dès lors qu'entrant dans les prévisions de la clause compromissoire, cette demande se rattache aux prétentions originaires par un lien suffisant de dépendance, dont l'appréciation relève de son pouvoir souverain. • Civ. 1re, 13 mai 2015, n° 14-12.978 P : *D. actu. 2 juin 2015, obs. Delpech ; JCP E 2015, n° 1283 ; RJDA 2015, n° 795.* ♦ La cour d'appel saisie d'un recours en annulation d'une sentence arbitrale ne peut modifier la décision rendue par l'arbitre en y ajoutant. • Civ. 1re, 11 sept. 2013, n° 12-26.180 P : *D. 2013. Actu. 2105 ; JCP E 2013, n° 1619, note Mouralis ; RJDA 2014, n° 64 ; RJ com. 2014. 25, obs. Moreau ; Procédures 2013, n° 310, obs. Weiller.*

VIII. CLAUSES ATTRIBUTIVES DE COMPÉTENCE

A. CLAUSES ATTRIBUTIVES DE COMPÉTENCE MATÉRIELLE

54. Inopposabilité au défendeur non commerçant. **BIBL.** Plantamp, *RTD com. 2013. 429* (la clause attributive de compétence matérielle et le demandeur non commerçant dans le contentieux des actes mixtes). ♦ Est inopposable à un défendeur non commerçant une clause attributive de compétence au tribunal de commerce. • Com. 10 juin 1997, n° 94-12.316 P : *D. 1998. Jur. 2, note Jault-Seseke et Labarthe*. ♦ Mais dans les conventions de caractère civil pour une partie et commerciale pour l'autre, la partie non commerçante peut valablement s'engager, pour les litiges où elle serait demanderesse, à n'assigner que devant la juridiction commerciale et devant un tribunal de commerce nommément déterminé. • Com. 20 juill. 1965 : *D. 1965. 581.*

B. CLAUSES ATTRIBUTIVES DE COMPÉTENCE TERRITORIALE (ART. 48 C. PR. CIV.)

1° CONDITIONS DE VALIDITÉ

a. Litiges de caractère international

55. Principe de validité des clauses prorogeant la compétence internationale. Les clauses prorogeant la compétence internationale sont en principe licites lorsqu'il s'agit d'un litige international et lorsque la clause ne fait pas échec à la compétence territoriale impérative d'une juridiction française et l'art. 48 NCPC [renommé C. pr. civ.] doit s'interpréter en ce sens que doivent être exclus de la prohibition qu'il édicte, les clauses qui ne modifient la compétence territoriale interne qu'en conséquence d'une modification de la compétence internationale. • Civ. 1re, 17 déc. 1985, n° 84-16.338 P : *D. 1986. IR 265, obs. Audit ; Rev. crit. DIP 1986. 537, note Gaudemet-Tallon.* ♦ La désignation globale des juridictions d'un État dans une clause de prorogation de compétence est licite, du moins si le droit interne de cet État permet de déterminer le tribunal spécialement compétent. • Même arrêt. ♦ L'insertion d'une clause de juridiction étrangère dans un contrat international fait partie de l'économie de celui-ci, de sorte qu'elle s'impose à l'assureur subrogé. • Civ. 1re, 12 juill. 2001, n° 98-21.591 P : *D. 2001. Somm. 3246, obs. Delebecque*.

56. Compétence communautaire. Selon l'art. 17 de la Conv. de Bruxelles du 27 sept. 1968, la clause attributive de juridiction doit être conclue soit par écrit, soit verbalement avec confirmation écrite. Il résulte de l'interprétation donnée par la CJCE que satisfait à ces conditions la clause figurant dans les conditions imprimées sur un document émanant d'une partie, lorsque ce document se situe dans le cadre de rapports commerciaux courants entre les parties et que ces rapports sont régis par des conditions générales comportant ladite clause. • Civ. 1re, 9 janv. 1996, *n° 93-16.484 P.* ♦ *En matière internationale,* l'art. 23 du Règl. CE du 22 déc. 2000 reconnaît la validité de la clause attributive de juridiction aux seules conditions que l'une des parties au moins soit domiciliée dans un État signataire et que la juridiction désignée soit celle d'un État contractant, de sorte que la clause attributive de compétence convenue entre une société luxembourgeoise et un Français même non-commerçant résidant à Londres, donnant compétence au tribunal de commerce de Paris, est valable. • Civ. 1re, 9 janv. 2007, n° 05-17.741 P : *D. 2007. AJ 314, obs. Delpech ; RTD com. 2007. 626, obs. Delebecque ; JCP E 2007, n° 8, p. 25 ; CCC 2007, n° 114, obs. Leveneur ; RJDA 2007, n° 1181.* ♦ Après avoir exactement énoncé que si, aux termes de l'art. 23 de la Conv. de Lugano, les parties, dont l'une au moins a son domicile sur le territoire d'un État lié par la convention, peuvent convenir d'un tribunal ou de tribunaux pour connaître des différends nés ou à naître à l'occasion de leurs rapports de droit, la validité d'une telle clause attributive de juridiction est subordonnée à une exigence de précision afin de satisfaire à l'objectif de prévisibilité et de sécurité juridique poursuivi par ce texte, l'arrêt relève que la clause attributive de juridiction opposée par une banque suisse, laquelle impose à son cocontractant d'agir devant les juridictions zurichoises tandis que lui-même peut agir contre celui-ci devant tout autre tribunal compétent, ne contient aucun élément objectif d'identification de ces autres juridictions, dès lors qu'elle ne renvoie à aucune règle déterminée de droit interne ou international susceptible de fonder cette compétence alternative ; qu'il retient que rien ne démontre que les parties se sont mises d'accord de façon claire et précise pour choisir le ou les tribunaux auxquels elles entendaient soumettre leurs différends ; de ces constatations et énonciations, la cour d'appel a déduit, à bon droit, que la banque suisse ne pouvait se prévaloir de cette clause attributive de juridiction pour décliner la compétence de la juridiction française. • Civ. 1re, 7 févr. 2018, n° 16-24.497 : *D. 2018.1934, obs. d'Avout et Bollée.* ♦ En déclarant nulle la clause attributive de juridiction au motif qu'elle ne lie que la société française et que la société italienne aura le droit d'agir devant d'autres juridictions, de sorte qu'elle revêt un caractère potestatif à l'égard de la société italienne, alors qu'elle avait constaté la volonté des parties de convenir d'une prorogation de compétence dans les termes du contrat, peu important que cette clause attributive ne s'impose qu'à l'une des parties, la cour d'appel, qui n'a pas tiré les conséquences légales de ses constatations, a violé l'art. 23 du Règl. CE du 22 déc. 2000. • Com. 11 mai 2017, n° 15-18.758 : *D. 2017. Pan. 2070, obs. d'Avout ; Rev. crit DIP 2017.483, obs. Bureau ; RJDA 2017, n° 778.*

57. Loi de police. Ayant relevé que le rapport de droit en cause ne se limitait pas aux obligations contractuelles, la référence de l'art. 26 au « présent contrat » ne concernant que le droit applicable, et devait s'entendre des litiges découlant de la relation contractuelle, la cour d'appel, hors toute dénaturation, en a souverainement déduit, des dispositions impératives constitutives de lois de police fussent-elles applicables au fond du litige, que la clause attributive de compétence s'appliquait à la rupture brutale du contrat. • Civ. 1re, 18 janv. 2017, n° 15-26.105 P : *D. 2017. Pan. 1021, obs. Jault-Seseke ; Rev. crit DIP 2017.269, note Bureau et Muir-Watt ; RTD civ. 2017.391, obs. Barbier.*

b. Litiges internes

58. Personnes ayant toutes contracté en qualité de commerçant. Toute clause qui, directement ou indirectement, déroge aux règles de compétence territoriale est réputée non écrite à moins qu'elle n'ait été convenue entre des personnes ayant toutes contracté en qualité de commerçant. • Civ. 2e, 4 juill. 2007, n° 06-16.140 P : *D. 2007. AJ 2111 ; Procédures 2007, n° 213, obs. Perrot.* ♦ Viole les art. 1er C. com. [désormais, art. L. 121-1] et 48 NCPC [renommé C. pr. civ.], l'arrêt qui retient la compétence territoriale d'un tribunal fondée sur une clause attributive de compétence, alors que le défendeur, qui avait la qualité d'artisan, ne pouvait se voir conférer celle de commerçant par la seule acceptation de lettres de change. • Com. 11 mai 1993, n° 91-14.734 P : *Gaz. Pal. 1993. 2. 639, note Dupichot.* ♦ La souscription par le dirigeant d'une société commerciale d'un cautionnement à caractère commercial, en raison de son intérêt personnel dans l'engagement commercial garanti, ne lui donne pas la qualité de commerçant et ne justifie pas l'application à son égard d'une clause attributive de compétence territoriale. • Com. 10 févr. 1981, n° 79-15.687 P : *Gaz. Pal. 1981. 2. 475, note Dupichot ; D. 1982. IR 153, obs. P. Julien.*

59. Clause spécifiée de façon très apparente. Ne répond pas aux exigences de l'art. 48 NCPC [renommé C. pr. civ.] une clause attributive de juridiction figurant au verso d'un bon de commande et imprimée en caractères grisâtres et peu lisibles. • Com. 30 nov. 1981, n° 80-12.353 P : *D. 1982. IR 136.* ♦ Pour des exemples de clauses jugées très apparentes et valables : • Com. 20 juill. 1981, n° 80-10.268 P : *D. 1982. IR 156* (clause constituant l'un des paragraphes du contrat passé entre deux sociétés commerciales et non dissimulée par un timbre humide) • 30 mai 1983 : *Gaz. Pal. 1985. 1. 53, note P.-Y. Nicolas (clause figurant tant au recto qu'au verso d'un* connaissement) • Civ. 1re, 30 oct. 2006, n° 04-15.512 P : *D. 2006. IR 2873 ; JCP 2006. IV. 3297 ; RJDA 2007, n° 213* (clause valable dès lors qu'elle permet de déterminer le tribunal choisi).

60. Acceptation de la clause. Une clause attributive de compétence territoriale n'est opposable qu'à la partie qui en a eu connaissance et l'a acceptée au moment de la formation du contrat. • Com. 28 févr. 1983, n° 78-10.813 P. ♦ Mais l'art. 48 n'exige pas que la clause ait été l'objet d'une acceptation distincte de l'ensemble du contrat. • Com. 20 juill. 1981, n° 80-10.268 P : *D. 1982. IR 156.* ♦ Des clauses attributives de juridiction figurant sur les documents contractuels respectifs des parties étant inconciliables, elles s'annulent et dans ce cas la désignation de la juridiction territorialement compétente est régie par les art. 42 et 46 NCPC [renommé C. pr. civ.]. • Com. 20 nov. 1984, n° 83-15.956 P : *JCP 1987. II. 20832, note Blaisse.* ♦ Sur l'efficacité de la clause attributive de juridiction dans un contexte international et de pluralité de défendeurs, V. • Civ. 1re, 20 juin 2006, n° 05-16.706 P : *D. 2006. IR 1841, obs. Delpech ; JCP E 2006, n° 31-34, p. 1376 ; Gaz. Pal. 2007. 2145, obs. Niboyet ; RJDA 2007, n° 219 ; Procédures 2007, n° 137, obs. Nourissat.* • Civ. 1re, 17 nov. 2010, n° 09-12.442 P : *D. 2010. Pan. 2935, obs. Clay ; RTD com. 2011. 667, obs. Delebecque ; JCP 2010, n° 1307, note Chevalier ; CCC 2011, n° 23, obs. Leveneur ; LPA 29 juin 2011, note Charbonnel ; Gaz. Pal. 2011. 296, obs. Houtcieff ; RJDA 2011, n° 270.* ♦ Une clause attributive de juridiction, qui a été convenue, dans une chaîne communautaire de contrats, entre le fabricant d'une chose et un acheteur, ne peut être opposée au tiers sous-acquéreur, sauf à ce qu'il ait donné son consentement effectif à l'égard de ladite clause : • CJUE 7 févr. 2013, n° C-543/10 : *D. 2013. 1110, concl. Bollée ; RTD com. 2013. 381, obs. Marmisse-d'Abbadie d'Arrast ; JCP E 2013, n° 1332, note Attal ; RJDA 2013, n° 469 ; LPA 10 avr. 2013, note Legrand.* ♦ ... Et, se prononçant sur le fond de l'affaire : • Civ. 1re, 11 sept. 2013, n° 09-12.442 P : *D. 2014. 121, note Mazeaud ; RTD com. 2014. 452, obs. Delebecque ; JCP E 2013, n° 1620, note Golhen ; CCC 2013, n° 257, obs. Leveneur ; RJDA 2014, n° 71 ; RJ com. 2013. 498, obs. Berlioz.* – V. aussi : • Civ. 1re, 25 mars 2015, n° 13-24.796 P : *D. 2015. Actu. 811 ; AJCA 2015. 272, obs. Jault-Seseke ; RTD com. 2015. 616, obs. Delebecque ; JCP 2015, n° 430, obs. Mailhé ; RJDA 2015, n° 545.*

2° PORTÉE

61. Renonciation. Le fait que la partie demanderesse se soit initialement prévalue d'une clause attribuant compétence à une juridiction déterminée n'implique pas de sa part renonciation à exercer en faveur de cette juridiction le droit d'option reconnu au demandeur, en matière contractuelle, par les dispositions de l'art. 46 NCPC [renommé C. pr. civ.], dans l'éventualité où la clause attributive de juridiction serait jugée non conforme aux exigences de l'art. 48 du même code. • Com. 2 mars 1993, n° 91-11.393 P.

62. Référé. La clause attributive de compétence territoriale est inopposable à la partie qui saisit le juge des référés. • Civ. 2e, 17 juin 1998, n° 95-10.563 P : *D. 1998. IR 194.* ♦ ... Une partie peut toujours saisir de sa demande le juge du lieu où les mesures doivent être prises ou exécutées. • Civ. 2e, 19 nov. 2008, n° 08-11.646 : *Procédures 2009, n° 77, obs. Perrot.*

63. Autonomie. Une clause attributive de compétence, en raison de son autonomie par rapport à la convention principale dans laquelle elle s'insère, n'est pas affectée par l'inefficacité de cet acte. • Civ. 1re, 8 juill. 2010, n° 07-17.788 P : *D. 2010. Actu. 1869, obs. Delpech ; RTD civ. 2010. 780, obs. Fages ; JCP E 2011, n° 1556, spéc. n° 11, obs. Nourissat ; RJDA 2010, n° 1120 ; Procédures 2010, n° 336, obs. Perrot.*

IX. CLAUSES DE CONCILIATION ET DE MÉDIATION

*V. Dir. 2008/52/CE du 21 mai 2008 sur certains aspects de la médiation en matière civile et commerciale. – **C. pr. civ.** ou **C. consom.***

BIBL. Chaput, *Mél. Bouloc, Dalloz, 2006, p. 127* (responsabilité du médiateur dans le contentieux des affaires). – Creux-Thomas, *JCP 2009, n° 51, p. 9* (la médiation : opportunité ou « gadget » ?). – Fricero, *Dr. et patr. 5/2012. 53* (convention de procédure participative et médiation). – Tricoit, *ibid. 56* (… et conciliation). – Kenfack, *D. 2015. 384* (reconnaissance des véritables clauses de médiation ou de conciliation obligatoire hors de toute instance). – Brochier, *ibid. 389* (pour une clarification des procédures de médiation et de conciliation dans le code de procédure civile). – Bretzner et Reynier, *AJCA 2015. 117* (régime de la clause de conciliation préalable). – Depondt, *JCP N 2015, n° 1151* (mise en œuvre des procédures d'arbitrage et de conciliation). – Lemmet, *RTD com. 2018. 889* (les MARD, vers un changement de paradigme ? De quelques réflexions autour de la médiation et de la conciliation).

64. Existence. **BIBL.** Gerbais, *Procédures 2015. Étude 7* (clause de conciliation préalable : entre tensions contractuelles et processuelles). ♦ Une procédure préalable de conciliation ne peut résulter que d'une stipulation contractuelle, laquelle est seule de nature à s'imposer au juge. • Civ. 1re, 6 mai 2003, n° 01-01.291 P : *JCP 2004. II. 10021, note Colson ; RTD civ. 2003. 499, obs. Mestre et Fages ; RJDA 2003, n° 1144.* ♦ La clause instituant une procédure de conciliation obligatoire et préalable à toute instance judiciaire s'impose au juge, quelle que soit la nature de celle-ci. • Civ. 1re, 1er oct. 2014, n° 13-17.920 P : *D. 2014. Pan. 2556, obs. Clay ; RTD civ. 2015. 131, obs. Barbier ; JCP E 2014, n° 1553 ; RJDA 2015, n° 58.*

65. Inobservation. **BIBL.** Montéran, *Gaz. Pal. 2003. 790* (respect des clauses contractuelles de médiation). – Deharo, *LPA 26 oct. 2011* (efficacité économique de la clause de médiation). ♦ Licite, la clause instituant une procédure de conciliation obligatoire et préalable à la saisine du juge, dont la mise en œuvre suspend jusqu'à son issue le cours de la prescription, constitue une fin de non-recevoir qui s'impose au juge si les parties l'invoquent. • Cass., ch. mixte, 14 févr. 2003, n° 00-19.423 P : *BICC 1er mai 2003, p. 41, concl. Benmakhlouf, rapp. Bailly ; D. 2003. 1386, note Ancel et Cottin ; LPA 12 mars 2003, p. 13, note Bernheim ; JCP E 2003, n° 19, p. 810, note Croze et Gautier ; CCC 2003, n° 84, obs. Leveneur ; RTD civ. 2003. 294, obs. Mestre et Fages .* ♦ Dans le même sens, s'agissant d'une clause de médiation : • Civ. 1re, 8 avr. 2009, n° 08-10.866 P : *D. 2009. AJ 1284, obs. Delpech ; RTD civ. 2009. 774, obs. Théry ; JCP 2009, n° 26, p. 20, note Cuperlier.* ♦ La fin de non-recevoir tirée du défaut de mise en œuvre d'une clause qui institue une procédure de conciliation, obligatoire et préalable à la saisine du juge, ne concerne, lorsqu'une telle clause figure dans un contrat de prêt, que les modalités d'exercice de l'action du créancier contre le débiteur principal et non la dette de remboursement elle-même dont la caution est également tenue, de sorte qu'elle ne constitue pas une exception inhérente à la dette que la caution peut opposer. • Com. 13 oct. 2015, n° 14-19.734 P : *D. 2016. 628, note Mazeaud ; AJCA 2015. 523, obs. Piette ; RTD civ. 2015. 917, obs. Crocq ; JCP 2015, n° 1165, obs. Perrier ; RJDA 2015, n° 865 ; Gaz. Pal. 2015. 3694, obs. Pailler ; Procédures 2015, n° 345, obs. Strickler.* ♦ La fin de non-recevoir tirée du non-respect d'une clause de conciliation préalable ne peut faire l'objet d'une régularisation. • Cass., ch. mixte, 12 déc. 2014, n° 13-19.684 P : *D. 2015. 208, note Boillot ; JCP 2014, n° 1328, note Deharo.* ♦ La situation donnant lieu à la fin de non-recevoir tirée du défaut de mise en œuvre d'une clause qui institue une procédure de médiation obligatoire et préalable à la saisine du juge n'est pas susceptible d'être régularisée par la mise en œuvre de la clause en cours d'instance. • Civ. 3e, 6 oct. 2016, n° 15-17.989 P : *D. 2016. Actu. 2071 ; AJ contrat 2016. 545, obs. Fricero ; JCP E 2016, n° 1576 ; RJDA 2017, n° 53.*

X. ACTES DE COMMERCE PAR LA FORME

66. V. note 19 ss. art. L. 110-1.

Art. L. 721-3-1 *(L. n° 2011-1862 du 13 déc. 2011, art. 4-II, en vigueur le 1er janv. 2013)* Les tribunaux de commerce connaissent, dans les limites de leur compétence d'attribution, des demandes formées en application du règlement (CE) n° 861/2007 du Parlement européen et du Conseil du 11 juillet 2007 instituant une procédure européenne de règlement des petits litiges. – *V. ce texte au* ***C. pr. civ.*** *ou au* ***C. consom.***

L'art. L. 721-3-1, tel qu'issu de la L. n° 2011-1862 du 13 déc. 2011, n'est pas applicable aux procédures en cours (L. préc., art. 70-IV).

Art. L. 721-4 *(Ord. n° 2006-673 du 8 juin 2006, art. 2)* Le tribunal de commerce connaît des billets à ordre portant en même temps des signatures de commerçants et de non-commerçants.

Toutefois, il est tenu de renvoyer au *(Ord. n° 2019-964 du 18 sept. 2019, art. 35, en vigueur le 1er janv. 2020)* « tribunal judiciaire *[ancienne rédaction : tribunal de grande instance]* » s'il en est requis par le défendeur lorsque les billets à ordre ne portent que des signatures de non-commerçants et n'ont pas pour occasion des opérations de commerce, trafic, change, banque ou courtage. – *[COJ, art. L. 411-5.]*

1. Intérêts. La demande en paiement d'intérêts d'un billet à ordre ne peut être soumise à la juridiction consulaire qu'autant qu'il est constaté en fait que ce billet avait un caractère commercial. • Civ. 17 mars 1890 : *DP 1891. 1. 84* • 1er août 1900 : *DP 1900. 1. 504.* – V. aussi • Req. 27 nov. 1906 : *DP 1908. 1. 215.*

2. Compétence des tribunaux civils. La compétence du tribunal de commerce n'est pas exclusive et le fait que le souscripteur soit commerçant n'interdit pas au tribunal de grande instance de connaître, à l'occasion d'un litige de sa compétence, de la nullité pour dol des avals figurant sur des billets à ordre. • Paris, 15 févr. 1969 : *D. 1970. Somm. 58.*

Art. L. 721-5 *(Ord. n° 2006-673 du 8 juin 2006, art. 2)* Par dérogation au 2° de l'article L. 721-3 et sous réserve des compétences des juridictions disciplinaires et nonobstant toute disposition contraire, les tribunaux civils sont seuls compétents pour connaître des actions en justice dans lesquelles l'une des parties est une société constituée conformément à la loi n° 90-1258 du 31 décembre 1990 relative à l'exercice sous forme de sociétés des professions libérales soumises à un statut législatif ou réglementaire ou dont le titre est protégé, ainsi que des contestations survenant entre associés d'une telle société.

Néanmoins, les associés peuvent convenir, dans les statuts, de soumettre à des arbitres les contestations qui surviendraient entre eux pour raison de leur société. – *[COJ, art. L. 411-6.]*

L'art. L. 721-5 est l'ancien art. L. 411-6 COJ qui a pris effet à la date d'entrée en vigueur de l'Ord. n° 2000-912 du 18 sept. 2000, relative à la partie législative du code de commerce (L. n° 2001-420 du 15 mai 2001, art. 127 (IV). Cette Ord. avait abrogé l'art. 631-1 C. com., dont on retrouve aujourd'hui la substance dans l'art. L. 721-5.

BIBL. ▸ DAIGRE, *JCP E 1998, n° 6, p. 213.*

1. Compétence des tribunaux civils. Ayant relevé qu'une société d'experts-comptables avait été constituée en 1987 sous la forme d'une société commerciale, ce dont il résulte que cette société n'était pas constituée sous la forme d'une société d'exercice libéral (SEL) régie par les dispositions de la L. du 31 déc. 1990 et n'avait pas modifié ses statuts pour le devenir, une cour d'appel retient exactement que le litige dans lequel la société est partie relève de la compétence du tribunal de commerce. • Com. 16 nov. 2004, n° 01-03.304 P : *D. 2004. AJ 3141, obs. Lienhard ; JCP E 2004, n° 50, p. 1953 ; RJDA 2005, n° 282 ; BJS 2005. 226, note Daigre ; Rev. sociétés 2005. 389, note Sortais.* – V. aussi, en faveur de la compétence commerciale, faute de mise en conformité avec la L. n° 90-1258 du 31 déc. 1990 : • Paris, 8 oct. 1996 : *BJS 1997. 34, note Daigre ; Dr. sociétés 1997, n° 15, note Vidal.* ♦ *Contra*, considérant que viole l'art. 631-1 [721-5] la cour d'appel qui, pour retenir la compétence du tribunal de commerce pour une action intentée contre une société d'avocats, énonce que, celle-ci étant une société anonyme, quelle que soit la nature des actes auxquels le litige se rapporte, « la forme imprime sa commercialité à son activité », celle-ci serait-elle civile par nature. • Civ. 2e, 6 mai 1997, n° 95-11.857 P : *D. 1998. Somm. 186, obs. Hallouin ; JCP E 1997. II. 983, note Bonneau ; Dr. sociétés 1997, n° 132, note Vidal ; BJS 1997. 989, note Daigre* • Chambéry, 2 juill. 2002 : *JCP E 2003, n° 17-18, p. 737.*

Il résulte de la combinaison des art. 631-1 [721-5] et 7 de la L. n° 85-98 du 25 janv. 1985 [C. com., art. L. 621-2], que la compétence pour ouvrir une procédure de redressement judiciaire à l'égard d'une SEL d'avocats, à forme anonyme, est exclusivement attribuée au TGI. • Paris, 6 juill. 1994 : *D. 1994. IR 199 ; JCP E 1994. II. 598, note Daigre ; BJS 1994. 1006, note Jeantin ; Dr. sociétés 1994, n° 111, obs. Chaput ; Rev. huiss. 1995. 86, note Daigre* (infirmant • T. com. Paris, 22 mars 1994 : *D. 1994. 288, note crit. Derrida ; BJS 1994. 671, note crit. Jeantin*). – V. aussi Daigre, *JCP E 1994. I. 370.*

Sur l'application de l'art. L. 721-5 pour prononcer la liquidation judiciaire d'une SEL exerçant une activité de pharmacie, V. • T. com. Valenciennes, 22 août 2011 : *Dr. sociétés 2012. Repère 3, par Legros ; LEDEN 10/2011. 7, obs. Staes.* ♦ Pour une autre application à propos d'une société de conseils juridiques devenue société d'avocats sans avoir mis ses statuts en harmonie, V. • Paris, 20 déc. 1994 : *JCP 1995. II. 22524, note Daigre ; Dr. sociétés 1995, n° 62.* – V. également • Paris, 11 juin 1997 : *D. Affaires 1997. 906 ; BJS 1997. 989, note Daigre* • Chambéry, 2 juill. 2002 : *préc. note 1.*

2. Clause compromissoire. Sur l'application d'une clause compromissoire figurant dans les statuts d'une SEL, le litige entre les parties trouvant sa source dans l'interprétation et l'application d'une clause statutaire de non-concurrence, V. • Com. 5 oct. 1999, n° 97-15.990 P : *D. 1999. AJ 99, obs. M. B. ; LPA 9 mars 2000, note Salati ; BJS 2000. 215, note Daigre.*

3. Autres compétences spéciales. Sur l'articulation entre les art. L. 721-5 et D. 442-3, V. • Com. 29 mars 2017, n° 15-27.811 P : *cité note 9 ss. art. D. 442-3.*

Art. L. 721-6 *(Ord. n° 2006-673 du 8 juin 2006, art. 2)* Ne sont pas de la compétence des tribunaux de commerce les actions intentées contre un propriétaire, cultivateur ou vigneron, pour vente de denrées provenant de son cru, ni les actions intentées contre un commerçant, pour paiement de denrées et marchandises achetées pour son usage particulier.

Néanmoins, les billets souscrits par un commerçant sont censés faits pour son commerce. – *[COJ, art. L. 411-7.] – V. note ss. art. L. 721-3.*

Vente de vin. Il résulte de l'art. 638 [art. L. 721-6] que le contrat concédant l'exclusivité et la vente des vins concernant exclusivement des opérations d'écoulement de la production d'un vigneron est un contrat civil relevant de la compétence du TGI, peu important que, pour les besoins de ces opérations, le vigneron ait passé des contrats de distribution, émis des factures et fait de la publicité, indirectement retenus comme « actes à caractère commercial » par le tribunal. • Paris, 12 sept. 1991 : *D. 1991. IR 255.* ♦ De même, l'importance de la vente n'est pas de nature à en modifier le caractère civil dans la mesure où il ne s'agit que de l'écoulement de la production du vigneron. • Même arrêt.

V. aussi notes 38 s. ss. art. L. 110-1.

Art. L. 721-7 *(L. n° 2010-1609 du 22 déc. 2010, art. 9)* Le président du tribunal de commerce peut connaître concurremment avec le juge de l'exécution, lorsqu'elles tendent à la conservation d'une créance relevant de la compétence de la juridiction commerciale et qu'elles sont demandées avant tout procès, des mesures conservatoires portant sur :

(Ord. n° 2011-1895 du 19 déc. 2011, art. 3, en vigueur le 1er juin 2012) « 1° Les meubles et immeubles dans les cas et conditions prévus par le code des procédures civiles d'exécution ;

« 2° Les navires dans les cas et conditions prévus par les articles L. 5114-20 et L. 5114-29 du code des transports ; »

3° Les aéronefs, dans les cas et conditions prévus par le code de l'aviation civile *[aujourd'hui recodifié à la sixième partie du code des transports]* ;

4° Les bateaux de navigation intérieure d'un tonnage égal ou supérieur à vingt tonnes, dans les cas et conditions prévus par le code du domaine public fluvial et de la navigation intérieure *[aujourd'hui recodifié à la quatrième partie du code des transports]*.

L'art. L. 721-7 entre en vigueur dans les conditions fixées par un décret nécessaire à son application et au plus tard le 1er sept. 2011 (L. n° 2010-1609 du 22 déc. 2010, art. 43).

....

Art. R. 721-1 *(Décr. n° 2007-431 du 25 mars 2007)* Les tribunaux de commerce appliquent les principes directeurs du procès civil.

Art. D. 721-2 Le siège et le ressort des tribunaux de commerce sont fixés conformément au tableau de l'annexe 7-1 du présent livre. – *[COJ, art. R. 411-1, al. 1er.] – A compter du 1er janv. 2011, l'annexe 7-1 est remplacée par le tableau de l'annexe C du Décr. n° 2008-146 du 15 févr. 2008 (JO 17 févr., rect. JO 22 mars), et modifiée conformément aux indications de l'annexe II du Décr. n° 2009-1629 du 23 déc. 2009 (JO 26 déc.). – A compter du 1er janv. 2013, l'annexe 7-1 est modifiée conformément aux indications de l'annexe A du Décr. n° 2012-1047 du 13 sept. 2012 (JO 14 sept.) et de l'annexe B du Décr. n° 2012-1444 du 24 déc. 2012 (JO 26 déc.).*

V. aussi Circ. NOR : JUSB1507102C du 17 mars 2015 portant sur la réforme cantonale et la définition des ressorts des juridictions de l'ordre judiciaire (BOMJ n° 2015-03 du 31 mars 2015).

L'art. D. 721-2 est l'anc. art. R. 721-2 (Décr. n° 2008-522, 2 juin 2008, art. 3).

Annulation du Décr. du 15 févr. 2008. Le Décr. n° 2008-146 du 15 févr. 2008 fixant le siège et le ressort des tribunaux de commerce est annulé à compter de l'expiration d'un délai de six mois courant de la date de la présente décision en tant qu'il a pour effet, en procédant à l'extension du ressort de certains tribunaux de commerce ou en créant de nouveaux tribunaux, de supprimer la compétence commerciale de vingt-trois tribunaux de grande instance. Sous réserve des actions contentieuses engagées à la date de la présente décision, dans lesquelles aurait été soulevée l'illégalité de ce décret, les effets produits par ce dernier antérieurement à la présente annulation sont regardés comme définitifs. • CE 8 juill. 2009, n° 314236 : *AJDA 2010. 398, note Touzeil-Divina ; JCP 2009, n° 37, p. 47 ; Gaz. Pal. 2009. 2566, concl. Guyomar.* – V. le Décr. n° 2009-1629 du 23 déc. 2009, modifiant l'annexe 7-1, à compter du 8 janv. 2010.

Art. D. 721-3 Le nombre des juges et le nombre des chambres de chaque tribunal de commerce sont fixés conformément aux tableaux de l'annexe 7-2 du présent livre. – *[COJ, art. R. 411-2 ; Décr. n° 91-692 du 18 juill. 1991, art. 1er.] – V. annexe 7-2 au* **C. com.**

L'art. D. 721-3 est l'ancien art. R. 721-3 (Décr. n° 2008-522, 2 juin 2008, art. 3).

Art. R. 721-4 Les costumes des membres du tribunal de commerce sont définis ainsi qu'il suit :

a) Robe : noire à grandes manches avec revers de velours (pour le président du tribunal de commerce de Paris, lors des audiences solennelles et cérémonies publiques : robe rouge avec des parements de velours noir) ;

b) Simarre : de soie noire ;

c) Toque : noire avec un galon d'argent (deux galons pour le président) ;

d) Cravate : blanche plissée. – *[COJ, art. R. 741-6.]*

Art. R. 721-5 Lorsqu'une juridiction commerciale est créée ou lorsque le ressort d'un tribunal de commerce ou d'un *(Décr. n° 2019-966 du 18 sept. 2019, art. 8, en vigueur le 1er janv. 2020)* « tribunal judiciaire *[ancienne rédaction : tribunal de grande instance]* » statuant en matière commerciale est modifié par suite d'une nouvelle délimitation des circonscriptions administratives ou judiciaires, le tribunal compétent primitivement saisi demeure compétent pour statuer sur les procédures introduites antérieurement à la date de création du tribunal ou de modification du ressort ainsi que sur toutes les procédures qui découlent d'une sauvegarde, d'un redressement judiciaire, d'une liquidation judiciaire, d'un règlement judiciaire, d'une liquidation de biens, ainsi que d'une faillite personnelle ou d'autres sanctions. – *[COJ, art. R. 411-3.]*

Par dérogation aux art. R. 721-5, R. 741-7, R. 743-159 et R. 743-160, toutes les procédures en cours devant les tribunaux de commerce supprimés en application de l'art. 1er du Décr. n° 2008-146 du 15 févr. 2008 (JO 17 févr.) ou devant les tribunaux de grande instance compétents en application de l'art. L. 721-2 dans les matières attribuées aux tribunaux de commerce sont transférées en l'état aux tribunaux de commerce désormais compétents, sans qu'il y ait lieu de renouveler les actes, formalités et jugements intervenus antérieurement au 1er janv. 2009, à l'exception des assignations données aux parties et aux témoins à fin de comparution personnelle. Les archives et les minutes du greffe des tribunaux de commerce supprimés sont transférées au greffe des tribunaux de commerce désormais compétents. Les frais de transfert de ces archives et minutes sont pris sur le crédit ouvert à cet effet au budget du ministère de la justice (Décr. n° 2008-146, 15 févr. 2008, art. 5).

Pour les départements de la Corrèze, de la Haute-Garonne et de Maine-et-Loire, le Décr. n° 2016-1608 du 25 nov. 2016 attribuant compétence à des tribunaux de grande instance en matière de procédures prévues par le livre VI du code de commerce applicables aux personnes qui ne sont ni commerçants ni artisans entre en vigueur le trentième jour qui suit sa publication au Journal officiel (JO 27 nov.) et les dispositions de l'art. R. 721-5 sont applicables (Décr. préc., art. 2).

Sur l'annulation du Décr. du 15 févr. 2008, V. • CE 8 juill. 2009, n° 314236 : *cité note ss. art. D. 721-2 et note ss. art. D. 732-1.*

Art. R. 721-6 Le tribunal de commerce connaît en dernier ressort des demandes jusqu'à la valeur de *(Décr. n° 2019-1333 du 11 déc. 2019, art. 16, en vigueur le 1er janv. 2020)* « 5 000 euros *[ancienne rédaction : 4 000 €]* ». – *[COJ, art. R. 411-4.] – L'art. R. 411-4 COJ (devenu C. com., art. R. 721-6) est applicable aux instances introduites à compter du 1er janv. 2003 (Décr. n° 2002-1436 du 3 déc. 2002, art. 30).*

Sur le tribunal mixte de commerce dans les départements d'outre-mer, V. art. R. 732-1 s.

BIBL. ▶ Décr. n° 2002-1436 du 3 déc. 2002 : CHEVALIER, *Procédures 2003. Chron. 1.* – CHEVALIER et MOUSSA, *JCP 2003, n° 4, Actualité, 39.* – JULIEN, *Mél. Normand, Litec, 2003, p. 241, n° 15.*

Abrogation de l'art. 639 anc. C. com. Jugeant que l'ancien taux de compétence en dernier ressort, qui était fixé par l'art. 639 de l'ancien code de commerce, n'était plus applicable au jour de l'ouverture de la procédure (30 janv. 2001), dès lors que ce texte avait été abrogé par l'Ord. n° 2000-912 du 18 sept. 2000 et qu'aucune disposition similaire n'a été reprise jusqu'au Décr. du 3 déc. 2002 : • Paris, 1er oct. 2004 : *D. 2004. AJ 2717* • 9 oct. 2001 : *D. 2001. AJ 3196, obs. Lienhard ; Dr. et pr. 2002. 100, obs. Douchy* (conf. par • Com. 1er févr. 2005, n° 03-14.985 P : *D. 2005. AJ 492, obs. Lienhard ; RJDA 2005, n° 641* • Civ. 3e, 13 sept. 2005, n° 04-15.899 P : *D. 2005. AJ 2381, obs. Lienhard ; JCP 2005. IV. 3179*). ♦ Jugeant au contraire qu'à la date du jugement entrepris (28 févr. 2000) le taux posé par l'art. 639 de l'ancien code de commerce existait encore, V. • Com. 3 oct. 2006, n° 02-13.829 P : *D. 2006. AJ 2602, obs. Lienhard ; RTD civ. 2007. 629, obs. Théry ; JCP E 2006, n° 47, p. 1985 ; RJDA 2007, n° 216 ; Dr. et patr. 2/2007. 116, obs. Amrani-Mekki.* ♦ V. aussi note ss. art. L. 624-4.

CHAPITRE PREMIER LA PROCÉDURE DEVANT LE TRIBUNAL DE COMMERCE

BIBL. GÉN. ▶ GEINSENBERGER, *RTD com. 1970. 317* (tribunal de commerce de Paris). – R. MARTIN, *Procédures 2000. Chron. 13* (point noir de la procédure orale).

SECTION PREMIÈRE L'INTRODUCTION DE L'INSTANCE

Art. 854 *(Décr. n° 2019-1333 du 11 déc. 2019, art. 5-2°, en vigueur le 1er janv. 2020)* **La demande en justice est formée par assignation ou par la remise au greffe d'une requête conjointe.** — *[Ancien art. 854.]*

L'art. 5 du Décr. n° 2019-1333 du 11 déc. 2019 est applicable aux instances introduites à compter du 1er janv. 2020 (Décr. préc., art. 55-II).

Par dérogation, jusqu'au 1er juill. 2021, dans les procédures soumises, au 31 déc. 2019, à la procédure écrite ordinaire, la saisine par assignation de la juridiction et la distribution de l'affaire demeurent soumises aux dispositions des art. 56, 752, 757 et 758 C. pr. civ. dans leur rédaction antérieure audit Décr.

Jusqu'au 1er juill. 2021, les assignations demeurent soumises aux dispositions de l'art. 56 C. pr. civ., dans sa rédaction antérieure audit Décr., dans les procédures au fond suivantes :

1° Celles prévues aux art. R. 202-1 s. LPF ;

2° Celles prévues au livre VI du C. com. devant le tribunal judiciaire ;

3° Celles diligentées devant le trib. paritaire des baux ruraux (Décr. préc., art. 55-III, mod. par Décr. n° 2020-950 du 30 juill. 2020, art. 3, et Décr. n° 2020-1641 du 22 déc. 2020, art. 1er-1°).

Ancien art. 854 ***La demande en justice est formée par assignation, par la remise au greffe d'une requête conjointe ou par la présentation volontaire des parties devant le tribunal.***

SOUS-SECTION 1 L'ASSIGNATION

Art. 855 *(Décr. n° 2019-1333 du 11 déc. 2019, art. 5-3°, en vigueur le 1er janv. 2020)* **L'assignation contient, à peine de nullité, outre les mentions prescrites par les articles 54 et 56, les nom, prénoms et adresse de la personne chez qui le demandeur élit domicile en France s'il réside à l'étranger.**

L'acte introductif d'instance mentionne en outre les conditions dans lesquelles le défendeur peut ou doit se faire assister ou représenter, s'il y a lieu, le nom du représentant du demandeur ainsi que, lorsqu'il contient une demande en paiement, les dispositions de l'article 861-2. — *[Ancien art. 855.]*

L'art. 5 du Décr. n° 2019-1333 du 11 déc. 2019 est applicable aux instances introduites à compter du 1er janv. 2020 (Décr. préc., art. 55-II).

Par dérogation, jusqu'au 1er juill. 2021, dans les procédures soumises, au 31 déc. 2019, à la procédure écrite ordinaire, la saisine par assignation de la juridiction et la distribution de l'affaire demeurent soumises aux dispositions des art. 56, 752, 757 et 758 C. pr. civ. dans leur rédaction antérieure audit Décr.

Jusqu'au 1er juill. 2021, les assignations demeurent soumises aux dispositions de l'art. 56 C. pr. civ., dans sa rédaction antérieure audit Décr., dans les procédures au fond suivantes :

1° Celles prévues aux art. R. 202-1 s. LPF ;

2° Celles prévues au livre VI du C. com. devant le tribunal judiciaire ;

3° Celles diligentées devant le trib. paritaire des baux ruraux (Décr. préc., art. 55-III, mod. par Décr. n° 2020-950 du 30 juill. 2020, art. 3, et Décr. n° 2020-1641 du 22 déc. 2020, art. 1er-1°).

Ancien art. 855 ***L'assignation contient, à peine de nullité, outre les mentions prescrites par l'article 56 :***

1° Les lieu, jour et heure de l'audience à laquelle l'affaire sera appelée ;

2° Si le demandeur réside à l'étranger, les nom, prénoms et adresse de la personne chez qui il élit domicile en France.

(Décr. n° 2010-1165 du 1er oct. 2010, art. 7-1°, en vigueur le 1er déc. 2010) ***« L'acte introductif d'instance mentionne en outre les conditions dans lesquelles le défendeur peut se faire assister ou représenter, s'il y a lieu, le nom du représentant du demandeur ainsi que*** *(Décr. n° 2011-1043 du 1er sept. 2011, art. 5-III)* ***« , lorsqu'il contient une demande en paiement, » les dispositions de l'article 861-2. »***

L'art. 7 du Décr. n° 2010-1165 du 1er oct. 2010 est applicable dans les îles Wallis-et-Futuna (Décr. préc., art. 18-I).

L'art. 5 du Décr. n° 2011-1043 du 1er sept. 2011 n'est pas applicable dès lors qu'un greffier en chef a déjà procédé, à la date de sa publication, à une mesure conservatoire ou qu'il a été saisi à cette fin (Décr. préc., art. 11). Il est applicable aux îles Wallis-et-Futuna (Décr. préc., art. 9).

BIBL. ▸ Décr. du 1er sept. 2011 : CROZE, *Procédures 2011. Repère 9.*

1. Mention d'un jour férié. La délivrance d'une assignation à comparaître à une date correspondant à un jour férié, c'est-à-dire à une date où la juridiction ne tenait pas audience, constitue un vice de forme. • Cass., ch. mixte, 7 juill. 2006, n° 03-20.026 P : *BICC 1er oct. 2006, p. 46, note et rapp. Boval, avis Domingo ; R., p. 414 ; D. 2006. IR 1984 ; JCP 2006. II. 10146, note Putman ; JCP 2006. I. 183, obs. Serinet ; Dr. et pr. 2006. 346, obs. Salati ; Gaz. Pal. 21-22 juill. 2006, p. 5, avis Domingo ; ibid. 2006. 3305, note Deharo ; Procédures 2006, n° 200, obs. Perrot.* ♦ Cassation de • Versailles, 25 sept. 2003 : *BICC 2004, n° 358* (ayant considéré que l'acte était privé d'objet et inopérant).

2. Procédures collectives. Il résulte de l'art. 164 du Décr. n° 85-1388 du 27 déc. 1985 que le dirigeant poursuivi en comblement du passif n'a pas la faculté de se faire représenter lors de son audition en chambre du conseil et des art. 853 et 855 NCPC [devenu C. pr. civ.] que l'acte introductif d'instance mentionne les conditions dans lesquelles le défendeur peut se faire assister ou représenter devant le tribunal hors cette audition ; l'assignation n'est pas entachée de nullité pour avoir mentionné la faculté de se faire représenter lors de l'audience des plaidoiries. • Com. 19 févr. 2002, n° 99-15.359 P : *D. 2002. AJ 1485, obs. A. Lienhard ; Procédures 2002, n° 119, note Laporte ; ibid., n° 139, note Croze.*

3. Élection de domicile. L'élection de domicile imposée par l'art. 855 C. pr. civ. n'emporte pas pouvoir pour la personne chez laquelle domicile a été élu de recevoir la signification du jugement destinée à la partie elle-même. • Civ. 2e, 2 déc. 2010 : *BICC 1er avr. 2011, n° 416 ; D. 2011. 526, obs. Sampieri-Marceau ; ibid. 632, Chron. C. cass. Sommer, Leroy-Gissinger, Adida-Canac et Grignon-Dumoulin ; RTD civ. 2011. 174, obs. Perrot (visa des art. 652, 677, ensemble les art. 684 et 689).* ♦ La constitution d'avocat n'emportant pas devant le tribunal de commerce, élection de domicile, la cour d'appel a exactement retenu que cette élection n'était pas constituée par la mention du nom de l'avocat sur l'assignation. • Civ. 2e, 19 nov. 2009 : *Procédures 2010, n° 5, note Perrot.*

Art. 856 **L'assignation doit être délivrée quinze jours au moins avant la date de l'audience.**

L'irrégularité tenant à la délivrance d'une assignation au mépris du délai de quinze jours ne constitue pas un simple vice de forme. • Civ. 2e, 12 juin 2003, n° 01-11.441 P : *D. 2003. IR 1943 ; Procédures 2003, n° 190, note Perrot ; Gaz. Pal. 7-8 avr. 2004, p. 21, obs. du Rusquec.* ♦ Le délai des quinze jours n'ayant pas été respecté et le défendeur n'ayant pas comparu, l'assignation est nulle, de même que le jugement subséquent. • Riom, 23 juin 1988 : *D. 1989. Somm. 182, obs. Julien.* ♦ Comp. : • Com. 22 déc. 1975 : *Bull. civ. IV, n° 311 ; Gaz. Pal. 1976. 1. 275 ; RTD civ. 1976. 406, obs. Perrot.*

Art. 857 **Le tribunal est saisi, à la diligence de l'une ou l'autre partie, par la remise au greffe d'une copie de l'assignation.**

Cette remise doit avoir lieu au plus tard huit jours avant la date de l'audience *(Décr. n° 2005-1678 du 28 déc. 2005, art. 21, en vigueur le 1er mars 2006)* **« , sous peine de caducité de l'assignation constatée d'office par ordonnance, selon le cas, du président ou du** *(Décr. n° 2015-282 du 11 mars 2015, art. 28)* **« juge chargé d'instruire l'affaire », ou, à défaut, à la requête d'une partie. »**

L'art. 21 du Décr. n° 2005-1678 du 28 déc. 2005 est applicable aux procédures en cours (Décr. préc., art. 87, al. 2).

BIBL. ▸ DU RUSQUEC, *Gaz. Pal. 1988. 1. Doctr. 271* (placement tardif de l'assignation).

1. Défaut de placement de l'assignation. Faute de remise au greffe du tribunal de commerce de la copie de la première assignation, la juridiction n'avait pas été saisie, ni l'instance liée. • Civ. 2e, 29 févr. 1984, ☎ n° 82-12.259 P : *RTD civ. 1984. 559, obs. Perrot* • Com. 18 déc. 1984, ☎ n° 83-10.664 P : *RTD civ. 1985. 445, obs. Perrot.* ♦ V. encore • Com. 4 janv. 2000, ☎ n° 97-13.251 : *Procédures 2000, n° 56, obs. Perrot.* ♦ Le délai de péremption n'a donc pu courir. • Civ. 2e, 29 févr. 1984 : *préc.*

2. La formule selon laquelle une assignation est délivrée « sur et aux fins » d'une précédente citation n'a aucune incidence sur le cours de la prescription. • Com. 4 janv. 2000 : ☎ *Procédures 2000, n° 58, obs. Perrot.*

3. Pour une application en matière de litispendance internationale, V. note 23 ss. art. 100.

Art. 858 **En cas d'urgence, les délais de comparution et de remise de l'assignation peuvent être réduits par autorisation du président du tribunal.**

Dans les affaires maritimes et aériennes, l'assignation peut être donnée, même d'heure à heure, sans autorisation du président, lorsqu'il existe des parties non domiciliées ou s'il s'agit de matières urgentes et provisoires.

SOUS-SECTION 2 LA REQUÊTE CONJOINTE

(Décr. n° 2019-1333 du 11 déc. 2019, art. 5-4°, en vigueur le 1er janv. 2020)

L'art. 5 du Décr. n° 2019-1333 du 11 déc. 2019 est applicable aux instances introduites à compter du 1er janv. 2020 (Décr. préc., art. 55-II).

Par dérogation, jusqu'au 1er janv. 2021, dans les procédures soumises, au 31 déc. 2019, à la procédure écrite ordinaire, la saisine par assignation de la juridiction et la distribution de l'affaire demeurent soumises aux dispositions des art. 56, 752, 757 et 758 C. pr. civ. dans leur rédaction antérieure audit Décr.

Jusqu'au 1er janv. 2021, les assignations demeurent soumises aux dispositions de l'art. 56 C. pr. civ., dans sa rédaction antérieure audit Décr., dans les procédures au fond suivantes :

1° Celles prévues aux art. R. 202-1 s. LPF ;

2° Celles prévues au livre VI du C. com. devant le tribunal judiciaire ;

3° Celles diligentées devant le trib. paritaire des baux ruraux (Décr. préc., art. 55-III, mod. par Décr. n° 2020-950 du 30 juill. 2020, art. 3).

Art. 859 **Les parties peuvent exposer leurs prétentions par requête conjointe.** – *[Ancien art. 859.]*

V. note au-dessus du présent art.

Art. 860 **Le tribunal est saisi par la remise de la requête conjointe.** – *[Ancien art. 860.]*

V. note au-dessus du présent art.

SOUS-SECTION 2 *[ANCIENNE]* LA REQUÊTE CONJOINTE ET LA PRÉSENTATION VOLONTAIRE DES PARTIES

RÉP. PR. CIV. v° *Requête conjointe*, par PIERRE-MAURICE.

Ancien art. 859 ***Les parties peuvent exposer leurs prétentions par requête conjointe ; elles peuvent aussi se présenter volontairement devant le tribunal pour les faire juger.***

Ancien art. 860 ***Le tribunal est saisi soit par la remise de la requête conjointe, soit par la signature d'un procès-verbal constatant que les parties se présentent volontairement pour faire juger leurs prétentions.***

Le procès-verbal contient les mentions prévues pour la requête conjointe à l'article 57.

SECTION II L'INSTANCE

SOUS-SECTION 1 DISPOSITIONS GÉNÉRALES

(Décr. n° 2010-1165 du 1er oct. 2010, art. 7-2°, en vigueur le 1er déc. 2010)

L'art. 7 du Décr. n° 2010-1165 du 1er oct. 2010 est applicable dans les îles Wallis-et-Futuna (Décr. préc., art. 18-I).

BIBL. ▸ **Décr. du 1er oct. 2010 :** V. Bibl. au-dessus de l'art. 446-1. – Cholet, *JCP E 2010. Actu. 558*.

Pour une présentation de la réforme opérée par le Décr. nº 2010-1165 du 1er oct. 2010, V. Circ. 24 janv. 2011, reproduite ss. art. 131 (conciliation) et 446-4 (procédure orale).

Art. 860-1 **La procédure est orale.** – *V. art. 446-1 s. – V. Circ. 24 janv. 2011, reproduite ss. art. 446-4.*

Art. 860-2 **Si une conciliation entre les parties apparaît envisageable, la formation de jugement peut** *(Abrogé par Décr. nº 2015-282 du 11 mars 2015, art. 26)* **« *, avec l'accord des parties,* » désigner un conciliateur de justice à cette fin. Cette désignation peut revêtir la forme d'une simple mention au dossier.** – *V. Circ. 24 janv. 2011, reproduite ss. art. 131.*

Sur le Décr. nº 2015-287 du 11 mars 2015, V. Circ. du 20 mars 2015, ss. art. 692-1.

BIBL. ▸ **Décr. du 11 mars 2015 :** Bléry et Teboul, *Gaz. Pal. 17-18 avr. 2015, p. 7* (une nouvelle ère pour la procédure civile). – Croze, *JCP 2015. 356* (choix de simplification procédurale ? – A propos du décret nº 2015-282 du 11 mars 2015). – Douchy-Oudot, *Procédures 2015, nº 167* (médiation familiale : résolution amiable du litige). – Landry, *JCP 2015. 464*.

Art. 861 **En l'absence de conciliation, si l'affaire n'est pas en état d'être jugée, la formation de jugement la renvoie à une prochaine audience ou confie à l'un de ses membres le soin de l'instruire** *(Abrogé par Décr. nº 2012-1451 du 24 déc. 2012, art. 12-1º, en vigueur le 1er févr. 2013)* **« *en qualité de juge rapporteur* ».**

A moins que l'affaire ne soit jugée dès la première audience, le greffier avise par *(Décr. nº 2015-282 du 11 mars 2015, art. 5)* **« tous moyens » les parties qui ne l'auraient pas été verbalement de la date des audiences ultérieures.** – *Sur le Décr. nº 2010-1165 du 1er oct. 2010, V. Circ. du 24 janv. 2011, ss. art. 131. – Sur le Décr. nº 2015-282 du 11 mars 2015, V. Circ. du 20 mars 2015, ss. art. 692-1.*

BIBL. ▸ **Décr. du 11 mars 2015 :** Bléry, *Gaz. Pal. 27 mars 2015, p. 6* (une nouvelle ère pour la procédure civile). – Croze, *JCP 2015. 356* (choix de simplification procédurale ? – A propos du décret nº 2015-282 du 11 mars 2015).

Renvoi à une audience ultérieure. Le tribunal de commerce ne peut entendre les parties, leurs conseils, ou leurs représentants à une audience postérieure à celle pour laquelle a été donnée la citation que si les parties ont été avisées verbalement ou par lettre simple du renvoi à cette audience. • Com. 30 juin 1987, nº 84-17.051 P.

Art. 861-1 *(Décr. nº 2020-1452 du 27 nov. 2020, art. 1er-20º, en vigueur le 1er janv. 2021)* **La formation de jugement peut, conformément au second alinéa de l'article 446-1, dispenser une partie qui en fait la demande de se présenter à une audience ultérieure. Dans ce cas, le juge organise les échanges entre les parties. La communication entre elles est faite par lettre recommandée avec demande d'avis de réception ou par notification entre avocats et il en est justifié auprès de la formation de jugement dans les délais qu'elle impartit. A l'issue de la dernière audience, le greffe informe les parties de la date à laquelle le jugement sera rendu.**

L'art. 1er-20º du Décr. nº 2020-1452 du 27 nov. 2020 s'applique aux instances en cours au 1er janv. 2021 (Décr. préc., art. 12).

Ancien art. 861-1 ***La formation de jugement qui organise les échanges entre les parties comparantes peut, conformément au second alinéa de l'article 446-1, dispenser une partie qui en fait la demande de se présenter à une audience ultérieure. Dans ce cas, la communication entre les parties est faite par lettre recommandée avec demande d'avis de réception ou par notification entre avocats et il en est justifié auprès du tribunal dans les délais qu'il impartit.*** – *V. Circ. 24 janv. 2011, reproduite ss. art. 446-4.*

Art. 861-2 **Sans préjudice des dispositions de l'article 68, la demande incidente tendant à l'octroi d'un délai de paiement en application de l'article** *(Décr. nº 2016-1278 du 29 sept. 2016, art. 1er)* **« 1343-5** *[al. 1er à 3 et 6] [ancienne rédaction : art. 1244-1]* **» du code civil peut être formée par** *(Décr. nº 2019-1333 du 11 déc. 2019, art. 29-4º, en vigueur le 1er janv. 2020)* **« requête » faite, remise ou adressée au greffe, où elle est enregistrée. L'auteur de cette demande doit justifier avant l'audience que l'adversaire en a eu connaissance par lettre recommandée avec demande d'avis de réception. Les**

pièces que la partie invoque à l'appui de sa demande de délai de paiement sont jointes à la *(Décr. n° 2019-1333 du 11 déc. 2019, art. 29-4°, en vigueur le 1er janv. 2020)* **« requête ».**

L'auteur de cette demande incidente peut ne pas se présenter à l'audience, conformément au second alinéa de l'article 446-1. Dans ce cas, le juge ne fait droit aux demandes présentées contre cette partie que s'il les estime régulières, recevables et bien fondées. – *V. Circ. 24 janv. 2011, reproduite ss. art. 446-4.*

L'art. 29 du Décr. n° 2019-1333 du 11 déc. 2019 est applicable aux instances en cours au 1er janv. 2020 (Décr. préc., art. 55-I).

SOUS-SECTION 2 LE JUGE CHARGÉ D'INSTRUIRE L'AFFAIRE *(Décr. n° 2012-1451 du 24 déc. 2012, art. 12-2°, en vigueur le 1er févr. 2013).*

Ancienne sous-section 1, la présente sous-section est devenue la sous-section 2 par l'effet de l'art. 7-2° du Décr. n° 2010-1165 du 1er oct. 2010, en vigueur le 1er déc. 2010.

L'art. 7 du Décr. n° 2010-1165 du 1er oct. 2010 est applicable dans les îles Wallis-et-Futuna (Décr. préc., art. 18-I).

BIBL. GÉN. ▸ DUGUET, *Rev. huiss. 1982. 3* (juge rapporteur). – Conférence générale des tribunaux de commerce, *Gaz. Pal. 1982. 1. Doctr. 60* (juge rapporteur). – JEANTIN, *JCP CI 1977. I. 12495.*

Art. 861-3 *(Décr. n° 2010-1165 du 1er oct. 2010, art. 7-2°, en vigueur le 1er déc. 2010)* **Le** *(Décr. n° 2012-1451 du 24 déc. 2012, art. 12-2°, en vigueur le 1er févr. 2013)* **« juge chargé d'instruire l'affaire » organise le cas échéant les échanges entre les parties comparantes dans les conditions et sous les sanctions prévues à l'article 446-2.**

Il peut dispenser une partie de se présenter à une audience ultérieure dans les conditions prévues à l'article 861-1. – *V. Circ. 24 janv. 2011, reproduite ss. art. 446-4.*

L'art. 7 du Décr. n° 2010-1165 du 1er oct. 2010 est applicable dans les îles Wallis-et-Futuna (Décr. préc., art. 18-I).

Art. 862 *(Décr. n° 2010-1165 du 1er oct. 2010, art. 7-2°, en vigueur le 1er déc. 2010)* **Le** *(Décr. n° 2012-1451 du 24 déc. 2012, art. 12-2°, en vigueur le 1er févr. 2013)* **« juge chargé d'instruire l'affaire » peut entendre les parties.**

Il dispose des pouvoirs de mise en état prévus à l'article 446-3. – *V. Circ. 24 janv. 2011, reproduite ss. art. 446-4.*

L'art. 7 du Décr. n° 2010-1165 du 1er oct. 2010 est applicable dans les îles Wallis-et-Futuna (Décr. préc., art. 18-I).

Art. 863 *(Décr. n° 2010-1165 du 1er oct. 2010, art. 7-2°, en vigueur le 1er déc. 2010)* **Le** *(Décr. n° 2012-1451 du 24 déc. 2012, art. 12-2°, en vigueur le 1er févr. 2013)* **« juge chargé d'instruire l'affaire » constate la conciliation, même partielle, des parties.**

Il peut également désigner un conciliateur de justice dans les conditions prévues à l'article 860-2. – *V. Circ. 24 janv. 2011, reproduite ss. art. 131.*

L'art. 7 du Décr. n° 2010-1165 du 1er oct. 2010 est applicable dans les îles Wallis-et-Futuna (Décr. préc., art. 18-I).

En cas de refus de l'une des parties de signer le procès-verbal, la constatation faite par le juge de la conciliation n'en est pas moins valable ; le procès-verbal signé par le juge et les parties n'a pour effet que de permettre la délivrance d'un titre exécutoire. • T. com. Châlons-sur-Marne, 1er juin 1978 : *Gaz. Pal. 1978. 2. 555, note Dedieux ; RTD civ. 1979. 198, obs. Perrot.*

Art. 864 Le *(Décr. n° 2012-1451 du 24 déc. 2012, art. 12-2°, en vigueur le 1er févr. 2013)* **« juge chargé d'instruire l'affaire » procède aux jonctions et disjonctions d'instance.**

Art. 865 Le *(Décr. n° 2012-1451 du 24 déc. 2012, art. 12-2°, en vigueur le 1er févr. 2013)* **« juge chargé d'instruire l'affaire » peut ordonner, même d'office, toute mesure d'instruction.**

Il tranche les difficultés relatives à la communication des pièces.

Il constate l'extinction de l'instance. En ce cas, il statue, s'il y a lieu, sur les dépens *(Décr. n° 2010-1165 du 1er oct. 2010, art. 7-2°, en vigueur le 1er déc. 2010)* **« et les**

demandes formées en application de l'article 700 ». – *V. Circ. 24 janv. 2011, reproduite ss. art. 446-4.*

L'art. 7 du Décr. n° 2010-1165 du 1er oct. 2010 est applicable dans les îles Wallis-et-Futuna (Décr. préc., art. 18-I).

Art. 866 Les mesures prises par le *(Décr. n° 2012-1451 du 24 déc. 2012, art. 12-2°, en vigueur le 1er févr. 2013)* **« juge chargé d'instruire l'affaire » sont l'objet d'une simple mention au dossier ; avis en est donné aux parties.**

Toutefois, dans les cas prévus à l'article précédent, le *(Décr. n° 2012-1451 du 24 déc. 2012, art. 12-2°)* **« juge chargé d'instruire l'affaire » statue par ordonnance motivée, sous réserve des règles particulières aux mesures d'instruction.**

La décision par laquelle un juge rapporteur renvoie l'affaire à la formation collégiale n'a pas à être motivée, même si le renvoi a été décidé pour que la formation collégiale ordonne des mesures que le juge rapporteur aurait pu prendre lui-même par ordonnance motivée ; la compétence de ce juge n'est pas exclusive ; il peut renvoyer à la formation de jugement pour que, par exemple, elle prononce des mesures d'instruction. • Com. 29 avr. 1986 : *Bull. civ. IV, n° 76.*

Art. 867 Les ordonnances du *(Décr. n° 2012-1451 du 24 déc. 2012, art. 12-2°, en vigueur le 1er févr. 2013)* **« juge chargé d'instruire l'affaire » n'ont pas, au principal, l'autorité de la chose jugée.**

Art. 868 Les ordonnances du *(Décr. n° 2012-1451 du 24 déc. 2012, art. 12-2°)* **« juge chargé d'instruire l'affaire » ne sont susceptibles d'aucun recours indépendamment du jugement sur le fond.**

Toutefois, elles peuvent être frappées d'appel, soit dans les cas et conditions prévus en matière d'expertise, soit dans les quinze jours de leur date lorsqu'elles constatent l'extinction de l'instance.

Art. 869 *(Décr. n° 2012-1451 du 24 déc. 2012, art. 12-3°, en vigueur le 1er févr. 2013)* **Le juge chargé d'instruire l'affaire la renvoie devant le tribunal dès que l'état de l'instruction le permet.**

Art. 870 *(Décr. n° 2012-1451 du 24 déc. 2012, art. 12-3°, en vigueur le 1er févr. 2013)* **A la demande du président de la formation, le juge chargé d'instruire l'affaire fait un rapport oral de l'affaire à l'audience avant les plaidoiries. Ce rapport peut également être fait par le président de la formation ou un autre juge de la formation qu'il désigne.**

Le rapport expose l'objet de la demande et les moyens des parties, précise les questions de fait et de droit soulevées par le litige et fait mention des éléments propres à éclairer le débat, sans faire connaître l'avis du juge qui en est l'auteur.

Art. 871 *(Décr. n° 2012-1451 du 24 déc. 2012, art. 12-3°, en vigueur le 1er févr. 2013)* **Le juge chargé d'instruire l'affaire peut également, si les parties ne s'y opposent pas, tenir seul l'audience pour entendre les plaidoiries. Il en rend compte au tribunal dans son délibéré.**

CHAPITRE II LES POUVOIRS DU PRÉSIDENT

SECTION PREMIÈRE LES ORDONNANCES DE RÉFÉRÉ

RÉP. PR. CIV. v° *Référé commercial,* par BRUSCHI.

DALLOZ ACTION *Droit et pratique de la procédure civile 2022/2023,* nos 123.281 s.

BIBL. GÉN. ▶ BÉNEZRA, *Gaz. Pal.* 1990. 2. *Doctr.* (passerelle). – GRANDJEAN, *Rev. jur. com.* 1993. 177 (évolution du référé commercial). – V. Bibl. précédant art. 808.

Art. 872 Dans tous les cas d'urgence, le président du tribunal de commerce peut, dans les limites de la compétence du tribunal, ordonner en référé toutes les mesures qui ne se heurtent à aucune contestation sérieuse ou que justifie l'existence d'un différend.

Sur la possibilité, en référé, pour le président de la juridiction saisie de pratiques restrictives de vente d'enjoindre la cessation des agissements en cause ou d'ordonner toute autre mesure provisoire, V. C. com., art. L. 442-6. – ***C. com.***

Sur la procédure d'injonction de faire instaurée en droit des sociétés par la loi n° 2001-420 du 15 mai 2001, V. C. com., art. L. 123-5-1, L. 238-1 et C. civ., art. 1843-3, al. 5. – ***C. com.*** *ou* ***C. sociétés****– V. Zeidenberg, Dr. et patr., nov. 2001. 74 (renouveau des injonctions de faire).*

1. Sur l'urgence et la contestation sérieuse, V. notes 20 s. et 27 s. ss. art. 834. ♦ Sur l'éventail des « mesures que justifie l'existence d'un différend », V. notes 44 s. ss. art. 834. ♦ Pour les dispositions prises sur le fondement de l'art. 872 en matière de sociétés commerciales, V. notes 30 s. ss. art. 873.

2. Le juge des référés commerciaux n'est pas compétent pour statuer sur les difficultés d'exécution de ses propres décisions. • Com. 21 janv. 1992, n° 90-14.193 P. ♦ *Contra* : • Com. 29 janv. 1985 : *Gaz. Pal. 1985. 2. 538, obs. Guinchard et Moussa ; D. 1985. IR 256, obs. Julien ; RTD civ. 1985. 610, obs. Normand.* ♦ Sur le pouvoir de modifier ses ordonnances en cas de circonstances nouvelles, V. art. 488.

3. Distribution sélective. Le juge des référés ne peut ordonner les mesures prévues par l'art. 872 que dans la mesure où il n'est pas amené à prendre parti sur l'existence des droits revendiqués que les juges appelés à connaître du fond du litige auraient à apprécier ; du fait de l'initiative du distributeur de modifier le lieu de vente des produits, la reprise des livraisons interrompues se heurtait à une contestation sérieuse portant sur le droit servant de fondement à la mesure sollicitée. • Com. 6 mars 1985, n° 83-17.039 P : *Gaz. Pal. 1985. 2. Pan. 206, obs. Guinchard et Moussa.*

4. Convention d'arbitrage. V. art. 1449 et 1506 et notes ss. art. 1449 et 1506.

Art. 873 **Le président peut, dans les mêmes limites,** *(Décr. n° 87-434 du 17 juin 1987, art. 3)* **« et même en présence d'une contestation sérieuse », prescrire en référé les mesures conservatoires ou de remise en état qui s'imposent, soit pour prévenir un dommage imminent, soit pour faire cesser un trouble manifestement illicite.**

Dans les cas où l'existence de l'obligation n'est pas sérieusement contestable, il peut accorder une provision au créancier, *(Décr. n° 85-1330 du 17 déc. 1985, art. 10)* **« ou ordonner l'exécution de l'obligation même s'il s'agit d'une obligation de faire ».**

PLAN DES ANNOTATIONS

A. MESURES CONSERVATOIRES OU DE REMISE EN ÉTAT

1. Prévention d'un dommage imminent. V. notes 18 s. ss. art. 835. ♦ V. par exemple l'ordre donné, eu égard à l'imminence et à la gravité du dommage, d'exécuter une commande : • Com. 26 févr. 1991, n° 89-16.348 P. ♦ ... La suspension d'une obligation douteuse dont l'exécution priverait le débiteur des garanties dues à la réciprocité des obligations : • Com. 2 févr. 1993 : *JCP 1993. IV. 872.* ♦ ... L'ordre donné, à titre de mesure conservatoire, du maintien des effets du contrat : • Civ. 1re, 7 nov. 2000, n° 99-18.576 • Paris, 15 déc. 2004 : *JCP E 2005. 600.* ♦ *Contra* jugeant que viole les dispositions de l'art. 873 *l'arrêt qui ordonne à un fournisseur la poursuite* de ses relations contractuelles avec un distributeur, alors qu'il a relevé que le contrat initial avait été régulièrement résilié et sans constater la conclusion d'un nouveau contrat entre les parties. • Com. 28 nov. 2006, n° 04-20.734 P : *RTD civ. 2007. 345, obs. Mestre et Fages.*

2. Cessation d'un trouble manifestement illicite. V. notes 24 s. ss. art. 835. ♦ Sont, notamment, constitutives d'un trouble manifestement illicite la publicité d'une société fondée sur la publication tronquée de l'enquête effectuée par une association de consommateurs. • Com. 19 janv. 1988 : *Bull. civ. IV, n° 44.* ♦ ... L'utilisation de véhicules dont la surface d'affichage publicitaire est supérieure à la surface réglementairement autorisée. • Com. 9 févr. 1988 : *Bull. civ. IV, n° 64.* ♦ V., pour un exemple de publicité ne constituant pas un trouble manifestement illicite : • Com. 15 janv. 2002, n° 00-13.107 P. ♦ ... La vente de boissons alcooliques sans être titulaire d'une licence lors de pratiques du *cocooking* (dîners rémunérés et organisés à son domicile et dont les invités se sont inscrits par l'intermédiaire d'une plateforme en ligne). • Com. 2 sept. 2020, n° 18-24.863 P : *cité note 59 ss. art. 835.* ♦ Une cour d'appel qui ne s'est pas prononcée sur la responsabilité contractuelle mais sur le caractère brutal de la rupture des relations commerciales établies n'a fait qu'user des pouvoirs que lui confèrent les art. L. 442-6-IV C. com.

et 873 C. pr. civ. en ordonnant la poursuite des relations commerciales entre les parties jusqu'au 1er juill. 2008, selon des modalités équivalentes à celles ayant été suivies en 2006, après avoir retenu que la rupture litigieuse constituait un trouble manifestement illicite et était de nature à causer à la société un dommage imminent et relevé que ladite société avait fait état de la diminution significative de commandes pendant la durée du préavis initial. • Com. 10 nov. 2009 : *LPA 16 mars 2010, p. 13, note Lefront-Dumont ; CCC 2010, n° 93, note Mathey.*

Sur l'incidence de la contestation sérieuse et l'appréciation du caractère manifestement illicite du trouble, V. notes 24 s. ss. art. 835.

3. Obligation d'exécuter un contrat. Une cour d'appel qui retient qu'il importe peu qu'une société qui refuse d'exécuter ses engagements contractuels ait engagé une action judiciaire en contestation de la validité de ceux-ci, dès lors qu'elle est tenue de se conformer au principe selon lequel le contrat conclu doit être exécuté par chacune des parties tant qu'il n'a pas été statué sur sa validité par les juges du fond compétents et que nul ne peut se faire justice à soi-même, caractérise l'existence d'un trouble manifestement illicite et ne fait qu'user des pouvoirs qui lui sont conférés par l'al. 1er de l'art. 873 en prescrivant à cette société, à titre de mesure conservatoire ou de remise en état, l'obligation d'exécuter ses obligations contractuelles. • Civ. 1re, 15 juin 2004, n° 00-16.392 P : *RTD civ. 2004. 508, obs. Mestre et Fages.*

4. Poursuite des effets d'un contrat. Lorsqu'il statue en référé, le juge du fond, après avoir apprécié souverainement le dommage imminent, ne fait qu'user du pouvoir que lui confère l'art. 873, al. 1er, lorsqu'il adopte comme mesure conservatoire la poursuite des effets du contrat, fût-il dénoncé ; mais il excède ses pouvoirs, en application du même texte, lorsqu'il ordonne une telle mesure sans lui assigner un terme certain. • Civ. 1re, 7 nov. 2000, n° 99-18.576 P : *D. 2001. 256, note Jamin et Billiau ; ibid. Somm. 1137, obs. Mazeaud ; JCP 2001. I. 311, n° 10, obs. Cadiet ; ibid. II. 10506, note Vuitton ; RDI 2001. 133, obs. Durry ; RTD civ. 2001. 135, obs. Mestre et Fages ; RTD civ. 2002. 137, obs. Normand ; Procédures 2001, n° 36, note Croze.* ♦ Et, sur renvoi : • Paris, 15 mai 2002, n° 120 : *CCE 2002, n° 120, note Stoffel-Munck.* ♦ N'excède pas ses pouvoirs une cour d'appel qui, après avoir constaté qu'une relation commerciale existait entre deux sociétés depuis plusieurs années, puis relevé qu'en l'absence de préavis, la rupture unilatérale de cette relation était constitutive d'un trouble manifestement illicite, ordonne, afin de faire cesser ce trouble, le rétablissement, pendant 4 mois, de la relation commerciale au prix majoré que la société victime de la rupture avait accepté lors des négociations ayant précédé celle-ci. • Civ. 1re, 24 nov. 2021, n° 20-15.789 P : *cité note 81 ss. art. 122.*

a. Concurrence

BIBL. Lacarabats, *DP aff., bull. 13 janv. 2002* (intervention du juge des référés après la loi NRE). – Léonnet, *JCP 1993. I. 3722* (droit de la preuve). – Lucas de Leyssac, *Mél. Gavalda, Dalloz. 2001, p. 215.* – M. Malaurie, *JCP 1993. I. 3637* (référé-concurrence).

5. Pratiques restrictives (C. com., art. L. 442-6). Le juge statuant en référé en vertu de l'art. 36 de l'ord. du 1er déc. 1986 [C. com., art. L. 442-6] ne peut ordonner les mesures prévues par ce texte que si les conditions fixées soit aux art. 808 ou 809, soit aux art. 872 ou 873 sont remplies. • Com. 27 juin 1989 : *JCP 1990. II. 21530, note Virassamy ; D. 1990. Somm. 107, note Gavalda et Lucas de Leyssac.* ♦ V. auparavant, dans le sens, au contraire, de l'autonomie de l'art. 36. • Paris, 18 déc. 1987 : *Gaz. Pal. 1988. 1. 168, note Marchi ; D. 1988. Somm. 299, obs. Gavalda et Lucas de Leyssac* • Paris, 17 janv. 1989 : *Gaz. Pal. 1989. 1. 201, note Marchi* • Grenoble, 9 févr. 1989 : *Gaz. Pal. 1989. 2. 556, note Marchi.*

6. Le dernier al. de l'art. 36 [C. com., art. L. 442-6] n'interdit pas de saisir le juge des référés avant que l'action au fond ne soit introduite, si les conditions fixées tant par les autres alinéas de ce texte que par les art. 808, 809, 872 ou 873 sont remplies. • Com. 17 juill. 1990 : *D. 1991. 471, note Reynès ; Gaz. Pal. 1991. 1. Somm. 10, obs. Guinchard et Moussa.* ♦ Dans le même sens, V. • Grenoble, 9 févr. 1989 : *préc. note 5* • Versailles, 5 mars 1998 : *D. Affaires 1998. 878, obs. E. P.* ♦ *Contra* : • Versailles, 19 mars 1988 et • Paris, 17 janv. 1989 : *Gaz. Pal. 1989. 1. 201, note Marchi* • Paris, 19 mars 1990 : *D. 1990. IR 103.*

7. Le refus de satisfaire aux demandes d'un acheteur n'est illicite qu'à la condition que les demandes soient faites de bonne foi. • Com. 9 mai 1990, n° 89-10.436 P. ♦ Présente un caractère anormal la demande faite par voie d'assignation en justice. • Paris, 2 juill. 1990 : *D. 1991. Somm. 250, obs. Gavalda et Lucas de Leyssac.* ♦ Rappr. • Paris, 2 mars 1992 : *Gaz. Pal. 1992. 1. 363, note Delafaye.*

8. Constitue un trouble manifestement illicite le refus par un producteur de communiquer à l'auteur d'une commande le détail des rabais et ristournes, consentis à certains de ses distributeurs. • Com. 27 févr. 1990, n° 88-12.189 P. ♦ ... De communiquer ses tarifs et ses conditions générales de vente. • Com. 13 févr. 1990, n° 88-11.889 P. ♦ ... Le refus injustifié d'un producteur de films de fournir à l'exploitant d'une salle la copie qu'il demande. • Com. 20 mars 1990 : *D. 1990. 387, concl. Jéol, note Fourgoux.* ♦ V. note 18 ss. art. 835.

9. Pratiques anticoncurrentielles (C. com., art. L. 464-1 et L. 464-7). La procédure particulière prévue par l'art. 12 de l'ord. du 1er déc. 1986 [C. com., art. L. 464-1 et L. 464-7] autorisant le Conseil de la concurrence [devenu l'Autorité de la concurrence] à prendre des mesures conservatoires ne fait pas obstacle aux pouvoirs généraux que le juge des référés tient des art. 808 et 809, 872 et 873. • Paris, 27 juin 1990 : *D. 1991. Somm. 251, obs. Gavalda et Lucas de Leyssac* . ♦ Rappr. • Com. 1er mars 1994, nº 92-12.124 P.

10. Saisie, avant la L. du 8 janv. 1993, d'une atteinte au monopole communal du service extérieur des pompes funèbres, une cour d'appel ne pouvait retenir qu'il ne lui appartient pas de dire, en référé, si une société occupe ou non une position dominante et si elle abuse de cette dernière au motif qu'une telle question relèverait de la compétence du juge du fond, alors qu'il lui incombait d'apprécier si le trouble invoqué était manifestement illicite au regard du Traité de Rome. • Com. 10 juill. 1989 : *Bull. civ. IV, nº 216 ; D. 1990. Somm. 107, obs. Gavalda et Lucas de Leyssac* . ♦ Sur les conditions du droit communautaire, V. • CJCE 4 mai 1988 : *JCP 1988. II. 21145, note Boutard-Labarde.*

11. Primes (C. consom., art. L. 121-35). Est illicite et peut être interdite en référé l'offre d'une vidange gratuite pour tout changement du dispositif d'échappement. • T. com. Nanterre, réf., 6 mars 1991 : *Gaz. Pal. 1991. 2. 639, note Guyot-Sionnest.*

12. **Clauses de non-concurrence.** Sur le recours au référé en cas de violation d'une clause de non-concurrence, V. obs. Serra, *D. 1988. Somm. 178 ; D. 1989. Somm. 267.*

13. Le juge des référés n'a pas le pouvoir d'ordonner la résiliation du contrat de travail d'un salarié embauché en violation d'une clause de non-concurrence. • Soc. 13 mai 2003, nº 01-17.452 P : *D. 2004. IR 1154 ; RTD civ. 2003. 705, obs. Mestre et Fages. Fages ; Gaz. Pal. 7-8 avr. 2004, p. 21, obs. du Rusquec.*

b. Distribution sélective

14. Le juge des référés qui peut, malgré l'existence d'une contestation sérieuse, prescrire les mesures conservatoires qui s'imposent pour prévenir un dommage imminent ou faire cesser un trouble manifestement illicite doit rechercher, afin de vérifier l'existence du trouble allégué, si le promoteur du réseau, à qui incombe la charge de la preuve, démontre au moyen d'éléments tirés de l'analyse de ses contrats, la licéité du réseau de distribution sélective considéré dans l'ensemble des conventions s'y rapportant. • Com. 27 oct. 1992 : *D. 1992. 505, note Bénabent ; JCP 1994. II. 22214, note Lévy.* ♦ Dans le même sens, V. • Com. 16 févr. 1988 : *Bull. civ. IV, nº 76* • 31 janv. 1989 : *D. 1989. 335, note Malaurie ; ibid. 427, note Bénabent.*

Censurant les arrêts qui avaient imposé la charge de la preuve de l'illicéité du réseau au revendeur parallèle, V. déjà • Com. 22 mai 1985 : *Bull. civ. IV, nº 170 ; D. 1988. Somm. 295, obs. Gavalda et Lucas de Leyssac* • Com. 7 mars 1989 : *JCP 1990. II. 21391, note Dorsner-Dolivet.*

Sur le fond, V. notes ss. C. com., art. L. 442-6. – **C. com.** ♦ V. aussi Canivet et Vogel, *D. 1991. Chron. 283 ; Gaz. Pal. 1992. 1. Doctr. 381.*

15. Est manifestement illicite la clause d'un contrat d'agréation qui impose, pour la vente de laits infantiles la présence permanente d'un professionnel de la santé indépendant du distributeur. • Paris, 17 janv. 1989 : *D. 1989. IR 52.*

c. Garantie indépendante

16. Le juge des référés saisi d'une demande visant à interdire le paiement de la garantie ne peut que, soit suspendre le versement de cette dernière en raison de la fraude, soit refuser la suspension sans pouvoir assortir le règlement de modalités (fourniture d'une caution bancaire). • Com. 6 nov. 1990 : *D. 1991. 109, concl. Jéol ; D. 1991. Somm. 201, obs. Vasseur* . ♦ Sur le principe que seule l'existence d'une fraude ou d'un abus manifeste est de nature à faire obstacle à l'exécution des engagements souscrits, V. • Com. 11 déc. 1985 : *D. 1986. 214, note Vasseur* • 5 mai 1988 : *D. 1988. 430, note Vasseur* • 7 juin 1994 : *JCP 1994. II. 22312, note Stoufflet.*

17. Il n'y a lieu à référé dès lors que ne sont pas établis de façon manifeste et irréfutable une fraude ou une absence manifeste de droit du maître de l'ouvrage, et *a fortiori* une connaissance par le garant de premier rang de l'existence d'une telle fraude ou absence de droit. • Paris, 24 avr. 1992 : *D. 1993. Somm. 102, obs. Vasseur* . ♦ Rappr. • Com. 19 mai 1992 : *D. 1993. Somm. 105, obs. Vasseur* .

18. Le garant est tenu, même après saisine du juge des référés, de payer le montant de la garantie. • Com. 7 juin 1994 : *préc. note 16.*

d. Procédures collectives

19. Contrats en cours (C. com., art. L. 621-28). Le juge des référés ne saurait connaître de la demande tendant à la continuation d'une ouverture de crédit ou d'un compte courant, laquelle demande relève de la compétence exclusive du juge-commissaire. • Com. 8 déc. 1987 : *D. 1988. 52, note Derrida ; JCP 1988. II. 20927, note Jeantin* • Com. 21 déc. 1987 : *Bull. civ. IV, nº 282* • 1er oct. 1991, nº 89-13.127 P : *D. 1993. Somm. 10, obs. Derrida* .

V. cep., admettant, en cas de défaut de réponse de l'administrateur dans le délai de l'art. 37 de la loi du 25 janv. 1985 [C. com., art. L. 621-28], la compétence du juge des référés pour ordonner la restitution de véhicules loués afin de prévenir un dommage imminent : • Aix-en-Provence, 27 mai 1988 : *JCP 1989. II. 21159, note Putman.* ♦ Le cocontractant acquiert, du fait de ce défaut de réponse, le droit de faire prononcer la résiliation de la convention et peut soumettre sa demande au juge des référés. • Com. 25 janv. 1994 : *JCP 1994. II. 22290, note Lévy.*

20. Créances postérieures (C. com., art. L. 621-32). Le juge des référés est, en application de l'art. 873, al. 2, compétent pour connaître des demandes tendant au paiement des loyers échus postérieurement au prononcé du redressement judiciaire. • Com. 9 avr. 1991 : *JCP E 1992. I. 300, obs. Le Corre ; D. 1993. Somm. 10, obs. Derrida* • Versailles, 1er oct. 1992 : *D. 1993. Somm. 11, obs. Derrida* . ♦ V. déjà • Com. 10 juill. 1990 : *D. 1990. 468, note Derrida* .

21. Suspension des instances en cours (C. com., art. L. 621-40). La suspension des instances en cours s'applique à celles qui tendent à l'obtention en référé d'une provision. • Paris, 14 oct. 1987 : *D. 1988. Somm. 146, obs. Honorat ; Gaz. Pal. 1988. 1. 91.*

22. L'art. 809, al. 2, (873, al. 2) ne donne pas au juge des référés le pouvoir, en cas d'arrêt des poursuites individuelles résultant d'une procédure collective, de constater la créance et d'en fixer le montant. • Versailles, 7 juin 1991 : *D. 1992. Somm. 252, obs. Derrida* . ♦ Les décisions rendues à titre provisoire par le juge des référés et accordant une provision ne sont pas susceptibles d'être inscrites comme telles sur l'état des créances. • Même arrêt.

23. Les instances en référé n'entrant pas dans le champ d'application de l'art. 48, le juge commissaire refuse à tort de statuer sur la déclaration de créance au prétendu motif que le créancier a engagé une procédure de référé en vue de la désignation d'un expert chargé d'évaluer le préjudice causé par le débiteur. • Lyon, 22 nov. 1991 : *D. 1992. Somm. 252, obs. Derrida* .

24. Revendications (C. com., art. L. 621-115). Si elle n'a pas été soumise directement au tribunal de la procédure collective, la revendication des meubles ressortit à la compétence exclusive du juge commissaire, le juge des référés étant, dès lors, incompétent pour en connaître. • Com. 9 juill. 1991, n° 89-18.254 P : *Gaz. Pal. 1992. 2. Somm. 288, obs. Benezra ; RTD com. 1992. 469, obs. Martin-Serf* .

Jugé cependant qu'aucune disposition n'interdit au bénéficiaire d'une clause de réserve de propriété de solliciter du président du TGI (JEX), à titre conservatoire, une saisie-revendication conformément aux art. 826 s. C. pr. civ. (Décr. n° 92-755 du 31 juill. 1992, art. 155 s. [devenu C. pr. exéc., art. R. 222-17 s.]). • Paris, 12 déc. 1991 : *D. 1992. IR 47* . ♦ V. déjà, en application de l'art. 59 de la loi du 13 juill. 1967 : • Com. 13 juin 1989 : *D. 1989. 379* • Com. 18 avr. 1985 : *Bull. civ. IV, n° 116.*

25. Cautionnement. Le litige portant sur le concours entre le créancier et la caution exerçant son recours personnel, eu égard à la stipulation de renonciation de la caution dont l'interprétation présente une difficulté sérieuse, présente lui-même une difficulté de même nature, exclusive de la compétence du juge des référés. • Com. 23 juin 1998, n° 95-22.009 P.

e. Publicité commerciale

26. V. C. consom., art. L. 121-8 à L. 121-14. – **C. consom.** – Fourgoux, *Gaz. Pal. 1992. 1. Doctr. 278* ; Serandour, *JCP 1992. I. 3596* ; Luby, *D. 1993. Chron. 53* .

Jugé avant la loi du 18 janv. 1992 que n'était pas illicite la publicité par laquelle un commerçant se bornait à la comparaison des prix auxquels des produits identiques étaient vendus dans les mêmes conditions par des commerçants différents. • Com. 22 juill. 1986 : *D. 1986. 436, note Cas ; D. 1988. Somm. 293, obs. Gavalda et Lucas de Leyssac.*

Sur la licéité d'une baisse de prix avant la publicité, à la condition que ceux-ci n'aient pas été augmentés à nouveau par la suite, V. • Com. 29 mars 1989 : *D. 1989. 408, note Serra.* ♦ Sur renvoi • Bordeaux, 19 mars 1992 : *Gaz. Pal. 1992. 1. 257.*

27. Publicités déclarées illicites en référé : • Paris, 23 janv. 1990 : *D. 1990. IR 68* (sur le fioul) • TGI Paris, réf., 23 sept. 1991 : *Gaz. Pal. 1991. 2. 576, note J.-G. M.* (entre les performances de deux marques automobiles) • Poitiers, 27 févr. 2001 : *JCP 2002. IV. 2213* (discrédit sur la marque d'un café).

28. Il incombe à l'auteur de la publicité d'établir l'exactitude des chiffres et indications par lui donnés. • Com. 18 mai 1993 : *JCP 1994. II. 22243, note Dekeuwer ; D. 1994. Somm. 172, obs. Gavalda et Lucas de Leyssac* .

29. Ne constitue pas un trouble manifestement illicite le message promotionnel s'accompagnant de l'indication qu'une somme de dix francs serait reversée à une œuvre caritative sur chaque produit acheté, dès lors qu'il n'est pas prétendu que cette indication est fallacieuse et que cette opération est limitée dans le temps, même si elle est appuyée d'une publicité importante. • Com. 30 juin 1998, n° 96-19.401 P.

f. Sociétés commerciales

BIBL. Cavallini, *Rev. sociétés 1998. 247* (juge des référés et mandataires de justice dans les sociétés *in bonis*). – J. Mestre, *Rev. jur. com. 1985. 81* (pouvoirs du juge dans la vie de la société).

30. Pour le placement sous séquestre d'actions frappées d'une OPA contestée, V. • Paris, 20 nov. 1991 : *JCP 1992. I. 3561, obs. Viandier et Caussain.* ♦ ... Dans l'attente d'une décision du juge du fond sur la validité d'une assemblée générale, V. • Paris, 18 mars 1988 : *Gaz. Pal. 1988. 2.*

462. ♦ ... A condition qu'il existe un litige sérieux relativement à ces titres, V. • Aix-en-Provence, 10 mai 1988 : *Gaz. Pal. 1989. 1. 3, note de Fontbressin.* ♦ Sur l'insuffisance d'un différend entre actionnaires minoritaires et majoritaires pour obtenir la mise sous séquestre d'actions d'auto-contrôle, V. • Paris, 15 mars 2000 : *D. 2000. Somm. 477, obs. Hallouin*.

31. Sur la désignation d'un expert pour évaluer des titres préalablement à une opération de fusion, V. • Paris, 14 juin 1988 : *D. 1988. 505, note Viandier.* ♦ Comp. • Com. 27 mars 1990, n° 88-20.356 P. ♦ ... D'un enquêteur, afin de rechercher les causes de dissensions entre les actionnaires et les conséquences du conflit, de déterminer si la situation actuelle du groupe est adaptée à une gestion appropriée et inciter les parties à une solution amiable, V. • T. com. Paris, réf., 14 févr. 1990 : *JCP 1990. II. 21561, note Viandier.* ♦ ... D'un mandataire de justice chargé de convoquer une assemblée générale extraordinaire, V. • Versailles, 19 juin 2003 : *RJDA 2004, n° 323.*

32. Limitant la désignation d'un administrateur provisoire sur le fondement de l'art. 873, al. 1er, aux cas d'absence ou de carence des organes sociaux, V. • Com. 22 juill. 1986 : *BJS 1986, n° 289* • Paris, 28 janv. 1989 : *JCP 1989. IV. 223.* ♦ Affirmant qu'elle peut trouver sa source dans toute crise sociale, quelle qu'en soit la cause, V. • Aix-en-Provence, 10 mai 1988 : *préc. note 30.* ♦ ... Dans le fait que les désaccords entre deux groupes d'actionnaires soient susceptibles de nuire à l'image de marque de la société, V. • Paris, 12 oct. 1989 : *D. 1989. IR 288.* ♦ ... A raison du péril menaçant une société dont le gérant se voit imputer de graves détournements, V. • Com. 17 oct. 1989 : *Bull. civ. IV, n° 250.* ♦ ... En cas de mésentente rendant anormal le fonctionnement de la société, V. • Com. 17 janv. 1989 : *JCP E 1989. II. 15517, obs. Viandier et Caussain.*

33. Interdisant de procéder à tout acte de disposition des actions litigieuses, V. • T. com. Paris, réf., 2 avr. 1990 : *D. 1990. 439, note Viandier*. ♦ Ordonnant le report d'une assemblée générale pour parer au risque d'annulation, V. • Paris, 14 juin 1988 : *préc. note 31* • Nancy, 27 nov. 1987 : *Gaz. Pal. 1988. 1. 251, note Kirry et Winckler.* ♦ Pour d'autres exemples d'ajournements d'assemblées générales, V. • Paris, 14 nov. 1989 : *Rev. sociétés 1990. 55, note Le Cannu* ; *BJS 1990. 82* (litige en cours ayant une incidence sur le contrôle) • 4 sept. 2000 : *Rev. sociétés 2000. 761, obs. Guyon ; JCP E 2000, n° 46, p. 1806, obs. Viandier et Caussain ; RJDA 2001, n° 166* (contestation sur le transfert d'un paquet d'actions) • 2 août 2001 : *BJS 2001. 1269, note Vidal ; Dr. sociétés 2001, n° 178, obs. F.-X. Lucas ; JCP E 2001, n° 41, p. 1604* (nécessité de procéder à une nouvelle présentation des comptes annuels, eu égard à l'éventualité de retrait d'un actionnaire majoritaire) • T. com. Paris, réf., 13 juin 1989 : *JCP E 1989. II. 15562, n° 4, obs. Viandier et Caussain* (incertitude sur la direction future du groupe dont dépend la société) • T. com. Toulouse, réf., 12 août 1993 : *BJS 1994. 169, note Ruff et J.-F. Barbièri* (violation flagrante des règles de convocation). ♦ Suspendant l'exercice du droit de vote attaché aux actions acquises sans autorisation du Comité des établissements de crédit, V. • T. com. Paris, réf., 21 juin 1988 : *Gaz. Pal. 1989. 2. 678, note Marchi.*

34. Une société ex-franchisée a un intérêt évident et immédiat à connaître les comptes sur la base desquels des remises et ristournes lui seraient attribuées. La nomination d'un expert ne diminue en rien l'intérêt à ce que les comptes des défenderesses lui soient communiqués. Le fait pour ces dernières de ne pas se soumettre à l'obligation de déposer les comptes annuels constitue un trouble économique manifeste à l'égard notamment, de leurs partenaires commerciaux qui, faute d'informations, peuvent subir un préjudice (astreinte de 6 000 F par jour). • T. com. Paris, 7 nov. 1997 : *JCP E. 1998, n° 2, p. 60 ; RJDA 1998, n° 607,* conf. par • Paris, 26 juin 1998 : *Gaz. Pal. 1999. 1. 209 ; BRDA 1999, n° 13, p. 3.* – V. Woog, *Gaz. Pal. 1999. 1. Doctr. 417.*

35. Suspension d'une exclusion. Justifie légalement sa décision de suspendre les effets d'une résolution prononçant l'exclusion d'un membre d'un groupement d'intérêt économique la cour d'appel statuant en matière de référé, qui relève que cette résolution a été prise sans que le vote, dont l'intéressé a été écarté en application d'une clause des statuts, ait été précédé d'un débat sur les faits qui lui étaient imputés, ce dont il résulte que la décision litigieuse a été prise sans que le membre exclu ait été mis en mesure d'obtenir de l'assemblée des membres du groupement l'information à laquelle il avait droit et de s'exprimer, c'est-à-dire dans des conditions abusives, constitutives d'un trouble manifestement illicite. • Com. 7 juill. 1992, n° 90-12.855 P.

g. Contrat de travail

36. Pas plus que le juge du principal, le juge des référés saisi pour faire cesser un trouble manifestement illicite, n'a la pouvoir, à la demande d'un tiers, d'ordonner la résiliation d'un contrat de travail ni de prendre une mesure entraînant la rupture de celui-ci ; dès lors, excède ses pouvoirs la cour d'appel qui accueille la demande tendant à faire ordonner une mesure contraignant l'employeur à rompre le contrat de travail conclu avec l'un de ses salariés. • Soc. 18 nov. 2009 : *Dr. soc. 2009. 119, obs. Radé ; JCP S 2010. 1051, note Bugada ; Dr. et pr. 2010. 56, note Salati.*

37. Syndicat. La cour d'appel qui relève que certains commerçants, en employant des salariés le dimanche au mépris des dispositions de l'art. L. 221-5 [devenu L. 3132-3] C. trav., portent atteinte à l'intérêt collectif de la profession en rompant l'égalité au préjudice de ceux qui, exerçant la même activité, respectent la règle légale, a justement reconnu à un syndicat d'employeurs représentant cette profession qualité à agir devant le juge des référés pour faire cesser le trouble illicite ainsi causé. • Cass., ass. plén., 7 mai 1993, n°s 91-12.611 et 91-12.704 P : *D. 1993. 437, concl. Jéol* ; *JCP 1993. II. 22083, note Saint-Jours.* ♦ Il incombe au juge des référés de se prononcer sur l'existence d'un trouble manifestement illicite, même en présence d'une contestation sérieuse. • Com. 31 mai 2011, n° 10-13.541 : *Rev. sociétés 2011. 492, obs. Prévost* ; *RTD civ. 2011. 590, obs. Perrot* .

B. PROVISION OU EXÉCUTION DE L'OBLIGATION

38. Sur le référé-provision, V. notes 60 s. ss. art. 835.

39. Bons au porteur. Viole l'art. 873, al. 2, C. pr. civ., la cour d'appel qui, pour dire n'y avoir lieu à référé sur la demande en paiement d'une provision correspondant au montant de bons de capitalisation au porteur, retient que le porteur de ces bons n'agit pas pour son propre compte et qu'il n'a pas fourni à l'émetteur l'identité des bénéficiaires, malgré une requête conforme aux exigences légales, alors que l'émetteur d'un bon au porteur ne pouvant s'exonérer de son obligation de remboursement, en l'absence de toute opposition régulière, que dans l'hypothèse d'un détournement de propriété du bon litigieux, la seule circonstance que le porteur n'agit pas pour son compte et refuse de fournir les renseignements requis par l'art. 12 de la L. 12 juill. 1990 (devenu l'art. L. 563-1 C. mon. fin.), est insuffisante pour caractériser un tel risque et rendre l'obligation sérieusement contestable. • Com. 21 janv. 2004, n° 01-10.928 à 01-10.930 P : *D. 2004. IR 609* , *et les obs.*

40. Interprétation des clauses d'un contrat. La cour d'appel, qui a dû interpréter les clauses des contrats pour accueillir la demande de provision, a tranché une contestation sérieuse et violé l'art. 873, al. 2. • Civ. 1re, 4 juill. 2006, n° 05-11.591 P : *D. 2007. Pan. 1385, obs. Julien* ; *RTD com. 2006. 764, obs. Loquin* • Com. 23 sept. 2014, n° 13-11.836 : *D. actu. 15 oct. 2014, obs. Delpech.*

41. Référé en cours d'instance. Sauf les cas limitativement prévus par la loi, le juge des référés commerciaux reste compétent pour accorder une provision, même lorsque le juge du fond est saisi. • Com. 11 mai 1993, n° 90-20.430 P : *JCP 1994. II. 22275, note Lévy.*

42. Sauf cas limitativement prévus par la loi, le juge des référés commerciaux reste compétent pour accorder une provision même lorsque le juge du fond est saisi. • Com. 11 mai 1993 : *JCP 1994. II. 22275, note Lévy.*

43. L'art. 873, al. 2, ne prive pas la juridiction des référés du pouvoir d'apprécier si l'éventualité d'une compensation entre les créanciers est de nature à rendre sérieuse la contestation de l'obligation invoquée. • Paris, 9 juin 1988 : *D. 1989. Somm. 281, obs. Julien.*

44. La juridiction des référés ne peut rejeter la demande de provision formée par le tireur de lettres de change à l'encontre du tiré accepteur au motif que le premier ne démontre pas que l'obligation du second n'est pas sérieusement contestable. • Com. 22 nov. 1994, n° 93-14.752 P.

45. Sur le défaut de base légale, au regard de l'art. 873, al. 2, d'une décision de juge des référés appréciant le caractère sérieusement contestable ou l'existence de l'obligation du destinataire du transport au regard de l'art. L. 132-8 C. com., alors que, s'agissant d'un transport routier de marchandises depuis l'Italie jusqu'en France, cette appréciation doit être faite au regard de la convention CMR du 19 mai 1956, V. • Com. 26 nov. 2002, n° 00-21.612 P.

46. Statuant sur le fondement de l'art. 873, al. 2, une cour d'appel n'avait pas à rechercher si la demande était fondée sur l'urgence. • Com. 7 mars 1995, n° 93-13.544 P.

47. Sur la place du référé-provision dans le cadre des procédures collectives, V. notes 20 s.

48. Même lorsque le demandeur s'est constitué partie civile devant la juridiction répressive, il appartient au juge des référés, saisi d'une demande de provision, d'examiner les circonstances du litige, pour rechercher si l'obligation invoquée par le demandeur est sérieusement contestable. • Civ. 2e, 10 janv. 2008, n° 07-12.564 P. ♦ V. également jugeant que l'existence d'une procédure pénale n'est pas à elle seule de nature à faire obstacle à l'allocation d'une provision et qu'il appartient, en conséquence, au juge des référés, saisi d'une telle demande, de rechercher si l'obligation invoquée n'était pas sérieusement contestable : • Civ. 2e, 13 mars 2008 : *Procédures 2008, n° 139, obs. Perrot.*

49. Convention d'arbitrage. V. art. 1449 et 1506 et notes ss. art. 1449 et 1506.

Art. 873-1 *(Décr. n° 2005-1678 du 28 déc. 2005, art. 74, en vigueur le 1er mars 2006)* **A la demande de l'une des parties, et si l'urgence le justifie, le président saisi en référé peut renvoyer l'affaire à une audience dont il fixe la date pour qu'il soit statué au fond. Il veille à ce que le défendeur dispose d'un temps suffisant pour préparer sa défense. L'ordonnance emporte saisine du tribunal.**

L'art. 74 du Décr. n° 2005-1678 du 28 déc. 2005 est applicable aux procédures en cours (Décr. préc., art. 87, al. 2).

SECTION II LES ORDONNANCES SUR REQUÊTE

Art. 874 *(Décr. n° 2019-1333 du 11 déc. 2019, art. 5-5°, en vigueur le 1er janv. 2020)* **Le président du tribunal de commerce est saisi par requête dans les cas spécifiés par la loi.**

Les parties sont dispensées de l'obligation de constituer avocat en matière de gage des stocks et de gage sans dépossession.

En cette matière, les parties peuvent présenter elles-mêmes leur requête.

Elles ont la faculté de se faire assister ou représenter par toute personne de leur choix.

Le représentant, s'il n'est avocat, doit justifier d'un pouvoir spécial.– *[Ancien art. 874.]*

L'art. 5 du Décr. n° 2019-1333 du 11 déc. 2019, art. 4-I est applicable aux instances introduites à compter du 1er janv. 2020 (Décr. préc., art. 55-II).

Ancien art. 874 ***Le président du tribunal de commerce est saisi par requête dans les cas spécifiés par la loi.***

En matière de mesures conservatoires, V. not., C. pr. exéc., art. L. 511-1 et R. 511-1.

Art. 875 **Le président peut ordonner sur requête, dans les limites de la compétence du tribunal, toutes mesures urgentes lorsque les circonstances exigent qu'elles ne soient pas prises contradictoirement.**

1. V., d'une façon générale, les notes ss. art. 493 s. et ss. art. 812.

2. Sur la désignation d'un huissier aux fins d'assister à l'assemblée générale d'une société, V. • Com. 22 mars 1988 : *Bull. civ. IV, n° 123.* ♦ ... En vue de faire pratiquer un constat au siège d'une société concurrente et au domicile d'anciens salariés de celle-ci, V. • T. com. Senlis, ord., 25 avr. 1986 : *Gaz. Pal. 1986. 2. 728, note Marchi.*

3. L'existence d'une clause compromissoire ne prive pas le président du T. com. du pouvoir qu'il tient de l'art. 875. • Com. 10 mars 1998, n° 95-21.581 P : *D. 1998. IR 101 ; RTD com. 1998. 834, obs. Dubarry et Loquin ; D. Affaires 1998. 717, obs. S. P.*

4. Les mesures urgentes prévues par l'art. 875 ne peuvent être ordonnées que lorsque les circonstances exigent qu'elles ne soient pas prises contradictoirement. • Com. 26 janv. 1999, n° 96-19.570 P : *RTD civ. 1999. 463, obs. Perrot ; D. 1999. Somm. 213, obs. Julien ; Procédures 1999, n° 121, obs. Perrot.* ♦ Comp., jugeant valable la requête en désignation d'un mandataire de justice chargé de convoquer une assemblée générale de SARL, dans la mesure où tout intéressé peut en référer au juge ayant rendu l'ordonnance et, par ce fait, instaurer un débat contradictoire de nature à régulariser la procédure : • Paris, 24 sept. 1999 : *D. 1999. AJ 101, obs. A. L.*

5. La compétence dévolue par l'art. 812 C. pr. civ. au président du TGI pour statuer sur requête fondée sur l'art. 145 ne peut faire échec à celle conférée au président du tribunal de commerce par l'art. 875 du même code lorsque le litige pour la solution et dans la perspective duquel sont requises les mesures d'instruction relève de la juridiction de ce dernier. • Civ. 2e, 20 mars 2014 : *cité note 6 ss. art. 79.*

Art. 876 **En cas d'urgence, la requête peut être présentée au domicile du président ou au lieu où il exerce son activité professionnelle.**

Art. 876-1 *(Décr. n° 2019-1419 du 20 déc. 2019, art. 5-5°)* **Dans les cas prévus par la loi ou le règlement, le président du tribunal de commerce statue selon la procédure accélérée au fond.**

L'art. 5 du Décr. n° 2019-1419 du 20 déc. 2019 s'applique aux demandes introduites à compter du 1er janv. 2020 (Décr. préc., art. 24-II).

CHAPITRE III DISPOSITIONS DIVERSES

Art. 877 **Les tribunaux de commerce ne connaissent pas l'exécution forcée de leurs jugements.**

Art. 878 **Le président du tribunal de commerce peut déléguer à un ou plusieurs membres de ce tribunal tout ou partie des pouvoirs qui lui sont dévolus par le présent titre.**

Art. 878-1 *(Décr. nº 2008-522 du 2 juin 2008, art. 9, 3º)* **Lorsque le** *(Décr. nº 2019-966 du 18 sept. 2019, art. 8, en vigueur le 1er janv. 2020)* **« tribunal judiciaire** *[ancienne rédaction : tribunal de grande instance]* **» statue en matière commerciale en application de l'article L. 722-4 du code de commerce, les demandes sont formées, instruites et jugées conformément aux règles établies par le présent titre.**

TITRE QUATRIÈME DISPOSITIONS PARTICULIÈRES AUX JURIDICTIONS STATUANT EN MATIÈRE PRUD'HOMALE

RÉP. PR. CIV. vº *Prud'hommes*, par GAILLARD, KIM, SYBILLIN et CROS.

DALLOZ ACTION *Droit et pratique de la procédure civile 2022/2023, nos 335.00 s.*

BIBL. GÉN. ▶ BIZIÈRE, *Inf. chef entr. 1976. 5* (procédure prud'homale et nouveau code). – G. S., *JCP 1976. I. 2778* (appel).

Art. 879 *(Décr. nº 2016-660 du 20 mai 2016, art. 7)* **Les dispositions particulières aux juridictions statuant en matière prud'homale sont celles prévues aux articles R. 1451-1 à R. 1471-2 du code du travail.** — *V. C. trav., art. R. 1451-1 à R. 1471-2, App., vº Procédure prud'hommale.*

Code du travail

Art. L. 1411-1 Le conseil de prud'hommes règle par voie de conciliation les différends qui peuvent s'élever à l'occasion de tout contrat de travail soumis aux dispositions du présent code entre les employeurs, ou leurs représentants, et les salariés qu'ils emploient.

Il juge les litiges lorsque la conciliation n'a pas abouti. — *[Anc. art. L. 511-1, al. 1er, phrase 1 fin et phrase 2.]*

Sur le règlement des litiges nés à l'occasion du contrat de travail des avocats salariés, V. L. nº 71-1130 du 31 déc. 1971, art. 7, mod. par L. nº 90-1259 du 31 déc. 1990, art. 6 (D. et ALD 1991. 81), L. nº 91-647 du 10 juill. 1991, art. 71 (D. et ALD 1991. 310), L. nº 2009-526 du 12 mai 2009 (JO 13 mai) ; Décr. nº 91-1197 du 27 nov. 1991, art. 142 à 153 (JO 28 nov.), mod. par Décr. nº 95-1110 du 17 oct. 1995, art. 14 (JO 19 oct.), Décr. nº 2009-1544 du 11 déc. 2009 (JO 13 déc.). — ... des notaires salariés, V. Ord. nº 45-2590 du 2 nov. 1945, art. 1er ter, ajouté par L. nº 90-1259 du 31 déc. 1990, art. 45, préc. ; Décr. nº 93-82 du 15 janv. 1993, art. 14 à 22 (JO 22 janv.), mod. Décr. nº 2006-1299 du 24 oct. 2006 (JO 25 oct.), Décr. nº 2009-452 du 22 avr. 2009 (JO 23 avr.). — ***C. pr. civ.***

BIBL. ▶ BURATTI et VIGNEAU, *RDT 2013. Controverse 743* (le bureau de conciliation exerce-t-il suffisamment ses pouvoirs ?).

COMPÉTENCE D'ATTRIBUTION

A. LITIGES NÉS DU CONTRAT DE TRAVAIL

1. *Rupture des pourparlers.* La compétence du conseil de prud'hommes est exclue lorsque le litige concerne la rupture prétendument abusive de pourparlers. • Soc. 19 juin 1959, nº 58-40.512 P.

2. *Promesse d'embauche.* Est relatif à la formation d'un contrat de travail, et relève donc de la compétence du conseil de prud'hommes, le litige relatif à une promesse d'embauche stipulée dans une « convention de stage d'accès à l'entreprise ». • Soc. 5 avr. 2005, nº 02-45.636 P : *RJS 2005. 466, nº 656.*

3. *Stage.* Doit être cassé l'arrêt déniant la compétence du juge prud'homal pour connaître d'une demande en paiement de salaires et d'indemnités consécutives à la rupture d'une convention de stage, alors que ce dernier, en se poursuivant au-delà de la durée prévue par la convention, ne s'était pas déroulé dans le cadre d'un enseignement alterné. • Soc. 15 nov. 1990 : *RJS 1991. 37, nº 63 ; JCP 1990. IV. 16.*

4. *Discriminations.* Le conseil de prud'hommes est compétent pour connaître de tout litige relatif à l'art. L. 122-45 [L. 1132-1 à L. 1132-4 nouv.], notamment la demande fondée sur une discrimination dans une procédure de recrutement. • Soc. 20 déc. 2006 : *D. 2007. AJ 446* ; *RJS 2006. 286*, nº 397.

5. *Existence du contrat de travail.* La reconnaissance de l'existence d'un contrat de travail est un droit exclusivement attaché à la personne qui ne peut être exercé ni par un créancier ni par les organes de la procédure collective. • Soc. 13 juill. 2004, nº 02-43.444 P : *TPS 2005, nº 30, note Boubli.* ♦ Le juge prud'homal est compétent pour connaître d'un litige survenu après la rupture du contrat de travail dès lors qu'il est en relation avec le contrat ayant lié les parties. • Soc. 1er mars 1961 : *Bull. civ. IV, nº 273* (pour une action en dommages-intérêts pour diffamation) • 30 nov. 1977 : *Bull. civ. V, n° 669* (pour une action en responsabilité en raison de griefs ayant leur cause dans le contrat de travail, même terminé). ♦ Comp., pour une action dirigée par un salarié contre son ancien employeur à qui il reprochait d'avoir divulgué à un employeur potentiel une procédure judiciaire les opposant : • Aix-en-Provence, 16 mars 1993 : *RJS 1993. 371, n° 641* (incompétence prud'homale). ♦ Sur la condamnation, par un conseil de prud'hommes, d'un employeur à dommages-intérêts envers un autre employeur pour débauchage de salarié, V. • Cons. prud'h. Aix-en-Provence, 6 avr. 1993 : *D. 1994. 23, note Quétant* . ♦ Compétence prud'homale pour connaître d'une action en responsabilité contre l'ancien employeur qui n'a pas payé, à l'époque du contrat de travail, les cotisations sociales. • Soc. 20 janv. 1971 : *Bull. civ. V, n° 38.* – Dans le même sens : • Soc. 1er avr. 1997, n° 94-43.381 P : *Dr. soc. 1997. 755, obs. Savatier* .

6. *Action en responsabilité extra-contractuelle.* Le conseil de prud'hommes n'est pas compétent pour statuer sur la demande en responsabilité extra-contractuelle formée par les salariés d'une filiale à l'encontre d'une société tierce ayant, par sa faute, concouru à la déconfiture de leur employeur et à la perte de leur emploi. • Soc. 13 juin 2018, n° 16-25.873 P : *D. actu. 29 juin 2018, obs. Fraisse ; D. 2018. Actu. 1308* ; *RJS 8-9/2018, n° 562 ; SSL 2018, n° 1851, p. 6, obs. Métin ; JCP S 2018. 1291, obs. Bugada.*

7. *Garantie d'emploi.* Bien que contenue dans un acte distinct, la clause de garantie d'emploi s'est incorporée au contrat de travail dont elle est devenue l'un des éléments ; le litige relatif à la violation de cette clause relève de la compétence du juge des prud'hommes. • Soc. 19 mars 1986 : *Bull. civ. V, n° 97.*

8. Le versement par le salarié d'une « garantie » n'étant intervenu qu'en raison de la signature du contrat de travail, le différend sur le remboursement de la somme est né à l'occasion du contrat de travail. • Soc. 14 mai 1987 : *Bull. civ. V, n° 331.*

9. *Licenciement.* Le conseil de prud'hommes est compétent pour connaître : de l'action en nullité ou en résolution d'une transaction conclue à l'occasion d'un licenciement. • Soc. 9 févr. 1989 : *Bull. civ. V, n° 118 ; D. 1989. IR 77* • 7 juin 1989 : *Bull. civ. V, n° 428 ; D. 1990. Somm. 163, obs. A. Lyon-Caen* . ♦ ... De la demande de publication d'une décision condamnant l'employeur pour licenciement irrégulier. • Soc. 25 janv. 1989 : *Bull. civ. V, n° 64.* ♦ ... Des litiges opposant les anciens salariés à leur employeur à propos de l'exécution d'un plan social. • Soc. 25 févr. 1994, n° 92-43.927 P :*D. 1994. IR 75 ; Dr. soc. 1994. 516.*

10. *Salaires.* Le conseil de prud'hommes est compétent pour connaître des litiges relatifs à l'interprétation et à l'application de textes relatifs à la garantie des créances issues du contrat de travail. • Soc. 24 janv. 1990, n° 89-41.572 P : *D. 1990. IR 41.*

11. *Concurrence.* Le conseil de prud'hommes est compétent pour connaître de l'application d'une clause de non-concurrence. • Soc. 15 mai 1974 : *Bull. civ. V, n° 297 ; GADT, 4e éd., n° 19.* ♦ Mais le conseil de prud'hommes est incompétent pour statuer sur la demande en réparation de l'employeur pour des actes de concurrence déloyale commis par un ancien salarié postérieurement à la rupture de son contrat de travail. • Soc. 2 oct. 1997 : *CSB 1997. 331, S. 192.* ♦ Comp. : • Versailles, 23 mai 1996 : *Gaz. Pal. 1997. 2. 411, note Rayroux.*

12. *Conventions accessoires.* Le conseil de prud'hommes est compétent pour connaître des litiges relatifs à un contrat de solidarité. • Soc. 24 mars 1993, n° 90-12.300 P : *D. 1993. IR 110.* ♦ ... Des litiges relatifs à la souscription d'un contrat d'assurance décès invalidité au profit de l'ensemble du personnel. • Soc. 8 mars 1995 : *Dr. soc. 1995. 506.* ♦ ... Ou à propos d'un différend né de l'exécution d'un contrat d'assurance souscrit au profit de l'ensemble de son personnel, lequel constitue un avantage complémentaire et accessoire au contrat de travail. • Soc. 19 janv. 1999, n° 96-44.688 P : *D. 1999. IR 40* ; *Dr. soc. 1999. 315, obs. Langlois* . ♦ ... Ou encore d'un différend relevant du contentieux littéraire et artistique né à l'occasion du contrat de travail, dès lors que c'est en raison de sa qualité de conseiller littéraire salarié de la société d'édition que l'intéressé prétend avoir fait œuvre de création. • Soc. 2 juin 2004, n° 02-17.516 P : *RJS 2004. 650, n° 948 ; D. 2004. 2087* . ♦ ... Ou encore en cas de conflit relatif à des options de souscription d'actions consenties par l'employeur. • Soc. 21 juin 2005 : *D. 2005. IR 2104* ; *RJS 2005. 716, n° 1014.* ♦ ... Ou lorsque les faits litigieux concernant des droits de propriété intellectuelle opposant un photographe à son employeur sont nés à l'occasion du contrat de travail. • Soc. 21 mai 2008 : *RDT 2008. 472, obs. Serverin et Grumbach* ; *RJS 2009. 647, n° 816 ; JCP S 2008. 1428, note Blanc-Jouvan.*

13. *Inégalité de traitement dans l'octroi d'actions d'une société.* La demande en paiement de dommages-intérêts d'un salarié, en réparation du préjudice causé par l'inégalité de traitement alléguée dans l'octroi d'actions d'une société à certains de ses salariés, constitue un différend né à l'occasion du contrat de travail et relève donc de la compétence du conseil de prud'hommes. • Soc. 11 sept. 2012 : *D. actu. 1er oct. 2012, obs. Perrin ; D. 2012. Actu. 2181* ; *RJS 2012. 768, n° 891 ; JCP S 2012. 1517, obs. Lahalle.*

14. *Procès-verbal de conciliation.* La demande de nullité d'un procès-verbal de conciliation prud'homale, en ce qu'il tend à faire prononcer la nullité d'une transaction conclue à l'occasion de la rupture du contrat de travail, relève de la compétence du conseil de prud'hommes. • Soc. 28 févr. 2007 : *RDT 2007. 259, obs. Serverin* ; *JCP S 2007. 1620, note Bousez.* ♦ Les parties peuvent toujours saisir la juridiction prud'homale d'une action en contestation d'une transaction quand bien même elle aurait été constatée dans un procès-verbal dressé par le bureau de conciliation. • Soc. 29 sept. 2010 : *D. 2010. AJ 2436* ; *RJS 2010. 867, n° 976* ; *JCP S 2010. 1504, obs. Sébille* ; *RJS 2010. 867, n° 976.*

15. Logement de fonction. Le juge des référés du TGI est compétent pour prononcer l'expulsion d'un logement de fonction d'un occupant sans droit ni titre, dès lors qu'il n'existe aucun doute sur l'expiration du contrat de travail. • Soc. 21 nov. 1962 : *Bull. civ. IV, n° 829* ; *JCP 1963. II. 13216* • 29 mai 1963 : *Bull. civ. IV, n° 443.*

16. Entreprises en difficulté. Le conseil de prud'hommes demeure compétent pour statuer, dans le cadre de l'ordonnance rendue par le juge-commissaire autorisant des licenciements économiques, et au regard de la situation individuelle des salariés licenciés, sur les demandes formées par ceux-ci contre leur employeur. • Soc. 3 oct. 1989 : *Bull. civ. V, n° 559* ; *D. 1989. IR 277* • 6 mars 1990, n° 89-40.028 P : *D. 1990. Somm. 218, obs. A. Honorat* • 21 févr. 1996 : *JCP E 1997. II. 862, note Serret* (appréciation par le conseil de prud'hommes du caractère réel et sérieux du motif de licenciement) • 14 oct. 1997, n° 96-18.876 P : *D. 1997. IR 229* ; *RJS 1997. 831, n° 1353* (compétence du conseil de prud'hommes pour connaître de l'action en annulation d'un plan social) • 3 mars 1998, n° 95-45.201 P : *RJS 1998. 275, n° 439* ; *CSB 1998. 145, A. 32* ; *D. 1998. 418, note Bailly* ; *Dr. soc. 1998. 508, obs. Vatinet* (compétence du conseil de prud'hommes pour statuer sur le respect de l'obligation de reclassement et sur les irrégularités relatives à la consultation des représentants du personnel) • 12 janv. 1999, n° 96-41.756 P : *D. 1999. IR 40* (compétence du conseil de prud'hommes pour statuer sur les contestations relatives à l'allocation de l'indemnité de licenciement sans cause réelle et sérieuse) • 27 oct. 1998, n° 95-42.220 P : *D. 1998. IR 247* ; *Dr. soc. 1999. 202, obs. Vatinet* (compétence du conseil de prud'hommes pour statuer sur la régularité d'un licenciement prononcé au vu d'une ordonnance obtenue par fraude, la fraude résultant de l'existence d'une liste nominative de salariés à licencier et du remplacement immédiat de l'un d'entre eux). ♦ Mais lorsque l'ordonnance du juge-commissaire est devenue définitive, le caractère économique du motif du licenciement ne peut plus être contesté. • Soc. 9 juill. 1996, n° 93-41.877 P : *D. 1997. 60, note Bailly* ; *JCP 1997. I. 4004, n° 9, obs. Pétel* ; *JCP E 1997. II. 915, note Serret* ; *RJS 1996. 587, n° 912.* ♦ ... Peu important que cette ordonnance ait été ou non notifiée personnellement aux intéressés. • Soc. 5 mars 1997 : *D. 1997. 522, note Bailly* . ♦ Sur l'obligation imposée par l'art. 126 de la loi du 25 janv. 1985 de saisir directement le bureau de jugement lorsque la demande concerne des créances ne figurant pas sur le relevé établi par le représentant des créanciers, V. • Soc. 4 déc. 1991 : *RJS 1992. 40, n° 37* • 7 oct. 1998, n° 89-42.970 P : *RJS 1998. 825, n° 1366* ; *D. 1998. IR 235.*

17. Immatriculation à la sécurité sociale. Le conseil de prud'hommes est compétent pour obliger une société à remplir les formalités nécessaires à l'immatriculation d'un salarié au régime général de la sécurité sociale. • Soc. 16 nov. 1977 : *Bull. civ. V, n° 618.* ♦ V. aussi • Soc. 26 févr. 1964 : *ibid. IV, n° 168* • 20 janv. 1971 : *ibid. V, n° 38* • 16 janv. 1992, n° 87-42.292 P : *D. 1992. IR 88* (salarié agissant contre son ancien employeur à qui il est reproché de n'avoir pas déclaré un accident du travail).

18. Accident du travail. L'action en responsabilité engagée par le salarié à l'encontre de son employeur qui, en réalité, demande la réparation du préjudice résultant de l'accident du travail dont il a été victime, ne peut être portée que devant le tribunal des affaires de la sécurité sociale ; la juridiction prud'homale est incompétente pour en connaître. • Soc. 30 sept. 2010 : *D. actu. 21 oct. 2010, obs. Perrin* ; *D. 2010. AJ 2372* ; *Dr. ouvrier 2010. 662, note Meyer.*

19. Préjudice lié à la rupture du contrat de travail d'un salarié consécutive à un accident du travail ou à une maladie professionnelle. Si l'indemnisation des préjudices nés d'un accident du travail ou d'une maladie professionnelle relève de la juridiction de la sécurité sociale, la juridiction prud'homale est exclusivement compétente pour statuer sur le bien-fondé de la rupture du contrat de travail et pour allouer une indemnisation au titre du licenciement sans cause réelle et sérieuse. • Soc. 3 mai 2018, n°s 16-26.850 et 17-10.306 P : *D. 2018. 1706, obs. Salomon* ; *RDT 2018. 468, note Guiomard* ; *RJS 7/2018, n° 475* ; *JSL 2018, n° 455-1, obs. Pacotte et Leroy* ; *JCP 2018. 607, obs. Dedessus-Le-Moustier* • 10 oct. 2018, n° 17-11.019 P : *D. actu. 9 nov. 2018, obs. Cortot* ; *D. 2018. Actu. 2026* ; *RJS 12/2018, n° 774* ; *JCP S 2018. 1375, obs. Babin.*

20. Accord transactionnel. Le différend qui oppose l'employeur à un ancien salarié au sujet de l'inexécution d'une obligation figurant dans l'accord transactionnel réglant les conséquences de la rupture du contrat de travail relève de la compétence exclusive du conseil de prud'hommes. • Com. 15 nov. 2011 : *D. 2011. Actu. 2939* .

21. Actions de l'employeur. Le conseil de

prud'hommes est également compétent pour examiner : une demande de compensation formée par une société entre les sommes dues à titre de salaires et une dette contractée par le salarié. • Soc. 2 juill. 1968 : *Bull. civ. V, n° 344.* ♦ ... Une demande en restitution d'un trop-perçu et en remboursement d'un prêt. • Soc. 6 nov. 1968 : *Bull. civ. V, n° 486* • 20 avr. 1989 : *ibid., n° 304.* ♦ Comp. : • Soc. 25 mai 1981 : *ibid., n° 462* • 18 déc. 1986 : *D. 1987. IR 12* (emprunt ayant fait l'objet de traites qui ne peuvent être qualifiées d'avances sur salaire). ♦ ... Un litige relatif à un contrat de dépôt de marchandises, accessoire d'un contrat de représentation. • Soc. 3 nov. 1976 : *Bull. civ. V, n° 550.*

B. LITIGES INDIVIDUELS

22. *Interprétation d'une convention collective.* Le conseil de prud'hommes est compétent quand bien même il y a lieu d'interpréter et d'appliquer une disposition d'une convention collective. • Soc. 10 mars 1965, n° 60-40.177 P : *GADT, 4e éd., n° 31 ; D. 1965. 624, note Villebrun ; RTD civ. 1965. 867, obs. Hébraud* • 20 oct. 1988 : *Bull. civ. V, n° 548.* ♦ V. égal., en cas d'action groupée de plusieurs salariés : • Soc. 26 mars 1981 : *Bull. civ. V, n° 264* • 26 nov. 1981 : *ibid., n° 920 ; JCP CI 1982. I. 10527, obs. Teyssié* • 3 oct. 1991, n° 87-43.250 P. (demande tendant à l'application à cinq salariés des dispositions de l'art. L. 223-8 relatives au fractionnement des congés payés) • 15 janv. 1997, n° 94-44.914 P : *RJS 1997. 128, n° 191 ; CSB 1997. 112, S. 60* (demandes fondées sur un accord de fin de grève). ♦ Mais le litige entre un employeur et des syndicats quant à la (seule) interprétation d'accords collectifs relève de la compétence du TGI. • Soc. 21 nov. 2012 : *D. 2012. Actu. 2809 ; JCP S 2013. 1094, obs. Lahalle.*

23. *Application d'une convention collective.* Constitue une action individuelle relevant de la compétence du conseil des prud'hommes l'action du salarié tendant à obtenir l'exécution des engagements énoncés dans le cadre d'une convention ou d'un accord ou des dommages-intérêts pour violation à son égard de ces engagements. • Soc. 12 juill. 2006 : *RDT 2007. 48, obs. Tissandier ; RJS 2006. 816, n° 1108.* ♦ Lorsque des salariés, sans présenter aucune demande personnelle, entendent faire statuer le juge prud'homal, en référé, sur la portée d'une disposition de la convention collective, le litige ne présente pas de caractère individuel. • Soc. 30 avr. 1997, n° 95-43.227 P : *RJS 1997. 468, n° 725 ; CSB 1997. 216, S. 124 ; TPS 1997, n° 271, obs. Boubli.* ♦ *Lorsqu'un salarié se borne à* demander l'application générale d'une convention collective sans formuler de prétention particulière, la compétence du conseil de prud'hommes doit être écartée. • Soc. 6 mai 1998, n° 96-41.712 P : *D. 1998. IR 146 ; RJS 1998. 488, n° 768 ; Dr. soc. 1998. 731, obs. Couturier .*

24. *Participation.* Les litiges individuels opposant un ou plusieurs salariés à leur employeur en matière de participation ou d'intéressement relèvent de la compétence des conseils de prud'hommes. • Soc. 28 févr. 2018, n° 16-13.682 P : *D. 2018. Actu. 515 ; RJS 5/2018, n° 354 ; JCP S 2018. 1131, obs. Brissy.*

25. *Conflits collectifs.* Le juge des prud'hommes est compétent pour connaître des litiges portant sur les voies de fait commises individuellement par chacun des salariés au cours d'un conflit collectif. • Soc. 25 oct. 1978 : *Bull. civ. V, n° 710.*

26. *Usages.* Un litige ne perd pas son caractère individuel lorsque la solution à intervenir est susceptible d'avoir une répercussion pratique étendue. • Soc. 11 juin 1975 : *Bull. civ. V, n° 321.* ♦ Dès lors qu'un litige ne porte pas sur l'établissement, la révision ou le renouvellement d'une convention collective, mais sur la seule application d'accords et d'usages, il relève de la compétence du conseil de prud'hommes. • Soc. 26 mars 1981 : *Bull. civ. V, n° 264.* – V. aussi • Soc. 21 févr. 1991 : *CSB 1991. 89, B. 48.*

C. PERSONNE MORALE DE DROIT PRIVÉ

27. *Gestion d'un service public.* Constitue un contrat de travail relevant de la compétence prud'homale le contrat passé par une personne morale de droit privé, même si elle assure des missions de service public. • Soc. 10 juill. 1975 : *Dr. soc. 1976. 139, note Lachaume.* ♦ Dans le même sens, à propos de salariés d'établissements privés d'enseignement sous contrat d'association : • Soc. 29 nov. 1979 (deux arrêts) : *JCP 1980. II. 19346, note Saint-Jours* • 17 oct. 1983 : *Bull. civ. V, n° 498 ; D. 1984. IR 20* • Cass., ass. plén., 20 déc. 1991 : *Dr. soc. 1992. 439, note Savatier ; JCP 1992. II. 21850, note Saint-Jours ; RJS 1992. 126, n° 185.* ♦ V. aussi : • Cass., ass. plén., 5 nov. 1993 : *JCP 1993. II. 22180, concl. Jéol, note Saint-Jours ; RJS 1993. 725, n° 1227, concl. Jéol* (établissement d'enseignement privé agricole). ♦ Pour une association, V. : • T. confl. 4 mai 1987 : *JCP 1988. II. 20955, note Plouvin* • Soc. 26 juin 1991 : *D. 1991. IR 220 ; RJS 1991. 518, n° 994* • 4 mai 1993 : *RJS 1993. 453, n° 776.* ♦ A propos d'une fondation gérant un hôpital privé, V. : • Soc. 1er mars 1995 : *CSB 1995. 129, S. 61.*

Art. L. 1411-2 Le conseil de prud'hommes règle les différends et litiges des personnels des services publics, lorsqu'ils sont employés dans les conditions du droit privé. – *[Anc. art. L. 511-1, al. 7.]*

1. SPA. Les personnels non statutaires travaillant pour le compte d'un service public à caractère administratif sont des agents contractuels de droit public, quel que soit leur emploi ; les litiges les opposant à l'organisme employeur relèvent de la compétence de la juridiction administrative. • T. confl. 25 mars 1996, *Berkani c/ CROUS de Lyon-Saint-Étienne*, n° 96-03.000 P : *D. 1996. 598, note Saint-Jours ; Dr. soc. 1996. 735, obs. Préto t ; JCP 1996. II. 22664, note Moudoudou ; RFDA 1996. 819, concl. Martin ; AJDA 1996. 355, chron. Stahl et Chauvaux ; RJS 1996. 542, n° 851 ; Gaz. Pal. 1996. 2. 386, note S. Petit* • 7 oct. 1996, n° 96-03.034 P. – Dans le même sens : • Soc. 9 juill. 1996, n° 93-44.699 P : *RJS 1996. 619, n° 966 ; CSB 1996. 275, A. 55* • 28 oct. 1996, n° 90-44.957 P. • 15 janv. 1997, n° 94-44.625 P : *CSB 1997. 111, S. 59* • Soc. 21 sept. 2017, n° 15-22.847 P : *JCP S 2017. 1363, obs Pagani.* ♦ Mais le litige opposant un agent et l'Établissement public de sécurité ferroviaire qui l'a embauché selon les dispositions du code du travail relève de la compétence du juge judiciaire. • T. confl. 9 oct. 2017, n° 4096.

2. SPIC. Les agents des services publics et établissements publics à caractère industriel et commercial sont soumis à un régime de droit privé à l'exception du directeur et du chef comptable. • CE 8 mars 1957, *Jalenques de Labeau : Lebon 157* • T. confl. 22 févr. 1960, *Lagarrigue : Lebon 858* • CE 15 déc. 1967 : *D. 1968. 387, note Leclercq ; AJDA 1968. 228, note Braibant* • Soc. 13 déc. 1979 : *Bull. civ. V, n° 991* • T. confl. 3 juin 1996, n° 96-02.971 P : *RJS 1996. 685, n° 1076.* ♦ Il appartient aux juges judiciaires de se prononcer au fond sur un litige opposant la SNCF à l'un de ses agents. • Soc. 22 mai 1995, n° 94-40.775 P : *JCP 1996. I. 3899, n° 1, obs. Pierchon* • 25 mars 1997 : *TPS 1997, n° 221, obs. Boubli* • 18 déc. 2007 : *JSL 2008, n° 226-5 ; Dr. soc. 2008. 246, obs. Radé.* ♦ Mais le juge administratif est compétent dès lors qu'il s'agit d'examiner la légalité d'une décision fixant les modalités de retenues sur salaires en cas de grève, décision ayant un caractère réglementaire et administratif. • T. confl. 22 juin 1992 : *RJS 1992. 634, n° 1144.*

3. Il appartient au juge, saisi d'un litige opposant un établissement public à l'un de ses agents contractuels, de rechercher s'il s'agit d'un établissement public administratif ou d'un établissement public à caractère industriel et commercial, ce caractère s'appréciant au regard de son objet, de l'origine de ses ressources et de ses modalités de fonctionnement. • Soc. 24 juin 2014, n° 13-11.142 P : *D. 2014. Actu. 1455 ; RJS 10/2014, n° 727 ; JCP S 2014. 1440, obs. Lahalle.*

4. La Poste. Puisque coexistent au sein de La Poste deux catégories de personnels, dont celle des fonctionnaires, et que le changement de statut de La Poste n'a eu aucune incidence sur la qualité de fonctionnaire de l'intéressée, ses relations avec son employeur étant régies par le droit public, le litige relatif à la requalification de sa relation de travail en une relation unique à durée indéterminée à compter du 28 juillet 1985, à l'effet de réévaluer ses droits à la retraite, relevait de la compétence de la juridiction administrative. • Soc. 27 nov. 2013 : *RDT 2014. 108, obs. Debord.*

5. Coemploi. L'action engagée par la salariée d'un organisme de droit privé à l'encontre d'une telle personne publique fondée sur l'immixtion de cette dernière dans la gestion de la personne privée et sur la reconnaissance par voie de conséquence de la qualité de co-employeur relève de la compétence des juridictions administratives. • Soc. 6 avr. 2016, n° 14-26.019 P : *D. 2016. Actu. 842 ; RJS 6/2016, n° 444 ; JCP S 2016. 1203, obs. Brissy.*

Art. L. 1411-3 Le conseil de prud'hommes règle les différends et litiges nés entre salariés à l'occasion du travail. – *[Anc. art. L. 511-1, al. 4.]*

1. Compétence. Constitue un différend né entre salariés à l'occasion du travail le litige opposant ceux qui avaient entendu poursuivre leur travail et ceux qui, selon ces derniers, y avaient fait obstacle. • Soc. 3 mars 1983 : *Bull. civ. V, n° 129 ; D. 1984. IR 169, obs. Frossard ; Dr. soc. 1983. 639, note Savatier.* ♦ De même constitue un différend né entre salariés à l'occasion du travail le litige entre deux musiciens portant sur la redistribution des cachets versés à l'occasion du travail qu'ils exécutaient en commun pour les mêmes employeurs, dans le cadre de contrats de travail individuels conclus avec les organisateurs de spectacle, peu important l'absence de lien de subordination entre les intéressés. • Soc. 18 mars 2008 : *RJS 2008. 470, n° 607 ; JCP S 2008. 1327, obs. Lahalle.*

2. Incompétence. En revanche, échappe à la compétence prud'homale l'action d'un salarié contre d'autres salariés ayant fourni des attestations qu'il estime diffamatoires à son égard dans une instance prud'homale l'opposant à l'employeur. • Soc. 26 mars 1997 : *RJS 1997. 384, n° 590 ; CSB 1997. 183, S. 101.*

Art. L. 1411-4 Le conseil de prud'hommes est seul compétent, quel que soit le montant de la demande, pour connaître des différends mentionnés au présent chapitre. Toute convention contraire est réputée non écrite.

Le conseil de prud'hommes n'est pas compétent pour connaître des litiges attribués à une autre juridiction par la loi, notamment par le code de la sécurité sociale en matière d'accidents du travail et maladies professionnelles. – *[Anc. art. L. 511-1, al. 5 et 6, phrases 1 et 2.]*

A. COMPÉTENCE DU CONSEIL DE PRUD'HOMMES

1. *Compétence exclusive.* Institués pour régler par voie de conciliation les différends pouvant s'élever notamment à l'occasion du contrat de travail, les conseils de prud'hommes sont seuls compétents pour en connaître en premier ressort, peu important leur connexité avec un autre litige non susceptible de leur être soumis. • Soc. 15 mai 1974 : *GADT, 4e éd., n° 19 ; D. 1974. 702, note Serra* • 21 avr. 1977 : *Bull. civ. V, n° 261 ; D. 1978. 9, note Serra* (incompétence du TGI pour connaître d'une action dirigée contre un ancien salarié pour violation de la clause de non-concurrence alors qu'il est saisi également d'une action exercée contre le nouvel employeur). ♦ Le caractère exclusif et d'ordre public de la compétence d'attribution du conseil de prud'hommes interdit d'y faire échec pour cause de connexité, sauf en cas d'indivisibilité, laquelle ne peut résulter que d'une impossibilité juridique d'exécution simultanée de deux décisions qui seraient contraires. • Soc. 17 déc. 2013 : *D. actu. 27 janv. 2014, obs. Kebir ; D. 2014. Actu. 87.*

2. *Organismes conventionnels.* La création d'organismes conventionnels chargés de régler les différends ou de procéder à la conciliation des parties ne saurait faire obstacle à la saisine des conseils de prud'hommes. • Soc. 9 déc. 1981 : *Bull. civ. V, n° 954 ; JCP CI 1982. I. 10527, obs. Teyssié* • 19 juill. 1988 : *Bull. civ. V, n° 475 ; GADT, 4e éd., n° 22 ; D. 1989. Somm. 278, obs. Julien.*

3. L'avis donné par une commission paritaire dans un but de conciliation sur l'interprétation d'une disposition conventionnelle ne lie pas le juge. • Cass., ass. plén., 6 févr. 1976 : *GADT, 4e éd., n° 20 ; Dr. soc. 1976. 472, note Savatier ; JCP 1976. II. 18481, note Groutel.*

4. *Clause compromissoire.* Dans un avenant au contrat de travail, qualifié par les parties de charte associative, l'existence d'une clause compromissoire ne fait pas obstacle à la compétence exclusive du conseil de prud'hommes pour déterminer si le contrat en question doit être qualifié de contrat de travail et la clause compromissoire considérée comme non écrite. • Soc. 30 nov. 2011 : *D. actu. 3 janv. 2012, obs. Perrin ; Dr. soc. 2012. 309, obs. Gauriau ; RJS 2012. 148, n° 181 ; JCP S 2012. 1049, obs. Brissy.*

5. *Clause de conciliation préalable.* En raison de l'existence en matière prud'homale d'une procédure de conciliation préliminaire et obligatoire, une clause du contrat de travail qui institue une procédure de conciliation préalable en cas de litige survenant à l'occasion de ce contrat n'empêche pas les parties de saisir directement le juge prud'homal de leur différend. • Soc. 5 déc. 2012 : *D. actu. 8 janv. 2013, obs. Ines ; D. 2012. Actu. 2969 ; ibid. 2013. 121, obs. Bailly ; RDT 2013. 124, obs. Serverin ; Dr. soc. 2013. 178, obs. Boulmier ; JCP S 2013. 1075, obs. François.*

B. EXCEPTIONS

6. *Contentieux électoral.* Le tribunal d'instance, étant compétent pour apprécier si le demandeur remplit les conditions nécessaires pour être électeur, l'est également pour déterminer l'existence à cette date du contrat de travail de l'intéressé en vue de se prononcer sur son électorat. • Soc. 8 févr. 2012 : *D. actu. 29 mars 2012, obs. Ines ; RJS 2012. 400, n° 480 ; JCP S 2012. 1172, obs. Brissy* • 5 juin 1985 : *Bull. civ. V, n° 327* • 8 avr. 1992, n° 91-60.250 P.

7. *Participation.* Le conseil de prud'hommes est incompétent en cas de litiges relatifs : à la participation. • Soc. 20 oct. 1977 : *Dr. soc. 1978. 127, note Savatier.*

8. *Brevets d'invention.* Le conseil de prud'hommes est incompétent en cas de litige relatif à un brevet d'une invention faite par un salarié. • Soc. 18 févr. 1988 : *Bull. civ. V, n° 126 ; D. 1989. Somm. 278, obs. Julien.*

9. *Pacte d'actionnaires.* Le conseil des prud'hommes n'est pas compétent pour statuer sur les conditions de mise en œuvre d'un pacte d'actionnaires. • Soc. 18 oct. 2007 : *D. 2007. AJ 2809.*

10. *Maladie.* En relevant que l'affection contractée par un salarié ne pouvait être considérée ni comme un accident du travail, ni comme une maladie professionnelle, la cour d'appel a pu déduire que le conseil de prud'hommes était compétent pour statuer sur la demande d'indemnisation du salarié. • Soc. 1er juin 1972 : *Bull. civ. V, n° 400.* ♦ Le juge prud'homal est compétent pour la réparation du préjudice d'anxiété antérieur à la déclaration de la maladie. • Soc. 28 mai 2014 : *D. actu. 16 juin 2014, obs. Fraisse ; D. 2014. 1404, obs. Wurtz ; RJS 2014. 537, n° 648.*

11. *SIVP.* Les contrats relatifs au SIVP ne constituent pas des contrats de travail et les différends s'élevant entre l'entreprise d'accueil et les stagiaires ne relèvent pas de la compétence des conseils de prud'hommes. • Soc. 8 nov. 1989 : *Bull. civ. V, n° 651.* ♦ Mais lorsque le stagiaire a travaillé à temps complet et qu'il n'a pu bénéficier de la formation prévue, un contrat de travail s'est substitué au contrat de formation et le litige relève des juridictions prud'homales. • Soc. 11 oct. 1990, n° 89-43.510 P. – Dans le même sens : • Soc. 27 oct. 1993 : *Dr. soc. 1993. 960.*

12. Détenus. Les relations de travail des personnes incarcérées ne faisant pas l'objet d'un contrat de travail (C. pr. pén., art. 717-3), le conseil de prud'hommes est incompétent pour en connaître. • Soc. 17 déc. 1996 : *D. 1997. IR 18 ; Dr. soc. 1997. 344, note Giudicelli-Delage et Massé ; CSB 1997. 83, S. 37.*

13. Centres d'aide par le travail. Les travailleurs handicapés ne sont pas liés aux centres d'aide par le travail par un contrat de travail (incompétence de la juridiction prud'homale). • Soc. 18 mars 1997, nº 94-41.716 P : *Dr. soc. 1997. 525, obs. Verkindt ; RJS 1997. 489, nº 765.*

14. Marins. Le litige portant sur la rupture d'un contrat d'engagement maritime relève, par application de l'art. R. 321-6-5º COJ, de la compétence d'attribution du tribunal d'instance. • Soc. 12 nov. 1997 : *RJS 1997. 867, nº 1414.* ♦ ... L'appel étant jugé comme en matière prud'homale. • Soc. 14 oct. 1997 : *TPS 1997, nº 335.*

15. Des stipulations particulières ne peuvent déroger à une disposition d'ordre public régissant la répartition des compétences entre les juridictions administrative et judiciaire. • Soc. 12 févr. 1985 : *Bull. civ. V, nº 107.* ♦ Une clause attributive de compétence à la juridiction administrative ne peut permettre à elle seule de déduire le caractère administratif du contrat de travail d'une femme de service. • Soc. 3 juill. 1990 : *D. 1990. IR 197 ; RJS 1990. 539, nº 803.*

Art. L. 1411-5 Le conseil de prud'hommes donne son avis sur les questions que lui pose l'autorité administrative. — *[Anc. art. L. 511-2.]*

Art. L. 1411-6 Lorsqu'un organisme se substitue habituellement aux obligations légales de l'employeur, il peut être mis en cause aux côtés de celui-ci en cas de litige entre l'employeur et les salariés qu'il emploie. — *[Anc. art. L. 511-1, al. 2.]*

1. Absence de substitution. Doit être cassé l'arrêt qui condamne, sur le fondement de l'al. 2 de l'art. L. 511-1 [L. 1411-6 nouv.], une association d'aide aux personnes âgées au versement de diverses sommes à des gardes-malades, alors que son rôle s'était limité à remplir certaines tâches administratives pour le compte de l'employeur. • Soc. 2 juin 1993, nº 90-40.275 P : *D. 1993. IR 165 ; RJS 1993. 423, nº 710.* ♦ L'institution de prévoyance ne se substituant pas aux obligations légales de l'employeur ne pouvait être mise en cause aux côtés de celui-ci devant le conseil de prud'hommes par le salarié. • Soc. 16 nov. 2010, nº 10-12.156 P : *Dr. soc. 2011. 221, obs. Lautrette et Barthélémy ; RJS 3/2011, nº 272 ; JCP S 2011. 1053, obs. Chiss.*

2. Substitution. L'association qui établit les fiches de paie, se substitue régulièrement à l'employeur pour l'accomplissement de cette obligation légale, de sorte qu'elle peut être appelée en garantie devant la juridiction saisie du litige opposant l'employeur à un salarié au sujet de sa rémunération. • Soc. 28 févr. 2006 : *D. 2006. IR 811 ; RJS 2006. 443, nº 640 ; Dr. soc. 2006. 680, obs. Savatier ; JSL 2006, nº 186-3.*

Art. R. 1412-1 L'employeur et le salarié portent les différends et litiges devant le conseil de prud'hommes territorialement compétent.

Ce conseil est :

1º Soit celui dans le ressort duquel est situé l'établissement où est accompli le travail ;

2º Soit, lorsque le travail est accompli à domicile ou en dehors de toute entreprise ou établissement, celui dans le ressort duquel est situé le domicile du salarié.

Le salarié peut également saisir les conseils de prud'hommes du lieu où l'engagement a été contracté ou celui du lieu où l'employeur est établi. — *[Anc. art. R. 517-1, al. 1er à 3.]*

A. DROIT INTERNE

1. Établissement. Sur la notion d'établissement au sens de l'art. R. 517-1 [art. R. 1412-1 nouv.], V. not. • Soc. 11 mai 1964, nº 63-40.279 P : *Dr. soc. 1964. 636* • 13 nov. 1963 : *Bull. civ. IV, nº 774* • 29 janv. 1981 : *ibid. V, nº 89* • 26 oct. 1988 : *ibid., nº 552 ; D. 1988. IR 265.*

2. Les juges doivent se prononcer selon les modalités réelles d'exécution du travail. • Soc. 15 mars 1978 : *Bull. civ. V, nº 192* • 29 janv. 1981 : *ibid., nº 89* • 2 mars 1989 : *ibid., nº 177.*

3. Est territorialement compétent le conseil de prud'hommes du lieu du bureau où travaillait effectivement un salarié détaché par son employeur auprès d'une autre société. • Soc. 6 mars 1980 : *Bull. civ. V, nº 233.*

4. Un salarié, s'il peut être affecté successivement dans plusieurs établissements, ne travaille pas pour autant hors de tout établissement ; n'est donc pas compétent le conseil de prud'hommes du lieu où l'engagement a été contracté. • Soc. 22 avr. 1971 : *D. 1971. 397.* ♦ En cas de mutation, le juge doit rechercher si l'affectation du salarié a un caractère provisoire ou définitif. • Soc. 25 nov. 1976 : *Bull. civ. V, nº 628 ; D. 1977. IR 27.*

5. Ne travaille pas dans un établissement déterminé le salarié affecté à la surveillance de différents chantiers situés dans plusieurs départements. • Soc. 2 mars 1972 : *Bull. civ. V, n° 178 ; RTD civ. 1972. 816, obs. Hébraud ; JCP 1972. II. 17190, note J.A.*

6. Lorsqu'une des parties exerce des fonctions de conseiller prud'homal dans un conseil de prud'hommes relevant du ressort d'une cour d'appel, celle-ci est tenue de faire droit à la demande de renvoi devant une juridiction d'appel limitrophe. • Soc. 26 nov. 2013 : *D. actu. 6 janv. 2014, obs. Kebir ; D. 2013. Actu. 2858 ; RTD civ. 2014. 433, obs. Thery*. ♦ Sur la qualité de magistrat reconnu au conseiller prud'homme et autorisant le recours à l'art. 47 C. pr. civ. lui permettant de saisir une juridiction située dans un ressort limitrophe, V. • Soc. 27 mai 1998, n° 96-41.311 P. • 4 déc. 1990, n° 87-45.045 P. – V. aussi • Soc. 21 juin 1989 : *Dr. soc. 1990. 562, obs. Desdevises*. ♦ L'art. 47 C. pr. civ. n'est pas applicable lorsque le conseiller prud'homme, magistrat au sens de ce texte, n'est pas le représentant légal de la société partie au litige. • Soc. 19 juill. 1994, n° 90-46.074 P. (pour un directeur financier) • 20 mars 1997, n° 95-42.755 P : *RJS 1997. 629, n° 1007 ; CSB 1997. 190, S. 115* (pour un directeur des ressources humaines).

7. *Domicile.* Le domicile au sens de l'art. R. 517-1 [art. R. 1412-1 nouv.] est celui du salarié lors de la saisine du conseil de prud'hommes. • Soc. 10 avr. 1991, n° 87-45.701 P : *D. 1991. IR 142 ; RJS 1991. 392, n° 739*. ♦ V. aussi : • Soc. 7 mai 1987 : *Bull. civ. V, n° 287 ; D. 1988. Somm. 314, obs. A. Lyon-Caen*. ♦ Le lieu où est établi un employeur peut être son domicile personnel. • Soc. 27 févr. 1991 : *RJS 1991. 264, n° 504.*

8. *Lieu d'engagement.* Lorsque le contrat d'un représentant est devenu parfait par l'acceptation des conditions posées par l'employeur, le conseil de prud'hommes compétent est celui du lieu de l'expédition de la lettre d'acceptation. • Soc. 5 juin 1962 : *Bull. civ. IV, n° 537* • 3 mars 1965 : *ibid., n° 184* • 2 juill. 1969 : *ibid. V, n° 457*. ♦ Lorsque l'engagement a été contracté par téléphone et que c'est à son domicile que le salarié a accepté l'offre d'emploi, le conseil de prud'hommes du lieu où l'engagement a été contracté est compétent. • Soc. 11 juill. 2002, n° 00-44.197 P : *RJS 2002. 949, n° 1275*. ♦ Sur le caractère indifférent du lieu de la signature lorsque celle-ci confirme un accord de volontés antérieur, V. • Soc. 20 mars 1974 : *Bull. civ. V, n° 198.*

9. Dans le cas de deux contrats successifs, le second se bornant à modifier les fonctions et à augmenter la rémunération du salarié, une cour d'appel peut décider que le lieu de l'engagement était celui où avait été conclu le premier contrat. • Soc. 8 oct. 1969, n° 68-40.266 P : *Gaz. Pal. 1970. 1. 123, note Vitry* • 21 janv. 1970 : *Bull. civ. V, n° 42.*

10. Lorsque le lieu de formation du contrat n'a pas pu être déterminé, le conseil de prud'hommes est celui du siège social de l'employeur. • Soc. 2 mars 1972 : *préc. note 5.*

11. *Mise à disposition d'une filiale.* Lorsqu'un salarié est recruté par une société mère pour exercer des fonctions de direction technique dans une filiale étrangère, de sorte qu'il est indivisément le salarié des deux sociétés, il saisit à bon droit le conseil de prud'hommes du siège de la société mère. • Soc. 23 sept. 1992 : *Dr. soc. 1992. 918*. ♦ Un salarié qui a toujours accompli sa prestation de travail dans le cadre d'un groupe de sociétés étroitement liées peut valablement saisir le conseil de prud'hommes du lieu de conclusion du contrat initial. • Soc. 12 mars 1997, n° 94-41.245 P : *RJS 1997. 297, n° 451 ; CSB 1997. 189, S. 114.*

12. *Lieu où l'employeur est établi.* A l'égard d'un agent EDF, est territorialement compétent le conseil de prud'hommes dans le ressort duquel se trouve un centre de distribution mixte des services nationaux EDF-GDF dont le responsable a un pouvoir de représentation de l'autorité centrale, peu important que l'agent ait été en poste dans des subdivisions dépendant d'un autre centre. • Soc. 9 déc. 1992, n° 88-42.595 P.

13. *Contrat de travail temporaire.* S'agissant d'une demande tendant à la requalification de contrats de travail temporaires en contrats de travail à durée indéterminée, le conseil de prud'hommes où était établie la société utilisatrice était territorialement compétent. • Soc. 14 déc. 2004, n° 03-40.401 P : *RJS 2005. 137, n° 192.*

14. *Pluralité de défendeurs.* Sous réserve des dispositions du code du travail la procédure devant les juridictions prud'homales est régie par les dispositions du livre premier du code de procédure civile ; lorsqu'il y a plusieurs défendeurs, le demandeur saisit, à son choix, la juridiction du lieu où demeure l'un d'eux. • Soc. 16 févr. 2011 : *D. 2011. Actu. 685 ; JCP S 2011. 1191, obs. Brissy.*

B. DROIT INTERNATIONAL

BIBL. Déprez, *RJS 1989. 539 ; ibid. 1991. 618* (compétence juridictionnelle). – Jeammaud, *Dr. soc. 1989. 729* (clause attributive de compétence). – Taquet, *SSL 1993, suppl. n° 651.*

15. *Principes.* La détermination de la loi applicable n'est pas liée à celle de la juridiction compétente et la référence à la loi d'exécution du contrat ne saurait à elle seule constituer une renonciation non équivoque à l'application de l'art. 14 C. civ. • Soc. 20 juin 1979 : *Bull. civ. V, n° 551 ; JDI 1979. 852, note A. Lyon-Caen* • Soc. 2 juin 1983 et • 20 oct. 1983 : *GADT, 4e éd., n° 24 ; JDI 1984. 337, note P. Rodière ; Rev. crit. DIP 1985. 99, note Gaudemet-Tallon* • 27 févr. 1991 : *D. 1991. IR 87 ; RJS 1991. 618, note Déprez.*

16. Lieu d'exécution. En relevant que le demandeur, de nationalité algérienne et salarié de la compagnie Air Algérie, était employé dans des conditions de droit privé dans un établissement parisien, la cour d'appel a pu décider que le conseil de prud'hommes de Paris était compétent pour connaître de sa demande. • Soc. 26 janv. 1989 : *Dr. soc. 1989. 729, note Jeammaud.* – V. aussi • Soc. 16 mars 1989 : *Bull. civ. V, n° 227.* ♦ Lorsque l'obligation du salarié d'effectuer les activités convenues s'exerce dans plus d'un État contractant, le lieu où il accomplit habituellement son travail est l'endroit où, ou à partir duquel, compte tenu des circonstances du cas d'espèce, il s'acquitte en fait de l'essentiel de ses obligations à l'égard de son employeur. • Soc. 4 déc. 2012 : *D. actu. 14 janv. 2013, obs. Perrin ; JCP S 2013. 115, obs. Pétel-Teyssié.*

17. Droit d'option du salarié. Sur la possibilité offerte par l'art. 14 C. civ. au salarié français de saisir le conseil de prud'hommes de son choix lorsque son contrat de travail s'est effectué hors de tout établissement français, V. • Soc. 2 mars 1966, n° 64-40.547 P : *D. 1966. Somm. 79 ; JDI 1966. 663, note Sialleli.* ♦ Par l'effet de la décision d'incompétence de la juridiction étrangère qu'il avait saisie, le salarié français retrouve la faculté d'exercer la même action devant la juridiction française sur le fondement de l'art. 14 C. civ. • Soc. 9 juill. 1996 : *RJS 1996. 684, n° 1075 ; CSB 1996. 328, S. 138 ; Justices 1997, n° 6, p. 233, obs. Dockès.* ♦ En cas de litige entre un salarié résidant en France et une entreprise étrangère de l'Union européenne, une juridiction française peut être compétente, même en l'absence d'établissement de l'employeur en France, dès lors qu'il s'agit de la juridiction dans le ressort de laquelle le salarié organise son activité pour le compte de l'employeur et où se situe le centre effectif de son activité professionnelle. • Soc. 20 sept. 2006 : *D. 2006. IR 2344 ; JSL 2006, n° 198-4.* ♦ La faculté donnée à un Français de saisir les juridictions françaises et notamment prud'homales, pour un litige relatif à un contrat de travail conclu à l'étranger, en application de l'art. 14 C. civ., ne constitue pas une règle impérative ; elle n'exclut pas nécessairement la compétence d'un tribunal étranger déjà saisi et *dont le choix n'est pas frauduleux.* • Soc. 5 déc. 2018, n° 17-19.820 P : *Dr. soc. 2019. 117, obs. Nord ; JCP S 2018. 1016, obs. Brissy.*

18. Clause attributive de compétence. Une clause attributive de compétence incluse dans un contrat international ne peut faire échec aux dispositions impératives de l'art. R. 1412-1 applicables dans l'ordre international. • Soc. 29 sept. 2010 : *D. 2010. AJ 2370 ; RJS 2010. 863, n° 972 ; Dr. soc. 2011. 209, obs. Chaumette ; Dr. ouvrier 2010. 665, note Lacoste-Mary ; JCP S 2011. 1036, obs. Tricoit.* ♦ En présence d'un contrat de travail dont elle a relevé le caractère international, une cour d'appel peut décider que la clause attributive de compétence, incluse dans un contrat conclu entre un salarié français et une société étrangère pour être exécuté à l'étranger et désignant expressément les juridictions étrangères, était valide, qu'elle excluait l'application de l'art. R. 517-1 C. trav. [art. R. 1412-1 nouv.] et qu'elle emportait renonciation du salarié au bénéfice des dispositions de l'art. 14 C. civ. • Soc. 30 janv. 1991, n° 87-42.086 P : *GADT, 4e éd., n° 25 ; D. 1991. IR 50 ; RJS 1991. 618, note Déprez.* ♦ Comp. : • Soc. 8 juill. 1985, *Allard,* n° 84-40.284 P : *Rev. crit. DIP 1986. 113, note Gaudemet-Tallon ; RJS 1989. 539, annexe 2, note Déprez.* ♦ Rappr. : • Cass., ch. mixte, 28 juin 1974 : *Dr. soc. 1975. 458, note Lucas ; JCP 1974. II. 17881. note G. Lyon-Caen ; JDI 1975. 82, note Holleaux ; Rev. crit. DIP 1975. 110, note P. L.* • Civ. 1re, 16 juin 1987 : *D. 1988. Somm. 314, obs. A. Lyon-Caen ; Rev. crit. DIP 1988. 78, note Gaudemet-Tallon* • 8 mars 1988 : *Bull. civ. I, n° 66 ; D. 1988. Somm. 314, obs. A. Lyon-Caen.* ♦ L'action intentée par un salarié devant le conseil de prud'hommes postérieurement à l'entrée en vigueur, en France, de la Convention de Saint-Sébastien ne permet pas l'application d'une clause attributive de juridiction antérieure au différend. • Soc. 14 nov. 2000, n° 98-41.959 P : *D. 2000. IR 298 ; RJS 2001. 239, n° 331 ; Dr. soc. 2001. 204, obs. Gaudemet-Tallon .* ♦ V. aussi • Soc. 1er mars 1989 : *Dr. soc. 1989. 729, note Jeammaud,* décision affirmant que l'art. 48 C. pr. civ. doit s'interpréter en ce sens que doivent être exclues de la prohibition qu'il édicte les clauses qui ne modifient la compétence interne qu'en conséquence d'une modification de la compétence internationale. ♦ En présence d'un accord précisant que le contrat de travail d'un salarié restait régi par la loi américaine y compris après son transfert sur le sol français, la clause attributive de compétence prévue par cet accord, qui n'est pas contraire à la conception française de l'ordre public international, est opposable au salarié. • Soc. 21 janv. 2004, n° 01-44.215 P : *D. 2004. 2187, obs. Escande-Varniol ; RJS 2004. 274, n° 387.*

19. Clause compromissoire. La clause compromissoire insérée dans un contrat de travail international n'est pas opposable au salarié qui a saisi régulièrement la juridiction française compétente en vertu des règles applicables, peu important la loi régissant le contrat de travail. • Soc. 16 févr. 1999, n° 96-40.643 P : *GADT, 4e éd., n° 26 ; D. 1999. IR 74 ; Dr. soc. 1999. 632, obs. Moreau ; RJS 1999. 436, n° 720* • 9 oct. 2001, n° 99-43.288 P : *D. 2001. IR 3170 ; RJS 2001. 977, n° 1452 ; Dr. soc. 2002. 122, obs. Moreau* • 28 juin 2005 : *D. 2005. IR 2035 ; RJS 2005. 717, n° 1016.* ♦ Pour une nullité fondée sur l'application de la loi française. • Soc. 12 févr. 1985, n° 82-43.268 P : *D. 1985. IR 456, obs. A. Lyon-Caen ; Rev. arb. 1986. 47, note*

Moreau-Bourlès ; Rev. crit. DIP 1986. 469, note Niboyet-Hoegy.

20. Convention de Bruxelles. Le droit du travail fait partie du domaine matériel de la convention de Bruxelles du 27 sept. 1968 et les litiges nés d'un contrat de travail conclu après le 1er févr. 1973 ressortissent à la convention et notamment à son art. 17 relatif à la prorogation de compétence. • CJCE 13 nov. 1979 : *D. 1980. 543, note J. Mestre ; JDI 1980. 429, note A. Huet.*

21. L'art. 5, 1°, de la convention de Bruxelles doit être interprété en ce sens que, en matière de contrats de travail, l'obligation à prendre en considération est celle qui caractérise de tels contrats, en particulier celle d'effectuer les activités convenues. • CJCE 15 févr. 1989, *Sté Six : Dr. soc. 1989. 729, note Jeammaud ; JDI 1989. 461, note A. Huet ; Rev. crit. DIP 1989. 555, note P. Rodière.* – V. déjà : • CJCE 26 mai 1982, *Ivenel : Rev. crit. DIP 1983. 116, note Gaudemet-Tallon ; JDI 1982. 948, obs. Bischoff et A. Huet* • 15 janv. 1987, *Schenavai : Rev. crit. DIP 1987. 793, note Droz ; JDI 1987. 465, obs. Bischoff et A. Huet.* ♦ Sur la détermination du lieu où le travailleur accomplit habituellement son travail, V. • CJCE 9 janv. 1997 : *TPS 1997, n° 63, obs. Antonmattéi.*

22. La clause attributive de juridiction répondant aux conditions de l'art. 17 de la convention de Bruxelles doit recevoir application quelles que soient la nature du contrat – contrat d'agent commercial ou contrat de travail de VRP – et ses modalités d'exécution. • Soc. 7 janv. 1992, n° 89-40.470 P : *D. 1992. IR 67.*

23. Sur le respect des conditions de forme posées par l'art. 17, al. 1er, de la convention de Bruxelles en matière de clause attributive de compétence, V. • CJCE 14 déc. 1976 : *D. 1977. IR 349, obs. Audit ; JDI 1977. 734, obs. Bischoff et A. Huet* • 19 juin 1984 : *Rev. crit. DIP 1985. 385, note Gaudemet-Tallon ; JDI 1985. 159, note Bischoff* • Soc. 14 janv. 1988 : *JDI 1989. 91, obs. A. Huet.*

24. Conventions bilatérales. Sur l'interprétation de la convention franco-suisse, V. • Soc. 14 janv. 1987 : *Bull. civ. V, n° 19* • 16 févr. 1987 : *ibid., n° 77 ; D. 1988. Somm. 95, obs. Fieschi-Vivet.*

C. DROIT DE L'UNION EUROPÉENNE

25. Primauté. L'art. 19 du règlement CE 44/2001 instaure des règles de compétences spéciales qui interdisent à l'État membre saisi par un salarié d'une demande dirigée contre un autre employeur domicilié dans un autre État membre de se référer à ses propres règles de compétence pour déterminer quelle est la juridiction compétente. • Soc. 20 sept. 2006 : *D. 2006. IR 2344 ; RJS 2006. 974, n° 1306 ; JSL 2006, n° 198-4.*

Art. R. 1412-2 En cas de création d'un conseil de prud'hommes, la cour d'appel, saisie sur requête du procureur général, constate que la nouvelle juridiction est en mesure de fonctionner.

Elle fixe la date de l'installation du conseil à compter de laquelle le ou les conseils de prud'hommes dont le ressort est réduit cessent d'être compétents pour connaître des affaires entrant dans leur compétence. – *[Anc. art. R. 511-3, al. 2.]*

Art. R. 1412-3 Lorsqu'à la suite d'une nouvelle délimitation de circonscriptions judiciaires, le ressort d'un conseil de prud'hommes est modifié, le conseil de prud'hommes initialement saisi demeure compétent pour statuer sur les procédures introduites antérieurement à la modification. – *[Anc. art. R. 511-3, al. 1er.]*

Art. R. 1412-4 Toute clause d'un contrat qui déroge directement ou indirectement aux dispositions de l'article R. 1412-1, relatives aux règles de compétence territoriale des conseils de prud'hommes, est réputée non écrite. – *[Anc. art. R. 517-1, al. 4.]*

Art. R. 1412-5 Lorsqu'un salarié est temporairement détaché sur le territoire national par une entreprise établie dans un autre État membre de *(Décr. n° 2016-660 du 20 mai 2016, art. 43)* « l'Union » européenne, les contestations relatives aux droits reconnus dans les matières énumérées à l'article L. 1262-4 peuvent être portées devant le conseil de prud'hommes dans le ressort duquel la prestation est ou a été exécutée.

Lorsque la prestation est ou a été exécutée dans le ressort de plusieurs conseils de prud'hommes, ces contestations sont portées devant l'une quelconque de ces juridictions. – *[Anc. art. R. 517-1-1.]*

TITRE CINQUIÈME DISPOSITIONS PARTICULIÈRES AU TRIBUNAL PARITAIRE DE BAUX RURAUX

RÉP. PR. CIV. v° *Tribunaux paritaires des baux ruraux*, par LAGARDE.

DALLOZ ACTION *Droit et pratique de la procédure civile 2022/2023*, n°s 337.00 s.

BIBL. GÉN. ▶ LACHAUD, *Ann. loyers 1976. 401* (réforme de la procédure) ; *Ann. loyers 1985. 318* (juridiction des baux ruraux) ; *Gaz. Pal. 1990. 2. Doctr. 483* (constitutionnalité des juridictions des baux ruraux). – VIATTE, *Rev. loyers 1976. 258* (juridiction des baux ruraux) ; *ibid. 1976. 482* (nouvelle procédure).

*Sur l'organisation du T. par. Baux rur., V. C. rur., art. L. 491-1 s. — **C. rur.***

CHAPITRE PREMIER LA PROCÉDURE ORDINAIRE

BIBL. ▶ **Décr. du 1er oct. 2010 :** V. Bibl. au-dessus de l'art. 446-1.

Art. 880 **Le tribunal paritaire de baux ruraux territorialement compétent est celui du lieu de la situation de l'immeuble.**

BIBL. ▶ VIATTE, *Rev. loyers 1976. 124* (compétence territoriale).

Art. 881 **Lorsque le tribunal paritaire comporte deux sections, l'affaire est portée devant la section compétente eu égard à la nature du contrat liant les parties.**

Toutefois, si une section du tribunal ne peut être constituée ou ne peut fonctionner, l'affaire est portée devant l'autre section.

Art. 882 *(Décr. n° 2019-1333 du 11 déc. 2019, art. 6-1°, en vigueur le 1er janv. 2020)* **La procédure applicable devant le tribunal paritaire est la procédure orale ordinaire applicable devant le tribunal judiciaire sous réserve des dispositions ci-dessous.** — *[Ancien art. 882.]*

L'art. 6 du Décr. n° 2019-1333 du 11 déc. 2019 est applicable aux instances introduites à compter du 1er janv. 2020 (Décr. préc., art. 55-II).

Jusqu'au 1er juill. 2021, les assignations demeurent soumises aux dispositions de l'art. 56 C. pr. civ., dans sa rédaction antérieure au présent décret, dans les procédures :

1° Celles prévues aux art. R. 202-1 s. LPF ;

2° Celles prévues au livre VI du C. com. ;

3° Celles diligentées devant le trib. paritaire des baux ruraux (Décr. préc., art. 55-III, mod. par Décr. n° 2020-950 du 30 juill. 2020, art. 3, et Décr. n° 2020-1641 du 22 déc. 2020, art. 1er-1°).

Ancien art. 882 ***La procédure applicable devant le tribunal paritaire est celle qui est suivie devant le tribunal d'instance sous réserve des dispositions ci-dessous.***

BIBL ▶ GENTILI, *Procédures 2007. Étude 24* (l'écrit des parties dans la procédure orale). – TRAVIER, *Procédures orales, Dalloz service, 2002.*

▶ Rapport de la Cour de cassation 2003, *p. 11* ; *ibid. 2009, p. 11* (suggestion de réforme).

Il résulte de ce texte que la procédure est orale et, qu'en conséquence, des conclusions ne sauraient être déclarées irrecevables au prétexte que l'adresse de l'intimé n'y est pas mentionnée, alors que celui-ci est dûment représenté par son avocat. • Douai, 11 juin 1987 : *D. 1988. Somm. 122, obs. Julien.*

Art. 883 *(Décr. n° 2010-1165 du 1er oct. 2010, art. 8-1°, en vigueur le 1er déc. 2010)* **Les parties ont la faculté de se faire assister ou représenter.**

Toutefois, lors de la tentative préalable de conciliation, elles sont tenues de comparaître en personne, sauf à se faire représenter en cas de motif légitime. — *V. Circ. 24 janv. 2011, reproduite ss. art. 446-4.*

La non-comparution personnelle de l'une des parties, défendeur ou demandeur, régulièrement représentée par son conseil à l'audience de tentative de conciliation du tribunal paritaire des baux ruraux, en ce qu'elle empêche toute conciliation, justifie le renvoi de l'affaire pour y être jugée à une audience du tribunal. • Civ. 3e, 19 sept. 2007, n° 06-15.524 P.

Art. 884 **Les personnes habilitées à assister ou représenter les parties sont :**

— un avocat ;

– un huissier de justice ;
– un membre de leur famille ;
(Décr. n° 2008-484 du 22 mai 2008, art. 19) **« – comme il est dit à l'article 83 de la loi n° 90-85 du 23 janvier 1990, leur concubin ou la personne avec laquelle elles ont conclu un pacte civil de solidarité ;**

« – comme il est dit à l'article 83 de la loi n° 90-85 du 23 janvier 1990, un membre ou un salarié d'une organisation professionnelle agricole. »

Par dérogation au 1er al. de l'art. 4 de la L. n° 71-1130 du 31 déc. 1971 portant réforme de certaines professions judiciaires et juridiques, les parties peuvent se faire assister ou représenter devant le T. par. par leur concubin ou la personne avec laquelle elles ont conclu un pacte civil de solidarité ou par un membre ou un salarié d'une organisation professionnelle agricole (L. n° 90-85 du 23 janv. 1990, art. 83, D. et ALD 1990. 118 ; mod. par L. n° 2007-1787 du 20 déc. 2007, art. 2-II).

BIBL. ▶ LACHAUD, *Gaz. Pal. 1988. 2. Doctr. 753* (procédure sans représentation obligatoire).

▶ **Sur la réforme du 20 déc. 2007 :** LARRIBAU-TERNEYRE, *Dr. fam. 2008. 19.*

Ne peut être considéré comme membre d'une organisation professionnelle agricole le salarié d'une fédération départementale de syndicats agricoles. • Grenoble, 27 oct. 1981 : *Gaz. Pal. 1982. 1. 50, note Lachaud.* ♦ ... Même s'il s'est vu conférer la qualité de membre honoraire de l'organisation. • Civ. 1re, 28 juin 1988 : *Bull. civ. I, n° 207 ; Gaz. Pal. 1988. 2. 867 ; RTD civ. 1989. 142, obs. Perrot.*

Art. 885 *(Décr. n° 2019-1333 du 11 déc. 2019, art. 6-2°, en vigueur le 1er janv. 2020)* **La demande est formée et le tribunal saisi par requête remise ou adressée au greffe du tribunal ou par acte d'huissier de justice adressé à ce greffe conformément aux dispositions des articles** *(Décr. n° 2021-1322 du 11 oct. 2021, art. 2-4°, en vigueur le 1er nov. 2021)* **« 54, 56 à l'exception de ses deuxième et cinquième alinéas, et 57 ».**

Dans tous les cas, la demande doit indiquer, même de façon sommaire, les motifs sur lesquels elle repose.

Les demandes soumises à publication au fichier immobilier sont faites par acte d'huissier de justice. – *[Ancien art. 885.]*

L'art. 6 du Décr. n° 2019-1333 du 11 déc. 2019, art. 4-I est applicable aux instances introduites à compter du 1er janv. 2020 (Décr. préc., art. 55-II).

Jusqu'au 1er juill. 2021, les assignations demeurent soumises aux dispositions de l'art. 56 C. pr. civ., dans sa rédaction antérieure au présent décret, dans les procédures :

1° Celles prévues aux art. R. 202-1 s. LPF ;

2° Celles prévues au livre VI du C. com. ;

3° Celles diligentées devant le trib. paritaire des baux ruraux (Décr. préc., art. 55-III, mod. par Décr. n° 2020-950 du 30 juill. 2020, art. 3, et Décr. n° 2020-1641 du 22 déc. 2020, art. 1er-1°).

Le Décr. n° 2021-1322 du 11 oct. 2021 est applicable aux instances en cours à la date de son entrée en vigueur (Décr. préc., art. 8-I).

Ancien art. 885 *(Décr. n° 2010-1165 du 1er oct. 2010, art. 8-2°, en vigueur le 1er déc. 2010)* ***« La demande est formée et le tribunal saisi par déclaration faite, remise ou adressée au greffe du tribunal ou par acte d'huissier de justice adressé à ce greffe.***

« Lorsqu'elle est formée par déclaration au greffe, la demande comporte les mentions prescrites par l'article 58. »

(Décr. n° 2005-1678 du 28 déc. 2005, art. 5, en vigueur le 1er mars 2006) ***« Dans tous les cas, la demande doit indiquer, même de façon sommaire, les motifs sur lesquels elle repose. »***

Les demandes soumises à publication au fichier immobilier sont faites par acte d'huissier de justice. – *V. Circ. 24 janv. 2011, reproduite ss. art. 446-4.*

L'art. 5 du Décr. n° 2005-1678 du 28 déc. 2005 est applicable aux procédures en cours (Décr. préc., art. 87, al. 2).

1. Est irrecevable l'action introduite par citation directe. • T. par. baux rur. Salon-de-Provence, 8 mars 1978 : *Gaz. Pal. 1978. 1. 636, note Lachaud ; Rev. huiss. 1979. 142, note Lescaillon.* ♦ V. aussi : • Civ. 3e, 24 nov. 1999, n° 98-19.243 P • 29 mars 2000, n° 98-14.937 P : *Procédures 2000, n° 202, note Junillon* • 24 janv. 2001, n° 99-13.196 P : *Procédures*

2001, n° 132, obs. Junillon ; Dr. et pr. 2001. 299, note I. Couturier. ♦ La procédure est irrégulière et doit être sanctionnée sans qu'il soit besoin de justifier d'un grief. • Civ. 3e, 24 janv. 2001 : *préc.*

2. A défaut de grief, s'il est établi qu'une lettre non recommandée a bien été reçue par le secrétariat du tribunal, ce dernier est valablement saisi de la demande. • Civ. 2e, 15 mars 1989 : *Bull. civ. II, n° 72 ; RTD civ. 1990. 141, obs. Perrot.*

3. La formalité prévue par l'al. 2 de l'art. 885 est exigée à peine d'irrecevabilité de la demande. • Civ. 3e, 10 juill. 1978 : *Bull. civ. III, n° 291 ; Rev. loyers 1978. 544* • 10 févr. 1981 : *Gaz. Pal. 1981. 2. Pan. 210* • Agen, 1er févr. 1984 : *Gaz. Pal. 1985. 1. 383, note Challine et Lepetit.*

4. L'exploit introductif d'instance délivré conformément à l'al. 2 de l'art. 885 saisit le tribunal au fond, de sorte qu'en cas d'échec de la tentative de conciliation, le demandeur n'a pas à délivrer un second acte d'huissier. • Angers, 16 oct. 1979 : *D. 1981. IR 145, obs. Julien.*

Art. 886 *(Décr. n° 2015-282 du 11 mars 2015, art. 6)* **Le greffe du tribunal convoque le défendeur par lettre recommandée avec demande d'avis de réception, quinze jours au moins avant la date fixée par le président du tribunal. Le demandeur est avisé par tous moyens des lieu, jour et heure de l'audience.** — *V. Circ. du 20 mars 2015, ss. art. 692-1.*

BIBL. ▶ **Décr. du 11 mars 2015 :** Bléry, *Gaz. Pal. 27 mars 2015, p. 6* (une nouvelle ère pour la procédure civile). – Croze, *JCP 2015. 356* (choix de simplification procédurale ? – A propos du décret n° 2015-282 du 11 mars 2015).

Art. 887 **Au jour indiqué, il est procédé, devant le tribunal, à une tentative de conciliation dont il est dressé procès-verbal.**

(Décr. n° 2010-1165 du 1er oct. 2010, art. 8-3°, en vigueur le 1er déc. 2010) **« Le tribunal peut** *(Abrogé par Décr. n° 2015-282 du 11 mars 2015, art. 26)* **«** ***, avec l'accord des parties,*** **» déléguer la mission de conciliation à un conciliateur de justice désigné à cette fin. »**

En cas de non-comparution de l'une des parties, son absence est constatée dans le procès-verbal. — *Sur le Décr. n° 2010-1165 du 1er oct. 2010, V. Circ. du 24 janv. 2011, reproduite ss. art. 446-4. — Sur le Décr. n° 2015-287 du 11 mars 2015, V. Circ. du 20 mars 2015, ss. art. 692-1.*

BIBL. ▶ **Décr. du 11 mars 2015 :** Bléry et Teboul, *Gaz. Pal. 17-18 avr. 2015, p. 7* (une nouvelle ère pour la procédure civile). – Croze, *JCP 2015. 356* (choix de simplification procédurale ? – A propos du décret n° 2015-282 du 11 mars 2015). – Douchy-Oudot, *Procédures 2015, n° 167* (médiation familiale : résolution amiable du litige). – Landry, *JCP 2015. 464.*

1. En l'absence du procès-verbal exigé par l'al. 1er, le juge doit rechercher pourquoi la tentative de conciliation n'a pas eu lieu. • Civ. 3e, 8 mai 1973 : *Bull. civ. III, n° 325 ; Gaz. Pal. 1973. 2. Somm. 192.*

2. En appel, la demande n'a pas à être soumise au préliminaire de conciliation. • Civ. 3e, 21 oct. 1992, n° 90-16.275 P • 16 juin 1999, n° 97-20.044 P. ♦ Ce qui vaut aussi pour une demande reconventionnelle dont une cour d'appel retient souverainement qu'elle se rattache par un lien suffisant aux prétentions originaires. • Civ. 3e, 8 déc. 1999, n° 98-10.397 P.

Art. 888 **A défaut de conciliation, ou en cas de non-comparution de l'une des parties, l'affaire est renvoyée pour être jugée à une audience dont le président indique la date aux parties présentes.**

Les parties qui n'ont pas été avisées verbalement seront convoquées dans les formes et délais prévus à l'article 886. La convocation indique que faute pour elles de comparaître, elles s'exposent à ce qu'un jugement soit rendu contre elles sur les seuls éléments fournis par leur adversaire. — *V. Circ. 24 janv. 2011, reproduite ss. art. 446-4.*

(Abrogé par Décr. n° 2010-1165 du 1er oct. 2010, art. 8-4°, à compter du 1er déc.) ***« Le tribunal dispose des pouvoirs prévus à l'article 844. »***

1. Sur la saisine du tribunal après échec de la tentative de conciliation, V. note 4 ss. art. 885.

2. En cas d'échec de la tentative de conciliation, soit à défaut que les parties soient parvenues à un accord, soit en raison de la non-comparution de l'une ou de toutes les parties, l'affaire est renvoyée à l'audience pour être jugée. • Aix-en-Provence, 13 janv. 1983 : *Gaz. Pal. 1983. 1. 355, note Peignot.*

Art. 889 *(Décr. n° 2017-1100 du 15 juin 2017, art. 3-1°, en vigueur le 1er janv. 2018)* **Les assesseurs titulaires et, s'il y a lieu, leurs suppléants, sont convoqués par tous moyens quinze jours au moins avant la date d'audience fixée par le président du tribunal.**

Art. 890 *(Abrogé par Décr. n° 2017-1100 du 15 juin 2017, art. 3-2°, à compter du 1er janv. 2018)* ***En cas d'absence ou de récusation de l'un des assesseurs, il est aussitôt remplacé par le membre suppléant de sa catégorie dans l'ordre de voix obtenues lors de l'élection.***

Art. 891 *(Décr. n° 2010-1165 du 1er oct. 2010, art. 8-5°, en vigueur le 1er déc. 2010)* **Les décisions du tribunal paritaire sont notifiées aux parties elles-mêmes par le greffier au moyen d'une lettre recommandée avec demande d'avis de réception.** — *V. Circ. 24 janv. 2011, reproduite ss. art. 446-4.*

1. La notification peut se faire en la forme ordinaire ; dans un tel cas, la notification n'est réputée faite à la partie elle-même que si l'accusé de réception est signé par le destinataire en personne. • Civ. 2e, 27 mars 1988 : *Bull. civ. II, n° 125 ; RTD civ. 1988. 573, obs. Perrot* • 17 oct. 1984 : *JCP 1984. IV. 356.* ♦ Comp. pour des décisions rendues en matière de baux ruraux : notes ss. art. 611-1 et 675.

2. Mais aucun texte ne disposant qu'elles sont notifiées par le secrétariat de la juridiction, les ordonnances de référé rendues par le président du T. par. doivent être notifiées par voie de signification. • Civ. 2e, 8 juill. 2004 : *D. 2005. Pan. 337, obs. Julien et Fricero ; Procédures 2004, n° 264, note Croze.*

Art. 892 *(Décr. n° 2010-1165 du 1er oct. 2010, art. 8-6°, en vigueur le 1er déc. 2010)* **Lorsque les décisions du tribunal paritaire sont susceptibles d'appel, celui-ci est formé, instruit et jugé suivant la procédure sans représentation obligatoire.** — *V. Circ. 24 janv. 2011, reproduite ss. art. 446-4.*

BIBL. ▸ TRAVIER, Procédures orales, *Dalloz service, 2002.*

La décision du tribunal paritaire statuant en conciliation est susceptible d'appel lorsque, tout en constatant la non-conciliation, elle met fin à l'instance. • Aix-en-Provence, 13 janv. 1983 : *Gaz. Pal. 1983. 1. 335, note Peignot.*

CHAPITRE II LES ORDONNANCES DE RÉFÉRÉ

Art. 893 **Dans tous les cas d'urgence, le président du tribunal paritaire peut, dans les limites de la compétence du tribunal, ordonner en référé toutes les mesures qui ne se heurtent à aucune contestation sérieuse ou que justifie l'existence d'un différend.**

1. V., d'une façon générale, les notes ss. art. 808.

2. Compétence. Sur la compétence du juge des référés paritaires pour ordonner à un tiers la production forcée de documents au cours d'une instance portée devant le T. par., V. • Riom, 30 janv. 1975 : *Gaz. Pal. 1975. 1. 268 ; RTD civ. 1975. 585, obs. Normand.*

3. Le juge des référés paritaires est compétent pour connaître d'un litige dont le contrat de bail rural est l'occasion et concernant non seulement la circulation des personnes dans une partie de l'exploitation vers l'accès du manoir mais également la circulation du bétail dont le fermier est propriétaire et dont la présence n'existe qu'en fonction du bail rural. • Rouen, 21 mai 1988 : *Gaz. Pal. 1990. 1. Somm. 161.*

4. Jugé que, s'il n'avait pas le pouvoir de se prononcer sur la nature du contrat liant les parties, le juge des référés paritaires avait néanmoins celui d'ordonner toutes mesures tendant à faire cesser le trouble apporté par le propriétaire à l'exploitant. • Nancy, 14 juin 1985 : *Gaz. Pal. 1986. 1. 351, note (crit.) Challine et Lepetit.*

5. Pouvoirs. Il n'entre pas dans les pouvoirs du juge des référés paritaires de prononcer la résiliation d'un bail à ferme pour défaut réitéré de paiement des fermages. • Civ. 3e, 25 mars 1987 : *Bull. civ. III, n° 64.* ♦ V. notes 2 ss. art. 834.

Art. 894 **Le président peut, dans les mêmes limites,** *(Décr. n° 87-434 du 17 juin 1987, art. 4)* **« et même en présence d'une contestation sérieuse », prescrire en référé les mesures conservatoires ou de remise en état qui s'imposent, soit pour prévenir un dommage imminent, soit pour faire cesser un trouble manifestement illicite.**

Dans les cas où l'existence de l'obligation n'est pas sérieusement contestable, il peut accorder une provision au créancier, *(Décr. n° 85-1330 du 17 déc. 1985, art. 11, en* *vigueur le 1er janv. 1986)* **« ou ordonner l'exécution de l'obligation même s'il s'agit d'une obligation de faire ».**

V. notes 2 s. ss. art. 835.

Art. 895 **Le délai d'appel est de quinze jours.**

L'appel est formé, instruit et jugé comme il est dit à l'article 892.

L'art. 895 correspond à l'ancien art. 896 ainsi renuméroté par l'art. 75 du Décr. no 2005-1678 du 28 déc. 2005, en vigueur le 1er mars 2006.

Art. 896 *(Décr. no 2005-1678 du 28 déc. 2005, art. 75, en vigueur le 1er mars 2006)* **A la demande de l'une des parties, et si l'urgence le justifie, le président saisi en référé peut renvoyer l'affaire à une audience dont il fixe la date pour qu'il soit statué au fond. Il veille à ce que le défendeur dispose d'un temps suffisant pour préparer sa défense. L'ordonnance emporte saisine du tribunal.**

L'art. 75 du Décr. no 2005-1678 du 28 déc. 2005 est applicable aux procédures en cours (Décr. préc., art. 87, al. 2).

CHAPITRE III LES ORDONNANCES SUR REQUÊTE

Art. 897 **Le président du tribunal paritaire est saisi par requête dans les cas spécifiés par la loi.**

Il peut également ordonner sur requête, dans les limites de la compétence du tribunal, toutes mesures urgentes lorsque les circonstances exigent qu'elles ne soient pas prises contradictoirement.

V. notes ss. art. 493 et 812.

Art. 898 **S'il n'est pas fait droit à la requête, l'appel est formé, instruit et jugé comme il est dit à l'article 892.**

Le délai d'appel est de quinze jours.

Code rural

Art. L. 491-1 *(Ord. no 2019-964 du 18 sept. 2019, art. 21, en vigueur le 1er janv. 2020)* Il est créé, dans le ressort de chaque tribunal judiciaire, au moins un tribunal paritaire des baux ruraux qui est seul compétent pour connaître des contestations entre bailleurs et preneurs de baux ruraux relatives à l'application des titres Ier à VI et VIII du livre IV du présent code.

V. cependant, sur la compétence du tribunal administratif pour régler les litiges concernant les baux renouvelés de terrains situés à l'intérieur des périmètres de protection des prélèvements d'eau, CSP, art. L. 1321-2. – **CSP.**

Sur la compétence du tribunal paritaire des baux ruraux pour les contestations relatives aux conventions pluriannuelles de pâturage, V. C. rur., art. L. 481-2.

1. Nécessité d'un bail. Les tribunaux paritaires sont incompétents pour connaître : d'un contrat qualifié de contrat de travail. • Soc. 10 juill. 1953 : *Bull. civ. IV, no 556* • 17 janv. 1957 : *ibid. IV, no 58.* ♦ ... Ou d'un contrat innomé mettant partie d'un fonds rural à la disposition du bénéficiaire. • Soc. 15 févr. 1952 : *D. 1952. 613, note Savatier ; Bull. civ. III, no 145.* ♦ ... Ou pour connaître d'un litige relatif à un hangar destiné à l'exercice de la profession du locataire. • Soc. 19 nov. 1953 : *Bull. civ. IV, no 725.* ♦ ... Ou lorsqu'il s'agit d'une action principale ou récursoire à la suite de vente d'animaux atteints de vices rédhibitoires. • Soc. 21 nov. 1959 : *Bull. civ. IV, no 1173.* ♦ Le TGI est compétent pour un litige opposant deux voisins se disant titulaires d'un bail sur les mêmes parcelles au sujet d'une exploitation non autorisée, alors que les bailleurs n'étaient pas à la cause. • Civ. 3e, 24 mai 2017, no 16-14029 : *AJDI 2017. 535* . ♦ La demande de dommages-intérêts d'un GAEC à l'encontre du preneur pour résiliation prématurée du bail mis à la disposition du groupement n'est pas de la compétence du tribunal paritaire. • Bourges, 2 févr. 2017, no 16/00082 : *RD rur. 2017, no 190.*

2. Bail rural. Il n'est pas prévu de dérogation à la compétence du tribunal paritaire pour les baux de petites parcelles. • Civ. 3e, 9 nov. 2011, no 10-26.621 : *DP entr. agric., Bull. no 447. 12 ; AJDI 2012. 212* ; *RD rur. 2012, no 2, note Crevel ; Rev. loyers 2012, no 923, note Peignot.* ♦ Le tribunal paritaire est incompétent pour connaître du litige entre des parties liées par une convention d'occupation précaire au sens de l'art. L. 411-2. • Civ. 3e, 5 janv. 2012, no 10-27.947 : *DP entr. agric., Bull. no 449. 8, obs. Roussel ; RD* *rur. 2012, n° 11, note Crevel ; JCP 2012. 98 ; Rev. loyers 2012. 116, note Peignot.*

3. Mais le tribunal paritaire, en l'absence de tout texte le lui interdisant, a le pouvoir de statuer sur sa propre compétence, et en particulier de se prononcer sur l'existence d'un bail rural dont dépend cette compétence. • Civ. 3e, 14 déc. 1976 : *Bull. civ. III, n° 458* • Toulouse, 29 oct. 1993 : *BICC 1994, n° 67 ; Rev. huiss. 1994. 472.* ♦ L'exception de bail rural invoquée devant le juge des référés constitue toutefois une contestation sérieuse. • Angers, 17 oct. 1988 : *D. 1990. Somm. 38, obs. Martine* . ♦ Sur la notion de bail rural, V. jurisprudence ss. art. L. 411-1.

4. L'action en nullité du bail rural consenti par l'usufruitier seul, engagée par le nu-propriétaire sur le fondement de l'art. 595, al. 4, C. civ. relève de la compétence du tribunal paritaire qui connaît de toutes les contestations dont le bail rural est l'occasion. • Civ. 3e, 10 juill. 2002, n° 01-02.742 P : *RD rur. 2002. 464 ; ibid. 2003. 48 ; Rev. loyers 2002. 506, note Peignot ; Gaz. Pal. 26 oct. 2002. 19 ; ibid. 20-21 juin 2003. 36, obs. Lachaud ; AJDI 2003. 49* .

5. Le bail de cheptel est traditionnellement considéré comme bail rural et relève de la compétence des tribunaux paritaires. • Soc. 20 avr. 1956 : *Bull. civ. IV, n° 359 ; JCP 1956. II. 9387, note Lacoste.* ♦ Rappr., concernant une vente de cheptel se rattachant au bail rural. • Soc. 28 nov. 1962 : *Bull. civ. IV, n° 848.* ♦ L'action en paiement de la redevance d'un bail rural emphytéotique est de la compétence de la juridiction paritaire. • Civ. 3e, 16 juill. 1975 : *Bull. civ. III, n° 258.*

6. Le tribunal paritaire est incompétent, en l'absence de bail rural, lorsque le bail constitue un arrangement de famille. • Soc. 16 janv. 1959 : *Bull. civ. IV, n° 84.* ♦ ... Lorsqu'un bail consenti à un héritier par l'indivision est nul par suite de l'effet déclaratif du partage. • Civ. 7 mars 1957 : *Bull. civ. II, n° 209.*

7. Les tribunaux paritaires sont incompétents si le bail est commercial. • Soc. 31 mai 1951 : *Bull. civ. III, n° 417* • 21 oct. 1960 : *ibid. IV, n° 908.* ♦ ... Ou s'il s'agit d'un bail d'habitation. • Soc. 10 juill. 1958 : *Bull. civ. IV, n° 878* • 4 juill. 1962 : *ibid. IV, n° 593.* ♦ ... Alors spécialement qu'il s'est substitué à un bail rural. • Soc. 13 mars 1952 : *Bull. civ. III, n° 209* • 12 déc. 1957 : *ibid. IV, n° 1205.*

8. Mais le tribunal paritaire est compétent pour connaître de la sous-location à usage d'habitation d'un bien rural, celle-ci ne pouvant modifier la compétence exclusive des tribunaux paritaires *en matière de baux ruraux* dès lors que le bail principal est un bail à ferme. • Civ. 3e, 17 avr. 1969 : *Bull. civ. III, n° 297.*

9. Il peut connaître de l'existence contestée d'une cession de bail rural interdite par le statut. • Soc. 2 mai 1958 : *Bull. civ. IV, n° 548.* ♦ Toute personne qui a intérêt à faire reconnaître l'existence d'une cession a qualité pour saisir le tribunal paritaire. • Civ. 3e, 17 déc. 2013, n° 12-24.616. ♦ ... Et statuer sur une demande d'autorisation d'édifier des constructions sur un terrain loué à usage de champignonnières dès lors qu'il s'agit d'un litige entre bailleur et preneur d'un bien rural. • Soc. 10 nov. 1966 : *Bull. civ. IV, n° 856.*

10. Les tribunaux paritaires ont une compétence générale pour connaître de toutes les contestations dont le bail rural est l'objet, la cause ou l'occasion. • Civ. 3e, 24 mars 1971 : *Bull. civ. III, n° 206.* ♦ Spécialement ils sont compétents pour répartir entre deux preneurs les parcelles attribuées à leur propriétaire après remembrement. • Même arrêt.

11. Une demande de nullité d'une promesse de vente ayant pour but d'éluder le statut du fermage ressortit à la compétence du tribunal paritaire. • Limoges, 10 sept. 1992 : *Gaz. Pal. 1995. 1. Somm. 54.* ♦ Jugeant qu'en l'absence de fraude ou de manœuvre tendant à éluder le statut du fermage et faute pour la cour de constater l'existence entre les parties de l'une des conventions prévues par l'art. L. 411-2, l'autorisation d'occupation des lieux pendant la durée de la promesse d'achat est de la compétence du tribunal paritaire, V. • Civ. 3e, 5 mars 1997, n° 94-20.679 P : *D. 1997. IR 101* ; *RD rur. 1997. 193.* – V. aussi Roussel, *RD rur. 1998. 210.*

12. Droit de préemption. Les litiges ayant pour objet le droit de préemption du preneur sont de la compétence des tribunaux paritaires. • Soc. 3 janv. 1952 : *D. 1952. 453, note Savatier* • Amiens, 13 nov. 1964 : *D. 1965. Somm. 46.* ♦ Une demande de dommages-intérêts formée par le bailleur à l'encontre des preneurs qui, après avoir exercé leur droit de préemption, n'ont pas été en mesure de réaliser l'acte authentique est de la compétence du tribunal paritaire. • Angers, 15 avr. 1986 : *D. 1986. IR 482, obs. Martine.* ♦ La remise en cause de la procédure de préemption par la SAFER pour nullité de la décision prise par ses organes est de la compétence du TGI. • Civ. 3e, 23 juin 2016, n° 14-28.281 : *JCP N 2016. Actu. 840 ; AJDI 2016.700.*

13. Le tribunal paritaire est compétent pour connaître d'une demande du preneur tendant à faire constater une fraude à l'art. 800 [L. 412-12] l'empêchant d'exercer son droit de préemption. • Soc. 26 oct. 1967 : *Bull. civ. IV, n° 676.* ♦ Le tribunal paritaire a compétence pour connaître de la demande du preneur de voir annuler une donation des terres louées qui aurait été consentie en fraude de son droit de préemption. • Civ. 3e, 12 mai 2016, n° 15-13.067 P : *D. actu. 27 mai 2016, note Prigent ; JCP N 2016. Actu. 712 ; DP entr. agric., Bull. n° 497-498, p. 11 ; D. 2016. 1078* ; *Rev. loyers 2016. 331, note Peignot ; RD rur. 2016, n° 223, note Crevel ; Gaz. Pal. 2016. 1916.*

14. L'exception tirée de la compétence exclusive des tribunaux paritaires en matière d'exercice du droit de préemption doit être soulevée devant le TGI et non devant la cour d'appel. • Civ. 3e, 23 avr. 1969 : *Bull. civ. III, n° 312.*

15. Mais leur compétence est exclue lorsque la contestation concerne la vente de biens non compris dans la location, sur lesquels la préemption ne s'exerce pas. • Soc. 21 nov. 1952 : *Bull. civ. IV, n° 840.* ♦ ... Ou lorsqu'il s'agit d'une action en résolution d'une vente par adjudication par application des clauses du cahier des charges étrangères au statut du fermage. • Soc. 12 janv. 1956 : *Bull. civ. IV, n° 32 ; D. 1956. 717, note Vallet ; JCP 1956. II. 9172, note de Juglart.* ♦ ... Ou lorsque le litige oppose le preneur en place et la commune ayant exercé son droit de préemption sur le fonds loué, alors qu'il n'est pas reproché au bailleur une inexécution de ses obligations à l'égard du preneur. • Civ. 3e, 30 oct. 2002, n° 01-10.253 P : *RD rur. 2003. 72 et 261 ; Rev. loyers 2003. 30 ; Gaz. Pal. 20-21 juin 2003. 36.*

16. Le propriétaire qui conteste la validité d'une promesse de bail ne saurait prétendre que le tribunal paritaire, dont la compétence est actuellement limitée aux seuls litiges entre bailleur et preneur, est incompétent dès lors que cette juridiction a été saisie par le titulaire de la promesse d'une demande tendant à la rédaction en forme authentique et que ce n'est que par voie d'exception que la validité de la promesse a été contestée. • Soc. 12 déc. 1962 : *Bull. civ. IV, n° 892 ; JCP 1963. II. 13351.*

17. En cas de litiges entre preneurs successifs, les différends entre vendeurs et acheteurs du fonds de ferme sont de la compétence de la juridiction de droit commun. • Soc. 1er juill. 1955 : *Bull. civ. IV, n° 588 ; JCP 1956. II. 9280* • 17 mars 1960 : *Bull. civ. IV, n° 276.*

18. Le tribunal paritaire n'est pas compétent pour accorder un délai de grâce à un ancien preneur évincé par congé non contesté. • T. par. baux rur. Rouen, 12 févr. 1964 : *Gaz. Pal. 1964. 1. 391.*

19. Lorsque le bail est résilié, les anciens preneurs étant devenus occupants sans titre, le juge des référés de droit commun est seul compétent. • TGI Niort, 15 mai 1961 : *JCP 1961. II. 12341.* ♦ Le TGI est compétent pour connaître d'une action en garantie du preneur contre un autre occupant, alors du moins qu'il n'y a pas dépendance ou connexité avec l'action principale du bailleur demandant au preneur une indemnité d'occupation. • Civ. 3e, 13 juin 1972 : *Bull. civ. III, n° 385.* ♦ Suite à la résiliation du bail mis à la disposition du GAEC, le tribunal paritaire est fondé à se dire incompétent sur la demande reconventionnelle du GAEC et de ses associés en réparation du préjudice résultant de la résiliation prématurée du bail. • Bourges, 2 févr. 2017 : *Rev. loyers 2017, n° 977, note Roussel.*

20. Mais le tribunal paritaire est compétent pour statuer sur l'action en responsabilité prévue par l'art. 854 [L. 415-3] C. rur. en cas d'incendie même si les compagnies d'assurances sont engagées dans le débat dès lors qu'elles invoquent les droits de chacune des parties. • Soc. 27 mai 1964 : *Bull. civ. IV, n° 444 ; JCP 1964. II. 13887 ; Rev. assur. 1965. 48.* ♦ L'action directe du preneur sur le fondement de l'art. L. 124-3 C. assur. contre l'assureur du bailleur ne s'exerce pas devant le tribunal paritaire des baux ruraux. • Montpellier, 23 juin 2016, n° 15-00.404 : *Rev. loyers 2016. 337.* ♦ L'incendie ayant affecté des biens faisant l'objet du bail rural et la demande du bailleur ayant trait à l'indemnisation des dégâts subis par le hangar loué, le tribunal paritaire est seul compétent. • Civ. 3e, 4 mars 2009, n° 08-14.426 : *Gaz. Pal. 13-15 sept. 2009. 13.*

21. S'agissant d'une convention d'occupation précaire ne relevant pas du statut, le tribunal paritaire n'a pas compétence pour statuer sur la validité du congé, le litige relevant du TGI. • Nîmes, 7 mai 1987 : *D. 1988. 248, note Beignier.* – Comp. : • Riom, 15 janv. 1990 : *RDI 1991. 115.*

22. Est mal fondée la cour d'appel qui accorde une indemnité d'éviction au prétendu titulaire d'un bail rural sur des parcelles expropriées en se fondant sur la décision du juge de l'expropriation qui n'est pas compétent pour se prononcer sur l'existence d'un bail rural. • Civ. 3e, 12 mars 2003, n° 02-70.005 P.

23. Quasi-délits. La compétence du tribunal paritaire ne saurait s'étendre à une instance fondée sur un quasi-délit tel que les dégâts de gibier résultant de l'exercice du droit de chasse par le bailleur ou celui auquel il a loué ce droit. • Civ. 9 janv. 1952 : *Bull. civ. I, n° 10 ; Gaz. Pal. 1952. 1. 301 ; JCP 1952. II. 6744.* ♦ ... Ou à l'instance relative à des dégâts causés par le gibier provenant d'un autre domaine. • Civ. 16 févr. 1955 : *Bull. civ. II, n° 93 ; Gaz. Pal. 1955. 1. 227* • 8 janv. 1953 : *Bull. civ. IV, n° 19.*

24. Prorogation de compétence, arbitrage. La juridiction du tribunal paritaire, tribunal d'exception, ne saurait être prorogée pour connaître des litiges qui ne sont pas de sa compétence *ratione materiae*. • Soc. 28 juill. 1951 : *Bull. civ. III, n° 625.* ♦ Les litiges concernant les baux ruraux et opposant bailleur et preneur peuvent être soumis par les parties à un arbitrage. • Angers, 27 mars 1953 : *D. 1954. 407, note Savatier.*

25. Domaine de l'État. Si, en principe, l'existence de clauses exorbitantes du droit commun dans un contrat lui donne le caractère administratif et rend la juridiction administrative compétente, les baux du domaine de l'État qui portent sur des biens ruraux sont soumis aux dispositions du statut du fermage, et les tribunaux judiciaires sont compétents pour connaître des litiges les concernant. • T. confl. 22 nov. 1965 : *D. 1966. 258, note Lenoir ; JCP 1956. II. 14483 ; Gaz.*

Pal. 1966. 2. 47 • Civ. 1re, 2 mai 1966 : *Bull. civ. I, n° 258* • 16 juill. 1986 : *D. 1986. IR 378.* ♦ La cour d'appel est fondée à se déclarer incompétente pour connaître de la demande de reconnaissance d'un bail rural consentie par les collectivités publiques dès lors que la convention comportait des clauses exorbitantes du droit commun, prévoyant que le preneur serait soumis à des contrôles multiples de l'Administration tant dans la fixation d'objectifs de production que dans leur résiliation et leur réalisation. • Civ. 3e, 9 mars 2005 : *JCP 2005. IV. 803 ; AJDA 2005. 853 ; AJDI 2005. 583, note Prigent ; Rev. loyers 2005. 269, note Peignot ; Dr. et patr. 9/2005. 106, note Barbièri ; Gaz. Pal. 23-24 sept. 2005. 17, et 7-8 oct. 2005. 10.* ♦ Ne constitue pas une clause exorbitante du droit commun la dérogation au statut des baux commerciaux conférant un caractère précaire au droit du preneur, et la nature du contrat ne peut être déduite d'une clause attributive de compétence à la juridiction administrative. • Civ. 3e, 2 févr. 2005 : *D. 2005. 891, note Rouquet ; JCP 2005. IV. 1888 ; Gaz. Pal. 7-8 oct. 2005. 13.* ♦ La juridiction administrative est compétente pour connaître de l'acte administratif par lequel une personne morale de droit public refuse de consentir un bail rural sur son domaine privé. • T. confl. 5 mars 2012, *Romuald X.*, n° 12-03.833 P.

Art. L. 492-5 Les assesseurs peuvent être récusés :

1° S'ils ont un intérêt personnel dans la contestation ;

2° S'ils sont parents ou alliés de l'une des parties en ligne directe ou collatérale jusqu'au quatrième degré inclusivement ;

3° Si, dans les cinq années qui ont précédé, il y a eu une action judiciaire civile ou criminelle entre eux et l'une des parties ;

4° S'ils ont donné un avis écrit dans l'affaire ;

5° S'ils sont patrons, ouvriers, employés, bailleurs ou preneurs de l'une des parties en cause.

Le motif de récusation doit être invoqué avant le commencement des plaidoiries devant la juridiction conformément à l'art. 382 anc. C. pr. civ. [art. 342 C. pr. civ.] • Soc. 16 janv. 1953 : *Bull. civ. IV, n° 57 ; D. 1953. 585, note Savatier.*

Art. L. 493-1 Les décisions en dernier ressort peuvent être attaquées par la voie du recours en cassation pour incompétence, excès de pouvoir ou violation de la loi conformément au livre IV du code de l'organisation judiciaire.

La cour d'appel connaît de l'appel interjeté à l'encontre des autres décisions du tribunal paritaire des baux ruraux conformément au livre III du code de l'organisation judiciaire.

BIBL. ▶ PEIGNOT, *Gaz. Pal. 12-14 sept. 1999.* 2 (déclaration de pourvoi en cassation en matière de baux ruraux).

1. Appel. Est susceptible d'appel la décision d'un tribunal paritaire statuant en conciliation. • Aix-en-Provence, 13 janv. 1983 : *Gaz. Pal. 1983. 1. 335, note Peignot.* ♦ La procédure d'appel étant orale, jugeant valables les moyens présentés par l'appelant le jour de l'audience, V. • Civ. 3e, 16 déc. 1997 : *RD rur. 1998. 67.* ♦ Est mal fondée la cour qui déclare l'appel irrecevable au motif que la déclaration sur papier à lettre d'un avocat n'est pas signée par son auteur mais pour ordre dès lors que l'acte d'appel était signé par un avocat. • Civ. 2e, 10 juill. 2008 : *RD rur. 2008, n° 207, note Barbièri.*

2. Appel d'un copreneur. Le bail consenti à des copreneurs étant indivisible, l'appel d'un copreneur contre le jugement ayant prononcé la résiliation du bail produit effet contre l'autre, même si celui-ci n'est pas partie jointe, mais l'appel n'est recevable que si toutes les parties ont été appelées à l'instance. • Civ. 3e, 15 déc. 2016, n° 15-24.608 : *RD rur. 2017, n° 37, note Crevel.*

3. Tierce opposition. Les héritiers d'une partie décédée en cours d'instance ne sont pas recevables à exercer tierce opposition à l'encontre du jugement rendu contre la partie décédée. • Civ. 3e, 24 janv. 1984 : *Bull. civ. III, n° 19.*

Art. R. 491-1 Le tribunal paritaire des baux ruraux connaît en dernier ressort jusqu'à la valeur de *(Décr. n° 2019-1333 du 11 déc. 2019, art. 32)* « 5 000 euros », et à charge d'appel *lorsque la demande excède cette somme* ou est indéterminée, des contestations mentionnées à l'article L. 491-1.

Art. D. 491-2 *(Décr. n° 2019-914 du 30 août 2019, art. 11, en vigueur le 1er janv. 2020)* Le siège et le ressort des tribunaux paritaires des baux ruraux sont fixés conformément au tableau annexé au livre IV du présent code. — *V. cette annexe au* **C. rur.**

Art. 898-1 *(Décr. nº 2019-1419 du 20 déc. 2019, art. 5-6º)* **Dans les cas prévus par la loi ou le règlement, le président du tribunal paritaire statue selon la procédure accélérée au fond.**

L'art. 5 du Décr. nº 2019-1419 du 20 déc. 2019 s'applique aux demandes introduites à compter du 1er janv. 2020 (Décr. préc., art. 24-II).

TITRE SIXIÈME DISPOSITIONS PARTICULIÈRES À LA COUR D'APPEL

Des procédures dérogatoires aux dispositions du présent titre régissent l'appel formé contre les décisions des institutions suivantes :

— Autorité des marchés financiers (Décr. nº 2003-1109 du 21 nov. 2003. — C. mon. fin., art. R. 621-44 s. — ***C. mon. fin.****) ;*

— Commission de régulation de l'électricité (V. L. nº 2000-108 du 10 févr. 2000, art. 38 ;

— Autorité de la concurrence (V. C. com., art. R. 464-20 s. — ***C. com.****) ;*

— Fonds d'indemnisation des victimes contaminées par le virus d'immunodéficience humaine (V. Décr. nº 92-759 du 31 juill. 1992, D. et ALD 1992. 212) ;

— Conseil des ventes volontaires de meubles aux enchères publiques (V. L. nº 2000-642 du 10 juill. 2000, art. 23 ;

— Conseil supérieur de l'audiovisuel (L. nº 86-1067 du 30 sept. 1986, art. 42-14, issu de L. nº 2000-719 du 1er août 2000, art. 77). — ***C. communic.***

— Fonds d'indemnisation des victimes de l'amiante (V. Décr. nº 2001-963 du 23 oct. 2001, art. 24 à 35).

RÉP. PR. CIV. vº *Procédure devant la cour d'appel*, par LAFFLY.

DALLOZ ACTION *Droit et pratique de la procédure civile 2022/2023*, nos 544.00 s., par PELLERIN.

DALLOZ RÉFÉRENCE *Droit et pratique de l'appel 2013/2014*, par AMBRA.

BIBL. GÉN. ▸ ARENS, AMRANI-MEKKI et al., *Gaz. Pal. 31 oct. 2016, nº hors-série* (repenser l'appel). – C. ARENS, *JSS 2016, nº 2, p. 12* (la procédure d'appel). – BOLARD, *Gaz. Pal. 2008. Doctr. 3053* (la procédure civile en appel : des réformes et des spécificités). – BRENNER et FRICERO (ss. dir.), La nouvelle procédure d'appel, *2e éd., Lamy 2012*. – CADIET (ss. dir.), La réforme de la procédure d'appel et autres questions d'actualité procédurale en matière civile, *IRJS 2011*. – CROZE, *JCP 2016. 937* (principes d'une réalisation méthodique des procédures – L'exemple de la procédure contentieuse ordinaire avec représentation obligatoire devant la cour d'appel). – FERRAND et PIREYRE, Prospective de l'appel, actes du colloque de Lyon du 10 déc. 2015, *Société de législation comparée 2016*. – FRICERO, *Procédures 2015. Étude 2* (transformations de l'appel, bilan et perspectives). – GALLET, La procédure civile devant la cour d'appel, *LexisNexis Litec 2010, préf. L. Cadiet*. – GERBAY, Guide du procès civil en appel, 3e éd., *Lexisnexis 2016 ; JCP 2013. 825* (vers une nouvelle conception de l'appel en matière civile ?). – LAPORTE, *Procédures 2016. Alertes 38* (mais où va la procédure avec représentation obligatoire devant la cour d'appel ?). – LHERMITTE, *Procédure d'appel Delmas 2022-2023*. – PUTMAN, *Dr. et pr. 2013. 74* (la bonne administration des conclusions et communications des pièces en appel). – ZAVARO, La réforme de la procédure civile devant la cour d'appel, *Edilaix 2011*.

▸ **Décr. du 9 déc. 2009 :** AMRANI-MEKKI, *JCP 2010. 546 nº 20*. – BLÉRY et HUVELIN, *Gaz. Pal. 24-26 mars 2013, p. 9* (mais que fait la chancellerie ?). – BOCCON-GIBOD, *D. avocats 2013. 144* (procédure d'appel : le champ n'est pas encore déterminé). – CROZE, *JCP 2010. 3*. – D'AMBRA et BOUCON, *D. 2010. 1093* (gestion des flux du contentieux judiciaire). – D. FLEURIOT, *Gaz. Pal. 2010. Doctr. 3299* (une révolution ?). – FRICERO, *Procédures 2010. Étude 3* (l'appel nouveau est arrivé) ; *D. 2011. Pan. 265*. – GERBAY, *Gaz. Pal. 10-12 janv. 2010, p. 12* ; Quarantième anniversaire du Code de procédure civile (1975-2015), *Hors-collection, Panthéon-Assas Paris II 2016, p. 392* (l'appel et sa voie d'achèvement confrontés aux réformes Magendie). – GUETTARD, *Gaz. Pal. 20-21 sept. 2013, p. 11* (le décret Magendie : cela suffit !). – GUYADER, *Procédures 2010. Alerte 11* (délais). – HERMAN, *Gaz. Pal. 2011. 2631* (nouvelles obligations et délais pour conclure) ; *ibid. 2654* (l'autonomie encadrée du conseiller de la mise en état). – JOUGLA-YGOUF, *Gaz. Pal. 2-4 déc. 2012, p. 13* (procédure civile : même au poker il y a des règles...). – LAVRIC, *D. 2009. 2918*. – NARRAN, *Gaz. Pal. 2009. Doctr. 3366*. – SALATI, *Dr. et pr. 2010. Chron. 3*. – VILLACÈQUE, *D. 2010. 663* (paradoxe d'une réforme). – WEILLER, *D. 2010. 591*.

▸ **État des lieux :** LAFFLY, *JCP 2014. 1293* (décret Magendie : premier bilan après l'apocalypse). – LHERMITTE, *JCP 2015. 713* (et si l'on toilettait le décret Magendie ?).

▸ **Décr. du 11 mars 2015 :** Bléry, *Gaz. Pal. 27 mars 2015, p. 6* (une nouvelle ère pour la procédure civile). – Croze, *JCP 2015. 356* (choix de simplification procédurale ? – A propos du décret n° 2015-282 du 11 mars 2015).

▸ **Décr. du 6 mai 2017 :** Amrani-Mekki, *JCP 2017. 659* (l'appel en matière civile : en marche vers un nouvel équilibre procédural ?). Andrieu, *Gaz. Pal. 31 oct. 2017, p. 45* (la réforme de la procédure d'appel). – Bendelac, *LPA 15-16 août 2017, p. 5* (impact sur la profession d'avocat). – Bléry, *D. actu. 18 mai 2017.* – Croze, *Procédures 2017. Étude 23* (dernier appel de la République hollandaise). – Devauchelle, *RLDC 2018. 6400* (les sanctions procédurales revisitées : les principaux risques pour la pratique). – Dorange, *RLDC juin 2017. 4* (nouveautés relatives à la mise en état). – Dossier, *Gaz. Pal. 31 oct. 2017, p. 75* (présentation des fiches pratiques sur le décret du 6 mai 2017 relatif aux exceptions d'incompétence et à l'appel en matière civile) ; *AJ fam. 2018. 201* (procédure d'appel et famille). – Fricero, *D. actu. 12 mai 2017* (l'appel nouveau est arrivé). – Giraud, *RLDC 2018. 6397* (la réforme de la procédure d'appel : espoir pour le juge, crainte pour les parties). – Gourdon, *Gaz. Pal. 9 janv. 2018, p. 52* (nouvelles exigences de l'appel en matière civile et réflexions sur ses implications en droit de la famille). – Lefort, *Dr. et pr. 2018. 38* (brèves réflexions sur le centre de gravité du procès civil). – MULON, *AJ fam. 2018. 202* (les nouvelles règles de la procédure d'appel).

▸ **Décr. du 2 août 2017 :** Laffly, *D. actu. 4 août 2017 ; D. 2017. 1659*. – Pellerin, *Gaz. Pal. 5 sept. 2017, p. 15.*

SOUS-TITRE PREMIER LA PROCÉDURE DEVANT LA FORMATION COLLÉGIALE

DALLOZ ACTION *Droit et pratique de la procédure civile 2022/2023,* n°s 544. 11 s., par Pellerin.

CHAPITRE PREMIER LA PROCÉDURE EN MATIÈRE CONTENTIEUSE

DALLOZ ACTION *Droit et pratique de la procédure civile 2022/2023,* n°s 544.21 s., par Pellerin.

DALLOZ RÉFÉRENCE *Droit et pratique de l'appel 2018/2019,* n°s 2.00 s., par D'Ambra.

Art. 899 Les parties sont tenues, sauf dispositions contraires, de constituer *(Décr. n° 2012-634 du 3 mai 2012, art. 19-1°-a)* **« avocat ».**

La constitution de l' *(Décr. n° 2012-634 du 3 mai 2012, art. 19-1°-a)* **« avocat » emporte élection de domicile.**

BIBL. ▸ Lobin, *D. 1976. Chron. 278* (représentation et postulation obligatoire).

A. OBLIGATION DE CONSTITUER AVOCAT

1. *Droit de la concurrence.* L'art. 36 de l'Ord. du 1er déc. 1986, devenu art. L. 442-6 C. com., donne au ministre chargé de l'économie le droit d'agir en cas de pratique restrictive de concurrence, mais ne le dispense pas du ministère d'avocat, et l'art. 56 du même texte, devenu art. L. 470-5 C. com., ne concerne que l'intervention de l'administration lors d'une instance pendante et non une action principale de celle-ci, laquelle, en l'absence de dispositions contraires, reste soumise au principe formel de l'art. 899 C. pr. civ. selon lequel les parties sont tenues de prendre un avocat. • Com. 17 juill. 2001, n° 99-19.309 P : *D. 2001. AJ 2673, obs. Chevrier ; RTD com. 2001. 877, obs. Claudel ; Procédures 2001, n° 213, note Croze ; CCC 2001, n° 161, note Malaurie-Vignal ; RJDA 2002, n° 105.*

2. *CIVI.* Les textes ouvrant une possibilité d'appel contre les décisions des commissions d'indemnisation des victimes d'infractions ne comportant aucune dérogation à la constitution d'avoué (auj. avocat), est irrecevable l'appel formé par simple lettre adressée à la cour d'appel et non signée par un avoué (auj. avocat). • Rouen, 30 oct. 1996 : *JCP 1998. IV. 3055.*

3. *Organisme de sécurité sociale.* Les organismes de sécurité sociale sont soumis à l'exigence de la constitution d'avoué (auj. avocat), l'art. 60 CSS [ancien, V. désormais art. L. 122-1] qui leur permet d'être représentés par un administrateur ou un employé ne concernant que les juridictions où la représentation par avocat ou avoué n'est pas obligatoire. • Angers, 4 janv. 1981 : *Gaz. Pal. 1981. 2. 440.*

4. *Contentieux des élections.* Aucune des dispositions des art. L. 723-2 et R. 723-7 CSS (contentieux des élections à la Caisse nationale des barreaux français) n'emporte exception au principe général de la représentation obligatoire énoncé par l'art. 899. • Civ. 1re, 10 déc. 2002, n° 99-18.504 P : *D. 2003. IR 104*.

5. *Dépens.* L'art. 899 n'est pas applicable aux procédures dont connaît le premier président, dont la contestation de la vérification des dépens (art. 708 à 713). • Civ. 2e, 21 déc. 2006, n° 05-18.502 P.

B. FORME DE LA CONSTITUTION D'AVOCAT

6. La constitution d'avocat n'est soumise à aucun formalisme particulier : elle résulte suffisamment des mentions figurant sur la déclaration d'appel devant une cour d'appel dans un département d'outre-mer, selon lesquelles celle-ci a été signée et déposée par l'avocat au cabinet duquel les appelants ont élu domicile. • Civ. 2e, 5 avr. 2007, n° 06-11.325 P : *D. 2007. 1208, obs. Avena-Robardet ; ibid. 2336, chron. Vigneau*. ♦ V. désormais art. 930-1.

7. Office du juge. Il n'appartient pas au juge, qui s'aperçoit que deux parties, dont les intérêts sont partiellement divergents, sont représentées par le même avoué (auj. avocat), d'ordonner que chacune ait son représentant propre. • Civ. 3e, 31 oct. 1989, n° 86-14.466 P.

C. EFFET DE LA CONSTITUTION D'AVOCAT

8. Élection de domicile. L'élection de domicile ne s'impose pas au ministère public dans son pouvoir d'action d'office, puisqu'il est partie intégrante de la juridiction. • Paris, 24 janv. 1986 : *D. 1987. Somm. 233, obs. Julien ; Gaz. Pal. 1986. 1. 163, note Bertin ; ibid. Doctr. 177.*

9. L'élection de domicile n'emporte pas pouvoir pour l'avoué (auj. avocat) constitué de recevoir la signification du jugement destinée à la partie elle-même, l'art. 678 exigeant une double signification à l'avoué (auj. avocat) et à la partie elle-même. • Civ. 2e, 17 mars 1986, n° 84-13.920 P : *Gaz. Pal. 1987. 1. Somm. 49, obs. Guinchard et Moussa ; JCP 1987. II. 20794, note Petit ; RTD civ. 1987. 150, obs. Perrot.*

SECTION PREMIÈRE LA PROCÉDURE AVEC REPRÉSENTATION OBLIGATOIRE

DALLOZ ACTION *Droit et pratique de la procédure civile 2022/2023*, nos 544.31 s., par PELLERIN.

DALLOZ RÉFÉRENCE *Droit et pratique de l'appel 2018/2019*, nos 21.00 s., par D'AMBRA.

BIBL. ▶ CROZE, *JCP 2016. 937* (principes d'une réalisation méthodique des procédures. – L'exemple de la procédure contentieuse ordinaire avec représentation obligatoire devant la cour d'appel). – LAPORTE, *Procédures 2016. Alertes 38* (mais où va la procédure avec représentation obligatoire devant la cour d'appel ?).

Art. 900 L'appel est formé par déclaration unilatérale ou par requête conjointe.

Sur l'appel des jugements rendus en application des art. L. 661-1 et L. 661-6 C. com. et des chap. Ier, II et III du titre V du même code, V. C. com., art. R. 661-6. — ***C. pr. coll. et C. com.***

BIBL. ▶ JUNILLON, *Procédures 2009. Fiche pratique 2* (une déclaration d'appel irrégulière peut-elle interrompre le délai d'appel ?).

1. Irrecevabilité de l'appel par voie d'assignation. L'appel formé par voie d'assignation, n'ayant pas été fait dans les formes prescrites par l'art. 900, est irrecevable, sans qu'il y ait lieu de rechercher l'existence d'un grief. • Civ. 2e, 11 janv. 1979, n° 77-15.671 P : *Gaz. Pal. 1979. 2. 628, note du Rusquec* • 15 oct. 1980, n° 78-13.288 P : *Gaz. Pal. 1981. 1. 29, note Viatte ; RTD civ. 1981. 218, obs. Perrot ; ibid. 687, obs. Normand.*

2. Irrecevabilité de l'appel par lettre recommandée au procureur. Est irrecevable l'appel formé par lettre recommandée adressée au procureur de la République près le tribunal qui a rendu un jugement en matière d'autorité parentale. • Paris, 9 nov. 1979 : *Gaz. Pal. 1980. 1. 289.*

3. Renvoi. V. les dispositions particulières aux art. 1069 (déclaration d'absence), 1180-18 (autorité parentale), 1192 (assistance éducative) et 1239 (protection juridique des majeurs et des mineurs).

SOUS-SECTION 1 LA PROCÉDURE ORDINAIRE

(Décr. n° 2009-1524 du 9 déc. 2009, art. 2, en vigueur le 1er janv. 2011)

Sur les art. 901 s. dans leur version antérieure au Décr. n° 2009-1524 du 9 déc. 2009, V. ***C. pr. civ., éd. 2018.***

Les dispositions de l'art. 2 du Décr. n° 2009-1524 du 9 déc. 2009 s'appliquent aux appels formés à compter du 1er janv. 2011 (Décr. préc., art. 15, al. 2). Elles s'appliquent par ailleurs aux instances consécutives à un renvoi après cassation lorsque la juridiction de renvoi est saisie à compter du 1er sept. 2017 (Décr. n° 2017-891 du 6 mai 2017, art. 52, en vigueur le 11 mai 2017).

Pour une présentation des dispositions du Décr. n° 2017-891 du 6 mai 2017, mod. par le Décr. n° 2017-1227 du 2 août 2017, V. Circ. du 4 août 2017, reproduite ss. art. 916.

BIBL. ▶ **Décr. du 9 déc. 2009 :** AMRANI-MEKKI, *JCP 2010. 546 n° 20*. – BLÉRY et HUVELIN, *Gaz. Pal. 24-26 mars 2013, p. 9* (mais que fait la chancellerie ?). – BOCCON-GIBOD, *D. avocats 2013. 144* (procédure d'appel : le champ n'est pas encore déterminé). – BRENNER et FRICERO, *Axe Droit, Lamy 2010* (la nouvelle procédure d'appel). – CROZE, *JCP 2010. 3*. – D'AMBRA et BOUCON,

D. 2010. 1093 (gestion des flux du contentieux judiciaire). – Fleuriot, *Gaz. Pal. 2010. Doctr. 3299* (une révolution ?). – Fricero, *Procédures 2010. Étude 3* (l'appel nouveau est arrivé) ; *D. 2011. Pan. 265*. – Gerbay, *Gaz. Pal. 10-12 janv. 2010, p. 12* ; Quarantième anniversaire du Code de procédure civile (1975-2015), *Hors-collection, Panthéon-Assas Paris II, 2016, p. 392* (l'appel et sa voie d'achèvement confrontés aux réformes Magendie). – Guettard, *Gaz. Pal. 20-21 sept. 2013, p. 11* (le décret Magendie : cela suffit !). – Guyader, *Procédures 2010. Alerte 11* (délais). – Herman, *Gaz. Pal. 2011. 2631* (nouvelles obligations et délais pour conclure) ; *ibid. 2654* (l'autonomie encadrée du conseiller de la mise en état). – Jougla-Ygouf, *Gaz. Pal. 2-4 déc. 2012, p. 13* (procédure civile : même au poker il y a des règles...). – Lavric, *D. 2009. 2918*. – Narran, *Gaz. Pal. 2009. Doctr. 3366*. – Salati, *Dr. et pr. 2010. Chron. 3*. – Villacèque, *D. 2010. 663* (paradoxe d'une réforme). – Weiller, *D. 2010. 591*.

▸ **État des lieux :** Laffly, *JCP 2014. 1293* (décret Magendie : premier bilan après l'apocalypse) ; *D. avocats 2020. 108* (Bilan des réformes de la procédure d'appel en matière civile, commerciale et sociale et perspectives – un malade et des remèdes). – Lhermitte, *JCP 2015. 713* (et si l'on toilettait le décret Magendie ?).

▸ **Décr. du 6 mai 2017 :** Amrani-Mekki, *JCP 2017. 659* (l'appel en matière civile : en marche vers un nouvel équilibre procédural ?). – Croze, *Procédures 2017. Étude 23* (dernier appel de la République hollandaise). – D'Ambra et Jean, *AJ fam. 2018. 212* (schémas de procédure). – Fricero, *D. actu. 12 mai 2017* (l'appel nouveau est arrivé). – Jean, *AJ fam. 2018. 206* (trame de la procédure d'appel contentieuse avec représentation obligatoire). – Mulon, *AJ fam. 2018. 202* (les nouvelles règles de la procédure d'appel).

▸ **Décr. du 2 août 2017 :** Laffly, *D. actu. 4 août 2017*. – Pellerin, *Gaz. Pal. 5 sept. 2017, p. 15*.

Art. 901 **La déclaration d'appel est faite par acte** *(Décr. n° 2022-245 du 25 févr. 2022, art. 1er-16°)* **« , comportant le cas échéant une annexe, » contenant, outre les mentions prescrites par** *(Décr. n° 2020-1452 du 27 nov. 2020, art. 1er-21°, en vigueur le 1er janv. 2021)* **« les 2° et 3° de l'article 54 et par le** *(Décr. n° 2021-1322 du 11 oct. 2021, art. 2-5°, en vigueur le 1er nov. 2021)***« cinquième » alinéa de » l'article** *(Décr. n° 2019-1333 du 11 déc. 2019, art. 29-5°, en vigueur le 1er janv. 2020)* **« 57 », et à peine de nullité :**

1° La constitution de l'*(Décr. n° 2012-634 du 3 mai 2012, art. 19-1°-a)* **« avocat » de l'appelant ;**

2° L'indication de la décision attaquée ;

3° L'indication de la cour devant laquelle l'appel est porté ;

(Décr. n° 2017-891 du 6 mai 2017, art. 13, en vigueur le 1er sept. 2017) **« 4° Les chefs du jugement expressément critiqués auxquels l'appel est limité, sauf si l'appel tend à l'annulation du jugement ou si l'objet du litige est indivisible** *[ancienne rédaction : La déclaration indique, le cas échéant, les chefs du jugement auxquels l'appel est limité (Abrogé par Décr. n° 2012-634 du 3 mai 2012, art. 21-1°-e) « et le nom de l'avocat chargé d'assister l'appelant devant la cour »]*. **»**

Elle est signée par l'*(Décr. n° 2012-634 du 3 mai 2012, art. 19-2°)* **« avocat constitué ». Elle est accompagnée d'une copie de la décision. Elle est remise au greffe et vaut demande d'inscription au rôle.**

Les dispositions de l'art. 13 du Décr. n° 2017-891 du 6 mai 2017 s'appliquent aux appels formés à compter du 1er sept. 2017. Elles s'appliquent aux instances consécutives à un renvoi après cassation lorsque la juridiction de renvoi est saisie à compter du 1er sept. 2017 (Décr. préc., art. 53-II bis, créé par Décr. n° 2017-1227 du 2 août 2017, art. 1er-2°-b).

L'art. 29 du Décr. n° 2019-1333 du 11 déc. 2019 est applicable aux instances en cours au 1er janv. 2020 (Décr. préc., art. 55-I).

L'art. 1er-21° du Décr. n° 2020-1452 du 27 nov. 2020 s'applique aux instances en cours au 1er janv. 2021 (Décr. préc., art. 12).

Le Décr. n° 2021-1322 du 11 oct. 2021 est applicable aux instances en cours à la date de son entrée en vigueur (Décr. préc., art. 8-I).

Les dispositions issues de l'art. 1er du Décr. n° 2022-245 du 25 févr. 2022 sont applicables aux instances en cours (Décr. préc., art. 6-1°).

1. Décr. n° 2017-891 du 6 mai 2017. Légalité. L'obligation pour l'appelant de mentionner expressément dans la déclaration d'appel les chefs du jugement de première instance qu'il entend critiquer, prévue par l'art. 13 du décret attaqué à peine de nullité, permet d'assurer l'information immédiate et précise des parties et de la juridiction d'appel sur les données du litige et concourt, par suite, à la bonne administration de la justice. Une telle obligation, qui est définie de manière suffisamment précise, ne constitue pas une contrainte excessive pour les justiciables et leurs conseils, eu égard au délai dont ils disposent pour former appel. Dès lors, l'art. 13 du décret attaqué ne porte d'atteinte excessive ni au droit d'accès au juge ni au principe du respect des droits de la défense et n'est pas entaché d'une erreur manifeste d'appréciation.

La circonstance, à la supposer établie, que cette obligation aurait la même portée que la « concentration des prétentions » exigée par l'article 910-4 C. pr. civ. serait sans incidence sur la légalité des dispositions de l'art. 13 du décret attaqué.

Ni l'art. 901 C. pr. civ. dans sa rédaction résultant de l'art. 13 du décret attaqué, ni aucune autre disposition de ce décret n'impose une limitation formelle de la déclaration d'appel. Par suite, si les requérants soutiennent que la taille limitée des supports offerts par le réseau privé virtuel des avocats pour l'enregistrement de la déclaration d'appel est susceptible de faire obstacle au respect de l'obligation prévue par l'art. 13 du décret attaqué, les éventuelles difficultés que pourrait soulever sa mise en œuvre sont également sans incidence sur sa légalité. Au demeurant, l'art. 930-1 C. pr. civ., dans sa rédaction résultant du décret attaqué, autorise, lorsqu'un acte ne peut être transmis par voie électronique pour une cause étrangère à celui qui l'accomplit, que cet acte soit établi sur support papier et remis au greffe ou adressé par lettre recommandée avec demande d'avis de réception. • CE 13 nov. 2019, n°s 412255, 412286, 412287, 412308 et 415651 : *cité note 1 ss. art. 83.*

A. DOMAINE DE L'ART. 901

2. Domaine Exequatur (oui). L'instance en *exequatur* étant contentieuse, et non gracieuse, l'appel contre une décision d'*exequatur* doit être formé, en application de l'art. 902 (901 ?) C. pr. civ., par déclaration remise au greffe de la cour d'appel, et non pas selon les formalités prescrites par l'art. 950 pour la procédure gracieuse. • Civ. 1re, 25 sept. 2013, n° 11-19.758 P : *Gaz. Pal. 8-10 déc. 2013, p. 46, obs. Herman.*

B. MENTIONS DE LA DÉCLARATION D'APPEL

1° CONSTITUTION DE L'AVOCAT DE L'APPELANT

3. Est nul l'acte qui ne contient pas l'indication de la constitution d'avoué (auj. avocat) et l'omission ne peut être réparée par un acte de rectification signifié après l'expiration du délai d'appel. • Civ. 2e, 2 avr. 1974, n° 73-10.529 P : *Gaz. Pal. 1974. 1. Somm. 126.* ♦ S'agissant d'une instance avec représentation obligatoire, l'absence de représentation effective au moment de l'accomplissement des formalités prévues par les art. 901, 902 et 905 anc. constitue, non un simple vice de forme imposant la preuve d'un grief, mais une irrégularité de fond affectant la validité même des actes et devant être relevée d'office comme contraire à une règle d'ordre public. • Basse-Terre, 5 mars 2001, n° 171.02.

2° INDICATION DE LA DÉCISION ATTAQUÉE

4. Est nulle la déclaration qui ne permet pas l'identification du jugement attaqué ; par exemple, dans le cas où plusieurs jugements ont été rendus le même jour entre les mêmes parties. • Civ. 2e, 24 mars 1993, n° 91-18.610 P.

5. La déclaration unique de saisine de la cour d'appel de renvoi visant expressément plusieurs jugements et ordonnances déférés ne constitue qu'un vice de forme et, par suite, la nullité de cet acte ne peut être accueillie que s'il est justifié d'un grief. • Civ. 3e, 10 déc. 2008, n° 08-10.153 P : *D. 2009. AJ 102 ; AJDI 2009. 359 .*

3° CHEFS DE JUGEMENT EXPRESSÉMENT CRITIQUÉS

6. Mention appel général ou appel total. La déclaration d'appel qui mentionne « appel général » ou « appel total » ne répond pas aux exigences de l'art. 901-4° C. pr. civ. et encourt la nullité prévue par l'art. 901, nullité qui ne sanctionne pas une irrégularité de fond, mais une irrégularité de forme, charge à celui qui l'invoque de démontrer un grief. • Civ. 2e, 20 déc. 2017, n°s 17-70.034, 17-70.035 et 17-70.036 P : *D. actu. 12 janv. 2018, obs. R. Laffly ; D. 2018. Actu. 18 ; ibid. 2018. Pan. 696, obs. Fricero ; ibid. Chron. C. cass. 757, n° 2, obs. de Leiris ; AJ fam. 2018. 142, obs. Jean ; Gaz. Pal. 6 févr. 2018, p. 34, obs. Amrani-Mekki ; JCP 2018. 173, note Ph. Gerbay ; Procédures 2018, n° 69, note Croze.* ♦ Seul l'acte d'appel opère la dévolution des chefs critiqués du jugement. Aussi, lorsque la déclaration d'appel tend à la réformation du jugement sans mentionner les chefs de jugement qui sont critiqués, l'effet dévolutif n'opère pas. • Civ. 2e, 30 janv. 2020, n° 18-22.528 P : *D. actu. 17 févr. 2020, note Laffly ; D. 2020. 288 ; ibid. 576, obs. Fricero .* ♦ Comp. antérieurement jugeant qu'il ne résulte de l'art. 562 aucune fin de non-recevoir. • Civ. 2e, 20 déc. 2017, n°s 17-019, 17-020 et 17-021 P : *préc.* ♦ V. aussi : • Civ. 2e, 2 juill. 2020, n° 19-16.954 P : *D. actu. 18 sept. 2020, obs. Laffly ; D. 2021. 543, obs. Fricero ; JCP 2020. 1170, note Herman ; Gaz. Pal. 3 nov. 2020, p. 61, note Hoffschir ; ibid. 6 oct. 2020, p. 24, note Fertier* (lorsque la déclaration d'appel sollicite la réformation et/ou l'annulation de la décision sur les chefs qu'elle énumérait et que l'énumération ne comportait que l'énoncé des demandes formulées devant le premier juge, la cour d'appel n'est saisie d'aucun chef du dispositif du jugement) *cité note 2 ss. art. 562.* ♦ Viole l'art. 901-4°, l'arrêt qui a retenu que la déclaration d'appel ne pouvait être considérée comme valant appel total dans la mesure où elle visait un motif du jugement, et que cet appel partiel, ne portant donc sur aucun chef de décision, était irrecevable. Or, cette déclaration d'appel irrégulière encourait la nullité, à l'exclusion de toute irrecevabilité. • Soc. 14 oct. 2020, n° 18-15.229 P : *D. actu. 3 nov. 2020, note Lhermitte ; Gaz. Pal. 26 janv. 2021, p. 75, note Kebir.* ♦ La déclaration d'appel, nulle, erronée ou incomplète pouvant néanmoins être régularisée par une nouvelle déclaration d'appel dans le délai pour conclure, une seconde déclaration d'appel peut venir étendre la critique du jugement à d'autres chefs non critiqués dans la première déclaration, sans qu'un acquiescement aux chefs du jugement non critiqués dans un premier temps ne puisse être déduit de cette omission. • Civ. 2e, 19 nov. 2020, n° 19-13.642 P : *D. actu. 9 déc. 2020, obs. Ciray ; D. 2020. 2349*. (la cour d'appel ayant été valablement saisie dès la première déclaration d'appel, la seconde déclaration s'incorpore à la première, de sorte que si sont critiqués, dans la seconde déclaration d'appel, de nouveaux chefs du jugement, la cour d'appel reste saisie de la critique des chefs du jugement mentionnés dans la première déclaration d'appel).

7. *Régularisation.* Cette nullité peut être couverte par une nouvelle déclaration d'appel, laquelle ne peut intervenir après l'expiration du délai imparti à l'appelant pour conclure conformément aux art. 901-4, al. 1 et 954, al. 1. • Civ. 2e, 20 déc. 2017, nos 17-019, 17-020 et 17-021 P : *préc. note 6.*

8. *Absence de l'annexe énonçant les dispositions critiquées du jugement.* L'intimé, qui reçoit, dans le délai prescrit par l'art. 905-1 C. pr ; civ., signification d'une déclaration d'appel dépourvue de l'annexe énonçant les dispositions critiquées du jugement, est mal fondé à soulever la caducité de l'acte d'appel, dont l'éventuelle irrégularité, au regard des dispositions de l'art. 901 du même code, est sanctionnée par la nullité. • Civ. 2e, 5 déc. 2019, n° 18-17.867 P : *D. actu. 13 janv. 2020, note Lhermitte ; D. 2019. 2421 ; AJ fam. 2020. 130, obs. Thouret ; JCP 2020. 123, note Laffly ; Gaz. Pal. 28 janv. 2020, obs. Egéa.*

4° MENTIONS RELATIVES À L'APPELANT

a. Nom de l'appelant

9. *Identification d'une société.* L'enseigne d'une société, au même titre que sa dénomination sociale ou son nom commercial, associée dans l'acte d'appel à l'indication de sa forme juridique, de son siège social et de l'organe qui la représente, constitue, conformément à l'art. 901, l'un des éléments permettant d'identifier la société appelante avec précision. • Com. 11 févr. 2003, n° 00-15.149 P : *D. 2003. 692 , et les obs. ; RTD com. 2003. 309, obs. Champaud et Danet* • Civ. 2e, 11 déc. 2008, n° 07-15.511 P : *D. 2009. AJ 174 ; Procédures 2009, n° 87, note Croze.* ♦ La circonstance qu'une société appelante se soit présentée sous une dénomination constituant un nom commercial ne la privait pas de la capacité d'ester en justice qui est attachée à la personne quelle que soit sa désignation. • Civ. 2e, 24 mai 2007, n° 06-12-454 P : *D. 2007. AJ 1735 ; ibid. Pan. 2341, obs. Vigneau ; Procédures 2007, n° 157, note Perrot* • 11 déc. 2008, n° 07-18.511 P : *D. 2009. Actu. 174*. ♦ Elle ne constitue qu'une irrégularité de forme. • Civ. 2e, 11 déc. 2008, n° 07-18.511 P : *préc.*

10. *Défaut de désignation de l'organe représentant légalement une personne morale.* L'erreur, dans la désignation de l'organe représentant légalement une personne morale dans un acte d'appel avec ou sans représentation obligatoire, ne constitue qu'un vice de forme. • Civ. 3e, 13 nov. 2013, n° 12-24.870 P : *D. 2013. Actu. 2705 ; ibid. 2014. 795, obs. Fricero ; JCP 2013. 1135, note Cholet ; ibid. 2014. 436, n° 8, obs. Serinet ; BJS 2014. 10, note Putman ; Gaz. Pal. 4 mars 2014, p. 22, note Parmentier ; Dr. et pr. 2014, p. 17, note Fricero ; Procédures 2014, n° 34, obs. Perrot ; Administrer 2/2014, p. 44, note Bouyeure* • Civ. 2e, 28 févr. 2006, n° 03-17.849 P : *D. 2006. 807 ; ibid. 2007. 267, obs. Hallouin et Lamazerolles* • 18 sept. 2003, n° 01-15.608 P : *D. 2003. IR 2543 ; BJS 2004. 100, note J.-J. Barbièri ; JCP E 2004. 832, note Chabot* • Civ. 1re, 6 déc. 2005, n° 03-12.342 P : *D. 2007. Pan. 268, obs. Hallouin et Lamazerolles ; RTD com. 2006. 128, obs. Champaud et Danet*. ♦ Comp. aussi : notes ss. art. 933. ♦ Pour la confirmation, par la chambre mixte, que le défaut de désignation de l'organe représentant la personne morale constitue un vice de forme, V. note ss. art. 114.

11. La mention dans la déclaration d'appel du nom de la personne physique, organe représentant de la personne morale appelante, n'est exigée par aucun texte. • Civ. 2e, 14 janv. 1987, n° 85-16.017 P : *Gaz. Pal. 1987. 1. Pan. 50 ; RTD civ. 1987. 399, obs. Perrot* (erreur dans la désignation d'un syndic). ♦ Dans le même sens, V. • Civ. 3e, 12 juill. 1995, n° 93-12.508 P : *JCP 1996. II. 22627, note du Rusquec ; Procédures 1995, n° 260, obs. Perrot.*

12. Le juge ne peut déclarer l'appel irrecevable sans rechercher si l'indication erronée du représentant légal ne procède pas d'une erreur matérielle, V. • Civ. 2e, 7 nov. 2002, n° 00-21.705 : *Procédures 2003, n° 34, note Perrot.*

13. *Forme de la société.* Les irrégularités qui

affectent les mentions de la déclaration d'appel constituent des vices de forme dont la nullité ne peut être prononcée qu'à charge pour l'adversaire qui l'invoque de prouver l'existence d'un grief (erreur quant à la forme de la société et de l'organe habilité à la représenter). • Civ. 2e, 12 juill. 2001, n° 99-21.242 P : *D. 2001 IR 2456.* • Civ. 1re, 6 déc. 2005, n° 03-12.342 P : *préc. note 10.*

14. Société en liquidation. Le défaut de mention de la qualité du liquidateur est constitutif d'un vice de forme. • Civ. 2e, 4 juill. 2007, n° 05-20.362 P : *D. 2007. AJ 2244.*

15. S'agissant d'une société en liquidation, l'omission de l'identité de son liquidateur est constitutive d'un simple vice de forme. • Civ. 2e, 17 juin 1998, n° 96-13.855 P.

16. Appelant n'ayant pas qualité. La désignation d'un appelant n'ayant pas qualité constitue une nullité de fond et rend l'appel irrecevable, sauf s'il s'agit d'une simple erreur matérielle. • Civ. 2e, 15 févr. 1978, n° 76-11.284 P. ♦ Comp. : • Com. 11 févr. 1986, n° 84-12.337 P : *Gaz. Pal. 1986. 2. Somm. 414, obs. Croze et Morel* (désignation d'une société absorbée dont la personnalité morale a disparu) • Civ. 2e, 12 juin 1991, n° 90-12.594 P (appel déclaré par une personne décédée).

b. Domicile de l'appelant

17. Vice de forme. En indiquant une adresse inexacte dans son acte d'appel, et une adresse qui n'était plus la sienne lorsqu'il a été invité à régulariser l'acte, l'appelant n'a pas satisfait aux prescriptions de l'art. 901 et cette irrégularité a causé grief à la banque. • Civ. 2e, 6 déc. 1989, n° 88-15.892 P. ♦ V. aussi : • Civ. 2e, 14 juin 2001, n° 99-13.485 P : *D. 2001. IR 2175 ; RTD civ. 2001. 664, obs. Perrot ; Gaz. Pal. 26-27 juill. 2002, p. 10, obs. du Rusquec ; Dr. et pr. 2002. 33, note Douchy.* ♦ Doit être annulée la déclaration d'appel qui comporte l'indication d'un domicile inexact, dès lors qu'il en était résulté un grief pour les intimés, aucune régularisation n'étant intervenue pendant le délai d'appel. • Civ. 2e, 13 juill. 2005, n° 03-14.980 P. ♦ Mais doit être cassé l'arrêt qui, pour prononcer la nullité de l'acte d'appel pour fausse domiciliation, omet de constater que la régularisation intervenue laissait subsister un préjudice. • Civ. 2e, 13 juin 1990, n° 88-19.828 P : *D. 1991. 336, note du Rusquec.* ♦ L'irrégularité ou l'omission d'une des mentions prévues par l'art. 901 (siège social situé à une adresse où la société n'a plus de représentant légal) n'entraîne la nullité que si la preuve d'un grief est rapportée. • Civ. 2e, 24 mai 1984, n° 83-12.820 P : *Gaz. Pal. 1984. 2. Pan. 257, obs. Guinchard.* ♦ ... Ainsi que de la relation entre l'irrégularité (inexactitude de l'adresse de l'appelant) et le préjudice. • Civ. 2e, 17 juill. 1985, n° 84-12.964 P : *Gaz. Pal. 1986. 1. Somm. 83, obs. Croze et Morel.* ♦ Comp. jugeant, sans référence à l'existence d'un grief, que la déclaration d'appel est entachée de nullité si l'appelant s'est borné à faire élection de domicile chez son avocat au lieu de faire mention de son domicile personnel. • Civ. 2e, 5 févr. 2009, n° 07-19.668 : *Procédures 2009, n° 104, note Perrot.*

18. L'appel formé par une personne morale peut être déclaré recevable bien que l'acte d'appel n'indique son siège social que par la seule indication de la ville, dès lors qu'il est relevé que la déclaration d'appel contient les mentions légales requises et que l'intimé n'a pu avoir aucun doute sur la personne morale au nom de laquelle cette déclaration était faite. • Civ. 2e, 22 juin 1978, n° 77-12.479 P. ♦ Pour l'application de l'art. 901, une société, tant qu'elle n'a pas fait le choix d'un nouveau siège social, est réputée conserver son siège social au lieu fixé par les statuts et publié au registre du commerce et des sociétés, sous réserve de la preuve de son caractère fictif ou frauduleux. • Civ. 2e, 17 févr. 2011, n° 08-19.952 : *Procédures 2011, n° 127, note Perrot* • 20 avr. 1988, n° 87-17.159 P : *Gaz. Pal. 1988. 2. Somm. 490, obs. Croze et Morel ; RTD civ. 1988. 577, obs. Perrot.* ♦ Une cour d'appel ne saurait en conséquence retenir la nullité d'un acte d'appel au motif que la déclaration d'appel portait l'indication d'un siège social inexact puisque l'appelante avait été expulsée. • Civ. 2e, 17 févr. 2011, n° 08-19.952 • 31 janv. 1980, n° 78-13.631 P.

19. L'absence ou l'inexactitude de la mention du domicile dans l'acte d'appel est de nature à faire grief s'il est justifié qu'elle nuit à l'exécution du jugement déféré à la cour d'appel. • Civ. 2e, 14 juin 2001, n° 99-16.582 P : *D. 2001. 3075, note Cholet ; ibid. Somm. 2714, obs. Fricero ; RTD civ. 2001. 664, obs. Perrot ; Procédures 2001, n° 165, obs. Perrot ; Gaz. Pal. 26-27 juill. 2002, p. 10, obs. du Rusquec* • 21 nov. 2002, n° 01-00.935 P : *Gaz. Pal. 6-7 août 2003, p. 15, obs. du Rusquec* • 4 mars 2021, n° 19-13.344 P : *D. actu. 29 mars 2021, note Maugain.* ♦ Mais il était jugé auparavant que les mentions prévues à l'art. 901 sont exigées pour assurer l'identification de l'appelant et non en vue de l'exécution de la décision dont appel (siège social fixé dans les statuts correspondant au local dont la société était expulsée). • Civ. 2e, 20 avr. 1988, n° 86-17.159 P : *Gaz. Pal. 1988. 2. Somm. 490, obs. Croze et Morel ; RTD civ. 1988. 577, obs. Perrot.* ♦ Absence de domicile réel. • Civ. 2e, 17 juill. 1985, n° 84-12.964 P • 9 janv. 1991, n° 89-17.696 P.

20. Changement d'adresse ultérieure. L'appelant n'a pas l'obligation de déclarer un changement d'adresse ultérieur. • Civ. 2e, 10 févr. 1988, n° 86-18.190 P : *RTD civ. 1988. 577, obs. Perrot* • 20 avr. 1988, n° 86-17.159 P : *Gaz. Pal. 1988. 2. Somm. 490, obs. Croze et Morel ; RTD civ. 1988. 577, obs. Perrot.*

21. Pouvoir souverain. Les juges du fond sont souverains pour retenir que la dissimulation de son adresse par l'appelant cause un préjudice. V. • Civ. 2e, 28 mai 2003, n° 01-12.568 P : *Gaz. Pal. 7-8 avr. 2004, p. 14, obs. du Rusquec* • 13 juill. 2005, n° 03-14.980 P.

5° MENTIONS RELATIVES À L'INTIMÉ

22. Erreur dans la désignation de l'intimé. La désignation de l'intimé, dans la déclaration d'appel, par une dénomination constituant en réalité une enseigne sous laquelle cette partie exerce son activité est un vice de forme, qui ne peut entraîner la nullité de l'acte que sur justification d'un grief. • Civ. 2e, 24 mai 2007, n° 06-11.006 P : *D. 2007. AJ 1735 ; ibid. Pan. 2341, obs. Vigneau ; Procédures 2007, n° 157, note Perrot.* ♦ L'irrégularité affectant la désignation de l'intimé dans une déclaration d'appel n'est pas sanctionnée par la nullité lorsque la décision et son acte de notification ne mentionnaient pas d'autre partie que celle qui a interjeté appel (cassation pour violation des art. 547 et 901 C. pr. civ. et L. 89-2 C. dom. Ét.). L'appelant n'était pas tenu de désigner un intimé dans sa déclaration d'appel de sorte que l'erreur commise sur cette désignation ne pouvait entraîner la nullité de l'acte d'appel. • Civ. 2e, 17 avr. 2008, n° 07-12.743 P. ♦ L'erreur manifeste dans la désignation de l'intimé, au regard de l'objet du litige tel que déterminé par les prétentions des parties devant les juges du fond, n'est pas de nature à entraîner l'irrecevabilité de l'appel. • Civ. 2e, 7 sept. 2017, nos 16-21.756 et 16-21.762 P : *D. actu. 19 sept. 2017, obs. Bléry ; D. 2017. Actu. 1767 ; ibid. 2018. Pan. 696, obs. Fricero ; JCP 2017. 1154, note Laffly ; ibid. 1355, obs. Libchaber ; Procédures 2017, n° 257, note Croze ; RLDC oct. 2017, p. 36, obs. Boccara.*

23. La déclaration d'appel contient la désignation de la personne intimée et le cas échéant de la qualité en laquelle elle est prise. Les conclusions d'appel ne peuvent substituer une partie ou une qualité à celle portée dans la déclaration d'appel, sauf dans le cas d'une erreur de cette désignation résultant d'une confusion née de la procédure suivie en première instance. • Civ. 2e, 12 juin 2003, n° 01-13.922 P (arrêt n° 1) : *D. 2003. IR 1733 ; Procédures 2003, n° 189, note Perrot ; Gaz. Pal. 9-10 juill. 2004, p. 7.* ♦ V. aussi notes ss. art. 547.

24. Mention d'un seul intimé. La mention d'un seul intimé ne conserve pas le droit d'interjeter appel contre une autre partie en l'absence d'un lien de solidarité ou d'indivisibilité entre celle-ci et l'intimé. • Civ. 2e, 22 oct. 1981 : *Gaz. Pal. 1982. 1. 58, note Viatte.* ♦ V. art. 552.

25. Régularisation. La nullité d'une déclaration d'appel tenant à l'absence de certaines mentions exigées par l'art. 901 peut être couverte par les énonciations contenues dans une assignation à jour fixe délivrée parallèlement. • Civ. 2e, 8 avr. 1992, n° 90-19.414 P : *Gaz. Pal. 12-13 mai 1993, p. 11, note du Rusquec ; RTD civ. 1992. 639, obs. Perrot .*

6° SIGNATURE

26. Signature de l'avocat constitué. La déclaration d'appel est régulière lorsqu'elle est revêtue de la signature d'un avoué (auj. avocat), même si ce n'est pas celui qui a été constitué, dès lors que l'avocat signataire était mandaté par l'avocat constitué pour signer l'acte en ses lieu et place. • Civ. 2e, 9 nov. 2006, n° 05-14.943 P. ♦ L'absence de signature de l'acte d'appel formé au nom d'une personne identifiée constitue une irrégularité de forme qui ne peut entraîner la nullité de l'acte que s'il est justifié d'un grief. • Civ. 2e, 23 mai 2013, n° 12-16.933 P.

C. COPIES DE LA DÉCISION ATTAQUÉE

27. Sanction. Les dispositions de l'art. R. 517-7, al. 3, [devenu art. R. 1461-1] C. trav. dans sa rédaction issue du Décr. du 20 août 2004 [exigeant comme l'art. 901 de joindre la copie de la décision attaquée], ne sont pas prescrites à peine d'irrecevabilité de l'appel prononcée d'office. • Soc. 19 juin 2007, n° 06-40.854 P.

D. REMISE AU GREFFE DE LA DÉCLARATION D'APPEL

28. Renvoi. V. art. 930-1.

E. EFFETS DE LA NULLITÉ DE LA DÉCLARATION D'APPEL

29. Interruption des délais. BIBL. Junillon, *Procédures 2009. Fiche pratique 2* (une déclaration d'appel irrégulière peut-elle interrompre le délai d'appel ?). ♦ Une déclaration d'appel, même entachée d'un vice de procédure, interrompt le délai d'appel. • Civ. 2e, 1er juin 2017, n° 16-14.300 P : *D. 2017. 1196 ; ibid. 1868, chron. de Leiris, Touati, Becuwe, Hénon et Palle ; ibid. 2018. 692, obs. Fricero ; Procédures 2017, n° 178, note Croze.* ♦ L'annulation par l'effet d'un vice de procédure de l'acte de saisine d'une juridiction, telle une déclaration d'appel, interrompt les délais de prescription et de forclusion, comme le délai d'appel. • Civ. 2e, 16 oct. 2014, n° 13-22.088 P : *D. 2014. Actu. 2118 ; ibid. 2015. Pan. 292, obs. Fricero ; ibid. Chron. C. cass. 519, obs. Vasseur, de Leiris et Adida-Canac ; JCP 2014. 1171, note Croze ; ibid. 1271, note Auché ; ibid. 2015. 424, obs. Amrani-Mekki ; Procédures 2014, n° 312, note Croze ; Gaz. Pal. 21-23 déc. 2014, p. 27, note Amrani-Mekki.*

Art. 902 Le greffier adresse aussitôt à chacun des intimés, par lettre simple, un exemplaire de la déclaration avec l'indication de l'obligation de constituer *(Décr. nº 2012-634 du 3 mai 2012, art. 19-1º-a)* « avocat ».

En cas de retour au greffe de la lettre de notification ou lorsque l'intimé n'a pas constitué *(Décr. nº 2012-634 du 3 mai 2012, art. 19-1º-a)* « avocat » dans un délai d'un mois à compter de l'envoi de la lettre de notification, le greffier en avise l'*(Décr. nº 2012-634 du 3 mai 2012, art. 19-1º-a)* « avocat » de l'appelant afin que celui-ci procède par voie de signification de la déclaration d'appel.

(Décr. nº 2017-891 du 6 mai 2017, art. 14, en vigueur le 1er sept. 2017) « A peine de caducité de la déclaration d'appel relevée d'office, la signification doit être effectuée dans le mois de l'avis adressé par le greffe ; cependant, si, entre-temps, l'intimé a constitué avocat avant la signification de la déclaration d'appel, il est procédé par voie de notification à son avocat *[ancienne rédaction : A peine de caducité de la déclaration d'appel, la signification doit être effectuée dans le mois de l'avis adressé par le greffe]*. »

A peine de nullité, l'acte de signification indique à l'intimé que, faute pour lui de constituer *(Décr. nº 2012-634 du 3 mai 2012, art. 19-1º-a)* « avocat » dans un délai de quinze jours à compter de celle-ci, il s'expose à ce qu'un arrêt soit rendu contre lui sur les seuls éléments fournis par son adversaire et que, faute de conclure dans le délai mentionné à l'article 909, il s'expose à ce que ses écritures soient déclarées d'office irrecevables.

Les dispositions de l'art. 14 du Décr. nº 2017-891 du 6 mai 2017 s'appliquent aux appels formés à compter du 1er sept. 2017. Elles s'appliquent aux instances consécutives à un renvoi après cassation lorsque la juridiction de renvoi est saisie à compter du 1er sept. 2017 (Décr. préc., art. 53-II bis, créé par Décr. nº 2017-1227 du 2 août 2017, art. 1er-2º-b).

BIBL. ▶ Compagnie des avoués près la cour d'appel de Dijon, *Gaz. Pal. 20-22 févr. 2011, p. 5* (l'invraisemblable article 902). – C. Gerbay, *Procédures 2014. Étude 11* (l'art. 902 face à la Cour de cassation). – P. et C. Gerbay, *Procédures 2013. Étude 7* (l'assignation de l'intimé et le décret Magendie).

▶ **Décr. nº 2017-891 du 6 mai 2017 :** D'Ambra et Jean, *AJ fam. 2018. 212* (schémas de procédure).

1. Décr. nº 2017-894 du 6 mai 2017. Légalité. En imposant à l'appelant de signifier sa déclaration d'appel à l'intimé lorsque ce dernier n'a pas constitué avocat dans le délai d'un mois suivant l'envoi par le greffe de la lettre de notification de la déclaration ou en cas de retour au greffe de la lettre de notification, l'art. 902 C. pr. civ. met à la charge de l'appelant une diligence procédurale destinée, conformément au caractère contradictoire de la procédure juridictionnelle, à inciter l'intimé à constituer avocat dans les meilleurs délais. La caducité prévue en l'absence de signification de la déclaration d'appel dans le délai imparti tend à assurer la célérité et l'efficacité de la procédure d'appel avec représentation obligatoire.

D'une part, l'art. 14 du décret attaqué a complété l'art. 902 C. pr. civ. pour préciser que la caducité de la déclaration d'appel en cas de non-respect de cette obligation est relevée d'office. Contrairement à ce que soutient le Syndicat des avocats de France, le pouvoir réglementaire, en prévoyant que la caducité de la déclaration d'appel est relevée d'office par le juge, n'a méconnu aucune exigence découlant de l'art. 6 Conv. EDH.

D'autre part, le troisième alinéa de l'article 902, dans sa rédaction issue de l'art. 14 du décret attaqué, prévoit que lorsque l'intimé a constitué avocat avant la signification de la déclaration d'appel, il est procédé par voie de notification à son avocat. Eu égard à la finalité rappelée au pt 21, l'obligation faite à l'appelant de notifier la déclaration d'appel à l'avocat que l'intimé a préalablement constitué, dans le délai de dix jours de la réception de l'avis de fixation adressé par le greffe, n'est pas prescrite à peine de caducité de la déclaration d'appel. Le moyen tiré de ce que cette obligation mise à la charge de l'appelant méconnaîtrait l'article 6 de la convention européenne de sauvegarde des droits de l'homme et des libertés fondamentales doit être écarté. • CE 13 nov. 2019, nos 412255, 412286, 412287, 412308 et 415651 : *cité note 1 ss. art. 83.*

A. OBLIGATION DE SIGNIFICATION

2. Avis du greffe. Aucun texte n'impose au greffe de la cour d'appel, lorsqu'il reçoit la copie de la décision du bureau d'aide juridictionnelle, d'aviser les parties du nouveau cours du délai imparti pour signifier la déclaration d'appel dès lors que l'avocat de l'appelant avait été avisé par le greffe d'avoir à signifier la déclaration d'appel à l'intimé. • Civ. 2e, 24 sept. 2015, nº 14-22.945 P. ♦ Une cour d'appel, devant laquelle il n'est pas contesté que le conseil constitué de l'appelant pour le représenter avait été avisé par le greffe d'avoir à signifier la déclaration d'appel à l'intimé, décide exactement que la déclaration d'appel, non signifiée dans le délai d'un mois suivant la date à laquelle la décision de rejet de la demande d'aide juridictionnelle était devenue définitive, est caduque. • Même décision.

3. Tempérament à l'obligation de signification. La constitution par l'intimé d'un avocat, avant même l'expiration du délai d'un mois suivant l'avis, adressé à l'avocat de l'appelant par le greffe, d'avoir à signifier la déclaration d'appel à cet intimé, dispense l'appelant d'accomplir cette formalité, devenue sans objet. • Civ. 2e, 28 sept. 2017, nº 16-23.151 P : *D. actu. 24 oct. 2017, obs. Laffly : D. 2018. Pan. 697, obs. Fricero ; Procédures 2017, nº 297, note Croze ; Gaz. Pal. 6 févr. 2018, p. 50, obs. Hoffschir.* ♦ V. déjà sur l'absence d'obligation de signifier l'acte d'appel avant l'expiration dudit délai si, entre-temps, l'intimé a finalement constitué avocat : • Besançon, 25 oct. 2016, nº 16/01018 : *JCP 2016. 1397, obs. P. Gerbay.*

4. Art. 905. Les dispositions de l'art. 902 n'ont pas vocation à s'appliquer aux procédures fixées en application de l'art. 905. • Civ. 2e, 2 juin 2016, nº 15-18.596 P. ♦ Mais V. auj., art. 905-1.

B. DÉLAI POUR SIGNIFIER

5. Preuve de l'envoi de l'avis envoyé via le réseau privé virtuel avocat (RPVA). Ayant souverainement retenu qu'un avocat avait reçu l'avis prévu à l'art. 902 par lettre du greffe et par un message électronique dépourvu d'ambiguïté envoyé via le RPVA, une cour d'appel a pu décider que la caducité de l'appel était encourue. • Civ. 2e, 26 juin 2014, nº 13-17.574 P : *D. 2014. Actu. 1456 ; D. avocats 2014. 254 ; Gaz. Pal. 25-26 juill. 2014, p. 17, note Lhermitte ; JCP 2014. 1232, nº 8, obs. Amrani-Mekki.* ♦ Lorsque l'avis prévu à l'art. 902 a été adressé par le RPVA, il appartient à l'appelant, qui ne justifie pas avoir signifié dans le mois suivant cet avis la déclaration d'appel à l'intimé n'ayant pas constitué avocat, de démontrer un dysfonctionnement du réseau qui l'aurait empêché de recevoir l'avis. • Civ. 2e, 26 juin 2014, nº 13-20.868 P : *D. 2014. Actu. 1456 ; Gaz. Pal. 25-26 juill. 2014, p. 17, note Lhermitte ; D. avocats 2014. 254 ; JCP 2014. 1232, nos 8 et 10, obs. Amrani-Mekki.*

6. Il résulte des dispositions de l'art. 902, al. 3, qu'à peine de caducité de la déclaration d'appel, la signification de la déclaration d'appel prévue par ce texte, en cas de retour au greffe de la lettre de notification visée au 1er al. ou lorsque l'intimé n'a pas constitué avocat dans le délai d'un mois à compter de l'envoi de cette lettre, doit *être effectuée dans le délai* d'un mois à compter de l'envoi par le greffe de l'avis visé au 2e de ce texte. Est caduque la déclaration d'appel que l'appelante avait fait signifier à l'intimée défaillante le 20 juill. 2011, dès lors, d'une part, que la mention « copie aux avoués, le 9 juin 2011 » faisait foi tant de l'exécution de cette diligence que de la date à laquelle elle avait été effectuée et, d'autre part, que ces éléments étaient corroborés par la circonstance que cet événement figurait à la date du 9 juin 2011 sur le site « e-barreauréseauvirtueldesavocats », sous la dénomination « avis appelant assigner intimé non constitué », ce dont il résultait que la signification de la déclaration d'appel était intervenue postérieurement à l'expiration du délai d'un mois à compter de l'avis adressé par le greffe. • Civ. 2e, 27 juin 2013, nº 12-19.945 P : *D. 2013. Actu. 1694 ; Gaz. Pal. 20 juill. 2013, p. 13 (2e esp.), note Piau ; JCP 2013. 1225, obs. Amrani-Mekki ; Gaz. Pal. 7-9 sept. 2014, p. 38, obs. Pellerin.*

C. SANCTION DE L'ABSENCE DE SIGNIFICATION

7. Caducité soulevée in limine litis. La caducité de la déclaration d'appel doit être soulevée *in limine litis* par la partie qui l'invoque. • Rennes, 4 sept. 2013, nº 12/06502 • 4 sept. 2013, nº 12/03777.

8. Relevé d'office. V. art. 911-1 et 914.

9. Absence de grief. Une cour d'appel n'a pas à rechercher si l'irrégularité a causé un grief aux intimés dès lors que la caducité est encourue au titre, non pas d'un vice de forme de la déclaration d'appel, mais de l'absence de signification d'une déclaration d'appel au sens de l'art. 902 et de l'art. 10 de l'Arr. du 30 mars 2011 relatif à la communication par voie électronique dans les procédures avec représentation obligatoire devant les cours d'appel. • Civ. 2e, 1er juin 2017, nº 16-18.212 P : *D. 2017. Actu. 1196 ; ibid. 2017. 2192, note Bolard ; ibid. 2018. 692, obs. Fricero ; Dr. et pr. 2017. 167, note Salati.*

10. Conventionalité (oui). L'appelant devant accomplir les actes nécessaires à la régularité de la procédure d'appel et les délais prescrits aux parties pour les effectuer ne les privant pas de leur droit d'accès au juge et à un procès équitable ou à un recours effectif, c'est sans méconnaître les exigences de l'art. 6, § 1er, Conv. EDH qu'une cour d'appel décide que le non-respect des prescriptions réglementaires justifie la sanction édictée par les art. 902 et 908. • Civ. 2e, 26 juin 2014, nº 13-22.011 P : *Gaz. Pal. 25-26 juill. 2014, p. 17, note Lhermitte ; D. avocats 2014. 254 ; JCP 2014. 1105, note Cachard ; ibid. 1232, nº 8, obs. Amrani-Mekki* • 26 juin 2014, nº 13-22.013 P : *D. 2015. 287, obs. Fricero ; Gaz. Pal. 25-26 juill. 2014, p. 17, note Lhermitte ; D. avocats 2014. 254 .* ♦ La caducité résultant de l'absence de la signification de la déclaration d'appel dans le délai imparti par la loi ne constitue pas une sanction disproportionnée au but poursuivi, qui est d'assurer la célérité et l'efficacité de la procédure d'appel avec représentation obligatoire, et n'est pas contraire aux exigences de l'art. 6, § 1er, Conv. EDH. • Civ. 2e, 1er juin

2017, ☎ n° 16-18.212 P : *préc. note 9.*

D. ABSENCE DE CONSTITUTION DE L'INTIMÉ. CONSÉQUENCE

11. A défaut de constitution dans le délai de quinze jours posé par l'art. 902, une ordonnance de clôture peut être rendue malgré l'absence d'expiration du délai de deux mois prévu à l'art. 909 (auj. trois mois), dès lors que l'assignation est valable et qu'il n'existe aucune cause grave de révocation de l'ordonnance de clôture. • Civ. 2e, 6 juin 2013, ☎ n° 11-25.655 P. ♦ Le dépôt de conclusions ne constitue pas une cause grave de révocation de l'ordonnance de clôture. • Même arrêt.

Art. 903 *(Décr. n° 2010-1647 du 28 déc. 2010, art. 3)* **Dès qu'il est constitué, l'***(Décr. n° 2012-634 du 3 mai 2012, art. 19-1°-a)* **« avocat » de l'intimé en informe celui de l'appelant et remet une copie de son acte de constitution au greffe.**

La notification de la constitution d'avoué (auj. avocat) par l'intimé ne suffit pas à rendre contradictoires les débats, il faut encore qu'une copie de l'acte de constitution ait été déposée au secrétariat-greffe (auj. greffe). • Civ. 2e, 6 mai 1976, ☎ n° 74-14.772 P. ♦ Mais V. auj. art. 930-1.

Art. 904 **Le premier président désigne la chambre à laquelle l'affaire est distribuée.**

Le greffe en avise les *(Décr. n° 2012-634 du 3 mai 2012, art. 19-1°-a)* **« avocats » constitués.**

Art. 904-1 *(Décr. n° 2017-891 du 6 mai 2017, art. 15, en vigueur le 1er sept. 2017)* **Le président de la chambre à laquelle l'affaire a été distribuée décide de son orientation soit en fixant une date d'appel de l'affaire à bref délai, soit en désignant un conseiller de la mise en état.**

Le greffe en avise les avocats constitués.

BIBL. ▶ LHERMITTE, *Gaz. Pal. 15 mai 2018, p. 56* (circuit court de droit : les obligations procédurales des parties en l'absence d'un avis de fixation).

Art. 905 *(Décr. n° 2020-1452 du 27 nov. 2020, art. 1er-22°, en vigueur le 1er janv. 2021)* **Le président de la chambre saisie, d'office ou à la demande d'une partie, fixe les jours et heures auxquels l'affaire sera appelée à bref délai au jour indiqué, lorsque l'appel :**

1° Semble présenter un caractère d'urgence ou être en état d'être jugé ;

2° Est relatif à une ordonnance de référé ;

3° Est relatif à un jugement rendu selon la procédure accélérée au fond ;

4° Est relatif à une des ordonnances du juge de la mise en état énumérées aux 1° à 4° de l'article 795 ;

5° Est relatif à un jugement statuant en cours de mise en état sur une question de fond et une fin de non-recevoir en application du neuvième alinéa de l'article 789.

Dans tous les cas, il est procédé selon les modalités prévues aux articles 778 et 779.

L'art. 1er-22° du Décr. n° 2020-1452 du 27 nov. 2020 s'applique aux instances en cours au 1er janv. 2021 (Décr. préc., art. 12).

Ancien art. 905 ***Lorsque l'affaire semble présenter un caractère d'urgence ou être en état d'être jugée ou lorsque l'appel est relatif à une ordonnance de référé*** *(Décr. n° 2019-1419 du 20 déc. 2019, art. 5-7°)* ***« ou à un jugement rendu selon la procédure accélérée au fond »*** *(Décr. n° 2017-891 du 6 mai 2017, art. 16-1°-a, en vigueur le 1er sept. 2017)* ***« ou » à une des ordonnances du juge de la mise en état énumérées aux 1° à 4° de l'article*** *(Décr. n° 2019-1333 du 11 déc. 2019, art. 29-6°, en vigueur le 1er janv. 2020)* ***« 795 », le président de la chambre saisie, d'office ou à la demande d'une partie, fixe*** *(Décr. n° 2017-891 du 6 mai 2017, art. 16-1°-b, en vigueur le 1er sept. 2017)* ***« les jours et heures auxquels l'affaire » sera appelée*** *(Décr. n° 2017-891 du 6 mai 2017, art. 16-1°-c, en vigueur le 1er sept. 2017)* ***« à bref délai » ; au jour indiqué, il est procédé selon les modalités prévues aux articles*** *(Décr. n° 2019-1333 du 11 déc. 2019, art. 29-6°, en vigueur le 1er janv. 2020)* ***« 778 et 779 ».***

(Abrogé par Décr. n° 2017-888 du 6 mai 2017, art. 2) (Décr. n° 2016-1249 du 26 sept. 2016, art. 4-2°) ***« L'appel des jugements rendus sur le fondement du chapitre III "Action de groupe" du titre IV du livre Ier de la première partie du code de la santé publique est jugé selon la procédure prévue au premier alinéa. »*** *— Sur l'action de groupe en matière de santé, V. CSP, art. L. 1143-1 s. et R. 1143-1 s., App., v° Action en justice.*

Le Décr. n° 2017-888 du 6 mai 2017 est applicable dans les îles Wallis-et-Futuna (Décr. préc., art. 9-I).

Les dispositions de l'art. 16 du Décr. n° 2017-891 du 6 mai 2017 s'appliquent aux appels formés à compter du 1er sept. 2017. Elles s'appliquent aux instances consécutives à un renvoi après cassation lorsque la juridiction de renvoi est saisie à compter du 1er sept. 2017 (Décr. préc., art. 53-II bis, créé par Décr. n° 2017-1227 du 2 août 2017, art. 1er-2°-b).

L'art. 29 du Décr. n° 2019-1333 du 11 déc. 2019 est applicable aux instances en cours au 1er janv. 2020 (Décr. préc., art. 55-I).

L'art. 5 du Décr. n° 2019-1419 du 20 déc. 2019 s'applique aux demandes introduites à compter du 1er janv. 2020 (Décr. préc., art. 24-II).

1. La délivrance d'une déclaration d'appel au visa erroné de l'art. 902, s'agissant d'une procédure régie par l'art. 905 du même code, ne constitue qu'un vice de forme, de sorte que l'exception de nullité qui en est tirée doit être invoquée avant toute défense au fond en application de l'art. 112. • Civ. 2e, 2 déc. 2021, n° 20-10.692 P : *D. actu. 24 janv. 2022, note Lhermitte ; D. 2022. Pan. 635, obs. Fricero ; Gaz. Pal. 18 janv. 2022, p. 60, note Hoffschir.*

2. Délai pour conclure. Sur l'inapplicabilité des art. 908 à 910, V. note ss. art. 908.

Sur l'applicabilité de l'art. 905-2, V. art. 905-2.

3. Art. 902 et 905-1. Sur l'inapplicabilité de l'art. 902, V. note ss. art. 902.

Sur l'applicabilité de l'art. 905-1, V. art. 905-1.

4. Appel d'une ordonnance de référé. Les appels des ordonnances de référé sont instruits sans intervention d'un conseiller de la mise en état. La cour d'appel était dès lors seule compétente pour statuer sur la recevabilité de l'appel. • Civ. 2e, 16 mars 2017, n° 16-14.116. ♦ Lorsque l'appel est relatif à une ordonnance de référé, la procédure est soumise de plein droit aux dispositions de l'art. 905, même en l'absence d'ordonnance de fixation à bref délai. • Civ. 2e, 12 avr. 2018, n° 17-10.105 P : *JCP 2018. 510, obs. P. Gerbay ; Procédures 2018, n° 174, note Croze ; Gaz. Pal. 31 juill. 2018, p. 65, obs. Hoffschir.*

5. Appel d'une décision du JEX. Il résulte de l'application combinée des art. 905, 905-2, al. 1er, 911, et R. 121-20 C. pr. exéc., dans leur rédaction issue du Décr. n° 2017-891 du 6 mai 2017, que l'appel d'une décision du juge de l'exécution est, sauf autorisation d'assigner à jour fixe, soumis à la procédure à bref délai, et ce même en l'absence d'avis de fixation, de sorte que les conclusions de l'appelant, qui peuvent être déposées au greffe avant la fixation de l'affaire à bref délai, doivent être notifiées à l'intimé dans le délai maximal d'un mois suivant la réception, par l'appelant, de l'avis de fixation à bref délai. • Civ. 2e, 13 janv. 2022, n° 20-18.121 P : *D. actu. 31 janv. 2022, note Lhermitte ; D. 2022. Pan. 635, obs. Fricero.*

Art. 905-1 *(Décr. n° 2017-891 du 6 mai 2017, art. 17, en vigueur le 1er sept. 2017)* **Lorsque l'affaire est fixée à bref délai par le président de la chambre, l'appelant signifie la déclaration d'appel dans les dix jours de la réception de l'avis de fixation qui lui est adressé par le greffe à peine de caducité de la déclaration d'appel relevée d'office par le président de la chambre ou le magistrat désigné par le premier président ; cependant, si, entre-temps, l'intimé a constitué avocat avant signification de la déclaration d'appel, il est procédé par voie de notification à son avocat.**

A peine de nullité, l'acte de signification indique à l'intimé que, faute pour lui de constituer avocat dans un délai de quinze jours à compter de celle-ci, il s'expose à ce qu'un arrêt soit rendu contre lui sur les seuls éléments fournis par son adversaire et que, faute de conclure dans le délai mentionné l'article 905-2, il s'expose à ce que ses écritures soient déclarées d'office irrecevables.

Les dispositions de l'art. 17 du Décr. n° 2017-891 du 6 mai 2017 s'appliquent aux appels formés à compter du 1er sept. 2017. Elles s'appliquent aux instances consécutives à un renvoi après cassation lorsque la juridiction de renvoi est saisie à compter du 1er sept. 2017 (Décr. préc., art. 53-II bis, créé par Décr. n° 2017-1227 du 2 août 2017, art. 1er-2°-b).

BIBL. ▸ Lhermitte, *Gaz. Pal. 15 mai 2018, p. 56* (circuit court de droit : les obligations procédurales des parties en l'absence d'un avis de fixation). – Trequattrini, *Procédures 2018. Focus 7* (de la pertinence de la radiation du rôle en cas de fixation à bref délai).

1. Décr. n° 2017-891 du 6 mai 2017. Légalité. *Eu égard au caractère* des affaires qui, en application de l'art. 905 C. pr. civ., sont soumises à la procédure à bref délai et aux exigences particulières de célérité qui en découlent, les dispositions de l'art. 905-1, en fixant les délais prescrits à l'appelant pour accomplir les actes de signification ou de notification et en prévoyant leur sanction automatique, ne privent pas les justiciables de leur droit d'accès au juge ou à un recours effectif et ne méconnaissent pas, par suite, l'art. 6 Conv. EDH.

Les dispositions qui fixent à un mois à compter de la réception de l'avis de fixation de l'affaire à bref délai le délai imparti à l'appelant pour conclure, à un mois à compter de la notification des conclusions de l'appelant celui imparti à l'intimé pour conclure et former, le cas échéant, appel incident et à un mois celui laissé à l'intervenant forcé ou volontaire à compter du moment où il a accès à la procédure répondent à l'exigence de célérité de la justice et à la nécessité de garantir le droit à un jugement dans un délai raisonnable au regard de la nature des affaires soumises à la procédure de l'art. 905 C. pr. civ. Ces dispositions, qui laissent à chacune des parties une durée raisonnable pour rédiger ses conclusions, ne méconnaissent ni le droit d'accès à un juge, ni le principe de respect des droits de la défense et ne sont pas entachées d'une erreur manifeste d'appréciation.

L'obligation faite à l'appelant de notifier la déclaration d'appel à l'avocat que l'intimé a préalablement constitué, dans le délai de dix jours de la réception de l'avis de fixation adressé par le greffe, n'est pas prescrite à peine de caducité de la déclaration d'appel. Par ailleurs, ka caducité de la déclaration d'appel et l'irrecevabilité des conclusions de l'intimé ou de l'intervenant, prévues aux art. 905-1 et 905-2, ne sont pas disproportionnées au but poursuivi, qui est d'assurer la célérité et l'efficacité de la procédure d'appel avec représentation obligatoire. N'est dès lors pas fondé l'argument selon lequel en prévoyant de telles conséquences procédurales en cas de non-respect des obligations pesant sur les parties, l'art. 17 du décret attaqué méconnaîtrait le droit d'accès au juge et le principe du respect des droits de la défense et serait entaché d'une erreur manifeste d'appréciation.

Dans le cadre de la procédure à bref délai, l'art. 17 du décret attaqué reconnaît au président de la chambre saisie ou au magistrat désigné par le premier président la faculté, laissée à son appréciation, d'impartir aux parties des délais plus courts que ceux prévus par l'art. 905-2 C. pr. civ.. Une telle faculté s'exerce dans le respect des exigences du caractère contradictoire de la procédure juridictionnelle. Par suite, n'est pas fondé l'argument selon lequel le pouvoir réglementaire, en ne fixant pas un délai minimal, n'aurait pas épuisé sa compétence, aurait entaché son appréciation d'une erreur manifeste et méconnu le droit d'accès au juge. • CE 13 nov. 2019, n°s 412255, 412286, 412287, 412308 et *415651 : cité note 1 ss. art. 83.*

2. … Conventionnalité. La caducité de la déclaration d'appel non signifiée à l'intimé dans le délai de l'art. 905-1, qui n'est ni imprévisible ni insuffisant, ne constitue pas une atteinte disproportionnée au droit d'accès au juge. En effet, selon la Conv. EDH, le droit d'accès aux tribunaux n'est pas absolu et peut donner lieu à des limitations dès lors qu'elles ne restreignent pas l'accès ouvert à l'individu d'une manière ou à un point tel que le droit s'en trouve atteint dans sa substance même et qu'elles se concilient avec l'art. 6, § 1er, Conv. EDH en poursuivant un but légitime et en instaurant un rapport raisonnable de proportionnalité entre les moyens employés et le but visé. Le délai de dix jours prévu par l'art. 905-1, dont le point de départ est la réception de l'avis de fixation adressé aux parties, est destiné à permettre de juger certaines affaires à bref délai. Il garantit, dans les limites de cette exigence de célérité liée à la nature de l'affaire, de s'assurer que l'intimé, qui n'a pas encore constitué avocat, soit appelé et mis en mesure de préparer sa défense. En outre, d'une part, l'accès au juge d'appel n'est pas restreint d'une manière ou à un point tel que le droit s'en trouve atteint dans sa substance même et, d'autre part, le but légitime poursuivi est celui d'une bonne administration de la justice, les procédures présentant un caractère d'urgence devant être organisées dans un cadre permettant d'assurer qu'une décision soit rendue à bref délai, et le rapport de proportionnalité entre les moyens employés et le but visé est raisonnable, l'appelant, qui doit, par l'intermédiaire de son avocat se montrer vigilant s'agissant de l'accomplissement des différents actes de la procédure, étant mis en mesure de respecter l'obligation mise à sa charge de signifier la déclaration d'appel à l'intimé dans ce délai de dix jours. • Civ. 2e, 9 sept. 2021, n° 19-25.187 P : *D. actu. 4 oct. 2021, note Lhermitte ; D. 2021. 1679 ; ibid. 2022. Pan. 635, obs. Fricero ; JCP 2021. 1050, note Fricero.*

3. En application de l'art. 905-1, al. 1er, l'obligation faite à l'appelant de notifier la déclaration d'appel à l'avocat que l'intimé a préalablement constituée, dans le délai de dix jours à compter de la réception de l'avis de fixation adressé par le greffe, n'est pas prescrite à peine de caducité de cette déclaration d'appel. En effet, en application de l'art. 902, le greffe qui reçoit une déclaration d'appel relevant de la procédure avec représentation obligatoire par avocat adresse aussitôt cette déclaration à l'intimé, pour lui permettre de constituer un avocat. L'obligation faite à l'appelant, par les art. 902 et 905-1, de signifier cette déclaration d'appel à l'intimé tend à remédier au défaut de constitution de ce dernier à la suite de ce premier avis du greffe, en vue de garantir le respect du principe de la contradiction, exigeant que l'intimé ne puisse être jugé qu'après avoir été entendu ou appelé. L'acte de signification de la déclaration d'appel rappelle donc que l'intimé qui ne constitue pas dans les quinze jours suivant cet acte s'expose à ce qu'un arrêt soit rendu contre lui sur les seuls éléments fournis par son adversaire. Une fois que l'intimé a constitué un avocat, cet objectif recherché par la signification de la déclaration d'appel est atteint. En outre, l'art. 905-1 n'impose pas que la notification de la déclaration d'appel entre avocats contienne d'autres informations, sachant, par ailleurs, que l'avis de fixation à bref délai est transmis par le greffe à l'avocat de l'intimé, dès qu'il est constitué, conformément aux art. 904-1 et 970. Dans ces conditions, sanctionner l'absence de notification entre avocats de la déclaration d'appel, dans le délai de l'art. 905-1, d'une caducité de celle-ci, qui priverait définitivement l'appelant de son droit de former un appel principal en mettant fin à l'instance d'appel à l'égard de l'intimé et en rendant irrecevable tout nouvel appel principal de la part de l'appelant contre le même jugement à l'égard de la même partie (art. 911-1, al. 3), constituerait une atteinte disproportionnée au droit d'accès au juge consacré par l'art. 6, § 1er, Conv. EDH. • Civ. 2e, 12 juill. 2018, n° 18-70.008 P : *D. actu. 12 sept. 2018, obs. Laffly ; D. 2018. Actu. 1558 ; Gaz. Pal. 31 juill. 2018, p. 75, obs. Amrani-Mekki ; JCP 2018. 889, obs. Gerbay ; RLDC 10/2018. 8, obs. Dorange.* ♦ V. aussi : cassation de l'arrêt qui a prononcé la caducité de la déclaration d'appel aux motifs qu'elle n'avait pas été notifiée à l'avocat de l'intimé dans le délai de dix jours à compter de l'avis de fixation. • Civ. 2e, 2 juill. 2020, n° 19-16.336 P : *D. actu. 11 sept. 2020, obs. Laffly ; D. 2020. 1472* • 22 oct. 2020, n° 18-25.769 P : *D. 2021. 543, obs. Fricero ; AJDI 2021. 67*.

Art. 905-2 *(Décr. n° 2017-891 du 6 mai 2017, art. 17, en vigueur le 1er sept. 2017)* **A peine de caducité de la déclaration d'appel, relevée d'office par ordonnance du président de la chambre saisie ou du magistrat désigné par le premier président, l'appelant dispose d'un délai d'un mois à compter de la réception de l'avis de fixation de l'affaire à bref délai pour remettre ses conclusions au greffe.**

L'intimé dispose, à peine d'irrecevabilité relevée d'office par ordonnance du président de la chambre saisie ou du magistrat désigné par le premier président, d'un délai d'un mois à compter de la notification des conclusions de l'appelant pour remettre ses conclusions au greffe et former, le cas échéant, appel incident ou appel provoqué.

L'intimé à un appel incident ou à un appel provoqué dispose, à peine d'irrecevabilité relevée d'office par ordonnance du président de la chambre saisie ou du magistrat désigné par le premier président, d'un délai d'un mois à compter de la notification de l'appel incident ou de l'appel provoqué à laquelle est jointe une copie de l'avis de fixation pour remettre ses conclusions au greffe.

L'intervenant forcé à l'instance d'appel dispose, à peine d'irrecevabilité relevée d'office par ordonnance du président de la chambre saisie ou du magistrat désigné par le premier président, d'un délai d'un mois à compter de la notification de la demande d'intervention formée à son encontre à laquelle est jointe une copie de l'avis de fixation pour remettre ses conclusions au greffe. L'intervenant volontaire dispose, sous la même sanction, du même délai à compter de son intervention volontaire.

Le président de la chambre saisie ou le magistrat désigné par le premier président peut d'office, par ordonnance, impartir des délais plus courts que ceux prévus aux alinéas précédents.

Les ordonnances du président ou du magistrat désigné par le premier président de la chambre saisie statuant sur la fin de non-recevoir tirée de l'irrecevabilité de l'appel, sur la caducité de celui-ci ou sur l'irrecevabilité des conclusions et des actes de procédure en application du présent article et de l'article 930-1 ont autorité de la chose jugée au principal.

Les dispositions de l'art. 17 du Décr. n° 2017-891 du 6 mai 2017 s'appliquent aux appels formés à compter du 1er sept. 2017. Elles s'appliquent aux instances consécutives à un renvoi après cassation lorsque la juridiction de renvoi est saisie à compter du 1er sept. 2017 (Décr. préc., art. 53-II bis, créé par Décr. n° 2017-1227 du 2 août 2017, art. 1er-2°-b).

BIBL. ▶ LHERMITTE, *Gaz. Pal. 15 mai 2018, p. 56* (circuit court de droit : les obligations procédurales des parties en l'absence d'un avis de fixation). – TREQUATTRINI, *Procédures 2018. Focus 7* (de la pertinence de la radiation du rôle en cas de fixation à bref délai).

Décr. n° 2017-891 du 6 mai 2017. Légalité. Renvoi. V. note 1 ss. art. 905-1.

Art. 906 **Les conclusions sont notifiées et les pièces communiquées simultanément par l'***(Décr. n° 2012-634 du 3 mai 2012, art. 19-1°-a)* **« avocat » de chacune des parties à celui de l'autre partie ; en cas de pluralité de demandeurs ou de défendeurs, elles doivent l'être à tous les** *(Décr. n° 2012-634 du 3 mai 2012, art. 19-1°-a)* **« avocats » constitués.**

Copie des conclusions est remise au greffe avec la justification de leur notification.

(Décr. n° 2017-891 du 6 mai 2017, art. 18, en vigueur le 1er sept. 2017) **« Les pièces communiquées et déposées au soutien de conclusions irrecevables sont elles-mêmes irrecevables. »**

Les dispositions de l'art. 18 du Décr. n° 2017-891 du 6 mai 2017 s'appliquent aux appels formés à compter du 1er sept. 2017. Elles s'appliquent aux instances consécutives à un renvoi après cassation lorsque la juridiction de renvoi est saisie à compter du 1er sept. 2017 (Décr. préc., art. 53-II bis, créé par Décr. n° 2017-1227 du 2 août 2017, art. 1er-2°-b).

BIBL. ▶ ALCADE, *D. 2012. 2435* (l'exigence de simultanéité, nouveau principe directeur du procès civil). – JUNILLON et LAFFLY, *JCP 2012. 944* (la communication simultanée des pièces en appel : c'est maintenant). – PUTMAN, *Dr. et pr. 2013. 74* (la bonne administration des conclusions et communications des pièces en appel).

A. NOTIFICATION DES CONCLUSIONS ET COMMUNICATION DES PIÈCES SIMULTANÉES

1. Sanction de l'obligation de notification et communication simultanées. Une cour d'appel décide à bon droit que l'obligation de communiquer simultanément au dépôt et à la notification des conclusions les pièces produites à leur soutien visée à l'art. 906 ne lui imposait pas d'écarter des débats des pièces dont la communication y contrevenait, s'il était démontré que le destinataire de la communication avait été mis, en temps utile, en mesure de les examiner, de les discuter et d'y répondre. • Cass., ass. plén., 5 déc. 2014, n° 13-19.674 P : *BICC 1er mars 2015, p. 7 (arrêt n° 1), rapp. Andrich, avis Lesueur de Givry ; D. 2014. Actu. 2530 ; ibid. 2015. Pan. 294, obs. Fricero ; Gaz. Pal. 2015. 394, note Blanc ; ibid. 1008, note Zalewski-Sicard ; D. 2015. Chron. 520, obs. Vasseur, de Leiris et Adida-Canac ; D. actu. 12 déc. 2014, obs. Kebir ; D. avocats 2014. 381, obs. Dargent ; ibid. 2015. 80, note Lhermitte ; JCP 2014. 1300, obs. Gerbay ; ibid. 2015. 424, obs. Serinet ; ibid. 2015. 10, note Fricero ; ibid. N 2015. 504, obs. Delpérier ; ibid. 1097, note Poumarède ; ibid. 1112, obs. Mekki ; Procédures 2015, n° 28, note Croze ; RLDC mai 2015, p. 73, obs. Raschel ; Gaz. Pal. 24 mars 2015, p. 32, note Malherbe ; ibid. 16 juin 2015, p. 27, note Raschel ; Defrénois 2015. 428, note Périnet-Marquet.* ♦ V. aussi, • Civ. 2e, 19 mars 2015, n° 14-16.238. ♦ Rappr., jugeant que seule l'absence de conclusions dans le délai de trois mois à compter de la déclaration d'appel est sanctionnée par la caducité de l'appel. • Civ. 2e, 30 janv. 2014, n° 12-24.145 P : *D. 2014. Actu. 429 ; ibid. Pan. 795, obs. Fricero ; JCP 2014. 297, note Vallet-Pamart ; ibid. 436, n° 8, obs. Serinet ; ibid. 161, note Travier et Guichard ; ibid. 1232, n° 8, obs. Amrani-Mekki ; Gaz. Pal. 7-8 mars 2014, p. 9, note Bencimon ; ibid. 11 mars 2014, p. 35, note Pellerin ; Procédures 2014, n° 97, note Perrot.* ♦ *Contra* auparavant : • Cass., avis, 25 juin 2012, nos 12-005, 12-006 et 12-007 P : *R. 2012. 385 et 464 ; JCP 2012. Actu. 814, obs. Gerbay ; Gaz. Pal. 24-26 févr. 2012, p. 12, obs. Dary et d'Arjuzon ; ibid., p. 15, obs. Lhermitte ; ibid. 7-8 déc. 2012, p. 46, note Foulon et Strickler ; Dr. et pr. 2013. 205, note Salati.*

2. Dès lors que les pièces contestées ont été communiquées en première instance puis communiquées à nouveau en cause d'appel avant la clôture de l'instruction, de sorte que leur destinataire a été mis, en temps utile, en mesure de les examiner, de les discuter et d'y répondre, une cour d'appel peut à bon droit décider que ces pièces sont régulièrement acquises au débat. • Civ. 1re, 7 oct. 2015, n° 14-14.702 P : *D. 2015. 2072 ; ibid. 2016. 1045, obs. Gaudemet-Tallon et Jault-Seseke ; Gaz. Pal. 22 oct. 2015, p. 23, note Berlaud ; ibid. 5 janv. 2016, p. 76, note Anger ; LPA 8 déc. 2016, p. 7, obs. Kerckhove ; JCP 2015. 1317, note Fongaro ; ibid. 2016. 35, obs. Farge.* ♦ L'obligation, imposée par l'art. 906, de communiquer simultanément au dépôt et à la notification des conclusions les pièces produites à leur soutien, n'impose pas au juge d'écarter des débats les pièces communiquées postérieurement à la notification des conclusions dès lors qu'il constate que leur destinataire a été mis, en temps utile, en mesure de les examiner, de les discuter et d'y répondre. • Com. 15 déc. 2015, n° 13-25.566 P : *D. 2016. 69 ; ibid. 1779, obs. Neyret et Reboul-Maupin ; ibid. 1894, obs. Le Corre et Lucas ; Rev. sociétés 2016. 199, obs. Henry ; RTD com. 2016. 204, obs. A. Martin-Serf ; Gaz. Pal. 12 avr. 2016, p. 70, note Le Corre-Broly ; JCP E 2016. 1198, obs. Pétel ; Banque et Dr. 3-4/2016, p. 62, note Houin-Bressand.*

3. Communication obligatoire des pièces de première instance. V. art. 132 et notes ss. art. 132.

4. Compétence du conseiller de la mise en état (non). Le conseiller de la mise en état n'est pas compétent pour écarter des débats les pièces, invoquées au soutien des prétentions, qui ne sont pas communiquées simultanément à la notification des conclusions. • Cass., avis, 21 janv. 2013, n° 12-00.017 P : *BICC 1er avr. 2013, p. 29, rapp. de Pimuoulle, obs. Mucchielli ; D. 2013. Actu. 315 ; AJDI 2013. 449, obs. de la Vaissière ; JCP 2013. 135, obs. Gerbay ; ibid. 519, obs. Serinet ; Gaz. Pal. 17-19 févr. 2013, p. 10, obs. Travier et Guichard ; ibid. 24-26 févr. 2013, p. 12, obs. Dary et d'Arjuzon ; ibid. 8-9 mars 2013, p. 25, note Pellerin.*

5. Défaut de communication des pièces. Portée sur les conclusions. Le défaut de communication des pièces en cause d'appel ne prive pas à lui seul les juges du fond de la connaissance des moyens et des prétentions de l'appelant. • Civ. 2e, 3 déc. 2015, n° 14-25.413 P : *D. 2015. 2569 ; ibid. 2016. Chron. C. cass. 36, obs. Adida-Canac, Vasseur, de Leiris, Hénon, Palle, Lazerges-Cousquer et Touati ; JCP 2016. 414, obs. Amrani-Mekki ; Gaz. Pal. 9 févr. 2016, p. 74, note Herman.*

B. REMISE AU GREFFE DES CONCLUSIONS

6. Portée de l'acceptation par le greffe. L'acceptation par le secrétariat-greffe (auj. greffe) du dépôt de conclusions fait présumer qu'il n'est intervenu que sur justification de leur notification. • Civ. 2e, 11 oct. 1978, n° 76-15.285 P : *Gaz. Pal. 1978. 2. Pan. 421 ; RTD civ. 1979. 191, obs. Perrot.*

7. L'intimée n'ayant pas comparu, il ne peut être reproché à l'appelant de ne pas lui avoir communiqué ses pièces (sur le fondement de l'anc. art. 908). • Civ. 2e, 9 juin 2005, n° 03-15.767 P.

C. IRRECEVABILITÉ DES CONCLUSIONS. PORTÉE QUANT AUX PIÈCES

8. Dans la procédure d'appel en matière contentieuse avec représentation obligatoire, les pièces sont écartées des débats lorsque les conclusions au soutien desquelles elles sont communiquées sont déclarées irrecevables, au seul constat de l'irrecevabilité de ces conclusions. • Cass., ass. plén., 5 déc. 2014, n° 13-27.501 P : *BICC 1er mars 2015, p. 7, rapp. Andrich, avis Lesueur de Givry ; D. actu. 12 déc. 2014, obs. Kebir ; D. 2014. Actu. 2530 ; ibid. 2015. Pan. 294, obs. Fricero ; ibid. Chron. C. cass. 520, obs. Vasseur, de Leiris et Adida-Canac ; Gaz. Pal. 24 mars 2015. p. 32, note Malherbe ; D. avocats 2014. 381, obs. Dargent ; JCP 2014. 1300, obs. Gerbay ; ibid. 2015. 10, note Fricero ; Procédures 2015, n° 29, note Croze* • Civ. 2e, 13 nov. 2015, n° 14-19.931 P. ♦ V. encore : • Civ. 2e, 23 juin 2016, n° 15-10.831 : *D. 2017. 422, obs. Fricero*

Art. 907 **A moins qu'il ne soit fait application de l'article 905, l'affaire est instruite sous le contrôle d'un magistrat de la chambre à laquelle elle est distribuée, dans les conditions prévues par les articles** *(Décr. n° 2019-1333 du 11 déc. 2019, art. 29-7°, en vigueur le 1er janv. 2020)* **« 780 à 807 » et sous réserve des dispositions qui suivent.**

L'art. 29 du Décr. n° 2019-1333 du 11 déc. 2019 est applicable aux instances en cours au 1er janv. 2020 (Décr. préc., art. 55-I).

BIBL. ▶ ALBIGES, *Gaz. Pal. 2008. Doctr. 3031* (les droits fondamentaux et la mise en état). – FORTUNET, *Gaz. Pal. 25-26 mai 2012, p. 10* (cas d'ouverture et conditions de mise en œuvre de la caducité du décret Magendie – à propos de deux ordonnances du 2 février 2012 de la cour d'appel de Nîmes). – GOIRANT et PELLERIN, *Bull. ch. avoués 2007, n° spécial, p. 12.* – NARRAN, *Gaz. Pal. 27-31 mai 2007, p. 2* (exception de procédure de première instance). – PARMENTIER, Mél. Drai, *Dalloz 2000, p. 439* (personnalisation du rythme des affaires et rigidité des agendas). – WATREMET, *Gaz. Pal. 2008. Doctr. 3013* (présentation critique de la mise en état).

1. Compétence du conseiller de la mise en état. Le conseiller de la mise en état, dont les attributions ne concernent que les exceptions de procédure et les incidents relatifs à l'instance d'appel, n'est pas compétent pour statuer sur une exception de procédure relative à la première instance (juris. rendue ss. anc. art. 910). • Cass., avis., 2 avr. 2007, n° 00-70.007 P : *D. 2007. AJ 1208, obs. Avena-Robardet ; ibid. Pan. 2432, obs. Fricero ; RTD civ. 2007. 639, obs. Perrot ; JCP 2007. Actu. 182, obs. Salati ; Gaz. Pal. 15-17 avr. 2007, p. 15, note E. Julien ; Procédures 2007, n° 160, note Perrot ; Dr. et pr. 2007. 270, note Salati ; Dr. et patr., janv. 2008, p. 105, obs. Amrani-Mekki* • Civ. 2e, 7 mai 2008, n° 07-14.784 P : *D. 2008. AJ 1489 ; ibid. Chron. C. cass. 2373, obs. Sommer et Nicoletis ; Gaz. Pal. 2009. 2714, n° 1935, obs. du Rusquec* • 18 déc. 2008, n° 07-17.299 : *Procédures 2009, n° 103, note Perrot ; RTD civ. 2009. 171, obs. Perrot* • Civ. 1re, 8 juill. 2009, n° 08-17.401 P : *D. 2009. AJ 1981 ; RJPF 11/2009. 28, obs. Casey.*

2. *L'appréciation des disparités dans les conditions de vie respectives des époux créée par le divorce* relève du seul juge du fond, en sorte que c'est à bon droit qu'une partie décline la compétence du conseiller de la mise en état, dont les pouvoirs sont limitativement fixés par les art. 910 à 912 anc. et 763 à 787. • Aix-en-Provence, 23 oct. 2001 : *Gaz. Pal. 2002. 730, note Massip.*

3. Les attributions conférées au conseiller de la mise en état par l'art. 910 anc., ainsi que par l'art. 771, ne lui permettent pas de désigner un mandataire *ad hoc* chargé de représenter une société précédemment liquidée. • Cass., avis, 2 mai 1994, n° 09-40.006 P.

4. La cour étant saisie d'un jugement rejetant une demande d'expertise, le conseiller de la mise en état ne peut ordonner l'expertise (juris. rendue ss. anc. art. 910). • Paris, 20 juill. 1980 : *Bull. ch. avoués 1981, n° 77, p. 14* • 7 févr. 1985 : *Bull. ch. avoués 1985, n° 93, p. 26.*

5. V. art. 911-1 et 914.

6. Révocation de l'ordonnance de clôture. La décision par laquelle le conseiller de la mise en état révoque l'ordonnance de clôture relève de son pouvoir propre. Elle ne peut dès lors être remise en cause devant la formation collégiale de la cour d'appel. • Civ. 2e, 1er mars 2018, n° 17-11.284 P : *cité note 16 ss. art. 803.*

Art. 908 **A peine de caducité de la déclaration d'appel, relevée d'office** *(Abrogé par Décr. n° 2010-1647 du 28 déc. 2010, art. 4)* **« *par ordonnance du conseiller de la mise en***

état », l'appelant dispose d'un délai de trois mois à compter de la déclaration d'appel pour *(Décr. n° 2017-891 du 6 mai 2017, art. 19, en vigueur le 1er sept. 2017)* **« remettre ses conclusions au greffe** *[ancienne rédaction : conclure]* **».**

Les dispositions de l'art. 19 du Décr. n° 2017-891 du 6 mai 2017 s'appliquent aux appels formés à compter du 1er sept. 2017. Elles s'appliquent aux instances consécutives à un renvoi après cassation lorsque la juridiction de renvoi est saisie à compter du 1er sept. 2017 (Décr. préc., art. 53-II bis, créé par Décr. n° 2017-1227 du 2 août 2017, art. 1er-2°-b).

BIBL. ▸ PH. GERBAY et C. GERBAY, *Procédures 2013. Étude 7* (l'assignation de l'intimé et le décret Magendie). – LHERMITTE, *Gaz. Pal. 19-20 sept. 2014, p. 13* (en appel, la partie doit-elle formuler l'ensemble de ses prétentions dans son délai pour conclure ?). – PELLERIN, *Gaz. Pal. 2-3 mars 2012, p. 41* (domaine d'application de l'article 908 : applicabilité à la procédure à bref délai de l'article 905 ?).

A. DOMAINE DE L'ART. 908

1. Quant à la nature des conclusions. V. art. 910-1.

2. Quant à la procédure. Lorsque, conformément à l'art. R. 661-6 3 C. com., le président de la chambre saisie décide que l'affaire sera instruite sous le contrôle d'un magistrat de la chambre dans les conditions prévues aux art. 763 à 787 C. pr. civ., les dispositions de l'art. 908 du même code imposant à l'appelant un délai de trois mois pour conclure ne s'appliquent pas. • Civ. 2e, 3 déc. 2015, n° 14-20.912 P : *D. actu. 23 déc. 2015, obs. Kebir ; D. 2015. 2558 ; ibid. 2016. Pan. 449, obs. Fricero ; ibid. Chron. C. cass. 736, obs. Adida-Canac, Vasseur, de Leiris, Hénon, Palle, Lazerges-Cousquer et Touati ; RTD com. 2016. 861, obs. Vallens ; Gaz. Pal. 9 févr. 2016, p. 76, obs. Bléry.* ♦ *Contra* : il résulte de l'art. R. 661-6-3° C. com., dans sa rédaction issue du Décr. du 24 déc. 2012, qu'en cas d'appel contre un jugement de conversion d'un redressement judiciaire en liquidation judiciaire, sauf s'il est recouru à la procédure à jour fixe, l'affaire est instruite conformément aux dispositions de l'art. 905 C. pr. civ., le président de la chambre pouvant toutefois décider qu'elle sera instruite sous le contrôle d'un magistrat de la chambre dans les conditions prévues par les art. 763 à 787 du même code ; qu'après avoir relevé que le président de la chambre compétente avait décidé que l'affaire serait instruite conformément à ces derniers textes, la cour d'appel en a exactement déduit que le conseiller de la mise en état était, à la date où il a statué, compétent pour constater la caducité de la déclaration d'appel litigieuse, dont il avait relevé qu'elle n'avait pas été suivie de conclusions dans le délai de trois mois prévu par l'art. 908 C. pr. civ. • Com. 15 nov. 2016, n° 14-22.784 : *D. 2017. Pan. 426, obs. Fricero ; Gaz. Pal. 10 janv. 2017, p. 62, note Fricero.*

3. Les dispositions de l'art. 908 n'ont pas vocation à s'appliquer aux procédures fixées en application de l'art. 905, s'agissant de l'appel d'une ordonnance de référé. • Civ. 1re, 16 mai 2013, n° 12-30.317 P : *Dr. et pr. 2013. 169, note Vinckel ; Gaz. Pal. 7-9 juill. 2013, p. 18, note Piau ; ibid., 1er-3 sept. 2013, p. 43, note Amrani-Mekki ; JCP 2013. 1225, n° 9, obs. Serinet ; RCA 2013. Repère 8, obs. Groutel.* ♦ Les dispositions des art. 908 à 910 ne sont pas applicables aux procédures fixées selon les dispositions de l'art. 905. • Cass., avis, 3 juin 2013, n° 13-70.004 P : *D. 2013. Actu. 1631 ; JCP 2013. 758, note Gerbay ; Dr. et pr. 2013. 169, note Vinckel ; JCP 2013. 1225, n° 9, obs. Serinet.* ♦ Si les délais des art. 908 s. ne sont pas applicables en cas de fixation prioritaire par application de l'art. 905 C. pr. civ., encore faut-il que l'affaire ait été fixée, d'office ou à la demande d'une partie, par une ordonnance présidentielle, sur le fondement de cette disposition. • Civ. 2e, 21 janv. 2016, n° 14-28.985 P : *D. 2016. 263 ; ibid., Chron. C. cass. 736, obs. Adida-Canac, Vasseur, de Leiris, Hénon, Palle, Lazerges-Cousquer et Touati ; ibid. 2017. 422, obs. Fricero.* ♦ Mais, V. auj., art. 905-2 issu du Décr. du 6 mai 2017 et art. 911 citant art. 905-2.

B. DÉLAI DE L'APPELANT POUR CONCLURE

4. Point de départ. Le délai de trois mois dont dispose l'appelant pour conclure court à compter de la date de la déclaration d'appel et non de son enregistrement. • Civ. 2e, 5 juin 2014, n° 13-21.023 P : *Gaz. Pal. 7-9 sept. 2014, p. 37, obs. Herman.* ♦ Seule la notification de la décision constatant la caducité de la demande d'aide juridictionnelle peut faire courir le délai imparti à l'appelant pour conclure et non la date imposée par le bureau d'aide juridictionnelle pour la production de pièces complémentaires à la demande d'aide juridictionnelle de l'appelant. • Civ. 2e, 17 mars 2016, n° 15-10.754 P. ♦ La seconde déclaration d'appel ayant eu pour effet de régulariser la première déclaration qui était affectée d'une erreur matérielle, le délai de dépôt des conclusions, fixé par l'art. 908 C. pr. civ., a commencé à courir à compter de la première déclaration d'appel qui avait valablement saisi la cour d'appel. • Civ. 2e, 16 nov. 2017, n° 16-23.796 P : *D. actu. 7 déc. 2017, obs. Laffly ; D. 2018. Pan. 697, obs. Fricero ; JCP 2017. 1274, note R. Guichard ; Procédures 2018, n° 3, note Croze ; Gaz. Pal. 6 févr. 2018, p. 52, obs. Herman.* ♦ Le point de départ du délai imparti par l'art. 908 C. pr. civ. à l'appelant pour conclure court à compter de la remise au greffe de la déclaration d'appel et non de l'édition du fichier récapitulatif reprenant les données du message de l'appelant. • Civ. 2e, 6 déc. 2018, n° 17-27.206 P : *D. actu. 16 janv. 2019, obs. Bléry ; D. 2019. 555, obs. Fricero ; JCP 2019. 132, note Laffly.* ♦ Le délai de trois mois dont dispose l'appelant pour remettre ses conclusions au greffe court, lorsque la déclaration d'appel est établie sur support papier et qu'elle est adressée au greffe par lettre recommandée avec accusé de réception, du jour de l'expédition de cette lettre. • Civ. 2e, 9 janv. 2020, n° 18-24.107 P : *D. actu. 28 janv. 2020, note Laffly ; D. 2020. 87.*

5. Interruption de l'instance. Portée. L'interruption de l'instance emporte celle du délai imparti pour conclure et fait courir un nouveau délai à compter de la reprise d'instance. • Civ. 2e, 4 juin 2015, n° 13-27.218 P : *D. actu. 25 juin 2015, obs. Mélin ; D. 2015. Actu. 1279 ; ibid. Chron. C. cass. 1791, obs. Adida-Canac, Vasseur et de Leiris ; ibid. 2016. Pan. 453, obs. Fricero ; JCP 2015. 966, note Gerbay ; ibid. 1304, obs. Serinet ; RLDC nov. 2015, p. 62, obs. Raschel.* ♦ Les ayants droit de l'appelant cités en reprise d'instance sont appelés à reprendre la procédure en qualité de demandeur à l'instance d'appel introduite par leur auteur et disposent nécessairement, à compter de la citation en reprise d'instance, du même délai de trois mois prévu par l'art. 908 pour conclure au soutien de l'appel, dès lors que ce texte ne distingue pas entre l'appelant initial et ses héritiers saisis de ses droits et actions. • Civ. 2e, 3 sept. 2015, n° 14-11.907 : *D. 2016. Pan. 453, obs. Fricero ; Procédures 2015, n° 319, note Croze.* ♦ Sur les causes d'interruption de l'instance, V. art. 369 s.

6. Preuve de la remise des conclusions. V. refusant de considérer un appel comme caduc, faute de transmission des conclusions de l'appelant par voie électronique, alors que le bordereau d'envoi produit par l'avocat prouvait qu'il les avait adressées avec la signification de la déclaration d'appel, mais qu'un problème technique a empêché leur transmission ou leur réception par le greffe : • Versailles, 19 nov. 2013 : *D. actu. 17 déc. 2013, obs. Portman ; D. avocats 2014. 9, obs. Portmann.*

7. Il résulte des art. 2, 4, 5 et 8 de l'Arr. du 30 mars 2011 relatif à la communication par voie électronique dans les procédures avec représentation obligatoire devant les cours d'appel que l'envoi par l'appelant au greffe du fichier contenant ses conclusions, selon les règles de la communication par voie électronique, effectué dans le délai de trois mois susmentionné et parvenu au greffe, vaut à l'égard de l'appelant remise au greffe. Doit en conséquence être censuré l'arrêt d'une cour d'appel prononçant la caducité d'une déclaration d'appel, au motif qu'en l'absence d'avis de réception des conclusions par le greffe, il ne peut être retenu que le message de données, contenant les conclusions de l'appelant et qui avait fait l'objet d'un refus de la part du greffe en raison de l'absence de référence au numéro de rôle, a été remis au greffe dans le délai de trois mois, alors que l'avis de refus émis par ce greffe établissait l'envoi des conclusions, dans le délai prescrit, et leur réception. • Civ. 2e, 24 sept. 2015, n° 14-20.212 P : *D. 2015. Actu. 1960 ; JCP 2015. 1125, obs. Bléry.* ♦ V. aussi, cassation de l'arrêt qui a prononcé la caducité de la déclaration d'appel, tout en constatant que l'appelant avait transmis au greffe de la cour d'appel, dans un délai de trois mois suivant sa déclaration d'appel, des conclusions relatives à l'instance d'appel l'opposant à l'intimé, par l'intermédiaire du RPVA, de sorte qu'elle était bien saisie de ces conclusions en dépit de l'indication d'un numéro de répertoire erroné. • Civ. 2e, 2 juill. 2020, n° 19-14.745 P : *D. actu. 31 août 2020, obs. Bléry ; D. 2020. 1471 ; Rev. prat. rec. 2020. 6, chron. Kieffer, Laher et Provansal ; JCP 2020. 1011 note Laporte.* ♦ La caducité prévue par l'art. 908 n'a pas pour objet de sanctionner une éventuelle mauvaise utilisation du système de messagerie par voie électronique mais de rendre caduque une déclaration d'appel qui ne serait pas suivie de conclusions établies par l'appelant et adressées à la cour dans le délai de trois mois (avocat de l'appelant transmettant à la cour d'appel par le RPVA la déclaration d'appel, ses conclusions et pièces par un message intitulé « RETOUR SIGNIFICATION DA CL », avec une pièce jointe intitulée seulement « ASSIGNATION INTIMÉS », au lieu du code message dédié « CLNN » et la mention « CONCLUSIONS » pour la pièce jointe). • Lyon, 25 nov. 2014 : *Procédures 2015, n° 31, obs. Croze.*

8. Délai de notification des conclusions pour l'appelant qui a enregistré deux déclarations d'appel dans le délai légal. La seconde déclaration d'appel identique à la première comme ayant été formée à l'encontre du même jugement et désignant le même intimé étant privée d'effet, l'appelant est tenu de conclure dans le délai de trois mois à compter de sa première déclaration d'appel à peine de caducité de celle-ci. • Civ. 2e, 21 janv. 2016, n° 14-18.631 P : *D. actu. 16 févr. 2016, obs. Laffly ; D. 2016. Chron. C. cass. 736, obs. Adida-Canac, Vasseur, de Leiris, Hénon, Palle, Lazerges-Cousquer et Touati ; ibid. 2017. Pan. 422, obs. Fricero.*

9. Envoi commun de la signification de la déclaration d'appel et des conclusions. Une cour d'appel ne peut juger caduque la déclaration d'appel en raison de la transmission par l'avocat de l'appelante, sous la forme d'un dépôt d'acte contenant la justification de la signification à l'intimé de la déclaration d'appel et, dans le même temps, des conclusions d'appel notifiées dans le délai de trois mois, au motif que cela ne pourrait être la notification à l'avocat de l'intimée au sens des art. 908 s. • Civ. 2e, 20 avr.

2017, n° 16-14.694 P : *D. actu. 23 mai 2017, obs. Laffly.*

C. SANCTION DU NON-RESPECT

10. Conventionalité. La caducité de la déclaration d'appel résultant de ce que ces conclusions n'ont pas été remises au greffe dans le délai imparti par la loi ne constitue pas une sanction disproportionnée au but poursuivi, qui est d'assurer la célérité et l'efficacité de la procédure d'appel, et n'est pas contraire aux exigences de l'art. 6, § 1er, Conv. EDH. • Civ. 2e, 24 sept. 2015, n° 13-28.017 P : *D. actu. 8 oct. 2015, obs. Kebir ; D. 2016. Chron. C. cass. 737, obs. Adida-Canac, Vasseur et de Leiris ; JCP 2015. 1278, note Fricero ; ibid. 1304, obs. Mayer ; RLDC nov. 2015, p. 60, obs. Bléry.* ♦ L'intéressé à qui il incombait d'accomplir les actes nécessaires à la régularité de la procédure avec représentation obligatoire applicable en la matière n'avait pas conclu dans le délai de trois mois à compter de la déclaration de recours, c'est sans méconnaître les exigences de l'art. 6, § 1er, Conv. EDH, que la cour d'appel a décidé que le non-respect des prescriptions légales justifiait la sanction édictée par l'art. 908 C. pr. civ. • Soc. 15 avr. 2015, n° 13-27.759 P : *JCP S 2015. 1233, note Bugada ; Gaz. Pal. 16 juin 2015, p. 33, note Orif.* ♦ V. aussi notes ss. art. 902.

11. Caducité de la déclaration d'appel. La caducité est un incident d'instance, qui n'est pas assujetti à l'application de l'art. 74 C. pr. civ. Par conséquent, c'est sans violer ce texte qu'une cour d'appel accueille un incident de caducité de la déclaration d'appel, formé en application de l'art. 908 C. pr. civ., par un intimé ayant préalablement pris des conclusions sur le fond. • Civ. 2e, 5 sept. 2019, n° 18-21.717 P : *D. actu. 8 oct. 2019, note Laffly ; D. 2019. 1656 ; ibid. 2020. 576, obs. Fricero ; Gaz. Pal. 28 janv. 2020, p. 53, note Hoffschir ; JCP 2019. 1216, note Herman.*

12. Nécessite d'un grief (non). Le juge d'appel n'a pas à rechercher si l'irrégularité a causé un grief aux intimés dès lors que la caducité est encourue au titre non pas d'un vice de forme de la notification des conclusions entre avocats, mais de l'absence de conclusions remises au greffe dans les délais requis. • Civ. 2e, 24 sept. 2015, n° 13-28.017 P : *D. 2016. Chron. C. cass. 737, obs. Adida-Canac, Vasseur et de Leiris ; JCP 2015. 1278, note Fricero ; ibid. 1304, obs. Mayer.*

13. Possibilité d'écarter la caducité. V. art. 910-3.

14. Compétence du conseiller de la mise en état. Sur la compétence du conseiller de la mise en état, V. art. 907, 911-1 à 914.

Art. 909 **L'intimé dispose, à peine d'irrecevabilité relevée d'office, d'un délai de** *(Décr. n° 2017-891 du 6 mai 2017, art. 20, en vigueur le 1er sept. 2017)* **« trois** *[ancienne rédaction : deux]* **» mois à compter de la notification des conclusions de l'appelant** *(Décr. n° 2010-1647 du 28 déc. 2010, art. 5)* **« prévues à l'article 908 » pour** *(Décr. n° 2017-891 du 6 mai 2017, art. 20, en vigueur le 1er sept. 2017)* **« remettre ses conclusions au greffe** *[ancienne rédaction : conclure]* **» et former, le cas échéant, appel incident** *(Décr. n° 2017-891 du 6 mai 2017, art. 20, en vigueur le 1er sept. 2017)* **« ou appel provoqué ».**

Les dispositions de l'art. 20 du Décr. n° 2017-891 du 6 mai 2017 s'appliquent aux appels formés à compter du 1er sept. 2017. Elles s'appliquent aux instances consécutives à un renvoi après cassation lorsque la juridiction de renvoi est saisie à compter du 1er sept. 2017 (Décr. préc., art. 53-II bis, créé par Décr. n° 2017-1227 du 2 août 2017, art. 1er-2°-b).

BIBL. ▸ GOIRAND, *Gaz. Pal. 30 avr.-3 mai 2014, p. 13* (les deuxièmes conclusions de l'appelant et leurs conséquences). – LHERMITTE, *Gaz. Pal. 9-11 juin 2013, p. 11* (négligence de l'intimé et nouvelles conclusions de l'appelant : quelle rigueur dans la nouvelle procédure d'appel ? Faut-il sanctionner l'appelant diligent ?). – MILANO, *Procédures 2013. Étude 1* (l'irrecevabilité des conclusions et sa compatibilité avec la Conv. EDH).

A. DOMAINE DE L'ART. 909

1. Quant à la nature des conclusions. V. art. 910-1.

B. DÉLAI DE L'INTIMÉ POUR CONCLURE

2. Point de départ du délai pour conclure de l'intimé. Le délai de 2 mois (auj. 3 mois) imparti par l'art. 909 C. pr. civ. à l'intimé pour conclure court à compter de la date de l'avis de réception électronique de la notification des conclusions de l'appelant effectué par le Réseau privé virtuel des avocats, émis par le serveur de messagerie e-barreau de l'avocat constitué par l'intimé, et qui tient lieu de visa par la partie destinataire au sens de l'art. 673 C. pr. civ. • Civ. 2e, 21 janv. 2016, n° 14-29.207 P : D. 2016. Actu. 263 ; *ibid. Chron. C. cass. 736, obs. Adida-Canac, Vasseur, de Leiris, Hénon, Palle, Lazerges-Cousquer et Touati ; ibid. 2017. Pan. 422, obs. Fricero.*

3. Dans la procédure ordinaire avec représentation obligatoire devant la cour d'appel, lorsque l'appelant a remis des conclusions au greffe, dans le délai de trois mois fixé par l'art. 908 C. pr. civ., alors que l'intimé n'avait pas constitué avocat, la notification de ces conclusions à l'intimé faite dans ce délai ou, en vertu de l'art. 911 du même code, au plus tard dans le mois suivant son expiration, constitue le point de départ du délai dont l'intimé dispose pour conclure, en application de l'art. 909 de ce code. • Cass., avis, 6 oct. 2014, n° 15-012 P : *D. actu. 24 oct. 2014, obs. Kebir ; JCP 2014. 1070, obs. Thouret ; ibid. 1232, n° 8, obs. Amrani-Mekki ; Procédures 2014, n° 313, note Croze ; Gaz. Pal. 21-23 déc. 2014, p. 45, obs. Herman.* ♦ Le délai imparti par l'art. 909 court à compter de la notification des conclusions de l'appelant, et non à compter de la communication des pièces. • Civ. 3e, 13 mai 2015, n° 13-20.881 : *D. 2016. Pan. 449, obs. Fricero ; AJDI 2015. 533.*

4. Point de départ du délai pour former appel incident. Le point de départ du délai de deux mois (auj. trois mois) pour former un second appel incident est fixé au jour des conclusions d'appel de l'appelant principal dès lors que cet appel incident provoqué découlait de l'appel principal. • Civ. 2e, 3 déc. 2015, n° 14-23.834 P : *D. actu. 12 janv. 2016, obs. Kebir ; D. 2016. Pan. 449, obs. Fricero ; Gaz. Pal. 9 févr. 2016, p. 72, obs. Raschel.*

5. Irrecevabilité d'un appel principal par l'intimé. V. art. 911-1, et notes ss. art. 911-1 et art. 546 et notes ss. art. 546.

6. Caducité d'un précédent appel principal de l'intimé. Portée. L'intimé est recevable à former appel incident sur l'appel principal recevable quand bien même son propre appel principal avait été déclaré caduc. • Civ. 3e, 7 janv. 2016, n° 14-14.814 P : *D. 2016. Pan. 449, obs. Fricero ; ibid. 2017. 422, obs. Fricero.* ♦ V. art. 546 et les notes.

7. Délai d'assignation afin d'appel provoqué. En application de l'art. 909 C. pr. civ., dans sa rédaction issue du Décr. n° 2009-1524 du 9 déc. 2009, l'intimé dispose, à peine d'irrecevabilité relevée d'office, d'un délai de deux mois à compter de la notification des conclusions de l'appelant prévues à l'article 908 du même code, pour conclure et former, le cas échéant, appel incident. En outre, il résulte des art. 55, 68 et 551 du même code que l'appel incident provoqué, qui est dirigé contre une personne non encore partie à l'instance d'appel, est formé par une assignation citant cette personne à comparaître devant la cour d'appel. Il découle de la combinaison de ces textes que l'intimé dispose d'un délai de deux mois pour signifier une telle assignation en appel provoqué, sans que ce délai ne soit prorogé dans les conditions prévues par l'art. 911 du même code, qui est relatif à la signification de conclusions à une personne déjà attraite dans la procédure d'appel. C'est par conséquence à bon *droit qu'une cour d'appel,* après avoir relevé qu'un intimé avait assigné à fin d'appel provoqué une personne qui avait été partie en première instance sans avoir encore été attraite à l'instance d'appel, au-delà du délai qui lui avait été imparti par l'art. 909, a déclaré irrecevable comme tardif cet appel provoqué, peu important que l'intimé ait déposé au greffe dans ce même délai ses conclusions comportant l'appel provoqué. • Civ. 2e, 6 juin 2019, n° 18-14.901 P : *D. actu. 3 juill. 2019, note Laffly ; D. 2019. 1233 ; Procédures 2019, n° 219, note Croze.*

C. SANCTION DU NON-RESPECT

8. Irrecevabilité des conclusions. Portée quant aux pièces. V. art. 906 et les notes.

9. Irrecevabilité des conclusions. Portée quant aux moyens de défense et incidents d'instance. Ayant laissé expirer le délai qui lui est imparti par l'art. 909 C. pr. civ. pour conclure, l'intimé n'est plus recevable à soulever un moyen de défense ou un incident d'instance. En conséquence, viole les art. 909 et 911-1 C. pr. civ. la cour d'appel qui, pour annuler la déclaration d'appel, retient que la déclaration d'appel, les conclusions de l'appelante au fond et ses conclusions d'incident sont entachées d'une irrégularité de fond en ce qu'elles ont été établies au nom de la banque agissant poursuites et diligences du président de son conseil d'administration, lequel, contrairement au directeur général de la banque, n'avait pas le pouvoir de donner mandat de représentation au conseil de cette dernière, alors que les conclusions des intimés avaient été déclarées irrecevables comme tardives et que la cour d'appel ne pouvait relever d'office l'irrégularité de fond qu'ils soulevaient. • Civ. 2e, 28 janv. 2016, n° 14-18.712 P : *D. 2016. Actu. 321 ; ibid. 2017. Pan. 427, obs. Frincero ; JCP 2016. 414, obs. Amrani-Mekki ; Gaz. Pal. 17 mai 2016, p. 72, obs. Herman.* ♦ Viole l'art. 909 la cour d'appel qui, pour déclarer de nouvelles conclusions recevables, retient que les art. 908 s. ne visent que les premiers échanges de conclusions, aucun texte ne venant sanctionner les échanges de conclusions postérieurs, alors que l'irrégularité des premières conclusions de l'intimée la privait de conclure à nouveau. • Civ. 3e, 28 févr. 2018, n° 15-20.116 : *AJDI 2018. 296 ; Procédures 2018, n° 133, note Croze.*

10. Conventionnalité. L'irrecevabilité des conclusions déposées après l'expiration du délai par l'intimé ne le prive pas de son droit d'accès au juge et à un procès équitable ou à un recours effectif et n'est pas une sanction contraire aux exigences de l'art. 6, § 1er, Conv. EDH. • Civ. 1re, 6 juill. 2016, n° 15-14.237 : *D. 2017. Pan. 427, obs. Fricero.*

11. Office du juge. Il appartient à la cour d'appel de relever d'office l'irrecevabilité de l'appel incident tardif. • Civ. 2e, 28 sept. 2017, n° 16-23.497 P : *D. actu. 10 oct. 2017, obs. Kebir ; D. 2018. Pan. 698, obs. Fricero ; Gaz. Pal. 6 févr. 2018, p. 58, obs. Hoffschir.*

12. Réouverture des débats. Dépôt d'observation malgré l'irrecevabilité des conclusions de l'intimé. Une cour d'appel, tenue de respecter le principe de la contradiction, peut, ayant rouvert les débats à fin d'obtenir des observations des parties sur un point précis, statuer au vu de celles déposées sur ce point par l'intimé bien que les conclusions de ce dernier aient été déclarées irrecevables en application de l'art. 909 C. pr. civ. • Civ. 2e, 16 mai 2019, n° 18-10.825 P : *D. actu. 6 juin 2019, note Maugain ; D. 2019. 1112*.

Art. 910 **L'intimé à un appel incident ou à un appel provoqué dispose, à peine d'irrecevabilité relevée d'office, d'un délai de** *(Décr. n° 2017-891 du 6 mai 2017, art. 21-1°, en vigueur le 1er sept. 2017)* **« trois** *[ancienne rédaction : deux]* **» mois à compter de la notification qui lui en est faite pour** *(Décr. n° 2017-891 du 6 mai 2017, art. 21-1°, en vigueur le 1er sept. 2017)* **« remettre ses conclusions au greffe** *[ancienne rédaction : conclure]* **».**

L'intervenant forcé à l'instance d'appel dispose, à peine d'irrecevabilité relevée d'office, d'un délai de trois mois à compter de la date à laquelle la demande d'intervention formée à son encontre lui a été notifiée pour *(Décr. n° 2017-891 du 6 mai 2017, art. 21-2°, en vigueur le 1er sept. 2017)* **« remettre ses conclusions au greffe. L'intervenant volontaire dispose, sous la même sanction, du même délai à compter de son intervention volontaire** *[ancienne rédaction : conclure]*. **»**

Les dispositions de l'art. 21 du Décr. n° 2017-891 du 6 mai 2017 s'appliquent aux appels formés à compter du 1er sept. 2017. Elles s'appliquent aux instances consécutives à un renvoi après cassation lorsque la juridiction de renvoi est saisie à compter du 1er sept. 2017 (Décr. préc., art. 53-II bis, créé par Décr. n° 2017-1227 du 2 août 2017, art. 1er-2°-b).

1. Appel provoqué. Doit être qualifié d'appel provoqué le second appel formé par le demandeur principal à l'encontre d'un tiers, en réponse à un appel incident de l'intimé. Dès lors, cet appel doit être formé, à peine d'irrecevabilité, par assignation valant conclusions, dans les deux mois (auj. trois mois) suivant l'appel qui le provoque. • Civ. 2e, 9 janv. 2014, n° 12-27.043 P : *D. 2014. Pan. 1728, obs. Vasseur et Adida-Canac ; Gaz. Pal. 11 mars 2014, p. 46, note Jullien ; ibid. 28 févr.-1er mars 2014, p. 21, note Lhermitte ; ibid. 11-12 avr. 2014, p. 8, note Pellerin.* ♦ En l'état d'un appel principal formé avant l'entrée en vigueur du Décr. n° 2017-891 du 6 mai 2017, la partie défenderesse en première instance, qui, non intimée par l'appelant, devient partie intimée en raison de l'appel incident provoqué contre elle par l'appel principal, ne peut à son tour attraire devant la cour d'appel une partie non intimée ayant figuré en première instance que par voie d'assignation valant conclusions d'appel incident signifiée dans les deux mois de l'appel incident provoqué. • Civ. 2e, 27 sept. 2018, n° 17-13.835 P : *D. actu. 26 oct. 2018, obs. Laffly ; Gaz. Pal. 29 janv. 2019, p. 73, note Kebir.*

2. Conclusions en réponse à un appel incident. Les parties pouvant invoquer de nouveaux moyens et conclure à nouveau jusqu'à la clôture de l'instruction, une cour d'appel ne peut prononcer l'irrecevabilité des conclusions déposées par l'appelant principal avant la clôture mais après l'expiration du délai de deux mois (auj. trois mois) suivant l'appel incident formé par l'intimé, sans rechercher si ces conclusions n'étaient pas, au moins en partie, destinées à développer son appel principal. • Civ. 3e, 2 juin 2016, n° 15-12.834 P : *AJDI 2016. 623*. ♦ V. désormais art. 910-4. ♦ Il résulte des art. 910 C. pr. civ. et 6, § 1er, Conv. EDH qu'est recevable dans le délai de trois mois à compter de la notification des conclusions portant appel incident, l'appel incidemment relevé par un intimé contre un autre intimé en réponse à l'appel incident de ce dernier qui modifie l'étendue de la dévolution résultant de l'appel principal et tend à aggraver la situation de ce dernier. • Civ. 2e, 14 avr. 2022, n° 20-22.362 P. ♦ Viole en conséquence ces deux textes la cour d'appel qui pour déclarer irrecevable l'appel incident de l'assureur formé par conclusions remises au greffe et notifiées par RPVA le 25 nov. 2019, retient que l'assureur disposait, en sa qualité d'intimé à l'appel principal, d'un délai de trois mois à compter de la notification des conclusions de l'appelant, tant pour remettre ses conclusions au greffe que pour relever appel incident à l'encontre de la banque également intimée, des dispositions du jugement l'ayant condamné à payer à cette dernière une certaine somme, les dispositions de l'art. 910 permettant uniquement à l'assureur de répondre, dans les trois mois des conclusions de la banque, comme il l'a fait dans ses conclusions du 25 nov. 2019, à la demande de condamnation de la banque excédant celle prononcée par le tribunal, la lecture des dispositions des art. 909 et 910 se faisant au regard des dispositions de l'art. 910-4 du même code qui imposent aux parties de présenter dans leurs conclusions mentionnées aux art. 905-2 et 908 à 910, l'ensemble de leurs prétentions. • Civ. 2e, 14 avr. 2022, n° 20-22.362 P : *préc.*

Art. 910-1 *(Décr. n° 2017-891 du 6 mai 2017, art. 22, en vigueur le 1er sept. 2017)* **Les conclusions exigées par les articles 905-2 et 908 à 910 sont celles, adressées à la cour,**

qui sont remises au greffe et notifiées dans les délais prévus par ces textes et qui déterminent l'objet du litige.

Les dispositions de l'art. 22 du Décr. n° 2017-891 du 6 mai 2017, créant l'art. 910-1, s'appliquent aux appels formés à compter du 1er sept. 2017. Elles s'appliquent aux instances consécutives à un renvoi après cassation lorsque la juridiction de renvoi est saisie à compter du 1er sept. 2017 (Décr. préc., art. 53-II bis, créé par Décr. n° 2017-1227 du 2 août 2017, art. 1er-2°-b).

1. Décr. n° 2017-891 du 6 mai 2017. Légalité. Les conclusions qui soulèvent une exception de procédure, une fin de non-recevoir ou tout autre incident de nature à mettre fin à l'instance doivent désormais, en application de l'art. 914 C. pr. civ., être spécialement adressées au conseiller de la mise en état, seul compétent pour en connaître depuis sa désignation jusqu'à la clôture de l'instruction. Il résulte des dispositions de l'art. 910-1 que de telles conclusions, en cohérence avec l'office de la cour d'appel et la compétence réservée au conseiller de la mise en état, ne sont pas de nature à interrompre les délais impartis à l'appelant, à l'intimé et à l'intervenant pour conclure. Les dispositions critiquées, qui tendent à garantir contre des manœuvres dilatoires la célérité et l'efficacité de la procédure d'appel, ne portent aucune atteinte au droit d'accès à un juge. • CE 13 nov. 2019, nos 412255, 412286, 412287, 412308 et 415651 : *cité note 1 ss. art. 83.*

2. Nature des conclusions. Les conclusions exigées par les art. 908 et 909 C. pr. civ. sont toutes celles remises au greffe et notifiées dans les délais prévus par ces textes, qui déterminent l'objet du litige ou soulèvent un incident de nature à mettre fin à l'instance. • Cass., avis, 21 janv. 2013, n° 12-00.016 P : *BICC 1er avr. 2013, p. 8, rapp. de Leiris, obs. Lathoud ; JCP 2013. 135, obs. Gerbay ; Gaz. Pal. 17-19 févr. 2013, p. 10, obs. Travier et Guichard ; ibid. 24-26 févr. 2013, p. 12, obs. Dary et d'Arjuzon ; ibid. 8-9 mars 2013, p. 25, note Pellerin* • Civ. 1re, 6 juill. 2016, n° 15-14.237. ♦ Les conclusions de l'appelant en réponse à un incident de nature à mettre fin à l'instance soulevé par l'intimé ne répondent pas à cette définition. • Civ. 2e, 28 mai 2015, n° 14-28.233 P : *D. actu. 16 juin 2015, obs. Kebir ; D. 2015. Chron. 1791, obs. Adida-Canac, Vasseu et de Leiris ; ibid. 2016. Pan. 452, obs. Fricero.*

Art. 910-2 *(Décr. n° 2022-245 du 25 févr. 2022, art. 1er-17°)* **La décision qui enjoint aux parties de rencontrer un médiateur en application de l'article 127-1 ou qui ordonne une médiation en application de l'article 131-1 interrompt les délais impartis pour conclure et former appel incident mentionnés aux articles 905-2 et 908 à 910. L'interruption produit ses effets jusqu'à l'expiration de la mission du médiateur.**

Les dispositions issues de l'art. 1er du Décr. n° 2022-245 du 25 févr. 2022 sont applicables aux instances en cours (Décr. préc., art. 6-1°).

Art. 910-3 *(Décr. n° 2017-891 du 6 mai 2017, art. 22, en vigueur le 1er sept. 2017)* **En cas de force majeure, le président de la chambre ou le conseiller de la mise en état peut écarter l'application des sanctions prévues aux articles 905-2 et 908 à 911.**

1. Décr. n° 2017-891 du 6 mai 2017. Légalité. Il résulte de cette disposition que la prise en compte de circonstances répondant aux caractères de la force majeure, tels qu'appréciés par le juge, est de nature à atténuer le caractère automatique des conséquences procédurales attachées à la méconnaissance de délais impartis à l'appelant, à l'intimé et à l'intervenant pour conclure. Si, selon le Conseil national des barreaux, cette notion est étrangère la procédure civile, une telle circonstance n'est pas de nature à affecter la légalité de l'art. 910-3 C. pr. civ. Le moyen tiré de ce que cette disposition méconnaîtrait l'article 6 de la convention européenne de sauvegarde des droits de l'homme et des libertés *fondamentales ne peut qu'être écarté.*Il résulte par ailleurs de la combinaison des art. 905-2 et 910-3 C. pr. civ. que le magistrat désigné par le premier président peut, comme le premier président, écarter l'application des conséquences prévues à l'art. 905-2 en cas de force majeure. Par suite, le Conseil national des barreaux n'est pas fondé à soutenir qu'en ne permettant pas au magistrat désigné par le premier président de prendre en compte une exception de force majeure, l'art. 17 du décret attaqué méconnaîtrait le principe d'égalité entre les justiciables et le droit au recours. • CE 13 nov. 2019, nos 412255, 412286, 412287, 412308 et 415651 : *cité note 1 ss. art. 83.*

2. Application dans le temps. L'art. 910-3 C. pr. civ., issu du Décr. n° 2017-891 du 6 mai 2017, prévoyant que l'application des sanctions prévues aux art. 905-2 et 908 à 911 du même code peut être écartée en cas de force majeure, est entré en vigueur le 1er sept. 2017 et, en l'absence de disposition contraire, est applicable aux instances en cours. Par conséquent, à compter de cette date, le conseiller de la mise en état statue sur la caducité de la déclaration d'appel prévue par l'art. 908 dans les conditions fixées par cet art. 910-3. • Civ. 2e, 14 nov. 2019, n° 18-17.839 P : *D. actu. 6 déc. 2019, note Laffly ; D. 2019. 2255 ; ibid. 2020. 576, obs. Fricero ;*

JCP 2019. 1386, obs. Veyre ; Gaz. Pal. 28 janv. 2020, p. 59, obs. Guez.

3. Force majeur. Caractérisation. Se livrant à l'appréciation de l'existence d'un tel cas de force majeure, une cour d'appel relève que si l'un des appelants justifiait de son hospitalisation avant la formation de son appel qui s'était poursuivie dans un centre médical spécialisé où il se trouvait toujours à la date de l'arrêt, sa maladie ne l'avait pas empêché de formaliser une déclaration d'appel, ainsi que des conclusions, bien que tardives. La cour d'appel a pu en déduire qu'aucun cas de force majeure n'avait empêché les appelants de conclure dans le délai de l'art. 908 C. pr. civ., de sorte que c'est à bon droit qu'elle a constaté la caducité de la déclaration d'appel prévue par ce texte. • Civ. 2e, 14 nov. 2019, n° 18-17.839 P : *préc. note 1.*

4. La force majeure, qui permet au président de la chambre ou au conseiller de la mise en état d'écarter la sanction prévue aux art. 905-2, 908 à 911, est constituée par la circonstance non imputable au fait de la partie et qui revêt un caractère insurmontable. Tel n'est pas le cas lorsque la partie ne conclut pas dans son délai au motif qu'elle attend pour ce faire le dépôt d'un rapport d'expertise non judiciaire. • Civ. 2e, 25 mars 2021, n° 20-10.654 P.

Art. 910-4 *(Décr. n° 2017-891 du 6 mai 2017, art. 22, en vigueur le 1er sept. 2017)* **A peine d'irrecevabilité, relevée d'office, les parties doivent présenter, dès les conclusions mentionnées aux articles 905-2 et 908 à 910, l'ensemble de leurs prétentions sur le fond. L'irrecevabilité peut également être invoquée par la partie contre laquelle sont formées des prétentions ultérieures.**

Néanmoins, et sans préjudice de l'alinéa 2 de l'article *(Décr. n° 2019-1333 du 11 déc. 2019, art. 29-8°, en vigueur le 1er janv. 2020)* **« 802 », demeurent recevables, dans les limites des chefs du jugement critiqués, les prétentions destinées à répliquer aux conclusions et pièces adverses ou à faire juger les questions nées, postérieurement aux premières conclusions, de l'intervention d'un tiers ou de la survenance ou de la révélation d'un fait.**

Les dispositions de l'art. 22 du Décr. n° 2017-891 du 6 mai 2017, créant l'art. 910-4, s'appliquent aux appels formés à compter du 1er sept. 2017. Elles s'appliquent aux instances consécutives à un renvoi après cassation lorsque la juridiction de renvoi est saisie à compter du 1er sept. 2017 (Décr. préc., art. 53-II bis, créé par Décr. n° 2017-1227 du 2 août 2017, art. 1er-2°-b).

L'art. 29 du Décr. n° 2019-1333 du 11 déc. 2019 est applicable aux instances en cours au 1er janv. 2020 (Décr. préc., art. 55-I).

1. Décr. n° 2017-891 du 6 mai 2017. Légalité. L'obligation pour les parties de présenter l'ensemble de leurs prétentions sur le fond dans leurs premières conclusions, destinée à réduire les échanges de conclusions et, par suite, à diminuer le temps d'instruction des affaires, répond à un objectif de bonne administration de la justice. Cette obligation s'applique sous réserve de la faculté, pour le justiciable, de présenter de nouvelles prétentions en application de l'art. 567 et du second al. de l'art. 910-4 C. pr. civ.. Elle ne fait pas obstacle à la faculté pour le justiciable de modifier le fondement juridique d'une de ses prétentions ou de soulever des moyens nouveaux au soutien de cette prétention. Eu égard *au délai laissé à l'appelant, à l'intimé* et à l'intervenant pour présenter leurs conclusions, l'obligation prévue par l'art. 22 du décret attaqué ne fait pas peser sur eux une contrainte excessive au regard du but poursuivi. Par suite, n'est pas fondé l'argument selon lequel cette disposition méconnaîtrait le droit à l'accès au juge et le droit au recours garantis tant par la Constitution que par la Conv. EDH ainsi que le principe du respect des droits de la défense et serait entachée d'une erreur manifeste d'appréciation.

Par ailleurs, l'art. 122 C. pr. civ. dispose que « Constitue une fin de non-recevoir tout moyen qui tend à faire déclarer l'adversaire irrecevable en sa demande, sans examen au fond, pour défaut de droit d'agir, tel le défaut de qualité, le défaut d'intérêt, la prescription, le délai préfix, la chose jugée ». Il ne saurait toutefois utilement être relevé, à l'encontre du décret attaqué, la méconnaissance de ces dispositions, dont la portée est sans rapport avec l'objet des dispositions contestées et ne saurait par suite faire obstacle à leur édiction. • CE 13 nov. 2019, nos 412255, 412286, 412287, 412308 et 415651 : *cité note 1 ss. art. 83.*

2. Moyens nouveaux. V. avant l'introduction de l'art. 910-4 : dans la procédure ordinaire avec représentation obligatoire en appel, les parties peuvent, jusqu'à la clôture de l'instruction, invoquer de nouveaux moyens. • Cass., avis, 21 janv. 2013, n° 12-00.018 P : *BICC 1er avr. 2013, p. 41, rapp. de Leiris, obs. Mucchielli ; JCP 2013. 135, obs. Gerbay ; Gaz. Pal. 17-19 févr. 2013, p. 10, obs. Travier et Guichard ; ibid. 24-26 févr. 2013, p. 12, obs. Dary et d'Arjuzon ; ibid. 8-9 mars 2013, p. 25, note Pellerin ; Procédures 2013, n° 64, note Perrot.* ♦ En l'absence de calendrier de procédure fixé par le conseiller de la mise en état après l'expiration des délais pour conclure et communiquer les pièces, les parties peuvent, jusqu'à la clôture de l'instruction, invoquer de nouveaux moyens et conclure à nouveau. • Civ. 2e, 4 juin 2015, n° 14-10.548 P : *D. actu. 18 juin 2015, obs. Kebir ; D. 2015. Actu. 1279 ; ibid. Chron. C. cass. 1791, obs. Adida-Canac, Vasseur et de Leiris ; Dr. et pr. 2015. 210, obs. Salati.*

3. Renvoi. V. art. 912.

Art. 911 *(Décr. n° 2010-1647 du 28 déc. 2010, art. 6)* **Sous les sanctions prévues aux articles** *(Décr. n° 2017-891 du 6 mai 2017, art. 23-1°, en vigueur le 1er sept. 2017)* **« 905-2 et » 908 à 910, les conclusions sont notifiées aux** *(Décr. n° 2012-634 du 3 mai 2012, art. 19-1°-a)* **« avocats » des parties dans le délai de leur remise au greffe de la cour. Sous les mêmes sanctions, elles sont signifiées** *(Décr. n° 2017-891 du 6 mai 2017, art. 23-2°, en vigueur le 1er sept. 2017)* **« au plus tard » dans le mois suivant l'expiration** *(Décr. n° 2017-891 du 6 mai 2017, art. 23-2°, en vigueur le 1er sept. 2017)* **« des délais prévus à ces articles » aux parties qui n'ont pas constitué** *(Décr. n° 2012-634 du 3 mai 2012, art. 19-1°-a)* **« avocat » ; cependant, si, entretemps, celles-ci ont constitué** *(Décr. n° 2012-634 du 3 mai 2012, art. 19-1°-a)* **« avocat » avant la signification des conclusions, il est procédé par voie de notification à leur** *(Décr. n° 2012-634 du 3 mai 2012, art. 19-1°-a)* **« avocat ».**

(Décr. n° 2017-891 du 6 mai 2017, art. 23-3°, en vigueur le 1er sept. 2017) **« La notification de conclusions au sens de l'article 910-1 faite à une partie dans le délai prévu aux articles 905-2 et 908 à 910 ainsi qu'à l'alinéa premier du présent article constitue le point de départ du délai dont cette partie dispose pour remettre ses conclusions au greffe. »**

Les dispositions de l'art. 23 du Décr. n° 2017-891 du 6 mai 2017 s'appliquent aux appels formés à compter du 1er sept. 2017. Elles s'appliquent aux instances consécutives à un renvoi après cassation lorsque la juridiction de renvoi est saisie à compter du 1er sept. 2017 (Décr. préc., art. 53-II bis, créé par Décr. n° 2017-1227 du 2 août 2017, art. 1er-2°-b).

BIBL. ► LHERMITTE, *D. avocats 2014. 117* (où est passée l'assignation dans la procédure d'appel avec représentation obligatoire en matière civile ?) ; *ibid. 154* (on a retrouvé l'assignation dans la procédure d'appel avec représentation obligatoire en matière civile).

1° PRINCIPE : LA NOTIFICATION DES CONCLUSIONS AUX AVOCATS

1. Point de départ du délai dont l'intimé dispose pour remettre ses conclusions au greffe. V. art. 909 et les notes.

2. Sanction : caducité de la déclaration d'appel. La caducité de la déclaration d'appel faute de notification par l'appelant de ses conclusions à l'intimé dans le délai imparti par l'art. 911 ne peut être encourue, en raison d'une irrégularité de forme affectant cette notification, qu'en cas d'annulation de cet acte, sur la démonstration par celui qui l'invoque du grief que lui a causé l'irrégularité. • Civ. 2e, 16 oct. 2014, n° 13-17.999 P : *D. 2015. Chron. C. cass. 518, obs. Vasseur, De Leiris et Adida-Canac ; JCP 2014. 1331, note Bléry et Teboul ; ibid. 2015. 424, obs. Amrani-Mekki ; Gaz. Pal. 2015, p. 257, note Lhermitte ; Procédures 2015, n° 1, note Croze* • 4 nov. 2021, n° 20-13.568 P : *D. actu. 19 nov. 2021, note Laffly ; Gaz. Pal. 18 janv. 2022, p. 59, note Mayer ; JCP 2021. 1341, obs. Veyre.*

3. Indifférence de l'appel incident de l'intimé. *La notification de conclusions* contenant un appel incident par la partie intimée à la partie appelante dont la déclaration d'appel encourt la caducité faute de signification de ses conclusions d'appel dans le délai requis ne peut faire échec à la sanction procédurale spécifique prévue par l'art. 908. Dès lors, la cour d'appel a pu décider qu'il ne se déduisait pas de l'appel incident de l'intimé sa renonciation non équivoque à se prévaloir de sa demande tendant à voir déclarer caduque la déclaration d'appel de l'appelant principal. • Civ. 2e, 13 nov. 2014, n° 13-24.142 P : *D. actu. 9 déc. 2014, obs. kebir ; JCP 2015. 424, obs. Amrani-Mekki ; Procédures 2015, n° 4, note Croze.*

4. Preuve de la constitution de l'avocat de l'intimé. La caducité de la déclaration d'appel faute de notification par l'appelant de ses conclusions à l'avocat de l'intimé dans un délai de trois mois suivant la déclaration d'appel est encourue en cas de constitution par l'intimé d'un avocat, notifiée à l'avocat de l'appelant, régulièrement et préalablement à la remise par ce dernier de ses conclusions au greffe de la cour d'appel. Lorsqu'elle est accomplie par la voie électronique, la notification entre avocats d'un acte de constitution doit faire l'objet d'un avis électronique de réception indiquant la date de cette réception et valant visa par l'avocat destinataire de l'acte de constitution. Tel n'est pas le cas si les pièces produites sont impropres à établir que le courrier électronique en pièce jointe duquel figurait la constitution d'avocat de l'intimé avait été reçu par l'avocat de l'appelant, qui le contestait, de sorte que la régularité de la notification de la constitution d'avocat de l'intimé n'était pas établie. • Civ. 2e, 15 oct. 2015, n° 14-24.322 P : *D. actu. 6 nov. 2015, obs. Kebir ; D. 2016. 449, obs.*

Fricero ; *ibid. Chron. C. cass. 736, obs. Adida-Canac, Vasseur, de Leiris, Hénon, Palle, Lazerges-Cousquer et Touati* ; *Gaz. Pal. 22 déc. 2015, p. 36, note Bléry ; JCP 2015. 81, obs. Gerbay ; Ibid. 2016. 414, obs. L. Mayer ; Procédures 2016, n° 1, note Croze.* ♦ V. aussi : absence de caducité de la déclaration d'appel dès lors que n'est pas alléguée la notification de l'acte de constitution de l'intimé à l'avocat de l'appelant, préalablement à la signification par ce dernier de ses conclusions à l'intimé. • Civ. 2e, 4 juin 2020, n° 19-12.959 P : *D. actu. 22 juin 2020, obs. Laffly ; D. 2020. 1234* ; *ibid. 2021. 543, obs. Fricero* ; *Rev. prat. rec. 2020. 12, obs. Couturier, Jullien et Salati.*

5. *Irrégularité de la constitution de l'avocat de l'intimé. Portée.* La notification de l'acte de constitution d'avocat de l'intimé à l'appelant, en application de l'art. 960, tend à lui rendre cette constitution opposable. Il en résulte que, lorsque cette notification n'a pas été régulièrement faite, l'appelant satisfait à l'obligation de notification de ses conclusions à l'intimé, prévue par les art. 908 et 911, en lui signifiant ses conclusions, ou en les notifiant à l'avocat que celui-ci a constitué, conformément à l'art. 911. Viole ces textes l'arrêt qui, pour constater la caducité de la déclaration d'appel de l'association, retient qu'il est constant que l'association, après avoir interjeté appel le 10 oct. 2016 et transmis ses conclusions d'appel à la cour le 10 janv. 2017 par voie électronique, ne les a pas signifiées à l'intimée, avant le 10 févr. 2017, bien qu'elle n'ait pas été destinataire d'un acte de constitution par voie électronique d'un avocat pour l'intimée, qu'elle ne justifie pas d'un avis électronique de réception d'un acte de constitution d'un avocat pour l'intimée et qu'elle ne peut prétendre que l'envoi de ses conclusions par fax à l'avocat non constitué, le 10 janv. 2017, pourrait suppléer le défaut de signification de ses conclusions à l'intimée. • Civ. 2e, 25 mars 2021, n° 18-13.940 P.

6. *Conventionalité.* L'automaticité des sanctions étant la condition nécessaire de l'effectivité de la réforme, la caducité de l'appel résulte de ce que les conclusions n'ont pas été notifiées dans le délai imparti par la loi aux représentants des intimés dans la procédure d'appel, peu important que les intimés aient conclu au fond dans les deux mois suivant la notification des conclusions d'appel à leurs avocats non constitués, la caducité ainsi prononcée ne constituant pas une sanction disproportionnée au but poursuivi qui est d'obliger l'appelant à faire connaître rapidement et efficacement ses moyens à l'avocat constitué par l'intimé. • Civ. 2e, 4 sept. 2014, n° 13-22.654 : *RTD civ. 2015. 195, obs. Cayrol* ; *Procédures 2014, n° 287, note Croze ; JCP 2014. 1232, note Amrani-Mekki.* ♦ La caducité de la déclaration d'appel encourue dès lors que les actes n'ont pas été accomplis dans le délai légal ne constitue pas une sanction disproportionnée au but poursuivi, qui est d'assurer la célérité et l'efficacité de la procédure d'appel et n'est pas contraire aux exigences de l'article 6, § 1er, de la Conv. EDH, les parties n'étant pas privées de leur droit d'accès au juge. • Soc. 8 déc. 2021, n° 19-22.810 P : *D. actu. 11 janv. 2022, note Lhermitte ; JCP S 2022. 1008, note Pagnerre.* ♦ Sur la conventionalité au regard de la Conv. EDH de la sanction de l'art. 911 qui s'applique même en l'absence de grief. • Civ. 2e, 18 févr. 2016, n° 15-12.200. ♦ L'appelant est mis en mesure de respecter l'obligation de signifier ses conclusions à l'intimé lui-même ou de les notifier à l'avocat que cet intimé a constitué, puisqu'il ne doit procéder à cette dernière diligence que s'il a, préalablement à toute signification à l'intimé, été informé, par voie de notification entre avocats, de la constitution d'un avocat par l'intimé. La règle selon laquelle, à l'exclusion de tout autre acte, seule la notification entre avocats rend opposable à l'appelant la constitution d'un avocat par l'intimé, qui impose que l'appelant soit uniquement et directement averti par le conseil de l'intimé de sa constitution, poursuit le but légitime de garantir la sécurité et l'efficacité de la procédure. Elle ne constitue pas une atteinte au droit à l'accès au juge d'appel dans sa substance même et ne porte pas une atteinte disproportionnée à l'accès au juge d'appel au regard du but poursuivi. C'est dès lors à bon droit et sans méconnaître les exigences d'un droit à un procès équitable qu'une cour d'appel, relevant que l'appelant n'avait notifié ses conclusions, dans le délai prévu par l'art. 911, qu'à l'avocat adverse de première instance, alors qu'il n'avait pas reçu notification de la constitution de l'intimé, constate la caducité de la déclaration d'appel. • Civ. 2e, 2 déc. 2021, n° 20-14.480 P : *D. actu. 10 déc. 2021, note Laffly ; D. 2021. 2239* ; *ibid. 2022. Pan. 635, obs. Fricero* ; *JCP 2022. 129, note Richard.*

7. *Sanction : irrecevabilité des conclusions.* Le conseiller de la mise en état doit d'office prononcer l'irrecevabilité des conclusions. • Cass., avis, 2 avr. 2012, nos 12-00.002 et 12-00.003 P.

8. *Ministère public.* La disposition de l'art. 911 C. pr. civ. qui prévoit que, sous les sanctions prévues aux art. 908 à 910 du même code, les conclusions sont notifiées aux avocats des parties dans le délai de leur remise au greffe de la cour d'appel, s'applique au ministère public lorsque celui-ci est partie à l'instance d'appel, dès lors que les notifications faites à l'égard de cette partie, qui est dispensée de constituer un avocat, ont lieu dans les formes prévues pour les notifications entre avocats. • Civ. 2e, 28 sept. 2017, n° 16-21.881 : *D. actu. 12 oct. 2017, obs. Laffly ; D. 2018. Pan. 698, obs. Fricero* ; *Procédures 2017, n° 298, note Croze ; Gaz. Pal. 6 févr. 2018, p. 51, note Hoffschir.*

2° EXCEPTION : LA SIGNIFICATION DES CONCLUSIONS

9. Sanction. La notification de conclusions et la communication des pièces à un avocat non constitué en appel est entachée d'une irrégularité de fond et ne répond pas à l'objectif de garantir l'efficacité de la procédure et les droits de la défense. A défaut de signification des conclusions à l'intimé, la déclaration d'appel est caduque. • Civ. 2e, 27 févr. 2020, n° 19-10.849 P : *D. actu, 15 avr. 2020, note Laffly ; D. 2020. 491*.

10. Défenseur syndical. Il résulte de l'art. R. 1461-1 C. trav. que les actes de la procédure d'appel qui sont mis à la charge de l'avocat sont valablement accomplis par le défenseur syndical de même que ceux destinés à l'avocat sont valablement accomplis auprès du défenseur syndical, dans les conditions prévues par l'art. 930-3, selon lequel les notifications entre un avocat et un défenseur syndical sont effectuées par lettre recommandée avec demande d'avis de réception ou par voie de signification. Doit en conséquence être approuvé l'arrêt qui, ayant relevé que les appelants avaient été informés qu'un défenseur syndical s'était constitué pour le salarié dans le mois de la déclaration d'appel, et constaté qu'ils n'avaient fait signifier leurs conclusions au défenseur syndical que postérieurement au délai imparti par l'article 911 du code de procédure civile, en a déduit que la déclaration d'appel était caduque. • Soc. 8 déc. 2021, n° 19-22.810 P : *D. actu. 11 janv. 2022, note Lhermitte ; JCP S 2022. 1008, note Pagnerre.*

a. Délai pour signifier

11. Point de départ du délai pour signifier les conclusions d'appel à l'intimé n'ayant pas constitué. A peine de caducité de sa déclaration d'appel, l'appelant dispose d'un délai d'un mois, courant à compter de l'expiration du délai de trois mois prévu pour la remise de ses conclusions au greffe, pour les signifier aux parties qui n'ont pas constitué avocat. Par suite, n'est pas caduque une déclaration d'appel lorsque l'appelant a signifié ses conclusions aux intimés non constitués n'ayant pas constitué avocat plus d'un mois après les avoir déposées au greffe de la cour, mais dans le délai de quatre mois suivant la déclaration d'appel. • Civ. 2e, 27 juin 2013, n° 12-20.529 P : *D. 2013. Pan. 2058, obs. Leroy-Gissinger et Renault-Malignac ; ibid. 2014. Pan. 795, obs. Fricero ; JCP 2013. 795, obs. Gerbay ; ibid. 1225, n° 9, obs. Serinet ; ibid. 1232, n° 8, obs. Amrani-Mekki ; Gaz. Pal. 20 juill. 2013, p. 13 (1re esp.), note Piau ; Dr. et pr. 2013. 220, note Poisson.* ♦ Il appartient à l'appelant de déposer ses conclusions au greffe de la juridiction dans le délai de trois mois imposé par l'art. 911 pour bénéficier du délai d'un mois supplémentaire pour signifier ces conclusions à l'intimé qui n'a pas constitué avocat. • Civ. 2e, 19 mars 2015, n° 14-10.952 P : *D. actu. 22 avr. 2015, obs. Kebir ; D. 2015. Chron. C. cass. 1791, obs. Adida-Canac, Vasseur et de Leiris ; Gaz. Pal. 23 juin 2015, p. 29, note Galvez ; ibid. 16 juin 2015, p. 31, note Herman.* ♦ La date de l'envoi par le greffe à l'appelant de l'avis d'avoir à signifier la déclaration d'appel aux intimés n'ayant pas constitué avocat est sans incidence sur le point de départ du délai dans lequel doivent être signifiées les conclusions d'appel. • Civ. 2e, 23 juin 2016, n° 14-28.001 : *JCP 2016. 1296, n° 8, obs. Amrani-Mekki ; Procédures 2016, n° 280, note Croze.*

12. Lorsque l'intimé n'a pas constitué avocat, l'art. 911 impose à l'appelant de signifier les conclusions remises au greffe au plus tard dans le mois suivant l'expiration du délai de trois mois prévu à l'art. 908. Il en résulte, que dans ce cas, le délai de l'art. 908 étant prolongé d'un mois, l'appelant dispose d'un délai de quatre mois suivant la déclaration d'appel. Ayant constaté que la déclaration d'appel avait été déposée le 13 juill. 2018 et que l'appelant avait notifié ses conclusions à l'intimée le 14 nov. 2018, c'est à bon droit que la cour d'appel en a déduit que l'appelant avait jusqu'au 13 nov. 2018 pour notifier ses conclusions à l'intimée ou à son avocat s'il avait été constitué, et que, faute de l'avoir fait, la déclaration d'appel était caduque. • Civ. 2e, 25 mars 2021, n° 19-20.636 P. ♦ A peine de caducité de la déclaration d'appel l'appelant doit faire signifier ses conclusions à l'intimé qui n'a pas constitué avocat dans le délai d'un mois qui suit l'expiration du délai de leur remise au greffe, peu important que l'intimé dispose encore à cette date d'un délai pour constituer avocat en raison de l'application à son égard de l'art. 643. • Civ. 2e, 23 juin 2016, n° 15-14.325 P : *D. actu. 18 juill. 2016, obs. Laffly ; JCP 2016. 1296, n° 8, obs. Amrani-Mekki.*

13. Avocat de l'intimé constitué postérieurement à la remise des conclusions de l'appelant au greffe mais avant l'expiration du délai pour conclure. A peine de caducité de sa déclaration d'appel, l'appelant dispose d'un délai d'un mois, courant à compter de l'expiration du délai de trois mois prévu pour la remise de ses conclusions au greffe, pour les signifier aux parties qui n'ont pas constitué avocat, ou, pour celles qui ont constitué avocat après la remise des conclusions au greffe, les notifier à ce dernier. N'est pas caduque la déclaration d'appel si la remise des conclusions au greffe est intervenue avant la constitution d'avocat par l'intimé, quoique avant l'expiration du délai de trois mois, de sorte que les appelantes disposaient du délai supplémentaire d'un mois suivant l'expiration de celui prévu à l'art. 908 pour les notifier à l'avocat de cette partie. • Civ. 2e, 10 avr. 2014, n° 12-29.333 P : *D. actu. 2 mai 2014, obs. Kebir ; D. 2014. Pan. 1727, obs. Vasseur et*

Adida-Canac ; Gaz. Pal. 30 avr.-3 mai 2014, p. 17, note Lhermitte ; JCP 2014. 1232, n° 8, obs. Amrani-Mekki ; LPA 23 déc. 2014, p. 10, obs. Porteron.

14. Avocat constitué avant la signification des conclusions. En application de l'art. 911 C ; pr. civ., sous les sanctions prévues par les art. 908 à 910 de ce code, les conclusions sont signifiées aux parties qui n'ont pas constitué avocat dans le mois suivant l'expiration du délai de leur remise au greffe de la cour d'appel, cependant, si, entre-temps, celles-ci ont constitué avocat avant la signification des conclusions, il est procédé par voie de notification à leur avocat. Il résulte sans ambiguïté de ce texte qu'en l'absence de signification par l'appelant de ses conclusions à l'intimé préalablement à la notification qui lui est faite par ce dernier de sa constitution d'avocat, l'appelant est tenu, à peine de caducité, de notifier ses conclusions à cet avocat. Cette notification, qui a lieu entre avocats, de la constitution d'intimé met l'avocat de l'appelant en mesure de respecter cette exigence, laquelle poursuit l'objectif légitime de permettre à l'avocat de l'intimé de disposer pour conclure de la totalité du temps qui lui est imparti à cette fin par l'art. 909 C. pr ; civ. Par conséquent, c'est sans méconnaître les exigences du droit à un procès équitable qu'une cour d'appel, dont l'arrêt doit être approuvé, prononce la caducité d'une déclaration d'appel après avoir constaté que l'appelant s'était borné, dans le délai prévu par l'art. 911, à signifier ses conclusions à l'intimé lui-même, alors que l'avocat de ce dernier avait, préalablement à cette signification, notifié sa constitution à l'avocat de l'appelant. • Civ. 2e, 5 sept. 2019, n° 18-21.717 P • 5 sept. 2019, n° 18-21.717 P : *cité note 11 ss. art. 908.*

15. Avocat de l'intimé constitué postérieurement à la signification à l'intimé. L'appelant ayant remis au greffe et signifié ses conclusions à partie n'est pas tenu de les notifier à l'avocat de cette partie constitué postérieurement à la signification. • Civ. 2e, 10 avr. 2014, n° 13-11.134 P : *D. actu. 30 avr. 2014, obs. Kebir ; D. 2014. Pan. 1727, obs. Vasseur et Adida-Canac ; Gaz. Pal. 30 avr.-3 mai 2014, p. 17, note Lhermitte ; JCP 2014. 1232, n° 8, obs. Amrani-Mekki ; LPA 23 déc. 2014, p. 10, obs. Porteron.*

16. A peine de caducité de sa déclaration d'appel, l'appelant doit signifier ses conclusions aux parties qui n'ont pas constitué avocat avant l'expiration du délai de quatre mois courant à compter de la déclaration d'appel. L'appelant qui a remis au greffe ses conclusions dans le délai prévu à l'art. 908 et les a signifiées à partie avant l'expiration du délai de quatre mois n'est pas tenu de les notifier à l'avocat constitué postérieurement à cette signification. • Civ. 2e, 4 sept. 2014, n° 13-22.586 : *D. actu. 19 sept. 2014, obs. Kebir ; RTD civ. 2015. 197, obs. Cayrol ; Procédures 2014, n° 286, note Croze ; JCP 2014. 1232, n° 8, obs. Amrani-Mekki.*

17. Délai ouvert à l'intimé pour former appel incident. Les conclusions d'appel incident doivent être signifiées au co-intimé défaillant sans qu'il soit besoin de procéder par voie d'assignation. L'intimé qui forme appel incident dispose, à compter de la notification des conclusions de l'appelant, d'un délai trois mois (Comp. depuis le Décr.. n° 2017-891, 6 mai 2017, ayant mod. l'art. 909 : 3+1) pour signifier ses conclusions d'appel incident au co-intimé défaillant ou les notifier à son avocat s'il se constitue à l'intérieur de ce délai de 3 mois. • Civ. 2e, 9 janv. 2020, n° 18-24.606 P : *D. actu. 22 janv. 2020, note Auché et De Andrade ; D. 2020. 88 ; ibid. 576, obs. Fricero ; LPA 2 mars 2020, p. 13, note Barba ; Gaz. Pal. 10 mars 2020, p. 26, note Lhermitte ; JCP 2020. 87, note Laporte.*

b. Pluralité d'intimés

18. Signification à un co-intimé défaillant. Un intimé n'est pas tenu de signifier ses conclusions à un co-intimé défaillant à l'encontre duquel il ne formule aucune prétention, sauf en cas d'indivisibilité entre les parties, ou lorsqu'il sollicite confirmation du jugement contenant des dispositions qui lui profitent et qui nuisent au co-intimé défaillant. • Cass., avis, 2 avr. 2012, nos 12-00.002 et 12-00.003 P : *R. 2012. 382 et 461 ; Gaz. Pal. 25-26 mai 2012, p. 21, note Jullien ; Dr. et pr. 2012. 176, note Putman.*

19. Indivisibilité entre les intimés. Ayant relevé que l'appelant, après avoir régulièrement signifié la déclaration d'appel aux intimés, n'avait pas signifié à un des intimés, en méconnaissance des dispositions de l'art. 911, les conclusions par lesquelles il demandait l'annulation du jugement en toutes ses dispositions à l'égard de toutes les parties, c'est sans méconnaître l'art. 6, § 1er de la CEDH que la cour d'appel, qui a retenu que le litige était indivisible entre toutes les parties, a prononcé la caducité de la déclaration d'appel. • Civ. 2e, 11 mai 2017, n° 16-14.868 : *D. actu. 6 juin 2017, obs. Laffly ; D. 2017. Actu. 1054 ; Gaz. Pal. 25 juill. 2017, p. 49, note Bléry ; Procédures 2017, n° 179, note Croze.* ♦ En cas d'indivisibilité entre les parties, celles-ci peuvent soulever l'irrecevabilité. • Cass., avis, 2 avr. 2012, n° 12-00.002 et 12-00.003 P. ♦ Sauf en cas d'indivisibilité entre les parties, l'irrecevabilité, lorsqu'elle est encourue, doit être prononcée à l'égard du seul intimé concerné par le défaut de signification. • Même arrêt. ♦ C'est à bon droit qu'une cour d'appel, saisie d'un appel formé par une société en sauvegarde contre une ordonnance d'admission de créance, a retenu qu'en sa qualité d'intimé, le mandataire judiciaire, auquel la société n'avait pas signifié ses conclusions d'appel dans le délai prévu par l'art. 911, alors qu'il n'était pas constitué, ne pouvait renoncer à la caducité de la déclaration d'appel. • Com.

13 déc. 2017, n° 16-17.975 P : *D. 2018. Actu. 5* ; *RPC 2018, n° 56, note Lebel* ; *Gaz. Pal. 15 mai 2018, p. 78, obs. Théron.*

Art. 911-1 **Le conseiller de la mise en état peut d'office, par ordonnance et en raison de la nature de l'affaire, impartir des délais plus courts que ceux prévus aux articles 908 à 910.**

(Décr. n° 2010-1647 du 28 déc. 2010, art. 7) **« La caducité de la déclaration d'appel en application des articles 902 et 908 ou l'irrecevabilité des conclusions en application des articles 909 et 910 sont prononcées par ordonnance du conseiller de la mise en état qui statue après avoir sollicité les observations écrites des parties. L'ordonnance qui prononce la caducité ne peut être rapportée. »**

(Décr. n° 2017-891 du 6 mai 2017, art. 24, en vigueur le 1er sept. 2017) **« La partie dont la déclaration d'appel a été frappée de caducité en application des articles 902, 905-1,905-2 ou 908 ou dont l'appel a été déclaré irrecevable n'est plus recevable à former un appel principal contre le même jugement et à l'égard de la même partie.**

« De même, n'est plus recevable à former appel principal l'intimé auquel ont été régulièrement notifiées les conclusions de l'appelant et qui n'a pas formé un appel incident ou provoqué contre le jugement attaqué dans les délais impartis aux articles 905-2 et 909 ou dont l'appel incident ou provoqué a été déclaré irrecevable. »

1. Décr. n° 2017-891 du 6 mai 2017. Légalité. Il ne saurait être utilement relevé, à l'encontre des dispositions du décret attaqué, la méconnaissance des dispositions de l'art. 385 C. pr. civ., ni d'une incohérence affectant la légalité de l'art. 24 du décret attaqué, dès lors que les dispositions de l'art. 911-1 dérogent à celles de l'art. 385.

Par ailleurs, les dispositions de l'art. 911-1 ne prive pas l'intimé ayant formé un appel incident de la faculté de former un appel principal, dès lors qu'il n'est pas forclos pour le faire, lorsque la déclaration d'appel a été frappée de caducité.

Enfin en prévoyant qu'est irrecevable à former un nouvel appel, à supposer qu'elle ne soit pas forclose, la partie à une instance d'appel qui a méconnu les diligences procédurales qui lui incombaient, l'art. 911-1 concourt, avec les autres dispositions du décret attaqué, à assurer l'efficacité de la procédure d'appel. Elle ne porte pas une atteinte excessive au droit au recours au regard de l'objectif poursuivi. N'est ainsi pas fondé l'argument selon lequel que l'art. 24 du décret attaqué méconnaîtrait l'article 6 Conv. EDH. • CE 13 nov. 2019, nos 412255, 412286, 412287, 412308 et 415651 : *cité note 1 ss. art. 83.*

2. Pouvoir d'allonger les délais (non). Si l'art. 911-1 permet au conseiller de la mise en état d'impartir des délais plus courts que ceux prévus aux art. 908 à 910, ces dispositions ne lui donnent pas le même pouvoir d'allonger les délais légaux. L'appelant ne peut donc se prévaloir de l'indication, même erronée, du calendrier de procédure faisant état de la date la plus éloignée pour conclure, dès lors que le délai de *l'art. 908 court à compter de la déclaration* d'appel, et que l'appelant connaissait parfaitement la date à prendre en compte et donc l'échéance du délai de caducité auquel il lui appartenait d'être particulièrement attentif. • Dijon, 7 nov. 2013, n° 13/01145. ♦ V. aussi not. : • Lyon, 14 janv. 2014, 13/07014 • Reims, 17 juin 2014, n° 14/01315. ♦ V. désormais art. 910-3.

3. Irrecevabilité d'un appel principal après caducité. V. art. 911-1, al. 3. ♦ Mais V. avant l'introduction de l'al. 3 par le Décr. du 6 mai 2017 : est irrecevable faute d'intérêt le second appel d'un jugement tant que la caducité du premier n'a pas été prononcée. • Civ. 2e, 11 mai 2017, n° 16-18.464 P : *D. actu. 7 juin 2017, obs. Laffly* ; *D. 2017. Actu. 1053* ; *Procédures 2017, n° 177, note Croze* • Civ. 2e, 22 mars 2018, n° 17-16.180 : *Procédures 2018, n° 175, note Croze.* ♦ En l'état des textes antérieurs au Décr. n° 2017-891 du 6 mai 2017, une nouvelle déclaration d'appel pouvait être déposée après le prononcé de la caducité d'une première déclaration dès lors que le jugement n'ayant pas été signifié, le délai d'appel n'était pas expiré et qu'un nouveau délai courait à compter de la signification du jugement. • Civ. 2e, 12 avr. 2018, n° 17-17.498 : *Procédures 2018, n° 175, obs. Croze.*

4. Irrecevabilité d'un appel principal par l'intimé. Du fait de son abstention de conclure et former éventuellement un appel incident dans le délai prévu à l'art. 909, alors que cette voie de recours lui était ouverte dans les conditions prévues par l'art. 550, l'intimé n'est pas recevable à relever ensuite appel principal du jugement précédemment attaqué, la date de la signification de ce dernier étant indifférente. • Civ. 2e, 13 oct. 2016, n° 15-25.926 P : *D. actu. 7 nov. 2016, obs. Laffly* ; *D. 2017. Pan. 427, obs. Fricero* ; *ibid. 2017. 92, note Hoffschir* . ♦ V. déjà : • Civ. 2e, 4 déc. 2014, n° 13-25.684 : *D. 2015. 287, obs. Fricero* ; *JCP 2015. 424, obs. Amrani-Mekki* ; *Gaz. Pal. 16 juin 2015, p. 16, note Pellerin* • 7 avr. 2016, n° 15-12.770 : *D. 2017. Pan. 427, obs. Fricero* • 12 mai 2016, n° 15-18.906 : *D. 2017. Pan. 427, obs. Fricero* . ♦ La personne, intimée par l'appelant, qui s'est abstenue de former un appel incident, alors qu'elle avait comparu devant la cour d'appel et que cette voie de recours lui était ouverte par l'art. 550, n'est pas recevable à relever appel principal du jugement précédemment attaqué. • Civ. 2e, 28 mai 2003, n° 01-12.177 P : *D. 2003. IR 2051* ; *RTD civ. 2003. 549, obs. Perrot* ; *Gaz. Pal. 7-8 avr. 2004, p. 15, obs. du Rusquec.* ♦ V. art. 546 et les notes.

5. Caducité d'un précédent appel principal de l'intimé. Portée. L'intimé est recevable à former appel incident sur l'appel principal recevable quand bien même son propre appel principal avait été déclaré caduc. • Civ. 3e, 7 janv. 2016, n° 14-14.814 P : *préc. note 6 ss. art. 909.*

6. Caducité relevée d'office. Il résulte des art. 911-1, al. 2, et 914 que le conseiller de la mise en état a le pouvoir de relever d'office la caducité de la déclaration d'appel en cas de non-respect des prescriptions de l'art. 902. • Civ. 2e, 26 juin 2014, n° 13-20.868 P : *D. 2014. Actu. 1456* ; *Gaz. Pal. 2014. 2216* ; *note Lhermitte* ; *JCP 2014. 1232, p. 2172, obs. Amrani-Mekki.*

7. Principe du contradictoire. En déclarant caduque la déclaration d'appel sans avoir au préalable invité les parties à présenter leurs observations sur le moyen, qu'elle relevait d'office, tiré de l'absence de remise au greffe par l'appelant de ses conclusions dans le délai de l'art. 908, tel qu'augmenté par l'art. 911-2, la cour d'appel a méconnu le principe de la contradiction et violé l'art. 16. • Civ. 2e, 16 oct. 2014, n° 13-17.999 P : *cité note 2 ss. art. 911.*

Art. 911-2 *(Décr. n° 2010-1647 du 28 déc. 2010, art. 8)* **« Les délais prévus** *(Décr. n° 2017-891 du 6 mai 2017, art. 25-1°, en vigueur le 1er sept. 2017)* **« au premier alinéa de l'article 905-1, à l'article 905-2, » au troisième alinéa de l'article 902 et à l'article 908 sont augmentés :**

« – d'un mois, lorsque la demande est portée soit devant une juridiction qui a son siège en France métropolitaine, pour les parties qui demeurent en Guadeloupe, en Guyane, à la Martinique, à La Réunion, à Mayotte, à Saint-Barthélemy, à Saint-Martin, à Saint-Pierre-et-Miquelon, en Polynésie française, dans les îles Wallis-et-Futuna, en Nouvelle-Calédonie ou dans les Terres australes et antarctiques françaises, soit devant une juridiction qui a son siège en Guadeloupe, en Guyane, à la Martinique, à La Réunion, à Mayotte, à Saint-Barthélemy, à Saint-Martin, à Saint-Pierre-et-Miquelon ou dans les îles Wallis-et-Futuna, pour les parties qui ne demeurent pas dans cette collectivité ; »

(Décr. n° 2009-1524 du 9 déc. 2009, art. 2, en vigueur le 1er janv. 2011) **« – de deux mois si l'appelant demeure à l'étranger.**

« Les délais prescrits aux intimés et intervenants forcés par les articles *(Décr. n° 2017-891 du 6 mai 2017, art. 25-2°, en vigueur le 1er sept. 2017)* **« 905-2, » 909 et 910 sont augmentés dans les mêmes conditions et selon les mêmes modalités. »**

Les dispositions de l'art. 25 du Décr. n° 2017-891 du 6 mai 2017 s'appliquent aux appels formés à compter du 1er sept. 2017. Elles s'appliquent aux instances consécutives à un renvoi après cassation lorsque la juridiction de renvoi est saisie à compter du 1er sept. 2017 (Décr. préc., art. 53-II bis, créé par Décr. n° 2017-1227 du 2 août 2017, art. 1er-2°-b).

Domaine. L'art. 911-2 n'institue aucune discrimination ou différence de traitement entre les justiciables dès lors qu'il est applicable devant toutes les cours d'appel, qu'elles soient situées sur le territoire métropolitain ou dans les territoires ou départements d'outre-mer énoncés à cet article, et que l'allongement de délai s'applique aux délais impartis tant aux appelants qu'aux intimés, et ce en fonction de leur situation géographique par rapport à la cour d'appel saisie. • Civ. 2e, 7 sept. 2017, n° 16-15.700 P : *D. actu. 22 sept. 2017, obs. Laffly* ; *D. 2017. Actu. 1767* ; *ibid. 2018. 698, obs. Fricero* ; *Procédures 2017, n° 259, note Croze.*

Art. 912 **Le conseiller de la mise en état examine l'affaire dans les quinze jours suivant l'expiration des délais pour conclure et communiquer les pièces.**

Il fixe la date de la clôture et celle des plaidoiries. Toutefois, si l'affaire nécessite de nouveaux échanges de conclusions, *(Décr. n° 2017-891 du 6 mai 2017, art. 26, en vigueur le 1er sept. 2017)* **« sans préjudice de l'article 910-4, » il en fixe le calendrier, après avoir recueilli l'avis des** *(Décr. n° 2012-634 du 3 mai 2012, art. 19-1°-a)* **« avocats ».**

Dans tous les cas, les dossiers, comprenant les copies des pièces visées dans les conclusions et numérotées dans l'ordre du bordereau récapitulatif, sont déposés à la cour quinze jours avant la date fixée pour l'audience de plaidoiries.

Les dispositions de l'art. 26 du Décr. n° 2017-891 du 6 mai 2017 s'appliquent aux appels formés à compter du 1er sept. 2017. Elles s'appliquent aux instances consécutives à un renvoi après cassation lorsque la juridiction de renvoi est saisie à compter du 1er sept. 2017 (Décr. préc., art. 53-II bis, créé par Décr. n° 2017-1227 du 2 août 2017, art. 1er-2°-b).

BIBL. ▸ ATIAS, *D. 2010. 1028* (les pièces du dossier de plaidoirie – réponses réglementaires et judiciaires aux difficultés de la justice). – CHAUVIN, *Gaz. Pal. 24-25 mai 2013, p. 5* (plaidoyer en faveur d'une audience interactive devant la cour d'appel).

1. Obligation de déposer les copies des pièces visées numérotées. Sanction. L'obligation faite aux parties de déposer à la cour d'appel leurs dossiers, comprenant les copies des pièces visées dans les conclusions et numérotées dans l'ordre du bordereau récapitulatif, quinze jours avant la date fixée pour l'audience de plaidoiries, n'est pas sanctionnée par une irrecevabilité ou une exclusion des pièces non remises. • Civ. 2e, 7 janv. 2016, n° 14-29.019 P : *D. actu. 5 févr. 2016, obs. Laffly ; D. 2016. Chron.C. cass. 741, obs. Adida-Canac, Vasseur et de Leiris*.

2. Absence de fixation par le conseiller de la mise en état (portée). La mention « à fixer », portée par le greffe dans le dossier électronique de l'affaire, atteste seulement du dépôt des écritures des parties dans les délais d'échanges initiaux prévus par les art. 908 et 909 C. pr. civ. Le conseiller de la mise en état n'ayant pas fixé l'affaire et les parties n'ayant pas pris d'initiative pour faire avancer l'instance ou obtenir une fixation, l'instance est périmée sans méconnaissance des exigences de l'art. 6, § 1er, Conv. EDH. • Civ. 2e, 16 déc. 2016, n° 15-27.917 P : *cité note 2 ss. art. 386.* ♦ Plus généralement, sur la péremption, V. art. 386 et les notes.

Art. 913 *(Décr. n° 2010-1647 du 28 déc. 2010, art. 9-2°)* **Le conseiller de la mise en état peut enjoindre aux** *(Décr. n° 2012-634 du 3 mai 2012, art. 19-1°-a)* **« avocats » de mettre leurs conclusions en conformité avec les dispositions** *(Décr. n° 2017-891 du 6 mai 2017, art. 27, en vigueur le 1er sept. 2017)* **« des articles 954 et 961 ».**

Les dispositions de l'art. 27 du Décr. n° 2017-891 du 6 mai 2017 s'appliquent aux appels formés à compter du 1er sept. 2017. Elles s'appliquent aux instances consécutives à un renvoi après cassation lorsque la juridiction de renvoi est saisie à compter du 1er sept. 2017 (Décr. préc., art. 53-II bis, créé par Décr. n° 2017-1227 du 2 août 2017, art. 1er-2°-b).

Art. 914 *(Décr. n° 2017-891 du 6 mai 2017, art. 28-1° et 2°, en vigueur le 1er sept. 2017)* **« Les parties soumettent au conseiller de la mise en état, qui est seul compétent depuis sa désignation et jusqu'à la clôture de l'instruction, leurs conclusions, spécialement adressées à ce magistrat, tendant à :**

« – prononcer la caducité de l'appel ;

« – déclarer l'appel irrecevable et trancher à cette occasion toute question ayant trait à la recevabilité de l'appel ; les moyens tendant à l'irrecevabilité de l'appel doivent être invoqués simultanément à peine d'irrecevabilité de ceux qui ne l'auraient pas été ;

« – déclarer les conclusions irrecevables en application des articles 909 et 910 ;

« – déclarer les actes de procédure irrecevables en application de l'article 930-1.

« Les parties ne sont plus recevables à invoquer devant la cour d'appel la caducité ou l'irrecevabilité après la clôture de l'instruction, à moins que leur cause ne survienne ou ne soit révélée postérieurement. Néanmoins, sans préjudice du dernier alinéa du présent article, la cour d'appel peut, d'office, relever la fin de non-recevoir tirée de l'irrecevabilité de l'appel ou la caducité de celui-ci. »

(Décr. n° 2010-1647 du 28 déc. 2010, art. 10) **« Les ordonnances du conseiller de la mise en état statuant sur la fin de non-recevoir tirée de l'irrecevabilité de l'appel, sur la caducité de celui-ci ou sur l'irrecevabilité des conclusions** *(Décr. n° 2017-891 du 6 mai 2017, art. 28-3°, en vigueur le 1er sept. 2017)* **« et des actes de procédure » en application des articles** *(Décr. n° 2017-891 du 6 mai 2017, art. 28-3° en vigueur le 1er sept. 2017)* **« 909, 910, et 930-1 » ont autorité de la chose jugée au principal. »**

Les dispositions de l'art. 28 du Décr. n° 2017-891 du 6 mai 2017 s'appliquent aux appels formés à compter du 1er sept. 2017. Elles s'appliquent aux instances consécutives à un renvoi après cassation lorsque la juridiction de renvoi est saisie à compter du 1er sept. 2017 (Décr. préc., art. 53-II bis, créé par Décr. n° 2017-1227 du 2 août 2017, art. 1er-2°-b).

BIBL. ▸ LAFFLY et MARTIN, *JCP 2014. 367* (compétences partagées pour statuer sur une fin de non-recevoir entre le conseiller de la mise en état et la cour d'appel).

1. Décr. n° 2017-891 du 6 mai 2017. Légalité. Les dispositions de l'art. 914, dans sa rédaction issue du Décr. du 6 mai 2017, qui sont applicables dans toutes les procédures d'appel et poursuivent l'objectif d'intérêt général de bonne administration de la justice, énoncent de simples règles formelles tenant à la présentation et à la structuration des conclusions et qui ne sont pas prescrites à peine d'irrecevabilité de l'appel. Par suite, le moyen tiré de ce que l'art. 34 du décret attaqué porterait atteinte au droit au recours et au droit d'accès au juge doit être écarté. • CE 13 nov. 2019, nos 412255, 412286, 412287, 412308 et 415651 : *cité note 1 ss. art. 83.*

A. COMPÉTENCE DU CONSEILLER DE LA MISE EN ÉTAT

2. Recevabilité de l'appel-nullité. Aux termes de l'art. 911 anc., le conseiller de la mise en état est compétent pour déclarer l'appel irrecevable et trancher à cette occasion toute question ayant trait à la recevabilité de l'appel, ce texte ne distingue pas selon que la voie de recours intentée tend à la réformation, à l'annulation ou à la nullité du jugement. Le conseiller de la mise en état est donc compétent pour apprécier la recevabilité de l'appel nullité. • Com. 14 mai 2008, no 07-11.036 P : *D. 2008. 1559 ; JCP 2008. Actu. 343, obs. Vuitton ; Procédures 2008, no 225, note Perrot.*

3. Compétence exclusive. Le conseiller de la mise en état est, lorsqu'il est désigné et jusqu'à son dessaisissement, seul compétent pour prononcer la caducité de l'appel, pour déclarer l'appel irrecevable et trancher à cette occasion toute question ayant trait à la recevabilité de l'appel ou pour déclarer les conclusions irrecevables en application des art. 909 et 910. Le conseiller de la mise en état demeurant ainsi saisi jusqu'à l'ouverture des débats, la cour d'appel, qui s'est prononcée sur un incident régulièrement formé par conclusions signifiées dans le cadre de la mise en état, que seul le conseiller de la mise en état avait compétence à connaître, a excédé ses pouvoirs et violé l'art. 914. • Civ. 3e, 24 sept. 2014, no 13-21.524 P : *D. actu. 13 oct. 2014, obs. Kebir ; JCP 2014. 1232, no 8, obs. Amrani-Mekki.* ♦ La compétence exclusive du conseiller de la mise en état implique qu'une cour d'appel ne peut se prononcer sur le moyen tiré du défaut d'intérêt sans vérifier que celui-ci avait été révélé postérieurement au dessaisissement du conseiller de la mise en état. • Civ. 2e, 24 sept. 2015, no 14-21.729 P : *D. 2016. Pan. 454, obs. Fricero ; ibid. Chron. C. Cass. 742, obs. Adida-Canac, Vasseur et de Leiris ; Gaz. Pal. 22 déc. 2015, p. 33, note Herman ; JCP 2015. 1304, obs. Amrani-Mekki ; RLDC nov. 2015, p. 58, obs. Bléry.* ♦ Le conseiller de la mise en état est, lorsqu'il est désigné et jusqu'à son dessaisissement, seul compétent pour déclarer les conclusions irrecevables en application de l'art. 909. • Civ. 2e, 23 juin 2016, no 15-13.483 P : *D. 2016. Actu. 1439 ; ibid. Chron. C. cass.1886, obs. Adida-Canac, Vasseur, de Leiris, Hénon, Palle, Becuwe et Touati .* ♦ ... De l'art. 910 : • Civ. 2e, 9 avr. 2015, no 13-28.707 P : *D. actu. 19 mai 2015, obs. Kebir ; D. 2015. Chron. C. cass. 1791, obs. Adida-Canac, Vasseur et de Leiris ; ibid. 2016 Pan. 454, obs. Fricero .* ♦ Dès lors que des conclusions soulevant une fin de non-recevoir tirée de la tardiveté de l'appel ont été notifiées antérieurement au dessaisissement du conseiller de la mise en état, une cour d'appel ne peut statuer sur ce moyen et juger l'appel irrecevable. • Civ. 2e, 20 avr. 2017, no 16-12.605 P : *D. actu. 22 mai 2017, obs. Laffly ; Gaz. Pal. 25 juill. 2017, p. 49, note Bléry.* ♦ L'art. 930-1 se bornant à fixer les modalités selon lesquelles les diligences prescrites par les art. 908 à 910 doivent être exécutées, le conseiller de la mise en état est compétent pour déclarer irrecevables les conclusions qui n'ont pas respecté le formalisme prescrit par ledit art. 930-1. • Civ. 2e, 25 juin 2015, no 14-17.874 P : *D. actu. 9 juill. 2015, obs. Mélin ; D. 2015. Chron. C. cass. 1791, obs. Adida-Canac, Vasseur et de Leiris ; Gaz. Pal. 22 sept. 2015, p. 31, note Bléry.* ♦ Cependant, si, aux termes de l'art. 914, dans sa rédaction alors applicable, le conseiller de la mise en état a une compétence exclusive pour prononcer l'irrecevabilité des conclusions encourue en application des dispositions des art. 909 et 911, et si les parties ne sont plus recevables à l'invoquer après le dessaisissement de ce magistrat, à moins que sa cause ne survienne ou ne soit révélée postérieurement, cette restriction ne fait pas obstacle à la faculté pour la cour d'appel de relever d'office cette fin de non-recevoir. • Civ. 2e, 17 mai 2018, no 15-17.112 P : *Gaz. Pal. 31 juill. 2018, p. 72, obs. Hoffshir.*

4. ... Incompétence. Il se déduit de l'art. 914 que le juge ou le conseiller de la mise en état n'est pas compétent pour statuer sur une fin de non-recevoir autre que celles prévues par l'art. 914. Encourt la cassation, une cour d'appel qui relève que la partie appelante n'a plus d'existence légale et déclare caduque sa déclaration d'appel pour absence de remise au greffe dans le délai requis de ses conclusions, sans se prononcer sur l'irrecevabilité des conclusions en raison d'un défaut de qualité à agir, ce qu'elle n'avait pas le pouvoir de faire dès lors qu'elle était saisie par le déféré formé contre l'ordonnance du conseiller de la mise en état, et qu'elle ne pouvait que statuer dans le champ de compétence d'attribution de ce dernier (visa des art. 122, 908, 914, 960 et 961). • Civ. 2e, 2 déc. 2021, no 20-18.312 P : *D. actu. 3 janv. 2022, note Lhermitte.*

5. L'appelant qui n'a pas usé de la faculté que lui confère l'art. 914 de saisir le conseiller de la mise en état d'une demande tendant à faire constater la caducité de l'appel pour tardiveté des conclusions des appelantes, n'est pas recevable à invoquer ce grief devant la Cour de cassation. • Civ. 2e, 17 oct. 2013, no 12-21.242 P : *D. 2014. Chron. C. Cass. 571, no 10, obs. de Leiris ; ibid. Pan. 795, obs. Fricero ; Gaz. Pal. 1er-5 nov. 2013, p. 20, note Piau ; Procédures 2013, no 330, note Perrot.* ♦ Si de nouveaux moyens de défense peuvent être opposés à l'occasion du déféré pour contester l'ordonnance du conseiller de la mise en état, la cour d'appel, statuant sur déféré, ne peut connaître de prétentions qui n'ont pas été soumises au conseiller de la mise en état. Ayant retenu que l'appelante ne s'était pas prévalue devant le conseiller de la mise en état de l'irrégularité de la notification à son égard de la constitution de l'intimé et des conclusions d'incident et de déféré de celui-ci, laquelle constituait un incident qui devait être préalablement soumis au conseiller de la mise en état en application de l'art. 914, c'est à bon droit qu'une cour d'appel a déclaré irrecevables les demandes d'une société aux fins d'irrecevabilité de la constitution de l'intimé et a dit la déclaration d'appel caduque. • Civ. 2e, 4 mars 2021, n° 19-15.695 P : *D. actu. 29 mars 2021, note Laffly.*

6. *Conclusions spécialement adressées.* Le conseiller de la mise en état n'est saisi des demandes relevant de sa compétence que par des conclusions qui lui sont spécialement adressées. • Civ. 2e, 12 mai 2016, n° 14-25.054 P • 12 mai 2016, n° 14-28.086 P • 10 déc. 2020, n° 19-22.609 P : *D. actu. 27 janv. 2021, note Lhermitte ; D. 2021. 543, obs. Fricero ; AJ fam. 2021. 129, obs. Thouret .* ♦ *Contra*, auparavant : le conseiller de la mise en état peut connaître de l'irrecevabilité des conclusions de l'intimé soulevée dans des conclusions au fond signifiées avant l'ordonnance de clôture qui a été révoquée avant l'ouverture des débats, c'est-à-dire à un moment où il n'était pas encore dessaisi. • Civ. 2e, 9 avr. 2015, n° 13-28.707 P : *D. actu. 19 mai 2015, obs. Kebir ; D. 2015. Chron. C. cass. 1791, obs. Adida-Canac, Vasseur et de Leiris ; ibid. 2016. Pan. 454, obs. Fricero .*

7. *Office du juge.* Si aux termes de l'art. 914, les parties ne sont plus recevables à invoquer la caducité ou l'irrecevabilité de l'appel après le dessaisissement du conseiller de la mise en état, l'art. 125, al. 1er, autorise le juge à relever d'office la fin de non-recevoir tirée du défaut de qualité à agir ou de la chose jugée. • Civ. 2e, 16 oct. 2014, n° 13-24.575 P : *Procédures 2015, n° 7, note Croze ; Gaz. Pal. 24 juin 2014, p. 14, note Mulon.* ♦ Même solution pour la caducité de l'appel. • Civ. 2e, 11 mai 2017, n° 16-14.868 P : *préc. note 19 ss. art. 911.* ♦ En accueillant la demande de caducité que les parties ne pouvaient pas soulever devant elle, la cause de la caducité étant survenue ou révélée antérieurement au dessaisissement du conseiller de la mise en état, la cour d'appel, qui ne pouvait retenir la caducité qu'en la relevant d'office, a violé l'art. 914. • Civ. 2e, 11 mai 2017, n° 15-27.467 P : *D. actu. 2 juin 2017, obs. Laffly ; D. 2017. Actu. 1053 ; Procédures 2017, n° 177, note Croze ; Gaz. Pal. 25 juill. 2017, p. 49, note Bléry.* ♦ Il appartient à la cour d'appel de relever d'office l'irrecevabilité de l'appel incident tardif. • Civ. 2e, 28 sept. 2017, n° 16-23.497 P : *D. actu. 10 oct. 2017, obs. Kebir ; Gaz. Pal. 6 févr. 2018, p. 58, obs. Hoffschir ; D. 2018. Pan. 698, obs. Fricero .*

8. La cour d'appel peut statuer sur des conclusions d'intimé, non notifiées dans le délai de l'art. 909, si l'appelant n'a pas saisi le conseiller de la mise en état pour les voir déclarer irrecevables. • Civ. 1re, 16 déc. 2015, n° 14-24.642 P : *D. 2016. Pan. 454, obs. Fricero .*

9. *Respect du principe contradictoire.* Dès lors que les parties ont été en mesure de s'expliquer sur la fin de non-recevoir tirée de la tardiveté de l'appel, c'est sans violer le principe de la contradiction que la cour d'appel a relevé d'office cette fin de non-recevoir, sans inviter les parties à présenter leurs observations. • Civ. 2e, 5 juin 2014, n° 13-19.920 P : *D. 2014. Chron. C. cass. 1727, obs. Vasseur et Adida-Canac ; Gaz. Pal. 7-9 sept. 2014, p. 36, obs. Hermann.*

10. *Irrecevabilité des art. 960 et 961.* Sur l'incompétence du conseiller de la mise en état pour prononcer l'irrecevabilité prévue par les art. 960 et 961, V. notes ss. art. 961.

B. AUTORITÉ DE LA CHOSE JUGÉE DES DÉCISIONS DU CONSEILLER DE LA MISE EN ÉTAT

11. *Fin de non-recevoir tirée de l'irrecevabilité de l'appel.* Il résulte de la combinaison des dispositions des art. 914, al. 2, et 916, al. 2, en leur rédaction en vigueur le 1er janv. 2011, que les ordonnances du conseiller de la mise en état statuant sur la fin de non-recevoir tirée de l'irrecevabilité de l'appel ont autorité de chose jugée au principal et, en ce cas, peuvent être déférées par simple requête à la cour d'appel dans les quinze jours de leur date. • Civ. 1re, 10 avr. 2013, n° 12-14.939 P : *D. 2013. Actu. 1010 ; RTD civ. 2013. 667, obs. Perrot ; JCP 2013. 461, obs. Laporte ; Gaz. Pal. 9-11 juin 2013, p. 15, note Hercovici et Hardouin ; Dr. et pr. 2013. 139, note Salati ; Procédures 2013, n° 176, note Perrot.*

12. Se heurte à l'autorité de la chose jugée la demande tendant à faire constater l'irrecevabilité de l'appel pour défaut de droit d'agir dès lors qu'une première demande d'irrecevabilité fondée sur la tardiveté de l'appel avait été rejetée par une ordonnance du conseiller de la mise en état non déférée à la cour d'appel. • Civ. 2e, 13 nov. 2014, n° 13-15.642 P : *D. actu. 27 nov. 2014, obs. Kebir ; Procédures 2015, n° 2, note Croze ; ibid. 2015, n° 2, note Croze.* ♦ Viole les art. 914, al. 2, et 916, al. 2, ensemble l'art. 480 et l'art. 1351 C. civ., l'arrêt qui, pour déclarer l'appel irrecevable, retient que l'autorité de la chose jugée attachée à certaines décisions du conseiller de la mise en état ne prive pas de l'exercice d'une voie de recours, laquelle est d'ailleurs expressément prévue par l'art. 916, en méconnaissance de l'autorité de la chose jugée de l'ordonnance du conseiller de la mise en état qui ne lui avait pas été déférée dans les quinze jours de son prononcé. • Civ. 2e, 3 sept. 2015, n° 13-27.060 P : *D. actu. 22 sept. 2015, obs. Laffly ; D. 2015. Actu.*

1771 ; *ibid. 2016. Pan. 454, obs. Fricero* ; *ibid. Chron. 741, obs. Adida-Canac, Vasseur et de Leiris* ; *RLDC nov. 2015, p. 58, obs. Bléry.*

13. Viole les art. 775, 914, 916, ensemble l'art. 907, la cour d'appel qui pour déclarer irrecevable le moyen de l'intimé pris de l'irrecevabilité de la déclaration de saisine sur renvoi de cassation, retient que la compétence du conseiller de la mise en état pour examiner la recevabilité de la saisine de la cour d'appel de renvoi après cassation, non expressément prévue par l'art. 914, constitue le prolongement naturel de sa compétence afférente à la recevabilité de l'appel, que dès lors, les dispositions de l'art. 916, al. 2 concernant les ordonnances du conseiller de la mise en état statuant sur une fin de non-recevoir tirée de l'irrecevabilité de l'appel sont ici applicables, que faute d'avoir déféré à la cour d'appel l'ordonnance du conseiller de la mise en état dans les quinze jours de son prononcé, l'intimé n'est pas recevable à reprendre devant elle ses demandes sur la recevabilité de la saisine de la cour d'appel de renvoi, alors que l'ordonnance du conseiller de la mise en état statuant sur la recevabilité de la déclaration de saisine après renvoi de cassation n'est pas revêtue de l'autorité de la chose jugée, de sorte que l'absence de déféré de cette ordonnance n'interdit pas à la partie défenderesse de soulever devant la cour d'appel le moyen pris de l'irrecevabilité de la déclaration de saisine sur renvoi de cassation. • Civ. 2e, 12 avr. 2018, n° 17-14.576 P : *Gaz. Pal. 31 juill. 2018, p. 66, obs. Hoffshir ; AJ fam. 2018. 407, obs. Thouret* ; *Procédures 2018, n° 242, note Croze.*

14. Si la procédure de déféré à la cour, seul recours autorisé, n'a pas été suivie, la cour d'appel ne peut, sauf fait nouveau, modifier les mesures posées dans l'ordonnance du conseiller de la mise en l'état au motif que cette ordonnance n'aurait pas autorité de la chose jugée au principal (juris. rendue ss. anc. art. 914). • Civ. 1re, 4 oct. 2005, n° 04-12.735 P : *D. 2006. Pan. 2438, obs. Douchy-Oudot* ; *AJ fam. 2005. 447, obs. David* ; *RTD civ. 2005. 94, obs. Hauser*.

15. Une cour d'appel ne peut statuer sur le fondement de conclusions déclarées irrecevables par une ordonnance du conseiller de la mise en état. • Civ. 2e, 12 mai 2016, n° 15-16.473 : *D. 2017. Pan. 427, obs. Fricero*.

Art. 915 **Le conseiller de la mise en état, lorsqu'il est saisi, est seul compétent pour suspendre l'exécution des jugements improprement qualifiés en dernier ressort** *(Abrogé par Décr. n° 2010-1647 du 28 déc. 2010, art. 11)* **« *ou contre lesquels l'appel n'a pas d'effet suspensif* » et pour exercer les pouvoirs qui lui sont conférés en matière d'exécution provisoire.**

Exécution provisoire. Sur les pouvoirs du conseiller de la mise en état en matière d'exécution provisoire, V. art. 525, 525-1, 526 et juris. ss. ces art.

Art. 916 **Les ordonnances du conseiller de la mise en état ne sont susceptibles d'aucun recours indépendamment de l'arrêt sur le fond.**

(Décr. n° 2017-891 du 6 mai 2017, art. 29-1°, en vigueur le 1er sept. 2017) **« Toutefois, elles peuvent être déférées par requête à la cour dans les quinze jours de leur date lorsqu'elles ont pour effet de mettre fin à l'instance, lorsqu'elles constatent son extinction ou lorsqu'elles ont trait à des mesures provisoires en matière de divorce ou de séparation de corps. »**

(Décr. n° 2017-891 du 6 mai 2017, art. 29-2°, en vigueur le 1er sept. 2017) **« Elles peuvent être déférées dans les mêmes conditions lorsqu'elles statuent sur une exception de procédure, sur un incident mettant fin à l'instance, sur** *(Décr. n° 2020-1452 du 27 nov. 2020, art. 1er-23°-a, en vigueur le 1er janv. 2021)* **« une fin de non-recevoir ou sur la caducité de l'appel ».**

« La requête, remise au greffe de la chambre à laquelle l'affaire est distribuée, contient, outre les mentions prescrites par l'article *(Décr. n° 2020-1452 du 27 nov. 2020, art. 1er-23°-b, en vigueur le 1er janv. 2021)* **« 57 » et à peine d'irrecevabilité, l'indication de la décision déférée ainsi qu'un exposé des moyens en fait et en droit.**

« Les ordonnances du président de la chambre saisie ou du magistrat désigné par le premier président, statuant sur la caducité ou l'irrecevabilité en application des articles 905-1 et 905-2, peuvent également être déférées à la cour dans les conditions des alinéas précédents. »

Les dispositions de l'art. 29 du Décr. n° 2017-891 du 6 mai 2017 s'appliquent aux appels formés à compter du 1er sept. 2017. Elles s'appliquent aux instances consécutives à un renvoi après cassation lorsque la juridiction de renvoi est saisie à compter du 1er sept. 2017 (Décr. préc., art. 53-II bis, créé par Décr. n° 2017-1227 du 2 août 2017, art. 1er-2°-b).

L'art. 1er-23° du Décr. n° 2020-1452 du 27 nov. 2020 s'applique aux instances en cours au 1er janv. 2021 (Décr. préc., art. 12).

BIBL. ▶ BOCCARA, *RG proc. 1998. 573* (déféré d'appel). – Fiche méthodologique, *BICC 1er mars 2008, p. 6* (le conseiller de la mise en état : compétence, pouvoir et recours contre ses décisions). – SALATI, *Dr. et pr. 2009. 192* (trois ans après le Décr. du 28 déc. 2005).

A. PRINCIPE : L'ABSENCE DE RECOURS IMMÉDIAT

1. Autorité de la chose jugée. V. art. 914 et les notes.

2. Irrecevabilité du pourvoi. Les ordonnances du conseiller de la mise en état ne sont pas susceptibles d'un pourvoi en cassation (juris. rendue ss. anc. art. 914). • Civ. 2e, 27 avr. 1979, n° 77-13.940 P • 27 juin 1990, n° 89-12.325 P • Com. 26 mai 1992, n° 90-12.230 P. ♦ Ainsi, ne peuvent faire l'objet d'un pourvoi en cassation les ordonnances du conseiller de la mise en état relatives à l'exécution provisoire (juris. rendue ss. anc. art. 914). • Civ. 2e, 7 mai 1980, n° 78-15.543 : *Gaz. Pal. 1980. 2. 619, note Viatte ; RTD civ. 1981. 452, obs. Perrot.*

3. Est irrecevable le pourvoi en cassation contre une ordonnance du conseiller de la mise en état formé postérieurement à l'introduction d'un pourvoi contre l'arrêt de la cour statuant au fond (juris. rendue ss. anc. art. 914). • Civ. 2e, 12 oct. 1988, n° 87-16.993 P.

B. EXCEPTIONS

1° LE DÉFÉRÉ

a. Cas de déféré

4. Ordonnance statuant sur l'irrecevabilité de l'appel. L'ordonnance du conseiller de la mise en état statuant sur l'irrecevabilité de l'appel, même lorsqu'elle ne met pas fin à l'instance, est susceptible d'être déférée immédiatement. • Civ. 2e, 14 mai 2014, n° 13-13.434 : *Gaz. Pal. 7-9 sept. 2014, p. 34, obs. Pellerin.*

5. Divorce. Le déféré est irrecevable, dès lors que, le divorce ayant été irrévocablement prononcé, toute survivance de mesures provisoires est exclue et que la demande de provision de l'ex-épouse n'est pas fondée sur le devoir de secours qui a pris fin avec le divorce (juris. rendue ss. anc. art. 914). • Civ. 1re, 2 mars 2004, n° 01-16.239 P : *D. 2004. IR 997 ; RTD civ. 2004. 270, obs. Hauser ; Defrénois 2004. 1684, obs. Massip ; Gaz. Pal. 26-28 juin 2005, p. 33, obs. du Rusquec.*

6. Il résulte des art. 914 et 916 C. pr. civ. que l'ordonnance du conseiller de la mise en état statuant sur un incident de nature à mettre fin à l'instance peut être déférée à la cour d'appel (incident de péremption d'instance). • Civ., *18 avr. 2019, n° 17-21.189 P : cité note 18 ss. art. 605.*

b. Condition

7. Forme. Sauf démonstration d'une cause étrangère à celui qui accomplit l'acte, le déféré doit être formé, à peine d'irrecevabilité, par voie électronique. • Civ. 2e, 1er juin 2017, n° 16-18.361 P : *D. actu. 23 juin 2017, obs. Laffly ; D. 2017. Actu. 1196 ; Gaz. Pal. 31 oct. 2017, p. 70, obs. Bléry.* ♦ Mais jugé auparavant que viole l'art. 916, selon lequel les ordonnances du conseiller de la mise en état, notamment celles qui mettent fin à l'instance, peuvent être déférées sur simple requête à la cour d'appel, la cour d'appel qui dénie à une lettre la qualification de requête en déféré alors que cette lettre contenait l'objet de la demande et l'exposé des moyens. • Civ. 2e, 26 juin 2014, n° 13-11.635 P : *D. 2014. Actu. 1456 ; ibid. 1728, obs. Vasseur et Adida-Canac ; AJDI 2014. 717, note Porcheron .*

8. Les indications auxquelles est subordonnée la recevabilité des conclusions ne sont pas exigées pour la requête aux fins de déféré. • Civ. 2e, 14 nov. 2013, n° 12-20.323 : *Procédures 2014, n° 36, note Perrot* (visa des art. 914 anc. et 961).

9. Impartialité. La présence, dans la formation de déféré d'appel, du conseiller de la mise en état qui a pris l'ordonnance critiquée est contraire au principe d'impartialité (juris. rendue ss. anc. art. 914). • Civ. 2e, 10 sept. 2009, n° 08-14.004 P. ♦ *Contra*, antérieurement, le déféré d'une ordonnance du conseiller de la mise en état n'ayant pas le caractère d'un appel, la cour d'appel, lorsqu'elle statue sur un tel recours, peut valablement comprendre dans sa composition ce magistrat (juris. rendue ss. anc. art. 914). • Civ. 1re, 3 mars 1992, n° 90-11.088 P : *JCP 1993. II. 21977, note du Rusquec ; RTD civ. 1993. 199, obs. Perrot .*

10. Portée des débats antérieurs à l'expiration du délai pour déférer. La tenue des débats devant la cour d'appel avant l'expiration du délai dont disposent les parties pour déférer à la formation collégiale, l'ordonnance du conseiller de la mise en état leur faisant grief, ne les prive pas de la faculté d'exercer un tel recours. Dès lors, l'ordonnance du conseiller de la mise en état, déclarant irrecevables les conclusions et pièces des intimés en application de l'art. 909 C. pr. civ., étant devenue irrévocable faute de lui avoir été déférée, la cour d'appel n'était saisie d'aucune demande de la part de ces derniers. • Civ. 2e, 13 nov. 2014, n° 13-22.300 P : *Procédures 2015, n° 32, obs. Croze.*

c. Délai

11. Point de départ. Le délai de quinze jours court dans tous les cas, à compter de la date de l'ordonnance du conseiller de la mise en état, sans que les parties puissent invoquer qu'elles n'ont pas été avisées de la date du prononcé (juris. rendue ss. anc. art. 914). • Civ. 2e, 21 janv. 1998, n° 96-16.751 P : *Gaz. Pal. 1998. 2. Pan. 183.* ♦ L'art. 916 C. pr. civ. poursuit un but légitime de célérité de traitement des incidents affectant l'instance d'appel, en vue du jugement de celui-ci dans un délai raisonnable et l'irrecevabilité frappant le déféré formé au-delà de ce délai ne constitue pas une atteinte disproportionnée au droit d'accès au juge, dès lors que les parties sont tenues de constituer un avocat, professionnel avisé, en mesure d'accomplir les actes de la procédure d'appel, dont fait partie le déféré, dans les formes et délais requis. • Civ. 2e, 21 févr. 2019, n° 17-28.285 P : *D. actu. 12 mars 2019, obs. Laffly ; D. 2020. 576, obs. Fricero ; Gaz. Pal. 2 juill. 2019, p. 54, obs. Anger.*

12. Délai de distance (non). La requête en déféré est un acte de procédure qui s'inscrit dans le déroulement de la procédure d'appel et n'ouvre pas une instance autonome, de sorte que l'augmentation de délais prévue par l'art. 643 C. pr. civ. pour les personnes domiciliées à l'étranger, lorsque la demande est portée devant une juridiction qui a son siège en France métropolitaine, ne s'applique pas à ladite requête. • Civ. 2e, 11 janv. 2018, n° 16-23.992 P : *D. actu. 22 janv. 2018, obs. Danet ; D. 2018. Actu. 121 ; ibid. Pan. 699, obs. Fricero ; JCP 2018. 530, n° 10, obs. Jeuland ; Procédures 2018, n° 99, note Croze.*

13. Déféré hors délai. Les jugements rendus sur tierce opposition étant susceptibles des mêmes voies de recours que les décisions de la juridiction dont ils émanent, est irrecevable le déféré formé, par voie de conclusions en dehors du délai de quinze jours de l'art. 914 C. pr. civ., contre l'ordonnance du conseiller de la mise en état prononçant l'irrecevabilité d'un appel-nullité (juris. rendue ss. anc. art. 914). • Com. 17 nov. 2009, n° 08-18.589 : *Procédures 2010, n° 6, obs. Perrot.*

14. Les ordonnances du conseiller de la mise en état ne peuvent plus être déférées à la cour d'appel après l'expiration du délai de quinzaine (juris. rendue ss. anc. art. 914). • Civ. 2e, 21 avr. 1983, n° 82-10.827 P • 2 déc. 1987, n° 86-16.336 P : *D. 1989. Somm. 277, obs. Julien.*

d. Office du juge

15. Une cour d'appel n'a pas à connaître, à l'occasion d'un déféré, de l'irrecevabilité de l'appel qui n'a pas été soulevée devant le conseiller de la mise en état. • Civ. 2e, 31 janv. 2019, n° 17-22.765 P : *D. actu. 22 févr. 2019, obs. Laffly ; D. 2019. 848, obs. de Leiris ; Procédures 2019, n° 106, note Croze ; Gaz. Pal. 23 avr. 2019, p. 76, obs. Kebir.* ♦ En revanche, la cour d'appel, ayant statué dans les cas prévus aux al. 2 et 3 de l'art. 916, examine, si la demande lui en est faite, les autres demandes soumises au conseiller de la mise en état que celui-ci n'aurait pas tranchées, y compris en raison d'une omission de statuer, dès lors qu'elles étaient formulées dans les conclusions examinées par le conseiller de la mise en état et que celui-ci n'a pas réservé sa décision sur ces demandes. • Civ. 2e, 19 nov. 2020, n° 19-16.055 P : *D. actu. 7 janv. 2021, note Laffly : D. 2020. 2349.*

2° LE DÉFÉRÉ-NULLITÉ

16. Excès de pouvoir. Le conseiller de la mise en état n'a pas pouvoir pour écarter des pièces des débats et il n'appartient qu'à la cour, statuant sur le fond du litige, de se prononcer sur cette question. Commet un excès de pouvoir le conseiller de la mise en état qui ordonne le rejet d'une pièce. Cette ordonnance, bien que non susceptible d'être soumise à déféré en application de l'art. 916, peut faire l'objet d'un déféré-nullité. • Paris, 19 févr. 2013, n° 12/13312 : *Gaz. Pal. 24-25 mai 2013, p. 37, note Pellerin.* ♦ L'ordonnance du conseiller de la mise en état ne peut être déférée que devant la cour d'appel, seule compétente pour en connaître, y compris lorsque le grief allégué est un excès de pouvoir (juris. rendue ss. anc. art. 914). • Civ. 2e, 18 sept. 2003, n° 01-13.885 P : *R., p. 474 ; D. 2004. Somm. 1202, obs. Julien ; Gaz. Pal. 29-30 oct. 2004, p. 22, obs. du Rusquec.*

Circulaire JUSC1721995C du 4 août 2017,

De présentation des dispositions du décret n° 2017-891 du 6 mai 2017 relatif aux exceptions d'incompétence et à l'appel en matière civile, modifié par le décret n° 2017-1227 du 2 août 2017.

BIBL. ▸ LAFFLY, *D. actu. 11 sept. 2017* (la nouvelle procédure d'appel, un mode de régulation des dossiers de la justice civile).

SOUS-SECTION 2 LA PROCÉDURE À JOUR FIXE

DALLOZ ACTION *Droit et pratique de la procédure civile 2022/2023*, nos 544.191 s., par PELLERIN.

DALLOZ RÉFÉRENCE *Droit et pratique de l'appel 2018/2019*, nos 231.00 s., par D'AMBRA.

BIBL. GÉN. ▸ FISSELIER, *Bull. ch. avoués 1984. 43.* – JUNILLON, *RG proc. 1998. 577.* – *BICC 1er mai 2005, p. 11.*

Art. 917 Si les droits d'une partie sont en péril, le premier président peut, sur requête, fixer le jour auquel l'affaire sera appelée par priorité. Il désigne la chambre à laquelle l'affaire est distribuée.

(Décr. nº 89-511 du 20 juill. 1989, art. 21, en vigueur le 15 sept. 1989) « Les dispositions de l'alinéa qui précède peuvent également être mises en œuvre par le premier président de la cour d'appel ou par le conseiller de la mise en état à l'occasion de l'exercice des pouvoirs qui leur sont conférés en matière de référé ou d'exécution provisoire. »

1. Conditions. L'urgence n'implique pas nécessairement péril. • Rennes, 28 janv. 1975 : *Gaz. Pal. 1975. 1. 193, note du Rusquec ; Rec. gén. lois 1976. 63 ; RTD civ. 1975. 374, obs. Perrot.* ♦ Comp. : • Rennes, 28 juin 1982 : *Gaz. Pal. 1982. 2. 560, note du Rusquec* • 7 juill. 1982 : *Gaz. Pal. 1982. 2. 560, note du Rusquec* • Paris, 27 avr. 1994 : *Gaz. Pal. 12-14 juin 1994, Somm. 20.*

2. L'application de l'art. 917 ne suppose pas que l'urgence ait été invoquée, ni a fortiori démontrée. • Rennes, 11 févr. 1982 : *Gaz. Pal. 1982. 2. 410, note E. R.*

3. Mesure d'administration judiciaire. L'ordonnance par laquelle le premier président de la cour d'appel fixe, en application de l'art. 917 C. pr. civ., la date à laquelle une affaire sera appelée par priorité devant la cour d'appel est dénuée d'effet sur la recevabilité de l'appel et constitue une mesure d'administration judiciaire, qui n'est susceptible d'aucun recours et ne peut donner lieu à référé à fin de rétractation. • Civ. 2e, 17 mars 2016, nº 15-10.865 P : *D. actu. 6 avr. 2016, obs. Kebir ; D. 2017. Pan. 1396, obs. Leborgne ; AJDI 2016. 855, obs. F. de la Vaissière ; Gaz. Pal. 31 août 2016, p. 75, note Bléry ; ibid. 20 sept. 2016, p. 48, note Coviaux* • 25 févr. 2010, nº 09-10.403 P : *D. 2010. AJ 713 ; Dr. et pr. 2010. 179, note Douchy-Oudot* • 19 mars 2015, nº 14-14.926 P : *D. actu. 3 avr. 2015, obs. Avena-Robardet ; D. 2015. Actu. 742 ; JCP 2015. 357, note Gerbay.* ♦ V. dans le même sens, s'agissant de la procédure à jour fixe devant le TGI, notes ss. art. 788.

Art. 918 La requête doit exposer la nature du péril, contenir les conclusions sur le fond et viser les pièces justificatives. Une expédition de la décision ou une copie certifiée conforme par l'*(Décr. nº 2012-634 du 3 mai 2012, art. 19-1º-a)* « avocat » doit y être jointe.

Copie de la requête et des pièces doit être remise au premier président pour être versée au dossier de la cour.

1. Domaine. L'art. 918 n'est pas applicable lorsqu'a été appliqué l'art. 917, al. 2 (demande de fixation de l'affaire par priorité à l'occasion de l'exercice des pouvoirs du premier président en matière d'exécution provisoire). • Civ. 3e, 3 nov. 2001, nº 10-20.297 P.

2. Conséquence de l'irrégularité de la requête. Les irrégularités de la requête en autorisation d'assigner à jour fixe n'entraînent pas l'irrégularité de l'appel. • Civ. 1re, 23 févr. 1983, nº 81-14.731 P : *RTD civ. 1983. 599, obs. Perrot* (omission des pièces justificatives) • Civ. 2e, 24 févr. 1983, nº 81-16.497 P : *Gaz. Pal. 1983. 1. Pan. 169, obs. S. G. ; RTD civ. 1983. 599, obs. Perrot* • Civ. 3e, 3 mai 1983, nº 81-14.617 P : *RTD civ. 1983. 715, obs. Perrot* (requête présentée par l'intimé alors que la cour est déjà saisie).

3. Conclusions supplémentaires. Les dispositions de l'al. 1er n'interdisent pas à la personne qui demande une assignation à jour fixe de déposer des conclusions en réponse à celles de son *adversaire. • Civ. 2e, 10 déc. 1986,* nº 85-13.868 P : *Gaz. Pal. 1987. 2. 537, note du Rusquec ; RTD civ. 1987. 407, obs. Perrot.* ♦ Mais de telles conclusions seraient irrecevables dans la mesure où elles présenteraient des prétentions et des moyens non contenus dans la requête. • Civ. 2e, 26 nov. 1990, nº 89-16.428 P : *RTD civ. 1991. 406, obs. Perrot.* ♦ Néanmoins l'art. 918 ne visant que les conclusions au fond, il ne déroge pas ainsi aux art. 122 et 123 C. pr. civ. selon lesquelles les fins de non-recevoir peuvent être proposées en tout état de cause. • Civ. 2e, 26 juin 1996, nº 93-18.183 P : *Procédures 1996, nº 249, obs. Perrot ; RTD civ. 1996. 987, obs. Perrot.*

4. Nouvelles pièces. De nouvelles pièces peuvent être produites par l'appelant si elles visent à répondre à des arguments nouveaux présentés en appel par l'intimé. • Civ. 2e, 12 oct. 2006, nº 05-17.410 P • Com. 3 juill. 2001, nº 98-23.236 P • Civ. 3e, 15 mai 2002, nº 00-20.151. ♦ Des pièces communiquées par l'appelant la veille et le jour de l'audience ne peuvent être écartées des débats lorsqu'elles sont produites en réplique aux pièces nouvelles communiquées par l'intimé. • Civ. 2e, 25 oct. 1995, nº 92-19.108 P : *D. 1995. IR 251 ; Procédures 1996, nº 6, obs. Perrot.* ♦ Contra, auparavant doivent être écartées des débats les pièces que l'appelant n'a pas déposées dès la présentation de sa requête. • Civ. 3e, 19 févr. 1992, nº 90-18.583 P : *Gaz. Pal. 1993. 1. Somm. 1, obs. Croze et Morel ; Rev. huiss. 1992. 1130.*

Art. 919 **La déclaration d'appel vise l'ordonnance du premier président.**

Les exemplaires destinés aux intimés sont restitués à l'appelant.

(Décr. nº 81-500 du 12 mai 1981, art. 33) **« La requête peut aussi être présentée au premier président au plus tard dans les huit jours de la déclaration d'appel. »**

1. Obligation de déclaration d'appel. L'appel n'est pas formé si l'appelant a fait délivrer une assignation à jour fixe, mais n'a pas fait de déclaration d'appel : il n'y a pas lieu de rechercher si cette omission a causé un grief. • Civ. 2e, 11 janv. 1979, nº 77-15.671 P : *Gaz. Pal. 1979. 2. 629, note du Rusquec.*

2. Notification préalable (non). La requête prévue à l'al. 3 de l'art. 919 n'a pas à être préalablement notifiée à la partie adverse. • Civ. 2e, 29 juin 1988, nº 86-19.647 P.

3. Non-respect du délai de huit jours. Le non-respect du délai de huit jours ne peut être sanctionné que par le refus du premier président d'autoriser l'assignation à jour fixe. • Com. 20 janv. 1998, nº 95-19.474 P : *D. Affaires 1998. 340, obs. A. L. ; Procédures 1998, nº 119, obs. Croze.* ♦ Comp., jugeant que le premier président peut, sans recours, au mépris des exigences de l'art. 919, al. 3, faire droit à une requête présentée au-delà du délai de huit jours de la déclaration d'appel : • Besançon, 4 déc. 2013, nº 13/00060 : *JCP 2013. 1328, obs. P. Gerbay.*

Art. 920 **L'appelant assigne la partie adverse pour le jour fixé.**

(Décr. nº 81-500 du 12 mai 1981, art. 34) **« Copies de la requête, de l'ordonnance du premier président, et un exemplaire de la déclaration d'appel visé par le** *(Décr. nº 2017-892 du 6 mai 2017, art. 68-I-3º)* **« greffier » ou une copie de la déclaration d'appel dans le cas mentionné au troisième alinéa de l'article 919, sont joints à l'assignation. »**

L'assignation informe l'intimé que, faute de constituer *(Décr. nº 2012-634 du 3 mai 2012, art. 19-1º-a)* **« avocat » avant la date de l'audience, il sera réputé s'en tenir à ses moyens de première instance.**

L'assignation indique à l'intimé qu'il peut prendre connaissance au *(Décr. nº 2004-836 du 20 août 2004, art. 52-I, en vigueur le 1er janv. 2005)* **« greffe » de la copie des pièces visées dans la requête et lui fait sommation de communiquer avant la date de l'audience les nouvelles pièces dont il entend faire état.**

L'art. 52-I du Décr. nº 2004-836 du 20 août 2004 est applicable aux procédures en cours (Décr. préc., art. 59).

1. Non-respect du délai pour assigner. Le non-respect du délai fixé par le premier président dans l'ordonnance autorisant l'assignation à jour fixe pour la délivrance des assignations ne peut être sanctionné que par la caducité de l'ordonnance et partant de l'assignation à jour fixe qu'elle autorise et est sans incidence sur la recevabilité de l'appel. • Civ. 2e, 10 nov. 2016, nº 15-11.407 P : *D. 2016. Actu. 2350 ; ibid. 2017. Pan. 1396, obs. Leborgne ; AJDI 2017. 215, note de la Vaissière ; Gaz. Pal. 2 mai 2017, p. 84, note Lauvergnat.*

2. Pièces communiquées tardivement. Sont, à juste titre, écartées des débats des pièces communiquées tardivement par l'intimé, alors que l'affaire avait été fixée pour être plaidée. • Civ. 2e, 21 oct. 1992, nº 91-11.958 P.

3. Copie de requête. Absence. Sanction. L'appel contre le jugement d'orientation, formé selon la procédure à jour fixe, est irrecevable dès lors que la copie de la requête n'est pas jointe à l'assignation. • Civ. 2e, 27 sept. 2018, nº 17-21.833 P : *D. actu. 10 oct. 2018, obs. Laffly ; D. 2018. 1920 ; JCP 2018. 1069, note Gerbay.*

Art. 921 **L'intimé est tenu de constituer** *(Décr. nº 2012-634 du 3 mai 2012, art. 19-1º-a)* **« avocat » avant la date de l'audience, faute de quoi il sera réputé s'en tenir à ses moyens de première instance.**

Art. 922 **La cour est saisie par la remise d'une copie de l'assignation au** *(Décr. nº 2004-836 du 20 août 2004, art. 52-I, en vigueur le 1er janv. 2005)* **« greffe ».**

Cette remise doit être faite avant la date fixée pour l'audience, faute de quoi la déclaration sera caduque.

La caducité est constatée d'office par ordonnance du président de la chambre à laquelle l'affaire est distribuée.

L'art. 52-I du Décr. nº 2004-836 du 20 août 2004 est applicable aux procédures en cours (Décr. préc., art. 59).

1. Domaine d'application. Renvoi. Sur l'applicabilité de l'art. 922 à l'appel d'une exception d'incompétence, V. note 1 ss. art. 85.

2. Obligation de remise au greffe d'une copie de l'assignation. Cassation de l'arrêt qui ne constate pas que l'appelant a remis au secrétariat-greffe (auj. greffe) de la cour d'appel, avant la date fixée pour l'audience, une copie de l'assignation. • Civ. 3e, 21 févr. 1990, n° 88-17.275 P : *Gaz. Pal. 1990. 1. Pan. 97.* ♦ ... Ou qui prend en compte un projet d'assignation figurant dans le dossier, faute de copie de l'assignation. • Civ. 2e, 13 juill. 2006, n° 04-19.383 P : *D. 2006. IR 2206 ; Gaz. Pal. 1er-2 févr. 2008, p. 18, note du Rusquec ; Procédures 2006, n° 230, obs. Perrot.* ♦ ... Qui déclare caduque une assignation à jour fixe, alors même qu'il constate la remise d'une copie de l'assignation au greffe avant la date fixée pour l'audience, et que seule est caduque l'autorisation d'assigner à jour fixe. • Civ. 2e, 19 mai 1999, n° 97-17.577 P : *D. 1999. IR 155.*

3. Du moment qu'une partie, sur appel à jour fixe, a été assignée deux jours avant l'audience et que la copie de l'assignation a été remise au greffe avant le moment fixé pour l'audience, les prescriptions de l'art. 922 sont respectées. • Civ. 2e, 7 janv. 1982 : *Gaz. Pal. 1982. 1. Pan. 178.*

4. Caducité. Encourt la cassation, une cour d'appel qui, pour déclarer l'appel caduc, constate la remise au greffe avant la date de l'audience d'une copie incomplète de l'assignation à jour fixe délivrée, sans constater sa nullité, alors que l'assignation remise au greffe était affectée d'un vice de forme susceptible d'entraîner sa nullité sur la démonstration d'un grief par l'intimé. • Civ. 2e, 4 nov. 2021, n° 20-11.875 P : *D. actu. 24 nov. 2021, note Laffly ; Gaz. Pal. 11 janv. 2022, p. 18, note Herman ; ibid. 18 janv. 2022, p. 57, note Bléry.*

5. ... Portée de l'ordonnance du président de chambre. Comme l'ordonnance du président de chambre déboutant une partie de sa demande de caducité est dépourvue de caractère définitif, et qu'il appartient à la cour de vérifier la régularité de sa saisine, c'est sans violer l'art. 922, al. 3, que celle-ci constate la caducité de la déclaration d'appel. • Civ. 2e, 16 mai 1990, n° 89-13.016 P.

Art. 923 **Le jour de l'audience, le président s'assure qu'il s'est écoulé un temps suffisant depuis l'assignation pour que la partie assignée ait pu préparer sa défense. Le cas échéant, il ordonne sa réassignation.**

Si l'intimé a constitué *(Décr. n° 2012-634 du 3 mai 2012, art. 19-1°-a)* **« avocat », les débats ont lieu sur-le-champ ou à la plus prochaine audience, en l'état où l'affaire se trouve.**

Si l'intimé n'a pas constitué *(Décr. n° 2012-634 du 3 mai 2012, art. 19-1°-a)* **« avocat », la cour statue par arrêt réputé contradictoire en se fondant, au besoin, sur les moyens de première instance.**

1. Temps suffisant. Les droits de la défense sont respectés lorsque l'intimé, assigné en la personne de son principal dirigeant, a disposé de trois semaines avant l'audience pour préparer sa défense. • Com. 23 mars 1981, n° 79-15.936 P.

2. Incidence du comportement des parties. Les appelants, qui tenaient absolument à ce que l'affaire soit retenue le jour même, après avoir visé les conclusions des intimés, ayant développé par la voix de leur conseil une argumentation tendant au rejet de la fin de non-recevoir soulevée dans ces écritures, sans solliciter la permission de répondre par une note en délibéré ou demander la réouverture des débats, et n'ayant élevé avant la clôture des débats aucune contestation sur la recevabilité des conclusions déposées devant la cour d'appel le jour de l'audience à jour fixe, ne sont pas recevables à reprocher à la cour de les avoir retenues. • Civ. 2e, 12 févr. 2004, n° 01-17.791 P : *Gaz. Pal. 13-15 mars 2005, p. 15, obs. du Rusquec.*

Art. 924 *(Décr. n° 2004-1420 du 23 déc. 2004, art. 1er-I, en vigueur le 1er janv. 2005)* **La requête aux fins de fixation d'un jour d'audience peut être présentée dans un délai de deux mois à compter de la déclaration d'appel par l'intimé qui a constitué** *(Décr. n° 2012-634 du 3 mai 2012, art. 19-1°-a)* **« avocat ».**

L'art. 1er-I est applicable aux recours dirigés contre les décisions rendues à compter du 1er janv. 2005 (Décr. préc., art. 4).

1. Assignation possible même en cas d'appel principal enrôlé. L'assignation n'est pas nulle, bien que l'autorisation accordée à l'intimé d'assigner à jour fixe ait été donnée alors qu'un appel principal était déjà enrôlé et donc la cour saisie. • Civ. 2e, 24 févr. 1983, n° 81-16.497 P : *Gaz. Pal. 1983. 1. Pan. 169 ; RTD civ. 1983. 599, obs. Perrot* • Civ. 3e, 3 mai 1983, n° 81-14.617 P : *RTD civ. 1983. 715, obs. Perrot.*

2. Injonction de conclure (non). L'appelant n'a pas à recevoir d'injonction de conclure lorsqu'il a été assigné à jour fixe par l'intimé. • Civ. 2e, 8 juin 2000, n° 98-19.976 P.

3. Recours contre l'ordonnance. L'ordonnance du premier président fixant le jour de l'audience s'impose à la cour d'appel à défaut de décision du premier président la rétractant • Civ. 3e, 3 mai 1983, n° 81-14.617 P : *Gaz. Pal. 1983. 2. Pan. 253 ; RTD civ. 1983. 795, obs. Perrot.*

Art. 925 **En cas de nécessité, le président de la chambre peut renvoyer l'affaire devant le conseiller de la mise en état.**

Procédure. Lorsqu'il est fait usage de la faculté ouverte par l'art. 925, la procédure est instruite sous le contrôle de ce magistrat selon les dispositions des art. 911 s. C. pr. civ. • Civ. 3e, 3 oct. 2007, n° 06-12.186 P. ♦ L'arrêt d'une cour d'appel saisie selon la procédure à jour fixe ayant été cassé, c'est à bon droit que la cour d'appel de renvoi décide qu'elle est régulièrement saisie des demandes formées par l'appelant qui n'ont pas été formulées dans sa requête tendant à être autorisé à jour fixe, dès lors que la procédure a été instruite devant la juridiction de renvoi selon la procédure ordinaire avec une mise en état au cours de laquelle les parties ont régulièrement échangé des conclusions. • Même arrêt.

SOUS-SECTION 3 L'APPEL PAR REQUÊTE CONJOINTE

DALLOZ ACTION *Droit et pratique de la procédure civile 2022/2023*, nos 544.201, par PELLERIN.

DALLOZ RÉFÉRENCE *Droit et pratique de l'appel 2018/2019*, nos 232.00 s., par D'AMBRA.

RÉP. PR. CIV. v° *Requête conjointe*, par PIERRE-MAURICE.

Art. 926 **La requête conjointe n'est recevable que si elle est présentée par toutes les parties à la première instance.**

Art. 927 **Outre les mentions prescrites à l'article 57, la requête conjointe contient, à peine d'irrecevabilité :**

1° Une copie certifiée conforme du jugement ;

2° Le cas échéant, l'indication des chefs du jugement auquel l'appel est limité ;

3° La constitution des *(Décr. n° 2012-634 du 3 mai 2012, art. 19-1°-a)* **« avocats » des parties.**

(Abrogé par Décr. n° 2012-634 du 3 mai 2012, art. 21-1°-f) ***« La requête conjointe fait mention, le cas échéant, du nom des avocats chargés d'assister les parties devant la cour. »***

Elle est signée par les *(Décr. n° 2012-634 du 3 mai 2012, art. 19-1°-a)* **« avocats » constitués.**

Art. 928 **La cour est saisie par la remise au** *(Décr. n° 2004-836 du 20 août 2004, art. 52-I, en vigueur le 1er janv. 2005)* **« greffe » de la requête conjointe. Cette remise doit être faite dans le délai d'appel.**

L'art. 52-I du Décr. n° 2004-836 du 20 août 2004 est applicable aux procédures en cours (Décr. préc., art. 59).

Art. 929 **Le premier président fixe les jour et heure auxquels l'affaire sera appelée ; s'il y a lieu, il désigne la chambre à laquelle elle est distribuée.**

Avis en est donné aux *(Décr. n° 2012-634 du 3 mai 2012, art. 19-1°-a)* **« avocats » constitués.**

Art. 930 **L'affaire est instruite et jugée comme en matière de procédure abrégée.**

SOUS-SECTION 4 DISPOSITIONS COMMUNES

(Décr. n° 2009-1524 du 9 déc. 2009, art. 5, en vigueur le 1er janv. 2011)

Les dispositions de l'art. 5 du Décr. n° 2009-1524 du 9 déc. 2009 ne sont applicables qu'aux déclarations d'appel et aux constitutions d'avoué afférentes aux appels formés à compter du 1er janv. 2011. Elles sont applicables aux autres actes mentionnés à l'art. 930-1 à compter de la date fixée par l'arrêté prévu à cet article et au plus tard au 1er janv. 2013 (Décr. préc., art. 15, al. 3 et 4).

Art. 930-1 **A peine d'irrecevabilité relevée d'office, les actes de procédure sont remis à la juridiction par voie électronique.**

Lorsqu'un acte ne peut être transmis par voie électronique pour une cause étrangère à celui qui l'accomplit, il est établi sur support papier et remis au greffe *(Décr. n° 2017-891 du 6 mai 2017, art. 30-1°-a, en vigueur le 1er sept. 2017)* **« ou lui est adressé par lettre recommandée avec demande d'avis de réception ». En ce cas, la déclaration d'appel est remise** *(Décr. n° 2017-891 du 6 mai 2017, art. 30-1°-b, en vigueur le 1er sept. 2017)* **« ou adressée » au greffe en autant d'exemplaires qu'il y a de parties destinataires, plus deux. La remise est constatée par la mention de sa date et le visa du greffier sur chaque exemplaire, dont l'un est immédiatement restitué.**

(Décr. nº 2017-891 du 6 mai 2017, art. 30-2º, en vigueur le 1er sept. 2017) **« Lorsque la déclaration d'appel est faite par voie postale, le greffe enregistre l'acte à la date figurant sur le cachet du bureau d'émission et adresse à l'appelant un récépissé par tout moyen. »**

Les avis, avertissements ou convocations sont remis aux *(Décr. nº 2012-634 du 3 mai 2012, art. 19-1º-a)* **« avocats » des parties par voie électronique, sauf impossibilité pour cause étrangère à l'expéditeur.**

Un arrêté du garde des Sceaux définit les modalités des échanges par voie électronique.

Les dispositions de l'art. 5 du Décr. nº 2009-1524 du 9 déc. 2009 instituant l'art. 930-1 C. pr. civ. sont applicables à compter du 1er janv. 2013 (Décr. nº 2010-1647 du 28 déc. 2010, art. 14-2º).

BIBL. ▶ Boccon-Gibod, *D. avocats 2013. 144* (procédure d'appel : le champ n'est pas encore déterminé). – Dos-Reis, *Dr. et pr. 2018. 70* (cause étrangère et communication par voie électronique). – Gerbay, *Gaz. Pal. 10-12 janv. 2010, p. 12.* – Gleitz-Winterstein et Attal, *JCP 2014. 498* (communication électronique *versus* libre accès à la justice par l'avocat).

Circulaire JUSC1243674C du 3 janvier 2013,

Relative à la présentation du décret nº 2012-1515 du 28 décembre 2012 portant diverses dispositions relatives à la procédure civile et à l'organisation judiciaire (BOMJ nº 2013-01 du 31 janv. 2013).

1º DOMAINE

1. *Renvoi après cassation.* Il résulte sans ambiguïté de la combinaison des art. 631, 1032 d'une part, et 930-1 d'autre part, que la déclaration saisissant la cour d'appel, en cas de renvoi après cassation, doit être remise par voie électronique au greffe de la cour d'appel de renvoi. Cette obligation ne porte pas atteinte au droit à un procès équitable. C'est dès lors à bon droit qu'une cour d'appel, retenant exactement que la communication électronique était devenue obligatoire pour tous les actes de la procédure d'appel avec représentation obligatoire à compter du 1er janv. 2013, sans aucune distinction selon la date de la déclaration d'appel initiale, a décidé que la déclaration de saisine de la cour de renvoi après cassation, qui avait été faite par un courrier adressé à son greffe, le 3 oct. 2013, était irrecevable. • Civ. 2e, 1er déc. 2016, nº 15-25.972 P : *D. actu. 14 déc. 2016, obs. Bléry ; ibid. 3 janv. 2017, obs. Laffly ; D. avocats 2017. 28, obs. Lhermitte ; JCP 2016. 1409, obs. Croze ; ibid. 2017. 585, obs. Amrani-Mekki.*

2. *Acte de procédure destiné à la cour.* Il résulte des dispositions de l'art. 930-1 C. pr. civ. que seuls les actes de procédure destinés à la cour d'appel doivent être remis par la voie électronique. C'est dès lors à bon droit que la cour d'appel a retenu la validité de la remise au greffe de *la requête établie sur support papier* demandant au premier président de la cour d'appel de fixer le jour auquel l'affaire sera appelée par priorité, et a, en conséquence, dit l'appel recevable. • Civ. 2e, 7 déc. 2017, nº 16-19.336 P : *D. actu. 14 déc. 2017, obs. Bléry ; D. 2017. 2542 ; ibid. 2018. Pan. 695, obs. Fricero ; JCP 2018. 45, note Laporte ; Gaz. Pal. 19 déc. 2017, p. 24, note Boyer ; ibid. 15 mai 2018, p. 77, note Hoffschir ; Procédures 2018, Repère 2, obs. Croze ; ibid., nº 43, note Laporte ; Dr. et pr. 2018. 52, obs. Vinckel.*

3. *Déféré.* Sauf démonstration d'une cause étrangère à celui qui accomplit l'acte, le déféré doit être formé, à peine d'irrecevabilité, par voie électronique. • Civ. 2e, 1er juin 2017, nº 16-18.361 P : *D. actu. 23 juin 2017, obs. Laffly ; D. 2017. Actu. 1196 ; Gaz. Pal. 31 oct. 2017, p. 70, note Bléry.*

4. *Assignation à jour fixe.* L'assignation à jour fixe doit être remise au greffe par voie électronique à peine de caducité de l'appel quand bien même une copie de cette assignation a été effectivement déposée au greffe de la cour d'appel avant le jour de l'audience. • Civ. 2e, 9 janv. 2020, nº 18-24.513 P : *D. actu. 24 janv. 2020, note Kieffer ; D. 2020. 88 ; JCP 2020. 263, obs. Leborgne.*

2º SANCTION

a. Principe

5. *Compétence du conseiller de la mise en état.* L'art. 930-1 se bornant à fixer les modalités selon lesquelles les diligences prescrites par les art. 908 à 910 doivent être exécutées, le conseiller de la mise en état est compétent pour déclarer irrecevables les conclusions qui n'ont pas respecté le formalisme prescrit par ledit art. 930-1. • Civ. 2e, 25 juin 2015, nº 14-17.874 P : *Gaz. Pal. 22 sept. 2015, p. 31, note Bléry.*

6. *Interruption du délai d'appel (non).* Le défaut de saisine régulière de la cour d'appel, sanctionné par l'art. 930-1 C. pr. civ., ne constitue pas un vice de forme ou de fond de l'acte d'appel sanctionné par la nullité de l'acte d'appel, mais une fin de non-recevoir, de sorte que les dispositions de l'art. 2241 C. civ., relatives à l'interruption des délais de prescription et de forclusion par un acte de saisine de la juridiction nul par l'effet d'un vice de procédure, ne sont pas applicables. • Civ. 2e, 1er juin 2017, n° 16-15.568 P : *D. actu. 28 juin 2017, obs. Laffly ; D. 2017. Actu. 1196 ; Gaz. Pal. 31 oct. 2017, p. 59, note Bléry.*

7. Il résulte de l'art. 930-1 C. pr. civ., régissant la procédure avec représentation obligatoire devant la cour d'appel, que la partie qui n'a pas pu transmettre un acte par la voie électronique à la cour d'appel pour une cause qui lui est étrangère peut remettre cet acte sur support papier au greffe sans attendre l'expiration du délai qui lui est, le cas échéant, accordé pour accomplir la diligence considérée. En conséquence, se détermine par des motifs insuffisants à caractériser ladite cause étrangère, la cour d'appel qui retient que le greffier avait certifié que c'était en raison d'un problème technique que l'appel avait été enregistré au greffe et que le fait qu'un courriel RPVA avait pu être adressé par le greffe le jour même de la déclaration d'appel au conseil de l'intimé n'excluait pas en lui-même l'existence d'un dysfonctionnement entre le service de la cour d'appel et certains autres cabinets. • Civ. 2e, 6 sept. 2018, n° 16-14.056 P : *D. actu. 11 sept. 2018, obs. Bléry ; RLDC 11/2018. 7, obs. Dorange.*

8. Renvoi. V. aussi notes ss. art. 908 et 909.

b. Limites

9. Panne informatique. La survenance d'une panne informatique peut justifier la recevabilité de conclusions tardives. • Com. 18 mai 2016, n° 14-17.909.

10. Aucune disposition n'impose aux parties de limiter la taille de leurs envois à la juridiction ou de transmettre un acte de procédure en plusieurs envois scindés (visa des art. 930-1 et 748-1 et 5 de l'Arr. du 30 mars 2011 relatif à la communication par voie électronique dans les procédures avec représentation obligatoire devant les cours d'appel). • Civ. 2e, 16 nov. 2017, n° 16-24.864 P : *D. actu. 22 nov. 2017, obs. Bléry ; D. 2018. 52, note Bléry ; ibid. Chron. C. cass. 757, n° 3, obs. de Leiris ; AJ fam. 2017. 618, obs. Jean ; D. avocats 2018. 32, obs. Lhermitte ; Dalloz IP/IT 2018. 196, obs. de Gaulle et Ruffa ; JCP 2017. 1248, obs. Croze ; Gaz. Pal. 28 nov. 2017, p. 16, obs. Boyer ; ibid. 6 févr. 2018, p. 54, obs. Herman ; RLDC déc. 2017, p. 5, obs. Dorange.* ♦ Le fait que l'avocat de l'appelante, non inscrit au barreau de Paris, n'ait pas pu adresser sa déclaration d'appel par voie électronique, faute d'être relié au RPVA, mais que, connaissant cette situation, il aurait pu faire appel à l'un de ses confrères disposant de cette faculté pour surmonter cette difficulté, ne constitue pas une cause étrangère à l'auteur de l'acte d'appel. • Paris, 25 oct. 2017, n° 17/02055 : *Gaz. Pal. 6 févr. 2018, p. 54, obs. Herman.* ♦ *Contra*, jugeant que constitue en soi « une cause étrangère » au sens de l'art. 930-1 le fait que l'avocat de l'appelant, qui est inscrit au barreau du Val-d'Oise rattaché au TGI de Pontoise, ne puisse avoir un accès au RPVA de la cour d'appel de Paris, cela pour des raisons techniques ne lui étant pas imputables, puisque, en l'état, y ont seulement accès les avocats rattachés professionnellement au ressort géographique de cette cour, outre celui du TGI de Nanterre : • Paris, 9e ch., pôle 6, 6 déc. 2017, n° 16/11955 : *D. actu. 24 janv. 2018, obs. Bléry.*

11. Il résulte de la combinaison des art. 562 et 901, 4°, dans leur rédaction issue du Décr. n° 2017-891 du 6 mai 2017, ainsi que des art. 748-1 et 930-1 du même code, que la déclaration d'appel, dans laquelle doit figurer l'énonciation des chefs critiqués du jugement, est un acte de procédure se suffisant à lui seul. Cependant, en cas d'empêchement d'ordre technique, l'appelant peut compléter la déclaration d'appel par un document faisant corps avec elle et auquel elle doit renvoyer. • Civ. 2e, 13 janv. 2022, n° 20-17.516 P : *D. actu. 20 janv. 2022, note Laffly ; D. 2022. 118 ; ibid. 325, note Barba ; ibid. Pan. 632, obs. Fricero ; JCP 2022. 202, note Fricero.*

Art. 930-2 *(Décr. n° 2016-660 du 20 mai 2016, art. 30)* **Les dispositions de l'article 930-1 ne sont pas applicables au défenseur syndical.**

(Décr. n° 2017-1008 du 10 mai 2017, art. 7-1°) **« Les actes de procédure effectués par le défenseur syndical peuvent être établis sur support papier et remis au greffe ou lui être adressés par lettre recommandée avec demande d'avis de réception.**

« La déclaration d'appel est remise ou adressée au greffe en autant d'exemplaires qu'il y a de parties destinataires, plus deux. Le greffe constate la remise par la mention de sa date et le visa du greffier sur chaque exemplaire, dont l'un est immédiatement restitué. Lorsque la déclaration d'appel est faite par voie postale, le greffe enregistre l'acte à sa date et adresse un récépissé par lettre simple. »

L'art. 30 du Décr. n° 2016-660 du 20 mai 2016 est applicable aux instances et appels introduits à compter du 1er août 2016 (Décr. préc., art. 46).

Art. 930-3 *(Décr. nº 2017-1008 du 10 mai 2017, art. 7-2º)* **Les notifications entre un avocat et un défenseur syndical sont effectuées par lettre recommandée avec demande d'avis de réception ou par voie de signification.**

SECTION II LA PROCÉDURE SANS REPRÉSENTATION OBLIGATOIRE

DALLOZ ACTION *Droit et pratique de la procédure civile 2022/2023*, nos 544.211 s., par PELLERIN.

DALLOZ RÉFÉRENCE *Droit et pratique de l'appel 2018/2019*, nos 221.00 s., par D'AMBRA.

BIBL. GÉN. ▸ ESTOUP, *D. 1985. Chron. 115* (chambres sociales des cours d'appel). – LACHAUD, *Gaz. Pal. 1988. 2. Doctr. 574* (respect des droits de la défense dans la procédure en matière de baux ruraux) ; *Gaz. Pal. 1988. 2. Doctr. 753* (procédure sans représentation obligatoire et avocats). – TRAVIER, *Procédures orales, Dalloz service, 2002.* – TRAVIER et CROS, *Procédures 2007. Étude 5* (procédures orales à l'aune de la Conv. EDH). – WAQUET, *Mél. Buffet, LPA 2004, p. 457* (procédure orale ou procédure écrite en matière prud'homale).

Art. 931 **Les parties se défendent elles-mêmes.**

Elles ont la faculté de se faire assister ou représenter selon les règles applicables devant la juridiction dont émane le jugement *(Abrogé par Décr. nº 2012-634 du 3 mai 2012, art. 21-1º-g)* *« ; elles peuvent aussi se faire assister ou représenter par un avoué »*.

Le représentant doit, s'il n'est avocat *(Abrogé par Décr. nº 2012-634 du 3 mai 2012, art. 21-1º-a)* *« ou avoué »*, **justifier d'un pouvoir spécial.**

Des dispositions particulières sont instituées dans les matières suivantes :

— Contredit (art. 84 et 85) ;

— Baux ruraux (art. 892) ;

— Déclaration d'abandon d'enfant (art. 1163) ;

— Expropriation pour cause d'utilité publique (C. expr., art. L. 13-21 s.) ;

— Prud'hommes (C. trav., art. R. 517-9 [devenu R. 1461-2]. — ***C. trav.****) ;*

— Sécurité sociale (CSS, art. R. 142-28. — ***CSS****).*

1. Domaine. En matière de surendettement, l'appel est formé, instruit et jugé selon les règles de la procédure sans représentation obligatoire. • Cass., avis, 14 juin 1993, nº 09-30.005 P.

2. Les art. 715 et 716 relatifs aux formes de l'appel d'une ordonnance de taxe organisent une procédure qui correspond exactement à celle des art. 931 s. • Grenoble, 30 janv. 1979 : *D. 1979. IR 175.*

3. Il ne résulte ni de l'art. L. 2322-4 C. trav. ni d'aucun autre texte que l'appel contre la décision statuant sur la demande de reconnaissance d'une unité économique et sociale doit être formé selon les règles de la procédure sans représentation obligatoire. • Soc. 14 avr. 2015, nº 14-16.196 P.

4. Absence d'obligation de constituer avocat. Une cour d'appel, saisie d'un recours formé selon les règles de la procédure sans représentation obligatoire à l'encontre d'un jugement d'un TASS, n'a pas à imposer aux parties de constituer avoué (auj. avocat). • Civ. 2e, 8 avr. 2004, nº 02-11.017 P.

5. Justification du pouvoir du mandataire. Dans les matières où la représentation n'est pas obligatoire, le mandataire, s'il n'est avoué ou avocat, doit justifier d'un pouvoir spécial, sans qu'il y ait lieu de distinguer, à ce propos, entre la déclaration d'appel et la suite de la procédure. Le mandat général de représentation en justice devant le conseil de prud'hommes ne comporte pas le pouvoir d'interjeter appel. • Soc. 20 oct. 1988, nº 86-42.594 P • 16 oct. 1997, nº 96-11.575 P : *Procédures 1998, nº 38, obs. Sportouch.* ♦ Dans les matières où la représentation n'est pas obligatoire, le mandat donné par une partie de la représenter devant la cour d'appel implique le pouvoir de relever appel en son nom. • Civ. 1re, 26 nov. 2002, nº 00-11.934 P : *D. 2003. IR 37* ; *Gaz. Pal. 30 mars-1er avr. 2003, p. 26, obs. du Rusquec.* ♦ Le mandat donné au délégué syndical, postérieurement au jugement, d'assister et de représenter en appel les salariés dans le litige les opposant à leur employeur implique le pouvoir de relever appel. • Soc. 7 juill. 1998, nº 96-41.701 P. ♦ V. aussi : • Soc. 6 juin 2000, nº 98-43.978 P : *D. 2000. IR 184* ; *Gaz. Pal. 4-5 janv. 2002, p. 9, obs. du Rusquec* (directeur d'ASSEDIC). ♦ Sur l'exigence d'un pouvoir spécial pour un inspecteur des douanes, V. : • Com. 28 févr. 2006, nº 03-12.814 P : *D. 2006. IR 744.*

6. Absence de grief. La cour d'appel, tenue de vérifier la régularité de sa saisine, qui constate, en matière de procédure sans représentation obligatoire, l'absence de pouvoir spécial de l'auteur de l'appel, déclare à bon droit d'office l'appel irrecevable sans avoir à rechercher l'existence d'un grief. • Civ. 2e, 5 avr. 2001, nº 97-04.139 P.

7. Régularisation. La déclaration d'appel ayant été faite par une personne ne justifiant pas de son pouvoir de représentation, la régularisation intervenue après l'expiration du délai d'appel ne couvre pas l'irrégularité affectant la validité de la déclaration. • Soc. 18 juin 1986, n° 83-41.144 P.

8. Viole les art. 931 et 932 C. pr. civ. une cour d'appel qui, pour déclarer l'appel irrecevable, retient que ce pouvoir spécial doit être annexé à l'acte d'appel et que, à défaut, il doit en être justifié dans le délai de recours, peu important qu'il soit produit ultérieurement à l'audience, alors qu'elle n'était tenue que de vérifier que le pouvoir spécial avait été donné avant l'expiration du délai d'appel. • Civ. 2e, 17 avr. 2008, n° 07-11.333 P : *D. 2008. AJ 2230*.

9. Comparution. En matière de procédure sans représentation obligatoire, la seule mention d'un arrêt indiquant que l'appelant est représenté ne signifie pas que le représentant a comparu. • Civ. 2e, 21 janv. 1998, n° 95-22.138 P.

10. Absence de l'avocat – conséquence. L'absence de l'avocat, désigné au titre de l'aide juridictionnelle, à l'audience des débats ne fait pas, en soi, obstacle à ce qu'il soit statué. • Civ. 2e, 12 oct. 2006, n° 05-15.690 P : *RLDC 2007/37, n° 2508, obs. Beignier.*

Art. 932 *(Décr. n° 2004-836 du 20 août 2004, art. 24, en vigueur le 1er janv. 2005)* **L'appel est formé par une déclaration que la partie ou tout mandataire fait ou adresse, par pli recommandé, au greffe de la cour.**

L'art. 24 du Décr. n° 2004-836 du 20 août 2004 est applicable uniquement aux recours dirigés à l'encontre des décisions rendues à compter du 1er janv. 2005 (Décr. préc., art. 59).

BIBL. ▶ PERROT et CROZE, *Procédures 2004. Étude 13.* – VERDUN, *Gaz. Pal. 13-14 oct. 2004, p. 7.*

A. DOMAINE

1. L'autorisation d'appel donnée par le premier président en application de l'art. 272 ne dispense pas de la déclaration d'appel prévue par l'art. 932 anc. • Soc. 22 juill. 1986, n° 83-45.937 P.

2. Lien avec l'art. 948. L'objet de l'art. 948 C. pr. civ. n'est pas de dispenser la partie autorisée à faire appel de formaliser une déclaration d'appel mais de déterminer seulement les conditions dans lesquelles, lorsqu'un appel a déjà été formé, une partie dont les droits sont en péril peut obtenir que l'affaire soit fixée par priorité à une prochaine audience. La cour d'appel qui constate l'absence de déclaration d'appel, prévue à l'art. 932 ancien du même code, en déduit exactement qu'elle n'était pas régulièrement saisie, de sorte que l'appel était irrecevable. • Soc. 13 juin 2012, n° 11-12.913 P • 22 juill. 1986, n° 83-45.937 P.

B. FORME

3. Déclaration au greffe de la juridiction ayant rendu la décision. Déclare justement l'appel irrecevable la cour d'appel qui relève que la déclaration d'appel avait été faite au greffe de la juridiction ayant rendu la décision, en contradiction avec les prescriptions de l'art. 932, sans qu'il importe qu'elle ait été adressée à la cour d'appel dans le délai de recours. • Civ. 2e, 17 déc. 2009, n° 07-44.302 P : *D. 2010. AJ 99 ; ibid. Chron. C. cass. 532, obs. Sommer et Leroy-Gissinger ; JCP S 2010. 1192, note Martinon ; Procédures 2010, n° 34, obs. Perrot.* ♦ Est irrecevable l'appel interjeté par un avocat contre une sentence arbitrale rendue par le bâtonnier et formée via le réseau privé virtuel des avocats (RPVA), dès lors que, s'agissant d'une procédure sans représentation obligatoire, l'appel aurait dû être formé uniquement par lettre recommandée avec accusé de réception auprès du greffe de la cour. • Paris, 23 oct. 2013, n° 12/17752.

4. Lettre simple. La disposition selon laquelle l'appel peut être formé par pli recommandé n'est pas prescrite à peine de nullité de l'acte, la lettre recommandée n'étant destinée qu'à régler toute contestation sur les délais. En conséquence, est recevable l'appel formé par lettre simple, dès lors que la cour constate que la déclaration a été enregistrée, au greffe du tribunal ayant rendu la décision (auj. greffe de la cour), avant l'expiration du délai d'appel. • Civ. 1re, 2 nov. 1994, n° 93-05.085 P : *Gaz. Pal. 1995. 1. Pan. 65 ; Defrénois 1995. 730, obs. Massip.*

5. Modalités de saisine de la cour de renvoi. V. notes ss. art. 1032.

6. Signature non identifiée et mention pour ordre. La déclaration d'appel formée au nom d'une partie qui porte une signature non identifiée qui n'est pas celle de son avocat et qui est précédée de la mention « PO » est entachée d'une irrégularité de fond qui rend l'appel irrecevable, sans qu'il soit possible de se référer à des éléments extérieurs à la déclaration pour en vérifier la régularité. • Soc. 20 juin 2007, n° 05-45.560 : *Procédures 2007, n° 211, note Perrot* • 7 nov. 2007, n° 06-42.102 : *Procédures 2008, n° 3, note Perrot.* ♦ Cependant, viole les art. 931 et 932 C. pr. civ. la cour d'appel qui pour déclarer l'appel d'un jugement d'un T. par. irrecevable, avait retenu que la déclaration d'appel, rédigée sur un papier à en-tête d'un avocat, ne comporte pas la signature de son auteur, mais celle par ordre d'un autre avocat, alors qu'elle constatait ainsi que l'acte d'appel était signé par un avocat. • Civ. 2e, 10 juill. 2008, n° 07-

16.313 P : *D. 2008. AJ 2230* ; *Procédures 2008, n° 2574, note Perrot.*

7. Absence de signature. L'acte qui ne comporte pas la signature de son auteur ne vaut pas déclaration d'appel. • Civ. 2e, 30 avr. 2003, n° 00-46.467 P : *D. 2003. IR 2827* • 4 déc. 2008, n° 07-19.775 P.

Art. 933 *(Décr. n° 2005-1678 du 28 déc. 2005, art. 7, en vigueur le 1er mars 2006)* **« La déclaration comporte les mentions prescrites par** *(Décr. n° 2020-1452 du 27 nov. 2020, art. 1er-21°, en vigueur le 1er janv. 2021)* **« les 2° et 3° de l'article 54 et par le troisième alinéa de » l'article** *(Décr. n° 2019-1333 du 11 déc. 2019, art. 29-5°, en vigueur le 1er janv. 2020)* **« 57 ». » Elle désigne le jugement dont il est fait appel** *(Décr. n° 2017-891 du 6 mai 2017, art. 31, en vigueur le 1er sept. 2017)* **« , précise les chefs du jugement critiqués auquel l'appel est limité, sauf si l'appel tend à l'annulation du jugement ou si l'objet du litige est indivisible, » et mentionne, le cas échéant, le nom et l'adresse du représentant de l'appelant devant la cour.** *(Décr. n° 2004-836 du 20 août 2004, art. 25, en vigueur le 1er janv. 2005)* **« Elle est accompagnée de la copie de la décision. »**

L'art. 25 du Décr. n° 2004-836 du 20 août 2004 est applicable uniquement aux recours dirigés à l'encontre des décisions rendues à compter du 1er janv. 2005 (Décr. préc., art. 59).

L'art. 7 du Décr. n° 2005-1678 du 28 déc. 2005 est applicable aux procédures en cours (Décr. préc., art. 87, al. 2).

Les dispositions de l'art. 31 du Décr. n° 2017-891 du 6 mai 2017 s'appliquent aux appels formés à compter du 1er sept. 2017. Elles s'appliquent aux instances consécutives à un renvoi après cassation lorsque la juridiction de renvoi est saisie à compter du 1er sept. 2017 (Décr. préc., art. 53-II bis, créé par Décr. n° 2017-1227 du 2 août 2017, art. 1er-2°-b).

L'art. 29 du Décr. n° 2019-1333 du 11 déc. 2019 est applicable aux instances en cours au 1er janv. 2020 (Décr. préc., art. 55-I).

L'art. 1er-21° du Décr. n° 2020-1452 du 27 nov. 2020 s'applique aux instances en cours au 1er janv. 2021 (Décr. préc., art. 12).

A. MENTIONS PRESCRITES

1. Personne morale. Dans la procédure sans représentation obligatoire, l'indication dans la déclaration d'appel de l'organe représentant légalement la personne morale n'est pas exigée. • Cass., ass. plén., 7 juill. 2000, n° 97-45.768 P : *D. 2001. 1830, note Lasserre-Kiesow* ; *RTD civ. 2000. 900, obs. Perrot* ; *JCP 2000. II. 10411, note du Rusquec* ; *Procédures 2000, n° 210, note Perrot* ; *Gaz. Pal. 4-5 janv. 2002, obs. du Rusquec.* ♦ Comp. notes ss. art. 901.

2. Signature. V. notes ss. art. 932.

B. SANCTION

3. Une cour d'appel ne peut retenir la sanction de caducité de la déclaration d'appel dans une procédure sans représentation obligatoire. • Civ. 2e, 15 nov. 2018, n° 17-22.817 P : *D. actu. 12 déc. 2018, obs. Laffly* ; *D. 2018. 2242* ; *JCP 2019. 42, note Gerbay.*

4. Vice de forme. Les irrégularités qui affectent les mentions de la déclaration d'appel constituent des vices de forme qui ne peuvent entraîner *la nullité de l'acte que sur justification d'un grief* (visa des art. R. 142-28 CSS et 58, 114 et 933 C. pr. civ. ; déclaration d'appel ne mentionnant ni la profession, ni la nationalité, ni les date et lieu de naissance de l'appelante et n'indiquant pas l'objet précis de l'appel). • Civ. 2e, 13 nov. 2008, n° 08-10.411 P : *D. 2009. AJ 27* ; *Procédures 2009, n° 34, note Perrot* ♦ Manque de base légale au regard de l'art. 114 C. pr. civ. l'arrêt se prononçant sur recours contre une décision d'arbitrage d'un bâtonnier qui, énonçant que la déclaration d'appel ne désigne aucun intimé et ne donne aucune indication permettant d'identifier la ou les personnes contre lesquelles le recours est formé, en violation des dispositions de l'art. 58 du même code, en déduit qu'une société d'avocats ainsi que deux de ces derniers, en leur qualité de liquidateur amiable, sont bien fondés à invoquer le non-respect des dispositions des art. 931 s. du code précité, qui leur cause nécessairement grief, s'agissant en particulier des deux avocats, l'absence de désignation des intimés et de leur qualité ne leur permettant pas de déterminer à quel titre ils seraient appelés devant la cour, liquidateurs de la SCP ou anciens associés ou avocats exerçant sous une autre forme depuis la liquidation, alors que ces motifs sont impropres à caractériser l'existence du grief que le vice de forme retenu aurait causé aux intimés, désignés en première page de l'arrêt comme étant la société d'avocats, prise en la personne de ses liquidateurs amiables. • Civ. 1re, 9 juin 2017, n° 15-29.346 P : *D. 2017. Actu. 1254*.

Art. 934 **Le** *(Décr. n° 2017-892 du 6 mai 2017, art. 68-I-3°)* **« greffier » enregistre l'appel à sa date ; il délivre, ou adresse par lettre simple récépissé de la déclaration.**

L'objet de l'art. 934 n'est pas de déterminer la date de l'appel qui, lorsqu'il est formé par lettre recommandée, est fixée par application des art. 668 et 669. • Civ. 2e, 5 oct. 1983, n° 81-11.770 P : *D. 1984. IR 239, obs. Julien ; RTD civ. 1984. 568, obs. Perrot (2 esp.).* ♦ La date de l'appel formé par lettre recommandée est celle du bureau d'émission. • Soc. 5 nov. 1984, nos 82-41.741 et 82-41.742 P.

Art. 935 *Abrogé par Décr. n° 78-62 du 20 janv. 1978, art. 31.*

Art. 936 *(Décr. n° 78-62 du 20 janv. 1978, art. 22)* **Dès l'accomplissement des formalités par l'appelant, le** *(Décr. n° 2017-892 du 6 mai 2017, art. 68-I-3°)* **« greffier » avise, par** *(Décr. n° 2015-282 du 11 mars 2015, art. 5)* **« tous moyens », la partie adverse de l'appel** *(Décr. n° 2017-891 du 6 mai 2017, art. 32-2°, en vigueur le 1er sept. 2017)* **« , lui adresse une copie de la déclaration d'appel et l'informe » qu'elle sera ultérieurement convoquée devant la cour.** *(Abrogé par Décr. n° 2004-836 du 20 août 2004, art. 26, à compter du 1er janv. 2005)* ***« Simultanément, il transmet au greffe de la cour le dossier de l'affaire avec une copie de la déclaration et une copie du jugement. »*** *— V. Circ. du 20 mars 2015, ss. art. 692-1.*

L'art. 26 du Décr. n° 2004-836 est applicable uniquement aux recours dirigés à l'encontre des décisions rendues à compter du 1er janv. 2005 (Décr. préc., art. 59).

L'art. 32 du Décr. n° 2017-891 du 6 mai 2017 a remplacé le mot "secrétaire" par le mot "greffe". L'art. 68 du Décr. n° 2017-892 du 6 mai 2017 a également entendu remplacer le mot "secrétaire" par le mot "greffier". Nous avons retenu cette dernière modification.

Les dispositions de l'art. 32 du Décr. n° 2017-891 du 6 mai 2017 s'appliquent aux appels formés à compter du 1er sept. 2017. Elles s'appliquent aux instances consécutives à un renvoi après cassation lorsque la juridiction de renvoi est saisie à compter du 1er sept. 2017 (Décr. préc., art. 53-II bis, créé par Décr. n° 2017-1227 du 2 août 2017, art. 1er-2°-b).

BIBL. ▸ **Décr. du 11 mars 2015 :** Bléry, *Gaz. Pal. 27 mars 2015, p. 6* (une nouvelle ère pour la procédure civile). – Croze, *JCP 2015. 356* (choix de simplification procédurale ? – A propos du décret n° 2015-282 du 11 mars 2015).

La caducité de l'appel à défaut de mise au rôle dans les deux mois de l'appel n'est édictée qu'en matière d'appel avec représentation obligatoire et sur déclaration unilatérale. • Civ. 2e, 4 mars 1982 : *Gaz. Pal. 1982. 2. Pan. 241.*

Art. 937 *(Décr. n° 2015-282 du 11 mars 2015, art. 7)* **Le greffier de la cour convoque le défendeur à l'audience prévue pour les débats, dès sa fixation et quinze jours au moins à l'avance, par lettre recommandée avec demande d'avis de réception. Le demandeur est avisé par tous moyens des lieu, jour et heure de l'audience.**

La convocation vaut citation. *— V. Circ. du 20 mars 2015, ss. art. 692-1.*

BIBL. ▸ **Décr. du 11 mars 2015 :** Bléry, *Gaz. Pal. 27 mars 2015, p. 6* (une nouvelle ère pour la procédure civile). – Croze, *JCP 2015. 356* (choix de simplification procédurale ? – A propos du décret n° 2015-282 du 11 mars 2015).

1. Convocation du défendeur. Aucune disposition ne prévoit qu'une convocation doit également être adressée aux conseils des parties. • Soc. 27 avr. 1978, n° 77-40.435 P • Civ. 2e, 12 oct. 2006, n° 05-15.690 P : *RLDC 2007/37, n° 2508, obs. Beignier.*

2. Aucune disposition n'impose, en cas de demande de renvoi devant la formation collégiale, une nouvelle convocation. • Soc. 25 mai 1989, nos 86-44.400 et 86-44.401 P.

3. Viole les art. 14 et 937 la cour d'appel qui estime, en matière de procédure sans représentation obligatoire, qu'une partie a été régulièrement citée par une convocation adressée uniquement à son avocat, alors qu'il ne résulte pas de la procédure que cette partie ait été personnellement convoquée. • Soc. 26 mai 1993, n° 90-42.185 P : *D. 1993. IR 167 ; JCP 1994. II. 22270, note du Rusquec.*

4. Il ne résulte ni de l'art. 937, ni d'aucune autre disposition ou principe que la convocation à l'audience que le greffier de la cour d'appel adresse à l'appelant, en application du texte précité, lorsque celle-ci statue en matière de procédure sans représentation obligatoire, doit contenir une information sur les conséquences de l'absence de comparution de cette partie. • Civ. 2e, 4 nov. 2021, n° 19-24.811 P : *D. 2021. 2051 ; D. actu. 6 déc. 2021, note Hoffschir.*

5. Absence de comparution du demandeur. Aucun texte ne prévoit que la convocation à l'audience que le greffier de la cour d'appel adresse à l'appelant lorsque la cour d'appel statue en matière de procédure sans représentation obligatoire l'informe des conséquences de son absence de comparution. • Civ. 2e, 9 juill. 2015, n° 14-15.209 P : *D. 2015. Actu. 1548* ; *ibid. 2016. Pan. 455, obs. Fricero* ; *JCP 2015. 1304, obs. Serinet ; Dr. et pr. 2015. 212, obs. Damiens.*

6. Si l'art. 937 C. pr. civ., dans sa rédaction issue du Décr. n° 2015-282 du 11 mars 2015, énonce que le greffier de la cour convoque le défendeur à l'audience prévue pour les débats, dès sa fixation et quinze jours au moins à l'avance, par lettre recommandée avec demande d'avis de réception, il prévoit que le demandeur est seulement avisé, par tous moyens, des lieu, jour et heure de l'audience. Ce texte ne fixant pas de délai de comparution pour l'appelant, les dispositions de l'art. 643 C. pr. civ., qui ont pour objet d'augmenter un tel délai, ne lui sont pas applicables. • Civ. 2e, 31 janv. 2019, n° 17-27.815 P : *D. actu. 25 févr. 2019, obs. Laffly ; Gaz. Pal. 23 avr. 2019, p. 65, obs. Kebir ; Procédures 2019, n° 107, note Croze.*

7. Selon l'art. 937, applicable à la procédure sans représentation obligatoire devant la cour d'appel, le demandeur est avisé par tous moyens des lieu, jour et heure de l'audience. Si, selon l'art. 932 du même code, la déclaration d'appel peut être faite par mandataire, aucun texte n'impose qu'un avis doit être adressé au conseil du demandeur, qui a, lui-même, été destinataire de cet avis et a, dès lors, été mis en mesure de se présenter à l'audience et de faire valoir ses droits. • Civ. 2e, 16 déc. 2021, n° 19-26.090 P : *D. 2022. 21* ; *D. actu. 10 janv. 2022, note Laffly.*

Art. 938 **S'il y a lieu de convoquer à nouveau une partie qui n'a pas été jointe par la première convocation, il peut être ordonné que la nouvelle convocation sera faite par acte d'huissier de justice.**

Office du juge. La cour d'appel statuant en matière de procédure sans représentation obligatoire doit, en application des art. 670-1 et 938, ordonner une nouvelle convocation de l'appelant défaillant qui, convoqué à l'audience par lettre recommandée avec demande d'avis de réception qu'il ne réclame pas, n'a pas eu connaissance de la première convocation. • Soc. 19 juill. 2000, n° 98-22.333 P.

Art. 939 *(Décr. n° 84-618 du 13 juill. 1984, art. 16, en vigueur le 1er oct. 1984)* **Lorsque l'affaire n'est pas en état d'être jugée, son instruction peut être confiée à un des membres de la chambre. Celui-ci peut être désigné avant l'audience prévue pour les débats.**

(Décr. n° 2010-1165 du 1er oct. 2010, art. 9-1°, en vigueur le 1er déc. 2010) **« Le magistrat chargé d'instruire l'affaire organise les échanges entre les parties comparantes dans les conditions et sous les sanctions prévues à l'article 446-2. »** — *V. Circ. 24 janv. 2011, reproduite ss. art. 446-4.*

L'art. 9 du Décr. n° 2010-1165 du 1er oct. 2010 est applicable dans les îles Wallis-et-Futuna (Décr. préc., art. 18-I).

Recevabilité de l'appel. Lorsque l'affaire est jugée suivant la procédure sans représentation obligatoire, la cour d'appel, en l'absence de conseiller de la mise en état, connaît seule de la recevabilité de l'appel. • Civ. 2e, 26 janv. 2017, n° 16-10.355.

Art. 940 **Le magistrat chargé d'instruire l'affaire peut entendre les parties.**

(Décr. n° 2010-1165 du 1er oct. 2010, art. 9-2°, en vigueur le 1er déc. 2010) **« Il dispose des pouvoirs de mise en état prévus à l'article 446-3. »** — *V. Circ. 24 janv. 2011, reproduite ss. art. 446-4.*

L'art. 9 du Décr. n° 2010-1165 du 1er oct. 2010 est applicable dans les îles Wallis-et-Futuna (Décr. préc., art. 18-I).

BIBL. ▸ TOURNIER, *Gaz. Pal. 2008. Doctr. 3023* (l'instruction des affaires à la chambre sociale de la cour d'appel de Nîmes). – VIATTE, *Gaz. Pal. 1976. 2. Doctr. 507* (conseiller de la mise en état).

Art. 941 **Le magistrat chargé d'instruire l'affaire constate la conciliation, même partielle, des parties.**

Il constate l'extinction de l'instance.

Art. 942 **Le magistrat chargé d'instruire l'affaire tranche les difficultés relatives à la *communication des pièces.***

Il procède aux jonctions et disjonctions d'instance.

Art. 943 **Le magistrat chargé d'instruire l'affaire peut :**

— ordonner, même d'office, toute mesure d'instruction ;

— ordonner, le cas échéant à peine d'astreinte, la production de documents détenus par une partie, ou par un tiers s'il n'existe pas d'empêchement légitime.

Art. 944 **Le magistrat chargé d'instruire l'affaire peut accorder une provision au créancier lorsque l'existence de l'obligation n'est pas sérieusement contestable, ainsi qu'ordonner toute autre mesure provisoire.**

Art. 945 **Les décisions du magistrat chargé d'instruire l'affaire n'ont pas, au principal, l'autorité de la chose jugée.**

Elles ne sont susceptibles d'aucun recours indépendamment de l'arrêt sur le fond.

Toutefois, elles peuvent être déférées par simple requête à la cour dans les quinze jours de leur date lorsqu'elles constatent l'extinction de l'instance.

1. Délai. Procès équitable. La requête en déféré est un acte de la procédure d'appel qui s'inscrit dans le déroulement de cette procédure et n'ouvre pas une instance autonome. En outre, cette disposition, en ce qu'elle fait courir le délai du déféré depuis le jour de l'ordonnance mettant fin à l'instance, poursuit un but légitime de célérité de traitement des incidents affectant l'instance d'appel, en vue du jugement de ceux-ci dans un délai raisonnable. Toutefois, les parties n'étant pas tenues de constituer un avocat, professionnel avisé, l'irrecevabilité frappant le déféré formé au-delà du délai de quinze jours constituerait une atteinte disproportionnée au droit d'accès au juge si ce délai courait du jour de l'ordonnance sans que la partie ait été informée de la date à laquelle elle serait rendue. Il découle ainsi du droit d'accès au juge, garanti par l'art. 6, §1er Conv. EDH, qu'à défaut pour la partie ou son représentant d'avoir été informé de cette date, le délai qui lui est ouvert pour déférer l'ordonnance ne peut courir que du jour où l'ordonnance est portée à sa connaissance par tout moyen permettant de s'assurer de la date à laquelle la partie ou son représentant a reçu cette information. Viole les art. 945 C. pr. civ. et 6, §1er Conv. EDH l'arrêt qui, pour déclarer le déféré irrecevable, retient qu'il n'a pas été formé dans les 15 jours de l'ordonnance du magistrat chargé d'instruire l'affaire, alors, d'une part, que la société n'avait pas comparu à l'audience du magistrat chargé d'instruire l'affaire et que l'ordonnance déférée n'indiquait pas que la date de son prononcé avait été portée à la connaissance des parties et, d'autre part, que cette ordonnance avait été notifiée aux parties le 18 mai 2020, soit moins de quinze jours avant le déféré, formé le 1er juin 2020. • Civ. 2e, 25 mars 2021, n° 18-23.299 P.

2. Déféré sans objet. Est sans objet le déféré d'une ordonnance du conseiller de la mise en état déclarant irrecevable un appel formé contre un jugement rejetant des exceptions de procédure et un jugement au fond, dès lors que n'avaient pas été déférées devant la cour d'appel deux ordonnances distinctes rendues antérieurement ayant déclaré irrecevable l'appel formé contre chacune de ces deux décisions. • Civ. 2e, 27 févr. 2014, n° 13-14.240 P.

Art. 945-1 *(Décr. n° 81-500 du 12 mai 1981, art. 35)* **Le magistrat chargé d'instruire l'affaire peut, si les parties ne s'y opposent pas, tenir seul l'audience pour entendre les plaidoiries. Il en rend compte à la cour dans son délibéré.**

A. AUDIENCE

1. Absence d'opposition des parties. Les conditions de l'art. 945-1 sont remplies du moment que l'arrêt, dont les mentions font foi jusqu'à inscription de faux, énonce que les parties ou leurs représentants n'ont formulé aucune opposition à ce que les débats se déroulent devant le conseiller chargé d'instruire l'affaire. • Soc. 6 déc. 1990, n° 88-13.499 P • 6 juill. *1993, n° 90-40.318 P.*

2. La mention selon laquelle les débats ont eu lieu devant un seul magistrat qui a fait rapport à la formation collégiale suffit à établir qu'il a été satisfait aux exigences de la loi. • Soc. 23 sept. 1992, n° 91-40.313 P : *RTD civ. 1993. 641, obs. Perrot* • Civ. 2e, 10 juill. 1991, n° 89-12.792 P : *RTD civ. 1993. 641, obs. Perrot.*

3. Preuve respect art. 945-1. Il résulte des mentions de l'arrêt que les débats ont eu lieu devant un seul magistrat qui a fait rapport à la formation collégiale ; que ces mentions suffisent à établir qu'il a été satisfait aux exigences de l'art. 945-1 C. pr. civ. • Soc. 23 sept. 1992, n° 91-40.313 P : *RTD civ. 1993. 641, obs. Perrot.*

4. L'absence d'opposition des parties ou de leurs représentants est établie du seul fait que l'arrêt mentionne qu'à l'audience publique des débats les avocats ont été entendus en leurs plaidoiries. • Soc. 2 juin 1988, n° 85-43.757 P. ♦ Dans le même sens, V. : • Civ. 3e, 16 déc. 1998, n° 96-22.504 P.

5. L'acceptation par une partie de la mesure prévue par l'art. 945-1 ne lui permet pas de s'opposer à ce qu'un second magistrat siège à l'audience de plaidoirie. • Soc. 14 mai 1987, n° 83-46.128 P : *Gaz. Pal. 1988. 1. Somm. 39, obs. Croze et Morel.*

6. Aucune disposition légale ne fait obstacle à l'application de la mesure prévue par l'art. 945-1 en matière de surendettement. • Civ. 1re, 22 janv. 2002, n° 00-04.203 P.

7. En procédure sans représentation obligatoire, l'absence de comparution ou de présentation à l'audience ne fait pas obstacle à l'usage du magistrat chargé d'instruire l'affaire de la faculté de tenir seul l'audience. • Civ. 2e, 31 janv. 2019, n° 17-31.432 P : *D. actu. 27 févr. 2019, obs. Laffly ; Procédures 2019, n° 107, note Croze.*

B. DÉLIBÉRÉ

8. Collégialité. Le délibéré étant collégial, le président qui y a participé peut signer l'arrêt, même si les plaidoiries n'ont été entendues que par le rapporteur. • Civ. 2e, 17 févr. 1983, n° 81-16.542 P : *Gaz. Pal. 1983. 1. Pan. 176, obs. Guinchard.*

9. Présomption de régularité. Dès lors qu'un arrêt porte que le rapporteur était présent aux débats et au délibéré, cette constatation entraîne présomption que ce magistrat a rendu compte des débats aux autres magistrats composant la cour d'appel lors du délibéré. • Com. 20 janv. 1998, n° 95-16.345.

Art. 946 La procédure est orale.

(Décr. n° 2020-1452 du 27 nov. 2020, art. 1er-24°, en vigueur le 1er janv. 2021) **« La cour ou le magistrat chargé d'instruire l'affaire peut, conformément au second alinéa de l'article 446-1, dispenser une partie qui en fait la demande de se présenter à une audience ultérieure. Dans ce cas, la cour ou le magistrat chargé d'instruire l'affaire organise les échanges entre les parties. La communication entre elles est faite par lettre recommandée avec demande d'avis de réception ou par notification entre avocats et il en est justifié auprès de la cour ou du magistrat chargé d'instruire l'affaire dans les délais qu'elle impartit. A l'issue de la dernière audience, le greffe informe les parties de la date à laquelle la décision sera rendue. »**

L'art. 9 du Décr. n° 2010-1165 du 1er oct. 2010 est applicable dans les îles Wallis-et-Futuna (Décr. préc., art. 18-I).

L'art. 1er-24° du Décr. n° 2020-1452 du 27 nov. 2020 s'applique aux instances en cours au 1er janv. 2021 (Décr. préc., art. 12).

BIBL. ► GENTILI, *Procédures 2007. Étude 24* (l'écrit des parties dans la procédure orale). – TRAVIER, *Procédures orales, Dalloz service, 2002.* – TRAVIER et CROS, *Procédures 2007. Étude 5* (procédures orales à l'aune de la Conv. EDH). – Rapport de la Cour de cassation 2003, *p. 11* (suggestion de réforme).

► **Décr. du 1er oct. 2010** : V. Bibl. au-dessus de l'art. 446-1.

1. Domaine. L'art. 946 est applicable seulement devant la cour d'appel. • Civ. 2e, 6 janv. 2011, n° 09-72.485 P : *D. 2011. 158, obs. A. Lienhard ; Dr. et pr. 2011. 78, note Norguin ; CCC 2011, n° 106, note Raymond ; RPC 2011, n° 77, note Dumont-Lefranc : RD banc et fin. 2011, n° 64, note Piedelièvre.*

2. Conséquence de l'oralité. La procédure étant orale, une déclaration devant la cour peut constituer un appel incident. • Soc. 5 nov. 1981, n° 79-42.614 P.

3. La procédure sans représentation obligatoire applicable au contentieux général de la sécurité sociale étant orale, seules les conclusions écrites, réitérées verbalement à l'audience des débats, saisissent valablement le juge. • Civ. 2e, 15 mai 2014, n° 12-27.035 P. ♦ En matière de procédure orale, une demande en justice présentée dans un écrit n'est valablement formée que lorsqu'elle est oralement soutenue à l'audience des débats. Dès lors qu'elle constate que la partie, appelante, qui sollicitait dans ses conclusions écrites le rejet des demandes du salarié, n'était *ni présente ni représentée à l'audience*, la cour d'appel ne pouvait que constater qu'elle n'était saisie d'aucun moyen de recours et ne pouvait en conséquence que confirmer le jugement. • Soc. 13 sept. 2017, n° 16-13.578 P : *D. 2017. 1766 ; ibid. 2018. Pan. 699, obs. Fricero ; Dr. soc. 2017. 1074, obs. Mouly.*

4. L'indication liminaire de l'arrêt selon laquelle une partie est représentée ne signifie pas que le représentant a comparu, de sorte que, la procédure étant orale, le dépôt de conclusions ne peut suppléer au défaut de comparution de cette partie à l'audience à laquelle elle a été régulièrement convoquée. • Soc. 6 mars 2003, n° 00-21.788 P • 19 oct. 1988, n° 86-13.509 P • 16 janv. 1992, n° 89-21.716 P : *D. 1992. IR 71* (simple envoi d'une lettre) • Civ. 2e, 21 janv. 1998, n° 95-22.138 P : *D. Affaires 1998. 338, obs. S. P.* • Com. 3 mai 2016, n° 13-26.662 P. ♦ S'agissant d'une procédure orale, l'appelante n'étant ni comparante ni représentée, la cour d'appel, qui n'était saisie par l'intéressée d'aucun moyen, n'était tenue de procéder à aucune recherche complémentaire. • Soc. 6 déc. 1990, n° 88-13.499 P. ♦ ... Et les moyens du pourvoi, n'ayant pas été soutenus en appel, sont irrecevables devant la Cour de cassation. • Soc. 12 mars 1987, n° 85-41.479 P • Civ. 19 sept. 2007, n° 06-15.524 P.

5. Le caractère oral de la procédure sans représentation obligatoire prive de fondement une demande de rejet de conclusions dactylographiées déposées à la barre, celles-ci pouvant être valablement soutenues à l'audience par un plaideur comparant en personne. • Civ. 3e, 30 janv. 2002, n° 00-13.486 P : *Gaz. Pal. 26-27 juill. 2002, p. 18, note Lachaud.*

6. Viole les art. R. 1461-2 C. trav., 446-1 et 946 C. pr. civ. la cour d'appel, qui n'a pas mis la Cour de cassation en mesure d'exercer son contrôle sur la régularité de la procédure, en mentionnant dans son arrêt qu'à l'audience de conférence de la présidente, l'affaire a été renvoyée en dépôt de dossier fixé à date devant la présidente de chambre, les parties ne s'y étant pas opposées et en indiquant ensuite la teneur des prétentions figurant dans les conclusions de l'appelant, ne précisant ainsi pas si les parties ont, après l'avoir demandé, été autorisées à formuler leurs prétentions et leurs moyens par écrit, sans se présenter à l'audience ni, dans la négative, les prétentions qui auraient été formulées oralement. • Soc. 13 juin 2018, n° 16-24.135 P.

7. Rôle de l'écrit. L'acte d'appel qui énonce les griefs formulés contre la décision attaquée saisit valablement la cour des prétentions de l'appelant, sans qu'il soit nécessaire que ce dernier ou son mandataire les réitère à l'audience. • Soc. 16 oct. 1984, n° 82-12.701 P.

8. Les conclusions prises en cause d'appel par les demandeurs au pourvoi ne faisant pas état d'une lettre produite aux débats par l'appelant, il ne peut pas être fait grief à la cour d'en avoir ignoré la portée. • Civ. 3e, 11 janv. 1989, n° 87-13.769 : *Gaz. Pal. 1989. 2. 537, note Lachaud.*

9. Désistement. V. art. 400 s. et les notes.

10. Principe de la contradiction. L'oralité de la procédure ne dispense pas du respect du principe de la contradiction ; il ne peut donc être reproché à la cour d'écarter des débats des conclusions et des éléments de preuve déposés le jour de l'audience, sans avoir été préalablement communiqués à l'adversaire, par une partie, alors que sa convocation à l'audience l'invitait à déposer les documents au greffe après communication et alors que la cour n'était saisie d'aucune demande de renvoi à une audience ultérieure. • Civ. 2e, 29 juin 1988, n° 87-15.125 P : *Gaz. Pal. 1988. 2. 867, obs. Lachaud ; ibid. 1988. 2. Doctr. 753.* ♦ Lorsque la procédure est orale, le juge ne peut déclarer irrecevables les prétentions des parties formulées au cours de l'audience, et, s'il y a lieu, il renvoie l'affaire à une prochaine audience. • Soc. 17 mars 1998, n° 95-41.006 P : *RG proc. 1998. 470, obs. Desdevises ; Procédures 1998, n° 112, obs. Perrot.* ♦ Dans le même sens, V. : • Soc. 18 mai 1999, n° 97-45.853 P.

11. En matière prud'homale, la procédure est orale, la décision précisant que les parties ont à l'audience été entendues en leurs plaidoiries, il en résulte nécessairement que les conclusions ont été l'objet d'un débat contradictoire. • Soc. 7 mai 1987, n° 85-43.535 P : *Gaz. Pal. 1987. 2. Somm. 485, obs. Guinchard et Moussa.*

12. En matière de procédure sans représentation obligatoire, les moyens soulevés d'office par le juge sont présumés, sauf preuve contraire, avoir été débattus contradictoirement à l'audience. • Civ. 2e, 6 mars 2003, n° 02-60.835 P.

Art. 947 **A moins que l'affaire ne soit jugée dès la première audience, le** *(Décr. n° 1982-716 du 10 août 1982, art. 1er)* **« greffier » avise par** *(Décr. n° 2015-282 du 11 mars 2015, art. 5)* **« tous moyens » de la date des audiences ultérieures les parties qui ne l'auraient pas été verbalement.** — *V. Circ. du 20 mars 2015, ss. art. 692-1.*

BIBL. ▸ **Décr. du 11 mars 2015 :** BLÉRY, *Gaz. Pal. 27 mars 2015, p. 6* (une nouvelle ère pour la procédure civile). – CROZE, *JCP 2015. 356* (choix de simplification procédurale ? – A propos du décret n° 2015-282 du 11 mars 2015).

Art. 948 **La partie dont les droits sont en péril peut, même si une date d'audience a déjà été fixée, demander au premier président de la cour de retenir l'affaire, par priorité, à une prochaine audience.**

(Décr. n° 2015-282 du 11 mars 2015, art. 8-I) **« S'il est fait droit à sa demande, le requérant est aussitôt avisé par tous moyens de la date fixée. »**

(Décr. n° 2017-891 du 6 mai 2017, art. 33, en vigueur le 1er sept. 2017) **« La partie adverse est convoquée par acte d'huissier de justice à la diligence du requérant. »**

La cour s'assure qu'il s'est écoulé un temps suffisant entre la convocation et l'audience pour que la partie convoquée ait pu préparer sa défense.

Sur le Décr. n° 2015-282 du 11 mars 2015, V. Circ. du 20 mars 2015, ss. art. 692-1.

BIBL. ▸ **Décr. du 11 mars 2015 :** BLÉRY, *Gaz. Pal. 27 mars 2015, p. 6* (une nouvelle ère pour la procédure civile). – CROZE, *JCP 2015. 356* (choix de simplification procédurale ? – A propos du décret n° 2015-282 du 11 mars 2015).

Lien avec l'art. 932. L'objet de l'art. 948 C. pr. civ. n'est pas de dispenser la partie autorisée à faire appel de formaliser une déclaration d'appel mais de déterminer seulement les conditions dans lesquelles, lorsqu'un appel a déjà été formé, une partie dont les droits sont en péril peut obtenir que l'affaire soit fixée par priorité à une prochaine audience. La cour d'appel qui constate l'absence de déclaration d'appel, prévue à l'art. 932 ancien du même code, en déduit exactement qu'elle n'était pas régulièrement saisie, de sorte que l'appel était irrecevable. • Soc. 13 juin 2012, n° 11-12.913 P • 22 juill. 1986, n° 83-45.937 P.

Art. 949 Les avis et convocations prescrits par les articles 936, 937, 947 et 948 sont acheminés selon les formes prévues par ces dispositions aux organismes qui doivent être tenus informés de la procédure en vertu de la loi.

CHAPITRE II LA PROCÉDURE EN MATIÈRE GRACIEUSE

DALLOZ ACTION *Droit et pratique de la procédure civile 2022/2023*, n°s 544.221 s., par PELLERIN.

DALLOZ RÉFÉRENCE *Droit et pratique de l'appel 2018/2019*, n°s 235.00 s., par D'AMBRA.

Art. 950 *(Décr. n° 76-714 du 29 juill. 1976, art. 9)* L'appel contre une décision gracieuse est formé, par une déclaration faite ou adressée par pli recommandé au *(Décr. n° 2017-892 du 6 mai 2017, art. 68-I-2°)* « greffe » de la juridiction qui a rendu la décision, par un avocat ou un *(Abrogé par Décr. n° 2012-634 du 3 mai 2012, art. 21-1°-h) « avoué, ou un autre »* officier public ou ministériel dans les cas où ce dernier y est habilité par les dispositions en vigueur.

1. Ministère obligatoire. L'appel formé par déclaration au greffe sans ministère d'avocat (anc. avoué) est irrecevable. • Civ. 2e, 5 janv. 1983 : *JCP 1983. II. 20043, note Le Ninivin* (adoption plénière).

2. Télécopie. L'usage de la télécopie ne répond pas aux conditions prescrites par l'art. 950. • Civ. 2e, 8 juin 1995, n° 93-10.775 P : *D. 1995. IR 165 ; Rev. Justices 1996, n° 3, p. 366, obs. Héron ; JCP 1995. II. 22512, note Ammar.*

3. Exequatur. Sur l'inapplicabilité de l'art. 950 à l'appel formé contre une décision d'*exequatur*, l'instance en *exequatur* étant contentieuse, V. • Civ. 1re, 25 sept. 2013, n° 11-19.758 P.

Art. 951 *Abrogé par Décr. n° 78-62 du 20 janv. 1978, art. 31.*

Art. 952 Le juge peut, sur cette déclaration, modifier ou rétracter sa décision.

(Décr. n° 78-62 du 20 janv. 1978, art. 23) « Dans le cas contraire, le *(Décr. n° 2017-892 du 6 mai 2017, art. 68-I-3°)* « greffier » de la juridiction transmet sans délai au *(Décr. n° 2004-836 du 20 août 2004, art. 52-I, en vigueur le 1er janv. 2005)* « greffe » de la cour le dossier de l'affaire avec la déclaration et une copie de la décision. »

(Décr. n° 76-714 du 29 juill. 1976, art. 10) « Le juge informe la partie dans le délai d'un mois de sa décision d'examiner à nouveau l'affaire ou de la transmettre à la cour. »

L'art. 52-I du Décr. n° 2004-836 du 20 août 2004 est applicable aux procédures en cours (Décr. préc., art. 59).

BIBL. ▶ BARRÈRE, *Mél. Hébraud*, 1981, p. 1 (rétractation du juge civil).

Art. 953 L'appel est instruit et jugé selon les règles applicables en matière gracieuse devant le *(Décr. n° 2019-966 du 18 sept. 2019, art. 8, en vigueur le 1er janv. 2020)* « tribunal judiciaire *[ancienne rédaction : tribunal de grande instance]* ».

CHAPITRE III DISPOSITIONS COMMUNES

(Décr. n° 79-941 du 7 nov. 1979, art. 11, en vigueur le 1er janv. 1980)

DALLOZ ACTION *Droit et pratique de la procédure civile 2022/2023*, n°s 541.144 s.

Art. 954 *(Décr. n° 2017-891 du 6 mai 2017, art. 34-1°, en vigueur le 1er sept. 2017)* « Les conclusions d'appel contiennent, en en-tête, les indications prévues à l'article 961. Elles doivent formuler expressément les prétentions des parties et les moyens de fait et de droit sur lesquels chacune de ces prétentions est fondée avec indication pour chaque prétention des pièces invoquées et de leur numérotation. » *(Décr. n° 2009-1524 du 9 déc. 2009, art. 11, en vigueur le 1er janv. 2011)* « Un bordereau récapitulatif des pièces est annexé. »

(Décr. n° 2017-891 du 6 mai 2017, art. 34-2°, en vigueur le 1er sept. 2017) « Les conclusions comprennent distinctement un exposé des faits et de la procédure, l'énoncé des chefs de jugement critiqués, une discussion des prétentions et des moyens ainsi qu'un dispositif récapitulant les prétentions. Si, dans la discussion, des moyens nouveaux par rapport aux précédentes écritures sont invoqués au soutien des prétentions, ils sont présentés de manière formellement distincte.

« La cour ne statue que sur les prétentions énoncées au dispositif et n'examine les moyens au soutien de ces prétentions que s'ils sont invoqués dans la discussion. »

(Décr. n° 98-1231 du 28 déc. 1998, art. 29, en vigueur le 1er mars 1999) « **Les parties doivent reprendre, dans leurs dernières écritures, les prétentions et moyens précédemment présentés ou invoqués dans leurs conclusions antérieures. A défaut, elles sont réputées les avoir abandonnés et la cour ne statue que sur les dernières conclusions déposées.** »

(Décr. n° 79-941 du 7 nov. 1979, art. 11, en vigueur le 1er janv. 1980) « **La partie qui conclut à l'infirmation du jugement doit expressément énoncer les moyens qu'elle invoque sans pouvoir procéder par voie de référence à ses conclusions de première instance.** »

(Décr. n° 2017-891 du 6 mai 2017, art. 34-3°, en vigueur le 1er sept. 2017) « **La partie qui ne conclut pas ou qui, sans énoncer de nouveaux moyens, demande la confirmation du jugement est réputée s'en approprier les motifs.** »

Les dispositions de l'art. 11 du Décr. n° 2009-1524 du 9 déc. 2009 s'appliquent aux appels formés à compter du 1er janv. 2011 (Décr. n° 2010-1647 du 28 déc. 2010, art. 14-1°). Elles s'appliquent par ailleurs aux instances consécutives à un renvoi après cassation lorsque la juridiction de renvoi est saisie à compter du 1er sept. 2017 (Décr. n° 2017-891 du 6 mai 2017, art. 52).

Les dispositions de l'art. 34 du Décr. n° 2017-891 du 6 mai 2017 s'appliquent aux appels formés à compter du 1er sept. 2017. Elles s'appliquent aux instances consécutives à un renvoi après cassation lorsque la juridiction de renvoi est saisie à compter du 1er sept. 2017 (Décr. préc., art. 53-II bis, créé par Décr. n° 2017-1227 du 2 août 2017, art. 1er-2°-b).

BIBL. ▶ BLÉRY, *Gaz. Pal. 25-27 mai 2014, p. 29* (questions et réponses). – BOLARD, *JCP 2000. I. 214* (obligation de qualifier les faits) ; *JCP 2001. I. 297.* – CADIET, *JCP 2000. I. 167.* – CROZE, *JCP 2009. 3.* – DELORME-MUNIGLIA, *RLDC 2018. 6401* (le nouveau formalisme des conclusions d'appel). – GERBAY, *Gaz. Pal. 10-12 janv. 2010, p. 12.* – SALATI, *Dr. et pr. 2010. Chron. 3.*

1. Décr. n° 2017-891 du 6 mai 2017. Légalité. Les dispositions de l'art. 914, dans sa rédaction issue du Décr. du 6 mai 2017, qui sont applicables dans toutes les procédures d'appel et poursuivent l'objectif d'intérêt général de bonne administration de la justice, énoncent de simples règles formelles tenant à la présentation et à la structuration des conclusions et qui ne sont pas prescrites à peine d'irrecevabilité de l'appel. Par suite, le moyen tiré de ce que l'art. 34 du décret attaqué porterait atteinte au droit au recours et au droit d'accès au juge doit être écarté. • CE 13 nov. 2019, nos 412255, 412286, 412287, 412308 et 415651 : *cité note 1 ss. art. 83.*

I. DOMAINE DE L'ART. 954

2. Quant à la procédure. Les dispositions de l'art. 954, al. 2, ne s'appliquent pas lorsque la procédure est orale. • Civ. 2e, 30 avr. 2002, n° 00-15.917 P : *D. 2002. 1866, concl. Kessous ; ibid. 2002. Somm. 2643, obs. Fricero ; Procédures 2002, n° 138, note Perrot ; JCP 2002. II. 10129, note Croze ; RTD civ. 2002. 560, obs. Perrot.* ♦ Elles s'appliquent à une procédure sur requête. • Civ. 2e, 29 mars 2006, n° 05-11.011 P : *D. 2006. IR 1062 ; Procédures 2006, n° 177, obs. Perrot.*

3. Dès lors que l'affaire a été renvoyée à la mise en état avec fixation d'un nouveau calendrier, le litige est replacé dans le champ d'application de l'art. 954. • Paris, 22 mai 2002 : *Bull. ch. avoués 2002. 1. 30.*

4. L'art. 954 n'est pas applicable à la procédure de fixation des indemnités d'expropriation, laquelle est régie par les dispositions spécifiques des art. R. 13-49 s. C. expr. définissant les conditions d'échange des mémoires. • Civ. 3e, 23 janv. 2002, n° 01-70.002 P : *D. 2002. IR 780.*

5. Quant à la nature des conclusions. Seules sont soumises aux prescriptions de l'art. 954, al. 3, devenu al. 4, C. pr. civ., les conclusions qui déterminent l'objet du litige ou qui soulèvent un incident, de quelque nature que ce soit, susceptible de mettre fin à l'instance. • Civ. 2e, 15 nov. 2018, n° 17-27.844 P : *D. actu. 11 déc. 2018, obs. Laffly ; D. 2018. 2242 ; ibid. 2019. 555, obs. Fricero ; Gaz. Pal. 29 janv. 2019, p. 75, obs. Amarani-Mekki.* ♦ Échappent à ce texte les conclusions tendant exclusivement au sursis à statuer dans l'attente d'un jugement étranger. • Même arrêt. ♦ ... Ou les conclusions déposées après un arrêt avant-dire droit, qui ne font que répondre aux questions posées par cet arrêt. • Civ. 2e, 21 avr. 2005, n° 02-14.675 P : *D. 2005. IR 1176* • 9 juin 2011, n° 10-23.672 P. ♦ ... Ou les conclusions demandant une expertise, conclusions qui ne déterminent pas l'objet du litige et ne soulèvent pas un incident de nature à mettre fin à l'instance. • Civ. 2e, 18 déc. 2008, n° 07-20.238 P : *D. 2009. AJ 235 ; Procédures 2009, n° 36, obs. Perrot.* ♦ ... Ou les conclusions des intimés tendant exclusivement à l'irrecevabilité des conclusions de l'appelant, comme tardives. • Civ. 2e, 3 mai 2001, n° 99-16.293 P : *D. 2003. 99, note Bolze ; RTD civ. 2001. 656, obs. Perrot ; Procédures 2001, n° 45, obs. Perrot.* ♦ ... Ou les conclusions ne tendant qu'à l'irrecevabilité des conclusions de la partie adverse. • Civ. 2e, 15 nov. 2018, n° 17-27.844 P : *préc.*

6. Quant à la forme des conclusions. Le

pourvoi immédiat de droit local n'est pas soumis aux dispositions de l'art. 954, al. 3 C. pr. civ. • Civ. 2e, 5 sept. 2019, n° 18-16.680 P.

II. MODALITÉS DE RÉDACTION DES CONCLUSIONS

A. GÉNÉRALITÉS

a. Indications de l'art. 961

7. Renvoi. V. notes ss. art. 961.

b. Formulation des prétentions et moyens

8. Obligation de formuler. Dans la procédure d'appel avec représentation obligatoire, les prétentions des parties sont fixées par leurs écritures régulièrement déposées. • Civ. 2e, 3 juin 1998, n° 96-20.057 P. ♦ L'appelant n'ayant pas conclu, la cour n'est saisie d'aucun moyen et ne peut que rejeter le recours. • Civ. 2e, 9 mai 1985, n° 84-11.216 P. – V. aussi : • Soc. 3 nov. 1988, n° 87-10.707 P • Civ. 2e, 19 mai 1999, n° 97-11.373 P : *D. 1999. IR 161*.

9. Les conclusions doivent contenir, en dehors de l'objet de la demande et de la cause juridique qui lui est donnée, un exposé des moyens sur lesquels les prétentions sont fondées. • Com. 10 mai 1989, n° 87-15.797 P : *Gaz. Pal. 1990. 1. Somm. 211, obs. Croze et Morel.*

10. Aucun texte ne prohibe la présentation de conclusions sous la forme de paragraphes préimprimés (à propos d'une procédure de rétention administrative fondée sur l'art. 35 *bis* de l'Ord. du 2 nov. 1945). • Civ. 2e, 24 janv. 2002, n° 00-50.076 P : *D. 2002. IR 617*.

11. N'est saisie d'aucune prétention et peut débouter le demandeur la cour d'appel qui relève que la demande n'a été chiffrée ni dans le corps ni dans le dispositif des conclusions. • Civ. 2e, 10 févr. 2000, n° 98-15.287 P : *JCP 2000. II. 10405, note du Rusquec.*

12. Pour un exemple de formulation non expresse, s'agissant d'un liquidateur s'étant borné à demander l'infirmation d'un jugement ayant validé un avis à tiers détenteur et l'ayant condamné à titre personnel à verser une certaine somme au receveur des impôts, sans préciser en quoi il critiquait la disposition du jugement l'ayant condamné à titre personnel, V. : • Com. 13 mai 2003, n° 98-22.741 P.

13. Pour statuer, la cour d'appel ne doit porter une appréciation que sur les moyens que les parties formulent expressément dans leurs conclusions à l'appui de leurs prétentions sur le litige *ou sur les motifs du jugement déféré* que l'intimé est réputé avoir adopté dans les conclusions prévues par le dernier alinéa de l'art. 954 C. pr. civ.. Par conséquent, l'appelant principal qui n'a pas lui-même repris à son compte dans ses conclusions d'appel un motif du jugement déféré ne peut pas reprocher à la cour d'appel qui infirme ce jugement sur l'appel incident de l'intimé d'avoir omis de réfuter ce motif du jugement déféré. • Civ., 6 juin 2019, n° 18-17.910 P : *D. actu. 5 juill. 2019, note Laffly ; D. 2019. 1234*.

14. Récapitulation des prétentions. Les prétentions des parties formulées dans les conclusions d'appel sont récapitulées sous forme de dispositif et la cour d'appel ne statue que sur les prétentions énoncées au dispositif. • Civ. 2e, 13 nov. 2014, n° 13-24.898. ♦ Peu important que la prétention figure dans les motifs. • Civ. 2e, 22 oct. 2014, nos 13-24.911, 13-24.970 et 13-24.975. ♦ La cour d'appel ne peut faire droit à la fin de non-recevoir tirée de l'inobservation des règles propres à la garantie des vices rédhibitoires en matière de vente d'animaux domestiques qui n'est pas énoncée au dispositif des dernières conclusions. • Civ. 2e, 17 mars 2016, n° 15-13.765. ♦ En se déterminant en considération d'une fin de non-recevoir qui ne figurait pas dans le dispositif des conclusions des parties et qui, à la supposer relevée d'office, n'avait pas été soumise à la discussion des parties, la cour d'appel a violé les art. 16 et 954. • Civ. 2e, 7 avr. 2016, n° 15-13.832.

c. Bordereau récapitulatif de pièces

15. L'appelant n'est pas tenu de communiquer ses pièces à l'intimé qui n'a pas constitué avocat et la circonstance que des pièces produites ne figurent pas au bordereau récapitulatif n'autorise pas le juge à les écarter des débats. Encourt dès lors la censure l'arrêt d'une cour d'appel qui écarte des débats des pièces produites par l'appelant en retenant que ces pièces ne figuraient pas sur le bordereau de communication annexé aux écritures. • Civ. 2e, 6 juin 2019, n° 18-14.432 P : *D. actu, 10 juill. 2019, note Kebir ; D. 2019. 1233 ; Procédures, 2019, n° 220, note Croze.*

B. SPÉCIFICITÉS

a. Conclusions confirmatives

16. Appropriation des motifs. La partie qui, sans énoncer de nouveaux moyens, demande la confirmation du jugement, est réputée s'en approprier les motifs. • Civ. 3e, 15 avr. 2008, n° 07-10.667. ♦ Viole ainsi l'art. 954, al. 4 C. pr. civ. l'arrêt qui retient que la partie n'a pas soulevé l'incompétence du tribunal paritaire de baux ruraux, alors que, dans ses conclusions d'appel, cette dernière avait sollicité la confirmation du jugement entrepris, lequel avait écarté pour incompétence cette demande indemnitaire. • Même arrêt. ♦ L'intimé qui a conclu à la confirmation du jugement est réputé s'en approprier les motifs. • Com. 9 juin 1987, n° 84-15.506 P.

17. Confirmation partielle. La partie qui sollicite la confirmation partielle d'un jugement, sans énoncer de moyens nouveaux, n'est pas tenue de récapituler dans les dernières écritures les moyens qu'elle invoque. • Civ. 3e, 10 nov. 2010, n° 09-10.587 P : *Procédures 2011, n° 1, note Perrot.*

18. La partie qui sollicite la confirmation du jugement doit formuler expressément dans ses conclusions, si elle entend les reprendre, ceux des moyens formulés en première instance qui n'ont pas été retenus par les premiers juges. • Civ. 2e, 14 avr. 1988, n° 86-18.726 P : *Gaz. Pal. 1988. 2. Pan. 172.*

19. Rapport à justice. Une demande de donner acte étant dépourvue de toute portée juridique, l'intimé, en s'en rapportant à justice sur le mérite de l'appel, avait non seulement contesté la recevabilité et le bien-fondé de cet appel, mais encore demandé, par application de l'art. 954 C. pr. civ., que le dispositif de l'ordonnance fût confirmé. • Civ. 3e, 16 juin 2016, n° 15-16.469 P : *D. 2017. Pan. 428, obs. Fricero.*

b. Conclusions infirmatives

20. La partie qui conclut à l'infirmation du jugement ne peut, pour reprendre ses prétentions, se borner à se référer à ses conclusions de première instance. • Civ. 2e, 7 mars 1985, n° 83-11.304 P : *Gaz. Pal. 1985. 2. Pan. 197, obs. Croze et Morel* • 8 oct. 1986, n° 85-14.184 P. ♦ ... Ni même à annexer ses conclusions de première instance à ses écritures d'appel « pour en faire partie intégrante ». • Civ. 3e, 27 janv. 1988, n° 86-14.434 P. ♦ ... Le moyen tiré d'un défaut de réponses à de telles conclusions étant irrecevable devant la Cour de cassation. • Civ. 3e, 5 juill. 1983, n° 81-15.795 P.

21. Il résulte de ce que la partie qui conclut à l'infirmation du jugement doit expressément énoncer les moyens qu'elle invoque sans pouvoir procéder par voie de référence à ses conclusions de première instance, que la cour d'appel qui n'est pas saisie de conclusions par l'intimé doit, pour statuer sur l'appel, examiner les motifs du jugement ayant accueilli les prétentions de cette partie en première instance. • Civ. 1re, 3 mai 2018, n° 17-17.439 : *Procédures 2018, n° 243, note Croze.*

22. *Encourt la cassation l'arrêt qui, pour infirmer un jugement, se fonde sur un moyen invoqué par l'appelant devant le premier juge, mais non repris dans ses conclusions d'appel.* • Civ. 1re, 9 déc. 1981, n° 80-15.457 P.

III. CONCLUSIONS RÉCAPITULATIVES

A. PRINCIPE

23. Légalité du Décr. du 28 déc. 1998. Les dispositions des art. 13 et 29 du Décr. du 28 déc. 1998, qui ont respectivement complété les art. 753 et 954 C. pr. civ., ont pour seul objet d'inviter les parties à confirmer dans leurs dernières conclusions l'ensemble des prétentions et moyens qu'elles entendent invoquer et ne sont contraires à aucun principe général du droit, ni à aucune règle législative. • CE 6 avr. 2001, n° 205136 : *D. 2002. 913, note Van de Wynckele-Bazela ; Procédures 2001, n° 144, obs. Perrot ; RTD civ. 2001. 654, obs. Perrot ; Dr. et pr. 2001. 315, obs. Douchy ; Gaz. Pal. 8-9 juin 2001, note du Rusquec.* – V. aussi Croze, *Procédures, mai 2001, p. 3.*

24. Portée. Il ressort des dispositions de l'art. 954 C. pr. civ. que toutes les conclusions successives, en demande ou en défense, qui, avant la clôture de l'instruction, déterminent l'objet du litige ou soulèvent un incident de nature à mettre fin à l'instance, doivent exposer l'ensemble des prétentions de la partie et la totalité des moyens qui les fondent, sans que les juges d'appel, tenus de ne répondre qu'aux conclusions dernières en date, aient à se reporter à des écritures antérieures sauf pour vérifier, s'il y a lieu, les effets de droit que le dépôt de ces écritures, au regard notamment de l'interruption de la prescription ou de la péremption, a pu entraîner. En conséquence, toute formule de renvoi ou de référence à des écritures précédentes ne satisfait pas aux exigences du texte et est dépourvue de portée. • Cass., avis, 10 juill. 2000, n° 02-02.000 P : *D. 2000. 837, note Lacabarats ; JCP 2000. II. 10404, note Perdriau ; ibid. I. 267, n° 9, obs. Cadiet ; Procédures 2000, n° 231, obs. Perrot ; RTD civ. 2000. 893, obs. Perrot* • Civ. 2e, 8 janv. 2015, n° 14-12.091. ♦ V. aussi : • Civ. 3e, 16 févr. 2005, n° 00-21.245 P : *Procédures 2005, n° 86, obs. Perrot* • Civ. 2e, 6 oct. 2005, n° 03-17.530 P : *D. 2006. Pan. 548, obs. Julien et Fricero ; Dr. et pr. 2006. 97, obs. Fricero.* ♦ V., par ex., pour des dernières conclusions, dans une procédure de divorce pour faute, par lesquelles le défendeur spécifie que le grief retenu à son encontre est ancien et se réfère au « contexte » tel que décrit par un arrêt avant-dire droit, sans reprendre le moyen soutenu dans ses premières conclusions, relatif à sa contestation formelle d'une quelconque relation extraconjugale : • Civ. 2e, 27 mars 2003, n° 01-14.503 P : *D. 2003. IR 1075.* ♦ Une demande, formulée dans l'assignation, mais non reprise dans les dernières écritures, est réputée avoir été abandonnée devant le premier juge et se heurte à la prohibition des demandes nouvelles en appel. • Civ. 2e, 8 déc. 2005, n° 04-11.668 P : *D. 2006. IR 176 ; RTD civ. 2006. 153, obs. Perrot.*

25. Dernières conclusions irrecevables. Des conclusions envoyées par fax, et comme telles irrecevables, laissent subsister les écritures antérieures valables comprenant les prétentions et moyens des parties sur lesquels la cour doit se prononcer. • Civ. 2e, 13 juin 2002, n° 00-20.674 P : *D. 2002. IR 2233.*

26. Présomption d'abandon. Dès lors que l'appelant s'est borné, dans ses dernières conclusions, « en se référant expressément aux écritures précédentes tant en première instance qu'en cause d'appel », à demander que le divorce soit prononcé aux torts exclusifs de son épouse « compte tenu des faits relatés », la « situation de rupture du lien matrimonial » étant imputable à celle-ci, la cour d'appel, tenue de ne statuer que sur ces seules conclusions, retient à bon droit que l'appelant a abandonné les moyens qu'il a précédemment articulés à l'appui de cette prétention. • Civ. 2e, 10 mai 2001, n° 99-19.898 P : *D. 2001. IR 1768* ; *RTD civ. 2001. 656, obs. Normand* • 27 mars 2003, n° 01-14.503 P. ♦ Faute d'être reprises dans les dernières écritures, les prétentions présentées antérieurement sont réputées avoir été abandonnées et la cour d'appel ne statue que sur les dernières conclusions déposées. • Civ. 1re, 4 juill. 2006, n° 05-15.808 P : *D. 2007. Pan. 1385, obs. Julien* ; *Gaz. Pal. 1er-2 févr. 2007, p. 24, note du Rusquec* • 17 oct. 2007, n° 06-15.565 P. ♦ La présomption d'abandon est irréfragable. • Paris, 14 juin 2001 : *Bull. ch. avoués 2001. 1. 19.*

27. Dès lors que les dernières conclusions ont été déposées pour une société et une personne physique et ne reprennent pas les moyens et prétentions précédemment invoqués dans les conclusions de cette dernière, la cour d'appel n'est saisie que des moyens contenus dans ces conclusions. • Civ. 2e, 29 janv. 2004, n° 02-10.698 P : *Gaz. Pal. 13-15 mars 2005, p. 14, obs. du Rusquec.*

28. Présomption d'abandon et jonction d'instances. La jonction d'instances ne créant pas une procédure unique, l'appelant qui dépose les dernières conclusions à l'appui de son appel de la seconde décision n'est pas réputé avoir abandonné, au sens de l'art. 954, al. 2, C. pr. civ., les prétentions et moyens qu'il avait antérieurement présentés à l'appui de son appel de la première décision. • Civ. 2e, 17 mai 2001, n° 99-18.509 P : *D. 2001. IR 1924* ; *RTD civ. 2001. 656, obs. Perrot* . ♦ La jonction d'instances ne créant pas une procédure unique, la cour d'appel doit statuer sur les dernières écritures déposées dans chaque procédure par la partie qui n'a pas conclu après la jonction. • Civ. 3e, 26 févr. 2003, n° 00-19.986 P • Civ. 2e, 25 juin 2015, n° 14-16.292 P.

29. Rejet des débats (non). L'absence de conformité des écritures d'une partie, au regard des dispositions de l'art. 954, al. 2, n'entraîne pas leur rejet des débats (juris. antérieure au Décr. du 6 mai 2017). • Civ. 2e, 26 sept. 2002, n° 00-15.249 P.

B. LIMITES

30. Désistement. L'art. 954 est sans effet sur le désistement d'action, qui ne constitue ni une prétention ni un moyen ; il ne peut avoir pour effet de faire revivre ni l'action qui a nécessairement pris fin lors de la notification des premières conclusions ni l'instance qui, accessoire de l'action, s'est éteinte avec celle-ci. • Paris, 18 déc. 2001 : *Bull. ch. avoués 2002. 1. 30.* ♦ Sur le désistement, V. art. 394 s.

31. Aveu judiciaire. Un aveu judiciaire ne pouvant, selon l'art. 1356 C. civ., être révoqué, ne saurait l'être du fait qu'ayant été contenu dans des conclusions d'appel antérieures aux dernières conclusions, il ne se trouve pas dans celles-ci. • Civ. 1re, 20 mai 2003, n° 00-18.295 P : *D. 2003. IR 1547* ; *RTD civ. 2003. 543, obs. Perrot* ; *ibid. 2004. 293, obs. Mestre et Fages* ; *Gaz. Pal. 7-8 avr. 2004, p. 18, obs. du Rusquec* • 13 févr. 2007, n° 05-21.227 P : *Gaz. Pal. 1er-2 févr. 2007, p. 23, note du Rusquec* ; *Procédures 2007, n° 78, obs. Perrot* (aveu résultant des conclusions de première instance).

32. Faits diffamatoires. Si, par application de l'art. 954 C. pr. civ., les parties doivent reprendre, dans leurs dernières écritures, les prétentions et moyens précédemment présentés ou invoqués dans leurs conclusions antérieures et si, à défaut, elles sont réputées les avoir abandonnés, les faits diffamatoires étrangers à la cause contenus dans des conclusions qui ne sont pas les dernières peuvent, conformément à l'art. 41 de la L. de 1881, donner lieu soit à l'action publique, soit à l'action civile des parties, lorsque ces actions leur auront été réservées par les tribunaux. • Civ. 1re, 9 juin 2017, n° 16-17.970 P : *D. 2018. 208, obs. Dreyer* ; *AJ fam. 2017. 421, note Pierre-Maurice* ; *Gaz. Pal. 31 oct. 2017, p. 28, note Fourment.*

IV. OFFICE DE LA COUR D'APPEL

33. Visa des conclusions. S'il n'expose pas succinctement les prétentions respectives des parties et leurs moyens, le juge, qui ne peut statuer que sur les dernières conclusions déposées, doit viser celles-ci avec l'indication de leur date. • Cass., ch. mixte, 6 avr. 2007, n° 05-16.375 P : *D. 2007. AJ 1279* ; *ibid. Pan. 2428, obs. Fricero* ; *JCP 2007. II. 10102, note Putman* ; *Procédures 2007, n° 129, note Perrot* ; *Dr. et pr. 2007. 335, note Vinckel* ; *Dr. et patr., janv. 2008, p. 100, obs. Amrani-Mekki* • Civ. 1re, 4 juin 2007, n° 06-10.574 P • Civ. 2e, 24 janv. 2008, n° 06-20.539 P : *Gaz. Pal. 2009. 2638, n° 1677, obs. Du Rusquec* • Civ. 3e, 15 sept. 2010, n° 09-15.732 P : *D. actu. 24 sept. 2010, obs. Dargent.* ♦ Dès lors, viole l'art. 954, al. 2 une cour d'appel qui s'est prononcée au visa de conclusions antérieures aux dernières conclusions. • Civ. 1re, 4 juin 2007, n° 06-10.574 P • Civ. 3e, 23 janv. 2008, n° 06-18.126 P : *D. 2008. AJ 555* ; *Gaz. Pal. 2009. 2638, n° 1678, obs. Du Rusquec* • 7 janv. 2009, n° 07-19.753 P : *D. 2009. 235* ; *JCP 2009. II. 10039, note Putman* • 31 mai 2011, n° 10-20.846 P : *Dr. et pr. 2011. 188* • Com. 11 juin 2014, n° 13-17.318 P

• Civ. 1re, 27 févr. 2007, n°s 04-13.897 et 05-13.575 P. ♦ Doit être cassé l'arrêt d'une cour d'appel qui n'a pas visé les dernières conclusions et qui s'est prononcée par des motifs dont il ne résulte pas qu'elle les aurait prises en considération, alors qu'il ressort des productions que ces conclusions développaient une argumentation complémentaire. • Civ. 2e, 19 nov. 2020, n° 19-19.514 : *D. actu. 23 déc. 2020, note Laffly ; D. 2020. 2350 ; Gaz. Pal. 26 janv. 2021, p. 71, note Egéa.*

34. Le visa des conclusions des parties avec l'indication de leur date n'est pas nécessaire si, dans la motivation de la décision, le juge expose succinctement les prétentions et moyens formulés dans les dernières écritures. • Civ. 2e, 4 juill. 2007, n° 06-16.436 P • Civ. 3e, 7 janv. 2009, n° 07-19.753 P : *D. 2009. AJ 235 ; JCP 2009. II. 10039, note Putman.*

35. Renvoi. Sur l'obligation pour le juge de viser les dernières conclusions, V. art. 455 et juris. ss. art. 455.

36. Dispositif. La cour ne statue que sur les prétentions énoncées au dispositif. • Civ. 3e, 2 juin 2016, n° 15-16.614. ♦ Viole l'art. 954 la cour d'appel qui, pour débouter l'épouse de sa demande d'attribution préférentielle d'un immeuble, figurant dans le dispositif de ses écritures, retient que cette demande est contradictoire avec celles qui figurent dans le corps de celles-ci, qui concernent également d'autres appartements alors qu'elle n'était saisie que de la demande énoncée au dispositif de ces conclusions. • Civ. 1re, 24 oct. 2012, n° 11-22.358 : *Procédures 2013, n° 2, note Perrot.* ♦ ... La cour d'appel qui, pour annuler une décision portant sur l'élection d'un syndic, retient que l'assemblée générale ne pouvait voter sur deux objets différents dont, au surplus, l'un n'était pas inscrit à l'ordre du jour, sans méconnaître les dispositions impératives de l'art. 13 du Décr. du 17 mars 1967, alors que, dans le dispositif de leurs conclusions, les demandeurs ne sollicitaient l'annulation de l'ensemble des décisions qu'en conséquence de l'annulation de l'assemblée générale, ce dont il résultait qu'elle n'était pas saisie de la demande d'annulation de la décision portant sur l'élection du syndic. • Civ. 3e, 2 juill. 2014, n° 13-13.738 P : *Procédures 2014, n° 260, note Croze.* ♦ ... La cour d'appel qui retient que l'appelant avait réitéré de façon implicite dans ses écritures d'appel un moyen qu'il avait expressément développé devant le premier juge (irrecevabilité d'une demande sur le fondement d'une fin de non-recevoir tirée d'un défaut de qualité à agir, alors que les appelants se bornaient dans le dispositif de leurs écritures à conclure à l'irrecevabilité des demandes sur le seul fondement de la prescription). • Civ. 2e, 26 juin 2014, n° 13-20.393 P. ♦ La nullité d'une requête à fin de constat et du constat, laquelle ne constitue pas un moyen de défense en vue de voir débouter l'adversaire de ses demandes, doit être formalisée dans une prétention figurant au dispositif des conclusions de la partie qui l'invoque. C'est donc à bon droit qu'une cour d'appel a jugé qu'elle n'était pas saisie de prétentions visant à faire juger que ces actes étaient nuls et que le constat devait être écarté des débats, ces prétentions n'étant pas reprises dans le dispositif des conclusions. • Civ. 2e, 30 sept. 2021, n° 19-12.244 P : *D. actu. 21 oct. 2021, note Lhermitte ; Gaz. Pal. 19 oct. 2021, p. 40, obs. Berlaud ; ibid. 18 janv. 2022, p. 63, note Guerre ; JCP 2021. 1086, note Herman ; ibid. 1341, obs. Veyre.*

37. ... Défaut de demande d'infirmation ou d'annulation du jugement : nécessaire confirmation (Décr. n° 2017-891 du 6 mai 2017). Il résulte des art. 542 et 954 C. pr. civ. que lorsque l'appelant ne demande, dans le dispositif de ses conclusions, ni l'infirmation ni l'annulation du jugement, la cour d'appel ne peut que confirmer le jugement. L'application immédiate de cette règle de procédure, qui résulte de l'interprétation nouvelle d'une disposition au regard de la réforme de la procédure d'appel avec représentation obligatoire issue du Décr. n° 2017-891 du 6 mai 2017 et qui n'a jamais été affirmée par la C. cass. dans un arrêt publié, dans les instances introduites par une déclaration d'appel antérieure à la date du présent arrêt, aboutirait à priver les appelants du droit à un procès équitable. En conséquence, se trouve légalement justifié l'arrêt d'une cour d'appel qui infirme un jugement sans que cette infirmation n'ait été demandée dès lors que la déclaration d'appel est antérieure au présent arrêt. • Civ. 2e, 17 sept. 2020, n° 18-23.626 P : *D. actu. 1er oct. 2020, note Auché et De Andrade ; D. 2020. 2046, note Barba ; ibid. 2021. 543, obs. Fricero ; AJ fam. 2020. 536, obs. Avena-Robardet ; D. avocats 2020. 448 et les obs. ; Rev. prat. rec. 2020. 15, chron. Faivre, Gregori, Laher et Provansa ; Gaz. Pal. 27 oct. 2020, p. 9, note P. Gerbay ; ibid. 8 déc. 2020, p. 41, note Ansault ; ibid. 26 janv. 2021, p. 79, note Hoffschir ; ibid. 26 janv. 2021, p. 82, note Lauvergnat ; Defrénois 2021, n° 3, p. 13, note Mazure.* ♦ Il s'ensuit que la cour d'appel qui déclare caduque la déclaration d'appel donne une portée aux art. 542 et 954 qui, pour être conforme à l'état du droit applicable depuis le 17 sept. 2020, n'était pas prévisible pour les parties au jour où elles ont relevé appel antérieurement à cette date, une telle portée résultant de l'interprétation nouvelle de dispositions au regard de la réforme de la procédure d'appel avec représentation obligatoire issue du Décr. n° 2017-891 du 6 mai 2017, l'application de cette règle de procédure instaurant une charge procédurale nouvelle, dans l'instance en cours aboutissant à priver les appelants d'un procès équitable au sens de l'art. 6, § 1er, Conv. EDH. • Civ. 2e, 4 nov. 2021, n° 20-15.757 P : *D. actu. 18 nov. 2021, note Lhermitte ; D. 2021. 2051 ; ibid. 2022. 96, note*

Barba ; ibid. Pan. 636, obs. Fricero ; JCP 2021. 1341, obs. Veyre. ♦ Il résulte de la combinaison des articles 562 et 954, al. 3, C. pr. civ., dans sa rédaction issue du Décr. n° 2017-891 du 6 mai 2017, que la partie qui entend voir infirmer le chef d'un jugement l'ayant déboutée d'une contestation de la validité d'un acte de procédure et accueillir cette contestation doit formuler une prétention en ce sens dans le dispositif de ses conclusions d'appel. Par conséquent, se trouve légalement justifié l'arrêt d'une cour d'appel qui confirme un tel chef de jugement frappé d'appel, dès lors que les appelants se bornaient, dans le dispositif de leurs conclusions d'appel, à solliciter l'infirmation du jugement frappé d'appel, sans réitérer leur contestation, rejetée par le premier juge, de la validité de la signification d'une précédente décision. • Civ. 2e, 4 févr. 2021, n° 19-23.615 P : *D. actu. 16 févr. 2021, note Laffly ; D. 2021. 291* . ♦ Encourt la cassation une cour d'appel qui, pour confirmer le jugement entrepris, retient que le dispositif des conclusions de l'appelant n'indique pas les dispositions du jugement dont il est sollicité la réformation de sorte que la cour d'appel n'est pas saisie de demande d'infirmation par l'appelant principal, alors que ce dernier, dans le dispositif de ses conclusions, ne se bornait pas à demander à la cour d'appel de réformer la décision entreprise mais formulait plusieurs prétentions, et qu'il n'était pas tenu de reprendre, dans le dispositif les chefs de dispositif du jugement dont il demandait l'infirmation. • Civ. 2e, 3 mars 2022, n° 20-20.017 P : *D. actu. 12 mars 2022, note Lhermitte.*

38. ... Fait une exacte application de l'art. 954, al. 1er et 2, la cour d'appel qui, relevant que l'appelant se bornait dans le dispositif de ses conclusions à conclure à l'infirmation d'un jugement, sans formuler de prétention sur les demandes tranchées dans ce jugement, décide qu'elle n'était pas saisie de prétention relative à ces demandes. En faisant ainsi application de l'art. 954, al. 1er et 2, la cour d'appel ne méconnaît pas les exigences du procès équitable. • Civ. 2e, 5 déc. 2013, n° 12-23.611 P : *D. 2014. Chron. C. Cass. 571, n° 10, obs. de Leiris ; JCP 2014. 8, obs. Deharo ; Dr. et pr. 2014. 41, note Cholet ; Procédures 2014, n° 35, note Perrot.* ♦ La cour d'appel n'est pas tenue de répondre à l'argumentation invoquée à l'appui du moyen d'une partie si celle-ci n'est pas formulée à l'appui d'une prétention. • Civ. 2e, 6 sept. 2018, n° 17-19.657 P : *D. actu. 28 sept. 2018, obs. Laffly ; D. 2018. 1752 ; RTD com. 2019. 973, obs. Hiez* .

39. Combinaison des art. 908 et 954 : caducité. L'étendue des prétentions dont est saisie la cour d'appel étant déterminée dans les conditions fixées par l'art. 954, dans sa rédaction antérieure au Décr. n° 2017-891 du 6 mai 2017, le respect de l'obligation faite à l'appelant de conclure dans les conditions imparties par l'art. 908 du même code s'apprécie nécessairement en considération des prescriptions de cet art. 954. Il résulte de cet art. 954, pris en son al. 2, que le dispositif des conclusions de l'appelant remises dans le délai de l'art. 908 doit comporter, en vue de l'infirmation ou de l'annulation du jugement frappé d'appel, des prétentions sur le litige, sans lesquelles la cour d'appel ne peut que confirmer le jugement frappé d'appel. Cette règle poursuit un but légitime, tenant au respect des droits de la défense et à la bonne administration de la justice. Dans le cas où l'appelant n'a pas pris, dans le délai de l'art. 908, de conclusions comportant, en leur dispositif, de telles prétentions, la caducité de la déclaration d'appel est encourue. Cette sanction, qui permet d'éviter de mener à son terme un appel irrémédiablement dénué de toute portée pour son auteur, poursuit un but légitime de célérité de la procédure et de bonne administration de la justice. Par ailleurs, cette règle ne résulte pas de l'interprétation nouvelle faite par la C. cass. dans un arrêt du 17 sept. 2020 (n° 18-23.626), imposant que l'appelant demande dans le dispositif de ses conclusions, l'infirmation des chefs du dispositif du jugement dont il recherche l'anéantissement ou l'annulation du jugement. Il en résulte que cette règle n'entre pas dans le champ du différé d'application que cet arrêt a retenu en vue de respecter le droit à un procès équitable. Doit, par conséquent, être approuvé l'arrêt d'une cour d'appel qui, ayant constaté que le dispositif des conclusions de l'appelant, qui procédait par renvoi, ne comportait pas de prétentions déterminant l'objet du litige, a prononcé la caducité de la déclaration d'appel. • Civ. 2e, 9 sept. 2021, n° 20-17.263 P : *D. actu. 24 sept. 2021, note Laffly ; D. 2021. 1679 ; ibid. 1848, note Barba ; ibid. 2022. Pan. 636, obs. Fricero ; JCP 2021. 1341, obs. L. Veyre ; ibid. 1228, note d'Ambra ; Gaz. Pal. 2 nov. 2021, p. 65, note Mayer.*

40. Relations conclusions/débats oraux. Le juge ne peut se déterminer par référence à des débats oraux à l'encontre des écritures des parties. • Civ. 2e, 25 janv. 1989, n° 87-13.022 P. – V. aussi : • Civ. 3e, 4 mars 1998, n° 96-15.023 P.

41. Fin de non-recevoir d'ordre public. Toute fin de non-recevoir d'ordre public doit être relevée d'office par le juge, même si le défendeur ne l'a pas reprise dans ses dernières écritures. • Com. 5 nov. 2002, n° 00-10.929 : *RTD civ. 2003. 140, obs. Perrot ; Procédures 2003, n° 3, note Perrot.*

V. ABSENCE DE CONCLUSIONS OU ABSENCE DE NOUVEAUX MOYENS

42. Dès lors que les conclusions de l'intimé ont été déclarées irrecevables, celui-ci est réputé s'être approprié les motifs du jugement et la cour d'appel peut valablement statuer sur la fin de non-recevoir tirée de la prescription de l'action retenue par le tribunal. • Civ. 2e, 10 janv. 2019, n° 17-20.018 P : *D. actu. 6 févr. 2019, obs. Laffly ; D. 2019. 555, obs. Fricero*.

Art. 955 *(Décr. n° 2017-891 du 6 mai 2017, art. 35, en vigueur le 1er sept. 2017)* **En cas de confirmation d'un jugement, la cour peut statuer par adoption de ses motifs ou par motifs propres. Dans ce cas, elle est réputée avoir adopté les motifs du jugement qui ne sont pas contraires aux siens.**

Substitution de motifs. La cour d'appel qui confirme un jugement par substitution de motifs n'adopte pas les motifs du premier juge. • Civ. 3e, 8 mars 2006, n° 05-11.527 P : *D. 2006. IR 943*.

Art. 955-1 *(Décr. n° 2015-282 du 11 mars 2015, art. 9)* **Lorsque la cour est saisie par requête, les parties sont avisées des lieu, jour et heure de l'audience par le greffier.**

L'avis est donné soit aux avocats dans les conditions prévues à l'article 930-1, soit, dans les affaires dispensées du ministère d'avocat, au défendeur par lettre recommandée avec demande d'avis de réception et à l'auteur de la requête par tous moyens.

Copie de la requête est jointe à l'avis donné à l'avocat du défendeur ou, lorsque l'affaire est dispensée du ministère d'avocat, au défendeur. — *V. Circ. du 20 mars 2015, ss. art. 692-1.*

BIBL. ▶ **Décr. du 11 mars 2015 :** BLÉRY, *Gaz. Pal. 27 mars 2015, p. 6* (une nouvelle ère pour la procédure civile). – CROZE, *JCP 2015. 356* (choix de simplification procédurale ? – A propos du décret n° 2015-282 du 11 mars 2015).

SOUS-TITRE II LES POUVOIRS DU PREMIER PRÉSIDENT

DALLOZ ACTION *Droit et pratique de la procédure civile 2022/2023*, nos 544.230 s., par PELLERIN.

DALLOZ RÉFÉRENCE *Droit et pratique de l'appel 2018/2019*, nos 3.00 s., par D'AMBRA.

CHAPITRE PREMIER LES ORDONNANCES DE RÉFÉRÉ

DALLOZ ACTION *Droit et pratique de la procédure civile 2022/2023*, nos 544.241 s., par PELLERIN.

DALLOZ RÉFÉRENCE *Droit et pratique de l'appel 2018/2019*, nos 311.00 s., par D'AMBRA.

BIBL. GÉN. ▶ FUSIL, *Gaz. Pal. 1975. 1. Doctr. 346* (juridiction du premier président). – GERBAY, *D. 1980. Chron. 65* (juridiction du premier président). – GIVERDON et GASSIOT, *Gaz. Pal. 1974. 1. Doctr. 416 et 426*. – DU RUSQUEC, *Gaz. Pal. 1976. 1. Doctr. 84* (premier président statuant en référé).

Art. 956 Dans tous les cas d'urgence, le premier président peut ordonner en référé, *(Décr. n° 76-1236 du 28 déc. 1976, art. 21)* **« en cas d'appel », toutes les mesures qui ne se heurtent à aucune contestation sérieuse ou que justifie l'existence d'un différend.**

A. COMPÉTENCE

1. En cas d'appel. La compétence du premier président, apparaissant en cas d'appel, n'est pas subordonnée à la formalité du placement de l'affaire au rôle de la cour, mais seulement à la déclaration d'appel. • *Versailles, ord., 11 août 1987 : Gaz. Pal. 1988. 1. 80, note Renard.* ♦ V. désormais art. 930-1.

B. POUVOIRS

a. Conditions

2. Urgence. V., d'une façon générale, les notes ss. art. 834.

3. A la suite de faits nouveaux, ignorés lors du jugement, la menace d'une exécution immédiate de la décision déférée à la cour rend urgent que soit prise, sur la garde des enfants, une décision contraire à celle des premiers juges. • Paris, ord., 13 févr. 1973 : *Gaz. Pal. 1973. 1. 233 ; RTD civ. 1973. 382, obs. Hébraud.* ♦ Sur pourvoi • Civ. 2e, 11 déc. 1974, n° 73-14.646 P. ♦ Rappr. • Rennes, ord., 19 févr. 1979 : *Gaz. Pal. 1981. 1. 60, note Loyer-Larher.*

4. V. l'urgence que présente la désignation d'un expert, les travaux devant être exécutés dans un très bref laps de temps : • Riom, ord., 11 juill. 1973 : *D. 1973. 649 ; RTD civ. 1973. 805, obs. Hébraud.* ♦ ... La mainlevée d'une inscription hypothécaire : • Riom, ord., 22 janv. 1974 : *D. 1974. Somm. 84.*

5. Contestation sérieuse. V., d'une façon générale, notes ss. art. 834.

6. Aux termes de l'art. 956 C. pr. civ., dans tous les cas d'urgence le premier président de la cour d'appel peut ordonner en référé toutes les mesures qui ne se heurtent à aucune contestation sérieuse ou que justifie l'existence d'un différend. Viole ce texte en tranchant une contestation sérieuse, échappant à sa compétence, et soumis à la cour d'appel le premier président statuant en référé qui prescrit l'insertion de son ordonnance déclarant une partie sans droit à faire publier le dispositif du jugement frappé d'appel qui ordonnait cette publication. • Civ. 2e, 29 nov. 1978, n° 77-13.971 P. ♦ Peut estimer que la contestation n'est pas sérieuse et retenir sa compétence pour statuer sur le point de savoir si une partie était en droit ou non d'effectuer la publication d'un jugement, frappé d'appel, le premier président statuant en référé qui relève qu'il résultait sans ambiguïté de l'ordre dans lequel se présentaient les différentes parties du dispositif de ce jugement condamnant une partie pour contrefaçon de marque que l'exécution provisoire ordonnée par le TGI, s'appliquait à l'attribution des dommages-intérêts à titre provisionnel et à l'expertise, mais non à la publication du dispositif de ce jugement. • Civ. 2e, 29 nov. 1978, n° 77-13.971 P.

7. Défaut de comparution du défendeur. Si le défendeur ne comparaît pas, le premier président, par application de l'art. 472, ne fait droit à la demande que dans la mesure où il l'estime régulière, recevable et bien fondée. • Civ. 2e, 16 oct. 2003, n° 02-17.049 P : *D. 2003. IR 2670* ; *Dr. et pr. 2004. 90, note Bourdillat.*

b. Mesures

8. Mesures dirigées contre le conseil du demandeur (non). N'entre pas dans le champ d'application de l'art. 956 la demande de l'appelant d'une ordonnance d'un juge aux affaires familiales tendant à ce que soit ordonnée la remise des pièces adverses, communiquées devant le TGI et la cour d'appel, dès lors que cette demande est dirigée contre ses propres conseils. • Civ. 2e, 16 mai 2002, n° 00-20.989 P : *D. 2002. Somm. 2646, obs. Julien* .

9. Mesures dirigées contre une partie ne figurant pas à l'instance d'appel (non). Il n'entre pas dans les pouvoirs que le premier président tient de l'art. 956 de prendre une mesure à l'encontre d'une partie ne figurant pas à l'instance d'appel. • Civ. 2e, 16 oct. 2003, n° 02-17.049 P : *D. 2003. IR 2670* ; *Dr. et pr. 2004. 90, note Bourdillat.*

10. Mesures justifiées par l'existence du différend. Serait irrecevable devant le premier président la demande qui, ayant un objet entièrement distinct, ne serait pas justifiée par l'existence du différend porté devant la cour d'appel, et qui ne tendrait pas à faciliter la solution du litige ou à assurer la conservation des droits des parties au cours de l'instance. • Paris, ord., 24 avr. 1980 : *Gaz. Pal. 1980. 2. Somm. 603.*

11. Les pouvoirs conférés par l'art. 956 ont pour objet, s'il y a urgence et lorsque des faits nouveaux se sont révélés après la décision attaquée, de permettre au premier président de prendre les mesures strictement nécessaires dans le cadre du différend et sans remettre en question la chose jugée dans l'attente de la décision à intervenir sur l'appel. • Paris, ord., 23 nov. 1992 : *Bull. ch. avoués 1992. 4. 143.*

12. Provision. Faute de dispositions semblables à celles de l'art. 809, al. 2, le premier président n'a pas le pouvoir d'accorder en référé une provision au créancier. • Lyon, ord., 12 févr. 1980 : *Gaz. Pal. 1980. 1. 234* ; *JCP 1980. II. 19836.*

13. Interprétation. L'art. 956 ne confère pas au premier président le pouvoir d'interpréter la décision frappée d'appel, qui sera soumise à l'appréciation de la cour. • Versailles, ord., 10 août 1978 : *Gaz. Pal. 1979. 1. Somm. 265.*

Art. 957 **Le premier président peut également,** *(Décr. n° 76-1236 du 28 déc. 1976, art. 21)* **« en cas d'appel », suspendre l'exécution des jugements improprement qualifiés en dernier ressort, ou exercer les pouvoirs qui lui sont conférés en matière d'exécution provisoire.**

CHAPITRE II LES ORDONNANCES SUR REQUÊTE

DALLOZ ACTION *Droit et pratique de la procédure civile 2022/2023*, nos 544.261 s., par PELLERIN.

DALLOZ RÉFÉRENCE *Droit et pratique de l'appel 2018/2019*, nos 312.00 s., par D'AMBRA.

Art. 958 **Le premier président peut, au cours de l'instance d'appel, ordonner sur requête toutes mesures urgentes relatives à la sauvegarde des droits d'une partie ou d'un tiers lorsque les circonstances exigent qu'elles ne soient pas prises contradictoirement.**

BIBL. ▶ BERTIN, *Gaz. Pal. 1979. 1. Doctr. 294.* – GERBAY, *D. 1980. Chron. 65* (juridiction du premier président).

1. Renvoi. S'agissant des ordonnances sur requête en général, V. notes ss. art. 493 s. et 812.

2. Compétence exclusive. Dès lors que l'action en contrefaçon est pendante en instance d'appel, la partie qui présente une requête afin d'opérer une saisie-contrefaçon afférente au même litige doit, en application de l'art. 958 C. pr. civ., porter celle-ci devant le premier président de la cour d'appel. • Com. 14 sept. 2010, nº 09-16.854 P : *D. 2010. AJ 2152* ; *ibid. 2011. 908, obs. Durrande* ; *Dr. et pr. 2011. 320, note Hugon.*

3. Condition. La compétence reconnue au premier président de la cour d'appel implique que la mesure sollicitée ait trait au litige dont la cour d'appel est saisie et ne peut s'étendre à la prescription d'une mesure d'instruction propre à justifier éventuellement une prétention qui n'a pas encore été portée devant la cour d'appel. • Civ. 2e, 6 mai 1999, nº 95-21.430 P : *D. 1999. IR 143* .

4. Le conseiller de la mise en état ne peut statuer que les avocats entendus ou appelés ; lorsque les circonstances exigent qu'une mesure ne soit pas prise contradictoirement, elle reste de la seule compétence du juge des requêtes. • Civ. 3e, 17 nov. 1981, nº 80-10.372 P : *Gaz. Pal. 1982. 1. 106, note Viatte ; RTD civ. 1982. 463, obs. Normand, ibid. 474, obs. Perrot.*

5. Mesures conservatoires. V., C. pr. exéc., art. L. 511-3, et la compétence conférée soit au JEX, soit au président du T. com.

Art. 958-1 *(Décr. nº 2019-1419 du 20 déc. 2019, art. 5-8º)* **Dans les cas prévus par la loi ou le règlement, le premier président statue selon la procédure accélérée au fond.**

L'art. 5 du Décr. nº 2019-1419 du 20 déc. 2019 s'applique aux demandes introduites à compter du 1er janv. 2020 (Décr. préc., art. 24-II).

Art. 959 **La requête est présentée par un** *(Décr. nº 2012-634 du 3 mai 2012, art. 19-1º-a)* **« avocat » dans le cas où l'instance devant la cour implique constitution d'***(Décr. nº 2012-634 du 3 mai 2012, art. 19-1º-a)* **« avocat »** *(Décr. nº 2009-1524 du 9 déc. 2009, art. 6, en vigueur le 1er janv. 2011)* **« dans les conditions prévues à l'article 930-1 ».**

Les dispositions de l'art. 6 du Décr. nº 2009-1524 du 9 déc. 2009 sont applicables à compter de la date et dans les conditions fixées par l'arrêté prévu à l'art. 930-1 C. pr. civ. et au plus tard au 1er janv. 2013 (Décr. nº 2010-1647 du 28 déc. 2010, art. 14-2º).

SOUS-TITRE III DISPOSITIONS DIVERSES

DALLOZ ACTION *Droit et pratique de la procédure civile 2022/2023*, nos 544.22 s., par PELLERIN.

CHAPITRE PREMIER CONSTITUTION D'AVOCAT ET CONCLUSIONS

(Décr. nº 2012-634 du 3 mai 2012, art. 19-1º-a).

Art. 960 **La constitution d'***(Décr. nº 2012-634 du 3 mai 2012, art. 19-1º-a)* **« avocat » par l'intimé ou par toute personne qui devient partie en cours d'instance est dénoncée aux autres parties par notification entre avocats.**

Cet acte indique :

a) **Si la partie est une personne physique, ses nom, prénoms, profession, domicile, nationalité, date et lieu de naissance ;**

b) **S'il s'agit d'une personne morale, sa forme, sa dénomination, son siège social et l'organe qui la représente légalement.**

Erreur dans la rédaction de la constitution. Les erreurs commises dans la rédaction de la constitution d'avoué (auj. avocat) ne sont pas sanctionnées par la nullité. • Civ. 2e, 8 déc. 1982, nº 81-15.586 P : *Gaz. Pal. 1983. 1. Pan. 171, obs. Guinchard.*

Art. 961 **Les conclusions des parties sont signées par leur** *(Décr. nº 2012-634 du 3 mai 2012, art. 19-1º-a)* **« avocat » et notifiées dans la forme des notifications entre** *(Décr. nº 2012-634 du 3 mai 2012, art. 19-1º-a)* **« avocats ». Elles ne sont pas recevables tant que les indications mentionnées à l'alinéa 2 de l'article précédent n'ont pas été fournies.** *(Décr. nº 2017-891 du 6 mai 2017, art. 36, en vigueur le 1er sept. 2017)* **« Cette fin de non-recevoir peut être régularisée jusqu'au jour du prononcé de la clôture ou, en l'absence de mise en état, jusqu'à l'ouverture des débats. »**

La communication des pièces produites est valablement attestée par la signature de l'*(Décr. nº 2012-634 du 3 mai 2012, art. 19-1º-a)* **« avocat » destinataire apposée sur le bordereau établi par l'***(Décr. nº 2012-634 du 3 mai 2012, art. 19-1º-a)* **« avocat » qui procède à la communication.**

1° CONCLUSIONS

a. Mentions prescrites

1. Identification d'une personne physique. C'est par une exacte application de l'art. 961 qu'une cour d'appel déclare irrecevable des conclusions d'appel et en déduit que l'appel n'est pas soutenu, dès lors qu'elle constate que l'appelant n'était pas domicilié au lieu mentionné dans ses dernières conclusions et dissimulait son adresse actuelle. • Civ. 2e, 1er oct. 2009, nº 08-12.417 P : *D. actu. 23 oct. 2009, obs. Lavric ; D. 2009. AJ 2495 ; ibid. 2010. Chron. C. cass. 539, obs. Sommer et Leroy-Gissinger ; Procédures 2009, nº 385, obs. Perrot.* ♦ Pour une irrecevabilité faute d'adresse : • Civ. 2e, 21 oct. 2010, nº 09-68.952. ♦ Les conclusions de l'intimé sont irrecevables lorsqu'il n'a pas répondu à la sommation de faire connaître son domicile actuel. • Paris, 5 juill. 1977 : *D. 1978. IR 153, obs. Julien.* ♦ ... Ou s'il n'a pas indiqué son état civil exact. • Paris, 20 mars 1986 : *D. 1986. IR 363.* ♦ ... Ou si il n'a pas fait mention de son domicile (personne sans domicile fixe). • Angers, 5 oct. 1999 : *D. 2001. 156, note Cholet.*

2. Les conclusions d'une partie sont recevables malgré l'indication d'un domicile inexact, dès lors que l'indication du domicile réel a été fournie. • Civ. 2e, 6 mars 1991, nº 89-19.477 P. ♦ Pour une décision admettant la non-communication de l'adresse d'une mère et de ses deux enfants, pour des raisons de sécurité à cause du comportement instable et perturbé du père, V. : • Paris, 26 oct. 2000 : *Bull. ch. avoués 2000. 2. 56.*

3. Inversent la charge de la preuve les juges d'appel déclarant des conclusions irrecevables au motif que l'appelante n'a pas satisfait à la sommation de communiquer son adresse, que ses dernières conclusions portaient qu'elle était toujours domiciliée à la même adresse sans en justifier et que la justification du domicile réel n'avait pas été fournie, alors que l'adversaire ne rapportait pas la preuve que le domicile précédemment déclaré n'était pas le domicile réel. • Civ. 2e, 10 mars 2005, nº 03-14.577 P. ♦ Mais pour un refus de prendre en compte une adresse temporaire indiquée dans des conclusions récapitulatives dont aucune des pièces ne permet de conforter la réalité : • Versailles, 16 nov. 2004 : *BICC 2005, nº 187.* ♦ L'obligation d'indiquer son adresse n'implique pas celle de donner ultérieurement connaissance d'un changement d'adresse. • Paris, 30 janv. 1995 : *Bull. ch. avoués 1995, nº 133, p. 14.* ♦ *Si la charge de la preuve de la* fictivité du domicile pèse sur celui qui se prévaut de cette irrégularité, il appartient à celui qui prétend la régulariser de prouver que la nouvelle adresse indiquée constitue son domicile réel, la simple communication d'un passeport ne répondant pas à cette exigence. • Civ. 2e, 13 janv. 2022, nº 20-11.081 P : *D. 2022. 283 ; D. 2022. 119 ; ibid. 544, note Lledo ; JCP 2022. 125, note Lauvergnat ; D. actu. 26 janv. 2022, note Kieffer.*

4. Identification d'une personne morale. Sont irrecevables les conclusions d'une société dans lesquelles celle-ci est désignée sous son ancienne dénomination et faisant mention de l'adresse d'un siège social qui n'est plus exacte suite à son transfert. • Civ. 2e, 12 févr. 2004, nº 01-17.791 P. ♦ Les conclusions d'appel d'une société, mentionnant un siège fictif, sont irrecevables à l'égard des parties se prévalant de cette irrégularité dès lors qu'elle n'a pas notifié à celles-ci l'adresse d'un nouveau siège. • Civ. 3e, 22 févr. 2006, nº 04-16.057 P. ♦ Sur les mentions relatives à une personne morale, V. : • Civ. 2e, 17 déc. 1998, nº 96-20.411 P.

5. Litige international. Dans un litige international, pour apprécier l'exactitude du siège social indiqué dans les conclusions d'une personne morale, il y a lieu de se référer à la loi dont dépend la société en cause. • Com. 21 oct. 2014, nº 13-11.805 P : *D. actu. 4 nov. 2014, obs. Delpech.*

b. Sanction

6. Compétence. Seule la cour d'appel, et non le conseiller de la mise en état, peut statuer sur la recevabilité de conclusions qui omettraient les mentions exigées au regard des art. 960 et 961 C. pr. civ. • Civ. 2e, 13 oct. 2016, nº 15-24.932 P : *D. actu. 10 nov. 2016, obs. Laffly.* ♦ Saisie par le déféré formé contre l'ordonnance d'un conseiller de la mise en état, la cour d'appel, statuant dans le champ de compétence d'attribution de ce dernier, ne peut pas se prononcer sur l'irrecevabilité de conclusions prévue à l'art. 961 C. pr. civ. • Civ. 2e, 11 mai 2017, nº 16-15.720 P : *Procédures 2017, nº 177, note Croze.*

7. Absence de grief. L'irrecevabilité des conclusions d'appel d'une société qui mentionnent un siège social fictif n'est pas subordonnée à la justification d'un grief causé par cette irrégularité. • Civ. 2e, 24 sept. 2015, nº 14-23.169 P : *D. actu. 8 oct. 2015, obs. Mélin ; Gaz. Pal. 20-22 déc. 2015, p. 16, obs. Bléry.* ♦ V. déjà : • Civ. 2e, 18 nov. 2004, nº 03-10.410.

8. Régularisation. Il suffit à la partie concernée de communiquer les indications mentionnées à l'alinéa 2 de l'art. 960 pour régulariser la procédure. • Civ. 2e, 21 oct. 2010, nº 09-68.952 : *Procédures 2010, nº 395, note Perrot.* ♦ La fin de non-recevoir édictée par l'art. 961 ne tend qu'à la sauvegarde des parties, laquelle est assurée par la communication des indications mentionnées à l'al. 2 de l'art. 960 avant que le juge ne statue. • Civ. 2e, 29 janv. 2015, nº 13-23.546 P : *D. 2016. Pan. 449, obs. Fricero ; Gaz. Pal. 6-7 mars 2015, p. 17, note Gerbay.* ♦ En toute occurrence, l'expiration du délai de trois mois prévu à l'art. 908 ne fait pas obstacle à cette régularisation. • Civ. 2e, 29 janv. 2015, n° 13-23.546 P : *préc.*

9. Les indications contenues dans la déclaration d'appel peuvent, si leur exactitude n'est pas contestée, suppléer l'absence dans les conclusions des mentions d'identification prévues par les art. 960 et 961. • Civ. 2e, 24 janv. 2008, n° 06-20.746 P.

10. Pluralité de parties. En cas de pluralité de parties, les actes accomplis par l'un des cointéressés ne nuisent point aux autres. L'irrecevabilité des conclusions prises au nom d'une partie, prononcée en application de l'art. 961 C. pr. civ., n'entraîne pas l'irrecevabilité des conclusions prises dans le même acte au nom d'une autre partie. • Civ. 2e, 19 févr. 2009, n°s 08-12.144 et 08-12.233 P.

11. Conformité à la Conv. EDH. Ne méconnaissent pas les garanties de l'art. 6, § 1er, Conv. EDH et notamment le principe du droit d'accès au juge, les dispositions de l'art. 961 qui édictent une irrecevabilité temporaire des conclusions d'appel tant que les indications mentionnées à l'al. 2 n'ont pas été fournies, dès lors que ces renseignements sont nécessaires à la sauvegarde des droits de son adversaire et qu'il suffit à la partie concernée de les communiquer pour régulariser la procédure. • Civ. 2e, 14 oct. 2004, n° 02-15.457 P : *D. 2004. IR 2832* • 21 oct. 2010, n° 09-68.952 : *Procédures 2010, n° 395, note Perrot.*

12. Office du juge. Le juge n'est pas autorisé à vérifier d'office la recevabilité des conclusions de l'appelant au regard des mentions exigées par les art. 960 et 961, y compris dans l'hypothèse où le défendeur ne comparerait pas. • Com. 6 sept. 2016, n° 14-25.891 P : *D. 2016. Actu. 1756 ; JCP 2016. 1137, obs. Herman ; ibid. 1296, n° 8, obs. Amrani-Mekki ; Dr. et pr. 2016. 167, note Salati.*

2° PIÈCES

13. Est valable la communication des pièces par l'intermédiaire du bureau commun des avoués (auj. avocats) dont le cachet paraphé portant la date de la communication a été apposé sur chacun des bordereaux litigieux. • Civ. 1re, 16 déc. 1992, n° 91-13.119 P.

14. Une cour d'appel ne peut déclarer d'office irrecevables des pièces en retenant qu'elles ont été communiquées selon bordereau déposé postérieurement à l'ordonnance de clôture, sans rechercher la date de signature apposée par l'avoué (auj. avocat) destinataire sur le bordereau établi par l'avoué (auj. avocat) qui avait procédé à la communication. • Civ. 2e, 1er mars 1995, n° 93-14.169 P : *JCP 1996. II. 22611, note du Rusquec.*

Art. 962 **La remise au** *(Décr. n° 2004-836 du 20 août 2004, art. 52-I, en vigueur le 1er janv. 2005)* **« greffe » de la copie de l'acte de constitution et des conclusions est faite soit dès leur notification, soit, si celle-ci est antérieure à la saisine de la cour, en même temps que la remise de la copie de la déclaration.**

L'art. 52-I du Décr. n° 2004-836 du 20 août 2004 est applicable aux procédures en cours (Décr. préc., art. 59).

Pluralité de conclusions. On ne peut reprocher à la cour de n'avoir pas répondu à des conclusions, alors que les feuilles produites, intitulées « conclusions » et se présentant sous forme de copies sur papier pelure, ne correspondent pas aux conclusions figurant au dossier de la cour d'appel. • Civ. 1re, 30 mai 1985, n° 84-10.989 P : *D. 1985. Somm. 471, obs. Julien.*

CHAPITRE PREMIER *BIS* DISPOSITIONS RELATIVES AU DROIT AFFECTÉ AU FONDS D'INDEMNISATION DE LA PROFESSION D'AVOUÉS PRÈS LES COURS D'APPEL

(Décr. n° 2013-1280 du 29 déc. 2013, art. 4)

Les dispositions de l'art. 4 du Décr. n° 2013-1280 du 29 déc. 2013 entrent en vigueur le 1er janv. 2014 pour les instances introduites à compter de cette date (Décr. préc., art. 25).

BIBL. ▶ **Décr. du 29 déc. 2013 :** FRICERO, *D. 2014. Pan. 797 ; Procédures 2014. Étude 2.*

Art. 963 **Lorsque l'appel entre dans le champ d'application de l'article 1635 *bis* P du code général des impôts, les parties justifient, à peine d'irrecevabilité de l'appel ou des défenses selon le cas, de l'acquittement du droit prévu à cet article.** – *V. CGI, art. 1635 bis P, reproduit ci-dessous.*

Sauf en cas de demande d'aide juridictionnelle, l'auteur de l'appel principal en justifie lors de la remise de sa déclaration d'appel et les autres parties lors de la remise de leur acte de constitution par l'apposition de timbres mobiles ou par la remise d'un justificatif lorsque le droit pour l'indemnisation de la profession d'avoué a été acquitté par voie électronique. En cas de requête conjointe, les appelants justifient de l'acquittement du droit lors de la remise de leur requête.

Lorsque la partie a sollicité le bénéfice de l'aide juridictionnelle, elle joint la décision accordant cette aide à l'acte assujetti à l'acquittement du droit. A défaut de décision rendue sur la demande d'aide juridictionnelle, l'acte est accompagné de la copie de cette demande. Si cette demande d'aide juridictionnelle est déclarée caduque ou rejetée ou que la décision l'octroyant est retirée, le demandeur justifie, à peine d'irrecevabilité, de l'acquittement du droit dans le mois suivant, selon le cas, la notification de la caducité ou la date à laquelle le rejet ou le retrait est devenu définitif.

L'irrecevabilité est constatée d'office par le magistrat ou la formation compétents. Les parties n'ont pas qualité pour soulever cette irrecevabilité. Elles sont avisées de la décision par le greffe.

L'art. 963 C. pr. civ. demeure applicable aux déclarations d'appel et aux actes de constitution remis au greffe jusqu'au 31 déc. 2026 (Décr. nº 2011-1202 du 28 sept. 2011, art. 21, dans sa rédaction issue du Décr. nº 2017-892 du 6 mai 2017, art. 33).

1. Procès équitable. Dès lors que l'appelant s'est acquitté du paiement de la contribution prévue par l'art. 1635 *bis* P CGI après le prononcé de la décision d'irrecevabilité, de sorte qu'aucune régularisation n'était intervenue au jour où le juge statuait sur la recevabilité de l'appel, c'est à bon droit que le premier président d'une cour d'appel retient, sans méconnaître l'art. 6, § 1er Conv. EDH, qu'aucune erreur ne justifiait que cette décision soit rapportée. • Civ. 2e, 22 mars 2018, nº 17-12.770 : *Procédures 2018, nº 136, obs. Croze.* ♦ Ayant constaté que le paiement de la contribution prévue par l'art. 1635 *bis* P CGI était intervenue après une décision d'irrecevabilité de l'appel prononcée par un conseiller de la mise en état à l'issue d'une audience à laquelle les parties avaient été convoquées, de sorte qu'aucune régularisation n'était intervenue au jour où ce juge statuait, c'est à bon droit et sans méconnaître les exigences de l'art. 6, § 1er, Conv. EDH qu'une cour d'appel, statuant sur déféré, a confirmé l'ordonnance qui lui était déférée. • Civ. 2e, 16 mai 2019, nº 18-13.434 P : *D. actu. 3 juin 2019, note Laffly ; D. 2019. 1111.*

2. Viole les art. 963 et 1635 P *bis* CGI, la cour d'appel qui ne relève pas d'office l'irrecevabilité de l'appel tirée de ce que les parties ne se sont pas acquittées du paiement de la contribution prévue au second de ces textes. • Civ. 2e, 3 mars 2022, nº 20-23.329 P : *D. actu. 23 mars 2022, note Lhermitte.*

Code général des impôts

LIVRE Ier. ASSIETTE ET LIQUIDATION DE L'IMPÔT

2e PARTIE. IMPOSITIONS PERÇUES AU PROFIT DES COLLECTIVITÉS LOCALES ET DE DIVERS ORGANISMES

TITRE III. IMPOSITIONS PERÇUES AU PROFIT DE CERTAINS ÉTABLISSEMENTS PUBLICS ET D'ORGANISMES DIVERS

CHAPITRE III. *ENREGISTREMENT, PUBLICITÉ FONCIÈRE ET TIMBRE*

SECTION XII. *Droit affecté au fonds d'indemnisation de la profession d'avoués [avoué] près les cours d'appel*

(L. nº 2009-1674 du 30 déc. 2009, art. 54-I)

Art. 1635 *bis* P Il est institué un droit d'un montant de *(L. nº 2014-1654 du 29 déc. 2014, art. 97-I)* « 225 € » dû par les parties à l'instance d'appel lorsque la constitution d'avocat est obligatoire devant la cour d'appel. Le droit est acquitté par l'avocat postulant pour le compte de son client *(Abrogé par L. nº 2016-1918 du 29 déc. 2016, art. 15-I-4º)* « *soit par voie de timbres mobiles, soit* » par voie électronique. Il n'est pas dû par la partie bénéficiaire de l'aide juridictionnelle.

Le produit de ce droit est affecté au fonds d'indemnisation de la profession d'avoués *[avoué]* près les cours d'appel *(Abrogé par Décr. nº 2011-645 du 9 juin 2011, art. 1er)* « *à créer dans le cadre de la réforme de la représentation devant les cours d'appel* ».

(L. nº 2014-1654 du 29 déc. 2014, art. 97-I) « Ce droit est perçu jusqu'au 31 décembre 2026. »

Les modalités de perception et les justifications de l'acquittement de ce droit sont fixées par décret en Conseil d'État. — *V. CGI, Ann. II, art. 326 ter (reproduit ci-dessous), et C. pr. civ., art. 964 et 964-1.*

L'art. 97-I de la L. nº 2014-1654 du 29 déc. 2014 s'applique aux appels interjetés à compter du 1er janv. 2015 (L. préc., art. 97-III).

BIBL. ▶ Attal, *JCP 2014. 1167* (le prix de l'accès à la justice en appel). – Rajot, *RCA 2012. Focus 20* (modalités d'application du droit affecté au fonds d'indemnisation de la profession d'avoué près les cours d'appel et à la contribution pour l'aide juridique). – Laporte, *Procédures 2011. Étude 1* (quand la fiscalité vient perturber les procédures). – NDLR, *Dr. fisc. 2010. Actu. 165.*

1. Conformité à la Conv. EDH (oui). Les dispositions des art. 1635 *bis* P et 1635 *bis* Q CGI [abrogé], qui poursuivent chacun un but légitime sans porter d'atteinte excessive au droit d'accès au juge, ne méconnaissent ni les stipulations des art. 6 et 13 Conv. EDH, ni celles de l'art. 14 du Pacte international relatif aux droits civils et politiques, ni, en tout état de cause, celles de l'art. 47 de la Charte des droits fondamentaux de l'Union européenne. • CE 28 déc. 2012, n° 353337 : *D. avocats 2013. 70, obs. Dargent ; D. 2013. Pan. 1586, obs. Jacquinot ; JCP. 2013. 622, n° 12, obs. Bortoluzzi ; Gaz. Pal. 2013. 1085, note Seiller.*

2. Conformité à la Constitution (oui). **BIBL.** Drago, *Gaz. Pal. 8-12 avr. 2012, p. 8* (la constitutionnalité de la contribution à l'aide juridique mise en question). ♦ En instituant à l'art. 1635 *bis* Q (auj. abrogé) CGI une contribution pour l'aide juridique de 35 € perçue par instance et à l'art. 1635 *bis* P du même code un droit de 150 € (auj. 225 €) dû par les parties à l'instance d'appel, le législateur, qui n'a pas méconnu l'étendue de sa compétence en ne précisant pas lui-même la sanction procédurale du non-paiement de ces différents droits, ne porte pas une atteinte disproportionnée au droit d'exercer un recours effectif devant une juridiction ou aux droits de la défense et n'entraîne pas de rupture caractérisée de l'égalité devant les charges publiques. • Cons. const. 13 avr. 2012, n°s 2012-231/234 QPC. ♦ Statuant sur le renvoi au Conseil constitutionnel de la question de la conformité de l'art. 1635 *bis* P, notamment quant au droit d'exercer un recours juridictionnel effectif garanti par l'art. 16 DDH de 1789. • CE 3 févr. 2012, n° 354363.

3. Principe d'égalité des justiciables. L'application du droit d'appel aux justiciables relevant des cours d'appel de Colmar et de Metz ne méconnaît pas le principe d'égalité entre les justiciables, dès lors que si les requérants soutiennent que le droit d'appel, destiné à assurer l'indemnisation des avoués, ne saurait, sans méconnaître le principe d'égalité, s'appliquer aux justiciables des départements du Bas-Rhin, du Haut-Rhin et de la Moselle, dans lesquels la représentation en appel n'était pas assurée par les avoués, il résulte des termes de l'art. 1635 *bis* P CGI que le législateur n'a pas réservé l'application de cette imposition aux instances dans les seules cours d'appel où le monopole de la représentation par les avoués a été supprimé par la L. du 25 janv. 2011 portant réforme de la représentation devant les cours d'appel. • CE 28 déc. 2012, n° 353337.

ANNEXE II : DISPOSITIONS REVÊTANT LA FORME DE DÉCRET EN CONSEIL D'ÉTAT

LIVRE Ier. ASSIETTE ET LIQUIDATION DE L'IMPÔT

2e PARTIE. IMPOSITIONS PERÇUES AU PROFIT DES COLLECTIVITÉS LOCALES ET DE DIVERS ORGANISMES

TITRE IV. IMPOSITIONS PERÇUES AU PROFIT DE CERTAINS ÉTABLISSEMENTS PUBLICS ET D'ORGANISMES DIVERS

CHAPITRE II. *ENREGISTREMENT, PUBLICITÉ FONCIÈRE ET TIMBRE*

SECTION VI. *Droit affecté au fonds d'indemnisation de la profession d'avoués [avoué] près les cours d'appel (Décr. n° 2013-1280 du 29 déc. 2013, art. 7-1°).* *(Décr. n° 2011-1202 du 28 sept. 2011, art. 19)*

Les dispositions de l'art. 7 du Décr. n° 2013-1280 du 29 déc. 2013 entrent en vigueur le 1er janv. 2014 pour les instances introduites à compter de cette date. Les dispositions réglementaires relatives à la contribution pour l'aide juridique demeurent applicables dans leur rédaction en vigueur au 31 déc. 2013 pour les instances introduites jusqu'à cette date (Décr. préc., art. 25).

Art. 326 *ter* Pour l'application de l'article 1635 *bis* P du code général des impôts, les conditions dans lesquelles il est justifié de l'acquittement du droit dans le cadre des appels et la sanction d'un défaut d'acquittement sont déterminées conformément aux articles *(Décr. n° 2013-1280 du 29 déc. 2013, art. 7-2°)* « 963 » et 964-1 du code de procédure civile. — *V. CGI, art. 1635 bis P, reproduit ci-dessous.*

[...]

Art. 964 Sont compétents pour prononcer l'irrecevabilité de l'appel en application de l'article 963 :

– le premier président ;

– le président de la chambre à laquelle l'affaire est distribuée ;

– *(Abrogé par Décr. n° 2017-891 du 6 mai 2017, art. 37-1°, à compter du 1er sept. 2017)* « *selon le cas* », le conseiller de la mise en état jusqu'à la clôture de l'instruction *(Abrogé par Décr. n° 2017-891 du 6 mai 2017, art. 37-1°, à compter du 1er sept. 2017)* « *ou le magistrat chargé d'instruire l'affaire jusqu'à l'audience prévue pour les débats* » ;

– la formation de jugement.

A moins que les parties aient été convoquées ou citées à comparaître à une audience, ils peuvent statuer sans débat. Ils statuent, le cas échéant, sur les demandes fondées sur l'article 700.

Saisis dans un délai de quinze jours suivant leur décision, ils rapportent, en cas d'erreur, l'irrecevabilité, sans débat. Le délai de recours contre la décision d'irrecevabilité court à compter de la notification de la décision qui refuse de la rapporter.

La décision d'irrecevabilité prononcée par *(Décr. n° 2017-891 du 6 mai 2017, art. 37-2°-a, en vigueur le 1er sept. 2017)* « le président de la chambre ou le magistrat désigné par le premier président ou » le conseiller de la mise en état *(Abrogé par Décr. n° 2017-891 du 6 mai 2017, art. 37-2°-b, à compter du 1er sept. 2017)* « *ou le magistrat chargé d'instruire l'affaire* » peut être déférée à la cour dans les conditions respectivement prévues par les *[l']* articles *[article]* 916 *(Abrogé par Décr. n° 2017-891 du 6 mai 2017, art. 37-2°-b, à compter du 1er sept. 2017)* « *et 945* ».

Lorsqu'elle émane du premier président *(Abrogé par Décr. n° 2017-891 du 6 mai 2017, art. 37-3°, à compter du 1er sept. 2017)* « *ou du président de la chambre* », la décision peut faire l'objet du recours ouvert contre les décisions de la juridiction.

Irrecevabilité du pourvoi. En cas d'irrecevabilité de l'appel prononcée en application de l'art. 963 C. pr. civ., la décision peut être rapportée par le juge dans les conditions prévues par l'art. 964 du même code, de sorte qu'un recours ne peut être exercé sans que la demande de rapport ait été préalablement formée. • Civ. 1re, 28 sept. 2017, n° 16-18.166 P : *D. actu. 20 oct. 2017, obs. Kebir ; AJ fam. 2017. 591, obs. Casey ; Procédures 2017, n° 300, obs. Croze.*

Art. 964-1 Par exception à l'article 963, en matière gracieuse, l'appelant justifie de l'acquittement du droit sur demande du greffe de la cour d'appel.

CHAPITRE II MESURES D'ADMINISTRATION JUDICIAIRE

DALLOZ ACTION *Droit et pratique de la procédure civile 2022/2023,* nos 544.271, par PELLERIN.

DALLOZ RÉFÉRENCE *Droit et pratique de l'appel 2018/2019,* nos 32.00 s., par D'AMBRA.

Art. 964-2 *(Décr. n° 2012-1451 du 24 déc. 2012, art. 5)* La cour d'appel qui infirme une ordonnance de référé ayant refusé une mesure d'instruction peut confier le contrôle de la mesure d'instruction qu'elle ordonne au juge chargé de contrôler les mesures d'instruction de la juridiction dont émane l'ordonnance.

BIBL. ▸ RUELLAN et MARIE, *Experts oct. 2013, p. 12.*

Art. 965 Le premier président peut déléguer à un ou plusieurs magistrats de la cour tout ou partie des fonctions qui lui sont attribuées par les sous-titres Ier et II.

Les présidents de chambre peuvent de même déléguer aux magistrats de leur chambre tout ou partie des fonctions qui leur sont attribuées par le sous-titre Ier.

CHAPITRE III LE GREFFE *(Décr. n° 2004-836 du 20 août 2004, art. 52-I, en vigueur le 1er janv. 2005).*

L'art. 52-I du Décr. n° 2004-836 du 20 août 2004 est applicable aux procédures en cours (Décr. préc., art. 59).

Art. 966 La remise au *(Décr. n° 2004-836 du 20 août 2004, art. 52-I, en vigueur le 1er janv. 2005)* « greffe » de la copie d'un acte de procédure ou d'une pièce est constatée par la mention de la date de remise et le visa du *(Décr. n° 1982-716 du 10 août 1982, art. 1er)* « greffier » sur la copie, ainsi que sur l'original qui est immédiatement restitué.

L'art. 52-I du Décr. nº 2004-836 du 20 août 2004 est applicable aux procédures en cours (Décr. préc., art. 59).

Art. 967 La copie de la déclaration, de la requête ou de la requête conjointe est, dès sa remise au *(Décr. nº 2004-836 du 20 août 2004, art. 52-I, en vigueur le 1er janv. 2005)* **« greffe », présentée par le** *(Décr. nº 1982-716 du 10 août 1982, art. 1er)* **« greffier » au premier président en vue des formalités de fixation et de distribution.**

La décision du premier président fait l'objet d'une simple mention en marge de la copie.

L'art. 52-I du Décr. nº 2004-836 du 20 août 2004 est applicable aux procédures en cours (Décr. préc., art. 59).

Art. 968 Au dossier de la cour est joint celui de la juridiction de première instance que le *(Décr. nº 1982-716 du 10 août 1982, art. 1er)* **« greffier » demande dès que la cour est saisie.**

1. Invocation de la violation de l'art. 968 par les parties (non). Les parties ne peuvent se prévaloir de la violation des dispositions de l'art. 968, selon lequel le dossier de la juridiction de première instance doit être joint à celui de la cour d'appel. • Com. 5 oct. 1993, nº 91-17.444 P.

2. Dossier de première instance dans le débat (oui). L'assignation introductive d'instance étant un acte de la procédure versé au dossier de première instance qui est joint à celui de la cour, en application des art. 727 et 968, c'est sans violer le principe de la contradiction que la cour d'appel, se fondant sur cet acte qui était dans le débat et dont l'appelant n'avait pas demandé la communication, a écarté l'exception de nullité. • Civ. 1re, 4 déc. 2014, nº 13-22.568 P : *D. 2014. Actu. 2531 ; ibid. 2015. Pan. 294, obs. Fricero ; ibid. Chron. C. cass. 520, obs. Vasseur, de Leiris et Adida-Canac ; JCP 2015. 424, obs. Amrani-Mekki ; Gaz. Pal. 10 mars 2015, p. 22, note Bléry.*

Art. 969 Lorsque la procédure est à jour fixe, les dispositions de l'article *(Décr. nº 2019-1333 du 11 déc. 2019, art. 29-9º, en vigueur le 1er janv. 2020)* **« 772 » sont observées.**

L'art. 29 du Décr. nº 2019-1333 du 11 déc. 2019 est applicable aux instances en cours au 1er janv. 2020 (Décr. préc., art. 55-I).

Art. 970 Le *(Décr. nº 1982-716 du 10 août 1982, art. 1er)* **« greffier » avise immédiatement les** *(Décr. nº 2012-634 du 3 mai 2012, art. 19-1º-a)* **« avocats » dont la constitution lui est connue du numéro d'inscription au répertoire général, des jour et heure fixés par le premier président pour l'appel de l'affaire et de la chambre à laquelle celle-ci est distribuée.**

Cet avis est donné aux *(Décr. nº 2012-634 du 3 mai 2012, art. 19-1º-a)* **« avocats » dont la constitution n'est pas encore connue, dès la remise au** *(Décr. nº 2004-836 du 20 août 2004, art. 52-I, en vigueur le 1er janv. 2005)* **« greffe » de l'acte de constitution.**

L'art. 52-I du Décr. nº 2004-836 du 20 août 2004 est applicable aux procédures en cours (Décr. préc., art. 59).

Art. 971 Les *(Abrogé par Décr. nº 2012-634 du 3 mai 2012, art. 21-1º-d) « avoués et les »* **avocats de chacune des parties sont convoqués ou avisés des charges qui leur incombent, par le président ou par le conseiller de la mise en état selon le mode d'instruction de l'affaire ; ils sont convoqués ou avisés verbalement, avec émargement et mention au dossier.**

En cas d'absence, ils le sont par simple bulletin daté et signé par le *(Décr. nº 1982-716 du 10 août 1982, art. 1er)* **« greffier » et remis ou déposé par celui-ci au lieu où sont effectuées, au siège de la cour, les notifications entre** *(Décr. nº 2012-634 du 3 mai 2012, art. 19-1º-a)* **« avocats ».**

Les injonctions doivent toujours donner lieu à la délivrance d'un bulletin.

Art. 972 Si l'affaire est renvoyée devant une juridiction de première instance ou si elle doit reprendre son cours devant une telle juridiction, le dossier est transmis sans délai par le *(Décr. nº 1982-716 du 10 août 1982, art. 1er)* **« greffier » de la cour au** *(Décr. nº 2017-892 du 6 mai 2017, art. 68-I-3º)* **« greffier » de cette juridiction.**

Si la décision n'est l'objet d'aucun recours, le dossier de la juridiction ayant statué en premier ressort est renvoyé au *(Décr. nº 2017-892 du 6 mai 2017, art. 68-I-3º)* **« greffier » de cette juridiction.**

Dans tous les cas, il est joint une copie de la décision de la cour.

CHAPITRE IV **LE MINISTÈRE PUBLIC**

(Décr. nº 2018-1219 du 24 déc. 2018, art. 7)

Art. 972-1 **Lorsque la voie de l'appel est ouverte au ministère public, la faculté de former un appel principal appartient au procureur de la République et au procureur général.**

Les actes de la procédure devant la cour d'appel destinés au ministère public sont notifiés au procureur général près la cour d'appel devant laquelle l'appel est formé.

Les dispositions de l'art. 7 du Décr. nº 2018-1219 du 24 déc. 2018 s'appliquent aux appels formés à compter du 1er janv. 2019 (Décr. préc., art. 11-II).

TITRE SEPTIÈME **DISPOSITIONS PARTICULIÈRES À LA COUR DE CASSATION**

(Décr. nº 79-941 du 7 nov. 1979, art. 3, en vigueur le 1er janv. 1980)

RÉP. PR. CIV. vº *Pourvoi en cassation*, par J. et L. BORÉ.

DALLOZ ACTION *Droit et pratique de la procédure civile 2022/2023*, nºs 553.11 s. ; *La cassation en matière civile 2015/2016.*

Sur l'application de la procédure devant la Cour de cassation des dispositions relatives à la communication par voie électronique, V. art. 748-1 s. et Arr. du 17 juin 2008 (JO 26 juin).

BIBL. ▶ BOCCON-GIBOD, *D. 2014. 1107* (ce qui pourrait changer à la Cour de cassation). – Collectif, Le rôle normatif de la Cour de cassation, *Doc. fr. 2019, p. 15*. – DEUMIER, *D. 2015. 1720* (accès à la Cour de cassation et traitement des questions préjudicielles). – DREYER, *Gaz. Pal. 12-13 juin 2015, p. 6* (le filtrage des pourvois ou la tentation pour la Cour de de cassation d'agir en cour suprême). – GRIDEL, *Gaz. Pal. 8-9 avr. 2009, p. 2, et 10-11 avr., p. 2* (théorie, pratique et activité usuelle d'un conseiller au civil) ; *JCP 2019. 214* (le rôle normatif de la Cour de cassation – A propos du rapport annuel 2018). – PUIGELIER, Quarantième anniversaire du Code de procédure civile (1975-2015), *Hors-collection, Panthéon-Assas Paris II 2016, p. 487* (cassation et intelligence).

▶ **Projet de réforme :** BÉNABENT, *D. 2018. 731* (« Sire, pourvoi ? »). – BORÉ, *Gaz. Pal. 15 mai 2018, p. 87* (questions sur le projet de filtrage des pourvois). – Collectif, *JCP 2016, suppl. nº 1-2* (regards universitaires sur la réforme de la Cour de cassation). – DEUMIER, *D. 2017. 1783* (de la motivation enrichie : bilan et perspectives). – Dossier, *Rev. dr. Assas 2018. 44* (regard sur la réforme de la Cour de cassation). – DOUCHY-OUDOT, Quarantième anniversaire du Code de procédure civile (1975-2015), *Hors-collection, Panthéon-Assas Paris II 2016, p. 215* (la réforme annoncée de la Cour de cassation). – DUCOMBIER, *D. 2017. 1778* (contrôle de conventionalité et Cour de cassation : de la méthode avant toute chose). – FERRAND, *D. 2017. 1770* (des circuits différenciés au filtrage des pourvois). – HAFTEL, *Gaz. Pal. 15 mai 2018, p. 92* (pour la Cour de cassation, contre la réforme du « filtrage des pourvois »). – HAFTEL et L. MAYER, *D. 2018. 1653* (pour un accès démocratique à la Cour de cassation). – LE BARS, *Gaz. Pal. 10 avr. 2018, p. 12* (menaces sur la cassation à la française : des propositions de réforme consternantes). – MOLFESSIS, *Gaz. Pal. 15 mai 2018, p. 90* (filtrage des pourvois : ne pas renoncer à réformer). – PIREYRE, *Gaz. Pal. 15 mai 2018, p. 83* (libre propos sur le projet de dispositif de filtrage des pourvois en cassation). – THÉRON, *JCP 2017. 666* (sublimer l'essence de la Cour de cassation ? – A propos du rapport de la commission de réflexion sur la réforme de la Cour de cassation). – URVOAS, *D. 2018. 1087* (l'*aggiornamento* nécessaire de la Cour de cassation).

Art. 973 **Les parties sont tenues, sauf disposition contraire, de constituer un avocat au Conseil d'État et à la Cour de cassation.**

Cette constitution emporte élection de domicile.

BIBL. ▶ CANIVET, *LPA 28 nov. 2002, p. 15* (l'accès au juge de cassation et le principe d'égalité). – Rapport de la Cour de cassation 2003, *p. 45* (égalité d'accès à la Cour de cassation).

1. Légitimité. Matière commerciale. La spécificité de la procédure devant la Cour de cassation, en matière commerciale, justifie de réserver aux seuls avocats spécialisés le droit de postuler, conclure et débattre devant la Cour. • Com. 4 juin 2002 : *Gaz. Pal. 12-14 janv. 2003, p. 37, obs. Perdriau.*

***2. Conv. EDH.* Compatibilité.** La règle selon laquelle les parties sont tenues, devant la Cour de Cassation, sauf dispositions contraires, de constituer avocat au Conseil d'État et à la Cour de Cassation, ne porte en rien atteinte aux droits définis par la Conv. EDH. • Civ. 2e, 26 nov. 1990, nº 09-12.812 P • CEDH 8 févr. 2000, *Voisine c/*

France, n° 27-362/95 : *D. 2000. 651, note Thierry* • 26 juill. 2002, *Meftah c/ France : D. 2003. 593, obs. Fricero* – V. aussi : • Civ. 1re, 10 mai 2000 : *préc. note 2* • Soc. 7 juin 2001 : *Gaz. Pal. 9-10 oct. 2002, p. 46, obs. Perdriau*.

3. Caractère obligatoire. Sur le principe du caractère obligatoire de la représentation et sur la nécessité d'une disposition spéciale pour la dispense du ministère d'un avocat aux Conseils, V. : • Civ. 1re, 21 avr. 1982 : *Bull. civ. I, n° 140* • 17 janv. 1984 : *Bull. civ. I, n° 19* • 17 janv. 1984 : *Bull. civ., n° 20* • 24 janv. 1984 : *D. 1984. IR 239, obs. Julien ; Gaz. Pal. 1984. 1. Pan. 197, obs. Guinchard* (honoraires d'expertise) • 19 déc. 1984 : *Bull. civ. I, n° 342* • Civ. 2e, 3 mai 1985 : *Bull. civ. II, n° 88 ; D. 1985. IR 468, obs. Julien* (saisie-arrêt des traitements et salaires) • Civ. 1re, 25 mai 1987 : *Bull. civ. I, n° 162* (nationalité) • Civ. 2e, 4 nov. 1988 : *Bull. civ. II, n° 204* (récusation de magistrat) • 25 janv. 1989 : *Bull. civ. II, n° 19 ; D. 1989. Somm. 179, obs. Julien* (opposition à injonction de payer) • 20 mars 1991, n° 89-21.263 P (rétention d'un étranger) • Soc. 7 mai 1991, n° 88-10.556 P (litige entre un salarié et une caisse de congés payés) • Civ. 1re, 21 janv. 1992, n° 89-21.709 P (demandes de sortie d'un établissement psychiatrique) • Civ. 2e, 9 déc. 1999, n° 98-16.542 P (diffamation et injures) • Civ. 1re, 10 mai 2000, n° 99-15.696 P : *D. 2000. 649, note Fricero* (contestation d'honoraires) • Soc. 17 févr. 1999 : *Gaz. Pal. 1999. 2. Somm. 687, obs. Perdriau* (jugement sur opposition à injonction de payer) • Civ. 1re, 24 févr. 2004, n° 01-16.457 P : *D. 2004. Somm. 1203, obs. Julien ; RTD civ. 2004. 351, obs. Perrot* (matière disciplinaire) • Civ. 1re, 30 oct. 2013 : *Dalloz jurisprudence*.

4. Défaut de constitution. Conséquences. V. note 4 ss. art. 975.

5. Droits de la défense. Désignation d'office. Si l'exercice effectif des droits de la défense exige que soit assuré l'accès de chacun, avec l'assistance d'un défenseur, au juge chargé de statuer sur sa prétention et, partant, oblige le président de l'ordre à procéder à la désignation d'office d'un avocat au Conseil d'État et à la Cour de cassation pour assister un justiciable dans une procédure avec représentation obligatoire devant la Cour de cassation, ce justiciable est, hors le cas où il remplit les conditions d'octroi de l'aide juridictionnelle totale, sans droit à revendiquer l'assistance gratuite de l'avocat aux Conseils désigné d'office. • Civ. 1re, 16 mai 2012 : *D. 2012. Actu. 1411*.

CHAPITRE PREMIER LA PROCÉDURE AVEC REPRÉSENTATION OBLIGATOIRE

DALLOZ ACTION *La cassation en matière civile 2015/2016*, par J. et L. Boré, n° 92.01 s.

Art. 974 **Le pourvoi en cassation est formé par déclaration au** *(Décr. n° 2004-836 du 20 août 2004, art. 52-I, en vigueur le 1er janv. 2005)* **« greffe » de la Cour de cassation.**

L'art. 52-I du Décr. n° 2004-836 du 20 août 2004 est applicable aux procédures en cours (Décr. préc., art. 59).

1. Le pourvoi formé au secrétariat-greffe de la cour d'appel ou de la juridiction qui a rendu la décision attaquée est irrecevable. • Civ. 1re, 11 juill. 1978 : *JCP 1978. IV. 292* • 6 janv. 1981 : *Bull. civ. I, n° 3* • Civ. 2e, 7 nov. 1984 : *Bull. civ. II, n° 162* • Civ. 1re, 2 déc. 1992, n° 90-18.231 P • 15 déc. 1993, n° 91-20.800 P (pourvoi du ministère public) • 2 févr. 1999, n° 97-11.576 P : *D. 1999. Somm. 214, obs. Julien (idem)*.

2. Le pourvoi formé par l'envoi d'une lettre *adressée au greffe* est irrecevable. • Civ. 1re, 29 mars 1960 : *Bull. civ. I, n° 184* • 25 mai 1987 : *Bull. civ. I, n° 162* • Civ. 2e, 25 janv. 1989 : *Bull. civ. II, n° 19 ; D. 1989. Somm. 179, obs. Julien.* ♦ ... Même s'agissant d'une lettre recommandée. • Soc. 21 oct. 1993, n° 91-13.833 P • Civ. 2e, 21 juin 1995, n° 93-18.443 P : *D. 1995. IR 201* • 28 juin 1995, n° 94-15.333 P : *D. 1995. IR 209*. ♦ ... De même que celui formé par télégramme adressé au premier président de la Cour de cassation. • Civ. 2e, 17 avr. 1969 : *Bull. civ. II, n° 97*.

3. Lorsque le pourvoi est formé au moyen d'une déclaration notifiée par voie postale, la date de la notification est, à l'égard de celui qui y procède, celle de l'expédition de la lettre. La déclaration du pourvoi ayant été expédiée par voie postale le dernier jour du délai, le pourvoi est recevable. • Civ. 3e, 11 févr. 1998 : *Gaz. Pal. 1998. 2. Pan. 196*.

Art. 975 *(Décr. n° 2014-1338 du 6 nov. 2014, art. 14)* **La déclaration de pourvoi contient, à peine de nullité :**

1° Pour les demandeurs personnes physiques : l'indication des nom, prénoms et domicile ;

Pour les demandeurs personnes morales : l'indication de leurs forme, dénomination et siège social et, s'agissant des autorités administratives ou judiciaires, l'indication de leur dénomination et du lieu où elles sont établies ;

2° Pour les défendeurs personnes physiques : l'indication des nom, prénoms et domicile ;

Pour les défendeurs personnes morales : l'indication de leurs forme, dénomination et siège social et, s'agissant des autorités administratives ou judiciaires, l'indication de leur dénomination et du lieu où elles sont établies ;

3° La constitution de l'avocat au Conseil d'État et à la Cour de cassation du demandeur ;

4° L'indication de la décision attaquée.

La déclaration précise, le cas échéant, les chefs de la décision auxquels le pourvoi est limité.

Elle est signée par l'avocat au Conseil d'État et à la Cour de cassation.

V. Circ. du 12 nov. 2014, ss. art. 380.

BIBL. ▸ X. VUITTON, *Procédures 2008. Focus 21.*

▸ **Décr. du 6 nov. 2014 :** BARADUC et BORÉ, *JCP 2014. 1242* (simplification de la procédure devant la Cour de cassation).

1. Est recevable le pourvoi, en dépit d'une erreur dans la désignation des parties, du moment que résulte clairement des actes de procédure l'identité des parties concernées. • Civ. 1re, 21 janv. 1981 : *Bull. civ. I, n° 24* • 11 juill. 2006, n° 05-10.945 P.

2. La recevabilité du pourvoi ne peut être contestée au prétendu motif que le demandeur en cassation n'était pas domicilié au lieu où il avait déclaré l'être dans sa déclaration de pourvoi, car la constitution d'un avocat aux Conseils emporte élection de domicile. • Civ. 1re, 17 mai 1982 : *Bull. civ. I, n° 182.*

3. L'erreur ou l'omission de la date de la décision attaquée n'entraîne pas l'irrecevabilité du pourvoi. • Soc. 21 oct. 1948 : *Bull. civ. III, n° 881.* ♦ ... Encore faut-il que la déclaration de pourvoi permette de savoir quelle est la décision attaquée. • Com. 21 nov. 1989 : *Bull. civ. IV, n° 291.*

4. Le défaut de constitution et de signature d'un avocat aux Conseils entraîne l'irrecevabilité du pourvoi. • Civ. 2e, 25 juin 1965 : *Bull. civ. II, n° 576* • 5 mars 1969 : *Bull. civ. II, n° 65.* ♦ La déclaration de pourvoi est recevable et régulière dès lors qu'elle est revêtue de la signature d'un avocat au Conseil d'État et à la Cour de cassation. • Soc. 14 oct. 1998, n° 95-41.763 P. ♦ Dès lors que les indications erronées figurant dans la notification de l'arrêt d'appel, par le greffier de la cour d'appel (mention des dispositions des art. 984, 985 et 989, relatives à la procédure sans représentation obligatoire), ont conduit le demandeur à utiliser une procédure inadéquate pour former son recours, la déclaration qu'il a adressée au greffe n'a pu valablement saisir la Cour de cassation. • Civ. 1re, 24 févr. 2004 : *D. 2004. Somm. 1203, obs. Julien.*

5. Est irrecevable le pourvoi ne comportant aucune indication de défendeur et signifié seulement au procureur général qui n'était pas partie à l'instance. • Civ. 2e, 13 mai 1985 : *Bull. civ. II, n° 97 ; D. 1985. IR 468, obs. Julien ; Gaz. Pal. 1985. 2. Pan. 265, obs. Guinchard et Moussa.*

6. Le pourvoi doit être déclaré irrecevable à l'égard d'un syndicat de copropriétaires, dès lors que la déclaration déposée au greffe de la Cour de cassation mentionne comme défendeurs le nom d'une société « et, en tant que de besoin, toutes autres personnes désignées par la décision attaquée » : le syndicat n'était pas visé dans la déclaration de pourvoi, et cette expression générique ne satisfait pas aux exigences de l'art. 975. • Civ. 3e, 15 mai 2002, n° 00-21.621 P : *D. 2002. IR 2233.* ♦ V. déjà en ce sens, • Civ. 2e, 8 juin 1995, n° 92-21.892 P • Civ. 1re, 13 juin 1999, n° 96-20.982 P. – V. aussi Perdriau, *Gaz. Pal. 1996. 2. Doctr. 202.*

7. Le pourvoi formé contre une personne décédée, du moment qu'il n'est pas établi que le demandeur avait connaissance du décès, doit être réputé dirigé contre sa succession. • Civ. 1re, 16 oct. 1990, n° 89-12.917 P. ♦ Le recours en cassation constitue une instance nouvelle qui ne peut être introduite contre une personne n'existant plus. Par suite, doit être déclaré irrecevable le pourvoi formé contre un arrêt rendu au profit d'une personne déjà décédée. • Civ. 2e, 22 oct. 1997, n° 96-12.341 P • Civ. 1re, 29 nov. 2017, n° 17-10.191 P : *Procédures 2018, n° 36, note 36, note Strickler.* ♦ ... Le demandeur ayant connaissance du décès d'une partie doit diriger son pourvoi contre ses ayants droit. • Soc. 23 sept. 2020, n° 18-20.869 P : *cité note 3 ss. art. 675* (recevabilité du pourvoi en raison du défaut de signification de l'arrêt).

8. Sur la recevabilité du pourvoi lorsque la déclaration de pourvoi, dirigée contre une personne placée sous tutelle, ne l'est pas contre le tuteur, V. • Civ. 3e, 4 mars 1998, n° 95-18.503 P.

9. Pour l'indication de l'organe représentant la personne morale, V. note 17 ss. art. 114.

10. Est irrecevable le pourvoi en cassation dirigé contre le préfet qui a transmis le dossier au juge de l'expropriation et non contre la commune expropriante bénéficiaire de l'ordonnance. • Civ. 2e, 19 nov. 2008, n° 07-17.694 P.

11. L'absence ou l'inexactitude de la mention relative au domicile du demandeur en cassation exigée par l'art. 975 C. pr. civ. constitue une irrégularité de forme susceptible d'entraîner la nullité de la déclaration de pourvoi s'il est justifié que cette irrégularité cause un grief au défendeur. En matière d'enlèvement international d'enfants, ce grief est caractérisé lorsque l'inexactitude de la mention relative au domicile de l'un des parents nuit à l'exécution de la décision de retour. • Civ. 1re, 20 sept. 2020, no 18-20.222 P : *D. actu. 11 oct. 2019, obs. Kebir ; JCP 2019. 970, note Cholet ; ibid. 1099, no 21, obs. Farge Procédures 2019, no 293, note Douchy-Oudot.*

12. En application de l'art. 975, l'indication, dans la déclaration de pourvoi, d'une adresse de domicile inexacte, constitue une irrégularité de forme qui nuit à l'exécution des condamnations prononcées au profit du défendeur à la cassation et lui fait grief, de sorte que la déclaration de pourvoi est nulle et, le litige étant indivisible, le pourvoi est irrecevable à l'égard de l'ensemble des défendeurs. • Civ. 2e, 13 janv. 2022, no 20-18.635 P : *D. actu. 2 févr. 2022, note Hoffschir.*

Art. 976 **La déclaration est remise au** *(Décr. no 2004-836 du 20 août 2004, art. 52-I, en vigueur le 1er janv. 2005)* **« greffe » en autant d'exemplaires qu'il y a de défendeurs, plus deux.**

La remise est constatée par la mention de sa date et le visa du *(Décr. no 1982-716 du 10 août 1982, art. 1er)* **« greffier » sur chaque exemplaire, dont l'un est immédiatement restitué.**

L'art. 52-I du Décr. no 2004-836 du 20 août 2004 est applicable aux procédures en cours (Décr. préc., art. 59).

En l'état d'une déclaration de pourvoi énonçant que le pourvoi a été déclaré devant le greffier en chef du TGI, le signataire de cette déclaration est réputé être la personne qui l'a reçue. • Com. 6 oct. 1998, no 96-30.136 P.

Art. 977 **Le greffier adresse aussitôt au défendeur par lettre simple un exemplaire de la déclaration avec l'indication qu'il doit, s'il entend défendre au pourvoi, constituer un avocat au Conseil d'État et à la Cour de cassation.**

(Décr. no 2008-484 du 22 mai 2008, art. 4) **« En cas de retour au greffe de la lettre de notification, le greffier de la Cour de cassation en avise aussitôt l'avocat du demandeur en cassation afin que celui-ci procède par voie de signification. L'acte de signification indique au défendeur qu'il doit, s'il entend défendre au pourvoi, constituer un avocat au Conseil d'État et à la Cour de cassation. »**

BIBL. ▶ X. Vuitton, *Procédures 2008. Focus. 21.*

Art. 978 *(Décr. no 2008-484 du 22 mai 2008, art. 5 ; Décr. no 2010-1647 du 28 déc. 2010, art. 15-2o)* **« A peine de déchéance constatée par ordonnance du premier président ou de son délégué, le demandeur en cassation doit, au plus tard dans le délai de quatre mois à compter du pourvoi, remettre au greffe de la Cour de cassation un mémoire contenant les moyens de droit invoqués contre la décision attaquée. Le mémoire doit, sous la même sanction, être notifié dans le même délai aux avocats des autres parties** *(Décr. no 2014-1338 du 6 nov. 2014, art. 15-12o)* **« ou à la partie qui n'est pas tenue de constituer un avocat au Conseil d'État et à la Cour de cassation ». Si le défendeur n'a pas constitué avocat, le mémoire doit** *(Décr. no 2014-1338 du 6 nov. 2014, art. 15-2o)* **« , sous la même sanction, » lui être signifié au plus tard dans le mois suivant l'expiration de ce délai ; cependant, si, entre-temps, le défendeur constitue avocat avant la signification du mémoire, il est procédé par voie de notification à son avocat. »**

(Décr. no 2014-1338 du 6 nov. 2014, art. 15-3o) **« A peine d'irrecevabilité, le pourvoi additionnel formé en application de l'article 608 doit être fait par la mention "pourvoi additionnel" apposée sur le mémoire ampliatif ou par un mémoire distinct comportant cette mention, remis et notifié aux autres parties dans les formes et délais de cet article***[.]* **»**

A peine d'être déclaré d'office irrecevable un moyen ou un élément de moyen ne doit mettre en œuvre qu'un seul cas d'ouverture. Chaque moyen ou chaque élément de moyen doit préciser, sous la même sanction :

– le cas d'ouverture invoqué ;

– la partie critiquée de la décision ;

– ce en quoi celle-ci encourt le reproche allégué. – *V. art. 1023.*

V. Circ. du 12 nov. 2014, ss. art. 380.

BIBL. ▶ Perdriau, *Gaz. Pal. 1996. 1. Doctr. 672 et 678.*

▸ **Décr. du 22 mai 2008 :** Putman et Salati, *Dr. et pr. 2008. 184.* – X. Vuitton, *Procédures 2008. Focus. 21.*

▸ **Décr. du 28 déc. 2010 :** *R. 2009, p. 14* (origine de la réforme) ; *ibid. 2010, p. 11* (réforme).

▸ **Décr. du 6 nov. 2014 :** Baraduc et Boré, *JCP 2014. 1242* (simplification de la procédure devant la Cour de cassation).

Plan des annotations

JURISPRUDENCE ANTÉRIEURE AU DÉCRET DU 22 MAI 2008

A. MÉMOIRE

1. La déchéance du pourvoi est encourue en matière d'élection du bâtonnier et des membres du conseil de l'ordre, lorsqu'il n'a pas été déposé de mémoire contenant des moyens de cassation dans le délai prévu à l'art. 978. • Civ. 1re, 22 nov. 2007, n° 06-60.130 P.

2. Le mémoire ampliatif doit, à peine d'irrecevabilité, être signé par l'avocat constitué. • Civ. 2e, 11 juill. 1988 : *Bull. civ. II, n° 166.*

3. Est irrecevable le grief présenté dans un mémoire additionnel déposé plus de cinq mois après la déclaration de pourvoi. • Civ. 3e, 20 mai 1985 : *Bull. civ. III, n° 82* • Civ. 1re, 1er oct. 1985 : *Bull. civ. I, n° 242.*

4. Dès lors que le procureur général, demandeur au pourvoi, n'a pas signifié à la partie défenderesse, dans le délai légalement imparti, à peine de déchéance, son mémoire contenant les moyens de droit invoqués contre la décision attaquée, cette déchéance est encourue. • Civ. 1re 9 juill. 2002, n° 01-13.336 P. ♦ V. aussi, pour un autre exemple de déchéance de pourvoi formé par un procureur général, • Com. 19 févr. 2002 : *Gaz. Pal. 12-14 janv. 2003, p. 34, obs. Perdriau.*

5. Est irrecevable le pourvoi formé par un débiteur en règlement judiciaire du moment que le syndic ne s'y est joint qu'après expiration du délai. • Com. 2 oct. 1985 : *Bull. civ. IV, n° 225.*

6. Conformément à l'art. 978, la déchéance du pourvoi est encourue lorsque le demandeur a, dans le délai imparti, notifié par lettre recommandée son mémoire contenant les moyens de droit invoqués contre la décision attaquée, mais ne l'a pas signifié par huissier de justice. • Civ. 1re, 16 avr. 2008, n° 07-11.828 P.

7. La déchéance du pourvoi encourue à l'égard d'une partie doit être étendue au pourvoi formé contre d'autres parties, du moment que l'objet de la décision attaquée est indivisible ; ainsi en est-il de la déchéance du pourvoi formé contre une société à laquelle le mémoire ampliatif n'avait pas été signifié, déchéance qui s'étend au pourvoi formé contre le représentant des créanciers et contre l'administrateur, la décision attaquée ayant été rendue en matière de redressement judiciaire. • Com. 27 juin 1989 : *Bull. civ. IV, n° 200.* * V. aussi en matière de surendettement des particuliers • Civ. 2e, 2 déc. 2010 : *Procédures 2011, n° 48, note Perrot.* ♦ V. encore • Civ. 1re, 1er oct. 2014 : *JCP 2014. 1102, obs. Gautier, Meilhac et Létienne.* ♦ En revanche, en cas de divisibilité de l'objet, le pourvoi demeure valable à l'égard des parties qui n'ont pas soulevé la déchéance. • Com. 27 juin 1984 : *Bull. civ. IV, n° 208* (paiement de sommes d'argent). ♦ L'objet du pourvoi est indivisible, dès lors que la recevabilité de l'action en reconnaissance d'une servitude de passage est subordonnée à la mise en cause des propriétaires de tous les fonds concernés. Dès lors que le mémoire ampliatif n'a pas été signifié à tous les défendeurs dans le délais requis, il y a lieu de constater la déchéance du pourvoi. • Civ. 3e, 6 févr. 2020, n° 18-23.384 P : *D. 2020. 340*.

8. La déchéance du pourvoi est constatée dès lors que le mémoire contenant les moyens de droit invoqués contre la décision attaquée a été remis au greffe de la Cour de cassation mais n'a pas été signifié au défendeur, alors que le procureur général ne pouvait prétendre à aucune prorogation du délai de cinq mois dont il disposait à cet effet. • Com. 19 févr. 2002 : *JCP 2002. II. 10081, note Perdriau.*

9. Est irrecevable le moyen supplémentaire constitué d'un mémoire dit « récapitulatif et rectificatif » contenant, en réalité, un moyen additionnel, présenté après l'expiration du délai imparti par l'art. 978. • Civ. 1re, 21 oct. 2003 : *D. 2004. IR 918* • 12 juill. 2006 : *JCP 2006. IV. 2785.*

10. La déchéance constatée produit immédiatement son effet extinctif à la date d'expiration du délai de signification du mémoire ampliatif. • Civ. 1re, 16 janv. 2007, n° 06-10.120 P.

11. Les décisions relatives aux contrats de droit

privé de la commande publique visées à l'art. 1441-1 doivent être notifiées par voie de signification, ce texte ne prévoyant pas que la notification de ces décisions incombe au greffe de la juridiction qui les a rendues, et l'acte de signification doit être produit avant l'expiration du délai prévu à l'art. 978, à peine d'irrecevabilité du pourvoi conformément aux art. 611-1 et 979. • Com. 10 déc. 2013 : *cité note 2 ss. art. 1441-1* • 10 déc. 2013 : *cité note 2 ss. art. 1441-1.*

12. L'adresse indiquée dans les dernières conclusions d'appel à peine d'irrecevabilité, conformément aux art. 960 et 961, prime sur l'adresse mentionnée dans l'arrêt frappé de pourvoi. • Civ. 2e, 10 juill. 2014 : *Procédures 2014, n° 263, obs. Croze.* ♦ Lorsqu'elle a lieu par voie de procès-verbal de recherche infructueuse, la signification du mémoire ampliatif n'est pas régulière si elle est effectuée à l'adresse indiquée dans l'arrêt attaqué, alors qu'il apparaissait que le défendeur avait mentionné une autre adresse dans ses dernières conclusions conformément aux dispositions de l'art. 961. • Civ. 3e, 15 oct. 2014 : *D. actu. 29 oct. 2014, obs. Kebir.*

B. MOYEN

13. V. note 1 ss. art. 604. ♦ Doit être déclaré irrecevable le moyen unique du pourvoi en cassation comportant trois griefs de nature différente et qui ne précise pas quelle est la partie de la décision critiquée par chacun, ni en quoi cette partie encourt le grief allégué. • Civ. 1re, 19 mai 1981 : *Bull. civ. I, n° 166.* – V. aussi • Civ. 1re, 3 févr. 1993, n° 89-19.033 P.

14. L'art. 978 exige que le moyen invoqué indique, sans équivoque et avec une précision suffisante, quels sont les textes violés et en quoi ils ont été violés. • Civ. 3e, 14 juin 1984 : *Bull. civ. III, n° 119 ; Gaz. Pal. 1985. 1. Pan. 4, obs. Guinchard* • Civ. 1re, 24 mai 1989 : *Bull. civ. I, n° 211* • Com. 21 avr. 1992, n° 90-16.521 P.

15. L'art. 978 exige que les cas d'ouverture invoqués et les reproches allégués concordent avec le chef de l'arrêt attaqué. • Civ. 2e, 11 mars 1992, n° 90-21.068 P. ♦ Sur l'exigence d'un moyen, V. également : • Civ. 2e, 27 janv. 1993, n° 91-17.575 P.

C. FRAUDE

16. Est encourue la déchéance du pourvoi en cassation, dès lors qu'il est établi que la demande d'aide juridictionnelle que le demandeur n'a pas soutenue n'a été formée que dans le but d'éviter la déchéance du pourvoi, cette prolongation artificielle du délai de cinq mois du dépôt et du mémoire ampliatif constituant une fraude à la loi. • Civ. 1re, 17 nov. 1999, n° 97-18.108 P : *D. 1999. IR 275 ; JCP 1999. II. 10224, note Chartier.* – V. Perdriau, *Gaz. Pal. 23-25 juin 2002, p. 2.* ♦ V. également, jugeant qu'une demande d'aide juridictionnelle, présentée en vue de se pourvoir en cassation après le rejet d'une précédente demande, motivé par l'absence de moyen sérieux de cassation, n'interrompt pas le délai prévu, à peine de déchéance, par l'art. 978 C. pr. civ. pour le dépôt du mémoire en demande. • Civ. 2e, 10 juill. 2008, n° 05-17.067 P : *D. 2008. AJ 2153 .*

D. CONFORMITÉ AU DROIT À UN PROCÈS ÉQUITABLE

17. Les délais de procédure impartis par la loi à peine d'irrecevabilité, de forclusion, de déchéance ou de caducité sont nécessaires au bon déroulement de la procédure et contribuent au procès équitable, dès lors qu'ils assurent la sécurité juridique, le respect des droits de la défense et du principe de la contradiction et du délai raisonnable. • Civ. 2e, 12 juill. 2001, n° 00-17.239 P : *D. 2001. Somm. 2712, obs. Fricero ; Dr. et pr. 2002. 34, note Douchy ; Gaz. Pal. 9-10 oct. 2002, p. 36, obs. Perdriau.* ♦ Les défaillances des auxiliaires de justice chargés de délivrer les actes, si elles justifient des actions en responsabilité, ne peuvent atteindre l'efficacité des sanctions attachées à la méconnaissance de ces délais. • Même arrêt.

JURISPRUDENCE POSTÉRIEURE AU DÉCRET DU 22 MAI 2008

18. Le pourvoi est irrecevable si la copie de l'acte de signification de la décision attaquée n'est pas jointe au dépôt du mémoire ampliatif ou, à défaut, s'il n'a pas été déposé dans le délai prescrit. • Civ. 3e, 10 févr. 2009 : *Procédures 2009, n° 109, note Perrot.*

19. Moyen imprécis. S'agissant de la sanction d'un moyen qui ne précisait pas sur quelles pièces ou documents produits postérieurement à la clôture des débats, la cour d'appel s'était fondée pour statuer comme elle l'avait fait : • Civ. 2e, 30 avr. 2009 : *Procédures 2009, n° 222, note Perrot.*

20. Dépôt tardif du mémoire ampliatif. Dès lors que la créance faisant l'objet d'une condamnation en paiement a été, entre la date du pourvoi formé contre cette décision et celle du dépôt du mémoire ampliatif, cédée par un acte notifié au débiteur, ce dernier doit, à peine de déchéance de son pourvoi, diriger son mémoire ampliatif contre le cessionnaire de la créance. • Civ. 2e, 2 févr. 2012 : *BICC 15 mai 2012, n° 657 ; RDBF 2012, n° 68, note Bonneau ; Dr. et pr. 2012. 86.*

21. Signification au ministère public, partie principale et défendeur à l'instance en cassation. Délai. Prorogation (non). La disposition de l'art. 978, al. 1er, qui prévoit que le délai de signification de quatre mois du mémoire en demande est prolongé d'un mois si le défendeur n'a pas constitué avocat, n'est pas applicable à la signification du mémoire en demande au ministère public, partie principale et défendeur à l'instance en cassation, qui est dispensé de constituer avocat au Conseil d'État et à la Cour de cassation. • Civ. 1re, 5 juill. 2012 : *Bull. civ. n° 157.* ♦ Cependant, l'application immédiate d'une telle règle de procédure dans les instances introduites par un pourvoi dont le mémoire en demande aurait dû être signifié avant le 5 juill. 2012, date du présent arrêt, aboutirait à interdire aux demandeurs aux pourvois l'accès au juge, partant à les priver d'un procès équitable ; qu'il convient donc dans ces affaires de ne pas faire application de la déchéance encourue et d'examiner le pourvoi. • Même arrêt.

Art. 979 *(Décr. n° 99-131 du 26 févr. 1999, art. 5, en vigueur le 1er mars 1999)* **A peine d'irrecevabilité du pourvoi prononcée d'office, doivent être remises au greffe dans le délai de dépôt du mémoire :**

— une copie de la décision attaquée *(Abrogé par Décr. n° 2014-1338 du 6 nov. 2014, art. 16-1°)* **« *et de ses actes de signification* » ;**

— une copie de la décision confirmée ou infirmée par la décision attaquée.

(Décr. n° 2014-1338 du 6 nov. 2014, art. 16-2°) **« En cas de transmission incomplète ou entachée d'erreur matérielle de l'un de ces documents, un avis fixant un délai pour y remédier est adressé par** *(Décr. n° 2021-1341 du 13 oct. 2021, art. 1er-1°)* **« le ou les rapporteurs » à l'avocat du demandeur dans les conditions prévues à l'article 981. »**

V. Circ. du 12 nov. 2014, ss. art. 380.

BIBL. ▸ PERDRIAU, *JCP 1991. I. 3479* (écriture des procès civils...).

▸ **Décr. du 22 mai 2008 :** X. VUITTON, *Procédures 2008. Focus. 21.*

▸ **Décr. du 6 nov. 2014 :** BARADUC et BORÉ, *JCP 2014. 1242* (simplification de la procédure devant la Cour de cassation).

1. Copie de la décision attaquée. L'irrecevabilité est encourue en cas de défaut de production, soit d'une copie de la décision attaquée, soit d'une copie de la décision que celle-ci infirmait ou confirmait. • Civ. 2e, 12 mars 1980 : *Bull. civ. II, n° 52* • Civ. 3e, 26 juin 1984 : *Bull. civ. III, n° 124* • Civ. 2e, 6 avr. 1987 : *Bull. civ. II, n° 82* • Com. 8 févr. 1994, n° 91-19.341 P • Civ. 3e, 4 juin 2003, n° 02-10.873 P (irrecevabilité du pourvoi formé contre un arrêt rectifié par trois arrêts successifs sans que soient produits, dans le délai de dépôt du mémoire, ni la copie de l'arrêt portant mention des rectifications intervenues, ni les arrêts rectificatifs) • 12 mars 2008, n° 07-10.055 P (jugement confirmé par l'arrêt attaqué, le demandeur s'étant limité à produire un jugement avant-dire droit rendu antérieurement) • 12 mars 2008, n° 06-21.483 P (remise d'un jugement rendu dans une autre instance et non le jugement confirmé) • 12 mars 2008, n° 07-11.047 P (irrecevabilité du pourvoi formé contre un arrêt sans qu'ait été remise une décision rendue dans le même litige et à laquelle l'arrêt attaqué faisait référence pour l'exposé des faits, de la demande antérieure et des demandes des parties).

2. Le moyen d'irrecevabilité du pourvoi étant d'ordre public, l'irrecevabilité doit être relevée d'office, sans qu'il y ait lieu d'en aviser préalablement les parties. • Civ. 3e, 19 nov. 1986 : *Bull. civ. III, n° 162 ; D. 1987. Somm. 228, obs. Julien ; Gaz. Pal. 1987. 1. Somm. 276, obs. Croze et Morel* • Civ. 3e, 4 juin 2003 : *préc. note 2.*

3. L'irrecevabilité d'un pourvoi en cassation en matière civile prononcée d'office, au motif que l'arrêt de la cour d'appel attaqué renvoie à un arrêt précédent de la même juridiction qui n'a pas été produit, n'est pas une entrave au droit d'accès à un tribunal garanti par l'art. 6 Conv. EDH. • CEDH 23 oct. 1996 : *D. 1997. Somm. 209, obs. Fricero ; JCP 1997. I. 4000, n° 23, obs. Sudre ; Justices 1997, n° 5, p. 197, obs. Cohen-Jonathan et Flauss.*

4. Est irrecevable le pourvoi formé contre un arrêt, lequel se réfère à un arrêt avant-dire droit « pour un plus ample exposé des faits et de la procédure » dès lors que cette décision, qui fait partie intégrante de l'arrêt attaqué, n'a été reproduite par le demandeur que sous la forme d'une copie incomplète. • Com. 9 févr. 1993, n° 91-11.803 P : *D. 1993. Somm. 182, obs. Julien* . ♦ V. déjà • Com. 1er déc. 1992, n° 89-21.097 P.

5. Copie des actes de signification. Le pourvoi est irrecevable dès lors que, seul un acte, dans lequel l'huissier de justice requis pour signifier la décision se déclare territorialement incompétent pour délivrer l'acte, a été remis au greffe de la Cour de cassation dans le délai du dépôt de mémoire. • Civ. 3e, 24 nov. 2004, n° 03-16.120 P.

6. Autre décision rendue dans le même litige. Est irrecevable le pourvoi formé contre un arrêt, lequel fait référence à un arrêt avant-dire droit, dont il tient pour reproduit l'exposé des faits, de la procédure antérieure et des demandes des parties, dès lors que cette décision n'a pas été produite dans le délai de dépôt du mémoire en demande • Civ. 3e, 12 mars 2008, n° 07-11.047, Dalloz jurisprudence.

7. Procédures sans représentation. L'art. 979 n'est pas applicable aux procédures sans représentation. • Soc. 27 janv. 1993, ☏ n° 91-45.870 P.

Art. 979-1 *(Décr. n° 2008-484 du 22 mai 2008, art. 7)* **Le demandeur doit également joindre les pièces invoquées à l'appui du pourvoi et une copie des dernières conclusions que les parties au pourvoi ont déposées devant la juridiction dont émane la décision attaquée.**

BIBL. ▸ **Décr. du 22 mai 2008 :** X. Vuitton, *Procédures 2008. Focus. 21.*

Il résulte de l'art. 979-1 que le demandeur au pourvoi doit joindre à son mémoire ampliatif les pièces invoquées à l'appui de son pourvoi. Est par conséquent irrecevable le moyen de cassation se prévalant d'une demande d'aide juridictionnelle, sans que le mémoire ampliatif n'offre de prouver l'existence de cette demande. • Civ. 2e, 27 sept. 2018, ☏ n° 17-20.679 P.

Art. 980 **Si le défendeur au pourvoi n'a pas constitué avocat, la signification est faite à la partie elle-même.**

L'acte de signification indique au défendeur qu'il doit, s'il entend défendre au pourvoi, constituer un avocat au Conseil d'État et à la Cour de cassation et l'informe que s'il ne constitue pas avocat, l'arrêt à intervenir ne pourra pas être frappé d'opposition. Cet acte précise en outre le délai dans lequel le défendeur doit remettre au *(Décr. n° 2004-836 du 20 août 2004, art. 52-I, en vigueur le 1er janv. 2005)* **« greffe » son mémoire en réponse et former, le cas échéant, un pourvoi incident.**

L'art. 52-I du Décr. n° 2004-836 du 20 août 2004 est applicable aux procédures en cours (Décr. préc., art. 59).

Art. 981 *(Décr. n° 2008-484 du 22 mai 2008, art. 8)* **Le conseiller chargé du rapport peut demander à l'avocat du demandeur qu'il lui communique, dans le délai qu'il fixe, toute pièce utile à l'instruction de l'affaire.**

BIBL. ▸ **Décr. du 22 mai 2008 :** X. Vuitton, *Procédures 2008. Focus. 21.*

Art. 982 **Le défendeur au pourvoi dispose d'un délai de** *(Décr. n° 89-511 du 20 juill. 1989, art. 23-I, en vigueur le 15 sept. 1989 ; Décr. n° 2008-484 du 22 mai 2008, art. 9)* **« deux mois » à compter de la signification du mémoire du demandeur pour remettre au** *(Décr. n° 2004-836 du 20 août 2004, art. 52-I, en vigueur le 1er janv. 2005)* **« greffe » de la Cour de cassation un mémoire en réponse signé d'un avocat au Conseil d'État et à la Cour de cassation et le notifier à l'avocat du demandeur dans la forme des notifications entre avocats.**

(Décr. n° 89-511 du 20 juill. 1989, art. 23, en vigueur le 15 sept. 1989) **« Le délai prévu à l'alinéa précédent est prescrit à peine d'irrecevabilité, prononcée d'office, du mémoire en réponse. »** – *V. art. 1023.*

L'art. 52-I du Décr. n° 2004-836 du 20 août 2004 est applicable aux procédures en cours (Décr. préc., art. 59).

1. L'art. 982 et la sanction de l'irrecevabilité sont applicables à la demande fondée sur l'art. 700. • Com. 28 avr. 1987 : *Bull. civ. IV, n° 94* • Civ. 1re, 5 mai 1987 : *Bull. civ. I, n° 137.*

2. Le délai peut être allongé lorsque le défendeur a demandé l'aide judiciaire. • Civ. 2e, 12 oct. 1983 : ☏ *Bull. civ. II, n° 164.*

3. Le mémoire portant pourvoi incident déclaré hors délai est irrecevable, sans qu'il y ait lieu de tenir compte du pourvoi incident formé par une autre partie. • Com. 14 mai 1991, ☏ n° 88-19.954 P. ♦ Sur l'irrecevabilité d'observations complémentaires déposées tardivement, V. • Civ. 3e, 31 mars 2005, n° 03-16-758 P.

4. Le dépôt de la requête en retrait du rôle effectué au greffe de la Cour de cassation en application de l'art. 1009-1 du nouveau code de procédure civile [devenu code de procédure civile], interrompt le délai de remise et de signification du mémoire en réponse. • Civ. 2e, 7 juin 2006, ☏ n° 04-11.532 P : *R. 2006, p. 417.*

5. Sur la combinaison entre l'art. 982 et l'art. 125, V. note 30 ss. ce dernier art.

CHAPITRE II LA PROCÉDURE SANS REPRÉSENTATION OBLIGATOIRE

BIBL. ▸ Perdriau, *JCP 1997. I. 4063* (facilités d'accès à la Cour de cassation).

Art. 983 **Les dispositions du présent chapitre s'appliquent aux pourvois formés dans les matières pour lesquelles une disposition spéciale dispense les parties du ministère d'un avocat au Conseil d'État et à la Cour de cassation.**

DALLOZ ACTION *La cassation en matière civile 2015/2016*, par J. et L. Boré, n° 93.01 s.

1. Sur le principe du caractère obligatoire de la représentation, V. note 2 ss. art. 973.

2. La procédure sans représentation ne s'applique pas lorsqu'une seule des parties est dispensée du ministère d'avocat, qu'il s'agisse du ministère public. • Civ. 1re, 18 nov. 1968 : *Bull. civ. I, n° 278.* ♦ ... Ou d'un directeur d'organisme de sécurité sociale. • Civ. 2e, 2 mars 1962 : *Bull. civ. II, nos 263 à 266 (4 esp.).* ♦ ... Ou d'un inspecteur divisionnaire des lois sociales en agriculture. • Civ. 2e, 24 févr. 1961 : *Bull. civ. II, n° 162.* ♦ ... Ou du directeur régional des affaires sanitaires et sociales. • Soc. 19 févr. 1986 : *JCP 1986. IV. 116.* ♦ De même aucune disposition spéciale ne dispense les parties du ministère d'un avocat aux Conseils dans les instances intéressant les biens domaniaux ou tout autre instance à laquelle le service des domaines est partie. • Civ. 3e, 11 juin 1997, n° 95-16.550 P.

3. Avocat. Omission du tableau. Il résulte de la combinaison des art. 973 et 983 C. pr. civ. que les parties sont tenues, sauf disposition spéciale les en dispensant, de constituer un avocat au Conseil d'État et à la Cour de cassation. Aucune disposition légale ou réglementaire ne dispensant de ce ministère les pourvois formés en matière d'omission ou de refus d'omission du tableau, décisions qui, aux termes de l'art. 108 du Décr. du 27 nov. 1991, donnent lieu aux mêmes voies de recours qu'en matière d'inscription. • Civ. 1re, 30 oct. 2013, n° 13-60.158 P : *D. 2013. Actu. 2585*. ♦ Est dès lors irrecevable le pourvoi en cassation contre un arrêt prononçant sur ses recours contre deux décisions ordinales portant, l'une omission du tableau, l'autre mainlevée de cette mesure, selon les formes prévues dans les matières sans représentation obligatoire, nonobstant la mention, dans la lettre de notification de cette décision, que le pourvoi devait être formé par le ministère d'un avocat à la Cour de cassation. • Civ. 1re, 30 oct. 2013 : *préc.*

Art. 984 *(Décr. n° 99-131 du 26 févr. 1999, art. 6, en vigueur le 1er mars 1999)* **Le pourvoi en cassation est formé par déclaration écrite que la partie ou tout mandataire muni d'un pouvoir spécial remet ou adresse par lettre recommandée avec demande d'avis de réception au greffe de la Cour de cassation.**

BIBL. ▸ **Décr. du 26 févr. 1999 :** Jamin, *RTD civ. 1999. 486*. – Monod, *Procédures 1999. Chron. 5*. – Perdriau, *JCP 1999. I. 121 ; Gaz. Pal. 2000. Doctr. 604* (pourvois formés en matière civile par des avocats).

1. Jurisprudence antérieure à la réforme du 26 févr. 1999. Est irrecevable un pourvoi formé par une déclaration dactylographiée non signée qui ne permet pas à la Cour de cassation de vérifier sa validité au regard du texte. • Soc. 13 juill. 1988 : *Bull. civ. V, n° 442.* ♦ ... De même que par un télex dont l'auteur n'est pas identifiable. • Soc. 29 avr. 1986 : *Bull. civ. V, n° 190* • 27 nov. 1986 : *D. 1987. Somm. 360, obs. Julien ; Gaz. Pal. 1987. 1. Somm. 275, obs. Croze et Morel.* ♦ ... Ou par une lettre simple. • Civ. 2e, 20 oct. 1993, n° 92-50.016 P : *Gaz. Pal. 1994. 1. Pan. 37 ; RTD civ. 1994. 417, obs. Perrot*.

2. Un pouvoir, rédigé en termes généraux, et qui ne comporte aucune mention relative à la date de la décision attaquée et à la juridiction qui l'a rendue, ne satisfait pas aux exigences de l'art. 984. • Civ. 1re, 23 nov. 2000, n° 99-04.183 P : *D. 2000. IR 303*. ♦ Tel est le cas du mandat donné aux fins de représenter les mandants « en toutes démarches judiciaires et légales » qu'ils pourraient être amenées à accomplir. • Même arrêt. – V. aussi • Soc. 21 oct. 1999, *n° 97-41.990 P : D. 1999. IR 253* • 14 mai 1999 : *Bull. civ. V, n° 255.* ♦ En revanche, lorsque le pouvoir remis par un plaideur à un délégué syndical, pour présenter en son nom un mémoire devant la Cour de cassation à l'appui du pourvoi qu'il a formé, permet d'identifier sans ambiguïté la procédure dans laquelle le mandataire doit intervenir, ce pouvoir peut ne pas mentionner la date de la décision attaquée et la juridiction qui l'a rendue, dès lors que ces indications figurent dans la déclaration de pourvoi. • Soc. 7 mars 2000, n° 97-44.486 P.

3. Le mandataire doit justifier d'un pouvoir spécial, même lorsqu'il est avocat ; ne constitue pas un pouvoir spécial l'écrit par lequel une partie donne mandat à son avocat de « représenter ses intérêts auprès des juridictions administratives et judiciaires françaises en ce qui concerne les décisions d'intervention et d'exécution de la mesure de refus de séjour et de reconduite à la frontière ». • Civ. 2e, 10 févr. 1993, n° 92-50.008 P. ♦ Est irrecevable le pourvoi formé par l'avocat associé de celui qui avait reçu le pouvoir. • Civ. 3e, 19 avr. 1977 : *Bull. civ. III, n° 164* • Soc. 22 juin 1993 : *JCP 1993. IV. 2164.* ♦ ... Ou par le collaborateur de l'avocat qui avait reçu le pouvoir. • Soc. 17 févr. 1987 : *Bull. civ. V, n° 91 ; Gaz. Pal. 1987. 2. Somm. 482, obs. Croze et Morel* • 14 mai 1987 : *Bull. civ. V, n° 301* • 16 déc. 1987 : *Bull. civ. V, n° 729* • 20 juin 1990, n° 86-43.226 P • 10 nov. 1993, n° 89-45.646 P (avocat-collaborateur). ♦ ... Ou par l'avocat déclarant se substituer à la SCP d'avocats qui avait reçu le pouvoir. • Soc. 12 janv. 1984 : *JCP 1984. IV. 84* • 6 nov. 1985 : *Bull. civ. V, n° 502.* ♦ Comp., jugeant en vertu des art. 20 et 21 du décret du 25 mars 1993 (sociétés d'exercice libéral d'avocats), que le pouvoir donné, soit à la société elle-même, soit à l'un des associés nommément désigné, en vue de former un pourvoi en cassation, permet à chacun des associés de régulariser le pourvoi : • Soc. 24 juin 1998, n° 96-41.242 P : *D. 1998. IR 187* ; *BJS 1999. 49, note Daigre.* ♦ ... Ou par l'avocat ayant produit un pouvoir transmis par télécopie depuis un minitel, document non signé ne permettant pas d'identifier son auteur, et qui n'a pas été régularisé postérieurement à la déclaration du pourvoi. • Soc. 1er avr. 1997 : *D. 1997. IR 101*. ♦ Le pourvoi spécial doit avoir été donné par le représentant légal de la personne morale ou par une personne qui justifie elle-même d'un pouvoir régulier de la personne morale. • Soc. 16 mars 1993, n° 89-45.754 P. ♦ Une déclaration de pourvoi ne peut être faite au nom d'une personne morale qu'en précisant l'organe qui la représente légalement. • Crim. 10 févr. 1998 : *D. 1998. IR 97*.

4. L'avoué n'est pas dispensé de l'exigence lorsque la décision attaquée n'émane pas de la juridiction auprès de laquelle il est établi. • Com. 10 juill. 1989 : *Bull. civ. IV, n° 215.*

5. Le chef du contentieux d'une société n'a pas qualité pour former un pourvoi en son nom. • Soc. 7 oct. 1987 : *JCP 1987. IV. 379.* ♦ ... Ni l'administrateur d'une société en l'absence de pouvoir spécial. • Soc. 7 nov. 1990, n° 89-42.268 P. ♦ ... Ni le secrétaire général qui n'est pas représentant légal d'une société. • Soc. 6 juin 1991, n° 87-44.663 P. ♦ ... Ni le directeur du personnel d'une société anonyme. • Soc. 19 nov. 1997, n° 95-41.937 P : *D. 1998. IR 10*.

6. Une procuration générale, dépourvue de date certaine, donnée par le P-DG d'une société à l'un de ses directeurs ne constitue pas le pouvoir spécial exigé par l'art. 984. • Soc. 4 déc. 1980 : *Bull. civ. V, n° 872.*

7. Le directeur général d'une société anonyme tient des dispositions combinées des art. 113, al. 1 et 2, et 117, al. 2, de la loi du 24 juillet 1966 [C. com., art. L. 225-51, al. 1er et 2, et L. 225-56, al. 2] le pouvoir d'ester en justice au nom de la société, au même titre que le président du conseil d'administration ; dès lors, en sa qualité de représentant légal de la société, il peut former un pourvoi au nom de celle-ci. • Cass., ass. plén., 18 nov. 1994, n° 90-44.754 P : *JCP 1995. II. 22360, concl. Jéol* ; *RJDA 1994. 973* ; *Gaz. Pal. 6-7 janv. 1995, p. 13.*

8. C'est au syndic qu'il appartient de former le pourvoi ou de donner pouvoir à un mandataire lorsqu'une société ou un commerçant est en règlement judiciaire ou dessaisi de l'administration et de la disposition de ses biens. • Soc. 15 oct. 1987 : *Bull. civ. V, n° 568* • 28 oct. 1987 : *Bull. civ. V, n° 599.*

9. Le pouvoir doit être postérieur à la décision attaquée. • Soc. 3 nov. 1977 : *D. 1978. IR 361 (1re esp.), obs. Julien* • Civ. 3e, 13 mars 1979 : *Bull. civ. III, n° 61.*

10. Le pouvoir doit exister au moment de la déclaration de pourvoi ; l'absence de pouvoir à cette date n'est pas susceptible d'être régularisée ultérieurement. • Soc. 7 mai 1985 : *Bull. civ. V, n° 285* ; *D. 1985. IR 468, obs. Julien* • Soc. 7 oct. 1987 : *Bull. civ. V, n° 527.* ♦ Si le pouvoir n'est pas annexé à la déclaration de pourvoi, celui-ci est irrecevable. • Civ. 2e, 16 juill. 1993, n° 92-50.014 P. ♦ L'omission de la justification d'un pouvoir spécial ne peut être réparée par la production d'un pouvoir adressé après expiration du délai requis pour former le pourvoi. • Soc. 17 oct. 2001, n° 00-41.055 P : *Gaz. Pal. 9-10 oct. 2002, p. 31, obs. Perdriau.* – V. aussi, *a contrario*, • Soc. 16 oct. 2001, n° 99-40.249 P : *Gaz. Pal. 12-14 janv. 2003, p. 21, obs. Perdriau* (rabat d'arrêt).

11. Un télégramme chargeant un avoué de former le pourvoi ne constitue pas le pouvoir spécial exigé par le texte. • Soc. 27 nov. 1986 : *Bull. civ. V, n° 562* ; *D. 1987. Somm. 360, obs. (crit.) Julien.*

12. En ce sens que lorsqu'un pourvoi est formé par correspondance, sa date est celle de l'envoi de la lettre recommandée, V. • Soc. 26 sept. 2002 : *JCP 2003. II. 100041, note Perdriau.*

13. Jurisprudence postérieure à la réforme du 26 févr. 1999. L'acte de notification du jugement attaqué comportant des indications erronées sur la forme du recours, cette notification n'a pu faire courir le délai de pourvoi qui ne courra qu'à compter d'une notification régulière. • Civ. 1re, 23 nov. 2000, n° 99-04.227 P : *JCP 2001. II. 10501, note Perdriau.*

14. Est irrecevable le pourvoi en cassation formé par déclaration écrite adressée au greffe de la cour d'appel ayant rendu l'arrêt attaqué. • Civ. 3e, 16 mai 2001, n° 00-70.031 P : *D. 2001. IR 1848* ; *JCP 2001. II. 10649, note Bernard* ♦ ... Ou par lettre simple envoyée par « Chronopost » au greffe de la Cour de cassation. • Civ. 2e, 14 oct. 2004, n° 03-04.153 P : *D. 2004. AJ 2855* ; *Procédures 2004, n° 252, note Perrot.* ♦ ... Ou par télécopie ainsi que par lettre simple adressées au « Président » de la Cour de cassation. • Civ. 1re, 18 mai 2005, n° 04-50.095 P. ♦ ... Ou accompagné de la photocopie du pouvoir. • Soc. 21 juin 2006 : *D. 2006. IR 1987* ; *Gaz. Pal. 1er-2 févr. 2008, p. 20, note du Rusquec.* ♦ V. aussi, pour le pourvoi formé suivant la procédure sans représentation obligatoire au secrétariat de la juridiction qui a rendu la décision attaquée, lorsque l'acte de notification mentionne régulièrement que le pourvoi doit être formé au greffe de la Cour de cassation, • Soc. 10 juill. 2001, n° 99-43.451 P.

15. La Cour de cassation n'a pas été saisie et il n'y a pas lieu à statuer lorsqu'une partie s'est pourvue en cassation contre un jugement rendu par le JEX statuant en matière de surendettement, suivant déclaration orale faite au greffe de la juridiction ayant rendu la décision, dès lors que la notification de cette décision était dépourvue d'efficacité puisqu'elle comportait des mentions erronées quant aux modalités d'exercice des recours. • Civ. 2e, 13 févr. 2003, n° 01-04.171 P.

16. Droit des étrangers. Il résulte de l'art. 984 et de l'art. 13 du décret du 12 nov. 1991 (abrogé, à compter du 1er janv. 2005, par le décret n° 2004-836 du 20 août 2004, art. 41-II) que le pourvoi en cassation formé contre l'ordonnance d'un premier président, statuant sur l'appel d'une ordonnance d'un président de TGI prolongeant le maintien d'un étranger dans les locaux ne relevant pas de l'administration pénitentiaire, est formé par une déclaration orale ou écrite que fait, remet ou adresse par pli recommandé la partie ou tout mandataire muni d'un pouvoir spécial. • Civ. 2e, 24 avr. 2003, n° 01-50.089 P • 22 janv. 2004, n° 02-50.044 P.

17. Lorsqu'il résulte des statuts du syndicat qu'une personne est habilitée à le représenter en justice, la production du pouvoir spécial prévu par l'art. 984 C. pr. civ. n'est pas nécessaire. • Soc. 16 avr. 2008 : *BICC 15 sept. 2008, n° 1330.*

Art. 985 *(Décr. n° 2014-1338 du 6 nov. 2014, art. 17)* **La déclaration de pourvoi contient, à peine de nullité :**

1° Pour les demandeurs personnes physiques : l'indication des nom, prénoms et domicile ;

Pour les demandeurs personnes morales : l'indication de leurs forme, dénomination et siège social et, s'agissant des autorités administratives ou judiciaires, l'indication de leur dénomination et du lieu où elles sont établies ;

2° Pour les défendeurs personnes physiques : l'indication des nom, prénoms et domicile ;

Pour les défendeurs personnes morales : l'indication de leurs dénomination et siège social et, s'agissant des autorités administratives ou judiciaires, l'indication de leur dénomination et du lieu où elles sont établies ;

3° L'indication de la décision attaquée.

Elle est signée.

V. Circ. du 12 nov. 2014, ss. art. 380.

BIBL. ▸ **Décr. du 22 mai 2008 :** X. Vuitton, *Procédures 2008. Focus. 21.*

▸ **Décr. du 6 nov. 2014 :** Baraduc et Boré, *JCP 2014. 1242* (simplification de la procédure devant la Cour de cassation).

1. Mentions. Dans la procédure sans représentation obligatoire, l'indication dans la déclaration de pourvoi de l'organe représentant légalement la personne morale n'est pas exigée. • Soc. 5 nov. 2003, n° 01-43.109 P.

2. Sanction. Les formalités de l'art. 985 ne sont pas prescrites à peine de nullité. • Soc. 7 juill. 1983 : *Bull. civ. V, n° 434* • 4 avr. 2002 : *Gaz. Pal. 12-14 janv. 2003, p. 36, obs. Perdriau.*

Art. 986 *(Décr. n° 85-1330 du 17 déc. 1985, art. 14, en vigueur le 1er janv. 1986)* **Le** *(Décr. n° 99-131 du 26 févr. 1999, art. 7, en vigueur le 1er mars 1999)* **« greffier » enregistre le pourvoi. Il mentionne la date à laquelle il est formé et délivre, ou adresse par lettre recommandée avec demande d'avis de réception, récépissé de la déclaration, lequel reproduit la teneur des articles 989 et 994.**

1. Si le récépissé de la déclaration ne mentionne pas qu'il a été donné connaissance au demandeur des art. 989 et 994, le délai de trois mois prévu par l'art. 989 ne court pas. • Civ. 1re, 4 nov. 1987 : *JCP 1988. IV. 10.*

2. Sur le point de départ du délai de trois mois, V. note 1 ss. art. 989.

Art. 987 Le *(Décr. n° 99-131 du 26 févr. 1999, art. 7-I, en vigueur le 1er mars 1999)* **« greffier » adresse aussitôt au défendeur copie de la déclaration par lettre recommandée avec demande d'avis de réception.**

Cette notification reproduit la teneur des articles 991 et 994.

(Décr. n° 99-131 du 26 févr. 1999, art. 7-II, en vigueur le 1er mars 1999) **« Le greffier demande simultanément communication du dossier au greffe de la juridiction qui a rendu la décision attaquée. »**

BIBL. ▸ V. ss. art. 984.

1. L'absence de mention de la teneur des art. 991 et 994 est sans effet sur la recevabilité du pourvoi. • Soc. 4 févr. 1987 : *Bull. civ. V, n° 54.*

2. La cour n'est pas valablement saisie si le récépissé de la déclaration de pourvoi reproduit les art. 989 et 994 dans une matière où les parties ne sont pas dispensées de constituer avocat. • Civ. 2e, 31 janv. 1996, n° 94-19.832 P : *D. 1997. 246, note Libercier et Audebert.*

Art. 988 *(Décr. n° 99-131 du 26 févr. 1999, art. 8, en vigueur le 1er mars 1999)* **Le greffier de la juridiction qui a rendu la décision attaquée transmet sans délai au greffe de la Cour de cassation le dossier de l'affaire auquel sont jointes :**
— une copie de la décision attaquée et de ses actes de notification ;
— une copie de la décision confirmée ou infirmée par la décision attaquée ;
Al. 4 abrogé par Décr. n° 2008-484 du 22 mai 2008, art. 11.
— les conclusions de première instance et d'appel s'il en a été pris.
Il transmet immédiatement au greffe de la Cour de cassation toute pièce qui lui parviendrait ultérieurement.

BIBL. ▸ V. ss. art. 984.

Art. 989 *(Décr. n° 89-511 du 20 juill. 1989, art. 25, en vigueur le 15 sept. 1989)* **« Lorsque la déclaration du pourvoi ne contient pas l'énoncé, même sommaire, des moyens de cassation invoqués contre la décision attaquée, le demandeur doit, à peine de déchéance constatée par ordonnance du premier président ou de son délégué, faire parvenir au greffe de la Cour de cassation, au plus tard dans un délai de trois mois** *(Décr. n° 99-131 du 26 févr. 1999, art. 9, en vigueur le 1er mars 1999)* **« à compter de la remise ou de la réception du récépissé de la déclaration », un mémoire contenant cet énoncé, et, le cas échéant, les pièces invoquées à l'appui du pourvoi. »**

Ce mémoire peut être établi par le mandataire de la partie sans nouveau pouvoir spécial. — *V. art. 1023.*

BIBL. ▸ PERDRIAU, *JCP 1998. I. 175* (délai de présentation des moyens de cassation) ; *Gaz. Pal. 1996. 1. Doctr. 672 et 678.*

▸ **Décr. du 26 févr. 1999 :** V. Bibl. ss. art. 984.

1. Il résulte de la combinaison des art. 668, 669, 986 et 989 (mod. par le décret du 26 févr. 1999) que le délai prévu pour le dépôt du mémoire ampliatif ne commence à courir que du jour de la remise ou à défaut de la présentation de la lettre recommandée contenant le récépissé de la déclaration de pourvoi en cassation. • Soc. 16 mars 1999, n° 97-42.992 P : *D. 1999. IR 99 ; JCP 1999. II. 10555, note Perdriau.* – V. déjà, avant le décret du 26 févr. 1999 : • Civ. 1re, 4 févr. 1986 : *Bull. civ. I, n° 2* • 24 juin 1986 : *Bull. civ. I, n° 177.* ♦ En sens contraire, V. • Soc. 22 juill. 1985 : *D. 1986. IR 222, obs. Julien* • 9 juin 1993 : *Gaz. Pal. 1994. 1. Pan. 22.* ♦ V. également, sur la déchéance du pourvoi : • Soc. 14 nov. 2000, n° 97-45.001 P.

2. Dans l'hypothèse où le récépissé de la déclaration ne mentionne pas qu'il a été donné connaissance au demandeur des art. 989 et 994, *V. note 1 ss. art. 986.*

3. Le délai de trois mois ne peut être prolongé par une seconde déclaration de pourvoi. • Soc. 23 mai 1985 : *Bull. civ. V, n° 373* • 1er juin 1988 : *ibid., n° 331* • 1er juin 1988 : *ibid., n° 332.*

4. Le pourvoi formé par un avocat aux Conseils dans une matière relevant de la procédure sans représentation obligatoire est soumis aux dispositions de l'art. 989. • Civ. 2e, 17 févr. 1988 : *Bull. civ. II, n° 45 ; D. 1988. 387, note N. S.* ♦ Le pourvoi formé par un avocat aux Conseils en matière d'assistance éducative est soumis aux dispositions de l'art. 989. • Civ. 1re, 18 mai 1994, n° 92-18.522 P.

5. Ne satisfait pas aux exigences de l'art. 989 la production d'un document en langue étrangère dont le demandeur au pourvoi n'a pas fourni la traduction en français, malgré la demande qui lui en a été faite. • Soc. 22 juill. 1986 : *Bull. civ. V, n° 473 ; Gaz. Pal. 1987. 1. Somm. 275, obs. Guinchard et Moussa.*

6. Il n'est pas nécessaire que le mémoire ampliatif soit signé du moment qu'il est annexé à la lettre signée du mandataire ayant pouvoir. • Soc. 16 mars 1994 : *JCP 1994. IV. 1301.* ♦ Un mémoire ampliatif non signé annexé à une lettre signée du mandataire ayant reçu pouvoir du demandeur satisfait aux dispositions de l'art. 989. • Soc. 10 févr. 1998, n° 95-43.984 P. ♦ Lorsque le mémoire qui n'a été signé ni par le demandeur, ni par son mandataire n'a été notifié qu'à l'avocat ayant plaidé pour l'autre partie devant le juge du fond, il doit être déclaré irrecevable, sans qu'il en résulte pour autant la nullité de la déclaration du pourvoi du moment que celle-ci contient l'énoncé d'un moyen de cassation. • Soc. 10 déc. 1984 : *Bull. civ. V, n° 473.*

7. L'art. 978, al. 2, n'est pas applicable à la procédure sans représentation obligatoire, de sorte qu'une partie peut par un même moyen mettre en œuvre plusieurs cas d'ouverture. • Soc. 25 mai 1994, n° 91-40.641 P.

8. Le mandat de former un pourvoi s'étend nécessairement à toutes les diligences indispensables pour que cette mission soit légalement remplie, et notamment à la signature du mémoire ampliatif déposé par le mandataire au nom du mandant. • Soc. 20 nov. 2001 : *Gaz. Pal. 9-10 oct. 2002, p. 31, obs. Perdriau.*

Art. 990 **Lorsqu'un mémoire est produit par le demandeur, le** *(Décr. nº 82-716 du 10 août 1982, art. 1er)* **« greffier » de la Cour de cassation en notifie sans délai une copie au défendeur par lettre recommandée avec demande d'avis de réception.**

Art. 991 **Le défendeur au pourvoi dispose d'un délai de deux mois à compter de la notification du mémoire du demandeur ou de l'expiration du délai de trois mois prévu à l'article 989 pour remettre contre récépissé, ou adresser par lettre recommandée, au greffe de la Cour de cassation un mémoire en réponse et former, le cas échéant, un pourvoi incident.** – *V. art. 1023.*

1. Les délais prévus à l'art. 991 s'appliquent notamment à une demande tendant à l'application de l'art. 700. • Soc. 16 juill. 1987 : *Bull. civ. V, nº 499.* ♦ ... Ou fondée sur l'art. 628. • Soc. 16 juill. 1987 : *Bull. civ. V, nº 519.*

2. Est irrecevable le mémoire en défense déposé par l'avocat de la partie dans une procédure sans représentation obligatoire, dès lors qu'il n'est pas justifié que cet avocat ait été muni d'un pouvoir spécial. • Soc. 4 déc. 2002, nº 00-43.580 P : *D. 2003. 2200, note Puigelier.*

3. En matière de procédure sans représentation obligatoire, sont irrecevables tant le mémoire en défense que le pourvoi incident formé par un défendeur au pourvoi plus de deux mois après qu'il a reçu notification du mémoire du demandeur au pourvoi. • Soc. 10 déc. 2002, nº 00-46.231 P : *JCP 2003. II. 10092, note Perdriau ; Gaz. Pal. 6-7 août 2003, p. 15, obs. du Rusquec.*

Art. 992 **Le** *(Décr. nº 82-716 du 10 août 1982, art. 1er)* **« greffier » de la Cour de cassation notifie, sans délai, une copie du mémoire en réponse au demandeur par lettre simple.**

En cas de pourvoi incident, il notifie selon les mêmes formes au défendeur à ce pourvoi une copie du mémoire prévu à l'alinéa 1er de l'article 1010.

Art. 993 **Si un avocat au Conseil d'État et à la Cour de cassation a déclaré au** *(Décr. nº 2004-836 du 20 août 2004, art. 52-I, en vigueur le 1er janv. 2005)* **« greffe » qu'il représentait une partie, la notification prévue à l'article 990 ou à l'article 992 est remplacée par une notification faite à cet avocat.**

La remise à l'avocat, contre récépissé, d'une copie du mémoire, portant cachet à date du *(Décr. nº 2004-836 du 20 août 2004, art. 52-I, en vigueur le 1er janv. 2005)* **« greffe », vaut notification.**

L'art. 993, dans sa rédaction issue de l'art. 3 du Décr. nº 79-941 du 7 nov. 1979, est immédiatement applicable (Décr. préc., art. 16, al. 2).

L'art. 52-I du Décr. nº 2004-836 du 20 août 2004 est applicable aux procédures en cours (Décr. préc., art. 59).

Art. 994 **En plus de l'original, il est produit par le demandeur autant de copies de son mémoire qu'il y a de défendeurs et par le défendeur autant de copies du mémoire en réponse qu'il y a de demandeurs.**

Ces copies sont certifiées conformes par le signataire du mémoire.

Art. 995 **Si le pourvoi a été formé selon les règles de la procédure avec représentation obligatoire, il n'en est pas moins recevable quelle que soit la procédure ultérieurement suivie.**

Le défendeur n'est pas tenu de se faire représenter par un avocat au Conseil d'État et à la Cour de cassation.

1. Il résulte du texte que l'avocat aux Conseils signataire du pourvoi n'a pas à justifier d'un pouvoir spécial et peut former le pourvoi au secrétariat-greffe de la Cour de cassation. • Civ. 1re, 4 févr. 1986 : *Bull. civ. I, nº 3 ; D. 1986. IR 222 (6e esp.), obs. Julien* • Soc. 5 oct. 1993, nº 89-43.869 P.

2. Cependant, dans le cas où une disposition à valeur législative impose comme lieu de déclaration du pourvoi le tribunal, le pourvoi ne peut pas être formé au greffe de la Cour de cassation. • Civ. 3e, 17 juin 1981 : *Bull. civ. III, nº 128* (ordonnance d'expropriation).

3. Même si le pourvoi a été formé selon les règles de la procédure avec représentation obligatoire, il ne s'ensuit pas que c'est cette même procédure qui doit être ultérieurement suivie. • Soc. 14 mars 1984 : *Gaz. Pal. 1984. 2. Pan. 213, obs. Guinchard.*

4. L'utilisation de la faculté ouverte par

l'art. 995 est exclusive de la possibilité d'invoquer les dispositions de l'art. 986, en particulier sur la délivrance du récépissé de la déclaration reproduisant la teneur des art. 989 et 994. • Civ. 2e, 18 oct. 1995 : *D. 1996. Somm. 133, obs. Julien*.

CHAPITRE III LA PROCÉDURE EN MATIÈRE ÉLECTORALE

DALLOZ ACTION *La cassation en matière civile 2015/2016*, par J. et L. Boré, n° 94.41 s.

SECTION PREMIÈRE CONTENTIEUX DES INSCRIPTIONS SUR LES LISTES ÉLECTORALES EN MATIÈRE D'ÉLECTIONS POLITIQUES

Art. 996 *(Décr. n° 2018-350 du 14 mai 2018, art. 3-VI, en vigueur le 1er janv. 2019)* **Les dispositions particulières au pourvoi en cassation sont celles des articles suivants du code électoral :**

Art. R. 19-1 Le pourvoi en cassation est formé dans les dix jours suivant la notification de la décision du *(Décr. n° 2019-966 du 18 sept. 2019, art. 8, en vigueur le 1er janv. 2020)* « tribunal judiciaire *[ancienne rédaction : tribunal d'instance]* ». Il est ouvert dans tous les cas au préfet. Il n'est pas suspensif.

Art. R. 19-2 Le pourvoi est formé par une déclaration orale ou écrite que la partie ou tout mandataire muni d'un pouvoir spécial fait, remet ou adresse par pli recommandé soit au greffe du *(Décr. n° 2019-966 du 18 sept. 2019, art. 8, en vigueur le 1er janv. 2020)* « tribunal judiciaire *[ancienne rédaction : tribunal d'instance]* » qui a rendu la décision attaquée, soit au greffe de la Cour de cassation.

La déclaration indique les nom, prénoms et adresse du demandeur au pourvoi, ainsi que, s'il y a lieu, les nom, prénoms et adresse du ou des défendeurs au pourvoi.

A peine d'irrecevabilité du pourvoi, prononcée d'office, la déclaration doit contenir un énoncé des moyens de cassation invoqués et être accompagnée d'une copie de la décision attaquée.

Art. R. 19-3 Le greffe qui reçoit le pourvoi procède à son enregistrement. Il mentionne la date à laquelle le pourvoi est formé et délivre ou adresse par lettre simple récépissé de la déclaration. S'il y a un défendeur, le greffe qui a reçu le pourvoi lui adresse aussitôt copie de la déclaration par lettre recommandée avec demande d'avis de réception. Cette notification reproduit la teneur de l'article R. 19-5.

Art. R. 19-4 Lorsque le pourvoi a été formé au *(Décr. n° 2019-966 du 18 sept. 2019, art. 8, en vigueur le 1er janv. 2020)* « tribunal judiciaire *[ancienne rédaction : tribunal d'instance]* », le greffe de ce tribunal transmet immédiatement au greffe de la Cour de cassation le dossier de l'affaire avec la déclaration ou sa copie, la copie de la décision attaquée ainsi que les documents relatifs à la notification de celle-ci et, s'il y a un défenseur, les documents relatifs à la notification du pourvoi à ce dernier. Il transmet au greffe de la Cour de cassation toute pièce qui lui parviendrait ultérieurement.

Lorsque le pourvoi a été formé à la Cour de cassation, le greffe de la Cour de cassation demande immédiatement le dossier de l'affaire ainsi que les documents relatifs à la décision attaquée au greffe du *(Décr. n° 2019-966 du 18 sept. 2019, art. 8, en vigueur le 1er janv. 2020)* « tribunal judiciaire *[ancienne rédaction : tribunal d'instance]* » qui a rendu la décision.

Art. R. 19-5 Dès qu'il a reçu la copie de la déclaration du pourvoi, le défendeur au pourvoi remet sans délai contre récépissé ou adresse par lettre recommandée au greffe de la Cour de cassation un mémoire en réponse. Il en notifie une copie au demandeur.

Art. R. 19-6 Les parties sont dispensées du ministère d'un avocat au Conseil d'État et à la Cour de cassation. Si les parties ou l'une d'elles chargent un avocat au Conseil d'État et à la Cour de cassation de les ou de la représenter, les dispositions des articles 974 à 982 du code de procédure civile ne sont pas applicables.

Lorsqu'un avocat au Conseil d'État et à la Cour de cassation a déclaré au greffe de la Cour de cassation qu'il représentait une partie, la notification de la copie du mémoire peut être faite à cet avocat, le cas échéant par voie de notification entre avocats. La remise à l'avocat, contre récépissé, d'une copie du mémoire, portant cachet à date du greffe, vaut notification.

1. Le pourvoi ne peut être formé que par quelqu'un qui a été partie à l'instance devant le tribunal et qui avait qualité pour l'être. • Civ. 2e, 26 nov. 1987 : *Bull. civ. II, no 241* (irrecevabilité du pourvoi formé par un maire qui avait été, sans droit, partie à l'instance). ♦ Cependant ne peut être invoqué pour la première fois devant la Cour de cassation, le moyen selon lequel l'électeur qui a saisi la cour de renvoi, après cassation d'un précédent jugement, n'avait jamais été partie à l'instance ayant donné lieu à la décision attaquée. • Civ. 2e, 11 mars 1993, no 93-60.009 P.

2. En cas d'inobservation d'une formalité prévue par l'al. 2 de l'art. R. 15-2 [devenu R. 19-2] C. élect., l'irrecevabilité du pourvoi doit être prononcée d'office. • Civ. 2e, 13 déc. 1989 : *Bull. civ. II, no 221* • Civ. 2e, 25 juin 2015, no 15-60.158 P.

3. Lorsque le pourvoi est formé par lettre recommandée, sa date est celle de l'arrivée de la lettre au greffe. • Civ. 2e, 13 févr. 1974 : *Bull. civ. II, no 62*.

Art. 997 et 998 *Abrogés par Décr. no 80-1073 du 24 déc. 1980, art. 2.*

SECTION II LES ÉLECTIONS PROFESSIONNELLES

Art. 999 Le délai de pourvoi en cassation est de dix jours sauf disposition contraire.

Le pourvoi est formé par déclaration orale ou écrite que la partie, ou tout mandataire muni d'un pouvoir spécial, fait, remet ou adresse par pli recommandé au *(Décr. no 2017-892 du 6 mai 2017, art. 68-I-2o)* **« greffe » de la juridiction qui a rendu la décision attaquée.**

1. *Pouvoir spécial.* Le directeur d'agence d'une SARL n'a pas qualité pour faire un pourvoi au nom de la société. • Soc. 26 mai 1988 : *Bull. civ. V, no 327.* ♦ ... Ni le délégué syndical au nom du syndicat. • Civ. 2e, 7 mars 1990, no 89-61.473 P. ♦ En revanche, le membre du comité exécutif du syndicat a, en cette qualité, le pouvoir de représenter le syndicat en justice, et donc, à défaut de stipulations contraire des statuts, celui de former un pourvoi. • Soc. 2 mars 2004, no 02-60.746 P. ♦ Est irrégulière la déclaration de pourvoi faite par le secrétaire général d'un syndicat qui n'est pas habilité par les statuts à représenter le syndicat pour former pourvoi en son nom ou donner pouvoir spécial aux fins de le faire. • Soc. 29 mars 2005, no 04-60.160 P.

2. Le pouvoir spécial doit avoir été délivré par une personne qui a qualité pour le faire, ce qui n'est pas le cas d'un « vice-P-DG ». • Soc. 7 juill. 1983 : *Bull. civ. V, no 422.* ♦ ... Ni d'un directeur général. • Soc. 6 juill. 1983 : *Bull. civ. V, no 421*.

3. Un pouvoir spécial postérieur à la déclaration du pourvoi ne couvre pas l'irrecevabilité du pourvoi. • Soc. 10 oct. 1990, no 88-60.711 P.

4. *Pli recommandé.* N'est pas recevable, faute d'être conforme aux prescriptions de l'art. 999, al. 2, le pourvoi formé par déclaration écrite adressée par lettre « suivie » au greffe. • Civ. 2e, 18 déc. 2003, no 02-60.551 P : *D. 2004. IR 186*.

Art. 1000 *(Décr. no 2005-1678 du 28 déc. 2005, art. 10, en vigueur le 1er mars 2006)* **Outre les mentions prescrites par** *(Décr. no 2020-1452 du 27 nov. 2020, art. 1er-21o, en vigueur le 1er janv. 2021)* **« les 2o et 3o de l'article 54 et par le troisième alinéa de » l'article** *(Décr. no 2019-1333 du 11 déc. 2019, art. 29-5o, en vigueur le 1er janv. 2020)* **« 57 », la déclaration désigne la décision attaquée.**

L'art. 10 du Décr. no 2005-1678 du 28 déc. 2005 est applicable aux procédures en cours (Décr. préc., art. 87, al. 2).

L'art. 29 du Décr. no 2019-1333 du 11 déc. 2019 est applicable aux instances en cours au 1er janv. 2020 (Décr. préc., art. 55-I).

L'art. 1er-21o du Décr. no 2020-1452 du 27 nov. 2020 s'applique aux instances en cours au 1er janv. 2021 (Décr. préc., art. 12).

1. Le défaut de mention du nom du demandeur ainsi que de celui du défendeur n'est sanctionné par la nullité que si l'adversaire établit que ce vice de forme lui a fait grief. • Soc. 7 juill. 1983 : *Bull. civ. V, no 434.*

2. La décision attaquée doit être désignée sans équivoque ; dans le cas où deux décisions ont été prononcées le même jour, le pourvoi est irrecevable si la déclaration n'indique pas contre laquelle des deux recours est formé. • Soc. 7 nov. 1990, no 89-61.512 P.

3. L'inobservation des dispositions de l'art. 1000 entraîne l'irrecevabilité du pourvoi. • Civ. 2e, 25 juin 1998, no 98-60.062 P.

Art. 1001 Le *(Décr. n° 2017-892 du 6 mai 2017, art. 68-I-3°)* « greffier » enregistre le pourvoi. Il mentionne la date à laquelle il est formé et délivre, ou adresse par lettre simple, récépissé de la déclaration, lequel reproduit la teneur des articles 1004 et 1005.

Art. 1002 Le *(Décr. n° 2017-892 du 6 mai 2017, art. 68-I-3°)* « greffier » adresse aussitôt au défendeur copie de la déclaration par lettre recommandée avec demande d'avis de réception.

Cette notification reproduit la teneur de l'article 1006.

Art. 1003 Le *(Décr. n° 2017-892 du 6 mai 2017, art. 68-I-3°)* « greffier » transmet au *(Décr. n° 2004-836 du 20 août 2004, art. 52-I, en vigueur le 1er janv. 2005)* « greffe » de la Cour de cassation le dossier de l'affaire avec :

– une copie de la déclaration ;
– une copie de la décision attaquée.

Il transmet immédiatement au *(Décr. n° 2004-836 du 20 août 2004, art. 52-I, en vigueur le 1er janv. 2005)* « greffe » de la Cour de cassation toute pièce qui lui parviendrait ultérieurement.

L'art. 52-I du Décr. n° 2004-836 du 20 août 2004 est applicable aux procédures en cours (Décr. préc., art. 59).

Art. 1004 Lorsque la déclaration du pourvoi ne contient pas l'énoncé, même sommaire, des moyens de cassation invoqués contre la décision attaquée, le demandeur doit, à peine d'irrecevabilité prononcée d'office, faire parvenir au *(Décr. n° 2004-836 du 20 août 2004, art. 52-I, en vigueur le 1er janv. 2005)* « greffe » de la Cour de cassation, au plus tard dans un délai d'un mois à compter de la déclaration, un mémoire contenant cet énoncé.

Ce mémoire peut être établi par le mandataire de la partie sans nouveau pouvoir spécial.

L'art. 52-I du Décr. n° 2004-836 du 20 août 2004 est applicable aux procédures en cours (Décr. préc., art. 59).

Art. 1005 Lorsqu'un mémoire est produit par le demandeur, celui-ci doit, à peine d'irrecevabilité prononcée d'office, en notifier, dans le mois de la déclaration, copie au défendeur par lettre recommandée avec demande d'avis de réception.

1. Le pourvoi est irrecevable dès lors qu'il ne résulte pas du dossier que le mémoire ampliatif ait été notifié à la société défenderesse, partie intéressée à l'instance, conformément à l'art. 1005. • Soc. 27 juin 2001 : *JCP 2002. II. 10081, note Perdriau.*

2. Est irrecevable la requête en rabat d'un arrêt par lequel la Cour de cassation a cassé un jugement refusant d'annuler des élections professionnelles, cette requête alléguant que le mémoire du demandeur au pourvoi contenant l'énoncé des moyens de cassation n'a pas été notifié aux requérants. • Soc. 16 janv. 1991 : *D. 1991. 245, concl. Chauvy.*

Art. 1006 Le défendeur au pourvoi dispose d'un délai de quinze jours à compter de la notification du mémoire du demandeur ou de l'expiration du délai d'un mois prévu à l'article 1004 pour remettre contre récépissé, ou adresser par lettre recommandée, au *(Décr. n° 2004-836 du 20 août 2004, art. 52-I, en vigueur le 1er janv. 2005)* « greffe » de la Cour de cassation un mémoire en réponse.

Dans le même délai, il notifie au demandeur, par lettre recommandée, une copie du mémoire en réponse.

L'art. 52-I du Décr. n° 2004-836 du 20 août 2004 est applicable aux procédures en cours (Décr. préc., art. 59).

Art. 1007 Si un avocat au Conseil d'État et à la Cour de cassation a déclaré au *(Décr. n° 2004-836 du 20 août 2004, art. 52-I, en vigueur le 1er janv. 2005)* « greffe » qu'il représentait une partie, la notification prévue à l'article 1005 ou à l'article 1006 peut être faite à cet avocat, le cas échéant, par voie de notification entre avocats.

La remise à l'avocat, contre récépissé, d'une copie du mémoire, portant cachet à date du greffe, vaut notification.

L'art. 52-I du Décr. n° 2004-836 du 20 août 2004 est applicable aux procédures en cours (Décr. préc., art. 59).

Art. 1008 **Si la déclaration de pourvoi a été faite dans les formes de la procédure avec représentation obligatoire, le pourvoi n'en est pas moins recevable quelle que soit la procédure ultérieurement suivie, l'alinéa 1er de l'article 1004 demeurant néanmoins applicable.**

Le défendeur n'est pas tenu de se faire représenter par un avocat au Conseil d'État et à la Cour de cassation.

CHAPITRE IV DISPOSITIONS COMMUNES

BIBL. GÉN. ▸ PERDRIAU, *JCP 1991. I. 3479* (écriture des procès civils...).

Art. 1009 *(Décr. no 89-511 du 20 juill. 1989, art. 26, en vigueur le 15 sept. 1989)* **Le premier président, ou son délégué, à la demande d'une des parties ou d'office, peut** *(Décr. no 2021-1341 du 13 oct. 2021, art. 1er-2o-a)* **«, après avis du procureur général, » réduire les délais prévus pour le dépôt des mémoires et des pièces.**

(Décr. no 2021-1341 du 13 oct. 2021, art. 1er-2o-b) **« Dans ce cas, le président de la formation compétente fixe la date de l'audience dès la désignation du ou des rapporteurs. »**

BIBL. ▸ V. ss. art. 984.

Reprise de l'instance. En cas d'interruption d'instance survenue à la suite de la liquidation judiciaire de la société ayant formé le pourvoi, son liquidateur doit reprendre l'instance dans le délai fixé par le premier président par ordonnance prise en application de l'art. 1009 C. pr. civ., qui a recommencé à courir à compter de sa désignation par le jugement du tribunal de commerce. • Civ. 3e, 29 avr. 2009 : *cité note 12 ss. art. 369.*

Art. 1009-1 *(Décr. no 99-131 du 26 févr. 1999, art. 11, en vigueur le 1er mars 1999)* **Hors les matières où le pourvoi empêche l'exécution de la décision attaquée, le premier président ou son délégué décide, à la demande du défendeur et après avoir recueilli l'avis du procureur général et les observations des parties,** *(Décr. no 2005-1678 du 28 déc. 2005, art. 49, en vigueur le 1er mars 2006)* **« la radiation » d'une affaire lorsque le demandeur ne justifie pas avoir exécuté la décision frappée de pourvoi, à moins qu'il ne lui apparaisse que l'exécution serait de nature à entraîner des conséquences manifestement excessives** *(Décr. no 2005-1678 du 28 déc. 2005, art. 50, en vigueur le 1er mars 2006)* **« ou que le demandeur est dans l'impossibilité d'exécuter la décision ».**

La demande du défendeur doit, à peine d'irrecevabilité prononcée d'office, être présentée avant l'expiration des délais prescrits aux articles 982 et 991.

(Décr. no 2014-1338 du 6 nov. 2014, art. 18-1o) **« La demande de radiation interrompt les délais impartis au défendeur par les articles 982, 991 et 1010. »**

La décision *(Décr. no 2005-1678 du 28 déc. 2005, art. 49, en vigueur le 1er mars 2006)* **« de radiation » n'emporte pas suspension des délais impartis au demandeur au pourvoi par les articles 978 et 989.**

(Décr. no 2014-1338 du 6 nov. 2014, art. 18-2o) **« Elle interdit l'examen des pourvois principaux et incidents. »**

Les art. 49 et 50 du Décr. no 2005-1678 du 28 déc. 2005 sont applicables aux procédures en cours (Décr. préc., art. 59).

BIBL. ▸ BERTIN, *Gaz. Pal. 1989. 2. Doctr. 596* (pourvois dilatoires). – BLANC, *Journ. not. 1989. 1001* (mesures spectaculaires). – BONFILS, *BICC 1er déc. 2004, p. 3* (retrait du rôle et péremption à travers les ordonnances rendues en application des art. 1009-1 s.). – CHAUVIN, *Gaz. Pal. 1991. 1. Doctr. 125* (exécutez...). – DORSNER-DOLIVET, *JCP 1989. I. 3419* (premières réflexions). – COSTA, *Mél. S. Guinchard, Dalloz 2010, p. 671* (quelques réflexions sur la jurisprudence de la CEDH relative au retrait d'un pourvoi du rôle de la Cour de cassation). – FENAUX, *D. 1990. Chron. 106* (un bruit de frein). – WIEDERKEHR, *Rev. Justices 1995, no 1. 255* (premier bilan). – SANTA-CROCE, *D. 1997. Chron. 239*.

▸ **Décr. du 26 févr. 1999 :** HUGON, *D. 2001. Chron. 3369* (contrôle par la CEDH du retrait des pourvois). – MAIGNAN, *Procédures 2000. Chron. 12* (art. 6-1 Conv. EDH). – Fiche méthodologique, *BICC 15 mars 2008, p. 6* (la radiation des pourvois du rôle de la Cour de cassation et la constatation de la péremption). – V. aussi Bibl. ss. art. 984.

▸ **Décr. du 6 nov. 2014 :** BARADUC et BORÉ, *JCP 2014. 1242* (simplification de la procédure devant la Cour de cassation).

A. RETRAIT DU RÔLE

1. Légalité. La faculté ouverte au premier président de la Cour de cassation ou à son délégué, sur demande du défendeur, de subordonner l'exercice du recours en cassation à la justification de l'exécution de la décision juridictionnelle contestée (C. pr. civ., art. 1009-1) ne méconnaît pas les règles coutumières du droit public international relatives à l'immunité d'exécution, dès lors que cette faculté ne constitue ni ne permet, par elle-même, une exécution forcée de la décision juridictionnelle. • CE 28 déc. 2018, n° 418889 A.

2. Défendeur au pourvoi. Tout défendeur au pourvoi a la faculté d'invoquer à son profit le bénéfice des dispositions du texte. • Cass., ord., 17 déc. 1993, n° 91-43.148 P.

3. Demandeur au pourvoi. L'art. 1009-1 est applicable à l'encontre de l'État. • Cass., ord., 24 janv. 1990 : *D. 1990. 322, note Plouvin*. ♦ ... Ou à l'encontre d'une commune. • Cass., ord., 14 déc. 1993, n° 93-70.074 P (indemnité d'expropriation). ♦ ... Ou à l'encontre d'un État étranger. • Cass., ord., 14 mars 1995, n° 94-14.924 P : *Rev. arb. 1997. 229* • Cass., ord., 9 nov. 2017, n° 17-15.076 : *Rev. arb. 2018. 361, note Nyssen et Laurent de Rumel.*

4. Décisions visées. La requête en retrait du rôle est sans objet lorsque l'arrêt contre lequel le pourvoi a été formé ne comprend aucune condamnation principale. • Cass., ord., 14 déc. 1993, n° 92-70.346 P (arrêt fixant le prix d'un immeuble). ♦ Dans le même sens • Cass., ord., 15 janv. 1997, n° 95-43.130 P. ♦ L'art. 1009-1 ne peut être appliqué à un pourvoi formé contre les dispositions civiles d'une décision rendue par une juridiction pénale. • Cass., ord., 10 mai 1993, n° 92-85.775 P.

5. La procédure de retrait du rôle étant destinée à garantir au bénéficiaire d'une décision exécutoire la pleine effectivité des prérogatives qui lui sont reconnues par le juge du fond, il n'y a pas lieu d'autoriser le retrait du rôle d'un pourvoi lorsque l'inexécution invoquée ne bénéficie pas directement à l'une des parties, mais tend seulement à assurer, par le versement d'une provision, le fonctionnement d'une mesure d'instruction destinée à permettre l'évaluation d'un préjudice par le juge du fond. • Cass., ord., 23 mai 2001, n° 00-17.217 P.

6. Procédure. Le retrait du rôle n'est ni une sanction d'un défaut de diligences, ni celle d'une irrecevabilité, mais une mesure d'administration et de régulation qui peut être sollicitée dès le dépôt de la déclaration du pourvoi au greffe. • Cass., ord., 24 janv. 1990 : *D. 1990. 322, note Plouvin* • 9 févr. 1990 : *D. 1990. Somm. 341, obs. Julien* ; *RTD civ. 1990. 563, obs. Perrot*. ♦ ... Et sans avoir à attendre l'expiration des délais de production des mémoires en demande ou en défense. • Cass., ord., 26 mai 1992, n° 92-10.592 P : *Rev. huiss. 1993. 120.* ♦ ... Qui ne peut être décidée qu'à la demande du défendeur. • Cass., ord., 30 avr. 1997, n° 96-60.194 P.

7. Est irrecevable la requête en radiation de rôle présentée après le délai d'expiration du mémoire en défense. • Cass., ord., 13 nov. 2008, n° 08-92.907 P. ♦ En application des dispositions de l'art. 1009-1 entrées en vigueur le 1er mars 1999, est irrecevable une requête en retrait du rôle présentée postérieurement à l'expiration du délai de trois mois imparti, dans les procédures avec représentation obligatoire, au défendeur au pourvoi pour déposer un mémoire en défense. • Cass., ord., 16 févr. 2000, n° 98-13.842 P. ♦ Dès lors, pour les procédures dans lesquelles le délai de dépôt était expiré et afin de donner un effet immédiat à cette règle de droit nouvelle, le délai de la requête court à compter de son entrée en vigueur. • Même ordonnance.

8. Doit être déclarée irrecevable une requête en retrait du rôle présentée après l'expiration du délai imparti au défendeur pour déposer son mémoire (dans une situation où il avait déjà été statué sur une requête tendant aux mêmes fins par une décision ayant entraîné le dessaisissement du juge). • Cass., ord., 14 févr. 2001, n° 99-13.022 P.

9. En cas de retrait du rôle et de réinscription, un nouveau délai commence à courir à compter de la notification de l'ordonnance autorisant la réinscription. • Cass., ord., 31 oct. 2001, n° 98-20.922 P.

10. La fin de non-recevoir tirée de l'inexécution de l'arrêt relève de la compétence exclusive du premier président de la Cour de cassation. • Soc. 4 mai 1999 : *Gaz. Pal. 1999. 2. Somm. 701, obs. Perdriau.* ♦ ... Et ne peut donc être présentée devant la chambre saisie du pourvoi. • Soc. 21 mai 2002 : *Gaz. Pal. 12-14 janv. 2003, p. 39, obs. Perdriau.*

11. En présence de deux pourvois connexes, s'il est demandé le retrait du rôle de l'un seul des pourvois, l'intérêt d'une bonne administration de la justice impose le rejet de la requête en retrait pour que l'examen des pourvois ne soit pas dissocié. • Cass., ord., 26 nov. 2003, n° 02-21.084 P.

12. La demande de retrait n'a pas, par elle-même, pour effet de suspendre ou d'interrompre le délai de dépôt et de signification du mémoire en réponse prévu par l'art. 982. • Com. 15 déc. 1992, n° 90-15.557 P.

13. Simple mesure d'administration et de régulation, l'ordonnance de retrait du rôle ne peut comporter de condamnation. Elle ne peut donc statuer sur la demande formulée au titre de l'art. 700. • Cass., ord., 8 nov. 1993, n° 90-18.078 P : *D. 1994. 262, note Fricero* ; *JCP 1994. II. 22252, note Julien* • 17 mai 1995 : *Bull. civ. ord., n° 20.*

14. La prescription de l'action en diffamation,

suspendue par le pourvoi en cassation, recommence à courir à compter de la notification de l'ordonnance de retrait du rôle prononcée en application de l'art. 1009-1. • Civ. 2e, 21 févr. 2002, n° 97-10.544 P : *D. 2002. IR 1013*.

15. *Droit électoral.* S'agissant d'un pourvoi en cassation formé en matière d'élections professionnelles, qui obéit aux dispositions des art. 999 s., si le défendeur n'est pas tenu de se faire représenter par un avocat au Conseil d'État et à la Cour de cassation, tout autre mandataire qui sollicite la radiation de l'affaire du rôle en application de l'art. 1009-1, doit être muni d'un pouvoir spécial à défaut de la production, la demande de radiation est irrecevable. • Cass., ord., 13 févr. 2014, n° 13-27.068 P.

16. *Conv. EDH.* BIBL. Brunet, *Mél. Normand, Litec, 2003, p. 51.* ♦ Le demandeur au pourvoi ne peut invoquer l'art. 6 de la Conv. EDH pour s'opposer à une demande de retrait du rôle, dès lors qu'il a pu exercer son droit au pourvoi en cassation, et qu'il ne saurait se dispenser d'observer ses propres obligations d'exécuter les causes de la décision de condamnation, privant de ce fait son adversaire d'une prérogative que lui reconnaissent les lois d'organisation judiciaire. • Cass., ord., 22 févr. 1995, n° 94-12.368 P. ♦ La Cour européenne des droits de l'homme estime légitimes les buts poursuivis par l'obligation d'exécution d'une décision frappée de pourvoi (art. 1009-1), notamment assurer la protection du créancier, éviter les pourvois dilatoires, renforcer l'autorité des juges du fond, désengorger le rôle de la Cour de cassation. • CEDH 14 nov. 2000, n° 31819/96 : *D. 2001. Somm. 1061, obs. Fricero ; Dr. et pr. 2001. 167, note Hugon ; Procédures 2001, n° 41, note Croze ; RTD civ. 2001. 445, obs. Marguénaud*. ♦ Sur la jurisprudence européenne, V. note 44 ss. Conv. EDH, art. 6, App., v° *Droit européen et international*.

17. La procédure se déroulant devant la Cour de cassation doit présenter les garanties prévues à l'art. 6, § 1, de la Conv. EDH, notamment en ce qu'il assure aux plaideurs un droit effectif d'accès à la Cour. • Cass., ord., 23 avr. 2003, n° 02-12.181 P. ♦ La mesure de retrait du rôle d'une affaire pendante devant la Cour de cassation, prononcée en application de l'art. 1009-1, ne doit pas restreindre l'accès à la juridiction ouvert aux requérants d'une manière ou à un point tels que le droit au recours s'en trouve atteint dans sa substance même. Cette mesure, poursuivant le but légitime d'assurer la protection du créancier, d'éviter les pourvois dilatoires, de renforcer l'autorité des juges du fond et de désengorger le *rôle de la Cour de cassation, ne peut* être ordonnée que dans le respect d'un rapport raisonnable de proportionnalité entre les moyens employés et le but visé. • Même ordonnance. ♦ Il n'y a pas lieu à retrait du rôle du pourvoi, dès lors qu'eu égard à l'intérêt du litige et aux droits fondamentaux en cause, cette mesure, justifiée par le seul fait que les dépens d'appel n'aient pas été réglés aux avoués des défendeurs au pourvoi, constituerait une entrave disproportionnée au droit d'accès au juge imposée au demandeur au pourvoi. • Même ordonnance. ♦ Pour un autre exemple de décision de radiation du pourvoi constitutive d'une mesure disproportionnée au regard des buts visés, entravant l'accès effectif de l'intéressé à la Cour de cassation (en raison, notamment, du caractère substantiel du montant global de la condamnation infligée comme de l'exécution partielle de celle-ci), V. • CEDH 25 sept. 2003 : *BICC 2003, n° 1351 ; D. 2004. Somm. 988, obs. Fricero*. – V. aussi • CEDH 3 oct. 2006 : *D. 2006. IR 2691.*

18. Dans le but d'éviter une telle atteinte à la substance du droit au recours, il convient d'autoriser la réinscription au rôle, dès lors que le demandeur a été mis en redressement judiciaire postérieurement à la mesure de retrait du rôle et que la créance invoquée à son encontre est antérieure au jugement d'ouverture, lequel emporte de plein droit interdiction de payer toute créance née antérieurement à son prononcé conformément à l'art. L. 621-24 C. com. • Cass., ord., 12 nov. 2003, n° 01-15.989 P. ♦ De même, lorsque la situation du demandeur fait irrémédiablement obstacle à l'exécution intégrale de la condamnation, la réinscription au rôle peut être autorisée en cas d'exécution partielle significative effectuée dans l'extrême limite des facultés contributives du débiteur. • Cass., ord., 12 nov. 2003, n° 98-11.202 P. ♦ Tel est le cas d'un demandeur ayant régulièrement effectué des paiements au profit du créancier dans le cadre d'un plan de continuation homologué. • Même ordonnance.

19. Il y a lieu d'autoriser la réinscription au rôle du pourvoi contre un arrêt ayant statué sur un litige entre deux sociétés, dès lors que la décision antérieure sur la compétence des juridictions françaises vient d'être cassée par la Cour de cassation et qu'exiger l'exécution du second arrêt comme condition de l'exercice effectif du recours en cassation contre celui-ci serait de nature à entraîner des conséquences sans proportion avec la finalité des dispositions de l'art. 1009-1, en contradiction avec les exigences de l'art. 6, § 1, Conv. EDH. • Cass., ord., 9 mai 2001, n° 98-13.928 P. ♦ Il y a lieu d'ordonner la réinscription au rôle d'un pourvoi dès lors que, dans le délai de deux ans suivant la notification d'une ordonnance de radiation faute d'exécution des condamnations prononcées par l'arrêt attaqué, le demandeur au pourvoi, domicilié en Allemagne, justifie qu'il fait l'objet dans ce pays d'un jugement d'ouverture de procédure d'insolvabilité avec désignation d'un administrateur et invitation de ses créanciers à produire leur créance. • Cass., prés., 5 juin 2008, n° 80-02.024 P.

20. Portée de la décision de retrait. Une ordonnance de retrait du rôle d'un pourvoi formé contre un arrêt non signifié, rendue en application de l'art. 1009-1 à la requête du défendeur à ce recours, ne prive pas ce dernier, en cas de rétablissement au rôle après exécution, de la possibilité de soulever l'irrecevabilité du pourvoi faute de signification de l'arrêt attaqué. • Civ. 3e, 25 sept. 2002, n° 00-70.105 P.

B. EXÉCUTION DE LA DÉCISION ATTAQUÉE

21. Décision attaquée. Dès lors qu'un arrêt prononçant la nullité de l'avenant à un contrat d'assurance n'est pas en tant que tel susceptible d'inexécution par le demandeur au pourvoi, les difficultés afférentes à une autre décision judiciaire ayant, dans la même affaire, ordonné un séquestre ne sont pas assimilables à une inexécution de l'arrêt prononçant la nullité. La radiation ne peut dès lors être ordonnée. • Cass., ord., 9 avr. 2009, n° 08-16.622 P.

22. Versement provisionnel. V. : • Cass., ord., 17 déc. 1992, n° 91-22.114 P.

23. Frais et dépens. V. : • Cass., ord., 5 janv. 1994, n° 92-13.776 P • 7 févr. 1995, n° 94-12.652 P.

24. Sentences arbitrales exécutoires. V. : • Cass., ord., 30 juill. 1994, n° 93-17.422 P • 21 mars 1995, n° 94-13.452 P.

25. Mesures ordonnées par le juge du fond. L'inexécution peut concerner des obligations autres que celles portant sur des sommes d'argent ; elle se traduit alors par l'absence de diligences propres à faire conclure à la volonté de déférer à la décision des juges du fond. • Cass., ord., 21 déc. 1993, n° 93-16.019 P (fermeture d'un magasin le dimanche) • 22 févr. 1995, n° 94-17.329 P (travaux ordonnés sous astreinte) • 24 févr. 1994, n° 93-16.921 P (insertion d'un droit de réponse).

26. Versements partiels. Il peut être tenu compte cumulativement de l'importance des conséquences d'une exécution totale immédiate et de la volonté de déférer à la décision des juges (démontrée par des versements partiels réguliers), pour refuser le retrait. • Cass., ord., 5 janv. 1994, n° 92-11.182 P. ♦ V. aussi note 18, et note 1 ss. art. 1009-3.

27. Consignation. La proposition de consignation faite par le demandeur au pourvoi – en raison des aléas inhérents à la situation de la société créancière, en liquidation judiciaire – ne peut être assimilée à l'exécution des causes de l'arrêt. • Cass., ord., 5 déc. 2001, n° 01-01.038 P. ♦ V. aussi note 33.

28. Exécution aménagée par les parties. Lorsqu'un arrêt, ayant condamné une partie à verser diverses sommes, est en cours d'exécution suivant un échéancier convenu entre les parties, il n'y a pas lieu à retrait du rôle. • Cass., ord., 12 avr. 1995, n° 94-18.325 P • 28 avr. 1995, n° 94-16.828 P.

29. Il y a lieu de retirer du rôle le pourvoi formé par diverses parties contre un arrêt qui les a condamnées à payer une somme, dès lors qu'elles ne justifient ni d'un accord de paiement échelonné, ni d'avoir accepté la succession dont elles invoquent l'absence de liquidation-partage. • Cass., ord., 14 févr. 2001, n° 00-19.246 P. ♦ La mention dans un décompte d'huissier de l'existence de deux paiements partiels, même opérés à un mois de distance, ne suffit pas à prouver l'existence d'un accord de paiement échelonné. • Même ordonnance.

30. Indivisibilité. Il n'y a pas lieu de retirer du rôle le pourvoi contre un arrêt ayant condamné plusieurs indivisaires à régler certaines sommes, dès lors qu'un seul des indivisaires a exécuté l'arrêt et que la situation des indivisaires est indissociable. • Cass., ord., 30 janv. 2002, n° 00-19.938 P.

31. Délais. Une précédente demande de retrait du rôle ayant été rejetée, au motif que la partie condamnée, demanderesse au pourvoi, s'engageait à s'acquitter mensuellement de sa dette, le retrait doit être prononcé dès lors que cette partie n'a effectué que deux versements et a cessé, ensuite, tout règlement. • Cass., ord., 22 févr. 1995, n° 93-41.134 P.

32. Conséquences manifestement excessives. Précarité de la situation personnelle du demandeur au pourvoi : • Cass., ord., 20 oct. 1993, n° 93-12.675 P • 31 janv. 1995, n° 94-10.068 P • 7 févr. 1995, n° 94-16.330 P • 28 avr. 1995, n° 94-19.617 P • 17 mai 1995, n° 94-16.488 P. ♦ Conséquences préjudiciables à l'intérêt d'un enfant : • Cass., ord., 30 juin 1992, n° 92-13.143 P : *Rev. huissiers 1993. 347.* ♦ Divulgation d'informations relatives à la vie privée : • Cass., ord., 30 juin 1992, n° 91-13.901 P : *Rev. huissiers 1993. 347.* ♦ Sur la libération des lieux du locataire expulsé entraînant perte de toute substance d'un fonds de commerce : • Cass., ord., 21 mai 1997 : *Procédures 1998, n° 8, obs. Croze.* ♦ Condamnation au paiement de sommes (preuve de la situation financière délicate) : • Cass., ord., 9 févr. 2000, n° 99-12.903 P • 9 févr. 2000, n° 99-16.754 P • 9 mai 2001, n° 98-13.928 P • 9 mai 2001 : *Bull. civ. ord., n° 1.*

33. Il ne peut être tiré de la seule circonstance de la liquidation judiciaire d'une société au profit de laquelle des condamnations ont été prononcées que l'exécution de l'arrêt aurait des conséquences manifestement excessives. • Cass., ord., 7 févr. 2001, n° 00-13.452 P. ♦ V. aussi note 27.

V. également, sur le fondement de l'art. 6, § 1, Conv. EDH, note 17.

34. La seule circonstance qu'une réduction des délais ait été accordée, en application de l'art. 1009 NCPC [devenu C. pr. civ.], dans un pourvoi formé contre un arrêt rendu sur renvoi après cassation ne saurait dispenser le demandeur au pourvoi d'exécuter la décision attaquée dès lors qu'il ne démontre pas que cette exécution serait impossible ou aurait des conséquences manifestement excessives. Il y a donc lieu à radiation de l'affaire du rôle en application de l'art. 1009-1 C. pr. civ. • Cass., ord., 13 mars 2008, n° 08-01.950 P.

35. Sursis à exécution. Aux conséquences manifestement excessives, il faut ajouter la suspension de l'obligation d'exécution résultant d'une décision du JEX. • Cass., ord., 17 nov. 1993, n° 93-12.779 P. ♦ En revanche la décision d'une juridiction étrangère ordonnant le sursis à exécution ne pourrait être prise en compte, une telle décision n'ayant pas d'effet dans l'ordre juridique français. • Cass., ord., 23 mars 1994, n° 90-17.346 P.

36. Impossibilité d'exécuter. Il n'y a pas non plus lieu de décider le retrait en cas d'impossibilité d'exécuter. • Cass., ord., 29 sept. 1993, n° 92-21.166 P • 23 févr. 1994, n° 93-43.525 P • 15 janv. 1997, n° 95-20.933 P (procédure de redressement judiciaire ouverte entre-temps et interdisant au débiteur de payer toute créance) • 23 mars 1994, n° 93-19.003 P (modification d'un contrat de travail ne pouvant être effectuée par le seul auteur du pourvoi). ♦ Encore faut-il que la preuve de l'impossibilité d'exécuter soit rapportée. • Cass., ord., 23 mars 1994, n° 93-43.994 P. ♦ Ainsi le retrait peut-il être décidé lorsqu'un administrateur au règlement judiciaire ou le représentant des créanciers ne justifie pas avoir accompli les diligences nécessaires pour que l'ASSEDIC fasse l'avance des sommes fixées par l'arrêt attaqué au profit de salariés. • Cass., ord., 17 déc. 1993, n° 93-41.600 P.

V. aussi, dans l'hypothèse de salariés s'opposant à leur réintégration. • Cass., ord., 23 mai 2001, n° 00-20.939 P.

37. Le bénéfice de l'exécution d'une décision frappée d'un recours non suspensif d'exécution n'est pas absolu et peut céder en raison de considérations plus impérieuses. • Cass., ord., 27 mars 2002, n° 01-12.034 P. ♦ Dès lors il n'y a pas lieu de retirer du rôle le pourvoi formé par l'Aide sociale à l'enfance contre un arrêt ayant notamment prononcé l'ouverture de la tutelle testamentaire de trois enfants, les enfants ayant été maintenus par décision de justice postérieure à l'arrêt dans le placement dans lequel ils se trouvaient et leur intérêt étant que la procédure dont l'objet est de régler leur tutelle connaisse une issue rapide. • Cass., ord., 27 mars 2002 : *préc. (1re ord.).* ♦ Même solution pour un litige relatif à la liquidation-partage d'une succession. • Cass., ord., 27 mars 2002 : *préc. (2e ord.).*

38. Garantie d'exécution. A l'impossibilité d'exécuter, il faut assimiler le cas où le défendeur au pourvoi a obtenu des garanties certaines d'exécution. • Cass., ord., 5 avr. 1994, n° 92-17.532 P (saisie-arrêt pratiquée par le défendeur, le cantonnement et l'affectation de la somme nécessaire à la garantie de la créance ayant été autorisés par le juge des référés).

39. Consignation. Le débiteur ne peut opposer à la demande de retrait une consignation faite à l'étranger, dans des conditions exclusives de toute exécution. • Cass., ord., 26 juill. 1994, n° 91-17.349 P. ♦ ... Ni une consignation opérée sur un compte CARPA et non affectée à la garantie de la créance invoquée. • Cass., ord., 17 déc. 1992, n° 91-22.114 P.

40. Contestation sur l'inexécution. La contestation sur l'inexécution de l'arrêt n'est pas recevable dès lors que les moyens de défense en réponse à la demande de retrait sont produits trop tardivement pour être utilement discutés. • Cass., ord., 20 févr. 2002, n° 01-21.140 P.

41. Combinaison avec l'art. 1009. Si la nature d'une condamnation non exécutée – arrêt infirmatif ordonnant des travaux immobiliers de reconstruction et de démolition – ne permet pas, eu égard aux conséquences manifestement excessives qui en résulteraient, d'ordonner la radiation du rôle en application de l'art. 1009-1 C. pr. civ., le premier président, sur le fondement de l'art. 1009, peut, par la même ordonnance, réduire les délais de production des mémoires de façon à ce qu'il soit statué le plus rapidement possible sur le fond du pourvoi. • Cass., ord., 5 juin 2008, n° 07-20.355 P.

Art. 1009-2 *(Décr. n° 99-131 du 26 févr. 1999, art. 11, en vigueur le 1er mars 1999)* **Le délai de péremption court à compter de la notification de la décision ordonnant** *(Décr. n° 2005-1678 du 28 déc. 2005, art. 49, en vigueur le 1er mars 2006)* **« la radiation ». Il est interrompu par un acte manifestant sans équivoque la volonté d'exécuter.**

(Décr. n° 2008-484 du 22 mai 2008, art. 12) **« Le premier président ou son délégué peut, même d'office, après avoir invité les parties à présenter leurs observations, constater la péremption. »**

L'art. 49 du Décr. n° 2005-1678 du 28 déc. 2005 est applicable aux procédures en cours (Décr. préc., art. 87, al. 2).

BIBL. ▸ V. ss. art. 984. – Fiche méthodologique, *BICC 15 mars 2008, p. 6* (la radiation des pourvois du rôle de la Cour de cassation et la constatation de la péremption).

1. Délai de péremption. La notification prévue par l'art. 1009 devant être faite à personne, en l'absence de justification de la réception de la lettre recommandée avec demande d'avis de réception, le délai de péremption ne commence pas à courir. • Cass., ord., 23 avr. 2003, ☎ n° 98-21.597 P. ♦ De même, la lettre recommandée contenant notification d'une décision du premier président de la Cour de cassation ordonnant la radiation de l'affaire ne fait pas courir le délai de péremption lorsqu'elle est retournée avec la mention « non réclamée, retour à l'envoyeur ». • Cass., ord., 26 févr. 2009, ☎ n° 90-93.587 P.

2. Il y a lieu de constater la péremption de l'instance dont le pourvoi a fait l'objet d'un retrait du rôle dès lors que le demandeur au pourvoi n'a formulé de demande de réinscription que postérieurement à l'expiration du délai de péremption et qu'il a pendant ce délai réglé d'autres créances que celle concernée. • Cass., ord., 7 févr. 2001, ☎ n° 97-19.084 P. ♦ Il en est de même dès lors qu'il n'est pas prétendu que la partie concernée par la péremption aurait accompli un acte significatif d'exécution de la décision attaquée de nature à interrompre le délai de péremption. • Cass., ord., 23 mai 2001, ☎ n° 97-22.084 P. ♦ Il y a lieu de relever d'office, en application de l'art. 1009-2 C. pr. civ. dans sa rédaction résultant du Décr. n° 2008-464 du 22 mai 2008, la constatation de la péremption de l'instance afférente à un pourvoi ayant fait l'objet d'un retrait du rôle, dès lors que, pendant le délai biennal de cette péremption, aucun acte manifestant sans équivoque la volonté d'exécuter la décision attaquée n'a été accompli. • Cass., ord., 9 oct. 2008, n° 89-21.674 P : *JCP 2009. I. 142, n° 16, obs. Amrani Mekki.*

3. Pour faire courir le délai de péremption visé à l'art. 1009-2, la notification à l'étranger d'une ordonnance de radiation rendue en application de l'art. 1009-1 doit être effectuée conformément aux dispositions des art. 683 s. • Cass., ord., 6 févr. 2014, ☎ n° 10-19.156 P.

4. Constatation de la péremption. Est nulle la requête tendant à la constatation de la péremption faite au nom d'une personne décédée, la reprise d'instance postérieure de ses héritiers ne pouvant avoir pour effet de régulariser un acte nul. • Cass., ord., 9 oct. 2008, n° 04-18.764 P : *JCP 2009. I. 142, n° 16, obs. Amrani Mekki.*

5. Interruption de l'instance. Dès lors que l'exécution de l'arrêt frappé de pourvoi est intervenue, le demandeur, dont le pourvoi a été retiré du rôle, est fondé à invoquer les causes ordinaires d'interruption de la péremption d'instance. • Cass., ord., 23 mai 2001, ☎ n° 96-41.575 P.

6. Constituent des actes interruptifs de la péremption, chacun à sa date, des versements considérés comme significatifs. • Cass., ord., 23 mai 2001 : ☎ *préc. note 2.*

7. Le pourvoi formé par une société ayant été retiré du rôle en application de l'art. 1009-1, et cette société ayant ultérieurement été placée en redressement judiciaire, il y a lieu de rejeter la requête tendant à faire constater la péremption d'instance, l'instance ayant été interrompue par l'effet du jugement prononçant le redressement judiciaire, cette interruption entraînant celle du délai de péremption, et l'instance n'ayant pas été reprise. • Cass., ord., 4 mars 1998, ☎ n° 92-15.314 P.

Art. 1009-3 *(Décr. n° 99-131 du 26 févr. 1999, art. 11, en vigueur le 1er mars 1999)* **Le premier président ou son délégué autorise, sauf s'il constate la péremption, la réinscription de l'affaire au rôle de la cour sur justification de l'exécution de la décision attaquée.**

Les délais impartis au défendeur par les articles 982 et 991 courent à compter de la notification de la réinscription de l'affaire au rôle.

BIBL. ▶ V. ss. art. 984. – Fiche méthodologique, *BICC 15 mars 2008, p. 6* (la radiation des pourvois du rôle de la Cour de cassation et la constatation de la péremption).

1. Exécution partielle. Une exécution partielle de la décision attaquée peut parfois suffire à permettre la réinscription au rôle de la Cour de cassation d'une instance en ayant été retirée, dès *lors qu'elle révèle pour le demandeur,* eu égard à sa situation, une volonté non équivoque de déférer à la décision des juges du fond. • Cass., ord., 9 mai 2001, ☎ n° 99-11.328 P. ♦ Mais, tel n'est pas le cas d'une partie qui ne communique aucune pièce et ne démontre ainsi ni qu'elle est dans l'impossibilité d'exécuter les condamnations prononcées contre elle ni que les versements échelonnés qu'elle effectue – sans l'accord du créancier – correspondent au maximum de ses capacités contributives. • Même ordonnance. ♦ V. aussi notes 18 et 26 ss. art. 1009-1. ♦ V. également, pour un demandeur au pourvoi ayant réglé la quasi-totalité de sa dette, alors que le solde fait l'objet d'une saisie-attribution, • Cass., ord., 2 mai 2001, ☎ n° 98-23.402 P.

2. Lorsque les causes de l'arrêt attaqué ont été exécutées ainsi qu'il résulte de la transaction intervenue entre les parties, dont l'appréciation de la portée quant à un éventuel engagement de désistement du pourvoi ne relève pas de la juridiction du premier président, il y a lieu d'autoriser la réinscription de l'affaire au rôle de la Cour. • Cass., ord., 29 nov. 2007, ☎ n° 07-91.272 P.

3. Lorsque la situation du demandeur fait irrémédiablement obstacle à l'exécution intégrale de la condamnation, la réinscription au rôle de la Cour de cassation peut être autorisée en cas d'exécution partielle significative effectuée dans l'extrême limite des facultés contributives du débiteur. • Cass., ord., 23 avr. 2003, n° 00-10.385 P.

4. Placement en curatelle. Ne peut justifier la réinscription d'un pourvoi ayant fait l'objet d'une ordonnance de radiation pour inexécution des causes d'une condamnation la circonstance que la personne condamnée avait, avant sa condamnation, été placée sous le régime de la curatelle aménagée. • Cass., ord., 24 sept. 2009, n° 08-12.648 P.

5. Absence d'opposition. Il y a lieu d'autoriser la réinscription au rôle d'un pourvoi dès lors que les parties en ayant obtenu le retrait ne s'y opposent pas, contrairement à une autre partie qui ne s'était pas associée à la demande initiale et ne prétend pas bénéficier d'une obligation indivisible. • Cass., ord., 17 janv. 2001, n° 99-10.557 P.

6. Aide juridictionnelle totale. Il y a lieu d'ordonner la réinscription au rôle du pourvoi même si un seul des demandeurs a obtenu l'aide juridictionnelle totale et justifie que la faiblesse de ses ressources entraînerait des conséquences manifestement excessives si l'arrêt était exécuté, dès lors que l'examen du pourvoi ne peut faire l'objet d'une appréciation distincte, sauf à porter atteinte au principe de l'égalité des parties au procès. • Cass., ord., 23 mai 2001, n° 99-12.560 P.

7. Voies de recours. La décision par laquelle le premier président constate la péremption de l'instance en application des art. 1009-2 et 1009-3 n'est susceptible d'aucune voie de recours. • Civ. 2e, 20 nov. 2003, n° 02-17.204 P : *BICC 15 févr. 2004, p. 4, rapp. Karsenty, obs. Benmakhlouf ; D. 2003. IR 3006 ; Gaz. Pal. 29-30 oct. 2004, p. 22, obs. du Rusquec.*

8. Reprise des délais. Le délai imparti pour la remise du mémoire en réponse, interrompu par la demande de retrait du rôle, recommence à courir à compter de la notification de la réinscription de l'affaire au rôle, en application de l'art. 1009-3. • Civ. 2e, 4 déc. 2003, n° 98-21.652 P : *D. 2004. IR 395*. ♦ Il s'ensuit que le pourvoi incident, qui obéit au même délai que celui prévu pour la remise du mémoire en réponse, conformément à l'art. 1010, peu important qu'il ait été formé avant la notification de l'ordonnance de réinscription de l'affaire, est recevable (dans l'hypothèse d'une demande de retrait de rôle avant l'expiration du délai prescrit par l'art. 982 pour le dépôt et la notification du mémoire en défense remis le 30 juin 1999, du dépôt et de la notification d'un mémoire annexe en défense le 22 déc. 2000, et de la réinscription au rôle de l'affaire le 5 févr. 2003). • Même arrêt.

9. Sur le contrôle de la radiation et du refus de réinscription au rôle au regard du droit à un procès équitable, V. • CEDH 14 nov. 2006 : *Procédures 2007, n° 63, obs. Fricero.*

Art. 1010 Le pourvoi incident, même provoqué, doit, à peine d'irrecevabilité prononcée d'office, être fait sous forme de mémoire et contenir les mêmes indications que le mémoire du demandeur.

Le mémoire doit, sous la même sanction :

– être remis au *(Décr. n° 2004-836 du 20 août 2004, art. 52-I, en vigueur le 1er janv. 2005)* **« greffe » de la Cour de cassation avant l'expiration du délai prévu pour la remise du mémoire en réponse ;**

– être notifié dans le même délai aux avocats des autres parties au pourvoi incident. Si, dans les matières où la représentation est obligatoire, le défendeur n'a pas constitué avocat, le mémoire doit lui être signifié au plus tard dans le mois suivant l'expiration de ce délai *(Décr. n° 2010-1647 du 28 déc. 2010, art. 15-2°)* **« ; cependant, si, entre-temps, le défendeur constitue avocat avant la signification du mémoire, il est procédé par voie de notification à son avocat ».**

Le défendeur à un tel pourvoi dispose d'un délai d'un mois à compter de la notification pour remettre, et s'il y a lieu notifier, son mémoire en réponse. — *V. art. 1023.*

L'art. 52-I du Décr. n° 2004-836 du 20 août 2004 est applicable aux procédures en cours (Décr. préc., art. 59).

BIBL. ▶ **Décr. du 28 déc. 2010 :** *R. 2009, p. 14* (origine de la réforme) ; *ibid. 2010, p. 11* (réforme).

1. Le mémoire introductif doit, à peine d'irrecevabilité prononcée d'office, être remis au secrétariat-greffe de la Cour de cassation avant expiration du délai prévu pour la remise du mémoire en réponse. • Civ. 1re, 5 janv. 1982 : *JCP 1982. IV. 104.*

2. Le délai de l'al. 1er s'applique à la demande d'application de l'art. 700. • Civ. 3e, 13 nov. 1986 : *Bull. civ. III, n° 159.*

3. Le délai est allongé en cas de demande d'aide judiciaire pour former le pourvoi incident. • Civ. 2e, 12 oct. 1983 : *Bull. civ. II, n° 164.*

4. Le délai prévu par le dernier alinéa du texte est donné pour répondre au pourvoi incident ; il ne permet pas au demandeur au pourvoi principal d'invoquer un nouveau moyen de cassation. • Civ. 1re, 1er oct. 1985 : *JCP 1985. IV. 351.*

5. Le défendeur qui n'a pas formé de pourvoi

incident ou provoqué contre le jugement attaqué dans les délais impartis par l'art. 1010 n'est plus recevable à se pourvoir à titre principal contre ce jugement. • Civ. 2e, 24 févr. 2000, n° 97-16.933 P • 7 déc. 2005 : *JCP 2006. IV. 1026.*

Art. 1011 **Sauf le cas de déchéance prévu à l'article 978, l'affaire est distribuée dès que le demandeur a remis son mémoire et, au plus tard, à l'expiration du délai imparti à cette fin.**

Art. 1012 **Le président de la formation à laquelle l'affaire est distribuée désigne un conseiller ou un conseiller référendaire de cette formation en qualité de rapporteur.**

Il peut fixer aussitôt la date de l'audience.

(Décr. n° 2022-245 du 25 févr. 2022, art. 1er-18°) **« Il peut, après avoir recueilli l'accord des parties, désigner un médiateur afin d'entendre les parties et de confronter leurs points de vue pour leur permettre de trouver une solution au conflit qui les oppose, conformément à l'article 131-1. La décision ordonnant la médiation est prise après le dépôt des mémoires et, s'il y a lieu, après avis du procureur général. Le président de la formation à laquelle l'affaire a été distribuée fixe la durée de la médiation conformément à l'article 131-3, en considération de la date de l'audience qu'il a fixée. »**

Les dispositions issues de l'art. 1er du Décr. n° 2022-245 du 25 févr. 2022 sont applicables aux instances en cours (Décr. préc., art. 6-1°).

BIBL. ▶ Cachelot, *Just. et cass. 2008. 175* (le rôle du conseiller rapporteur à la Cour de cassation). – Tricot, *Mél. Ponsard, Litec, 2003, p. 263* (élaboration d'un arrêt de la Cour de cassation).

Art. 1013 *(Décr. n° 2021-1341 du 13 oct. 2021, art. 1er-3°)* **En dehors des cas dans lesquels la chambre statue en formation restreinte, le président peut, notamment lorsque la complexité de l'affaire le justifie, désigner deux rapporteurs parmi les conseillers ou les conseillers référendaires.**

Lorsque l'affaire nécessite une instruction approfondie, il est tenu, avant le dépôt du rapport, une séance d'instruction à laquelle participent :

1° Le président de la chambre désigné selon les modalités prévues au premier alinéa de l'article R. 431-1 du code de l'organisation judiciaire ;

2° Le ou les doyens de section ;

3° Le ou les rapporteurs désignés ;

4° Le ou les conseillers et conseillers référendaires choisis par le président de chambre ;

5° Le ou les avocats généraux.

Art. 1014 *(Décr. n° 2014-1338 du 6 nov. 2014, art. 19)* **Après le dépôt des mémoires, cette formation décide qu'il n'y a pas lieu de statuer par une décision spécialement motivée lorsque le pourvoi est irrecevable ou lorsqu'il n'est manifestement pas de nature à entraîner la cassation.**

Toute formation peut aussi décider de ne pas répondre de façon spécialement motivée à un ou plusieurs moyens irrecevables ou qui ne sont manifestement pas de nature à entraîner la cassation.

(Décr. n° 2022-245 du 25 févr. 2022, art. 1er-19°) **« La formation restreinte est compétente pour homologuer le constat d'accord conformément à l'article 131-12 ou pour mettre fin à la mission du médiateur conformément à l'article 131-10. »**

Les dispositions issues de l'art. 1er du Décr. n° 2022-245 du 25 févr. 2022 sont applicables aux instances en cours (Décr. préc., art. 6-1°).

V. Circ. du 12 nov. 2014, ss. art. 380.

BIBL. ▶ Atias, *D. 2010. 1374*. – Canivet, *D. 2002. 2195* (bilan d'un semestre d'application de l'art. L. 131-6 COJ). – Cottin, *D. 2002. Chron. 748*. – Masse-Dessen, Procès du travail, travail du procès, *Bibliothèque de l'Institut André Tunc, t. 16, LGDJ 2008, p. 415.* – Perdriau, *JCP 2002. I. 181.* – Poulet, *Gaz. Pal. 7-8 févr. 2014, p. 9* (pratique des décisions de non-admission. Point de vue d'un avocat à la Cour de cassation). – Tricot, *Mél. Borré, Dalloz 2006, p. 459* (le fabuleux destin d'une décision de non-admission ou les périls de l'interprétation). – Vigneau, *D. 2010. 102* (le régime de la non-admission des pourvois devant la Cour de cassation).

▶ **Décr. du 6 nov. 2014 :** Baraduc et Boré, *JCP 2014. 1242* (simplification de la procédure devant la Cour de cassation).

Omission de statuer. A défaut de démontrer une omission de statuer qui ne peut résulter d'une omission du rapport écrit, la contestation émise postérieurement au prononcé de la décision, motif pris notamment de l'absence de réponse à un moyen dans le rapport écrit, laquelle est identique à celle, irrecevable comme tardive, formulée après clôture des débats, présuppose que la décision rendue n'est fondée que sur ce rapport, alors que l'affaire a donné lieu à débat lors de l'audience ; en conséquence, en l'absence d'erreur de procédure, il n'y pas lieu à rabat de la décision et qu'il n'y a pas lieu davantage à rectification de la décision. • Civ. 3e, 15 déc. 2016, n° 14-17.665 P.

Art. 1015 *(Décr. n° 2017-396 du 24 mars 2017, art. 1er)* **Lorsqu'il est envisagé de relever d'office un ou plusieurs moyens, de rejeter un moyen par substitution d'un motif de pur droit relevé d'office à un motif erroné ou de prononcer une cassation sans renvoi, le président de la formation ou** *(Décr. n° 2021-1641 du 13 oct. 2021, art. 1er-4°-a)* **« le ou les rapporteurs en avisent » les parties et les** *(Décr. n° 2021-1341 du 13 oct. 2021, art. 1er-4°-a)* **« invitent » à présenter leurs observations dans le délai** *(Décr. n° 2021-1341 du 13 oct. 2021, art. 1er-4°-a)* **« qu'ils fixent ».**

Il en est de même lorsqu'il est envisagé de statuer au fond après cassation. En ce cas, le président de la formation ou *(Décr. n° 2021-1341 du 13 oct. 2021, art. 1er-4°-b)* **« le ou les rapporteurs précisent » les chefs du dispositif de la décision attaquée susceptibles d'être atteints par la cassation et les points sur lesquels il pourrait être statué au fond. Le cas échéant,** *(Décr. n° 2021-1341 du 13 oct. 2021, art. 1er-4°-b)* **« ils peuvent » demander aux parties de communiquer, dans le respect du principe de la contradiction et selon les modalités** *(Décr. n° 2021-1341 du 13 oct. 2021, art. 1er-4°-b)* **« qu'ils définissent », toute pièce utile à la décision sur le fond envisagée.** – *V. COJ, art. L. 411-3.*

BIBL. ▸ **Décr. du 24 mars 2017 :** AMRANI MEKKI, *JCP 2017. 585.* – FERRAND, *JCP 2017. 366.* – POULET, *D. actu. 31 mars 2017.*

Le texte ne visant que les moyens de cassation, le Conseil d'État a décidé qu'il porte atteinte au principe de l'égalité des citoyens devant la justice en ce qu'il dispense le juge de l'obligation d'avertir les parties, notamment le demandeur, des moyens de rejet du pourvoi qui peuvent être soulevés d'office. • CE 5 juill. 1985 : *Gaz. Pal. 1985. 2. 742, note Guinchard et Moussa ; JCP 1985. II. 20478, concl. Jeanneney ; RTD civ. 1986. 169, obs. Normand.*

Art. 1015-1 *(Décr. n° 99-131 du 26 févr. 1999, art. 12, en vigueur le 1er mars 1999)* **La chambre saisie d'un pourvoi peut solliciter l'avis d'une autre chambre saisie sur un point de droit qui relève de la compétence de celle-ci.**

(Décr. n° 2021-1341 du 13 oct. 2021, art. 1er-5°-a) **« L'avocat général et les parties en sont avisés » par le président de la chambre saisie du pourvoi.** *(Décr. n° 2021-1341 du 13 oct. 2021, art. 1er-5°-a)* **« Ils » peuvent présenter des observations devant la chambre appelée à donner son avis.**

(Décr. n° 2021-1341 du 13 oct. 2021, art. 1er-5°-b) **« Le rapporteur de la formation chargée de statuer sur le pourvoi assiste au délibéré de la formation chargée de rendre l'avis. Le rapporteur de la formation qui a rendu l'avis assiste au délibéré de celle chargée de statuer sur le pourvoi. »**

BIBL. ▸ V. ss. art. 984.

Art. 1015-2 *(Décr. n° 2017-396 du 24 mars 2017, art. 2)* **Lorsque la Cour de cassation invite une personne à produire des observations d'ordre général sur les points qu'elle détermine en application de l'article L. 431-3-1 du code de l'organisation judiciaire, celle-ci peut faire des observations par écrit, qui sont alors communiquées aux parties, ou être entendue au cours d'une audience à laquelle les parties sont convoquées. Il est imparti à ces dernières un délai pour présenter leurs observations écrites.**

BIBL. ▸ **Décr. du 24 mars 2017 :** AMRANI MEKKI, *JCP 2017. 585.* – DEUMIER, *RTD civ. 2018. 600* (la jurisprudence d'aujourd'hui et de demain). – FERRAND, *JCP 2017. 366.* – POULET, *D. actu. 31 mars 2017.*

Art. 1016 **Conformément aux articles 11-1 et 11-2 de la loi n° 72-626 du 5 juillet 1972 modifiée, les débats sont publics. La Cour peut néanmoins décider que les débats auront lieu ou se poursuivront en chambre du conseil s'il doit résulter de leur publicité une atteinte à l'intimité de la vie privée, ou si toutes les parties le demandent, ou s'il survient des désordres de nature à troubler la sérénité de la justice.**

Les arrêts sont prononcés publiquement *(Décr. n° 2014-1338 du 6 nov. 2014, art. 21)* **« notamment par mise à disposition au greffe ».**

V. ss. art. 435 et 451, art. 11-1 et 11-2 de la L. n° 72-626 du 5 juill. 1972.

Art. 1017 Le rapport est fait à l'audience.

Art. 1018 Les avocats sont entendus après le rapport s'ils le demandent. Les parties peuvent aussi être entendues après y avoir été autorisées par le président.

BIBL. ▶ BARADUC, *Gaz. Pal. 2000. 1. Doctr. 735.* – A. LYON-CAEN, *Mél. Drai, Dalloz 2000, p. 415.*

1. Les dispositions de l'art. 1018, ne faisant pas obstacle à ce que la Cour de cassation avertisse les parties du jour de l'audience, si elles en font la demande, ne portent pas atteinte à des garanties essentielles des justiciables. • CE 5 juill. 1985 : *préc. ss. art. 1015.*

2. Le demandeur, seul présent à l'audience, ayant été autorisé à présenter des observations orales, il n'est pas contrevenu à l'exigence d'un procès équitable posée par l'art. 6 de la Convention européenne de sauvegarde des droits de l'homme, du moment que les avocats ont été avisés de la date de l'audience et que la cour se prononce seulement sur les moyens invoqués dans le mémoire en demande et combattus par le mémoire en défense. • Civ. 3e, 11 mars 1987 : *Bull. civ. III, n° 48 ; Gaz. Pal. 1987. 2. 395, note Richevaux.*

Art. 1019 *(Décr. n° 81-500 du 12 mai 1981, art. 36)* **La Cour de cassation statue après avis du ministère public.**

BIBL. ▶ P. LYON-CAEN, *D. 2003, interview p. 211* (parquet général de la Cour de cassation). – P. MALAURIE, *LPA 7 mars 2003, p. 3* (la Cour de cassation, son parquet général et la CEDH).

Art. 1020 L'arrêt vise *(Décr. n° 2008-484 du 22 mai 2008, art. 14)* **« la règle de droit » sur laquelle la cassation est fondée.**

BIBL. ▶ PERDRIAU, *JCP 1986. I. 3257* (visas, chapeaux et dispositifs...) ; *JCP 1995. I. 3866* (pour un visa dans chaque arrêt de la Cour de cassation). – *BICC févr. 2005* (la rédaction des arrêts).

▶ **Décr. du 22 mai 2008 :** X. VUITTON, *Procédures 2008. Focus. 21.*

Art. 1021 L'arrêt est signé par le président, le *(Décr. n° 2021-1341 du 13 oct. 2021, art. 1er-1°)* **« ou les rapporteurs » et le** *(Décr. n° 82-716 du 10 août 1982, art. 1er)* **« greffier ».**

Art. 1022 Une copie de l'arrêt est adressée à la juridiction dont émane la décision attaquée.

L'art. 1022 ne porte pas atteinte aux droits de la défense. • CE 5 juill. 1985 : *V. note ss. art. 1015.*

Art. 1022-1 *(Décr. n° 84-618 du 13 juill. 1984, art. 19, en vigueur le 1er janv. 1985)* **Dans les affaires pour lesquelles les parties sont dispensées du ministère d'un avocat au Conseil d'État et à la Cour de cassation, les décisions de cassation sont notifiées par le** *(Décr. n° 2004-836 du 20 août 2004, art. 52-I, en vigueur le 1er janv. 2005)* **« greffe » de la Cour de cassation par lettre recommandée avec demande d'avis de réception ; les décisions de rejet ou de cassation sans renvoi sont portées par lettre simple à la connaissance des parties qui ne sont pas assistées ou représentées par un avocat au Conseil d'État ou à la Cour de cassation.**

L'art. 52-I du Décr. n° 2004-836 du 20 août 2004 est applicable aux procédures en cours (Décr. préc., art. 59).

La cassation d'un arrêt qui avait infirmé un jugement assorti de l'exécution provisoire permet de faire exécuter à nouveau le jugement, sans aucune signification préalable, ni du jugement, ni même de l'arrêt de cassation. • Paris, 20 juin 2000 : *Procédures 2000, n° 89, obs. Perrot.*

Art. 1022-2 *Abrogé par Décr. n° 2013-1280 du 29 déc. 2013, art. 2-I-3°.*

CHAPITRE V DISPOSITIONS DIVERSES

SECTION PREMIÈRE AUGMENTATION DES DÉLAIS

Art. 1023 *(Décr. n° 2008-452 du 13 mai 2008, art. 26)* **Les délais prévus aux articles 978 et 989 sont augmentés de :**

1° Un mois si le demandeur demeure en Guadeloupe, en Guyane, à la Martinique, à La Réunion, à Mayotte, à Saint-Barthélemy, à Saint-Martin, à Saint-Pierre-et-Miquelon, en Polynésie française, dans les îles Wallis-et-Futuna, en Nouvelle-Calédonie ou dans les Terres australes et antarctiques françaises ;

2° Deux mois s'il demeure à l'étranger.

Les délais prévus aux articles 982 et 991 et au dernier alinéa de l'article 1010 sont de même augmentés d'un mois ou de deux mois selon que le défendeur demeure dans l'une des collectivités territoriales énoncées au premier alinéa ou à l'étranger.

V., s'agissant de l'application du délai de l'art. 978, al. 1er NCPC [devenu C. pr. civ.] à un demandeur au pourvoi demeurant dans un territoire d'outre-mer. • Civ. 2e, 25 oct. 2007, n° 05-11.372 P : *D. 2007. AJ 2881*.

SECTION II LE DÉSISTEMENT

Art. 1024 Le désistement du pourvoi doit être accepté s'il contient des réserves ou si le défendeur a préalablement formé un pourvoi incident.

1. Pourvoi incident. La demande du défendeur au pourvoi fondée sur l'art. 700 ne constitue pas un pourvoi incident et, en conséquence, ne rend pas nécessaire l'acceptation du désistement. • Civ. 2e, 1er juin 1988 : *Bull. civ. II, n° 131 ; D. 1988. 464, note N. S. ; Gaz. Pal. 1989. 1. Somm. 161, obs. Guinchard et Moussa* • Civ. 2e, 17 mai 1993 : *D. 1993. IR 142*.

2. Pourvoi abusif. Si le désistement du pourvoi est recevable postérieurement à la clôture des débats et aux conclusions de l'avocat général concluant au rejet de ce pourvoi, les circonstances d'un tel désistement traduisent le caractère abusif du pourvoi. • Civ. 1re, 5 nov. 1996, n° 94-20.027 P : *JCP 1997. II. 22822, note Perdriau* • 25 avr. 2001, n° 98-15.611 P : *Gaz. Pal. 12-14 janv. 2003, p. 30, obs. Perdriau.*

3. Acceptation par le défendeur. En l'absence d'acceptation par le défendeur, auteur d'un pourvoi incident, du désistement du demandeur au pourvoi principal, il y a lieu de statuer sur le pourvoi principal et sur le pourvoi incident. • Civ. 2e, 27 mai 1999, n° 97-20.488 P.

4. Désistement. Le désistement du pourvoi doit être accepté s'il contient des réserves ou si le défendeur a formé un pourvoi incident préalablement à sa notification. Aussi, un pourvoi incident qui a été formé le jour même de la signification du désistement du pourvoi principal étant, en l'absence de toute mention des heures respectives de ces actes, recevable, il s'ensuit que, faute d'acceptation, le désistement est non avenu. • Soc. 24 sept. 2008, n° 07-41.383 P : *RJS, 12/2008, n° 1233 ; JCP 2009. I. 128, n° 3, obs. P. Morvan ; RDT 2008. Actu. 640, note F. G. ; RTD civ. 2009. 172, obs. Perrot*. ♦ Le pourvoi incident formé le jour même de la notification de l'acte de désistement sans réserve du pourvoi principal est irrecevable, faute par l'auteur du pourvoi incident de démontrer son antériorité. • Civ. 2e, 15 janv. 2009, n° 07-71.913 P.

Art. 1025 Les dispositions des articles 396, 399, 400 et 403 s'appliquent au désistement du pourvoi.

Sous réserve que soient respectés les formes et délais prévus par l'art. 1010, le pourvoi incident, formé par des époux postérieurement à la constatation par ordonnance du premier président de leur désistement du pourvoi principal qu'ils avaient précédemment introduit, est recevable par application des art. 1025 et 403, dès lors que le pourvoi principal dirigé contre le même arrêt par une autre partie est lui-même recevable. • Civ. 3e, 14 nov. 2002, n° 00-20.188 P : *JCP 2003. II. 10197, note Puigelier.*

Art. 1026 *(Décr. n° 2010-1165 du 1er oct. 2010, art. 15-5°, en vigueur le 1er déc. 2010)* **« Le désistement est constaté par ordonnance du premier président, de son délégué ou du président de la chambre à laquelle l'affaire a été distribuée. Le magistrat qui constate le désistement statue, le cas échéant, sur les demandes fondées sur l'article 700. »**

Toutefois, le désistement est constaté par arrêt s'il intervient après le dépôt du rapport ou si l'acceptation du défendeur, lorsqu'elle est nécessaire, n'est donnée qu'après ce dépôt. Cet arrêt équivaut à un arrêt de rejet et entraîne l'application des articles *628* et *630*.

SECTION III LA RÉCUSATION

Art. 1027 *(Décr. n° 2005-1678 du 28 déc. 2005, art. 51, en vigueur le 1er mars 2006)* **La demande de récusation d'un magistrat de la Cour de cassation est** *(Décr. n° 2017-892 du 6 mai 2017, art. 2-VI-1°)* **« portée devant le premier président** *[Anc. réd. : examinée par* *une chambre autre que celle à laquelle l'affaire est distribuée et qui est désignée par le premier président]* ».

(Décr. nº 2017-892 du 6 mai 2017, art. 2-VI-2º) « **La requête est formée par un avocat au Conseil d'État et à la Cour de cassation dans les matières où la représentation est obligatoire.** »

L'art. 51 du Décr. nº 2005-1678 du 28 déc. 2005 est applicable aux procédures en cours (Décr. préc., art. 87, al. 2).

La requête en récusation d'un magistrat qui ne siège pas dans la chambre à laquelle l'affaire en cause a été distribuée est irrecevable en raison de l'absence d'intérêt. • Civ. 2e, 28 mai 1990, nº 88-01.010 P.

SECTION IV LA DEMANDE EN FAUX

BIBL. ► SDCC, *BICC 15 déc. 2009, p. 6* (l'inscription de faux incidente devant la Cour de cassation).

Art. 1028 **La demande en faux contre une pièce produite devant la Cour de cassation est adressée au premier président.**

Elle est déposée au *(Décr. nº 2004-836 du 20 août 2004, art. 52-I, en vigueur le 1er janv. 2005)* « **greffe** » **et signée d'un avocat au Conseil d'État et à la Cour de cassation si le ministère en est obligatoire dans l'affaire à propos de laquelle la demande est présentée.**

L'art. 52-I du Décr. nº 2005-1678 du 28 déc. 2005 est applicable aux procédures en cours (Décr. préc., art. 87, al. 2).

L'art. 1028 ne permet aux parties de s'inscrire en faux devant la Cour de cassation que contre une pièce produite devant elle ; si la pièce avait été produite devant un juge du fond, les parties ne peuvent agir que par la voie du recours en révision des art. 583 s. • Soc. 29 sept. 1988 : *Bull. civ. V, nº 479 ; Gaz. Pal. 1989. 1. Somm. 161, obs. Guinchard et Moussa.*

Art. 1029 **Le premier président statue après avis du procureur général.**

Il rend une ordonnance de rejet ou une ordonnance portant autorisation d'agir en faux.

En cas de rejet, le demandeur peut être condamné au paiement d'une amende civile dans les conditions prévues à l'article 628.

Art. 1030 **L'ordonnance portant autorisation d'agir en faux est signifiée au défendeur dans le délai de quinze jours, avec sommation de déclarer s'il entend se servir de la pièce arguée de faux.**

A cette sommation doit être jointe une copie de la requête et de l'ordonnance du premier président.

Art. 1031 **Le défendeur doit signifier au demandeur, dans un délai de quinze jours, s'il entend ou non se servir de la pièce arguée de faux.**

Dans le premier cas, ou s'il n'est pas répondu dans le délai de quinze jours, le premier président renvoie les parties à se pourvoir devant la juridiction qu'il désigne pour qu'il soit statué sur la demande en faux.

Les dispositions particulières de l'art. 1031, al. 2, dérogent à celles générales de l'art. 313. • Paris, *3 févr. 1987 : D. 1987. Somm. 231, obs. Julien*, et, sur pourvoi : • Civ. 2e, 20 juill. 1988 : *Bull. civ. II, nº 182 ; D. 1989. Somm. 180, obs. Julien ; Gaz. Pal. 1989. 1. Somm. 167*, obs. Croze et Morel.

CHAPITRE VI LA SAISINE POUR AVIS DE LA COUR DE CASSATION

(Décr. nº 92-228 du 12 mars 1992, art. 1er)

V. aussi COJ, art. L. 441-1 s. et R. 441-1.

DALLOZ ACTION *Droit et pratique de la procédure civile 2022/2023*, nº 553.851 ; *La cassation en matière civile 2009/2010*, par J. et L. Boré, nº 24.11 s.

BIBL. GÉN. ► V. Bibl. au-dessus de l'art. L. 441-1 COJ.

Art. 1031-1 **Lorsque le juge envisage de solliciter l'avis de la Cour de cassation en application de l'article** *(Décr. nº 2016-660 du 20 mai 2016, art. 41-1º)* « **L. 441-1** » **du code de l'organisation judiciaire, il en avise les parties et le ministère public** *(Décr.*

n° 2005-460 du 13 mai 2005, art. 30) **« , à peine d'irrecevabilité ». Il recueille leurs observations écrites éventuelles dans le délai qu'il fixe, à moins qu'ils n'aient déjà conclu sur ce point.**

Dès réception des observations ou à l'expiration du délai, le juge peut, par une décision non susceptible de recours, solliciter l'avis de la Cour de cassation en formulant la question de droit qu'il lui soumet. Il *(Décr. n° 2016-660 du 20 mai 2016, art. 41-2°)* **« sursoit » à statuer jusqu'à la réception de l'avis ou jusqu'à l'expiration du délai mentionné à l'article 1031-3.**

(Décr. n° 2008-522 du 2 juin 2008, art. 9-3°) **« La saisine pour avis ne fait pas obstacle à ce que le juge ordonne des mesures d'urgence ou conservatoires nécessaires. »**

L'art. 30 du Décr. n° 2005-460 du 13 mai 2005 est applicable aux instances introduites après son entrée en vigueur (Décr. préc., art. 38). Il s'applique à Mayotte (Décr. préc., art. 39).

L'art. L. 151-1 COJ a été abrogé par l'Ord. n° 2006-673 du 8 juin 2006, à l'exception de la seconde phrase du deuxième alinéa qui a été abrogée à compter de la date d'entrée en vigueur du Décr. n° 2008-522 du 12 juin 2008 portant refonte de la partie réglementaire du COJ (Ord. préc., art. 1er et 3, 1°). Il convient désormais de se référer à l'art. L. 441-1 COJ.

BIBL. ▶ Rapport de la Cour de cassation 2003, *p. 18* (suggestion de réforme).

1. Conditions de recevabilité. La juridiction demanderesse de l'avis doit formuler une question de pur droit dégagée des éléments de fait de l'espèce. • Cass., avis, 24 janv. 1994, n° 09-30.017 P • 5 déc. 2011 : *BICC 1er févr. 2012, p. 5, Rapp. de Nicolle, obs. Mucchielli* • 17 déc. 2012, n° 12-00.013 P : *R. 2012. 393* • 12 déc. 2011 : *BICC 1er févr. 2012, p. 19, Rapp. Renault-Malignac, obs. Mucchielli.* ♦ La demande, qui porte sur la détermination de la juridiction territorialement compétente pour connaître de l'annulation d'un acte d'état civil transcrit sur le registre d'une commune déterminée, implique l'examen des circonstances de l'espèce, notamment des conditions dans lesquelles la demande d'annulation est formée, de la qualité de son auteur et, le cas échéant, du lieu de sa résidence. Elle n'entre pas, dès lors, dans les prévisions des textes susvisés relatifs à la procédure d'avis. • Cass., avis, 23 mai 2016, n° 1670002 P. ♦ La question doit être nouvelle et n'avoir pas déjà donné lieu à des solutions dégagées par la jurisprudence. • Cass., avis, 24 janv. 1994, n° 09-30.019 P • 13 nov. 2006 : *BICC 1er févr. 2007, p. 10, rapp. Ollier, obs. Barrairon* • 29 janv. 2007, n° 07-00.003 P • 29 sept. 2008 : *cité ss. art. 789, note 2* (compétence en matière de sursis à statuer) • 29 sept. 2008 : *cité ss. art. 794, note 2* (qualification du sursis à statuer) • Cass., avis, 6 oct. 2008 : *BICC 15 janv. 2009, p. 44, R. Lazerges, obs. Boccond-Gibod ; R. 2008. 408* • Cass., avis, 10 janv. 2011 : *BICC 1er mars 2011, p. 7.* ♦ Si la question sur laquelle porte la demande d'avis se pose dans des pourvois en cours devant la Cour de cassation, il n'y pas lieu à avis. • Cass., avis, 22 oct. 2012, n° 12-00.012 P : *R. 2012. 392 et 463.* ♦ *En outre, la question doit* présenter une difficulté sérieuse. • Cass., avis, 24 janv. 1994, n° 09-30.018 P • 29 janv. 2007 : *préc.* • 7 avr. 2008, n° 08-00.001 P : *R. 2008. 408* • 17 sept. 2012, n° 12-00.011 P : *R. 2012. 388 et 463* • 7 avr. 2008, n° 08-00.002 P : *R. 2008. 408.* ♦ Lorsque les parties et le ministère public n'ont pas été avisés par le juge du fond de ce que celui-ci envisageait de solliciter l'avis de la Cour de cassation et qu'aucun délai ne leur a été fixé pour produire leurs observations écrites, il en résulte que la demande d'avis est irrecevable. • Cass., avis, 12 févr. 1993, n° 09-20.010 P : *D. 1993. IR 86* • 29 avr. 1993, n° 09-30.002 P • 8 oct. 2007 : *Bull. avis, n° 8 ; BICC. 1er févr. 2008, p. 7, rapp. Leroy-Gissinger, obs. de Magliano ; D. 2007. AJ 2739 ; JCP 2008. I. 138, obs. Serinet* • Cass. avis, 24 nov. 2008 : *BICC 15 mars 2009, p. 41 ; R. Grignon-Dumoulin, obs. Lautru ; Bull. civ. avis, n° 8 ; R. 2008. 408* • 2 avr. 2012 : *Bull. civ., n° 3, R. 2012. 383 et 462* • Cass., avis, 14 janv. 2013 : *BICC 15 mars 2013, p. 7, rapp. Mariette, obs. Taffaleau* • Cass. avis, 27 févr. 2017, n° 17003 P : *JCP 2017. 585, obs. Amarani-Mekki* • Cass. avis, 27 févr. 2017, n° 17004 P : *JCP 2017. 585, obs. Amarani-Mekki* • Cass. avis, 11 avr. 2019, n° 19-70.003 P : *cité note 2 ss. art. 1031-2.* ♦ V., jugeant que la notification ultérieure ne peut suppléer l'absence d'information des parties quant à la transmission de la demande d'avis : • Cass., avis, 27 févr. 2017, n° 17003 : *D. 2017. Actu. 580* • 27 févr. 2017, n° 17004 : *D. 2017. Actu. 580.* – V. aussi : • Cass., avis, 14 janv. 2013 : *BICC 15 mars 2013, p. 22, rapp. Harel-Dutirou, obs. Desportes.* ♦ Est irrecevable la demande d'avis qui ne respecte pas le principe de la contradiction préalablement à sa transmission à la Cour de cassation, à défaut pour le juge d'avoir sollicité l'avis du ministère public et des parties sur l'utilité et le contenu de la question de droit. • Soc. 26 oct. 2017, n° 17-70.010 P.

2. Bureaux d'aide juridictionnelle. N'étant pas des juridictions, leurs demandes d'avis ne sont pas recevables. • Cass., avis, 9 juill. 1993 : *D. 1994. 137, note Laroche de Roussane.*

3. Pourvoi en cassation. Il n'y a lieu à avis sur une question faisant à la fois l'objet d'un pourvoi en cassation et d'une demande d'avis, dès lors que la Chambre saisie du pourvoi doit se prononcer incessamment. • Cass., avis, 9 oct. 1992 : *D. 1993. Somm. 188, obs. Julien* • 24 janv. 1994, n° 09-30.017 P • 31 mai 1999, n° 99-20.008 P.

4. Droit communautaire. La question d'interprétation de Traité instituant la Communauté économique européenne devant éventuellement être soumise à la Cour de justice des Communautés européennes, par application de l'art. 177 [devenu art. 234] du Traité, la Cour de cassation dit n'y avoir lieu à avis. • Cass., avis, 9 oct. 1992, n° 92-08.000 P : *D. 1993. 196, note Gavalda* ; *D. 1993. Somm. 188, obs. Julien*.

Art. 1031-2 **La décision sollicitant l'avis est adressée, avec les conclusions et les observations écrites éventuelles, par le** *(Décr. n° 2017-892 du 6 mai 2017, art. 68-I-2°)* **« greffe » de la juridiction au greffe de la Cour de cassation.**

Elle est notifiée, ainsi que la date de transmission du dossier, aux parties par lettre recommandée avec demande d'avis de réception.

Le ministère public auprès de la juridiction est avisé ainsi que le premier président de la cour d'appel et le procureur général lorsque la demande d'avis n'émane pas de la cour.

1. Il doit résulter du dossier que les décisions sollicitant l'avis ont été notifiées ainsi que la date de transmission du dossier aux parties par LR avec AR et que le premier président et le procureur général ont été avisés. • Cass., avis, 14 févr. 1997, n° 09-60.012 P. – V. aussi • Cass., avis, 19 janv. 1998, n° 09-70.010 P • 31 mai 1999, n° 99-20.009 P.

2. Il résulte de l'art. 1031-2 C. pr. civ. que la décision sollicitant l'avis est adressée, avec les conclusions et les observations écrites éventuelles, par le greffe de la juridiction au greffe de la Cour de cassation. Elle est notifiée, ainsi que la date de transmission du dossier, aux parties par LRAR. Le ministère public auprès de la juridiction est avisé ainsi que le premier président de la cour d'appel et le procureur général lorsque la demande d'avis n'émane pas de la cour. Dès lors qu'il ne résulte pas du dossier que la cour d'appel ait, postérieurement à sa décision, notifié à l'appelante et à l'intimé par LRAR, la date de transmission du dossier à la Cour de cassation, alors que la notification de la décision de transmission ne pouvant y suppléer, la demande d'avis est irrecevable. • Cass. avis, 11 avr. 2019, n° 19-70.003 P.

Art. 1031-3 **La Cour de cassation rend son avis dans les trois mois de la réception du dossier.**

Art. 1031-4 **Dans les matières où la représentation est obligatoire, les observations éventuelles des parties doivent être signées par un avocat au Conseil d'État et à la Cour de cassation.**

Art. 1031-5 **L'affaire est communiquée au procureur général près la Cour de cassation. Celui-ci est informé de la date de la séance.**

Art. 1031-6 **L'avis peut mentionner qu'il sera publié au *Journal officiel* de la République française.**

Art. 1031-7 **L'avis est adressé à la juridiction qui l'a demandé, au ministère public auprès de cette juridiction, au premier président de la cour d'appel et au procureur général lorsque la demande n'émane pas de la cour.**

Il est notifié aux parties par le greffe de la Cour de cassation.

CHAPITRE VII LE RÉEXAMEN EN MATIÈRE CIVILE

(Décr. n° 2017-396 du 24 mars 2017, art. 4, en vigueur le 15 mai 2017)

BIBL. ▶ **Décr. du 24 mars 2017 :** Amrani Mekki, *JCP 2017. 585.* – Ferrand, *JCP 2017. 366.* – Poulet, *D. actu. 31 mars 2017.*

SECTION PREMIÈRE PROCÉDURE DEVANT LA COUR DE RÉEXAMEN

Art. 1031-8 **La demande en réexamen est formée par déclaration au greffe de la Cour de cassation. Elle est précédée de la signification aux défendeurs au réexamen des décisions mentionnées aux 4° et 5° de l'article 1031-9.**

Art. 1031-9 **La demande de réexamen contient, à peine de nullité :**

1° Pour les demandeurs : l'indication de leurs noms, prénoms et domicile. Lorsque la partie intéressée est décédée ou déclarée absente, le demandeur doit en indiquer les

nom et prénoms ainsi que sa date de décès ou d'absence déclarée et préciser la qualité dont il se prévaut ;

2° Pour les défendeurs personnes physiques : l'indication de leurs noms, prénoms et domicile.

Pour les défendeurs personnes morales : l'indication de leurs forme, dénomination et siège social et, s'agissant des autorités administratives ou judiciaires, l'indication de leur dénomination et du lieu où elles sont établies ;

3° La constitution de l'avocat au Conseil d'État et à la Cour de cassation du demandeur ;

4° L'indication de la décision civile rendue par une juridiction du fond ou par la Cour de cassation faisant l'objet de la demande de réexamen.

La déclaration précise, le cas échéant, les chefs de la décision auxquels la demande de réexamen est limitée ;

5° L'indication de la décision de la Cour européenne des droits de l'homme ayant constaté la violation de la convention européenne de sauvegarde des droits de l'homme et des libertés fondamentales ou de ses protocoles additionnels par la décision civile mentionnée au 4°.

Elle est signée par l'avocat au Conseil d'État et à la Cour de cassation.

Art. 1031-10 La déclaration est remise au greffe en autant d'exemplaires qu'il y a de défendeurs, plus deux.

La remise est constatée par la mention de sa date et le visa du greffier sur chaque exemplaire, dont l'un est immédiatement restitué.

Art. 1031-11 Le greffier adresse aussitôt au défendeur par lettre simple un exemplaire de la déclaration avec l'indication qu'il doit, s'il entend défendre au réexamen, constituer un avocat au Conseil d'État et à la Cour de cassation.

En cas de retour au greffe de la lettre de notification, le greffier de la Cour de cassation en avise aussitôt l'avocat du demandeur au réexamen afin que celui-ci procède par voie de signification. L'acte de signification indique au défendeur qu'il doit, s'il entend défendre au réexamen, constituer un avocat au Conseil d'État et à la Cour de cassation. Cet acte précise en outre le délai dans lequel le défendeur doit remettre au greffe son mémoire en réponse.

Art. 1031-12 A peine de déchéance constatée, au besoin d'office, par ordonnance du président de la cour de réexamen, le demandeur au réexamen doit, au plus tard dans le délai de deux mois à compter de la déclaration au greffe, remettre au greffe de la cour de réexamen un mémoire contenant les moyens invoqués au soutien de la demande de réexamen. Le mémoire doit, sous la même sanction, être notifié dans le même délai aux avocats des autres parties. Si le défendeur n'a pas constitué avocat, le mémoire doit, sous la même sanction, lui être signifié au plus tard dans le mois suivant l'expiration de ce délai ; cependant, si entre-temps, le défendeur constitue avocat avant la signification du mémoire, il est procédé par voie de notification à son avocat.

Les moyens précisent en quoi la violation constatée de la convention européenne de sauvegarde des droits de l'homme et des libertés fondamentales ou de ses protocoles additionnels par sa nature et sa gravité, entraîne, pour le demandeur, des conséquences dommageables auxquelles la satisfaction équitable accordée en application de l'article 41 de la même convention ne peut mettre un terme.

Le mémoire indique s'il est demandé le réexamen d'une décision civile définitive ou le seul réexamen d'un pourvoi.

Art. 1031-13 A peine d'irrecevabilité de la demande de réexamen, doit être remis au greffe dans le délai du dépôt du mémoire :

1° Une copie des décisions mentionnées au 4° et au 5° de l'article 1031-9 ;

2° Une copie de la signification de ces décisions aux défendeurs au réexamen.

En cas de transmission incomplète ou entachée d'erreur matérielle de l'un de ces documents, un avis fixant un délai pour y remédier est adressé par le conseiller rapporteur à l'avocat du demandeur dans les conditions prévues à l'article 1031-18.

Art. 1031-14 Le demandeur doit également joindre les pièces invoquées à l'appui de la demande de réexamen et une copie des dernières écritures que les parties au réexamen ont déposées devant la juridiction dont émane la décision critiquée ainsi que devant la Cour européenne des droits de l'homme. Lorsque la décision critiquée émane de la Cour de cassation, il joint également les dernières conclusions déposées devant la juridiction du fond.

Lorsque la demande en réexamen est formée par une des personnes mentionnées au 2° de l'article L. 452-2 du code de l'organisation judicaire, le demandeur doit joindre les pièces justificatives du lien d'alliance, de parenté et du droit successoral allégué.

Art. 1031-15 Si le défendeur au réexamen n'a pas constitué avocat, la signification est faite à la partie elle-même.

L'acte de signification indique au défendeur qu'il doit, s'il entend défendre à la demande de réexamen, constituer un avocat au Conseil d'État et à la Cour de cassation. Cet acte précise en outre le délai dans lequel le défendeur doit remettre au greffe son mémoire en réponse.

Art. 1031-16 A peine d'irrecevabilité prononcée d'office, le défendeur au réexamen dispose d'un délai de deux mois à compter de la signification du mémoire du demandeur pour remettre au greffe de la Cour de cassation un mémoire en réponse signé d'un avocat au Conseil d'État et à la Cour de cassation et le notifier à l'avocat du demandeur dans la forme des notifications entre avocats.

Art. 1031-17 Après le dépôt des mémoires ou à l'expiration des délais impartis à cette fin, le président de la cour de réexamen désigne un membre de cette cour en qualité de rapporteur.

Art. 1031-18 Le conseiller chargé du rapport peut demander à l'avocat du demandeur qu'il lui communique, dans le délai qu'il fixe, toute pièce utile à l'instruction de l'affaire.

Art. 1031-19 Les débats se déroulent dans les conditions prévues aux articles 1016, 1017, 1018 et 1019.

Art. 1031-20 L'arrêt est signé par le président, le rapporteur et le greffier, et copie en est adressée à la juridiction ayant rendu la décision dont le réexamen est demandé.

Art. 1031-21 Les délais prévus aux articles 1031-12,1031-13 et 1031-16 sont augmentés dans les conditions prévues à l'article 1023.

SECTION II DISPOSITIONS PARTICULIÈRES AUX JURIDICTIONS DE RENVOI

Art. 1031-22 Lorsque la cour de réexamen fait droit à une demande en réexamen du pourvoi du requérant, la procédure se poursuit devant l'assemblée plénière.

Art. 1031-23 Lorsque la cour de réexamen renvoie l'affaire devant une juridiction du fond, les règles de saisine et de procédure sont celles applicables aux juridictions de renvoi après cassation.

TITRE HUITIÈME DISPOSITIONS PARTICULIÈRES AUX JURIDICTIONS DE RENVOI APRÈS CASSATION

(Décr. n° 79-941 du 7 nov. 1979, art. 4, en vigueur le 1er janv. 1980)

RÉP. PR. CIV. v° *Cour de cassation*, par J. et L. BORÉ.

DALLOZ ACTION *Droit et pratique de la procédure civile 2022/2023*, nos 553.711 s. ; *La cassation en matière civile 2009/2010*, par J. et L. BORÉ, n° 130.01 s.

Art. 1032 La juridiction de renvoi est saisie par déclaration au *(Décr. n° 2017-892 du 6 mai 2017, art. 68-I-2°)* « greffe » de cette juridiction.

(Décr. n° 2018-1219 du 24 déc. 2018, art. 8) « Lorsque la juridiction de renvoi est saisie par le ministère public, la déclaration est faite par celui qui l'exerce près ladite juridiction, le cas échéant sur demande de celui qui l'exerce près la juridiction dont la décision a été cassée. »

Les dispositions de l'art. 8 du Décr. n° 2018-1219 du 24 déc. 2018 s'appliquent aux instances consécutives à un renvoi après cassation lorsque la juridiction de renvoi est saisie à compter du 1er janv. 2019 (Décr. préc., art. 11-III).

1. Champ d'application. Les dispositions de l'art. 1032 étant, en l'absence de dérogation expresse du code électoral, applicables en matière électorale, un tribunal retient exactement, sans violer le principe du contradictoire, que la juridiction de renvoi est saisie par déclaration effectuée au secrétariat de cette juridiction par la partie la plus diligente, et qu'en l'absence de toute déclaration au greffe il n'a pas été valablement saisi. • Civ. 2e, 23 mai 2001, n° 01-60.516 P : *D. 2001. IR 1848*.

2. Modalités de saisine. Il résulte des art. 932 et 1032 qu'en matière de procédure sans représentation obligatoire la cour de renvoi est régulièrement saisie par une déclaration adressée au greffe de la juridiction par LRAR. • Civ. 3e, 11 févr. 2016, n° 13-11.685 P. ♦ Dès lors qu'en application de l'art. 1032 la juridiction de renvoi est saisie par déclaration au secrétariat-greffe de la juridiction et qu'il résulte des art. R. 811-1 et R. 811-2 [anciens] COJ que chaque cour d'appel comporte un secrétariat-greffe qui comprend l'ensemble des services administratifs du siège et du parquet, est valable la déclaration litigieuse, régulièrement déposée au secrétariat-greffe de la cour d'appel, lequel a orienté l'affaire vers le premier président qui constitue l'une des formations de la juridiction. • Civ. 2e, 6 mai 2004, n° 02-17.972 P.

3. Il résulte des dispositions combinées des art. 932 et 1032 C. pr. civ. qu'en matière de procédure sans représentation obligatoire la saisine de la cour de renvoi s'effectuait conformément aux formes prescrites pour l'exercice du droit d'appel en cette matière. Une cour d'appel en déduit exactement qu'elle avait été saisie régulièrement par une déclaration adressée au greffe de la juridiction par lettre recommandée avec demande d'avis de réception. • Civ. 3e, 11 févr. 2016, n° 13-11.685 P.

4. Procédure avec représentation obligatoire. Communication électronique. Il résulte sans ambiguïté de la combinaison des art. 631, 1032 d'une part, et 930-1 d'autre part, que la déclaration saisissant la cour d'appel, en cas de renvoi après cassation, doit être remise par voie électronique au greffe de la cour d'appel de renvoi. Cette obligation ne porte pas atteinte au droit à un procès équitable. • Civ. 2e, 1er déc. 2016, n° 15-25.972 P : *cité note 1 ss. art. 930-1.*

Art. 1033 **La déclaration contient les mentions exigées pour l'acte introductif d'instance devant cette juridiction ; une copie de l'arrêt de cassation y est annexée.**

1. Vice de forme. Affectant le contenu de l'acte de saisine de la juridiction et non le mode de saisine de celle-ci, l'irrégularité des mentions de la déclaration de saisine de la juridiction de renvoi après cassation ne constitue pas une cause d'irrecevabilité de celle-ci, mais relève des nullités pour vice de forme. • Civ. 2e, 19 oct. 2017, n° 16-11.266 P : *cité note 12 ss. art. 114.*

2. Grief. Renvoi. V. note 70 ss. art. 114 et note 19 ss. art. 901.

3. Chefs de dispositif critiqués. Portée. La portée de la cassation étant, selon les art. 624 et 625 C. pr. civ., déterminée par le dispositif de l'arrêt qui la prononce, l'obligation, prévue à l'art. 1033 du même code, de faire figurer dans la déclaration de saisine de la juridiction de renvoi après cassation, qui n'est pas une déclaration d'appel, les chefs de dispositif critiqués de la décision entreprise, tels que mentionnés dans l'acte d'appel, ne peut avoir pour effet de limiter l'étendue de la saisine de la cour d'appel de renvoi. • Civ. 2e, 14 janv. 2021, n° 19-14.293 P : *D. actu. 29 janv. 2021, note Lhermitte ; JCP 2021. 176, note Herman.*

Art. 1034 *(Décr. n° 85-1330 du 17 déc. 1985, art. 15, en vigueur le 1er janv. 1986)* **« A moins que la juridiction de renvoi n'ait été saisie sans notification préalable, la déclaration doit », à peine d'irrecevabilité relevée d'office, être faite avant l'expiration d'un délai de** *(Décr. n° 2017-891 du 6 mai 2017, art. 39, en vigueur le 1er sept. 2017)* **« deux » mois à compter de la notification de l'arrêt de cassation faite à la partie. Ce délai court même à l'encontre de celui qui notifie.**

L'absence de déclaration dans le délai ou l'irrecevabilité de celle-ci confère force de chose jugée au jugement rendu en premier ressort lorsque la décision cassée avait été rendue sur appel de ce jugement.

Les dispositions de l'art. 39 du Décr. n° 2017-891 du 6 mai 2017 s'appliquent aux arrêts de cassation notifiés à compter du 1er sept. 2017 (Décr. préc., art. 53-II bis, créé par Décr. n° 2017-1227 du 2 août 2017, art. 1er-2°-b).

BIBL. ▶ Boré, *Bull. ch. avoués 1986. 89* (saisine de la juridiction de renvoi sans signification préalable).

1. Décr. n° 2017-891 du 6 mai 2017. Légalité. L'application de la procédure à bref délai dans les conditions prévues à l'art. 905 C. pr. civ. aux affaires ayant donné lieu à un renvoi à une cour d'appel après cassation, répond, ainsi qu'il a été dit aux pts 26 à 28, à une exigence de célérité de la justice et à la nécessité de garantir le droit à un jugement de ces affaires dans un délai raisonnable. Par ailleurs, il ne ressort pas des pièces des dossiers que le délai de deux mois imparti à l'auteur de la déclaration de saisine et aux autres parties pour rédiger leurs conclusions respectives serait insuffisant. Enfin, la conséquence procédurale tenant à ce que les parties qui ne respectent pas ces délais sont réputées s'en tenir aux moyens et prétentions qu'elles avaient soumis à la cour d'appel dont l'arrêt a été cassé n'est pas disproportionnée au but poursuivi. Il en résulte l'argument selon lequel les art. 39 et 40 du décret attaqué méconnaîtraient le droit d'accès au juge et seraient entachés d'une erreur manifeste d'appréciation. • CE 13 nov. 2019, nos 412255, 412286, 412287, 412308 et 415651 : *cité note 1 ss. art. 83.*

2. Procès équitable. Les art. 1034 et 1035 poursuivent le but légitime d'assurer la célérité et l'efficacité de la procédure, dans le respect des droits de la défense. Leurs dispositions ne constituent par conséquent pas, par elles-mêmes, une entrave au droit d'accès au juge, garanti par l'art. 6, § 1er, Conv. EDH. • Civ. 2e, 4 févr. 2021, no 19-23.638 P : *D. actu. 15 févr. 2021, note Lhermitte ; D. 2021. 291* .

3. Viole l'art. 1034 la cour qui prononce l'irrecevabilité de la déclaration au prétexte que l'arrêt de cassation a été notifié d'avocat à avocat plus de quatre mois avant la date de la déclaration, la partie ayant eu personnellement connaissance de l'arrêt, alors qu'il n'y a pas eu de notification à partie. • Civ. 2e, 12 déc. 1984 : *Bull. civ. II, no 192 ; Gaz. Pal. 1985. 1. Pan. 116, obs. Guinchard.*

4. Le délai de quatre mois commence à courir dès la notification par le greffe de la décision de cassation aux parties sans qu'un tel délai, d'ordre public, puisse être prolongé par l'effet d'une seconde notification à l'initiative de la société appelante, même si cette notification est intervenue dans le délai ouvert par la première. • Civ. 2e, 3 avr. 2003, no 01-04.043 P : *D. 2003. IR 1134 ; Procédures 2003, no 134, note Perrot ; Dr. et pr. 2003. 298, note Vinckel ; JCP 2004. II. 10023, note Puigelier.* ♦ V. aussi notes 5 et 6 ss. art. 528.

5. La déclaration de saisine de la juridiction de renvoi doit être signée par l'avoué (ou l'avocat postulant depuis la disparition des avoués) avant l'expiration du délai de quatre mois à compter de la notification de l'arrêt de cassation ou de l'acte interruptif de ce délai. • Com. 20 nov. 2012, no 11-26.581 P.

6. Le délai court même contre celui qui a notifié. • Com. 25 janv. 1984 : *D. 1984. IR 239, obs. Julien ; Gaz. Pal. 1984. 2. Pan. 196, obs. Guinchard.*

7. La date de la notification par voie de signification est, aux termes des art. 651 et 653, celle du jour où elle est faite à personne, à domicile ou à parquet. • Soc. 7 janv. 1988 : *Bull. civ. V, no 7.*

8. Sur l'exclusion de l'art. 478, V. note 16 ss. art. 478. ♦ Sur l'exclusion des prorogations de délai prévues aux art. 643 à 645, V. note 9 ss. art. 643.

9. Sur la date de prise d'effet d'une astreinte, V. note 1 ss. C. pr. exéc., art. R. 131-1.

10. A défaut de signification de l'arrêt de la Cour de cassation, l'instance sera soumise au délai de péremption de deux ans prévu par l'art. 386. • Civ. 2e, 8 mai 1978 : *Bull. civ. II, no 128.* ♦ V. note 10 ss. art. 386.

11. La notification de l'arrêt de cassation à avocat est une diligence au sens de l'art. 386 qui interrompt le délai de péremption. • Soc. 13 févr. 1985 : *Gaz. Pal. 1985. 2. Pan. 198, obs. Guinchard et Moussa.*

12. Dans la situation où le premier président d'une cour d'appel a été désigné comme juridiction de renvoi, la déclaration est régulièrement déposée au secrétariat-greffe de la cour d'appel, lequel a orienté l'affaire vers le premier président qui constitue l'une des formations de la juridiction (dès lors qu'il résulte des art. R. 811-1 et R. 811-2 [anciens] COJ que chaque cour d'appel comporte un secrétariat-greffe qui comprend l'ensemble des services administratifs du siège et du parquet). • Civ. 2e, 6 mai 2004, no 02-17.972 P.

13. Le délai de saisine de la cour de renvoi prévu par l'art. 1034 C. pr. civ. est un délai de forclusion dont la sanction est soumise au régime des fins de non-recevoir. • Civ. 2e, 18 déc. 2008, no 08-11.103 P.

14. Le respect du délai d'appel fixé à l'art. 1034 C. pr. civ. présuppose que l'individu qui s'est vu accorder l'aide juridictionnelle ait été effectivement placé dans une situation qui lui permette de saisir la juridiction de renvoi avec l'assistance d'un avocat. • CEDH 6 oct. 2011 : *cité note 3 ss. Décr. no 2020-1717 du 28 déc. 2020, art. 43, App., vo Aide juridique.*

15. La déclaration de saisine de la juridiction de renvoi doit être signée par l'avoué (ou l'avocat postulant depuis la disparition des avoués) avant l'expiration du délai de quatre mois à compter de la notification de l'arrêt de cassation ou de l'acte interruptif de ce délai. • Com. 20 nov. 2012, no 11-26.581 P : *D. 2012. Actu. 2810 ; Gaz. Pal. 8-9 mars 2012, p. 40, note L. Mayer.*

16. Affectant le contenu de l'acte de saisine de la juridiction et non le mode de saisine de celle-ci, l'irrégularité des mentions de la déclaration de saisine de la juridiction de renvoi après cassation ne constitue pas une cause d'irrecevabilité de celle-ci, mais relève des nullités pour vice de forme. • Civ. 2e, 19 oct. 2017, no 16-11.266 P : *cité note 12 ss. art. 114.*

17. L'irrecevabilité de la déclaration de saisine confère force de chose jugée au jugement de première instance, lorsque la décision cassée a été prononcée sur appel de ce jugement, rendant irrecevable toute nouvelle déclaration de saisine tendant à déférer à la cour d'appel la connaissance de ce jugement. • Civ. 2e, 19 oct. 2017, n° 16-24.269 P : *D. actu. 21 nov. 2017, obs. Laffly ; D. 2017. Actu. 2157 ; Procédures 2018, n° 3, note Croze.*

18. Pluralité de défendeurs. Lorsqu'une partie notifie à un premier adversaire un arrêt de cassation, le délai pour saisir la cour d'appel de renvoi commence à courir. En cas de pluralité de défendeurs, le point de départ de ce délai n'est pas reporté à la dernière notification effectuée. • Soc. 5 oct. 2017, n° 15-14.793 P : *D. actu. 19 oct. 2017, obs. Kebir ; Gaz. Pal. 6 févr. 2018, p. 61, obs. Orif.*

19. En application des art. 28 et 361 C. pr ; civ. de la Polynésie française et 1034 C. pr. civ., le délai de saisine de la cour de renvoi qui, en Polynésie française, expire un samedi, est prorogé au premier jour ouvrable suivant. • Civ. 2e, 27 juin 2019, n° 17-17.354 P.

Art. 1035 **L'acte de notification de l'arrêt de cassation doit, à peine de nullité, indiquer de manière très apparente le délai mentionné au premier alinéa de l'article 1034 ainsi que les modalités selon lesquelles la juridiction de renvoi peut être saisie.**

Procès équitable. Renvoi. V. note 2 ss. art. 1034.

Art. 1036 **Le** *(Décr. n° 2017-892 du 6 mai 2017, art. 68-I-3°)* **« greffier » de la juridiction de renvoi adresse aussitôt, par lettre simple, à chacune des parties à l'instance de cassation, copie de la déclaration avec, s'il y a lieu, l'indication de l'obligation de constituer avocat** *(Abrogé par Décr. n° 2012-634 du 3 mai 2012, art. 21-1°-a) « ou avoué ».*

En cas de non-comparution, les parties défaillantes sont citées de la même manière que le sont les défendeurs devant la juridiction dont émane la décision cassée.

En vertu de l'art. 1036, al. 2, en cas de non-comparution devant la juridiction de renvoi après cassation, les parties défaillantes sont citées de la même manière que le sont les défendeurs devant la juridiction dont émane la décision cassée. • Civ. 2e, 19 mai 1998, n° 96-11.348 P. ♦ Viole les art. 473 et 1036 C. pr. civ. une cour d'appel qui pour retenir que dès lors qu'une société avait conclu en cause d'appel avant cassation, elle ne saurait être considérée comme défaillante, alors que la société n'avait pas constitué avoué devant la juridiction de renvoi et qu'elle relevait que les suites données à l'acte de signification transmis à son intention n'étaient pas connues. • Civ. 2e, 6 janv. 2012 : *D. 2012. AJ 226 ; Dr. et pr. 2012. 53.*

Art. 1037 *(Décr. n° 2014-1338 du 6 nov. 2014, art. 22)* **Le** *(Décr. n° 2017-892 du 6 mai 2017, art. 68-I-3°)* **« greffier » de la juridiction de renvoi demande, sans délai, au greffe de la juridiction dont la décision a été cassée, de lui communiquer le dossier de l'affaire.**

V. Circ. du 12 nov. 2014, ss. art. 380.

BIBL. ▸ Baraduc et Boré, *JCP 2014. 1242* (simplification de la procédure devant la Cour de cassation).

Circulaire JUSC1418921C du 12 novembre 2014,

De présentation du décret n° 2014-1338 du 6 novembre 2014 relatif à la procédure civile devant la Cour de cassation (BOMJ 2014-11 du 28 nov. 2014) .

Art. 1037-1 *(Décr. n° 2017-891 du 6 mai 2017, art. 40, en vigueur le 1er sept. 2017)* **En cas de renvoi devant la cour d'appel, lorsque l'affaire relevait de la procédure ordinaire, celle-ci est fixée à bref délai dans les conditions de l'article 905. En ce cas, les dispositions de l'article 1036 ne sont pas applicables.**

La déclaration de saisine est signifiée par son auteur aux autres parties à l'instance ayant donné lieu à la cassation dans les dix jours de la notification par le greffe de l'avis de fixation. Ce délai est prescrit à peine de caducité de la déclaration, relevée d'office par le président de la chambre ou le magistrat désigné par le premier président.

Les conclusions de l'auteur de la déclaration sont remises au greffe et notifiées dans un délai de deux mois suivant cette déclaration.

Les parties adverses remettent et notifient leurs conclusions dans un délai de deux mois à compter de la notification des conclusions de l'auteur de la déclaration.

La notification des conclusions entre parties est faite dans les conditions prévues par l'article 911 et les délais sont augmentés conformément à l'article 911-2.

Les parties qui ne respectent pas ces délais sont réputées s'en tenir aux moyens et prétentions qu'elles avaient soumis à la cour d'appel dont l'arrêt a été cassé.

En cas d'intervention forcée, l'intervenant forcé remet et notifie ses conclusions dans un délai de deux mois à compter de la notification la demande d'intervention formée à son encontre. Ce délai est prescrit à peine d'irrecevabilité relevée d'office par ordonnance du président de la chambre saisie ou du magistrat désigné par le premier président. L'intervenant volontaire dispose, sous la même sanction, du même délai à compter de son intervention volontaire.

Les ordonnances du président de la chambre ou du magistrat désigné par le premier président statuant sur la caducité de la déclaration de saisine de la cour de renvoi ou sur l'irrecevabilité des conclusions de l'intervenant forcé ou volontaire ont autorité de la chose jugée. Elles peuvent être déférées dans les conditions des alinéas 2 et 4 de l'article 916.

Les dispositions de l'art. 40 du Décr. n° 2017-891 du 6 mai 2017 s'appliquent aux instances consécutives à un renvoi après cassation lorsque la juridiction de renvoi est saisie à compter du 1er sept. 2017 (Décr. préc., art. 53-II bis, créé par Décr. n° 2017-1227 du 2 août 2017, art. 1er-2°-b).

BIBL. ▶ MULON, *AJ fam. 2018. 202* (les nouvelles règles de la procédure d'appel).

1. L'instance engagée devant la cour d'appel initialement saisie se poursuivant devant la cour de renvoi, les appelants sont tenus de conclure et ne sont pas fondés à se plaindre de ne pas avoir été mis en demeure de le faire. • Civ. 2e, 7 juin 2006, n° 04-18.525 P : *Gaz. Pal. 1er-2 févr. 2008, p. 18, note du Rusquec.*

2. L'auteur de la déclaration de saisine de la cour d'appel de renvoi est dispensé de signifier sa déclaration aux destinataires, dans les dix jours de la notification par le greffe de l'avis de fixation prévu à l'art. 905, dès lors qu'il a notifié sa déclaration de saisine à leur avocat constitué, cette diligence étant devenue sans objet. • Civ. 2e, 22 oct. 2020, n° 19-21.864 P : *D. actu. 26 nov. 2020, note Laffly.*

3. En l'absence de dispositions particulières, notamment dans l'Arr. du 30 mars 2011 relatif à la communication par voie électronique, dans les procédures avec représentation obligatoire devant les cours d'appel, régissant la signification, par son auteur, aux autres parties à l'instance, de la déclaration de saisine de la cour d'appel de renvoi après cassation, celui-ci satisfait à l'obligation qui lui incombe, en application de l'art. 1037-1, en signifiant la déclaration de saisine qu'il a lui-même établie et remise au greffe. • Civ. 2e, 24 mars 2022, n° 20-12.210 P.

4. Caducité de la déclaration d'appel. Le président de la chambre ou le magistrat désigné par le premier président dispose, jusqu'à son dessaisissement, d'une compétence exclusive pour connaître de la caducité de la déclaration d'appel, dont il doit dès lors être saisi, à peine d'irrecevabilité, par des conclusions qui lui sont spécialement adressées. La partie, qui est en mesure de soulever cet incident en prenant de telles conclusions, n'est par conséquent pas recevable à critiquer la cour d'appel de ne pas user de la faculté, qu'elle-même tient de l'art. 50 C. pr. civ., de relever d'office cette caducité. Il en résulte qu'est inopérant le moyen, qui se prévaut de la compétence de la cour d'appel pour connaître de cet incident, sans alléguer avoir saisi le président de la chambre ou le magistrat désigné par le premier président de conclusions tendant à la caducité de la déclaration d'appel. • Civ. 3e, 4 mars 2021, n° 19-12.564 P : *D. actu. 24 mars 2021, note Laffly.*

LIVRE TROISIÈME DISPOSITIONS PARTICULIÈRES À CERTAINES MATIÈRES

(Décr. n° 81-500 du 12 mai 1981, art. 5, en vigueur le 1er janv. 1982)

TITRE PREMIER LES PERSONNES

CHAPITRE PREMIER LA NATIONALITÉ DES PERSONNES PHYSIQUES

Les dispositions des art. 1038 à 1045 sont applicables dans le département de Mayotte où les délais d'un mois et de dix jours prévus à l'art. 1043 sont respectivement portés à deux mois et vingt jours (Décr. n° 81-500 du 12 mai 1981, art. 53).

Pour un rappel des principales caractéristiques du contentieux de la nationalité, V. Circ. du 18 sept. 2015, reproduite ss. art. 1045.

Art. 1038 Le *(Décr. n° 2019-966 du 18 sept. 2019, art. 8, en vigueur le 1er janv. 2020)* **« tribunal judiciaire** *[ancienne rédaction : tribunal de grande instance]* **» est seul compétent pour connaître en premier ressort des contestations sur la nationalité française ou étrangère des personnes physiques, sous réserve des dispositions figurant au code de la nationalité** *[code civil]* **pour les juridictions répressives comportant un jury criminel.** – *V. C. civ., art. 29, reproduit ci-dessous.*

Les exceptions de nationalité et d'extranéité ainsi que celle d'incompétence pour en connaître sont d'ordre public. Elles peuvent être soulevées en tout état de cause et doivent être relevées d'office par le juge. – *V. art. 1042.*

Les siège et ressort des TGI compétents pour connaître des contestations sur la nationalité française ou étrangère sont fixés par décret (C. civ., art. 29-1). – V. COJ, art. D. 211-10 et annexe, tableau VIII.

1. L'exception de nationalité française constitue, devant toute autre juridiction que la juridiction civile de droit commun ou les juridictions répressives comportant un jury criminel, une question préjudicielle qui oblige le juge à surseoir à statuer jusqu'à ce que la question ait été tranchée par la juridiction compétente. – C. civ., art. 29. ♦ V., pour une exception de nationalité écartée à tort par une chambre d'accusation : • Crim. 2 oct. 1987 : *D. 1987. IR 210.* ♦ Pour l'interprétation d'un traité, V. • Civ. 1re, 22 mars 1960 : *JCP 1961. II. 11936, note Aymond.*

2. La règle de compétence exclusive s'applique, même si la nationalité en cause est étrangère. • Civ. 1re, 17 févr. 1982 : *Bull. civ. I, n° 80 ; Rev. crit. DIP 1983. 249, note Battifol.*

3. Sur le principe selon lequel la compétence exclusive du TGI ne concerne que la nationalité des personnes physiques, V. • T. confl. 23 nov. 1959 : *D. 1960. 224, note R. Savatier ; JCP 1960. II. 11430, note Aymond ; Rev. crit. DIP 1960. 180, note Loussouarn.* ♦ V. art. 1042.

Code civil

Art. 29 *(L. n° 73-42 du 9 janv. 1973)* La juridiction civile de droit commun est seule compétente pour connaître des contestations sur la nationalité française ou étrangère des personnes physiques.

Les questions de nationalité sont préjudicielles devant toute autre juridiction de l'ordre administratif ou judiciaire à l'exception des juridictions répressives comportant un jury criminel. – *[C. nat. art. 124.] – Ces dispositions reprennent celles de l'art. 124 C. nat. abrogé par la L. n° 93-933 du 22 juill. 1993, art. 50, en vigueur le 1er janv. 1994.*

1. Principe. Sur le principe général de compétence de l'autorité judiciaire, V. les décisions rendues dans l'affaire Godek : • CE 4 févr. 1966 : *Rev. crit. DIP 1967. 683, concl. Fournier, note P. L. ; JDI 1966. 684, note Aymond* • Nancy, 14 févr. 1968 : *JDI 1968. 351, obs. Aymond* • T. confl. 24 juin 1968 : *Rev. crit. DIP 1968. 649, note Batiffol ; JDI 1969. 905, note Goldman* • Civ. 1re, 17 févr. 1982 : *Rev. crit. DIP 1983. 249, note Batiffol* • CE 17 mars 1995 : *D. 1995. IR 114 ; RFDA 1995. 846* (refus de délivrance du certificat de nationalité). Obligation pour la juridiction répressive saisie d'une contestation portant sur la nationalité de surseoir à statuer. • Crim. 28 mai 1997, n° 96-84.750 P : *D. 1997. IR 203 ; Gaz. Pal. 1997. 2. Somm. 197 ; JCP 1997. IV. 298.*

2. Exception. Incompétence de la commission de recours des réfugiés pour trancher une difficulté sérieuse relative à la nationalité étrangère d'un individu. • CE 24 mars 1981 : *Rev. crit.*

DIP 1982. Somm. 735 • 23 mai 1984 : *Rev. crit. DIP 1985. Somm. 691 ; Gaz. Pal. 1985. 1. Somm. 46.*

3. Compétence du TGI. Renvoi. V. note ss. art. 1038 C. pr. civ.

Art. 1039 Le *(Décr. nº 2019-966 du 18 sept. 2019, art. 8, en vigueur le 1er janv. 2020)* **« tribunal judiciaire** *[ancienne rédaction : tribunal de grande instance]* **» territorialement compétent est celui du lieu où demeure la personne dont la nationalité est en cause ou, si cette personne ne demeure pas en France, le** *(Décr. nº 2019-966 du 18 sept. 2019, art. 8, en vigueur le 1er janv. 2020)* **« tribunal judiciaire** *[ancienne rédaction : tribunal de grande instance]* **» de Paris.**

Code civil

Art. 29-1 *(L. nº 93-933 du 22 juill. 1993, art. 37, en vigueur le 1er janv. 1994)* Le siège et le ressort des *(Ord. nº 2019-964 du 18 sept. 2019, art. 35, en vigueur le 1er janv. 2020)* « tribunaux judiciaires *[ancienne rédaction : tribunaux de grande instance]* » compétents pour connaître des contestations sur la nationalité française ou étrangère des personnes physiques sont fixés par décret. – *V. COJ, art. D. 211-10 et Annexe VIII.*

Sur l'obligation de statuer en audience publique et non en chambre du conseil : • Civ. 1re, 7 juill. 1964 : *Bull. civ. I, nº 371.*

Art. 1040 *(Décr. nº 93-1362 du 30 déc. 1993, art. 66)* **Toute action qui a pour objet principal de faire déclarer qu'une personne a ou n'a pas la qualité de Français, est exercée par le ministère public ou contre lui sans préjudice du droit qui appartient à tout intéressé d'intervenir à l'instance.**

L'art. 66 du Décr. nº 93-1362 du 30 déc. 1993 est applicable dans le département de Mayotte (Décr. préc., art. 71).

1. Le ministère public, partie principale dans une instance engagée dans le but d'acquérir la nationalité française, peut se prévaloir de l'art. 197 C. civ. pour opposer au demandeur sa qualité d'enfant légitime. • Civ. 1re, 8 janv. 1974 : *D. 1975. 160, note Guimezanes.*

2. Agent judiciaire du Trésor [devenu agent judiciaire de l'État]. Viole l'art. 38 de la L. nº 55-366 du 3 avr. 1955, ensemble l'art. 1040 C. pr. civ., la cour d'appel qui, pour maintenir l'agent judiciaire du Trésor [devenu agent judiciaire de l'État] en cause, retient que sa présence est nécessaire puisqu'une demande de condamnation à indemniser les frais exposés non compris dans les dépens est formée contre l'État, alors que l'action contre le ministère public et l'agent judiciaire du Trésor [devenu agent judiciaire de l'État] par une personne aux fins d'être déclarée française et d'obtenir une somme au titre de l'art. 700 C. pr. civ. n'a pas pour objet principal de faire déclarer l'État débiteur. • Civ. 1re, 25 févr. 2010 : *D. 2010. AJ 658.*

Art. 1041 **Lorsqu'une juridiction de l'ordre judiciaire est saisie à titre incident d'une question de nationalité dont elle n'est pas habile à connaître et qui est nécessaire à la solution du litige, la cause est communiquée au ministère public.**

Le ministère public fait connaître, par conclusions écrites et motivées, s'il estime qu'il y a lieu ou non d'admettre l'existence d'une question préjudicielle.

Art. 1042 **Si une question de nationalité est soulevée par une partie devant une juridiction qui estime qu'il y a question préjudicielle, la juridiction renvoie cette partie à se pourvoir devant le** *(Décr. nº 2019-966 du 18 sept. 2019, art. 8, en vigueur le 1er janv. 2020)* **« tribunal judiciaire** *[ancienne rédaction : tribunal de grande instance]* **» compétent dans le délai d'un mois ou, dans le même délai, à présenter requête au procureur de la République. Lorsque la personne dont la nationalité est contestée se prévaut d'un certificat de nationalité française, ou lorsque la question de nationalité a été relevée d'office, la juridiction saisie au fond impartit le même délai d'un mois au procureur de la République pour saisir le** *(Décr. nº 2019-966 du 18 sept. 2019, art. 8, en vigueur le 1er janv. 2020)* **« tribunal judiciaire** *[ancienne rédaction : tribunal de grande instance]* **» compétent.**

Si le délai d'un mois n'est pas respecté, l'instance poursuit son cours. Dans le cas contraire, la juridiction saisie au fond sursoit à statuer jusqu'à ce que la question de nationalité ait été jugée.

1. Pour constituer une question préjudicielle, la contestation sur la nationalité doit être sérieuse. • Civ. 1re, 27 oct. 1964 : *D. 1965. 81 ; JCP 1964. II. 13730 ; JDI 1964. 395, note P. A.*

2. Les questions de nationalité constituent des exceptions préjudicielles devant toutes les juridictions administratives, pénales ou civiles spécialisées. • CE 30 avr. 1969 : *JCP 1969. II. 16015, note Aymond ; JDI 1970. 698, note B.G.* • Crim. 24 juill. 1974 : *Bull. crim., n° 265 ; JDI 1975. 843* • Civ. 2e, 29 mars 1963 : *Bull. civ. II, n° 304.* ♦ Comp., pour la juridiction d'instruction : • Paris, ch. acc., 3 mai 1969 : *D. 1969. 503.*

Art. 1043 **Dans toutes les instances où s'élève à titre principal ou incident une contestation sur la nationalité, une copie de l'assignation ou, le cas échéant, une copie des conclusions soulevant la contestation sont déposées au ministère de la justice qui en délivre récépissé. Le dépôt des pièces peut être remplacé par l'envoi de ces pièces par lettre recommandée avec demande d'avis de réception.**

La juridiction civile ne peut statuer sur la nationalité avant l'expiration d'un délai d'un mois à compter de la délivrance du récépissé ou de l'avis de réception. Toutefois, ce délai est de dix jours lorsque la contestation sur la nationalité a fait l'objet d'une question préjudicielle devant une juridiction statuant en matière électorale.

L'assignation est caduque, les conclusions soulevant une question de nationalité irrecevables, s'il n'est pas justifié des diligences prévues aux alinéas qui précèdent.

Les dispositions du présent article sont applicables aux voies de recours. — *V., s'agissant du traitement automatisé d'informations nominatives relatif à la gestion des dossiers individuels de nationalité soumis au ministère de la justice, Arr. du 25 mai 1994 (JO 9 juin).*

1. Récépissé. Il a été satisfait aux diligences prévues par l'art. 1043 C. pr. civ., dès lors que le ministère de la justice a délivré récépissé du recours formé par la requérante contre le refus d'enregistrement par le juge d'instance de sa déclaration de volonté d'acquérir la nationalité française, puis de l'acte d'appel. • Civ. 1re, 28 janv. 2003, n° 01-02.469 P. ♦ L'art. 1043 C. pr. civ. n'impose aucune référence, dans le récépissé, à la date de l'assignation. • Civ. 1re, 11 juin 2008, n° 07-13.512 P.

2. Appel. Sanction. La formalité visée à l'art. 1043 C. pr. civ., relative aux instances où s'élèvent, à titre principal ou incident, une contestation sur la nationalité, est requise à peine de caducité de la déclaration d'appel. • Civ. 1re, 28 mars 2012, n° 11-13.296 P.

3. Renvoi après cassation. Réitération (non). La formalité prévue à l'art. 1043 C. pr. civ. ayant été accomplie au cours de l'instance, elle n'a pas à être réitérée devant la juridiction de renvoi. Seul est exigé le dépôt ou l'envoi au ministère de la Justice d'une copie de l'assignation ou, le cas échéant, d'une copie des conclusions soulevant la contestation sur la nationalité. • Civ. 1re, 13 janv. 2016, n° 15-12.205 P : *D. actu. 27 janv. 2016, obs. Kebir* • Civ. 1re, 17 janv. 2018, n° 17-26.474 P : *D. actu. 8 nov. 2018, obs. Jourdan-Marques ; D. 2018. 2089 ; ibid. 2019. 347, obs. Boskovic, Corneloup, Jault-Seseke, Joubert et Parrot.*

Art. 1044 **Le procureur de la République est tenu d'agir dans les conditions de l'article 1040 s'il en est requis par une administration publique ou par une tierce personne qui a soulevé l'exception de nationalité devant une juridiction qui a sursis à statuer dans les conditions de l'article 1042.**

Le tiers requérant est mis en cause.

Le tiers est irrecevable à agir directement s'il n'est pas établi que le ministère public a refusé d'introduire l'action. • T. civ. Casablanca, 1er mars 1948 : *JCP 1948. II. 4412, note Aymond ; S. 1951. 2. 9, note Schuler.*

Art. 1045 *(Décr. n° 2019-1333 du 11 déc. 2019, art. 3-3°, en vigueur le 1er janv. 2020)* **« Le jugement qui statue sur la nationalité** *(Décr. n° 2020-1452 du 27 nov. 2020, art. 1er-25°, en vigueur le 1er janv. 2021)* **« ne peut être assorti de l'exécution provisoire ». »**

Le délai de pourvoi en cassation suspend l'exécution de l'arrêt qui statue sur la nationalité ; le pourvoi en cassation exercé dans ce délai est également suspensif.

L'art. 1er-25° du Décr. n° 2020-1452 du 27 nov. 2020 s'applique aux instances introduites à compter du 1er janv. 2021 (Décr. préc., art. 12).

Circulaire JUSC1522457C du 18 septembre 2015,

Relative au contentieux de la nationalité.

CHAPITRE II LES ACTES DE L'ÉTAT CIVIL

V. Instr. gén. 11 mai 1999 relative à l'état civil (JO 28 juill.).

RÉP. PR. CIV. v° *Actes de l'état civil*, par FOSSIER.

BIBL. GÉN. ▶ PONSARD, *Mél. Savatier, 1965, p. 779* (évolution du droit des actes de l'état civil).

SECTION PREMIÈRE L'ANNULATION ET LA RECTIFICATION DES ACTES DE L'ÉTAT CIVIL *(Décr. n° 2012-66 du 20 janv. 2012, art. 39-1°).*

(Décr. n° 2004-836 du 20 août 2004, art. 14, en vigueur le 1er janv. 2005)

L'art. 14 du Décr. n° 2004-836 du 20 août 2004 est applicable aux procédures en cours (Décr. préc., art. 59).

L'art. 39 du Décr. n° 2012-66 du 20 janv. 2012 est applicable dans les îles Wallis-et-Futuna (Décr. préc., art. 44).

BIBL. GÉN. ▶ THOURET, *Procédures 2004. Étude 15.*

SOUS-SECTION 1 LA RECTIFICATION ET L'ANNULATION ADMINISTRATIVES *(Décr. n° 2017-890 du 6 mai 2017, art. 47-1°).*

Art. 1046 *(Décr. n° 2017-890 du 6 mai 2017, art. 47-1°)* **Le procureur de la République territorialement compétent pour procéder à la rectification administrative des erreurs et omissions purement matérielles des actes de l'état civil et à l'annulation des actes irrégulièrement établis est le procureur de la République du lieu où a été établi l'acte comportant l'erreur ou l'omission initiale ou l'acte irrégulièrement dressé.**

Toutefois, sont compétents :

1° Le procureur de la République du lieu où est établi le service central d'état civil du ministère des affaires étrangères, pour les actes détenus par ce service ;

2° Le procureur de la République près le *(Décr. n° 2019-966 du 18 sept. 2019, art. 8, en vigueur le 1er janv. 2020)* **« tribunal judiciaire** *[ancienne rédaction : tribunal de grande instance]* **» de Paris pour les certificats tenant lieu d'actes de l'état civil à un réfugié, un apatride ou un bénéficiaire de la protection subsidiaire.**

Pour une présentation du Décr. n° 2017-890 du 6 mai 2017, V. Circ. du 26 juill. 2017, Annexes 5 à 7, reproduites ss. art. 1055.

Art. 1046-1 *(Décr. n° 2017-890 du 6 mai 2017, art. 47-1°)* **Le procureur de la République territorialement compétent donne instructions aux dépositaires des registres de l'acte erroné ou annulé, ainsi qu'à ceux qui détiennent les autres actes entachés par la même erreur ou dressés à la suite de l'acte erroné ou annulé.**

Le procureur de la République informe de la rectification ou de l'annulation de l'acte, la personne à laquelle l'acte se rapporte, son ou ses représentants légaux ou la personne chargée de sa protection au sens de l'article 425 du code civil. Cette information n'est pas requise lorsque l'acte a été établi, par erreur, en double.

Pour une présentation du Décr. n° 2017-890 du 6 mai 2017, V. Circ. du 26 juill. 2017, Annexes 5 à 7, reproduites ss. art. 1055.

Art. 1047 *(Décr. n° 2017-890 du 6 mai 2017, art. 47-1°)* **Les erreurs ou omissions purement matérielles qui, en application de l'article 99-1 du code civil, peuvent faire l'objet d'une rectification par l'officier de l'état civil, sont :**

1° L'erreur ou l'omission dans un acte de l'état civil dont la preuve est rapportée par l'acte de naissance de l'intéressé, de son parent ou de toute autre personne désignée dans l'acte en cause, lorsque l'acte de naissance est détenu par un officier de l'état civil français ;

2° L'erreur ou l'omission portant sur une énonciation ou une mention apposée en marge d'un acte de l'état civil, à l'exception de celles apposées sur instruction du pro-

cureur de la République, lorsque la preuve de l'erreur ou de l'omission est rapportée par la production de l'acte, de la déclaration ou de la décision qu'il mentionne ou qu'il a omis.

Par exception :

a) L'erreur ou l'omission figurant dans un acte de mariage ne peut être rectifiée que sur production des pièces versées au dossier de mariage ;

b) L'omission dans l'apposition d'une mention est réparée par un nouvel envoi de l'avis de mention ;

3° Une mention apposée à tort en marge d'un acte de naissance, lorsque l'officier de l'état civil détient l'acte à l'origine de la mention ;

4° L'erreur dans le domicile ou la profession mentionnée dans un acte de l'état civil sur production de pièces justificatives ;

5° L'erreur portant sur la date de naissance ou de décès dans un acte de l'état civil, sur production d'un certificat d'accouchement ou de décès ;

6° L'erreur relative à l'officier de l'état civil ayant établi l'acte de l'état civil ;

7° L'erreur portant sur l'un ou les prénoms mentionnés dans un acte de naissance, sur production du certificat d'accouchement ou d'une copie du registre des naissances détenu par l'établissement du lieu de l'accouchement ;

8° L'erreur portant sur la présentation matérielle du nom de famille composé de plusieurs vocables dans les actes de l'état civil.

L'intéressé, son ou ses représentants légaux ou la personne chargée de sa protection au sens de l'article 425 du code civil produisent, à l'appui de leur demande de rectification, une copie intégrale des actes de l'état civil datant de moins de trois mois.

L'officier de l'état civil, détenteur de l'acte comportant l'erreur initiale *[,]* procède aux rectifications entachant cet acte. Il met également à jour les autres actes de l'état civil entachés de la même erreur ; lorsqu'il n'en est pas dépositaire, il transmet un avis de mention à chacun des officiers de l'état civil dépositaires de ces actes conformément à l'article 49 du code civil.

L'officier de l'état civil informe de la rectification opérée la personne à laquelle l'acte se rapporte, son ou ses représentants légaux ou la personne chargée de sa protection au sens de l'article 425 du code civil.

Pour une présentation du Décr. n° 2017-890 du 6 mai 2017, V. Circ. du 26 juill. 2017, Annexes 5 à 7, reproduites ss. art. 1055.

SOUS-SECTION 2 LA RECTIFICATION ET L'ANNULATION JUDICIAIRE *[JUDICIAIRES]*

Art. 1048 *(Décr. n° 2017-890 du 6 mai 2017, art. 47-2°-a)* « Le *(Décr. n° 2019-966 du 18 sept. 2019, art. 8, en vigueur le 1er janv. 2020)* « tribunal judiciaire *[ancienne rédaction : tribunal de grande instance]* » *[,]* ou son président territorialement compétent, est celui du lieu où demeure la personne dont l'état civil est en cause ou, si elle demeure hors de France, le *(Décr. n° 2019-966 du 18 sept. 2019, art. 8, en vigueur le 1er janv. 2020)* « tribunal judiciaire *[ancienne rédaction : tribunal de grande instance]* » de Paris ou son président. Peut également être saisie la juridiction du lieu ou *[où]* l'acte a été dressé ou transcrit. »

(Décr. n° 2004-836 du 20 août 2004, art. 14, en vigueur le 1er janv. 2005) « Sont toutefois seuls compétents :

« – la juridiction du lieu d'établissement du service central d'état civil du ministère des affaires étrangères, pour les actes détenus par ce service ;

« – le *(Décr. n° 2019-966 du 18 sept. 2019, art. 8, en vigueur le 1er janv. 2020)* « tribunal judiciaire *[ancienne rédaction : tribunal de grande instance]* » de Paris ou son président, pour les *(Décr. n° 2017-890 du 6 mai 2017, art. 47-2°-b)* « certificats » tenant lieu d'acte d'état civil à un réfugié *(Décr. n° 2017-890 du 6 mai 2017, art. 47-2°-b)* « , un apatride ou un bénéficiaire de la protection subsidiaire ». »

Pour une présentation du Décr. n° 2017-890 du 6 mai 2017, V. Circ. du 26 juill. 2017, Annexes 5 à 7, reproduites ss. art. 1055. – Sur la compétence matérielle, V. C. civ., art. 99, reproduit ci-dessous.

Code civil

Art. 99 *(Ord. n° 58-779 du 23 août 1958 ; Décr. n° 81-500 du 12 mai 1981)* La rectification des actes de l'état civil est ordonnée par le président du tribunal.

(L. n° 2021-1017 du 2 août 2021, art. 30-II-2) « La rectification de l'indication du sexe et, le cas échéant, des prénoms est ordonnée à la demande de toute personne présentant une variation du développement génital ou, si elle est mineure, à la demande de ses représentants légaux, s'il est médicalement constaté que son sexe ne correspond pas à celui figurant sur son acte de naissance. »

(L. n° 2016-1547 du 18 nov. 2016, art. 55) « L'annulation des actes de l'état civil est ordonnée par le tribunal. Toutefois, le procureur de la République territorialement compétent peut faire procéder à l'annulation de l'acte lorsque celui-ci est irrégulièrement dressé. »

1. Conv. EDH : droit à la rectification. Sur la consécration implicite d'un droit à la rectification de mentions inexactes dans les registres officiels. • CEDH sect. IV, 27 avr. 2010, n° 27138/04 (mention d'origine ethnique lorsque la Moldavie était soviétique).

2. Indifférente de l'origine de l'erreur. L'art. 99 ne distingue pas selon le caractère volontaire ou non des erreurs contenues dans les actes de l'état civil. • Civ. 1re, 2 juin 1987, n° 85-16.381 : *Gaz. Pal. 1988. 1. 110, note J. M.*

A. DOMAINE. DISTINCTION DES ACTIONS EN RECTIFICATION D'ACTES DE L'ÉTAT CIVIL ET DES ACTIONS D'ÉTAT

3. Principes. Le président du TGI est compétent pour ordonner la rectification des actes de l'état civil, sauf lorsque la demande soulève une question d'état, relative à la véracité ou au caractère mensonger d'une filiation ou tendant à suppléer un acte de l'état civil. • Civ. 1re, 26 janv. 1983, n° 81-16.795 P : *R., p. 41 ; D. 1983. 436, note Massip.*

1° ACTIONS EN RECTIFICATION PAR LE PRÉSIDENT

4. Erreur de sexe et omission de prénom. N'échappe pas à la compétence du président du tribunal une action ayant pour objet de réparer une erreur sur le sexe et une omission quant au prénom, prétendument commises par l'officier de l'état civil lors de l'inscription d'une reconnaissance, cette action ne s'analysant ni en une action. • Civ. 1re, 26 janv. 1983, n° 81-16.795 : *préc. note 3.*

5. Suppression de mentions superflues. L'action ayant pour objet de faire supprimer de l'acte de naissance d'enfants la mention erronée que leur mère était, lors de la naissance, l'épouse d'un homme dont elle était, en réalité, divorcée, s'analyse en une action en rectification d'état civil. Elle est sans incidence sur la filiation des enfants nés plus de trois cents jours après la dissolution du mariage qui ont de plein droit la qualité d'enfants « naturels ». • Civ. 1re, 14 mai 1985, n° 84-10.437 P. ♦ Une ordonnance rectificative de l'acte de naissance d'un enfant supprimant la qualité de « célibataire » attribuée à la mère et ajoutant la désignation des nom et prénoms du mari de celle-ci n'exclut pas que la présomption de paternité puisse être écartée en application de l'art. 313-1 C. civ., l'indication du nom du mari au sens de ce texte étant l'indication du nom de celui-ci dans l'acte de naissance en qualité de père. • Civ. 1re, 3 juin 1980, n° 78-15.290 : *D. 1981. 119, note Massip.* ♦ La suppression de la mention de la profession dans l'acte tenant lieu d'acte de naissance doit être ordonnée à la demande de l'intéressé (application de la L. du 12 juill. 1978, art. 11, al. 2). • Civ. 1re, 17 oct. 2000 : *Defrénois 2001. 91, obs. Massip.* ♦ Sur la suppression d'un patronyme ajouté sur l'acte de naissance, V. note 7.

2° ACTIONS RELEVANT DU TRIBUNAL

6. Remise en cause de la filiation. En revanche, l'action discutant la nature de la filiation d'un enfant né moins de trois cents jours après le divorce et demandant que soit attribué aux enfants un nom différent de celui qui aurait été le leur par l'effet de la loi est irrecevable présentée par voie de requête. • Civ. 1re, 14 mai 1985 : *préc. note 5.* ♦ Le président du TGI est incompétent pour statuer sur une action tendant à trancher un conflit de filiations. • TGI Dunkerque, 9 juill. 1979 : *D. 1981. IR 293, obs. Huet-Weiller.*

7. Modification du nom. Une requête en rectification d'état civil formée par une personne désirant faire ajouter certains mots à son nom patronymique au motif que jusqu'à son trisaïeul le nom de tous les ancêtres du requérant était un nom composé ne peut être accueillie sans rechercher si, à défaut de titre de naissance, la filiation de cet ascendant était établie par la possession d'état. • Civ. 1re, 5 mai 1987, n° 84-16.126 P. ♦ Constitue une demande de changement de nom relevant de l'art. 61 C. civ. la demande d'un ressortissant étranger visant à ce que son nom double initial, conforme à sa législation, soit réintroduit dans la transcription de son état civil. • Civ. 1re, 8 juill. 2015, n° 13-50.062 P : *D. 2015. Chron. C. cass. 1783, obs. Guyon-Renard ; AJ fam. 2016. 110, obs. Doublein ; RTD civ. 2015. 850, obs. Hauser* (double nom perdu dès lors qu'à la date de la transcription l'enfant légitime portait le nom de son père).

8. ... D'une particule. La suppression d'une

particule ne tend pas à la rectification d'une erreur purement matérielle, de sorte qu'en procédant à une telle rectification, le procureur de la République excède les pouvoirs qui lui sont reconnus par l'anc. art. 99, al. 4. • Civ. 1re, 5 nov. 2014, n° 14-11.407 P : *D. 2015. Chron. C. cass. 511, note Guyon-Renard ; ibid. 649, obs. Douchy-Oudot ; AJ fam. 2014. 704, obs. Brot ; RTD civ. 2015. 98, obs. Hauser*.

9. ... Du nom figurant dans le jugement d'adoption. Un jugement d'adoption n'ayant fait l'objet d'aucune voie de recours, ses dispositions relatives au nom de l'adopté ne peuvent être modifiées, en l'absence de toute erreur matérielle. • Civ. 1re, 25 nov. 2009, n° 08-15.247 P : *D. 2009. AJ 2934 ; RLDC 2010/67, n° 3684, obs. Pouliquen ; Dr. fam. 2010, n° 41, note Murat ; RJPF 2010-2/13, obs. Corpart ; RTD civ. 2010. 77, obs. Hauser*.

10. Mentions en marge. L'annulation d'un acte de naissance en raison de ses mentions en marge (indication en marge d'une première reconnaissance, annulée par la suite) n'est pas légalement admise et échappe en tout état de cause au domaine de la rectification judiciaire prévue par l'art. 99. • Paris, 19 oct. 2000 : *D. 2001. 1275, note Ardeeff ; Dr. fam. 2001, n° 29, note Murat ; RTD civ. 2001. 106, obs. Hauser*. ♦ Mais jugé qu'une mention marginale portée par erreur dans un acte d'état civil peut être rectifiée par simple requête lorsqu'elle est incompatible avec le contenu de l'acte et qu'elle conduit à établir un statut impossible ou interdit par la loi (en l'espèce, une bigamie homosexuelle, antérieurement à la L. n° 2013-404 du 17 mai 2013). • TGI Lille, ord., 6 juill. 2002 : *D. 2002. 2901, note P. Labbée*.

B. PROCÉDURE

11. Principe : matière gracieuse. Le juge qui statue sur une requête en rectification d'état civil doit instruire et juger l'affaire comme en matière gracieuse ; il peut donc fonder sa décision sur tous les faits relatifs au cas qui lui est soumis, y compris ceux qui n'auraient pas été allégués. • Civ. 1re, 20 mai 1980, n° 79-10.244 P.

12. Exception : instance contentieuse. Les instances en déclaration ou rectification d'état civil, lorsqu'elles sont introduites par voie de requête, ressortissent à la juridiction gracieuse et ne deviennent contentieuses que si les juges ordonnent la mise en cause des parties intéressées ou si le ministère public intervient comme partie principale pour contredire la demande. • Civ. 1re, 7 déc. 1961, n° 59-12.626 P. ♦ En cas d'opposition du ministère public à une demande en rectification d'un acte de l'état civil, la procédure ayant un caractère contentieux, l'affaire doit être instruite et jugée en audience publique. • Civ. 1re, 23 nov. 1976, n° 73-10.582 P. ♦ ... Et la décision acquiert autorité de la chose jugée. • Civ. 1re, 16 déc. 2015, n° 14-26.479 P : *cité note ss. art. 1055 C. pr. civ.* ♦ ... Et le pourvoi en cassation n'est recevable que si la décision attaquée a été préalablement signifiée. • Civ. 1re, 8 oct. 2008, n° 07-16.067 P : *D. 2008. Actu. 2598, obs. Egéa ; ibid. 2009. Pan. 777, obs. Granet-Lambrechts ; JCP 2008. Actu. 614, obs. Favier ; ibid. II.10191, note Mellottée ; Gaz. Pal. 26 févr. 2009, p. 29, note Massip ; LPA 29 janv. 2009, p. 8, note Martin ; Defrénois 2008. 2417, note Massip* • 14 mai 2014, n° 13-15.186 P : *AJ fam. 2014. 430, obs. Eudier*. ♦ Dès lors que la rectification sollicitée des actes de l'état civil n'est que l'accessoire de l'action contentieuse engagée afin de déterminer la chronologie des décès des victimes d'un incendie, il n'y a pas lieu de faire application des art. 797 s. C. pr. civ. relatifs à la procédure en matière gracieuse. • Douai, 16 janv. 1995 : *JCP 1996. II. 22717, note Buffelan-Lanore*.

Art. 1048-1 et 1048-2 *Abrogés par Décr. n° 2004-836 du 20 août 2004, art. 14, à compter du 1er janv. 2005.*

Art. 1049 **L'action est ouverte à toute personne qui y a intérêt et au ministère public.**

Art. 1050 **La demande est formée, instruite et jugée comme en matière gracieuse.**

Art. 1051 **Elle peut aussi être présentée sans forme au procureur de la République qui saisit la juridiction compétente.**

Toutefois, si le procureur de la République entend s'opposer à la demande, il en informe le requérant et l'invite à saisir lui-même la juridiction *(Décr. n° 2017-890 du 6 mai 2017, art. 46-3°)* **« par assignation ».**

1. La requête en rectification doit être présentée par un avocat inscrit au barreau du tribunal dont le président est saisi. • Rennes, 30 mai 1983 : *Gaz. Pal. 1984. 1. Somm. 10.*

2. Statuant en matière gracieuse, le juge saisi d'une demande en rectification d'acte d'état civil peut statuer sur tous les faits relatifs au cas qui lui est soumis, y compris ceux qui n'auraient pas été allégués. • Civ. 1re, 20 mai 1980 : *Bull. civ. I, n° 153 ; JCP 1981. II. 19549, note D.-L. N. ; RTD civ. 1980. 803, obs. Normand ; RTD civ. 1981. 212, obs. Perrot.*

3. Les instances en rectification d'état civil ne peuvent devenir contentieuses qu'en cas de mise en cause des parties intéressées ou d'intervention du ministère public comme partie principale pour contredire la demande. • Civ. 1re, 7 déc. 1961 : *Bull. civ. I, n° 586* • 23 nov. 1976 : *Bull. civ. I, n° 362.*

♦ Rappr. : • Dijon, 10 févr. 1993 : *JCP 1994. II. 22246, note Le Ninivin ; RTD civ. 1994. 680, obs. Perrot*. V. • TGI Paris, 20 mai 1980 : *D. 1980. IR 422, obs. Huet-Weiller ; Rev. dr. sanit. et soc. 1980. 564, obs. Raynaud.* ♦ V. note ss. art. 1054.

4. Sur l'autorité des décisions de rectification,

Art. 1052 **L'affaire est communiquée pour avis au ministère public.**

Lorsque la demande est formée par le procureur de la République ou un tiers, la personne dont l'état civil est en cause ou ses héritiers sont entendus ou appelés. A cette fin, la demande indique leurs nom, prénom, domicile, date et lieu de naissance sans préjudice des mentions prévues par le *(Décr. n° 2019-1333 du 11 déc. 2019, art. 29-10°, en vigueur le 1er janv. 2020)* **« 3° de l'article 54 ».**

L'art. 29 du Décr. n° 2019-1333 du 11 déc. 2019 est applicable aux instances en cours au 1er janv. 2020 (Décr. préc., art. 55-I).

Art. 1053 *(Décr. n° 2017-890 du 6 mai 2017, art. 47-4°)* **« La juridiction » peut ordonner la mise en cause de toute personne intéressée ainsi que la convocation du conseil de famille.**

Art. 1054 **S'il fait droit à la demande,** *(Décr. n° 2017-890 du 6 mai 2017, art. 47-4°)* **« la juridiction » ordonne la modification, par mention en marge, de tous actes même établis, dressés ou transcrits hors de son ressort. A cette fin, le dispositif de la décision est transmis par le procureur de la République au dépositaire des actes modifiés.**

L'acte annulé ne peut plus être mis à jour. Il ne peut être délivré que sur autorisation exceptionnelle du procureur de la République dans le ressort duquel l'acte est conservé.

L'al. 1er de ce texte ne peut viser que le cas de l'appel interjeté par le requérant contre la décision ayant, en l'absence de litige, rejeté sa demande ; est régie par le droit commun, le délai d'appel étant d'un mois à compter de la signification, la voie de recours exercée contre le jugement rendu après conclusions du ministère public tendant au rejet de la demande, la procédure ayant alors pris un caractère contentieux. • Paris, 23 juin 1988 : *D. 1988. Somm. 271, obs. Julien.*

Art. 1054-1 *(Décr. n° 2019-1333 du 11 déc. 2019, art. 3-4°, en vigueur le 1er janv. 2020)* **La décision** *(Décr. n° 2020-1452 du 27 nov. 2020, art. 1er-26°, en vigueur le 1er janv. 2021)* **« n'est exécutoire à titre provisoire que si elle l'ordonne ».**

L'art. 1er-26° du Décr. n° 2020-1452 du 27 nov. 2020 s'applique aux instances en cours au 1er janv. 2021 (Décr. préc., art. 12).

Art. 1055 *(Décr. n° 2017-890 du 6 mai 2017, art. 47-5°)* **« L'appel des décisions rendues en matière gracieuse est formé selon les règles prévues à l'article 950. Les dispositions de l'article 952 sont applicables. L'appel est instruit et jugé selon la procédure suivie en première instance.**

« L'appel des décisions rendues en matière contentieuse est formé, instruit et jugé selon les règles prévues aux articles 917 à 925, sans que l'appelant ait à se prévaloir d'un péril dans sa requête. »

(Décr. n° 2004-836 du 20 août 2004, art. 14, en vigueur le 1er janv. 2005) **« Les voies de recours sont, dans tous les cas, ouvertes au ministère public. »**

Pour une présentation du Décr. n° 2017-890 du 6 mai 2017, V. Circ. du 26 juill. 2017, Annexes 5 à 7, reproduites ci-dessous.

Ayant constaté l'opposition du ministère public à la rectification de l'acte de naissance, sollicitée par l'intéressé, la cour d'appel en a justement déduit que cette contestation avait conféré un caractère contentieux à la procédure, et que la décision irrévocable rendue, ayant acquis l'autorité de la chose jugée, faisait obstacle à la recevabilité d'une nouvelle requête qui tendait aux mêmes fins. • Civ. 1re, 16 déc. 2015, n° 14-26.479 P : *AJ fam. 2016. 162, obs. Thouret ; RTD civ. 2016. 80, obs. Hauser*.

Circulaire JUSC1720438C du 26 juillet 2017,

De présentation de diverses dispositions en matière de droit des personnes et de la famille de la loi n° 2016-1547 du 18 novembre 2016 de modernisation de la justice du XXIe siècle

BIBL. ▸ Poure, *Dr. fam. 2017. Étude 20* (nouvelles précisions).

SECTION II LES PROCÉDURES RELATIVES AU PRÉNOM

(Décr. nº 2017-450 du 29 mars 2017, art. 2)

Sur la procédure judiciaire de changement de prénom, V. C. civ., art. 60 s. — **C. civ.**

Pour une présentation de la nouvelle procédure contentieuse de changement de prénom devant le JAF, telle qu'issue notamment du Décr. nº 2017-450 du 29 mars 2017, V. Circ. du 10 mai 2017, Annexe 1, reproduite ss. art. 1055-4.

BIBL. ▸ **Décr. du 29 mars 2017 :** AVENA-ROBARDET, *AJ fam. 2017. 218.* – COPÉ-BESSIS et KARILA-DANZIGER, *AJ fam. 2017. 382* (changement de prénom et contestation judiciaire).

Art. 1055-1 **Le procureur de la République territorialement compétent pour contester devant le juge aux affaires familiales le ou les prénoms choisis par les parents, en application du troisième alinéa de l'article 57 du code civil, est celui dans le ressort duquel est détenu l'acte de naissance de l'enfant.**

Lorsque l'acte de naissance a été dressé ou transcrit par les autorités diplomatiques ou consulaires, le procureur de la République territorialement compétent est celui du lieu où est établi le service central d'état civil du ministère des affaires étrangères.

BIBL. ▸ EGÉA, *Dr. fam. 2017. Étude 2, nº 8* (compétence territoriale du procureur s'opposant au choix du prénom par les parents).

Art. 1055-2 **Lorsque le procureur de la République s'oppose au changement de prénom en application des dispositions du dernier alinéa de l'article 60 du code civil, la demande est portée contre lui devant le juge aux affaires familiales du** *(Décr. nº 2019-966 du 18 sept. 2019, art. 8, en vigueur le 1er janv. 2020)* **« tribunal judiciaire** *[ancienne rédaction : tribunal de grande instance]* **» auprès duquel le procureur de la République exerce ses fonctions.**

BIBL. ▸ EGEA, *Dr. fam. 2017. Étude 2, nº 7* (opposition du procureur au changement de prénom : compétence territoriale du JAF).

Art. 1055-3 **Les demandes formées en application des dispositions du troisième alinéa de l'article 57 et du dernier alinéa de l'article 60 du code civil obéissent aux règles de la procédure** *(Décr. nº 2019-1333 du 11 déc. 2019, art. 29-11º, en vigueur le 1er janv. 2020)* **« écrite ordinaire » applicable devant le** *(Décr. nº 2019-966 du 18 sept. 2019, art. 8, en vigueur le 1er janv. 2020)* **« tribunal judiciaire** *[ancienne rédaction : tribunal de grande instance]* **».**

(Décr. nº 2019-1333 du 11 déc. 2019, art. 3-5º, en vigueur le 1er janv. 2020) **« Toutefois, la décision** *(Décr. nº 2020-1452 du 27 nov. 2020, art. 1er-26º, en vigueur le 1er janv. 2021)* **« n'est exécutoire à titre provisoire que si elle l'ordonne ». »**

L'art. 29 du Décr. nº 2019-1333 du 11 déc. 2019 est applicable aux instances en cours au 1er janv. 2020 (Décr. préc., art. 55-I).

L'art. 1er-26º du Décr. nº 2020-1452 du 27 nov. 2020 s'applique aux instances en cours au 1er janv. 2021 (Décr. préc., art. 12).

Art. 1055-4 **Le dispositif de la décision ordonnant la modification du prénom est transmis sans délai par le procureur de la République à l'officier de l'état civil dépositaire des actes de l'état civil de l'intéressé en marge desquels est portée la mention de la décision.**

Circulaire JUSC1709389C du 10 mai 2017,

De présentation des dispositions de l'article 56 de la loi nº 2016-1547 du 18 novembre 2016 de modernisation de la justice du XXIe siècle concernant les procédures judiciaires de changement de prénom et de modification de la mention du sexe à l'état civil.

SECTION II *BIS* LA MODIFICATION DE LA MENTION DU SEXE DANS LES ACTES DE L'ÉTAT CIVIL

(Décr. nº 2017-450 du 29 mars 2017, art. 3)

Sur la modification de la mention du sexe dans les actes de l'état civil, V. C. civ., art. 61-5 s. — **C. civ.**

Pour une présentation de la procédure de modification du sexe à l'état civil prévue par les articles 61-5 et suivants du code civil, telle qu'issue notamment du Décr. n° 2017-450 du 29 mars 2017, V. Circ. du 10 mai 2017, Annexe 2, ss. art. 1055-9.

BIBL. ▶ POULET, *D. actu. 31 mars 2017.*

Art. 1055-5 *(Décr. n° 2022-290 du 1er mars 2022, art. 1er-1°)* **La demande en modification de la mention du sexe et, le cas échéant, des prénoms dans les actes de l'état civil, est portée :**

1° Soit devant le tribunal judiciaire dans le ressort duquel la personne intéressée demeure ;

2° Soit devant le tribunal judiciaire dans le ressort duquel l'acte de naissance de la personne intéressée a été dressé ou, en cas de naissance à l'étranger, dans le ressort duquel est situé le service central d'état civil du ministère des affaires étrangères dépositaire de l'acte de naissance.

Toutefois, lorsque la demande émane d'un réfugié, un apatride ou un bénéficiaire de la protection subsidiaire disposant d'un certificat tenant lieu d'acte de naissance délivré par l'Office français de protection des réfugiés et apatrides, le tribunal judiciaire de Paris est seul compétent pour en connaître.

Art. 1055-6 **La demande en modification de la mention du sexe dans les actes de l'état civil et, le cas échéant, des prénoms, relève de la matière gracieuse. Les voies de recours sont ouvertes au ministère public.**

Art. 1055-7 **La demande est formée par requête remise ou adressée au greffe. Le cas échéant, la requête précise si la demande tend également à un changement de prénoms.**

Le ministère d'avocat n'est pas obligatoire.

Art. 1055-8 **L'affaire est instruite et débattue en chambre du conseil, après avis du ministère public. Les décisions sont rendues hors la présence du public.**

Art. 1055-9 **Le tribunal ordonne la modification des prénoms dans les actes de l'état civil des conjoints, et, le cas échéant, des enfants, après avoir constaté le consentement des intéressés ou de leurs représentants légaux.**

La personne dont l'état civil est en cause ou son représentant légal peut être entendu.

Le bénéficiaire du changement de prénom peut également demander cette modification, postérieurement à la décision du tribunal, auprès du procureur de la République près ledit tribunal.

Cette demande est accompagnée du dispositif de la décision devenue définitive et des documents contenant les consentements requis.

Le conjoint, l'enfant majeur ou le représentant légal de l'enfant mineur, peuvent, dans les mêmes conditions, demander au procureur de la République la modification des seuls actes qui les concernent postérieurement à la décision du tribunal.

Dans tous les cas, le procureur de la République ordonne l'apposition de la modification des prénoms sur les actes concernés et transmet les pièces mentionnées à l'alinéa précédent à l'officier de l'état civil dépositaire desdits actes pour y être annexées.

Circulaire JUSC1709389C du 10 mai 2017,

De présentation des dispositions de l'article 56 de la loi n° 2016-1547 du 18 novembre 2016 de modernisation de la justice du XXIe siècle concernant les procédures judiciaires de changement de prénom et de modification de la mention du sexe à l'état civil

Art. 1055-10 *(Décr. n° 2019-1333 du 11 déc. 2019, art. 3-6°, en vigueur le 1er janv. 2020)* **La décision du tribunal** *(Décr. n° 2020-1452 du 27 nov. 2020, art. 1er-26°, en vigueur le 1er janv. 2021)* **« n'est exécutoire à titre provisoire que si elle l'ordonne ».**

L'art. 3 du Décr. n° 2019-1333 du 11 déc. 2019 s'applique aux instances introduites devant les juridictions du premier degré à compter du 1er janv. 2020 (Décr. préc., art. 55-II).

L'art. 1er-26° du Décr. n° 2020-1452 du 27 nov. 2020 s'applique aux instances en cours au 1er janv. 2021 (Décr. préc., art. 12).

SECTION III LA TRANSCRIPTION ET LA MENTION DES DÉCISIONS SUR LES REGISTRES DE L'ÉTAT CIVIL *(Décr. n° 2012-66 du 20 janv. 2012, art. 39-1°).*

(Décr. n° 93-1091 du 16 sept. 1993, art. 3)

L'art. 3 du Décr. n° 93-1091 du 16 sept. 1993 crée la présente section qui comprend l'art. 1056 issu du Décr. n° 81-500 du 12 mai 1981.

L'art. 39 du Décr. n° 2012-66 du 20 janv. 2012 est applicable dans les îles Wallis-et-Futuna (Décr. préc., art. 44).

Art. 1056 *(Décr. n° 81-500 du 12 mai 1981, art. 5, en vigueur le 1er janv. 1982)* **Toute décision dont la transcription ou la mention sur les registres de l'état civil est ordonnée, doit énoncer, dans son dispositif, les prénoms et nom des parties ainsi que, selon le cas, le lieu où la transcription doit être faite ou les lieux et dates des actes en marge desquels la mention doit être portée.**

Seul le dispositif de la décision est transmis au dépositaire des registres de l'état civil. Les transcription et mention du dispositif sont aussitôt opérées.

V. Décr. n° 83-883 du 27 sept. 1983, portant publication de la Convention relative aux décisions de rectification d'actes de l'état civil, signée à Paris le 10 sept. 1964 (D. et ALD 1983. 489).

Art. 1056-1 *(Décr. n° 2012-66 du 20 janv. 2012, art. 39-3°-b)* **L'action aux fins de déclaration judiciaire de naissance est régie par les dispositions des articles 1049 à 1055.**

Le dispositif de la décision, contenant les énonciations prévues à l'article 57 du code civil, est immédiatement transmis par le procureur de la République à l'officier de l'état civil.

Art. 1056-2 *(Décr. n° 2007-773 du 10 mai 2007, art. 1er)* **Le procureur de la République territorialement compétent pour s'opposer à la célébration d'un mariage d'un Français à l'étranger est celui du lieu où est établi le service central d'état civil du ministère des affaires étrangères.**

Il est également seul compétent pour se prononcer sur la transcription de l'acte de mariage étranger sur les registres de l'état civil français et pour poursuivre l'annulation de ce mariage.

Il est également seul compétent, lorsque l'acte de mariage étranger a été transcrit sur les registres consulaires français, pour poursuivre l'annulation du mariage, même s'il n'a pas été saisi préalablement à la transcription.

L'art. 1er du Décr. n° 2007-773 du 10 mai 2007 est applicable de plein droit à Mayotte, dans les îles Wallis-et-Futuna, en Polynésie française et en Nouvelle-Calédonie (Décr. préc., art. 17).

Le présent art. 1056-2 correspond à l'ancien art. 1056-1 ainsi renuméroté par l'art. 39-3-a du Décr. n° 2012-66 du 20 janv. 2012.

L'art. 39 du Décr. n° 2012-66 du 20 janv. 2012 est applicable dans les îles Wallis-et-Futuna (Décr. préc., art. 44).

CHAPITRE III LE RÉPERTOIRE CIVIL

V. Instr. gén. 11 mai 1999 relative à l'état civil (JO 28 juill.), complétée par Instr. gén. 29 mars 2002 (JO 28 avr.), nos 260 s.

RÉP. PR. CIV. v° *Actes de l'état civil*, par FOSSIER.

Art. 1057 **Le répertoire civil est constitué par l'ensemble des extraits des demandes, actes et jugements qui, en vertu de textes particuliers se référant à ce répertoire, doivent être classés et conservés aux greffes des** *(Décr. n° 2019-966 du 18 sept. 2019, art. 8, en vigueur le 1er janv. 2020)* **« tribunaux judiciaires** *[ancienne rédaction : tribunaux de grande instance]* **».**

Les extraits sont inscrits sur un registre, jour par jour et par ordre numérique.

Art. 1058 **Le classement et la conservation des extraits sont assurés par le** *(Décr. n° 2004-836 du 20 août 2004, art. 52-I, en vigueur le 1er janv. 2005)* **« greffe » du** *(Décr. n° 2019-966 du 18 sept. 2019, art. 8, en vigueur le 1er janv. 2020)* **« tribunal judiciaire** *[ancienne rédaction : tribunal de grande instance]* **» dans le ressort duquel est née la per-**

sonne concernée et par le service central d'état civil pour les personnes nées à l'étranger.

L'art. 52-I du Décr. n° 2004-836 du 20 août 2004 est applicable aux procédures en cours (Décr. préc., art. 59).

Sur le service central d'état civil, V. Décr. n° 65-422 du 1er juin 1965 mod., art. 4 et 4-1. – **C. civ.**

Art. 1059 *(Décr. n° 89-511 du 20 juill. 1989, art. 28)* **« La publicité des demandes, actes et jugements est réalisée par une mention en marge de l'acte de naissance de l'intéressé. » Cette mention est faite à la diligence du** *(Décr. n° 82-716 du 10 août 1982, art. 1er)* **« greffier » du** *(Décr. n° 2019-966 du 18 sept. 2019, art. 8, en vigueur le 1er janv. 2020)* **« tribunal judiciaire** *[ancienne rédaction : tribunal de grande instance]* **» ou, le cas échéant, à celle du service central d'état civil. Elle est constituée par l'indication** *(Décr. n° 2015-282 du 11 mars 2015, art. 29)* **« "RC" » suivie de la référence sous laquelle la demande, l'acte ou le jugement a été conservé.**

La date à laquelle la mention est apposée est portée sur l'extrait conservé au *(Décr. n° 2004-836 du 20 août 2004, art. 52-I, en vigueur le 1er janv. 2005)* **« greffe » ou au service central d'état civil.**

L'art. 52-I du Décr. n° 2004-836 du 20 août 2004 est applicable aux procédures en cours (Décr. préc., art. 59).

Sur le Décr. n° 2015-287 du 11 mars 2015, V. Circ. du 20 mars 2015, ss. art. 692-1.

BIBL. ▶ **Décr. du 11 mars 2015 :** BLÉRY, *Gaz. Pal. 27 mars 2015, p. 6* (une nouvelle ère pour la procédure civile). – CROZE, *JCP 2015. 356* (choix de simplification procédurale ? – A propos du décret n° 2015-282 du 11 mars 2015).

Art. 1060 *(Décr. n° 89-511 du 20 juill. 1989, art. 29)* **« La mention portée en marge de l'acte de naissance, des jugements » qui rejettent une demande ou mettent fin à une mesure figurant au répertoire civil, est complétée d'office par l'indication qu'elle emporte radiation des mentions antérieures.**

L'indication de radiation peut être aussi portée à la suite des mentions prévues par *(Décr. n° 2012-1443 du 24 déc. 2012, art. 2)* **« les articles 1292 et 1300-4 » lorsque la partie intéressée a rapporté la preuve de l'extinction de l'instance.**

L'art. 2 du Décr. n° 2012-1443 du 24 déc. 2012 est applicable à Wallis-et-Futuna (Décr. préc., art. 6).

Art. 1061 Des copies des extraits conservés au répertoire civil peuvent être délivrées à tout intéressé.

Elles ne peuvent l'être que sur autorisation du procureur de la République lorsqu'une indication de radiation a été portée en marge des actes de naissance par application de l'article précédent.

CHAPITRE III *BIS* LES FUNÉRAILLES

(Décr. n° 2005-460 du 13 mai 2005, art. 31)

L'art. 31 du Décr. n° 2005-460 du 13 mai 2005 est applicable aux instances introduites après son entrée en vigueur (Décr. préc., art. 38). Il s'applique à Mayotte (Décr. préc., art. 39).

BIBL. ▶ CAGNOLI, *JCP 2005. Act. 326.* – BLÉRY, *D. 2005. 1891* .

Art. 1061-1 En matière de contestation sur les conditions des funérailles, le *(Décr. n° 2019-966 du 18 sept. 2019, art. 8, en vigueur le 1er janv. 2020)* **« tribunal judiciaire** *[ancienne rédaction : tribunal d'instance]* **» est saisi à la requête de la partie la plus diligente selon un des modes prévus à l'article** *(Décr. n° 2019-1333 du 11 déc. 2019, art. 29-12°, en vigueur le 1er janv. 2020)* **« 750 ».**

Il statue dans les vingt-quatre heures.

Appel peut être interjeté dans les vingt-quatre heures de la décision devant le premier président de la cour d'appel. Celui-ci ou son délégué est saisi sans forme et doit statuer immédiatement. Les parties ne sont pas tenues de constituer *(Décr. n° 2012-634 du 3 mai 2012, art. 19-1°-a)* **« avocat ».**

La décision exécutoire sur minute est notifiée au maire chargé de l'exécution. – *Sur la compétence du tribunal d'instance, V. art. R. 221-7 et R. 221-47 COJ.*

L'art. 31 du Décr. n° 2005-460 du 13 mai 2005 est applicable aux instances introduites après son entrée en vigueur (Décr. préc., art. 38). Il s'applique à Mayotte (Décr. préc., art. 39).

L'art. 29 du Décr. n° 2019-1333 du 11 déc. 2019 est applicable aux instances en cours au 1er janv. 2020 (Décr. préc., art. 55-I).

BIBL. ▸ LABÉE, *JCP 2013. 1037* (une urne funéraire au TGI).

1. Domaine d'application. Sur l'application de l'art. 1061-1 au contentieux de la destination des cendres, V. : Labbée, *JCP 2009. Actu. 34, spéc. p. 4* (commentaire de la L. n° 2008-1350 du 19 déc. 2008).

2. Recours. Constitue un appel sans forme le fait de se présenter un samedi à la Cour d'appel, avant l'expiration du délai de recours, peu importe que la saisine du juge n'eût pu effectivement intervenir que le lundi suivant. • Civ. 1re, 1er juin 2005, n° 05-15.476 P : *Procédures 2006, n° 2, obs. Perrot.*

CHAPITRE IV LES ABSENTS

RÉP. PR. CIV. v° *Absence*, par GUERCHOUN.

BIBL. GÉN. ▸ TEYSSIÉ, *JCP 1978. I. 2911* (commentaire de la loi du 28 déc. 1977). – VIVANT, *RTD civ. 1982. 1* (régime juridique de la non-présence).

SECTION PREMIÈRE LA PRÉSOMPTION D'ABSENCE

Art. 1062 **Les demandes relatives à la présomption d'absence sont présentées au juge des tutelles qui exerce ses fonctions au** *(Décr. n° 2019-966 du 18 sept. 2019, art. 8, en vigueur le 1er janv. 2020)* **« tribunal judiciaire** *[ancienne rédaction : tribunal d'instance]* **» dans le ressort duquel la personne dont il s'agit de constater la présomption d'absence demeure ou a eu sa dernière résidence.**

A défaut, le juge compétent est celui du *(Décr. n° 2019-966 du 18 sept. 2019, art. 8, en vigueur le 1er janv. 2020)* **« tribunal judiciaire** *[ancienne rédaction : tribunal d'instance]* **» du lieu où demeure le demandeur.** — *V. C. civ., art. 112 s.* — **C. civ.**

FORM. PR. CIV. *Requête à fin de déclaration de présomption d'absence ; Requête à fin de remplacement du représentant ou de l'administrateur du présumé absent ; Requête à fin de mettre fin à la mission du représentant ou de l'administrateur du présumé absent ; Requête du présumé absent à fin de suppression des mesures de représentation et d'administration.*

Art. 1063 **La demande est formée, instruite et jugée selon les règles applicables à la tutelle des** *(Décr. n° 2016-185 du 23 févr. 2016, art. 13)* **« majeurs ».**

L'art. 13 du Décr. n° 2016-185 du 23 févr. 2016 est applicable aux administrations légales en cours au jour de son entrée en vigueur (Décr. préc., art. 18-II, applicable à Wallis-et-Futuna ; Décr. préc., art. 19-III).

Art. 1064 **Un extrait de toute décision constatant une présomption d'absence ou désignant une personne pour représenter un présumé absent et administrer ses biens ainsi que de toute décision portant modification ou suppression des mesures prises est transmis au** *(Décr. n° 2004-836 du 20 août 2004, art. 52-I, en vigueur le 1er janv. 2005)* **« greffe » du** *(Décr. n° 2019-966 du 18 sept. 2019, art. 8, en vigueur le 1er janv. 2020)* **« tribunal judiciaire** *[ancienne rédaction : tribunal de grande instance]* **» dans le ressort duquel est née la personne présumée absente, à fin de conservation au répertoire civil et de publicité par mention en marge de l'acte de naissance, selon les modalités prévues aux articles 1057 à 1061. La transmission est faite au service central d'état civil pour les personnes nées à l'étranger.**

L'art. 52-I du Décr. n° 2004-836 du 20 août 2004 est applicable aux procédures en cours (Décr. préc., art. 59).

Art. 1065 **Lorsque la décision a été rendue par le juge des tutelles, la transmission est faite par le** *(Décr. n° 82-716 du 10 août 1982, art. 1er)* **« greffier » du** *(Décr. n° 2019-966 du 18 sept. 2019, art. 8, en vigueur le 1er janv. 2020)* **« tribunal judiciaire** *[ancienne rédaction : tribunal d'instance]* **» dans les quinze jours qui suivent l'expiration des délais de recours.**

Lorsque la décision a été rendue par *(Décr. n° 2017-891 du 6 mai 2017, art. 50, en vigueur le 1er sept. 2017)* **« la cour d'appel », la transmission est faite par le** *(Décr. n° 2017-891 du 6 mai 2017, art. 50, en vigueur le 1er sept. 2017)* **« greffe de cette cour »**

dans les quinze jours *(Décr. n° 2017-891 du 6 mai 2017, art. 50, en vigueur le 1er sept. 2017)* **« de l'arrêt ».**

SECTION II LA DÉCLARATION D'ABSENCE

Art. 1066 Les demandes relatives à la déclaration d'absence d'une personne sont portées devant le *(Décr. n° 2019-966 du 18 sept. 2019, art. 8, en vigueur le 1er janv. 2020)* **« tribunal judiciaire** *[ancienne rédaction : tribunal de grande instance]* **» dans le ressort duquel celle-ci demeure ou a eu sa dernière résidence.**

A défaut, le tribunal compétent est celui du lieu où demeure le demandeur.

FORM. PR. CIV. *Requête à fin de déclaration d'absence quand une déclaration de présomption d'absence a été prononcée depuis plus de dix ans ; Requête à fin de déclaration d'absence quand une mesure d'aménagement du régime matrimonial (C. civ., art. 217, 219, 1426 ou 1429) a été prise depuis plus de dix ans ; Requête à fin de déclaration d'absence pour une personne qui a cessé de paraître depuis plus de vingt ans ; Requête à fin d'annulation d'un jugement déclaratif d'absence.*

Art. 1067 La demande est formée, instruite et jugée comme en matière gracieuse.

Art. 1067-1 *(Décr. n° 2019-1333 du 11 déc. 2019, art. 3-7°, en vigueur le 1er janv. 2020)* **Le jugement** *(Décr. n° 2020-1452 du 27 nov. 2020, art. 1er-27°, en vigueur le 1er janv. 2021)* **« n'est exécutoire à titre provisoire que s'il l'ordonne ».**

L'art. 1er-27° du Décr. n° 2020-1452 du 27 nov. 2020 s'applique aux instances en cours au 1er janv. 2021 (Décr. préc., art. 12).

Art. 1068 Le délai dans lequel doivent être publiés les extraits du jugement déclaratif d'absence ne peut excéder six mois à compter du prononcé de ce jugement ; il est mentionné dans les extraits soumis à publication.

FORM. PR. CIV. *Extrait de jugement déclaratif aux fins de publicité ; Lettre au procureur à fin de faire apposer les visas sur le jugement déclaratif d'absence ; Lettre au directeur du journal d'annonces légales à fin de publicité du jugement déclaratif d'absence.*

Art. 1069 L'appel est formé, instruit et jugé comme en matière gracieuse.

Le délai d'appel court à l'égard des parties et des tiers auxquels le jugement a été notifié, un mois après l'expiration du délai fixé par le tribunal pour l'accomplissement des mesures de publicité de l'article 127 du code civil.

Le délai de pourvoi en cassation suspend l'exécution de la décision déclarative d'absence. Le pourvoi en cassation exercé dans ce délai est également suspensif.

CHAPITRE V LA PROCÉDURE EN MATIÈRE FAMILIALE

(Décr. n° 2004-1158 du 29 oct. 2004, art. 3, en vigueur le 1er janv. 2005)

V. Circ. CIV/16/04 du 23 nov. 2004 de présentation de la loi relative au divorce, du décret portant réforme de la procédure en matière familiale et du décret fixant les modalités de substitution d'un capital à une rente allouée au titre de la prestation compensatoire (www.justice.gouv.fr).

DALLOZ ACTION *Droit de la famille 2020/2021.*

DALLOZ RÉFÉRENCE *Droit et pratique du divorce 2022/2023*, par CLAUX et DAVID.

BIBL. GÉN. ▶ BARRIÈRE-BROUSSE et DOUCHY-OUDOT, Les contentieux familiaux. – Droit interne, international et européen, *LexisNexis, 3e éd., 2016.* – BATTEUR et a., Le guide du divorce, *Dalloz, 2e éd., 2007.* – CLAUX et DAVID, Droit et pratique du divorce, *Dalloz référence, 5e éd., 2022/2023.* – DASTE et MORGEN-GUILLEMIN, Divorce, séparation de corps et de fait, *Delmas, 20e éd., 2007.*

▶ **Thèse :** ÉGÉA, La fonction de juger à l'épreuve du droit contemporain de la famille, t. 43, *Defrénois 2010, préf. A. Leborgne.* – WEILLER (ss. dir.), Les transformations du contentieux familiale, *PUAM, 2012.*

▶ **Dossier :** *AJ fam. 2004. 424* ; *AJ fam. 2009. 368* ; *ibid. 420* (divorce et transparence) ; *AJ fam. 2010. 253* (le droit collaboratif) ; *AJ fam. 2011. 71* (divorce pour faute) ; *AJ fam. 2011. 287* (l'acte d'avocat) ; *AJ fam. 2013. 535* (famille et procédure participative) ; *Gaz. Pal. 23-24 mars 2012, p. 11* (les procédures familiales) ; *AJ fam. 2014. 458* (gestion de l'urgence dans la procédure de divorce) ; *ibid. 478* (stratégies procédurales et effets du divorce) ; *AJ fam. 2018. 201* (procédure d'appel et famille).

▶ **Articles :** AMRANI MEKKI, *Gaz. Pal. 11 avr. 2017* (hors-série), *p. 4* (la liberté contractuelle en droit processuel de la famille). – AVENA-ROBARDET, *AJ fam. 2008. 29* (preuve en droit de la famille – tableau récapitulatif). – Bénabent, *Just. et cass. 2010. 80* (l'office du juge en droit de la famille). – Cadiet, *Mél. Blaise, Economica, 1995, p. 33* (métamorphoses de la juridiction familiale). – Cadiou, *Gaz. Pal. 2 avr. 2021, hors-série, p. 58* (l'urgence dans le contentieux familial). – Casey et Exshaw, *Gaz. Pal. 2009. Doctr. 3373* (l'intervention du notaire à l'occasion du divorce : aspects de procédure et de fond). – Chauveau, *Gaz. Pal. 30 mars-1er avr. 2014, p. 51* (déjudiciarisation du droit de la famille et droit international). – Claux, *AJ fam. 2001. 89* ✎ (projet de réforme du divorce) ; *ibid. 2002. 60* ✎ (rôle du notaire). – Depondt, *JCP 2015. 429* (de l'intérêt de recourir à l'arbitrage et à la conciliation) ; *JCP N 2015. 1151* (la mise en œuvre des procédures d'arbitrage et de conciliation). – Douchy-Oudot, *Procédures 2015. Étude 3* (l'office du juge dans le contentieux familial). – Égéa, *Gaz. Pal. 23 juill. 2019. 69* (les modalités de saisine du juge du divorce). – Égéa et Cadiou, *Gaz. Pal. 23 juill. 2019. 73* (les modalités d'acceptation du principe de la rupture) ; *ibid. 23 juill. 2019. 75* (l'audience d'orientation). – Fricero, *Gaz. Pal. 11 avr. 2017* (hors-série), *p. 4* (aspects procéduraux du contentieux familial : les grandes évolutions de l'année 2016) ; *Dr. fam. 2018. Étude 11* (contentieux familial et chantiers de la justice : quels bouleversements ?). – Galimard, *Journ. not. 1990. 993* (notaire expert en matière de divorce). – Gazeau, Lemaire et Vancleemput, *JCP N 2010. 1178* (*vade-mecum* du notaire intervenant dans les procédures de divorce). – Gebler, *AJ fam. 2007. 390* ✎ (l'enfant et ses juges) ; *ibid. 2008. 20* ✎ (le référé en matière familiale) ; *AJ fam. 2008. 144* ✎ (le JAF, le juge des enfants et les grands-parents : aspects procéduraux) ; *AJ fam. 2009. 477* ✎ (approche comparée des procédures familiales impliquant l'enfant mineur). – Gerbay, *Gaz. Pal. 26-27 nov. 2004, p. 6* (prestation compensatoire). – Gridel, Les juges uniques : dispersion ou réorganisation du contentieux ?, *Dalloz 1996, p. 53 ; Mél. Catala, Litec, 2001, p. 207* (regards). – Juston, *Gaz. Pal. 6-7 sept. 2013, p. 17* (le juge aux affaires familiales du XXIe siècle). – Kross, *Gaz. Pal. 1991. 2. 756* (familles éclatées, procédures dispersées) ; *Gaz. Pal. 1993. 2. Doctr. 1154*. – Laloubère, *AJ fam. 2005. 443* ✎ (organisation du contentieux familial au sein d'un TGI). – Lafond, *JCP 2005. I. 118* (notaires et avocats dans le nouveau divorce). – Laloubère, Poivey-Leclercq, C. Lienhard, Matocq et Buresi, *AJ fam. 2006. 8* ✎ (dossier : nouvelle procédure de divorce, un an après). – Larribau-Terneyre, *ALD 1994. 141 et 149* (commentaire loi du 8 janvier 1993 et décret du 14 janvier 1994). – Maillard, *LPA 23 avr. 1994*. – Maurel, *RRJ 2002. 2177* (recherche de la qualité). – Marchal, *AJ fam. 2009. 472* ✎ (la place de l'enfant dans les procédures familiales). – Maugain, *Dr. et pr. 2011. 8* (les nouvelles attributions du juge aux affaires familiales et leurs répercussions). – Maizy et Beaufour, *AJ fam. 2011. 74* ✎ (divorce : incidence procédurale de la faute). – Mirabail, *Gaz. Pal. 24 sept. 2019. 17* (réforme de la justice et séparation de corps). – Mulon, *Gaz. Pal. 2 juill. 2019. 77* (les apports de la loi de programmation du 23 mars 2019). – Mury, *D. 2005. Chron. 329* ✎ (notaire judiciairement commis en matière de divorce et expert). – Parcheminal, *RDSS 1994. 201* ✎ ; *JCP 1994. I. 3762*. – Pétriat, *AJ fam. 2006. 66* ✎ (espace fonctionnel virtuel JAF de l'ENM). – Piwnica, *AJ fam. 2007. 338* ✎ (outils du procès familial équitable). – Roth, *RLDC 2010. 3812* (le JAF, l'équité et les dépens). – Ruetch, *Gaz. Pal. 30 mars-1er avr. 2014, p. 46* (propositions faites en matière familiale par les récents rapports sur la Justice). – Sadi, *D. 2019. 1779* ✎ (du divorce à grande vitesse. Loi du 23 mars 2019). – Salvage-Gerest, *Dr. fam. 2003. Chron. 12* (autorité parentale). – Thouret, *Procédures 2007. Chron. 1* (deux années de jurisprudence). – Watine-Drouin, *Mél. Perrot, Dalloz 1995, p. 557* (du JAM au JAF). – Weiss-Gout, *Gaz. Pal. 30 mars-1er avr. 2014, p. 54* (comment améliorer la réponse judiciaire ?).

▸ **Décret du 3 déc. 2002 :** Chevalier, *Procédures 2003. Chron. 1*. – Chevalier et Moussa, *JCP 2003, no 4. Actu. 39*. – Garé, *RJPF 2003, no 3, p. 16*. – C. Lienhard, *AJ fam. 2003. 62* ✎ (déclaration sur l'honneur, mode d'emploi).

▸ **Décr. du 29 oct. 2004 :** Douchy-Oudot, *D. 2005. Pan. 1824* ✎ (procédure unifiée devant le JAF). – Thouret, *JCP 2004. Actu. 557 ; Procédures 2004. Étude 16*. – Lazard et C. Lienhard, *Gaz. Pal. 8-9 juill. 2005. 52*. – C. Lienhard, *AJ fam. 2005. 58* ✎ (tableaux sur la nouvelle procédure devant le JAF). – Leborgne, *Procédures 2006. Étude 12*. – *Adde* Bosse-Platière, *Procédures 2006. Chron. 13.*

▸ **Décr. du 23 févr. 2016 :** Combret et Baillon-Wirtz, *JCP N 2016. 1098*. – Douville et Mauger-Vielpeau, *Gaz. Pal. 15 mars 2016, p. 10.*

▸ ***Décr. du 17 déc. 2019* :** Dossier, *AJ fam.* 2021. 13 ✎ et 77 ✎ (réforme du divorce). – Bolze, *D. 2020. 59* ✎ (la nouvelle procédure divorce est arrivée !). – Casey, *AJ fam. 2020. 11 s., 89 s.* ✎ (réforme de la procédure de divorce). – Mirabail, *Gaz. Pal. 10 mars 2020. 17* (déjudiciarisation du divorce et de la séparation de corps). – Mulon, *Gaz. Pal. 7 janv. 2020. 51* (la nouvelle procédure de divorce). – Mulon et Égéa, *Dr. fam. 2020. Étude 8* (le décret no 2019-1380 du 17 décembre 2019) – Mulon, Ren-Lescastereyres et Barbe, *Gaz. Pal. 5 janv. 2021, p. 46* (la nouvelle ère de la procédure de divorce). – Mulon et Thouret, *Gaz. Pal. 2 avr. 2021, hors *série, p. 27* (la nouvelle procédure de divorce). – Toricelli et Tani, *D. actu. 19 déc. 2019* (décret réformant le divorce et la séparation de corps) ; *D. actu. 24 déc. 2019.*

▸ **Charte de Paris « Procédure de divorce et règlement des régimes matrimoniaux » :** *Bull. barreau de Paris, 6 oct. 2012, n° 31, p. 5 ; Gaz. Pal. 23-24 nov. 2012, p. 5 s.* – Casey et Mulon, *Gaz. Pal. 23-24 nov. 2012, p. 3* (genèse du texte).

SECTION PREMIÈRE DISPOSITIONS GÉNÉRALES

DALLOZ RÉFÉRENCE *Droit et pratique du divorce 2022/2023, n°s 132.00 s., 133.01 s., 134.01 s., 151.01 s., 152.191 s.*, par Claux et David.

DALLOZ ACTION *Droit de la famille 2020/2021, n°s 130.01, 130.41, 132.34.*

Art. 1070 *(Décr. n° 2004-1158 du 29 oct. 2004, art. 4, en vigueur le 1er janv. 2005)* **Le juge aux affaires familiales territorialement compétent est :**
— le juge du lieu où se trouve la résidence de la famille ;
— si les parents vivent séparément, le juge du lieu de résidence du parent avec lequel résident habituellement les enfants mineurs en cas d'exercice en commun de l'autorité parentale, ou du lieu de résidence du parent qui exerce seul cette autorité ;
— dans les autres cas, le juge du lieu où réside celui qui n'a pas pris l'initiative de la procédure.

En cas de demande conjointe, le juge compétent est, selon le choix des parties, celui du lieu où réside l'une ou l'autre.

Toutefois, lorsque le litige porte seulement sur la pension alimentaire, la contribution à l'entretien et l'éducation de l'enfant, la contribution aux charges du mariage ou la prestation compensatoire, le juge compétent peut être celui du lieu où réside l'époux créancier ou le parent qui assume à titre principal la charge des enfants, même majeurs.

La compétence territoriale est déterminée par la résidence au jour de la demande *(Abrogé par Décr. n° 2019-1380 du 17 déc. 2019, art. 2-2°, à compter du 1er janv. 2021)* ***« ou, en matière de divorce, au jour où la requête initiale est présentée ».***

Les requêtes en divorce ou en séparation de corps introduites avant le 1er janv. 2021 sont traitées selon les règles en vigueur avant cette date (Décr. n° 2019-1380 du 17 déc. 2019, art. 15 ; rect. par Décr. n° 2019-1419 du 20 déc. 2019, art. 22-II et Décr. n° 2020-950 du 30 juill. 2020, art. 4).

BIBL. ▸ Boiché, *AJ fam. 2011. 368* (tableau des règles de compétences juridictionnelle et législative applicables en matière de contentieux familial international). – Rousse, *Gaz. Pal. 1978. 2. Doctr. 501* (fondement de la compétence territoriale dans le divorce demandé par celui des époux avec lequel habitent les enfants mineurs). – Maury, *D. 1983. Chron. 27* (compétence territoriale en matière de divorce). – Devers, *Dr. fam. 2008. Étude 9* (la résidence alternée en droit international privé). – P. Gannagé, *Mél. Gaudemet-Tallon, Dalloz 2008, p. 285* (regards sur les compétences judiciaires exclusives). – Viganotti, *Dr. fam. 2012. Formule 1* (désunion du couple et compétence juridictionnelle internationale. Cas des époux de même nationalité étrangère).

I. COMPÉTENCE INTERNE

A. RÈGLE GÉNÉRALE

1° LIEU OÙ RÉSIDE CELUI DES ÉPOUX AVEC LEQUEL HABITENT LES ENFANTS MINEURS

1. *Changement de résidence accepté (absence de fraude).* Les cours d'appel disposent d'un pouvoir souverain pour déterminer le lieu où réside celui des époux avec lequel habitent les enfants mineurs. Doit en conséquence être rejeté le pourvoi formé contre un arrêt ayant retenu que, dès la présentation de sa requête initiale, plusieurs jours après son arrivée chez ses parents, la demanderesse était résolue à y demeurer avec sa fille un certain temps, que c'était donc bien en ce lieu que se trouvaient fixées sa propre résidence ainsi que l'habitation de sa fille et qu'elle n'avait pas agi par fraude. • Civ. 2e, 25 juin 1980, n° 79-11.874 P : *D. 1981. IR 379, obs. Groslière.* ♦ L'installation stable de l'épouse avec ses enfants en métropole ne procède pas d'une volonté de fraude lorsqu'elle se trouve, en raison des violences de son époux, dans la nécessité de préserver son intégrité physique. • Rennes, 25 avr. 2000 : *Dr. fam. 2000. Comm. 142, note Lécuyer.*

2. *Changement de résidence refusé (défaut de résidence stable et habituelle).* Exerce son pouvoir souverain la cour d'appel qui, après avoir relevé que les deux enfants mineurs habitaient avec la mère à Nouméa et que le père, venu les chercher pour aller faire des courses, avait ensuite téléphoné pour dire qu'ils étaient à Paris et qu'il ne les ramènerait plus, énonce que ce coup de force prémédité d'un départ avec les enfants, sans que ceux-ci ni la mère n'en aient été informés à l'avance, privait le père du droit de tenir pour lieu d'habitation des enfants celui où il les avait conduits. • Civ. 1re, 3 févr. 2004, n° 02-20.223 : *RJPF 2004-6/35, obs. Garé.* ♦ Refus de retenir la nouvelle résidence dans une hypothèse où l'un des conjoints était parti avec les enfants sans en avertir l'autre. • Bordeaux, 18 avr. 1996 : *RTD civ. 1996. 586, obs. Hauser*. ♦ L'autorisation donnée par le mari à son beau-père et non à sa femme d'emmener les enfants ainsi que leur mère chez lui s'analyse en une autorisation donnée à un tiers d'héberger provisoirement les enfants pour qu'ils accompagnent leur mère partie se reposer chez ses parents et pour que ce tiers puisse agir en cas d'urgence compte tenu de l'état psychologique de la mère (tentative de suicide). Cette autorisation ne peut s'interpréter comme un accord donné à l'épouse de quitter définitivement le domicile conjugal et de modifier la résidence des enfants. • Grenoble, 9 mars 2004 : *Dr. fam. 2004. Comm. 222, note Larribau-Terneyre.* ♦ La résidence doit avoir été fixée sans fraude et être la résidence stable et habituelle du parent qui l'invoque, ce qui n'est pas le cas lorsque l'épouse a quitté le domicile avec l'enfant quelques jours avant d'introduire l'action en divorce, sans rapporter la preuve que cette décision unilatérale résulte d'une situation intolérable. • Toulouse, 15 mars 2005 : *Dr. fam. 2005. Comm. 246, note Larribau-Terneyre.*

3. Date d'appréciation. Méconnaît les exigences de l'art. 1071 anc. C. pr. civ. (auj. 1070) l'arrêt qui rejette l'exception d'incompétence territoriale soulevée par le mari, sans préciser le lieu de résidence de la femme au jour où celle-ci avait présenté sa requête initiale. • Civ. 2e, 29 oct. 1980, n° 79-11.918 P.

2° LIEU OÙ RÉSIDE L'ÉPOUX DÉFENDEUR

4. Conjoint incarcéré ou interné. Lorsqu'un conjoint est incarcéré, il ne se trouve que de façon précaire dans le ressort du tribunal où est située la maison d'arrêt, ce qui ne lui confère pas de résidence en ce lieu, au sens de l'art. 1070, et les contingences matérielles résultant de cette incarcération ne sauraient justifier qu'il soit dérogé aux règles de compétence territoriale. • Versailles, 19 févr. 2004 : *Gaz. Pal. 20-24 août 2004, p. 8, note Clavier.* ♦ Comp. : un conjoint défendeur condamné à cinq ans d'emprisonnement loge réellement et durablement dans la maison d'arrêt où il se trouve et y a sa résidence effective, même si cette localisation résulte de circonstances indépendantes de sa volonté ; l'existence d'une lettre écrite de l'ancien domicile conjugal lors d'une permission de sortie n'y change rien. • Rouen, 1er févr. 1988 : *Gaz. Pal. 1988. 1. 375, note Ph. B.*

B. RÈGLE SPÉCIALE (EN CAS DE DEMANDE CONJOINTE)

5. Exclusion de l'élection de domicile. Dans la mesure où les règles de compétence territoriales édictées par l'art. 1070 [ancien] sont d'ordre public, étant au demeurant rappelé qu'elles excluent toute notion de domicile au profit de celle de résidence, les parties ne sauraient valablement élire domicile chez leur conseil pour faire choix d'une juridiction à leur convenance. • TGI Lille, 5 mai 2000 : *D. 2001. 2928, note P. Labbée*.

II. COMPÉTENCE INTERNATIONALE

6. Renvoi. Au sein de l'Union européenne, V. le Règl. (CE) du Conseil n° 2201/2003 du 27 nov. 2003, relatif à la compétence, la reconnaissance et l'exécution des décisions en matière matrimoniale et en matière de responsabilité parentale abrogeant le Règl. (CE) n° 1347/2000, et Règl. (UE) du Conseil n° 2019/1111 du 25 juin 2019 relatif à la compétence, la reconnaissance et l'exécution des décisions en matière matrimoniale et en matière de responsabilité parentale, ainsi qu'à l'enlèvement international d'enfants, App., v° *Droit européen et international.*

A. EXTENSION À L'ORDRE INTERNATIONAL

1° PRINCIPE

7. Principe. En vertu du principe qui étend à l'ordre international les règles internes de compétence et, notamment en matière de divorce, celles de l'art. 1070 C. pr. civ., les juridictions françaises sont incompétentes pour connaître d'une demande en divorce formée par une épouse suédoise résidant en Suède avec ses enfants depuis 14 mois lors de la présentation de sa requête. • Civ. 1re, 13 janv. 1981, n° 79-10.693 P : *Rev. crit. DIP 1981. 331, note Gaudemet-Tallon ; JDI 1981. 360, note A. Huet.* ♦ Mais elles sont compétentes pour connaître d'une demande en divorce formée par une épouse française et espagnole résidant à Paris avec celle de ses filles qui était encore mineure. • Civ. 1re, 1er avr. 1981, n° 79-10.693 P : *D. 1982. Somm. 69, obs. B. Audit ; Gaz. Pal. 1981. 2. 629, note Lisbonne ; JDI 1981. 812, note Alexandre ; Defrénois 1982. 248, obs. Massip.* ♦ V. désormais dans l'UE, Règl. (CE) du Conseil n° 2201/2003 du 27 nov. 2003, relatif à la compétence, la reconnaissance et l'exécution des décisions en matière matrimoniale et en matière de responsabilité parentale et Règl. (UE) du Conseil n° 2019/1111 du 25 juin 2019 relatif à la compétence, la reconnaissance et l'exécution des décisions en matière matrimoniale et en matière de responsabilité parentale, ainsi qu'à l'enlèvement international d'enfants, App., v° *Droit européen et international.*

8. Lieu où réside celui des époux avec lequel habitent les enfants mineurs. Le lieu de résidence est une notion de pur fait que le juge doit apprécier concrètement en la distinguant du simple déplacement temporaire sans réelle volonté de se fixer en un lieu donné, après avoir vérifié que ledit époux n'a pas agi en fraude à la loi ; en règle générale, la fraude est constituée lorsque l'un des époux prend avec lui les enfants contre le gré de l'autre ; spécialement, la décision d'une mère de retourner avec ses deux enfants auprès de sa propre famille dans son pays d'origine constitue une voie de fait, aucun événement particulier ne justifiant sa décision brutale. • Paris, 1er juill. 1999 : *D. 1999. IR 224.*

9. Lieu où réside l'époux défendeur. Lorsque les justifications de résidence à l'étranger apportées par la défenderesse à une action en divorce intentée par son mari devant les juridictions françaises sont insuffisantes eu égard à celles prouvant sa domiciliation sur le territoire français, il y a lieu de dire le juge français compétent pour connaître de l'action en divorce. • Paris, 28 févr. 2002 : *BICC 2002, no 1033.* ♦ De même, lorsque l'enfant mineur n'habite avec aucun de ses parents étrangers qui ont chacun leur domicile sur le territoire français, le tribunal français du lieu où réside l'époux qui n'a pas pris l'initiative de la demande est directement compétent. • Paris, 21 nov. 1978 : *D. 1979. IR 165, obs. Groslière ; ibid. 341, obs. B. Audit.*

10. Articulation. D'après l'art. 1070, le tribunal territorialement compétent dans les affaires de divorce, lorsque les époux ont des résidences distinctes, est celui du lieu où réside celui des époux avec lequel habitent « les » enfants mineurs et, « dans les autres cas », le tribunal du lieu où réside l'époux qui n'a pas pris l'initiative de la demande. Il en résulte que, lorsque l'épouse réside en France, en compagnie d'une de ses deux filles mineures, tandis que l'autre se trouve placée en Belgique par décision des autorités belges, la juridiction compétente pour connaître de la demande est le tribunal du lieu où réside l'époux défendeur, en l'occurrence le mari (qui ne réside pas en France). • Civ. 1re, 2 févr. 1982, no 80-16.594 P : *D. 1983. Somm. 149, obs. B. Audit.* ♦ V., désormais dans l'UE, Règl. (CE) du Conseil no 2201/2003 du 27 nov. 2003, relatif à la compétence, la reconnaissance et l'exécution des décisions en matière matrimoniale et en matière de responsabilité parentale et Règl. (UE) du Conseil no 2019/1111 du 25 juin 2019 relatif à la compétence, la reconnaissance et l'exécution des décisions en matière matrimoniale et en matière de responsabilité parentale, ainsi qu'à l'enlèvement international d'enfants, App., vo *Droit européen et international.*

2o EXCEPTIONS

11. Action en partage d'un immeuble situé en France (non). S'agissant d'une action en partage d'un bien immobilier situé en France, exercée sur le fondement de l'art. 815-17, al. 3, C. civ., l'extension à l'ordre international des critères de compétence territoriale du JAF, fondés sur la résidence de la famille ou de l'un des parents ou époux, n'est pas adaptée aux nécessités particulières des relations internationales, qui justifient, tant pour des considérations pratiques de proximité qu'en vertu du principe d'effectivité, de retenir que le critère de compétence territoriale doit être celui du lieu de situation de ce bien. • Civ. 1re, 4 mars 2020, no 18-24.646 P : *D. actu. 10 avr. 2020, note Mélin ; D. 2020. 601 ; Rép. Defrénois 8 oct. 2020, no 163r2, obs. P. Callé.*

12. Annulation d'un mariage. La référence à l'art. 1070, qui ne concerne que les actions en divorce, est inopérante lorsqu'il s'agit d'apprécier la compétence du juge ayant annulé un mariage. • Paris, 12 mars 1996 : *D. 1998. Somm. 282, obs. B. Audit.* ♦ Mais la compétence des tribunaux français pour statuer sur un divorce emporte compétence pour statuer sur la nullité du mariage invoquée à titre de fin de non-recevoir. • Civ. 1re, 27 oct. 1993, no 92-10.225 : *Rev. crit. DIP 1995. 554, note P. de Vareilles-Sommières.*

B. PRIVILÈGE DES ART. 14 et 15 C. CIV.

13. Privilège de l'art. 14 C. civ. Viole les art. 7 du Règl. (CE) no 2201-2003 du 27 nov. 2003, 1070 C. pr. civ. et 14 C. civ., la cour d'appel qui écarte la compétence de la juridiction française pour statuer sur une demande en divorce, alors que celle-ci, saisie par une demanderesse de nationalité française, était compétente en application de l'art. 14 du code civil, qui s'applique lorsqu'aucun critère ordinaire n'est réalisé en France. • Civ. 1re, 30 sept. 2009, no 08-19.793 P : *D. 2009. AJ 2419 (1re esp.), obs. Gallmeister ; ibid. 2010. 58 (1re esp.), note B. Audit ; JCP 2009. 346, note Cornut ; JCP 2009. 480, note Attal ; Gaz. Pal. 28 nov. 2009, p. 36, note Niboyet ; Procédures 2010, no 401, note Nourissat ; JDI 2010. 475, note Chalas ; Rev. crit. DIP 2010. 133, note Gaudemet-Tallon.* ♦ L'art. 14 C. civ., qui donne compétence à la juridiction française du demandeur de nationalité française, s'applique lorsque aucun critère ordinaire de compétence n'est réalisé en France. • Civ. 1re, 15 sept. 2021, no 19-24.779. ♦ Le privilège de juridiction édicté par l'art. 14 C. civ., qui a pour seul fondement la nationalité française du demandeur, ne peut être tenu en échec par les règles générales de compétence territoriale lorsque celles-ci ne donnent pas compétence aux tribunaux français ; en conséquence, une cour d'appel ne peut estimer, en se fondant sur l'art. 1070 C. pr. civ., que le tribunal du domicile de la demanderesse, de nationalité française, est incompétent et qu'elle aurait dû saisir le tribunal du lieu où résidaient, en Algérie, son mari et les enfants mineurs issus de l'union. • Civ. 1re, 6 déc. 1988, no 87-13.884 P : *D. 1989. Somm. 257, obs. B. Audit ; JCP 1989. II. 21270, obs. Cadiet ; Gaz. Pal. 1989. 2. 624, note Massip ; Defrénois 1989. 684, obs. Massip.* ♦ Dans le même sens : • Civ. 1re, 10 mai 1995, no 93-

10.938 : *Dalloz jurisprudence* • 19 févr. 2002, n° 99-21.006 : *Dalloz jurisprudence*.

14. Simple faculté. Dès lors que l'art. 14 C. civ. n'ouvre au demandeur français qu'une simple faculté et n'édicte pas à son profit une compétence impérative, exclusive de la compétence indirecte d'un tribunal étranger dont le choix n'est pas frauduleux, une cour d'appel a pu en déduire que, la juridiction française fût-elle première saisie, les jugements prononcés par le juge de New York devaient être reconnus en France, les demandes formées en France, au titre de l'autorité parentale et de la pension alimentaire, étant, en conséquence, irrecevables. • Civ. 1re, 16 déc. 2009, n° 08-20.305 P : *D. 2010. AJ 156, obs. Gallmeister ; JCP 2010. 217, note Devers ; AJ fam. 2010. 84, note Nord ; LPA, 30 mars 2010, p. 18, note Massip ; ibid. 27 juill. 2010, p. 17, obs. Parisot ; Gaz. Pal. 21-22 mai 2010, p. 33, note Eppler ; RJPF 2010-3, p. 20, note Meyzeaud-Garaud ; Rev. crit. DIP 2010. 164, note Muir-Watt* .

15. Désistement d'instance ne vaut pas renonciation. A la suite du désistement d'instance qu'il avait formulé devant le tribunal étranger, le demandeur, qui demeurait en droit d'exercer à nouveau la même action, avait recouvré la faculté d'opter entre les juridictions dont la compétence résultait des dispositions des art. 1070 anc. C. pr. civ. et 14 C. civ. ; doit en conséquence être cassé l'arrêt qui retient qu'ayant engagé, devant la juridiction belge compétente, une procédure ayant le même objet que celle qu'il a ensuite introduite à Paris (action en divorce), le demandeur, de nationalité française, a manifesté sa volonté non équivoque de renoncer à l'application du second texte. • Civ. 1re, 27 janv. 1993, n° 90-21.219 P : *D. 1993. 602, note Massip* .

16. Convention franco-marocaine du 10 août 1981. L'art. 11 de la Conv. franco-marocaine du 10 août 1981 n'édicte que des règles indirectes de compétence. Dès lors, l'arrêt qui relève, d'une part, que la demanderesse d'une requête en divorce a en France, avec les enfants, une résidence stable et habituelle et, d'autre part, qu'elle est de nationalité française, en déduit exactement qu'invoquant le privilège de juridiction, les tribunaux français étaient compétents en application de l'art. 14 C. civ. • Civ. 1re, 28 mars 2006, n° 04-20.362 : *D. 2006. IR 999* . ♦ Il appartient au juge devant lequel est invoquée une fin de non-recevoir tirée de l'autorité de la chose jugée d'une décision de divorce étrangère de contrôler la régularité internationale de cette décision. Viole les art. 16 de la Conv. franco-marocaine du 5 oct. 1957 et 11 de la Conv. franco-marocaine du 10 août 1981 la cour d'appel qui, pour annuler une ordonnance de non-conciliation, constate que le divorce a été prononcé par une juridiction marocaine, dit que le juge aux affaires familiales français, saisi postérieurement au juge marocain, ne pouvait que surseoir à statuer et décide que la juridiction française est incompétente pour apprécier une fraude à la loi marocaine commise devant la juridiction marocaine. • Civ. 1re, 14 janv. 2009, n° 08-10.205 P : *RJPF 04/2009. 18, note Garé ; AJ fam. 2009. 260, note Boiché* .

17. Conv. franco-tunisienne du 28 juin 1972. Approbation de l'arrêt qui constate, d'une part, que le TGI (auj. JAF) français saisi d'une demande de divorce était compétent en vertu de l'art. 1070 [ancien], la résidence de la famille lors du dépôt de la requête étant dans son ressort, d'autre part, que la juridiction tunisienne n'était pas compétente au regard des dispositions du titre II de la Conv. préc. dans la mesure où le mari, s'il était tunisien, ne résidait pas en Tunisie depuis un an au moins à la date de l'introduction de l'instance, et en déduit que l'exception de litispendance internationale ou la fin de non-recevoir tirée de la chose jugée ne pouvaient être accueillies. • Civ. 1re, 14 déc. 2004, n° 03-10.420 P : *RJPF 2005-3/30 ; Rev. crit. DIP 2006. 597, note Moissinac-Massénat* .

18. Privilège de l'art. 15 C. civ. En l'absence de convention internationale applicable et de réalisation des critères de compétence résultant du Règl. Bruxelles II *bis* et, à défaut, de l'art. 1070 C. pr. civ., la nationalité française du défendeur suffit, selon l'art. 15 C. civ., à fonder la compétence des juridictions françaises quant à une requête en divorce. • Civ. 1re, 25 mars 2015, n° 13-26.131 P : *cité note ss. Règl. (CE) n° 2201-2003 du 27 nov. 2003, art. 7, App., v° Droit européen et international.*

Art. 1071 *(Décr. n° 2004-1158 du 29 oct. 2004, art. 4, en vigueur le 1er janv. 2005)* **Le juge aux affaires familiales a pour mission de tenter de concilier les parties.** – *Sur la pratique de la médiation familiale en maisons de justice et du droit, V. Circ. du SADJAV en date du 13 mai 2009.*

Saisi d'un litige, il peut proposer une mesure de médiation et, après avoir recueilli *l'accord des parties*, désigner un médiateur familial pour y procéder.

La décision enjoignant aux parties de rencontrer un médiateur familial en application des articles 255 *[divorces judiciaires autres que le divorce par consentement mutuel judiciaire]* **et 373-2-10 du code civil** *[exercice de l'autorité parentale]* **n'est pas susceptible de recours.** – *V. cependant, s'agissant de l'exercice de l'autorité parentale, l'interdiction du recours à la médiation familiale en cas de violences, C. civ., art. 372-10-2, al. 2.*

FORM. PR. CIV. *Offre et demande de médiation familiale à l'initiative des parties : saisine du juge aux affaires familiales - C. pr. civ., art. 1071 ; Requête aux fins de mise en œuvre d'une mesure de médiation familiale. — C. pr. civ., art. 1071, al. 2. ; Assignation en la forme des référés aux fins de mise en œuvre d'une mesure de médiation familiale. — C. pr. civ., art. 1071, al. 2.*

Sur les mesures provisoires prises par le juge aux affaires familiales, V. C. civ., art. 255. — ***C. civ.***

Sur l'intervention du juge aux affaires familiales, V. C. civ., art. 373-2-10. — ***C. civ.***

BIBL. ▶ **Médiation familiale :** AUFIÈRE, *AJ fam. 2005. 99* (rencontre du médiateur et du notaire). - CLAUX, *AJ fam. 2003. 57* (le notaire, médiateur du divorce). - COPPER-ROYER, *Gaz. Pal. 1989. 1. Doctr. 49* (alternative à la solution contentieuse des litiges familiaux). - DOUCHY-OUDOT, *D. 2005. Pan. 1821* (actualité) ; *Gaz. Pal. 23-24 mars 2012, p. 24* (développement et diversification des MARC). - GANANCIA, C. LIENHARD, DAHAN, CLAUX, SIX et SASSIER, *AJ fam. 2003. 48* (dossier). - JUSTON, *Gaz. Pal. 28-29 déc. 2005. 2* (changement de culture judiciaire). - JUSTON, *Gaz. Pal. 21-22 nov. 2012, p. 5* (et si les JAF et les avocats se saisissaient réellement de la médiation familiale dans l'intérêt des enfants et des couples qui se séparent ?). - JUSTON et COMBA, *AJ fam. 2005. 399* (pratique). - LARRIBAU-TERNEYRE, *JCP 1993. I. 3649* (faut-il réglementer ?) ; *Dr. fam. 2012. Étude 12* (nouvel essor pour les modes alternatifs et collaboratifs de règlement des litiges en matière familiale ?). - MULON, *Gaz. Pal. 2011. 3233* (forme et force des accords en matière familiale). - RONGEAT-OUDIN, *RJPF 2010-2/11* (aspects juridiques et politiques). - SUMMA, *AJ fam. 2006. 155* (perspectives d'avenir, en France et à l'étranger).

Circulaire JUSC1720438C du 26 juillet 2017,

De présentation de diverses dispositions en matière de droit des personnes et de la famille de la loi n° 2016-1547 du 18 novembre 2016 de modernisation de la justice du XXIe siècle

Art. 1072 *(Décr. n° 2004-1158 du 29 oct. 2004, art. 4, en vigueur le 1er janv. 2005)* **Sans préjudice de toute autre mesure d'instruction et sous réserve des dispositions prévues au troisième alinéa de l'article 373-2-12 du code civil, le juge peut, même d'office, ordonner une enquête sociale s'il s'estime insuffisamment informé par les éléments dont il dispose.** *— V. sur la réglementation des listes d'enquêteurs sociaux et la tarification des enquêtes sociales, App., v° Enquêteurs sociaux.*

L'enquête sociale porte sur la situation de la famille ainsi que, le cas échéant, sur les possibilités de réalisation du projet des parents ou de l'un d'eux quant aux modalités d'exercice de l'autorité parentale. *— Sur le référentiel des diligences à accomplir en matière d'enquête sociale, V. Arr. du 13 janv. 2011, reproduit ss. Décr. n° 2009-285 du 12 mars 2009, art. 12, App., v° Enquêteurs sociaux.*

Elle donne lieu à un rapport où sont consignées les constatations faites par l'enquêteur et les solutions proposées par lui.

Le juge donne communication du rapport aux parties en leur fixant un délai dans lequel elles auront la faculté de demander un complément d'enquête ou une nouvelle enquête.

FORM. PR. CIV. *Clause de désignation d'un médiateur familial et d'un enquêteur social dans l'ordonnance de non-conciliation ; ou dans une ordonnance de référé ; ou dans une ordonnance du juge de la mise en état : au vu des demandes des parties, mise en place de mesures des art. 255, 1°, C. civ. et 1072 C. pr. civ. — C. pr. civ., art. 1072.*

Sur l'ordonnancement d'une enquête sociale par le juge aux affaires familiales, V. C. civ., art. 373-2-12. — ***C. civ.***

BIBL. GÉN. ▶ CARBONNIER, *D. 1945. Chron. 145* (commentaire de l'ordonnance du 12 avr. 1945). - GARÉ, *RTD civ. 1987. 692* (aspects juridiques de l'enquête sociale). - GOUDON, *Gaz. Pal. 1988. 2. Doctr. 752* (enquête sociale : constat d'une situation ou reflet d'une médiation). - *Colloque des IEJ, Rennes 1966* (juridictions familiales au service de l'enfant).

DALLOZ RÉFÉRENCE *Droit et pratique du divorce 2018/2019, n°s 152.191 s.*, par CLAUX et DAVID.

DALLOZ ACTION, *Droit de la famille 2016/2017, n°s 130.01.*

1. Pouvoir souverain. Les juges du fond disposent d'un pouvoir souverain pour apprécier l'opportunité d'une enquête sociale. • Civ. 2e, 13 juill. 2000, n° 98-13.673 : *RJPF 2000. 10/33, note Valory ; RTD civ. 2000. 822, obs. Hauser* • Civ. 1re, 6 juill. 2005, n° 03-13.357 P : *D. 2005. IR 2177 ; ibid. 2006. Pan. 2437, obs. Douchy-Oudot ; RTD civ. 2005. 763, obs. Hauser*. ♦ Il en est de même s'agissant des avis exprimés dans les rapports qui leur sont remis.

• Civ. 2e, 8 nov. 1978, n° 77-14.635 P. ♦ Par ailleurs, aucun texte n'impose aux juges de faire entendre les deux parents par le même enquêteur. • Civ. 2e, 20 juill. 1987, n° 85-12.975 P.

2. Caractère exécutoire. L'enquête sociale ordonnée par un JAF avant de statuer sur les mesures accessoires est une mesure urgente prise dans l'intérêt des enfants, qui est immédiatement exécutoire nonobstant appel. • Civ. 1re, 6 juill. 2005, n° 03-13.357 P : *préc.*

3. Déroulement de l'enquête sociale. Il suffit que les résultats de l'enquête sociale soient soumis à la discussion des parties, car les dispositions de l'art. 160, qui ne concernent que l'exécution des diverses mesures d'instruction prévues au sous-titre II du livre septième, ne sont pas applicables à l'enquête sociale. • Civ. 1re, 5 mai 1987, n° 85-17.537 P : *D. 1988. 774, note Massip ; RTD civ. 1988. 88, obs. Rubellin-Devichi.* ♦ Une cour d'appel n'étant pas entièrement dessaisie du litige relatif aux modalités d'exercice de l'autorité parentale par un premier arrêt par lequel elle avait statué sur l'exercice en commun de celle-ci et la résidence de l'enfant tout en ordonnant sur le surplus une enquête sociale, peut, à la demande d'un des parents et au vu de cette enquête, qui constitue un fait nouveau, modifier sa décision sur la résidence. • Civ. 1re, 26 juin 2013, n° 12-14.392 P. ♦ L'enquêteur a la possibilité de recueillir des renseignements auprès de personnes dont l'identité n'est pas révélée, car l'art. 242 disposant que le technicien commis par le juge peut recueillir des informations orales ou écrites sauf à ce que soient précisés les noms, prénom, demeure et profession des témoins, et l'art. 244 interdisant au technicien de révéler toute information qu'il n'aurait pas recueillie légitimement, ne concernent que l'exécution des mesures d'instruction confiées à un technicien dans les conditions prévues par l'art. 232 et ne sont pas applicables à l'enquête sociale. • Civ. 2e, 28 mai 1984, n° 82-11.717 P : *Gaz. Pal. 1985. 2. 500.*

4. Rôle de l'enquête. Une enquête sociale, même ordonnée dans le cadre d'une procédure différente de celle du divorce, ne peut être utilisée dans le débat sur la cause du divorce. • Civ. 2e, 5 juin 2003, n° 01-13.870 P. ♦ V. aussi : une enquête sociale ne peut être utilisée dans le débat sur la cause du divorce. • Civ. 1re, 13 déc. 2017, n° 16-25.256 P. ♦ V. C. civ., art. 373-2-10.

5. Contenu du rapport. Il n'y a pas lieu d'écarter des débats une enquête sociale dès lors que cette mesure n'a pas été diligentée avec partialité et que l'assistante sociale a été autorisée oralement par le juge à joindre son rapport avec les renseignements recueillis. • Paris, 12 juill. 1983 : *D. 1985. IR 149, obs. Groslière.* ♦ A l'inverse, est irrecevable un rapport d'examen psychologique ordonné à la seule demande de la mère, réalisé par une clinicienne dans des conditions de forme et de temps incompatibles avec les principes généraux du droit français et des conventions internationales. • Versailles, 11 sept. 1997 : *Gaz. Pal. 18 mars 1998. 24.* ♦ Sur l'intérêt légitime d'un père à prendre connaissance du rapport d'enquête sociale le concernant : • CEDH 15 oct. 2009, n° 50796/07, *Tsouslakis c/ Grève : Dr. fam. 2009. Alerte 74, obs. Bruggeman* (violation du respect de la vie familiale).

6. Voies de recours. Faute de dispositions spéciales, la règle générale posée par l'art. 150, relative aux recours contre les décisions qui ordonnent, modifient ou refusent d'ordonner et de modifier une mesure d'instruction, est applicable à l'enquête sociale. • Orléans, 22 févr. 1978 : *Gaz. Pal. 1978. 1. 303, note Viatte* • Paris, 3 mai 1979 : *D. 1979. 504, note Massip.* ♦ La décision qui ordonne une enquête sociale n'est pas une décision de sursis à statuer. En conséquence est irrecevable une demande fondée sur l'art. 380 C. pr. civ. tendant à être autorisée par le premier président à faire appel. • Dijon, 16 oct. 2007 : *Gaz. Pal. 23-24 nov. 2007, p. 10, note Gerbay.*

7. Contre-enquête. Il doit être répondu aux conclusions d'une partie demandant une contre-enquête. • Civ. 1re, 6 févr. 1996, n° 94-15.309 P : *D. 1996. 621, note Massip*. ♦ Mais, si aux termes de l'art. 1079 [ancien] (auj. 1072), le juge doit donner communication aux parties du rapport d'enquête sociale, il n'est pas tenu d'accueillir une demande de contre-enquête. • Civ. 1re, 6 juill. 2005, n° 03-13.357 P : *préc.*

8. Convention européenne des droits de l'Homme. Sur la compatibilité d'une enquête sociale avec les art. 3, 6 et 8 Conv. EDH : • Civ. 1re, 5 mai 1987, n° 85-17.537 P.

9. Renvoi. V. égal. la jurisprudence citée *in* **Mégacode civil**, ss. art. 373-2-12 C. civ.

Art. 1072-1 *(Décr. n° 2009-398 du 10 avr. 2009, art. 1er)* **Lorsqu'il statue sur l'exercice de l'autorité parentale** *(Décr. n° 2016-1906 du 28 déc. 2016, art. 4)* **« ou lorsqu'il est saisi aux fins d'homologation selon la procédure prévue par l'article 1143 ou par les articles 1565 et suivants », le juge aux affaires familiales vérifie si une procédure d'assistance éducative est ouverte à l'égard du ou des mineurs. Il peut demander au *juge des enfants de lui* transmettre copie de pièces du dossier en cours, selon les modalités définies à l'article 1187-1.**

Le Décr. n° 2009-398 du 10 avr. 2009 est applicable dans les îles Wallis-et-Futuna.

Le Décr. n° 2016-1906 du 28 déc. 2016 s'applique aux demandes d'homologation pour lesquelles les parties n'ont pas encore été convoquées à l'audience au jour de son entrée en vigueur, soit le 30 déc. 2016 (Décr. préc., art. 6).

FORM. PR. CIV. *Expertise médico-sociale — C. pr. civ., art. 1072-1.*

BIBL. ▶ AUTEM, *LPA 18 juin 2010, p. 4* (la communication entre le JAF, le juge des enfants et le juge des tutelles). – BARBE et LA-MESTA, *AJ fam. 2009. 480*. – BRUGGEMAN, *Dr. fam. 2009. Alertes 39*. – EUDIER, *RJPF 07-08/2009. 23*. – GOUTTENOIRE et BONFILS, *D. 2009. Pan. 1921*. – LA MESTA, J. LEBORGNE et BARBÉ, *AJ fam. 2009. 216*. – LARRIBAU-TERNEYRE, *Dr. fam. 2009. Repère 5.*

Art. 1072-2 *(Décr. n° 2009-398 du 10 avr. 2009, art. 1er)* **Dès lors qu'une procédure d'assistance éducative est ouverte à l'égard du ou des mineurs, une copie de la décision du juge aux affaires familiales est transmise au juge des enfants ainsi que toute pièce que ce dernier estime utile.**

Le Décr. n° 2009-398 du 10 avr. 2009 est applicable dans les îles Wallis-et-Futuna.

Art. 1073 *(Décr. n° 2004-1158 du 29 oct. 2004, art. 4, en vigueur le 1er janv. 2005)* **Le juge aux affaires familiales est, le cas échéant, juge de la mise en état.**

Il exerce *(Abrogé par Décr. n° 2019-1419 du 20 déc. 2019, art. 5-9°-a)* **« *aussi* » les fonctions de juge des référés.**

(Décr. n° 2019-1419 du 20 déc. 2019, art. 5-9°-b) **« Dans les cas prévus par la loi ou le règlement, il statue selon la procédure accélérée au fond. »**

*Sur le refus d'envisager une comparution immédiate qui n'existe que pour le procès pénal et dans le cas particulier de la comparution à l'issue de la garde à vue : * Rép. min. n° 111572 : JOAN Q, 25 oct. 2011, p. 11377 ; AJ fam. 2011. 520.*

L'art. 5 du Décr. n° 2019-1419 du 20 déc. 2019 s'applique aux demandes introduites à compter du 1er janv. 2020 (Décr. préc., art. 24-II).

DALLOZ ACTION, *Droit de la famille 2016/2017, nos 130.01.*

BIBL. ▶ C. LIENHARD, *D. 1985. Chron. 15* (compétence du JAM en tant que juge des référés entre le dépôt de la requête en divorce et la tentative de conciliation).

1. Juge des référés. Si en cas de désaccord des parents séparés sur le lieu de résidence des enfants, l'un d'eux peut saisir le JAF pour qu'il statue comme juge du fond, il peut également saisir ce juge en référé pour qu'il prenne, à titre provisoire, toutes mesures que justifie l'existence d'un différend en cas d'urgence ou qu'il prescrive les mesures conservatoires ou de remise en état qui s'imposent pour prévenir un dommage imminent ou faire cesser un trouble manifestement illicite et, dans tous les cas, le JAF règle les questions qui lui sont soumises en veillant spécialement à la sauvegarde des intérêts des enfants mineurs. • Civ. 1re, 28 oct. 2009, n° 08-11.245 P : *D. 2009. AJ 2751 ; ibid. 2010. Pan. 990, obs. Douchy-Oudot ; AJ fam. 2009. 490, note Gallmeister ; Gaz. Pal. 22-23 janv. 2010, p. 40, obs. Mulon ; Dr. fam. 2010. Comm. 23, note Murat ; RJPF 2010-2/34, note Eudier ; RTD civ. 2010. 97, obs. Hauser*. ♦ Le JAF exerce les fonctions de juge des référés et ces fonctions ne sont pas réservées à certains litiges. • Même arrêt. ♦ Comp. : la compétence du JAM [JAF] est limitée, au stade de la présentation de la requête en divorce, aux mesures d'urgence prévues à l'art. 257 (auj. 254) C. civ. et aux référés qui peuvent en découler. • Civ. 2e, 16 avr. 1986, n° 84-17.097 P : *D. 1987. Somm. 273, obs. Groslière.* ♦ Lorsque l'époux demandeur, non habilité à le faire, a retenu ou s'est emparé de l'enfant mineur issu du mariage, le JAM [JAF] est compétent pour faire respecter, dans le cadre de la procédure de référé, les dispositions prises par lui, notamment pour faire cesser une situation de fait manifestement illicite, au regard de ce qu'il avait précédemment décidé. • TGI Avesnes-sur-Helpe, réf., 11 févr. 1976 : *Gaz. Pal. 1976. 1. 334, note M. B.* ♦ Dans le même sens : • TGI Paris, réf., 16 juin 1976 : *JCP 1976. II. 18501, note R. L.* (attribution du logement familial) • 16 juill. 1976 : *JCP 1976. II. 18502, note Lindon* (droit d'hébergement). ♦ V. aussi • TGI Dijon, 14 août 1985 : *Gaz. Pal. 1986. 2. Somm. 281* (pension alimentaire).

2. Référé-rétractation. Le JAF qui a pris, par ordonnance sur requête, des mesures urgentes, reste bien compétent pour connaître en référé de la demande de rétractation de son ordonnance, en dépit de la comparution des parties devant le juge de la conciliation. • Civ. 1re, 13 juill. 2005, n° 05-10.519 : *cité ss. art. 497.*

Art. 1074 *(Décr. n° 2009-1591 du 17 déc. 2009, art. 2)* **Les demandes sont formées, instruites et jugées en chambre du conseil, sauf disposition contraire.**

Les décisions relatives au nom, au prénom ou au divorce sont rendues publiquement.

BIBL. ▶ BRUGGEMAN, *Dr. fam. 2010. Alerte 9*. – LAVRIC, *D. 2010. AL 79*. – VINCKEL, *Dr. et pr. 2010. 39.*

1. Autorité parentale. Les décisions relatives à la dévolution et aux modalités d'exercice de l'autorité parentale concernant un enfant dont les parents sont séparés ne sont pas des décisions relatives au divorce et doivent être rendues en chambre du conseil. • Civ. 1re, 6 févr. 2008, n° 06-17.006 P : *D. 2009. Pan. 53, obs. Douchy-Oudot ; AJ fam. 2008. 208, obs. Chénedé ; Procédures 2008, n° 112, note Douchy-Oudot.* ♦ Les décisions rendues en application de l'art. 373-3, al. 2, C. civ. sont, en application de l'art. 1074, al. 1er, C. pr. civ., instruites et jugées en chambre du conseil. • Civ. 1re, 25 févr. 2009, n° 07-14.849 P : *cité ss. art. 1179-1.*

2. Prestation compensatoire. Les décisions statuant après divorce sur la suppression ou la modification d'une prestation compensatoire, qui ne sont pas de décisions relatives au divorce au sens de l'al. 2 de l'art. 1074 C. pr. civ., doivent être rendues en chambre du conseil. • Civ. 1re, 28 oct. 2009, n° 08-18.488 P : *D. 2009. AJ 2685, obs. Égéa ; ibid. 2010. Pan. 1243, obs. Serra et Williatte-Pellitteri ; JCP 2009. 417 ; AJ fam. 2010. 40, note Gallmeister ; Dr. fam. 2010. Comm. 3, note Larribau-Terneyre ; RLDC 2009. 3654, obs. Pouliquen ; Gaz. Pal. 22-23 janv. 2010, p. 32, obs. Mulon ; RJPF 2010-1, p. 26, obs. Garé ; RTD civ. 2010. 89, obs. Hauser .*

3. Respect de l'obligation. L'énonciation selon laquelle il a été statué « publiquement, contradictoirement en chambre du conseil » implique qu'après un débat contradictoire en chambre du conseil, le dispositif a été lu en audience publique. • Civ. 2e, 11 mars 1981, n° 79-10.044 : *Gaz. Pal. 1981. 2. Pan. 268 ; RJPF 2010-1, p. 26, obs. Garé ; RTD civ. 2010. 89, obs. Hauser .*

4. Sanction de l'obligation. La violation de l'art. 451 [ancien], dont l'art. 1081 ancien (auj. 1074) constitue une application n'entraîne la nullité que si, conformément à l'art. 458, al. 2, elle a été invoquée au moment du prononcé du jugement par simples observations dont il est fait mention au procès-verbal d'audience. • Civ. 2e, 29 oct. 1980, n° 79-16.250 P.

Art. 1074-1 *(Décr. n° 2004-1158 du 29 oct. 2004, art. 4, en vigueur le 1er janv. 2005) (Décr. n° 2019-1333 du 11 déc. 2019, art. 3-8°-a et b, en vigueur le 1er janv. 2020)* **« A moins qu'il n'en soit disposé autrement, les décisions du juge aux affaires familiales qui mettent fin à l'instance** *(Décr. n° 2020-1452 du 27 nov. 2020, art. 1er-28°, en vigueur le 1er janv. 2021)* **« ne sont exécutoires à titre provisoire que si elles l'ordonnent ».**

« Par exception, » les mesures portant sur l'exercice de l'autorité parentale, la pension alimentaire, la contribution à l'entretien et l'éducation de l'enfant et la contribution aux charges du mariage, ainsi que toutes les mesures prises en application de l'article 255 du code civil, sont exécutoires de droit à titre provisoire.

L'art. 1er-28° du Décr. n° 2020-1452 du 27 nov. 2020 s'applique aux instances en cours au 1er janv. 2021 (Décr. préc., art. 12).

Sur les mesures provisoires, V. C. civ., art. 255. — **C. civ.**

1. Décision de retour de l'enfant. La décision de retour d'un enfant déplacé de façon illicite par l'un de ses parents n'est pas une décision statuant sur l'exercice de l'autorité parentale. L'art. 1074-1 ne lui est donc pas applicable. • Civ. 1re, 20 janv. 2010, n° 08-19.267 P.

2. Modification des mesures accessoires. V. art. 1083 C. pr. civ.

Art. 1074-2 *(Décr. n° 2022-259 du 25 févr. 2022, art. 1er-1°)* **Sauf dans les cas où l'intermédiation financière est écartée par les parents ou le juge en application des dispositions des 1° et 2° du II de l'article 373-2-2 du code civil, le versement des pensions alimentaires fixées en tout ou partie en numéraire par une décision judiciaire ou une convention homologuée par le juge est effectué dans les conditions prévues aux articles R. 582-5 à R. 582-11 du code de la sécurité sociale.**

Les dispositions du Décr. n° 2022-259 du 25 févr. 2022 s'appliquent à compter du 1er mars 2022 à l'exécution des décisions judiciaires de divorce rendues à compter de cette même date et à compter du 1er janv. 2023 à l'exécution des autres décisions judiciaires rendues à compter de cette même date ainsi que des titres mentionnés aux 2° à 6° du I de l'art. 373-2-2 C. civ. émis à compter de cette même date (Décr. préc., art. 4).

Renvoi. V. C. pr. exéc., art. R. 213-11 s.

Art. 1074-3 *(Décr. n° 2020-1201 du 30 sept. 2020, art. 2-2°, en vigueur le 1er janv. 2021)* **La décision et la convention** *(Décr. n° 2022-259 du 25 févr. 2022, art. 1er-2°)* **« homologuée » mentionnées aux 1° et 2° du I de l'article 373-2-2 du code civil qui** *(Décr. n° 2022-259 du 25 févr. 2022, art. 1er-2°)* **« fixent une pension alimentaire en tout ou partie en numéraire sans écarter l'intermédiation financière de son versement dans les conditions prévues par les 1° ou 2° du II du même article, ainsi que la déci-**

sion qui, le cas échéant, met en place ultérieurement cette intermédiation en application du second alinéa du III du même article » sont notifiées aux parties par le greffe par lettre recommandée avec demande d'avis de réception.

En cas de retour au greffe de la lettre de notification, dont l'avis de réception n'a pas été signé dans les conditions prévues à l'article 670 du présent code, le greffier invite les parties à procéder par voie de signification.

Les dispositions du Décr. nº 2022-259 du 25 févr. 2022 s'appliquent à compter du 1er mars 2022 à l'exécution des décisions judiciaires de divorce rendues à compter de cette même date et à compter du 1er janv. 2023 à l'exécution des autres décisions judiciaires rendues à compter de cette même date ainsi que des titres mentionnés aux 2º à 6º du I de l'art. 373-2-2 C. civ. émis à compter de cette même date (Décr. préc., art. 4).

Art. 1074-4 *(Décr. nº 2020-1201 du 30 sept. 2020, art. 2-2º, en vigueur le 1er janv. 2021)* I. – Dans un délai de six semaines courant à compter de la notification de la décision aux parties, le greffe transmet à l'organisme débiteur des prestations familiales *(Décr. nº 2022-259 du 25 févr. 2022, art. 1er-3º-a)* « , selon les cas :

« 1º Soit un extrait exécutoire des décisions judiciaires ou une copie exécutoire des conventions homologuées qui fixent une pension alimentaire en tout ou partie en numéraire sans en écarter l'intermédiation financière du versement ;

« 2º Soit, le cas échéant, un extrait exécutoire des décisions mettant en place une intermédiation financière du versement de pensions alimentaires après que celle-ci a été initialement écartée ;

« Le greffe transmet en outre à ces organismes, dans le même délai, un avis » d'avoir à procéder par voie de signification lorsque l'avis de réception de la lettre de notification aux parties n'a pas été signé dans les conditions prévues à l'article 670 du présent code.

Le coût de la signification, par l'organisme débiteur des prestations familiales, de l'extrait de la décision ou de la copie de la convention homologuée par le juge est à la charge du parent débiteur.

II. – Le greffe transmet également à l'organisme débiteur des prestations familiales, par voie dématérialisée *(Décr. nº 2022-259 du 25 févr. 2022, art. 1er-3º-b)* « , au travers d'un téléservice mis en place par la Caisse nationale d'allocations familiales et la Caisse centrale de la mutualité sociale agricole », dans un délai de sept jours courant à compter du prononcé de la décision, les informations nécessaires à l'instruction et à la mise en œuvre de l'intermédiation financière qui suivent :

1º Les nom de naissance, nom d'usage le cas échéant, prénoms, date et lieu de naissance des parents, les noms de naissance et prénoms de chacun de leurs enfants au titre desquels une contribution à l'entretien et à l'éducation de l'enfant a été fixée sous forme d'une pension alimentaire *(Décr. nº 2022-259 du 25 févr. 2022, art. 1er-3º-b)* « , en tout ou partie en numéraire, dont l'intermédiation financière du versement n'a pas été écartée » ;

2º Le nombre total d'enfants au titre desquels est prévu le versement de *(Décr. nº 2022-259 du 25 févr. 2022, art. 1er-3º-b)* « telles pensions alimentaires et leur montant total » ;

3º Le nom de la juridiction qui a rendu la décision *(Décr. nº 2022-259 du 25 févr. 2022, art. 1er-3º-b)* « conduisant à la mise en place, le cas échéant après qu'elle avait été écartée initialement, de l'intermédiation financière du versement de ces pensions alimentaires » ;

4º Les date, nature et numéro de la minute de *(Décr. nº 2022-259 du 25 févr. 2022, art. 1er-3º-b)* « cette décision » ;

5º Le montant mensuel par enfant de la pension alimentaire et sa date d'effet ;

6º Pour chaque enfant, l'indication, selon le cas, que :

a) La décision *(Décr. nº 2022-259 du 25 févr. 2022, art. 1er-3º-b)* « ou la convention homologuée fixant cette pension » ne contient aucune indication sur la revalorisation de la pension ;

b) La revalorisation de la pension est expressément exclue dans *(Décr. nº 2022-259 du 25 févr. 2022, art. 1er-3º-b)* « cette décision ou cette convention » ;

c) *(Décr. nº 2022-259 du 25 févr. 2022, art. 1er-3º-b)* « Cette décision ou cette convention » prévoit une revalorisation de la pension et, dans cette hypothèse :

– le type et la valeur de l'indice de revalorisation ;
– la date de la première revalorisation ;
– le cas échéant les modalités d'arrondi du montant de la pension ;

7° Le cas échéant, lorsque cette information est connue, l'indication selon laquelle le créancier ou le débiteur relève du régime agricole de sécurité sociale ;

8° Lorsqu'elles sont connues, les informations suivantes :

a) Les adresses postales du débiteur et du créancier ;

b) Les numéros de téléphone respectifs du débiteur et du créancier ;

c) Les adresses courriels respectives du débiteur et du créancier ;

d) La date et le lieu de naissance de chacun de leurs enfants au titre desquels une contribution à l'entretien et à l'éducation de l'enfant a été fixée sous forme d'une pension alimentaire versée en numéraire ;

9° Le cas échéant, les informations relatives à la date à laquelle le versement de la pension alimentaire *(Décr. n° 2022-259 du 25 févr. 2022, art. 1er-3°-b)* « ou » l'intermédiation financière prennent fin *(Abrogé par Décr. n° 2022-259 du 25 févr. 2022, art. 1er-3°-b) (Décr. n° 2020-1797 du 29 déc. 2020, art. 1er-1°, en vigueur le 1er janv. 2021)* ***« ainsi que l'indication selon laquelle l'intermédiation financière a été ordonnée par le juge par application du 1° du II de l'article 373-2-2 du code civil »*** ;

(Décr. n° 2022-259 du 25 févr. 2022, art. 1er-3°-b) « 10° Le cas échéant, l'information, non détaillée, selon laquelle l'une des parties a produit, dans le cadre de la procédure conduisant à l'émission du titre exécutoire ou de la décision de rétablissement de l'intermédiation financière, soit une plainte déposée ou une condamnation prononcée à l'encontre du parent débiteur pour des faits de menaces ou de violences volontaires sur le parent créancier ou l'enfant, soit une décision de justice, concernant le parent débiteur, mentionnant de telles menaces ou violences dans ses motifs ou son dispositif. »

Les dispositions du Décr. n° 2022-259 du 25 févr. 2022 s'appliquent à compter du 1er mars 2022 à l'exécution des décisions judiciaires de divorce rendues à compter de cette même date et à compter du 1er janv. 2023 à l'exécution des autres décisions judiciaires rendues à compter de cette même date ainsi que des titres mentionnés aux 2° à 6° du I de l'art. 373-2-2 C. civ. émis à compter de cette même date (Décr. préc., art. 4).

SECTION II LE DIVORCE ET LA SÉPARATION DE CORPS JUDICIAIRES *(Décr. n° 2019-1380 du 17 déc. 2019, art. 3, en vigueur le 1er janv. 2021).*

RÉP. PR. CIV. v° *Divorce (procédure)* par GOUTTENOIRE.

DALLOZ RÉFÉRENCE *Droit et pratique du divorce 2022-2023*, par CLAUX et DAVID.

SOUS-SECTION 1 DISPOSITIONS GÉNÉRALES

§ 1er LES DEMANDES

DALLOZ RÉFÉRENCE *Droit et pratique du divorce 2022/2023, nos 123.01 s., 151.01 s., 153.01 s., 153-121, 214.01 s., 214.53 s.*, par CLAUX et DAVID.

DALLOZ ACTION. *Droit de la famille 2020/2021, nos 132.42 s., 134.25.*

BIBL. ▶ THOURET, *AJ fam. 2014. 470* (modification des demandes et demandes reconventionnelles).

Art. 1075 *(Décr. n° 81-500 du 12 mai 1981, art. 5, en vigueur le 1er janv. 1982)* Dès le début de la procédure, les époux font, le cas échéant, connaître, avec les indications nécessaires à leur identification, la caisse d'assurance maladie à laquelle ils sont affiliés, les services ou organismes qui servent les prestations familiales, les pensions de retraite ou tout avantage de vieillesse ainsi que la dénomination et l'adresse de ces caisses, services ou organismes. – *[Anc. art. 1075, reproduit ss. art. 1142.]*

Sanction. Les mentions prescrites par l'art. 1075 ne sont pas exigées à peine d'irrecevabilité, mais de nullité pour vice de forme, cette dernière ne pouvant être prononcée que s'il est prouvé que leur omission a causé un grief. • Civ. 2e, 4 févr. 1981, n° 79-12.670 : *Gaz. Pal. 1981. 2. 800, note Viatte* (exigence d'un grief) ♦ Rejet du pourvoi contre : • Paris, 9 nov. 1978 : *JCP 1980. II. 19312, note Lindon ; Gaz. Pal. 1979. 185, obs. Massip.*

Art. 1075-1 *(Décr. n° 2004-1158 du 29 oct. 2004, art. 5-I, en vigueur le 1er janv. 2005)* **Lorsqu'une prestation compensatoire est demandée au juge ou prévue dans une convention, chaque époux produit la déclaration sur l'honneur mentionnée à l'article 272 du code civil.**

Sur la déclaration sur l'honneur à l'occasion de la fixation de la prestation compensatoire, V. C. civ., art. 272. — ***C. civ.***

1. Renvoi. Sur la déclaration sur l'honneur à l'occasion de la fixation de la prestation compensatoire, V. art. 272 C. civ. et la jurisprudence ss. ce texte.

2. Mention dans la décision (non). Une cour d'appel n'a pas à faire spécialement mention, dans son arrêt, de ce que la déclaration certifiant sur l'honneur l'exactitude des ressources, revenus, patrimoine et conditions de vie prévue à l'art. 271, al. 2, (auj. 272) C. civ. a été ou non produite. • Civ. 1re 8 juill. 2003, n° 01-15.829.

Art. 1075-2 *(Décr. n° 2002-1436 du 3 déc. 2002, art. 10-I)* **Les époux doivent, à la demande du juge, justifier de leurs charges et ressources, notamment par la production de déclarations de revenus, d'avis d'imposition et de bordereaux de situation fiscale.**

Ils doivent également, à sa demande, produire les pièces justificatives relatives à leur patrimoine et leurs conditions de vie, en complément de la déclaration sur l'honneur permettant la fixation de la prestation compensatoire.

Art. 1076 *(Décr. n° 81-500 du 12 mai 1981, art. 5, en vigueur le 1er janv. 1982)* **L'épouse qui présente une demande en divorce peut, en tout état de cause, et même en appel, lui substituer une demande en séparation de corps.**

La substitution inverse est interdite. — *[Anc. art. 1076, reproduit ss. art. 1142.]*

a. Susbtitution d'une demande de séparation de corps à une demande en divorce

1. Possibilité. Sur la possibilité, traditionnelle, de substituer une demande de séparation de corps à une demande en divorce, V. not. déjà : • Civ. 1re, 21 oct. 1952 : *Bull. civ., n° 272 ; RTD civ. 1955. 713, obs. Raynaud.*

2. Demande reconventionnelle. V. C. civ., art. 297. ♦ L'époux qui a formé une demande reconventionnelle en divorce peut lui substituer, même en appel, une demande en séparation de corps. • Civ. 1re, 25 sept. 2013, n° 12-22.362 P : *D. 2014. Pan. 689, obs. Douchy-Oudot ; AJ fam. 2013. 636, obs. Thouret ; RTD civ. 2013. 825, obs. Hauser ; Dr. fam. 2013, n° 150, note Binet.* ♦ Mais doit être déclarée d'office irrecevable, la demande reconventionnelle en divorce du mari faisant suite à une demande reconventionnelle en séparation de corps (la femme ayant formé une demande principale en séparation de corps, transformée ensuite en demande en divorce), en raison de sa contrariété aux dispositions de l'art. 1076 qui ne fait aucune distinction entre demande principale et demande reconventionnelle. • Versailles, 22 mars 1985 : *D. 1987. IR 274, obs. Groslière.*

b. Substitution d'une demande de divorce à une demande de séparation de corps

3. Interdiction. Sur l'impossibilité, traditionnelle, de substituer une demande en divorce à une demande en séparation de corps : • Civ. 1re, 16 avr. 2008, n° 07-14.891 P : *D. 2008. AJ 1346, obs. Le Douaron ; ibid. 2009. Pan. 53, obs. Douchy-Oudot ; Defrénois 2008. 1833, obs. Massip.* ♦ V. déjà : • Civ. 2e, 28 févr. 1962, n° 61-10.388 P : *D. 1962. 293.*

4. Désistement ou issue de la demande. Le demandeur en séparation de corps peut agir en divorce après s'être désisté de sa demande ou en avoir attendu l'issue. • Civ. 31 déc. 1928 : *DH 1928. 84* • 19 juill. 1963, n° 61-12.748 P.

5. Faits nouveaux. Sur la possibilité de se fonder sur de tels faits, V. • Civ. 2e, 22 avr. 1970, n° 69-11.852 P : *D. 1970. 546* • 29 nov. 1967, n° 66-14.435 P.

6. Demande reconventionnelle. V. C. civ., art. 297. ♦ Hormis dans l'hypothèse où, lors de l'audience de conciliation, les époux ont accepté le principe de la séparation de corps, l'assignation en divorce délivrée par l'un d'eux, à l'expiration du délai imparti à l'autre par l'ordonnance de non-conciliation rendue sur une requête de ce dernier en séparation de corps, est recevable au regard des dispositions de l'art. 1076 C. pr. civ. • Cass., avis, 10 févr. 2014, n° 13-70.007 P : *Gaz. Pal. 11-12 avr. 2014, note Douville et Mauger-Vielpeau ; RJPF avr. 2014, p. 23, obs. Mauclair ; Procédures 2014, n° 112, note Douchy-Oudot.* ♦ L'art. 1076 étant rédigé en des termes qui ne visent pas expressément la demande reconventionnelle, il ne peut être considéré comme privant un époux du droit que lui reconnaît l'art. 297 C. civ. de former une demande reconventionnelle en divorce en réponse à une demande en séparation de corps. • Paris, 19 oct. 1984 : *D. 1985. IR 161.* ♦ V. égal. : • Paris, 31 mai 1983 : *D. 1985. IR 150* (demande reconventionnelle en divorce non établie).

Art. 1076-1 *(Décr. n° 81-500 du 12 mai 1981, art. 5, en vigueur le 1er janv. 1982)* **Lorsqu'une des parties n'a demandé que le versement d'une pension alimentaire ou d'une contribution aux charges du mariage, le juge ne peut prononcer le divorce sans avoir invité les parties à s'expliquer sur le versement d'une prestation compensatoire.**

A. NATURE DE LA DEMANDE

1° PENSION ALIMENTAIRE

1. *Dans le cadre d'une demande principale en divorce.* Viole l'art. 1076-1 la cour d'appel qui, pour prononcer le divorce aux torts du mari, sans inviter les parties à s'expliquer sur le versement d'une prestation compensatoire, énonce que les dispositions de l'art. 1076-1 ne peuvent recevoir application que si le devoir de secours subsiste ou s'il y a rejet de la demande en divorce et que l'épouse, qui demandait le divorce et le maintien des mesures provisoires, ne remplissait pas les conditions prévues à l'art. 1076-1, alors que la femme n'avait demandé qu'une pension alimentaire, déjà comprise dans les mesures provisoires et que l'art. 1076-1 était donc applicable. • Civ. 2e, 19 févr. 1992, n° 90-20.082 P : *D. 1992. IR 109.* ♦ Viole l'art. 1076-1, pour ne pas avoir invité, au préalable, les parties à s'expliquer sur le versement d'une prestation compensatoire, l'arrêt qui, sur la demande principale en divorce du mari et la demande reconventionnelle en séparation de corps de la femme, prononce le divorce aux torts partagés, en se bornant à énoncer que l'épouse ne réclamait qu'une pension alimentaire, et que cette demande était irrecevable dans le cadre d'une décision prononçant le divorce. • Civ. 2e, 11 févr. 1998, n° 95-17.040 P.

2. *Dans le cadre d'une demande reconventionnelle en divorce.* Viole l'art. 1076-1, pour ne pas avoir invité, au préalable, les parties à s'expliquer sur le versement d'une prestation compensatoire, l'arrêt qui, sur la demande principale en séparation de corps de la femme et la demande reconventionnelle en divorce du mari, prononce le divorce aux torts partagés en se bornant à énoncer que l'épouse n'avait pas, en appel, réitéré sa demande de prestation compensatoire, se contentant de réclamer une pension alimentaire et qu'aucune somme ne lui serait allouée de ce chef, le divorce faisant disparaître le devoir de secours entre époux. • Civ. 2e, 5 janv. 1994, n° 92-16.095 P : *Gaz. Pal. 1996. 1. Somm. p. 237 ; Defrénois 1995. 1376, obs. Massip ; RTD civ. 1994. 331, obs. Hauser.*

2° CONTRIBUTION AUX CHARGES DU MARIAGE

3. *Dans le cadre de conclusions de débouté de la demande principale en divorce.* Viole l'art. 1076-1 C. pr. civ., l'arrêt qui prononce le divorce aux torts exclusifs de l'épouse et la déboute de sa demande de contribution aux charges du mariage, sans inviter, au préalable, les parties à s'expliquer sur le versement d'une prestation compensatoire, alors que lorsqu'une des parties n'a demandé que le versement d'une pension alimentaire ou d'une contribution aux charges du mariage, le juge ne peut prononcer le divorce sans avoir invité les parties à s'expliquer sur le versement d'une prestation compensatoire. • Civ. 1re, 31 oct. 2007, n° 07-11.432 P : *AJ fam. 2007. 475, note David.* ♦ Viole l'art. 1076-1, pour ne pas avoir invité, au préalable, les parties à s'expliquer sur le versement d'une prestation compensatoire, l'arrêt qui confirme le prononcé d'un divorce aux torts partagés et énonce que le divorce mettant fin à l'obligation de secours entre époux, la demande de contribution aux charges du mariage de l'épouse n'est pas fondée. • Civ. 2e, 29 avr. 1994, n° 92-16.056 P. ♦ Dans le même sens : • Civ. 2e, 22 juin 1994, n° 92-21.412 P : *D. 1994. IR 225* • 20 nov. 1996, n° 94-15.312 P (divorce aux torts exclusifs de la femme) • 26 sept. 2002, n° 01-01.303 P : *Gaz. Pal. 15-17 juin 2003, p. 27, obs. Massip ; AJ fam. 2003. 67, obs. S. D.* • Civ. 1re, 25 avr. 2006, n° 05-17.893 P : *D. 2006. IR 1331, obs. P. Guiomard.*

3° PRESTATION COMPENSATOIRE

4. *Demande présentée en appel.* Il résulte des art. 270 C. civ., ensemble l'art. 1076-1 C. pr. civ., que la demande de prestation compensatoire, accessoire à la demande en divorce, peut être présentée pour la première fois en appel tant que la décision, en ce qu'elle prononce le divorce, n'a pas acquis force de chose jugée. • Civ. 1re, 14 mars 2018, n° 17-14.874 P : *AJ fam. 2018. 296, note Thouret.* ♦ La demande de prestation compensatoire, accessoire à la demande en divorce, peut être présentée pour la première fois en appel tant que la décision en ce qu'elle prononce le divorce n'a pas acquis la force de chose jugée. • Civ. 2e, 26 sept. 2002, n° 00-17.627 P. ♦ L'arrêt d'appel renvoyant les parties devant les premiers juges pour qu'il soit statué sur les conséquences d'un divorce étant devenu irrévocable en l'absence de pourvoi formé, les juges du fond peuvent, en application de cet arrêt, confirmer un second jugement déclarant l'épouse recevable et bien fondée en sa demande de prestation compensatoire. • Civ. 1re, 11 sept. 2013, n° 12-15.013 P : *D. 2014. Pan. 689, obs. M. Douchy-Oudot* ; AJ fam. 2013. 575, *note Thouret ; RTD civ. 2013. 824, obs. Hauser.*

5. *Limite : force de la chose jugée.* La demande présentée après que l'arrêt ayant prononcé le divorce est passé en force de chose jugée est irrecevable, même si l'arrêt, pour partie avant dire droit, a ordonné la réouverture des débats sur la question du droit de visite et d'hébergement du père. • Civ. 1re, 14 déc. 2004, n° 03-18.363 P.

B. INVITATION PRÉALABLE

1° PRINCIPE

6. *Impossibilité de prononcer le divorce.* Lorsqu'une partie n'a demandé que le versement d'une pension alimentaire ou d'une contribution aux charges du mariage, le juge ne peut prononcer le divorce sans avoir invité les parties à s'expliquer sur le versement d'une prestation compensatoire. • Civ. 1re, 3 févr. 2010, n° 09-13.841 • 17 févr. 2010, n° 09-13.463 • 18 janv. 2012, n° 11-13.840. ♦ Viole l'art. 1076-1, pour avoir prononcé le divorce sans avoir préalablement provoqué les explications des parties sur ses conséquences, l'arrêt qui, sur la seule demande du mari, prononce le divorce aux torts partagés et fixe le montant de la prestation compensatoire due à la femme par le mari. • Civ. 2e, 7 févr. 1990, n° 88-16.349 P (visa des art. 16 et 1076-1) • 16 janv. 1991, n° 89-14.413 P : *D. 1991. IR 46* • 9 juill. 1997, n° 94-14.803 P. ♦ ...Et renvoie les parties devant le conseiller de la mise en état pour qu'il soit conclu sur les conséquences du divorce. • Civ. 2e, 21 juill. 1992, n° 91-11.872 P • 19 janv. 1994, n° 92-17.436 P • 8 févr. 1995, n° 93-16.122 P : *D. 1995. IR 73* • 2 oct. 1997, n° 96-10.654 P : *D. 1997. IR 216* ; *Gaz. Pal. 2-3 oct. 1998, Somm. p. 29, obs. Massip* • Civ. 1re, 3 févr. 2004, n° 02-13.528 P : *D. 2004. IR 469* ; *AJ fam. 2004. 285, obs. S. D.* ; *RTD civ. 2004. 269, obs. Hauser*. ♦ ... Et renvoie l'affaire devant les premiers juges pour la liquidation du régime matrimonial. • Civ. 2e, 12 juin 1996, n° 94-20.716 P. ♦ La juridiction, pour décider s'il y a lieu ou non à application de l'art. 1076-1, n'a pas à envisager au profit de quel époux le divorce sera prononcé. • Civ. 2e, 19 févr. 1997, n° 95-11.174 P : *D. 1997. IR 80*. • Civ. 1re 31 oct. 2007, n° 07-11.432 P : *préc.* (divorce aux torts exclusifs de l'épouse).

7. *Impossibilité de prononcer la conversion de la séparation de corps en divorce.* Viole l'art. 1076-1 l'arrêt qui déclare irrecevable, faute d'intérêt, l'appel formé par une épouse contre le jugement de conversion de la séparation de corps en divorce et sollicitant pour la première fois une prestation compensatoire, alors que l'épouse, qui bénéficiait d'une pension alimentaire, avait intérêt à interjeter appel et que la demande de prestation compensatoire était recevable puisque le tribunal, méconnaissant son office, n'avait pas invité les parties à s'expliquer sur le versement d'une telle prestation avant le prononcé de la conversion. • Civ. 1re, 25 mai 2004, n° 02-10.424 P : *D. 2004. IR 1770* ; *Gaz. Pal. 8-10 août 2004, p. 20, concl. Sainte-Rose ; ibid. 19-20 janv. 2005, p. 21, obs. Massip ; Procédures 2004, n° 213, note Thouret ; Dr. fam. 2004, n° 173, note Strickler ; Defrénois 2004. 1685, obs. Massip ; RTD civ. 2004. 491, obs. Hauser*. ♦ V. égal., • Civ. 2e, 3 juill. 1997, n° 95-17.457 P.

8. *Possibilité de former une demande reconventionnelle en divorce.* Lorsque le juge invite les parties à s'expliquer sur le versement d'une prestation compensatoire, en application de l'art. 1076-1, l'époux, qui n'a demandé que le rejet de la demande en divorce de son conjoint et le versement d'une contribution aux charges du mariage, conserve la faculté de présenter une demande reconventionnelle en divorce. • Civ. 2e, 24 juin 1999, n° 97-14.107 P : *D. 1999. IR 200* ; *RTD civ. 1999. 820, obs. Hauser*.

2° EXCEPTION

9. *Absence de demande sur les conséquences du divorce.* En l'absence de demande par l'une des parties de versement d'une pension alimentaire ou d'une contribution aux charges du mariage, une cour d'appel peut prononcer le divorce des époux sans les avoir invités à s'expliquer sur le versement d'une prestation compensatoire. • Civ. 1re, 23 janv. 2008, n° 07-11.323 P : *D. 2009. Pan. 53, obs. Douchy-Oudot* ; *AJ fam. 2008. 208, obs. David* ; *Dr. fam. 2008. Comm. 40, note Larribau-Terneyre ; Procédures 2008, n° 113, note Douchy-Oudot ; Gaz. Pal. 25-26 juill. 2008, p. 22, obs. Massip ; Defrénois 2008. 1110, obs. Massip* • Civ. 2e, 18 déc. 1996, n° 95-14.654 P.

Art. 1077 *(Décr. n° 2004-1158 du 29 oct. 2004, art. 5-II, en vigueur le 1er janv. 2005)* **La demande ne peut être fondée que sur un seul des cas prévus** *(Décr. n° 2016-1907 du 28 déc. 2016, art. 5)* **« aux troisième à sixième alinéas de l'article 229 » du code civil. Toute demande formée à titre subsidiaire sur un autre cas est irrecevable.**

Hormis les cas prévus aux articles 247 à 247-2 du code civil, il ne peut, en cours d'instance, être substitué à une demande fondée sur un des cas de divorce définis *(Décr. n° 2016-1907 du 28 déc. 2016, art. 5)* **« aux troisième à sixième alinéas de l'article 229 » du code civil une demande fondée sur un autre cas.**

Sur l'entrée en vigueur du Décr. n° 2016-1907 du 28 déc. 2016, V. note au-dessus de l'art. 1144. L'art. 5 du même décret est applicable en Polynésie française (Décr. préc., art. 41-VI).

Sur les différents cas de divorce, V. C. civ., art. 229. — ***C. civ.***

Sur les modifications d'une demande en divorce, V. C. civ., art. 247. — ***C. civ.***

1. Divorce relevant d'une loi étrangère. L'art. 1077 [ancien] constitue une règle de fond du divorce inapplicable à un divorce relevant d'une loi étrangère. • Civ. 1re, 12 déc. 2006, nº 04-18.424 P : *Gaz. Pal. 22-23 juin 2007, p. 20, note Massip.*

a. Principe

2. Prohibition de la substitution d'un divorce pour faute à un divorce par consentement mutuel. Il ne peut être substitué à une demande fondée sur le cas de divorce par consentement mutuel une demande fondée sur le cas de divorce pour faute. • Civ. 2e, 16 déc. 1982, nº 80-14.997 P : *D. 1983. IR 129.*

3. Prohibition de la substitution d'un divorce pour altération définitive du lien conjugal à un divorce pour faute. L'art. 1077 C. pr. civ. s'oppose à ce qu'en cours d'instance un époux substitue à sa demande initiale en divorce pour faute une demande en divorce pour altération définitive du lien conjugal. • Civ. 1re, 19 mars 2014, nº 12-17.646 P : *AJ fam. 2014. 306, obs. Thouret ; Procédures 2014, nº 151, note Douchy-Oudot.*

4. Prohibition pour le défendeur au divorce de substituer à une demande reconventionnelle pour rupture de la vie commune une demande pour faute. En infirmant la décision de première instance qui avait prononcé le divorce aux torts exclusifs de l'époux et en prononçant le divorce aux torts partagés, au motif que la demande reconventionnelle en divorce pour rupture de la vie commune présentée par l'époux en première instance ne fait pas obstacle à ce qu'il modifie le fondement de sa demande en appel en invoquant la faute de son épouse, la cour d'appel a violé l'art. 1077. • Civ. 1re, 28 mai 2014, nº 13-11.013 : *Gaz. Pal. 16-18 nov. 2014, p. 24, obs. Bloquel.*

5. Demande de partage des fautes. La demande de partage des fautes en cas d'admission de la demande reconventionnelle de divorce pour faute n'est pas une demande subsidiaire. • Civ. 1re, 11 sept. 2013, nº 11-26.751 P : *D. 2013. Actu. 2102 ; ibid. 2831, note Douville et Mauger-Vielpeau ; ibid. 2014. Pan. 689, obs. Douchy-Oudot ; AJ fam. 2013. 633, note David ; JCP 2013. 1130, note Thouret ; ibid. 1225, nº 6, obs. Serinet ; LPA 15 oct. 2013, note Massip ; Gaz. Pal. 10 oct. 2013, p. 10, note Chevalier ; ibid. 27-29 oct. 2013, p. 21, note Mulon, RTDciv. 2013. 824, obs. Hauser ; Procédures 2013, nº 313, note Douchy-Oudot.*

b. Sanction

6. Nécessité d'un grief (non). En cas de violation de l'art. 1077 [ancien], la nullité encourue, ne sanctionnant pas un simple vice de forme, ne peut être couverte par l'absence de grief. • Civ. 2e, 1er juin 1987, nº 86-12.739 P.

7. Renonciation. Mais la renonciation à une demande subsidiaire en divorce pour rupture de la vie commune, contenue dans une seconde assignation, permet d'examiner l'assignation initiale qui n'avait visé que le divorce pour faute. • Civ. 2e, 13 juill. 2000, nº 98-18.026 P. ♦ Rappr., sur le désistement en vue de changer de type de divorce. • Paris, 9 janv. 1979 : *D. 1979. 513, note Breton ; Gaz. Pal. 1979. 649, note Brazier.*

Art. 1078 *(Décr. nº 2012-1037 du 10 sept. 2012, art. 1er)* **La demande mentionne, le cas échéant, l'existence d'une ordonnance de protection concernant les époux en cours d'exécution à la date de son introduction. L'ordonnance, accompagnée de la preuve de sa notification, est jointe à la demande.**

Le Décr. nº 2012-1037 du 10 sept. 2012 est applicable sur l'ensemble du territoire de la République (Décr. préc., art. 3).

Sur l'ordonnancement d'une enquête sociale, V. C. civ., art. 373-2-12. — ***C. civ.***

§ 2 LA PRESTATION COMPENSATOIRE

DALLOZ RÉFÉRENCE *Droit et pratique du divorce 2022/2023, nos 154.41, 215.391, 216.01 s.,* par CLAUX et DAVID.

Art. 1079 *(Décr. nº 2004-1158 du 29 oct. 2004, art. 5-IV, en vigueur le 1er janv. 2005)* **La prestation compensatoire ne peut être assortie de l'exécution provisoire.**

Toutefois, elle peut l'être en tout ou partie, lorsque l'absence d'exécution aurait des conséquences manifestement excessives pour le créancier en cas de recours sur la prestation compensatoire alors que le prononcé du divorce a acquis force de chose jugée.

Cette exécution provisoire ne prend effet qu'au jour où le prononcé du divorce a acquis force de chose jugée.

1. Renvoi. V., sur la date à laquelle la prestation compensatoire devient exigible, les notes ss. art. 1086.

2. Demande présentée en appel. La demande de prestation compensatoire, accessoire à la demande en divorce, peut être présentée pour la première fois en appel tant que la décision, en ce qu'elle prononce le divorce, n'a pas acquis force de chose jugée. • Civ. 1re, 14 mars 2018, n° 17-14.874 P : *AJ fam. 2018. 296, note Thouret*. ♦ La demande de prestation compensatoire, accessoire à la demande en divorce, peut être présentée pour la première fois en appel tant que la décision en ce qu'elle prononce le divorce n'a pas acquis la force de chose jugée. • Civ. 2e, 26 sept. 2002, n° 00-17.627 P. ♦ L'arrêt d'appel renvoyant les parties devant les premiers juges pour qu'il soit statué sur les conséquences d'un divorce étant devenu irrévocable en l'absence de pourvoi formé, les juges du fond peuvent, en application de cet arrêt, confirmer un second jugement déclarant l'épouse recevable et bien fondée en sa demande de prestation compensatoire. • Civ. 1re, 11 sept. 2013, n° 12-15.013 P : *D. 2014. Pan. 689, obs. M. Douchy-Oudot ; AJ fam. 2013. 575, note Thouret ; RTD civ. 2013. 824, obs. Hauser*.

3. Limite : force de chose jugée. La demande présentée après que l'arrêt ayant prononcé le divorce est passé en force de chose jugée est irrecevable, même si l'arrêt, pour partie avant dire droit, a ordonné la réouverture des débats sur la question du droit de visite et d'hébergement du père. • Civ. 1re, 14 déc. 2004, n° 03-18.363 P.

4. Exécution provisoire. Conditions. Il résulte de l'art. 1079 que la prestation compensatoire ne peut être assortie de l'exécution provisoire, en tout ou en partie, que lorsque l'absence d'exécution aurait des conséquences manifestement excessives pour le créancier en cas de recours sur la prestation compensatoire alors que le prononcé du divorce a acquis force de chose jugée. Dès lors, encourt la cassation un arrêt d'une cour d'appel, saisie d'un appel limité à la prestation compensatoire, qui a assorti de l'exécution provisoire une partie de la somme d'argent due à ce titre, sans caractériser l'existence de telles circonstances. • Civ. 1re, 19 mars 2014, n° 12-29.653 P : *Dr. et pr. 2014. 115, obs. Vinckel ; Gaz. Pal. 24 juin 2014, p. 17, note Mulon.*

5. Prestation compensatoire provisionnelle. La condamnation au paiement d'une prestation compensatoire provisionnelle est par nature une mesure provisoire, exécutoire de droit en application de l'art. 514 C. pr. civ. L'interdiction édictée par l'art. 1079 du même code ne s'étend pas aux condamnations provisoires. • Civ. 1re, 28 mai 2008, n° 07-14.232 P : *D. 2008. AJ 1700 ; ibid. 2009. Pan. 53, obs. Douchy-Oudot ; JCP 2008. I. 206, n° 22, obs. S. Amrani Mekki ; Defrénois 2008. 1837, obs. Massip ; RTD civ. 2008. 463, obs. Hauser*.

Art. 1080 *(Décr. n° 2004-1158 du 29 oct. 2004, art. 5-IV, en vigueur le 1er janv. 2005)* **Lorsque des biens ou des droits sont attribués à titre de prestation compensatoire en application du 2° de l'article 274 du code civil, la convention homologuée ou la décision qui prononce le divorce précise leur valeur.**

Lorsque ces biens ou droits sont soumis à la publicité foncière, elle précise en outre les mentions nécessaires à la publication du titre de propriété dans les formes prévues par le décret n° 55-22 du 4 janvier 1955 portant réforme de la publicité foncière.

Sur les modalités de la prestation compensatoire et la prestation compensatoire en capital, V. C. civ., art. 274. — ***C. civ.***

Rectification d'erreur matérielle. S'il résulte de l'art. 1080 C. pr. civ. que lorsque des biens ou des droits sont attribués à titre de prestation compensatoire en application de l'art. 274 C. civ., la convention homologuée ou la décision qui prononce le divorce doit préciser leur valeur, l'omission matérielle de cette mention peut toujours être réparée par la juridiction qui a rendu la décision ou par celle à laquelle elle est déférée si cette rectification ne modifie pas les droits et obligations reconnues aux parties. • Civ. 1re, 1er juill. 2009, n° 08-18.344.

Art. 1080-1 *Abrogé par Décr. n° 2004-1158 du 29 oct. 2004, art. 5-IV, à compter du 1er janv. 2005.*

§ 3 LA PUBLICITÉ ET LA PREUVE DES JUGEMENTS

DALLOZ RÉFÉRENCE *Droit et pratique du divorce 2022/2023, nos 134.21 s.*, par CLAUX et DAVID.

Art. 1081 *(Décr. n° 2004-1158 du 29 oct. 2004, art. 5-IV, en vigueur le 1er janv. 2005)* **Le dispositif de la décision mentionne la date de** *(Décr. n° 2019-1380 du 17 déc. 2019, art. 4, en vigueur le 1er janv. 2021)* **« la demande en divorce** *[ancienne rédaction : l'ordonnance de non-conciliation]* **».**

Les requêtes en divorce ou en séparation de corps introduites avant le 1er janv. 2021 sont traitées selon les règles en vigueur avant cette date (Décr. n° 2019-1380 du 17 déc. 2019, art. 15 ; rect. par Décr. n° 2019-1419 du 20 déc. 2019, art. 22-II et Décr. n° 2020-950 du 30 juill. 2020, art. 4).

Art. 1082 *(Décr. n° 2004-1158 du 29 oct. 2004, art. 5-V, en vigueur le 1er janv. 2005)* **Mention du divorce ou de la séparation de corps est portée en marge de l'acte de**

mariage, ainsi que de l'acte de naissance de chacun des époux, au vu d'un extrait de la décision ne comportant que son dispositif et accompagné de la justification de son caractère exécutoire conformément à l'article 506.

Si le mariage a été célébré à l'étranger et en l'absence d'acte de mariage conservé par une autorité française, mention du dispositif de la décision est portée en marge de l'acte de naissance de chacun des époux, si cet acte est conservé sur un registre français. A défaut, l'extrait de la décision est conservé au répertoire mentionné à l'article 4-1 du décret n° 65-422 du 1er juin 1965 portant création d'un service central d'état civil au ministère des affaires étrangères. — *[Anc. art. 1082, reproduit ss. artt. 1142.]*

(Décr. n° 2007-773 du 10 mai 2007, art. 12) **« Toutefois, cette mention ne peut être portée en marge de l'acte de naissance d'un Français qu'après transcription sur les registres de l'état civil de l'acte de mariage célébré par l'autorité étrangère à compter du 1er mars 2007. »**

V. Décr. n° 65-422 du 1er juin 1965. — ***C. civ.***

1. Divorce prononcé à l'étranger. Les jugements étrangers relatifs à l'état des personnes produisant de plein droit leurs effets en France, sauf s'ils doivent donner lieu à une mesure d'exécution sur les biens ou de coercition sur les personnes, peuvent être mentionnés sur les registres français de l'état civil indépendamment de toute déclaration d'*exequatur*. • Civ. 1re, 29 mars 1989, n° 87-12.399 P : *D. 1990. Somm. 115, obs. Bénabent*. ♦ V. C. pr. civ., art. 509 et notes ss. art. 509. Au sein de l'Union européenne, V., le Règl. (CE) du Conseil n° 2201/2003 du 27 nov. 2003, relatif à la compétence, la reconnaissance et l'exécution des décisions en matière matrimoniale et en matière de responsabilité parentale abrogeant le Règl. (CE) n° 1347/2000, et règlement (UE) du Conseil n° 2019/1111 du 25 juin 2019 relatif à la compétence, la reconnaissance et l'exécution des décisions en matière matrimoniale et en matière de responsabilité parentale, ainsi qu'à l'enlèvement international d'enfants, App., v° *Droit européen et international*.

2. Protection de la vie privée. V. * Rép. min. n° 60231 : *JOAN Q, 23 nov. 1992, p. 5325*.

Art. 1082-1 *(Décr. n° 2004-1158 du 29 oct. 2004, art. 5-VI, en vigueur le 1er janv. 2005)* **Il est justifié, à l'égard des tiers, d'un divorce ou d'une séparation de corps par la seule production d'un extrait de la décision l'ayant prononcé ne comportant que son dispositif, accompagné de la justification de son caractère exécutoire conformément à l'article 506.** — *[Anc. art. 1148 reproduit ss. art. 1142.]*

L'art. R. 123-45 C. com. prescrit certaines mentions au registre du commerce lorsque l'un des époux au moins est commerçant. — V. ***C. com.***

§ 4 LA MODIFICATION DES MESURES ACCESSOIRES

DALLOZ RÉFÉRENCE *Droit et pratique du divorce 2022/2023, nos 216.01 s.*, par CLAUX et DAVID.

Art. 1083 *(Décr. n° 2004-1158 du 29 oct. 2004, art. 5-VII, en vigueur le 1er janv. 2005)* **Lorsque le jugement prononçant le divorce est frappé d'appel, la modification des mesures accessoires exécutoires par provision en application de l'article 1074-1, en cas de survenance d'un fait nouveau, ne peut être demandée, selon le cas, qu'au premier président de la cour d'appel ou au conseiller de la mise en état.** — *[Anc. art. 1083, reproduit ss. art. 1142.]*

1. Arrêt de l'exécution provisoire (non). Lorsque l'exécution provisoire de mesures accessoires à un jugement prononçant le divorce a été ordonnée, elle ne peut être arrêtée sur le fondement de l'art. 524. Les parties ne peuvent agir que pour en obtenir la modification en cas de survenance d'un fait nouveau, dans les conditions prévues par l'art. 1083 [ancien]. • Civ. 2e, 28 janv. 1998, n° 96-19.799 P : *RTD civ. 1988. 350, obs. Hauser.*

2. Fait nouveau. La compétence dévolue au premier président de la cour d'appel par l'art. 1083 [ancien], lorsqu'un jugement prononçant le divorce est frappé d'appel, est liée à la nécessité de constater la survenance d'un fait nouveau, suffisamment grave et déterminant pour autoriser une modification des mesures accessoires prises par les premiers juges. • Paris, ord., 14 août 1986 : *Gaz. Pal. 1986. 2. 653, note Brazier.* ♦ N'allègue aucun fait nouveau, dont les premiers juges n'ont pas pu avoir connaissance, la femme qui se borne à faire état de sa situation personnelle. • Paris, ord., 10 nov. 1989 : *Bull. ch. avoués 1989. 131.*

3. Renvoi. Sur l'incompétence du JAF, V. note ss. art. 1084.

Art. 1084 *(Décr. n° 2004-1158 du 29 oct. 2004, art. 5-VIII, en vigueur le 1er janv. 2005)* **Quand il y a lieu de statuer, après le prononcé du divorce, sur l'exercice de l'autorité parentale, la pension alimentaire ou la contribution à l'entretien et l'éducation de l'enfant, la demande est présentée, même si un pourvoi en cassation a été formé, au juge aux affaires familiales selon les modalités prévues à la section III du présent chapitre.**

Il en est de même, lorsque le divorce a acquis force de chose jugée, des demandes portant sur la prestation compensatoire. Les articles 1075-1 et 1075-2 du présent code sont applicables.

FORM. PR. CIV. *Assignation aux fins de statuer après le prononcé du divorce — et/ou sur l'exercice de l'autorité parentale ; sur la pension alimentaire ; sur la contribution à l'entretien et l'éducation de l'enfant — aux fins de demande portant sur la prestation compensatoire — C. pr. civ., art. 1084 ; Requête aux fins de statuer après le prononcé du divorce — et/ou sur l'exercice de l'autorité parentale ; sur la pension alimentaire ; sur la contribution à l'entretien et l'éducation de l'enfant — aux fins de demande portant sur la prestation compensatoire — C. pr. civ., art. 1084.*

Sur la convention homologuée, V. C. civ., art. 279. — **C. civ.**

A. COMPÉTENCE DU JAF

1° DÉLIMITATION POSITIVE

1. En cas de pourvoi en cassation. Le JAM [JAF] étant compétent pour statuer, après le prononcé du divorce, sur la modification de la pension alimentaire, même si un pourvoi en cassation a été formé (art. 1084 [ancien]), une cour d'appel ne peut se déclarer incompétente pour statuer sur l'appel d'une ordonnance du JAM [JAF], rendue après que le divorce eut été prononcé et faisant partiellement droit à une demande d'augmentation de la contribution à l'entretien des enfants communs, au motif que l'arrêt prononçant le divorce aurait été cassé, et qu'ainsi, il n'existerait encore aucune décision définitive, alors qu'il n'était pas soutenu que la cour de renvoi avait été saisie. • Civ. 2e, 19 juin 1991, n° 89-18.984 P : *D. 1991. IR 188 ; RTD civ. 1992. 62, obs. Huet-Weiller*.

2. Autorité parentale. Le JAM [JAF] est seul compétent pour statuer après le divorce sur la garde [l'exercice de l'autorité parentale] des enfants issus du mariage, quand bien même ces enfants seraient nés après la dissolution de l'union. • Civ. 1re, 13 avr. 1988, n° 86-16.883 P : *D. 1988. Somm. 399, obs. Huet-Weiller ; D. 1988. 503, note E. S. de la Marnierre.*

3. Pension alimentaire. La compétence attribuée au JAM [JAF] pour statuer, après le prononcé du divorce, sur la modification de la pension alimentaire s'étend à la suppression et même *à l'octroi d'une telle pension lorsque le juge* du divorce n'en a point prévu. • Paris, 16 mai 1989 : *D. 1990. Somm. 97, obs. Groslière*. ♦ V. égal. : • Paris, 12 mai 1976 : *JCP 1978. II. 18985, note Lindon ; D. 1978. 79, note Bénabent* • 26 juin 1979 : *D. 1980. 79, note Massip* • 18 févr. 1988 : *D. 1988. IR 77.*

2° DÉLIMITATION NÉGATIVE

4. Logement familial. La compétence du JAM [JAF] ne s'étend pas à l'attribution de la jouissance du logement familial. • Civ. 2e, 24 mars 1993, n° 91-17.141 P : *RTD civ. 1993. 565, obs. Hauser* • 6 juin 2002, n° 00-15.232 P : *D. 2002. IR 2380 ; Defrénois 2002. 1472, obs. Massip ; AJ fam. 2003. 30, obs. David ; Dr. fam. 2003. Comm. 28, note H. L.*

5. Assitance éducative. Sur la compétence exclusive du juge des enfants dans l'après-divorce en matière d'assistance éducative, V. C. civ., art. 375-3 et notes ss. C. civ., art. 375-3.

B. PROCÉDURE

6. Exécution. Sur le caractère exécutoire de la décision du JAF, V. les art. 1074-1 et 1087.

7. Représentation devant la cour d'appel. L'art. 1084 C. pr. civ. ne déroge point aux dispositions de l'art. 899, al. 1er, C. pr. civ., prévoyant que les parties sont tenues, sauf dispositions contraires, de constituer avoué (auj. avocat) devant la cour d'appel ; impossibilité, pour une cour d'appel, de se prononcer sur une requête tendant à faire compléter un arrêt rendu sur appel d'une ordonnance d'un JAM [JAF], sans que cette requête ait été présentée par un avoué (auj. avocat). • Civ. 2e, 9 juill. 1980, n° 79-16.888 P.

Art. 1085 *(Décr. n° 2004-1158 du 29 oct. 2004, art. 5-VIII, en vigueur le 1er janv. 2005)* **Le juge peut demander communication du dossier à la juridiction qui a prononcé le divorce.**

§ 5 LE POURVOI EN CASSATION

DALLOZ RÉFÉRENCE *Droit et pratique du divorce 2022/2023, nos 154.61 s.*, par CLAUX et DAVID.

Art. 1086 *(Décr. n° 2004-1158 du 29 oct. 2004, art. 5-VIII, en vigueur le 1er janv. 2005)* **Le délai de pourvoi en cassation suspend l'exécution de la décision qui prononce le divorce. Le pourvoi en cassation exercé dans ce délai est également suspensif.**

BIBL. ▸ POULET, *D. 2005. Chron. 2636* (observations sur le pourvoi en cassation en matière de divorce).

1. Renvoi. V. aussi les notes ss. art. 1087, ainsi que celles ss. les art. 254, 255, 260 et 270 C. civ., et leurs approfondissements *in* **Mégacode civil**.

1° REJET DE LA DEMANDE EN DIVORCE

2. Le pourvoi en cassation ne suspend pas l'exécution de l'arrêt qui rejette une demande en divorce, lequel, dès son prononcé, est exécutoire et entraîne la caducité des mesures prescrites par l'ordonnance de non-conciliation. • Civ. 1re, 25 janv. 2005, n° 03-16.943 P : *D. 2005. IR 388 ; ibid. Pan. 1826, obs. Douchy-Oudot ; ibid. 2006. Pan. 340, obs. Williatte-Pellitteri ; RTD civ. 2005. 371, obs. Hauser*.

2° PRONONCÉ DU DIVORCE

a. Recours général

3. Prestation compensatoire. La prestation compensatoire n'est due qu'à compter de la date à laquelle la décision prononçant le divorce acquiert force de chose jugée ; le délai de pourvoi en cassation suspendant l'exécution de l'arrêt qui prononce le divorce, il n'est pas possible de fixer le point de départ de la rente viagère due au titre de la prestation compensatoire à la date de cet arrêt. • Civ. 2e, 25 nov. 1992, n° 91-14.946 P. ♦ Cassation, pour violation de l'art. 1121 [ancien], de l'arrêt qui a dit que le capital alloué à l'épouse à titre de prestation compensatoire serait payable pour partie dans le mois suivant la signification de l'arrêt, alors qu'en raison du pourvoi dirigé contre l'arrêt prononçant le divorce, la prestation compensatoire n'était due qu'à la date de l'arrêt statuant sur le pourvoi. • 11 juill. 2002, n° 00-20.639 P : *D. 2002. IR 2516 ; AJ fam. 2002. 340, obs. S. D. ; RTD civ. 2002. 788, obs. Hauser*. ♦ Le pourvoi en cassation et son délai suspendent l'exécution de l'arrêt qui prononce le divorce ; la prestation compensatoire n'est donc pas due à compter du prononcé de l'arrêt d'appel confirmant le jugement ayant prononcé le divorce aux torts partagés des époux et condamné le mari à verser une prestation compensatoire, mais uniquement à compter de la date du rejet du pourvoi en cassation contre l'arrêt prononçant le divorce. • Civ. 2e, 19 févr. 1992, n° 90-20.628 P. ♦ Viole les art. 1121 et 1122 C. pr. civ. la cour d'appel, qui, ne statuant que sur la prestation compensatoire, en subordonne l'exigibilité au caractère irrévocable de sa décision. • Civ. 2e, 8 juill. 1999, *n° 98-12.398 P.*

4. Intérêts de la prestation compensatoire. La prestation compensatoire n'étant due qu'à compter de la date à laquelle la décision prononçant le divorce est devenue irrévocable, les intérêts ne peuvent courir antérieurement. • Civ. 2e, 11 sept. 2003, n° 01-14.216 : *Dalloz jurisprudence*. ♦ La prestation compensatoire, comme les intérêts qu'elle produit, ne sont dus qu'à compter de la date à laquelle la décision est devenue irrévocable. Doit être cassé l'arrêt qui, pour fixer le point de départ des intérêts moratoires dus par l'époux au titre de la prestation compensatoire allouée en capital, retient la date à laquelle le jugement de divorce a été signifié, alors qu'il avait été frappé d'appel et que, malgré la confirmation du jugement par la cour d'appel, le divorce n'était devenu irrévocable qu'à la date d'expiration du délai de pourvoi en cassation. • Civ. 1re, 14 déc. 2004, n° 03-16.987 P : *D. 2005. IR 112 ; Gaz. Pal. 1er-2 avr. 2005. Somm. 21, obs. Massip ; AJ fam. 2005. 64, obs. David ; RTD civ. 2005. 110, obs. Hauser*.

b. Recours limité aux conséquences financières du divorce

5. Appel. Lorsque l'arrêt statue seulement sur la prestation compensatoire, la règle générale de l'effet non suspensif du pourvoi en cassation est seule applicable. • Civ. 2e, 24 févr. 1993, n° 91-18.213 P : *JCP 1994. I. 3729, n° 10, obs. Ferré-André*. ♦ Lorsque le divorce a été prononcé par un arrêt devenu irrévocable et que cet arrêt a, au mépris de l'indivisibilité du divorce et de la prestation compensatoire, omis de statuer sur la prestation compensatoire, sans avoir été critiqué de ce chef, l'arrêt qui statue ultérieurement sur la demande de prestation compensatoire ne peut pas subordonner l'exigibilité de ladite prestation au caractère irrévocable de la décision la prononçant, en l'absence d'effet suspensif du pourvoi et de son délai dans cette situation. • Civ. 2e, 8 juill. 1999, n° 98-12.398 P : *Procédures 1999, n° 271, obs. Thouret*. ♦ Doit également être cassé l'arrêt qui retient que, dans la mesure où, en limitant son appel à ses dispositions pécuniaires, l'époux avait acquiescé au prononcé du jugement de divorce, et que la prestation compensatoire est due à compter de la signification du jugement l'ayant prononcée et portait intérêt depuis cette date, alors que le divorce n'a acquis autorité de la chose jugée que du jour où l'ex-mari a acquiescé à son prononcé. • Civ. 1re, 3 nov. 2004, n° 01-16.031 P : *D. 2004. IR 3114 ; RTD civ. 2005. 110, obs. Hauser*.

6. Pourvoi en cassation. La prestation compensatoire comme les intérêts qu'elle produit, ne sont dus qu'à compter de la date à laquelle la décision prononçant le divorce est devenue irrévocable. Encourt la cassation l'arrêt qui fixe le point de départ de ces intérêts à la date de son prononcé alors que le divorce n'est devenu irrévocable qu'à l'expiration du délai ouvert à l'épouse pour former un pourvoi incident sur le chef de l'arrêt prononçant le divorce, le mari ayant formé un pourvoi principal ne portant que sur la prestation compensatoire. • Civ. 1re, 19 avr. 2005, nº 03-13.078 P : *D. 2005. IR 1179* ; *D. 2006. Pan. 339, obs. Williatte-Pellitteri* ; *Procédures 2005, nº 150, obs. Perrot.* • Civ. 1re, 19 déc. 2018, nº 17-26.765. ♦ En l'absence de pourvoi principal sur le prononcé du divorce, le jugement devient irrévocable à la date d'expiration du délai ouvert pour former un pourvoi incident. • Civ. 1re, 25 oct. 2005, nº 04-15.573 P : *AJ fam. 2006. 111, obs. David* .

7. Cessation des mesures provisoires pour le cours de l'instance. La pension alimentaire allouée pendant la procédure de divorce prend fin à la date à laquelle la décision de divorce devient irrévocable. Elle cesse d'être due, en cas de pourvoi en cassation, à la date de signification du pourvoi en cassation incident ou d'expiration du délai ouvert pour former ce pourvoi en cassation, lorsque sont seules remises en cause les dispositions relatives aux conséquences financières du divorce. • Civ. 2e, 18 mai 2000, nº 98-17.801 P : *D. 2000. IR 175* ; *Dr. fam. 2000, nº 143, note Lécuyer* ; *RTD civ. 2000. 549, obs. Hauser* . ♦ Dans le même sens, • Civ. 2e, 15 nov. 2001, nº 00-11.891 : *Dr. fam. 2002, nº 20, note Lécuyer.* ♦ La pension alimentaire, allouée pour la durée de l'instance, cesse d'être due lorsque, mettant fin au devoir de secours, la décision qui a prononcé le divorce des époux devient irrévocable. • Civ. 2e, 10 oct. 1985, nº 84-13.624 P : *D. 1987. Somm. 47, obs. Bénabent.* ♦ Par l'ordonnance de non-conciliation, le juge prescrit les moyens nécessaires pour assurer l'existence des époux jusqu'à la date à laquelle le jugement de divorce prend force de chose jugée ; lorsqu'à la date où la cour d'appel statue, la procédure de divorce est toujours en cours, l'ordonnance du juge conciliateur ayant alloué une pension alimentaire à l'un des époux doit continuer de produire ses effets. • Civ. 2e, 10 avr. 1991, nº 90-12.170 : *RTD civ. 1991. 505, obs. Hauser* . ♦ Dans le même sens, • Civ. 2e, 19 févr. 1992, nº 90-20.628 P. ♦ Mais en cas de rejet du pourvoi formé contre l'arrêt prononçant le divorce, les mesures provisoires prises pour la durée de l'instance cessent de produire effet dès la date de ce rejet, et la pension alimentaire ne reste pas due jusqu'à la date de la signification de l'arrêt de la Cour de cassation. • Civ. 2e, 4 juill. 2002, nº 00-18.092 P : *D. 2002. IR 2381* ; *Gaz. Pal. 15-17 juin 2003, p. 25, obs. Massip* ; *Defrénois 2002. 1471, obs. Massip* ; *RTD civ. 2002. 788, obs. Hauser* • Civ. 1re, 15 mai 2013, nº 12-11.516 P : *D. 2013. Actu. 1209* ; *AJ fam. 2013. 441, obs. Elkouby-Salomon* ; *RTD civ. 2013. 583, obs. Hauser* ; *Gaz. Pal. 24 août 2013, p. 53, note Hamou* ; *JCP 2013. 819, obs. Rebourg* ; *Dr. fam. 2013, nº 115, note Binet.* ♦ Lorsque le pourvoi est limité aux seules conséquences du divorce, l'arrêt d'appel devient irrévocable du chef du prononcé du divorce, et la pension alimentaire allouée pour la durée de l'instance cesse d'être due à cette date. • Civ. 2e, 10 juill. 1991, nº 89-12.901 P : *RTD civ. 1991. 714, obs. Huet-Weiller* . ♦ L'arrêt qui prononce le divorce pour faute, dont seules les dispositions relatives aux conséquences financières sont frappées d'un pourvoi principal et d'un pourvoi incident, devient irrévocable à la date d'expiration du délai ouvert pour former pourvoi incident ; la pension alimentaire n'est donc pas due jusqu'à la date de l'arrêt de la Cour de cassation. • Civ. 2e, 2 nov. 1994, nº 92-17.393 P.

8. Recours en révision. Un recours en révision est recevable contre les dispositions d'un arrêt ayant prononcé le divorce, relatives à la prestation compensatoire, lorsque celle-ci a été fixée sur la base de fausses déclarations de l'épouse en bénéficiant (dissimulation de l'exercice d'une activité professionnelle). • Civ. 2e, 4 mars 1992, nº 90-20.339 : *D. 1993. 215, note Piotraut* ; *JCP 1993. II. 22092, note R. Martin.* ♦ V. art. 593 et notes ss. art. 593.

9. Désistement. Portée. Viole l'art. 500 dont il résulte que le jugement de divorce a force de chose jugée à la date à laquelle il n'est plus susceptible d'aucun recours suspensif, et l'art. 1086 qui dispose que le pourvoi en cassation suspend l'exécution des décisions qui prononcent le divorce, la cour d'appel qui retient que, par l'effet du désistement de l'épouse de son pourvoi en cassation, le divorce a acquis force de chose jugée à la date de l'arrêt le prononçant, alors que la décision prononçant le divorce avait acquis force de chose jugée le jour où l'épouse s'était désistée de son pourvoi. • Civ. 1re, 28 janv. 2016, nº 15-11.151 P. ♦ Le divorce devient irrévocable à l'expiration du délai pour former un pourvoi incident en cas de désistement partiel limitant le pourvoi à la prestation compensatoire. • Civ. 1re, 25 sept. 2013, nº 12-18.267.

10. Décès d'un époux. Si le décès de l'un des époux, avant que le divorce ne soit prononcé par une décision irrévocable, entraîne une dissolution du mariage par décès et non pas par divorce, encore faut-il que le pourvoi ait porté sur le principe même du divorce et non pas seulement sur une mesure accessoire pour que la dissolution ait lieu par décès. • Civ. 2e, 21 nov. 1990, nº 90-13.307 P.

Art. 1087 *(Décr. nº 2004-1158 du 29 oct. 2004, art. 5-VIII, en vigueur le 1er janv. 2005)* **L'effet suspensif qui s'attache au pourvoi en cassation ainsi qu'à son délai ne s'applique pas aux dispositions de la décision ou de la convention homologuée qui concernent les pensions, la contribution à l'entretien et l'éducation de l'enfant et l'exercice de l'autorité parentale.**

1. Renvoi. En cas de pourvoi général et de pourvoi limité aux conséquences financières du divorce, V. notes ss. art. 1086 C. pr. civ.

2. Autorité parentale. L'effet suspensif du pourvoi en cassation ne s'applique pas aux mesures concernant la garde des enfants et l'exercice du droit de visite [l'exercice de l'autorité parentale]. • Toulouse, 14 déc. 1984 : *Gaz. Pal. 1985. 1. Somm. 107.*

SOUS-SECTION 2 LE DIVORCE PAR CONSENTEMENT MUTUEL JUDICIAIRE *(Décr. nº 2016-1907 du 28 déc. 2016, art. 3-2º).*

Sur l'entrée en vigueur du Décr. nº 2016-1907 du 28 déc. 2016, V. note au-dessus de l'art. 1144. L'art. 3 du même décret est applicable en Polynésie française (Décr. préc., art. 41-VI).

DALLOZ RÉFÉRENCE *Droit et pratique du divorce 2022/2023, nos 111.00 s., 135.01 s., 142.00 s.*, par CLAUX et DAVID.

DALLOZ ACTION *Droit de la famille 2020/2021, nos 131.00 à 131.103.*

Sur le divorce par consentement mutuel, V. C. civ., art. 229-1 à 232. – **C. civ.**

Art. 1088 *(Décr. nº 2004-1158 du 29 oct. 2004, art. 6-I en vigueur le 1er janv. 2005)* **Le divorce par consentement mutuel relève de la matière gracieuse.** – *[Anc. art. 1088, reproduit ss. art. 1142.]*

Art. 1089 *(Décr. nº 2004-1158 du 29 oct. 2004, art. 6-II, en vigueur le 1er janv. 2005)* **La demande en divorce est formée par une requête unique des époux.**

FORM. PR. CIV. *Requête unique à fin de divorce par consentement mutuel – C. pr. civ., art. 1089.*

Art. 1090 *(Décr. nº 2004-1158 du 29 oct. 2004, art. 6-III, en vigueur le 1er janv. 2005)* **La requête, qui n'indique pas les faits à l'origine de la demande, doit contenir, à peine d'irrecevabilité :**

1º Les nom, prénoms, profession, résidence, nationalité, date et lieu de naissance de chacun des époux ; la date et le lieu de leur mariage ; les mêmes indications, le cas échéant, pour chacun de leurs enfants ;

2º Les renseignements prévus à l'article 1075 ;

3º L'indication de la juridiction devant laquelle la demande est portée ;

4º Le nom des avocats chargés par les époux de les représenter, ou de celui qu'ils ont choisi à cet effet d'un commun accord.

Sous la même sanction, la requête est datée et est signée par chacun des époux et leur avocat. – *[Anc. art. 1090, reproduit ss. art. 1142.]*

Art. 1091 *(Décr. nº 2005-460 du 13 mai 2005, art. 32)* **A peine d'irrecevabilité, la requête comprend en annexe** *(Décr. nº 2016-1907 du 28 déc. 2016, art. 6)* **« , le cas échéant, le formulaire d'information de l'enfant mineur demandant à être entendu daté et signé par lui ainsi qu' » une convention datée et signée par chacun des époux et leur avocat portant règlement complet des effets du divorce et incluant notamment un état liquidatif du régime matrimonial ou la déclaration qu'il n'y a pas lieu à liquidation. L'état liquidatif doit être passé en la forme authentique devant notaire lorsque la liquidation porte sur des biens soumis à publicité foncière.** – *L'art. 31 du Décr. nº 2005-460 du 13 mai 2005 est applicable aux instances introduites après son entrée en vigueur (Décr. préc., art. 38).*

Sur l'entrée en vigueur du Décr. nº 2016-1907 du 28 déc. 2016, V. note au-dessus de l'art. 1144. L'art. 6 du même décret est applicable en Polynésie française (Décr. préc., art. 41-VI).

BIBL. ▸ C. LIENHARD, *AJ fam. 2005. 353* (harmonisation des rôles des avocats et des notaires).

1. État liquidatif de l'ensemble du régime matrimonial. Cassation, pour violation de l'art. 1097 anc. (auj. 1091), de la décision homologuant la convention relative au règlement des *effets du divorce sur requête conjointe* de deux époux, mariés sous le régime de la communauté, bien que cette convention, à laquelle était seulement jointe une convention notariée d'indivision portant sur trois immeubles communs, à l'exclusion de tous autres non cités, n'eut comporté aucun état liquidatif de l'ensemble de celle-ci. • Civ. 2e, 11 juill. 1985, nº 84-14.220 P : *Gaz. Pal. 1985. 2. Pan. 343.*

2. Déclaration qu'il n'y a pas lieu à liquidation. Dans la procédure de divorce sur requête conjointe, la convention définitive soumise à l'homologation du juge doit porter règlement complet des effets du divorce ; les conventions des parties intéressant directement ou indirectement ce règlement ne sont valables que si elles ont été soumises à homologation ;

viole l'art. 1097 anc. (auj. 1091) la cour d'appel qui donne effet à un acte non soumis à l'homologation du JAM [JAF] (engagement de l'ex-mari à payer une certaine somme), alors que les époux avaient énoncé dans leur convention définitive qu'il n'y avait pas lieu à liquidation. • Civ. 2e, 11 oct. 1989, n° 88-14.802 P. ♦ Si des époux séparés de biens ne sont pas tenus de se conformer aux dispositions de l'art. 1450 C. civ. pour liquider leurs intérêts patrimoniaux, il résulte des art. 230 et 232 anc. de ce code et de l'art. 1097 C. pr. civ. (auj. 1091) que, dans la procédure de divorce sur requête conjointe, et quelle que soit la nature du régime matrimonial, la convention soumise à l'homologation du juge doit porter règlement complet des effets du divorce et que les conventions des parties ne sont valables que si elles sont soumises à l'homologation ; doit être déclarée nulle la convention portant règlement des intérêts patrimoniaux des époux, conclue pendant l'instance en divorce et non soumise à homologation, alors que la convention définitive stipulait qu'il n'y avait pas lieu à liquidation. • Civ. 1re, 10 mars 1998, n° 95-19.692 P : *D. 1998. 601, note Massip ; RTD civ. 1998. 888, obs. Hauser ; JCP 1998. I. 183, n° 8, obs. M. Storck ; Defrénois 1998. 827, obs. Champenois ; Dr. fam. 1998, n° 74, obs. Beignier ; ibid. n° 117, note Lécuyer.*

3. État liquidatif sous seing privé. Un jugement ne peut prononcer le divorce sur demande conjointe et homologuer la convention dès lors que l'état liquidatif, portant sur un immeuble soumis à publicité foncière, est établi seulement sous seing privé. • Civ. 2e, 28 mars 1979, n° 77-15.598 P : *D. 1980. 297, note Massip ; JCP 1979. II. 19231, note Lindon ; RTD civ. 1980. 557, obs. Nerson et Rubellin-Devichi.*

4. Signature des avocats. En présence d'une pluralité de documents annexés à la minute d'un jugement de divorce sur requête conjointe, dont l'un ne prévoyait aucune prestation compensatoire au profit de l'épouse, à la différence de l'autre, viole l'art. 1097 anc. (auj. 1091) le jugement interprétatif qui fait prévaloir celui qui prévoyait une prestation compensatoire, alors qu'il n'était pas signé par les avocats des époux. • Civ. 1re, 24 nov. 1993, n° 92-11.569.

5. Homologation de la convention. V. art. 1099 et notes ss. art. 1099.

Art. 1092 *(Décr. n° 2004-1158 du 29 oct. 2004, art. 6-V, en vigueur le 1er janv. 2005)* **Le juge aux affaires familiales est saisi par la remise au greffe de la requête, qui vaut conclusions.**

(Décr. n° 2016-1907 du 28 déc. 2016, art. 7) **« Après avoir procédé à l'audition du mineur dans les conditions définies au titre IX *bis* du livre Ier ou, en l'absence de discernement, avoir refusé son audition dans les conditions définies aux articles 338-4 et 338-5, il convoque chacun des époux par lettre simple expédiée quinze jours au moins avant la date qu'il fixe pour leur audition. Il avise le ou les avocats. »**

Sur l'entrée en vigueur du Décr. n° 2016-1907 du 28 déc. 2016, V. note au-dessus de l'art. 1144. L'art. 7 du même décret est applicable en Polynésie française (Décr. préc., art. 41-VI).

En ce qui concerne l'audition de l'enfant, V. art. 338-1 s., et C. civ., art. 388-1. — **C. civ.**

Sur la question de l'applicabilité directe de la Convention de New York du 26 janv. 1990 relative aux droits des enfants, V. notes ss. art. 388-1 C. civ. — **C. civ.**

Art. 1093 à 1098 *Abrogés par Décr. n° 2004-1158 du 29 oct. 2004, art. 6-VI, à compter du 1er janv. 2005.*

Art. 1099 *(Décr. n° 2004-1158 du 29 oct. 2004, art. 6-VII, en vigueur le 1er janv. 2005)* **Au jour fixé, le juge procède selon les modalités prévues aux articles 250 à 250-3 du code civil ; il vérifie la recevabilité de la requête ; il s'assure que le consentement des époux est libre et éclairé et appelle leur attention sur l'importance des engagements pris par eux, notamment quant à l'exercice de l'autorité parentale.**

Avec l'accord des parties, en présence du ou des avocats, le juge peut faire supprimer ou *modifier les clauses* de la convention qui lui paraîtraient contraires à l'intérêt des enfants ou de l'un des époux.

Il rend sur-le-champ un jugement par lequel il homologue la convention et prononce le divorce.

a. Contrôle du juge

1. Accord persistant. Le juge qui constate que la volonté d'un des époux de divorcer par consentement mutuel n'existe plus est fondé à rejeter purement et simplement la demande. • Civ. 2e, 29 sept. 1982, n° 81-15.692 P : *Gaz. Pal. 1983. 2. 558, note Massip.*

b. Force exécutoire de la convention homologuée

2. Principe. La convention homologuée par le juge qui prononce le divorce sur demande conjointe a la même force exécutoire qu'une décision de justice ; elle ne peut être attaquée que par les voies de recours prévues à l'encontre des décisions de justice. • Civ. 2e, 19 févr. 1986, n° 82-16.601 P : *D. 1987. 441, note Théry ; Defrénois 1987. 48, note Théry.*

3. Modification de la convention. La convention homologuée par le juge qui prononce le divorce sur demande conjointe a la même force exécutoire qu'une décision de justice ; elle ne peut être modifiée que par une nouvelle convention entre les époux également soumise à homologation. Cassation de l'arrêt qui retient, pour rejeter la demande de versement d'une soulte prévue dans la convention notariée définitive, que l'ex-épouse a renoncé à se prévaloir de l'acte de partage, que les parties ont entendu ne pas exécuter. • Civ. 2e, 17 mars 1993, n° 91-19.754 P. ♦ Viole l'art. 1097 anc. (auj. 1091) l'arrêt qui admet l'existence d'une volonté de nover certaine et non équivoque résultant des documents produits par l'ex-mari établissant que les parties ont entendu substituer un nouvel engagement à l'obligation originaire, alors qu'aucune nouvelle convention entre les époux établie par écrit tendant à la modification de la convention homologuée n'avait été soumise à homologation. • Civ. 2e, 5 janv. 1994, n° 92-14.730 P : *Defrénois 1994. 943, note Forgeard.*

4. Irrecevabilité de l'annulation pour vice du consentement. Le prononcé du divorce et l'homologation de la convention ont un caractère indissociable et ne peuvent plus être remis en cause hors des cas limitativement prévus par la loi ; une demande en nullité de la convention pour vice du consentement est irrecevable. • Civ. 2e, 13 nov. 1991, n° 90-17.840 P : *JCP 1992. IV. 173.*

5. Irrecevabilité de l'action en rescision pour lésion. Le prononcé du divorce et l'homologation de la convention ont un caractère indissociable et ne peuvent plus être remis en cause hors des cas limitativement prévus par la loi ; est légalement justifié l'arrêt qui déclare irrecevable l'action en rescision pour lésion de la convention. • Civ. 2e, 6 mai 1987, n° 86-10.107 P : *D. 1987. 358, note Groslière ; JCP N 1988. II. 72, obs. Simler ; Gaz. Pal. 1988. 1. 1, note Massip ; Defrénois 1987. 1069, obs. Massip.* ♦ Le prononcé du divorce et l'homologation de la convention ayant un caractère indissociable, celle-ci, qu'elle porte ou non sur le partage de l'ensemble du patrimoine des époux, ne peut être remise en cause hors des cas limitativement prévus par la loi, au nombre desquels ne figure pas la rescision pour lésion. • Civ. 1re, 18 oct. 1994, n° 92-21.823 P : *D. 1994. IR 248 ; LPA 5 juill. 1995, p. 35, note Massip.*

6. Recours en révision. BIBL. Lindon et Bertin, *JCP 1982. I. 3082* (le recours en révision contre l'homologation de la convention définitive dans le divorce sur requête conjointe). ♦ Sur la portée du caractère indissociable du prononcé du divorce sur demande conjointe et l'homologation de la convention quant à la recevabilité d'un recours en révision, V. note ss. art. 593.

Art. 1100 *(Décr. n° 2004-1158 du 29 oct. 2004, art. 6-VII, en vigueur le 1er janv. 2005)* **Si la convention lui paraît préserver insuffisamment les intérêts des enfants ou de l'un des époux, le juge peut refuser de l'homologuer, ne pas prononcer le divorce et ajourner sa décision, par ordonnance rendue sur-le-champ, jusqu'à présentation d'une nouvelle convention.**

Il informe les époux qu'ils devront présenter une nouvelle convention avant l'expiration d'un délai de six mois. L'ordonnance fait mention de cette information et de son contenu.

L'ordonnance précise les conditions ou garanties auxquelles seront subordonnés l'homologation de la nouvelle convention et, en conséquence, le prononcé du divorce.

Elle comprend, le cas échéant, les mesures provisoires homologuées par le juge en application de l'article 250-2 du code civil.

FORM. PR. CIV. *Clause à insérer dans les conventions de divorce : clause préventive dans la convention de divorce dans l'hypothèse d'une demande de renvoi — C. pr. civ., art. 1100 ; Mention relative à la médiation dans les décisions judiciaires. Clause désignant un médiateur familial dans l'hypothèse d'une audience de renvoi sur requête en divorce — Accord des époux pour entreprendre une médiation familiale — C. pr. civ., art. 1100 ; Mention relative à la médiation dans les décisions judiciaires. Clause désignant un médiateur familial dans l'hypothèse d'une audience de renvoi sur requête en divorce — Injonction de médiation — C. pr. civ., art. 1100.*

Sur l'homologation des mesures provisoires en cas de refus d'homologation de la convention de divorce par consentement mutuel, V. C. civ., art. 250-2. — ***C. civ.***

1. Absence de contrôle. Viole les art. 232 [ancien] C. civ., 1100, 1102 et 1103 [anciens] NCPC [devenu C. pr. civ.], le JAF qui se borne à énoncer qu'il échet d'homologuer la convention définitive réglant les effets du divorce et de prononcer le divorce, sans avoir examiné si la convention préservait suffisamment les intérêts des enfants et des époux. • Civ. 2e, 27 mai 1998, n° 96-18.620 P.

2. Contrôle partiel. Viole les art. 232 [ancien] C. civ. et 32 du Décr. du 5 déc. 1975 (art. 1100 [ancien]) le JAM [JAF] qui se borne à énoncer que l'examen du projet de convention définitive ainsi que les entretiens du magistrat avec les intéressés font apparaître que les dispositions retenues préservent suffisamment les intérêts des époux, sans avoir examiné si la convention préservait aussi suffisamment les intérêts des enfants. • Civ. 2e, 4 mars 1981 : *Bull. civ. II, n° 45 ; D. 1982. IR 37, obs. Bénabent* • 24 févr. 2000, n° 98-19.177 P : *D. 2000. IR 83*.

Art. 1101 *(Décr. n° 2004-1158 du 29 oct. 2004, art. 6-VII, en vigueur le 1er janv. 2005)* **Le délai de six mois pour présenter une nouvelle convention est suspendu en cas d'appel.**

A défaut de présentation d'une nouvelle convention dans le délai fixé, le juge constate d'office, par ordonnance, la caducité de la demande en divorce.

Lorsque les époux présentent une nouvelle convention, les parties sont convoquées selon les modalités prévues à l'article 1092. S'il refuse de l'homologuer, le juge rend une ordonnance par laquelle il constate la caducité de la demande en divorce.

Art. 1102 *(Décr. n° 2004-1158 du 29 oct. 2004, art. 6-VIII, en vigueur le 1er janv. 2005)* **Les décisions du juge aux affaires familiales sont susceptibles d'appel, à l'exception de celles qui prononcent le divorce.**

Le délai d'appel est de quinze jours ; il court à compter de la date de la décision. – *[Anc. art. 1102, reproduit ss. art. 1142.]*

DALLOZ RÉFÉRENCE *Droit et pratique du divorce 2022/2023, nos 142.01 s.*, par CLAUX et DAVID.

Point de départ du délai. Le point de départ du délai de recours contre les décisions du JAM [JAF] statuant sur une requête conjointe en divorce ou sur l'interprétation du jugement rendu en cette matière est le jour de la décision quand elle est rendue sur-le-champ en présence des parties, mais lorsque les parties ont été entendues à une première date et que la décision, rendue ultérieurement, ne comporte pas la mention de la présence des parties à cette seconde date, le délai d'appel ne court que de la notification de la décision. • Civ. 2e, 26 mai 1992, n° 90-21.016 P : *D. 1992. IR 215, Gaz. Pal., 2 déc. 1993, v° Divorce, obs. Massip ; RTD civ. 1992. 743, obs. Hauser*.

Art. 1103 *(Décr. n° 2004-1158 du 29 oct. 2004, art. 6-IX, en vigueur le 1er janv. 2005)* **Le délai de pourvoi en cassation est de quinze jours à compter du prononcé de la décision qui homologue la convention des époux et prononce le divorce.** – *[Anc. art. 1103, reproduit ss. art. 1142.]*

1. Recevabilité du pourvoi. Le jugement prononçant le divorce n'étant pas susceptible d'appel, la voie de la cassation est ouverte. • Civ. 2e, 28 mars 1979, n° 77-15.598 P : *D. 1980. 297, note Massip ; JCP 1979. II. 19231, note Lindon.*

2. Absence de pourvoi. Conséquence. Lorsqu'aucun pourvoi en cassation n'a été formé contre le jugement de divorce qui a homologué la convention définitive comportant un document non conforme aux dispositions de l'ancien art. 1097 (auj. art. 1091) (acte sous seing privé non daté soumis à la forme notariée), ce jugement devenu irrévocable doit produire son plein effet. • Civ. 2e, 19 févr. 1992, n° 90-11.820 : *Dalloz jurisprudence.*

3. Renvoi. Sur la remise en cause de la convention définitive par le biais d'une action en nullité pour vice du consentement ou en rescision pour lésion, V. notes ss. art. 1099.

Art. 1104 *(Décr. n° 81-500 du 12 mai 1981, art. 5, en vigueur le 1er janv. 1982)* **Les créanciers de l'un et de l'autre époux peuvent faire déclarer que la convention homologuée leur est inopposable en formant tierce opposition contre la décision d'homologation dans l'année qui suit l'accomplissement des formalités mentionnées à l'article 262 du code civil.** – *[Anc. art. 1104 reproduit ss. art. 1142.]*

Sur l'opposabilité du jugement de divorce aux tiers, V. C. civ., art. 262. – **C. civ.**

1. Domaine. La tierce opposition n'est pas recevable sur le prononcé du divorce, ni sur ses conséquences légales (irrecevabilité de la tierce opposition d'un créancier d'aliments). • Civ. 2e, 7 mars 2002, n° 97-21.852 P : *Dr. fam. 2002, n° 111, obs. Lécuyer ; RJPF juin 2002. 17, obs. Garé ; RTD civ. 2002. 275, obs. Hauser*. ♦ V. aussi • Civ. 1re, 17 nov. 1981, n° 80-11.498 P.

2. Séparation de corps. La procédure de la séparation de corps obéissant aux règles prévues pour la procédure de divorce, l'art. 1104 C. pr. civ. est applicable à la tierce opposition formée contre la décision d'homologation de la convention conclue par les époux lors de leur séparation de corps par consentement mutuel. • Civ. 1re, 13 janv. 2016, n° 14-29.631 P.

3. Action paulienne (non). Après son homologation par le jugement prononçant le divorce, la convention revêt la même force exécutoire qu'une décision de justice et ne peut être attaquée que par les voies de recours ouvertes par la loi dans lesquelles n'entre pas l'action paulienne de l'art. 1167 C. civ. • Civ. 2e, 25 nov. 1999, nº 97-16.488 P : *D. 2000. IR 4 ; RTD civ. 2000. 89, obs. Hauser ; JCP 2000. II. 10338, note Guedj ; Defrénois 2000. 1051, obs. Massip ; Dr. fam. 2000, nº 22, note Lécuyer.*

4. Procédures collectives. Les art. 262 [ancien] C. civ. et 1104 [ancien] C. pr. civ. ne concernent que les créanciers individuels de l'un ou l'autre des époux, alors que les dispositions d'ordre public de l'art. 107 de la loi nº 85-98 du 25 janv. 1985 (C. com. art. L. 621-107) confèrent au représentant des créanciers de l'époux déclaré en liquidation judiciaire la possibilité de poursuivre l'annulation des actes passés depuis la date de cessation des paiements. • Civ. 1re, 25 janv. 2000, nº 97-21.119 P : *D. 2000. Somm. 333, obs. Revel ; D. 2000. AJ 103, obs. A. Lienhard ; RTD civ. 2000. 553, obs. Hauser ; RTD com. 2000. 460, obs. Martin-Serf ; Dr. fam. 2000, nº 48, obs. Lécuyer ; APC 2000, nº 68, obs. F.-X. Lucas ; LPA 5 juin 2001, p. 14, note Mercier.* ♦ Dès lors, il ne peut être soutenu que l'état liquidatif, indissociable de la convention de divorce homologuée par le juge, ne peut être attaqué que par la voie de la tierce opposition. • Même arrêt. ♦ Pour l'inopposabilité à la procédure collective de l'acte de cession compris dans une convention de divorce homologuée par le juge, prévoyant l'abandon par le mari, soumis à une procédure de liquidation judiciaire, de sa part de l'immeuble commun au titre de la pension alimentaire : • Com. 26 avr. 2000, nº 97-10.335 P : *D. 2000. AJ 263, obs. A. Lienhard ; JCP E 2000, nº 43, p. 1562, obs. Pétel ; LPA 28 févr. 2001, p. 16, note Paquette-Dessaigne ; Procédures 2000, nº 164, obs. Laporte.*

5. Fraude. Nécessité. La fraude fondant la recevabilité de la tierce opposition formée par un tiers à l'égard du jugement d'homologation d'une convention de divorce doit être caractérisée par le juge. Ce dernier doit rechercher si, en concluant la convention, il y avait collusion frauduleuse des deux époux. • Civ. 1re, 13 mai 2015, nº 14-10.501 P : *D. actu. 3 juin 2015, obs. Kebir.*

Art. 1105 *(Décr. nº 81-500 du 12 mai 1981, art. 5, en vigueur le 1er janv. 1982)* **Les dépens de l'instance sont partagés par moitié entre les époux** *(Décr. nº 2011-272 du 15 mars 2011, art. 24)* **« . Toutefois, leur convention peut en disposer autrement sous réserve de l'application des dispositions de** *(Décr. nº 2020-1717 du 28 déc. 2020, art. 181-2º, en vigueur le 1er janv. 2021)* **« l'article 123 du décret nº 2020-1717 du 28 décembre 2020 » lorsque l'un des époux bénéficie de l'aide juridictionnelle. »** – *[Anc. art. 1105 reproduit ss. art. 1142.] – V. Décr. nº 2020-1717 du 28 déc. 2020, art. 123, App., vº Aide juridique, I, Réglementation générale.*

SOUS-SECTION 3 LES AUTRES PROCÉDURES DE DIVORCE JUDICIAIRE *(Décr. nº 2016-1907 du 28 déc. 2016, art. 3-3º).*

Sur l'entrée en vigueur du Décr. nº 2016-1907 du 28 déc. 2016, V. note au-dessus de l'art. 1144. L'art. 3 du même décret est applicable en Polynésie française (Décr. préc., art. 41-VI).

Sur le divorce accepté, V. C. civ., art. 233 et 234, 248 à 249-4, 251 à 253, 259 s. – **C. civ.** *– Sur le divorce pour altération définitive du lien conjugal, V. C. civ., art. 237 et 238, 248 à 249-4, 251 à 253, 259 s. –* **C. civ.** *– Sur le divorce pour faute, V. C. civ., art. 242 à 246, 248 à 249-4, 251 à 253, 259 s. –* **C. civ.**

Les requêtes en divorce ou en séparation de corps introduites avant le 1er sept. 2020 sont traitées selon les règles en vigueur avant cette date (Décr. nº 2019-1380 du 17 déc. 2019, art. 15 ; rect. par Décr. nº 2019-1419 du 20 déc. 2019, art. 22-II).

§ 1er LA DEMANDE ET L'INSTANCE EN DIVORCE *(Décr. nº 2019-1380 du 17 déc. 2019, art. 5-1º, en vigueur le 1er janv. 2021).*

Antérieurement au Décr. nº 2019-1380 du 17 déc. 2019, art. 5-1º, l'intitulé du § 1er était : « La requête initiale ». Un § 2 intitulé « La tentative de conciliation » séparait les art. 1107 et 1108 anc. et un § 3 intitulé « L'instance » séparait les art. 1113 et 1114 anc. Avec le Décr. nº 2019-1380 du 17 déc. 2019, art. 5-6º, le § 4 devient le § 2 à compter du 1er janv. 2021.

DALLOZ RÉFÉRENCE *Droit et pratique du divorce 2022/2023, nos 151.01 s., 152.461 s., 153.01 s., 237.112 s.,* par CLAUX et DAVID.

DALLOZ ACTION *Droit de la famille 2022/2023, nos 132.132 s., 151.66 s.*

Art. 1106 *(Décr. nº 2019-1380 du 17 déc. 2019, art. 5-2º, en vigueur le 1er janv. 2021)* **Sous réserve des règles édictées par les deux premières sections du présent chapitre,**

l'instance est formée, instruite et jugée selon la procédure écrite ordinaire applicable devant le tribunal judiciaire.

Les requêtes en divorce ou en séparation de corps introduites avant le 1er janv. 2021 sont traitées selon les règles en vigueur avant cette date (Décr. no 2019-1380 du 17 déc. 2019, art. 15 ; rect. par Décr. no 2019-1419 du 20 déc. 2019, art. 22-II et Décr. no 2020-950 du 30 juill. 2020, art. 4).

Ancien art. 1106 *(Décr. no 2004-1158 du 29 oct. 2004, art. 7-I, en vigueur le 1er janv. 2005)* ***L'époux qui veut former une demande en divorce présente par avocat une requête au juge. La requête n'indique ni le fondement juridique de la demande en divorce ni les faits à l'origine de celle-ci. Elle contient les demandes formées au titre des mesures provisoires et un exposé sommaire de leurs motifs.***

L'époux est tenu de se présenter en personne quand il sollicite des mesures d'urgence.

En cas d'empêchement dûment constaté, le magistrat se rend à la résidence de l'époux.

FORM. PR. CIV. *Requête aux fins de divorce — C. pr. civ., art. 1106.*

1. Observations orales lors de l'audience de conciliation. Les anc. art. 251 C. civ. et 1106 C. pr. civ., qui interdisent de faire état, dans la requête en divorce, des motifs du divorce, ne s'appliquent pas aux écritures déposées par les parties à l'appui de leurs observations orales lors de l'audience de conciliation. • Civ. 1re, 17 oct. 2019, no 18-20.584 P : *D. actu. 12 nov. 2019, note Bolze ; D. 2019. 2038 ; ibid. 2020. 506, obs. Douchy-Oudot ; AJ fam. 2019. 649, obs. Thouret ; Gaz. Pal. 7 janv. 2020, p. 73, note Boisnard.*

2. Motivation de l'acte introductif d'instance en divorce pour faute. La requête initiale en divorce présentée sur le fondement de l'art. 242 anc. C. civ. ayant pour seul objet, sous réserve, s'il y a lieu, de la prescription des mesures d'urgence prévues à l'art. 257 anc. (auj. 254) du même code, d'amener le juge à convoquer l'époux défendeur à la tentative de conciliation, c'est sans violer les art. 494 et 1106 anc. C. pr. civ. qu'une cour d'appel dit qu'il n'est pas nécessaire que la requête indique les faits invoqués comme constitutifs de causes de divorce (il suffit que la requête énonce que l'époux demandeur a divers griefs à invoquer à l'encontre de son conjoint, lesquels constituent des violations graves et renouvelées des devoirs et obligations du mariage de nature à rendre intolérable le maintien de la vie commune, sans qu'il soit nécessaire d'en préciser la teneur). • Civ. 2e, 11 janv. 2001, no 99-12.139 : *Dalloz jurisprudence.*

3. … Sanction. La requête qui comporte une motivation est irrecevable. • Bordeaux, 22 sept. 2009 : *RTD civ. 2010. 89, obs. Hauser*

Art. 1107 *(Décr. no 2019-1380 du 17 déc. 2019, art. 5-2o, en vigueur le 1er janv. 2021)* **La demande en divorce est formée par assignation ou par requête remise ou adressée conjointement par les parties au greffe et contient, à peine de nullité, les lieu, jour et heure de l'audience d'orientation et sur mesures provisoires.**

Cette date est communiquée par la juridiction au demandeur *(Abrogé par Décr. no 2020-1641 du 22 déc. 2020, art. 2)* ***« par tout moyen »*** **selon des modalités définies par arrêté du garde des sceaux.**

A peine d'irrecevabilité, l'acte introductif d'instance n'indique ni le fondement juridique de la demande en divorce lorsqu'il relève de l'article 242 du code civil, ni les faits à l'origine de celle-ci.

(Décr. no 2020-1452 du 27 nov. 2020, art. 1er-29o, en vigueur le 1er janv. 2021) **« Lorsque le demandeur n'a pas indiqué le fondement de la demande en divorce dans l'acte introductif d'instance, le défendeur ne peut lui-même indiquer le fondement de la demande en divorce avant les premières conclusions au fond du demandeur. »**

Les requêtes en divorce ou en séparation de corps introduites avant le 1er janv. 2021 sont traitées selon les règles en vigueur avant cette date (Décr. no 2019-1380 du 17 déc. 2019, art. 15 ; rect. par Décr. no 2019-1419 du 20 déc. 2019, art. 22-II, et Décr. no 2020-950 du 30 juill. 2020, art. 4).

L'art. 1er-29o du Décr. no 2020-1452 du 27 nov. 2020 s'applique aux instances en cours au 1er janv. 2021 (Décr. préc., art. 12).

Sur les modalités de communication de la date de première audience devant le tribunal judiciaire, V. Arr. du 9 mars 2020, reproduit ss. art. 751.

Ancien art. 1107 *(Décr. no 81-500 du 12 mai 1981, art. 5, en vigueur le 1er janv. 1982)* ***Au bas de la requête, le juge indique les jour, heure et lieu auxquels il procédera à la tentative de conciliation.***

Il prescrit, s'il y a lieu, les mesures d'urgence prévues à l'article 257 du code civil.

L'ordonnance ne peut faire l'objet d'aucun recours. *— [Anc. art. 1107.]*

Appel. L'art. 1112 anc. C. pr. civ. se réfère à l'ordonnance rendue, à défaut de conciliation des époux, en application de l'art. 1111 anc. C. pr. civ, mais non à l'ordonnance sur requête prévue à l'anc. art. 1107 C. pr. civ, laquelle, aux termes de ce texte, ne peut faire l'objet d'aucun recours. • Civ. 2e, 11 juill. 1978, n° 77-14.289 : *D. 1979. IR 162, obs. Groslière.*

§ 2 LA TENTATIVE DE CONCILIATION

A compter du 1er sept. 2020, l'intitulé ci-dessus est supprimé et remplacé par l'actuel § 4 (Décr. n° 2019-1380 du 17 déc. 2019, art. 5-6°).

Les requêtes en divorce ou en séparation de corps introduites avant le 1er sept. 2020 sont traitées selon les règles en vigueur avant cette date (Décr. n° 2019-1380 du 17 déc. 2019, art. 15 ; rect. par Décr. n° 2019-1419 du 20 déc. 2019, art. 22-II).

BIBL. ▶ CHOUBRAC, *AJ fam. 2007. 342* (audience de non-conciliation).

Sur la tentative de conciliation, V. C. civ., art. 252 s. — ***C. civ.***

Art. 1108 *(Décr. n° 2019-1380 du 17 déc. 2019, art. 5-2°, en vigueur le 1er janv. 2021)* **Le juge aux affaires familiales est saisi, à la diligence de l'une ou l'autre partie, par la remise au greffe d'une copie de l'acte introductif d'instance.**

(Décr. n° 2020-1452 du 27 nov. 2020, art. 1er-30°-a, en vigueur le 1er janv. 2021) **« Sous réserve que la date de l'audience soit communiquée plus de quinze jours à l'avance, la remise doit être effectuée au moins quinze jours avant cette date.**

(Abrogé par Décr. n° 2021-1322 du 11 oct. 2021, art. 1er-a, à compter du 14 oct. 2021) ***« En outre, lorsque la date de l'audience est communiquée par voie électronique, la remise doit être faite dans le délai de deux mois à compter de cette communication. »***

La remise doit avoir lieu dans *(Décr. n° 2021-1322 du 11 oct. 2021, art. 1er-b, en vigueur le 14 oct. 2021)* **« ce délai » sous peine de caducité de l'acte introductif d'instance constatée d'office par ordonnance du juge aux affaires familiales, ou, à défaut, à la requête d'une partie.**

Le défendeur est tenu de constituer avocat dans le délai de quinze jours à compter de l'assignation. *(Décr. n° 2020-1452 du 27 nov. 2020, art. 1er-30°-b, en vigueur le 1er janv. 2021)* **« Toutefois, si l'assignation lui est délivrée dans un délai inférieur ou égal à quinze jours avant la date de l'audience, il peut constituer avocat jusqu'à l'audience. »**

Dès le dépôt de la requête formée conjointement par les parties, de la constitution du défendeur ou, à défaut, à l'expiration du délai qui lui est imparti pour constituer avocat, le juge aux affaires familiales exerce les fonctions de juge de la mise en état.

Les requêtes en divorce ou en séparation de corps introduites avant le 1er janv. 2021 sont traitées selon les règles en vigueur avant cette date (Décr. n° 2019-1380 du 17 déc. 2019, art. 15 ; rect. par Décr. n° 2019-1419 du 20 déc. 2019, art. 22-II et Décr. n° 2020-950 du 30 juill. 2020, art. 4).

L'art. 1er-30° du Décr. n° 2020-1452 du 27 nov. 2020 s'applique aux instances en cours au 1er janv. 2021 (Décr. préc., art. 12).

Sur les modalités de communication de la date de première audience devant le tribunal judiciaire, V. Arr. du 9 mars 2020, reproduit ss. art. 751.

Ancien art. 1108 *(Décr. n° 2004-1158 du 29 oct. 2004, art. 7-II, en vigueur le 1er janv. 2005)* ***L'époux qui n'a pas présenté la requête est convoqué par le greffe à la tentative de conciliation, par lettre recommandée avec demande d'avis de réception, confirmée le même jour par lettre simple. A peine de nullité, la lettre recommandée doit être expédiée quinze jours au moins à l'avance et accompagnée d'une copie de l'ordonnance.***

La convocation adressée à l'époux qui n'a pas présenté la requête l'informe qu'il doit se présenter en personne, seul ou assisté d'un avocat. Elle précise que l'assistance d'un avocat est obligatoire pour accepter, lors de l'audience de conciliation, le principe de la rupture du mariage. Le greffe avise l'avocat de l'époux qui a présenté la requête.

A la notification par lettre recommandée est également jointe, à titre d'information, une notice exposant, notamment, les dispositions des articles 252 à 254 *(Décr. n° 2016-185 du 23 févr. 2016, art. 2)* ***« ainsi que des 1°, 2° et 10° de l'article 255 du code civil ».***

L'art. 2 du Décr. n° 2016-185 du 23 févr. 2016 s'applique aux requêtes en divorce introduites avant son entrée en vigueur qui, au jour de celle-ci, n'ont pas donné lieu à une demande introductive d'instance (Décr. préc., art. 18-I, applicable à Wallis-et-Futuna ; Décr. préc., art. 19-III).

Sur la tentative de conciliation, V. C. civ., art. 252 à 254. — ***C. civ.***

Sur les mesures provisoires, V. C. civ., art. 255. — ***C. civ.***

Sanction du non-respect du délai. La signification à parquet d'une convocation à une audience de conciliation effectuée moins de deux mois et demi avant la date de cette audience à l'initiative d'un époux qui savait pertinemment que son épouse résidait à l'étranger pour une durée non déterminée et à une adresse parfaitement connue est nécessairement tardive, dès lors qu'il était acquis au jour de la délivrance de l'acte que les délais prévus aux art. 643, 653 et 1108 ne pouvaient être respectés ; le non-respect du délai de comparution, qui aurait dû être constaté à l'audience de conciliation, ne peut être régularisé ni par l'envoi d'une lettre recommandée, ni par la connaissance officieuse qu'a pu avoir le destinataire de la teneur de l'acte ; une telle irrégularité fait grief à l'épouse privée, en son absence, de l'exercice de l'autorité parentale à l'égard de l'enfant commun ; la citation introductive d'instance doit être déclarée nulle et l'ordonnance de non-conciliation annulée. • Versailles, 23 mars 2005 : *BICC 15 janv. 2006, n° 123.*

Art. 1109 *(Décr. n° 2019-1380 du 17 déc. 2019, art. 5-2°, en vigueur le 1er janv. 2021)* **En cas d'urgence, par dérogation aux articles 1107 et 1108, le juge aux affaires familiales, saisi par requête, dans les conditions des deuxième et troisième alinéas de l'article 840 et de l'article 841, peut autoriser l'un des époux à assigner l'autre époux en divorce et à une audience d'orientation et sur mesures provisoires fixée à bref délai.**

La remise au greffe d'une copie de l'assignation ainsi que la constitution du défendeur doivent intervenir au plus tard la veille de l'audience. A défaut de remise au greffe de l'acte de saisine, la caducité est constatée d'office par ordonnance du juge aux affaires familiales.

Le jour de l'audience, le juge de la mise en état s'assure qu'il s'est écoulé un temps suffisant depuis l'assignation pour que l'autre partie ait pu préparer sa défense.

Si le juge ne fait pas droit à la requête, le demandeur obtient communication d'une date d'audience dans les conditions de l'article 1107.

Les requêtes en divorce ou en séparation de corps introduites avant le 1er janv. 2021 sont traitées selon les règles en vigueur avant cette date (Décr. n° 2019-1380 du 17 déc. 2019, art. 15 ; rect. par Décr. n° 2019-1419 du 20 déc. 2019, art. 22-II et Décr. n° 2020-950 du 30 juill. 2020, art. 4).

Ancien art. 1109 *(Décr. n° 81-500 du 12 mai 1981, art. 5, en vigueur le 1er janv. 1982)* ***En cas d'urgence, le juge aux affaires familiales peut autoriser l'un des époux, sur sa requête, à assigner l'autre époux à jour fixe à fin de conciliation.*** *— [Anc. art. 1109.]*

FORM. PR. CIV. *Requête à fin d'autorisation d'assigner à jour fixe aux fins de conciliation — C. pr. civ., art. 1109 ; Assignation à jour fixe aux fins de conciliation pour engager une procédure de divorce — C. pr. civ., art. 1109 ; Offre et demande de médiation familiale à l'initiative des parties : assignation à jour fixe — C. pr. civ., art. 1109.*

Art. 1110 *(Abrogé par Décr. n° 2019-1380 du 17 déc. 2019, art. 5-3°, à compter du 1er janv. 2021) (Décr. n° 2004-1158 du 29 oct. 2004, art. 7-III, en vigueur le 1er janv. 2005)* ***Au jour indiqué, le juge statue d'abord, s'il y a lieu, sur la compétence.***

Il rappelle aux époux les dispositions de l'article 252-4 du code civil ; il procède ensuite à la tentative de conciliation selon les prescriptions des articles 252-1 à 253 du même code.

Si l'un des époux se trouve dans l'impossibilité de se rendre au lieu indiqué, le juge peut en fixer un autre, se transporter, même en dehors de son ressort, pour entendre sur place le conjoint empêché ou donner mission à un autre magistrat de procéder à cette audition. *— [Anc. art. 1110 reproduit ss. art. 1142.]*

Les requêtes en divorce ou en séparation de corps introduites avant le 1er janv. 2021 sont traitées selon les règles en vigueur avant cette date (Décr. n° 2019-1380 du 17 déc. 2019, art. 15 ; rect. par Décr. n° 2019-1419 du 20 déc. 2019, art. 22-II et Décr. n° 2020-950 du 30 juill. 2020, art. 4).

Sur la tentative de conciliation, V. C. civ., art. 252-1 et 252-4. — ***C. civ.***

A. COMPÉTENCE

1. Contrôle préalable. L'exception d'incompétence doit être invoquée devant le juge aux affaires familiales, avant toute tentative de conciliation. • Civ. 1re, 9 janv. 2007, n° 06-10.871 P : *Dr. fam. 2007. Comm. 36, note Larribau-Terneyre.*

2. Subrogation. Le JAM [JAF] est compétent pour statuer sur l'action d'une caisse d'allocations familiales subrogée dans les droits de la mère relativement à la pension alimentaire allouée à celle-ci. • Soc. 28 nov. 1991, n° 89-20.290 P : *Gaz. Pal. 1992. 1. Pan. 155.*

3. Fin de non-recevoir. Le juge qui procède à la tentative de conciliation statue d'abord s'il y a lieu sur la compétence et à défaut de conciliation se borne à autoriser l'époux demandeur à assigner son conjoint au fond et prescrit les mesures provisoires, de sorte que l'instance n'est pas introduite devant lui. En conséquence, le juge aux affaires familiales n'a pas le pouvoir de statuer sur une fin de non-recevoir opposée à une requête initiale en divorce pour faute (autorité de la chose jugée par un précédent arrêt devenu irrévocable rejetant une première requête en divorce pour faute). • Civ. 2e, 9 janv. 2003, nos 00-19.221 et 01-01.105 P : *D. 2003. IR 400 ; Gaz. Pal. 15-17 juin 2003, p. 27, obs. Massip ; RJPF, avr. 2003, p. 17 ; RTD civ. 2003. 274, obs. Hauser*. ♦ *Adde* : le JAF qui procède à la tentative de conciliation statue d'abord s'il y a lieu sur la compétence et, à défaut de conciliation, se borne à autoriser l'époux demandeur à assigner son conjoint au fond et prescrit les mesures provisoires, de sorte que l'instance n'est pas introduite devant lui ; la fin de non-recevoir tirée de l'autorité de la chose jugée attachée au jugement algérien de dissolution est donc irrecevable devant le juge conciliateur. • Paris, 7 oct. 2004 : *Gaz. Pal. 1er-3 mai 2005, p. 11, note du Rusquec.*

4. Relevé d'office. Une cour d'appel peut, d'après l'art. 92, al. 2, relever d'office son incompétence dès lors que l'affaire échappe à la connaissance de la juridiction française et elle doit être considérée comme ayant entendu exercer ce pouvoir lorsqu'elle a statué sur une exception d'incompétence qui était irrecevable de la part du défendeur du fait qu'il ne l'avait pas soulevée devant le JAM [JAF]. • Civ. 1re, 2 févr. 1982, no 80-16.594 P : *D. 1983. 149, note Audit.*

B. TENTATIVE DE CONCILIATION

5. Déroulement. Sur la conformité de l'entretien personnel avec chaque époux à la Convention européenne des droits de l'homme, aux principes des droits de la défense et du contradictoire, dès lors que le JAM [JAF] a dans un second temps invité les avocats à participer à l'entretien, V. • Paris, 27 juin 1985 : *D. 1986. IR 18, obs. Groslière.*

6. Rôle de l'avocat. Justifie sa décision la cour d'appel qui, après avoir relevé d'une part que l'objet de la requête initiale en divorce, sous réserve des mesures d'urgence, est de convoquer l'époux défendeur à la tentative de conciliation et d'autre part que l'audition de l'avocat de l'épouse ne s'impose pas au juge à ce stade, aucune exception d'incompétence n'étant soulevée et l'épouse ne faisant état d'aucun motif justifiant son empêchement de participer à la tentative de conciliation, estime que la preuve d'un excès de pouvoir ou d'une violation d'un principe fondamental de procédure justifiant l'annulation de l'ordonnance de non-conciliation n'est pas rapportée. • Civ. 1re, 11 juill. 2006, no 04-20.405 P. ♦ Un avocat peut représenter une partie avant la tentative de conciliation proprement dite, même en l'absence de son client, pour saisir le juge de questions préalables relatives à l'impossibilité de déférer à la convocation et à la compétence. • Paris, 6 mai 1988 : *D. 1988. IR 156*, et, sur pourvoi : • Civ. 2e, 20 mars 1989, no 88-14.345 P : *JCP 1990. II. 21494, note Blaisse.*

7. Conjoint incarcéré. Le JAM [JAF] ne peut passer outre à la défaillance d'un conjoint détenu et dans l'impossibilité de se présenter sans violer les droits de la défense. • Reims, 1er déc. 1977 : *D. 1979. IR 169, obs. Groslière.*

Art. 1111 *(Abrogé par Décr. no 2019-1380 du 17 déc. 2019, art. 5-3o, à compter du 1er janv. 2021) (Décr. no 2004-1158 du 29 oct. 2004, art. 7-IV, en vigueur le 1er janv. 2005)* ***Lorsqu'il constate, après avoir entendu chacun des époux sur le principe de la rupture, que le demandeur maintient sa demande, le juge rend une ordonnance par laquelle il peut soit renvoyer les parties, conformément à l'article 252-2 du code civil, à une nouvelle tentative de conciliation, soit autoriser immédiatement les époux à introduire l'instance en divorce.***

Dans l'un et l'autre cas, il peut ordonner tout ou partie des mesures provisoires prévues aux articles 254 à 257 du code civil.

Lorsqu'il autorise à introduire l'instance, le juge rappelle dans son ordonnance les délais prévus à l'article 1113 du présent code.

Les requêtes en divorce ou en séparation de corps introduites avant le 1er janv. 2021 sont traitées selon les règles en vigueur avant cette date (Décr. no 2019-1380 du 17 déc. 2019, art. 15 ; rect. par Décr. no 2019-1419 du 20 déc. 2019, art. 22-II et Décr. no 2020-950 du 30 juill. 2020, art. 4).

FORM. PR. CIV. *Ordonnance de non-conciliation (ONC) — C. pr. civ., art. 1111.*

Sur la tentative de conciliation, V. C. civ., art. 252-1. — ***C. civ.***

Sur les mesures provisoires prises par le juge pendant l'audience de conciliation, V. C. civ., art. 254. — ***C. civ.***

a. Absence de tentative de conciliation

1. Non-conciliation implicite (non). Méconnaît l'étendue de ses pouvoirs, la cour d'appel qui, après avoir relevé qu'aucune tentative de conciliation n'avait été réalisée par le premier juge, retient que le contexte exclut qu'une réconciliation puisse intervenir et constate, en conséquence, la non-conciliation implicite des époux et leur volonté de divorcer, puis les autorise à assigner à cet effet. • Civ. 1re, 16 déc. 2015, no 14-28.196 P.

b. Fin de non-recevoir

2. *Existence du lien matrimonial.* Le JAM [JAF] n'a pas compétence pour connaître de l'existence du lien matrimonial ; il s'agit d'une question d'état relevant de la compétence exclusive du TGI (auj. TJ) et échappant à la connaissance du magistrat conciliateur ; la fin de non-recevoir soulevée par une partie constitue une question préjudicielle dont la solution demeure préalable à l'examen de la requête en divorce ; loin d'être irrecevable, cette fin de non-recevoir impose au magistrat conciliateur et à la cour saisie de l'appel de sa décision de surseoir à statuer. • Paris, 15 juin 1988 : *Gaz. Pal. 1991. 2. 484, concl. contr. Bénas, note Renard.* ♦ Le contrôle, à titre incident, de la régularité internationale d'un jugement étranger peut être opéré par tout juge (en l'occurrence, une cour d'appel statuant en appel d'une ordonnance du juge conciliateur) devant lequel ce jugement est invoqué à l'appui d'une fin de non-recevoir. • Civ. 1re, 9 juill. 1991, n° 89-13.940 P : *D. 1992. 334, note Massip* ; *JCP 1992. II. 21818, note Muir Watt* • 10 mai 2007 (2 arrêts), n° 06-11.323 P : *D. 2007. AJ 1432, obs. Gallmeister* ; *Defrénois 2007. 1313, obs. Massip* ; *AJ fam. 2007. 352, obs. David* . – Pluyette et Monéger, *Mél. Gaudemet-Tallon, D. 2008. 569.*

3. *Juge du fond.* La décision du juge conciliateur étant dépourvue de l'autorité de la chose jugée au principal en raison de son caractère provisoire, le juge qui statue sur le fond du divorce n'est pas lié par cette décision et doit se prononcer sur la fin de non-recevoir dont il est saisi. • Civ. 2e, 4 mars 1998, n° 96-14.230 P : *RTD civ. 1998. 661, obs. Hauser* • Civ. 1re, 10 mai 2007, n° 06-14.178 P : *D. 2007. AJ 1427, obs. Delaporte-Carré* ; *Defrénois 2007. 1316, obs. Massip.* ♦ Comp. • Civ. 2e, 9 janv. 2003, n° 00-19.221 P.

c. Droit au procès équitable

4. *Impartialité objective.* L'exigence d'impartialité objective ne s'oppose pas à ce qu'un JAF ayant statué, par ordonnance de non conciliation, au titre des mesures provisoires, puisse siéger en appel sur le divorce et ses conséquences, dès lors que les juges d'appel qui se prononcent au fond sur le divorce n'apprécient ni les mêmes faits, ni les mêmes demandes que ceux soumis à l'examen du juge aux affaires familiales. • Civ. 1re, 15 déc. 2010, n° 09-70.583 P.

Art. 1112 *(Abrogé par Décr. n° 2019-1380 du 17 déc. 2019, art. 5-3°, à compter du 1er janv. 2021) (Décr. n° 81-500 du 12 mai 1981, art. 5, en vigueur le 1er janv. 1982)* ***L'ordonnance rendue en application des articles 1110 et 1111 est susceptible d'appel dans les quinze jours de sa notification, mais seulement quant à la compétence et aux mesures provisoires.*** — *[Anc. art. 1112 reproduit ss. art. 1142.]*

Les requêtes en divorce ou en séparation de corps introduites avant le 1er janv. 2021 sont traitées selon les règles en vigueur avant cette date (Décr. n° 2019-1380 du 17 déc. 2019, art. 15 ; rect. par Décr. n° 2019-1419 du 20 déc. 2019, art. 22-II et Décr. n° 2020-950 du 30 juill. 2020, art. 4).

1. *Débat prélable.* La recevabilité de l'appel d'une ordonnance, rendue par le JAF, avant conciliation, sur la recevabilité de la requête initiale en divorce, doit être appréciée au regard des dispositions de l'art. 1112. • Paris, 5 déc. 2002 : *D. 2003. IR 467.* ♦ Les règles prévues par ce texte n'ayant pas été débattues et la question de l'ouverture d'une voie de recours devant être soulevée d'office par le juge, il convient de rouvrir les débats pour permettre aux parties, comme au ministère public, de faire valoir leurs éventuelles observations. • Même arrêt.

1° APPEL-RÉFORMATION

2. *Pouvoirs de la cour.* Saisie d'une ordonnance de non-conciliation, la cour d'appel ne dispose que des pouvoirs qui sont conférés au JAM [JAF] par les art. 254, 255 et 256 [anciens] C. civ. ; il n'est pas en son pouvoir de se prononcer sur la nullité de l'assignation en divorce ainsi que sur la caducité des mesures provisoires, faute d'assignation en divorce valablement délivrée dans les six mois du prononcé de l'ordonnance de non-conciliation (sanction prévue par l'art. 1113, al. 2). • Versailles, 21 mars 1986 : *D. 1986. IR 263.*

3. *Renouvellement.* L'ordonnance par laquelle le juge décide de renvoyer les parties à une nouvelle tentative de conciliation n'est pas susceptible d'appel. • Paris, 12 nov. 1981 : *D. 1983. IR 79, obs. Groslière.*

4. *Défaut de pouvoir.* La cour d'appel n'a pas le pouvoir de se substituer au JAM [JAF] pour procéder à la tentative de conciliation des époux et donner l'autorisation d'assigner en divorce. • Paris, 19 mars 1987 : *D. 1987. IR 99.*

2° APPEL-NULLITÉ

5. *Admission.* L'appel d'une ordonnance de non-conciliation est possible lorsqu'il tend non à sa réformation mais à son annulation ; viole l'art. 1112 l'arrêt qui énonce que la nullité de l'ordonnance de non-conciliation ne pouvait être invoquée par la voie de l'appel alors que la tentative de conciliation adressée à la femme n'avait pas respecté les délais de comparution. • Civ. 2e, 3 juill. 1985, n° 83-16.144 : *D. 1986. IR 17, obs. Groslière* ; *JCP 1986. II. 20625, obs. Lindon et Bénabent* ; *Gaz. Pal. 1987. 1. 103, note J. M.* ; *RTD civ. 1986. 643, obs. Perrot.*

6. *Cas.* L'appel-nullité d'une ordonnance de

non-conciliation est toujours ouvert lorsqu'un excès de pouvoir a été commis ou un principe fondamental de procédure violé afin de ne pas laisser perdurer des irrégularités de cette gravité sans sanction immédiate. • Paris, 28 févr. 2002 : *BICC 2002, n° 1033 ; RJPF, juin 2003, p. 30.* ♦ Ainsi, le droit à un procès équitable et contradictoire implique-t-il, par principe, pour une partie, la faculté de prendre connaissance des observations ou des pièces produites par l'autre, ainsi que d'en discuter. • Même arrêt.

7. Irrecevabilité de la requête. L'irrégularité de la requête initiale en divorce pour rupture prolongée de la vie commune qui ne contient pas l'exposé des moyens par lesquels le demandeur exécutera ses obligations n'est pas susceptible d'être réparée. L'irrecevabilité de cette requête peut être soulevée en tout état de cause. • Civ. 2e, 4 juill. 2002, n° 01-02.284 P.

Art. 1113 *(Abrogé par Décr. n° 2019-1380 du 17 déc. 2019, art. 5-3°, à compter du 1er janv. 2021) (Décr. n° 2004-1158 du 29 oct. 2004, art. 7-V, en vigueur le 1er janv. 2005)* ***Dans les trois mois du prononcé de l'ordonnance, seul l'époux qui a présenté la requête initiale peut assigner en divorce.***

En cas de réconciliation des époux ou si l'instance n'a pas été introduite dans les trente mois du prononcé de l'ordonnance, toutes ses dispositions sont caduques, y compris l'autorisation d'introduire l'instance. — *Sur la caducité de la décision d'admission de l'aide juridictionnelle, V. L. n° 91-647 du 10 juill. 1991, art. 54, App., v° Aide juridique.*

Les requêtes en divorce ou en séparation de corps introduites avant le 1er janv. 2021 sont traitées selon les règles en vigueur avant cette date (Décr. n° 2019-1380 du 17 déc. 2019, art. 15 ; rect. par Décr. n° 2019-1419 du 20 déc. 2019, art. 22-II et Décr. n° 2020-950 du 30 juill. 2020, art. 4).

FORM. PR. CIV. *Offre et demande de médiation familiale à l'initiative des parties : assignation en divorce. Cas d'une médiation familiale en cours et d'une assignation dans le délai de trois mois ou de trente mois - C. pr. civ., art. 1113 ; Offre et demande de médiation familiale à l'initiative des parties : cas où la médiation familiale terminée a permis d'aboutir à des accords et délivrance de l'assignation postérieure dans le délai de trente mois - C. pr. civ., art. 1113.*

a. Autorisation d'assigner

1. Limite. Est légalement justifié l'arrêt qui déclare irrecevable, d'une part, la demande principale d'une épouse qui, autorisée à assigner son mari en séparation de corps, l'avait assigné en divorce, d'autre part, la demande reconventionnelle en divorce du mari, la femme ayant conclu à l'irrecevabilité de la demande reconventionnelle en conséquence de l'irrecevabilité de sa propre demande. • Civ. 2e, 7 juill. 1983, n° 82-10.352 P.

2. Effets de la caducité. Sauf dispositions contraires, la caducité d'un titre exécutoire ne le prive pas de son efficacité pour la période antérieure à la caducité (occupation du domicile conjugal). • Civ. 1re, 9 févr. 2011, n° 09-72.653 P.

b. Expiration du délai de trente mois

3. Sanction. Dès lors que l'assignation en divorce n'a pas été remise au greffe à l'expiration du délai de six mois prévu par l'art. 1113, al. 2 [ancien], et que le JAF n'a pas été saisi dans ce délai, les mesures provisoires fixées par l'ordonnance de non-conciliation sont caduques. • Civ. 2e, 26 juin 2003, n° 01-14.317 P : *D. 2003. IR 1879 ; Gaz. Pal. 30-31 janv. 2004, p. 14, obs. Massip ; Defrénois 2003. 1484, obs. Massip ; AJ fam. 2003. 386, obs. S. D. ; Procédures 2003, n° 234, note Perrot ; Dr. fam. 2003, n° 102, obs. Lécuyer ; RTD civ. 2003. 688, obs. Hauser.*

4. Devoir de secours. La caducité prévue par l'art. 1113, al. 2 [ancien], laisse subsister le devoir de secours entre époux. • Paris, 20 févr. 1990 : *Bull. ch. avoués 1990, n° 1, p. 13.* ♦ Mais, en cas d'assignation postérieure, le juge de la mise en état, compétent pour apprécier la situation des époux, sur le fondement de l'art. 1118, ne peut statuer sur le devoir de secours qu'à compter de sa saisine, sans possibilité légale de faire rétroagir sa décision. • Pau, 30 juin 2003 : *Dr. fam. 2004, n° 19, note Larribau-Terneyre.*

5. Date d'introduction de l'instance. Lorsqu'une demande est présentée par assignation, la date d'introduction de l'instance doit s'entendre de la date de cette assignation, à condition qu'elle soit remise au secrétariat-greffe. • Cass., avis, 4 mai 2010, n° 01000002 P : *D. actu. 27 mai 2010, obs. Dargent ; D. 2010. Actu. 1347 ; Gaz. Pal. 11 sept. 2010, p. 30, note Mulon ; RJPF sept. 2010, p. 17, obs. Garé* • Civ. 1re, 28 mai 2015, n° 14-13.544 P : *D. actu. 9 juin 2015, obs. Kebir ; D. 2015. Actu. 1207 ; JCP 2015. 982, n° 5, obs. Coutant-Lapalus ; Gaz. Pal. 5 janv. 2016, p. 67, obs. Casado.*

Art. 1114 *(Abrogé par Décr. n° 2019-1380 du 17 déc. 2019, art. 5-3°, à compter du 1er janv. 2021) (Décr. n° 2004-1158 du 29 oct. 2004, art. 7-V, en vigueur le 1er janv. 2005)* ***Sous réserve des règles édictées par les deux premières sections du présent chapitre, l'instance est formée, instruite et jugée selon la*** *(Décr. n° 2019-1333 du 11 déc. 2019,* *art. 29-13°, en vigueur le 1er janv. 2020)* ***« procédure écrite ordinaire applicable devant le tribunal judiciaire ».***

(Abrogé par Décr. n° 2013-1280 du 29 déc. 2013, art. 2-I-4°) (Décr. n° 2011-1202 du 28 sept. 2011, art. 7) ***« La contribution pour l'aide juridique n'est pas due. »***

Le Décr. n° 2011-1202 du 28 sept. 2011 susvisé est abrogé à l'exception du I de son art. 21 (Décr. n° 2013-1280 du 29 déc. 2013, art. 13-I).

Les requêtes en divorce ou en séparation de corps introduites avant le 1er juill. 2021 sont traitées selon les règles en vigueur avant cette date (Décr. n° 2019-1380 du 17 déc. 2019, art. 15 ; rect. par Décr. n° 2019-1419 du 20 déc. 2019, art. 22-II, Décr. n° 2020-950 du 30 juill. 2020, art. 4, et Décr. n° 2020-1641 du 22 déc. 2020, art. 1er-1°).

Les dispositions de l'art. 55-III du Décr. n° 2019-1333 du 11 déc. 2019 ne sont pas applicables aux procédures prévues aux sous-sections 3 et 4 de la section II du chapitre V du titre Ier du livre III C. pr. civ. (C. pr. civ., art. 1106 s. et 1129 s.) (Décr. n° 2020-1641 du 22 déc. 2020, art. 1er-2°).

L'art. 29 du Décr. n° 2019-1333 du 11 déc. 2019 est applicable aux instances en cours au 1er janv. 2020 (Décr. préc., art. 55-I).

Jusqu'au 1er sept. 2020, la saisine par assignation de la juridiction et la distribution des affaires demeurent soumises aux dispositions des art. 56, 752, 757 et 578 C. pr. civ. dans leur rédaction antérieure au Décr. n° 2019-1333 du 11 déc. 2019 (Décr. préc., art. 55-III).

FORM. PR. CIV. *Assignation à fin de divorce (tronc commun, phase 2) — C. civ., art. 1114 s.*

Art. 1115 *(Décr. n° 2004-1158 du 29 oct. 2004, art. 7-V, en vigueur le 1er janv. 2005)* **La proposition de règlement des intérêts pécuniaires des époux, prévue par l'article** *(Décr. n° 2019-1380 du 17 déc. 2019, art. 5-4°, en vigueur le 1er janv. 2021)* **« 252** *[ancienne rédaction : 257-2]* **» du code civil, contient un descriptif sommaire de leur patrimoine et précise les intentions du demandeur quant à la liquidation de la communauté ou de l'indivision, et, le cas échéant, quant à la répartition des biens.**

Elle ne constitue pas une prétention au sens de l'article 4 du présent code.

L'irrecevabilité prévue par l'article *(Décr. n° 2019-1380 du 17 déc. 2019, art. 5-4°, en vigueur le 1er janv. 2021)* **« 252** *[ancienne rédaction : 257-2]* **» du code civil doit être invoquée avant toute défense au fond.**

Régularisation. Ayant relevé que le demandeur au divorce avait présenté, par conclusions postérieures à l'acte introductif d'instance, une proposition de règlement des intérêts pécuniaires et patrimoniaux, la cour d'appel a exactement retenu qu'en application de l'art. 126 C. pr. civ., la fin de non-recevoir tirée de l'art. 257-2 (auj. 252) C. civ. avait été régularisée au moment où le premier juge avait statué. • Civ. 2e, 6 janv. 2012, n° 10-17.824 P.

Art. 1116 *(Décr. n° 2016-185 du 23 févr. 2016, art. 3)* **Les demandes visées au deuxième alinéa de l'article 267 du code civil ne sont recevables que si les parties justifient par tous moyens de leurs désaccords subsistants** *(Abrogé par Décr. n° 2019-1380 du 17 déc. 2019, art. 5-5°, à compter du 1er janv. 2021)* ***« et si cette justification intervient au moment de l'introduction de l'instance. Toutefois, »*** **Le projet notarié visé au quatrième alinéa de l'article 267 du code civil peut être annexé** *(Décr. n° 2019-1380 du 17 déc. 2019, art. 5-5°, en vigueur le 1er janv. 2021)* **« postérieurement** *[ancienne rédaction : ultérieurement]* **» aux conclusions dans lesquelles la demande de liquidation et de partage est formulée.**

La déclaration commune d'acceptation prévue au troisième alinéa de l'article 267 du code civil est formulée par écrit et signée par les deux époux et leurs avocats respectifs. Les points de désaccord mentionnés dans la déclaration ne constituent pas des prétentions au sens de l'article 4 du présent code.

L'art. 3 du Décr. n° 2016-185 du 23 févr. 2016 s'applique aux requêtes en divorce introduites avant son entrée en vigueur qui, au jour de celle-ci, n'ont pas donné lieu à une demande introductive d'instance (Décr. préc., art. 18-I, applicable à Wallis-et-Futuna ; Décr. préc., art. 19-III).

Sur les conséquences propres aux divorces autres que par consentement mutuel, V. C. civ., art. 267. — ***C. civ.***

Les requêtes en divorce ou en séparation de corps introduites avant le 1er janv. 2021 sont traitées selon les règles en vigueur avant cette date (Décr. n° 2019-1380 du 17 déc. 2019, art. 15 ; rect. par Décr. n° 2019-1419 du 20 déc. 2019, art. 22-II et Décr. n° 2020-950 du 30 juill. 2020, art. 4).

§ 2 LES MESURES PROVISOIRES

A compter du 1er sept. 2020, le § 4 devient le § 2 (Décr. no 2019-1380 du 17 déc. 2019, art. 5-6o).

BIBL. ▶ BARBE, *LPA 5 janv. 2015, p. 6* (le contentieux de la remise en cause des décisions par nature provisoires en matière familiale). – DESSERTENNE-BROSSARD, *JCP N 2015. 1177* (le divorce : procédure et missions judiciaires du notaire). – THOURET, *AJ fam. 2014. 463* (articulation des mesures provisoires et des mesures accessoires dans la procédure de divorce).

DALLOZ RÉFÉRENCE *Droit et pratique du divorce 2022/2023, nos 157.01 s., 152.165 s.*, par CLAUX et DAVID.

Art. 1117 *(Décr. no 2019-1380 du 17 déc. 2019, art. 5-7o, en vigueur le 1er janv. 2021)* **A peine d'irrecevabilité, le juge de la mise en état est saisi des demandes relatives aux mesures provisoires prévues aux articles 254 à 256 du code civil formées dans une partie distincte des demandes au fond, dans l'acte de saisine ou dans les conditions prévues à l'article** *(Décr. no 2020-1452 du 27 nov. 2020, art. 1er-31o, en vigueur le 1er janv. 2021)* **« 791 ».**

Les parties, ou la seule partie constituée, qui renoncent à formuler une demande de mesures provisoires au sens de l'article 254 du code civil l'indiquent au juge avant l'audience d'orientation ou lors de celle-ci. Chaque partie, dans les conditions de l'article 789, conserve néanmoins la possibilité de saisir le juge de la mise en état d'une première demande de mesures provisoires jusqu'à la clôture des débats.

Si une ou plusieurs des mesures provisoires prévues aux articles 254 à 256 du code civil sont sollicitées par au moins l'une des parties, le juge de la mise en état statue.

Lors de l'audience portant sur les mesures provisoires, les parties comparaissent assistées par leur avocat ou peuvent être représentées.

Elles peuvent présenter oralement des prétentions et des moyens à leur soutien. Les dispositions du premier alinéa de l'article 446-1 s'appliquent.

Lorsqu'il ordonne des mesures provisoires, le juge peut prendre en considération les accords que les époux ont déjà conclus entre eux.

Le juge précise la date d'effet des mesures provisoires.

Les requêtes en divorce ou en séparation de corps introduites avant le 1er janv. 2021 sont traitées selon les règles en vigueur avant cette date (Décr. no 2019-1380 du 17 déc. 2019, art. 15 ; rect. par Décr. no 2019-1419 du 20 déc. 2019, art. 22-II et Décr. no 2020-950 du 30 juill. 2020, art. 4).

L'art. 1er-31o du Décr. no 2020-1452 du 27 nov. 2020 s'applique aux instances en cours au 1er janv. 2021 (Décr. préc., art. 12).

Pouvoirs du juge. Si, aux termes de l'art. 1117 anc. C. pr. civ., le juge peut prendre en considération les arrangements que les époux ont déjà conclus entre eux, il n'en a pas l'obligation et reste libre d'adopter d'autres mesures. • Aix-en-Provence, 20 mai 1980 : *D. 1982. IR 39, obs. Bénabent.*

Ancien art. 1117 *(Décr. no 81-500 du 12 mai 1981, art. 5, en vigueur le 1er janv. 1982)* ***Lorsqu'il ordonne des mesures provisoires, le juge peut prendre en considération les arrangements que les époux ont déjà conclus entre eux.*** – [*Anc. art. 1117 reproduit ss. art. 1142.*]

Appel. Il ne peut y avoir de contrat judiciaire dans les matières où, comme pour tout ce qui concerne la garde de la personne des mineurs, les parties n'ont pas la libre disposition de leurs droits. Les décisions intervenues en de telles matières sont toujours susceptibles d'appel (recevabilité de l'appel formé par un époux contre une ordonnance du JAM [JAF] ayant entériné l'accord intervenu entre lui et les grands-parents pour l'organisation de droit de visite de ces derniers sur leur petite-fille mineure). • Civ. 2e, 15 juill. 1981, no 80-12.643 P : *D. 1982. IR 39, obs. Bénabent ; Gaz. Pal. 1982. 1. 12, note Viatte.*

Art. 1118 *(Décr. no 2004-1158 du 29 oct. 2004, art. 7-VII, en vigueur le 1er janv. 2005)* **En cas de survenance d'un fait nouveau, le juge peut, jusqu'au dessaisissement de la juridiction, supprimer, modifier ou compléter les mesures provisoires qu'il a prescrites.**

(Abrogé par Décr. no 2019-1380 du 17 déc. 2019, art. 5-8, à compter du 1er janv. 2021) ***« Avant l'introduction de l'instance, la demande est formée, instruite et jugée selon les modalités prévues à la section III du présent chapitre. »*** – [*Anc. art. 1118 reproduit ss. art. 1142.*]

Les requêtes en divorce ou en séparation de corps introduites avant le 1er janv. 2021 sont traitées selon les règles en vigueur avant cette date (Décr. no 2019-1380 du 17 déc. 2019, art. 15 ; rect. par Décr. no 2019-1419 du 20 déc. 2019, art. 22-II et Décr. no 2020-950 du 30 juill. 2020, art. 4).

FORM. PR. CIV. *Assignation en référé en vue de modification des mesures provisoires après l'ordonnance de non-conciliation et avant l'assignation en divorce — C. pr. civ., art. 1118, al. 1er ; Requête en vue de modification des mesures provisoires après l'ordonnance de non-conciliation et avant l'assignation en divorce — C. pr. civ., art. 1118 ; Requête conjointe en vue de modification des mesures provisoires après l'ordonnance de non-conciliation et avant l'assignation en divorce — C. pr. civ., art. 1118 ; Offre et demande de médiation familiale à l'initiative des parties : saisine du juge aux affaires familiales — C. pr. civ., art. 1118.*

1. Fait nouveau. C'est seulement en cas de survenance d'un fait nouveau que le JAM [JAF], statuant en tant que juge de la mise en état, peut ordonner toutes mesures provisoires, ainsi que modifier ou compléter les mesures qui auraient déjà été ordonnées. • Civ. 2e, 11 févr. 1981, no 76-16.643 P : *Gaz. Pal. 1981. 1. 372, note Viatte.* ♦ Les anc. art. 1118 et 1119 C. pr. civ. ne permettent au juge statuant sur la demande en divorce de modifier ou supprimer des mesures provisoires prescrites par le magistrat conciliateur qu'en cas de survenance d'un fait nouveau intervenu dans la situation des parties postérieurement à la décision dont la modification est sollicitée. • Civ. 1re, 19 juin 2007, no 06-16.656 P : *JCP 2007. IV. 2540.*

2. Vente du logement familial. L'attribution de la jouissance du domicile conjugal à l'un des époux au titre des mesures provisoires ne fait pas obstacle à une autorisation judiciaire de vente du logement familial à la demande de l'autre époux en application de l'art. 217 C. civ. • Civ. 1re, 30 sept. 2000, no 08-13.220 P : *D. 2009. AJ 2489, obs. Egéa ; RLDC 2009. 3613, obs. Pouliquen ; Gaz. Pal. 7 nov. 2009, p. 35, note Casey ; RJPF 2010-2/24, note Vauvillé.*

3. Recours en révision. En matière de divorce, le recours en révision n'est pas ouvert contre les décisions ayant prescrit des mesures provisoires qui sont susceptibles, jusqu'au dessaisissement de la juridiction, d'être supprimées, modifiées ou complétées en cas de survenance d'un fait nouveau. • Civ. 2e, 3 juin 1999, no 97-18.754 P : *Procédures 1999, no 231, note Thouret ; RTD civ. 1999. 821, obs. Hauser ; ibid. 2000. 300, obs. Hauser* • 3 oct. 2002, no 01-00.800 P : *D. 2002. IR 2915 ; Gaz. Pal. 15-17 juin 2003, p. 25, obs. Massip ; RTD civ. 2003. 66, obs. Hauser.*

Art. 1119 *(Décr. no 81-500 du 12 mai 1981, art. 5, en vigueur le 1er janv. 1982) (Abrogé par Décr. no 2019-1380 du 17 déc. 2019, art. 5-9o, à compter du 1er sept. 2020)* ***« La décision relative aux mesures provisoires est susceptible d'appel dans les quinze jours de sa notification. »***

En cas d'appel, les modifications des mesures provisoires, s'il y a survenance d'un fait nouveau, ne peuvent être demandées, selon le cas, qu'au premier président de la cour d'appel ou au conseiller de la mise en état. — *[Anc. art. 1119 reproduit ss. art. 1142.]*

1. Pouvoirs du juge de la mise en état. L'art. 1119 n'a pas pour effet de priver le juge de la mise en état du pouvoir qu'il tient de l'art. 771 (auj. 789) d'ordonner toutes mesures provisoires (compétence du JAF en tant que juge de la mise en état pour statuer sur la demande de provision pour frais d'instance, mesure provisoire nouvellement sollicitée et sur laquelle l'ordonnance faisant l'objet d'un appel n'avait pas statué). • Civ. 1re, 4 oct. 2005, no 03-20.548 P : *D. 2005. IR 2546 ; D. 2006. Pan. 340, obs. Williatte-Pellitteri ; ibid. Pan. 2437, obs. Douchy-Oudot ; RTD civ. 2006. 94, obs. Hauser ; BICC 2006. 55 ; AJ fam. 2005. 447, obs. David ; RJPF janv. 2006. 22, obs. Garé.*

2. Pouvoirs des juges du fond du second degré. L'art. 1119, al. 2, n'a pas pour effet de priver les juges du fond du second degré, saisis de l'appel d'une ordonnance de non-conciliation, du pouvoir de modifier ou de supprimer une mesure provisoire (modification de la pension alimentaire en raison de la survenance d'un fait nouveau). • Civ. 1re, 8 févr. 2005, no 03-12.964 P : *D. 2005. IR 594 ; ibid. Pan. 1826, obs. Douchy-Oudot ; D. 2006. Pan. 340, obs. Williatte-Pellitteri ; RTD civ. 2005. 370, obs. Hauser ; Gaz. Pal. 22-23 juill. 2005. 13.* ♦ En cas de survenance d'un fait nouveau, la cour d'appel saisie d'une instance en divorce a le pouvoir de modifier ou de supprimer une mesure provisoire ; méconnaît l'étendue de ses pouvoirs et viole, par fausse application, l'art. 1118, la cour d'appel qui, pour déclarer irrecevable la demande de suppression de la pension alimentaire due au titre du devoir de secours en raison d'un fait nouveau, relève que cette modification des mesures provisoires devait être demandée au JAF. • Civ. 1re, 4 oct. 2005, no 04-13.463 P : *BICC. 2006. 53 ; D. 2006. Pan. 340, obs. Williatte-Pelliteri ; ibid. 2437, obs. Douchy-Oudot ; AJ fam. 2005. 447, obs. David ; RTD civ. 2006. 94, obs. Hauser.*

Art. 1120 *(Décr. n° 2006-1805 du 23 déc. 2006, art. 4, en vigueur le 1er janv. 2007)* **Les modalités de désignation et de rémunération ainsi que le déroulement de la mission du professionnel qualifié désigné en application du 9° de l'article 255 du code civil sont soumis aux règles applicables en matière d'expertise.**

Sur les mesures provisoires, V. C. civ., art. 255. — ***C. civ.***

Le présent article résulte de la renumérotation et du déplacement de l'ancien art. 1136-1 par l'art. 3-I, 2° et 3° du Décr. n° 2009-1591 du 17 déc. 2009. Le Décr. n° 2009-1591 du 17 déc. 2009 est applicable aux demandes en justice formées à compter du 1er janv. 2010 (Décr. préc., art. 10). Il est, par ailleurs, applicable dans les îles Wallis-et-Futuna (Décr. préc., art. 9).

Art. 1121 *(Décr. n° 2006-1805 du 23 déc. 2006, art. 4, en vigueur le 1er janv. 2007)* **Les modalités de désignation ainsi que le déroulement de la mission du notaire désigné en application du 10° de l'article 255 du code civil sont soumis aux dispositions des articles 233 à 237, 239, 245, 264 à 267, 273, 275, 276 et 278 à 280 du présent code, sans préjudice des règles applicables à sa profession.**

Si le notaire établit l'acte de partage, il en fait rapport au juge.

Le présent article résulte de la renumérotation et du déplacement de l'ancien art. 1136-2 par l'art. 3-I, 2° et 3° du Décr. n° 2009-1591 du 17 déc. 2009. Le Décr. n° 2009-1591 du 17 déc. 2009 est applicable aux demandes en justice formées à compter du 1er janv. 2010 (Décr. préc., art. 10). Il est, par ailleurs, applicable dans les îles Wallis-et-Futuna (Décr. préc., art. 9).

Art. 1121-1 *(Abrogé par Décr. n° 2019-1380 du 17 déc. 2019, art. 5, à compter du 1er janv. 2021) (Décr. n° 2011-1043 du 1er sept. 2011, art. 2-1°)* ***Pour l'application des dispositions de l'article 257, alinéa 3, du code civil, le juge aux affaires familiales connaît de la procédure d'apposition de scellés et d'état descriptif définie par la section I du chapitre II du titre III du livre III.***

Les requêtes en divorce ou en séparation de corps introduites avant le 1er janv. 2021 sont traitées selon les règles en vigueur avant cette date (Décr. n° 2019-1380 du 17 déc. 2019, art. 15 ; rect. par Décr. n° 2019-1419 du 20 déc. 2019, art. 22-II et Décr. n° 2020-950 du 30 juill. 2020, art. 4).

§ 3 LES VOIES DE RECOURS

A compter du 1er sept. 2020, le § 5 devient le § 3 (Décr. n° 2019-1380 du 17 déc. 2019, art. 5-11°).

DALLOZ RÉFÉRENCE *Droit et pratique du divorce 2022/2023, n° 154.13,* par CLAUX et DAVID.

Art. 1122 *(Décr. n° 2004-1158 du 29 oct. 2004, art. 7-VIII, en vigueur le 1er janv. 2005)* **Un majeur protégé ne peut acquiescer au jugement de divorce, ou se désister de l'appel, qu'avec l'autorisation du juge des tutelles.**

Le présent article résulte de la renumérotation de l'art. 1120 par l'art. 3-I, 1° du Décr. n° 2009-1591 du 17 déc. 2009. Le Décr. n° 2009-1591 du 17 déc. 2009 est applicable aux demandes en justice formées à compter du 1er janv. 2010 (Décr. préc., art. 10). Par ailleurs, il est applicable dans les îles Wallis-et-Futuna (Décr. préc., art. 9).

§ 4 DISPOSITIONS PARTICULIÈRES AU DIVORCE ACCEPTÉ

A compter du 1er sept. 2020, le § 6 devient le § 4 (Décr. n° 2019-1380 du 17 déc. 2019, art. 5-11°).

Sur le divorce accepté, V. C. civ., art. 233 et 234, 252 à 253, 257-1 à 258. — ***C. civ.***

DALLOZ RÉFÉRENCE *Droit et pratique du divorce 2022/2023, nos 113.31 s., 611.56 s.,* par CLAUX et DAVID.

DALLOZ ACTION *Droit de la famille 2020/2021, nos 132.171 à 132.179.*

Art. 1123 *(Décr. n° 2004-1158 du 29 oct. 2004, art. 7-X, en vigueur le 1er janv. 2005)* **A tout moment de la procédure, les époux peuvent accepter le principe de la rupture du mariage sans considération des faits à l'origine de celle-ci.**

(Décr. n° 2019-1380 du 17 déc. 2019, art. 5-12°-a, en vigueur le 1er janv. 2021) **« Cette acceptation peut être constatée dans un procès-verbal dressé par le juge et signé par les époux et leurs avocats respectifs lors de toute audience sur les mesures provisoires** *[ancienne rédaction : A l'audience de conciliation, cette acceptation est constatée immédiatement dans*

un procès-verbal dressé par le juge et signé par les époux et leurs avocats respectifs] ». *(Abrogé par Décr. n° 2019-1380 du 17 déc. 2019, art. 5-12°-b et c, à compter du 1er janv. 2021)* ***« Le juge renvoie alors les époux à introduire l'instance pour qu'il prononce le divorce et statue sur ses effets, la cause du divorce demeurant acquise. Le procès-verbal est annexé à l'ordonnance.***

« A défaut, chaque époux peut déclarer, par un écrit signé de sa main, qu'il accepte le principe de la rupture du mariage.

« Les deux déclarations sont annexées à la requête conjointe introductive d'instance. »

En cours d'instance, la demande formée en application de l'article 247-1 du code civil doit être formulée de façon expresse et concordante dans les conclusions des parties. *(Décr. n° 2019-1380 du 17 déc. 2019, art. 5-12°-d, en vigueur le 1er janv. 2021)* **Chaque époux annexe à ses conclusions une déclaration d'acceptation du principe de la rupture du mariage, signée de sa main, ou une copie de l'acte sous signature privée de l'article 1123-1** *[ancienne rédaction : Chaque époux annexe sa déclaration d'acceptation à ses conclusions]* **».**

A peine de nullité, le procès-verbal ou la déclaration écrite rappelle les mentions du *(Décr. n° 2019-1380 du 17 déc. 2019, art. 5-12°-e, en vigueur le 1er janv. 2021)* **« quatrième** *[ancienne rédaction : second]* **» alinéa de l'article 233 du code civil.**

FORM. PR. CIV. *Déclaration d'acceptation du prononcé du divorce pour acceptation du principe de la rupture du mariage — C. pr. civ., art. 1123.*

1. Constat du double aveu. Le double aveu des époux, constaté par l'ordonnance du JAM [JAF] dont il n'a pas été interjeté appel, se trouve définitivement acquis. • Civ. 2e, 26 janv. 1984, n° 82-15.967 P : *D. 1984. 390, note Groslière ; JCP 1984. II. 20310, note Blaisse ; Defrénois 1984. 796, obs. Massip.* ♦ Le mari ne peut plus contester la sincérité ou la pertinence de son aveu, ni rétracter son acceptation du divorce. • Civ. 2e, 26 janv. 1984 : *inédit.* ♦ Lorsque l'ordonnance du JAM [JAF] constatant le double aveu des époux n'a pas été frappée d'appel, la cause du divorce se trouve définitivement acquise ; mais il en est autrement lorsque l'un des époux soutient que le consentement par lui donné au cours de la tentative de conciliation a été vicié, ce qui entraîne la nullité de son aveu judiciaire et celle de la procédure subséquente ; ainsi, l'appel est recevable. • Rennes, 12 mai 1989 : *JCP 1990. II. 21483 ; Rev. jur. Ouest 1989. 437, obs. Cosnard.*

2. Appel de l'ordonnance. L'aveu des époux peut être rétracté tant que l'ordonnance du juge qui le constate n'est pas devenue définitive. • Civ. 2e, 16 juill. 1987, n° 85-15.596 P : *D. 1987. 582, note Groslière ; Defrénois 1988. 304, obs. Massip.*

3. Appel général contre le jugement prononçant le divorce. Dès lors que la déclaration d'appel formée à l'encontre du jugement ayant prononcé le divorce sur double aveu n'était pas limitée aux conséquences de celui-ci, une cour d'appel en déduit justement que le prononcé du divorce n'était pas irrévocable, même si la cause demeurait acquise en l'absence de recours formé contre l'ordonnance de non-conciliation constatant le double aveu des époux, et que la pension alimentaire allouée à l'épouse à titre de mesure provisoire restait due. • Civ. 1re, 4 juin 2007, n° 05-20.389 : *AJ fam. 2007. 434, note David ; Dr. fam. 2007. Comm. 150, obs. Larribau-Terneyre ; RTD civ. 2007. 758, obs. Hauser.* ♦ L'appel général d'un jugement prononçant un divorce sur le fondement des art. 233 et 234 C. civ., même si l'acceptation du principe de la rupture du mariage ne peut plus être remise en cause, sauf vice du consentement, ne met pas fin au devoir de secours, la décision n'acquérant force de chose jugée qu'après épuisement des voies de recours. • Cass., avis, 9 juin 2008, n° 08-00.004 P : *BICC 1er oct. 2008, p. 10, R. Trapero et Alt, obs. Domingo ; R. 2008. 406 ; D. 2008. AJ 1827, note Gallmeister ; JCP 2009. I. 102, n° 2, note Coutant-Lapalus ; Gaz. Pal. 25 nov. 2008, Jurisp., p. 4, note Mulon ; Dr. fam. 2008. Comm. 119, note Azavant ; RJPF 10/2008. 18, note Garé.*

4. Force de chose jugée. Lorsqu'un divorce est prononcé sur demande acceptée des époux, le divorce devient exécutoire au jour où le jugement le prononçant acquiert force de chose jugée, et non au jour où l'ordonnance constatant le double aveu a été rendu. En conséquence, une cour d'appel relevant que le jugement n'avait pas été notifié et que l'art. 528-1 C. pr. civ. n'était pas applicable, en a exactement déduit que le jugement de divorce, susceptible d'un recours suspensif, n'avait pas acquis force de chose jugée. • Civ. 1re, 19 mars 2008, n° 06-21.250 P : *Procédures 2008, n° 145, note Douchy-Oudot ; RTD civ. 2008. 460, obs. Hauser.*

Art. 1123-1 *(Décr. n° 2019-1380 du 17 déc. 2019, art. 5-13°, en vigueur le 1er janv. 2021)* **L'acceptation du principe de la rupture du mariage sans considération des faits à l'origine de celle-ci peut aussi résulter d'un acte sous signature privée des parties et**

contresigné par avocats dans les six mois précédant la demande en divorce ou pendant la procédure.

S'il est établi avant la demande en divorce, il est annexé à la requête introductive d'instance formée conjointement par les parties. En cours d'instance, il est transmis au juge de la mise en état.

A peine de nullité, cet acte rappelle les mentions du quatrième alinéa de l'article 233 du code civil.

Les requêtes en divorce ou en séparation de corps introduites avant le 1er janv. 2021 sont traitées selon les règles en vigueur avant cette date (Décr. nº 2019-1380 du 17 déc. 2019, art. 15 ; rect. par Décr. nº 2019-1419 du 20 déc. 2019, art. 22-II et Décr. nº 2020-950 du 30 juill. 2020, art. 4).

Art. 1124 *(Décr. nº 2004-1158 du 29 oct. 2004, art. 7-X, en vigueur le 1er janv. 2005)* **Le juge aux affaires familiales prononce le divorce sans autre motif que l'acceptation des époux.**

DALLOZ RÉFÉRENCE *Droit et pratique du divorce 2022/2023, nº 113.51,* par CLAUX et DAVID.

Art. 1125 *(Décr. nº 2004-1158 du 29 oct. 2004, art. 7-X, en vigueur le 1er janv. 2005)* **Les dépens de la procédure, jusques et y compris l'assignation afin de voir prononcer le divorce, sont partagés par moitié entre les époux, sauf décision contraire du juge.**

§ 5 DISPOSITIONS PARTICULIÈRES AU DIVORCE POUR ALTÉRATION DÉFINITIVE DU LIEN CONJUGAL

A compter du 1er sept. 2020, le § 7 devient le § 5 (Décr. nº 2019-1380 du 17 déc. 2019, art. 5-14º).

Sur le divorce pour altération définitive du lien conjugal, V. C. civ., art. 237 et 238, 252 à 253, 257-1 à 258. — ***C. civ.***

DALLOZ RÉFÉRENCE *Droit et pratique du divorce 2022/2023, nºs 121.65, 611.55,* par CLAUX et DAVID.

DALLOZ ACTION *Droit de la famille 2020/2021, nºs 132.191 à 132.227.*

Art. 1126 *(Décr. nº 2004-1158 du 29 oct. 2004, art. 7-X, en vigueur le 1er janv. 2005)* **Sous réserve des dispositions de l'article 472, le juge ne peut relever d'office le moyen tiré du défaut d'expiration du délai de** *(Décr. nº 2019-1380 du 17 déc. 2019, art. 5-15º, en vigueur le 1er janv. 2021)* **« deux ans** *[ancienne rédaction : un an]* **» prévu au premier alinéa de l'article 238 du code civil.**

Les requêtes en divorce ou en séparation de corps introduites avant le 1er janv. 2021 sont traitées selon les règles en vigueur avant cette date (Décr. nº 2019-1380 du 17 déc. 2019, art. 15 ; rect. par Décr. nº 2019-1419 du 20 déc. 2019, art. 22-II et Décr. nº 2020-950 du 30 juill. 2020, art. 4).

Sur le divorce pour altération définitive du lien conjugal, V. C. civ., art. 237 et 238, 252 à 253, 257-1 à 258. — ***C. civ.***

Art. 1126-1 *(Décr. nº 2019-1380 du 17 déc. 2019, art. 5-16º, en vigueur le 1er janv. 2021)* **Lorsque la demande en divorce est fondée sur l'altération définitive du lien conjugal dans les conditions prévues à l'article 238, alinéa 2, du code civil, la décision statuant sur le principe du divorce ne peut intervenir avant l'expiration du délai d'un an et sous réserve du dernier alinéa de l'article 238.**

Les requêtes en divorce ou en séparation de corps introduites avant le 1er janv. 2021 sont traitées selon les règles en vigueur avant cette date (Décr. nº 2019-1380 du 17 déc. 2019, art. 15 ; rect. par Décr. nº 2019-1419 du 20 déc. 2019, art. 22-II et Décr. nº 2020-950 du 30 juill. 2020, art. 4).

Art. 1127 *(Décr. nº 2004-1158 du 29 oct. 2004, art. 7-XI, en vigueur le 1er janv. 2005)* **Les dépens de l'instance sont à la charge de l'époux qui en a pris l'initiative, à moins que le juge n'en dispose autrement.** — *[Anc. art. 1127 reproduit ss. art. 1142.]*

Sur le divorce pour altération définitive du lien conjugal, V. C. civ., art. 237 et 238, 252 à 253, 257-1 à 258. — ***C. civ.***

§ 8 DISPOSITIONS PARTICULIÈRES AU DIVORCE POUR FAUTE

Sur le divorce pour faute, V. C. civ., art. 242 à 246, 252 à 253, 257-1 à 258. — ***C. civ.***

A compter du 1er sept. 2020, le présent § devient le § 6 (Décr. nº 2019-1380 du 17 déc. 2019, art. 5-14º).

Art. 1128 *(Décr. n° 2004-1158 du 29 oct. 2004, art. 7-XII, en vigueur le 1er janv. 2005)* **La demande tendant à dispenser le juge aux affaires familiales d'énoncer dans les motifs de sa décision les torts et griefs des époux doit être formulée de façon expresse et concordante dans les conclusions de l'un et l'autre époux.**

Le juge aux affaires familiales se borne à constater qu'il existe les faits constitutifs d'une cause de divorce selon le code civil, titre "Du divorce", section IV, du chapitre Ier. – *[Anc. art. 1128 reproduit ss. art. 1142.]*

1. Conclusions concordantes. Ayant constaté que l'époux avait spécialement conclu à l'application de l'art. 248-1 C. civ. (auj. 245-1) et que son épouse demandait la confirmation du jugement ayant fait application de ce texte, la cour d'appel, en présence de ces demandes concordantes, a, par une exacte application de l'art. 1128 [ancien] C. pr. civ., décidé de ne pas énoncer les motifs du divorce. • Civ. 2e, 1er avr. 1998, n° 96-16.888 P.

2. Portée du défaut de mention des griefs. Viole les art. 248-1 C. civ. [devenu art. 245-1 C. civ.] et 1128 C. pr. civ., la cour d'appel qui prononce le divorce aux torts exclusifs du mari, sans énoncer les torts et griefs retenus, alors qu'en première instance le divorce avait été prononcé aux torts partagés des époux et que, si la femme avait interjeté appel de cette décision en sollicitant le prononcé du divorce, sans énoncer des griefs, aux torts exclusifs du mari, celui-ci avait quant à lui limité son appel à la prestation compensatoire, les juges du fond n'étant dès lors pas saisis de demandes expresses et concordantes. • Civ. 1re, 24 sept. 2008, n° 06-20.611 : *AJ fam. 2008. 434, obs. Gallmeister*.

SOUS-SECTION 4 LA SÉPARATION DE CORPS

Art. 1129 *(Décr. n° 2004-1158 du 29 oct. 2004, art. 8, en vigueur le 1er janv. 2005, mod. par Décr. n° 2004-1333 du 6 déc. 2004, art. 1er)* **La procédure de la séparation de corps obéit aux règles prévues pour la procédure de divorce.** – *[Anc. art. 1139 reproduit ss. art. 1142.]*

Art. 1130 *(Décr. n° 2004-1158 du 29 oct. 2004, art. 8, en vigueur le 1er janv. 2005, mod. par Décr. n° 2004-1333 du 6 déc. 2004, art. 1er)* **La déclaration de reprise de la vie commune est mentionnée en marge de l'acte de mariage et de l'acte de naissance de chacun des époux.**

Les mêmes mentions sont opérées à la diligence du notaire qui a dressé l'acte constatant la reprise de la vie commune. – *[Anc. art. 1140 reproduit ss. art. 1142.]*

SOUS-SECTION 5 LE DIVORCE SUR CONVERSION DE LA SÉPARATION DE CORPS

Art. 1131 *(Décr. n° 2004-1158 du 29 oct. 2004, art. 9, en vigueur le 1er janv. 2005, mod. par Décr. n° 2004-1333 du 6 déc. 2004, art. 2)* **Hors le cas où la séparation de corps a été prononcée par consentement mutuel, la demande en conversion est formée, instruite et jugée selon la procédure** *(Décr. n° 2019-1333 du 11 déc. 2019, art. 29-11°, en vigueur le 1er janv. 2020)* **« écrite ordinaire ».**

Aucune demande reconventionnelle n'est recevable, sauf sur les conséquences du divorce.

L'art. 29 du Décr. n° 2019-1333 du 11 déc. 2019 est applicable aux instances en cours au 1er janv. 2020 (Décr. préc., art. 55-I).

FORM. PR. CIV. *Assignation en divorce aux fins de conversion de la séparation de corps — C. pr. civ., art. 1131 s.*

1. Irrecevabilité des demandes reconventionnelles. Est à bon droit qualifiée de demande reconventionnelle – irrecevable – l'assignation de son mari par l'épouse en divorce pour faute postérieurement à une demande formée par le mari en conversion de la séparation de corps en divorce. • Civ. 2e, 24 nov. 1993, n° 92-10.362 P.

2. Irrecevabilité d'une demande principale en divorce. Est irrecevable la demande principale en divorce d'un époux qui a préalablement engagé une instance en conversion de séparation de corps en divorce, restée pendante par suite du refus opposé par l'autre époux au désistement de cette instance. • Civ. 2e, 4 mai 2000, n° 98-20.030 P : *RJPF juin 2000. 21, obs. Guerder ; RTD civ. 2000. 548, obs. Hauser*.

Art. 1132 *(Décr. n° 2004-1158 du 29 oct. 2004, art. 9, en vigueur le 1er janv. 2005, mod. par Décr. n° 2004-1333 du 6 déc. 2004, art. 2)* **En cas de séparation de corps par consentement mutuel** *(Décr. n° 2019-1380 du 17 déc. 2019, art. 8-2°-a)* **« et lorsqu'un**

mineur demande son audition par le juge, la requête aux fins de conversion en divorce par consentement mutuel fondée sur l'article 230 du code civil contient, » à peine d'irrecevabilité, *(Abrogé par Décr. nº 2019-1380 du 17 déc. 2019, art. 8-2º-b) « contient »* **les mentions requises par l'article 1090, l'indication de la décision qui a prononcé la séparation de corps, et est accompagnée d'une convention sur les conséquences du divorce.**

Sous la même sanction, la requête et la convention sont datées et signées par chacun des époux et leur avocat.

Les requêtes en divorce ou en séparation de corps introduites avant le 1er janv. 2021 sont traitées selon les règles en vigueur avant cette date (Décr. nº 2019-1380 du 17 déc. 2019, art. 15 ; rect. par Décr. nº 2019-1419 du 20 déc. 2019, art. 22-II et Décr. nº 2020-950 du 30 juill. 2020, art. 4).

Art. 1133 *(Décr. nº 2004-1158 du 29 oct. 2004, art. 9, en vigueur le 1er janv. 2005, mod. par Décr. nº 2004-1333 du 6 déc. 2004, art. 2)* **Dans le cas prévu à l'article précédent, le juge peut ne pas entendre les époux et se borner à examiner avec leur avocat la convention.**

En l'absence de difficulté, il homologue la convention et prononce le divorce.

Sinon, il peut, sans autres formes, demander aux époux de présenter à nouveau la requête dans le mois, après modification de la convention ; s'il n'est pas déféré à cette demande, le juge rend une ordonnance par laquelle il refuse d'homologuer la convention.

L'ordonnance mentionne le délai d'appel et le point de départ de ce délai.

Art. 1134 *(Décr. nº 2004-1158 du 29 oct. 2004, art. 9, en vigueur le 1er janv. 2005, mod. par Décr. nº 2004-1333 du 6 déc. 2004, art. 2)* **L'ordonnance est susceptible d'appel dans les quinze jours de la décision.** – *[Anc. art. 1145 reproduit ss. art. 1142.]*

L'appel est formé, instruit et jugé selon les règles applicables à la matière gracieuse.

Art. 1135 *(Décr. nº 2004-1158 du 29 oct. 2004, art. 9, mod. par Décr. nº 2004-1333 du 6 déc. 2004, art. 2)* **L'instruction de l'affaire et l'audition des époux sont limitées, en toute hypothèse, aux effets de la décision.** – *[Anc. art. 1146 reproduit ss. art. 1142.]*

Art. 1136 *(Décr. nº 2004-1158 du 29 oct. 2004, art. 9, en vigueur le 1er janv. 2005, mod. par Décr. nº 2004-1333 du 6 déc. 2004, art. 2)* **Les dépens de l'instance en conversion sont répartis comme ceux de l'instance en séparation de corps.**

Les dépens afférents à l'instance d'appel sont traités comme ceux d'une instance nouvelle. – *[Anc. art. 1147 reproduit ss. art. 1142.]*

Sur l'al. 2. Une cour d'appel peut décider que chaque partie supportera ses dépens d'appel, même si le jugement de première instance, comme celui ayant prononcé la séparation de corps, a mis les dépens à la charge de l'époux. • Civ. 1re, 28 nov. 2006, nº 05-14.035 P : *Dr. fam. 2007. Comm. 39, obs. Larribau-Terneyre.*

SECTION II *BIS* LE FONCTIONNEMENT, LA LIQUIDATION ET LE PARTAGE DES RÉGIMES MATRIMONIAUX ET DES INDIVISIONS ENTRE PERSONNES LIÉES PAR UN PACTE CIVIL DE SOLIDARITÉ OU ENTRE CONCUBINS

(Décr. nº 2009-1591 du 17 déc. 2009, art. 3-II)

Le Décr. nº 2009-1591 du 17 déc. 2009 est applicable aux demandes en justice formées à compter du 1er janv. 2010 (Décr. préc., art. 10). Par ailleurs, il est applicable dans les îles Wallis-et-Futuna (Décr. préc., art. 9).

BIBL. ▶ Bruggeman, *Dr. fam. 2010. Alerte 9.* – Donnadieu, *Gaz. Pal. 6-7 mars 2015, p. 7* (focus sur la mission du notaire en charge des opérations liquidatives du régime matrimonial). – Douchy-Oudot, *Procédures 2010, nº 38 ; D. 2010. 989*. – Fricero, *RJPF nov. 2010, p. 8.* – Lavric, *D. 2010. Actu. 79*. – Labbée, *AJ fam. 2010. 108* (PACS et concubinage : quelques formules pour le JAF). – Massip, *JCP N 2011. 1086* (les nouvelles attributions du JAF en matière de régimes matrimoniaux). – Mauger-Vielpeau, *JCP N 2010. 102.* – Roth, *AJ fam. 2010. 77* (le JAF et le débiteur d'aliments défaillant). – Vinckel, *Dr. et pr. 2010. 39.*

DALLOZ RÉFÉRENCE *Droit et pratique du divorce 2022/2023, nos 237. 01 s., 237.251 à 237.254,* par Claux et David.

Art. 1136-1 **Les demandes relatives au fonctionnement des régimes matrimoniaux et des indivisions entre personnes liées par un pacte civil de solidarité ou entre concubins**

ainsi que celles relatives à la liquidation et au partage des intérêts patrimoniaux des époux, des personnes liées par un pacte civil de solidarité et des concubins relevant de la compétence du juge aux affaires familiales obéissent aux règles de la procédure *(Décr. n° 2019-1333 du 11 déc. 2019, art. 29-11°, en vigueur le 1er janv. 2020)* **« écrite ordinaire » applicable devant le** *(Décr. n° 2019-966 du 18 sept. 2019, art. 8, en vigueur le 1er janv. 2020)* **« tribunal judiciaire** *[ancienne rédaction : tribunal de grande instance]* **». Les débats sont publics, sous réserve de l'article 435. La décision est rendue publiquement.**

(Décr. n° 2019-756 du 22 juill. 2019, art. 10) **« La demande de prorogation de l'attribution provisoire de la jouissance du logement de la famille prévue par l'alinéa 3 de l'article 373-2-9-1 du code civil est formée, instruite et jugée dans le cadre de la procédure visée à l'alinéa précédent. »**

L'art. 29 du Décr. n° 2019-1333 du 11 déc. 2019 est applicable aux instances en cours au 1er janv. 2020 (Décr. préc., art. 55-I).

BIBL. ▶ Décr. n° 2019-756 du 22 juill. 2019 : TANI, *JCP N 2019. 682.*

Art. 1136-2 Les dispositions de la section VI du chapitre II du titre III du livre III sont, sous réserve des dispositions de l'article 267 du code civil, applicables au partage des intérêts patrimoniaux des époux, des personnes liées par un pacte civil de solidarité et des concubins.

(Décr. n° 2011-1043 du 1er sept. 2011, art. 2-2°) **« Pour les besoins du partage de la communauté, le juge aux affaires familiales connaît de la procédure d'apposition de scellés et d'état descriptif définie par la section I du chapitre II du titre III du livre III. »**

L'art. 2 du Décr. n° 2011-1043 du 1er sept. 2011 n'est pas applicable dès lors qu'un greffier en chef a déjà procédé, à la date de sa publication, à une mesure conservatoire ou qu'il a été saisi à cette fin (Décr. préc., art. 11).

Il est applicable aux îles Wallis-et-Futuna (Décr. préc., art. 9).

SECTION II *TER* LA PROCÉDURE AUX FINS DE MESURES DE PROTECTION DES VICTIMES DE VIOLENCES

(Décr. n° 2010-1134 du 29 sept. 2010, art. 2)

Le Décr. n° 2010-1134 du 29 sept. 2010 est applicable à Wallis-et-Futuna (Décr. préc., art. 4).

BIBL. ▶ Décr. du 29 sept. 2010 : BAZIN, *JCP 2010, n° 986.* – DOUCHY-OUDOT, *Procédures 2011. Étude 9 ; D. 2011. Pan. 1107* . – LEMOULAND et VIGNEAU, *D. 2011. Pan. 1040* . – MULON et CASEY, *Gaz. Pal. 2010. Doctr. 3265.*

▶ **Décr. du 27 mai 2020 :** GARNERIE, *Gaz. Pal. 16 juin 2020, p. 5* (ordonnances de protection :publier d'abord, concerter ensuite).

▶ **Dossier :** *AJ fam. 2017. 221* (ordonnance de protection). – BAZIN, *Dr. et pr. 2015. 156* (l'huissier de justice et la lutte contre les violences au sein des couples).

▶ ANCEL, *LPA 7 juin 2013, n° 114, p. 4* (l'ordonnance de protection : amélioration ou illusion). – BONNAL, *Gaz. Pal. 10-11 juill. 2013. 5* (l'ordonnance de protection : trois ans de pratique au tribunal de grande instance de Bobigny). – BOURDILLAT, *Dr. et pr. 2005. 18* (expulsion du conjoint violent). – DOUCHY-OUDOT, *Procédures 2014, alertes 48* (la délivrance de l'ordonnance de protection, la durée des mesures ordonnées par le JAF et le recouvrement des pensions alimentaires). – JANUEL, *D. actu. 14 nov. 2019* (l'ordonnance de protection : de la loi à l'application par la *justice). – B. KAN-BALIVET et C. KAN-BALIVET, Dr. fam. 2012. Formule 3* (requête aux fins d'ouverture d'une mesure de protection des victimes de violences). – MAUGAIN, *Rev. huiss. 2011. 8* (les nouvelles attributions du JAF). – MICHELIN-MAZÉRAN, *JCP 2010. 1300* (violences conjugales et ordonnance de protection : changer d'échelle).

Sur les mesures de protection des victimes de violences, V. C. civ., art. 515-9 à 515-13. – ***C. civ.***

Art. 1136-3 *(Décr. n° 2010-1134 du 29 sept. 2010, art. 2)* **Dans les cas prévus aux articles 515-9 et 515-13 du code civil, le juge est saisi par une requête remise ou adressée au greffe.**

Outre les mentions prescrites par l'article *(Décr. n° 2019-1333 du 11 déc. 2019, art. 29-5°, en vigueur le 1er janv. 2020)* **« 57 » du présent code, la requête contient un exposé sommaire des motifs de la demande et, en annexe, les pièces sur lesquelles celle-ci est fondée. Ces exigences sont prescrites à peine de nullité.**

(Décr. n° 2020-636 du 27 mai 2020, art. 2) **« Le juge rend sans délai une ordonnance fixant la date de l'audience.**

« A moins qu'il ne soit l'auteur de la requête, le ministère public est aussitôt avisé par le greffier du dépôt de la requête et de la date de l'audience fixée par le juge aux affaires familiales.

« Cette ordonnance précise les modalités de sa notification.

(Décr. n° 2020-841 du 3 juill. 2020, art. 1er-1°) **« Copie de » l'ordonnance est notifiée :**

« 1° Au demandeur, par le greffe, par tout moyen donnant date certaine ou par remise en mains propres contre émargement ou récépissé ; »

(Décr. n° 2020-841 du 3 juill. 2020, art. 1er-2°) **« 2° Au défendeur, par voie de signification à l'initiative :**

« ***a)*** **Du demandeur lorsqu'il est assisté ou représenté par un avocat ;**

« ***b)*** **Du greffe lorsque le demandeur n'est ni assisté ni représenté par un avocat ;**

« ***c)*** **Du ministère public lorsqu'il est l'auteur de la requête ; dans ce cas ce dernier fait également signifier l'ordonnance à la personne en danger ; »**

(Décr. n° 2020-636 du 27 mai 2020, art. 2) **« 3° Par voie administrative en cas de danger grave et imminent pour la sécurité d'une personne concernée par une ordonnance de protection ou lorsqu'il n'existe pas d'autre moyen de notification. »**

(Décr. n° 2020-841 du 3 juill. 2020, art. 1er-3° et 4°) **« La signification doit être faite au défendeur dans un délai de deux jours à compter de l'ordonnance fixant la date de l'audience, afin que le juge puisse statuer dans le délai maximal de six jours fixé à l'article 515-11 du code civil dans le respect du principe du contradictoire et des droits de la défense.**

« La copie de l'acte de signification doit être remise au greffe au plus tard à l'audience. »

(Décr. n° 2020-636 du 27 mai 2020, art. 2) **« La notification de l'ordonnance vaut convocation des parties.**

« Dans tous les cas, sont annexées à l'ordonnance une copie de la requête et des pièces qui y sont jointes.

« Cette ordonnance est une mesure d'administration judiciaire. »

Le Décr. n° 2010-1134 du 29 sept. 2010 est applicable à Wallis-et-Futuna (Décr. préc., art. 4).

L'art. 29 du Décr. n° 2019-1333 du 11 déc. 2019 est applicable aux instances en cours au 1er janv. 2020 (Décr. préc., art. 55-I).

Le Décr. n° 2020-636 du 27 mai 2020 s'applique aux requêtes introduites à compter du 29 mai 2020. Il est applicable dans les îles Wallis-et-Futuna (Décr. préc., art. 9).

Le Décr. n° 2020-841 du 3 juill. 2020 s'applique aux requêtes introduites à compter du 5 juill. 2020. Il est applicable dans les îles Wallis-et-Futuna (Décr. préc., art. 4).

FORM. PR. CIV. *Requête devant le juge aux affaires familiales aux fins de délivrance d'une ordonnance de protection – C. pr. civ., art. 1136-3 ; Ordonnance de protection – C. pr. civ., art. 1136-3 s.*

Appréciation souveraine des faits de violence. C'est dans l'exercice de son pouvoir souverain d'appréciation que la cour d'appel, qui n'était pas tenue de s'expliquer sur une pièce qui n'avait pas été spécialement invoquée devant elle et a répondu aux conclusions prétendument délaissées, a estimé qu'il résultait des éléments probants versés aux débats qu'il existait des raisons sérieuses de considérer comme vraisemblables la commission des faits de violence allégués et le danger auquel la victime était exposée. • Civ. 1re, 5 oct. 2016, ☎ n° 15-24.180 P.

Ancien art. 1136-3 ***Dans les cas prévus aux articles 515-9 et 515-13 du code civil, le juge est saisi par une requête remise ou adressée au greffe.***

Outre les mentions prescrites par l'article *(Décr. n° 2019-1333 du 11 déc. 2019, art. 29-5°, en vigueur le 1er janv. 2020)* ***« 57 » du présent code, la requête contient un exposé sommaire des motifs de la demande et, en annexe, les pièces sur lesquelles celle-ci est fondée. Ces exigences sont prescrites à peine de nullité.***

A moins qu'il ne soit l'auteur de la requête, le ministère public en est aussitôt avisé par le greffier.

Chaque partie est convoquée par le greffier à l'audience.

La convocation des parties, à l'exception du ministère public, est faite par lettre recommandée avec demande d'avis de réception ou par la voie administrative, en cas de danger grave et immi-

nent pour la sécurité d'une personne concernée par une ordonnance de protection ou lorsqu'il n'existe pas d'autre moyen de notification.

(Abrogé par Décr. n° 2015-282 du 11 mars 2015, art. 10) « Le greffier adresse, le jour où il envoie ou remet aux fins de notification la convocation, une copie de celle-ci par lettre simple. »

Le demandeur peut également être convoqué verbalement contre émargement.

La convocation adressée au défendeur vaut citation. Elle comprend en annexe une copie de la requête et des pièces qui y sont annexées.

Le ministère public est avisé de la date de l'audience par le greffier.

L'art. 29 du Décr. n° 2019-1333 du 11 déc. 2019 est applicable aux instances en cours au 1er janv. 2020 (Décr. préc., art. 55-I).

Art. 1136-4 *(Abrogé par Décr. n° 2020-636 du 27 mai 2020, art. 3)* **Le demandeur peut également former sa demande par assignation** *(Décr. n° 2019-1419 du 20 déc. 2019, art. 5-10°)* **« à une date d'audience communiquée au demandeur selon les modalités définies à l'article 751 ».** *(Abrogé par Décr. n° 2019-1419 du 20 déc. 2019, art. 5-10°)* **« Dans ce cas, outre les mentions prescrites par l'article 56** *(Abrogé par Décr. n° 2019-1333 du 11 déc. 2019, art. 29-14°, à compter du 1er janv. 2020)* **« et l'indication de la date d'audience en application de l'article 485 », la demande contient en annexe, à peine de nullité, les pièces sur lesquelles la demande est fondée. »**

L'art. 5 du Décr. n° 2019-1419 du 20 déc. 2019 s'applique aux demandes introduites, à compter du 1er janv. 2020 (Décr. préc., art. 24-II).

Le Décr. n° 2020-636 du 27 mai 2020 s'applique aux requêtes introduites à compter du 29 mai 2020. Il est applicable dans les îles Wallis-et-Futuna (Décr. préc., art. 9).

FORM. PR. CIV. *Assignation à jour fixe aux fins de conciliation pour engager une procédure de divorce - C. pr. civ., art. 1136-4.*

Art. 1136-5 **Le demandeur qui sollicite, en application du 6° de l'article 515-11 du code civil, l'autorisation de dissimuler son domicile ou sa résidence est dispensé d'en indiquer l'adresse dans son acte introductif d'instance, sous réserve de porter cette information à la connaissance de l'avocat qui l'assiste ou le représente ou du procureur de la République près du** *(Décr. n° 2019-966 du 18 sept. 2019, art. 8, en vigueur le 1er janv. 2020)* **« tribunal judiciaire** *[ancienne rédaction : tribunal de grande instance]* **», auprès duquel il élit domicile. L'acte mentionne cette élection de domicile.**

L'avocat ou le procureur de la République auprès duquel il est élu domicile communique sans délai l'adresse du demandeur au juge. Le greffe ainsi que la personne à laquelle l'adresse est communiquée pour les besoins de la procédure ne peuvent la porter à la connaissance du défendeur ou de son représentant.

Art. 1136-6 **Les parties se défendent elles-mêmes. Elles ont la faculté de se faire assister ou représenter par un avocat.**

(Décr. n° 2020-636 du 27 mai 2020, art. 4) **« L'affaire est instruite et débattue en chambre du conseil, après avis du ministère public. »**

La procédure est orale.

Le juge s'assure qu'il s'est écoulé un temps suffisant entre la convocation et l'audience pour que le défendeur ait pu préparer sa défense.

Le juge peut, à tout moment de la procédure, par simple mention au dossier, ordonner la comparution personnelle d'une partie, pour l'entendre séparément ou en présence de l'autre partie.

(Décr. n° 2020-636 du 27 mai 2020, art. 4) **« Lors de l'audience, le juge procède à l'audition des parties. Il les entend séparément s'il le décide ou si l'une des parties le sollicite. Cette décision fait l'objet d'une simple mention au dossier. »**

Le Décr. n° 2020-636 du 27 mai 2020 s'applique aux requêtes introduites à compter du 29 mai 2020. Il est applicable dans les îles Wallis-et-Futuna (Décr. préc., art. 9).

Art. 1136-7 **L'ordonnance qui statue sur la demande de mesures de protection des victimes de violences est exécutoire à titre provisoire à moins que le juge en dispose autrement.**

L'ordonnance fixe la durée des mesures prises en application des articles 515-11 et 515-13 du code civil. A défaut, celles-ci prennent fin à l'issue d'un délai de *(Décr. n° 2017-890 du 6 mai 2017, art. 48-I)* **« six » mois suivant la notification de l'ordon-**

nance, sous réserve des dispositions *(Décr. n° 2017-890 du 6 mai 2017, art. 48-I)* **« des articles 1136-13 et 1136-14 » ; il en est fait mention dans l'acte de notification.**

Art. 1136-8 La dissimulation du domicile ou de la résidence dans les instances civiles ultérieures, autorisée en application du 6° de l'article 515-11 du code civil, obéit aux conditions et modalités prévues par l'article 1136-5.

En cas de refus d'autorisation ainsi que pour les besoins de l'exécution d'une décision de justice, l'avocat ou le procureur de la République auprès duquel le demandeur a sollicité ou obtenu l'élection de domicile communique sans délai l'adresse du demandeur, sur la demande qui lui en est faite sans forme par le défendeur ou l'avocat qui le représente au cours de l'instance ou, selon le cas, par l'huissier de justice chargé de procéder à l'exécution.

Art. 1136-9 L'ordonnance est notifiée par voie de signification, à moins que le juge, soit d'office soit à la demande d'une partie, ne décide qu'elle sera notifiée par le greffe par lettre recommandée avec demande d'avis de réception, ou par la voie administrative, en cas de danger grave et imminent pour la sécurité d'une personne concernée par une ordonnance de protection ou lorsqu'il n'existe pas d'autre moyen de notification. Toutefois, la notification au ministère public est faite par remise avec émargement ou envoi contre récépissé.

La notification de l'ordonnance prononçant une mesure de protection reproduit les dispositions des articles 227-4-2 et 227-4-3 du code pénal et *(Décr. n° 2017-890 du 6 mai 2017, art. 48-II)* **« rappelle les dispositions des articles 1136-13 et 1136-14 du présent code ».**

Art. 1136-10 L'autorité administrative, requise par le greffier pour notifier par la voie administrative *(Décr. n° 2020-636 du 27 mai 2020, art. 5)* **« l'ordonnance fixant la date de l'audience ou l'ordonnance de protection », y procède par remise contre récépissé.**

Elle informe, dans les meilleurs délais, le greffier des diligences faites et lui adresse le récépissé.

Le Décr. n° 2020-636 du 27 mai 2020 s'applique aux requêtes introduites à compter du 29 mai 2020. Il est applicable dans les îles Wallis-et-Futuna (Décr. préc., art. 9).

Art. 1136-11 L'ordonnance *(Décr. n° 2020-636 du 27 mai 2020, art. 6)* **« de protection » est susceptible d'appel dans un délai de quinze jours suivant sa notification.**

Le Décr. n° 2020-636 du 27 mai 2020 s'applique aux requêtes introduites à compter du 29 mai 2020. Il est applicable dans les îles Wallis-et-Futuna (Décr. préc., art. 9).

Office de la cour d'appel. Saisie de l'appel d'une ordonnance de protection, la cour d'appel ne peut statuer que dans la limite des pouvoirs attribués au juge aux affaires familiales à l'art. 515-11 C. civ. Excède ainsi ses pouvoirs la cour d'appel qui, saisie de l'appel d'une ordonnance de protection rendue par le juge aux affaires familiales, condamne le mari à verser des dommages-intérêts à son épouse pour avoir provoqué de façon abusive son hospitalisation sous contrainte. • Civ. 1re, 13 juill. 2016, ☎ n° 14-26.203 P.

Art. 1136-12 La demande aux fins de mainlevée ou de modification de l'ordonnance de protection ou de dispense temporaire de certaines de ses obligations ainsi que celle tendant à voir rapporter l'ordonnance ou prononcer de nouvelles mesures sont formées, instruites et jugées dans les mêmes conditions que la requête initiale.

Toutefois, lorsqu'un appel a été interjeté, la demande est formée par requête remise ou adressée au greffe de la cour d'appel. Il est statué sur celle-ci, selon le cas, par le premier président de la cour d'appel, le conseiller de la mise en état ou la formation de jugement.

Art. 1136-13 Lorsqu'une demande en divorce ou en séparation de corps est introduite avant l'expiration de la durée des mesures de protection ou que l'ordonnance de protection est prononcée alors qu'une procédure de divorce ou de séparation de corps est en cours, les mesures de l'ordonnance de protection continuent de produire leurs effets jusqu'à ce qu'une décision statuant sur la demande en divorce ou en séparation de corps soit passée en force de chose jugée, *(Décr. n° 2019-1380 du 17 déc. 2019, art. 6, en vigueur le 1er janv. 2021)* **« à moins qu'il n'en soit décidé autrement par le**

juge saisi de cette demande ou par le juge de la mise en état *[ancienne rédaction : à moins que le juge saisi de cette demande en décide autrement]* **».** *(Décr. n° 2019-1380 du 17 déc. 2019, art. 6, en vigueur le 1er janv. 2021)* **« Dans ce dernier cas, à compter de la notification de l'ordonnance du juge de la mise en état, les mesures provisoires de la procédure de divorce se substituent aux mesures de l'ordonnance de protection prises au titre des 3° et 5° de l'article 515-11 du code civil qui cessent de produire effets** *[ancienne rédaction : Toutefois, les mesures prises en application des 3° et 5° de l'article 515-11 du code civil et prononcées antérieurement à l'ordonnance de non-conciliation cessent de produire leurs effets à compter de la notification de celle-ci].* **»**

A compter de l'introduction de la procédure de divorce ou de séparation de corps, la demande aux fins de mesures de protection ainsi que les demandes mentionnées au premier alinéa de l'article 1136-12 sont présentées devant le juge saisi de cette procédure. La demande est formée, instruite et jugée selon les règles de la présente section et le juge statue par décision séparée.

Les requêtes en divorce ou en séparation de corps introduites avant le 1er janv. 2021 sont traitées selon les règles en vigueur avant cette date (Décr. n° 2019-1380 du 17 déc. 2019, art. 15 ; rect. par Décr. n° 2019-1419 du 20 déc. 2019, art. 22-II et Décr. n° 2020-950 du 30 juill. 2020, art. 4).

Sur le Décr. n° 2015-287 du 11 mars 2015, V. Circ. du 20 mars 2015, ss. art. 692-1.

Art. 1136-14 *(Décr. n° 2015-282 du 11 mars 2015, art. 31)* **Lorsqu'une demande relative à l'exercice de l'autorité parentale est introduite avant l'expiration de la durée des mesures de protection ou que l'ordonnance de protection est prononcée alors qu'une procédure relative à l'exercice de l'autorité parentale est en cours, les mesures de l'ordonnance de protection continuent de produire leurs effets jusqu'à ce qu'une décision statuant sur la demande relative à l'exercice de l'autorité parentale soit passée en force de chose jugée, à moins que le juge saisi de cette demande en décide autrement. Toutefois, les mesures relatives aux modalités d'exercice de l'autorité parentale et à la contribution à l'entretien et à l'éducation des enfants prises en application du 5° de l'article 515-11 du code civil et prononcées antérieurement à la décision statuant, même à titre provisoire, sur la demande relative à l'exercice de l'autorité parentale, cessent de produire leurs effets à compter de la notification de celle-ci.**

A compter de l'introduction de la procédure relative à l'exercice de l'autorité parentale, la demande aux fins de mesures de protection ainsi que les demandes mentionnées au premier alinéa de l'article 1136-12 sont présentées devant le juge saisi de cette procédure. La demande est formée, instruite et jugée selon les règles de la présente section et le juge statue par décision séparée.

Sur le Décr. n° 2015-287 du 11 mars 2015, V. Circ. du 20 mars 2015, ss. art. 692-1.

Art. 1136-15 *(Décr. n° 2020-636 du 27 mai 2020, art. 7)* **Lorsque le juge rejette la demande d'ordonnance de protection, il peut néanmoins, si l'urgence le justifie et si l'une ou l'autre des parties en a fait la demande, renvoyer celles-ci à une audience dont il fixe la date pour qu'il soit statué au fond sur les modalités de l'exercice de l'autorité parentale et la contribution à l'entretien et l'éducation de l'enfant. Il veille à ce que le défendeur dispose d'un temps suffisant pour préparer sa défense. Cette ordonnance emporte saisine du juge et il est ensuite procédé comme il est dit aux articles 1179 et suivants.**

Le Décr. n° 2020-636 du 27 mai 2020 s'applique aux requêtes introduites à compter du 29 mai 2020. Il est applicable dans les îles Wallis-et-Futuna (Décr. préc., art. 9).

SECTION II *QUATER* LE DISPOSITIF ÉLECTRONIQUE MOBILE ANTI-RAPPROCHEMENT AUX FINS DE MESURES DE PROTECTION DES VICTIMES DE VIOLENCES

(Décr. n° 2020-1161 du 23 sept. 2020, art. 5)

Art. 1136-16 **Lorsque le port d'un dispositif mobile anti-rapprochement prévu à l'article 515-11-1 du code civil est demandé par l'une ou l'autre des parties, il est joint au soutien de la demande tout élément relatif à la situation familiale, matérielle et sociale des deux parties, afin de permettre au juge de déterminer les distances d'alerte et de pré-alerte, définies à l'article 1136-17 du présent code.**

Lorsque le juge ordonne le port d'un dispositif mobile anti-rapprochement, il s'assure que les parties, et en particulier la partie défenderesse, ont disposé d'un délai de réflexion suffisant pour pouvoir donner un consentement libre et éclairé.

Art. 1136-17 La décision qui ordonne le port d'un dispositif électronique mobile anti-rapprochement fixe la durée de la mesure, ses conditions de mise en œuvre, en particulier les distances de pré-alerte et d'alerte séparant les deux parties.

La distance d'alerte, exprimée en nombre entier de kilomètres, ne peut être inférieure à un kilomètre, ni supérieure à dix kilomètres. La distance de pré-alerte correspond au double de la zone d'alerte.

Pour déterminer la distance d'alerte, le juge concilie la nécessité de protection de la personne menacée avec le respect de la dignité, de l'intégrité et de la vie privée, familiale et professionnelle de la personne porteuse du bracelet. Il veille à ce que la mise en œuvre du dispositif n'entrave pas son insertion sociale, en tenant notamment compte de la localisation respective des domiciles et lieux de travail des parties, de leurs modes de déplacements *[déplacement]*, et de la typologie de leur lieu de vie, rural ou urbain.

Le juge aux affaire*[s]* familiales peut préciser dans sa décision que le porteur du bracelet est autorisé à être présent à des heures et dans des lieux qu'il détermine, y compris si ces lieux venaient à être intégrés du fait des déplacements de la personne ou de la victime dans une zone d'alerte ou de pré-alerte.

La remise de la copie de cette décision lors de la pose du bracelet anti-rapprochement vaut notification.

Art. 1136-18 Le juge aux affaires familiales qui ordonne le port du dispositif électronique mobile anti-rapprochement en fixe la durée, dans la limite de six mois, en fonction des circonstances de l'espèce et du besoin de protection de la partie demanderesse.

Le consentement des parties doit être réitéré lorsque le renouvellement du dispositif est ordonné ou lorsque les effets de l'ordonnance de protection se prolongent en application des articles 1136-13 ou 1136-14.

Art. 1136-19 Avant de consentir au port d'un dispositif mobile anti-rapprochement, les parties reçoivent du juge aux affaires familiales les informations suivantes :

1° Le refus par la partie défenderesse de la pose du bracelet anti-rapprochement, au port duquel elle a préalablement consenti, constitue une violation des obligations imposées dans l'ordonnance de protection, pouvant donner lieu à des poursuites pénales sur le fondement de l'article 227-4-2 du code pénal ;

2° La méconnaissance par cette partie de la distance de pré-alerte donne lieu à un contact par les personnes habilitées chargées du contrôle à distance du dispositif électronique mobile anti-rapprochement, l'avertissant de son rapprochement de la victime et du risque de méconnaissance de la distance d'alerte ; cette méconnaissance ne peut donner lieu à condamnation sur le fondement de l'article 227-4-2 du code pénal ;

3° Le fait pour cette partie de se rapprocher volontairement de la victime en méconnaissance de la distance d'alerte constitue une violation des obligations imposées dans l'ordonnance de protection, pouvant donner lieu à des poursuites pénales sur le fondement de l'article 227-4-2 du code pénal ;

4° En cas de nécessité, les personnes habilitées chargées du contrôle à distance du dispositif électronique mobile anti-rapprochement prennent l'attache de la personne protégée pour assurer sa mise en sécurité et, selon le besoin et les procédures établies, alertent les forces de police et de gendarmerie, afin d'assurer sa protection ;

5° Le procureur de la République est informé de chaque méconnaissance de la distance d'alerte et peut exercer, s'il y a lieu, des poursuites pénales sur le fondement de l'article 227-4-2 du code pénal ;

6° La partie porteuse d'un bracelet anti-rapprochement est tenue de s'assurer du *rechargement périodique du dispositif* afin de garantir son fonctionnement à tout moment, la méconnaissance de cette obligation pouvant donner lieu à des poursuites pénales sur le fondement de l'article 227-4-2 du code pénal.

Art. 1136-20 En cas de difficultés dans l'exécution de la mesure de port du dispositif électronique mobile anti-rapprochement mentionné à l'article 515-11-1 du code civil, le juge aux affaires familiales peut être saisi à tout moment dans les conditions de l'article 515-12 du code civil, par l'une ou l'autre des parties ou par le procureur de la République, afin que soient modifiées en tout ou partie les mesures énoncées dans l'ordonnance de protection.

Le porteur du bracelet et le procureur de la République peuvent notamment demander que les distances d'alerte et de pré-alerte soient révisées, ou qu'il soit mis fin à l'interdiction de rapprochement et au port du bracelet, si la mesure de port du dispositif électronique mobile anti-rapprochement aboutit, du fait notamment de rapprochements imputables tant à ses déplacements qu'à ceux de la personne protégée, à un nombre important d'alertes, portant une atteinte excessive au droit au respect de la vie privée et familiale du porteur du bracelet.

Ils peuvent aussi demander à ce qu'il soit mis un terme à la mesure de port d'un dispositif électronique mobile anti-rapprochement si le dispositif présente pour le porteur du bracelet des inconvénients constatés par un médecin.

Les demandes prévues par le présent article sont formées, instruites et jugées selon les mêmes modalités que la requête initiale.

Art. 1136-21 Par dérogation à l'article 1136-12, à défaut pour le juge aux affaires familiales, saisi dans le cadre de l'article 1136-20, d'avoir statué dans un délai de dix jours sur la demande de modification de l'ordonnance de protection portant sur la mainlevée du dispositif électronique mobile anti-rapprochement mentionné à l'article 515-11-1 du code civil, celle-ci est acquise de plein droit.

Art. 1136-22 Le traitement automatisé de données à caractère personnel, mentionné au II de l'article 515-11-1 et dénommé "Bracelet anti-rapprochement", est régi par *(Décr. n° 2022-479 du 30 mars 2022, art. 7-1°, en vigueur le 1er mai 2022)* « les articles R. 631-6 à R. 631-14 du code pénitentiaire ».

Art. 1136-23 Lorsqu'une interdiction de rapprochement assortie de l'obligation de porter un bracelet électronique anti-rapprochement prononcée dans le cadre d'une procédure pénale en application de l'article 138-3 du code de procédure pénale ou de l'article 132-45-1 du code pénal est mise en œuvre conformément aux dispositions du dernier alinéa de *(Décr. n° 2022-479 du 30 mars 2022, art. 7-2°, en vigueur le 1er mai 2022)* « l'article R. 631-1 du code pénitentiaire », la main levée *[mainlevée]* de la mesure prononcée en application de l'article 515-11-1 du code civil est acquise de plein droit.

SECTION III LES AUTRES PROCÉDURES RELEVANT DE LA COMPÉTENCE DU JUGE AUX AFFAIRES FAMILIALES

Art. 1137 *(Décr. n° 2004-1158 du 29 oct. 2004, art. 10, en vigueur le 1er janv. 2005)* *(Décr. n° 2019-1419 du 20 déc. 2019, art. 5-11°-a)* « Le juge est saisi par une assignation à une date d'audience communiquée au demandeur selon les modalités définies par l'article 751.

« En cas d'urgence dûment justifiée, le juge aux affaires familiales, saisi par requête, peut permettre d'assigner à une date d'audience fixée à bref délai.

« Dans ces deux cas, la remise au greffe de l'assignation *(Décr. n° 2020-1452 du 27 nov. 2020, art. 1er-32°, en vigueur le 1er janv. 2021)* « doit » intervenir au plus tard la veille de l'audience. A défaut de remise de l'assignation dans le délai imparti, sa caducité est constatée d'office par ordonnance du juge aux affaires familiales ou, à défaut, à la requête d'une partie. »

(Décr. n° 2019-1419 du 20 déc. 2019, art. 5-11°-b) « Le juge » peut également être saisi par requête remise ou adressée au greffe, conjointement ou par une partie seulement. La requête doit indiquer les nom, prénom et adresse des parties ou, le cas échéant, la dernière adresse connue du défendeur. Pour les personnes morales, elle mentionne leur forme, leur dénomination, leur siège et l'organe qui les représente légalement. Elle contient l'objet de la demande et un exposé sommaire de ses motifs. Elle est datée et signée de celui qui la présente ou de son avocat.

L'art. 5 du Décr. n° 2019-1419 du 20 déc. 2019 s'applique aux demandes introduites, à compter du 1er janv. 2020 (Décr. préc., art. 24-II).

L'art. 1er-32° du Décr. n° 2020-1452 du 27 nov. 2020 s'applique aux instances en cours au 1er janv. 2021 (Décr. préc., art. 12).

FORM. PR. CIV. *Requête en fixation d'une pension alimentaire pour un enfant mineur ; Assignation en la forme des référés en fixation d'une pension alimentaire pour un enfant mineur ; Assignation en fixation d'une pension alimentaire ; Requête du débiteur d'aliment à fin de modification ou de suppression d'une pension alimentaire fixée accessoirement à un jugement prononçant un divorce ; Requête à fin de fixation de la contribution d'un époux aux charges du mariage ; Assignation par un ascendant à fin de fixation de pension alimentaire due par un descendant ; Requête conjointe en vue de modification des mesures provisoires après l'ordonnance de non-conciliation et avant l'assignation en divorce – C. pr. civ., art. 1137 ; Assignation en la forme des référés afin de statuer sur les modalités d'exercice de l'autorité parentale et/ou de fixation de contribution à l'entretien et l'éducation des enfants majeurs et/ou mineurs – C. pr. civ., art. 1137, al. 1er.*

Appel. L'appel formé contre les décisions du juge aux affaires familiales sur le fondement de cette disposition et des suivantes sont soumises au régime de la procédure d'appel ordinaire. • Paris, pôle 3, 30 sept. 2014, n° 17/06118.

Art. 1138 *(Décr. n° 2004-1158 du 29 oct. 2004, art. 10, en vigueur le 1er janv. 2005)* **Dans les quinze jours de la requête, le greffe convoque le défendeur à l'audience par lettre recommandée avec demande d'avis de réception.** *(Abrogé par Décr. n° 2015-282 du 11 mars 2015, art. 11-I) « **Il lui adresse, le même jour, par lettre simple, copie de la requête et de la convocation.** »*

Toutefois, lorsque la requête mentionne que l'adresse du défendeur est la dernière adresse connue, le greffe invite le requérant à procéder par voie de signification.

(Décr. n° 2015-282 du 11 mars 2015, art. 11-II) **« Le greffe avise par tous moyens l'auteur de la demande des lieu, jour et heure de l'audience. »**

L'assignation ou la convocation mentionne, à peine de nullité, les dispositions des articles 1139 à 1141.

Sur le Décr. n° 2015-282 du 11 mars 2015, V. Circ. du 20 mars 2015, ss. art. 692-1.

Art. 1139 *(Décr. n° 2004-1158 du 29 oct. 2004, art. 10, en vigueur le 1er janv. 2005)* **Les parties se défendent elles-mêmes ; elles ont la faculté de se faire assister ou représenter par un avocat.**

(Décr. n° 2019-1333 du 11 déc. 2019, art. 8-1°, en vigueur le 1er janv. 2020) **« En matière de demande de révision de prestation compensatoire, les parties sont tenues de constituer avocat. »**

L'art. 8 du Décr. n° 2019-1333 du 11 déc. 2019, art. 4-I est applicable aux instances introduites à compter du 1er janv. 2020 (Décr. préc., art. 55-II).

Renvoi. V. notes ss. art. 1084.

Art. 1140 *(Décr. n° 2004-1158 du 29 oct. 2004, art. 10, en vigueur le 1er janv. 2005)* **La procédure est orale.**

(Décr. n° 2020-1452 du 27 nov. 2020, art. 1er-33°, en vigueur le 1er janv. 2021) **« A tout moment de la procédure, les parties peuvent donner expressément leur accord pour que la procédure se déroule sans audience conformément aux dispositions de l'article L. 212-5-1 du code de l'organisation judiciaire. Dans ce cas, il est fait application des articles 828 et 829 du code de procédure civile. »**

(Décr. n° 2019-1333 du 11 déc. 2019, art. 8-2°, en vigueur le 1er janv. 2020) **« En matière de demande de révision de prestation compensatoire, l'instance est formée, instruite et jugée selon la procédure écrite ordinaire applicable devant le tribunal judiciaire ».**

L'art. 8 du Décr. n° 2019-1333 du 11 déc. 2019, art. 4-I est applicable aux instances introduites à compter du 1er janv. 2020 (Décr. préc., art. 55-II).

Par dérogation, jusqu'au 1er juill. 2021, dans les procédures soumises, au 31 déc. 2019, à la procédure écrite ordinaire, la saisine par assignation de la juridiction et la distribution de l'affaire demeurent soumises aux dispositions des art. 56, 752, 757 et 758 C. pr. civ. dans leur rédaction antérieure au présent décret.

Jusqu'au 1er juill. 2021, les assignations demeurent soumises aux dispositions de l'art. 56 C. pr. civ., dans sa rédaction antérieure au présent décret, dans les procédures au fond suivantes :

1° Celles prévues aux art. R. 202-1 s. LPF ;

2° Celles prévues au livre VI du C. com. devant le tribunal judiciaire ;

3° Celles diligentées devant le trib. paritaire des baux ruraux (Décr., art. 55-III, mod. par Décr. n° 2020-950 du 30 juill. 2020, art. 3, et Décr. n° 2020-1641 du 22 déc. 2020, art. 1er-1°).

Les dispositions de l'art. 55-III du Décr. n° 2019-1333 du 11 déc. 2019 ne sont pas applicables aux procédures prévues aux sous-sections 3 et 4 de la section II du chapitre V du titre Ier du livre III C. pr. civ. (C. pr. civ., art. 1106 s. et 1129 s.) (Décr. n° 2020-1641 du 22 déc. 2020, art. 1er-2°).

L'art. 1er-33° du Décr. n° 2020-1452 du 27 nov. 2020 s'applique aux instances en cours au 1er janv. 2021 (Décr. préc., art. 12).

Art. 1141 *(Décr. n° 2004-1158 du 29 oct. 2004, art. 10, en vigueur le 1er janv. 2005)* **Lorsque la demande est formée sur le fondement de l'article L. 6145-11 du code de la santé publique ou de l'article L. 132-7 du code de l'action sociale et des familles, toute partie peut aussi, en cours d'instance, exposer ses moyens par lettre adressée au juge, à condition de justifier que la partie adverse en a eu connaissance avant l'audience, par lettre recommandée avec demande d'avis de réception.**

La partie qui use de cette faculté peut ne pas se présenter à l'audience. Le jugement rendu dans ces conditions est contradictoire.

Néanmoins, le juge a toujours la faculté d'ordonner que les parties se présentent devant lui.

Appel. L'appel formé contre le jugement du juge aux affaires familiales rendu sur un recours fondé sur l'art. L. 132-7 CASF est jugé conformément aux dispositions régissant la procédure sans représentation obligatoire. • Civ. 2e, 15 nov. 2018, n° 17-22.817 P.

Art. 1142 *(Décr. n° 2004-1158 du 29 oct. 2004, art. 10, en vigueur le 1er janv. 2005)* **Lorsqu'il a été saisi par requête, le juge peut décider, soit d'office, soit à la demande d'une partie, que le jugement sera notifié par le greffe par lettre recommandée avec demande d'avis de réception.**

Art. 1143 *(Décr. n° 2016-1906 du 28 déc. 2016, art. 2)* **Lorsque les parents sollicitent l'homologation de leur convention en application de l'article 373-2-7 du code civil, le juge est saisi par requête conjointe.**

Il ne peut modifier les termes de la convention qui lui est soumise.

Il statue sur la requête sans débat, à moins qu'il n'estime nécessaire d'entendre les parties.

S'il est fait droit à la requête, tout intéressé peut en référer au juge qui a rendu la décision.

La décision qui refuse d'homologuer la convention peut faire l'objet d'un appel. Cet appel est formé par déclaration au greffe de la cour d'appel. Il est jugé selon la procédure gracieuse.

Le Décr. n° 2016-1906 du 28 déc. 2016 s'applique aux demandes d'homologation pour lesquelles les parties n'ont pas encore été convoquées à l'audience au jour de son entrée en vigueur, soit le 30 déc. 2016 (Décr. préc., art. 6).

CHAPITRE V *BIS* LE DIVORCE ET LA SÉPARATION DE CORPS PAR CONSENTEMENT MUTUEL PAR ACTE SOUS SIGNATURE PRIVÉE CONTRESIGNÉ PAR AVOCATS, DÉPOSÉ AU RANG DES MINUTES D'UN NOTAIRE *(Décr. n° 2019-1380 du 17 déc. 2019, art. 8-3°).*

(Décr. n° 2016-1907 du 28 déc. 2016, art. 4)

Les requêtes en divorce ou en séparation de corps introduites avant le 1er sept. 2020 sont traitées selon les règles en vigueur avant cette date (Décr. n° 2019-1380 du 17 déc. 2019, art. 15 ; rect. par Décr. n° 2019-1419 du 20 déc. 2019, art. 22-II).

Les dispositions du Décr. n° 2016-1907 du 28 déc. 2016 entrent en vigueur le 1er janv. 2017 à l'exception des dispositions relatives aux successions qui entrent en vigueur le 1er nov. 2017. Les requêtes en divorce par consentement mutuel déposées au greffe avant le 1er janv. 2017 sont traitées selon les règles en vigueur avant cette date. L'avocat qui apporte son concours dans le cadre d'un divorce par consentement mutuel prévu à l'art. 229-1 C. civ. est valablement désigné au titre de l'aide juridictionnelle lorsque la décision d'attribution de l'aide juridictionnelle antérieure au 1er janv. 2017 est intervenue dans le cadre d'une procédure de divorce par consentement mutuel judiciaire (Décr. préc., art. 40, applicable à Wallis-et-Futuna et en Polynésie française).

L'art. 4 du même décret est applicable en Polynésie française (Décr. préc., art. 41-VI).

Pour une présentation des dispositions en matière de divorce par consentement mutuel et de succession issues de la L. n° 2016-1547 du 18 nov. 2016 et du Décr. n° 2016-1907 du 28 déc. 2016 relatif au divorce prévu à l'art. 229-1 C. civ., V. Circ. du 26 janv. 2017, reproduite ss. art. 1148-2.

BIBL. ▶ AVENAT-ROBARDET, *D. actu. 21 déc. 2017* (enquête sur le divorce par consentement mutuel : un an après) ; *D. actu. 16 févr. 2021* (une charte commune des notaires et des avocats perfectibles). – BAILLON-WIRTZ, *JCP 2016. 643* (la déjudiciarisation précipitée du divorce par consentement mutuel). – BRENNER, *JCP 2017. 195* (le nouveau divorce par consentement mutuel : retour à l'an II ?). – COUZIGOU-SUHAS, *Defrénois 2017. 131* (réflexions pratiques sur le divorce sans juge - rôles complémentaires des avocats et du notaire). – DAVID et CASEY, *AJ fam. 2017. 539* (divorce sans juge : plaidoyer pour un circuit court). – DELLANGNOL, *Gaz. Pal. 9 oct. 2018. 10* (divorce sans juge : avocats et notaires amenés à collaborer). – Dossier, *AJ fam. 2017. 13* et *95* (divorce par consentement mutuel : la réforme !) ; *AJ fam. 2017. 143* (divorce par consentement mutuel : le bilan). – DOUCHY-OUDOT, *Procédures 2017. Étude 10* (contentieux familial : divorce conventionnel par acte d'avocat). – N. FRICERO et F. DYMARSKI, *Dr. fam. 2017. Dossier 3* (le nouveau divorce extrajudiciaire par consentement mutuel). – FENOUILLET, *D. 2016. 1424* (le divorce sans juge). – GALLIEZ, *JCP N 2017. 1319* (la reconnaissance du divorce par consentement mutuel en DIP). – GAUTIER, *LPA 21 nov. 2016. 7* (critique de la déjudiciarisation à marche forcée). – GRANET-LAMBRECHTS, *Mél. Wiederkehr, Dalloz 2009, p. 357* (un divorce par consentement mutuel sans juge ?). – HAMMJE, *Rev. crit. DIP 2017. 143* (le divorce par consentement mutuel extrajudiciaire et le droit international privé). – D. IWEINS, *Gaz. Pal. 31 janv. 2017, p. 7* (divorce sans juge : séduire le justiciable sans se tromper). – JARIEL, *JCP 2017. 660, n° 8* (une nouvelle naissance pour l'acte d'avocat). – MEKKI, *Gaz. Pal. 19 juill. 2016* (le divorce hors le juge). – M. MEKKI, *Gaz. Pal. 21 mars 2017, p. 16* (le divorce par consentement mutuel conventionnelle à la lumière du droit commun des contrats. Et si c'était vrai...). – MULON, *Gaz. Pal. 4 avr. 2017, p. 68* (le nouveau divorce par consentement mutuel : *vade-mecum*). – NIBOYET, REIN-LESCASTEREYRES et DIMITROV, *Gaz. Pal. 4 avr. 2017, p. 74* (la "désinternalisation" du nouveau divorce par consentement mutuel). – TORRICELLI-CHRIFI, *JCP N 2017. 1159* (divorce contractuel : le notaire doit-il fermer les yeux ?). – WEISS-GOUT, TRAVADE-LANNOY, LIENHARD et DAVIS, *Gaz. Pal. 11 avr. 2017* (hors-série), *p. 23* (le nouveau divorce par consentement mutuel). – WEISS-GOUT et MILON, *Gaz. Pal. 12 juill. 2016. 40* (le consentement mutuel par acte d'avocats).

▶ *Adde*, C. RENAULT-BRAHINSKY, Le nouveau divorce sans juge, *LGDJ*, 2017.

DALLOZ RÉFÉRENCE *Droit et pratique du divorce 2022/2023, n°s 141.141 s., 141.212 s., 141.264 s., 141.271 s., 141.281 s., 141.311 s., 141.322 s., 141.371 s.*, par CLAUX et DAVID.

Art. 1144 **L'information prévue au 1° de l'article 229-2** *(Décr. n° 2017-890 du 6 mai 2017, art. 49)* **« du code civil » prend la forme d'un formulaire destiné à chacun des enfants mineurs, qui mentionne son droit de demander à être entendu dans les conditions de l'article 388-1** *(Décr. n° 2017-890 du 6 mai 2017, art. 49)* **« du même code » ainsi que les conséquences de son choix sur les suites de la procédure.**

Le modèle de formulaire est fixé par arrêté du garde des sceaux, ministre de la justice. — *V. Arr. du 28 déc. 2016, reproduit ci-dessous.*

Arrêté du 28 décembre 2016,

Fixant le modèle de l'information délivrée aux enfants mineurs capables de discernement dans le cadre d'une procédure de divorce par consentement mutuel par acte sous signature privée contresigné par avocats, déposé au rang des minutes d'un notaire.

Art. 1er L'information prévue aux dispositions de l'article 1144 du code de procédure civile est délivrée aux enfants mineurs au moyen du formulaire rédigé comme suit :

MODÈLE DE FORMULAIRE D'INFORMATION DES ENFANTS MINEURS DANS LE CADRE D'UN DIVORCE PAR CONSENTEMENT MUTUEL PAR ACTE SOUS SIGNATURE PRIVÉE CONTRESIGNÉ PAR AVOCATS, DÉPOSÉ AU RANG DES MINUTES D'UN NOTAIRE

Je m'appelle [prénoms et nom]

Je suis né(e) le [date de naissance]

Je suis informé(e) que j'ai le droit d'être entendu(e), par le juge ou par une personne désignée par lui, pour que mes sentiments soient pris en compte pour l'organisation de mes relations avec mes parents qui souhaitent divorcer.

Je suis informé(e) que j'ai le droit d'être assisté(e) d'un avocat.

Je suis informé(e) que je peux être entendu(e) seul(e), avec un avocat ou une personne de mon choix et qu'il sera rendu compte de cette audition à mes parents.

J'ai compris que, suite à ma demande, un juge sera saisi du divorce de mes parents.

Je souhaite être entendu(e) :

☐ OUI ☐ NON Date

Signature de l'enfant

Art. 2 Le présent arrêté entre en vigueur le 1er janvier 2017.

Art. 1144-1 **La convention de divorce par consentement mutuel par acte sous signature privée contresigné par avocats précise le nom du notaire ou de la personne morale titulaire de l'office notarial chargé de recevoir l'acte en dépôt au rang de ses minutes.**

Art. 1144-2 **La convention de divorce mentionne, le cas échéant, que l'information prévue au 1° de l'article 229-2 du code civil n'a pas été donnée en l'absence de discernement de l'enfant mineur concerné.**

Art. 1144-3 **La convention de divorce précise la valeur des biens ou droits attribués à titre de prestation compensatoire.**

Lorsque ceux-ci sont soumis à la publicité foncière, l'attribution est opérée par acte dressé en la forme authentique devant notaire, annexé à la convention.

Art. 1144-4 **La convention de divorce qui fixe une pension alimentaire ou une prestation compensatoire sous forme de rente viagère rappelle les modalités de recouvrement et les règles de révision de la créance ainsi que les sanctions pénales encourues en cas de défaillance.**

Art. 1144-5 **La convention de divorce fixe la répartition des frais de celui-ci entre les époux sous réserve de l'application des dispositions de** *(Décr. n° 2020-1717 du 28 déc. 2020, art. 181-3°, en vigueur le 1er janv. 2021)* **« l'article 123 du décret n° 2020-1717 du 28 décembre 2020 » lorsque l'un des époux bénéficie de l'aide juridictionnelle.** – *V. Décr. n° 2020-1717 du 28 déc. 2020, art. 123, App., v° Aide juridique.*

A défaut de précision de la convention, les frais du divorce sont partagés par moitié.

Art. 1145 **La convention de divorce est signée** *(Décr. n° 2019-1380 du 17 déc. 2019, art. 8-4°)* **« ensemble, » par les époux et leurs avocats** *(Décr. n° 2019-1380 du 17 déc. 2019, art. 8-4°)* **« réunis à cet effet » ensemble, en trois exemplaires** *(Décr. n° 2019-1380 du 17 déc. 2019, art. 8-4°)* **« ou, dans les mêmes conditions, par signature électronique ».**

Le cas échéant, y sont annexés le formulaire signé et daté par chacun des enfants mineurs, l'état liquidatif de partage en la forme authentique et l'acte authentique d'attribution de biens soumis à publicité foncière.

Chaque époux conserve un original de la convention accompagné, *(Décr. n° 2019-1380 du 17 déc. 2019, art. 8-4°)* **« selon le cas », de ses annexes et revêtu des quatre signatures. Le troisième original est destiné à son dépôt au rang des minutes d'un notaire.**

Le cas échéant, un quatrième original est établi, dans les mêmes conditions, pour permettre la formalité de l'enregistrement.

(Décr. n° 2020-1201 du 30 sept. 2020, art. 2-3°, en vigueur le 1er janv. 2021) **« Un original supplémentaire est établi, dans les mêmes conditions, lorsque la convention de divorce** *(Décr. n° 2022-259 du 25 févr. 2022, art. 1er-4°)* **« fixe une contribution à l'entretien et à l'éducation de l'enfant sous la forme d'une pension alimentaire en tout ou partie en numéraire et ne mentionne pas le refus des deux parents de mettre en place l'intermédiation financière du versement de cette pension conformément au 1° du » II de l'article 373-2-2 du code civil. »** *(Décr. n° 2022-259 du 25 févr. 2022, art. 1er-4°)* **« Cet original supplémentaire est destiné à être transmis aux organismes débiteurs des prestations familiales par l'avocat du parent créancier, ainsi que les autres informations mentionnées à l'article R. 582-4-1 du code de la sécurité sociale, dans les conditions fixées par cet article. »**

Les requêtes en divorce ou en séparation de corps introduites avant le 1er janv. 2021 sont traitées selon les règles en vigueur avant cette date (Décr. n° 2019-1380 du 17 déc. 2019, art. 15 ; rect. par Décr. n° 2019-1419 du 20 déc. 2019, art. 22-II et Décr. n° 2020-950 du 30 juill. 2020, art. 4).

Les dispositions du Décr. n° 2022-259 du 25 févr. 2022 s'appliquent à compter du 1er mars 2022 à l'exécution des décisions judiciaires de divorce rendues à compter de cette même date et à compter du 1er janv. 2023 à l'exécution des autres décisions judiciaires rendues à compter de cette même date ainsi que des titres mentionnés aux 2° à 6° du I de l'art. 373-2-2 C. civ. émis à compter de cette même date (Décr. préc., art. 4).

Art. 1146 La convention de divorce et ses annexes sont transmises au notaire, à la requête des parties, par l'avocat le plus diligent, aux fins de dépôt au rang des minutes du notaire, dans un délai de sept jours suivant la date de la signature de la convention.

Lorsqu'elles sont rédigées en langue étrangère, la convention et ses annexes sont accompagnées d'une traduction effectuée par un traducteur habilité au sens de l'article 7 du décret n° 2007-1205 du 10 août 2007.

Le dépôt de la convention intervient dans un délai de quinze jours suivant la date de la réception de la convention par le notaire.

Langue française. L'activité de conseil des avocats dans le cadre de la procédure de divorce conventionnel par consentement mutuel n'ayant pas le caractère d'une mission de service public, l'art. 1146 C. pr. civ. ne méconnaît pas l'obligation d'utiliser le français dans les services publics en n'imposant la traduction en français de la convention de divorce et de ses annexes que pour sa transmission aux fins de dépôt au rang des minutes du notaire, et non pas dès sa signature par les époux et les avocats. • CE 15 juin 2018, n° 408261.

Art. 1146-1 (*Abrogé par Décr. n° 2022-259 du 25 févr. 2022, art. 1er-5°*) (*Décr. n° 2020-1201 du 30 sept. 2020, art. 2-4°, en vigueur le 1er janv. 2021*) ***L'avocat du créancier transmet à l'organisme débiteur des prestations familiales un exemplaire de la convention mentionnée au 3° de l'article 373-2-2 du code civil qui prévoit l'intermédiation financière mentionnée au II de ce même article ainsi qu'une attestation de dépôt délivrée par le notaire. Il en informe la partie qu'il assiste.***

Il lui transmet également les informations strictement nécessaires à l'instruction et à la mise en œuvre de l'intermédiation financière mentionnées aux 1°, 2°, 5°, 7° et 8° de l'article 1074-4 ainsi que celles qui suivent :

1° L'identité de l'avocat et ses coordonnées ;

2° Les date et nature du titre qui prévoit l'intermédiation financière ;

3° Après accord des parents, les coordonnées bancaires respectives du parent débiteur et du parent créancier qui figurent sur un relevé d'identité bancaire ou postal, datant de moins de trois mois, remis par le parent débiteur et le parent créancier pour faciliter l'instruction du dossier d'intermédiation financière.

Ces informations sont transmises par voie dématérialisée par l'avocat du créancier, dans un délai de sept jours à compter de la réception de l'attestation de dépôt.

Les dispositions du Décr. n° 2022-259 du 25 févr. 2022 s'appliquent à compter du 1er mars 2022 à l'exécution des décisions judiciaires de divorce rendues à compter de cette même date et à compter du 1er janv. 2023 à l'exécution des autres décisions judiciaires rendues à compter de cette même date ainsi que des titres mentionnés aux 2° à 6° du I de l'art. 373-2-2 C. civ. émis à compter de cette même date (Décr. préc., art. 4).

Rôle du notaire. Le notaire transmet la copie exécutoire de l'acte reçu en la forme authentique qui prévoit l'intermédiation financière mentionné au 4° du I de l'art. 373-2-2 C. civ. à l'organisme mentionné au 1er al. du II du même art. Il lui transmet également, dans le délai et selon les modalités prévues à l'art. 1146-1 C. pr. civ., les informations prévues au même art. : Décr. n° 2020-1201 du 30 sept. 2020 (art. 4).

Art. 1147 Mention du divorce est portée en marge de l'acte de mariage ainsi que de l'acte de naissance de chacun des époux, à la requête de l'intéressé ou de son avocat, au vu d'une attestation de dépôt délivrée par le notaire. L'attestation mentionne l'identité des époux et la date du dépôt.

Si le mariage a été célébré à l'étranger et en l'absence d'acte de mariage conservé par un officier de l'état civil français, mention du divorce est portée en marge de l'acte de naissance de chacun des époux, si cet acte est conservé sur un registre d'état civil

français. A défaut, l'attestation de dépôt est conservée au répertoire mentionné à l'article 4-1 du décret du 1er juin 1965 portant création d'un service central d'état civil au ministère des affaires étrangères.

Toutefois, cette mention ne peut être portée en marge de l'acte de naissance d'un Français qu'après transcription sur les registres de l'état civil de l'acte de mariage célébré par l'autorité étrangère à compter du 1er mars 2007.

Art. 1148 Il est justifié, à l'égard des tiers, du divorce par consentement mutuel prévu à l'article 229-1 du code civil par la production d'une attestation de dépôt délivrée par le notaire ou d'une copie de celle-ci.

Art. 1148-1 Les mainlevées, radiations de sûretés, mentions, transcriptions ou publications rendues nécessaires par le divorce prévu à l'article 229-1 du code civil sont valablement faites au vu de la production, par tout intéressé, d'une copie certifiée conforme de la convention de divorce et, le cas échéant, de ses annexes ou d'un de leurs extraits.

Art. 1148-2 Dès qu'un enfant mineur manifeste son souhait d'être entendu par le juge dans les conditions prévues à l'article 388-1 du code civil, la juridiction peut être saisie selon les modalités prévues aux articles 1088 à 1092.

Les époux peuvent également, jusqu'au dépôt de la convention de divorce au rang des minutes d'un notaire, saisir la juridiction d'une demande de séparation de corps ou de divorce judiciaire dans les conditions prévues aux articles 1106 et 1107.

Circulaire JUSC1638274C du 26 janvier 2017,

De présentation des dispositions en matière de divorce par consentement mutuel et de succession issues de la loi n° 2016-1547 du 18 novembre 2016 de modernisation de la justice du XXIe siècle et du décret n° 2016-1907 du 28 décembre 2016 relatif au divorce prévu à l'article 229-1 du code civil et à diverses dispositions en matière successorale.

Art. 1148-3 *(Décr. n° 2019-1380 du 17 déc. 2019, art. 8-5°)* Les dispositions du présent chapitre sont applicables aux séparations de corps par acte sous signature privée contresigné par avocats, déposé au rang des minutes d'un notaire.

Les requêtes en divorce ou en séparation de corps introduites avant le 1er janv. 2021 sont traitées selon les règles en vigueur avant cette date (Décr. n° 2019-1380 du 17 déc. 2019, art. 15 ; rect. par Décr. n° 2019-1419 du 20 déc. 2019, art. 22-II et Décr. n° 2020-950 du 30 juill. 2020, art. 4).

CHAPITRE VI LA FILIATION ET LES SUBSIDES

RÉP. PR. CIV. v° *Filiation*, par DOUCHY.

BIBL. ► GRANET-LAMBRECHTS, *AJ fam. 2006. 283*.

SECTION PREMIÈRE DISPOSITIONS GÉNÉRALES *(Décr. n° 93-1091 du 16 sept. 1993).*

Le Décr. n° 2006-640 du 1er juin 2006, applicable à compter du 1er juill. 2006, a supprimé les sections II et III et renuméroté en conséquence les sections IV à VI du chapitre VI (Décr. préc., art. 19-I).

Art. 1149 Les actions relatives à la filiation et aux subsides sont instruites et débattues en chambre du conseil.

Le jugement est prononcé en audience publique *(Abrogé par Décr. n° 2006-640 du 1er juin 2006, art. 19-II)* « ***, sauf dans les cas prévus aux articles 1150 à 1153*** ». *(Décr. n° 2019-1333 du 11 déc. 2019, art. 3-9°, en vigueur le 1er janv. 2020)* « Il *(Décr. n° 2020-1452 du 27 nov. 2020, art. 1er-27°, en vigueur le 1er janv. 2021)* « n'est exécutoire à titre provisoire que s'il l'ordonne ». »

L'art. 1er-27° du Décr. n° 2020-1452 du 27 nov. 2020 s'applique aux instances en cours au 1er janv. 2021 (Décr. préc., art. 12).

Sur les mesures d'instruction en matière d'identification d'une personne par ses empreintes génétiques, V. C. civ., art. 16-11. — **C. civ.**

FORM. PR. CIV. *Action à fin de subsides.*

BIBL. ▸ GRANET, *D. 1994. Chron. 21* (établissement judiciaire de la filiation depuis la loi du 8 janv. 1993).

Si la publication du dispositif d'une décision judiciaire relative à la filiation est légale, celle des conditions dans lesquelles se déroulent l'instruction ou les débats est interdite par l'art. 1149. • Paris, 5 déc. 1997 : *D. 1998. IR 32* .

Art. 1149-1 *(Décr. n° 93-1091 du 16 sept. 1993)* **Lorsque, en cas de changement de filiation, l'enfant majeur consent à la modification de son nom, ce consentement est reçu par un officier de l'état civil, un notaire, un agent diplomatique ou consulaire français ou par la juridiction qui prononce la légitimation ; dans ce dernier cas, il en est fait mention au dispositif de la décision.**

Art. 1150 *(Décr. n° 2006-640 du 1er juin 2006, art. 19-III)* **Le délai de pourvoi en cassation suspend l'exécution de la décision qui établit ou modifie le lien de filiation. Le pourvoi en cassation exercé dans ce délai est également suspensif.**

Pour un cas de requêtes unilatérales successives, V. • Paris, 9 mai 1985 : *D. 1986. IR 62, obs. Huet-Weiller.*

Art. 1151 *(Décr. n° 93-1091 du 16 sept. 1993)* **Le ministère public représente l'État dans les actions en recherche de paternité exercées en l'absence d'héritiers du père prétendu ou lorsque ceux-ci ont renoncé à la succession.** *— Ancien art. 1153-1 (Décr. n° 2006-640, art. 19-V).*

Art. 1152 *Abrogé par Décr. n° 2007-773 du 10 mai 2007.*

Art. 1153 à 1155 *Abrogés par Décr. n° 2006-640 du 1er juin 2006, art. 19-IV.*

SECTION II **LES SUBSIDES**

Le Décr. n° 2006-640 du 1er juin 2006, applicable à compter du 1er juill. 2006, a renuméroté les sections du chapitre VI. La section IV devient la section II (Décr. préc., art. 19-I).

Art. 1156 **Le service de l'aide sociale à l'enfance, l'œuvre ou le mandataire désigné par le tribunal sont, pour le recouvrement des subsides, subrogés dans les droits du créancier.**

Les sommes dues à l'enfant sont reversées à son représentant légal dès que possible et au plus tard dans le mois de leur réception.

SECTION III *[ABROGÉE]* **L'ACTE DE NOTORIÉTÉ**

(Abrogée par Décr. n° 2019-756 du 22 juill. 2019, art. 6)

Le Décr. n° 2006-640 du 1er juin 2006, applicable à compter du 1er juill. 2006, a renuméroté les sections du chapitre VI. La section V devient la section III (Décr. préc., art. 19-I).

RÉP. PR. CIV. v° *Acte de notoriété*, par CHARLIN.

BIBL. GÉN. ▸ GRANET-LAMBRECHTS, *AJ fam. 2007. 459* (preuve des liens de filiation).

Art. 1157 ***Avant de dresser un acte de notoriété, le juge, s'il estime insuffisants les témoignages et documents produits, peut faire recueillir d'office par toute personne de son choix des renseignements sur les faits qu'il y a lieu de constater.***

V. Circ. 17 juill. 1972 (D. et BLD 1972. 412) relative à la réforme du droit de la filiation et aux nouvelles attributions du juge des tutelles et du juge d'instance (C. pr. civ. ancien, art. 881 s., codifiés ci-dessus).

FORM. PR. CIV. *Requête d'un futur époux pour obtenir un acte de notoriété (C. civ., art. 71, al. 1er).*

BIBL. ▸ GUERRERO, *Ann. univ. Toulouse 1973, p. 227* (actes de notoriété après la réforme de la filiation). - DEKEUWER-DÉFOSSEZ, *D. 1986. Chron. 305* (pratiques judiciaires et administratives).

Pour une décision refusant la délivrance d'un acte de notoriété, V. • TI Paris, 17 janv. 1975 : *D. 1975. 458, note Massip.*

Art. 1157-1 *(Décr. n° 93-1091 du 16 sept. 1993 ; Décr. n° 2006-640 du 1er juin 2006, art. 19-VI)* ***Le juge qui délivre l'acte de notoriété constatant la possession d'état d'enfant en donne aussitôt avis au procureur de la République du lieu où est détenu l'acte de naissance de l'intéressé.***

Le procureur de la République fait procéder à la mention du lien de filiation ainsi établi en marge de l'acte de naissance de l'enfant.

SECTION IV LE CONSENTEMENT À LA PROCRÉATION MÉDICALEMENT ASSISTÉE

(Décr. n° 95-223 du 24 févr. 1995)

Le Décr. n° 2006-640 du 1er juin 2006, applicable à compter du 1er juill. 2006, a renuméroté les sections du chapitre VI. La section VI devient la section IV (Décr. préc., art. 19-I).

BIBL. GÉN. ▸ MASSIP, *Gaz. Pal. 6 avr. 1995. Doctr. 2.*

Art. 1157-2 *(Décr. n° 2022-290 du 1er mars 2022, art. 1er-2°)* « Le couple ou la femme non mariée qui recourt à une assistance médicale à la procréation nécessitant l'intervention d'un tiers donneur, prévue à l'article 342-10 du code civil, y consent par déclaration devant notaire. Pour les couples, cette déclaration est conjointe. »

La déclaration est recueillie par acte authentique hors la présence de tiers.

Expédition ou copie de l'acte ne peut être délivrée qu'à ceux dont le consentement a été recueilli.

Art. 1157-3 Avant de recueillir le consentement, *(Abrogé par Décr. n° 2019-756 du 22 juill. 2019, art. 7-II) « le juge ou »* le notaire informe *(Décr. n° 2022-290 du 1er mars 2022, art. 1er-3°-a)* « les membres du couple ou la femme non mariée » qui s'apprêtent à l'exprimer :

— de l'impossibilité d'établir un lien de filiation entre l'enfant issu de la procréation et l'auteur du don, ou d'agir en responsabilité à l'encontre de celui-ci ;

— de l'interdiction d'exercer une action *(Décr. n° 2006-640 du 1er juin 2006, art. 19-VII)* « aux fins d'établissement ou de contestation de la filiation » au nom de l'enfant, à moins qu'il ne soit soutenu que celui-ci n'est pas issu de la procréation médicalement assistée ou que le consentement a été privé d'effet ;

— des cas où le consentement est privé d'effet ;

— de la possibilité de faire déclarer judiciairement la paternité hors mariage de celui qui, après avoir consenti à l'assistance médicale à la procréation, ne reconnaît pas l'enfant qui en est issu, et d'exercer contre lui une action en responsabilité de ce chef ;

(Décr. n° 2022-290 du 1er mars 2022, art. 1er-3°-b) « — pour les couples de femmes, de ce que la femme qui fait obstacle à la remise de la reconnaissance conjointe mentionnée à l'article 342-11 du code civil à l'officier de l'état civil engage sa responsabilité, et de la possibilité de faire apposer cette reconnaissance sur l'acte de naissance de l'enfant sur instruction du procureur de la République à la demande de l'enfant majeur, de son représentant légal s'il est mineur ou de toute personne ayant intérêt à agir en justice ;

« — de la possibilité pour l'enfant, s'il le souhaite, d'accéder à sa majorité aux données non identifiantes et à l'identité du tiers donneur. »

L'acte prévu à l'article 1157-2 mentionne que cette information a été donnée.

Pour le consentement du couple aux fins d'accueil d'embryon, V. CSP, art. R. 2141-11. — ***CSP.***

CHAPITRE VII *[ABROGÉ]* LA DÉCLARATION D'ABANDON

(Abrogé par Décr. n° 2017-148 du 7 févr. 2017, art. 2)

Art. 1158 ***La demande en déclaration d'abandon est portée devant le tribunal de grande instance du lieu où demeure l'enfant ; lorsqu'elle émane du service de l'aide sociale à l'enfance, elle est portée devant le tribunal de grande instance du chef-lieu du département dans lequel l'enfant a été recueilli.*** — *C. Civ. art. 350.*

BIBL. ▸ FOURNIÉ, *JCP 1974. I. 2640* (contentieux) ; *JCP 1982. I. 3063* (procédure).

Il ne résulte pas des textes que l'action en déclaration d'abandon ne puisse concerner que les enfants pour lesquels un projet d'adoption est envisagé. • Civ. 1re, 8 mai 1979 : *Bull. civ. I, n° 133.*

Art. 1159 ***L'instance obéit aux règles de la procédure en matière contentieuse.***

1. Comp., en matière d'adoption, art. 1167.

2. Pour une conséquence sur le délai d'appel, V. note 1 ss. art. 1163.

Art. 1160 *(Décr. nº 84-618 du 13 juill. 1984)* ***« La demande est formée par requête remise au greffe.***

« Elle peut aussi être formée par simple requête du demandeur lui-même, remise au procureur de la République, qui doit la transmettre au tribunal. »

Le greffier convoque les intéressés par lettre recommandée avec demande d'avis de réception.

FORM. PR. CIV. *Modèle général de requête à fin de déclaration judiciaire d'abandon ; Requête à fin de déclaration judiciaire d'abandon dans le cas où les parents ont totalement disparu ; Lettre d'accompagnement de la requête simple à fin de déclaration d'abandon quand elle est formée par le demandeur lui-même.*

1. Aucune condition de délai n'est imposée pour la présentation de la requête en déclaration d'abandon. • Civ. 1re, 16 nov. 1976 : *Bull. civ. I, nº 346.*

2. Le procureur de la République n'est pas partie requérante à l'instance en déclaration d'abandon même quand il transmet la requête en application de l'art. 1160, al. 2. • Civ. 1re, 1er mars 1977 : *JCP 1977. II. 18763, note Fournié.*

3. C'est à la date de la présentation de la requête qu'il convient de se placer pour savoir si les parents se sont manifestement désintéressés de l'enfant depuis plus d'un an. • Civ. 1re, 1er mars 1977 : *préc. note 2.* ♦ V. aussi • Civ. 1re, 29 oct. 1979 : *Bull. civ. I, nº 265 ; JCP 1980. II. 19366* • Paris, 8 juin 1973 : *D. 1973. Somm. 105.*

Art. 1161 *(Décr. nº 84-618 du 13 juill. 1984)* ***« L'affaire est instruite et débattue en chambre du conseil en présence du requérant, après avis du ministère public. Le ministère d'avocat n'est pas obligatoire. »***

Les parents ou tuteur sont entendus ou appelés. Dans le cas où ceux-ci ont disparu, le tribunal peut faire procéder à une recherche dans l'intérêt des familles ; il sursoit alors à la décision pour un délai n'excédant pas six mois.

Le jugement est prononcé en audience publique. Il est notifié par le greffier au demandeur, aux parents et, le cas échéant, au tuteur.

Pour un rejet, en fonction de l'intérêt de l'enfant, V. • Civ. 1re, 29 oct. 1979 : *préc. note 3 ss. art. 1160.*

Art. 1162 ***S'il y a lieu, le tribunal statue, en la même forme et par le même jugement, sur la délégation de l'autorité parentale.***

Art. 1163 *(Décr. nº 84-618 du 13 juill. 1984, art. 26)* ***« L'appel est formé selon les règles de la procédure sans représentation obligatoire. » Il est instruit et jugé selon les règles applicables en première instance.***

Les voies de recours sont ouvertes aux personnes auxquelles le jugement a été notifié ainsi qu'au ministère public. — V. art. 932.

1. En raison du caractère contentieux de la procédure, le délai d'appel est d'un mois. • Nancy, 26 oct. 1976 : *JCP 1978. IV. 67.*

2. L'appel est formé par une déclaration que la partie ou tout mandataire fait ou adresse par lettre recommandée au secrétariat de la juridiction qui a rendu le jugement. • Civ. 1re, 12 févr. 1985 : *D. 1985. IR 296* • 7 juill. 1987 : *D. 1987. IR 183.*

Art. 1164 ***Les demandes en restitution de l'enfant sont soumises aux dispositions du présent chapitre.***

FORM. PR. CIV. *Requête à fin de restitution pour un enfant ayant fait l'objet d'une déclaration judiciaire d'abandon ; Requête à fin de restitution d'un enfant pour lequel les parents avaient consenti à l'adoption ; Requête à fin de restitution d'un enfant admis en qualité de pupille de l'État.*

De la combinaison des art. 350, 351 et 352 C. civ. et de l'art. 1164, il résulte que les parents d'un enfant, déclaré judiciairement abandonné, peuvent en demander la restitution lorsque l'enfant n'a pas été placé en vue de l'adoption. • Civ. 1re, 2 juin 1987 : *Bull. civ. I, nº 176 ; Gaz. Pal. 1988. 1. 5, note J.M.*

CHAPITRE VIII L'ADOPTION

RÉP. PR. CIV. v° *Adoption*, par LARRIBAU-TERNEYRE.

SECTION PREMIÈRE LE CONSENTEMENT À L'ADOPTION

BIBL. GÉN. ▶ ABRY, *Dr. et patr. 1997, n° juill.-août, p. 19.*

Art. 1165 Les personnes habilitées à recevoir un consentement à l'adoption doivent informer celui qui le donne de la possibilité de le rétracter et des modalités de la rétractation.

L'acte prévu à l'article 348-3 du code civil mentionne que cette information a été donnée. – *V. C. civ., art. 348 s.* – ***C. civ.***

FORM. PR. CIV. *Modèle général de consentement à adoption.*

SECTION II LA PROCÉDURE D'ADOPTION

BIBL. GÉN. ▶ VIATTE, *Journ. not. 1967, art. 47939* (procédure de l'adoption).

Art. 1166 La demande aux fins d'adoption est portée devant le *(Décr. n° 2019-966 du 18 sept. 2019, art. 8, en vigueur le 1er janv. 2020)* **« tribunal judiciaire** *[ancienne rédaction : tribunal de grande instance]* **».**

Le tribunal compétent est :

– le tribunal du lieu où demeure le requérant lorsque celui-ci demeure en France ;

– le tribunal du lieu où demeure la personne dont l'adoption est demandée lorsque le requérant demeure à l'étranger ;

– le tribunal choisi en France par le requérant lorsque celui-ci et la personne dont l'adoption est demandée demeurent à l'étranger. – *S'agissant des TGI compétents pour connaître des actions aux fins d'adoption ainsi que des actions aux fins de reconnaissance des jugements d'adoption rendus à l'étranger, lorsque l'enfant résidant habituellement à l'étranger a été, est ou doit être déplacé vers la France, V. COJ, art. D. 211-10-1.*

Art. 1167 L'action aux fins d'adoption relève de la matière gracieuse.

Sur le caractère gracieux de la décision rendue en matière d'adoption, V. note Larribau-Terneyre ss. • Pau, 30 mai 1990 : *D. 1991. 20*.

Art. 1168 La demande est formée par requête.

(Décr. n° 84-618 du 13 juill. 1984, art. 27) **« Si la personne dont l'adoption est demandée a été recueillie au foyer du requérant avant l'âge de quinze ans, le requérant peut former lui-même la demande par simple requête adressée au procureur de la République, qui doit la transmettre au tribunal. »**

FORM. PR. CIV. *Requête à fin d'adoption simple ; Requête à fin d'adoption plénière.*

Lorsque la requête aux fins d'adoption lui a été adressée, le ministère public n'en acquiert pas pour autant la qualité de représentant des adoptants, ni celle de partie à l'instance principale. • Civ. 1re, 31 janv. 1990 : *D. 1991. 105, note Boulanger ; Gaz. Pal. 1990. 2. 481, note Sturlese.*

Art. 1169 La requête doit préciser si la demande tend à une adoption plénière ou à une adoption simple.

Art. 1170 L'affaire est instruite et débattue en chambre du conseil, après avis du ministère public.

Il n'y a pas lieu de faire exception à la règle de la publicité des débats dans une instance relative à l'étendue des droits d'un enfant adoptif. • Civ. 1re, 15 juin 1975 : *D. 1975. 757, note Donnier.*

Art. 1171 *(Décr. n° 93-1091 du 16 sept. 1993)* **« Le tribunal vérifie si les conditions légales de l'adoption sont remplies dans un délai de six mois à compter soit du dépôt de la requête, soit de sa transmission dans le cas prévu au second alinéa de l'article 1168. » S'il y a lieu, il fait procéder à une enquête par toute personne qualifiée. Il peut commettre un médecin aux fins de procéder à tout examen qui lui paraîtrait nécessaire.**

Il peut recueillir les renseignements relatifs à un pupille de l'État dans les conditions prévues aux articles L. 221-7 et L. 221-8 du code de l'action sociale et des familles.

Art. 1172 *Abrogé par Décr. nº 93-1091 du 16 sept. 1993.*

Art. 1173 Le tribunal peut, avec l'accord du requérant, prononcer l'adoption simple, même s'il est saisi d'une requête aux fins d'adoption plénière.

1. Sur le caractère facultatif de cette disposition, V. • Bordeaux, 21 janv. 1988 : *D. 1988. 453, note Hauser.*

2. La conversion de l'adoption plénière en adoption simple ne peut se faire contre la volonté des adoptants. • Civ. 1re, 8 mars 2005, nº 02-12.740 P : *AJ fam. 2005. 191, obs. Chenédé ; Defrénois 2005. 1356, note Massip.*

3. Le juge qui accueille la tierce opposition au jugement d'adoption plénière ne peut y substituer une adoption simple sans l'accord exprès du requérant. • Civ. 1re, 5 nov. 2008 : *BICC 15 mars 2009, nº 380 ; RJPF 2/2009. 26, obs. Garé ; Procédures 2009, nº 17, note Douchy-Oudot ; RLDC 01/2009, nº 3271, note C. Evenat ; Defrénois 2009. art. 38910, p. 552, obs. Massip ; RTD civ. 2009. 107, obs. Hauser.*

Art. 1174 Le jugement est prononcé en audience publique. Son dispositif précise s'il s'agit d'une adoption plénière ou d'une adoption simple et contient les mentions prescrites par l'article 1056. Il contient, en outre, lorsque l'adoption plénière est prononcée en application de l'alinéa 2 de l'article 356 du code civil, l'indication des prénoms et du nom du conjoint à l'égard duquel subsiste la filiation d'origine de l'adopté.

Sur le caractère d'ordre public de la règle selon laquelle le jugement est prononcé en audience publique, V. • Civ. 1re, 24 nov. 1959 : *Bull. civ. I, nº 491 ; D. 1960. Somm. 101.* ♦ V. cep. NCPC [devenu C. pr. civ.], art. 458.

Art. 1175 *(Décr. nº 93-1091 du 16 sept. 1993)* **S'il y a lieu, le tribunal se prononce, en la même forme, sur la modification des prénoms de l'adopté et, en cas d'adoption simple, sur le nom de celui-ci.**

Art. 1176 Les voies de recours sont ouvertes au ministère public.

1. Sur le principe, V. • Paris, 26 janv. 1978 : *D. 1979. IR 97* (appel).

2. Pour une action en nullité, V. • Pau, 30 mai 1990 : *D. 1991. 20, note Larribau-Terneyre.*

SECTION III LA PROCÉDURE RELATIVE À LA RÉVOCATION DE L'ADOPTION SIMPLE

BIBL. GÉN. ► LE BIHAN-GUÉNOLÉ, *JCP 1991. I. 3539* (révocation de l'adoption).

Art. 1177 L'instance obéit aux règles de la procédure *(Décr. nº 2019-1333 du 11 déc. 2019, art. 29-11º, en vigueur le 1er janv. 2020)* **« écrite ordinaire ».**

L'affaire est instruite et débattue en chambre du conseil, après avis du ministère public.

Le jugement est prononcé en audience publique.

L'art. 29 du Décr. nº 2019-1333 du 11 déc. 2019 est applicable aux instances en cours au 1er janv. 2020 (Décr. préc., art. 55-I).

FORM. PR. CIV. *Révocation d'adoption simple.*

Le décès de l'adoptant n'empêche pas la juridiction saisie de statuer sur la révocation. • Civ. 1re, 21 juin 1989 : *D. 1990. 182, note Lesca.* ♦ L'action en révocation si elle est personnelle à l'adoptant et à l'adopté peut, lorsqu'elle a été intentée par eux, être poursuivie par les héritiers. • Même arrêt.

Art. 1178 L'appel est formé comme en matière contentieuse. Il est instruit et jugé selon les règles applicables en première instance.

SECTION IV DISPOSITIONS COMMUNES

(Décr. nº 2006-640 du 1er juin 2006, art. 20, en vigueur le 1er juill. 2006)

Art. 1178-1 *(Décr. nº 2019-1333 du 11 déc. 2019, art. 3-10º, en vigueur le 1er janv. 2020)* **« La décision relative à l'adoption** *(Décr. nº 2020-1452 du 27 nov. 2020, art. 1er-*

26°, en vigueur le 1er janv. 2021) **« n'est exécutoire à titre provisoire que si elle l'ordonne ». »**

Le délai de pourvoi en cassation suspend l'exécution de la décision relative à l'adoption. Le pourvoi en cassation exercé dans ce délai est également suspensif.

L'art. 1er-26° du Décr. n° 2020-1452 du 27 nov. 2020 s'applique aux instances en cours au 1er janv. 2021 (Décr. préc., art. 12).

CHAPITRE IX L'AUTORITÉ PARENTALE

Les dispositions de la loi n° 93-22 du 8 janv. 1993 et du décret n° 94-42 du 14 janv. 1994 relatives à la création du JAF sont entrées en vigueur le 1er févr. 1994.

RÉP. PR. CIV. v° *Autorité parentale,* par LARRIBAU-TERNEYRE.

BIBL. GÉN. ▶ BASTIEN-RABNER, *JCP 1992. I. 3613* (droit de l'enfant à l'égalité parentale). – FOSSIER, *JCP 1987. I. 3291* (intervention du juge des tutelles dans la séparation de fait). – GOUTTENOIRE-CORNUT, *Dr. fam. 1998. Chron. 6* (l'enfant et les procédures relatives à l'autorité parentale). – LEGEAIS, *ALD 1988. Comm. 1* (loi du 22 juill. 1987 et décret du 22 juill. 1987). – MOLINES, *RDSS 1982. 343* (modifications résultant du décret du 12 mai 1981). – MONÉGER, *RDSS 1988. 122* (contentieux de l'assistance éducative). – VAUVILLÉ, *D. 1989. Chron. 123* (regard sur la loi Malhuret). – VERDUN, *Bull. ch. avoués 1991. 87* (appel).

▶ **Commentaires de la L. du 8 janv. 1993 :** BOULLEZ, *Gaz. Pal. 1993. 1. Doctr. 828.* – CADIET, *JCP 1993. I. 3678 et 3723.* – MASSIP, *Defrénois 1993. 609 et 673.* – MONÉGER, *RDSS 1993. 223* . – RUBELLIN-DEVICHI, *JCP 1993. I. 3659 et 3688 ; ibid. 1994. I. 3739.* – SUTTON, *D. 1993. 163* . – VIEVILLE, *ALD 1993. 143.*

SECTION PREMIÈRE L'EXERCICE DE L'AUTORITÉ PARENTALE RELATIVEMENT À LA PERSONNE DE L'ENFANT *(Décr. n° 2016-185 du 23 févr. 2016, art. 4-I).*

L'art. 4 du Décr. n° 2016-185 du 23 févr. 2016 est applicable aux administrations légales en cours au jour de son entrée en vigueur (Décr. préc., art. 18-II, applicable à Wallis-et-Futuna ; Décr. préc., art. 19-III).

Art. 1179 *(Décr. n° 2004-1158 du 29 oct. 2004, art. 11-I)* **Les demandes relatives à l'exercice de l'autorité parentale relevant de la compétence du juge aux affaires familiales sont formées, instruites et jugées selon les règles édictées au chapitre V du présent titre, sous réserve des dispositions de la présente section.** – *Entrée en vigueur le 1er janv. 2005 (Décr. n° 2004-1158 du 29 oct. 2004, art. 15).*

BIBL. ▶ BERDEAUX, *AJ fam. 2017. 182* (options procédurales du parent social : embûches et subtilités liées à l'application des art. 371-4 et 377-1 C. civ.).

Ancien art. 1179 *(Décr. n° 94-42 du 14 janv. 1994)* ***Les demandes relatives à l'application*** *(Décr. n° 2002-1436 du 3 déc. 2002, art. 14)* ***« des articles 372 à 374-2 du code civil, sous réserve des règles édictées à la présente section, sont » formées, instruites et jugées en chambre du conseil, selon les règles édictées aux articles 1084 à 1087.***

Ainsi qu'il est dit à l'article 52 de la loi n° 93-22 du 8 janvier 1993 modifiant le code civil relative à l'état civil, à la famille et aux droits de l'enfant et instituant le juge aux affaires familiales, les parties ont la faculté de se faire assister ou représenter selon les règles applicables devant le tribunal d'instance.

1. *Compétence.* Sur la compétence du juge des tutelles en cas de désaccord entre parents séparés de fait, V. • Civ. 1re, 21 mai 1975 : *JCP 1976. II. 18208, note Le Guidec.*

2. *Exécution provisoire.* La décision du juge aux affaires familiales ordonnant le retour dans le pays de sa résidence d'un enfant déplacé illicitement en application des dispositions de la Convention de La Haye du 23 oct. 1980 est assortie de plein droit de l'exécution provisoire par application des art. 1179, dans sa rédaction résultant du décret du 3 déc. 2002, et 1087. • Limoges, 12 mars 2003 : *BICC 2003, n° 1019.* ♦ L'art. 524 n'autorise pas le premier président d'une cour d'appel à suspendre cette exécution provisoire. • Même arrêt.

Art. 1179-1 *(Décr. n° 2002-1436 du 3 déc. 2002, art. 15)* **Pour l'application de l'article 373-2-8 et de l'article 373-2-13 du code civil, les tiers saisissent par simple requête le procureur de la République qui peut recueillir les renseignements qu'il estime utiles sur la situation du mineur et de sa famille.**

Seuls les parents et le Ministère public, lui-même éventuellement saisi par un tiers, peuvent saisir le JAF à l'effet de voir confier un enfant à un tiers. • Civ. 1re, 25 févr. 2009, n° 07-14.849 : *JCP 2009. Actu. 138 ; D. 2009. AJ 811, note Egéa ; RLDC avr. 2009, n° 3395, obs. Pouliquen ; Procédures 2009, n° 117, note Douchy-Oudot.*

Art. 1179-2 *Abrogé par Décr. n° 2002-1436 du 3 déc. 2002, art. 15.*

Art. 1180 *(Décr. n° 2004-1158 du 29 oct. 2004, art. 11-I)* **Les demandes formées en application de l'article 371-4 et de l'alinéa 2 de l'article 373-3 du code civil obéissent aux règles de la procédure** *(Décr. n° 2019-1333 du 11 déc. 2019, art. 29-11°, en vigueur le 1er janv. 2020)* **« écrite ordinaire » applicable devant le** *(Décr. n° 2019-966 du 18 sept. 2019, art. 8, en vigueur le 1er janv. 2020)* **« tribunal judiciaire** *[ancienne rédaction : tribunal de grande instance]* **» ; elles sont jugées après avis du ministère public.** — *Entrée en vigueur le 1er janv. 2005 (Décr. n° 2004-1158 du 29 oct. 2004, art. 15).*

L'art. 29 du Décr. n° 2019-1333 du 11 déc. 2019 est applicable aux instances en cours au 1er janv. 2020 (Décr. préc., art. 55-I).

BIBL. ▶ Berdeaux, *AJ fam. 2017. 182* (options procédurales du parent social : embûches et subtilités liées à l'application des art. 371-4 et 377-1 C. civ.).

Ancien art. 1180 ***Les demandes formées en application de l'article 371-4 et de l'alinéa 2 de l'article 373-3 du code civil obéissent aux règles de la procédure en matière contentieuse ; elles sont instruites et jugées en chambre du conseil, après avis du ministère public.***

Al. 2 abrogé par Décr. n° 87-578 du 22 juill. 1987, art. 15.

1. Avis du ministère public. Est d'ordre public la règle selon laquelle le ministère public doit avoir connaissance des demandes formées en application de l'art. 371-4 C. civ. • Civ. 1re, 17 juin 1986 : *Bull. civ. I, n° 171* • 5 juill. 1988 : *Bull. civ. I, n° 220.*

2. Cassation de l'arrêt ayant statué par application de l'art. 371-4 C. civ., dès lors qu'il ne résulte ni des mentions de l'arrêt, ni des pièces de la procédure, ni d'aucun autre moyen de preuve que la cause ait été communiquée au ministère public. • Civ. 1re, 13 déc. 1988 : *Bull. civ. I, n° 355.*

3. Compétence du JAF. Sur la compétence exclusive du juge aux affaires familiales pour trancher les litiges relatifs au droit de visite des grands-parents depuis la modification de l'art. 371-4 C. civ. par la loi du 8 janv. 1993, V. • Agen, 24 juill. 1996 : *D. 1997. 578, note Nicoleau et Talbert.*

Art. 1180-1 *(Décr. n° 2012-1443 du 24 déc. 2012, art. 1er)* **La déclaration conjointe prévue aux articles 365 et 372 du code civil est remise ou envoyée en trois exemplaires par lettre recommandée au** *(Décr. n° 2017-892 du 6 mai 2017, art. 68-I-1°)* **« directeur de greffe » du** *(Décr. n° 2019-966 du 18 sept. 2019, art. 8, en vigueur le 1er janv. 2020)* **« tribunal judiciaire** *[ancienne rédaction : tribunal de grande instance]* **» du lieu où demeure l'enfant.**

Elle est accompagnée des pièces suivantes :

1° La copie intégrale de l'acte de naissance de l'enfant et, le cas échéant, du jugement prononçant l'adoption simple de l'enfant ;

2° Pour chacun des parents, la copie intégrale de son acte de naissance ainsi que la copie d'un document officiel délivré par une administration publique comportant son nom, son prénom, sa date et son lieu de naissance, sa photographie et sa signature.

Le *(Décr. n° 2017-892 du 6 mai 2017, art. 68-I-1°)* **« directeur de greffe » appose son visa et la date sur chacun des exemplaires de la déclaration conjointe. Il en notifie, par lettre recommandée, un exemplaire à chacun des parents dans les conditions prévues aux articles 665 à 670-3 et en conserve un exemplaire au greffe.**

BIBL. ▶ **Commentaires du Décr. du 3 déc. 2002 :** Blanc, *RJPP 2003, n° 3, p. 23.* – Chevalier, *Procédures 2003. Chron. 1.* – Chevalier et Moussa, *JCP 2003, n° 4, Actu. 39.*

Jurisprudence antérieure au décret du 3 déc. 2002. Le juge des tutelles n'avait pas le *pouvoir d'apprécier, au regard de l'intérêt de* l'enfant, l'opportunité de la déclaration prévue par l'art. 374, al. 2, ni celui de contrôler la légitimité des motifs de celle-ci. • Civ. 1re, 26 juin 1990, n° 88-19.279 P : *JCP 1991. II. 21688, note Vauville ; D. 1991. 315, note Massip.* ♦ Comp. : • TI Amiens, 9 févr. 1988 : Gaz. Pal. 1988. 2. 715, *note Guihal,* se réservant l'appréciation de l'intégrité du consentement.

Art. 1180-2 *(Décr. n° 2002-1436 du 3 déc. 2002, art. 17)* **L'ordonnance qui fixe à titre provisoire la résidence de l'enfant en application de l'alinéa 2 de l'article 373-2-9 du**

code civil mentionne, outre la durée de la mesure, les lieux, jour et heure de l'audience à laquelle il sera statué à nouveau sur la résidence.

Art. 1180-3 *(Décr. nº 2012-1037 du 10 sept. 2012, art. 2)* Lorsque le juge aux affaires familiales prononce ou modifie une mesure, prise en application de l'article 373-2-6 du code civil, d'interdiction de sortie du territoire d'un enfant mineur sans l'autorisation de ses deux parents, le greffe du juge aux affaires familiales en avise aussitôt le procureur de la République *[,]* qui fait inscrire cette mesure au fichier des personnes recherchées ou fait procéder à la modification de l'inscription.

Lorsqu'une requête en divorce ou en séparation de corps mentionne l'existence d'une ordonnance de protection en cours d'exécution comportant une mesure d'interdiction de sortie du territoire d'un mineur sans l'autorisation de ses deux parents, le greffe du juge aux affaires familiales en avise aussitôt le procureur de la République. Celui-ci, après s'être assuré que les conditions mentionnées par l'article 1136-13 sont réunies, fait procéder en conséquence aux modifications de l'inscription au fichier des personnes recherchées en ce qui concerne la durée de validité de la mesure.

Le Décr. nº 2012-1037 du 10 sept. 2012 est applicable sur l'ensemble du territoire de la République (Décr. préc., art. 3).

Il entre en vigueur le premier jour du mois suivant sa publication (JO 11 sept.), soit le 1er oct. 2012 (Décr. préc., art. 4, al. 1er).

Art. 1180-4 *(Décr. nº 2012-1037 du 10 sept. 2012, art. 2)* I. — La sortie du territoire d'un mineur faisant l'objet d'une mesure, prise par le juge des affaires familiales en application de l'article 373-2-6 du code civil, d'interdiction de sortie du territoire sans l'autorisation des deux parents, est subordonnée au recueil de l'accord de chacun des parents selon les modalités prévues aux II, III et IV du présent article.

II. — Chacun des deux parents, conjointement ou séparément, déclare, devant un officier de police judiciaire ou, sous le contrôle de celui-ci, devant un agent de police judiciaire, autoriser l'enfant à quitter le territoire, en précisant la période pendant laquelle cette sortie est autorisée ainsi que la destination de cette sortie. Cette déclaration est faite au plus tard cinq jours avant la date à laquelle la sortie du territoire du mineur est envisagée, sauf si le projet de sortie du territoire est motivé par le décès d'un membre de la famille du mineur ou en cas de circonstances exceptionnelles dûment justifiées.

Lors de la déclaration, l'officier ou l'agent de police judiciaire vérifie l'identité du ou des déclarants et leur qualité de parent de l'enfant.

Un procès-verbal est dressé et signé par l'officier ou l'agent de police judiciaire et le ou les parents déclarant. Un récépissé est remis à chaque parent déclarant.

L'officier ou l'agent de police judiciaire transmet le procès-verbal pour information au procureur de la République. Il communique sans délai les informations utiles au gestionnaire du fichier des personnes recherchées afin que ce service procède à l'inscription de l'autorisation dans ce fichier.

III. — Les dispositions du II ne sont pas applicables lorsque le mineur voyage en compagnie de ses deux parents.

IV. — Lorsque le mineur voyage en compagnie d'un seul de ses parents, la procédure prévue au II n'est pas applicable pour le recueil de l'autorisation du parent qui accompagne le mineur lors de la sortie du territoire. L'autorisation de l'autre parent est recueillie préalablement à la sortie du territoire du mineur, conformément à la procédure prévue au II.

Le Décr. nº 2012-1037 du 10 sept. 2012 est applicable sur l'ensemble du territoire de la République (Décr. préc., art. 3).

Il entre en vigueur le premier jour du mois suivant sa publication (JO 11 sept.), soit le 1er oct. 2012 (Décr. préc., art. 4, al. 1er).

Art. 1180-5 *(Décr. nº 2012-1312 du 27 nov. 2012, art. 1er)* Lorsqu'en statuant sur les droits de visite et d'hébergement, à titre provisoire ou sur le fond, le juge décide que le droit de visite ou la remise de l'enfant s'exercera dans un espace de rencontre qu'il désigne en application des articles 373-2-1 ou 373-2-9 du code civil, il fixe la durée de la mesure et détermine la périodicité et la durée des rencontres.

Le juge peut à tout moment modifier ou rapporter sa décision d'office, à la demande conjointe des parties ou de l'une d'entre elles ou à la demande du ministère public.

En cas de difficulté dans la mise en œuvre de la mesure, la personne gestionnaire de l'espace de rencontre en réfère immédiatement au juge.

Le Décr. nº 2012-1312 du 27 nov. 2012 est applicable dans les îles Wallis-et-Futuna (Décr. préc., art. 3).

Champs d'application. L'art. 371-4 C. civ. ne précise pas les modalités selon lesquelles le droit de visite et d'hébergement des grands-parents peut s'exercer et l'art. 1180-5 C. pr. civ. n'est pas applicable aux relations entre les enfants et leurs grands-parents. Dès lors, ne méconnaît pas l'étendue de ses pouvoirs une cour d'appel qui, organisant le droit de visite d'une grand-mère dans un espace de rencontre, fixe la durée de la mesure, le lieu et la périodicité des rencontres, sans préciser la durée des rencontres. • Civ. 1re, 13 juin 2019, nos 18-12.389 et 18-16.642 P : *D. actu. 1er juill. 2019, obs. Gareil-Sutter ; D. 2020. 512, obs. Douchy-Oudot ; AJ fam. 2019. 465, note Houssier ; JCP 2019. 694, note Corpart ; ibid. 1099, obs. Gouttenoire ; Procédures 2019, nº 229, note Douchy-Oudot ; Gaz. Pal. 1er oct. 2019, p. 64, note Dalibert.*

Art. 1180-5-1 *(Décr. nº 2020-930 du 28 juill. 2020, art. 1er)* **Lorsque le juge décide que la remise de l'enfant s'exercera avec l'assistance d'un tiers de confiance en application des articles 373-2-1 ou 373-2-9 du code civil, il désigne la personne chargée de cette mission, sur proposition commune des parents ou de l'un d'eux, et sous condition de l'accord écrit de cette personne. Il fixe les modalités de la mesure et sa durée.**

Le juge désigne également, à titre subsidiaire, un espace de rencontres dans lequel est assurée la remise de l'enfant, à charge pour les parents ou l'un d'eux de saisir le responsable de cet espace en cas de carence du tiers de confiance.

Le juge peut à tout moment modifier ou rapporter sa décision d'office, à la demande conjointe des parties ou de l'une d'entre elles, ou à la demande du ministère public.

SECTION PREMIÈRE *BIS* L'INTERVENTION DU JUGE DES TUTELLES EN MATIÈRE D'ADMINISTRATION LÉGALE

(Décr. nº 2016-185 du 23 févr. 2016, art. 4-II)

L'art. 4 du Décr. nº 2016-185 du 23 févr. 2016 est applicable aux administrations légales en cours au jour de son entrée en vigueur (Décr. préc., art. 18-II). L'art. 18 préc. est applicable à Wallis-et-Futuna (Décr. préc., art. 19-III).

BIBL. ▸ **Décr. du 26 févr. 2016 :** Combret et Baillon-Wirtz, *JCP N 2016. 1098.* – Peterka, *JCP 2016. 281.*

SOUS-SECTION 1 LA DEMANDE

Art. 1180-6 Le juge des tutelles des mineurs territorialement compétent est celui de la résidence habituelle du mineur.

Art. 1180-7 Le juge est saisi par requête remise ou adressée au greffe du *(Décr. nº 2019-966 du 18 sept. 2019, art. 8, en vigueur le 1er janv. 2020)* **« tribunal judiciaire** *[ancienne rédaction : tribunal de grande instance]* **». La requête indique, à peine de nullité, les nom, prénoms et adresse du requérant, son lien avec le mineur, l'identité et l'adresse du mineur et de ses parents.**

Lorsque la requête est fondée sur les dispositions du deuxième alinéa de l'article 387-3 du code civil, elle comporte à peine d'irrecevabilité, les mentions prévues à l'alinéa précédent et l'énoncé précis des faits de nature à porter gravement préjudice aux intérêts patrimoniaux du mineur ou qui compromettent manifestement et substantiellement ceux-ci ainsi que, le cas échéant, les pièces propres à justifier ces faits.

SOUS-SECTION 2 L'INSTRUCTION DE LA DEMANDE

Art. 1180-8 Le juge peut, soit d'office, soit à la requête des parties ou du ministère public, ordonner toute mesure d'instruction.

Art. 1180-9 Le juge entend le mineur dans les conditions de l'article 388-1 du code civil. Il peut, dans tous les cas où il l'estime opportun, procéder à l'audition des parents et de toute autre personne.

L'audition n'est pas publique. Il est dressé procès-verbal de celle-ci.

Art. 1180-10 Le juge des tutelles qui connaît de la situation d'un mineur peut vérifier auprès du juge des enfants si une procédure d'assistance éducative est ouverte et demander à ce dernier de lui transmettre copie des pièces du dossier en cours, selon les modalités définies à l'article 1187-1.

Art. 1180-11 Dès lors qu'il est informé qu'une procédure d'assistance éducative est ouverte à l'égard du mineur, le juge des tutelles transmet, à la demande du juge des enfants, copie de toute pièce que ce dernier estime utile.

SOUS-SECTION 3 LA CONSULTATION DU DOSSIER ET LA DÉLIVRANCE DE COPIES

Art. 1180-12 Le dossier peut être consulté au greffe par le requérant, le mineur capable de discernement, les parents ou leurs avocats, s'ils sont assistés ou représentés, jusqu'à ce qu'il soit statué sur la requête.

Lorsqu'il est fait application des dispositions des articles 387-3, 387-4 ou 387-5 du code civil, le mineur capable de discernement ou l'un de ses parents ainsi que leurs conseils peuvent demander à consulter le dossier à tout moment de la procédure.

Le mineur capable de discernement ne peut consulter le dossier le concernant qu'en présence de ses parents ou de l'un d'eux ou de son avocat. En cas de refus des parents et si l'intéressé n'a pas d'avocat, le juge saisit le bâtonnier d'une demande de désignation d'un avocat pour assister le mineur.

Par décision motivée, le juge peut, en l'absence d'avocat, exclure tout ou partie des pièces de la consultation par le requérant ou le mineur lorsque cette consultation serait de nature à causer à ce dernier un préjudice grave.

Dans tous les cas, la consultation ne peut se faire qu'aux jours et heures fixés par le juge.

Art. 1180-13 L'avocat du mineur ou de ses parents peut se faire délivrer copie de tout ou partie des pièces du dossier. Il ne peut communiquer les copies ainsi obtenues ou leur reproduction au mineur ou à un tiers.

Le juge peut autoriser, sur leur demande et sur justification d'un intérêt légitime, la délivrance d'une copie d'une ou plusieurs pièces du dossier aux parents ainsi qu'au mineur âgé de seize ans révolus. La décision du juge est une mesure d'administration judiciaire.

SOUS-SECTION 4 LES DÉCISIONS DU JUGE DES TUTELLES

Art. 1180-14 A la demande de tout intéressé ou d'office, le juge peut ordonner que l'examen de la requête donne lieu à un débat, notamment lorsqu'il est fait application des articles 387, 387-3, 387-4 et 387-5 du code civil.

Dans ce cas, le juge statue après avoir entendu ou appelé l'administrateur légal ou les administrateurs légaux.

Les avocats des parties, lorsqu'elles sont assistées ou représentées, sont entendus en leurs observations.

Art. 1180-15 L'affaire est instruite et jugée en chambre du conseil.

SOUS-SECTION 5 LES NOTIFICATIONS ET LES COPIES DES DÉCISIONS

Art. 1180-16 Toute décision du juge est notifiée, à la diligence du greffe, au requérant, aux parents et, le cas échéant, à l'administrateur *ad hoc*.

(Décr. n° 2017-148 du 7 févr. 2017, art. 4) « Le mineur âgé de seize ans révolus est avisé par lettre simple de la décision, à moins que son état ne le permette pas. »

Les notifications sont faites par lettre recommandée avec demande d'avis de réception. Le juge peut toutefois décider qu'elles seront faites par acte d'huissier.

La délivrance d'une copie certifiée conforme d'une décision du juge des tutelles par le greffe contre récépissé daté et signé vaut notification dès lors que les voies de recours et les sanctions encourues pour recours abusif sont portées à la connaissance de l'intéressé.

Aux termes de l'art. 1180-16, dans sa rédaction issue du Décr. n° 2016-185 du 23 févr. 2016, applicable aux administrations légales en cours au jour de son entrée en vigueur, toute décision du juge des tutelles est notifiée, à la diligence du greffe, au requérant, aux parents et, le cas échéant, à l'administrateur *ad hoc*. Nonobstant l'existence d'un administrateur *ad hoc*, l'ordonnance d'un juge des tutelles doit être notifiée aux parents d'un mineur, administrateurs légaux. A défaut d'une telle notification, le délai de ces administrateurs légaux pour interjeter appel ne commence pas à courir, ces derniers étant dès lors recevables à former appel au-delà du délai de 15 jours après ladite ordonnance. • Civ. 1re, 3 oct. 2018, n° 17-27.510 P : *Defrénois 21 févr. 2019, p. 25, obs. Combret* (cassation au visa de l'art. 1180-16, ensemble les art. 1180-18, 1239 et 1241-1).

Art. 1180-17 Il ne peut être délivré copie des décisions du juge qu'au requérant, aux parents et, le cas échéant, à l'administrateur *ad hoc*.

Le mineur intéressé devenu majeur peut obtenir copie des décisions le concernant.

Les personnes justifiant d'un intérêt légitime peuvent également en obtenir des extraits sur autorisation du juge. La décision du juge est une mesure d'administration judiciaire.

SOUS-SECTION 6 L'APPEL

Art. 1180-18 Sauf disposition contraire, les décisions du juge sont susceptibles d'appel.

L'appel est formé, instruit et jugé selon les règles édictées aux articles 1239 à 1247.

SOUS-SECTION 7 L'AMENDE CIVILE

Art. 1180-19 L'amende civile prévue à l'article 387-6 du code civil ne peut excéder *(Décr. n° 2017-892 du 6 mai 2017, art. 67)* « 10 000 » €.

L'art. 67 du Décr. n° 2017-892 du 6 mai 2017 est applicable dans les îles Wallis-et-Futuna (Décr. préc., art. 72-II).

SECTION II L'ASSISTANCE ÉDUCATIVE

BIBL. GÉN. ▸ **Commentaires du Décr. du 15 mars 2002 :** AMBRY, *AJ fam. 2002. 212*. – CROZE, JUNILLON et LAPORTE, *Procédures 2002, n° 93*. – DESLOGES, *AJ fam. 2002. 207*. – GARÉ, *RJPF mai 2002. 19*. – GOUTTENOIRE-CORNUT, *Dr. fam. 2002. Chron. 14*. – HUYETTE, *D. 2002. Chron. 1433* ; *AJ fam. 2002. 215*. – F. MONÉGER, *AJ fam. 2002. 202*.

▸ **Autres articles :** LE BRIS, *Rev. jur. Ouest 1989. 2. 205* (défense de l'enfant en justice). – MONÉGER, *Rev. dr. sanit. et soc. 1988. 122* (contentieux de l'assistance éducative).

Art. 1181 *(Décr. n° 87-578 du 22 juill. 1987)* Les mesures d'assistance éducative sont prises par le juge des enfants du lieu où demeure, selon le cas, *(Décr. n° 2013-429 du 24 mai 2013, art. 1er-1°)* « l'un des parents », le tuteur du mineur ou la personne, ou le service à qui l'enfant a été confié ; à défaut, par le juge du lieu où demeure le mineur.

(Décr. n° 2002-361 du 15 mars 2002) « Si la personne mentionnée à l'alinéa précédent change de lieu de résidence, le juge se dessaisit au profit du juge du lieu de la nouvelle résidence, sauf ordonnance motivée.

« Ainsi qu'il est dit à l'article L. 228-4 du code de l'action sociale et des familles, en cas de changement de département, le président du *(Décr. n° 2017-892 du 6 mai 2017, art. 69)* « conseil départemental » de l'ancienne résidence et celui de la nouvelle résidence sont informés du dessaisissement. » – *Entrée en vigueur le 1er sept. 2002.*

Les dispositions issues du Décr. n° 2002-361 du 15 mars 2002 entrent en vigueur le 1er sept. 2002 (JO 17 mars).

Le Décr. n° 2013-429 du 24 mai 2013 est applicable à Wallis-et-Futuna (Décr. préc., art. 6).

1. Les juridictions françaises sont en principe incompétentes pour prendre des mesures d'assistance éducative à l'égard de mineurs résidant à l'étranger. • Civ. 1re, 6 avr. 1994, n° 93-05.024 P : *D. 1995. IR 137*.

2. Le moyen qui soulève pour la première fois devant la Cour de cassation la prétendue incompétence territoriale du juge des enfants est irrecevable. • Civ. 1re, 16 janv. 1979 : *Bull. civ. I, n° 22*.

3. Les divers chefs de compétence du juge des enfants sont de compétence concurrente ; il en résulte que, statuant d'urgence au titre de l'assistance éducative, ce juge peut se dessaisir au profit d'un autre juge également compétent dans l'intérêt d'une bonne administration de la justice. • Civ. 1re, 11 oct. 1989 : *Bull. civ. I, n° 310.* ♦ V. aussi, jugeant qu'il résulte de l'art. 1181 que, dans le but de permettre la mise en œuvre effective et rapide des mesures nécessaires pour assurer la protection d'enfants en danger, la loi a prévu que l'un quelconque des juges des enfants où demeure l'un des parents et à défaut le mineur lui-même puisse être saisi d'une procédure d'assistance éducative. Ces critères de compétence ne sont pas alternatifs mais concurrents. Si plusieurs juges des enfants sont saisis concurremment, il leur appartient de se concerter pour regrouper éventuellement les procédures dans un même cabinet afin de garantir la cohérence des mesures prises. • Aix-en-Provence, 1er juin 2012 : *cité note 1 ss. art. 1183.*

4. Qualification. L'ordonnance par laquelle un juge des enfants se dessaisit au profit du juge du lieu de la nouvelle résidence du père, de la mère, du tuteur du mineur, de la personne ou du service à qui l'enfant a été confié ou du mineur ne constitue pas une mesure d'administration judiciaire et, partant, est susceptible d'appel. • Civ. 1re, 11 mars 2009, n° 08-12.097 P : *D. 2009. AJ 872 ; ibid. 1504, note Huyette ; ibid. 2010. Pan. 990, obs. Douchy-Oudot ; JCP 2009. 74, note Mellotée ; Dr. fam. 2009. Comm. 56, obs. Murat ; RJPF 07-08/2009. 23, obs. Eudier.*

5. Plusieurs juges des enfants ne pouvant être simultanément compétents pour statuer sur le fond relativement à la situation d'un mineur déterminé, le juge des enfants appelé à prendre des mesures provisoires commandées par l'urgence doit se dessaisir au profit du juge initialement saisi et dont il n'est pas allégué qu'il se soit lui-même dessaisi. • Civ. 1re, 2 mars 1982 : *Bull. civ. I, n° 91.*

6. Il résultait de l'ancien art. 1181, al. 2, que le juge initialement saisi d'une procédure d'assistance éducative, s'il avait, en cas de changement de domicile ou de résidence du père, de la mère, du tuteur ou du gardien, la faculté de se dessaisir au profit du juge du nouveau domicile ou résidence, il n'y était pas tenu. • Civ. 1re, 14 juin 1988 : *Bull. civ. I, n° 192 ; Gaz. Pal. 1988. 2. 895, note Massip.* ♦ Désormais, l'art. 1181, al. 2, est rédigé sur le mode impératif.

7. Juge des enfants et JAF. Il résulte de la combinaison des art. 375-3 et 375-7, al. 4, C. civ. que, lorsqu'un JAF a statué sur la résidence de l'enfant et fixé le droit de visite et d'hébergement de l'autre parent, le juge des enfants, saisi postérieurement à cette décision, ne peut modifier les modalités du droit de visite et d'hébergement décidé par le JAF que s'il existe une décision de placement de l'enfant au sens de l'art. 375-3, laquelle ne peut conduire le juge des enfants à placer l'enfant chez le parent qui dispose déjà d'une décision du JAF fixant la résidence de l'enfant à son domicile, et si un fait nouveau de nature à entraîner un danger pour le mineur s'est révélé postérieurement à la décision du JAF. • Civ. 1re, 20 oct. 2021, n° 19-26.152 P : *cité note 4 ss. COJ, art. L. 213-3.*

Art. 1182 *(Décr. n° 2002-361 du 15 mars 2002)* **Le juge donne avis de l'ouverture de la procédure au procureur de la République ; quand ils ne sont pas requérants, il en donne également avis** *(Décr. n° 2013-429 du 24 mai 2013, art. 1er-2°)* **« à chacun des parents », au tuteur, à la personne ou au représentant du service à qui l'enfant a été confié.**

Il entend *(Décr. n° 2013-429 du 24 mai 2013, art. 1er-2°)* **« chacun des parents », le tuteur, la personne ou le représentant du service à qui l'enfant a été confié et le mineur capable de discernement et porte à leur connaissance les motifs de sa saisine.**

Il entend toute autre personne dont l'audition lui paraît utile.

L'avis d'ouverture de la procédure et les convocations adressées aux *(Décr. n° 2013-429 du 24 mai 2013, art. 1er-3°)* **« parents », au tuteur, à la personne ou au représentant du service à qui l'enfant a été confié et au mineur mentionnent les droits des parties de faire choix d'un conseil ou de demander qu'il leur en soit désigné un d'office conformément aux dispositions de l'article 1186. L'avis et les convocations *informent les parties* de la possibilité de consulter le dossier conformément aux dispositions de l'article 1187.** — *Entrée en vigueur le 1er sept. 2002.*

Le Décr. n° 2013-429 du 24 mai 2013 est applicable à Wallis-et-Futuna (Décr. préc., art. 6).

V. notes 1 à 3 ss. ancien art. 1183.

Art. 1183 *(Décr. n° 2002-361 du 15 mars 2002, art. 4, en vigueur le 1er sept. 2002)* **Le juge peut, soit d'office, soit à la requête des parties ou du ministère public, ordonner toute mesure d'information concernant la personnalité et les conditions de vie du mineur et de ses parents, en particulier par le moyen d'une enquête sociale, d'examens médicaux, d'expertises psychiatriques et psychologiques ou d'une mesure d'investigation et d'orientation éducative.** — *V. Arr. du 2 févr. 2011, reproduit ci-dessous. — V. Circ. d'orientation JUSF1034029C du 31 déc. 2010, BOMJL n° 2011-01 du 31 janv. 2011.*

1. Mesures judiciaires d'investigation éducative. Nature juridique. Si elles ne figurent pas parmi les mesures citées par l'art. 1183, les mesures judiciaires d'investigation éducative constituent, aux termes de l'Arr. du 2 févr. 2011, une mesure destinée à l'information du magistrat, susceptible d'être ordonnée dans le cadre d'une mesure d'assistance éducative. • Aix-en-Provence, 1er juin 2012 : *AJ fam. 2013. 177, note Douris*.

2. ... Régime juridique. En application des dispositions de l'art. 150 C. pr. civ., cette mesure, qui a les caractèristiques d'une mesure d'instruction, n'est pas susceptible d'appel indépendamment du jugement sur le fond. L'irrecevabilité du recours doit être soulevée d'office par la cour. • Aix-en-Provence, 1er juin 2012 : *préc. note 1*.

Arrêté du 2 février 2011,

Portant création de la mesure judiciaire d'investigation éducative (JO 25 févr.).

BIBL. ► *AJ fam. 2011. 126*.

Art. 1er Parmi les mesures destinées à l'information du magistrat susceptibles d'être ordonnées dans le cadre des procédures en assistance éducative et dans le cadre de l'enfance délinquante, il est créé une mesure judiciaire d'investigation éducative.

Art. 2 La mesure judiciaire d'investigation éducative est destinée à fournir au magistrat des informations quant à la personnalité et aux conditions d'éducation et de vie du mineur et de ses parents. A ce titre, cette mesure est interdisciplinaire et modulable tant dans son contenu que dans sa durée, en fonction de son cadre d'exercice civil ou pénal, de la situation particulière du mineur et de la prescription du magistrat.

Art. 3 La mesure judiciaire d'investigation éducative peut être mise en œuvre par les services du secteur public de la protection judiciaire de la jeunesse.

Les services gérés par le secteur associatif peuvent être autorisés et habilités à mettre en œuvre cette mesure.

Art. 4 Chaque mesure judiciaire d'investigation éducative effectuée en application du présent arrêté par un service habilité géré par le secteur associatif ouvre droit au profit de ce dernier à un paiement versé par le ministère de la justice selon les modalités fixées à la section II du chapitre IV du titre Ier du livre III *[art. L. 314-3 à L. 314-9]* du code de l'action sociale et des familles.

Ancien art. 1183 ***Le juge entend les père et mère, le tuteur ou*** *(Décr. no 87-578 du 22 juill. 1987)* ***« la personne ou le représentant du service à qui l'enfant a été confié », ainsi que toute autre personne dont l'audition lui paraît utile. Il entend le mineur à moins que l'âge ou l'état de celui-ci ne le permette pas.***

Il peut, soit d'office, soit à la requête des parties ou du ministère public, ordonner toute mesure d'information et faire notamment procéder à une étude de la personnalité du mineur, en particulier par le moyen d'une enquête sociale, d'examens médicaux, psychiatriques et psychologiques, d'une observation du comportement ou d'un examen d'orientation professionnelle.

Lorsqu'il est avisé par le juge des enfants d'une mesure d'assistance éducative prise en application des art. 375 à 375-8 C. civ., le président du conseil général lui communique les informations dont il dispose sur le mineur et sa situation familiale (CASF, art. L. 221-4).

BIBL. ► **Avant la réforme de 2002 :** MASSIP, *Gaz. Pal. 1985. 2. Doctr. 668* (audition des père et mère). – RENUCCI, *D. 1987. Chron. 19* (efficacité de l'audition des parents et du mineur).

JURISPRUDENCE ANTÉRIEURE AU DÉCRET DU 15 MARS 2002

A. AUDITIONS

V. désormais art. 1182.

1. Parents. Sur la nécessité et la sanction du défaut d'audition des parents, V. • Rennes, 18 sept. 1987 : *D. 1988. 440, note Renucci*.

2. Si le juge doit entendre les parents, c'est à la condition que cette audition soit possible et compatible avec l'urgence de la mesure (en l'espèce, adresse du père inconnue). • Civ. 1re, 22 mai 1985 : *Gaz. Pal. 1985. 2. 756 ; Bull. civ. I, no 161*.

3. Mineurs. Si l'audition du mineur est de principe, le juge peut décider de ne pas y procéder non seulement lorsque l'âge, la santé ou les facultés mentales de l'enfant rendent cette audition impossible, mais encore lorsque celle-ci serait de nature à compromettre sa santé ou son état mental. • Civ. 1re, 20 févr. 1985 : *Gaz. Pal. 1985. 2. 756.* ♦ Mais les juges du fond doivent constater l'existence de circonstances rendant une telle audition inopportune. • Civ. 1re, 25 juin 1991 : *D. 1992. 51, note Massip* • 13 oct. 1993 : *Gaz. Pal. 12-13 août 1994, note Massip*.

4. V. aussi art. 1188 et 1189.

B. MESURES D'INFORMATION

5. Il est loisible au juge des enfants de procéder à tous les modes d'investigation qu'il estime expédients pour découvrir si la santé, la sécurité, la moralité ou l'éducation d'un enfant sont compromises. • Civ. 1re, 1er juill. 1968 : *JCP 1969. II. 16090, note Robert.*

6. La nature des mesures d'instruction en matière d'assistance éducative exclut qu'il y soit procédé en présence de toutes les parties en cause ; il suffit que celles-ci aient été en mesure de les discuter avant que le juge statue. • Civ. 1re, 4 oct. 1965 : *D. 1966. 193.*

7. Par application de l'art. 150, la décision du juge des enfants qui se borne à ordonner une mesure d'instruction n'est pas susceptible d'appel immédiat. • Civ. 1re, 3 mars 1981 : *Bull. civ. I, no 74* • Paris, 16 déc. 1986 : *D. 1988. 69, note Renucci.*

8. En ordonnant une mesure d'observation en milieu ouvert pour plus d'une année, le juge a dénaturé cette mesure qui ne peut dès lors s'analyser que comme une mesure d'assistance éducative en milieu ouvert, contre laquelle l'appel est recevable. • Rennes, 23 sept. 1994 : *D. 1995. 294, note Huyette.*

Art. 1184 *(Décr. no 2002-361 du 15 mars 2002)* **« Les mesures provisoires prévues au premier alinéa de l'article 375-5 du code civil, ainsi que les mesures d'information prévues à l'article 1183 du présent code, ne peuvent être prises, hors le cas d'urgence spécialement motivée, que s'il a été procédé à l'audition, prescrite par l'article 1182,** *(Décr. no 2013-429 du 24 mai 2013, art. 1er-4o)* **« de chacun des parents », du tuteur, de la personne ou du représentant du service à qui l'enfant a été confié et du mineur capable de discernement.**

« Lorsque le placement a été ordonné en urgence par le juge sans audition des parties, le juge les convoque à une date qui ne peut être fixée au-delà d'un délai de quinze jours à compter de la décision, faute de quoi le mineur est remis, sur leur demande, à ses *(Décr. no 2013-429 du 24 mai 2013, art. 1er-5o)* **« parents » ou tuteur, ou à la personne ou au service à qui il était confié.**

« Lorsque le juge est saisi, conformément aux dispositions du second alinéa de l'article 375-5 du code civil, par le procureur de la République ayant ordonné en urgence une mesure de placement provisoire, il convoque les parties et statue dans un délai qui ne peut excéder quinze jours à compter de sa saisine, faute de quoi le mineur est remis, sur leur demande, à ses *(Décr. no 2013-429 du 24 mai 2013, art. 1er-5o)* **« parents » ou tuteur, ou à la personne ou au service à qui il était confié. »** — *Entrée en vigueur le 1er sept. 2002.*

Si l'urgence le requiert, les mesures provisoires peuvent aussi être prises, sans préjudice des dispositions du second alinéa de l'article 375-5 du code civil, par le juge des enfants du lieu où le mineur a été trouvé, à charge pour lui de se dessaisir dans le mois au profit du juge territorialement compétent.

Le Décr. no 2013-429 du 24 mai 2013 est applicable à Wallis-et-Futuna (Décr. préc., art. 6).

JURISPRUDENCE ANTÉRIEURE AU DÉCRET DU 15 MARS 2002

Les mesures provisoires prises pour le cours de l'instance étant exécutoires de droit (art. 514), le premier président de la cour d'appel ne peut arrêter cette exécution sur le fondement de l'art. 524. • Nancy, 9 déc. 1983 : *D. 1984. 252, note P. E. ; JCP 1986. II. 20575, note Deiss.*

Art. 1185 *(Décr. no 87-578 du 22 juill. 1987)* **« La décision sur le fond doit intervenir dans un délai de six mois à compter de la décision ordonnant les mesures provisoires, faute de quoi l'enfant est remis à ses** *(Décr. no 2013-429 du 24 mai 2013, art. 1er-5o)* **« parents », tuteur, personne ou service à qui il a été confié, sur leur demande. »**

Si l'instruction n'est pas terminée dans le délai prévu à l'alinéa précédent, le juge peut, après avis du procureur de la République, proroger ce délai *(Décr. no 2002-361 du 15 mars 2002)* **« pour une durée qui ne peut excéder six mois ».** — *Entrée en vigueur le 1er sept. 2002.*

Le Décr. no 2013-429 du 24 mai 2013 est applicable à Wallis-et-Futuna (Décr. préc., art. 6).

1. Ne sont pas soumises à la limitation dans le temps de l'art. 1185 les décisions qui ne prescrivent pas des mesures provisoires prises sur le fondement de l'art. 375-5 C. civ., mais qui s'analysent en décisions modifiant ou rapportant de précédentes mesures éducatives en application de l'art. 375-6 C. civ. • Civ. 1re, 10 mai 1989 : *Bull. civ. I, no 192.*

2. La mesure provisoire ne peut être maintenue au-delà de la décision sur le fond même en cas d'appel de l'ordonnance relative à cette mesure provisoire. • Civ. 1re, 26 janv. 1982 : *Bull. civ. I, n° 38.*

3. Le juge excède ses pouvoirs et sa décision est nulle s'il statue au fond au-delà du délai de 6 mois sans avoir prorogé celui-ci. • Civ. 1re, 25 févr. 1997, n° 96-05.045 P : *Gaz. Pal. 1998. 2. 525, note du Rusquec.*

4. La décision ordonnant les mesures provisoires s'entend de la décision du juge des enfants, de sorte que c'est à compter de celle-ci que court le délai de 6 mois qui lui est imparti pour prendre une décision sur le fond et non à compter de l'ordonnance de placement provisoire prise par le procureur de la République. • Civ. 1re, 24 janv. 2018, n° 17-11.003 P : *D. actu. 7 févr. 2018, obs. Jourdan-Marques ; JCP 2018. 228, obs. Favier ; Procédures 2018, n° 85, note Douchy-Oudot ; Dr. fam. 2018, n° 108, note Maria ; Gaz. Pal. 3 juill. 2018, p. 72, obs. Cassoudesalle.*

5. Il résulte des dispositions de l'art. 1185 que le juge des enfants qui statue plus de six mois après la décision ordonnant les mesures provisoires, sans qu'aucune décision au fond ou prorogation ne soit intervenue dans ce délai, excède ses pouvoirs. • Civ. 1re, 24 janv. 2018, n° 17-11.003 P : *préc. note 4.*

Art. 1186 *(Décr. n° 2002-361 du 15 mars 2002)* **Le mineur capable de discernement,** *(Décr. n° 2013-429 du 24 mai 2013, art. 1er-6°)* **« les parents », le tuteur ou la personne ou le représentant du service à qui l'enfant a été confié peuvent faire choix d'un conseil ou demander au juge que le bâtonnier leur en désigne un d'office. La désignation doit intervenir dans les huit jours de la demande.**

Ce droit est rappelé aux intéressés lors de leur première audition. – *Entrée en vigueur le 1er sept. 2002.*

Le Décr. n° 2013-429 du 24 mai 2013 est applicable à Wallis-et-Futuna (Décr. préc., art. 6).

Ancien art. 1186 *(Décr. n° 87-578 du 22 juill. 1987) Le mineur, le père, la mère, le tuteur ou la personne ou le service à qui il a été confié peuvent faire choix d'un conseil ou demander au juge qu'il leur en soit désigné un d'office. La désignation doit intervenir dans les huit jours de la demande.*

Le père, la mère, le tuteur ou la personne ou le représentant du service à qui l'enfant a été confié sont avisé de ce droit dès leur première audition. le juge en avise également le mineur chaque fois que l'intérêt de celui-ci le requiert.

Il peut, soit d'office, soit à la requête des parties ou du ministère public, ordonner toute mesure d'information et faire notamment procéder à une étude de la personnalité du mineur, en particulier par le moyen d'une enquête sociale, d'examens médicaux, psychiatriques et psychologiques, d'une observation du comportement ou d'un examen d'orientation professionnelle.

BIBL. ► **Avant la réforme de 2002 :** Le Bris, *Rev. jur. Ouest 1989. 2. 205* (défense de l'enfant en justice). – Roperf et Conil, *Gaz. Pal. 1991. 2. Doctr. 751.*

JURISPRUDENCE ANTÉRIEURE AU DÉCRET DU 15 MARS 2002

1. Sur le rôle de l'avocat désigné pour un mineur n'ayant pas l'âge du discernement, V. • Rouen, 25 oct. 1990 : *JCP 1992. II. 21794, note Neirincq.* ♦ V., en matière de divorce : • Lyon, 28 nov. 1991 : *JCP 1992. II. 21801, note Matocq.*

2. Sur une hypothèse de nullité pour violation de ce texte, V. • Civ. 1re, 15 janv. 1991 : *Gaz. Pal. 1992. 1. Pan. 138.*

Art. 1187 *(Décr. n° 2002-361 du 15 mars 2002)* **Dès l'avis d'ouverture de la procédure, le dossier peut être consulté au greffe, jusqu'à la veille de l'audition ou de l'audience, par l'avocat du mineur et celui** *(Décr. n° 2013-429 du 24 mai 2013, art. 1er-7°)* **« de ses parents ou de l'un d'eux », de son tuteur, de la personne ou du service à qui l'enfant a été confié. L'avocat peut se faire délivrer copie de tout ou partie des pièces du dossier pour l'usage exclusif de la procédure d'assistance éducative. Il ne peut transmettre les copies ainsi obtenues ou la reproduction de ces pièces à son client.**

Le dossier peut également être consulté, sur leur demande et aux jours et heures fixés par le juge, par *(Décr. n° 2013-429 du 24 mai 2013, art. 1er-6°)* **« les parents », le tuteur, la personne ou le représentant du service à qui l'enfant a été confié et par le mineur capable de discernement, jusqu'à la veille de l'audition ou de l'audience.**

La consultation du dossier le concernant par le mineur capable de discernement ne peut se faire qu'en présence *(Décr. n° 2013-429 du 24 mai 2013, art. 1er-7°)* **« de ses parents ou de l'un d'eux » ou de son avocat. En cas de refus des parents et si l'intéressé n'a pas d'avocat, le juge saisit le bâtonnier d'une demande de désignation d'un**

avocat pour assister le mineur ou autorise le service éducatif chargé de la mesure à l'accompagner pour cette consultation.

Par décision motivée, le juge peut, en l'absence d'avocat, exclure tout ou partie des pièces de la consultation par l'un ou l'autre des parents, le tuteur, la personne ou le représentant du service à qui l'enfant a été confié ou le mineur lorsque cette consultation ferait courir un danger physique ou moral grave au mineur, à une partie ou à un tiers.

Le dossier peut également être consulté, dans les mêmes conditions, par les services en charge des mesures prévues à l'article 1183 du présent code et aux articles 375-2 et 375-4 du code civil.

L'instruction terminée, le dossier est transmis au procureur de la République qui le renvoie dans les quinze jours au juge, accompagné de son avis écrit sur la suite à donner ou de l'indication qu'il entend formuler cet avis à l'audience. — *Entrée en vigueur le 1er sept. 2002.*

Le Décr. n° 2013-429 du 24 mai 2013 est applicable à Wallis-et-Futuna (Décr. préc., art. 6).

1. Portée. L'art. 1187, dans sa rédaction issue du décret n° 2002-361 du 15 mars 2002, ne s'oppose pas à ce que le JAF fonde sa décision concernant l'exercice de l'autorité parentale sur le dossier d'assistance éducative tel que communiqué par le juge des enfants, sous réserve, d'une part, que les parties à l'instance devant le JAF figurent parmi celles qui ont qualité pour accéder au dossier d'assistance éducative selon l'article visé, d'autre part, que les pièces du dossier du juge des enfants soient soumises au débat contradictoire. • Cass., avis, 1er mars 2004 : *Bull. civ., n° 1 ; D. 2004. 1627, note Huyette ; Gaz. Pal. 17-18 mars 2004, p. 10 ; JCP 2004. I. 167, n° 3, obs. Fossier ; Dr. fam. 2004, n° 142, note Gouttenoire.*

2. Copie du dossier (non). Les parents, invités à plusieurs reprises à consulter le dossier d'assistance éducative au greffe, ne peuvent invoquer une violation du principe de la contradiction ou de l'art. 6, § 1er, Conv. EDH pour contester le rejet de leur demande de délivrance d'une copie intégrale du dossier. • Civ. 1re, 28 nov. 2006, n° 04-05.095 P : *D. 2007. AJ 24, obs. Gallmeister ; ibid. 552, note Huyette ; ibid. Pan. 2691, obs. Douchy-Oudot ; JCP 2007. I. 139, n° 24, obs. Serinet ; Dr. fam. 2007. Comm. 34, note Murat ; RJPF 2007-2/28, obs. Eudier.*

3. Exclusion de la consultation. Justifie sa décision d'exclure certains documents de la consultation prévue par l'art. 1187 la cour d'appel qui estime, par motifs propres et adoptés, que compte tenu du climat familial très conflictuel et virulent et des nombreuses procédures opposant les parents de la mineure, la consultation de certains documents du dossier risquait d'exposer l'enfant à un danger physique ou moral grave de la part de son père. • Civ. 1re, 6 juill. 2005, n° 04-05.011 P : *D. 2005. 2794, note Huyette.*

4. Principe du contradictoire. Dès lors qu'il ne ressort ni des pièces de la procédure, ni des énonciations de l'arrêt d'appel que les parents, qui n'étaient pas assistés lors de l'audience, avaient été avisés de leur possibilité de consulter le dossier au greffe, il n'est donc pas établi qu'ils aient été mis en mesure de prendre connaissance, en amont de l'audience, des pièces à présenter à la juridiction et, partant, de les discuter utilement (violation des art. 16, 1182, 1187 et 1193 C. pr. civ.). • Civ. 1re, 28 mars 2018, n° 16-28.010 P : *AJ fam. 2018. 343, obs. Pedron ; JCP 2018. 450, obs. Douchy-Oudot ; LPA 9 août 2018, p. 9, note Kimmel-Alcover.*

Ancien art. 1187 ***L'instruction terminée, le dossier est transmis au procureur de la République qui le renvoie dans les quinze jours au juge, accompagné de son avis écrit sur la suite à donner ou de l'indication qu'il entend formuler cet avis à l'audience.***

Le dossier peut être consulté au secrétariat-greffe par le conseil du mineur et celui de ses père, mère, tuteur ou *(Décr. n° 87-578 du 22 juill. 1987)* ***« personne ou service à qui l'enfant a été confié » jusqu'à la veille de l'audience.***

BIBL. ▶ **Avant la réforme de 2002 :** HUYETTE, *D. 1998. Chron. 218* (indispensable réforme de l'art. 1187) ; *D. 2001. Point de vue 1803* (même thème).

JURISPRUDENCE ANTÉRIEURE AU DÉCRET DU 15 MARS 2002

1. Il appartient aux conseils (avocat et avoué) des parents du mineur d'accomplir les diligences nécessaires pour consulter au secrétariat-greffe le rapport d'enquête sociale déposé et coté au dossier ; en conséquence, rejet du grief formé contre un arrêt d'avoir fondé sa décision sur ce document sans qu'il ait été communiqué. • Civ. 1re, 2 nov. 1994, n° 93-05.078 P.

2. Les art. 1186 et 1187 [anciens] ne sont pas incompatibles avec les dispositions de la CEDH et, une partie qui n'a pas de conseil, si elle n'allègue pas avoir été mise dans l'impossibilité d'être assistée par un conseil, ne peut reprocher à la cour d'appel d'avoir écarté ses demandes de communication du dossier. • Civ. 1re, 24 oct.

1995 : *D. 1996. 513, note Massip*. ♦ V. aussi : • Civ. 1re, 8 juin 1999, nº 98-05.044 P : *D. 1999. IR 190 ; JCP 1999. I. 160, nº 6, obs. T. Fossier ; RTD civ. 2000. 807, obs. Hauser ; RG proc. 1999. 674, obs. Gouttenoire-Cornut.* ♦ *Contra :* • CEDH 24 févr. 1995 : *D. 1995. 449, note Huyette* • 18 mars 1997 : *D. 1997. Somm. 360, obs. Renucci*. ♦ Dans le même sens : l'art. 1187, qui, *a contrario*, interdit la consultation du dossier par la famille elle-même, est contraire au principe du droit à un procès équitable posé par l'art. 6 § 1 de la Conv. EDH. • Lyon, 26 juin 2000 : *D. 2000. 661, note Huyette*. ♦ Comp. : • Civ. 1re, 3 mai 2000 : *D. 2000. 678, note Massip*. ♦ V. déjà : • Civ. 1re, 10 mars 1998 : *Defrénois 1998. 1028, obs. Massip.* ♦ V. aussi, jugeant qu'il appartient aux juges du fond de se prononcer sur la compatibilité de l'art. 1187 avec l'art. 6, § 1, • Civ. 1re, 3 avr. 2001, nº 00-05.026 P ; et, sur renvoi, estimant l'art. 1187 contraire à la Conv. EDH, • Bordeaux, 6 nov. 2001 : *Cah. jurispr. Aquitaine, 2002, nº 1, p. 106, obs. Garé.*

Art. 1187-1 *(Décr. nº 2009-398 du 10 avr. 2009, art. 2)* **Le juge des enfants communique au juge aux affaires familiales ou au juge des tutelles les pièces qu'ils sollicitent quand les parties à la procédure devant ces derniers ont qualité pour consulter le dossier en vertu de l'article 1187. Il peut ne pas transmettre certaines pièces lorsque leur production ferait courir un danger physique ou moral grave au mineur, à une partie ou à un tiers.**

Dans les conditions prévues aux articles *(Décr. nº 2016-185 du 23 févr. 2016, art. 14)* **« 1072-2, 1180-11 et 1221-2 », le juge aux affaires familiales ou le juge des tutelles transmettent copie de leur décision au juge des enfants ainsi que de toute pièce que ce dernier estime utile.**

Le Décr. nº 2009-398 du 10 avr. 2009 est applicable dans les îles Wallis-et-Futuna.

BIBL. ► AUTEM, *LPA 18 juin 2010, p. 4* (la communication entre le JAF, le juge des enfants et le juge des tutelles). – BRUGGEMAN, *Dr. fam. 2009. Alertes 39.* – LA MESTA, J. LEBORGNE et BARBÉ, *AJ fam. 2009. 216*. – LARRIBAU-TERNEYRE, *Dr. fam. 2009. Repère 5.*

Art. 1188 **L'audience peut être tenue au siège du tribunal pour enfants ou au siège** *(Décr. nº 2019-913 du 30 août 2019, art. 19-4º, en vigueur le 1er janv. 2020)* **« d'une chambre de proximité située** *[ancienne rédaction : d'un tribunal d'instance situé]* **» dans le ressort, que la convocation indique.** – *Comp. Décr. nº 79-295 du 6 avr. 1979 (D. et BLD 1979. 173).*

Les *(Décr. nº 2013-429 du 24 mai 2013, art. 1er-5º)* **« parents », tuteur ou** *(Décr. nº 87-578 du 22 juill. 1987)* **« personne ou service à qui l'enfant a été confié » et, le cas échéant, le mineur, sont convoqués à l'audience huit jours au moins avant la date de celle-ci ; les conseils des parties sont également avisés.**

Le Décr. nº 2013-429 du 24 mai 2013 est applicable à Wallis-et-Futuna (Décr. préc., art. 6).

Il résulte des art. 1188, al. 2, 1189 et 1193 que la convocation, la présence et l'audition des mineurs à l'audience ne sont que facultatives. • Civ. 1re, 28 nov. 2006, nº 04-05.095 P : *D. 2007. AJ 24, obs. Gallmeister ; ibid. 552, note Huyette ; JCP 2007. I. 139, nº 24, obs. Serinet.* ♦ Même lorsqu'il a convoqué un mineur à l'audience en application de l'art. 1188, il appartient au juge de l'assistance éducative de décider si ce mineur, dont la convocation, l'assistance et l'audition ne sont que facultatives, doit assister à tout ou partie des débats et s'il y a lieu ou non de procéder à son audition. • Civ. 1re, 29 mai 1985 : *Bull. civ. I, nº 164 ; Gaz. Pal. 1985. 2. 756 ; Defrénois 1985. 1398, note Massip.* ♦ V. notes ss. anc. art. 1183.

Art. 1189 **A l'audience, le juge entend le mineur, ses** *(Décr. nº 2013-429 du 24 mai 2013, art. 1er-3º)* **« parents », tuteur ou** *(Décr. nº 87-578 du 22 juill. 1987)* **« personne ou représentant du service à qui l'enfant a été confié » ainsi que toute autre personne dont l'audition lui paraît utile. Il peut dispenser le mineur de se présenter ou ordonner qu'il se retire pendant tout ou partie de la suite des débats.**

Les conseils des parties sont entendus en leurs observations.

L'affaire est instruite et jugée en chambre du conseil, après avis du ministère public.

Sur l'audition du mineur, V. aussi art. 338-1 s., et C. civ., art. 388-1. – **C. civ.**

Le Décr. nº 2013-429 du 24 mai 2013 est applicable à Wallis-et-Futuna (Décr. préc., art. 6).

BIBL. ► DE GARATE, *Gaz. Pal. 1994. 2. Doctr. 1170* (l'enfant face à son juge).

1. Sur le caractère facultatif de l'audition du mineur, V. • Civ. 1re, 29 mai 1985 : *préc. ss. art. 1188.*

2. Si, en application des art. 1183 et 1189, le juge des enfants doit entendre les père et mère des mineurs avant de prendre ou de modifier une mesure d'assistance éducative, c'est à la condition que cette audition soit possible et compatible avec l'urgence de la mesure. • Civ. 1re, 22 mai 1985 : *Bull. civ. I, n° 161.* ♦ V. art. 1183.

3. Si le mineur a été entendu, aucune disposition n'impose de rapporter dans le jugement les propos qu'il a pu tenir. • Civ. 1re, 11 févr. 1986 : *Gaz. Pal. 1986. 2. 609, note J.M. ; Bull. civ. I, n° 17.* ♦ ... Et en cas d'appel la cour n'est pas tenue de procéder à nouveau à son audition. • Civ. 1re, 12 mai 1987 : *Bull. civ. I, n° 145.* ♦ V. art. 1193 et la note 1.

4. Il résulte des art. 1189, al. 1er et 1193, al. 1er, qu'en matière d'assistance éducative, lorsqu'elle est saisie d'une demande tendant à voir fixer pour la première fois les modalités des relations entre l'enfant placé et un tiers, parent ou non, la cour d'appel ne peut se dispenser d'entendre le mineur, dont elle n'a pas constaté l'absence de discernement, que si celui-ci a été précédemment entendu, relativement à cette demande, par le juge des enfants. • Civ. 1re, 2 déc. 2020, n° 19-20.184 P : *D. 2020. 2453 ; D. actu. 21 déc. 2020, note Bolze ; AJ fam. 2021. 127, obs. Mallevaey ; JCP 2021. 202 obs. Gouttenoire.*

5. Dès lors qu'il ne ressort ni du jugement, ni des explications des parties, ni d'aucun procès-verbal établi pour l'audience à l'issue de laquelle le jugement a été rendu que la mère et la mineure aient été convoquées pour être entendues au sujet du renouvellement envisagé sur proposition du service éducatif, le jugement déféré doit être annulé. • Versailles, 7 mars 2002 : *D. 2002. IR 1464 ; AJ fam. 2002. 221, obs. S. D.-B ; RTD civ. 2002. 497, obs. Hauser.*

6. Accès au juge. Méconnaît les exigences de l'art. 6 § 1 Conv. EDH, ensemble les art. 931, 1186, 1189 et 1192 du NCPC [devenu C. pr. civ.], la cour d'appel qui considère comme non soutenu l'appel, formé en matière d'assistance éducative, par un parent régulièrement convoqué mais absent lors de l'audience, bien que son avocat, présent à l'audience, ait été entendu en ses observations, ce parent ayant ainsi été privé de la possibilité de faire valoir ses moyens d'appel. • Civ. 1re, 26 sept. 2007, n° 06-16.445 P : *BICC 15 janv. 2008, n° 31, p. 46 ; D. 2008. 266, note Huyette ; AJ fam. 2007. 485, obs. F. C. ; RTD civ. 2008. 98, obs. Hauser* • Civ. 1re, 30 sept. 2009, n° 08-16.147 P : *D. 2009. AJ 2427 ; AJ fam. 2009. 451, obs. Chénedé ; Dr. fam. 2010. Comm. 4, note Murat ; RJPF 12/2009. 29, note Eudier ; Procédures 2010, n° 405, note Perrot ; RTD civ. 2009. 713, obs. Hauser.*

Art. 1190 *(Décr. n° 2002-1436 du 3 déc. 2002, art. 20)* **Les décisions du juge sont notifiées dans les huit jours aux** *(Décr. n° 2013-429 du 24 mai 2013, art. 1er-5°)* **« parents », tuteur ou personne ou service à qui l'enfant a été confié, ainsi qu'au conseil du mineur s'il en a été désigné un.**

Le dispositif de la décision est notifié au mineur de plus de seize ans à moins que son état ne le permette pas.

Toutefois, la décision écartant certaines pièces de la consultation en application du quatrième alinéa de l'article 1187 est notifiée dans les huit jours à la seule partie qui a demandé celle-ci.

Dans tous les cas, un avis de notification est donné au procureur de la République.

Le Décr. n° 2013-429 du 24 mai 2013 est applicable à Wallis-et-Futuna (Décr. préc., art. 6).

BIBL. ▶ **Commentaires du Décr. du 3 déc. 2002 :** Blanc, *RJPP 2003, n° 3, p. 23.* – Chevalier, *Procédures 2003. Chron. 1.* – Chevalier et Moussa, *JCP 2003, n° 4, Actu. 39.*

1. La notification doit indiquer les délais et modalités de recours. • Civ. 1re, 18 mars 1980 : *Bull. civ. I, n° 88.*

2. Sur l'application des art. 528 et 670-1, V. • Civ. 1re, 3 févr. 2004 : *D. 2004. 1329, note Huyette ; AJ fam. 2004. 239, obs. Bicheron.*

3. Sur la possibilité de réviser les décisions prises en matière d'assistance éducative, V. C. civ., art. 375-6.

Art. 1191 ***Les décisions du juge peuvent être frappées d'appel :***

— par *(Décr. n° 2013-429 du 24 mai 2013, art. 1er-8°)* **« les parents ou l'un d'eux », le tuteur ou** *(Décr. n° 87-578 du 22 juill. 1987)* **« la personne ou le service à qui l'enfant a été confié » jusqu'à l'expiration d'un délai de quinze jours suivant la notification ;**

— par le mineur lui-même jusqu'à l'expiration d'un délai de quinze jours suivant la notification et, à défaut, suivant le jour où il a eu connaissance de la décision ;

— par le ministère public jusqu'à l'expiration d'un délai de quinze jours suivant la remise de l'avis qui lui a été donné.

Le Décr. n° 2013-429 du 24 mai 2013 est applicable à Wallis-et-Futuna (Décr. préc., art. 6).

1. Décisions susceptibles d'appel. V. note 9 ss. art. 543.

2. En matière d'assistance éducative, les art. 375 et 1191 C. civ. ne distinguent pas entre le gardien de droit et le gardien de fait du mineur. • Civ. 1re, 17 juill. 1985 : *Bull. civ. I, no 226.*

3. Sur le droit d'appel de la DDASS, V. • Civ. 1re, 22 mai 1974 : *Bull. civ. I, no 155 ; Rev. dr. sanit. et soc. 1974. 798, obs. Raynaud.* ♦ V. Verdier, *Gaz. Pal. 1974. 1. Doctr. 216.*

4. Le service départemental de l'aide sociale à l'enfance, service non personnalisé du département, est gardien des mineurs qui lui ont été confiés par le juge des enfants ; à ce titre, il est recevable à former un pourvoi contre les arrêts rendus par la chambre spéciale des mineurs de la cour d'appel. • Civ. 1re, 28 mars 1995, no 94-05.024 P : *D. 1996. IR 239 ; Defrénois 1995. 1390, obs. Massip.*

5. Sur le droit d'appel d'un mineur de 2 ans, V. • Rouen, 25 oct. 1990 : *JCP 1992. II. 21794, note Neirincq.* ♦ En matière d'assistance éducative, le mineur peut lui-même interjeter appel des décisions du juge des enfants et faire choix d'un avocat. Il incombe seulement aux juges du fond de vérifier qu'il possède un discernement suffisant pour exercer ces prérogatives. • Civ. 1re, 21 nov. 1995, no 94-05.102 P : *D. 1996. 420, note Gouttenoire.*

6. Inobservation du délai de quinze jours : V. • Angers, 22 janv. 1993 : *JCP 1993. IV. 2271.* ♦ Sur le point de départ du délai, V. note 24 ss. art. 680.

7. Sur l'ouverture de la tierce opposition, V. • Pau, 4 févr. 1993 : *LPA 11 août 1993, obs. Benhamou.*

8. Les dispositions de l'art. 1191 ne font pas obstacle aux règles du droit commun selon lesquelles est recevable à former appel, lorsqu'elle y a intérêt, toute personne ayant été partie à la première instance (art. 546). • Civ. 1re, 23 mai 1977 : *Bull. civ. I, no 242* • 12 juill. 1994 : *Defrénois 1995. 322, obs. Massip.*

9. L'appel d'un jugement rendu en assistance éducative s'agissant du placement des enfants du majeur protégé et des relations que ceux-ci conservent avec lui implique son consentement strictement personnel et ne peut donner lieu à représentation du majeur protégé par l'organisme tutélaire, sauf à justifier d'une autorisation du juge des tutelles. • Amiens, 8 nov. 2007 : *Dr. fam. 2008. Comm. 64, note Fossier* (irrecevabilité de l'appel du tuteur sans autorisation du juge des tutelles).

Art. 1192 **L'appel est formé selon les règles édictées aux articles 931 à 934.**

Le greffier avise de l'appel, par lettre simple, ceux des *(Décr. no 2013-429 du 24 mai 2013, art. 1er-5o)* **« parents », tuteur,** *(Décr. no 87-578 du 22 juill. 1987)* **« personne ou service à qui l'enfant a été confié » et le mineur de plus de seize ans lui-même qui ne l'auraient pas eux-mêmes formé et les informe qu'ils seront ultérieurement convoqués devant la cour.** *(Abrogé par Décr. no 2004-836 du 20 août 2004, art. 27)* ***« Simultanément, il transmet au secrétariat-greffe de la cour le dossier de l'affaire avec une copie de la déclaration et une copie du jugement. »*** *— Le décret du 20 août 2004 entre en vigueur le 1er janv. 2005. Il est applicable aux procédures en cours. Toutefois, les art. 20 à 43 sont applicables uniquement aux recours dirigés à l'encontre des décisions rendues à compter du 1er janv. 2005 (Décr. no 2004-836 du 20 août 2004, art. 59).*

Le Décr. no 2013-429 du 24 mai 2013 est applicable à Wallis-et-Futuna (Décr. préc., art. 6).

BIBL. ▶ TRAVIER, *Procédures orales, Dalloz service, 2002.*

1. A propos de l'al. 1er, V. : • Angers, 22 janv. 1993 : *JCP 1993. IV. 2271.*

2. Lorsque l'appel est formé par voie de lettre recommandée, c'est la lettre elle-même qui saisit la cour et non son enregistrement au greffe. • Paris, 12 oct. 1982 : *D. 1982. IR 535.*

3. L'appel étant, selon l'art. 932, fait par déclaration ou par pli recommandé au secrétariat de la juridiction par la partie ou tout mandataire, l'appel formé par le père d'enfants placés, pour le compte des grands-parents paternels des mineurs, est irrecevable dès lors qu'aucun pouvoir n'est joint. • Versailles, 6 sept. 2001 : *BICC 2001, no 392.*

Art. 1193 **L'appel est instruit et jugé par priorité en chambre du conseil par la chambre de la cour d'appel chargée des affaires de mineurs suivant la procédure applicable devant le juge des enfants.**

(Décr. no 2002-361 du 15 mars 2002) **« La cour statue sur l'appel des décisions de placement provisoire prises par le juge des enfants en application des dispositions de l'article 375-5 du code civil dans les trois mois à compter de la déclaration d'appel. »** *— Entrée en vigueur le 1er sept. 2002.*

JURISPRUDENCE ANTÉRIEURE AU DÉCRET DU 15 MARS 2002

1. L'appel d'une décision statuant en matière d'assistance éducative est instruit et jugé par la chambre de la cour chargée des affaires de mineurs suivant la procédure applicable devant le juge des enfants ; toutefois, la juridiction d'appel, qui est en principe une juridiction de jugement, n'est pas tenue de procéder à nouveau à l'instruction de l'affaire et, notamment, de refaire les actes prescrits par l'art. 1181 au juge du premier degré. • Civ. 1re, 3 févr. 1987 : *D. 1987. 513, note Massip ; Bull. civ. I, n° 38.* ♦ Sur l'audition du mineur, V. • Civ. 1re, 12 mai 1987 : *Bull. civ. I, n° 145.* ♦ Elle doit cependant faire les actes auxquels le premier juge n'a pas procédé. • Civ. 1re, 25 juin 1991 : *D. 1992. 51, note Massip.*

2. Sur le maintien de la mesure provisoire au-delà de la décision sur le fond, V. note 2 ss. art. 1185.

3. Sur la consultation du rapport d'enquête sociale en cause d'appel, V. note 1 ss. ancien art. 1187.

Art. 1194 **Les décisions de la cour d'appel sont notifiées comme il est dit à l'article 1190.**

Art. 1195 *(Décr. n° 2002-361 du 15 mars 2002, en vigueur le 1er sept. 2002)* **« Les convocations et notifications sont faites par le greffe par lettre recommandée avec demande d'avis de réception** *(Abrogé par Décr. n° 2015-282 du 11 mars 2015, art. 12)* ***« et par lettre simple »*** **». Le juge peut, toutefois, décider qu'elles auront lieu par acte d'huissier de justice** *(Décr. n° 2005-1678 du 28 déc. 2005, art. 69, en vigueur le 1er mars 2006)* **« , le cas échéant, à la diligence du greffe, » ou par la voie administrative. »**

La remise d'une expédition du jugement contre récépissé daté et signé équivaut à la notification.

Sur le Décr. n° 2015-282 du 11 mars 2015, V. Circ. du 20 mars 2015, ss. art. 692-1.

BIBL. ▶ **Décr. du 11 mars 2015 :** Bléry, *Gaz. Pal. 27 mars 2015, p. 6* (une nouvelle ère pour la procédure civile). – Croze, *JCP 2015. 356* (choix de simplification procédurale ? – A propos du décret n° 2015-282 du 11 mars 2015).

1. Aucun texte n'exige la justification que la lettre recommandée soit effectivement parvenue au destinataire lui-même. • Civ. 1re, 11 janv. 1984 : *Bull. civ. I, n° 9 ; RTD civ. 1984. 370, obs. Perrot.*

2. Il est satisfait aux dispositions des art. 1188, 1193 et 1195 lorsque la convocation a été adressée par lettre recommandée avec demande d'avis de réception et que le destinataire n'a pas réclamé cette lettre qui n'avait pu lui être remise en mains propres. • Civ. 1re, 4 janv. 1995, n° 93-05.079 P : *D. 1995. IR 58.*

Art. 1196 *(Abrogé par Décr. n° 2004-836 du 20 août 2004, art. 35)* ***« En cas de pourvoi en cassation, les parties sont dispensées du ministère d'un avocat au Conseil d'État et à la Cour de cassation. »*** – *Le décret du 20 août 2004 entre en vigueur le 1er janv. 2005. Il est applicable aux procédures en cours. Toutefois, les art. 20 à 43 sont applicables uniquement aux recours dirigés à l'encontre des décisions rendues à compter du 1er janv. 2005 (Décr. n° 2004-836 du 20 août 2004, art. 59).*

Le pourvoi en cassation est ouvert au ministère public.

1. Le pourvoi en cassation est ouvert contre les décisions prescrivant des mesures d'assistance éducative, fût-ce à titre provisoire. • Civ. 1re, 3 févr. 1987 : *D. 1987. 513, note Massip ; Bull. civ. I, n° 38.*

2. La possibilité de frapper d'un pourvoi en cassation indépendamment de la décision sur le fond les mesures d'assistance éducative prises à titre provisoire constitue une dérogation aux dispositions des art. 606 à 608, qui ne peut être étendue aux autres jugements provisoires pris en matière d'assistance éducative, ni à ceux qui prescrivent des mesures d'administration judiciaire ou des mesures d'instruction. • Civ. 1re, 2 juin 1987 : *D. 1987. 513, note Massip ; Bull. civ. I, n° 173* • 14 juin 2005, n° 04-05.060 P.

Art. 1197 **Lorsque les** *(Décr. n° 2013-429 du 24 mai 2013, art. 1er-3°)* **« parents » ne peuvent supporter la charge totale des frais de justice qui leur incombent, le juge fixe le montant de leur participation.** – *V. C. civ., art. 375-8.* – **C. civ.**

Le Décr. n° 2013-429 du 24 mai 2013 est applicable à Wallis-et-Futuna (Décr. préc., art. 6).

Art. 1198 **Le juge peut visiter ou faire visiter tout mineur faisant l'objet d'une mesure de placement prise en application des articles 375-3 et 375-5 du code civil.**

Art. 1199 Le juge peut déléguer sa compétence au juge du lieu où le mineur a été placé soit volontairement, soit par décision de justice, à l'effet d'organiser l'une des mesures prévues aux articles 375-2 et 375-4 du code civil et d'en suivre l'application.

Art. 1199-1 *(Décr. nº 86-939 du 30 juill. 1986)* L'institution ou le service chargé de l'exercice de la mesure adresse au juge des enfants qui a statué ou qui a reçu délégation de compétence un rapport sur la situation et l'évolution du mineur selon la périodicité fixée par la décision ou, à défaut, annuellement.

(Décr. nº 2008-1486 du 30 déc. 2008, art. 1er) « Il en est de même en cas de placement pour une durée supérieure à deux ans. A défaut de transmission de ce rapport, le juge des enfants convoque les parties à une audience afin d'établir un bilan de la situation du mineur placé. »

Le Décr. nº 2008-1486 du 30 déc. 2008 (JO 31 déc.) entre en vigueur le premier jour du mois suivant celui de sa publication (Décr. préc., art. 7), soit le 1er janv. 2009.

Art. 1199-2 *(Décr. nº 2012-1312 du 27 nov. 2012, art. 2)* La désignation d'un espace de rencontre en application de *(Décr. nº 2017-1572 du 15 nov. 2017, art. 2-1º)* « la troisième phrase » du quatrième alinéa de l'article 375-7 du code civil donne lieu à une information préalable du juge des enfants.

Le Décr. nº 2012-1312 du 27 nov. 2012 est applicable dans les îles Wallis-et-Futuna (Décr. préc., art. 3).

Art. 1199-3 *(Décr. nº 2017-1572 du 15 nov. 2017, art. 2-2º)* La fréquence du droit de visite en présence d'un tiers est fixée dans la décision judiciaire sauf à ce que, sous le contrôle du juge, les conditions d'exercice de ce droit soient laissées à une détermination conjointe entre le ou les parents et la personne, le service ou l'établissement à qui l'enfant est confié.

Art. 1200 Dans l'application de l'assistance éducative, il doit être tenu compte des convictions religieuses ou philosophiques du mineur et de sa famille.

Sur la rémunération des services d'enquêtes sociales habilités, V. Arr. du 25 août 1992 (JO 3 sept.).

Art. 1200-1 *(Décr. nº 2008-1486 du 30 déc. 2008, art. 2)* Les mesures d'assistance éducative sont renouvelées, conformément au troisième alinéa de l'article 375 du code civil par le juge des enfants dans les conditions prévues à la présente section.

En cas de placement pour une durée supérieure à deux ans, le juge des enfants convoque, dans les mêmes conditions, les parties à une audience au moins tous les trois ans.

Le Décr. nº 2008-1486 du 30 déc. 2008 (JO 31 déc.) entre en vigueur le premier jour du mois suivant celui de sa publication (Décr. nº 2008-1486 du 30 déc. 2008, art. 7), soit le 1er janv. 2009.

Pour l'application, dans les territoires d'outre-mer, des dispositions relatives à l'assistance éducative, V. Décr. nº 81-500 du 12 mai 1981, art. 48.

SECTION II *BIS* LA MESURE JUDICIAIRE D'AIDE À LA GESTION DU BUDGET FAMILIAL

(Décr. nº 2008-1486 du 30 déc. 2008, art. 3)

Le Décr. nº 2008-1486 du 30 déc. 2008 (JO 31 déc.) entre en vigueur le premier jour du mois suivant celui de sa publication (Décr. préc., art. 7), soit le 1er janv. 2009.

Art. 1200-2 Est compétent pour ordonner une mesure judiciaire d'aide à la gestion du budget familial prévue à l'article 375-9-1 du code civil le juge des enfants du lieu *où demeure l'allocataire ou l'attributaire* des prestations familiales auxquelles le mineur ouvre droit.

Si l'allocataire ou l'attributaire des prestations familiales change de lieu de résidence, les dispositions des deuxième et troisième alinéas de l'article 1181 s'appliquent.

Art. 1200-3 Le juge des enfants peut être saisi par :

1º L'un des représentants légaux du mineur ;

2° L'allocataire ou l'attributaire des prestations familiales auxquelles ouvre droit le mineur ;

3° Le procureur de la République ;

4° Le maire de la commune de résidence de l'allocataire ou de l'attributaire des prestations familiales auxquelles le mineur ouvre droit, ou le maire de la commune de résidence de ce mineur, conjointement avec l'organisme débiteur des prestations familiales, en application des dispositions de l'article 375-9-2 du code civil.

Le juge des enfants peut se saisir d'office à titre exceptionnel.

Le président du *(Décr. n° 2017-892 du 6 mai 2017, art. 69)* « conseil départemental » peut signaler au procureur de la République toute situation pour laquelle l'accompagnement en économie sociale et familiale est insuffisant. Celui-ci s'assure qu'une telle situation entre dans le champ d'application de l'article 375-9-1 du code civil.

Concernant l'entrée en vigueur du Décr. n° 2008-1486 du 30 déc. 2008, V. note au-dessus de l'art. 1200-2.

Art. 1200-4 Le juge des enfants avise de l'ouverture de la procédure, s'ils ne sont pas auteurs de la saisine :

1° Les représentants légaux du mineur ;

2° L'allocataire ou l'attributaire des prestations familiales auxquelles ouvre droit le mineur ;

3° Le procureur de la République ;

4° L'organisme débiteur des prestations familiales ;

5° Le président du *(Décr. n° 2017-892 du 6 mai 2017, art. 69)* « conseil départemental » de la résidence de l'allocataire ou de l'attributaire des prestations familiales.

Cet avis informe l'allocataire ou l'attributaire des prestations familiales de son droit de choisir un avocat ou de demander qu'il lui en soit désigné un d'office, conformément aux dispositions de l'article 1200-5. Il l'informe également de la possibilité de consulter le dossier, conformément aux dispositions de l'article 1200-6.

Après avoir recueilli toutes informations utiles, le juge convoque, au moins huit jours avant la date de l'audience, l'allocataire ou l'attributaire des prestations familiales et en avise leur avocat désigné ou choisi lorsqu'il en a été informé.

L'allocataire ou l'attributaire est avisé à chaque convocation, dans les mêmes termes que dans l'avis d'ouverture de la procédure, de son droit d'être assisté par un avocat lors de l'audience et de consulter le dossier.

Le juge des enfants peut également convoquer à l'audience toute personne dont l'audition lui paraît utile.

Concernant l'entrée en vigueur du Décr. n° 2008-1486 du 30 déc. 2008, V. note au-dessus de l'art. 1200-2.

Art. 1200-5 L'allocataire ou l'attributaire des prestations familiales peut choisir un avocat ou demander au juge que le bâtonnier lui en désigne un d'office. La désignation demandée doit intervenir dans les huit jours de la demande.

Le droit d'être assisté par un avocat est rappelé à l'intéressé lors de la première audience.

Concernant l'entrée en vigueur du Décr. n° 2008-1486 du 30 déc. 2008, V. note au-dessus de l'art. 1200-2.

Art. 1200-6 Dès l'avis d'ouverture de la procédure et jusqu'à la veille de l'audience, le dossier peut être consulté au greffe par l'avocat, qui peut se faire délivrer copie de tout ou partie des pièces du dossier pour l'usage exclusif de la procédure de mesure judiciaire d'aide à la gestion du budget familial. Il ne peut transmettre à son client les copies ainsi obtenues ou la reproduction de ces pièces.

Jusqu'à la veille de l'audience, le dossier peut également être consulté directement par l'allocataire ou l'attributaire des prestations à sa demande. Cette consultation est réalisée aux jours et heures fixés par le juge. En l'absence d'avocat, le juge peut, par décision motivée, exclure du dossier tout ou partie des pièces dont la consultation porterait une atteinte excessive à la vie privée d'une partie ou d'un tiers.

Le dossier peut être consulté dans les conditions prévues à l'alinéa précédent par le délégué aux prestations familiales désigné par le juge.

La décision écartant certaines pièces de la consultation est notifiée dans les huit jours à la personne qui en a fait la demande. Le procureur de la République est avisé de cette notification.

Concernant l'entrée en vigueur du Décr. n° 2008-1486 du 30 déc. 2008, V. note au-dessus de l'art. 1200-2.

Art. 1200-7 Avant toute audience, le dossier est transmis au procureur de la République qui fait connaître au juge, au moins huit jours avant l'audience, son avis écrit sur la suite à donner et lui indique s'il entend formuler cet avis à l'audience. Il n'y a pas lieu à communication pour avis avant la première audience lorsque le juge a été saisi par le ministère public.

Concernant l'entrée en vigueur du Décr. n° 2008-1486 du 30 déc. 2008, V. note au-dessus de l'art. 1200-2.

Art. 1200-8 L'affaire est instruite et jugée en chambre du conseil.

L'audience peut être tenue au siège du tribunal pour enfants ou au siège *(Décr. n° 2019-913 du 30 août 2019, art. 19-4°, en vigueur le 1er janv. 2020)* « d'une chambre de proximité située *[ancienne rédaction : d'un tribunal d'instance situé]* » dans le ressort, que la convocation indique.

A l'audience, le juge entend l'allocataire ou l'attributaire des prestations familiales et porte à sa connaissance les motifs de sa saisine. Il entend toute autre personne dont l'audition lui paraît utile. L'avocat de l'allocataire ou de l'attributaire des prestations est entendu en ses observations.

Concernant l'entrée en vigueur du Décr. n° 2008-1486 du 30 déc. 2008, V. note au-dessus de l'art. 1200-2.

Art. 1200-9 Le juge des enfants se prononce sur la mesure judiciaire d'aide à la gestion du budget familial par décision séparée des autres décisions relatives à l'assistance éducative.

La mesure judiciaire d'aide à la gestion du budget familial peut à tout moment être modifiée ou rapportée soit :

1° D'office par le juge ;

2° A la demande du procureur de la République ;

3° A la demande des personnes ayant saisi le juge en application des 1°, 2° et 4° de l'article 1200-3 ;

4° A la demande du délégué aux prestations familiales.

Concernant l'entrée en vigueur du Décr. n° 2008-1486 du 30 déc. 2008, V. note au-dessus de l'art. 1200-2.

Art. 1200-10 La décision du juge des enfants est notifiée dans les huit jours aux parties et, en tout état de cause, au délégué aux prestations familiales s'il a été désigné et à l'organisme débiteur de ces prestations.

Un avis de notification est également donné au procureur de la République.

Concernant l'entrée en vigueur du Décr. n° 2008-1486 du 30 déc. 2008, V. note au-dessus de l'art. 1200-2.

Art. 1200-11 La décision du juge des enfants peut être frappée d'appel par les parties et le délégué aux prestations familiales, dans un délai de quinze jours suivant sa notification ou remise de l'avis.

L'appel est formé selon les règles édictées aux articles 931 à 934. Le greffier avise de l'appel, par lettre simple, les parties qui ne l'auraient pas elles-mêmes formé et les informe qu'elles seront ultérieurement convoquées devant la cour.

Concernant l'entrée en vigueur du Décr. n° 2008-1486 du 30 déc. 2008, V. note au-dessus de l'art. 1200-2.

Art. 1200-12 *Les dispositions* des articles 1193, 1195 et 1196 sont applicables à la mesure judiciaire d'aide à la gestion du budget familial.

Concernant l'entrée en vigueur du Décr. n° 2008-1486 du 30 déc. 2008, V. note au-dessus de l'art. 1200-2.

Art. 1200-13 Les décisions de la cour d'appel sont notifiées conformément à l'article 1200-10.

Concernant l'entrée en vigueur du Décr. n° 2008-1486 du 30 déc. 2008, V. note au-dessus de l'art. 1200-2.

SECTION III DÉLÉGATION, RETRAIT TOTAL ET PARTIEL DE L'AUTORITÉ PARENTALE, DÉCLARATION JUDICIAIRE DE DÉLAISSEMENT PARENTAL *(Décr. n° 2002-1436 du 3 déc. 2002, art. 21-I ; Décr. n° 2017-148 du 7 févr. 2017, art. 3-1°).*

Sur le JAF, V. note précédant l'art. 1179.

BIBL. ▸ GEBLER, *AJ fam. 2017. 167* (nouvelle procédure de délaissement parental). – GEBLER et AVENA-ROBARDET, *AJ fam. 2017. 170* (délégation et retrait de l'autorité parentale, délaissement parental : tableau comparatif).

Art. 1201 *Abrogé par Décr. n° 2002-1436 du 3 déc. 2002, art. 19.*

Art. 1202 *(Décr. n° 94-42 du 14 janv. 1994)* **Les demandes** *(Décr. n° 2002-1436 du 3 déc. 2002, art. 21-II)* **« en retrait total ou » partiel de l'autorité parentale sont portées devant le** *(Décr. n° 2019-966 du 18 sept. 2019, art. 8, en vigueur le 1er janv. 2020)* **« tribunal judiciaire** *[ancienne rédaction : tribunal de grande instance]* **» du lieu où demeure l'ascendant contre lequel l'action est exercée.**

Les demandes en délégation de l'autorité parentale sont portées devant le juge aux affaires familiales du lieu où demeure le mineur.

(Décr. n° 2017-148 du 7 févr. 2017, art. 3-2°) **« Les demandes en déclaration judiciaire de délaissement parental sont portées devant le** *(Décr. n° 2019-966 du 18 sept. 2019, art. 8, en vigueur le 1er janv. 2020)* **« tribunal judiciaire** *[ancienne rédaction : tribunal de grande instance]* **» du lieu où demeure le mineur. »**

(Décr. n° 2019-1333 du 11 déc. 2019, art. 29-15°, en vigueur le 1er janv. 2020) **« Lorsqu'elles émanent du service de l'aide sociale à l'enfance, elles sont portées devant le tribunal judiciaire du chef-lieu du département dans lequel le mineur a été recueilli. »**

L'art. 29 du Décr. n° 2019-1333 du 11 déc. 2019 est applicable aux instances en cours au 1er janv. 2020 (Décr. préc., art. 55-I).

Pouvoir du juge. Sauf acte usuel, le juge des enfants ne peut autoriser la personne, le service ou l'établissement à qui est confié l'enfant à accomplir un acte relevant de l'autorité parentale qu'à titre exceptionnel, lorsque l'intérêt de l'enfant le justifie, et en cas de refus abusif ou injustifié ou en cas de négligence des détenteurs de l'autorité parentale. Viole les art. 375-7, al. 2 C. civ., ensemble l'art. 1202 C. pr. civ., la cour d'appel qui, confirmant une ordonnance du juge des enfants transférant à l'aide sociale à l'enfance le droit d'effectuer des démarches liées à la scolarité et aux loisirs de la mineure en lieu et place des détenteurs de l'autorité parentale et disant qu'il sera rendu compte de son exécution au juge, statue par une décision qui n'était pas limitée dans le temps. • Civ. 1re, 4 janv. 2017, n° 15-28.935 P.

Art. 1203 *(Décr. n° 94-42 du 14 janv. 1994)* **« Le tribunal ou le juge » est saisi par requête** *(Décr. n° 2017-148 du 7 févr. 2017, art. 3-3°-a)* **« remise ou adressée au greffe ».** *(Décr. n° 2019-1333 du 11 déc. 2019, art. 8-3°, en vigueur le 1er janv. 2020)* **« Sauf pour les demandes de délégation de l'autorité parentale, les parties sont tenues de constituer avocat. » La requête peut être adressée au procureur de la République qui doit la transmettre** *(Décr. n° 94-42 du 14 janv. 1994)* **« au tribunal ou au juge ».**

(Décr. n° 2017-148 du 7 févr. 2017, art. 3-3°-b) **« Outre les mentions prévues à l'article** *(Décr. n° 2019-1333 du 11 déc. 2019, art. 29-5°, en vigueur le 1er janv. 2020)* **« 57 », la requête indique, à peine d'irrecevabilité, le lieu où demeure le mineur et, le cas échéant, le lieu où demeurent le ou les titulaires de l'autorité parentale ainsi que les motifs de la requête. »**

L'art. 8 du Décr. n° 2019-1333 du 11 déc. 2019, art. 4-I est applicable aux instances introduites à compter du 1er janv. 2020 (Décr. préc., art. 55-II).

Art. 1204 *(Décr. n° 2017-148 du 7 févr. 2017, art. 3-4°)* **Sont convoqués à l'audience, par lettre recommandée avec avis de réception à laquelle la requête est annexée, huit jours au moins avant la date de celle-ci :**

1° Le requérant ;

2° Les parents du mineur ;

3° La personne, l'établissement ou le service qui a recueilli l'enfant ;

4° Le cas échéant, le tuteur du mineur ;

5° Lorsque la demande tend à la délégation de l'exercice de l'autorité parentale, le tiers candidat à la délégation.

Les conseils des parties, si elles sont assistées ou représentées, ainsi que le ministère public sont également avisés de la date de l'audience.

Les convocations et avis informent les destinataires de la possibilité de consulter le dossier conformément à l'article 1208-1.

Art. 1205 *(Décr. nº 94-42 du 14 janv. 1994)* « Le tribunal ou le juge », même d'office, procède ou fait procéder à toutes les investigations utiles et notamment aux mesures d'information prévues à l'article 1183. Il peut à cet effet commettre le juge des enfants.

(Abrogé par Décr. nº 2017-148 du 7 févr. 2017, art. 3-5°) ***« Lorsqu'une procédure d'assistance éducative a été diligentée à l'égard d'un ou plusieurs enfants, le dossier en est communiqué*** *(Décr. nº 94-42 du 14 janv. 1994)* ***« au tribunal ou au juge ». »***

Art. 1205-1 *(Décr. nº 2017-148 du 7 févr. 2017, art. 3-6°)* Lorsqu'une procédure d'assistance éducative a été diligentée à l'égard d'un ou plusieurs enfants, le dossier en est communiqué au tribunal ou au juge par le juge des enfants, dans les conditions définies à l'article 1187-1. Le juge des enfants ne transmet pas les pièces qu'il a exclues de la consultation en application de l'article 1187.

Dans tous les cas, le juge des enfants fait connaître son avis au regard de la procédure d'assistance éducative en cours.

Une copie de la décision du juge ou du tribunal est transmise au juge des enfants ainsi que toute pièce que ce dernier estime utile.

Art. 1206 Le procureur de la République *(Décr. nº 2017-148 du 7 févr. 2017, art. 3-7°)* « peut recueillir » les renseignements qu'il estime utiles sur la situation de famille du mineur et la moralité de ses parents.

Art. 1207 Pour le cours de l'instance, *(Décr. nº 94-42 du 14 janv. 1994)* « le tribunal ou le juge » peut ordonner toute mesure provisoire *(Décr. nº 87-578 du 22 juill. 1987)* « relative à l'exercice de l'autorité parentale ».

Art. 1208 *(Décr. nº 94-42 du 14 janv. 1994)* « Le tribunal ou le juge » entend les *(Décr. nº 2013-429 du 24 mai 2013, art. 1er-9°)* « parents, le tuteur, la personne ou le représentant du service » *(Décr. nº 87-578 du 22 juill. 1987)* « à qui l'enfant a été confié » ainsi que toute personne dont l'audition lui paraît utile. *(Abrogé par Décr. nº 93-1091 du 16 sept. 1993)* ***« Il entend le mineur s'il l'estime opportun. »***

(Décr. nº 2017-148 du 7 févr. 2017, art. 3-8°) « Dans le cas où les parents ont disparu, le tribunal ou le juge peut faire procéder à une recherche dans l'intérêt des familles ; en ce cas, il sursoit à la décision pour un délai n'excédant pas six mois. »

Le Décr. nº 2013-429 du 24 mai 2013 est applicable à Wallis-et-Futuna (Décr. préc., art. 6).

1. Dans la procédure de déchéance de l'autorité parentale où le ministère public n'est que partie jointe, peu importe que l'intimé n'ait pu répondre aux observations de celui-ci pourvu qu'il n'en ait pas été empêché. • Civ. 1re, 15 mai 1990 : *D. 1990. IR 152.*

2. Le jugement est nul dès lors que le ministère public n'a pas assisté aux débats. • Civ. 1re, 29 oct. 1996, nº 96-13.346 P : *Dr. fam. 1997, nº 27, note Murat* ; • 9 juill. 2002, nº 00-17.072 P : *AJ fam. 2002. 339, obs. F. B.* ; *Dr. fam. 2003, nº 1, obs. Murat* ; *JCP 2003. II. 10091, note du Rusquec* ; *Gaz. Pal. 8-9 janv. 2003, p. 16, obs. Massip* • 25 janv. 2005 : *RJPF avr. 2005. 24, obs. Eudier.*

Art. 1208-1 *(Décr. nº 2017-148 du 7 févr. 2017, art. 3-9°)* Le dossier peut être consulté au greffe, jusqu'à la veille de l'audience, par le requérant, les parents, le tuteur, la personne ou le service à qui l'enfant a été confié ou leurs avocats s'ils sont *assistés ou représentés*. L'avocat peut se faire délivrer copie de tout ou partie des pièces du dossier pour l'usage exclusif de la procédure. Il ne peut communiquer les copies obtenues ou leur reproduction à son client.

Art. 1208-2 *(Décr. nº 2017-148 du 7 févr. 2017, art. 3-9°)* L'affaire est instruite et jugée en chambre du conseil après avis du ministère public. *(Décr. nº 2019-1333 du 11 déc. 2019, art. 29-16°, en vigueur le 1er janv. 2020)* « La procédure est orale. »

L'art. 29 du Décr. n° 2019-1333 du 11 déc. 2019 est applicable aux instances en cours au 1er janv. 2020 (Décr. préc., art. 55-I).

Art. 1208-3 *(Décr. n° 2017-148 du 7 févr. 2017, art. 3-9°)* **Les décisions du juge ou du tribunal sont notifiées par lettre recommandée avec avis de réception, dans les huit jours, au requérant, aux parents, tuteur, personne ou service à qui l'enfant a été confié ou au tiers délégataire. Le juge ou le tribunal peut toutefois décider que la notification aura lieu par acte d'huissier de justice, le cas échéant, à la diligence du greffe, ou par la voie administrative.**

Dans tous les cas, un avis de notification est donné au procureur de la République.

Art. 1208-4 *(Décr. n° 2017-148 du 7 févr. 2017, art. 3-9°)* **Le tribunal saisi d'une demande de déclaration judiciaire de délaissement parental, statue en la même forme et par le même jugement, sur la délégation de l'exercice de l'autorité parentale.**

Art. 1209 *(Décr. n° 2017-148 du 7 févr. 2017, art. 3-10°)* **Les décisions du juge ou du tribunal peuvent être frappées d'appel par :**

1° Les personnes auxquelles le jugement a été notifié jusqu'à l'expiration d'un délai de quinze jours suivant la notification qui leur en est faite ;

2° Le ministère public jusqu'à l'expiration d'un délai de quinze jours suivant la remise de l'avis qui lui a été donné.

Art. 1209-1 *(Décr. n° 2017-148 du 7 févr. 2017, art. 3-11° ; Décr. n° 2019-1333 du 11 déc. 2019, art. 29-17°, en vigueur le 1er janv. 2020)* **« Pour les demandes de délégation d'autorité parentale, l'appel » est formé selon les règles édictées aux articles 931 à 934.**

Le greffier avise de l'appel, par lettre simple, les personnes et le service auxquels la décision a été notifiée et qui ne l'auraient pas eux-mêmes formé et les informe qu'ils seront ultérieurement convoqués devant la cour.

L'appel est instruit et jugé en chambre du conseil par la cour d'appel chargée des affaires de mineurs suivant la procédure applicable en première instance.

Les décisions de la cour d'appel sont notifiées comme il est dit à l'article 1208-3.

L'art. 29 du Décr. n° 2019-1333 du 11 déc. 2019 est applicable aux instances en cours au 1er janv. 2020 (Décr. préc., art. 55-1)

Art. 1209-1-1 *(Décr. n° 2019-1333 du 11 déc. 2019, art. 29-18°, en vigueur le 1er janv. 2020)* **Pour les demandes de retrait total et partiel de l'autorité parentale et de déclaration judiciaire de délaissement de l'autorité parentale, l'appel est formé selon les règles de la représentation obligatoire.**

Les dispositions de l'art. 1209-1-1, dans leur rédaction résultant du Décr. n° 2019-1333 du 11 déc. 2019, sont applicables aux instances introduites à compter du 1er janv. 2020 (Décr. préc., art. 55-II ; rect. par Décr. n° 2019-1419 du 20 déc. 2019, art. 22-I-5°.

Art. 1209-2 *(Décr. n° 2017-148 du 7 févr. 2017, art. 3-11°)* **Le pourvoi en cassation est ouvert au ministère public.**

Art. 1210 **La demande en restitution des droits délégués ou retirés est formée par requête devant** *(Décr. n° 94-42 du 14 janv. 1994)* **« le tribunal ou le juge » du lieu où demeure la personne à laquelle ces droits ont été conférés. Elle est notifiée à cette personne par le greffier. Elle obéit, pour le surplus, aux règles qui gouvernent les demandes en délégation de l'autorité parentale.** – *V. C. civ., art. 376 s.* – **C. civ.**

(Décr. n° 2017-148 du 7 févr. 2017, art. 3-12°) **« Les demandes en restitution d'enfants déclarés délaissés sont soumises aux dispositions du présent chapitre. »**

SECTION IV **DISPOSITIONS RELATIVES À L'ADMINISTRATEUR *AD HOC***

(Décr. n° 99-818 du 16 sept. 1999)

Art. 1210-1 **Lorsqu'en application des dispositions des articles** *(Décr. n° 2016-185 du 23 févr. 2016, art. 5)* **« 383 et 388-2 » du code civil, la juridiction procède à la désignation d'un administrateur *ad hoc* et que dans l'intérêt de l'enfant, il est impossible de choisir celui-ci au sein de la famille ou parmi les proches du mineur, la juridiction peut désigner l'administrateur *ad hoc* parmi les personnes figurant sur la liste prévue à l'article R. 53 du code de procédure pénale.**

L'art. 5 du Décr. n° 2016-185 du 23 févr. 2016 est applicable aux administrations légales en cours au jour de son entrée en vigueur (Décr. préc., art. 18-II, applicable à Wallis-et-Futuna ; Décr. préc., art. 19-III).

Art. 1210-2 **La désignation d'un administrateur *ad hoc* peut être contestée par la voie de l'appel par les représentants légaux du mineur dans un délai de quinze jours. Cet appel n'est pas suspensif.**

L'appel est formé, instruit et jugé comme en matière gracieuse.

1. Appel-nullité. Recevabilité. Sur la recevabilité des tiers à former un appel-nullité contre l'ordonnance désignant un administrateur *ad hoc*, V. : • Civ. 1re, 9 juin 2010 : *cité note 5 ss. art. 546.*

2. Abus du droit d'agir en justice. Justifie légalement sa décision la cour d'appel qui, pour caractériser la faute ayant fait dégénérer en abus leur droit d'agir en justice, retient qu'en procédant à un appel-nullité plus d'un an après la décision du juge des enfants les ayant déclarés irrecevables en leur tierce opposition, les demandeurs avaient agi avec une intention malicieuse et vexatoire à l'encontre du père du mineur et de l'administrateur *ad hoc*. • Civ. 1re, 9 juill. 2010 : *préc.*

Art. 1210-3 *(Décr. n° 2008-764 du 30 juill. 2008, art. 13, en vigueur le 11 sept. 2008)* **« En sus du remboursement de ses frais de déplacement, calculés dans les conditions fixées pour les déplacements des personnels civils de l'État pour le ministère de la justice, il est alloué une indemnité à chaque personne désignée en qualité d'administrateur *ad hoc*, lorsqu'elle figure sur la liste prévue à l'article 53 du code de procédure pénale.**

« Une indemnité de carence est allouée à l'administrateur *ad hoc* qui n'a pu réaliser sa mission pour une cause qui lui est étrangère, sur la base d'un rapport indiquant les diligences accomplies, dans les conditions définies à l'article R. 53-8 du code de procédure pénale.

« Le montant de ces indemnités est fixé par arrêté conjoint du garde des Sceaux, ministre de la justice, et du ministre chargé du budget. »

Les frais de cette rémunération sont recouvrés par le Trésor contre la partie condamnée aux dépens, selon les procédures et sous les garanties prévues en matière d'amende pénale. En l'absence de condamnation aux dépens, les frais sont recouvrés contre la partie indiquée par le juge qui a désigné l'administrateur *ad hoc*.

Les dispositions résultant de l'art. 13 du Décr. n° 2008-764 du 30 juill. 2008 sont entrées en vigueur à la date fixée par l'Arr. du 2 sept. 2008 (Décr. préc., art. 15-II), soit le 11 sept. 2008.

Code de procédure pénale

Art. A. 43-10 *(Arr. 2 sept. 2008, art. 3)* Conformément aux dispositions de l'article 1210-3 du code de procédure civile, le montant de l'indemnité allouée à la personne désignée en qualité d'administrateur *ad hoc* dans le cadre d'une procédure civile est fixé à 200 euros.

Le montant de l'indemnité de carence est fixé à 50 euros.

Les coefficients et tarifs fixés à l'art. A. 43-10 sont applicables aux missions réalisées sur réquisitions prises à compter de la date de publication de l'Arr. du 2 sept. 2008, soit le 11 sept. 2008 (Arr. préc, art. 4-I). Ce dernier est par ailleurs applicables sur l'ensemble du territoire de la République (Art. préc., art. 5).

SECTION V LE DÉPLACEMENT ILLICITE INTERNATIONAL D'ENFANTS

(Décr. n° 2004-1158 du 29 oct. 2004, art. 12)

BIBL. ▸ BOICHÉ, *LPA 9 mars 2012, p. 3.* – HILPERT, *AJ fam. 2018. 523* (la procédure de retour, évolutions procédurales).

▸ **Décr. du 27 janv. 2012 :** NDLR, *Procédures 2012. Veille 10.*

▸ ***Décr. du 6 mai 2017 :*** DEVERS, *D. actu. 30 mai 2017.* – EGÉA, *Dr. fam. 2017. Étude 2, nos 24 s.*

Art. 1210-4 *(Décr. n° 2017-892 du 6 mai 2017, art. 28-2°)* **L'autorité centrale désignée dans le cadre des instruments internationaux et européens relatifs au déplacement illicite international d'enfants transmet au procureur de la République près le** *(Décr. n° 2019-966 du 18 sept. 2019, art. 8, en vigueur le 1er janv. 2020)* **« tribunal judi-**

ciaire *[ancienne rédaction : tribunal de grande instance]* » territorialement compétent en application de l'article L. 211-12 du code de l'organisation judiciaire la demande de retour dont elle a été saisie.

I. — Lorsque la demande concerne un enfant déplacé ou retenu en France, le procureur de la République ordonne dès réception tous les actes utiles pour localiser l'enfant ou confirmer sa localisation. Si une juridiction a été saisie au fond sur les modalités de l'exercice de l'autorité parentale, le procureur de la République l'informe de la demande de retour.

Le procureur de la République peut aussi :

1° Prendre toute mesure en vue d'assurer la remise volontaire de l'enfant, notamment en faisant procéder à l'audition de la personne dont il est allégué qu'elle a déplacé ou retenu l'enfant et en l'invitant à un retour volontaire de l'enfant, ou de faciliter une solution amiable ;

2° Ordonner toute mesure d'investigation, examen ou expertise qui lui semble nécessaire ;

3° Saisir le juge compétent pour qu'il ordonne les mesures provisoires prévues par la loi ou, le cas échéant, transmettre les informations nécessaires au procureur de la République près le *(Décr. n° 2019-966 du 18 sept. 2019, art. 8, en vigueur le 1er janv. 2020)* « tribunal judiciaire *[ancienne rédaction : tribunal de grande instance]* » territorialement compétent aux mêmes fins ;

4° Introduire une procédure judiciaire afin d'obtenir le retour de l'enfant.

II. — Lorsque la demande concerne un enfant déplacé ou retenu à l'étranger, le procureur de la République peut ordonner toute mesure d'investigation afin de recueillir les informations sur l'enfant et son environnement matériel, familial et social qui ont été sollicitées par l'autorité centrale étrangère.

Le procureur de la République peut également prendre les mesures qu'il estime utiles afin d'assurer la protection de l'enfant après son retour ou, le cas échéant, transmettre les éléments pertinents au procureur de la République près le *(Décr. n° 2019-966 du 18 sept. 2019, art. 8, en vigueur le 1er janv. 2020)* « tribunal judiciaire *[ancienne rédaction : tribunal de grande instance]* » territorialement compétent aux mêmes fins.

BIBL. ▸ **Décr. du 6 mai 2017 :** DEVERS, *Dr. fam. 2018. Dossier 5.*

Art. 1210-5 Les actions engagées sur le fondement des dispositions des instruments internationaux et *(Décr. n° 2012-98 du 27 janv. 2012, art. 1er-I)* « européens » relatives au déplacement illicite international d'enfants sont portées devant le juge aux affaires familiales du *(Décr. n° 2019-966 du 18 sept. 2019, art. 8, en vigueur le 1er janv. 2020)* « tribunal judiciaire *[ancienne rédaction : tribunal de grande instance]* » territorialement compétent en application de *(Décr. n° 2012-66 du 20 janv. 2012, art. 40)* « l'article L. 211-12 » du code de l'organisation judiciaire. — *V. COJ, art. L. 211-12, D. 211-9. — Anc. art. 1210-4 (Décr. n° 2017-892 du 6 mai 2017, art. 28-1°).*

(Décr. n° 2017-892 du 6 mai 2017, art. 28-1°) « Est également portée devant le juge mentionné au premier alinéa la demande tendant à l'interdiction de sortie de l'enfant du territoire français sans l'autorisation des deux parents lorsque ce juge est saisi d'une demande de retour de l'enfant ou lorsque la demande est formée par le procureur de la République en application de l'article 1210-4. »

Le Décr. n° 2012-98 du 27 janv. 2012 est applicable à Wallis-et-Futuna à compter du 1er juin 2012 (Décr. préc., art. 4).

L'art. 40 du Décr. n° 2012-66 du 20 janv. 2012 est applicable dans les îles Wallis-et-Futuna (Décr. préc., art. 44).

BIBL. ▸ **Décr. du 6 mai 2017 :** DEVERS, *Dr. fam. 2018. Dossier 5.* — EGÉA, *Dr. fam. 2017. Étude 2, n° 6* (interdiction de sortie du territoire).

Art. 1210-6 La demande aux fins d'obtenir le retour de l'enfant, en application de la convention du 25 octobre 1980 sur les aspects civils de l'enlèvement international d'enfants, est formée, instruite et jugée *(Décr. n° 2019-1419 du 20 déc. 2019, art. 5-12°)* « selon la procédure accélérée au fond ». — *Entrée en vigueur le 1er mars 2005 (Décr. n° 2004-1158 du 29 oct. 2004, art. 15). — Anc. art. 1210-5 (Décr. n° 2017-892 du 6 mai 2017, art. 28-3°).L'art. 5 du Décr. n° 2019-1419 du 20 déc. 2019 s'applique aux demandes introduites, à compter du 1er janv. 2020 (Décr. préc., art. 24-II).*

Exécution provisoire de droit (non). La décision du juge aux affaires familiales, ordonnant le retour dans le pays de sa résidence d'un enfant déplacé illicitement, en application de la Conv. de la Haye du 25 oct. 1980 sur les aspects civils de l'enlèvement international d'enfants, n'est pas exécutoire de droit par provision. • Civ. 1re, 20 janv. 2010 : *D. 2010. AJ 325 ; ibid. 522. Chron. C. cass. 522, obs. Auroy ; D. actu. 28 janv. 2010, obs. Dargent ; JCP 2010. 381, note Devers ; Gaz. Pal. 21-22 mai 2010, p. 38, note Eppler ; Procédures 2010, n° 77, note Douchy-Oudot ; RJPF 2010-4, p. 22, obs. Eudier.*

Art. 1210-7 *(Décr. n° 2012-98 du 27 janv. 2012, art. 1er-III)* **Dès qu'il est informé de la décision de retour, le procureur de la République chargé de son exécution** *(Décr. n° 2017-892 du 6 mai 2017, art. 28-6°)* **« , qui est celui près le** *(Décr. n° 2019-966 du 18 sept. 2019, art. 8, en vigueur le 1er janv. 2020)* **« tribunal judiciaire** *[ancienne rédaction : tribunal de grande instance]* **» spécialement désigné en application de l'article L. 211-12 du code de l'organisation judiciaire, dans le ressort duquel se trouve l'enfant, » peut procéder ou faire procéder à l'audition de la personne chez qui se trouve l'enfant qui fait l'objet de cette décision.**

Le Décr. n° 2012-98 du 27 janv. 2012 est applicable à Wallis-et-Futuna à compter du 1er juin 2012 (Décr. préc., art. 4).

Art. 1210-8 *(Décr. n° 2012-98 du 27 janv. 2012, art. 1er-III)* **Afin de déterminer les modalités d'exécution de la décision de retour les plus adaptées aux circonstances de l'espèce, le procureur de la République chargé de son exécution peut :**

– s'attacher les services de toute personne qualifiée aux fins de favoriser l'exécution amiable de la décision et de déterminer les modalités du retour de l'enfant ;

– requérir toute personne qualifiée afin de vérifier la situation matérielle, familiale et sociale de l'enfant faisant l'objet de la décision de retour ;

– faire procéder à tout examen médical, psychiatrique et psychologique de l'enfant qu'il estime nécessaire.

Le Décr. n° 2012-98 du 27 janv. 2012 est applicable à Wallis-et-Futuna à compter du 1er juin 2012 (Décr. préc., art. 4).

Art. 1210-9 *(Décr. n° 2012-98 du 27 janv. 2012, art. 1er-III)* **En l'absence d'exécution volontaire de la décision de retour, le procureur de la République compétent en application de l'article** *(Décr. n° 2017-892 du 6 mai 2017, art. 28-5°)* **« 34-1 de la loi n° 95-125 du 8 janvier 1995 » pour requérir directement la force publique afin de faire exécuter la décision est celui près le** *(Décr. n° 2019-966 du 18 sept. 2019, art. 8, en vigueur le 1er janv. 2020)* **« tribunal judiciaire** *[ancienne rédaction : tribunal de grande instance]* **» spécialement désigné en application de l'article L. 211-12 du code de l'organisation judiciaire, dans le ressort duquel se trouve l'enfant. Il informe, s'il y a lieu, le procureur de la République près le** *(Décr. n° 2019-966 du 18 sept. 2019, art. 8, en vigueur le 1er janv. 2020)* **« tribunal judiciaire** *[ancienne rédaction : tribunal de grande instance]* **» dans le ressort duquel se trouve l'enfant de son intention de requérir la force publique pour faire exécuter la décision de retour et peut recueillir de ce dernier toutes informations utiles, notamment au regard des risques que l'exécution de la décision pourrait entraîner.** – *Anc. art. 1210-6 (Décr. n° 2017-892 du 6 mai 2017, art. 28-5°). – V. L. n° 95-125 du 8 févr. 1995, art. 34-1, reproduit ss. C. pr. exéc., art. L. 121-6.*

Le Décr. n° 2012-98 du 27 janv. 2012 est applicable à Wallis-et-Futuna à compter du 1er juin 2012 (Décr. préc., art. 4).

L'art. 12-1 de la L. n° 91-650 du 9 juill. 1991 est devenu, à compter du 1er juin 2012, l'art. 34-1 de la L. n° 95-125 du 8 févr. 1995 (Ord. n° 2011-1895 du 19 déc. 2011, art. 3-18°).

BIBL. ▶ **Décr. du 6 mai 2017 :** DEVERS, *Dr. fam. 2018. Dossier 5.*

Ancien art. 1210-9 *(Abrogé par Décr. n° 2017-892 du 6 mai 2017, art. 28-4°)* ***La décision de non-retour de l'enfant rendue à l'étranger ainsi que les documents qui l'accompagnent, transmis à l'autorité centrale française en application du 6 de l'article 11 du règlement (CE) n° 2201/2003 du Conseil du 27 novembre 2003 relatif à la compétence, la reconnaissance et l'exécution des décisions en matière matrimoniale et en matière de responsabilité parentale, sont communiqués au ministère public près le tribunal de grande instance visé à l'article 1210-4, qui en saisit le juge aux affaires familiales par requête.*** – *V. Règl. (CE) n° 2201/2003 du 27 nov. 2003, App., v° Droit européen et international, Droit de l'Union européenne.*

Nonobstant les articles 100 et 101 du présent code, les autres juges aux affaires familiales saisis du même litige, ou de litiges connexes, se dessaisissent à son profit.

L'art. 1210-9 correspond à l'ancien art. 1210-6 ainsi renuméroté par le Décr. n° 2012-98 du 27 janv. 2012 (Décr. préc., art. 1er-II).

Le Décr. n° 2012-98 du 27 janv. 2012 est applicable à Wallis-et-Futuna à compter du 1er juin 2012 (Décr. préc., art. 4).

Art. 1210-10 *(Décr. n° 2017-892 du 6 mai 2017, art. 28-7°)* **Une copie des pièces des procédures diligentées par le procureur de la République sur le fondement des articles 1210-4, 1210-7, 1210-8 et 1210-9 doit être communiquée à l'autorité centrale française dans le cadre de la convention de La Haye du 25 octobre 1980 lorsque celle-ci en fait la demande.**

Sauf refus exprès du procureur de la République, une copie des pièces visées à l'alinéa 1er peut être communiquée *[,]* **par l'intermédiaire de l'autorité centrale française, à une autre autorité centrale désignée par la convention précitée, ainsi qu'aux parents ou** *[à]* **l'un d'eux, tuteur, personne ou service à qui l'enfant a été confié.**

BIBL. ▸ **Décr. du 6 mai 2017 :** DEVERS, *Dr. fam. 2018. Dossier 5.*

Art. 1210-11 *(Décr. n° 2017-892 du 6 mai 2017, art. 28-7°)* **La décision de refus de retour rendue par une juridiction étrangère et les documents qui l'accompagnent transmis par elle en application de l'article 11***[,]* **paragraphe 6***[,]* **du règlement (CE) n° 2201/2003 du Conseil du 27 novembre 2003 relatif à la compétence, la reconnaissance et l'exécution des décisions en matière matrimoniale et en matière de responsabilité parentale, sont communiqués à la juridiction déjà saisie par les parties d'une demande relative à l'exercice de l'autorité parentale ou, à défaut, au juge aux affaires familiales territorialement compétent en application de l'article L. 211-12 du code de l'organisation judiciaire, dans le ressort duquel réside le parent ayant sollicité le retour de l'enfant en France.**

Lorsque la décision et les documents susvisés ont été transmis à une juridiction déjà saisie, le greffe de la juridiction les notifie aux parties. Lorsqu'à la suite de cette transmission, une partie forme une nouvelle demande tendant à voir ordonner le retour de l'enfant sur le fondement de l'article 11 du règlement (CE) n° 2201/2003, la juridiction se dessaisit s'il y a lieu au profit du juge aux affaires familiales spécialement désigné par l'article L. 211-12 du code de l'organisation judiciaire dans le ressort de la même cour d'appel.

Lorsque la décision et les documents susvisés ont été transmis au juge aux affaires familiales compétent en application de l'article L. 211-12 du code de l'organisation judiciaire, le greffe les notifie aux titulaires de l'exercice de l'autorité parentale qui sont invités à présenter leurs demandes dans un délai de trois mois, dans les formes prévues à l'article 1137.

Les dispositions de l'art. 28-7° du Décr. n° 2017-892 du 6 mai 2017 sont applicables aux décisions de refus de retour rendues à compter du 11 mai 2017 (Décr. préc., art. 70-V).

Art. 1210-12 *(Décr. n° 2017-892 du 6 mai 2017, art. 28-7°)* **Le délai de pourvoi en cassation sur les décisions rendues en matière de déplacement illicite international d'enfants est de quinze jours.**

Les dispositions de l'art. 28-7° du Décr. n° 2017-892 du 6 mai 2017 sont applicables aux arrêts rendus sur appels interjetés à compter du 11 mai 2017 (Décr. préc., art. 70-VI).

CHAPITRE X LA PROTECTION JURIDIQUE DES MINEURS ET DES MAJEURS

(Décr. n° 2008-1276 du 5 déc. 2008, art. 1er, en vigueur le 1er janv. 2009)

Le Décr. n° 2008-1276 du 5 déc. 2008 est applicable aux procédures en cours (Décr. préc., art. 5). Il est par ailleurs applicable dans les îles Wallis-et-Futuna (Décr. préc., art. 4-I).

V. C. civ., art. 414 s. – ***C. civ.***

RÉP. PR. CIV. v° *Administration légale et tutelle,* par LARRIBAU-TERNEYRE ; *Incapables majeurs,* par FOSSIER.

BIBL. GÉN. ▸ **Généralités :** JEULAND, *RTD civ. 2018. 271* (la nature juridique de la procédure des tutelles : pour la reconnaissance d'un lien procédural de protection).

▸ **Sur la tutelle des mineurs :** Arbellot, Droit des tutelles, 2ᵉ *éd., Praxis Dalloz 2008.* – Durry et Gobert, *RTD civ. 1966. 5* (réflexions sur la réforme). – Esmein, *Gaz. Pal. 1965. 1. Doctr. 100* (aménagement procédural du nouveau régime). – Plazy, *AJ fam. 2007. 468* (incapacité et preuves). – Raison, *Journ. not. 1965. 417* (procédure en matière d'administration légale, de tutelle et d'émancipation).

▸ **Sur les régimes de protection des majeurs :** Barbier, *Gaz. Pal. 1969. 1. Doctr. 145* (dispositions de procédure de la réforme). – Collectif, *R. 2009, p. 97* (les majeurs protégés) ; *AJ fam. 2014. 147* (majeurs protégés : procédure). – Fossier, *JCP N 1993. I. 164* (25 ans de protection des majeurs). – Fossier et Guihal, *JCP 1990. I. 3499* (activité des parquets et protection des majeurs). – Peterka, *Dr. et patr. 1/2009, p. 28* (l'avocat tuteur). – Piéri-Gauthier, *AJ fam. 2002. 406* (famille et handicap : le rôle du juge des tutelles). – Plazy, *AJ fam. 2007. 468* (incapacités et preuves). – Vialatte, *JCP A 1971. IV. 5974* (pratique procédurale).

▸ **Décr. du 5 déc. 2008 :** Gratadour, *RLDC 04/2009. 41* (du respect des droits individuels de la personne protégée). – Lemouland, Noguéro et Plazy, *D. 2009. Pan. 2183*. – Montoux, *JCP N 2008. Actu. 815.* – Moreau, *AJ fam. 2009. 12* (la place de l'avocat dans la nouvelle législation sur la protection des majeurs). – Salati, *Procédures 2008. Étude 1.* – Sévely-Fournié, *D. 2009. 1221* (rôle du parquet – interrogations pratiques).

SECTION PREMIÈRE DISPOSITIONS RELATIVES AUX MESURES PRONONCÉES PAR LE JUGE *(Décr. nº 2019-756 du 22 juill. 2019, art. 3-1º).*

BIBL. ▸ Raoul-Cormeil, Quarantième anniversaire du Code de procédure civile (1975-2015), *Hors-collection, Panthéon-Assas Paris II 2016, p. 329* (la métamorphose de la procédure tutélaire).

SOUS-SECTION 1 DISPOSITIONS GÉNÉRALES

V. Circ. de la DACS nº CIV/01/09/C1 du 9 févr. 2009 relative à l'application des dispositions législatives et réglementaires issues de la réforme du droit de la protection juridique des mineurs et des majeurs.

BIBL. GÉN. ▸ **Nouvelle procédure des scellés instituée par le Décr. du 30 juill. 1986 :** Barrière, *Gaz. Pal. 1986. 2. Doctr. 575.* – Bertin, *JCP 1986. I. 3263.* – Raison, *Journ. not. 1987. 3.* – Zénati, *RTD civ. 1986. 817.*

Circulaire de la DACS JUSC091677C nº CIV/01/09/C1 du 9 février 2009,

Relative à l'application des dispositions législatives et réglementaires issues de la réforme du droit de la protection juridique des mineurs et des majeurs.

Art. 1211 **Le juge des tutelles territorialement compétent est celui de la résidence habituelle de la personne à protéger ou protégée ou celui du domicile du tuteur.**

Sur les modalités de désignation du juge des tutelles, V. COJ, art. R. 222-2.

JURISPRUDENCE ANTÉRIEURE AU DÉCRET DU 5 DÉCEMBRE 2008

1. Pour un enfant conduit hors du domicile commun des époux par un conjoint sans l'accord de l'autre, V. • Civ. 1ʳᵉ, 9 oct. 1991, nº 90-14.415 P.

2. L'incompétence territoriale du juge des tutelles ne peut être considérée comme une formalité substantielle au sens de l'[ancien] art. 416 C. civ. • Civ. 1ʳᵉ, 6 oct. 1982 : *Bull. civ. I, nº 278.*

3. Le placement de l'enfant dans une famille installée dans le ressort d'un autre TI que celui dans le ressort duquel est domicilié le tuteur n'a pour effet de modifier ni le domicile légal du mineur, fixé chez le tuteur, ni, par conséquent, la compétence territoriale du juge des tutelles. • Civ. 1ʳᵉ, 20 juin 1995, nº 93-17.865 P : *D. 1995. IR 177*.

4. Sur la sanction de l'incompétence, V. note 11 ss. anc. art. 1239.

Art. 1212 **Le juge des tutelles et le procureur de la République ont la faculté de faire examiner par un médecin les majeurs relevant de l'article 416 du code civil.**

Art. 1213 **A la demande de tout intéressé ou d'office, notamment lorsqu'il est fait application des articles 217 et 219, du deuxième alinéa de l'article 397, de l'article 417, du quatrième alinéa de l'article 459, de l'article 459-2, des deuxième et troi-**

sième alinéas de l'article 469, du 4° de l'article 483 *(Décr. n° 2019-756 du 22 juill. 2019, art. 3-2°)* **« , de l'article 484 ou de l'article 494-10 » du code civil, le juge des tutelles peut ordonner que l'examen de la requête donne lieu à un débat contradictoire.**

Art. 1214 **Dans toute instance relative** *(Décr. n° 2019-756 du 22 juill. 2019, art. 3-3°)* **« au prononcé, à la modification ou à » la mainlevée d'une mesure de protection, le majeur à protéger ou protégé peut faire le choix d'un avocat ou demander à la juridiction saisie que le bâtonnier lui en désigne un d'office. La désignation doit intervenir dans les huit jours de la demande.**

(Décr. n° 2009-1628 du 23 déc. 2009, art. 3) **« Les intéressés sont informés de ce droit dans l'acte de convocation. »**

L'art. 3 du Décr. n° 2009-1628 du 23 déc. 2009 est applicable dans les îles Wallis-et-Futuna (Décr. préc., art. 21).

BIBL. ▶ **Décr. du 23 déc. 2009 :** CARON-DEGLISE, *RJPF 2010-3, p. 8.* – DOUCHY-OUDOT, *Procédures 2010, n° 39.* – VERHEYDE, *JCP 2010. 39.*

▶ MONTOURCY et FRESNEL, *Gaz. Pal. 12 janv. 2016, p. 14* (pour la présence obligatoire de l'avocat auprès des majeurs protégés).

▶ **Décr. n° 2019-756 du 22 juill. 2019 :** TANI, *JCP N 2019. 682.*

Droit à un avocat. Le droit de la personne, protégée ou à protéger, à un procès équitable, lorsqu'une mesure de protection est envisagée, ne fait pas obstacle à ce que le législateur instaure un régime dans lequel le majeur peut faire le choix d'être assisté d'un avocat, permettant de trouver un juste équilibre entre le droit d'accès au juge et l'autonomie de cette personne, dans le respect du droit à un recours effectif. • Civ. 1re, 8 juill. 2015, n° 15-11.002 : *AJ fam. 2015. 547, note Verheyde ; D. fam. 2015, n° 194, obs. Maria.* ♦ N'a pas été privé des droits tirés de l'art. 6 Conv. EDH le majeur protégé informé par la convocation qui lui a été adressée de son droit de faire le choix d'un avocat ou dedemander à la juridiction saisie que le bâtonnier lui en désigne un d'office, et qui a comparu sans user de cette faculté, en faisant valoir ses observations et en défendant ses intérêts. • Civ. 1re, 27 janv. 2016, n° 15-11.002 P : *D. 2016. Actu. 312 ; D. avocats 2016. 48, obs. Dargent ; Dr. fam. 2016, n° 65, note Maria ; AJ fam. 2016. 29, obs. Montourcy.*

Art. 1214-1 *(Décr. n° 2019-756 du 22 juill. 2019, art. 3-4°)* **La communication au ministère public des affaires relatives à la protection juridique des majeurs a lieu conformément aux dispositions des articles 424 et 426 à 428 du présent code.**

BIBL. ▶ **Décr. n° 2019-756 du 22 juill. 2019 :** TANI, *JCP N 2019. 682.*

Art. 1215 **En cas de décès d'un majeur faisant l'objet d'une mesure de protection exercée par un mandataire judiciaire à la protection des majeurs, ce dernier peut, en l'absence d'héritiers connus, saisir le notaire du défunt en vue du règlement de la succession ou, à défaut, demander au président de la chambre départementale des notaires d'en désigner un.**

Si le notaire chargé du règlement de la succession ne parvient pas à identifier les héritiers du majeur protégé, le mandataire judiciaire à la protection des majeurs, autorisé à cet effet par le juge des tutelles, ou le notaire, dans les conditions de l'article 36 de la loi du 23 juin 2006 portant réforme des successions et des libéralités, peut délivrer un mandat de recherche des héritiers.

Art. 1216 **L'amende civile prévue aux articles** *(Décr. n° 2016-185 du 23 févr. 2016, art. 6)* **« 411-1 et 417 » du code civil ne peut excéder** *(Décr. n° 2017-892 du 6 mai 2017, art. 67)* **« 10 000 » euros. La décision qui la prononce n'est pas susceptible de recours.**

L'art. 6 du Décr. n° 2016-185 du 23 févr. 2016 est applicable aux administrations légales en cours au jour de son entrée en vigueur (Décr. préc., art. 18-II, applicable à Wallis-et-Futuna ; Décr. préc., art. 19-III).

L'art. 67 du Décr. n° 2017-892 du 6 mai 2017 est applicable dans les îles Wallis-et-Futuna (Décr. préc., art. 72-II).

SOUS-SECTION 1 *BIS* LES INFORMATIONS ADRESSÉES AU PROCUREUR DE LA RÉPUBLIQUE PRÉALABLEMENT À LA SAISINE DU JUGE DES TUTELLES

(Décr. nº 2019-1464 du 26 déc. 2019, art. 2)

Les dispositions du Décr. nº 2019-1464 du 26 déc. 2019 s'appliquent aux demandes présentées au procureur de la République aux fins de saisine du juge des tutelles à compter du 1er janv. 2020 (Décr. préc., art. 5).

Art. 1216-1 **Les demandes présentées au procureur de la République aux fins de saisine du juge des tutelles contiennent l'identité de la personne à protéger et la description des faits appelant la protection au sens de l'article 428 du code civil.**

Art. 1216-2 **La demande contient également, lorsqu'elles sont connues et utiles, les informations suivantes, en précisant comment elles ont été recueillies :**

– la composition de la famille de la personne à protéger, ses conditions de vie, son lieu de vie et son environnement social ;

– la consistance de son patrimoine, les ressources, les charges et dettes ainsi que, le cas échéant, la liste des prestations mobilisables au bénéfice de la personne ;

– l'autonomie de la personne, évaluée au regard de sa capacité à s'organiser seule dans la vie quotidienne, à accomplir ses démarches administratives et gérer son budget, seule.

Art. 1216-3 **Les services départementaux et communaux d'action sociale, les maisons départementales des personnes handicapées, les institutions mettant en œuvre la méthode mentionnée à l'article L. 113-3 du code de l'action sociale et des familles, les établissements et services sociaux et médico-sociaux et les établissements de santé sont tenus de transmettre au procureur de la République les informations mentionnées aux articles 1216-1 et 1216-2.**

Le cas échéant, les responsables de ces établissements et services précisent quelles actions sont menées et envisagées dans l'intérêt de la personne qu'il y a lieu de protéger.

SOUS-SECTION 2 LA PROCÉDURE DEVANT LE JUGE DES TUTELLES

BIBL. ▸ ▸ **Généralités :** JEULAND, *RTD civ. 2018. 271* (la nature juridique de la procédure des tutelles : pour la reconnaissance d'un lien procédural de protection).

§ 1er LA DEMANDE

Art. 1217 *(Décr. nº 2009-1628 du 23 déc. 2009, art. 4)* **Hors les cas prévus aux articles 390, 391, 442** *(Décr. nº 2019-756 du 22 juill. 2019, art. 3-5º-a)* **« , 485 et au troisième alinéa de l'article 494-3 » du code civil, le juge est saisi par requête remise ou adressée au greffe de la juridiction de première instance.**

(Décr. nº 2019-756 du 22 juill. 2019, art. 3-5º-b) **« Lorsque la requête est présentée aux fins de renouvellement de l'habilitation familiale, il y est joint une copie de la décision ayant désigné une personne habilitée. »**

L'art. 4 du Décr. nº 2009-1628 du 23 déc. 2009 est applicable dans les îles Wallis-et-Futuna (Décr. préc., art. 21).

BIBL. ▸ CHARBONNIER, *JCP 1966. I. 2042* (saisine du juge des tutelles).

▸ **Décr. du 23 déc. 2009 :** CARON-DEGLISE, *RJPF 2010-3, p. 8.* – DOUCHY-OUDOT, *Procédures 2010, nº 39.* – VERHEYDE, *JCP 2010. 39.*

SAISINE D'OFFICE

1. La décision du juge de se saisir d'office relève de son pouvoir discrétionnaire et, n'ayant pas de caractère juridictionnel, n'est pas susceptible de recours. • Civ. 1re, 23 juin 1987 : *D. 1987. IR 168 ; Gaz. Pal. 1988. 1. 109, note J. M.*

2. Le juge des tutelles peut en application de l'[ancien] art. 491-1 C. civ. placer un majeur sous la sauvegarde de justice pour la durée de l'instance en tutelle ou en curatelle même lorsqu'il se saisit d'office. • Civ. 1re, 30 nov. 1983 : *Gaz. Pal. 1984. 2. 431, note J. M.*

Art. 1218 **La requête aux fins** *(Décr. nº 2019-756 du 22 juill. 2019, art. 3-6º-a)* **« de prononcé » d'une mesure de protection d'un majeur comporte, à peine d'irrecevabilité :**

1° Le certificat médical circonstancié prévu à l'article 431 du code civil ;

2° L'identité de la personne à protéger et l'énoncé des faits qui appellent cette protection au regard *(Décr. n° 2019-756 du 22 juill. 2019, art. 3-6°-b)* « des articles 428 et 494-1 » du même code.

BIBL. ▸ **Décr. n° 2019-756 du 22 juill. 2019 :** TANI, *JCP N 2019. 682.*

JURISPRUDENCE ANTÉRIEURE AU DÉCRET DU 5 DÉCEMBRE 2008

1. Production du certificat médical. Sur le caractère de formalité substantielle de la production du certificat médical, V. • Civ. 1re, 18 janv. 1972 : *D. 1972. 373, note Contamine-Raynaud ; Defrénois 1972, art. 30129, note Massip.* ♦ Il résulte de l'[ancien] art. 493-1 du C. civ. auquel renvoie l'[ancien] art. 1244 NCPC [devenu C. pr. civ.] que la production du certificat médical n'est exigée que lorsque la requête invoque une altération des facultés mentales ou corporelles de la personne à protéger et non lorsqu'elle est fondée sur la prodigalité. • Civ. 1re, 24 oct. 1995, n° 93-21.590 P : *D. 1997. 22, note B. Fillion-Dufouleur.*

2. Les prescriptions de l'[ancien] art. 1244, al. 1er, ne sont pas applicables lorsque la requête émane du procureur de la République. • Civ. 1re, 22 nov. 1989 : *Bull. civ. I, n° 359* (à propos du certificat médical).

JURISPRUDENCE POSTÉRIEURE AU DÉCRET DU 5 DÉCEMBRE 2008

3. Production du certificat médical. Refus de l'intéressé. Nouveaux textes : cassation du jugement ayant déclaré recevable une requête aux fins de mise sous protection qui n'était pas accompagnée d'un certificat médical circonstancié rédigé par un médecin agréé, mais une attestation du refus de l'intéressé de se soumettre à un examen médical, le tribunal ayant estimé à tort que l'intéressé n'était pas fondée à se prévaloir de l'absence de certificat médical circonstancié dès lors que, par son propre fait, elle avait rendu impossible ce constat. • Civ. 1re, 29 juin 2011 : *AJ fam. 2011. 431, obs. Verheyde ; JCP 2011. 1643, obs. Peterka ; Dr. fam. 2011, n° 133, obs. Maria ; RTD civ. 2011. 511, obs. Hauser*, cassant : • TGI Mont-de-Marsan, 8 oct. 2009 : *D. 2010. 2052, note Verheyde.* ♦ Pour la solution admise avant la loi du 5 mars 2007, lorsque l'exigence d'un certificat médical préalable n'était pas systématique. La personne qui fait l'objet d'une tutelle ou d'une curatelle n'est pas fondée à se prévaloir de l'absence de constatation médicale de l'altération de ses facultés lorsque, par son propre fait, elle a rendu cette constatation impossible en se refusant à tout examen médical. • Civ. 1re, 10 juill. 1984 : *D. 1984. 547, note Massip.* V. déjà en ce sens, • Civ. 1re, 18 janv. 1972 : *D. 1972. 373, note Contamine-Raynaud ; Defrénois 1972. 760, note Massip.* ♦ Cependant, une personne ne peut être placée sous tutelle en considérant que son « comportement d'évitement » établissait l'altération de ses facultés mentales bien que la cause de ses troubles n'ait pu être précisée, par suite de ses dérobades successives, alors qu'aucun document médical constatant cette altération n'est versé au dossier. • Civ. 1re, 23 mai 1979 : *Bull. civ. I, n° 152.*

4. Si l'art. 1218 C. pr. civ. dispose que la requête aux fins d'ouverture d'une mesure de protection d'un majeur comporte, à peine d'irrecevabilité, l'énoncé des faits qui appellent cette protection au regard de l'art. 428 C. civ., aucun formalisme particulier n'est exigé concernant cet énoncé. Les juges du fond apprécient souverainement si l'éloignement géographique du frère de la majeure protégée lui permet de garantir sa protection. • Civ. 1re, 24 janv. 2018, n° 17-10.262 P : *D. actu. 15 févr. 2018, obs. Peterka ; D. 2018. 702, note Noguéro ; ibid. Pan. 1458, obs. Noguéro ; AJ fam. 2018. 239, obs. Pecqueur ; Procédures 2018, n° 157, obs. Douchy-Oudot ; Dr. fam. 2018, n° 109, note Maria.*

Art. 1218-1 La requête *(Décr. n° 2019-756 du 22 juill. 2019, art. 3-7°-a)* « aux fins de protection d'un majeur » prévue à l'article 1218 mentionne également les personnes appartenant à l'entourage du majeur à protéger énumérées au premier alinéa de l'article 430 *(Décr. n° 2019-756 du 22 juill. 2019, art. 3-7°-b)* « et à l'article 494-1 » du code civil ainsi que le nom de son médecin traitant, si son existence est connue du requérant. Celui-ci précise, dans la mesure du possible, les éléments concernant la situation familiale, *(Décr. n° 2019-756 du 22 juill. 2019, art. 3-7°-c)* « sociale, » financière et patrimoniale du majeur *(Décr. n° 2019-756 du 22 juill. 2019, art. 3-7°-d)* « , ainsi que tout autre élément, relatif notamment à son autonomie ».

Le greffier avise le procureur de la République de la procédure engagée, sauf lorsque ce dernier est le requérant.

Art. 1219 Le certificat médical circonstancié prévu par l'article 431 du code civil :

1° Décrit avec précision l'altération des facultés du majeur à protéger ou protégé ;

2° Donne au juge tout élément d'information sur l'évolution prévisible de cette altération ;

3° Précise les conséquences de cette altération sur la nécessité d'une assistance ou d'une représentation du majeur dans les actes de la vie civile, tant patrimoniaux qu'à caractère personnel *(Abrogé par Décr. n° 2019-756 du 22 juill. 2019, art. 3-8°)* « , *ainsi que sur l'exercice de son droit de vote* ».

Le certificat indique si l'audition du majeur est de nature à porter atteinte à sa santé ou si celui-ci est hors d'état d'exprimer sa volonté.

Le certificat est remis par le médecin au requérant sous pli cacheté, à l'attention exclusive du procureur de la République ou du juge des tutelles.

Art. 1219-1 *(Décr. n° 2019-1464 du 26 déc. 2019, art. 3)* Les requêtes adressées par le procureur de la République aux juges des tutelles contiennent les informations mentionnées aux articles 1216-1 à 1216-3.

Les dispositions du Décr. n° 2019-1464 du 26 déc. 2019 s'appliquent aux demandes présentées au procureur de la République aux fins de saisine du juge des tutelles à compter du 1er janv. 2020 (Décr. préc., art. 5).

§ 2 L'INSTRUCTION DE LA DEMANDE

Art. 1220 Le juge des tutelles peut, dans tous les cas où il a l'obligation ou il estime utile d'entendre la personne à protéger ou protégée, se déplacer dans toute l'étendue du ressort de la cour d'appel ainsi que dans les départements limitrophes de celui où il exerce ses fonctions. *(Décr. n° 2009-1628 du 23 déc. 2009, art. 5)* « Les mêmes règles sont applicables aux magistrats de la cour d'appel en cas de recours. »

L'art. 5 du Décr. n° 2009-1628 du 23 déc. 2009 est applicable dans les îles Wallis-et-Futuna (Décr. préc., art. 21).

BIBL. ► **Décr. du 23 déc. 2009 :** CARON-DEGLISE, *RJPF 2010-3, p. 8.* – DOUCHY-OUDOT, *Procédures 2010, n° 39.* – VERHEYDE, *JCP 2010. 39.*

Art. 1220-1 L'audition de la personne peut avoir lieu au siège du tribunal, au lieu où elle réside habituellement, dans l'établissement de traitement ou d'hébergement ou en tout autre lieu approprié.

L'audition n'est pas publique.

Le juge peut, s'il l'estime opportun, procéder à cette audition en présence du médecin traitant ou de toute autre personne.

(Décr. n° 2019-756 du 22 juill. 2019, art. 3-9°-a) « L'avocat » de la personne à protéger ou protégée *(Décr. n° 2019-756 du 22 juill. 2019, art. 3-9°-b)* « est informé » de la date et du lieu de l'audition.

Il est dressé procès-verbal de celle-ci.

1. Satisfait aux prescriptions de l'[ancien] art. 1246 le juge qui ouvre une tutelle après avoir en vain convoqué à deux reprises la personne à protéger et avoir dressé un procès-verbal de carence qui n'a pas été contesté. • Civ. 1re, 24 nov. 1998, n° 96-17.475 P.

2. Sur l'application des [anciens] art. 1246 et 1250 à la transformation d'une curatelle en tutelle, V. • Civ. 1re, 19 janv. 1999 : *D. 2000. Somm. 106, obs. Lemouland ; Defrénois 1999. 946, obs. Massip ; Dr. fam. 1999, n° 91, obs. Fossier.*

Art. 1220-2 La décision du juge disant n'y avoir lieu à procéder à l'audition du majeur à protéger ou protégé en application du second alinéa de l'article 432 *(Décr. n° 2019-756 du 22 juill. 2019, art. 3-10°)* « ou de l'article 494-4 » du code civil est notifiée au requérant et, le cas échéant, à l'avocat du majeur.

Par la même décision, le juge ordonne qu'il soit donné connaissance de la procédure engagée au majeur selon des modalités appropriées à son état.

Il est fait mention au dossier de l'exécution de cette décision.

Art. 1220-3 Le juge des tutelles ne peut statuer sur une requête concernant un majeur protégé et relative à la protection de sa personne qu'après avoir entendu ou appelé celui-ci sauf si l'audition est de nature à porter atteinte à la santé de l'intéressé ou si celui-ci est hors d'état d'exprimer sa volonté.

Absence d'audition. Ne méconnaît pas l'art. 1220-3, la cour d'appel qui, n'ayant pas recouru à la procédure de dispense d'audition, a statué sans avoir entendu le majeur protégé dès lors qu'elle l'a régulièrement convoqué et qu'il était représenté par un avocat à l'audience. • Civ. 1re, 24 juin 2020, n° 19-15.781 P : *D. actu. 9 juill. 2020, obs. Hélaine ; D. 2020. 1406 ; AJ fam. 2020. 537, obs. Peterka ; RTD civ. 2020. 855, obs. Leroyer ; JCP N 2020. 1197, note Moisdon-Chataigner ; Defrénois 2020, n° 39, p. 29, note Combert.*

Art. 1220-4 **Le juge procède à l'audition, s'il l'estime opportun, des personnes énumérées** *(Décr. n° 2019-756 du 22 juill. 2019, art. 3-11°-a)* **« aux articles 430, 494-1 et 494-10 » du code civil. Cette audition est de droit lorsqu'elle est sollicitée par une personne demandant à exercer la** *(Abrogé par Décr. n° 2019-756 du 22 juill. 2019, art. 3-11°-b) « mesure de »* **protection.**

(Décr. n° 2019-756 du 22 juill. 2019, art. 3-11°-c) **« En application des dispositions du deuxième alinéa de l'article 494-4 du code civil, le juge constate l'adhésion ou l'absence d'opposition légitime des personnes visées au deuxième alinéa de l'article 494-1 du code civil après les avoir entendues ou par écrit. »**

Art. 1221 **Le juge peut, soit d'office, soit à la requête des parties ou du ministère public, ordonner toute mesure d'instruction. Il peut notamment faire procéder à une enquête sociale ou à des constatations par toute personne de son choix.**

Art. 1221-1 *(Décr. n° 2009-398 du 10 avr. 2009, art. 3)* **Le juge des tutelles qui connaît de la situation d'un mineur peut vérifier auprès du juge des enfants si une procédure d'assistance éducative est ouverte et demander à ce dernier de lui transmettre copie de pièces du dossier en cours, selon les modalités définies à l'article 1187-1.**

Le Décr. n° 2009-398 du 10 avr. 2009 est applicable dans les îles Wallis-et-Futuna.

BIBL. ► AUTEM, *LPA 18 juin 2010, p. 4* (la communication entre le JAF, le juge des enfants et le juge des tutelles). – BARBE et LA-MESTA, *AJ fam. 2009. 480*. – BRUGGEMAN, *Dr. fam. 2009. Alertes 39*. – LA MESTA, J. LEBORGNE et BARBÉ, *AJ fam. 2009. 216*. – EUDIER, *RJPF 07-08/2009. 23*. – LARRIBAU-TERNEYRE, *Dr. fam. 2009. Repère 5.*

Art. 1221-2 *(Décr. n° 2009-398 du 10 avr. 2009, art. 3)* **Dès lors qu'il est informé qu'une procédure d'assistance éducative est ouverte à l'égard du mineur, le juge des tutelles transmet, à la demande du juge des enfants, copie de toute pièce que ce dernier estime utile.**

Le Décr. n° 2009-398 du 10 avr. 2009 est applicable dans les îles Wallis-et-Futuna.

BIBL. ► AUTEM, *LPA 18 juin 2010, p. 4* (la communication entre le JAF, le juge des enfants et le juge des tutelles). – BRUGGEMAN, *Dr. fam. 2009. Alertes 39*. – LA MESTA, J. LEBORGNE et BARBÉ, *AJ fam. 2009. 216*. – LARRIBAU-TERNEYRE, *Dr. fam. 2009. Repère 5.*

§ 3 LA CONSULTATION DU DOSSIER ET LA DÉLIVRANCE DE COPIES

Art. 1222 *(Décr. n° 2009-1628 du 23 déc. 2009, art. 6)* **« Le dossier peut être consulté au greffe par le requérant jusqu'au prononcé de la décision d'ouverture** *(Décr. n° 2019-756 du 22 juill. 2019, art. 3-12°-a)* **« ou d'habilitation » ou, lorsqu'une modification de la mesure de protection** *(Décr. n° 2019-756 du 22 juill. 2019, art. 3-12°-b)* **« , une révision ou un renouvellement de l'habilitation » est** *(Décr. n° 2019-756 du 22 juill. 2019, art. 3-12°-c)* **« sollicité », jusqu'à ce qu'il soit statué sur** *(Décr. n° 2019-756 du 22 juill. 2019, art. 3-12°-d)* **« cette demande ». Il peut être également consulté dans les mêmes conditions et sur autorisation de la juridiction saisie, par une des personnes énumérées** *(Décr. n° 2019-756 du 22 juill. 2019, art. 3-12°-e)* **« aux articles 430 et 494-1 » du code civil si elle justifie d'un intérêt légitime. »**

(Décr. n° 2008-1276 du 5 déc. 2008, art. 1er, en vigueur le 1er janv. 2009) **« Leurs avocats, si elles en ont constitué un, disposent de la même faculté. »**

L'art. 6 du Décr. n° 2009-1628 du 23 déc. 2009 est applicable dans les îles Wallis-et-Futuna (Décr. préc., art. 21).

BIBL. ► **Décr. du 23 déc. 2009 :** CARON-DEGLISE, *RJPF 2010-3, p. 8*. – DOUCHY-OUDOT, *Procédures 2010, n° 39*. – VERHEYDE, *JCP 2010. 39.*

1. *Refus d'accès au dossier. Nature.* La décision par laquelle le juge se prononce sur une demande de consultation du dossier est une mesure d'administration judiciaire, non sujette à recours. • Civ. 1re, 13 déc. 2017, n° 17-18.437 P : *D. actu. 10 janv. 2018, obs. Peterka ; Procédures 2018, n° 86, note Douchy-Oudot.*

2. *Principe du contradictoire.* En matière de protection juridique des majeurs, lorsqu'il résulte des pièces de la procédure que l'avis écrit du ministère public et que le rapport de situation du mandataire judiciaire à la protection des majeurs figuraient au dossier de la cour d'appel, que le père de la personne protégée avait la possibilité de consulter, en application de l'art. 1222 C. pr. civ., ces éléments du dossier étant ainsi mis à sa disposition, avant l'audience, afin qu'il puisse y répondre utilement, le principe de la contradiction et les garanties conventionnelles résultant de l'art. 6, § 1er, Conv. EDH ne sont pas méconnus. • Civ. 1re, 27 juin 2018, n° 17-20.911 P : *D. actu. 10 juill. 2018, obs. Peterka ; AJ fam. 2018. 476, note Pecqueur ; JCP 2018. 822, obs. Maria ; Dr. fam. 2018, n° 223, note Maria.*

Art. 1222-1 A tout moment de la procédure, le dossier peut être consulté au greffe de la juridiction qui le détient, sur demande écrite et sans autre restriction que les nécessités du service, par le majeur à protéger ou protégé, le cas échéant, par son avocat ainsi que par la ou les personnes chargées de la protection.

Lorsque la demande de consultation du dossier émane du majeur, le juge peut, par ordonnance motivée notifiée à l'intéressé, exclure tout ou partie des pièces de la consultation si celle-ci est susceptible de lui causer un préjudice psychique grave.

Renvoi. V. note 15 ss. art. 16.

Art. 1222-2 *(Décr. n° 2016-185 du 23 févr. 2016, art. 7)* Le dossier du mineur sous tutelle peut être consulté au greffe par le requérant, le tuteur, les parents, ou, le cas échéant, leurs avocats, jusqu'à ce qu'il soit statué sur la requête.

A tout moment de la mesure, le mineur capable de discernement, son tuteur ou l'un de ses parents peut demander à consulter son dossier.

Le mineur capable de discernement ne peut consulter le dossier le concernant qu'en présence de son tuteur ou de son avocat. En cas de refus du tuteur et si l'intéressé n'a pas d'avocat, le juge saisit le bâtonnier d'une demande de désignation d'un avocat pour assister le mineur.

Par décision motivée, le juge peut, en l'absence d'avocat, exclure tout ou partie des pièces de la consultation par le requérant ou le mineur lorsque cette consultation serait de nature à causer à ce dernier un préjudice grave.

Dans tous les cas, la consultation ne peut se faire qu'aux jours et heures fixés par le juge.

L'art. 7 du Décr. n° 2016-185 du 23 févr. 2016 est applicable aux administrations légales en cours au jour de son entrée en vigueur (Décr. préc., art. 18-II, applicable à Wallis-et-Futuna ; Décr. préc., art. 19-III).

Ancien art. 1222-2 *La consultation de son dossier par le mineur sous tutelle capable de discernement, par (Décr. n° 2013-429 du 24 mai 2013, art. 1er-10°) « ses parents » et son tuteur ne peut se faire que dans les conditions prévues aux deuxième, troisième et quatrième alinéas de l'article 1187.*

Le Décr. n° 2013-429 du 24 mai 2013 est applicable à Wallis-et-Futuna (Décr. préc., art. 6).

Accès au dossier. Personnes. Il résulte des art. 1222-2 et 1187 C. pr. civ. que le droit de consulter le dossier est ouvert au mineur capable de discernement, à ses père et mère et au tuteur de sorte que la demande de consultation du dossier de leur petit-fils, détenu par le juge des tutelles, formée par les grands-parents sollicitant la désignation d'un conseil de famille en vue de l'ouverture d'une tutelle aux biens du mineur, ne peut qu'être rejetée. • Civ. 1re, 7 nov. 2012, n° 11-18.529 P : *D. 2012. Actu. 2261 ; LPA 12 févr. 2013, p. 9, note Massip.*

Art. 1223 *(Décr. n° 2009-1628 du 23 déc. 2009, art. 7)* « L'avocat du majeur à protéger ou protégé *(Décr. n° 2016-185 du 23 févr. 2016, art. 8-1°)* « , du mineur ou de ses parents » peut se faire délivrer copie de tout ou partie des pièces du dossier. » *(Décr. n° 2008-1276 du 5 déc. 2008, art. 1er, en vigueur le 1er janv. 2009)* « Il ne peut communiquer les copies ainsi obtenues ou leur reproduction *(Décr. n° 2016-185 du 23 févr. 2016, art. 8-2°)* « au majeur à protéger ou protégé, au mineur » ou à un tiers. »

L'art. 7 du Décr. n° 2009-1628 du 23 déc. 2009 est applicable dans les îles Wallis-et-Futuna (Décr. préc., art. 21).

L'art. 8 du Décr. nº 2016-185 du 23 févr. 2016 est applicable aux administrations légales en cours au jour de son entrée en vigueur (Décr. préc., art. 18-II, applicable à Wallis-et-Futuna ; Décr. préc., art. 19-III).

BIBL. ▶ **Décr. du 23 déc. 2009 :** CARON-DEGLISE, *RJPF 2010-3, p. 8.* – DOUCHY-OUDOT, *Procédures 2010, nº 39.* – VERHEYDE, *JCP 2010. 39.*

Art. 1223-1 **Sous réserve des dispositions de l'article 510 du code civil relatives à la communication des comptes de gestion, le juge des tutelles peut, après le prononcé du jugement de mise sous protection, autoriser, sur justification d'un intérêt légitime, la délivrance d'une copie d'une ou plusieurs pièces du dossier au majeur protégé** *(Décr. nº 2016-185 du 23 févr. 2016, art. 9)* **« , au mineur âgé de seize ans révolus » ou à la personne chargée de la mesure de protection.**

L'art. 9 du Décr. nº 2016-185 du 23 févr. 2016 est applicable aux administrations légales en cours au jour de son entrée en vigueur (Décr. préc., art. 18-II, applicable à Wallis-et-Futuna ; Décr. préc., art. 19-III).

Art. 1223-2 **Il ne peut être délivré copie des délibérations du conseil de famille et des décisions de justice afférentes à la mesure de protection qu'aux parties et aux personnes investies des charges tutélaires concernées par ces délibérations et décisions.**

Les personnes justifiant d'un intérêt légitime peuvent également en obtenir des extraits sur autorisation du juge des tutelles.

(Décr. nº 2016-185 du 23 févr. 2016, art. 10) **« Le mineur devenu majeur peut obtenir copie des délibérations et décisions le concernant. »**

L'art. 10 du Décr. nº 2016-185 du 23 févr. 2016 est applicable aux administrations légales en cours au jour de son entrée en vigueur (Décr. préc., art. 18-II, applicable à Wallis-et-Futuna ; Décr. préc., art. 19-III).

Art. 1224 **Les décisions du juge prévues aux articles 1222, 1223-1 et 1223-2 sont des mesures d'administration judiciaire.**

Renvoi. V. note ss. art. 1222.

§ 4 LES CONVOCATIONS À L'AUDIENCE *(Décr. nº 2019-756 du 22 juill. 2019, art. 3-13º).*

Art. 1225 *(Décr. nº 2019-756 du 22 juill. 2019, art. 3-14º)* **Lorsque la convocation n'a pas pu leur être remise, le greffe adresse une convocation à l'audience, au majeur protégé ou à protéger, sauf lorsque le juge a décidé qu'il n'y avait pas lieu de procéder à son audition en application des dispositions du second alinéa de l'article 432 et du premier alinéa de l'article 494-4 du code civil, à la personne chargée de la protection, ainsi que, si le juge l'estime utile, à un ou plusieurs des proches visés aux articles 430 et 494-1 du même code. La convocation est adressée par lettre recommandée avec demande d'avis de réception.**

Toutefois lorsqu'il résulte de la requête que seule la dernière adresse de la personne protégée ou à protéger est connue, le greffe invite le requérant à procéder par voie de signification.

Le greffe avise par tous moyens le requérant des lieux *[lieu]*, **jour et heure de l'audience de prononcé, de modification ou de révision de la mesure de protection des majeurs. Le ministère public en est également avisé et peut adresser, d'office ou à la demande du juge des tutelles, son avis ou ses conclusions sur l'opportunité et les modalités de la protection.**

JURISPRUDENCE ANTÉRIEURE AU DÉCRET DU 5 DÉCEMBRE 2008

1. Pour un exemple, V. • Civ. 1re, 25 juin 1991 : *Gaz. Pal. 1992. 1. Somm. 9, obs. Massip.*

2. Viole les art. 16, [anc.] 1250 NCPC [devenu C. pr. civ.] et 6 § 1 Conv. EDH, la cour d'appel qui rejette le recours d'une personne à l'encontre d'une décision la plaçant sous le régime de la curatelle renforcée, alors que cette personne n'avait pas été avisée de la possibilité de consulter le dossier au greffe. • Civ. 1re, 28 nov. 2006, nº 04-18.266 P : *D. 2006. IR 3012 ; JCP 2007. I. 139, nº 24, obs. Serinet ; AJ fam. 2007. 40, obs. Pécaut-Rivolier ; Dr. fam. 2007. Comm. 21, note Fossier ; RJPF 2007/1/12, obs. Casey ; RTD civ. 2007. 91, obs. Hauser.*

3. V. note 2 ss. art. 1220-1.

§ 5 LES DÉCISIONS DU JUGE DES TUTELLES

Art. 1226 A l'audience, le juge entend le requérant *(Décr. n° 2019-756 du 22 juill. 2019, art. 3-15°-a)* « au prononcé » de la *(Abrogé par Décr. n° 2019-756 du 22 juill. 2019, art. 3-15°-b)* « *mesure de* » protection, le majeur à protéger, sauf application par le juge des dispositions du second alinéa de l'article 432 *(Décr. n° 2019-756 du 22 juill. 2019, art. 3-15°-c)* « ou 494-4 » du code civil et, le cas échéant, le ministère public.

Les avocats des parties, lorsqu'elles en ont constitué un, sont entendus en leurs observations.

L'affaire est instruite et jugée en chambre du conseil.

BIBL. ▸ **Décr. n° 2019-756 du 22 juill. 2019 :** TANI, *JCP N 2019. 682.*

Art. 1227 La requête aux fins *(Abrogé par Décr. n° 2019-756 du 22 juill. 2019, art. 3-16°)* « *d'ouverture d'une mesure* » de protection d'un majeur est caduque si le juge des tutelles ne s'est pas prononcé sur celle-ci dans l'année où il en a été saisi.

JURISPRUDENCE ANTÉRIEURE AU DÉCRET DU 5 DÉCEMBRE 2008

L'[ancien] art. 1252, qui fixe à un an la durée maximale de l'instance devant le juge des tutelles, ne s'applique pas à celle suivie devant le TGI. • Civ. 1re, 3 juin 1998 : *Defrénois 1998. 1396, obs. Massip.*

Art. 1228 *(Décr. n° 2009-1628 du 23 déc. 2009, art. 8)* Lorsqu'il fait application de l'article 442 *(Décr. n° 2019-756 du 22 juill. 2019, art. 3-17°-a)* « ou de l'alinéa 5 de l'article 494-6 » du code civil, le juge statue après avoir entendu ou appelé la personne protégée dans les conditions prévues aux articles 1220 à 1220-2 du présent code et recueilli l'avis de la personne chargée de la *(Abrogé par Décr. n° 2019-756 du 22 juill. 2019, art. 3-17°-b)* « *mesure de* » protection. Sa décision est notifiée dans les conditions prévues aux articles 1230 à 1231 du même code.

Toutefois, lorsqu'il y a lieu de renforcer le régime de protection en application du quatrième alinéa de l'article 442 du code civil, il est en outre procédé conformément aux dispositions des articles 1218, 1220-3 à 1221, 1225 et 1226 du présent code.

L'art. 8 du Décr. n° 2009-1628 du 23 déc. 2009 est applicable dans les îles Wallis-et-Futuna (Décr. préc., art. 21).

BIBL. ▸ **Décr. du 23 déc. 2009 :** CARON-DEGLISE, *RJPF 2010-3, p. 8.* – DOUCHY-OUDOT, *Procédures 2010, n° 39.* – VERHEYDE, *JCP 2010. 39.*

Art. 1229 Hors les cas où il ordonne un débat contradictoire en application de l'article 1213, le juge statue sur les requêtes qui lui sont adressées après *(Décr. n° 2019-756 du 22 juill. 2019, art. 3-18°-a)* « le prononcé » de la *(Abrogé par Décr. n° 2019-756 du 22 juill. 2019, art. 3-18°-b)* « *mesure de* » protection par le majeur protégé ou la personne chargée de sa protection dans les trois mois de leur réception à moins qu'elles ne nécessitent le recueil d'éléments d'information, la production de pièces complémentaires, le recours à une mesure d'instruction ou toute autre investigation. Dans ce cas, le juge en avertit le requérant et l'informe de la date prévisible à laquelle la décision sera rendue.

§ 6 LES NOTIFICATIONS

Art. 1230 Toute décision du juge est notifiée, à la diligence du greffe, au requérant, à la personne chargée de la protection ou à l'administrateur légal et à tous ceux dont elle modifie les droits ou les obligations résultant de la mesure de protection.

(Décr. n° 2016-185 du 23 févr. 2016, art. 11) « Elle est également notifiée au mineur âgé de seize ans révolus à moins que son état ne le permette pas.

« En outre, dans le cas de l'article 502 du code civil, elle est notifiée au subrogé tuteur. »

L'art. 11 du Décr. n° 2016-185 du 23 févr. 2016 est applicable aux administrations légales en cours au jour de son entrée en vigueur (Décr. préc., art. 18-II, applicable à Wallis-et-Futuna ; Décr. préc., art. 19-III).

JURISPRUDENCE ANTÉRIEURE AU DÉCRET DU 5 DÉCEMBRE 2008

1. Aucun texte ne sanctionne par la nullité une notification faite dans un délai de dix jours au lieu de trois et qui d'ailleurs n'a pas fait grief. • Soc. 20 juill. 1977 : *Bull. civ. V, n° 500.*

2. Si le juge des tutelles peut autoriser un acte de disposition, il doit le faire par une ordonnance motivée soumise à un recours, à laquelle on ne saurait assimiler une lettre par laquelle le magistrat fait connaître son accord de principe. • Civ. 1re, 5 juin 2008 : *Dr. fam. 2008. Comm. 176, obs. Fossier* • 22 oct. 2008, n° 07-19.964 P : *D. 2008. AJ 2794 ; ibid. 406, note Norguin ; ibid. 2009. Pan. 53, obs. Douchy-Oudot ; ibid. 2183, obs. Lemouland, Noguéro et Plazy ; AJ fam. 2008. 211, obs. Pécaut-Rivolier ; RTD civ. 2008. 454, obs. Hauser ; JCP N 2008. Actu. 730 ; RJPF 2/2009. 12, note Fresnel ; Defrénois 2009. 555, obs. Massip* (visa des [anciens] art. 457 et 495 C. civ., réd. ant. à L. n° 2007-308 du 5 mars 2007, et des [anciens] art. 1214 et 1215 C. pr. civ.).

Art. 1230-1 **Le jugement qui statue sur une demande d'ouverture d'une** *(Abrogé par Décr. n° 2019-756 du 22 juill. 2019, art. 3-18°-a)* **« *mesure de* » protection** *(Décr. n° 2019-756 du 22 juill. 2019, art. 3-19°-b)* **« ou ordonnant l'habilitation familiale » d'un majeur est notifié à la personne protégée elle-même ; avis en est donné au procureur de la République.**

Toutefois, le juge peut, par décision spécialement motivée, décider qu'il n'y a pas lieu de notifier le jugement prononçant l'ouverture de la *(Décr. n° 2009-1628 du 23 déc. 2009, art. 9)* **« mesure de protection » au majeur protégé si cette information est de nature à porter préjudice à sa santé. Dans ce cas, la notification en est faite à son avocat, s'il en a constitué un, ainsi qu'à la personne que le juge estime la plus qualifiée pour recevoir cette notification.**

Le jugement peut être notifié, si le juge l'estime utile, aux personnes qu'il désigne parmi celles que la loi habilite à exercer un recours.

L'art. 9 du Décr. n° 2009-1628 du 23 déc. 2009 est applicable dans les îles Wallis-et-Futuna (Décr. préc., art. 21).

BIBL. ▸ **Décr. du 23 déc. 2009 :** CARON-DEGLISE, *RJPF 2010-3, p. 8.* – DOUCHY-OUDOT, *Procédures 2010, n° 39.* – PÉCAUT-RIVOLIER, *AJ fam. 2010. 72 .* – VERHEYDE, *JCP 2010. 39.*

JURISPRUDENCE ANTÉRIEURE AU DÉCRET DU 5 DÉCEMBRE 2008

Lorsque le jugement prononçant l'ouverture de la tutelle n'a ni précisé les motifs tirés de l'état de santé de la personne protégée qui auraient pu dispenser de lui notifier le jugement de tutelle, ni même énoncé que ce jugement ne lui sera pas notifié, il s'ensuit que le délai de recours prévu par l'[ancien] art. 1257 n'a pas couru à son encontre. • Civ. 1re, 30 mai 1985 : *D. 1986. 123, note Massip.*

Art. 1231 **Les notifications qui doivent être faites à la diligence du greffe le sont par lettre recommandée avec demande d'avis de réception ; le juge peut, toutefois, décider qu'elles seront faites par acte d'huissier de justice.**

La délivrance d'une copie certifiée conforme d'une décision du juge ou d'une délibération du conseil de famille, par le greffe contre récépissé daté et signé, vaut notification dès lors que les voies de recours et les sanctions encourues pour recours abusif sont portées à la connaissance de l'intéressé.

JURISPRUDENCE ANTÉRIEURE AU DÉCRET DU 5 DÉCEMBRE 2008

Pour une information verbale, V. • Civ. 1re, 24 oct. 2000 : *RTD civ. 2001. 332, obs. Hauser*

§ 7 L'EXÉCUTION DE LA DÉCISION

Art. 1232 *(Abrogé par Décr. n° 2009-1628 du 23 déc. 2009, art. 10) (Décr. n° 2008-1276 du 5 déc. 2008, art. 1er, en vigueur le 1er janv. 2009)* ***A moins que l'exécution provisoire n'ait été ordonnée, le délai de recours et le recours lui-même exercé dans le délai suspendent l'exécution de la décision.***

Lorsque l'exécution provisoire a été ordonnée, elle ne peut être arrêtée, en cas de recours, par le président du tribunal de grande instance statuant en référé qu'en cas de violation manifeste des dispositions de l'article 432 du code civil ou lorsque l'exécution provisoire risque d'entraîner des conséquences manifestement excessives.

L'art. 10 du Décr. n° 2009-1628 du 23 déc. 2009 est applicable dans les îles Wallis-et-Futuna (Décr. préc., art. 21).

BIBL. ▶ **Décr. du 23 déc. 2009 :** Caron-Deglise, *RJPF 2010-3, p. 8.* – Douchy-Oudot, *Procédures 2010, n° 39.* – Verheyde, *JCP 2010. 39.*

Art. 1233 **Un extrait de toute décision portant ouverture, modification** *(Décr. n° 2009-1628 du 23 déc. 2009, art. 11-I-1°)* **« de régime ou de durée » ou mainlevée d'une mesure de curatelle ou de tutelle concernant un majeur** *(Décr. n° 2019-756 du 22 juill. 2019, art. 3-20°-a)* **« ou un extrait de toute décision accordant, modifiant, renouvelant ou mettant fin à une habilitation familiale générale » est transmis par tout moyen au greffe du** *(Décr. n° 2019-966 du 18 sept. 2019, art. 8, en vigueur le 1er janv. 2020)* **« tribunal judiciaire** *[ancienne rédaction : tribunal de grande instance]* **» dans le ressort duquel est née la personne protégée, à fin de conservation au répertoire civil et de publicité par mention en marge de l'acte de naissance selon les modalités prévues au chapitre III du présent titre.** – *V. art. 1057 s.*

Lorsque la décision est rendue par le juge des tutelles, la transmission est faite par le greffe du *(Décr. n° 2019-966 du 18 sept. 2019, art. 8, en vigueur le 1er janv. 2020)* **« tribunal judiciaire** *[ancienne rédaction : tribunal d'instance]* **» dans les quinze jours qui suivent l'expiration des délais de recours.**

(Décr. n° 2009-1628 du 23 déc. 2009, art. 11-I, 2°) **« Lorsque la décision est rendue par la cour d'appel, la transmission est faite par le greffe de cette cour dans les quinze jours de l'arrêt. »**

Lorsqu'une mesure de protection a pris fin par l'expiration du délai fixé *(Décr. n° 2019-756 du 22 juill. 2019, art. 3-20°-b)* **« ou pour une autre cause que celle visée au premier alinéa et à l'article 494-11 du code civil », avis en est donné par tout moyen et aux mêmes fins par le greffe du** *(Décr. n° 2019-966 du 18 sept. 2019, art. 8, en vigueur le 1er janv. 2020)* **« tribunal judiciaire** *[ancienne rédaction : tribunal d'instance]* **»,** *(Décr. n° 2019-756 du 22 juill. 2019, art. 3-20°-c)* **« d'office ou après avoir été » saisi par tout intéressé, au greffe du** *(Décr. n° 2019-966 du 18 sept. 2019, art. 8, en vigueur le 1er janv. 2020)* **« tribunal judiciaire** *[ancienne rédaction : tribunal de grande instance]* **» dans le ressort duquel est née la personne protégée.**

L'art. 11 du Décr. n° 2009-1628 du 23 déc. 2009 est applicable dans les îles Wallis-et-Futuna (Décr. préc., art. 21).

BIBL. ▶ **Décr. du 23 déc. 2009 :** Caron-Deglise, *RJPF 2010-3, p. 8.* – Douchy-Oudot, *Procédures 2010, n° 39.*

Le défaut de signification d'une assignation au tuteur entraîne la nullité de l'acte. Cette sanction peut être proposée en tout état de cause et ne saurait être écartée aux motifs d'une absence de connaissance précise de la mesure de protection décidée en raison de la mention sommaire au registre civil. • Civ. 2e, 1er févr. 2018, n° 16-24.173 : *D. 2018. Pan. 1465, obs. Lemouland ; Dr. fam. 2018, n° 138, note Maria ; Defrénois 2018, n° 13, p. 28, note Noguéro.*

SOUS-SECTION 3 LE CONSEIL DE FAMILLE

BIBL. ▶ Massip, *Defrénois 1999. 925.* – Pansier, *RJPF janv. 2000. 6.*

§ 1er DISPOSITIONS COMMUNES AUX MINEURS ET AUX MAJEURS

Art. 1234 **Le conseil de famille est convoqué par le juge des tutelles.**

Sa réunion est de droit si elle est requise :

1° Soit par deux de ses membres ;

2° Soit par le tuteur ou le subrogé tuteur ;

3° Soit par le mineur lui-même âgé de seize ans révolus ;

4° Soit par le majeur protégé.

Le conseil de famille est également convoqué à la demande du mineur âgé de moins de seize ans et capable de discernement, sauf décision contraire spécialement motivée du juge.

Art. 1234-1 **La convocation est adressée huit jours au moins avant la date de la réunion.**

Art. 1234-2 Les membres du conseil de famille sont tenus de se rendre en personne à la réunion. Ceux qui, sans excuse légitime, ne s'y présenteraient pas peuvent voir leur charge tutélaire retirée par application des dispositions de l'article 396 du code civil.

Art. 1234-3 Le conseil de famille ne peut délibérer que si la moitié au moins de ses membres est présente. Si ce nombre n'est pas atteint, le juge peut soit ajourner la réunion, soit prendre lui-même la décision en cas d'urgence.

Art. 1234-4 Si le juge des tutelles estime que le conseil peut se prononcer sur une délibération sans que la tenue d'une réunion soit nécessaire, il communique à chacun des membres du conseil le texte de la délibération correspondante en y joignant tous éclaircissements utiles.

Chaque membre émet son vote dans le délai et selon les modalités impartis par le juge ; à défaut, il peut voir sa charge tutélaire retirée par application des dispositions de l'article 396 du code civil.

Art. 1234-5 Toute délibération du conseil de famille est prise à la majorité simple des votes exprimés.

Art. 1234-6 Les réunions du conseil de famille ne sont pas publiques. Les membres du conseil de famille sont tenus à l'obligation de secret à l'égard des tiers.

Art. 1234-7 Sauf si le juge l'estime contraire à son intérêt, le mineur ou le majeur protégé peut assister à la réunion du conseil, mais seulement à titre consultatif.

Art. 1235 La délibération du conseil de famille est motivée. Toutes les fois qu'elle n'est pas prise à l'unanimité, l'avis de chacun de ses membres est mentionné dans le procès-verbal.

Sur la sanction de ces règles, V. art. 402 et 456 C. civ. – C. civ.

§ 2 DISPOSITIONS RELATIVES AUX MINEURS

Art. 1236 Préalablement à la réunion du conseil de famille d'un mineur, le juge procède ou fait procéder à l'audition de celui-ci, s'il est capable de discernement, dans les conditions prévues à l'article 388-1 du code civil.

§ 3 DISPOSITIONS RELATIVES AUX MAJEURS

Art. 1237 La décision du juge autorisant, conformément aux dispositions de l'article 457 du code civil, le conseil de famille à se réunir et à délibérer hors de sa présence est une mesure d'administration judiciaire. Les membres du conseil de famille en sont informés par le greffe.

Art. 1237-1 A l'issue de la réunion de ce conseil, chaque membre présent appose sa signature sur la délibération prise.

Dans les huit jours, le président du conseil remet la délibération au greffe ou la lui adresse par lettre recommandée avec demande d'avis de réception.

Art. 1238 L'opposition du juge à la délibération ainsi prise est formée dans les quinze jours de la remise ou de la réception de celle-ci, par ordonnance non susceptible de recours.

Tout membre du conseil de famille peut également s'opposer à la délibération dans les quinze jours de celle-ci, par requête au juge.

Dans tous les cas, le juge, par la même ordonnance, convoque et réunit dans le délai d'un mois le conseil de famille dont il assure alors la présidence, afin qu'il soit à nouveau délibéré sur le même objet.

Les articles 1234-1 à 1235, *(Décr. n° 2009-1628 du 23 déc. 2009, art. 12)* « et 1239-3 » sont alors applicables.

L'art. 12 du Décr. n° 2009-1628 du 23 déc. 2009 est applicable dans les îles Wallis-et-Futuna (Décr. préc., art. 21).

BIBL. ▸ **Décr. du 23 déc. 2009 :** CARON-DEGLISE, *RJPF 2010-3, p. 8.* – DOUCHY-OUDOT, *Procédures 2010, n° 39.*

SOUS-SECTION 4 *[ANCIENNE]* LES VOIES DE RECOURS

La présente sous-section est remplacée à compter du 1er janv. 2010 par une nouvelle sous-section 4 reproduite à sa suite. Elle s'applique dans les conditions initiales de son entrée en vigueur aux recours formés avant le 1er janv. 2010 (Décr. n° 2009-1628 du 23 déc. 2009, art. 2 et 22-I).

Ancien art. 1239 ***Sauf disposition contraire, les décisions du juge des tutelles et les délibérations du conseil de famille sont susceptibles de recours.***

Le recours est ouvert aux personnes énumérées du code civil même si elles ne sont pas intervenues à l'instance.

Le recours est porté devant le tribunal de grande instance.

Le délai de recours est de quinze jours.

BIBL. ► **Décr. du 13 juill. 1984 :** JULIEN, *ALD 1984. Comm. 103.*

JURISPRUDENCE ANTÉRIEURE AU DÉCRET DU 5 DÉCEMBRE 2008

1. Action en nullité fondée sur l'art. 416 C. civ. L'action en nullité étant régie, en l'absence de disposition particulière, par le droit commun de la procédure civile, le jugement rendu sur cette action est susceptible d'appel. • Civ. 1re, 28 mars 1977 : *Bull. civ. I, n° 165.* ♦ Sur la notion de formalité substantielle au sens de l'art. 416, V. • Civ. 1re, 6 oct. 1982 : *Bull. civ. I, n° 278* • Civ. 1re, 26 juin 1984 : *Gaz. Pal. 1985. 1. 131, note Massip ; Bull. civ. I, n° 210.*

2. Recours en réformation. Les dispositions de l'[ancien] art. 1222 sont limitatives. • Civ. 1re, 4 nov. 1987 : *D. 1987. IR 227 ; Gaz. Pal. 1988. 2. 330, note Massip ; Bull. civ. I, n° 284* (à propos du recours d'un père contre une délibération d'un conseil de famille ayant réglé les modalités des relations personnelles entre deux enfants utérins). ♦ Il résulte des [anciens] art. 1217 et 1227 qu'en raison du caractère privé des réunions du conseil de famille, ont seules le droit d'intervenir devant le TGI statuant sur le recours formé contre une délibération du conseil les personnes qui auraient pu former un recours contre une telle délibération. • Civ. 1re, 13 oct. 1993, n° 92-10.233 P : *D. 1993. IR 241 ; RTD civ. 1994. 79, obs. Hauser.* ♦ Sur la recevabilité du recours par lequel le juge des tutelles conteste une décision du conseil de famille autorisant le mariage d'un majeur protégé : • Civ. 1re, 24 mars 1998, n° 97-11.252 P : *D. 1999. 19, note Lemouland ; Procédures 1998, n° 117, obs. Croze.*

3. Les décisions et délibérations de toute nature du conseil de famille des pupilles de l'État peuvent être frappées d'un recours devant le TGI. • Civ. 1re, 8 nov. 2005, n° 03-16.750 P : *D. 2006. Pan. 2438, obs. Douchy-Oudot* (absence de nécessité d'un texte spécial).

4. Décisions susceptibles du recours. Il résulte de la combinaison des [anciens] art. 1214, 1215 et 1243 que les décisions du juge des tutelles peuvent, sauf disposition expresse contraire, faire l'objet d'un recours du tuteur devant le TGI. • Civ. 1re, 11 déc. 1985 : *D. 1986. 309, note Massip ; Bull. civ. I, n° 346* • 18 janv. 1989 : *Bull. civ. I, n° 24.* ♦ V. art. 1242 et la jurisprudence citée.

5. Seules les décisions du juge des tutelles relevant du droit tutélaire sont soumises au contrôle du tribunal. • TGI Chaumont, 8 janv. 1968 : *Gaz. Pal. 1968. 1. 350.*

6. La tierce opposition est recevable, dès lors que tout jugement est susceptible de tierce opposition si la loi n'en dispose autrement (art. 585) et que cette voie de recours n'est pas exclue par l'[ancien] art. 1215 qui n'ouvre un recours spécial devant le TGI qu'aux personnes dont les droits ou charges sont modifiés, lesquels s'entendent exclusivement de ceux qui résultent de l'organisation de la tutelle. • Civ. 1re, 3 déc. 2002, n° 00-21.524 P : *D. 2004. Somm. 1853, obs. Lemouland ; AJ fam. 2003. 68, obs. S. D.-B. ; RJPP 2003, n° 3, p. 11, note Plazy ; Defrénois 2003. 624, obs. Massip.* – V. déjà • Civ. 1re, 10 juin 1981 : *Bull. civ. I, n° 200 ; D. 1983. IR 158, obs. Julien* • 13 oct. 1998 : *JCP 1999. II. 10035, note Fossier.* ♦ Le décès du majeur protégé ne rend pas irrecevable la demande de tierce opposition à l'encontre d'une ordonnance du juge des tutelles. • Civ. 1re, 3 oct. 2006, n° 04-14.391 P : *D. 2007. Pan. 1384, obs. Julien ; ibid. 2008. Pan. 317, obs. Lemouland et Plazy ; AJ fam. 2006. 420, note Pécaut-Rivolier ; Dr. fam. 2007. Comm. 71, note Fossier ; RTD civ. 2007. 90, obs. Hauser.* ♦ Comp. • Civ. 1re, 12 déc. 2006, n° 05-19.219 P : *RTD civ. 2007. 90, obs. Hauser.*

7. La décision par laquelle le juge des tutelles choisit les membres du conseil de famille ne peut faire l'objet du recours prévu à l'art. 882-2 C. pr. civ. [anc.] (art. 1215). • Civ. 1re, 28 avr. 1982 : *Bull. civ. I, n° 150* • 28 mars 1977 : *Defrénois 1978. 160, note Blondy ; Bull. civ. I, n° 164.*

8. Titulaires du recours. Les [anciens] art. 1214 et 1215, applicables, à défaut de règles particulières, aux recours contre les décisions relatives à la gestion des biens de la personne protégée, n'ouvrent un recours qu'aux personnes dont la décision modifie les droits et charges, lesquels s'entendent exclusivement de ceux qui résultent de l'organisation de la tutelle. • Civ. 1re, 29 mai 2001 : *D. 2002. Somm. 2167, obs. Lemouland ; JCP 2002. II. 10172, note Courtois-Champenois ; JCP 2003. I. 150, n° 5, obs. Teyssié*

• Civ. 1re, 3 déc. 2008 : *D. 2009. Pan. 2183, obs. Lemouland, Noguéro et Plazy ; RJPF 04/2009. 14, note (crit.) Casey.* ♦ V. également • Civ. 1re, 17 oct. 2000 : *RTD civ. 2001. 332, obs. Hauser* (refusant le recours au fils n'exerçant aucune fonction dans la tutelle). ♦ V. déjà, jugeant que les droits et charges visés par l'[ancien] art. 1214 s'entendent exclusivement de ceux qui résultent de l'organisation de la tutelle et qu'ainsi une personne qui n'exerce aucun rôle dans une tutelle est sans qualité pour former un recours contre une ordonnance du juge des tutelles relative à la gestion des biens de la personne protégée, • Civ. 1re, 24 févr. 1993, n° 91-14.818 P : *D. 1994. 21, note Massip ; RTD civ. 1994. 79, obs. Hauser*. ♦ Mais, par la suite, la Cour de cassation a jugé que le recours formé contre une ordonnance du juge des tutelles par le père du majeur protégé est recevable, cette ordonnance ayant modifié ses droits et remis en cause ses intérêts de père. • Civ. 1re, 25 mars 1997, n° 96-12.028 P : *D. 1998. 333, note Massip*. ♦ Sur le caractère d'ordre public d'une fin de non-recevoir tirée du défaut de qualité d'une personne pour former un recours contre un jugement du juge des tutelles ordonnant la mainlevée de la curatelle, V. • Civ. 1re, 15 juill. 1993, n° 91-18.461 P : *D. 1993. IR 211*. ♦ Ce recours n'est pas ouvert à la personne protégée, qui, du fait de l'instauration de la mesure de tutelle, est privée du droit d'ester en justice contre les décisions des juges des tutelles qui n'ordonnent ni le placement du majeur protégé sous une mesure de protection, ni une aggravation de la mesure. • Civ. 1re, 12 déc. 2006, n° 05-19.219 P.

9. Est recevable un recours formé par les frère, sœur et neveux d'une personne protégée contre une ordonnance ayant déclaré une tutelle vacante et l'ayant déférée à l'État, le juge n'ayant pas recherché si une tutelle familiale pouvait être organisée. • Civ. 1re, 8 mars 2005, n° 01-17.738 P : *Gaz. Pal. 29-31 mai 2005, p. 9, avis Sainte-Rose ; Defrénois 2005. 1356, note Massip.*

10. Viole les [anciens] art. 1214, 1215 et 1243 du NCPC [devenu C. pr. civ.], ensemble l'art. 6 § 1 Conv. EDH, le TGI qui déclare irrecevable le recours du gendre de la personne protégée contre la décision qui constate la vacance de la tutelle et qui défère celle-ci à l'État. • Civ. 1re, 23 janv. 2008, n° 05-20.068 P : *D. 2009. AJ 484 ; D. 2009. Pan. 53, obs. Douchy-Oudot ; AJ fam. 2008. 124, obs. Pécaut-Rivolier ; Procédures 2008, n° 81, note Douchy-Oudot ; Gaz. Pal. 25-26 juill. 2008, p. 24, obs. Massip ; RTD civ. 2008. 275, obs. Hauser*.

11. Décisions sur la compétence. Sur l'exclusion du contredit au profit du recours devant le TGI, V. • Paris, 6 avr. 1979 : *Gaz. Pal. 1979. 1. 277, note Massip.* ♦ V. Barbier, *Gaz. Pal. 1968. 1. Doctr. 1.*

La règle selon laquelle le recours formé contre une décision du juge des tutelles doit être porté devant le TGI dans le ressort duquel se trouve le juge qui a rendu la décision est d'ordre public. • Civ. 1re, 24 févr. 1993, n° 91-16.525 P.

12. Le juge des tutelles ne peut faire partie de la formation du TGI qui connaît du recours exercé contre la décision qu'il a rendue. • Civ. 2e, 5 mai 1993 : *JCP 1993. I. 3723, n° 12, obs. Cadiet ; ibid. 1994. II. 22227, note du Rusquec.*

13. Effet du recours. Le recours contre la décision qui a ouvert la curatelle a, comme l'appel, un effet suspensif et dévolutif. • Civ. 1re, 15 mars 1988 : *Bull. civ. I, n° 77 ; D. 1988. IR 94 ; Gaz. Pal. 1989. 1. 42, note Massip* • 1er juill. 1997 : *Gaz. Pal. 1998. 2. Somm. 536, obs. Massip* • 18 nov. 1997 : *Defrénois 1998. 327, obs. Massip.* ♦ Pour statuer sur un tel recours, le tribunal n'est pas tenu de procéder de nouveau à l'instruction de l'affaire, et n'a, notamment, pas l'obligation d'exiger la production d'un nouveau certificat médical délivré dans les formes de l'art. 493-1 C. civ. • Mêmes arrêts.

14. Est recevable l'action intentée le 2 mai 1996 par une personne placée sous curatelle par jugement du 29 avr. 1996, soit dans le délai du recours, alors que le jugement, non déclaré exécutoire par provision, avait été frappé de recours. • Civ. 1re, 6 mai 2003 : *RJPF nov. 2003. 13.*

15. Le délai de l'[ancien] art. 1257 court à compter du jour de la notification, même si le destinataire est analphabète ou atteint de déficiences de la vision. • Civ. 1re, 25 mai 1988 : *Bull. civ. I, n° 154.* ♦ A l'égard des personnes à qui la décision est notifiée, le délai ne court qu'à compter de la notification, et ceci même si la notification résulte d'une erreur du greffe. • Civ. 1re, 11 juill. 2006, n° 04-18.064 P : *D. 2007. Pan. 1385, obs. Julien ; JCP 2007. II. 10020, note Bouzol ; RTD civ. 2006. 738, obs. Hauser*.

16. Le délai de quinzaine ne peut courir lorsque le jugement prononçant l'ouverture de la tutelle n'a ni précisé les motifs tirés de l'état de santé de la personne protégée qui auraient pu dispenser de lui notifier le jugement de tutelle, ni même énoncé qu'il ne lui serait pas notifié. • Civ. 1re, 30 mai 1985 : *Bull. civ. I, n° 172 ; D. 1986. 123, note Massip.*

Ancien art. 1239-1 ***Dans le cadre du partage amiable prévu aux articles 389-5 et 507 du code civil, le recours contre une délibération du conseil de famille ou une décision du juge des tutelles est ouvert à l'administrateur légal ou au tuteur, aux membres du conseil de famille et aux autres parties intéressées au partage.***

Administrateur légal. De la combinaison des [anciens] art. 1214, 1215 et 1222 et de l'art. 389-7 C. civ. il résulte que l'administrateur légal peut, dans l'intérêt de l'enfant mineur, comme le tuteur à l'égard des délibérations du conseil de famille, former un recours contre les ordonnances du juge des tutelles, quel qu'ait été son avis lors de la décision. • Civ. 1re, 11 juin 2002, n° 00-14.550 P : *D. 2002. 3174, note Farge ; AJ fam. 2002. 303, obs. S.D.-B. ; RTD civ. 2002. 487, obs. Hauser ; Defrénois 2002. 1475, obs. Massip ; Gaz. Pal. 15-17 juin 2003, p. 30, obs. Massip* • 17 mai 1988 : *Bull. civ. I, n° 143 ; Gaz. Pal. 1989. 1. 129, note J. M. ; JCP 1989. II. 21231, note Fossier.*

Ancien art. 1239-2 ***Le recours contre la décision qui refuse d'ouvrir une mesure de protection à l'égard d'un majeur n'est ouvert qu'au requérant.***

JURISPRUDENCE ANTÉRIEURE AU DÉCRET DU 5 DÉCEMBRE 2008

1. Le recours contre la décision refusant de prendre une mesure de protection n'est ouvert qu'au requérant ; cette fin de non-recevoir a un caractère d'ordre public et doit être relevée d'office. • Civ. 1re, 8 févr. 2005, n° 02-10.739 P : *Gaz. Pal. 23-25 juill. 2005, p. 15 ; D. 2005. IR 594 ; AJ fam. 2005. 196, note Grimaldi* • 22 oct. 2008 : *D. 2009. Pan. 2183, obs. Lemouland, Noguéro et Plazy ; RTD civ. 2009. 97, obs. Hauser.*

2. L'art. 1255 s'applique même lorsque le « requérant » est le procureur de la République, ce qui ferme le recours aux parents. • Civ. 1re, 19 mars 2002 : *RTD civ. 2002. 485, obs. Hauser ; RJPF 2000, n° 6, p. 14.*

3. V. notes ss. art. 1242.

JURISPRUDENCE POSTÉRIEURE AU DÉCRET DU 5 DÉCEMBRE 2008

4. Le juge des tutelles ayant ouvert la procédure sur requête du procureur de la République, seul ce dernier a la qualité de requérant. • Civ. 1re, 12 juin 2013 : *D. 2013. Pan. 2199, obs. Plazy ; AJ fam. 2013. 447, obs. Verheyde ; RTD civ. 2013. 578, obs. Hauser ; RTD civ. 2013. 578, obs. Hauser ; Gaz. Pal. 5 oct. 2013, p. 22, note Massip.*

Ancien art. 1239-3 ***Sans préjudice des dispositions prévues par l'article 1239-1, le recours contre une délibération du conseil de famille est ouvert à tous ses membres et au juge des tutelles, quel qu'ait été leur avis lors de la délibération.***

Ancien art. 1240 ***Le ministère public peut former recours jusqu'à l'expiration d'un délai de quinze jours suivant la remise de l'avis qui lui a été donné de la délibération prise ou de la décision rendue.***

Ancien art. 1241 ***Le délai de recours contre une décision prononçant une mesure de protection à l'égard d'un majeur court :***

1° A l'égard du majeur protégé, à compter de la notification prévue à l'article 1230-1 ;

2° A l'égard des personnes à qui la décision est notifiée, à compter de cette notification ;

3° A l'égard des autres personnes, à compter du jugement.

Ancien art. 1241-1 ***Le délai de recours contre les ordonnances rendues par le juge des tutelles court à compter de leur notification.***

Ancien art. 1241-2 ***Le délai du recours contre une délibération du conseil de famille court à compter de cette délibération, hors le cas de l'article 1234-4 où il ne court contre les membres du conseil de famille que du jour où la délibération leur a été notifiée.***

Ancien art. 1242 ***Le recours est formé par une requête remise ou adressée par lettre recommandée avec demande d'avis de réception au greffe du tribunal de grande instance.***

La requête contient un bref exposé des motifs du recours et est datée et signée par son auteur. Les parties ne sont pas tenues de constituer avocat.

La juridiction saisie avise du recours le greffe du tribunal d'instance qui transmet le dossier sans délai.

BIBL. ▸ JULIEN, *ALD 1984. Comm. 103* (décret du 13 juill. 1984).

JURISPRUDENCE ANTÉRIEURE AU DÉCRET DU 5 DÉCEMBRE 2008

1. *S'il résulte de l'[ancien] art. 1256 que le re*cours contre la décision qui ouvre la tutelle d'un majeur peut être formé par lettre signée par les personnes ayant qualité pour agir en vertu de l'[ancien] art. 493, tel n'est pas le cas du recours prévu par les [anciens] art. 1214, 1215 et 1243, contre les autres décisions prises par le juge des tutelles et, notamment, contre celles relatives à l'organisation de la tutelle des majeurs, qui, aux termes de l'[ancien] art. 1216, est formé par une requête signé par un avocat. • Civ. 1re, 25 mai 2004, n° 01-18.059 P : *D. 2004. IR 1643 ; RTD civ. 2004. 486, obs. Hauser ; AJ fam. 2004. 406, obs. Attuel-Mendès ; Procédures 2005, n° 285, obs. Arbellot.* – V. Fresnel et Valory, *RJPF, sept. 2004, p. 10.*

2. Le recours ayant pour objet de contester la

décision du juge des tutelles désignant l'administrateur légal sous contrôle judiciaire correspond au recours ordinaire institué par les [anciens] art. 1214, 1215 et 1243 ; il est donc soumis à l'[ancien] art. 1216, et ledit recours régularisé par une simple lettre motivée est irrecevable. • Poitiers, 11 déc. 2002 : *Juridice n° 02/1303.*

3. La déclaration enregistrée par procès-verbal et signée par l'avocat constitue une requête au sens de l'[ancien] art. 1216. • Civ. 2e, 10 mars 2005, n° 03-15.101 P : *D. 2006. Pan. 551, obs. Julien et Fricero.*

4. Les [anciens] art. 493 et 507 C. civ., comme les [anciens] art. 1255 et 1256, ont pour seul objet de déterminer quelles sont les personnes qui ont la faculté de former un recours contre les décisions qui ouvrent ou refusent d'ouvrir la tutelle et celles qui refusent d'en donner mainlevée ; ils n'excluent pas les recours prévus par les [anciens] art. 1214, 1215 et 1243 contre les autres décisions prises par le juge des tutelles, et notamment celles relatives à l'organisation de la tutelle des majeurs. • Civ. 1re, 24 févr. 1987 : *Bull. civ. I, n° 68 ; JCP 1987. II. 20896, note Fossier.*

5. Sur le principe de l'option ouverte par l'al. 1er, V. • Civ. 1re, 13 janv. 1993, n° 91-12.978 P.

6. Formes. Viole l'[ancien] art. 1256 le tribunal qui déclare irrecevable le recours formé par lettre simple, par un majeur placé sous tutelle, à l'encontre de la décision d'ouverture de la tutelle. • Civ. 1re, 2 avr. 2008, n° 07-11.657 P : *D. 2008. 1378, note V. Norguin ; ibid. 2009. Pan. 53, obs. Douchy-Oudot ; AJ fam. 2008. 211, obs. Pécaut-Rivolier ; Defrénois 2008. 1848, obs. Massip ; RTD civ. 2008. 454, obs. Hauser.* ♦ La lettre recommandée n'est destinée qu'à régler toute contestation sur la date du recours. • Civ. 2e, 13 juill. 2006, n° 05-14.052 P : *D. 2006. IR 2125 ; AJ fam. 2006. 380, obs. Pécaut-Rivolier ; Procédures 2006, n° 228, obs. Perrot* (cassation d'un arrêt ayant déclaré irrecevable un recours formé par lettre simple).

A. RECOURS ORDINAIRE

7. Sur ce recours, V. art. 1239 à 1239-2.

8. Cassation du jugement déclarant irrecevable le recours de l'administrateur contre la décision le déchargeant de ses fonctions, constatant la vacance de la tutelle et la déférant à l'État au motif que cette décision serait assimilable à une ouverture de tutelle. • Civ. 1re, 18 janv. 1989 : *D. 1989. IR 31 ; JCP 1990. II. 21501, note Fossier.*

9. Recevabilité du recours prévu par les [anciens] art. 1214 et 1215 exercé par le subrogé-tuteur et un membre du conseil de famille du majeur protégé contre une décision modifiant leurs droits ou leurs charges. • Civ. 1re, 17 janv. 1984 : *JCP 1984. IV. 94.*

10. Sur la forme du recours, V. note 1 ss. art. 1216.

B. RECOURS SPÉCIAL

11. L'[ancien] art. 1256 ne fait pas obstacle au recours de la personne désignée en qualité de tuteur, lorsqu'elle n'est pas de celles énumérées par l'[ancien] art. 493 C. civ., qu'en ce qui concerne le chef de la décision ouvrant la tutelle. • Civ. 1re, 11 déc. 1985 : *D. 1986. 309, note Massip ; Bull. civ. I, n° 346.*

12. Les amis de la personne placée sous tutelle peuvent former un recours contre le jugement d'ouverture de la tutelle. • Civ. 1re, 19 oct. 1999 : *Defrénois 2000. 667, obs. Massip ; Dr. fam. 2000, n° 17, note Fossier.*

13. Le recours spécial prévu par les [anciens] art. 493, al. 3, C. civ. et [ancien] 1256 C. pr. civ. ne peut être exercé contre les jugements instaurant une incapacité que pour faire supprimer ou atténuer l'incapacité prononcée. • Civ. 1re, 18 janv. 1989 : *D. 1989. IR 31 ; JCP 1990. II. 21501, note Fossier.*

14. Le tribunal saisi d'un recours contre la décision d'ouverture de la tutelle n'a pas l'obligation d'entendre une seconde fois le majeur à protéger ou d'exiger un autre certificat médical. • Civ. 1re, 15 mars 1988 : *D. 1988. IR 94 ; Gaz. Pal. 1989. 1. 42, note Massip.*

Ancien art. 1242-1 ***Lorsque le recours est formé par le juge des tutelles, celui-ci joint au dossier une note exposant les motifs de son recours.***

Ancien art. 1243 ***Lorsque l'auteur du recours restreint celui-ci à l'un des chefs de la décision autre que l'ouverture de la mesure de protection, il le précise.***

Ancien art. 1244 ***Le greffier du tribunal de grande instance avise de la date de l'audience :***

1° S'il en a constitué un, l'avocat du requérant, par tout moyen ;

2° L'auteur du recours et les personnes auxquelles la décision ou la délibération a été notifiée, par lettre recommandée avec demande d'avis de réception.

Ces dernières ont le droit d'intervenir devant le tribunal ; celui-ci peut ordonner qu'elles soient appelées en cause par acte d'huissier de justice.

JURISPRUDENCE ANTÉRIEURE AU DÉCRET DU 5 DÉCEMBRE 2008

V. • Civ. 1re, 13 oct. 1993 : *cité note 2 ss. art. 1239.*

Ancien art. 1245 ***Le recours est instruit et jugé en chambre du conseil.***

Ancien art. 1246 ***Le tribunal peut, même d'office, substituer une décision nouvelle à celle du juge des tutelles ou à la délibération du conseil de famille.***

Sa décision n'est pas susceptible d'appel.

Jusqu'à la clôture des débats devant le tribunal de grande instance, le juge des tutelles et le conseil de famille demeurent compétents pour prendre toute décision ou délibération nécessaire à la préservation des droits et intérêts de la personne protégée. Le greffe du tribunal d'instance transmet immédiatement copie de cette décision ou délibération au greffe du tribunal de grande instance.

JURISPRUDENCE ANTÉRIEURE AU DÉCRET DU 5 DÉCEMBRE 2008

Pour une application, V. • Civ. 1re, 19 nov. 1991, n° 90-16.415 P.

Ancien art. 1246-1 ***La décision du tribunal de grande instance est notifiée à la diligence de son greffe.***

Le dossier, auquel est jointe une copie certifiée conforme du jugement, est alors renvoyé sans délai au greffe du tribunal d'instance.

Ancien art. 1247 *(Abrogé par Décr. n° 2008-1276 du 5 déc. 2008, art. 1er, à compter du 1er janv. 2009)* ***Si le recours formé contre une décision du juge des tutelles ou une délibération du conseil de famille est rejeté, celui qui l'a introduit, à l'exception du juge, peut être condamné aux dépens et à des dommages-intérêts.***

SOUS-SECTION 4 L'APPEL

(Décr. n° 2009-1628 du 23 déc. 2009, art. 2, en vigueur le 1er janv. 2010)

L'art. 2 du Décr. n° 2009-1628 du 23 déc. 2009, par ailleurs applicable dans les îles Wallis-et-Futuna, ne s'applique pas aux recours formés avant le 1er janv. 2010 (Décr. préc., art. 22-I).

A cette date, les dossiers en cours relatifs à la protection juridique des mineurs sont transférés de plein droit au juge aux affaires familiales. Il n'y a pas lieu de renouveler les actes, formalités et jugements régulièrement intervenus antérieurement au transfert des procédures, à l'exception des actes valant convocation devant le juge des tutelles à une date postérieure au 1er janv. 2010 (Décr. préc., art. 22-II).

BIBL. ▶ BRUGGEMAN, *Dr. fam. 2010. Alertes 10.* – DARGENT, *D. 2010. AL 78*. – DOUCHY-OUDOT, *Procédures 2010, n° 39.* – PÉCAUT-RIVOLIER, *AJ fam. 2010. 72*. – VERHEYDE, *JCP 2010. 39 ; AJ fam. 75* (tableau récapitulatif).

Art. 1239 **Sauf disposition contraire, les décisions du juge des tutelles et les délibérations du conseil de famille sont susceptibles d'appel.**

Sans préjudice des dispositions prévues par les articles 1239-1 à 1239-3, l'appel est ouvert aux personnes énumérées *(Décr. n° 2019-756 du 22 juill. 2019, art. 3-21°)* **« aux articles 430 et 494-1 » du code civil, même si elles ne sont pas intervenues à l'instance.**

Le délai d'appel est de quinze jours.

Les parties ne sont pas tenues de constituer avocat *(Abrogé par Décr. n° 2012-634 du 3 mai 2012, art. 21-1°-a) « ou avoué ».*

1. Décision juridictionnelle. Lettre simple (non). En matière de régime de protection, comme en droit commun, seule une décision juridictionnelle, *ordonnance ou jugement*, est susceptible d'appel. En effet, l'appel tend à faire réformer ou annuler une décision prise par le juge de première instance. Dès lors qu'une décision est prise par le juge des tutelles, et une lettre simple ne constitue pas une décision juridictionnelle, elle peut faire l'objet d'un recours. * Rép. min. n° 15576 : *JO Sénat 13 janv. 2011 ; D. actu. 20 janv. 2011, obs. Dargent ; Dr. fam. 2011. Alertes 10, obs. Bruggeman ; Procédures 2011, n° 101,* note Douchy-Oudot.

2. Nécessité de saisir le juge des tutelles. Si l'une des personnes mentionnées à l'art. 430 C. civ. saisit le juge des tutelles par requête dans laquelle est dûment précisé l'objet de sa demande, le juge a l'obligation de statuer sauf, ainsi que le prévoit l'art. 1229 C. pr. civ., si la demande nécessite le recueil d'éléments d'information, la production de pièces complémentaires, le recours à une mesure d'instruction ou toute autre investigation. Dans ce cas, le juge en avertit le requérant et sollicite ces éléments complémentaires par courrier. Il rend ensuite sa décision, laquelle est en principe notifiée, notamment au requérant, notification qui précise les voies de recours qui lui sont ouvertes : * Rép. min. n° 15576 : *préc. note 1.*

3. Recours. Tierce opposition (non). V., jugeant que l'art. 493 C. civ., qui ouvrait, dans sa rédaction antérieure à la L. du 5 mars 2007, un recours aux frères et sœurs du majeur protégé à l'encontre d'un jugement d'ouverture d'une tutelle, rend irrecevable leur tierce opposition à cette décision : • Civ. 1re, 14 mai 2014, n° 12-35.035 P : *D. actu. 22 mai 2014, obs. Mésa ; D. 2014. Actu. 1152 ; ibid. Pan. 2263, obs. Plazy ; ibid. 2015. Pan. 651, obs. Douchy-Oudot ; AJ fam. 2014. 436, note Verheyde ; JCP 2014. 921, note Peterka ; Dr. fam. 2014. 119, note Maria.*

4. ... Ordonnance sur la rémunération d'un administrateur ad hoc. Par application de l'art. 1239, l'appel d'une ordonnance du juge aux affaires familiales statuant en matière de tutelles des mineurs qui fixe la rémunération d'un administrateur *ad hoc*, qu'il soit ou non administrateur judiciaire, est porté devant la cour d'appel, ce qui exclut la procédure prévue par les art. 714 à 718. • Civ. 2e, 4 oct. 2018, n° 17-21.278 P : *D. 2018. 1968 ; AJ fam. 2018. 695, note Viney ; Defrénois 2018, n° 8, p. 24, note Combret ; JCP 2018. 1271, note Douchy-Oudot ; ibid. 1288, obs. Jeuland ; ibid. N 2019, n° 1117, note Peterka.*

Art. 1239-1 **Dans le cadre du partage amiable prévu** *(Décr. n° 2016-185 du 23 févr. 2016, art. 12-1°)* **« à l'article 507 du code civil », l'appel contre une délibération du conseil de famille ou une décision du juge des tutelles est ouvert** *(Abrogé par Décr. n° 2016-185 du 23 févr. 2016, art. 12-2°) « à l'administrateur légal ou »* **au tuteur, aux membres du conseil de famille et aux autres parties intéressées au partage.**

L'art. 12 du Décr. n° 2016-185 du 23 févr. 2016 est applicable aux administrations légales en cours au jour de son entrée en vigueur (Décr. préc., art. 18-II, applicable à Wallis-et-Futuna ; Décr. préc., art. 19-III).

Art. 1239-2 **L'appel contre le jugement qui refuse** *(Décr. n° 2019-756 du 22 juill. 2019, art. 3-22°)* **« de prononcer » une mesure de protection à l'égard d'un majeur n'est ouvert qu'au requérant.**

BIBL. ▸ **Décr. n° 2019-756 du 22 juill. 2019 :** TANI, *JCP N 2019. 682.*

Qualité pour agir. Seul le requérant à la procédure initiale aux fins d'ouverture d'une mesure de protection ou à l'instance en mainlevée de la mesure a qualité pour interjeter appel du jugement de mainlevée. • Civ. 1re, 24 mai 2018, n° 17-18.859 : *D. actu. 4 juin 2018, obs. Peterka ; D. 2018. 1151 ; ibid. 1371, note Peterka ; ibid. Pan. 1458, obs. Noguéro ; JCP 2018. 826, note Noguéro ; JCP N 2018. 1228, obs. Tani ; Dr. fam. 2018, n° 191, note Maria ; Procédures 2018, n° 217, note Douchy-Oudot ; ibid. n° 244, note Strickler ; RLDC 07-08/2018. 9, obs. Dorange.*

Art. 1239-3 **Sans préjudice des dispositions prévues par l'article 1239-1, l'appel contre une délibération du conseil de famille est ouvert à tous ses membres et au juge des tutelles, quel qu'ait été leur avis lors de la délibération.**

Art. 1240 **Le ministère public peut former appel jusqu'à l'expiration d'un délai de quinze jours suivant la remise de l'avis qui lui a été donné de la délibération prise ou de la décision rendue.**

Art. 1241 ***Le délai d'appel*** **contre les jugements statuant sur une mesure de protection à l'égard d'un majeur court :**

1° A l'égard du majeur protégé, à compter de la notification prévue à l'article 1230-1 ;

2° A l'égard des personnes à qui le jugement doit être notifié, à compter de cette notification ;

3° A l'égard des autres personnes, à compter du jugement.

Art. 1241-1 **Le délai d'appel contre les ordonnances rendues par le juge des tutelles court :**

1° A l'égard des personnes à qui l'ordonnance doit être notifiée, à compter de cette notification ;

2° A l'égard des autres personnes, à compter de l'ordonnance.

Art. 1241-2 Le délai d'appel contre une délibération du conseil de famille court à compter de cette délibération, hors le cas de l'article 1234-4 où il ne court contre les membres du conseil de famille que du jour où la délibération leur a été notifiée.

Art. 1242 L'appel est formé par déclaration faite ou adressée par lettre recommandée avec demande d'avis de réception au greffe de la juridiction de première instance.

Le greffier enregistre l'appel à sa date ; il délivre ou adresse par lettre simple, récépissé de la déclaration.

Il transmet sans délai une copie du dossier à la cour.

L'appel d'une décision du juge des tutelles statuant sur une mesure de protection est formé par déclaration faite ou adressée par lettre recommandée avec demande d'avis de réception au greffe de la juridiction de première instance ; la lettre recommandée n'est destinée qu'à régler une contestation sur la date du recours. • Civ. 2e, 11 juill. 2013, n° 12-23.091 P : *D. 2013. Actu. 1840* ; *Dr. fam. 2013. 143, note Maria* ; *RTD civ. 2013. 820, note Hauser*.

Art. 1242-1 Lorsque l'appel est formé par le juge des tutelles, celui-ci joint au dossier une note exposant les motifs de son recours.

Art. 1243 Lorsque l'appelant restreint son appel à l'un des chefs de la décision autre que *(Décr. n° 2019-756 du 22 juill. 2019, art. 3-18-a)* « le prononcé » de la *(Abrogé par Décr. n° 2019-756 du 22 juill. 2019, art. 3-18-b)* « *mesure de* » protection, il le précise.

BIBL. ▸ **Décr. n° 2019-756 du 22 juill. 2019** : TANI, *JCP N 2019. 682.*

Art. 1243-1 *(Décr. n° 2019-756 du 22 juill. 2019, art. 3-23°)* Le greffier avise le procureur général des appels interjetés en matière de protection juridique des majeurs, sauf lorsque ce dernier est l'appelant.

Devant la cour d'appel, la communication au ministère public des affaires relatives à la protection juridique des majeurs a lieu conformément aux dispositions des articles 424 et 426 à 428 du présent code.

BIBL. ▸ **Décr. n° 2019-756 du 22 juill. 2019** : TANI, *JCP N 2019. 682.*

Art. 1244 Le greffier de la cour convoque à l'audience prévue pour les débats :

1° S'il en a constitué un, l'avocat du requérant, par tout moyen ;

2° L'appelant et les personnes auxquelles la décision ou la délibération a été notifiée, par lettre recommandée avec demande d'avis de réception, ainsi que, le cas échéant, leurs avocats.

Ces dernières ont le droit d'intervenir devant la cour.

(Décr. n° 2019-756 du 22 juill. 2019, art. 3-24°) « Le ministère public est également avisé et peut adresser, d'office ou à la demande de la cour, son avis ou ses conclusions sur l'opportunité et les modalités de la protection. »

Pour un rappel de l'obligation de convocation du majeur à l'audience visant à changer le protecteur, V. : • Civ. 1re, 19 nov. 2014 : *Dr. fam. 2015, n° 22, obs. Maria* ; *Gaz. Pal. 24 mars 2015, p. 46, note Robbe et Schlemmer-Bégué.*

Art. 1244-1 La convocation est adressée, dès la fixation de l'audience prévue pour les débats et au moins quinze jours à l'avance, par lettre recommandée avec demande d'avis de réception. Une copie de la convocation est adressée aux personnes concernées par lettre simple.

La convocation vaut citation.

Art. 1245 L'appel est instruit et jugé en chambre du conseil.

La procédure est orale.

Les prétentions des parties ou la référence qu'elles font aux prétentions qu'elles auraient formulées par écrit sont notées au dossier ou consignées dans un *procès-verbal.*

A l'audience, la cour entend l'appelant, le majeur à protéger ou protégé, sauf application par la cour des dispositions du second alinéa de l'article 432 *(Décr. n° 2019-756 du 22 juill. 2019, art. 3-10°)* « ou de l'article 494-4 » du code civil et, le cas échéant, le ministère public.

Les avocats des parties, lorsqu'elles en ont constitué un, sont entendus en leurs observations.

1. Non-comparution. Portée. Si l'appelant régulièrement convoqué ne comparaît pas, son appel est considéré comme non soutenu. • Civ. 1re, 23 mars 2011 : *D. 2011. Pan. 2501, obs. Lemouland, Noguéro et Plazy ; AJ fam. 2011. 268, obs. Verheyde .* ♦ Comp., jugeant que viole les art. 468 et 1245 C. pr. civ. la cour d'appel qui confirme une décision d'extension des pouvoirs du mandataire d'une majeure placée sous tutelle au motif que l'appelante n'a pas comparu et n'a pas soutenu l'appel, alors que, les parties n'ayant été ni présentes ni représentées, elle n'était saisie d'aucun moyen par l'appelante et s'est prononcée sur le fond du litige sans être requise par l'intimée. • Civ. 2e, 22 févr. 2012 : *D. 2012. Pan. 2702, obs. Plazy ; AJ fam. 2012. 284, obs. Verheyde .*

2. Audition de la personne protégée et présence de l'avocat. Un majeur peut être placé sous tutelle malgré une audition en première instance en l'absence de son avocat dès lors que celui-ci a été régulièrement convoqué à l'instance d'appel et que son avocat a été entendu en ses observations, la cour d'appel n'étant, dans un tel cas, pas tenu d'entendre la personne protégée. • Civ. 1re, 23 oct. 2013 : *Dr. fam. 2013, no 168, note Maria.*

3. Est valable la désignation judiciaire du tuteur dès lors qu'il ne résulte ni des énonciations de l'arrêt ni du dossier de la procédure que l'opposant à cette désignation ait déclaré se référer à ses prétentions et moyens écrits antérieurs. • Civ. 1re, 18 mars 2015 : *D. 2015. Pan. 1573, obs. Plazy ; Dr. fam. 2015, no 107, note Maria ; Dr. et patr. 1/2016, p. 81, obs. Balivet.*

4. Procédure orale. Conclusions écrites déposées à l'audience. Portée. V. note 2 ss. art. 446-1.

Art. 1245-1 A moins que l'affaire ne soit jugée dès la première audience, le greffier avise de la date des audiences ultérieures les personnes convoquées qui ne l'auraient pas été verbalement.

Art. 1246 La cour peut, même d'office, substituer une décision nouvelle à celle du juge des tutelles ou à la délibération du conseil de famille.

Jusqu'à la clôture des débats devant la cour, le juge des tutelles et le conseil de famille demeurent compétents pour prendre toute décision ou délibération nécessaire à la préservation des droits et intérêts de la personne protégée. Le greffe de la juridiction de première instance transmet immédiatement copie de cette décision ou délibération au greffe de la cour.

BIBL. ▶ VERHEYDE, *AJ fam. 2011. 502* (effet dévolutif de l'appel en matière de protection juridique des majeurs).

En raison de l'effet dévolutif de l'appel, limité à la décision déférée, la cour d'appel ne peut, en application de l'art. 1246, al. 1er, statuer sur une demande de mainlevée d'une mesure de protection juridique formée pour la première fois devant elle par un majeur protégé lorsqu'elle n'est saisie que de l'appel d'une ordonnance portant changement de tuteur ou de curateur. • Cass., avis, 13 avr. 2015 : *D. 2015. 1995, note Raoul-Cormeil ; Dr. fam. 2015. 130, note Maria.*

Art. 1246-1 La décision de la cour est notifiée à la diligence de son greffe.

Le dossier, auquel est jointe une copie certifiée conforme de l'arrêt, est alors renvoyé sans délai au greffe de la juridiction de première instance.

Art. 1247 Si l'appel formé contre une décision du juge des tutelles ou une délibération du conseil de famille est rejeté, celui qui l'a introduit, à l'exception du juge, peut être condamné aux dépens et à des dommages-intérêts.

SOUS-SECTION 5 LA SAUVEGARDE DE JUSTICE

Art. 1248 La déclaration aux fins de sauvegarde de justice prévue par l'article L. 3211-6 du code de la santé publique est transmise au procureur de la République du lieu de traitement. Celui-ci en avise, le cas échéant, le procureur de la République du lieu de la résidence habituelle du majeur protégé. — *V. sur la réglementation des listes d'enquêteurs sociaux et la tarification des enquêtes sociales, App., vo Enquêteurs sociaux.*

Art. 1249 La décision par laquelle le juge des tutelles place un majeur sous sauvegarde de justice en application de l'article 433 du code civil est notifiée au requérant et au majeur protégé et est transmise au procureur de la République. Celui-ci en avise, le cas échéant, le procureur de la République du lieu de la résidence habituelle de l'intéressé ou du lieu de traitement.

Ce placement ne peut faire l'objet d'aucun recours.

JURISPRUDENCE ANTÉRIEURE AU DÉCRET DU 5 DÉCEMBRE 2008

1. Sur la date de la prise d'effet de la sauvegarde de justice dans ce cas, V. • Paris, 30 juin 1972 : *Gaz. Pal. 1972. 2. 875, note Amzalac.*

2. En cas de saisine d'office du juge des tutelles, V. 1 et 2 ss. art. 1217.

3. V. • TGI Châlons-sur-Marne, 4 oct. 1978 : *Gaz. Pal. 1979. 1. 70, concl. Decheix* • Civ. 1re, 30 nov. 1983 : *Gaz. Pal. 1984. 2. 431, note J. M. ; Bull. civ. I, n° 285.*

4. L'art. 1239 n'est en rien contraire aux dispositions de l'art. 6, § 1er, Conv. EDH. • Civ. 1re, 13 juill. 2004 : *Gaz. Pal. 1er-2 avr. 2005, p. 24, obs. Massip.* ♦ Le tribunal qui retient que l'intéressé ne perçoit qu'une modeste pension d'invalidité, s'est endetté, a été expulsé de son logement et, bien qu'ayant de sérieuses difficultés à gérer son budget, refuse toute forme d'aide, a caractérisé la nécessité de lui désigner un mandataire et légalement justifié sa décision • Même arrêt.

5. Contradictoire. Sur le respect nécessaire du principe de la contradiction, V. note 15, ss. art. 16.

JURISPRUDENCE POSTÉRIEURE AU DÉCRET DU 5 DÉC. 2008

6. Une cour d'appel décide, à bon droit, que la décision de placement sous sauvegarde de justice, qui ne peut faire l'objet d'aucun recours en application de l'art. 1249, al. 2, C. pr. civ. et ne fait pas grief au majeur qu'elle est destinée à protéger, est exécutoire de plein droit dès son prononcé nonobstant son absence de notification. • Civ. 1re, 29 juin 2011 : *AJ fam. 2012. 433, note Verheyde.*

Art. 1250 Les personnes mentionnées aux articles 1230 et 1230-1 peuvent former un recours contre la décision par laquelle le juge des tutelles désigne un mandataire spécial par application du deuxième alinéa de l'article 437 du code civil ou modifie ultérieurement les pouvoirs de ce mandataire.

1. La décision qui étend les pouvoirs d'un mandataire précédemment désigné est aussi sujette à recours. • Civ. 1re, 12 janv. 1988 : *Bull. civ. I, n° 4 ; D. 1988. 439, note Massip.*

2. La Cour de cassation est d'avis que le recours prévu à l'art. 1241 s'exerce selon les formes prescrites à l'[ancien] art. 1256 NCPC [devenu C. pr. civ.]. • Cass., avis, 10 janv. 2000, n° 09-90.013 P : *D. 2001. Somm. 1507, obs. Lemouland ; RTD civ. 2000. 543, obs. Hauser ; Procédures 2000, n° 122, note Croze.*

Art. 1251 Le procureur de la République qui reçoit la déclaration aux fins de sauvegarde de justice prévue par l'article L. 3211-6 du code de la santé publique ou la décision du juge des tutelles prévue à l'article 1249 les mentionne sur un répertoire spécialement tenu à cet effet.

(*Décr. n° 2009-1628 du 23 déc. 2009, art. 13*) « La déclaration aux fins de faire cesser la sauvegarde, la décision du juge des tutelles mettant fin à celle-ci ainsi que les radiations sont portées en marge de la mention initiale. »

Les déclarations en renouvellement sont portées à leur date sur le répertoire.

L'art. 13 du Décr. n° 2009-1628 du 23 déc. 2009 est applicable dans les îles Wallis-et-Futuna (Décr. préc., art. 21).

Art. 1251-1 (*Décr. n° 2009-1628 du 23 déc. 2009, art. 14*) « Peuvent obtenir du procureur de la République copie de la déclaration aux fins de sauvegarde de justice mentionnée au premier alinéa de l'article 1251 ou de la décision du juge des tutelles prévue à l'article 1249 : »

(*Décr. n° 2008-1276 du 5 déc. 2008, art. 1er, en vigueur le 1er janv. 2009*) « 1° Les autorités judiciaires ;

« 2° Les personnes qui ont qualité, selon l'article 430 du code civil, pour demander l'ouverture d'une mesure de protection ;

« 3° Les avocats, (*Abrogé par Décr. n° 2012-634 du 3 mai 2012, art. 21-1°-d*) *« avoués, »* notaires et huissiers de justice qui justifient de l'utilité de la déclaration dans le cadre d'un acte relevant de l'exercice de leurs fonctions. »

L'art. 14 du Décr. n° 2009-1628 du 23 déc. 2009 est applicable dans les îles Wallis-et-Futuna (Décr. préc., art. 21).

Art. 1252 Lorsque les biens d'un majeur placé sous sauvegarde de justice risquent d'être mis en péril, le procureur de la République ou le juge des tutelles peuvent prendre toutes mesures conservatoires et, notamment, requérir ou ordonner l'apposition des scellés. *(Décr. n° 2011-1043 du 1er sept. 2011, art. 2-3°)* « En cas de difficulté, l'huissier de justice en informe le juge des tutelles ou le procureur de la République. »

Les frais occasionnés par ces mesures sont assimilés aux frais de justice prévus au 3° de l'article R. 93 du code de procédure pénale.

L'art. 2 du Décr. n° 2011-1043 du 1er sept. 2011 n'est pas applicable dès lors qu'un greffier en chef a déjà procédé, à la date de sa publication, à une mesure conservatoire ou qu'il a été saisi à cette fin (Décr. préc., art. 11). Il est applicable aux îles Wallis-et-Futuna (Décr. préc., art. 9).

Art. 1252-1 S'il apparaît que la consistance des biens ne justifie pas l'apposition des scellés, le procureur de la République ou le juge des tutelles peuvent requérir *(Décr. n° 2011-1043 du 1er sept. 2011, art. 2-4°)* « de tout huissier de justice », du commissaire de police, du commandant de la brigade de gendarmerie ou du maire, de dresser un état descriptif du mobilier et, si les lieux sont inoccupés, d'en assurer la clôture et d'en conserver les clés.

Les clés sont restituées, contre récépissé, au majeur protégé dès son retour dans les lieux. Elles ne peuvent être remises à d'autres personnes qu'en vertu d'une autorisation du procureur de la République ou du juge des tutelles.

L'art. 2 du Décr. n° 2011-1043 du 1er sept. 2011 n'est pas applicable dès lors qu'un greffier en chef a déjà procédé, à la date de sa publication, à une mesure conservatoire ou qu'il a été saisi à cette fin (Décr. préc., art. 11). Il est applicable aux îles Wallis-et-Futuna (Décr. préc., art. 9)

SOUS-SECTION 6 LA CURATELLE ET LA TUTELLE

§ 1er DISPOSITIONS COMMUNES AUX MINEURS ET AUX MAJEURS

Art. 1253 Les opérations d'inventaire de biens prévues à l'article 503 du code civil sont réalisées en présence de la personne protégée, si son état de santé ou son âge le permet, de son avocat le cas échéant, ainsi que, si l'inventaire n'est pas réalisé par un officier public ou ministériel, de deux témoins majeurs qui ne sont pas au service de la personne protégée ni de la personne exerçant la mesure de protection.

Cet inventaire contient une description des meubles meublants, une estimation des biens immobiliers ainsi que des biens mobiliers ayant une valeur de réalisation supérieure à 1 500 euros, la désignation des espèces en numéraire et un état des comptes bancaires, des placements et des autres valeurs mobilières.

L'inventaire est daté et signé par les personnes présentes.

Art. 1254 Au terme de la mission annuelle de vérification et d'approbation du compte de gestion, un exemplaire de celui-ci est versé au dossier du tribunal par la personne chargée de cette mission.

Art. 1254-1 *(Décr. n° 2011-1470 du 8 nov. 2011, art. 1er)* Pour l'application de l'article 511 du code civil, lorsque les ressources de la personne protégée le permettent et que le *(Décr. n° 2017-892 du 6 mai 2017, art. 68-I-1°)* « directeur de greffe » l'estime utile, ce dernier peut solliciter, aux frais de la personne protégée, l'assistance d'un huissier de justice dans sa mission de vérification des comptes. La personne protégée et la personne désignée pour exercer la mesure de protection en sont informées par tout moyen ; ceux-ci peuvent déférer cette décision au juge des tutelles, qui statue sur la requête par une ordonnance non susceptible de recours. L'huissier de justice peut consulter l'ensemble des pièces relatives aux comptes figurant dans le dossier de la personne protégée, au greffe de la juridiction qui le détient, sans autre restriction que les nécessités du service, et en conserver les copies nécessaires à l'exécution de sa mission, mais ne peut les communiquer à un tiers. – *Sur la tarification de l'intervention de l'huissier de justice qui assiste le greffier en chef, V. Décr. n° 96-1080 du 12 déc. 1996, art. 15-3, App., v° Frais et dépens.*

L'art. 1er du Décr. n° 2011-1470 du 8 nov. 2011 est applicable aux procédures en cours (Décr. préc., art. 3).

§ 2 DISPOSITIONS RELATIVES AUX MAJEURS

Art. 1255 La désignation anticipée du curateur ou du tuteur prévue par l'article 448 du code civil ne peut être faite que par une déclaration devant notaire ou par un acte écrit en entier, daté et signé de la main du majeur concerné.

Art. 1256 *(Décr. n° 2008-1485 du 30 déc. 2008, art. 3)*Lorsque le certificat médical décrit par l'article 431 du code civil et l'avis médical mentionné aux articles 426 et 432 du même code sont requis par le procureur de la République ou ordonnés par le juge des tutelles, ils sont pris en charge dans les conditions prévues par le 3° de l'article R. 93 du code de procédure pénale et le recouvrement de leur coût est poursuivi selon les procédures et sous les garanties prévues en matière d'amende pénale.

Le Décr. n° 2008-1485 du 30 déc. 2008 s'applique aux certificats et avis médicaux établis à compter du premier jour du mois qui suit celui de sa publication (Décr. n° 2008-1485 du 30 déc. 2008, art. 5).

Art. 1257 Quand le majeur en curatelle demande une autorisation supplétive, le juge des tutelles ne peut statuer qu'après avoir entendu ou appelé le curateur.

SECTION II DISPOSITIONS RELATIVES AU MANDAT DE PROTECTION FUTURE

Art. 1258 Pour la mise en œuvre du mandat de protection future établi en application du premier alinéa de l'article 477 du code civil, le mandataire se présente en personne au greffe du *(Décr. n° 2019-966 du 18 sept. 2019, art. 8, en vigueur le 1er janv. 2020)* « tribunal judiciaire *[ancienne rédaction : tribunal d'instance]* » dans le ressort duquel réside le mandant, accompagné de ce dernier, sauf s'il est établi, par certificat médical, que sa présence au tribunal est incompatible avec son état de santé.

Le mandataire présente au greffier :

1° L'original du mandat ou sa copie authentique, signé du mandant et du mandataire ;

2° Un certificat médical datant de deux mois au plus, émanant d'un médecin inscrit sur la liste mentionnée à l'article 431 du code civil et établissant que le mandant se trouve dans l'une des situations prévues à l'article 425 du même code ;

3° Une pièce d'identité relative respectivement au mandataire et au mandant ;

4° Un justificatif de la résidence habituelle du mandant.

Art. 1258-1 Pour la mise en œuvre du mandat de protection future établi en application du troisième alinéa de l'article 477 du code civil, le mandataire se présente en personne au greffe du *(Décr. n° 2019-966 du 18 sept. 2019, art. 8, en vigueur le 1er janv. 2020)* « tribunal judiciaire *[ancienne rédaction : tribunal d'instance]* » dans le ressort duquel réside le bénéficiaire du mandat, accompagné de ce dernier, sauf s'il est établi, par certificat médical, que sa présence au tribunal est incompatible avec son état de santé.

Le mandataire présente au greffier :

1° La copie authentique du mandat, signé du mandant et du mandataire ;

2° Un certificat de décès du mandant ou un certificat médical datant de deux mois au plus, émanant d'un médecin inscrit sur la liste mentionnée à l'article 431 du code civil et établissant que le mandant se trouve dans l'une des situations prévues à l'article 425 du même code ;

3° Un certificat médical datant de deux mois au plus, émanant d'un médecin inscrit sur la liste mentionnée à l'article 431 du code civil et établissant que l'enfant majeur du mandant désigné comme le bénéficiaire du mandat se trouve dans l'une des situations prévues à l'article 425 du même code ;

4° Une pièce d'identité relative respectivement au mandataire et au bénéficiaire du mandat ;

5° Un justificatif de la résidence habituelle du bénéficiaire du mandat.

Art. 1258-2 Le greffier vérifie en outre, au vu des pièces produites, que :

1° Le mandant et le mandataire étaient majeurs ou mineurs émancipés à la date d'établissement du mandat ;

2° Les modalités du contrôle de l'activité du mandataire sont formellement prévues ;

3° L'avocat a contresigné le mandat lorsqu'il a établi celui-ci en application de l'article 492 du code civil ;

4° Le curateur a contresigné le mandat, si le mandant a indiqué dans celui-ci être placé sous curatelle ;

5° Le mandataire, s'il est une personne morale, justifie être inscrit sur la liste prévue à l'article L. 471-2 du code de l'action sociale et des familles.

Mandat établi à l'étranger. La mise en œuvre en France d'un mandat d'inaptitude suisse ne pouvait être subordonnée à une condition de validité que n'imposait pas la loi suisse. Viole les art. 15 et 16 de la Conv. de La Haye du 13 janv. 2000 sur la protection internationale des adultes et les art. 1258, 1258-2 et 1258-3 C. pr. civ., la cour d'appel qui, pour dire qu'une procuration établie en Suisse n'aurait pas dû recevoir le visa du greffier du tribunal d'instance et prononcer l'annulation de ce visa, retient qu'il appartient à celui-ci de vérifier si l'acte qui lui est présenté répond à toutes les conditions énumérées aux art. 1258 et 1258-2 C. pr. civ., parmi lesquelles la mention dans la procuration des modalités de contrôle du mandataire, et ajoute que l'existence de ces modalités de contrôle doit être formellement prévue dans l'acte présenté, et qu'il apparaît à la lecture de la procuration litigieuse qu'elle n'en comporte aucune, la seule référence de l'acte aux dispositions des art. 360 s. du code civil suisse ne pouvant pallier cette lacune. • Civ. 1re, 27 janv. 2021, n° 19-15.059 P : *D. actu. 17 févr. 2021, note Mélin ; D. 2021. 181*.

Art. 1258-3 Si l'ensemble des conditions requises est rempli, le greffier, après avoir paraphé chaque page du mandat, mentionne, en fin d'acte, que celui-ci prend effet à compter de la date de sa présentation au greffe, y appose son visa et le restitue au mandataire, accompagné des pièces produites.

Si le greffier estime les conditions non remplies, il restitue, sans le viser, le mandat au mandataire ainsi que les pièces qui l'accompagnent.

Dans ce cas, le mandataire peut saisir le juge par requête. Celui-ci peut se prononcer sans débat et sa décision n'est pas susceptible d'appel. Si le juge estime les conditions requises remplies, le greffier procède, à la demande du mandataire, conformément au premier alinéa.

Art. 1258-4 Le mandant ou le bénéficiaire du mandat qui n'a pas comparu devant le greffier du tribunal est informé par le mandataire de la prise d'effet du mandat de protection future par lettre recommandée avec demande d'avis de réception.

Art. 1259 Le rétablissement des facultés personnelles de la personne protégée est constaté par un certificat médical datant de deux mois au plus, émanant d'un médecin choisi sur la liste mentionnée à l'article 431 du code civil, saisi par le bénéficiaire du mandat, le mandant ou son mandataire et établissant que la personne protégée ne se trouve plus dans l'une des situations prévues à l'article 425 du même code.

Le bénéficiaire du mandat, le mandant ou le mandataire peuvent se présenter à tout moment au greffe du *(Décr. n° 2019-966 du 18 sept. 2019, art. 8, en vigueur le 1er janv. 2020)* « tribunal judiciaire *[ancienne rédaction : tribunal d'instance]* » pour faire constater la fin du mandat au vu de ce certificat.

Si les conditions prévues au premier alinéa sont remplies, le greffier mentionne sur le mandat que celui-ci prend fin à compter de la date de sa présentation au greffe, y appose son visa et le restitue au comparant avec le certificat produit.

Si le greffier estime les conditions non remplies, il restitue le mandat sans le viser au comparant ainsi que le certificat produit.

Dans ce cas, le bénéficiaire *(Décr. n° 2009-1628 du 23 déc. 2009, art. 15)* « du mandat », le mandant ou le mandataire peut saisir le juge par requête. Celui-ci peut se prononcer sans débat et sa décision n'est pas susceptible d'appel. Si le juge estime les conditions requises remplies, le greffier procède, à la demande du bénéficiaire du mandat, du mandant ou du mandataire, conformément au troisième alinéa.

L'art. 15 du Décr. n° 2009-1628 du 23 déc. 2009 est applicable dans les îles Wallis-et-Futuna (Décr. préc., art. 21).

Art. 1259-1 Le bénéficiaire du mandat, le mandant ou le mandataire qui n'a pas comparu devant le greffier est informé par le comparant de la fin de l'exécution du mandat par lettre recommandée avec demande d'avis de réception.

Art. 1259-2 Le juge peut suspendre les effets du mandat de protection future dans la décision d'ouverture d'une mesure de sauvegarde de justice ou, si l'existence du mandat est portée à sa connaissance postérieurement à cette ouverture, par une décision prise en cours de déroulement de la mesure.

Le greffier avise le mandataire et la personne placée sous sauvegarde de justice de cette suspension par lettre simple.

Lorsque la mesure de sauvegarde de justice prend fin, le mandat de protection future reprend effet de plein droit à moins que le juge révoque celui-ci ou ouvre une mesure

de protection juridique. Le greffier en avise par tout moyen le mandataire et la personne dont le placement sous sauvegarde de justice a pris fin.

Art. 1259-3 *(Décr. nº 2009-1628 du 23 déc. 2009, art. 16)* **« La saisine du juge sur le fondement des articles 479, 480, 484 ou 493 du code civil s'effectue par requête remise ou adressée au greffe. La requête indique les nom, prénom et adresse du mandant ou du bénéficiaire du mandat lorsque celui-ci n'est pas le mandant et du mandataire.**

« Le juge territorialement compétent est celui de la résidence habituelle du mandant ou du bénéficiaire du mandat lorsque celui-ci n'est pas le mandant.

« Dans les quinze jours de la requête, le greffe adresse une convocation à l'audience au mandant ou au bénéficiaire du mandat lorsque celui-ci n'est pas le mandant et au mandataire par lettre recommandée avec demande d'avis de réception, à laquelle est jointe une copie de la requête.

« Toutefois, lorsqu'il résulte de celle-ci que seule la dernière adresse du mandant ou du bénéficiaire du mandat lorsque celui-ci n'est pas le mandant ou du mandataire est connue, le greffe invite le requérant à procéder par voie de signification. »

(Décr. nº 2015-282 du 11 mars 2015, art. 13) **« Le greffe avise par tous moyens le requérant des lieu, jour et heure de l'audience. »** — *V. Circ. du 20 mars 2015, ss. art. 692-1.*

(Décr. nº 2008-1276 du 5 déc. 2008, art. 1er, en vigueur le 1er janv. 2009) **« Les parties se défendent elles-mêmes ; elles ont la faculté de se faire assister ou représenter par un avocat.**

« La procédure est orale.

« Les dispositions des articles 1231 *(Abrogé par Décr. nº 2010-1647 du 28 déc. 2010, art. 15-3º)* **« , *1232* » et 1239 sont applicables. »**

L'art. 1er du Décr. nº 2008-1276 du 5 déc. 2008 est applicable aux procédures en cours (Décr. préc., art. 5).

L'art. 16 du Décr. nº 2009-1628 du 23 déc. 2009 est applicable dans les îles Wallis-et-Futuna (Décr. préc., art. 21).

BIBL. ▸ **Décr. du 11 mars 2015 :** BLÉRY, *Gaz. Pal. 27 mars 2015, p. 6* (une nouvelle ère pour la procédure civile). – CROZE, *JCP 2015. 356* (choix de simplification procédurale ? – A propos du décret nº 2015-282 du 11 mars 2015).

Art. 1259-4 Lorsque le juge met fin au mandat de protection future, sa décision est notifiée au mandataire et au mandant ou au bénéficiaire du mandat par lettre recommandée avec demande d'avis de réception.

Art. 1259-5 *(Décr. nº 2009-1628 du 23 déc. 2009, art. 17)* **La décision du juge autorisant, en application des articles 485 et 493 du code civil, le mandataire de protection future ou un mandataire *ad hoc* à accomplir des actes non couverts par le mandat n'est susceptible de recours que par le mandant ou le bénéficiaire du mandat lorsque celui-ci n'est pas le mandant, le mandataire, la personne chargée du contrôle de l'exécution du mandat et ceux dont elle modifie les droits ou les charges.**

L'art. 17 du Décr. nº 2009-1628 du 23 déc. 2009 est applicable dans les îles Wallis-et-Futuna (Décr. préc., art. 21).

Art. 1260 Les dispositions de l'article 1253 sont applicables au mandat de protection future.

SECTION II *BIS [ABROGÉE]* DISPOSITIONS RELATIVES À L'HABILITATION FAMILIALE

(Abrogée par Décr. nº 2019-756 du 22 juill. 2019, art. 3-25º)

BIBL. ▸ **Décr. du 26 févr. 2016 :** COMBRET et BAILLON-WIRTZ, *JCP N 2016. 1098.* – PETERKA, *JCP 2016. 281.*

Art. 1260-1 ***Le juge des tutelles territorialement compétent est celui de la résidence habituelle de la personne à l'égard de qui l'habilitation est sollicitée ou faisant l'objet de l'habilitation.***

Art. 1260-2 ***Le juge est saisi par requête remise ou adressée au greffe du tribunal d'instance.***

La requête indique, à peine de nullité, les nom, prénoms et adresse :
– de la personne à l'égard de qui l'habilitation est sollicitée ou de la personne faisant l'objet de l'habilitation familiale ;
– de la personne habilitée.

Art. 1260-3 *La requête aux fins de désignation d'une personne habilitée ou aux fins de son renouvellement comporte, à peine d'irrecevabilité, les éléments mentionnés aux deux alinéas qui suivent :*
1° Le certificat médical circonstancié prévu à l'article 431 du code civil ;
2° L'énoncé des faits qui appellent cette protection au regard de l'article 494-2 du même code ;
Il est également fait mention de tout élément utile concernant la situation familiale de la personne à l'égard de qui l'habilitation est sollicitée et notamment l'identité des proches mentionnés à l'article 494-1 du code civil, la situation financière et patrimoniale de l'intéressé, le nom du médecin traitant si celui-ci est connu du requérant.

Art. 1260-4 *Lorsque la requête est présentée aux fins de renouvellement, il est joint à celle-ci une copie de la décision ayant délivré l'habilitation familiale.*

Art. 1260-5 *Les dispositions des articles 1212 à 1214, 1216 et 1256 sont applicables. Pour l'application de l'article 1256, l'avis du médecin mentionné au premier alinéa de l'article 494-4 est assimilé à l'avis médical mentionné à l'article 432 du code civil.*

Art. 1260-6 *Lorsqu'il statue sur une requête aux fins de délivrance d'une habilitation familiale ou de renouvellement de l'habilitation familiale générale, le juge entend la personne faisant l'objet de l'habilitation, dans les conditions prévues au premier alinéa de l'article 494-4 du code civil. Lorsque la personne à l'égard de qui une habilitation familiale est sollicitée ou qui fait l'objet d'une habilitation familiale est entendue, les dispositions des articles 1220 à 1220-3 sont applicables. Pour l'application des dispositions de l'article 1220-2, la décision du juge est prise en application des dispositions du premier alinéa de l'article 494-4 du code civil.*
Le juge procède à l'audition :
– de la personne demandant à être habilitée ;
– de la personne habilitée en cas de renouvellement de l'habilitation et dans les hypothèses visées au deuxième alinéa de l'article 494-10 du code civil.
Le juge peut, s'il l'estime opportun, procéder à l'audition :
– de la personne habilitée dans les hypothèses non visées par l'alinéa précédent ;
– des personnes visées à l'article 494-1 du code civil.

Art. 1260-7 *En application des dispositions du deuxième alinéa de l'article 494-4 du code civil, le juge constate l'adhésion ou l'absence d'opposition légitime des personnes visées au deuxième alinéa de l'article 494-1 du code civil après les avoir entendus ou par écrit.*

Art. 1260-8 *Les dispositions de l'article 1221 sont applicables à l'instruction de la requête.*

Art. 1260-9 *Le greffe adresse une convocation à l'audience, sauf lorsque le juge a décidé qu'il n'y avait pas lieu de procéder à son audition en application des dispositions du premier alinéa de l'article 494-4 du code civil, à la personne à l'égard de qui une habilitation familiale est sollicitée ou faisant l'objet d'une habilitation, à la personne habilitée ainsi que, si le juge l'estime utile, à un ou plusieurs des proches visés à l'article 494-1 du même code. La convocation est adressée par lettre recommandée avec demande d'avis de réception, à laquelle est jointe une copie de la requête.*
Toutefois lorsqu'il résulte de celle-ci que seule la dernière adresse de la personne faisant l'objet de l'habilitation ou de la personne habilitée est connue, le greffe invite le requérant à procéder par voie de signification.
Le greffe avise par tous moyens le requérant des lieux, jour et heure de l'audience. Lorsqu'il est requérant, le ministère public en est également avisé.

Art. 1260-10 *A l'audience, le juge entend le requérant, la personne à l'égard de qui l'habilitation est sollicitée ou la personne faisant l'objet de l'habilitation, sauf application par le juge des dispositions du premier alinéa de l'article 494-4, et, le cas échéant, le ministère public, qui peut également faire connaître son avis par écrit.*
Les deux derniers alinéas de l'article 1226 et l'article 1227 sont applicables.

Art. 1260-11 *La décision statuant sur une demande de délivrance d'une habilitation familiale est notifiée à la personne à l'égard de qui l'habilitation est sollicitée, aux personnes visées au deuxième alinéa de l'article 494-4 du code civil et à la personne demandant à être habilitée ; avis en est donné au procureur de la République.*

Les décisions du juge statuant sur d'autres demandes que celles visées à l'alinéa précédent sont notifiées au requérant, à la personne faisant l'objet de l'habilitation, à la personne habilitée. Elles peuvent également être notifiées, si le juge l'estime utile, aux proches qu'il désigne parmi ceux mentionnés à l'article 494-1 du code civil. Avis en est donné au procureur de la République.

Les dispositions de l'article 1231 sont applicables.

Art. 1260-12 *Un extrait de toute décision accordant, modifiant, renouvelant ou ordonnant la mainlevée d'une habilitation familiale générale est transmis par tout moyen au greffe du tribunal de grande instance dans le ressort duquel est née la personne faisant l'objet de l'habilitation aux mêmes fins et aux mêmes conditions que celles prévues à l'article 1233.*

Lorsque l'habilitation a pris fin pour une autre cause que celle visée à l'alinéa précédent avis en est donné par tous moyens et aux mêmes fins par le greffe du tribunal d'instance, saisi par tout intéressé, au greffe du tribunal de grande instance dans le ressort duquel est née la personne faisant l'objet de l'habilitation.

Les décisions du juge des tutelles sont susceptibles d'appel dans un délai de quinze jours à compter de la notification de la décision pour les personnes auxquelles la décision a été notifiée et à compter de la remise de l'avis pour le procureur de la République.

Les parties ne sont pas tenues de constituer avocat.

Les dispositions des articles 1242, 1243 à 1247 sont applicables. Toutefois, pour l'application du quatrième alinéa de l'article 1245, la cour entend la personne à l'égard de qui une habilitation est sollicitée ou faisant l'objet d'une habilitation conformément aux dispositions du premier alinéa de l'article 494-4 du code civil.

SECTION III DISPOSITIONS APPLICABLES AUX PUPILLES DE L'ÉTAT

BIBL. GÉN. ▶ **Décr. du 17 déc. 1985 :** LE NINIVIN, *JCP 1986. I. 3226.*

Art. 1261 Par dérogation aux dispositions de l'article 1242, le recours contre les délibérations du conseil de famille des pupilles de l'État est formé par requête signée par un avocat et remise ou adressée par lettre recommandée avec demande d'avis de réception au greffe *(Décr. n° 2012-1443 du 24 déc. 2012, art. 3-1°)* « de la cour d'appel ».

La procédure prévue aux articles 1244 *(Décr. n° 2012-1443 du 24 déc. 2012, art. 3-2°)* « à 1245-1 » est applicable.

L'art. 3 du Décr. n° 2012-1443 du 24 déc. 2012 est applicable à Wallis-et-Futuna (Décr. préc., art. 6).

Art. 1261-1 La demande relative au recours contre l'arrêté d'admission en qualité de pupille de l'État prévu aux articles L. 224-4 et L. 224-8 du code de l'action sociale et des familles est portée devant le *(Décr. n° 2019-966 du 18 sept. 2019, art. 8, en vigueur le 1er janv. 2020)* « tribunal judiciaire *[ancienne rédaction : tribunal de grande instance]* » dans le ressort duquel l'arrêté est pris.

Les dispositions *(Décr. n° 2019-1333 du 11 déc. 2019, art. 29-19°-a, en vigueur le 1er janv. 2020)* « du premier alinéa de l'article 1203 et des articles 1208-2 et 1208-4 » sont applicables à la demande et à l'instance.

(Décr. n° 2019-1333 du 11 déc. 2019, art. 29-19°-b, en vigueur le 1er janv. 2020) « Le greffier convoque les intéressés à l'audience par lettre recommandée avec avis de réception. »

Le jugement est prononcé en audience publique. Il est notifié par le greffier au demandeur, au tuteur et au président du *(Décr. n° 2017-892 du 6 mai 2017, art. 69)* « conseil départemental ».

Les voies de recours sont régies par les dispositions *(Décr. n° 2019-1333 du 11 déc. 2019, art. 29-19°-c, en vigueur le 1er janv. 2020)* « des articles 1209 et 1209-1 ».

L'al. 1er de l'art. L. 224-8 CASF a été déclaré contraire à la Constitution par une Décis. Cons. const. n° 2012-268 QPC du 27 juill. 2012 qui prend effet à compter du 1er janv. 2014. L'abrogation n'est applicable qu'à la contestation des arrêtés d'admission en qualité de pupille de l'État pris après cette date (consid. 11). L'art. L. 224-8 CASF a en conséquence été réécrit par l'art. 1er de la L. n° 2013-673 du 26 juill. 2013 (JO 27 juill), qui est entrée en vigueur le 1er janv. 2014.

L'art. 29 du Décr. n° 2019-1333 du 11 déc. 2019 est applicable aux instances en cours au 1er janv. 2020 (Décr. préc., art. 55-I).

CHAPITRE XI LA MESURE D'ACCOMPAGNEMENT JUDICIAIRE

(Décr. n° 2008-1276 du 5 déc. 2008, art. 2, en vigueur le 1er janv. 2009)

Les dispositions du Décr. n° 2008-1276 du 5 déc. 2008 sont applicables aux procédures en cours (Décr. préc., art. 5).

Art. 1262 Lorsqu'après avoir reçu le rapport prévu à l'article L. 271-6 du code de l'action sociale et des familles le procureur de la République saisit le juge des tutelles, il en informe aussitôt le président du *(Décr. n° 2017-892 du 6 mai 2017, art. 69)* « conseil départemental » par tout moyen. Il en est de même lorsqu'il estime n'y avoir lieu à cette saisine.

Art. 1262-1 Le juge des tutelles territorialement compétent est celui de la résidence habituelle de la personne qui perçoit les prestations sociales.

Art. 1262-2 Le juge des tutelles est saisi par requête du procureur de la République à laquelle est joint le rapport mentionné à l'article 1262.

Le juge recueille toutes informations utiles. Le greffier convoque à l'audience, par lettre recommandée avec demande d'avis de réception, la personne qui perçoit les prestations, ainsi que celles dont le juge estime l'audition utile.

Le dossier peut être consulté au greffe jusqu'à ce que le juge ait statué par la personne qui perçoit les prestations, sur demande écrite de sa part et sans autre restriction que les nécessités du service.

Art. 1262-3 L'audience n'est pas publique.

Les tiers ne peuvent obtenir copie des décisions rendues que sur autorisation du juge des tutelles et s'ils justifient d'un intérêt légitime.

Art. 1262-4 Le juge statue dans le mois qui suit le dépôt de la requête.

Sa décision n'est pas susceptible d'opposition.

Art. 1262-5 La décision est notifiée à la personne qui perçoit les prestations et, le cas échéant, au mandataire judiciaire à la protection des majeurs désigné.

Avis en est donné au procureur de la République, au président du *(Décr. n° 2017-892 du 6 mai 2017, art. 69)* « conseil départemental » et, le cas échéant, à l'organisme payeur.

Art. 1262-6 Lorsque le juge statue en application du deuxième alinéa de l'article 495-4 du code civil, les articles 1262-3 à 1262-5 du présent code sont applicables.

Art. 1262-7 L'appel est ouvert à la personne qui perçoit les prestations et au procureur de la République.

L'appel est formé, instruit et jugé selon la procédure sans représentation obligatoire.

Le délai d'appel est de quinze jours.

L'arrêt est notifié à la personne qui perçoit les prestations et, le cas échéant, au mandataire judiciaire à la protection des majeurs désigné. Avis en est donné au procureur de la République, au président du *(Décr. n° 2017-892 du 6 mai 2017, art. 69)* « conseil départemental » et, le cas échéant, à l'organisme payeur.

Art. 1262-8 Lorsque le juge des tutelles prononce une mesure de protection juri*dique, il en informe par tout moyen* le mandataire judiciaire à la protection des majeurs exerçant la mesure d'accompagnement judiciaire.

Art. 1263 Les dispositions de l'article 1215 sont applicables à la mesure d'accompagnement judiciaire.

CHAPITRE XII LES ACTIONS EN MATIÈRE DE DISCRIMINATIONS

(Décr. n° 2008-799 du 20 août 2008, art. 1er-I)

BIBL. ▶ Boré, *RDLC 03/2008. 17.* – Cadiet, *JCP 2008. I. 206, n° 1.* – Dargent, *D. 2008. AL 2062.* – Miniato, *RLDC 2/2009. 62.* – Putman, *RJPF 11/2008. 15.*

Art. 1263-1 Les associations régulièrement déclarées depuis au moins cinq ans et se proposant, par leurs statuts, de lutter contre les discriminations peuvent exercer les actions en justice qui naissent de la loi n° 2008-496 du 27 mai 2008 en faveur de la victime d'une discrimination.

L'association doit justifier avoir obtenu l'accord écrit de l'intéressé après avoir porté à sa connaissance les informations suivantes :

1° La nature et l'objet de l'action envisagée ;

2° Le fait que l'action sera conduite par l'association qui pourra exercer elle-même les voies de recours ;

3° Le fait que l'intéressé pourra, à tout moment, intervenir dans l'instance engagée par l'association ou y mettre fin.

Le Décr. n° 2008-799 du 20 août 2008 est applicable dans les îles Wallis-et-Futuna.

TITRE DEUXIÈME LES BIENS

CHAPITRE PREMIER *[ABROGÉ]* LES ACTIONS POSSESSOIRES

(Abrogé par Décr. n° 2017-892 du 6 mai 2017, art. 29)

RÉP. PR. CIV. v° *Action possessoire,* par PIEDELIÈVRE.

BIBL. GÉN. ▸ BERGEL, *Mél. G. Goubeaux Dalloz/LGDJ 2009, p. 17* (réformer la distinction du pétitoire et du possessoire). – DROSS, *Defrénois 2006. 127* (la fonction ambiguë de l'action possessoire). – GOUBEAUX, *Defrénois 1976, art. 31062* (détention). – GUINOT, Abrégé historique et pratique des actions possessoires, *EJT 2009*. – LE GALL, *Rev. dr. rur. 1980. 189* (nouvelles conditions d'exercice). – GRELLIÈRE, *AJPI 1982. 589* (protection possessoire). – HILT, *Gaz. Pal. 14-18 août 2005, p. 2* (utilité des actions possessoires) ; *R. 2009, p. 17 ; ibid. 2010, p. 13* (proposition de suppression des actions possessoires). – STRICKLER, *Mél. Ph. Simler, Dalloz/LexisNexis 2006, p. 823* (la mort des actions possessoires). – VIATTE, *Rev. loyers 1977. 399* (réintégrande) ; *ibid. 1979. 283* (copropriété).

▸ **Abrogation des actions possessoires :** CAYROL, *RTD civ. 2015. 705*. – DARGENT, *D. actu. 17 févr. 2015* (l'action possessoire n'est plus : vive le référé possessoire !). – MARQUE, *LPA 21 avr. 2015, p. 4* (fin de partie pour l'action possessoire ou les beaux jours du référé). – PÉRINET-MARQUET, *JCP 2015. 244* (la fin des actions possessoires, chronique d'une mort annoncée).

▸ **Décr. du 6 mai 2017 :** BLÉRY, *D. actu. 18 mai 2017.*

Art. 1264 ***Sous réserve du respect des règles concernant le domaine public, les actions possessoires sont ouvertes dans l'année du trouble à ceux qui, paisiblement, possèdent ou détiennent depuis au moins un an ; toutefois, l'action en réintégration contre l'auteur d'une voie de fait peut être exercée alors même que la victime de la dépossession possédait ou détenait depuis moins d'un an.***

FORM. PR. CIV. *Assignation en complainte ; Assignation en réintégration (réintégrande) ; Action en dénonciation de nouvel œuvre.*

PLAN DES ANNOTATIONS

A. COMPÉTENCE

JURISPRUDENCE ANTÉRIEURE À LA LOI DU 26 JANV. 2005

1. Avant la loi du 26 janv. 2005, la connaissance des actions possessoires relevait de la compétence exclusive du TI statuant selon les règles régissant ces actions, ce qui excluait celle du juge des référés. • Civ. 3e, 20 mai 1992, n° 90-17.458 P : *RDI 1993. 347, obs. Bergel ; RTD civ. 1994. 137, obs. Zénati*. ♦ Les règles régissant les actions possessoires sont distinctes et différentes de celles qui gouvernent la procédure de référé. • Civ. 3e, 3 déc. 2003, n° 02-15.712 P : *Procédures 2004, n° 81, note Junillon.*

2. Le TI était compétent pour statuer sur les demandes en dommages-intérêts accessoires aux actions possessoires. • Req. 11 mai 1885 : *D. 1886. 1. 299.* ♦ ... Quel qu'en soit le chiffre. • Civ. 15 avr. 1857 : *D. 1857. 1. 165.* ♦ ... Ainsi que sur les astreintes. • Req. 12 mars 1900 : *D. 1900. 1. 284* • Civ. 2e, 3 déc. 1969 : *Bull. civ. II, n° 327*, cassant • Paris, 21 avr. 1967 : *D. 1967. 754, concl. Lecouturier*, et, sur renvoi, • Rouen, 13 févr. 1973 : *D. 1973. 303.*

B. POSSESSION OU DÉTENTION

3. *Office du juge.* L'action possessoire n'étant permise que pour la protection d'un droit susceptible de possession et non pour une simple tolérance ou faculté ne donne pas de base légale à sa décision au regard des art. 2232 [ancien] C. civ. et 1264 C. pr. civ. une cour d'appel qui accueille une action possessoire en démolition de construction diminuant l'éclairage dont un immeuble bénéficiait sur une cour grâce à trois ouvertures sans rechercher si ces dernières ne relevaient pas d'une qualification inconciliable avec l'action engagée. • Civ. 3e, 1er avr. 2009, n° 07-16.551 P. ♦ V. déjà • Civ. 3e, 15 mai 1974 : *Bull. civ. III, n° 203.*

a. Détention

4. La jurisprudence qui avait admis qu'une simple détention suffisait à l'exercice de la réintégrande est désormais applicable à toutes les actions possessoires. ♦ V. art. 2282, al. 2, et 2283 C. civ. ♦ Il doit cependant s'agir d'une détention paisible et publique. • Civ. 3e, 15 févr. 1968 : *D. 1968. 453 ; RTD civ. 1968. 470, obs. Bredin* • 24 mai 1972 : *D. 1972. 478* (pour des locataires). ♦ Sur la preuve du caractère paisible en l'absence de contestation, V. • Civ. 3e, 25 janv. 1984 : *JCP 1984. IV. 101.*

5. La possession ou la détention visées par l'art. 1264 doivent être entendues comme une détention matérielle et réelle ou comme une possession matérielle et actuelle. • Civ. 14 févr. 1912 : *D. 1913. 1. 176, note Planiol* • Req. 1er mars 1932 : *RTD civ. 1932. 484, obs. Solus* • Civ. 11 mars 1925 : *D. 1927. 1. 32* • 21 févr. 1950 : *Bull. civ. I, n° 48.*

b. Objet

6. *Immeubles.* La protection possessoire ne concerne que les immeubles. • Civ. 1re, 6 févr. 1996, n° 94-10.784 P : *Procédures 1996, n° 217, obs. Perrot ; RTD civ. 1996. 943, obs. Zenati*. ♦ ... Et elle s'applique aux immeubles par nature, par destination et aux meubles par anticipation. • Civ. 14 nov. 1849 : *D. 1850. 1. 10* • 7 nov. 1860 : *D. 1860. 1. 486* • T. civ. Sancerre, 17 mai 1951 : *D. 1951. 646.*

7. Comme le propriétaire, le nu-propriétaire en bénéficie. • Civ. 5 mai 1926 : *D. 1926. 1. 65, note Wagner.* ♦ ... Ainsi que le titulaire d'un droit d'usage. • Civ. 7 mai 1957 : *JCP 1957. IV. 89.* ♦ ... Ou d'habitation. • Civ. 3e, 21 nov. 1974 : *Bull. civ. III, n° 427.*

8. *Indivision et copropriété.* La protection possessoire permet à un communiste d'agir contre un autre communiste. • Req. 7 juill. 1930 : *S. 1931. 1. 141 ; RTD civ. 1930. 1104, obs. Solus* • Civ. 3e, 20 nov. 1973 : *Bull. civ. III, n° 585.* ♦ ... Ou contre un tiers. • Civ., 1re sect. civ., 3 juill. 1962 : *D. 1962. 568* • Nîmes, 30 mars 1971 : *JCP 1973. II. 17483* • Civ. 3e, 9 mars 1982 : *Bull. civ. III, n° 63.* ♦ V. aussi : • Chambéry, 27 oct. 1987 : *Gaz. Pal. 1988. 1. 396, note Prévault.* ♦ Mais la protection possessoire est exclue lorsque le trouble allégué constitue l'inexécution d'une convention et notamment d'un règlement de copropriété. • Civ. 3e, 10 juin 1980 : *D. 1981. IR 395, obs. Giverdon ; Defrénois 1981, art. 32686, n° 58, obs. Souleau* • Civ. 3e, 6 mars 1991 : *D. 1991. 355, note Souleau ; D. 1992. Somm. 131, obs. Giverdon*.

9. *Servitudes.* La protection s'étend aux servitudes continues et apparentes. • Civ. 13 déc. 1897 : *D. 1901. 1. 110* • Req. 26 oct. 1936 : *RTD civ. 1937. 175, obs. Solus.* ♦ ... Même lorsqu'elles sont conventionnelles. • Civ. 22 nov. 1892 : *D. 1894. 1. 145* • Req. 26 oct. 1936 : *DH 1938. Somm. 13.* ♦ V., pour un exemple, • Civ. 3e, 18 déc. 2002, n° 00-17.373 P.

10. Les servitudes discontinues et non apparentes, lorsqu'elles ne reposent sur aucun titre, sont exclues de la protection. • Civ. 1re, 19 mai 1954 : *D. 1954. 662* • 20 déc. 1955 : *D. 1956. 214* • Civ. 3e, 18 janv. 1983 : *D. 1984. IR 424, obs. Robert.* ♦ Comp., pour une servitude discontinue fondée sur un titre : • Civ. 14 avr. 1893 : *D. 1893. 1. 415* • 17 juin 1885 : *D. 1886. 1. 323* • Civ. 3e 16 févr. 1982 : *D. 1984. IR 424, obs. Robert.*

11. L'action en réintégration peut avoir pour objet une servitude de passage. • Civ. 3e, 15 févr. 1995, n° 93-13.102 P : *Procédures 1995, n° 263, note Croze.*

12. *Eaux courantes.* Leur usage constitue une quasi-possession susceptible de donner ouverture à l'action possessoire au profit du riverain ayant usé de l'eau dans les limites du droit que lui confère l'art. 644 C. civ. • Rennes, 15 févr. 1980 : *D. 1983. IR 13, obs. Robert.*

c. Durée

13. *Délai normal.* Le demandeur en complainte doit être en possession depuis une année au moins au moment du trouble. • Civ. 20 févr. 1893 : *D. 1893. 1. 276* • 7 mars 1898 : *D. 1898. 1. 191.*

14. Il suffit d'établir une possession utile et ancienne, sans être obligé d'établir un ou plusieurs faits de possession dans l'année qui a précédé le trouble. • Civ. 30 nov. 1892 : *D. 1893. 1. 247.*

15. Le juge doit constater l'annalité de la possession. • Civ. 3e, 15 janv. 1970 : *Bull. civ. III, n° 30.* ♦ V. cep., dans le cas où la matérialité des faits de possession dans l'année précédant le trouble n'a pas été contestée : • Civ. 3e, 28 sept. 1982 : *Bull. civ. III, n° 182.*

16. Les juges du fond sont souverains pour apprécier si les actes de possession invoqués ont le caractère d'une possession véritable. • Req. 19 oct. 1904 : *D. 1905. 1. 74* • 22 oct. 1906 : *D. 1907. 1. 246.*

17. Réintégrande. Il suffit que le demandeur justifie de sa possession actuelle, sans condition de délai. • Req. 1er mars 1932 : *Gaz. Pal. 1932. 1. 790.*

18. Peu importe qu'au moment du trouble le demandeur n'ait pas la détention matérielle de l'immeuble donné à bail à un tiers. • Civ. 17 juin 1942 : *D. 1942. 125.*

C. TROUBLE POSSESSOIRE

19. Atteinte à la possession d'autrui. Le trouble, comme la dépossession, consiste en faits ou actes qui contredisent la possession et impliquent une contestation du droit à l'exercer. • Civ. 2 juill. 1877 : *D. 1877. 1. 845* • 27 nov. 1895 : *D. 1896. 1. 147* • Req. 14 mai 1877 : *D. 1878. 1. 39* • 17 févr. 1914 : *D. 1917. 1. 194* • Soc. 21 févr. 1947 : *D. 1947. 239.*

20. Trouble de fait ou de droit. Le trouble consiste en tout fait matériel ou juridique qui, soit directement et par lui-même, soit indirectement et par voie de conséquence, constitue et implique une prétention contraire à la possession d'autrui. • Civ. 11 janv. 1910 : *D. 1911. 1. 311.* ♦ Le trouble possessoire résultant de tout acte impliquant contradiction à la possession peut être de fait ou de droit (acte judiciaire ou extra-judiciaire par lequel son auteur contredit la possession). • Civ. 3e, 9 mars 2005, n° 03-18.697 P : *AJDI 2005. 503*.

21. Le seul fait d'user du fonds d'autrui contre la volonté de celui qui a la possession constitue, même en l'absence de dommages, un trouble donnant lieu à une action possessoire. • Civ. 6 avr. 1859 : *D. 1859. 1. 152.*

22. Le trouble doit résulter d'un acte volontaire. • Req. 14 mai 1877 : *D. 1879. 1. 39* • 2 juill. 1877 : *D. 1877. 1. 485* • 27 nov. 1895 : *D. 1896. 1. 247* • 17 déc. 1912 : *D. 1913. 1. 72* • Soc. 21 févr. 1947 : *D. 1947. 239.* ♦ ... Et non d'un accident (écroulement d'un mur). • Civ. 27 nov. 1895 : *préc.* ♦ ... Ou d'un dommage fautif à la propriété (chasseur). • Soc. 21 févr. 1947 : *préc.*

23. L'exécution d'un jugement ne peut ouvrir l'action possessoire à la partie condamnée. • Req. 4 déc. 1872 : *D. 1874. 5. 14-16.* ♦ ... Même si elle est irrégulière ou prématurée. • Civ. 14 déc. 1859 : *D. 1859. 1. 504.* ♦ ... Et sauf le cas où le possesseur n'a pas été partie au jugement qu'on exécute contre lui. • Civ. 7 févr. 1849 : *D. 1849. 1. 209.*

24. Les juges du fond apprécient souverainement le caractère des faits constituant le trouble. • Req. 18 mai 1868 : *D. 1868. 1. 334* • 31 janv. 1876 : *D. 1876. 1. 112.* ♦ V. • Civ. 3e, 3 juin 1980 : *D. 1981. IR 229, obs. Robert.*

25. Voie de fait. L'exercice de la réintégrande suppose une dépossession par voie de fait et non un simple trouble à la possession. • Civ. 16 avr. 1973 : *D. 1973. 566.*

26. L'acte de dépossession doit résulter d'une voie de fait grave et positive. • Req. 28 déc. 1926 : *S. 1926. 492* • Civ. 13 mai 1971 : *D. 1971. Somm. 209.* ♦ Mais il peut y avoir voie de fait sans violence. • Req. 1er févr. 1869 : *D. 1872. 1. 24* • Civ. 1er mars 1938 : *RTD civ. 1938. 486, obs. Solus* • 13 mai 1952 : *D. 1952. 775.* ♦ Pour la reprise d'office, par une commune, d'une parcelle occupée par un particulier, V. • Civ. 3e, 25 sept. 2002, n° 00-16.006 P.

D. EXERCICE DE L'ACTION

a. Délai pour agir

27. Point de départ. Le point de départ du délai de l'action est le premier acte de trouble qui contredit nettement la possession. • Civ. 27 juin 1864 : *D. 1864. 1. 336* • Soc. 21 févr. 1947 : *D. 1947. 239.* ♦ Pour la réintégrande, V. • Civ. 16 déc. 1929 : *RTD civ. 1930. 413, obs. Solus.*

28. En cas de troubles successifs, les juges du fond apprécient souverainement le point de départ du délai. • Req. 9 juill. 1946 : *D. 1946. 394* • Civ. 1re, 9 janv. 1963 : *Bull. civ. I, n° 19* et, plus général : • Civ. 3e, 13 nov. 1973 : *D. 1974. IR 26.* ♦ Ils fixent souverainement, en fonction des éléments de preuve soumis à leur appréciation, le moment où le trouble impliquait une véritable contradiction à la possession (prise en compte en l'espèce du constat du trouble par un procès-verbal d'huissier de justice). • Civ. 3e, 18 déc. 2002, n° 01-03.804 P.

29. Nature du délai. Le délai de l'action est un délai de prescription. • Req. 28 nov. 1864 : *S. 1865. 1. 32* • 3 avr. 1906 : *S. 1907. 1. 417, note Tissier.* ♦ Comp., en faveur du délai préfix, Vasseur, *RTD civ. 1950. 439.*

30. La prescription de l'action possessoire ne court pas contre celui qui est dans l'impossibilité absolue d'agir par suite d'un empêchement résultant de la loi, de la convention des parties ou de la force majeure. • Req. 23 nov. 1938 : *Gaz. Pal. 1939. 1. 178 ; RTD civ. 1939. 195, obs. Solus.*

31. Mais les causes d'interruption de la prescription s'appliquent au délai d'un an. • Civ. 23 févr. 1880 : *S. 1881. 424* • Req. 3 avr. 1906 : *D. 1906. 1. 404 ; S. 1907. 1. 417, note Tissier* • 23 nov. 1938 : *RTD civ. 1939. 195, obs. Solus.*

32. La citation en référé interrompt la prescription annale. • Civ. 3e, 2 déc. 1975 : *D. 1976. 243, note Frank.* ♦ V. art. 2244 C. civ. – **C. civ.**

b. Intérêt pour agir

33. Trouble actuel. Sur la distinction entre trouble possessoire et dommage, V. note 20.

34. Trouble éventuel. Sur le caractère préventif de la dénonciation de nouvel œuvre, V. • Req. 4 févr. 1856 : *DP 1856. 1. 297 ; S. 1856. 1. 453, rapp. Poullier* • Civ. 21 févr. 1910 : *DP 1912. 1. 65 ; S. 1913. 1. 385, note Raviart.* ♦ Pour un exemple, V. • Civ. 3e, 10 juin 1971 : *Bull. civ. III, n° 366 ; D. 1971. Somm. 185.*

c. Compétence du juge des référés

35. V. note 1 ss. art. 484.

E. DOMAINE PUBLIC

36. La protection possessoire peut être invoquée par l'Administration pour défendre le domaine public. • Req. 9 janv. 1872 : *DP 1872. 1. 41 ; S. 1872. 1. 225, rapp. Rau* • Civ. 3e, 13 nov. 1973 : *D. 1974. IR 26* • 29 avr. 1974 : *Bull. civ. III, n° 171.* ♦ ... Mais pas par des particuliers utilisant le domaine public. • Req. 26 oct. 1896 : *DP 1897. 1. 245.* ♦ En cas de voie de fait, V. • Civ. 3e, 15 avr. 1986 : *D. 1987. Somm. 11, obs. Robert.*

37. Chemin public. Les propriétaires riverains d'un chemin public peuvent exercer une action possessoire dans leur intérêt privé en cas de trouble apporté dans leur usage par des particuliers. • Civ. 3e, 2 mars 1988 : *Bull. civ. III, n° 49* • Civ. 3e, 25 avr. 1990 : *D. 1991. Somm. 19, obs. Robert* • Civ. 3e, 27 nov. 1991, n° 90-11.614 P.

38. Concessions et autorisations. La précarité des concessions et autorisations d'occupation du domaine public interdit à leur bénéficiaire d'exercer la complainte contre l'Administration. • Req. 26 oct. 1896 : *préc. note 36.* ♦ ... Mais ils peuvent exercer les actions possessoires contre des tiers. • Req. 25 juill. 1887 : *DP 1889. 1. 67* • Civ. 3e, 4 juill. 1984 : *D. 1985. IR 52* (domaine public maritime).

39. Travaux publics. En cas de trouble ou de dépossession résultant de travaux publics, l'action possessoire est en principe irrecevable. • Civ. 20 avr. 1891 : *DP 1891. 1. 351* • 1er déc. 1902 : *DP 1903. 1. 87* • 8 avr. 1913 : *DP 1916. 1. 258.* ♦ ... Sauf s'il s'agit d'actes violents et arbitraires. • Civ. 3e, 15 avr. 1986 : *D. 1987. Somm. 11, obs. Robert.* ♦ Comp., en cas de trouble causé par l'installation de fils électriques avant la déclaration d'utilité publique de travaux exécutés pour le compte d'une commune : • Civ. 6 janv. 1930 : *D. 1930. 174, note Blaevoët.*

Art. 1265 ***La protection possessoire et le fond du droit ne sont jamais cumulés.***

Le juge peut toutefois examiner les titres à l'effet de vérifier si les conditions de la protection possessoire sont réunies.

Les mesures d'instruction ne peuvent porter sur le fond du droit.

BIBL. ▶ MICHELET, *thèse Paris, LGDJ 1973* (règle du non-cumul). – NOIREL, *D. 1959. Chron. 183* (principe du non-cumul et moyen de défense de nature immobilière devant le tribunal d'instance). – BERGEL, *JCP 2008. Hors série - cahier n° 2, p. 10* (pour la suppression du principe du « non-cumul du possessoire et du pétitoire ») ; *Mél. G. Goubeaux, Dalloz/LGDJ 2009, p. 17* (réformer la distinction du pétitoire et du possessoire).

A. PRINCIPE DU NON-CUMUL

a. Juge saisi du possessoire

1. Il y a cumul du possessoire et du pétitoire lorsque la sentence du juge du possessoire, bien qu'elle ne statue que sur le possessoire, s'appuie exclusivement sur des motifs tirés du fond du droit de propriété reconnu en faveur du demandeur en complainte. • Cass., Ch. réun., 15 déc. 1890 : *DP 1891. 1. 164* • Civ. 28 juill. 1903 : *DP 1903. 1. 520* • 9 avr. 1946 : *D. 1946. 285* • Civ., 1re sect. civ., 5 janv. 1957 : *D. 1957. Somm. 32.* ♦ Il en est ainsi, spécialement, lorsqu'un jugement admet l'action possessoire d'une personne sans que celle-ci ait prouvé sa possession annale. • Civ. 28 juill. 1903 : *DP 1903. 1. 520* • 6 mars 1907 : *DP 1907. 1. 228.* ♦ ... Ou lorsque la juridiction d'appel, statuant au possessoire, se prononce sur l'existence d'un préjudice matériel, c'est-à-dire sur un fait qui relève exclusivement du pétitoire, et, par suite, échappe à la compétence du juge du TI. • Civ. 9 avr. 1946 : *préc.* ♦ V. également, pour un cumul prohibé, • Civ. 3e, 15 nov. 2005 : *Procédures 2006, n° 13, obs. Junillon* • Civ. 3e, 27 mai 2008 : *RDI 2008. 548, note GMO* (arrêt statuant sur une action possessoire fondée sur la mitoyenneté du mur et condamnant le défendeur à enlever le contre-mur élevé le long du mur mitoyen et à supprimer la fenêtre dans ledit mur).

2. Le sort de l'action possessoire ne peut dépendre d'une décision à intervenir au pétitoire. • Civ. 3e, 4 mars 2009 : *D. 2009. AJ 810 ; ibid. Pan. 2300, obs. Reboul-Maupin ; JCP 2009. 337, n° 4, obs. Périnet-Marquet ; Procédures 2009, n° 155, note (crit.) Junillon ; Dr. et patr. 6/2009, p. 87, obs. Seube et Revet* (censure d'un arrêt faisant dépendre la protection immédiate de la possession d'une décision à venir sur l'existence d'un droit de passage).

3. Il n'y a pas cumul si le juge du TI, après avoir reconnu la possession annale du défendeur, invoque surabondamment des motifs tirés du fond du droit, mais en se fondant aussi sur des motifs tirés de la possession et en statuant uniquement sur le possessoire. • Civ. 15 juin 1892 : *DP 1892. 1. 412* • 31 juill. 1893 : *DP 1896. 1. 547* • Req. 20 déc. 1892 : *DP 1893. 1. 149, rapp. Denis* • 2 juill. 1929 : *DH 1929. 460.*

4. Le juge peut ordonner la destruction d'ouvrages qui constituent un trouble à la possession. • Civ. 24 avr. 1923 : *DP 1926. 1. 39* • Req. 26 mai 1925 : *DP 1926. 1. 180* • Civ. 3e, 16 janv. 1991 : *D. 1992. IR 37 ; Gaz. Pal. 1991. 1. Pan. 114.*

5. La détermination par le juge, saisi d'une action possessoire, du caractère non enclavé de deux parcelles est une atteinte au principe du non-cumul. • Civ. 3e, 4 janv. 1990, nº 88-16.702 P. ♦ Rappr., pour une servitude de passage : • Civ. 3e, 20 mars 1991 : *JCP 1991. IV, p. 189 ; Gaz. Pal. 1991. 2. Pan. 177.*

b. Actions concernant le fond du droit

6. La chose jugée au possessoire n'a pas autorité au pétitoire. • Civ. 3e, 3 mai 1990 : *D. 1990. IR 131 ; RTD civ. 1991. 148, obs. Zénati.* ♦ Comp. jugeant qu'une cour d'appel avait exactement déduit de la constatation de l'état d'enclave de deux parcelles par un jugement possessoire définitif que l'état d'enclave desdites parcelles n'était pas contestable, le juge du possessoire ayant définitivement statué sur ce point. • Civ. 3e, 4 avr. 2007, nº 06-11.375 P : *Procédures 2007, nº 194, note Junillon ; RDI 2007. 412, note Bergel.*

7. L'inexécution d'une convention ne peut donner ouverture à l'action possessoire. • Civ. 20 oct. 1914 : *D. 1916. 1. 188* et • 26 oct. 1914 : *eod. loc.* • Civ. 1re, 4 mars 1958 : *D. 1958. 353* • 22 févr. 1965 : *D. 1966. 37, note Esmein* • 28 nov. 1969 : *D. 1970. 84, note E.F.* ♦ V. note 8 ss. art. 1264.

8. La prohibition de cumuler le possessoire et le pétitoire constitue une règle propre aux actions possessoires et est étrangère à l'instance en bornage, de nature pétitoire. • Civ. 1re sect. civ., 4 nov. 1963 : *D. 1964. 50.* ♦ ... Comme aux actions en élagage des arbres. • Civ. 1re, 8 févr. 1965 : *D. 1965. 372 ; RTD civ. 1965. 678, obs. Bredin.*

B. UTILISATION DES TITRES

9. Sur le pouvoir reconnu au juge d'examiner les titres pour vérifier si les conditions de la protection possessoire sont réunies, V. • Civ. 3e, 20 mars 1985 : *Gaz. Pal. 1986. 2. 466, note Prévault* • Civ. 3e, 30 sept. 1998 : *Procédures 1999, nº 9, note Junillon.* ♦ V. aussi • Civ. 3e, 17 juill. 1991, nº 90-10.559 P : *RTD civ. 1992. 149, obs. Zénati.*

10. Exception doit être faite au principe du non-cumul pour les actes administratifs : le juge du TI doit surseoir à statuer jusqu'à ce que la juridiction administrative en ait donné l'interprétation. • T. confl. 24 juill. 1851 : *DP 1851. 3. 70* • Civ. 6 nov. 1866 : *DP 1866. 1. 433* • 8 janv. 1884 : *DP 1884. 1. 71* • 13 juill. 1887 : *DP 1888. 1. 128* • Req. 31 mai 1934 : *DH 1934. 380.*

11. Mais la question de la domanialité d'un bien doit être tranchée par le juge du possessoire lui-même si la cause lui fournit à cet effet des éléments clairs et probants. • Civ. 26 juill. 1881 : *DP 1881. 1. 452* • 8 janv. 1884 : *DP 1884. 1. 71* • 8 avr. 1913 : *DP 1916. 1. 258* • T. confl. 6 déc. 1884 : *DP 1886. 3. 44.* ♦ ... Sans qu'il soit nécessaire de trancher une question de propriété. • Req. 13 avr. 1932 : *DH 1932. 333.*

Art. 1266 ***Celui qui agit au fond n'est plus recevable à agir au possessoire.***

1. L'irrecevabilité est encourue, alors même que l'assignation au pétitoire a été donnée devant un juge incompétent. • Civ. 15 nov. 1865 : *DP 1866. 116* • Req. 22 juin 1897 : *DP 1897. 1. 560.*

2. Celui qui a intenté une demande pétitoire relativement à un immeuble doit être admis à agir au possessoire quant à ce même immeuble, s'il fonde cette dernière action sur des faits de possession et des actes de trouble qui ne se sont produits que depuis l'introduction de sa première instance. • Civ. 15 janv. 1894 : *DP 1894. 1. 159.*

3. La règle ne s'applique qu'au demandeur ; le défendeur au pétitoire peut toujours agir au possessoire contre le demandeur, à raison d'un fait de trouble, soit antérieur, soit postérieur à l'introduction de l'instance pétitoire. • Req. 19 avr. 1869 : *DP 1869. 1. 324* • 16 déc. 1874 : *DP 1875. 1. 103.*

4. Sur la nature de la sanction prévue par l'art. 1266 (fin de non-recevoir), V. • Civ. 15 nov. 1865 : *DP 1866. 1. 116* • 16 févr. 1881 : *DP 1881. 1. 413.*

5. L'action pétitoire engagée postérieurement à l'action possessoire rend celle-ci sans objet lorsqu'elle tend aux mêmes fins. • Civ. 3e, 6 janv. 2010 : *D. 2010. Actu. 207 ; D. actu. 21 janv. 2010, obs. Prigent ; JCP 2010. 336, nº 8, obs. Périnet-Marquet ; Procédures 2010, nº 186, note Junillon.*

Art. 1267 ***Le défendeur au possessoire ne peut agir au fond qu'après avoir mis fin au trouble.***

1. Le demandeur à une action négatoire de servitude, qui n'a pas exécuté le jugement possessoire le condamnant à rétablir la libre circulation sur un passage, doit être déclaré irrecevable au pétitoire conformément à l'art. 1267. • Lyon, 15 févr. 1984 : *D. 1984. 299, note Prévault ; RTD civ. 1984. 744, obs. Giverdon.* ♦ L'appel formé à l'encontre du jugement d'un TI, remettant en cause la possession reconnue par le jugement, constitue un trouble de droit rendant irrecevable l'action pétitoire. • Civ. 3e, 9 mars 2005, nº 03-18.697 P : *AJDI 2005. 503*.

2. Sur le caractère provisoire de l'interdiction d'agir au fond dans l'hypothèse visée, V. • Civ. 1re, 23 mai 1955 : *Bull. civ. I, nº 211* • 10 juin 1981 : *RTD civ. 1982. 168, obs. Giverdon* (penchant pour la qualification d'exception dilatoire) • Lyon, 15 févr. 1984 : *préc. note 1* (en faveur d'une fin de non-recevoir en l'état).

3. Sur l'autorité de la chose jugée au possessoire, V. note 6 ss. art. 1265.

4. Viole l'art. 1267 la cour d'appel qui, pour déclarer un propriétaire irrecevable dans son action pétitoire, retient que l'instance possessoire est antérieure à l'action au pétitoire engagée par le propriétaire, tout en constatant que ce dernier n'avait pas la qualité de défendeur au possessoire au moment d'engager son action pétitoire. • Civ. 3e, 17 juin 1992 : *D. 1993. Somm. 301, obs. Robert*.

5. Le défendeur au possessoire doit s'entendre du défendeur à l'action relevant de la compétence exclusive du TI statuant selon les règles régissant ces actions, lesquelles sont distinctes et différentes de celles qui gouvernent la procédure de référé. • Civ. 3e, 24 févr. 1999, nº 96-18.742 P : *D. 1999. IR 79 ; Procédures 1999, nº 152, obs. Junillon.*

CHAPITRE II LA REDDITION DE COMPTE ET LA LIQUIDATION DES FRUITS

BIBL. GÉN. ▶ DUBRUL-VANREYSSELBERGE, *RTD civ. 1976. 30* (exception de compte arrêté).

Art. 1268 **La demande en reddition de compte est portée, selon le cas, devant le tribunal dans le ressort duquel demeure le comptable ou, si le comptable a été commis par justice, devant le juge qui l'a commis.**

Un enfant devenu majeur n'a pas l'obligation de faire une demande en reddition de comptes conformément aux dispositions de l'art. 1268 afin de pouvoir obtenir restitution des sommes perçues pour son compte pendant sa minorité à la suite d'un accident de la circulation. • TGI Carpentras, réf., 8 juill. 1998 : *BICC 1er févr. 1999, nº 146.*

Sur la notion d'arrêté de compte, V. • Civ. 1re, 17 juill. 1984 : *Bull. civ. I, nº 236* (à propos des documents bancaires intitulés « arrêtés de compte »).

Art. 1269 **Aucune demande en révision de compte n'est recevable, sauf si elle est présentée en vue d'un redressement en cas d'erreur, d'omission ou de présentation inexacte.**

La même règle est applicable à la liquidation des fruits lorsqu'il y a lieu à leur restitution.

1. Sur le principe (par application de l'art. 541 ACPC), V. • Civ. 1re, 25 juin 1985 : *Bull. civ. I, nº 203.*

2. Sur la recevabilité d'une demande de révision dans l'hypothèse où le demandeur alléguait que la passation d'avenants avait fait l'objet d'un double emploi au crédit du compte, V. • Civ. 2e, 19 nov. 1981 : *D. 1982. IR 169, obs. Julien ; Bull. civ. II, nº 201.*

CHAPITRE III LES BAUX PASSÉS PAR LES USUFRUITIERS AVEC AUTORISATION DE JUSTICE

Art. 1270 *(Décr. nº 2012-66 du 20 janv. 2012, art. 41)* **La demande de l'usufruitier *tendant* à *être* autorisé à conclure seul un bail en application de l'article 595 du code civil est formée, instruite et jugée suivant la procédure à jour fixe.**

L'art. 41 du Décr. nº 2012-66 du 20 janv. 2012 est applicable dans les îles Wallis-et-Futuna (Décr. préc., art. 44).

CHAPITRE IV LA VENTE DES IMMEUBLES ET DES FONDS DE COMMERCE APPARTENANT À DES MINEURS EN TUTELLE OU À DES MAJEURS EN TUTELLE

RÉP. PR. CIV. vº *Ventes publiques d'immeubles*, par PIEDELIÈVRE.

Art. 1271 **La vente judiciaire des immeubles et des fonds de commerce appartenant à des mineurs en tutelle ou à des majeurs en tutelle ne peut être ordonnée qu'au vu**

d'une délibération du conseil de famille énonçant la nature des biens et leur valeur approximative.

Cette délibération n'est pas nécessaire si les biens appartiennent en même temps à des majeurs capables et si la vente est poursuivie par eux. Il est alors procédé conformément aux règles prévues pour les partages judiciaires.

Art. 1272 Sur requête du tuteur ou du subrogé tuteur, les enchères sont reçues soit par un notaire commis à cet effet par le *(Décr. n° 2019-966 du 18 sept. 2019, art. 8, en vigueur le 1er janv. 2020)* « tribunal judiciaire *[ancienne rédaction : tribunal de grande instance]* », soit à l'audience des criées par un juge désigné par ce tribunal.

Le tribunal compétent est celui dans le ressort duquel demeure la personne en tutelle.

Si les biens sont situés dans plusieurs arrondissements, le tribunal peut commettre un notaire dans chacun de ces arrondissements et donner commission rogatoire à chacun des tribunaux de la situation de ces biens.

Art. 1273 Le tribunal détermine la mise à prix de chacun des biens à vendre et les conditions essentielles de la vente. Il peut préciser qu'à défaut d'enchères atteignant cette mise à prix, la vente pourra se faire sur une mise à prix inférieure qu'il fixe.

Le tribunal peut, si la valeur ou la consistance des biens le justifie, faire procéder à leur estimation totale ou partielle.

Sur la possibilité d'insérer dans le cahier des charges une clause d'attribution, V. • Civ. 1re, 20 avr. 1983 : *JCP 1984. II. 20150, note E.-S. de La Marnière.* ♦ V. art. 973 C. pr. civ. et les notes.

Art. 1274 Le tribunal fixe les modalités de la publicité compte tenu de la valeur, de la nature et de la situation des biens.

Art. 1275 Le notaire commis ou l'avocat établit un cahier des charges. Si la vente a lieu à l'audience des criées, ce cahier est déposé au *(Décr. n° 2004-836 du 20 août 2004, art. 52-I, en vigueur le 1er janv. 2005)* « greffe » du tribunal.

Le cahier des charges indique le jugement qui a ordonné la vente, désigne les biens à vendre et mentionne la mise à prix et les conditions de la vente. Lorsque la vente porte sur un fonds de commerce, le cahier des charges spécifie la nature et la situation tant du fonds que des divers éléments qui le composent, ainsi que les obligations qui seront imposées à l'acquéreur, notamment quant aux marchandises qui garnissent le fonds.

L'art. 52-I du Décr. n° 2004-836 du 20 août 2004 est applicable aux procédures en cours (Décr. préc., art. 59).

Sur la licéité du règlement intérieur d'un barreau prescrivant un cahier des charges type, V. • Civ. 1re, 15 févr. 1983 : *Gaz. Pal. 1983. 2. Pan. 182.*

Art. 1276 En application des dispositions de l'alinéa 1er de l'article 459 du code civil, le subrogé-tuteur est appelé à la vente, un mois au moins à l'avance, à la diligence du rédacteur du cahier des charges et informé qu'il sera procédé à la vente, même en son absence.

La sommation au subrogé-tuteur est une formalité essentielle à la validité de la vente. • Civ. 11 juin 1963 : *D. 1964. Somm. 7* • Pau, 4 mai 1961 : *D. 1962. 14.*

Art. 1277 Si aucune enchère n'atteint le montant de la mise à prix, le juge ou le notaire, selon le cas, peut constater l'offre la plus élevée et adjuger le bien à titre provisoire pour le montant de cette offre.

Sauf renonciation du vendeur, le tribunal qui a fixé la mise à prix, saisi à la requête du notaire, de l'avocat ou de tout intéressé, peut, soit déclarer l'adjudication définitive et la vente réalisée, soit ordonner qu'une nouvelle vente aura lieu ; en ce dernier cas, il fixe le délai de la nouvelle vente sans que celui-ci puisse être inférieur à quinze jours, la mise à prix ainsi que les modalités de la publicité.

Art. 1278 Sont déclarés communs *[déclarées communes]* au présent chapitre *(Décr. n° 2006-936 du 27 juill. 2006, art. 128, en vigueur le 1er janv. 2007)* « les dispositions des articles » *(Décr. n° 2012-783 du 30 mai 2012, art. 2, en vigueur le 1er juin 2012)*

« R. 322-39 à R. 322-49, R. 322-59, R. 322-61, R. 322-62, R. 322-66 à R. 322-72 du code des procédures civiles d'exécution ».

Néanmoins, lorsqu'elles sont reçues par un notaire, les enchères peuvent être faites sans ministère d'avocat.

Dans le cas de vente devant notaire, s'il y a lieu à folle enchère, la procédure est poursuivie devant le tribunal. Le certificat constatant que l'adjudicataire n'a pas exécuté les conditions est délivré par le notaire. Le procès-verbal d'adjudication est déposé au *(Décr. n° 2004-836 du 20 août 2004, art. 52-I, en vigueur le 1er janv. 2005)* **« greffe ».**

L'art. 52-I du Décr. n° 2004-836 du 20 août 2004 est applicable aux procédures en cours (Décr. préc., art. 59).

Sur les dispositions transitoires du Décr. n° 2006-936 du 27 juill. 2006, V. l'art. 168 dudit décret. — ***C. pr. exéc.***

L'art. 715 C. pr. civ., relatif aux déchéances et nullités en matière de saisie mobilière, n'est pas applicable à la vente publique d'immeubles. • Civ. 1re, 21 févr. 1978 : *Bull. civ. I, n° 70.*

Art. 1279 **Dans les dix jours qui suivent l'adjudication définitive, toute personne peut faire une surenchère du dixième en se conformant aux formalités et délais prévus** *(Décr. n° 2006-936 du 27 juill. 2006, art. 129, en vigueur le 1er janv. 2007)* **« par les dispositions des articles »** *(Décr. n° 2012-783 du 30 mai 2012, art. 2, en vigueur le 1er juin 2012)* **« R. 322-50 à R. 322-55 du code des procédures civiles d'exécution ».**

Dans le cas où l'adjudication a eu lieu devant notaire, le tribunal, par le jugement qui valide la surenchère, renvoie la nouvelle adjudication devant le même notaire qui procède selon le cahier des charges précédemment dressé.

Lorsqu'une seconde adjudication a lieu après surenchère, aucune autre surenchère des mêmes biens ne peut avoir lieu.

Sur les dispositions transitoires du Décr. n° 2006-936 du 27 juill. 2006, V. l'art. 168. — ***C. pr. exéc.***

Art. 1280 **La surenchère prévue par le second alinéa de l'article 459 du code civil est faite, dans les dix jours qui suivent l'adjudication, par** *(Décr. n° 2019-1333 du 11 déc. 2019, art. 29-20°-a, en vigueur le 1er janv. 2020)* **« requête remise ou adressée » au** *(Décr. n° 2004-836 du 20 août 2004, art. 52-I, en vigueur le 1er janv. 2005)* **« greffe » du tribunal dans le ressort duquel réside le notaire qui a procédé à la vente.**

Cette *(Décr. n° 2019-1333 du 11 déc. 2019, art. 29-20°-b, en vigueur le 1er janv. 2020)* **« requête » est dénoncée à la personne ou au domicile de l'adjudicataire dans le délai de l'article 709 du code de procédure civile** *[ancien]*.

Les règles de l'article 1279 lui sont, pour le surplus, applicables.

L'art. 52-I du Décr. n° 2004-836 du 20 août 2004 est applicable aux procédures en cours (Décr. préc., art. 59).

L'art. 29 du Décr. n° 2019-1333 du 11 déc. 2019 est applicable aux instances en cours au 1er janv. 2020 (Décr. préc., art. 55-I).

Art. 1281 **Il n'est pas dérogé à la compétence respective des divers officiers publics en matière de vente de fonds de commerce.**

V. C. rur., art. L. 412-11 (statut du fermage : droit de préemption en cas de vente par adjudication volontaire ou forcée de biens ruraux). — ***C. rur.***

Sur l'application des art. 1272 s. C. pr. civ. aux ventes de fonds de commerce envisagées par le comptable du Trésor et le comptable de la direction générale des impôts, V. LPF, art. L. 268. — ***LPF.***

CHAPITRE V LA DISTRIBUTION DES DENIERS EN DEHORS DE TOUTE PROCÉDURE D'EXÉCUTION

(Décr. n° 96-740 du 14 août 1996, art. 1er)

RÉP. PR. CIV. v° *Distribution des deniers (meubles, aéronefs, bateaux, navires)*, par R. MARTIN.

DALLOZ ACTION *Droit et pratique des voies d'exécution 2022/2023*, n° 1551.00 s.

BIBL. GÉN. ▸ PUTMAN, *Justice 1997, n° 5, p. 331.* - RÉMERY, *D. 1997. Chron. 75*. - THOURET, *Procédures 1997. Chron. 1.*

Art. 1281-1 S'il y a lieu, en dehors de toute procédure d'exécution, de répartir une somme d'argent entre créanciers *(Décr. n° 2006-936 du 27 juill. 2006, art. 130, en vigueur le 1er janv. 2007)* « et hors le cas où cette somme proviendrait de la vente d'un immeuble », la partie la plus diligente peut se pourvoir en référé devant le président du *(Décr. n° 2019-966 du 18 sept. 2019, art. 8, en vigueur le 1er janv. 2020)* « tribunal judiciaire *[ancienne rédaction : tribunal de grande instance]* » dans le ressort duquel demeure le débiteur, lequel désigne une personne chargée de la distribution.

La personne chargée de la distribution est séquestre des fonds, à moins que la consignation ne soit ordonnée.

Sur les dispositions transitoires du Décr. n° 2006-936 du 27 juill. 2006, V. l'art. 168. — ***C. pr. exéc.***

1. Domaine. Jugé que la procédure de distribution des deniers, hors procédure d'exécution, n'a pas vocation à recevoir application si une décision de saisie conservatoire est intervenue avant la demande de distribution. • T. com. Béziers, prés., 8 oct. 2001 : *Procédures 2002, n° 30, note crit. Laporte.*

2. Pour une application de cette procédure au prix de vente d'un fonds de commerce, V. • T. com. Chambéry, 20 sept. 1996 : *Procédures 1996, n° 331, note Croze.*

Art. 1281-2 Le séquestre chargé de la distribution doit offrir des garanties de représentation de la somme mise en distribution.

Art. 1281-3 Le greffe notifie par lettre simple une copie de l'ordonnance à la personne chargée de la distribution et, si la consignation a été ordonnée, à la Caisse des dépôts et consignations.

La personne chargée de la distribution avise les créanciers, par lettre recommandée avec demande d'avis de réception, qu'ils doivent, dans un délai d'un mois, lui adresser une déclaration comportant un décompte des sommes réclamées en principal, intérêts et autres accessoires. Le cas échéant, cette déclaration mentionne les privilèges et sûretés attachés à la créance. Les documents justificatifs sont joints à la déclaration.

A défaut de déclaration dans le délai mentionné à l'alinéa qui précède, le créancier est déchu du droit de participer à la distribution.

Art. 1281-4 La personne chargée de la distribution établit un projet de répartition dans les deux mois qui suivent le dernier avis prévu au deuxième alinéa de l'article 1281-3.

Elle le notifie au débiteur et à chacun des créanciers par lettre recommandée avec demande d'avis de réception.

A peine de nullité, la notification indique au destinataire :

1° Qu'il dispose d'un délai de quinze jours, à compter de la réception de la lettre, pour soulever par lettre recommandée avec demande d'avis de réception une contestation motivée, accompagnée des pièces justificatives nécessaires, auprès de la personne chargée de la distribution ;

2° Qu'à défaut de réponse dans le délai imparti il est réputé avoir accepté le projet et que celui-ci deviendra définitif si aucune contestation n'est soulevée.

En cas de difficulté, le délai mentionné au premier alinéa du présent article peut être prorogé par le président du *(Décr. n° 2019-966 du 18 sept. 2019, art. 8, en vigueur le 1er janv. 2020)* « tribunal judiciaire *[ancienne rédaction : tribunal de grande instance]* » saisi par simple requête de la personne chargée de la distribution.

Art. 1281-5 A défaut de contestation dans les quinze jours suivant la dernière notification mentionnée au deuxième alinéa de l'article 1281-4, le projet de répartition devient définitif.

Lorsqu'elle détient la somme à répartir, la personne chargée de la distribution procède alors au paiement des créanciers dans les quinze jours.

Lorsque les fonds ont été consignés, la personne chargée de la distribution notifie le projet de répartition devenu définitif à la Caisse des dépôts et consignations, qui procède au paiement dans les quinze jours.

Art. 1281-6 En cas de contestation, la personne chargée de la distribution convoque les parties par lettre recommandée avec demande d'avis de réception, en vue d'une tentative de conciliation qui doit avoir lieu dans le mois suivant la première contestation.

La convocation reproduit les termes du second alinéa de l'article 1281-7.

Art. 1281-7 Si un accord intervient, il en est dressé acte dont une copie est remise ou adressée par lettre simple à toutes les parties. Il est alors procédé au paiement dans les conditions prévues aux deuxième et troisième alinéas de l'article 1281-5.

La personne régulièrement convoquée qui ne se présente pas est réputée avoir accepté l'accord.

Art. 1281-8 A défaut de conciliation, la personne chargée de la distribution dresse acte des points de désaccord.

Les sommes mises en répartition sont immédiatement consignées, si elles ne le sont déjà en vertu de la décision de désignation de la personne chargée de la distribution.

La partie la plus diligente peut saisir le *(Décr. n° 2019-966 du 18 sept. 2019, art. 8, en vigueur le 1er janv. 2020)* « tribunal judiciaire *[ancienne rédaction : tribunal de grande instance]* », qui procède à la répartition.

Art. 1281-9 A défaut de projet de répartition dans les délais impartis, il est procédé comme il est dit aux deuxième et troisième alinéas de l'article 1281-8.

Art. 1281-10 Les paiements doivent être effectués quinze jours au plus tard après notification à la Caisse des dépôts et consignations du jugement de répartition passé en force de chose jugée.

Art. 1281-11 La rétribution de la personne chargée de la distribution est prélevée sur les fonds à répartir et supportée par les créanciers, au prorata de la somme qui revient à chacun d'eux.

En cas de contestation, elle est fixée par le président du *(Décr. n° 2019-966 du 18 sept. 2019, art. 8, en vigueur le 1er janv. 2020)* « tribunal judiciaire *[ancienne rédaction : tribunal de grande instance]* ».

Art. 1281-12 En matière commerciale, les compétences dévolues au *(Décr. n° 2019-966 du 18 sept. 2019, art. 8, en vigueur le 1er janv. 2020)* « tribunal judiciaire *[ancienne rédaction : tribunal de grande instance]* » et à son président sont exercées par le tribunal de commerce et par son président.

Le tiers détenteur du prix de vente d'un fonds de commerce peut saisir le président du T. com. en référé pour faire désigner une personne chargée d'en effectuer la distribution. • T. com. Chambéry, 20 sept. 1996 : *Procédures 1996, n° 331, note Croze.*

CHAPITRE VI LA PURGE DES HYPOTHÈQUES PAR LE TIERS ACQUÉREUR *[ANCIENNE RÉDACTION : PURGE DES HYPOTHÈQUES ET PRIVILÈGES PAR LE TIERS DÉTENTEUR] (Décr. n° 2021-1888 du 29 déc. 2021, art. 1er-1°, en vigueur le 1er janv. 2022).*

(Décr. n° 2006-936 du 27 juill. 2006, art. 131, en vigueur le 1er janv. 2007)

Sur les dispositions transitoires du Décr. n° 2006-936 du 27 juill. 2006, V. ce Décr., art. 168. — ***C. pr. exéc.***

L'art. 1er du Décr. n° 2021-1888 du 29 déc. 2021 s'applique aux procédures engagées à compter de leur entrée en vigueur (Décr. préc., art. 7-II).

Art. 1281-13 *(Décr. n° 2021-1888 du 29 déc. 2021, art. 1er-2°, en vigueur le 1er janv. 2022)* Le tiers acquéreur fait procéder à la notification prévue à l'article 2464 du code civil par acte d'huissier de justice, aux domiciles élus par les créanciers dans leurs inscriptions.

Il annexe à l'acte :

1° Un extrait de son titre, contenant la date et la nature de l'acte, l'identité du vendeur ou du donateur, la nature et la situation de l'immeuble vendu ou donné, le prix de la vente, ou, s'il y eu donation, l'évaluation de l'immeuble ;

2° Un extrait de la publication de l'acte de vente ou de l'acte de donation ;

3° Un état hypothécaire sommaire sur formalités faisant apparaître les charges réelles qui grèvent l'immeuble ;

4° Un état des inscriptions figurant sur le fichier national des gages sans dépossession du chef du débiteur saisi, ainsi que le cas échéant sur le registre spécial des warrants agricoles tenu par le greffier du tribunal judiciaire du lieu de situation de l'immeuble saisi.

L'acte est notifié aux créanciers.

L'art. 1er du Décr. no 2021-1888 du 29 déc. 2021 s'applique aux procédures engagées à compter de leur entrée en vigueur (Décr. préc., art. 7-II).

Ancien art. 1281-13 ***Le tiers détenteur fait procéder à la notification prévue à l'article 2478 du code civil par acte d'huissier de justice.***

Art. 1281-14 *(Décr. no 2021-1888 du 29 déc. 2021, art. 1er-3o, en vigueur le 1er janv. 2022)* **« Le créancier qui poursuit la vente aux enchères de l'immeuble en application de l'article 2465 du code civil notifie l'acte de réquisition prévu à cet article par acte d'huissier de justice au débiteur principal, au tiers acquéreur ainsi qu'aux autres créanciers titulaires d'une inscription sur l'immeuble. Cet acte contient, à peine de nullité, la constitution de l'avocat du requérant, la surenchère et l'offre de caution** *[ancienne rédaction : Le créancier qui poursuit la vente aux enchères de l'immeuble en application de l'article 2480 du code civil notifie l'acte de réquisition prévu à cet article par acte d'huissier de justice. Cet acte contient, à peine de nullité, la constitution de l'avocat du requérant]* **».**

L'acte de réquisition de vente aux enchères comporte l'attestation par l'avocat du créancier qu'il s'est fait remettre *(Abrogé par Décr. no 2021-1888 du 29 déc. 2021, art. 1er-3o, à compter du 1er janv. 2022)* ***« , en application du 5o du même article, »*** **une caution bancaire irrévocable ou toute garantie équivalente, précisément énoncée.**

L'art. 1er du Décr. no 2021-1888 du 29 déc. 2021 s'applique aux procédures engagées à compter de leur entrée en vigueur (Décr. préc., art. 7-II).

Art. 1281-15 **La réquisition aux fins de vente aux enchères de l'immeuble peut être contestée par assignation à comparaître devant le** *(Décr. no 2019-966 du 18 sept. 2019, art. 8, en vigueur le 1er janv. 2020)* **« tribunal judiciaire** *[ancienne rédaction : tribunal de grande instance]* **» dans le ressort duquel est situé l'immeuble.**

Cette assignation doit, à peine d'irrecevabilité, être formée dans un délai de quinze jours suivant la notification de l'acte de réquisition.

Si la contestation est admise, l'acte de réquisition est déclaré nul et le tiers *(Décr. no 2021-1888 du 29 déc. 2021, art. 1er-4o, en vigueur le 1er janv. 2022)* **« acquéreur** *[ancienne rédaction : détenteur]* **» maintenu dans ses droits, à moins qu'il n'ait été fait d'autres surenchères par d'autres créanciers.**

L'art. 1er du Décr. no 2021-1888 du 29 déc. 2021 s'applique aux procédures engagées à compter de leur entrée en vigueur (Décr. préc., art. 7-II).

Art. 1281-16 **A l'expiration du délai de contestation, l'audience de vente aux enchères est fixée par le président sur requête du créancier poursuivant, à une date comprise dans un délai de deux à quatre mois suivant l'ordonnance.**

L'ordonnance est notifiée par le greffe par lettre recommandée avec demande d'avis de réception au tiers *(Décr. no 2021-1888 du 29 déc. 2021, art. 1er-4o, en vigueur le 1er janv. 2022)* **« acquéreur** *[ancienne rédaction : détenteur]* **» et au débiteur.**

L'art. 1er du Décr. no 2021-1888 du 29 déc. 2021 s'applique aux procédures engagées à compter de leur entrée en vigueur (Décr. préc., art. 7-II).

Art. 1281-17 **A la diligence du créancier poursuivant, il est procédé aux formalités de publicité dans les conditions prévues par les articles** *(Décr. no 2012-783 du 30 mai 2012, art. 2, en vigueur le 1er juin 2012)* **« R. 322-30 à R. 322-38 du code des procédures civiles d'exécution »** *(Abrogé par Décr. no 2021-1888 du 29 déc. 2021, art. 1er-5o, à compter du 1er janv. 2022)* ***« et par l'article*** *(Décr. no 2012-783 du 30 mai 2012, art. 2, en vigueur le 1er juin 2012)* ***« L. 322-6 du code des procédures civiles d'exécution »*****, avec la *précision du montant* de la surenchère.**

L'art. 1er du Décr. no 2021-1888 du 29 déc. 2021 s'applique aux procédures engagées à compter de leur entrée en vigueur (Décr. préc., art. 7-II).

Art. 1281-17-1 *(Décr. no 2021-1888 du 29 déc. 2021, art. 1er-6o, en vigueur le 1er janv. 2022)* **Le créancier poursuivant établit un cahier des conditions de vente qui est déposé au greffe du tribunal judiciaire chargé de la vente.**

Il contient :

1° L'énonciation de l'ordonnance qui a fixé la date de la vente avec la mention de sa publication ;

2° La désignation de l'immeuble à vendre, l'origine de propriété, les servitudes grevant l'immeuble, les baux consentis sur celui-ci et le procès-verbal de description ;

3° La mention de la mise à prix, des conditions de la vente et des modalités de paiement du prix.

L'art. 1er du Décr. no 2021-1888 du 29 déc. 2021 s'applique aux procédures engagées à compter de leur entrée en vigueur (Décr. préc., art. 7-II).

Art. 1281-18 **Il est procédé à la vente aux enchères dans les conditions prévues aux articles** *(Décr. no 2012-783 du 30 mai 2012, art. 2, en vigueur le 1er juin 2012 ; Décr. no 2021-1888 du 29 déc. 2021, art. 1er-8o, en vigueur le 1er janv. 2022)* **« R. 322-39 à R. 322-63 du code des procédures civiles d'exécution ».**

Aucune surenchère ne pourra être reçue.

La réitération des enchères peut être poursuivie dans les conditions prévues aux articles *(Décr. no 2012-783 du 30 mai 2012, art. 2, en vigueur le 1er juin 2012)* **« R. 322-66 à R. 322-72 du même code ».**

L'art. 1er du Décr. no 2021-1888 du 29 déc. 2021 s'applique aux procédures engagées à compter de leur entrée en vigueur (Décr. préc., art. 7-II).

Art. 1281-19 **En cas de carence du créancier poursuivant ou du tiers** *(Décr. no 2021-1888 du 29 déc. 2021, art. 1er-4o, en vigueur le 1er janv. 2022)* **« acquéreur** *[ancienne rédaction : détenteur]* **», la subrogation peut être demandée par les créanciers inscrits dans les formes prévues par l'article** *(Décr. no 2012-783 du 30 mai 2012, art. 2, en vigueur le 1er juin 2012)* **« R. 311-9 du même code ».**

Le créancier poursuivant reste tenu de sa garantie malgré la subrogation.

L'art. 1er du Décr. no 2021-1888 du 29 déc. 2021 s'applique aux procédures engagées à compter de leur entrée en vigueur (Décr. préc., art. 7-II).

Art. 1281-20 *(Décr. no 2021-1888 du 29 déc. 2021, art. 1er-8o, en vigueur le 1er janv. 2022)* **Lorsqu'un créancier titulaire d'une sûreté publiée sur un immeuble par destination forme surenchère, la vente est faite par un officier ministériel habilité par son statut à procéder à des ventes aux enchères publiques de meubles corporels et, dans les cas prévus par la loi, par des courtiers de marchandises assermentés.**

Faute d'enchérisseur, ce créancier est déclaré adjudicataire pour le montant de la mise à prix.

Le versement du prix ou sa consignation et le paiement des frais de la vente purgent de plein droit l'immeuble par destination de toute sûreté.

La distribution du prix est réalisée en application des dispositions du titre III du livre III du code des procédures civiles d'exécution.

L'art. 1er du Décr. no 2021-1888 du 29 déc. 2021 s'applique aux procédures engagées à compter de leur entrée en vigueur (Décr. préc., art. 7-II).

TITRE TROISIÈME LES RÉGIMES MATRIMONIAUX – LES SUCCESSIONS ET LES LIBÉRALITÉS

CHAPITRE PREMIER LES DROITS DES ÉPOUX ET LES RÉGIMES MATRIMONIAUX

RÉP. PR. CIV. vo *Régimes matrimoniaux,* par LEMOULAND et VIGNEAU.

SECTION PREMIÈRE LES AUTORISATIONS ET LES HABILITATIONS

Les dispositions de l'ancienne section première relative à la contribution aux charges du mariage (art. 1282 à 1285) ont été abrogées par le Décr. no 94-42 du 14 janv. 1994 relatif au JAF. Les sections II à VI sont en conséquence devenues les sections I à V (Décr. préc., art. 12).

BIBL. GÉN. ▸ MONTANIER, *RTD civ. 1984. 1* (autorisation de justice en droit matrimonial). – RAYNAUD, *RTD civ. 1946. 81* (habilitation judiciaire des époux).

Art. 1286 **Les demandes d'autorisation et d'habilitation prévues par la loi, et notamment** *(Décr. nº 2004-1158 du 29 oct. 2004, art. 13-I, en vigueur le 1er janv. 2005)* **« à l'article 217 », au deuxième alinéa de l'article 1426 et aux articles** *(Décr. nº 2021-1888 du 29 déc. 2021, art. 5-VIII, en vigueur le 1er janv. 2022)* **« 2395 et 2440** *[ancienne rédaction : 2405, 2406 et 2446]* **» du code civil, sont formées par requête** *(Décr. nº 2009-1591 du 17 déc. 2009, art. 4)* **« devant le juge aux affaires familiales. »**

(Décr. nº 2004-1158 du 29 oct. 2004, art. 13-II, en vigueur le 1er janv. 2005) **« Les demandes d'autorisation et d'habilitation prévues par les articles 217 et 219 du même code, lorsque le conjoint est hors d'état de manifester sa volonté, sont présentées au juge des tutelles. »**

Le Décr. nº 2009-1591 du 17 déc. 2009 est applicable aux demandes en justice formées à compter du 1er janv. 2010 (Décr. préc., art. 10). Par ailleurs, il est applicable dans les îles Wallis-et-Futuna (Décr. préc., art. 9).

SOUS-SECTION 1 LA PROCÉDURE DEVANT LE JUGE AUX AFFAIRES FAMILIALES

(Décr. nº 2009-1591 du 17 déc. 2009, art. 5-I).

Le Décr. nº 2009-1591 du 17 déc. 2009 est applicable aux demandes en justice formées à compter du 1er janv. 2010 (Décr. préc., art. 10). Par ailleurs, il est applicable dans les îles Wallis-et-Futuna (Décr. préc., art. 9).

Art. 1287 *(Décr. nº 2009-1591 du 17 déc. 2009, art. 5-II)* **La demande mentionnée au premier alinéa de l'article 1286 est instruite et jugée comme en matière gracieuse et obéit aux règles applicables à cette procédure devant le** *(Décr. nº 2019-966 du 18 sept. 2019, art. 8, en vigueur le 1er janv. 2020)* **« tribunal judiciaire** *[ancienne rédaction : tribunal de grande instance]* **».**

Toutefois, lorsque la demande d'autorisation tend à passer outre au refus du conjoint, les dispositions des articles *(Décr. nº 2019-1333 du 11 déc. 2019, art. 29-21º, en vigueur le 1er janv. 2020)* **« 840 à 844 » sont applicables. Le juge entend le conjoint à moins que celui-ci, régulièrement cité, ne se présente pas. L'affaire est instruite et jugée en chambre du conseil.**

Le Décr. nº 2009-1591 du 17 déc. 2009 est applicable aux demandes en justice formées à compter du 1er janv. 2010 (Décr. préc., art. 10). Par ailleurs, il est applicable dans les îles Wallis-et-Futuna (Décr. préc., art. 9).

Art. 1288 *(Décr. nº 2005-460 du 13 mai 2005, art. 33)* **L'appel est formé, instruit et jugé, selon les cas, comme en matière gracieuse ou comme en matière contentieuse. L'affaire est instruite et jugée en chambre du conseil.**

Jurisprudence antérieure au décret du 13 mai 2005.
Sur l'impossibilité pour l'époux demandeur de saisir le juge des référés, V. • Versailles, 17 mai 1985 : *D. 1986. IR 36.* ♦ V. aussi, sanctionnant la méconnaissance des règles procédurales posées par l'art. 1288 (ancien) et refusant de se prononcer sur le fond, • Pau, 10 déc. 2001 : *JCP 2003. I. 111, nº 2, obs. Wiederkehr.*

SOUS-SECTION 2 LA PROCÉDURE DEVANT LE JUGE DES TUTELLES

(Décr. nº 2005-460 du 13 mai 2005, art. 33)

L'art. 33 du Décr. nº 2005-460 du 13 mai 2005 s'applique à Mayotte (art. 39).

Art. 1289 **La demande mentionnée au second alinéa de l'article 1286 ainsi que l'appel relèvent de la matière gracieuse.**

Art. 1289-1 La requête de l'époux est accompagnée de tous éléments de nature à établir l'impossibilité pour son conjoint de manifester sa volonté ou d'un certificat médical, si l'impossibilité est d'ordre médical.

Le juge peut, soit d'office, soit à la demande des parties, ordonner toute mesure d'instruction.

A l'audience, il entend le conjoint. Il peut toutefois, sur avis médical, décider qu'il n'y a pas lieu de procéder à cette audition.

Art. 1289-2 Il peut être mis fin à l'habilitation générale donnée par le juge des tutelles en application de l'article 219 du code civil, dans les mêmes formes.

SECTION II LES MESURES URGENTES

V. note précédant l'art. 1286.

Art. 1290 Les mesures urgentes prévues à l'article 220-1 du code civil sont prescrites par *(Décr. n° 94-42 du 14 janv. 1994, art. 13, en vigueur le 1er févr. 1994)* « le juge aux affaires familiales » statuant en référé ou, en cas de besoin, par ordonnance sur requête.

(Abrogé par Décr. n° 2010-1134 du 29 sept. 2010, art. 3) (Décr. n° 2004-1158 du 29 oct. 2004, art. 14, en vigueur le 1er janv. 2005) ***« Toutefois, les demandes fondées sur le troisième alinéa de cet article ne peuvent être formées que par assignation en référé, dénoncée au ministère public au plus tard le jour de sa remise au greffe. L'ordonnance rendue est communiquée au ministère public par le greffe. »***

Le Décr. n° 2010-1134 du 29 sept. 2010 est applicable à Wallis-et-Futuna (Décr. préc., art. 4).

Sur la portée de l'expression « statuant en référé » dans l'art. 1290, V. Normand, *obs. RTD civ. 1981. 893.* – V. Florand, *LPA 24-27 juin 1987* (intervention judiciaire d'urgence sur le fondement de l'art. 220-1).

SECTION III LES TRANSFERTS JUDICIAIRES D'ADMINISTRATION ET LA LIQUIDATION ANTICIPÉE DE LA CRÉANCE DE PARTICIPATION

V. note précédant l'art. 1286.

Art. 1291 Les actions prévues aux alinéas 1 et 3 de l'article 1426 et aux articles 1429 et 1580 du code civil sont régies par les règles applicables aux demandes en séparation de biens.

SECTION IV LA SÉPARATION JUDICIAIRE DE BIENS

V. note précédant l'art. 1286.

RÉP. PR. CIV. v° *Séparation de biens judiciaire,* par VIGNEAU.

Art. 1292 *(Décr. n° 2009-1591 du 17 déc. 2009, art. 6-I)* « La demande en séparation de biens est portée devant le juge aux affaires familiales de la résidence de la famille. Elle obéit aux règles de l'article 1136-1. »

Un extrait de la demande est transmis par l'avocat du demandeur aux greffes des *(Décr. n° 2019-966 du 18 sept. 2019, art. 8, en vigueur le 1er janv. 2020)* « tribunaux judiciaires *[ancienne rédaction : tribunaux de grande instance]* » dans le ressort desquels sont nés l'un et l'autre des époux, à fin de conservation au répertoire civil et de publicité par mention en marge de l'acte de naissance selon les modalités prévues au chapitre III du titre Ier du présent livre.

Un extrait de la demande peut, en outre, être publié dans un journal diffusé dans le ressort *(Décr. n° 2009-1591 du 17 déc. 2009, art. 6-II)* « de la juridiction saisie ».

Le Décr. n° 2009-1591 du 17 déc. 2009 est applicable aux demandes en justice formées à compter du 1er janv. 2010 (Décr. préc., art. 10). Par ailleurs, il est applicable dans les îles Wallis-et-Futuna (Décr. préc., art. 9).

La demande pourrait intervenir alors même qu'une instance en séparation de corps serait en cours. • Paris, 12 janv. 1882 : *S. 1882. 2. 115.*

Art. 1293 *(Décr. n° 98-508 du 23 juin 1998, art. 3)* Le jugement ne peut être rendu qu'un mois après que la mention prévue à l'article précédent a été portée en marge de l'acte de naissance de chacun des époux ou, si cet acte n'est pas conservé sur un registre français, après que l'extrait de la demande a été inscrit au répertoire civil mentionné à l'article 4 du décret n° 65-422 du 1er juin 1965 portant création d'un service central d'état civil au ministère des affaires étrangères. — *V. Décr. n° 65-422 du 1er juin 1965 (JO 5 juin).*

BIBL. ► P. LAGARDE, *Rev. crit. DIP 1998. 767.*

Art. 1294 Le jugement prononçant la séparation est publié dans un journal diffusé dans le ressort *(Décr. n° 2009-1591 du 17 déc. 2009, art. 6-II)* « de la juridiction » qui l'a rendu.

Le dispositif du jugement est notifié à l'officier de l'état civil du lieu où le mariage a été célébré à fin de mention en marge de l'acte de célébration. *(Décr. n° 98-508 du 23 juin 1998, art. 4)* « Lorsque l'union a été célébrée à l'étranger et qu'un acte de mariage a été dressé ou transcrit sur un registre français, le dispositif du jugement est notifié aux mêmes fins à l'autorité détenant ce registre. »

Si un contrat de mariage a été passé par les époux, le dispositif de la décision est notifié par lettre recommandée avec demande d'avis de réception au notaire détenteur de la minute du contrat. Le notaire est tenu de faire mention de la décision sur la minute et ne doit plus, à peine de dommages-intérêts, en délivrer aucune copie, exécutoire ou non, sans reproduire cette mention.

Dans les cas prévus aux deux alinéas qui précèdent, la notification est accompagnée de la justification du caractère exécutoire de la décision conformément à l'article 506.

Le Décr. n° 2009-1591 du 17 déc. 2009 est applicable aux demandes en justice formées à compter du 1er janv. 2010 (Décr. préc., art. 10). Par ailleurs, il est applicable dans les îles Wallis-et-Futuna (Décr. préc., art. 9).

Art. 1295 Les formalités prévues à l'article 1294 sont accomplies à la diligence du demandeur.

Art. 1296 Le jugement qui rejette la demande de séparation de biens est publié conformément à l'alinéa 2 de l'article 1292.

Art. 1297 L'exécution de la décision n'est pas opposable aux créanciers des époux si elle a commencé avant que n'aient été accomplies les formalités prévues à l'article 1294.

Art. 1298 Dans l'année qui suit l'accomplissement de ces formalités, les créanciers de l'un ou de l'autre époux peuvent former tierce opposition contre le jugement de séparation.

Art. 1299 L'aveu de l'époux défendeur ne fait pas preuve, même s'il n'y a pas de créancier.

SECTION V LE CHANGEMENT DE RÉGIME MATRIMONIAL

(Décr. n° 2006-1805 du 23 déc. 2006, art. 3, en vigueur le 1er janv. 2007)

§ 1er DISPOSITIONS GÉNÉRALES

BIBL. GÉN. ▸ DE MONREDON, *JCP 1991. I. 3527.* – JEAMMIN-PETIT, *JCP 2007. I. 108* (libéralisation du changement de régime matrimonial). – NAUDIN, *Mél. Wiederkehr, Dalloz 2009, p. 561* (procédure de changement de régime matrimonial et les tiers).

Art. 1300 L'information prévue au deuxième alinéa de l'article 1397 du code civil est notifiée aux personnes qui avaient été parties au contrat de mariage *(Décr. n° 2019-756 du 22 juill. 2019, art. 5-I)* « , aux enfants majeurs de chaque époux ou à leur représentant en cas de mesure de protection juridique et au tuteur chargé de représenter les enfants mineurs le cas échéant ».

Le contenu de cette information ainsi que celui de l'avis prévu au troisième alinéa de l'article 1397 du code civil est défini par arrêté du garde des Sceaux, ministre de la justice.

BIBL. ▸ PILLEBOUT, DURTESTE, GAFTONIUC, GEON, *JCP N 2007. 1043* (formules). – NAUDIN, *Mél. Wiederkehr, Dalloz 2009, p. 561* (la procédure de changement de régime matrimonial et les tiers).

▸ **Décr. n° 2019-756 du 22 juill. 2019 :** TANI, *JCP N 2019. 682.*

Arrêté du 23 décembre 2006,

Fixant le modèle de l'information délivrée aux enfants des époux et aux tiers, dans le cadre d'une procédure de changement de régime matrimonial.

Art. 1er L'information délivrée, conformément aux dispositions de l'alinéa 2 de l'article 1397 du code civil, aux enfants majeurs des époux et aux personnes qui avaient été parties au contrat de mariage modifié contient les mentions figurant à l'annexe I du présent arrêté.

Elle reproduit également les deux premiers alinéas de l'article 1397 du code civil ainsi que les articles 1300 et 1300-1 du *(Décr. no 2008-484 du 22 mai 2008, art. 22)* « code de procédure civile ».

Art. 2 L'avis publié conformément aux dispositions de l'alinéa 2 *[3]* de l'article 1397 du code civil contient les mentions figurant à l'annexe II du présent arrêté.

ANNEXE I

Informations concernant les époux

Nom de famille et prénoms de chacun des époux.

Domicile des époux (commun ou séparés).

Date et lieu du mariage.

Désignation du régime matrimonial modifié, le cas échéant avec mention de la date du contrat de mariage et du nom du notaire qui l'a établi.

Informations concernant la modification du régime matrimonial

Modification opérée.

Désignation du notaire rédacteur de l'acte (nom et adresse).

Date de l'acte.

Informations concernant l'opposition

Insérer la phrase suivante :

« Conformément aux dispositions du deuxième alinéa de l'article 1397 du code civil, les enfants majeurs des époux et les personnes qui avaient été parties au contrat de mariage modifié peuvent former opposition dans un délai de trois mois à compter de la réception de la présente lettre. Cette opposition est faite, aux termes de l'article 1300-1 du *(Décr. no 2008-484 du 22 mai 2008, art. 22)* « code de procédure civile », par lettre recommandée avec demande d'avis de réception ou par exploit d'huissier adressé au notaire rédacteur de l'acte. »

ANNEXE II

Informations concernant les époux

Nom de famille et prénoms de chacun des époux.

Domicile des époux (commun ou séparés).

Date et lieu du mariage.

Désignation du régime matrimonial modifié, le cas échéant avec mention de la date du contrat de mariage et du nom du notaire qui l'a établi.

Informations concernant la modification du régime matrimonial

Modification opérée.

Désignation du notaire rédacteur de l'acte (nom et adresse).

Date de l'acte.

Informations concernant l'opposition

Nom et adresse du notaire auprès duquel les oppositions doivent être faites.

Art. 1300-1 Les oppositions faites par les personnes visées aux deuxième et troisième alinéas de l'article 1397 du code civil sont notifiées au notaire qui a établi l'acte. Il en informe les époux.

En cas d'opposition, il appartient aux époux de présenter une requête dans les formes prévues au paragraphe 2 de la présente section.

Art. 1300-2 **La mention du changement de régime matrimonial en marge de l'acte de mariage est requise par le notaire. Celui-ci adresse à l'officier d'état civil** *(Décr. nº 2007-773 du 10 mai 2007)* **« un extrait » de l'acte et un certificat établi par lui précisant la date de réalisation des formalités d'information et de publication de l'avis et attestant de l'absence d'opposition.**

Art. 1300-3 **Le délai pour procéder, le cas échéant, aux formalités de publicité foncière de l'acte constatant le changement de régime matrimonial court à compter de l'expiration du délai de trois mois prévu aux deuxième et troisième alinéas de l'article 1397 du code civil.**

L'acte soumis à publicité est accompagné du certificat visé à l'article 1300-2.

§ 2 L'HOMOLOGATION JUDICIAIRE DU CHANGEMENT DE RÉGIME MATRIMONIAL

BIBL. ▸ NDLR, *Dr. fam. 2012. Formule 8* (requête à fin d'homologation de changement de régime matrimonial en présence d'enfants mineurs).

Art. 1300-4 **La demande d'homologation d'un changement de régime matrimonial est portée devant le** *(Décr. nº 2012-66 du 20 janv. 2012, art. 42-1º)* **« juge aux affaires familiales » de la résidence de la famille.**

(Décr. nº 2012-66 du 20 janv. 2012, art. 42-2º) **« Un extrait de la demande est transmis par l'avocat des demandeurs aux greffes des** *(Décr. nº 2019-966 du 18 sept. 2019, art. 8, en vigueur le 1er janv. 2020)* **« tribunaux judiciaires** *[ancienne rédaction : tribunaux de grande instance]* **» dans le ressort desquels sont nés l'un et l'autre des époux, à fin de conservation au répertoire civil et de publicité par mention en marge de l'acte de naissance selon les modalités prévues au chapitre III du titre Ier du présent livre. »**

L'art. 42 du Décr. nº 2012-66 du 20 janv. 2012 est applicable dans les îles Wallis-et-Futuna (Décr. préc., art. 44).

Art. 1301 *(Décr. nº 2009-1591 du 17 déc. 2009, art. 7)* **L'homologation d'un changement de régime matrimonial relève de la matière gracieuse et obéit aux règles applicables à cette procédure devant le** *(Décr. nº 2019-966 du 18 sept. 2019, art. 8, en vigueur le 1er janv. 2020)* **« tribunal judiciaire** *[ancienne rédaction : tribunal de grande instance]* **».**

Le Décr. nº 2009-1591 du 17 déc. 2009 est applicable aux demandes en justice formées à compter du 1er janv. 2010 (Décr. préc., art. 10). Par ailleurs, il est applicable dans les îles Wallis-et-Futuna (Décr. préc., art. 9).

1. Sur la possibilité de recueillir l'avis des enfants avant de statuer sur la demande d'homologation, comp. : Mouly, *JCP 1989. I. 3379* ; Digard, *JCP N 1990. II, p. 13, nº 5* ; Champenois, *Defrénois 1991. 1325, nº 123.* ♦ L'opposition d'un enfant ne confère pas un caractère contentieux à la procédure d'homologation du changement de régime matrimonial de ses parents. • Civ. 1re, 19 mars 2008 : *D. 2008. AJ 988* ; *ibid. Chron. 2042, Le Ninivin* ; *JCP 2008. I. 144, nº 8, obs. Wiederkehr* ; *ibid. N 2008. Actu. 354* ; *RTD civ. 2008. 725, obs. Perrot* (approb.).

2. Est recevable l'appel du jugement homologuant le changement de régime matrimonial interjeté par l'enfant naturel d'un des époux, auquel ledit jugement a été notifié. • Civ. 1re, 9 mars 1983 : *Bull. civ. I, nº 94.*

3. Est irrecevable l'appel d'époux ayant simplement changé d'avis après le jugement et qui n'invoquent ni erreur de droit, ni irrégularité grave de procédure. • Bordeaux, 5 juill. 1984 : *Jurisdata nº 041232.* ♦ *Contra* : • Poitiers, 20 févr. 1980 : *D. 1980. IR 462, obs. Julien* ; *RTD civ. 1982. 397, obs. Rubellin-Devichi et Nerson.*

4. Il résulte de l'art. 1397, al. 3, C. civ. qu'en cas de décès de l'un des époux avant le jugement d'homologation, la dissolution du régime matrimonial rend sans objet la demande d'homologation. • Civ. 1re, 12 juill. 2001, nº 99-14.082 P : *JCP 2002. I. 103, nº 8, obs. Wiederkehr* ; *Defrénois 2001. 1133, obs. Champenois (1re esp.)* ; *Dr. fam. 2001, nº 101, obs. B. B.* ; *RJPF 2002-1/31, obs. Vauvillé* ; *RTD civ. 2002. 133, obs. Vareille.* ♦ Il en est de même en cas de décès de l'un des époux avant qu'il ait été statué sur l'appel du jugement d'homologation. • Civ. 1re, 12 juill. 2001 : JCP 2002. I. 103, nº 8, obs. Wiederkehr ; *Defrénois 2001. 1133, obs. Champenois (2e esp.)* ; *RTD civ. 2002. 133, obs. Vareille.* ♦ Sur ces arrêts, V. Jude, *JCP N 2002. 1235.*

Art. 1302 **Une expédition de l'acte notarié qui modifie ou change entièrement le régime matrimonial est jointe à la requête.**

Art. 1303 Le délai pour procéder, le cas échéant, aux formalités de publicité foncière de l'acte constatant le changement de régime matrimonial court à compter du jour où la décision d'homologation a acquis force de chose jugée.

SECTION VI LA PUBLICITÉ EN MATIÈRE INTERNATIONALE

(*Décr. n° 98-508 du 23 juin 1998, art. 1er*)

BIBL. ▶ P. Lagarde, *Rev. crit. DIP 1998. 767* . – Revillard, *Defrénois 1998. 1201.*

§ 1er LA DÉSIGNATION DE LA LOI APPLICABLE AU RÉGIME MATRIMONIAL FAITE AU COURS DU MARIAGE

Art. 1303-1 Lorsque l'acte de mariage est conservé par une autorité française, celle-ci mentionne en marge de cet acte, à la demande des époux ou de l'un d'eux, l'acte portant désignation de la loi applicable au régime matrimonial, dont la publication est prévue au deuxième alinéa de l'article 1397-3 du code civil.

En l'absence d'acte de mariage conservé par une autorité française, et si l'acte portant désignation de la loi applicable au régime matrimonial a été établi en France en la forme authentique ou si l'un des époux est français, ledit acte ou le certificat délivré par la personne compétente pour l'établir est, à la demande des époux ou de l'un d'eux, inscrit aux fins de conservation au répertoire civil annexe mentionné à l'article 4-1 du décret n° 65-422 du 1er juin 1965 portant création d'un service central d'état civil au ministère des affaires étrangères.

Art. 1303-2 Lorsqu'un contrat de mariage a été passé en France, les époux ou l'un d'eux adressent au notaire détenteur de la minute du contrat, par lettre recommandée avec demande d'avis de réception, copie de l'acte portant désignation de la loi applicable au régime matrimonial. Si le contrat de mariage a été reçu par un agent diplomatique ou consulaire français, les époux ou l'un d'eux avisent le ministre des affaires étrangères.

Le notaire, l'agent diplomatique ou consulaire français ou le ministre des affaires étrangères fait mention de la loi applicable ainsi désignée sur la minute du contrat de mariage et ne doit plus en délivrer aucune copie ou extrait sans reproduire cette mention.

§ 2 LE CHANGEMENT DE RÉGIME MATRIMONIAL PAR APPLICATION D'UNE LOI ÉTRANGÈRE

Art. 1303-3 Lorsque l'acte de mariage est conservé par une autorité française, le changement de régime matrimonial obtenu en application de la loi étrangère régissant les effets de l'union est mentionné en marge de cet acte.

En l'absence d'acte de mariage conservé par une autorité française, ce changement de régime matrimonial, s'il a donné lieu à une décision d'un tribunal français ou à un acte établi en France en la forme authentique ou si l'un des époux est français, est inscrit aux fins de conservation au répertoire civil annexe mentionné à l'article 4-1 du décret n° 65-422 du 1er juin 1965 portant création d'un service central d'état civil au ministère des affaires étrangères.

Art. 1303-4 Si ce changement a donné lieu à une décision d'un tribunal français, la *mention en marge de l'acte* de mariage ou l'inscription au répertoire civil annexe est faite conformément aux deuxième, troisième et quatrième alinéas de l'article 1294. Dans les autres cas, le procureur de la République du lieu où est conservé l'acte de mariage ou le répertoire civil annexe fait procéder à cette mention ou à cette inscription, à la demande des époux ou de l'un d'eux.

Art. 1303-5 Lorsqu'un contrat de mariage a été passé en France, les époux ou l'un d'eux adressent au notaire détenteur de la minute du contrat, par lettre recommandée avec demande d'avis de réception, une copie ou un extrait de l'acte de mariage mis à jour conformément aux articles 1303-3 et 1303-4 ou un certificat d'inscription au répertoire civil annexe mentionné à l'article 4-1 du décret du 1er juin 1965 précité. Si le contrat de mariage a été reçu par un agent diplomatique ou consulaire français, les époux ou l'un d'eux avisent le ministre des affaires étrangères.

Le notaire, l'agent diplomatique ou consulaire français ou le ministre des affaires étrangères fait mention du changement du régime matrimonial sur la minute du contrat de mariage et ne doit plus en délivrer aucune copie ou extrait sans reproduire cette mention.

§ 3 LE CHANGEMENT DE RÉGIME MATRIMONIAL INTERVENU À L'ÉTRANGER EN APPLICATION DE LA LOI FRANÇAISE

Art. 1303-6 Les mesures de publicité prévues au paragraphe 2 s'appliquent également en cas de changement de régime matrimonial intervenu à l'étranger en application de la loi française.

CHAPITRE II LES SUCCESSIONS ET LES LIBÉRALITÉS

(Décr. n° 81-500 du 12 mai 1981, art. 5, en vigueur le 1er janv. 1982)

RÉP. PR. CIV. v° *Succession*, par SÉRIAUX.

BIBL. ▸ **Décr. du 23 déc. 2006 :** ZALEWSKI, *JCP N 2007. 1329* (réforme des successions et procédure).

SECTION PREMIÈRE LES MESURES CONSERVATOIRES PRISES APRÈS L'OUVERTURE D'UNE SUCCESSION

(Décret n° 2011-1043 du 1er septembre 2011, art. 1er)

L'art. 1er du Décr. n° 2011-1043 du 1er sept. 2011 n'est pas applicable dès lors qu'un greffier en chef a déjà procédé, à la date de sa publication, à une mesure conservatoire ou qu'il a été saisi à cette fin (Décr. préc., art. 11). Il est applicable aux îles Wallis-et-Futuna (Décr. préc., art. 9).

Art. 1304 Un huissier de justice peut accomplir les mesures conservatoires qui s'imposent après le décès d'une personne. Ces mesures conservatoires sont, selon la valeur des biens trouvés sur place, l'apposition des scellés ou l'état descriptif.

Si les meubles sur place sont manifestement dénués de valeur marchande, l'huissier de justice dresse un procès-verbal de carence.

Lorsqu'un inventaire a été dressé, aucune mesure conservatoire prévue par la présente section ne peut être ordonnée, à moins que celui-ci ne soit attaqué.

Art. 1305 Les mesures conservatoires peuvent être demandées :

1° Par le conjoint ou le partenaire d'un pacte civil de solidarité ;

2° Par tous ceux qui prétendent avoir une vocation successorale ;

3° Par l'exécuteur testamentaire ou le mandataire désigné pour l'administration de la succession ;

4° Par le ministère public ;

5° Par le propriétaire des lieux ;

6° Par tout créancier muni d'un titre exécutoire ou justifiant d'une créance apparaissant fondée en son principe ;

7° En cas d'absence du conjoint ou des héritiers, ou s'il y a parmi les héritiers des mineurs non pourvus d'un représentant légal, par les personnes qui demeuraient avec le défunt, par le maire, le commissaire de police ou le commandant de la brigade de gendarmerie.

BIBL. ▸ S. PIERRE-MAURICE, *Gaz. Pal. 15-17 janv. 2012, p. 19* (la procédure sur requête dans le Décr. n° 2011-1043 du 1er sept. 2011).

Art. 1306 La demande est portée devant le président du *(Décr. n° 2019-966 du 18 sept. 2019, art. 8, en vigueur le 1er janv. 2020)* « tribunal judiciaire *[ancienne rédaction : tribunal de grande instance]* » dans le ressort duquel est ouverte la succession qui statue par ordonnance sur requête. Le ministère d'avocat n'est pas obligatoire.

La décision qui fait droit à la demande désigne un huissier de justice pour accomplir les diligences prévues à la présente section. Sous réserve des dispositions particulières en matière de frais de justice, le coût de la mesure est avancé par le demandeur.

BIBL. ▸ S. PIERRE-MAURICE, *Gaz. Pal. 15-17 janv. 2012, p. 19* (la procédure sur requête dans le Décr. n° 2011-1043 du 1er sept. 2011).

SOUS-SECTION 1 LES SCELLÉS

§ 1er L'APPOSITION DES SCELLÉS

Art. 1307 Le demandeur à la mesure est invité par l'huissier de justice à assister à l'apposition des scellés ou, s'il n'entend pas s'y rendre, à lui remettre les clés s'il les détient.

Art. 1308 L'huissier de justice peut prendre toutes les dispositions nécessaires à l'apposition des scellés. Il appose les scellés au moyen de son sceau.

Art. 1309 Lorsque les locaux sont fermés, l'huissier de justice peut apposer les scellés sur la porte si le requérant n'en demande pas l'ouverture.

Dans le cas contraire, il peut y pénétrer par tous moyens, en présence du maire de la commune, d'un conseiller municipal ou d'un fonctionnaire municipal délégué par le maire à cette fin, d'une autorité de police ou de gendarmerie, requis pour assister au déroulement des opérations ou, à défaut, de deux témoins majeurs qui ne sont pas au service de l'huissier de justice et qui déclarent ne pas avoir de lien avec les personnes ayant une vocation successorale.

Art. 1310 L'huissier de justice désigne un gardien des scellés si la consistance et la valeur apparente des biens le justifient.

Lorsque des personnes demeurent dans les lieux où est faite l'apposition, l'huissier de justice désigne le gardien parmi ces personnes.

L'huissier de justice doit recueillir l'acceptation de la personne qu'il établit gardien.

Art. 1311 S'il est découvert un testament, l'huissier de justice le paraphe avec les personnes présentes. Il le dépose ensuite entre les mains d'un notaire.

Art. 1312 S'il est trouvé des documents, ils sont placés, si nécessaire, dans un meuble sur lequel les scellés sont apposés.

Art. 1313 L'huissier de justice dépose entre les mains du notaire chargé du règlement de la succession, ou, s'il n'y en a pas, soit en son étude, soit entre les mains d'un établissement bancaire, les titres, sommes, valeurs, bijoux ou autres objets précieux pour lesquels l'apposition des scellés ne paraîtrait pas être une précaution suffisante. Il peut également consigner auprès de la Caisse des dépôts et consignations les valeurs en numéraire.

Art. 1314 Si des documents ou paquets fermés paraissent, par leur suscription ou quelque autre preuve écrite, appartenir à des tiers, l'huissier de justice les dépose en son étude et convoque ces tiers dans un délai qu'il fixe pour qu'ils puissent assister à l'ouverture.

Si, lors de l'ouverture, il se révèle que les documents ou paquets sont étrangers à la succession, l'huissier les remet aux intéressés. Si ceux-ci ne se présentent pas ou si les documents ou paquets se rapportent à la succession, l'huissier de justice les dépose entre les mains du notaire chargé du règlement de la succession, ou, s'il n'y en a pas, les conserve.

Art. 1315 Le procès-verbal d'apposition des scellés est signé et daté par l'huissier de justice. Il comprend :

1° Le rappel de la décision en vertu de laquelle l'huissier de justice opère ;

2° Une relation sommaire des déclarations des personnes présentes et des suites qui, le cas échéant, leur ont été réservées ;

3° La désignation des lieux et des meubles meublants sur lesquels les scellés ont été apposés ;

4° Une description sommaire des objets qui ne sont pas mis sous scellés ;

5° L'indication des dispositions prises pour assurer la conservation des locaux et des biens et la sauvegarde des animaux domestiques ;

6° La mention des formalités accomplies, s'il y a lieu, en application des articles 1311 à 1314 ;

7° L'indication des nom, prénom et qualité des personnes qui ont assisté aux opérations, lesquelles doivent apposer leur signature sur l'original ; en cas de refus, il en est fait mention dans l'acte ;

8° Le cas échéant, la désignation du gardien établi et la mention de son acceptation.

§ 2 LA LEVÉE DES SCELLÉS

Art. 1316 La levée des scellés peut être requise par les personnes ayant qualité pour en demander l'apposition, et par l'administration chargée des domaines lorsqu'elle a été chargée de gérer la succession.

Art. 1317 Le requérant présente à l'huissier de justice une liste des personnes qui doivent être appelées à la levée des scellés, comprenant celles qui avaient requis l'apposition et les personnes devant être appelées à l'inventaire en application de l'article 1329, ainsi que, le cas échéant, l'administration chargée des domaines.

L'huissier de justice fixe le jour et l'heure où il sera procédé à la levée des scellés.

Les personnes concernées sont appelées à assister à la levée des scellés par l'huissier de justice, dans les conditions prévues au dernier alinéa de l'article 1329.

Art. 1318 L'huissier de justice donne avis de la levée des scellés aux personnes qui par déclaration écrite et motivée en son étude ou au greffe ont demandé à y assister.

Art. 1319 Les scellés peuvent être levés sans inventaire lorsque toutes les parties appelées sont présentes ou représentées et ne s'opposent pas à ce qu'il soit ainsi procédé.

Dans le cas contraire, il est dressé un inventaire par l'huissier de justice, dans les conditions prévues à la section II, à moins que les personnes ayant qualité pour être appelées à l'inventaire conviennent de choisir un autre officier public et ministériel ou que la désignation en soit faite conformément à l'article 1333.

Art. 1320 Le procès-verbal de levée des scellés est daté et signé par l'huissier de justice. Il comprend :

1° La mention de la demande de levée et de la fixation par l'huissier de justice du jour et de l'heure de la levée ;

2° Les nom et adresse du ou des requérants ;

3° Les nom et adresse des parties présentes, représentées ou appelées ;

4° La reconnaissance des scellés s'ils sont sains et entiers ou, s'ils ne le sont pas, l'état des altérations ;

5° Les observations des requérants et des comparants et les suites qui, le cas échéant, leur ont été réservées ;

6° L'indication de l'auteur de l'inventaire.

Art. 1321 Les scellés sont levés successivement et au fur et à mesure de la confection de l'inventaire ; ils sont réapposés à la fin de chaque vacation.

Art. 1322 En cas de nécessité, l'huissier de justice peut procéder à une levée provisoire des scellés, lesquels devront être ensuite réapposés aussitôt qu'aura été accomplie l'opération qui avait rendu cette levée nécessaire.

L'huissier de justice dresse procès-verbal de ses diligences.

La levée provisoire suivie de réapposition immédiate n'est pas soumise aux dispositions des articles 1316 à 1321.

SOUS-SECTION 2 L'ÉTAT DESCRIPTIF

Art. 1323 Lorsqu'il apparaît que la consistance des biens laissés sur place après distraction des objets précieux en application des dispositions de l'article 1313 ne justifie pas une apposition des scellés, l'huissier de justice compétent pour celle-ci dresse un état descriptif du mobilier ; à défaut d'héritier présent, il assure la clôture des lieux si ceux-ci sont inoccupés et conserve les clés. Les dispositions des articles 1309, 1311, 1313 et 1314 sont applicables.

S'il y a des effets nécessaires à l'usage des personnes qui restent dans les lieux, ou sur lesquels les scellés ne peuvent être apposés, l'huissier de justice en dresse un état descriptif.

Tout héritier peut obtenir la remise des clés en donnant décharge des meubles sur l'état descriptif, après en avoir reconnu la consistance en présence de l'huissier de justice. Dans les mêmes conditions, les clés peuvent être remises, sur permission du président du *(Décr. n° 2019-966 du 18 sept. 2019, art. 8, en vigueur le 1er janv. 2020)* « tribunal judiciaire *[ancienne rédaction : tribunal de grande instance]* », à un légataire universel ayant la saisine et la possession de la succession.

L'administration chargée des domaines peut également demander la remise des clés, dans les cas où elle a été désignée pour administrer la succession.

SOUS-SECTION 3 DISPOSITIONS COMMUNES

Art. 1324 Lorsqu'il n'y a pas de successible connu et si le contrat de location a pris fin, le président du *(Décr. n° 2019-966 du 18 sept. 2019, art. 8, en vigueur le 1er janv. 2020)* « tribunal judiciaire *[ancienne rédaction : tribunal de grande instance]* » ou son délégué peut autoriser *(Décr. n° 2012-783 du 30 mai 2012, art. 3, en vigueur le 1er juin 2012)* « , dans les conditions prévues au premier alinéa de l'article 1325, » le propriétaire des locaux à faire enlever les meubles et à les faire soit déposer dans un autre lieu, soit cantonner dans une partie du local qui était occupé par le défunt. Les frais d'enlèvement et de conservation des meubles sont avancés par le propriétaire.

L'huissier de justice assiste au déplacement des meubles et dresse procès-verbal des opérations.

Si des scellés avaient été apposés, il les lève puis les réappose sur les lieux dans lesquels les meubles sont déposés ou cantonnés, dans les conditions prévues à l'article 1322.

Lorsqu'il avait été dressé un état descriptif, l'huissier de justice assure la clôture des lieux où sont déposés ou cantonnés les meubles et il conserve les clés.

BIBL. ▶ S. Pierre-Maurice, *Gaz. Pal. 15-17 janv. 2012, p. 19* (la procédure sur requête dans le Décr. n° 2011-1043 du 1er sept. 2011).

Art. 1325 S'il survient des difficultés relatives aux mesures prévues à la présente section, les parties ou l'huissier de justice peuvent en saisir le président du *(Décr. n° 2019-966 du 18 sept. 2019, art. 8, en vigueur le 1er janv. 2020)* « tribunal judiciaire *[ancienne rédaction : tribunal de grande instance]* » par simple requête. Le ministère d'avocat n'est pas obligatoire.

Si une contestation oppose les parties entre elles, le président du *(Décr. n° 2019-966 du 18 sept. 2019, art. 8, en vigueur le 1er janv. 2020)* « tribunal judiciaire *[ancienne rédaction : tribunal de grande instance]* » est saisi par la partie la plus diligente. La contestation est formée, instruite et jugée *(Décr. n° 2019-1419 du 20 déc. 2019, art. 5-13°)* « selon la procédure accélérée au fond ».

L'art. 5 du Décr. n° 2019-1419 du 20 déc. 2019 s'applique aux demandes introduites, à compter du 1er janv. 2020 (Décr. préc., art. 24-II).

BIBL. ▶ S. Pierre-Maurice, *Gaz. Pal. 15-17 janv. 2012, p. 19* (la procédure sur requête dans le Décr. n° 2011-1043 du 1er sept. 2011).

Art. 1326 Les dispositions de la présente section s'appliquent à l'apposition des scellés ordonnée en matière civile en application d'une disposition particulière, sauf incompatibilité avec la matière considérée ou disposition contraire.

SECTION II L'INVENTAIRE

(Décr. n° 2006-1805 du 23 déc. 2006, art. 2, en vigueur le 1er janv. 2007)

Les art. 1328 à 1333 issus du Décr. n° 2006-1805 du 23 déc. 2006 sont applicables aux indivisions existantes et aux successions ouvertes non encore partagées au 1er janv. 2007, dans la mesure où la L. n° 2006-728 du 23 juin 2006 portant réforme des successions leur est également applicable (Décr. n° 2006-1805 du 23 déc. 2006, art. 12-II, en vigueur le 1er janv. 2007).

Art. 1328 L'inventaire peut être requis par ceux qui peuvent demander l'apposition des scellés et, le cas échéant, par le curateur à la succession vacante.

Art. 1329 Doivent être appelés à l'inventaire :

1° Le conjoint survivant ou le partenaire d'un pacte civil de solidarité ;

2° Tous ceux qui prétendent avoir une vocation successorale ;

3° L'exécuteur testamentaire si le testament est connu ;

4° Le mandataire désigné pour l'administration de la succession.

Le requérant les appelle à l'inventaire au plus tard vingt jours avant la date prévue pour sa réalisation, à moins qu'ils ne l'aient expressément dispensé de cet appel.

Art. 1330 Outre les mentions prescrites, selon le cas, pour les actes dressés par un commissaire-priseur judiciaire, un huissier de justice ou un notaire, par les lois et règlements applicables à ces professions, l'inventaire contient :

1° Les nom, prénoms, profession et domicile du ou des requérants, des personnes comparantes ou représentées, le cas échéant des commissaires-priseurs judiciaires et des experts ;

2° L'indication des lieux où l'inventaire est fait ;

3° La description et l'estimation des biens ainsi que la désignation des espèces en numéraire ;

4° La consistance active et passive de la succession telle qu'elle résulte de tous documents, titres et papiers présentés et des déclarations des requérants et comparants ;

5° La mention du serment prêté, lors de la clôture de l'inventaire, par ceux qui ont été en possession des biens avant l'inventaire ou qui ont habité l'immeuble dans lequel sont lesdits biens, qu'ils n'en ont détourné, vu détourner, ni su qu'il en ait été détourné aucun ;

6° La mention de la remise des objets et documents, s'il y a lieu, entre les mains de la personne dont il aura été convenu ou qui, à défaut, aura été nommée par le président du *(Décr. n° 2019-966 du 18 sept. 2019, art. 8, en vigueur le 1er janv. 2020)* « tribunal judiciaire *[ancienne rédaction : tribunal de grande instance]* » ou son délégué.

Art. 1331 L'inventaire établi en application des dispositions de l'article 789 du code civil contient une liste numérotée des éléments d'actif de la succession.

Art. 1332 L'inventaire notarié peut également contenir :

1° Les qualités et droits de ceux qui peuvent prétendre à la communauté ou à la succession ;

2° Le cas échéant, la consistance active et passive de la communauté telle qu'elle résulte de tous documents, titres et papiers présentés au notaire et des déclarations des requérants et comparants.

Art. 1333 S'il survient une difficulté dans l'établissement de l'inventaire, le président du *(Décr. n° 2019-966 du 18 sept. 2019, art. 8, en vigueur le 1er janv. 2020)* « tribunal judiciaire *[ancienne rédaction : tribunal de grande instance]* » *(Abrogé par Décr. n° 2019-1419 du 20 déc. 2019, art. 5-14°)* *« ou son délégué »*, saisi par la partie la plus diligente, statue *(Décr. n° 2019-1419 du 20 déc. 2019, art. 5-13°)* « selon la procédure accélérée au fond ».

L'art. 5 du Décr. n° 2019-1419 du 20 déc. 2019 s'applique aux demandes introduites, à compter du 1er janv. 2020 (Décr. préc., art. 24-II).

SECTION III L'OPTION SUCCESSORALE

(Décr. n° 2006-1805 du 23 déc. 2006, art. 2, en vigueur le 1er janv. 2007)

Les art. 1334 à 1341 issus du Décr. n° 2006-1805 du 23 déc. 2006 sont applicables aux indivisions existantes et aux successions ouvertes non encore partagées au 1er janv. 2007, dans la mesure où la L. n° 2006-728 du 23 juin 2006 portant réforme des successions leur est également applicable (Décr. n° 2006-1805 du 23 déc. 2006, art. 12-II, en vigueur le 1er janv. 2007).

BIBL. ▸ GAZEAU, *Defrénois 2017. 905* (la justice du XXIe siècle : de nouveaux réflexes en matière successorale pour le notaire). – LETTELIER, *JCP N 2017. 1301* (successions : 1er nov. 2017, le nouveau rôle du notaire est arrivé !).

SOUS-SECTION 1 L'ACCEPTATION À CONCURRENCE DE L'ACTIF NET

Art. 1334 La déclaration d'acceptation à concurrence de l'actif net faite au greffe du *(Décr. n° 2019-966 du 18 sept. 2019, art. 8, en vigueur le 1er janv. 2020)* « tribunal judiciaire *[ancienne rédaction : tribunal de grande instance]* » *(Décr. n° 2016-1907 du 28 déc. 2016, art. 35-1°, en vigueur le 1er nov. 2017)* « ou devant notaire » indique les nom, prénoms et profession de l'héritier, son élection de domicile ainsi que la qualité en vertu de laquelle il est appelé à la succession.

(Décr. n° 2016-1907 du 28 déc. 2016, art. 35-2°, en vigueur le 1er nov. 2017) **« Le notaire auprès de qui la déclaration est faite informe l'héritier de l'obligation de publicité prévue au troisième alinéa de l'article 1335. Dans le mois de la déclaration, le notaire en adresse copie au** *(Décr. n° 2019-966 du 18 sept. 2019, art. 8, en vigueur le 1er janv. 2020)* **« tribunal judiciaire** *[ancienne rédaction : tribunal de grande instance]* **» dans le ressort duquel la succession s'est ouverte. »**

Le greffe inscrit la déclaration dans un registre tenu à cet effet et en donne récépissé au déclarant *(Décr. n° 2016-1907 du 28 déc. 2016, art. 35-3°, en vigueur le 1er nov. 2017)* **« ou au notaire ». Il informe l'héritier de l'obligation de publicité prévue au troisième alinéa de l'article 1335.**

Les cohéritiers, les créanciers successoraux et les légataires peuvent, sur justification de leur titre, consulter la partie du registre relative à la succession en cause.

Le Décr. n° 2016-1907 du 28 déc. 2016 n'est pas applicable aux successions ouvertes avant le 1er nov. 2017 (Décr. préc., art. 40-III).

Art. 1335 **La publicité prévue aux articles 788, 790 et 794 du code civil est faite au *Bulletin officiel des annonces civiles et commerciales.***

Les modalités de la publicité par voie électronique sont définies par arrêté du garde des Sceaux, ministre de la justice. — *V. Arr. du 9 nov. 2009 reproduit ci-dessous.*

Dans *(Décr. n° 2016-1907 du 28 déc. 2016, art. 36, en vigueur le 1er nov. 2017)* **« le délai d'un mois » suivant la déclaration visée à l'article 788 du code civil, l'héritier fait procéder, dans les mêmes formes que la publicité prévue au premier alinéa du présent article, à l'insertion d'un avis dans un journal d'annonces légales diffusé dans le ressort du tribunal compétent.** — *Sur les dispositions transitoires, V. note ss. art. 1328.*

Jusqu'à la publication de l'arrêté prévu au deuxième alinéa, l'information délivrée aux créanciers de l'existence d'une nouvelle publicité devait être réalisée par le greffe du TGI auprès duquel le créancier aura fait la demande (Décr. n° 2006-1805 du 23 déc. 2006, art. 12-II, en vigueur le 1er janv. 2007).

Le Décr. n° 2016-1907 du 28 déc. 2016 n'est pas applicable aux successions ouvertes avant le 1er nov. 2017 (Décr. préc., art. 40-III).

Arrêté du 9 novembre 2009,

Relatif aux modalités de diffusion par voie électronique de la déclaration d'acceptation d'une succession à concurrence de l'actif net et des actes subséquents à celle-ci, et des décisions de désignation des mandataires successoraux par voie de justice (JO 10 nov.).

Art. 1er La publicité par voie électronique au *Bulletin officiel des annonces civiles et commerciales (BODACC)* de la déclaration d'acceptation d'une succession à concurrence de l'actif net et des actes subséquents à celle-ci ainsi que de la décision de nomination par voie de justice d'un mandataire successoral, prévues par les articles 788, 790, 794 et 813-3 du code civil et 1335, 1337 et 1355 du code de procédure civile, est effectuée sur le site www.bodacc.fr.

Art. 2 Les informations nécessaires à la publication sont directement saisies en ligne par le greffe de la juridiction territorialement compétente ou par le mandataire successoral désigné par voie de justice, sur le site dédié de la Direction des Journaux officiels, au moyen d'un formulaire électronique.

Art. 3 Le présent arrêté est applicable dans les îles Wallis-et-Futuna.

Art. 4 Cette prestation donne lieu à rémunération pour service rendu dans les conditions prévues par le décret susvisé du 31 août 2005.

Art. 5 Le présent arrêté entre en vigueur à la même date que l'article 2 du décret n° 2009-1366 du 9 novembre 2009 relatif à la déclaration de renonciation à une succession et à la désignation en justice d'un mandataire successoral. — *L'art. 2 du Décr. n° 2009-1366 du 9 déc. 2009 est entré en vigueur le 1er déc. 2009 (Décr. préc., art. 4).*

Art. 1336 **Les demandes de l'héritier acceptant à concurrence de l'actif net contre la succession sont formées contre les autres héritiers. S'il n'y en a pas ou si les actions**

sont intentées par tous les héritiers, elles le sont contre un curateur nommé dans les mêmes formes que celles prévues pour le curateur de la succession vacante.

Art. 1337 **A l'issue du délai de quinze mois prévu à l'article 792 du code civil, après soit le désintéressement de tous les créanciers déclarés, soit l'épuisement de l'actif et l'affectation des sommes correspondantes au paiement des créanciers, l'héritier** *(Décr. nº 2016-1907 du 28 déc. 2016, art. 37, en vigueur le 1er nov. 2017)* **« ou le notaire chargé du règlement de la succession dépose au greffe le compte de l'administration ».**

Le dépôt donne lieu à publicité dans les conditions prévues à l'article 1335.

Le Décr. nº 2016-1907 du 28 déc. 2016 n'est pas applicable aux successions ouvertes avant le 1er nov. 2017 (Décr. préc., art. 40-III).

Art. 1338 **L'héritier fait l'avance des frais de publicité au greffe de la juridiction.**

Ces frais sont à la charge de la succession. Toutefois, lorsque l'héritier déclare conserver un bien de la succession, les frais liés à la publicité de cette déclaration demeurent à sa charge.

Les frais liés à la délivrance de la copie de l'inventaire faite en vertu du dernier alinéa de l'article 790 du code civil sont à la charge du créancier ou du légataire qui en fait la demande.

SOUS-SECTION 2 LA RENONCIATION

Art. 1339 *(Décr. nº 2009-1366 du 9 nov. 2009, art. 1er)* **La déclaration de renonciation à une succession adressée ou déposée** *(Décr. nº 2016-1907 du 28 déc. 2016, art. 38-1º, en vigueur le 1er nov. 2017)* **« par l'héritier ou le notaire » au greffe du** *(Décr. nº 2019-966 du 18 sept. 2019, art. 8, en vigueur le 1er janv. 2020)* **« tribunal judiciaire** *[ancienne rédaction : tribunal de grande instance]* **» indique les nom, prénoms, profession et domicile du successible, ainsi que la qualité en vertu de laquelle il est appelé à la succession.**

Le greffe inscrit la déclaration dans un registre tenu à cet effet et en adresse ou délivre récépissé au déclarant *(Décr. nº 2016-1907 du 28 déc. 2016, art. 38-2º, en vigueur le 1er nov. 2017)* **« ou au notaire ».**

Le Décr. nº 2009-1366 du 9 nov. 2009 est applicable dans les îles Wallis-et-Futuna (Décr. préc., art. 3).

Le Décr. nº 2016-1907 du 28 déc. 2016 n'est pas applicable aux successions ouvertes avant le 1er nov. 2017 (Décr. préc., art. 40-III).

BIBL. ▸ *RLDC 12/2009. 49. – JCP 2009. 453.*

Art. 1340 **La révocation expresse de la renonciation donne lieu à une déclaration dans les mêmes formes et sur le même registre que celui prévu à l'article 1339.**

SOUS-SECTION 3 L'OPTION DU CONJOINT SURVIVANT

Art. 1341 **Dans le cas prévu par l'article 758-3 du code civil, le conjoint successible est invité à exercer l'option que lui réserve l'article 757 du même code par lettre recommandée avec demande d'avis de réception.**

SECTION IV LES SUCCESSIONS VACANTES ET LES SUCCESSIONS EN DÉSHÉRENCE

(Décr. nº 2006-1805 du 23 déc. 2006, art. 2, en vigueur le 1er janv. 2007)

Les art. 1342 à 1354 issus du Décr. nº 2006-1805 du 23 déc. 2006 sont applicables aux indivisions existantes et aux successions ouvertes non encore partagées au 1er janv. 2007, dans la mesure où la L. nº 2006-728 du 23 juin 2006 portant réforme des successions leur est également applicable (Décr. nº 2006-1805 du 23 déc. 2006, art. 12-II, en vigueur le 1er janv. 2007).

SOUS-SECTION 1 LES SUCCESSIONS VACANTES

§ 1er L'OUVERTURE DE LA CURATELLE

Art. 1342 **Les publicités prévues aux articles 809-1, 809-2, 810-5 et 810-7 du code civil donnent lieu à l'insertion d'un avis dans un journal d'annonces légales diffusé dans le ressort du tribunal compétent.**

§ 2 LA MISSION DU CURATEUR

Art. 1343 La mission du curateur est fixée par l'ordonnance de curatelle.

Le curateur ne peut délivrer les legs particuliers ou à titre universel consentis par le défunt qu'à l'issue du délai mentionné à l'article 810-1 du code civil et lorsqu'ils ne font l'objet d'aucune opposition.

Art. 1344 L'inventaire comprend :

1° La mention de l'ordonnance confiant la curatelle de la succession vacante à l'autorité administrative chargée des domaines ;

2° L'indication des lieux où l'inventaire est fait ;

3° La description et l'estimation des biens ainsi que la désignation des espèces en numéraire ;

4° La consistance active et passive de la succession telle qu'elle résulte de tous documents, titres et papiers.

Il est daté et signé de son auteur.

Art. 1345 Les frais liés à la délivrance de la copie de l'inventaire faite en vertu du troisième alinéa de l'article 809-2 du code civil sont à la charge du créancier ou du légataire qui en fait la demande.

Art. 1346 L'information délivrée aux créanciers ou aux légataires de l'existence d'une nouvelle publicité est faite par lettre simple.

Art. 1347 La déclaration des créances est faite par lettre recommandée avec demande d'avis de réception ou par remise contre récépissé.

Art. 1348 Lorsque la vente des biens dépendant de la succession n'est pas faite dans les formes prévues par le code général de la propriété des personnes publiques pour l'aliénation, à titre onéreux, du domaine immobilier ou du domaine mobilier appartenant à l'État, elle est réalisée, pour les immeubles, selon les règles prévues aux articles 1271 à 1281 et, pour les meubles, dans les formes prévues aux articles *(Décr. n° 2012-783 du 30 mai 2012, art. 2, en vigueur le 1er juin 2012)* « R. 221-33 à R. 221-38 et R. 221-39 du code des procédures civiles d'exécution ».

Art. 1349 Lorsqu'il est envisagé de procéder à une vente amiable, le curateur en informe par lettre recommandée avec demande d'avis de réception les créanciers de la succession qui se sont déclarés.

La demande d'un créancier faite en application du troisième alinéa de l'article 810-3 du code civil est signifiée au curateur dans un délai d'un mois à compter de la réception de l'information.

§ 3 LA REDDITION DE COMPTE ET LA FIN DE LA CURATELLE

Art. 1350 La demande de présentation du compte formée par un créancier ou un héritier est adressée au curateur par lettre recommandée avec demande d'avis de réception.

Art. 1351 Le projet de réalisation de l'actif subsistant est notifié aux héritiers connus par lettre recommandée avec demande d'avis de réception.

L'opposition par les héritiers est faite dans les mêmes formes auprès du curateur.

Art. 1352 A défaut d'héritier connu, la réalisation peut, à l'expiration d'un délai de deux ans à compter de l'établissement de l'inventaire, être entreprise sans autorisation.

Art. 1353 Un arrêté du ministre de l'économie, des finances et de l'industrie fixe, dans les conditions prévues par l'article L. 77 du code du domaine de l'État, le taux et l'imputation du prélèvement opéré au profit du Trésor pour frais d'administration, de gestion et de vente.

SOUS-SECTION 2 LES SUCCESSIONS EN DÉSHÉRENCE

Art. 1354 L'administration chargée des domaines est dispensée de recourir au ministère d'avocat pour demander l'envoi en possession prévu à l'article 811 du code civil.

Elle fait procéder à l'insertion d'un avis dans un journal d'annonces légales diffusé dans le ressort du tribunal compétent.

Le tribunal statue sur la demande, après avis du ministère public, quatre mois après la réalisation de la publicité prévue à l'alinéa précédent.

SECTION V LE MANDATAIRE SUCCESSORAL DÉSIGNÉ EN JUSTICE

(Décr. nº 2006-1805 du 23 déc. 2006, art. 2, en vigueur le 1er janv. 2007)

Les art. 1355 à 1357 issus du Décr. nº 2006-1805 du 23 déc. 2006 sont applicables aux indivisions existantes et aux successions ouvertes non encore partagées au 1er janv. 2007, dans la mesure où la L. nº 2006-728 du 23 juin 2006 portant réforme des successions leur est également applicable (Décr. nº 2006-1805 du 23 déc. 2006, art. 12-II, en vigueur le 1er janv. 2007).

Art. 1355 *(Décr. nº 2009-1366 du 9 nov. 2009, art. 2, en vigueur le 1er déc. 2010)* « L'enregistrement prévu à l'article 813-3 du code civil est fait au greffe du *(Décr. nº 2019-966 du 18 sept. 2019, art. 8, en vigueur le 1er janv. 2020)* « tribunal judiciaire *[ancienne rédaction : tribunal de grande instance]* » dans le mois qui suit la nomination, sur le registre mentionné à l'article 1334. La décision de nomination est publiée à la requête du mandataire par voie électronique au *Bulletin officiel des annonces civiles et commerciales*, selon des modalités définies par arrêté du garde des Sceaux, ministre de la justice. » — *V. Arr. du 9 nov. 2009 reproduit ss. l'art. 1335.*

(Décr. nº 2006-1805 du 23 déc. 2006, art. 2, en vigueur le 1er janv. 2007) « S'il y a lieu, le président du *(Décr. nº 2019-966 du 18 sept. 2019, art. 8, en vigueur le 1er janv. 2020)* « tribunal judiciaire *[ancienne rédaction : tribunal de grande instance]* » ou son délégué peut, par une ordonnance qui n'est pas susceptible de recours, ordonner que la publicité soit complétée par une insertion dans un journal d'annonces légales diffusé dans le ressort du tribunal.

« Les frais de publicité sont à la charge de la succession. »

Le Décr. nº 2009-1366 du 9 nov. 2009 est applicable dans les îles Wallis-et-Futuna (Décr. préc., art. 3).

BIBL. ▶ Bruggeman, *Dr. fam. 2009. Alerte 161.* – Boulanger, *Dr. fam. 2009. Comm. 154 ; JCP N 2009. 739.*

Art. 1356 Les héritiers sont tenus de communiquer au mandataire successoral tous les documents utiles à l'accomplissement de sa mission.

Le mandataire successoral peut convoquer les héritiers pour les informer et les entendre.

Art. 1357 Le président du *(Décr. nº 2019-966 du 18 sept. 2019, art. 8, en vigueur le 1er janv. 2020)* « tribunal judiciaire *[ancienne rédaction : tribunal de grande instance]* » ou son délégué peut, d'office ou sur demande des héritiers, convoquer le mandataire, solliciter de lui toutes les informations sur le déroulement de sa mission et lui adresser des injonctions.

SECTION VI LE PARTAGE

(Décr. nº 2006-1805 du 23 déc. 2006, art. 2, en vigueur le 1er janv. 2007)

Les art. 1358 à 1378 issus du Décr. nº 2006-1805 du 23 déc. 2006 sont applicables aux indivisions existantes et aux successions ouvertes non encore partagées au 1er janv. 2007, dans la mesure où la L. nº 2006-728 du 23 juin 2006 portant réforme des successions leur est également applicable (Décr. nº 2006-1805 du 23 déc. 2006, art. 12-II, en vigueur le 1er janv. 2007).

BIBL. ▶ Claux, *AJ fam. 2008. 100* . – Julien, *RLDC 2007/37, nº 2500.*

SOUS-SECTION 1 LE PARTAGE AMIABLE

BIBL. ▶ Claux, *AJ fam. 2008. 101* *(le règlement du régime matrimonial par le notaire désigné par le jugement de divorce).*

Art. 1358 La personne qualifiée désignée en application de l'article 837 du code civil pour représenter l'héritier défaillant sollicite l'autorisation de consentir au partage amiable en transmettant le projet de partage, approuvé par le reste des copartageants, au juge qui l'a désignée.

L'autorisation de consentir au partage est rendue en dernier ressort.

SOUS-SECTION 2 LE PARTAGE JUDICIAIRE

BIBL. ▶ Claux, *AJ fam. 2008. 104* (le règlement du régime matrimonial par le notaire désigné à la suite d'une demande en justice). – Combret, Baillon-Wirtz et Gazeau, *JCP N 2011. 1108* (guide pratique sur le rôle du notaire). – Cordier, *Defrénois 2017. 639* (le notaire expert : quel rôle, quels actes, quelles rémunérations ?). – Fressenon, *JCP N 2009. 1326* (le notaire commis dans le cadre d'un partage judiciaire).

§ 1er DISPOSITIONS GÉNÉRALES

Art. 1359 **En cas de pluralité d'assignations, le demandeur au partage est celui qui a fait en premier enrôler son assignation au greffe du** *(Décr. n° 2019-966 du 18 sept. 2019, art. 8, en vigueur le 1er janv. 2020)* **« tribunal judiciaire** *[ancienne rédaction : tribunal de grande instance]* **».**

Art. 1360 **A peine d'irrecevabilité, l'assignation en partage contient un descriptif sommaire du patrimoine à partager et précise les intentions du demandeur quant à la répartition des biens ainsi que les diligences entreprises en vue de parvenir à un partage amiable.**

1. Domaine. Action oblique en partage. Le créancier personnel ne disposant, sur le fondement de l'art. 815-17, al. 3, C. civ., que de la faculté de provoquer le partage au nom de son débiteur, les dispositions de l'art. 1360 C. pr. civ., qui imposent notamment à l'indivisaire demandeur en partage de préciser les diligences entreprises en vue de parvenir à un partage amiable, ne sont pas applicables à l'action oblique en partage. • Civ. 1re, 25 sept. 2013, n° 12-21.272 P : *D. 2013. Actu. 2273 ; Gaz. Pal. 29 oct. 2013, p. 19, note Casey ; ibid. 21 janv. 2014, p. 27, note Casey.*

2. Irrégularité de l'assignation en partage. Omission. Qualification. Le moyen qui tend à faire déclarer irrecevable une assignation en partage, faute de comporter un descriptif sommaire du patrimoine à partager, de préciser les intentions du demandeur quant à la répartition des biens et d'indiquer les diligences entreprises en vue de parvenir à un partage amiable, conformément aux prescriptions de l'art. 1360 C. pr. civ., constitue une fin de non-recevoir. Sauf dispositions spécifiques, le juge ou le conseiller de la mise en état n'est pas compétent pour statuer sur une fin de non-recevoir. • Cass., avis, 13 févr. 2012 : *Bull. civ., n° 1 ; BICC 15 mars 2012, p. 5, rapp. Leroy-Gissinger, obs. Lathoud ; R. 2012. 381 et 464 ; D. 2012. Actu. 553 ; Dr. et pr. 2012. 130, note Poisson ; Gaz. Pal. 25-26 mai 2012, p. 29, note L. Mayer* • Civ. 1re, 4 janv. 2017, n° 15-25.655 P : *AJ fam. 2017. 208, note Casey.*

3. ... Régime. L'omission, dans l'assignation en partage, de tout ou partie des mentions prévues à l'art. 1360 est sanctionnée par une fin de non-recevoir, susceptible d'être régularisée, de sorte que, en application de l'art. 126, l'irrecevabilité est écartée si sa cause a disparu au moment où le juge statue, ce dont il se déduit que l'appréciation de la situation ne dépend pas du seul examen de l'assignation. • Civ. 1re, 28 janv. 2015 : *préc. note 7 ss. art. 126.* ♦ La fin de non-recevoir tirée de l'irrecevabilité de la demande en partage judiciaire, pour défaut d'indication des diligences entreprises en vue de parvenir à un partage amiable, n'est pas susceptible d'être régularisée par la signification, postérieure à l'assignation, d'une sommation interpellative adressée au coïndivisaire. • Civ. 1re, 21 nov. 2016, n° 15-23.250 : *Dr. fam. 2016, n° 235, note Nicod.*

Art. 1361 **Le tribunal ordonne le partage, s'il peut avoir lieu, ou la vente par licitation si les conditions prévues à l'article 1378 sont réunies.**

Lorsque le partage est ordonné, le tribunal peut désigner un notaire chargé de dresser l'acte constatant le partage.

BIBL. ▶ Combret et Baillon-Wirtz, *Dr. fam. 2013. Étude 6* (liquidation et partage après divorce : une réforme urgente s'impose).

Divorce. Application. Le juge qui prononce le divorce a pouvoir de désigner le notaire liquidateur. • Civ. 1re, 12 avr. 2012, n° 11-20.195 P : *R. 2012. 397 ; D. 2012. 2011, note Brenner ; AJ fam. 2012. 403, note (crit.) David ; RTD civ. 2012. 519, obs. Hauser ; JCN N 2012. I. 1302, note (nuancée) Combret et Baillon-Wirtz ; Dr. fam. 2012, n° 96, note Larribau-Terneyre ; Gaz. Pal. 23 juin 2012, p. 7, note (crit.) Casey* • 7 nov. 2012, n° 12-17.394 P : *D. 2012. Actu. 2661 ; ibid. 2013. Pan. 800, obs. Douchy-Oudot ; ibid. Chron. 593, note Capitaine ; Gaz. Pal. 23-24 nov. 2012, p. 17, note (crit.) Case ; ibid. 5-6 déc. 2012, p. 11, note Robbe et Travade-Lannoy ; ibid. 5 janv. 2013, p. 25, note Mulon ; ibid. 30 mars 2013, p. 37, note Murat ; JCP 2013. 38, note Bosse-Platière ; ibid. 262, note Bazin ; ibid. N 2013. 1036, note Combret et Baillon-Wirtz* • Civ. 1re, 11 sept. 2013, n° 12-18.512 P : *D. 2014. Pan. 689, obs. Douchy-Oudot ; AJ fam. 2013.*

585, obs. Hilt ; Gaz. Pal. 29 oct. 2013, p. 31, note Casado ; JCP 2013. 1323, obs. Tisserand-Martin. • Civ. 1re, 4 mars 2015, no 13-19.847 P : *Gaz. Pal., p. 25, obs. Peltzman.*

Art. 1362 Sans préjudice des dispositions de l'article 145, un expert peut être désigné en cours d'instance pour procéder à l'estimation des biens ou proposer la composition des lots à répartir.

Art. 1363 S'il y a lieu au tirage au sort des lots, celui-ci est réalisé devant le notaire commis en application du second alinéa de l'article 1361 et, à défaut, devant le président du *(Décr. no 2019-966 du 18 sept. 2019, art. 8, en vigueur le 1er janv. 2020)* « tribunal judiciaire *[ancienne rédaction : tribunal de grande instance]* » ou son délégué.

Si un héritier est défaillant, le président du *(Décr. no 2019-966 du 18 sept. 2019, art. 8, en vigueur le 1er janv. 2020)* « tribunal judiciaire *[ancienne rédaction : tribunal de grande instance]* » ou son délégué peut, d'office, lorsque le tirage au sort a lieu devant lui ou sur transmission du procès-verbal dressé par le notaire, désigner un représentant à l'héritier défaillant.

§ 2 DISPOSITIONS PARTICULIÈRES

Art. 1364 Si la complexité des opérations le justifie, le tribunal désigne un notaire pour procéder aux opérations de partage et commet un juge pour surveiller ces opérations.

Le notaire est choisi par les copartageants et, à défaut d'accord, par le tribunal.

Sur la condamnation de la clause de style aux termes de laquelle le juge du divorce désigne le président de la chambre départementale des notaires, avec faculté de délégation, pour procéder à la liquidation et au partage, V. Circ. CIV/10/10 du 16 juin 2010, no 2-1 ss. COJ, art. L. 213-3.

BIBL. ▸ **Circ. du 16 juin 2010 :** LARRIBEAU-TERNEYRE, *Dr. fam. 2011. Étude 5* (les nouvelles compétences du JAF ; cadrage ou verouillage). – MASSIP, *JCP N 2011. 1086* (les nouvelles attributions du JAF en matière de régimes matrimoniaux et d'indivision).

Art. 1365 Le notaire convoque les parties et demande la production de tout document utile à l'accomplissement de sa mission.

Il rend compte au juge commis des difficultés rencontrées et peut solliciter de lui toute mesure de nature à en faciliter le déroulement.

Il peut, si la valeur ou la consistance des biens le justifie, s'adjoindre un expert, choisi d'un commun accord entre les parties ou, à défaut, désigné par le juge commis.

Art. 1366 Le notaire peut demander au juge commis de convoquer les parties ou leurs représentants, en sa présence, pour tenter une conciliation entre elles.

A défaut de conciliation, le juge commis renvoie les parties devant le notaire, qui établit un procès-verbal reprenant les dires respectifs des parties ainsi qu'un projet d'état liquidatif.

Art. 1367 La mise en demeure prévue à l'article 841-1 du code civil est signifiée à l'héritier défaillant. Elle mentionne la date prévue pour réaliser les opérations de partage.

A défaut de présentation de l'héritier ou de son mandataire à la date fixée dans la mise en demeure, le notaire dresse un procès-verbal et le transmet au juge commis afin que soit désigné un représentant à l'héritier défaillant.

Art. 1368 Dans le délai d'un an suivant sa désignation, le notaire dresse un état liquidatif qui établit les comptes entre copartageants, la masse partageable, les droits des parties et la composition des lots à répartir.

Art. 1369 Le délai prévu à l'article 1368 est suspendu :

1o En cas de désignation d'un expert et jusqu'à la remise du rapport ;

2o En cas d'adjudication ordonnée en application de l'article 1377 et jusqu'au jour de réalisation définitive de celle-ci ;

3o En cas de demande de désignation d'une personne qualifiée en application de l'article 841-1 du code civil et jusqu'au jour de sa désignation ;

4o En cas de renvoi des parties devant le juge commis en application de l'article 1366 et jusqu'à l'accomplissement de l'opération en cause.

Art. 1370 **En raison de la complexité des opérations, une prorogation du délai, ne pouvant excéder un an, peut être accordée par le juge commis saisi sur demande du notaire ou sur requête d'un copartageant.**

Art. 1371 **Le juge commis veille au bon déroulement des opérations de partage et au respect du délai prévu à l'article 1369.**

A cette fin il peut, même d'office, adresser des injonctions aux parties ou au notaire commis, prononcer des astreintes et procéder au remplacement du notaire commis par le tribunal.

Il statue sur les demandes relatives à la succession pour laquelle il a été commis.

Remplacement de l'avocat désigné pour établir le cahier des charges. Il résulte des dispositions de l'art. 1371 C. pr. civ. qu'il entre dans les pouvoirs du juge commis, tenu de veiller au bon déroulement des opérations de partage et de statuer sur les demandes relatives à la succession, de procéder au remplacement de l'avocat désigné par un jugement pour rédiger le cahier des charges de la vente sur licitation. • Civ. 1re, 29 nov. 2017, n° 17-11.973 P : *D. actu. 5 janv. 2018, obs. Kebir ; D. 2017. Actu. 2477 ; AJ Fam. 2018. 186, obs. Casey ; JCP 2017. 1334, obs. Pierre-Maurice ; ibid. 2018. 74, obs. Mauger-Vielpeau ; Dr. fam. 2018, n° 38, note Nicod.*

Art. 1372 **Si un acte de partage amiable est établi, en application des dispositions de l'article 842 du code civil, le notaire en informe le juge qui constate la clôture de la procédure.**

Art. 1373 **En cas de désaccord des copartageants sur le projet d'état liquidatif dressé par le notaire, ce dernier transmet au juge commis un procès-verbal reprenant les dires respectifs des parties ainsi que le projet d'état liquidatif.**

Le greffe invite les parties non représentées à constituer avocat.

Le juge commis peut entendre les parties ou leurs représentants et le notaire et tenter une conciliation.

Il fait rapport au tribunal des points de désaccord subsistants.

Il est, le cas échéant, juge de la mise en état.

En matière de partage judiciaire, il résulte des art. 1373 et 1374 que toute demande distincte de celles portant sur les points de désaccord subsistants dont le juge commis a fait rapport au tribunal est irrecevable à moins que le fondement des prétentions ne soit né ou ne soit révélé que postérieurement à ce rapport. Il en est ainsi d'une demande en nullité de testament, dès lors que celle-ci, opposée aux prétentions adverses, vise à modifier les droits des parties et, par voie de conséquence, les bases de la liquidation. • Civ. 1re, 1er juin 2017, n° 16-19.990 P : *D. actu. 22 juin 2017, obs. Louis ; AJ fam. 2017. 554, note Casey*. ♦ ... Mais une cour d'appel ne saurait déclarer les demandes irrecevables au motif que les contestations ne pouvaient porter que sur les points soumis au notaire et que, lorsqu'aucune contestation n'avait été soumise à ce dernier par l'effet de la carence d'une partie, seule la légitimité démontrée de son absence était de nature à rendre sa demande ultérieure recevable, alors que le notaire n'avait pas dressé de procès-verbal reprenant les dires respectifs des parties et que le juge commis n'avait pas établi de rapport au tribunal des points de désaccords subsistant entre les parties. • Civ. 1re, 14 mars 2018, n° 17-16.045 P : *D. actu. 3 avr. 2018, obs. Guiguet-Schielé ; JCP 2018. 380, obs. Mauger-Vielpeau ; AJ fam. 2018. 301, note Casey ; Gaz. Pal. 3 juill. 2018, p. 67, obs. Darmois.*

Art. 1374 **Toutes les demandes faites en application de l'article 1373 entre les mêmes parties, qu'elles émanent du demandeur ou du défendeur, ne constituent qu'une seule instance. Toute demande distincte est irrecevable à moins que le fondement des prétentions ne soit né ou ne soit révélé que postérieurement à l'établissement du rapport par le juge commis.**

1. Lors des opérations de partage et en application de l'art. 1374 C. pr. civ., la demande tendant à l'intégration dans l'actif commun de parts de société, sans lien avec les difficultés soulevées dans le rapport du juge commis, dont le fondement a été révélé avant ce rapport mais qui a été formulée postérieurement est irrecevable. • Civ. 1re, 7 déc. 2016, n° 15-27.576 P : *D. actu. 2 janv. 2017, obs. Louis ; AJ fam. 2017. 74, obs. Casey*.

2. Lorsque le juge est saisi d'une demande d'ouverture des opérations successorales, il lui incombe de trancher les difficultés qui lui sont soumises avant de renvoyer les parties devant le notaire. En effet, seules sont irrecevables, sur le fondement des art. 1373 et 1374 C. pr. civ., les demandes distinctes de celles relatives aux points de désaccord subsistants évoqués dans le procès-verbal de difficultés établi par le notaire chargé du projet liquidatif et dont le juge commis a fait rapport au tribunal. • Civ. 1re, 3 avr. 2019, nº 18-14.179 P : *D. actu. 15 avr. 2019, obs. Mikalef-Toudic ; D. 2019. 1494* ; *AJ fam. 2019. 528, obs. Casey* ; *RTD civ. 2019. 833, obs. Leroyer* ; *Procédures 2019, nº 195, note Douchy-Oudot ; Gaz. Pal. 30 juill. 2019, p. 82, obs. Guiguet-Schielé ; RLDC juin 2019, note Labasse ; LPA 7 août 2019, p. 6, note Niel ; Dr. fam. 2019, nº 156, note Tani.*

Art. 1375 Le tribunal statue sur les points de désaccord.

Il homologue l'état liquidatif ou renvoie les parties devant le notaire pour établir l'acte constatant le partage.

En cas d'homologation, il ordonne s'il y a lieu le tirage au sort des lots par la même décision, soit devant le juge commis, soit devant le notaire commis.

1. Il résulte de la combinaison des art. 1361 C. pr. civ., ensemble les art. 1364 et 1375 du même code, que le tribunal saisi d'une demande en partage ne peut pas homologuer un état liquidatif établi par un notaire qui n'a pas été désigné en justice. • Civ. 1re, 11 juill. 2019, nº 17-31.091 P : *D. actu. 18 oct. 2019, obs. Guiguet-Schielé ; D. 2019. 1494* ; *Gaz. Pal. 17 oct. 2019, p. 30, note Vareille.*

2. Mandataire successoral. Un mandataire successoral ne peut être désigné sur le fondement des art. 813-1, al. 1er, et 814 C. civ. pour signer l'acte de partage, établi par le notaire, à la place des copartageants. • Civ. 1re, 13 mai 2020, nº 18-26.702 P : *D. actu. 9 juin 2020, obs. Cottet ; D. 2020. 1173* ; *AJ fam. 2020. 360, obs. Casey* ; *RTD civ. 2020. 930, obs. Grimaldi* ; *Defrénois 2020, nº 47, p. 21, note Combret et Baillon-Wirtz ; Gaz. Pal. 28 juill. 2020, p. 77 note Firdion ; ibid. 6 oct. 2020, p. 85, note Huby ; JCP N 2020. 481, obs. Sauvage.*

Art. 1376 Lorsque le tirage au sort des lots a été ordonné, si un héritier fait défaut, le juge commis dispose des pouvoirs reconnus au président du *(Décr. nº 2019-966 du 18 sept. 2019, art. 8, en vigueur le 1er janv. 2020)* **« tribunal judiciaire** *[ancienne rédaction : tribunal de grande instance]* **» au deuxième alinéa de l'article 1363.**

§ 3 LA LICITATION

BIBL. ▶ LAPORTE, *Procédures 2013. Étude 9* (licitation des biens immobiliers devant le tribunal).

Art. 1377 Le tribunal ordonne, dans les conditions qu'il détermine, la vente par adjudication des biens qui ne peuvent être facilement partagés ou attribués.

La vente est faite, pour les immeubles, selon les règles prévues aux articles 1271 à 1281 et, pour les meubles, dans les formes prévues aux articles *(Décr. nº 2012-783 du 30 mai 2012, art. 2, en vigueur le 1er juin 2012)* **« R. 221-33 à R. 221-38 et R. 221-39 du code des procédures civiles d'exécution ».**

Art. 1378 Si tous les indivisaires sont capables et présents ou représentés, ils peuvent décider à l'unanimité que l'adjudication se déroulera entre eux. A défaut, les tiers à l'indivision y sont toujours admis.

SECTION VI *BIS* L'ENVOI EN POSSESSION

(Décr. nº 2016-1907 du 28 déc. 2016, art. 39, en vigueur le 1er nov. 2017)

Les dispositions du Décr. nº 2016-1907 du 28 déc. 2016 ne sont pas applicables aux successions ouvertes avant le 1er nov. 2017 (Décr. préc., art. 40-III). L'art. 39 du même décret est applicable en Polynésie française (Décr. préc., art. 41-VI).

Pour une présentation des dispositions en matière successorale du Décr. nº 2016-1907 du 28 déc. 2016, V. Circ. du 26 janv. 2017, reproduite ss. art. 1378-2.

BIBL. ▶ DAUPTAIN, NICOLAÏ et ROBERT, *JCP N 2017. 1157* (la réforme de l'envoi en possession au tamis de la pratique). – DOUCHY-OUDOT, *Procédures 2017. Étude 10* (contentieux familial : divorce conventionnel par acte d'avocat et dispositions en matière successorale). – GAZEAU, *Defrénois 2017. 905* (la justice du XXIe siècle : de nouveaux réflexes en matière successorale pour le notaire). – LETTELIER, *JCP N 2017. 1138* (la réforme de l'envoi en possession du légataire universel – aspects pratiques) ; *ibid. 1301* (successions : 1er nov. 2017, le nouveau rôle du notaire est arrivé !) ; *ibid. 2018. N 1152* (le notaire et la déjudiciarisation par la loi du 18 nov. 2016, pour les divorces et successions).

Art. 1378-1 Dans les quinze jours suivant l'établissement du procès-verbal de l'ouverture et de l'état du testament mentionné à l'article 1007 du code civil, le notaire fait procéder à l'insertion d'un avis, qui comporte le nom du défunt, le nom et les coordonnées du notaire chargé de la succession, ainsi que l'existence d'un legs universel, au

Bulletin officiel des annonces civiles et commerciales et dans un journal d'annonces légales diffusé dans le ressort du tribunal compétent.

Cette publicité peut être faite par voie électronique.

Les frais de publicité sont à la charge du légataire universel.

Art. 1378-2 **L'opposition mentionnée au troisième alinéa de l'article 1007 du code civil est formée auprès du notaire chargé de la succession.**

Le légataire universel se fait alors envoyer en possession par une ordonnance du président mise au bas de la requête à laquelle est joint l'acte d'opposition.

BIBL. ▶ Pierre-Maurice et Pierre, *AJ fam. 2017. 639* (l'envoi en possession par ordonnance sur requête – 1804-2017 : retour vers le futur procédural ?).

Circulaire JUSC1638274C du 26 janvier 2017,

De présentation des dispositions en matière de divorce par consentement mutuel et de succession issues de la loi n° 2016-1547 du 18 novembre 2016 de modernisation de la justice du XXIe siècle et du décret n° 2016-1907 du 28 décembre 2016 relatif au divorce prévu à l'article 229-1 du code civil et à diverses dispositions en matière successorale.

SECTION VII DISPOSITIONS COMMUNES

BIBL. ▶ I. Després, *Mél. Wiederkehr, Dalloz 2009, p. 217* (référés et requêtes... en droit des libéralités et des successions). – Strickler et Foulon, *D. 2009. 2693* (de l'hybridation en procédure civile – la forme des référés et des requêtes des art. 1379 et 1380 C. pr. civ.).

Art. 1379 **Les demandes formées en application des articles 784, 790, 809-1, 810-8, 812-1-1, 813, 813-4, 814-1, 837, 841-1 et 1031 du code civil sont portées devant le président du** *(Décr. n° 2019-966 du 18 sept. 2019, art. 8, en vigueur le 1er janv. 2020)* **« tribunal judiciaire** *[ancienne rédaction : tribunal de grande instance]* **»** *(Abrogé par Décr. n° 2019-1419 du 20 déc. 2019, art. 5-14°)* ***« ou son délégué »*** **qui statue dans les formes prévues aux articles 493 à 498** *(Décr. n° 2019-1419 du 20 déc. 2019, art. 5-15°-b)* **« et 846 » du présent code.**

Il en va de même des demandes formées en application de l'article 829 du code civil dans le cadre d'un partage amiable.

L'art. 5 du Décr. n° 2019-1419 du 20 déc. 2019 s'applique aux demandes introduites, à compter du 1er janv. 2020 (Décr. préc., art. 24-II).

Art. 1380 **Les demandes formées en application des articles 772, 794, 810-5, 812-3, 813-1, 813-7, 813-9 et du deuxième alinéa de l'article 814** *(Décr. n° 2019-1419 du 20 déc. 2019, art. 5-16°-a)* **« , des articles 815-6, 815-7, 815-9 et 815-11 » du code civil sont portées devant le président du** *(Décr. n° 2019-966 du 18 sept. 2019, art. 8, en vigueur le 1er janv. 2020)* **« tribunal judiciaire** *[ancienne rédaction : tribunal de grande instance]* **»** *(Abrogé par Décr. n° 2019-1419 du 20 déc. 2019, art. 5-14°)* ***« ou son délégué »*** **qui statue** *(Décr. n° 2019-1419 du 20 déc. 2019, art. 5-16°-b)* **« selon la procédure accélérée au fond ».**

L'art. 5 du Décr. n° 2019-1419 du 20 déc. 2019 s'applique aux demandes introduites, à compter du 1er janv. 2020 (Décr. préc., art. 24-II).

Désignation d'un mandataire judiciaire. Lorsque la désignation d'un administrateur provisoire de la succession est demandée en justice, le président du TGI ou son délégué statue en la forme des référés. Le demandeur ne peut donc pas se contenter de saisir la juridiction présidentielle au moyen d'une requête. • Civ. 1re, 4 déc. 2013, n° 12-10.183 P : *Dr. fam. 2014, n° 24, note Picod.*

Art. 1381 **Les demandes formées en application des articles 811, 820, 821, 821-1, 824, 832-1, 832-2, 832-3, 887, 1026 du même code sont portées devant le** *(Décr. n° 2019-966 du 18 sept. 2019, art. 8, en vigueur le 1er janv. 2020)* **« tribunal judiciaire** *[ancienne rédaction : tribunal de grande instance]* **»** *(Décr. n° 2009-1591 du 17 déc. 2009, art. 8)* **« , sous réserve de la compétence dévolue au juge aux affaires familiales par le 1° de l'article L. 213-3 du code de l'organisation judiciaire. »**

Le Décr. n° 2009-1591 du 17 déc. 2009 est applicable aux demandes en justice formées à compter du 1er janv. 2010 (Décr. préc., art. 10). Par ailleurs, il est applicable dans les îles Wallis-et-Futuna (Décr. préc., art. 9).

SECTION VIII LE CERTIFICAT SUCCESSORAL EUROPÉEN

(Décr. n° 2015-1395 du 2 nov. 2015, art. 5)

L'art. 5 du Décr. n° 2015-1395 du 2 nov. 2015 s'applique aux successions des personnes décédées à compter du 17 août 2015 (Décr. n° 2018-1219 du 24 déc. 2018, art. 9-2°).

V. Règl. (UE) n° 650/2012 du 4 juill. 2012, art. 62 s., App., v° Droit européen et international.

Art. 1381-1 **Le certificat successoral européen prévu par le chapitre VI du règlement (UE) n° 650/2012 du Parlement européen et du Conseil du 4 juillet 2012 relatif à la compétence, la loi applicable, la reconnaissance et l'exécution des décisions, et l'acceptation et l'exécution des actes authentiques en matière de successions et à la création d'un certificat successoral européen est délivré à la demande de tout héritier, légataire, exécuteur testamentaire ou administrateur de la succession par un notaire conformément à la procédure définie par les articles 65 à 67 de ce règlement.** — *V. Règl. (UE) n° 650/2012 du 4 juill. 2012, art. 65 à 67, App., v° Droit européen et international.*

Art. 1381-2 **Une copie certifiée conforme du certificat successoral européen est remise au requérant et à toute personne justifiant d'un intérêt légitime contre émargement ou récépissé, ou leur est notifiée par lettre recommandée avec demande d'avis de réception.**

En cas de rectification d'erreur matérielle ou de modification d'un certificat successoral européen, une copie certifiée conforme du certificat rectifié ou modifié est remise ou notifiée à toutes les personnes qui se sont vues délivrer une copie du certificat initial.

Le notaire est tenu d'assurer la conservation du certificat successoral européen qu'il a délivré. — *V. Règl. (UE) n° 650/2012 du 4 juill. 2012, art. 70, 71, App., v° Droit européen et international.*

Art. 1381-3 **En cas de refus de délivrer un certificat successoral européen, le notaire informe le demandeur par lettre recommandée avec demande d'avis de réception.**

En cas de retrait du certificat successoral européen, de suspension de ses effets ou de refus de procéder à sa rectification, sa modification, son retrait ou à la suspension de ses effets dans les conditions prévues aux articles 71 et 73 du règlement n° 650/2012 du Parlement et du Conseil du 4 juillet 2012 relatif à la compétence, la loi applicable, la reconnaissance et l'exécution des décisions, et l'acceptation et l'exécution des actes authentiques en matière de successions et à la création d'un certificat successoral européen, le notaire informe, dans les mêmes conditions, les personnes qui se sont vues délivrer une copie certifiée conforme du certificat initial. — *V. Règl. (UE) n° 650/2012 du 4 juill. 2012, at. 71 à 73, App., v° Droit européen et international.*

Le notaire informe les intéressés des motifs de sa décision et indique les voies de recours.

Art. 1381-4 **La décision de délivrance ou de refus de délivrance d'un certificat successoral européen peut être déférée au président du** *(Décr. n° 2019-966 du 18 sept. 2019, art. 8, en vigueur le 1er janv. 2020)* **« tribunal judiciaire** *[ancienne rédaction : tribunal de grande instance]* **» dans le ressort duquel est situé l'office de cet officier public par tout héritier, légataire, exécuteur testamentaire ou administrateur de la succession et ce, dans un délai de quinze jours à compter de la remise ou notification de la copie certifiée conforme ou de la réception de la décision de refus de délivrance.**

Les autres décisions mentionnées à l'article 1381-3 peuvent être déférées au président du *(Décr. n° 2019-966 du 18 sept. 2019, art. 8, en vigueur le 1er janv. 2020)* **« tribunal judiciaire** *[ancienne rédaction : tribunal de grande instance]* **» dans le ressort duquel est situé l'office de cet officier public par toute personne justifiant d'un intérêt légitime et ce, dans un délai de quinze jours à compter de la remise ou notification de la copie certifiée conforme du nouveau certificat ou de la réception de la décision.**

Le président du tribunal statue en dernier ressort sur requête, le requérant, le notaire à l'origine de l'acte, et, le cas échéant, le demandeur d'un certificat successoral européen s'il n'est requérant, entendus ou appelés. Le notaire est avisé de la décision.

Lorsque le président du tribunal ordonne la délivrance, la rectification ou la modification du certificat, il peut, soit y procéder lui-même, soit inviter le notaire à le faire. Le greffe adresse alors le document par lettre recommandée avec avis de réception au notaire qui assurera sa conservation et en délivrera copie dans les conditions prévues par l'article 1381-2.

Si le retrait ou la suspension des effets du certificat successoral européen est ordonné par le président du tribunal, le notaire en informe sans délai toutes les personnes qui se sont vues délivrer des copies certifiées conformes. Aucune copie du certificat ne peut être délivrée pendant la période de suspension de ses effets. — *V. Règl. (UE) n° 650/2012 du 4 juill. 2012, art. 72, 73, App., v° Droit européen et international.*

TITRE QUATRIÈME LES OBLIGATIONS ET LES CONTRATS

CHAPITRE PREMIER LA PROCÉDURE EUROPÉENNE DE RÈGLEMENT DES PETITS LITIGES

(Décr. n° 2008-1346 du 17 déc. 2008, art. 3)

V. Règl. (CE) du Parlement européen et du Conseil n° 861/2007 du 11 juill. 2007, App., v° Droit européen et international.

Art. 1382 Le présent chapitre est relatif à la procédure européenne de règlement des petits litiges prévue par le règlement (CE) n° 861/2007 du Parlement européen et du Conseil du 11 juillet 2007 instituant une procédure européenne de règlement des petits litiges. — *V. Règl. (CE) du Parlement européen et du Conseil n° 861/2007 du 11 juill. 2007, App., v° Droit européen et international.*

Lorsque le *(Décr. n° 2014-1633 du 26 déc. 2014, art. 2-I)* « règlement (UE) n° 1215/2012 du Parlement européen et du Conseil du 12 décembre 2012 concernant la compétence judiciaire, la reconnaissance et l'exécution des décisions en matière civile et commerciale » désigne les juridictions d'un État membre sans autre précision, la juridiction territorialement compétente est celle du lieu où demeure le ou l'un des défendeurs. — *V. Règl. (CE) du Parlement européen et du Conseil n° 1215/2012 du 12 déc. 2012, App., v° Droit européen et international.*

Art. 1383 Le formulaire de demande est remis ou adressé par voie postale au greffe de la juridiction.

Art. 1384 Si, au vu du formulaire de demande qui lui est présenté, il apparaît au tribunal que l'affaire ne relève pas du champ d'application de la procédure européenne de règlement des petits litiges, il en avise le demandeur par lettre recommandée avec demande d'avis de réception. Il lui impartit un délai pour se désister de sa demande et l'informe, qu'à défaut, l'affaire sera instruite et jugée selon la procédure au fond applicable devant lui.

A l'expiration de ce délai, si le demandeur ne s'est pas désisté de sa demande, le tribunal constate que le litige ne relève pas de la procédure européenne de règlement des petits litiges et invite le demandeur à faire citer le défendeur par voie de signification. Cette décision est une mesure d'administration judiciaire. A la diligence du greffe, elle est notifiée au demandeur par lettre recommandée avec demande d'avis de réception.

Le tribunal qui a renvoyé l'affaire pour qu'il soit statué selon la procédure au fond applicable devant lui peut se déclarer incompétent dans les conditions prévues par le présent code.

Art. 1385 Lorsque le tribunal rejette la demande au motif que celle-ci apparaît manifestement non fondée ou irrecevable ou que le demandeur n'a pas complété ou rectifié le formulaire de demande dans le délai qui lui a été fixé, la décision rendue est insusceptible de recours. Le demandeur peut toutefois procéder selon les voies de droit commun.

Art. 1386 Lorsqu'une demande reconventionnelle ne relève pas du champ d'application de la procédure européenne de règlement des petits litiges, le tribunal en avise les parties par lettre recommandée avec demande d'avis de réception. Il les informe qu'à moins que le demandeur reconventionnel ne se désiste de sa demande dans un délai

qui lui est imparti, l'affaire sera instruite et jugée selon la procédure au fond applicable devant lui. A l'expiration de ce délai, si le demandeur ne s'est pas désisté de sa demande, le tribunal constate que le litige ne relève pas de la procédure européenne de règlement des petits litiges.

Lorsque le tribunal décide, d'office ou à la demande d'une partie, que le litige ne relève pas de la procédure européenne de règlement des petits litiges au motif qu'une demande reconventionnelle ne relève pas du champ d'application de cette procédure, il ordonne le renvoi de l'affaire à une audience pour qu'il soit statué selon la procédure au fond applicable devant lui. A la diligence du greffe, les parties sont avisées de cette décision et sont convoquées à l'audience par lettre recommandée avec demande d'avis de réception.

Le tribunal qui a renvoyé l'affaire pour qu'il soit statué selon la procédure au fond applicable devant lui peut se déclarer incompétent dans les conditions prévues par le présent code.

Art. 1387 **En cas de retour au greffe d'une lettre de notification dont l'avis de réception n'a pas été signé dans les conditions prévues à l'article 670, la notification est faite par acte d'huissier de justice, à la diligence du greffe. L'avance des frais de signification est à la charge du Trésor public.**

Art. 1388 **Lorsque le tribunal décide de tenir une audience en application de la procédure européenne de règlement des petits litiges, il connaît du litige conformément à la procédure au fond applicable devant lui.**

Art. 1389 **Les dispositions de l'article 1387 ne sont pas applicables à la notification aux parties de la décision rendue. Cette notification est faite, à la diligence du greffe, par lettre recommandée avec demande d'avis de réception.**

Art. 1390 **A la demande qui lui en est faite, le greffe délivre le certificat relatif à une décision rendue dans le cadre de la procédure européenne de règlement des petits litiges.**

Art. 1391 *(Décr. nº 2010-433 du 29 avr. 2010, art. 4)* **Le droit à réexamen prévu par l'article 18 du règlement (CE) nº 861/2007 du Parlement européen et du Conseil du 11 juillet 2007 instituant une procédure européenne de règlement des petits litiges s'exerce selon la procédure de l'opposition, lorsque celle-ci est ouverte, ou, dans le cas contraire, selon des modalités procédurales similaires.** – *V. Règl. (CE) du Parlement européen et du Conseil du 11 juill. 2007, App., vº Droit européen et international.*

BIBL. ▶ KEBIR, *Procédures 2010. Focus 44* (aspects procéduraux du nouveau droit au réexamen d'une affaire). – LAUVERGNAT, *JCP 2010. 523.* – LAVRIC, *D. 2010. Actu. 1152.*

CHAPITRE II **LES PROCÉDURES D'INJONCTION** *(Décr. nº 88-209 du 4 mars 1988, art. 3).*

Le chapitre II correspond à l'ancien chapitre Ier ainsi renuméroté par l'art. 2 du Décr. nº 2008-1346 du 17 déc. 2008.

BIBL. GÉN. ▶ BRAHIC-LAMBREY, L'injonction – Étude de la dynamique d'un processus (tomes I et II), *PUAM 2003.*

SECTION PREMIÈRE **L'INJONCTION DE PAYER**

(Décr. nº 88-209 du 4 mars 1988, art. 3)

RÉP. PR. CIV. vº *Injonction de payer,* par BRAHIC-LAMBREY.

DALLOZ ACTION *Droit et pratique de la procédure civile 2022/2023,* nº 332.51 s.

BIBL. GÉN. ▶ BELTZ, *LPA 6 mars 1992* (droit allemand et droit français). – CASSON, *Procédures 2018. Chron. 2* (janv. 2016-mars 2018). – CHAINAIS, *Mél. S. Guinchard, Dalloz 2010, p. 621* (l'injonction de payer française, modèle d'une protection juridictionnelle monitoire – de l'art de concilier légalisme procédural et humanisme processuel). – CHAINAIS et TAPIE, *D. 2009. 860* (l'injonction de payer : maniement et remaniement). – CROSIO, *LPA 4 févr. 1987* (jurisprudence). – FERRAND, *Dr. et pr. 2004. 319* (future injonction de payer européenne). – LAGARDE, *JCP 2008. I. 165* (réformer l'injonction de payer – défense d'une proposition). – LESCAILLON, *Rev. huiss. 1982.*

481 (décret du 9 sept. 1981) ; *Rev. huiss. 1988. 879* (jurisprudence). – Mas, *Rev. huiss. 1997. 801* (voies de recours). – Mélè, Le droit en tableaux, *Delmas 2009, p. 216.* – Perrot, *Rev. huiss. 1981. 413* (décret du 9 sept. 1981). – Saint-Cricq, La procédure d'injonction de payer, *Thèse, Paris II 1977.* – Sander, *JCP 2005. Actu. 383* (Alsace-Moselle) ; *ibid. 2013. 428* (Alsace-Moselle). – Taisne, *D. 1981. Chron. 319.* – P. Weill, *Gaz. Pal. 1981. 2. Doctr. 484* (décret du 9 sept. 1981).

▸ **Décr. du 28 déc. 2012 :** Lauvergnat, *Gaz. Pal. 8-9 mars 2013, p. 5* (extension au TGI de la procédure d'injonction de payer).

Art. 1405 Le recouvrement d'une créance peut être demandé suivant la procédure d'injonction de payer lorsque :

1° La créance a une cause contractuelle ou résulte d'une obligation de caractère statutaire et s'élève à un montant déterminé ; en matière contractuelle, la détermination est faite en vertu des stipulations du contrat y compris, le cas échéant, la clause pénale ;

2° *(Décr. n° 81-862 du 9 sept. 1981, art. 5)* **« L'engagement résulte de l'acceptation ou du tirage d'une lettre de change, de la souscription d'un billet à ordre, de l'endossement ou de l'aval de l'un ou l'autre de ces titres ou de l'acceptation de la cession de créances conformément à la loi n° 81-1 du 2 janvier 1981** *[C. mon. fin., art. L. 313-23]* **facilitant le crédit aux entreprises ».**

Sur la procédure d'injonction de payer européenne, V. Règl. (CE) n° 1896/2006 du 12 déc. 2006, App., v° Droit européen et international.

1. Art. 1405, 1°. Viole l'art. 1405, 1° le jugement d'un tribunal d'instance qui rejette l'opposition à une ordonnance portant injonction de payer une créance ayant une cause contractuelle, alors que le montant de la demande n'était pas déterminé en vertu des stipulations du contrat. • Civ. 2e, 20 mars 1985 : *Bull. civ. II, n° 72 ; Gaz. Pal. 1985. Pan. 231, obs. Dupichot.* ♦ Le recouvrement d'une créance ne peut être demandé suivant la procédure d'injonction de payer que lorsque la créance a une cause contractuelle ou résulte d'une obligation de caractère statutaire et s'élève à un montant déterminé ; en matière contractuelle, la détermination est faite en vertu des stipulations du contrat, y compris, le cas échéant, la clause pénale. • Civ. 2e, 8 févr. 1989 : *Bull. civ. II, n° 34* (montant de la demande non déterminé en vertu des seules stipulations du contrat).

2. Recours subrogatoire de la caution. En vertu des dispositions de l'art. 2029 [devenu 2306] C. civ., la caution qui paye pour le compte du débiteur possède un recours contre le débiteur principal et se trouve subrogée dans les droits du créancier ; en conséquence, la caution peut recouvrer contre le débiteur, suivant la procédure d'injonction de payer prévue par l'art. 1405, sa créance qui, par l'effet subrogatoire, trouve sa cause dans le contrat de prêt et s'élève à un montant déterminé. • Civ. 2e, 4 mars 2004, n° 02-13.278 P : *D. 2004. IR 2709 ; RTD civ. 2004. 349, obs. Perrot ; Procédures 2004, n° 92, note Perrot ; RDBF 2004, n° 139, obs. Piedelièvre ; Gaz. Pal. 25-27 juill. 2004, p. 6, note Roman.*

3. Créance de dommages-intérêts. Les actions en paiement de sommes d'argent ne peuvent être soumises à la procédure d'injonction de payer que si la demande a une cause contractuelle ou si l'engagement résulte d'une lettre de change acceptée ou d'un billet à ordre ; une demande en paiement de dommages-intérêts, faute d'invoquer une clause contractuelle les fixant, ne peut être soumise à la procédure d'injonction de payer. • Com. 14 juin 1971 : *Bull. civ. IV, n° 169 ; D. 1971. 629.*

4. Chèque. Un chèque impayé ne peut être recouvré selon la procédure d'injonction de payer. • Orléans, 28 oct. 1976 : *JCP 1978. II. 18896, obs. J. A. ; Rev. huiss. 1978. 879, obs. Lescaillon.*

Art. 1406 *(Décr. n° 2012-1515 du 28 déc. 2012, art. 2, en vigueur le 1er janv. 2013)* **« La demande est portée, selon le cas, devant** *(Décr. n° 2019-1333 du 11 déc. 2019, art. 29-22°, en vigueur le 1er janv. 2020)* **« le juge des contentieux de la protection** *[ancienne rédaction : tribunal d'instance]* **» ou devant le président du** *(Décr. n° 2019-966 du 18 sept. 2019, art. 8, en vigueur le 1er janv. 2020)* **« tribunal judiciaire** *[ancienne rédaction : tribunal de grande instance]* **» ou du tribunal de commerce, dans la limite de la compétence d'attribution de ces juridictions. »**

Le juge territorialement compétent est celui du lieu où demeure le ou l'un des débiteurs poursuivis.

Les règles prescrites aux alinéas précédents sont d'ordre public. Toute clause contraire est réputée non écrite. *(Décr. n° 2003-542 du 23 juin 2003, art. 21-II, en vigueur le*

15 sept. 2003) **« Le juge doit relever d'office son incompétence, l'article** *(Décr. n° 2004-836 du 20 août 2004, art. 50, en vigueur le 15 janv. 2005)* **« 847-5 » étant alors applicable. »** *— La référence à l'art. 847-5 C. pr. civ. n'a plus de sens depuis l'abrogation de ce texte par Décr. du 28 avr. 2017.*

L'art. 50 du Décr. n° 2004-836 du 20 août 2004 est applicable aux procédures en cours (Décr. préc., art. 59).

Nonobstant toutes dispositions contraires, toute demande formée par le syndicat à l'encontre d'un ou plusieurs copropriétaires, suivant la procédure d'injonction de payer, est portée devant la juridiction du lieu de la situation de l'immeuble (Décr. n° 67-223 du 17 mars 1967, art. 60).

L'art. 29 du Décr. n° 2019-1333 du 11 déc. 2019 est applicable aux instances en cours au 1er janv. 2020 (Décr. préc., art. 55-I).

BIBL. Lauvergnat, *Gaz. Pal. 8-9 mars 2013.* 5 (extension au TGI de la procédure d'injonction de payer) ; *Procédures 2013, formule 3* (requête en injonction de payer devant le président du TGI). – Fricero, *Dr. et pr. 2013.* 2 (Décr. du 28 déc. 2012).

1. Compétence territoriale. Le caractère d'ordre public reconnu à l'art. 1406 exclut le choix offert en droit commun par l'art. 46. • Poitiers, 9 avr. 1986 : *D. 1986. IR 319.*

2. Renvoi. En cas de clause attributive de compétence, V. note ss. art. 1408.

3. Personne morale. Manque de base légale l'arrêt qui, pour passer outre à une exception d'incompétence soulevée par une société qui revendiquait la compétence de la juridiction où était situé son siège social, se borne à énoncer que les actes de procédure ont été diligentés au domicile du responsable d'une agence de cette société. • Civ. 2e, 27 mai 1988 : *Bull. civ. II, n° 123.*

Circulaire JUSC1243674C du 3 janvier 2013,

Relative à la présentation du décret n° 2012-1515 du 28 décembre 2012 portant diverses dispositions relatives à la procédure civile et à l'organisation judiciaire (BOMJ n° 2013-01 du 31 janv. 2013).

Art. 1407 La demande est formée par requête remise ou adressée, selon le cas, au *(Décr. n° 2004-836 du 20 août 2004, art. 52-I, en vigueur le 1er janv. 2005)* **« greffe » par le créancier ou par tout mandataire.**

(Décr. n° 2005-1678 du 28 déc. 2005, art. 11, en vigueur le 1er mars 2006) **« Outre les mentions prescrites par l'article** *(Décr. n° 2019-1333 du 11 déc. 2019, art. 29-5°, en vigueur le 1er janv. 2020)* **« 57 », la requête contient l'indication précise du montant de la somme réclamée avec le décompte des différents éléments de la créance »** *(Décr. n° 2021-1322 du 11 oct. 2021, art. 3-1°)* **« , le fondement de celle-ci ainsi que le bordereau des documents justificatifs produits à l'appui de la requête. Elle est accompagnée de ces documents** *[ancienne rédaction : ainsi que le fondement de celle-ci. Elle est accompagnée des documents justificatifs]* **».**

Elle est accompagnée des documents justificatifs. *— Sur la création d'un traitement automatisé de données à caractère personnel visant à la dématérialisation des échanges entre les huissiers de justice et les TI ou juridictions de proximité relatifs aux requêtes en injonctions de payer et à leur traitement, dénommé « IPWEB », V. Arr. du 3 mars 2011 (JO 12 avr.).*

L'art. 52-I du Décr. n° 2004-836 du 20 août 2004 est applicable aux procédures en cours (Décr. préc., art. 59).

L'art. 11 du Décr. n° 2005-1678 du 28 déc. 2005 est applicable aux procédures en cours (Décr. préc., art. 87, al. 2).

L'art. 29 du Décr. n° 2019-1333 du 11 déc. 2019 est applicable aux instances en cours au 1er janv. 2020 (Décr. préc., art. 55-I).

L'art. 3 du Décr. n° 2021-1322 du 11 oct. 2021 entre en vigueur à une date fixée par arrêté du garde des sceaux, ministre de la justice, et au plus tard le 1er mars 2022 (Décr. préc., art. 8).

BIBL. ▸ Bazin, *Rev. huiss. 1997. 1393* (requête d'injonction en matière de crédit à la consommation).

▸ **Arr. du 3 mars 2011 :** Ghera, *Gaz. Pal. 2011. 2645* (dématérialisation des procédures judiciaires : l'équilibre entre professions à l'épreuve de l'évolution culturelle). – *Procédures 2011. Veille 27.*

a. Tout mandataire

1. Légalité. Le monopole conféré aux avocats pour assister ou représenter les parties, postuler et plaider devant les juridictions et les organismes juridictionnels résulte non d'un principe général du droit, mais des dispositions expresses de l'art. 4, al. 1er L. 31 déc. 1971, qui en a déterminé la consistance et les limites ; le 2e al. du même art. réserve expressément les dispositions législatives ou réglementaires spéciales en vigueur à la date de la publication L. 31 déc. 1971 ; au nombre de ces dispositions figurent celles qui ont organisé la procédure d'injonction de payer et autorisé le créancier, s'il ne préfère présenter lui-même sa demande, à la faire présenter par un mandataire quelconque. • CE Sect. 8 nov. 1974 : *Leb. ; Gaz. Pal. 1975. 458 ; RTD civ. 1975. 785, obs. Perrot.*

2. Huissiers. Les huissiers de justice sont, comme toutes autres personnes, susceptibles d'être désignés comme mandataires par ceux qui se prétendent créanciers ; encourt donc la cassation le jugement qui déclare nulle la requête à fin d'injonction de payer signée et déposée par un huissier pour le compte d'un créancier, au motif qu'en raison du monopole des avocats, il ne serait pas possible d'admettre la présence d'un huissier dans une procédure. • Civ. 2e, 5 nov. 1975 : *Bull. civ. II, no 285 ; D. 1975. IR 34 ; Gaz. Pal. 1976. 1. 153 ; JCP 1976. IV. 6570, obs. J. A. ; RTD civ. 1976. 204, obs. Perrot.*

3. Précision. L'huissier de justice n'est dispensé de justifier d'un mandat que lorsqu'il assiste ou représente les parties devant une juridiction de son ressort. • Civ. 2e, 10 mai 1995, no 93-16.028 P : *D. 1996. Somm. 136, obs. Julien ; RTD civ. 1995. 956, obs. Perrot* (injonction de payer délivrée par un huissier de justice hors du ressort de sa compétence et sans justifier d'un mandat).

4. Renvois. Sur la dispense de mandat spécial, V. art. 416, al. 3, mais, au stade de l'opposition, V. art. 828 et note 3 ss. art. 1415. *Adde*, Rép. min. no 35568 : *JO Sénat Q, 14 mars 2002, p. 803.*

5. Société de recouvrement. Le dépôt d'une requête en injonction de payer n'exige pas, à défaut d'introduction de l'instance, la preuve d'un mandat de représentation en justice. • Civ. 2e, 27 juin 2002, no 98-17.028 P : *D. 2002. IR 3333 ; Procédures 2002, no 183, note Perrot.*

b. Documents justificatifs

6. Ne donne pas de base légale à sa décision au regard de l'art. 1407 la cour d'appel qui, pour débouter une personne de son opposition à une ordonnance d'injonction de payer et faire droit à la demande de l'autre partie qui sollicitait le recouvrement d'une créance en produisant des « actes de défaut de biens après faillite » délivrés en Suisse, après avoir écarté ces derniers documents aux motifs qu'ils ne constituaient pas des reconnaissances de dette, constate que la demande était justifiée par d'autres pièces, sans rechercher si celles-ci étaient de nature à justifier la demande initiale. • Civ. 2e, 10 janv. 1990, no 88-15.825 P.

c. Incidence sur les délais

7. Si l'action en paiement ne peut être tenue pour engagée devant le tribunal d'instance, au sens de l'art. L. 311-37 [devenu L. 311-52] C. consom., par la présentation d'une requête en injonction de payer puisque celle-ci, ne constituant pas une citation en justice, n'interrompt pas les délais pour agir, la signification de l'ordonnance d'injonction de payer a un tel effet. • Civ. 1re, 5 nov. 2009 : *CCC 2010, no 26, note Raymond ; Gaz. Pal. 10-11 févr. 2010, obs. Piedelièvre ; Gaz. Pal. 14-18 mai 2010, p. 18, note Amrani Mekki.* ♦ L'action ne peut être tenue pour engagée devant le tribunal d'instance par la présentation d'une requête en injonction de payer et elle est irrecevable en vertu de l'art. L. 311-37 [devenu L. 311-52] C. consom., lorsque plus de deux ans se sont écoulés entre le dépassement du découvert manifestant la défaillance de l'emprunteur et la signification de l'ordonnance portant injonction de payer. • Civ. 1re, 11 févr. 2010 : *Procédures 2010, no 109, note Perrot.*

8. Renvois. V. aussi *infra* note 3 ss. art. 1411 et comp., en matière d'injonction de faire, art. 1425-3, al. 4.

Art. 1408 **Le créancier peut, dans la requête en injonction de payer, demander qu'en cas d'opposition, l'affaire soit immédiatement renvoyée devant la juridiction qu'il estime compétente.**

Clause attributive de compétence. Sur l'hypothèse d'une juridiction contractuellement désignée dans une clause attributive de compétence dont le créancier se prévaut par anticipation, V. : • Versailles, 17 oct. 2002 : *RTD civ. 2003. 352, obs. Perrot.*

Art. 1409 **Si, au vu des documents produits, la demande lui paraît fondée en tout ou partie, le juge rend une ordonnance portant injonction de payer pour la somme qu'il retient.**

Si le juge rejette la requête, sa décision est sans recours pour le créancier, sauf à celui-ci à procéder selon les voies de droit commun.

Si le juge ne retient la requête que pour partie, sa décision est également sans recours pour le créancier, sauf à celui-ci à ne pas signifier l'ordonnance et à procéder selon les voies de droit commun.

1. Juge. Doit être cassée, par application des art. 454 et 458, l'ordonnance d'injonction de payer rendue par un président de tribunal de commerce ne comportant pas l'indication du nom de ce magistrat. • Civ. 2e, 6 avr. 1987 : *Bull. civ. II, no 84.* ♦ Doit être cassée l'ordonnance d'injonction de payer qui ne comporte pas d'indication du nom du magistrat qui l'a rendue. • Civ. 2e, 7 févr. 1990, no 88-19.570 P : *Rev. huiss. 1990. 1118* (application des art. 454 et 458). ♦ *Contra.* Aucun texte ne prévoit que l'ordonnance d'injonction de payer doit mentionner le nom du magistrat qui l'a rendue ni celui du greffier. • Civ. 2e, 22 oct. 1980 : *Bull. civ. II, no 219 ; Gaz. Pal. 1981. 2. 465, note (crit.) Viatte.*

2. Motivation. L'art. 1409, aux termes duquel si, au vu des documents présentés, la demande lui paraît fondée en tout ou partie, le juge rend une ordonnance portant injonction de payer pour la somme qu'il retient, n'impose pas à ce magistrat l'obligation de motiver sa décision. • Civ. 2e, 16 mai 1990, no 88-20.377 P : *D. 1990. IR 155* (éviction de l'art. 455).

3. Renvoi. Sur l'impossibilité pour la juridiction saisie sur opposition de se contenter de « confirmer » l'ordonnance portant injonction de payer, V. note ss. art. 1420.

4. Al. 3. L'art. 1409, al. 3, ne peut recevoir application lorsque la procédure d'injonction de payer engagée par le créancier est frappée de caducité faute pour lui d'avoir consigné les frais d'opposition conformément à l'art. 1425, al. 2, de sorte qu'il recouvre la faculté de procéder au recouvrement de sa créance par la voie du droit commun. • Civ. 2e, 21 sept. 2000, no 99-10.011 P : *D. 2000. IR 273 ; Procédures 2000, no 232, note Perrot.* ♦ Comp. En application des dispositions de l'art. 1409, un établissement bancaire qui n'a obtenu que des intérêts au taux légal ne doit pas, s'il n'est pas d'accord avec le fait que sa requête en injonction de payer n'a été accordée que pour partie, signifier l'ordonnance et agir selon les voies de droit commun ; à défaut, il ne peut plus solliciter les intérêts conventionnels qu'il s'est vu rejeter, ni même réclamer des intérêts au taux légal pour la période antérieure à celle indiquée dans l'ordonnance d'injonction de payer. • Besançon, 28 mai 2008 : *BICC 1er mai 2009, no 643.*

Art. 1410 **L'ordonnance portant injonction de payer et la requête sont conservées à titre de minute au** *(Décr. no 2004-836 du 20 août 2004, art. 52-I, en vigueur le 1er janv. 2005)* **« greffe ».** *(Abrogé par Décr. no 2021-1322 du 11 oct. 2021, art. 3-2o-a)* ***« Les documents produits à l'appui de la requête sont provisoirement conservés au greffe. »***

(Décr. no 2021-1322 du 11 oct. 2021, art. 3-2o-b) **« En cas d'acceptation de la requête, le greffe remet au requérant une copie certifiée conforme de la requête et de l'ordonnance revêtue de la formule exécutoire et lui restitue les documents produits. »**

En cas de rejet de la requête, celle-ci et les documents produits sont restitués au requérant.

L'art. 52-I du Décr. no 2004-836 du 20 août 2004 est applicable aux procédures en cours (Décr. préc., art. 59).

L'art. 3 du Décr. no 2021-1322 du 11 oct. 2021 entre en vigueur à une date fixée par arrêté du garde des sceaux, ministre de la justice, et au plus tard le 1er mars 2022 (Décr. préc., art. 8).

Art. 1411 *(Décr. no 2022-245 du 25 févr. 2022, art. 1er-20o)* **« Une copie certifiée conforme de la requête accompagnée du bordereau des documents justificatifs et de l'ordonnance revêtue de la formule exécutoire est signifiée, à l'initiative du créancier, à chacun des débiteurs. L'huissier de justice met à disposition de ces derniers les documents justificatifs par voie électronique selon des modalités définies par arrêté du garde des sceaux, ministre de la justice.**

« Si les documents justificatifs ne peuvent être mis à disposition par voie électronique pour une cause étrangère à l'huissier de justice, celui-ci les joint à la copie de la requête signifiée. »

L'ordonnance portant injonction de payer est non avenue si elle n'a pas été signifiée dans les six mois de sa date.

L'art. 3 du Décr. no 2021-1322 du 11 oct. 2021 entre en vigueur à une date fixée par arrêté du garde des sceaux, ministre de la justice, et au plus tard le 1er mars 2022 (Décr. préc., art. 8).

Les dispositions issues de l'art. 1er du Décr. no 2022-245 du 25 févr. 2022 sont applicables aux instances en cours (Décr. préc., art. 6-1o). Le 20o dudit art. 1er entre en vigueur à une date fixée par Arr. du garde des sceaux, ministre de la justice, et au plus tard le 1er mars 2022 (Décr. préc., art. 6-2o).

a. Formalisme

1. Signification. Le recours à un huissier pour la notification est obligatoire quel que soit le montant de la créance. * Rép. min. 27 sept. 1982 : *JCP 1982. IV. 128.* ♦ V. • TI Nîmes, 29 juin 1982 : *D. 1983. 13, note Pansier* (la notification par lettre recommandée n'équivaut pas à la signification effectuée par acte d'huissier et ne peut faire courir le délai d'un mois imparti par l'art. 1416 pour faire opposition).

2. Délimitation. La partie qui signifie un acte a le choix de l'huissier de justice ; la décision qui désigne, pour son exécution, un huissier de justice n'a pas, sur ce point, autorité de la chose jugée ; lorsque l'ordonnance portant injonction de payer est signifiée par un huissier de justice territorialement compétent, la signification est régulière. • Civ. 2e, 8 sept. 2011, n° 10-23.115 P : *Procédures 2011, n° 332, note Perrot.*

b. Effet de la signification

3. Interruption de la prescription. La signification de l'ordonnance portant injonction de payer constitue une citation en justice au sens de l'art. 2244 [ancien ; aujourd'hui, 2241] C. civ. ; l'art. 2244 [ancien ; aujourd'hui, 2241] C. civ. n'exige pas que l'acte interruptif soit porté à la connaissance personnelle du débiteur dans le délai, mais seulement qu'il soit adressé à celui qu'on veut empêcher de prescrire et non à un tiers. • Civ. 1re, 10 juill. 1990, n° 89-13.345 P : *Gaz. Pal. 1991. Somm. 98, obs. Croze et Morel ; RTD civ. 1991. 341, obs. Mestre*. ♦ La signification de l'ordonnance portant injonction de payer constitue une citation en justice au sens de l'art. 2244 [ancien ; aujourd'hui, 2241] C. civ. • Com. 9 avr. 1991, n° 89-16.923 P : *D. 1991. IR 165 ; Gaz. Pal. 1991. 2. Pan. 268.* ♦ Si l'action en paiement ne peut être tenue pour engagée devant le tribunal d'instance, au sens de l'art. L. 311-37 [devenu L. 311-52] C. consom., par la présentation d'une requête en injonction de payer puisque celle-ci, ne constituant pas une citation en justice, n'interrompt pas les délais pour agir, la signification de l'ordonnance d'injonction de payer a un tel effet. • Civ. 1re, 5 nov. 2009 : *CCC 2010, n° 26, note Raymond ; Gaz. Pal. 10-11 févr. 2010, obs. Piedelièvre ; Gaz. Pal. 14-18 mai 2010, p. 18, note Amrani Mekki ; JCP 2010. 546, n° 9, obs. Amrani Mekki ; RDBF 2010, n° 48 (2e esp.), note Mathey.*

4. En revanche, l'interruption de la prescription résultant de la signification de l'ordonnance portant injonction de payer est non avenue, en application de l'art. 2243 C. civ., lorsque l'instance sur opposition à l'ordonnance portant injonction de payer est déclarée éteinte conformément à l'art. 1419 C. pr. civ., pour défaut par le créancier d'avoir constitué avocat dans le délai requis. • Civ. 2e, 19 nov. 2020, n° 19-20.238 P : *D. actu. 24 déc. 2020, note Auché et De Andrade ; D. 2020. 2350 ; Rev. prat. rec. 2021. 7, chron. Cousin, Kieffer et Laher ; Gaz. Pal. 26 janv. 2021, p. 81, note Guez.*

c. Effet de l'absence de signification

5. L'ordonnance portant injonction de payer est non avenue si elle n'a pas été signifiée dans les six mois de sa date. • Civ. 2e, 8 juill. 2004, n° 02-19.504 P : *D. 2004. IR 2548 ; Procédures 2004, n° 200, note Perrot* (la caducité de l'ordonnance est de nature à affecter la régularité de la procédure postérieure). ♦ Le paiement effectué par le débiteur suite au rendu de l'ordonnance ne dispense pas le créancier de cette signification. • Civ. 2e, 17 oct. 2019, n° 18-18.759 P : *D. actu. 8 nov. 2019, obs. M.-P. Mourre-Schreiber ; D. 2019.2140 ; JCP 2019. 1147, note Cholet ; RDBF 2019, n° 203, note Piedelièvre ; Gaz. Pal. 28 janv. 2020, obs. Hoffschir.*

Art. 1412 **Le débiteur peut s'opposer à l'ordonnance portant injonction de payer.**

BIBL. D. Mas, *Rev. huiss. 1997. 8012* (recours en matière d'injonction de payer).

1. Renvois. Sur le régime de l'opposition, V. art. 1415 à 1421 et les notes. ♦ Sur la possibilité de former opposition sur le fondement de *l'art. 1412 puis sur celui de l'art.* 571, V. note ss. art. 578.

2. Possibilité. L'ordonnance portant injonction de payer peut être attaquée par la voie de l'opposition ; si le délai d'opposition est expiré, un pourvoi en cassation n'est recevable que pour critiquer les conditions d'apposition sur l'ordonnance de la formule exécutoire. • Civ. 2e, 29 nov. 1995, n° 93-15.249 P (arrêt n° 1) ; 93-15.860 et 93-15.861 P (arrêt n° 2) : *Procédures 1996, n° 38, note Perrot ; RTD civ. 1996. 471, obs. Perrot ; Justices 1996, n° 4, p. 258, obs. Héron* (irrecevabilité du pourvoi qui conteste, dans le 1er arrêt, l'absence de mention du nom et de la signature du magistrat qui a rendu la décision et, dans le 2e arrêt, l'absence de signature du greffier).

3. Qualité. Seul le débiteur peut former opposition à l'ordonnance lui faisant injonction de payer. • Civ. 2e, 26 avr. 1990, n° 89-11.079 P : *D. 1990. IR 127* (l'épouse n'étant pas partie à l'ordonnance d'injonction de payer délivrée à son époux, n'est pas le débiteur condamné et ne peut donc pas former opposition). • Civ. 2e, 4 mars 2004, n° 02-12.723 P : *D. 2004. IR 852 ; Dr. et pr. 2004. 216, note Putman ; Gaz. Pal. 26-28 juin 2005, p. 30, obs. du Rusquec* (n'étant ni partie à l'ordonnance d'injonction de payer ni débiteur condamné, l'épouse est irrecevable à former opposition en son nom propre).

4. Tierce opposition. La fraude du débiteur

principal suffit pour rendre recevable la tierce opposition de la caution solidaire ; dès lors, justifie légalement sa décision déclarant recevable la tierce opposition formée par la caution solidaire à l'encontre de l'ordonnance d'injonction de payer rendue contre le débiteur principal, la cour d'appel qui retient qu'en omettant de faire contredit [devenu opposition] à cette ordonnance, le débiteur principal n'a, à dessein, fait valoir aucun moyen de défense et qu'un tel comportement est constitutif d'une fraude. • Civ. 1re, 10 déc. 1991, n° 90-12.834 P : *Gaz. Pal. 1992. 1. Pan. 75 ; RTD civ. 1992. 649, obs. Perrot*.

Art. 1413 **A peine de nullité, l'acte de signification de l'ordonnance portant injonction de payer contient, outre les mentions prescrites pour les actes d'huissier de justice, sommation d'avoir :**

— soit à payer au créancier le montant de la somme fixée par l'ordonnance ainsi que les intérêts et frais de greffe dont le montant est précisé ;

— soit, si le débiteur a à faire valoir des moyens de défense, à former opposition, celle-ci ayant pour effet de saisir le tribunal de la demande initiale du créancier et de l'ensemble du litige.

Sous la même sanction, l'acte de signification :

(Décr. n° 2021-1322 du 11 oct. 2021, art. 3-4°-a) **« — indique de manière très apparente le délai dans lequel l'opposition doit être formée, le tribunal devant lequel elle doit être portée ainsi que les modalités selon lesquelles ce recours peut être exercé** *[ancienne rédaction : indique le délai dans lequel l'opposition doit être formée, le tribunal devant lequel elle doit être portée et les formes selon lesquelles elle doit être faite]* **» ;**

— avertit le débiteur *(Abrogé par Décr. n° 2021-1322 du 11 oct. 2021, art. 3-4°-b)* ***« qu'il peut prendre connaissance au greffe des documents produits par le créancier et »*** **qu'à défaut d'opposition dans le délai indiqué il ne pourra plus exercer aucun recours et pourra être contraint par toutes voies de droit de payer les sommes réclamées.**

L'art. 3 du Décr. n° 2021-1322 du 11 oct. 2021, entre en vigueur à une date fixée par arrêté du garde des sceaux, ministre de la justice, et au plus tard le 1er mars 2022 (Décr. préc., art. 8).

Mentions obligatoires. Aucun texte n'exige que le délai pour faire opposition à une ordonnance d'injonction de payer soit mentionné sur un autre acte que celui portant signification de cette ordonnance. • Civ. 2e, 8 mars 2001, n° 99-14.411 P : *D. 2001. IR 1076* (acte de dénonciation d'une saisie-attribution pratiquée à la suite d'une injonction de payer).

Art. 1414 **Si la signification est faite à la personne du débiteur** *(Décr. n° 2012-366 du 15 mars 2012, art. 11)* **« et à moins qu'elle ne soit effectuée par voie électronique », l'huissier de justice doit porter verbalement à la connaissance du débiteur les indications mentionnées à l'article 1413 ; l'accomplissement de cette formalité est mentionné dans l'acte de signification.**

L'art. 11 du Décr. n° 2012-366 du 15 mars 2012 entre en vigueur en même temps que l'arrêté du garde des sceaux définissant, en application de l'art. 748-6 C. pr. civ., les garanties que doivent présenter les procédés utilisés par les huissiers de justice pour signifier les actes par voie électronique. Cet arrêté doit intervenir au plus tard le 1er sept. 2012 (Décr. préc., art. 24).

Art. 1415 *(Décr. n° 2012-1515 du 28 déc. 2012, art. 3, en vigueur le 1er janv. 2013)* **L'opposition est portée, selon le cas, devant la juridiction dont le juge ou le président a rendu l'ordonnance portant injonction de payer.**

Elle est formée au greffe, par le débiteur ou tout mandataire, soit par déclaration contre récépissé, soit par lettre recommandée.

Le mandataire, s'il n'est avocat, doit justifier d'un pouvoir spécial.

(Décr. n° 2021-1322 du 11 oct. 2021, art. 3-5°) **« A peine de nullité, l'opposition mentionne l'adresse du débiteur. »**

L'art. 3 du Décr. n° 2021-1322 du 11 oct. 2021 entre en vigueur à une date fixée par arrêté du garde des sceaux, ministre de la justice, et au plus tard le 1er mars 2022 (Décr. préc., art. 8).

V. Circ. du 3 janv. 2013, reproduite ss. art. 1406.

BIBL. ▸ Perrot, *Gaz. Pal. 2001. Doctr. 60* (injonction de payer et délai de grâce).

a. Formalisme

1. Lettre simple (oui). Est recevable l'opposition à une ordonnance d'injonction de payer adressée par lettre simple au greffe du tribunal d'instance dans le délai légal, la formalité de la lettre recommandée prévue par l'art. 1415 n'étant pas exigée à peine de nullité. • Civ. 2e,

1er mars 1989 : *Bull. civ. II, n° 56 ; RTD civ. 1990. 141, obs. Perrot*. ♦ Sur la date de l'opposition, V. note 1 ss. art. 1416.

2. Motivation (non). L'opposition à injonction de payer n'ayant pas à être motivée, les énonciations qu'elle comporte, même si elles concernent le fond du litige, ne font pas obstacle à la recevabilité des exceptions devant le tribunal. • Civ. 2e, 14 janv. 1987 : *Bull. civ. II, n° 10 ; D. 1987. IR 19 ; RTD civ. 1987. 411, obs. Perrot* (exception d'incompétence).

b. Mandataire

3. Huissier. Aux termes de l'art. 828, un huissier de justice n'a pas qualité pour représenter une partie devant le tribunal d'instance. • Civ. 2e, 1er juill. 1981 : *Bull. civ. II, n° 145 ; RTD civ. 1982. 477, obs. Perrot* (absence de pouvoir spécial). ♦ *Adde*, art. 828 et Rép. min. n° 35568 : *JO Sénat Q, 14 mars 2002, p. 803*.

4. Société de recouvrement. L'art. 1415 ne déroge pas à l'art. 853 ; ne donne pas de base légale à sa décision le tribunal qui ne constate pas que la société de recouvrement disposait d'un mandat spécial pour exercer l'action dont le tribunal était saisi, alors que, devant le tribunal de commerce, les parties se défendent elles-mêmes, ont la faculté de se faire assister ou représenter par toute personne de leur choix et que le représentant, s'il n'est pas avocat, doit justifier d'un pouvoir spécial. • Com. 14 mars 2000 : *Procédures 2000, n° 150, obs. Croze.* ♦ *Adde* note 4 ss. art. 853.

5. Absence de représentant. Statuant sur l'opposition formée à une ordonnance portant injonction de payer, la juridiction de proximité ne peut se fonder sur les prétentions écrites d'une partie qui n'était pas représentée, ni présente à l'audience, alors qu'elle n'en était pas dispensée. • Civ. 2e, 27 sept. 2012, n° 11-18.322 P : *D. 2013. Chron. C. cass. 599, obs. Bouvier, Adida-Canac, Leroy-Gissinger, Renault-Malignac* et *Salomon*.

Art. 1416 **L'opposition est formée dans le mois qui suit la signification de l'ordonnance.**

Toutefois, si la signification n'a pas été faite à personne, l'opposition est recevable jusqu'à l'expiration du délai d'un mois suivant le premier acte signifié à personne ou, à défaut, suivant la première mesure d'exécution ayant pour effet de rendre indisponibles en tout ou partie les biens du débiteur.

1° ALINÉA 1er

1. Date de l'opposition. La date de l'opposition à une ordonnance portant injonction de payer, formée par lettre recommandée, est celle de l'expédition de la lettre figurant sur le cachet du bureau d'émission. • Civ. 2e, 27 avr. 1988 : *Bull. civ. II, n° 99 ; D. 1988. Somm. 179, obs. Julien* • Civ. 2e, 1er juill. 1992, n° 91-10.585 P : *D. 1993. Somm. 184, obs. Julien ; RTD civ. 1993. 657, obs. Perrot* (lettre d'opposition expédiée à temps mais arrivée tardivement au greffe). ♦ La date de l'opposition à une ordonnance portant injonction de payer formée par lettre recommandée est à l'égard de son auteur celle de l'expédition de la lettre et non celle de sa réception. • Civ. 2e, 20 nov. 1991, n° 90-15.826 P. ♦ Pour une hypothèse où l'opposition a été formée par lettre recommandée adressée au président du T. com. et n'est pas parvenue au greffe dans le délai, V. • Limoges, 13 janv. 1992 : *BICC 1992, n° 1134*.

2. Computation du délai. Le délai qui expire un samedi est prorogé jusqu'au premier jour ouvrable suivant soit jusqu'au mardi lorsque le lundi est un jour férié. • Civ. 2e, 21 mars 2002, n° 00-20.744 P : *D. 2002. IR 1324 ; JCP 2002. II. 10149, note du Rusquec*.

3. Aide juridictionnelle. La demande d'aide juridictionnelle déposée avant l'expiration du délai pour former opposition prévu par l'art. 1416 interrompt ce délai. • Civ. 2e, 19 nov. 2009, n° 08-19.364 P : *D. actu. 14 déc. 2009, obs. Dargent ; D. 2010. Chron. C. cass. 536, obs. Sommer et Leroy-Gissinger ; Procédures 2010, n° 1, note Perrot ; Dr. et pr. 2010. 88, note Lauvergnat*.

2° ALINÉA 2e

4. L'opposition reste ouverte si une irrégularité de la signification de l'ordonnance n'a pas fait courir le délai d'opposition. • Civ. 2e, 2 avr. 1997 : *D. 1997. 410, note Julien ; RTD civ. 1997. 741, obs. Perrot* (irrecevabilité du pourvoi en cassation).

5. L'apposition de la formule exécutoire ne prive pas le débiteur de la voie de l'opposition qui reste recevable jusqu'à l'expiration du délai d'un mois suivant le premier acte signifié à personne ou, à défaut, suivant la première mesure d'exécution ayant pour effet de rendre indisponibles en tout ou partie les biens du débiteur. • Civ. 2e, 18 févr. 1999 : *Procédures 1999, n° 90, obs. Perrot* (irrecevabilité du pourvoi en cassation faisant valoir que l'ordonnance aurait été revêtue de la formule exécutoire sans qu'il ait été constaté qu'elle avait été régulièrement signifiée à personne).

6. Renvoi. Sur l'articulation entre l'opposition et le pourvoi en cassation, V. note 8 ss. art. 1422.

a. Premier acte signifié à personne

7. Recherche. Prive sa décision de base légale au regard de l'art. 1416 le tribunal qui déclare irrecevable l'opposition à une ordonnance portant injonction de payer, au motif que la signification de l'ordonnance revêtue de la formule exécutoire s'avère inutile dans la mesure où elle vise exactement les mêmes causes que la signification de l'ordonnance initiale, alors qu'il aurait fallu rechercher si la signification de l'ordonnance portant injonction de payer avait été faite à la personne du débiteur, aucune mesure d'exécution n'étant par ailleurs invoquée. • Civ. 2e, 1er juill. 1992, n° 91-10.038 P : *D. 1993. Somm. 184, obs. Julien ; Rev. huiss. 1992. 903, obs. Hanine ; RTD civ. 1993. 658, obs. Perrot*.

8. Application. Une ordonnance portant injonction de payer, même revêtue de la formule exécutoire, est susceptible d'opposition, dans la limite des conditions prévues à l'art. 1416 ; lorsque l'ordonnance a été signifiée à personne le 5 janv. 1995 et que l'opposition a été formée le 27 janv. 1995, c'est à bon droit que le juge d'instance décide que l'ordonnance est susceptible d'opposition, l'absence d'indication que celle-ci était exécutoire n'ayant en aucune incidence sur la solution du litige. • Civ. 1re, 24 nov. 1998, n° 96-22.782 P : *D. 1999. Somm. 219, obs. Julien*.

b. Première mesure d'exécution

9. Notion. Un commandement de payer n'est pas une mesure d'exécution rendant indisponibles en tout ou partie les biens du débiteur. • TI Fréjus, 24 févr. 1986 : *Gaz. Pal. 1986. 1. Somm. 223 ; RTD civ. 1986. 647, obs. Perrot.*

10. Formalisme. L'indication du délai pour faire opposition n'est pas nécessaire lorsque celui-ci part de la première mesure d'exécution. • TI Civray, 18 mai 1989 : *JCP 1990. IV. 60.* ♦ Dans le même sens. Aucun texte n'exige que le délai pour faire opposition à une ordonnance d'injonction de payer soit mentionné sur un autre acte que celui portant signification de cette ordonnance. • Civ. 2e, 8 mars 2001, n° 99-14.411 P : *D. 2001. IR 1076* (acte de dénonciation d'une saisie-attribution pratiquée à la suite d'une injonction de payer).

11. Point de départ du délai. Le délai accordé au débiteur pour former opposition dans les conditions de l'art. 1416 court nécessairement, lorsque l'ordonnance portant injonction de payer ne lui a pas été signifiée à personne, à compter du jour où la mesure d'exécution a été portée à sa connaissance ; en conséquence, en cas de saisie-attribution, le délai pour former opposition, en l'absence de signification de l'ordonnance à personne, court à compter de la dénonciation de la saisie au débiteur. • Cass. avis, 16 sept. 2002, n° 02-00.003 P : *D. 2002. IR 2776 ; RTD civ. 2003. 142, obs. Perrot ; Procédures 2002, n° 224, note Perrot ; Dr. et pr. 2003. 102, note Dymant* • Civ. 2e, 11 déc. 2008, n° 08-10.141 P : *D. 2009. AJ 107 ; ibid. Chron. C. cass. 759, obs. Sommer ; Procédures 2009, n° 71, note Perrot ; RTD civ. 2009. 167, obs. Perrot.* ♦ Comp. • Civ. 2e, 15 nov. 2007 : *JCP 2008. I. 138, n° 20, obs. Jeuland ; Procédures 2008, n° 4, note Perrot.* ♦ Si la mesure d'exécution a été pratiquée entre les mains d'un tiers, le délai d'opposition court à compter de la dénonciation au débiteur, même si elle n'a pas été signifiée à personne. • Civ. 2e, 18 févr. 2016, n° 14-26.395 : *Dr. et pr. 2016. 97, note Dorol.*

12. Effet de l'opposition. L'opposition régulièrement formée, à la suite d'une mesure d'exécution, contre une ordonnance portant injonction de payer rendue exécutoire, a pour effet de saisir le tribunal de la demande du créancier et de l'ensemble du litige, et affecte ainsi la force exécutoire du titre sur le fondement duquel la mesure d'exécution a été pratiquée ; elle empêche dès lors la poursuite de la procédure d'exécution sans remettre en cause les effets de l'acte de saisie dont la validité s'apprécie au moment où il a été signifié ; en conséquence, l'opposition ne peut pas conduire à ordonner la mainlevée de la saisie-attribution pratiquée, mais fait obstacle, jusqu'à ce qu'il ait été statué sur l'opposition par la juridiction compétente, au paiement au créancier des sommes rendues indisponibles. • Cass. avis, 8 mars 1996, n° 09-60.001 P : *D. 1996. Somm. 360, obs. Julien ; Justices 1997, n° 5, p. 335, obs. Putman ; Procédures 1996, n° 215, note Perrot ; RTD civ. 1996. 714, obs. Perrot*.

Art. 1417 **Le tribunal statue sur la demande en recouvrement.**

Il connaît, dans les limites de sa compétence d'attribution, de la demande initiale et de toutes les demandes incidentes et défenses au fond.

En cas de décision d'incompétence, ou dans le cas prévu à l'article 1408, l'affaire est renvoyée devant la juridiction compétente selon les règles prévues à l'article *(Décr. n° 2017-891 du 6 mai 2017, art. 3, en vigueur le 1er sept. 2017)* **« 82 ».**

1. Demandeur et défendeur. *Le demandeur à l'instance ouverte par l'opposition est le créancier* et non l'opposant. • TI Guingamp, 15 déc. 1983 : *JCP 1986. II. 20358, note Blaisse ; Gaz. Pal. 1984. 1. Somm. 195 ; RTD civ. 1984. 572, obs. Perrot.* ♦ Aux termes de l'art. 468, si, sans motif légitime, le demandeur ne comparaît pas, seul le défendeur peut requérir un jugement sur le fond qui sera contradictoire. • Civ. 2e, 10 mars 1988 : *Bull. civ. II, n° 62 ;* Gaz. Pal. 1988. 2. Somm. 495, *obs. Guinchard et Moussa* (impossibilité de condamner une société qui avait régulièrement fait opposition à une injonction de payer rendue au profit d'une autre société non comparante). ♦ Il appartient au créancier, défendeur à l'opposition, mais demandeur à l'injonction de payer, de prouver la réalité et l'étendue de sa créance. • Civ. 2e, 13 juin 1990 : *RTD civ. 1992. 648, obs. Perrot*. ♦ Viole l'art. 1315 C. civ. le tribunal qui, saisi dans le cadre d'une opposition à injonction de payer, condamne un concessionnaire automobile à prendre en charge les réparations effectuées par l'un de ses collègues de la marque sur un des véhicules qu'il avait vendu, en vertu d'un protocole national prévoyant une telle prise en charge sous condition d'un accord préalable, au motif que le concessionnaire ayant effectué les réparations déclarait avoir obtenu l'accord téléphonique de son collègue, lequel se bornait à contester cet accord sans fournir aucun élément qui l'infirmait, ni aucune preuve contraire, alors qu'il appartenait au garagiste ayant effectué les réparations d'apporter la preuve de l'accord dont il se prévalait. • Com. 18 juin 1991, nº 88-17.011 P : *RTD civ. 1992. 648, obs. Perrot*. ♦ Dès lors que ni dans les motifs du jugement, ni dans les écritures et pièces des parties une cour d'appel ne trouve d'indications explicites sur l'origine d'une créance et constate qu'aucun titre ou contrat n'était versé aux débats, c'est dans l'exercice de son pouvoir d'apprécier la valeur et la portée des éléments de preuve qui lui étaient soumis qu'elle a estimé qu'en vertu de l'art. 1417 il incombait au demandeur à l'injonction de prouver la réalité et l'étendue de sa créance et qu'il ne rapportait pas cette preuve. • Civ. 2e, 23 oct. 1991, nº 90-15.529 P : *RTD civ. 1992. 648, obs. Perrot*. ♦ Viole l'art. 472 le jugement rendu en dernier ressort statuant sur opposition à une ordonnance d'injonction de payer qui condamne un opposant à payer une certaine somme à une société en se bornant à énoncer que personne ne comparaît en défense pour fournir au tribunal des éléments de réponse susceptibles de modifier les termes de l'ordonnance. • Civ. 2e, 13 juin 2002 : *Dr. et pr. 2002. 363, obs. Douchy.*

2. Étendue de la saisine. En cas d'opposition à une ordonnance d'injonction de payer, le tribunal statue sur la demande de recouvrement ; il connaît, dans les limites de sa compétence d'attribution, de la demande initiale et de toutes les demandes incidentes et défenses au fond ; par suite, viole, par refus d'application, l'art. 1417, le jugement d'un tribunal d'instance qui, pour rétracter une ordonnance frappée d'opposition, énonce qu'antérieurement à l'injonction de payer, la prétendue créance avait fait l'objet, en exécution d'une ordonnance de référé, d'un rapport d'expertise, et qu'il incombait aux parties d'assigner en « lecture de rapport », alors qu'il appartenait au juge, saisi dans les limites de sa compétence d'attribution, de se prononcer sur le fond de la demande au vu du rapport d'expertise que les parties lui avaient soumis. • Civ. 2e, 17 juin 1987 : *Bull. civ. II, nº 134 ; D. 1987. IR 161.* ♦ Saisi d'une demande tendant à l'obtention d'un titre de créance, le juge du fond n'est pas tenu, pour statuer sur le principe et la fixation du montant de la créance, de répondre aux moyens inopérants pris de l'existence d'une procédure de surendettement dont le débiteur est l'objet et d'une mesure de suspension des procédures d'exécution diligentées par le créancier. • Civ. 2e, 8 juill. 2004, nº 02-18.949 P.

Art. 1418 *(Décr. nº 2012-1515 du 28 déc. 2012, art. 4-1º, en vigueur le 1er janv. 2013)* **« Devant** *(Décr. nº 2019-1333 du 11 déc. 2019, art. 29-24º, en vigueur le 1er janv. 2020)* **« le tribunal judiciaire dans les matières visées à l'article 817, le juge des contentieux de la protection** *[ancienne rédaction : tribunal d'instance]* **» et le tribunal de commerce, le greffier convoque les parties à l'audience par lettre recommandée avec demande d'avis de réception. »**

La convocation est adressée à toutes les parties, même à celles qui n'ont pas formé opposition.

(Décr. nº 2005-1678 du 28 déc. 2005, art. 70, en vigueur le 1er mars 2006) **« La convocation contient :**

« 1º Sa date ;

« 2º L'indication de la juridiction devant laquelle l'opposition est portée ;

« 3º L'indication de la date de l'audience à laquelle » *(Décr. nº 2006-1805 du 23 déc. 2006, art. 6, en vigueur le 1er janv. 2007)* **« les parties sont convoquées ;**

« 4º Les conditions dans lesquelles les parties peuvent se faire assister ou représenter.

« La convocation adressée au défendeur précise en outre que, faute de comparaître, il s'expose à ce qu'un jugement soit rendu contre lui sur les seuls éléments fournis par son adversaire. »

(Décr. nº 2005-1678 du 28 déc. 2005, art. 70, en vigueur le 1er mars 2006) **« Ces mentions sont prescrites à peine de nullité. »**

(Décr. nº 2012-1515 du 28 déc. 2012, art. 4-2º, en vigueur le 1er janv. 2013) **« Devant** *(Décr. nº 2019-1333 du 11 déc. 2019, art. 29-24º, en vigueur le 1er janv. 2020)* **« le tribunal judiciaire dans les autres matières** *[ancienne rédaction : tribunal de grande instance]* **», l'affaire est instruite et jugée selon la procédure** *(Décr. nº 2019-1333 du 11 déc. 2019,*

art. 29-23°, en vigueur le 1er janv. 2020) **« écrite ordinaire », sous réserve des dispositions suivantes.**

« Le greffe adresse au créancier, par lettre recommandée avec demande d'avis de réception, une copie de la déclaration d'opposition. Cette notification est régulièrement faite à l'adresse indiquée par le créancier lors du dépôt de la requête en injonction de payer. En cas de retour au greffe de l'avis de réception non signé, la date de notification est, à l'égard du destinataire, celle de la présentation et la notification est réputée faite à domicile ou à résidence.

« Le créancier doit constituer avocat dans un délai de quinze jours à compter de la notification.

« Dès qu'il est constitué, l'avocat du créancier en informe le débiteur par lettre recommandée avec demande d'avis de réception, lui indiquant qu'il est tenu de constituer avocat dans un délai de quinze jours.

« Une copie des actes de constitution est remise au greffe. »

L'art. 70 du Décr. n° 2005-1678 du 28 déc. 2005 est applicable aux procédures en cours (Décr. préc., art. 87, al. 2).

V. Circ. du 3 janv. 2013, reproduite ss. art. 1406.

L'art. 29 du Décr. n° 2019-1333 du 11 déc. 2019 est applicable aux instances en cours au 1er janv. 2020 (Décr. préc., art. 55-I).

1. Convocation à l'audience. Nécessité. En cas d'opposition à une ordonnance d'injonction de payer, la juridiction saisie statue après convocation des parties à l'audience par le secrétaire-greffier, par lettre recommandée avec demande d'avis de réception ; manque par suite de base légale le jugement qui statue sur une telle opposition sans qu'il résulte de ses mentions que l'opposant ait été convoqué à l'audience par lettre recommandée avec demande d'avis de réception. • Civ. 2e, 25 mars 1991, n° 89-20.788 P : *D. 1992. Somm. 124, obs. Julien.*

2. Renvoi. Ne donne pas de base légale à sa décision le tribunal d'instance, statuant en dernier ressort sur une opposition à une injonction de payer qui, alors que le débiteur avait demandé par lettre le renvoi de l'affaire et qu'à l'audience de renvoi seul le créancier a comparu, statue au fond par jugement réputé contradictoire, sans qu'il résultât d'aucune mention du jugement ni du dossier de la procédure que le débiteur eût été avisé soit verbalement soit par lettre simple de la date du renvoi. • Civ. 2e, 12 juin 1985 : *Bull. civ. II, n° 116.*

3. Procédure régulière. Il ne saurait être fait grief à un jugement d'avoir sans donner de motifs rejeté l'opposition formée par un débiteur à une ordonnance d'injonction de payer et condamné celui-ci au paiement de la somme réclamée, dès lors que le tribunal, après avoir relevé que le débiteur avait signé l'accusé de réception de la lettre de convocation à l'audience, qu'il avait été avisé du renvoi de l'affaire et n'avait pas comparu, retient que le créancier avait produit toutes pièces justificatives de sa créance. • Civ. 2e, 12 mars 1986 : *Bull. civ. II, n° 37.* ♦ Justifie légalement sa décision le tribunal qui énonce que l'opposant à l'ordonnance d'injonction de payer était présent ou représenté à l'audience du 24 nov. 2011, à laquelle il avait été régulièrement convoqué et qu'à cette audience, l'affaire a été renvoyée contradictoirement au 9 févr. 2012. • Civ. 2e, 11 juill. 2013 : *Procédures 2013, n° 305, note Perrot* (opposant ne comparaissant pas à l'audience de renvoi).

4. Partie demanderesse non comparante. Statuant sur l'opposition formée à une ordonnance portant injonction de payer, la juridiction de proximité ne peut se fonder sur les prétentions écrites d'une partie qui n'était pas représentée, ni présente à l'audience, alors qu'elle n'en était pas dispensée. • Civ. 2e, 27 sept. 2012, n° 11-18.322 : *D. 2013. Chron. C. cass. 599, obs. Bouvier, Adida-Canac, Leroy-Gissinger, Renault-Malignac et Salomon.*

Art. 1419 *(Décr. n° 2012-1515 du 28 déc. 2012, art. 5, en vigueur le 1er janv. 2013)* **Devant** *(Décr. n° 2019-1333 du 11 déc. 2019, art. 29-24°, en vigueur le 1er janv. 2020)* **« le tribunal judiciaire dans les matières visées à l'article 817, le juge des contentieux de la protection** *[ancienne rédaction : tribunal d'instance]* **» et le tribunal de commerce, la juridiction constate l'extinction de l'instance si aucune des parties ne comparaît.**

Devant *(Décr. n° 2019-1333 du 11 déc. 2019, art. 29-24°, en vigueur le 1er janv. 2020)* **« le tribunal judiciaire dans les autres matières** *[ancienne rédaction : tribunal de grande instance]* **», le président constate l'extinction de l'instance si le créancier ne constitue pas avocat dans le délai prévu à l'article 1418.**

L'extinction de l'instance rend non avenue l'ordonnance portant injonction de payer.

V. Circ. du 3 janv. 2013, reproduite ss. art. 1406.

L'art. 29 du Décr. n° 2019-1333 du 11 déc. 2019 est applicable aux instances en cours au 1er janv. 2020 (Décr. préc., art. 55-I).

Art. 1419-1 *(Décr. n° 2021-1322 du 11 oct. 2021, art. 3-6°)* **Le désistement du débiteur qui a formé opposition obéit aux règles prévues aux articles 400 à 405.**

L'art. 3 du Décr. n° 2021-1322 du 11 oct. 2021 entre en vigueur à une date fixée par arrêté du garde des sceaux, ministre de la justice, et au plus tard le 1er mars 2022 (Décr. préc., art. 8).

Art. 1420 Le jugement du tribunal se substitue à l'ordonnance portant injonction de payer.

Substitution. Viole l'art. 1420 l'arrêt qui, statuant sur l'appel d'un jugement d'un tribunal d'instance rendu sur opposition à une ordonnance d'injonction de payer, confirme l'ordonnance à laquelle s'était substitué le jugement. • Civ. 1re, 13 mai 2003, n° 00-20.146 P : *D. 2003. IR 1481*. ♦ Aux termes de l'art. 1420, le jugement rendu sur opposition du débiteur se substitue à l'ordonnance portant injonction de payer. • Civ. 2e, 21 juin 2007, n° 06-15.469 P. ♦ L'ordonnance d'injonction de payer, qui n'est une décision qu'en l'absence d'opposition, ne peut être confirmée par la juridiction de proximité en mentionnant dans le dispositif de son jugement rendu sur opposition :« confirme en toutes ses dispositions l'ordonnance d'injonction de payer n° 95-2006/356 du 20 juin 2006 qui produira son plein et entier effet ». • Civ. 1re, 25 juin 2009 : *RTD civ. 2009. 573, obs. Perrot*. ♦ Le jugement se substitue à l'ordonnance portant injonction de payer, de sorte que cette dernière ne peut être confirmée. • Com. 13 nov. 2012 : *Procédures 2013, n° 5, note Perrot.* ♦ L'ordonnance portant injonction de payer, qui n'est une décision qu'en l'absence d'opposition, ne peut être confirmée. • Civ. 3e, 17 déc. 2013 : *Procédures 2014, n° 64, note Perrot* (cassation de l'arrêt qui confirme le jugement qui s'était borné à confirmer l'ordonnance portant injonction de payer). ♦ ... Ne pouvait reprendre ses effets. • Civ. 2e, 2 juill. 2020, n° 19-16.100 P : *Rev. prat. rec. 2020. 12, obs. Cousin, Draillard, Joly et Laher ; Gaz. Pal. 3 nov. 2020, p. 58, note M. Kebir ; ibid. 12 janv. 2021, p. 33 note Mazeaud.*

Art. 1421 Le tribunal statue à charge d'appel lorsque le montant de la demande excède le taux de sa compétence en dernier ressort.

Art. 1421 et art. 39. Il n'est pas dérogé par l'art. 1421 aux dispositions de l'art. 39 ; encourt, par suite, la cassation l'arrêt qui déclare irrecevable l'appel formé contre le jugement ayant statué sur l'opposition à une ordonnance portant injonction de payer, au motif que le montant de la demande n'excédait pas le taux de compétence en dernier ressort du tribunal de commerce, alors que le tribunal avait été saisi d'une demande reconventionnelle qui n'était pas fondée exclusivement sur la demande initiale et qui excédait le taux de sa compétence en dernier ressort. • Com. 14 juin 1994, n° 92-15.386 P : *Gaz. Pal. 1995. 1. Pan. 33 ; JCP 1995. I. 3846, n° 28, obs. Cadiet.*

Art. 1422 *(Décr. n° 2021-1322 du 11 oct. 2021, art. 3-7°)* **Quelles que soient les modalités de la signification, le délai d'opposition prévu au premier alinéa de l'article 1416 est suspensif d'exécution. L'opposition formée dans ce délai est également suspensive.**

L'ordonnance ne constitue un titre exécutoire et ne produit les effets d'un tel titre ou d'une décision de justice qu'à l'expiration des causes suspensives d'exécution prévues au premier alinéa. Elle produit alors tous les effets d'un jugement contradictoire. Elle n'est pas susceptible d'appel même si elle accorde des délais de paiement.

L'art. 3 du Décr. n° 2021-1322 du 11 oct. 2021 entre en vigueur à une date fixée par arrêté du garde des sceaux, ministre de la justice, et au plus tard le 1er mars 2022 (Décr. préc., art. 8).

1° ALINÉA 1er

a. Opposition tardive

1. Sanction. L'ordonnance portant injonction de payer qui produit, après l'apposition de la formule exécutoire, tous les effets d'un jugement contradictoire, n'est pas susceptible d'opposition ; l'absence d'ouverture d'une voie de recours constitue une fin de non-recevoir ayant un caractère d'ordre public qui doit être relevée d'office par le juge et à laquelle les parties ne peuvent pas renoncer. • Civ. 2e, 27 janv. 1988 : *Bull. civ. II, n° 28 ; D. 1990. 98, note Ménabé*. ♦ L'ordonnance portant injonction de payer produit après l'apposition de la formule exécutoire tous les effets d'un jugement contradictoire, elle n'est donc pas susceptible d'opposition et les juges doivent relever d'office la fin de non-recevoir tirée de l'absence d'une voie de recours. • Civ. 2e, 6 déc. 1991, n° 90-15.606 P.

b. Apposition de la formule exécutoire

2. Condition. L'ordonnance portant injonction de payer ne peut être revêtue de la formule exécutoire qu'en l'absence d'opposition dans le mois qui suit la signification de l'ordonnance. • Civ. 2e, 11 oct. 1995 : *Procédures 1995, no 326, obs. Perrot.*

3. Demande anticipée. Il n'existe aucune disposition interdisant au créancier de saisir à l'avance le greffier d'une demande tendant à ce que, en l'absence d'opposition dans le délai, il appose sur l'ordonnance portant injonction de payer la formule exécutoire. • Civ. 2e, 23 janv. 1991, no 89-18.747 P : *D. 1992. Somm. 124, obs. Julien ; RTD civ. 1991. 177/411, obs. (crit.) Perrot ; Gaz. Pal. 1991. 1. Pan. 138 ; Rev. huiss. 1991. 237, obs. R. J.* • Civ. 2e, 6 mars 1991 : *Rev. huiss. 1991. 357.*

4. Apposition prématurée. Il résulte des art. 1416 et 1422 qu'en l'absence d'opposition dans le mois qui suit la signification de l'ordonnance portant injonction de payer, le créancier peut demander l'apposition sur l'ordonnance de la formule exécutoire ; par conséquent, doit être cassée une ordonnance sur laquelle la formule exécutoire a été apposée le jour de la signification. • Civ. 2e, 10 janv. 2008, no 06-21.404 P : *D. 2008. AJ 361, obs. Avena-Robardet ; ibid. Chron. C. cass. 648, obs. Sommer et Nicolétis ; JCP 2008. I. 138, no 20, obs. Jeuland ; Gaz. Pal. 13 janv. 2008, p. 32, note du Rusquec ; Procédures 2008, no 100, note Perrot ; Rev. banc. fin. 2008. Comm. 46, obs. Piedelièvre ; RTD civ. 2008. 355, obs. Perrot .*

5. Mentions (non). Aucun texte ne fait obligation de mentionner dans l'ordonnance au moment de l'apposition de la formule exécutoire, la régularité de sa signification. • Civ. 2e, 5 avr. 1993, no 91-19.832 P : *RTD civ. 1993. 658, obs. Perrot .*

2o ALINÉA 2e

a. Effets

6. Autorité de chose jugée. L'ordonnance enjoignant à une caution de payer une somme due en application de son engagement n'ayant pu se prononcer sur la question de la validité de son consentement, sa demande ultérieure en annulation de l'acte de cautionnement pour dol du créancier ne porte pas atteinte à l'autorité de la chose jugée attachée à cette ordonnance. • Civ. 1re, 18 janv. 2000, no 97-19.674 P : *D. 2001. Somm. 693, obs. Aynès ; JCP 2000. I. 257, no 2, obs. Simler.*

b. Recours

7. Pourvoi. Recevabilité. L'ordonnance portant injonction de payer après apposition de la formule exécutoire est une décision judiciaire en dernier ressort qui, en l'absence de texte interdisant le pourvoi en cassation, est sujette à cette voie de recours. • Civ. 2e, 6 avr. 1987 : *Bull. civ. II, no 84 ; RTD civ. 1987. 609, obs. Perrot ; Gaz. Pal. 1988. 1. 80, note M. R.*

8. Pourvoi. Articulation avec l'opposition. Le pourvoi en cassation n'est recevable pour critiquer les conditions d'apposition sur l'ordonnance de la formule exécutoire que si l'opposition n'est plus recevable ; la voie de l'opposition reste ouverte si une irrégularité de la signification de l'ordonnance n'a pas fait courir le délai d'opposition. • Civ. 2e, 2 avr. 1997 : *D. 1997. 410, note Julien ; RTD civ. 1997. 741, obs. Perrot .* ♦ L'ordonnance portant injonction de payer peut être attaquée par la voie de l'opposition ; le pourvoi en cassation n'est recevable, pour critiquer les conditions d'apposition sur l'ordonnance de la formule exécutoire, que si l'opposition n'est plus recevable. • Civ. 2e, 18 févr. 1999 : *Procédures 1999, no 90, note Perrot.*

9. Pourvoi. Objet. On ne peut, par la voie de la cassation contre l'ordonnance d'injonction de payer, que contester sa régularité formelle. • Civ. 2e, 23 janv. 1991, no 89-18.747 P : *D. 1992. Somm. 124, obs. Julien ; RTD civ. 1991. 177/411, obs. (crit.) Perrot ; Gaz. Pal. 1991. 1. Pan. 138 ; Rev. huiss. 1991. 237, obs. R. J.* (irrecevabilité du grief tiré de la violation de l'art. 1165 C. civ.) (préc. *supra* note 3). ♦ L'ordonnance portant injonction de payer peut être attaquée par la voie de l'opposition ; si le délai d'opposition est expiré, un pourvoi en cassation n'est recevable que pour critiquer les conditions d'apposition sur l'ordonnance de la formule exécutoire. • Civ. 2e, 29 nov. 1995 (2 arrêts), no 93-15.249 P : *Procédures 1996, no 38, note Perrot ; RTD civ. 1996. 471, obs. Perrot ; Justices 1996, no 4, p. 258, obs. Héron* (irrecevabilité du pourvoi qui conteste, dans le premier arrêt, l'absence de mention du nom et de la signature du magistrat qui a rendu la décision et, dans le second arrêt, l'absence de signature du greffier). ♦ L'ordonnance portant injonction de payer peut être attaquée par la voie de l'opposition ; si le délai d'opposition est expiré, un pourvoi en cassation n'est recevable que pour critiquer les conditions d'apposition sur l'ordonnance de la formule exécutoire ; n'est donc pas recevable le pourvoi qui fait grief à une ordonnance portant injonction de payer d'avoir été signée pour le président du tribunal de commerce sans indication du nom du signataire et de l'empêchement de ce président, de tels griefs relevant de la seule opposition. • Civ. 2e, 18 déc. 1996, no 95-11.818 P : D. 1997. IR 31 . ♦ Rappr. Le grief tiré de la méconnaissance des prescriptions des art. 454 et 458 relève de la seule opposition. • Civ. 2e, 2 avr. 1997 : *D. 1997. 410, note Julien ; RTD civ. 1997. 741, obs. Perrot (préc. note 8).* ♦ Quant à la pertinence, en elle-même, de cette contestation, V. note 1 ss. art. 1409.

Art. 1423 (*Abrogé par Décr. nº 2021-1322 du 11 oct. 2021, art. 3-8º*) ***La demande tendant à l'apposition de la formule exécutoire est formée au*** (*Décr. nº 2004-836 du 20 août 2004, art. 52-I, en vigueur le 1er janv. 2005*) ***« greffe », soit par*** (*Décr. nº 2019-1333 du 11 déc. 2019, art. 29-25º, en vigueur le 1er janv. 2020*) ***« requête », soit par lettre simple.***

L'ordonnance est non avenue si la demande du créancier n'a pas été présentée dans le délai d'un mois suivant l'expiration du délai d'opposition ou le désistement du débiteur.

L'art. 52-I du Décr. nº 2004-836 du 20 août 2004 est applicable aux procédures en cours (Décr. préc., art. 59).

L'art. 29 du Décr. nº 2019-1333 du 11 déc. 2019 est applicable aux instances en cours au 1er janv. 2020 (Décr. préc., art. 55-I).

L'art. 3 du Décr. nº 2021-1322 du 11 oct. 2021 entre en vigueur à une date fixée par arrêté du garde des sceaux, ministre de la justice, et au plus tard le 1er mars 2022 (Décr. préc., art. 8).

1. Second alinéa. L'art. 1423 n'impose aucun délai pour apposer la formule exécutoire. • Civ. 2e, 8 mars 2001 : *Procédures 2001, nº 104, note Perrot* (moyen tiré de ce que la formule exécutoire a été apposée tardivement inopérant). ♦ L'art. 1423 n'impose aucun délai pour apposer la formule exécutoire sur une ordonnance portant injonction de payer ; rien n'impose donc au greffier qui appose la formule exécutoire d'indiquer la date à laquelle la demande a été formée. • Civ. 2e, 10 janv. 2008, nº 07-10.508 P : *D. 2008. AJ 361, obs. Avena-Robardet ; ibid. Chron. C. cass. 648, obs. Sommer et Nicolétis ; JCP 2008. IV. 1247 ; JCP 2008. I. 138, nº 20, obs. Jeuland ; Dr. et pr. 2008. 153, note Leborgne ; RTD civ. 2008. 355, obs. Perrot*. ♦ Comp. Viole les art. 1422 et 1423 la cour d'appel qui rejette la demande d'un débiteur tendant à voir déclarer non avenue une ordonnance portant injonction de payer, en retenant que le délai pour solliciter l'apposition de la formule exécutoire n'avait pas couru dès lors que le débiteur, auquel l'ordonnance avait été signifiée à domicile plusieurs années auparavant, avait formé opposition après qu'elle lui avait été signifiée à personne. • Civ. 2e, 3 nov. 2005, nº 04-11.103 P : *RTD civ. 2006. 155, obs. Perrot*. ♦ Et sur la possibilité de solliciter l'apposition de la formule exécutoire de manière anticipée, V. note 3 ss. art. 1422.

2. Preuve. Le débiteur qui se prévaut d'une décision ayant constaté le caractère non avenu d'une ordonnance portant injonction de payer a la charge de rapporter la preuve de la notification de cette décision ; si un doute subsiste sur cette notification, il doit nécessairement lui préjudicier. • Civ. 2e, 4 juill. 2007, nº 05-11.569 P.

Art. 1424 (*Abrogé par Décr. nº 2021-1322 du 11 oct. 2021, art. 3-8º*) ***Les documents produits par le créancier et conservés provisoirement au*** (*Décr. nº 2004-836 du 20 août 2004, art. 52-I, en vigueur le 1er janv. 2005*) ***« greffe » lui sont restitués sur sa demande dès l'opposition ou au moment où l'ordonnance est revêtue de la formule exécutoire.***

L'art. 52-I du Décr. nº 2004-836 du 20 août 2004 est applicable aux procédures en cours (Décr. préc., art. 59).

L'art. 3 du Décr. nº 2021-1322 du 11 oct. 2021 entre en vigueur à une date fixée par arrêté du garde des sceaux, ministre de la justice, et au plus tard le 1er mars 2022 (Décr. préc., art. 8).

SECTION II L'INJONCTION DE PAYER EUROPÉENNE

(*Décr. nº 2008-1346 du 17 déc. 2008, art. 5*)

V. Règl. (CE) du Parlement européen et du Conseil nº 1896/2006 du 12 déc. 2006, App., vº Droit européen et international.

BIBL. ▶ NOURISSAT, *Procédures 2009, nº 82*. – MÉLÈ, Le droit en tableaux, *Delmas 2009, p. 216*.

Art. 1424-1 **La présente section est relative à la procédure européenne d'injonction de payer prévue par le règlement (CE) nº 1896/2006 du Parlement européen et du Conseil du 12 décembre 2006 instituant une procédure européenne d'injonction de payer.** — *V. Règl. (CE) du Parlement européen et du Conseil nº 1896/2006 du 12 déc. 2006, App., vº Droit européen et international.*

Lorsque le (*Décr. nº 2014-1633 du 26 déc. 2014, art. 2-I*) **« règlement (UE) nº 1215/2012 du Parlement européen et du Conseil du 12 décembre 2012 concernant la compétence judiciaire, la reconnaissance et l'exécution des décisions en matière civile et commerciale » désigne les juridictions d'un État membre sans autre précision, la juridiction territorialement compétente est celle du lieu où demeure le ou l'un des défendeurs.** — *V. Règl. (CE) nº 1215/2012 du 12 déc. 2012, App., vº Droit européen et international.*

Art. 1424-2 Le formulaire de demande d'injonction de payer européenne est remis ou adressé par voie postale au greffe de la juridiction.

Art. 1424-3 Le juge peut délivrer une injonction de payer européenne pour partie de la demande, après que le demandeur a accepté la proposition en ce sens qu'il lui a faite. Dans ce cas, le demandeur ne peut plus agir en justice pour réclamer le reliquat, sauf à ne pas signifier l'ordonnance et à procéder selon les voies de droit commun.

Art. 1424-4 L'injonction de payer européenne ou la décision de rejet d'une demande d'injonction de payer européenne ainsi que le formulaire de demande sont conservés à titre de minute au greffe.

Art. 1424-5 Une copie certifiée conforme du formulaire de demande et de la décision est signifiée, à l'initiative du demandeur, à chacun des défendeurs. Le formulaire d'opposition à injonction de payer européenne est annexé à l'acte de signification.

A peine de nullité, l'acte de signification contient, outre les mentions prescrites pour les actes d'huissier de justice, l'indication du tribunal devant lequel l'opposition doit être portée, du délai imparti et des formes selon lesquelles elle doit être faite.

Sous la même sanction, l'acte de signification :

— avertit le défendeur qu'à défaut d'opposition dans le délai indiqué, calculé en application du règlement (CEE, EURATOM) n° 1182/71 du Conseil du 3 juin 1971 portant détermination des règles applicables aux délais, aux dates et aux termes, il pourra être contraint par toutes voies de droit de payer les sommes réclamées ; — *V. Règl. (CEE, EURATOM) du Conseil n° 1182/71 du 3 juin 1971 (JOUE 8 juin, L 124).*

— informe le défendeur de son droit de demander le réexamen de l'injonction de payer européenne devant la juridiction qui l'a rendue, après l'expiration du délai d'opposition, dans les cas exceptionnels prévus à l'article 20 du règlement (CE) n° 1896/2006 du Parlement européen et du Conseil du 12 décembre 2006 instituant une procédure européenne d'injonction de payer. — *V. Règl. (CE) n° 1896/2006 du Conseil du 22 déc. 2000, App., v° Droit européen et international.*

Art. 1424-6 Si la signification est faite à la personne du défendeur *(Décr. n° 2012-366 du 15 mars 2012, art. 11)* « et à moins qu'elle ne soit effectuée par voie électronique », l'huissier de justice doit porter verbalement à sa connaissance les informations qualifiées d'importantes par le formulaire d'injonction de payer européenne ainsi que les indications mentionnées à l'article 1424-5. L'accomplissement de cette formalité est mentionné dans l'acte de signification.

L'art. 11 du Décr. n° 2012-366 du 15 mars 2012 entre en vigueur en même temps que l'arrêté du garde des sceaux définissant, en application de l'art. 748-6 C. pr. civ., les garanties que doivent présenter les procédés utilisés par les huissiers de justice pour signifier les actes par voie électronique. Cet arrêté doit intervenir au plus tard le 1er sept. 2012 (Décr. préc., art. 24).

Art. 1424-7 L'huissier de justice adresse une copie de l'acte de signification à la juridiction qui a rendu l'injonction.

Art. 1424-8 L'opposition est portée devant la juridiction dont émane l'injonction de payer européenne.

Elle est formée au greffe soit par déclaration contre récépissé, soit par lettre recommandée.

Art. 1424-9 Le tribunal statue sur la demande en recouvrement.

Il connaît, dans les limites de sa compétence d'attribution, de la demande initiale et de toutes les demandes incidentes et défenses au fond.

En cas de décision d'incompétence, l'affaire est renvoyée devant la juridiction compétente selon les règles prévues à l'article *(Décr. n° 2017-891 du 6 mai 2017, art. 3, en vigueur le 1er sept. 2017)* « 82 ».

Art. 1424-10 Le greffier convoque les parties à l'audience par lettre recommandée avec demande d'avis de réception.

La convocation est adressée à toutes les parties, même à celles qui n'ont pas formé opposition.

La convocation contient :

1° Sa date ;

2° L'indication de la juridiction devant laquelle l'opposition est portée ;
3° L'indication de la date de l'audience à laquelle les parties sont convoquées ;
4° Les conditions d'assistance et de représentation des parties.

La convocation adressée au défendeur précise en outre que, faute de comparaître, il s'expose à ce qu'un jugement soit rendu contre lui sur les seuls éléments fournis par son adversaire.

Ces mentions sont prescrites à peine de nullité.

Art. 1424-11 **Si aucune des parties ne se présente, le tribunal constate l'extinction de l'instance. Celle-ci rend non avenue l'injonction de payer européenne.**

Art. 1424-12 **Le jugement du tribunal se substitue à l'injonction de payer européenne.**

Art. 1424-13 **Le tribunal statue à charge d'appel lorsque le montant de la demande excède le taux de sa compétence en dernier ressort.**

Art. 1424-14 **Lorsqu'aucune opposition n'a été formée dans le délai imparti et après prise en compte d'un délai supplémentaire de dix jours nécessaire à l'acheminement du recours, le greffier déclare l'injonction de payer européenne exécutoire au moyen du formulaire prévu à cet effet et appose sur l'injonction de payer européenne la formule exécutoire.**

Art. 1424-15 **La procédure de réexamen dans des cas exceptionnels est régie par les articles 1424-8 à 1424-13.**

SECTION III **LES FRAIS DES PROCÉDURES D'INJONCTION DE PAYER ET D'INJONCTION DE PAYER EUROPÉENNE** *(Décr. nº 2011-1202 du 28 sept. 2011, art. 8-1º).*

(Décr. nº 2008-1346 du 17 déc. 2008, art. 6)

Art. 1424-16 *(Abrogé par Décr. nº 2013-1280 du 29 déc. 2013, art. 2-I-3º) (Décr. nº 2011-1202 du 28 sept. 2011, art. 8-2º)* ***Le requérant justifie de l'acquittement de la contribution prévue par l'article 1635 bis Q du code général des impôts, selon le cas, lors de la demande d'apposition de la formule exécutoire sur l'ordonnance portant injonction de payer, lors de l'envoi à la juridiction de la copie de la signification de l'ordonnance portant injonction de payer européenne ou, en cas d'opposition antérieure, dans le mois suivant la convocation adressée au créancier par le greffe de la juridiction. A défaut, l'ordonnance portant injonction de payer est non avenue.***

Il n'est pas dû de nouvelle contribution en cas d'opposition à l'injonction.

Le Décr. nº 2011-1202 du 28 sept. 2011 susvisé est abrogé à l'exception du I de son art. 21 (Décr. nº 2013-1280 du 29 déc. 2013, art. 13-I).

L'art. 8 du Décr. nº 2011-1202 du 28 sept. 2011 [abrogé] a été applicable aux instances introduites à compter du premier jour du mois suivant sa publication, soit le 1er oct. 2011 (Décr. préc., art. 21-II [abrogé]).

L'instance est introduite :

a) Lorsque la juridiction est saisie par la remise d'une assignation, par la signification de cette assignation ;

b) Dans le cas de l'injonction de payer ou de l'injonction de payer européenne, par la signification de l'ordonnance portant injonction (Décr. préc., art. 21-II [abrogé]).

Les dispositions de l'art. 2 du Décr. nº 2013-1280 du 29 déc. 2013 entrent en vigueur le 1er janv. 2014 pour les instances introduites à compter de cette date. Les dispositions réglementaires relatives à la contribution pour l'aide juridique demeurent applicables dans leur rédaction en vigueur au 31 déc. 2013 pour les instances introduites jusqu'à cette date (Décr. préc., art. 25).

BIBL. ▸ CROZE, *JCP 2011. 1145* (l'apport du droit fiscal à la théorie de l'instance).

Art. 1425 *(Décr. nº 2008-1346 du 17 déc. 2008, art. 7)* **Devant le tribunal de commerce, les frais de la procédure sont avancés par le demandeur et consignés au greffe au plus tard dans les quinze jours de la demande, faute de quoi celle-ci sera caduque.**

L'opposition est reçue sans frais par le greffier. Celui-ci invite sans délai le demandeur, par lettre recommandée avec demande d'avis de réception, à consigner les frais

de l'opposition au greffe dans le délai de quinze jours à peine de caducité de la demande.

Toutefois, la caducité n'est pas encourue en cas de procédure d'injonction de payer européenne.

Pour la procédure d'injonction de payer applicable au recouvrement des allocations de chômage par les organismes payeurs en cas de licenciement sans cause réelle et sérieuse, V. C. trav., art. D. 122-9 à D. 122-24 [devenu R. 1235-2 s.]. — ***C. trav.***

1. Caducité. Conséquence. La caducité prévue à l'art. 1425, al. 2, entraîne la disparition de tous les actes de procédure postérieurs à la demande du créancier. • Civ. 2e, 25 mars 1998, no 96-10.395 P : *D. 1998. IR 112* ; *Gaz. Pal. 1998. 2. Pan. 235* (assignation en intervention forcée).

2. Caducité. Retour au droit commun. En l'absence de consignation, devant le tribunal de commerce, des frais d'opposition à injonction de payer par le créancier, celui-ci recouvre la faculté de recouvrer la créance par la voie du droit commun, la demande initiale d'injonction de payer étant devenue caduque. • Civ. 2e, 21 sept. 2000, no 99-10.011 P : *D. 2000. IR 273* ; *Procédures 2000, no 232, note Perrot* ; *RTD civ. 2000. 897, obs. Perrot*.

SECTION IV **L'INJONCTION DE FAIRE** *(Décr. no 2008-1346 du 17 déc. 2008, art. 4).*

(Décr. no 88-209 du 4 mars 1988, art. 3)

Les art. 1425-1 à 1425-9 sont entrés en vigueur le 1er janv. 1989.

Les litiges civils nés de l'application du code de la consommation peuvent faire l'objet de la procédure définie par les art. 1425-1 à 1425-9 (C. consom., art. R. 142-2). — ***C. consom.***

RÉP. PR. CIV. vo *Injonction de faire*, par BRAHIC-LAMBREY.

DALLOZ ACTION *Droit et pratique de la procédure civile 2022/2023*, nos 332.80 s.

BIBL. GÉN. ▸ CHOPPIN HAUDRY DE JANVRY, *Gaz. Pal. 1991. 1. Doctr. 73* (bilan d'une réforme). – CHRISTIANOS, *D. 1990. Chron. 91* (protection des consommateurs). – DEBEAURAIN, *Ann. loyers 1988. 842* (commentaire du décret). – ESTOUP, *Gaz. Pal. 1988. 1. Doctr. 280* (commentaire du décret). – JEULAND, *Rev. jur. Ouest 1992. 179* (voies de recours). – LESCAILLON, *Rev. huiss. 1988. 609* (commentaire). – MÉLÉ, Le droit en tableaux, *Delmas 2009, p. 188*. – PINON, *Rev. huiss. 1988. 720* (commentaire du décret). – PIZZIO, *ALD 198. Comm. 181* (litiges de consommation).

Art. 1425-1 **L'exécution en nature d'une obligation née d'un contrat conclu entre des personnes n'ayant pas toutes la qualité de commerçant peut être demandée au** *(Décr. no 2019-1333 du 11 déc. 2019, art. 29-26o, en vigueur le 1er janv. 2020)* **« juge des contentieux de la protection ou au tribunal judiciaire dans les matières visées à l'article 817 ».**

(Abrogé par Décr. no 2017-683 du 28 avr. 2017, art. 2-4o, à compter du 1er juill. 2017) (Décr. no 2003-542 du 23 juin 2003, art. 23, en vigueur le 15 sept. 2003) ***« Le juge de proximité est compétent dans les limites définies au code de l'organisation judiciaire et dans les conditions de l'article*** *(Décr. no 2004-836 du 20 août 2004, art. 50, en vigueur le 1er janv. 2005)* ***« 847-5 » du présent code. »***

L'art. 50 du Décr. no 2004-836 du 20 août 2004 est applicable aux procédures en cours (Décr. préc., art. 59).

L'art. 29 du Décr. no 2019-1333 du 11 déc. 2019 est applicable aux instances en cours au 1er janv. 2020 (Décr. préc., art. 55-I).

Art. 1425-2 **La demande est portée au choix du demandeur, soit devant** *(Décr. no 2003-542 du 23 juin 2003, art. 24, en vigueur le 15 sept. 2003)* **« la juridiction » du lieu où demeure le défendeur, soit devant la juridiction du lieu d'exécution de l'obligation.**

Art. 1425-3 **La demande est formée par requête déposée ou adressée au greffe par le bénéficiaire de l'obligation ou par les personnes mentionnées à l'article** *(Décr. no 2019-1333 du 11 déc. 2019, art. 29-27o, en vigueur le 1er janv. 2020)* **« 764 ».**

(Décr. no 2005-1678 du 28 déc. 2005, art. 12, en vigueur le 1er mars 2006) **« Outre les mentions prescrites par l'article** *(Décr. no 2019-1333 du 11 déc. 2019, art. 29-27o, en vigueur le 1er janv. 2020)* **« 57 », la requête contient :**

« 1° L'indication précise de la nature de l'obligation dont l'exécution est poursuivie ainsi que le fondement de celle-ci ;

« 2° Éventuellement, les dommages et intérêts qui seront réclamés en cas d'inexécution de l'injonction de faire. »

Elle est accompagnée des documents justificatifs.

La prescription et les délais pour agir sont interrompus par l'enregistrement au greffe de la requête.

L'art. 12 du Décr. n° 2005-1678 du 28 déc. 2005 est applicable aux procédures en cours (Décr. préc., art. 87, al. 1er, 2e ph.).

L'art. 29 du Décr. n° 2019-1333 du 11 déc. 2019 est applicable aux instances en cours au 1er janv. 2020 (Décr. préc., art. 55-I).

Art. 1425-4 Si, au vu des documents produits, la demande lui paraît fondée, le juge rend une ordonnance portant injonction de faire non susceptible de recours.

Il fixe l'objet de l'obligation ainsi que le délai et les conditions dans lesquels celle-ci doit être exécutée.

L'ordonnance mentionne, en outre, les lieu, jour et heure de l'audience à laquelle l'affaire sera examinée, à moins que le demandeur n'ait fait connaître que l'injonction a été exécutée.

Art. 1425-5 Le greffe notifie l'ordonnance aux parties, par lettre recommandée avec demande d'avis de réception. *(Abrogé par Décr. n° 2015-282 du 11 mars 2015, art. 14)* ***« Il adresse le même jour copie de cette notification par lettre simple. »*** La lettre de notification mentionne les dispositions des articles 1425-7 et 1425-8. — *Sur le Décr. n° 2015-282 du 11 mars 2015, V. Circ. du 20 mars 2015, ss. art. 692-1.*

BIBL. ▸ **Décr. du 11 mars 2015 :** Bléry, *Gaz. Pal. 27 mars 2015, p. 6* (une nouvelle ère pour la procédure civile). – Croze, *JCP 2015. 356* (choix de simplification procédurale ? – A propos du décret n° 2015-282 du 11 mars 2015).

Art. 1425-6 L'ordonnance portant injonction de faire et la requête sont conservées à titre de minute au greffe qui garde provisoirement les documents produits à l'appui de la requête.

Art. 1425-7 Lorsque l'injonction de faire a été exécutée dans les délais impartis, le demandeur en informe le greffe. L'affaire est retirée du rôle.

A défaut d'une telle information et si le demandeur ne se présente pas à l'audience sans motif légitime, le tribunal déclare caduque la procédure d'injonction de faire.

La déclaration de caducité peut être rapportée si le demandeur fait connaître au greffe dans un délai de quinze jours le motif légitime qu'il n'aurait pas été en mesure d'invoquer en temps utile. Dans ce cas, les parties sont convoquées à une audience ultérieure.

Art. 1425-8 Le tribunal, en cas d'inexécution totale ou partielle de l'injonction de faire qu'il a délivrée, statue sur la demande, après avoir tenté de concilier les parties.

Il connaît, dans les limites de sa compétence d'attribution, de la demande initiale et de toutes les demandes incidentes et défenses au fond.

En cas de décision d'incompétence, l'affaire est renvoyée devant la juridiction compétente selon les règles prévues à l'article *(Décr. n° 2017-891 du 6 mai 2017, art. 3, en vigueur le 1er sept. 2017)* « 82 ».

Retour au droit commun. Jugé que le tribunal qui statue sur la demande en vertu de l'al. 1er se prononce alors selon les règles du droit commun et ne peut, en application de l'art. 1142 C. civ., qu'accorder des dommages et intérêts au créancier et non condamner le débiteur à exécuter en nature. • Paris, 10 avr. 1990 : *D. 1990. IR 121 ; RTD civ. 1990. 567, ob s. (crit.) Perrot.* ♦ V. Debeaurain, *Ann. Loyers 1988. 853, n° 32.*

Art. 1425-9 Si le juge rejette la requête, la décision est sans recours pour le requérant, sauf à celui-ci à procéder selon les voies de droit commun. La requête et les documents produits sont restitués au requérant. *(Abrogé par Décr. n° 2013-1280 du 29 déc. 2013, art. 2-II) (Décr. n° 2011-1202 du 28 sept. 2011, art. 8-3°)* ***« Il n'est pas dû de nouvelle contribution pour l'aide juridique par le requérant qui justifie l'avoir acquittée au titre de sa requête en injonction de faire. »***

Le Décr. n° 2011-1202 du 28 sept. 2011 susvisé est abrogé à l'exception du I de son art. 21 (Décr. n° 2013-1280 du 29 déc. 2013, art. 13-I).

L'art. 8 du Décr. n° 2011-1202 du 28 sept. 2011 [abrogé] a été applicable aux instances introduites à compter du premier jour du mois suivant sa publication, soit le 1er oct. 2011 (Décr. préc., art. 21-II [abrogé]).

L'instance est introduite :

a) Lorsque la juridiction est saisie par la remise d'une assignation, par la signification de cette assignation ;

b) Dans le cas de l'injonction de payer ou de l'injonction de payer européenne, par la signification de l'ordonnance portant injonction (Décr. préc., art. 21-II [abrogé]).

Les dispositions de l'art. 2 du Décr. n° 2013-1280 du 29 déc. 2013 entrent en vigueur le 1er janv. 2014 pour les instances introduites à compter de cette date. Les dispositions réglementaires relatives à la contribution pour l'aide juridique demeurent applicables dans leur rédaction en vigueur au 31 déc. 2013 pour les instances introduites jusqu'à cette date (Décr. préc., art. 25).

CHAPITRE III *[ABROGÉ]* LES OFFRES DE PAIEMENT ET LA CONSIGNATION *(Décr. n° 2008-1346 du 17 déc. 2008, art. 2).*

(Abrogé par Décr. n° 2017-892 du 6 mai 2017, art. 31)

RÉP. PR. CIV. v° *Offres de paiement et consignation*, par FRICERO.

BIBL. ► **Décr. du 6 mai 2017 :** BLÉRY, *D. actu. 18 mai 2017.*

Art. 1426 ***Le procès-verbal d'offres réelles désigne la chose offerte ; s'il s'agit d'une somme d'argent, il en précise le montant et le mode de paiement.***

Il indique, dans tous les cas, le lieu où la consignation sera faite si les offres ne sont pas acceptées.

Art. 1427 ***Le procès-verbal fait mention de la réponse, du refus ou de l'acceptation du créancier, et indique s'il a signé, refusé de signer ou déclaré ne pouvoir signer.***

Art. 1428 ***Si le créancier refuse les offres, le débiteur peut, de lui-même, pour se libérer, se dessaisir de la somme ou de la chose offerte, en la consignant avec, le cas échéant, les intérêts jusqu'au jour de la consignation.***

Le tiers saisi qu'une opposition empêche de payer peut se libérer en consignant sans avoir à faire des offres réelles.

L'officier ministériel dresse procès-verbal de la consignation et le signifie au créancier.

Art. 1429 ***Les contestations relatives à la validité des offres ou de la consignation relèvent de la compétence du juge saisi du principal lorsqu'elles sont soulevées incidemment.***

Code monétaire et financier

(Ord. n° 2000-1223 du 14 déc. 2000)

Art. L. 518-17 La Caisse des dépôts et consignations est chargée de recevoir les consignations de toute nature, en numéraire ou en *(Ord. n° 2009-15 du 8 janv. 2009, art. 4-4°)* « titres financiers », prévues par une disposition législative ou réglementaire ou ordonnées soit par une décision de justice soit par une décision administrative.

Art. L. 518-18 Les modalités de dépôt, de conservation et de retrait des valeurs, sont fixées par décret en Conseil d'État.

Art. L. 518-19 Les juridictions et administrations ne peuvent autoriser ou ordonner des consignations auprès de personnes physiques et d'organismes autres que la caisse des dépôts et consignations et autoriser les débiteurs, dépositaires, tiers saisis, à les conserver sous le nom de séquestre ou autrement. Les consignations faites en infraction à ces dispositions sont *nulles et non libératoires*.

Consignation. Il résulte des art. 2203 C. civ., alors applicable, 2, 14°, de l'Ord. du 3 juill. 1816 et L. 518-19 C. mon. fin. que, quand une loi ordonne une consignation sans en indiquer le lieu, les juridictions ne peuvent autoriser de consignations auprès d'organismes autres que la CDC. • Civ. 2e, 6 déc. 2012, n° 11-24.443 P : *D. 2012. Actu. 2976, obs. Avena-Robardet ; Dr. et pr. 2013. 43, note Leborgne.*

Art. L. 518-20 Le directeur général de la Caisse des dépôts et consignations peut décerner ou faire décerner par les préposés de la caisse des contraintes contre toute personne qui, tenue de verser des sommes dans ladite caisse ou dans celle de ses préposés, est en retard de remplir ses obligations. Il est procédé, pour l'exécution desdites contraintes, comme pour celles qui sont décernées en matière d'enregistrement, et la procédure est communiquée aux procureurs près les tribunaux.

Décret du 15 décembre 1875, *portant règlement d'administration publique pour l'exécution de la loi du 28 juillet 1875 relative aux consignations judiciaires.* **Art. 1er** La consignation à la Caisse des dépôts et consignations des titres et valeurs mobilières sous forme nominative ou au porteur, dans les cas prévus par la loi du 28 juillet 1875, est effectuée comme les dépôts de numéraire, à Paris, entre les mains du caissier général ; dans les départements, aux caisses des trésoriers-payeurs généraux et des receveurs particuliers des finances, préposés de la caisse. — Jusqu'à ce qu'il en soit autrement ordonné, la consignation de ces valeurs ne sera reçue ni en Algérie ni dans les colonies.

Art. 2 Les valeurs consignées donnent lieu à la délivrance des récépissés contenant l'indication, dans leur ordre, des numéros des titres. Cette indication n'est pas nécessaire en ce qui concerne les rentes au porteur sur l'État, qui sont immatriculées sans délai, au nom de la Caisse des dépôts et consignations. — Il est délivré autant de récépissés qu'il y a de natures de valeurs. Ces récépissés sont libératoires et forment titre envers la Caisse des dépôts, à la charge, toutefois, par les déposants, de les faire viser et séparer du talon, à Paris, immédiatement, par le contrôleur près la Caisse des dépôts et consignations, et, dans les départements, dans les vingt-quatre heures de leur date, par les préfets et sous-préfets.

……………………………………………………………………………………

Art. 6 La Caisse est chargée de recevoir aux diverses échéances les arrérages, intérêts ou dividendes dus sur les titres consignés ; elle encaisse également, lorsqu'il y a lieu, les sommes provenant du remboursement total ou partiel des titres et des lots et primes qui leur ont été attribués. — Elle n'encaisse les arrérages, dividendes ou intérêts des valeurs étrangères qu'autant que le payement en est effectué en France par des représentants accrédités. En ce qui concerne le capital des valeurs étrangères mentionnées au paragraphe précédent, la Caisse demeure chargée de faire le nécessaire pour en toucher le montant, mais sans qu'elle puisse être, en aucun cas, responsable du non-recouvrement.

Art. 7 La Caisse n'est tenue d'opérer le recouvrement des effets de commerce consignés, que lorsqu'ils ont été régulièrement endossés à son nom ou acceptés par qui de droit, à moins qu'ils ne soient payables au porteur par endossement. — A défaut de payement à l'échéance, elle se borne à faire le protêt et à le dénoncer aux endosseurs, souscripteurs ou autres, dans les délais de la loi. — Il est immédiatement donné avis de l'accomplissement de ces formalités au déposant, et les parties intéressées demeurent chargées des suites de la procédure.

Art. 8 Dans le cas où la négociation des valeurs consignées serait demandée par les parties intéressées ou prescrite par une décision judiciaire passée en force de chose jugée, il y est procédé par le ministère d'un agent de change. — L'ordre de la négociation est donné le lendemain du jour de l'enregistrement de la demande ou de la notification de la décision judiciaire au secrétariat de l'administration.

Art. 9 La restitution à qui de droit des titres et des fonds est opérée dans les conditions de la loi du 28 nivôse an XIII et de l'ordonnance du 3 juillet 1816, au lieu même où le dépôt a été effectué.

CHAPITRE IV LA RECONSTITUTION D'ACTES DÉTRUITS

Le chapitre IV correspond à l'ancien chapitre III ainsi renuméroté par l'art. 2 du Décr. n° 2008-1346 du 17 déc. 2008.

Art. 1430 **La demande en reconstitution de l'original d'un acte authentique ou sous seing privé détruit, en tous lieux, par suite de faits de guerre ou de sinistres est portée**

devant le *(Décr. n° 2019-966 du 18 sept. 2019, art. 8, en vigueur le 1er janv. 2020)* « tribunal judiciaire *[ancienne rédaction : tribunal de grande instance]* ».

Art. 1431 Le tribunal compétent est celui du lieu où l'acte a été établi ou si l'acte a été établi à l'étranger, celui du lieu où demeure le demandeur ; si celui-ci demeure à l'étranger, le *(Décr. n° 2019-966 du 18 sept. 2019, art. 8, en vigueur le 1er janv. 2020)* « tribunal judiciaire *[ancienne rédaction : tribunal de grande instance]* » de Paris.

Art. 1432 La reconstitution d'une décision de justice est effectuée par la juridiction qui l'a rendue.

Art. 1433 La demande est formée, instruite et jugée comme en matière gracieuse.

1. Saisine du juge. Une cour d'appel peut décider, par une interprétation souveraine et nécessaire de lettres réclamant la délivrance d'une copie exécutoire du jugement, qu'une requête a été soumise à la juridiction de sécurité sociale de première instance qui, pour répondre aux réclamations qu'elle contenait, devait statuer sur la reconstitution préalable de la minute, nécessaire pour parvenir à en délivrer une copie exécutoire. • Civ. 2e, 28 janv. 2016, n° 15-10.182 P.

2. Motivation. Le juge pouvant motiver sa décision en se référant aux motifs contenus dans une précédente décision rendue dans la même instance, une cour d'appel décide justement, par une décision motivée, qu'un jugement doit être reconstitué en visant un précédent arrêt dans lequel elle relevait qu'il avait été constaté la perte par le greffe de la minute du jugement à l'occasion du transfert des archives lors de la fusion des deux sections, agricole et générale, du tribunal, et elle retenait exactement que la disparition de l'acte, quelle que soit l'origine, devait être assimilée à un sinistre. • Civ. 2e, 28 janv. 2016, n° 15-10.182 P : *préc. note 1.*

3. Appel. Élévation du contentieux. La procédure de reconstitution d'un jugement ordonnée par la juridiction qui la rendue, gracieuse en première instance, devient contentieuse par l'effet de l'appel du jugement ayant accueilli la requête en reconstitution du jugement détruit, interjeté par la partie n'ayant pas sollicité ladite reconstitution. Les règles propres à la procédure en matière gracieuse ne sont donc pas applicables. • Civ. 2e, 28 janv. 2016, n° 15-10.182 P : *préc. note 1.*

Art. 1434 Le tribunal peut opérer la reconstitution partielle de l'acte dans le cas où la preuve de certaines clauses, se suffisant à elles-mêmes, est seule rapportée.

CHAPITRE V LA DÉLIVRANCE DE COPIES D'ACTES ET DE REGISTRES

Le chapitre V correspond à l'ancien chapitre IV ainsi renuméroté par l'art. 2 du Décr. n° 2008-1346 du 17 déc. 2008.

Art. 1435 Les officiers publics ou ministériels ou les autres dépositaires d'actes sont tenus de délivrer, à charge de leurs droits, expédition ou copie des actes aux parties elles-mêmes, à leurs héritiers ou ayants droit.

Art. 1436 En cas de refus ou de silence du dépositaire, le président du *(Décr. n° 2019-966 du 18 sept. 2019, art. 8, en vigueur le 1er janv. 2020)* « tribunal judiciaire *[ancienne rédaction : tribunal de grande instance]* », saisi par requête, statue, le demandeur et le dépositaire entendus ou appelés.

Art. 1437 La décision est exécutoire à titre provisoire.

L'appel est formé, instruit et jugé comme en matière gracieuse.

Art. 1438 La partie peut obtenir copie d'un acte non enregistré ou imparfait ; elle doit en faire la demande au président du *(Décr. n° 2019-966 du 18 sept. 2019, art. 8, en vigueur le 1er janv. 2020)* « tribunal judiciaire *[ancienne rédaction : tribunal de grande instance]* ». La demande est présentée par requête.

En cas de refus ou de silence du dépositaire de l'acte, il en est référé au président du *(Décr. n° 2019-966 du 18 sept. 2019, art. 8, en vigueur le 1er janv. 2020)* « tribunal judiciaire *[ancienne rédaction : tribunal de grande instance]* ».

Art. 1439 La partie qui veut obtenir la délivrance d'une seconde copie exécutoire d'un acte authentique doit en faire la demande au président du *(Décr. n° 2019-966 du 18 sept. 2019, art. 8, en vigueur le 1er janv. 2020)* « tribunal judiciaire *[ancienne rédaction : tribunal de grande instance]* ». La demande est présentée par requête.

En cas de refus ou de silence du dépositaire de l'acte, il en est référé au président du *(Décr. nº 2019-966 du 18 sept. 2019, art. 8, en vigueur le 1er janv. 2020)* « tribunal judiciaire *[ancienne rédaction : tribunal de grande instance]* ».

Art. 1440 Les greffiers et dépositaires de registres ou répertoires publics sont tenus d'en délivrer copie ou extrait à tous requérants, à charge de leurs droits *(Décr. nº 2020-797 du 29 juin 2020, art. 5-1º)* « et sous réserve que la décision soit précisément identifiée ».

L'art. 5 du Décr. nº 2020-797 du 29 juin 2020 n'est pas applicable en Nouvelle-Calédonie et en Polynésie française (Décr. préc., art. 10).

Art. 1440-1 *(Décr. nº 2020-797 du 29 juin 2020, art. 5-2º)* En cas de refus ou de silence gardé pendant deux mois à compter de la demande, le président du tribunal judiciaire ou, si le refus émane d'un greffier, le président de la juridiction auprès de laquelle celui-ci exerce ses fonctions, saisi par requête, statue, le demandeur entendu ou appelé.

L'appel est formé, instruit et jugé comme en matière gracieuse.

L'art. 5 du Décr. nº 2020-797 du 29 juin 2020 n'est pas applicable en Nouvelle-Calédonie et en Polynésie française (Décr. préc., art. 10).

Art. 1440-1-1 *(Décr. nº 2020-797 du 29 juin 2020, art. 5-2º)* Les éléments permettant d'identifier les personnes physiques mentionnées dans la décision, lorsqu'elles sont parties ou tiers, sont occultés par le greffier préalablement à la remise de la décision si leur divulgation est de nature à porter atteinte à la sécurité ou au respect de la vie privée de ces personnes ou de leur entourage. En tout état de cause, il est procédé à cette occultation lorsqu'elle a été décidée, pour ces personnes, en application des articles R. 111-12 ou R. 111-13.

Ces dispositions ne s'appliquent pas à l'accès aux jugements exercé en application des articles L. 213-1 à L. 213-5 du code du patrimoine.

L'art. 5 du Décr. nº 2020-797 du 29 juin 2020 n'est pas applicable en Nouvelle-Calédonie et en Polynésie française (Décr. préc., art. 10).

Art. 1441 *(Décr. nº 2020-797 du 29 juin 2020, art. 5-3º)* Le recours contre la décision prise en application du premier alinéa de l'article 1440-1-1 est porté, par requête présentée par un avocat, devant le président de la juridiction auprès de laquelle le greffier exerce ses fonctions. Le président statue par ordonnance, le demandeur et les personnes physiques, parties ou tiers, mentionnées dans la décision, si possible entendus ou appelés.

Lorsque la décision contestée concerne un arrêt de la Cour de cassation, le premier président de cette cour statue dans les mêmes conditions.

L'art. 5 du Décr. nº 2020-797 du 29 juin 2020 n'est pas applicable en Nouvelle-Calédonie et en Polynésie française (Décr. préc., art. 10).

CHAPITRE VI LE CONTENTIEUX DE LA PASSATION DES CONTRATS DE DROIT PRIVÉ DE LA COMMANDE PUBLIQUE

(Décr. nº 2009-1456 du 27 nov. 2009, art. 3)

Le Décr. nº 2009-1456 du 27 nov. 2009 est applicable aux contrats en vue desquels une consultation est engagée à partir du 1er déc. 2009 (Décr. préc., art. 33).

Art. 1441-1 Les demandes présentées en vertu des articles 2 à 20 de l'ordonnance nº 2009-515 du 7 mai 2009 relative aux procédures de recours applicables aux contrats de la commande publique sont formées, instruites et jugées *(Décr. nº 2019-1419 du 20 déc. 2019, art. 5-17º)* « selon la procédure accélérée au fond ». *– V. Ord. nº 2009-515 du 7 mai 2009. –* ***C. marchés*** *[devenu CCP].*

Le juge qui envisage de prendre d'office une des mesures prévues aux articles 3, 6 et 15 à 18 de cette ordonnance doit, au préalable, inviter les parties à présenter leurs observations.

Les décisions prises en application des articles 2 à 20 de cette ordonnance sont rendues en dernier ressort. Elles sont susceptibles de pourvoi en cassation dans les quinze

jours de leur notification. – *V. Ord. n° 2009-515 du 7 mai 2009, art. 3, 6 et 15 à 18.* – ***C. marchés*** *[devenu CCP].*

Toutefois, la décision qui liquide une astreinte est susceptible d'un appel dans les quinze jours de sa notification. L'appel est formé, instruit et jugé selon les règles applicables à la procédure ordinaire avec représentation obligatoire.

L'art. 5 du Décr. n° 2019-1419 du 20 déc. 2019 s'applique aux demandes introduites, à compter du 1er janv. 2020 (Décr. préc., art. 24-II).

1. Les personnes qui ont un intérêt à conclure l'un des contrats de la commande publique, de droit privé, énumérés par l'Ord. n° 2009-515 du 7 mai 2009, ayant pour objet l'exécution de travaux, la livraison de fournitures ou la prestation de services, avec une contrepartie économique constituée par un prix ou un droit d'exploitation, et qui sont susceptibles d'être lésées par des manquements aux obligations de publicité et de mise en concurrence auxquelles elles sont soumises peuvent saisir le juge d'un recours en contestation de la validité du contrat, conformément aux art. 1441-1 et suivants. Manque de base légale la décision qui dit n'y avoir lieu à référé contractuel de la commande publique, aux motifs que l'accord-cadre dont il s'agit relève de l'art. 242 *septies* CGI et s'inscrit dans un régime spécifique de mise en concurrence devant être défini par un décret en Conseil d'État qui n'a toujours pas été publié, sans rechercher si le contrat ne correspondait pas à un contrat de droit privé ayant pour objet l'exécution de travaux, la livraison de fournitures ou la prestation de services, avec une contrepartie économique constituée par un prix ou un droit d'exploitation et si par ailleurs le statut du pouvoir adjudicateur dont il s'agit ne plaçait pas cet accord-cadre dans le champ des contrats de la commande publique. • Com. 25 juin 2013, n° 12-21.335 P : *AJDA 2013. 2238*.

2. Les décisions relatives aux contrats de droit privé de la commande publique visées à l'art. 1441-1 doivent être notifiées par voie de signification, ce texte ne prévoyant pas que la notification de ces décisions incombe au greffe de la juridiction qui les a rendues, et l'acte de signification doit être produit avant l'expiration du délai prévu à l'art. 978, à peine d'irrecevabilité du pourvoi conformément aux art. 611-1 et 979. • Com. 10 déc. 2013, n° 13-10.441 P : *D. 2014. Actu. 15* • 10 déc. 2013, n° 12-25.808 P : *D. 2014. Actu. 16*.

Art. 1441-2 **I. – Le juge statue dans un délai de vingt jours sur les demandes qui lui sont présentées en vertu des articles 2 et 5 de l'ordonnance mentionnée ci-dessus.**

II. – Le juge ne peut statuer sur ces demandes avant le seizième jour suivant la date d'envoi de la décision d'attribution du contrat aux opérateurs économiques ayant présenté une candidature ou une offre. Ce délai est ramené au onzième jour lorsque le pouvoir adjudicateur ou l'entité adjudicatrice justifie que la décision d'attribution du contrat a été notifiée par voie électronique à l'ensemble des opérateurs économiques intéressés.

Dans le cas des demandes présentées avant la conclusion de contrats mentionnés au premier alinéa de l'article 13 de la même ordonnance, le juge ne peut statuer avant le onzième jour à compter de la publication de l'intention de conclure le contrat.

III. – Le procureur de la République agit d'office dans le cas prévu par l'article 9 de l'ordonnance précitée. – *V. Ord. n° 2009-515 du 7 mai 2009, art. 2 à 5, et 13.* – ***C. marchés*** *[devenu CCP].*

Art. 1441-3 **I. –** *(Décr. n° 2016-360 du 25 mars 2016, art. 181-1°-a, en vigueur le 1er avr. 2016)* **« La juridiction peut être saisie du recours prévu à l'article 11 de l'ordonnance mentionnée ci-dessus au plus tard le trente et unième jour suivant la publication au *Journal officiel* de l'Union européenne d'un avis d'attribution du contrat, établi conformément au modèle fixé par le règlement de la Commission européenne établissant les formulaires standard pour la publication d'avis en matière de marchés publics et de contrats de concession, ou, pour les marchés fondés sur un accord-cadre ou un système d'acquisition dynamique, suivant la notification de la conclusion du contrat. Le délai ne court que si cette notification mentionne le nom du titulaire et les motifs ayant conduit au choix de son offre. »**

En l'absence de la publication d'avis ou de la notification mentionnées à l'alinéa qui précède, la juridiction peut être saisie jusqu'à l'expiration d'un délai de six mois à compter du lendemain du jour de la conclusion du contrat.

II. – Le juge statue dans un délai d'un mois sur les demandes qui lui sont présentées en vertu de l'article 11 de l'ordonnance n° 2009-515 du 7 mai 2009 relative aux pro-

cédures de recours applicables aux contrats de la commande publique. – *V. Ord. n° 2009-515 du 7 mai 2009, art. 11. – **C. marchés** [devenu CCP].*

(Décr. n° 2016-360 du 25 mars 2016, art. 181-1°-b) **« III. – Pour son application à Saint-Barthélemy, à Saint-Pierre-et-Miquelon, dans les îles Wallis-et-Futuna et dans les Terres australes et antarctiques françaises, le I est ainsi rédigé :**

« *["]* **I. – La juridiction peut être saisie au plus tard le trente et unième jour suivant la publication d'un avis d'attribution du contrat dans le support qui a été utilisé à titre principal pour la publicité préalable ou, pour les marchés fondés sur un accord-cadre ou un système d'acquisition dynamique, suivant la notification de la conclusion du contrat. Le délai ne court que si cette notification mentionne le nom du titulaire et les motifs ayant conduit au choix de son offre.** *["]* **»**

L'art. 181 du Décr. n° 2016-360 du 25 mars 2016 s'applique aux marchés publics pour lesquels une consultation est engagée ou un avis d'appel à la concurrence est envoyé à la publication à compter de sa date d'entrée en vigueur. Il ne s'applique pas aux marchés passés sur le fondement d'un accord-cadre ou dans le cadre d'un système d'acquisition dynamique lorsque la procédure en vue de la passation de cet accord-cadre ou de la mise en place de ce système d'acquisition dynamique a été engagée avant cette date (Décr. préc., art. 188, al. 2 et 3).

Art. 1441-3-1 *(Décr. n° 2016-360 du 25 mars 2016, art. 181-2°)* **I. – Pour pouvoir se prévaloir des dispositions du premier alinéa de l'article 13 de l'ordonnance** *[n° 2009-515]* **du 7 mai 2009 mentionnée ci-dessus, le pouvoir adjudicateur ou l'entité adjudicatrice publie au *Journal officiel* de l'Union européenne un avis, conforme au modèle fixé par le règlement de la Commission européenne établissant les formulaires standard pour la publication d'avis en matière de marchés publics et de contrats de concession, relatif à son intention de conclure un contrat. Il respecte un délai d'au moins onze jours entre la date de publication de cet avis et la date de conclusion du contrat.** *– V. Ord. n° 2009-515 du 7 mai 2009, art. 13. – **C. marchés** [devenu CCP].*

Pour pouvoir se prévaloir, s'agissant des marchés fondés sur un accord-cadre ou un système d'acquisition dynamique, des dispositions du second alinéa du même article, le pouvoir adjudicateur ou l'entité adjudicatrice notifie aux titulaires de l'accord-cadre ou aux participants au système d'acquisition dynamique le nom du titulaire et les motifs qui ont conduit au choix de son offre et respecte un délai d'au moins seize jours entre la date d'envoi de cette notification et la date de conclusion du marché. Ce délai est réduit à au moins onze jours en cas de transmission électronique de la notification à l'ensemble des titulaires intéressés.

II. – Pour son application à Saint-Barthélemy, à Saint-Pierre-et-Miquelon, dans les îles Wallis-et-Futuna et dans les Terres australes et antarctiques françaises, le I est ainsi rédigé :

["] **I. – Pour pouvoir se prévaloir des dispositions du premier alinéa de l'article 13 de l'ordonnance du 7 mai 2009 mentionnée ci-dessus, le pouvoir adjudicateur ou l'entité adjudicatrice publie au *Journal officiel* local un avis relatif à son intention de conclure un contrat. Il respecte un délai d'au moins onze jours entre la date de publication de cet avis et la date de conclusion du contrat.** *["] – V. Ord. n° 2009-515 du 7 mai 2009, art. 13. – **C. marchés** [devenu CCP].*

Sur l'entrée en vigueur de l'art. 1441-3-1 dans sa rédaction issue du Décr. n° 2016-360 du 25 mars 2016, V. note ss. art. 1441-3.

TITRE CINQUIÈME LA SÉCURITÉ SOCIALE ET L'AIDE SOCIALE

(Décr. n° 2018-928 du 29 oct. 2018, en vigueur le 1er janv. 2019)

Art. 1441-4 **Les dispositions particulières aux demandes dont connaissent les** *(Décr. n° 2019-966 du 18 sept. 2019, art. 8, en vigueur le 1er janv. 2020)* **« tribunaux judiciaires** *[ancienne rédaction : tribunaux de grande instance]* **» et les cours d'appel spécialement désignés en application des articles L. 211-16, L. 311-15 et L. 311-16 du code de l'organisation judiciaire sont prévues au chapitre 2 du titre IV du livre Ier (partie réglementaire) du code de la sécurité sociale.**

LIVRE QUATRIÈME **L'ARBITRAGE**

(Décr. nº 2011-48 du 13 janv. 2011, art. 1er et 2, en vigueur le 1er mai 2011)

Le Décr. nº 2011-48 du 13 janv. 2011 est applicable dans les îles Wallis-et-Futuna (Décr. préc., art. 4).

BIBL. ▸ **Généralités :** BOISSESON (DE), Le droit français de l'arbitrage, *éd. GLN-Joly, 1990.* – BUCHMAN et LOQUIN, *Gaz. Pal. 2008. Doctr. 2893* (préférez l'arbitrage !). – CANTEGREIL, *APD 2009. 291* (le développement conceptuel de la pratique arbitrale). – CAPRASSE et ZIADE, *Rev. arb. 2014. 593* (confidentialité de la procédure). – CHEVALLIER, *Just. et cass. 2008. 57* (l'accès au juge et l'arbitrage). – CLAY, L'arbitre, *Dalloz 2001 ; LPA 2 oct. 2003, p. 4* (efficacité de l'arbitrage). – Collectif, L'administration de la preuve en matière d'arbitrage, *Bruylant 2009.* – DEBEAURAIN, FAU et PORTE, *Ann. loyers 1990. 320* (réglementation de l'arbitrage). – DELEBECQUE, *Just. et cass. 2010. 150* (le juge face à l'arbitrage et à la conciliation). – DELVOLVÉ, *Gaz. Pal. 1995. 1. Doctr. 473* (le droit à l'arbitre) ; *Rev. arb. 1996. 373* (petits et grands secrets de l'arbitrage) ; *LPA 11 sept. 2008, numéro spécial, p. 16* (trente ans d'arbitrage). – DEPONDT, *JCP 2015. 429* (de l'intérêt de recourir à l'arbitrage et à la conciliation) ; *JCP N 2015. 1151* (la mise en œuvre des procédures d'arbitrage et de conciliation). – DUPEYRON et VALENTIN, *Rev. arb. 2014. 910* (maîtriser les conséquences de la présence du tiers financeur sur la procédure à travers le contrat de financement). – FADALLAH, *Just. et cass. 2007. 48* (le temps dans la procédure arbitrale) ; L'Europe contre l'arbitrage ?, *Mél. en l'honneur de L. Aynès, LGDJ 2019, p. 241.* – FONTMICHEL (DE), *Rev. arb. 2008. 641* (arbitrage et actions de groupe – les leçons nord-américaines). – FOUCHARD, *Mél. Roblot, LGDJ, 1984, p. 63* (l'arbitrage commercial et le législateur) ; *Rev. arb. 1992. 523* (Motulsky et l'arbitrage) ; *RID Comp. 1996 nº spéc. 383* (tendances actuelles). – GAVALDA et LUCAS DE LEYSSAC, *Dalloz 1993.* – GRANDJEAN, *RDC 2010. 491* (l'imprévision dans l'arbitrage). – HASCHER, *Rev. arb. 2005. 391* (influence de la doctrine sur la jurisprudence en matière d'arbitrage). – HORSMANS, *Gaz. Pal. 2004. 1. Doctr. 1573* (propos insolites sur l'efficacité arbitrale). – JACQUET, *Rev. arb. 2010. 445* (avons-nous besoin d'une jurisprudence arbitrale ?). – JARROSSON, La notion d'arbitrage, *LGDJ 1987 ; Rev. arb. 2001. 5* (les frontières de l'arbitrage). – KHATCHADOURIAN, *RJ. com. 2002. 212* (arbitrage à deux vitesses). – KIFFER, *APF 2009. 181* (l'arbitre, l'avocat et le juge). – LARROUMET, *Gaz. Pal. 14 déc. 2006, p. 5* (à propos de la jurisprudence arbitrale). – LAZAREFF, *Mél. Reymond, Litec, 2004, p. 173* (l'arbitre est-il un juge ?). – LOQUIN, *LPA 2 oct. 2003, p. 13* (garanties de l'arbitrage) ; *Mél. Ponsard, Litec, 2003, p. 213* (à la recherche de la jurisprudence arbitrale) ; *Mél. Normand, Litec, 2003, p. 339* (les illusions perdues du contrôle de l'arbitrabilité du litige international) ; *Rev. arb. 2006. 323* (obligations de confidentialité dans l'arbitrage) ; *Rev. arb. 2018. 319* (la traduction dans l'arbitrage international). – MAYER, *Mél. Catala, Litec, 2001* (l'arbitre et la loi) ; *Rev. arb. 2005. 361* (faut-il distinguer arbitrage interne et arbitrage international ?). – MOTULSKY, *Écrits, t. II : Études et notes sur l'arbitrage, Dalloz 1974.* – OPPETIT, Théorie de l'arbitrage, *PUF, 1998 ; Mél. Bellet, Litec, 1991, p. 415* (justice étatique et justice arbitrale). – PELLERIN, *Gaz. Pal. 17 oct. 2006, p. 5* (monisme ou dualisme de l'arbitrage) ; Le nouveau code de procédure civile (1975-2005), *Economica, 2006, p. 385* (arbitrage et nouveau Code de procédure civile). – PERROT, *Rev. arb. 1980. 642* (application des règles de l'arbitrage du NCPC) ; *LPA 2 oct. 2003, p. 32* (l'arbitrage, une autre justice ?). – PHILIPPE et BLONDEAU, *D. Affaires 1999. 1097* (tactiques dilatoires). – PINA, *Gaz. Pal. 14-16 déc. 2008, p. 6* (réflexions sur l'arbitrage forcé). – PINSOLLE, *Rev. arb. 2011. 385* (le financement de l'arbitrage par les tiers). – POUDRET, *BICC 15 déc. 2003, p. 3* (originalité du droit français de l'arbitrage au regard du droit comparé). – PORTWOOD et PINNA, *JCP 2009. 340* (l'arbitrage *fast-track*). – PRUJINER, *Rev. arb. 2005. 63* (arbitrage unilatéral). – RIVIER, *Justices 1995. nº 1. 274* (justice arbitrale) ; *Mél. S. Guinchard, Dalloz 2010, p. 837* (justice étatique, justice arbitrale – l'exigence de loyauté procédurale, entre diligence, cohérence et compétence). – RACINE, Droit de l'arbitrage, Thémis, *1re, éd., PUF 2016.* – RAU et PEDAMON, *Rev. arb. 2001/2. 451* (la contractualisation de l'arbitrage). – RUBELLIN-DEVICHI, L'arbitrage : nature juridique, droit interne et droit international privé, *LGDJ, 1965.* – TERNIER, *Rev. arb. 2011. 653* (la légitimité de l'arbitrage). – SERAGLINI et ORTSCHEIDT, Droit de l'arbitrage interne et international, *Montchrestien, 2013* – TERRE, *Mél. Reymond, Litec, 2004, p. 309* (l'arbitrage, essence du juridique) ; *APD 2009. 213* (l'arc-en-ciel et le droit : quelques observations vingt ans après un arbitrage – aff. du Rainbow-Warrior). – TRAIN, *Rev. arb. 2013. 746* (impécuniosité d'une partie) – VALENCIA, *Rev. arb. 2007. 45* (parties faibles et accès à la justice en matière d'arbitrage). – VAN HECKE, *Rev. arb. 1992. 193* (perspectives d'évolution). – WALD, *Mél. Ph. Malinvaud, Litec 2007, p. 715* (l'arbitrage : entre efficacité et éthique). – WEILLER, *Procédures 2015, Étude 3* (vingt ans de droit de l'arbitrage). – ZARKALAN, *RG proc. 1998. 589* (« med-arb »).

▸ **Approche sectorielle :** ABDELGAWAD, Arbitrage et droit de la concurrence, *LGDJ, 2001.* – AFFAKI, *Banque et Dr. 1-2/2004. 3* (le banquier et l'arbitrage). – ANCEL, *Rev. arb. 1983. 255 ; ibid.*

1987. 127 (arbitrage et procédures collectives) ; *ibid. 2001. 269* (arbitrage et ordre public fiscal) ; *ibid. 2012. 3* (arbitrage et compensation). – M. Audit, *Rev. arb. 2004. 541* (le contrat de partenariat ou l'essor de l'arbitrage en matière administrative). – Beguin, *Mél. Robert, LexisNexis, p. 43* (instances arbitrales et instances pénales). – J.-P. Bertrel et M. Bertrel, *Dr. et patr., janv. 2008, p. 30* (arbitrage et garantie de passif : la commercialité de l'acquisition de contrôle). – Bigot, *Mél. Lambert, Dalloz 2002, p. 15* (arbitrage et assurance). – Bolze, *RGDA 2010. 841* (l'intégration du procès par l'assureur – le procès, risque à éviter : les modes alternatifs de règlement des litiges). – Boucobza, *Dr. et patr. 6/2002, p. 73* (arbitrage en matière financière). – Catala, *Rev. arb. 1994. 279* (arbitrage et patrimoine familial). – Chilstein, *Rev. arb. 2009. 3* (droit pénal et arbitrage). – Choisez et Job, *RGDA 2013. 501* (contentieux en matière d'assurance : quel règlement d'arbitrage choisir ?). – Clay, *Gaz. Pal. 28-29 mai 2003, p. 10* (arbitrage et environnement). – Courteois-Champenois, *Rev.arb.2003. 349* (l'arbitrage des litiges en droit du travail). – Cozian, *Rev. arb. 2001. 289* (arbitrage et incidences fiscales des clauses de garantie de passif). – Croze et Reinhard, *JCP E 2005, p. 612* (procédures collectives et arbitrage : conseils pratiques). – David, *Mél. Marty, 1978, p. 383* (l'arbitrage en droit civil, technique de régulation des contrats). – Delebecque, *Dr. et patr. 5/2002, p. 46* (arbitrage et droit de la consommation). – Derains, *Gaz. Pal. 2003. 1. Doctr. 1520* (arbitrage et droit de la concurrence : l'arbitre, la Commission et la Cour, questions de procédure). – Dossier, *RGDA 2012. 163* (risque, assurance et arbitrage) ; *Rev. arb. 2017. 5* (le contrat devant l'arbitre à l'épreuve de la réforme française du droit des contrats) ; *RDP 2017. 1143* (personnes publiques et arbitrage). – Eberl, *Gaz. Pal. 11-13 mai 2003, p. 46* (l'arbitrage et le cinéma). – Fages et Rossi, *Gaz. Pal. 18-19 déc. 2002, p. 29* (matière financière). – Friocourt, *APD 2009. 223* (arbitrage et propriété intellectuelle). – Gaudemet, *Dr. et patr. 6/2002, p. 83* (arbitrage et droit public). – Gautier, *Dr. et patr. 6/2002, p. 88* (arbitrage et internet). – Gelinas, *Gaz. Pal. 2002. Doctr. 933* (règlement des différends relatifs à l'adressage internet). – Hagopian, *RGAT 1981. 356* (arbitrage en matière de réassurance). – Hanotiau, *Gaz. Pal. 2002. 2. Doctr. 1762* (arbitrage et groupes de sociétés). – Henry, *Cah. arb. 2015. 313* (responsabilité de l'arbitre). – Idot, *D. 2007. Chron. 2681* ✎ (place de l'arbitrage dans la résolution des litiges en droit de la concurrence). – Jacquin, *Gaz. Pal. 21 nov. 2017, p. 53* (arbitrage et baux commerciaux). – Jeuland, *Dr. et pr. 2007. 262* (arbitrage en ligne et procès virtuel : pour le principe de présence). – Josselin-Gall, *Dr. et patr. 6/2002, p. 63* (arbitrage et propriétés intellectuelles). – Laude, *Dr. et patr. 5/2002, p. 80* (l'arbitrage en matière médicale). – Le Gall, *Rev. arb. 2001. 371* (arbitrage et fiscalité : rapport de synthèse). – Lemaire, *Rev. arb. 2017. 175* (arbitrage d'investissement et Union européenne). – Leroy, *Dr. et patr. 9/2009, p. 44* (assurance-vie, transformation du contrat, antériorité fiscale et arbitrage). – Lesguillons, *Gaz. Pal. 2003. 1. Doctr. 1495* (l'arbitre face au droit de la concurrence). – Liebscher, *Gaz. Pal. 2003. 1. Doctr. 1501* (arbitrage dans les procédures de contrôle des concentrations). – Loquin, *Rev. arb. 1994. 235* (arbitrage et cautionnement). – Mallet-Bricout, *Dr. et patr. 5/2002, p. 59* (arbitrage et droit de la famille). – P. Mayer, L'arbitrage et les sanctions économiques, *Mél. en l'honneur de L. Aynès, LGDJ 2019, p. 371*. – Moreau, *Rev. arb. 2005. 1107* (loi de sauvegarde des entreprises et arbitrage) ; *RJ com. 2006. 64* (arbitrage et efficacité de la garantie de passif). – Normand, *Rev. arb. 1982. 169* (conflits individuels du travail et arbitrage). – Olivier, *Dr. et patr. 5/2002, p. 52* (arbitrage et droit du travail). – Paillusseau, *Dr. et patr. 1/2008, p. 60* (arbitrage et garantie de passif : l'arbitre et le prix de la cession de contrôle). – Portwood et Fadlallah, *Dr. et patr. 1/2008, p. 74* (arbitrage et garantie de passif : questions de preuve et de procédure). – Reboul-Maupin, *Dr. et patr. 5/2002, p. 69* (arbitrage et bail). – Reinhard, *LPA 15 mai 1996, p. 10* (arbitrage et sociétés). – Renders, Devolvé et Tanquere (ss. dir.), L'arbitrage en droit public, *CECA, tome 31, Bruyant 2010, préf. de B. Hanotiau*. – Rivier, *Dr. et pr. 2005. 198* (arbitrage et droit des procédures civiles d'exécution). – Robert, *Rev. arb. 1982. 169* (conflits individuels du travail et arbitrage après la loi du 6 mai 1982). – Scholastique, *Dr. et patr. 6/2002, p. 52* (arbitrage et droit des sociétés). – Seguin, *Gaz. Pal. 1966. 1. Doctr. 1* (copropriété et arbitrage). – Simon, *Rev. arb. 1995. 185* (arbitrage des conflits sportifs). – Slim, *RGDA 2010. 582* (l'intégration de l'assureur dans le procès). – Tricot et Paclot, *Dr. et patr. 1/2008, p. 50* (garantie de passif : pourquoi choisir la voie de l'arbitrage ?). – Viandier, *Rev. arb. 1997. 439* (arbitrage et garanties du passif). – Vidal, *Gaz. Pal. 2009. Doctr. 2996* (procédure collective et procédure d'arbitrage : quelle rencontre ?). – Vilmart et Fourgoux, *Gaz. Pal. 2003. 1. Doctr. 1515* (arbitrage et règlement CE 1400/2002 relatif à la distribution automobile).

▶ **Décr. du 13 janv. 2011 :** M.-E. Ancel, *Arbitraje : Revista de arbitraje comercial y de inversiones 2011. 727* (le nouveau droit français de l'arbitrage : le meilleur de soi-même). – Béguin, Ortscheidt et Seraglini, *JCP 2011. 322* (un second souffle pour l'arbitrage. Arbitrage interne) ; *ibid. 467* (un second souffle pour l'arbitrage. Arbitrage international). – Bollée, *Rev. crit. DIP 2011. 553* ✎ (arbitrage international). – Broussolle, *LPA 6 avr. 2011, p. 15* (réforme de l'arbitrage). – CLAY, *JDI 2011. 611* (commentaire article par article). – CLAY et NAJAR, *Gaz. Pal. 13-15 févr. 2011, p. 6* (regards croisés d'un arbitre et d'un directeur juridique). – GAILLARD et DE LAPASSE, *D. 2011. 175* (le nouveau droit français de l'arbitrage interne et international). – GAILLARD, *Dr. et patr. 2/2011. 18* (faveur à l'arbitrage). – JARROSSON, *Arbitraje : Revista de arbitraje comercial y de inversiones 2011. 717* (les principales tendances du droit français de l'arbitrage international). – JARROSSON et PELLERIN, *Rev. arb. 2011. 5*. – KLEIMAN et SPINELLI, *Gaz. Pal. 26-27 janv. 2011, p. 9* (la réforme de l'arbitrage, sous le double signe de la lisibilité et de l'efficacité). – B. LE BARS, *JCP 2011. Actu. 67* (un nouveau pas vers un pragmatisme en marche). – LOQUIN, *RTD com. 2013. 471* (application dans le temps). – P. MAYER, *Dr. et patr. 5/2011, p. 30* (entrée en vigueur d'une procédure plus efficace). – NOURRISSAT, *Procédures 2011. Étude 3*. – NOTTE, *JCP E 2011. Actu. 26*. – Rapport au Premier ministre relatif au Décr. n° 2011-48 du 13 janv. 2011, *JO 14 janv.*

▸ **Réformes antérieures au Décr. du 13 nov. 2011 :** BEGUIN, Journées de la société de législation comparée, *1983, p. 359* (décret du 12 mai 1981). – BELLET et MEZGER, *Rev. crit. DIP 1981. 611* (arbitrage international dans le NCPC). – BERTIN, *Gaz. Pal. 1982. 1. Doctr. 289* (nouvelles voies de recours – décret du 12 mai 1981). – CLAY, *LPA 24-25 mars 2008, p. 3* (arbitrage pour les personnes morales de droit public : le grand bazar). – CORNU, *Rev. arb. 1980. 503* (décret du 14 mai 1980). – COURREGES et VEROT, *RFDA 2007. 489* (arbitrage des litiges intéressant les personnes publiques). – DEGOS, *Rev. arb. 2005. 226* (Décret du 23 déc. 2004). – DELVOLVÉ, *Rev. arb. 2006. 491* (présentation du texte proposé par le Comité français de l'arbitrage pour une réforme du droit de l'arbitrage). – FOUCHARD, *Rev. arb. 1992. 199 et 381* (questions et suggestions ; perspectives d'évolution). – FRAIKIN et BOQUET, *Gaz. Pal. 1982. 2. Doctr. 503* (réforme des recours – décret du 12 mai 1981). – LEMAIRE, JARROSSON et RICHER, *AJDA 2008. 617* (pour un projet viable de réforme de l'arbitrage en droit administratif). – LEVEL, *JCP 1981. I. 9540* (réforme de l'arbitrage interne – décret du 12 mai 1981) ; *Dr. mar. fr. 1982. 378* (réforme des recours – décret du 12 mai 1981). – LEVEL, *JCP 1981. I. 9899* (réforme de l'arbitrage international – décret du 12 mai 1981). – PELLERIN, *Rev. arb. 2006. 287* (décret de procédure du 28 déc. 2005 et droit de l'arbitrage). – PERROT, *Travaux comité fr. DIP 1981-1982, éd. CNRS, 1985, p. 53* (réforme de l'arbitrage international – décret du 12 mai 1981) ; *Bull. ch. avoués 1982. 1. 1* (voies de recours – décret du 12 mai 1981). – ROBERT et MOREAU, *Rev. arb. 1980. 189* (réforme). – ROBERT, *Rev. arb. 1981. 449* (réforme de l'arbitrage – décret du 12 mai 1981). – VAN HECKE, *Rev. arb. 1992. 193* (perspectives d'évolution).

▸ **Histoire :** CARBONNEAU, *RID Comp. 1984. 727* (étude historique et comparée). – DAVID, *Mél. R. Savatier, Dalloz 1965, p. 218* (arbitrage du XIXe et du XXe siècles). – HILAIRE, *Rev. arb. 2000. 187* (arbitrage et période moderne : XVIe-XVIIIe siècles). – HUMBERT et DE LOYNES DE FUMICHON, *Rev. arb. 2003. 285* (l'arbitrage à Rome). – JALLAMION, *Rev. arb. 2005. 3* (arbitrage et pouvoir politique en France du XVIIe au XIXe siècles). – JALLAMI, *Rev. arb. 2015. 739* (jurisprudence et arbitrage 1843-1958). – JEANCLOS, *Rev. arb. 1999. 417* (pratique de l'arbitrage du XIIe au XVe siècles). – LEFEBVRE-TEILLARD, *Rev. arb. 2006. 5* (arbitrage en droit canonique) ; *APD 2009. 1* (l'arbitrage de l'histoire). – MARELLA, *Rev. arb. 2002. 263* (l'arbitrage à Venise : XIIe-XVIe siècles). – ROEBUCK, *Rev. arb. 2002. 535* (arbitrage en droit anglais avant 1558).

▸ **Droit comparé et droits étrangers :** ASFAR, *Rev. arb. 2006. 617* (droit taïwanais de l'arbitrage depuis la loi du 24 juin 1998). – BABITCHEV, *Rev. arb. 2002. 801 ; ibid. 2003. 257* (Fédération de Russie : nouveaux textes). – BACHAND, L'intervention du juge canadien avant et après un arbitrage commercial international, *LGDJ, 2006*. – BANIFATEMI, *Rev. arb. 2003. 1195* (nouveau droit de l'arbitrage interne aux États-Unis). – BOUCHER, *Dr. et patr. 2/2007, p. 10* (l'arbitrage en Asie-Pacifique, une activité d'avenir). – CHAN, *Rev. arb. 2004. 149* (droit de l'arbitrage à Singapour). – CHEDLY, *JDI 2009. 1139* (droit tunisien). – CONNAN, *LPA 13 déc. 2007, p. 21* (dispositifs de médiation et d'arbitrage aux États-Unis). – EL-AHDAB, *Rev. arb. 2002. 301* (nouvelle loi jordanienne sur l'arbitrage). – GAILLARD, *Rev. arb. 2005. 375* (du bon usage du droit comparé dans l'arbitrage international). – GARCIA DE PAREDES, *Gaz. Pal. 21-22 nov. 2007, p. 27* (l'annulation des sentences arbitrales en Espagne). – GAUDEMET, *Rev. arb. 2002. 883* (arbitrage de droit public au Maroc). – GIOVANNUCCI ORLANDI, *Rev. arb. 2001. 485* (arbitrage en matière de travaux publics en Italie). – KOUTEEVA-VATHELOT, *Rev. arb. 2002. 33* (évolution récente de l'arbitrage commercial international en Fédération de Russie). – KREINDLER et SCHAEFER, *Rev. arb. 2003. 495* (*Allemagne : les cinq* premières années d'application de la nouvelle législation). – MAISONNEUVE, *Rev. arb. 2005. 101* (droit américain de l'arbitrage et théorie de l'*unconscionability*). – MANTILLA-SERRANO, *Rev. arb. 2004. 225* (nouvelle loi espagnole du 23 déc. 2003 sur l'arbitrage) ; *ibid. 2005. 561* (arbitrage en Amérique latine : quelques réformes récentes). – NAJJAR, L'arbitrage dans les pays arabes face aux exigences du commerce international, *LGDJ, 2004*. – NAMMOUR, *CCE 2006. Étude 1* (arbitrage et propriétés intellectuelles en droit libanais : éléments de comparaison avec le droit français). – OZDEMIR KOCASAKAL, *Rev. arb. 2003.*

1213 (évolution du droit turc en matière d'arbitrabilité des contrats d'État). – Poudret, *BICC 15 déc. 2003, p. 3* (originalité du droit français de l'arbitrage au regard du droit comparé). – Rajcevic, *Rev. arb. 2006. 1091* (loi sur l'arbitrage de la République de Serbie). – Reiner, *Rev. arb. 2006. 401* (réforme du droit autrichien de l'arbitrage par la loi du 13 janv. 2006). – Salah, *Rev. arb. 2001. 707* (code mauritanien de l'arbitrage). – Schaefer, *Rev. arb. 2001. 625* (nouvelle loi indonésienne sur l'arbitrage). – Sevig, *Rev. arb. 2002. 217* (nouvelle législation turque sur l'arbitrage international). – Simont, *Mél. Reymond, Litec, 2004, p. 295* (motivation des sentences arbitrales en droit belge). – van Compernolle et Tarzia (dir.), L'impartialité du juge et de l'arbitre : étude de droit comparé, *Bruylant, 2006*. – Yamamoto, *Rev. arb. 2004. 829* (nouvelle loi japonaise sur l'arbitrage).

▸ **Panoramas :** Clay, *D. 2019. 2435* . *ibid. 2018. 2448* ; *ibid. 2017. 2559* ; *ibid. 2016. 2589* ; *ibid. 2015. 2588* ; *ibid. 2014. 2541* ; *ibid. 2013. 2936* ; *ibid. 2012. 2991* ; *ibid. 2011. 3023* ; *ibid. 2010. 2933* ; *ibid. 2009. 2959* ; *ibid. 2008. 3111* ; *ibid. 2006. 3026* ; *ibid. 2005. 3050* . – Jourdan-Marques, *D. actu. 27 févr. 2020 ; ibid. 6* *janv. 2020 ; ibid. 29* *oct. 2019 ; ibid. 23* *juill. 2019 ; ibid. 7* *juin 2019 ; ibid. 6* *mars 2019 ; ibid. 29* *janv. 2019 ; ibid. 24* *déc. 2018*.

TITRE PREMIER L'ARBITRAGE INTERNE

RÉP. PR. CIV. v° *Arbitrage en droit interne*, par Moreau.

RÉP. COM. v° *Arbitrage commercial*, par Moreau.

RÉP. CIV. v° *Compromis-Clause compromissoire*, par Moreau.

BIBL. GÉN. ▸ Étienne, *BICC hors série, 2003, n° 2, p. 11* (arbitrage interne : panorama de jurisprudence et interrogations de la 2e chambre civile).

▸ **Convention d'arbitrage :** V. bibl. ss. chap. I.

▸ **Tribunal arbitral :** V. bibl. ss. chap. II.

▸ **Instance arbitrale :** V. bibl. ss. chap. III.

▸ **Sentence arbitrale :** V. bibl. ss. chap. IV.

▸ **Exequatur :** V. bibl. ss. chap. V.

▸ **Voies de recours :** V. bibl. ss. chap. VI.

CHAPITRE PREMIER LA CONVENTION D'ARBITRAGE

RÉP. COM. v° *Arbitrage commercial*, par Moreau.

RÉP. CIV. v° *Compromis-Clause compromissoire*, par Moreau.

BIBL. ▸ Ancel, *Rev. arb. 2002. 3* (arbitrage et novation). – Arnaldez, *Mél. Bellet, 1991, p. 1* (acte déterminant la mission de l'arbitre). – Barbet et Roscher, *Rev. arb. 2010. 45* (les clauses de résolution des litiges optionnelles). – Barnaud, L'efficacité des clauses relatives aux litiges, *Versailles 2009* (thèse dactyl.). – Beguin, *Mél. Bigot, LGDJ 2010, p. 15* (l'extension de la clause compromissoire au destinataire dans le transport maritime). – Bermann, *APD 2009. 121* (le rôle respectif des cours et des arbitres dans la détermination de la compétence arbitrale). – Bernheim-Desvaux, *CCC 2011. Formule 4* (clause compromissoire). – Bertin, *Gaz. Pal. 1980. 2. Doctr. 520* (référé et nouvel arbitrage). – Boillot, *RTD com. 2013. 1* (le régime des clauses relatives au litige). – Bollee, *Rev. arb. 2005. 917* (clause compromissoire et droit commun des conventions). – Boucaron-Nardetto, Le principe de compétence – compétence en droit de l'arbitrage, PUAM *2013 (ss. dir. J.-B. Racine) ; Cah. arb. 2013. 37* (principe compétence-compétence). – Cachard, *Rev. arb. 2006. 893* (le contrôle de la nullité ou de l'inapplicabilité manifeste de la clause compromissoire). – Castel et Reignie, *Dr. et patr. 1/2008, p. 55* (clause compromissoire et garantie de passif : de quelques choix fondamentaux). – Couchez, *Rev. arb. 1986. 155* (référé et arbitrage). – Ditchev, *Rev. 1981. 395* (contrat d'arbitrage). – el Ahdab, *Procédures 2006. Chron. 2* (l'interprétation restrictive du consentement à une clause compromissoire). – Fadlallah, *Gaz. Pal. 2002. Doctr. 914* (parties à la convention d'arbitrage). – Fouchard, *Rev. arb. 1971. 3* (actes mixtes). – Foussard, *Rev. arb. 2004. 803*. – Hagopian, *RGAT 1980. 27* (convention d'arbitrage en matière de réassurance). – Helot, *LPA 11 nov. 1994* (obligation contractuelle née d'une convention d'arbitrage). – Heuze, *Rev. arb. 2015. 49* (convention d'arbitrage : une variété de transaction). – Lecuyer et Poracchia, *Dr. et patr. 1/2008, p. 67* (circulation de la garantie de passif et de la clause compromissoire). – Larroumet, *Rev. arb. 2005. 903* (promesse pour autrui, stipulation pour autrui et arbitrage). – LEVEL, *Rev. arb. 1992. 213* (arbitrabilité). – OPPETIT, *Rev. arb. 1990. 551* (clause arbitrale par référence). – POUDRET, *Mél. Sortais, Bruylant, 2002, p. 495* (litispendance entre l'arbitre et le juge : quelle priorité ?). – RUBELLIN-DEVICHI, *Rev. arb. 1981. 29* (clause compromissoire, pluralité de défendeurs et appel en garantie). – SCALBERT et MARVILLE, *Rev. arb. 1988. 117* (clauses compromissoires pathologiques). – SEGUIN, *Rev. arb. 1988, vol. 3* (l'arbitrage et les tiers). – TRAIN, *Rev. arb. 2017. 389* (l'extension de la clause compromissoire - Chronique des années 2012-2017).

Art. 1442 La convention d'arbitrage prend la forme d'une clause compromissoire ou d'un compromis.

La clause compromissoire est la convention par laquelle les parties à un ou plusieurs contrats s'engagent à soumettre à l'arbitrage les litiges qui pourraient naître relativement à ce ou à ces contrats.

Le compromis est la convention par laquelle les parties à un litige né soumettent celui-ci à l'arbitrage.

L'art. 1442 unifie le régime juridique de la clause compromissoire et du compromis d'arbitrage, en les englobant au sein d'une même définition, alors que les anciennes dispositions du C. pr. civ. conféraient à ces conventions des régimes distincts (V. s'agissant de la clause compromissoire, anciens art. 1442 s. et s'agissant du compromis, anciens art. 1447 s.) (Rapport au Premier ministre relatif au Décr. n° 2011-48 du 13 janv. 2011, JO 14 janv.).

L'al. 2 consacre par ailleurs la jurisprudence, désormais majoritaire, en vertu de laquelle la clause compromissoire a vocation à s'appliquer dans le cadre de groupes de contrats, dès lors que les contrats en cause ont un caractère de complémentarité (Com., 5 mars 1991) ou que les parties ont accepté d'exécuter l'accord, en ce compris la clause compromissoire (Civ. 1re, 25 juin 1991) (Rapport au Premier ministre relatif au Décr. n° 2011-48 du 13 janv. 2011, JO 14 janv.).

Les dispositions de l'art. 1442 s'appliquent lorsque la convention d'arbitrage a été conclue après le 1er mai 2011 (Décr. n° 2011-48 du 13 janv. 2011, art. 3-1°).

*Sur la faculté donnée aux sociétés coopératives agricoles d'insérer dans leurs contrats une clause compromissoire, V. C. rur., art. L. 521-4. — **C. rur.***

*Sur la faculté donnée aux établissements publics à caractère scientifique, culturel et professionnel et les établissements publics administratifs d'enseignement supérieur de conclure des transactions et conventions d'arbitrage, V. C. éduc., art. D. 123-9 à D. 123-11. — **C. éduc.** — Cadiet, JCP 2000. I. 267, n° 12. — Foussard, Rev. arb. 2000. 665 (commentaire).*

*Sur la possibilité de conclure une clause compromissoire dans un cadre commercial, V. C. com., art. L. 721-3. — V. les notes sous ce texte, **C. com.***

Sur les contrats de partenariat conclus par l'État ou les établissements publics nationaux, V. Ord. n° 2004-559 du 17 juin 2004, art. 11, l. — V. M. Audit, Rev. arb. 2004. 541 (le contrat de partenariat ou l'essor de l'arbitrage en matière administrative). — Clay, JCP 2005. I. 125, n° 19. — Debouzy et Guillot, D. 2005. Chron. 319 (le contrat de partenariat public-privé et la réforme de l'achat public).

*Sur le recours à l'arbitrage par l'État, les collectivités territoriales ou les établissements publics locaux, pour la liquidation de leurs dépenses de travaux et de fournitures, V. C. marchés, art. 128. — **C. marchés** [devenu CCP]. — V. Cadiet, JCP 2006. I. 183, n° 5. — Clay, D. 2006. Pan. 3028.*

Sur la conclusion de clauses compromissoires par l'État, les collectivités territoriales et les établissements publics dans les contrats conclus conjointement avec des sociétés étrangères pour la réalisation d'opérations d'intérêt national, V. L. n° 86-972 du 19 août 1986, art. 9. — V. De Boisseson, Rev. arb. 1987. 3 (interrogations et doutes).

Sur la possibilité de compromettre pour les établissements publics à caractère industriel et commercial mentionnés, d'une part, à l'art. 146 du code minier, et d'autre part, aux art. 2 et 3 de la loi du 8 avr. 1946 (modifiée sur la nationalisation de l'électricité et du gaz), V. Décr. n° 2002-56 du 8 janv. 2002, art. 1er. — V. H., Rev. arb. 2002. 249 (commentaire pris pour l'application de l'art. 2060 C. civ.).

*Sur les conditions dans lesquelles les établissements du réseau des chambres de commerce et d'industrie peuvent transiger et compromettre, V. Décr. n° 2008-12 du 3 janv. 2008. — V. C. com., art. R. 711-74 s. — **C. com.***

*Sur l'arbitrabilité en matière de brevet d'invention, V. CPI, art. L. 615-17. — **CPI.***

BIBL. ▸ **Clause compromissoire :** BERNHEIM-DESVAUX, *CCC 2011. Formule 4.*

1° NOTION D'ARBITRAGE

1. *Arbitrage du bâtonnier.* BIBL. Damien, *Mél. Perrot, Dalloz 1996, p. 63.* – Flécheux, *Rev. arb. 1990. 101* (exemple d'arbitrage forcé). – Moreau, *Rev. arb. 1993. 361.* – Clay, *D. 2007. Étude 28* *(perseverare diabolicum).* ♦ Avant l'entrée en vigueur de la L. n° 2009-526 du 12 mai 2009 et du Décr. n° 2009-1544 du 11 déc. 2009 ayant modifié le Décr. n° 91-1197 du 27 nov. 1991, qui l'ont rendu obligatoire, l'arbitrage du bâtonnier pour les litiges nés entre avocats à l'occasion de l'exercice en groupement de leur profession ne pouvait intervenir qu'en application d'une clause compromissoire. • Civ. 1re, 14 janv. 2016. ♦ Hors les cas où la loi en dispose autrement, seule la volonté commune des parties peut investir l'arbitre de son pouvoir juridictionnel. • Civ. 1re, 22 nov. 2005, n° 04-11.384 P : *D. 2006. 2079, note Rosenfeld ; ibid. Pan. 268, obs. Blanchard*. ♦ Le règlement intérieur d'un barreau ne peut, sans méconnaître l'art. 7 de la L. n° 71-1130 du 31 déc. 1971 portant réforme de certaines professions judiciaires et juridiques, étendre la compétence du bâtonnier aux litiges nés à l'occasion de l'exercice de la profession d'avocat en groupement. • Civ. 1re, 22 nov. 2005, n° 03-12.860 P : *D. 2005. Pan. 268, obs. Blanchard*.

2. *Nécessité d'un litige.* Ne constitue pas une clause compromissoire la stipulation d'un contrat de cession d'actions par laquelle les parties ont donné mission au tiers, non d'exercer un pouvoir juridictionnel mais de procéder sur des éléments de fait à un constat s'imposant à elles, peu important que l'intervention du tiers fût soumise à la constatation d'un désaccord entre les cocontractants relativement à ces éléments. • Com. 16 févr. 2010, n° 09-11.586 P : *RTD civ. 2011. 385, obs. Théry*. ♦ Appréciant souverainement l'intention des parties et retenant d'abord que la mission confiée à la commission de tiers experts a exclusivement un caractère factuel et technique, ensuite que les tiers experts n'ont tiré aucune conséquence juridique de leur décision, une cour d'appel en déduit exactement que l'acte déféré n'est pas une sentence arbitrale dès lors que l'existence d'un litige, sans lequel il n'existe pas d'arbitrage juridictionnel, n'est pas caractérisée. • Civ. 1re, 15 déc. 2010, n° 09-16.943 P : *RTD civ. 2011. 385, obs. Théry*. ♦ La qualité des tiers chargés d'une mission par les parties à un contrat ne saurait dépendre des termes employés par celles-ci, mais ressort de la mission à eux confiée. Il appartient aux juges du fond d'apprécier souverainement si la mission de personnes désignées par la convention consistait à fixer, en tant que mandataires, des valeurs destinées à s'incorporer à un contrat de partage ou à régler en tant qu'arbitres un litige né ou à naître. • Civ. 1re, 26 oct. 1976 : *Bull. civ. I, n° 305.* ♦ V. aussi : • Civ. 2e, 9 juin 1961 : *Bull. civ. II, n° 436* (distinction entre arbitrage et recours au tiers pour fixer le prix d'une vente).

3. *Arbitrage et conciliation.* Sur la qualification d'arbitrage ou de procédure de conciliation, V. • Paris, 20 nov. 2003 : *D. 2004. Somm. 3179, obs. Clay* et sur pourvoi • Civ. 1re, 11 juill. 2006, n° 03-20.802 P : *D. 2006. IR 2052, obs. Delpech*. ♦ *Adde*, • Civ. 1re, 20 juin 2006, n° 03-16.640 P • Civ. 1re, 6 févr. 2007 : *Bull. civ. I, n° 55* • Civ. 2e, 16 juin 2011, n° 10-22.780 P.

4. *Procédure ICANN.* Le mécanisme administratif proposé par l'ICANN (Internet Corporation for Assigned Names and Numbers) dans l'intérêt de la gestion du système des noms de domaine en vue de demander à des experts, tout en protégeant d'un recours les responsables du système d'adressage, de se prononcer, sous réserve de la vérification des tribunaux, sur certains aspects spécifiques du contentieux découlant pour le titulaire d'un droit de marque, de l'enregistrement ou de l'usage abusif d'un nom de domaine, ne constitue pas un arbitrage. • Paris, 17 juin 2004 : *Rev. arb. 2006. 161, note Azzi ; JDI 2005. 1165, note Loquin ; JCP 2004. II. 10156, note Chabot.*

2° CLAUSE COMPROMISSOIRE

a. Notion

5. *Arbitrage optionnel.* La clause aux termes de laquelle « les parties contractantes doivent se consulter pour soumettre leur différend à un arbitrage, ou pour refuser l'arbitrage » n'oblige aucunement les parties à se soumettre à un arbitrage en cas de différend, de sorte qu'elle ne constitue pas une convention d'arbitrage. • Civ. 1re, 30 oct. 2006, n° 04-15.512 P : *JCP 2007. I. 139, n° 11, obs. Clay.* ♦ Après avoir constaté que la clause litigieuse de résolution des différends stipulait que chaque partie pourrait choisir de recourir à l'arbitrage ou à une action devant la cour du lieu du siège de l'acheteur, en retenant que deux voies alternatives s'offraient aux parties et que la faculté de ce choix était ouverte à chacune d'elles, les références faites à un centre d'arbitrage n'étant pas de nature à remettre en cause le caractère purement optionnel du recours à l'arbitrage, la cour d'appel en a exactement déduit que cette clause n'obligeait pas les parties à se soumettre à un arbitrage en cas de différend, de sorte que le tribunal de commerce était compétent. • Civ. 1re, 12 juin 2013, n° 12-22.656 P : *D. 2013. Pan. 2938, obs. Clay ; JCP E 2013. 1522, note Asfar Cazenave ; RTD com. 2013. 478, obs. Loquin ; Procédures 2013, n° 244, note Weiller ; RLDC 2013, n° 5186, obs. Pouliquen ; RDC 2013, p. 1376, note Libchaber ; ibid. 1470, note Serinet et Boucobza ; LPA 28 janv. 2014, p. 79, note Wheeler ; RTD civ. 2013. 838, note Fages*.

6. *Arbitrage contractuel et arbitrage juridictionnel.* Ayant constaté qu'en contrepartie de l'acceptation, à l'avance, par les preneurs d'une fixation par experts du loyer du bail à renouveler, faute d'accord entre les parties, les bailleurs avaient dans le même temps renoncé à leur droit de reprise, la cour d'appel en déduit à bon droit que la stipulation de la convention ne donnait pas à l'estimation des experts le caractère d'une sentence arbitrale et ne pouvait s'analyser en une clause compromissoire mais conférait à l'estimation un caractère contractuel au même titre que si elle avait été arrêtée par les parties, de sorte que rien ne s'opposait à ce que les parties, d'un commun accord, choisissent de fixer le loyer à la valeur locative plusieurs années à l'avance. • Civ. 3e, 4 mars 1998, n° 96-16.671 P. ♦ Une stipulation contractuelle qui, par référence aux dispositions de l'art. 1592 C. civ., prévoit qu'à défaut d'accord amiable sur la fixation du prix définitif, les parties s'en remettront à l'arbitrage d'un tiers judiciairement désigné, par exception à une clause réservant la connaissance de tous autres différends au TGI, ne constitue pas une clause compromissoire au sens de l'art. 1442. • Versailles, 4 mars 2004 : *JCP E 2005. 676, obs. Béguin ; JCP 2005. II. 10017, note Noblot.* ♦ *Adde*, sur la distinction arbitrage-expertise • Civ. 2e, 3 oct. 2013 • Civ. 2e, 24 juin 1999, n° 96-18.204 P : *Rev. arb. 2001. 111.*

b. Domaine de la clause

7. Renvoi. V. les notes ss. l'art. 2061 C. civ. ci-dessous.

8. Droit de la concurrence. L'action aux fins d'indemnisation du préjudice prétendument résulté de la rupture de relations commerciales n'est pas de celles dont la connaissance est réservée aux juridictions étatiques. La circonstance que l'art. L. 442-6 C. com. confie au ministre chargé de l'économie et au ministère public une action autonome aux fins de protection du marché et de la concurrence n'a pas pour effet d'exclure le recours à l'arbitrage pour trancher les litiges nés, entre les opérateurs économiques de l'application de l'art. L. 442-6. • Civ. 1re, 21 oct. 2015 : *AJCA 2015. 520, obs. Ruy ; D. 2015. 2526, obs. CDC Y. Serra ; ibid. 2537, note Dissaux ; ibid. Pan. 2590, obs. Clay ; CCC 2016, n° 41, obs. M. Malaurie-Vignal ; JCP 2015. 1228, note Weiller ; Procédures 2015, n° 361, note Weiller ; RTD civ. 2016. 118, obs. Barbier*, rejet du pourvoi contre • Paris, 1er juill. 2014 : *Rev. arb. 2015. 134, note Dupeyré.*

c. Objet de la clause

9. Demande incidente. Lorsque son investiture procède d'une clause compromissoire, l'arbitre peut être saisi par une partie d'une demande incidente, dès lors qu'entrant par son objet dans les prévisions de la clause compromissoire, cette demande se rattache par un lien suffisant aux prétentions originaires que la partie lui avait soumises. • Civ. 2e, 8 avr. 1999, n° 96-18.516 P : *D. 1999. IR 133 ; JCP 1999. II. 10136, note Viandier ; Procédures 1999, n° 146, obs. Perrot* • Civ. 1re, 25 mars 2009, n° 08-10.815 P : *D. 2009. AJ 1025, obs. Delpech ; RTD com. 2009. 541, obs. Loquin ; JCP 2009. I. 148, n° 2, obs. Béguin.* ♦ ... Et que l'arbitre statue dans le délai qui lui a été imparti. • Même arrêt. ♦ V. également, étendant la solution à une cour d'appel statuant sur le fond dans les limites de la mission de l'arbitre. • Civ. 2e, 8 juill. 2004, n° 02-19.468 P : *Rev. arb. 2005. 663, obs. Bolard.*

10. Mandat. Le mandat de conclure au nom des mandants une clause compromissoire n'emporte pas par principe celui de les représenter dans la procédure d'arbitrage. • Civ. 2e, 29 mai 1991 : *Rev. arb. 1991. 632, note Goutal.*

d. Circulation et extension de la clause

BIBL. Loquin, *Gaz. Pal. 2002. Doctr. 898.* – Maury, *D. 2002. Chron. 2744* . – Pradel, *D. 2003. Chron. 569* . – Mathieu-Bouyssou, *JCP 2003. I. 116.*

11. Renvoi. V. aussi notes ss. art. 1448 (inapplicabilité manifeste).

12. Stipulation pour autrui. La clause d'arbitrage contenue dans le contrat liant le stipulant au promettant peut être invoquée par et contre le bénéficiaire d'une stipulation pour autrui, et donc contre la société bénéficiaire de la garantie de passif. • Civ. 1re, 11 juill. 2006, n° 03-11.983 P : *D. 2006. Pan. 3028, obs. Clay ; RTD com. 2006. 773, obs. Loquin ; Rev. arb. 2006. 969, note Larroumet.* ♦ Comp. antérieurement : si le cessionnaire des parts d'une société était bénéficiaire d'une stipulation pour autrui conclue entre le promettant et le stipulant, il n'était pas pour autant fondé à se prévaloir de la clause compromissoire liant uniquement le stipulant et le promettant. • Com. 4 juin 1985 : *Bull. civ. IV, n° 178 ; RTD civ. 1986. 593, obs. Mestre ; Rev. arb. 1987. 139, note Goutal ; Defrénois 1986. 788, obs. Aubert.*

13. Ayant droit. Une clause de conciliation et d'arbitrage contenue dans un contrat n'est pas, du fait de sa transmission, inopposable à une société tierce agissant en qualité d'ayant droit de l'une des parties au contrat. • Civ. 1re, 6 mars 2007, n° 04-16.204 P : *D. 2007. AJ 1024, obs. Delpech ; ibid. 2008. Pan. 184, obs. Clay ; JCP 2007. I. 168, obs. Seraglini.* ♦ Comp. sur l'opposabilité d'une clause de règlement des différends insérée dans un contrat transmis : • Civ. 3e, 28 avr. 2011, n° 10-30.721 P : *BICC 15 sept. 2011, n° 975 ; D. 2011. AJ 1282 ; ibid. 2012. Pan. 244, obs. Fricero ; CCC 2011, n° 152, note Leveneur ; JCP 2011. 1030, obs. Loiseau ; ibid. 1141, obs. Ghestin ; ibid. 1397, note Clay ; LPA 19 déc. 2011, p. 14, note Boillot.* ♦ *Adde* : La clause compromissoire, juridiquement indépendante du contrat principal, fût-il résilié par la suite, est transmise avec lui. • Paris, 16 oct. 2003 : *Gaz. Pal. 21-22 mai 2004, p. 14.*

14. Cession de créance. La cession d'une créance comprenant les accessoires de la créance, la clause compromissoire insérée dans le contrat passé entre le cédant et le cédé est transmise au cessionnaire de la créance. • Civ. 2e, 20 déc. 2001, n° 00-10.806 P : *D. 2002. IR 251 ; Procédures 2002, n° 47, note Croze ; RTD com. 2002. 279, obs. Loquin* • Paris, 10 sept. 2003 : *Rev. arb. 2004. 623, note Aynès ; Gaz. Pal. 21-22 mai 2004, p. 12.*

e. Caractère abusif

15. V. notes ss. art. L. 132-1 C. consom., App., v° *Clauses abusives.*

f. Renonciation à la clause

16. Renonciation. Il est loisible aux parties de renoncer à l'exécution d'une convention d'arbitrage ; cassation, pour violation de l'art. 1442, de l'arrêt qui dit la juridiction étatique incompétente, alors qu'il était constant que le défendeur avait refusé de participer à l'arbitrage initié par le demandeur sur le fondement d'une clause compromissoire et que, dès lors, celui-ci, prenant acte de ce refus et renonçant à l'arbitrage, avait pu choisir la juridiction étatique. • Civ. 1re, 7 juin 2006, n° 04.19-290 P : *D. 2006. IR 1769.*

3° COMPROMIS D'ARBITRAGE

a. Notion

17. Mission juridictionnelle. Il n'y a compromis que s'il y a volonté des parties de conférer à des tiers un pouvoir juridictionnel. • Civ. 2e, 25 mai 1962 : *Bull. civ. II, n° 470 ; Rev. arb. 1962. 186.* ♦ V. aussi • Civ. 2e, 24 juin 2004, n° 02-16.329 P. ♦ Il appartient aux juges du fond de rechercher souverainement si les parties ont eu la commune volonté de donner aux personnes désignées par elles d'un commun accord le pouvoir de trancher un différend. • Civ. 1re, 19 nov. 1962 : *Bull. civ. I, n° 489 ; Rev. arb. 1962. 139* • Civ. 2e, 7 oct. 1981 : *Bull. civ. II, n° 180.* ♦ Sur l'utilisation impropre du mot « arbitrage » : • Paris, 29 avr. 1998 : *D. Affaires 1998. 1091, obs. S. P.* ♦ En l'absence de clause compromissoire, la signature par les parties d'un acte de mission répondant aux exigences de l'art. 1448 anc. et impliquant leur soumission à une procédure d'arbitrage vaut compromis. • Paris, 19 mars 1987 : *D. 1987. IR 105.*

18. Litige né. Sur l'exigence d'un litige né. • Civ. 2e, 21 juin 1995, n° 93-12.491 P : *Rev. arb. 1998. 157, note Jarrosson.*

19. Distinction avec le partage. • Civ. 3e, 9 juill. 1973 : *Bull. civ. III, n° 466.*

b. Renonciation au compromis

20. Renonciation. Il est loisible aux parties de renoncer à l'exécution d'une convention d'arbitrage ; cassation, pour violation de l'art. 1447 ancien (auj. 1442), de l'arrêt qui déclare la juridiction étatique incompétente, alors qu'il était constant que le défendeur avait refusé de signer le compromis d'arbitrage et que, dès lors, le demandeur, prenant acte de ce refus et renonçant à l'arbitrage, avait pu choisir de saisir la juridiction étatique. • Civ. 1re, 7 juin 2006, n° 04-19.290 P : *D. 2006. IR 1769* .

c. Caractère abusif

21. Le compromis d'arbitrage signé, hors toute clause compromissoire insérée à la police d'assurance, entre l'assureur et l'assuré après la naissance d'un litige, ne constitue pas une clause figurant dans un contrat conclu entre un professionnel et un non-professionnel ou un consommateur, et n'est donc pas susceptible de présenter un caractère abusif au sens de l'art. L. 132-1 C. consom. • Civ. 1re, 25 févr. 2010, n° 09.12-126 P.

Art. 1443 **A peine de nullité, la convention d'arbitrage est écrite. Elle peut résulter d'un échange d'écrits ou d'un document auquel il est fait référence dans la convention principale.**

Dans le cadre de la simplification opérée par l'art. 1442, l'art. 1443 maintient l'exigence selon laquelle ces conventions doivent être écrites à peine de nullité, tout en tenant compte de la jurisprudence en vertu de laquelle la convention d'arbitrage peut résulter d'un échange d'écrits ou d'un document auquel il est fait référence dans la convention principale (Rapport au Premier ministre relatif au Décr. n° 2011-48 du 13 janv. 2011, JO 14 janv.).

Les dispositions de l'art. 1443 s'appliquent lorsque la convention d'arbitrage a été conclue après le 1er mai 2011 (Décr. n° 2011-48 du 13 janv. 2011, art. 3-1°).

BIBL. ► Oppetit, *Rev. arb. 1990. 551* (clause arbitrale par référence). – Scalbert et Marville, *Rev. arb. 1988. 117* (clauses compromissoires pathologiques).

1. Écrit. Même en l'absence de protestation de l'autre partie, la lettre de l'une des parties confirmant le contrat conclu par téléphone et contenant une clause compromissoire ne répond pas aux exigences de l'art. 1443 ancien. • Com. 15 juill. 1987 : *Bull. civ. IV, n° 179 ; Gaz. Pal. 1988. 1. Somm. 34, obs. (crit.) Guinchard et Moussa.* ♦ L'autonomie de la clause compromissoire ne saurait suppléer l'absence de preuve ou de commencement de preuve par écrit de la convention d'arbitrage. • Paris, 4 déc. 2012 et • 19 mars 2013 : *Rev. arb. 2013. 449, note Vidal ; D. 2013. 2938, obs. Clay* ✐.

2. Clause compromissoire par référence. Si l'art. 1443 ancien exige que la clause compromissoire figure dans un document écrit, il ne régit ni la forme ni l'existence des stipulations qui, se référant à ce document, font la convention des parties. • Civ. 2e, 21 janv. 1999, ☎ no 95-18.761 P : *RG proc. 1999. 411, obs. Rivier ; Rev. arb. 2003. 1341, obs. Legros.* ♦ Est valable la clause compromissoire contenue dans une première convention dès lors que la seconde convention qui ne la contenait pas, destinée à concrétiser l'accord, n'était que la suite de la première. • Civ. 2e, 5 mars 1991 : ☎ *Rev. arb. 1992. 66, note Ancel.*

3. Signature. Cassation, pour violation de l'art. 1449 ancien (auj. 1443), de l'arrêt qui retient que les parties ont conclu un « accord valant compromis », alors que le procès-verbal établi n'a pas été signé par les parties et ne l'a été que par l'un des arbitres. • Civ. 2e, 17 nov. 1993, ☎ no 92-13.587 P : *Gaz. Pal. 1994. 1. Pan. 51 ; Rev. arb. 1995. 78, note Fouchard.*

Art. 1444 **La convention d'arbitrage désigne, le cas échéant par référence à un règlement d'arbitrage, le ou les arbitres, ou prévoit les modalités de leur désignation. A défaut, il est procédé conformément aux dispositions des articles 1451 à 1454.**

Dans un même souci de simplification et d'allégement du formalisme, le décret ne sanctionne plus par la nullité le fait que les parties n'aient pas prévu dans la convention d'arbitrage de désigner le ou les arbitres ou les modalités de leur désignation. L'absence d'une telle prévision fait l'objet de dispositions supplétives auxquelles renvoie l'art. 1444 (Rapport au Premier ministre relatif au Décr. no 2011-48 du 13 janv. 2011, JO 14 janv.).

Les dispositions de l'art. 1444 s'appliquent lorsque la convention d'arbitrage a été conclue après le 1er mai 2011 (Décr. no 2011-48 du 13 janv. 2011, art. 3-1o).

1. Désignation des arbitres. En ce qui concerne la désignation des arbitres, il suffit qu'il n'existe pas de doute sur leur individualité. • Req. 12 févr. 1906 : *D. 1907. 1. 245.* ♦ Spécialement, il n'est imposé par les textes aucun ordre dans la désignation des objets en litige et des noms des arbitres. • Com. 30 mars 1949 : *D. 1951. Somm. 41.*

2. Référence à un règlement d'arbitrage. Sur la validité des dispositions des règlements des institutions d'arbitrage qui prévoient la désignation de tous les arbitres formant le tribunal arbitral par l'institution d'arbitrage, V. • Paris, 13 févr. 2003 : *RTD com. 2004. 450, obs. Loquin* ✐.

3. Principe d'égalité. En vertu du principe d'ordre public de l'égalité des parties dans la désignation des arbitres, le juge appelé à régler une difficulté de constitution du tribunal arbitral ne peut désigner un arbitre au nom d'une partie sans avoir égard aux conclusions de cette partie qui, subsidiairement à son refus de l'arbitrage, proposait un arbitre, nommément désigné. • Civ. 1re, 8 juin 1999, ☎ no 96-21.837 P : *D. Affaires 1999. 1247.* ♦ Le principe d'égalité des parties dans la désignation des arbitres est d'ordre public et il n'est possible d'y renoncer qu'après la naissance du litige. Une clause compromissoire ne peut donc laisser au demandeur le soin de choisir l'arbitre unique dans une liste de cinq noms. • Paris, 3 juill. 2012 : *Rev. arb. 2013. 160, note Barbet.* ♦ *Adde* : • Civ. 2e, 31 janv. 2002 : ☎ *JCP 2003. I. 105, no 5, obs. Seraglini.*

Art. 1445 **A peine de nullité, le compromis détermine l'objet du litige.** — *V. ancien art. 1448, al. 1er.*

Les dispositions de l'art. 1445 s'appliquent lorsque la convention d'arbitrage a été conclue après le 1er mai 2011 (Décr. no 2011-48 du 13 janv. 2011, art. 3-1o).

1. Blanc-seing. Un blanc-seing de compromis est nul. • Paris, 11 déc. 1959 : *JCP 1960. II. 11513, note R. B.* • 12 janv. 1960 : *eod. loc.* ♦ V. cependant, lorsqu'en l'état d'un litige né de l'exécution d'un contrat comportant une clause compromissoire, qui est nulle, l'une des parties accepte l'offre de l'autre de soumettre leur litige à l'arbitre désigné par la clause, il existe entre elles un *compromis valable.* • *Com. 13 nov. 1972 : Rev. arb. 1973. 150, note Fouchard.*

2. Degré de précision. La détermination de l'objet du litige doit être suffisamment précise pour permettre au tribunal saisi d'une opposition à l'ordonnance d'*exequatur* d'exercer son contrôle : cette condition n'est pas remplie lorsque les « problèmes » soumis à l'arbitrage restent indéterminés. • Civ. 2e, 2 juill. 1970 : *Bull. civ. II, no 223 ; D. 1970. 761 ; JCP 1971. II. 16642, note P. L. ; Rev. arb. 1970. 70, note J. R.* ♦ Comp. : • Civ. 2e, 20 déc. 1971 : *Bull. civ. I, no 351 ; Rev. arb. 1972. 122, note Loquin* • 16 juin 1976 : *D. 1978. 310, note Robert ; Rev. arb. 1977. 269, note Mezger.* ♦ En revanche a été jugé suffisamment précis l'objet limité aux « questions » résultant d'une affaire donnée. • Req. 2 mai 1853 : *D. 1853. 1. 149.* ♦ La détermination de l'objet suppose seulement une claire désignation de la nature du litige, sans qu'il soit nécessaire d'en préciser les détails. • Paris, 10 nov. 1927 : *DH 1928. 74.* ♦ Comp. : • Com. 30 mars 1949 : *JCP*

1951. II. 6180, note Bastian • 17 janv. 1967 : *JCP 1967. II. 15065, note P. L.*

3. Demande incidente. Lorsque son investiture procède d'un compromis, l'arbitre ne peut, sans nouvel accord des parties, être saisi par une partie d'une demande incidente n'entrant pas, par son objet, dans les prévisions du compromis (la demande relative à l'éventuelle responsabilité quasi délictuelle d'une société s'analyse non comme une demande incidente ayant le même objet que la demande principale présentée sur un fondement contractuel, mais comme une demande ayant un objet différent). • Civ. 1re, 6 mars 2007, n° 06-16.423 P : *D. 2007. AJ 1024 ; ibid. 2008. Pan. 185, obs. Clay ; JCP 2007. I. 168, n° 8, obs. Ortscheidt ; LPA 26 sept. 2007, p. 8, note Betto.* ♦ Comp., en matière de clause compromissoire : lorsque son investiture procède d'une clause compromissoire, l'arbitre peut être saisi par une partie d'une demande incidente, dès lors qu'entrant par son objet dans les prévisions de la clause compromissoire, cette demande se rattache par un lien suffisant aux prétentions originaires que la partie lui avait soumises. • Civ. 2e, 8 avr. 1999, n° 96-18.516 P : *D. 1999. IR 133 ; JCP 1999. II. 10136, note Viandier ; Procédures 1999, n° 146, note Perrot* • Civ. 1re, 25 mars 2009, n° 08-10.815 P : *JCP 2009. I. 148, n° 2, obs. Béguin.* ♦ ... Et que l'arbitre statue dans le délai qui lui a été imparti. • Même arrêt.

4. Sanction. Les exigences du texte ne sont pas d'ordre public et le compromis est valable lorsque la détermination du litige ne fait pas l'objet d'une contestation lors de l'instance arbitrale. • Paris, 3 janv. 1969 : *D. 1969. 230 ; JCP 1969. II. 15808, note P. L.* (arrêt rendu sur le fondement de l'art. 1006, aujourd'hui abrogé, C. pr. civ. ancien).

Art. 1446 **Les parties peuvent compromettre même au cours d'une instance déjà engagée devant une juridiction.** — *V. ancien art. 1450.*

Art. 1447 **La convention d'arbitrage est indépendante du contrat auquel elle se rapporte. Elle n'est pas affectée par l'inefficacité de celui-ci.**

Lorsqu'elle est nulle, la clause compromissoire est réputée non écrite.

L'art. 1447 a pour objet de réaffirmer le principe de l'autonomie de la convention d'arbitrage par rapport au contrat auquel elle se rapporte, cela en tenant compte de la jurisprudence en vertu de laquelle la clause compromissoire n'est pas affectée par l'inefficacité du contrat, c'est-à-dire notamment, par son inexistence (en cas d'erreur obstacle), par sa caducité, sa résolution ou sa résiliation. Cet article reprend la formulation antérieure selon laquelle lorsque la convention d'arbitrage est nulle, elle est réputée non écrite (V. ancien art. 1446) (Rapport au Premier ministre relatif au Décr. n° 2011-48 du 13 janv. 2011, JO 14 janv.).

1. Autonomie juridique. La clause compromissoire présentant, par rapport à la convention principale dans laquelle elle s'insère, une autonomie juridique qui exclut qu'elle puisse être affectée par l'inefficacité de cet acte, l'éventuelle nullité du contrat de sous-traitance est sans incidence sur la validité de la clause compromissoire. • Civ. 2e, 4 avr. 2002, n° 00-18.009 P : *D. 2003. 1117, note Degos ; Procédures 2002, n° 112, note Perrot ; ibid., n° 162, note Croze ; JCP 2002. II. 10154, note Reifegerste ; JCP E 2002, n° 1555, note Gout ; JCP 2003. I. 105, n° 2, obs. Seraglini ; Dr. et pr. 2002. 347, note Marmayoun ; Rev. arb. 2003. 1034, note Didier ; Dr. et patr. 6/2002, p. 121, obs. Mestre.* ♦ En droit interne de l'arbitrage, la clause compromissoire présente, par rapport à la convention principale dans laquelle elle s'insère, une autonomie juridique qui exclut, sauf stipulation contraire, qu'elle puisse être affectée par une éventuelle inefficacité de cette convention. • Com. 9 avr. 2002, n° 98-16.829 P : *D. 2003. 1117, note Degos ; ibid. 2003. Somm. 2470, obs. Clay ; Procédures 2002, n° 162, note Croze ; JCP E 2002, n° 1555, note Gout ; JCP 2003. I. 105, n° 2, obs. Seraglini ; Dr. et pr. 2002. 347, note Marmayou ; Rev. arb. 2003. 103, note Didier.* ♦ La clause compromissoire présente, par rapport à la convention principale dans laquelle elle s'insère, une autonomie juridique qui exclut, sauf stipulation contraire, qu'elle puisse être affectée par l'inefficacité de cet acte. • Civ. 2e, 20 mars 2003, n° 01-02.253 P : *D. 2003. Somm. 2470, obs. Clay ; BRDA 2003, n° 7, p. 5.* ♦ V. déjà, par ex. • Paris, 11 mai 2000 : *Rev. arb. 2002. 180, obs. Clay.* ♦ Ayant fait ressortir, dans l'exercice de leur pouvoir souverain d'appréciation de la commune intention des parties, qu'en l'absence de stipulation expresse, dans le « protocole transactionnel », tendant à anéantir la clause compromissoire incluse dans le protocole de cession, cette clause, qui demeurait autonome par rapport au protocole la contenant, ne pouvait se trouver affectée par l'inefficacité partielle de celui-ci du fait du « protocole transactionnel », la cour d'appel en a exactement déduit, sans dénaturation de ce dernier protocole que le tribunal arbitral n'avait pas statué sans convention d'arbitrage. • Civ. 1re, 2 avr. 2014, n° 11-14.692 P : *JCP E 2014. 1256 ; Procédures 2014, n° 175, note Weiller.* ♦ V. encore la convention d'arbitrage est indépendante du contrat auquel elle se rapporte et n'est pas affectée par l'inefficacité de celui-ci (difficulté de preuve du contrat principal). • Civ. 1re, 14 mai 2014 : *Rev. arb. 2014. 937, note Bureau.*

2. Portée de la nullité. L'autonomie de la

clause par rapport au contrat qui la contient ne permet pas d'admettre que sa nullité entraîne la nullité totale du contrat. • Civ. 1re, 15 mai 2008, n° 06-20.806 P.

Art. 1448 **Lorsqu'un litige relevant d'une convention d'arbitrage est porté devant une juridiction de l'État, celle-ci se déclare incompétente sauf si le tribunal arbitral n'est pas encore saisi et si la convention d'arbitrage est manifestement nulle ou manifestement inapplicable.** — *Sur l'effet positif du principe de « compétence-compétence », V. art. 1465.*

La juridiction de l'État ne peut relever d'office son incompétence.

Toute stipulation contraire au présent article est réputée non écrite.

L'art. 1448 clarifie la rédaction de l'ancien art. 1458, sans pour autant en changer la substance.

PLAN DES ANNOTATIONS

I. PRINCIPE

1. *Incompétence du juge étatique.* Le juge étatique n'est pas compétent pour statuer à titre principal sur une demande en annulation de la convention d'arbitrage pour vice du consentement. • Paris, 4 mai 1988 : *Rev. arb. 1988. 657 (2e esp.), note Fouchard.* ♦ Aux termes de l'art. 1448, applicable à l'arbitrage international en vertu de l'art. 1506, lorsqu'un litige relevant d'une convention d'arbitrage est porté devant une juridiction de l'État, celle-ci se déclare incompétente sauf si le tribunal arbitral n'est pas encore saisi et si la convention d'arbitrage est manifestement nulle ou manifestement inapplicable. Il en résulte que le tribunal arbitral, saisi en premier lieu, est compétent par priorité pour apprécier si un différend entre dans le champ d'application de la convention d'arbitrage. Il incombe au tribunal de vérifier sa compétence au regard des seules dispositions de l'art. 1448, en recueillant au préalable les observations des parties sur ce point. • Civ. 1re, 17 mars 2021, n° 20-14.360 P. ♦ Cependant, la règle procédurale de priorité édictée par l'art. 1448, applicable à l'arbitrage international en vertu de l'art. 1506, ne peut avoir pour effet de rendre impossible, ou excessivement difficile, l'exercice des droits conférés au consommateur par le droit communautaire que les juridictions nationales ont l'obligation de sauvegarder. Dès lors, la cour d'appel qui, après en avoir examiné l'applicabilité, en tenant compte de tous les éléments de droit et de fait nécessaires dont elle disposait, a écarté la clause compromissoire en raison de son caractère abusif, a, sans méconnaître l'art. 1448, accompli son office de juge étatique auquel il incombe d'assurer la pleine efficacité du droit communautaire de protection du consommateur. • Civ. 1re, 30 sept. 2020, n° 18-19.241 P : *D. actu. 19 oct. 2020, obs. Jourdan-Marques ; D. 2020. 1949 ; ibid. 2020. 2501, note Mouralis ; ibid. 2484, obs. Clay ; ibid. 2021. 594, obs. Aubry, Poillot et Sauphanor-Brouillaud ; AJ contrat 2020. 485, obs. Mainguy ; Rev. crit. DIP 2021. 202, note Loquin ; RTD civ. 2020. 845, obs. Usunier ; RLDA nov. 2020. 7064, note S. Koulocheri ; ibid. déc. 2020.0 7097, note Clavel-Thoraval ; Gaz. Pal. 9 mars 2021, p. 30, note Bensaude ; ibid. 24 nov. 2020, p. 27, note Bollée ; CCE 2021 chron. n° 1, obs. Ancel ; CCC 2020, n° 178, note Bernheim-Desvaux.*

2. *Régime.* L'exception tirée de l'existence d'une clause compromissoire est régie par les dispositions qui gouvernent les exceptions de procédure et doit être soulevée avant toute défense au fond ou fin de non-recevoir. • Civ. 2e, 22 nov. 2001, n° 99-21.662 P : *D. 2002. IR 42 ; Procédures 2002, n° 1, note Perrot ; Dr. et pr. 2002. 109, note Douchy ; Rev. arb. 2002. 371, note Théry ; JCP E 2002. 1467, note Chabot ; JCP 2002. II. 10174, note Boillot* • Civ. 1re, 23 janv. 2007 : *Rev. arb. 2007. 290* • 3 févr. 2010, n° 09-13.618 P : *D. actu. 10 févr. 2010, obs. Delpech ; JCP 2010. 546, n° 8, obs. Clay.* ♦ *Adde*, • Civ. 2e, 19 oct. 2017, n° 16-21.813 : *RDC 2018. 76, obs. Boucobza et Serinet.* ♦ V. art. 74.

II. EXCEPTIONS

A. NULLITÉ MANIFESTE OU INAPPLICABILITÉ MANIFESTE

1° PRINCIPE

3. *Réserve de la nullité ou de l'inapplicabilité manifeste.* Il appartient aux arbitres de statuer sur la validité ou les limites de leur investiture et la juridiction étatique est incompétente pour le faire, si elle ne constate pas que la convention d'arbitrage est manifestement nulle.

• Civ. 2e, 14 mai 1997, n° 94-20.776 P. ♦ Il appartient à l'arbitre de statuer sur sa propre compétence ; selon ce principe, la juridiction de l'État saisie d'un litige destiné à l'arbitrage doit se déclarer incompétente, sauf nullité ou inapplicabilité manifeste de la convention d'arbitrage. • Civ. 2e, 18 déc. 2003, n° 02-13.410 P : *D. 2004. IR 321 ; RTD com. 2004. 257, obs. Loquin ; JCP 2004. III. 10075, note Noblot ; JCP 2004. I. 179, n° 2, obs. Béguin ; Defrénois 2004. 990, obs. Libchaber.* ♦ Dans le même sens, V. • Civ. 2e, 8 avr. 2004, n° 02-16.163 P : *D. 2004. IR 1559 ; RTD civ. 2004. 770, obs. Théry ; BJS 2004. 1242 ; Rev. arb. 2004. 849* (convention de garantie de passif). ♦ Viole l'art. 1148 la cour d'appel qui statue sur des motifs impropres à caractériser l'inapplicabilité manifeste d'une clause compromissoire, seule de nature à faire obstacle à la compétence arbitrale pour statuer sur l'existence, la validité et l'étendue de la convention d'arbitrage. • Civ. 1re, 11 avr. 2018, n° 17-17.991 : *CCC 2018, n° 125, note Leveneur.*

4. Saisine du tribunal arbitral. L'instance arbitrale n'est en cours qu'à partir du moment où le tribunal arbitral est définitivement constitué et peut donc être saisi du litige, c'est-à-dire à partir de l'acceptation par tous les arbitres de leur mission (la seule notification par le demandeur de la désignation de son arbitre ne peut valoir saisine du tribunal arbitral). • Civ. 1re, 25 avr. 2006, n° 05-13.749 P : *Procédures 2006. Comm., n° 150, note Perrot ; Rev. arb. 2007. 79, note El Ahdab.*

2° ILLUSTRATIONS DE NULLITÉ OU D'INAPPLICABILITÉ MANIFESTE

5. Pluralité de clauses. En présence de deux contrats qui n'ont pas le même objet, dont l'un contient une clause compromissoire et l'autre une clause attributive de compétence, la cour d'appel, qui a constaté que l'arbitre ne pouvait étendre sa compétence à un contrat autre que celui qui contenait la clause d'arbitrage alors que les parties avaient voulu distinguer les contrats par des clauses contraires, a pu en déduire que la clause stipulée dans le contrat de gage dont l'exécution était poursuivie excluait la compétence du tribunal arbitral de laquelle seul le contrat d'approvisionnement ressortissait, de sorte que la convention d'arbitrage stipulée au contrat d'approvisionnement était manifestement inapplicable au litige. • Civ. 1re, 4 juill. 2006, n° 05-11.591 P : *D. 2006. Pan. 3029, obs. Clay ; RTD com. 2006. 764, obs. Loquin ; Rev. arb. 2006. 959, note Train ; JCP 2006. I. 187, n° 10, obs. Seraglini.* ♦ V. cependant • Civ. 2e, 18 déc. 2003, n° 02-13.410 P : *D. 2004. IR 321 ; RTD com. 2004. 257, obs. Loquin ; JCP 2004. III. 10075, note Noblot ; JCP 2004. I. 179, n° 2, obs. Béguin ; Defrénois 2004. 990, obs. Libchaber.*

6. Ayant relevé que les parties avaient stipulé, dans les contrats de partenariat, une clause attribuant compétence à un tribunal de commerce, la cour d'appel en a exactement déduit que la clause compromissoire insérée dans le contrat de cession d'actions, quand les parties avaient voulu distinguer les contrats, qui n'avaient pas le même objet, par des clauses contraires, était manifestement inapplicable aux différends découlant des contrats de partenariat. • Civ. 1re, 12 févr. 2014.

7. En cas de renonciation irrévocable des parties à l'arbitrage dans les contrats de franchise et d'approvisionnement conclus par les parties, la clause d'arbitrage invoquée par l'une d'entre elles doit être considérée comme manifestement inapplicable. • Civ. 1re, 20 avr. 2017, n° 16-11.413 P : *D. actu. 11 mai 2017, obs. Delpech ; D. 2017. Pan. 2562, obs. Clay ; AJ Contrat 2017. 343 , de Fontmichel : JCP 2017. 694, note Mouralis ; RDC 2017. 441, note Libchaber ; Procédures 2017, n° 163, note Weiller.*

8. Viole l'art. 1448 l'arrêt qui accueille l'exception d'incompétence fondée sur une convention d'arbitrage et retient qu'il appartient au tribunal arbitral de se prononcer, en priorité, sur sa compétence au regard des clauses compromissoires contenues dans deux actes successifs de cession de titre antérieurs au contrat tripartite litigieux par lequel les parties aux deux contrats antérieurs conviennent de les mettre en œuvre, au motif que son inapplicabilité manifeste n'est pas établie, et que le contrat tripartite fait expressément référence aux clauses compromissoires que ces contrats contiennent, alors qu'aucune clause compromissoire ne liait la société première cédante et la société venant aux droits du second cessionnaire et que le contrat tripartite contenait une clause attributive de juridiction. • Civ. 1re, 1er juin 2017, n° 16-11.487 : *Gaz. Pal. 7 nov. 2017, p. 28, note Bensaude ; Rev. arb. 2018. 234, note Willaume.*

3° ABSENCE DE NULLITÉ MANIFESTE OU D'INAPPLICABILITÉ MANIFESTE

9. Autorité de la chose jugée d'une transaction. Se détermine par des motifs impropres à établir le caractère manifeste de la nullité ou de l'inapplicabilité de la clause d'arbitrage, seule de nature à faire obstacle à la compétence arbitrale et viole l'art. 1448, la cour d'appel qui retient que le protocole transactionnel ayant autorité de la chose jugée fait obstacle à l'introduction d'une instance, qu'elle soit judiciaire ou arbitrale. • Civ. 1re, 24 juin 2015.

10. Indivisibilité. En présence d'un accord qui contient une clause compromissoire conclue entre deux experts-comptables pour régler diverses conséquences d'ordre professionnel liées à la cessation de leur collaboration, dont le décompte des frais litigieux, l'indivisibilité alléguée des demandes d'un époux d'une des parties n'est pas un motif de nature à caractériser l'inapplicabilité manifeste de la clause compromissoire. • Civ. 1re, 12 févr. 2014.

11. Risque de contrariété de décisions. Indifférence du risque de contrariété de décision, ce dernier n'empêchant pas le tribunal arbitral de remplir sa mission. • Civ. 1re, 17 janv. 2006, n° 04-12.781 P.

12. Manquement à une obligation précontractuelle. Il appartient à l'arbitre de statuer par priorité sur sa propre compétence ; seule une nullité ou une inapplicabilité manifeste de la clause d'arbitrage (non démontrée en présence d'une clause compromissoire contenue dans un contrat de franchise, en cas d'invocation de manquements à l'obligation précontractuelle d'information) est de nature à faire obstacle à la compétence arbitrale pour statuer sur l'existence, la validité et l'étendue de la convention d'arbitrage. • Civ. 1re, 4 juill. 2006, n° 05-17.460 P : *D. 2006. IR 1985, obs. Delpech et Pan. 3029, obs. Clay ; RTD com. 2006. 765, obs. Loquin ; JCP 2006. I. 187, n° 9, obs. Seraglini.* ♦ V. encore dans le cadre d'un groupe de sociétés. • Civ. 1re, 1er avr. 2015.

13. Litige étranger à la sphère contractuelle. Ne caractérise pas la nullité ou l'inapplicabilité manifeste de la clause d'arbitrage, seules de nature à faire obstacle à la compétence arbitrale pour statuer sur l'existence, la validité et l'étendue de la convention d'arbitrage, la cour d'appel qui, pour dire le T. com. compétent pour statuer sur la demande en concurrence déloyale, retient que le litige étant étranger à la sphère contractuelle, il ne relève pas de la convention d'arbitrage limitée aux difficultés survenant dans l'exécution ou l'interprétation des conventions ou par suite de leur résiliation. • Civ. 1re, 8 nov. 2005, n° 02-18.512 P : *RTD civ. 2006. 143, obs. Théry* .

14. Absence d'engagement contractuel. Viole l'art. 1448, al. 1er, une cour d'appel qui, pour rejeter l'exception d'incompétence, retient, par des motifs impropres à caractériser l'inapplicabilité manifeste de la clause compromissoire stipulée dans l'accord en procédant à un examen substantiel et approfondi des négociations contractuelles entre les parties pour conclure à leur absence d'engagement, que la clause d'arbitrage n'a jamais été discutée ou envisagée entre les parties, que sa présence dans l'accord est entièrement nouvelle, que l'absence de signature de cet accord caractérise incontestablement une absence de volonté des parties de recourir à l'arbitrage, ce qui exclut la saisine de l'arbitre en l'absence de tout engagement contractuel. • Civ. 1re, 21 sept. 2016, n° 15-28.941 P.

15. Arbitrage confessionnel. Ne caractérise pas la nullité ou l'inapplicabilité manifeste de la clause compromissoire, la cour d'appel qui relève que les statuts du Consistoire de Marseille ne contiennent aucune clause compromissoire confiant au conseil du Consistoire central l'arbitrage de son contentieux électoral, alors que le règlement intérieur du Consistoire central oblige les consistoires adhérents à soumettre à l'arbitrage de son conseil l'ensemble des contentieux électoraux et que le Consistoire israélite de Marseille en est adhérent. • Civ. 1re, 10 juill. 2013.

16. Autres illustrations. Une cour d'appel qui, pour retenir le tribunal de commerce compétent, retient que la clause d'arbitrage ne visant que les contestations nées de l'interprétation et de l'exécution de l'accord de franchise, les litiges visant la nullité de l'accord lors de sa formation en sont exclus, statue par des motifs insusceptibles de caractériser la nullité ou l'inapplicabilité de la clause, seule de nature à faire obstacle à la compétence prioritaire de l'arbitre pour statuer sur l'existence, la validité et l'étendue de la clause. • Civ. 1re, 12 déc. 2007 : *Rev. arb. 2008. 677, note Cachard* • 29 janv. 2014 : *Procédures 2014, n° 145, note Weiller.*

17. Après avoir exactement retenu qu'une clause de conciliation et d'arbitrage s'appliquait aux litiges relatifs à la restitution des pulpes de betteraves confiées par des producteurs à une société et que, par l'effet de sa transmission, elle n'était pas manifestement inopposable à la coopérative agissant en qualité d'ayant droit de ses adhérents, c'est à bon droit qu'en vertu du principe compétence-compétence, une cour d'appel s'est déclarée incompétente, sans avoir à mettre en œuvre elle-même la procédure préalable de conciliation qui relevait de la compétence des arbitres. • Civ. 1re, 6 mars 2007, n° 04-16.204 P : *D. 2007. AJ 1024, obs. Delpech ; ibid. 2008. Pan. 184, obs. Clay ; JCP 2007. I. 168, obs. Seraglini.*

18. Se détermine par des motifs impropres à établir le caractère manifeste de la nullité ou de l'inapplicabilité de la clause d'arbitrage, seule de nature à faire obstacle à la compétence arbitrale pour statuer sur l'existence, la validité et l'étendue de la convention d'arbitrage, et viole le principe de compétence-compétence l'arrêt qui pour rejeter une exception d'incompétence et dire le tribunal de commerce compétent retient que la clause litigieuse, parfaitement claire, ne soumet à l'arbitrage que les litiges relatifs aux garanties et que, même en l'absence de garanties particulières prévues par le contrat, étendre le domaine de la clause à l'exécution des promesses de vente et d'achat constituerait une dénaturation. • Civ. 1re, 9 juill. 2008 : *Rev. arb. 2008. 677, note Cachard.*

19. V. jugeant que le litige consistant à déterminer si la demande ne se rattachait pas à l'interprétation du contrat et n'entrait donc pas dans le champ d'application de la convention d'arbitrage, relève de la compétence exclusive de l'arbitre. • Civ. 1re, 29 janv. 2014 : *Procédures 2014, n° 146, note Weiller.*

20. Une transaction conclue sur le fondement d'un contrat d'assurance dommage forme un ensemble contractuel, de sorte que la convention d'arbitrage qui figure dans le contrat d'assurance n'est pas manifestement inapplicable au litige opposant une société bénéficiaire pour compte du contrat d'assurance à l'assuré. En l'absence de lien entre le contrat de réassurance et la transaction, la convention d'arbitrage figurant dans le contrat d'assurance n'est pas applicable au litige opposant, sur un fondement délictuel, la société bénéficiaire pour compte du contrat d'assurance au réassureur auquel il est reproché d'avoir contribué à la violation, par l'assuré, de la transaction. • Civ. 1re, 9 juill. 2014, n° 13-17.495 P : *D. 2014. Actu. 1590 ; ibid. 2092, note Mazeaud ; ibid. 2546, obs. Clay ; ibid. 540, obs. Amrani Mekki ; Procédures 2014, n° 298, note Weiller ; RLDA 2014. 5357, note Mestre et Mestre-Chami ; AJCA 2014. 329, note Dubarry ; Gaz. Pal. 22 nov. 2014, p. 15, note Bensaube.*

21. Selon le principe compétence-compétence, il appartient à l'arbitre de statuer, par priorité, sur sa propre compétence, sauf nullité ou inapplicabilité manifeste de la clause d'arbitrage, qui ne peut résulter du seul fait que les dispositions impératives de l'art. L. 442-6, I, 5° C. com. sont applicables. • Civ. 1re, 1er mars 2017, n° 15-22.675 P : *D. 2017. Actu. 501 ; ibid. 2451, obs. Dorandeu ; ibid. 1481, obs. Buy ; ibid. 2561, obs. Clay ; AJ Contrat 2017. 189, note Ruy ; RTD civ. 2017. 391, obs. Barbier ; Procédures 2017, n° 93, note Weiller ; RLDA 2017, n° 6204, note Clavel-Thoraval ; CCC 2017, n° 99, note Malaurie-Vignal ; Gaz. Pal. 2 mai 2017, p. 22, note Courdier-Cuisinier ; JCP 2017. 406, note Mouralis ; ibid. E 2017. 1358, obs. Grignon ; LEDC avr. 2017, p. 4, obs. Leblond.*

B. PROCÉDURES COLLECTIVES

22. Déclaration de créances. Le principe d'ordre public de l'arrêt des poursuites individuelles interdit, après l'ouverture de la procédure collective, la saisine du tribunal arbitral par un créancier dont la créance a son origine antérieurement au jugement d'ouverture, sans qu'il se soit soumis au préalable à la procédure de vérification des créances. • Com. 2 juin 2004, n° 02-13.940 P : *D. 2004. AJ 1732, obs. A. Lienhard ; ibid. Somm. 3184, obs. Clay ; JCP E 2004. II. 975, note N. S. ; RTD com. 2004. 439, obs. Loquin ; ibid. 2004. 808, obs. Martin-Serf ; JCP 2004. I. 179, n° 1, obs. Béguin ; Rev. arb. 2004. 591, note Ancel ; APC 2004, n° 158, obs. Vallansan ; LPA 21 juill. 2004, p. 15, note Touchent.* ♦ Cassation de l'arrêt qui avait jugé que l'art. L. 621-40 C. com. ne peut avoir pour effet de rendre nulle une clause d'arbitrage valablement conclue avant que les sociétés en cause ne soient dessaisies de leurs droits ; que la règle d'ordre public de la suspension des poursuites individuelles et l'obligation pour le créancier de se soumettre à la procédure de vérification des créances ne s'opposent pas à la constitution du tribunal arbitral, ce dernier étant seul juge pour statuer sur la validité ou les limites de son investiture. • Paris, 13 févr. 2002 : *BICC 2003, n° 63 ; JCP E 2003. II. 447, note P. M. ; JCP 2003. I. 105, n° 6, obs. Béguin ; Rev. arb. 2003. 131, note Fouchard ; RPC 2003. 310, obs. Staes.* ♦ Lorsque l'instance arbitrale formée contre le débiteur a été commencée avant l'ouverture de la procédure, l'instance arbitrale est, en application de l'art. L. 621-41 C. com., suspendue jusqu'à ce que le créancier ait déclaré sa créance. Après déclaration, l'instance reprend, en présence de l'administrateur et du représentant des créanciers qui doivent être appelés en la cause, le tribunal ne pouvant statuer que sur le principe et le montant de la créance sans pouvoir condamner le débiteur à exécuter. • Paris, 3 mars 1998 : *Rev. arb. 2003. 207, obs. Fouchard* • 30 mars 1999 : *ibid.* ♦ En revanche, lorsque la procédure d'arbitrage n'a pas commencé avant l'ouverture du redressement, le créancier, en application de l'art. L. 621-40 C. com., ne peut plus saisir le tribunal arbitral mais seulement déclarer sa créance et attendre sa vérification. • Mêmes arrêts.

23. Principe de compétence-compétence. Lorsque l'instance arbitrale n'est pas en cours au jour du jugement d'ouverture, le juge-commissaire, saisi d'une contestation et devant lequel est invoquée une clause compromissoire, doit, après avoir, le cas échéant, vérifié la régularité de la déclaration de créance, se déclarer incompétent à moins que la convention d'arbitrage ne soit manifestement nulle ou inapplicable. • Com. 2 juin 2004, n° 02-18.700 P : *D. 2004. AJ 1732, obs. A. Lienhard ; ibid. Somm. 3179, obs. Clay ; RTD com. 2004. 439, obs. Loquin ; ibid. 2004. 808, obs. Martin-Serf ; JCP E 2004. II. 975, note N. S. ; JCP 2004. I. 179, n° 1, obs. Béguin ; Rev. arb. 2004. 591, note Ancel ; APC 2004, n° 158, obs. Vallansan ; LPA 21 juill. 2004, p. 15, note Touchent* (V. l'arrêt d'appel : • Besançon, 4 juin 2002 : *JCP 2003. I. 105, n° 6, obs. Béguin ; Rev. arb. 2003. 131, note Fouchard*). ♦ L'instance arbitrale est en cours à partir du jour où le tribunal arbitral est définitivement constitué et peut donc être saisi du litige, c'est-à-dire à partir de l'acceptation par tous les arbitres de leur mission. • Civ. 1re, 30 mars 2004, n° 01-11.951 P : *D. 2004. Somm. 3183, obs. Clay ; APC 2004, n° 112, obs. Vallansan ; JCP 2004. I. 179, n° 8, obs. Ortscheidt* (arbitrage international).

24. Le liquidateur ayant usé de la faculté de poursuivre l'exécution des contrats avec tous les droits et obligations qui s'y rattachaient, cela impliquait l'observation de la clause compromissoire qui y était stipulée. • Civ. 1re, 1er avr. 2015 : *D. actu. 21 avr. 2015, obs. Delpech ; D. 2015. AJ 800 ; ibid. Pan. 2591, obs. Clay : Cah. arb. 2015. 303, note Achille ; JCP 2015. 691, note Weiller ; ibid. E. 2015. 1273, obs. Lebet ; RTD civ. 2015. 614, obs. Barbier*. ♦ V. encore pour l'action d'un liquidateur agissant dans l'intérêt des créanciers (absence d'inapplicabilité manifeste de la clause d'arbitrage). • Civ. 1re, 3 févr. 2010, nº 09-12.669 P. ♦ V. aussi : le liquidateur se substituant au débiteur pour agir en son nom, il est lié par la clause compromissoire, sauf inapplicabilité manifeste. • Civ. 1re, 29 janv. 2014 : *Procédures 2014, nº 145, note Weiller.*

25. Dès lors qu'elle avait constaté qu'une clause compromissoire avait été conclue avant la mise en liquidation des biens d'une des parties au contrat et que l'inexécution contractuelle dont le demandeur à l'instance faisait état avait donné lieu à assignation antérieurement à l'ouverture de la procédure collective dont cette partie avait fait l'objet, la Cour d'appel ne pouvait, sans méconnaître les conséquences légales de ses propres constatations, rejeter l'exception d'incompétence fondée sur l'existence de la clause compromissoire. • Com. 12 févr. 1985 : *Bull. civ. IV, nº 53 ; Rev. arb. 1985. 275, note Ancel.*

26. Limite. Le tribunal de la procédure est cependant compétent, sur le fondement de l'art. 174 du Décr. du 27 déc. 1985 anc., s'agissant d'une action en responsabilité intentée par le liquidateur, dans l'intérêt des créanciers contre le franchiseur pour soutien abusif apporté à la société franchisée, le liquidateur n'étant pas partie au contrat stipulant la clause compromissoire, ce dont il résulte que ladite clause est étrangère au litige. • Com. 14 janv. 2004, nº 02-15.541 P : *D. 2044. AJ 178, obs. A. Lienhard ; JCP 2004. I. 119, nº 1, obs. Béguin ; Rev. arb. 2004. 591, note Ancel ; APC 2004, nº 77, obs. Fricero.*

27. Le liquidateur qui demande, à titre principal, la nullité d'un acte sur le fondement des dispositions de l'art. L. 632-1, I, 2e C. com. ne se substitue pas au débiteur dessaisi pour agir en son nom mais exerce une action au nom et dans l'intérêt collectif des créanciers de sorte qu'une clause compromissoire stipulée à l'acte litigieux est manifestement inapplicable au litige. • Com. 17 nov. 2015 : *D. 2015. 2439, obs. Lienhard ; AJCA 2016. 43, obs. de Fontmichel ; Rev. sociétés 2016. 198, obs. Roussel-Galle ; RTD com. 2016. 334, obs. Martin-Cerf*. ♦ V. aussi : Après avoir énoncé que la clause compromissoire ne concerne que les litiges entre les parties qui l'ont stipulée et n'est opposable au commissaire à l'exécution du plan que dans la mesure où celui-ci exerce les droits et actions du débiteur lui-même suivant les modalités de la liquidation judiciaire, par application de l'art. L. 621-83 C. com. dans sa rédaction antérieure à la L. du 26 juill. 2005 de sauvegarde des entreprises, tel n'est pas le cas de l'action qui a été engagée au nom et dans l'intérêt collectif des créanciers sur le fondement de l'art. 1382 C. civ. La convention d'arbitrage est en conséquence manifestement inapplicable. • Com. 13 juin 2006.

C. DROIT DU TRAVAIL

28. V. note ss. art. L. 1411-4 C. trav. ♦ Il résulte de l'art. L. 1411-4 C. trav. que le principe compétence-compétence selon lequel il appartient à l'arbitre de statuer par priorité sur sa propre compétence n'est pas applicable en matière prud'homale. • Soc. 30 nov. 2011, nº 11-12.905 P : *D. actu. 3 janv. 2012, obs. L. Perrin ; D. 2011. Actu. 3002 ; ibid. 2012. 2997, obs. Clay ; Dr. soc. 2012. 309, obs. Gauriau ; RTD com. 2012. 351, obs. Constantin, et 528, obs. Loquin ; Rev. arb. 2012. 333, note Boucaron-Nardetto ; JCP 2011. 1417, obs. Dedessus-Le-Moustier ; ibid. 2012. 690, § 6, obs. Clay, et 843, § 2, obs. Seraglini ; ibid. S 2012. 1049, obs. Brissy ; LPA 2012, nº 89, p. 8, note Posocco ; Procédures 2012. 42, note Weiller ; ibid. 75, obs. Bugada ; Gaz. Pal. 2-3 mars 2012, p. 29, obs. Orif ; RLDA févr. 2012, nº 68, note Laronze ; LPA 2012, nº 141, p. 14, obs. Constantin.*

III. RECOURS

29. Pourvoi en cassation. Le pourvoi est immédiatement recevable en cas d'excès de pouvoir. Tel est le cas d'une juridiction étatique qui écarte une clause d'arbitrage sans caractériser sa nullité manifeste ou son inapplicabilité manifeste. • Civ. 1re, 8 nov. 2005, nº 02-18.512 P : *D. 2005. IR 2896 ; RTD civ. 2006. 143, obs. Théry*.

Art. 1449 **L'existence d'une convention d'arbitrage ne fait pas obstacle, tant que le tribunal arbitral n'est pas constitué, à ce qu'une partie saisisse une juridiction de l'État aux fins d'obtenir une mesure d'instruction ou une mesure provisoire ou conservatoire.**

Sous réserve des dispositions régissant les saisies conservatoires et les sûretés judiciaires, la demande est portée devant le président du *(Décr. nº 2019-966 du 18 sept. 2019, art. 8, en vigueur le 1er janv. 2020)* **« tribunal judiciaire** [ancienne rédaction : tribunal *de grande instance*] **» ou de commerce, qui statue sur les mesures d'instruction dans les conditions prévues à l'article 145 et, en cas d'urgence, sur les mesures provisoires ou conservatoires sollicitées par les parties à la convention d'arbitrage.**

L'art. 1449 consacre une jurisprudence établie, en vertu de laquelle les parties peuvent saisir le juge étatique sur le fondement de l'art. 145 et, en cas d'urgence, le solliciter afin d'obtenir des mesures provisoires ou conservatoires (V. note 10 ss. art. 145) (Rapport au Premier ministre relatif au Décr. n° 2011-48 du 13 janv. 2011, JO 14 janv.).

A. RÉFÉRÉS

1. Cas. La clause compromissoire n'exclut pas, tant que le tribunal arbitral n'est pas constitué, la faculté de saisir le juge des référés aux fins de mesures provisoires ou conservatoires. • Civ. 1re, 6 déc. 2005, n° 03-16.572 P : *RTD com. 2006. 297, obs. Loquin*. ♦ La clause compromissoire n'exclut pas, tant que le tribunal arbitral n'est pas constitué, la faculté de saisir le juge des référés aux fins de mesures provisoires ou conservatoires (cassation de l'arrêt qui retient que, le maître de l'ouvrage ayant obtenu la désignation d'un expert en référé, il a, par cette action en justice, manifesté sa volonté de ne pas faire application de la clause compromissoire). • Civ. 2e, 7 mars 2002, n° 00-11.526 P : *D. 2002. IR 1113*. ♦ Seule la saisine du tribunal arbitral fait obstacle à la compétence du juge des référés pour allouer une provision lorsque l'existence de l'obligation n'est pas sérieusement contestable. • Civ. 2e, 20 mars 1989 : *Bull. civ. II, n° 84 ; Gaz. Pal. 1990. 1. Somm. 1, obs. Guinchard et Moussa.* ♦ La clause compromissoire n'exclut pas la faculté de saisir le juge des référés sur le fondement de l'art. 808 (référé-urgence). • Com. 3 juill. 1951 : *Gaz. Pal. 1951. 2. 316 ; RTD civ. 1952. 99, obs. Hébraud* • Civ. 2e, 4 déc. 1953 : *D. 1954. 108* • Com. 29 mai 1978 : *Rev. arb. 1979. 221, note Rubellin-Devichi* • TGI Paris, 3 janv. 1984 : *Rev. arb. 1984. 529, note Bernard* • Paris, 21 févr. 2003 : *Gaz. Pal. 30-31 mai 2003, p. 20.* ♦ V. déjà : sur le fondement de l'art. 809, al. 1er (référé conservatoire) • Paris, 3 juill. 1979 : *Rev. arb. 1980. 78, note Courteault ; JCP 1980. II. 19389 (1re esp.), note Couchez* • Dijon, 23 juin 1993 : *JCP 1994. IV. 107.* ♦ ... Sur le fondement de l'art. 809, al. 2 (référé-provision) • Civ. 3e, 9 juill. 1979 : *JCP 1980. II. 19389 (2e esp.), note Couchez.* ♦ ... Sur le fondement de l'art. 873, en cas de manquement à la confidentialité de l'arbitrage par la divulgation d'informations relatives à l'arbitrage en cours non justifiée par une obligation légale d'information, V. • T. com. Paris, réf., 22 févr. 1999 : *Rev. arb. 2003. 189* • Paris, 17 oct. 1999 : *Rev. arb. 2003. 5. obs. Fages.* ♦ ... Sur le fondement de l'art. 145 (référé probatoire). • Civ. 3e, 20 déc. 1982 : *Bull. civ. III, n° 260 ; Gaz. Pal. 1983. 1. Pan. 134, obs. Guinchard ; Rev. arb. 1986. 235* • Paris, 30 juill. 1986 : *Rev. arb. 1989. 113, note Pellerin.*

2. Viole les art. 873, al. 2 et 1458, al. 1er, l'arrêt qui, statuant en matière commerciale et en référé, condamne une société à payer à une autre une provision aux motifs que la créance de celle-ci n'est pas, pour partie, sérieusement contestable et qu'il y a urgence, alors qu'il constate qu'une procédure arbitrale destinée à mettre fin au différend opposant ces deux sociétés était engagée. • Civ. 2e, 18 juin 1986, n° 85-12.086 P : *Rev. arb. 1986. 565, note Couchez ; Gaz. Pal. 1987. 1. Somm. 6, obs. Guinchard et Moussa.*

3. Urgence. La compétence exceptionnelle reconnue au juge des référés en présence d'une convention d'arbitrage est soumise à la condition de l'urgence. • Civ. 2e, 13 juin 2002, n° 00-20.077 P : *D. 2002. 2439, note Najjar ; Dr. et patr. 3/2003. 99, obs. Mestre.* ♦ Pour déclarer recevable une demande de provision, il y a lieu de caractériser l'urgence. • Civ. 2e, 2 avr. 1997, n° 94-14.223 P : *D. Affaires 1997. 573* • Com. 29 juin 1999, n° 98-17.215 P : *D. 1999. 649, note Najjar ; JCP 2000. II. 10228, note Vuitton.*

4. Limites. Le juge des référés est incompétent pour décider de mesures d'interdiction assorties d'une astreinte destinées à assurer l'exécution d'une sentence arbitrale, non revêtue de l'*exequatur* et qui fait l'objet d'un recours en annulation. • Com. 18 mai 2005, n° 03-13.832 P : *D. 2005. IR 1585*. ♦ En raison de l'existence d'un lien entre une mesure de séquestre et la convention des parties contenant la clause compromissoire, le juge étatique des référés est incompétent pour ordonner la mainlevée de la mesure de séquestre. • Civ. 2e, 30 mars 2000 : *Rev. arb. 2000. 623, note Cadiet.*

B. REQUÊTES

5. L'existence d'une clause compromissoire ne prive pas le président du T. com. du pouvoir qu'il tient de l'art. 875 d'ordonner sur requête toutes les mesures urgentes dont les circonstances exigent qu'elles nesoient pas prises contradictoirement. • Com. 10 mars 1998, n° 95-21.581 P : *D. 1998. IR 101 ; RTD com. 1998. 834, obs. Dubarry et Loquin*.

Code civil

TITRE XVI. DE LA CONVENTION D'ARBITRAGE *(L. n° 2016-1547 du 18 nov. 2016, art. 11).* *(L. n° 72-626 du 5 juill. 1972, art. 13)*

BIBL. ► CLAY, *JCP 2014. 492* (la simplification de la transaction et de l'arbitrage dans le code civil) ; Le code civil, un passé, un présent, un avenir, *Dalloz 2004, p. 693* (une erreur de codification dans le code civil : les dispositions sur l'arbitrage).

Art. 2059 Toutes personnes peuvent compromettre sur les droits dont elles ont la libre disposition.

Un compromis tendant au partage de biens communs ne peut être signé par un époux seul sans l'accord de l'autre époux. • Civ. 1re, 8 févr. 2000, n° 97-19.920 P : *D. 2000. IR 72* ; *JCP 2000. I. 245, n° 18, obs. Simler* ; *Defrénois 2000. 1179, obs. Champenois* ; *Dr. fam. 2000, n° 40, note Beignier.*

Art. 2060 On ne peut compromettre sur les questions d'état et de capacité des personnes, sur celles relatives au divorce et à la séparation de corps ou sur les contestations intéressant les collectivités publiques et les établissements publics et plus généralement dans toutes les matières qui intéressent l'ordre public.

(L. n° 75-596 du 9 juill. 1975, art. 7) « Toutefois, des catégories d'établissements publics à caractère industriel et commercial peuvent être autorisées par décret à compromettre. »

Ordre public. Le compromis n'est pas nul par cela seul que la convention à laquelle il a trait est soumise à certains égards à une réglementation présentant un caractère d'ordre public ; il n'y a nullité que si l'opération ou la convention litigieuse se trouve frappée d'illicéité comme ayant effectivement contrevenu à une règle d'ordre public ; en un mot, la nullité du compromis ne découle pas de ce que le litige touche à des questions d'ordre public, mais du fait que l'ordre public a été violé. • Paris, 15 juin 1956 : *D. 1957. 587 (deux arrêts), note Robert.* ♦ C'est dans la seule considération de l'objet du litige, c'est-à-dire ce qu'on donne réellement à juger aux arbitres, que se manifestera ou non l'influence de l'ordre public pour autoriser ou interdire l'arbitrage au niveau de la validité du compromis. • Colmar, 29 nov. 1968 : *JCP 1970. II. 16246, note Oppetit et Level.* ♦ Ainsi, la nullité d'un contrat tenant à des motifs d'ordre public donne elle-même naissance pour le règlement des conséquences de cette nullité, à des litiges quant aux restitutions ou aux dommages-intérêts sur lesquels il n'est pas interdit de compromettre. • Orléans, 15 févr. 1966 : *D. 1966. 340, note Robert.*

Art. 2061 *(L. n° 2016-1547 du 18 nov. 2016, art. 11-3°)* La clause compromissoire doit avoir été acceptée par la partie à laquelle on l'oppose, à moins que celle-ci n'ait succédé aux droits et obligations de la partie qui l'a initialement acceptée.

Lorsque l'une des parties n'a pas contracté dans le cadre de son activité professionnelle, la clause ne peut lui être opposée.

BIBL. ▶ CASSON, *JCP 2018. 312* (les tribulations de l'art. 2061 C. civ.). – Collectif, *Cahiers de l'arbitrage 2017, p. 9* (la nouvelle convention d'arbitrage). – JARROSSON et RACINE, *Rev. arb. 2016. 1007* (dispositions relatives à l'arbitrage dans la loi de modernisation de la justice du XXIe siècle). – PELLERIN, *Gaz. Pal. 31 janv. 2017, p. 54* (nouvelles dispositions sur l'arbitrage). – PIEDELIÈVRE, *JCP N 2017. 182.* – WEILLER, *Procédures 2017. Étude 9* (l'arbitrage du XXIe siècle).

1. *Consommation.* L'art. 2061 dispose que lorsque l'une des parties contracte en dehors de son activité professionnelle, la clause compromissoire ne peut lui être opposée. En effet, lorsque l'une des parties a contracté en dehors de son activité professionnelle, elle se trouve en général dans une situation déséquilibrée par rapport à l'autre, qui a contracté dans le cadre de son activité professionnelle. Le professionnel dispose le plus souvent de moyens financiers plus élevés que le consommateur ou le non professionnel. Pour rétablir l'équilibre entre les parties, le second al. de l'art. 2061 prévoit donc que la partie qui a contracté en dehors de son activité professionnelle ne peut se voir opposer la clause, afin qu'elle ne soit pas contrainte, une fois le litige né, de recourir à l'arbitrage, mais qu'elle puisse le décider en connaissance de cause. Concrètement, *une fois le litige né, cette partie* peut choisir de s'engager, ou de ne pas s'engager, dans la procédure arbitrale. En revanche, si elle décide de s'engager dans cette procédure, celle-ci devient obligatoire pour elle, ainsi bien sûr que la sentence prononcée par l'arbitre ou le collège arbitral. La situation n'est en principe pas la même lorsque toutes les parties, et non l'une d'entre elles, contractent en dehors de leur activité professionnelle. Ce type de relation n'est pas, *a priori*, affecté par le déséquilibre économique inhérent à la relation professionnel/non professionnel. Dans ce cas, le second alinéa de l'art. 2061 n'est donc pas applicable ; les parties sont liées par la clause qu'elles ont acceptée. L'inopposabilité prévue dans la rédaction actuelle de l'art. 2061 C. civ. ne s'applique donc pas dans les trois situations évoquées : un arbitrage entre deux particuliers, personnes physiques ; un arbitrage entre deux non-professionnels, personnes morales et un arbitrage entre un « non-professionnel », personne morale et un particulier, personne physique. * Question n° 98313, *JOAN Q, 2 août 2016, p. 7098 ; Rev. arb. 2017. 773.*

2. *Assurance.* Viole l'art. 2061 la cour d'appel qui, pour rejeter la demande d'annulation de la clause compromissoire et déclarer irrecevables les autres prétentions, retient d'une part que le demandeur avait conclu le contrat à raison d'une activité professionnelle dès lors qu'il n'est atteint que d'une incapacité permanente partielle, et non totale, et d'autre part qu'il a assigné directement l'assureur sans recourir au compromis d'arbitrage institué par la convention des parties, ces motifs étant impropres à établir que le contrat d'assurance avait été conclu à raison d'une activité professionnelle. • Civ. 1re, 20 déc. 2017, nº 16-21.425 : *RGDA 2018. 104, note Sclulz.*

Ancien art. 2061 *(L. nº 2001-420 du 15 mai 2001, art. 126) Sous réserve des dispositions législatives particulières, la clause compromissoire est valable dans les contrats conclus à raison d'une activité professionnelle.*

BIBL. ▶ **Sur la clause compromissoire par la L. du 15 mai 2001 :** AUGENDRE, *RJ com. 2002. 292.* – CLAY, *D. 2003. Somm. 2469.* – CLAY (DIR.), *Dr. et patr. 5/2002, p. 40 s. ; juin 1992, p. 52 s.* (dossier : nouvelles perspectives en matière d'arbitrage). – FOUCHARD, *Rev. arb. 2001. 3972.* – GALLMEISTER, *LPA 29 oct. 2004, p. 12.* – JARROSSON, *JCP 2001. I. 333 ; Dr. et patr. 5/2002, p. 40 s. ; ibid. juin 1992, p. 92 s.* (dossier). – LOQUIN, *chron. RTD com. 2001. 642.* – B. MOREAU et DEGOS, *Gaz. Pal. 2001. Doctr. 963.* – MARINI et FAGES, *D. 2001. Chron. 2658.* – MOUNE, *Gaz. Pal. 18-19 déc. 2002, p. 32* (litiges relatifs aux sociétés). – RIVIER, *LPA 2 oct. 2003, p. 26.*

▶ **Application dans le temps :** WEILLER, *Gaz. Pal. 2005. Doctr. 982.*

▶ **Sur la portée internationale de la réforme du 15 mai 2001 :** V. Rép. min. nº 35415 : *JO Sénat Q, 31 janv. 2002, p. 314 ; D. 2002. 62 ; BJS 2002. 439 ; Rev. arb. 2002. 241, note Fouchard ; JCP 2003. I. 105, nº 9, obs. Seraglini.*

▶ **Aspects particuliers :** FAGES et ROSSI, *Gaz. Pal. 2002. 2. Doctr. 1782* (arbitrage en matière financière : nouvelles perspectives). – GALLMEISTER, *LPA 29 oct. 2004, p. 12* (validité de la clause compromissoire contenue dans un acte mixte). – MOURRE, *Gaz. Pal. 2002. 2. Doctr. 1776* (litiges relatifs aux sociétés). – RONTCHEVSKY, *AJDI 2002. 270* (arbitrage et baux commerciaux). – ROUAUD, *D. 2012. 1312* (appréciation des conditions de validité de la clause compromissoire au regard de l'art. 2061).

A. JURISPRUDENCE ANTÉRIEURE À LA LOI DU 15 MAI 2001

1º CAS DE NULLITÉ

1. Matière civile. La clause compromissoire est nulle en matière civile. • Civ., 10 juill. 1843, *Prunier : S. 1843. 1. 561, concl. Hello, note Devilleneuve ; D. 1843. 1. 343 ; reproduit Rev. arb. 1992. 399, concl. Hello.*

2. Acte mixte. La clause compromissoire insérée dans un contrat mixte est nulle pour les deux parties et ne peut être invoquée même par le civil contre le commerçant. • Com. 2 déc. 1964 : *Bull. civ. III, nº 533 ; D. 1965. 412 ; JCP 1965. II. 14041, note Level ; Rev. arb. 1965. 17* • Civ. 2e, 5 mai 1982 : *Bull. civ. II, nº 69 ; Rev. arb. 1983. 75, note Rubellin-Devichi ; RTD com. 1982. 545, obs. Bénabent et Dubarry* • Paris, 13 févr. 1991 : *D. 1992. IR 179.*

3. Marché de travaux publics. Aucune disposition législative, réservée par l'art. 2061 [ancien] C. civ., n'autorise les signataires d'un marché de travaux publics à inclure dans celui-ci une clause compromissoire ; illégalité des stipulations insérées dans un marché portant sur la réalisation de travaux autoroutiers. • CE, sect., 3 mars 1989 : *JCP 1989. II. 21323, obs. Level.*

2º EXCEPTIONS

4. Compromis. Toute personne peut compromettre sur les droits dont elle a la libre disposition sans avoir à faire référence à une clause compromissoire dont la nullité est sans incidence sur la validité du compromis ; substitution d'un compromis valable à la clause nulle. • Civ. 3e, 10 oct. 1978 : *JCP 1980. II. 19390, note Galle ; RTD com. 1980. 771, obs. Dubarry ; Rev. arb. 1979. 352, note B. M.*

5. Exécution volontaire. Si une clause compromissoire est nulle en matière civile, cette nullité n'est pas d'ordre public et est couverte par une exécution volontaire de la clause. • Paris, 19 déc. 1957 : *D. 1958. 230, note crit. Bredin.*

6. Droit international. Il résulte du principe de validité de la clause d'arbitrage international, sans condition de commercialité, et de celui selon lequel il appartient à l'arbitre de statuer sur sa propre compétence que la juridiction étatique est incompétente pour statuer, à titre principal, sur la validité d'une clause d'arbitrage, et que l'art. 2061 C. civ. est sans application dans l'ordre international. • Civ. 1re, 5 janv. 1999, nº 96-21.430 P : *D. 1999. IR 31 ; D. Affaires 1999. 474, obs. X. D.*

B. APPLICATION DANS LE TEMPS DE LA LOI DU 15 MAI 2001

7. Application immédiate. Aux termes de l'art. 2061, en sa rédaction issue de la L. du 15 mai 2001, sous réserve des dispositions législatives particulières, la clause compromissoire est valable dans les contrats conclus en raison d'une activité professionnelle ; il en résulte qu'une telle clause, stipulée dans de tels contrats, nulle sous l'empire du texte antérieur, peut être invoquée à l'occasion d'un litige portant sur l'exécution de ces contrats, peu important, à cet égard, qu'ils aient ou non pris fin avant l'entrée en vigueur de la loi nouvelle. • Civ. 1re, 22 nov. 2005, n° 04-12.655 P : *D. 2005. IR 3032, obs. Avena-Robardet ; D. 2006. 277, note Le Bars et Callé ; ibid. Pan. 3027, obs. Clay ; RTD com. 2006. 302, obs. Loquin ; JCP 2006. I. 148, n° 1, obs. Béguin et II. 10015, note Cornut ; JCP E 2006. 1196, p. 239, note Croze ; Defrénois 2006. 590, obs. Libchaber ; LPA 22 mars 2006, p. 10, note Peltier ; Gaz. Pal. 8-9 févr. 2006. 16, obs. Vatier ; Rev. arb. 2005. 1011, obs. Bureau* • Civ. 1re, 7 juin 2006, n° 04-20.350 P : *D. 2006. IR 1702, obs. Avena-Robardet ; ibid. Pan. 3027, obs. Clay.* ♦ V. déjà, antérieurement : • TGI Paris, réf., 8 oct. 2002 : *D. 2003. 1928, note Moreau et Sihvola ; RTD com. 2003. 695, obs. Loquin ; RTD civ. 2004. 338, obs. Théry ; Rev. arb. 2003. 199, note Jaeger ; JCP 2004. II. 10014, note Fagès ; JCP 2003. I. 164, n° 1, obs. Béguin* • T. com. Paris, 17 févr. 2004 : *Rev. arb. 2004. 451 ; JCP 2004. I. 179, n° 3, obs. Béguin* • Orléans, 18 mars 2004 : *RTD com. 2004. 441, obs. Loquin ; JCP 2004. II. 10103, note T. Le Bars et Callé ; JCP 2004. I. 179, n° 3, obs. Béguin ; Gaz. Pal. 21-22 mai 2004, p. 24 ; Loyers et copr. mai 2004, p. 3, obs. Monéger ; Rev. arb. 2004. 391, note Bureau* • Aix-en-Provence, 30 sept. 2004 : *JCP 2005. IV. 2022.* ♦ *Contra* : • Paris, 9 déc. 2003 : *Rev. arb. 2004. 641, note Bureau ; Gaz. Pal. 21-22 mai 2004, p. 19.*

8. Validité, par application de la loi nouvelle, d'une clause compromissoire insérée dans une convention conclue entre professionnels (contrat de collaboration entre avocats) avant l'entrée en vigueur de la loi nouvelle, peu important, à cet égard, que la convention ait ou non pris fin avant cette entrée en vigueur. • Civ. 1re, 22 nov. 2005, n° 04-12.655 P : *D. 2005. IR 3032, obs. Avena-Robardet ; D. 2006. 277, note Le Bars et Callé ; JCP 2006. II. 10015, note Cornut ; ibid. I. 148, n° 1, obs. Béguin ; JCP E 2006. 1196, note Croze ; Defrénois 2006. 590, obs. Libchaber ; LPA 22 mars 2006, note Peltier ; RTD com. 2006. 302, obs. Loquin* • 7 juin 2006, n° 04-20.350 P : *RTD civ. 2006. 762, obs. Mestre et Fages.* – Déjà en ce sens : • TGI Paris, ord., 8 oct. 2002 : *D. 2003. 1928, note B. Moreau et Sihvola ; JCP 2004. II. 10014, note F. Fages ; JCP E 2003. 1588, n° 1, obs. Béguin ; RTD civ. 2004. 338, obs. Théry ; RTD com. 2003. 695, obs. Loquin* • Orléans, 18 mars 2004 : *JCP 2004. II. 10103, note Le Bars et Callé ; ibid. I. 179, n° 3, obs. Béguin ; RTD com. 2004. 441, obs. Loquin.*

C. JURISPRUDENCE POSTÉRIEURE À LA LOI DU 15 MAI 2001

9. *Notion d'activité professionnelle.* L'adhésion à un contrat d'assurance collective ayant pour objet de couvrir le risque d'invalidité permanente totale n'est pas faite à raison d'une activité professionnelle, de sorte qu'un tel contrat ne peut instaurer valablement une procédure d'arbitrage. • Civ. 2e, 16 juin 2011, n° 10-22.780 P : *RDC 2011. 1279, note Serinet ; CCC 2012, n° 206, note Leveneur ; Rev. arb. 2011. 950, note Billemont.* ♦ Est nulle la clause compromissoire insérée dans un contrat conclu avec des retraités qui n'exerçaient plus aucune activité professionnelle. • Civ. 1re, 29 févr. 2012 : *BICC 1er juin 2012, n° 722 ; D. 2012. 689, obs. Delpech ; ibid. 1312, note Rouaud ; JCP 2012, n° 405, note Monéger ; ibid. 843, obs. Ortscheidt ; Gaz. Pal. 27-28 juin 2012, p. 20, obs. S. Cabrillac ; LPA 18-19 sept. 2012, p. 15, note Faivre ; Defrénois 2012. 966, note Ruet.*

10. Lorsqu'une promesse de cession de droits sociaux a pour effet de transférer le contrôle de la société aux cessionnaires ou à toute personne s'y substituant, l'acte est commercial et le litige y afférant peut valablement être tranché par voie d'arbitrage lorsqu'une clause compromissoire a été convenue entre les parties. • Civ. 1re, 22 oct. 2014, n° 13-11.568 P : *D. actu. 7 nov. 2014, obs. Delpech ; Gaz. Pal. 1er-2 déc. 2014, p. 18, obs. Dondero ; ibid. 11-12 févr. 2015, p. 15, obs. Cabrillac.*

CHAPITRE II **LE TRIBUNAL ARBITRAL**

Dans la mesure où le nouveau régime de l'arbitrage ne prévoit plus que les conventions d'arbitrage doivent, à peine de nullité, désigner le ou les arbitres ou les modalités de leur désignation (V. ancien art. 1443, al. 2, et 1448, al. 2), les art. 1450 à 1455 prévoient des dispositions supplétives de la volonté pour donner à la convention d'arbitrage toute son efficacité (Rapport au Premier ministre relatif au Décr. n° 2011-48 du 13 janv. 2011, JO 14 janv.).

BIBL. ▶ AUGENDRE, *Gaz. Pal. 23-24 mai 2012, p. 3* (loyauté et impartialité de l'arbitre). – BLANLUET, *Rev. arb. 2001. 345* (la fiscalité des rémunérations des arbitres). – CAPRON, *BICC hors série, 2003, n° 2, p. 17* (composition et constitution du tribunal arbitral). – CLAY, *Dr. et patr. 6/2002, p. 92* (arbitre, magistrat ou juge consulaire, il faut choisir). – COHEN, *Rev. arb. 2011. 612* (indépendance des arbitres et conflits d'intérêts). – FOUCHARD, *Rev. arb. 1985. 5* (arbitrage et président du TGI). – FOUCHARD, *Rev. arb. 1994. 653* (compatibilité des fonctions de magistrat et d'arbitre) ; *Rev. arb. 1987. 225* ; *ibid. 1990. 227* (institutions) ; *ibid. 2002. 579* (recours pour excès de pouvoir). – HENRY, *Cah. arb. 2013. 873* (indépendance de l'arbitre au cœur du Juste et de l'Utile). – LAZAREFF et LE GALL, *Rev. arb. 2006. 543* (l'assujettissement des arbitres à la TVA sous l'empire de l'art. 259 CGI). – LEURENT, *Rev. arb. 1992. 303* (intervention du juge). –

Rigueira Renno Lima, La responsabilité des acteurs de l'arbitrage, *Versailles 2009* (thèse dactyl.). – Rouche, *Rev. arb. 2002. 841* (paiement par le défendeur de sa part de provision sur les frais d'arbitrage). – Viatte, *Gaz. Pal. 1973. 2. Doctr. 719* (récusation des arbitres).

Art. 1450 **La mission d'arbitre ne peut être exercée que par une personne physique jouissant du plein exercice de ses droits.**

Si la convention d'arbitrage désigne une personne morale, celle-ci ne dispose que du pouvoir d'organiser l'arbitrage. — *V. ancien art. 1451.*

1. Organisation de l'arbitrage. Le contrat d'organisation de l'arbitrage conclu avec un centre d'arbitrage est licite dès lors qu'est assurée la distinction entre la fonction d'organisation de l'arbitrage, confiée au centre et à son organe, dénommé « Cour internationale d'arbitrage », et la fonction juridictionnelle, réservée aux arbitres, sans ingérence de la « cour » dans la mission juridictionnelle des arbitres, la communication à cet organisme du projet de sentence n'ayant d'autre finalité que d'en assurer l'efficacité. • Civ. 1re, 20 févr. 2001, n° 99-12.574 P : *D. 2001. IR 903 ; Rev. crit. DIP 2002. 124, note Seraglini ; Rev. arb. 2001. 513, note Clay.* ♦ Et l'obligation d'indépendance et d'impartialité de l'arbitre relève du contrôle du juge de la régularité de la sentence, le centre d'arbitrage ne contractant à cet égard qu'une obligation de moyens. • Même arrêt (arbitrage international).

2. Prérogatives du juge. Le juge ne peut résilier la convention par laquelle les parties chargent une institution permanente d'organiser l'arbitrage, ni suspendre l'instance arbitrale. • Paris, 18 nov. 1987 : *Rev. arb. 1988. 657, note Fouchard* • 4 mai 1988 : *eod. loc.*

3. Honoraires. L'arbitre est libre de poursuivre chacune des sociétés en paiement de ses honoraires sur le fondement d'un lien personnel qui le lie avec elles et différent de celui qu'elles ont entre elles. • Reims, 16 déc. 1999 : *Rev. arb. 2000. 316, note Clay.*

4. Le droit aux honoraires trouvant sa source dans le travail de l'arbitre, ils lui sont dus même sur une sentence qui n'a pas été rendue, dès l'instant où le travail de l'arbitre a été certain et qu'il n'y a point de négligence de sa part dans le fait que l'arbitrage n'a pu être terminé par une sentence. • Paris, 13 déc. 2001 : *D. 2003. Somm. 2475, obs. Clay ; RTD com. 2002. 282, obs. Loquin ; Rev. arb. 2003. 1312, note Lécuyer.* ♦ *Sur la répartition entre les parties de la charge du paiement des honoraires des arbitres.* • Paris, 23 sept. 1994 : *RTD com. 1995. 396, note Dubarry et Loquin .* ♦ La fixation du montant des honoraires relève du contrat d'arbitrage dont la contestation doit prendre la forme d'une action contractuelle devant la juridiction de droit commun. • Paris, 19 déc. 1996 : *Rev. arb. 1998. 121, note Jarrosson.*

5. La rémunération de l'arbitre peut être réduite en fonction des diligences accomplies. • Même arrêt. ♦ Si les litigants doivent engager une nouvelle instance judiciaire ou arbitrale, les honoraires de l'arbitre doivent être réduits car le litige demeure. • Même arrêt. – V. aussi • TGI Paris, 25 nov. 1999 : *D. 2003. Somm. 2475, obs. Clay ; Rev. arb. 2003. 1312, note Lécuyer.*

6. Responsabilité des arbitres. En laissant expirer le délai d'arbitrage sans demander sa prorogation au juge d'appui, à défaut d'accord des parties ou faute pour celles-ci de la solliciter, les arbitres, tenus à cet égard d'une obligation de résultat, ont commis une faute ayant entraîné l'annulation de la sentence, et ont engagé leur responsabilité. • Civ. 1re, 6 déc. 2005, n° 03-13.116 P : *D. 2006. 274, note Gautier ; ibid. Pan. 3031, obs. Clay ; RTD civ. 2006. 144, obs. Théry ; RTD com. 2006. 299, obs. Loquin ; JCP 2006. II. 10066, note Clay ; Rev. arb. 2006. 126, note Jarrosson ; JCP E 2006. 1284, note Chabot ; ibid. 1395, obs. Paillusseau ; RLDC, avr. 2006, p. 14, note Train.* ♦ V. Cependant : • Civ. 1re, 25 mars 2009, n° 08-10.815 P : *D. 2009. AJ 1025, obs. Delpech ; RTD com. 2009. 541, obs. Loquin ; JCP 2009. I. 148, n° 2, obs. Béguin.* ♦ Les arbitres n'étant tenus que d'une obligation de moyens, il ne peut leur être reproché, en l'absence de stipulation d'un délai d'arbitrage, d'avoir laissé s'éterniser la procédure arbitrale. • Civ. 1re, 17 nov. 2010 : *D. actu. 30 nov. 2010, obs. Delpech ; Rev. arb. 2011. 943, note Jarrosson.*

7. La critique fondée sur la prétendue méconnaissance de l'autorité de la chose jugée, à laquelle se rattache celle concernant la poursuite de l'instance arbitrale, tendant à remettre directement en cause le contenu des sentences rendues, et partant l'exercice de la fonction juridictionnelle des arbitres, justifie légalement sa décision la cour d'appel qui a écarté leur responsabilité en l'absence de preuve de faits propres à caractériser une faute personnelle équipollente au dol ou constitutive d'une fraude, d'une faute lourde ou d'un déni de justice, après avoir, tout d'abord, relevé que l'arbitrage avait été poursuivi sur la base de faits nouveaux ou nouvellement découverts et que les arbitres avaient statué comme amiables compositeurs, ensuite, déclaré irrecevable le grief portant sur l'absence de relevé d'office du moyen tiré du défaut de cohérence dans l'articulation des moyens et, enfin, exclu l'existence d'un manquement des arbitres à leur obligation d'impartialité et de bonne foi. • Civ. 1re, 15 janv. 2014 : *BICC 1er avr. 2014, n° 634 ; D. 2014. Actu. 219, obs. Delpech ; AJCA 2014. 35, obs. de Fontmichel ; JCP 2014. 89, note B. Le Bars ; ibid. 231, concl. Chevalier ; ibid. 255, note Loquin ; Gaz. Pal. 17 avr. 2014, p. 14,* *note Mekki ; Procédures 2014, n° 72, note Weiller.*

8. Responsabilité de l'État. Les arbitres n'étant investis d'aucune fonction publique, la responsabilité de l'État ne peut être engagée. L'action en dommages et intérêts engagée contre eux à raison de leur mission ne peut l'être que dans les conditions du droit commun. • Civ. 2e, 29 janv. 1960 : *Bull. civ. II, n° 80.*

Art. 1451 **Le tribunal arbitral est composé d'un ou de plusieurs arbitres en nombre impair.**

Il est complété si la convention d'arbitrage prévoit la désignation d'arbitres en nombre pair.

Si les parties ne s'accordent pas sur la désignation d'un arbitre complémentaire, le tribunal arbitral est complété dans un délai d'un mois à compter de l'acceptation de leur désignation par les arbitres choisis ou, à défaut, par le juge d'appui mentionné à l'article 1459.

L'art. 1451 reformule les dispositions des anciens art. 1453 et 1454 sans pour autant en changer leur substance, tout en prévoyant un délai de nature à permettre la constitution rapide du tribunal arbitral (Rapport au Premier ministre relatif au Décr. n° 2011-48 du 13 janv. 2011, JO 14 janv.).

a. Imparité

1. Ordre public. Les dispositions des art. 1453 et 1459 anciens (auj. 1451) imposent, sans que les parties puissent y déroger, que le tribunal arbitral soit constitué d'un arbitre ou de plusieurs en nombre impair. • Civ. 2e, 21 nov. 2002, n° 00-22.864 P : *RTD com. 2003. 62, obs. Loquin ; JCP 2003. I. 164, n° 4, obs. Ortscheidt ; Dr. et patr. 3/2003. 99, obs. Mestre ; LPA 21 nov. 2003, p. 18, note J.-F. Barbièri ; Rev. arb. 2003. 1356, obs. Jaeger.* – V. aussi • Paris, 9 sept. 2004 : *Gaz. Pal. 3-4 déc. 2004, p. 52.* ♦ Une clause compromissoire n'est pas d'office entachée de nullité lorsque les parties n'ont pas à l'avance prévu les modalités de choix d'un troisième arbitre, puisque dans le silence de la convention le troisième arbitre peut être choisi par les deux autres ou en l'absence d'accord sur cette désignation, être nommé par le président du tribunal. • Civ. 2e, 25 mars 1999, n° 97-13.448 P. ♦ La volonté exprimée par les deux parties de soumettre leur différend à deux arbitres par elles désignés avec adjonction d'un troisième arbitre, en cas de désaccord entre les deux premiers, est contraire aux dispositions impératives de l'art. 1454 anc. (auj. 1451). • Paris, 3 mai 1995 et • 13 sept. 1995 : *Rev. arb. 1995. 631, note Level ; RTD com. 1996. 244, obs. Dubarry et Loquin .*

b. Régularisation

2. Si les parties à une convention d'arbitrage désignent les arbitres en nombre pair, la composition du tribunal arbitral peut être régularisée selon les modalités prévues à l'art. 1454 anc. (auj. 1451) ; cassation de l'arrêt qui refuse de désigner un arbitre, au motif que s'il résulte de la combinaison des art. 1453 et 1454 anc. qu'une clause compromissoire n'est pas d'office entachée de nullité lorsque les parties n'ont pas à l'avance prévu les modalités de choix d'un troisième arbitre, puisque dans le silence de la convention le troisième arbitre peut être choisi par les deux autres ou en l'absence d'accord sur cette désignation, être nommé par le président du tribunal, en revanche la faculté de désigner un troisième arbitre, lorsque comme en l'espèce la clause compromissoire ne prévoit l'appel à cet arbitre qu'en cas de désaccord des deux arbitres sur la décision à rendre, n'est pas de nature à supprimer le vice dont est entachée la clause, car elle laisse subsister le principe énoncé par cette clause et contraire à la règle d'ordre public de l'imparité, selon lequel le recours à deux arbitres suffit pour trancher le litige, alors que le président du tribunal tient de l'art. 1454 anc. (auj. 1451), s'il est saisi à cet effet, le pouvoir de prendre les mesures nécessaires pour que le tribunal arbitral soit constitué conformément à la règle de l'imparité. • Civ. 2e, 25 mars 1999, n° 97-13.448 P.

Art. 1452 **En l'absence d'accord des parties sur les modalités de désignation du ou des arbitres :**

1° En cas d'arbitrage par un arbitre unique, si les parties ne s'accordent pas sur le choix de l'arbitre, celui-ci est désigné par la personne chargée d'organiser l'arbitrage ou, à défaut, par le juge d'appui ;

2° En cas d'arbitrage par trois arbitres, chaque partie en choisit un et les deux arbitres ainsi choisis désignent le troisième ; si une partie ne choisit pas d'arbitre dans un *délai d'un mois* à compter de la réception de la demande qui lui en est faite par l'autre partie ou si les deux arbitres ne s'accordent pas sur le choix du troisième dans un délai d'un mois à compter de l'acceptation de leur désignation, la personne chargée d'organiser l'arbitrage ou, à défaut, le juge d'appui procède à cette désignation.

Avis des parties. S'il peut être d'usage, dans une procédure arbitrale, que les arbitres prennent l'accord des parties qui les ont désignées pour faire choix du troisième arbitre, il n'y a là aucune obligation, bien au contraire, l'indépendance des arbitres à l'égard des parties devant les conduire, en cas de difficulté, à s'accorder entre eux sans avoir à tenir systématiquement compte de l'avis des parties. • TGI Paris, 4 avr. 2003 : *RTD com. 2005. 482, obs. Loquin ; Rev. arb. 2005. 162, note Jaeger.*

Art. 1453 **Lorsque le litige oppose plus de deux parties et que celles-ci ne s'accordent pas sur les modalités de constitution du tribunal arbitral, la personne chargée d'organiser l'arbitrage ou, à défaut, le juge d'appui, désigne le ou les arbitres.**

Art. 1454 **Tout autre différend lié à la constitution du tribunal arbitral est réglé, faute d'accord des parties, par la personne chargée d'organiser l'arbitrage ou, à défaut, tranché par le juge d'appui.**

1. Mesure préparatoire – injonction. En ordonnant une mesure préparatoire (injonction à la société ayant saisi le juge d'appui d'une demande de désignation d'arbitre de communiquer au défendeur le nombre d'arbitrages dans lesquels elle avait désigné le même arbitre, des doutes étant exprimés sur l'indépendance de cet arbitre), le juge d'appui n'excède pas ses pouvoirs, dès lors qu'il a pour mission de résoudre les difficultés de constitution du tribunal arbitral de manière à ce que cette juridiction soit investie de la confiance des parties. • Civ. 1re, 20 juin 2006, n° 05-17.019 P : *D. 2006. IR 1840, note Avena-Robardet ; ibid. 2008. Pan. 185, obs. Clay ; JCP 2006. II. 10155, note Chabot ; Dr. et pr. 2006. 342, note Asfar-Cazenave.* ♦ V. déjà, dans la même affaire : • Paris, 10 févr. 2005 : *D. 2005. Pan. 3057, obs. Clay ; Rev. arb. 2005. 709, note Henry.*

2. Transaction. La transaction conclue entre les parties s'impose au juge comme à l'arbitre mais ne concerne pas l'office du juge d'appui dont la mission consiste à aider à la constitution du collège arbitral. • Paris, 14 nov. 2007 : *LPA 24-25 mars 2008, p. 6, note Dmytrov.*

3. Excès de pouvoir. V. note ss. art. 1460.

Art. 1455 **Si la convention d'arbitrage est manifestement nulle ou manifestement inapplicable, le juge d'appui déclare n'y avoir lieu à désignation.** — *Comp. ancien art. 1444, al. 3.*

1° NULLITÉ MANIFESTE

1. Renvoi. Sur la notion de nullité manifeste, V. aussi notes ss. art. 1448.

2. Nécessité d'une saisine. En vertu de l'art. 1444, al. 3, ancien, le président du TGI ne peut déclarer n'y avoir lieu à désignation des arbitres en raison de la nullité manifeste de la clause compromissoire que s'il est saisi d'une difficulté de constitution du tribunal arbitral. • Civ. 2e, 10 mai 1995, n° 93-12.676 P.

3. Absence de nullité manifeste. Fait une exacte application des art. 1444 et 1466 anciens la cour d'appel qui, infirmant la décision d'un président de T. com., fait droit à la demande de désignation d'un arbitre pour le compte du défendeur après avoir relevé que le premier juge avait méconnu le principe de compétence-compétence énoncé à l'art. 1466 ancien en déclarant manifestement nulle la clause compromissoire du contrat de franchise stipulant que « les arbitres ne seront soumis à aucune règle ni aucun délai prévu au code de procédure civile ». • Civ. 1re, 7 juin 2006, n° 04-10.156 P : *D. 2006. IR 1768, obs. Avena-Robardet ; ibid. Pan. 3028, obs. Clay.* ♦ *Contra* : est manifestement nulle la clause compromissoire qui précise expressément, de manière formelle, que « les arbitres ne seront soumis à aucune règle ni aucun délai prévus au code de procédure civile ». • Caen, 2 mai 2002 : *Gaz. Pal. 15-17 sept. 2002, p. 4 ; RTD com. 2002. 654, obs. Loquin.*

2° INAPPLICABILITÉ MANIFESTE

4. Renvoi. Sur la notion d'inapplicabilité manifeste, V. aussi notes ss. art. 1448.

Art. 1456 **Le tribunal arbitral est constitué lorsque le ou les arbitres ont accepté la mission qui leur est confiée. A cette date, il est saisi du litige.** — *V. ancien art. 1452.*

Il appartient à l'arbitre, avant d'accepter sa mission, de révéler toute circonstance susceptible d'affecter son indépendance ou son impartialité. Il lui est également fait obligation de révéler sans délai toute circonstance de même nature qui pourrait naître après l'acceptation de sa mission.

En cas de différend sur le maintien de l'arbitre, la difficulté est réglée par la personne chargée d'organiser l'arbitrage ou, à défaut, tranchée par le juge d'appui, saisi dans le mois qui suit la révélation ou la découverte du fait litigieux. — *Comp. ancien art. 1452.*

Les dispositions de l'art. 1456 s'appliquent lorsque le tribunal a été constitué postérieurement au 1er mai 2011 (Décr. n° 2011-48 du 13 janv. 2011, art. 3-2°).

1° OBLIGATION DE RÉVÉLATION

a. Principe

1. Indépendance et impartialité. L'indépendance d'esprit est indispensable à l'exercice d'un pouvoir juridictionnel quel qu'il soit. • Civ. 2e, 13 avr. 1972 : *Bull. civ. II, n° 91 ; D. 1973. 2, note Robert ; Rev. arb. 1975. 235.* ♦ Mais ne met pas la Cour de cassation en mesure d'exercer son contrôle une cour d'appel qui, pour dire que l'arbitre a privé une partie de l'exercice de son droit de récusation en ne révélant pas ses liens d'intérêt avec un cabinet d'avocats, dont le conseil de l'autre partie était collaborateur, n'a pas expliqué en quoi ces éléments étaient de nature à provoquer dans l'esprit des parties un doute raisonnable quant à son impartialité et son indépendance. • Civ. 1re, 10 oct. 2012, n° 11-20.299 P : *D. 2012. 2458, obs. X. Delpech ; ibid. 2991, obs. T. Clay ; RTD com. 2013. 481, obs. Loquin ; JCP 2012, 1354, obs. Seraglini ; ibid. 1675, obs. Henry ; ibid. 1268, note B. Le Bars ; Gaz. Pal. 8 janv. 2013, p. 20, note Piau ; ibid. 8-9 mars 2013, p. 46, note Nioche ; LPA 29 avr. 2013, p. 14, note Jarvin.* ♦ L'obligation de révélation s'apprécie au regard de la notoriété de la situation critiquée. • Civ. 2e, 25 mars 1999, n° 94-18.976 P : *D. 1999. IR 107 ; Gaz. Pal. 2001. 1477, note Bouche et Fourtoy.* ♦ L'obligation d'information qui pèse sur l'arbitre afin de permettre aux parties d'exercer leur droit de récusation doit s'apprécier au regard de la notoriété de la situation critiquée et de son incidence sur le jugement de l'arbitre. • Paris, 18 sept. 2018, n° 16/26009 : *D. actu. 29 janv. 2019, obs. Jourdan-Marques.* ♦ Il est de principe que l'arbitre doit révéler aux parties toute circonstance de nature à affecter son jugement et provoquer dans l'esprit des parties un doute raisonnable sur ses qualités d'impartialité et d'indépendance, qui sont de l'essence même de la fonction arbitrale. • Paris, 2 avr. 2003 : *D. 2003. IR 2472 ; Rev. arb. 2003. 1231, note Gaillard* • Paris, 2 juill. 2013 : *Rev. arb. 2013. 1033, note Henry.* ♦ L'indépendance et l'impartialité de l'arbitre sont de l'essence de sa fonction juridictionnelle, exclusive par nature de tout lien de dépendance à l'égard notamment des parties, et de tout préjugé. • Paris, 28 nov. 2002 : *Rev. arb. 2003. 445, note Belloc ; JCP 2003. I. 164, n° 3, obs. Seraglini.*

2. Critères. Les circonstances invoquées pour contester cette indépendance ou impartialité doivent caractériser, par l'existence de liens matériels ou intellectuels, une situation de nature à affecter le jugement de cet arbitre ou constituer un risque certain de prévention à l'égard de l'une des parties à l'arbitrage ; l'obligation d'information de l'arbitre doit s'apprécier au regard à la fois de la notoriété de la situation critiquée et de son incidence sur le jugement de l'arbitre. • Même arrêt. ♦ V. aussi, • Paris, 2 juill. 2013 : *Rev. arb. 2013. 1033, note Henry.* ♦ Cette obligation s'apprécie au regard de la notoriété de la situation critiquée et de son incidence raisonnablement prévisible sur le jugement de l'arbitre aux yeux des parties ; tout manquement n'entraîne pas l'annulation de la sentence, les effets d'une éventuelle réticence sont appréciés par le juge de l'annulation. • Paris, 17 févr. 2005 : *Rev. arb. 2005. 709, note Henry.* ♦ La démonstration de circonstances qui permettent de douter légitimement de l'indépendance de l'arbitre doit être d'autant plus rigoureuse que les moyens présentés le sont au stade de l'exécution de la sentence. • Paris, 10 juin 2004 : *Gaz. Pal. 3-4 déc. 2004, p. 50.* ♦ L'obligation d'information qui pèse sur l'arbitre doit s'apprécier au regard de la notoriété de la situation critiquée, de son lien avec le litige et de son incidence sur le jugement de l'arbitre ; si des informations publiques et très aisément accessibles, que les parties ne pouvaient manquer de consulter avant le début de l'arbitrage, sont de nature à caractériser la notoriété d'un conflit d'intérêts, en revanche, il ne saurait être raisonnablement exigé, ni que les parties se livrent à un dépouillement systématique des sources susceptibles de mentionner le nom de l'arbitre et des personnes qui lui sont liées, ni qu'elles poursuivent leurs recherches après le début de l'instance arbitrale. • Paris, Pôle 1, ch. 1, 27 mars 2018, n° 16/09386 : *Rev. arb. 2018. 472.*

3. Étendue. L'arbitre a le devoir d'informer les parties de sa situation à partir de sa désignation jusqu'à la fin de la procédure. • Paris, 17 févr. 2005 : *Rev. arb. 2005. 709, note Henry.*

4. Sanctions. Dès lors qu'un arbitre a manqué à son obligation de révélation, l'annulation de la sentence est encourue. • Civ. 2e, 6 déc. 2001 : *D. 2003. Somm. 2472, obs. Clay ; RTD com. 2002. 657, obs. Loquin ; Rev. arb. 2003. 1231, note Gaillard.* – Cassation de : • Paris, 28 oct. 1999 : *D. 2000. IR 17 ; Rev. arb. 2000. 299, note Grandjean.* ♦ *Contra*, si l'arbitre a l'obligation d'informer les parties de l'existence de circonstances de nature à affecter son jugement ou à constituer un risque certain de prévention à l'égard d'une partie à l'arbitrage, un manquement à cette obligation entraîne l'annulation si cette réticence, soit à elle seule, soit rapprochée d'autres éléments de la cause, constitue une présomption suffisante de défaut d'indépendance ou d'impartialité. • Paris, 29 janv. 2004 : *D. 2004. Somm. 3182, obs. Clay ; JCP 2004. I. 179, n° 5, obs. Seraglini ; Rev. arb. 2004. 448 ; ibid. 2005. 709, note Henry.*

La circonstance que la sentence ait été rendue à l'unanimité et que l'impartialité des autres arbitres ne soit pas discutée n'est pas pertinente, chaque membre du tribunal arbitral étant également susceptible, par ses questions au cours des débats et par ses arguments au cours du délibéré, d'influencer les autres arbitres. • Paris, Pôle 1, ch. 1, 27 mars 2018, n° 16/09386 : *préc. note 2.*

b. Applications

5. Courant d'affaires. L'arbitre est tenu de révéler à l'une des parties à la convention d'arbitrage l'existence d'un courant d'affaires entre lui et l'autre partie à cette convention, afin de mettre en mesure la première d'exercer son droit de récusation. • Civ. 1re, 20 oct. 2010, n° 09-68.131 P : *BICC 15 févr. 2011, n° 144 ; R., p. 412 ; D. actu. 29 oct. 2010, obs. Delpech ; D. 2010. Pan. 2933, obs. Clay ; JCP 2010. 1286, obs. Seraglini ; ibid. 1306, obs. Le Bars et Juvénal ; LPA 21 févr. 2011, p. 17, note Henry ; Dr. et pr. 2011. 17, note Asfar Cazenave ; RJ com. 2011. 80, note Moreau* • Civ. 1re, 20 oct. 2010 : *ibid.*

6. Consultation. L'indépendance de l'arbitre est un principe essentiel de l'arbitrage ; est vicié le consentement donné par une partie dans l'ignorance du fait que l'arbitre désigné par l'autre partie a antérieurement donné à celle-ci une consultation sur l'affaire soumise à l'arbitrage, de sorte que la convention d'arbitrage est nulle. • Civ. 2e, 13 avr. 1972 : *Bull. civ. II, n° 91 ; D. 1973. 2, note Robert ; Rev. arb. 1975. 235.* ♦ Rappr. : • Paris, 20 nov. 1997 : *D. 1998. IR 9.*

7. Conflit d'intérêts. Lorsque l'arbitre est en opposition d'intérêts avec une partie, il en résulte un obstacle à l'application de la clause compromissoire entraînant l'incompétence de la juridiction arbitrale. • Com. 26 févr. 1973 : *Bull. civ. IV, n° 91 ; Rev. arb. 1974. 290, note Rubellin-Devichi.* ♦ La circonstance que le président du tribunal arbitral ait été appelé à défendre les intérêts d'une société, tiers à l'instance arbitrale, est susceptible d'être regardée comme affectant son impartialité, dès lors que les arbitres avaient reçu mission de statuer en amiable composition sur les difficultés d'exécution d'un contrat liant les parties et relatif aux relations de l'une d'elles à cette société. • Civ. 1re, 1er févr. 2012, n° 11-11.084 P : *BICC 15 mai 2012, n° 645 ; D. 2012. Actu. 446, obs. Delpech ; JCP 2012. 201, note Béguin ; Procédures 2012, n° 73, note Weiller ; Rev. jur. com. 2012, p. 41, note Deharo ; RLDA 2012. 3988, obs. Désérable.* ♦ Lorsqu'un arbitre est directement intéressé à la solution du litige et qu'il n'en a pas informé une partie, les droits de la défense sont violés. • Paris, 13 mars 1981 : *Rev. arb. 1983. 83, note Moreau.*

8. Nominations multiples. Le fait qu'un arbitre soit nommé de manière répétée par une société dans des conflits l'opposant à ses franchisés est de nature à faire naître dans l'esprit du franchisé un doute raisonnable sur l'objectivité de l'arbitre, justifiant sa récusation. • T. com. Paris, 6 juill. 2004 : *Rev. arb. 2005. 709, note Henry.*

9. Participation à une manifestation scientifique. La présence d'un arbitre qui a assisté en tant qu'avocat, sans intervenir comme orateur, à un colloque organisé par un syndicat professionnel, manifestation à laquelle la société qui l'a désigné a participé, n'est pas de nature à faire douter de son indépendance et de son impartialité, de sorte qu'en ne la révélant pas lors de sa déclaration d'indépendance, il ne commet pas de faute. • Civ. 1re, 4 juill. 2012, n° 11-19.624 P : *D. 2012. Actu. 1898, obs. Delpech ; ibid. 2425, note B. le Bars ; ibid. Pan. 2998, obs. Th. Clay ; JCP 2012. 1354, obs. Seraglini ; Gaz. Pal. 2012, p. 2920, note Bensaude.*

10. Liens d'intérêt. La seule circonstance qu'un arbitre ait eu des liens d'intérêt avec un cabinet d'avocats, dont le conseil d'une société était collaborateur, et qu'il n'ait pas révélé qu'il avait été « of counsel » de févr. 1989 à oct. 2000 dans ce cabinet d'avocats et que depuis l'année 2000, il lui avait donné des consultations juridiques à deux ou trois reprises n'est pas de nature à provoquer dans l'esprit des parties un doute raisonnable quant à son impartialité et à son indépendance. • Civ. 1re, 10 oct. 2012, n° 11-20.299 P : *D. 2012. 2458, obs. X. Delpech ; ibid. 2991, obs. T. Clay ; RTD com. 2013. 481, obs. Loquin ; JCP 2012, 1354, obs. Seraglini ; ibid. 1675, obs. Henry ; ibid. 1268, note B. Le Bars ; Gaz. Pal. 8 janv. 2013, p. 20, note Piau ; ibid. 8-9 mars 2013, p. 46, note Nioche ; LPA 29 avr. 2013, p. 14, note Jarvin.* ♦ V. encore, • Paris, 3 mars 2005 : *Rev. arb. 2006. 446, note Callé.* ♦ Si l'existence d'un contrat exécuté en 2010 par le cabinet doit être regardée comme notoire du fait de sa publication avant le début de l'arbitrage dans un annuaire professionnel connu de tous les cabinets d'avocats d'affaires allemands, en revanche, le défendeur n'est pas tenu de poursuivre ses recherches après le début des opérations d'arbitrage et il incombe à l'arbitre d'informer les parties de toute circonstance susceptible d'affecter son indépendance ou son impartialité survenant après l'acceptation de sa mission. • Paris, Pôle 1, ch. 1, 27 mars 2018, n° 16/09386 : *préc. note 2.* ♦ Une mission confiée au cabinet auquel appartient l'un des arbitres par une entité du groupe de l'une des parties, qui s'est déroulée pendant le cours de l'instance arbitrale et qui revêtait une incontestable importance aux yeux du cabinet est une circonstance de nature à créer un doute raisonnable quant à l'indépendance et l'impartialité de cet arbitre. • Même arrêt.

2° DIFFÉREND SUR LE MAINTIEN DE L'ARBITRE

11. Décision du juge d'appui. L'autorité de la chose jugée de l'ordonnance du juge d'appui qui rejette la demande de révocation d'un arbitre pour défaut d'impartialité et d'indépendance s'oppose, sauf élément nouveau survenu après l'ordonnance, à une demande d'annulation de la sentence en se fondant sur les mêmes faits. • Civ. 1re, 13 mars 2013, n° 12-20.573 P : *D. 2013. Actu. 780 ; ibid. Pan. 2491, obs. Clay ; JCP 2013. 465, note Mouralis ; ibid. 784, obs. Seraglini ; RTD civ. 2013. 633, obs. Gautier ; Gaz. Pal. 28 sept. 2013, p. 21, note Bensaude ; RLDA avr. 2014, n° 5075, obs. Mestre et Mestre-Chami.* ♦ V. encore, • Paris, 3 mars 2005 : *Rev. arb. 2006. 446, note Callé.*

Art. 1457 **Il appartient à l'arbitre de poursuivre sa mission jusqu'au terme de celle-ci à moins qu'il justifie d'un empêchement ou d'une cause légitime d'abstention ou de démission.**

En cas de différend sur la réalité du motif invoqué, la difficulté est réglée par la personne chargée d'organiser l'arbitrage ou, à défaut, tranchée par le juge d'appui saisi dans le mois qui suit l'empêchement, l'abstention ou la démission. — *V. ancien art. 1462.*

Les dispositions de l'art. 1457 s'appliquent lorsque le tribunal a été constitué postérieurement au 1er mai 2011 (Décr. n° 2011-48 du 13 janv. 2011, art. 3-2°).

Art. 1458 **L'arbitre ne peut être révoqué que du consentement unanime des parties. A défaut d'unanimité, il est procédé conformément aux dispositions du dernier alinéa de l'article 1456.** — *V. ancien art. 1463.*

Les dispositions de l'art. 1458 s'appliquent lorsque le tribunal a été constitué postérieurement au 1er mai 2011 (Décr. n° 2011-48 du 13 janv. 2011, art. 3-2°).

Art. 1459 **Le juge d'appui compétent est le président du** *(Décr. n° 2019-966 du 18 sept. 2019, art. 8, en vigueur le 1er janv. 2020)* **« tribunal judiciaire** *[ancienne rédaction : tribunal de grande instance]* **».**

Toutefois, si la convention d'arbitrage le prévoit expressément, le président du tribunal de commerce est compétent pour connaître des demandes formées en application des articles 1451 à 1454. Dans ce cas, il peut faire application de l'article 1455.

Le juge territorialement compétent est celui désigné par la convention d'arbitrage ou, à défaut, celui dans le ressort duquel le siège du tribunal arbitral a été fixé. En l'absence de toute stipulation de la convention d'arbitrage, le juge territorialement compétent est celui du lieu où demeure le ou l'un des défendeurs à l'incident ou, si le défendeur ne demeure pas en France, du lieu où demeure le demandeur. — *V. ancien art. 1457.*

1. Compétence du tribunal de commerce. Viole l'art. 1444 anc. (auj. 1459) l'arrêt qui retient la compétence du président du T. com. pour nommer l'arbitre qu'une partie s'est refusée à désigner, alors que la clause compromissoire prévoyait seulement que ce magistrat désignerait le tiers arbitre en cas de désaccord entre les deux arbitres désignés par les parties. • Com. 19 nov. 1985 : *Bull. civ. IV, n° 272 ; Rev. arb. 1986. 425, note Fouchard.* ♦ Excède ses pouvoirs le président d'un T. com. qui désigne un arbitre unique alors qu'aucune des clauses compromissoires applicables ne lui confère cette faculté. • Civ. 2e, 16 mars 2000, n° 97-19.102 P : *Rev. arb. 2002. 675.*

2. Recours. Sur la recevabilité du pourvoi en cassation contre une décision qui n'applique pas la convention d'arbitrage pour désigner le juge d'appui. • Civ. 2e, 29 mars 1995, n° 91-20.964 P : *Rev. arb. 1995. 605, note Hory ; RTD com. 1995. 756, obs. Dubarry et Loquin .*

Art. 1460 **Le juge d'appui est saisi soit par une partie, soit par le tribunal arbitral ou l'un de ses membres.**

(Décr. n° 2019-1419 du 20 déc. 2019, art. 5-18°-a) **« Le juge statue selon la procédure accélérée au fond. »**

Le juge d'appui statue par *(Décr. n° 2019-1419 du 20 déc. 2019, art. 5-18°-b)* **« jugement » non susceptible de recours. Toutefois,** *(Décr. n° 2019-1419 du 20 déc. 2019, art. 5-18°-b)* **« ce jugement peut être frappé » d'appel lorsque le juge déclare n'y avoir lieu à désignation pour une des causes prévues à l'article 1455.** — *V. ancien art. 1457.*

L'art. 5 du Décr. n° 2019-1419 du 20 déc. 2019 s'applique aux demandes introduites, à compter du 1er janv. 2020 (Décr. préc., art. 24-II).

PLAN DES ANNOTATIONS

I. SAISINE DU JUGE D'APPUI

1. *Requête unilatérale.* Est entachée d'une irrégularité affectant la validité de la composition du tribunal arbitral la saisine du président du T. com. par la voie d'une requête émanant d'un des arbitres. • Civ. 2e, 19 mai 1999 : *Rev. arb. 1999. 593, note Hory.* ♦ Décide exactement qu'un appel est irrecevable, la cour d'appel qui constate qu'une société n'a aucun intérêt à faire appel du chef de l'ordonnance lui ayant donné satisfaction, l'appel ne portant que sur la disposition de l'ordonnance ayant désigné un arbitre, de sorte que quelque soit le mode de saisine du premier juge (requête unilatérale), la décision qui ne rejette pas la demande de désignation d'un arbitre est insusceptible de recours. • Civ. 1re, 28 nov. 2006, no 05-16.038 P.

2. *Requête conjointe.* L'art. 1457 anc. (auj. 1460) ne fait pas obstacle à une saisine par requête conjointe. • TGI Paris, 22 févr. 1984 : *Rev. arb. 1985. 91.*

3. *Référé.* La saisine « comme en matière de référé » est impérative. • Caen, 11 oct. 2001 : *Gaz. Pal. 2002. Somm. 757 ; RJDA 2002, no 214.*

II. DÉCISION DU JUGE D'APPUI

4. *Autorité de la chose jugée.* L'autorité de la chose jugée de l'ordonnance du juge d'appui qui rejette la demande de révocation d'un arbitre pour défaut d'impartialité et d'indépendance s'oppose, sauf élément nouveau survenu après l'ordonnance, à une demande d'annulation de la sentence en se fondant sur les mêmes faits. • Civ. 1re, 13 mars 2013, no 12-20.573 P : *D. 2013. Actu. 780 ; ibid. Pan. 2491, obs. Clay ; JCP 2013. 465, note Mouralis ; ibid. 784, obs. Seraglini ; RTD civ. 2013. 633, obs. Gautier ; Gaz. Pal. 28 sept. 2013, p. 21, note Bensaude ; RLDA avr. 2014, no 5075, obs. Mestre et Mestre-Chami.* ♦ V. encore, • Paris, 3 mars 2005 : *Rev. arb. 2006. 446, note Callé.*

III. RECOURS CONTRE LES DÉCISIONS DU JUGE D'APPUI

A. PRINCIPE

5. *Prohibition.* Le président du tribunal statue par ordonnance non susceptible de recours sur les difficultés auxquelles se heurte la constitution du tribunal arbitral. • Civ. 2e, 7 déc. 2000, no 99-11.557 P. ♦ Le juge d'appui ayant, dans l'exercice de ses pouvoirs, procédé à la désignation d'un arbitre sur le fondement d'une clause compromissoire qu'il avait estimé efficace, sa décision n'est susceptible d'aucun recours par application de l'art. 1457, al. 1er anc. (auj. 1460), le débat sur l'existence ou la validité de la convention d'arbitrage devant être soumis au tribunal arbitral. • Civ. 1re, 30 oct. 2006, no 04-17.167 P *D. 2006. IR 2809* • 19 déc. 2012, no 11-10.535 P : *BICC 1er avr. 2013, no 497 ; D. 2012. Actu. 95 ; Gaz. Pal. 30 avr. 2013, p. 15, obs. Bensaube.* ♦ Les décisions de la cour d'appel qui, saisie de l'appel des ordonnances rendues par le président du tribunal en application de l'art. 1454 C. pr. civ., statue dans la limite des pouvoirs dont celui-ci est investi, ne sont susceptibles de recours en cassation que lorsqu'elles déclarent n'y avoir lieu à désignation d'arbitre pour une des causes prévues à l'art. 1455 du même code. Les moyens de cassation étant dirigés contre les dispositions de l'arrêt qui constatent que la clause compromissoire n'est pas manifestement nulle ou inapplicable et rejettent la demande subsidiaire de récusation de l'arbitre désigné, sans imputer à la cour d'appel un excès de pouvoir, le pourvoi n'est pas recevable. • Civ. 1re, 13 févr. 2019, no 18-10.985 P : *D. actu. 6 mars 2019, obs. Jourdan-Marques.*

6. *Application.* Ainsi, l'ordonnance du président n'est susceptible ni d'appel. • Paris, 24 nov. 1989 : *Rev. arb. 1990. 176, note Kahn.* ♦ ... Ni de pourvoi en cassation. • Civ. 2e, 22 nov. 1989 : *Bull. civ. I, no 209 ; Rev. arb. 1990. 142, note Guinchard.* ♦ Une ordonnance se bornant à autoriser l'une des parties à assigner au principal est insusceptible d'appel. • Civ. 2e, 10 mars 1993 : *Rev. arb. 1993. 431, note Hory.*

B. EXCEPTIONS

1o NULLITÉ OU INAPPLICABILITÉ MANIFESTE

7. *Renvoi.* V. note ss. art. 1455.

2o APPEL-NULLITÉ

8. *Ouverture.* L'appel est toujours recevable, même si la décision attaquée n'est pas susceptible de recours ou susceptible seulement d'un recours différé, lorsqu'elle est affectée d'un vice grossier découlant de la violation d'un principe fondamental ou d'ordre public. • Paris, 17 sept. 1996 : *Rev. arb. 2002. 679.* ♦ La voie de la cassation n'est ouverte que lorsque les autres voies de recours sont fermées ; à supposer que le président d'un TGI ait excédé ses pouvoirs en prorogeant un délai d'arbitrage, sa décision était susceptible d'appel ; le pourvoi en cassation est donc irrecevable. • Civ. 2e, 7 nov. 2002, n° 01-01.885 P : *D. 2002. IR 3186* ; *JCP 2003. 164, n° 5, obs. Ortscheidt* ; *Procédures 2003, n° 57, note Perrot.* ♦ *Adde* : • Civ. 2e, 18 déc. 1996, n° 94-10.573 P : *Rev. arb. 1997. 361, note Hory* (les moyens de cassation qui n'imputent pas à la cour d'appel un excès de pouvoir ne sont pas recevables).

9. Excès de pouvoir. Excède ses pouvoirs le président d'un tribunal qui désigne un arbitre unique alors qu'aucune des clauses compromissoires ne lui conférait cette faculté. • Civ. 2e, 16 mars 2000, n° 97-19.102 P : *D. 2000. IR 149* . ♦ V. aussi : le président du tribunal qui refuse de prêter son concours à la constitution du tribunal arbitral au motif de l'existence d'une difficulté sérieuse excède ses pouvoirs, et sa décision est, dès lors, susceptible d'appel. • Civ. 2e, 8 avr. 1998, n° 96-16.035 P : *Rev. arb. 1998. 373, obs. Hory.* ♦ Est susceptible d'appel la décision rendue par un juge dessaisi de la contestation tranchée par une décision définitive antérieure. • Civ. 2e, 30 avr. 2002 : *Gaz. Pal. 20-21 déc. 2002, p. 6.* ♦ Commet un excès de pouvoir la cour d'appel qui refuse de prêter son concours à la constitution du tribunal arbitral, sans constater que la clause compromissoire était soit manifestement nulle, soit insuffisante pour permettre de constituer le tribunal arbitral (refus motivé par le fait qu'une société cessionnaire du fonds d'un franchisé, n'étant pas partie au contrat de franchise, ne pouvait être tenue de soumettre le litige à la juridiction arbitrale). • Civ. 2e, 13 juin 2002, n° 00-19.458 P : *D. 2002. IR 2098* ; *RTD com. 2002. 655, obs. Loquin* ; *Dr. et patr. 3/2003. 98, obs. Mestre.* – V. aussi • Douai, 13 sept. 2001 : *RTD com. 2002. 280, obs. Loquin* .

10. Absence d'excès de pouvoir. N'a pas méconnu l'étendue de ses pouvoirs et donc n'a pas commis d'excès de pouvoir la cour d'appel ayant relevé que le premier juge, qui avait désigné un arbitre, était resté dans les limites de ses attributions en constatant que la clause compromissoire était stipulée au règlement intérieur d'une coopérative et que ses dispositions étaient opposables aux personnes physiques dirigeantes des personnes morales membres du groupement, de sorte que la clause compromissoire n'était pas manifestement nulle ou inapplicable à la partie ayant refusé de désigner un arbitre. • Civ. 1re, 20 sept. 2006, n° 05-10.781 P : *D. 2006. IR 2343* . ♦ Dès lors que, par jugement irrévocable, intervenu entre les mêmes parties sur une demande ayant le même objet, le tribunal étatique s'était déclaré incompétent pour statuer au fond au vu de la clause d'arbitrage contenue dans un contrat de cession, ce dont il résultait que la décision renvoyant la connaissance du litige au tribunal avait autorité de chose jugée, le président du tribunal se devait de procéder à la nomination sollicitée sur le fondement de l'art. 1444 ancien, sans commettre aucun excès de pouvoir. • Civ. 2e, 24 juin 2004, n° 02-30.731 P : *JCP E 2005. 675, obs. Ortscheidt* ; *Rev. arb. 2004. 855.* ♦ Les conditions de l'appel-nullité ne sont pas réunies en l'état de la décision d'un juge ayant désigné un arbitre conformément à la demande qui lui était présentée, sans empiéter sur les prérogatives des parties et en restituant à la clause compromissoire un sens assurant l'effectivité de l'arbitrage. • Paris, 10 oct. 2002 : *RTD com. 2004. 251* ; *Rev. arb. 2003. 1277, note Lacarabats.*

Art. 1461 **Sous réserve des dispositions du premier alinéa de l'article 1456, toute stipulation contraire aux règles édictées au présent chapitre est réputée non écrite.** – *V. ancien art. 1459.*

Le terme : "stipulation" employé par l'art. 1461 doit être interprété dans un sens large (tout comme aux art. 1448, 1473 et 1491) : il s'agit, en effet, non seulement des conventions conclues entre les parties mais aussi des dispositions contenues dans les règlements d'arbitrage, lesquelles, par l'effet de la volonté des parties, revêtent un caractère contractuel et sont, de ce fait, assimilées à des "stipulations" (Rapport au Premier ministre relatif au Décr. n° 2011-48 du 13 janv. 2011, JO 14 janv.).

La possibilité d'une dérogation aux dispositions de l'art. 1456 vise à permettre aux parties de retarder la date de saisine du tribunal arbitral (et par conséquent le point de départ du délai d'arbitrage) au moment où ce tribunal est effectivement en mesure de statuer sur le litige. Ainsi, les parties pourront, par la voie conventionnelle ou par un acte d'adhésion à un règlement d'arbitrage, décider que le tribunal ne sera saisi, par exemple, qu'à compter de la date de réception par le tribunal arbitral de l'ensemble des dossiers d'arbitrage (Rapport au Premier ministre relatif au Décr. n° 2011-48 du 13 janv. 2011, JO 14 janv.).

CHAPITRE III L'INSTANCE ARBITRALE

RÉP. PR. CIV. v° *Arbitrage en droit interne*, par MOREAU.

BIBL. ▸ ABOUKRAT, *Gaz. Pal. 2004. 1. Doctr. 281* (course d'obstacles dans la procédure d'arbitrage). – BAERT, *Gaz. Pal. 13-15 févr. 2011, p. 12* (rôle et situation des experts intervenant dans les procédures d'arbitrage interne et international). – BOLARD, *Rev. arb. 2004. 511* (principes directeurs du procès arbitral). – CADIET, *Rev. arb. 1996. 3* (renonciation à se prévaloir des irrégularités de la procédure). – CALLE, *Mél. Héron, LGDJ-Lextenso 2008, p. 155* (demandes en intervention et justice arbitrale). – CHAINAIS, *Rev. arb. 2010. 3* (l'arbitre, le droit et la contradiction : l'office du juge arbitral à la recherche de son point d'équilibre). – DERAINS, *Gaz. Pal. 5-6 nov. 2003, p. 14* (l'arbitre et l'octroi de mesures provisoires *ex-parte*). – FAGES, *Rev. arb. 2003. 5* (confidentialité de l'arbitrage). – GUINCHARD, *Rev. arb. 1997. 185* (arbitrage et respect du contradictoire). – JARVIN, *Rev. arb. 1998. 611* (décisions de procédure des arbitres). – KESSEDJIAN, *Rev. arb. 1995. 381* (principe du contradictoire). – LEVEL, *Mél. Perrot, Dalloz 1996, p. 259* (office de l'arbitre). – MOREAU, *Rev. arb. 1973. 223* (récusation des arbitres). – PERROT, *Rev. arb. 1980. 642* (application à l'arbitrage des règles de procédure civile). – PERROT, *Rev. arb. 1987. 107* (poursuite de la mission des arbitres). – PIC, *Gaz. Pal. 2002. Doctr. 929* (liberté de parole de l'avocat). – PINSOLLE et KREINDLER, *Rev. arb. 2003. 41* (limites du rôle de la volonté dans la conduite de l'instance arbitrale). – RICCI, *Mél. Normand, Litec, 2003, p. 415* (connaissance du droit applicable au fond du litige et principe de la contradiction). – RIVIER, *RG proc. 1998. 535* (arbitrage et mesures conservatoires). – RUBINO-SAMMARTANO, *Rev. arb. 1987. 133* (tronc commun...). – VELLAS, *Mél. Hébraud, 1981, p. 875* (expertise, amiable composition et non-droit).

Art. 1462 **Le litige est soumis au tribunal arbitral soit conjointement par les parties, soit par la partie la plus diligente.** — *V. ancien art. 1445.*

Saisine unilatérale. Une partie peut valablement saisir le tribunal arbitral à partir d'une clause compromissoire sans transiter par l'étape du compromis en raison du caractère superflu de celui-ci en cas de clause compromissoire valide. • Paris, 14 févr. 2002 : *Gaz. Pal. 2002. Somm. 752.*

Art. 1463 **Si la convention d'arbitrage ne fixe pas de délai, la durée de la mission du tribunal arbitral est limitée à six mois à compter de sa saisine.**

Le délai légal ou conventionnel peut être prorogé par accord des parties ou, à défaut, par le juge d'appui. — *V. ancien art. 1456.*

PLAN DES ANNOTATIONS

A. *DOMAINE D'APPLICATION*

1. Les dispositions de l'art. 1456 anc. (auj. 1463) ne sont pas applicables à la procédure légale d'arbitrage instituée par l'art. L. 761-5 [devenu L. 7112-3, L. 7112-4, D. 7112-1 et R. 7112-2] C. trav. (journalistes). • Soc. 11 janv. 2000, n° 98-42.488 P : *D. 2000. IR 51.*

B. *DÉLAI D'ARBITRAGE*

1° DÉLAI CONVENTIONNEL

2. ***Adoption d'un règlement d'arbitrage.*** Les parties qui se sont référées à un règlement d'arbitrage sont présumées avoir implicitement convenu du délai prévu par ce règlement. • Paris, 9 janv. 1958 : *Gaz. Pal. 1958. 1. 221.*

3. ***Prohibition de la délégation aux arbitres.*** Les parties ne peuvent déléguer aux arbitres le pouvoir de fixer le délai. • Civ. 18 mai 1942 : *DA 1942. 105 ; S. 1942. 1. 94* • Lyon, 8 mars 1953 : *D. 1953. 398.*

2° DÉLAI LÉGAL

4. ***Caractère supplétif.*** Le délai légal ne s'applique qu'en l'absence de délai convenu entre les parties. • Civ. 2e, 17 nov. 1976 : *D. 1978. 310, note Robert* • Paris, 10 févr. 1984 : *Rev. arb. 1985. 176, obs. Bernard.*

3° CALCUL

5. ***Décompte.*** Le délai légal ou conventionnel s'impose à l'ensemble des opérations d'arbitrage. • Req. 1er déc. 1880 : *D. 1881. 1. 321.* ♦ Pour que le délai soit respecté, il suffit que la sentence ait été signée avant son expiration, même si elle n'a été déposée que postérieurement. • Req. 27 avr. 1900 : *D. 1901. 1. 494.*

6. ***Dies a quo.*** Les parties peuvent substituer au point de départ légal du délai un point de départ conventionnel. • Civ. 11 juill. 1882 : *D. 1883. 1. 208* • Req. 13 févr. 1928 : *Gaz. Pal. 1928. 2. 213* • Nancy, 31 juill. 1980 : *D. 1981. IR 368, obs. Julien ; JCP 1981. II. 19616, note Level.* ♦ ... Du moment qu'elles ne sont pas liées par l'accomplissement d'un événement ne dépendant pas d'elles. • Req. 13 févr. 1928 : *préc.* • Paris, 20 juin 1957 : *D. 1958. 374* • Paris, 30 mars 1962 : *JCP 1962. II. 12843 ; RTD com. 1962. 692, obs. Hébraud.* ♦ Pour une appréciation du point de départ du délai en l'absence d'acte de mission. • Civ. 1re, 22 sept. 2010 : *D. actu. 30 sept. 2010, obs. Delpech.*

7. Dies ad quem. Le délai se calcule de quantième à quantième. • Paris, 4 févr. 1968 : *Rev. arb. 1968. 13.* ♦ V. également art. 641.

C. SUSPENSION DU DÉLAI

8. Renvoi. V. note ss. art. 1472.

D. PROROGATION DU DÉLAI

9. Par accord des parties ou en justice. Le délai légal ou conventionnel dans lequel les arbitres doivent accomplir leur mission ne peut être prorogé que par accord des parties ou en justice. • Civ. 2e, 7 nov. 2002, nº 01-10.351 P : *D. 2002. IR 3241 ; JCP 2003. I. 164, nº 5, obs. Ortscheidt ; Gaz. Pal. 4-5 juill. 2003, p. 18, note B. Moreau* • Paris, 29 juin 2006 : *RTD com. 2006. 760, note Loquin.*

10. Arbitre (non). Les arbitres n'ont pas le pouvoir de proroger le délai. • Civ. 2e, 13 janv. 1993, nº 91-13.426 P : *JCP 1993. II. 22179, note Gavalda et Lucas de Leyssac ; D. 1993. 204, note Chartier.* ♦ V. aussi : • Paris, 18 juin 2013.

11. Recours. Une décision de prorogation de délai d'arbitrage n'est pas susceptible de recours. • Civ. 2e, 7 nov. 2002, nº 01-01.885 P.

1º PAR ACCORD DES PARTIES

12. Prorogation expresse ou tacite. La prorogation peut être expresse. • Civ. 2e, 12 mars 1986 : *Gaz. Pal. 1987. 1. Somm. 43, obs. Guinchard et Moussa.* ♦ ... Ou tacite, notamment par la participation aux opérations d'arbitrage au-delà. • Civ. 2e, 27 oct. 1982 : *Rev. arb. 1983. 510, note Bernard.* ♦ V. aussi pour une acceptation tacite de prorogation • Civ. 2e, 11 mai 2000 : *Rev. arb. 2000. 635, note Taÿ Pamart* • Civ. 2e, 4 avr. 2002 : *Gaz. Pal. 20-21 déc. 2002, p. 5* • Civ. 2e, 8 mars 2001 : *Rev. arb. 2002. 899, note Betto* • Civ. 1re, 23 mai 2006, nº 05-14.895 P. ♦ V. pour une absence de prorogation tacite, • Civ. 1re, 22 sept. 2010.

13. Appréciation souveraine. Les juges apprécient souverainement les circonstances et les faits d'où résulte la prorogation du délai par les parties. • Civ. 2e, 7 nov. 1974 : *Bull. civ. II, nº 287 ; Rev. arb. 1985. 302.* ♦ ... Le silence ne valant cependant pas acceptation. • Civ. 2e, 16 févr. 1972 : *Bull. civ. II, nº 46 ; Rev. arb. 1972. 125, note Rubellin-Devichi.*

14. Énonciations de la sentence. L'accord des parties peut résulter des énonciations de la sentence faisant foi jusqu'à inscription de faux. • Paris, 9 janv. 1995 : *RTD com. 1995. 591, obs. Dubarry et Loquin.*

15. Rôle de l'avocat. Le mandat de représentation en justice de l'avocat lui permet de consentir à la prorogation du délai d'arbitrage. • Civ. 2e, 21 nov. 2002, nº 00-22.465 P : *Procédures 2003, nº 35, note Perrot ; Rev. arb. 2003. 115, note Loquin ; RTD com. 2003. 475, obs. Dubarry et Loquin ; JCP 2003. 164, nº 5, obs. Ortscheidt ; JCP 2003. II. 1204, note Chabot ; Rev. arb. 2004. 303, note Taÿ Pamart.* – V. aussi Masson, *Gaz. Pal. 5-6 nov. 2003, p. 33.*

16. Arbitrage institutionnel. La décision de prorogation émanant d'une institution tierce préconstituée, tel un organisme d'arbitrage désigné par les parties, est valable. • Civ. 2e, 17 nov. 1976 : *D. 1978. 310, note Robert ; Rev. arb. 1977. 268, note Mezger* • Civ. 1re, 16 juin 1979 : *Bull. civ. I, nº 217 ; Rev. arb. 1979. 272.*

17. Durée de la prorogation. La durée de la prorogation conventionnelle est librement fixée par les parties, mais, à défaut d'indication de leur part, la prorogation vaut pour la durée légale. • Civ. 2e, 1er juin 1994, nº 92-20.991 P : *D. 1994. 506, note Chartier ; RTD com. 1994. 477, obs. Loquin* • Req. 24 oct. 1892 : *D. 1892. 1. 616* • Req. 17 mai 1899 : *D. 1899. 1. 437* • 25 mars 1941 : *S. 1941. 1. 99.*

2º PAR LE JUGE D'APPUI

18. Demande des arbitres (oui). Les arbitres sont recevables à demander la prorogation. • Civ. 2e, 7 nov. 2002, nº 01-10.351 P.

E. EXPIRATION DU DÉLAI

19. Renvoi. V. note ss. art. 1477.

Art. 1464 A moins que les parties n'en soient convenues autrement, le tribunal arbitral détermine la procédure arbitrale sans être tenu de suivre les règles établies pour les tribunaux étatiques.

Toutefois, sont toujours applicables les principes directeurs du procès énoncés aux articles 4 à 10, au premier alinéa de l'article 11, aux deuxième et troisième alinéas de l'article 12 et aux articles 13 à 21, 23 et 23-1.

Les parties et les arbitres agissent avec célérité et loyauté dans la conduite de la procédure.

Sous réserve des obligations légales et à moins que les parties n'en disposent autrement, la procédure arbitrale est soumise au principe de confidentialité. — *V. ancien art. 1460.*

BIBL. ▶ Bolard, *Rev. arb. 2004. 511* (principes directeurs du procès arbitral). – Chainais, *Rev. arb. 2010. 3* (l'arbitre, le droit et la contradiction : l'office du juge arbitral à la recherche de son point d'équilibre). – Guinchard, *Rev. arb. 1997. 185* (principe du contradictoire) – Kessedjian, *Rev. arb. 1995. 381* (principe du contradictoire). – Pic, *Gaz. Pal. 2002. Doctr. 929* (liberté de parole de l'avocat).

Plan des annotations

I. PRINCIPE

1. *Choix exprès.* Sur la validité d'une clause prévoyant que « les arbitres ne seront soumis à aucune règle ni aucun délai prévus au code de procédure civile ». • Civ. 1re, 7 juin 2006, no 04-10.156 P : *D. 2006. IR 1768, obs. Avena-Robardet ; ibid. Pan. 3028, obs. Clay*. ♦ *Contra* : est manifestement nulle la clause compromissoire qui précise expressément, de manière formelle, que « les arbitres ne seront soumis à aucune règle ni aucun délai prévus au code de procédure civile ». • Caen, 2 mai 2002 : *Gaz. Pal. 15-17 sept. 2002, p. 4 ; RTD com. 2002. 654, obs. Loquin*. ♦ Il est loisible à des arbitres amiables compositeurs à qui le compromis a laissé régler la procédure de la façon qui leur paraîtrait la plus convenable, de fixer des délais pour les productions, de définir l'objet de celles-ci dans le cadre des questions à résoudre et de prononcer la clôture des débats à une date antérieure au point de départ du délai légal. • Civ. 2e, 31 mai 1976 : *Bull. civ. II, no 179*.

2. *Choix implicite.* En souscrivant dans leur contrat une clause compromissoire désignant une chambre arbitrale comme centre organisateur de l'arbitrage, les parties acceptent l'application de son règlement. • Com. 19 mai 1987 : *Bull. civ. IV, no 117 ; Rev. arb. 1988. 142, note Ancel.*

3. *Siège de l'arbitrage.* Aucune disposition légale ne détermine, ni ne limite la compétence territoriale des tribunaux arbitraux, ni ne les oblige à effectuer dans les mêmes lieux tous les actes nécessaires à l'exécution de leur mission dont les débats et le prononcé de la sentence. La formule « arbitrage à… » ne signifie pas que toute la procédure doive se dérouler obligatoirement en ce lieu, mais seulement que doit y avoir lieu le prononcé de la sentence qui, seul, a des conséquences quant à l'exercice des voies de recours. • Civ. 2e, 9 févr. 1994, no 92-17.645 P : *D. 1994. IR 57*. – V. aussi • Paris, 11 janv. 1996 : *D. 1996. 351, note Loquin*. ♦ Le juge d'appui peut décider, par une appréciation souveraine de la volonté des parties, que le renvoi du choix du troisième arbitre au président du tribunal de commerce de Bobigny emporte localisation des opérations d'arbitrage dans le ressort de cette juridiction. • Civ. 2e, 8 juin 2000.

4. *Désistement.* La décision, attribuant au défaut de versement de la provision pour frais d'arbitrage les effets d'un désistement, ne heurte aucune règle d'ordre public applicable à l'instance arbitrale. • Civ. 2e, 26 janv. 1994, no 92-12.307 P : *D. 1994. IR 45.*

5. *Question prioritaire de constitutionnalité (non).* L'arbitre investi de son pouvoir juridictionnel par la volonté commune des parties ne constitue pas une juridiction relevant de la Cour de cassation au sens de l'art. 23-1 de l'Ord. no 58-1067 du 7 nov. 1958 portant loi organique sur le Conseil constitutionnel ; il s'ensuit que la question transmise par l'arbitre désigné par le bâtonnier, saisi en application d'une convention d'arbitrage, est irrecevable. • Com. 28 juin 2011, no 11-14.030 P.

6. *Question préjudicielle.* Le tribunal arbitral ne peut saisir la Cour de justice de l'Union européenne (anc. CJCE) d'une question préjudicielle. • CJCE 23 mars 1982 : *Rev. arb. 1982. 473, concl. Reischl ; D. 1983. 633, note Robert.* ♦ Il n'en va autrement que si ce tribunal a une origine légale, si sa compétence ne dépend pas de l'accord des parties et si ces décisions sont contraignantes pour elles. • CJUE 13 févr. 2014, no C-555/13 : *RTD civ. 2014. 434, note Théry ; Procédures 2014, no 142, obs. Nourissat.*

II. LIMITES

A. PRINCIPES DU C. PR. CIV.

7. *Renvoi.* Sur l'exclusion de l'art. 12, al. 1er, V. art. 1478 et note ss. art. 1492.

1o PRINCIPE DISPOSITIF

8. Par application de l'art. 5, les arbitres ne peuvent se prononcer que sur ce qui est demandé. • Civ. 2e, 11 juin 1997, no 94-19.003 P : *Rev. arb. 1998. 417, obs. Kiffer.* ♦ Il s'ensuit que l'arbitre, même investi du pouvoir de statuer en amiable compositeur, doit se conformer à la mission qui lui a été conférée et respecter les demandes des parties. • Paris, 14 déc. 2000 : *Gaz.*

Pal. 2002. Somm. 754 ; Rev. arb. 2001. 806, obs. Derains.

2° RISQUE DE LA PREUVE

9. Les dispositions de l'art. 9 en vertu desquelles il incombe à chaque partie de prouver les faits nécessaires au succès de sa prétention sont, selon l'art. 1460, al. 2, anc. (auj. 1464), toujours applicables à l'instance arbitrale, même si l'arbitre statue comme amiable compositeur. • Civ. 2e, 28 févr. 1990, n° 88-19.638 P.

3° PRINCIPE DU CONTRADICTOIRE

a. Principe

10. Les arbitres règlent la procédure arbitrale sans être tenus de suivre les règles établies pour les tribunaux, sauf à respecter les principes directeurs du procès, dont celui de la contradiction. • Civ. 2e, 14 déc. 1992, n° 91-12.438 P • Paris, 17 juin 1999 : *D. 1999. IR 219.*

11. Si les valeurs de rapidité et d'efficacité de l'arbitrage peuvent justifier que certaines entorses soient faites au principe de l'interdiction des contacts unilatéraux entre les arbitres et l'un des litigants, c'est sous la condition expresse de l'accord préalable des parties à la convention d'arbitrage. • Paris, 26 oct. 2000 : *Rev. arb. 2001. 200, obs. Pinsolle.*

b. Illustrations

12. Compétence et fond. Un arbitre ne peut statuer dans une même sentence sur la compétence et sur le fond, s'il n'a pas mis préalablement les parties en demeure de conclure sur le fond. • Paris, 3 mars 1987 : *D. 1987. IR 73.*

13. Moyens relevés d'office. Le tribunal arbitral doit impérativement respecter et faire respecter le principe de la contradiction, et ce principe suppose qu'aucun moyen de fait ou de droit ne soit soulevé d'office par le tribunal sans que les parties n'aient été invitées à présenter leurs observations éventuelles. • Paris, 27 févr. 2003 : *RTD com. 2003. 476, obs. Dubarry et Loquin.* ♦ Comp., les arbitres, qui ne font que restituer à l'acte son exacte qualification pour lui appliquer les règles de droit découlant de celle-ci, ne violent pas le principe de la contradiction ni les droits des parties en s'abstenant de les inviter à s'expliquer sur une question dont toutes les facettes ont déjà été discutées. • Paris, 25 nov. 1997 : *D. 1998. IR 9.*

14. Éléments de preuve. En n'accédant pas à la demande de communication des pièces des demandeurs, le tribunal arbitral ne méconnaît aucunement le principe de la contradiction, et ne fait qu'user de sa faculté d'apprécier le caractère nécessaire ou non de la production d'un élément de preuve. • Paris, 18 sept. 2003 : *Gaz. Pal. 21-22 mai 2004, p. 13.*

15. Motivation. Il n'y a aucune violation du principe de contradiction à ne pas soumettre préalablement au prononcé de la sentence la motivation de celle-ci, sauf à empêcher les arbitres de jamais statuer s'il leur fallait provoquer les explications des parties sur le raisonnement à tenir. • Paris, 12 févr. 2004 : *Gaz. Pal. 21-22 mai 2004, p. 23.*

B. AUTRES PRINCIPES

16. Droit de la presse. Le principe d'immunité de défense posé par l'art. 41 de la L. du 29 juill. 1881 s'applique aux instances arbitrales. • TI Paris, 15 janv. 2001 : *JCP 2002. II. 10002, note Fillion-Dufouleur ; Rev. arb. 2001. 183, avis Derains, Fléchеux, Fouchard, Gaillard, Moreau.* – V. aussi • TGI Paris, 9 mai 2001 : *Rev. arb. 2004. 113, note Leboulanger.*

C. CONFIDENTIALITÉ

BIBL. Fages, *Rev. arb. 2003. 5* (confidentialité de l'arbitrage).

17. Confidentialité de l'arbitrage. La partie qui requiert une indemnisation pour violation de la confidentialité de l'arbitrage doit s'expliquer sur l'existence et les raisons d'un principe de confidentialité dans le droit français de l'arbitrage et, le cas échéant, sur la renonciation à ce principe par les parties en considération du règlement applicable choisi par elles. • Paris, 22 janv. 2004 : *Rev. arb. 2004. 647, note Loquin.*

18. Renvoi. V. note ss. art. 1479.

Art. 1465 Le tribunal arbitral est seul compétent pour statuer sur les contestations relatives à son pouvoir juridictionnel. – *Sur l'effet négatif du principe de "compétence-compétence", V. art. 1448.*

1. Principe de compétence-compétence. Il appartient aux arbitres de statuer sur la validité ou les limites de leur investiture. La juridiction étatique, si le tribunal arbitral n'est pas encore saisi, doit se déclarer incompétente, à moins que la convention d'arbitrage ne soit manifestement nulle. • Civ. 2e, 20 déc. 2001 : *Dr. et patr. 6/2002, p. 120, obs. Mestre ; Rev. arb. 2002. 715.* ♦ V. aussi • Civ. 2e, 27 juin 2002, n° 01-13.935 P : *Dr. et patr. 3/2003. 97, obs. Mestre ; Gaz. Pal. 20-21 déc. 2002, p. 12.* ♦ Il appartient à l'arbitre de statuer par priorité sur sa propre compétence, sauf nullité ou inapplicabilité manifeste de la convention d'arbitrage. • Civ. 1re, 8 nov. 2005, n° 02-18.512 P : *D. 2005. IR 2896.* ♦ Ainsi il appartient à la juridiction arbitrale de statuer sur la question de la prescription. • Com. 21 janv. 1992, n° 90-12.120 P.

2. Limites : nullité manifeste ou inapplicabilité manifeste. V. notes ss. art. 1448.

Art. 1466 La partie qui, en connaissance de cause et sans motif légitime, s'abstient d'invoquer en temps utile une irrégularité devant le tribunal arbitral est réputée avoir renoncé à s'en prévaloir. — *Sur l'estoppel, V. 94 s. ss. art. 122, note 64 ss. ancien art. 1506.*

BIBL. ▸ CADIET, *Rev. arb. 1996. 3* (renonciation à se prévaloir des irrégularités de la procédure).

a. Appréciation

1. La renonciation d'une partie à soulever une irrégularité doit s'apprécier au vu de son comportement au cours de la procédure d'arbitrage. • Civ. 1re, 11 juill. 2006, nº 03-20.802 P : *D. 2006. IR 2052, obs. Delpech*. ♦ Une partie ayant participé activement à l'arbitrage, elle doit donc être réputée avoir renoncé à se prévaloir ultérieurement des irrégularités qu'elle s'est, en connaissance de cause, abstenue d'invoquer devant l'arbitre. • Civ. 2e, 11 juill. 2002, nº 00-21.823 P : *D. 2002. IR 2846 ; Dr. et patr. 3/2003. 100, obs. Mestre ; Rev. arb. 2004. 283, note Bandrac.*

b. Illustrations

2. Absence de convention d'arbitrage. La partie qui a formé la demande d'arbitrage est irrecevable à soutenir que les arbitres ont statué sans convention d'arbitrage ou sur convention nulle. • Civ. 2e, 26 janv. 1994, nº 92-12.307 P.

3. Nullité de la convention d'arbitrage. La participation sans réserve d'une partie à l'arbitrage vaut de sa part renonciation au droit d'invoquer la nullité de la clause compromissoire. • Civ. 2e, 21 nov. 2002, nº 01-10.047 P.

4. Expiration du délai d'arbitrage. La cour d'appel qui constate qu'au-delà du délai légal de six mois du jour où l'arbitre unique avait accepté sa mission, le demandeur a adressé à celui-ci plusieurs lettres d'observations sur le projet de sentence qu'il lui avait soumis, sans invoquer l'expiration du délai, retient à bon droit que celui-ci a manifesté sa volonté de participer à l'arbitrage jusqu'au prononcé de la sentence, de sorte qu'il n'est pas recevable à se prévaloir d'une quelconque irrégularité du chef de la prorogation du délai. • Civ. 1re, 11 sept. 2013, nº 12-26.180 P : *JCP 2013. 982, obs. B. Le Bars ; ibid. 1098, note Mouralis.* ♦ Pour une absence de renonciation, V. • Civ. 1re, 22 sept. 2010. ♦ La renonciation à la nullité de la sentence rendue hors délai est valable. • Civ. 2e, 10 oct. 1979 : *Bull. civ. II, nº 233 ; Gaz. Pal. 1980. 1. 123, note Viatte.*

5. Indépendance et impartialité. Le recours en annulation ne peut suppléer à la carence d'une partie dans l'exercice de son droit de récusation en temps utile. • Civ. 2e, 25 mars 1999, nº 94-18.976 P : *D. 1999. IR 107 ; Rev. arb. 1999. 319, note Jarrosson.* ♦ Ayant constaté que la déclaration d'indépendance de l'arbitre revêtait un caractère délibérément tronqué et réducteur et qu'aucune circonstance spécifique ne justifiait de mettre en doute, dans l'esprit des parties, la sincérité de la déclaration, quand rien au regard des circonstances révélées ne leur imposait de procéder à des investigations particulières, une cour d'appel décide à bon droit, que, dès lors que des éléments importants manquaient dans la déclaration de l'arbitre, la partie contestant la régularité de la composition du tribunal arbitral n'avait pas renoncé à cette faculté. • Civ. 1re, 18 déc. 2014 : *D. 2014. Actu. 86 ; D. actu. 20 janv. 2015, obs. Delpech.*

6. Excès des limites de sa mission. Une partie qui, contrairement à son adversaire, n'a pas contesté la compétence du tribunal arbitral pour statuer sur une question donnée, est irrecevable à prétendre, en se contredisant, que le tribunal arbitral a excédé sa mission en tranchant cette question. • Paris, 3 juin 2004 : *Rev. arb. 2004. 683, note Callé.*

7. Violation du principe de contradictoire. Il peut être déduit qu'une société a renoncé à se prévaloir des irrégularités qu'elle s'est abstenue d'invoquer devant les arbitres dès lors que les auditions auxquelles a procédé le tribunal arbitral n'ont soulevé ni protestation ni réserve de sa part, que son conseil a fait savoir qu'il avait reçu communication d'une pièce produite par la partie adverse le jour de l'audience, et qu'elle a signé un procès-verbal de clôture par lequel elle reconnaissait que la procédure et les débats avaient été contradictoires et les moyens contradictoirement débattus. • Civ. 2e, 20 nov. 2003, nº 02-10.101 P : *Rev. arb. 2004. 283, note Bandrac.*

8. Caractère pathologique d'une clause d'arbitrage. L'invocation par une partie, devant le tribunal arbitral, du caractère pathologique de la clause prévoyant une procédure d'arbitrage conduite conformément aux règles et procédures de la CCI ou de la CNUDCI emporte nécessairement contestation de la régularité de la composition du tribunal arbitral, constitué sous l'égide de la CCI, dès lors que l'option alternative du choix des règles de la CNUDCI offerte par la clause impliquait un arbitrage ad hoc, exclusif d'un arbitrage institutionnel, de sorte que l'argumentation soutenue devant le juge de l'exequatur, selon laquelle la clause d'arbitrage viserait un arbitrage ad hoc sans intervention de la CCI dans la désignation du tribunal arbitral, n'est pas contraire à celle développée devant celui-ci. Viole en conséquence les art. 1466 et 1506, 3° C. pr. civ. la cour d'appel qui, pour accorder l'exequatur à la sentence, énonce d'abord que c'est au regard de l'argumentation développée devant les arbitres, et non des péripéties procédurales, antérieures ou parallèles à l'instance arbitrale, qu'il convient d'apprécier si une partie est présumée avoir renoncé à se prévaloir d'une irrégularité ;

relève ensuite que si une partie à l'arbitrage, à la suite du dépôt par une autre partie d'une requête d'arbitrage auprès de la CCI, a protesté contre l'intervention de ce centre d'arbitrage et saisi le juge d'appui, et si sa thèse, selon l'acte de mission, était que « la clause d'arbitrage prévoit la désignation du tribunal arbitral par les parties sans intervention du règlement CCI ou de tout autre règlement institutionnel », elle a clarifié sa position devant le tribunal arbitral en soutenant dans ses mémoires que la clause compromissoire, en ce qu'elle faisait référence à deux règlements d'arbitrage sans fixer les modalités de choix entre eux, était pathologique, qu'elle était donc inapplicable sans accord préalable des parties, ce qui privait le tribunal de pouvoir juridictionnel ; retient encore que le moyen soulevé devant le juge de l'exequatur ne concerne que l'irrégularité de la composition du tribunal arbitral puisqu'il est soutenu que le règlement CCI serait inapplicable à la constitution du tribunal, dont les membres auraient dû être désignés, en cas de défaillance des parties, par le juge d'appui indien, conformément à la loi régissant le contrat, et non par la cour de la CCI ; et enfin ajoute que ce moyen procède d'une interprétation de la clause compromissoire contradictoire avec celle qui a été soumise aux arbitres, lesquels ont uniquement été invités à se prononcer sur le caractère pathologique de la clause qui, en faisant référence à deux règlements d'arbitrage sans fixer les modalités de choix entre eux, aurait été inapplicable ; et en déduit que le moyen est irrecevable. • Civ. 1re, 4 mars 2020, n° 18-22.019 P.

9. Compétence du tribunal arbitral. Il résulte des art. 1520, 1°, et 1466 C. pr. civ., que lorsque la compétence a été débattue devant les arbitres, les parties ne sont pas privées du droit d'invoquer sur cette question, devant le juge de l'annulation, de nouveaux moyens et arguments et à faire état, à cet effet, de nouveaux éléments de preuve. • Civ. 1re, 2 déc. 2020, n° 19-15.396 P : *D. actu. 24 déc. 2020, obs. Jourdan-Marques ; Gaz. Pal. 9 mars 2021, p. 34, note Bensaude.*

Art. 1467 **Le tribunal arbitral procède aux actes d'instruction nécessaires à moins que les parties ne l'autorisent à commettre l'un de ses membres.**

Le tribunal arbitral peut entendre toute personne. Cette audition a lieu sans prestation de serment.

Si une partie détient un élément de preuve, le tribunal arbitral peut lui enjoindre de le produire selon les modalités qu'il détermine et au besoin à peine d'astreinte.

L'art. 1467 reprend, en les modifiant légèrement, les dispositions de l'ancien art. 1461, tout en consacrant une jurisprudence en vertu de laquelle le tribunal arbitral peut enjoindre à une partie, au besoin à peine d'astreinte, de produire aux débats un élément de preuve (Rapport au Premier ministre relatif au Décr. n° 2011-48 du 13 janv. 2011, JO 14 janv.).

1. Astreintes et injonctions. Le prononcé d'astreintes ou d'injonctions constitue un prolongement inhérent et nécessaire à la fonction de juger et ne caractérise pas un dépassement de la mission de l'arbitre. • Paris, 7 oct. 2004 : *JCP 2006. II. 10071, note Jacquet ; Rev. arb. 2005. 737, note Jeuland.*

2. Absence d'un des arbitres. L'absence d'un des arbitres à l'une des mesures d'instruction, si elle constitue une méconnaissance des dispositions de l'art. 1461 anc. (auj. 1467), ne peut entraîner l'annulation de la sentence sur le fondement de l'art. 1484 anc. (auj. 1492). • Civ. 2e, 16 nov. 1988 : *Gaz. Pal. 1989. 1. Pan. 2 ; Rev. arb. 1989. 490, note Rondeau-Rivier.* ♦ V. dans le même sens : la violation de la règle édictée par l'al. 1er de l'art. 1461 anc. (auj. 1467) ne constitue pas, par elle-même, une violation des droits de la défense ou du principe de la contradiction. • Paris, 26 avr. 1985 : *Rev. arb. 1985. 311, note Mezger.*

3. Renvoi. Sur la recevabilité de l'appel contre les mesures d'instruction, V. note 21 ss. art. 545.

Art. 1468 **Le tribunal arbitral peut ordonner aux parties, dans les conditions qu'il détermine et au besoin à peine d'astreinte, toute mesure conservatoire ou provisoire qu'il juge opportune. Toutefois, la juridiction de l'État est seule compétente pour ordonner des saisies conservatoires et sûretés judiciaires.**

Le tribunal arbitral peut modifier ou compléter la mesure provisoire ou conservatoire qu'il a ordonnée.

Astreintes et injonctions. Le prononcé d'astreintes ou d'injonctions constitue un prolongement inhérent et nécessaire à la fonction de juger et ne caractérise pas un dépassement de la mission de l'arbitre. • Paris, 7 oct. 2004 : *JCP 2006. II. 10071, note Jacquet ; Rev. arb. 2005. 737, note Jeuland.*

Art. 1469 **Si une partie à l'instance arbitrale entend faire état d'un acte authentique ou sous seing privé auquel elle n'a pas été partie ou d'une pièce détenue par un tiers,**

elle peut, sur invitation du tribunal arbitral, faire assigner ce tiers devant le président du *(Décr. n° 2019-966 du 18 sept. 2019, art. 8, en vigueur le 1er janv. 2020)* **« tribunal judiciaire** *[ancienne rédaction : tribunal de grande instance]* **» aux fins d'obtenir la délivrance d'une expédition ou la production de l'acte ou de la pièce.**

La compétence territoriale du président du *(Décr. n° 2019-966 du 18 sept. 2019, art. 8, en vigueur le 1er janv. 2020)* **« tribunal judiciaire** *[ancienne rédaction : tribunal de grande instance]* **» est déterminée conformément aux articles 42 à 48.**

La demande est formée, instruite et jugée *(Décr. n° 2019-1419 du 20 déc. 2019, art. 5-19°)* **« selon la procédure accélérée au fond ».**

Le président, s'il estime la demande fondée, ordonne la délivrance ou la production de l'acte ou de la pièce, en original, en copie ou en extrait, selon le cas, dans les conditions et sous les garanties qu'il fixe, au besoin à peine d'astreinte.

Cette décision n'est pas exécutoire de plein droit.

Elle est susceptible d'appel dans un délai de quinze jours suivant la signification de la décision.

L'art. 5 du Décr. n° 2019-1419 du 20 déc. 2019 s'applique aux demandes introduites, à compter du 1er janv. 2020 (Décr. préc., art. 24-II).

Art. 1470 Sauf stipulation contraire, le tribunal arbitral a le pouvoir de trancher l'incident de vérification d'écriture ou de faux conformément aux dispositions des articles 287 à 294 et de l'article 299.

En cas d'inscription de faux incident, il est fait application de l'article 313. — *V. ancien art. 1467.*

Art. 1471 L'interruption de l'instance est régie par les dispositions des articles 369 à 372. — *V. ancien art. 1465.*

Renonciation. Renonciation à se prévaloir d'une interruption de l'instance pour perte de capacité d'ester en justice par suite de la dissolution d'une société sans liquidation au cours de l'instance arbitrale, en application de l'art. 370, faute de l'avoir invoqué devant les arbitres. • Civ. 2e, 28 mai 2003 : *JCP 2004. I. 119, n° 3, obs. Béguin.*

Art. 1472 Le tribunal arbitral peut, s'il y a lieu, surseoir à statuer. Cette décision suspend le cours de l'instance pour le temps ou jusqu'à la survenance de l'événement qu'elle détermine.

Le tribunal arbitral peut, suivant les circonstances, révoquer le sursis ou en abréger le délai. — *V. ancien art. 1465.*

1. Cas. Le délai peut être suspendu, lorsque cela a été convenu par les parties, par la nécessité pour les arbitres d'ordonner une mesure d'instruction et d'en attendre les résultats. • Civ. 2e, 5 avr. 1993, n° 91-20.424 P. ♦ Il peut aussi l'être par la nécessité d'attendre la décision d'un tribunal sur un incident échappant à la compétence de l'arbitre. • Civ. 2e, 31 mai 1976 : *Rev. arb. 1977. 261, note Rubellin-Devichi.*

2. Recours (non). Si le délai pour exercer le recours en annulation de la sentence et le recours exercé suspendent l'exécution de la sentence arbitrale, ils ne suspendent pas pour autant le délai imparti aux arbitres pour accomplir leur mission. • Civ. 2e, 5 avr. 1994, n° 92-17.925 P : *D. 1994. IR 363* (recours contre la sentence ordonnant une expertise, ayant empêché le déroulement de cette dernière).

3. Question prioritaire de constitutionnalité (non). L'arbitre investi de son pouvoir juridictionnel par la volonté commune des parties ne constitue pas une juridiction relevant de la Cour de cassation au sens de l'art. 23-1 de l'Ord. n° 58-1067 du 7 nov. 1958 portant loi organique sur le Conseil constitutionnel ; il s'ensuit que la question transmise par l'arbitre désigné par le bâtonnier, saisi en application d'une convention d'arbitrage, est irrecevable. • Com. 28 juin 2011, n° 11-14.030 P.

4. Question préjudicielle. Le tribunal arbitral ne peut saisir la Cour de justice de l'Union européenne (anc. CJCE) d'une question préjudicielle. • CJCE 23 mars 1982 : *Rev. arb. 1982. 473, concl. Reischl ; D. 1983. 633, note Robert.* ♦ Il n'en va autrement que si ce tribunal a une origine légale, si sa compétence ne dépend pas de l'accord des parties et si ces décisions sont contraignantes pour elles. • CJUE 13 févr. 2014, n° C-555/13 : *RTD civ. 2014. 434, note Théry ; Procédures 2014, n° 142, obs. Nourissat.*

Art. 1473 Sauf stipulation contraire, l'instance arbitrale est également suspendue en cas de décès, d'empêchement, d'abstention, de démission, de récusation ou de révoca-

tion d'un arbitre jusqu'à l'acceptation de sa mission par l'arbitre désigné en remplacement. – *Comp. 1° et 2° de l'ancien art. 1464 qui parle de causes d'extinction de l'instance arbitrale.*

Le nouvel arbitre est désigné suivant les modalités convenues entre les parties ou, à défaut, suivant celles qui ont présidé à la désignation de l'arbitre qu'il remplace. – *V. ancien art. 1465.*

BIBL. ▶ MOREAU, *Rev. arb. 1973. 223* (récusation des arbitres). - VIATTE, *Gaz. Pal. 1973. 2. Doctr. 719* (récusation des arbitres).

Art. 1474 **L'interruption ou la suspension de l'instance ne dessaisit pas le tribunal arbitral.**

Le tribunal arbitral peut inviter les parties à lui faire part de leurs initiatives en vue de reprendre l'instance ou de mettre un terme aux causes d'interruption ou de suspension. En cas de carence des parties, il peut mettre fin à l'instance. – *V. ancien art. 1465.*

Art. 1475 **L'instance reprend son cours en l'état où elle se trouvait au moment où elle a été interrompue ou suspendue lorsque les causes de son interruption ou de sa suspension cessent d'exister.**

Au moment de la reprise de l'instance et par exception à l'article 1463, le tribunal arbitral peut décider que le délai de l'instance sera prorogé pour une durée qui n'excède pas six mois. – *V. ancien art. 1465.*

Art. 1476 **Le tribunal arbitral fixe la date à laquelle le délibéré sera prononcé.**

Au cours du délibéré, aucune demande ne peut être formée, aucun moyen soulevé et aucune pièce produite, si ce n'est à la demande du tribunal arbitral.

Art. 1477 **L'expiration du délai d'arbitrage entraîne la fin de l'instance arbitrale.** – *V. ancien art. 1464, al. 3.*

a. Fin de l'instance arbitrale

1. Cessation de fonction des arbitres. L'expiration du délai entraîne de plein droit la cessation des fonctions des arbitres. • Rouen, 5 juin 1889 : *D. 1891. 2. 98.*

2. Absence de caducité de la clause compromissoire. Lorsque l'arbitrage a sa source dans une clause compromissoire, l'expiration du délai de mission des arbitres sans qu'une sentence ait été rendue ne prive pas nécessairement d'effet la clause compromissoire. • Civ. 2e, 18 févr. 1999, n° 97-12.770 P : *D. 1999. IR 73 ; D. Affaires 1999. 714, note Avena-Robardet ; RG proc. 1999. 412, obs. Rivier ; Rev. arb. 1999. 299, note Pinsolle.* ♦ Dès lors que les parties n'ont pas renoncé à l'application des clauses compromissoires et qu'aucun obstacle ne fait échec à la continuation de la procédure d'arbitrage, la compétence arbitrale subsiste à l'extinction du lien d'instance. • Même arrêt. ♦ V. aussi, dans le même sens : si l'expiration du délai d'arbitrage met fin à l'instance arbitrale, la clause compromissoire n'est pas pour autant caduque et oblige toujours les parties à recourir à l'arbitrage. • Colmar, 21 sept. 1993 : *Rev. arb. 1994. 348.*

b. Sentence rendue hors délai

3. Effet de l'annulation de la sentence rendue hors délai. L'annulation de la sentence rendue postérieurement à l'expiration du délai n'atteint que les actes de la procédure arbitrale postérieurs à la date d'expiration et laisse, notamment, subsister les rapports d'expertise déposés avant cette date. • Civ. 2e, 18 mai 1989 : *Bull. civ. II, n° 111 ; Rev. arb. 1990. 903, obs. B. M.*

4. Renonciation à la nullité. La renonciation à la nullité de la sentence rendue hors délai est valable. • Civ. 2e, 10 oct. 1979 : *Bull. civ. II, n° 233 ; Gaz. Pal. 1980. 1. 123, note Viatte.* ♦ La cour d'appel qui constate qu'au-delà du délai légal de six mois du jour où l'arbitre unique avait accepté sa mission, le demandeur a adressé à celui-ci plusieurs lettres d'observations sur le projet de sentence qu'il lui avait soumis, sans invoquer l'expiration du délai, retient à bon droit que celui-ci a manifesté sa volonté de participer à l'arbitrage jusqu'au prononcé de la sentence, de sorte qu'il n'est pas recevable à se prévaloir d'une quelconque irrégularité du chef de la prorogation du délai. • Civ. 1re, 11 sept. 2013, n° 12-26.180 P : *JCP 2013. 982, obs. B. Le Bars ; ibid. 1098, note Mouralis.*

c. Responsabilité des arbitres

5. Principe. En laissant expirer le délai d'arbitrage sans demander sa prorogation au juge d'appui, à défaut d'accord des parties ou faute pour celles-ci de la solliciter, les arbitres, tenus à cet égard d'une obligation de résultat, ont commis une faute ayant entraîné l'annulation de la sentence, et ont engagé leur responsabilité.

• Civ. 1re, 6 déc. 2005, nº 03-13.116 P : *D. 2006. 274, note Gautier ; ibid. Pan. 3031, obs. Clay ; RTD civ. 2006. 144, obs. Théry ; RTD com. 2006. 299, obs. Loquin ; JCP 2006. II. 10066, note Clay ; Rev. arb. 2006. 126, note Jarrosson ; JCP E 2006. 1284, note Chabot ; ibid. 1395, obs. Paillusseau ; RLDC, avr. 2006, p. 14, note Train.*

CHAPITRE IV LA SENTENCE ARBITRALE

Le présent chapitre n'apporte aucune modification notable par rapport au droit antérieur, tel qu'édicté par les anciens art. 1469 à 1476, à l'exception des art. 1484, al. 3, 1485 et 1486 (Rapport au Premier ministre relatif au Décr. nº 2011-48 du 13 janv. 2011, JO 14 janv.).

RÉP. PR. CIV. vº *Arbitrage en droit interne*, par MOREAU.

BIBL. GÉN. ▶ BEGUIN, *Mél. Wiederkehr, Dalloz 2009, p. 1* (l'étonnante liberté de l'arbitre amiable compositeur). – BOULBES, *JCP 1961. I. 1660* (sentence arbitrale, autorité de chose jugée et ordonnance d'*exequatur*). – BREDIN, *Rev. arb. 1984. 259* (amiable compositeur et contrat) ; *Mél. Bellet, 1991, p. 71* (secret du délibéré arbitral) ; *Mél. Reymond, Litec, 2004, p. 43* (retour au délibéré arbitral). – CACEIDO, *Rev. arb. 2017. 445* (l'exécution et le contrôle judiciaires des décisions prises par les arbitres d'urgence). – CALLE, L'arbitrage détaché des lois étatiques, *éditions Epitoge, 2012* (amiable composition) ; *Rev. arb. 2016* (l'autorité de la chose jugée et les tiers). – CHAMPAUD, *Mél. Béguin, Litec, 2005, p. 71* (le juge, l'arbitre, l'expert et le régulateur au regard de la *jurisdictio*). – CHEKROUN, *APD 2009. 135* (l'*imperium* de l'arbitre). – DELVOLVÉ, *Rev. arb. 1989. 149* (motivation des sentences). – JARROSSON, *Procédures 2007. Étude 17* (l'autorité de la chose jugée des sentences arbitrales). – LARROUMET, *Gaz. Pal. 2008. Doctr. 3167* (obligation de modérer le dommage et arbitrage). – LEVEL, *Rev. arb. 1980. 651* (amiable composition). – LOQUIN, *Rev. arb. 1985. 199* (pouvoirs et devoirs de l'amiable compositeur) ; *Rev. arb. 1976. 233* (obligation pour l'amiable compositeur de motiver) ; *Rev. arb. 2010. 201* (de l'obligation de concentrer les moyens à celle de concentrer les demandes dans l'arbitrage). – PAILLUSSEAU, *Cah. dr. entr. 1999, nº 3, p. 23 ; JCP 2006. I. 108* (choix entre le droit et l'équité). – PANCHAUD, *Mél. E. Minoli, Turin 1974* (la sentence arbitrale partielle). – PERROT, *Rev. arb. 1967. 7* (interprétation des sentences arbitrales). – RACINE, *Rev. arb. 2010. 279* (la sentence d'incompétence). – RIVIER, *RG proc. 1998. 535* (arbitrage et mesures conservatoires). – ROBERT, *Rev. arb. 1982. 405* (dénaturation par l'arbitre). – VELLAS, *Mél. Hébraud, 1981, p. 875* (expertise, amiable composition et non-droit). – VIENNOIS, *RG proc. 1999. 471* (l'amiable).

Art. 1478 **Le tribunal arbitral tranche le litige conformément aux règles de droit, à moins que les parties lui aient confié la mission de statuer en amiable composition.**

BIBL. ▶ BEGUIN, *Mél. Wiederkehr, Dalloz 2009, p. 1* (l'étonnante liberté de l'arbitre amiable compositeur). – BREDIN, *Rev. arb. 1984. 259* (amiable compositeur et contrat). – CALLE, L'arbitrage détaché des lois étatiques, *éditions Epitoge, 2012* (amiable composition). – LEVEL, *Rev. arb. 1980. 651* (amiable composition). – LOQUIN, *Litec, 1981* (amiable composition en droit comparé et international) ; *Rev. arb. 1985. 199* (pouvoirs et devoirs de l'amiable compositeur). – PAILLUSSEAU, *Cah. dr. entr. 1999, nº 3, p. 23 ; JCP 2006. I. 108* (choix entre le droit et l'équité). – VELLAS, *Mél. Hébraud, 1981, p. 875* (expertise, amiable composition et non-droit). – VIENNOIS, *RG proc. 1999. 471* (l'amiable).

A. ARBITRAGE EN DROIT

1. Règles impératives. Il appartient à l'arbitre, hors les cas où la non-arbitrabilité relève de la matière, de mettre en œuvre les règles impératives du droit, sous le contrôle du juge de l'annulation. • Com. 9 avr. 2002, nº 98-16.829 P : *D. 2003. 1117, note Degos et Somm. 2470, obs. Clay ; Procédures 2002, nº 162, note Croze ; JCP E 2002, nº 1555, note Gout ; JCP 2002. II. 10154, note Reifegerste ; ibid. 2003. I. 105, nº 2, obs. Seraglini ; Dr. et pr. 2002. 347, note Marmayou ; Rev. arb. 2003. 104, note Didier.*

2. Appréciation. L'arbitre qui a appliqué les dispositions du droit français plaidées par les parties en les considérant comme équivalentes aux règles de droit ivoirien, conformément à la volonté des parties, a statué en droit, sans jamais s'arroger des pouvoirs d'amiable compositeur. • Paris, 16 janv. 2003 : *D. 2003. IR 2486.*

B. AMIABLE COMPOSITION

1º CHOIX VOLONTAIRE

3. Parties. L'amiable composition suppose qu'il résulte du libellé du compromis la volonté clairement exprimée de dispenser les arbitres d'appliquer la règle de droit. • Civ. 2e, 13 mai 1991, nº 89-20.629 P. ♦ En autorisant l'arbitre à statuer *ex æquo et bono*, les parties admettent que celui-ci peut s'écarter de la règle légale. • Paris, 14 janv. 2003 : *RTD com. 2003. 478, obs. Dubarry et Loquin .*

4. Tiers. La clause d'amiable composition ne lie pas le tiers intervenant volontaire auquel seul le compromis est alors opposable. • Aix-en-

Provence, 14 sept. 1982 : *Rev. arb. 1983. 327, note (crit.) Bernard.*

2° ACCOMPLISSEMENT DE LA MISSION

5. Rôle des règles de droit. Les arbitres, amiables compositeurs, sont tenus de respecter les règles de fond touchant à l'ordre public fondamental, par exemple celles concernant la réglementation des prix. • Civ. 2e, 20 déc. 1965 : *Bull. civ. II, n° 1056 ; Rev. arb. 1966. 16.* ♦ ... Ou la réglementation des douanes. • Com. 4 mars 1980 : *Rev. arb. 1981. 135, note Fouchard.* ♦ ... Ou la législation des baux commerciaux. • Civ., 13 déc. 1978 : *Rev. arb. 1979. 359.* ♦ Le compromis d'arbitrage qui confie des pouvoirs d'amiable composition à l'arbitre désigné afin de régler le litige entre les parties ne fait pas, pour autant, obligation à celui-ci de renoncer à prendre en considération les règles de droit qu'elles se sont données par convention. • Paris, 14 janv. 2003 : *D. 2003. IR 2486.*

6. Conformité à l'équité. Les arbitres ne font qu'user de leurs pouvoirs d'amiables compositeurs, qui les dispensent d'appliquer les règles de droit, lorsqu'ils tempèrent la rigueur des principes par des considérations d'équité. • Paris, 10 mars 1981 : *Rev. arb. 1982. 214, note Mezger.* ♦ Comp. : • Paris, 8 juin 1990 : *Rev. arb. 1990. 917, obs. J.-H. M. et C. V.* ♦ En prononçant la résiliation de conventions sans faire référence exclusive à l'art. 1184 C. civ. et en relevant que les manquements invoqués pour justifier la résiliation étaient sans commune mesure avec les conséquences que l'auteur de la résiliation prétendait en tirer, les arbitres ont bien témoigné de la recherche d'une solution équitable conformément à leur mission. • Paris, 11 janv. 1996 : *D. 1996. 351, note Loquin.* ♦ En évaluant le préjudice subi par une banque et en décidant qu'il serait inéquitable de laisser la banque propriétaire de ses parts dans le capital d'une société, les arbitres ont exercé leur pouvoir d'amiable compositeur et recherché, en équité, la solution la plus adéquate. • Civ. 2e, 10 juill. 2003, n° 01-16.928 P. ♦ Statuant en amiable compositeur, une cour d'appel ne manque pas à son office en fixant à la date de signification de l'arrêt le point de départ du cours des intérêts au taux légal portant sur les condamnations prononcées. • Civ. 1re, 11 févr. 2015.

7. Motivation. L'obligation de motiver s'impose à l'amiable compositeur. • Com. 29 mai 1972 : *Bull. civ. IV, n° 160 ; Rev. arb. 1973. 20, note Loquin* • Civ. 2e, 22 nov. 1972 : *Bull. civ. II, n° 285 ; Rev. arb. 1979. 468* • Paris, 26 janv. 1986 : *Rev. arb. 1988. 307, note Jarrosson.*

8. Justification de la conformité à l'équité. L'amiable compositeur, s'il se prononce exclusivement par application des règles de droit, doit s'expliquer sur la conformité de celles-ci à l'équité. • Civ. 2e, 15 févr. 2001, n° 98-21.324 P : *D. 2001. 2780, note Rontchevsky ; JCP 2002. II. 10038, note Chabot ; Procédures 2001, n° 78, obs. Perrot ; Rev. arb. 2001. 135, note Loquin ; Dr. et patr. 2008. 122, obs. Mestre* • Civ. 2e, 18 oct. 2001. ♦ Les arbitres statuant comme amiables compositeurs ne peuvent rejeter des demandes en paiement exclusivement par application de la règle de droit, sans s'expliquer sur la conformité de celle-ci à l'équité. • Civ. 2e, 10 juill. 2003, n° 01-16.964 P : *D. 2003. Somm. 2474, obs. Clay ; RTD com. 2003. 698, obs. Loquin ; RTD com. 2004. 254, obs. Loquin ; JCP E 2004. 112, note Chabot ; JCP 2004. I. 119, n° 4, obs. Seraglini ; Rev. arb. 2003. 1361, obs. Betto.* ♦ Une cour d'appel qui a retenu que, dans sa décision, un arbitre avait entendu faire référence à l'équité, malgré l'absence de mention explicite des pouvoirs d'amiable compositeur conférés par les parties, a pu en déduire que celui-ci s'était conformé à sa mission. • Civ. 2e, 8 juill. 2004 : *JCP 2004. I. 179, n° 4, obs. Seraglini.* ♦ N'exigeant pas une mention explicite : • Civ. 1re, 28 nov. 2007, n° 06-16.835 P : *D. 2008. AJ 26, obs. (crit.) Delpech ; ibid. 2008. Pan. 187, obs. Clay ; JCP 2007. Actu. 312, obs. Béguin ; ibid. 2008. I. 164, n° 1, obs. Béguin ; LPA 24-25 mars 2008, p. 14, note Jaeger ; RTD com. 2008. 521, obs. Loquin ; Rev. arb. 2008. 99, note Chantebout ; RJ com. janv.-févr. 2008, p. 57, obs. Moreau.* ♦ Comp. une cour d'appel, statuant en amiable composition sur l'appel dirigé contre la sentence rendue par un arbitre amiable compositeur, n'est pas fondée à rejeter la demande présentée par un demandeur de mettre en œuvre une garantie de passif au seul motif de pur droit qu'il n'a pas respecté l'obligation de concertation prévue dans la convention de garantie de passif, sans faire aucune référence à l'équité ou à la mission d'amiable compositeur qui lui avait été conférée en sa qualité de juge d'appel de la sentence. • Civ. 1re, 17 déc. 2008, n° 07-19.915 P : *D. 2009. AJ 173, note Delpech ; JCP 2009. Actu. 30, obs. Béguin ; ibid. II. 10013, note Béguin ; JCP E 2009. 1233, note Chabot ; LPA 16 mars 2009, p. 13, note Coutelier ; Rev. jur. com. 2009. 58, note B. Moreau.* ♦ Il résulte des dispositions combinées des art. 1474 et 1484-3°, dans leur rédaction antérieure à celle issue du Décr. du 13 janv. 2011, que le tribunal arbitral auquel les parties ont conféré mission de statuer comme amiable compositeur doit faire ressortir dans la sentence qu'il a pris en compte l'équité. • Civ. 1re, 1er févr. 2012, n° 11-11.084 P : *BICC 15 mai 2012, n° 645 ; D. 2012. Actu. 446, obs. Delpech ; JCP 2012. 201, note Béguin ; Procédures 2012, n° 73, note Weiller ; Rev. jur. com. 2012, p. 41, note Deharo ; RLDA 2012. 3988, obs. Désérable.* ♦ V. encore jugeant insuffisant la seule mention selon laquelle l'arbitre avait statué comme amiable compositeur. • Civ. 1re, 12 juin 2014. ♦ Les arbitres qui ont évalué le montant d'une créance litigieuse en retenant un prix arithmétique sans s'expliquer sur les considérations d'équité qui les avaient conduits à retenir le prix contractuellement fixé, et sans confronter leur solution à l'équité, ont méconnu la mission d'amiable composition qui leur avait été conférée. • Paris, 27 mai 2003 : *D. 2003. IR 2486 ; Rev. arb. 2003. 1361, obs. Betto ; JCP E 2004. 112, note Chabot.* ♦ Il n'est pas interdit à l'amiable compositeur de statuer en droit s'il estime que c'est conforme à l'équité, encore doit-il s'en expliquer. • Paris, 15 mars 1984 : *Rev. arb. 1985. 285, note Loquin* • 6 mai 1988 : *Rev. arb. 1989. 83, note Loquin.* – V. aussi • Paris, 3 juin 2004 : *Rev. arb. 2004. 683, note Callé.*

9. Contrôle de la Cour de cassation. Lorsqu'une cour d'appel, statuant en amiable composition, donne à sa décision des motifs inspirés de l'équité, ceux-ci échappent au contrôle de la Cour de cassation. • Civ. 2e, 26 juin 2003, n° 01-17.630 P : *RTD com. 2004. 254, obs. Loquin* • 8 juill. 2004 : *JCP 2004. I. 179, n° 4, obs. Seraglini.*

10. Opposabilité de la sentence. Une sentence arbitrale est opposable aux tiers, même lorsque les arbitres ont statué en équité, en tant qu'amiables compositeurs. • Com. 2 déc. 2008 : *JCP 2009. I. 148, obs. Béguin.*

Art. 1479 Les délibérations du tribunal arbitral sont secrètes.

BIBL. ▶ Bredin, *Mél. Bellet, 1991, p. 71* (secret du délibéré arbitral) ; *Mél. Reymond, Litec, 2004, p. 43* (retour au délibéré arbitral). – Fages, *Rev. arb. 2003. 5* (confidentialité de l'arbitrage).

1. Secret du délibéré. La sentence ne peut contenir l'indication de la majorité ou de l'unanimité à laquelle elle a été adoptée et les dispositions d'un règlement d'arbitrage contenant une telle exigence seraient contraires à la règle du secret du délibéré. • Rouen, 16 avr. 1986 : *Rev. arb 1988. 327, obs. Bernard.*

2. Confidentialité de l'arbitrage. La partie qui requiert une indemnisation pour violation de la confidentialité de l'arbitrage doit s'expliquer sur l'existence et les raisons d'un principe de confidentialité dans le droit français de l'arbitrage et, le cas échéant, sur la renonciation à ce principe par les parties en considération du règlement applicable choisi par elles. • Paris, 22 janv. 2004 : *Rev. arb. 2004. 647, note Loquin.*

Art. 1480 La sentence arbitrale est rendue à la majorité des voix.

Elle est signée par tous les arbitres.

Si une minorité d'entre eux refuse de la signer, la sentence en fait mention et celle-ci produit le même effet que si elle avait été signée par tous les arbitres.

a. Majorité

1. Une sentence signée par les trois arbitres emporte présomption de majorité. • Civ. 1re, 1er avr. 2015 : *D. 2015. Actu. 811 ; JCP 2015. 466, obs. Le Bars ; Gaz. Pal. 7 mai 2015, p. 25, obs. Berlaud.* ♦ V. aussi : • Civ. 1re, 1er avr. 2015. ♦ La sentence ne peut contenir l'indication de la majorité ou de l'unanimité à laquelle elle a été adoptée et les dispositions d'un règlement d'arbitrage contenant une telle exigence seraient contraires à la règle du secret du délibéré. • Rouen, 16 avr. 1986 : *Rev. arb. 1988. 327, obs. Bernard.*

b. Signature

2. Signature par correspondance. Aucune disposition du code n'exclut la signature de la sentence par voie de correspondance entre les arbitres, ceux-ci n'ayant pas l'obligation de se trouver physiquement présents au siège de l'arbitrage. • Paris, 30 mai 2006 : *D. 2006. Pan. 3033, obs. Clay.*

3. Sanction. En matière d'arbitrage interne, hors le cas de refus de signer de l'un des arbitres, mentionné par les autres, la sentence qui n'est pas signée par tous les arbitres doit être annulée, même en l'absence de grief. • Civ. 1re, 3 oct. 2006, n° 05-12.959 P : *D. 2006. IR 2548 ; ibid. Pan. 3033, obs. Clay.*

Art. 1481 La sentence arbitrale contient l'indication :

1° *Des nom, prénoms ou* dénomination des parties ainsi que de leur domicile ou siège social ;

2° Le cas échéant, du nom des avocats ou de toute personne ayant représenté ou assisté les parties ;

3° Du nom des arbitres qui l'ont rendue ;

4° De sa date ;

5° Du lieu où la sentence a été rendue.

a. Notion de sentence

1. V. égal. note ss. art. 1492.

2. Définition. Les sentences sont des décisions de l'arbitre tranchant de manière définitive, en tout ou partie, une question litigieuse relative au fond, à la compétence ou à un moyen de procédure qui conduit à mettre fin à l'instance. • Paris, 11 avr. 2002 : *JCP 2003. I. 105, n° 12, obs. J. Ortscheidt ; Rev. arb. 2003. 143, note Bensaude.*

– V. aussi • Paris, 28 mars 2002 : *RTD com. 2003. 60, obs. Loquin*, conf. par • Civ. 2e, 24 juin 2004, n° 02-16.329 P • Paris, 2 juill. 2013 : *Rev. arb. 2014. 131, note Loquin.*

3. Termes retenus. La qualification de sentence n'est pas fonction des termes retenus par l'arbitre ou les parties. • Paris, 4 avr. 2002 : *JCP 2003. I. 105, n° 12, obs. J. Ortscheidt ; Rev. arb. 2003. 143, note Bensaude.*

4. Sentence d'accord-parties. La simple constatation, dans le dispositif de la décision, de l'accord des parties, sans aucun motif dans le corps de celle-ci, ne peut s'analyser en un acte juridictionnel. • Civ. 1re, 14 nov. 2012.

5. Arbitrage CCI. La décision de récusation rendue par la cour d'arbitrage de la chambre de commerce internationale, laquelle avait seulement été chargée d'organiser l'arbitrage et ne remplissait pas une fonction juridictionnelle, ne peut être qualifiée de sentence arbitrale. • Civ. 2e, 7 oct. 1987 : *Bull. civ. II, n° 184 ; Rev. arb. 1988. 649, note Mezger.*

b. Mentions

6. Date. Une erreur de date ne peut être assimilée à une absence de date et peut donner lieu à une rectification d'erreur matérielle. • Civ. 2e, 30 sept. 1999 : *Rev. arb. 2000. 267, note Betto.* ♦ De même, la contradiction entre deux dates ne constitue qu'une simple erreur matérielle (dans une espèce où la date à laquelle la sentence a été rendue résultait des mentions contenues dans le corps de la décision). • Paris, 12 sept. 2002 : *Rev. arb. 2003. 173, note Boursier.* ♦ En revanche, l'indication de la date à laquelle une sentence arbitrale a été rendue étant prescrite à peine de nullité, l'observation de cette prescription légale doit résulter de la sentence elle-même ; l'omission de l'indication de sa date ne peut être réparée ou suppléée par des documents extrinsèques. • Civ. 2e, 9 nov. 2000. ♦ Une sentence arbitrale ayant le caractère d'une décision juridictionnelle, la nullité résultant du défaut d'indication de sa date n'est pas soumise aux dispositions applicables à la nullité des actes de procédure. • Civ. 2e, 9 nov. 2000. • Civ. 2e, 9 nov. 2000.

7. Représentation. Les avocats n'ont pas le monopole de la représentation devant la juridiction arbitrale. • Civ. 1re, 19 juin 1979, nos 78-10.372, 78-10.673, 78-10.176 P : *Gaz. Pal. 1979. 2. 492, note Viatte ; Rev. arb. 1979. 487, note Bolard.*

8. Lieu où la sentence a été rendue. Aucune disposition légale ne détermine, ni ne limite la compétence territoriale des tribunaux arbitraux, ni ne les oblige à effectuer dans les mêmes lieux tous les actes nécessaires à l'exécution de leur mission dont les débats et le prononcé de la sentence. La formule « arbitrage à... » ne signifie pas que toute la procédure doive se dérouler obligatoirement en ce lieu, mais seulement que doit y avoir lieu le prononcé de la sentence qui, seul, a des conséquences quant à l'exercice des voies de recours. • Civ. 2e, 9 févr. 1994, n° 92-17.645 P : *D. 1994. IR 57.* ♦ Le juge d'appui peut décider, par une appréciation souveraine de la volonté des parties, que le renvoi du choix du troisième arbitre au président du tribunal de commerce de Bobigny emporte localisation des opérations d'arbitrage dans le ressort de cette juridiction. • Civ. 2e, 8 juin 2000.

9. Force probante. Les énonciations de la sentence, selon lesquelles elle a été rendue après audition des parties, font foi jusqu'à inscription de faux. • Civ. 2e, 12 déc. 1990 : *Rev. arb. 1991. 317, note Théry.*

Art. 1482 La sentence arbitrale expose succinctement les prétentions respectives des parties et leurs moyens.

Elle est motivée.

BIBL. ► DELVOLVÉ, *Rev. arb. 1989. 149* (motivation des sentences). – LOQUIN, *Rev. arb. 1976. 233* (obligation pour l'amiable compositeur de motiver). – ROBERT, *Rev. arb. 1982. 405* (dénaturation par l'arbitre).

1° MOTIFS

1. Existence. Les motifs doivent exister et ne pas se contredire. • Paris, 20 avr. 1972 : *Rev. arb. 1973. 85.* ♦ ... Mais il n'importe pas qu'ils soient convaincants. • Paris, 13 janv. 1971 : *Rev. arb. 1973. 68* • 13 nov. 1980 : *Rev. arb. 1984. 128, obs. Bernard.* ♦ ... Car il ne rentre pas dans la mission du juge de l'exequatur ou de la validité de contrôler le bien-fondé de la décision arbitrale. • Civ. 2e, 19 avr. 1985 : *Bull. civ. II, n° 82 ; Rev. arb. 1986. 53, note Jarosson* • 28 avr. 1986 : *Bull. civ. II, n° 65 ; Rev. arb. 1989. 219, note Fouchard.* ♦ Excède ses pouvoirs la cour d'appel qui, pour annuler partiellement une sentence, retient que les motifs ayant conduit les arbitres à fixer le montant des préjudices matériel et moral ne sont pas donnés, que les éléments de référence et du calcul du préjudice matériel ne sont pas fournis et que la sentence ne contient aucun élément précis ou calcul particulier pour évaluer à l'euro près, comme elle l'a fait, le préjudice moral, alors qu'il ressort de ses propres constatations que le tribunal arbitral a relevé l'existence d'un préjudice financier, lié à la privation de leurs ressources pendant plusieurs mois, et d'un préjudice moral qui recouvre leur grande détresse, l'atteinte à leur honneur et à leur réputation. • Civ. 1re, 3 déc. 2014 : *BICC 15 mars 2015, n° 306 ; D. 2014. Actu. 2531 ; Rev. sociétés 2015. 252, note Le Bars.*

2. Complétude. Les arbitres ne sont pas tenus de répondre à la totalité de l'argumentation des parties. • Paris, 11 févr. 1971 : *Rev. arb. 1973. 29* • 15 déc. 1972 : *Rev. arb. 1973. 98.*

3. Motifs implicites. Si la répartition par moitié entre les deux parties des frais et honoraires d'arbitrage n'est pas spécialement motivée, la justification de cette répartition peut résulter implicitement de l'ensemble de la sentence. • Paris, 17 janv. 2002 : *Gaz. Pal. 2002. Somm. 764.*

4. Ordre public. L'obligation de motiver est d'ordre public. • Paris, 20 avr. 1972 : *Rev. arb. 1973. 85* • 15 déc. 1972 : *Rev. arb. 1973. 98.* ♦ ... Y compris pour l'amiable compositeur. • Com. 29 mai 1972 : *Bull. civ. IV, n° 160 ; Rev. arb. 1973. 20, note Loquin* • Civ. 2e, 22 nov. 1972 : *Bull. civ. II, n° 285 ; Rev. arb. 1979. 468* • Paris, 26 janv. 1986 : *Rev. arb. 1988. 307, note Jarrosson.*

5. Arbitrage CCI. La décision de récusation rendue par la cour d'arbitrage de la chambre de commerce internationale, laquelle avait seulement été chargée d'organiser l'arbitrage et ne remplissait pas une fonction juridictionnelle, ne peut être qualifiée de sentence arbitrale ; dès lors, le règlement intérieur de la cour d'arbitrage, auquel les parties étaient convenues de se soumettre, qui dispose que les motifs de la décision rendue sur la demande de récusation d'un arbitre ne sont pas communiqués, ne viole pas l'art. 1471 anc. (auj. 1482). • Civ. 2e, 7 oct. 1987 : *Bull. civ. II, n° 184 ; Rev. arb. 1988. 649, note Mezger.*

2° DISPOSITIF

6. Obligation (non). L'art. 1471 anc. (auj. 1482), à la différence de l'art. 455, relatif aux jugements, n'exige pas que la sentence arbitrale énonce la décision sous forme de dispositif. • Civ. 2e, 25 mars 1999, n° 97-15.679 P : *D. 1999. IR 113.*

3° SANCTIONS

7. Violation de l'al. 1er. L'obligation d'exposer les prétentions et moyens respectifs des parties, non visée par l'art. 1480 anc. (auj. art. 1483), n'est pas sanctionnée par la nullité de la sentence. • Paris, 25 mars 1982 : *Rev. arb. 1982. 467, note Courteault.*

8. Violation de l'al. 2. La méconnaissance des prescriptions de l'art. 1471, al. 2, anc. (auj. 1482, al. 2), relatives à la motivation de la décision, est sanctionnée par la nullité de la sentence. • Paris, 17 janv. 2002 : *Gaz. Pal. 2002. Somm. 764.*

Art. 1483 **Les dispositions de l'article 1480, celles de l'article 1481 relatives au nom des arbitres et à la date de la sentence et celles de l'article 1482 concernant la motivation de la sentence sont prescrites à peine de nullité de celle-ci.**

Toutefois, l'omission ou l'inexactitude d'une mention destinée à établir la régularité de la sentence ne peut entraîner la nullité de celle-ci s'il est établi, par les pièces de la procédure ou par tout autre moyen, que les prescriptions légales ont été, en fait, observées.

1. Signature de la sentence. En matière d'arbitrage interne, hors le cas de refus de signer de l'un des arbitres, mentionné par les autres, la sentence qui n'est pas signée par tous les arbitres doit être annulée, même en l'absence de grief. • Civ. 1re, 3 oct. 2006, n° 05-12.959 P : *D. 2006. Pan. 3033, obs. Clay.*

2. Date. L'indication de la date à laquelle une sentence arbitrale a été rendue étant prescrite à peine de nullité, l'observation de cette prescription légale doit résulter de la sentence elle-même ; l'omission de l'indication de sa date ne peut être réparée ou suppléée par des documents extrinsèques. • Civ. 2e, 9 nov. 2000. ♦ Une sentence arbitrale ayant le caractère d'une décision juridictionnelle, la nullité résultant du défaut d'indication de sa date n'est pas soumise aux dispositions applicables à la nullité des actes de procédure. • Civ. 2e, 9 nov. 2000 (2 arrêts).

3. Prétentions et moyens. L'obligation d'exposer les prétentions et moyens respectifs des parties, non visée par l'art. 1480 anc. (auj. art. 1483), n'est pas sanctionnée par la nullité de la sentence. • Paris, 25 mars 1982 : *Rev. arb. 1982. 467, note Courteault.*

4. Motivation. La méconnaissance des prescriptions de l'art. 1471, al. 2, anc. (auj. 1482, al. 2), relatives à la motivation de la décision, est sanctionnée par la nullité de la sentence. • Paris, 17 janv. 2002 : *Gaz. Pal. 2002. Somm. 764.*

Art. 1484 **La sentence arbitrale a, dès qu'elle est rendue, l'autorité de la chose jugée relativement à la contestation qu'elle tranche.**

Elle peut être assortie de l'exécution provisoire.

Elle est notifiée par voie de signification à moins que les parties en conviennent autrement.

Le troisième alinéa de l'art. 1484 tient compte de la spécificité de la matière arbitrale en permettant aux parties de déroger, de manière conventionnelle, au principe selon lequel la notification de la sentence est faite par voie de signification (Rapport au Premier ministre relatif au Décr. n° 2011-48 du 13 janv. 2011, JO 14 janv.).

BIBL. ▶ Bollee, *Rev. arb. 2015. 695* (les effets des sentences arbitrales à l'égard des tiers). – Boulbes, *JCP 1961. I. 1660* (sentence arbitrale, autorité de chose jugée et ordonnance d'*exequatur*). – Calle, *Rev. arb. 2016* (l'autorité de la chose jugée et les tiers). – Jarrosson, *Procédures 2007. Étude 17* (l'autorité de la chose jugée des sentences arbitrales). – Loquin, *Rev. arb. 2010. 201* (de l'obligation de concentrer les moyens à celle de concentrer les demandes dans l'arbitrage).

Plan des annotations

A. AUTORITÉ DE LA CHOSE JUGÉE

1° DOMAINE DE L'AUTORITÉ DE LA CHOSE JUGÉE

a. Quant aux personnes

1. La sentence arbitrale, qui a autorité relative de la chose jugée entre les parties, n'en est pas moins opposable aux tiers. • Com. 7 janv. 2004, no 02-11.014 P • 23 janv. 2007 : *D. 2008. Pan. 185, obs. Clay ; JCP 2007. I. 168, no 9, obs. Béguin ; RTD civ. 2007. 383, obs. Perrot*.

b. Quant aux décisions

2. L'autorité de chose jugée ne s'attache qu'à ce qui a été définitivement jugé. • Paris, 20 nov. 1981 : *Gaz. Pal. 1982. 1. Somm. 6.* ♦ ... Et elle suppose que ce qui a été jugé l'a été sans réserves, ni conditions. • Paris, 25 juin 1982 : *Rev. arb. 1983. 344, obs. Bernard.*

3. Sentences provisoires. L'autorité de chose jugée ne s'attache pas aux sentences provisoires. • Com. 9 janv. 1978 : *Rev. arb. 1979. 478, note Fouchard* (2 esp.).

4. Honoraires. La décision par laquelle les arbitres fixent leurs honoraires n'a pas autorité de chose jugée, ni même une quelconque valeur juridique. • Civ. 2e, 28 oct. 1987 : *Bull. civ. II, no 211 ; Rev. arb. 1988. 149, note Jarrosson.*

5. Localisation. L'art. 1476 anc. (auj. 1484), à la différence de l'art. 480, relatif aux jugements, ne prévoit pas que l'autorité de la chose jugée attachée à la sentence arbitrale implique que la contestation ait été tranchée dans son dispositif. • Civ. 2e, 25 mars 1999 : *Bull. civ. II, no 57 ; D. 1999. IR 113*.

2° CONDITIONS DE L'AUTORITÉ DE LA CHOSE JUGÉE

6. Concentration des moyens. Il incombe au demandeur de présenter dans la même instance toutes les demandes fondées sur la même cause ; il ne peut invoquer dans une instance postérieure un fondement juridique qu'il s'était abstenu de soulever en temps utile. En déclarant la demande de dommages-intérêts recevable, la cour d'appel a violé l'autorité de la chose jugée. • Civ. 1re, 28 mai 2008, no 07-13.266 P : *D. 2008. AJ 1629, note Delpech ; JCP 2008. Actu. 411, obs. Béguin ; ibid. I. 164, no 3 et rect. ; JCP 2008, no 30, p. 2 ; ibid. II. 10157, note Chabot ; ibid. 10170, note Bolard ; RTD civ. 2008. 550, note Perrot ; Dr. et pr. 2008 ; Droit du recouvrement 20, no 4, obs. Putman ; Gaz. Pal. 20-21 févr. 2009, p. 53, note Train ; Rev. arb. 2008. 461, note Weiller ; LPA 3 oct. 2008, p. 8, note Maire du Poset ; RDC 2008. 1143, obs. Deshayes* (cassation au visa des art. 1351 et 1476 C. pr. civ.). ♦ V., sur le même thème, note ss. art. 480.

7. Ayant relevé, d'une part, que prétendant ne pas avoir obtenu du tribunal arbitral, statuant en amiable compositeur sur l'indemnisation, l'intégralité des sommes réclamées à titre de dommages-intérêts, une société demandait devant les juridictions étatiques le complément de l'indemnisation qui ne lui avait pas été alloué et, d'autre part, que cette société avait, devant le tribunal arbitral, mis en cause la responsabilité d'une autre société pour avoir facilité ou organisé la rupture anticipée du contrat de franchise, ce qui correspondait aux faits de tierce complicité sur lesquels était fondée l'action dont elle était saisie, une cour d'appel en a exactement déduit une identité d'objet entre les demandes, dont la seule différence de fondement juridique, fût-elle avérée, est insuffisante à écarter la fin de non-recevoir tirée de l'autorité de la chose jugée attachée à la sentence arbitrale en cause dès lors qu'il incombe au demandeur de présenter dès l'instance relative à la première demande l'ensemble des moyens qu'il estime de nature à fonder celle-ci. • Civ. 1re, 12 avr. 2012, no 11-14.123 P.

3° EFFETS DE L'AUTORITÉ DE LA CHOSE JUGÉE

8. Effet négatif. Il résulte de l'art. 1476 anc. (auj. 1484), et en application de l'art. 122, qu'une des parties est irrecevable pour défaut de droit d'agir à solliciter d'une juridiction étatique qu'elle se prononce sur le même litige en arguant du fait que la sentence a été produite comme un simple élément de preuve du bien-fondé de sa demande. • Reims, 10 janv. 2001 : *Gaz. Pal. 2002. Somm. 759.*

B. EXÉCUTION PROVISOIRE

9. Caractère supplétif. Les règles sur l'exécution provisoire des jugements ne figurant pas parmi les principes directeurs du procès, elles sont, dans l'instance arbitrale, supplétives de la volonté des parties. • Civ. 2e, 11 juill. 2002, n° 00-21.823 P : *D. 2002. IR 2846 ; Dr. et patr. 3/2003. 100, obs. Mestre ; Rev. arb. 2004. 283, note Bandrac.*

C. OPPOSABILITÉ AUX TIERS

10. Principe. La sentence arbitrale, qui a autorité relative de la chose jugée entre les parties, n'en est pas moins opposable aux tiers. • Com. 7 janv. 2004, n° 02-11.014 P • 23 janv. 2007 : *D. 2008. Pan. 185, obs. Clay ; JCP 2007. I. 168, n° 9, obs. Béguin ; RTD civ. 2007. 383, obs. Perrot.* ♦ Une sentence arbitrale n'est opposable aux tiers qu'eu égard au litige qu'elle tranche. • Com. 2 févr. 2016.

11. Amiable composition. Une sentence arbitrale est opposable aux tiers, même lorsque les arbitres ont statué en équité, en tant qu'amiables compositeurs. • Com. 2 déc. 2008 : *JCP 2009. I. 148, obs. Béguin.*

Art. 1485 **La sentence dessaisit le tribunal arbitral de la contestation qu'elle tranche.**

Toutefois, à la demande d'une partie, le tribunal arbitral peut interpréter la sentence, réparer les erreurs et omissions matérielles qui l'affectent ou la compléter lorsqu'il a omis de statuer sur un chef de demande. Il statue après avoir entendu les parties ou celles-ci appelées.

Si le tribunal arbitral ne peut être à nouveau réuni et si les parties ne peuvent s'accorder pour le reconstituer, ce pouvoir appartient à la juridiction qui eût été compétente à défaut d'arbitrage.

La limitation du temps donné aux parties pour formuler des demandes en matière de rectification d'erreur matérielle ou de requête en omission de statuer comme celle du délai imparti au tribunal arbitral pour rendre sa décision sur ces demandes constituent une nouveauté destinée à renforcer la sécurité juridique et l'autorité conférée à la sentence arbitrale (Rapport au Premier ministre relatif au Décr. n° 2011-48 du 13 janv. 2011, JO 14 janv.).

BIBL. ▸ PERROT, *Rev. arb. 1967. 7* (interprétation des sentences arbitrales).

1° PRINCIPE

1. Dessaisissement. L'arbitre n'est dessaisi que des questions sur lesquelles il a définitivement statué. • Paris, 30 mars 1962 : *JCP 1962. II. 12843, note Level ; Rev. arb. 1962. 62* • Aix-en-Provence, 28 sept. 1980 : *Rev. arb. 1984. 388, obs. Bernard.*

2° LIMITES

a. Interprétation

2. L'art. 1475, al. 2, anc. (auj. 1485) donne pouvoir à l'arbitre d'interpréter sa sentence, de sorte que le tribunal arbitral était compétent pour dire si la condamnation prononcée avait un caractère indemnitaire et en tirer les conséquences (application de l'art. 1153-1 C. civ. et fixation, en équité, du point de départ des intérêts à la date de l'ordonnance d'*exequatur*). • Civ. 1re, 9 janv. 2007, n° 04-10.719 P : *D. 2007. AJ 450.*

3. La demande d'interprétation soumise au tribunal arbitral en vertu de l'art. 1475 anc. (auj. 1485) ne constituant pas une instance nouvelle, un tribunal arbitral statue justement en amiable composition comme la clause d'arbitrage le lui commandait. • Paris, 6 nov. 2003 : *Rev. arb. 2004. 631, note Bensaude.*

4. Les juges ou les arbitres, saisis d'une contestation relative à l'interprétation d'une précédente décision, ne peuvent, sous prétexte d'en déterminer le sens, apporter une modification quelconque aux dispositions précises de celle-ci, fussent-elles erronées. • Civ. 1re, 8 juill. 2009.

b. Rectification d'erreurs et omissions matérielles

5. Principe. Les arbitres ont pouvoir de rectifier une erreur purement matérielle, telle une erreur de calcul. • Civ. 2e, 4 janv. 1978 : *Bull. civ. II, n° 3 ; Rev. arb. 1978. 466, note Moreau.* ♦ Seuls les arbitres, dès lors qu'ils peuvent être à nouveau réunis, sont compétents pour réparer les erreurs qui affectent leur sentence (énonciations relatives aux modalités de composition de la commission d'arbitrage du second degré). • Paris, 18 oct. 2001 : *D. 2001. IR 3327 ; Gaz. Pal. 2002. Somm. 759.*

6. Application. Une erreur de date ne peut être assimilée à une absence de date et peut donner lieu à une rectification d'erreur matérielle. • Civ. 2e, 30 sept. 1999 : *Rev. arb. 2000. 267, note Betto.* ♦ De même, la contradiction entre deux dates ne constitue qu'une simple erreur matérielle (dans une espèce où la date à laquelle la sentence a été rendue résultait des mentions contenues dans le corps de la décision). • Paris, 12 sept. 2002 : *Rev. arb. 2003. 173, note Boursier.*

7. Limite. La rectification ne doit pas modifier le sens du texte. • Civ. 2e, 16 juin 1976 : *D. 1978. 310, note Robert ; Rev. arb. 1977. 269, note Mezger ; RTD civ. 1976. 832, obs. Perrot*, cassant • Paris, 12 juill. 1974 : *Rev. arb. 1975. 196.*

c. Infra petita, extra petita et ultra petita

8. Infra petita. L'omission par l'arbitre de statuer sur un chef de demande peut être réparée par l'arbitre et ne constitue pas un cas d'ouverture du recours en annulation. • Civ. 2e, 7 janv. 1999, n° 97-10.292 P : *Procédures 1999, n° 58, note Perrot ; Rev. arb. 1999. 272, note Foussard.* ♦ Une erreur matérielle susceptible d'être rectifiée ne peut pas entacher la décision qui la contient d'une contradiction entraînant la nullité de cette décision. • Civ. 2e, 4 janv. 1978 : *Bull. civ., n° 3 ; Gaz. Pal. 1978. 1. Somm. 75 ; Rev. arb. 1978. 666, note Moreau.*

9. Extra petita et ultra petita. Il résulte de l'art. 1475 anc. (auj. 1485) que si l'arbitre a le pouvoir de réparer les erreurs et omissions matérielles qui affectent la sentence, conformément aux art. 462 et 463, il n'a pas celui de la rectifier s'il s'est prononcé sur des choses non demandées ou s'il a accordé plus qu'il n'était demandé ; cassation de l'arrêt qui, pour déclarer irrecevable le recours en annulation fondé sur l'art. 1484, 3° anc. (auj. 1492-3°), énonce que le grief fait à la sentence est exclusivement celui d'avoir statué *ultra petita* et qu'un tel vice ne peut, le cas échéant, être réparé que par l'arbitre lui-même, conformément à l'art. 464. • Civ. 2e, 14 juin 1984 : *Bull. civ. II, n° 107 ; D. 1985. IR 263, obs. Julien ; Gaz. Pal. 1984. 2. Pan. 323 ; Rev. arb. 1985. 427, note Moreau.*

Art. 1486 **Les demandes formées en application du deuxième alinéa de l'article 1485 sont présentées dans un délai de trois mois à compter de la notification de la sentence.**

Sauf convention contraire, la sentence rectificative ou complétée est rendue dans un délai de trois mois à compter de la saisine du tribunal arbitral. Ce délai peut être prorogé conformément au second alinéa de l'article 1463.

La sentence rectificative ou complétée est notifiée dans les mêmes formes que la sentence initiale.

La limitation du temps donné aux parties pour formuler des demandes en matière de rectification d'erreur matérielle ou de requête en omission de statuer comme celle du délai imparti au tribunal arbitral pour rendre sa décision sur ces demandes constituent une nouveauté destinée à renforcer la sécurité juridique et l'autorité conférée à la sentence arbitrale (Rapport au Premier ministre relatif au Décr. n° 2011-48 du 13 janv. 2011, JO 14 janv.).

Les dispositions de l'art. 1486 s'appliquent lorsque le tribunal a été constitué postérieurement au 1er mai 2011 (Décr. n° 2011-48 du 13 janv. 2011, art. 3-2°).

CHAPITRE V L'EXEQUATUR

L'exécution des sentences arbitrales rendues pour les litiges survenant à l'occasion de l'application d'accords interprofessionnels agricoles et les recours portés contre ces sentences relèvent de la compétence des juridictions de l'ordre judiciaire, V. C. rur., art. L. 632-1-3. — ***C. rur.***

BIBL. ▶ Beguin et Ortscheidt, *JCP 2010. 36* (comment exécuter une sentence arbitrale). – Bertin, *Rev. arb. 1983. 281* (rôle du juge dans l'exécution de la sentence). – Boulbes, *JCP 1964. I. 1822* (suggestions pour une réforme). – Faget et Moreau, *Rev. huiss. 1997. 281* (exécution des sentences arbitrales). – Fanet, *Bull. ch. avoués 1985. 1* (exécution des sentences). – el Hakim, *Mél. Weill, 1983, p. 227* (juge de l'*exequatur*). – Mignard et Huet, *Gaz. Pal. 6-7 sept. 2013, p. 10* (*exequatur* des sentences arbitrales : pour une procédure contradictoire). – Moreau, *Cah. dr. entr. 1999, n° 3, p. 29.* – Moussa, *Gaz. Pal. 1992. 2. Doctr. 275* (exequatur). – Paulsson, *Rev. arb. 1998. 637* (exécution des sentences arbitrales). – Peyre, *Rev. arb. 1985. 231.* – Rivier, *Dr. et pr. 2005. Chron. 198.* – Talon, *Gaz. Pal. 10-13 nov. 2004, p. 12* (reconnaissance et exécution des sentences). – Thery, *Rev. arb. 1993. 159* (Décr. du 31 juill. 1992). – Thieffry, *Rev. arb. 1983. 423* (exécution des sentences).

Art. 1487 **La sentence arbitrale n'est susceptible d'exécution forcée qu'en vertu d'une ordonnance d'*exequatur* émanant du** *(Décr. n° 2019-966 du 18 sept. 2019, art. 8, en vigueur le 1er janv. 2020)* **« tribunal judiciaire** *[ancienne rédaction : tribunal de grande instance]* **» dans le ressort duquel cette sentence a été rendue.**

La procédure relative à la demande d'*exequatur* n'est pas contradictoire.

La requête est déposée par la partie la plus diligente au greffe de la juridiction accompagnée de l'original de la sentence et d'un exemplaire de la convention d'arbitrage ou de leurs copies réunissant les conditions requises pour leur authenticité. — *V. déjà, en matière d'arbitrage international, ancien art. 1499.*

L'*exequatur* est apposé sur l'original ou, si celui-ci n'est pas produit, sur la copie de la sentence arbitrale répondant aux conditions prévues à l'alinéa précédent.

BIBL. ▶ Bertin, *Rev. arb. 1983. 281* (rôle du juge dans l'exécution de la sentence). – Boulbes, *JCP 1964. I. 1822* (suggestions pour une réforme). – Faget et Moreau, *Rev. huiss. 1997. 281* (exécution des sentences arbitrales). – Fanet, *Bull. ch. avoués 1985. 1* (exécution des sentences). – el Hakim, *Mél. Weill, 1983, p. 227* (juge de l'*exequatur*). – Moreau, *Cah. dr. entr. 1999, n° 3, p. 29*. – Peyre, *Rev. arb. 1985. 231*. – Rivier, *Dr. et pr. 2005. Chron. 198*. – Talon, *Gaz. Pal. 10-13 nov. 2004, p. 12* (reconnaissance et exécution des sentences). – Thery, *Rev. arb. 1993. 159* (Décr. du 31 juill. 1992). – Thieffry, *Rev. arb. 1983. 423* (exécution des sentences).

a. Parties à l'instance

1. *Demandeur.* L'*exequatur* peut être demandé par la partie succombante si elle y a intérêt. • Paris, 5 déc. 1963 : *D. 1964. 582, note Robert ; JCP 1964. II. 13481, note Nepveu.*

b. Décision du juge

2. *Exequatur accordé.* Viole les art. 1487, al. 1er, et 1498, al. 2, C. pr. civ. anciens, la cour d'appel qui, après avoir conféré l'*exequatur* à la sentence arbitrale, condamne une partie à régler à l'autre la somme que lui avait allouée l'arbitre, en l'assortissant des intérêts au taux contractuel, à compter de la date de la sentence, alors que la cour d'appel ne peut modifier la décision rendue par l'arbitre en y ajoutant. • Civ. 1re, 11 sept. 2013 : *JCP 2013. 982, obs. B. Le Bars ; ibid. 1098, note Mouralis.* ♦ L'ordonnance d'*exequatur* ne modifie en rien une sentence arbitrale internationale qui rentre dans l'ordre juridique français telle qu'elle a été rendue. • TGI Nanterre, JEX, 11 mars 2002 : *Rev. arb. 2004. 103, note Libchaber.* ♦ La livre égyptienne ayant été choisie par les parties comme monnaie de paiement, et le tribunal arbitral ayant refusé la conversion en une autre devise, la décision, qui a autorité de chose jugée, s'impose aux parties. • Même ordonnance.

3. *Exequatur partiel.* Selon une décision de la Cour de Paris, le juge de l'*exequatur* pourrait accorder un *exequatur* partiel. • Paris, 5 mars 1982 : *Rev. arb. 1982. 589, note Bernard.*

4. *Intérêts moratoires.* Les dispositions de l'art. 1153-1 C. civ. s'appliquent à une sentence arbitrale. • Civ. 1re, 9 janv. 2007, n° 04-10.719 P : *D. 2007. AJ 450 ; JCP 2007. I. 168, n° 10, obs. Ortscheidt.*

5. *Décision de rétrocession d'honoraires du bâtonnier. Nécessité de la formule exécutoire.* V. note 6 ss. art. 502.

6. *Mesures conservatoires.* Une autorisation préalable du juge n'est pas nécessaire pour pratiquer une mesure conservatoire, lorsque le créancier se prévaut d'une décision de justice qui n'a pas encore force exécutoire ; cassation, pour violation de l'art. 68 de la L. n° 91-650 du 9 juill. 1991 [devenu C. pr. exéc., art. L. 511-2], de l'arrêt qui, pour annuler des saisies conservatoires de créances, retient qu'une sentence arbitrale n'est pas une décision de justice. • Civ. 2e, 12 oct. 2006, n° 04-19.062 P : *D. 2006. IR 2627 ; ibid. Pan. 3034, obs. Clay ; D. 2007. Chron. 897, obs. V. Vigneau ; JCP 2007. I. 139, n° 22, obs. Clay ; Dr. et pr. 2007. 82, obs. Cuniberti ; RTD civ. 2007. 183, obs. Perrot ; Dr. et patr. 11/2007, p. 86, obs. Lefort ; RDBF 2007, n° 118, obs. Piedelièvre.* ♦ V. aussi note ss. art. L. 511-2 C. pr. exéc.

Art. 1488 **L'*exequatur* ne peut être accordé si la sentence est manifestement contraire à l'ordre public.**

L'ordonnance qui refuse l'*exequatur* est motivée.

1. *Renvoi.* Sur l'ordre public, V. note ss. art. 1492.

2. *Exequatur refusé.* Le rôle du juge de l'*exequatur* est strictement limité ; il n'a pas à vérifier si la sentence a été ou non exécutée ; il ne peut refuser l'*exequatur* que si la prétendue sentence n'en constitue pas une, si elle n'a pas le caractère contentieux ou si ses dispositions sont contraires à l'ordre public. • Civ. 2e, 17 juin 1971 : *Bull. civ. II, n° 222 ; D. 1971. Somm. 177 ; JCP 1971. II. 16914, note Level ; Gaz. Pal. 1971. 2. 528 ; Rev. arb. 1972. 10, note B. M.*

CHAPITRE VI LES VOIES DE RECOURS

RÉP. PR. CIV. v° *Arbitrage en droit interne*, par Moreau.

BIBL. GÉN. ▶ Dossier, *Rev. arb. 2018. 3* (réflexions sur les voies de recours en droit de l'arbitrage – Contributions au colloque du Comité français de l'arbitrage, Paris, 17 nov. 2017). – Beguin et Ortscheidt, *JCP 2010. 271* (comment limiter les voies de recours postérieures à la sentence dans l'arbitrage ?). – Boulbes, *JCP 1962. I. 1160* (violation de l'ordre public). – Bredin, *JDI 1962. 639* (abus des voies de recours). – Clay, *Mél. S. Guinchard, Dalloz 2010, p. 651* (le fabuleux régime du recours en révision contre les sentences arbitrales). – Crepin, *Rev. arb. 1991. 535* (contrôle des sentences par la Cour de Paris). – Dai Do, *Rev. arb. 2018. 337* (plaidoyer pour le renvoi de la sentence à l'arbitre, alternative au recours en annulation dans les pays de *civil* *law*). – Fanet, *Rev. arb. 1985. 1* (exécution des sentences et voies de recours). – Fouchard, *Mél. Bellet, Litec, 1981, p. 172* (arbitrage judiciaire) ; *Rev. arb. 2002. 579* (recours pour excès de pouvoir). – Foussard, *Rev. arb. 2002. 579 ; ibid. 2004. 803* (le recours pour excès de pouvoir en matière d'arbitrage). – Jarrosson, *BICC hors série, 2003, nº 2, p. 21* (contrôle de la sentence). – Jarvin, *Rev. arb. 1998. 611* (décisions de procédures des arbitres et recours juridictionnel). – Lecuyer, *Rev. arb. 2006. 573* (exercice abusif des voies de recours contre les sentences arbitrales : ire du juge judiciaire). – Loquin, *Rev. arb. 1992. 321* (perspectives pour une réforme des voies de recours). – Loussouarn, *Rev. arb. 1980. 671* (voies de recours). – Pellerin, *Rev. arb. 1993. 199* (instance au fond après annulation). – Perrot, *Rev. arb. 1980. 268* (voies de recours) ; *Rev. arb. 1987. 107* (mission de l'arbitre et voie de recours). – Pinna, *Rev. arb. 2008. 615* (l'annulation d'une sentence arbitrale partielle). – Rivier, *RG proc. 1998. 537* (violation du principe de la contradiction). – Robert, *Rev. arb. 1982. 405* (dénaturation par l'arbitre). – Scapez, *D. Affaires 1999. 1431*. – Viatte, *Gaz. Pal. 1974. 2. Doctr. 979* (dénaturation et nullité de la sentence).

SECTION PREMIÈRE L'APPEL

Art. 1489 **La sentence n'est pas susceptible d'appel sauf volonté contraire des parties.**

L'art. 1489 inverse le principe selon lequel l'appel à l'encontre de la sentence arbitrale est de droit et le recours en annulation l'exception (ancien art. 1482) (Rapport au Premier ministre relatif au Décr. nº 2011-48 du 13 janv. 2011, JO 14 janv.).

Les dispositions de l'art. 1489 s'appliquent lorsque la convention d'arbitrage a été conclue après le 1er mai 2011 (Décr. nº 2011-48 du 13 janv. 2011, art. 3-1º).

Art. 1490 **L'appel tend à la réformation ou à l'annulation de la sentence.**

La cour statue en droit ou en amiable composition dans les limites de la mission du tribunal arbitral.

1. Effet dévolutif. Dès lors que l'appelant a conclu au fond, la cour d'appel, qui se trouve saisie de l'entier litige par l'effet dévolutif de l'appel formé contre la sentence, doit statuer au fond, quelle que soit sa décision sur la demande d'annulation de la sentence. • Civ. 2e, 20 mars 2003, nº 01-12.398 P : *D. 2003. IR 943 ; RTD com. 2003. 699, obs. Loquin ; LPA 2 déc. 2003, p. 11, note Chabot ; Rev. arb. 2003. 1248, note Ortscheidt* • Civ. 1re, 28 nov. 2007, nº 06-14.306 P. ♦ *Adde :* Mikalef-Toudic, Le NCPC (1975-2005), *Economica 2006, p. 233.*

2. Respect des limites du compromis. Lorsqu'elle est saisie de l'appel d'une sentence, la cour ne peut statuer que dans les limites du compromis, lequel détermine l'objet du litige. • Civ. 2e, 23 févr. 1994, nº 93-16.886 P : *RTD com. 1994. 481, obs. Loquin ; Rev. arb. 1994. 715, note Hory* • Civ. 1re, 27 janv. 1998, nº 95-20.905 P • Civ. 1re, 18 mai 2005, nº 03-12.047 P : *D. 2005. IR 1447*.

3. Respect de la mission d'amiable composition. Une cour d'appel, statuant en amiable composition sur l'appel dirigé contre la sentence rendue par un arbitre amiable compositeur, n'est pas fondée à rejeter la demande présentée par un demandeur de mettre en œuvre une garantie de passif au seul motif de pur droit qu'il n'a pas respecté l'obligation de concertation prévue dans la convention de garantie de passif, sans faire aucune référence à l'équité ou à la mission d'amiable compositeur qui lui avait été conférée en sa qualité de juge d'appel de la sentence. • Civ. 1re, 17 déc. 2008, nº 07-19.915 P : *D. 2009. AJ 173, note Delpech ; JCP 2009. Actu. 30, obs. Béguin ; ibid. II. 10013, note Béguin ; JCP E 2009. 1233, note Chabot ; LPA 16 mars 2009, p. 13, note Coutelier ; Rev. jur. com. 2009. 58, note B. Moreau.* ♦ L'annulation partielle d'une sentence n'est pas de nature à faire obstacle à la recherche de la solution la plus juste pour régler la difficulté subsistant, dans le cadre des pouvoirs d'amiable compositeur conférés à l'arbitre. • Civ. 2e, 28 févr. 1990, nº 88-16.831 P : *Rev. arb. 1991. 655, note Pellerin.*

4. Volonté contraire des parties. Lorsque la juridiction saisie d'un recours en annulation annule la sentence arbitrale, elle statue sur le fond dans les limites de la mission de l'arbitre, sauf volonté contraire de toutes les parties. • Civ. 2e, 8 juill. 2004, nº 02-30.800 P.

SECTION II LE RECOURS EN ANNULATION

Art. 1491 **La sentence peut toujours faire l'objet d'un recours en annulation à moins que la voie de l'appel soit ouverte conformément à l'accord des parties.**

Toute stipulation contraire est réputée non écrite.

1. Requalification. Il n'appartient pas au juge d'appel de substituer d'office à la voie de l'appel, tendant à la réformation de la sentence, celle du recours en annulation. Le refus de requalification par le juge d'appel de la voie de recours ne constitue pas une atteinte disproportionnée au droit d'accès au juge. • Civ. 1re, 11 mai 2016, n° 14-29.767 P : *D. actu. 26 mai 2016, obs. Delpech.*

2. Annulation d'une sentence partielle. Portée. Un arrêt définitif ayant jugé que le tribunal arbitral a statué en l'absence de toute convention d'arbitrage, l'annulation de la sentence partielle entraîne par voie de conséquence celle de la sentence finale rendue par l'arbitre statuant sans convention d'arbitrage. Il convient donc d'annuler la sentence finale, sans qu'il soit nécessaire d'examiner le moyen tiré du prétendu non-respect des dispositions de l'art. 75 NCPC [devenu C. pr. civ.]. • Paris, 21 nov. 2002 : *Rev. arb. 2002. 701.* ♦ Un précédent arrêt de la cour constatant la composition irrégulière du tribunal arbitral ayant annulé la sentence partielle qui avait décidé que la constitution du tribunal arbitral était régulière et que les arbitres continueraient leur mission, il s'ensuit que la sentence arbitrale définitive rendue par le même tribunal arbitral irrégulièrement composé mérite annulation. • Paris, 22 mars 2007 : *Rev. arb. 2008. 704.*

Art. 1492 **Le recours en annulation n'est ouvert que si :**

1° Le tribunal arbitral s'est déclaré à tort compétent ou incompétent ou

2° Le tribunal arbitral a été irrégulièrement constitué ou

3° Le tribunal arbitral a statué sans se conformer à la mission qui lui avait été confiée ou

4° Le principe de la contradiction n'a pas été respecté ou

5° La sentence est contraire à l'ordre public ou

6° La sentence n'est pas motivée ou n'indique pas la date à laquelle elle a été rendue ou le nom du ou des arbitres qui l'ont rendue ou ne comporte pas la ou les signatures requises ou n'a pas été rendue à la majorité des voix.

L'art. 1492 apporte de légères modifications rédactionnelles à la rédaction de l'ancien art. 1484, sans pour autant en changer la substance (Rapport au Premier ministre relatif au Décr. n° 2011-48 du 13 janv. 2011, JO 14 janv.).

BIBL. ► BOULBES, *JCP 1962. I. 1160* (violation de l'ordre public). – JARROSSON, *BICC hors série, 2003, n° 2, p. 21* (contrôle de la sentence). – RIVIER, *RG proc. 1998. 537* (violation du principe de la contradiction). – ROBERT, *Rev. arb. 1982. 405* (dénaturation par l'arbitre). – VIATTE, *Gaz. Pal. 1974. 2. Doctr. 979* (dénaturation et nullité de la sentence).

PLAN DES ANNOTATIONS

I. DÉCISIONS SUSCEPTIBLES DE RECOURS

A. SENTENCES ARBITRALES

1. V. égal. note ss. art. 1481.

2. Sentence définitive. Seules peuvent faire l'objet d'un recours en annulation les sentences arbitrales, c'est-à-dire les décisions des arbitres qui tranchent de manière définitive, en tout ou en partie, le litige qui leur a été soumis, que ce soit sur le fond, sur la compétence ou sur un moyen de procédure qui les conduit à mettre fin à l'instance. • Paris, 26 oct. 2000 : *JCP 2000. II. 10445, note Kaplan et Cuniberti ; Rev. arb. 2001. 200, obs. Pinsolle.* ♦ La décision motivée par laquelle les arbitres ont, après examen des thèses contradictoires des parties et appréciation minutieuse de leur bien-fondé, tranché de manière définitive la contestation qui opposait les parties quant à la recevabilité du recours en révision intenté par une partie, en rejetant les prétentions de celle-ci et mis fin au litige qui s'était greffé sur l'instance qui leur était soumise, ressortit à l'évidence au pouvoir juridictionnel du tribunal arbitral. • Paris, 1er juill. 1999 : *Rev. arb. 1999. 834, note Jarrosson.*

3. Sentence avant dire droit. Ne peut faire l'objet d'un recours indépendamment de la sentence sur le fond la décision de l'arbitre qui, ayant ordonné une expertise et des mesures urgentes et provisoires sans trancher tout ou partie du principal, participe de l'instruction du litige et ne préjuge pas de son règlement. • Civ. 2e, 6 déc. 2001, n° 99-21.870 P : *Procédures 2002, n° 27, note Croze ; Dr. et patr. 2002. 112, obs. Mestre ; Rev. arb. 2002. 697, note J. Ortscheidt.* ♦ La décision par laquelle les arbitres se prononcent sur le montant des honoraires d'un expert constitue une sentence avant dire droit qui ne constitue pas une sentence. • Civ. 1re, 17 juin 2009, n° 08-11.697 P : *JCP 2009. 369, n° 17, obs. Clay ; ibid. 462, n° 3, obs. Ortscheidt.*

B. AUTRES ACTES

4. Arbitrage institutionnel. Le recours ne peut être exercé que contre une sentence arbitrale et non pas contre un acte ou une décision d'une autre nature ; ainsi le recours n'est-il pas recevable contre la décision d'une institution permanente d'arbitrage par laquelle celle-ci rejette une demande de récusation d'un arbitre. • Paris, 15 janv. 1985 : *Rev. arb. 1986. 87, note Mezger* et, sur pourvoi : • Civ. 2e, 7 oct. 1987 : *Bull. civ. II, n° 184 ; Rev. arb. 1988. 649, note Mezger.*

5. Notes du président du tribunal arbitral. Est irrecevable le recours en annulation formé contre une note, adressée aux parties par le seul président du tribunal arbitral, qui se limite à soumettre à la sagacité des litigants un certain nombre de constatations exprimées de façon prudente, à solliciter de nouvelles communications de pièces, à envisager la nécessité d'une prolongation du délai d'arbitrage et à réclamer de nouvelles provisions. • Paris, 26 oct. 2000 : *préc.*

II. OBJET DU RECOURS

6. Exclusion du contrôle au fond. Le contrôle des sentences arbitrales par le juge de l'annulation ne peut en aucun cas porter sur le fond. • Civ. 1re, 14 nov. 2006, n° 05-12.395 P. ♦ L'annulation d'une sentence arbitrale n'est encourue sur le fondement de l'art. 1492-5° que lorsque la solution donnée au litige heurte l'ordre public, le juge de l'annulation n'ayant pas le pouvoir de contrôler le contenu de la motivation de la sentence, ni de procéder à sa révision au fond. • Civ. 1re, 30 juin 2015. ♦ Le contenu de la motivation échappe au contrôle de la cour d'appel. • Civ. 2e, 31 janv. 2002, n° 00-15.564 P : *D. 2002. IR 776* • Paris, 7 mai 2002 : *Gaz. Pal. 20-21 déc. 2002, p. 7.* ♦ Saisie d'un recours en annulation, une cour d'appel, après avoir exactement relevé que le tribunal arbitral n'avait fait que statuer, comme il lui était demandé, sur la *validité d'un pacte de préférence* et qu'elle était invitée à vérifier la pertinence du raisonnement juridique par lequel les arbitres s'étaient prononcés sur la question dont ils étaient saisis, peut retenir qu'il lui était demandé d'exercer un contrôle au fond de la sentence qui échappait au juge de l'annulation et rejeter le recours. • Civ. 1re, 3 oct. 2006, n° 05-14.099 P : *D. 2006. IR 2623*. ♦ V. déjà, antérieurement : le juge saisi du recours ne peut remettre en cause le fond de la sentence. • Civ. 2e, 19 avr. 1985 : *Bull. civ. II, n° 82 ; Rev. arb. 1986. 57, note Jarrosson.* ♦ En conséquence, la cour d'appel n'a pas à répondre à l'argumentation concernant le fond du litige. • Civ. 1re, 13 janv. 1998, n° 95-13.696 P • Civ. 2e, 28 avr. 1986 : *Bull. civ. II, n° 65 ; Rev. arb. 1989. 219, note Fouchard.* ♦ Le juge de l'annulation ne saurait apprécier le bien-fondé du raisonnement juridique de l'arbitre. • Paris, 19 mai 2003 : *D. 2003. IR 2486.*

7. Contradiction de motifs (non). Le grief tiré d'une contradiction de motifs de la sentence arbitrale constitue nécessairement une critique de la sentence au fond qui échappe au pouvoir du juge de l'annulation. • Civ. 2e, 6 déc. 2001, n° 00-14.484 P : *D. 2002. IR 133 ; Dr. et patr. 2 sept. 2002. 119, obs. Mestre.*

8. Infra petita (non). L'omission par l'arbitre de statuer sur un chef de demande peut être réparée par l'arbitre, et ne constitue pas un cas d'ouverture du recours en annulation. • Civ. 2e, 7 janv. 1999, n° 97-10.292 P : *Procédures 1999, n° 58, note Perrot ; Rev. arb. 1999. 272, note Foussard.* ♦ V. aussi art. 1485 et notes.

9. Dénaturation (non). La dénaturation par les arbitres des documents à eux soumis ne constitue pas un cas d'ouverture du recours en annulation. • Civ. 2e, 17 nov. 1976 : *Bull. civ. II, n° 306 ; D. 1977. 577, note Boré ; D. 1978. 310, note Robert ; Rev. arb. 1977. 281, note Robert* • 28 avr. 1980 : *Bull. civ. II, n° 88 ; Gaz. Pal. 1980. 2. 490.*

10. Défaut de réponse à conclusions (non). Le grief tiré du défaut de réponse à des chefs de conclusions n'entre dans aucun des cas d'ouverture du recours en annulation. • Civ. 2e, 31 janv. 2002, n° 00-15.564 P : *D. 2002. IR 776*.

11. Absence d'un arbitre (non). L'absence de l'un des arbitres à l'une des mesures d'instruction ne peut entraîner l'annulation de la sentence sur le fondement de l'art. 1484 (auj. 1492). • Civ. 2e, 16 nov. 1988 : *Gaz. Pal. 1989. 1. Pan. 2 ; Rev. arb. 1989. 490, note Rondeau-Rivier.*

12. Illustrations diverses. Le défaut d'intérêt à agir ne peut justifier un recours en annulation. • Paris, 8 juill. 1982 : *Rev. arb. 1983. 345, obs. Bernard.* ♦ L'erreur manifeste de droit ou de fait commise par des arbitres ne se rattache à aucun des cas d'annulation prévus par l'art. 1484 (auj. 1492). • Paris, 25 mai 1985 : *Rev. arb. 1989. 228.* ♦ ... De même que la critique qui porte sur le bien-fondé des motifs et non sur leur absence ou leur insuffisance échappe au recours en annulation. • Paris, 20 janv. 1989 : *D. 1989. IR 61.* ♦ La mission de la cour d'appel, saisie en vertu de l'art. 1484 (auj. 1492), est limitée à l'examen des vices prévus par ce texte où ne sont mentionnés ni la violation de l'art. 12 NCPC [devenu C. pr.

civ.], ni l'art. 1134 C. civ. • Paris, 21 mars 2002 : *Gaz. Pal. 2002. Somm. 763.* ♦ L'omission de la fixation de la date à laquelle l'affaire sera mise en délibéré, laquelle fixation ne constitue pas une formalité d'ordre public, n'ouvre pas le recours en annulation de la sentence. • Civ. 2e, 12 déc. 1990 : *Rev. arb. 1991. 317, note Théry.*

III. CAS DE RECOURS

13. Principe. L'énumération des cas de recevabilité du recours en annulation est limitative. • Com. 10 nov. 1947 : *D. 1948. 16* • Paris, 6 janv. 1989 : *Rev. arb. 1991. 121, obs. Pellerin.*

1° 1492-1°

14. Absence de convention d'arbitrage. La renonciation d'une partie à soulever une irrégularité devant s'apprécier au vu de son comportement au cours de la procédure d'arbitrage, se trouve légalement justifié au regard de l'art. 1484, 1° ancien (auj. 1492-1°), l'arrêt qui, après avoir constaté que l'acte de mission ne reproduit que partiellement la clause litigieuse, n'a jamais été signé par la société défenderesse qui a rapidement et à plusieurs reprises contesté la privation du recours aux tribunaux étatiques, a considéré que la clause figurant au contrat instituait une procédure de conciliation préalable, et jugé que les arbitres s'étaient attribués une mission d'arbitre sans l'accord des parties. • Civ. 1re, 11 juill. 2006, n° 03-20.802 P : *D. 2006. IR 2052, obs. Delpech.* ♦ Sur l'exclusion de toute possibilité d'arbitrage, bien qu'une clause évoque l'arbitrage, dès lors que cette même clause prévoit la compétence d'un tribunal étatique à défaut de conciliation, V. • Paris, 20 nov. 2003, *Optimal c/ Sagua : D. 2004. Somm. 3179, obs. Clay ; Les Échos, 25 févr. 2004, p. 10, obs. Belloc.* ♦ Sur l'annulation d'une sentence pour des motifs tirés de la validité du pacte social, pourtant expressément exclu de la clause relative à l'arbitrage, V. • Civ. 2e, 13 juill. 2005, n° 02-15.904 P. ♦ Pour une application de l'ancien art. 1484, al. 2, 1° (auj. 1492-1°), à une clause compromissoire insérée dans un protocole d'accord relatif à la dissolution d'une société civile professionnelle de médecins, V. • Civ. 2e, 21 juin 1995, n° 93-12.495 P : *D. 1995. IR 193.* ♦ ... Insérée dans le règlement intérieur d'une société coopérative, selon lequel la personnalité et l'activité d'une société associée, personne morale, se confondent avec la personnalité et l'activité de celui ou de ceux qui la contrôlent directement ou indirectement et la dirigent, et jugeant que le dirigeant concerné avait nécessairement adhéré à titre personnel à ce règlement et accepté d'être lié par les clauses le concernant directement en tant que dirigeant social, particulièrement la clause d'arbitrage et celle relative au droit de préemption. • Civ. 1re, 22 oct. 2008 : *D. 2009. Pan. 2962, obs. Clay ; JCP 2008. I. 222, n° 2, obs. Ortscheidt ; ibid. E 2009. 1907, n° 10, obs. Dhainaut ; LPA 16 mars 2009, p. 6, note Madkour ; RTD com. 2009. 149, obs. Champaud et Danet ; Rev. jur. com. 2009. 57, note Moreau ; BJS 2009. 360, note Le Cannu ; Rev. sociétés 2009. 363, note Saintourens ; ibid. 618, note El Ahdab.*

15. Expiration de la convention d'arbitrage. Une convention ne peut être considérée comme expirée au sens de l'art. 1484, 1° (auj. 1492-1°), lorsqu'il résulte des circonstances que les parties ont donné leur accord tacite à un report demandé par les arbitres. • Civ. 2e, 18 oct. 2001 : *Dr. et patr. juill.-août 2002. 113, obs. Mestre.* ♦ Doit être rejeté le moyen d'annulation tenant au non-respect du délai d'arbitrage, dès lors que le président du TGI de Paris, saisi par l'une des parties, a constaté que l'instance arbitrale n'était pas expirée et devait se poursuivre, le délai d'arbitrage n'ayant manifestement pas pu courir faute de définition précise du contenu de la mission des arbitres, et que l'ordonnance rendue par le juge d'appui a irrévocablement statué sur la question de la non-expiration du délai d'arbitrage. • Paris, 8 mars 2001 : *Rev. arb. 2001. 567, obs. C. Legros.*

16. Clauses abusives. La Dir. 93/13/CEE du Conseil, du 5 avr. 1993, concernant les clauses abusives dans les contrats conclus avec les consommateurs implique qu'une juridiction nationale saisie d'un recours en annulation d'une sentence arbitrale apprécie la nullité de la convention d'arbitrage et annule cette sentence au motif que ladite convention contient une clause abusive, alors même que le consommateur a invoqué cette nullité non pas dans le cadre de la procédure arbitrale, mais uniquement dans celui du recours en annulation (clause compromissoire figurant dans un contrat de téléphonie mobile). • CJCE 26 oct. 2006, n° C-168/05 : *cité ss. art. R. 132-2 C. consom., App., v° Clauses abusives.*

17. Interprétation de la volonté des parties. Lorsque les parties donnent pouvoir au tribunal arbitral de trancher les litiges relatifs à l'interprétation, à l'exécution ou à la résiliation du contrat, leur volonté clairement exprimée doit être interprétée comme lui donnant également compétence pour statuer sur la validité du contrat. • Paris, 17 janv. 2002 : *Gaz. Pal. 2002. Somm. 764.*

2° Art. 1492-2°

18. Non-respect de la convention d'arbitrage. Annulation d'une sentence pour irrégularité de la désignation de l'arbitre du demandeur et partant de la composition du tribunal arbitral, pour non-respect des modalités clairement exposées d'une lettre recommandée inscrite dans la clause compromissoire, l'arrangement proposé par le tribunal arbitral dans la sentence et consistant à considérer que l'esprit et la commune intention des parties avaient été respectés, suivant en cela les prescriptions essentielles de l'art. 1156 C. civ. sur l'interprétation des conventions, ne pouvant justifier le non-respect de la procédure de désignation de l'arbitre du demandeur à l'arbitrage voulue dans la convention d'arbitrage. • Paris, 7 déc. 2006 : *Rev. arb. 2007. 131 ; JCP 2007. I. 168, obs. Béguin, Ortscheidt, Seraglini.*

19. Défaut d'indépendance. Le grief du défaut d'indépendance de l'arbitre unique s'inscrit sans ambiguïté possible dans le cadre de l'art. 1484, al. 2°, ancien (auj. 1492-2°). • Paris, 16 mai 2002 : *Gaz. Pal. 20-21 déc. 2002, p. 8 ; Rev. arb. 2003. 1231, note Gaillard.*

20. Ayant constaté que la déclaration d'indépendance de l'arbitre revêtait un caractère délibérément tronqué et réducteur et qu'aucune circonstance spécifique ne justifiait de mettre en doute, dans l'esprit des parties, la sincérité de la déclaration, quand rien au regard des circonstances révélées ne leur imposait de procéder à des investigations particulières, une cour d'appel décide à bon droit, que, dès lors que des éléments importants manquaient dans la déclaration de l'arbitre, la partie contestant la régularité de la composition du tribunal arbitral n'avait pas renoncé à cette faculté. • Civ. 1re, 18 déc. 2014 : *D. 2014. Actu. 86 ; D. actu. 20 janv. 2015, obs. Delpech.* ♦ Et ayant relevé, d'une part, que la partie contestant la régularité de la composition du tribunal arbitral avait dû choisir un arbitre sur une liste fermée limitée à quatre noms avec faculté de subdélégation réservée au président de l'organisme d'autre part, que les liens professionnels étroits entre l'arbitre et l'avocat de la partie adverse étaient de nature à créer dans l'esprit des parties un doute raisonnable quant à l'impartialité et l'indépendance de l'arbitre, une cour d'appel en déduit exactement, hors toute dénaturation, que le tribunal arbitral avait été irrégulièrement composé. • Même décision.

21. La seule circonstance qu'un arbitre ait eu des liens d'intérêt avec un cabinet d'avocats, dont le conseil d'une société était collaborateur, et qu'il n'ait pas révélé qu'il avait été « of counsel » de févr. 1989 à oct. 2000 dans ce cabinet d'avocats et que depuis l'année 2000, il lui avait donné des consultations juridiques à deux ou trois reprises n'est pas de nature à provoquer dans l'esprit des parties un doute raisonnable quant à son impartialité et à son indépendance. • Civ. 1re, 10 oct. 2012, n° 11-20.299 P : *D. 2012. 2458, obs. X. Delpech ; ibid. 2991, obs. T. Clay ; RTD com. 2013. 481, obs. Loquin ; JCP 2012, 1354, obs. Seraglini ; ibid. 1675, obs. Henry ; ibid. 1268, note B. Le Bars ; Gaz. Pal. 8 janv. 2013, p. 20, note Piau ; ibid. 8-9 mars 2013, p. 46, note Nioche ; LPA 29 avr. 2013, p. 14, note Jarvin.*

22. Ignorance de la cause de récusation. La partie qui est dans l'ignorance de l'existence d'une cause de récusation au moment de la désignation du tribunal arbitral est fondée à l'invoquer ensuite pour former un recours en annulation. • Paris, 29 janv. 2004 : *D. 2004. Somm. 3182, obs. Clay ; JCP 2004. I. 179, n° 5, obs. Seraglini ; Rev. arb. 2004. 448* et *2005. 709, note Henry.*

3° Art. 1492-3°

23. Objet du litige. La mission des arbitres, définie par la convention d'arbitrage, est délimitée principalement par l'objet du litige, tel qu'il est déterminé par les prétentions des parties sans s'attacher uniquement à l'énoncé des questions dans l'acte de mission. • Civ. 2e, 24 juin 2004, n° 02-16.329 P. ♦ Sur la possibilité, pour un tribunal arbitral, ayant pour mission de statuer sur le préjudice subi par une banque à la suite d'une participation croisée et de prononcer le cas échéant toutes condamnations, dans le cadre de son pouvoir d'amiable composition, d'ordonner une cession de participation avec obligation pour l'autre partie d'acquérir les titres, V. • Civ. 2e, 10 juill. 2003, n° 01-16.628 P : *D. 2004. Somm. 3180, obs. Clay ; RTD com. 2004. 254, obs. Loquin ; Rev. arb. 2004. 283, note Bandrac.*

24. Extra petita et ultra petita. Il résulte de l'art. 1475 anc. (auj. 1485) que si l'arbitre a le pouvoir de réparer les erreurs et omissions matérielles qui affectent la sentence, conformément aux art. 462 et 463, il n'a pas celui de la rectifier s'il s'est prononcé sur choses non demandées ou s'il a accordé plus qu'il n'était demandé ; cassation de l'arrêt qui, pour déclarer irrecevable le recours en annulation fondé sur l'art. 1484, 3° anc. (auj. 1492-3°), énonce que le grief fait à la sentence est exclusivement celui d'avoir statué *ultra petita* et qu'un tel vice ne peut, le cas échéant, être réparé que par l'arbitre lui-même, conformément à l'art. 464. • Civ. 2e, 14 juin 1984 : *Bull. civ. II, n° 107 ; D. 1985. IR 263, obs. Julien ; Gaz. Pal. 1984. 2. Pan. 323 ; Rev. arb. 1985. 427, note Moreau.* ♦ Les arbitres ne peuvent, sans excéder leur mission, prononcer une condamnation qui ne leur a pas été demandée. • Civ. 2e, 3 juill. 1996, n° 93-17.918 P : *Rev. arb. 1996. 405, note Fouchard.* ♦ V. aussi art. 1485 et notes.

25. Demande incidente. Lorsque son investiture procède d'un compromis, l'arbitre ne peut, sans nouvel accord des parties, être saisi par une partie d'une demande incidente n'entrant pas, par son objet, dans les prévisions du compromis, de sorte qu'ayant souverainement constaté que la demande relative à l'éventuelle responsabilité quasi délictuelle de la société défenderesse s'analysait non comme une demande incidente ayant le même objet que la demande principale présentée sur un fondement contractuel, mais comme une demande ayant un objet différent, la cour d'appel n'a pu qu'annuler la sentence arbitrale du fait de la méconnaissance par les arbitres de l'étendue de leur mission. • Civ. 1re, 6 mars 2007, n° 06-16.423 P : *D. 2007. AJ 1024* ; *ibid. 2008. Pan. 185, obs. Clay* ; *JCP 2007. I. 168, n° 8, obs. Ortscheidt* ; *LPA 26 sept. 2007, p. 8, note Betto.*

26. Règles procédurales. L'arbitre qui ne se conforme pas aux règles de procédure prévues sort de la mission qui lui a été conférée. • Paris, 23 mai 1986 : *Gaz. Pal. 1987. 68, tables, v° Arbitrage, p. 68, n° 17.* ♦ Le non-respect d'une règle formelle quant au délai de convocation des parties et à la rédaction d'un compromis, inutile compte tenu de l'existence d'une clause compromissoire, ne constitue pas un manquement de l'arbitre à sa mission (amiable composition). • Bordeaux, 26 févr. 2001 : *Gaz. Pal. 2002. Somm. 751.*

27. Amiable composition. V. note ss. art. 1478.

4° Art. 1492-4°

a. Cas de violation du principe du contradictoire

28. Audition des parties en qualité de sachants. L'audition de parties à un litige en qualité de sachants constitue par elle-même une violation des droits de la défense et du principe de la contradiction. • Civ. 2e, 25 mars 1999, n° 95-22.173 P : *Rev. arb. 2000. 267, note Betto.*

29. Investigations. Viole l'art. 1484, al. 4, anc. (auj. 1492-4°), l'arrêt qui rejette le recours en annulation d'une sentence arbitrale, alors que le tribunal arbitral doit informer les parties à l'arbitrage des investigations poursuivies par un de ses membres, les informations fussent-elles d'ordre général. • Civ. 2e, 10 nov. 1998, n° 96-21.391 P : *D. 1999. IR 1* ; *Rev. arb. 1998. 680, note Betto* ; *RG proc. 1999. 114, obs. Rivier.*

30. Conversation téléphonique. Viole l'art. 1134 C. civ. la cour d'appel qui, pour rejeter l'exception de violation du principe de la contradiction et décider, ensuite, que les conversations téléphoniques entre une partie et le président du tribunal arbitral n'ont pas eu d'incidence sur la solution du litige, retient, d'une part, qu'il n'est pas établi que cette partie ait donné un pouvoir de représentation à une autre personne et, d'autre part, qu'aucun appel téléphonique n'a été passé après une certaine date jusqu'au prononcé de la sentence, alors que le tribunal arbitral avait relevé l'existence d'un pouvoir spécial de représentation et noté l'existence d'un appel téléphonique au président propre, selon les arbitres, à faire peser sur eux une pression intolérable. • Civ. 1re, 3 déc. 2014 : *BICC 15 mars 2015, n° 306* ; *D. 2014. Actu. 2531* ; *Rev. sociétés 2015. 252, note Le Bars.*

31. Raisonnement juridique. L'arbitre n'a pas l'obligation, pour rendre sa sentence, de soumettre au préalable le raisonnement juridique qui étaye sa motivation à la discussion contradictoire. • Civ. 1re, 13 mars 2013, n° 12-20.573 P. – V. aussi • Paris, 19 sept. 2002 : *Rev. arb. 2004. 619* • Paris, 12 févr. 2004 : *Rev. arb. 2004. 665* • 25 mars 2004 : *Rev. arb. 2004. 671, note Ortscheidt.*

32. Jurisprudence. Sur la communication de la jurisprudence sur laquelle l'arbitre fonde sa décision : • Civ. 1re, 3 juin 1998, n° 96-15.732 P : *D. 1998. IR 153* ; *JCP 1998. II. 199, note Daigre* ; *Rev. arb. 1999. 71, note Loquin* ; *RG proc. 1998. 537, obs. Rivier.*

b. Preuve de la violation du principe du contradictoire

33. L'annulation d'une sentence arbitrale sur le fondement de la violation du principe de la contradiction implique qu'il soit démontré que les éléments d'information utilisés par les arbitres n'ont pas été soumis au débat contradictoire entre les parties. • Civ. 2e, 30 sept. 1999 : *Rev. arb. 2000. 267, note Betto.* ♦ V., pour une cassation au motif qu'il n'apparaissait ni des mentions de l'arrêt d'appel ni du dossier de la procédure que des pièces aient été communiquées à la partie adverse ou que celle-ci ait eu connaissance du contenu des pièces produites. • Civ. 2e, 23 oct. 2003, n° 02-12.375 P.

5° Art. 1492-5°

34. Solution heurtant l'ordre public. Le contrôle de la cour d'appel, saisie du recours fondé sur le 6° de l'art. 1484 ancien (auj. 1492-5°), doit porter, non sur la qualification donnée par les arbitres à la convention liant les parties, même s'il est soutenu qu'elle est régie par des dispositions d'ordre public, mais sur la solution du litige, l'annulation n'étant encourue que dans la mesure où c'est cette solution qui heurte l'ordre public. • Civ. 2e, 20 févr. 1991, n° 89-19.159 P : *Journ. not. 1991. 60464, note Laroche de Roussane.* ♦ Le contrôle exercé ne porte que sur la solution donnée au litige, l'annulation n'étant encourue que lorsque cette solution heurte l'ordre public. • Civ. 2e, 15 janv. 2004, n° 02-13.675 P : *D. 2004. Somm. 3181, obs. Clay.*

35. Étendue du contrôle. Le contrôle du respect des règles d'ordre public au titre de l'art. 1484, 6°, anc. (auj. 1492-5°), doit être mené à partir des éléments de fait et de droit retenus par les arbitres dans leur sentence compte tenu de ce qui a été plaidé devant eux, la cour saisie d'un recours en annulation n'étant pas le juge du procès qui s'est déjà déroulé devant le tribunal arbitral. • Paris, 15 juin 2000 : *Gaz. Pal. 2002. 762* ; *Rev. arb. 2001. 806, obs. Derains.*

36. Fraude. Les conditions dans lesquelles l'arbitrage avait été décidé, organisé et conduit en faisant un simulacre de procédure mise en place par une partie pour favoriser ses intérêts au détriment de ceux de l'autre caractérisaient une fraude à l'arbitrage contraire à l'ordre public. • Civ. 1re, 4 nov. 2015 : *D. actu. 16 nov. 2015, obs. Delpech ; D. 2015. 2326, obs. Noual ; JCP 2015. 1370, obs. Ortscheidt.*

37. Droit européen. Dès lors qu'elle doit, selon ses règles de procédure internes, faire droit à une demande en annulation fondée sur la méconnaissance de règles nationales d'ordre public, une juridiction nationale saisie d'une demande en annulation d'une sentence arbitrale doit faire droit à une telle demande lorsqu'elle estime que cette sentence est effectivement contraire à l'art. 81 CE. • CJCE 1er juin 1999, *Eco swiss*, no 15-/99 : *Rev. arb. 1999. 631, note Idot.*

38. Procédures collectives. Une cour d'appel retient, à bon droit, que la sentence d'un tribunal arbitral prononçant une condamnation pécuniaire sur une demande n'ayant pas fait l'objet d'une déclaration de créance doit être annulée dès lors que la règle de l'extinction des créances non déclarées est d'ordre public. • Civ. 1re, 28 sept. 2011, no 10-18.320 P : *JCP 2011. 1082, obs. Béguin ; Procédures 2011, no 339, note Weiller ; Gaz. Pal. 11-15 nov. 2011, p. 22, obs. Bensaude ; Rev. sociétés 2011. 732, note Roussel-Galle ; RTD com. 2012. 189, obs. Martin-Serf ; RJ com. 2012, p. 30, note Moreau.* ♦ L'instance arbitrale ayant pour objet de remettre en cause une créance dont l'admission dans la procédure collective n'était plus susceptible d'être contestée par la débitrice, cette sentence, en ce qu'elle retient la compétence des arbitres pour statuer sur des demandes portant sur l'existence et le montant de ladite créance, violait les règles d'ordre public régissant les recours en matière de procédures collectives, de sorte que celle-ci doit être annulée sur ce point. • Civ. 1re, 11 sept. 2013, no 11-17.201 P : *D. 2013. Actu. 2182 ; ibid. Pan. 2891, note Borga et Daniel ; ibid. 2936, obs. Clay ; RTD com. 2014. 192, obs. Vallens ; JCP 2013. 983, obs. Courdier-Cuisinier ; ibid. 1238, note Mouralis ; RDBF 2013, no 207, note Houin-Bressand ; RPC 2014, no 17, note Legrand et Legrand ; Procédures 2013, no 347, note Weiller.*

6o Art. 1492-6o

a. Motivation

39. Vice de motivation. Une sentence ne peut être annulée, pour vice de motivation, en cas de contradiction entre ses motifs et son dispositif, que si cette contradiction résulte des énonciations de la sentence elle-même. • Civ. 2e, 7 janv. 1999, no 97-10.292 P : *Procédures 1999, no 58, note Perrot ; Rev. arb. 1999. 272, note Foussard.*

b. Date

40. Omission de la date. L'indication de la date à laquelle une sentence arbitrale a été rendue étant prescrite à peine de nullité, l'observation de cette prescription légale doit résulter de la sentence elle-même ; l'omission de l'indication de sa date ne peut être réparée ou suppléée par des documents extrinsèques. • Civ. 2e, 9 nov. 2000. ♦ Une sentence arbitrale ayant le caractère d'une décision juridictionnelle, la nullité résultant du défaut d'indication de sa date n'est pas soumise aux dispositions applicables à la nullité des actes de procédure. • Civ. 2e, 9 nov. 2000 (2 arrêts).

c. Signature

41. Signatures manquantes. En matière d'arbitrage interne, hors le cas de refus de signer de l'un des arbitres, mentionné par les autres, la sentence qui n'est pas signée par tous les arbitres doit être annulée, même en l'absence de grief ; cassation de l'arrêt qui, pour rejeter le recours en annulation, retient qu'il n'est pas contesté que la sentence soit l'œuvre des trois arbitres et que la signature d'un seul ne fait pas grief. • Civ. 1re, 3 oct. 2006, no 05-12.959 P : *D. 2006. IR 2548 ; ibid. Pan. 3033, obs. Clay.*

d. Majorité

42. Présomption de majorité. Une sentence signée par les trois arbitres emporte présomption de majorité. • Civ. 1re, 1er avr. 2015 : *D. 2015. Actu. 811 ; JCP 2015. 466, obs. Le Bars ; Gaz. Pal. 7 mai 2015, p. 25, obs. Berlaud.* ♦ V. aussi • Civ. 1re, 1er avr. 2015.

IV. RÉGIME

43. Recherche d'office (non). La cour d'appel, saisie d'un recours en annulation, n'est pas tenue de rechercher d'office le cas d'ouverture applicable. • Civ. 2e, 9 juill. 1997, no 94-21.074 P : *RG proc. 1998. 538, obs. Rivier ; Rev. arb. 1998. 105, note Level.* ♦ Lorsqu'un recours en annulation est fondé sur une prétendue violation du principe de la contradiction et que les demandeurs n'ont allégué aucune violation de l'ordre public, le juge n'est pas tenu de rechercher d'office si la sentence ne heurte pas l'ordre public. • Civ. 2e, 14 déc. 1992, no 91-12.438 P.

44. Sursis à statuer. Dès lors que les faits visés dans une plainte pénale et dans le recours en annulation sont les mêmes, la décision pénale aura nécessairement une incidence sur le recours en annulation, et il convient par suite de surseoir à statuer en l'attente d'une décision définitive sur cette plainte. • Paris, 20 avr. 2000 : *Gaz. Pal. 2002. Somm. 763* ; Rev. arb. 2001. 584, obs. *Racine.*

45. Abus de recours. Si l'exercice du recours en annulation de l'art. 1484 (auj. 1492) est toujours ouvert à l'encontre d'une sentence arbitrale, l'abus de cette voie de recours justifie une condamnation à des dommages-intérêts. • Paris,

12 sept. 2002 : *Rev. arb. 2003. 173, note Boursier.* ♦ Violent leur devoir procédural de loyauté et de bonne foi, et commettent ainsi une faute qui doit être réparée par leur condamnation à verser au défendeur au recours des dommages-intérêts, les demandeurs au recours en annulation n'ayant eu aucun moyen sérieux à faire valoir et ayant contesté la compétence judiciaire devant le juge étatique du fond au profit de la compétence arbitrale puis, une fois assignés devant l'arbitre par leur adversaire, la compétence arbitrale au profit de la compétence étatique devant le tribunal arbitral et le juge de l'annulation. • Même arrêt. ♦ V. aussi • Paris, 13 févr. 2003 : *D. 2003. IR 2486.*

46. Restitutions. Sur la condamnation à restitution : • Civ. 1re, 14 avr. 2005, n° 03-14.195 P.

47. Renonciation à demander la nullité. Sur la renonciation à se prévaloir d'une irrégularité, V. notes ss. art. 1466.

48. Estoppel. Sur l'estoppel, V. notes ss. art. 1466.

49. Pourvoi en cassation. La cour d'appel qui, saisie d'un recours en annulation d'une sentence arbitrale, annule la sentence, se prononce au sens de l'art. 606 C. pr. civ., sur le principal de la contestation portée devant elle. Est donc recevable le pourvoi formé contre un arrêt qui, statuant sur un recours en annulation de la sentence arbitrale, annule la sentence. • Civ. 2e, 7 janv. 1999, n° 97-10.292 P : *Procédures 1999, n° 58, note Perrot ; Rev. arb. 1999. 272, note Foussard.* ♦ Mais le motif d'annulation à l'appui d'un recours en annulation ne pouvant être invoqué pour la première fois devant la Cour de cassation, est irrecevable le moyen de cassation présenté par une partie qui ne s'était prévalue devant la cour d'appel d'aucune des dispositions de l'art. 1484 (auj. 1492). • Civ. 2e, 9 juill. 1997, n° 94-21.074 P : *RG proc. 1998. 538, obs. Rivier ; Rev. arb. 1998. 105, note Level.*

50. Recours en révision. Sur la recevabilité d'un recours en révision formé contre un arrêt ayant rejeté un recours en annulation fondé sur un défaut d'impartialité de l'arbitre. • Civ. 2e, 12 févr. 2004.

Art. 1493 **Lorsque la juridiction annule la sentence arbitrale, elle statue sur le fond dans les limites de la mission de l'arbitre, sauf volonté contraire des parties.**

BIBL. ▶ FOUCHARD, *Mél. Bellet, Litec, 1981, p. 172* (arbitrage judiciaire). – PELLERIN, *Rev. arb. 1993. 199* (instance au fond après annulation). – PINNA, *Rev. arb. 2008. 615* (l'annulation d'une sentence arbitrale partielle).

A. OBLIGATIONS DE LA JURIDICTION ÉTATIQUE

1° STATUER SUR LE FOND

1. Principe. Dès lors qu'une cour d'appel constate la nullité de la sentence arbitrale par une décision d'annulation, elle est tenue de statuer sur le fond, en l'absence de volonté contraire de toutes les parties. • Civ. 2e, 8 juill. 2004, n° 02-30.800 P : *JCP 2004. IV. 2874.* ♦ La cour d'appel, saisie d'un recours en annulation d'une sentence arbitrale, doit statuer sur le fond dans les limites du litige qui lui est soumis. • Civ. 2e, 16 mai 1988 : *Rev. arb. 1988, note Rondeau-Rivier.*

2. Portée. Même en cas d'annulation de la sentence pour absence de convention d'arbitrage, la cour, lorsqu'elle est saisie de conclusions des parties, statue sur le fond. • Civ. 2e, 1er déc. 1993, n° 91-22.318 P.

3. Modalités. Du moment que les parties n'ont pas exprimé une volonté contraire, la cour d'appel, qui annule la sentence, est tenue de statuer sur le fond, sans qu'aucun texte ne l'oblige à le faire par une décision distincte. • Civ. 2e, 8 juill. 1987 : *Bull. civ. II, n° 148 ; Gaz. Pal. 1988. 1. Somm. 35, obs. Guinchard et Moussa ; Rev. arb. 1989. 107, obs. Pellerin.*

4. Limite. En présence d'une clause compromissoire non pas nulle mais inopposable aux litigants, la cour d'appel qui a annulé la sentence doit s'abstenir de statuer au fond et, étant dépourvue de tout pouvoir, les parties doivent être renvoyées à mieux se pourvoir sans qu'il y ait lieu à désigner la juridiction devant être saisie. • Civ. 1re, 6 mars 2013, n° 12-15.375 P : *D. actu. 12 mars 2013, obs. X. Delpech ; D. 2013. Actu. 716 ; ibid. Pan. 2936, obs. Clay ; RTD civ. 2013. 663, obs. Théry ; Gaz. Pal. 2 juill. 2013, p. 21, note Bensaube ; JCP 2013. 784, obs. Ortscheidt.* ♦ V. déjà : • Paris, 10 déc. 1985 : *Rev. arb. 1987. 157, note Rondeau-Rivier* • Paris, 23 mars 2010 : *Rev. arb. 2010. 389.*

2° RESPECTER LES LIMITES DE LA MISSION DE L'ARBITRE

5. Principe. Lorsque ayant annulé la sentence, elle statue sur le fond, la cour d'appel doit rester dans les limites de la mission confiée à l'arbitre par la convention d'arbitrage. • Civ. 1re, 19 nov. 1985 : *Bull. civ. I, n° 309 ; Gaz. Pal. 1986. 1. Somm. 35 ; Rev. arb. 1987. 76.* ♦ V. déjà : • Paris, 29 févr. 1984 : *Rev. arb. 1985. 175, obs. Bernard* • 10 déc. 1985 : *Rev. arb. 1987. 157, note Rondeau-Rivier* • 28 mars 1989 : *Rev. arb. 1991. 117, note Pellerin.*

6. Demande incidente. La cour d'appel, statuant sur le fond dans les limites de la mission de l'arbitre, peut être saisie par une partie d'une demande incidente, dès lors qu'entrant par son objet dans les prévisions de la clause compromissoire, cette demande se rattache aux prétentions originaires par un lien suffisant de dépendance, dont l'appréciation relève de son pouvoir souverain. • Civ. 2e, 8 juill. 2004, n° 02-19.468 P : *JCP 2004. I. 179, n° 7, obs. Ortscheidt ; Rev. arb. 2005. 663, note Bolard.*

7. *Mise en cause d'un tiers.* Ayant relevé qu'aux termes de la convention d'arbitrage les arbitres ont reçu mission de se prononcer sur les contestations survenues entre les parties, une cour d'appel en déduit à bon droit que la mise en cause d'une tierce société est irrecevable. • Com. 11 mai 1993, n° 91-13.892 P : *D. 1993. IR 209.*

8. *Mission d'amiable compositeur.* La cour d'appel doit statuer en amiable compositeur si la convention d'arbitrage valable a donné une telle mission aux arbitres. • Paris, 7 juill. 1987 : *Rev. arb. 1988. 297, note Loquin* • 29 mars 2001 : *Gaz. Pal. 2002. Somm. 761 ; Rev. arb. 2001. 611* • 22 mai 2001 : *Gaz. Pal. 2002. Somm. 758 ; Rev. arb. 2001. 614.*

Statuant en amiable compositeur, une cour d'appel ne manque pas à son office en fixant à la date de signification de l'arrêt le point de départ du cours des intérêts au taux légal portant sur les condamnations prononcées. • Civ. 1re, 11 févr. 2015. ♦ V. égal. note ss. art. 1478.

9. *Limites de la compétence de la commission arbitrale des journalistes.* La cour d'appel ne pouvant connaître du fond du litige que dans la limite de la compétence de la commission arbitrale des journalistes, elle ne peut se prononcer sur la nature des fonctions exercées par un journaliste et doit inviter les parties à se pourvoir devant le conseil de prud'hommes. • Soc. 20 févr. 1991, n° 89-16.188 P : *Rev. arb. 1991. 668, note Pellerin.*

B. VOLONTÉ CONTRAIRE DES PARTIES

10. *Moment.* Les parties peuvent encore exprimer en cours d'instance en annulation leur commune volonté tant que la cour ne statue pas au fond. • Paris, 25 mars 1982 : *Rev. arb. 1982. 467, note Courteault.*

11. *Conséquence.* Si alors la sentence est annulée sans qu'ait été mise en cause la validité de la demande d'arbitrage, le principe du dessaisissement des arbitres ne s'oppose pas à ce que le litige soit à nouveau porté devant un tribunal arbitral. • Civ. 2e, 29 févr. 1984 : *Bull. civ. II, n° 37 ; Rev. arb. 1986. 43, note Moreau,* sur pourvoi de • Paris, 8 janv. 1981 : *Gaz. Pal. 1982. 1. 215, note Riotte ; Rev. arb. 1982. 62, note Moreau.*

SECTION III DISPOSITIONS COMMUNES À L'APPEL ET AU RECOURS EN ANNULATION

Art. 1494 L'appel et le recours en annulation sont portés devant la cour d'appel dans le ressort de laquelle la sentence a été rendue.

Ces recours sont recevables dès le prononcé de la sentence. Ils cessent de l'être s'ils n'ont pas été exercés dans le mois de la notification de la sentence.

Le second al. de l'art. 1494 modifie les dispositions contenues dans l'ancien art. 1486 (Rapport au Premier ministre relatif au Décr. n° 2011-48 du 13 janv. 2011, JO 14 janv.).

1° DÉCISIONS SUSCEPTIBLES DE RECOURS

1. *Sentence définitive.* Seules peuvent faire l'objet d'un recours en annulation les sentences arbitrales, c'est-à-dire les décisions des arbitres qui tranchent de manière définitive, en tout ou en partie, le litige qui leur a été soumis, que ce soit sur le fond, sur la compétence ou sur un moyen de procédure qui les conduit à mettre fin à l'instance. • Paris, 26 oct. 2000 : *JCP 2000. II. 10445, note Kaplan et Cuniberti ; Rev. arb. 2001. 200, obs. Pinsolle.* ♦ La décision motivée par laquelle les arbitres ont, après examen des thèses contradictoires des parties et appréciation minutieuse de leur bien-fondé, tranché de manière définitive la contestation qui opposait les parties quant à la recevabilité du recours en révision intenté par une partie, en rejetant les prétentions de celle-ci et mis fin au litige qui s'était greffé sur l'instance qui leur était soumise, ressortit à l'évidence au pouvoir juridictionnel du tribunal arbitral. • Paris, 1er juill. 1999 : *Rev. arb. 1999. 834, note Jarrosson.*

2. *Sentence avant dire droit.* Ne peut faire l'objet d'un recours indépendamment de la sentence sur le fond la décision de l'arbitre qui, ayant ordonné une expertise et des mesures urgentes et provisoires sans trancher tout ou partie du principal, participe de l'instruction du litige et ne préjuge pas de son règlement. • Civ. 2e, 6 déc. 2001, n° 99-21.870 P : *Procédures 2002, n° 27, note Croze ; Dr. et patr. 2002. 112, obs. Mestre ; Rev. arb. 2002. 697, note J. Ortscheidt.* ♦ La décision par laquelle les arbitres se prononcent sur le montant des honoraires d'un expert constitue une sentence avant dire droit qui ne constitue pas une sentence. • Civ. 1re, 17 juin 2009, n° 08-11.697 P : *JCP 2009. 369, n° 17, obs. Clay ; ibid. 462, n° 3, obs. Ortscheidt.*

3. *Décision d'une institution permanente d'arbitrage.* Le recours ne peut être exercé que contre une sentence arbitrale et non pas contre un acte ou une décision d'une autre nature ; ainsi le recours n'est-il pas recevable contre la décision d'une institution permanente d'arbitrage par laquelle celle-ci rejette une demande de récusation d'un arbitre. • Paris, 15 janv. 1985 : *Rev. arb. 1986. 87, note Mezger* et, sur pourvoi :

• Civ. 2e, 7 oct. 1987 : *Bull. civ. II, n° 184 ; Rev. arb. 1988. 649, note Mezger.*

4. Notes du président du tribunal arbitral. Est irrecevable le recours en annulation formé contre une note, adressée aux parties par le seul président du tribunal arbitral, qui se limite à soumettre à la sagacité des litigants un certain nombre de constatations exprimées de façon prudente, à solliciter de nouvelles communications de pièces, à envisager la nécessité d'une prolongation du délai d'arbitrage et à réclamer de nouvelles provisions. • Paris, 26 oct. 2000 : *préc.*

2° DÉLAI DE RECOURS

5. Art. 528-1. Les dispositions de l'art. 528-1 ne s'appliquent pas aux sentences arbitrales. • Civ. 2e, 18 oct. 2001, n° 00-11.572 P : *D. 2001. IR 3248 ; JCP 2002. I. 132, n° 26, obs. Cadiet ; Dr. et patr., juill-août 2002, p. 111, obs. Mestre ; Rev. arb. 2002. 157, note Pinsolle.*

Art. 1495 L'appel et le recours en annulation sont formés, instruits et jugés selon les règles relatives à la procédure en matière contentieuse prévues aux articles 900 à 930-1.

1. Art. 528-1. L'art. 528-1 C. pr. civ. ne s'applique qu'aux décisions qui tranchent tout le principal ; tel n'est pas le cas de l'arrêt qui annule une sentence arbitrale et renvoie les parties à conclure au fond. • Civ. 2e, 13 juill. 2005, n° 02-15.904 P.

2. Selon l'art. 1495 C. pr civ., le recours en annulation d'une sentence arbitrale est formé, instruit et jugé selon les règles relatives à la procédure en matière contentieuse prévues aux art. 900 à 930-1 C. pr. civ., cette dernière disposant que les actes de procédure sont, à peine d'irrecevabilité, remis à la juridiction par voie électronique. Il ne peut être dérogé à cette dernière disposition par voie de convention passée entre une cour d'appel et les barreaux de son ressort. Encourt dès lors la cassation l'arrêt qui déclare recevable le recours en annulation d'une sentence arbitrale qui n'a pas été effectuée par la voie électronique. • Civ. 2e, 26 sept. 2019, n° 18-14.708 P : *D. actu. 2 oct. 2019, note Bléry ; ibid. 29 oct. 2019, obs. Jourdan-Marques ; D. 2019. 1891 ; ibid. 2435, obs. Clay ; JCP 2019. 1185, note Weiller ; ibid. 1349, note Ortscheidt : JCP E 2019. 1554, note Casson ; Gaz. Pal. 19 nov. 2019, p. 25, note Bensaude.*

Art. 1496 Le délai pour exercer l'appel ou le recours en annulation ainsi que l'appel ou le recours exercé dans ce délai suspendent l'exécution de la sentence arbitrale à moins qu'elle soit assortie de l'exécution provisoire.

Art. 1497 Le premier président statuant en référé ou, dès qu'il est saisi, le conseiller de la mise en état peut :

1° Lorsque la sentence est assortie de l'exécution provisoire, arrêter ou aménager son exécution lorsqu'elle risque d'entraîner des conséquences manifestement excessives ou

2° Lorsque la sentence n'est pas assortie de l'exécution provisoire, ordonner l'exécution provisoire de tout ou partie de cette sentence.

L'art. 1497 s'inspire des art. 524 à 526 (Rapport au Premier ministre relatif au Décr. n° 2011-48 du 13 janv. 2011, JO 14 janv.).

Nécessité d'un appel ou d'un recours contre la sentence. Le pouvoir du premier président d'une cour d'appel d'arrêter l'exécution provisoire d'une sentence arbitrale suppose que la cour d'appel soit saisie d'un appel ou d'un recours contre cette sentence. En cas de tierce opposition, c'est le juge saisi de ce recours qui peut suspendre l'exécution de la décision attaquée et non le premier président de la cour d'appel. • Civ. 2e, 28 mai 2015 : *Dalloz jurisprudence.*

Art. 1498 Lorsque la sentence est assortie de l'exécution provisoire ou qu'il est fait application du 2° de l'article 1497, le premier président ou, dès qu'il est saisi, le conseiller de la mise en état peut conférer l'*exequatur* à la sentence arbitrale.

Le rejet de l'appel ou du recours en annulation confère l'*exequatur* à la sentence arbitrale ou à celles de ses dispositions qui ne sont pas atteintes par la censure de la cour.

Le premier al. de l'art. 1498 reprend pour partie les dispositions du second al. de l'ancien art. 1479, tout en améliorant la rédaction et la lisibilité. Le second al. de cet art. reprend la formulation empruntée par l'ancien art. 1490 (Rapport au Premier ministre relatif au Décr. n° 2011-48 du 13 janv. 2011, JO 14 janv.).

Renvoi. V. note ss. art. 1487.

SECTION IV **RECOURS CONTRE L'ORDONNANCE STATUANT SUR LA DEMANDE D'EXEQUATUR**

Art. 1499 L'ordonnance qui accorde l'*exequatur* n'est susceptible d'aucun recours.

Toutefois, l'appel ou le recours en annulation de la sentence emporte de plein droit, dans les limites de la saisine de la cour, recours contre l'ordonnance du juge ayant statué sur l'*exequatur* ou dessaisissement de ce juge. — *V. ancien art. 1488.*

1. Irrecevabilité du recours en annulation dirigé contre l'ordonnance d'exequatur. Le recours en annulation, dans les moyens dirigés contre la seule ordonnance d'*exequatur*, doit être déclaré irrecevable. • Paris, 8 mars 2001 : *Gaz. Pal. 2002. Somm. 891 ; Rev. arb. 2001. 567, note C. Legros.*

2. Ordonnance d'exequatur postérieure au recours en annulation. L'ordonnance rendue par le juge de l'*exequatur* postérieurement au recours en annulation doit être annulée. • Paris, 28 juin 2001 : *Rev. arb. 2001. 729, note Lécuyer.*

Art. 1500 L'ordonnance qui refuse l'*exequatur* peut être frappée d'appel dans le délai d'un mois à compter de sa signification.

Dans ce cas, la cour d'appel connaît, à la demande d'une partie, de l'appel ou du recours en annulation formé à l'encontre de la sentence arbitrale, si le délai pour l'exercer n'est pas expiré.

Ordonnance déclarant sans objet une requête en exequatur. La signification d'une ordonnance déclarant sans objet une requête en *exequatur* présentée par le bénéficiaire de la sentence après l'arrêt de rejet du recours en annulation, et rappelant les dispositions des art. 1490 et 1507 anc., n'ouvre pas un nouveau délai d'un mois pour attaquer la sentence. • Paris, 6 mai 2004 : *Gaz. Pal. 3-4 déc. 2004, p. 49.*

SECTION V **AUTRES VOIES DE RECOURS**

Art. 1501 La sentence arbitrale peut être frappée de tierce opposition devant la juridiction qui eût été compétente à défaut d'arbitrage, sous réserve des dispositions du premier alinéa de l'article 588.

1. Tiers. La tierce opposition n'est ouverte qu'aux personnes qui n'ont été ni parties, ni représentées à la procédure d'arbitrage. Manque de base légale l'arrêt qui déclare la sentence inopposable aux tiers opposants, sans vérifier que l'une des parties à l'instance arbitrale, qui avait été leur mandataire à la conclusion de la convention d'arbitrage, n'était pas aussi leur mandataire dans la procédure d'arbitrage. • Civ. 2e, 14 oct. 1987 : *Rev. arb. 1988. 288, note Goutal.* ♦ Le droit effectif au juge implique que la caution solidaire, qui n'a pas été partie à l'instance arbitrale, soit recevable à former tierce opposition à l'encontre de la sentence arbitrale déterminant le montant de la dette du débiteur principal à l'égard du créancier. • Com. 5 mai 2015 : *D. 2015. Actu. 1046 ; ibid. Pan. 1810, obs. Crocq ; JCP 2015. 584, note Perrier ; ibid. 877, obs. Ortscheidt ; ibid. 1222, obs. Simler ; ibid. 1304, obs. Libchaber ; ibid. E. 2015. 1362, note Jourdan-Marquès ; Gaz. Pal. 2015, no 162, p. 4, note Mignot ; Banque et Dr. 5-6/2015. 87, obs. Rontchevsky ; RDBF 2015. 122, obs. Legeais ; Procédures 2015, no 264, note Weiller.* ♦ Sur la notion particulière de représentation en matière de tierce opposition, V. notes ss. art. 583.

2. Tierce opposition de l'arbitre (non). L'arbitre exerce une fonction juridictionnelle, ce qui lui interdit de demander que lui soit déclarée inopposable la décision dont l'objet même était de censurer la sentence à laquelle il avait participé. • Civ. 1re 16 déc. 1997 : *Gaz. Pal. 1998. 2. 367, note Sagon ; Rev. arb. 1999. 253.*

3. Tierce opposition incidente. La tierce opposition incidente contre une sentence arbitrale peut parfaitement être examinée par une cour d'appel saisie du litige principal, dès lors que celle-ci doit être regardée comme une juridiction d'un degré supérieur au tribunal arbitral, même lorsque celui-ci statue en dernier ressort, puisque sa sentence est toujours susceptible d'un recours en annulation devant la cour d'appel. • Caen, 5 juill. 2012.

4. Arrêt de l'exécution provisoire. En cas de tierce opposition, c'est le juge saisi de ce recours qui peut suspendre l'exécution de la décision attaquée et non le premier président de la cour d'appel. • Civ. 2e, 28 mai 2015 : Dalloz *jurisprudence.*

Art. 1502 Le recours en révision est ouvert contre la sentence arbitrale dans les cas prévus pour les jugements à l'article 595 et sous les conditions prévues aux articles 594, 596, 597 et 601 à 603.

Le recours est porté devant le tribunal arbitral.

Toutefois, si le tribunal arbitral ne peut à nouveau être réuni, le recours est porté devant la cour d'appel qui eût été compétente pour connaître des autres recours contre la sentence.

Les dispositions de l'art. 1502 s'appliquent lorsque le tribunal a été constitué postérieurement au 1er mai 2011 (Décr. no 2011-48 du 13 janv. 2011, art. 3-2o).

BIBL. ▶ CLAY, *Mél. S. Guinchard, Dalloz 2010, p. 651* (le fabuleux régime du recours en révision contre les sentences arbitrales). – SCAPEZ, *D. Affaires 1999. 1431.*

A. CAS

1. Fraude. Après avoir exactement constaté que l'auteur du recours en révision n'établissait pas que l'autre partie ait connu la différence de rémunération attribuée à l'arbitre qu'elle avait désigné et ait consenti, de façon occulte, à rémunérer, pour la procédure de conciliation, cet arbitre pour un montant plus important, ce dont son coarbitre avait connaissance sans opposition ni réserve de sa part, la cour d'appel a retenu, par une appréciation souveraine, qu'il n'y avait ni intention ni agissements frauduleux ; la dénonciation de cette attitude frauduleuse constituait une nouvelle preuve de l'acharnement judiciaire de l'auteur du recours dont il avait été précédemment jugé que le comportement s'avérait manifestement tendancieux et marqué d'un esprit de revanche dénué de toute objectivité, justifiant sa condamnation à 100 000 € pour abus du droit d'ester en justice. • Civ. 1re, 9 janv. 2007, n° 05-10.098 P : *D. 2007. AJ 451*. ♦ V., dans la même affaire, l'arrêt d'appel : • Paris, 28 oct. 2004 : *D. 2006. Pan. 3037, obs. Clay ; Rev. arb. 2004. 983.* ♦ Pour une application, la fraude étant caractérisée au regard des pièces issues de la procédure pénale ouverte dans la même affaire. • Paris, 17 févr. 2015 : *D. actu. 20 févr. 2015, obs. Delpech ; D. 2015. 425, édito Clay ; ibid. 1253, Mouralis ; ibid. Pan. 2032, obs. d'Avout ; ibid. Pan. 2598, obs. Clay ; JCP 2015. 289, note Bollée ; Cah. arb. 2015. 281, note de Fontmichel ; Gaz. Pal. 3-4 avr. 2015, p. 17, obs. Boissavy ; LPA 2015, n° 221, p. 8, note Henry ; Procédures 2015. Étude 4, obs. Weiller ; Rev. arb. 2015. 832, note Mayer.*

B. CONDITIONS

2. Recevabilité. Nul ne peut être juge et partie. C'est à bon droit et sans méconnaître le droit à un recours effectif qu'une cour d'appel déclare irrecevable la tierce opposition formée par un arbitre contre la décision de rétractation de sa sentence, en retenant exactement, d'une part, que l'arbitre exerce une fonction juridictionnelle lui interdisant de demander que lui soit déclarée inopposable la décision dont l'objet était de rétracter les sentences auxquelles il avait participé, même si un vice qui entacherait ladite décision pourrait fonder une action en responsabilité civile ultérieure, d'autre part, qu'est inopérant le grief tiré de l'allégation d'un excès de pouvoir qui aurait été commis par la juridiction saisie du recours en révision, celui-ci n'étant pas de nature à permettre d'écarter les conditions d'intérêt et de qualité pour agir inhérentes à l'exercice de toutes les voies de droit. • Civ. 2e, 11 janv. 2018, n° 16-24.740 P : *D. actu. 23 janv. 2018, obs. Jourdan-Marques ; D. 2018. Actu. 120 ; Procédures 2018, n° 82, note Weiller ; JCP 2018. 346, note Mouralis ; JCP 2018. 530, n° 6, obs. Libchaber.*

3. Force de chose jugée. En vertu de l'art. 593, le recours en révision tend à faire rétracter un jugement passé en force de chose jugée pour qu'il soit à nouveau statué en fait et en droit (irrecevabilité faute de preuve que la sentence était passée en force de chose jugée). • Paris, 25 oct. 2001 : *D. 2001. IR 3488 ; Rev. arb. 2003. 1353, obs. Jaeger.* ♦ Sur l'irrecevabilité d'un recours en révision formé contre une sentence n'étant pas encore passée en force de chose jugée, dès lors que l'ordonnance d'*exequatur* n'a été obtenue et signifiée que postérieurement, sans d'ailleurs que la signification ne précise si la sentence était jointe à l'ordonnance et quelles étaient les voies de recours. • Même arrêt.

Art. 1503 La sentence arbitrale n'est pas susceptible d'opposition et de pourvoi en cassation.

Pourvoi en cassation. Est irrecevable le pourvoi dirigé contre une sentence ayant rejeté la requête en rectification pour erreur matérielle d'une précédente sentence. • Civ. 2e, 16 mai 1988 : *Bull. civ. II, n° 116 ; Gaz. Pal. 1989. 1. Somm. 158, obs. Guinchard et Moussa ; Rev. arb. 1989. 59, note Jarrosson.*

TITRE DEUXIÈME L'ARBITRAGE INTERNATIONAL

RÉP. PR. CIV. v° *Arbitrage international*, par MOREAU.

RÉP. COM. v° *Arbitrage international*, par MOREAU.

BIBL. GÉN. ▶ ABDELGAWAD, *Rev. arb. 2004. 253* (l'arbitrage international et le nouveau règlement d'application des art. 81 et 82 CE). – ANCEL, *Mél. Drai, Dalloz 2000* (la Cour de cassation et les principes fondateurs de l'arbitrage international) ; *LPA 13 déc. 2007, p. 24* (attractivité du droit français pour l'arbitrage international) ; *APD 2009. 197* (l'arbitrage international en France). – BEYNEX et LEMMET, *RTD com. 2012. 225* (l'arbitrage international est-il encore un mode alternatif de règlement des conflits ?). – BOUCOBZA, *Rev. arb. 2005. 464* (intérêts de l'État et commerce international). – CLAY et PINSOLLE, *JDI 2015. 7* (grands arrêts en matière d'arbitrage international 1963-2007). – DEGOS, *D. 2008. 1429* (consécration de l'arbitrage en tant que justice autonome). – DE FONTMICHEL, *Cah. arb. 2012. 309* (procédure pénale et arbitrage commercial international). – FOUCHARD, *Dalloz 1965* (arbitrage commercial international) ; *JDI 1982. 374* (arbitrage international) ; *Mél. Kahn, Litec, 2000, p. 95* (arbitrage et modes alternatifs de règlement des litiges du commerce international). – GAILLARD, *Rev. arb. 1990. 759* (manœuvres dilatoires dans l'arbitrage international) ; *Mél. Reymond, Litec, 2004, p. 83* (interférence des juridictions du siège dans le déroulement de l'arbitrage) ; *LPA 13 déc. 2007, p. 30* (facteurs de développements de l'arbitrage international et diffusion de l'approche française) ; *JDI 2007. 1163* (souveraineté et autonomie : réflexions sur les représentations de l'arbitrage international) ; *JDI 2015, Doctr. 9* (sociologie de l'arbitrage international). – GOLDMAN, *Mél. Bellet, 1991, p. 219* (instance judiciaire et instance arbitrale internationale). – GUILLAUME, *JDI 2010. 685* (le précédent dans la justice et l'arbitrage international). – JACQUET, *JDI 2015. 3* (lois de l'arbitrage). – JUGAULT, *Mél. Cosnard, Economica, 1990, p. 331* (particularisme). – KAUFMANN-KOHLER, *Rev. arb. 1948. 517* (lieu de l'arbitrage et mondialisation). – KESSEDJIAN, *Rev. arb. 2009. 699* (le Règl. 44/2001 et l'arbitrage). – KLEIMAN et SALEH, *Cah. arb. 2012. 99* (célérité et loyauté en droit français de l'arbitrage international). – DE LA PRADELLE, *Gaz. Pal. 27-28 avr. 2005, p. 5* (banalisation de la partie publique dans l'arbitrage commercial international). – LAMETHE, *JDI 2007. 1176* (les langues de l'arbitrage international : liberté raisonnée de choix ou contraintes réglementée ?). – LALIVE, *Mél. Reymond, Litec, 2004, p. 167* (commercialisation de l'arbitrage international). – LEBOULANGER, *Rev. arb. 1992. 357* (codification). – LOQUIN, *Mél. Normand, Litec, 2003, p. 339* (contrôle de l'arbitrabilité du litige international). – MAYER, *Rec. cour La Haye 1989. 325* (autorité de l'arbitre international) ; *Rev. arb. 2011. 361* (l'arbitrage international et la hiérarchie des normes). – MITROVIC, *Rev. arb. 2003. 1167* (arbitrage baseball : arbitrage ou mode alternatif de règlement ?). – ORTSCHEIDT, La réparation du dommage dans l'arbitrage commercial international, *Dalloz 2001 ; LPA 20 nov. 2002, p. 17* (dommages et intérêts punitifs). – PACLOT, *Rev. arb. 1980. 598* (arbitrage international). – POTOK, *Gaz. Pal. 2002. Doctr. 912* (« The umpire » en droit anglais de l'arbitrage). – PRUJINER, *JDI 1988. 663* (gestion des arbitrages internationaux). – RACINE, *Rev. arb. 2005. 305* (autonomie de l'arbitrage commercial international). – RADICATI DI BROZOLO, *Rev. crit. DIP 2003. 1* (mondialisation, juridiction, arbitrage : vers des règles d'application semi-nécessaires). – REYMOND, *Mél. Terré, Dalloz, Jurisclasseur, PUF, 1999, p. 787* (quelques problèmes de l'arbitrage international). – ROBERT, *D. 1981. Chron. 209* (arbitrage en matière internationale). – Droit et pratique de l'arbitrage international en France, FEDUCJ, *Paris, 1985*. – SERAGLINI, Lois de police et justice arbitrale internationale, *Dalloz 2001 ; Rev. arb. 2003. 1102* (bon usage des principes Unidroit dans l'arbitrage international) ; *Gaz. Pal. 14-15 déc. 2007, p. 5* (les parties faibles face à l'arbitrage international : à la recherche de l'équilibre). – STONE SWEET et GRISEL, *APD 2009. 75* (l'arbitrage international : du contrat dyadique au système normatif). – SYNVET, Journées de la société de législation comparée, *1991, p. 381* (arbitrage international en droit français). – Les États dans le contentieux économique international, *Rev. arb. 2003. 617*. – TRAIN, *Gaz. Pal. 2009. 2313* (recommandations de l'Association de droit international sur l'établissement de la teneur du droit applicable dans l'arbitrage commercial international).

▸ **Définition :** FOUCHARD, *Rev. arb. 1970. 59* (définition de l'arbitrage international). – LEBOULANGER, *Rev. arb. 2005. 487* (notion d'intérêts du commerce international).

▸ **Arbitrage institutionnel :** A. CALVO, *Gaz. Pal. 1998. 2. 831* (nouveau règlement d'arbitrage de la CCI). – FERRANTE, *Gaz. Pal. 2002. Doctr. 924* (règlements d'arbitrage de l'association italienne pour l'arbitrage). – JOLIVET, *Gaz. Pal. 2002. Doctr. 942* (prescription extinctive dans l'arbitrage CCI) ; *Gaz. Pal. 14-15 déc. 2007, p. 21* (chronique de jurisprudence arbitrale de la CCI : les banques dans l'arbitrage CCI). – MAYER et SILVA-ROMERO, *Rev. arb. 2011. 897* (nouveau règlement d'arbitrage de la CCI). – SILVA-ROMERO, *Rev. arb. 2005. 419* (arbitrage de la chambre de commerce internationale). – VEEDER, *Rev. arb. 2015. 49* (règlement 2014 de la LCIA).

▸ ***Arbitrage des investissements* :** LEMAIRE, *Rev. arb.* 2009. 479 (la mystérieuse *umbrella clause* – interrogations sur l'impact de la clause de respect des engagements sur l'arbitrage en matière d'investissement). – PRATTER, *Rev. crit. DIP 2015. 1150* (arbitrage des investissements). – SIMÕES E SILVA, Le consentement dans l'arbitrage CIRDI, *Paris I, 2009* (thèse dactyl.).

▸ **Convention d'arbitrage :** V. Bibl. ss. chap. I.

▸ **Tribunal arbitral :** V. Bibl. ss. chap. I.

▶ **Instance et sentence :** V. Bibl. ss. chap. II.

▶ **Reconnaissance et exécution :** V. Bibl. ss. chap. III.

▶ **Voies de recours :** V. Bibl. ss. chap. IV.

Art. 1504 **Est international l'arbitrage qui met en cause des intérêts du commerce international.**

BIBL. ▶ FOUCHARD, *Rev. arb. 1970. 59* (définition de l'arbitrage international). – LEBOULANGER, *Rev. arb. 2005. 487* (notion d'intérêts du commerce international).

a. Notion d'arbitrage international

1. *Définition.* La qualification, interne ou internationale, d'un arbitrage, déterminée en fonction de la nature des relations économiques à l'origine du litige, ne dépend pas de la volonté des parties, et fixe le régime des voies de recours ; la cour d'appel, ayant analysé les éléments, territoire et redevances du contrat de concession de licence de marques, a exactement qualifié l'arbitrage d'international. • Civ. 1re, 13 mars 2007, n° 04-10.970 P : *D. 2007. AJ 949, obs. Delpech* ; *ibid. 2008. Pan. 183, obs. Clay* ; *JCP 2007. Actu. 135, obs. Ortscheidt* ; *LPA 26 sept. 2007, p. 9, note Ben-Reguiga* ; *Rev. arb. 2007. 500, note Jaeger* ; *Rev. crit. DIP 2007. 455, note Bureau*. ♦ Il n'appartient pas aux parties de modifier le régime interne ou international de l'arbitrage, dont la qualification est déterminée en fonction de la nature des relations économiques à l'origine du litige. • Civ. 1re, 20 nov. 2013, n° 12-25.266 P : *D. 2013. 2785, obs. Delpech* ; *RTD civ. 2014. 107, obs. Barbier* ; *JCP 2014. 57, note Le Bars* ; *ibid. 256, n° 10, obs. Nourissat* ; *ibid. E 2014. 1075, obs. Seraglini* ; *ibid. 1076, note Le Bars* ; *Gaz. Pal. 8 mars 2014, p. 13, note Bensaude* ; *ibid. 11 mars 2014, p. 34, note Nioche* ; *RLDA avr. 2014, n° 5075, obs. Mestre et Mestre-Chami* ; *Procédures 2014, n° 49, note Weiller.* ♦ L'internationalité de l'arbitrage fait exclusivement appel à une définition entièrement économique selon laquelle il suffit que le litige soumis à l'arbitre porte sur une opération qui ne se dénoue pas économiquement dans un seul État, et ce, indépendamment de la qualité ou de la nationalité des parties, de la loi applicable au fond ou à l'arbitrage, ou encore du siège du tribunal arbitral. • Paris, 10 mai 2007 : *Rev. arb. 2007. 825, note Chantebout.* ♦ En matière d'arbitrage international, la notion de commercialité ne se confond pas avec celle d'acte de commerce au sens étroit et technique des droits internes. • Paris, 13 juin 1996 : *Rev. arb. 1997. 251, note Gaillard* ; *JDI 1997. 151, note Loquin.* ♦ *Add.* • Paris, Pôle 1, ch. 1, 29 mai 2018, n° 15/20168 : *Rev. arb. 2018. 477.*

2. *Illustrations.* Le caractère international d'une opération économique se déduit du fait qu'une convention d'ouverture de compte a eu pour effet un transfert de fonds entre la France et les États-Unis, peu important, dans ces conditions, que l'une des parties ne fût pas commerçante. • Civ. 1re, 30 mars 2004, n° 02-12.259 P : *D. 2004. 2458, note Najjar* ; *ibid. 2005. Pan. 3053, obs. Clay* ; *RTD com. 2004. 447, obs. Loquin* ; *Rev. arb. 2005. 115, note Boucobza* ; *JCP E 2005. 676, obs. Seraglini.* ♦ Une clause d'arbitrage contenue dans un contrat de « conseiller » conclu entre une société et un non-commerçant est valable du fait du caractère international des opérations concernées. • Civ. 1re, 28 janv. 2003, n° 00-22.680 P : *Rev. crit. DIP 2003. 641, note Jault-Seseke* ; *Rev. arb. 2003. 1337, obs. Legros.* ♦ Suivant l'art. 1492 ancien (auj. 1504), le caractère international de l'arbitrage résulte de l'internationalité économique de l'opération envisagée par le rapport litigieux, indépendamment de la qualité ou de la nationalité des parties, de la loi applicable au rapport considéré ou à l'arbitrage ou encore du siège arbitral. • Paris, 25 mars 1999 : *Rev. arb. 2003. 123, note Fouchard.* ♦ Le caractère international de l'arbitrage doit être déterminé en fonction de la réalité économique du processus à l'occasion duquel il est mis en œuvre. • Paris, 17 janv. 1984 : *Rev. arb. 1984. 498, note Fouchard.* ♦ Il suffit, à cet égard, que l'opération économique réalise un transfert de biens, de services. • Paris, 25 janv. 1988 : *Rev. arb. 1988. 565* ; *JDI 1989. 1021, note Loquin* (exploitation d'un film). ♦ ... Ou de fonds. • Paris, 9 juin 1983 : *Rev. arb. 1983. 497, note Vasseur* (transfert de capitaux) • 26 avr. 1985 : *Rev. arb. 1985. 311, note Mezger* ; *JDI 1986. 175, note Jacquet.* ♦ ... De technologie et de personnel. • Paris, 24 avr. 1992 : *D. 1992. IR 197.* ♦ ... A travers les frontières, la nationalité des parties, la loi applicable au contrat ou à l'arbitrage, de même que le lieu de l'arbitrage étant, en revanche, inopérants. • Paris, 18 janv. 1983 : *Rev. arb. 1984. 87, note Mayer* • 5 avr. 1990 : *D. 1990. IR 116* ; *Rev. crit. DIP 1991. 580, note Kessedjian*. ♦ Autrement dit, il suffit que le litige soumis à l'arbitre porte sur une opération qui ne se dénoue pas automatiquement dans un seul État. • Paris, 14 juin 2001 : *Rev. arb. 2001. 773, note Seraglini.* ♦ L'arbitrage rendu l'ayant été relativement à la propriété de l'immeuble et du fonds de la Bibliothèque polonaise de Paris ainsi qu'à son exploitation à l'aide de capitaux étrangers présente un caractère international. • Civ. 1re, 8 oct. 2009, n° 07-21.990 P. ♦ C'est à bon droit qu'une cour d'appel a estimé qu'un contrat, passé entre Français domiciliés en france, qui soumettait au droit français les rapports des parties entre elles, n'avait pas, même si l'un des cocontractants était appelé à s'expatrier, le caractère d'un contrat international, de sorte que la clause compromissoire qu'il contenait était nulle. • Civ. 1re, 7 oct. 1980 : *Bull. civ. I, n° 242 ; JCP 1980. II. 19480, concl. Gulphe ; Rev. arb. 1982. 36, note Level.*

3. Unicité de qualification. Un arbitrage unique n'est susceptible que d'une seule qualification, soit d'arbitrage international, soit d'arbitrage interne. • Paris, 29 mars 2001 : *Rev. arb. 2001. 543, note Bureau* conf. par • Civ. 1re, 3 juin 2003 : *JCP 2004. I. 119, n° 5, obs. Ortscheidt.*

b. Domaine de l'arbitrage international

4. Contrat international (en général). La clause compromissoire est valable dans les contrats internationaux. • Cass., 19 févr. 1930 : *DH 1930. 1. 228 ; S. 1933. 1. 41 (1re esp.), note Niboyet* • Cass., 27 janv. 1931 : *S. 1933. 1. 41 (2e esp.), note Niboyet* • Paris, 13 déc. 1975 : *Rev. arb. 1977. 147, note Fouchard.*

5. Contrat de travail international. La clause compromissoire insérée dans un contrat de travail international n'est pas opposable au salarié qui a saisi régulièrement la juridiction française compétente en vertu des règles applicables, peu important la loi régissant le contrat de travail. • Soc. 16 févr. 1999, n° 96-40.643 P : *D. Affaires 1999. 574, obs. Guiomard ; JCP E 1999. 1685, note Coursier* • 4 mai 1999, n° 97-41.860 P : *JCP 2000. II. 1143, note Ammar* • 9 oct. 2001, n° 99-43.288 P • 28 juin 2005, n° 03-45.042 P : *D. 2005. Pan. 3052, obs. Clay ; JCP 2005. I. 179, obs. Béguin ; JDI 2006. 616, note Sana-Chaillé de Néré.* ♦ Comp. antérieurement : la clause compromissoire incluse dans un contrat de travail, même international, soumis à la loi française est nulle. • Soc. 12 févr. 1985 : *D. 1985. IR 456, obs. Lyon-Caen ; Rev. arb. 1986. 47, note Moreau-Bourlès ; Rev. crit. DIP 1986. 469, note Niboyet-Hoegy.*

6. Contrat de consommation international. La clause compromissoire insérée dans un contrat de consommation international doit recevoir application en vertu de l'indépendance d'une telle clause en droit international sous la seule réserve des règles d'ordre public international, qu'il appartiendra à l'arbitre de mettre en œuvre, sous le contrôle du juge de l'annulation, pour vérifier sa propre compétence, spécialement en ce qui concerne l'arbitrabilité du litige. • Civ. 1re, 21 mai 1997 : *Rev. crit. DIP 1998. 97, note Heuzé ; Rev. arb. 1997. 537, note Gaillard.* ♦ V. aussi • Civ. 1re, 12 mai 2010.

7. Brevet d'invention. Il est constant que les litiges sur des contrats relatifs à l'exploitation des brevets, qu'il s'agisse d'interprétation ou d'exécution du contrat, sont arbitrables. • Paris, 1re ch., 28 févr. 2008 : *D. 2008. 1325, note Meese ; RTD com. 2008. 516, obs. Loquin ; JCP E 2008. 1582, note Caron ; CCE 2008. Comm. 75, note Caron ; Rev. arb. 2008. 712, note Azzi ; LPA 3 oct. 2008, p. 3, note Benabou.*

8. Au surplus, la question de la validité du brevet débattue de manière incidente à l'occasion d'un litige de nature contractuelle peut être soumise à un arbitre, l'invalidité éventuellement constatée n'ayant pas plus que s'il s'agissait de la décision d'un juge, d'autorité de la chose jugée car elle ne figure notamment pas au dispositif, qu'elle n'a d'effet qu'à l'égard des parties, de même d'ailleurs qu'une décision en faveur de la validité, les tiers pouvant toujours demander la nullité du brevet pour les mêmes causes. • Paris, 1re ch., 28 févr. 2008. ♦ V. toutefois, en constatant que le tribunal arbitral avait retenu que les dépôts des demandes de brevets ne comportaient aucune information confidentielle, le savoir-faire incorporé dans ces demandes figurant déjà dans l'état de la technique, tel qu'il résultait notamment d'un brevet russe précédemment publié, que le demandeur en annulation n'établissait pas de préjudice, que l'office allemand des brevets n'avait pas eu connaissance de l'antériorité russe, laquelle avait une incidence substantielle sur la valeur des brevets, la cour d'appel en a exactement déduit que le tribunal arbitral ne s'était pas prononcé à titre principal sur la validité des brevets. • Civ. 1re, 12 juin 2013.

9. Droit de la concurrence. Si le caractère de loi de police économique de la règle communautaire du droit de la concurrence interdit aux arbitres de prononcer des injonctions ou des amendes, ils peuvent néanmoins tirer les conséquences civiles d'un comportement jugé illicite au regard des règles d'ordre public pouvant être directement appliquées aux relations des parties en cause, même si celles-ci ne sont pas ensemble attraites à la procédure arbitrale. • Paris, 19 mai 1993 : *RTD com. 1993. 445, obs. Dubarry et Loquin .*

10. Office de l'arbitre. Il appartient aux arbitres de mettre en œuvre, le cas échéant, les règles de l'ordre public international, sous le contrôle du juge de l'annulation, pour vérifier leur propre compétence, spécialement en ce qui concerne l'arbitrabilité du litige. • Civ. 1re, 30 mars 2004, n° 02-12.259 P : *D. 2004. 2458, note Najjar ; ibid. 2005. Pan. 3053, obs. Clay ; RTD com. 2004. 447, obs. Loquin ; Rev. arb. 2005. 115,* note Boucobza ; JCP E 2005. 676, obs. *Seraglini.*

Art. 1505 **En matière d'arbitrage international, le juge d'appui de la procédure arbitrale est, sauf clause contraire, le président du** *(Décr. n° 2019-966 du 18 sept. 2019, art. 8, en vigueur le 1er janv. 2020)* **« tribunal judiciaire** *[ancienne rédaction : tribunal de grande instance]* **» de Paris lorsque :**

1° L'arbitrage se déroule en France ou

2° Les parties sont convenues de soumettre l'arbitrage à la loi de procédure française ou

3° Les parties ont expressément donné compétence aux juridictions étatiques françaises pour connaître des différends relatifs à la procédure arbitrale ou

4° L'une des parties est exposée à un risque de déni de justice.

Les dispositions des 2° et 3° de l'art. 1505 s'appliquent lorsque la convention d'arbitrage a été conclue après le 1er mai 2011 (Décr. n° 2011-48 du 13 janv. 2011, art. 3-1°).

BIBL. ▸ FOUCHARD, *Rev. arb. 1985. 5* (coopération du président du TGI à l'arbitrage) ; *ibid. 2002. 579* (recours pour excès de pouvoir). – GOLDMAN, *Mél. Bellet, 1991, p. 219* (instance judiciaire et instance arbitrale internationale). – KAUFMANN-KOHLER, *Rev. arb. 1948. 517* (lieu de l'arbitrage et mondialisation). – M. PHILIPPE, *Gaz. Pal. 5-6 nov. 2003, p. 21* (difficultés procédurales causées par les clauses compromissoires paritaires et les tribunaux arbitraux tronqués).

a. Règle de compétence

1. *Déni de justice.* L'impossibilité pour une partie d'accéder au juge arbitral, chargé de statuer sur sa prétention, à l'exclusion de toute juridiction étatique, et d'exercer ainsi un droit qui relève de l'ordre public international consacré par les principes de l'arbitrage international et l'art. 6 § 1, Conv. EDH, constitue un déni de justice qui fonde la compétence internationale du président du TGI de Paris, dans la mission d'assistance et de coopération du juge étatique à la constitution d'un tribunal arbitral, dès lors qu'il existe un rattachement avec la France. • Civ. 1re, 1er févr. 2005, n° 01-13.742 P : *D. 2005. 2727, note Hotte ; ibid. 2005. Pan. 3054, obs. Clay ; ibid. 2006. Pan. 1503, obs. Jault-Seseke ; RTD com. 2005. 266, obs. Loquin ; JCP 2005. II. 10101, note G. Kessler ; Gaz. Pal. 27-28 mai 2005, p. 37, note Train ; Rev. arb. 2005. 693, note Muir Watt ; JCP E 2005. 676, obs. Béguin.* ♦ Commet un excès de pouvoir négatif le président du TGI de Paris qui se déclare incompétent pour statuer alors qu'il était impossible pour une partie de saisir les tribunaux des pays concernés pour désigner un arbitre compte tenu du refus d'un des États de reconnaître la compétence de ces tribunaux pour procéder à cette désignation, cette impossibilité étant générale et durable, et le lien avec la France, même ténu (désignation d'un arbitre par le président de CCI de Paris) étant le seul dont les parties pouvaient utilement se prévaloir pour assurer la réalisation de leur commune volonté de recourir à l'arbitrage. • Même arrêt. ♦ C'est sans méconnaître le droit d'accès au juge garanti par l'art. 6, § 1er Conv. EDH, qu'une cour d'appel, après avoir énoncé que selon l'art. 1505, 4°, dans sa rédaction issue du décret du 13 janv. 2011, en matière d'arbitrage international, le juge d'appui de la procédure arbitrale est le président du TGI de Paris lorsque l'une des parties est exposée à un risque de déni de justice, relève que ce texte n'a pas investi le juge d'appui d'une compétence générale pour trancher tous les litiges survenant au cours de la procédure d'arbitrage mais a seulement désigné un juge étatique territorialement compétent afin de pourvoir, à titre supplétif, à la constitution d'un tribunal arbitral en cas de risque de déni de justice, et en déduit exactement qu'en se substituant au centre d'arbitrage dans l'application de son règlement, le juge d'appui avait excédé ses pouvoirs, le litige relatif à l'exécution fautive, par une institution d'arbitrage, du contrat d'organisation de l'arbitrage relevant de la compétence de la juridiction de droit commun. • Civ. 1re, 13 déc. 2017, n° 16-22.131 P : *D. 2018. Actu. 18 ; Procédures 2018, n° 50, note Weiller ; Rev. arb. 2018. 370, note Chantebout.*

b. Régime de la compétence

2. *Caractère exclusif.* La compétence du président du TGI de Paris est une compétence exclusive. • Civ. 1re, 7 mars 2000, n° 99-16.104 P : *Rev. arb. 2000. 447, note Lacabarats* (incompétence du président du TGI de Troyes). ♦ La juridiction étatique du lieu du domicile de l'arbitre dont la désignation est contestée est seule compétente pour connaître de l'action en nullité de cette désignation, à charge pour le tribunal arbitral d'en tirer toutes conséquences juridiques sur la régularité de sa composition. • Civ. 1re, 28 mars 2013, n° 11-11.320 P : *D. actu. 9 avr. 2013, obs. Delpech ; Bull. civ. I, n° 58 ; D. 2013. Actu. 929 ; ibid. Pan. 2293, obs. Bollée ; ibid. Pan. 2936, obs. Clay ; JCP 2013. 558, note de Fontmichel ; ibid. 784, obs. Ortscheidt ; Gaz. Pal. 2 juill. 2013, p. 14, note Bensaube ; ibid., p. 1783, note Foulon et Strickler* cassant • Paris, 6 janv. 2011 : *Rev. arb. 2011. 171, note Audit.*

3. *Clause contraire.* Les dispositions de l'art. 1493, al. 2, (auj. 1505) ancien ne sont que supplétives de la volonté des parties qui peuvent, par une clause contraire, désigner selon d'autres modalités une autre autorité, judiciaire ou non, par exemple le T. com. de Paris statuant en référé. • Paris, 21 nov. 2002 : *Gaz. Pal. 30-31 mai 2003, p. 14.* ♦ V. aussi, jugeant que la compétence du président du TGI de Paris n'est pas exclusive de la désignation d'un tiers ou d'un centre préconstitué pour aider les parties dans la constitution du tribunal arbitral, • Paris, 5 juin 2003 : *RTD com. 2003. 700, obs. Loquin ; Rev. arb. 2004. 134.* ♦ Comp., pour la compétence d'une institution située au lieu de l'arbitrage choisi par les parties et susceptible d'organiser un arbitrage international par application d'un règlement préexistant à la convention : • Paris, 7 févr. 2002 : *JCP 2003. I. 105, n° 11, obs. J. Ortscheidt.* ♦ Si l'opposition d'une partie à la désignation d'un arbitre peut constituer une difficulté au sens des art. 1444 et 1493 anc. (auj. 1505), la compétence du président du TGI pour en connaître n'est que supplétive et subsidiaire. • Paris, 26 nov. 1998 : *Rev. arb. 1999. 131, obs. Hory.* ♦ Elle cède devant une manifestation expresse ou implicite des parties de choisir un autre mode de règlement des incidents liés à la mise en place du tribunal arbitral. • Même arrêt. ♦ Le renvoi opéré par la clause compromissoire au règlement d'une institution d'arbitrage pour l'organisation de la procédure interdit au juge étatique de se substituer à cette institution pour la solution du différend, sauf carence de l'institution ou silence de son règlement sur le type de difficulté en question. • Même arrêt. ♦ Sur la compétence du juge d'appui français choisi par les parties dans la clause compromissoire hors les conditions posées par l'art. 1493, al. 2, (auj. 1505) ancien et des limites de ces pouvoirs : • Paris, 1er mars 2007 : *RTD com. 2008. 526, obs. Loquin* .

Art. 1506 **A moins que les parties en soient convenues autrement et sous réserve des dispositions du présent titre, s'appliquent à l'arbitrage international les articles :**

1° 1446, 1447, 1448 (alinéas 1 et 2) et 1449, relatifs à la convention d'arbitrage ;

2° 1452 à 1458 et 1460, relatifs à la constitution du tribunal arbitral et à la procédure applicable devant le juge d'appui ;

3° 1462, 1463 (alinéa 2), 1464 (alinéa 3), 1465 à 1470 et 1472 relatifs à l'instance arbitrale ;

4° 1479, 1481, 1482, 1484 (alinéas 1 et 2), 1485 (alinéas 1 et 2) et 1486 relatifs à la sentence arbitrale ;

5° 1502 (alinéas 1 et 2) et 1503 relatifs aux voies de recours autres que l'appel et le recours en annulation.

Pour des raisons de nature légistique, il a été fait choix de ne pas reprendre dans ce titre l'ensemble des articles de l'arbitrage interne ayant vocation à s'appliquer en matière d'arbitrage international. L'ancien art. 1495 renvoyait de manière générale aux titres Ier, II et III du livre IV relatifs à l'arbitrage interne, ce qui ne facilitait pas la lisibilité du texte. Pour cette raison, l'art. 1506 renvoie aux seuls articles de l'arbitrage interne dont l'application présente un intérêt en matière d'arbitrage international, cela, bien évidemment, sous réserve d'un accord contraire des parties et des dispositions spécifiques traitées dans le titre réservé à l'arbitrage international. Ainsi, l'art. 1506 ne renvoie notamment pas aux articles : 1443 à 1445, relatifs aux règles de validité interne des conventions d'arbitrage ; 1450, prévoyant que seul peut être arbitre une personne physique ; 1451 et 1463 (al. 1er), respectivement relatifs à la règle d'imparité de constitution du tribunal arbitral et au délai d'arbitrage de six mois ; 1480, relatif au principe selon lequel la sentence arbitrale doit être prise à la majorité des arbitres ; 1487 et 1488, relatifs à l'exequatur ; 1489 à 1500, relatifs aux voies de recours ; 1501, relatif à la tierce opposition (Rapport au Premier ministre relatif au Décr. n° 2011-48 du 13 janv. 2011, JO 14 janv.).

PLAN DES ANNOTATIONS

B. RENVOI À L'ART. 1484, AL. 1er ET 2 nos 70 à 72

1° AUTORITÉ DE LA CHOSE JUGÉE nos 70 et 71

2° EXÉCUTION PROVISOIRE n° 72

C. NON-RENVOI À L'ART. 1485, AL. 3 n° 73

V. VOIES DE RECOURS AUTRES QUE L'APPEL ET LE RECOURS EN ANNULATION n° 74

I. CONVENTION D'ARBITRAGE

A. RENVOI À L'ART. 1447

1. ***Indépendance de la convention d'arbitrage par rapport au contrat principal.*** En matière d'arbitrage international, l'accord compromissoire, qu'il soit conclu séparément ou inclus dans l'acte juridique auquel il a trait, présente toujours, sauf circonstances exceptionnelles, une complète autonomie juridique, excluant qu'il puisse être affecté par une éventuelle invalidité de cet acte. En raison de son autonomie, la clause arbitrale n'est pas privée d'effet du fait de la nullité, de la caducité, de l'inefficacité ou de l'expiration du contrat dans lequel elle est insérée. • Civ. 1re, 7 mai 1963, *Gosset : Bull. civ. I, n° 246 ; D. 1963. 545, note Robert ; JCP 1963. II. 13405, note Goldman ; JDI 1964. 83, note Bredin ; Rev. crit. DIP 1963. 615, note Motulsky ; Rev. arb. 1963. 60, note Francescakis.* ♦ La clause compromissoire est indépendante du contrat principal et n'est pas nécessairement soumise à la loi qui le gouverne ; sa validité ne suppose donc pas sa conformité à cette loi. • Civ. 1re, 4 juill. 1972 : *JDI 1972. 843, note Oppetit ; Rev. crit. DIP 1974. 82, note Level ; Rev. arb. 1974. 89 ; RTD com. 1973. 499, obs. Loussouarn.* ♦ En vertu d'une règle matérielle du droit international de l'arbitrage, la clause compromissoire est indépendante juridiquement du contrat principal qui la contient directement ou par référence et son existence et son efficacité s'apprécient, sous réserve des règles impératives du droit français et de l'ordre public international, d'après la commune volonté des parties, sans qu'il soit nécessaire de se référer à une loi étatique. • Civ. 1re, 20 déc. 1993, *Dalico,* n° 91-16.828 P : *D. 1994. IR 13 ; RTD com. 1994. 254, obs. Dubarry et Loquin ; Rev. crit. DIP 1994. 663, note Mayer ; Rev. arb. 1994. 116, note Gaudemet-Tallon ; JDI 1994. 432, note Gaillard et 692, note Loquin.* ♦ En vertu d'une règle matérielle du droit de l'arbitrage international, la clause compromissoire est indépendante juridiquement du contrat principal qui la contient directement ou par référence et son existence et son efficacité s'apprécient, sous réserve des règles impératives du droit français et de l'ordre public international, d'après la commune volonté des parties, sans qu'il soit nécessaire de se référer à une loi étatique. Les juges du fond n'ont pas à rechercher les conséquences de la loi étrangère applicable au litige dès lors que les parties n'avaient pas soumis la validité et les effets de leur convention d'arbitrage à cette loi ni même à aucune loi déterminée. • Civ. 1re, 30 mars 2004, *Uni-Kod,* n° 01-14.311 P : *RTD com. 2004. 443, obs. Loquin ; JCP 2004. II. 10132, note Chabot.*

2. En application du principe de validité de la convention d'arbitrage et de son autonomie en matière internationale, la nullité non plus que l'inexistence du contrat qui la contient ne l'affectent. • Civ. 1re, 25 oct. 2005, n° 02-13.252 P : *D. 2006. 199, avis Sainte-Rose ; D. 2005. 3052 et 3060, obs. Clay ; Rev. arb. 2006. 103, note Racine* • Civ. 1re, 11 juill. 2006, n° 04-14.950 P : *D. 2006. Pan. 3027, obs. Clay ; JCP 2006. I. 187, n° 9, obs. Seraglini et II. 10182, note Callé ; Rev. arb. 2006. 981.* ♦ V. précédemment : L'autonomie de la clause compromissoire trouve sa limite dans l'existence, en la forme, de la convention principale qui contiendrait la clause invoquée. • Civ. 1re, 10 juill. 1990 : *Rev. arb. 1990. 851, note Moitry et Vergne.* ♦ Pour l'application du principe d'autonomie à un contrat non entré en vigueur dès lors que le litige portait sur la conclusion du contrat. • 6 déc. 1988 : *Bull. civ. I, n° 343 ; Rev. arb. 1989. 641, note Goldman ; JDI 1990. 134, note Niboyet-Hoegy.*

3. Sur l'extension du principe d'autonomie de la convention d'arbitrage à son interprétation, V. • Paris, 7 févr. 2002 : *RTD com. 2002. 659, obs. Loquin .*

4. ***Indépendance par rapport à la loi applicable.*** En vertu d'une règle matérielle du droit international de l'arbitrage, la clause compromissoire est indépendante juridiquement du contrat principal qui la contient directement ou par référence et son existence et son efficacité s'apprécient, sous réserve des règles impératives du droit français et de l'ordre public international, d'après la commune volonté des parties, sans qu'il soit nécessaire de se référer à une loi étatique. • Civ. 1re, 20 déc. 1993, *Dalico,* n° 91-16.828 P : *D. 1994. IR 13 ; RTD com. 1994. 254, obs. Dubarry et Loquin ; Rev. crit. DIP 1994. 663, note Mayer ; Rev. arb. 1994. 116, note Gaudemet-Tallon ; JDI 1994. 432, note Gaillard ; ibid. 692, note Loquin.*

5. Sur l'énoncé d'un principe de validité de la clause d'arbitrage international : • Civ. 1re, 5 janv. 1999, *Zanzi,* n° 96-21.430 P : *Rev. arb. 1999. 260, note Fouchard ; JDI 1999. 784, note Poillot-Peruzzetto ; Rev. crit. DIP 1999. 546, note Bureau ; RTD com. 1999. 380, obs. Loquin ; D. Affaires 1999. 474, note Delpech.* ♦ Pour l'application d'une règle matérielle déduite du principe de validité de la convention d'arbitrage, V. • Civ. 1re, 28 janv. 2015 : *D. 2016. Pan. 2590, obs. Clay ; Gaz. Pal. 19-20 juin 2015, p. 16, obs. Bensaude* (pouvoir d'agir seul en vertu de la clause compromissoire sans avoir à justifier d'un mandat spécial donné par les autres sociétés membres du groupe).

6. L'engagement d'une société à l'arbitrage ne s'apprécie pas par référence à une quelconque loi nationale mais par la mise en œuvre d'une règle matérielle déduite du principe de validité de la convention d'arbitrage fondée sur la volonté commune des parties, de l'exigence de bonne foi et de la croyance légitime dans les pouvoirs du signataire de la clause pour conclure un acte de gestion courante qui lie la société. • Civ. 1re, 8 juill. 2009, n° 08-16.025 P : *D. 2009. AJ 1957, obs. Delpech ; ibid. Pan. 2384, obs. (crit.) d'Avout ; ibid. 2961, obs. Clay ; JCP 2009. 462, obs. Ortscheidt.* ♦ Par suite, c'est à bon droit qu'une cour d'appel décide qu'une société est engagée par une clause compromissoire dès lors qu'elle a laissé un de ses employés négocier seul un contrat de transport et signer une lettre d'exonération de responsabilité faisant référence à une convention d'arbitrage, sans mettre en garde le cocontractant sur un éventuel défaut de pouvoir de ce salarié, et a tacitement ratifié l'opération en demandant un devis pour une assurance complémentaire. • Même arrêt. ♦ Pour un engagement à l'arbitrage fondé sur l'apparence des pouvoirs et la croyance légitime, V. • Civ. 1re, 16 mars 2016, n° 14-23.699 P : *D. 2016. Actu. 721 ; JCP 2016. 900, n° 3, obs. Seraglini ; Rev. arb. 2016. 816, note d'Avout ; RDC 2016. 487, note Boucobza et Serinet* • Civ. 1re, 4 mai 2017, n° 16-16.853 P : *JCP 2017. 1326, n° 1, obs. Seraglini.*

7. L'acceptation des clauses compromissoires étant intervenue en même temps que l'accord des parties sur le contrat principal, et s'agissant d'établir le fait de l'acceptation par une partie des clauses compromissoires qui était seul contesté, une cour d'appel n'avait pas à statuer, quant à la forme et la preuve de ces clauses, en fonction d'une loi qui, en raison de leur autonomie en cas d'arbitrage international pouvait, d'ailleurs, ne pas leur être applicable. • Civ. 1re, 3 mars 1992 : *JDI 1993. 140, note Audit ; Rev. arb. 1993. 273, note Mayer ; RTD com. 1993. 647, obs. Dubarry et Loquin .*

8. Inapplicabilité de l'art. 2061 C. civ. Il résulte du principe de validité de la clause d'arbitrage international, sans condition de commercialité, que l'art. 2061 C. civ. est sans application dans l'ordre international. • Civ. 1re, 5 janv. 1999, *Zanzi*, n° 96-21.430 P : *Rev. arb. 1999. 260, note Fouchard ; JDI 1999. 784, note Poillot-Peruzzetto ; Rev. crit. DIP 1999. 546, note Bureau ; RTD com. 1999. 380, obs. Loquin ; D. 1999. IR 31 ; D. Affaires 1999. 474, obs. X. D.*

9. Articulation avec la convention de New York. La convention de New York réserve l'application d'un droit interne plus favorable pour la reconnaissance de la validité de la convention d'arbitrage. Aussi le principe de validité de la convention d'arbitrage international et celui selon lequel il appartient à l'arbitre de statuer sur sa propre compétence sont des règles matérielles du droit français de l'arbitrage international, qui consacrent, d'une part, la licéité de la clause d'arbitrage indépendamment de toute référence à une loi étatique et, d'autre part, l'efficacité de l'arbitrage en permettant à l'arbitre, saisi d'une contestation de son pouvoir juridictionnel, de la trancher par priorité. • Civ. 1re, 7 juin 2006, n° 03-12.034 P : *D. 2006. IR 1701 ; Rev. arb. 2006. 945, note Gaillard ; JDI 2006. 1384, note Mourre ; JCP 2006. I. 187, n° 7, obs. Seraglini.* ♦ V. aussi • Civ. 1re, 21 nov. 2006, n° 05-21.818 P : *D. 2006. Pan. 3028 et 3036, obs. Clay .*

B. RENVOI À L'ART. 1448, AL. 1er ET 2

1° PRINCIPE DE COMPÉTENCE-COMPÉTENCE

10. Principe. Le principe de validité de la convention d'arbitrage international et celui selon lequel il appartient à l'arbitre de statuer sur sa propre compétence sont des règles matérielles du droit français de l'arbitrage international, qui consacrent, d'une part, la licéité de la clause d'arbitrage indépendamment de toute référence à une loi étatique et, d'autre part, l'efficacité de l'arbitrage en permettant à l'arbitre, saisi d'une contestation de son pouvoir juridictionnel, de la trancher par priorité ; la combinaison des principes de validité et de compétence-compétence interdit, par voie de conséquence, au juge étatique français de procéder à un examen substantiel et approfondi de la convention d'arbitrage, et ce, quel que soit le lieu où siège le tribunal arbitral, la seule limite dans laquelle le juge peut examiner la clause d'arbitrage avant qu'il ne soit amené à en contrôler l'existence ou la validité dans le cadre d'un recours contre la sentence, étant celle de sa nullité ou de son inapplicabilité manifeste. • Civ. 1re, 7 juin 2006, n° 03-12.034 P : *D. 2006. IR 1701 ; Rev. arb. 2006. 945, note Gaillard ; JDI 2006. 1384, note Mourre ; JCP 2006. I. 187, n° 7, obs. Seraglini.* ♦ Il incombe seulement au juge étatique, qui retient que la convention d'arbitrage n'est pas manifestement inapplicable, de se déclarer incompétent, sans trancher de question au fond. • Civ. 1re, 12 févr. 2014, n° 13-10.346 P : *D. 2014. Actu. 490 ; JCP 2014. 226, obs. Mouralis ; Procédures 2014, n° 108, note Weiller.* ♦ Le principe selon lequel il appartient à l'arbitre de statuer sur sa propre compétence consacre la priorité de la compétence arbitrale pour statuer sur l'existence, la validité et l'étendue de la convention d'arbitrage ; seule la nullité manifeste de la convention d'arbitrage qui serait relevée par le juge ferait obstacle à ce principe. • Civ. 1re, 26 juin 2001, n° 99-17.120 P : *Gaz. Pal. 26-27 juill. 2002, p. 11, obs. du Rusquec ; Rev. arb. 2001. 529, note Gaillard.* – V., sur renvoi, • Paris, 4 déc. 2002 : *Rev. arb. 2003. 1286, note*

Gaillard. ♦ Il appartient à l'arbitre de statuer par priorité sur sa propre compétence, sauf nullité ou inapplicabilité manifeste de la convention d'arbitrage. • Com. 21 févr. 2006, n° 04-11.039 P : *D. 2006. IR 670.*

11. Indifférence de l'applicabilité de dispositions d'ordre public. En vertu du principe « compétence-compétence » selon lequel il appartient à l'arbitre international de statuer par priorité sur sa propre compétence, la juridiction étatique est sans pouvoir pour se prononcer sur cette question, sauf inapplicabilité manifeste de la clause compromissoire, peu important que des dispositions d'ordre public, fussent-elles constitutives d'une loi de police, soient applicables au fond du litige. • Civ. 1re, 8 juill. 2010, n° 09-67.013 P : *D. 2010. Pan. 2544, obs. Dorandeu ; ibid. Actu. 1797, obs. Delpech ; ibid. 2884, note Audit et Cuperlier ; Rev. crit. DIP 2010. 743, note Bureau et Muir Watt ; JCP E 2010, n° 2134, spéc. n° 13, obs. Raynard ; Gaz. Pal. 2010. 2214, note Bertrou et Attias ; RJ com. 2010. 543, obs. Berlioz ; Dr. et patr. 12/2010. 116, obs. Ancel ; RDLC 2010, n° 4, p. 149, obs. Dany ; Rev. arb. 2010. 513, note Dupeyré.*

12. Indivisibilité. La seule constatation d'une indivisibilité ne suffit pas à faire obstacle au jeu de la clause d'arbitrage. • Civ. 1re, 16 oct. 2001, n° 99-19.319 P : *D. 2001. IR 3247 ; Rev. crit. DIP. 2002. 555, note Jault-Seseke ; Rev. arb. 2002. 919, note D. Cohen ; Gaz. Pal. 21-23 juill. 2002, p. 23, obs. Niboyet.* ♦ V. déjà : Le demandeur ne peut, même en cas d'indivisibilité du litige, user de la faculté d'attraire les divers défendeurs devant une même juridiction à l'encontre des parties auxquelles le lie une convention d'arbitrage. • Civ. 2e, 3 mai 1957 : *D. 1958. 157, note Pochon ; Rev. crit. DIP 1957. 495, note Mezger* • 13 mai 1966 : *ibid. 1967. 356, note Mezger* • Poitiers, 28 nov. 1973 : *Rev. arb. 1974. 301, note Rubellin-Devichi* • Paris, 13 mai 1983 : *ibid. 1984. 115, note Bazex* • 11 févr. 1987 : *ibid. 1988. 561* • Paris, 8 déc. 1988 : *Rev. arb. 1990. 150, note Jarrosson.* ♦ Rappr. • Com. 15 juill. 1975 : *Rev. crit. DIP 1976. 132, note Lagarde ; Rev. arb. 1976. 117, note Funck-Brentano* • Com. 9 juin 1987 : *Bull. civ. IV, n° 144,* admettant le jeu de la convention d'arbitrage, mais constatation faite de ce que le litige n'est pas indivisible. ♦ V. encore Rubellin-Devichi, *Rev. arb. 1988. 515.* ♦ *Contra,* et sous la double condition que le litige soit indivisible et que la demande concernant le défendeur étranger à la clause compromissoire ait un caractère sérieux, V. • Paris, 11 déc. 1981 : *D. 1983. 387, note Lecante ; Rev. arb. 1982. 311, note Rubellin-Devichi ; RTD civ. 1983. 191, obs. Normand ; RTD com. 1982. 546, note Bénabent et Dubarry.* – En ce sens également, V. • Aix-en-Provence, 27 janv. 1978 : *Rev. arb. 1978. 527, note Viatte ; RTD civ. 1978. 917, obs. Normand.*

13. Existence de la clause compromissoire. Le principe compétence-compétence n'a pas vocation à jouer lorsque l'existence même d'une clause compromissoire, dont une partie revendique l'application devant une juridiction étatique, n'est pas établie par les documents produits. • Civ. 1re, 6 nov. 2013, n° 11-18.709 P : *RTD civ. 2014. 113, obs. Barbier ; LPA 20 févr. 2014, p. 9, note Courdier-Cuisinier ; JCP E 2014. 1075, obs. Seraglini ; Procédures 2014, n° 10, note Weiller.*

14. Saisine du tribunal arbitral. L'instance arbitrale est en cours au sens de l'art. L. 621-41 C. com. à partir du jour où le tribunal arbitral est définitivement constitué et peut donc être saisi du litige, c'est-à-dire à partir de l'acceptation par tous les arbitres de leur mission. • Civ. 1re, 30 mars 2004, n° 01-11.951 P : *D. 2004. Somm. 3183, obs. Clay ; APC 2004, n° 112, obs. Vallansan ; JCP 2004. I. 179, n° 8, obs. Ortscheidt.*

2° LIMITES

a. Nullité manifeste ou d'inapplicabilité manifeste

15. Réserve de la nullité manifeste ou de l'inapplicabilité manifeste. Seul le caractère manifeste de la nullité ou de l'inapplicabilité d'une convention d'arbitrage est de nature à faire obstacle à la compétence prioritaire des arbitres pour statuer sur leur propre compétence. • Civ. 1re, 25 mars 2015. ♦ Seule la nullité manifeste de la convention d'arbitrage est de nature à faire obstacle au principe selon lequel il appartient à l'arbitre de statuer sur sa propre compétence. • Civ. 1re, 1er déc. 1999, n° 97-21.488 P : *D. 2000. IR 1*. ♦ Il appartient à l'arbitre de statuer sur sa propre compétence ; selon ce principe, la juridiction de l'État saisie d'un litige destiné à l'arbitrage doit se déclarer incompétente, sauf nullité ou inapplicabilité manifeste de la convention d'arbitrage. • Civ. 1re, 16 oct. 2001, n° 99-19.319 P : *Rev. crit. DIP. 2002. 555, note Jault-Seseke ; Rev. arb. 2002. 919, note D. Cohen ; Gaz. Pal. 21-23 juill. 2002, p. 23, obs. Niboyet ; D. 2001. IR 3247*. ♦ Dans le même sens, V. • Civ. 1re, 16 mars 2004, n° 01-12.493 P : *Rev. crit. DIP 2004. 763, note Jault-Seseke ; Rev. arb. 2004. 843* • 30 mars 2004, n° 01-17.800 P : *Rev. arb. 2004. 847* • 27 avr. 2004, n° 01-13.831 P : *RTD civ. 2004. 770, obs. Théry ; Rev. arb. 2004. 851* • 16 nov. 2004 : *Rev. arb. 2005. 673, note Racine* • Civ. 1re, 8 juill. 2010, n° 09-67.013 P : *D. 2010. Pan. 2544, obs. Dorandeu ; ibid. Actu. 1797, obs. Delpech ; ibid. 2884, note Audit et Cuperlier ; Rev. crit. DIP 2010. 743, note Bureau et Muir Watt ; JCP E 2010, n° 2134, spéc. n° 13, obs. Raynard ; Gaz. Pal. 2010. 2214, note Bertrou et Attias ; RJ com. 2010. 543, obs. Berlioz ; Dr. et patr. 12/2010. 116, obs. Ancel ; RDLC 2010, n° 4, p. 149, obs. Dany ; Rev. arb. 2010. 513, note Dupeyré.* ♦ La combinaison des principes de validité et de compétence-compétence interdit au juge étatique français de procéder à un examen substantiel et approfondi de la convention d'arbitrage, et ce, quel que soit le lieu où siège le tribunal arbitral, la seule limite dans laquelle le juge peut examiner la clause d'arbitrage avant qu'il ne soit amené à en contrôler l'existence ou la validité dans le cadre d'un recours contre la sentence, étant celle de sa nullité ou de son inapplicabilité manifeste. • Civ. 1re, 7 juin 2006 : *D. 2006. IR 1701 ; Rev. arb. 2006. 945, note Gaillard ; JDI 2006. 1384, note Mourre ; JCP 2006. I. 187, n° 7, obs. Seraglini.*

16. Interprétation de la convention. L'appréciation de l'inapplicabilité de la clause d'arbitrage à un litige né des conditions dans lesquelles il a été mis fin aux relations contractuelles nécessite une interprétation de la convention et une recherche de la commune intention des parties. • Civ. 1re, 24 févr. 2016.

17. Procédures collectives. La règle de compétence d'ordre public énoncée par l'art. 174 du Décr. du 27 déc. 1985 ancien ne fait échec à la clause compromissoire qu'en cas de nullité manifeste ou d'inapplicabilité manifeste de la convention d'arbitrage, seules de nature à faire obstacle au principe qui consacre la priorité de la compétence arbitrale pour statuer sur l'existence, la validité et l'étendue de la convention d'arbitrage. • Com. 4 mars 2003 : *JCP 2003. I. 164, n° 6, obs. Seraglini.*

b. Illustrations

1. Exemples d'absence de nullité manifeste ou d'inapplicabilité manifeste

18. Pluralité d'institutions désignées. Il appartient à l'arbitre de statuer par priorité sur sa propre compétence, sauf nullité ou inapplicabilité manifeste de la clause d'arbitrage ; en matière d'arbitrage international se déroulant en France, les difficultés de constitution du tribunal arbitral relèvent du président du TGI de Paris ; cassation, pour violation du principe compétence-compétence, de l'arrêt qui, pour juger la clause manifestement inapplicable et dire la juridiction étatique compétente pour connaître du litige, retient que les termes de la convention, qui désignent de façon impérative deux institutions arbitrales, sont contradictoires, et qu'une nouvelle manifestation de volonté des parties est nécessaire pour la rendre efficiente, alors que ces motifs sont impropres à caractériser une inapplicabilité manifeste de la clause dès lors que la cour d'appel ne constatait pas une absence de volonté des parties de recourir à l'arbitrage et que le juge d'appui, seul compétent pour statuer sur les difficultés de constitution du tribunal arbitral, n'avait pas été saisi. • Civ. 1re, 20 févr. 2007, n° 06-14.107 P : *D. 2007. AJ 734, obs. Delpech ; ibid. 2008. Pan. 183, obs. Clay ; JCP 2007. I. 168, obs. Béguin ; RTD civ. 2008. 151, obs. Théry ; Rev. arb. 2007. 775, note Train*, solution conf. par • Civ. 1re, 4 juin 2009 (même affaire).

19. Groupe de sociétés. Pas de nullité ou inapplicabilité manifeste de la clause d'arbitrage, la cour d'appel ayant constaté que la société gérant les commandes, appartenant au même groupe que la société ayant conclu le contrat de distribution contenant la clause compromissoire, était intervenue dans l'exécution de la convention avec l'accord du distributeur, que cette intervention ne modifiait pas les données du litige et que la seule relation contractuelle en cause était celle du contrat de distribution. • Civ. 1re, 11 juill. 2006, n° 03-11.768 P: *D. 2006. Pan. 3029, obs. Clay ; JCP 2006. I. 187, n° 11, obs. Seraglini ; RTD com. 2006. 765, obs. Loquin .*

20. « Booking note ». La combinaison des principes de validité de la clause d'arbitrage international et de compétence-compétence interdit au juge étatique de statuer sur l'existence, la validité et l'étendue de la clause d'arbitrage avant que l'arbitre ne se soit prononcé sur ce point, sauf nullité ou inapplicabilité manifeste de la clause ; après avoir retenu que la vedette a été présentée par le chargeur vingt jours avant le transport, en application d'une note de réservation dont les termes ont été confirmés au destinataire et que le chargement a été opéré sur la base de cette note, constituant l'accord de volonté des parties, sans que la moindre réserve ait été émise, la cour d'appel a pu en déduire que le destinataire avait eu connaissance de la convention d'arbitrage. • Civ. 1re, 21 nov. 2006, n° 05-21.818 P : *D. 2006. Pan. 3028 et 3036, obs. Clay .*

21. Contrat de classification. Ne relève pas de cette limite la clause compromissoire insérée dans un contrat de classification opposée aux propriétaires d'un navire, l'analyse complexe en fait et en droit du litige ne pouvant conduire à l'écarter. • Civ. 1re, 7 juin 2006, n° 03-12.034 P : *D. 2006. IR 1701 ; Rev. arb. 2006. 945, note Gaillard ; JDI 2006. 1384, note Mourre ; JCP 2006. I. 187, n° 7, obs. Seraglini.*

22. Refus de mission. Le refus par les arbitres désignés de leur mission ne rend pas la clause manifestement inapplicable, seule important la commune volonté des parties de recourir à l'arbitrage. En ce cas, le règlement de la difficulté liée à la désignation des arbitres ou à leur remplacement incombe au juge d'appui. • Civ. 1re, 21 oct. 2015.

23. Impécuniosité du demandeur. Le caractère manifestement inapplicable d'une clause compromissoire, qui constitue une limite au principe selon lequel un juge saisi d'un litige au mépris d'une convention d'arbitrage doit se déclarer incompétent et renvoyer les parties à l'arbitrage, ne saurait se déduire de l'incapacité alléguée d'une partie à faire face au coût de la procédure arbitrale en raison de sa situation financière et au deni de justice qui en résulterait. • Paris, 26 févr. 2013 : *Rev. arb. 2013. 746, note Train* • Civ. 1re, 13 juill. 2016, nº 15-19.389 P : *JCP 2016. 1002, note de Fontmichel.*

24. Annulation du contrat principal. Constituent des motifs impropres à établir le caractère manifeste de la nullité ou de l'inapplicabilité de la clause d'arbitrage, seule de nature à faire obstacle à la compétence arbitrale, la constatation que le contrat principal a été annulé de par la volonté des parties et la déduction que la clause compromissoire est elle-même frappée de nullité ou de caducité comme le contrat lui-même. • Civ. 1re, 11 juill. 2006, nº 04-14.950 P : *D. 2006. Pan. 3027, obs. Clay ; JCP 2006. I. 187, nº 9, obs. Seraglini ; ibid. et II. 10182, note Callé ; Rev. arb. 2006. 981.* ♦ La clause d'arbitrage international n'étant pas affectée par les vices pouvant affecter le contrat, dont elle est autonome, le moyen pris de la nullité de la clause en raison d'un dol est inopérant. • Paris, 25 oct. 2006 : *Rev. arb. 2008. 677, note Cachard.*

25. Contrat expiré. Viole le principe de compétence-compétence l'arrêt d'appel qui, par des motifs impropres à établir le caractère manifeste de la nullité ou de l'inapplicabilité de la clause compromissoire, seule de nature à faire obstacle à la compétence arbitrale pour statuer sur l'existence, la validité et l'étendue de la convention d'arbitrage, retient que la convention n'avait été conclue que pour un an, qu'elle ne faisait pas état d'une possible reconduction, qu'il ne résulte d'aucune pièce que les parties ont entendu renouveler ou poursuivre ce contrat à son échéance, que si elles ont poursuivi, après cette date, des relations de vendeur-acheteur rien ne démontre que ces acquisitions s'inscrivent dans cette convention ou ses suites et que la seule mention de la convention dans un courrier largement postérieur par lequel le fabricant avait pris acte de la volonté du distributeur de mettre fin à leurs relations ne pouvait faire revivre un contrat expiré depuis sept ans, de sorte que la convention et la clause compromissoire qu'elle contient doivent être déclarées caduques. • Civ. 1re, 11 févr. 2009 : *JCP 2009. I. 148, obs. 6, obs. Seraglini ; Rev. arb. 2009. 155, note Train.* ♦ V. également • Civ. 1re, 8 avr. 2009 : *JCP 2009. I. 148, nº 6, obs. Seraglini.*

26. Rupture des pourparlers. Constitue des motifs impropres à établir le caractère manifeste de la nullité ou de l'inapplicabilité de la clause d'arbitrage, seule de nature à faire obstacle à la compétence arbitrale, la constatation que les demandes d'indemnisation, fondées sur une rupture brutale des pourparlers visant à la modification du contrat de distribution régissant les relations entre les parties, ne se rattachent nullement audit contrat avec lequel les pourparlers ne constituent pas un ensemble contractuel unique. • Civ. 1re, 25 avr. 2006, nº 05-15.528 P : *Rev. crit. DIP 2007. 128, note Jault-Seseke* .

27. Novation. Il appartient à l'arbitre international, en vertu du principe de « compétence-compétence », de statuer par priorité sur sa propre compétence, la juridiction étant sans pouvoir pour se prononcer sur cette question et se saisir du litige soumis à l'arbitrage. Seule la nullité ou l'inapplicabilité manifeste de la clause d'arbitrage est de nature à faire obstacle à ce principe, qui consacre la priorité de la compétence arbitrale pour statuer sur l'existence, la validité et l'étendue de la clause d'arbitrage. • Paris, 25 oct. 2006 : *Rev. arb. 2008. 677, note Cachard* (litige quant à l'efficacité du contrat originel improprement qualifié de contrat de vente et contenant la clause compromissoire, le véritable contrat de vente en étant dépourvu, novation).

28. Autres illustrations. Constituent des motifs impropres à établir le caractère manifestement inapplicable de la convention d'arbitrage du contrat de construction aux bons de commande, seule de nature à faire obstacle à la compétence de l'arbitre pour statuer sur l'existence, la validité et l'étendue de cette convention, la constatation que le bon de commande signé ne contient aucune clause compromissoire et que la demande d'intervention d'une partie dans la procédure d'arbitrage initiée par l'autre a été rejetée. • Civ. 1re, 23 sept. 2015.

29. A défaut de possibilité de résolution par la médiation ou la procédure de résolution des conflits appropriée suggérée par l'ordre des avocats, la clause prévoyant un arbitrage d'après les règles des litiges commerciaux de l'Association américaine d'arbitrage dont rien ne démontre que la mise en œuvre serait impossible, l'innapplicabilité de la convention d'arbitrage n'est pas manifeste. • Civ. 1re, 24 févr. 2016.

30. Dès lors qu'un litige est en relation avec l'accord contenant la clause d'arbitrage, il en résulte que cette convention d'arbitrage n'est pas manifestement inapplicable et que le juge renvoie exactement les parties à l'arbitrage en vertu de la règle selon laquelle il appartient à l'arbitre de se prononcer, par priorité, sur sa propre compétence. • Civ. 1re, 30 oct. 2006, nº 04-11.629 P.

31. N'est pas caractérisée la nullité ou l'inapplicabilité manifeste de la convention d'arbitrage alors qu'il est constaté que les demandeurs connaissaient l'existence de la procédure d'arbitrage et qu'il existait une incertitude tant sur le fond du litige que sur l'applicabilité et le respect des règles du procès équitable. • Civ. 1re, 23 mai 2006, nº 04-13.800 P : *Rev. crit. DIP 2007. 128, note Jault-Seseke* .

32. Une cour d'appel qui relève que les arbitres étaient nommés par le roi d'Arabie Saoudite, ce qui garantissait leur indépendance et leur impartialité à l'égard des parties, que le demandeur avait implicitement mais nécessairement adhéré aux statuts de la société saoudienne contenant la clause compromissoire en choisissant de devenir associé et que le remplacement d'un arbitre décédé était toujours possible par l'autorité royale, ce qui était déjà intervenu, en déduit exactement que la preuve du caractère manifeste de la nullité ou de l'inapplicabilité de la clause compromissoire n'est pas rapportée et renvoie à bon droit le demandeur auquel la clause était opposée à mieux se pourvoir. • Civ. 1re, 26 oct. 2011 : *BICC 15 févr. 2012, n° 137.*

33. Les motifs suivant lesquels le litige n'intéresse pas l'exécution du contrat de vente mais est relatif à la saisie d'un navire appartenant à un tiers sont impropres à établir le caractère manifeste de la nullité ou de l'inapplicabilité d'une clause compromissoire liant le vendeur et l'acheteur de marchandises transportées sur ce navire, ce caractère étant seul de nature à faire obstacle à la compétence prioritaire des arbitres pour statuer sur l'existence, la validité et l'étendue de la convention d'arbitrage, dès lors que celle-ci soumettait à l'arbitrage tout litige en rapport avec le contrat de vente, sans exclure de manière manifeste la possibilité pour les arbitres de statuer sur les conséquences dommageables pour le vendeur d'une saisie conservatoire du navire ayant eu pour objet de garantir l'exécution de ses obligations envers l'acheteur saisissant. • Com. 23 avr. 2013, n° 12-12.101 P : *RTD civ. 2013. 605, obs. Barbier ; RDBF 2013, n° 136, note Piedelièvre ; Gaz. Pal. 5 sept. 2013, p. 17, note Carayol.*

34. Est seule de nature à faire obstacle à la compétence prioritaire de l'arbitre la nullité ou l'inapplicabilité manifeste de la clause d'arbitrage et une telle clause, en raison de son autonomie par rapport à la convention principale dans laquelle elle s'insère, n'est pas affectée, sauf stipulation contraire, par l'inefficacité de cet acte, de sorte que justifie légalement sa décision, sans avoir à effectuer une recherche tirée de la qualité juridique des parties, une cour d'appel qui, pour déclarer incompétent un tribunal de commerce, relève que les sociétés en litige avaient conclu un contrat de vente, portant sur des matériels dont le défaut de conformité était allégué, qui comportait une clause d'arbitrage. • Com. 25 nov. 2008, n° 07-21.888 P : *R. 2008. 328 ; D. 2008. AJ 3091, note Delpech ; ibid. 2009. 1516, note Pillet ; JCP 2009. II. 10023, note Mainguy ; ibid. I. 148, n° 5, obs. Seraglini ; RLDC 2/2009. 13, obs. Maugeri ; Rev. arb. 2008. 677, note Cachard ; RJ com. 2009. 54, note Moreau.*

2. Exemples de nullité manifeste *ou d'inapplicabilité manifeste*

35. Pluralité de parties. Une partie n'étant pas partie au traité de réassurance comportant une clause compromissoire et le tribunal arbitral saisi en application de cette clause ayant dénié sa compétence pour connaître de toute action autre que celle de nature contractuelle tendant à la réparation par la filiale de cette partie de la perte de bénéfices subie par une autre du fait de la résiliation fautive du traité de réassurance, les juridictions étatiques sont compétentes pour connaître de l'action délictuelle contre la société-mère. • Com. 8 déc. 2015.

36. Pluralité de clauses. En présence, d'une part, de réservations de fret comportant une convention d'arbitrage et une clause selon laquelle ces documents seront annulés et remplacés par les stipulations du connaissement, d'autre part, de connaissements contenant une clause attributive de compétence au profit du pays où est établi le transporteur, la cour d'appel, qui n'a pas eu à procéder à une quelconque interprétation, en a exactement déduit que la clause compromissoire contenue aux avant-contrats qu'étaient les réservations de fret avait été remplacée, par une nouvelle expression de la volonté des parties, par les stipulations des connaissements, de sorte qu'elle était de ce fait devenue manifestement inapplicable. • Civ. 1re, 11 juill. 2006, n° 03-19.838 P : *D. 2006. Pan. 3029, obs. Clay ; RTD com. 2006. 764, obs. Loquin ; Gaz. Pal. 16-17 août 2006, p. 6, concl. Sainte-Rose ; JDI 2007. 146, note Sana-Chaillé de Néré ; JCP 2006. I. 187, n° 10, obs. Seraglini ; Rev. crit. DIP 2007. 128, note Jault-Seseke .* ♦ V. aussi • Paris, 25 juin 2013. ♦ Une cour d'appel caractérise l'inapplicabilité manifeste au litige de la clause invoquée, et partant, la compétence de la juridiction étatique en retenant d'abord que ce sont les conditions générales en vigueur à la date de l'acte litigieux qui doivent s'appliquer et, ensuite, qu'il est établi qu'à cette date ces conditions générales comportaient une clause attributive de juridiction et non une clause compromissoire, une telle clause n'y ayant été introduite qu'ultérieurement. • Civ. 1re, 27 avr. 2004, nos 01-13.831 P et 01-15.975 P.

37. Inexistence de la clause. Dès lors que sont produits aux débats le connaissement, en simple photocopie de son seul recto, ainsi que l'exemplaire des conditions générales, en photocopie et ne comportant aucun élément d'identification de son éditeur et de sa date, sans que la cour d'appel soit en mesure de vérifier que la clause dont se prévalait le demandeur était celle effectivement applicable au transport litigieux, l'impossibilité, au vu des seuls documents produits en l'état, de vérifier l'existence et le contenu de la clause d'arbitrage dont il est revendiqué le bénéfice, suffit à en établir le caractère manifestement inapplicable. • Civ. 1re, 6 nov. 2013, n° 11-18.709 P. ♦ V. pour un défaut d'acceptation. • Civ. 1re, 28 nov. 2006.

3° RECOURS

38. Pourvoi en cassation. L'exception de procédure fondée sur l'existence d'une clause compromissoire insérée dans un contrat mettant en cause les intérêts du commerce international ne concernant pas la répartition de la compétence entre les tribunaux étatiques des différents pays mais tendant à retirer à ces tribunaux le pouvoir de juger les différends relatifs à ce contrat, le pourvoi en cassation contre la décision écartant l'application de la clause compromissoire est immédiatement recevable. • Civ. 1re, 9 oct. 1990, n° 89-12.561 P : *Gaz. Pal. 1991. 2. Somm. 348, obs. Croze et Morel ; Rev. arb. 1991. 73.* ♦ Comp. • Civ. 1re, 6 nov. 1990, n° 88-12.132 P.

C. RENVOI À L'ART. 1449

39. Cas. La clause compromissoire n'exclut pas la faculté de saisir le juge des référés sur le fondement de l'art. 808 (référé-urgence). • Civ. 1re, 21 oct. 1997, n° 95-18.561 P : *D. 1997. IR 239 ; D. Affaires 1997. 1358.* ♦ ... Sur le fondement de l'art. 809, al. 2 (référé-provision), et en cas d'urgence • Civ. 1re, 20 mars 1989 : *Bull. civ. I, n° 139 ; D. 1990. 147, note Peyrard ; RTD civ. 1989. 624, obs. Perrot ; JDI 1989. 1045, note Oppetit* • Civ. 1re, 6 mars 1990, n° 88-16.369 P : *Rev. arb. 1990. 635, note Gaudemet-Tallon.*

40. Urgence. La compétence exceptionnelle reconnue au juge des référés en présence d'une convention d'arbitrage est soumise à la condition de l'urgence. • Civ. 1re, 21 oct. 1997 : *Rev. arb. 1998. 673, note Degos (2e esp.).*

41. Absence de constitution du tribunal arbitral. Seule la saisine du tribunal arbitral fait obstacle à la compétence du juge des référés pour allouer une provision lorsque l'existence de l'obligation n'est pas sérieusement contestable. • Civ. 1re, 20 mars 1989 : *préc.* • Civ. 1re, 6 mars 1990, n° 88-16.369 P : *Rev. arb. 1990. 635, note Gaudemet-Tallon.* ♦ Comp. l'existence d'une convention d'arbitrage ne fait pas obstacle, tant que le tribunal arbitral n'est pas constitué, à ce qu'une partie saisisse une juridiction de l'État aux fins d'obtenir une mesure d'instruction ou une mesure provisoire ou conservatoire. N'impliquant pas un examen au fond réservé à l'arbitre, les mesures sollicitées en référé n'empiètent pas la compétence de l'arbitre protégé par la clause d'arbitrage, dont l'efficacité n'est pas épuisée par *la procédure qui a eu lieu.* • Reims, 3 juill. 2012.

42. Convention contraire. La convention des parties peut exclure la compétence internationale de la juridiction française des référés. • Paris, 13 févr. 1990 : *D. 1990. 593, note Peyrard.*

43. Renonciation. Il ne peut être déduit de ce qu'une partie, qui ne se défendait pas au fond, ne s'est pas opposée à la compétence du juge des référés, qu'elle aurait manifestement renoncé à la clause d'arbitrage. • Paris, 25 oct. 2006 : *Rev. arb. 2008. 677, note Cachard.*

44. Pouvoirs du juge étatique. En matière d'arbitrage international, le tribunal arbitral est une juridiction internationale autonome et il n'entre pas dans les pouvoirs du juge étatique français d'intervenir dans le déroulement d'une instance devant une telle juridiction, par exemple en ordonnant une injonction tendant à faire obstacle à la poursuite des opérations d'arbitrage se déroulant à l'étranger. • Civ. 1re, 12 oct. 2011 : *BICC 1er févr. 2012, n° 74 ; Procédures 2012, n° 371, note Weiller.*

II. CONSTITUTION DU TRIBUNAL ARBITRAL ET PROCÉDURE APPLICABLE DEVANT LE JUGE D'APPUI

A. RENVOI À L'ART. 1454

45. Décès d'un arbitre. L'art. 1493 anc. (auj. 1505) donne pouvoir au président du TGI de Paris de régler les difficultés survenues non seulement lors de la constitution *ab initio* du tribunal arbitral, mais aussi à la suite d'un événement qui affecte ultérieurement la constitution de ce tribunal ... ainsi en cas de décès d'un arbitre en cours d'arbitrage. • TGI Paris, 12 juill. 1989 : *Rev. arb. 1990. 176, note Kahn.*

B. RENVOI À L'ART. 1456

46. Obligation de révélation. Critères. Il est de principe que l'arbitre doit révéler aux parties toute circonstance de nature à affecter son jugement et à provoquer dans l'esprit des parties un doute raisonnable sur ses qualités d'impartialité et d'indépendance qui sont l'essence même de la fonction arbitrale. Mais l'obligation d'information qui pèse sur l'arbitre doit s'apprécier au regard de la notoriété de la situation critiquée et de son incidence sur le jugement de l'arbitre. Ainsi la participation du président du tribunal arbitral à un colloque, qui était présidé par la directrice juridique d'une société actionnaire de l'une des parties, n'est pas susceptible de provoquer dans l'esprit des parties un doute raisonnable quant à l'indépendance de cet arbitre et le fait qu'un des associés du président du tribunal arbitral, au sein de son cabinet d'avocats, siège au conseil d'administration d'une société dont l'un des actionnaires, un fonds d'investissement américain, est également actionnaire de la société mère d'une autre société, détentrice du tiers du capital de l'une des parties au litige est un élément notoire qui ne peut être invoqué devant le juge de l'annulation. • Paris, 28 mai 2013. ♦ La proximité d'un arbitre avec une partie ou tiers intéressé à l'arbitrage qu'une partie peut raisonnablement redouter comme étant susceptible d'affecter son impartialité et son indépendance doit être appréciée au regard de la nature et de l'étendue des relations entretenues par le cabinet avec ceux-ci lorsqu'il est fait exclusivement état de ce qu'ils font partie de la clientèle du cabinet d'avocats dont l'arbitre est associé et qu'il est acquis que ce dernier ne les a jamais conseillés, représentés ni assistés dans une procédure. • Paris, 2 juill. 2013.

47. *Liens professionnels entre l'arbitre et le conseil.* Les liens professionnels entre l'arbitre et le conseil des parties, au sein d'un cabinet d'avocats, dans lequel celui-ci était responsable du département contentieux et arbitrage, avaient eu une durée limitée et leur appartenance à des associations était des éléments notoires, l'arbitre n'était pas tenu de révéler ces faits. • Civ. 1re, 28 mai 2015.

48. *Subordination du président à l'encontre d'un coarbitre.* Sur le grief de subordination du président du tribunal arbitral à l'égard d'un coarbitre au motif de leur commune participation à des colloques ou travaux dans le domaine de l'arbitrage, à l'exclusion de toute collaboration, V., se retranchant derrière l'appréciation souveraine des juges du fond. • Civ. 1re, 29 janv. 2002 : *JCP 2003. I. 105, obs. Béguin.*

49. *Connaissance insuffisante du droit applicable et de la langue de l'arbitrage.* Une partie ayant informé l'autre de sa désignation d'une personne comme arbitre, qui a indiqué être indépendant et « n'avoir pas de connaissances précises en droit allemand et ne plus pratiquer la langue allemande depuis le lycée », et l'autre partie s'étant opposée à la nomination de cette personne comme arbitre aux motifs que sa désignation préjuge de la question sur les questions du droit applicable et de la langue de l'arbitrage en rendant impossible tout autre choix que la langue française et le droit français, cette autre partie ne démontre pas la partialité de la personne désignée arbitre si elle était appelée à juger des règles de droit applicables au litige ou de la langue de l'arbitrage, ces questions, dans l'éventualité où elles seraient posées aux arbitres, pouvant être résolues d'un nombre de manière différentes en faveur desquelles il est impossible de dire que l'arbitre se déterminerait pour des raisons autres que celles qui seraient débattues pour les parties devant le tribunal arbitral. L'opposition à la nomination de cet arbitre est ainsi infondée. • Paris, 3 mai 2007 : *Rev. arb. 2008. 706, note Ortscheidt.*

50. *Présence du même arbitre dans deux arbitrages liés.* Dès lors que la première instance arbitrale opposant le prêteur à l'emprunteur portait sur le bien-fondé de la résiliation du contrat de prêt et que la seconde instance portait sur les questions distinctes de la régularité du cautionnement et de l'existence d'une obligation de donner une caution valable, la circonstance que le président du tribunal arbitral soit le même ne rend pas la constitution du tribunal arbitral irrégulière. • Civ. 1re, 2 déc. 2015 : *D. 2015. AJ 2569 ; ibid. 2016. Pan. 2032, obs. Bollée ; JCP 2016. 241, obs. Nourissat ; ibid. E 2016. 1022, note Jourdan-Marquès ; Procédures 2016, n° 19, note Weiller.* ♦ V. aussi note 19 s. ss. art. 1520.

C. RENVOI À L'ART. 1460

51. *Principe : absence de recours.* Le président du TGI de Paris, saisi comme en matière de référé, statue par ordonnance non susceptible de recours sur les difficultés auxquelles se heurte la constitution du tribunal. • Civ. 2e, 22 nov. 1989 : *Bull. civ. II, n° 209 ; Rev. arb. 1990. 142, note Guinchard* (irrecevabilité du pourvoi en cassation) • Paris, 24 nov. 1989 : *Rev. arb. 1990. 176 (3e esp.), note Kahn* (irrecevabilité de l'appel).

52. *Limite : excès de pouvoir.* L'appel tendant à la nullité de l'ordonnance n'est ouvert qu'en cas d'excès de pouvoir. • Civ. 1re, 7 mars 2000, n° 99-16.103 P : *Rev. arb. 2000. 447, note Lacarabats.* ♦ L'arbitre investi en méconnaissance de la volonté des parties ou des art. 1493, 1457, al. 1er, 1504 ou 1502, 2°, anc., est irrégulièrement désigné ; la décision du juge qui procède à cette désignation sans y être habilité est susceptible d'appel (en l'espèce, alors que la convention d'arbitrage prévoyait la désignation de l'arbitre par le président du T. com. statuant en référé, ce dernier avait dit n'y avoir lieu à référé, en raison d'une difficulté sérieuse, et renvoyé le demandeur à assigner au principal, suite à quoi l'arbitre avait été désigné par le T. com. saisi au fond). • Civ. 1re, 10 mai 1995, n° 92-19.111 P. ♦ Pour un refus d'excès de pouvoir et, en conséquence l'irrecevabilité de l'appel-nullité : • Civ. 1re, 25 juin 2014.

53. *Autorité de la chose jugée.* La demande de récusation ayant été rejetée par le juge d'appui, le recours en annulation ne peut être fondé que sur des éléments nouveaux qui n'avaient pas pu être portés à la connaissance de ce dernier. • Civ. 1re, 4 nov. 2015. ♦ La quasi-totalité des faits dénoncés figurant dans la requête en récusation qui avait été rejetée, le moyen d'annulation pris de la composition irrégulière du tribunal arbitral est irrecevable. • Civ. 1re, 4 nov. 2010. ♦ V. encore. • Paris, 6 avr. 1990 : *Rev. arb. 1990. 880, note (crit.) De Boisséson* (irrecevabilité du recours en annulation).

III. INSTANCE ARBITRALE

A. RENVOI À L'ART. 1463, AL. 2

54. *Délai.* La loi française n'exige pas, en matière d'arbitrage international, que les pouvoirs des arbitres soient enfermés, à défaut de délai conventionnel, dans un délai légal. • Civ. 1re, 15 juin 1994.

B. RENVOI À L'ART. 1464, AL. 3

55. *Loyauté procédurale.* Une société excipant tardivement des griefs dont elle n'établit pas qu'elle n'en aurait pas eu ou pu avoir connaissance antérieurement manque à son obligation de loyauté procédurale, de sorte qu'elle est irrecevable à critiquer la sentence en reprochant aux arbitres un manquement à leur obligation de révélation. • Civ. 1re, 19 déc. 2012, n° 10-27.474 P : *D. 2012. Actu. 95* ; *ibid. Pan. 2936, obs. Clay* ; *Gaz. Pal. 30 avr. 2013, p. 16, note Bensaube.* ♦ Alors que dans ses écritures devant la cour d'appel, la défenderesse faisait grief au liquidateur de l'autre partie au contrat de s'être volontairement abstenu de participer à la procédure après en avoir été pleinement informé et avoir été mis en cause, ce qui lui interdisait de s'en plaindre en appel, et en tirait la conclusion qu'il était censé avoir renoncé à se prévaloir des éventuelles irrégularités de la procédure et que le liquidateur avait agi sciemment, par collusion frauduleuse et dans le but de se réserver un moyen de recours contre la sentence, c'est sans violer le principe de la contradiction que la cour d'appel a qualifié d'estoppel l'attitude procédurale du liquidateur, dès lors que les domaines d'application respectifs de la règle de l'estoppel et du principe de la renonciation peuvent, dans certains cas, être identiques et qu'il appartient au juge de l'annulation de faire respecter la loyauté procédurale des parties à l'arbitrage. • Civ. 1re, 6 mai 2009, n° 08-10.281 P : *D. 2009. AJ 1422, obs. Delpech* ; *JCP 2009, n° 36, 1814, p. 32, obs. Ph. Pétel* ; *ibid. 462, n° 7, obs. Béguin* ; *ibid. 534, note Bolard* ; *Gaz. Pal. 18 juill. 2009, p. 45, obs. Mourre* ; *ibid. 2009, 2716, n° 1942, note Mélin* ; *LPA 21 juill. 2009, note Mouralis* ; *Dr. et pr. 2009. 270, note Cuniberti* ; *Procédures 2009, n° 236, note Rolland* ; *RTD com. 2009. 546, obs. Loquin* .

C. RENVOI À L'ART. 465

56. Principe de compétence-compétence. V. notes 5 s. et notes ss. art. 1448.

57. Limites : nullité manifeste ou inapplicabilité manifeste. V. notes 9 s. et notes ss. art. 1448.

D. RENVOI À L'ART. 1466

1° RENONCIATION

58. Absence ou nullité de la convention d'arbitrage. Tout grief invoqué à l'encontre d'une sentence au titre de l'art. 1502 anc. (auj. 1520) C. pr. civ. doit, pour être recevable devant le juge de l'annulation, avoir été soulevé, chaque fois que cela était possible, devant le tribunal arbitral lui-même (irrecevabilité à soulever l'absence de convention d'arbitrage). • Civ. 1re, 31 janv. 2006, n° 03-19.054 P. ♦ Une partie, en participant à la procédure sans émettre aucune réserve sur l'investiture des arbitres, n'est pas recevable à contester devant elle la validité de la convention d'arbitrage. • Civ. 1re, 6 mai 2003, n° 00-16.822 P : *Rev. crit. DIP 2004. 124, note Chilstein* ; *JCP 2003. I. 164, n° 7, obs. Ortscheidt* ; *Gaz. Pal. 7-8 avr. 2004, p. 16, obs. du Rusquec* ; *Rev. arb. 2004. 311, note Racine.* ♦ La partie qui a saisi une chambre arbitrale d'une demande d'arbitrage ne peut soutenir, par un moyen contraire, que les arbitres ont statué sans convention d'arbitrage. • Civ. 2e, 26 janv. 1994, n° 92-12.307 P. ♦ De même, une partie qui a excipé avec succès devant le juge étatique de l'existence d'une convention d'arbitrage est irrecevable à soulever l'absence de convention d'arbitrage pour obtenir l'annulation de la sentence sur le fondement de l'art. 1502-1° anc. (auj. 1520-1°). • Paris, 20 sept. 2007 : *D. 2008. Pan. 188, obs. Clay* ; *JCP 2007. I. 216, n° 4, obs. Béguin* ; *LPA 24-25 mars 2008, p. 25, note Clavel.*

59. Expiration de la convention d'arbitrage. Une partie ne peut se prévaloir des irrégularités tirées de l'absence de notification aux parties des prorogations de délais accordées au tribunal arbitral alors que cette notification ne s'imposait pas et que par son comportement actif, et notamment par le paiement des frais en cours de délibéré, elle a manifesté sa volonté non équivoque de participer à l'arbitrage jusqu'au prononcé de la sentence et d'accepter les prorogations de délais, de sorte qu'elle a renoncé à se prévaloir de toute irrégularité de ce chef. • Civ. 1re, 6 juill. 2005, n° 03-15.223 P.

60. Irrégularité de la constitution. La partie qui, en connaissance de cause, s'abstient d'exercer, dans le délai prévu par le règlement d'arbitrage applicable, son droit de récusation, en se fondant sur toute circonstance de nature à mettre en cause l'indépendance ou l'impartialité d'un arbitre, est réputée avoir renoncé à s'en prévaloir devant le juge de l'annulation. • Civ. 1re, 25 juin 2014, n° 11-26.529 P : *D. 2014. Actu. 1387* ; *ibid. 1976, note Bollée* ; *ibid. 1986, note Le Bars* ; *ibid. Pan. 2548, obs. Clay* ; *JCP 2014. 857, note Seraglini* ; *ibid. 977, note Nourissat* ; *LPA 28 oct. 2014, p. 5, note Henry* ; *Gaz. Pal. 21-23 déc. 2014, p. 32, note Nioche* ; *ibid. 22 nov. 2014, p. 15, note Bensaube* ; *Procédures 2014, n° 269, note Weiller.* ♦ Dès lors, il incombe à ce juge de rechercher si, relativement à chacun des faits et circonstances qu'il retient comme constitutifs d'un manquement à l'obligation d'indépendance et d'impartialité de l'arbitre, le délai imparti par le règlement d'arbitrage pour exercer le droit de récusation a, ou non, été respecté. • Même arrêt.

61. Une société excipant tardivement des griefs dont elle n'établit pas qu'elle n'en aurait pas eu ou pu avoir connaissance antérieurement manque à son obligation de loyauté procédurale, de sorte qu'elle est irrecevable à critiquer la sentence en reprochant aux arbitres un manquement à leur obligation de révélation. • Civ. 1re, 19 déc. 2012, n° 10-27.474 P : *D. 2012. Actu. 95* ; *ibid. Pan. 2936, obs. Clay* ; *Gaz. Pal. 30 avr. 2013, p. 16, note Bensaube.*

62. Après avoir constaté qu'une partie, qui avait sollicité la démission d'un arbitre, avait été immédiatement informée par le président du tribunal arbitral que la procédure avait été clôturée et que la sentence était déjà soumise au processus d'examen de la Cour internationale d'arbitrage, relevé que celle-ci avait invité les parties à faire valoir leurs commentaires relatifs à cette démission ainsi qu'à la mise en œuvre de l'art. 12 (5) du règlement d'arbitrage et retenu que cette partie s'était abstenue de présenter ses observations sur la poursuite de l'arbitrage par leurs seuls arbitres restants, la cour d'appel en a exactement déduit qu'elle avait renoncé à se prévaloir du moyen tiré de l'irrégularité de la constitution du tribunal arbitral. • Civ. 1re, 27 janv. 2016.

63. Violation du principe du contradictoire. Une partie ayant eu connaissance des communications téléphoniques échangées avec le président du tribunal arbitral de manière tout à fait fortuite, à la fin de la procédure, une cour d'appel peut en déduire que cette prise de connaissance était intervenue avant l'audience de plaidoiries et de clôture des débats et en conclure que s'étant abstenue de protester à ce moment-là contre l'irrégularité alléguée, elle était réputée y avoir renoncé. • Civ. 1re, 28 mai 2008 : *Rev. arb. 2008. 691, note (crit.) Bureau.* ♦ Comp., jugeant que tout grief invoqué à l'encontre d'une sentence au titre de l'art. 1502 (auj. 1520) doit, pour être recevable devant le juge de l'annulation, avoir été soulevé, chaque fois que cela était possible, devant le tribunal arbitral lui-même. • Paris, 22 mai 2003 : *Rev. arb. 2004. 132* • 19 juin 2003 : *ibid. 2004. 137.* ♦ V. égal. • Paris, 28 févr. 2008 : *préc.* (absence d'invitation à faire des observations sur la méthode d'observation du préjudice proposée par la partie adverse non soulevée par la partie demanderesse à l'annulation lorsque cela lui était possible dans l'arbitrage).

2° ESTOPPEL

64. Définition. BIBL. Kleiman, *JCP 2010. 303* (définition). ♦ L'estoppel sanctionne le comportement procédural d'une des parties lorsqu'il est constitutif d'un changement de position, en droit, de nature à induire son adversaire en erreur sur ses intentions. • Civ. 1re, 3 févr. 2010, n° 08-21.288 P : *D. 2010. AJ 448, obs. Delpech ; ibid. Pan. 2933, obs. Clay ; ibid. 2011. Pan. 265, obs. Fricero ; JCP 2010. 178, obs. Ortscheidt ; ibid. 626, note Houttcieff ; ibid. 546, n° 10, obs. Clay ; ibid. 644, obs. Béguin ; Gaz. Pal. 28-29 mai 2010, p. 39, note Train ; ibid. 8 juin 2010, p. 14, note Bensaude ; Rev. arb. 2010. 92, note Weiller ; RJ com. 2010. 357, note Boillot ; ibid. 2011. 101, note Moreau ; LPA 22 févr. 2010, p. 12, note Mouralis.*

65. Illustrations. C'est à juste titre qu'une cour d'appel décide qu'une partie, qui a formé une demande d'arbitrage devant un tribunal institué en vue de régler les différents entre deux pays et qui a participé sans aucune réserve pendant plus de neuf ans à la procédure arbitrale, est irrecevable, en vertu de la règle de l'estoppel, à soutenir, par un moyen contraire, que cette juridiction a statué sans convention d'arbitrage ou sur convention nulle, faute de convention qui lui soit applicable. • Civ. 1re, 6 juill. 2005, n° 01-15.912 P : *D. 2005. Pan. 3050, obs. Clay ; ibid. 2006. 1424, note Agostini ; RTD com. 2006. 309, obs. Loquin ; JCP 2005. I. 179, obs. Ortscheidt ; Gaz. Pal. 24-25 févr. 2006, p. 18, note Train ; Rev. arb. 2005. 993, note Pinsolle ; JDI 2006. 608, note Béhar-Touchais ; RJ com. 2007. 46, obs. Rueda.* ♦ Se contredit au détriment d'autrui la partie qui adopte des comportements procéduraux incompatibles. Il s'ensuit que le demandeur au pourvoi n'est pas recevable à contester, devant la Cour de cassation, la compétence, au profit d'un tribunal arbitral, du juge étatique devant lequel il avait été assigné dès lors qu'avant de former son pourvoi, il avait assigné son adversaire devant une juridiction étatique et qu'il avait, à l'occasion d'une demande d'arbitrage présentée par un tiers, contesté la compétence de la juridiction arbitrale pour connaître d'une action dirigée contre celui-là. • Civ. 1re, 26 oct. 2011, n° 10-17.708 P : *BICC 15 févr. 2012, n° 138.* ♦ Alors que dans ses écritures devant la cour d'appel, la défenderesse faisait grief au liquidateur de l'autre partie au contrat de s'être volontairement abstenu de participer à la procédure après en avoir été pleinement informé et avoir été mis en cause, ce qui lui interdisait de s'en plaindre en appel, et en tirait la conclusion qu'il était censé avoir renoncé à se prévaloir des éventuelles irrégularités de la procédure et que le liquidateur avait agi sciemment, par collusion frauduleuse et dans le but de se réserver un moyen de recours contre la sentence, c'est sans violer le principe de la contradiction que la cour d'appel a qualifié d'estoppel l'attitude procédurale du liquidateur, dès lors que les domaines d'application respectifs de la règle de l'estoppel et du principe de la renonciation peuvent, dans certains cas, être identiques et qu'il appartient au juge de l'annulation de faire respecter la loyauté procédurale des parties à l'arbitrage. • Civ. 1re, 6 mai 2009, n° 08-10.281 P : *D. 2009. AJ 1422, obs. Delpech ; JCP 2009, n° 36, 1814, p. 32, obs. Ph. Pétel ; ibid. 462, n° 7, obs. Béguin ; ibid. 534, note Bolard ; Gaz. Pal. 18 juill. 2009, p. 45, obs. Mourre ; ibid. 2009, 2716, n° 1942, note Mélin ; LPA 21 juill. 2009,* note Mouralis ; Dr. et pr. 2009. *270, note Cuniberti ; Procédures 2009, n° 236, note Rolland ; RTD com. 2009. 546, obs. Loquin*, cassation sur un autre fondement de • Paris, 8 nov. 2007 : *D. 2008. Pan. 188, obs. Clay ; LPA 24-25 mars 2008, p. 25, note Clavel.*

66. Contre-exemples. L'absence de contestation d'une ordonnance de procédure n'est pas suffisante, à elle seule, pour constituer un estoppel et la priver du droit de demander l'annulation de la sentence. • Civ. 1re, 3 févr. 2010 : *préc.*

IV. SENTENCE ARBITRALE

BIBL. Nataf et Nyssen, *Rev. arb. 2010. 783* (l'*infra petita* dans les sentences rendues en matière d'arbitrage international).

A. RENVOI À L'ART. 1479

67. *Forme du délibéré.* Aucune forme particulière n'est requise pour le délibéré. • Civ. 2e, 28 janv. 1981 : *Bull. civ. II, no 17 ; D. 1981. IR 369, obs. Julien ; Gaz. Pal. 1981. 2. 373, note Viatte ; Rev. arb. 1982. 429, note Fouchard ; RTD com. 1981. 732, obs. Dubarry et Bénabent* (délibéré par correspondance).

68. *Sanction de la violation.* Si l'exigence de délibéré représente une règle fondamentale de la procédure arbitrale qui garantit la nature juridictionnelle de la décision à laquelle parvient le tribunal arbitral en permettant à chacun des arbitres de débattre de toute décision avec les autres, la simple méconnaissance du secret du délibéré n'est en soi, ni une cause d'annulation, ni un cas d'ouverture de l'appel, sauf à démontrer une violation de l'ordre public international. • Paris, 9 oct. 2008 : *JCP 2009. I. 148, no 9, obs. Béguin* • 27 nov. 2008 : *JCP 2009. I. 148, no 9, obs. Béguin.*

69. *Principe de collégialité.* Le principe de collégialité suppose que chaque arbitre ait eu la faculté de débattre de la décision avec les autres. Une réunion collégiale ayant eu lieu et l'un des arbitres ayant pu manifester son opposition par une opinion dissidente, il existe une présomption de délibéré de la sentence et il appartient à celui qui prétend à une absence de délibération de le prouver. En conséquence, le principe de collégialité n'est pas violé. • Civ. 1re, 29 juin 2011.

B. RENVOI À L'ART. 1484, AL. 1er ET 2

BIBL. Bollée, *Rev. arb. 2015. 695* (les effets des sentences arbitrales à l'égard des tiers). – Callé, *Rev. arb. 2016* (l'autorité de la chose jugée et les tiers). – Jarrosson, *Procédures 2007. Étude 17* (l'autorité de la chose jugée des sentences arbitrales). – Vaillard, *Rev. crit. DIP 2012. 16* (domaine de l'autorité de la chose arbitrée).

1o AUTORITÉ DE LA CHOSE JUGÉE

70. *Clause de réexamen stipulée par les parties.* Dès lors qu'il est constaté qu'en application de la convention d'arbitrage les parties se sont réservé la faculté de demander le réexamen de la décision du tribunal arbitral et que celle-ci n'acquerrait force de chose jugée qu'à défaut d'une demande de nouvel examen dans le délai convenu, il est exactement déduit de ce que le qualificatif de sentence arbitrale définitive attribuée par les arbitres à leur décision faisait seulement référence au fait qu'ils y avaient réglé les derniers points en litige après plusieurs sentences partielles, que la demande de réexamen anéantissait la décision originaire qui est donc dépourvue de toute autorité de la chose jugée. • Civ. 1re, 5 mars 2014, no 12-29.112 P : *D. actu. 12 mars 2014, obs. Delpech ; D. 2014. Actu. 671 ; JCP 2014. 333, obs. B. Le Bars ; ibid. 1430, obs. Ortscheidt ; Procédures 2014, no 147, note Weiller.*

71. *Effets à l'égard des tiers.* Le tribunal arbitral peut, sans violer le règle « nul ne plaide par procureur », prononcer une condamnation au profit d'un tiers à l'instance, dès lors que ce tiers est bénéficiaire d'une stipulation pour autrui en raison d'un contrat liant les parties à l'instance et sur la base duquel est prononcée la condamnation. • 10 mai 1988 : *Rev. arb. 1989. 51, note Goutal.*

2o EXÉCUTION PROVISOIRE

72. *Règlement CCI.* L'art. 28 du règlement d'arbitrage de la Chambre de commerce internationale, qui stipule que toute sentence arbitrale a un caractère obligatoire pour les parties qui s'engagent à l'exécuter et sont réputées avoir renoncé à toutes voies de recours auxquelles elles peuvent valablement renoncer, ne prévoit pas que la sentence arbitrale soit exécutoire par provision. • Civ. 1re, 4 juill. 2007, no 05-16.586 P : *Rev. arb. 2008, p. 441, note P. Callé ; D. 2007. AJ 2025, obs. X. Delpech ; LPA 26 sept. 2007, p. 27, note Gillet ; Dr. et pr. 2007. 345, note Cuniberti ; JDI 2008. 173, note Sana-Chaillé de Néré.*

C. NON-RENVOI À L'ART. 1485, AL. 3

73. Lorsque les parties choisissent de soumettre leur différend à un tribunal arbitral international, elles décident de s'en remettre à un ordre juridique autonome, de sorte que le juge étatique ne peut suppléer l'absence de tribunal arbitral. La circonstance que les parties n'aient pas sollicité l'interprétation de la sentence par la juridiction arbitrale, qui pouvait être constituée, conformément à la convention d'arbitrage initiale, en respectant les règles de saisine, ne peut avoir pour effet de les autoriser à saisir le juge étatique, sauf à contourner les règles de procédure propres à l'arbitrage international. • Civ. 1re, 13 sept. 2017, no 16-16.468 : *JCP 2017. 1326, obs. Ortscheidt ; Gaz. Pal. 20 mars 2018, p. 23, note Bensaude ; Rev. arb. 2018. 221, note Libchaber.*

V. VOIES DE RECOURS AUTRES QUE L'APPEL ET LE RECOURS EN ANNULATION

74. Recours en révision. BIBL. Hascher, *Mél. Reymond, Litec, 2004, p. 111* (la révision en arbitrage international). ♦ Il résulte des principes généraux du droit en matière de fraude que, nonobstant l'exclusion du recours en révision (*contra* auj. art. 1502), la rétractation d'une sentence rendue en France doit être, exceptionnellement, admise en cas de fraude lorsque le tribunal arbitral demeure constitué après le prononcé de la sentence. • Civ. 1re, 25 mai 1992, *Fougerolle : Rev. crit. DIP 1992. 699, note Oppetit ; RTD civ. 1993. 201, obs. Perrot*. ♦ V. aussi • Paris, 15 févr. 2007 et • Paris, 27 mars 2008 : *Rev. arb. 2009. 158, note Callé* • Paris, 1re ch. 17 juin 2010 : *Cahiers de l'arbitrage 2011, p. 129, note Callé.*

CHAPITRE PREMIER LA CONVENTION D'ARBITRAGE INTERNATIONAL

BIBL. ▸ **Convention d'arbitrage :** Boucobza, *Rev. arb. 1998. 495* (clause compromissoire par référence, arbitrage international). – Boy, *Rev. int. dr. éco. 1993. 98* (personnes morales de droit public). – Cachard, *Mél. Gaudemet-Tallon, Dalloz 2008, p. 189* (la force obligatoire vis-à-vis du destinataire des clauses relatives à la compétence internationale stipulées dans les connaissements – plaidoyer pour un renouveau des considérationsmaritimistes). – Loquin, *Gaz. Pal. 2002. Doctr. 898.* – Mathieu-Bouyssou, *JCP 2003. I. 116.* – Muir Watt, *Rev. crit. DIP 2012. 636* (sanction de la violation d'une clause d'arbitrage). – Panou, Le consentement à l'arbitrage, étude méthodologique du droit international privé de l'arbitrage (ss. dir. Heuzé), *Paris I, 2008.* – M. Philippe, *Gaz. Pal. 5-6 nov. 2003, p. 21* (difficultés procédurales causées par les clauses compromissoires paritaires et les tribunaux arbitraux tronqués). – Ramos-Mendez, *Rev. arb. 1985. 51* (arbitrage international et mesures conservatoires). – V. également doctrine ss. Titre Ier, chap. Ier (arbitrage interne).

▸ **Tribunal arbitral :** Vassardanis, *Gaz. Pal. 3-4 déc. 2004, p. 42* (directives de l'International Bar Association sur l'impartialité, l'indépendance et la révélation en matière d'arbitrage international). – V. également doctrine ss. Titre Ier, chap. II (arbitrage interne).

Art. 1507 **La convention d'arbitrage n'est soumise à aucune condition de forme.**

BIBL. ▸ Boucobza, *Rev. arb. 1998. 495* (clause compromissoire par référence, arbitrage international). – Loquin, *Gaz. Pal. 2002. Doctr. 898.* – Mathieu-Bouyssou, *JCP 2003. I. 116.* – Maury, *D. 2002. Chron. 2744*. – Pradel, *D. 2003. Chron. 569*. – Train, *Gaz. Pal. 21-22 nov. 2007, p. 6* (arbitrage et action directe).

1° NOTION DE CONVENTION D'ARBITRAGE

1. Notion. En matière internationale, la distinction entre clause compromissoire et compromis s'abolit pour se voir substituer la seule catégorie de convention d'arbitrage, laquelle intervient indifféremment à l'égard d'un litige né ou éventuel. • Paris, 15 mai 2003 : *JCP 2004. I. 111, n° 14, obs. Besrour.*

2. Renonciation à la convention d'arbitrage. L'accord de la société signataire de la clause d'arbitrage pour la mise en œuvre d'une médiation n'emporte pas, à défaut de manifestation de volonté non équivoque en ce sens, renonciation à l'arbitrage et acceptation de la compétence de la juridiction étatique. • Civ. 1re, 28 janv. 2003, n° 00-22.680 P : *Rev. crit. DIP 2003. 641, note Jault-Seseke*. ♦ L'exercice, à titre conservatoire, d'une action en garantie devant la juridiction étatique ne caractérise pas une renonciation non équivoque à une convention *d'arbitrage. • Com. 4 oct. 2005,* n° 03-18.482 P. ♦ Il ne peut être déduit de ce qu'une partie, qui ne se défendait pas au fond, ne s'est pas opposée à la compétence du juge des référés, qu'elle aurait manifestement renoncé à la clause d'arbitrage. • Paris, 25 oct. 2006 : *Rev. arb. 2008. 677, note Cachard.*

3. Clause abusive. V. notes ss. art. L. 132-1 C. consom., App., v° *Clauses abusives.* ♦ Est valable la clause compromissoire relative à un litige international de placement de fonds, l'expérience des affaires et l'importance des sommes placées par les clients excluant un déséquilibre significatif entre les parties à la signature du contrat. • Paris, 28 janv. 2004 : *Rev. arb. 2005. 115, note Boucobza.*

2° ABSENCE DE FORME

4. Clause compromissoire par référence. En matière d'arbitrage international, la clause compromissoire par référence écrite à un document qui la contient, par exemple des conditions générales ou un contrat-type, est valable, à défaut de mention dans la convention principale, lorsque la partie à laquelle la clause est opposée a eu connaissance de la teneur de ce document au moment de la conclusion du contrat et qu'elle a, fût-ce par son silence, accepté l'incorporation du document au contrat. • Civ. 1re, 9 nov. 1993, n° 91-15.194 P : *Gaz. Pal. 1994. 1. Pan. 34 ; Rev. arb. 1994. 108, note Kessedjian ; JDI 1994. 690, note Loquin,* sur pourvoi de • Versailles, 23 janv. 1991 : *Rev. arb. 1991. 291,* sur renvoi de • Civ. 1re, 11 oct. 1989 : *Bull. civ. I, n° 314 ; Rev. arb. 1990. 134 ; JDI 1990. 638, note Loquin* • 3 juin

1997, n° 95-17.603 P : *Gaz. Pal. 1998. 2. 784, note du Rusquec ; Rev. crit. DIP 1999. 92, note Mayer* • 20 déc. 2000 : *Rev. arb. 2003. 1341, obs. Legros* • Paris, 27 juin 2002 : *Gaz. Pal. 20-21 déc. 2002, p. 12.*

5. La cour d'appel a l'obligation de rechercher si la partie qui conteste l'application d'une clause compromissoire qui ne figurait pas dans la convention elle-même, mais seulement dans les conditions générales auxquelles celle-ci se référait, n'avait pas eu connaissance de cette clause et si, dans l'affirmative, elle n'avait pas, par son silence, accepté son incorporation au contrat. • Civ. 1re, 26 juin 1990 : *Rev. arb. 1991. 291, note Kessedjian.*

6. La confirmation de commande d'une partie comporte une référence aux conditions générales de vente qui stipulent une clause compromissoire portée à la connaissance de l'autre partie qui a, fût-ce par son silence, accepté cette référence. • Civ. 1re, 11 mai 2012.

7. Apparence. Pour un engagement à l'arbitrage fondé sur l'apparence des pouvoirs et la croyance légitime, V. • Civ. 1re, 16 mars 2016.

3° CIRCULATION DE LA CONVENTION D'ARBITRAGE

a. Transmission de la convention d'arbitrage

8. Chaîne de contrats. Dans une chaîne homogène de contrats translatifs de marchandises, la clause d'arbitrage international se transmet avec l'action contractuelle, sauf preuve de l'ignorance raisonnable de l'existence de cette clause. • Civ. 1re, 6 févr. 2001, n° 98-20.776 P : *D. 2001. Somm. 1135, obs. Delebecque ; JCP 2001. II. 10567, note Legros ; Rev. crit. DIP 2001. 522, note Jault-Seseke ; Rev. arb. 2001. 765, note Cohen.* ♦ Dans une chaîne de contrats translatifs de propriété, la clause compromissoire est transmise de façon automatique en tant qu'accessoire du droit d'action, lui-même accessoire du droit substantiel transmis, sans incidence du caractère homogène ou hétérogène de cette chaîne. • Civ. 1re, 27 mars 2007, n° 04-20.842 P : *D. 2007. AJ 1086, obs. Delpech ; ibid. 2007. 2077, note Bollée ; ibid. 2008. Pan. 184, obs. Clay ; JCP 2007. II. 10118, note Golhen ; JCP 2007. I. 168, obs. Seraglini ; LPA 10 août 2007, p. 23, note Malan ; Rev. crit. DIP 2007. 798, note Jault-Seseke ; RTD civ. 2008. 541, obs. Théry ; RJ com. janv.-févr. 2008, p. 56, obs. Moreau ; JDI 2007. 968, note Legros ; Gaz. Pal. 2007. Doctr. 3693, obs. Train ; Rev. arb. 2007. 785, note El Adhab ; RTD com. 2007. 677, obs. Loquin.* ♦ V. encore, • Civ. 1re, 9 janv. 2008.

Dans une chaîne de contrats translatifs de propriété, la clause compromissoire est transmise de façon automatique en tant qu'accessoire du droit d'action lui-même accessoire du droit substantiel transmis, sans incidence du caractère homogène ou hétérogène de cette chaîne. • Civ. 1re, 17 nov. 2010, n° 09-12.442 P.

9. Cession de créance. La clause d'arbitrage international, valable par le seul effet de la volonté des contractants, est transmise au cessionnaire avec la créance, telle que cette créance existe dans les rapports entre le cédant et le débiteur cédé. • Civ. 1re, 5 janv. 1999, n° 96-20.202 P : *D. 1999. IR 31 ; RG proc. 1999. 499, obs. Rivier ; Rev. crit. DIP 1999. 536, obs. Pataut.* ♦ Mais, lorsque la clause est inopposable au cédant, elle ne saurait davantage être opposée au cessionnaire, ni aux assureurs subrogés dans les droits du cessionnaire. • Com. 8 oct. 2003, n° 01-16.028 P : *Rev. arb. 2004. 77, note Cachard ; DMF 2004. 339, note Rémond-Gouilloud.* ♦ En matière internationale, la clause d'arbitrage, juridiquement indépendante du contrat principal, est transmise avec lui, quelle que soit la validité de la transmission des droits substantiels. • Civ. 2e, 28 mai 2002, n° 00-12.144 P : *D. 2003. Somm. 2471, obs. Clay ; RTD com. 2002. 667, obs. Loquin ; Rev. arb. 2003. 397, note D. Cohen ; Dr. et patr. 11/2002. 120, obs. Mousseron ; LPA 3 déc. 2002, p. 16, note C. Legros ; Rev. crit. DIP 2002. 758, note Coipel-Cordonnier ; JCP 2003. I. 105, n° 10, obs. Seraglini ; ibid. 2003. I. 141, n° 20, obs. Barthez ; JCP E 2003. 585, n° 13, obs. Raynard ; Gaz. Pal. 19-20 févr. 2003, p. 28, obs. M.-L. Niboyet.*

10. Mandataire substitué. La clause d'arbitrage international étant opposable à toute partie venant aux droits de l'un des contractants, la cour d'appel a pu retenir l'opposabilité de la clause au mandataire substitué. • Civ. 1re, 8 févr. 2000, n° 95-14.330 P : *JCP 2001. II. 10570, note Ammar ; LPA 26 sept. 2007, p. 12, note Parsy ; RTD com. 2000. 596, obs. Dubarry et Loquin ; Rev. arb. 2000. 280, note Gautier ; Rev. crit. DIP 2000. 763, note Coipel-Cordonnier.*

11. Novation. Une novation, à la supposer établie, ne peut avoir pour effet de priver d'efficacité la clause compromissoire insérée dans le contrat. • Civ. 1re, 10 mai 1988 : *Bull. civ. I, n° 139 ; D. 1988. IR 145 ; Rev. arb. 1989. 639, note Jarrosson.* ♦ Sur l'application de la clause compromissoire en cas de novation par changement de débiteur, V. • Com. 22 mai 2001 : *Rev. arb. 2002. 146, note Ancel* • Paris, 11 juin 1998 : *ibid.*

12. Transfert de capital. Le transfert de la totalité du capital d'une société à une autre emporte transmission automatique de la convention d'arbitrage. • Civ. 1re, 28 janv. 2015 : *préc. note 5 ss. art. 1506.*

b. Extension de la convention d'arbitrage

13. Implication dans l'exécution du contrat. L'effet de la clause d'arbitrage international s'étend aux parties directement impliquées dans l'exécution du contrat et aux litiges qui peuvent en résulter. • Civ. 1re, 27 mars 2007, n° 04-20.842 P : *D. 2007. AJ 1086, obs. Delpech ; ibid. 2007. 2077, note Bollée ; ibid. 2008. Pan. 184, obs. Clay ; JCP 2007. II. 10118, note Golhen ; JCP 2007. I. 168, obs. Seraglini ; LPA 10 août 2007, p. 23, note Malan ; Rev. crit. DIP 2007. 798, note Jault-Seseke ; RTD civ. 2008. 541, obs. Théry ; RJ com. janv.-févr. 2008, p. 56, obs. Moreau ; JDI 2007. 968, note Legros ; Gaz. Pal. 2007. Doctr. 3693, obs. Train ; Rev. arb. 2007. 785, note El Adhab ; RTD com. 2007. 677, obs. Loquin*. ♦ Une partie ayant substitué une autre pour l'exécution du contrat de distribution, l'effet de la clause d'arbitrage international contenue dans le contrat initial s'étend aux parties directement impliquées dans l'exécution du contrat. • Civ. 1re, 7 nov. 2012. ♦ L'autonomie de la clause compromissoire commande d'en étendre l'application à des parties qui, bien que n'en étant pas signataires, sont directement impliquées dans l'exécution du contrat qui la contient, si, du moins, les circonstances sont de nature à faire présumer qu'elles ont connu et accepté cette clause. • Paris, 11 janv. 1990 : *JDI 1991. 141, note Audit.* ♦ V. encore, • Paris, 26 févr. 2013 : *Rev. arb. 2014. 83, note Dupeyré et Fouchard.* ♦ L'exécution en connaissance de cause, par une société, de l'accord conclu entre des organismes représentant les gouvernements français et tunisien pour un marché d'aide alimentaire, impliquait nécessairement la souscription par cette société des obligations et modalités techniques définies par cet accord, parmi lesquelles la clause compromissoire. • Civ. 1re, 25 juin 1991, n° 90-11.485 P.

14. Sous-traitant. L'effet de la clause d'arbitrage international contenue dans le contrat initial s'étend au sous-traitant qui en a eu connaissance lors de la signature de son contrat et qui est directement impliqué dans l'exécution du premier contrat sans qu'il soit nécessaire qu'elle ait fait l'objet d'une approbation spéciale. • Civ. 1re, 26 oct. 2011, n° 10-17.708 P : *BICC 15 févr. 2012, n° 138.* ♦ *Adde*, sur l'extension de la clause en présence de contrats liés dont un seul comporte une clause d'arbitrage, V. • Paris, 11 avr. 2002 : *Rev. arb. 2003. 1252, note Train* • 22 mai 2003 : *ibid. ; JCP 2004. I. 119, n° 6, obs. Ortscheidt.*

15. Garant. Le garant de l'exécution du contrat de cession y est personnellement partie et est lié par la convention d'arbitrage. • Civ. 1re, 7 oct. 2015.

16. Opération économique. Sur l'extension de la clause compromissoire à des contrats mettant en œuvre la même opération économique, *V. • Paris, 23 nov. 1999 : Rev. arb. 2000. 501, note Li-Kotovtchikhine* • 21 févr. 2002 : *RTD com. 2002. 277, obs. Loquin*. ♦ Sur la volonté des parties comme limite à l'extension de la convention d'arbitrage dans les groupes de contrats, V. • Civ. 1re, 6 nov. 2013.

17. Connaissement. L'arrêt qui retient, d'abord, que les connaissements émis sous couvert d'une charte partie au voyage à laquelle ils se réfèrent expressément permettent de déterminer le pays, la ville, la procédure de désignation et le droit applicable concernant l'arbitrage, ensuite, que les destinataires ont pu avoir connaissance de la clause dès le déchargement et les expertises contradictoires, enfin, que les assureurs subrogés ne peuvent se prévaloir de l'inopposabilité de la clause à leur égard en l'absence de consentement exprès dès lors qu'il est habituel qu'une clause d'arbitrage international soit insérée dans un contrat de transport maritime international, est légalement justifié au regard de la règle matérielle du droit de l'arbitrage selon laquelle il appartient à l'arbitre de se prononcer par priorité, sous le contrôle éventuel du juge de l'annulation, sur sa compétence, sauf nullité ou inapplicabilité manifeste de la clause d'arbitrage. • Civ. 1re, 22 nov. 2005, n° 03-10.087 P : *RTD com. 2006. 251, obs. Delebecque ; ibid. 765, obs. Loquin ; D. 2006. Pan. 3028, obs. Clay ; ibid. 2007. Pan. 117, obs. Kenfack ; Rev. crit. DIP 2006. 607, note Jault-Seseke ; Rev. arb. 2006. 437, note Cachard ; JCP 2006. I. 148, n° 5, obs. Béguin ; ibid. II. 10046, note Humann ; JDI 2006. 622, note Legros ; Gaz. Pal. 21-22 avr. 2006, p. 6, obs. Kaplan.* ♦ En présence d'une clause compromissoire stipulée dans la charte partie et mentionnée au connaissement, la cour d'appel a pu, en retenant que n'existait pas de cause de nullité ou d'inapplicabilité manifeste de la clause compromissoire et sans avoir à examiner l'inopposabilité alléguée de cette stipulation, se déclarer incompétente au regard du principe selon lequel il appartient à l'arbitre, par priorité, de statuer sur sa propre compétence. • Com. 21 févr. 2006, n° 04-11.030 P : *D. 2006. Pan. 3028, obs. Clay ; ibid. 2007. Pan. 117, obs. Kenfack ; RTD com. 2006. 765, obs. Loquin ; Rev. crit. DIP 2006. 607, note Jault-Seseke ; JDI 2006. 622, note Legros.* ♦ Dans le même sens : • Paris, 5 juill. 2006 : *JCP 2006. IV. 2912.* ♦ Approbation de l'arrêt qui relève, d'abord, que le connaissement est soumis à une charte partie prévoyant un arbitrage à Londres, puis, que les clauses de la charte partie sont opposables aux détenteurs successifs du connaissement comme en faisant partie intégrante et, enfin, que les assureurs n'apportent pas la preuve de la nullité manifeste de la convention d'arbitrage. • Civ. 1re, 11 juill. 2006, n° 05-18.681 P : *RTD com. 2006. 947, obs. Delebecque*.

18. Pour être opposable au destinataire, une clause compromissoire insérée dans un connaissement doit avoir été portée à sa connaissance et avoir été acceptée par lui, au plus tard au moment où, recevant livraison de la marchandise, il avait adhéré au contrat de transport. • Com. 29 nov. 1994 : *DMF 1995. 218, note Tassel ; RTD com. 1996. 250, obs. Dubarry et Loquin*. ♦ L'acceptation par le chargeur de la clause compromissoire insérée au connaissement ne suffisait pas à la rendre opposable au destinataire, qui ne l'avait pas lui-même acceptée. • Com. 20 juin 1995 : *Rev. arb. 1995. 623, obs. Goutal.* ♦ Le porteur du connaissement ne peut se voir opposer une clause de la charte-partie qui ne s'y trouve pas reproduite et qui n'a pas fait l'objet d'une acceptation certaine de sa part. • Com. 4 juin 1985 : *Bull. civ. IV, n° 180.* ♦ La clause compromissoire d'un connaissement ne peut être opposée au destinataire si elle n'a pas été portée à sa connaissance et acceptée par lui au plus tard au moment où, recevant la livraison de la marchandise, il a adhéré au contrat de transport. • Rouen, 8 oct. 2002 : *Rev. arb. 2003. 1341, obs. Legros.* ♦ Une clause compromissoire ne saurait être écartée aux motifs d'une pluralité de défendeurs et d'une prétendue indivisibilité du litige. • Même arrêt.

19. La partie consignataire d'une vedette, qui a sombré en cours de remorquage, ne peut se prévaloir de l'inopposabilité de la clause à son égard en l'absence de signature et de consentement exprès de sa part alors que la transmission du connaissement au destinataire fait présumer l'acceptation de la clause compromissoire sans qu'il soit besoin de démontrer un consentement spécifique de ce dernier. • Paris, 1re ch., 10 avr. 2008 : *JCP 2008. IV. 1901.* ♦ L'insertion à titre habituel d'une clause d'arbitrage dans un contrat de transport maritime international permet encore de déduire l'existence d'une volonté de contracter une telle clause, la partie ne faisant pas la preuve de l'expression d'une volonté contraire avec la clause attributive de juridiction d'un autre connaissement qu'elle reconnaît ne pas avoir plus signé ni accepté. • Même arrêt.

20. Fraude. Extension de la convention d'arbitrage à un tiers non partie à la convention en raison de la fraude, par un subterfuge, destinée à dissimuler le véritable contractant. • Civ. 1re, 11 juin 1991.

Art. 1508 La convention d'arbitrage peut, directement ou par référence à un règlement d'arbitrage ou à des règles de procédure, désigner le ou les arbitres ou prévoir les modalités de leur désignation. — *V. ancien art. 1493.*

1. Principe d'égalité. Un principe d'égalité des parties s'impose dans la désignation des arbitres ; ce principe est d'ordre public et on ne peut y renoncer qu'après la naissance du litige. • Civ. 1re, 7 janv. 1992, *Dutco*, n° 89-18.708 P : *Rev. arb. 1992. 470, note Bellet.*

2. Action en nullité de la désignation d'un arbitre. La juridiction étatique du lieu du domicile de l'arbitre dont la désignation est contestée est seule compétente pour connaître de l'action en nullité de cette désignation, à charge pour le tribunal arbitral d'en tirer toutes conséquences juridiques sur la régularité de sa composition. • Civ. 1re, 28 mars 2013, n° 11-11.320 P : *D. actu. 9 avr. 2013, obs. Delpech ; Gaz. Pal. 24-25 mai 2013, p. 18, note Foulon et Strickler ; Procédures 2013, n° 186, note Weiller*, cassant • Paris, 6 janv. 2011 : *Rev. arb. 2011. 171, note Audit.*

3. Décès d'un arbitre. L'art. 1493 anc. (auj. 1505) donne pouvoir au président du TGI de Paris de régler les difficultés survenues non seulement lors de la constitution *ab initio* du tribunal arbitral, mais aussi à la suite d'un événement qui affecte ultérieurement la constitution de ce tribunal ... ainsi en cas de décès d'un arbitre en cours d'arbitrage. • TGI Paris, 12 juill. 1989 : *Rev. arb. 1990. 176, note Kahn.*

4. Paiement des honoraires. Solidarité. Après avoir relevé le caractère international de l'arbitrage, une cour d'appel, qui n'a pas à se référer à une loi étatique, en déduit exactement, par une décision motivée, que la nature solidaire de l'obligation des parties au paiement des frais et honoraires des arbitres résultait du contrat d'arbitre, de sorte que cette dernière, non discutée en son montant, n'est pas sérieusement contestable. • Civ. 1re, 1er févr. 2017, n° 15-25.687 P : *D. actu. 21 févr. 2017, obs. Delpech ; D. 2017. Actu. 304 ; ibid. 2054, obs. d'Avout ; ibid. Pan. 2564, obs. Clay ; RTD civ. 2017. 394, obs. Barbier ; ibid. 421, obs. Gautier ; JCP 2017. 339, note Bollée ; Procédures 2017, n° 68, note Weiller ; Rev. arb. 2017. 483, obs. Jarrosson ; RDC 2017. 299, note Laazouzi ; Gaz. Pal. 18 juill. 2017, obs. Bensaude.*

CHAPITRE II L'INSTANCE ET LA SENTENCE ARBITRALES

BIBL. ▸ **Instance arbitrale :** CARRIER, *D. 2005. Chron. 2712* (*anti-suit injunctions*). – GAILLARD, *Rev. arb. 2004. 47 (anti-suit injonctions).* – JARVIN, *Rev. arb. 1998. 611* (décisions de procédure des arbitres). – LOQUIN, *JDI 1983. 293* (pouvoirs des arbitres internationaux). – PINSOLLE et KREINDLER, *Rev. arb. 2003. 41* (limites du rôle de la volonté dans la conduite de l'instance arbitrale). – RAMOS-MENDEZ, *Rev. arb. 1985. 51* (arbitrage international et mesures conservatoires). – VIRALY, *Mél. Goldman, Litec, 1982, p. 373.* – V. également doctrine ss. Titre Ier, chap. III (arbitrage interne).

▸ **Sentence arbitrale :** BELLET, Journées de la société de législation comparée, *1986, p. 231* (rôle des usages). – BENSAUDE, *Gaz. Pal. 19-20 mai 2004, p. 27* (moyens relevés d'office par l'arbitre en arbitrage international). – BREDIN, *Mél. Loussouarn, Dalloz 1994, p. 109 (aequitas mercatoria).* – DE BOISSESON, *Mél. Reymond, Litec, 2004, p. 29* (l'arbitre international et le problème de la qualification). – Caceido, *Rev. arb. 2017. 445* (l'exécution et le contrôle judiciaires des décisions prises par les arbitres d'urgence). – Collectif, *Cahiers de l'arbitrage 2017. 175* (sécuriser l'exécution des sentences arbitrales internationales par des diligences juridiques). – Derains, *Mél. Goldman, Litec, 1982, p. 29* (normes d'application immédiate) ; *Rev. arb. 1986. 375* (ordre public et droit applicable au fond) ; *Travaux comité fr. DIP 1985-1986, éd. CNRS, p. 81* (attente légitime des parties et droit applicable au fond). – Fauvarque-Cosson, *D. 2007. Chron. 96, spéc. 101* (cas d'application des principes Unidroit par les arbitres). – Gaillard, *Mél. Bellet, Litec, 1991, p. 203* (principes généraux du droit et usages du commerce international). – Goldman, *JDI 1979. 747 (lex mercatoria) ; Rec. cours La Haye 1963. 347* (conflits de lois dans l'arbitrage international). – Kahn, *Mél. Goldman, Litec, 1982, p. 97* (droit international économique, droit du développement, *lex mercatoria*). – Kirry et Goubin, *Procédures 2014. Étude 5* (un progrès en trompe-l'œil : le nouveau texte sur la notification des sentences rendues en France en matière d'arbitrage international). – Lagarde, *Mél. Goldman, Litec, 1982, p. 125* (approche critique de la *lex mercatoria*). – Loquin, *Rev. arb. 2005. 443* (règles matérielles du commerce international) ; *Mél. Kahn, Litec, 2000, p. 23 (lex mercatoria) ; Litec, 1980* (l'amiable compositeur en droit comparé et international). – Mayer, *Mél. Bellet, Litec, 1991, p. 34* (règle morale dans l'arbitrage international) ; *Mél. Catala, Litec, 2001, p. 225* (l'arbitre et la loi). – Paulsson, *Rev. arb. 1990. 55* (*lex mercatoria* dans l'arbitrage CCI). – Radicati di Brozolo, *Rev. crit. DIP 2003. 1* (mondialisation, juridiction, arbitrage : vers des règles d'application semi nécessaires). – Ramos-Mendez, *Rev. arb. 1985. 51* (arbitrage international et mesures conservatoires). – Rubino-Sammartano, *Rev. arb. 1987. 133* (tronc commun...). – Seraglini, *Rev. arb. 2003. 1101* (du bon usage des principes Unidroit dans l'arbitrage international). – V. également doctrine ss. Titre Ier, chap. IV (arbitrage interne).

Art. 1509 **La convention d'arbitrage peut, directement ou par référence à un règlement d'arbitrage ou à des règles de procédure, régler la procédure à suivre dans l'instance arbitrale.**

Dans le silence de la convention d'arbitrage, le tribunal arbitral règle la procédure autant qu'il est besoin, soit directement, soit par référence à un règlement d'arbitrage ou à des règles de procédure.

L'art. 1509 modifie légèrement la formulation de l'ancien art. 1494 sans en changer la substance (Rapport au Premier ministre relatif au Décr. n° 2011-48 du 13 janv. 2011, JO 14 janv.).

BIBL. ▶ Jarvin, *Rev. arb. 1998. 611* (décisions de procédure des arbitres). – Pinsolle et Kreindler, *Rev. arb. 2003. 41* (limites du rôle de la volonté dans la conduite de l'instance arbitrale).

1. Organisation de l'arbitrage. Le contrat d'organisation de l'arbitrage conclu avec un centre d'arbitrage est licite dès lors qu'est assurée la distinction entre la fonction d'organisation de l'arbitrage, confiée au centre et à son organe, dénommé « Cour internationale d'arbitrage », et la fonction juridictionnelle, réservée aux arbitres, sans ingérence de la « cour » dans la mission juridictionnelle des arbitres, la communication à cet organisme du projet de sentence n'ayant d'autre finalité que d'en assurer l'efficacité. • Civ. 1re, 20 févr. 2001, n° 99-12.574 P : *D. 2001. IR 903 ; Rev. crit. DIP 2002. 124, note Seraglini ; Rev. arb. 2001. 513, note Clay.* ♦ Et l'obligation d'indépendance et d'impartialité de l'arbitre relève du contrôle du juge de la régularité de la sentence, le centre d'arbitrage ne contractant à cet égard qu'une obligation de moyens éventuellement sanctionnée par sa responsabilité. • Même arrêt

2. Choix exprès des règles procédurales. Les parties à la convention d'arbitrage peuvent soumettre la procédure à la loi de leur choix. • Paris, 23 mai 1986 : *Gaz. Pal. 1987. 1. Somm. 12.* ♦ Il résulte des art. 1494, 1504, al. 1er, et 1502, 3°, anc. (auj. 1520) que, si la mission confiée aux arbitres peut comporter des obligations particulières et, par exemple, leur imposer de statuer par sentences distinctes sur la compétence, sur la recevabilité et sur le fond, c'est à condition que ces obligations résultent de clauses expresses et précises de l'acte de mission. • Civ. 1re, 8 mars 1988 : *Bull. civ. I, n° 64 ; D. 1989. 577, note Robert ; Rev. arb. 1989. 481, note Jarrosson.*

3. Choix implicite des règles procédurales. En souscrivant dans leur contrat une clause compromissoire désignant une chambre arbitrale comme centre organisateur de l'arbitrage, les parties acceptent l'application de son règlement. • Paris, 15 mai 1985 : *Gaz. Pal. 1985. 2. 580, note Dupichot ; JCP 1987. II. 20755, note Level ; Rev. arb. 1985. 141* • TGI Paris, 28 oct. 1988 : *Rev. arb. 1990. 497 (1re esp.)* • 29 juin 1989 : *eod. loc. (3e esp.)* et, en appel • Paris, 6 avr. 1990 : *Rev. arb. 1990. 880, note De Boisséson.* ♦ La procédure arbitrale peut être réglée, selon la convention des parties, par référence à un règlement d'arbitrage, qui leur tient lieu de loi de procédure ; si le règlement le prévoit, l'arbitre peut décider d'entendre toute personne, en présence des parties ou celles-ci dûment appelées, ainsi de l'audition d'un technicien, dès lors qu'ils ont relevé que le caractère contradictoire de cette audition, exigé par le règlement, avait été respecté. • Civ. 1re, 17 juin 1997 : *Rev. arb. 1998. 414, note Kiffer.*

4. Dissociation du fond et de la procédure. La loi applicable à la procédure n'est pas nécessairement celle qui régit le fond du litige. • Civ. 1re, 18 mars 1980 : *Bull. civ. I, no 87 ; JDI 1980. 874, note Loquin* • 10 mai 1988 : *Rev. arb. 1989. 51, note Goutal.*

5. Délai d'arbitrage. Dans le cas où la procédure arbitrale est régie par une loi étrangère, l'ordre public international n'exige pas que les pouvoirs des arbitres soient enfermés, à défaut de délai conventionnel, dans un délai légal. • Civ. 1re, 30 juin 1976 : *Bull. civ. I, no 238 ; D. 1976. Somm. 69 ; Rev. arb. 1977. 137, note Rubellin-Devichi ; JDI 1977. 114, note Oppetit.*

6. Absence de stipulation d'un délai. Les arbitres n'étant tenus que d'une obligation de moyens, il ne peut leur être reproché, en l'absence de stipulation d'un délai d'arbitrage, d'avoir laissé s'éterniser la procédure arbitrale. • Civ. 1re, 17 nov. 2010, no 09-12.352 P : *D. actu. 30 nov. 2010, obs. Delpech ; Rev. arb. 2011. 943, note Jarrosson.*

7. Pouvoirs du juge étatique. En matière d'arbitrage international, le tribunal arbitral est une juridiction internationale autonome et il n'entre pas dans les pouvoirs du juge étatique français d'intervenir dans le déroulement d'une instance devant une telle juridiction, par exemple en ordonnant une injonction tendant à faire obstacle à la poursuite des opérations d'arbitrage se déroulant à l'étranger. • Civ. 1re, 12 oct. 2011 : *BICC 1er févr. 2012, no 74 ; Procédures 2012, no 371, note Weiller.*

Art. 1510 **Quelle que soit la procédure choisie, le tribunal arbitral garantit l'égalité des parties et respecte le principe de la contradiction.**

1. Égalité des parties. Le refus par le tribunal arbitral d'examiner les demandes reconventionnelles peut être de nature à porter atteinte au droit d'accès à la justice et au principe d'égalité entre les parties, à la seule condition que celles-ci soient indissociables des demandes principales. • Civ. 1re, 28 mars 2013, no 11-27.770 P : *D. actu. 8 avr. 2013, obs. Delpech,* cassant • Paris, 17 nov. 2011 : *JDI 2012, doctr. 2, Boucobza et Serinet ; Cah. arb. 2011, p. 5, note Cohen.*

2. Principe de la contradiction. Les arbitres sont tenus de respecter le principe de la contradiction et les droits de la défense. • Civ. 2e, 9 déc. 1981 : *Bull. civ. II, no 213 ; D. 1983. 238, note Robert ; Rev. arb. 1982. 183, note Couchez* • Paris, 27 nov. 1987 : *Rev. arb. 1989. 62, note Couchez* • 2 févr. 1988 : *eod. loc.*

3. Inapplicabilité de la Convention EDH. La Conv. EDH est sans application en matière d'arbitrage et ne concerne que les États et les juridictions étatiques. • Civ. 1re, 20 févr. 2001, no 99-12.574 P : *D. 2001. IR 903 ; Rev. crit. DIP 2002. 124, note Seraglini ; Rev. arb. 2001. 513, note Clay.* – V. aussi • Paris, 27 sept. 2001 : *Gaz. Pal. 2002. Somm. 838 ; Rev. arb. 2001. 916.* V. cependant, pour une prise en compte de la Conv. EDH dans l'ordre juridique arbitral : • Civ. 1re, 11 févr. 2009 :, no 06-18.746 P : *D. 2009. AJ 557, obs. Delpech ; JCP 2009. Actu. 104, obs. Chabot ; ibid. I. 148, obs. Ortscheidt* • Civ. 1re, 6 oct. 2010, no 09-10.530 P : *D. 2010. 2442, obs. Delpech ; ibid. 2011. 265, obs. Fricero .*

4. Renvoi. V. note ss. art. 1520-4o.

Art. 1511 **Le tribunal arbitral tranche le litige conformément aux règles de droit que les parties ont choisies ou, à défaut, conformément à celles qu'il estime appropriées.**

Il tient compte, dans tous les cas, des usages du commerce.

L'art. 1511 reprend, en la modifiant légèrement, la formulation de l'ancien art. 1496 (Rapport au Premier ministre relatif au Décr. no 2011-48 du 13 janv. 2011, JO 14 janv.).

BIBL. ▸ **Règles de droit applicables :** DE BOISSESON, *Mél. Reymond, Litec, 2004, p. 29* (l'arbitre international et le problème de la qualification). – DERAINS, *Mél. Goldman, Litec, 1982, p. 29* (normes d'application immédiate) ; *Rev. arb. 1986. 375* (ordre public et droit applicable au fond) ; *Travaux comité fr. DIP 1985-1986, éd. CNRS, p. 81* (attente légitime des parties et droit applicable au fond). – GOLDMAN, *Rec. cours La Haye 1963. 347* (conflits de lois dans l'arbitrage international). – LARROUMET, *Gaz. Pal. 2008. Doctr. 3167* (obligation de modérer le dommage et arbitrage). – LOQUIN, *Rev. arb. 2005. 443* (règles matérielles du commerce international). – MAYER, *Mél. Bellet, Litec, 1991, p. 34* (règle morale dans l'arbitrage international) ; *Mél. Catala, Litec, 2001, p. 225* (l'arbitre et la loi). – RADICATI DI BROZOLO, *Rev. crit. DIP 2003. 1* (mondialisation, juridiction, arbitrage : vers des règles d'application semi nécessaires). – RICCI, *Mél. Normand, Litec, 2003, p. 415* (connaissance du droit applicable au fond du litige et principe de la contradiction). – RUBINO-SAMMARTANO, *Rev. arb. 1987. 133* (tronc commun...). – VIRALY, *Mél. Goldman, Litec, 1982, p. 373.*

▸ ***Lex mercatoria*** : BREDIN, *Mél. Loussouarn, Dalloz 1994, p. 109 (aequitas mercatoria).* – GOLDMAN, *JDI 1979. 747 (lex mercatoria).* – KAHN, *Mél. Goldman, Litec, 1982, p. 97* (droit international économique, droit du développement, *lex mercatoria*). – LAGARDE, *Mél. Goldman, Litec, 1982,* *p. 125* (approche critique de la *lex mercatoria*). – Loquin, *Mél. Kahn, Litec, 2000, p. 23* (*lex mercatoria*). – Paulsson, *Rev. arb. 1990. 55* (*lex mercatoria* dans l'arbitrage CCI).

▸ **Usages :** Bellet, Journées de la société de législation comparée, *1986, p. 231* (rôle des usages). – Gaillard, *Mél. Bellet, Litec, 1991, p. 203* (principes généraux du droit et usages du commerce international).

▸ **Principes Unidroit :** Fauvarque-Cosson, *D. 2007. Chron. 96*, *spéc. 101* (cas d'application des principes Unidroit par les arbitres). – Seraglini, *Rev. arb. 2003. 1101* (du bon usage des principes Unidroit dans l'arbitrage international).

a. Choix des parties

1. Choix des parties. La nature juridictionnelle des pouvoirs des arbitres et l'obligation de statuer en droit impliquent que ceux-ci sont tenus de donner ou de restituer aux faits leur exacte qualification, sauf si les parties, pour des droits dont elles ont la libre disposition, ont exclu cette obligation en leur imposant la qualification ou le fondement retenus d'un commun accord. • Paris, 25 févr. 1993 : *D. 1993. IR 121.*

2. Rémunération des arbitres. Après avoir relevé le caractère international de l'arbitrage, une cour d'appel, qui n'avait pas à se référer à une loi étatique, en a exactement déduit que la nature solidaire de l'obligation des parties au paiement des frais et honoraires des arbitres résultait du contrat d'arbitre, de sorte que cette dernière, non discutée en son montant, n'était pas sérieusement contestable. • Civ. 1re, 1er févr. 2017, n° 15-25.687 P : *Procédures 2017, n° 68, note Weiller.*

b. Règles appropriées

3. Règles appropriées. Un arbitre doit être considéré comme statuant en droit lorsque, le droit applicable n'ayant pas été déterminé par les parties, il se réfère à l'ensemble des règles du commerce international dégagées par la pratique et ayant reçu la sanction des jurisprudences nationales. • Civ. 1re, 22 oct. 1991 : *D. 1991. IR 253*; *Rev. arb. 1992. 457, note Lagarde ; Rev. crit. DIP 1992. 113, note Oppetit*; *JDI 1992. 177, note Goldman ; RTD com. 1992. 171, obs. Loquin*. ♦ V. aussi la décision confirmée • Paris, 13 juill. 1989 : *JDI 1990. 430, note Goldman ; Rev. crit. DIP 1990. 304, note Oppetit.* ♦ Pour déterminer la loi applicable au fond du litige, l'arbitre n'est pas tenu d'appliquer une règle de conflit relevant d'une législation déterminée ; il peut se référer aux principes régissant la matière. • Paris, 13 juill. 1989 : *Gaz. Pal. 1990. 1. Somm. 156 ; Rev. crit. DIP 1990. 305, note Oppetit*. ♦ Il n'appartient pas au juge de l'annulation de contrôler l'usage que les arbitres ont cru devoir faire de leur pouvoir souverain d'apprécier l'opportunité de désigner la loi applicable aux questions qu'ils avaient à résoudre, dès lors du moins qu'il est avéré qu'ils ont bien statué en droit ainsi qu'ils en avaient l'obligation puisque les pouvoirs d'amiable composition ne leur avaient pas été conférés. • Paris, 11 déc. 1997 : *Rev. arb. 1999. 124, obs. Bureau.* ♦ Même si les arbitres n'ont pas précisé la loi ou les usages qu'ils estimaient applicables, ils ont bien déduit les décisions qu'ils arrêtaient d'un raisonnement juridique fondé essentiellement sur ceux-ci ainsi que sur le principe général de bonne foi, sans aucune référence à l'équité. • Même arrêt.

c. Usages du commerce

4. Usages du commerce. Sur l'application des usages du commerce international, V. • Paris, 31 oct. 1989 : *D. 1989. IR 298* • 10 juill. 1992 : *D. 1992. 459, note Jarrosson* • 5 mars 1998 : *Rev. arb. 1998. 86, note Gaillard.*

Art. 1512 **Le tribunal arbitral statue en amiable composition si les parties lui ont confié cette mission.** — *V. ancien art. 1497.*

BIBL. ▸ Calle, L'arbitrage détaché des lois étatiques, *éditions Epitoge, 2012* (amiable composition). – Loquin, *Litec, 1980* (l'amiable compositeur en droit comparé et international). – Vellas, *Mél. Hébraud, 1981, p. 875* (expertise, amiable composition et non-droit).

1. Modification des conséquences d'une application stricte d'un contrat. Pour une modification des conséquences d'une application stricte d'un contrat au nom de l'équité et du principe de bonne foi exigé dans les relations contractuelles internationales, V. • Civ. 1re, 6 mai 2003, *n° 00-16.822 P.*

2. Mission de statuer en amiable compositeur et en droit. Les arbitres dont la mission comprend à la fois le pouvoir de statuer en amiables compositeurs et de déterminer le droit applicable, statuent valablement en équité. • Paris, 11 oct. 2007 : *D. 2008. Pan. 187, obs. Clay* ; *LPA 24-25 mars 2008*, p. 11, note Darcq.

Art. 1513 **Dans le silence de la convention d'arbitrage, la sentence est rendue à la majorité des voix. Elle est signée par tous les arbitres.**

Toutefois, si une minorité d'entre eux refuse de la signer, les autres en font mention dans la sentence.

A défaut de majorité, le président du tribunal arbitral statue seul. En cas de refus de signature des autres arbitres, le président en fait mention dans la sentence qu'il signe alors seul.

La sentence rendue dans les conditions prévues à l'un ou l'autre des deux alinéas précédents produit les mêmes effets que si elle avait été signée par tous les arbitres ou rendue à la majorité des voix.

Les dispositions de l'art. 1513 s'appliquent lorsque le tribunal a été constitué postérieurement au 1er mai 2011 (Décr. no 2011-48 du 13 janv. 2011, art. 3-2o).

Communication du projet de sentence. Dès lors que le règlement d'arbitrage de la CCI assure la distinction entre la fonction d'organisation de l'arbitrage, notamment par l'intermédiaire de la Cour internationale d'arbitrage, et la fonction juridictionnelle, laissée aux seuls arbitres, la Cour n'ayant aucun pouvoir juridictionnel, la communication du projet de sentence à la Cour internationale d'arbitrage n'emporte aucune ingérence dans la mission juridictionnelle de l'arbitre, mais a seulement pour but d'assurer l'efficacité de l'arbitrage. • Civ. 1re, 20 févr. 2001, no 99-12.574 P : *D. 2001. IR 903* ; *Rev. crit. DIP 2001. 124, note Seraglini* ; *Rev. arb. 2001. 511, note Clay.*

CHAPITRE III LA RECONNAISSANCE ET L'EXÉCUTION DES SENTENCES ARBITRALES RENDUES À L'ÉTRANGER OU EN MATIÈRE D'ARBITRAGE INTERNATIONAL

BIBL. ▸ BURGUBURU, *LPA 13 déc. 2007, p. 34*. – DEGOS, *D. 2008. 1429* (consécration de l'arbitrage en tant que justice autonome). – FOUCHARD, *Rev. arb. 1998. 653* (efficacité internationale des sentences arbitrales). – FLECHEUX, Journées de la société de législation comparée, 1986, p. 15 (reconnaissance et exécution des sentences). – A. HUET, *JDI 1988. 5* (reconnaissance et exécution des jugements étrangers et des sentences). – PINSOLLE, *Gaz. Pal. 21-22 nov. 2007, p. 6* (ordre juridique arbitral et qualification de la sentence arbitrale de décision de justice internationale). – DE VAREILLES-SOMMIÈRES, *JDI 2014. 813* (la sentence arbitrale étrangère contraire à une loi d'ordre public du for). – V. également doctrine ss. Titre Ier, chap. V (arbitrage interne).

Art. 1514 **Les sentences arbitrales sont reconnues ou exécutées en France si leur existence est établie par celui qui s'en prévaut et si cette reconnaissance ou cette exécution n'est pas manifestement contraire à l'ordre public international.**

L'art. 1514 modifie la rédaction de l'ancien art. 1498 sans en changer la substance, dès lors que la décision déclarant exécutoire la sentence arbitrale procède de la reconnaissance préalable de la sentence arbitrale et en autorise son exécution sur le territoire français (Rapport au Premier ministre relatif au Décr. no 2011-48 du 13 janv. 2011, JO 14 janv.).

a. Droit commun

1. Domaine d'application. **BIBL.** Degos, *D. 2008. 1429* (consécration de l'arbitrage en tant que justice autonome). ♦ Les dispositions des art. 1498 s. anc. (auj. 1514 s.) sont applicables à la fois aux sentences arbitrales internationales et aux sentences rendues à l'étranger, quel que soit, pour ces dernières, leur caractère interne ou international. • Civ. 1re, 17 oct. 2000, no 98-11.776 P : *D. 2000. IR 303* ; *Rev. arb. 2000. 648, note Mayer* • 13 janv. 2021, no 19-22.932 P : *D. actu. 22 févr. 2021, obs. Jourdan-Marques.* ♦ La sentence internationale, qui n'est rattachée à aucun ordre juridique étatique, est une décision de justice internationale dont la régularité est examinée au regard des règles applicables dans le pays où sa reconnaissance et son exécution sont demandées. • Civ. 1re, 29 juin 2007, no 05-18.053 P : *D. 2007. AJ 1969, obs. Delpech* ; *ibid. 2008. Pan. 189, obs. Clay* ; *LPA 26 sept. 2007, p. 20, note de Boisséson* ; *JDI 2007. 1236, note Clay* ; *RJ com. janv.-févr. 2008, p. 58, obs. Moreau.*

2. Annulation dans le pays du siège. Les dispositions de l'art. VII de la convention de New York du 10 juin 1958 ne privent aucune partie intéressée du droit qu'elle pourrait avoir de se prévaloir d'une sentence arbitrale de la manière et dans la mesure admise par la législation ou les traités du pays où la sentence est invoquée ; il en résulte que le juge ne peut refuser l'*exequatur* lorsque son droit national l'autorise et que, en vertu de l'art. 12 NCPC [devenu C. pr. civ.], il doit se livrer d'office à cette recherche. • Civ. 1re, 9 oct. 1984 : *Bull. civ. I, no 248* ; *D. 1985. 101, note Robert* (sentence annulée dans son pays d'origine). ♦ La sentence internationale rendue à l'étranger n'étant pas intégrée dans l'ordre juridique de l'État dans lequel elle a été rendue, sa reconnaissance en France ne saurait être refusée sur le fondement de la contrariété à l'ordre public international, malgré l'annulation intervenue dans cet État. • Civ. 1re, 23 mars 1994, no 92-15.137 P : *D. 1994. IR 91* ; *Rev. arb. 1994. 327, note Jarrosson.* ♦ L'art. VII de la convention de New-York du 10 juin 1958 pour la reconnaissance et l'exécution des sentences arbitrales étrangères, à laquelle la France et la Pologne sont parties, ne prive aucun intéressé du droit de se prévaloir d'une sentence arbitrale, de la manière et dans la mesure admise par la législation du pays où la sentence est invoquée ; il en résulte que le juge français ne peut, lorsque la sentence a été annulée ou suspendue par une autorité compétente du pays dans lequel elle a été rendue, refuser l'exécution pour ce cas qui n'est pas au nombre de ceux énumérés par l'art. 1502 anc. (auj. 1520) C. pr. civ., bien qu'il soit prévu par l'art. V 1.e de la Convention de 1958. • Civ. 1re, 10 mars 1993, n° 91-16.041 P : *Rev. arb. 1993. 255, obs. Hascher ; DMF 1994. 28, obs. Cadiet ; JCP 1994. I. 3755, n° 22, obs. Cadiet.* ♦ V. encore • Civ. 1re, 29 juin 2007, n° 05-18.053 P : *D. 2007. AJ 1969, obs. Delpech ; ibid. Pan. 189, obs. Clay ; JCP I. 216, obs. Seraglini ; LPA 26 sept. 2007, p. 20, note de Boisséson ; JDI 2007. 1236, note Clay ; Gaz. Pal. 2007. Doctr. 3691, note Pinsolle ; Rev. arb. 2007. 508, rapp. J.-P. Ancel et note Gaillard ; RTD com. 2007. 682, obs. Loquin ; Rev. crit. DIP 2007. 109, note Bollée.*

3. Convention de New York du 10 juin 1958. La Convention de New York du 10 juin 1958, applicable à l'*exequatur* en France d'une sentence rendue à Londres, interdit toute discrimination entre les sentences étrangères et les sentences nationales, ainsi que toute révision au fond. • Civ. 1re, 8 juill. 2015 : *D. 2015. AJ 1547 ; ibid. 2241, édito Cassia ; ibid. Pan. 2038, obs. Bollée ; ibid. Pan. 2599, obs. Clay ; JCP 2015. 1004, obs. Nourissat ; ibid. 1164, note Brabant et Desplats ; ibid. 1370, obs. Seraglini ; LPA 2015, n° 222, p. 13, obs. Michou ; JDI 2016, n° 8, de Vareilles-Sommières ; Procédures 2015. Étude 9, obs. Weiller.*

4. Absence d'actifs en France. Les parties ont le droit de demander à titre principal la reconnaissance d'une sentence, c'est-à-dire son insertion dans l'ordre juridique français, peu important qu'elle soit du fait de l'absence d'actifs du débiteur, insusceptible d'exécution forcée sur le territoire national. • Paris, 15 janv. 2013.

5. Immunité d'exécution. Le droit international coutumier n'exige pas une renonciation autre qu'expresse à l'immunité d'exécution (pas de nécessité d'une renonciation spéciale). • Civ. 1re, 13 mai 2015. ♦ L'engagement pris par l'État étranger signataire de la clause d'arbitrage d'exécuter la sentence dans les termes de l'art. 24 du règlement d'arbitrage CCI implique renonciation de cet État à l'immunité d'exécution. • Civ. 1re, 6 juill. 2000 : *JCP 2001. II. 10512, note Kaplan et Cuniberti* et sur renvoi • Paris, 12 déc. 2001 : *Rev. arb. 2003. 417, note Leboulanger.* ♦ L'*exequatur* n'est pas en lui-même un acte d'exécution, de sorte que l'immunité d'un État ne pourrait être opposée à une demande d'*exequatur*. • Civ. 1re, 11 juin 1991, n° 90-11.282 P : *D. 1991. IR 183 ; Rev. crit. DIP 1992. 331, note P.L. ; Rev. arb. 1991. 637, note Broches ; RTD com. 1992. 798, obs. Dubarry et Loquin*, cassation de • Paris, 5 déc. 1989 : *Rev. arb. 1990. 164, note Broches.*

6. Recevabilité. Sur le contrôle de la qualité et de l'intérêt à agir du requérant, • Civ. 1re, 14 nov. 2007.

7. Renvoi. Sur la contrariété à l'ordre public international, V. notes ss. art. 1520.

b. Arbitrage des investissements

8. Arbitrage CIRDI. La convention de Washington du 18 mars 1965 pour le règlement des différends relatifs aux investissements entre États et ressortissants d'autres États a institué un régime autonome et simplifié de reconnaissance et d'exécution qui exclut celui du code de procédure civile. • Civ. 1re, 11 juin 1991, n° 90-11.282 P : *D. 1991. IR 183 ; Rev. crit. DIP 1992. 331, note P.L. ; Rev. arb. 1991. 637, note Broches ; RTD com. 1992. 798, obs. Dubarry et Loquin*, cassation de • Paris, 5 déc. 1989 : *Rev. arb. 1990. 164, note Broches.*

Art. 1515 **L'existence d'une sentence arbitrale est établie par la production de l'original accompagné de la convention d'arbitrage ou des copies de ces documents réunissant les conditions requises pour leur authenticité.**

Si ces documents ne sont pas rédigés en langue française, la partie requérante en produit une traduction. Elle peut être invitée à produire une traduction établie par un traducteur inscrit sur une liste d'experts judiciaires ou par un traducteur habilité à intervenir auprès des autorités judiciaires ou administratives d'un autre État membre de l'Union européenne, d'un État partie à l'accord sur l'Espace économique européen ou de la Confédération suisse.

Sur la force probante des mentions d'une sentence arbitrale, V. • Paris, 24 mars 2005 : *JCP 2005. I. 179, obs. Ortscheidt.*

Art. 1516 **La sentence arbitrale n'est susceptible d'exécution forcée qu'en vertu d'une ordonnance d'*exequatur* émanant du** *(Décr. n° 2019-966 du 18 sept. 2019, art. 8, en vigueur le 1er janv. 2020)* **« tribunal judiciaire** *[ancienne rédaction : tribunal de grande instance]* **» dans le ressort duquel elle été rendue ou du** *(Décr. n° 2019-966 du 18 sept. 2019, art. 8, en vigueur le 1er janv. 2020)* **« tribunal judiciaire** *[ancienne rédaction : tribunal de grande instance]* **» de Paris lorsqu'elle a été rendue à l'étranger.**

La procédure relative à la demande d'*exequatur* n'est pas contradictoire.

La requête est déposée par la partie la plus diligente au greffe de la juridiction accompagnée de l'original de la sentence et d'un exemplaire de la convention d'arbitrage ou de leurs copies réunissant les conditions requises pour leur authenticité.

BIBL. ▶ MIGNARD et HUET, *Gaz. Pal. 6-7 sept. 2013, p. 10* (*exequatur* des sentences arbitrales : pour une procédure contradictoire).

1. Compétence d'attribution. En application des art. 1477, 1478, 1498, 1500 anciens C. pr. civ. et L. 311-11, al. 1er, COJ, le président du TGI, statuant à juge unique, par ordonnance sur requête non contradictoire, a seul compétence pour connaître d'une demande d'*exequatur* en France d'une sentence arbitrale ou d'une décision judiciaire étrangère statuant sur un recours contre la sentence. • Civ. 1re, 9 déc. 2003, nº 01-13.341 P : *D. 2004. 1055, note Weiszbzerg ; D. 2004. Somm. 3186, obs. Clay ; RTD com. 2004. 258, obs. Loquin ; RTD civ. 2004. 547, obs. Théry ; JCP 2004. II. 10029, note Mahinga ; JCP 2004. I. 119, nº 8, obs. Béguin ; ibid. 2004. I. 133, nº 11, obs. Cadiet ; Rev. arb. 2004. 337, note Bollée* (V. l'arrêt d'appel • Paris, 22 mars 2001 : *Rev. arb. 2001. 607*).

2. Quel que soit le siège de la juridiction arbitrale qui a statué sur un litige relatif à un marché public conclu entre une personne morale de droit public français et une personne de droit étranger, le juge administratif français est toujours compétent pour connaître d'une demande tendant à l'*exequatur* de la sentence. • CE 19 avr. 2013 : *D. 2013. Actu. 1069, obs. de Montecler ; ibid. Pan. 2293, obs. Bollée ; ibid. 2936, obs. Clay ; ibid. 1445, note Cassia ; AJDA 2013. 822 ; ibid. 1271, obs. Domino et Bretonneau ; RDI 2013. 362, obs. Braconnier ; AJCT 2013. 427, obs. Hul ; JCP 2013. 748, note Lemaire ; ibid. 543, obs. Erstein ; ibid. 784, obs. Ortscheidt ; Gaz. Pal. 2013. 1804, obs. Guyomar ; ibid. 1877, note Seiller ; ibid. 17, note Bensaube.*

3. La convention de New York du 10 juin 1958, applicable à l'*exequatur* en France d'une sentence rendue à Londres, interdit toute discrimination entre les sentences étrangères et les sentences nationales, ainsi que toute révision au fond. Doit être cassé l'arrêt infirmant la décision qui accorde l'*exequatur* au motif que l'art. 1516 C. pr. civ., édicté pour régler les compétences au sein de l'ordre judiciaire, serait sans influence sur le principe de la séparation des autorités administratives et judiciaires et qu'il n'appartiendrait pas à la cour d'appel de se prononcer sur les voies par lesquelles les juridictions de l'ordre administratif sont susceptibles d'être saisies d'une demande d'*exequatur* d'une sentence rendue à l'étranger. • Civ. 1re, 8 juill. 2015 : *cité note 3 ss. art. 1514.* ♦ L'*exequatur* des sentences arbitrales rendues à l'étranger relève de la compétence des juridictions judiciaires. • Même arrêt.

4. Intérêts moratoires. S'agissant d'un litige né de l'exécution en France d'une sentence arbitrale déclarée exécutoire, lorsque l'arbitre n'a pas statué et qu'il ne peut plus être saisi, la loi applicable aux intérêts moratoires postérieurs à la sentence, qui s'attachent de plein droit à la décision de condamnation, est la loi de la procédure d'exécution, en l'occurrence la loi française. • Civ. 1re, 30 juin 2004, nº 01-10.269 P : *D. 2004. Somm. 3185, obs. Clay ; JCP E 2004. 1860, note Chabot ; Rev. arb. 2005. 645, note Libchaber ; JCP E 2005. 676, obs. Béguin.* ♦ La sentence arbitrale constituant une décision juridictionnelle, la condamnation par les arbitres au paiement d'une indemnité emporte application de l'art. 1153-1 C. civ. pour les intérêts. • Paris, 18 janv. 2001 : *Rev. arb. 2002. 935, note Jeuland*, conf. par • Civ. 1re, 30 juin 2004 : *préc.* ♦ La décision d'*exequatur* ne faisant que conférer à la sentence la force exécutoire, les intérêts dus, en vertu de l'art. 1153-1, courent, jusqu'à la date du paiement, à compter de la naissance de l'obligation, soit à compter du prononcé de la sentence elle-même, et non à partir de l'obtention de la décision d'*exequatur*. • Paris, 18 janv. 2001 : *préc.* ♦ Conf. par • Civ. 1re, 30 juin 2004 : *préc.*

Art. 1517 **L'*exequatur* est apposé sur l'original ou, si celui-ci n'est pas produit, sur la copie de la sentence arbitrale répondant aux conditions prévues au dernier alinéa de l'article 1516.**

Lorsque la sentence arbitrale n'est pas rédigée en langue française, l'*exequatur* est également apposé sur la traduction opérée dans les conditions prévues à l'article 1515.

L'ordonnance qui refuse d'accorder l'*exequatur* à la sentence arbitrale est motivée.

a. Décision d'exequatur

1. Pouvoirs du juge. Le juge de l'*exequatur* n'a pas le pouvoir de modifier ou de compléter la sentence. • Civ. 1re, 14 déc. 1983 : *Bull. civ. I, nº 295 ; Rev. arb. 1984. 483, note Rondeau-Rivier.*

2. Traduction. La traduction en langue française de la sentence n'étant exigée que pour s'assurer de l'intégrité du document présenté à l'*exequatur*, c'est à la sentence arbitrale elle-même que l'*exequatur* est accordé, et non à sa traduction en tant que telle. Aussi, le juge qui tient compte d'une précision omise lors de la traduction d'une sentence arbitrale méconnaît l'objet du litige et viole l'art. 4 C. pr. civ. • Civ. 1re, 14 janv. 2015 : *BICC 15 avr. 2015, n° 441; D. 2015. Actu. 212*.

b. Refus d'exequatur

3. *Motifs.* Le rôle du juge de l'*exequatur* est strictement limité ; il n'a pas à vérifier si la sentence est incompatible avec une décision française irrévocable portant sur le même objet entre les mêmes parties. • Civ. 1re, 10 juin 1997, n° 95-18.403 P : *D. 1997. IR 163.* ♦ L'autorité de la chose jugée attachée à un arrêt qui a déclaré une partie recevable et fondée à obtenir l'exécution en France d'une sentence rendue à l'étranger fait obstacle à l'*exequatur* d'une nouvelle sentence, inconciliable avec la première, rendue à la suite de l'annulation partielle par la *High Court* de Londres de la sentence exequaturée. • Civ. 1re, 29 juin 2007, n° 06-13.293 P : *D. 2007. AJ 1969, obs. Delpech ; ibid. 2008. Pan. 189, obs. Clay ; LPA 26 sept. 2007, p. 20, note de Boisséson.*

CHAPITRE IV LES VOIES DE RECOURS

BIBL. ▶ Dossier, *Rev. arb. 2018. 3* (réflexions sur les voies de recours en droit de l'arbitrage – Contributions au colloque du Comité français de l'arbitrage, Paris, 17 nov. 2017). – M. Audit, *Rev. arb. 2010. 253* (le nouveau régime de l'arbitrage des contrats administratifs internationaux). – Dai Do, *Rev. arb. 2018. 337* (plaidoyer pour le renvoi de la sentence à l'arbitre, alternative au recours en annulation dans les pays de *civil law*). – Degos, *D. 2008. 1429* (consécration de l'arbitrage en tant que justice autonome). – Hascher, *Mél. Reymond, Litec, 2004, p. 111* (la révision en arbitrage international). – Kirry et Goubin, *Procédures 2014. Étude 5* (un progrès en trompe-l'œil : le nouveau texte sur la notification des sentences rendues en France en matière d'arbitrage international). – Mayer, *Rev. arb. 2002. 1061* (recommandation de l'Association de droit international sur le recours à l'ordre public en tant que motif de refus de reconnaissance ou d'exécution des sentences arbitrales internationales) ; *Mél. Gaudemet-Tallon, Dalloz 2008, p. 459* (l'étendue du contrôle par le juge étatique, de la conformité des sentences arbitrales aux lois de police). – Pinsole, *Gaz. Pal. 19-20 mai 2004, p. 19* (exécution provisoire des sentences en dépit d'un recours en annulation) ; *ibid. 21-22 nov. 2007, p. 6* (ordre juridique arbitral et qualification de la sentence arbitrale de décision de justice internationale). – Racine, *Gaz. Pal. 2009. 2321* (l'affaire Abela ou les vicissitudes du contrôle de la compétence arbitrale). – V. également Bibl. ss. Titre Ier, chap. VI (arbitrage interne).

SECTION PREMIÈRE SENTENCES RENDUES EN FRANCE

Art. 1518 **La sentence rendue en France en matière d'arbitrage international ne peut faire l'objet que d'un recours en annulation.**

BIBL. ▶ Fouchard, *Rev. arb. 2002. 579* (recours pour excès de pouvoir).

1° DÉCISIONS SUSCEPTIBLES DE RECOURS EN ANNULATION

1. *Véritables sentences.* Seules peuvent faire l'objet d'un recours en annulation les véritables sentences arbitrales, constituées par les actes des arbitres qui tranchent de manière définitive, en tout ou en partie, le litige qui leur est soumis, que ce soit sur le fond, sur la compétence ou sur un moyen de procédure qui les conduit à mettre fin à l'instance. Dès lors, ne peut faire l'objet d'un tel recours la décision de l'arbitre qui, ordonnant la consignation de sommes, ne fait qu'aménager la période transitoire entre le prononcé de la sentence arbitrale et la conclusion d'une convention de séquestre, pour assurer l'effectivité de la sentence. • Civ. 1re, 12 oct. 2011, n° 09-72.439 P : *BICC 1er févr. 2012, n° 75 ; Procédures 2011, n° 369, note Weiller.* ♦ Ne peut faire l'objet de recours l'ordonnance de procédure tranchant la question de la langue de l'arbitrage, cette ordonnance ne tranchant pas de manière définitive tout ou partie du litige. • Paris, 26 févr. 2014 : *Rev. arb. 2014. 82, note Duperey et Fouchard.* ♦ Sur l'irrecevabilité d'un recours contre une ordonnance de référé préarbitral de la CCI faute de nature de sentence arbitrale de celle-ci, V. • Paris, 29 avr. 2003 : *JCP E 2004. 288, note Kaplan et Cuniberti.* ♦ Mais une décision provisoire du tribunal arbitral peut être frappée d'un recours en annulation sans attendre la décision sur le fond. • Paris, 7 oct. 2004 : *JCP 2006. II. 10071, note Jacquet ; Rev. arb. 2005. 737, note Jeuland.*

2. *Sentence rendue à l'étranger (non).* Le recours en annulation contre une sentence rendue à l'étranger est irrecevable. • Paris, 18 févr. 1986 : *Rev. arb. 1986. 583, note Flécheux* • Paris, 28 oct. 1997 : *Rev. arb. 1998. 399, note Leurent.*

3. *Clause de réexamen stipulée par les parties.* Dès lors qu'il est constaté qu'en application de la convention d'arbitrage les parties se sont réservé la faculté de demander le réexamen de la décision du tribunal arbitral et que celle-ci n'acquerrait force de chose jugée qu'à défaut d'une demande de nouvel examen dans le délai convenu, il est exactement déduit de ce que le qualificatif de sentence arbitrale définitive attribué par les arbitres à leur décision faisait seulement référence au fait qu'ils y avaient réglé les derniers points en litige après plusieurs sentences partielles, que la demande de réexamen anéantissait la décision originaire. • Civ. 1re, 5 mars 2014, n° 12-29.112 P : *D. actu. 12 mars 2014, obs. Delpech ; D. 2014. Actu. 671 ; JCP 2014. 333, obs. B. Le Bars ; ibid. 1430, obs. Ortscheidt ; Procédures 2014, n° 147, note Weiller.*

2° EFFET DU RECOURS EN ANNULATION

4. Suspension de l'instance (non). Le recours en annulation contre la sentence n'a pas pour effet de suspendre l'instance arbitrale. • Civ. 1re, 19 mars 2002, n° 99-19.878 P : *RTD com. 2002. 664, obs. Loquin ; JCP 2003. I. 105, n° 13, obs. Ortscheidt.*

5. Portée. Bien que les condamnations ne soient pas indivisibles, une cour d'appel peut, dès lors qu'elle relevait que l'arbitre s'était à tort déclaré compétent pour retenir la responsabilité contractuelle *in solidum* des recourants et statuer dans des mêmes termes sur les réparations au profit des autres parties, annuler une sentence arbitrale dans sa totalité et non pas seulement à l'égard de l'un des auteurs du recours dont elle a décidé qu'il n'était pas lié par la clause compromissoire. • Civ. 1re, 30 oct. 2006, n° 04-10.201 P.

3° AUTRES VOIES DE RECOURS

6. Tierce opposition. L'arbitrage présentant un caractère international, la tierce opposition est irrecevable. • Civ. 1re, 8 oct. 2009, n° 07-21.990 P.

Art. 1519 **Le recours en annulation est porté devant la cour d'appel dans le ressort de laquelle la sentence a été rendue.**

Ce recours est recevable dès le prononcé de la sentence. Il cesse de l'être s'il n'a pas été exercé dans le mois de la notification de la sentence.

La notification est faite par voie de signification à moins que les parties en conviennent autrement.

BIBL. ▸ Kirry et Goubin, *Procédures 2014. Étude 5* (un progrès en trompe-l'œil : le nouveau texte sur la notification des sentences rendues en France en matière d'arbitrage international).

1. Application dans le temps. Sur l'application de cette disposition à une sentence rendue antérieurement à l'entrée en vigueur du Décr. du 13 janv. 2011. • Paris, 21 févr. 2012 : *Rev. arb. 2012. 587, note Jarrosson.*

2. Compétence. **BIBL.** M. Audit, *Rev. arb. 2010. 253* (le nouveau régime de l'arbitrage des contrats administratifs internationaux). ♦ Le recours formé contre une sentence arbitrale rendue en France, sur le fondement d'une convention d'arbitrage, dans un litige né de l'exécution ou de la rupture d'un contrat conclu entre une personne morale de droit public français et une personne de droit étranger, exécuté sur le territoire français, mettant en jeu les intérêts du commerce international, fût-il administratif selon les critères du droit interne français, est porté à titre de principe devant le juge judiciaire. • T. confl. 17 mai 2010 : *D. 2010. Actu. 1359, obs. X. Delpech ; ibid. 2323, obs. d'Avout et Bollée ; ibid. 2633, note Lemaire ; AJDA 2010. 1047 ; ibid. 1564, étude P. Cassia ; RDI 2010. 551, note Braconnier ; Gaz. Pal. 23-27 mai 2010, p. 27, note Guyomar.* ♦ Il en va cependant autrement lorsque le recours dirigé contre une telle sentence intervenue dans les mêmes conditions implique le contrôle de la conformité de la sentence aux règles impératives du droit public français relatives à l'occupation du domaine public ou à celles qui régissent la commande publique et sont applicables aux marchés publics, aux contrats de partenariat et aux contrats de délégation de service public. Ces contrats relevant d'un régime administratif d'ordre public, le recours contre une sentence arbitrale rendue dans un litige né de l'exécution ou de la rupture d'un tel contrat relève de la compétence du juge administratif. • T. confl. 17 mai 2010 : *préc.* • CE 9 nov. 2016, n° 388806 : *D. 2017. 2066, obs. Bollée ; JCP 2016. 1250, obs. Tesson ; ibid. 2017. 29, note Bollée ; ibid. 2017. 226, obs. Nourrissat.* ♦ Il en va ainsi y compris pour les sentences rendues, sur le fondement de l'art. 90 de l'Ord. n° 2015-899 du 23 juill. 2015 relative aux marchés publics, en vue du règlement de litiges relatifs à l'exécution des marchés de partenariat mettant en jeu les intérêts du commerce international, dès lors que le renvoi que cet article comporte aux dispositions du livre IV du code de procédure civile ne saurait s'entendre, s'agissant de dispositions réglementaires, comme emportant dérogation aux principes régissant la répartition des compétences entre les ordres de juridiction en ce qui concerne les voies de recours contre une sentence arbitrale. Au sein de la juridiction administrative, le Conseil d'État est alors compétent pour connaître des recours dirigés contre une telle sentence arbitrale, en application de l'art. L. 321-2 CJA. • CE 9 nov. 2016, n° 388806 : *préc.* ♦ Lorsqu'une sentence arbitrale a été rendue sur le fondement d'une convention d'arbitrage, dans un litige né de l'exécution ou de la rupture d'un contrat conclu entre une personne morale de droit public française et une personne de droit étranger, exécuté sur le territoire français, mettant en jeu les intérêts du commerce international, il appartient en principe à la juridiction judiciaire, statuant dans les conditions prévues au titre II du livre IV C. pr. civ., d'une part, de connaître d'un recours formé contre la sentence si elle a été rendue en France et, d'autre part, de se prononcer sur une demande tendant à ce que la sentence, rendue en France ou à l'étranger, soit revêtue de l'*exequatur*. Toutefois, dans le cas où le contrat à l'origine du litige sur lequel l'arbitre s'est prononcé est soumis aux règles impératives du droit public français relatives à l'occupation du domaine public ou à celles qui régissent la commande publique, le recours contre la sentence rendue en France et la demande d'*exequatur* relèvent de la compétence de la juridiction administrative. • T. confl. 24 avr. 2017, n° C-4075 : *D. 2017. 2066, obs. Bollée ; ibid. Pan. 2570, obs. Clay ; AJDA 2017. 839 ; ibid. 981, obs. Odinet et Roussel ; AJ Contrat 2017. 402, obs. Hul ; Gaz. Pal. 31 oct. 2017, p. 55, note Nioche ; ibid. 7 nov. 2017, p. 26, note Bensaube ; JCP 2017. 911, obs. Éveillard ; ibid. 1321, note Dedessus-Le-Moustier ; ibid. 1326, n° 4, obs. Seraglini ; Rev. arb. 2017. 883, note Y. Gaudemet ; Procédures 2017, n° 162, note Weiller ; ibid. 142, note Deygas.*

3. Signification. Le choix d'un règlement d'arbitrage, qui prévoit la notification de la sentence par l'institution d'arbitrage, n'a pas pour conséquence de déroger à la nécessité d'une signification. Le choix des parties d'un règlement n'éclaire pas leur volonté non équivoque de renoncer à la signification de la sentence arbitrale. • Paris, 26 mai 2015. ♦ La dérogation prévue par l'art. 1519 C. pr. civ. doit résulter de stipulations qui manifestent sans équivoque la volonté des parties de renoncer à cette garantie. • Même arrêt.

Art. 1520 **Le recours en annulation n'est ouvert que si :**

1° Le tribunal arbitral s'est déclaré à tort compétent ou incompétent ou

2° Le tribunal arbitral a été irrégulièrement constitué ou

3° Le tribunal arbitral a statué sans se conformer à la mission qui lui avait été confiée ou

4° Le principe de la contradiction n'a pas été respecté ou

5° La reconnaissance ou l'exécution de la sentence est contraire à l'ordre public international.

BIBL. ▶ MAYER, *Rev. arb. 2002. 1061* (recommandation de l'Association de droit international sur le recours à l'ordre public en tant que motif de refus de reconnaissance ou d'exécution des sentences arbitrales internationales) ; *Mél. Gaudemet-Tallon, Dalloz 2008, p. 459* (l'étendue du contrôle par le juge étatique, de la conformité des sentences arbitrales aux lois de police). – RACINE, *Gaz. Pal. 2009. 2321* (l'affaire Abela ou les vicissitudes du contrôle de la compétence arbitrale).

PLAN DES ANNOTATIONS

I. OBJET DU RECOURS

1. Révision au fond (non). Après avoir relevé que les arbitres ont constaté la prescription des demandes au regard du droit du Liechtenstein choisi par les parties, et dès lors qu'aucune méconnaissance de l'art. 6 Conv. EDH n'était caractérisée et aucune violation flagrante, effective et concrète de l'ordre public international établie, une cour d'appel a pu, sans dénaturation, en déduire que la requérante sollicitait en réalité une révision au fond de la sentence, interdite au juge de l'annulation. • Civ. 1re, 6 oct. 2010, n° 09-10.530 P : *D. 2010. 2442, obs. Delpech ; ibid. 2011. 265, obs. Fricero*. ♦ Une cour d'appel, saisie d'un recours en annulation contre une décision arbitrale, n'ayant pas le pouvoir de réviser la décision au fond, a pu décider que des arbitres, qui avaient reçu mission d'apprécier le bien-fondé de la rupture unilatérale d'un contrat, s'étaient conformés à leur mission en jugeant justifiée la rupture du contrat tout en se déclarant, fût-ce à tort, incompétents pour statuer sur la conformité au droit communautaire d'une décision administrative de refus d'agrément d'un des cocontractants ainsi que sur la légalité d'une disposition législative au regard des règles communautaires, et a jugé à bon droit que la solution du litige donnée par la sentence, selon laquelle la résiliation d'une vente de céréales était fondée en l'état des textes nationaux en vigueur, ne constituait pas une violation flagrante, effective et concrète de l'ordre public international. • Civ. 1re, 29 juin 2011, n° 10-16.680 P : *Procédures 2011, n° 306, note Weiller.* ♦ Le juge de l'annulation est juge de la sentence pour admettre ou refuser son insertion dans l'ordre juridique français et non juge de l'affaire pour laquelle les parties ont conclu une convention d'arbitrage. Doit être rejeté le recours en annulation qui, à travers une critique de la sentence pour contrariété à l'ordre public, tend en réalité à une nouvelle instruction au fond de l'affaire. • Civ. 1re, 12 févr. 2014 : *Bull. civ. I, n° 22 ; D. actu. 19 févr. 2014, obs. Delpech ; D. 2014. Actu. 490 ; JCP 2014. 474, avis Chevalier ; ibid. 475, note Mouralis ; Procédures 2014, n° 107, note Weiller.* ♦ V. également décidant que le contrôle de la conformité des décisions à l'ordre public international est exclusif de leur révision au fond. • Civ. 1re, 4 juill. 2007 : *D. 2007. AJ 2025, obs. X. Delpech*. ♦ Le recours ouvert par l'art. 1502 ancien (auj. 1520) n'a pas pour objet la révision au fond de la sentence étrangère ; les griefs avancés doivent être examinés au regard du cas d'ouverture invoqué et la cour doit vérifier si les arbitres se sont conformés à leur mission, sans avoir à apprécier le bien-fondé de la sentence. • Paris, 12 mars 1985 : *D. 1985. IR 467, obs. Julien.* ♦ Dès lors, il est sans importance pour le juge de l'annulation que les motifs soient fondés en fait ou en droit. • Paris, 30 mai 2002 : *Gaz. Pal. 20-21 déc. 2002, p. 10.* ♦ Une cour d'appel saisie d'une demande d'annulation d'une sentence arbitrale n'a pas à statuer au fond, il appartient aux parties de formuler le cas échéant une telle demande. • Paris, 21 avr. 2005 : *Rev. arb. 2005. 761, note Pellerin.*

2. Contrôle du contenu de la motivation (non). Hors les cas, définis par l'art. 1502 ancien (auj. 1520), de violation du principe de la contradiction ou de l'ordre public international, le contenu de la motivation de la sentence arbitrale échappe au contrôle du juge de la régularité de la sentence. • Civ. 1re, 11 mai 1999 : *RTD com. 2000. 336, obs. Loquin* • 14 juin 2000, n° 98-12.053 P : *D. 2000. IR 195 ; Rev. arb. 2001. 729, note Lécuyer* • Paris, 16 nov. 2000 : *D. 2001. IR 278 ; Rev. arb. 2001. 729, note Lécuyer.* – V. aussi • Paris, 16 janv. 2003 : *D. 2003. IR 2486.* ♦ Le défaut de motivation ne figure pas parmi les cas d'ouverture du recours en annulation contre les sentences rendues en matière d'arbitrage international. • Civ. 1re, 10 févr. 1987 : *D. 1987. Somm. 227, obs. Julien.* ♦ Le contrôle des motifs de la sentence par le juge de l'annulation porte sur leur existence et non sur leur pertinence. • Paris, Pôle 1, ch. 1, 10 avr. 2018, n° 16/16588 : *Rev. arb. 2018. 476* • Paris, Pôle 1, ch. 1, 29 mai 2018 : *Rev. arb. 2018. 478.* ♦ V. également note ss. art. 1520-5°.

3. Défaut de réponse à conclusions (non). Le grief de défaut de réponse à des chefs de conclusions ne peut être invoqué, car il ne correspond à aucun des cas prévus par l'art. 1502 ancien (auj. 1520). • Paris, 21 juin 1990 : *Rev. arb. 1991. 96, note Delvolvé* • 12 sept. 2002 : *Gaz. Pal. 20-21 déc. 2002, p. 14 ; RTD com. 2003. 66, obs. Loquin*.

4. Dénaturation (non). Ne correspond pas non plus à un cas prévu par l'art. 1502 ancien (auj. 1520) la dénaturation de documents contractuels par les arbitres. • Civ. 1re, 20 déc. 1993, n° 91-16.949 P : *D. 1994. IR 21 ; Rev. arb. 1994. 126, note Bellet,* rejet du pourvoi contre • Paris, 12 avr. 1991 : *Rev. arb. 1994. 126, note Bellet.*

5. Contestation sur la date et la signature de la sentence (non). Ne correspondent pas non plus à un cas prévu par l'art. 1502 anc. (auj. 1520) les contestations portant sur la date et la signature de la sentence arbitrale. • Civ. 1re, 15 juill. 1999, n° 97-16.276 P : *Rev. arb. 1999. 623, obs. Bureau.* ♦ V. aussi, pour le non-respect du principe de collégialité, • Paris, 16 janv. 2003 : *Rev. arb. 2004. 369, note Jaeger.*

6. Sentence annulée dans le pays d'origine (non). BIBL. Degos, *D. 2008. 1429* (consécration de l'arbitrage en tant que justice autonome). – Pinsolle, *Gaz. Pal. 21-22 nov. 2007, p. 6* (ordre juridique arbitral et qualification de la sentence arbitrale de décision de justice internationale). ♦ La sentence internationale, qui n'est rattachée à aucun ordre juridique étatique, est une décision de justice internationale dont la régularité est examinée au regard des règles applicables dans le pays où la reconnaissance et l'exécution sont demandées. • Civ. 1re, 8 juill. 2015 : *cité note 3 ss. art. 1514.* ♦ La sentence internationale, qui n'est rattachée à aucun ordre juridique étatique, est une décision de justice internationale dont la régularité est examinée au regard des règles applicables dans le pays où sa reconnaissance et son exécution sont demandées. • Civ. 1re, 29 juin 2007, n° 05-18.053 P : *D. 2007. AJ 1969, obs. Delpech ; ibid. 2008. Pan. 189, obs. Clay ; LPA 26 sept. 2007, p. 20, note de Boisséson ; JDI 2007. 1236, note Clay.* ♦ La sentence internationale rendue à l'étranger n'étant pas intégrée dans l'ordre juridique de l'État dans lequel elle a été rendue, sa reconnaissance en France ne saurait être refusée sur le fondement de la contrariété à l'ordre public international, malgré l'annulation intervenue dans cet État. • Civ. 1re, 23 mars 1994, n° 92-15.137 P : *D. 1994. IR 91 ; Rev. arb. 1994. 327, note Jarrosson.* ♦ Le juge français ne peut, lorsque la sentence a été annulée ou suspendue par une autorité compétente du pays où elle a été rendue, refuser l'exécution pour ce cas non prévu par l'art. 1502 (auj. 1520), même s'il est prévu par la convention de New York du 10 juin 1958. • Civ. 1re, 10 mars 1993, n° 91-16.041 P : *Rev. arb. 1993. 255, obs. Hascher ; DMF 1994. 28, obs. Cadiet ; JCP 1994. I. 3755, n° 22, obs. Cadiet* • 29 juin 2007 : *préc.* ♦ Comp. les dispositions de l'art. VII de la convention de New York du 10 juin 1958 ne privent aucune partie intéressée du droit qu'elle pourrait avoir de se prévaloir d'une sentence arbitrale de la manière et dans la mesure admise par la législation ou les traités du pays où la sentence est invoquée ; il en résulte que le juge ne peut refuser l'*exequatur* lorsque son droit national l'autorise et que, en vertu de l'art. 12 NCPC [devenu C. pr. civ.], il doit se livrer d'office à cette recherche. • Civ. 1re, 9 oct. 1984, n° 83-11.355 P : *D. 1985. 101, note Robert* (sentence annulée dans son pays d'origine). ♦ *Adde* • Paris, 31 janv. 2008 : *LPA 3 oct. 2008, p. 24, note Adell.*

7. Insuffisance des pièces soumises au juge de l'exequatur (non). Les moyens tirés de l'insuffisance ou de l'imperfection des pièces soumises au juge de l'*exequatur* ne constituent pas un des cas d'ouverture du recours contre la sentence. • Civ. 1re, 7 oct. 2015.

8. Intervention forcée. Saisie d'un recours en annulation, la cour d'appel n'a pas le pouvoir de juger qu'une société, assignée en intervention forcée, devient partie à l'arbitrage ; la cour d'appel ne pourrait être saisie de cette prétention qu'en reprochant au tribunal arbitral d'avoir méconnu l'art. 1502, 1°, ancien (auj. 1520) en refusant d'étendre l'effet de la clause d'arbitrage à une partie impliquée dans l'exécution du contrat. • Civ. 1re, 14 mars 2006, n° 03-19.764 P : *D. 2006. IR 943, obs. Avena-Robardet ; Rev. arb. 2006. 653, note Bolard.*

II. CAS D'OUVERTURE

9. Office de la cour d'appel. Si la mission de la cour d'appel, saisie en vertu de l'art. 1520, est limitée à l'examen des vices énumérés par ce texte, aucune limitation n'est apportée au pouvoir de cette juridiction de rechercher en droit et en fait tous les éléments concernant les vices en question. • Paris, Pôle 1, ch. 1, 16 janv. 2018 : *D. 2018. 1635, note M. Audit ; Rev. arb. 2018. 401, note Lemaire.*

A. Art. 1520, 1°

10. Recevabilité de la demande d'arbitrage. Doit être cassé l'arrêt qui, pour annuler la sentence, retient que le tribunal arbitral a apprécié l'étendue de son pouvoir juridictionnel et s'est déclaré, à tort, incompétent alors qu'il avait statué sur une question relative à la recevabilité de la demande d'arbitrage, au regard du pouvoir dont se prévalait le représentant de la société devant les arbitres, et non à l'étendue de sa compétence. • Civ. 1re, 18 mars 2015 : *D. actu. 8 avr. 2015, obs. Delpech ; D. 2015. Pan. 2591, obs. Clay ; JCP 2015. 877, obs. Seraglini ; LPA 2015, n° 222, p. 17, obs. Canonica ; Cah. arb. 2015. 343, note Fadlallah ; Procédures 2015, n° 194, note Weiller ; RDC 2015. 555, obs. Boucobza et Serinet.* ♦ Le délai de prescription selon lequel un investisseur peut soumettre un différend à l'arbitrage seulement si « trois ans ou moins se sont écoulés depuis la date à laquelle l'investisseur a pris connaissance ou aurait dû prendre connaissance pour la première fois de la prétendue violation ainsi que de la perte ou du préjudice qu'il a subi » ne constitue pas une exception d'incompétence, mais une question relative à la recevabilité des demandes, qui ne relève pas de l'art. 1520, 1°. • Civ. 1re, 31 mars 2021, n° 19-11.551 P.

11. Production incomplète de la convention d'arbitrage. Une absence de production ou une production incomplète de la convention n'est pas sanctionnée en elle-même et ne peut l'être, par la voie de l'art. 1502 ancien (auj. 1520) que si elle a conduit le juge à accorder l'*exequatur* à une sentence rendue sans convention d'arbitrage ou sur une convention expirée. • Paris, 23 nov. 2000 : *D. 2001. IR 175.*

12. Autonomie de la convention d'arbitrage. V. note ss. art. 1506 (renvoi à 1447).

13. Circulation et extension de la convention d'arbitrage. V. note ss. art. 1507.

14. Arbitrage forcé. Sur les difficultés posées par l'application du principe de l'origine nécessairement conventionnelle du tribunal en matière d'arbitrage forcé, V. • Civ. 1re, 19 mars 2002, n° 99-19.878 P : *RTD com. 2002. 664, obs. Loquin* (rejet du pourvoi contre • Paris, 1er juin 1999 : *RTD com. 1999. 659, obs. Loquin*) • Paris, 28 juin 2001 : *RTD com. 2002. 664, obs. Loquin ; Rev. arb. 2002. 163, note Paulsson.* – V. Mezghani, *Gaz. Pal. 25-26 juin 2003, p. 15.*

15. Expiration du délai d'arbitrage. La constatation de l'expiration du délai d'arbitrage suffit à justifier le refus d'*exequatur* d'une sentence rendue à l'étranger. • Civ. 1re, 6 oct. 1998, n° 96-14.173 P.

16. Interprétation du contrat. Si la mission de la cour est limitée à l'examen des vices énumérés par le texte, aucune limitation n'est apportée à son pouvoir de rechercher en droit et en fait tous les éléments concernant les vices en question. En particulier, il lui appartient d'interpréter le contrat pour apprécier elle-même si l'arbitre a statué sans convention. • Civ. 1re, 6 janv. 1987 : Bull. civ. I, n° 2 ; JDI 1987. 638, note *Goldman ; Rev. arb. 1987. 469, note Leboulanger.* ♦ Le juge de l'annulation contrôle la décision du tribunal arbitral sur sa compétence, qu'il se soit déclaré compétent ou incompétent, en recherchant tous les éléments de droit ou de fait permettant d'apprécier la portée de la convention d'arbitrage et d'en déduire les conséquences sur le respect de la mission confiée aux arbitres. • Civ. 1re, 6 oct. 2010, n° 08-20.563 P : *D. actu. 18 oct. 2010, obs. Delpech.* ♦ Mais le champ de la convention d'arbitrage ne peut être défini, contre la lettre de ses stipulations, par une recherche de la commune intention des parties. • Civ. 1re, 6 juill. 2011, n° 08-12.648 P : *BICC 1er déc. 2011, n° 1522.*

17. Termes retenus par les arbitres. Il appartient au juge de l'annulation de contrôler la décision du tribunal arbitral sur sa compétence, sans s'arrêter sur les termes qui ont été retenus par les arbitres. • Paris, 17 déc. 2013 : *Rev. arb. 2014. 942, note Cohen.*

18. Ratification. L'annulation de la sentence sur le fondement de l'art. 1502, 1°, ancien (auj. 1520) ne peut plus intervenir à partir du moment où il y a eu ratification du compromis d'arbitrage. • Civ. 1re, 10 févr. 1987 : *D. 1987. Somm. 227, obs. Julien.*

19. Clause abusive. Le juge saisi d'un recours en annulation d'une sentence arbitrale doit annuler la sentence si la convention d'arbitrage contient une clause abusive. • CJCE 26 oct. 2006, *Mostazo Claro*, n° C-168/05 : *Rev. arb. 2007. 109, obs. Idot.* ♦ *Adde*, • CJCE 6 oct. 2009, *Asturcom Telecom*, n° C-40/08 : *Rev. arb. 2009. 813, note Jarrosson.*

20. Nouveaux moyens et preuves. Lorsque la compétence a été débattue devant les arbitres, les parties peuvent invoquer sur cette question, devant le juge de l'annulation, de nouveaux moyens et arguments et faire état de nouveaux éléments de preuve. • Civ. 1re, 2 déc. 2020, n° 19-15.396 P. *cité note 9, ss. art. 1466.*

B. Art. 1520, 2°

1° IRRÉGULARITÉ PAR RAPPORT À LA CONVENTION D'ARBITRAGE

21. Dérogation à un règlement d'arbitrage. Le tribunal arbitral ayant été constitué selon le règlement de la CCI auquel renvoyait la clause compromissoire, mais sans tenir compte des dérogations prévues par cette dernière, sa composition doit être déclarée irrégulière. • Paris, 11 févr. 1988 : *Rev. arb. 1989. 683, note Zollinger, et, sur pourvoi :* • *Civ. 1re*, 4 déc. 1990 : *Rev. arb. 1991. 81, note Fouchard.*

22. Interprétation de la convention d'arbitrage. Saisie d'un recours en annulation d'une sentence arbitrale internationale rendue à Paris, fondé sur l'irrégularité de la composition du tribunal arbitral, une cour d'appel, procédant à l'interprétation de la clause d'arbitrage, rendue nécessaire par son imprécision, décide souverainement, par une recherche de la commune intention des parties permettant d'assurer l'efficacité de la convention d'arbitrage, que les contractants avaient entendu soumettre leur litige à la Chambre arbitrale de Paris, organisation d'arbitrage ayant des liens institutionnels avec la Chambre de commerce de Paris. • Paris, 28 oct. 1999 : *Rev. arb. 2002. 175, note Clay* ; et, sur pourvoi, • Civ. 1re, 28 mai 2002 : *Rev. arb. 2002. 788* (désignation de la « commission d'arbitrage de la chambre de commerce française de Paris »).

2° INDÉPENDANCE ET IMPARTIALITÉ

23. Principe. Il appartient au juge de la régularité de la sentence arbitrale d'apprécier l'indépendance et l'impartialité de l'arbitre en relevant toute circonstance de nature à affecter le jugement de celui-ci et à provoquer dans l'esprit des parties un doute raisonnable sur ces qualités qui sont de l'essence même de la fonction arbitrale. • Civ. 1re, 16 mars 1999, n° 96-12.748 P : *D. 1999. 497, note Courbe.* ♦ L'exigence d'indépendance et d'impartialité de l'arbitre relève du contrôle du juge de la régularité de la sentence, le centre d'arbitrage ne pouvant contracter, quant à la garantie de ces qualités essentielles des arbitres, qu'une obligation de moyens éventuellement sanctionnée par sa responsabilité. • Civ. 1re, 20 févr. 2001, n° 99-12.574 P : *D. 2001. IR 903 ; Rev. crit. DIP 2001. 124, note Seraglini ; Rev. arb. 2001. 511, note Clay.*

24. Recevabilité. Les parties ne sont pas recevables à se prévaloir devant le juge de l'annulation de faits les faisant douter de l'indépendance et de l'impartialité de l'arbitre si elles ne les ont pas soulevés dans les délais du règlement d'arbitrage applicable, sans qu'aucune information complémentaire, autre que notoire, ait été découverte. • Civ. 1re, 19 déc. 2018, n° 16-18.349 P : *D. actu 29 janv. 2019, obs. Jourdan-Marques ; ibid. 1er févr. 2019, obs. Debourg ; Jd. 2019. 2442, obs. Clay ; CP 2019. 1349, obs. Seraglini ; JCP E 2019. 1177, note Constans ; Procédures 2019. Étude 8, obs. Weiller.*

25. Présence du même arbitre dans deux arbitrages liés. Dès lors que la première instance arbitrale opposant le prêteur à l'emprunteur portait sur le bien-fondé de la résiliation du contrat de prêt et que la seconde instance portait sur les questions distinctes de la régularité du cautionnement et de l'existence d'une obligation de donner une caution valable, la circonstance que le président du tribunal arbitral soit le même ne rend pas la constitution du tribunal arbitral irrégulière. • Civ. 1re, 2 déc. 2015 : *cité note 50 ss. art. 1506.*

26. Arbitrage corporatif. S'agissant d'un arbitrage corporatif, les parties ne peuvent ignorer que les arbitres, ou certains d'entre eux peuvent avoir des liens professionnels. • Civ. 1re, 19 déc. 2012, n° 10-27.474 P : *D. 2012. Actu. 95 ; ibid. Pan. 2936, obs. Clay ; Gaz. Pal. 30 avr. 2013, p. 16, note Bensaube.*

27. Liens professionnels entre l'arbitre et le conseil. Les liens professionnels entre l'arbitre et le conseil des parties, au sein d'un cabinet d'avocats, dans lequel celui-ci était responsable du département contentieux et arbitrage, avaient eu une durée limitée et leur appartenance à des associations était un élément notoire, l'arbitre n'était pas tenu de révéler ces faits. • Civ. 1re, 28 mai 2015.

28. Applications diverses. La Cour internationale d'arbitrage dont un membre de la cour d'appel de Paris statuant sur un recours en annulation d'une sentence a été le secrétaire général exerce seulement des fonctions d'organisation de l'arbitrage, n'a aucun pouvoir juridictionnel et n'intervient pas dans la mission juridictionnelle des arbitres, de sorte que son impartialité ne peut être légitimement suspectée. • Civ. 1re, 11 mars 2009, n° 08-12.149 P : *D. 2009. AJ 880, obs. Delpech ; JCP 2009. I. 148, n° 10, obs. Seraglini ; Gaz. Pal. 25 avr. 2009, p. 11, note Huchet ; ibid. 18 juill. 2009, p. 42, obs. Mourre.* ♦ Ayant fait ressortir que les circonstances non révélées, relatives aux relations d'affaires d'un arbitre avec un groupe de sociétés dont l'une des filiales est tierce à la procédure d'arbitrage, ne pouvaient, rapprochées des autres éléments de la cause, être de nature, ni à affecter son jugement, ni à provoquer, dans l'esprit des parties, un doute raisonnable sur ses qualités d'impartialité et d'indépendance, une cour d'appel a décidé à juste titre de rejeter un moyen tiré de la constitution irrégulière du tribunal arbitral. • Civ. 1re, 25 juin 2014, n° 11-16.444 P : *D. 2014. Actu. 1388 ; ibid. 1981, note Chevalier ; ibid. Pan. 2550, obs. Clay ; Procédures 2014, n° 299, note Weiller.* ♦ L'arbitre n'ayant pas fait état dans sa déclaration d'indépendance de la circonstance que le cabinet dans lequel il exerçait la profession d'avocat dispensait des conseils à la société-mère d'une des parties, ce fait n'étant pas notoire avant le début de l'arbitrage et les parties n'ayant pas d'obligation en cours d'instance arbitrale de se livrer à des investigations sur l'indépendance des arbitres, compte tenu des garanties qu'il avait fourni lors de sa déclaration, et celui-ci n'ayant pas révélé une opération manifestement importante pour le cabinet, au regard de l'ample publicité donnée par ce dernier, ces circonstances sont de nature à faire raisonnablement douter de l'indépendance et l'impartialité de l'arbitre. • Civ. 1re, 16 déc. 2015, rejetant le pourvoi contre • Paris, 14 oct. 2014 : *Rev. arb. 1015. 151, note Henry.* ♦ La dissimulation délibérée par l'arbitre de sa désignation par la partie adverse dans un autre procès quelques mois seulement avant le début du présent arbitrage est une circonstance *de nature à faire naître dans l'esprit* de la partie qui n'a pas proposé cet arbitre que parce qu'elle était contrainte de choisir sur la liste annexée à la clause compromissoire, un doute raisonnable quant à l'indépendance et l'impartialité du tribunal arbitral. • Paris, Pôle 1, ch. 1, 29 mai 2018, n° 15/20168 : *cité note 1 ss. art. 1504.*

29. Exception de notoriété. Si l'information publiée avant le début de l'arbitrage dans un annuaire professionnel doit être regardée comme notoire, les parties ne sont pas tenues de poursuivre leurs recherches après le début des opérations d'arbitrage ; il incombe à l'arbitre d'informer les parties de toute circonstance susceptible d'affecter son indépendance ou son impartialité survenant après l'acceptation de sa mission. • Civ. 1re, 3 oct. 2019, n° 18-15.756 P : *D. actu. 29 oct. 2019, note Jourdan-Marques ; ibid. 12 déc. 2019, note Debourg ; D. 2019. 2443, obs. Clay ; JCP 2019. 1349, obs. Seraglini.*

C. Art. 1520, 3°

30. Objet du litige. La mission de l'arbitre, définie par la convention d'arbitrage, est délimitée principalement par l'objet du litige, tel qu'il est déterminé par les prétentions des parties. • Civ. 1re, 6 mars 1996 : *Rev. arb. 1997. 69, obs. Arnaldez ; Rev. crit. DIP 1997. 313, note Cohen .* ♦ Des arbitres, investis par une clause d'arbitrage qui leur soumet « tout litige relatif au présent contrat », peuvent statuer sur toutes les demandes qui leur sont soumises à cet égard, sans s'attacher uniquement à l'énoncé des questions litigieuses dans l'acte de mission. • Même arrêt.

31. Loi applicable. Les arbitres ayant fondé leur raisonnement sur les règles du droit internatioanl privé, ainsi que sur les principes établis dans le code civil pour l'interprétation des contrats, ils se sont conformés à leur mission de statuer en droit et par application de la loi française. • Civ. 1re, 2 déc. 2015 : *cité note 6 ss. art. 1506.* ♦ Viole sa mission un arbitre qui fait application d'une loi autre que celle expressément choisie par les parties pour régir le fond du litige. • Paris, 10 mars 1988 : *Rev. arb. 1989. 269, note Fouchard (a contrario).*

32. Procédure suivie. Sur l'étendue du contrôle du juge sur la procédure suivie par les arbitres lors d'un arbitrage international, V. : • Paris, 1er juill. 1999 : *JCP 2000. II. 10445, note Kaplan.*

33. Équité. V. notes ss. art. 1512. ♦ Il ne saurait être fait grief à un arrêt d'avoir déclaré exécutoire une sentence arbitrale alors que des arbitres se seraient, pour évaluer le préjudice résultant de la perte d'une chance, affranchis des règles du droit, en statuant en amiables compositeurs et en procédant à une évaluation *ex aequo et bono*, dès lors qu'il résulte des éléments d'appréciation retenus par les arbitres, que ceux-ci n'avaient pas entendu s'affranchir des règles du droit, malgré les termes qu'ils avaient employés. • Civ. 2e, 30 sept. 1981 : *Bull. civ. II, n° 172 ; Rev. arb. 1982. 431, note Loquin.* ♦ V. aussi, jugeant qu'en se référant à l'équité dans l'évaluation du quantum du préjudice commercial et moral, l'arbitre unique n'a pas entendu s'affranchir des règles de droit et que l'évaluation du dommage en équité, qui correspond d'ailleurs à un principe général du droit reconnu dans tous les systèmes juridiques, sur la base d'éléments objectifs fournis pour effectuer une appréciation globale, n'implique pas dans ces conditions que l'arbitre unique ait excédé ses pouvoirs en s'attribuant ceux d'un amiable compositeur. • Paris, 17 janv. 2008 : *LPA 3 oct. 2008, p. 18, note Roy.* ♦ En réduisant le taux d'intérêt conventionnel à un taux intermédiaire entre le taux contractuel et le taux légal, hors l'application de l'art. 1244-1 C. civ., les arbitres se sont nécessairement comportés en amiable compositeur. • Civ. 1re, 12 oct. 2011.

34. Infra petita (non). Le recours en annulation de l'art. 1502, 3°, ancien (auj. 1520-3°) ne peut être exercé contre une sentence ayant statué *infra petita*, les cas d'ouverture de ce recours devant s'interpréter restrictivement, d'autant plus que l'impossibilité de réunir à nouveau le tribunal arbitral pour compléter éventuellement la sentence n'est pas démontrée. • Paris, 27 juin 2002 : *Rev. arb. 2003. 427, note Legros.*

35. Arbitrage au second degré. Les arbitres sont juges de la validité de leur saisine au regard du règlement de la Chambre arbitrale auquel ont adhéré les parties. Ne méconnaît pas sa mission la juridiction arbitrale déclarant irrecevable, en application du règlement d'arbitrage, la demande d'arbitrage au second degré formulée par l'assureur, qui n'était pas partie à l'instance arbitrale au premier degré. • Civ. 1re, 2 mai 1990 : *Rev. arb. 1991. 285, note Loquin.*

D. Art. 1520, 4°

36. Le principe de la contradiction exige seulement que les parties aient pu faire connaître leurs prétentions de fait et de droit et discuter celles de leur adversaire de sorte que rien de ce qui a servi à fonder la décision des arbitres n'ait échappé à leur débat contradictoire. • Paris, Pôle 1, ch. 1, 10 avr. 2018, n° 16/16588 : *préc. note 2.*

1° ABSENCE DE VIOLATION

37. Illustrations. N'étant pas tenus de soumettre aux parties la motivation de leur sentence avant son prononcé et ne s'étant fondés, dans celle-ci, sur aucun fait distinct de ceux invoqués par les demandeurs, dont le défendeur n'aurait pas été à même de débattre, mais seulement sur un fait tiré d'une pièce régulièrement versée aux débats, c'est sans méconnaître les exigences de la contradiction que des arbitres ont décidé de statuer sans inviter préalablement les parties à s'expliquer sur ce fait. • Civ. 1re, 19 déc. 2012, n° 11-10.973 P : *D. 2012. Actu. 95* . ♦ Il n'y a aucune violation du principe de la contradiction à ne pas soumettre préalablement au prononcé de la sentence la motivation de celle-ci au débat contradictoire, sauf à empêcher les arbitres de jamais statuer s'il leur fallait provoquer les explications des parties sur le raisonnement à tenir. • Paris, 22 mai 2003 : *Rev. arb. 2004. 132.*

38. Ayant relevé que les parties avaient convenu de ne déposer qu'une seule écriture, qu'aucune réplique aux mémoires finaux n'était prévue par le calendrier prévisionnel, largement discuté et amendé à la demande des parties, et qu'aucun accord n'était intervenu entre elles sur une telle réplique, la cour d'appel en a exactement déduit que l'arbitre, à qui il appartenait de contrôler la procédure, n'avait pas méconnu le principe de la contradiction en mettant fin aux débats qu'il estimait complets. • Civ. 1re, 20 juin 2012.

39. Il ne saurait être fait grief à un arrêt d'avoir violé l'art. 16 C. pr. civ. en admettant que les arbitres en se référant à un usage du commerce international s'étaient déterminés selon les règles du droit dans les termes du compromis alors que cet usage n'avait été ni invoqué, ni discuté par les arbitres et par les parties, dès lors que les arbitres en se référant aux principes généraux des obligations généralement applicables dans le commerce international n'ont fait que se conformer à l'obligation qu'ils avaient en vertu de l'acte de mission, de définir le droit applicable à l'accord conclu. • Civ. 2e, 9 déc. 1981 : *Bull. civ. II, n° 212.*

2° VIOLATION

40. Illustrations. En s'autorisant, en la personne de son président, à procéder lui-même à des traductions partielles sans fixer aucun critère quant à leur mode de sélection bien que la langue de l'arbitrage fût le français, la cour d'appel a exactement décidé que le tribunal arbitral, qui s'était fondé sur un rapport d'expertise qu'il avait ordonné auquel étaient annexées des pièces partiellement traduites, sans avoir mis en mesure le demandeur à l'annulation de discuter utilement l'intégralité des pièces portées à la connaissance du tribunal arbitral et de la partie allemande en l'absence d'acquiescement de sa part, avait violé le principe de la contradiction. • Civ. 1re, 18 mars 2015, rejetant le pourvoi contre • Paris, 2 avr. 2013 : *Rev. arb. 2014. 106, note Jaeger.* ♦ En substituant à la demande d'allocation du principal d'une précédente condamnation assortie des intérêts au taux légal en vigueur à Madagascar, une demande tendant à l'indemnisation de la perte de bénéfices pendant la durée de l'instance en cassation, demande que l'arbitre a décidé de calculer par référence au cours de l'intérêt légal malgache, mais qui n'en procède pas moins d'un fondement différent, sans inviter les parties à s'en expliquer, le tribunal arbitral a violé le principe du contradictoire. • Paris, 15 mars 2016.

41. Le tribunal arbitral ne peut sans débat

contradictoire fonder sa décision sur des dispositions non invoquées d'un règlement d'arbitrage. • Civ. 1re, 26 juin 2013 : *Rev. arb. 2013. 1022, note Laazouzi.* ♦ ... Ou sur des dispositions non invoquées du code civil égyptien. • Civ. 1re, 23 juin 2010. ♦ Si le tribunal arbitral n'a pas l'obligation de soumettre au préalable l'argumentation juridique qui étaye sa motivation à la discussion des parties, il doit cependant respecter le principe de la contradiction. • Civ. 1re, 14 mars 2006, n° 03-19.764 P : *D. 2006. IR 943, obs. Avena-Robardet ; JCP 2006. I. 148, n° 8, obs. Ortscheidt ; Rev. arb. 2006. 653, note Bolard* (cassation d'un arrêt ayant rejeté un moyen d'annulation tiré de la violation du principe de la contradiction, au motif que les arbitres avaient motivé leur sentence en droit en appliquant leur raisonnement aux éléments de fait et de droit débattus par les parties et qu'ils en avaient déduit les conséquences juridiques qu'ils estimaient fondées, alors que le tribunal arbitral avait, sans débat contradictoire, fondé sa décision sur des dispositions non invoquées). ♦ V. l'arrêt d'appel : • Paris, 18 sept. 2003 : *Rev. arb. 2004. 311 (3e esp.), note Racine.* ♦ Un tribunal arbitral, saisi d'une demande d'indemnisation fondée sur la perte d'un gain, qui lui substitue une indemnisation fondée sur la perte d'une chance sans inviter les parties à s'expliquer sur ce point viole le principe de la contradiction. • Civ. 1re, 29 juin 2011, n° 10-23.321 P : *BICC 15 nov. 2011, n° 1363 ; Procédures 2011, n° 307, note Weiller.* ♦ V., annulant une sentence arbitrale au motif que le non-respect de la langue de l'arbitrage constitue une violation du contradictoire, sous réserve que les parties potentiellement lésées n'aient ni acquiescé à l'utilisation d'une autre langue, ni renoncé à se prévaloir de cette irrégularité. • Paris, 2 avr. 2013 : *Gaz. Pal. 5-7 mai 2013, p. 21, obs. Duclercq.*

42. V. pour une sentence rendue par défaut. • Civ. 1re, 5 mars 2008.

3° CHARGE DE LA PREUVE

43. Il incombe à la partie qui invoque la violation par l'arbitre du principe de la contradiction d'en apporter la preuve. • Civ. 1re, 13 nov. 2014 : *D. actu. 26 nov. 2014, obs. Delpech.*

E. Art. 1520, 5°

1° NOTION D'ORDRE PUBLIC INTERNATIONAL

44. Ordre public international français. La violation doit être non simplement celle de l'*ordre public interne, mais celle de l'ordre* public international. • Paris, 12 mars 1985 : *D. 1985. IR 467, obs. Julien ; Rev. arb. 1985. 299* • 27 mai 2003 : *RTD com. 2004. 261, obs. Loquin ; Rev. arb. 2004. 133* • Civ. 1re, 19 nov. 1991, n° 89-22.042 P : *Rev. arb. 1992. 76, note Idot.* ♦ ... Cet ordre public international étant l'ordre public international français. • Civ. 1re, 15 mars 1988 : *Rev. arb. 1990. 115, note Idot.* ♦ L'ordre public international, au sens de l'art. 1502, 5°, ancien, (auj. 1520-5°) s'entend de la conception française de l'ordre public, c'est-à-dire de l'ensemble des règles et des valeurs dont l'ordre juridique français ne peut souffrir la méconnaissance, même dans des matières internationales ; son appréciation doit être concrète, le contrôle de la cour d'appel ne devant pas porter sur l'appréciation que les arbitres ont faite sur la solution donnée au litige. • Paris, 14 juin 2001 : *Rev. arb. 2001. 773, note Seraglini.* ♦ L'ordre public international au regard duquel s'effectue le contrôle du juge de l'annulation s'entend de la conception qu'en a l'ordre juridique français, c'est-à-dire des valeurs et des principes dont celui-ci ne saurait souffrir la méconnaissance même dans un contexte international. Ce n'est que dans cette mesure que des lois de police étrangère peuvent être regardées comme relevant de l'ordre public international, de sorte qu'il est en principe indifférent que la sentence soumise au juge français ait fait l'objet d'un refus d'*exequatur* pour violation de l'ordre public dans l'État dont les dispositions de police s'appliquent au contrat litigieux. • Paris, Pôle 1, ch. 1, 16 janv. 2018 : *préc. note 9.* ♦ L'ordre public international doit être apprécié de manière moins rigoureuse que l'ordre public interne. • Versailles, 2 oct. 1989 : *D. 1989. IR 298 ; Rev. arb. 1990. 115, note Idot,* solution conf. par • Civ. 1re, 19 nov. 1991, n° 89-22.042 P : *Rev. arb. 1992. 76, note Idot* • Paris, 25 mai 1990 : *Rev. crit. DIP 1990. 753, note Oppetit.*

Il résulte de l'art. 1520, 5° que le juge de l'annulation doit rechercher si la reconnaissance ou l'exécution de la sentence est compatible avec l'ordre public international. Cette recherche n'est ni limitée aux éléments de preuve produits devant les arbitres ni liée par les constatations, appréciations et qualifications opérées par eux, son seul office à cet égard consistant à s'assurer que la production des éléments de preuve devant lui respecte le principe de la contradiction et celui d'égalité des armes. • Civ. 1re, 23 mars 2022, n° 17-17.981 P : D. actu. 10 mai 2022, note Chantebout. ♦ Comp. antérieurement, jugeant que ...

45. Caractères de la violation. Le contrôle de la compatibilité d'une sentence arbitrale avec l'ordre public international par le juge de l'annulation se limite au caractère flagrant, effectif et concret de la violation alléguée. Ayant constaté que le tribunal arbitral avait fait application du droit communautaire de la concurrence, que l'appelante ne démontrait aucune violation flagrante, effective et concrète de l'ordre public international, qu'elle avait pu demander réparation selon ce que commande le principe d'effectivité du droit communautaire et ces réparations n'entrant pas dans le cadre du contrôle exercé au titre de l'art. 1502, 5°, C. pr. civ., ancien (auj.

1520-5°) pour la protection des droits fondamentaux, la cour d'appel, qui a procédé dans la limite de ses pouvoirs, sans révision au fond des sentences arbitrales, a décidé à bon droit que leur reconnaissance et leur exécution n'étaient pas contraires à l'ordre public international. • Civ. 1re, 4 juin 2008, n° 06-15.320 P : *BICC 1er nov. 2008, n° 1600 et la note ; R. 2008. 330 ; D. 2008. 1684, obs. Delpech ; ibid. Pan. 2560, obs. Bollée ; ibid. Pan. 3111, obs. Clay ; JCP 2008. I. 164, n° 8, obs. Seraglini ; ibid. 2009. I. 107, n° 15, obs. Lawnicka ; JCP E 2008. 1900, note Ortscheidt ; RTD com. 2008. 518, obs. Loquin ; Gaz. Pal. 20-21 févr. 2009, p. 32, note Train ; LPA 3 oct. 2008, p. 21, note Duprey ; ibid. 26 mars 2009, p. 8, note Malan ; Rev. arb. 2008. 473, note Fadlallah ; RJ com. 2009. 62, note Moreau.* ♦ V. égal. • Paris, 18 nov. 2004, *Thalès : JCP 2005. II. 10038, note Chabot ; Gaz. Pal. 21-22 oct. 2005, p. 5, note Seraglini ; Rev. arb. 2005. 752 et 529, note Radicati et Brozolo ; RTD com. 2005. 263, obs. Loquin ; JCP 2005. I. 676, obs. Seraglini* (refus d'annuler une sentence contraire aux règles communautaires de la concurrence). ♦ S'agissant de la violation de l'ordre public international, seule la reconnaissance ou l'exécution de la sentence est examinée par le juge de l'annulation au regard de la compatibilité de sa solution avec cet ordre public, dont le contrôle se limite au caractère flagrant, effectif et concret de la violation alléguée. • Civ. 1re, 11 mars 2009, n° 08-12.149 P : *D. 2009. AJ 880, obs. Delpech ; JCP 2009. I. 148, n° 10, obs. Seraglini ; Gaz. Pal. 25 avr. 2009, p. 11, note Huchet ; ibid. 18 juill. 2009, p. 42, obs. Mourre.* ♦ Après avoir relevé que les arbitres ont constaté la prescription des demandes au regard du droit du Liechtenstein choisi par les parties, et dès lors qu'aucune méconnaissance de l'art. 6 Conv. EDH n'était caractérisée et aucune violation flagrante, effective et concrète de l'ordre public international établie, une cour d'appel a pu, sans dénaturation, en déduire que la requérante sollicitait en réalité une révision au fond de la sentence, interdite au juge de l'annulation. • Civ. 1re, 6 oct. 2010, n° 09-10.530 P : *D. 2010. 2442, obs. Delpech ; ibid. 2011. 265, obs. Fricero.* ♦ V. aussi, • Civ. 1re, 29 juin 2011, n° 10-16.680 P. ♦ Pour un abandon du caractère flagrant, • Civ. 1re, 10 juill. 2013.

2° EXEMPLES DE VIOLATION

46. Méconnaissance du droit européen. En matière d'arbitrage international, la méconnaissance par l'arbitre d'une règle de droit communautaire (auj. européen) porte atteinte à la conception française de l'ordre public international dès lors que la règle méconnue est impérative et effectivement applicable à la cause. • Paris, 16 avr. 1996 : *Rev. arb. 2001. 805, obs. Derains.* ♦ V. aussi • Paris, 18 nov. 2004, *préc.* et • Civ. 1re, 4 juin 2008 : *préc.*

47. Déloyauté de l'arbitre. Viole l'ordre public international la sentence rendue en Italie alors qu'un arbitre qui, siégeant à la fois dans un tribunal arbitral constitué en France et dans celui établi en Italie, avait communiqué au tribunal italien des informations erronées de nature à influer sur sa décision quant à la compétence. • Civ. 1re, 24 mars 1998, n° 95-17.285 P : *D. 1998. IR 105 ; D. Affaires 1998. 843, obs. S. P. ; RG proc. 1998. 531, obs. Rivier.*

48. Fraude. Les dispositions d'une sentence arbitrale obtenues par fraude sont contraires à l'ordre public international français. • Paris, 10 sept. 1993 : *Rev. crit. DIP 1994. 349, note Heuzé*, et sur pourvoi rejeté, la fraude procédurale, si elle est de nature à rendre possible, exceptionnellement, la rétractation d'une sentence arbitrale qui en est affectée peut aussi être sanctionnée au regard de l'ordre public international de procédure de sorte que demeure ouvert le recours en annulation • Civ. 1re, 19 déc. 1995, n° 93-20.863 P : *Rev. arb. 1996. 49, note Bureau ; RTD com. 1996. 667, obs. Dubarry et Loquin.* ♦ La substitution de personnes intervenue dans des circonstances opaques, au prétendu motif qu'une erreur matérielle dans l'identification du demandeur, est constitutive d'une fraude qui justifie l'annulation de la sentence pour violation de l'ordre public international. • Paris, 25 juin 2013 : *Rev. arb. 1014. 120, note Fontmichel.* ♦ *Adde* sur la fraude, • Paris, 15 févr. 2007 et • Paris, 27 mars 2008 : *Rev. arb. 2009. 158, note Callé* • Paris, 1re ch., 17 juin 2010 : *Cah. arb. 2011, p. 129, note Callé.*

49. Suspension des poursuites. L'art. 1502-5° ancien (auj. 1520-5°) vise la violation d'une règle considérée comme d'ordre public international, telle qu'en matière de faillite, la suspension des poursuites individuelles. • Civ. 1re, 8 mars 1988 : *Bull. civ. I, n° 65 ; D. 1989. 577, note Robert ; Rev. arb. 1989. 473, note Ancel* • Paris, 26 janv. 1990 : *D. 1991. 201, note Cas.* ♦ Les principes de l'arrêt des poursuites individuelles des créanciers, de dessaisissement du débiteur et d'interruption de l'instance en cas de faillite, sont à la fois d'ordre public interne et international. Ils s'imposent même au cas où l'arbitrage se déroulant en France n'est pas soumis à la loi française. • Civ. 1re, 5 févr. 1991, n° 89-14.382 P, rejetant le pourvoi contre • Paris, 16 févr. 1989 : *Rev. arb. 1989. 711, note Idot.* ♦ Le principe de suspension des poursuites individuelles en matière de faillite est à la fois d'ordre public interne et international • Civ. 1re, 6 mai 2009 : *préc.*

50. Arrêté du 14 juin 1982. Est contraire à l'ordre public international la sentence modifiant l'attribution des montants compensatoires aux importateurs, réglée impérativement par l'arrêté ministériel du 14 juin 1982. • Civ. 1re, 15 mars 1988 : *Bull. civ. I, n° 72 ; D. 1989. 577, note Robert.*

51. Contrôle des investissements étrangers. Est contraire à l'ordre public international la sentence consacrant la violation des dispositions relatives au contrôle des pouvoirs publics sur les investissements étrangers. • Paris, 5 avr. 1990 : *D. 1990. IR 116.*

52. Sentence rendue par une institution. La sentence rendue par une institution qui n'a pas pas la qualité d'arbitre est contraire à l'ordre public international. • Civ. 1re, 28 mars 2012 (implicite).

53. Égalité des armes. V. jugeant que le défaut de production d'éléments de preuve en défense ne doit pas avoir pour effet de priver la partie demanderesse de son droit de faire juger le bien-fondé de ses prétentions, mais que la mise en œuvre de ce principe doit s'apprécier au cas par cas, en respectant l'égalité des armes qui est un élément du procès équitable protégé par l'ordre public international, et qu'il incombe dans ce cadre aux arbitres de rechercher, au cas par cas, un juste équilibre entre le droit de la partie demanderesse de voir examiner ses prétentions dans un délai raisonnable et le droit de la partie défenderesse d'organiser utilement sa défense : • Paris, 8 nov. 2016, n° 13/12002 (méconnaissance de l'égalité des armes dès lors que le tribunal arbitral, à qui il appartenait d'adapter le devoir de célérité dans la conduite de l'arbitrage aux événements exceptionnels que constituaient des actes de guerre, n'avait accepté que de prolonger de deux ou trois mois le délai de soumission par l'état de ses mémoires, ce qui n'était pas de nature à rétablir l'égalité entre les parties et la loyauté des débats).

54. Corruption. Lorsqu'il est prétendu qu'une sentence rendue à l'étranger donne effet à un contrat obtenu par corruption, il appartient à la cour, saisie sur le fondement des dispositions précitées du code de procédure civile, de l'appel de l'ordonnance d'*exequatur*, de rechercher, en droit et en fait, tous les éléments permettant de se prononcer sur l'illicéité alléguée de la convention et d'apprécier si la reconnaissance ou l'exécution de la sentence viole de manière manifeste, effective et concrète la conception française de l'ordre public international. Elle n'est liée, dans cet examen, ni par les appréciations portées par le tribunal arbitral, ni par la loi de fond choisie par les parties. • Paris, 27 sept. 2016, n° 15/12614 : *D. 2017. 2067, obs. Bollée* ; *JCP 2017. 1326, obs. Seraglini* ; *Rev. arb. 2017. 942, obs. Gaillard* • Paris, Pôle 1, ch. 1, 10 avr. 2018, n° 16/11182 : *Rev. arb. 2018. 475.* ♦ Cependant, l'autorité de la chose jugée au pénal s'impose au juge civil relativement à la déclaration de culpabilité ainsi qu'aux faits constatés qui constituent le soutien nécessaire de la condamnation pénale. • Paris, 27 sept. 2016, n° 15/12614 : *préc.* (refus de reconnaissance en France à raison de l'illicéité du contrat établie par le juge pénal, *alors que la reconnaissance de la sentence* aurait permis à la partie à l'origine de la corruption de retirer le bénéfice du pacte corruptif et que ce pacte délictueux était à l'origine de la condamnation prononcée par l'arbitre) • Civ 1re, 13 sept. 2017, n° 16-25.657 : *D. 2017. Pan. 2571, obs. Clay* ; *Procédures 2017, n° 268, note Weiller* ; *JCP 2017. 1326, obs. Seraglini* ; *ibid. 2018. 157, n° 8, obs. Nourissat* ; *Rev. arb. 2017. 900, obs. Gaillard.*

La prohibition du blanchiment est au nombre des principes dont l'ordre juridique français ne saurait souffrir la violation même dans un contexte international et relève, par conséquent, de l'ordre public international. En premier lieu, il n'entre pas dans la mission du contrôle du juge saisi d'un recours en annulation d'une sentence internationale de rechercher si une partie à l'arbitrage peut être déclarée coupable du délit de blanchiment en application des dispositions pénales d'un ordre juridique national, mais seulement de rechercher si la reconnaissance ou l'exécution de la sentence est de nature à entraver l'objectif de lutte contre le blanchiment en faisant bénéficier une partie du produit d'activités de cette nature, l'examen de ce grief n'étant pas subordonné à l'intervention préalable d'une condamnation pénale du chef de blanchiment. Il en résulte que la circonstance que les poursuites engagées par les autorités n'aient pas encore débouché sur un procès au fond est dénuée de pertinence. En second lieu, le contrôle exercé par le juge de l'annulation sur la sentence arbitrale en vertu de l'art. 1520, 5°, est de s'assurer que l'exécution de la sentence n'est pas de nature à faire bénéficier une partie du produit d'activités délictueuses. Cette recherche, menée pour la défense de l'ordre public international, n'est pas limitée aux éléments de preuve produits devant les arbitres, ni liée par les constatations, appréciations et qualifications opérées par ceux-ci. La cour doit non seulement s'assurer que la production des éléments de preuve devant elle respecte le principe de la contradiction et celui d'égalité des armes mais aussi que chaque partie a été mise en mesure de présenter sa cause dans des conditions qui ne la placent pas dans une situation substantiellement désavantageuse vis-à-vis de son adversaire. • Paris, 21 févr. 2017, n° 15/01650 : *D. 2017. 2067, obs. Bollée* ; *ibid. Pan. 2570, obs. Clay* ; *JCP 2017. 1326, obs. Seraglini* ; *Rev. arb. 2017. 915, note Bollée* (refus de reconnaissance de la sentence qui aurait pour effet de faire bénéficier l'investisseur du produit d'activités délictueuses ; violation manifeste, effective et concrète de l'ordre public international). ♦ *Adde* • Paris, 16 mai 2017 : *D. 2017. 2068, obs. Bollée* ; *JCP 2017. 1326, obs. Seraglini* ; *Rev. arb. 2017. 942, obs. Gaillard* ; *ibid. 2018. 248, note Racine* (nécessité, pour une annulation, que soit démontré par des indices graves, précis et concordants que la sentence aurait pour effet de donner force à un contrat obtenu par corruption ; l'inobservation des règles de transparence dans la passation des marchés publics est un indice particulièrement significatif de telles infractions, mais ne saurait être sanctionnée pour elle-même, indépendamment d'une atteinte actuelle à l'objectif de lutte contre la corruption). ♦ Une sentence arbitrale donnant effet à un contrat de trafic d'influence ou de pots-de-vin heurte l'ordre public international et ne saurait être revêtue de l'*exequatur* ; à cet égard, l'éventuelle mauvaise foi de la partie débitrice est indifférente, dès lors qu'est seulement en cause le refus de l'ordre juridique français de prêter le secours des voies de droit à l'exécution d'un contrat illicite. La caractérisation d'un contrat de cette nature peut résulter d'un faisceau d'indices ; sont susceptibles d'être regardés comme pertinents à cet égard : l'absence ou l'insuffisance de production de documents précis et probants et dont l'origine peut être établie avec certitude ; l'insuffisance des moyens matériels et humains du consultant au regard de l'importance des diligences revendiquées ; la disproportion entre les diligences ostensibles du consultant, telles qu'elles résultent des pièces produites par lui, et sa rémunération ; la rémunération au pourcentage ; une comptabilité lacunaire ou insincère du consultant ; le caractère inexplicable de l'attribution d'un marché au client du consultant alors que son offre était moins bien notée que celle de ses concurrents ; le fait que le pays en cause ou certains secteurs d'activités de ce pays soient notoirement corrompus et que le client du consultant soit mis en cause pour des pratiques habituelles de corruption. • Paris, Pôle 1, ch. 1, 10 avr. 2018, n° 16/11182 : *préc.*

55. Autorité de chose jugée. L'autorité qui s'attache à la chose jugée au cours de la même instance est d'ordre public international • Paris, Pôle 1, ch. 1, 29 mai 2018 : *préc. note 2.*

3° EXEMPLE DE NON-VIOLATION

56. Défaut de motivation. Lorsque la loi applicable à la procédure arbitrale autorise à ne pas motiver la sentence, le défaut de motivation n'est pas, par lui-même, une violation de l'ordre public international ; il n'en est autrement que si le mutisme de la sentence dissimule une violation des droits de la défense. • Civ. 1re, 14 juin 1960 : *Bull. civ. I, n° 327 ; Rev. arb. 1960. 97 ; JCP 1961. II. 12273, note Motulsky* • Civ. 2e, 2 nov. 1966 : *JDI 1967. 631, note Goldman ; Rev. crit. DIP 1967. 372, note Francescakis ; Rev. arb. 1967. 9 ; JCP 1968. II. 15318, note Motulsky* • Civ. 1re, 18 mars 1980 : *Bull. civ. I, n° 87 ; JDI 1980. 874, note Loquin.* ♦ Le défaut de motivation ne figure pas parmi les cas d'ouverture du recours en annulation contre les sentences rendues en matière d'arbitrage international. • Civ. 1re, 10 févr. 1987 : *D. 1987. Somm. 227, obs. Julien.*

57. Prescription. La règle qui donne effet interruptif de la prescription à la saisine d'un juge incompétent ne relève pas de la conception française de l'ordre public international. • Civ. 1re, 30 juin 1998, n° 96-13.469 P : *D. 1998. IR 187 ; JCP 1998. I. 173, n° 17, obs. Cadiet ; Rev. arb. 1999. 80, note Niboyet.*

58. Action d'une société. La capacité d'agir en justice d'une société ne relève pas de l'ordre public international, au sens de l'art. 1502, 5°, ancien (auj. 1520-5°). • Civ. 1re, 1er déc. 1999, n° 97-22.211 P : *JCP 2000. II. 10436, note Menjucq ; Rev. arb. 2000. 277, note Niboyet.*

59. Art. L. 341-2 et L. 341-3 C. consom. Les dispositions des art. L. 341-2 et L. 341-3 C. consom., relatives à la mention manuscrite de la caution, édictent des normes dont la méconnaissance, à la supposer établie, n'est pas contraire à l'ordre public international. • Civ. 1re, 2 déc. 2015.

60. Pacte de quota litis. Sur la conformité à la conception française de l'ordre public international d'un pacte de *quota litis* inséré dans un arbitrage international, V. • Paris, 10 juill. 1992 : *D. 1992. 459, note Jarrosson.*

61. Principe de collégialité. Le principe de collégialité suppose que chaque arbitre ait eu la faculté de débattre de la décision avec les autres. Une réunion collégiale ayant eu lieu et l'un des arbitres ayant pu manifester son opposition par une opinion dissidente, il existe une présomption de délibéré de la sentence et il appartient à celui qui prétend à une absence de délibération de le prouver. Le principe de collégialité n'ayant pas été violé, aucune violation de l'art. 1502-5° (1520-5°) n'est caractérisée. • Civ. 1re, 29 juin 2011.

62. Égalité des parties. Le refus par le tribunal arbitral d'examiner les demandes reconventionnelles peut être de nature à porter atteinte au droit d'accès à la justice et au principe d'égalité entre les parties et caractériser ainsi une violation de l'art. 1520-5°, à la seule condition que celles-ci soient indissociables des demandes principales. • Civ. 1re, 28 mars 2013, n° 11-27.770 P : *D. actu. 8 avr. 2013, obs. Delpech,* cassant • Paris, 17 nov. 2011 : *JDI 2012, Doctr. 2, Boucobza et Serinet ; Cah. arb. 2011, p. 5, note Cohen.*

63. Égalité des armes. Les dispositions unilatérales, par lesquelles les autorités compétentes d'un État désignent, suivant une procédure légalement établie, les documents dont cet État entend protéger la confidentialité dans l'intérêt de la sécurité ou de la défense nationale, poursuivent un but légitime qui fait l'objet d'un consensus international. Dans une instance arbitrale internationale, cet État, ses organes, ou encore les personnes assujetties au respect de ces règles pénalement sanctionnées, ne sauraient se trouver en situation de devoir divulguer des informations confidentielles, ou d'être privés des moyens de présenter utilement leur défense. Il appartient alors aux arbitres, sous le contrôle du juge du recours, de veiller à la conciliation de telles dispositions de police avec les principes du procès équitable. • Paris, 1er mars 2017, n° 15/17234 : *JCP 2017. 1326, obs. Ortscheidt* (jugeant que les arbitres, sans méconnaître les contraintes résultant des légitimes intérêts de la défense nationale et de la sécurité de l'État partie, d'une part, se sont efforcés d'en circonscrire le domaine en invitant l'État à décrire les documents dont la divulgation était refusée, à préciser la nature et la portée de la protection revendiquée et à indiquer dans quelle mesure cette protection était applicable à chacun d'eux, d'autre part, n'ont pas tiré d'une production partielle des conséquences disproportionnées).

64. Corruption. La sentence ne donnant pas effet à un contrat obtenu par corruption, aucune violation de l'ordre public international n'est caractérisée. • Civ. 1re, 24 juin 2015.

III. RÉGIME

65. Pouvoirs du juge. La défense de la conception française de l'ordre public international implique que le juge étatique chargé du contrôle puisse annuler la sentence dont l'exécution heurte cette conception alors même que le moyen tiré de l'ordre public n'avait pas été invoqué devant les arbitres et que ceux-ci ne l'avaient pas mis dans le débat. • Paris, 14 juin 2001 : *Rev. arb. 2001. 773, note Seraglini.* ♦ Sur l'étendue des pouvoirs du juge saisi d'un recours en annulation fondé sur la contrariété de la reconnaissance ou de l'exécution de la sentence arbitrale à l'ordre public international, V. aussi • Paris, 30 sept. 1993 : *D. 1993. IR 225.* ♦ Le juge de l'annulation peut porter une appréciation en droit et en fait sur les éléments de la sentence déférée à son contrôle, mais pas statuer sur le fond sur un litige complexe qui n'a jamais encore été ni plaidé ni jugé devant un arbitre concernant la simple éventualité de l'illicéité de certaines stipulations contractuelles. • Paris, 18 nov. 2004 : *préc.*

66. Motivation. Ne met pas la Cour de cassation en mesure d'exercer son contrôle et ne satisfait pas aux exigences de l'art. 455 C. pr. civ. une cour d'appel qui, pour rejeter un recours en annulation contre une sentence arbitrale se borne à énoncer que c'est à bon droit que le tribunal arbitral a estimé que les demandes étaient arbitrables et susceptibles d'être tranchées au terme d'un procès équitable, se prononçant ainsi par une clause de style dépourvue de toute motivation précise et de toute référence explicite aux motifs des arbitres dont elle estimait le raisonnement pertinent. • Civ. 1re, 11 févr. 2009, n° 06-18.746 P : *D. 2009. AJ 557, obs. Delpech ; JCP 2009. Actu. 104, obs. Chabot ; ibid. I. 148, obs. Ortscheidt.*

67. Sursis à statuer. Si en matière d'arbitrage international, la règle « le criminel tient le civil en l'état » ne s'impose pas aux arbitres, l'art. 4 C. pr. pén. est applicable, même en matière internationale, au recours en annulation d'une sentence arbitrale si la procédure pénale se déroule en France ; la demande de sursis à statuer ne peut être accueillie que si les faits dénoncés comme constituant l'infraction ont une incidence directe sur la cause d'annulation de la sentence et si la décision pénale à intervenir est susceptible d'influer sur la décision civile. • Civ. 1re, 25 oct. 2005, n° 02-13.252 P : *D. 2006. 199, avis Sainte-Rose ; D. 2005. Pan. 3052, obs. Clay ; Rev. arb. 2006. 103, note Racine* • 4 juin 2008, n° 06-15.320 P. ♦ *Contra* jugeant que cette règle ne s'applique dans les relations internationales qu'en vertu d'un traité. • Civ. 1re, 6 mai 2003 : *préc.* ♦ V. auparavant sur le sursis à statuer en application de la règle « le criminel tient le civil en l'état », • Paris, 7 sept. 1999 : *Gaz. Pal. 2002. Somm. 762 ; Rev. arb. 2001. 584, obs. Racine* • 23 mai 2002 : *Gaz. Pal. 20-21 déc. 2002, p. 9 ; Rev. arb. 2002. 971, note Racine* • 20 juin 2002 : *Gaz. Pal. 20-21 déc. 2002, p. 11 ; Rev. arb. 2002. 971, note Racine ; RTD com. 2003. 63, obs. Loquin* • 13 févr. 2003 : *Rev. arb. 2004. 311, note Racine* • 11 sept. 2003 : *Gaz. Pal. 21-22 mai 2004, p. 12* • 18 sept. 2003 : *Rev. arb. 2004. 311, note Racine.*

68. Question préjudicielle. La cour d'appel peut user de la faculté qui lui est offerte par l'art. 267 TFUE pour demander à la Cour de justice de statuer sur une question d'interprétation du Traité. Les griefs invoqués ne caractérisant pas un excès de pouvoir, le pourvoi en cassation formé indépendamment de la décision sur le fond est, en l'absence de dispositions spéciales de la loi, irrecevable. • Civ. 1re, 18 nov. 2015. ♦ Une juridiction nationale qui statue sur un recours formé contre une sentence arbitrale doit être considérée comme une juridiction nationale au sens du Traité, même lorsqu'en vertu de la convention d'arbitrage conclue entre les parties, cette juridiction doit statuer comme amiable compositeur. • CJCE 27 avr. 1994 : *Rev. arb. 1995. 503, note Fouchard.*

69. Autorité de la chose jugée de la décision du juge d'appui. La demande de récusation ayant été rejetée par le juge d'appui, le recours en annulation ne peut être fondé que sur des éléments nouveaux qui n'avaient pas pu être portés à la connaissance de ce dernier. • Civ. 1re, 4 nov. 2015. ♦ La quasi-totalité des faits dénoncés figurant dans la requête en récusation qui avait été rejetée, le moyen d'annulation pris de la composition irrégulière du tribunal arbitral est irrecevable. • Civ. 1re, 4 nov. 2010. ♦ V. encore • Paris, 6 avr. 1990 : *Rev. arb. 1990. 880, note (crit.) De Boisséson* (irrecevabilité du recours en annulation).

70. Intervention volontaire. L'intervention volontaire dans l'instance sur recours en annulation d'une sentence est incompatible avec la nature contractuelle de l'arbitrage et partant irrecevable. • Paris, 15 mars 2016.

71. Renonciation à demander la nullité. Sur la renonciation à se prévaloir d'une irrégularité, V. notes ss. art. 1506 (renvoi à l'art. 1466).

72. Estoppel. Sur l'estoppel, V. notes ss. art. 1506 (renvoi à l'art. 1466).

Art. 1521 **Le premier président ou, dès qu'il est saisi, le conseiller de la mise en état peut conférer l'*exequatur* à la sentence.**

Art. 1522 Par convention spéciale, les parties peuvent à tout moment renoncer expressément au recours en annulation.

Dans ce cas, elles peuvent toujours faire appel de l'ordonnance d'*exequatur* pour l'un des motifs prévus à l'article 1520.

L'appel est formé dans le délai d'un mois à compter de la notification de la sentence revêtue de l'*exequatur*. La notification est faite par voie de signification à moins que les parties en conviennent autrement.

Les dispositions de l'art. 1522 s'appliquent lorsque le tribunal a été constitué postérieurement au 1er mai 2011 (Décr. n° 2011-48 du 13 janv. 2011, art. 3-2°).

Renonciation. La renonciation au recours en annulation doit le viser expressément et ne saurait résulter d'une clause générale. • Paris, 3 avr. 2014 : *Rev. arb. 2015. 110, note Leboulanger.*

Art. 1523 La décision qui refuse la reconnaissance ou l'*exequatur* d'une sentence arbitrale internationale rendue en France est susceptible d'appel.

L'appel est formé dans le délai d'un mois à compter de la signification de la décision.

Dans ce cas, la cour d'appel connaît, à la demande d'une partie, du recours en annulation à l'encontre de la sentence à moins qu'elle ait renoncé à celui-ci ou que le délai pour l'exercer soit expiré.

Art. 1524 L'ordonnance qui accorde l'*exequatur* n'est susceptible d'aucun recours sauf dans le cas prévu au deuxième alinéa de l'article 1522.

Toutefois, le recours en annulation de la sentence emporte de plein droit, dans les limites de la saisine de la cour, recours contre l'ordonnance du juge ayant statué sur l'*exequatur* ou dessaisissement de ce juge.

1. Renvoi. Sur les motifs de l'appel exceptionnellement ouvert contre l'ordonnance d'*exequatur*, V. note ss. art. 1520.

2. Appel-nullité. La voie de l'appel-nullité n'est pas ouverte à l'encontre d'une ordonnance d'*exequatur* d'une sentence arbitrale internationale dès lors que cette ordonnance peut être attaquée par la voie du recours exercé contre cette sentence. • Civ. 1re, 6 nov. 2013, n° 11-17.739 P : *Procédures 2014, n° 48, note Weiller ; Gaz. Pal. 8 mars 2014, p. 12, note Bensaude ; JCP 2014. 1075, obs. Ortscheidt.* ♦ Pour la recevabilité d'un appel-nullité en cas d'excès de pouvoir : *exequatur* ordonné par le juge des référés. • Civ. 1re, 29 juin 1994, n° 92-18.084 P : *Rev. arb. 1996. 400, note Hory.* ♦ V. aussi l'ordonnance d'*exequatur* obtenue d'un juge qui était dessaisi par application de l'art. 1504 ancien (auj. 1524) doit être annulée. • Paris, 14 déc. 1999 : *Rev. arb. 2000. 471, note Racine.* ♦ Toutefois, aux termes de l'art. 1490 ancien applicable à l'arbitrage international (auj. 1527), le rejet du recours en annulation dirigé contre la sentence confère l'*exequatur* à cette dernière. • Même arrêt.

3. Exécution provisoire. S'agissant d'une sentence arbitrale rendue en France en matière internationale, le recours contre celle-ci, dès lors qu'elle est assortie de l'exécution provisoire, n'a pas pour effet de paralyser les effets de l'ordonnance d'*exequatur*, peu important que cette ordonnance ne soit pas elle-même assortie de l'exécution provisoire. • Paris, 2 juin 2005 : *Rev. arb. 2005. 1015, note Callé.*

SECTION II SENTENCES RENDUES À L'ÉTRANGER

Art. 1525 La décision qui statue sur une demande de reconnaissance ou d'*exequatur* d'une sentence arbitrale rendue à l'étranger est susceptible d'appel.

L'appel est formé dans le délai d'un mois à compter de la signification de la décision.

Les parties peuvent toutefois convenir d'un autre mode de notification lorsque l'appel est formé à l'encontre de la sentence revêtue de l'*exequatur*.

La cour d'appel ne peut refuser la reconnaissance ou l'*exequatur* de la sentence arbitrale que dans les cas prévus à l'article 1520.

a. Ouverture de l'appel

1. Compétence exclusive. Seule la juridiction saisie de l'appel de l'ordonnance d'*exequatur* peut connaître des griefs relatifs à cette décision et à sa signification. • Civ. 1re, 13 mai 2015.

2. Intérêt. Est irrecevable pour défaut d'intérêt à agir l'appel diligenté par une partie contre l'ordonnance d'*exequatur* qu'elle avait elle-même sollicitée. • Paris, 10 nov. 1987 : *Rev. arb. 1989. 670, note Bousquet ; Bull. ch. avoués 1988. 1. 5.*

b. Cas d'ouverture

3. Renvoi. Sur les cas d'ouverture, V. notes ss. art. 1520. ♦ Sur la renonciation à se prévaloir d'une irrégularité et l'estoppel, V. notes ss.

art. 1506 (renvoi à l'art. 1466).

4. Cas prévus par l'art. 1520. L'appel est irrecevable s'il ne se fonde pas sur l'un des cas prévus par l'art. 1502 ancien (auj. 1520). • Paris, 18 nov. 1983 : *Rev. arb. 1987. 77, obs. Bernard.*

5. Cas non prévus par l'art. 1520. Retrait litigieux. Viole l'art. 1699 C. civ. l'arrêt déclarant irrecevable la demande de retrait litigieux formée à l'occasion d'un recours en annulation d'une sentence arbitrale au motif que la mission de la cour d'appel, saisie en application des art. 1520 et 1525 C. pr. civ., est limitée à l'examen des vices énumérés par ces textes, alors que l'exercice du retrait litigieux affecte l'exécution de la sentence. • Civ. 1re, 28 févr. 2018, n° 16-22.112 P : *D. 2018. Actu. 516 ; D. actu. 20 mars 2018, obs. Pellier ; JCP 2018. 640, note Casson ; Procédures 2018, n° 148, note Weiller ; AJ contrat 2018. 187, obs. Jourdan-Marques ; Rev. arb. 2018. 389, note Laazouzi.*

6. Contestation de la compétence du juge de l'exequatur (non). Le seul recours ouvert contre l'ordonnance d'*exequatur* d'une sentence rendue à l'étranger est l'appel prévu par l'art. 1502 ancien (auj. 1520), dans les cas d'ouverture visant la sentence elle-même, et non la décision d'*exequatur*, qui n'est donc, en tant que telle, susceptible d'aucun recours notamment quant à la compétence du juge saisi. • Paris, 10 juill. 1992 : *D. 1992. IR 243.*

c. Autres voies de recours

7. Tierce opposition. Si la tierce opposition contre une sentence arbitrale étrangère est exceptionnellement recevable lorsqu'elle tend à faire prononcer la nullité de celle-ci en raison de la violation par les arbitres de l'ordre public ou des droits de la défense, cette exception ne s'étend pas aux cas où sont simplement alléguées une dénaturation des documents soumis aux arbitres ou une contradiction dans les motifs de leur sentence. • Civ. 2e, 9 déc. 1981 : *Bull. civ. II, n° 213 ; D. 1983. 238, note Robert ; Rev. arb. 1982. 183, note Couchez.*

SECTION III DISPOSITIONS COMMUNES AUX SENTENCES RENDUES EN FRANCE ET À L'ÉTRANGER

Art. 1526 **Le recours en annulation formé contre la sentence et l'appel de l'ordonnance ayant accordé l'*exequatur* ne sont pas suspensifs.**

Toutefois, le premier président statuant en référé ou, dès qu'il est saisi, le conseiller de la mise en état peut arrêter ou aménager l'exécution de la sentence si cette exécution est susceptible de léser gravement les droits de l'une des parties.

Les dispositions de l'art. 1526 s'appliquent aux sentences arbitrales rendues après le 1er mai 2011 (Décr. n° 2011-48 du 13 janv. 2001, art. 3-3°).

Exécution provisoire. S'agissant d'une sentence arbitrale rendue en France en matière internationale, le recours contre celle-ci, dès lors qu'elle est assortie de l'exécution provisoire, n'a pas pour effet de paralyser les effets de l'ordonnance d'*exequatur*, peu important que cette ordonnance ne soit pas elle-même assortie de l'exécution provisoire. • Paris, 2 juin 2005 : *Rev. arb. 2005. 1015, note Callé.*

Art. 1527 **L'appel de l'ordonnance ayant statué sur l'*exequatur* et le recours en annulation de la sentence sont formés, instruits et jugés selon les règles relatives à la procédure contentieuse prévues aux articles 900 à 930-1.**

Le rejet de l'appel ou du recours en annulation confère l'*exequatur* à la sentence arbitrale ou à celles de ses dispositions qui ne sont pas atteintes par la censure de la cour.

1. Recours dilatoire ou abusif. Le recours en annulation étant formé, instruit et jugé selon les règles relatives à la procédure en matière contentieuse devant la cour d'appel, il en résulte que l'art. 559 C. pr. civ. est applicable au recours en annulation. • Civ. 1re, 23 févr. 1994, n° 92-12.309 P.

2. Compétence du conseiller de la mise en état. Il résulte de l'art. 914 que le conseiller de la mise en état est compétent jusqu'à son dessaisissement pour statuer sur la recevabilité du recours en annulation. • Paris, 3 avr. 2014 : *Rev. arb. 2015. 110, note Leboulanger.*

LIVRE CINQUIÈME **LA RÉSOLUTION AMIABLE DES DIFFÉRENDS**

(Décr. n° 2012-66 du 20 janv. 2012, art. 2)

BIBL. GÉN. ▸ **Ouvrages :** Amrani Mekki (dir.), Guide des modes amiables de résolution des différends 2020/21, *Les guides, LexisNexis 2020*. – Bensimon, Arts et techniques de la médiation, Pratique professionnelle, *2e éd., LexisNexis 2016*. – Cadiet, Les modes amiables de règlement des conflits, *Connaissance du droit, 3e éd., Dalloz 2019*. – Fricero (dir.), Le guide des modes amiables de résolution des différends, *Guide Dalloz 2017-2018, 3e éd., Dalloz 2017*. – J.-P. Tricoit, Droit de la médiation et des modes amiables de règlement des différends, *Mémento, Gualino 2020*.

▸ **Articles : Dossier :** *AJ fam. 2017. 269* (médiation avec avocats) ; *AJ Contrat 2017. 355* (la médiation dans tous ses états). – Aufière, *Dr. fam. 2015. 40* (l'avocat médiateur ou le médiateur avocat). – Ascensi et Berheim-Desvaux, *CCC 2012. Étude 10* (la médiation collective, solution amiable pour résoudre les litiges de masse ?). – Belval, *Gaz. Pal. 6-8 mai 2012, p. 11* (petite réflexion sur le développement des modes alternatifs de règlement des litiges par rapport au droit) ; *ibid. 2-6 nov. 2012, p. 14* (retour sur le développement de la médiation par rapport à la justice traditionnelle). – K. Benyekhlef, V. Callipel et E. Amar, *Gaz. Pal. 27-28 mars 2015, p. 17* (la médiation en ligne pour les conflits de basse intensité). – Boitelle-Coussau, *Gaz. Pal. 12-13 juin 2015, p. 9* (comment choisir entre la conciliation et la médiation ?). – Burtruille-Cardew, *RLDC 01/2011. 69* (la place du droit collaboratif dans les MARC). – Cadiet, La médiation, une justice sans juge ?, *Mél. en l'honneur de L. Aynès, LGDJ 2019, p. 65*. – Depondt, *JCP 2015. 429* (de l'intérêt de recourir à l'arbitrage et à la conciliation) ; *JCP N 2015. 1151* (la mise en œuvre des procédures d'arbitrage et de conciliation). – Chabault-Marx, *D. 2012. 43* (médiation familiale : vers une judiciarisation du dialogue ?). – Collectif, *Gaz. Pal. 23-24 mai 2014, p. 13* (la procédure dans les modes de résolution extrajudiciaire des litiges). – Deharo, *LPA 13 févr. 2012, p. 3* (rationalité juridique et opportunité économique : la médiation est-elle le paradigme d'une conception utilitariste de la justice ?). – Egea, *RLDC 11/2011. 53* (l'essor de la médiation familiale, un modèle pour les MARC ?). – Fricero, *RLDC 11/2018. 47* (le développement des modes alternatifs de règlement des litiges : progrès ou recul pour les droits du justiciable ?). – Gaboriau, *LPA 14 juin 2012, p. 3* (déjudiciarisation et administration de la justice – promouvoir la « juridiversité »). – Garby, *Gaz. Pal. 10-12 févr. 2013, p. 11* (avocat et résolution amiable des conflits : théorie et histoires de médiation). – Gorchs, *Dr. et pr. 2015. 194* (la responsabilité civile du médiateur civil). – Jeuland, *Gaz. Pal. 23-24 mai 2014, p. 13* (principes procéduraux, médiation et procédure participative). – Larribau-Terneyre, *Dr. fam. 2012. Étude 12* (nouvel essor pour les modes alternatifs et collaboratifs de règlement des litiges en matière familiale ?). – Leborgne, *RJPF mai 2015, p. 7* (plaidoyer en faveur de la médiation familiale pour une justice familiale apaisée) ; *Gaz. Pal. 9-10 oct. 2015, p. 14* (la pratique de la médiation familiale judiciaire : étude menée dans le ressort de la cour d'appel d'Aix-en-Provence). – Mollard-Courteau, *Gaz. Pal. 1er-3 juill. 2012, p. 12* (une justice de proximité en retrait face à la multiplication des modes alternatifs de règlement des litiges ?). – Noblot, *CCC 2018. Formule 7* (MARD : la clause soumettant une demande reconventionnelle à une tentative préalable et obligatoire de conciliation). – Poli, *RLDC 12/2011. 59* (regard comparatif sur les pratiques de la médiation). – Schenique, *D. avocats 2014. 186* (les rapports entre droit collaboratif et médiation). – Vert, *Gaz. Pal. 14-15. nov. 2014, p. 14* (médiation : mode d'emploi) ; *Gaz. Pal. 30-31 janv. 2015, p. 8* (confusion terminologique entre médiation et conciliation : frein à leur développement).

▸ **Décr. du 20 janv. 2012 :** Amrani-Mekki, *Gaz. Pal. 25-26 mai 2012, p. 5*. – Astaix, *D. 2012. AJ 292*. – Broussolle, *LPA 8-9 mai 2012, p. 3*. – Bruggeman, *Dr. fam. 2012. Alerte 17*. – Douchy-Oudot, *RTD eur. 2012. 689, n° 2*. – Gorchs-Gelzer, *Dr. et pr. 2012. 117* (une cote mal taillée entre changement des mentalités et continuité des pratiques). – E. Guinchard, *RTD eur. 2012. 689, n° 4* (la médiation, contrainte à la réussite ?). – Laporte, *Procédures 2012. Focus 9* (le festival des MARC). – C. Lienhard, *Gaz. Pal. 23-24 mars 2012, p. 24* (développement et diversification des MARC). – Rongeat-Oudin, *JCP 2012. 157* (le règlement amiable des différends est en bonne marche !). – Tricoit, *LPA 2 avr. 2012, p. 6* (la transposition de la directive médiation en droit français).

▸ **Droit de la consommation :** Ascensi et Bernheim-Desvaux, *CCC 2012. Étude 10* (la médiation collective, solution amiable pour résoudre les litiges de masse ?). – Aubert de Vincelles, *RDC 2012. 465* (Comm. UE, Proposition de directive « relative au règlement extrajudiciaire des litiges de consommation » et de règlement « relatif au règlement en ligne des litiges de consommation » (RLLC), 29 nov. 2011).

▸ **Réforme « Chantiers de la justice » :** Akyurek et Habibi, *LPA 11 juill. 2018, p. 10* (impulsion nouvelle aux MARD).

▸ **PLPRJ 2018-2022 :** Andrieu et Fricero (entretien), *RLDC 12/2018. 19* (la certification des plateformes proposant des conciliations, médiations ou arbitrages en ligne devrait contribuer à créer un climat de confiance). – Berheim-Desvaux, *CCC 2018. Repère 7* (le règlement amiable des litiges en ligne ? Oui, mais pas n'importe comment !). – Racine, *D. 2018. 1700* (la résolution amiable des différends en ligne ou la figure de l'algorithme médiateur).

Art. 1528 Les parties à un différend peuvent, à leur initiative et dans les conditions prévues par le présent livre, tenter de le résoudre de façon amiable avec l'assistance d'un médiateur, d'un conciliateur de justice ou, dans le cadre d'une procédure participative, de leurs avocats.

Délai de prescription

Code civil

Art. 2238 La prescription est suspendue à compter du jour où, après la survenance d'un litige, les parties conviennent de recourir à la médiation ou à la conciliation ou, à défaut d'accord écrit, à compter du jour de la première réunion de médiation ou de conciliation. *(L. nº 2010-1609 du 22 déc. 2010, art. 37)* « La prescription est également suspendue à compter de la conclusion d'une convention de procédure participative » *(L. nº 2015-990 du 6 août 2015, art. 208)* « ou à compter de l'accord du débiteur constaté par l'huissier de justice pour participer à la procédure prévue à » *(Ord. nº 2016-131 du 10 févr. 2016, art. 5-9º, en vigueur le 1er oct. 2016)* « l'article L. 125-1 du code des procédures civiles d'exécution ».

Le délai de prescription recommence à courir, pour une durée qui ne peut être inférieure à six mois, à compter de la date à laquelle soit l'une des parties ou les deux, soit le médiateur ou le conciliateur déclarent que la médiation ou la conciliation est terminée. *(L. nº 2010-1609 du 22 déc. 2010, art. 37)* « En cas de convention de procédure participative, le délai de prescription recommence à courir à compter du terme de la convention, pour une durée qui ne peut être inférieure à six mois. » *(L. nº 2015-990 du 6 août 2015, art. 208)* « En cas d'échec de la procédure prévue *(Ord. nº 2016-131 du 10 févr. 2016, art. 5-9º, en vigueur le 1er oct. 2016)* « au même article », le délai de prescription recommence à courir à compter de la date du refus du débiteur, constaté par l'huissier, pour une durée qui ne peut être inférieure à six mois. » — *Dispositions transitoires, V. L. nº 2008-561 du 17 juin 2008, art. 26 ss. art. 2279.*

La saisine du médiateur désigné par un établissement de crédit ou de paiement suspend la prescription (C. mon. fin., art. L. 315-1).

Les modifications issues de l'art. 37 de la L. nº 2010-1609 du 22 déc. 2010 entrent en vigueur dans les conditions fixées par le décret modifiant le code de procédure civile nécessaire à son application et au plus tard le 1er sept. 2011 (L. préc., art. 43).

Les modifications issues de l'art. 208 de la L. nº 2015-990 du 6 août 2015 sont applicables à Wallis-et-Futuna (L. préc., art. 208-III).

L'Ord. nº 2016-131 du 10 févr. 2016, art. 5-9º entre en vigueur le 1er oct. 2016. Les contrats conclus avant cette date demeurent soumis à la loi ancienne. Lorsqu'une instance a été introduite avant l'entrée en vigueur de ladite ordonnance, l'action est poursuivie et jugée conformément à la loi ancienne. Cette loi s'applique également en appel et en cassation (Ord. préc., art. 9).

BIBL. ▸ Tricoit, *Rev. arb. 2018. 270* (champ d'application et computation des délais).

Les dispositions de l'art. 2238 C. civ. ne sont pas *applicables à de simples pourparlers.* • Civ. 1re, 13 mai 2014, nº 13-13.406 P : *D. 2014. 2037, note Fischer-Achoura ; ibid. 1715, note Darret-Courgeon ; ibid. 2015. 287, obs. Fricero* ; AJDI 2014. 631 ; JCP 2014 nº 998, *note Billiau.*

Médiation des litiges de la consommation

Code de la consommation

TITRE Ier. MÉDIATION
(Ord. n° 2016-301 du 14 mars 2016, en vigueur le 1er juill. 2016)

BIBL. GÉN. ▶ Bazin, *AJ Contrat 2017. 361* ✎ (de la médiation de la consommation). – Bernheim-Desvaux, *CCC 2015. Étude 11* (transposition de la Dir. 2013/11/UE du 21 mai 2013 relative au RELC). – Jamin, *D. avocats 2015. 321* ✎ (le droit de la consommation toujours plus applicable aux avocats ?). – Boccara, *Banque et Dr. 9-10/2015. 42* (essor des modes alternatifs de règlement des litiges en matière bancaire). – Gorchs-Gelzer, *Dr. et pr. oct. 2015. 174* (présentation générale). – NDLR, *BRDA 2015, n° 21, p. 20* (la médiation se généralise et les professionnels doivent s'organiser). – Piedelièvre, *Gaz. Pal. 2015. 3512* (le règlement amiable des litiges après l'Ord. du 20 août 2015). – Dossier, *Banque et Dr. suppl. déc. 2015* (la médiation bancaire). – Petit, *D. 2015. 2571* ✎ (la médiation de la consommation : une procédure obligatoire pour toutes les entreprises à partir du 1er janv. 2016). – Guinchard, *RTD eur. 2015. 775* (transposition de la Dir. 2013/11/UE). – Dary et Leung, *RLDA févr. 2016. 48* (médiation de la consommation : contrainte ou opportunité pour les professionnels ?). – Feferman et Petit, *AJDI 2016. 91* ✎ (la médiation de la consommation et les métiers de l'immobilier).

CHAPITRE Ier. *DÉFINITIONS ET CHAMP D'APPLICATION*

Art. L. 611-1 Pour l'application du présent titre, on entend par :

1° Litige national : un litige de nature contractuelle entre un consommateur et un professionnel portant sur l'exécution d'un contrat de vente ou de fourniture de services, lorsqu'au moment de sa conclusion, le consommateur réside dans le même État membre que celui du lieu d'établissement du professionnel ;

2° Litige transfrontalier : un litige de nature contractuelle entre un consommateur et un professionnel portant sur l'exécution d'un contrat de vente ou de fourniture de services, lorsqu'au moment de sa conclusion le consommateur réside dans un État membre autre que celui du lieu d'établissement du professionnel ;

3° Contrat de vente : tout contrat au sens de l'article 1582 du code civil, ainsi que tout contrat ayant à la fois pour objet la vente d'un bien et la fourniture d'un service, conclu entre un professionnel et un consommateur ;

4° Contrat de prestation de services : tout contrat ayant pour objet la fourniture d'un service par le professionnel en contrepartie duquel le consommateur s'engage à payer le prix ;

5° Médiation des litiges de la consommation : un processus de médiation conventionnelle, tel que défini à l'article 21 de la loi n° 95-125 du 8 février 1995 relative à l'organisation des juridictions et de la procédure civile, pénale et administrative ou un autre processus de médiation conventionnelle prévu par la loi ;

6° Médiateur de la consommation : la personne physique ou la personne morale accomplissant une mission de médiation conventionnelle ;

7° Médiateur public : médiateur désigné par une autorité publique dans les conditions fixées par la loi, laquelle détermine également son statut, son champ de compétences dans le domaine des litiges prévus au présent titre et ses modalités d'intervention. – *[Anc. art. L. 151-1, sauf a).]*

Art. L. 611-2 La médiation de la consommation s'applique à un litige national ou transfrontalier entre un consommateur et un professionnel. Elle est régie par les dispositions du présent titre ainsi que, dans la mesure où elles ne leur sont pas contraires, par celles du chapitre Ier du titre II de la loi du 8 février 1995 mentionnée à l'article L. 611-1. – *[Anc. art. L. 151-2.]*

Les professionnels disposent d'un délai de deux mois à compter de la publication du décret mentionné à l'art. L. 612-1 dans sa rédaction issue de l'Ord. n° 2015-1033 du 20 août 2015 pour se conformer à l'ensemble des dispositions de celle-ci (Ord. préc., art. 7).

Art. L. 611-3 La médiation des litiges de la consommation ne s'applique pas :

1° Aux litiges entre professionnels ;

2° Aux réclamations portées par le consommateur auprès du service clientèle du professionnel ;

3° Aux négociations directes entre le consommateur et le professionnel ;

4° Aux tentatives de conciliation ou de médiation ordonnées par un tribunal saisi du litige de consommation ;

5° Aux procédures introduites par un professionnel contre un consommateur. – *[Anc. art. L. 151-3.]*

Art. L. 611-4 Ne sont pas considérés comme des litiges de consommation, au sens du présent titre, les litiges concernant :

1° Les services d'intérêt général non économiques ;

2° Les services de santé fournis par des professionnels de la santé aux patients pour évaluer, maintenir ou rétablir leur état de santé, y compris la prescription, l'administration et la fourniture de médicaments et de dispositifs médicaux ;

3° Les prestataires publics de l'enseignement supérieur. – *[Anc. art. L. 151-4.]*

CHAPITRE II. *PROCESSUS DE MÉDIATION DES LITIGES DE CONSOMMATION*

Art. L. 612-1 Tout consommateur a le droit de recourir gratuitement à un médiateur de la consommation en vue de la résolution amiable du litige qui l'oppose à un professionnel. A cet effet, le professionnel garantit au consommateur le recours effectif à un dispositif de médiation de la consommation.

Le professionnel peut mettre en place son propre dispositif de médiation de la consommation ou proposer au consommateur le recours à tout autre médiateur de la consommation répondant aux exigences du présent titre.

Lorsqu'il existe un médiateur de la consommation dont la compétence s'étend à l'ensemble des entreprises d'un domaine d'activité économique dont il relève, le professionnel permet toujours au consommateur d'y recourir.

Les modalités selon lesquelles le processus de médiation est mis en œuvre sont précisées par décret en Conseil d'État. – *[Anc. art. L. 152-1.]*

Art. L. 612-2 Un litige ne peut être examiné par le médiateur de la consommation lorsque :

1° Le consommateur ne justifie pas avoir tenté, au préalable, de résoudre son litige directement auprès du professionnel par une réclamation écrite selon les modalités prévues, le cas échéant, dans le contrat ;

2° La demande est manifestement infondée ou abusive ;

3° Le litige a été précédemment examiné ou est en cours d'examen par un autre médiateur ou par un tribunal ;

4° Le consommateur a introduit sa demande auprès du médiateur dans un délai supérieur à un an à compter de sa réclamation écrite auprès du professionnel ;

5° Le litige n'entre pas dans son champ de compétence.

Le consommateur est informé par le médiateur, dans un délai de trois semaines à compter de la réception de son dossier, du rejet de sa demande de médiation. – *[Anc. art. L. 152-2.]*

V. note ss. art. L. 611-2.

BIBL. ▸ NOBLOT, *CCC 2019. Formule 5* (clause relative à la réclamation écrite préalable à une mesure de médiation dans un litige de consommation).

Art. L. 612-3 La médiation des litiges de consommation est soumise à l'obligation de confidentialité prévue par l'article 21-3 de la loi n° 95-125 du 8 février 1995 relative à l'organisation des juridictions et de la procédure civile, pénale et administrative. – *[Anc. art. L. 152-3.]*

Art. L. 612-4 Est interdite toute clause ou convention obligeant le consommateur, en cas de litige, à recourir obligatoirement à une médiation préalablement à la saisine du juge. – *[Anc. art. L. 152-4.]*

BIBL. ▸ BERNHEIM-DESVAUX, *CCC 2015. Formule 11* (la clause de recours à la médiation).

Recours à la médiation. La Dir. 2013/11/UE du *21 mai 2013, relative au règlement extrajudiciaire des litiges de consommation* [V. ce texte, App., v° *Compétence*], doit être interprétée en ce sens qu'elle ne s'oppose pas à une réglementation nationale qui prévoit le recours à une procédure de médiation, dans les litiges visés à l'art. 2, § 1, de cette Dir., comme condition de recevabilité de la demande en justice relative à ces mêmes litiges, dans la mesure où une telle exigence n'empêche pas les parties d'exercer leur droit d'accès au système juridictionnel. • CJUE 14 juin 2017, n° C-75/16 : *D. actu. 4 juill. 2017, obs. Mélin ; JCP E 2017, n° 1438, note Moracchini-Zeidenberg ; Dr. et pr. 2017, Cah. dr. consom., n° 8, p. 15, obs. de la Asuncion Planes.*

Art. L. 612-5 Lorsqu'un médiateur public est compétent pour procéder à la médiation d'un litige de consommation, ce litige ne peut donner lieu à d'autres procédures de médiation conventionnelle, au sens du présent titre, sous réserve de l'existence d'une convention, notifiée à la commission d'évaluation et de contrôle de la médiation mentionnée à l'article L. 615-1, qui répartit les litiges entre les médiateurs concernés. — *[Anc. art. L. 152-5.]*

CHAPITRE III. *STATUT DU MÉDIATEUR DE LA CONSOMMATION*

BIBL. GÉN. ▶ LORIDANT et PUJAL, *Banque et Dr. suppl. déc. 2015, p. 28* (le statut du médiateur bancaire).

Art. L. 613-1 Le médiateur de la consommation accomplit sa mission avec diligence et compétence, en toute indépendance et impartialité, dans le cadre d'une procédure transparente, efficace et équitable.

Il établit chaque année un rapport sur son activité.

Il satisfait aux conditions suivantes :

1° Posséder des aptitudes dans le domaine de la médiation ainsi que de bonnes connaissances juridiques, notamment dans le domaine de la consommation ;

2° Être nommé pour une durée minimale de trois années ;

3° Être rémunéré sans considération du résultat de la médiation ;

4° Ne pas être en situation de conflit d'intérêts et le cas échéant le signaler.

Il est inscrit sur la liste des médiateurs notifiée à la Commission européenne.

Les modalités d'application du présent article sont fixées par décret en Conseil d'État. — *[Anc. art. L. 153-1.]*

Art. L. 613-2 Lorsqu'il est employé ou rémunéré exclusivement par le professionnel, le médiateur de la consommation satisfait aux conditions supplémentaires suivantes :

1° Il est désigné, selon une procédure transparente, par un organe collégial mis en place par l'entreprise, comprenant des représentants d'associations de défense des consommateurs agréées et des représentants du professionnel, ou relevant d'une instance nationale consultative dans le domaine de la consommation ou propre à un secteur d'activité dans des conditions fixées par décret ;

2° A l'issue de son mandat, le médiateur a l'interdiction de travailler pendant au moins trois ans pour le professionnel qui l'a employé ou pour la fédération à laquelle ce professionnel est affilié ;

3° Aucun lien hiérarchique ou fonctionnel entre le professionnel et le médiateur ne peut exister pendant l'exercice de sa mission de médiation. Le médiateur est clairement séparé des organes opérationnels du professionnel et dispose d'un budget distinct et suffisant pour l'exécution de ses missions. — *[Anc. art. L. 153-2.]*

Art. L. 613-3 Lorsque le médiateur de la consommation est employé ou rémunéré exclusivement par un organisme ou une fédération professionnelle, il répond aux exigences prévues par les dispositions de l'article L. 613-1 et dispose d'un budget distinct et suffisant pour mener à bien sa mission, hormis le cas où il appartient à un organe collégial, composé à parité de représentants d'associations agréées de défense des consommateurs et de représentants des professionnels. — *[Anc. art. L. 153-3.]*

CHAPITRE IV. *OBLIGATIONS DE COMMUNICATION DU MÉDIATEUR DE LA CONSOMMATION*

Art. L. 614-1 Tout médiateur de la consommation met en place un site internet consacré à la médiation et fournissant un accès direct aux informations relatives au processus de médiation.

Ce site permet aux consommateurs de déposer en ligne une demande de médiation accompagnée des documents justificatifs.

Sur demande, ces informations peuvent être mises à disposition sur un autre support durable. — *[Anc. art. L. 154-1, al. 1er.]*

Art. L. 614-2 Le médiateur fournit sur son site internet un lien électronique vers la plate-forme *[plateforme]* européenne de résolution en ligne des litiges prévue par le règlement (UE) n° 524/2013 du Parlement européen et du Conseil du 21 mai 2013 relatif au règlement en ligne des litiges de consommation et modifiant le règlement (CEE) n° 2006/2004 et la directive n° 2009/22/CE (règlement relatif au RLLC). — *[Anc. art. L. 154-1, al. 4.]*

Art. L. 614-3 Les parties doivent toujours avoir la possibilité de recourir à la médiation par voie postale. – *[Anc. art. L. 154-1, al. 3.]*

Art. L. 614-4 La liste des informations mentionnée à l'article L. 614-1 et le rapport annuel mentionné à l'article L. 613-1 sont mis à la disposition du public et communiqués par le médiateur, selon les modalités fixées par décret en Conseil d'État. – *[Anc. art. L. 154-1, al. 2.]*

Art. L. 614-5 Le médiateur de la consommation communique à la commission d'évaluation et de contrôle de la médiation de la consommation mentionnée à l'article L. 615-1 les informations relatives à ses compétences, son organisation et son activité. La liste de ces informations est fixée par décret en Conseil d'État. – *[Anc. art. L. 154-2.]*

CHAPITRE V. *COMMISSION D'ÉVALUATION ET DE CONTRÔLE DE LA MÉDIATION DE LA CONSOMMATION*

BIBL. GÉN. ▶ MEURICE, *Banque et Dr. suppl. déc. 2015, p. 37* (le dispositif d'évaluation et de contrôle).

Art. L. 615-1 La commission d'évaluation et de contrôle de la médiation de la consommation, placée auprès du ministre chargé de l'économie, a pour mission :

1° D'établir et de mettre à jour la liste des médiateurs, y compris les médiateurs publics, qui satisfont aux exigences prévues par les articles L. 613-1 à L. 613-3 ;

2° De procéder à la notification des médiateurs inscrits sur cette liste auprès de la Commission européenne ;

3° D'évaluer leur activité de médiation et d'en contrôler la régularité. – *[Anc. art. L. 155-1, al. 1er et anc. art. L. 155-2.]*

Art. L. 615-2 Si un médiateur ne satisfait pas aux conditions exigées au présent titre, la commission d'évaluation et de contrôle de la médiation de la consommation refuse son inscription sur la liste prévue par l'article L. 615-1.

S'il est déjà inscrit et qu'il ne répond plus à ces conditions ou ne respecte pas les obligations lui incombant, la commission peut décider du retrait de l'intéressé de cette liste.

La décision prononçant le refus d'inscription ou le retrait de la liste est prise dans des conditions et suivant la procédure fixées par décret en Conseil d'État. Elle est motivée et notifiée à l'intéressé. – *[Anc. art. L. 155-3.]*

Art. L. 615-3 La commission peut être saisie par le ministre chargé de l'économie, par le ministre chargé de la consommation, par l'Autorité de contrôle prudentiel et de résolution, par les associations de défense des consommateurs agréées ou par les organisations professionnelles de toute pratique de médiation ou de toute condition d'exercice de l'activité de médiateur considérée comme contraire aux dispositions du présent titre.

Elle peut également se saisir d'office.

La commission rend son avis dans un délai maximal de trois mois à compter de sa saisine. – *[Anc. art. L. 155-4.]*

Art. L. 615-4 Un décret en Conseil d'État précise la composition, l'organisation, les moyens et les modalités de fonctionnement de la commission d'évaluation et de contrôle de la médiation de la consommation. – *[Anc. art. L. 155-6.]*

CHAPITRE VI. *INFORMATION ET ASSISTANCE DU CONSOMMATEUR*

Art. L. 616-1 Tout professionnel communique au consommateur, selon des modalités fixées par décret en Conseil d'État, les coordonnées du ou des médiateurs compétents dont il relève. – *V. art. R. 616-1.*

Le professionnel est également tenu de fournir cette même information au consommateur, dès lors qu'un litige n'a pas pu être réglé dans le cadre d'une réclamation préalable directement introduite auprès de ses services. – *[Anc. art. L. 156-1.]* – *Sur les sanctions, V. art. L. 641-1.*

Code de la consommation

Art. L. 641-1 Tout manquement aux obligations d'information mentionnées aux articles L. 616-1 et L. 616-2 est passible d'une amende administrative dont le montant ne peut excéder 3 000 euros pour une personne physique et 15 000 euros pour une personne morale dans les conditions prévues au chapitre II du titre II du livre V. – *[Anc. art. L. 156-3.]*

Art. L. 616-2 Le cas échéant, il informe en outre le consommateur des dispositions prises pour mettre en œuvre l'article 14 du règlement (UE) n° 524/2013 du Parlement européen et du Conseil du 21 mai 2013 relatif au règlement en ligne des litiges de consommation et modifiant le règlement (CE) n° 2006/2004 et la directive n° 2009/22/CE (règlement relatif au RLLC). – *[Anc. art. L. 156-2.] – Sur les sanctions, V. art. L. 641-1.*

Art. L. 616-3 En cas de litige transfrontalier, tout consommateur bénéficie, selon des modalités fixées par décret en Conseil d'État, de l'assistance et des informations nécessaires pour être orienté vers l'entité de règlement extrajudiciaire des litiges de consommation compétente dans un autre État membre. – *[Anc. art. L. 156-4.] – V. art. R. 616-2.*

....

TITRE PREMIER. MÉDIATION

CHAPITRE PREMIER. *DÉFINITIONS ET CHAMP D'APPLICATION*

Le présent chapitre ne comprend pas de dispositions réglementaires.

CHAPITRE II. *PROCESSUS DE MÉDIATION DES LITIGES DE CONSOMMATION*

Art. R. 612-1 La médiation des litiges de la consommation mentionnée au 5° de l'article L. 611-1 satisfait aux exigences suivantes :

1° Elle est aisément accessible par voie électronique ou par courrier simple à toutes les parties, consommateur ou professionnel ;

2° Elle est gratuite pour le consommateur à l'exception des frais prévus aux 3° et 4° ;

3° Les parties ont la faculté, à leur charge, de se faire représenter par un avocat ou de se faire assister par toute personne de leur choix à tous les stades de la médiation ;

4° Chaque partie peut également solliciter l'avis d'un expert, dont les frais sont à sa charge. En cas de demande conjointe d'expertise, les frais sont partagés entre les parties. – *[C. consom., art. R. 152-1.]*

Assistance d'un avocat. La Dir. 2013/11/UE du 21 mai 2013, relative au règlement extrajudiciaire des litiges de consommation [V. ce texte, App., v° *Compétence*], doit être interprétée en ce sens qu'elle s'oppose à une réglementation nationale qui prévoit que, dans le cadre d'une telle médiation, les consommateurs doivent être assistés d'un avocat et qu'ils ne peuvent se retirer d'une procédure de médiation que s'ils démontrent l'existence d'un juste motif à l'appui de cette décision. • CJUE 14 juin 2017, n° C-75/16 : *cité ss. C. consom., art. L. 612-4, ss. art. 1528.*

Art. R. 612-2 Dès réception des documents sur lesquels est fondée la demande du consommateur, le médiateur de la consommation notifie aux parties par voie électronique ou par courrier simple sa saisine. Cette notification rappelle aux parties qu'elles peuvent à tout moment se retirer du processus. – *[C. consom., art. R. 152-2.]*

Art. R. 612-3 Le médiateur communique, à la demande de l'une des parties, tout ou partie des pièces du dossier.

Le médiateur peut recevoir les parties ensemble ou séparément. A défaut d'accord amiable entre elles, il leur propose une solution pour régler le litige. – *[C. consom., art. R. 152-3.]*

Art. R. 612-4 Le médiateur, en faisant connaître aux parties la solution qu'il propose, leur rappelle, par courrier simple ou par voie électronique :

1° Qu'elles sont libres d'accepter ou de refuser sa proposition de solution ;

2° Que la participation à la médiation n'exclut pas la possibilité d'un recours devant une juridiction ;

3° Que la solution peut être différente de la décision qui serait rendue par un juge.

Le médiateur précise également quels sont les effets juridiques de l'acceptation de la proposition de solution et fixe un délai d'acceptation ou de refus de celle-ci. – *[C. consom., art. R. 152-4.]*

Art. R. 612-5 L'issue de la médiation intervient, au plus tard, dans un délai de quatre-vingt-dix jours à compter de la date de la notification mentionnée à l'article R. 612-2. Le médiateur peut prolonger ce délai, à tout moment, en cas de litige complexe. Il en avise immédiatement les parties. – *[C. consom., art. R. 152-5.]*

CHAPITRE III. *STATUT DU MÉDIATEUR DE LA CONSOMMATION*

Art. R. 613-1 Le médiateur de la consommation informe sans délai les parties de la survenance de toute circonstance susceptible d'affecter son indépendance, son impartialité ou de nature à créer un conflit d'intérêts ainsi que de leur droit de s'opposer à la poursuite de sa mission. Si l'une des parties refuse en conséquence de poursuivre la médiation, il est mis fin à la mission du médiateur. Lorsque le médiateur est une personne morale, il est pourvu au remplacement de la personne physique chargée d'accomplir la mission de médiation.

Le médiateur ne peut recevoir aucune instruction des parties. – *[C. consom., art. R. 153-1.]*

Art. D. 613-2 L'organe collégial qui procède à la désignation des médiateurs relevant des dispositions de l'article L. 613-2 est composé paritairement d'au moins deux représentants d'associations de consommateurs agréées et d'au moins deux représentants du professionnel.

Les associations de consommateurs agréées qui participent à la désignation de ces médiateurs ne peuvent être membres de la Commission d'évaluation et de contrôle de la médiation de la consommation. – *[C. consom., art. D. 153-2.]*

CHAPITRE IV. *OBLIGATIONS DE COMMUNICATION DU MÉDIATEUR DE LA CONSOMMATION*

Art. R. 614-1 Le site internet du médiateur de la consommation mentionné à l'article L. 614-1 comprend les informations suivantes :

1° Les adresses postale et électronique du médiateur ;

2° La mention de son inscription sur la liste des médiateurs établie conformément à l'article L. 615-1 ;

3° La décision de sa nomination et la durée de son mandat ;

4° Ses diplômes ou son parcours professionnel ;

5° Son appartenance, le cas échéant, à des réseaux de médiateurs de litiges transfrontaliers ;

6° Les types de litiges relevant de sa compétence ;

7° La référence aux dispositions législatives et réglementaires relatives à la médiation des litiges de consommation ;

8° Les cas dans lesquels, en application de l'article L. 612-2, un litige ne peut faire l'objet d'une médiation ;

9° La liste des langues utilisées pour la médiation ;

10° Le lien vers le site internet de la Commission européenne dédié à la médiation de la consommation. – *[C. consom., art. R. 154-1.]*

Art. R. 614-2 Le médiateur met également à la disposition du public sur son site internet ou communique sur demande son rapport annuel d'activité comprenant les informations suivantes :

1° Le nombre de litiges dont il a été saisi et leur objet ;

2° Les questions les plus fréquemment rencontrées dans les litiges qui lui sont soumis et ses recommandations afin de les éviter ;

3° La proportion de litiges qu'il a refusé de traiter et l'évaluation en pourcentage des différents motifs de refus ;

4° Le pourcentage des médiations interrompues et les causes principales de cette interruption ;

5° La durée moyenne nécessaire à la résolution des litiges ;

6° S'il est connu, le pourcentage des médiations qui sont exécutées ;

7° L'existence de la coopération au sein de réseaux de médiateurs de litiges transfrontaliers ;

8° Pour les médiateurs rémunérés ou employés exclusivement par un professionnel, le pourcentage des solutions proposées en faveur du consommateur ou du professionnel ainsi que le pourcentage des litiges résolus à l'amiable. – *[C. consom., art. R. 152-2.]*

Art. R. 614-3 Toute personne physique ou morale qui souhaite être inscrite sur la liste des médiateurs prévue à l'article L. 615-1 communique à la commission d'évaluation et de contrôle de la médiation mentionnée au même article, outre les informations mentionnées aux 3° à 9° de l'article R. 614-1 :

1° Ses coordonnées et l'adresse de son site internet ;

2° Une déclaration de motivation justifiant sa désignation comme médiateur de la consommation ;

3° Les informations sur sa structure et les modalités de financement de son activité de médiateur de la consommation, le cas échéant les frais de sa prestation facturés au professionnel, ainsi que, lorsqu'il existe une entité regroupant plusieurs médiateurs, les modalités de financement de cette entité, le niveau de rémunération et la durée du mandat de chacun d'entre eux ;

4° Une description du déroulement interne de la médiation.

Le médiateur notifie sans délai à la commission toute modification de ces informations. — *[C. consom., art. R. 152-3.]*

Art. R. 614-4 Le médiateur de la consommation transmet également à la commission d'évaluation et de contrôle de la médiation de la consommation les informations nécessaires à l'évaluation de son activité, et ce, au moins tous les deux ans. Ces informations comprennent au minimum, outre celles figurant à l'article R. 614-2 :

1° Une description des formations suivies en matière de médiation ;

2° Une évaluation de l'efficacité de la médiation et des moyens envisageables pour améliorer ses résultats. — *[C. consom., art. R. 152-4.]*

CHAPITRE V. *COMMISSION D'ÉVALUATION ET DE CONTRÔLE DE LA MÉDIATION DE LA CONSOMMATION*

Art. R. 615-1 La commission d'évaluation et de contrôle de la médiation de la consommation mentionnée à l'article L. 615-1 est composée :

1° D'un conseiller d'État ;

2° D'un conseiller à la Cour de cassation en activité ou honoraire ;

3° De quatre personnalités qualifiées dans le domaine juridique ou en matière de médiation ;

4° De deux représentants des associations de consommateurs agréées au plan national ;

5° De deux représentants d'organisations professionnelles.

Les dispositions de l'article 74 de la loi n° 2014-873 du 4 août 2014 pour l'égalité réelle entre les femmes et les hommes et du décret n° 2015-354 du 27 mars 2015 relatif à l'égal accès des femmes et des hommes aux commissions et instances consultatives ou délibératives placées auprès du Premier ministre, des ministres ou de la Banque de France sont applicables à la commission d'évaluation et de contrôle de la médiation de la consommation. — *[C. consom., art. L. 155-1, al. 2, et R. 155-1, al. 1er à 7.]*

Art. R. 615-2 Les membres de la commission sont nommés par arrêté du ministre chargé de l'économie pour une durée de trois ans renouvelable, sur proposition du vice-président du Conseil d'État pour le conseiller d'État et sur proposition du premier président de la Cour de cassation pour le conseiller à la Cour de cassation.

Des suppléants sont désignés en nombre égal et dans les mêmes formes.

Le président et le vice-président de la commission sont choisis, parmi les membres mentionnés aux 1° et 2° de l'article R. 615-1, par arrêté du ministre chargé de l'économie. — *[C. consom., art. L. 155-1, al. 3, 4 et 5, et R. 155-1, al. 7, dern. phrase.]*

Art. R. 615-3 Le président et le vice-président de la commission bénéficient d'une indemnité forfaitaire annuelle dont le montant est fixé par arrêté conjoint des ministres chargés de l'économie et du budget. Les autres membres de la commission bénéficient d'une indemnité dont le taux par séance est fixé par arrêté conjoint des mêmes ministres.

Les membres de la commission peuvent se faire rembourser leurs frais de déplacement dans les conditions fixées par le décret n° 2006-781 du 3 juillet 2006 fixant les conditions et les modalités de règlement des frais occasionnés par les déplacements temporaires des personnels civils de l'État. — *[C. consom., art. R. 155-1, al. 8 et 9.]*

Art. R. 615-4 La commission peut faire appel à des rapporteurs appartenant aux services de l'État en charge des secteurs d'activité concernés pour l'instruction des dossiers nécessaires à l'établissement de la liste des médiateurs notifiée à la Commission européenne, ainsi que pour leur évaluation, conformément à l'article L. 615-1.

A cette même fin, la commission peut également saisir, pour avis, les autorités publiques indépendantes et les autorités administratives indépendantes, dans les domaines d'activité où elles interviennent.

Dans l'exercice de ses missions, la commission coopère avec ses homologues étrangers. — *[C. consom., art. L. 155-5.]*

Art. R. 615-5 La commission examine les candidatures des personnes souhaitant être inscrites sur la liste des médiateurs de la consommation au vu des informations communiquées en application de l'article R. 614-3 et décide de leur inscription sur cette liste. — *[C. consom., art. R. 155-2.]*

Art. R. 615-6 La commission notifie à la Commission européenne, en application de l'article L. 615-1, la liste des médiateurs de la consommation en précisant que ces derniers satisfont aux exigences de qualité et remplissent les conditions prévues aux articles R. 612-1 à R. 612-5. La liste précise pour chaque médiateur :

1° Son nom, ses coordonnées et l'adresse de son site internet ;

2° La ou les langues dans lesquelles les demandes de médiation peuvent être introduites et les processus de médiation se dérouler ;

3° Les types de litiges relevant du champ de compétence du médiateur ;

4° Les secteurs et les catégories de litiges relevant de sa compétence ;

5° Le cas échéant, les frais de sa prestation facturés au professionnel ;

6° La nécessité ou la possibilité de la présence physique des parties ou de leurs représentants ainsi que le caractère oral ou écrit du processus de médiation ;

7° Le caractère non contraignant de l'issue de la procédure de médiation ;

8° Les hypothèses dans lesquelles un litige ne peut être traité par le médiateur.

Si ces informations font l'objet de modifications dans les conditions prévues au dernier alinéa de l'article R. 614-3, la commission actualise sans délai la liste et notifie les informations pertinentes à la Commission européenne. — *[C. consom., art. R. 155-3.]*

Art. R. 615-7 La commission évalue régulièrement les médiateurs afin de vérifier qu'ils répondent toujours aux conditions et exigences de qualité propres à l'exercice de la mission de médiateur de la consommation.

Si elle estime qu'un médiateur ne satisfait plus à ces exigences, elle avise ce dernier, par décision motivée, des manquements constatés et lui demande de se mettre en conformité dans un délai de trois mois à compter de la date de sa décision. A l'expiration de ce délai, la commission statue sur le retrait du médiateur de la liste mentionnée à l'article L. 615-1. — *[C. consom., art. R. 155-4.]*

Art. R. 615-8 La commission met à la disposition du public la liste actualisée des médiateurs sur son site internet et fournit le lien vers le site internet de la Commission européenne consacré à la médiation de la consommation ainsi que le lien vers le site internet du Centre européen des consommateurs France.

Cette liste est également publiée au *Bulletin officiel de la concurrence, de la consommation et de la répression des fraudes*. — *[C. consom., art. R. 155-5.]*

Art. R. 615-9 La commission publie sur son site internet, tous les quatre ans, un rapport sur l'évolution et le fonctionnement des médiations de la consommation et le communique à la Commission européenne. Ce rapport contient :

1° Le recensement des bonnes pratiques des médiateurs ;

2° Les dysfonctionnements des processus de médiation relevés à l'aide de statistiques ;

3° Des recommandations en vue de l'amélioration du fonctionnement effectif des médiations et de l'efficacité des médiateurs. — *[C. consom., art. R. 155-6, sauf dern. al.]*

Par dérogation aux dispositions du 1er al. de l'art. R. 615-9, la commission d'évaluation et de contrôle de la médiation de la consommation publie un premier rapport dans un délai de deux ans à compter de la première réunion de ses membres (Décr. nº 2016-884 du 29 juin 2016, art. 9).

Art. R. 615-10 La commission peut entendre toute personne et se faire communiquer tout document en vue de l'accomplissement de sa mission.

Son secrétariat est assuré par la direction générale de la concurrence, de la consommation et de la répression des fraudes. Il est chargé d'assister la commission dans ses travaux, de recueillir les demandes des personnes souhaitant être inscrites sur la liste des médiateurs et d'informer ces dernières des décisions rendues par la commission. — *[C. consom., art. R. 155-7.]*

Art. R. 615-11 La commission ne peut régulièrement délibérer qu'en présence de son président ou de son vice-président et d'au moins trois de ses membres. Ses séances ne sont pas publiques.

La commission se prononce à la majorité des voix des membres présents. Le président de séance a voix prépondérante en cas de partage égal des voix. — *[C. consom., art. R. 155-8.]*

CHAPITRE VI. *INFORMATION ET ASSISTANCE DU CONSOMMATEUR*

Art. R. 616-1 En application de l'article L. 616-1, le professionnel communique au consommateur les coordonnées du ou des médiateurs de la consommation dont il relève, en inscrivant ces informations de manière visible et lisible sur son site internet, sur ses conditions générales de vente ou de service, sur ses bons de commande ou, en l'absence de tels supports, par tout autre moyen approprié. Il y mentionne également l'adresse du site internet du ou de ces médiateurs. — *[C. consom., art. R. 156-1.]*

Art. R. 616-2 Le site internet de la commission d'évaluation et de contrôle de la médiation de la consommation comporte toutes informations utiles pour le consommateur en cas de litige de consommation transfrontalier. Il fournit notamment les coordonnées du Centre européen des consommateurs France et des indications relatives aux modalités de l'assistance dont les consommateurs peuvent bénéficier en vue du règlement extrajudiciaire de tels litiges. — *[C. consom., art. R. 156-2.]*

Art. 1529 **Les dispositions du présent livre s'appliquent aux différends relevant des juridictions de l'ordre judiciaire statuant en matière civile, commerciale, sociale ou rurale, sous réserve des règles spéciales à chaque matière et des dispositions particulières à chaque juridiction.**

(Décr. nº 2016-660 du 20 mai 2016, art. 32 ; Décr. nº 2017-892 du 6 mai 2017, art. 24-1º) **« Elles s'appliquent en matière prud'homale sous la réserve prévue par le troisième alinéa de l'article 2066 du code civil. »** — *V. C. civ., art. 2066, ss. art. 1542.*

(Décr. nº 2017-892 du 6 mai 2017, art. 24-2º) **« Ces dispositions s'appliquent également aux conventions de procédure participative aux fins de mise en état du litige conclues dans le cadre d'instances pendantes devant les juridictions précitées. »**

BIBL. ▸ **Décr. du 6 mai 2017 :** BLÉRY, *D. actu. 18 mai 2017.*

TITRE PREMIER LA MÉDIATION ET LA CONCILIATION CONVENTIONNELLES

Art. 1530 **La médiation et la conciliation conventionnelles régies par le présent titre s'entendent, en application des articles 21 et 21-2 de la loi** *[nº 95-125]* **du 8 février 1995 susmentionnée, de tout processus structuré, par lequel deux ou plusieurs parties tentent de parvenir à un accord, en dehors de toute procédure judiciaire en vue de la résolution amiable de leurs différends, avec l'aide d'un tiers choisi par elles qui accomplit sa mission avec impartialité, compétence et diligence.** — *V. L. nº 95-125 du 8 févr. 1995, art. 21 et 21-2 ss. art. 131-15.*

Art. 1531 **La médiation et la conciliation conventionnelles sont soumises au principe de confidentialité dans les conditions et selon les modalités prévues à l'article 21-3 de la loi** *[nº 95-125]* **du 8 février 1995 susmentionnée.** — *V. L. nº 95-125 du 8 févr. 1995, art. 21-3 ss. art. 131-15.*

CHAPITRE PREMIER LA MÉDIATION CONVENTIONNELLE

BIBL. ▸ FRICERO, *AJ Contrat 2017. 356* (médiation et contrat).

Art. 1532 **Le médiateur peut être une personne physique ou morale.**

Lorsque le médiateur est une personne morale, il désigne, avec l'accord des parties, la personne physique chargée d'accomplir la mission de médiation.

Art. 1533 **Le médiateur et, le cas échéant, la personne mentionnée au second alinéa de l'article 1532, doit satisfaire aux conditions suivantes :**

1º Ne pas avoir fait l'objet d'une condamnation, d'une incapacité ou d'une déchéance mentionnées sur le bulletin nº 3 du casier judiciaire ;

2º Posséder, par l'exercice présent ou passé d'une activité, la qualification requise eu égard à la nature du différend ou justifier, selon le cas, d'une formation ou d'une expérience adaptée à la pratique de la médiation.

Art. 1534 **La demande tendant à l'homologation de l'accord issu de la médiation est présentée au juge par requête de l'ensemble des parties à la médiation ou de l'une d'elles, avec l'accord exprès des autres.**

Art. 1535 Lorsque l'accord issu de la médiation a été rendu exécutoire par une juridiction ou une autorité d'un autre État membre de l'Union européenne dans les conditions prévues par les dispositions de l'article 6 de la directive 2008/52/CE du 21 mai 2008 du Parlement européen et du Conseil sur certains aspects de la médiation en matière civile et commerciale, il est reconnu et déclaré exécutoire en France dans les conditions prévues par les articles 509-2 à 509-7. — *V. Dir. n° 2008/52/CE du 21 mai 2008, App., v° Droit européen et international, Droit de l'Union européenne.*

CHAPITRE II LA CONCILIATION MENÉE PAR UN CONCILIATEUR DE JUSTICE

Art. 1536 Le conciliateur de justice institué par le décret *[n° 78-381]* du 20 mars 1978 relatif aux conciliateurs de justice peut être saisi sans forme par toute personne physique ou morale. — *V. Décr. n° 78-381 du 20 mars 1978, App., v° Conciliateur de justice.*

Art. 1537 Le conciliateur de justice invite, le cas échéant, les intéressés à se rendre devant lui.

Ceux-ci peuvent se faire accompagner d'une personne majeure de leur choix, qui justifie de son identité.

Art. 1538 Le conciliateur de justice peut, avec l'accord des intéressés, se rendre sur les lieux et entendre toutes personnes dont l'audition lui paraît utile, sous réserve de l'acceptation de celles-ci.

Art. 1539 Le conciliateur de justice peut s'adjoindre, avec l'accord des parties, le concours d'un autre conciliateur de justice du ressort de la cour d'appel. Lors de la réunion des parties, les conciliateurs de justice peuvent échanger des informations sur les demandes dont ils sont saisis. L'acte constatant l'accord des parties est signé par les deux conciliateurs de justice.

Art. 1540 En cas de conciliation, même partielle, il peut être établi un constat d'accord signé par les parties et le conciliateur de justice. La conciliation peut également être consignée dans un constat signé par le conciliateur et une ou plusieurs des parties lorsque l'une ou plusieurs d'entre elles ont formalisé les termes de l'accord auquel elles consentent dans un acte signé par elles et établi hors la présence du conciliateur de justice ; il incombe alors à ce dernier de viser l'acte dans le constat et de l'annexer à celui-ci.

La rédaction d'un constat est requise lorsque la conciliation a pour effet la renonciation à un droit.

Un exemplaire du constat est remis à chaque intéressé. Le conciliateur de justice procède également, sans délai, au dépôt d'un exemplaire au greffe du *(Décr. n° 2019-966 du 18 sept. 2019, art. 8, en vigueur le 1er janv. 2020)* « tribunal judiciaire *[ancienne rédaction : tribunal d'instance]* ».

Art. 1541 *(Décr. n° 2017-892 du 6 mai 2017, art. 25-1°)* « La demande tendant à l'homologation de l'accord issu de la conciliation est présentée au juge par requête de l'ensemble des parties à la conciliation ou de l'une d'elles, avec l'accord exprès des autres. »

(Abrogé par Décr. n° 2017-892 du 6 mai 2017, art. 25-1°) (Décr. n° 2012-66 du 20 janv. 2012, art. 2) « Toutefois, lorsque la conciliation met fin à un différend transfrontalier la requête est présentée par l'ensemble des parties ou par l'une d'elles, sur justification du consentement exprès des autres parties. Ce consentement peut être contenu dans le constat d'accord.

« Est transfrontalier le différend dans lequel, à la date où il est recouru à la conciliation, une des parties au moins est domiciliée ou a sa résidence habituelle dans un État membre de l'Union européenne autre que la France et une autre partie au moins est domiciliée ou a sa résidence habituelle en France. »

BIBL. ▸ **Décr. du 6 mai 2017 :** BLÉRY, *D. actu. 18 mai 2017.*

TITRE DEUXIÈME LA PROCÉDURE PARTICIPATIVE

BIBL. GÉN. ▸ **Monographies :** FRICERO, POIVEY-LECLERC et SAUPHANOR, Procédure participative assistée par avocat, *Axe Droit, Lamy 2012.*

▸ **Articles :** Dossier, *AJ fam. 2013. 535* (famille et procédure participative) ; *D. avocats 2015. 342* (mode d'emploi). – Bruggeman, *Dr. et fam. 2015. Étude 8* (la convention de procédure participative, outil procédural au service de l'apaisement des conflits familiaux ?). – Dupré, *LPA 10 mai 2012, p. 3* (un processus en vue de la conclusion MARL : la convention de procédure participative). – Fricero, *AJ fam. 2012. 67* (vers une résolution thérapeutique des contentieux familiaux par la procédure participative assistée par avocat) ; *RLDC 12/2011. 67* (un nouveau venu au sein des MARC) ; *D. avocats 2015. 342* (le cadre légal et les perspectives). – Junod-Fanget, *AJ fam. 2016. 134* (coût du droit collaboratif et de la procédure participative). – Laporte, *Procédures 2012. Focus 9* (le festival des MARC !). – Lencou et de Fonbressin, *Annonces de la Seine 16 févr. 2012, nº 13, p. 9* (une nouvelle vie pour les listes d'experts). – Leveneur, *CCC 2012. Repère 10* (un nouveau contrat pour un nouveau MARC). – Nuee, *Experts 12/2012. 4* (la procédure participative et l'expertise de justice) ; *ibid. 04/2013. 5* (vers une extension des règles du procès équitable). – Poivey-Leclerq, *Gaz. Pal. 23-24 mars 2012, p. 13*. – Peulvé, *LPA 16 avr. 2012, p. 6* (dimension processuelle). – Robiou du Pont, *D. avocats 2015. 353* (procédure participative et droit collaboratif). – Rivière-Mariette et Mollard-Courtau, *Gaz. Pal. 7-9 juill. 2013, p. 15* (le droit collaboratif : une alternative efficace à l'intervention d'un tiers impartial dans le règlement amiable d'un litige ?).

▸ **Projet de réforme :** Amrani Mekki, *JCP 2015. 1052* (l'avocat du XXIe siècle – Projet J21, procédure participative et acte de procédure d'avocats).

Art. 1542 La procédure participative prévue aux articles 2062 à 2067 du code civil est régie par les dispositions du présent titre. — *V. C. civ., art. 2062 à 2068 reproduits ci-dessous.*

Code civil

TITRE XVII. DE LA CONVENTION DE PROCÉDURE PARTICIPATIVE

(L. nº 2010-1609 du 22 déc. 2010, art. 37, en vigueur le 1er sept. 2011)

L'art. 37 de la L. nº 2010-1609 du 22 déc. 2010, créant les art. 2062 à 2068, entre en vigueur dans les conditions fixées par le décret modifiant le code de procédure civile nécessaire à son application et au plus tard le 1er sept. 2011 (L. préc., art. 43).

Les dispositions du présent titre sont applicables en Nouvelle-Calédonie dans leur rédaction en vigueur à la date de publication de l'Ord. nº 2011-1875 du 15 déc. 2011 (ratifiée par la L. nº 2012-1270 du 20 nov. 2012, art. 30, II, 4º) soit le 16 déc. 2011. La référence au C. pr. civ. s'entend de la référence aux règles de procédure civile localement applicables (Ord. préc., art. 1er-1º).

DALLOZ RÉFÉRENCE *Droit et pratique du divorce 2018/2019, nºs 141.260 s.*

BIBL. GÉN. ▸ Amrani Mekki, *D. 2011. 3007*. – Avena-Robardet, *AJ fam. 2011. 7* (divorce et procédure participative). – Boillot, *RLDA mars 2011. 55*. – Bonnet, *Procédures 2011. Focus 11*. – Bugada, *Procédures 2011, nº 104* (exclusion en matière prud'homale). – Butruille-Cardew, *AJ fam. 2011. 66*. – Croze, *Procédures 2011. Repère 2* (la bataille de l'amiable) ; *Procédures 2012. Formule 6*. – Douchy-Oudot, *D. 2011. Pan. 1107* ; *Procédures 2011, nº 99*. – Fricero, *Mél. Guinchard, Dalloz, 2010, p. 145* (qui a peur de la procédure participative ?) ; *Dr. et patr. avril 2011, p. 30* (un nouveau règlement amiable assisté par avocat) ; *RJPF 2010/1, p. 8* (accord des parties, homologation, octroi de la force exécutoire : quel rôle pour le juge ?). – G'Sell-Macrez, *D. 2010. 2450* (vers la justice participative ? Pour une négociation « à l'ombre du droit »). – Poivey-Leclerq, *JCP 2011, nº 70* ; *AJ fam. 2011. 257*. – Robiou du Pont et Fricero, *D. avocats 2015. 348*. – Sauphanor, *Gaz. Pal. 16-18 janv. 2011, p. 10* (aspects pratiques). – Wickers, *D. 2013. Pan. 136*. – Dossier, *AJ fam. 2010. 253 s.* (le droit collaboratif).

▸ **L. du 18 nov. 2016 :** Amrani Mekki, *JCP 2016. 1296, nº 1* ; *Gaz. Pal. 31 janv. 2017, p. 46*. – Clay, *JCP 2016. 1295* (l'arbitrage, les modes alternatifs de règlement des différends et la transaction dans la loi « Justice du XXIe siècle »).

Art. 2062 *(L. nº 2016-1547 du 18 nov. 2016, art. 9-1º)* « La convention de procédure participative est une convention par laquelle les parties à un différend s'engagent à œuvrer conjointement et de bonne foi à la résolution amiable de leur différend ou à la mise en état de leur litige. » — *V., s'agissant plus précisément du contentieux familial, C. civ., art. 2067 reproduit à la suite du présent art. — Sur l'octroi de l'aide juridictionnelle, en vue de parvenir, avant l'introduction de l'instance, à un accord conclu dans le cadre d'une procédure participative, V. L. nº 91-647 du 10 juill. 1991, art. 10, App., vº Aide juridique. — Sur la rétribution, dans ce cadre, des auxiliaires de justice, V. L. préc., art. 39.*

(L. n° 2010-1609 du 22 déc. 2010, art. 37, en vigueur le 1er sept. 2011) Cette convention est conclue pour une durée déterminée.

Sur l'application de ces dispositions en Nouvelle-Calédonie, V. note au-dessus du présent art.

Art. 2063 La convention de procédure participative est, à peine de nullité, contenue dans un écrit qui précise :

1° Son terme ;

2° L'objet du différend ;

3° Les pièces et informations nécessaires à la résolution du différend *(L. n° 2016-1547 du 18 nov. 2016, art. 9-2°-a)* « ou à la mise en état du litige » et les modalités de leur échange ;

(L. n° 2016-1547 du 18 nov. 2016, art. 9-2°-b) « 4° Le cas échéant, les actes contresignés par avocats que les parties s'accordent à établir, dans des conditions prévues par décret en Conseil d'État. »

Sur l'application de ces dispositions en Nouvelle-Calédonie, V. note au-dessus de l'art. 2062 reproduit ci-dessus.

Art. 2064 Toute personne, assistée de son avocat, peut conclure une convention de procédure participative sur les droits dont elle a la libre disposition, sous réserve des dispositions de l'article 2067. — *Sur le monopole de l'avocat en matière d'assistance d'une partie à une procédure participative, V. L. n° 71-1130 du 31 déc. 1971, art. 4. —* ***C. avocat.*** *— V. C. civ., art. 2067, reproduit à la suite du présent art.*

(Abrogé par L. n° 2015-990 du 6 août 2015, art. 208-IV-1°) « Toutefois, aucune convention ne peut être conclue à l'effet de résoudre les différends qui s'élèvent à l'occasion de tout contrat de travail soumis aux dispositions du code du travail entre les employeurs, ou leurs représentants, et les salariés qu'ils emploient. »

Sur l'application de ces dispositions en Nouvelle-Calédonie, V. note au-dessus de l'art. 2062 reproduit ci-dessus.

Art. 2065 Tant qu'elle est en cours, la convention de procédure participative *(L. n° 2016-1547 du 18 nov. 2016, art. 9-3°)* « conclue avant la saisine d'un juge » rend irrecevable tout recours au juge pour qu'il statue sur le litige. Toutefois, l'inexécution de la convention par l'une des parties autorise une autre partie à saisir le juge pour qu'il statue sur le litige. — *S'agissant de la suspension de la prescription extinctive du droit objet de la convention, V. C. civ., art. 2238. —* ***C. civ.***

En cas d'urgence, la convention ne fait pas obstacle à ce que des mesures provisoires ou conservatoires soient demandées par les parties.

Sur l'application de ces dispositions en Nouvelle-Calédonie, V. note au-dessus de l'art. 2062 reproduit ci-dessus.

Art. 2066 *(L. n° 2021-1729 du 22 déc. 2021, art. 45-II)* « Sans préjudice du 7° de l'article L. 111-3 du code des procédures civiles d'exécution, » les parties qui, au terme de la convention de procédure participative, parviennent à un accord réglant en tout ou partie leur différend peuvent soumettre cet accord à l'homologation du juge.

Lorsque, faute de parvenir à un accord au terme de la convention *(L. n° 2016-1547 du 18 nov. 2016, art. 9-4°)* « conclue avant la saisine d'un juge », les parties soumettent leur litige au juge, elles sont dispensées de la conciliation ou de la médiation préalable le cas échéant prévue. — *Sur l'inapplication de cet art. en matière de contentieux familial, V. art. 2067 reproduit ci-dessous.*

(L. n° 2015-990 du 6 août 2015, art. 208-IV-2°) « Le deuxième alinéa n'est pas applicable aux litiges en matière prud'homale. »

Sur l'application de ces dispositions en Nouvelle-Calédonie, V. note au-dessus de l'art. 2062 reproduit ci-dessus.

Art. 2067 Une convention de procédure participative peut être conclue par des époux en vue de rechercher une solution consensuelle en matière de divorce ou de séparation de corps.

L'article 2066 n'est pas applicable en la matière. La demande en divorce ou en séparation de corps présentée à la suite d'une convention de procédure participative est formée et jugée suivant les règles prévues au titre VI du livre Ier relatif au divorce. — *V. C. civ., art. 229 s. —* ***C. civ.***

Sur l'application de ces dispositions en Nouvelle-Calédonie, V. note au-dessus de l'art. 2062 reproduit ci-dessus.

Art. 2068 La procédure participative est régie par le code de procédure civile. – *V. C. pr. civ., art. 1542 s.*

Sur l'application de ces dispositions en Nouvelle-Calédonie, V. note au-dessus de l'art. 2062 reproduit ci-dessus.

Art. 1543 Elle se déroule selon une procédure conventionnelle de recherche d'un accord *(Décr. n° 2017-892 du 6 mai 2017, art. 26-1°)* **« , suivie, » le cas échéant, par une procédure aux fins de jugement.**

(Décr. n° 2017-892 du 6 mai 2017, art. 26-1°) **« Elle peut aussi se dérouler dans le cadre de l'instance, aux fins de mise en état** *(Décr. n° 2019-1333 du 11 déc. 2019, art. 13-1°, en vigueur le 1er janv. 2020)* **« devant toute juridiction de l'ordre judiciaire, quelle que soit la procédure suivie ». »**

L'art. 13 du Décr. n° 2019-1333 du 11 déc. 2019 est applicable aux instances en cours au 1er janv. 2020 (Décr. préc., art. 55-I).

BIBL. ▸ **Décr. du 6 mai 2017 :** BLÉRY, *D. actu. 18 mai 2017.*

CHAPITRE PREMIER LA PROCÉDURE CONVENTIONNELLE

SECTION PREMIÈRE LA CONVENTION *(Décr. n° 2017-892 du 6 mai 2017, art. 26-2°-a).*

SOUS-SECTION 1 DISPOSITIONS GÉNÉRALES

(Décr. n° 2017-892 du 6 mai 2017, art. 26-2°-b)

Art. 1544 *(Décr. n° 2017-892 du 6 mai 2017, art. 26-2°-a)* **Les parties, assistées de leurs avocats, œuvrent conjointement, dans les conditions fixées par convention, à un accord mettant un terme au différend qui les oppose ou à la mise en état de leur litige.**

BIBL. ▸ **Décr. du 6 mai 2017 :** BLÉRY, *D. actu. 18 mai 2017.* – FRICERO, *D. 2018. Pan. 392.*

Art. 1545 *(Décr. n° 2012-66 du 20 janv. 2012, art. 2)* **Outre les mentions prévues à l'article 2063 du code civil, la convention de procédure participative mentionne les noms, prénoms et adresses des parties et de leurs avocats.**

La communication *(Décr. n° 2019-1333 du 11 déc. 2019, art. 13-2°-a, en vigueur le 1er janv. 2020)* **« des prétentions et des moyens en fait et en droit, » des** *(Décr. n° 2017-892 du 6 mai 2017, art. 26-2°-b-i)* **« pièces et informations » entre les parties se fait par l'intermédiaire de leurs avocats selon les modalités prévues par la convention ; ceux-ci les portent à la connaissance des intéressés par tous moyens appropriés. Un bordereau est établi lorsqu'une pièce est communiquée.**

(Décr. n° 2017-892 du 6 mai 2017, art. 26-2°-b-ii) **« La convention fixe également la répartition des frais entre les parties sous réserve des dispositions de** *(Décr. n° 2020-1717 du 28 déc. 2020, art. 181-4°, en vigueur le 1er janv. 2021)* **« l'article 123 du décret n° 2020-1717 du 28 décembre 2020 » lorsque l'une des parties bénéficie de l'aide juridictionnelle. A défaut de précision dans la convention, les frais de la procédure participative sont partagés** *(Décr. n° 2019-1333 du 11 déc. 2019, art. 13-2°-b, en vigueur le 1er janv. 2020)* **« entre les parties à parts égales ». »** – *V. Décr. n° 2020-1717 du 28 déc. 2020, art. 123, App., v° Aide juridique.*

Les dispositions du b du 2° de l'art. 26 du Décr. n° 2017-892 du 6 mai 2017 modifiant l'art. 1545 sont applicables aux procédures participatives conclues à compter du 11 mai 2017 (Décr. préc., art. 70-VIII).

L'art. 13 du Décr. n° 2019-1333 du 11 déc. 2019 est applicable aux instances en cours au 1er janv. 2020 (Décr. préc., art. 55-I).

BIBL. ▸ **Décr. du 6 mai 2017 :** BLÉRY, *D. actu. 18 mai 2017.*

Art. 1546 La convention de procédure participative est modifiée dans les mêmes formes que celles prévues pour son établissement.

SOUS-SECTION 2 DISPOSITIONS RELATIVES À LA PROCÉDURE PARTICIPATIVE AUX FINS DE MISE EN ÉTAT

(Décr. n° 2017-892 du 6 mai 2017, art. 26-1°-c)

BIBL. ▸ **Décr. du 6 mai 2017 :** BLÉRY, *D. actu. 18 mai 2017.*

Art. 1546-1 *(Décr. n° 2019-1333 du 11 déc. 2019, art. 13-3°, en vigueur le 1er janv. 2020)* Les parties peuvent conclure une convention de procédure participative aux fins de mise en état à tout moment de l'instance.

(Décr. n° 2021-1322 du 11 oct. 2021, art. 4-1°-a, en vigueur le 1er nov. 2021) « Les parties ont, à tout moment, la possibilité de renoncer expressément à se prévaloir de toute fin de non-recevoir, de toute exception de procédure et des dispositions de l'article 47, à l'exception de celles qui surviennent ou sont révélées postérieurement à la signature de la convention de procédure participative. »

Lorsque les parties et leurs avocats justifient avoir conclu une convention de procédure participative aux fins de mise en état, le juge peut, à leur demande, fixer la date de l'audience de clôture de l'instruction et la date de l'audience de plaidoiries. Il renvoie l'examen de l'affaire à la première audience précitée. A défaut de demande en ce sens, le juge ordonne le retrait du rôle.

(Abrogé par Décr. n° 2021-1322 du 11 oct. 2021, art. 4-1°-b, à compter du 1er nov. 2021) ***« La signature d'une convention de procédure participative aux fins de mise en état vaut renonciation de chaque partie à se prévaloir d'une fin de non-recevoir, de toute exception de procédure et des dispositions de l'article 47 du présent code, à l'exception de celles qui surviennent ou sont révélées postérieurement à la signature de la convention de procédure participative. »***

L'art. 13 du Décr. n° 2019-1333 du 11 déc. 2019 est applicable aux instances en cours au 1er janv. 2020 (Décr. préc., art. 55-I).

Le Décr. n° 2021-1322 du 11 oct. 2021 est applicable aux instances en cours à la date de son entrée en vigueur (Décr. préc., art. 8-I).

Art. 1546-2 Devant la cour d'appel, l'information donnée au juge de la conclusion d'une convention de procédure participative entre toutes les parties à l'instance d'appel interrompt les délais impartis pour conclure et former appel incident mentionnés aux articles 905-2 et 908 à 910. L'interruption de ces délais produit ses effets jusqu'à l'information donnée au juge de l'extinction de la procédure participative.

Les dispositions de l'art. 27 du Décr. n° 2017-892 du 6 mai 2017 insérant la référence à l'art. 905-2 sont applicables à compter du 1er sept. 2017 (Décr. préc., art. 70-IV).

SECTION PREMIÈRE *BIS* LES ACTES CONTRESIGNÉS PAR AVOCATS

(Décr. n° 2017-892 du 6 mai 2017, art. 26-1°-d)

Art. 1546-3 *(Décr. n° 2019-1333 du 11 déc. 2019, art. 13-4°, en vigueur le 1er janv. 2020)* L'acte de procédure contresigné par avocat est établi conjointement par les avocats des parties à un litige ayant ou non donné lieu à la saisine d'une juridiction, en dehors ou dans le cadre d'une procédure participative.

Par actes contresignés par avocats précisés dans la convention de procédure participative, les parties peuvent notamment :

1° Énumérer les faits ou les pièces qui ne l'auraient pas été dans la convention, sur l'existence, le contenu ou l'interprétation desquels les parties s'accordent ;

2° Déterminer les points de droit auxquels elles entendent limiter le débat, dès lors qu'ils portent sur des droits dont elles ont la libre disposition ;

3° Convenir des modalités de communication de leurs écritures ;

4° Recourir à un technicien selon les modalités des articles 1547 à 1554 ;

5° Désigner un conciliateur de justice ou un médiateur ayant pour mission de concourir à la résolution du litige. L'acte fixe la mission de la personne désignée, le cas échéant, le montant de sa rémunération et ses modalités de paiement ;

6° Consigner les auditions des parties, entendues successivement en présence de leurs conseils, comportant leur présentation du litige, leurs prétentions, les questions de leurs avocats ainsi que leurs réponses et les observations qu'elles souhaitent présenter ;

7° Consigner les déclarations de toute personne acceptant de fournir son témoignage sur les faits auxquels il a assisté ou qu'il a personnellement constatés, recueillies ensemble par les avocats, spontanément ou sur leur interrogation. L'acte contient les mentions prévues au deuxième alinéa de l'article 202. Le témoin fait précéder sa signature de la mention prévue au troisième alinéa du même article ;

8° Consigner les constatations ou avis donnés par un technicien recueillies ensemble par les avocats.

L'art. 13 du Décr. n° 2019-1333 du 11 déc. 2019 est applicable aux instances en cours au 1er janv. 2020 (Décr. préc., art. 55-I).

Code des procédures civiles d'exécution

Art. L. 111-3 Seuls constituent des titres exécutoires :

[...]

(L. n° 2021-1729 du 22 déc. 2021, art. 44) « 7° Les transactions et les actes constatant un accord issu d'une médiation, d'une conciliation ou d'une procédure participative, lorsqu'ils sont contresignés par les avocats de chacune des parties et revêtus de la formule exécutoire par le greffe de la juridiction compétente. »

SECTION II LE RECOURS À UN TECHNICIEN

Art. 1547 Lorsque les parties envisagent de recourir à un technicien, elles le choisissent d'un commun accord et déterminent sa mission.

Le technicien est rémunéré par les parties, selon les modalités convenues entre eux.

Art. 1548 Il appartient au technicien, avant d'accepter sa mission, de révéler toute circonstance susceptible d'affecter son indépendance afin que les parties en tirent les conséquences qu'elles estiment utiles.

Art. 1549 Le technicien commence ses opérations dès que les parties et lui-même se sont accordés sur les termes de leur contrat.

Il accomplit sa mission avec conscience, diligence et impartialité, dans le respect du principe du contradictoire.

Il ne peut être révoqué que du consentement unanime des parties.

Art. 1550 A la demande du technicien ou après avoir recueilli ses observations, les parties peuvent modifier la mission qui lui a été confiée ou confier une mission complémentaire à un autre technicien.

Art. 1551 Les parties communiquent au technicien les documents nécessaires à l'accomplissement de sa mission.

Lorsque l'inertie d'une partie empêche le technicien de mener à bien sa mission, il convoque l'ensemble des parties en leur indiquant les diligences qu'il estime nécessaires. Si la partie ne défère pas à sa demande, le technicien poursuit sa mission à partir des éléments dont il dispose.

Art. 1552 Tout tiers intéressé peut, avec l'accord des parties et du technicien, intervenir aux opérations menées par celui-ci. Le technicien l'informe qu'elles lui sont alors opposables.

Art. 1553 Le technicien joint à son rapport, si les parties et, le cas échéant, le tiers intervenant le demandent, leurs observations ou réclamations écrites.

Il fait mention dans celui-ci des suites données à ces observations ou réclamations.

Art. 1554 A l'issue des opérations, le technicien remet un rapport écrit aux parties, et, le cas échéant, au tiers intervenant.

(Décr. n° 2021-1322 du 11 oct. 2021, art. 4-2°, en vigueur le 1er nov. 2021) « Le rapport a valeur de rapport d'expertise judiciaire. »

Le Décr. n° 2021-1322 du 11 oct. 2021 est applicable aux instances en cours à la date de son entrée en vigueur (Décr. préc., art. 8-I).

SECTION III L'ISSUE DE LA PROCÉDURE

(Décr. n° 2019-1333 du 11 déc. 2019, art. 13-5°, en vigueur le 1er janv. 2020)

L'art. 13 du Décr. n° 2019-1333 du 11 déc. 2019 est applicable aux instances en cours au 1er janv. 2020 (Décr. préc., art. 55-I).

Art. 1555 La procédure participative s'éteint par :

1° L'arrivée du terme de la convention de procédure participative ;

2° La résiliation anticipée et par écrit de cette convention par les parties assistées de leurs avocats ;

3° La conclusion d'un accord mettant fin en totalité au différend ou au litige ou l'établissement d'un acte constatant la persistance de tout ou partie de celui-ci ;

4° L'inexécution par l'une des parties, de la convention ;

5° La saisine du juge, dans le cadre d'une procédure participative aux fins de mise en état, aux fins de statuer sur un incident, sauf si la saisine émane de l'ensemble des parties.

Art. 1555-1 Lorsqu'un accord au moins partiel a pu être conclu, il est constaté dans un acte sous signature privée établi dans les conditions prévues à l'article 1374 du code civil. Il énonce de manière détaillée les éléments ayant permis la conclusion de cet accord.

Lorsque la convention de procédure participative a été conclue aux fins de mise en état, l'accord mentionné au premier alinéa est adressé à la juridiction au plus tard à la date de l'audience à laquelle l'instruction sera clôturée.

Lorsque la convention de procédure participative est conclue dans le cadre d'une procédure sans mise en état, l'accord mentionné au premier alinéa est adressé à la juridiction au plus tard le jour de l'audience.

SECTION III *[ANCIENNE]* L'ISSUE DE LA PROCÉDURE

Ancien art. 1555 *La procédure conventionnelle s'éteint par :*

1° L'arrivée du terme de la convention de procédure participative ;

2° La résiliation anticipée et par écrit de cette convention par les parties assistées de leurs avocats ;

3° La conclusion d'un accord mettant fin en totalité au différend (Décr. n° 2017-892 du 6 mai 2017, art. 26-2°-e) *« ou au litige » ou l'établissement d'un acte constatant la persistance de tout ou partie de celui-ci.*

Lorsqu'un accord au moins partiel a pu être conclu, il est constaté dans un écrit établi par les parties, assistées de leurs avocats. Il énonce de manière détaillée les éléments ayant permis la conclusion de cet accord.

BIBL. ▸ **Décr. du 6 mai 2017 :** BLÉRY, *D. actu. 18 mai 2017.*

CHAPITRE II LA PROCÉDURE AUX FINS DE JUGEMENT

Art. 1556 A l'issue de la procédure conventionnelle et exception faite des demandes en divorce ou en séparation de corps sur lesquelles il est statué conformément aux dispositions de la section II du chapitre V du titre Ier du livre III, le juge peut être saisi de l'affaire *(Décr. n° 2017-892 du 6 mai 2017, art. 26-3°-a)* « ou celle-ci être rétablie à la demande d'une des parties », selon le cas, pour homologuer l'accord des parties mettant fin en totalité au différend *(Décr. n° 2017-892 du 6 mai 2017, art. 26-3°-a)* « ou au litige », pour homologuer un accord partiel des parties et statuer sur la partie *du litige persistant* ou pour statuer sur l'entier litige.

La demande faite au juge par une partie, en application du premier alinéa de l'article 2065 du code civil, pour qu'il statue sur le litige avant le terme de la convention, du fait de son inexécution par l'autre partie, est formée, instruite et jugée conformément aux règles de procédure applicables devant ce juge.

BIBL. ▸ **Décr. du 6 mai 2017 :** BLÉRY, *D. actu. 18 mai 2017.*

SECTION PREMIÈRE LA PROCÉDURE D'HOMOLOGATION D'UN ACCORD OU DE JUGEMENT APRÈS TENTATIVE DE RÉSOLUTION AMIABLE *(Décr. nº 2017-892 du 6 mai 2017, art. 26-3º-b).*

SOUS-SECTION 1 LA PROCÉDURE D'HOMOLOGATION D'UN ACCORD METTANT FIN À L'ENTIER DIFFÉREND

(Décr. nº 2017-892 du 6 mai 2017, art. 26-3º-b)

BIBL. ▶ **Décr. du 6 mai 2017 :** BLÉRY, *D. actu. 18 mai 2017.*

Art. 1557 La demande tendant à l'homologation de l'accord des parties établi conformément à l'article 1555 est présentée au juge par requête de la partie la plus diligente ou de l'ensemble des parties.

A peine d'irrecevabilité, la requête est accompagnée de la convention de procédure participative.

Lorsque l'accord concerne un mineur capable de discernement, notamment lorsqu'il porte sur les modalités de l'exercice de l'autorité parentale, la requête mentionne les conditions dans lesquelles le mineur a été informé de son droit à être entendu par le juge ou la personne désignée par lui et à être assisté par un avocat.

SOUS-SECTION 2 LA PROCÉDURE DE JUGEMENT DU DIFFÉREND PERSISTANT *(Décr. nº 2017-892 du 6 mai 2017, art. 26-3º-c).*

BIBL. ▶ **Décr. du 6 mai 2017 :** BLÉRY, *D. actu. 18 mai 2017.*

§ 1er DISPOSITIONS COMMUNES

Art. 1558 *(Décr. nº 2016-660 du 20 mai 2016, art. 33)* « Sous réserve des dispositions du troisième alinéa de l'article 2066 du code civil, lorsque » les règles de procédure applicables devant le juge saisi aux fins de statuer sur tout ou partie du litige sur le fondement du paragraphe 2 ou 3 prévoient une tentative préalable de conciliation ou de médiation, l'affaire est directement appelée à une audience pour y être jugée. – *V. C. civ., art. 2066 ss. art. 1542.*

Art. 1559 Devant le *(Décr. nº 2019-966 du 18 sept. 2019, art. 8, en vigueur le 1er janv. 2020)* « tribunal judiciaire *[ancienne rédaction : tribunal de grande instance]* » et à moins que l'entier différend n'ait été soumis à la procédure de droit commun, l'affaire est directement appelée à une audience de jugement de la formation à laquelle elle a été distribuée. L'affaire ne peut être renvoyée devant le juge de la mise en état que dans les cas prévus au deuxième et au troisième alinéas de l'article 1561.

§ 2 LA PROCÉDURE D'HOMOLOGATION D'UN ACCORD PARTIEL ET DE JUGEMENT DU DIFFÉREND RÉSIDUEL

Art. 1560 Lorsque les parties ne sont parvenues qu'à un accord partiel et à moins qu'elles ne demandent que son homologation conformément à l'article 1557, elles peuvent saisir le juge à l'effet qu'il statue sur le différend résiduel soit conformément aux règles régissant la procédure applicable devant lui, soit par une requête conjointe signée par les avocats les ayant assistées au cours de la procédure participative dans les conditions prévues par le présent paragraphe.

Cette requête contient, à peine d'irrecevabilité, *(Décr. nº 2019-1333 du 11 déc. 2019, art. 13-6º, en vigueur le 1er janv. 2020)* « que le juge peut soulever d'office » outre les mentions prévues par l'article 57 :

– les points faisant l'objet d'un accord entre les parties, dont elles peuvent demander au juge l'homologation dans la même requête ;

– les prétentions respectives des parties relativement aux points sur lesquels elles restent en litige, accompagnées des moyens de fait et de droit sur lesquels chacune de ces prétentions est fondée, avec l'indication pour chaque prétention des pièces invoquées.

Sous la même sanction, cette requête est accompagnée de la convention de procédure participative, des pièces prévues à l'article 2063 du code civil, le cas échéant, du

rapport du technicien, ainsi que des pièces communiquées au cours de la procédure conventionnelle. – *V. C. civ., art. 2063 ss. art. 1542.*

L'art. 13 du Décr. n° 2019-1333 du 11 déc. 2019 est applicable aux instances en cours au 1er janv. 2020 (Décr. préc., art. 55-I).

Art. 1561 **L'objet du litige est déterminé par les prétentions respectives des parties telles que formulées dans la requête prévue** *(Décr. n° 2015-282 du 11 mars 2015, art. 32)* **« à l'article 1560 ».**

Les parties ne peuvent modifier leurs prétentions, si ce n'est pour actualiser le montant d'une demande relative à une créance à exécution successive, opposer un paiement ou une compensation ultérieur ou faire juger les questions nées de l'intervention d'un tiers ou de la survenance ou de la révélation d'un fait postérieur à l'établissement de l'accord.

Les parties ne peuvent modifier le fondement juridique de leur demande ou soulever de nouveaux moyens qu'en vue de répondre à l'invitation du juge de fournir les explications de fait ou de droit qu'il estime nécessaires à la solution du litige.

Sur le Décr. n° 2015-287 du 11 mars 2015, V. Circ. du 20 mars 2015, ss. art. 692-1.

BIBL. ▸ **Décr. du 11 mars 2015 :** Bléry, *Gaz. Pal. 27 mars 2015, p. 6* (une nouvelle ère pour la procédure civile). – Croze, *JCP 2015. 356* (choix de simplification procédurale ? – A propos du décret n° 2015-282 du 11 mars 2015).

§ 3 LA PROCÉDURE DE JUGEMENT DE L'ENTIER DIFFÉREND

Art. 1562 **Lorsque le différend persiste en totalité, le juge peut en connaître :**
– soit conformément aux règles régissant la procédure applicable devant lui ;
– soit selon les modalités prévues au paragraphe 2 ;
– soit sur requête unilatérale sur laquelle il statue suivant les règles applicables devant lui sous réserve des dispositions du présent paragraphe.

Art. 1563 **La requête est déposée au greffe par l'avocat de la partie la plus diligente. A peine d'irrecevabilité, elle est présentée dans un délai de trois mois suivant le terme de la convention de procédure participative.**

Outre les mentions prescrites, à peine de nullité, par l'article 58, la requête contient un exposé des moyens de fait et de droit et est accompagnée de la liste des pièces mentionnées au troisième alinéa de l'article 1560.

L'avocat qui procède au dépôt en informe la partie adverse elle-même ainsi que l'avocat l'ayant assisté au cours de la procédure conventionnelle, selon le cas, par notification ou par lettre recommandée avec demande d'avis de réception.

Devant le *(Décr. n° 2019-966 du 18 sept. 2019, art. 8, en vigueur le 1er janv. 2020)* **« tribunal judiciaire** *[ancienne rédaction : tribunal de grande instance]* **», le dépôt de cet acte au greffe contient constitution de l'avocat.**

Art. 1564 **Lorsque la requête a été déposée au greffe du** *(Décr. n° 2019-966 du 18 sept. 2019, art. 8, en vigueur le 1er janv. 2020)* **« tribunal judiciaire** *[ancienne rédaction : tribunal de grande instance]* **», la notification mentionnée au troisième alinéa de l'article 1563 indique que la partie adverse doit constituer avocat dans un délai de quinze jours suivant cette notification.**

Dans les autres cas, l'avocat du requérant est informé par le greffe, dès remise de la requête, de la date de la première audience utile à laquelle l'affaire sera appelée. Cette date est portée à la connaissance de la partie adverse dans la notification prévue au troisième alinéa de l'article 1563.

SECTION II LA PROCÉDURE DE JUGEMENT APRÈS MISE EN ÉTAT CONVENTIONNELLE DU LITIGE

(Décr. n° 2019-1333 du 11 déc. 2019, art. 13-7°, en vigueur le 1er janv. 2020)

L'art. 13 du Décr. n° 2019-1333 du 11 déc. 2019 est applicable aux instances en cours au 1er janv. 2020 (Décr. préc., art. 55-I).

Art. 1564-1 **L'affaire est rétablie à la demande de l'une des parties afin que le juge, selon le cas homologue l'accord et statue sur la partie du litige persistant ou statue sur l'entier litige après avoir, le cas échéant, mis l'affaire en état d'être jugée.**

La demande de rétablissement est accompagnée de la convention de procédure participative conclue entre les parties, des pièces prévues à l'article 2063 du code civil, le cas échéant, du rapport du technicien, ainsi que des pièces communiquées au cours de la procédure conventionnelle.

Art. 1564-2 Sous réserve des dispositions de l'article 2067 du code civil, lorsque la mise en état a permis de parvenir à un accord total sur le fond du litige, la demande tendant à l'homologation de l'accord des parties établi conformément aux dispositions de l'article 1555-1, est présentée au juge par la partie la plus diligente ou l'ensemble des parties.

Lorsque l'accord concerne un mineur capable de discernement, notamment lorsqu'il porte sur les modalités de l'exercice de l'autorité parentale, la demande mentionne les conditions dans lesquelles le mineur a été informé de son droit à être entendu par le juge ou la personne désignée par lui et à être assisté par un avocat.

Art. 1564-3 Lorsque la phase conventionnelle a permis de mettre l'affaire en état d'être jugée et de conclure un accord partiel sur le fond du litige, la demande de rétablissement est accompagnée d'un acte d'avocats établi dans les conditions prévues à l'article 1374 du code civil, formalisant les points faisant l'objet d'un accord entre les parties, ainsi que les prétentions respectives des parties relativement aux points sur lesquels elles restent en litige, accompagnées des moyens en fait et en droit sur lesquels chacune de ces prétentions est fondée, avec l'indication pour chaque prétention des pièces invoquées.

Art. 1564-4 Lorsque la phase conventionnelle a permis de mettre l'affaire en état d'être jugée mais que le litige persiste en totalité sur le fond, la demande de rétablissement est accompagnée d'un acte d'avocats établi dans les conditions prévues à l'article 1374 du code civil, formalisant les prétentions respectives des parties, accompagnées des moyens en fait et en droit, avec l'indication pour chaque prétention des pièces invoquées.

Art. 1564-5 Lorsque la phase conventionnelle n'a pas permis de mettre l'affaire en état d'être jugée, en tout ou partie, l'affaire est rétablie à la demande de la partie la plus diligente, pour être mise en état, conformément aux règles de procédure applicables devant le juge de la mise en état.

Art. 1564-6 Lorsque le juge est saisi sur le fondement des dispositions des articles 1564-3 et 1564-4, l'affaire est fixée à bref délai.

Art. 1564-7 Lorsque l'examen de l'affaire a été renvoyé à l'audience de clôture de l'instruction en application des dispositions du deuxième alinéa de l'article 1546-1, les actes et pièces mentionnés aux articles 1564-1,1564-3 et 1564-4 sont communiqués au juge de la mise en état au plus tard à la date de cette audience.

TITRE TROISIÈME DISPOSITIONS COMMUNES

BIBL. ► GUILLEMAIN, *LPA 18-22 mai 2012, p. 10* (réflexions sur la qualification de l'homologation judiciaire). – JAMIN, *JCP 2012. I. 387, n° 2.*

SECTION PREMIÈRE DE L'HOMOLOGATION JUDICIAIRE

(Décr. n° 2022-245 du 25 févr. 2022, art. 1er-21°-a)

Art. 1565 L'accord auquel sont parvenues les parties à une médiation, une conciliation ou une procédure participative peut être soumis, aux fins de le rendre exécutoire, à l'homologation du juge compétent pour connaître du contentieux dans la matière considérée.

(Décr. n° 2022-245 du 25 févr. 2022, art. 1er-21°-b) « L'accord sur la rémunération du médiateur conclu conformément à l'article 131-13 peut être rendu exécutoire dans les mêmes conditions, à la demande d'une partie ou du médiateur, par le juge qui a ordonné la médiation. »

Le juge à qui est soumis l'accord ne peut en modifier les termes.

Les dispositions issues de l'art. 1er du Décr. n° 2022-245 du 25 févr. 2022 sont applicables aux instances en cours (Décr. préc., art. 6-1°).

Il entre dans les pouvoirs du juge auquel les parties demandent de rendre exécutoire une transaction qu'elles ont signée de refuser d'accorder la force exécutoire dès lors qu'il constate que la transaction comporte une condition suspensive qui n'a pas été remplie, de sorte que cela aboutit à l'absence de formation de la transaction. • Civ. 1re, 10 sept. 2014 : *AJCA 2014. 328, note Fricero ; RTD civ. 2015. 695, obs. Théry ; JCP 2014. 1232, no 6, obs. Libchaber ; Gaz. Pal. 21-23 déc. 2014, p. 29, obs. Lauvergnat.*

Art. 1566 **Le juge statue sur la requête qui lui est présentée sans débat, à moins qu'il n'estime nécessaire d'entendre les parties.**

S'il est fait droit à la requête, tout intéressé peut en référer au juge qui a rendu la décision.

La décision qui refuse d'homologuer l'accord peut faire l'objet d'un appel. Cet appel est formé par déclaration au greffe de la cour d'appel. Il est jugé selon la procédure gracieuse.

Art. 1567 **Les dispositions des articles 1565** *(Décr. no 2013-1280 du 29 déc. 2013, art. 3)* **« et 1566 » sont applicables à la transaction conclue sans qu'il ait été recouru à une médiation, une conciliation ou une procédure participative. Le juge est alors saisi par la partie la plus diligente ou l'ensemble des parties à la transaction.**

L'art. 1568 est devenu l'art. 1567 par l'effet de l'art. 3 du Décr. no 2013-1280 du 29 déc. 2013.

Les dispositions de l'art. 3 du Décr. no 2013-1280 du 29 déc. 2013 entrent en vigueur le 1er janv. 2014 pour les instances introduites à compter de cette date. Les dispositions réglementaires relatives à la contribution pour l'aide juridique demeurent applicables dans leur rédaction en vigueur au 31 déc. 2013 pour les instances introduites jusqu'à cette date (Décr. préc., art. 25).

Ancien art. 1567 *(Abrogé par Décr. no 2013-1280 du 29 déc. 2013, art. 2-I-3o) La requête n'est pas assujettie à l'acquittement de la contribution pour l'aide juridique prévue par l'article 1635 bis Q [abrogé] du code général des impôts. — V. CGI, art. 1635 bis Q [abrogé] ss. L. no 91-647 du 10 juill. 1991, art. 28, App., vo Aide juridique, I, Réglementation générale.*

Les dispositions de l'art. 2 du Décr. no 2013-1280 du 29 déc. 2013 entrent en vigueur le 1er janv. 2014 pour les instances introduites à compter de cette date. Les dispositions réglementaires relatives à la contribution pour l'aide juridique demeurent applicables dans leur rédaction en vigueur au 31 déc. 2013 pour les instances introduites jusqu'à cette date (Décr. préc., art. 25).

BIBL. ► **Décr. du 20 janv. 2012 :** Croze et Morel, *Gaz. Pal. 1er-3 avr. 2012, p. 16* (mais où est donc passé l'art. 1441-4 C. pr. civ. ?). – Marchadier, *Gaz. Pal. 7-8 déc. 2012, p. 15* (l'attribution de la force exécutoire à la transaction extrajudiciaire après le décret du 20 janv. 2012).

SECTION II DE L'APPOSITION DE LA FORMULE EXÉCUTOIRE PAR LE GREFFE

(Décr. no 2022-245 du 25 févr. 2022, art. 1er-21o-c)

Les dispositions issues de l'art. 1er du Décr. no 2022-245 du 25 févr. 2022 sont applicables aux instances en cours (Décr. préc., art. 6-1o).

Art. 1568 **Lorsque l'accord auquel sont parvenues les parties à une médiation, une conciliation ou une procédure participative prend la forme d'un acte contresigné par les avocats de chacune des parties, cet acte peut être revêtu, à la demande d'une partie, de la formule exécutoire.**

La demande est formée par écrit, en double exemplaire, auprès du greffe de la juridiction du domicile du demandeur matériellement compétente pour connaître du contentieux de la matière dont relève l'accord.

Le greffier n'appose la formule exécutoire qu'après avoir vérifié sa compétence et la nature de l'acte.

Art. 1569 **L'acte contresigné par avocats et revêtu de la formule exécutoire, ou la décision de refus du greffier, est remis ou adressé au demandeur par lettre simple.**

Le double de la demande ainsi que la copie de l'acte et, le cas échéant, la décision de refus du greffier sont conservés au greffe.

Art. 1570 ***Toute personne intéressée*** **peut former une demande aux fins de suppression de la formule exécutoire devant la juridiction dont le greffe a apposé cette formule.**

La demande est formée, instruite et jugée selon les règles de la procédure accélérée au fond.

Art. 1571 **Les dispositions de la présente section sont applicables à la transaction.**

LIVRE SIXIÈME DISPOSITIONS RELATIVES À L'OUTRE-MER

(Décr. nº 2005-1302 du 14 oct. 2005, art. 1er-1º).

(Décr. nº 2004-1234 du 20 nov. 2004, art. 1er)

Le Décr. nº 2004-1234 du 20 nov. 2004 est applicable aux procédures introduites et aux mesures d'exécution diligentées à compter du 1er janv. 2005 (Décr. préc., art. 5).

Le Décr. nº 2005-1302 du 14 oct. 2005 est applicable aux procédures introduites et aux mesures d'exécution diligentées à compter du 1er janv. 2006 (Décr. préc., art. 5).

Les art. 1570 à 1582 correspondent respectivement aux anciens art. 1508 à 1519 ainsi renumérotés, à compter du 1er mai 2011, par le Décr. nº 2011-48 du 13 janv. 2011, art. 1er (JO 14 janv.).

TITRE PREMIER *[ABROGÉ]* DISPOSITIONS APPLICABLES À MAYOTTE

(Abrogé par Décr. nº 2011-338 du 29 mars 2011, art. 13-I)

(Décr. nº 2005-1302 du 14 oct. 2005, art. 1er-2º)

Le Décr. nº 2005-1302 du 14 oct. 2005 était applicable aux procédures introduites et aux mesures d'exécution diligentées à compter du 1er janv. 2006 (Décr. préc., art. 5).

Art. 1570 à 1574 *Abrogés par Décr. nº 2011-338 du 29 mars 2011, art. 13-I.*

TITRE DEUXIÈME DISPOSITIONS APPLICABLES AUX ÎLES WALLIS-ET-FUTUNA

(Décr. nº 2005-1302 du 14 oct. 2005, art. 1er-3º)

Le Décr. nº 2005-1302 du 14 oct. 2005 est applicable aux procédures introduites et aux mesures d'exécution diligentées à compter du 1er janv. 2006 (Décr. préc., art. 5).

Art. 1575 *(Décr. nº 2008-1486 du 30 déc. 2008, art. 6-II, en vigueur le 1er janv. 2009) (Décr. nº 2022-259 du 25 févr. 2022, art. 1er-6º)* **« Le présent code est applicable aux îles Wallis-et-Futuna dans sa rédaction résultant du** *(Décr. nº 2022-479 du 30 mars 2022, art. 18, en vigueur le 1er mai 2022)* **« décret nº 2022-479 du 30 mars 2022 » à l'exception » des dispositions des titres IV et V du livre II,** *(Décr. nº 2020-1201 du 30 sept. 2020, art. 2-5º-b, en vigueur le 1er janv. 2021)* **« des articles 1074-2 à 1074-4, du cinquième alinéa de l'article 1145, de l'article 1146-1, »** *(Décr. nº 2021-1888 du 29 déc. 2021, art. 6-II, en vigueur le 1er janv. 2022)* **« des chapitres IV et VI** *[ancienne rédaction : du chapitre IV]* **» du titre II du livre III** *(Décr. nº 2012-66 du 20 janv. 2012, art. 6)* **« , de la section II *bis* du chapitre IX du titre Ier du livre III et du livre V », dans les conditions définies au présent livre.**

Le C. pr. civ., à l'exception des dispositions des titres XII, XIII et XIV du livre V de la première partie et du titre IV du livre Ier de la deuxième partie, est applicable dans les îles Wallis-et-Futuna dans les conditions définies aux art. 1576 à 1581 (Décr. nº 2005-1302 du 14 oct. 2005, art. 2, applicable aux procédures introduites et aux mesures d'exécution diligentées à compter du 1er janv. 2006 ; Décr. nº 2011-48 du 13 janv. 2011, art. 1er).

Les dispositions du Décr. nº 2022-259 du 25 févr. 2022 s'appliquent à compter du 1er mars 2022 à l'exécution des décisions judiciaires de divorce rendues à compter de cette même date et à compter du 1er janv. 2023 à l'exécution des autres décisions judiciaires rendues à compter de cette même date ainsi que des titres mentionnés aux 2º à 6º du I de l'art. 373-2-2 C. civ. émis à compter de cette même date (Décr. préc., art. 4).

Art. 1576 **Pour l'application du présent code à Wallis-et-Futuna, les termes énumérés ci-après sont remplacés comme suit :**

1º *(Décr. nº 2019-913 du 30 août 2019, art. 19-5º-a, en vigueur le 1er janv. 2020)* **« "tribunal judiciaire"** *[ancienne rédaction : "tribunal de grande instance" ou "tribunal d'instance"]* **» par : "tribunal de première instance" ;**

2º "tribunal de commerce" ou "justice consulaire" par : "tribunal de première instance statuant en matière commerciale" ;

3º *(Décr. nº 2019-913 du 30 août 2019, art. 19-5º-b, en vigueur le 1er janv. 2020)* **« "juge des contentieux de la protection"** *[ancienne rédaction : "juge d'instance"]* **» par : "président du tribunal de première instance" ;**

4° "procureur de la République" par : "procureur de la République près le tribunal de première instance" ;
5° "département" par : "les îles Wallis-et-Futuna" ;
6° "préfet" par : "représentant de l'État" ;
7° "huissier de justice" par : "autorité administrative ou militaire" ;
8° "journal local" par : "*Journal officiel* des îles Wallis-et-Futuna" ;
9° "Caisse des dépôts et consignations" par : "Trésor public" ;
(Décr. n° 2008-1276 du 5 déc. 2008, art. 4-II, 1°, en vigueur le 1er janv. 2009) « 10° "président du *(Décr. n° 2017-892 du 6 mai 2017, art. 69)* « conseil départemental »" ou "maire" par : "chef du territoire". »

Le Décr. n° 2008-1276 du 5 déc. 2008 est applicable aux procédures en cours (Décr. préc., art. 5, al. 2).

Art. 1577 Les parties ne sont jamais tenues de se faire représenter et peuvent en toute circonstance se défendre elles-mêmes ou être représentées par un mandataire.

Art. 1578 La compétence dévolue aux huissiers de justice pour la délivrance des actes prévus au présent code peut être exercée dans les îles Wallis-et-Futuna par un représentant de l'autorité administrative ou militaire ; celle dévolue aux commissaires-priseurs pour les ventes aux enchères peut être exercée par le greffier du tribunal de première instance *(Décr. n° 2016-1907 du 27 déc. 2016, art. 41-III)* « ; celle dévolue aux notaires pour recevoir en dépôt au rang de leurs minutes la convention de divorce *(Décr. n° 2019-1380 du 17 déc. 2019, art. 16-II)* « ou de séparation de corps » par consentement mutuel *(Décr. n° 2019-1380 du 17 déc. 2019, art. 16-II)* « selon les modalités prévues » à l'article 229-1 du code civil *(Décr. n° 2019-756 du 22 juill. 2019, art. 11-II)* « , pour délivrer les actes de notoriété prévus aux articles 46 et 317 du code civil, ou pour recevoir le consentement à l'assistance médicale à la procréation prévu à l'article *(Décr. n° 2022-290 du 1er mars 2022, art. 1er-5°)* « 342-10 » du code civil, » peut être exercée par le greffier du tribunal de première instance ».

(Décr. n° 2021-1322 du 11 oct. 2021, art. 7-2°, en vigueur le 1er nov. 2021) « La compétence dévolue au président de la chambre des notaires ou, en cas d'absence ou d'empêchement, à son suppléant désigné parmi les membres de la chambre, pour recevoir les requêtes aux fins de certification, de reconnaissance ou de constatation de la force exécutoire, sur le territoire de la République, des actes authentiques notariés étrangers en application de la convention concernant la compétence judiciaire, la reconnaissance et l'exécution des décisions en matière civile et commerciale, faite à Lugano le 30 octobre 2007, visée à l'article 509-3 du présent code, peut être exercée par le directeur de greffe de la cour d'appel ou le fonctionnaire responsable du greffe du tribunal de première instance. »

Le 2° de l'art. 7 du Décr. n° 2021-1322 du 11 oct. est applicable à compter de la date de l'entrée en vigueur de la convention concernant la compétence judiciaire, la reconnaissance et l'exécution des décisions en matière civile et commerciale, faite à Lugano le 30 oct. 2007 dans les territoires visés par la L. n° 2019-983 du 26 sept. 2019 (Décr. préc., art. 8-II-4°).

Le Décr. n° 2021-1322 du 11 oct. 2021 est applicable aux instances en cours à la date de son entrée en vigueur (Décr. préc., art. 8-I).

Art. 1579 Dans les îles Wallis-et-Futuna, les assignations, convocations, significations, notifications et remises d'actes prévues au présent code peuvent se faire par lettre simple contre émargement de la personne intéressée.

Art. 1580 Sous réserve des dispositions prévues à l'article 1514 *[devenu art. 1576]* et au chapitre IV du titre III du livre IX du code de l'organisation judiciaire *[titre III du livre V dudit code]*, le tribunal de première instance statue selon les dispositions particulières de procédure applicables à chaque juridiction de métropole dans le domaine de compétence que le code de l'organisation judiciaire attribue à celle-ci.

Art. 1581 *(Décr. n° 2008-1276 du 5 déc. 2008, art. 4-II-2°, en vigueur le 1er janv. 2009)* En l'absence d'adaptations prévues par le présent code, les références opérées par lui à des dispositions qui ne sont pas applicables dans les îles Wallis-et-Futuna sont remplacées par les références aux dispositions ayant le même objet applicables localement.

Le Décr. n° 2008-1276 du 5 déc. 2008 est applicable aux procédures en cours (Décr. préc., art. 5, al. 2).

Art. 1582 *(Décr. n° 2005-1678 du 28 déc. 2005, art. 86, en vigueur le 1er mars 2006)* **Pour son application aux îles Wallis-et-Futuna, le montant des amendes civiles prévues au présent code est remplacé par sa contrepartie en monnaie locale.**

L'art. 86 du Décr. n° 2005-1678 du 28 déc. 2005 est applicable aux instances en cours (Décr. préc., art. 87, al. 2).

ANNEXE DU CODE DE PROCÉDURE CIVILE RELATIVE À SON APPLICATION DANS LES DÉPARTEMENTS DU BAS-RHIN, DU HAUT-RHIN ET DE LA MOSELLE *(Décr. n° 2008-484 du 22 mai 2008, art. 22).*

RÉP. PR. CIV. v° *Alsace-Moselle,* par HAEGEL, SCHWOB et VALLENS.

BIBL. GÉN. ▸ SANDER, *Mél. Wiederkehr, Dalloz 2009. 723* (du code local de procédure civile au code de procédure civile).

Art. 1er **Le** *(Décr. n° 2008-484 du 22 mai 2008, art. 22)* **« code de procédure civile » est applicable dans les départements du Bas-Rhin, du Haut-Rhin et de la Moselle, sous réserve des dispositions particulières non abrogées et des dispositions permanentes ci-après.**

CHAPITRE PREMIER DISPOSITIONS PARTICULIÈRES À LA MATIÈRE GRACIEUSE

SECTION PREMIÈRE DISPOSITIONS COMMUNES

Art. 2 **Les dispositions du** *(Décr. n° 2008-484 du 22 mai 2008, art. 22)* **« code de procédure civile » ne sont applicables aux matières suivantes :**
– tutelle, administrations légales et curatelles de droit local ;
– partage judiciaire et vente judiciaire d'immeubles, certificats d'héritier, scellés ;
– registre des associations, registres matrimoniaux, et registres des associations coopératives de droit local ;
– livre foncier,
que sous réserve des règles établies, pour chacune de ces matières, par la loi du 1er juin 1924 *[C. com., art. L. 628-1 et L. 628-2]* **mettant en vigueur la législation civile française dans les départements du Bas-Rhin, du Haut-Rhin et de la Moselle ou maintenues en vigueur par cette loi et les textes complémentaires intervenus depuis cette date, ainsi que des dispositions ci-après.**

BIBL. ▸ LAPP, *JCP N 1995. I. 927* (hypothèque judiciaire, inscription provisoire, hypothèque de garantie en droit local et perspectives d'harmonisation avec le droit général).

La communication, par le notaire, des propositions du demandeur au partage judiciaire, prévue par l'art. 225 de la L. du 1er juin 1924 mettant en vigueur la législation civile française dans les départements du Bas-Rhin, du Haut-Rhin et de la Moselle, n'est pas prescrite à peine de nullité et ne constitue pas une formalité substantielle ou d'ordre public. • Civ. 2e, 25 oct. 2007, n° 04-14.412 P.

Art. 3 **Les matières énumérées à l'article 2 relèvent en premier ressort de la compétence du** *(Décr. n° 2019-966 du 18 sept. 2019, art. 8, en vigueur le 1er janv. 2020)* **« tribunal judiciaire** *[ancienne rédaction : tribunal d'instance]* **».** *(Décr. n° 2019-1333 du 11 déc. 2019, art. 29-28°-b, en vigueur le 1er janv. 2020)* **« Les parties sont dispensées de l'obligation de constituer avocat. La procédure est orale. »**

(Abrogé par Décr. n° 2019-913 du 30 août 2019, art. 19-6°, à compter du 1er janv. 2020) (Décr. n° 76-899 du 29 sept. 1976 ; Décr. n° 78-330 du 16 mars 1978 ; Décr. n° 2006-640 du 1er juin 2006, art. 21) ***« Comme il est dit à l'article R. 911-2 du code de l'organisation judiciaire, le tribunal d'instance statue à la place du tribunal de grande instance et du président de cette juridiction dans les cas où la loi leur donne compétence en matière successorale. »***

L'art. 29 du Décr. n° 2019-1333 du 11 déc. 2019 est applicable aux instances en cours au 1er janv. 2020 (Décr. préc., art. 55-I).

Art. 4 *(Décr. n° 76-899 du 29 sept. 1976)* **Dans les matières énumérées aux articles 2 et 3, les dispositions suivantes sont applicables.**

Art. 5 *(Décr. n° 76-899 du 29 sept. 1976)* **Les décisions du** *(Décr. n° 2019-966 du 18 sept. 2019, art. 8, en vigueur le 1er janv. 2020)* **« tribunal judiciaire** *[ancienne rédaction :*

tribunal d'instance] » **sont notifiées par lettre recommandée avec demande d'avis de réception.**

Les décisions produisent effet du jour de leur notification lorsque le délai de recours est ouvert sans limitation de durée.

(Abrogé par Décr. nº 2019-1333 du 11 déc. 2019, art. 29-28º-b, à compter du 1er janv. 2020) ***« Lorsque le recours est enfermé dans un délai, l'exécution est suspendue jusqu'à l'expiration du délai ou par le recours exercé dans le délai. »***

L'art. 29 du Décr. nº 2019-1333 du 11 déc. 2019 est applicable aux instances en cours au 1er janv. 2020 (Décr. préc., art. 55-I).

En matière d'exécution forcée dans les départements du Bas-Rhin, du Haut-Rhin et de la Moselle, le délai de recours et le recours lui-même n'ont pas d'effet suspensif. • Civ. 2e, 22 mars 2001 : *Dr. et pr. 2001. 241, note Hoonakker.*

Art. 6 *(Décr. nº 76-899 du 29 sept. 1976)* **Les décisions peuvent être modifiées d'office sauf lorsque le recours est enfermé dans un délai.**

Art. 7 *(Décr. nº 76-899 du 29 sept. 1976)* **Le recours est ouvert à tout intéressé.**

Il est formé, instruit et jugé selon les règles applicables en matière gracieuse devant la cour d'appel. Il peut également être formé par la partie elle-même, ou par un notaire lorsque celui-ci avait déjà saisi la juridiction *(Abrogé par Décr. nº 2019-913 du 30 août 2019, art. 19-7º, à compter du 1er janv. 2020)* **« *d'instance* ».**

Méconnaît les exigences de l'art. 6, § 1er, Conv. EDH la cour d'appel qui se prononce après avoir constaté que le pourvoi n'est pas motivé, sans inviter l'auteur du recours à faire valoir ses moyens. • Civ. 2e, 4 mars 2004 : *JCP 2004. IV. 1860.*

Art. 8 Le recours qui est enfermé dans un délai est appelé pourvoi immédiat. Le délai de ce pourvoi est de quinze jours. *(Décr. nº 76-899 du 29 sept. 1976)* **« Il est prorogé, s'il y a lieu, conformément aux dispositions des articles 643 à 647 du** *(Décr. nº 2008-484 du 22 mai 2008, art. 22)* **« code de procédure civile ». »**

Art. 9 La décision autorisant un acte particulier ne peut plus être modifiée ni rétractée si cet acte a été valablement passé avec un tiers de bonne foi.

Art. 10 Lorsqu'une personne a été investie par une décision d'une fonction déterminée ou d'une habilitation générale, les actes qu'elle a valablement passés avec des tiers de bonne foi ne sont pas affectés si, par la suite, cette décision est soit modifiée ou rétractée, soit infirmée.

SECTION II DISPOSITIONS PROPRES À CERTAINES MATIÈRES

SOUS-SECTION 1 AFFAIRES DE TUTELLE ET DE SUCCESSION

Art. 11 Le *(Décr. nº 2019-966 du 18 sept. 2019, art. 8, en vigueur le 1er janv. 2020)* **« tribunal judiciaire** *[ancienne rédaction : tribunal d'instance]* **» se saisit d'office pour organiser la tutelle dans les cas prévus par la loi ainsi que pour prendre toute mesure conservatoire en matière d'administration légale, de succession et de curatelle des non-présents.**

La compétence territoriale du juge des tutelles est déterminée par les articles 393 et *394 du code civil.*

(Abrogé par Décr. nº 2019-913 du 30 août 2019, art. 19-8º, à compter du 1er janv. 2020) (Décr. nº 81-500 du 12 mai 1981) ***« Pour l'application des articles 1271 à 1281 du*** *(Décr. nº 2008-484 du 22 mai 2008, art. 22)* ***« code de procédure civile », le tribunal compétent est le tribunal d'instance. »***

Art. 12 Les officiers de l'état civil sont tenus d'aviser le *(Décr. nº 2019-966 du 18 sept. 2019, art. 8, en vigueur le 1er janv. 2020)* **« tribunal judiciaire** *[ancienne rédaction : tribunal d'instance]* **» :**

— du décès de toute personne laissant un ou plusieurs enfants mineurs ;

— du décès d'une personne laissant parmi ses héritiers, des *(Décr. nº 2019-756 du 22 juill. 2019, art. 1er-II)* **« majeurs protégés » ou des absents.**

BIBL. ▸ **Décr. nº 2019-756 du 22 juill. 2019 :** TANI, *JCP N 2019. 682.*

Art. 13 Le conseil communal des orphelins est tenu d'informer le juge des tutelles des cas où il y a lieu à nomination d'un tuteur ou d'un curateur.

Art. 14 Lorsqu'une décision judiciaire attribue une somme d'argent ou d'autres avantages patrimoniaux à un mineur sous tutelle ou sous administration légale, une copie de cette décision doit, d'office, être adressée au juge des tutelles compétent.

Art. 14-1 *(Décr. nº 2011-1043 du 1er sept. 2011, art. 8)* Les dispositions du code de procédure civile relatives aux mesures conservatoires prises après l'ouverture d'une succession sont applicables dans les départements du Bas-Rhin, du Haut-Rhin et de la Moselle, concurremment avec les dispositions prévues aux articles 15 à 17 de la présente annexe.

L'art. 8 du Décr. nº 2011-1043 du 1er sept. 2011 n'est pas applicable dès lors qu'un greffier en chef a déjà procédé, à la date de sa publication, à une mesure conservatoire ou qu'il a été saisi à cette fin (Décr. préc., art. 11).

Art. 15 Le *(Décr. nº 2019-966 du 18 sept. 2019, art. 8, en vigueur le 1er janv. 2020)* « tribunal judiciaire *[ancienne rédaction : tribunal d'instance]* » peut *(Décr. nº 2011-1043 du 1er sept. 2011, art. 8)* « également désigner » un notaire pour apposer et lever des scellés ; il peut le charger de faire un inventaire.

Les héritiers intéressés doivent être appelés à ces opérations s'il n'en résulte aucun retard. Lorsque ces mesures ont été prises en l'absence d'un intéressé, le *(Décr. nº 2019-966 du 18 sept. 2019, art. 8, en vigueur le 1er janv. 2020)* « tribunal judiciaire *[ancienne rédaction : tribunal d'instance]* » doit l'en aviser dès que possible.

L'art. 8 du Décr. nº 2011-1043 du 1er sept. 2011 n'est pas applicable dès lors qu'un greffier en chef a déjà procédé, à la date de sa publication, à une mesure conservatoire ou qu'il a été saisi à cette fin (Décr. préc., art. 11).

Art. 16 Lorsqu'il y a urgence à sauvegarder la masse successorale, le maire est tenu d'apposer provisoirement les scellés sauf à en rendre compte sans retard au *(Décr. nº 2019-966 du 18 sept. 2019, art. 8, en vigueur le 1er janv. 2020)* « tribunal judiciaire *[ancienne rédaction : tribunal d'instance]* ».

Art. 17 Le *(Décr. nº 2019-966 du 18 sept. 2019, art. 8, en vigueur le 1er janv. 2020)* « tribunal judiciaire *[ancienne rédaction : tribunal d'instance]* » territorialement compétent en matière de curatelle des non-présents ou pour prendre des mesures conservatoires après l'ouverture d'une succession, est celui du lieu où se manifeste le besoin d'une intervention.

V. C. pr. civ., art. 1304 s. relatifs aux mesures conservatoires prises après l'ouverture d'une succession.

Art. 18 Le pourvoi immédiat est seul ouvert contre les décisions :

— rejetant une demande tendant à être dispensé des fonctions de tuteur, de subrogé tuteur ou de curateur ;

— relevant de ses fonctions, contre son gré, un tuteur, un subrogé tuteur ou un curateur ;

— écartant une personne ayant vocation, selon la loi, à être tuteur ou subrogé tuteur.

Art. 19 *(Décr. nº 81-500 du 12 mai 1981)* La décision qui invalide un certificat d'héritier n'est pas susceptible de recours. Elle doit être portée à la connaissance du public par insertion dans un journal habilité à recevoir les annonces légales. Elle entre en vigueur un mois après son insertion au journal.

La décision d'invalidation peut faire l'objet d'une prénotation au livre foncier et d'une mention au registre du commerce à la requête d'un notaire. Ces inscriptions sont radiées d'office lorsque l'immeuble ou le fonds est transcrit au nom du véritable créancier ou de son ayant cause.

Art. 20 Toute personne justifiant d'un intérêt légitime peut demander la délivrance d'une expédition du certificat d'héritier.

SOUS-SECTION 2 AFFAIRES DE PARTAGE JUDICIAIRE ET DE VENTE JUDICIAIRE

Art. 21 Les intéressés demeurant à l'étranger sont tenus de désigner, dans le département où le notaire est établi, un fondé de pouvoir chargé de recevoir les notifications, faute de quoi celles-ci seront acheminées par la voie postale.

Les notifications aux absents se font entre les mains de leur représentant ou curateur.

Les notifications sont réglées, au surplus, par les dispositions du *(Décr. n° 2008-484 du 22 mai 2008, art. 22)* « code de procédure civile ».

Art. 22 Le mandataire justifie de son mandat par une procuration déposée au rang des minutes du notaire. A la demande de l'un des intéressés ou du notaire, la procuration doit être authentiquement légalisée.

Opérations de partage judiciaire. Présomption de mandat écrit impératif pour l'avocat. Il résulte de l'art. 22 de l'annexe du C. pr. civ. relative à son application dans les départements du Bas-Rhin, du Haut-Rhin et de la Moselle que, lorsqu'un copartageant entend être représenté lors des opérations de partage judiciaire par un mandataire, celui-ci doit justifier de son mandat par une procuration déposée au rang des minutes du notaire, peu important que le représentant soit un avocat. • Civ. 2e, 16 nov. 2017, n° 16-17.573 P : *D. actu. 11 déc. 2017, obs. Borde ; D. 2017. Actu. 2377 ; D. avocats 2017. 388, obs. Dargent.*

Art. 23 Les décisions du *(Décr. n° 2019-966 du 18 sept. 2019, art. 8, en vigueur le 1er janv. 2020)* « tribunal judiciaire *[ancienne rédaction : tribunal d'instance]* » peuvent être attaquées par la voie du pourvoi immédiat.

SOUS-SECTION 3 AFFAIRES DE REGISTRES

Art. 24 *(Décr. n° 2006-1477 du 29 nov. 2006, en vigueur le 1er mai 2007)* Les dispositions de la présente sous-section s'appliquent à la tenue des registres par le *(Décr. n° 2019-966 du 18 sept. 2019, art. 8, en vigueur le 1er janv. 2020)* « tribunal judiciaire *[ancienne rédaction : tribunal d'instance]* » dans les cas prévus par la législation locale, sous réserve des dispositions particulières au registre des associations prévues dans la sous-section 4.

Art. 25 Toute inscription doit mentionner le jour où elle est effectuée et être signée par le greffier.

L'inscription est notifiée à celui qui l'a demandée, sauf renonciation de sa part.

Art. 26 Lorsqu'une inscription est subordonnée à la solution préalable d'un différend, le *(Décr. n° 2019-966 du 18 sept. 2019, art. 8, en vigueur le 1er janv. 2020)* « tribunal judiciaire *[ancienne rédaction : tribunal d'instance]* » peut surseoir à statuer sur la demande d'inscription.

Art. 27 Les requêtes aux fins d'inscription peuvent être prises en procès-verbal par le greffier.

Art. 28 Lorsqu'une déclaration nécessaire à une inscription a été constatée authentiquement ou certifiée par un notaire, celui-ci est habilité à requérir l'inscription au nom de la personne tenue de faire la déclaration.

Art. 29 Lorsqu'une inscription a été enregistrée bien qu'elle ne fût pas admissible parce qu'une condition essentielle faisait défaut, le tribunal chargé du registre peut la rayer d'office.

Il doit informer *(Abrogé par Décr. n° 2006-1477 du 29 nov. 2006, à compter du 1er mai 2007) « l'association ou »* la personne intéressée de la radiation envisagée et lui impartir un délai convenable pour faire valoir ses objections. L'ordonnance qui repousse ces objections ne peut être frappée que d'un pourvoi immédiat.

Art. 30 *Dans le cas prévu* à l'article 37 du code civil local, la direction de l'association est entendue ou appelée avant que le *(Décr. n° 2019-966 du 18 sept. 2019, art. 8, en vigueur le 1er janv. 2020)* « tribunal judiciaire *[ancienne rédaction : tribunal d'instance]* » n'ordonne la convocation de l'assemblée générale.

L'ordonnance ne peut être frappée que d'un pourvoi immédiat.

SOUS-SECTION 4 DISPOSITIONS PARTICULIÈRES AU REGISTRE DES ASSOCIATIONS

(Décr. n° 2006-1477 du 29 nov. 2006, en vigueur le 1er mai 2007)

§ 1er L'INSTRUCTION DES DEMANDES D'INSCRIPTION

Art. 30-1 La déclaration en vue de l'inscription de l'association ou de l'inscription de toute modification des statuts est faite au greffe du *(Décr. n° 2019-966 du 18 sept.*

2019, art. 8, en vigueur le 1er janv. 2020) « tribunal judiciaire *[ancienne rédaction : tribunal d'instance]* » par un membre de la direction de l'association.

La déclaration précise l'objet, la dénomination et l'adresse du siège ou la domiciliation de l'association et, le cas échéant, son sigle.

Lorsqu'elle est faite en vue de l'inscription de l'association, la déclaration mentionne en outre les nom, prénoms, domicile, nationalité, date et lieu de naissance de chacun des membres de la direction, ainsi que leur fonction au sein de l'association. Un résumé de l'objet statutaire destiné à être publié dans un journal d'annonces légales comme prévu à l'article 66 du code civil local est joint à cette déclaration. Les signataires des statuts joints à la même déclaration en application de l'article 59 du même code y apposent leurs nom et prénoms.

Le greffier donne récépissé de la déclaration au déclarant dans un délai de cinq jours. Le récépissé contient l'énumération des pièces annexées. Il est daté et signé.

Art. 30-2 Dans le cas prévu à l'article 60 du code civil local, le *(Décr. no 2019-966 du 18 sept. 2019, art. 8, en vigueur le 1er janv. 2020)* « tribunal judiciaire *[ancienne rédaction : tribunal d'instance]* » recueille les observations de la direction de l'association ou les lui demande avant de prendre une ordonnance de rejet de la déclaration.

Il peut aussi renvoyer la déclaration, en l'état, à une audience dont il fixe la date. Les membres de la direction y sont convoqués huit jours au moins à l'avance par le greffier du *(Décr. no 2019-966 du 18 sept. 2019, art. 8, en vigueur le 1er janv. 2020)* « tribunal judiciaire *[ancienne rédaction : tribunal d'instance]* ». La décision de rejet intervient au plus tard dans le délai d'un mois à compter de la délivrance du récépissé de déclaration prévu à l'article 30-1.

Dans les autres cas, il communique dans le même délai la déclaration au représentant de l'État dans le département, qui en accuse réception.

Art. 30-3 *Abrogé par Décr. no 2017-908 du 6 mai 2017, art. 14.*

Art. 30-4 Les déclarations prévues au premier alinéa de l'article 67 et aux articles 74 et 76 du code civil local sont faites au greffe du *(Décr. no 2019-966 du 18 sept. 2019, art. 8, en vigueur le 1er janv. 2020)* « tribunal judiciaire *[ancienne rédaction : tribunal d'instance]* » par un membre de la direction de l'association et, le cas échéant, par les liquidateurs.

§ 2 LA TENUE DU REGISTRE

Art. 30-5 Le registre des associations inscrites est tenu sous le contrôle du juge par le greffe du *(Décr. no 2019-966 du 18 sept. 2019, art. 8, en vigueur le 1er janv. 2020)* « tribunal judiciaire *[ancienne rédaction : tribunal d'instance]* », selon un modèle fixé par arrêté du garde des Sceaux, ministre de la justice. Un arrêté du même ministre fixe la date à compter de laquelle le registre est tenu sur support électronique.

Art. 30-6 Les pièces jointes aux déclarations de l'association sont conservées au greffe du *(Décr. no 2019-966 du 18 sept. 2019, art. 8, en vigueur le 1er janv. 2020)* « tribunal judiciaire *[ancienne rédaction : tribunal d'instance]* » dans un dossier annexe organisé selon des modalités fixées par arrêté du garde des Sceaux, ministre de la justice.

Art. 30-7 L'attestation prévue à l'article 69 du code civil local est établie par le *(Décr. no 2017-892 du 6 mai 2017, art. 68-II-1o)* « directeur de greffe » du *(Décr. no 2019-966 du 18 sept. 2019, art. 8, en vigueur le 1er janv. 2020)* « tribunal judiciaire *[ancienne rédaction : tribunal d'instance]* », ou son délégué, selon un modèle fixé par arrêté du garde des Sceaux, ministre de la justice.

Elle précise les nom, prénoms, domicile, nationalité, date et lieu de naissance de chacun des membres de la direction ainsi que la date d'inscription de l'association.

Art. 30-8 Le *(Décr. no 2017-892 du 6 mai 2017, art. 68-II-1o)* « directeur de greffe » du *(Décr. no 2019-966 du 18 sept. 2019, art. 8, en vigueur le 1er janv. 2020)* « tribunal judiciaire *[ancienne rédaction : tribunal d'instance]* » avise le ministère public de l'omission des déclarations à fin d'inscription prévues par le premier alinéa de l'article 67, le premier alinéa de l'article 71, le deuxième alinéa de l'article 74 et l'article 76 du code civil local dont il a connaissance. Il en est de même lorsque l'attestation prévue par l'article 72 du même code n'est pas fournie.

§ 3 LA PUBLICATION DE L'INSCRIPTION

Art. 30-9 Les frais de publication de l'inscription dans un journal d'annonces légales sont à la charge de l'association.

Art. 30-10 Le *(Décr. nº 2019-966 du 18 sept. 2019, art. 8, en vigueur le 1er janv. 2020)* « tribunal judiciaire *[ancienne rédaction : tribunal d'instance]* » détermine le montant à verser par l'association pour la publication de l'inscription en fonction des frais de publication.

Ce montant est versé au *(Décr. nº 2014-551 du 27 mai 2014, art. 23)* « comptable de la direction générale des finances publiques », agissant en qualité de préposé de la Caisse des dépôts et consignations. Le tribunal peut toutefois autoriser l'association à verser directement ce montant au journal d'annonces légales.

Dans les quinze jours de la justification du versement au *(Décr. nº 2014-551 du 27 mai 2014, art. 23)* « comptable de la direction générale des finances publiques » ou au journal d'annonces légales, le greffe adresse à ce dernier, par lettre recommandée avec demande d'avis de réception, l'avis aux fins de publication.

L'avis contient :

1° Les références et la date de l'inscription ;
2° La dénomination suivie, le cas échéant, du sigle ;
3° L'adresse du siège ou la domiciliation ;
4° L'extrait des statuts prévu au troisième alinéa de l'article 30-1 ;
5° La date d'adoption des statuts ;
6° Les nom et prénoms des membres de la direction.

§ 4 LE RETRAIT DE LA CAPACITÉ JURIDIQUE ET LA RADIATION DU REGISTRE

Art. 30-11 Pour l'application de l'article 73 du code civil local, avant de prendre une ordonnance de retrait de la capacité juridique de l'association, le *(Décr. nº 2019-966 du 18 sept. 2019, art. 8, en vigueur le 1er janv. 2020)* « tribunal judiciaire *[ancienne rédaction : tribunal d'instance]* » recueille les observations de la direction ou les lui demande par lettre recommandée avec demande d'avis de réception et sollicite l'avis du ministère public sur le dossier ainsi complété.

Le tribunal inscrit l'affaire à une audience dont il fixe la date et dont il informe le ministère public. Les membres de la direction y sont convoqués quinze jours au moins à l'avance par le greffier du *(Décr. nº 2019-966 du 18 sept. 2019, art. 8, en vigueur le 1er janv. 2020)* « tribunal judiciaire *[ancienne rédaction : tribunal d'instance]* ».

L'affaire est instruite et jugée en chambre du conseil.

Art. 30-12 L'ordonnance de radiation d'une association qui entre dans les prévisions du premier alinéa de l'article 79-I du code civil local est notifiée dans les formes prévues à l'article 5. En cas de retour au greffe de la notification dont l'avis n'a pas été signé par son destinataire, la notification est réputée valablement faite par l'affichage de l'ordonnance au greffe du tribunal pendant un délai de quinze jours.

L'ordonnance de radiation ne peut être frappée que d'un pourvoi immédiat.

§ 5 LES SANCTIONS

Art. 30-13 A la demande du ministère public, le *(Décr. nº 2019-966 du 18 sept. 2019, art. 8, en vigueur le 1er janv. 2020)* « tribunal judiciaire *[ancienne rédaction : tribunal d'instance]* » peut enjoindre par ordonnance aux membres de la direction de l'association ou aux liquidateurs selon le cas d'avoir à justifier dans un délai qu'il fixe du respect de l'alinéa premier de l'article 67, de l'alinéa premier de l'article 71, de l'article 72, du deuxième alinéa de l'article 74 et de l'article 76 du code civil local.

A défaut de justification dans le délai imparti, le tribunal peut prononcer la sanction prévue à l'article 78 du code civil local. Les membres de la direction ou les liquidateurs sont convoqués à l'audience par lettre recommandée avec demande d'avis de réception et par lettre simple.

En cas de retour au greffe de la convocation dont l'avis n'a pas été signé par son destinataire, il est fait application de l'article 670-1 du *(Décr. nº 2008-484 du 22 mai 2008, art. 22)* « code de procédure civile ».

L'affaire est instruite et jugée en chambre du conseil.

Art. 30-14 Le montant de la sanction prévue à l'article 78 du code civil local est celui de l'amende civile prévue à l'article 32-1 du *(Décr. n° 2008-484 du 22 mai 2008, art. 22)* « code de procédure civile ».

Art. 30-15 L'ordonnance prononçant une sanction à l'encontre des membres de la direction de l'association ou des liquidateurs ne peut être frappée que d'un pourvoi immédiat.

§ 6 OPÉRATIONS DE FUSION, SCISSION ET APPORT PARTIEL D'ACTIF ENTRE ASSOCIATIONS

(Décr. n° 2015-832 du 7 juill. 2015, art. 3)

Art. 30-16 Les opérations, mentionnées à l'article 79-IV du code civil local applicable aux départements du Bas-Rhin, du Haut-Rhin et de la Moselle, de fusion, de scission et d'apport partiel d'actif entre associations sont régies par les articles 30-17 à 30-21 ci-après.

Art. 30-17 Le projet de fusion, de scission ou d'apport partiel d'actif est arrêté par la direction de chaque association participant à l'opération au moins deux mois avant la date des délibérations prévues aux trois premiers alinéas de l'article 79-IV du code civil local applicable aux départements du Bas-Rhin, du Haut-Rhin et de la Moselle.

Il contient les éléments suivants :

1° Le titre, l'objet, le siège social, le numéro de volume et de folio d'inscription de l'association au registre des associations du *(Décr. n° 2019-966 du 18 sept. 2019, art. 8, en vigueur le 1er janv. 2020)* « tribunal judiciaire *[ancienne rédaction : tribunal d'instance]* », une copie des statuts en vigueur et, le cas échéant, le dernier rapport annuel d'activités, de l'ensemble des associations participantes ;

2° Le cas échéant, un extrait de la décision de reconnaissance de la mission d'utilité publique des associations participantes ;

3° Les motifs, buts et conditions de la fusion, de la scission ou de l'apport partiel d'actif ;

4° Le cas échéant, le titre, l'objet, le siège social, les statuts envisagés de la nouvelle association résultant de l'opération de fusion, de scission ou d'apport partiel d'actif ou les statuts modifiés des personnes morales participantes ;

5° Le cas échéant, une copie des demandes tendant à la poursuite d'une autorisation administrative, d'un agrément, d'un conventionnement ou d'une habilitation, dans les conditions mentionnées au IV de l'article 79-IV du code civil local applicable aux départements du Bas-Rhin, du Haut-Rhin et de la Moselle ;

6° La désignation et l'évaluation de l'actif et du passif ainsi que des engagements souscrits, dont la transmission aux associations bénéficiaires ou nouvelles est prévue, et les méthodes d'évaluation retenues.

Le projet de fusion, de scission, d'apport partiel d'actif ainsi que, le cas échéant, le rapport du commissaire à l'opération mentionné au cinquième alinéa de l'article 79-IV du code civil local susvisé sont joints à la convocation statutaire en vue des délibérations des assemblées des membres des associations participantes appelées à statuer sur l'opération, prévues aux trois premiers alinéas du même article. Cette convocation mentionne les documents mis à disposition au siège social ou sur le site internet des associations dans les conditions de l'article annexe 30-19.

Art. 30-18 Le projet de fusion, de scission ou d'apport partiel d'actif, fait l'objet de la publication par chacune des associations participantes d'un avis, aux frais des associations participantes, dans les conditions mentionnées à l'article 50 du code civil local applicable aux départements du Bas-Rhin, du Haut-Rhin et de la Moselle.

L'avis contient les indications suivantes :

1° Le titre, l'objet, le siège social, le numéro de volume et de folio d'inscription de l'association au registre des associations du *(Décr. n° 2019-966 du 18 sept. 2019, art. 8, en vigueur le 1er janv. 2020)* « tribunal judiciaire *[ancienne rédaction : tribunal d'instance]* » dans le ressort duquel l'association a son siège, pour chaque association participant à l'opération ;

2° Le cas échéant, le titre, l'objet, et le siège social envisagés de la nouvelle association résultant de l'opération de fusion, de scission ou d'apport partiel d'actif ;

3° La date d'arrêté du projet et la date prévue pour la réunion de l'assemblée devant statuer sur l'opération ;

4° La désignation et l'évaluation de l'actif et du passif ainsi que des engagements souscrits, dont la transmission aux associations bénéficiaires ou nouvelles est prévue.

La publicité prévue au présent article a lieu trente jours au moins avant la date de la première réunion de l'assemblée des membres appelée à statuer sur l'opération.

Un avis complémentaire doit être inséré dans le même délai au Bulletin des annonces légales obligatoires lorsque l'opération de fusion, de scission ou d'apport partiel d'actif concerne une ou plusieurs associations qui ont émis des obligations dans les conditions mentionnées à l'article L. 213-8 du code monétaire et financier.

Art. 30-19 I. — Toute association participant à une opération de fusion, de scission ou d'apport partiel d'actif met à la disposition des membres, au siège social ou sur le site internet de l'association, trente jours au moins avant la date de l'assemblée des membres appelée à statuer sur le projet et au plus tard le jour de la publication de l'avis mentionné à l'article annexe 30-18, les documents suivants :

1° Les documents mentionnés à l'article annexe 30-17 ainsi que, le cas échéant, le rapport du commissaire à la fusion, à la scission ou aux apports, mentionné au cinquième alinéa de l'article 79-IV du code civil local susvisé ;

2° Le cas échéant, la liste des établissements de l'association avec indication de leur siège ;

3° La liste des membres de la direction de chaque association participant, à l'exception des indications relatives à la nationalité, à la profession et au domicile ;

4° Un extrait des délibérations des organes délibérants de toutes les associations participantes arrêtant le projet de fusion, scission ou apport partiel d'actif, avec indication du nombre des membres présents, du nombre des membres représentés et du résultat des votes ;

5° Pour les trois derniers exercices ou si l'association a moins de trois ans depuis sa date de création : les comptes annuels, le budget de l'exercice courant, les dates auxquelles ont été arrêtés les comptes des associations participantes utilisés pour établir les conditions de l'opération ainsi que, le cas échéant, le rapport du commissaire aux comptes et le rapport de gestion ;

6° Si les derniers comptes annuels se rapportent à un exercice dont la clôture est antérieure de plus de six mois à la date du projet de fusion, de scission ou d'apport partiel d'actif, la situation comptable intermédiaire établie selon les mêmes méthodes et suivant la même présentation que les derniers comptes annuels. Cette situation comptable intermédiaire est arrêtée à une date antérieure de moins de trois mois à la date de ce projet.

Si l'opération est décidée avant l'approbation des comptes annuels du dernier exercice clos ou moins de trente jours après cette approbation, sont insérés dans le projet de l'opération les comptes arrêtés et, le cas échéant certifiés par le commissaire aux comptes, relatifs à cet exercice ainsi que les comptes annuels approuvés des deux exercices précédents et les rapports de gestion. Dans le cas où l'organe compétent ne les a pas encore arrêtés, la situation comptable intermédiaire mentionnée au précédent alinéa et les comptes annuels approuvés des exercices précédents ainsi que les rapports de gestion sont insérés dans le projet de l'opération ;

7° Les conditions dans lesquelles les contrats de travail des associations concernées par l'opération de fusion, de scission ou d'apport partiel d'actif sont transférés à la ou les nouvelles personnes morales résultant de l'opération, conformément aux articles L. 1224-1 et L. 1224-2 du code du travail ;

8° Le cas échéant, l'avis du comité d'entreprise se prononçant sur le projet de l'opération de chaque association participant à l'opération, dans les conditions mentionnées à l'article L. 2323-19 du code du travail ;

II. — La mise à disposition au siège social des documents prévue au I n'est pas requise lorsque, pendant une période ininterrompue commençant au plus tard trente jours avant la date fixée par l'assemblée générale appelée à se prononcer sur le projet de fusion, de scission ou d'apport partiel d'actif et ne n'achevant pas avant la fin de

cette assemblée, l'association les publie sur son site internet, dans des conditions de nature à garantir la sécurité et l'authenticité des documents.

Lorsque le site internet n'est plus accessible pendant une durée ininterrompue d'au moins vingt-quatre heures, le délai mentionné au premier alinéa du présent article est suspendu jusqu'à la mise à disposition des documents au siège social ou jusqu'au rétablissement de l'accès au site internet.

Aucune copie des documents ne peut être obtenue lorsque le site internet des associations participant à l'opération de fusion, de scission ou d'apport partiel d'actif permet sans frais aux tiers de les télécharger et de les imprimer.

Art. 30-20 **Pour l'application du troisième alinéa du II de l'article 79-IV du code civil local applicable aux départements du Bas-Rhin, du Haut-Rhin et de la Moselle, l'opposition d'un créancier à la fusion ou à la scission est formée dans le délai de trente jours à compter de la dernière insertion prescrite par l'article 30-18. Le tribunal compétent pour recevoir les oppositions formées en application de ces articles, dans le cadre d'opérations de fusion, scission ou apport partiel d'actif qui concernent une ou plusieurs associations des départements du Bas-Rhin, du Haut-Rhin et de la Moselle, est le** *(Décr. n° 2019-966 du 18 sept. 2019, art. 8, en vigueur le 1er janv. 2020)* **« tribunal judiciaire** *[ancienne rédaction : tribunal de grande instance]* **».**

Art. 30-21 **Les commissaires aux apports sont choisis par les associations participant à l'opération parmi les commissaires aux comptes inscrits sur la liste prévue** *(Ord. n° 2016-315 du 17 mars 2016, art. 46)* **« au I de l'article L. 822-1 du code de commerce » ou parmi les experts inscrits sur une des listes établies par les cours et tribunaux.**

Ils sont désignés, le cas échéant, par le président du *(Décr. n° 2019-966 du 18 sept. 2019, art. 8, en vigueur le 1er janv. 2020)* **« tribunal judiciaire** *[ancienne rédaction : tribunal de grande instance]* **», statuant sur requête.**

Ils peuvent se faire assister, dans l'accomplissement de leur mission, par un ou plusieurs experts de leur choix. Les honoraires de ces experts sont à la charge des associations.

CHAPITRE II **DISPOSITIONS PARTICULIÈRES AU TRIBUNAL JUDICIAIRE** *(Décr. n° 2019-966 du 18 sept. 2019, art. 8, en vigueur le 1er janv. 2020).*

(Décr. n° 76-899 du 29 sept. 1976)

Art. 31 **Devant le** *(Décr. n° 2019-966 du 18 sept. 2019, art. 8, en vigueur le 1er janv. 2020)* **« tribunal judiciaire** *[ancienne rédaction : tribunal de grande instance]* **», la demande en justice** *(Décr. n° 2019-1333 du 11 déc. 2019, art. 29-28°-c, en vigueur le 1er janv. 2020)* **« est formée selon les dispositions du code de procédure civile. Lorsque la procédure est écrite, la demande en justice peut également être formée** *[ancienne rédaction : peut être formée soit selon les dispositions du code de procédure civile, soit]* **» par la remise au greffe d'un acte introductif d'instance en double exemplaire signé par l'avocat du demandeur et comportant l'ensemble des mentions visées aux articles 56** *(Décr. n° 2021-1322 du 11 oct. 2021, art. 5, en vigueur le 1er nov. 2021)* **« à l'exception de ses deuxième et sixième alinéas » et 752 du** *(Décr. n° 2008-484 du 22 mai 2008, art. 22)* **« code de procédure civile ».**

Dans *(Décr. n° 2019-1333 du 11 déc. 2019, art. 29-28°-c, en vigueur le 1er janv. 2020)* **« ce** *[ancienne rédaction : le second cas]* **», il est procédé conformément aux articles suivants.**

Les formes de procéder applicables devant les TGI des départements du Bas-Rhin, du Haut-Rhin et de la Moselle en matière de redressement et de liquidation judiciaires des entreprises sont déterminées par l'art. 31 de la loi du 1er juin 1924 portant introduction des lois commerciales françaises dans ces départements et par les art. 37 à 39 de l'annexe du code de procédure civile relative à l'application de ce code dans ces mêmes départements (Décr. n° 85-1388 du 27 déc. 1985, art. 176).

L'art. 29 du Décr. n° 2019-1333 du 11 déc. 2019 est applicable aux instances en cours au 1er janv. 2020 (Décr. préc., art. 55-I).

Le Décr. n° 2021-1322 du 11 oct. 2021 est applicable aux instances en cours à la date de son entrée en vigueur (Décr. préc., art. 8-I).

Devant les TGI des départements du Bas-Rhin, du Haut-Rhin et de la Moselle, il résulte de l'art. 31, al. 1er, que la tierce opposition doit être considérée comme formée par la remise au greffe de l'acte introductif d'instance prévu par ce texte et non par la signification ultérieure de cet acte au défendeur à la tierce opposition. • Cass., ass. plén., 2 nov. 1999, ☎ nº 97-11.930 P : *JCP 2000. II. 10265, note du Rusquec.*

Art. 32 **Le président du tribunal détermine, par ordonnance, la date à laquelle l'affaire sera appelée devant le président et désigne, s'il y a lieu, la chambre à laquelle elle est distribuée.**

Art. 33 **L'acte introductif d'instance et l'ordonnance du président sont signifiés quinze jours au moins avant la date fixée. La signification indique, à peine de nullité, le délai dans lequel le défendeur est tenu de constituer avocat. L'acte signifié vaut conclusions.**

L'affaire est instruite selon les dispositions des articles *(Décr. nº 2019-1333 du 11 déc. 2019, art. 29-28º-d, en vigueur le 1er janv. 2020)* **« 762, 763 et 776 à 808 » du** *(Décr. nº 2008-484 du 22 mai 2008, art. 22)* **« code de procédure civile ».**

L'art. 29 du Décr. nº 2019-1333 du 11 déc. 2019 est applicable aux instances en cours au 1er janv. 2020 (Décr. préc., art. 55-I).

Art. 34 **Si l'acte introductif d'instance est assorti d'une requête exposant des motifs d'urgence et si le président en reconnaît le bien-fondé dans son ordonnance de fixation, la notification prévue ci-dessus doit en outre comporter les énonciations visées au deuxième alinéa de l'article** *(Décr. nº 2019-1333 du 11 déc. 2019, art. 29-28º-e, en vigueur le 1er janv. 2020)* **« 841 » du** *(Décr. nº 2008-484 du 22 mai 2008, art. 22)* **« code de procédure civile ».**

Il est procédé devant le tribunal suivant les dispositions des articles *(Décr. nº 2019-1333 du 11 déc. 2019, art. 29-28º-e, en vigueur le 1er janv. 2020)* **« 842 et 844 » dudit code.**

L'art. 29 du Décr. nº 2019-1333 du 11 déc. 2019 est applicable aux instances en cours au 1er janv. 2020 (Décr. préc., art. 55-I).

Art. 35 **Dans les cas prévus au présent chapitre, les articles** *(Décr. nº 2019-1333 du 11 déc. 2019, art. 29-28º-f, en vigueur le 1er janv. 2020)* **« 760 et 768 » du** *(Décr. nº 2008-484 du 22 mai 2008, art. 22)* **« code de procédure civile » sont également applicables.**

L'art. 29 du Décr. nº 2019-1333 du 11 déc. 2019 est applicable aux instances en cours au 1er janv. 2020 (Décr. préc., art. 55-I).

Art. 36 *(Décr. nº 2019-1333 du 11 déc. 2019, art. 29-28º-h, en vigueur le 1er janv. 2020)* **Dans les matières énumérées à l'article 2, la demande est formée par requête remise ou adressée au greffe selon les dispositions de la section II du chapitre Ier du sous-titre I du titre I du livre II du code de procédure civile.** — *V. C. pr. civ., art. 756 s.*

CHAPITRE III *[ABROGÉ]* DISPOSITIONS PARTICULIÈRES AU TRIBUNAL D'INSTANCE *(Décr. nº 2017-683 du 28 avr. 2017, art. 2-5º, en vigueur le 1er juill. 2017).*

(Abrogé par Décr. nº 2019-1333 du 11 déc. 2019, art. 29-28º-g, à compter du 1er janv. 2020) (Décr. nº 76-899 du 29 sept. 1976)

L'art. 29 du Décr. nº 2019-1333 du 11 déc. 2019 est applicable aux instances en cours au 1er janv. 2020 (Décr. préc., art. 55-I).

Ancien art. 36 *(Décr. nº 88-209 du 4 mars 1988)* ***Le tribunal judiciaire peut être saisi soit selon les dispositions des chapitres Ier, II et III du sous-titre I du titre II du livre II du*** *(Décr. nº 2008-484 du 22 mai 2008, art. 22)* ***« code de procédure civile », soit, tant en matière contentieuse que gracieuse, par déclaration faite, remise ou adressée au greffe, où elle est enregistrée.***

Dans le second cas, les dispositions de l'article 847-1, 2e et 3e alinéas, et de l'article 847-2 du *(Décr. nº 2008-484 du 22 mai 2008, art. 22)* ***« code de procédure civile » sont applicables.*** — *Art. mod. entré en vigueur le 1er janv. 1989.*

L'art. 29 du Décr. nº 2019-1333 du 11 déc. 2019 est applicable aux instances en cours au 1er janv. 2020 (Décr. préc., art. 55-I).

Art. 36-1 *Abrogé par Décr. n° 2017-683 du 28 avr. 2017, art. 2-6°, à compter du 1er juill. 2017.*

CHAPITRE III DISPOSITIONS PARTICULIÈRES À LA MATIÈRE COMMERCIALE *(Décr. n° 2019-1333 du 11 déc. 2019, art. 29-28°-j, en vigueur le 1er janv. 2020).*

Anc. chap. IV (Décr. n° 2019-1333 du 11 déc. 2019, art. 29-28°-j, en vigueur le 1er janv. 2020).

L'art. 29 du Décr. n° 2019-1333 du 11 déc. 2019 est applicable aux instances en cours au 1er janv. 2020 (Décr. préc., art. 55-I).

Art. 37 *(Décr. n° 76-899 du 29 sept. 1976)* **Sous réserve des dispositions de la loi du 1er juin 1924 portant introduction des lois commerciales françaises dans les départements du Haut-Rhin, du Bas-Rhin et de la Moselle, la procédure en matière commerciale est régie par le** *(Décr. n° 2008-484 du 22 mai 2008, art. 22)* **« code de procédure civile » et par les articles suivants.**

Art. 38 *(Décr. n° 76-899 du 29 sept. 1976)* **La procédure applicable devant la chambre commerciale du** *(Décr. n° 2019-966 du 18 sept. 2019, art. 8, en vigueur le 1er janv. 2020)* **« tribunal judiciaire** *[ancienne rédaction : tribunal de grande instance]* **» ou devant le** *(Décr. n° 2019-966 du 18 sept. 2019, art. 8, en vigueur le 1er janv. 2020)* **« tribunal judiciaire** *[ancienne rédaction : tribunal de grande instance]* **» statuant en matière commerciale est celle qui est suivie devant le** *(Décr. n° 2019-966 du 18 sept. 2019, art. 8, en vigueur le 1er janv. 2020)* **« tribunal judiciaire** *[ancienne rédaction : tribunal de grande instance]* **», sans préjudice des règles particulières à la représentation des parties** *(Décr. n° 2013-692 du 30 juill. 2013, art. 2)* **« et des dispositions du second alinéa de l'article R. 670-1 du code de commerce ».**

Le Décr. n° 2013-692 du 30 juill. 2013 est applicable aux procédures de conciliation, de sauvegarde, de redressement judiciaire ou de liquidation judiciaire ouvertes à compter du lendemain de sa publication (Décr. préc., art. 3).

Art. 39 *(Décr. n° 76-899 du 29 sept. 1976)* **Le président de la chambre commerciale statue en référé et sur requête conformément aux articles 872, 873 et 875 du** *(Décr. n° 2008-484 du 22 mai 2008, art. 22)* **« code de procédure civile ».**

Art. 40 *Abrogé par Décr. n° 78-330 du 16 mars 1978.*

V. désormais COJ, art. R. 223-12.

CHAPITRE IV DISPOSITIONS PARTICULIÈRES À LA DÉCLARATION D'APPEL *(Décr. n° 2019-1333 du 11 déc. 2019, art. 29-28°-j, en vigueur le 1er janv. 2020).*

Anc. chap. VI (Décr. n° 2019-1333 du 11 déc. 2019, art. 29-28°-j, en vigueur le 1er janv. 2020).

L'art. 29 du Décr. n° 2019-1333 du 11 déc. 2019 est applicable aux instances en cours au 1er janv. 2020 (Décr. préc., art. 55-I).

Art. 42 *(Décr. n° 76-899 du 29 sept. 1976)* **La déclaration d'appel prévue à l'article 901 du** *(Décr. n° 2008-484 du 22 mai 2008, art. 22)* **« code de procédure civile » doit mentionner le nom des représentants des intimés en première instance.**

(Décr. n° 2010-1647 du 28 déc. 2010, art. 13) **« Dans le cas prévu au deuxième alinéa de l'article 930-1, l'appelant remet au greffe** *(Décr. n° 2017-891 du 6 mai 2017, art. 43-1°, en vigueur le 1er sept. 2017)* **« ou lui adresse par lettre recommandée avec demande d'avis de réception » autant d'exemplaires de la déclaration qu'il y a d'intimés et de représentants, plus deux. » Le greffier adresse aussitôt un exemplaire à chacun de ces représentants par lettre simple.**

(Décr. n° 2017-891 du 6 mai 2017, art. 43-2°, en vigueur le 1er sept. 2017) **« Lorsque la déclaration d'appel est faite par voie postale, le greffe enregistre l'acte à la date figurant sur le cachet du bureau d'émission et adresse à l'appelant un récépissé par tout moyen. »**

CHAPITRE V **DISPOSITIONS DIVERSES** *(Décr. n° 2019-1333 du 11 déc. 2019, art. 29-28°-j, en vigueur le 1er janv. 2020).*

(Décr. n° 76-899 du 29 sept. 1976)

Anc. chap. V (Décr. n° 2019-1333 du 11 déc. 2019, art. 29-28°-j, en vigueur le 1er janv. 2020).

L'art. 29 du Décr. n° 2019-1333 du 11 déc. 2019 est applicable aux instances en cours au 1er janv. 2020 (Décr. préc., art. 55-I).

Art. 43 **En matière de voies d'exécution et taxation des frais des parties, les pourvois suivent les règles relatives aux pourvois en matière gracieuse.**

Il en est de même des pourvois prévus par les articles 699 du code de procédure civile locale, 17 (alinéa 2) de la loi du 30 juin 1878 relative aux indemnités accordées aux témoins et experts, 4 et 16 de la loi d'Empire du 20 mai 1898 sur les frais de justice et 9 du décret du 9 mai 1947 relatif aux droits et émoluments des avocats postulants des départements du Haut-Rhin, du Bas-Rhin et de la Moselle *(Décr. n° 81-500 du 12 mai 1981)* **« et en matière de taxation des frais de notaire ».**

Cassation de l'arrêt déclarant irrecevable comme tardif un pourvoi immédiat, en fixant à la date de réception de la lettre recommandée celle du pourvoi, alors que la date du recours est celle de l'expédition de la lettre. • Civ. 2e, 23 nov. 1994, n° 93-10.723 P : *Gaz. Pal. 1995. 2. Pan. 114.*

Art. 44 **Les articles 21 et 22 de la présente annexe sont applicables au titre V de la loi du 1er juin 1924 mettant en vigueur la législation civile française dans les départements du Bas-Rhin, du Haut-Rhin et de la Moselle, et relatif à l'exécution forcée sur les immeubles, à la procédure en matière de purge des hypothèques et à la procédure d'ordre.**

Art. 45 *(Décr. n° 76-899 du 29 sept. 1976)* **Les notifications qui incombent au** *(Décr. n° 2017-892 du 6 mai 2017, art. 68-II-2°)* **« greffier » d'une juridiction sont faites conformément aux dispositions des articles 665 à 670 du** *(Décr. n° 2008-484 du 22 mai 2008, art. 22)* **« code de procédure civile ».**

Lorsqu'elles sont faites par voie postale, elles le sont par lettre recommandée avec demande d'avis de réception.

Art. 46 *(Abrogé par Décr. n° 2012-1515 du 28 déc. 2012, art. 6, à compter du 1er janv. 2013) (Décr. n° 2005-460 du 13 mai 2005, art. 34)* ***« Lorsqu'il statue selon la procédure d'injonction de payer, le tribunal d'instance est compétent à quelque valeur que la demande puisse s'élever. »***

(Décr. n° 81-500 du 12 mai 1981) **Le montant des émoluments et droits alloués aux huissiers de justice et aux avocats postulants est indiqué dans l'ordonnance portant injonction de payer.**

L'art. 34 du Décr. n° 2005-460 du 13 mai 2005 est applicable aux instances introduites après son entrée en vigueur (Décr. préc., art. 38).

BIBL. ▸ SANDER, *JCP 2005. 1265.*

CODE DES PROCÉDURES CIVILES D'EXÉCUTION

DALLOZ ACTION *Droit et pratique des voies d'exécution,* par Guinchard et Moussa (ss. dir.), *Dalloz 2022/2023.*

DP *Recouvrement des créances.*

BIBL. GÉN. ▸ **Codes :** Fricero, de Leiris, Mecarelli (ss. dir.) et Choffat (coll.), Code des procédures civiles d'exécution, 2016, *EJT 2015.* – Lauvergnat, Code des procédures civiles d'exécution 2022, *10e éd., LexisNexis 2021.*

▸ **Traités, manuels, cours, études :** Ansault, Procédures civiles d'exécution, Manuel, *LGDJ 2019.* – Brenner, Procédures civiles d'exécution, Cours, *11e éd., Dalloz 2021.* – Brenner (ss. dir.), Le droit à l'exécution forcée : entre mythe et réalité, *EJT 2007.* – P. Cagnoli, Procédures civiles d'exécution, Droit du paiement, *1re éd., LGDJ 2018.* – Cayrol, Droit de l'exécution, 3e éd., *LGDJ 2019.* CNHJ, 10e anniversaire de la loi du 9 juillet 1991 – Sur la réforme des procédures civiles d'exécution, Passerelle, *EJT 2002.* – Collectif, Guide des voies d'exécution 2021/2022, *LexisNexis 2021.* – Cornette, Cuniberti et C. Normand, Droit international de l'exécution, *LGDJ 2011.* – Couchez, Lebeau et Salati, Procédures civiles d'exécution, *Sirey 2021.* – Crocq, Les vingt ans de la réforme des procédures civiles d'exécution : ses acquis et ses défis, *Droit et procédures, EJT 2012.* – Desdevises (ss. dir.), Les saisies spéciales, Droit et Procédures, *EJT 2009.* – M. Donnier et J.-B. Donnier, Voies d'exécution et procédures de distribution, *10e éd., Litec 2020.* – Dossier, La réforme des procédures civiles d'exécution 10 ans après, *Banque & Droit 2011, no 77, p. 11.* – Fricero, Procédures civiles d'exécution, *10e éd., Gualino 2021* ; L'essentiel des procédures civiles d'exécution 2020-2021, *10e éd., Gualino 2020.* – Hoonakker, Procédures civiles d'exécution, *9e éd., Bruylant 2021.* – Hugon, *RLDC 11/2018. 50* (le droit à l'exécution et les réformes de procédure : quelle place pour les droits fondamentaux du procès ?). – Julien et Taormina, Voies d'exécution et procédures de distribution, Manuel, *2e éd., LGDJ 2010.* – R. Lauba, Le contentieux de l'exécution, *LexisNexis 2017.* – Leborgne, Droit de l'exécution, Voies d'exécution et procédures de distribution, *3e éd., Dalloz 2019.* – Leborgne et Putman, Les obstacles à l'exécution forcée : permanence et évolution, *EJT 2009.* – P.-M. Le Corre (dir.), Mesures d'exécution et procédures collectives, *Bruylant 2013.* – Malet, L'exécution des décisions de justice prud'homales, Droit & Professionnels, Procédures, *LexisNexis 2016, préf. J.-F. Cesaro.* – Miniato, Procédures civiles d'exécution, Cours, *LGDJ 2017.* – Payan, Fiches de procédures civiles d'exécution, Fiches, *Ellipses 2016.* – Perrot et Théry, Procédures civiles d'exécution, *3e éd., Dalloz 2013.* – Piedelièvre, Procédures civiles d'exécution, *Economica 2016.* – Robin, Procédures civiles d'exécution, *4e éd., Vuibert 2010.* – Senat, Les procédures civiles d'exécution, Série Législation comparée (LC 55), *1999.* – Taormina, Le guide 100 du contentieux de l'exécution forcée, Pratiques judiciaires, *Berger-Levrault 2017.* – Tharaud, Les indispensables des procédures civiles d'exécution, Plein droit, *Ellipses 2015.* – C. Woog, Sari et S. Woog, Stratégie contentieuse du créancier, *Dalloz référence, 2e éd., Dalloz 2006.*

▸ **Encyclopédies et formulaires :** Brenner, Crocq et a. (dir.), Droit de l'exécution forcée, *Lamy.* – Croze (ss. dir.), J.-Cl. Proc. civ., *Lexis-Nexis.* – DP, Recouvrement de créances et procédures d'exécution, *Éditions législatives.* – Guinchard (ss. dir.), Répertoire de procédure civile Dalloz (cinq tomes auxquels s'ajoutent deux autres volumes consacrés aux formulaires.

▸ **Thèses :** Baker Chiss, Contribution à l'étude de l'exécution des jugements civils dans les rapports internes et internationaux de droit privé (ss. dir. Muir Watt), *Thèse dactylographiée, Paris-I 2008.* – Camensuli-Feuillard, La dimension collective des procédures civiles d'exécution, *Dalloz 2008.* – G. Maire, Volonté t exécution forcée de l'obligation, *LGDJ 2018.* – Payan, Droit européen de l'exécution en matière civile et commerciale, *Bruylant 2012.*

▸ **Chroniques :** Leborgne, *D. 2009. Pan. 1168* ; *ibid. 2010. Pan. 1037* ; *ibid. 2011. Pan. 1509* ; *ibid. 2012. Pan. 1509* ; *ibid. 2013. Pan. 1574* ; *ibid. 2014. Pan. 1466* ; *ibid. 2015. Pan. 1339* ; *ibid. 2016. Pan. 1279* ; *ibid. 2017. Pan. 1388* ; *ibid. 2018. Pan. 1223* ; *ibid. 2019. Pan. 1306* ; *ibid. 2021. Pan. 1353*. – *Adde.* Brenner et Ansault, Chron. semestrielle *in Gaz. Pal.* – Cayrol, Chron. trimestrielle *in RTD civ.* – Crocq et Lefort,

Chron. annuelle *in Dr. et patr.* – Laporte et Raschel, Chron. mensuelle *in Procédures.* – Lauvergnat, Chron. trimestrielle, *in Gaz. Pal.*

▸ **Articles généraux :** Brenner, *JCP N 2019. 1092* (la présence de l'État dans les rapports contractuels entre les citoyens : l'exécution forcée des contrats). – Cohet-Cordey et Gouttenoire, *AJ fam. 2006. 52* (famille et voies d'exécution). – Croze, *JCP 2009. I. 108* (le progrès technique de la procédure civile). – Deharo, *Dr. et pr. 2005. 208* (ce qu'exécuter veut dire... Une approche théorique de la notion d'exécution). – Laporte, *Procédures 2016, Focus 37* (« nouveau » Code de la consommation et procédures civiles d'exécution). – Larribau-Terneyre, *Dr. et patr. juill.-août 2010, p. 50* (Conv. EDH et contentieux des voies d'exécution). – Pellier, *D. 2021. 579* (les dispositions du code des procédures civiles d'exécution dans l'avant-projet d'ordonnance portant réforme du droit des sûretés). – Poisson, *Dr. et pr. 2013. 78* (pour une approche procédurale de la nullité des actes d'exécution forcée).

▸ **Codification :** Astaix, *D. 2012. Actu. 1412* (partie réglementaire). – Bruggeman, *Dr. fam. 2012. Alerte 14* (une codification qui concerne le droit de la famille). – Canet, *RPC 2012, n° 14* (partie législative). – Croze, *Procédures 2012, Repère 7.* – Choquet, *Dr. et patr. 12/2013, p. 63* (l'avis des huissiers de justice sur ce nouvel outil). – Dargent, *D. actu. 21 déc. 2011* (partie législative) ; *ibid., 1er juin 2012* (partie réglementaire). – J.-B. Donnier, *JCP 2012. 68* (partie législative : un code en l'état futur d'achèvement) ; *JCP 2012. Actu. 754* (entre accomplissement et inachèvement). – Dossier, *Dr. et patr. 12/2013, p. 33* (C. pr. exéc, entre rénovation et conservation). – Laschkar, *Dr. et pr. 2012. 170* (vingt ans après...). – Laporte, *JCP 2012. 782.* – Lauvergnat, *Procédures 2012. Focus 18* (partie législative : un code à décoder !). – Lauvergnat et Raschel, *Procédures 2014. Étude 18* (un code d'avenir !). – Lebel, *Rev. dr. rur. 2012. Alerte 30* (partie législative). – Leborgne, *D. 2012. Pan. 1511.* – Piedelièvre, *RDBF 2012, n° 60* (partie législative) ; *ibid., n° 127* (partie réglementaire). – De la Vaissières, *AJDI 2012. 186* (partie législative). – Vinckel, La codification des procédures civiles d'exécution, *LexisNexis 2013.*

PREMIÈRE PARTIE : LÉGISLATIVE

(Ord. n° 2011-1895 du 19 déc. 2011, art. 1er, en vigueur le 1er juin 2012, ratifiée par L. n° 2015-177 du 16 févr. 2015, art. 11-I)

Pour l'application du présent code à Mayotte et jusqu'à la date d'application à cette collectivité du CASF, du CCH et de la L. n° 90-449 du 31 mai 1990 visant à la mise en œuvre du droit au logement, les références à ces codes et à ces lois sont remplacées par celles des textes, le cas échéant, applicables localement ayant le même objet (Ord. n° 2011-1895 du 19 déc. 2011, art. 5, en vigueur le 1er juin 2012).

Les dispositions de l'Ord. n° 2011-1895 du 19 déc. 2011 sont applicables à Wallis-et-Futuna (Ord. préc., art. 6, en vigueur le 1er juin 2012).

Pour une présentation de la ratification de l'Ord. n° 2011-1895 du 19 déc. 2011, V. Circ. du 19 févr. 2015, de présentation des dispositions de la L. n° 2015-177 du 16 févr. 2015, BOMJ n° 2015-02 du 27 févr. 2015. — Adde. Bibl. gén.

BIBL. GÉN. ▸ **L. du 9 juill. 1991 :** Croze, *JCP 1992. I. 3555 et 3585*. – Nicod, *ALD 1993. 15 s.*

▸ **Sur une présentation générale de la réforme de 1991** : F. Ruellan et R. Lauba, *Gaz. Pal. 1993. Doctr. 27 ; ibid. 1995. Doctr. 1400*. – Perrot, *LPA n° spécial, 6 janv. 1993, p. 6*. – Derrida, *ibid., p. 25* (incidences sur le redressement et la liquidation judiciaires des entreprises). – Théry, *ibid., p. 12* (déjudiciarisation des procédures d'exécution). – Journées d'études CRFBB (17 oct. 1992) et Salon de l'avocat (4 déc. 1992), *Gaz. Pal. 1993. Doctr. 268*.

▸ **Aspects particuliers** : Bissieux et Cuisinier, *Procédures 2008. Étude 8* (les voies d'exécution à l'épreuve des procédures collectives). – Brenner, *Dr. et patr. 1/2009* (la saisie du fonds d'entreprise). – Courtier, *Rev. huiss. 1995. 961* (procédures collectives, voies d'exécution et régimes matrimoniaux : un conflit apparent). – Delleci, La réforme des procédures civiles d'exécution – Son application aux opérations de banque, *Rev. Banque, 2e éd., 1997*. – Y. Desdevises, *Mél. Perrot, Dalloz 1996, p. 99* (équilibre et conciliation dans la réforme des procédures civiles d'exécution) ; les saisies spéciales, *EJT 2009*. – Du Parc, *Procédures 2008. Étude 7* (le recouvrement des créances dans la vie de l'avocat dit « d'affaires »). – M. Douchy, *Justices 1997-8, p. 51* (les avis de la Cour de cassation en matière de voies d'exécution). – Faget, *Rev. huiss. 1996. 266* (effets des nouvelles procédures d'exécution à l'égard des tiers). – Hoonakker, *Dr. et pr. 2009. 15* (la prescription de l'exécution forcée depuis la loi n° 2008-561 du 17 juin 2008). – Houali, *Gaz. Pal. 20-21 févr. 2009, p. 18* (le recouvrement transfrontalier des créances : nécessité d'un droit européen de l'exécution forcée ?). – Hugon, *RDC 2005. 183*. – Lebeau, *Dr. et pr. 2004. 249* (mainlevée). – Leborgne et Moussa, *Mél. S. Guinchard 2010, p. 303* (lutte contre la criminalité, entraide européenne et procédures civiles d'exécution). – Lefort, *Mél. Julien, Edilaix, 2003, p. 230* (appel des décisions du JEX). – Menut, *ibid., p. 275* (gardien des saisies). – B. Nicod, *Gaz. Pal. 19-20 juill. 2002* (stratégies pour un recouvrement contentieux). – Perrot, *Mél. Buffet, LPA 2004, p. 393* (la contrainte par dissuasion) ; *Procédures 2008. Étude 13* (le contentieux de l'exécution). – Putman, *Dr. et pr. 2007. 248* (sort des procédures civiles d'exécution en cas de surendettement). – Salati, *Dr. et pr. 2002. 203* (comptes et voies d'exécution). – Scholastique, *Dr. et pr. 2005. 7* (titre exécutoire et procédures collectives). – Taormina, *Mél. Julien, Edilaix, 2003, p. 398* (règles de contentieux administratif). – Théry, *Rev. arb. 1993. 159* (les procédures civiles d'exécution et l'arbitrage) ; *RTD civ. 1993, n° spécial* (colloque des 28 et 29 janv.) ; *Mél. Perrot, Dalloz 1996, p. 477* (*judex gladii* : des juges et de la contrainte en territoire français) ; *Dr. et pr. 2002. 140* (incidence d'une procédure collective sur les procédures civiles d'exécution).

▸ **Sur des bilans, après plusieurs années d'application** : Moussa, *Gaz. Pal. 1996. Doctr. 211*. – CRJO, 1993-1997, *Rev. jur. Ouest, 1997, n° spécial ; LPA nos spéciaux, 2 févr. 1999 et 22 déc. 1999*. – Dossier : *Procédures 2008. Études 1 à 14* (le titre exécutoire et le recouvrement des créances).

▸ **Ratification de l'Ord. du 19 déc. 2011** : Dargent, *D. actu. 4 févr. 2015*. – Lauvergnat, *Procédures 2015. Focus. 19.*

LIVRE PREMIER DISPOSITIONS GÉNÉRALES

TITRE PREMIER LES CONDITIONS DE L'EXÉCUTION FORCÉE

CHAPITRE PREMIER LE CRÉANCIER ET LE TITRE EXÉCUTOIRE

DALLOZ ACTION *Droit et pratique des voies d'exécution 2022/2023*, nos 0110.00 s., par N. Cayrol.

Art. L. 111-1 Tout créancier peut, dans les conditions prévues par la loi, contraindre son débiteur défaillant à exécuter ses obligations à son égard. — *Sur le droit à l'exécution des décisions de justice, V. aussi : Conv. EDH, art. 6, § 1er, App., vo Droit européen et international, II, Droit du Conseil de l'Europe.*

Tout créancier peut pratiquer une mesure conservatoire pour assurer la sauvegarde de ses droits. — *Sur les mesures conservatoires, V. art. L. 511-1 s. et R. 511-1 s.*

L'exécution forcée et les mesures conservatoires ne sont pas applicables aux personnes qui bénéficient d'une immunité d'exécution. — *[L. no 91-650 du 9 juill. 1991, art. 1er.]*

BIBL. ▸ E. Putman, *RD prospectif 1994-2, p. 341* (la contrainte dans le droit de l'exécution). – Risser, *Rev. prat. rec. 2021/3. 3* (retour à la stabilité pour le droit français de l'immunité d'exécution).

RÉP. PR. CIV. vo *Saisie* par Daverat ; *Saisie (protection du débiteur)*, par Daverat.

I. POUVOIR D'INJONCTION DU JUGE ADMINISTRATIF

1. Loi no 95-125 du 8 févr. 1995. **BIBL.** Deygas, *Procédures 1998. Chron. 8.*

II. IMMUNITÉS D'EXÉCUTION

2. Conventionnalité. Le droit d'accès à un tribunal, tel que garanti par l'art. 6 Conv. EDH, et dont l'exécution d'une décision de justice constitue le prolongement nécessaire, ne s'oppose pas à une limitation à ce droit d'accès, découlant de l'immunité des États étrangers, dès lors que cette limitation est consacrée par le droit international et ne va pas au-delà des règles généralement reconnues en la matière. • Civ. 1re, 28 mars 2013, no 11-13.323 P : *D. 2013. Pan. 2294, obs. Bollée ; ibid. 1578, obs. Leborgne ; ibid. 1728, note Martel ; JCP 2013. 406, obs. J.-B. Donnier ; ibid. 975, no 8, obs. Nourissat ; DP Recouvr. créances, no 160, obs. Robert ; Dr. et patr. 11/2013, p. 97, obs. Mattout et Prüm ; Procédures 2013, no 182, note Perrot ; RDC 2013. 1485 (2e esp.), note Laazouzi.* ♦ Le justiciable, qui se voit opposer le caractère absolu de l'immunité d'exécution d'une organisation internationale, dispose, par la mise en œuvre de la responsabilité de l'État, d'une voie de droit propre à rendre effectif son droit d'accès à un tribunal, de sorte que le seul fait de ne pouvoir saisir les fonds de la Banque des États de l'Afrique centrale, en France, ne constitue pas, au préjudice de son *créancier, une restriction disproportionnée* à ce droit, au regard du but légitime poursuivi par l'accord du 20 avr. 1988 garantissant une immunité d'exécution à cette banque centrale pour faciliter l'accomplissement de ses missions. • Civ. 1re, 25 mai 2016, no 15-18.646 P : *D. 2016. 1207, obs. Gallmeister ; ibid. Pan. 1391, obs. Leborgne ; ibid. 1026, obs. Jault-Seseke ; Gaz. Pal. 26 juill. 2016, p. 25, note Poissonnier ; ibid. 6 déc. 2016, p. 26, obs. Ansault ; Dr. et pr. 2016. 142, note Cuniberti.*

A. AMBASSADEURS ET FONCTIONNAIRES INTERNATIONAUX

3. Acte passé dans l'exercice des fonctions. Un bail consenti à des époux dont le mari exerce les fonctions d'ambassadeur, alors que l'immeuble loué constitue leur résidence unique, sans qu'aucun autre domicile ait été mis à leur disposition par l'État accréditant, constitue un acte passé dans l'exercice des fonctions de l'agent diplomatique ; celui-ci jouit dès lors de l'immunité de juridiction prévue par l'art. 31 de la Convention de Vienne, cette immunité étant étendue aux membres de la famille de l'agent diplomatique par l'art. 37-1 du même texte. • Versailles, 24 sept. 1998 : *BICC, 1er avr. 1999, no 419.*

4. Salaires. Si les États étrangers bénéficient de l'immunité d'exécution, les fonds gérés par leurs représentations diplomatiques ou délégations assimilées ne pouvant être saisis, il n'en est pas de même lorsque la dette de ces États résulte d'une condamnation à titre de salaires dus à un de leurs employés qui participait à l'activité de ces représentations ou délégations. • Paris, 7 nov. 2002 : *RG proc. no 2002/4797.*

5. Organisations internationales. Sur l'immunité des fonctionnaires des organisations internationales : • Paris, 30 juin 1981 : *Rev. crit. DIP 1982. 129.* ♦ Pour l'Unesco : • Cass., avis, 8 déc. 1995, no 09-50.014 P.

6. Renonciation. Modalités. L'objectif de cohérence et de sécurité juridique impose de revenir à la jurisprudence antérieure, confortée par la L. nouvelle n° 2016-1691 du 9 déc. 2016 qui subordonne la validité de la renonciation par un État étranger à l'immunité d'exécution de ses missions diplomatiques à la double condition que cette renonciation soit expresse et spéciale. Est donc abandonnée la doctrine isolée résultant de l'arrêt de la première chambre civile du 13 mai 2015. • Civ. 1re, 10 janv. 2018, n° 16-22.494 P : *D. actu. 24 janv. 2018, obs. Payan ; D. 2018. Actu. 72 ; ibid. 542, note Haftel ; ibid. 2018. Pan. 966, obs. Jault-Seseke ; ibid. Pan. 1125, obs. Leborgne ; ibid. 1934, obs. d'Avout et Bollée ; ibid. 2448, obs. Clay ; Rev. crit. DIP 2018. 315, note Alland ; RTD civ. 2018. 353, obs. Usunier et P. Deumier ; ibid. 474, obs. Théry ; JCP 2018. 157, n° 9, obs. Nourissat ; JCP 2018. 294, avis N. Ancel ; ibid. 295, note Laazouzi ; ibid. 687 obs. Adida-Canac et Morel-Maroger ; Procédures 2018, n° 74, note Raschel ; Gaz. Pal. 15 mai 2018, p. 80, obs. Nioche ; ibid. 19 juin 2018, p. 37, obs. Brenner ; LPA 17 mai 2018, p. 9, obs. Casu ; Dr. et pr. avr. 2018, suppl., Droit du recouvrement, p. 5, obs. Salati ; Rev. arb. 2018. 382, note Cohen ; RTD civ. 2018. 353, note Usunier et Deumier ; Rev. crit DIP 2018. 315, note Alland ; Cah. arb. 2018. 65, note Siino et Kirillov.* ♦ Il résulte des arrêts rendus les 10 et 24 janv. 2018 (pourvois n° 16-22.494 et n° 16-16.511) qu'une mesure conservatoire portant sur des comptes bancaires ouverts par l'ambassade en France d'un État étranger, affectés à l'exercice de sa mission diplomatique, ne peut être pratiquée qu'autant que cet État a renoncé expressément et spécialement à son immunité d'exécution ; ces décisions ont expressément écarté, au regard de l'effet dans le temps de la L. n° 2016-1691 du 9 déc. 2016 dont il est issu, l'application de l'art. L. 111-1-3 C. pr. exéc., le visa de ce texte se bornant à conforter, dans la situation particulière, l'application des art. 22 et 25 Conv. de Vienne sur les relations diplomatiques du 18 avr. 1961 et des règles du droit international coutumier relatives à l'immunité d'exécution des États, seuls fondements juridiques de ces décisions. • Civ. 2e, 2 oct. 2019, n° 19-10.669 P : *D. actu. 27 oct. 2019, note Mélin ; D. 2019. 1891 ; RTD civ. 2019. 927, obs. Théry.* ♦ V. déjà, exigeant une renonciation expresse et spéciale : • Civ. 1re, 28 sept. 2011, n° 09-72.057 P : *D. 2011. Actu. 2412 ; Just. et cass. 2015. 115, étude Chevalier ; Rev. crit. DIP 2012. 124, note Gaudemet-Tallon ; RDBF 2012, n° 26, note Piedelièvre ; Dr. et pr. 2011. 307, note Cuniberti ; Gaz. Pal. 4 févr. 2012, p. 36, note Morel-Maroger ; ibid. 26-28 févr. 2012, p. 18, obs. Brenner.* ♦ V. aussi note 12 et 13. ♦ V. *contra* antérieurement, jugeant que le droit international coutumier n'exige pas une renonciation autre qu'expresse à l'immunité d'exécution : • Civ. 1re, 13 mai 2015, n° 13-17.751 P : *D. 2015. 1928, note Bollé ; ibid. Pan. 2031, obs. d'Avout ; ibid. 2600, obs. Clay ; Rev. crit. DIP 2015. 652, note Muir Watt ; JCP 2015. 759, note Laazouzi ; ibid. 1004, n° 8, obs. Nourissat ; ibid. E 2015. 1426, note Kaminsky et Dalmasso ; Dr. et pr. 2015. 182, note Cuniberti ; Gaz. Pal. 31 juill. 2015, p. 31, note Morel-Maroger ; ibid. 5 sept. 2015, p. 11, note Brenner ; RDBF 2015, n° 133, note Piedelièvre ; LPA 6 nov. 2015, p. 20, obs. Jault-Seseke.*

7. Immunité diplomatique d'exécution. BIBL. Chevallier et Le Cotty, *Procédures 2012. Étude 2* (reconnaissance internationale d'une immunité d'exécution autonome au profit des États pour le fonctionnement de leur mission diplomatique : étendue, régime et conséquences). ♦ Les missions diplomatiques des États étrangers bénéficient, selon le droit international coutumier, pour le fonctionnement de la représentation de l'État accréditaire et les besoins de sa mission de souveraineté, d'une immunité d'exécution autonome à laquelle il ne peut être renoncé que de façon expresse et spéciale et cette immunité s'étend, notamment, aux fonds déposés sur les comptes bancaires de l'ambassade ou de la mission diplomatique. • Civ. 1re, 28 sept. 2011, n° 09-72.057 P : *D. 2011. Actu. 2412 ; Just. et cass. 2015. 115, étude Chevalier ; Rev. crit. DIP 2012. 124, note Audemet-Tallon ; Gaz. Pal. 4 févr. 2012, p. 36, note Morel-Maroger ; Banque et Dr. 2012. 25, obs. Affaki et Stoufflet.* ♦ Une cour d'appel en déduit exactement, l'exécution forcée et les mesures conservatoires n'étant pas applicables aux personnes bénéficiant d'une immunité d'exécution en application de l'art. 1er, al. 3, de la L. n° 91-650 du 9 juill. 1991 [devenu C. pr. exéc., art. L. 111-3, al. 3], qu'il doit être donné mainlevée de la saisie conservatoire, dès lors que les fonds de la mission diplomatique, faisant l'objet de la saisie, bénéficient de cette immunité et qu'aucune renonciation particulière et expresse à celle-ci n'est intervenue. • Même arrêt. ♦ Une cour d'appel retient exactement, d'abord, que les fonds affectés aux missions diplomatiques bénéficient d'une présomption d'utilité publique, puis, que les comptes bancaires d'une ambassade sont présumés être affectés à l'accomplissement des fonctions de la mission diplomatique de sorte qu'il appartient au créancier qui entend les saisir de rapporter la preuve que ces biens sont utilisés pour une activité privée ou commerciale. • Même arrêt.

La présomption d'affectation des fonds aux besoins de la mission de souveraineté de l'État accréditaire cède devant la preuve contraire qui, pouvant être rapportée par tous moyens, n'est pas rendue impossible aux créanciers ; en l'espèce, prise en compte du fait que l'intitulé de comptes bancaires saisis confortait la présomption d'affectation des fonds les créditant à l'exercice de la mission diplomatique, ensuite, que le créancier n'apportait pas d'éléments de preuve contraire, la cour d'appel appréciant la situation à la date à laquelle elle statue. • Civ. 1re, 3 févr. 2021, n° 19-10.669 P.

B. PERSONNES MORALES FRANÇAISES DE DROIT PUBLIC

BIBL. Clamens, *AJDA 2000. 767* (vers la remise en cause du principe d'insaisissabilité des biens des personnes publiques).

8. Sur leur immunité. • Civ. 2e, 16 déc. 1965 : *JCP A 1966. IV. 4818.* ♦ En revanche, sont saisissables les sommes collectées par un débiteur pour le compte de la puissance publique ou d'un organisme parapublic. • Civ. 3e, 15 févr. 1983 : *Bull. civ. III, no 46 ; RTD civ. 1983. 601, obs. Perrot.*

9. Établissements publics à caractère industriel et commercial. Les établissements publics à caractère industriel et commercial bénéficient de l'immunité accordée aux personnes morales de droit public. • Soc. 9 juill. 1951, *Soc. nationale des entreprises de presse : D. 1952. 1. 141 ; S. 1952. 1. 125, note Drago* • 16 déc. 1987, *SNCF c/ AGS : Gaz. Pal. 1988. 2. 684* • 16 déc. 1987, *SNCF c/ GARP : ibid.* • 16 déc. 1987, *Air France c/ AGS : ibid. 685* • Civ. 1re, 21 déc. 1987, *BRGM c/ Lloyd : ibid. 684, note Véron ; RFDA 1988. 771, concl. Charbonnier et note Pacteau ; JCP 1989. II. 21183, note Nicod ; RTD civ. 1989. 145, obs. Perrot.* ♦ *Contra :* • TGI Paris, 1er févr. 1984 : *JCP 1984. II. 20294, note Prévault* (autorisation d'une sasie-arrêt à l'encontre de Gaz de France redevable des sommes arrêtées, au motif que cet établissement ne démontre pas que la saisie-arrêt autorisée est de nature, en particulier par l'importance ou par la nature des biens en cause, à empêcher ou à gêner le fonctionnement régulier et continu du service public). ♦ Comp. • Paris, 26 mai 1982 : *JCP 1982. II. 19911, note Prévault* (dans la même affaire, mais Gaz de France étant alors tiers saisi et non pas débiteur) • TGI Paris, 10 juill. 1984 : *Gaz. Pal. 1984. Doctr. 565* (inédit, cité par Gaudemet *in La saisie des biens des établissements publics, nouveaux développements de la question, Gaz. Pal. 1984. Doctr. 565*, qui admet une saisie-arrêt contre le BRGM) • Paris, 11 juill. 1984 : *Gaz. Pal. 1984. 614 ; D. 1985. 174, note (crit.) Denoix de Saint-Marc*, qui admet que les fonds correspondant aux créances dont la SNCF est titulaire, en raison de son activité commerciale, n'ont pas le caractère de fonds et valeurs appartenant ou confiés aux services publics et sont saisissables, notamment par la voie d'une saisie-arrêt (arrêt cassé par • Soc. 16 déc. 1987 : *préc.*) • Paris, 18 mars 1986, *BRGM : Gaz. Pal. 1987. 230, note Nicod ; D. 1986. 310, note Nicod* (arrêt cassé par • Civ. 2e, 21 déc. 1987 : *préc.*). ♦ V. Amselek, Les *établissements publics sans comptable* public et le principe de l'insaisissabilité des biens des personnes physiques, *JCP 1986. I. 3236.* – Ducos-Ader, Le principe de l'insaisissabilité : un principe autonome et général du droit applicable à tous les établissements publics industriels et commerciaux, *Gaz. Pal. 1986. Doctr. 475.*

C. ÉTATS ET PERSONNES MORALES PUBLIQUES ÉTRANGÈRES

BIBL. Chevalier, *Just. et cass. 2015. 115* (l'immunité d'exécution attachée aux biens publics de l'État). – De Geouffre de La Pradelle, *Gaz. Pal. 10-12 juin 2001, p. 3* (blocage des comptes en banque de missions diplomatiques et saisie d'un navire d'État affecté à une personne publique). – G. Taormina, *Mél. Normand, Litec, 2003, p. 439* (les apports de la jurisprudence en matière d'immunité internationale d'exécution forcée). – Synvet, *JDI 1985. 865* (quelques observations sur l'immunité d'exécution des États étrangers).

10. Principe d'immunité. L'immunité d'exécution dont jouissent les États étrangers est de principe en raison des règles du droit international privé. • Paris, 20 déc. 1937 : *Gaz. Pal. 1938. 1. 167.* ♦ Les saisies portant sur des créances fiscales et sociales d'un État, c'est-à-dire sur des ressources se rattachant nécessairement à l'exercice par cet État des prérogatives liées à sa souveraineté relève de l'immunité d'exécution de cet État. • Civ. 1re, 28 mars 2013, no 11-10.450 P : *D. 2013. Actu. 930 ; ibid. Pan. 2293, obs. Bollée ; ibid. 1578, obs. Leborgne ; ibid. 1728, note Martel ; RTD civ. 2013. 437, obs. Perrot ; ibid. 2014. 319, obs. Usunier ; Just. et cass. 2015. 115, étude Chevalier ; JCP 2013. 406, obs. J.-B. Donnier ; ibid. 975, no 8, obs. Nourrissat ; Gaz. Pal. 6 juill. 2013, p. 23, note Bolze ; RDC 2013. 1485 (3e esp.), note Laazouzi.* ♦ Ayant relevé que le compte saisi était alimenté par des redevances de navigation aérienne dues à la République étrangère en raison de la souveraineté des États sur leur espace aérien et le survol de leur territoire, la cour d'appel en a exactement déduit que celles-ci concernaient une activité de puissance publique et étaient couvertes par l'immunité d'exécution sans que leur nantissement consenti par la République d'Ouzbékistan à d'autres créanciers en faveur desquels elle avait renoncé de manière expresse et spéciale à son immunité d'exécution ne les prive de leur caractère de fonds souverains. • Civ. 1re, 5 mars 2014, no 12-22.406 P : *D. actu. 19 mars 2014, obs. Avena-Robardet ; D. 2014. Actu. 672 ; ibid. Pan. 1466, obs. Leborgne ; ibid. 1967, obs. d'Avout et Bollée ; Just. et cass. 2015. 115, étude Chevalier ; JCP 2014. 977, no 8, obs. Nourissat.*

11. Limites. L'immunité d'exécution peut toutefois être exceptionnellement écartée lorsque le bien saisi a été affecté à l'activité économique ou commerciale relevant du droit privé qui donne lieu à la demande en justice. • Civ. 1re, 14 mars 1984, *Eurodif : JCP 1984. II. 20205, concl. Gulphe et note Synvet ; D. 1984. 625, rapp. Fabre et note Robert*, et, sur second pourvoi, • Civ. 1re, 20 mars 1989 : *Gaz. Pal. 1989. 892, note Piedelièvre.* ♦ L'immunité d'exécution est écartée lorsque le bien saisi se rattache, non à l'exercice d'une activité de souveraineté, mais à une opération économique, commerciale ou civile relevant du droit privé, comme par exemple l'acquisition par un État de biens immobiliers en France, même affectés au logement de son personnel diplomatique. • Civ. 1re, 25 janv. 2005, n° 03-18.176 P : *D. 2005. 616, avis Sainte-Rose ; Procédures 2005, n° 103, note Piedelièvre ; ibid. 207, obs. Nourrissat ; Gaz. Pal. 27-28 mai 2005, p. 39, obs. Lespour ; RJ com. 2007. 44, obs. Rueda* • 19 nov. 2008, n° 07-10.570 P : *D. 2008. AJ 3012, obs. Gallmeister ; ibid. 2009. Pan. 1168, obs. Leborgne ; JCP 2008. Actu. 702, obs. E. Cornut ; ibid. 2009. II. 10002, note d'Avout et Perreau-Saussine ; Procédures 2009, n° 53, obs. Junillon ; RDBF 2009, n° 28, note Piedelièvre.* ♦ Une cour d'appel, qui constate qu'un accord signé entre le Gouvernement de la République française et une organisation internationale limite expressément les cas dans lesquels les biens de cette organisation peuvent être saisis aux conséquences des conventions passées pour l'activité de son bureau a pu en déduire que les biens de l'organisation étaient protégés par une immunité d'exécution lorsque l'obligation de l'organisation avait une autre cause, telle une condamnation pécuniaire sanctionnant une obligation contractuelle étrangère à l'activité du bureau lui-même, et dès lors que les créanciers de l'organisation, qui disposaient d'autres voies pour faire exécuter la condamnation, n'étaient pas privés d'un accès au juge. • Civ. 1re, 14 oct. 2009, n° 08-14.978 P : *D. 2009. Actu. 2557, obs. Avena-Robardet ; RDBF 2010, n° 20, obs. Piedelièvre ; JCP 2009. 379, note Cornut.* ♦ Ainsi la saisie-arrêt est-elle autorisée à l'encontre des représentations commerciales en France des États étrangers, dès lors que la créance cause de la saisie-arrêt a un caractère commercial. • Req. 19 févr. 1929 : *DP 1929. 1. 73, note Savatier* • TGI Seine, 15 mars 1967 : *JCP 1968. II. 15457, note Ruzié ; Gaz. Pal. 1967. 2. 63* • Com. 19 mars 1979 : *Rev. crit. DIP 1981. 584, note Lagarde.* ♦ Comp. • Civ. 1re, 14 mars 1984 : *préc.* ♦ *Contra :* • Paris, 7 juin 1969 : *Gaz. Pal. 1969. 2. 324.* ♦ ... Et qu'il est possible de distinguer les fonds affectés à un usage commercial de ceux destinés à la fonction diplomatique. • Civ. 1re, 11 févr. 1969 : *Bull. civ. I, n° 69 ; D. 1969. Somm. 108* • 17 déc. 1977 : *Rev. crit. DIP 1978. 332* • TGI Paris, 5 avr. 1979 : *JDI 1979. 857, note Oppetit* • Paris, 21 avr. 1982 : *Rev. crit. DIP 1983. 101, note Mayer.* ♦ *A fortiori,* les biens des organismes publics personnalisés, ou non, distincts de l'État étranger, lorsqu'ils font partie d'un patrimoine que celui-ci a affecté à une activité principale relevant du droit privé peuvent être saisis par tous les créanciers, quels qu'ils soient, de cet organisme. • Civ. 1re, 1er oct. 1985, *Sonatrach : JCP 1986. II. 20566, concl. Gulphe et note Synvet ; JDI 1986. 170, note Oppetit ; Rev. crit. DIP 1986. 527, note Audit.* ♦ L'immunité est écartée à l'encontre d'une banque qui a donné son aval pour le compte d'un État étranger. • Civ. 1re, 18 nov. 1986 : *JCP 1987. II. 20909, note B. Nicod.* ♦ Le contrôle exercé par un État ne suffit pas à faire considérer les organismes qui en dépendent comme des émanations de cet État. • Civ. 1re, 21 juill. 1987 : *Rev. crit. DIP 1988. 347, note Rémond-Gouilloud ; JDI 1988. 108, note Ph. Kahn ; RTD civ. 1988. 744, obs. Mestre* • 12 mai 2004, n° 02-12.920 P : *D. 2004. IR 1711 ; Gaz. Pal. 11-13 sept. 2005, p. 17, note Brenner.* ♦ Dès lors qu'un organisme même doté de la personnalité civile est une émanation d'un État étranger, une saisie conservatoire peut être exercée sur un élément de son patrimoine par un créancier pour une garantie d'une dette de l'État ; en revanche, pour que soit exercée une saisie-exécution, la preuve doit être rapportée de l'absence réelle de patrimoine propre. • Rouen, 4 sept. 1992 : *JDI 1993. 128, note Ph. Kahn.* – Sur pourvoi : • Civ. 1re, 4 janv. 1995, n° 93-10.175 P : *JDI 1995. 694, note Mahiou* et, sur renvoi, • Caen, 12 sept. 1996 : *JDI 1996. 968, note Ph. Kahn* (avec • Rouen, 20 juin 1996). ♦ Il ne peut être reproché à un arrêt d'avoir dit que trois banques contrôlées par l'État irakien n'étaient pas les émanations de cet État, et d'avoir annulé en conséquence les saisies-arrêts pratiquées à leur égard, dès lors que le contrôle exercé par cet État ne suffit pas à faire considérer les organismes qui en dépendent comme des émanations de cet État. La cour d'appel qui, contrairement à l'affirmation du moyen, ne tient pas pour établie l'existence d'une ingérence de l'État irakien, relève que, tant la Banque centrale d'Irak que la banque Rafidain et la Rasheed bank avaient des activités purement privées et réalisaient des opérations commerciales courantes, ce qui impliquait l'existence d'un patrimoine propre, que ce patrimoine était spécialement et uniquement affecté à leurs activités bancaires et que sa gestion faisait l'objet d'un budget et d'une comptabilité distincts. Elle a pu en déduire qu'aucun des établissements concernés ne réunissait les conditions nécessaires pour être qualifié d'émanation de l'État irakien impliquant son assimilation à cet État. • Civ. 1re, 15 juill. 1999, n° 97-19.742 P : *Gaz. Pal. 25 mars 2000, Somm., obs. M. Véron ; JDI 2000. 45, note Cosnard.* ♦ V. sur l'arrêt de renvoi • Paris, 20 févr. 2002 : *Rev. crit. DIP 2002. 746, note M. Audit ; Gaz. Pal. 21-23 juill. 2002, p. 16, obs. De La Pradelle.* ♦ Sur les critères permettant de caractériser une société en tant qu'émanation d'un État débiteur, V. aussi • Paris, 3 juill. 2003 : *RDBF 2003, n° 199, note Delleci* • TGI Paris, JEX, 3 juill. 2003 : *ibid.* ♦ Une cour d'appel a pu déduire de ses constatations et appréciations souveraines que dès lors qu'une société nationale n'était pas statutairement dans une indépendance fonctionnelle suffisante pour bénéficier d'une autonomie de droit et de fait à l'égard d'un État et que son patrimoine se confondait avec celui de cet État, elle devait être considérée comme une émanation de celui-ci. Un titre exécutoire régulièrement signifié à un État par l'un de ses créanciers est opposable, sans nouvelle signification, à une société nationale dont il a été décidé qu'elle n'était qu'une émanation de cet État, sans patrimoine propre. Un État peut renoncer au bénéfice des immunités de juridiction et d'exécution de même qu'aux dispositions protectrices résultant de l'art. 688 NCPC [devenu C. pr. civ.], dans sa rédaction antérieure au Décr. n° 2005-1678 du 28 déc. 2005. • Civ. 1re, 6 févr. 2007, n° 04-13.108 P : *Rev. arb. 2007. 484, note Franc-Menget ; RJ com. 2008. 240, chron. Moreau.* ♦ V. égal. • Civ. 1re, 14 nov. 2007, n° 04-15.388 P : *RJ com. 2008. 240, chron. Moreau.* – V. s'agissant de l'immunité d'exécution des banques centrales étrangères, C. mon., art. L. 153-1, reproduit ci-dessous.

12. Renonciation. Modalités. Selon le droit international coutumier, tel que reflété par la Conv. des Nations unies, du 2 déc. 2004, sur l'immunité juridictionnelle des États et de leurs biens (reproduit ss. art. L. 111-1), si les États peuvent renoncer, par contrat écrit, à leur immunité d'exécution sur des biens ou des catégories de biens utilisés ou destinés à être utilisés à des fins publiques, il ne peut y être renoncé que de manière expresse et spéciale, en mentionnant les biens ou la catégorie de biens pour lesquels la renonciation est consentie. • Civ. 1re, 28 mars 2013, n° 10-25.938 P : *D. 2013. Pan. 2294, obs. Bollé ; ibid. 1578, obs. Leborgne ; ibid. 1728, note Martel ; Gaz. Pal. 6 juill. 2013, p. 23, note Bolze ; RDC 2013. 1485 (1re esp.), note M. Laazouzi (texte intégral) ; JCP 2013. 406, obs. Donnier ; ibid. 975, n° 8, obs. Nourissat.* ♦ V. aussi : • Civ. 1re, 28 mars 2013 : *cité note 10.* ♦ Une cour d'appel, ayant relevé, par motifs propres et adoptés, d'une part, que les créances faisant l'objet des saisies conservatoires en cause se rattachaient nécessairement à l'exercice par l'État argentin des prérogatives liées à sa souveraineté, ces créances correspondant à des contributions fiscales ou parafiscales ayant pour origine le pouvoir régalien de l'État et pour vocation le financement d'autres prérogatives régaliennes et, d'autre part, l'absence de mention expresse et spécifique de ces créances dans la clause de renonciation figurant aux contrats d'émission d'obligations et au contrat de service financier auquel ces derniers étaient soumis, elle en déduit exactement, sans dénaturer la loi étrangère invoquée au troisième moyen et abstraction faite des motifs critiqués par la deuxième branche du premier moyen, que l'État n'avait pas renoncé à son immunité d'exécution sur ces créances. • Même arrêt.

13. Renonciation d'un État à l'immunité d'exécution par signature d'une clause d'arbitrage. L'engagement pris par l'État étranger signataire de la clause d'arbitrage d'exécuter la sentence dans les termes de l'art. 24 du règlement d'arbitrage de la Chambre de commerce internationale impliquait renonciation de cet État à l'immunité d'exécution, contrairement à ce qu'ont décidé les juges d'appel dont la décision doit être cassée. • Civ. 1re, 6 juill. 2000, *État du Qatar,* n° 98-19.068 P : *D. 2001. 2139, chron. J. Moury ; Gaz. Pal. 12 juin 2001, doctr. obs. Théry ; RTD com. 2001. 409, obs. Loquin ; JCP 2001. II. 10512, note Kaplan et Cuniberti ; Rev. arb. 2001. 114, note Leboulanger ; JDI 2000. 1054, note Pingel-Lenuzza ; RDBF 2000, n° 234, note Delleci,* qui casse • Paris, 11 janv. 1998 : *Rev. huiss. 1999. 812, note R. Martin* (une exception ne saurait être apportée à l'immunité dont bénéficie l'État du Qatar, alors que sa dette a sa source dans des travaux de construction d'un hôpital sur son territoire et bien que cet État ait accepté une clause d'arbitrage). – V. sur renvoi, • Paris, 12 déc. 2001 : *D. 2002. IR 617 ; Rev. arb. 2003. 417, note Leboulanger.*

14. Exequatur. Portée. L'exequatur d'un jugement étranger n'est pas, en lui-même, un acte d'exécution pouvant exclure l'immunité d'exécution d'une organisation internationale. • Civ. 1re, 1er juin 1991, n° 90-11.282 P • Civ. 2e, 14 oct. 2009 : *préc. note 11.*

15. Appréciation par le juge de la renonciation invoquée. Il appartient au juge saisi d'une contestation relative à une mesure d'exécution forcée et devant qui il est prétendu que l'État visé par cette mesure a renoncé à l'intégralité des immunités qui lui sont reconnues tant par les principes du droit international coutumier que par les conventions internationales, d'apprécier, dans la mesure où elle est discutée, notamment s'agissant de l'immunité d'exécution diplomatique, la portée de la renonciation invoquée. Il n'est pas contesté que les comptes frappés par la saisie litigieuse sont affectés, respectivement, au fonctionnement de l'Ambassade de la Fédération de Russie, de la Délégation permanente de la Fédération de Russie auprès de l'UNESCO et de la Représentation commerciale de la Fédération de Russie en France, laquelle, en vertu de l'accord signé le 3 septembre 1951 entre le Gouvernement de la République française et le Gouvernement de l'URSS, « fait partie intégrante » de l'Ambassade de la Fédération de Russie et bénéficie des immunités reconnues à cette dernière. La seule mention, sans autre précision, dans le contexte des contrats litigieux de prêts consentis par une société de droit suisse avec la Fédération de Russie, que « l'emprunteur renonce à tout droit d'immunité relativement à l'application de la sentence arbitrale rendue à son encontre en relation avec le présent contrat » ne manifeste pas la volonté non équivoque de l'État emprunteur de renoncer, en faveur de son cocontractant, personne morale de droit privé, à se prévaloir de l'immunité diplomatique d'exécution et d'accepter que cette société commerciale puisse, le cas échéant, entraver le fonctionnement et l'action de ses ambassades et représentations à l'étranger. La protection des valeurs inscrites sur les comptes bancaires ouverts au nom d'une ambassade pour les besoins de son activité de service public sur le territoire de l'État accréditaire découle des règles du droit des relations diplomatiques et relève du régime spécifique des immunités diplomatiques ; ce régime s'applique pareillement aux biens d'une mission permanente auprès d'une organisation telle que l'UNESCO. Il y a lieu d'ordonner la mainlevée de la saisie litigieuse. • Paris, 10 août 2000, *Ambassade de Russie : D. 2001. 2157, note Fongaro ; JCP 2001. II. 10512, note Kaplan et Cuniberti ; Gaz. Pal. 12 juin 2001, chron. Géraud de la Pradelle ; Rev. arb. 2001. 114, note Leboulanger.* – Dans le même sens : • Paris, 26 sept. 2001 : *D. 2001. IR 3017 ; RDBF 2001, n° 239, note Delleci* (les biens d'un État étranger ne peuvent faire l'objet d'une procédure en vue de l'exécution d'un jugement, sauf si cet État y a expressément consenti, un tel comportement pouvant notamment résulter d'un contrat écrit. Si le contrat de prêt litigieux contient un consentement de l'État débiteur, la République du Cameroun, à l'exécution forcée, celui-ci est présumé ne pas s'appliquer aux biens et avoirs des représentations diplomatiques de l'État ou dont l'utilisation pour ces missions est prévue. La clause usuelle des contrats internationaux de prêt, selon laquelle l'État accepte de renoncer à l'immunité d'exécution en ce qui concerne l'ensemble de ses biens ou quelle que soit leur destination, ne constitue pas une renonciation à l'immunité d'exécution et, le contrat de prêt ne désignant pas expressément les biens utilisés par les missions diplomatiques, n'implique pas un consentement de cet État à l'exécution forcée sur ces catégories de biens. Les biens d'une mission diplomatique sont par ailleurs protégés en vertu du droit conventionnel par la Convention de Vienne du 18 avr. 1961 sur les relations diplomatiques, ratifiée par la France et le Cameroun, dont l'art. 25, en obligeant l'État accréditaire à accorder « toutes facilités pour l'accomplissement des fonctions de la mission », comporte l'obligation pour ce dernier de ne pas entraver le fonctionnement de la représentation étrangère. Par voie de conséquence, sont insaisissables les comptes bancaires ouverts pour les besoins de l'activité de l'ambassade du Cameroun, quel que soit le lieu où se trouvent ces comptes, même hors des locaux de la mission). ♦ La résolution du Conseil de sécurité des Nations Unies par laquelle les États membres exigeaient d'un État qu'il honore scrupuleusement toutes ses obligations au titre du remboursement de sa dette extérieure et réaffirmaient leur engagement en faveur de sa souveraineté, ne privait pas cet État de ses immunités ; l'acceptation par cet État de cette résolution ne saurait constituer pour lui une renonciation non équivoque à leur bénéfice. • Civ. 1re, 25 avr. 2006, n° 02-17.344 P : *D. 2006. 1335, obs. Gallmeister ; Rev. crit. DIP 2007. 113, note Lemaire ; RDBF 2006, n° 139, note Piedelièvre.*

D. PRIVILÈGES ET IMMUNITÉS DE L'UNION EUROPÉENNE

16. L'art. 1er *in fine* du protocole n° 7 sur les privilèges et immunités de l'Union européenne doit être interprété en ce sens que l'autorisation préalable de la CJUE n'est pas nécessaire lorsqu'un tiers engage une procédure de saisie-arrêt d'une créance auprès d'un organisme relevant d'un État membre et ayant une dette correspondante envers le débiteur du tiers, bénéficiaire de fonds octroyés aux fins de l'exécution de projets cofinancés par le Fonds social européen. • CJUE 30 mai 2018, n° C-370/16 : *D. actu. 21 juin 2018, obs. Payan.*

III. ABSENCE D'IMMUNITÉ

17. Société d'économie mixte. Une société d'économie mixte est une société privée soumise aux voies d'exécution de droit commun : elle ne peut s'opposer aux saisies-arrêts exercées contre elle par un commerçant au profit duquel une indemnité a été allouée par décision de justice. • Versailles, 2 juin 1986 : *D. 1987. 86, note Prévault.*

18. Organisation intergouvernementale. En ce sens qu'une organisation intergouvernementale, qui n'est pas un État mais une entité séparée d'un État, ne bénéficie pas de la présomption d'affectation publique de ses biens, V. • Paris, 6 sept. 2001 : *Dr. et pr. 2002. 110, note Putman.* ♦ Sur l'immunité d'exécution accordée à l'Union latine par l'accord du 13 janv. 1988, V • Soc. 30 sept. 2003, n° 01-40.763 P : *JCP 2004. II. 10102, note Mahinga* • Civ. 1re, 28 oct. 2003, n° 01-16.927 P : *D. 2003. IR 3010 ; Rev. crit. DIP 2004. 773, note Clavel ; JCP 2004. II. 10102, note Mahinga ; Gaz. Pal. 16-17 avr. 2004, p. 8, note Pingel.*

19. Procès équitable. Jugé que lorsqu'il n'existe pas de règle alternative à l'immunité d'exécution dont bénéficie une organisation internationale, offrant des voies de recours en cas d'inexécution des décisions rendues contre elle, la règle du droit au procès équitable, consacrée par l'art. 6, § 1er, Conv. EDH, conduit à écarter cette immunité ; que la règle du procès équitable doit donc primer sur celle de l'immunité conférée à une organisation par un accord de siège. • Bruxelles, 4 mars 2003 : *Gaz. Pal. 16-17 avr. 2004, p. 8, note Pingel.*

IV. RESPONSABILITÉ DE L'ÉTAT

20. Responsabilité de l'État. La règle coutumière du droit public international d'immunité d'exécution des États, qui n'est écartée par aucune disposition législative, s'applique dans l'ordre juridique interne. Par suite, la responsabilité de l'État est susceptible d'être recherchée, sur le fondement de la rupture de l'égalité devant les charges publiques, dans le cas où son application entraîne un préjudice grave et spécial. • CE 14 oct. 2011 : *AJDA 2011. 1980 ; ibid. 2482, note Broyelle ; RFDA 2012. 446, note Roger-Lacan ; ibid. 2013. 417, obs. Santulli ; JCP 2012. 149, obs. Éveillard ; ibid. 2013. 322, obs. Mathieu et Verpeaux* (reconnaissant le préjudice suffisamment grave en l'espèce au regard du montant des sommes en cause et la situation des personnes requérantes et revêtant un caractère spécial compte tenu du faible nombre des victimes d'agissements analogues imputables à des ambassades d'États étrangers, sur le territoire français et dès lors, comme ne constituant pas une charge incombant normalement aux requérantes). ♦ Un salarié ne peut être réputé avoir par avance accepté le risque résultant de la méconnaissance par son employeur des dispositions d'ordre public applicables à la conclusion et à l'exécution de son contrat de travail, parmi lesquelles figurent celles permettant le recouvrement, même contraint, des créances salariales du salarié sur son employeur en contrepartie du travail effectué. Par suite, il ne saurait être opposé une exception de risque accepté à un employé au motif qu'il ne pouvait ignorer la qualité de diplomate de son employeur et les immunités de juridiction et d'exécution dont ce dernier bénéficiait à ce titre. • Même arrêt.

Art. L. 111-1-1 *(L. nº 2016-1691 du 9 déc. 2016, art. 59)* **Des mesures conservatoires ou des mesures d'exécution forcée ne peuvent être mises en œuvre sur un bien appartenant à un État étranger que sur autorisation préalable du juge par ordonnance rendue sur requête.**

BIBL. ▶ D'Avout, *D. 2017. 2056* (immunité d'exécution des États étrangers). – Bismuth, *JDI 2018. 4* (l'immunité d'exécution après la loi Sapin 2). – Bollée, *D. 2016. 2560* (les dispositions de la loi Sapin 2 relatives à l'immunité d'exécution). – Dorol, *JCP 2017. 7* (exécution forcée contre un État étranger : oui, mais...). – Herman et Hannotin, *Gaz. Pal. 9 mai 2017, p. 14* (le nouveau régime applicable aux mesures conservatoires et mesures d'exécution prises contre des États étrangers issu de la loi Sapin 2). – Heymann, *JCP 2017. 102* (la loi Sapin 2 et les immunités d'exécution). – Morel-Maroger, *JCP 2018. 687* (jurisp. du premier semestre 2018 du TGI de Paris). – Raschel, *Procédures 2017, nº 32.*

Notification. S'agissant d'une notification internationale à destination d'un État étranger, et en l'absence de convention internationale applicable, l'art. 684 C. pr. civ. prévoit que celle-ci doit être effectuée par la voie diplomatique ; la remise à parquet de la décision à signifier par la voie diplomatique ne constitue pas la preuve de la remise de l'acte à son destinataire et ne peut valoir notification. • Civ. 2e, 24 mars 2022, nº 20-17.394 B.

Art. L. 111-1-2 *(L. nº 2016-1691 du 9 déc. 2016, art. 59)* **Des mesures conservatoires ou des mesures d'exécution forcée visant un bien appartenant à un État étranger ne peuvent être autorisées par le juge que si l'une des conditions suivantes est remplie :**

1º L'État concerné a expressément consenti à l'application d'une telle mesure ;

2º L'État concerné a réservé ou affecté ce bien à la satisfaction de la demande qui fait l'objet de la procédure ;

3º Lorsqu'un jugement ou une sentence arbitrale a été rendu contre l'État concerné et que le bien en question est spécifiquement utilisé ou destiné à être utilisé par ledit État autrement qu'à des fins de service public non commerciales et entretient un lien avec l'entité contre laquelle la procédure a été intentée.

Pour l'application du 3º, sont notamment considérés comme spécifiquement utilisés ou destinés à être utilisés par l'État à des fins de service public non commerciales, les biens suivants :

***a)* Les biens, y compris les comptes bancaires, utilisés ou destinés à être utilisés dans l'exercice des fonctions de la mission diplomatique de l'État ou de ses postes consulaires, de ses missions spéciales, de ses missions auprès des organisations internationales, ou de ses délégations dans les organes des organisations internationales ou aux conférences internationales ;**

***b)* Les biens de caractère militaire ou les biens utilisés ou destinés à être utilisés dans l'exercice des fonctions militaires ;**

***c)* Les biens faisant partie du patrimoine culturel de l'État ou de ses archives qui ne sont pas mis ou destinés à être mis en vente ;**

***d)* Les biens faisant partie d'une exposition d'objet d'intérêt scientifique, culturel ou historique qui ne sont pas mis ou destinés à être mis en vente ;**

***e)* Les créances fiscales ou sociales de l'État.**

BIBL. ▶ D'Avout, *D. 2017. 2056* (immunité d'exécution des États étrangers). – Bismuth, *JDI 2018. 4* (l'immunité d'exécution après la loi Sapin 2). – Bollée, *D. 2016. 2560* (les dispositions de la loi Sapin 2 relatives à l'immunité d'exécution). – Dorol, *JCP 2017. 7* (exécution forcée contre un État étranger : oui, mais...). – Herman et Hannotin, *Gaz. Pal. 9 mai 2017, p. 14* (le nouveau régime applicable aux mesures conservatoires et mesures d'exécution prises contre des États étrangers issu de la loi Sapin 2). – Heymann, *JCP 2017. 102* (la loi Sapin 2 et les immunités d'exécution). – Morel-Maroger, *JCP 2018. 687* (jurisp. du premier semestre 2018 du TGI de Paris). – Raschel, *Procédures 2017, n° 32.*

1. Selon l'art. 30, § 1er, Conv. de Vienne sur les relations diplomatiques du 18 avr. 1961, la demeure privée de l'agent diplomatique jouit de la même inviolabilité et de la même protection que les locaux de la mission. Cassation de l'arrêt ayant ordonné la vente forcée de la résidence de l'ambassadeur de la RDC en violation de l'art. L. 111-1-2. • Civ. 1re, 7 juill. 2021, n° 20-15.994 P : *D. 2021. 1834, obs. Farnoux ; Rev. prat. rec. 2021/6. 8, note Laher ; Gaz. Pal. 30 nov. 2021. 26, note Ansault ; RDBF 2021, n° 133, note Piédelièvre ; Procédures 2021, n° 250, note Laporte.*

2. Selon le droit international coutumier, tel que reflété par l'art. 19 de la Conv. des Nations Unies du 2 déc. 2004 sur l'immunité juridictionnelle des États et de leurs biens, à défaut de renonciation à l'immunité d'exécution, ou d'affectation des biens saisis à la satisfaction de la demande, les biens d'un État étranger ou de ses émanations ne peuvent faire l'objet d'une mesure d'exécution forcée, en vertu d'un jugement ou d'une sentence arbitrale, que s'il est établi que ces biens, situés sur le territoire de l'État du for, sont spécifiquement utilisés ou destinés à être utilisés autrement qu'à des fins de service public non commerciales et ont un lien avec l'entité contre laquelle la procédure a été intentée ; il n'est pas nécessaire, pour qu'ils soient saisissables, que les biens de l'émanation d'un État aient un lien avec la demande en justice, mais que ceux-ci doivent avoir un lien avec l'entité contre laquelle la procédure est intentée. • Civ. 1re, 3 nov. 2021, n° 19-25.404 B.

Art. L. 111-1-3 *(L. n° 2016-1691 du 9 déc. 2016, art. 59)* **Des mesures conservatoires ou des mesures d'exécution forcée ne peuvent être mises en œuvre sur les biens, y compris les comptes bancaires, utilisés ou destinés à être utilisés dans l'exercice des fonctions de la mission diplomatique des États étrangers ou de leurs postes consulaires, de leurs missions spéciales ou de leurs missions auprès des organisations internationales qu'en cas de renonciation expresse et spéciale des États concernés.**

BIBL. ▶ D'Avout, *D. 2017. 2056* (immunité d'exécution des États étrangers). – Dorol, *JCP 2017. 7* (exécution forcée contre un État étranger : oui, mais...). – Heymann, *JCP 2017. 102* (la loi Sapin 2 et les immunités d'exécution). – Raschel, *Procédures 2017, n° 32.*

Renonciation. Modalités. Renvoi. V. note 6 ss. art. L. 111-1.

Art. L. 111-2 **Le créancier muni d'un titre exécutoire constatant une créance liquide et exigible peut en poursuivre l'exécution forcée sur les biens de son débiteur dans les conditions propres à chaque mesure d'exécution.** – *[L. n° 91-650 du 9 juill. 1991, art. 2.]*

Sur la suspension des procédures civiles d'exécution, V. ***C. pr. exéc.****, App., v° Suspension des procédures civiles d'exécution.*

BIBL. ▶ Bernigaud, *Dr. et pr. 2017. 198* (*vade-mecum* du titre exécutoire à l'usage de l'huissier de justice). – Camensuli-Feuillard, *Dr. et pr. 2010. 7* (la connaissance par le JEX des titres exécutoires). – Desdevises, *Procédures 2008. Étude 3* (le titre exécutoire requis). – Nicole, *D. 2017. 593* (l'art. 1413 C. civ. et les voies d'exécution). – Poisson, *Dr. et pr. 2011. 86* (l'exigence d'une condamnation explicite dans le titre exécutoire). – Perrot, *LPA 22 déc. 1999.*

1. Condamnations. Les art. 2, 3 et 4 de la L. n° 91-650 du 9 juill. 1991 [devenus respectivement C. pr. exéc., art. L. 111-2, L. 111-3 et L. 111-6] n'exigent pas pour retenir la qualification de titre exécutoire que la décision juridictionnelle contienne formellement une condamnation à effectuer ce paiement, mais seulement qu'il en résulte sans ambiguïté une obligation de payer une somme liquide et exigible. Tel est le cas de la décision d'appel définitive ayant déterminé au centime d'euros près la somme à réintégrer par la demanderesse au pourvoi à la succession, en la réduisant par rapport au montant qui avait fait l'objet d'une condamnation formelle en première instance. • Versailles, 27 janv. 2011 : *Dr. et pr. 2011. 163* ♦ Outre qu'aucun texte n'impose que la phrase du dispositif contraignant le débiteur reconnu à payer une certaine somme à son créancier commence par le mot « condamne », plusieurs lois instaurant des obligations alimentaires et familiales déclarent ou disent tenus les débiteurs, sans qu'une condamnation à proprement parler soit nécessaire s'agissant d'obligations ne sanctionnant pas des fautes même de nature civile, mais visant à rétablir un équilibre entre les membre d'une famille ou des héritiers, tels la prestation compensatoire entre anciens époux, et qu'en matière de succession, les obligations à réintégration ou rapport rétablissant l'égalité des droits des ayants droits après le décès du de cujus sont susceptibles de ce type de décisions, la simple formule « dit M. tenu de » ou « dit que M. doit » suffisant à établir la contrainte de payer. • Versailles, 27 janv. 2011 : *préc.*

2. Dualité de titres exécutoires. L'acte notarié, bien que constituant un titre exécutoire, ne revêt pas les attributs d'un jugement et aucune disposition légale ne faisant obstacle à ce qu'un créancier dispose de deux titres exécutoires pour la même créance. Ainsi, la titularité d'un acte notarié n'est pas en soi de nature à priver une banque de son intérêt à agir à fin de condamnation de son débiteur en paiement de la créance constatée dans cet acte. • Civ. 2e, 18 févr. 2016, n° 15-13.945 P : *D. 2016. Actu. 491 ; ibid. 1279, obs. Leborgne ; RTD civ. 2016. 442, obs. Théry ; JCP 2016. 427, note Piedelièvre ; ibid. 584, note Cayrol ; JCP N 2017. 1157, obs. Mekki ; RDC 2016. 456, note Libchaber ; Gaz. Pal. 17 mai 2016, p. 79, note Lauvergnat ; ibid. 21 juin 2016, p. 39, obs. Brenner ; Dr. et pr. 2016. 64, note Vinckel* • 18 févr. 2016, n° 15-13.991 P : *ibid.* • 18 févr. 2016, n° 15-15.778 P : *ibid.* ♦ Le créancier titulaire d'un titre exécutoire notarié peut introduire une action en justice aux fins d'obtenir un second titre exécutoire et interrompre ainsi le délai de prescription de la créance. • Civ. 1re, 1er mars 2017, n° 15-28.012 P : *D. actu. 20 mars 2017, obs. Payan ; D. 2017. Actu. 580 ; ibid. Pan. 1389, obs. Leborgne ; Lexbase, 6 avr. 2017, obs. Bourdillat ; RD. banc. fin. 2017, n° 125, note Piedelièvre ; Gaz. Pal. 13 juin 2017, p. 80, obs. Salati ; Dr. et pr. 2017, suppl., n° 3, p. 4, obs. Putman ; LPA 2 mai 2018, p. 6., obs. Andreu ; RDBF 2017, n° 125, note Piedelièvre.*

3. Recouvrement des dépens. Si le titre servant de fondement aux poursuites permet le recouvrement des frais de l'exécution forcée qui sont à la charge du débiteur, une partie ne peut poursuivre, par voie d'exécution forcée, le recouvrement des dépens d'instance par elle avancés qu'au vu d'un certificat de vérification ou d'une ordonnance de taxe exécutoires. • Civ. 2e, 17 mars 2016, n° 15-10.564 : *Procédures 2016, n° 153, note Raschel.* ♦ Une partie ne peut poursuivre, par voie d'exécution forcée, le recouvrement des dépens par elle avancés qu'au vu d'un certificat de vérification ou d'une ordonnance de taxe exécutoires. • Civ. 2e, 3 mai 2007, n° 06-12.485 : *D. 2007 IR 1511 ; ibid. 2008. 1167, obs. Leborgne ; Gaz. Pal. 9 oct. 2007, p. 17, obs. Brenner.*

I. CONTENU DU TITRE

4. Créance liquide. V. notes ss. art. L. 111-6.

5. Créance exigible. La saisie-attribution pratiquée sur un plan épargne-logement dont le terme est au 24 févr. 1995 ne peut prendre effet avant cette date et il convient d'en ordonner la mainlevée. • TGI Quimper, JEX, 17 févr. 1994 : *D. 1994. Somm. 341, obs. Julien .* ♦ L'arrêt condamnant le débiteur principal au paiement d'une certaine somme et disant que les cautions sont engagées vis-à-vis du créancier par un cautionnement simple constitue un titre exécutoire à l'encontre de ces dernières. Les cautions qui, sur les premières poursuites pénales engagées contre elles, n'ont proposé aucun bien à la discussion du créancier, ni avancé les deniers suffisants pour faire la discussion, ne remplissant pas les conditions de l'art. 2300 C. civ., c'est à bon droit que la cour d'appel en a déduit que le bénéfice de discussion n'était pas valablement requis par elles, de sorte que le titre exécutoire constatait bien une créance liquide et exigible à leur encontre, correspondant au montant de la condamnation prononcée contre le débiteur. • Civ. 2e, 23 oct. 2008, n° 07-20.035 P : *D. 2008. AJ 2802, obs. Gallmeister ; ibid. 2009. Chron. C. cass. 767, obs. Sommer ; ibid. Pan. 1168, obs. Leborgne ; RLDC 2/2009, n° 3320, obs. Miniato ; Banque et Dr. 12/2008, p. 47, chron. Jacob ; RDBF 2008, n° 170, note Cerles ; Dr. et pr. 2009. 96, note Poisson.* ♦ La cour d'appel, qui constate que le débiteur n'a saisi les juridictions administratives d'aucun recours contre les rôles d'impôts directs rendus exécutoires servant de fondement aux poursuites, en déduit exactement que ces titres exécutoires constatent une créance liquide et exigible. • Civ. 2e, 30 avr. 2009 : *cité note 6 ss. art. R. 321-1.*

6. Titre exécutoire portant condamnation à payer une somme. Toute exécution forcée implique que le créancier soit muni d'un titre exécutoire portant condamnation de la personne qui doit exécuter. • Civ. 2e, 21 mars 2002, n° 00-19.051 P : *D. 2002. IR 1325 ; Dr. et pr. 2002. 306, note Leborgne ; RDBF 2002, n° 111, note Delleci.* ♦ Une cour d'appel ne peut donc retenir, pour autoriser la saisie des rémunérations du travail d'un des époux débiteurs, que, si la décision servant de fondement aux poursuites et ordonnant l'expulsion des époux de l'appartement qu'ils occupaient ne contient pas formellement de condamnation, elle permet cependant de déterminer, sans ambiguïté, les obligations qu'elle décide, alors que l'arrêt dont il est question ne condamnait pas la personne saisie à payer une somme au créancier. • Même arrêt. ♦ Comp. : • TGI Brest, JEX, 6 févr. 2002 : *cité note 6 ss. art. L. 111-3.* ♦ Un arrêt infirmatif qui ouvre droit à restitution des sommes versées en exécution du jugement réformé constitue le titre exécutoire permettant d'en poursuivre le recouvrement forcé. • Civ. 2e, 19 juill. 2008, n° 07-16.802 P • 19 nov. 2008 : *cité note 9 ss. art. L. 111-6.* ♦ L'Ord. du premier président qui infirme les ordonnances de taxe du bâtonnier de l'ordre des avocats qui désigne le débiteur des honoraires, et décide expressément que la détermination du débiteur ne pouvait être jugée par la procédure de taxe et renvoyait les parties à en saisir la juridiction compétente, ne constitue pas un titre exécutoire valable autorisant la mesure. • Civ. 2e, 29 janv. 2014 (visa des art. 1351 C. civ. [devenu C. civ., art. 1355] et 480 C. pr. civ., ensemble les art. L. 111-2 et R. 121-1, al. 2, C. pr. exéc.) : *D. actu. 17 janv. 2014, obs. Avena-Robardet ; D. 2014. Pan. 1469, obs. Leborgne ; Gaz. Pal. 21 juin 2014, p. 15, obs. Landry et Villacèque.*

7. Procédures collectives. Les créanciers dont les créances ont été admises à la procédure de liquidation judiciaire et qui recouvrent l'exercice individuel de leurs actions doivent obtenir un titre exécutoire par ordonnance du président du tribunal de la procédure. • Civ. 2e, 19 nov. 2009 : *Procédures 2010, n° 16, note Rolland.* ♦ Le jugement ouvrant ou prononçant une liquidation judiciaire ne constitue pas un titre exécutoire constatant une créance liquide et exigible ; en conséquence, on ne peut faire procéder à une mesure d'exécution forcée sur son seul fondement. • Civ. 2e, 7 janv. 2016, n° 14-24.508 : *D. 2016. 1894, obs. Lucas ; RTD com. 2016. 339, obs. Vallens ; Lexbase hebdo éd. privée n° 647, obs. Fricero ; RPC 2016, n° 31, note Cagnoli ; ibid., n° 57, note Fin-Langer ; APC 2016, n° 38, obs. Fin-Langer ; JCP 2016. 866, n° 6, obs. Pétel ; Procédures 2016, n° 65, obs. Bugada.*

8. Indivision. Ne constitue pas un titre exécutoire au bénéfice des indivisaires le jugement rendu, à l'occasion de la liquidation du régime matrimonial et des successions de leurs parents, qui se borne à se prononcer sur les sommes dues par et aux indivisions postcommunautaires et successorales. • Civ. 2e, 15 nov. 2012, n° 11-18.820 P : *D. actu. 4 déc. 2012, obs. Avena-Robardet ; D. 2012. Actu. 2747 ; Gaz. Pal. 3-5 mars 2013, p. 15, note Brenner ; Rev. huiss. 2013. 62, note U. Schreiber.*

9. Créance dans le titre exécutoire. La saisie-attribution ne peut concerner que le paiement des sommes visées dans le titre exécutoire et ce n'est pas le cas pour les frais postérieurs à celui-ci. • TGI Riom, JEX, 13 mai 1993 : *D. 1994. Somm. 339, obs. Julien.*

10. Titre exécutoire et dispositif du jugement. Une société venant aux droits d'une autre ne peut mettre en œuvre une mesure d'exécution forcée, alors que le jugement lui servant de cause n'a pas prévu dans son dispositif que la société venait aux droits du précédent créancier • Civ. 2e, 18 oct. 2007, n° 06-20.258 P : *RDBF 2007, n° 229, note Piedelièvre* (visa de l'art. 2 de la L. n° 91-650 du 9 juill. 1991 [devenu C. pr. exéc., art. L. 111-2] et de l'art. 480 NCPC [C. pr. civ.]).

11. Exigence d'un titre exécutoire contre le débiteur lui-même. Toute exécution forcée implique que le créancier soit muni d'un titre exécutoire à l'égard de la personne même qui doit subir l'exécution ; le titre délivré à l'encontre d'une SNC n'emporte pas le droit de saisir les biens des associés fussent-ils tenus indéfiniment et solidairement, à défaut de titre exécutoire pris contre eux. • Civ. 2e, 19 mai 1998, n° 96-12.944 P : *D. 1998. 405, concl. Tatu ; Procédures 1998, n° 168, obs. Perrot ; RTD civ. 1998. 750, obs. Perrot ; RG proc. 1999. 116, obs. Putman* • Com. 26 oct. 1999 : *RTD civ. 2000. 167, obs. Perrot* • Civ. 2e, 28 oct. 1999 : *ibid.* • 16 déc. 1999 : *ibid.* • Com. 3 mai 2006, n° 03-15.462 P : *RDBF 2006, n° 215, note Piedelièvre ; Rev. sociétés 2007. 88, note Moury* • TGI Paris, JEX, 12 nov. 2001 : *RDBF 2002, n° 70, note Delleci.* – Et déjà, • Douai, 19 mai 1994 : *Gaz. Pal. 28 déc. 1994, Somm.* • Paris, 25 oct. 1994 : *RTD civ. 1995. 194, obs. Perrot.* ♦ Le titre délivré à l'encontre d'un groupement d'intérêt économique n'emporte pas le droit de saisir, entre les mains d'un tiers, par la voie de la saisie-attribution, les créances des membres du groupement, fussent-ils tenus solidairement des dettes de ce dernier, à défaut de titre exécutoire pris contre eux. • Même arrêt. ♦ Toute exécution forcée implique que le créancier soit muni d'un titre exécutoire à l'égard de la personne même qui doit exécuter. • Civ. 2e, 15 janv. 2004, n° 02-14.547 P : *D. 2004. IR 398 ; Procédures 2004, n° 101, note Perrot ; BJS 2004. 711, note Lucas.* ♦ Le titre délivré à l'encontre d'un groupement d'intérêt économique n'emporte pas le droit de saisir, entre les mains d'un tiers, par la voie de la saisie-attribution, les créances des membres du groupement, fussent-ils tenus solidairement des dettes de ce dernier, à défaut de titre exécutoire pris contre eux. • Même arrêt. ♦ Toute exécution forcée implique que le créancier soit muni d'un titre exécutoire à l'égard de la personne même qui doit exécuter, et le titre délivré à l'encontre d'un époux en recouvrement d'une dette ayant pour objet l'entretien du ménage ou l'éducation des enfants n'emporte pas le droit de saisir les biens de son conjoint, à défaut du titre exécutoire pris contre celui-ci, les deux époux fussent-ils tenus solidairement des dettes de ménage. • Civ. 2e, 28 oct. 1999 : *RTD civ. 2000. 386, obs. Vareille ; Personnes et droit de la famille, janv. 2000, p. 14, note Valory ; Gaz. Pal. 24-25 mars 2000, p. 27, obs. Véron.* – Rappr. ss. art. L. 511-1, note 13 et ss. art. L. 511-2, note 2 (en matière de saisie conservatoire). ♦ En cas de refus de paiement par le tiers saisi, auquel un avis à tiers détenteur a été notifié, le saisissant doit obtenir du JEX la délivrance d'un titre exécutoire pour pratiquer à l'encontre de ce tiers une mesure d'exécution forcée. • Civ. 2e, 23 nov. 2000, n° 98-18.921 P. ♦ Ayant relevé qu'un arrêt condamne le débiteur principal à payer une certaine somme à la banque et dit que les cautions étaient engagées vis-à-vis de celle-ci par un cautionnement simple, une cour d'appel en déduit exactement que ledit arrêt constituait pour la banque un titre exécutoire à l'encontre des cautions. • Civ. 2e, 23 oct. 2008 : *préc. note 5.*

12. *Identité du créancier.* En sa qualité d'ayant cause universel de la société absorbée, la société absorbante acquiert de plein droit, à la date d'effet de la fusion, la qualité de partie aux instances antérieurement engagées par la société absorbée et peut se prévaloir des condamnations prononcées au profit de celle-ci. • Com. 21 oct. 2008 : *Procédures 2009, n° 47, obs. Perrot.* ♦ Après avoir relevé qu'il résultait des énonciations de l'arrêt que la condamnation à paiement avait été prononcée au profit des sociétés d'assurances Les Mutuelles du Mans IARD et Vie et Défense automobile et sportive désignées sous le vocable unique « Groupement des Mutuelles du Mans », la cour d'appel a exactement retenu que la société Les Mutuelles du Mans IARD pouvait se prévaloir du titre exécutoire. • Civ. 2e, 19 déc. 2002, n° 00-20.774 P : *D. 2003. 180 ; RTD civ. 2003. 356, obs. Perrot ; Gaz. Pal. 6 sept. 2003, p. 5, Brenner ; Procédures 2003, n° 114, obs. Perrot ; Dr. et pr. 2003. 179, obs. Hoonakker.*

13. *Identité du débiteur.* Le débiteur saisi ne peut être qu'une personne physique ou morale. Est donc nulle la saisie-attribution pratiquée à la diligence d'un créancier (salarié) à l'encontre de son employeur sur le fondement d'un jugement prud'homal condamnant les « Établissements X », dès lors que ces derniers n'ont aucune existence juridique. • TGI Saint-Étienne, 2 juill. 1997 : *Procédures 1997, n° 237, obs. Sportouch.* ♦ Justifie légalement sa décision la cour d'appel qui, saisie par l'association Collège Sainte-Famille d'une demande tendant à l'annulation d'un commandement aux fins de saisie-vente, délivré au « Collège Sainte-Famille » sur le fondement d'un jugement portant condamnation de ce collège, rejette cette demande en retenant que le créancier qui dispose d'un jugement à l'égard du Collège Sainte-Famille, 22, rue Charles-de-Foucauld à Amiens, signifié au chef d'établissement habilité à recevoir l'acte, est fondé à mettre ce jugement à exécution à l'égard de l'association Collège Sainte-Famille, 22, rue Charles-de-Foucauld à Amiens, dès lors qu'il résulte de ce motif qu'ayant la même dénomination et la même adresse, le Collège Sainte-Famille et l'association Collège Sainte-Famille ne forment qu'une seule et même personne à laquelle s'applique le titre exécutoire. • Civ. 2e, 6 mai 2004, n° 02-15.714 P. ♦ V. aussi dans le même sens, jugeant que n'excède pas ses pouvoirs le JEX qui, pour rejeter une demande de nullité d'un commandement et d'un procès-verbal de saisie-attribution, constate *qu'en dépit d'une dénomination différente*, l'entité à l'encontre de laquelle les saisies ont été pratiquées et la personne à laquelle s'appliquait le titre exécutoire ne formaient en réalité qu'une seule et même personne morale. • Civ. 2e, 17 nov. 2005, n° 04-14.604 P : *RDBF 2006, n° 34, note Piedelièvre.* ♦ Toute exécution forcée implique que le créancier soit muni d'un titre exécutoire à l'égard de la personne même qui doit exécuter. Le titre délivré à l'encontre d'une société n'emporte pas le droit de saisir les biens des associés, fussent-ils indéfiniment et solidairement des dettes sociales à défaut de titre exécutoire pris contre eux. • Com. 3 mai 2006, n° 03-15.462 P : *Rev. sociétés 2007. 89, note Moury ; Dr. et pr. 2006. 288, obs. Putman.* ♦ V. déjà : • Civ. 2e, 19 mai 1998, n° 96-12.944 P : *D. 1998. 405, concl. Tatu ; BJS 1998. 1182, note Daigre ; RTD civ. 1998. 751, note Perrot* • 26 oct. 1999 : *RTD civ. 2000. 167, obs. Perrot* (associés en nom) • 15 janv. 2004 : *BJS 2004. 711* (membres d'un GIE) • Paris, 19 févr. 2004 : *JCP 2004. IV. 2444* (associés d'une société civile) • Com. 29 avr. 2014, n° 12-29.757 (EURL). – *Add.* • Civ. 2e, 6 mai 2010, n° 09-13.469 P : *D. actu. 20 mai 2010, obs. Avena-Robardet ; D. 2010. Actu. 1291 ; ibid. Pan. 2011, obs. Leborgne ; AJDI 2010. 653, obs. Heugas-Darraspen ; RDBF 2010, n° 151, note Piedelièvre.*

14. *Bulletins de perception.* En l'espèce, les titres en vertu desquels les saisies-ventes et saisies-attributions ont été effectuées étaient constitués par des bulletins de perception qui ne mentionnaient pas l'identité des personnes concernées mais indiquaient seulement qu'ils ont été émis à l'encontre de « divers abonnés ». Ces titres ne mentionnaient, par ailleurs, qu'une somme globale à recouvrer sans aucune précision sur les bases de la liquidation pour chacune des personnes concernées. Ces titres étant trop imprécis pour justifier une mesure d'exécution forcée et ne constatant donc pas une créance liquide, la nullité des saisies doit être prononcée. • Bordeaux, 8 juin 2001 : *JCP 2001. IV. 3100.*

15. *Créances salariales.* En matière de créances salariales, le salarié ne dispose pas d'un titre exécutoire lui permettant de recouvrer la totalité de la créance, dès lors que ces créances sont obligatoirement assujetties à cotisations sociales, ce qui entraîne une retenue sur la rémunération à laquelle le salarié ne peut s'opposer. • Paris, 8 mai 2003 : *JCP 2003. IV. 3070.* ♦ L'employeur doit reverser les cotisations aux organismes sociaux et, en cas de carence, il doit les restituer, non au salarié, mais aux caisses. Cependant, les créances calculées en brut appartenant aux salariés, les intérêts doivent également être calculés sur les sommes en brut. • Même arrêt.

16. *Acte notarié de cautionnement hypothécaire.* Un acte notarié de cautionnement hypothécaire constitue un titre exécutoire autorisant des poursuites de saisie immobilière dès lors qu'il mentionne l'identité du débiteur principal et la créance garantie. • Civ. 2e, 25 mars 2010, n° 09-12.127 P : *D. 2010. AJ 968 ; Dr. et pr. 2010. 212, note Putman ; RDBF 2010, n° 189, note Piedelièvre ; Dr. et patr. 11/2010, p. 93, obs. Lefort ; Procédures 2011. Chron. 1, n° 5, obs. Leborgne.*

17. Engagement de caution. Une cour d'appel, interprétant souverainement le titre fondant les poursuites, considère à bon droit que l'engagement de caution de l'intimé, même intégré dans le protocole de transaction, ne lui conférait pas la qualité de partie à la transaction à laquelle il avait été donné force exécutoire, ce dont elle a justement déduit que l'acte de cautionnement de l'intimé nécessitait l'obtention d'un titre exécutoire à son encontre pour permettre l'exercice des voies d'exécution. • Civ. 2e, 8 janv. 2015 : *D. 2015. 1034, note Barban ; ibid. Pan. 1343, obs. Leborgne ; Procédures 2015, n° 74, note Raschel ; JCP 2015. 400, note Perrier ; Dr. et pr. 2015. 37, note Fricero ; ibid. 74, note Salati ; RLDA 2015. 5766, note Mestre et Mestre-Chami ; RDBF 2015, n° 54, note Piedelièvre.*

II. NOTIFICATION PRÉALABLE DU TITRE

18. Principe. Les jugements, même passés en force de chose jugée, ne peuvent être exécutés, contre ceux auxquels ils sont opposés, qu'après leur avoir été notifiés, à moins que l'exécution n'en soit volontaire. • Civ. 2e, 29 janv. 2004, n° 02-15.219 P : *Gaz. Pal. 13-15 mars 2005, p. 21, obs. du Rusquec.* – V. déjà : • Civ. 2e, 25 févr. 1998, n° 96-12.438 P : *RG proc. 1998. 519, obs. Putman.*

19. Preuve. La preuve d'une signification ne peut être rapportée que par la production de l'acte dressé par l'huissier de justice, sauf cas de force majeure. • Civ. 2e, 7 déc. 2016, n° 16-12.297 P : *D. 2016. 2567 ; ibid. 2018. Pan. 269, obs. Bretzner ; Dr. fam 2017, n° 44, obs. Torricelli-Chrifi.*

20. Renvoi. V. notes ss. C. pr. civ., art. 503, App., v° *Exécution des jugements.*

III. FORMES DU TITRE EXÉCUTOIRE

21. Copies du titre exécutoire. Les copies, lorsque le titre original subsiste, ne font foi que de ce qui est contenu au titre, dont la représentation peut toujours être exigée. Viole l'art. 1334 C. civ. la cour qui, pour valider les oppositions pratiquées sur les comptes bancaires d'une personne pour obtenir le paiement d'amendes, a retenu que le TPG avait produit les photocopies des états récapitulatifs mensuels, alors que s'agissant d'une procédure d'exécution forcée sur les biens du contrevenant qui contestait l'existence des titres exécutoires, la preuve de la créance du saisissant obéit, sauf dispositions particulières, aux règles du droit commun. • Civ. 2e, 26 oct. 1994 : *Gaz. Pal. 28 oct. 1995. Somm. 426.* ♦ Comp. • Civ. 1re, 1er juill. 1992, n° 91-11.434 P : *RTD civ. 1993. 657, obs. Perrot ; Rev. huiss. 1993. 915, note Prévault,* à propos d'une saisie conservatoire pratiquée sur la base d'une copie d'ordonnance certifiée conforme par l'avocat. ♦ Dès lors que les procurations nécessaires à l'établissement et à la signature d'un acte notarié authentique sont annexées à cet acte et qu'il en est fait mention dans le corps de celui-ci, les copies de ces procurations et diverses annexes n'ont pas à être jointes à la copie exécutoire de l'acte, qui ne perd pas son caractère authentique du fait de cette non-présentation. • Paris, 12 nov. 1998 : *BICC, 1er août 1998, n° 980.*

22. Photocopie de l'original ou de la copie authentique. Une photocopie de l'original ou de la copie authentique ne saurait suppléer à la présentation de la copie authentique revêtue de la formule exécutoire. • Versailles, 13 sept. 1996 : *Gaz. Pal. 1er mai 1997, Somm. ; Justices 1997, n° 7, p. 204, obs. Putman.*

23. Acte authentique. Irrégularité formelle. BIBL. Lamiaux, *JCP N 2009. 1313* (copie exécutoire du prêt constaté par acte notarié et annexes). ♦ L'irrégularité formelle de l'annexe d'un acte authentique ne prive pas ledit acte de son caractère authentique. • Civ. 1re, 10 févr. 2011 : *JCP N 2011. 252 ; ibid. 1158, note Barbiéri* (procès-verbal de délibération autorisant un dirigeant de groupement à consentir une garantie intégré dans la liasse constituant la minute d'un acte, sans porter mention de son rattachement à l'acte ni de la signature du notaire).

IV. INTERRUPTION MOMENTANÉE DES POURSUITES

24. Pas de renonciation tacite aux poursuites. Une interruption momentanée des poursuites de la part du créancier ne saurait signifier pour le débiteur que son adversaire renonce expressément à son droit de poursuites qu'il détient d'un titre exécutoire dont la validité est soumise à la prescription trentenaire. • Paris, 1er oct. 1998 : *Rev. huiss. 1999. 606, note Dahan.*

V. ANNULATION DU TITRE EXÉCUTOIRE

25. V. note 6 ss. art. L. 123-1.

VI. CADUCITÉ DU TITRE EXÉCUTOIRE

26. Sauf disposition contraire, la caducité d'un titre exécutoire ne le prive pas de son efficacité pour la période antérieure à sa caducité. • Civ. 2e, 6 mai 2004, n° 02-18.985 P : *D. 2004. IR 1564 ; RTD civ. 2004. 555, obs. Perrot ; RJPF 2004, sept. 2004, p. 18, obs. Garé ; RDBF 2005, n° 25, obs. S. Piedelièvre ; Gaz. Pal. 13-14 avr. 2005, p. 36, obs. Brenner* (ordonnance d'homologation sur la pension alimentaire). • Civ. 1re, 9 févr. 2011, n° 09-72.653 P : *D. actu. 7 mars 2011, obs. Dargent ; Gaz. Pal. 28 mai 2011, p. 19, note Mulon ; Dr. et pr. 2011. 125, note Lefort ; D. 2011. Actu. 594 ; RDBF 2011, n° 148, note Piedelièvre ; Dr. fam. 2011, n° 54, note Larribau-Terneyre ; RTD civ. 2011. 329, obs. Hauser ; ibid. 591, obs. Perrot* (mesures provisoires prescrites par une ordonnance de non-conciliation).

VII. IMPOSSIBILITÉ MATÉRIELLE D'EXÉCUTION

27. Portée. L'impossibilité matérielle d'exécuter l'obligation de restitution en nature de la chose vendue ne fait pas obstacle à l'exécution d'une décision de justice ordonnant la résolution de la vente. • Civ. 2e, 24 juin 2010, n° 09-15.710 P : *D. 2011. Pan. 1509, obs. Leborgne ; Dr. et pr. 2010. 296, note Cochet.*

VIII. DROIT INTERNATIONAL PRIVÉ

28. Conflits de juridictions et de lois. Si les juridictions françaises sont seules compétentes pour statuer sur la validité d'une saisie pratiquée en France et apprécier, à cette occasion, le principe de la créance, elles ne peuvent se prononcer sur le fond de cette créance que si leur compétence est fondée sur une *autre* règle. • Civ. 1re, 17 janv. 1995 : *JCP 1995. II. 22340, note Muir Watt ; Justices 1995, n° 2, p. 335, obs. Muir Watt ; Rev. crit. DIP 1996. 133, note Y. Lequette* . ♦ Et ce pouvoir d'appréciation est retiré au juge français s'il implique de trancher un conflit de lois. • Civ. 1re, 16 avr. 1996 : *RTD civ. 1996. 717, obs. Perrot ; Justices 1997, n° 8, p. 175, obs. (crit.) Muir Watt.*

29. Compte détenu à l'étranger. En vertu du principe de l'indépendance et de la souveraineté respective des États, le juge français ne peut, sauf convention internationale ou législation communautaire l'y autorisant, ordonner ou autoriser une mesure d'exécution, forcée ou conservatoire, devant être accomplie dans un État étranger. La cour d'appel a exactement retenu que si, en vertu des art. 3 et 16 de la Dir. n° 2010/24/UE du 16 mars 2010, sur la demande d'assistance formulée à la diligence de l'autorité requérante d'un État membre de l'Union européenne, l'autorité requise d'un autre État membre prend des mesures conservatoires lorsque sa législation nationale l'y autorise et conformément à ses pratiques administratives, de sorte que l'art. L. 283 LPF énonce que l'administration française peut requérir un État membre à fin de prise de mesures conservatoires relatives à toutes les créances afférentes notamment aux taxes, impôts et droits quels qu'ils soient, permettant ainsi à cette administration de requérir des autorités espagnoles de prendre des mesures conservatoires à l'encontre du débiteur sur ses biens situés en Espagne, tout comme les autorités espagnoles peuvent requérir de l'administration française que celle-ci mette en œuvre des mesures conservatoires sur le territoire français à l'encontre d'un débiteur faisant l'objet en Espagne d'une action en recouvrement d'une créance visée à l'art. L. 283 LPF, ces dispositions ne confèrent cependant pas au juge français le pouvoir d'autoriser des mesures conservatoires portant sur un compte bancaire détenu en Espagne. Par ces seuls motifs, la cour d'appel a, à bon droit, décidé de rejeter la requête tendant à une telle autorisation formée par le comptable public. • Civ. 2e, 21 janv. 2016, n° 15-10.193 P : *D. 2016. 2039, obs. d'Avout ; ibid. Chron. C. cass. 744, obs. Adida-Canac, Vasseur et de Leiris ; JCP 2016. 414, obs. Jeuland ; Banque et Dr. 3-4/2016, p. 57, note Piedelièvre ; Gaz. Pal. 21 juin 2016, p. 38, note Brenner ; RTD civ. 2016. 444, obs. Théry .*

Art. L. 111-3 Seuls constituent des titres exécutoires :

1° Les décisions des juridictions de l'ordre judiciaire ou de l'ordre administratif lorsqu'elles ont force exécutoire, ainsi que les accords auxquels ces juridictions ont conféré force exécutoire ;

2° Les actes et les jugements étrangers ainsi que les sentences arbitrales déclarés exécutoires par une décision non susceptible d'un recours suspensif d'exécution *(L. n° 2015-177 du 16 févr. 2015, art. 11-II)* « , sans préjudice des dispositions du droit de l'Union européenne applicables » ;

(Ord. n° 2018-341 du 9 mai 2018, art. 20, ratifiée par L. n° 2019-486 du 22 mai 2019, art. 206-XXVII) « 2° *bis* Les décisions rendues par la juridiction unifiée du brevet ; »

3° Les extraits de procès-verbaux de conciliation signés par le juge et les parties ;

4° Les actes notariés revêtus de la formule exécutoire ; *— V. L. 25 ventôse an XI, art. 19, al. 1er ; Décr. n° 71-941 du 26 nov. 1971, art. 32, al. 2, reproduits ss. le présent art. — Sur la formule exécutoire, V. Décr. n° 47-1047 du 12 juin 1947, reproduit ss. C. pr. civ., art. 502, App., v° Exécution des jugements.*

(L. n° 2016-1547 du 18 nov. 2016, art. 50-II-1°, en vigueur le 1er janv. 2017) « 4° *bis* Les accords par lesquels les époux consentent mutuellement à leur divorce *(L. n° 2019-1446 du 24 déc. 2019, art. 72-IV-1°)* « ou à leur séparation de corps » par acte sous signature privée *(L. n° 2019-1446 du 24 déc. 2019, art. 72-IV-1°)* « contresigné » par avocats, déposés au rang des minutes d'un notaire selon les modalités prévues à l'article 229-1 du code civil ; »

5° Le titre délivré par l'huissier de justice en cas de non-paiement d'un chèque *(L. n° 2015-990 du 6 août 2015, art. 208-II)* « ou en cas d' *(Abrogé par L. n° 2016-1547 du 18 nov. 2016, art. 105)* « *homologation de l'* » accord entre le créancier et le débiteur

dans les conditions prévues à » *(Ord. n° 2016-131 du 10 févr. 2016, art. 6-XII-1°, en vigueur le 1er oct. 2016)* **« l'article L. 125-1 »** ; – *Sur les conditions d'établissement de ce titre, V. C. mon. fin., art. L. 131-73.*

6° Les titres délivrés par les personnes morales de droit public qualifiés comme tels par la loi, ou les décisions auxquelles la loi attache les effets d'un jugement ; – *[L. n° 91-650 du 9 juill. 1991, art. 3.]*

(L. n° 2021-1729 du 22 déc. 2021, art. 44) **« 7° Les transactions et les actes constatant un accord issu d'une médiation, d'une conciliation ou d'une procédure participative, lorsqu'ils sont contresignés par les avocats de chacune des parties et revêtus de la formule exécutoire par le greffe de la juridiction compétente. »**

Pour une présentation des dispositions de la L. n° 2015-177 du 16 févr. 2015, V. ci-dessous Circ. du 19 févr. 2015 de présentation de ladite loi.

Les dispositions de l'Ord. n° 2018-341 du 9 mai 2018 entrent en vigueur à la même date que celle de l'entrée en vigueur de l'accord relatif à une juridiction unifiée du brevet signé à Bruxelles le 19 févr. 2013 (Ord. préc., art. 23).

L'art. 72-IV de la L. n° 2019-1446 du 24 déc. 2019 est applicable à Wallis-et-Futuna (L. préc., art. 72-IX-4°).

DALLOZ ACTION *Droit et pratique des voies d'exécution 2022/2023*, nos 0111.00 s., par N. Cayrol.

BIBL. ▸ **Notion** : J.-L. Lecharny, *Bull. ch. avoués 1992. 4. 109* (mise au point sur le titre exécutoire, la force exécutoire, les sûretés provisoires).

▸ **Accords amiables** : Amrani-Mekki, *Dr. et patr. 12/2013, p. 55* (les « nouveaux » titres exécutoires : les accords amiables homologués).

▸ **Actes notariés** : Barbiéri, *Defrénois 2013. 1027* (l'acte notarié et le JEX). – Bédaride, *Dr. et patr., oct. 2008, p. 24* (le caractère exécutoire de l'acte notarié en droit interne et européen). – Berlioz, *JCP N 2014. 1249* (limites et difficultés d'exécution de l'acte authentique). – Coiffard, *JCP N 2018. 1096* (authenticité et force exécutoire – l'arbre et le fruit). – Convers, *Procédures 2008. Étude 6* (le notaire, vecteur de sécurité juridique dans son environnement économique). – Dossier, *JCP N 2014. 1249 à 1254* (l'exécution de l'acte authentique). – Julienne, *JCP 2014. 1250* (le caractère exécutoire de l'acte authentique) ; *JCP N 2018. 1129* (défendre la force exécutoire des actes notariés d'Alsace-Moselle). – Meier-Bordeau, *JCP 2014. 1253* (la réception des actes authentiques étrangers en France). – Rumpf, *JCP 2014. 1254* (la réception à l'étranger de l'acte authentique français). – Templier, *JCP 2014. 1251* (la pratique de l'exécution).

▸ **Formule exécutoire :** Moutardier, *AJ fam. 2022. 84* (un nouveau titre exécutoire en matière familiale).

▸ **L. du 22 nov. 1999** : Desdevises, *D. 2000. Chron. 284*. – Jamin, *RTD civ. 2000. 183*.

▸ **Ord. du 16 nov. 2011** : Fricero, *D. 2012. Pan. 244*. – Leborgne, *D. 2012. Pan. 1510*.

▸ **L. du 18 nov. 2016** : Gijsbert, *Defrénois 14 sept. 2017, p. 27* (divorce sans juge : le notaire peut-il apposer la formule exécutoire ?). – Lauvergnat, *Gaz. Pal. 31 janv. 2017, p. 87* (justice du XXIe siècle et voies d'exécution) ; *AJ fam. 2018. 144* (retour sur l'exécution de la convention de divorce par consentement mutuel). – Nonnenmacher, *JCP N 2017. 1338* (de quelques aspects de la force exécutoire du divorce non judiciaire).

1. Débiteur. La décision qui désigne une personne comme débitrice ne peut constituer un titre exécutoire à son profit. • Civ. 2e, 22 oct. 2009, n° 08-19.072 P : *D. 2010. Pan. 1307, obs. Leborgne ; Gaz. Pal. 28-30 mars 2010, p. 17, obs. Brenner ; Dr. et pr. 2010. 86, note Léon* (visa de l'art. 8, Décr. n° 92-755 du 31 juill. 1992, devenu C. pr. exéc., art. R. 121-1) • 9 janv. 2014, n° 12-28.220 P : *D. 2014. Pan. 1466, obs. Leborgne ; D. avocats 2014. 49, obs. Dargent ; JCP 2014. 597, n° 9, obs. Bolze ; Gaz. Pal. 21 juin 2014, p. 15, obs. Villacèque et Landry.*

I. JUGEMENTS AYANT FORCE EXÉCUTOIRE

2. Injonction de payer. L'injonction de payer faite par le juge des référés constitue un titre exécutoire constatant une créance liquide et exigible. • Civ. 2e, 7 juill. 2005, n° 03-20.553 P : *D. 2005. IR 2178*. ♦ L'injonction de payer qui n'a pas été portée à la connaissance du débiteur de façon valable et pour laquelle le délai d'opposition n'a pu courir, ne peut servir de fondement à la procédure de saisie-vente. • Douai, 7 sept. 1995 : *BICC, 15 mars 1996, n° 348.* ♦ L'opposition formée régulièrement contre l'ordonnance portant injonction de payer et revêtue de la formule exécutoire ne peut pas conduire à ordonner la mainlevée de la saisie-attribution pratiquée, mais fait obstacle, jusqu'à ce qu'il ait été statué sur l'opposition par la juridiction compétente, au paiement au créancier des sommes rendues indisponibles. • Cass., avis, 8 mars 1996, n° 09-60.001 P : *RTD civ. 1996. 714, obs. Perrot ; D. 1996. Somm. 360, obs. Julien ; Procédures 1996, n° 215, obs. Perrot ; Rev. Justices 1997, n° 5, p. 335, obs. Putman* (avec • TGI Paris, JEX, 15 avr. 1996). – V. aussi cet avis, note 25 ss. art. L. 211-2 et note ss. art. R. 211-6.

3. Jugement de police. Est valable une saisie-attribution mise en œuvre en vertu d'un jugement contradictoire du tribunal de police, définitif pour n'avoir pas été frappé d'appel dans les dix jours de sa date ; et cela malgré l'absence de signification préalablement à la mesure d'exécution. • TGI Lyon, 26 sept. 1996 : *Rev. huiss. 1999. 39, note Dahan.*

4. Force de chose jugée. Une décision ayant force de chose jugée, constitue un titre exécutoire ; c'est le cas de la décision déclarée opposable à l'AGS et disant celle-ci tenue à garantie. • Civ. 2e, 21 sept. 2000, n° 98-14.151 P : *D. 2000. IR 276 ; Dr. et pr. 2001-2, 133, obs. Hoonakker.*

5. Jugement de première instance. Un jugement de condamnation civile rendu en première instance constitue un titre exécutoire opposable à la succession du défunt lorsque l'appelant décède au cours de l'instance d'appel. • Civ. 2e, 6 janv. 2012 : *D. actu. 20 janv. 2012, obs. Tahri ; D. 2012. Pan. 1509, obs. Leborgne .*

6. Obligation de payer une somme liquide et exigible. Les art. 2, 3 et 4 de la L. n° 91-650 du 9 juill. 1991 [devenus respectivement C. pr. exéc., art. L. 111-2, L. 111-3 et L. 111-6] n'exigent pas, pour retenir la qualification de titre exécutoire, que la décision juridictionnelle contienne formellement une condamnation à effectuer un paiement, mais seulement qu'il en résulte sans ambiguïté une obligation de payer une somme liquide et exigible. • TGI Brest, JEX, 6 févr. 2002 : *BICC 2002, n° 527 ; Dr. et pr. 2003. 100, note Putman.* ♦ Dès lors un arrêt réformant un jugement de condamnation exécuté peut constituer un titre exécutoire pour le remboursement, même s'il ne comporte pas de condamnation formelle à cet égard. • Même jugement. ♦ L'arrêt qui fixe les créances salariales constitue un titre exécutoire permettant la mise en œuvre de la saisie-vente. • Civ. 1re, 19 nov. 2009, n° 08-14.325 P : *D. actu. 11 déc. 2009, obs. Avena-Robardet ; D. 2010. Chron. C. cass. 538, obs. Sommer et Leroy-Gissinger ; ibid. 2010. Pan. 1307, obs. Leborgne ; Gaz. Pal. 28-30 mars 2010, p. 15, obs. Brenner ; Dr. et pr. 2010. 91, note Lefort.*

Le jugement rendu par le juge du tribunal *d'instance statuant, à l'occasion de la procédure* de saisie des rémunérations, avec les pouvoirs du juge de l'exécution, qui n'a pas pour objet de constater une créance liquide et exigible, mais, à défaut de conciliation, de vérifier le montant de la créance en principal, intérêts et frais et, s'il y a lieu, de trancher les contestations soulevées par le débiteur, ne constitue pas un titre exécutoire. Il ne peut, dès lors, servir de fondement à une mesure d'exécution forcée pratiquée par le créancier à l'égard du débiteur. • Civ. 2e, 4 mars 2021, n° 19-22.704 P : *D. actu. 23 mars 2021, obs. Payan ; Rev. prat. rec. 2021/4. 12, obs. Simon ; RTD civ. 2021. 472, obs. Théry ; Gaz. Pal. 15 juin 2021. 27, note Ansault ; Procédures 2021, n° 134, note Laporte.*

7. Arrêt d'appel. Un arrêt d'appel réformant un jugement prud'homal qui avait condamné un employeur à indemniser l'un de ses salariés, constitue un titre exécutoire qui permet à cet employeur de pratiquer les procédures d'exécution nécessaires à la restitution des sommes versées à l'issue de la première instance. • TGI Lyon, 22 avr. 1997 : *Procédures 1997, n° 264, obs. Croze* • Paris, 4 janv. 2000 : *Bull. avoués n° 153, p. 35.* ♦ *Contra :* • Orléans, 16 nov. 2000 : *RTD civ. 2001. 211, obs. Perrot ; JCP 2001. II. 10448, note Rémery ; Dr. et pr. 2001-3, 116, obs. Desdevises* (« un arrêt d'appel qui annule ou infirme un jugement assorti de l'exécution provisoire et sur le fondement duquel avait été pratiquée une saisie-attribution, ne constitue pas lui-même un titre exécutoire permettant au débiteur saisi d'obtenir la restitution des sommes saisies ; il doit agir en répétition de l'indu devant le juge du fond ») • Civ. 2e, 10 juill. 2008, n° 07-13.027 P : *D. 2008. AJ 2226 ; ibid. 2009. Pan. 1168, obs. Leborgne* (un arrêt infirmatif qui ouvre droit à restitution des sommes versées en exécution du jugement réformé constitue le titre exécutoire permettant d'en poursuivre le recouvrement forcé). ♦ L'arrêt infirmatif d'une cour d'appel constitue un titre exécutoire permettant le recouvrement des sommes versées en vertu de la décision de première instance, sans qu'elle en fasse expressément mention. Dès lors, une cour d'appel, qui relève que sont mentionnées, dans le bordereau d'inscription d'hypothèque, les deux décisions donnant naissance à l'hypothèque et que la créance ressort de la comparaison entre les deux titres, en déduit exactement que l'hypothèque judiciaire est valablement inscrite. • Civ. 2e, 15 sept. 2016, n° 15-21.483 P : *JCP 2016. 1034, note Dorol ; ibid. 2016. 1224, obs. Delebecque ; Gaz. Pal. 29 nov. 2016, p. 28, note Albiges ; ibid. 6 déc. 2016, p. 29, obs. Ansault ; Procédures 2016, n° 326, note Laporte.* ♦ Comp. note 3 ss. art. R. 221-1. ♦ Un arrêt d'appel infirmatif constitue un titre exécutoire permettant de recouvrer les sommes versées en exécution de la condamnation de première instance. Pour inscrire une hypothèque judiciaire en garantie de la créance de restitution, il n'est pas nécessaire que cette dernière soit stipulée en numéraire dans l'arrêt, dès lors qu'elle résulte de la lecture comparative des décisions de première et de deuxième instance. • Civ. 3e, 27 juin 2019, n° 18-10.836 P : *D. actu. 17 juill. 2019, obs. Pelet ; D. 2019. 1388 ; Banque et Dr. juill.-août 2019, p. 74,* *note Jacob ; JCP 2019. 958, obs. Delebecque ; Procédures 2019, n° 256, note Laporte.*

8. Arrêt de cassation. La cassation d'un arrêt d'appel qui a été exécuté constitue le titre ouvrant droit à restitution. • Civ. 2e, 7 janv. 2010 : *D. 2010. Pan. 1307, obs. Leborgne ; Procédures 2011. Chron. 1, n° 5, obs. Leborgne* • 8 juill. 2010 : *D. 2011. Pan. 1509, obs. Leborgne* • 12 juill. 2011, n° 10-16. 911 P : *D. 2011. 2031 ; ibid. 2012. 520, obs. Raynard ; ibid. Pan. 1512, obs. Leborgne ; JCP 2011. 1030, obs. Loiseau ; Procédures 2011, n° 303, note Perrot.*

9. Notification du jugement. La procédure de saisie des rémunérations d'un débiteur implique que le créancier dispose d'un titre exécutoire au sens de l'art. 3 de la L. n° 91-650 du 9 juill. 1991 [devenu C. pr. exéc., art. L. 111-3]. En droit, le jugement rendu par un TGI ne peut être exécuté qu'après notification, sauf à ce que l'exécution en ait été volontaire. A défaut d'exécution volontaire, la circonstance que le jugement ait été assorti de l'exécution provisoire ne dispense pas d'une signification régulière, faite conformément aux exigences des art. 654 à 693 NCPC [devenu C. pr. civ].. En outre, la décision du conseiller de la mise en état de déclarer recevable l'appel formé par le débiteur contre cette même décision n'est pas de nature à faire admettre qu'il y a eu une signification, telle que celle-ci est exigée par l'art. 503 dudit code. • Versailles, 12 mai 2000 : *BICC, 1er mars 2001, n° 263.*

10. Jugement étranger. En application de l'art. 141, § 1er, du Règl. n° 1215/2012 du 12 déc. 2012, un jugement rendu dans un autre État membre de l'UE doit répondre, indépendamment de son caractère exécutoire, aux mêmes critères que ceux appliqués, en droit interne, pour déterminer si une décision rendue par une juridiction nationale permet au créancier d'en poursuivre l'exécution forcée sur les biens de son débiteur, de sorte qu'il doit, conformément aux dispositions de l'art. L. 111-2, constater, à l'encontre de ce dernier, une créance liquide et exigible. • Civ. 2e, 2 déc. 2021, n° 20-14.092 B (cassation de l'arrêt ayant donné force exécutoire à un jugement luxembourgeois alors que la transaction constatée par ce jugement ne comportait aucun engagement et ne constatait pas une créance liquide et exigible). ♦ Un jugement étranger déclaré exécutoire par une décision non susceptible d'un recours suspensif d'exécution constitue un titre exécutoire. • Civ. 2e, 9 oct. 2008 : *Procédures 2008, n° 329, obs. Perrot.* ♦ Ayant relevé qu'une décision passée en force de chose jugée d'une juridiction allemande avait annulé un mandat d'exécution européen et retenu que conformément à l'art. 11 du Règl. européen n° 805/2004, le certificat de titre exécutoire européen ne produisait ses effets que dans la limite de la force exécutoire de la décision dont une cour d'appel allemande avait certifié qu'elle n'était plus exécutoire, de sorte que la saisie-attribution n'avait plus de fondement juridique, la cour d'appel a ordonné, à bon droit, la mainlevée de la saisie-attribution. • Civ. 2e, 6 janv. 2012, n° 10-23.518 P : *D. actu. 23 janv. 2012, obs. Kebir ; D. 2012. 1509, obs. Leborgne ; ibid. 2057, obs. Leroy-Gissinger et Renault-Malignac ; RDBF 2012, n° 65, obs. Piedelièvre ; Lexbase hebdo éd. privée n° 473, 16 févr. 2012, note Payan ; Dr. et pr. 2012. 137, note Cuniberti ; JCP 2012. 690, n° 20, obs. Jeuland.*

11. Décision du bâtonnier. Même exécutoire de droit à titre provisoire, la décision du bâtonnier ne constitue pas une décision à laquelle la loi attache les effets d'un jugement de sorte qu'elle ne peut être exécutée que sur présentation d'une expédition revêtue de la formule exécutoire. • Civ. 2e, 30 janv. 2014, n° 12-29.246 P : *D. actu. 14 févr. 2014, obs. Kebir ; D. 2014. 1466, obs. Leborgne ; D. avocats 2014. 114, obs. Royer ; RDC 2014. 387, obs. Libchaber ; Gaz. Pal. 21 juin 2014, p. 18, obs. Villacèque ; LPA 23 déc. 2014, p. 9.* ♦ La décision prise par le bâtonnier d'un ordre d'avocats sur une contestation en matière d'honoraires, fût-elle devenue irrévocable par suite de l'irrecevabilité du recours formé devant le premier président de la cour d'appel, ne constitue pas une décision à laquelle la loi attache les effets d'un jugement, de sorte qu'elle ne peut faire l'objet d'une mesure d'exécution forcée qu'après avoir été rendue exécutoire par ordonnance du président du tribunal judiciaire, seul habilité à cet effet. • Civ. 2e, 27 mai 2021, n° 17-11.220 P : *Rev. prat. rec. 2021/6. 6, obs. Cousin ; RTD civ. 2021. 704, obs. Cayrol ; Gaz. Pal. 5 oct. 2021. 32, note Gaineton ; JCP 2021, n° 862, note Herman ; ibid. n° 1246, obs. Forgues.*

12. Combinaison avec les dispositions fiscales. La décision judiciaire, exécutoire, qui déclare un dirigeant de société solidairement responsable avec celle-ci du paiement des impositions et pénalités dues par cette dernière, seule redevable au sens de l'art. L. 256 LPF, constitue un titre exécutoire suffisant pour fonder l'action du comptable public à l'égard de ce dirigeant. • Com. 20 nov. 2001, n° 98-22.648 P : *D. 2002. IR 45* • Com. 18 oct. 2011, n° 10-25.932 P : *D. 2011. Actu. 2653 ; Procédures 2011, n° 390, note Ayrault.* ♦ Viole l'art. 3 de la L. n° 91-650 du 9 juill. 1991 [devenu C. pr. exéc., art. L. 111-3], par refus d'application de ce texte, la cour d'appel qui, pour infirmer la décision du JEX qui a rejeté la contestation du contribuable en retenant l'existence d'un titre judiciaire exécutoire établissant la créance de l'administration, retient qu'il résulte de la combinaison des art. L. 256, L. 257 et L. 258 LPF que l'exigence de la notification d'un avis de mise en recouvrement préalablement au commandement de payer est une condition de fond de la validité de l'acte, et non une simple condition de forme, et que l'existence d'un titre exécutoire résultant d'un jugement de nature civile ne dispense pas l'administration créancière de cette formalité que lui imposent les règles spécifiques propres à sa créance. • Même arrêt.

13. Décès du débiteur. Le décès du débiteur, reconnu coupable d'une infraction pénale, appelant de la décision, suivi de la renonciation de son seul héritier à sa succession, n'a pas d'incidence sur le caractère exécutoire du jugement le condamnant civilement au paiement de dommages-intérêts lequel reste opposable à la succession. Il s'ensuit que doit être cassé l'arrêt qui, pour annuler un commandement de payer valant saisie et ordonner la radiation de sa publication, retient que la cour d'appel n'a pas statué sur la demande de confirmation de la condamnation civile prononcée par le tribunal. • Civ. 2e, 6 janv. 2012 : *BICC 15 mai 2012, n° 518 ; D. 2012. Pan. 1512, obs. Leborgne*.

14. Décision de rétrocession d'honoraires du bâtonnier. Nécessité de la formule exécutoire. V. note 11 ss. art. C. pr. civ., art. 502, App., v° *Exécution des jugements*.

15. Procédures collectives. La décision rendue par une juridiction, qui se borne à constater une créance et à en fixer le montant dans le cadre d'une procédure collective, ne constitue pas un titre exécutoire et ne peut, dès lors, servir de fondement à une mesure d'exécution forcée, et le fonds de garantie des victimes d'actes de terrorisme et d'infraction, subrogé dans les droits de la victime, ne peut se prévaloir que du titre exécutoire de condamnation de l'auteur de l'infraction au bénéfice de la victime des faits. • Civ. 2e, 14 janv. 2021, n° 18-23.238 P : *D. 2021. 1355, obs. Leborgne ; Rev. prat. rec. 2021/3. 13, obs. Kieffer ; RTD civ. 2021. 484, obs. Cayrol ; Gaz. Pal. 16 mars 2021. 28, note Brenner ; RDBF 2021. n° 34, note Piédelièvre ; ibid. n° 78, note Houin-Bressand ; Procédures 2021, n° 64, note Laher.*

II. ACTES NOTARIÉS

BIBL. M. Dagot, *LPA 6 janv. 1993, p. 23* (la force exécutoire de l'acte notarié).

16. Sanction. Viole les art. 2, 3 et 4 de la loi de 1991 [devenus respectivement C. pr. exéc., art. L. 111-2, L. 111-3 et L. 111-6], la cour qui retient que les actes notariés invoqués par la saisissante ne sont pas des titres exécutoires ; que s'ils constatent en la forme authentique les engagements des parties, ils ne contiennent aucune disposition relative à la fixation et à l'évaluation d'une créance certaine, liquide et exigible au profit de l'une des parties, alors que les actes notariés produits étaient revêtus de la formule exécutoire et contenaient tous les éléments permettant l'évaluation de la créance dont elle avait constaté qu'elle était devenue exigible. • Civ. 2e, 22 mars 2001, n° 99-12.011 P : *D. 2001. IR 1219 ; Dr. et pr. 2001-5, 318, obs. Putman ; RDBF 2001, n° 155, note Delleci.* ♦ Inversement, pour un acte notarié qui n'est pas revêtu de la formule exécutoire, • Civ. 2e, 28 juin 2006 : *D. 2007. Pan. 1388, obs. Julien ; Dr. et pr. 2006. 361, obs. Leborgne ; RDBF 2007, n° 30, note Piedelièvre.*

17. Avenant. Une cour d'appel, ayant constaté que les avenants prévoyaient qu'ils n'opéraient pas novation, en déduit exactement que le créancier pouvait se prévaloir des actes notariés exécutoires pour fonder la procédure de saisie visant à recouvrer la créance née de ces conventions. • Civ. 2e, 6 mai 2010, n° 09-67.058 P : *D. actu. 8 juin 2010, obs. Avena-Robardet ; D. 2011. Pan. 1509, obs. Leborgne ; Dr. et pr. 2010. 240, note Leborgne ; Procédures 2011. Chron. 1, n° 5, obs. Leborgne ; Dr. et patr. 11/2010, p. 92, obs. Crocq ; RDBF 2010, n° 152, note Piedelièvre ; Defrénois 2010. 1706, obs. Seube.* ♦ L'avenant sous seing privé à l'acte notarié n'emporte pas novation de l'acte authentique exécutoire, sauf volonté de nover clairement exprimée. • Civ. 2e, 1er mars 2018, n° 17-10.373 : *RDC 2018. 570, note Cayrol.*

18. Condamnation solidaire. Le codébiteur solidaire, subrogé de plein droit dans les droits du créancier en application de l'art. 1251, 3° C. civ. [devenu C. civ., art. 1346], peut agir en recouvrement forcé contre ses codébiteurs, sur le fondement de la décision ayant prononcé la condamnation solidaire. • Civ. 2e, 2 déc. 2010, n° 09-17.194 P : *RTD civ. 2011. 127, obs. B. Fages ; ibid. 172, obs. R. Perrot*.

19. L'art. 34 du Décr. n° 71-941 du 26 nov. 1971, qui n'impose pas que la copie exécutoire soit le fac-similé de l'acte notarié, prévoyant que chaque feuille de cette copie soit revêtue du paraphe du notaire, à moins qu'elle ne reproduise les paraphes de toutes les parties figurant sur la minute, une cour d'appel en déduit exactement que la copie produite, revêtue de la formule exécutoire, comportant le paraphe de toutes les parties sur chaque feuille, la signature du notaire en dernière page ainsi que la mention de la conformité à l'original, constitue un titre exécutoire • Civ. 2e, 24 juin 2010 : *Procédures 2011. Chron. 1, n° 5, obs. Leborgne.*

20. Défaut d'annexion de la procuration à l'acte authentique. BIBL. Aynès, *D. 2012. 890* (l'acte notarié et la procuration). – Dagot, *Liber amicorum G. Daublon, Defrénois 2011, p. 77* (l'annexe à un acte notarié). – Delebecque, *JCP 2012. 263* (l'acte authentique imparfait : observations sur le défaut d'annexion de procurations dans un acte notarié). – Mekki, *D. 2012. 1789* (l'acte authentique, la copie exécutoire et le défaut d'annexion des procurations). – Salati, *Dr. et pr. 2012. 194* (vigilance sur le caractère exécutoire du titre). – Théry, *JCP N 2012. 1311* (défaut d'annexion des procurations à la minute d'un acte de prêt) ; *RDC 2013. 1209* (la tradition notariale en péril : incertitudes sur les notions d'authenticité et de force exécutoire). ♦ L'inobservation de l'obligation, pour le notaire, de faire figurer les procurations en annexe de l'acte authentique ou de les déposer au rang de ses minutes ne fait pas perdre à l'acte son caractère authentique, partant son caractère exécutoire. • Cass., ch. mixte, 21 déc. 2012, n° 11-28.688 P : *BICC 15 févr. 2013, p. 6, rapp. Maunand, avis de Azibert ; ibid. 1er mars 2013, p. 6 ; R. 2012. 379 et 461 ; D. actu. 21 janv. 2013, obs. Avena-Robardet ; D. 2013. 1577, obs. Leborgne ; Procédures 2012. Focus 12, obs. Lauvergnat ; JCP N 2013. 1025, obs. Théry ; ibid. 1026, note Le Magueresse ; Defrénois 2013. 198, obs. Latina ; Gaz. Pal. 3-5 mars 2013, p. 16, note Brenner ; Dr. et patr. 3/2013, p. 105 s., obs. Rosello ; RDBF 2013, n° 69 (1re esp.), note Piedelièvre ; Gaz. Pal. 2013. 1168, note Bolze ; Dr. et pr. 2013, p. 63, obs. Salati* • Civ. 1re, 19 févr. 2013 : *D. actu. 11 mars 2013, obs. Avena-Robardet ; Procédures 2013. Chron. 1, obs. Leborgne* • 19 févr. 2013 : *D. actu. 11 mars 2013, obs. Avena-Robardet* • 27 févr. 2013 : *D. actu. 11 mars 2013, obs. Avena-Robardet ; RDBF 2013, n° 106, note Piedelièvre* • 30 oct. 2013 : *D. 2014. Pan. 1466, obs. Leborgne ; JCP N 2013. 1130.* ♦ Si, selon l'art. 8 [devenu art. 21] du Décr. n° 71-941 du 26 nov. 1971, les procurations doivent être annexées à l'acte à moins qu'elles ne soient déposées aux minutes du notaire rédacteur de l'acte, de la combinaison de l'art. 23 [devenu art. 41] du même décret et de l'art. 1318 C. civ., il résulte toutefois que l'inobservation de ces obligations ne fait pas perdre à l'acte son caractère authentique, partant son caractère exécutoire. • Cass., ch. mixte, 21 déc. 2012, n° 12-15.063 P : *BICC 15 févr. 2013, p. 6, rapp. Maunand, avis de Azibert ; ibid. 1er mars 2013, p. 6 ; R. 2012. 379 et 461 ; D. actu. 21 déc. 2012, obs. Avena-Robardet ; JCP 2013. 141, note Deharo ; Procédures 2012. Focus 12, obs. Lauvergnat ; JCP N 2013. 1025, obs. Théry ; ibid. 1026, note Le Magueresse ; ibid. 1132, obs. M. Mekki ; Defrénois 2013. 198, obs. Latina ; Gaz. Pal. 3-5 mars 2013, p. 16, note Brenner ; Procédures 2013. Chron. 1, obs. Leborgne ; Dr. et patr. 3/2013, p. 105 s., obs. Rosello ; RDBF 2013, n° 69 (2e esp.), note Piedelièvre ; Gaz. Pal. 2013. 1168 note Bolze* (copie exécutoire) *; ibid. nov. 2013, p. 78, obs. Crocq* • Civ. 1re, 27 févr. 2013 : *D. actu. 11 mars 2013, obs. Avena-Robardet* • 19 févr. 2013 : *D. actu. 11 mars 2013, obs. Avena-Robardet* • 5 déc. 2013 : *cité note 16 ss. art. R. 311-5* • 25 sept. 2014 : *Dalloz jurisprudence* • 15 janv. 2015 : *Dalloz actaulité, 30 janv. 2015, obs. Avena-Robardet ; JCP N 2015. 209 ; Procédures 2015, n° 77, obs. Raschel ; RTD civ. 2015. 455, obs. Cayrol* (qui ajoute que les irrégularités affectant la représentation conventionnelle d'une partie à un acte notarié ne relèvent pas des défauts de forme que l'art. 1318 C. civ. [devenu C. civ., art. 1370] sanctionne par la perte du caractère authentique et, partant, exécutoire de cet acte, lesquels s'entendent de l'inobservation des formalités requises pour l'authentification par l'art. 23 du Décr. du 26 nov. 1971) • 15 janv. 2015 : *JCP N 2015. 210.* ♦ Dans le sens d'une extension de la solution à copie exécutoire : • Civ. 1re, 19 févr. 2013 : *D. actu. 11 mars 2013, obs. Avena-Robardet* • 11 mars 2014, n° 12-29.888 • Civ. 2e, 16 mai 2013, n° 12-14.341. ♦ Et de façon plus radicale, jugeant qu'il ressort des dispositions combinées des art. 21 et 34 du Décr. n° 71-941 du 26 nov. 1971 relatif aux actes établis par les notaires, dans leur rédaction issue du Décr. n° 2005-973 du 10 août 2005 applicable en la cause, ensemble l'art. 1er de la L. n° 76-519 du 15 juin 1976, que, si l'acte notarié doit comporter les procurations en annexe, à moins qu'elles ne soient déposées aux minutes du notaire rédacteur de l'acte, ces exigences ne visent pas la copie exécutoire qu'en délivre celui-ci. • Civ. 1re, 10 sept. 2015, n° 14-13.237 P : *D. 2015. Actu. 1847, obs. Avena-Robardet ; ibid. 2016. 1279, obs. Leborgne ; Dr. et pr. 2015. 189, note Dorol ; Procédures 2015, n° 323, note Laporte ; Gaz. Pal. 21 nov. 2015, p. 13, note Ansault ; RDBF 2015, n° 206, note S. Piedelièvre.* ♦ V. déjà, jugeant que l'obligation, pour le notaire, de faire figurer les procurations en annexe de l'acte authentique ou de les déposer au rang de ses minutes n'est pas sanctionnée par la nullité de l'acte en tant que titre exécutoire, • Civ. 1re, 22 mars 2012, n° 11-11.925 P : *D. actu. 5 avr. 2012, obs. Ravel D'Esclapon ; D. 2012. 890, note L. Aynès ; JCP N 2012. 1061, n° 3, obs. Vernières ; RDBF 2012, n° 131, obs. Piedelièvre ; Banque et Dr. 2012. 43, note Rontchevsky ; AJDI 2012. 532, note Le Rudulier ; Dr. et pr. 2012. 176, note Lefort ; RDC 2012. 1209, note Libchaber ; Dr. et patr. 3/2013, p. 105 s., obs. Rosello* (visa des art. 8 et 23 du Décr. n° 71-941 du 26 nov. 1971 dans sa rédaction antérieure à celle issue du Décr. n° 2005-973 du 10 août 2005). ♦ *Contra*, jugeant que l'acte de prêt notarié qui ne comporte pas en annexe les procurations données par les emprunteurs est affecté d'une irrégularité qui lui fait perdre son caractère authentique, et partant son caractère de titre exécutoire, ce qui interdit au créancier d'engager des poursuites sans disposer d'une décision judiciaire condamnant le débiteur à rembourser les sommes en cause, • Civ. 2e, 7 juin 2012 (5 arrêts), n° 11-15.439 P : *D. 2012. 1557, obs. Avena-Robardet* ; Gaz. Pal. 28 juin 2012, *p. 13, note Hugon ; ibid. 2012. 2872, note Bury ; Banque et Dr. 7-8/2012, p. 44, note Rontchevsky ; RDBF 2012, n° 163, note Piedelièvre ; RDC 2012. 1209, note Libchaber ; Dr. et pr. 2012., suppl. Droit au recouvrement, p. 19, obs. Putman ; Defrénois 2013. 198, obs. Latina ; Dr. et patr. 3/2013, p. 105 s., obs. Rosello* (visa de l'art. 1318 C. civ. [devenu C. civ., art. 1370], et art. 8, devenu art. 21, du Décr. n° 71-941 du 26 nov. 1971).

21. Non-respect du terme de la procuration à l'acte authentique. BIBL. Lauvergnat, *Procédures 2014. Étude 3* (le titre exécutoire notarié sauvé par l'art. 1998 C. civ. ?). ♦ Un acte notarié est entaché d'une nullité relative lorsqu'il a été signé par une secrétaire alors que procuration avait été donnée par l'acheteur à « tous clercs de notaire », c'est-à-dire à des collaborateurs de l'étude accomplissant des tâches juridiques avec une qualification adaptée. • Civ. 1re, 30 oct. 2013 : *Dalloz jurisprudence.* ♦ Les irrégularités affectant la représentation conventionnelle d'une partie à un acte notarié ne relèvent pas des défauts de forme que l'art. 1318 C. civ. [devenu C. civ., art. 1370] sanctionne par la perte du caractère authentique, et partant, exécutoire de cet acte, lesquels s'entendent de l'inobservation des formalités requises pour l'authentification par l'art. 41 du Décr. n° 71-941 du 26 nov. 1971. Ces irrégularités, qu'elles tiennent en une nullité du mandat, un dépassement ou une absence de pouvoir, sont sanctionnées par la nullité relative de l'acte accompli pour le compte de la partie représentée, qui seule peut la demander, à moins qu'elle ratifie ce qui a été fait pour elle hors ou sans mandat, dans les conditions de l'art. 1998, al. 2, C. civ., cette ratification pouvant être tacite et résulter de l'exécution volontaire d'un contrat par la partie qui y était irrégulièrement représentée. • Civ. 1re, 2 juill. 2014 : *Procédures 2014, n° 264, note Laporte.*

22. Copie exécutoire. Portée. Viole l'art. 34 du Décr. du 26 sept. 1971 la cour d'appel qui, pour valider la saisie-attribution, après avoir énoncé qu'aucune disposition dudit décret ne prévoit que la copie exécutoire d'un acte notarié doit comporter la mention de sa conformité avec la minute de l'acte, retient que la production de la copie exécutoire unique revêtue de la formule exécutoire, du cachet et de la signature du notaire ayant reçu l'acte suffisent à la poursuite de l'exécution forcée. • Civ. 1re, 30 oct. 2013 : *préc. note 20.* ♦ L'art. 34 du Décr. n° 71-941 du 26 nov. 1971, qui n'impose pas que la copie exécutoire soit le fac-similé de l'acte notarié, prévoyant que chaque feuille de cette copie soit revêtue du paraphe du notaire, à moins qu'elle ne reproduise les paraphes de toutes les parties figurant sur la minute, une cour d'appel en déduit exactement que la copie produite, revêtue de la formule exécutoire, comportant le paraphe de toutes les parties sur chaque feuille, la signature du notaire en dernière page ainsi que la mention de la conformité à l'original, constitue un titre exécutoire. • Civ. 2e, 24 juin 2010, n° 09-67.887 : *Procédures 2011. Chron. 1, n° 5, obs. Leborgne.*

23. Portée de la formule exécutoire. La formule exécutoire apposée sur un acte de prêt notarié donne force exécutoire à tous les engagements qu'il comporte. • Civ. 2e, 13 oct. 2016, n° 15-25.049 : *L'essentiel droit bancaire 31 déc. 2016, p. 6, note Mignot.*

24. Interdiction d'instrumenter. L'acte reçu en méconnaissance de l'interdiction d'instrumenter ne vaut pas titre exécutoire. • Civ. 1re, 31 oct. 2012, n° 11-25.789 P : *D. 2012. Actu. 2671 ; D. 2013. Pan. 1577, obs. Leborgne ; Defrénois 2013. 201, note Latina ; JCP N 2013. 1132, obs. M. Mekki* [notaire instrumentaire] (violation de l'art. 2 du Décr. n° 71-941 du 26 sept. 1971).

25. Absence du sceau du notaire. Portée. L'irrégularité affectant l'acte dépourvu du sceau du notaire ne relève pas des défauts de forme que l'art. 1318, devenu 1370 C. civ. sanctionne par la perte du caractère authentique et partant, exécutoire, de cet acte, lesquels s'entendent de l'inobservation des formalités requises pour l'authentification par l'art. 41 du Décr. du 26 nov. 1971. • Civ. 2e, 1er févr. 2018, n° 16-25.097 P : *D. 2018. Actu. 299 ; ibid. Pan. 1224, obs. Leborgne ; ibid. 2019. 157, obs. Bretzner et Aynès ; Defrénois 1er mars 2018, p. 5 ; JCP N 2018. 276, obs. Julienne ; Procédures 2018, n° 104, note Laporte ; Gaz. Pal. 19 juin 2018, p. 36, obs. Brenner ; Dr. et pr. avr. 2018, suppl., Droit du recouvrement, p. 4, obs. Salati ; RDBF 2018, n° 43, obs. Piedelièvre, JCP N. 2018, 1178, note Laher.*

III. TITRES DÉLIVRÉS PAR L'HUISSIER DE JUSTICE

26. Chèque impayé. V. notes ss. C. mon. fin., art. L. 131-73, reproduit ss. art. L. 111-3.

IV. TITRES DÉLIVRÉS PAR LES PERSONNES MORALES DE DROIT PUBLIC

BIBL. P. Ancel, *RTD civ. 1993, n° spéc. hors-série, p. 135* (l'exécution par la puissance publique). – Gauthier, *Procédures 1998. Chron. 4 et 5* (les titres exécutoires délivrés par l'État).

27. Titre émis par un maire. Le titre émis par un maire ès qualités de personne morale de droit public pour le recouvrement de loyers dus à la commune est un titre exécutoire au sens de ce texte. • Civ. 2e, 17 juin 1998 : *D. 1998. IR 177 ; Gaz. Pal. 16 mars 1999, Somm., obs. Véron ; Rev. huiss. 1999. 204, note Dahan ; RG proc. 1999. 111, obs. Putman ; Rev. huiss. 2000. 164, note Bourdillat.* ♦ ... De même la contrainte délivrée par le directeur d'une caisse d'allocation vieillesse des artisans à l'encontre d'adhérents qui n'ont pas réglé de cotisation et ne se sont pas opposés à cette mesure ; cette contrainte acquiert les effets d'un jugement bénéficiant de l'hypothèque judiciaire et c'est en vain que les intéressés saisissent le JEX sur les art. 67 et 68 de la L. n° 91-650 du 9 juill. 1991 [devenus respectivement C. pr. exéc., art. L. 511-1 et L. 511-2] et 251 du Décr. n° 92-755 du 31 juill. 1992 [devenu C. pr. exéc., art. R. 532-1] (mesures conservatoires). • TGI Laval, 9 juin 1999 : *Gaz. Pal. 21 déc. 1999, note du Rusquec.*

28. Titre émis par un organisme social. A

défaut de dérogation légale, la décision d'un premier président de rendre exécutoire le rôle des cotisations dues à la CNBF, en application de l'art. L. 723-9 CSS, ne peut faire l'objet d'une mesure d'exécution forcée, sans présentation d'une expédition revêtue de la formule exécutoire ; cassation de l'arrêt ayant retenu que l'art. L. 723-9 CSS dispose que le rôle des cotisations est rendu exécutoire par le premier président de chaque cour d'appel, sur l'avis du procureur général, et déduit que l'apposition de la formule exécutoire par le greffe n'est pas requise. • Civ. 2e, 20 mai 2021, n° 19-22.553 P : *Procédures 2021, n° 191, note Laher.* ♦ Le rôle des cotisations établi par le conseil d'administration de la CNBF est rendu exécutoire par le premier président de chaque cour d'appel, sur avis du procureur général ; le premier président qui rend le rôle exécutoire n'agit pas dans l'exercice de ses attributions juridictionnelles, et ce rôle constitue un titre exécutoire s'il a été préalablement signifié à l'intéressé, par un acte mentionnant la voie de recours ouverte, les modalités d'exercice de l'opposition et la désignation de la juridiction compétente, à savoir le tribunal d'instance ou de grande instance du lieu où la CNBF a son siège ; cassation de l'arrêt ayant retenu que le rôle exécutoire constitue une décision d'une juridiction de l'ordre judiciaire ayant force exécutoire. • Soc. 6 févr. 2003, n° 99-12.655 P.

29. Absence de décision judiciaire préalable. L'État dispose du pouvoir d'émettre un titre exécutoire à l'effet de fixer les sommes qui lui sont dues du fait des préjudices subis par l'un de ses agents, victime d'un dommage corporel dont un tiers a été déclaré responsable, même en l'absence de décision judiciaire préalable. • Civ. 2e, 8 juill. 2010, n° 08-19.414 P : *D. 2010. Actu 1948 ; ibid. 2011. Pan. 1509, obs. Leborgne .*

30. Nécessité d'une notification au débiteur. Les titres exécutoires émis par une personne morale de droit public ne peuvent donner lieu à une exécution forcée s'ils ne sont pas notifiés au débiteur. • Civ. 2e, 5 juin 1996, n° 94-15.307 P • 10 nov. 1998 : *Gaz. Pal. 25 févr. 1999, Pan. 26 ; Rev. huiss. 1999. 806, note Dahan* • 1er juill. 1999 : *Procédures, nov. 1999, n° 249, obs. Croze ; Gaz. Pal. 12 févr. 2000, Somm., obs. Véron* (Établissement national des invalides de la Marine) • Civ. 1re, 18 mars 2003, n° 00-21.274 P : *D. 2003. IR 1010 ; Dr. et pr. 2003. 315, note Caillé.* ♦ Et la créance n'est pas établie si la trésorerie générale ne justifie pas de l'envoi de la lettre de rappel prévue par l'art. 255 LPF. • Civ. 2e, 8 oct. 1997, n° 95-18.005 P : *D. 1998. 476, note Ruellan et R. Lauba ; Gaz. Pal. 19 sept. 1998, note Bourdillat.*

31. Opposition au titre. La contestation de la créance, formée (en application de l'art. 1617-5 CGCT) postérieurement à la saisie-attribution qui avait immédiatement produit son effet attributif, a pour seule conséquence de suspendre la force exécutoire du titre la constatant, et la procédure d'exécution. • Civ. 2e, 20 nov. 2003, n° 01-15.231 P.

V. TRANSACTION

32. Titre exécutoire. La transaction exécutoire de l'art. 1441-4 NCPC [devenu C. pr. civ]. ne constitue pas un titre exécutoire au sens de l'art. 3 de la L. n° 91-650 du 9 juill. 1991 [devenu C. pr. exéc., art. L. 111-3] et permettant une expulsion. • Cass., avis, 20 oct. 2000 : *D. 2000. IR 296 ; JCP 2001. II. 10479, note Desdevises ; RTD civ. 2001. 213, obs. Perrot ; ibid. 384, obs. Gautier .* ♦ En revanche, le jugement qui homologue une transaction lui confère force exécutoire. • Civ. 2e, 27 mai 2004, n° 02-18.542 P : *D. 2004. IR 1773 .* ♦ Le jugement d'homologation qui reprend dans son dispositif les termes de cet accord, alors qu'il n'estt pas prétendu que l'accord prévoyait des modalités autres que celles mentionnées au dispositif du jugement, confère force exécutoire à l'accord et constitue un titre exécutoire. • Civ. 2e, 3 févr. 2022, n° 20-15.420 B. ♦ Les dispositions de l'art. 1441-4 C. pr. civ. ne font pas obstacle à ce qu'une transaction soit reçue par un notaire et que celui-ci lui confère force exécutoire. • Civ. 2e, 21 oct. 2010, n° 09-12.378 P : *D. actu. 15 nov. 2010, obs. Tahri ; D. 2010. 2590 ; ibid. 2011. 265, obs. Fricero ; ibid. 493, note Chassagnard-Pinet ; ibid. 1509, obs. Leborgne ; RTD civ. 2011. 176, obs. Perrot ; JCP N 2011. 1140, note Lauvergnat ; Dr. et pr. 2011, p. 19, obs. Putman ; RDBF 2011, n° 65, note Piedelièvre ; Procédures 2011, n° 3, note Perrot ; Dr. et patr. 11/2011, p. 79, obs. Lefort ; RDC 2011. 465, note Libchaber.*

VI. PROCÈS-VERBAL DE RÈGLEMENT AMIABLE

33. Saisie immobilière. Ne constitue pas un titre exécutoire permettant l'accomplissement de procédures d'exécution contre le débiteur saisi le procès-verbal de règlement amiable, décision juridictionnelle qui se borne à ordonner la mainlevée des inscriptions d'hypothèques et la délivrance aux créanciers colloqués des bordereaux de collocation exécutoires contre le dépositaire des fonds et qui ne constate aucune obligation du débiteur saisi, ni ne prononce à son encontre de condamnation de payer le reliquat non colloqué. • Civ. 2e, 27 sept. 2012, n° 11-20.649 P : *D. actu. 16 oct. 2012, obs. Avena-Robardet ; Dr. et pr. 2012. 303, note Leborgne : Gaz. Pal. 3-5 mars 2013, p. 13, note Brenner.*

VII. ÉTAT DES CRÉANCES

34. Titre exécutoire (non). L'état des créances, même visé par le juge-commissaire, ne confère pas à ce relevé le caractère de titre exécutoire au sens de l'art. R. 145-1 [devenu art.

R. 3252-1] C. trav. • Com. 2 mai 2001, n° 97-19.536 : *D. 2001. IR 1671* ; *RDBF 2001, n° 157, note Delleci* ; *RTD com. 2001. 773, obs. Vallens* ; *APC 2001, n° 143, obs. Salvat.*

VIII. RECOUVREMENT DES DÉPENS

35. Liste limitative. Une partie ne peut poursuivre, par voie d'exécution forcée, le recouvrement des dépens par elle avancés qu'au vu d'un certificat de vérification ou d'une ordonnance de taxe exécutoire. • Civ. 2e, 3 mai 2007, n° 06-12.485 P : *D. 2007. AJ 1511* ; *ibid. 2008. 1167, obs. Leborgne* ; *Gaz. Pal. 9 oct. 2007, n° 282, p. 17, note Brenner.* ♦ Si le titre servant de fondement aux poursuites permet le recouvrement des frais de l'exécution forcée qui sont à la charge du débiteur, une partie ne peut poursuivre, par voie d'exécution forcée, le recouvrement des dépens d'instance par elle avancés qu'au vu d'un certificat de vérification ou d'une ordonnance de taxe exécutoires. • Civ. 2e, 17 mars 2016, n° 15-10.564 : *Procédures 2016, n° 153, obs. Raschel.*

Art. L. 111-4 **L'exécution des titres exécutoires mentionnés aux 1° à 3° de l'article L. 111-3 ne peut être poursuivie que pendant dix ans, sauf si les actions en recouvrement des créances qui y sont constatées se prescrivent par un délai plus long.**

Le délai *[de la prescription extinctive]* **mentionné à l'article 2232 du code civil n'est pas applicable dans le cas prévu au premier alinéa.** – *[L. n° 91-650 du 9 juill. 1991, art. 3-1.]*

BIBL. ► FRICERO, *Mél. J. Isnard, EJT 2009, p. 175* (les professionnels de l'exécution et les affres du temps...). – HOONAKKER, *Dr. et pr. 2009. 15* ; *Dr. et patr. 12/2013, p. 43* (l'harmonisation des prescriptions). – LAUVERGNAT, *Dr. et pr. 2016. 82* (exécution d'une contrainte de sécurité sociale : quel délai de prescription ?). – LEBORGNE, *D. 2009. Pan. 1168*. – LEFORT, *Dr. et patr. 11/2008, p. 91.* – MOUSSA, *Dr. et pr. 2012. 284* (prescription des titres exécutoires et prescription de l'action). – SALATI, *Procédures 2008. Alerte 45.*

1. Légalité. Dès lors que l'art. 25, II, de la loi du 17 juin 2008, en ce qu'il exclut l'application en Nouvelle-Calédonie de l'art. 23 de la même loi, insérant un art. 3-1 à la L. du 9 juill. 1991, aujourd'hui codifié à l'art. L. 111-4 C. pr. exéc., qui n'avait pas été rendue applicable à ce territoire, n'a fait que mettre en œuvre le principe dit de « spécialité législative » applicable à la Nouvelle-Calédonie dont le statut est régi par le titre XIII de la Constitution et qui est compétente en matière de procédure civile et, depuis le 1er juill. 2013, en matière de droit civil, en vertu de la L. org. n° 99-209 du 19 mars 1999, relative à la Nouvelle-Calédonie, modifiée, il ne saurait être soutenu que cette disposition méconnaîtrait, par elle-même, les exigences du principe d'égalité devant la loi ou la protection du droit de propriété. • Civ. 2e, QPC, 20 juin 2019, n° 18-23.782 P : *D. 2020. 659* .

2. Domaine d'application – illustration. A l'égard de la prescription biennale visée à l'art. L. 137-2 C. consom. [devenu C. consom., art. L. 218-2]. • Civ. 2e, 7 janv. 2016, n° 14-28.088 : *Lexbase hebdo éd. privée n° 647, 17 mars 2016, obs. Fricero.* ♦ En vertu de l'art. L. 137-2 C. consom. applicable aux crédits immobiliers, l'action des professionnels, pour les biens ou les services qu'ils fournissent aux consommateurs, se prescrit par deux ans, la circonstance que le contrat de prêt soit constaté par acte authentique revêtu de la formule exécutoire n'ayant pas pour effet de modifier cette durée. • Civ. 1re, 9 juill. 2015, n° 14-19.101 P : *D. 2016. 449, obs. Fricero* ; *ibid. 617, obs. Aubry* ; *AJDI 2015. 695* ; *Procédures 2015, n° 292, obs. Laporte* ; *Gaz. Pal. 10 nov. 2015, p. 22, note Roussille* ; *Dr. et pr. 2015, Supp. Droit de la consom., n° 7, p. 34, note Valette-Ercole.*

3. Domaine d'application – Exclusion. Créances périodiques. Le délai d'exécution d'un titre exécutoire, prévu à l'art. L. 111-4 C. pr. exéc., n'est pas applicable aux créances périodiques nées en application de ce titre. • Cass., avis, 4 juill. 2016, n° 16006P P : *D. 2016. Actu. 1558* ; *ibid. 1824, note Poissonnier* ; *JCP E 2016. 1525, note Poissonnier et Loir* ; *D. 2017. Pan. 545, obs. Poillot* ; *JCP 2016. 987, note Poillot* ; *ibid. 1390, obs. Leborgne* ; *Gaz. Pal. 29 nov. 2016, p. 80, note Lauvergnat* ; *Dr. et pr. 2016. 115, obs. Lauvergnat* ; *RDBF 2016, n° 248, note Piedelièvre* ; *LPA 31 mai 2017, p. 7, note Andreu.* ♦ Si, depuis l'entrée en vigueur de la L. n° 2008-561 du 17 juin 2008 portant réforme de la prescription, un créancier peut poursuivre pendant dix ans l'exécution d'un jugement portant condamnation au paiement d'une somme payable à termes périodiques, il ne peut, en vertu de l'art. 2224 C. civ., applicable en raison de la nature de la créance, obtenir le recouvrement des arriérés échus plus de cinq ans avant la date de sa demande, et non exigibles à la date à laquelle le jugement avait été obtenu. • Civ. 1re, 8 juin 2016, n° 15-19.614 P : *D. 2016. Actu. 1310* ; *ibid. 1882, obs. Guyot-Renard* ; *ibid. 2017. Pan. 479, obs. Douchy-Oudot* ; *ibid. Pan. 1390, obs. Leborgne* ; *Gaz. Pal. 6 déc. 2016, p. 28, obs. Ansault* ; *ibid. 13 déc. 2016, p. 70, note Gailliard* ; *LPA 19 sept. 2016, p. 9, note Morin et Niel* ; *ibid. 8 févr. 2017, p. 15, obs. Morin et Niel* ; *RDBF 2016, n° 174, note Piedelièvre* • Civ. 2e, 26 janv. 2017, n° 15-28.173 P : *Dr. et pr. 2017. 34, note Lauvergnat* ; *Procédures 2017, n° 63, obs. Raschel* ; *RDBF 2017, n° 124, note Piedelièvre* ; *Gaz. Pal. 13 juin 2017, p. 81, note Salati.*

4. Domaine d'application – Exclusion. Codébiteur et caution solidaires. L'opposabilité au codébiteur et à la caution solidaires de la substitution de la prescription, ayant pu se produire, en l'état du droit antérieur à la L. du 17 juin 2008, à la suite d'une décision d'admission des créances au passif du débiteur principal, ne peut avoir eu pour effet de soumettre l'action en paiement du créancier contre le codébiteur et la caution solidaires au délai d'exécution des titres exécutoires. • Com. 4 juill. 2018, n° 16-20.205 P : *D. actu. 3 sept. 2018, obs. Payan ; D. 2018. 1829, obs. Cagnoli ; AJ contrat 2018. 438, obs. Piette ; Rev. sociétés 2018. 534, obs. Henry ; JCP 2018, 1018, obs. Vallansan ; RDBF 2018, n° 118, note Legeais ; ibid. n° 134, obs. Houin-Bressand ; Procédures 2018, n° 288, note Laporte.*

5. … Action d'un salarié qui n'était pas partie à la décision de justice. N'est pas applicable à l'action des salariés qui n'étaient pas partie à une décision de justice la prescription décennale prévue à l'art. L. 111-4 C. pr. exéc., en sa rédaction issue de la L. n° 91-650 du 9 juill. 1991. • Soc. 8 sept. 2016, n° 15-12.600 P : *Dr. et pr. 2016. 175, note Lauvergnat ; JCP S 2016. 1356, note Brissy.*

6. Application de la loi nouvelle dans le temps. Viole les dispositions des art. 2262 C. civ., dans sa rédaction antérieure à la L. n° 2008-561 du 17 juin 2008, L. 110-4 C. com., 26-II de la L. du 17 juin 2008 préc. et 3-1 de la L. du 9 juill. 1991 [devenu C. pr. exéc., art. L. 111-4] une cour d'appel qui annule un commandement aux fins de saisie-vente délivré le 19 nov. 2008 en exécution d'un jugement d'un tribunal de commerce du 10 mars 1998 constatant une créance de caractère commercial aux motifs que l'action en recouvrement de cette créance était prescrite alors que la saisie était poursuivie sur le fondement d'une condamnation à payer prononcée par jugement antérieurement régie par la prescription trentenaire, réduite à dix ans par la loi du 17 juin 2008, qui n'était pas acquise au jour de l'entrée en vigueur de cette loi, de sorte que l'action en recouvrement de la créance de la société résultant du jugement n'était pas prescrite au jour de la saisie. • Civ. 2e, 22 mars 2012, n° 11-12.284 P : *D. 2012. Actu. 954, obs. Avena-Robardet ; RDBF 2012, n° 128, obs. Piedelièvre.* ♦ L'action en exécution d'un titre exécutoire du 8 janv. 2009, qui constitue une instance distincte de celle engagée afin de faire établir judiciairement l'existence de la créance de la banque, ayant été introduite après l'entrée en vigueur de la L. du 17 juin 2008, c'est à bon droit et sans méconnaître le principe de sécurité juridique que la cour d'appel a retenu que cette action n'était pas soumise au délai de prescription trentenaire. • Civ. 2e, 19 mars 2020, n° 18-23.782 P.

7. Interversion de prescription. L'opposabilité au codébiteur et à la caution solidaires de la substitution de la prescription, ayant pu se produire, en l'état du droit antérieur à la L. n° 2008-561 du 17 juin 2008, à la suite de la décision d'admission des créances au passif du débiteur principal du 7 sept. 2004, ne peut avoir pour effet de soumettre l'action en paiement du créancier contre le codébiteur et la caution solidaires au délai d'exécution des titres exécutoires, de sorte que la liquidation judiciaire du débiteur ayant été clôturée le 18 janv. 2005, il en résultait que le délai de prescription de l'action en paiement résultant de l'art. L. 110-4 C. com., interrompu pendant la durée de la procédure collective, avait recommencé à courir à cette date pour une durée de 10 ans, réduite à 5 ans à compter du 19 juin 2008, et qu'il était donc expiré lors de la délivrance de la première assignation le 20 août 2013. • Com. 4 juill. 2018, n° 16-20.205 P : *D. actu. 3 sept. 2018, obs. Payan ; D. 2018. Actu 1484 ; ibid. 1833, obs. Cagnoli ; Rev. sociétés 2018. 534, obs. Henry ; AJ contrat 2018. 438, obs. Piette ; Gaz. Pal. 9 oct. 2018, p. 53 note Siew-Guillermin ; ibid. 11 déc. 2018, p. 24, note Ansault ; JCP 2018. 1018, note Vallansan ; ibid. 1221, note Simler ; JCP E 2019. 1000, obs. Pétel ; RDBF 2018, n° 118, note Legeais ; ibid., n° 134, note Houin-Bressand.*

8. Interruption de la prescription. Actions liées. Si, en principe, l'interruption de la prescription ne peut s'étendre d'une action à une autre, il en est autrement lorsque les deux actions, bien qu'ayant une cause distincte, tendent à un seul et même but, de sorte que la seconde est virtuellement comprise dans la première. Ainsi, la prescription de l'action en recouvrement peut être interrompue par l'exercice, par le créancier, d'une action paulienne tendant à ce que l'apport d'un bien par le débiteur à un tiers lui soit déclaré inopposable. • Civ. 2e, 28 juin 2012, n° 11-20.011 P : *JCP 2012. 1254, obs. Serinet ; RDBF 2012, n° 160, obs. Piedelièvre ; Dr. et pr. 2012. 243, note Vinckel ; Gaz. Pal. 8 déc. 2012, p. 33, note L. Mayer.* ♦ La procédure de saisie des rémunérations ayant pour effet d'interrompre le cours de la prescription tant qu'elle est en cours d'exécution, un nouveau délai de prescription a couru en application des dispositions de l'art. 2244 C. civ., dans sa rédaction alors applicable, à compter de la transmission au créancier saisissant par le greffe du tribunal d'instance du dernier chèque de l'employeur tiers saisi. • Civ. 2e, 3 déc. 2015, n° 14-27.138 P : *Dr. et pr. 2015. 216, obs. Lauvergnat ; AJDI 2016. 284, note F. de La Vaissière ; D. 2016. Chron. C. cass. 743, obs. Adida-Canac, Vasseur et de Leiris ; ibid. Pan. 1286, obs. A. Leborgne ; Lexbase hebdo éd. privée n° 647, 17 mars 2016, obs. Fricero.* ♦ V. plus largement sur ce principe note 36 ss. C. civ., art. 2241. – **C. civ.**

9. Exécution d'un jugement étranger. L'exécution d'un jugement étranger peut être poursuivie pendant le délai prévu à l'art. L. 111-4 courant à compter de la décision d'*exequatur* pour la dette globale représentant le montant des arrérages capitalisés à cette date. • Civ. 1re, 4 nov.

2015, n° 14-11.881 P : *D. actu. 18 nov. 2015, obs. Kebir ; D. 2015. Actu. 2258 ; ibid. 2016. Pan. 1059, obs. Jault-Seseke ; ibid. 1282, obs. Leborgne ; Gaz. Pal. 9 févr. 2016, p. 78, obs. Lauvergnat ; ibid. 19 avr. 2016, p. 71, note Le Cam-Mayou ; RTD civ. 2016. 441, obs. Théry ; Rev. crit DIP 2016. 453, note Foussard ; JCP 2015. 1272, note Salati ; RDBF 2016, n° 33, note Piedelièvre ; Procédures 2016, n° 8, note Raschel.*

10. Contrainte de sécurité sociale. L'exécution d'une contrainte émise en application de l'art. L. 725-3 C. rur., qui ne constitue pas l'un des titres mentionnés aux 1° à 3° de l'art. L. 111-3 C. pr. exéc. dont l'exécution ne peut en principe être poursuivie que pendant dix ans sauf si les actions en recouvrement des créances qui y sont constatées se prescrivent par un délai plus long en application de l'art. L. 111-4 du même code, est soumise depuis l'entrée en vigueur de la L. n° 2008-561 du 17 juin 2008 portant réforme de la prescription, eu égard à la nature de la créance, à la prescription de trois ans prévue par l'art. L. 725-7-I C. rur. • Civ. 2e, 17 mars 2016, n° 14-21.747 P : *D. actu. 8 avr. 2016, obs. Kebir* • Civ. 2e, 17 mars 2016, n° 14-22.575 P : *D. actu. 8 avr. 2016, obs. Kebir ; Procédures 2016, n° 155, obs. Raschel ; JCP S 2016, 1169, note Jeansen* • Civ. 2e, 9 nov. 2017, n° 16-23.662 : *Procédures 2018, n° 10, obs. Raschel.*

11. Recouvrement des arriérés. Si depuis l'entrée en vigueur de cette même loi, le créancier peut poursuivre pendant dix ans l'exécution du jugement portant condamnation au paiement d'une somme payable à termes périodiques, il ne peut, en vertu de l'art. 2224 C. civ., applicable en raison de la nature de la créance, obtenir le recouvrement des arriérés échus plus de cinq ans avant la date de sa demande et non encore exigibles à la date à laquelle le jugement avait été obtenu. • Civ. 2e, 26 janv. 2017, n° 15-28.173 P : *D. 2017. Pan. 1390, obs. Leborgne ; RDBF 2017, n° 124, note Piedelièvre ; Gaz. Pal. 13 juin 2017, p. 81, note Salati ; Dr. et pr. 2017, p. 34 obs. Lauvergnat ; Procédures 2017, n° 63, note Raschel.*

12. Astreinte. Liquidation. L'action en liquidation d'une astreinte n'est pas soumise au délai de prescription prévu à l'art. L. 111-4 C. pr. exéc. des titres exécutoires, mais au délai de prescription des actions personnelles et mobilières prévu à l'art. 2224 C. civ. • Civ. 2e, 21 mars 2019, n° 17-22.241 P : *cité note 12 ss. art. L. 131-3.*

Art. L. 111-5 En vertu des dispositions applicables dans les départements de la Moselle, du Bas-Rhin et du Haut-Rhin, constituent aussi des titres exécutoires :

1° Les actes établis par un notaire de ces trois départements lorsqu'ils sont dressés au sujet d'une prétention ayant pour objet le paiement d'une somme d'argent déterminée *(L. n° 2019-222 du 23 mars 2019, art. 108)* « ou déterminable, » ou la prestation d'une quantité déterminée *(L. n° 2019-222 du 23 mars 2019, art. 108)* « ou déterminable » d'autres choses fongibles ou de valeurs mobilières, et que le débiteur consent dans l'acte à l'exécution forcée immédiate ;

2° Les ordonnances de taxe de frais. Une ordonnance de taxe de frais, apposée sur le jugement conforme à l'article 105 du code local de procédure civile*[,]* est susceptible d'exécution en vertu de l'expédition exécutoire de ce jugement. Une expédition exécutoire particulière pour l'ordonnance de taxe n'est pas nécessaire ;

3° Les bordereaux de collocation exécutoires ;

4° Les actes de partage établis en application du titre VI de la loi du 1er juin 1924 mettant en vigueur la législation civile française dans les départements du Bas-Rhin, du Haut-Rhin et de la Moselle ; *– V. L. 1er juin 1924, art. 220 s. (JO 3 juin).*

5° Les contraintes émises par les caisses d'assurance-accidents agricole pour le recouvrement des cotisations arriérées. *– [C. local pr. civ., art. 794, ecqc TE, 795 a, ecqc TE ; L. du 1er juin 1924, art. 208, al. 2, ecqc TE et 236, ecqc TE ; Règl. local du 26 mai 1905, art. 42, ecqc TE.]*

BIBL. ▶ JULIENNE, *JCP N 2018. 1129* (défendre la force exécutoire des actes notariés d'Alsace-Moselle). – E. SANDER, *JCP N 2013. 1058* (force exécutoire des actes des notaires en Alsace-Moselle).

1. Application dans le temps. A défaut de disposition transitoire, l'art. 108 de la L. n° 2019-222 du 23 mars 2019, modifiant l'art. L. 111-5, 1°, est entré en vigueur le lendemain de sa publication au *JO*, intervenue le 24 mars 2019, soit le 25 mars 2019 ; cet article, procédant d'une loi relative aux procédures civiles d'exécution, dépourvu de caractère interprétatif, est d'application immédiate, il n'est donc applicable qu'aux actes d'exécution forcée postérieurs à l'entrée en vigueur de la nouvelle loi. • Civ. 2e, 20 mai 2021, n° 20-13.633 P : *D. 2021. 1036 ; Procédures 2021, n° 192, note Laporte.*

2. Actes notariés. Il résulte de l'art. L. 111-5 que les actes notariés ne peuvent servir de titre exécutoire que s'ils ont pour objet le paiement d'une somme déterminée, et non pas seulement déterminable, et si le débiteur consent à l'exécution forcée immédiate. • Civ. 2e, 19 oct. 2017, n° 16-26.413. ♦ Il résulte de l'art. L. 111-5 que, dans les départements du Bas-Rhin, du Haut-Rhin et de la Moselle, constituent des titres exécutoires les actes établis par un notaire de ces départements ou du ressort des cours d'appel de Colmar et de Metz lorsqu'ils sont dressés au sujet d'une prétention ayant pour objet le paiement d'une somme d'argent déterminée ou la prestation d'une quantité déterminée d'autres choses fongibles ou de valeurs mobilières et que le débiteur consent dans l'acte à l'exécution forcée immédiate. • Civ. 2e, 19 oct. 2017, n° 16-19.675 : *AJDI 2018. 54 ; JCP N 2018. 1129, note Julienne.* ♦ Ayant rappelé qu'il résulte de l'art. 794-5 C. pr. civ. local applicable en Alsace-Moselle, devenu l'art. L. 111-5 C. pr. exéc., que les actes notariés ne peuvent servir de titre exécutoire que s'ils ont pour objet le paiement d'une somme déterminée, et non pas seulement déterminable, puis relevé que si l'acte authentique en vertu duquel la vente forcée avait été sollicitée mentionnait les conditions du prêt consenti, reproduites dans un tableau d'amortissement, la créance invoquée à l'appui de la requête ne résultait pas de l'acte, sauf à devoir la déterminer, une fois la déchéance du terme acquise, par le solde rendu exigible, augmenté des intérêts échus, des intérêts à courir et de l'indemnité forfaitaire calculée sur un solde qui n'est pas encore fixé, la cour d'appel en a exactement déduit, sans se contredire et sans dénaturer l'acte notarié, que la créance pour laquelle la vente forcée des biens était poursuivie n'était pas suffisamment déterminée. • Civ. 2e, 22 mars 2018, n° 17-10.635 : *JCP N 2018. 367, obs. Julienne.* ♦ A défaut de disposition transitoire, l'art. 108 de la L. n° 2019-222 du 23 mars 2019, dépourvu de caractère interprétatif, est applicable aux actes d'exécution postérieurs à l'entrée en vigueur de ce texte. L'art. L. 111-5, 1°, C. pr. exéc. a été modifié par la L. du 23 mars 2019 en vue de mettre le droit local en conformité avec les règles applicables sur le reste du territoire national. La Cour de cassation a donc décidé de rapprocher les règles applicables en droit local de celles du droit général, et a considéré que constitue un titre exécutoire, au sens de l'art. L. 111-5, 1°, un acte notarié de prêt qui mentionne, au jour de sa signature, outre le consentement du débiteur à son exécution immédiate forcée, le montant du capital emprunté et ses modalités de remboursement permettant, au jour des poursuites, d'évaluer la créance dont le recouvrement est poursuivi. Elle en a déduit que la créance, pour laquelle la vente forcée des biens est poursuivie, ne se trouve pas suffisamment déterminée dans l'acte notarié servant de fondement aux poursuites. • Civ. 2e, QPC, 25 juin 2020, n° 19-23.219 : *D. 2020. 1409 ; Rev. prat. rec. 2020. 12, obs. Cousin, Draillard, Joly et Laher.* ♦ V. aussi • Civ. 2e, 22 oct. 2020, n° 19-17.569 : *D. 2020. 2125* (après avoir constaté que l'emprunteur s'était soumis à l'exécution forcée immédiate, la cour d'appel a relevé qu'était en cause l'exécution de deux prêts aux échéances déterminées, qui, s'ils comportaient une affectation hypothécaire, ne s'analysaient pas en un acte constituant uniquement une hypothèque, faisant ainsi ressortir que l'acte notarié constatant les deux prêts avait pour objet le paiement de sommes déterminées au sens de l'art. L. 111-5. La cour d'appel en a exactement déduit que l'acte notarié constituait un titre exécutoire).

Art. L. 111-6 **La créance est liquide lorsqu'elle est évaluée en argent ou lorsque le titre contient tous les éléments permettant son évaluation.** — *[L. n° 91-650 du 9 juill. 1991, art. 4.]*

1. Jugement de divorce. Ne constitue pas un titre exécutoire constatant une créance liquide et exigible un jugement de divorce prévoyant le versement d'une pension alimentaire à l'épouse après la majorité des enfants, jusqu'à la fin effective de leurs études, dès lors que des éléments nouveaux rendaient nécessaire la saisine préalable du juge aux affaires familiales. • TGI Quimper, 17 févr. 1994 : *D. 1994. Somm. 339, obs. Julien* .

2. Caducité de la prestation par l'effet du remariage entre les époux. Le commandement de payer doit recevoir exécution lorsque l'obligation de rembourser résulte de plein droit de la décision qui constate la caducité de la prestation compensatoire, la créance étant liquide lorsqu'elle est évaluée en argent ou lorsque le titre contient tous les éléments permettant son évaluation. • Civ. 2e, 22 sept. 2016, n° 15-17.041 P : *D. actu. 11 oct. 2016, obs. Avena-Robardet ; D. 2016. Actu. 1938 ; JCP 2017. 186, obs. Bosse-Platière ; Gaz. Pal. 6 déc. 2016, p. 29, obs. Ansault ; Gaz. Pal. 3 janv. 2017, p. 60, note Pierrot-Blondeau et Bautrait-Lotellier ; Dr. fam. 2016, n° 219, note Binet.* ♦ En retenant que la décision ordonnant le versement d'une prestation compensatoire sous la forme d'une rente mensuelle viagère, la répétition doit s'exercer par référence à une période de temps donnée pendant laquelle l'obligation était exigible, ce qui conduit nécessairement à vérifier l'imputation qui a été donnée aux paiements effectués, et que la rente viagère est assimilable à une obligation naturelle, et qu'ainsi l'épouse est susceptible d'opposer des exceptions aux demandes qui lui sont faites dans le cadre de la répétition de l'indu dont la connaissance appartient au juge du fond, une cour d'appel, qui se détermine ainsi par des motifs inopérants à caractériser l'absence de caractère évaluable de la créance par le juge de l'exécution et alors que l'obligation de rembourser résultait de plein droit de la décision constatant la caducité de la prestation compensatoire, ne donne pas de base légale à sa décision. • Même décision.

3. Bail notarié. Le bail notarié qui ne constate, pour les frais correspondant aux réparations locatives et aux charges diverses, aucune créance liquide et exigible au sens de l'art. 42 [devenu C. pr. exéc., art. L. 211-1], ne constitue pas un titre exécutoire susceptible de servir de fondement à une saisie-attribution faite en recouvrement d'un compte définitif de location. • TI Amiens, 7 sept. 1995 : *BICC, 15 janv. 1996, n° 69.*

4. Ordonnance de non-conciliation. L'ordonnance de non-conciliation rendue par un juge aux affaires matrimoniales, par laquelle il donne acte aux époux de leur accord pour le règlement d'emprunts, est une décision qui s'impose aux parties avec la force obligatoire, à défaut de l'autorité de la chose jugée ; ne contenant aucune évaluation des sommes supportées par chaque époux au titre des emprunts, ni aucun élément précis permettant cette évaluation, les créances qu'elle constate ne sont pas liquides au sens de ce texte ; est donc nul le commandement aux fins de saisie-vente délivré par le mari à son épouse, pour défaut de paiement des mensualités de remboursement des emprunts. • Dijon, 18 janv. 1994 : *D. 1994. IR 343.*

5. Créance plafonnée. V., pour la cassation d'un arrêt qui avait jugé qu'une sentence arbitrale, qui ne fixait qu'une somme maximale que le débiteur poursuivi devait garantir, ne pouvait suffire à elle seule à déterminer la créance liquide et exigible, • Civ. 2e, 8 juill. 2004, n° 02-20.213 P : *Procédures 2004, n° 258, note Perrot ; Rev. arb. 2006. 99, obs. Betto.*

6. Titre notarié ne contenant pas les éléments d'évaluation de la créance. En ce sens que, faute de créance liquide et exigible, l'exécution forcée ne peut être poursuivie, ce qui implique le pouvoir du JEX d'annuler le commandement et les poursuites subséquentes, V. • TGI Nantes, JEX, 18 févr. 2002 : *Dr. et pr. 2002. 303, note Putman.* ♦ Pour un autre exemple, V. • Paris, 27 févr. 2003 : *D. 2003. IR 1268.*

7. Titre exécutoire exécuté par le Crédit municipal. Sur l'obligation, pour les juges du fond, qui constatent que le titre mentionne le nom du débiteur, la nature et le numéro du prêt ainsi que la somme pour laquelle il était émis, ce qui caractérise une créance liquide et exigible, de rechercher si la requête présentée par le Crédit municipal ne permet pas de procéder à toutes les vérifications utiles, V. • Civ. 2e, 24 juin 2004 : *JCP 2004. IV. 2744.*

8. Consignation. Dès lors qu'un jugement, qui constitue le titre exécutoire, porte condamnation des débiteurs à payer une certaine somme aux créanciers, et que l'absence de consignation de la provision ne dispense pas le juge d'examiner l'affaire au fond, celui-ci ne peut ordonner la mainlevée des saisies aux motifs que la créance ne serait pas liquide et que les créanciers auraient refusé de procéder à la consignation des frais d'expertise. • Civ. 2e, 16 oct. 2003, n° 01-16.766 P.

9. Rappel de salaire. Constitue un titre exécutoire constatant une créance liquide un jugement condamnant un employeur à verser à une de ses salariés le rappel de salaire sur les cinq années précédant la saisine de la juridiction prud'homale, ces sommes étant déterminables. • Civ. 2e, 19 nov. 2008, n° 07-18.987 P : *D. 2008. AJ 3018 ; Dr. et pr. 2009. 107, note Salati ; RDBF 2009, n° 30, note Piedelièvre.*

10. Somme globale. Les bénéficiaires d'une condamnation au paiement d'une somme globale peuvent en poursuivre conjointement le recouvrement forcé par un mandataire commun sans que chacun procède préalablement à la détermination de sa propre créance. • Civ. 2e, 12 juin 2008, n° 07-10.579 P : *Dr. et pr. 2008. 333, note Bourdillat.*

11. Action en liquidation de la créance. Objet : interruption de la prescription (non). Le créancier d'un titre exécutoire notarié pouvant interrompre le délai de prescription par l'engagement d'une mesure conservatoire ou d'une mesure d'exécution forcée, la volonté d'interrompre ce délai ne saurait justifier, en elle-même, l'introduction d'une action en liquidation de la créance constatée par le titre exécutoire. • Civ. 1re, 16 oct. 2013, n° 12-21.917 P : *D. 2014. Pan. 1466, obs. Leborgne ; JCP 2013. I. 1299, note Croze ; ibid. N 2013. 1065, obs. Brenner ; Dr. et pr. 2013. 283, note Salati ; Procédures 2014, n° 39, note Perrot ; Dr. et pr. 2013. 283, note Salati ; RDBF 2014, n° 63, note Piedelièvre.*

12. Créance liquide dans une monnaie étrangère. L'arrêt qui, pour annuler le commandement à fin de saisie immobilière et ordonner mainlevée de la saisie, retient que l'acte notarié servant de fondement aux poursuites concernait un prêt libellé en francs suisses et remboursable dans cette monnaie étrangère, avec faculté de conversion à la demande de l'emprunteur, sans stipulation aucune relative aux conditions de conversion en euros, et considère alors que la créance, bien que mentionnée en euros dans le commandement de payer valant saisie, n'était pas liquide faute d'éléments dans le contrat permettant de l'évaluer dans la monnaie ayant seul cours légal en France, alors qu'à défaut de stipulations relatives aux modalités de conversion dans le titre exécutoire, la contre-valeur en euros de la créance stipulée en monnaie étrangère pouvait être fixée au jour du commandement de payer à fin de saisie immobilière, qui engage l'exécution forcée, de sorte que la créance, dont le montant était déterminable à cette date, se trouvait, par là-même, liquide, viole les art. L. 111-2 et L. 111-6. • Civ. 2e, 23 juin 2016, n° 15-12.113 P : *D. actu. 26 juill. 2016, obs. Kebir ; D. 2016. Actu. 1507 ; ibid. 2032, obs. d'Avout ; ibid. 2017. Pan. 1390, obs. Leborgne ; JCP E 2016. 1587, obs. Causse ; ibid.*

2017. 1278, obs. Asselain ; RDBF 2016, n° 208, note Piedelièvre ; ibid., n° 167, note J. Djoudi ; Gaz. Pal. 8 nov. 2016, p. 65, note Leducq ; RLDC 2017. 33, obs. Salati ; Procédures 2016, n° 259, obs. Laporte.

13. *Office du juge.* Le juge doit rechercher si le titre contient les éléments permettant l'évaluation de la créance. • Civ. 2e, 8 déc. 2005, n° 04-14.785 P : *AJDI 2006. 148*.

Art. L. 111-7 Le créancier a le choix des mesures propres à assurer l'exécution ou la conservation de sa créance. L'exécution de ces mesures ne peut excéder ce qui se révèle nécessaire pour obtenir le paiement de l'obligation. – *[L. n° 91-650 du 9 juill. 1991, art. 22, al. 1er, scission.]*

I. LE CHOIX DES MESURES

1. *Domaine d'application.* L'art. 22 [devenu C. pr. exéc., art. L. 111-7] n'est pas applicable à la saisie immobilière. • Basse-Terre, 19 avr. 2004 : *RDBF 2004, n° 259, note Piedelièvre.*

2. *Choix du créancier.* Le créancier a le choix des mesures propres à assurer l'exécution de sa créance et ne saurait donc se voir reprocher, sauf abus de droit, d'avoir fait pratiquer une saisie-vente. • TGI Lyon, 18 mai 1993 : *Gaz. Pal. 1994. 1. Somm. 356.*

3. *Cumul de procédures.* L'accord sur des paiements conclu entre un créancier et son débiteur devant le juge d'instance lors de la phase de conciliation préalable à la saisie des rémunérations ne peut pas être interprété comme une renonciation tacite à une autre et précédente saisie en cours. Faute par le débiteur déjà saisi d'apporter la preuve de l'inutilité de la première mesure, ou de son caractère abusif, le cumul des deux procédures d'exécution est justifié. • Paris, 14 nov. 2002 : *Dr. et pr. 2003. 170, note Bourdillat.*

4. *Charge de la preuve.* Il appartient au débiteur, qui poursuit la mainlevée d'une mesure d'exécution, d'établir qu'elle excède ce qui se révèle nécessaire pour obtenir le paiement de l'obligation. • Civ. 2e, 15 mai 2014, n° 13-16.016 P : *D. 2014. Actu. 1213, obs. Avena-Robardet ; ibid. 2015. 554, note Hugon ; ibid. 1343, obs. Leborgne ; Dr. et pr. 2014. 117, note Dorol ; JCP 2014, 782, note Lauvergnat.*

II. L'ABUS DE SAISIE

BIBL. Wernert, *JCP E 1999, p. 1810* (saisine du JEX pour ordonner l'annulation d'une mesure inutile ou abusive).

A. EXISTENCE D'UN ABUS DU CRÉANCIER

5. *Saisie-attribution.* Sur une application à une saisie-attribution jugée abusive. • TGI Agen, 12 janv. 1995 : *Rev. huiss. 1995. 727, note Nicoleau ; LPA 11 août 1995, note Nicoleau.* ♦ Sur la réparation du préjudice commercial résultant de l'atteinte portée à l'image de marque d'une société chez les clients de laquelle il a été procédé à une saisie, aux risques et périls du demandeur, • Limoges, 14 juin 2004 : *Procédures 2005, n° 26, note Piedelièvre.*

6. *Inscription conservatoire d'hypothèque.* V. note 6 ss. art. R. 511-1.

7. *Caractérisation de l'abus.* La mise en œuvre d'une mesure d'exécution forcée ne dégénère en abus, sauf disposition particulière, que s'il est prouvé que le créancier a commis une faute. • Civ. 2e, 17 oct. 2013, n° 12-25.147 : *RDBF 2014, n° 18, note Piedelièvre.* ♦ Il ne suffit pas d'énoncer que le comportement du saisissant suite à la délivrance d'une saisie-attribution a été source de préjudice pour le tiers saisi ; la cour d'appel a privé sa décision de base légale en se déterminant par cette seule affirmation sans caractériser l'abus commis dans l'exercice de la saisie. • Civ. 2e, 22 mars 2001, n° 99-14.941 : *Dr. et pr. 2001-4. 255, obs. Putman.* ♦ Justifie légalement sa décision, une cour d'appel qui, pour rejeter une demande de dommages-intérêts pour saisie abusive, caractérise l'absence de faute du créancier dans l'exercice de la saisie. • Civ. 2e, 27 févr. 2014, n° 13-11.865 P : *D. actu. 18 mars 2014, obs. Avena-Robardet ; D. 2014. Pan. 1466, obs. Leborgne ; RDBF 2014, n° 109, note Piedelièvre.*

8. *Proportionnalité de la mesure.* Prive sa décision de base légale l'arrêt de la cour d'appel qui rejette la demande de paiement de dommages-intérêts pour saisie abusive, sans rechercher, comme il lui était demandé, si la saisie-vente d'un appartement était proportionnée au montant de la dette et alors qu'elle relevait que des mesures de saisie sur salaire étaient pratiquées par ailleurs. • Civ. 2e, 10 mai 2007, n° 05-13.628 : *D. 2008. Pan. 1170, obs. Leborgne ; Procédures 2007, n° 246, obs. Perrot.* ♦ V. jugeant excessive une saisie immobilière pratiquée compte tenu de la modicité de la somme en recouvrement, de la possibilité de recourir à une saisie de sommes d'argent et du fait que l'adjudication, si elle était ordonnée, ne permettrait pas au syndicat poursuivant de récupérer sa créance, et jugeant qu'une telle saisie est à la fois inutile et abusive de sorte qu'il n'y pas lieu d'ordonner la vente forcée de l'immeuble et qu'il convient d'appliquer l'art. 22 [devenu C. pr. exéc., art. L. 111-7]. • Aix-en-Provence, 15 juin 2009 : *Dr. et pr. 2009. 289, note Scordopoulos.*

9. *Abstention fautive en cas d'annulation du titre exécutoire.* Il appartient au créancier de donner mainlevée auprès du tiers saisi d'une saisie-attribution reposant sur un titre exécutoire annulé. Pour déclarer la saisie abusive et accueillir la demande de dommages-intérêts du mandataire-liquidateur de la société débitrice, pour la période allant de la date de l'arrêt ayant supprimé la condamnation provisionnelle à celle de la remise des fonds à la disposition de la partie saisie, la cour d'appel retient que le créancier aurait dû donner mainlevée de la mesure dès le prononcé de l'arrêt. En statuant ainsi, alors qu'une abstention fautive ne pouvait être reprochée au créancier qu'à compter de la signification de la décision portant annulation du titre exécutoire sur le fondement duquel a été pratiquée la saisie-attribution, la cour viole les art. 22, al. 2, de la L. n° 91-650 du 9 juill. 1991 [devenu C. pr. exéc., art. L. 121-2] et 503 NCPC [devenu C. pr. civ]. • Civ. 2e, 28 juin 2001, n° 99-17.972 P : *D. 2001. IR 2182 ; RTD civ. 2001. 963, obs. Perrot ; RDBF 2001, n° 197, note Delleci ; Dr. et pr. nov. 2001. 391, obs. Putman.* – Comp. : • Civ. 2e, 21 janv. 1998, n° 95-20.114 P : *D. 1999. 233, note Bourdillat ; RTD civ. 1998. 484, obs. Perrot* (l'annulation du titre exécutoire emporte de plein droit mainlevée de la saisie).

B. ABSENCE D'ABUS DU CRÉANCIER

10. Dès lors qu'il apparaît que deux commandements de payer étaient erronés dans le décompte qu'ils contenaient, qu'ils ne tenaient pas compte d'une compensation ordonnée qui n'apparaissait pas, et qu'ils ont été délivrés avant toute demande amiable explicitée, malgré la requête légitime du débiteur, le JEX doit les considérer sans effet valable pour permettre une éventuelle saisie-vente. • TGI Paris, JEX, 16 juin 1994 : *BICC, 1994, n° 985.*

11. Le fait de faire délivrer un commandement de saisie immobilière à l'encontre d'un autre immeuble que celui désigné par la convention de découvert ne constitue pas un abus de saisie. • Aix-en-Provence, 22 janv. 2003 : *LPA 9 sept. 2004, p. 12, note Lajarte.*

12. Le motif tiré de la trêve estivale, lors de laquelle les entreprises fonctionnent généralement au ralenti avec du personnel réduit, est impropre à établir le caractère abusif ou inutile d'une saisie. • Civ. 2e, 22 juin 2017 : *RTD civ. 2017. 731, obs. Cayrol ; RDBF 2017, n° 215, note Piedelièvre.*

13. Dans la mesure où le débiteur saisi peut demander au juge de l'exécution l'autorisation *de vendre amiablement le bien*, y compris avant la signification de l'assignation à comparaître à l'audience d'orientation, il en résulte que, après avoir délivré un commandement de payer valant saisie immobilière, le créancier poursuivant ne peut, sauf abus de saisie, voir sa responsabilité engagée à raison de ce qu'il aurait tardé à répondre, avant le jugement d'orientation autorisant la vente amiable, à une sollicitation du débiteur saisi tendant à l'autoriser à vendre amiablement le bien saisi. • Civ. 2e, 3 févr. 2022, n° 20-20.355 B.

C. ABUS DE L'HUISSIER DE JUSTICE

14. Ce texte sur l'abus de saisie doit s'appliquer à l'huissier qui agit à l'encontre de son mandant. • TGI Angoulême, 3 janv. 1994 : *D. 1994. Somm. 343, obs. (crit. quant au texte applicable) Julien* .

15. Seul le créancier pouvant être condamné par le JEX, sur le fondement de l'art. 22 [devenu C. pr. exéc., art. L. 111-7], le JEX est incompétent pour connaître des demandes, tant de nullités des procès-verbaux de constat que de dommages-intérêts à l'encontre de l'huissier constatant. • TGI Paris, 13 avr. 1995 : *BICC, 1er déc. 1995, n° 1255.*

III. LA SAISIE INUTILE

16. Illustration. Sous réserve de l'appréciation souveraine des juridictions et dans la mesure où le produit de la saisie est affecté en priorité au paiement des frais nécessaires, une saisie portant sur des biens dont, manifestement, la valeur n'excède pas le montant prévisible de tels frais, doit être considérée comme inutile puisqu'elle ne permettra pas de recouvrer la créance. Sous cette même réserve, il appartient aux huissiers de justice d'apprécier si la consistance des biens qu'ils saisissent est suffisante pour assurer le paiement total ou partiel de la créance, et, dans le cas contraire, de constater que la mesure d'exécution est infructueuse. * Rép. min. n° 26545, *JOAN Q, 15 déc. 2003, p. 9662.*

17. Caractérisation de l'inutilité (non). Se détermine par des motifs impropres à caractériser l'inutilité de la saisie immobilière et ne donne pas de base légale à sa décision, la cour d'appel qui, pour ordonner la mainlevée de la mesure de saisie immobilière, retient, par motifs adoptés, que la créance dont l'exécution forcée était poursuivie était modique au regard de la valeur du bien saisi, qu'un chèque de 1 000 € proposé par le saisi avait été déposé sur un compte CARPA après refus par le saisissant de le percevoir, que le bien saisi donné en location générait un loyer mensuel de 736,58 €, lequel séquestré sur un compte CARPA, après opposition diligentée par le créancier poursuivant, pouvait, par la suite, donner lieu à la mise en œuvre d'une mesure de saisie-attribution, les causes de la poursuite litigieuse pouvant être réglées en dix mois environ, de sorte que la saisie immobilière présentait un caractère inutile. • Civ. 2e, 22 juin 2017, n° 16-16.871 : *AJDI 2017. 596, obs. Porcheron ; RTD civ. 2017. 732, obs. Cayrol ; Procédures 2017, n° 234, obs. Laporte.*

18. Distinction avec l'abus. V., dans le sens qu'une saisie inutile pour le créancier, qui, subrogé aux droits d'un autre créancier, poursuit la saisie immobilière, n'est pas nécessairement abusive. • Civ. 2e, 27 févr. 2014, n° 13-11.865 P : *préc. note 7.*

Art. L. 111-8 A l'exception des droits proportionnels de recouvrement ou d'encaissement qui peuvent être mis partiellement à la charge des créanciers dans des conditions fixées par décret en Conseil d'État, les frais de l'exécution forcée sont à la charge du débiteur, sauf s'il est manifeste qu'ils n'étaient pas nécessaires au moment où ils ont été exposés. Les contestations sont tranchées par le juge.

Les frais de recouvrement entrepris sans titre exécutoire restent à la charge du créancier, sauf s'ils concernent un acte dont l'accomplissement est prescrit par la loi *(L. n° 2014-344 du 17 mars 2014, art. 12-I)* **« au créancier ». Toute stipulation contraire est réputée non écrite, sauf disposition législative contraire.** — *Le fait pour un professionnel de solliciter ou de percevoir d'un consommateur des frais de recouvrement dans des conditions contraires au 2e al. de l'art. L. 111-8 C. pr. exéc. est puni des peines prévues à l'art. L. 132-11 C. consom. (C. consom., art. L. 132-23).*

Cependant, le créancier qui justifie du caractère nécessaire des démarches entreprises pour recouvrer sa créance peut demander au juge de l'exécution de laisser tout ou partie des frais ainsi exposés à la charge du débiteur de mauvaise foi. — *[L. n° 91-650 du 9 juill. 1991, art. 32, al. 1er à 4, scission.]*

Sur la sanction de l'art. L. 111-8, V. ***C. consom.****, art. L. 121-21, L. 132-11 et L. 132-23.*

Sur la charge des droits proportionnels de recouvrement ou d'encaissement, V. ***C. consom.****, art. R. 631-4.*

DALLOZ ACTION *Droit et pratique des voies d'exécution 2022/2023*, nos 0311.00 s., par M.-P. MOURRE-SCHREIBER.

BIBL. ▶ BOUSTANI, *D. 2014. 389* (la réparation intégrale et les règles de procédure : principe prétendu ou droit effectif ?). – LAMARQUE, *Gaz. Pal. 1993. Doctr. 1240* (frais de recouvrement et face cachée de l'article 32). – PROVENSAL, *Gaz. Pal. 2011. 2056* (le point sur les impayés... prix de la morale : 9,80 euros). – TAORMINA, *JCP 2002. I. 139* (charge des frais et dépens de l'exécution forcée).

Sur la limitation des frais d'huissier de justice, V. Rép. min. n° 42356 : Dr. et pr. 2009. 240.

I. DOMAINE

1. Nature. Il résulte des dispositions de l'art. L. 111-8, que les frais de poursuite sont l'accessoire de la dette pour le paiement de laquelle a été diligentée la procédure de saisie immobilière. Dès lors, le créancier saisissant désintéressé des causes du commandement en principal par le saisi, est fondé à continuer les poursuites de saisie immobilière contre celui-ci tant qu'il n'a pas obtenu le règlement desdits frais. • Civ. 2e, 22 juin 2017, n° 16-18.901 P : *D. 2017. Actu. 1370 ; ibid. Pan. 1230, obs. Leborgne ; RTD civ. 2017. 733, obs. Cayrol ; Gaz. Pal. 11 juill. 2017, p. 19, note Sillard et Cordier ; ibid. 31 oct. 2017, p. 72, note Lauvergnat ; 19 déc. 2017, p. 38, obs. Brenner ; RDBF 2017, n° 218, note Piedelièvre ; Dr. et proc. 2017. 191, note Leborgne ; Procédures 2017, n° 185, obs. Laporte ; Dr. et patr. 2018, n° 277, p. 38, obs. Maugain.*

2. Domaine. – Copropriété. Sur l'application de l'al. 3, l'art. 32 de la loi de 1991 [devenu C. pr. exéc., art. L. 111-8] aux frais de recouvrement des sommes dues par un copropriétaire défaillant : Rép. min. n° 50697 : *JOAN 20 janv. 1992 ; JCP 1992. V. 92.* ♦ Sur la possibilité, ultérieurement prévue par la L. du 13 déc. 2000, d'imputer les frais exposés par le syndicat des copropriétaires à compter de la mise en demeure, pour le recouvrement d'une créance justifiée à l'encontre d'un copropriétaire, à ce seul copropriétaire, V. art. 10-1 de la L. n° 65-557 du 10 juill. 1965. – **C. civ.** ou **C. copr.** – Sur la portée de cette loi sur la compétence du juge (JEX ou juge du fond), V. • Paris, 4 juill. 2002 : *Loyers et copr. 2002, n° 292, obs. crit. Vigneron.*

3. Domaine – Titre exécutoire. Les frais à la charge du débiteur s'entendent des frais exposés sur titre exécutoire pour parvenir à l'exécution forcée de sorte que les frais qui ne sont pas établis par titre exécutoire ne sont pas concernés par l'al. 1er de l'art. 32 de la loi de 1991 [devenu C. pr. exéc., art. L. 111-8]. • Paris, 25 juin 1998 : *D. 1998. IR 201* .

4. Recouvrement des dépens d'instance. V. note 3 ss. art. L. 111-2.

II. CHARGE DES FRAIS

5. Office du JEX. S'agissant de déterminer la charge et de fixer le montant des frais, la compétence du JEX est limitée aux frais de l'exécution forcée proprement dite. • Cass., avis, 11 mars 1994, n° 09-40.001 P.

A. PRINCIPE : FRAIS À LA CHARGE DU DÉBITEUR

6. Charge du débiteur. Les frais de saisie, s'ils incombent légalement à l'adjudicataire en cas d'adjudication, ne peuvent que rester à la charge du débiteur lorsque la saisie immobilière est arrêtée par un paiement libératoire effectué par le débiteur le jour de l'adjudication en application de l'art. 32 [devenu C. pr. exéc., art. L. 111-8]. • Paris, 28 févr. 2008 : *JCP 2008. IV. 1623.* ♦ Le commandement de payer visant la clause résolutoire constitue un acte dont l'accomplissement est prescrit par la loi. Son coût doit être supporté par le débiteur en application de l'art. L. 111-8, al. 2, C. pr exéc. • Civ. 2e, 28 juin 2018, n° 17-15.782 P : *Dr. et pr. 2018. 159, note U. Schreiber.*

7. Recouvrement. Le titre servant de fondement aux poursuites permet le recouvrement des frais de l'exécution forcée qui sont à la charge du débiteur. • Civ. 2e, 6 mars 2003, n° 01-02.745 P : *D. 2004. 1929, note Taormina ; Dr. et pr. 2003. 310, note Menut.*

B. EXCEPTIONS

8. Recouvrement amiable. Viole l'art. 32 de la loi de 1991 [devenu C. pr. exéc., art. L. 111-8] le jugement qui met à la charge du débiteur les frais d'établissement et d'envoi d'une lettre (prescrit par l'art. 4 du Décr. n° 96-1130 du 18 déc. 1996) à ce dernier par une société de recouvrement alors que ces frais ne correspondaient pas à l'accomplissement d'un acte prescrit par la loi. • Civ. 2e, 20 mai 2010, n° 09-67.591 P : *D. 2010. Actu. 1425 ; ibid. Chron. C. cass. 2102, obs. Sommer et Leroy-Gissinger, Adida-Canac et Grignon Dumoulin ; ibid. Pan. 265, obs. Fricero ; CCC 2010, n° 264, note Raymond* • 20 mai 2010 : *D. 2011. Pan. 1509, obs. Leborgne ; RDBF 2010, n° 186, obs. Piedelièvre ; Procédures 2010, n° 313, obs. Perrot.*

9. Abus de saisie. – Disproportionnalité avec le montant de la créance. Le fait d'avoir signifié deux actes ne peut être considéré comme abusif, le premier étant antérieur au paiement, le second étant induit par un paiement partiel. • TGI Paris, JEX, 2 juin 2004 : *Dr. et pr. 2004. 344, note Putman.*

10. Nullité de la signification. En condamnant le débiteur au paiement des frais d'huissier de justice afférents aux significations de contraintes émises par l'URSSAF pour obtenir le paiement de la cotisation personnelle d'allocations familiales, alors qu'elle avait constaté la nullité des significations qui ne pouvaient dès lors avoir aucun effet, la cour d'appel a violé l'art. 32 de la L. du 9 juill. 1991 [devenu C. pr. exéc., art. L. 111-8]. • Civ. 2e, 21 févr. 2008, n° 07-11.568 P : *RTD civ. 2008. 351, obs. Perrot.*

11. Frais non nécessaires. Les frais de l'exécution forcée sont à la charge du débiteur, sauf s'il est manifeste que les frais n'étaient pas nécessaires au moment où ils ont été exposés. • Civ. 2e, 28 juin 2006 : *Procédures 2006, n° 234, obs. Perrot.*

III. AGENTS DE RECOUVREMENT

12. Les dispositions conférant aux parties la faculté de se faire assister ou représenter par toute personne de leur choix devant une juridiction ne peuvent avoir pour effet, sauf disposition expresse contraire qui n'existe pas en matière de recouvrement de créances pour le compte d'autrui, de déroger au principe suivant lequel *seuls les avocats peuvent assumer ces missions à titre habituel.* Ayant constaté que l'intéressé intervenait de façon habituelle devant les tribunaux pour engager et suivre des actions tendant au recouvrement judiciaire de créances d'autrui, la cour d'appel a pu décider qu'une telle activité était constitutive, vis-à-vis des avocats, d'un trouble manifestement illicite. • Civ. 1re, 7 avr. 1999, n° 97-10.656 P : *RTD civ. 1999. 698, obs. Perrot ; RG proc. 1999. 706, obs. Putman ; JCP 1999. II. 10107, note R. Martin.* ♦ V. aussi note ss. art. 72 de la L. n° 71-1130 du 31 déc. 1971. – *C. avocat.*

Art. L. 111-9 **Sauf disposition contraire, l'exercice d'une mesure d'exécution et d'une mesure conservatoire est considéré comme un acte d'administration.** – *[L. n° 91-650 du 9 juill. 1991, art. 26.]*

1. Directeur d'une caisse de réunion d'assureurs. L'exercice d'une mesure d'exécution forcée par le directeur général d'une caisse de réunion des assureurs maladie ne justifie pas un pouvoir spécial de représentation. • Civ. 2e, 15 janv. 2004, n° 01-17.920 P : *D. 2004. IR 471 ; Procédures 2004, n° 100, note Perrot ; Dr. et pr. 2004. 227, note 218, note Hoonakker ; Gaz. Pal. 21-22 juill. 2004, p. 12, obs. Brenner.*

2. Administrateur judiciaire. L'administrateur judiciaire, lorsqu'il est investi d'une mission d'assistance sans restriction, doit assister le débiteur pour tous les actes d'administration, dont font partie les mesures d'exécution en application de l'art. L. 111-9. Le débiteur ne peut donc valablement, sans l'assistance de son administrateur, faire pratiquer une saisie-attribution. • Com. 31 mai 2016, n° 14-28.056 P : *D. 2016. Actu. 1253 ; Gaz. Pal. 27 sept. 2016, p. 74, note Salati ; ibid. 18 oct. 2016, p. 51, note Bidan ; RDBF 2016, n° 210, note Piedelièvre ; Procédures 2016, n° 258, obs. Laporte.*

3. Commandement de quitter les lieux. – Bien indivis. La délivrance d'un commandement de quitter les lieux, signifié en exécution d'un titre d'expulsion, constitue une mesure nécessaire à la conservation du bien indivis qui n'implique donc pas le consentement d'indivisaires titulaires d'au moins deux tiers des droits indivis. • Civ. 2e, 16 nov. 2017, n° 16-23.173 : *AJDI 2018. 53* ; *Procédures 2018, n° 8, note Raschel* ; *Loyers et copr. 2018, n° 14, note Vial-Pedroletti.*

Art. L. 111-10 Sous réserve des dispositions de l'article L. 311-4, l'exécution forcée peut être poursuivie jusqu'à son terme en vertu d'un titre exécutoire à titre provisoire.

L'exécution est poursuivie aux risques du créancier. Celui-ci rétablit le débiteur dans ses droits en nature ou par équivalent si le titre est ultérieurement modifié. – *[L. n° 91-650 du 9 juill. 1991, art. 31.]*

BIBL. ▶ L. Boré, *Mél. S. Guinchard, Dalloz, 2010, p. 607* (restitutions et responsabilités après l'anéantissement d'une décision de justice exécutoire). – de La Vaissière, *Dr. et patr. 12/2013, p. 60* (les risques de la mise en œuvre de l'exécution provisoire avant l'issue de la procédure). – Parmentier, *Bull. ch. avoués 1995. 2. 42* (le sursis à exécution). – Richard, *BICC 2003 hors-série, n° 2, p. 71* (conséquences de l'annulation ou de l'infirmation de la décision de première instance assortie de l'exécution provisoire).

1. *Jurisprudence européenne.* Le droit à l'exécution n'est attaché qu'aux décisions définitives et obligatoires. La CEDH ne saurait admettre que l'art. 6, § 1er, Conv. EDH protège non seulement ces décisions mais aussi celles qui peuvent être soumises au contrôle de plus hautes instances et, éventuellement, infirmées. • CEDH 18 avr. 2002, *Ouzounis/Grèce* : *D. 2002. Somm. 2572, obs. Fricero*. ♦ *Contra,* en l'état actuel du droit interne : • Civ. 2e, 18 oct. 2001 : *Dr. et pr. 2002. 104, obs. Hoonakker* (un JEX ne peut soustraire à l'exécution forcée un jugement bénéficiant partiellement de l'exécution provisoire de droit, même si le juge a refusé de manière générale d'ordonner l'exécution provisoire sollicitée, sans distinguer entre les différents chefs de condamnation). ♦ Pour une solution plus nuancée, V. cependant : • CEDH 13 oct. 2009, *Ghitoi et a. c/ Roumanie,* nos 2456/05, 5085/05 et 6149/05, § 40.

2. *Ordonnance de référé.* Si les décisions de justice n'ont pas, au principal, l'autorité de la chose jugée, elles sont néanmoins exécutoires en vertu de l'autorité qui s'attache aux décisions de justice. • Civ. 2e, 11 oct. 2007 : *Procédures 2007, n° 279, note Perrot.* ♦ Une ordonnance de référé constitue un titre exécutoire, peu important qu'elle ne soit qu'un titre provisoire auquel ne s'attache pas l'autorité de chose jugée, dès lors que c'est seulement en raison de sa nature que la loi lui confère force exécutoire pour permettre son exécution malgré le risque de remise en cause de la chose jugée. • Toulouse, 15 mars 1993 : *BICC, 1er oct. 1993, n° 1126* ; *Rev. huiss. 1993. 1188.* ♦ Ce texte ne fait aucune distinction selon que le titre exécutoire est une décision de référé ou un jugement sur le fond, sa seule exigence étant que le titre soit exécutoire, ce qu'est une ordonnance de référé. • TGI Lyon, JEX, 15 juin 1993 : *BICC, 1994, n° 744* ; *Gaz. Pal. 1994, Somm. 236* • Civ. 2e, 28 janv. 1998, n° 96-10.110 P : *RG proc. 1998. 519, obs. Putman.*

3. *Injonction de payer.* Une ordonnance d'injonction de payer devenue exécutoire, signifiée à mairie, constitue un tel titre provisoire jusqu'à expiration du délai d'opposition, ou, en cas d'opposition, jusqu'à jugement par le tribunal. • Caen, 14 déc. 1993 : *D. 1994. Somm. 339, obs. Julien* .

4. *Conséquence de l'arrêt de l'exécution provisoire après qu'une saisie-attribution a été pratiquée.* Ainsi jugé que, lorsque l'exécution provisoire du jugement constituant le titre exécutoire a été arrêtée, sur le fondement de l'art. 524 NCPC [devenu C. pr. civ]., après que la saisie-attribution a été pratiquée mais avant que le paiement n'ait été effectué (elle avait donc été pratiquée sur le fondement d'un titre exécutoire), l'effet attributif et partant l'indisponibilité qui le rend possible restent acquis, jusqu'à ce que la cour ait statué et que le paiement des fonds ainsi attribués et indisponibles est paralysé. Pour garantir ces deux effets conjugués, il est nécessaire de désigner un séquestre qui sera chargé de conserver les sommes indisponibles jusqu'à ce que la cour d'appel de Caen ait statué. • TGI Cherbourg, 21 avr. 1993 : *Gaz. Pal. 1993. Somm. 289.* ♦ V. aussi note 13 ss. art. L. 211-1.

5. *Annulation du titre exécutoire.* V. note 9 ss. art. L. 111-7 et note 6 ss. art. L. 123-1.

6. *Risques et périls du créancier.* L'exécution d'une décision de justice exécutoire à titre provisoire n'a lieu qu'aux risques de celui qui la poursuit, à charge par lui, si le titre est ultérieurement modifié, d'en réparer les conséquences dommageables ; condamnation des demandeurs après l'infirmation de la décision, bien qu'ils n'aient effectué aucun acte d'exécution forcée de l'ordonnance spontanément exécutée, l'ordonnance de référé ayant été signifiée à leur requête, le destinataire étant alors tenu de l'exécuter. • Cass., ass. plén., 24 févr. 2006, n° 05-12.679 P : *D. 2006. 1085, obs. Perrot* ; *JCP 2006. I. 183, obs. Amrani-Mekki* ; *JCP 2006. II. 10063, note Croze* ; *Dr. et pr. 2006. 159, obs. Fricero* ; *RDBF 2006, n° 78, note Piedelièvre* ; *Dr. et patr., févr. 2007, p. 120, obs. Amrani-Mekki* ; *RTD civ. 2006. 368, obs. Théry* ; *ibid. 377, obs. Perrot* . ♦ Viole l'art. 31 de la L. n° 91-650 du 9 juill. 1991 [devenu C. pr. exéc., art. L. 111-10] la cour d'appel qui, pour débouter une société de sa demande en paiement de dommages-intérêts aux fins de réparation du préjudice résultant de la restitution des locaux en exécution du jugement prononçant la résiliation du bail, retient que les bailleurs qui n'ont pas fait procéder à l'exécution forcée du jugement assorti de l'exécution provisoire que la société locataire a volontairement exécuté n'ont commis aucune faute alors que le jugement prononçant la résiliation du bail ayant été signifié à la requête desdits bailleurs à la société locataire, cette dernière était tenue de l'exécuter. • Civ. 2e, 8 sept. 2011 : *RTD civ. 2012. 149, obs. Perrot*. ♦ Un créancier se prévalant d'un titre exécutoire même à titre provisoire en la forme d'une décision de référé peut diligenter, à l'encontre de son débiteur, une saisie-vente, commandement préalablement délivré, sans encourir la moindre nullité, sachant que cette exécution menée en vertu d'un titre provisoire est poursuivie aux risques et périls du saisissant. • Civ. 2e, 28 janv. 1998, n° 96-10.110 P : *Rev. huiss. 1998. 558, note Dahan.* ♦ *Adde* : sur la portée de la responsabilité de droit du créancier : • Civ. 2e, 23 oct. 2008 : *RTD civ. 2009. 170, obs. Perrot*. ♦ Une ordonnance de référé d'un président d'un tribunal administratif qui, à la requête d'un concurrent, suspend les effets d'un arrêté d'attribution d'une licence de taxi à une société, constituant un titre exécutoire, la notification de cette décision au bénéficiaire de l'autorisation, ordonnée par le juge administratif, obligeant celui-ci à cesser son activité, une cour d'appel, saisie par ce bénéficiaire d'une demande d'indemnisation, après anéantissement du titre résultant du rejet au fond du recours en annulation de l'arrêté d'autorisation, retient exactement que le demandeur à la suspension doit, par application de l'art. 31 de la L. n° 91-650 du 9 juill. 1991 [devenu C. pr. exéc., art. L. 111-10], restituer la société dans ses droits par nature ou par équivalent. • Civ. 2e, 9 sept. 2010, n° 09-68.120 P : *D. 2011. 145, note Dupont ; ibid. Chron. C. cass. 632, obs. Sommer et Leroy-Gissinger ; ibid. Pan. 1509, obs. Leborgne ; RTD civ. 2011. 584, obs. Théry ; Dr. et pr. 2010. 327, note Putman.* ♦ Fait une exacte application de l'art. 31 de la L. du 9 juill. 1991 [devenu C. pr. exéc., art. L. 111-10] la cour d'appel qui condamne un salarié, qui a poursuivi l'exécution d'une décision assortie de l'exécution provisoire condamnant son employeur à lui verser une certaine somme, à titre de rappel de salaire, à restituer à celui-ci l'intégralité de la somme, à la suite de l'infirmation de la décision, *alors même que l'employeur n'avait versé au salarié* qu'une partie de cette somme, de laquelle avaient été soustraites les cotisations sociales, payées à l'URSSAF. • Civ. 2e, 7 juin 2012, n° 11-20.294 P : *JCP S 2012. 1337, note Tauran ; RDBF 2012, n° 156, obs. Piedelièvre ; Procédures 2012, n° 248, note Bugada.*

7. Nécessité d'un acte d'exécution. Une assignation en ouverture d'une procédure collective ne constitue pas un acte d'exécution d'une décision de justice portant condamnation, qu'elle soit exécutoire à titre provisoire ou de plein droit. Viole en conséquence l'art. 31 de la L. n° 91-650 du 9 juill. 1991, devenu l'art. L. 111-10 C. pr. exéc., ensemble l'art. 19 de la L. n° 67-523 du 3 juill. 1997, devenu l'art. L. 111-11 du même code, la cour d'appel qui, pour condamner un créancier à réparer l'intégralité du préjudice découlant de l'assignation aux fins de constatation de cessation des paiements et d'ouverture d'une procédure collective, retient que le droit à réparation du débiteur n'est pas subordonné à une faute dans l'exécution de la décision de justice, la seule signification de la décision à la requête du créancier obligeant celui-ci à en réparer les conséquences dommageables peu important que la condamnation ait été volontairement exécutée par les organes de la procédure dans le cadre du redressement judiciaire. • Civ. 1re, 30 janv. 2014, n° 12-29.726 P : *D. 2014. Actu. 377 ; ibid. Pan. 1466, obs. Leborgne ; Rev. sociétés 2014. 198, obs. Roussel-Galle ; JCP 2014. 597, n° 8, obs. Bolze ; RPC 2014, Étude 4, n° 4, obs. Petit.*

8. Responsabilité du créancier pour inexécution (non). En retenant que le préjudice découlant de l'aggravation, depuis le prononcé du jugement, des maîtres de l'ouvrage, dès lors que la décision entreprise était assortie de l'exécution provisoire et qu'elle n'a pas été exécutée, une cour d'appel viole les art. 1382 [devenu C. civ., art. 1240] et 1792 C. civ., faute de pouvoir reprocher à ces derniers de ne pas avoir mis à exécution la décision assortie de l'exécution provisoire qu'elle infirmait. • Civ. 3e, 4 juin 2008, n° 07-14.118 P : *D. 2008. AJ 1693 ; ibid. 2009. Pan. 1168, obs. Leborgne ; JCP 2008. II. 10177, note Sabard ; Dr. et pr. 2008. 323, note Lefort ; RDI 2008. 393, obs. Malinvaud ; Defrénois 2009, art. 38879, note Périnet-Marquet.*

9. Action en responsabilité. Accessoire de la créance (non). L'action en responsabilité fondée sur la mise en œuvre d'une voie d'exécution destinée au recouvrement d'une créance avant la cession de celle-ci ne constitue pas l'accessoire de la créance cédée, de sorte que la société cessionnaire n'est pas tenue de réparer les conséquences dommageables, pour l'adjudicataire, de l'annulation de l'adjudication. • Civ. 2e, 20 mai 2010, n° 09-65.434 P : *D. 2010. Actu. 1360, obs. Avena-Robardet ; Dr. et pr. 2010. 237, note Lefort ; RDBF 2010, n° 224, obs. Piedelièvre.*

10. Action en responsabilité. C. civ., art. 1382 [devenu C. civ., art. 1240] (exclusion). Les art. L. 615-3 CPI et L. 111-10 C. pr. exéc., qui ont pour objet de rétablir la partie poursuivie, ou le débiteur de l'exécution, dans ses droits, sont exclusifs de la responsabilité fondée sur l'art. 1382 C. civ. • Com. 10 févr. 2015 : *Procédures 2015, n° 117, note Raschel ; JCP E 2015.*

1603, obs. Binctin.

11. Obligation de restitution. Aux termes de l'art. L. 111-10, l'obligation de restitution de sommes perçues en vertu d'une décision assortie de l'exécution provisoire résulte de plein droit de sa réformation. • Civ. 1re, 31 mars 2016, n° 14-20.193 P : *D. 2015. Actu. 782* ; *Dr. et pr. 2016. 69, note Lauvergnat* ; *Gaz. Pal. 25 oct. 2016, p. 77, note Ben Simon.*

12. Restitution par équivalent. Sur la nécessité, pour les juges du fond, de rechercher si la restitution peut intervenir par équivalent lorsque l'arrêt d'appel ayant confirmé la condamnation d'une société, sous astreinte, par un jugement assorti de l'exécution provisoire à cesser son activité commerciale a été cassé, V. • Civ. 2e, 13 juin 2002, n° 01-00.683 P : *R. 2002, p. 490.*

13. Responsabilité de l'huissier de justice. Il incombe à l'huissier de justice, garant de la légalité des poursuites, de vérifier que le titre provisoire, en vertu duquel il pratiquait la saisie-attribution aux risques du créancier mandant, restait exécutoire au jour de l'acte de saisie. • Civ. 1re, 13 mai 2014 : *cité note 25 ss. art. L. 211-1.* ♦ Il incombe à l'huissier de justice, garant de la légalité des poursuites, de vérifier que le titre en vertu duquel il pratique la saisie-vente aux risques du créancier mandant reste exécutoire au jour de l'acte de saisie. • Civ. 1re, 28 sept. 2016, n° 14-29.776 P : *D. 2016. Actu. 2005* ; *JCP 2016. 1097, obs. S. Dorol* ; *Procédures 2016, n° 325, note Raschel.*

Art. L. 111-11 Sauf dispositions contraires, le pourvoi en cassation en matière civile n'empêche pas l'exécution de la décision attaquée.

Cette exécution ne peut donner lieu qu'à restitution ; elle ne peut en aucun cas être imputée à faute. — *[L. n° 67-523 du 3 juill. 1967, art. 19.]*

1. Remboursement des frais exposés. Ne donne pas de base légale à sa décision la cour d'appel qui, pour rejeter la demande formée devant la cour de renvoi en remboursement des frais exposés par le demandeur consécutifs à l'exécution de l'arrêt cassé, retient que ce dernier ne démontre pas la faute commise par le défendeur et que l'absence de cet élément doit conduire à le débouter de sa demande reconventionnelle, sans rechercher si les sommes dont la restitution était demandée ont été versées en exécution de l'arrêt cassé. • Civ. 2e, 30 mai 2002, n° 00-20.955 P : *D. 2002. Somm. 2645, obs. Fricero* ; *Procédures 2002, n° 154, note Perrot.* ♦ V. aussi note 8 ss. art. L. 111-10 et notes 11 s. ss. art. 524 C. pr. civ. reproduit App., v° *Exécution des jugements.*

2. Enrichissement sans cause. Si l'exécution d'une décision rendue en dernier ressort, ultérieurement cassée, ne peut pas être imputée à faute, en revanche ce principe n'exclut pas la prise en compte d'un éventuel enrichissement sans cause. • Civ. 3e, 27 mai 2009 : *Procédures 2009, n° 264, note Perrot.*

3. Responsabilité (non). La cassation d'un arrêt exécuté ne peut donner lieu qu'à restitution, peu important qu'il ait été rendu en matière de référé. • Civ. 2e, 31 janv. 2019, n° 17-28.605 P : *D. actu. 15 févr. 2019, obs. Payan.*

CHAPITRE II LES BIENS SAISISSABLES

DALLOZ ACTION *Droit et pratique des voies d'exécution 2022/2023*, nos 0141.00 s., par O. Salati.

BIBL. ▸ Dossier, *Dr. et patr. 1/2014, p. 33* (l'indisponibilité en droit des affaires). – *EID, Dr. et pr. 2008. 131* (insaisissabilité de l'assurance vie : moyen légal de détournement des droits des créanciers). – Ferré-André, *Procédures 2008. Étude 10* (l'information sur le patrimoine du débiteur – illustration en droit patrimonial de la famille). – Nicod, *LPA 6 janv. 1993, p. 19* (immunités et insaisissabilités). – Pellier, *D. 2021. 244* (peut-on pratiquer une mesure conservatoire sur des biens insaisissables ?). – Thominette, *D. 2007. Chron. 1897* (faut-il interdire au créancier d'un État étranger d'avoir accès aux juridictions françaises ?).

Art. L. 112-1 Les saisies peuvent porter sur tous les biens appartenant au débiteur alors même qu'ils seraient détenus par des tiers.

Elles peuvent également porter sur les créances conditionnelles, à terme ou à exécution successive. Les modalités propres à ces obligations s'imposent au créancier saisissant. — *[L. n° 91-650 du 9 juill. 1991, art. 13.]*

BIBL. ▸ Pellier, *D. 2021. 2139* (plaidoyer en faveur de la saisissabilité des créances éventuelles).

1. Convention de tiers payant. Aux termes d'une convention dite de tiers payant entre une société de transport de malades et une CPAM, celle-ci s'engageait à payer à cette société les prestations qu'elle serait amenée à effectuer pour le compte des assurés sociaux. On doit admettre que l'effet attributif inhérent à la saisie-attribution pratiquée antérieurement au redressement judiciaire de la société par l'URSSAF sur les sommes pouvant être détenues pour le compte de celle-ci par la CPAM englobe nécessairement, jusqu'à extinction de la créance de l'URSSAF, les créances à exécution successive (ou « en germe ») de la société sur la CPAM à la date de cette saisie, peu important qu'elles ne soient devenues réellement exigibles que postérieurement (et, en particulier, après un jugement qui n'est pas de nature à remettre en cause cet effet attributif). • Rennes, 26 mai 1995 : *JCP 1995. II. 22508, note Putman ; RTD civ. 1995. 965, obs. Perrot*. ♦ V. aussi notes 9 et 10.

2. Assurance vie. BIBL. Deschanels, *Rev. huiss. 2000. 195.* ♦ Ne constituent pas une créance saisissable les provisions mathématiques constituées par une compagnie d'assurance avec les primes versées par le souscripteur d'un contrat d'assurance vie et destinées à permettre le rachat du contrat, c'est-à-dire le paiement, par le souscripteur, de ses droits. • Paris, 11 févr. 1997 : *D. 1997. IR 67 ; Rev. Justices 1997, n° 7, p. 205, obs. Putman* • Civ. 1re, 28 avr. 1998, n° 96-10.333 P : *RG proc. 1999. 112, obs. Putman ; Banque et Dr. mai 1998, 21, obs. Lucet* • Paris, 5 févr. 1998 : *D. 1998. IR 77*.

3. Licence d'exploitation d'un débit de boissons et licence de taxi. V. notes ss. art. R. 232-1.

4. Convention de découvert. BIBL. Maréchal, *Rev. huiss. 2000. 193.* ♦ S'il ne peut être contesté qu'une convention de découvert existe entre la banque et la société débitrice, l'obligation de la première, à savoir de remettre les fonds à la seconde, doit être considérée comme une obligation de faire qui n'est pas saisissable de la part d'un tiers. • TGI Caen, 21 juin 1994 : *Gaz. Pal. 20 sept. 1994, Somm. des cours, v° Proc. civ. d'exécution* • TGI Blois, 27 mai 1994 : *ibid.*

5. Promesse de prêt. BIBL. Cuperlier, *RTD civ. 2007. 485* (réflexions critiques sur l'insaisissabilité d'une ouverture de crédit). ♦ L'ouverture de crédit en compte courant, à concurrence de sa partie non utilisée, ne constituant qu'une promesse de prêt à personne dénommée, la fraction inutilisée de l'ouverture de crédit n'est pas saisissable. • Civ. 2e, 18 nov. 2004, n° 00-19.693 P : *D. 2005. AJ 213, obs. Avena-Robardet ; ibid. Pan. 1604, obs. Julien et Taormina ; ibid. 2006. Pan. 166, obs. Martin et Synvet ; JCP E 2005, n° 21, p. 867, obs. Salgueiro ; RDBF 2005, n° 5, obs. Crédot et Gérard ; ibid., n° 23, obs. S. Piedelièvre ; RTD com. 2005. 154, obs. Legeais ; Gaz. Pal. 12-13 sept. 2005, p. 15, obs. Brenner.*

6. Biens appartenant au débiteur saisi. La saisie des facultés mobilières d'un époux marié sous la séparation de biens conventionnelle, par l'un de ses créanciers personnels, n'est valide qu'à la condition que le poursuivant apporte la preuve de la propriété exclusive par son débiteur des biens en cause (l'art. 1538 C. civ. excluant l'art. 2279). • Civ. 1re, 27 nov. 2001, n° 99-10.633 P : *D. 2002. 119, note Chartier ; Dr. et pr. 2002. 175, note Bourdillat ; JCP 2002. II. 10050, note S. Piedelièvre ; Defrénois 2002. 259, obs. Libchaber ; RTD civ. 2002. 121, obs. Revet ; Dr. fam. 2002, n° 9, note B. B.*

Sur l'exigence que le titre exécutoire vise la personne même dont les biens font l'objet de la saisie, V. note 11 ss. art. L. 111-2.

7. Créance éventuelle (non). Une saisie ne peut porter sur une créance éventuelle. Cassation, pour violation des art. 13, 42 et 43 de la L. n° 91-650 du 9 juill. 1991 [devenus respectivement C. pr. exéc., art. L. 112-1, L. 211-1 et L. 211-2], de l'arrêt qui, pour colloquer en rang utile des créanciers qui ont pratiqué une saisie-attribution ou émis des avis à tiers détenteur sur une créance représentée par le prix de cession d'un office notarial, retient que la créance saisie existe au moins en germe dès la signature du traité de cession, alors que l'agrément ministériel du cessionnaire constitue un élément légal de la convention intervenue et que la créance saisie n'était pas encore née à la date où les mesures d'exécution forcée ont été pratiquées. • Civ. 2e, 11 mai 2000, n° 97-12.362 P : *D. 2001. 1138, obs. Delebecque*. ♦ La même solution s'applique à l'avis à tiers détenteur. • Com. 17 déc. 2002, n° 99-14.397 P : *RDBF 2003, n° 120, note Delleci.* ♦ V. aussi, pour l'irrégularité d'une saisie-attribution portant sur une créance hypothétique. • Lyon, 9 mai 2001 : *Gaz. Pal. 25-28 déc. 2002, p. 24 ; JCP 2001. II. 10628, note Laporte.* ♦ ... Une créance en germe. • Rouen, 15 oct. 2002 : *RDBF 2003, n° 120, note Delleci.*

8. Créances conditionnelles. BIBL. Eid, *Rev. huiss. 1999. 306* (saisie-attribution des créances conditionnelles à terme et à exécution successive). – Joste et Perez, *Defrénois 2003. 746* (saisie d'une créance en germe). – V. aussi note 12. ♦ La saisie-attribution pratiquée entre les mains d'un établissement habilité par la loi à tenir des comptes de dépôt peut porter sur des créances conditionnelles ou à terme dès lors que la créance du débiteur existe au jour de la saisie. • Civ. 2e, 28 mai 2003, n° 01-12.892 P : *D. 2004. Somm. 1490, obs. Taormina ; Procédures 2003, n° 169, note Perrot ; Dr. et pr. 2003. 371, note Putman ; Gaz. Pal. 29 févr.-2 mars 2004, p. 31, obs. Brenner.* ♦ Tel est le cas d'un virement effectué au bénéfice d'une société avant la saisie, dont il résulte que la créance était née au jour de la saisie bien qu'elle ne soit pas encore inscrite en compte. • Même arrêt.

9. Créance à exécution successive. BIBL. V. note 8. ♦ Cassation pour violation des art. 13 et 43 de la L. n° 91-650 du 9 juill. 1991 [devenus respectivement C. pr. exéc., art. L. 112-1 et L. 211-2], ensemble l'art. 47 de la L. n° 85-98 du 25 janv. 1985, de l'arrêt qui, pour débouter le mandataire judiciaire d'une société de transport de malades de sa demande tendant à ce que soit ordonnée, à compter du jugement d'ouverture, la mainlevée de la saisie-attribution que l'URSSAF a fait pratiquer entre les mains de la Caisse primaire d'assurance maladie, sur les sommes qui devaient revenir à la société de transport, en exécution de la convention de tiers passée avec l'organisme social, et dire que la saisie-attribution pratiquée continue à produire tous ses effets, après avoir retenu qu'une saisie-attribution pouvait être pratiquée, sur des créances à exécution successive sans que la survenance d'une procédure collective exerçât une influence sur l'exécution de la mesure, relève que la créance saisie entre les mains de la caisse était en germe de façon permanente depuis la signature de la convention de tiers payant, était conditionnelle et à exécution successive... Alors qu'en application de la convention, la caisse ne devait à la société de transport les prestations effectuées pour le compte d'assurés sociaux qu'au fur et à mesure de leur accomplissement, de sorte que la société ne disposait pas sur la caisse d'une créance née d'un contrat unique à exécution successive mais de créances distinctes nées des transports effectués. • Civ. 2e, 17 mai 2001, n° 99-13.711 P : *D. 2001. IR 1851 ; RDBF 2001, n° 195, note Delleci ; Gaz. Pal. 2002. Somm. 248, obs. Véron.* – V. aussi • Soc. 24 févr. 2000, n° 98-13.444 P.

10. Indemnité d'occupation. Doit être autorisée la saisie des rémunérations du travail de débiteurs pratiquée sur le fondement d'une ordonnance de référé les condamnant à payer, à titre de provision, une indemnité d'occupation d'un certain montant pendant toute la durée de l'occupation. • Civ. 2e, 30 mai 2002, n° 00-18.146 P.

11. Comptes. V. Salati, *Dr. et pr. 2002. 203.*

12. Prix de vente d'immeuble. BIBL. Crône, *Defrénois 1999. 641* (saisie-attribution). – Garçon, *JCP N 2004. 1168, n° 60* (obligations déclaratives et de paiement de l'impôt lorsque l'acte est notarié). – Delattre-Beynet, *Les cahiers du Cridon de Lyon, avr. 2006, p. 3* (effet d'une saisie signifiée à un notaire à une date à laquelle il ne détient aucun fonds pour le compte du débiteur saisi). – Théry, *LPA 11 août 1997, p. 9* (notaire et procédures civiles d'exécution). – Vauvillé, *Dr. et patr. 12/2000, p. 43 ; ibid., oct. 2007, p. 38.*

13. Biens indivis. Le créancier personnel d'un indivisaire ne peut saisir la part de son débiteur dans les biens indivis, ni prendre aucune mesure ayant pour effet de rendre cette part indisponible. • Civ. 2e, 4 oct. 2001, n° 00-11.126 : *RTD civ. 2002. 150, obs. Perrot* .

Art. L. 112-2 Ne peuvent être saisis :

1° Les biens que la loi déclare insaisissables ; — *V. App., v° Saisissabilité, in* ***C. pr. exéc.***

2° Les biens que la loi rend incessibles à moins qu'il n'en soit disposé autrement ;

3° Les provisions, sommes et pensions à caractère alimentaire, sauf pour le paiement des aliments déjà fournis par le saisissant à la partie saisie ;

4° Les biens disponibles déclarés insaisissables par le testateur ou le donateur, sauf autorisation du juge, et, pour la portion qu'il détermine, par les créanciers postérieurs à l'acte de donation ou à l'ouverture du legs ; — *V. C. civ., art. 900-1.* — ***C. civ.***

5° Les biens mobiliers nécessaires à la vie et au travail du saisi et de sa famille, si ce n'est pour paiement de leur prix, dans les limites fixées par décret en Conseil d'État et sous réserve des dispositions du 6°. Ils deviennent cependant saisissables s'ils se trouvent dans un lieu autre que celui où le saisi demeure ou travaille habituellement, s'ils sont des biens de valeur, en raison notamment de leur importance, de leur matière, de leur rareté, de leur ancienneté ou de leur caractère luxueux, s'ils perdent leur caractère de nécessité en raison de leur quantité ou s'ils constituent des éléments corporels d'un fonds de commerce ;

6° Les biens mobiliers mentionnés au 5°, même pour paiement de leur prix, lorsqu'ils sont la propriété des bénéficiaires de prestations d'aide sociale à l'enfance prévues aux articles L. 222-1 à L. 222-7 du code de l'action sociale et des familles ; — *V. not. : CASF, art. L. 222-4.*

7° Les objets indispensables aux personnes handicapées ou destinés aux soins des personnes malades. — *[L. n° 91-650 du 9 juill. 1991, art. 14, al. 1er à 7.]* — *V. art. R. 112-2 s.*

RÉP. PR. CIV. v° *Saisie (protection du débiteur)*, par DAVERAT.

BIBL. ▶ MANARA et TABAKA, *AJ fam. 2008. 207* (pour l'insaisissabilité de l'ordinateur familial).

I. BIENS VISÉS AU TEXTE

A. BIENS VISÉS AUX POINTS 1° ET 2°

1. Créances inscrites en compte. Les créances insaisissables ne perdent pas leur caractère lorsqu'elles sont inscrites en compte. • TI Privas, 5 juill. 1994 : *BICC, 1995, n° 65.*

2. Primes à la vache allaitante. Les primes à la vache allaitante, qui sont destinées à compenser le déséquilibre structurel entre l'offre et la demande sur le marché communautaire, ne peuvent être assimilées à des rémunérations ou à des aliments partiellement ou totalement insaisissables, et elles n'entrent pas dans la liste des biens ou créances insaisissables visés par la L. n° 91-650 du 9 juill. 1991 et du Décr. n° 92-755 du 31 juill. 1992 [devenus respectivement C. pr. exéc., parties L. et R.]. • Civ. 2e, 18 sept. 2003, n° 01-16.176 P : *Gaz. Pal. 21-22 juill. 2004, p. 9, obs. Brenner.*

3. Pensions de retraite. L'autorisation de saisie des pensions de retraite de l'ex-mari dans les conditions et limites des rémunérations du travail est légalement justifiée, dès lors que la créancière dispose d'un jugement exécutoire, que le perdant a systématiquement fait obstacle à son exécution et organisé son insolvabilité et que la créancière ne peut utiliser aucune autre voie d'exécution. Dans ces conditions l'insaisissabilité totale édictée par l'art. L. 30 du code des pensions de retraite des marins français du commerce, de pêche et plaisance, constitue une mesure discriminatoire portant atteinte non justifiée par un but légitime au droit de propriété de la gagnante, et doit être écartée. • Civ. 2e, 3 mai 2007, n° 05-19.439 P : *D. 2007. Pan. 2344, obs. Vigneau ; ibid. 2008. Pan. 1168, obs. Leborgne ; LPA 9 janv. 2008, p. 10, note Berlioz ; Dr. et pr. 2007. 287, note Fricero ; RTD civ. 2007. 643, obs. Perrot .*

4. Résidence principale d'un avocat. Le tableau de l'Ordre des avocats ne constituant pas un registre de publicité légale à caractère professionnel au sens de l'art. 562-2, al. 2 C. com., la déclaration d'insaisissabilité de la résidence principale d'un avocat, outre les formalités de publicité au bureau des hypothèques, est, en conséquence, subordonnée à une publication dans un journal d'annonces légales. • Civ. 1re, 15 mai 2007, n° 05-19.189 P : *RDBF 2007, n° 189, note Piedelièvre.*

B. BIENS VISÉS AU POINT 3°

5. Rentes viagères. BIBL. Théry, *Mél. Drai, Dalloz 2000. p. 641* (les aliments devant la Cour de cassation). ♦ Le fait qu'une rente viagère soit servie à titre onéreux en contrepartie de l'aliénation d'un bien ne suffit pas à l'exclure du champ d'application de ce texte. Lorsqu'une telle rente est d'un montant de 7 500 francs par mois et s'ajoute, pour un ménage âgé et nécessitant des soins médicaux, à des ressources inférieures au SMIC, elle revêt un caractère partiellement alimentaire autorisant le cantonnement de la saisie-attribution pratiquée sur elle. • Versailles, 24 mars 1999 : *BICC, 1er févr. 2000, n° 127.*

6. Liquidation judiciaire. En ce sens qu'en cas de liquidation judiciaire du débiteur, seules les indemnités à caractère alimentaire, au sens de l'art. 14 [devenu C. pr. exéc., art. L. 111-2], échappent au dessaisissement, V. • Com. 5 févr. 2002, n° 99-11.903 P : *D. 2002. AJ 887 ; Procédures 2002, n° 98, note Laporte ; RJ com. 2003. 415, note Sortais.*

7. Prestation compensatoire. La prestation compensatoire est insaisissable ; cassation de l'arrêt qui lui attribue un caractère alimentaire et indemnitaire permettant de la rendre partiellement saisissable. • Civ. 2e, 10 mars 2005, n° 02-14.268 P : *D. 2005. Pan. 1604, obs. Julien et Taormina ; AJ fam. 2005. 143, obs. S. David ; Procédures 2005, n° 128, obs. Perrot.* ♦ V. aussi : • Paris, 15 janv. 2009 : *Dr. et pr. 2009. 176.* ♦ Comp. jugeant que le caractère mixte de la prestation compensatoire, à la fois alimentaire et indemnitaire, faisait obstacle à l'octroi de délais de paiement sur le fondement de l'art. 1244-1 C. civ. • Civ. 2e, 29 juin 2011, n° 10-16.096 P : *D. 2011. 1970 ; ibid. 2012. Pan. 1513, obs. Leborgne ; AJ fam. 2011. 427, obs. S. David ; RTD civ. 2011. 524, obs. Hauser ; Gaz. Pal. 2011. 2416, note Copé-Bessis ; JCP 2011. 1030, obs. Loiseau.* ♦ La prestation compensatoire ayant, pour partie, un caractère alimentaire, le débiteur ne peut se libérer de son paiement par la compensation avec d'autres sommes qui lui seraient dues. • Civ. 1re, 12 nov. 2009 : *Procédures 2010, n° 7, note Perrot.*

8. Droit d'agir. Seul le débiteur saisi, lui-même créancier d'aliments, peut contester la saisie au motif qu'elle porte sur une créance d'aliments insaisissable ; le tiers saisi ne peut se prévaloir de cette irrégularité. • Civ. 1re, 24 févr. 1993 : *D. 1993. Somm. 279, obs. Julien* (solution acquise sur art. 557, ACPC, mais transposable).

C. BIENS VISÉS AU POINT 4°

9. Clause d'inaliénabilité. Portée. Le bien donné ou légué affecté d'une clause d'inaliénabilité ne peut faire l'objet d'une saisie tant que cette clause est en vigueur. • Civ. 1re, 15 juin 1994, n° 92-12.139 P : *R., p. 280 ; D. 1995. 342, note Leborgne ; Defrénois 1995. 51, note X. Savatier ; D. 1995. Somm. 50, obs. Grimaldi ; JCP 1995. I. 3876, n° 8, obs. Le Guidec ; RTD civ. 1995. 666, obs. Patarin ; ibid. 919, obs. Zenati .* ♦ Même sens : • Civ. 2e, 30 juin 1993, n° 91-04.775 P : *D. 1995. Somm. 50, obs. Grimaldi* • Civ. 1re, 8 févr. 2000, n° 97-20.727 P : *D. 2000. IR 74 ; RJPF 2000-6/46, note Delmas Saint-Hilaire ; RTD civ. 2000. 383, obs. Patarin ; ibid. 812, obs. Hauser* (décision précisant que la clause d'inaliénabilité ne saurait s'analyser comme un avantage matrimonial consenti par l'époux donataire à l'époux donateur que celui-ci perdrait en cas de divorce prononcé à ses torts). Mais l'inscription d'une hypothèque judiciaire ne tient pas en échec une clause d'inaliénabilité en ce sens qu'elle ne permet pas la saisie tant que cette clause est en vigueur. • Civ. 1re, 9 oct. 1985 : *Bull. civ. I, n° 252 ; RTD civ. 1986. 622, obs. Patarin.* ♦ V. aussi, pour une hypothèque légale : • Civ. 1re, 25 juin 1980, n° 79-12.704 P : *D. 1981. IR 90, obs. D. Martin ; Defrénois 1981. 468, obs. Champenois ; RTD civ. 1981. 671*, obs. Patarin. – Comp. • Civ. 1re, 31 oct. 2007, n° 05-14.238 P : *D. 2007. AJ 2954, obs. Bigot de la Touanne ; ibid. 2008. 963, note Thomas-Raynaud ; JCP N 2008. 1064, note Mortier ; AJ fam. 2007. 476, obs. Bicheron ; RLDC 2008/50, n° 3041, obs. Perruchot-Triboulet ; RJPF 2007-12/43, obs. Casey ; Defrénois 2008.*

1485, obs. Thullier ; RTD civ. 2008. 126, obs. Revet, qui attribue au créancier, après licitation du bien, la fraction du prix correspondant à la quote-part du débiteur non affectée par la clause d'inaliénabilité.

D. BIENS VISÉS AU POINT 5°

10. Sur le 5°. V. notes ss. art. R. 112-2.

11. Personne physique. La mention par ce texte et par l'art. 39 du Décr. n° 92-755 du 31 juill. 1992 [devenu C. pr. exéc., art. R. 112-2] de la famille du débiteur et du caractère personnel de son activité professionnelle indique clairement qu'il ne peut s'agir que d'une personne physique. • TGI Lyon, 14 juin 1994 : *D. 1995. 207, note Prévault*.

12. Caractère nécessaire au travail. L'appréciation du caractère nécessaire au travail de certains biens relève de l'appréciation souveraine des juges du fond. • Civ. 2e, 15 déc. 2005, n° 04-14.600 P. ♦ La preuve du caractère professionnel des biens est une question d'espèce. • Paris, 16 janv. 2003 : *D. 2003. IR 669*. ♦ De même que des biens personnels peuvent se trouver au domicile professionnel du saisi, des biens professionnels peuvent se trouver à son domicile personnel, si la profession exercée laisse présumer que le saisi peut aussi exercer en partie son art à son domicile personnel, ce qui est le cas de la profession d'avocat. • Même arrêt.

13. Souvenir à caractère personnel. Le legs de biens par une personne unie à une autre par des liens d'affection ne suffit pas à établir que chacun de ces meubles ait pour cette dernière la qualité de souvenir à caractère personnel. C'est dans l'exercice de son pouvoir d'appréciation qu'une cour d'appel, après avoir relevé les liens d'affection unissant deux personnes, retient que les éléments produits par l'intéressé n'établissent pas que chacun des objets concernés a pour lui la qualité de souvenir à caractère personnel. • Civ. 2e, 12 mai 2016, n° 15-15.158 P : *BICC 1er nov. 2016, n° 1306 ; Procédures 2016, n° 228, note Raschel.*

14. Ordinateur – Recherche d'emploi. Un ordinateur utilisé pour la recherche d'un emploi doit être assimilé à un instrument nécessaire à l'exercice personnel d'une activité professionnelle ; il s'ensuit qu'il est insaisissable en application des art. 14 de la L. n° 91-650 du 9 juill. 1991 [devenu C. pr. exéc., art. L. 112-2] et 39 du Décr. n° 92-755 du 31 juill. 1992 [devenu C. pr. exéc., art. R. 112-2]. • Civ. 2e, 28 juin 2012, n° 11-15.055 P : *D. 2012. 1941, obs. Lauvergnat ; ibid. Pan. 2013. 1578, obs. Leborgne ; Dr. et pr. 2012. 211, note Leborgne ; Procédures 2012, n° 278, obs. Perrot ; RDBF 2012, n° 157, obs. Piedelièvre ; Dr. fam. 2013, n° 131, obs. Guerlin.* ♦ *Adde*. V. note 6 ss. art. R. 112-2.

II. BIENS NON VISÉS AU TEXTE

15. Parts sociales d'une SCP. L'interdiction de donner en nantissement les parts d'une société civile professionnelle de notaire ou de les vendre aux enchères publiques (art. 14, al. 1er, du Décr. n° 67-868 du 2 oct. 1967 mod. par Décr. n° 92-64 du 20 janv. 1992) n'emporte pas, par principe, leur insaisissabilité qui ne pourrait résulter que d'une disposition législative. • Civ. 1re, 4 nov. 2003, n° 99-13.965 P : *D. 2004. 521, note Taormina ; Rev. sociétés 2003. 876, note Chartier ; RTD com. 2004. 115, obs. Monsèrié et Grosclaude ; RDBF 2004, n° 40, note Delleci ; BJS 2004. 282, note Daigre ; Dr. et pr. 2004. 104, note Hoonakker ; Defrénois 2004. 727, obs. Théry.* ♦ V. déjà • TGI Perpignan, JEX, 27 févr. 1995 : *BICC, 15 juill. 1995, n° 791.* ♦ V., toutefois, notes ss. art. 91 de la loi du 28 avr. 1816, App., *v° Officiers publics et ministériels.* – **C. pr. civ.**

16. Sépulture. L'existence d'une sépulture n'a pas pour effet de rendre inaliénable et incessible la propriété dans laquelle celle-ci est située dont la vente amiable ou judiciaire est possible sous réserve qu'il en soit fait mention dans le cahier des charges et qu'un accès soit réservé à la famille. • Civ. 2e, 17 oct. 2013 : *D. 2013. Actu. 2472 ; JCP 2014. 1300, note Barbièri ; RDBF 2014, n° 21, note Piedelièvre.*

Art. L. 112-3 Les immeubles par destination ne peuvent être saisis indépendamment de l'immeuble, sauf pour paiement de leur prix *(Ord. n° 2021-1192 du 15 sept. 2021, art. 30-1°, en vigueur le 1er janv. 2022)* **« ou pour la réalisation du gage dont ils sont grevés. Dans ce dernier cas, ils ne peuvent être saisis que si la séparation d'avec l'immeuble auquel ils ont été rattachés peut intervenir sans dommage pour les biens ».** – *[L. n° 91-650 du 9 juill. 1991, art. 14, al. 8.]*

Art. L. 112-4 Les créances insaisissables dont le montant est versé sur un compte demeurent insaisissables dans des conditions prévues par décret en Conseil d'État. – *[L. n° 91-650 du 9 juill. 1991, art. 15.] – V. art. R. 112-5.*

Lorsqu'un compte est crédité du montant d'une créance insaisissable en tout ou partie, l'insaisissabilité se reporte à due concurrence sur le solde du compte (allocations d'adulte handicapé). • Civ. 2e, 11 mai 2000, n° 98-11.696 P : *D. 2000. IR 166 ; RTD civ. 2000. 641, obs. (crit.) Perrot ; RDBF 2000, n° 205, note Delleci ; Gaz. Pal. 2001. Somm. 1372, obs. Véron.* ♦ Lorsque les sommes insaisissables versées sur un compte proviennent de créances à échéance périodique, l'insaisissabilité porte sur l'ensemble des fonds, de même nature, cumulés sur ce compte et non pas seulement sur le dernier versement effectué. • Même arrêt. ♦ V. égal. à propos de salaires : • Civ. 2e, 27 juin 2002, n° 00-17.578 P : *D. 2003. Somm. 1402, obs. Taormina ; RTD civ. 2002. 566, obs. Perrot.*

TITRE DEUXIÈME L'AUTORITÉ JUDICIAIRE ET LES PERSONNES CONCOURANT À L'EXÉCUTION ET AU RECOUVREMENT DES CRÉANCES

CHAPITRE PREMIER L'AUTORITÉ JUDICIAIRE

SECTION PREMIÈRE LE JUGE DE L'EXÉCUTION

DALLOZ ACTION *Droit et pratique des voies d'exécution 2022/2023*, nos 0211.00 s., par A.-G. Dumas.

RÉP. PR. CIV. v° *Juge de l'exécution*, par Lefort.

Art. L. 121-1 **Le juge de l'exécution connaît de l'application des dispositions du présent code dans les conditions prévues par l'article L. 213-6 du code de l'organisation judiciaire.** — *V. COJ, art. L. 213-6.*

(Abrogé par Ord. n° 2019-964 du 18 sept. 2019, art. 4-1°, à compter du 1er janv. 2020) ***« Toutefois, en matière de saisie des rémunérations, le juge du tribunal d'instance est compétent dans les conditions prévues à l'article L. 221-8 du même code. »*** — *V. COJ, art. L. 221-8.*

Art. L. 121-2 **Le juge de l'exécution a le pouvoir d'ordonner la mainlevée de toute mesure inutile ou abusive et de condamner le créancier à des dommages-intérêts en cas d'abus de saisie.** — *[L. n° 91-650 du 9 juill. 1991, art. 22, al. 2, scission.]*

1. Exécution d'une sentence arbitrale. En poursuivant l'exécution de la seule disposition accessoire de la sentence arbitrale sollicitée pour pratiquer une saisie-attribution, le créancier a créé un déséquilibre incompatible avec la nature et le sens de la décision arbitrale et a commis une faute dans la mise en œuvre des mesures de saisie de nature à justifier que la mainlevée soit ordonnée. • Civ. 2e, 9 janv. 2014 : *D. 2014. Pan. 1466, obs. Leborgne ; Procédures 2014, n° 71, note Weiller.*

2. Charge de la preuve. Il appartient au débiteur, qui poursuit la mainlevée d'une mesure d'exécution, d'établir qu'elle excède ce qui se révèle nécessaire pour obtenir le paiement de l'obligation. • Civ. 2e, 15 mai 2014 : *D. 2014. Actu. 1213, obs. Avena-Robardet.*

3. Office du juge. Il résulte de la combinaison des art. L. 111-7, L. 121-2 C. pr. exéc. et L. 221-8 COJ que le juge du tribunal d'instance, exerçant les pouvoirs du juge de l'exécution, dispose de celui de rejeter une requête présentée par un créancier en vue de la saisie des rémunérations de son débiteur, lorsqu'elle procède d'un abus de droit par le créancier, lequel ne saurait, en ce cas, se prévaloir de l'art. 6, § 1er, de la Conv. EDH qui, s'il tend à la protection effective et concrète des droits que ce texte garantit, n'en permet pas l'abus. Doit par conséquent être approuvé l'arrêt d'une cour d'appel qui, retenant le caractère abusif de la procédure de saisie des rémunérations, déboute le requérant de sa demande de mise en place d'une saisie des rémunérations. • Civ. 2e, 20 avr. 2017, n° 16-15.936 P : *D. actu. 15 mai 2017, obs. Camensuli-Feuillard ; D. 2017. Actu. 991 ; ibid. Pan. 1227, obs. Leborgne ; Gaz. Pal. 20 juin 2017, p. 47, note Ansault ; Dr. et pr. 2017. 90, note Lauvergnat ; JCP 2017. 1040, obs. Loiseau ; Dr. et patr. 2018, n° 277, p. 60, obs. Maugain.* ♦ Il résulte de la combinaison des art. L. 221-8 COJ et L. 121-2 C. pr. exéc., ensemble l'art. R. 3252-19 que le juge du tribunal d'instance, exerçant les pouvoirs du juge de l'exécution, peut être saisi, même après l'acte de saisie sur salaire, d'une demande de mainlevée ou de suspension de celle-ci. • Civ. 2e, 31 janv. 2019, n° 17-31.234 P : *D. actu. 26 févr. 2019, obs. M.-P. Mourre-Schreiber ; JCP 2019. 193, obs. Orif.*

Art. L. 121-3 **Le juge de l'exécution a le pouvoir de condamner le débiteur à des** ***dommages-intérêts*** **en cas de résistance abusive.** — *[L. n° 91-650 du 9 juill. 1991, art. 23.]*

1. Notification préalable. Nécessité. Une partie, débitrice d'une obligation, ne peut résister abusivement à l'exécution de celle-ci que si le jugement qui l'authentifie lui a été préalablement notifié (en l'espèce, un jugement de donné acte). • Civ. 2e, 28 oct. 1999, n° 97-12.734 P : *D. 1999. IR 266 ; Rev. huiss. 2000. 370, note Bourdillat.*

2. Astreinte. Pouvoir du JEX. Le JEX, statuant en matière d'astreinte, tient de l'art. 23

[devenu C. pr. exéc., art. L. 121-3] le pouvoir d'allouer des dommages-intérêts en cas de résistance abusive à l'exécution d'un titre exécutoire. • Civ. 2e, 11 févr. 2010, n° 08-21.787 P : *D. 2010. 659, obs. Avena-Robardet ; ibid. Pan. 1307, obs. Leborgne ; ibid. 2106, obs. Sommer et Leroy-Gissinger ; Dr. et pr. 2010. 151, note Leborgne ; Procédures 2010, n° 107, note Perrot.* ♦ Peut dès lors condamner au paiement d'une somme d'argent avec intérêts au taux légal la cour d'appel qui retient que le propriétaire ne pouvait ignorer la portée d'une ordonnance de référé dont il avait choisi de n'exécuter que la partie susceptible d'entraîner des conséquences financières néfastes pour lui en adoptant une attitude dilatoire pour le reste et que ce refus créait en lui-même un préjudice pour l'acquéreur, caractérisant ainsi la faute et constatant le préjudice en résultant. • Même décision. ♦ *Contra* antérieurement : • Civ. 2e, 20 déc. 2001 : *Dalloz jurisprudence* • 22 févr. 2007 • Civ. 3e, 29 avr. 2009 : *cité note 5 ss. art. L. 131-4.*

Art. L. 121-4 *(Ord. n° 2019-964 du 18 sept. 2019, art. 17-1°, en vigueur le 1er janv. 2020)* **« Sans préjudice des dispositions de l'article L. 3252-11 du code du travail, »** *(L. n° 2019-222 du 23 mars 2019, art. 5-IV)* **Les parties ont la faculté de se faire assister ou représenter devant le juge de l'exécution selon les règles applicables devant le** *(Ord. n° 2019-964 du 18 sept. 2019, art. 35, en vigueur le 1er janv. 2020)* **« tribunal judiciaire** *[ancienne rédaction : tribunal de grande instance]* **» dans les matières où le ministère d'avocat n'est pas obligatoire devant celui-ci :**

1° Lorsque la demande est relative à l'expulsion ;

2° Lorsqu'elle a pour origine une créance ou tend au paiement d'une somme qui n'excède pas un montant déterminé par décret en Conseil d'État.

Le 2° ne préjudicie pas aux dispositions particulières applicables à la saisie des immeubles, navires, aéronefs et bateaux de navigation intérieure d'un tonnage égal ou supérieur à vingt tonnes.

L'art. 5-IV de la L. n° 2019-222 du 23 mars 2019 s'applique aux instances introduites à compter du 1er janv. 2020 (L. préc., art. 109-II).

Si l'objectif poursuivi par la réforme opérée par la L. n° 2019-222 du 23 mars 2019, tel qu'il ressort des travaux préparatoires de la loi, a été d'étendre le principe de la représentation obligatoire par avocat, il n'a pas été envisagé de limiter la faculté pour l'État, les régions, les départements, les communes et leurs établissements publics de se faire représenter ou assister par un fonctionnaire ou un agent de leur administration aux seuls cas où la représentation par avocat n'est pas obligatoire. Ainsi l'art. 2, I, de la L. du 20 déc. 2007 doit être interprété en ce sens que la faculté pour l'État, les régions, les départements, les communes et les établissements publics de se faire représenter ou assister devant le tribunal judiciaire par un fonctionnaire ou un agent de leur administration, autonome dans sa mise en œuvre, n'est pas restreinte aux seules matières dans lesquelles les parties sont dispensées de constituer avocat, de sorte qu'elle s'applique également lorsque la représentation par avocat est, en principe, obligatoire, sauf disposition particulière présentant alors un caractère dérogatoire. Dès lors, dans les instances introduites postérieurement au 1er janv. 2020 devant le juge de l'exécution, l'État, les départements, les régions, les communes et les établissements publics peuvent se faire représenter ou assister par un fonctionnaire ou un agent de leur administration, même lorsque la demande n'est pas relative à l'expulsion ou a pour origine une créance ou tend au paiement d'une somme excédant 10 000 €. • Civ. 2e, 18 févr. 2021, n° 20-70.006 P : *D. 2021. 1354, obs. Leborgne ; Gaz. Pal. 15 juin 2021. 26, obs. Brenner Dorol ; Procédures 2021, n° 100, note Laher.*

SECTION II LE MINISTÈRE PUBLIC

DALLOZ ACTION *Droit et pratique des voies d'exécution 2022/2023*, nos 0231.00 s., par F. Arbellot.

BIBL. ▸ Lautru, *LPA 6 janv. 1993, p. 60* (le procureur de la République à la recherche des informations). – Lochouarn, *Rev. huiss. 1999. 3* (le rôle du ministère public dans les procédures civiles d'exécution).

Art. L. 121-5 **Le procureur de la République veille à l'exécution des jugements et des autres titres exécutoires.** — *[L. n° 91-650 du 9 juill. 1991, art. 11.]*

1. Concours de la force publique. Le T. confl. n'est pas valablement saisi par le juge judiciaire, qui s'est à bon droit estimé incompétent pour statuer sur une demande tendant à ce qu'il soit ordonné à l'État d'octroyer le concours de la force publique pour faire exécuter un jugement d'expulsion d'occupants sans droit ni titre d'une propriété privée, dès lors que le tribunal administratif a rejeté la demande d'injonction au motif qu'elle n'entrait dans aucune des hypothèses dans lesquelles il est susceptible d'en délivrer, alors qu'il restait loisible au demandeur de saisir le juge administratif du litige l'opposant à l'État dans les conditions permettant à ce juge de statuer sur le refus du préfet d'apporter le concours de la force publique à l'exécution du jugement. • T. confl. 30 juin 2008, n° 08-03.669 P.

2. Demandeur. Si une personne fait obstruction à l'application d'un plan de redressement judiciaire civil réformé en appel, il appartient à la partie la plus diligente de saisir le parquet, conformément à ce texte. • Douai, 10 mars 1994 : *BICC 1994, n° 992.*

Art. L. 121-6 Le procureur de la République peut enjoindre à tous les huissiers de justice de son ressort de prêter leur ministère.

Il poursuit d'office l'exécution des décisions de justice dans les cas spécifiés par la loi. — *[L. n° 91-650 du 9 juill. 1991, art. 12.]*

CHAPITRE II LES PERSONNES CHARGÉES DE L'EXÉCUTION

DALLOZ ACTION *Droit et pratique des voies d'exécution 2022/2023*, n°s 0250.00 s., par A. Pic.

BIBL. ▶ Brunel, *D. 1997. 370* (juridiction de l'exécution et responsabilité de l'huissier : compétence et conditions de mise en œuvre). – Casal, *Dr. et pr. 2003. 342* (l'huissier de justice à la recherche de l'information). – Conchon, *Dr. et pr. 2003. 278* (le mandat de l'huissier de justice dans la conduite des opérations d'exécution). – Guinot, *Dr. et pr. 2004. 75 et 129* (incidences de la substitution de mandataires sur la pratique de l'huissier de justice). – Isnard, *LPA 6 janv. 1993, p. 16* (nouveau rôle de l'huissier de justice). – Théry, *LPA 11 août 1997, p. 9* (le notaire et les procédures civiles d'exécution).

Art. L. 122-1 Seuls peuvent procéder à l'exécution forcée et aux saisies conservatoires les huissiers de justice chargés de l'exécution. — *Sur le monopole des huissiers de justice, V. aussi Ord. n° 45-2592 du 2 nov. 1945, art. 1er, App., v° Huissiers de justice. — Sur la compétence territoriale des huissiers de justice, V. Décr. n° 56-222 du 29 févr. 1956, art. 5 s., App., v° Huissiers de justice. — Sur l'exclusion de la compétence des clercs assermentés s'agissant des procès-verbaux d'exécution, V. L. 27 déc. 1923, art. 6, App., v° Huissiers de justice.*

Ils sont tenus de prêter leur ministère ou leur concours sauf lorsque la mesure requise leur paraît revêtir un caractère illicite ou si le montant des frais paraît manifestement susceptible de dépasser le montant de la créance réclamée, à moins que cette dernière résulte d'une condamnation symbolique que le débiteur refuserait d'exécuter. — *[L. n° 91-650 du 9 juill. 1991, art. 18, sauf saisine JEX.]*

Dans tous les textes législatifs, la référence aux huissiers de justice et aux huissiers désigne les commissaires de justice (Ord. n° 2016-728 du 2 juin 2016, art. 23, en vigueur le 1er juill. 2022).

1. Compétence exclusive de l'huissier de justice. Les actes d'exécution forcée sont de la compétence exclusive des huissiers de justice. • Civ. 2e, 28 juin 2006, n° 04-17.514 P : *D. 2007. Pan. 1388, obs. Julien ; Dr. et pr. 2006. 361, obs. Leborgne ; RDBF 2007, n° 30, note Piedelièvre ; Procédures 2006, n° 237, obs. Perrot.* ♦ L'acte de conversion d'une saisie conservatoire en saisie-attribution, qui emporte attribution immédiate de la créance saisie au créancier, constitue un acte d'exécution, relevant comme tel de la compétence exclusive de l'huissier de justice. Doit en conséquence être approuvé l'arrêt d'une cour d'appel qui, ayant relevé que la signification au tiers saisi de l'acte de conversion de la saisie conservatoire en saisie-attribution avait été effectuée par un clerc assermenté, a déclaré nul cet acte. • Civ. 2e, 25 sept. 2014, n° 13-25.552 P : *D. actu. 15 oct. 2014, obs. Kebir ; D. 2015. 1339, obs. Leborgne ; RDBF 2015, n° 49, obs. Piédelievre ; Dr. et pr. 2015. 13, note Dorol ; Procédures 2014, n° 319, obs. Laporte.*

2. Clerc d'huissier de justice. L'art. 18 de la L. n° 91-650 du 9 juill. 1991 [devenu C. pr. exéc., art. L. 122-1], qui dispose que seuls peuvent procéder à l'exécution forcée et aux saisies conservatoires les huissiers de justice chargés de l'exécution, ne peut servir de fondement à la nullité d'une saisie conservatoire effectuée par un clerc d'huissier de justice, dès lors que ce texte, dans sa section traitant des personnes chargées de l'exécution, ne règle pas la répartition possible des pouvoirs respectifs des huissiers et de leurs clercs, comme la loi du 27 déc. 1923.

En outre, l'art. 6 de ce dernier texte, relatif à la compétence exclusive des huissiers de justice, ne vise pas les mesures conservatoires, qui ne peuvent être assimilées à des actes d'exécution malgré leur similitude dans leur réalisation factuelle, et peuvent donc être valablement accomplies par un clerc assermenté. • Paris, 21 oct. 1999 : *BICC, 15 oct. 2000, n° 1178.* ♦ Comp., considérant un commandement de quitter les lieux comme un procès-verbal d'exécution, et que sa signification par un clerc assermenté constitue une irrégularité de fond entachant l'acte de nullité sans nécessité d'alléguer un grief : • TGI Perpignan, JEX, 24 févr. 2003 : *Dr. et pr. 2003. 303, note crit. Bourdillat.* ♦ Sur les actes de dénonciation de saisies, V. note 11 ss. art. R. 211-1.

Le commandement aux fins de saisie-vente, qui engage la mesure d'exécution forcée, ne constitue pas un acte d'exécution forcée et peut être délivré par un clerc assermenté. • Civ. 2e, 13 mai 2015, n° 14-12.089 P : *D. 2015. Actu. 1109 ; ibid. Chron. C. cass. 1791, obs. Adida-Cagnac, Vasseur et de Leiris ; ibid. 2016. 1279, obs. Leborgne ; Procédures 2015, n° 221, obs. Raschel ; Dr. et pr. 2015. 184, note Lauvergnat ; Dr. et patr. 11/2015, p. 77, obs. Lefort ; Gaz. Pal. 20 juin 2015, p. 12, note Dorol ; 22 sept. 2015, p. 35, note Lauvergnat ; LPA 2 oct. 2015, p. 9, note Vinckel.*

Les actes de dénonciation de saisies ne sont pas des actes d'exécution et peuvent donc être délivrés par un clerc assermenté. • Civ. 2e, 14 févr. 2008, n° 05-14.494 P : *D. actu. 22 févr. 2008, obs. Avena-Robardet ; D. 2009. 1168, obs. Leborgne ; Procédures 2008, n° 106, obs. Perrot* • Com. 7 juill. 2016, n° 14-18.766 P. ♦ Sur les actes de dénonciation de saisies, V. note 11 ss. art. R. 211-1.

3. Responsabilité de l'huissier. L'huissier de justice ayant seul qualité pour procéder à l'exécution des décisions de justice, le mandat donné par un avocat n'exonère pas de sa responsabilité l'huissier qui accomplit seul sa mission. • Civ. 2e, 21 nov. 2002, n° 00-20.953 P : *D. 2002. IR 3243 ; Procédures 2003, n° 19, note Croze.*

4. Saisie chez un avocat. Il n'est nullement obligatoire que l'huissier instrumentaire soit accompagné d'un membre du Conseil de l'Ordre pour pouvoir opérer une saisie chez un avocat. • Paris, 16 janv. 2003 : *D. 2003. IR 669 .*

Art. L. 122-2 L'huissier de justice chargé de l'exécution a la responsabilité de la conduite des opérations d'exécution. Il est habilité, lorsque la loi l'exige, à demander au juge de l'exécution ou au ministère public de donner les autorisations ou de prescrire les mesures nécessaires. — *[L. n° 91-650 du 9 juill. 1991, art. 19, al. 1er.]*

1. Prérogatives de l'huissier de justice (limites). La responsabilité de la conduite des opérations d'exécution n'implique pas que l'huissier puisse se substituer au créancier dans le choix que celui-ci a de poursuivre ou non son débiteur, d'accorder ou non des délais. • TGI Angoulême, 3 janv. 1994 : *D. 1994. Somm. 343, obs. Julien* (V. aussi ce jugement ss. art. L. 111-7).

2. Prérogatives de l'huissier de justice (légalité des poursuites). Il incombe à l'huissier de justice, garant de la légalité des poursuites, de vérifier que le titre provisoire, en vertu duquel il pratiquait la saisie-attribution aux risques du créancier mandant, restait exécutoire au jour de l'acte de saisie. • Civ. 1re, 13 mai 2014 : *cité note 25 ss. art. L. 211-1.* ♦ Il incombe à l'huissier de justice, garant de la légalité des poursuites, de vérifier que le titre en vertu duquel il pratique la saisie-vente aux risques du créancier mandant reste exécutoire au jour de l'acte de saisie. • Civ. 1re, 28 sept. 2016, n° 14-29.776 P : *D. actu. 27 oct. 2016, obs. Avena-Robardet ; D. 2016. Actu. 2005 ; JCP 2016. 1097, obs. S. Dorol ; Procédures 2016, n° 325, note Raschel.*

3. Faute de l'huissier de justice. Les art. 67 et 68 de la L. n° 91-650 du 9 juill. 1991 [devenus respectivement C. pr. exéc., art. L. 511-1 et L. 511-2] disposant que, si une autorisation préalable du juge n'est pas nécessaire pour faire pratiquer une mesure conservatoire sur les biens du débiteur lorsque le créancier se prévaut d'une lettre de change acceptée, il doit néanmoins être justifié de circonstances susceptibles de menacer le recouvrement de la créance et l'huissier de justice chargé de l'exécution, ayant, aux termes de l'art. 19 [devenu C. pr. exéc., art. L. 122-2], la responsabilité de la conduite des opérations d'exécution, est tenu d'y procéder dans les conditions légales dont il doit s'assurer qu'elles sont réunies, une cour d'appel déduit justement de ce que le recouvrement de la créance n'était pas menacé, le double protêt ne suffisant pas, par lui-même, à caractériser une telle menace, que l'huissier de justice avait commis une faute en ne s'assurant pas de l'existence de circonstances propres à justifier l'exécution de la mesure conservatoire. • Civ. 1re, 12 mai 2011 : *RCA 2011, n° 296 ; Dr. et pr. 2011. 191.* ♦ La cour d'appel qui relève qu'un huissier de justice avait établi sciemment sur l'ordre de son client, qu'il avait dûment éclairé sur ce point, un acte qui ne pouvait servir d'assise à une procédure régulière de licenciement pour faute grave du salarié de ce client, parce que rédigé sans indication de motif, a pu retenir un concours des fautes de l'huissier et de son client, dans la réalisation du dommage dont le client demandait à être garanti. • Civ. 1re, 24 févr. 2004, n° 99-14.443 P : *RCA 2014, n° 149, obs. Groutel.*

4. Prudence de l'huissier de justice. L'huissier de justice, confronté à une incertitude sur la portée d'une décision en exécution de laquelle il met en œuvre une procédure de recouvrement, est tenu soit de s'abstenir soit de soumettre la difficulté au JEX. • Civ. 1re, 22 mars 2012, n° 10-25.811 P : *D. actu. 17 avr. 2012, obs. Tahri ; D. 2012. Actu. 886 ; ibid. 2013. Pan. 1576, obs. Leborgne ; Procédures 2012. Focus 45, obs. Lauvergnat ; Dr. et pr. 2012. 154, note Salati et Tommasone.*

5. Responsabilité de l'État. Sur l'organisation matérielle des opérations d'exécution comme point de départ de la responsabilité de l'État, V. note 8 ss. art. L. 153-1.

Art. L. 122-3 **La loi détermine les autres personnes habilitées à procéder, dans les domaines qu'elle fixe, à l'exécution forcée et aux saisies conservatoires au même titre que les huissiers de justice.** – *[L. nº 91-650 du 9 juill. 1991, art. 81.]*

CHAPITRE III LES TIERS

Art. L. 123-1 **Les tiers ne peuvent faire obstacle aux procédures engagées en vue de l'exécution ou de la conservation des créances. Ils y apportent leur concours lorsqu'ils en sont légalement requis.**

Celui qui, sans motif légitime, se soustrait à ces obligations peut être contraint d'y satisfaire, au besoin à peine d'astreinte, sans préjudice de dommages-intérêts.

Dans les mêmes conditions, le tiers entre les mains duquel est pratiquée une saisie peut aussi être condamné au paiement des causes de la saisie, sauf recours contre le débiteur. – *[L. nº 91-650 du 9 juill. 1991, art. 24.]*

BIBL. ▶ LEBORGNE, *Dr. et pr. 2001. 151* (obligation de concours des tiers saisis). – SÉNÉ, *R. 2002, p. 259* (responsabilité du tiers saisi).

V. ss. art. L. 211-3 et R. 211-5 (saisie-attribution), R. 211-20 (saisie-attribution de comptes bancaires), R. 232-5 (saisie de droits d'associés et de valeurs mobilières), R. 523-5 (saisie conservatoire des créances) et R. 524-3 (saisie conservatoire des droits d'associés et valeurs mobilières).

I. OBLIGATIONS DU TIERS SAISI

1. *Étendue de l'obligation des tiers.* Aucune disposition ne fait obligation au tiers saisi de droits d'associés ou de valeurs mobilières d'indiquer au saisissant l'étendue des droits d'associés et des valeurs mobilières dont le débiteur est titulaire, à moins d'avoir reçu une injonction du JEX à cet effet ; dès lors, la société émettrice ne peut être condamnée de ce fait en application de l'art. 24 [devenu C. pr. exéc., art. L. 123-1]. • Civ. 2e, 8 avr. 1999, nº 97-14.742 P : *D. 1999. 513, note R. Martin ; JCP 1999. II. 10124, note Bonneau ; ibid. E, p. 1105, note Vidal ; Procédures 1999, nº 181, obs. Croze ; Rev. huiss. 1999. 742, note Bourdillat ; Gaz. Pal. 12 févr. 2000, Somm., obs. Véron ; Dr. soc., juin 1999, nº 105, obs. Hovasse ; D. Affaires 1999. 904, obs. V. A.-R. ; RTD com. 2000. 136, obs. Storck* (cité aussi ss. art. R. 232-5) • Civ. 2e, 1er févr. 2001, nº 99-11.151 P : *D. 2001. IR 678 ; Dr. et pr. 2001-4, 258, obs. Putman ; RDBF 2001, nº 124, note Delleci.* ♦ Le tiers saisi, qui ne défère pas à la sommation de faire connaître l'existence d'éventuels nantissements ou saisies ne s'expose, s'il y a lieu, qu'à une condamnation à des dommages-intérêts. Cassation, pour violation des art. 24 de la L. nº 91-650 du 9 juill. 1991 [devenu C. pr. exéc., art. L. 123-1] et 182 du Décr. nº 92-755 du 31 juill. 1992 [devenu C. pr. exéc., art. R. 232-5], de l'arrêt qui, pour condamner une société au paiement des causes de la saisie, énonce qu'elle a fait obstacle aux procédures d'exécution engagées par une banque contre un associé en n'indiquant pas à l'huissier si des saisies et nantissements grevaient les parts sociales du débiteur, empêchant ainsi le créancier de connaître la situation de la société et la valeur réelle des parts sociales du débiteur. • Civ. 2e, 3 mai 2001, nº 99-18.265 P : *D. 2001. IR 1671 ; Dr. et pr. 2001-5, 331, obs. A. Leborgne ; RDBF 2001, nº 164, note Delleci.* ♦ Selon l'art. 690 NCPC [devenu C. pr. civ], la notification destinée à une personne morale de droit privé est faite au lieu de son établissement. Dès lors, ne donne pas de base légale à sa décision, une cour d'appel qui rejette la demande présentée par un créancier au titre d'un manquement du tiers saisi à son obligation légale de renseignement, au motif que la saisie conservatoire pratiquée entre les mains d'une société était privée d'effet faute d'avoir été notifiée à son siège social, sans rechercher si, comme le soutenait le créancier, la délivrance de l'acte ne pouvait intervenir au lieu de l'établissement gestionnaire du financement de la société débitrice. • Civ. 2e, 7 nov. 2002, nº 01-02.308 P : *Gaz. Pal. 5-6 nov. 2003, p. 10, obs. Brenner.*

2. *Opposition du secret (non).* En présence d'un débiteur qui s'oppose à la saisie de son cheptel, le secret des informations permettant l'identification et la vente des bovins détenues par l'Établissement départemental de l'élevage ne peut être opposé à l'huissier de justice sur le fondement de l'art. 29 de la L. du 6 janv. 1978 relative à l'informatique, aux fichiers et aux libertés, dès lors que l'autorisation exigée du tiers par ce texte est constituée par l'art. 24 de la L. nº 91-650 du 9 juill. 1991 [devenu C. pr. exéc., art. L. 123-1]. La communication de ces informations n'est pas réservée au seul procureur de la République dès lors que l'art. 39 de la même loi [devenu C. pr. exéc., art. L. 152-1] n'est pas applicable. • TGI Brest, JEX, 21 juin 2000 : *BICC, 1er févr. 2001, nº 148.*

II. MOTIF LÉGITIME

3. *Motif légitime.* Une cour d'appel aurait dû rechercher si l'invasion des locaux et leur occupation des heures durant, par des manifestants, sous menaces et violences, ne constituaient pas un motif légitime au sens de ce texte, de nature à exonérer le tiers saisi de ses obligations. • Civ. 2e, 11 mars 1999, nº 96-20.046 P : *JCP 1999. II.*

10095, note Croze ; Gaz. Pal. 12 févr. 2000, obs. Véron (le motif légitime, de l'art. 24 [devenu C. pr. exéc., art. L. 123-1], de ne pas apporter son concours à une procédure d'exécution ne se confond pas avec le motif légitime de l'art. 60 du décret, propre à la saisie-attribution et qui n'en est qu'une application). ♦ De même, le créancier saisissant n'est pas fondé à demander la condamnation du tiers saisi qui, ayant satisfait à son obligation de renseignement, prête à nouveau son concours, sur réquisition de l'huissier de justice instrumentaire, à la mainlevée de la saisie dans un acte dont il n'est pas juge de la validité. • Civ. 2e, 9 nov. 2000 : *RDBF 2001, n° 24, note Delleci.* ♦ V. aussi art. R. 211-5 (saisie-attribution) et R. 523-5 (saisie conservatoire des créances).

4. La circonstance que le créancier saisissant ait obtenu, postérieurement à l'accomplissement de la mesure, l'information dont est débiteur à son égard le tiers entre les mains duquel la saisie a été pratiquée, n'exonère pas ce dernier de son obligation de fournir les renseignements légalement prévus. • Civ. 2e, 4 févr. 2021, n° 19-12.424 P : *D. actu. 22 févr. 2021, obs. Payan ; D. 2021. Chron. C. cass. 491, obs. Lemoine et de Leiris ; Rev. prat. rec. 2021/3. 13, obs. Salati ; Gaz. Pal. 27 avr. 2021, Chron. p. 79, note Lauvergnat ; Gaz. Pal. 15 juin 2021. 28, note Brenner ; RDBF 2021. n° 32, note Piédelièvre ; Procédures 2021, n° 99, note Laporte.*

III. SANCTIONS DU TIERS SAISI

5. Condition tenant à la validité de saisie. Seule une saisie conservatoire valable autorise la condamnation du tiers saisi sur le fondement des art. 24 de la L. du 9 juill. 1991 et 238 du décret du 31 juill. 1992 [devenus respectivement C. pr. exéc., art. L. 123-1 et R. 523-5]. • Civ. 2e, 22 mars 2006, n° 05-12.569 P : *RDBF 2006, n° 141, obs. Piedelièvre.*

6. Paiement des causes de la saisie ou de dommages-intérêts. Le tiers, entre les mains duquel est pratiquée une saisie-attribution, qui ne satisfait pas à l'obligation légale de renseignement, n'encourt, s'il n'est tenu, au jour de la saisie, à aucune obligation envers le débiteur, qu'une condamnation au paiement de dommages-intérêts prévue par l'art. 24 de la L. n° 91-650 du 9 juill. 1991 [devenu C. pr. exéc., art. L. 123-1] ; cassation, pour violation de ce texte et de l'art. 44 de la même loi [devenu C. pr. exéc., art. L. 211-3], de l'arrêt qui, constatant que le tiers saisi a déclaré, quatre mois après la saisie, qu'il n'était pas débiteur du saisi, le condamne au paiement des causes de la saisie au prétendu motif que cette condamnation s'impose au juge qui n'a pas à rechercher si le tiers saisi, qui le dénie, est débiteur du débiteur saisi. • Civ. 2e, 5 juill. 2000, n° 98-12.738 P : *D. 2001. IR 722 ; Procédures, oct. 2000, n° 196, obs. Perrot (arrêt n° 5, Comptoir des entrepreneurs)* • 5 juill. 2000 *[arrêt Vergé c/ Viagas] : Procédures, oct. 2000, n° 197 (arrêt n° 6), obs. Perrot* (« le tiers saisi, lorsqu'il n'est tenu à aucune obligation envers le débiteur, ne peut être condamné aux causes de la saisie pour manquement à son obligation légale de renseignement »). – V. aussi • Civ. 2e, 3 oct. 2002, n° 01-02.159 P : *D. 2003. IR 1471 ; RDBF 2003, n° 38, note Delleci* • 3 avr. 2003 : *D. 2004. Somm. 1494, obs. Taormina.* ♦ En revanche, sont condamnées au paiement des causes de la saisie, deux SCI, tiers entre les mains desquelles une saisie a été pratiquée et dont les sièges sociaux respectifs sont inexistants, qui n'ont pas indiqué à l'huissier si des saisies et nantissements grevaient déjà les parts sociales. • TGI Aix-en-Provence, JEX, 27 juill. 1995 : *JCP 1997. I. 22776, note A. Leborgne ; Justices 1997, n° 7, p. 207, obs. Putman.* ♦ Fait une exacte application de ce texte la cour d'appel qui, relevant qu'une société tiers avait, malgré la saisie-attribution pratiquée entre ses mains sur des loyers dus à une société débitrice, continué à régler à cette société les loyers et se trouvait, par l'effet de sa condamnation au paiement au profit du créancier des loyers saisis, avoir payé deux fois la même somme, ce dont il résultait un enrichissement sans cause de la société débitrice, retient que le fait d'avoir versé les loyers saisis à la société débitrice et non au créancier n'était pas constitutif d'une faute dont la société débitrice pouvait se prévaloir pour s'opposer au recours en garantie exercé contre elle. • Civ. 2e, 8 déc. 2011, n° 10-23.399 P : *D. 2012. Actu 28 ; ibid. Pan. 1516, obs. Leborgne ; JCP E 2012. 1032 ; RDBF 2012, n° 64, note Piedelièvre ; Dr. et pr. 2012. 78, note Schreiber.* ♦ V. ss. art. R. 211-5.

V. aussi note 2 ss. art. R. 523-5 (saisie conservatoire).

7. Responsabilité sur le fondement de l'art. 1240 C. civ. Il résulte des deux derniers al. de l'art. R. 221-21 C. pr. exéc., auxquels renvoie l'art. R. 522-5 du même code, que si, après avoir exactement répondu sur-le-champ à l'huissier de justice, le tiers entre les mains duquel la saisie est pratiquée lui fournit ultérieurement des informations complémentaires mensongères ou inexactes, il engage sa responsabilité aux conditions de l'art. 1240 C. civ. • Civ. 2e, 4 févr. 2021, n° 19-12.424 P : *préc. note 4* (tiers ayant déclaré ne pas détenir de biens du débiteur saisi, puis ayant fait des déclarations inexactes sur la possibilité de bloquer des stocks, ce blocage n'étant pas intervenu).

8. Bon de capitalisation. Le bon de capitalisation constitue une créance de sommes à l'égard de son émetteur et sa saisie conservatoire doit être effectuée dans les conditions et sous les sanctions prévues pour la saisie des créances de sommes, et non pour celles des valeurs mobilières. Dès lors, prive sa décision de base légale une cour d'appel qui, pour débouter un créancier d'une demande en paiement des causes de la saisie, fondée sur les art. 24 de la L. n° 91-650 du 9 juill. 1991 [devenu C. pr. exéc., art. L. 123-1], 237 et 238 du Décr. n° 92-755 du 31 juill. 1992 [devenus respectivement C. pr. exéc., art. R. 523-4 et R. 523-5], et dirigée contre la Caisse nationale de prévoyance, tiers saisi, retient que le débiteur ne détenait, au jour de la saisie, aucune créance vis-à-vis de ce tiers saisi, sans s'expliquer sur la propriété des bons de capitalisation que ce dernier avait déclaré détenir au cours de la procédure et qui constituent des créances. • Civ. 2e, 10 juill. 2008, n° 07-14.658 P : *D. 2008. AJ 2231* ; *BJS 2008. 985, note Reygrobellet.*

9. Procédure collective du débiteur. Dès lors que le tiers-saisi, débiteur du débiteur poursuivi au jour de la saisie-attribution n'a pas satisfait à son obligation légale de renseignement, le créancier ne peut se voir priver d'action contre le tiers saisi au motif qu'il n'a pas déclaré sa créance à la liquidation de son débiteur ouverte ultérieurement de sorte qu'elle serait éteinte. • Com. 23 nov. 2004, n° 02-11.992 P : *D. 2004. AJ 3222* ; *Dr. et pr. 2005. 112, obs. Putman.*

CHAPITRE IV LES PERSONNES CHARGÉES DU RECOUVREMENT AMIABLE DES CRÉANCES

Art. L. 124-1 **L'activité des personnes physiques ou morales non soumises à un statut professionnel qui, d'une manière habituelle ou occasionnelle, même à titre accessoire, procèdent au recouvrement amiable des créances pour le compte d'autrui, s'exerce dans des conditions fixées par décret en Conseil d'État.** — *[L. n° 91-650 du 9 juill. 1991, art. 32, al. 5, scission.] — V. art. R. 124-1 s.*

CHAPITRE V LA PROCÉDURE SIMPLIFIÉE DE RECOUVREMENT DES PETITES CRÉANCES

(Ord. n° 2016-131 du 10 févr. 2016, art. 6-XII-2°, en vigueur le 1er oct. 2016)

L'art. 5-9° de l'Ord. n° 2016-131 du 10 févr. 2016, art. 5-9°, entre en vigueur le 1er oct. 2016. Les contrats conclus avant cette date demeurent soumis à la loi ancienne. Lorsqu'une instance a été introduite avant l'entrée en vigueur de la dite ordonnance, l'action est poursuivie et jugée conformément à la loi ancienne. Cette loi s'applique également en appel et en cassation (Ord. préc., art. 9).

Art. L. 125-1 **Une procédure simplifiée de recouvrement des petites créances peut être mise en œuvre par un huissier de justice à la demande du créancier pour le paiement d'une créance ayant une cause contractuelle ou résultant d'une obligation de caractère statutaire et inférieure à un montant défini par décret en Conseil d'État.**

Cette procédure se déroule dans un délai d'un mois à compter de l'envoi par l'huissier d'une lettre recommandée avec demande d'avis de réception *(L. n° 2019-222 du 23 mars 2019, art. 14-1°)* **« ou d'un message transmis par voie électronique » invitant le débiteur à participer à cette procédure. L'accord du débiteur, constaté par l'huissier de justice, suspend la prescription.**

L'huissier de justice qui a reçu l'accord du créancier et du débiteur sur le montant et les modalités du paiement délivre, sans autre formalité, un titre exécutoire.

Les frais de toute nature qu'occasionne la procédure sont à la charge exclusive du créancier.

Un décret en Conseil d'État fixe les modalités d'application du présent article, notamment les règles de prévention des conflits d'intérêts lors de la délivrance par l'huissier de justice d'un titre exécutoire. — *V. art. R. 125-1 à R. 125-8.*

Le 1° de l'art. 14 de la L. n° 2019-222 du 23 mars 2019 entre en vigueur à une date fixée par décret en Conseil d'État, et au plus tard le 1er janv. 2020 (L. préc., art. 109-V).

BIBL. ▸ BLÉRY, *Gaz. Pal. 31 mai 2016, p. 15* (procédure simplifiée de recouvrement des petites créances (PSRPC) : et une procédure de plus !). – DARGENT, *D. actu. 16 mars 2016.* – DOROL et DI CESARE, *RLDC 2016/137. 36* (procédure simplifiée de recouvrement des petites créances : présentation et réflexions). – LAHRER, *Dr. et pr. 2016.* 158 (brèves réflexions sur la procédure simplifiée de recouvrement des petites créances et la *jurisdictio* de l'huissier de justice). – LAUVERGNAT, *D. 2015. 1860* ; *Dr. et pr. 2016. 30* (succès annoncé ?). – PIEDELIÈVRE, *RDBF 2015, n° 169.* – SANNINO, *JCP 2016. 385.* – PAYAN, *Ius & Actores, Larcier, 2016/3, p. 149* (la nouvelle procédure (française) simplifiée de recouvrement des petites créances : considérations comparatives). – PUYGAUTHIER, *JCP N 2016. 1127* (procédure simplifiée de recouvrement des petites créances : encore et toujours la déjudiciarisation).

TITRE TROISIÈME LA PRÉVENTION DES DIFFICULTÉS D'EXÉCUTION

CHAPITRE UNIQUE L'ASTREINTE

RÉP. PR. CIV. v° *Astreintes*, par GUERCHOUN.

DALLOZ ACTION *Droit et pratique des voies d'exécution 2022/2023*, n°s 0400.00 s., par S. LEMOINE.

BIBL. ▸ Commentaires : CHABAS, *D. 1992. Chron. 299*. – PERROT, *Gaz. Pal. 1991. Doctr. 801*. – TALON, *Gaz. Pal. 1992. Doctr. 474*.

▸ Articles divers : BOUSTANI, *D. 2014. 389* (la réparation intégrale et les règles de procédure : principe prétenu ou droit effectif ?). – CAYROL, Réflexions sur le comminatoire, *Mél. G. Forest, Dalloz 2014, p. 75*. – CUNIBERTI, *Gaz. Pal. 2009. Doctr. 3455* (régime en droit international privé). – E. GUINCHARD, *Dr. et pr. 2010. n° 3, suppl. Droit des procédures internationales, p. 2* (nécessité et possibilité d'une astreinte européenne dans l'espace judiciaire civil). – JUNILLON, *Procédures, oct. 2000, p. 3* (l'astreinte, l'appel et le plaideur). – PAYAN, Les astreintes dans le nouveau règlement Bruxelles I *bis* : permanence et perspectives, *in* Le nouveau règlement Bruxelles I *bis, Bruylant, 2014, p. 249*. – PERROT, L'astreinte à la française, *Mél. Van Compernolle, Bruylant 2004, p. 487*. – LEFORT, *D. 2017. 1850* (la liquidation de l'astreinte provisoire). – RENAUT, *Rev. huiss. 1998. 385* (astreinte et injonction en matière judiciaire et administrative). – THÉRY, *Mél. Perrot, Dalloz 1996. 477, spéc. p. 482 (judex gladii)*. – Fiche méthodologique, *BICC 15 avr. 2008, p. 8*.

▸ Bilan : BUFFET, *Doc. fr. 1998. 67* (rapport de la Cour de cassation pour 1997).

▸ Droit comparé : DI MAURO et C. COSLIN, *Procédures 2012. Étude 7* (le nouveau régime de l'astreinte en droit italien : différences et similitudes avec le régime français).

Art. L. 131-1 Tout juge peut, même d'office, ordonner une astreinte pour assurer l'exécution de sa décision.

Le juge de l'exécution peut assortir d'une astreinte une décision rendue par un autre juge si les circonstances en font apparaître la nécessité. — *[L. n° 91-650 du 9 juill. 1991, art. 33.]*

1. Domaine. L'al. 2 de ce texte s'applique au relèvement du taux de l'astreinte prononcée par un autre juge. • TGI Pointe-à-Pitre, réf., 23 avr. 1993 : *BICC 1er juill. 1993, n° 823 ; D. 1994. Somm. 338, obs. Julien*. ♦ Le JEX peut assortir d'une astreinte une ordonnance sur requête ayant conféré force exécutoire à une transaction. • Civ. 2e, 8 déc. 2005 : *RTD civ. 2006. 157, obs. Perrot*. ♦ L'astreinte n'étant pas une mesure d'exécution forcée, les dispositions de l'art. L. 613-3 CCH, qui prévoit seulement un sursis aux mesures d'expulsion non exécutées à la date du 1er nov. de chaque année, n'interdisent pas à une juridiction, même pendant la période visée par ce texte, d'ordonner la libération des lieux en l'assortissant d'une astreinte pour inciter le débiteur à se conformer à la décision. • *Civ. 2e, 4 juill.* 2007, n° 05-15.382 P : *D. 2007. AJ 2104 ; ibid. Pan. 2336, Vigneau ; ibid. 2008. Pan. 1175, obs. Leborgne ; Procédures 2007, n° 249, note Perrot ; Dr. et pr. 2007. 355, note Bourdillat.* ♦ Une cour d'appel, saisie d'une requête en interprétation d'une précédente décision dont elle constate l'inexécution, ne fait qu'user du pouvoir qu'elle tient de l'art. 33 de la L. du 9 juill. 1991, devenu l'art. L. 131-1 du C. pr. exéc., sans modifier les droits et obligations précédemment reconnus, en accueillant la demande tendant à assortir cette décision d'une astreinte. • Civ. 2e, 15 nov. 2012, n° 08-11.061 P : *D. actu. 5 déc. 2012, obs. Tahri ; D. 2012. Actu. 2747 ; ibid. 2013. 599, obs. Leroy-Gissinger et Renault-Malignac ; ibid. Pan. 1574, obs. Leborgne ; Gaz. Pal. 2012. 3358, avis G. Azibert ; Dr. et pr. 2013. 39, note Hoonakker.*

2. Astreinte conventionnelle. Clause pénale (oui). Viole les art. 12 C. pr. civ., L. 131-3 C. pr. exéc. et 1152 C. civ. [devenu C. civ., art. 1231-5], la cour d'appel qui pour annuler le commandement de saisie-vente et ordonner la mainlevée des deux saisies-attribution, retient qu'aucune astreinte ne peut donner lieu à une mesure d'exécution forcée avant sa liquidation, que cette astreinte soit prononcée par un juge ou qu'elle soit convenue entre les parties dans un acte pour assurer l'exécution d'une obligation de faire, alors que l'astreinte conventionnelle s'analyse en une clause pénale qu'il lui appartient de qualifier et d'apprécier. • Civ. 2e, 3 sept. 2015, n° 14-20.431 P : *D. actu. 11 sept. 2015, obs. Avena-Robardet ; D. 2015. Actu. 1771 ; ibid. Chron. C. cass. 2016. 736, n° 6, obs. Adida-Canac, Vasseur, de Leiris ; ibid. Pan. 1279, obs. Leborgne ; RTD civ. 2016. 102, obs. Barbier ; Dr. et pr. 2016. 42, note Lauvergnat ; Gaz. Pal. 20-21 nov. 2015, p. 15, note Ansault ; JCP 2015. 1130, note Dagorne-Labbe.*

3. Caractère personnel. Un syndicat de

copropriétaires, qui n'est pas le bénéficiaire de l'obligation de démolir prononcée sous astreinte, n'a pas qualité pour en demander la liquidation. • Civ. 2e, 8 déc. 2011 : *Procédures 2012, n° 33, note Perrot.* ♦ V. aussi notes 4 et 8 ss. art. L. 131-2. ♦ Le caractère personnel de l'astreinte ne s'oppose pas à ce que sa liquidation, qui tend à une condamnation pécuniaire, puisse être poursuivie à l'encontre de la société absorbante pour des faits commis par la société absorbée antérieurement à la date de la publication de la fusion-absorption. • 1er sept. 2016, n° 15-19.524 P : *D. 2016. Actu. 1759 ; ibid. 2017. 1392, obs. Leborgne ; JCP 2016. 1051, obs. M. Biliau ; RDBF 2016, n° 253, note Piedelièvre ; Dr. sociétés 2016, n° 182, note Mortier ; Gaz. Pal. 28 oct. 2016, p. 78, note Moulin ; ibid. 29 nov. 2016, p. 81, note Lauvergnat ; Rev. sociétés 2017. 145, note Lecourt ; Dr. et pr. 2016. 195, note Vinckel ; Procédures 2016, n° 284, note Raschel.*

4. *Caractère exécutoire de la décision.* L'astreinte ne peut sanctionner que l'exécution d'une obligation devenue exécutoire. • Civ. 2e, 11 juill. 2002, n° 00-20.262 P : *Dr. et pr. 2002. 364, note Hoonakker.* ♦ Et la demande de sursis à l'exécution emportant la suspension ayant été présentée à un premier président, la suspension n'a cessé qu'à la date à laquelle le premier président a statué. • Même arrêt. ♦ Après avoir rappelé que sont exécutoires de droit, au sens de l'art. 514, al. 2, C. pr. civ., les décisions qui ordonnent une mesure conservatoire, et exactement retenu qu'une mesure prise par un tribunal arbitral, contraignant une partie à ouvrir un compte séquestre et à demander à son débiteur, tiers à la sentence, d'y verser les fonds dus en vertu de décisions judiciaires, ne constitue pas une mesure conservatoire mais une obligation de faire non exécutoire de droit, une cour d'appel ne peut qu'en déduire, sans méconnaître l'autorité de la chose jugée, que le JEX n'a pas le pouvoir d'ordonner une mesure d'astreinte, dès lors que celui-ci ne peut assortir d'une astreinte que l'exécution d'une obligation devenue exécutoire, fût-ce provisoirement, et que la sentence arbitrale est frappée d'une recours en annulation, suspensif d'exécution. • Civ. 1re, 4 juill. 2007, n° 05-16.605 P : *D. 2007. AJ 2025, obs. Delpech ; JCP 2007. I. 216, obs. Ortscheid ; Rev. arb. 2007. 805, note Bollée ; RDBF 2007. 51, note Piedelièvre.*

5. *Caractère accessoire.* La réformation d'une décision assortie d'une astreinte entraîne de plein droit, pour perte de fondement juridique, l'anéantissement des décisions prises au titre de la liquidation de l'astreinte, fussent-elles passées *en force de chose jugée*, et ouvre, dès lors, droit, s'il y a lieu, à restitution. • Com. 3 mai 2006, n° 04-15.262 P : *D. 2007. Pan. 1386, obs. Julien ; Procédures 2006, n° 178, obs. Perrot ; RTD civ. 2006. 584, obs. Revet* • Civ. 2e, 6 janv. 2005, n° 02-15.954 P : *D. 2005. IR 241 ; Procédures 2005, n° 84, obs. Perrot* • 10 juin 2010, n° 06-17.827 P : *D. 2011. Pan. 1509, obs. Leborgne.* ♦ V. déjà : • Civ. 2e, 28 sept. 2000, n° 98-16.175 P : *RTD civ. 2000. 899, obs. Perrot ; Procédures 2000, n° 229, obs. Perrot ; JCP 2001. II. 10591, note du Rusquec.* ♦ Aucune disposition légale n'a pour effet de rendre incessible l'astreinte, mesure de contrainte destinée à vaincre la résistance opposée à l'exécution de l'obligation qu'elle assortit. Une cour d'appel retient dès lors exactement qu'à l'occasion d'un acte de cession de droits il est loisible aux parties de convenir de la cession d'une créance d'interdiction de poursuite d'actes de concurrence déloyale assortie d'astreinte. • Civ. 3e, 20 avr. 1982, n° 80-15.828 P : *RTD civ. 1983. 338, obs. Chabas* • Civ. 2e, 7 juill. 2011, n° 10-20.296 P : *D. 2011. Actu. 1912 ; ibid. 2012. Pan. 1514, obs. Leborgne ; RTD civ. 2012. 150, obs. Perrot ; JCP 2011. 1030, note Billiau ; Procédures 2011, n° 293, note Perrot ; Dr. et pr. 2011. 244, note Putman ; Gaz. Pal. 26-28 févr. 2011, p. 16, obs. Brenner ; RDC 2012. 109, obs. D. Mazeaud* • 12 juill. 2011, n° 10-20.296 P : *D. 2011. Actu. 1912 ; ibid. Chron. 2961, obs. CDC Y. Serra ; D. 2012. 1514, obs. Leborgne ; RTD civ. 2012. 150, obs. Perrot ; JCP 2011. 1030, obs. Billiau ; ibid. 1397, note Jeuland ; RDC 2012. 109, obs. Mazeaud ; Dr. et pr. 2011. 244, obs. Putman ; Gaz. Pal. 2012. 472, note Brenner.* ♦ Le cessionnaire de la créance assortie d'astreinte ne peut se prévaloir du bénéfice de l'astreinte qu'à compter de la notification de la cession au débiteur. • Civ. 2e, 7 juill. 2011 : *préc.* ♦ Comp., jugeant que le bénéficiaire d'une astreinte qui a été prononcée avant la vente d'un fonds de commerce pour faire cesser le comportement fautif d'une société à son encontre est recevable à en demander la liquidation : • Com. 14 févr. 2012 : *Procédures 2012, n° 104, note Perrot.* ♦ Mais jugeant que l'astreinte prononcée pour faire cesser un comportement constitutif de concurrence déloyale au détriment du cédant n'est pas l'accessoire du droit cédé. • Com. 3 mars 2009, n° 08-10.923 P : *D. 2009. AJ 818, note Chevrier ; ibid. Pan. 1448, obs. Picod ; JCP E 2009. 1739, n° 3, obs. Decocq ; Gaz. Pal. 6 oct. 2009, p. 13, note Brenner ; Dr. et pr. 2009, suppl. Droit du recouvrement. 22, obs. Putman ; Procédures 2009, n° 164, obs. (crit.) Croze ; RDBF 2009, n° 99, note Piedelièvre.* ♦ Il résulte de ce que l'astreinte n'est que l'accessoire de la condamnation qu'elle assortit, que n'est pas recevable devant la cour d'appel de renvoi la demande de suppression ou de modification d'une astreinte assortissant une injonction faite à un débiteur par un arrêt qui a fait l'objet d'une cassation partielle n'affectant pas cette injonction. • Civ. 2e, 14 oct. 2010, n° 09-14.938 P : *Dr. et pr. 2011. 44, note Choquet.* ♦ L'astreinte étant une mesure accessoire destinée à assurer l'exécution d'une condamnation, une cour d'appel déduit exactement de ce que la décision ordonnant l'astreinte était fondée sur le caractère obligatoire entre les parties d'un pacte de préférence ultérieurement annulé, réputé n'avoir jamais existé, de sorte qu'elle avait perdu son fondement juridique, que les sommes versées au titre de la décision ayant liquidé l'astreinte devaient être restituées. • Civ. 2e, 24 sept. 2015, n° 14-14.977 P : *D. 2015. Actu. 1961 ; D. 2016. Chron. C. Cass. 736, n° 6, obs. Adida-Canac, Vasseur et de Leiris ; RTD civ. 2016. 102, obs. Barbier ; Gaz. Pal. 21 nov. 2015, p. 16, obs. Ansault.* ♦ L'astreinte, qui est l'accessoire de la condamnation qu'elle assortit, n'est pas indépendante de l'obligation, objet de cette condamnation, dont elle vise à assurer l'exécution. L'obligation de réaliser des travaux mise à la charge du bailleur, qui a donné lieu à l'astreinte, étant née du contrat de bail, la créance d'astreinte présente un lien de connexité avec la créance de loyers, de telle sorte qu'elles se compensent. • Com. 27 sept. 2016, n° 15-10.393 P : *D. 2016. Actu. 1997 ; Gaz. Pal. 10 janv. 2017, p. 63, note Kendérian ; JCP 2017. 91, obs. Pétel ; RD. banc. fin 2016, n° 250, note Piedelièvre.*

6. *Nature civile de l'astreinte.* Se prononçant en faveur de la nature civile de l'astreinte, V. : • Civ. 1re, 28 janv. 2009 : *cité note 6 bis ss. art. 509 C. pr. civ.* ♦ V. également : • Civ. 2e, 18 déc. 2008 : *cité note 8 ss. art. L. 131-2.* ♦ L'astreinte provisoire, qui a pour finalité de contraindre la personne qui s'y refuse à exécuter les obligations qu'une décision juridictionnelle lui a imposées et d'assurer le respect du droit à cette exécution, ne saurait être regardée comme une peine ou une sanction au sens de l'art. 8 DDHC. • Civ. 2e, QPC, 4 janv. 2012 : *BICC 15 avr. 2012, n° 469 ; D. 2012. AJ 158 ; ibid. Pan. 1514, obs. Leborgne ; Gaz. Pal. 16/18 févr. 2012, p. 14, obs. Brenner ; Dr. et pr. 2012, suppl. Droit du recouvrement, p. 2, obs. Putman.*

7. *Caractère de sanction.* L'astreinte provisoire, qui a pour finalité de contraindre la personne qui s'y refuse à exécuter les obligations qu'une décision juridictionnelle lui a imposées et d'assurer le respect du droit à cette exécution, ne saurait être regardée comme une peine ou une sanction au sens de l'art. 8 DDHC. • Civ. 2e, 4 janv. 2012 : *préc. note 6.*

8. *Compétence matérielle exclusive ?* Sur le point de savoir si la compétence subsidiaire du JEX (al. 2) pour prononcer une astreinte est exclusive de toute autre :

– pour la négative, le requérant pouvant aussi saisir le juge qui avait prononcé la condamnation pour qu'il assortisse sa décision d'une astreinte. • Civ. 2e, 18 févr. 1999, n° 97-13.885 P : *D. 1999. Somm. 218, obs. (crit.) Julien ; RTD civ. 1999. 465, obs. (approb.) Perrot ; ibid. 690, obs. (approb.) Normand ; Gaz. Pal. 12 févr. 2000, Somm., obs. M. Véron ; RGDP 1999. 708, obs. Putman ; JCP 1999. II. 10128, note du Rusquec.* – Rappr. • TGI Lyon, JEX, 7 févr. 1995 : *RTD civ. 1996. 135, obs. Hauser* (qui retient la compétence du JAF pour une demande en déblocage d'un prix de vente d'une maison bloqué par décision du JAF lors d'une procédure de divorce) • TGI Lyon, JEX, 2 nov. 1993 : *BICC, 1er févr. 1994, n° 163* (qui retient la compétence du JAM pour connaître d'une demande en indexation de provision alimentaire après le prononcé du divorce). ♦ V. aussi sur la compétence du juge d'appel saisi d'un fait nouveau pour assortir sa décision d'une astreinte pour en garantir l'exécution. • Civ. 2e, 13 mai 2015, n° 14-15.250 P : *Dr. et patr. 11/2015, p. 73, obs. Lefort.* ♦ *Contra,* la compétence du JEX étant exclusive. • Com. 28 avr. 1998, n° 95-18.132 P : *D. Affaires 1998. 956, obs. S. P. ; RTD civ. 1999. 465, obs. Perrot* (le juge-commissaire ne peut prononcer une astreinte pour une condamnation qu'il avait antérieurement prononcée) • Paris, 12 janv. 1994 : *BICC, 15 avr. 1994, n° 440 ; D. 1994. Somm. 338, obs. Julien ; Rev. huiss. 1994. 64* (le JEX est compétent et non pas le JAF pour connaître d'une demande en paiement d'astreintes pour assurer l'exécution des droits de visite et d'hébergement d'un parent non gardien après le divorce) • TGI Pointe-à-Pitre, 23 avr. 1993 : *D. 1994. Somm. 338, obs. Julien* (seul le JEX est compétent pour relever les astreintes prononcées antérieurement).

9. *Compétence territoriale.* Le juge compétent pour liquider une astreinte, lorsque le débiteur demeure à l'étranger, est celui du lieu d'exécution de l'injonction. • Civ. 2e, 6 nov. 2008, n° 07-17.445 P : *D. 2009. Pan. 1168, obs. Leborgne ; Procédures 2009, n° 13, obs. Perrot ; Dr. et pr. 2009. 104, obs. Cuniberti.*

10. *Autorité de la concurrence.* Le JEX n'est pas compétent pour assortir d'une astreinte une décision d'injonction prononcée par le Conseil de la concurrence [devenu l'Autorité de la concurrence] ou par la cour d'appel de Paris, statuant dans le cadre du recours formé contre cette décision, pour laquelle il existe un régime juridique de sanction spécifique et exclusif mis en œuvre par cette autorité administrative indépendante. • Com. 3 nov. 2004, n° 00-19.247 P : *D. 2004. AJ 3064, obs. Chevrier ; CCC 2005, n° 9, obs. Malaurie-Vignal ; RDLC 2005, n° 1, p. 108, obs. Amsellem ; RJDA 2005, n° 332 ; RDBF 2005, n° 20, obs. S. Piedelièvre ; RTD civ. 2005. 175, obs. Théry.* ♦ La procédure sur requête est inapplicable à la demande tendant à obtenir du JEX qu'il soit fait injonction à une société d'exécuter les injonctions prononcées sous astreinte par la cour d'appel de Paris statuant sur recours formé à l'encontre d'une décision du Conseil de la concurrence [devenu l'Autorité de la concurrence]. • Même arrêt.

11. *Non-incidence de l'existence d'une cause étrangère.* L'existence éventuelle d'une cause étrangère est sans effet sur la possibilité qu'a le juge de prononcer l'astreinte. • Rouen, 10 avr. 2001 : *JCP 2002. IV. 1954.*

12. *Pouvoir souverain.* Le JEX dispose d'un

pouvoir souverain pour apprécier si les circonstances font apparaître la nécessité d'assortir d'une astreinte la décision rendue par un autre juge. • Civ. 2e, 20 déc. 2001, n° 00-16.474 P : *D. 2002. IR 253*. ♦ V. aussi décidant qu'il incombe au juge de la liquidation de procéder à l'interprétation de la décision assortie d'astreinte. • Civ. 2e, 3 avr. 2008 : *Procédures 2008. n° 171, note Perrot ; Dr. et patr. 11/2008. 105, obs. Lefort* • Com. 3 juin 2008 : *Procédures 2008, n° 233, note Perrot.* ♦ Justifie légalement sa décision de dire que l'obligation pour le propriétaire de restituer les clés du local commercial qu'il a vendu à son acheteur serait assortie d'une astreinte la cour d'appel qui retient que l'acquéreur dispose d'une ordonnance de référé, exécutoire par provision, nonobstant appel, qu'il peut exécuter à ses risques et périls en cas d'infirmation ultérieure et que le défaut d'exécution procède d'un refus délibéré de se plier à cette décision. • Civ. 1re, 11 févr. 2010 : *préc. note 2 ss. art. L. 121-3.*

13. Résistance abusive du débiteur. Renvoi. Sur le pouvoir du JEX d'allouer des dommages-intérêts en cas de résistance abusive à l'exécution d'un titre exécutoire, V. : note 2 ss. art. L. 121-3.

14. Autorité parentale. Pour un recours à l'astreinte relativement à l'exercice d'un droit de visite, V. : • TGI Grenoble, JEX, 31 mars 2009 : *Procédures 2009, n° 76, note Murat.*

Art. L. 131-2 **L'astreinte est indépendante des dommages-intérêts.**

L'astreinte est provisoire ou définitive. L'astreinte est considérée comme provisoire, à moins que le juge n'ait précisé son caractère définitif.

Une astreinte définitive ne peut être ordonnée qu'après le prononcé d'une astreinte provisoire et pour une durée que le juge détermine. Si l'une de ces conditions n'a pas été respectée, l'astreinte est liquidée comme une astreinte provisoire. — *[L. n° 91-650 du 9 juill. 1991, art. 34.]*

Sur le régime dérogatoire de l'astreinte en matière d'expulsion, V. art. L. 421-1 et L. 421-2.

1. Dommages-intérêts. Indépendance. Le montant de l'astreinte, n'ayant pas vocation à réparer un préjudice, ne peut tenir lieu de réparation du dommage subi par le plaideur victime d'une retard dans l'exécution d'une condamnation. • Civ. 1re, 13 déc. 2012 : *Procédures 2013, n° 37, note Perrot* • Civ. 2e, 7 avr. 2016, n° 15-14.825 : *Procédures 2016, n° 195, note Raschel.*

2. Astreinte provisoire ou définitive. Une astreinte définitive étant liquidée comme une astreinte provisoire quand une des conditions prévues pour qu'elle soit ordonnée n'a pas été respectée, le moyen tiré de l'absence de prononcé d'une astreinte provisoire avant celui d'une astreinte définitive est sans portée. • Civ. 3e, 3 avr. 1996, n° 94-16.647 P : *Procédures 1996, n° 179, obs. Perrot.*

3. Arrêt confirmatif. Sur le point de départ de l'astreinte en cas d'arrêt confirmatif, V. note 5 ss. art. R. 131-1.

4. Recours en garantie. L'astreinte, mesure de contrainte à caractère personnel, n'ouvre pas droit à un recours en garantie. • Civ. 1re, 3 avr. 2002, n° 00-10.893 P : *D. 2002. IR 1464 ; Procédures 2002, n° 113, note Perrot ; RTD civ. 2002. 812, obs. Mestre et Fagès ; ibid. 2003. 144, obs. Perrot*. ♦ Dans le même sens, V. aussi • Civ. 2e, 30 avr. 2002, n° 00-13.815 P : *D. 2002. IR 1595 ; Procédures 2002, n° 113, note Perrot ; RTD civ. 2002. 812, obs. Mestre et Fagès ; ibid. 2003. 144, obs. Perrot* • 14 sept. 2006, n° 05-17.118 P : *D. 2007. Pan. 1387, obs. Julien ; Procédures 2007, n° 36, obs. Perrot* • 17 avr. 2008 : *BICC 15 sept. 2008, n° 1287.*

5. Liquidation. Solidarité. Deux débiteurs condamnés à une même obligation de faire ne peuvent être tenus solidairement au paiement du montant de l'astreinte liquidée. • Civ. 2e, 10 janv. 2013 : *Procédures 2013, n° 95, note Perrot.*

6. Application dans le temps. Dès lors que l'assignation en liquidation d'une astreinte, prononcée par jugement du 8 sept. 1988, a été délivrée le 11 oct. 1997, l'art. 34, al. 3, de la L. n° 91-650 du 9 juill. 1991 [devenu C. pr. exéc., art. L. 131-2], dont l'entrée en vigueur remontait au 1er janv. 1993, était applicable et l'astreinte devait, de ce fait, être liquidée comme une astreinte provisoire. • Civ. 2e, 8 juill. 2004, n° 02-15.092 P.

7. Domaine civil. La compétence d'attribution du JEX en matière de liquidation d'astreinte ne concerne que le domaine civil, à l'exclusion du domaine pénal régi par l'art. 710 C. pr. pén. qui réserve à la juridiction qui l'a prononcée le soin de connaître des incidents relatifs à son exécution. • Versailles, 10 févr. 2005 : *BICC 2005, n° 985.*

8. Transmission. Le caractère personnel de l'astreinte ne s'oppose pas à ce que sa liquidation, qui tend à une condamnation pécuniaire, puisse être poursuivie contre les héritiers du débiteur pour la période antérieure à son décès. • Civ. 2e, 18 déc. 2008, n° 07-20.562 P : *D. 2009. AJ 235 ; ibid. Chron. C. cass. 766, obs. Sommer ; ibid. Pan. 1168, obs. Leborgne ; RLDC 2/2009. 59,* obs. Le Gallou ; Dr. et pr. 2009, *suppl. Droit du recouvrement, p. 4, obs. Putman* • 10 sept. 2009 : *D. 2010. Pan. 1307, obs. Leborgne ; Procédures 2010, n° 348, note Perrot ; Dr. et patr. 11/2010, p. 97, obs. Lefort* • Civ. 2e, 1er sept. 2016, n° 15-19.524 P : *cité note 3 ss. art. L. 131-1.* ♦ Le seul fait de réaliser l'acquisition d'un bien immobilier appartenant au bénéficiaire de la mesure de contrainte ne transférait pas au profit de l'acquéreur le droit à poursuivre la liquidation de l'astreinte prononcée dans le cadre d'un procès auquel il était tiers. • Civ. 2e, 10 févr. 2011 : *D. 2012. Pan. 1514, obs. Leborgne*.

9. *Avocat. Portée du mandat.* L'avocat chargé de faire liquider une astreinte et dont le mandat a pris fin avec la procédure ayant abouti à une liquidation à titre provisoire ne peut engager une seconde procédure sans nouveau mandat. • Civ. 1re, 17 mars 2011, no 10-11.969 P : *D. 2011. Actu. 947 ; RLDC 05/2011, no 4235, note Bugnicourt.*

Art. L. 131-3 **L'astreinte, même définitive, est liquidée par le juge de l'exécution, sauf si le juge qui l'a ordonnée reste saisi de l'affaire ou s'en est expressément réservé le pouvoir.** — *[L. no 91-650 du 9 juill. 1991, art. 35.]*

I. JUGE COMPÉTENT

1. *Principe.* L'astreinte est liquidée par le JEX, sauf si le juge qui l'a ordonnée reste saisi de l'affaire ou s'en est expressément réservé le pouvoir. L'incompétence est relevée d'office par le saisi d'une demande en liquidation d'astreinte. • Soc. 9 mai 2007, no 05-46.029 P : *D. 2008. 585, note Foulon et Strickler ; Procédures 2007, no 247, obs. Perrot.*

2. *Application dans le temps.* La juridiction qui, saisie avant le 1er janv. 1993, d'une demande de liquidation d'astreinte n'a pas statué avant l'entrée en application de la réforme, doit se déclarer incompétente au profit du JEX si le juge qui a ordonné l'astreinte n'est pas resté saisi de l'affaire ou s'il ne s'en est pas expressément réservé le pouvoir. • Civ. 3e, 30 sept. 1998 : *Rev. huiss. 1999. 735, note Bourdillat.* ♦ Une cour d'appel saisie de l'appel d'un jugement rendu en matière de liquidation d'astreinte avant le 1er janv. 1993, date d'entrée en vigueur de la L. du 9 juill. 1991, par un juge compétent à cet effet selon les règles alors en vigueur, est compétente pour liquider une astreinte. • Civ. 3e, 24 févr. 1999, no 96-21.968 P.

3. *Juge des référés.* Les textes instituant le JEX n'ont pas abrogé l'art. 491 NCPC [devenu C. pr. civ]., qui permet au juge des référés de liquider une astreinte à titre provisionnel. • TGI Pointe-à-Pitre, réf., 22 janv. 1993 : *Rev. huiss. 1993. 986 ; D. 1994. Somm. 339, obs. Julien*. ♦ A condition que le juge des référés se soit réservé ce pouvoir ou qu'il reste saisi de l'affaire. • Aix-en-Provence, 30 janv. 1996 : *BICC, 1er avr. 1996, no 478 ; RTD civ. 1996. 710, obs. Perrot* • *Civ. 2e, 15 févr. 2001 : D. 2001. IR 904 ; Procédures, avr. 2001, no 79 et mai 2001, no 103, obs. Perrot* • 21 févr. 2008, no 06-43.046 P : *RLDC 2008, no 3078, obs. Miniato ; Procédures 2008, no 205, note Perrot ; Dr. et pr. 2008 ; Droit du recouvrement, 20, no 5, obs. Putman ; Gaz. Pal. 2008. Somm. 2337, obs. Brenner ; Dr. et patr. 11/2008. 104, note Lefort.* ♦ Dès lors, nonobstant les dispositions de l'art. 92, al. 2, NCPC [devenu C. pr. civ]., doit être cassé l'arrêt d'une cour d'appel qui avait statué sur un appel dirigé contre une ordonnance de référé ayant liquidé une astreinte, pour n'avoir pas relevé d'office l'incompétence du juge des référés. • Civ. 2e, 17 déc. 1997, no 95-14.189 P : *RTD civ. 1998. 733, obs. Normand ; D. 1999. Somm. 216, spéc. p. 217, obs. Julien* (ss. • Paris, 11 févr. 1999) (entrée en vigueur de la L. no 91-650 du 9 juill. 1991). ♦ Le juge des référés ayant seul le pouvoir de liquider l'astreinte qu'il prononce, dès lors qu'il se l'est expressément réservé, viole l'art. L. 131-3 la cour d'appel qui déclare recevable la demande présentée au JEX de liquider l'astreinte provisoire à une certaine somme. • Civ. 2e, 27 févr. 2014, no 13-12.493 P : *D. actu. 13 mars 2014, obs. Avena-Robardet ; Dr. et pr. 2014. 93, note Cholet.* – V. aussi • Civ. 2e, 20 mars 2003 : *Dr. et pr. 2003. 364, note Hoonakker.* ♦ Si le juge des référés se borne à décider qu'il lui en sera référé en cas de difficultés, cette disposition ne constitue pas une réserve expresse de compétence en vue de la liquidation de l'astreinte et dès lors seul le JEX peut en connaître. • Civ. 2e, 15 janv. 2009, no 07-20.955 P : *D. 2010. Pan. 1307, obs. Leborgne ; Procédures 2009, no 113, note (approb.) Perrot.*

4. *Juge prud'homal.* Dès lors qu'il apparaît que le juge prud'homal, qui a assorti d'une astreinte provisoire sa décision rendue le 6 avr. 1993 entre les mêmes parties, s'est saisi de leur litige à la date du prononcé de ce jugement au fond devenu depuis lors définitif et que, de plus, il ne résulte nullement de cette décision que la juridiction initialement saisie se soit alors expressément réservé le pouvoir de liquider l'astreinte par elle prononcée, il y a donc lieu de faire droit au contredit et de dire que le juge prud'homal est incompétent *ratione materiae* pour connaître des demandes et de renvoyer l'affaire et les parties devant le JEX territorialement compétent. • Dijon, 15 mars 1994 : *D. 1994. Somm. 339, obs. Julien*.

5. *TASS.* L'astreinte fixée par le tribunal des affaires sanitaires et sociales en application des art. L. 436-1 et R. 435-5 CSS, est liquidée par le JEX conformément à l'art. 35 de la L. no 91-650 du 9 juill. 1991 [devenu C. pr. exéc., art. L. 131-3], dès lors que les juges qui ont ordonné le paiement d'une astreinte ne se sont pas expressément réservé le pouvoir de la liquider. • Angers, 7 nov. 2002 : *BICC 2004, no 1901.*

6. *Juge de l'expertise.* Lorsque le juge chargé

du contrôle des expertises a ordonné la communication de pièces, assortie d'une astreinte, dans le cadre d'une expertise elle-même ordonnée par le juge des référés, il revient à ce juge ou au juge désigné par lui à cet effet, et non pas au JEX, de la liquider. • TGI Bobigny, réf., 5 déc. 2001 : *LPA 21 août 2002, p. 11, note Pansier.*

7. Juge de la mise en état. Le juge de la mise en état qui se contente d'ordonner sous astreinte la communication d'une pièce et reste dès lors saisi de l'affaire en application de l'art. 779 C. pr. civ., est compétent pour prononcer sa liquidation et ne commet pas de violation manifeste de l'art. 12 C. pr. civ. au sens de l'art. 524 du même code. • Civ. 2e, 21 févr. 2008 : *cité note 56 ss. C. pr. civ., art. 524.*

8. Code de l'urbanisme – Juge pénal. L'art. L. 480-7 C. urb., qui institue un régime particulier d'astreinte, n'a pas été abrogé par la loi du 9 juill. 1991 ; le JEX est donc incompétent pour connaître des difficultés nées d'une telle astreinte ; son incompétence et celle de la cour saisie sur appel de sa décision sont d'ordre public. • Paris, 11 févr. 1999 : *D. 1999. Somm. 216, obs. Julien* • 27 sept. 2001 : *D. 2001. IR 3249*. ♦ Rappr. • Civ. 2e, 5 avr. 2001 : *Dr. et pr. 2001-5, 312, obs. Ph. Hoonakker* (incompétence du JEX pour statuer sur une difficulté née de la mise à exécution d'une astreinte prononcée par une juridiction pénale sur le fondement de l'art. L. 480-7, C. urb). ♦ Dès lors que la contestation tend à remettre en cause une astreinte assortissant une mesure de remise en état des lieux procédant d'une décision prise par une juridiction pénale, l'astreinte déroge au régime général de l'astreinte et, en application de l'art. 710 C. pr. pén., le contentieux relatif à cette astreinte doit être porté devant la juridiction pénale qui l'avait prononcée. • Civ. 2e, 27 mai 2004, nº 02-20.215 P : *D. 2004. IR 1933*.

9. Cour d'appel. La cour d'appel, saisie de l'appel du jugement du conseil de prud'hommes devant lequel le salarié avait, conformément à la réserve expresse de l'ordonnance de conciliation, formé une demande de liquidation de l'astreinte, ne fait, en statuant sur cette demande, qu'exercer les pouvoirs qu'elle tient de l'effet dévolutif de l'appel. • Soc. 20 oct. 2015, nº 14-10.725 : *D. actu. 4 nov. 2015, obs. Kebir ; D. 2016. 1279, obs. Leborgne ; Procédures 2015, nº 350, obs. L. Raschel ; ibid. nº 364, obs. Bugada ; Gaz. Pal. 2015, nº 1, p. 38, obs. Orif.* ♦ La cour d'appel, saisie d'une demande additionnelle en liquidation de l'astreinte, ne fait qu'exercer les pouvoirs qu'elle détient de l'effet dévolutif de *l'appel tel que défini à l'art. 566 C. pr. civ.* • Civ. 2e, 28 juin 2018, nº 17-15.045 P : *D. actu. 27 juill. 2018, obs. Camensuli-Feuillard ; RDBF 2018, nº 131, obs. Piedelièvre ; Lexbase hebdo éd. privée nº 761, 15 nov. 2018, obs. Payan ; Gaz. Pal. 11 déc. 2018, p. 25, obs. Brenner.* ♦ La cour d'appel est compétente pour liquider l'astreinte prononcée par le conseiller de la mise en état pour obtenir communication de documents dans le litige qu'elle doit trancher. • Civ. 2e, 26 mars 1997 : *préc.* ♦ Une cour d'appel saisie en application de l'art. 96, al. 2, comme juridiction de renvoi pour statuer sur une liquidation d'astreinte, est tenue de statuer. • Civ. 2e, 7 janv. 1998, nº 95-19.549 P. ♦ Pour une hypothèse de compétence de la cour d'appel en raison de ce qu'elle était encore saisie de l'affaire, V. • Civ. 2e, 16 déc. 2004, nº 03-11.798 P : *D. 2005. IR 311*. ♦ Dessaisie du litige à la suite de l'arrêt qu'elle a rendu, une cour d'appel, statuant en référé, ne conserve que le pouvoir de liquider, si elle s'en est réservée la compétence, l'astreinte qu'elle a ordonnée. Dès lors, c'est à juste titre qu'une cour d'appel refuse de se prononcer, à l'occasion de l'examen de la demande de liquidation de l'astreinte, sur une demande nouvelle en paiement d'une provision. • Soc. 23 sept. 2008, nº 06-45.320 P : *JCP S 2008. 1651, obs. Kerbourc'h.* ♦ Confirmant le jugement d'un JEX en ses dispositions ayant assorti d'une astreinte une obligation dont elle retient qu'elle n'a pas été exécutée, la cour d'appel, investie des pouvoirs du JEX, peut liquider cette astreinte. • Civ. 2e, 10 févr. 2011, nº 09-16.499 P : *D. actu. 21 févr. 2011, obs. Avena-Robardet.*

10. Tribunal de commerce. Cassation, pour violation des art. 35 de la L. nº 91-650 du 9 juill. 1991 [devenu C. pr. exéc., art. L. 131-3] et L. 311-12-1, al. 4, COJ [ancien, devenu art. L. 213-6 COJ], de l'arrêt qui liquide l'astreinte prononcée par le tribunal de commerce qui n'était pas resté saisi de l'affaire et ne s'était pas réservé le pouvoir de la liquider, alors que la cour était tenue de relever d'office son incompétence. • Civ. 1re, 21 mars 2000, nº 98-14.246 P : *D. 2000. IR 111*.

11. Interprétation restrictive. L'exception à la règle de droit commun prévue par l'art. 35 [C. pr. exéc., art. L. 131-3] doit être interprétée restrictivement : le juge qui s'est réservé le pouvoir de liquider l'astreinte qu'il a ordonnée ne peut le faire que dans les termes qu'il a arrêtés en fonction des faits qui lui ont été soumis et n'a plus la possibilité de liquider l'astreinte à compter de la date à laquelle est applicable le montant modifié par la juridiction d'appel, même si celle-ci a confirmé sa décision pour le surplus. • Limoges, 5 févr. 2002 : *D. 2002. IR 936* ; *Gaz. Pal. 14-16 mars 2004, p. 11, obs. Vray.*

II. PROCÉDURE

12. Prescription. L'action en liquidation d'une astreinte est soumise à une prescription quinquennale de droit commun applicable aux actions personnelles et mobilières prévue par l'art. 2224 C. civ. et ne relève pas du délai de prescription décennal prévu, pour l'exécution des titres exécutoires, par l'art. L. 111-4 C. pr. exéc. Bien qu'une astreinte assortisse l'exécution du titre exécutoire qui la prononce, l'action en liquidation de celle-ci se prescrit par cinq ans. • Civ. 2e, 21 mars 2019, n° 17-22.241 P : *D. actu. 21 mars 2019, obs. Botrelle ; D. 2019. 648 ; ibid. 1797, obs. Lemoine et de Leiris ; ibid. Pan. 1310, obs. Leborgne ; Rev. prat. rec. 2020. 23, obs. Salati ; Gaz. Pal. 18 juin 2019, p. 27, note Ansault ; ibid. 22 juill. 2019, p. 37, obs. Hoffschir ; RDBF 2019, n° 135, note Piedelièvre.*

13. Art. 145 C. pr. civ. Après la saisine d'un juge de l'exécution (JEX) en liquidation d'une astreinte, une partie ne peut plus demander, en référé, une mesure d'instruction *in futurum* afin d'établir la preuve de faits dont l'issue du litige à trancher par le juge de l'exécution pourrait dépendre. • Civ. 2e, 21 mars 2019, n° 18-10.019 P : *D. actu. 11 avr. 2019, obs. Botrelle ; D. 2019. 648 ; Gaz. Pal. 18 juin 2019, p. 27, note Ansault ; ibid. 22 juill. 2019, p. 47, obs. Kebir.*

14. Impartialité. Un juge peut statuer sur la demande de liquidation d'une astreinte qu'il a prononcée sans méconnaître les exigences d'impartialité prévues par l'art. 6, § 1er, Conv. EDH. • Civ. 2e, 8 avr. 1998, n° 96-13.845 P : *D. affaires 1998. 908, obs. S. P. ; RG proc. 1998. 517, obs. Putman.* ♦ Et la même formation d'une cour d'appel peut statuer successivement sur la validité d'une liquidation et sur l'interprétation du jugement prononçant l'astreinte. • Lyon, 22 janv. 2003 : *BICC 2003, n° 1011.*

15. Motivation. La décision liquidant l'astreinte doit être motivée, le juge disposant d'un pouvoir souverain et non discrétionnaire. • Civ. 2e, 3 juill. 1996, n° 94-17.168 P : *D. 1997. 231, note L. Boré.* ♦ V. note 23 ss. art. L. 131-4.

16. Auteur de la demande de liquidation. L'instance en liquidation de l'astreinte n'est que la suite de celle ayant conduit à son prononcé, l'inspecteur du Travail, à qui la loi donne qualité pour demander en référé, en vue de la garantie du repos dominical, une mesure que le juge peut assortir d'une astreinte au profit du Trésor, a qualité pour demander sa liquidation. • Soc. 1er juin 2005, n° 03-18.897 P : *JCP 2005. II. 10174, note Bugada.* ♦ A intérêt à agir le vendeur qui demande la liquidation de l'astreinte sur une période antérieure à la vente. • Civ. 2e, 6 déc. 2012, n° 11-21.517 : *RTD civ. 2013. 176, obs. Perrot ; AJDI 2013. 140 .*

17. Syndicat des copropriétaires. Si le syndic ne peut agir en justice au nom du syndicat des copropriétaires sans y avoir été autorisé par une décision de l'assemblée générale, il est cependant fait exception à cette règle pour les demandes qui relèvent des pouvoirs du juge des référés (Décr. n° 67-223 du 17 mars 1967, art. 55). Aussi le syndic peut-il agir sans autorisation en liquidation d'une astreinte prononcée par le juge des référés qui s'est réservé le pouvoir de la liquider. • Civ. 2e, 10 févr. 2011 : *Procédures 2011, n° 160, note Perrot.* ♦ N'a pas intérêt à agir le syndicat des copropriétaires qui n'était pas le bénéficiaire de l'obligation de démolir prononcée sous astreinte. • Soc. 1er juin 2005, n° 03-18.897 : *JCP 2005. II. 10174, note Bugada.*

18. Autorité de la chose jugée. Un jugement prononçant, dans son dispositif, l'astreinte contre deux personnes, en leur qualité de gérants de la personne morale, il n'appartient pas au JEX de la liquider en leur nom à titre personnel. • Civ. 2e, 27 juin 2013 : *Procédures 2013, n° 274, note Perrot.*

Art. L. 131-4 **Le montant de l'astreinte provisoire est liquidé en tenant compte du comportement de celui à qui l'injonction a été adressée et des difficultés qu'il a rencontrées pour l'exécuter.**

Le taux de l'astreinte définitive ne peut jamais être modifié lors de sa liquidation.

L'astreinte provisoire ou définitive est supprimée en tout ou partie s'il est établi que l'inexécution ou le retard dans l'exécution de l'injonction du juge provient, en tout ou partie, d'une cause étrangère. — *[L. n° 91-650 du 9 juill. 1991, art. 36.]*

I. ALINÉA 1er

1. Non-lieu à liquider. Il n'y a pas lieu de liquider l'astreinte même définitive si la mesure ordonnée a été exécutée. • Civ. 2e, 9 juill. 1997 : *Procédures 1997, n° 231, obs. Perrot.* ♦ Les juges ne peuvent refuser de liquider l'astreinte au motif que « en fin de compte et malgré un certain retard, l'injonction faite par le tribunal a été intégralement exécutée ». • Civ. 2e, 8 déc. 2005, n° 03-19.743 P : *RTD civ. 2006. 157, obs. Perrot.* ♦ La seule constatation du retard dans l'exécution justifie la décision de liquidation de l'astreinte, peu important que l'injonction ait été exécutée au moment où le juge a statué sur la liquidation. • Civ. 2e, 8 déc. 2005, n° 04-12.643 P : *RTD civ. 2006. 157, obs. Perrot ; Procédures 2006, n° 27, note Perrot.* ♦ Il importe peu que le retard ne soit que de quelques jours seulement. • 25 mai 2011 : *Procédures 2011, n° 252, note Perrot.* ♦ L'autorité de la chose jugée attachée à une décision de liquidation d'astreinte ne fait pas obstacle à la présentation d'une nouvelle demande de liquidation pour une période postérieure, dès lors que l'astreinte n'était pas limitée dans le temps et que l'obligation qui en était assortie n'avait pas été exécutée. • Civ. 2e, 22 mars 2006, n° 04-13.933 P : *D. 2007. Pan. 1386, obs. Julien.* ♦ Dès l'instant où l'obligation assortie d'une astreinte a été exécutée, fût-ce par un tiers, il n'y a plus lieu de liquider l'astreinte pour la période de temps postérieure à cette exécution, sauf si le créancier justifie d'un intérêt légitime à ce qu'elle soit exécutée par le débiteur lui-même. • Civ. 2e, 10 déc. 2020, n° 19-16.312 P : *D. 2021. 1353, obs. Leborgne ; D. actu. 26 janv. 2021, note Payan ; Rev. prat. rec. 2021/3. 13, obs. Salati ; RTD civ. 2021. 138, obs. Barbier ; ibid. 469, obs. Théry ; Procédures 2021, n° 36, note Laher.*

2. Charge de la preuve de la constatation de l'inexécution. Le plaideur qui demande la liquidation doit prouver que l'obligation à la charge de son adversaire n'a pas été exécutée par celui-ci ou ne l'a été que tardivement. • Civ. 2e, 11 janv. 1995, n° 93-14.926 P. ♦ Y compris pour une obligation de ne pas faire. • Soc. 13 nov. 1990, n° 87-40.890 P : *RTD civ. 1991. 534, obs. J. Mestre*. ♦ *Contra,* en ce sens que la charge de prouver que l'obligation prescrite sous astreinte a été correctement exécutée incombe au débiteur : • Com. 2 oct. 2001 : *Procédures 2001, n° 226, note Perrot ; RTD civ. 2002. 148, obs. Perrot* • Soc. 14 déc. 2005, n° 04-40.561 P : *D. 2006. IR 98 ; RTD civ. 2006. 379, obs. Perrot* • Civ. 1re, 28 nov. 2007, n° 06-12.897 P : *D. 2008. AJ 96, obs. Avena-Robardet ; ibid. Pan. 2820, obs. Bretzner ; Dr. et patr. 11/2008. 103, obs. Lefort* • Civ. 2e, 17 mars 2016, n° 15-13.122 P : *cité note 6.*

3. Inexécution des suites nécessaires de la condamnation. Méconnaît l'autorité de la chose jugée la cour d'appel qui, pour rejeter la demande de liquidation d'astreinte formée contre une partie ayant été condamnée à modifier sous peine d'astreinte sa dénomination sociale, retient que cette partie a rempli son obligation dans le délai imparti et que l'obligation de modifier la dénomination sociale ne saurait être étendue à l'usage de celle-ci, alors que la condamnation assortie de l'astreinte emportait nécessairement l'interdiction d'utiliser la dénomination sociale prohibée. • Civ. 2e, 30 mai 2002, n° 00-15.312 P : *D. 2002. IR 2025*.

4. Pouvoir d'instruction du juge qui liquide. Avant toute instance en liquidation de l'astreinte, le JEX a le pouvoir d'ordonner sur requête (V. art. 32 Décr. n° 92-755 du 31 juill. 1992, devenu C. pr. exéc., art. R. 121-23) la désignation d'un huissier de justice à l'effet de constater d'éventuels manquements à l'interdiction assortie de l'astreinte. • Civ. 2e, 27 nov. 1997, n° 95-20.593 P : *RG proc. 1998. 522, obs. Putman ; JCP 1998. II. 10073, note E. du Rusquec ; Procédures 1998, n° 32, obs. Perrot.*

5. Pouvoir souverain mais non discrétionnaire. C'est dans l'exercice de son pouvoir souverain qu'une cour d'appel analyse les documents fournis et liquide les astreintes au montant *qu'elle a retenu. • Civ. 2e, 3 juill. 1996,* n° 94-17.168 P : *D. 1997. 231, note L. Boré* • 8 oct. 1997, n° 95-18.491. ♦ *Adde* : • Civ. 3e, 29 avr. 2009, n° 08-12.952 P : *D. 2009. AJ 1424 ; ibid. 2010. Pan. 1307, obs. Leborgne ; Dr. et pr. 2009. suppl. Droit du recouvrement. 20, obs. Putman ; Procédures 2009, n° 190, note Perrot ; AJDI 2009. 732, obs. de La Vaissière*. ♦ Mais la Cour de cassation contrôle que le juge a bien constaté l'inexécution totale ou partielle. • Civ. 2e, 11 janv. 1995, n° 93-14.926 P. ♦ Viole l'art. L. 131-4 l'arrêt qui, pour réduire de 607 189 à 100 000 € la somme allouée au titre de la liquidation de l'astreinte, relève la disproportion flagrante entre la somme réclamée au titre de l'astreinte et l'enjeu du litige • Civ. 2e, 26 sept. 2013 : *Procédures 2014, n° 332, note Perrot.*

Pour un exemple de modération non motivée, V. • Angers, 25 oct. 2001 : *JCP E 2002. II. 1119, note Boulmier* • Civ. 2e, 7 juin 2012 : *LPA 7-8 août 2012, p. 7, note Richevaux* (réduction de 2 000 à 1 000 € de la somme allouée par le conseil de prud'hommes au titre de la liquidation de l'astreinte au regard de l'ensemble des circonstances de la cause, alors que la cour d'appel relève que le mandataire liquidateur ne justifiait pas de difficultés particulières à remettre ces documents et que le délai de près de trois mois qu'il avait pris ne pouvait être considéré comme un délai raisonnable).

Mais sur la nécessité, pour le juge qui statue sur la liquidation d'une astreinte provisoire d'apprécier le caractère proportionné de l'atteinte qu'elle porte au droit de propriété du débiteur au regard du but légitime qu'elle poursuit, conformément à l'art. 1er, Prot. 1, Conv. EDH : • Civ. 2e, 20 janv. 2022, nos 20-15.261 B et 19-23.721 (2 arrêts) : *cités note 7.* ♦ Dans le même sens : • Civ. 2e, 20 janv. 2022, n° 19-22.435 B : *cité note 7.*

6. Comportement du débiteur. Le comportement du débiteur doit s'apprécier à compter du prononcé du jugement fixant l'injonction. • Civ. 2e, 9 janv. 2014, n° 12-25.297 P : *D. actu. 20 janv. 2014, obs. Avena-Robardet ; D. 2014. Actu. 151 ; RDBF 2014, n° 56, note Piedelièvre* • Civ. 2e, 17 mars 2016, n° 15-13.122 P : *D. 2016. Actu. 722 ; ibid. Pan. 1283, obs. Leborgne ; ibid. 2540, obs. A. Aynès*. ♦ Ainsi, si les diligences entreprises par le débiteur aux fins d'exécuter son obligation sont antérieures à la signification du jugement qui les impose, elles peuvent être tenues pour libératoires. • Civ. 2e, 9 janv. 2014, n° 12-25.297 P : *préc.*

7. Office du juge. Le juge qui statue sur la liquidation d'une astreinte provisoire doit apprécier le caractère proportionné de l'atteinte qu'elle porte au droit de propriété du débiteur au regard du but légitime qu'elle poursuit, conformément à l'art. 1er, Prot. 1, Conv. EDH : • Civ. 2e, 20 janv. 2022, nos 20-15.261 B et 19-23.721 (2 arrêts). ♦ En effet, si l'astreinte ne constitue pas, en elle-même, une mesure contraire aux exigences du prot. en ce que, prévue par la loi, elle tend, dans l'objectif d'une bonne administration de la justice, à assurer l'exécution effective des décisions de justice dans un délai raisonnable, tout en imposant au juge appelé à liquider l'astreinte, en cas d'inexécution totale ou partielle de l'obligation, de tenir compte des difficultés rencontrées par le débiteur pour l'exécuter et de sa volonté de se conformer à l'injonction, il n'en appartient pas moins au juge saisi d'apprécier encore, de manière concrète, s'il existe un rapport raisonnable de proportionnalité entre le montant auquel il liquide l'astreinte et l'enjeu du litige. • Mêmes arrêts. ♦ Pour une prise en compte de ce critère : • Civ. 2e, 20 janv. 2022, n° 19-22.435 B.

Précédemment : le juge, saisi d'une demande de liquidation d'une astreinte prononcée par une décision irrévocable, tient de l'art. L. 131-4 la seule mission de vérifier l'exécution de l'obligation objet de l'astreinte sans pouvoir modifier celle-ci. • Civ. 3e, 10 nov. 2016, n° 15-21.949 P : *D. 2017. 1068, chron. Méano et Collomp ; ibid. 1392, obs. Leborgne ; ibid. 1789, chron. Neyret et Reboul-Maupin ; ibid. 1850, note Lefort ; RTD civ. 2017. 191, obs. Dross ; AJDI 2017. 454, obs. Devreau ; JCP E 2017, 1220, note Le Gac-Pech ; Procédures 2017, n° 4, note Raschel.* ♦ Il appartient au juge saisi d'une demande de liquidation d'une astreinte de s'assurer, au besoin d'office, que l'astreinte a commencé à courir et de déterminer son point de départ. • Civ. 2e, 6 juin 2019, n° 18-15.311 P : *D. actu. 4 juill. 2019, obs. Payan ; D. 2019. 1236 ; JCP 2019. 797, note Orif ; LPA 8 nov. 2019, p. 7, note Richevaux ; Dr. et pr. 2019. 106, note Cholet ; RDBF 2019, n° 171, note Piedelièvre.*

8. Point de départ de l'astreinte liquidée. V. notes ss. art. R. 131-1.

9. Sentence pénale. Le JEX ne peut préciser la portée d'une condamnation à astreinte prononcée par le juge pénal (sur L. 480-7, C. urb.), les incidents contentieux relatifs à l'exécution d'une sentence pénale devant être portés, aux termes de l'art. 710 C. pr. pén., devant la juridiction qui l'a rendue. • Civ. 2e, 12 mars 1997, n° 95-11.807 P. ♦ Le contentieux du recouvrement de l'astreinte prononcée par une juridiction pénale relève de la compétence de cette juridiction. • Civ. 2e, 10 juill. 2003, n° 01-03.770 P.

10. Indifférence du préjudice subi par le créancier. Le juge ne peut, pour liquider l'astreinte et en réduire le montant, retenir le préjudice subi par le créancier. • Civ. 2e, 28 oct. 1999 : *Procédures, janv. 2000, n° 1, obs. Perrot* • Civ. 2e, 25 mai 2011 : *préc. note 1* • 2 févr. 2012 : *Procédures 2012, n° 103, note Perrot.* ♦ Le JEX qui liquide l'astreinte n'ayant pas le pouvoir d'apprécier le préjudice subi en raison de la résistance abusive du débiteur de l'obligation assortie de l'astreinte, une cour d'appel rejette à bon droit, sans excéder ses pouvoirs, la demande de dommages-intérêts. • Civ. 3e, 29 avr. 2009 : *préc. note 5.*

11. Autres critères. Le juge ne peut tenir compte d'un critère étranger aux termes de la loi (en l'occurrence, un fait jetant un « éclairage nouveau » sur les multiples incident qui ont opposé les parties). • Civ. 2e, 15 mai 2003, n° 01-11.909 P : *D. 2003. IR 1477 ; Procédures 2003, n° 163, note Perrot ; Gaz. Pal. 29 févr.-2 mars 2004, p. 29, obs. Brenner* • Civ. 2e, 17 déc. 2009 : *D. 2010. Pan. 1307, obs. Leborgne ; Procédures 2010, n° 28, note Perrot* (cour d'appel rejetant la demande de liquidation de l'astreinte au motif que la demanderesse ne démontre pas que les pièces qui n'ont pas été versées aux débats et dont la communication était ordonnée aient revêtu le moindre intérêt dans le cadre du litige pendant devant elle).

12. Caractère personnel de l'astreinte – Conséquences quant à la liquidation. Viole l'art. 36 de la L. du 9 juill. 1991 [devenu C. pr. exéc., art. L. 131-4] l'arrêt qui, après avoir liquidé l'astreinte due par une partie, condamne une autre partie à la garantir de cette condamnation alors que l'astreinte est une mesure de contrainte à caractère personnel. • Civ. 3e, 24 févr. 1999, n° 96-21.968 P • Civ. 2e, 30 avr. 2002, n° 00-13.815 P : *RTD civ. 2002. 812, obs. Mestre et Fages ; ibid. 2003. 144, obs. Perrot.* ♦ V. note 5 ss. art. L. 131-2.

13. Le JEX qui liquide l'astreinte n'ayant pas le pouvoir d'apprécier le préjudice subi en raison de la résistance abusive du débiteur de l'obligation assortie de l'astreinte, une cour d'appel rejette à bon droit, sans excéder ses pouvoirs, la demande de dommages-intérêts. • Civ. 3e, 29 avr. 2009 : *préc. note 5.*

14. Autorité de la chose jugée de l'astreinte. Portée. L'autorité de la chose jugée attachée à une décision de liquidation d'astreinte ne fait pas obstacle à la présentation d'une nouvelle demande de liquidation pour la période postérieure, dès lors que l'astreinte n'était pas limitée dans le temps et que l'obligation qui en était assortie n'a pas été exécutée. • Civ. 2e, 8 déc. 2011, n° 10-25.719 P : *D. actu. 13 janv. 2012, obs. Tahri ; D. 2012. Actu. 27 ; ibid. Pan. 1514, obs. Leborgne ; Dr. et pr. 2012. 42, note Putman ; Gaz. Pal. 26-28 févr. 2012, p. 15, obs. Brenner ; ibid. 2012. 857, note L. Rachel ; RDBF 2012, n° 59, note Piedelièvre ; Procédures 2012, n° 34, note Perrot.*

II. ALINÉA 2

15. Taux de l'astreinte. L'astreinte même provisoire ne peut être liquidée sur une base majorée mais seulement dans la limite fixée par la décision qui en est assortie. • Soc. 12 avr. 2005, n° 02-46.323 P. ♦ Le montant de l'astreinte liquidée ne peut être supérieur à celui de l'astreinte fixée par le juge qui l'a ordonnée. • Civ. 2e, 11 mai 2006, n° 05-17.402 P : *D. 2007. Pan. 1386, obs. Julien ; Procédures 2006, n° 179, obs. Perrot ; RLDC 2006/31, n° 2446, obs. Miniato.*

16. Montant de l'astreinte liquidée (plafond). La cour d'appel, qui n'a pas constaté que l'acquéreur était subrogé dans les droits et actions des vendeurs relatifs à la créance de liquidation d'astreinte mais dans les droits du vendeur du bien immobilier à la date de l'acte d'acquisition, en déduit à bon droit que la liquidation n'étant demandée que pour une période antérieure à la vente du bien immobilier, et aucune impossibilité d'exécuter n'étant établie, l'astreinte devait être liquidée à la somme correspondant au taux fixé par le jugement. • Civ. 3e, 8 avr. 2009 : *D. 2009. AJ 1212*.

III. ALINÉA 3

17. Exigence d'une cause étrangère. La demande en fixation d'une nouvelle astreinte doit être rejetée, dès lors qu'il apparaît que la défenderesse n'a pas été empêchée par une cause étrangère. • TGI Tulle, JEX, 6 avr. 1993 : *D. 1993. 595, note Prévault*. ♦ Cassation de l'arrêt qui, sans relever aucune cause étrangère justifiant la suppression de l'astreinte, rejette la demande du salarié tendant à la liquidation de l'astreinte prononcée par un jugement définitif du conseil de prud'hommes. • Soc. 27 mai 1999 : *D. 1999. IR 167* (sur l'art. 442-15 [devenu L. 3323-6 et L. 3323-7] C. trav. : obligation de remise, par l'employeur, au salarié qui quitte l'entreprise avant que celle-ci ait été en mesure de liquider ses droits sur la réserve spéciale de participation, d'une attestation indiquant la nature et le montant de ses droits ainsi que la date d'exigibilité ou de négociabilité). ♦ Sur l'obligation, pour le juge, de préciser si les circonstances relevées constituent une cause étrangère susceptible de justifier la suppression totale de l'astreinte définitive, V. • Civ. 2e, 18 sept. 2003, n° 01-17.769 P • 7 mai 2008 : *D. 2008. AJ 1489 ; Dr. et pr. 2008. Droit du recouvrement. 20, n° 6, obs. Putman ; Dr. et patr. 2008. 107, obs. Lefort.* ♦ V. aussi note 3 ss. C. pr. civ., art. 33.

18. ... Limite. La décision prononçant une astreinte étant dépourvue de l'autorité de la chose jugée, le juge peut décider, dans l'exercice de son pouvoir souverain, de la supprimer pour l'avenir sans avoir à relever l'existence d'une cause étrangère. • Civ. 2e, 21 févr. 2019, n° 17-27.900 P : *D. actu. 6 mars 2019, obs. Mélin ; Rev. prat. rec. 2020. 23, obs. Salati ; Gaz. Pal. 18 juin 2019, p. 27, note Ansault ; ibid. 22 juill. 2019, p. 61, obs. Hoffschir.*

19. Notion de cause étrangère. Constituent une cause étrangère les difficultés d'exécution de travaux tenant au comportement des locataires ayant refusé l'intervention des professionnels, en particulier le refus que l'artisan en charge de créer une pièce d'eau ait accès à l'eau et à l'électricité. • Civ. 2e, 11 févr. 2021, n° 19-23.240 P : *JCP 2021, n° 250, note Dorol ; Procédures 2021, n° 98, note Laher.* ♦ Ne constituent pas un cas de force majeure les difficultés ayant empêché de faire des travaux dans le délai prévu, dès lors qu'elles étaient prévisibles eu égard aux relations des parties. • Lyon, 2 juin 1993 : *BICC, 1er déc. 1993, n° 1324.* ♦ ... Ni, pour La Poste, la grève d'un certain nombre de ses préposés. • Aix-en-Provence, 7 nov. 2003 : *JCP 2004. IV. 1888.*

20. Pouvoir souverain. C'est dans l'exercice de son pouvoir souverain qu'une cour d'appel supprime une astreinte, après avoir relevé que la démolition de l'angle d'une maison entraînerait des difficultés tellement importantes qu'elles équivalent à une impossibilité d'exécution. • Civ. 2e, 12 févr. 2004, n° 02-13.016 P : *Gaz. Pal. 21-22 juill. 2004, p. 9, obs. Brenner.* ♦ Le JEX, saisi d'une demande de liquidation d'astreinte, peut en augmenter ou modérer le taux ou en modifier la durée par une décision relevant de son pouvoir souverain. L'existence d'une cause étrangère sur une première période du cours de l'astreinte peut en justifier la suppression partielle, tandis que les juges peuvent en augmenter le taux et en modifier la durée pour une seconde période, postérieure à la signification de la décision sur ce point. • Civ. 2e, 29 janv. 2015, n° 14-10.544 : *JCP 2015. 319, note Fossier ; RDBF 2015, n° 92, note Piedelièvre ; RTD civ. 2015. 458, obs. Cayrol*.

21. Recherches du juge. Il appartient au JEX de rechercher, s'il y a lieu par une nécessaire interprétation de la décision ayant ordonné l'astreinte, quelles injonctions ou interdictions en étaient assorties. • Civ. 2e, 26 mars 1997, n° 94-21.590 P. ♦ Il en est de même en cas d'imprécision d'une décision rectifiée. • Civ. 2e, 11 mars 2010, n° 09-13.636 P : *D. actu. 23 mars 2010, obs. Avena-Robardet ; D. 2011. Pan. 1509, obs. Leborgne*.

22. Limites au pouvoir du juge. Le juge qui supprime une astreinte provisoire ne peut porter atteinte aux décisions de liquidation d'astreintes antérieures passées en force de chose jugée. • Civ. 2e, 1er mars 1995, n° 93-12.701 P.

23. Motivation. Le juge, devant motiver sa décision, ne peut se borner à reproduire les dispositions de l'art. 36 [devenu C. pr. exéc., art. L. 131-4] sans s'expliquer sur le comportement du débiteur de l'astreinte et sur les difficultés qu'il avait rencontrées. • Civ. 2e, 20 déc. 2001, n° 98-23.102 P : *RTD civ. 2002. 360, obs. Perrot* • Civ. 2e, 10 nov. 2010 : *Procédures 2011, n° 2, note Perrot ; RDBF 2011, n° 60, obs. Piedelièvre.*

TITRE QUATRIÈME LES OPÉRATIONS D'EXÉCUTION

CHAPITRE PREMIER DISPOSITIONS GÉNÉRALES

Art. L. 141-1 Aucune mesure d'exécution ne peut être effectuée un dimanche ou un jour férié, si ce n'est en vertu d'une autorisation du juge en cas de nécessité.

Aucune mesure d'exécution ne peut être commencée avant six heures et après vingt et une heures si ce n'est en vertu d'une autorisation du juge en cas de nécessité et seulement dans les lieux qui ne servent pas à l'habitation. — *[L. nº 91-650 du 9 juill. 1991, art. 28.]*

Art. L. 141-2 **L'acte de saisie rend indisponibles les biens qui en sont l'objet.**

Si la saisie porte sur des biens corporels, le débiteur saisi ou le tiers détenteur entre les mains de qui la saisie a été effectuée est réputé gardien des objets saisis sous les sanctions prévues par l'article 314-6 du code pénal.

Si la saisie porte sur une créance, elle en interrompt la prescription. — *[L. nº 91-650 du 9 juill. 1991, art. 29.]*

Art. L. 141-3 **Toute personne qui, à l'occasion d'une mesure propre à assurer l'exécution ou la conservation d'une créance, se prévaut d'un document, est tenue de le communiquer ou d'en donner copie, si ce n'est dans le cas où il aurait été notifié antérieurement.** — *[L. nº 91-650 du 9 juill. 1991, art. 27.]*

1. Domaine. L'obligation de l'art. 27 [devenu C. pr. exéc., art. L. 141-3] ne s'impose que dans le cadre d'une instance. Le créancier n'est pas tenu de communiquer le titre exécutoire avant d'effectuer la saisie alors qu'aucune instance n'est encore pendante, le seul visa de la pièce sur l'acte étant suffisant. La copie du titre ayant été régulièrement communiquée au cours de la procédure d'appel aux époux débiteurs qui ont disposé du temps nécessaire pour faire valoir leurs moyens de défense, il apparaît que le principe du contradictoire a été respecté. • Paris, 7 juin 2001 : *D. 2001. IR 2806*.

2. Secret. V. note 2 ss. art. L. 123-1 et note ss. art. R. 211-20.

CHAPITRE II LES OPÉRATIONS D'EXÉCUTION DANS DES LOCAUX

SECTION PREMIÈRE DISPOSITIONS GÉNÉRALES

Art. L. 142-1 **En l'absence de l'occupant du local ou si ce dernier en refuse l'accès, l'huissier de justice chargé de l'exécution ne peut y pénétrer qu'en présence du maire de la commune, d'un conseiller municipal ou d'un fonctionnaire municipal délégué par le maire à cette fin, d'une autorité de police ou de gendarmerie, requis pour assister au déroulement des opérations ou, à défaut, de deux témoins majeurs qui ne sont au service ni du créancier ni de l'huissier de justice chargé de l'exécution.**

Dans les mêmes conditions, il peut être procédé à l'ouverture des meubles. — *[L. nº 91-650 du 9 juill. 1991, art. 21, al. 1er et 2.] — V. sur l'accès aux parties communes des immeubles d'habitation, CCH, art. L. 111-6-6.* — **CCH.**

BIBL. ▶ DAIGRE, *Rev. huiss. 1997. 148* (l'ouverture forcée des portes : la hiérarchie des témoins de l'art. 21 de la loi du 9 juill. 1991 est-elle d'ordre public ?). – SOULARD, *Rev. huiss. 1993. 1075* (l'ouverture des portes).

1. Conditions. Le recours aux témoins de l'art. 21 [devenu C. pr. exéc., art. L. 142-1] ne se conçoit qu'en l'absence du débiteur après que l'accès à son domicile a été autorisé par l'employée de maison présente sur les lieux, laquelle peut contrôler les opérations d'exécution auxquelles elle assiste. • Paris, 30 sept. 1999 : *Rev. huiss. 2000. 237, note Bourdillat*.

2. Usage exclusif de la force publique. V. note 2 ss. art. R. 441-1.

3. Témoins admis. Sur la possibilité, pour un fonctionnaire de police hors service, de servir de témoin à un huissier de justice dans le cadre d'une assistance prévue par l'art. 21 [devenu C. pr. exéc., art. L. 142-1], dès lors que cette assistance ne fait l'objet d'aucune rétribution. *Rép. min. nº 24906 : *JOAN 16 sept. 2008 ; Dr. et pr. 2008. 355*.

4. Témoins présents. Est entaché de faux l'acte portant clairement l'énonciation suivant laquelle la saisie a été réalisée en présence de deux témoins, alors qu'il résulte des attestations concordantes que l'un des témoins est resté à proximité des lieux et n'a donc pas assisté aux opérations de saisie. • Versailles, 20 nov. 2003 : *Dr. et pr. 2004. 235*.

5. Renvois. V. note 4 ss. art. R. 221-16 et notes ss. art. R. 221-36.

Art. L. 142-2 **Lorsque l'huissier de justice a pénétré dans les lieux en l'absence du débiteur ou de toute personne s'y trouvant, il assure la fermeture de la porte ou de l'issue par laquelle il est entré.** — *[L. nº 91-650 du 9 juill. 1991, art. 30.]*

BIBL. ▶ SOULARD, *Rev. huissiers 1993. 1075* (ouverture des portes).

SECTION II DISPOSITIONS PARTICULIÈRES AUX LOCAUX SERVANT À L'HABITATION

Art. L. 142-3 A l'expiration d'un délai de huit jours à compter d'un commandement de payer signifié par un huissier de justice et resté sans effet, celui-ci peut, sur justification du titre exécutoire, pénétrer dans un lieu servant à l'habitation et, le cas échéant, faire procéder à l'ouverture des portes et des meubles. – *[L. n° 91-650 du 9 juill. 1991, art. 20.]*

BIBL. ▸ DYMANT, *Gaz. Pal. 1996. 2. Doctr. 894* (de la saisie des meubles en général et du domicile en particulier). – LAUVERGNAT, *Procédures 2012. Étude 5* (la pénétration forcée en matière de saisie conservatoire : le laxisme des uns fait le leurre des autres...).

CHAPITRE III LES SAISIES NOTIFIÉES AUX COMPTABLES PUBLICS

Art. L. 143-1 Lorsque la mesure doit être effectuée entre les mains d'un comptable public, tout créancier porteur d'un titre exécutoire ou d'une autorisation de mesure conservatoire peut requérir de l'ordonnateur qu'il lui indique le comptable public compétent pour recevoir la notification ainsi que tous les renseignements nécessaires à la mise en œuvre de la mesure. – *[L. n° 91-650 du 9 juill. 1991, art. 25.]*

Art. L. 143-2 A l'exception des actes visant à céder ou saisir une rémunération, les oppositions et significations adressées à un comptable public n'ont d'effet que pendant cinq années à compter de leur date, si elles n'ont pas été renouvelées dans ce délai, quels que soient les actes ou jugements intervenus sur ces oppositions et significations.

Le premier alinéa est applicable aux oppositions et significations adressées au caissier général de la Caisse des dépôts et consignations et à ses préposés. – *[L. du 9 juill. 1836, art. 14 ; L. du 8 juill. 1837, art. 11 ; L. du 12 avr. 1922, art. 2.]*

Le renouvellement quinquennal de cette saisie-arrêt ne constitue pas un acte de poursuite de l'instance et la péremption est acquise. • Civ. 2e, 2 avr. 1990 : *Gaz. Pal. 21 mai 1991. Somm. ann., obs. Véron.*

TITRE CINQUIÈME LES DIFFICULTÉS D'EXÉCUTION

CHAPITRE PREMIER LA PROCÉDURE

Le présent chapitre ne comprend pas de dispositions législatives.

CHAPITRE II LA RECHERCHE DES INFORMATIONS

Art. L. 152-1 Sous réserve des dispositions de l'article 6 de la loi n° 51-711 du 7 juin 1951 sur l'obligation, la coordination et le secret en matière de statistiques, les administrations de l'État, des régions, des départements et des communes, les entreprises concédées ou contrôlées par l'État, les régions, les départements et les communes, les établissements publics ou organismes contrôlés par l'autorité administrative doivent communiquer à l'huissier de justice chargé de l'exécution *(L. n° 2021-1729 du 22 déc. 2021, art. 58)* « , y compris d'une décision de justice autorisant une saisie conservatoire sur comptes bancaires, » *(Abrogé par L. n° 2015-177 du 16 févr. 2015, art. 11-III)* « ***, porteur d'un titre exécutoire,*** » les renseignements qu'ils détiennent permettant de déterminer l'adresse du débiteur, l'identité et l'adresse de son employeur ou de tout tiers débiteur ou dépositaire de sommes liquides ou exigibles et la composition de son patrimoine immobilier, à l'exclusion de tout autre renseignement, sans pouvoir opposer le secret professionnel. – *[L. n° 91-650 du 9 juill. 1991, art. 39, al. 1er.]*
– Sur les modalités de recherche des informations, V. art. R. 152-1.

L'art. 11-III de la L. n° 2015-177 du 16 févr. 2015 est applicable dans les îles Wallis-et-Futuna. Il ne l'est pas dans les Terres australes et antarctiques françaises (L. préc., art. 11-VI).

Pour une présentation des dispositions de la L. n° 2015-177 du 16 févr. 2015, V. ci-dessous Circ. du 19 févr. 2015 de présentation de ladite loi.

BIBL. ▸ PERROT, *Procédures 2004. Chron. 4.*

▸ **L. du 22 déc. 2010 :** CHOQUET, *Dr. et pr. 2011. 63* (un accès aux informations élargi). – VALORY, *RJPF févr. 2010, p. 30.*

▸ **L. du 16 févr. 2015 :** DARGENT, *D. actu. 4 févr. 2015.* – LAUVERGNAT, *Procédures 2015. Focus. 19.*

▸ **L. du 22 déc. 2021 :** LAUVERGNAT, *D. 2022. 362* (l'accès à Ficoba en vertu d'une ordonnance autorisant une saisie conservatoire : un progrès nommé regret).

Créancier conservatoire (non). Viole les art. L. 152-1 et L. 152-2 C. pr. exéc. et l'art. L. 151 A LPF, en leur rédaction alors applicable, ensemble les art. L. 111-2 et L. 111-3 C. pr. exéc., dont il résulte que les administrations, les entreprises concédées ou contrôlées par l'État, les régions, les départements, les communes, les établissements publics ou les organismes contrôlés par l'autorité administrative et les établissements habilités par la loi à tenir des comptes de dépôt doivent communiquer à l'huissier de justice chargé de l'exécution, dès lors qu'il est porteur d'un titre exécutoire constatant une créance liquide et exigible, les renseignements qu'ils détiennent, permettant de déterminer l'adresse des organismes auprès desquels un compte est ouvert au nom du débiteur, une cour d'appel qui, pour débouter un débiteur de sa demande d'annulation de l'ordonnance, retient que l'huissier de justice, qui détient l'autorisation du JEX de pratiquer une mesure conservatoire, est porteur d'un titre exécutoire lui permettant de consulter le fichier Ficoba pour obtenir la liste des comptes détenus par la société, alors que l'ordonnance du JEX autorisant à procéder à une saisie conservatoire ne constitue pas le titre exécutoire constatant une créance liquide et exigible dont doit se prévaloir l'huissier de justice à l'occasion de la mise en œuvre d'une mesure d'exécution forcée ou d'une mesure conservatoire pour obtenir l'adresse des organismes auprès desquels un compte est ouvert au nom du débiteur. • Civ. 2e, 16 mars 2017, n° 16-11.314 P : *D. 2017. Actu. 711 ; ibid. 2018. Pan. 1232, obs. Leborgne ; D. actu. 6 avr. 2017, obs. Camensuli-Feuillard ; RTD civ. 2017. 729, obs. Cayrol ; ibid. 2018. 211, obs. Théry ; Gaz. Pal. 20 juin 2017, p. 51, note Ansault ; ibid. 25 juill. 2017, p. 55, note Lauvergnat ; Dr. et pr. 2017. 69, note, Vinckel ; JCP 2017. 368, obs. Dorol ; Procédures 2017, n° 124, note Raschel ; Lexbase Hebdo éd. privée 2017 n° 694, obs. Malet ; Dr. et patr. 2018, n° 270, p. 70, obs. Maugain.*

Art. L. 152-2 **Les établissements habilités par la loi à tenir des comptes de dépôt doivent indiquer à l'huissier de justice chargé de l'exécution** *(Abrogé par L. n° 2015-177 du 16 févr. 2015, art. 11-III)* « ***, porteur d'un titre exécutoire,*** » **si un ou plusieurs comptes, comptes joints ou fusionnés sont ouverts au nom du débiteur ainsi que les lieux où sont tenus les comptes, à l'exclusion de tout autre renseignement, sans pouvoir opposer le secret professionnel.** — *[L. n° 91-650 du 9 juill. 1991, art. 39, al. 2.] — Sur les modalités de recherche des informations, V. art. R. 152-1.*

L'art. 11-III de la L. n° 2015-177 du 16 févr. 2015 est applicable dans les îles Wallis-et-Futuna. Il ne l'est pas dans les Terres australes et antarctiques françaises (L. préc., art. 11-VI).

Pour une présentation des dispositions de la L. n° 2015-177 du 16 févr. 2015, V. Circ. du 19 févr. 2015 de présentation de ladite loi, ss. C. pr. exéc., art. L. 152-1. — **C. pr. exéc.**

BIBL. ▸ L. du 16 févr. 2015 : DARGENT, *D. actu. 4 févr. 2015.* – LAUVERGNAT, *Procédures 2015. Focus. 19.*

Art. L. 152-3 **Les renseignements obtenus ne peuvent être utilisés que dans la seule mesure nécessaire à l'exécution du ou des titres pour lesquels ils ont été demandés. Ils ne peuvent, en aucun cas, être communiqués à des tiers ni faire l'objet d'un** *(Ord. n° 2018-1125 du 12 déc. 2018, art. 15)* « **traitement de données à caractère personnel** *[ancienne rédaction : fichier d'informations nominatives]* ».

Toute violation de ces dispositions est passible des peines encourues pour le délit prévu à ***l'article 226-21*** **du code pénal, sans préjudice, le cas échéant, de poursuites disciplinaires et de condamnation à dommages-intérêts.** — *[L. n° 91-650 du 9 juill. 1991, art. 41.]*

Les dispositions de l'Ord. n° 2018-1125 du 12 déc. 2018 entrent en vigueur en même temps que le décret modifiant le Décr. n° 2005-1309 du 20 oct. 2005 pris pour l'application de la L. n° 78-17 du 6 janv. 1978 relative à l'informatique, aux fichiers et aux libertés, dans sa rédaction résultant de ladite ordonnance, et au plus tard le 1er juin 2019 (Ord. préc., art. 29).

Portée du secret professionnel. Le secret professionnel auquel l'huissier de justice est tenu couvre les renseignements obtenus en vue de l'exécution du ou des titres pour lesquels ils ont été demandés, fût-ce à l'égard de la personne qui l'a requis. • Civ. 1re, 22 mars 2012 : *cité note 4 ss. art. L. 122-2.* ♦ V. égal. • Com. 2 déc. 2014, n° 13-25.705 P : *D. 2015. 1342, obs. Leborgne ; Dr. et patr. 2015, n° 252, p. 76, obs. Crocq ; Procédures 2015, n° 33, obs. Laporte ; Dr.*

et pr. 2015. 16, note Camensuli-Feuillard (la connaissance de l'état de cessation des paiements qu'a l'huissier de justice ayant instrumenté une saisie-attribution à l'encontre d'un débiteur, durant la période suspecte, n'implique pas celle de son mandant).

CHAPITRE III LE CONCOURS DE LA FORCE PUBLIQUE

BIBL. ▶ ANCEL, *RTD civ. 1993, n° spéc. hors série, p. 135* (exécution par l'Administration). – AUBY, *RTD civ. 1993, n° spéc. hors série, p. 123* (exécution avec le concours de la force publique).

Art. L. 153-1 L'État est tenu de prêter son concours à l'exécution des jugements et des autres titres exécutoires. Le refus de l'État de prêter son concours ouvre droit à réparation. – *[L. n° 91-650 du 9 juill. 1991, art. 16.] – Sur les modalités de la demande de l'huissier de justice de concours à la force publique, V. art. R. 153-1.*

1. Portée de l'obligation de l'État. L'obligation d'apporter le concours de la force publique pour assurer l'exécution d'une décision de justice ordonnant une expulsion de lieux occupés vaut à l'égard non seulement de la personne visée par la décision de justice mais aussi de tous les occupants de son chef. • CE 25 juill. 2013, n° 347456 : *Dr. et pr. 2013. 211, obs. Mecarelli ; ibid. 248, note Choquet.* ♦ L'État ne peut légalement accorder le concours de la force publique que pour l'exécution d'une décision de justice ayant force exécutoire ; lorsqu'un jugement constatant l'inexécution par l'occupant d'un local des obligations résultant du bail suspend la clause résolutoire en prévoyant qu'elle reprendra effet de plein droit à défaut de paiement de certaines sommes à certaines dates et que l'occupant pourra alors être expulsé, le représentant de l'État saisi d'une demande de concours de la force publique doit s'assurer, au vu notamment des indications circonstanciées qu'il appartient à l'huissier de justice de lui fournir, que ce jugement est devenu exécutoire en tant qu'il autorise l'expulsion. • CE 28 nov. 2014, n° 364391 : *Gaz. Pal. 18 déc. 2014, n° 352, p. 26, obs. Roussel.*

2. Concours de la force publique judiciairement ordonné. Nature et régime. La décision d'ordonner le concours de la force publique à une mesure d'expulsion, qui n'a pas de caractère juridictionnel, n'est pas susceptible de recours. • Civ. 2e, 5 juin 2013, n° 11-22.958 P : *RTD civ. 2013. 669, obs. Perrot ; JCP 2013. 1060, obs. Périnet-Marquet ; Gaz. Pal. 24 sept. 2013, p. 37, note Leroy ; RLDC oct. 2013, p. 90-91, note Parance.*

3. Refus de l'administration de prêter son concours. L'autorité administrative peut, dans des circonstances exceptionnelles tenant à la sauvegarde de l'ordre public, ne pas prêter son concours à l'exécution d'une décision juridictionnelle. Toutefois le législateur ne saurait subordonner l'octroi de ce concours à l'accomplissement d'une diligence administrative. Doit donc être déclarée non conforme à la Constitution la disposition qui subordonne le concours de la force publique au fait que le préfet s'assure qu'une offre d'hébergement est proposée aux personnes expulsées. • Cons. const. n° 98-403 DC du 29 juill. 1998, Loi d'orientation relative à la lutte contre les exclusions : *JO 31 juill., p. 11710 ; AJDA 1998. 705 Chron. J.-E. Schoettl.* ♦ Le refus légal de prêter le concours de la force publique ne se justifie qu'au regard d'un risque manifeste de trouble à l'ordre public. • TA Melun, 2 juill. 2008 : *Dr. et pr. 2009. 335, note Léon.* ♦ Le refus de concours de la force publique opposé par le préfet est justifié, dès lors que l'expulsion d'une cinquantaine de personnes ne pouvant être relogées est de nature à créer de graves troubles à l'ordre public. • CE 8 févr. 2012, n° 351681. ♦ L'octroi du concours de la force publique ne saurait être subordonné à l'accomplissement d'une diligence administrative. Par suite, le moyen tiré de ce que le préfet ne s'est pas assuré qu'une offre d'hébergement a été proposée avant d'accorder le concours de la force publique ne peut qu'être écarté. • CAA Paris, 7 nov. 2000, *Bounebache*, n° 97PA01786. ♦ Si le préfet peut refuser le concours de la force publique s'il estime qu'il y a danger pour l'ordre et la sécurité, il n'est pas, en dehors de cette hypothèse, légalement autorisé à prendre en compte des considérations purement humanitaires, qui relèvent de l'appréciation de l'autorité judiciaire lorsqu'elle décide d'autoriser l'expulsion. Par suite, le moyen fondé sur la méconnaissance du droit au logement ne saurait être utilement invoqué à l'encontre d'une décision du préfet accordant le concours de la force publique pour l'exécution d'un jugement d'expulsion. • Même arrêt. ♦ Le seul fait que les personnes expulsées n'aient pas de solution de relogement, rendant ainsi leur situation sociale difficile, n'est pas propre à créer un doute sérieux quant à la légalité de la décision du préfet d'accorder le concours de la force publique. • CE 30 juin 2010, *Min. de l'Intérieur*, n° 332259 : *Lebon à paraître ; AJDA 2010. 1344.* ♦ *Contra*, jugeant que le préfet peut légalement se fonder sur la situation de la personne dont l'expulsion est demandée en faisant valoir qu'elle est âgée de 83 ans, que ses ressources sont faibles et qu'elle n'a pas de solution de relogement : • CE 10 oct. 2003, *Sagnard*, n° 260867. ♦ Ne peuvent être utilement invoquées à l'encontre de l'exécution de la décision d'expulsion ni la méconnaissance du droit au logement, ni les stipulations des art. 3 et 8 de la convention européenne de sauvegarde des droits de l'homme. • CAA Versailles, 21 sept. 2006, *ATD Quart Monde*, n° 04VE00056 : *AJDA 2006. 1947, chron. Pellissier*. ♦ Le fait que le locataire ait été désigné, par une décision de la commission de médiation prévue par l'art. L. 441-2-3, comme prioritaire et devant être relogé en urgence sans avoir reçu de proposition de relogement ne crée pas un doute sérieux quant à la légalité de la décision pouvant justifier la suspension de son exécution. • CE 11 févr. 2010, *Min. de l'Intérieur*, n° 329927. ♦ Le refus de donner suite à une demande de concours de la force publique pour assurer l'exécution d'un jugement ordonnant l'expulsion d'un occupant sans titre ne crée aucun droit pour ce dernier à se maintenir dans les lieux. L'autorité compétente est en droit de revenir à tout moment sur son refus initial et d' accorder le concours de la force publique demandé. • CE 5 déc. 2005, *Min. de la Sécurité intérieure*, n° 280050 B : *AJDA 2006. 277*. ♦ Les dispositions du Décr. du 31 juill. 1992, prévoyant que la réquisition est accompagnée d'un exposé des diligences auxquelles l'huissier a procédé et des difficultés d'exécution, ont pour objet, non d'habiliter le préfet à porter une appréciation qui n'appartient qu'à l'huissier, sur la nécessité de demander le concours de la force publique, mais de l'éclairer sur la situation et sur les risques de troubles que l'expulsion peut comporter. • CE 25 nov. 2009, *Min. de l'Intérieur*, n° 323359 B : *AJDA 2009. 2257*.

4. Référé-liberté. Le refus du préfet de prêter son concours à l'exécution d'une ordonnance d'expulsion est susceptible d'engendrer une atteinte grave et manifestement illégale au droit de propriété qui a le caractère d'une liberté fondamentale. En conséquence, et sur le fondement de l'art. L. 521-2 CJA, le juge est en droit d'ordonner à l'administration de mettre fin à cette violation. • CE 29 mars 2002, *SCI Stephaur*, n° 243338 : *Lebon 117* ; *RFDA 2003. 370* ; *AJDA 2003. 345, note Grosieux*. ♦ Toutefois la condition d'urgence posée à l'art. L. 521-2 CJA doit être appréciée compte tenu, non seulement, des intérêts du requérant mais aussi des intérêts publics en jeu, au nombre desquels figure celui du maintien de l'ordre public. • CE 21 nov. 2002, *Gaz de France*, n° 251726 : *Lebon 408*. ♦ Il n'y a pas d'urgence au sens de *l'art. L. 521-2 CJA dès lors que* la société qui sollicite le concours de la force publique pour exécuter une décision d'expulsion connaissait, lorsqu'elle a acquis l'immeuble, la présence de squatters et ne pouvait ignorer les difficultés auxquelles elle se heurterait pour mener à bien son projet. • CE 3 janv. 2003, *Min. de l'Intérieur c/ Sté Kerry*, n° 253001 B : *AJDA 2003. 342, note Gilli*. ♦ Le refus du préfet ne peut être regardé comme entaché d'une illégalité grave et manifeste dès lors que l'expulsion de plusieurs familles comprenant de nombreux enfants est susceptible, en l'absence de solutions de relogement, d'entraîner des troubles à l'ordre public. • CE 2 sept. 2003, *Sté SAGEP*, n° 259866. ♦ Il en va de même pour l'expulsion d'une personne atteinte d'une pathologie lourde ayant justifié son placement en congé de longue maladie, sans qu'elle bénéficie, alors que ses ressources sont faibles, d'une solution de relogement. • CE 23 avr. 2008, *Rolland A.*, n° 309685.

5. Transaction. Le propriétaire bailleur qui, par voie transactionnelle, consent une remise de dette locative à son preneur également condamné à être expulsé, ne peut plus engager du chef de l'obligation éteinte la responsabilité de l'État défaillant dans l'octroi de la force publique. • CE 29 sept. 2003 : *Dr. et pr. 2004. 99, note Bourdillat*. ♦ Afin de dégager sa responsabilité, l'administration peut opposer les termes de la transaction ainsi conclue entre ce bailleur et son ancien locataire, occupant sans droit ni titre. • Même arrêt.

6. Responsabilité de l'État. En refusant, pendant plusieurs années, de prendre les mesures nécessaires pour mettre fin à l'occupation illégale des terres appartenant aux requérants en Corse, les autorités françaises ont rompu l'équilibre à ménager entre les exigences de l'intérêt général et la protection de leurs intérêts patrimoniaux et ont porté atteinte à leur droit au respect de leurs biens. • CEDH 21 janv. 2010, *X c/ France*, n° 13829/03 : *AJDA 2010. 125* ; *RDBF 2010, n° 102, obs. Piedelièvre*. ♦ Concernant un occupant sans titre jugé dangereux, un délai de seize ans ne correspond pas à la notion de temps nécessaire pour trouver une solution satisfaisante aux menaces. • CEDH 2 déc. 2010, *Sud Est Réalisations c/ France*, n° 6722/05 : *AJDA 2010. 2341*. ♦ Le refus de concours est susceptible d'engager la responsabilité de l'État. Le concours de la force publique doit avoir été demandé. • CE 30 sept. 1983, *Maillard*, n° 24958 B : *JCP 1984, n° 30258, note Debouy et Plaisant*. ♦ Le concours de la force publique ne peut être légalement accordé avant l'expiration d'un délai de deux mois qui suit la notification au préfet du commandement de quitter les lieux, délai qu'il doit mettre à profit pour tenter de trouver une solution de relogement de l'occupant. Le préfet, saisi d'une demande de concours moins de deux mois avant l'expiration de ce délai, est légalement fondé à la rejeter en raison de son caractère prématuré ; cette requête ne peut être considérée comme une demande valable de concours de la force publique. • CE 18 févr. 2010, *Sté d'HLM de Guyane*, n° 316987 B : *AJDA 2010. 857, concl. Thiellay* • CE 25 juill. 2013 : *Dr. et pr. 2013. 211, obs. Mecarelli ; ibid. 248, note Choquet*. ♦ Le droit à indemnisation débute quinze jours après que l'huissier a demandé l'évacuation des lieux au préfet. • CE 27 janv. 2010, *OPAC Habitat Marseille Provence*, n° 320642 B : *AJDA 2010. 181* (contre deux mois auparavant) • CE 27 sept. 2006, *Mme Causse*, n° 285279 B :

AJDA 2006. 1816 ; *JCP Adm. 2006. 1303.* ♦ Le délai de grâce court du jour du jugement lorsque celui-ci est contradictoire. • CAA Paris, 23 juin 2005, *Secr. d'État à l'outre-mer,* n° 02PA01162. ♦ Lorsqu'un organisme bailleur auquel le préfet a refusé d'accorder le concours de la force publique conclut, en vertu de l'art. L. 353-15-2, un protocole d'accord avec le locataire défaillant, il lui incombe, s'il demande le versement par l'État d'une indemnité en réparation du préjudice subi, de communiquer au préfet le protocole d'accord ainsi que tous les éléments d'information sur l'exécution par le locataire de ses engagements relatifs à l'apurement de la dette. • CE 27 janv. 2010, *Min. de l'Intérieur c/ Sté HLM Résidence urbaine de France,* n° 316576 B : *AJDA 2010. 182* . ♦ Même si l'occupant s'est acquitté de l'ensemble des sommes dues au titre des indemnités d'occupation, le propriétaire est fondé à demander réparation des troubles de gestion que lui a occasionnés le refus de l'administration de lui accorder le concours de la force publique. • CAA Paris, 13 juill. 1995, *Sté d'HLM La Lutèce,* n° 94PA00312. ♦ Il en va de même si le local était frappé d'une interdiction temporaire d'habiter, le propriétaire ne pouvant, du fait de l'occupation illégale, disposer de son bien en vue de le rendre habitable et de le proposer à la location. • CAA Paris, 12 nov. 2002, *Sté SIRI,* n° 01PA02251. ♦ L'État est tenu d'indemniser le propriétaire des frais de travaux prescrits en urgence pour diminuer les risques sanitaires encourus par les occupants sans droit ni titre, ainsi que les frais de relogement afférents, le préjudice ayant un lien direct avec le refus du concours de la force publique. • CE 21 sept. 2007, *Min. de l'Intérieur,* n° 281330. ♦ La base mensuelle permettant d'évaluer la perte de loyers subie par le propriétaire doit être appréciée, non en fonction du montant de loyer figurant au bail, mais par rapport à la valeur locative estimée des locaux par comparaison avec les loyers des locaux présentant les mêmes caractéristiques. • CAA Paris, 8 oct. 2002, *Auzeral,* n° 98PA03138. ♦ Commet une erreur de droit le tribunal qui refuse toute indemnisation au seul motif que le montant de l'indemnité demandée avait été calculé par équivalence avec les loyers qu'aurait pu rapporter la location de l'immeuble pendant la période d'inertie de l'administration, sans rechercher si un autre mode de calcul permettait de mieux évaluer le préjudice subi par les créanciers. • CE 25 juill. 2007, *M. Massart,* n° 293377 B. ♦ Le propriétaire peut également prétendre au remboursement par l'État des sommes correspondant aux taxes d'enlèvement des *ordures ménagères dont* l'occupant ne s'est pas acquitté. • CE 19 déc. 2007, *Maurice M.,* n° 296453. ♦ La responsabilité de l'État peut être limitée en raison de la faute de ceux qui ont soutenu les expulsés et rendu plus difficile l'exécution du jugement. • CE 25 nov. 1994, *Cne de Colombes,* n° 134213 : *Lebon 513* ; *AJDA 1995. 158* ; *Dr. adm. 1995, n° 111* ; *RFDA 1995. 229.* ♦ La responsabilité sans faute de l'État pour refus de concours de la force publique ne peut être engagée lorsque les occupants sans titre d'un immeuble ont volontairement quitté les lieux avant le début de la période de responsabilité. • CAA Paris, 20 déc. 2002, *OPAC de Paris,* n° 00PA02979 • CE 16 mars 2005, *Min. de l'Intérieur,* n° 264653. ♦ La responsabilité de l'État pour refus de concours de la force publique n'est pas engagée à l'égard des porteurs de parts d'une société civile immobilière, qui ne sont pas propriétaires de l'immeuble litigieux et ne sont pas les bénéficiaires d'une ordonnance d'expulsion rendue au profit du mandataire liquidateur de la société. • CE 2 sept. 2009, *Épx Huard,* n° 299478 B : *AJDA 2009. 1582* ; *AJDI 2010. 239 (2e esp.), obs. de la Vaissière* ; *Dr. et pr. 2010. 24, note Bourdillat.* ♦ L'acte de vente établi au profit d'une société d'HLM l'a subrogé exclusivement aux droits du vendeur dans l'action que ce dernier pouvait engager contre les occupants sans titre de l'immeuble acquis ; ainsi, le refus de faire droit à la demande de concours de la force publique présentée par le précédent propriétaire n'a fait naître aucun droit à indemnisation contre l'État au profit de cette société. • CE 16 avr. 2010, *Min. de l'Intérieur,* n° 319340. ♦ Comp., jugeant que le droit à indemnité à l'encontre de l'État du fait du refus de concours de la force publique aux fins d'une expulsion, dont bénéficie le propriétaire titulaire du jugement d'expulsion, peut être transmis au preneur à bail emphytéotique. • CE 10 oct. 2012 : *JCP N 2012. Actu. 934, obs. Erstein.* ♦ Le tribunal ne peut évaluer le préjudice subi sans indiquer les motifs pour lesquels il s'écarte de l'évaluation motivée qui lui était soumise. Faute de toute motivation sur l'évaluation ainsi retenue, le jugement est illégal. • CE 26 mai 2010, *SA HLM France Habitation,* n° 326122 B. ♦ L'obligation d'apporter le concours de la force publique pour assurer l'exécution d'une décision de justice ordonnant une expulsion de lieux occupés vaut à l'égard non seulement de la personne visée par la décision de justice, mais aussi de tous les occupants de son chef. • CE 25 juill. 2013 : *préc.*

7. Réparation intégrale. Munis de documents comptables précis et de la preuve que les dommages occasionnés ont un lien direct et certain avec la situation de blocage, le requérant peut prétendre à l'indemnisation complète des frais générés par l'absence de concours de la force publique. • CE 18 juin 2008 : *JCP 2008. Actu. 469, obs. Miara ; Gaz. Pal. 9 déc. 2008, p. 19, note Graveleau ; Dr. et pr. 2009. 335,* note Léon.

8. Préjudice personnel. Le refus de faire droit à la demande de concours de la force publique présentée par le précédent propriétaire ne fait naître aucun droit à indemnisation contre l'État au profit de l'acquéreur de l'immeuble dont les occupants font l'objet d'une procédure d'expulsion. • CE 20 nov. 2013 : *Dalloz jurisprudence.*

9. Point de départ de l'indemnisation. Le concours de la force publique obtenu, la responsabilité de l'État pour intervention tardive n'est engagée qu'à partir du quinzième jour suivant les diligences matérielles accomplies par l'huissier de justice. • CE 27 janv. 2010 : *Dr. et pr. 2010. 181, obs. Léon ; Gaz. Pal. 25 févr. 2010, p. 32, obs. Graveleau ; LPA 19 avr. 2010, p. 11, note Rouault.*

10. Prescription. Le délai quadriennal de prescription d'une indemnité due par l'État, née d'un refus de concours de la force publique, ne commence à courir, pour les créances nées au cours d'une année donnée, le 1er janv. de l'année suivante. • CE 23 sept. 2013 : *Dr. et pr. 2013. 280, note Choquet.* ♦ Seule une demande expresse de paiement ayant trait au fait générateur qui est le refus de l'État d'accorder le concours de la force publique, à l'existence, au montant ou au paiement de la créance indemnitaire résultant de ce refus est de nature à interrompre la prescription. • Même arrêt. ♦ Les lettres de rappel adressées au préfet ayant uniquement pour objet de rappeler la demande de la force publique n'ont pas pour effet d'interrompre le délai de prescription de la déchéance quadriennale. • CAA Paris, 28 févr. 2002, *Min. de l'Intérieur c/ Crédit lyonnais,* n° 01PA02502.

11. Suspension (non). Lorsque le préfet, régulièrement requis, refuse le concours de la force publique pour l'exécution d'une décision juridictionnelle exécutoire ordonnant l'expulsion de l'occupant d'un local, la période de responsabilité de l'État ainsi ouverte n'est pas suspendue par la circonstance, postérieure à la date de ce refus et indépendante de la volonté du propriétaire, que le juge judiciaire accorde un délai de grâce à l'occupant. • CE 11 avr. 2014, n° 359575 : *AJDA 2014. 824 ; D. 2015. Pan. 1347, obs. Leborgne ; Dr. et pr. 2014, p. 220, obs. Choquet ; JCP A 2014. 352, obs. Bonneau.* ♦ *Adde, JCP A 2015. 2131, obs. Pontier.*

12. Renonciation. Lorsqu'un propriétaire, titulaire d'une créance sur un occupant, a demandé le concours de la force publique pour l'exécution d'une décision de justice ordonnant l'expulsion de celui-ci, son approbation ultérieurement donnée à un plan conventionnel de redressement de son débiteur élaboré en application de l'art. L. 331-6 C. consom. [devenu L. 732-1 à L. 732-4] ne vaut pas par elle-même renonciation à sa demande de concours de la force publique • CE 17 janv. 2011 : *AJDA 2011. 133, obs. Brondel ; JCP A 2011. Actu. 93 ; Dr. et pr. 2011. 102, note Bourdillat.* ♦ Il est toutefois loisible aux signataires du plan d'y faire figurer une clause expresse de renonciation à la demande de concours de la force publique ou une clause valant, eu égard à son contenu, renonciation à cette demande ; une telle renonciation prend alors effet à la date de la signature du plan conventionnel de redressement en présence du préfet, président de la commission départementale de surendettement ; en cas d'inexécution des stipulations de cette clause, il appartient au bailleur, s'il entend faire à nouveau exécuter la décision de justice prononçant l'expulsion de l'occupant, de saisir le préfet d'une nouvelle demande de concours de la force publique. • Même décision.

13. Diligences de nature à permettre de l'exécution de la chose jugée (obligation). Dans le cas où, à la suite d'un premier refus de concours de la force publique, la décision de justice ordonnant l'expulsion demeure inexécutée pendant une durée manifestement excessive au regard des droits et intérêts en cause, il incombe au représentant de l'État, alors même que des considérations impérieuses justifieraient toujours un refus de concours de la force publique, de rechercher toute mesure de nature à permettre de mettre fin à l'occupation illicite des lieux. S'il est alors saisi d'une demande d'annulation pour excès de pouvoir d'un nouveau refus de concours de la force publique, il appartient au juge administratif d'analyser les conclusions dont il est saisi comme dirigées non seulement contre ce refus, mais aussi, subsidiairement, contre le refus d'accomplir des diligences appropriées pour mettre en œuvre l'obligation définie ci-dessus. Il lui appartient, par suite, de se prononcer sur la légalité du nouveau refus de concours, mais aussi, dans l'hypothèse où il juge ce refus légalement justifié, sur les diligences accomplies par le représentant de l'État. Dans cette dernière hypothèse, s'il annule la décision en tant qu'elle refuse d'accomplir les diligences appropriées, il peut, saisi de conclusions en ce sens, enjoindre au représentant de l'État, le cas échéant sous astreinte, de les accomplir, dans un délai qu'il fixe. • CE 27 nov. 2015, n° 376208 : *JCP 2015. 269, obs. Eveillard ; Gaz. Pal. 12 janv. 2016, p. 37, obs. Roussel ; ibid. 2 févr. 2016, p. 37, obs. Seiller.*

Art. L. 153-2 **L'huissier de justice chargé de l'exécution peut requérir le concours de la force publique.** — *[L. n° 91-650 du 9 juill. 1991, art. 17.]*

Auteur de la réquisition. Si les art. L. 153-2 et R. 153-1 permettent à l'huissier de justice mandaté par le propriétaire d'un logement de requérir au nom du propriétaire le concours de la force publique en vue de l'exécution d'une décision de justice ordonnant l'expulsion des occupants du logement, ils n'ont ni pour objet, ni pour effet d'imposer au propriétaire, à peine d'irrégularité, d'agir par l'intermédiaire d'un huissier de justice pour présenter une telle réquisition. • CE 10 févr. 2014 : *D. 2014. Pan. 1466, obs. Leborgne ; Dr. et pr. 2014. 90, note Dorol.* ♦ V. déjà : • CE

21 juill. 1989 : *Dalloz jurisprudence.* ♦ Il n'entre pas dans l'office du juge administratif d'autoriser la commune à demander à l'État, sur le fondement des dispositions du code des procédures civiles d'exécution, le concours de la force publique pour l'exécution de la présente décision. • CE 5 oct. 2016, nº 396143 : *AJDA 2016. 1897 ; Juris assoc. 2016, nº 550, p. 12, obs. Damarey ; AJCT 2017. 104, obs. Mauzy ; Rev. CMP nº 294, obs. Piétri.* ♦ Lorsque le préfet a refusé au propriétaire d'un local le concours de la force publique pour l'exécution d'une décision de justice ordonnant l'expulsion d'occupants sans titre et que le local fait l'objet d'une cession, il appartient au nouveau propriétaire de solliciter en son nom propre le concours de la force publique ; la responsabilité de l'État ne peut être engagée à son égard au titre des préjudices résultant pour lui de l'occupation irrégulière du local qu'à compter de l'intervention d'une décision lui refusant ce concours ; que, par ailleurs, le nouveau propriétaire ne peut prétendre à une indemnité au titre des préjudices ayant résulté du refus de concours pendant la période antérieure à la cession que s'il justifie d'une subrogation dans les droits que l'ancien propriétaire détenait sur l'État. • CE 19 oct. 2016, nº 383543 : *AJDA 2016. 2016 ; JCP A 2016. Actu. 844, obs. Touzeil-Divina.*

TITRE SIXIÈME DISPOSITIONS PARTICULIÈRES À CERTAINES PERSONNES ET À CERTAINS BIENS

CHAPITRE PREMIER LA PROTECTION DE CERTAINES PERSONNES

Art. L. 161-1 *(L. nº 2022-172 du 14 févr. 2022, art. 3, en vigueur le 14 mai 2022)* **« Une procédure d'exécution à l'encontre d'un débiteur entrepreneur individuel ne peut porter que sur les biens du patrimoine sur lequel le créancier dispose d'un droit de gage général en vertu de l'article L. 526-22 du code de commerce.**

« L'entrepreneur individuel qui a renoncé au bénéfice des dispositions du quatrième alinéa du même article L. 526-22 dans les conditions prévues à l'article L. 526-25 du même code peut, s'il établit que la valeur des biens qui constituent son patrimoine professionnel est suffisante pour garantir le paiement de la créance, demander au créancier que l'exécution soit en priorité poursuivie sur ces biens [*ancienne rédaction : Lorsque le titulaire d'une créance contractuelle ayant sa cause dans l'activité professionnelle d'un entrepreneur individuel entend poursuivre l'exécution forcée d'un titre exécutoire sur les biens de cet entrepreneur, celui-ci peut, nonobstant les dispositions du 5º de l'article L. 112-2 et s'il établit que les biens nécessaires à l'exploitation de l'entreprise sont d'une valeur suffisante pour garantir le paiement de la créance, demander au créancier que l'exécution soit en priorité poursuivie sur ces derniers*] **».**

Si le créancier établit que cette proposition met en péril le recouvrement de sa créance, il peut s'opposer à la demande.

La responsabilité du créancier qui s'oppose à la demande du débiteur ne peut pas être recherchée, sauf intention de nuire. – *[L. nº 91-650 du 9 juill. 1991, art. 22-1.]*

L'indemnité allouée au titre de l'art. 700 doit être assimilée à des dépens et ne doit pas être prise en compte pour la détermination du montant de petites créances dont le recouvrement est soumis à des règles spéciales ; l'utilisation d'une procédure irrégulière et trop lourde pour recouvrer une créance minime constitue un abus de droit. • Paris, 7 déc. 1995 : *D. 1996. 203, note Prévault.* ♦ V. aussi sur la subsidiarité de la saisie-vente (art. 51). • Douai, 22 déc. 1994 : *Rev. huiss. 1995. 840, note Dahan.*

Art. L. 161-2 **En cas de procédure d'exécution à l'encontre d'un débiteur entrepreneur individuel à responsabilité limitée, celle-ci ne peut porter que sur le ou les biens sur lesquels le créancier a un droit de gage général tel que défini par les dispositions de l'article L. 526-12 du code de commerce.** – *[L. nº 91-650 du 9 juill. 1991, art. 22-2.]*

Art. L. 161-3 **Les sommes dues en exécution d'une décision judiciaire** *(L. nº 2019-1446 du 24 déc. 2019, art. 72-IV-2º)* **« , d'une convention ou d'un acte mentionnés aux 2º à 5º du I de l'article 373-2-2 du code civil ayant force exécutoire » au titre des pensions alimentaires, des contributions aux charges du mariage prescrites par l'article 214 du code civil, des rentes prévues par l'article 276 ou des subsides mentionnés à l'article 342 du même code peuvent être recouvrées pour le compte du créancier par les comptables publics compétents dans les conditions et selon les modalités prévues par la loi nº 75-618 du 11 juillet 1975 relative au recouvrement public des pensions**

alimentaires. – *V. L. n° 75-618 du 11 juill. 1975, App., v° Pensions alimentaires. – Sur les modalités du recouvrement des sommes visées au présent art., V. art. R. 161-1.*

L'art. 72-IV de la L. n° 2019-1446 du 24 déc. 2019 est applicable à Wallis-et-Futuna (L. préc., art. 72-IX-4°).

CHAPITRE II **DISPOSITIONS PROPRES À CERTAINS BIENS**

Art. L. 162-1 **Lorsque la saisie est pratiquée entre les mains d'un établissement habilité par la loi à tenir des comptes de dépôt, celui-ci est tenu de déclarer le solde du ou des comptes du débiteur au jour de la saisie.**

Dans le délai de quinze jours ouvrables qui suit la saisie et pendant lequel les sommes laissées au compte sont indisponibles, ce solde peut être affecté à l'avantage ou au préjudice du saisissant par les opérations suivantes dès lors qu'il est prouvé que leur date est antérieure à la saisie :

1° Au crédit : les remises faites antérieurement, en vue de leur encaissement, de chèques ou d'effets de commerce, non encore portées au compte ;

2° Au débit :

***a)* L'imputation des chèques remis à l'encaissement ou portés au crédit du compte antérieurement à la saisie et revenus impayés ;**

***b)* Les retraits par billetterie effectués antérieurement à la saisie et les paiements par carte, dès lors que leurs bénéficiaires ont été effectivement crédités antérieurement à la saisie.**

Par dérogation aux dispositions prévues au deuxième alinéa, les effets de commerce remis à l'escompte et non payés à leur présentation ou à leur échéance lorsqu'elle est postérieure à la saisie peuvent être contrepassés dans le délai d'un mois qui suit la saisie.

Le solde saisi attribué n'est diminué par ces éventuelles opérations de débit et de crédit que dans la mesure où leur résultat cumulé est négatif et supérieur aux sommes non frappées par la saisie au jour de leur règlement. – *[L. n° 91-650 du 9 juill. 1991, art. 47, al. 1er à 8.]*

BIBL. ▶ Croze, *LPA 6 janv. 1993, p. 70* (saisie-attribution bancaire, les mystères de l'art. 47). – François-Marsal, *LPA 6 janv. 1993, p. 74* (la saisie-attribution et le banquier tiers saisi). – Saintourens, *Procédures 2008. Étude 11* (saisie des avoirs bancaires).

V. aussi la jurisprudence citée ss. l'art. 557 ACPC, *in* **NCPC**, *éd. 2008.*

1. Notion d'établissement. La notification ne peut être faite à une agence bancaire différente de celle qui détient proprement les avoirs du débiteur, quand bien même ladite agence dépendrait du même organisme bancaire que celle où le débiteur a son compte ; seuls le siège social de la banque ou l'agence tenant les comptes du débiteur peuvent fournir l'ensemble des renseignements prescrits par l'art. 47 [devenu C. pr. exéc., art. L. 162-1]. • Douai, 18 nov. 1993 : *D. 1995. 271, note R. Martin* ; *Rev. huiss. 1995. 205, note Dahan.* ♦ Une société d'affacturage n'est pas un établissement habilité par la loi à tenir des comptes de dépôt. Elle n'est dès lors pas assujettie au respect des dispositions spéciales prescrites par l'art. 47 [devenu C. pr. exéc., art. L. 162-1]. • Civ. 2e, 5 avr. 2007, n° 05-14.593 P : *Gaz. Pal. 10-11 oct. 2007, p. 8, obs. Brenner ; Dr. et pr. 2007. 283, note Lefort ; RDBF 2007, n° 160, note Piedelièvre.*

2. Secret bancaire. L'obligation de renseignement de l'établissement de crédit découlant de la loi, celui-ci n'est pas fondé à opposer le secret bancaire à la demande du créancier tendant à connaître la nature et la position des comptes ouverts dans ses livres au nom du débiteur. • Civ. 2e, 1er juill. 1999, n° 96-19.108 P : *Gaz. Pal. 11-12 févr. 2000, p. 31, obs. Véron.*

3. Assiette de la saisie. La saisie-attribution pratiquée entre les mains d'un établissement habilité par la loi à tenir des comptes de dépôt peut porter sur des créances conditionnelles ou à terme dès lors que la créance du débiteur existe au jour de la saisie. • Civ. 2e, 28 mai 2003, n° 01-12.892 P : *D. 2004. Somm. 1490, obs. Taormina* ; *Procédures 2003, n° 169, note Perrot ; Dr. et pr. 2003. 371, note Putman ; Gaz. Pal. 29 févr.-2 mars 2004, p. 31, obs. Brenner.* ♦ Tel est le cas d'un virement effectué au bénéfice d'une société avant la saisie, dont il résulte que la créance était née au jour de la saisie bien qu'elle ne soit pas encore inscrite en compte. • Même arrêt.

4. Pluralité de comptes. Lorsque plusieurs comptes ont été ouverts dans une banque, celle-ci est tenue de déclarer le solde de tous les comptes, même si l'acte de saisie n'en vise qu'un. • TGI Cherbourg, 8 déc. 1993 : *D. 1994. 291, note R. Martin* ; *RTD civ. 1994. 687, obs. Perrot* . ♦ ... Ou de déclarer au créancier saisissant la convention de compensation entre les comptes, détenus dans les livres de la banque, par le débiteur. • Lyon, 3 déc. 1997 : *D. Affaires 1998. 155, obs. J. F.* ♦ ... Mais une banque n'est tenue d'indiquer au créancier saisissant de l'un de ses clients que le solde unique résultant de l'application d'une stipulation d'unicité ou de fusion des divers comptes ouverts au nom de ce client. • Civ. 2e, 5 juill. 2000, *Banque populaire du Midi : D. 2000. IR 239 ; RDBF 2000, n° 204, note Delleci.*

5. Pouvoirs du JEX. Méconnaît l'étendue de ses pouvoirs le JEX qui enjoint à l'établissement teneur du compte de produire les relevés des comptes au débiteur, alors que cette mesure d'instruction ne figure pas dans les prescriptions de l'art. 47 [devenu C. pr. exéc., art. L. 162-1]. • Civ. 2e, 11 mars 1999, n° 96-22.813 P : *RTD com. 2000. 136, obs. M. Storck ; Gaz. Pal. 12 févr. 2000, Somm., obs. M. Véron.* ♦ V. aussi note 14 ss. art. R. 211-5.

6. Sanction. A l'issue du délai de 15 jours, il convient de considérer que la saisie conservatoire ne peut produire d'effet que pour son montant et que le compte doit fonctionner à nouveau. • TGI Paris, 4 févr. 1993 : *Gaz. Pal. 1993. Somm. 191 ; D. 1993. Somm. 279, obs. Julien .*

7. Effets de la contestation. Par combinaison des art. 43 et 47 de la loi [devenus respectivement C. pr. exéc., art. L. 211-2 et L. 162-1] et 74 du décret [devenu C. pr. exéc., art. R. 211-19], il résulte que, pendant le délai d'un mois durant lequel la contestation est possible et, en cas de contestation, jusqu'à la solution du litige, les effets de la saisie ne sont pas limités et il n'y a pas de cantonnement automatique. • TGI Bobigny, 12 févr. 1993 : *D. 1993. Somm. 279, obs. Julien .*

8. Solde au jour de la saisie. Seuls peuvent affecter l'assiette de la saisie-attribution au détriment du saisissant les chèques émis par le saisi qui ont été remis à l'encaissement par leur bénéficiaire antérieurement à la saisie. Le seul fait que le chèque ait été émis et remis à son bénéficiaire avant la saisie-attribution ne peut justifier le débit du compte du débiteur après la saisie. • TGI Dijon, 5 oct. 1993 : *Rev. huiss. 1994. 707, note Dahan* • Paris, JEX, 3 juill. 1995 : *BICC, 15 mars 1996, n° 347 ; D. 1996. Somm. 140, obs. Julien .*

9. Remise de chèques. La remise des chèques à l'encaissement s'entend de la remise des chèques faite à l'établissement bancaire et non au bénéficiaire desdits chèques. • Civ. 2e, 13 févr. 2003, n° 01-00.543 P : *RDBF 2003, n° 87, note Delleci ; Banque et Dr. 7-8/2003, p. 64, obs. Bonneau ; Gaz. Pal. 5-6 sept. 2003, p. 9, obs. Brenner.* ♦ Rappr. jugeant qu'en application de l'art. L. 162-1, le solde du ou des comptes du débiteur saisi au jour de la saisie peut, dans le délai de quinze jours ouvrables qui suit la saisie, être affecté au préjudice du saisissant par l'imputation d'un chèque du débiteur remis à l'encaissement par son bénéficiaire, dès lors qu'il est prouvé que cet encaissement est antérieur à la saisie et qu'en outre, l'art. L. 131-37, al. 3, C. mon. fin., prévoit que si la provision est inférieure au montant du chèque, son bénéficiaire a le droit d'exiger le paiement jusqu'à concurrence de la provision. Encourt dès lors la censure l'arrêt qui, pour condamner une banque, tiers saisi, à payer au créancier saisissant les causes de la saisie dans la limite du solde créditeur qu'elle a déclaré au jour de la saisie, retient que la décision de la banque, prise le jour de la saisie, d'honorer le paiement d'un chèque tiré par le débiteur et présenté à l'encaissement par son bénéficiaire avant la saisie, alors même que le compte ne présentait pas un solde créditeur suffisant pour le payer, ne reposait sur aucun motif légitime et n'était pas opposable au créancier saisissant, dont la saisie avait été pratiquée à une heure où le compte, sauf cette opération, était créditeur. • Civ. 2e, 7 avr. 2016, n° 15-11.436 P : *D. 2016. Actu. 847 ; ibid. 2017. 1394, obs. Leborgne ; D. actu. 11 mai 2016, obs. Kebir ; RTD civ. 2016. 677, obs. Cayrol ; Gaz. Pal. 7 juin 2016, p. 76, note Salati ; ibid. 21 juin 2016, p. 43, note Ansault ; Banque et Dr. 7-8/2016. 15, note Bonneau ; RDBF 2016, n° 134, note Piedelièvre ; Dr. et. proc. 2016. 71, note Lauvergnat ; Procédures 2016, n° 196, note Raschel.*

10. Virements. Les virements ordonnés par le débiteur titulaire du compte avant la saisie, qui ne sont pas au nombre des opérations limitativement énumérées à l'art. L. 162-1, 2°, ne peuvent affecter le solde saisi attribué au préjudice du saisissant. • Civ. 2e, 24 mars 2022, n° 20-12.241 B. ♦ V. note 8 ss. art. L. 112-1.

11. Saisie conservatoire et procédure collective. Lorsque les sommes figurant au crédit d'un compte bancaire nanti font l'objet d'une saisie conservatoire, leur affectation sur un compte spécialement ouvert par la banque à cet effet est une simple opération comptable destinée à les isoler dans l'attente du sort qui leur sera réservé, sans incidence sur les droits des parties, de sorte qu'en l'absence de conversion des saisies conservatoires avant l'ouverture de la procédure collective du titulaire du compte, ces sommes sont réputées figurer sur le compte nanti au jour du jugement d'ouverture de cette procédure, le créancier nanti pouvant, dès lors, en demander l'attribution judiciaire. • Com. 25 sept. 2019, n° 18-16.178 P : *D. actu. 10 oct. 2019, obs. Delpech ; D. 2019. 1886 ; RTD com. 2019. 993, obs. Martin-Serf ; Gaz. Pal. 10 déc. 2019, p. 34, obs. Ansault ; ibid. 14 janv. 2020, p. 71, note Ferrari ; Banque et dr. 11-12/2019, p. 20, note Bonneau ; ibid. 2019, p. 34, note Kilgus ; RDBF 2019, n° 193, note Legeais ; JCP E 2019. 1551, § 19, obs. Pétel.*

Art. L. 162-2 **Le tiers saisi laisse à disposition du débiteur personne physique, dans la limite du solde créditeur du ou des comptes au jour de la saisie, une somme à carac-**

tère alimentaire d'un montant égal au montant forfaitaire, pour un allocataire seul, mentionné à l'article L. 262-2 du code de l'action sociale et des familles.

Lorsque le débiteur est un entrepreneur individuel à responsabilité limitée, le premier alinéa ne s'applique qu'à la saisie des comptes afférents à son patrimoine non affecté. – *[L. nº 91-650 du 9 juill. 1991, art. 47-1.]*

BIBL. ▶ LAUVERGNAT, *Dr. et pr. 2009. 188* (déclenchement d'office du solde bancaire insaisissable). – CROZE, *Procédures 2009, nº 241.*

LIVRE DEUXIÈME LES PROCÉDURES D'EXÉCUTION MOBILIÈRE

BIBL. GÉN. ▸ Soustelle, Les saisies mobilières, La Justice au quotidien, *L'Harmattan 2005.*

TITRE PREMIER LA SAISIE DES CRÉANCES DE SOMMES D'ARGENT

CHAPITRE PREMIER LA SAISIE-ATTRIBUTION

RÉP. PR. CIV. v° *Saisie-attribution,* par R. Lefort, actualisé par L. Boudour.

DALLOZ ACTION *Droit et pratique des voies d'exécution 2022/2023,* n°s 0800, par E. de Leiris.

BIBL. GÉN. ▸ **Ouvrages** : Schreiber, La pratique des saisies-attribution, Les cahiers de l'ENP, 2e éd., *EJT 2013.*

▸ **Articles** : Dymant, *Rev. huiss. 1995. 769.* – Hoonakker, *Dr. et patr. 1/2009, p. 72.* – Lauvergnat, *Gaz. Pal. 25-26 oct. 2013, p. 18* (la saisie-attribution : une procédure d'exécution sous haute tension !). – Malet, *Procédures 2017. Étude 31* (saisir les portefeuilles numériques : Paypal et Cie...). – Mouly, *RTD civ. 1993, n° spéc. hors série, p. 65* (procédures civiles d'exécution et droit bancaire). – Putman, *LPA 6 janv. 1993, p. 67* (la saisie-attribution) ; *LPA 22 déc. 1999, p. 15* (saisie-attribution et autres mesures d'exécution sur les créances). – Rezek, *JCP N 2002. 1623* (différences et ressemblances entre l'avis à tiers détenteur et la saisie-attribution).

Art. L. 211-1 Tout créancier muni d'un titre exécutoire constatant une créance liquide et exigible peut, pour en obtenir le paiement, saisir entre les mains d'un tiers les créances de son débiteur portant sur une somme d'argent, sous réserve des dispositions particulières à la saisie des rémunérations prévue par le code du travail. — *[L. n° 91-650 du 9 juill. 1991, art. 42.] — Sur les modalités de la saisie-attribution, V. art. R. 211-1 s. — Sur la saisie des rémunérations, V.* ***C. trav.****, art. L. 3252-1 s. et R. 3252-1 s., reproduits in* ***C. pr. exéc.****, App., v° Saisie et cession des rémunérations.*

V. aussi la jurisprudence citée ss. l'art. 557 ACPC, *in* **NCPC, *éd. 2008*.**

1. Compétence internationale. ▸ BIBL. Cuniberti, *RLDC janv. 2011. 59* (compétence internationale en matière de responsabilité du tiers saisi). ♦ L'art. 14 C. civ., qui permet au plaideur français d'attraire un étranger devant les juridictions françaises, doit être exclu pour des demandes relatives à des voies d'exécution pratiquées hors de France ; en l'espèce, l'action en responsabilité contre une banque étrangère pour organisation de l'insolvabilité de la débitrice découlant directement de la saisie-attribution pratiquée à l'étranger. • Civ. 1re, 14 avr. 2010, n° 09-11.909 P : *D. 2010. AJ 1087, obs. Avena-Robardet ; ibid. 2011 Pan. 1379, obs. Jault-Seseke ; ibid. Pan. 1509, obs. Leborgne ; Rev. crit. DIP 2010. 510, note Marchadier ; Dr. et pr. 2010. 234, note E. Guinchard.*

2. Acte d'administration. Sauf disposition contraire, l'exercice d'une mesure d'exécution est considéré comme un acte d'administration. En conséquence encourt la cassation une cour d'appel qui annule une saisie-attribution pratiquée par le dirigeant d'une personne morale, en relevant que les pouvoirs conférés par les statuts à ce dernier ne concernaient que la gestion courante et non la représentation en justice, alors que l'exercice d'une telle mesure ne justifiait pas un pouvoir spécial de représentation. • Civ. 2e, 15 janv. 2004, n° 01-17.920 P : *D. 2004. 471 ; Procédures 2004, n° 100, obs. Perrot ; Dr. et pr. 2004. 218, obs. Hoonakker.*

I. DOMAINE DE LA SAISIE-ATTRIBUTION

3. Exclusion des rémunérations du travail. La saisie-attribution ne peut être pratiquée sur des sommes constituant pour le débiteur sa seule rémunération de travail au titre d'un contrat de collaboration instituant un lien de dépendance économique, la procédure adéquate à utiliser étant celle particulière de la saisie des rémunérations. • TGI Paris, JEX, 20 nov. 1995 : *BICC, 1er juin 1996, n° 639.* ♦ La saisie des rémunérations dues par un employeur est soumise aux dispositions du C. trav. que le contrat de travail soit ou non en cours d'exécution. • Cass., ass. plén., 9 juill. 2004, n° 02-21.040 P : *BICC, 1er nov. 2004, p. 11, rapp. Tredez ; ibid. p. 24, avis Benmakhlouf ; D. 2004. 3161, note Bugada ; RTD civ. 2004. 779, obs. Perrot ; JCP 2005. II. 10047, note Donnier ; Procédures 2004, n° 207, note Perrot ; RDBF 2004, n° 221, note Piedelièvre ; Dr. et pr. 2004. 349, note Bourdillat ; Gaz. Pal. 11-13 sept. 2005, p. 120, note Brenner.*

4. Saisie de pensions et rentes. A défaut de texte particulier dérogatoire au droit commun réglementant la saisie des pensions et rentes versées par la Caisse de prévoyance et de retraite de la SNCF, ces créances ne peuvent être saisies que par le biais de la procédure de saisie-attribution. • Paris, 8 avr. 2004 : *Dr. et pr. 2004. 278, note Bourdillat.*

5. Assurance vie. Il résulte des art. L. 132-8, L. 132-9, L. 132-12 et L. 132-14 C. assur. que, tant que le contrat n'est pas dénoué, le souscripteur est seulement investi, sauf acceptation du bénéficiaire désigné, du droit personnel de faire racheter le contrat et de désigner ou modifier le bénéficiaire de la prestation ; dès lors, nul créancier du souscripteur n'est en droit de se faire attribuer immédiatement ce que ce dernier ne peut recevoir. • Civ. 1re, 28 avr. 1998, n° 96-10.333 P : *D. 1998. 141 ; JCP 1998. II. 10112, note Bigot.*

6. Intitulé du compte bancaire. Portée. C'est à bon droit qu'une cour d'appel rejette la demande de mainlevée d'une saisie-attribution dès lors qu'elle relève que la convention de compte professionnel relative au compte bancaire sur lequel la saisie-attribution a été pratiquée ne comporte aucune mention relative à une détention de fonds pour le compte de la copropriété et constate que la société n'établit pas que le compte est exclusivement dédié à cette copropriété et n'a fonctionné, en débit et en crédit, que pour le seul syndicat des copropriétaires. • Civ. 2e, 15 mai 2014, n° 13-13.878 P : *Justice et cassation 2015. 259, rapp. De Brouard-Gallet ; Gaz. Pal. 2014. 3299, note Bolze ; RDBF 2014, n° 142, note S. Piedelièvre ; RDC 2014. 753, note Berlioz ; Banque et Dr. 9-10/2014, p. 16, obs. Bonneau ; JCP 2014. 1129, note. Périnet-Marquet ; RPC mars-avr. 2015, n° 36, note Lebel.*

7. Redressement et liquidation judiciaires. Sur l'interdiction des saisies-attributions et avis à tiers détenteur sur les sommes versées à la Caisse des dépôts et consignations, V. art. L. 632-2 C. com., et les notes ss. cet art. au **C. com.** ♦ Sur la portée de ce texte, V. • Com. 13 nov. 2003, n° 01-12.446 P : *D. 2003. AJ 2886, obs. A. Lienhard ; LPA 18 févr. 2004, p. 8, obs. Lucas.* ♦ V. déjà : • Com. 22 avr. 1997, n° 94-21.412 P : *D. 1997. 371, note Derrida ; RTD civ. 1998. 426, obs. Crocq.*

8. Avis à tiers détenteur. Sauf disposition légale contraire, les dispositions relatives à la saisie-attribution ne sont pas applicables à l'avis à tiers détenteur. • Cass., ch. mixte, 26 janv. 2007, n° 04-12.422 P : *D. 2007. AJ 451 ; ibid. 2008. Pan. 1172, obs. Leborgne ; JCP N 2007. 1198, note Rezek ; RDBF 2007, n° 75, note Piedelièvre ; RTD civ. 2007. 389, obs. Perrot ; Dr. et pr. 2007. 220, obs. Putman.*

9. Modestie de la créance. Le caractère modeste de la créance est indifférent, dès lors qu'elle est liquide et exigible. • Saint-Denis de la Réunion, 14 mars 2008 : *JCP 2008. IV. 2581.*

II. TITRE EXÉCUTOIRE

10. Notion. V. notes ss. art. L. 111-2.

11. Titre exécutoire à titre provisoire. V. notes ss. art. L. 111-10.

12. Annulation du titre exécutoire. V. note 9 ss. art. L. 111-7.

13. Arrêt de l'exécution provisoire. En retenant que l'ordonnance du premier président arrêtant l'exécution provisoire d'un jugement ne pouvait remettre en cause les effets des actes d'exécution accomplis ou les paiements effectués avant sa décision, une cour d'appel fait une exacte application des art. 42 de la L. n° 91-650 du 9 juill. 1991 [devenu C. pr. exéc., art. L. 211-1] et 55 du Décr. n° 92-755 du 31 juill. 1992 [abrogé]. • Civ. 1re, 31 janv. 2002, n° 00-11.881 P : *D. 2002. IR 866 ; Procédures 2002, n° 91, note Perrot ; RDBF 2002, n° 108, note Delleci.* ♦ ... Et elle peut constater que la débitrice n'avait pas contesté les mesures d'exécution et qu'il n'y avait pas lieu d'ordonner la mainlevée des saisies, y compris à compter de la date de la consignation des fonds à laquelle était subordonné l'arrêt de l'exécution provisoire du jugement. • Même arrêt. ♦ En revanche, elle viole les art. 42 et 43 de la L. n° 91-650 du 9 juill. 1991 [devenus C. pr. exéc., art. L. 211-1 et L. 211-2] en retenant, pour déclarer irrecevable la demande subsidiaire de la débitrice tendant à la consignation des fonds provenant des saisies-attributions pratiquées par son créancier au titre des loyers, que le JEX n'a pas à s'immiscer dans le cours des procédures régulièrement diligentées, ni à aménager le déroulement desdites procédures, alors que l'arrêt de l'exécution provisoire du jugement servant de fondement aux poursuites interdisait au créancier saisissant de recevoir le paiement des sommes dues au titre des loyers postérieurs à l'arrêt de l'exécution provisoire. • Même arrêt. ♦ V. aussi note 48 ss. art. 524 NCPC [devenu C. pr. civ].

14. Suspension de la force exécutoire du titre. La contestation de la créance, formée postérieurement à la saisie-attribution qui a immédiatement produit son effet attributif, a pour seule conséquence de suspendre la force exécutoire du titre la constatant et la procédure d'exécution. • Civ. 2e, 20 nov. 2003, n° 01-15.231 P : *RTD civ. 2004. 144, obs. Perrot ; Dr. et pr. 2004. 158, note Putman ; Gaz. Pal. 21-22 juill. 2004, p. 28, obs. Brenner.*

15. Indivision. Ne constitue pas un titre exécutoire au bénéfices des bénéficiaires, le jugement rendu à l'occasion de la liquidation du régime matrimonial et des successions de leurs parents, qui se borne à se prononcer sur les sommes dues par et aux indivisaires post-communautaires et successorales. • Civ. 2e, 15 nov. 2012, n° 11-18.820 P : *D. 2012. 2747 ; Dr. et pr. 2013. 62, obs. Schreiber ; Gaz. Pal. 13 déc. 2012, p. 23, obs. Berlaud.*

III. CRÉANCES SAISISSABLES

16. Renvoi. V. notes ss. art. L. 112-1 et L. 112-2 et note 23 s. ss. art. L. 211-2.

17. Identité du débiteur. V. note 13 ss. art. L. 111-2.

18. Créance du débiteur. La saisie-attribution permet de saisir entre les mains d'un tiers les créances de son débiteur et non celles des débiteurs de ce dernier. • Civ. 2e, 10 mai 2010, no 09-13.469 P : *D. 2010. 1291 ; D. actu. 20 mai 2010, obs. Avena-Robardet ; AJDI 2010. 653, obs. Heugas-Darraspen ; D. 2011. 1509, obs. Leborgne ; Procédures 2010, no 269, note Perrot.*

19. Indivision. BIBL. Garcon, *JCP N 2012. 1210* (saisie-attribution contre indivisaire : le partage préalable, condition de la disponibilité de la créance). ♦ Les créanciers personnels d'un indivisaire ne peuvent saisir sa part dans les biens indivis. S'ils ont la faculté de provoquer le partage de l'indivision ou d'intervenir dans le partage en cours, ils ne peuvent exercer leurs droits que sur les sommes dont leur débiteur sera réellement alloti après la cessation de l'indivision. • Civ. 1re, 25 mars 2003. ♦ *Adde* • Civ. 1re, 15 juill. 1999 : *Bull. civ. 1999, I, no 243* • 7 déc. 2011 : *Dalloz jurisprudence.* ♦ Dans le cadre d'une vente simultanée de l'usufruit et de la nue-propriété, le créancier personnel de la veuve peut recourir à une saisie-attribution sur la portion du prix de la vente relative à l'usufruit dont celle-ci était seule titulaire, peu important que la nue-propriété soit indivise. • Civ. 1re, 15 mai 2019, no 18-12.779 P : *D. actu. 29 mai 2019, obs. Jaoul ; D. 2019. 1102 ; AJ fam. 2019. 536, note Casey ; JCP 2019. 1133, note Perinet-Marquet ; JCP N 2019. 519, obs. Touzain ; RDC 2019. 116, note Tadros ; Gaz. Pal. 30 juill. 2019, p. 78, note Laurent ; ibid. 1er oct. 2019, p. 84, note Gourdon ; ibid. 17 oct. 2019, p. 29, note Chamoulaud-Trapiers ; LPA 25 juill. 2019, p. 11, note Niel ; RDBF 2019, no 134, note Piedelièvre ; Dr. fam. 2019, no 182, note Tani : RLDC Sept. 2019, note Julienne ; Defrénois 17 oct. 2019, p. 28, note Chamoulaud-Trapiers.*

20. Capital social non libéré. Le capital social non libéré est une créance de la société contre ses associés pouvant faire l'objet d'une saisie-attribution de la part d'un créancier de cette société. • Civ. 1re, 12 mai 2016, no 15-13.833 P : *D. 2016. Actu. 1088 ; ibid. 2017. Pan. 1388, obs. Leborgne ; Rev. sociétés 2016. 673, note Lecourt ; JCP E 2016. 1486, note Dondero ; LPA 19 oct. 2016, p. 13, note Legros ; RTD com. 2016. 853, note Martin-Serf ; BJS 2016. 588, note Danos ; Dr. et pr. 2016. 113, obs. Lauvergnat ; Gaz. Pal. 6 déc. 2016, p. 31, obs. Ansault.*

IV. TIERS SAISI

BIBL. Woog, *CCC 2000. Chron. 8.*

21. Sur la possibilité pour une personne morale publique d'être un tiers saisi. • CE, avis, 30 janv. 1992 : *Grands Avis, Dalloz 1997, no 36, p. 339, obs. Y. Claisse.*

22. CARPA. Viole les art. 42 de la L. no 91-650 du 9 juill. 1991 [devenu C. pr. exéc., art. L. 211-1] et 237 du Décr. no 91-1197 du 27 nov. 1991 la cour d'appel qui retient qu'une banque est fondée à mettre en œuvre une procédure de saisie-attribution entre les mains d'un ordre d'avocats, même personne morale que la CARPA désignée séquestre du prix, alors que seule la CARPA entre les mains de laquelle le prix de l'adjudication avait été consigné était le tiers redevable de la créance de restitution et que la mesure exercée auprès de l'Ordre des avocats l'avait été auprès d'une autre personne juridique n'ayant, dès lors, pas qualité pour en être destinataire et pour utilement la recevoir. • Com, 12 avr. 2005, no 03-19.293 P : *D. 2005. 1306 ; Procédures 2005, no 159, obs. Junillon.*

23. Charge de la preuve. Il incombe au créancier poursuivant d'établir que son débiteur est créancier du tiers saisi, qui le conteste. • Civ. 2e, 10 févr. 2011, no 10-30.008 P : *D. 2011. 602 ; ibid. 109, obs. Leborgne ; ibid. 2150, obs. Sommer et Leroy-Gissinger ; Procédures 2011, no 169, note Perrot ; Dr. et pr. 2011. 128, obs. Menut.*

24. Secret bancaire. V. note ss. art. R. 211-20.

25. Saisie sur soi-même. Un créancier muni d'un titre exécutoire constatant une créance liquide et exigible dans les termes de l'art. 42 de la L. no 91-650 du 9 juill. 1991, devenu l'art. L. 211-1 C. pr. exéc., peut pratiquer une saisie-attribution entre ses propres mains, l'effet attributif prévu à l'art. 43 de cette même loi, devenu l'art. L. 211-2 du code préc., d'une telle saisie lorsqu'elle porte sur une créance à exécution successive s'étendant aux sommes échues en vertu de cette créance depuis la signification de l'acte de saisie, ce jusqu'à ce que le créancier saisissant soit rempli de ses droits et dans la limite de ce qu'il doit au débiteur en tant que tiers saisi. Il incombe à l'huissier de justice, garant de la légalité des poursuites, de vérifier que le titre provisoire, en vertu duquel il pratiquait la saisie-attribution aux risques du créancier mandant, restait exécutoire au jour de l'acte de saisie. • Civ. 1re, 13 mai 2014, no 12-25.511 P : *D. 2014. Actu. 1159 ; JCP 2014. 610 ; Gaz. Pal. 8-9 sept. 2014, p. 27, note Lauvergnat ; ibid. 17-18 sept. 2014, p. 20, obs. Hugon ; RDBF 2014, no 143, note Piedelièvre ; Dr. et pr. 2014. 139, obs. Oudot.*

V. LIEU DE LA SIGNIFICATION DE LA SAISIE

26. Pluralité d'établissements ou succursales. La L. n° 91-650 du 9 juill. 1991 et le Décr. n° 92-755 du 31 juill. 1992 [devenus Parties L. et R. du C. pr. exéc.] n'ayant pas précisé le lieu où devait s'exécuter la signification d'une saisie-attribution à un tiers lorsque le tiers est une personne morale ayant plusieurs établissements ou succursales, il faut appliquer l'art. 690 NCPC [devenu C. pr. civ]. • Douai, 18 nov. 1993 : *D. 1995. 271, note R. Martin*.

27. Dès lors qu'une saisie-attribution suppose l'exercice d'une contrainte sur le tiers saisi, il résulte de la règle de territorialité des procédures d'exécution, découlant du principe de l'indépendance et de la souveraineté des États, qu'elle ne peut produire effet que si le tiers saisi est établi en France. Est établi en France le tiers saisi, personne morale, qui soit y a son siège social, soit y dispose d'une entité ayant le pouvoir de s'acquitter du paiement d'une créance du débiteur saisi à son encontre. • Civ. 2e, 10 déc. 2020, nos 19-10.801 et 18-17.937 : *D. 2021. 217, note d'Avout ; ibid. 1353, obs. Leborgne ; Rev. prat. rec. 2021/2. 11, obs. Simon ; RTD civ. 2021. 195, obs. Théry ; Procédures 2021, n° 38, note Laher.* ♦ C'est par une exacte application de ces principes que la cour d'appel, après avoir constaté que la créance résultait de l'ouverture de comptes bancaires par l'ACP dans la succursale new-yorkaise de la banque, dont le siège social est à Londres, a ordonné la mainlevée de la saisie-attribution pratiquée en France auprès d'une succursale dans laquelle aucun compte n'était ouvert au nom du débiteur saisi. • Même décision.

Art. L. 211-1-1 *(L. n° 2019-222 du 23 mars 2019, art. 15-I-1°, en vigueur le 1er janv. 2021)* **Lorsque le tiers saisi est un établissement habilité par la loi à tenir des comptes de dépôt, les actes lui sont transmis par voie électronique.**

Art. L. 211-2 **L'acte de saisie emporte, à concurrence des sommes pour lesquelles elle est pratiquée, attribution immédiate au profit du saisissant de la créance saisie, disponible entre les mains du tiers ainsi que de tous ses accessoires. Il rend le tiers personnellement débiteur des causes de la saisie dans la limite de son obligation.**

La notification ultérieure d'autres saisies ou de toute autre mesure de prélèvement, même émanant de créanciers privilégiés, ainsi que la survenance d'un jugement portant ouverture d'une procédure de sauvegarde, de redressement judiciaire ou de liquidation judiciaire ne remettent pas en cause cette attribution.

Toutefois, les actes de saisie notifiés au cours de la même journée entre les mains du même tiers sont réputés faits simultanément. Si les sommes disponibles ne permettent pas de désintéresser la totalité des créanciers ainsi saisissants, ceux-ci viennent en concours.

Lorsqu'une saisie-attribution se trouve privée d'effet, les saisies et prélèvements ultérieurs prennent effet à leur date. — *[L. n° 91-650 du 9 juill. 1991, art. 43.]*

1. Conventionnalité. L'exécution forcée poursuivie en vertu d'un titre exécutoire à titre provisoire, aux risques et périls du créancier, n'est pas contraire aux exigences de l'art. 6, § 1er, Conv. EDH. • Civ. 2e, 10 févr. 2005 : *cité note 168 ss. Conv. EDH, art. 6, § 1er, App., v° Droit européen et international.* – **C. pr. civ.**

I. EFFET ATTRIBUTIF

2. Effet à l'égard du tiers saisi. Hors le cas de nullité ou de caducité de la saisie-attribution, le tiers saisi, qui, lors de la saisie, a déclaré devoir une certaine somme au saisi et qui n'a fait état d'aucune modalité affectant son obligation, ni d'aucune cession de créance, de délégation ou de saisie antérieures, est personnellement débiteur des causes de la saisie dans la limite de son obligation ; il est tenu de procéder au paiement sur la présentation d'un certificat de non-contestation ou d'une déclaration d'acquiescement du débiteur. • Civ. 2e, 8 juill. 2004, n° 02-20.655 P : *RDBF 2004, n° 217, note Piedelièvre ; Gaz. Pal. 11-13 sept. 2005, p. 16, note Brenner.*

L'effet attributif immédiat de la saisie-attribution n'est pas subordonné à la déclaration du tiers saisi, telle que prévue par l'art. L. 211-3, l'obligation déclarative du tiers saisi naissant de la saisie, qui entraîne par elle-même effet attributif. • Civ. 2e, 30 sept. 2021, n° 20-14.060 B : *Gaz. Pal. 30 nov. 2021. 30, note Ansault ; RDBF 2021, n° 162, note Piédelièvre ; Procédures 2021, n° 318, note Laher* (rejet du moyen selon lequel la première saisie dénoncée n'aurait pas emporté effet attributif en raison de l'absence de déclaration du tiers saisi).

3. L'acte de saisie-attribution pratiqué entre les mains d'un établissement habilité à tenir des comptes de dépôt porte sur l'ensemble des comptes du débiteur qui représentent des créances de sommes d'argent de ce dernier contre cet établissement. Dans le cas d'un compte joint, cet établissement étant débiteur de la totalité du solde de ce compte à l'égard de chacun de ses cotitulaires, l'effet attributif de la saisie s'étend, sous réserve des règles propres aux régimes matrimoniaux entre époux, à la totalité du solde créditeur, sauf pour le débiteur saisi ou le cotitulaire du compte, avisé de la saisie dans les conditions prévues par l'art. R. 211-22 C. pr. exéc., à établir que ce solde est constitué de fonds provenant de ce dernier, en vue de les exclure de l'assiette de la saisie. • Civ. 2e, 21 mars 2019, n° 18-10.408 P : *D. actu. 30 avr. 2019 ; Gaz. Pal. 2019, n° 22, p. 30, obs. Ansault ; ibid., n° 27, p. 66, obs. Lauvergnat ; ibid., n° 21 ; p. 73, obs. Salati ; RDC 2019/3. 64, note Cayrol ; RDBF 2019, n° 133, note Piedelièvre.*

4. Conséquences en cas de redressement ou de liquidation judiciaires postérieurs. La survenance d'un redressement judiciaire ne peut, par application de l'art. 43 [devenu C. pr. exéc., art. L. 211-2], remettre en cause l'attribution que réalise l'acte de cession, la créance entrant par l'effet de la saisie dans le patrimoine du saisissant et n'ayant pas à être déclarée. • Com. 13 oct. 1998, n° 96-14.295 P : *D. Affaires 1998. 2018, obs. A. L.* – V. aussi • Com. 3 déc. 2003 : *D. 2004. Somm. 1489, obs. Taormina*. ♦ De même, les art. L. 621-107 et L. 621-108 C. com., relatifs aux nullités de la période suspecte, ne peuvent remettre en cause les saisies-attributions pratiquées antérieurement à l'ouverture d'un redressement ou d'une liquidation judiciaires, y compris celles portant sur des créances non encore échues au jour du jugement déclaratif. • Versailles, 27 mai 1999 : *D. 1999. IR 186*. ♦ ... Les mesures d'exécution forcée n'entrant pas dans le champ d'application de l'art. L. 621-108 C. com. • Com. 16 juin 1998, n° 96-17.050 P : *D. 1998. IR 216 ; D. Affaires 1998. 1272, obs. A. L. ; JCP E 1998, n° 52, p. 2065, obs. Cabrillac* • 29 avr. 2003, n° 00-11.912 P : *D. 2003. 1364, obs. A. Lienhard ; RDBF 2003, n° 158, note Delleci* • Lyon, 25 juill. 2001 : *Procédures 2002, n° 10, note Laporte*. ♦ ... Ce qui n'empêche pas qu'elles soient privées de fondement lorsqu'elles ont été pratiquées en vertu d'une reconnaissance de dette nulle pour avoir été souscrite durant la période suspecte. • Com. 1er oct. 2002, n° 01-03.216 P : *D. 2002. AJ 2869, obs. A. Lienhard ; RTD civ. 2003. 146, obs. Perrot ; Dr. et pr. 2003. 108, note Delattre ; Procédures 2003, n° 7, note Perrot ; RDBF 2003, n° 82, obs. Lucas ; JCP 2003. I. 113, n° 31, obs. Cabrillac.*

En revanche, le créancier saisissant devenu, par l'effet attributif immédiat de la saisie-attribution, créancier du tiers saisi est soumis au principe de la suspension des poursuites individuelles, en cas de survenance d'un jugement portant ouverture du redressement ou de la liquidation judiciaires du tiers saisi. • Com. 11 juin 2002, *n° 99-17.163 P : R. 2002, p. 427 ; D. 2002. AJ 2256, obs. A. Lienhard ; Dr. et pr. 2002. 372, note Putman.* ♦ Il lui appartient donc de déclarer sa créance entre les mains du représentant des créanciers. • Orléans, 25 mai 2000 : *Procédures, juill. 2000, n° 163, obs. Croze* • Com. 8 juill. 2003 : *APC 2003, n° 229, obs. Regnaut-Moutier.* ♦ Rappr. note 25.

Sur l'irrégularité de la dénonciation, V. note 10 ss. art. R. 211-3.

Sur la validité d'une conversion en saisie-attribution d'une saisie conservatoire pratiquée en période suspecte, V. note 3 ss. art. L. 523-2.

5. Dès lors que le jugement de redressement ou de liquidation judiciaires est sans effet sur la saisie-attribution, le jugement ayant condamné le créancier saisissant à rapporter à la liquidation les sommes reçues postérieurement au prononcé de la liquidation judiciaire, au titre de la saisie-attribution pratiquée antérieurement, n'est pas rendu en matière de redressement et de liquidation judiciaires ; il s'ensuit que l'appel de ce jugement est soumis au droit commun (et non au délai de 10 jours de l'art. 157 du décret du 27 déc. 1985). • Com. 5 nov. 2003, n° 99-20.223 P : *D. 2003. AJ 2964 ; RDBF 2004, n° 37, note Delleci ; Gaz. Pal. 29 févr.-2 mars 2004, p. 31, obs. Brenner ; Dr. et pr. 2004. 108, note Putman.*

6. Redressement judiciaire – litige transfrontière. Viole l'art. 4, § 2, m), du règl. (CE) n° 1346/2000 du Conseil du 29 mai 2000 relatif aux procédures d'insolvabilité, la cour d'appel qui, pour valider une saisie-attribution, retient que la procédure de redressement judiciaire ouverte ultérieurement par une juridiction slovaque, portant suspension des poursuites, est sans incidence sur la saisie qui a déjà produit ses effets, alors que la loi slovaque, en tant que loi applicable à la procédure d'insolvabilité de la société, devait être consultée pour déterminer si l'ouverture d'une telle procédure pouvait remettre en cause une saisie-attribution pratiquée antérieurement en France, sauf à établir que la loi française ne permettrait, par aucun moyen, d'attaquer cet acte. • Com. 16 févr. 2016, n° 14-10.378 P : *D. actu. 17 mars 2016, obs. Delpech ; D. 2016.477 ; ibid. 1045, obs. Gaudemet-Tallon ; ibid 2025, obs. d'Avout ; RTD civ. 2016. 444, obs. Théry ; Rev. crit. DIP 2016. 556, obs. Bureau ; JCP 2016. 471, note Heymann ; Procédures 2016, n° 125, obs. Laporte ; RPC 2016, n° 176, obs. Mastrullo ; Europe 2016. Chron. 2, obs. Chardenoux ; EDED 2016. 6, obs. Mélin.*

7. Effet à l'égard du débiteur. L'acte de saisie emportant attribution immédiate au profit du saisissant de la créance saisie, le débiteur à qui la saisie-attribution a été dénoncée ne peut faire procéder entre ses propres mains à la saisie conservatoire de la somme qu'il doit au créancier saisissant pour avoir paiement du montant d'une condamnation prononcée à l'encontre de ce dernier par une décision de justice frappée d'appel. • TGI Nice, 16 juin 1993 : *D. 1994. 53, note R. Martin*.

8. Viole l'art. L. 211-2, ensemble l'art. L. 211-5 dont il résulte que l'acte de saisie emporte, à concurrence des sommes pour lesquelles elle est pratiquée, attribution immédiate au profit du saisissant de la créance saisie disponible entre les mains du tiers, la cour d'appel qui, pour débouter un débiteur de sa demande tendant à voir déclarer « irrecevable » une nouvelle saisie-attribution pratiquée compte tenu de celle précédemment ordonnée et de confirmer le jugement en ce qu'il a validé la saisie-attribution à l'exception des intérêts moratoires, retient que, quand bien même il n'a pas été donné mainlevée de la première mesure, celle-ci ne saurait constituer un obstacle à la mise en œuvre de la saisie contestée, dès lors qu'elle ne pouvait permettre au créancier d'obtenir le moindre paiement du tiers saisi, alors que peu importait la décision de retrait du rôle tant qu'il n'avait pas été statué sur la contestation de la première saisie, l'effet attributif qui lui était attaché perdurant à concurrence des sommes pour lesquelles elle avait été pratiquée. • Civ. 2e, 19 févr. 2015 : *D. 2015. Pan. 1344, obs. Leborgne ; Gaz. Pal. 16 juin 2015, p. 35, note Lauvergnat ; RDBF 2015, n° 98, note S. Piedelièvre ; Procédures 2015, n° 118, note Raschel.*

9. Acquiescement à la saisie-attribution. L'acquiescement à une saisie-attribution revient seulement à renoncer au droit de contester la saisie et non à transformer le recouvrement forcé opéré par elle en paiement volontaire. • Lyon, 25 juill. 2001 : *préc. note 2.*

10. L'attribution immédiate ne vaut pas paiement. L'art. 46 de la loi de 1991 [devenu C. pr. exéc., art. L. 211-5] prévoit qu'en cas de contestation devant le JEX, le paiement est différé ; dans ces conditions, l'exécution provisoire du jugement en vertu duquel a été effectuée la saisie-attribution n'est pas consommée jusqu'à ce que le JEX ait statué et peut donc être arrêtée s'il est justifié de conséquences manifestement excessives ; il se déduit cependant des termes de l'art. 43 [devenu C. pr. exéc., art. L. 211-2] que les sommes saisies sont indisponibles, ce qui interdit de prendre les mesures prévues par les art. 517 à 522 NCPC [devenus C. pr. civ]. • Toulouse, 1er mars 1995 : *D. 1996. 131, note Prévault ; ibid., Somm. 140, obs. Julien.* ♦ Si l'acte de saisie-attribution emporte, à concurrence des sommes pour lesquelles elle est pratiquée, attribution immédiate au profit du saisissant de la créance saisie disponible entre les mains du tiers ainsi que de tous ses accessoires, le paiement est différé en cas de contestation devant le JEX ou, sauf acquiescement, pendant le délai de contestation. Par suite, viole les art. 43, 45 et 46 de la L. n° 911-650 du 9 juill. 1991 [devenus respectivement C. pr. exéc., art. L. 211-2, L. 211-4 et L. 211-5] et l'art. 61 du Décr. du 31 juill. 1992 [devenu C. pr. exéc., art. R. 211-6] le premier président qui, pour déclarer irrecevable une demande tendant à l'arrêt de l'exécution provisoire d'un jugement sur le fondement duquel avaient été pratiquées deux saisies-attributions, retient que la condamnation prononcée par le jugement a été exécutée par les deux saisies, alors que la première saisie était contestée et que le délai de contestation de la seconde saisie n'était pas encore expiré. • Civ. 2e, 24 janv. 2008, n° 07-16.857 P : *D. 2008. Chron. C. cass. 2373, obs. Sommer et Nicoletis ; Procédures 2008, n° 140, note Perrot ; RDBF 2008, n° 47, note Piedelièvre ; Gaz. Pal. 2008. Somm. 2343, obs. Brenner* • Civ. 2e, 1er oct. 2009, n° 08-19.051 P : *D. 2009. AJ 2434 ; JCP 2009. 585, note Lauvergnat ; Procédures 2009, n° 396, note Perrot ; Gaz. Pal. 28-30 mars 2010, p. 19, note Brenner ; RTD civ. 2010. 158, obs. Théry ; RDBF 2010, n° 72, obs. Piedelièvre.*

11. Viole les art. L. 263 LPF et 43 de la L. n° 91-650 du 9 juill. 1991 [devenu C. pr. exéc., art. L. 211-2] la cour d'appel qui, pour déclarer un avis à tiers détenteur caduc et ordonner sa mainlevée, énonce que si l'avis à tiers détenteur comporte l'effet d'attribution immédiate, cet effet se distingue du paiement lui-même, de sorte que, lorsque le contribuable a été autorisé à différer le paiement des impositions contestées, le paiement n'a pu se réaliser, bien que la créance détenue par le tiers détenteur ait été attribuée au comptable public, alors que l'attribution de la créance par l'avis à tiers détenteur la transporte dans le patrimoine du comptable public dès notification de l'avis, nonobstant l'impossibilité d'en exiger le paiement avant l'expiration du délai de contestation de l'avis ou l'issue de cette contestation engagée dans le délai légal. • Com. 30 nov. 1999, n° 97-16.899 P : *D. 2000. IR 6.*

12. Créance indisponible par abandon de succession. V. note 29.

13. Créance éteinte. Pour une extinction de la créance par l'effet d'une compensation légale intervenue antérieurement à la saisie, V. • Civ. 2e, 16 déc. 2004, n° 03-13.117 P : *D. 2005. Pan. 1606, obs. Julien et Taormina ; Dr. et pr. 2005. 175, obs. Putman.* ♦ La saisie-attribution ne peut porter que sur une créance existant au jour de la saisie. Ayant relevé que la saisie-attribution pratiquée par le créancier était intervenue après une décision, dont le caractère exécutoire n'est pas débattu, ayant ordonné la compensation de la créance que ce créancier prétendait saisir avec des créances réciproques du débiteur, une cour d'appel en déduit exactement que faute de créance saisissable à sa date, la saisie-attribution n'avait pas produit d'effet attributif, peu important que cette décision soit ultérieurement infirmée. • Civ. 2e, 10 janv. 2019, n° 17-25.719 P : *cité note 6 ss. art. L. 523-2.*

14. Effets de l'opposition à une ordonnance d'injonction de payer. L'opposition à une ordonnance d'injonction de payer revêtue de la formule exécutoire ne peut pas conduire à ordonner la mainlevée de la saisie-attribution pratiquée, mais fait obstacle, jusqu'à ce qu'il ait été statué sur l'opposition par la juridiction compétente, au paiement au créancier des sommes rendues indisponibles. • Cass., avis, 8 mars 1996, n° 09-60.001 P : *RTD civ. 1996. 714, obs. Perrot ; D. 1996. Somm. 360, obs. Julien ; Procédures 1996, n° 215, obs. Perrot ; Justices 1997, n° 5, p. 335, obs. Putman* (avec • TGI Paris, JEX, 15 avr. 1996). – V. note 1 ss. L. 111-3 et note ss. R. 211-6.

15. Impossibilité d'octroyer un délai de grâce. Une cour d'appel, qui retient exactement que le JEX ne pouvait accorder des délais de paiement, la saisie-attribution ayant pour effet de transmettre la propriété des fonds saisis au créancier, décide, à bon droit, que le paiement fait au créancier ne pouvait être remis en cause. • Civ. 2e, 4 oct. 2001, n° 00-11.609 P : *D. 2002. 1658, note Soustelle ; Procédures 2001, n° 207, note Perrot ; Dr. et pr. 2002. 50, note Putman.* – Et déjà : • TGI Lyon, JEX, 24 oct. 1996 : *inédit, n° 96/10035* • TGI Versailles, JEX, 24 févr. 1994 : *Rev. huiss. 1994. 653.*

16. Exécution provisoire. La saisie-attribution produit, sous réserve des pouvoirs du JEX, un effet d'exécution immédiat qui paralyse les pouvoirs que le premier président de la cour d'appel, qui n'est pas compétent pour donner mainlevée de la saisie, tient de l'art. 524 NCPC [devenu C. pr. civ]., dans la mesure où la somme saisie est supérieure à celle qui est exigible en vertu de l'exécution provisoire. Les demandes de mainlevée et d'aménagement de l'exécution provisoire sont donc sans objet. • Limoges, 18 mars 2003 : *BICC 2003, n° 828.* ♦ Si l'acte de saisie-attribution emporte, à concurrence des sommes pour lesquelles elle est pratiquée, attribution immédiate au profit du saisissant de la créance saisie disponible entre les mains du tiers ainsi que de tous ses accessoires, le paiement est différé en cas de contestation devant le JEX, ou sauf acquiescement, pendant le délai de contestation. • Civ. 2e, 24 janv. 2008, n° 07-16.857 P : *préc. note 12.*

17. Absence d'effet attributif en cas de réquisitions du juge d'instruction. Tant qu'elles sont en vigueur, les réquisitions d'un juge d'instruction faisant défense au tiers saisi de se libérer des fonds saisis s'imposent à toutes les parties à la saisie-attribution. • Civ. 2e, 21 janv. 2010, n° 08-20.810 P : *Dr. et pr. 2010. 149, note Putman* (interdiction au débiteur saisi de régler sa dette au saisissant). ♦ Par suite, si le créancier fait pratiquer une saisie-attribution entre les mains d'un tiers pour obtenir le paiement des sommes qui lui sont dues, celui-ci ne peut procéder au paiement tant que la réquisition pénale reste en vigueur. • *Civ. 2e, 3 mai 2001, n° 98-23-118 P : RDBF 2001, n° 161, note Delleci.* ♦ De même, est-il interdit au débiteur de régler sa dette au saisissant, en conséquence de quoi, viole les art. 81 C. pr. pén. et 43 de la L. n° 91-650 du 9 juill. 1991 [devenu C. pr. exéc., art. L. 211-2] l'arrêt qui refuse d'exonérer le débiteur du paiement d'intérêts moratoires sur la somme saisie au motif que la réquisition du juge d'instruction ne caractérise pas la force majeure. • Civ. 2e, 21 janv. 2010 : *préc.*

18. Principe de territorialité. Il résulte du principe de territorialité des procédures d'exécution que les saisies-attributions pratiquées en France ne peuvent produire l'effet attributif immédiat résultant de l'art. 43 [devenu C. pr. exéc., art. L. 211-2] au profit du créancier saisissant que sur les créances localisées en France. • TGI Paris, JEX, 24 juin 2004 : *Dr. et pr. 2005. 35, note Salati.*

19. Comptes détenus par des succursales à l'étranger. La banque, tiers saisi ayant son siège social à Paris, doit déclarer l'ensemble des sommes dues au débiteur dès lors que celles-ci sont dues par la personne morale elle-même, peu important la localisation en France ou à l'étranger des succursales, elles-mêmes constituées en sociétés distinctes. • Civ. 2e, 30 janv. 2002 : *JCP E 2003, n° 587, note Cuniberti.* – V. Delleci, *RDBF juin 2003, p. 179.* ♦ La banque, qui a seule la personnalité morale, est dépositaire des fonds détenus dans une succursale située à l'étranger et la circonstance que les fonds sont déposés dans une telle succursale est pour l'application de l'art. 43 [devenu C. pr. exéc., art. L. 211-2], sans incidence sur l'effet d'attribution au profit du créancier saisissant de la créance de somme d'argent à la restitution de laquelle est tenue la banque tiers-saisi en sa qualité de dépositaire. • Civ. 2e, 14 févr. 2008, n° 05-16.167 P : *D. 2008. AJ 686, obs. Avena-Robardet ; ibid. 2008. Chron. C. cass. 2373, obs. Sommer et Nicoletis ; ibid. Pan. 2560, obs. Bollée ; ibid. Pan. 1168, obs. Leborgne ; ibid. 2009. Pan. 1044, obs. Synvet ; JCP E 2009. 1307, note G. Huchet ; BRDA 2008, n° 6, p. 10 ; Banque et Dr. 3-4/2008. 33, obs. Stoufflet ; Banque et Dr. 122/2008, p. 36 Chron. Guillot ; Banque mai 2008. 74, obs. Guillot et Bérard ; Procédures 2008, n° 141, note Perrot ; Dr. et pr. 2008. 331, note Salati ; ibid. 233, obs. Mecarelli ; RTD civ. 2008. 357, obs. Perrot ; RTD com. 2008. 601, obs. Legeais ; Gaz. Pal. 2008. Somm. 2344, obs. Brenner ; RD. banc. fin. mai-juin 2008. 26, obs. Crédot et Samin ; ibid. 37, note Piedelièvre ; Dr. et patr. 9/2008. 99, obs. Mattout et Prüm ; JDI 2008. 1100, note Bollée ; Defrénois 2009. 2091, obs. Théry.*

II. LA CRÉANCE SAISIE

20. Créance certaine et disponible. Le juge du fond ne peut donner effet à la saisie-attribution qu'après avoir constaté qu'à la date de la saisie, la créance était certaine et disponible. • Civ. 2e, 25 mars 1998, n° 96-14.706 P. – V. aussi ss. art. L. 111-6, L. 112-1 et L. 112-2. ♦ ... Et ce n'est pas le cas de la créance constituée par le prix de vente d'un fonds de commerce qui reste indisponible jusqu'à l'expiration du délai légal d'opposition sur le prix (L. 17 mars 1909, art. 3 [C. com., art. L. 141-14]). • Civ. 2e, 16 mars 2000, n° 98-14.725 P : *D. 2000. IR 131* ; *Procédures 2000, n° 162, note Perrot ; Gaz. Pal. 9 déc. 2000, Somm., obs. Véron.* ♦ En revanche, une saisie-attribution peut porter sur une créance conditionnelle ou affectée d'un terme. • Paris, 27 avr. 2000 : *D. 2000. IR 159* (sommes dues à un auxiliaire médical en application d'une convention de tiers payant). ♦ ... Et une saisie-attribution peut être pratiquée sur une créance indisponible ; elle sera alors dépourvue de tout effet attributif. • Civ. 2e, 14 oct. 1999, n° 97-19.502 P : *Procédures 2000, n° 32, obs. Perrot ; RTD civ. 2000. 169, obs. Perrot* ; *D. 2000. 754, note Soustelle* ; *RDBF 2000, n° 25, note Delleci* • 16 mars 2000 : *Procédures 2000, n° 162, obs. Perrot ; RDBF 2000, n° 165, note Delleci.* ♦ *Adde*, jugeant que ce n'est que si la créance saisie est disponible entre les mains du tiers que l'acte de saisie emporte attribution immédiate de cette créance au profit du saisissant, même si, lorsque des oppositions au paiement du prix de vente d'un fonds de commerce ont été formées, la mesure d'exécution n'en est pas moins valide. • Lyon, 6 oct. 2015, n° 14-03351 : *Gaz. Pal. 8 mars 2016, p. 79, obs. Salati.* – O. Salvat, La saisie-attribution d'une créance de sommes d'argent indisponible, *LPA 19 avr. 2001.* ♦ S'il est exact que les art. 42 et 43 [devenus C. pr. exéc., art. L. 211-1 et L. 211-2] n'exigent pas la « disponibilité » de la créance, objet de la saisie-attribution, au jour de l'acte, puisque cette créance doit seulement exister au moins en germe (art. 13 [devenu C. pr. exéc., art. L. 112-1]), encore faut-il qu'au moment de l'acte de saisie la créance saisie présente un caractère suffisamment certain et ne soit pas purement hypothétique. • Lyon, 9 mai 2001 : *JCP 2001. II. 10628, note Laporte ; Gaz. Pal. 25-28 déc. 2002, p. 24.*

21. Créance indisponible. Une saisie-attribution peut être pratiquée sur une créance indisponible ; elle est seulement privée de son effet attributif. • Civ. 2e, 2 déc. 2021, n° 19-24.999 B.

22. Saisie-attribution sur des sommes séquestrées. La saisie-attribution régulièrement pratiquée sur des sommes séquestrées entre les mains d'un notaire qui ne retrouveront leur caractère disponible qu'à l'arrivée du terme judiciairement fixé, a pris rang à sa date mais ne pourra emporter son effet attributif que si la créance est à nouveau disponible. • TGI Paris, JEX, 20 déc. 1995 : *BICC, 1er juin 1996.*

23. Saisie-attribution d'avoirs précédemment gelés. Après avoir rappelé que la mise en œuvre de procédures civiles d'exécution sur des fonds précédemment gelés était possible à compter du 1er juill. 2011, l'art. 10 du Règl. (CE) n° 1210/2003 du Conseil du 7 juill. 2003 concernant certaines restrictions spécifiques applicables aux relations économiques et financières avec l'Iraq et abrogeant le Règl. (CE) n° 2465/1996 du Conseil qui interdisait toute procédure judiciaire et tout type de saisie, saisie-arrêt ou autre voie d'exécution sur les fonds et ressources économiques gelés conformément à son art. 4 dont ceux appartenant à une société n'étant applicable que jusqu'au 30 juin 2011, la cour d'appel a exactement retenu que la saisie-attribution ne pouvait être menée à son terme en imposant à la banque, tiers saisi, de mettre les fonds gelés à disposition du créancier saisissant, que sous réserve du respect des dispositions de l'art. 6 du même texte, desquelles il ressort que l'autorisation de déblocage des fonds ne peut être donnée, en application de son paragraphe 1, que si toutes les conditions qu'il fixe sont réunies. • Civ. 2e, 11 mai 2017, n° 15-26.658 P : *D. 2017. 1197* ; *JCP E. 2017. 1310.*

24. Notion de créances à exécution. V. notes 9 et 13 ss. art. L. 112-1.

25. Créances à exécution successive et redressement ou liquidation judiciaires. Il résulte des art. 13 et 43 de la L. n° 91-650 du 9 juill. 1991 [devenus respectivement C. pr. exéc., art. L. 112-1 et L. 211-2] et des art. 69 s. du Décr. n° 92-755 du 31 juill. 1992 [devenus C. pr. exéc., art. R. 211-14 s.] que la saisie-attribution d'une créance à exécution successive, pratiquée à l'encontre de son titulaire avant la survenance d'un jugement portant ouverture d'un redressement ou d'une liquidation judiciaires de celui-ci, poursuit ses effets sur les sommes échues en vertu de cette créance, après ledit jugement. • Cass., ch. mixte, 22 nov. 2002, n° 99-13.935 P : *BICC 15 janv. 2003, p. 15, avis Viricelle, rapp. Foulon ; R. 2002, p. 427 ; D. 2002. 445, note Larroumet* ; *ibid. 2002. AJ 3270, obs. A. Lienhard* ; *ibid. 2003. Somm. 1472, obs. Taormina* ; *RTD civ. 2003. 146, obs. Perrot* ; *Dr. et pr. 2003. 120, note Putman ; JCP 2003. II. 10033, note Houtcieff ; JCP E 2003. II. 397, note Legeais ; ibid. 760, n° 14, obs. Cabrillac ; Procédures 2003, n° 8, note Perrot ; RDBF 2003, n° 19, note Cerles, et n° 37, note Delleci ; Gaz. Pal. 14-15 mars 2003, p. 16, obs. Brenner ; LPA 13 juin 2003, p. 15, note Courtier ; ibid. 27 févr. 2004, p. 11, note M. Sénéchal ; Defrénois 2003. 1621, obs. Théry* • Com. 5 nov. 2003 : *préc. note 4.* ♦ La solution est identique en cas d'avis à tiers détenteur. • Com. 8 juill. 2003, n° 00-13.309 P : *D. 2003. AJ 2094, obs. A. Lienhard* ; *RTD civ. 2003. 708, obs. Mestre et Fages* ; *AJDI 2004. 401, note Le Corre* ; *APC 2003, n° 185, obs. Regnaut-Moutier ; RDBF 2003, n° 234, obs. Lucas ; Dr. et pr. 2004. 31, note Putman.* ♦ V. déjà, dans le même sens, • Cass., avis, 16 déc. 1994, n° 09-40.021 P : *LPA 22 févr. 1995, obs. Derrida ; D. 1995. 166, note Derrida* ; *JCP 1995. II. 22409, note Grafmeyer ; JCP E 1995. 686, note R. Martin ; Gaz. Pal. 1995. 118, note Massoni ; Defrénois 1995. I. 601, note Derrida ; Rev. huiss. 1995. 1168,* *note Ph. Théry ; RTD civ. 1995. 965, obs. Perrot* • Civ. 2e, 10 juill. 1996 : *D. 1996. 625, note P. Ancel ; JCP 1996. II. 22723, note Putman ; LPA 1er nov. 1996, note Soinne ; RTD civ. 1996. 716, obs. Perrot ; Rev. Justices 1997, n° 5, p. 340, obs. Putman*, qui rejette le pourvoi contre • Aix-en-Provence, 20 juill. 1994 : *JCP 1995. II. 22408, note Putman*. – V. aussi • Rennes, 26 mai 1995 : *JCP 1995. II. 22508, note Putman* • TGI Lyon, JEX, 2 avr. 1996 : *D. 1997. 43, note Prévault* • 23 avr. 1996 : *ibid.* ♦ La survenance d'un redressement ou d'une liquidation judiciaires ne remettant pas en cause, en raison des dispositions de l'al. 2 de ce texte, l'attribution opérée conformément à l'al. 1er en l'absence de toute distinction dans ce texte entre les créances immédiatement exigibles et les créances à exécution successive, les unes et les autres étant « disponibles » et pouvant par conséquent donner lieu à une saisie-attribution dont l'effet attributif est immédiat, le tiers saisi doit se libérer entre les mains du créancier saisissant au fur et à mesure des échéances sans que la saisie puisse être remise en cause. • Aix-en-Provence, 20 juill. 1994 : *préc.* ♦ V. jugeant également que la saisie-attribution emporte attribution immédiate des sommes saisies et que la survenance d'un jugement portant ouverture d'un redressement ou d'une liquidation judiciaires ne remet pas en cause cette attribution : • Com. 3 mai 2011, n° 10-16.155 : *Dr. et pr. 2011.* ♦ V. dans le même sens : • Civ. 2e, 8 sept. 2015, n° 14-12.984.

V. aussi note 7 ss. art. L. 112-1.

26. Étendue de la créance saisie. La saisie-attribution porte sur toutes les sommes dues par le tiers saisi au débiteur saisi. Dès lors que le tiers saisi est débiteur envers le bailleur d'un loyer toutes taxes comprises, sans être subrogé dans les obligations de celui-ci à l'égard du fisc, la saisie s'étend au montant de la TVA et de la taxe foncière sur les loyers dus. • Civ. 2e, 4 avr. 2002, n° 00-13.388 P : *RDBF 2002, n° 149, obs. J.-M. D.* ♦ Mais l'auteur d'une saisie-attribution ne peut prétendre recevoir, en plus de la créance saisie, que les accessoires exprimés en argent. Le privilège du prêteur de deniers qui garantissait la créance saisie ne lui est donc pas transmis. • Civ. 2e, 7 avr. 2011, n° 10-15.969 P : *D. 2011. Actu 1152, obs. Avena-Robardet ; ibid. chron. 2150, obs. Sommer, Leroy-Gissinger, Adida-Canac et Bouvier ; ibid. 2012. Pan. 1514, obs. Leborgne ; RTD civ. 2011. 594, obs. Perrot ; JCP 2011. 683, note (crit.) Juillet ; ibid. 770, obs. Delebecque ; ibid. E 2011. 1437, obs. Mégret ; ibid. N 2011. 1272, note Garçon ; Dr. et pr. 2011. 184, note Leborgne ; Procédures 2011, n° 263, note Perrot ; Banque et Dr. 5-6/2011, p. 50, obs. Rontchevsky ; RDBF 2011, n° 145, note Piedelièvre ; Dr. et patr. 11/2011, p. 81, obs. Crocq ; Defrénois 2012. 40396, note S. Cabrillac.* ♦ L'effet attributif immédiat au profit du créancier saisissant de la créance disponible entre les mains du tiers saisi ne joue qu'à concurrence des sommes pour lesquelles la saisie est pratiquée en principal, frais et intérêts échus majorés, le cas échéant, en application de l'art. R. 211-1, de la provision pour les seuls intérêts à échoir dans le délai d'un mois prévu pour élever une contestation, de sorte qu'une nouvelle saisie-attribution peut être mise en œuvre pour les intérêts moratoires qui ne seraient pas échus à la date de la première saisie ; l'effet attributif de la première saisie étant ainsi limité, une banque peut valablement procéder à une seconde saisie-attribution pour la partie de la créance non incluse dans la première saisie. • Civ. 2e, 28 juin 2018, n° 17-13.937 P : *D. actu. 24 juill. 2018, obs. Camensuli-Feuillard ; D. 2018. Actu. 1444 ; Gaz. Pal. 23 oct. 2018, p. 72, note Salati.*

27. Délégation imparfaite de créance. Si la créance du délégant sur le délégué s'éteint seulement par le fait de l'exécution de la délégation, ni le délégant, ni ses créanciers ne peuvent, avant la défaillance du délégué envers le délégataire, exiger le paiement ; il en résulte que la saisie-attribution effectuée entre les mains du délégué par le créancier du délégant ne peut avoir pour effet de priver le délégataire, dès son acceptation, de son droit exclusif à un paiement immédiat par le délégué, sans concours avec le créancier saisissant. • Com. 14 févr. 2006, n° 03-17.457 P : *D. 2006. 650, obs. Delpech ; ibid. 2855, obs. Crocq ; RTD civ. 2006. 319, obs. Mestre et Fages ; Dr. et pr. 2006. 228, obs. Putman ; JCP. 2006. II. 10145, note Roussille ; RDBF 2006, n° 104, obs. Cerles ; Dr. et patr., n° 152, oct. 2006, p. 95, obs. Stoffel-Munck ; Defrénois 2007. 553, obs. Théry.*

III. CONCOURS DE SAISIES

28. Concours de l'alinéa 3. Selon l'art. 43 de la L. du 9 juill. 1991 [devenu C. pr. exéc., art. L. 211-2], la spontanéité de la saisie-attribution a pour corollaire nécessaire le rang des créanciers qui est uniquement fonction de leur rapidité à intervenir et non des causes traditionnelles de préférence ; l'interprétation contraire de l'al. 3 reviendrait à rajouter aux termes de la loi qui ne fait pas référence, dans cet alinéa, aux créanciers privilégiés ; une telle interprétation aurait pour conséquence de priver la saisie-attribution de toute efficacité pour les créanciers chirographaires ; elle contredirait enfin l'intention manifeste du législateur telle qu'elle résulte des travaux préparatoires. • TGI Saint-Étienne, JEX, 16 juin 1994 : *D. 1995. 233, note Prévault ; Rev. huiss. 1995. 1171, note Théry ; Justices, 1997, n° 5, p. 335, obs. Putman.* ♦ Le concours entre créanciers saisissants, prévu à l'al. 3, doit se régler au prorata des créances respectives, sans qu'il y ait lieu de prendre en compte l'existence d'éventuels privilèges. • Cass., avis, 24 mai 1996, n° 09-60.004 P.

29. Saisies-attributions successives. La saisie-attribution d'une créance de loyers, pratiquée postérieurement à une précédente toujours en cours, est valable mais ses effets sont reportés à l'extinction de la première. En conséquence, le premier saisissant peut obtenir du second les sommes qui lui ont été payées à tort par le tiers saisi. • TGI Paris, JEX, 19 mai 2004 : *Dr. et pr. 2004. 331, note Hoonakker.*

30. Concours d'une saisie-attribution et d'une saisie-arrêt. Une saisie-attribution peut être pratiquée sur une créance rendue indisponible par l'effet de saisies-arrêts antérieures, en l'absence de cantonnement ou de transport-cession de la créance saisie-arrêtée ; elle est seulement privée de son effet attributif et les créanciers viennent en concours entre eux. • Civ. 2e, 14 oct. 1999 : *préc. note 20.* ♦ Comp., jugeant que, lorsque la saisie-attribution porte sur une créance rendue indisponible par une saisie-arrêt antérieure, validée par un jugement ayant acquis force de chose jugée, dans la mesure où la somme saisie-arrêtée est inférieure à ladite créance, le saisissant de la saisie-arrêt est en droit de percevoir la totalité des sommes dues par le tiers saisi et la saisie-attribution est privée d'effet : • TGI Lyon, 22 févr. 1994 : *BICC, 1994, no 572 ; D. 1995. 64, note Prévault.* ♦ V. aussi, jugeant que, si la saisie-arrêt n'a pas encore été validée, il convient de surseoir à statuer afin de connaître l'issue de la procédure en validité, pour savoir si les sommes détenues sont ou non disponibles. • Caen, 14 mars 1995 : *BICC, 15 nov. 1995, no 1200.*

31. Saisie-attribution et saisie conservatoire. Une saisie-attribution peut être pratiquée sur une créance rendue indisponible par l'effet d'une saisie conservatoire antérieure sous réserve du droit de préférence conféré au premier saisissant. • Civ. 2e, 28 févr. 2006, no 04-16.396 P : *RDBF 2006, no 140, note Piedelièvre.*

IV. OPPOSITION D'AUTRES CRÉANCIERS

32. Vente de fonds de commerce. Justifie légalement sa décision la cour d'appel qui, ayant justement relevé que les créanciers opposants à une saisie-attribution ne tiennent pas de la loi du 17 mars 1909 (C. com., art. L. 141-5 s.) le droit d'être payés par préférence, l'opposition, simple mesure conservatoire, ayant pour effet de rendre provisoirement indisponible la créance, retient à bon droit, sans méconnaître l'autorité de la chose jugée attachée à un jugement ayant débouté le créancier saisissant de sa demande de collocation sur le prix de vente du fonds de commerce saisi, que ledit créancier est en droit d'exercer une saisie-attribution. • Civ. 2e, 6 juill. 2000, no 98-20.286 P : *D. 2000. AJ 371, obs. Monéger-Dupuis ; RTD com. 2000. 850, obs. Derruppé ; Dr. et pr. 2001. 41, obs. Bourdillat.* – Dans le même sens, V. • TGI Dunkerque, JEX, 8 janv. 2003 : *Dr. et pr. 2003. 300, note Salati.*

33. Succession sous bénéfice d'inventaire. Fait une exacte application des articles 808, al. 1er C. civ. et 990 C. pr. civ., la cour d'appel qui décide que la saisie-attribution pratiquée sur des sommes détenues pour le compte des héritiers d'une succession n'emporte pas effet attributif au profit du créancier saisissant, dès lors que des créanciers opposants ayant, avant l'acte de saisie-attribution, manifesté leur existence auprès du notaire chargé du règlement de la succession, la créance se trouve indisponible. • Civ. 2e, 18 oct. 2001, no 00-12.369 P : *D. 2001. IR 3254 ; Procédures 2001, no 231, note Croze ; Dr. et pr. 2002. 118, note Brenner ; JCP 2002. II. 10144, note Boutitie.*

34. Cessionnaire de créance. Indépendamment de sa notification au débiteur cédé, la cession par voie de bordereau prend, selon les dispositions de l'art. L. 313-27 C. mon. fin., effet entre les parties et devient opposable aux tiers à la date portée sur le bordereau, ce dont il résulte que, dès ce jour, les créances cédées sortent du patrimoine du cédant par un acte opposable au créancier saisissant. • Com. 26 nov. 2003, no 01-03.685 P : *D. 2004. AJ 1485 ; ibid. Somm. 1485, obs. Taormina.*

Art. L. 211-3 **Le tiers saisi est tenu de déclarer au créancier l'étendue de ses obligations à l'égard du débiteur ainsi que les modalités qui pourraient les affecter et, s'il y a lieu, les cessions de créances, délégations** *(Ord. no 2021-1192 du 15 sept. 2021, art. 30-2o)* **« , nantissements » ou saisies antérieures.** – *[L. no 91-650 du 9 juill. 1991, art. 44.]* – *Sur les modalités de la déclaration du tiers saisi, V. art. R. 211-4 s.*

L'art. 30-2o entre en vigueur à une date fixée par décret et qui ne pourra être postérieure au 1er janv. 2023 (Ord. préc., art. 37-I).

BIBL. ▸ DEDESSUS-LE-MOUSTIER, *JCP 1998. I. 106 ; ibid., E, p. 361* (l'obligation de renseignement du tiers saisi dans la saisie-attribution). – GUIEN, *Gaz. Pal. 1998. 2. Doctr. 1138* (l'obligation de renseignement du tiers saisi en matière de saisie-attribution : une obligation à exécution instantanée). –SÉNÉ, Rapport de la Cour de cassation 2002, *p. 259* (responsabilité du tiers saisi).

I. TIERS SAISI

1. Société civile professionnelle. Le tiers, tenu de déclarer au créancier l'étendue de ses obligations à l'égard du débiteur saisi, est celui qui est tenu d'une obligation portant sur une somme d'argent, envers ce débiteur. • Civ. 2e, 21 oct. 2004, no 03-10.131 P : *D. 2004. IR 2974 ; RDBF 2005, no 24, note Piedelièvre ; Gaz. Pal. 13-14 avr. 2005, p. 34, obs. Brenner.* ♦ Seule la société civile professionnelle, au nom de laquelle chaque notaire associé exerce ses fonctions et qui détient les fonds de ses clients (et non les associés), peut être tenue d'une obligation de paiement. • Même arrêt.

2. *Bâtonnier.* Les dispositions de l'art. 44 de la L. n° 91-650 du 9 juill. 1991 [devenu C. pr. exéc., art. L. 211-3] (et celles des art. 43 de ladite loi [devenu C. pr. exéc., art. L. 211-2] et 59 du Décr. n° 92-755 du 31 juill. 1992 [devenu C. pr. exéc., art. R. 211-4]) s'appliquent au bâtonnier d'un ordre d'avocats, séquestre du prix de vente d'un fonds de commerce qui n'avait pas déclaré certaines oppositions et inscriptions de nantissements. • Civ. 2e, 24 juin 1998, n° 96-14.318 P : *Gaz. Pal. 16 mars 1999, Somm. ann., obs. Véron ; RG proc. 1999, 117, obs. Putman.* ♦ Le bâtonnier de l'ordre des avocats ayant été désigné comme séquestre, il a seul la qualité de tiers saisi dans la saisie-attribution et les saisies conservatoires portant sur le prix d'adjudication de l'immeuble consigné entre ses mains auxquelles avaient fait procéder les créanciers. Dès lors, la responsabilité de la CARPA ne peut être recherchée au titre des obligations pesant sur le tiers saisi. • Civ. 2e, 17 mars 2016, n° 14-16.985 : *D. actu. 30 mars 2016, obs. Avena-Robardet ; Gaz. Pal. 12 avr. 2016, p. 39, obs. Berlaud ; ibid. 7 juin 2016, p. 75, note Salati.* ♦ Comp. • Civ. 2e, 9 janv. 2003, n° 00-13.887 : *cité note 3.*

3. *CARPA.* En cas de signification d'une saisie portant sur les fonds déposés par un avocat au nom de son client, la Caisse des règlements pécuniaires des avocats (CARPA) a seule la qualité de tiers saisi pour l'application des art. 44 de la L. n° 91-650 du 9 juill. 1991 [devenu C. pr. exéc., art. L. 211-2] et 59 du Décr. n° 92-755 du 31 juill. 1992 [devenu C. pr. exéc., art. R. 211-4]. • Civ. 2e, 9 janv. 2003, n° 00-13.887 P : *R., p. 476 ; D. 2004. Somm. 1495, obs. Taormina ; D. 2004. Somm. 2825, obs. Blanchard ; Procédures 2003, n° 62, note Perrot ; Dr. et pr. 2003. 251, note Putman ; JCP 2003. I. 140, n° 9, obs. R. Martin ; JCP 2004. I. 117, n° 17, obs. R. Martin ; Gaz. Pal. 9-11 févr. 2003, p. 5 ; RDBF 2003, n° 84, note Delleci.* – V. Krebs, *Gaz. Pal. 9-13 nov. 2003, p. 23.* ♦ V. aussi note 3 ss. art. R. 211-5.

4. *Administrateur judiciaire.* Étant un tiers saisi, l'administrateur judiciaire du débiteur peut être condamné personnellement, à la demande du créancier, à payer les sommes dues à celui-ci, dès lors qu'il n'a pas rempli les obligations prévues aux art. 44 de la L. n° 91-650 du 9 juill. 1991 [devenu C. pr. exéc., art. L. 211-2] et 59 du Décr. n° 92-755 du 31 juill. 1992 [devenu C. pr. exéc., art. R. 211-4]. • Com. 1er avr. 2003, n° 99-18.063 P : *D. 2003. AJ 1093, obs. A. Lienhard ; Dr. et pr. 2003. 318, note Putman ; RDBF 2003, n° 156, note Delleci ; JCP E 2003. 1396, n° 18, obs. Pétel ; Gaz. Pal. 5-6 sept. 2003, p. 8, obs. Brenner.* – V. aussi • Caen, 28 janv. 2003 : *RDBF 2003, n° 197, note Delleci.*

5. *Mandataire.* Lorsque la saisie-attribution porte sur un compte de mandataire, la banque est le tiers juridiquement saisi, qui doit par suite l'information prévue par la loi à l'huissier instrumentaire. • Paris, 14 nov. 2002 : *RDBF 2003, n° 85, note Delleci.* ♦ Sur l'obligation pour la banque de prendre des dipositions pour faire recevoir l'huissier par une personne susceptible de lui communiquer les renseignements requis, V. • Lyon, 17 févr. 2005 : *Dr. et pr. 2006. 101, obs. Bourdillat.*

6. *Gestionnaire professionnel.* Un gestionnaire professionnel, qui n'est pas détenteur de fonds pour l'exécution de son contrat de gestion et n'est pas tenu à une obligation de restitution à l'égard du débiteur, n'a pas la qualité de tiers saisi. • Civ. 2e, 13 nov. 2014 : *Procédures 2015, n° 9, note Laporte.*

7. *Association tutélaire.* En ce sens qu'une association tutélaire n'a pas la qualité de tiers saisi dès lors qu'elle ne détient des fonds appartenant au débiteur qu'en sa qualité de tuteur gestionnaire des sommes appartenant à ce dernier, V. • Rouen, 25 févr. 2003 : *RDBF 2004, n° 36, note Delleci.*

8. *Liquidateur amiable.* Doit être déclarée régulière la saisie-attribution pratiquée ès-*qualités* entre les mains du liquidateur amiable d'une société anonyme, qui revêt à la fois la qualité de représentant du débiteur saisi et celle de tiers saisi. Le liquidateur amiable est le représentant légal de la société pour les besoins de sa liquidation et occupe ainsi la position de débiteur saisi. Mais en raison de sa qualité de liquidateur amiable, il est également détenteur de fonds pour le compte de la société, dont il doit faire un usage déterminé non pas comme le ferait le représentant légal d'une société gérant les affaires courantes de celle-ci, mais dans les conditions prévues par l'art. L. 237-1 s. C. com. et dans le cadre d'une mission particulière précisément définie, dans la seule perspective de la liquidation. Pour cette raison, il doit également être considéré comme tiers entre les mains duquel une saisie peut être poursuivie. En qualité de tiers saisi, le liquidateur amiable est ainsi tenu au respect des obligations fixées par l'art. 44 de la L. n° 91-650 du 9 juill. 1991 [devenu C. pr. exéc., art. L. 211-3] et l'art. 59 du Décr. n° 92-755 du 31 juill. 1992 [devenu C. pr. exéc., art. R. 211-4]. • Versailles, 28 oct. 2004 : *BICC 1er déc. 2006, n° 2370.* ♦ *Adde* • Civ. 2e, 10 nov. 2010, n° 09-71.609 P : *D. 2010. 2849, obs. Avena-Robardet ; ibid. Pan. 2011, obs. Leborgne ; Rev. sociétés 2010. 568, obs. A. Lienhard ; Gaz. Pal. 26-27 janv. 2011, p. 19, note Lauvergnat ; Procédures 2011, n° 10, note Perrot ; Dr. et pr. 2011. 46, note Salati ; BJS 2011. 99, note Camensuli-Feuillard ; RDBF 2011, n° 25,* note Piedelièvre.

9. *Présence d'une personne qualifiée.* Il appartient à l'établissement bancaire de prendre toutes dispositions pour faire recevoir l'huissier de justice par un employé qualifié à lui fournir sur le champ les renseignements prévus par l'art. 44 de la L. du 9 juill. 1991 [devenu C. pr.

exéc., art. L. 211-3] et de lui communiquer les pièces justificatives. • Lyon, 17 févr. 2005 : *Dr. et pr. 2006. 100, obs. Bourdillat.*

10. Comptable public. Lorsque la saisie est pratiquée entre les mains du comptable public, seul celui-ci est habilité à fournir à l'huissier de justice les renseignements prévus à l'art. L. 211-3 et à lui communiquer les pièces justificatives. • Civ. 2e, 2 juill. 2020, n° 19-14.379 P : *Rev. prat. rec. 2020. 7, obs. Cholet et Salati* (cassation de l'arrêt qui a retenu que l'ordonnateur avait satisfait à son obligation de renseignement).

II. OBLIGATION DE RENSEIGNEMENT

11. Dividendes. Les dividendes n'ont pas d'existence juridique avant la constatation de sommes distribuables par l'organe social compétent et la détermination de la part attribuée à chaque associé, de sorte qu'en l'absence d'une telle décision, une société n'était pas débitrice d'un associé et ne pouvait être condamnée aux causes de la saisie pour avoir méconnu son obligation de renseignement. • Com. 13 sept. 2017, n° 16-13.674 P : *D. actu. 26 oct. 2017, obs. Camensuli-Feuillard ; D. 2017. 2237, note Gallois-Cochet ; ibid. 2328, obs. Gauthier ; ibid. 2335, obs. Rabreau ; ibid. Pan. 1127, obs. Leborgne ; AJDI 2018. 133, obs. Maublanc ; Rev. sociétés 2018. 264, note Barbier ; RTD civ. 2017. 913, obs. Cayrol ; RTD com. 2018. 131, obs. Lecourt ; Procédures 2017, n° 262, obs. Raschel ; Dr. et pr. 2017. 233, obs. Vinckel ; Dr. fiscal 2017. act. 626, obs. Deboissy et Wicker ; ibid. 2017. 555, note Douay ; RDBF 2017, n° 256, note Piedelièvre ; Dr. sociétés 2017, n° 185, obs. Hovasse ; Gaz. Pal. 31 oct. 2017, p. 19, note Laher ; ibid. 14 nov. 2017, p. 79, obs. Salati ; ibid. 28 nov. 2017, p. 72, obs. Barrillon.* ♦ V. dans le même sens, • Civ. 2e, 11 mai 2017, n° 16-14.139 : *RTD civ. 2017. 733, obs. Cayrol .*

12. Droits d'associés et valeurs mobilières. Aucune disposition ne fait obligation au tiers saisi entre les mains duquel est pratiquée une saisie-attribution de déclarer au saisissant l'étendue des droits d'associés et des valeurs mobilières dont le débiteur est titulaire. • Civ. 2e, 1er févr. 2001, n° 99-11.151 P : *D. 2001. 678 ; Dr. et pr. 2001. 258, obs. Putman.*

13. Cessions de créances. La formule « cessions de créances » mentionnée à l'art. 44 de la L. du 9 juill. 1991 [devenu C. pr. exéc., art. L. 211-3] ne concerne pas celles prévues dans le cadre de la loi Dailly du 2 janv. 1981 (désormais codifiée), le banquier devenant, du fait desdites cessions, créancier, non seulement du débiteur, mais également du cédant. • Limoges, 9 avr. 2003 : *Dr. et pr. 2003. 326.*

14. Avis à tiers détenteur. L'obligation de renseignement incombant au tiers saisi (art. 24 et 44 [devenus respectivement C. pr. exéc., art. L. 123-1 et L. 211-3]) et les sanctions attachées à son inexécution (Décr. n° 92-755 du 31 juill. 1992, art. 60 [devenu C. pr. exéc., art. R. 211-5]) en matière de saisie-attribution sont inapplicables au tiers détenteur. • Cass., ch. mixte, 26 janv. 2007, n° 04-12.422 P : *D. 2007. AJ 451 ; ibid. 2008. Pan. 1172, obs. Leborgne ; JCP N 2007. 1198, note Rezek ; RDBF 2007, n° 75, note Piedelièvre ; RTD civ. 2007. 389, obs. Perrot .* ♦ Une cour d'appel ne peut condamner à paiement de dommages-intérêts un tiers détenteur qui fournit des informations inexactes sur l'état des sommes qu'il détient au nom du contribuable alors que les dispositions de l'art. 60 du Décr. n° 92-755 du 31 juill. 1992 [devenu C. pr. exéc., art. R. 211-5] qui prévoit que le tiers saisi peut être condamné aux causes de la saisie s'il ne fournit pas les renseignements prévus à l'art. 44 de la L. n° 91-650 du 9 juill. 1991 [devenu C. pr. exéc., art. L. 211-3] et à des dommages-intérêts en cas de négligence fautive ou de déclaration inexacte ou mensongère, ne concernent que la saisie-attribution et ne sont pas applicables à la procédure de l'avis à tiers détenteur. • Com. 6 mai 2008, n° 06-15.354 P : *D. 2008. AJ 1478 ; ibid. 2009. Pan. 1168, obs. Leborgne ; RDBF 2008, n° 142, note Piedelièvre.*

15. Administration des douanes. L'administration des douanes n'est pas fondée à obtenir du JEX la condamnation d'un tiers détenteur au paiement des causes de la dette fiscale du redevable saisi, dès lors que les avis à tiers détenteur produits aux débats ne font pas mention des art. 44 de la loi [devenu C. pr. exéc., art. L. 211-3] et 60 du décret [devenu C. pr. exéc., art. R. 211-5]. • TGI Meaux, 16 avr. 1999 : *Rev. huiss. 1999. 799, note Bourdillat.* ♦ Comp. note 3 ss. art. R. 211-5.

16. Déclaration spontanée. V. notes ss. art. R. 211-4.

17. Sanction d'une déclaration fausse ou de l'absence de déclaration. V. note 17 ss. art. R. 211-5.

18. Étendue de l'obligation du tiers saisi. V. note 1 ss. art. L. 123-1 et V. aussi note 2 ss. art. R. 523-5 (saisie conservatoire).

19. Annulation et caducité de la saisie. La caducité prive la saisie rétroactivement de tous ses effets. Cassation, pour violation des art. 42 de la L. n° 91-650 du 9 juill. 1991 [devenu C. pr. exéc., art. L. 211-1] et 58 du Décr. n° 92-755 du 31 juill. 1992 [devenu C. pr. exéc., art. R. 211-3], de l'arrêt qui condamne le tiers saisi n'ayant pas satisfait à son obligation de renseignement au paiement des causes de la saisie, alors qu'en raison de la caducité le tiers saisi ne peut être tenu rétroactivement aux obligations qui lui sont imposées par la loi et ne peut dès lors être condamné au paiement des sommes pour lesquelles la saisie a été pratiquée. • Civ. 2e, 23 nov. 2000, n° 98-22.938 P : *D. 2001. IR 182 ; RTD civ. 2001. 667, obs. Perrot ; Gaz. Pal. 19 juill. 2001, Somm.,* *v° Saisie-attribution, obs. Véron ; RDBF 2001, n° 26, note Delleci* • 3 mai 2001, n° 99-13.592 P : *D. 2001. IR 1671 ; Dr. et pr. 2001. 328, obs. Bourdillat ; RTD civ. 2001. 667, obs. Perrot* . ♦ V. également, au visa de l'art. 44 de la L. n° 91-650 du 9 juill. 1991 [devenu C. pr. exéc., art. L. 211-3] : • Civ. 2e, 21 déc. 2006, n° 04-16.511 P : *D. 2007. AJ 315, obs. Avena-Robardet ; ibid. 2008. Pan. 1172, obs. Leborgne ; Dr. et pr. 2007. 164, note Lefort ; RLDC 2007/37, n° 2508, obs. Miniato ; RDBF 2007, n° 76, note Piedelièvre ; RTD civ. 2007. 180, obs. Perrot* • 6 déc. 2007, n° 07-13.964 P : *Procédures 2008, n° 76, note Perrot ; RTD civ. 2008. 162, obs. Perrot ; Dr. et pr. 2008. 160, obs. Putman.* ♦ *Contra* : • Lyon, 14 oct. 1998 : *RG proc. 1999. 265, obs. Putman ; JCP 1999. II. 10016, note H. Croze.* ♦ Rappr. en matière de saisie conservatoire, ss. art. R. 523-5. ♦ Mais la responsabilité du tiers saisi peut être recherchée s'il a trompé sciemment le créancier saisissant par une réponse mensongère. • Lyon, 25 oct. 2000 : *BICC 2001, n° 1078.* ♦ En cas d'annulation de la saisie, V. note 15 ss. art. R. 211-5.

20. *Liquidation judiciaire.* Le défaut de dénonciation de la saisie-attribution au liquidateur du débiteur saisi, au cours du délai ouvert pour contester la saisie-attribution, n'en affecte pas la régularité à l'égard du tiers saisi. • Com. 10 juin 2008 : *Procédures 2008, n° 268, note Perrot.*

Art. L. 211-4 **Toute contestation relative à la saisie est formée dans un délai fixé par décret en Conseil d'État.** — *V. art. R. 211-11.*

En l'absence de contestation, le créancier requiert le paiement de la créance qui lui a été attribuée par l'acte de saisie.

Toutefois, le débiteur saisi qui n'aurait pas élevé de contestation dans le délai prescrit peut agir à ses frais en répétition de l'indu devant le juge du fond compétent. — *[L. n° 91-650 du 9 juill. 1991, art. 45.] — Sur les modalités de la contestation, V. art. R. 211-10 s.*

I. ALINÉA 1er

1. *Domaine du délai d'un mois.* La demande de mainlevée de saisie-attribution est une contestation de saisie qui, en application des dispositions des art. 45 de la L. n° 91-650 du 9 juill. 1991 [devenu C. pr. exéc., art. L. 211-4] et 66 du Décr. n° 92-755 du 31 juill. 1992 [devenu C. pr. exéc., art. R. 211-11], ne peut être formée sous peine d'irrecevabilité que dans le délai d'un mois à compter de la dénonciation. A l'expiration de ce délai, le créancier ne bénéficie comme recours que de l'action en répétition de l'indu, et ce, conformément aux dispositions de l'art. 45, al. 3 [devenu C. pr. exéc., art. L. 211-4, al. 3]. • TGI Montpellier, JEX, 28 nov. 1994 : *Rev. huiss. 1995. 734, note Bourdillat.* ♦ Mais l'action du saisi qui conteste le titre servant de fondement à la saisie-attribution n'est pas soumise au délai d'un mois de l'art. 45 [devenu C. pr. exéc., art. L. 211-4], mais à la procédure de l'art. L. 311-12-1 COJ [ancien, devenu L. 213-6]. • Civ. 2e, 21 janv. 1998, n° 95-20.114 P : *D. 1999. 233, note Bourdillat ; RTD civ. 1998. 484, obs. Perrot*. ♦ Le délai d'un mois n'est pas opposable au créancier saisissant qui exerce un recours en garantie (ou en responsabilité civile) contre le tiers saisi. • Civ. 2e, 26 nov. 1998 : *Procédures 1999, n° 92, obs. Perrot ; Gaz. Pal. 1er-2 sept. 1999, p. 17, note Véron* • 5 juill. 2000, n° 97-22.512 P : *D. 2001. 714, chron. Perrot et Théry* • 22 mars 2001 : *Dr. et pr. 2001-4, 255, obs. Putman.*

2. *Dénonciation de la contestation à l'huissier instrumentaire.* La contestation d'une saisie-attribution par le débiteur saisi est irrecevable, dès lors que celui-ci ne prouve pas l'avoir dénoncée à l'huissier de justice qui a pratiqué la saisie. • TGI Bobigny, 24 juin 1997 : *BICC, 15 janv. 1998, n° 79.*

3. *Absence de contestation de la saisie et action en répétition de l'indu.* L'absence de contestation de la saisie-attribution devant le juge de l'exécution n'interdit pas au débiteur d'agir en répétition de l'indu devant le juge de droit commun saisi en référé. • Civ. 2e, 30 janv. 2020, n° 18-18.922 P : *D. actu. 24 févr. 2020, note M.-P. Mourre-Schreiber.*

II. ALINÉA 3

4. Le JEX connaît des contestations qui s'élèvent à l'occasion de l'exécution forcée, y compris celles tendant à une répétition de l'indu (décision rendue au visa des art. L. 311-12-1 COJ [devenu COJ, art. L. 213-6] et 45 de la L. n° 91-650 du 9 juill. 1991 [devenu C. pr. exéc., art. L. 211-4]). • Civ. 2e, 19 déc. 2002, n° 00-20.774 P : *D. 2003. IR 180 ; RTD civ. 2003. 356, obs. Perrot ; Dr. et pr. 2003. 179, note Hoonakker.* ♦ Comp., estimant que la compétence du juge du fond prévue à l'al. 3 exclut celle du JEX. • Cass., avis, 11 mars 1994, n° 09-40.001 P : *D. 1994. IR 97* • TGI Paris, JEX, 30 avr. 2003 : *BICC 2003, n° 1111.*

5. *Recevabilité de la demande.* L'acte de non-contestation prévu par l'art. 61 du Décr. n° 92-755 du 31 juill. 1992 [devenu C. pr. exéc., art. R. 211-6] ne rend pas irrecevable la demande fondée sur l'al. 3 de l'art. 45 de la loi de 1991 [devenu C. pr. exéc., art. L. 211-4]. • Cass., avis, 11 mars 1994 : préc. note 4. ♦ L'absence de contestation de la mesure d'exécution forcée n'interdit pas au débiteur saisi d'agir en répétition de l'indu, devant le juge de droit commun, statuant en référé, sur le fondement du dernier alinéa de l'art. L. 211-4. • Civ. 2e, 30 janv. 2020, n° 18-18.922 P.

6. Objet de la demande. Un tiers saisi, qui s'est cru débiteur du débiteur saisi et a payé les sommes dues au titre de la saisie-attribution pratiquée entre ses mains, peut, après avoir été condamné à repayer les mêmes sommes au véritable créancier, en obtenir la restitution du créancier saisissant. • TGI Paris, JEX, 19 mai 2004 : *Dr. et pr. 2004. 334, note Hoonakker.*

Art. L. 211-5 En cas de contestation, le paiement est différé sauf si le juge autorise le paiement pour la somme qu'il détermine. – *[L. n° 91-650 du 9 juill. 1991, art. 46.] – V. art. R. 211-12.*

CHAPITRE II LA SAISIE ET LA CESSION DES RÉMUNÉRATIONS

V. Bibl., ***C. pr. exéc.****, App., v° Saisie et cession des rémunérations.*

SECTION PREMIÈRE DISPOSITIONS GÉNÉRALES

Art. L. 212-1 La saisie et la cession des rémunérations sont régies par les articles L. 3252-1 à L. 3252-13 du code du travail. – *[C. trav., art. L. 3252-1, L. 3252-2, L. 3252-3, L. 3252-4, L. 3252-5, L. 3252-6, L. 3252-7, L. 3252-8, L. 3252-9, L. 3252-10, L. 3252-11, L. 3252-12, L. 3252-13.] – V.* ***C. trav.****, art. L. 3252-1 s.*

SECTION II DISPOSITIONS PARTICULIÈRES À LA SAISIE SUR LES RÉMUNÉRATIONS DES AGENTS PUBLICS

Art. L. 212-2 Les dispositions des articles mentionnés à l'article L. 212-1 relatives à la saisie et à la cession des rémunérations sont applicables aux salaires et traitements des fonctionnaires civils et aux soldes des officiers ou assimilés, sous-officiers, militaires ou assimilés de l'armée de terre, de la marine et de l'*(Ord. n° 2021-860 du 30 juin 2021)* **« armée de l'air et de l'espace » en activité, quelle que soit leur position statutaire, ainsi qu'aux soldes des officiers généraux du cadre de réserve.**

Pour ces militaires, les accessoires de solde dont il n'est pas tenu compte pour le calcul de la retenue sont fixés par décret. – *[L. du 24 août 1930, art. 1er.] – V. art. R. 212-2 s.*

Art. L. 212-3 L'article L. 212-2 n'est pas applicable aux primes accordées aux militaires en vertu des lois sur le recrutement. – *[L. du 24 août 1930, art. 7, al. 1er, phrase 1.]*

CHAPITRE III LA PROCÉDURE DE PAIEMENT DIRECT DES PENSIONS ALIMENTAIRES

DALLOZ ACTION *Droit et pratique des voies d'exécution 2022/2023*, nos 0950.00 s., par R. Lauba.

RÉP. PR. CIV. v° *Aliments*, par A. Gouttenoire.

BIBL. ▸ Recouvrement des pensions alimentaires : Abbou, *AJ fam. 2006. 103* (pratique des voies d'exécution en matière familiale). – Boigeol, Le recouvrement des pensions alimentaires en France, *Famille, État et Sécurité économique d'existence*, 1986, (ss. dir. Meulders-Klein). – Eudier, *LPA 24 juin 2010, p. 41* (recouvrement forcé des créances d'aliments). – Gouttenoire, *AJ fam. 2006. 60* (le recouvrement spécifique des pensions alimentaires). – E. Guinchard, *AJ fam. 2006. 92* (droit international privé de l'exécution). – Menut, *Dr. et pr., nov. 2010, suppl. p. 30* (le recouvrement des créances alimentaires en France) ; Le recouvrement des créances alimentaires – Règles et pratiques en France, en Europe et dans le monde, *EJT 2011*. – Payan, Le recouvrement des créances, Les contentieux familiaux, *LGDJ 2016* (ss. dir. Barrière-Brousse et Douchy-Oudot).

▸ Paiement direct des pensions alimentaires (L. n° 73-5 du 2 janv. 1973) : Gebler, *D. 1973. Chron. 107*. – Lescaillon, *Rev. huissiers 1985. 354*. – Massip, *Defrénois 1976. 344*. – Massip et Barraidon, *Defrénois 1973. 545*. – Soulard, *Rev. huiss. 1973. 291*. – Viatte, *Rec. gén. lois 1973. 425*. – Bilan après trente ans : Deis-Beauquesne, *AJ fam. 2003. 18*.

Sur la procédure de paiement direct des pensions alimentaires, V. art. R. 213-1 s.

Sur les recouvrements publics des pensions alimentaires, V. ***C. pr. exéc.****, App., v° Recouvrement des pensions alimentaires, II, Recouvrements publics.*

Sur la reconnaissance et l'exécution des décisions et la coopération en matière d'obligation alimentaire dans le cadre de l'Union européenne, V. Règl. CE n° 4/2009 du 18 déc. 2008, ***C. pr. exéc.****, App., v° Recouvrement des pensions alimentaires, III, Droit européen et international, A, Droit européen.*

Art. L. 213-1 Tout créancier d'une pension alimentaire peut se faire payer directement le montant de cette pension par les tiers débiteurs de sommes liquides et exigibles envers le débiteur de la pension. Il peut notamment exercer ce droit entre les mains de tout débiteur de sommes dues à titre de rémunération, ainsi que de tout dépositaire de fonds.

La demande en paiement direct est recevable dès qu'une échéance d'une pension alimentaire *(L. n° 2016-1547 du 18 nov. 2016, art. 50-II-2°, en vigueur le 1er janv. 2017)* « n'a pas été payée à son terme et qu'elle a été fixée par :

« 1° Une décision judiciaire devenue exécutoire ; »

(L. n° 2019-1446 du 24 déc. 2019, art. 72-IV-3°-a et b) « 1° *bis* Une convention homologuée par le juge ;

« 2° Un accord par lequel les époux consentent mutuellement à leur divorce ou à leur séparation de corps par acte sous signature privée contresigné par avocats, déposé au rang des minutes d'un notaire selon les modalités prévues à l'article 229-1 du code civil ; »

3° Un acte reçu en la forme authentique par un notaire ;

(L. n° 2019-1446 du 24 déc. 2019, art. 72-IV-3°-c) « 4° Une convention rendue exécutoire dans les conditions prévues à l'article L. 582-2 du code de la sécurité sociale ; »

(L. n° 2021-1754 du 23 déc. 2021, art. 100-VIII) « 5° Une transaction ou un acte constatant un accord issu d'une médiation, d'une conciliation ou d'une procédure participative, lorsqu'ils sont contresignés par les avocats de chacune des parties et revêtus de la formule exécutoire par le greffe de la juridiction compétente en application du 7° de l'article L. 111-3. »

Cette procédure est applicable au recouvrement de la contribution aux charges du mariage prévues par l'article 214 du code civil. Elle l'est aussi au recouvrement de la rente prévue par l'article 276 et des subsides prévus par l'article 342 du même code. — *[L. n° 73-5 du 2 janv. 1973, art. 1er.]*

L'art. 72-IV de la L. n° 2019-1446 du 24 déc. 2019 est applicable à Wallis-et-Futuna (L. préc., art. 72-IX-4°).

Lorsqu'un compte alimenté par des rémunérations du travail fait l'objet d'une procédure de paiement direct, V. art. R. 213-10.

Sur le paiement des créances alimentaires, antérieures ou postérieures au jugement d'ouverture d'une procédure collective, V. C. com., art. L. 622-7 et L. 622-24, applicables à la sauvegarde ainsi qu'au redressement judiciaire par renvoi de l'art. L. 631-14, al. 1er, et à la liquidation judiciaire par renvoi de l'art. L. 641-3, al. 1er et 4. — ***C. com.***

FORM. PR. CIV. *Demande de paiement direct de pension alimentaire ; Dénonciation de demande de paiement direct au débiteur.*

BIBL. ▸ L. n° 2011-525 du 17 mai 2011 : LEBORGNE, *D. 2012. Pan. 1512*.

1. Défaut de paiement à terme. Un défaut de paiement même partiel ou un léger retard suffit à justifier l'engagement de la procédure. • Civ. 2e, 10 févr. 1988, n° 86-17.742 P. ♦ ... Mais la simple éventualité d'un non-paiement ne permet pas d'accueillir une telle demande. • TI Melle, 1er oct. 1974 : *JCP 1975. IV. 6521, obs. J. A.* • TGI Nanterre, 22 janv. 1975 : *ibid.*

2. Dette indexée. La disposition de l'al. 2 de l'art. 1er de la loi de 1973 [devenu C. pr. exéc., art. L. 213-1, dans sa rédaction antérieure à la L. n° 2016-1547 du 18 nov. 2016] s'applique lorsque la dette étant indexée, le débiteur n'a pas *lui-même procédé au réajustement* du montant de la pension. • Paris, 23 mai 1980 : *D. 1980. 322, note Massip ; RTD civ. 1981. 910, obs. Perrot* • Civ. 2e, 5 juin 1985 : *D. 1986. IR 113, obs. Bénabent.* ♦ ... Mais à condition que le retard dans le paiement soit imputable à la seule carence du débiteur et non à des circonstances tout à fait indépendantes de sa volonté. • Versailles, 14 juin 1983 : *D. 1984. IR 99 ; RTD civ. 1984. 372, obs. Perrot* • TI Cherbourg, 21 févr. 1977 : *Gaz. Pal. 1977. Somm. 198.*

3. Titres autorisant le paiement direct. Contrat judiciaire (non). Le « contrat judiciaire » unissant les parties n'entre pas dans les prévisions de l'art. 1er de la L. n° 73-5 du 2 janv. 1973 [devenu C. pr. exéc., art. L. 213-1] dès lors que la fixation de la pension alimentaire ne résulte pas d'une décision du juge. • Civ. 2e, 7 mars 2002, n° 00-11.228 P : *RTD civ. 2002. 567, obs. Perrot ; Procédures 2002, n° 159, note crit. Perrot ; LPA* 8 janv. 2003, p. 15, note Chabot.

4. Mainlevée. Dans le cas où une épouse ayant signifié à son mari un jugement condamnant celui-ci au paiement d'une contribution aux charges du mariage, a engagé, quatre jours plus tard, une procédure de paiement direct, encourt la cassation l'arrêt qui donne mainlevée de cette mesure au motif qu'il n'y avait pas eu de mise en demeure et que le mari disposait d'un délai de dix jours pour s'acquitter de l'échéance, alors que le jugement était provisoirement exécutoire de plein droit en vertu de l'art. 1284 NCPC [devenu C. pr. civ]., et que la notification de ce jugement au conjoint et à un tiers débiteur valait demande de paiement direct rendant exigibles les termes échus. • Civ. 2e, 14 janv. 1987 : *JCP 1987. IV. 91.* ♦ Il n'est pas nécessaire que l'épouse ayant engagé une procédure de paiement direct ait adressé à son mari une sommation de payer avant d'engager des mesures d'exécution forcée. • Civ. 2e, 24 févr. 2005, nº 02-18.173 P : *D. 2005. IR 793 ; Procédures 2005, nº 132 ; Dr. fam. 2005, nº 74, obs. Larribau-Terneyre.* ♦ ... Et l'épouse n'a pas à rapporter la preuve du bien-fondé de ces procédures, puisqu'il appartient au mari d'établir la preuve du paiement. • Même arrêt.

5. Articulation avec d'autres procédures. Sur une combinaison de ce texte avec l'art. L. 56 C. pens. retr. • CE 23 déc. 1976 : *JCP 1977. II. 18660, note Lindon ; RTD civ. 1977. 635, obs. Perrot.*

6. Conflit avec d'autres modes d'appréhension. Sur un conflit avec d'autres modes d'appréhension des créanciers. • Civ. 2e, 24 juin 1987 : *D. 1988. 357, note P. Ancel et Rondeau-Rivier.*

7. Frais de l'huissier de justice. L'employeur ou le tiers détenteur de fonds pour le compte du débiteur d'aliments dans le cadre d'une procédure de paiement direct de pension alimentaire ne peut se retrancher derrière l'antériorité d'un avis à tiers détenteur du Trésor public pour refuser le paiement des frais de l'huissier de justice. • TGI Saint-Étienne, 17 mars 2008 : *Dr. et pr. 2008. 281, note Grimand.*

Art. L. 213-2 La demande vaut, sans autre procédure et par préférence à tous autres créanciers, attribution au bénéficiaire des sommes qui en font l'objet au fur et à mesure qu'elles deviennent exigibles.

Le tiers est tenu de verser directement ces sommes au bénéficiaire selon les échéances fixées par le jugement. — *[L. nº 73-5 du 2 janv. 1973, art. 2.]*

1. Refus du tiers. Le moyen tiré de la combinaison de cet art. 2 [devenu C. pr. exéc., art. L. 213-2] et de l'art. 4-1 du Décr. nº 73-216 du 1er mars 1973 [devenus respectivement C. pr. exéc., art. R. 213-2 et R. 213-5], d'où il résulterait que le refus du tiers débiteur de remettre au créancier les sommes qu'il détient ne pourrait faire l'objet que d'une amende, n'est pas fondée. • Civ. 2e, 24 oct. 1984, nº 83-12.553 P : *Gaz. Pal. 1985. Pan. 65, obs. Guinchard ; RTD civ. 1985. 624, obs. Perrot.*

2. Action du bénéficiaire. Par suite de l'application de ce texte, le bénéficiaire est recevable dans son action tendant à obtenir du tiers l'exécution de l'obligation de lui verser les sommes directement, selon les échéances fixées par le jugement. • Civ. 2e, 24 oct. 1984 : *préc. note 1.*

3. Pluralité de débiteurs. L'exécution de son obligation par un tiers débiteur ne libère pas les autres tiers débiteurs de leurs propres obligations, sauf le recours du débiteur contre le créancier qui aurait trop perçu. • Civ. 2e, 24 oct. 1984 : *préc. note 1.*

4. Obligations du tiers. Le tiers devient par le seul effet de la notification directement et personnellement obligé au règlement des sommes réclamées et n'est pas en droit, pour se soustraire à ses obligations, d'invoquer un paiement qui aurait été fait par le débiteur au créancier d'aliments car il n'a pas à s'immiscer dans les rapports du créancier et du débiteur. • Paris, 23 oct. 1980 : *Gaz. Pal. 1981. 624, note J.M. ; Journ. not. 1980. 1235 ; Defrénois 1981. 1234, obs. Massip* • Civ. 2e, 24 oct. 1984 : *préc. note 1* • Civ. 1re, 24 oct. 2000 : *Gaz. Pal. 24 mai 2001, Somm., Droit de la famille, vº Aliments, obs. Massip.* ♦ Selon l'art. 2 de la L. du 2 janv. 1973 [devenu C. pr. exéc., art. L. 213-2], dès la notification de la demande de paiement direct, le tiers est tenu de verser au bénéficiaire les pensions alimentaires exigibles ; pour se soustraire à cette obligation, il ne saurait invoquer un paiement du débiteur originaire. • Crim. 28 juin 2000, nº 99-84.364 P.

5. Domaine d'application du droit de préférence. Le droit de préférence reconnu au créancier alimentaire ne s'applique à la fraction saisissable du salaire qu'en cas de demande de paiement direct. • Civ. 2e, 28 sept. 2000 : *Gaz. Pal. 19 juill. 2001, Somm., Voies d'exécution, vº Aliments, obs. Véron.*

6. Mainlevée. Le jugement ayant constaté que le créancier d'aliments avait notifié au tiers saisi la mainlevée de sa demande de paiement direct, le moyen tiré de la violation des art. L. 145-7 [devenu L. 3252-8] C. trav. et 2 de la L. nº 73-5 du 2 janv. 1973 [devenu C. pr. exéc., art. L. 213-2] est inopérant. • Civ. 2e, 28 sept. 2000 : *préc. note 5.*

7. Indemnités journalières de sécurité sociale. Une CPAM ayant enregistré un arrêt de travail lors de l'accusé réception de la procédure de paiement direct, détient, dès l'expiration du délai de carence de trois jours, des indemnités journalières exigibles, et la décision unilatérale de la CPAM de rendre ces indemnités liquides un mois plus tard est inopposable à la créancière d'aliments dès lors que la CPAM était tenue en tant que tiers de verser directement à la créancière les sommes allouées selon les échéances fixées par l'ordonnance, mensuellement et d'avance. • Civ. 1re, 28 juin 2005, n° 01-17.730 P : *D. 2005. IR 2102*.

Art. L. 213-3 **Sauf convention contraire, les sommes payées au créancier de la pension alimentaire sont versées à son domicile ou à sa résidence.** — *[L. n° 73-5 du 2 janv. 1973, art. 4, phrase 1.]*

Art. L. 213-4 **La procédure de paiement direct est applicable aux termes à échoir de la pension alimentaire.**

Elle l'est aussi aux termes échus pour les six derniers mois avant la notification de la demande de paiement direct.

Le règlement de ces sommes est fait par fractions égales sur une période de douze mois. — *[L. n° 73-5 du 2 janv. 1973, art. 5.]*

(L. n° 2019-1446 du 24 déc. 2019, art. 72-IV-4°) **« Par dérogation aux deuxième et troisième alinéas, lorsqu'un organisme débiteur de prestations familiales agit pour le compte d'un créancier d'aliments, la procédure de paiement direct est applicable aux termes échus de la pension alimentaire dans la limite des vingt-quatre derniers mois avant la notification de la demande de paiement direct. Dans ce cas, le règlement de ces sommes s'effectue sur une période maximale de vingt-quatre mois dans des conditions définies par décret en conseil d'État. »**

L'art. 44 de la L. n° 2015-1702 du 21 déc. 2015 est applicable à Saint-Barthélemy et à Saint-Martin (L. préc., art. 44-IV).

L'art. 72-IV de la L. n° 2019-1446 du 24 déc. 2019 est applicable à Wallis-et-Futuna (L. préc., art. 72-IX-4°).

BIBL. ▶ **Dispositif expérimental de renforcement des garanties contre les impayés de pensions alimentaires :** BARDOUT, *AJ fam. 2016. 38* (premier bilan). – DOUCHY-OUDOT, *Procédures 2014. Focus 48*. – FRICERO, *Procédures 2014. Focus 51* (l'égalité réelle entre les femmes et les hommes : des progrès avec le renforcement des garanties contre les pensions alimentaires impayées). – TRAVADE-LANNOY, *JCP 2014. 935* (pensions alimentaires impayées : le point sur le dispositif expérimental mis en place par la loi du 4 août 2014).

1. Saisissabilité de la rémunération. Il résulte de la combinaison de ce texte et de l'art. L. 145-2 [devenu L. 3252-2 et L. 3252-3] C. trav. que si seule la portion saisissable de la rémunération du débiteur peut être retenue pour sûreté des termes arriérés de la pension alimentaire, c'est sur la portion insaisissable de cette rémunération que doit être prélevé, le cas échéant, le terme mensuel courant et, dans la procédure de paiement direct, les termes échus des six derniers mois précédant la notification de la demande de paiement direct, lorsque leur règlement s'effectue par fractions égales sur une période de douze mois. • Civ. 2e, 24 oct. 1984 : *cité note 1 ss. art. L. 213-2.*

2. Objet du recouvrement. La demande de paiement direct ne peut produire effet que pour le recouvrement des termes à échoir de la pension alimentaire et, le cas échéant, des termes échus pour les seuls six derniers mois avant la notification de cette demande. • Civ. 2e, 22 oct. 2009 : *cité note 11 ss. C. pr. civ., art. 525-1, App., v° Exécution des jugements.* ♦ V. dans le même sens : • Civ. 2e, 28 janv. 2016, n° 14-27.135.

Art. L. 213-5 **La demande de paiement direct est faite par l'intermédiaire d'un huissier de justice.**

Lorsqu'une administration publique est subrogée dans les droits d'un créancier d'aliments, elle peut elle-même former la demande de paiement direct et se prévaloir des dispositions des articles L. 152-1 et L. 152-2.

Lorsqu'un organisme débiteur de prestations familiales agit pour le compte d'un créancier d'aliments, il peut lui-même former la demande de paiement direct. — *[L. n° 73-5 du 2 janv. 1973, art. 6.]*

Sur la recherche d'informations par l'huissier de justice, V. art. L. 152-1 s. — V. aussi LPF, *art. L. 111 in* ***C. pr. exéc.***

Art. L. 213-6 **Les conditions d'application du présent chapitre sont fixées par décret en Conseil d'État.** — *[L. n° 73-5 du 2 janv. 1973, art. 8.] — V. art. R. 213-1 s.*

TITRE DEUXIÈME LA SAISIE DES BIENS CORPORELS

CHAPITRE PREMIER LA SAISIE-VENTE

RÉP. PR. CIV. v° *Saisie-vente*, par FRICERO.

DALLOZ ACTION *Droit et pratique des voies d'exécution 2022/2023*, n°s 0710.00 s., par R. LAUBA.

BIBL. ▸ MÉLÈ, Le droit en tableaux, *Delmas 2009, p. 236 s.* – MONACHON-DUCHÈNE, *JCP 1997. I. 4044* (les limites de la saisie-vente).

V. art. R. 221-1 s.

SECTION PREMIÈRE DISPOSITIONS GÉNÉRALES

Art. L. 221-1 Tout créancier muni d'un titre exécutoire constatant une créance liquide et exigible peut, après signification d'un commandement, faire procéder à la saisie et à la vente des biens meubles corporels appartenant à son débiteur, qu'ils soient ou non détenus par ce dernier. — *Sur le contenu du commandement de payer, V. art. R. 221-1.*

Tout créancier remplissant les mêmes conditions peut se joindre aux opérations de saisie par voie d'opposition.

Lorsque la saisie porte sur des biens qui sont détenus par un tiers et dans les locaux d'habitation de ce dernier, elle est autorisée par le juge de l'exécution. — *[L. n° 91-650 du 9 juill. 1991, art. 50.]*

1. Actualité exécutoire du titre. Il incombe à l'huissier de justice, garant de la légalité des poursuites, de vérifier que le titre en vertu duquel il pratique la saisie-vente aux risques du créancier mandant reste exécutoire au jour de l'acte de saisie. • Civ. 2e, 28 sept. 2016, n° 14-29.776 P : *D. actu. 27 oct. 2016, obs. Avena-Robardet ; D. 2016. 2005 ; ibid. 2017. 1388, obs. Leborgne ; Procédures 2016, n° 325, obs. Raschel ; JCP 2016. 1097, veille, obs. Dorol ; Gaz. Pal. 11 oct. 2016, p. 35, obs. Berlaud.*

2. Créance liquide et exigible. Si le créancier qui engage une procédure de saisie-vente doit, en vertu de l'art. 50 [devenu C. pr. exéc., art. L. 221-1], justifier d'un titre qui constate l'existence d'une créance liquide et exigible à l'encontre du débiteur, il n'est pas nécessaire que le titre condamne le débiteur au paiement d'une somme d'argent. Dès lors, le jugement correctionnel par lequel la société est déclarée civilement responsable des agissements de son préposé, lui-même condamné à payer des dommages-intérêts à la partie civile, constitue un titre exécutoire au regard de l'art. 50. • Colmar, *10 nov. 2008, n° 08/1073 : BICC 1er mai 2010, n° 656.* V. aussi : • Dijon, 18 janv. 1994 : *préc. note 4 ss. art. L. 111-6.*

3. Saisie-vente sur ordonnance de référé. V. : • Civ. 2e, 28 janv. 1998, n° 96-10.110 P : *RG proc. 1998. 519, obs. Putman.*

4. Effets du commandement. Un commandement fait pour une somme supérieure au montant réel de la dette demeure valable à concurrence de ce montant. • Civ. 3e, 6 mai 1998, n° 96-14.339 P : *JCP 1998. II. 10180, note du Rusquec ; D. 1999. 172, note Ruellan et Lauba .* ♦ Le commandement aux fins de saisie-vente qui, sans être un acte d'exécution forcée, engage la mesure d'exécution forcée, interrompt la prescription de la créance qu'elle tend à recouvrer. • Civ. 2e, 13 mai 2015, n° 14-16.025 P : *D. 2015. Actu. 1109 ; ibid. Chron. C. cass. 1791, obs. Adida-Cagnac, Vasseur et de Leiris ; CCC 2015, n° 194, note Leveneur ; Gaz. Pal. 5 sept. 2015, p. 15, note Cacioppo ; ibid. 22 sept. 2015, p. 36, note Lauvergnat ; LPA 2 oct. 2015, p. 8, note Vinckel ; RDBF 2015, n° 134, note Piedlievre ; Dr. et pr. 2015. 104, note Salati ; Dr. et patr. 11/2015, p. 77, obs. Lefort.* ♦ Dans le même sens, à l'égard de la caution hypothécaire, • Civ. 2e, 1er juin 2017, n° 16-17.589 : *AJDI 2017. 611 ; Procédures 2017, n° 183, obs. Raschel ; RDBF 2017, n° 214, note Piedelièvre.* ♦ V. aussi note 2 ss. art. L. 122-1, sur la portée du commandement de payer s'agissant du caractère exclusif de la compétence de l'huissier de justice.

5. Effets de la signification du commandement. La signification du commandement aux fins de saisie-vente engage la procédure d'exécution ; la compétence du JEX doit être retenue, la délivrance de ce commandement ne constitue pas un acte préparatoire à la procédure de saisie, mais une mesure d'exécution forcée. • Civ. 2e, 16 déc. 1998, n° 96-18.255 P : *D. 1999. Somm. 221, obs. (crit.) Julien ; RG proc. 1999. 260, obs. Putman* • 3 juin 1999, n° 97-14.889 P : *D. 1999. IR 180 .* ♦ V. aussi jugeant que n'est pas volontaire le paiement effectué à la suite de la délivrance d'un commandement de saisie-vente et que dès lors ce paiement ne peut priver le débiteur du droit de contester l'absence de signification de la décision servant de fondement à la saisie-vente • Civ. 2e, 9 sept. 2010, n° 09-13.525 P : *D. 2011. Pan. 1509, obs. Leborgne ; RDBF 2010, n° 226, note*

Piedelièvre ; Dr. et pr. 2010. 330, note Lefort.

6. Effets d'une cassation. Sur la nullité d'une saisie-vente pratiquée sur le seul fondement d'un arrêt cassé, V. • Civ. 2e, 11 juill. 2002, n° 01-00.269 P : *D. 2002. IR 2378 ; Dr. et pr. 2002. 366, note Douchy.* ♦ Et jugeant que lorsqu'un titre exécutoire sur lequel est fondé un commandement à fin de saisie-vente est annulé partiellement, le commandement demeure valable à concurrence du montant de la créance correspondant à la partie du titre non annulée : • Civ. 2e, 27 févr. 2020, n° 18-25.382 P.

7. Contestation du commandement. Compétence. Il résulte de la combinaison des art. L. 213-6 COJ, ensemble l'art. L. 221-1 C. pr. exéc. que, si le commandement à fin de saisie-vente ne constitue pas un acte d'exécution forcée, il engage la mesure d'exécution et que toute contestation portant sur les effets de sa délivrance relève des attributions du juge de l'exécution. Viole ces dispositions l'arrêt d'appel qui, pour déclarer irrecevable la demande en restitution formée par la société, retient que c'est de sa propre initiative et sans qu'elle n'y soit tenue légalement, qu'elle a réglé les causes du commandement et qu'elle a en outre payé des sommes supplémentaires, non visées à cet acte. Elle en conclut que ces sommes n'ont fait l'objet d'aucune mesure d'exécution forcée et que leur restitution éventuelle échappe à la compétence du juge de l'exécution, alors qu'un commandement de saisie-vente constitue une injonction adressée au débiteur de payer, faute de quoi ses biens meubles pourront être saisis, de sorte que, si le paiement fait par celui-ci après réception de ce commandement n'est pas effectué en exécution d'un acte d'exécution forcée, il l'est à l'occasion de l'engagement d'une procédure d'exécution forcée, ce qui confère au juge de l'exécution compétence pour ordonner toute restitution des sommes versées à la suite de la délivrance de ce commandement, la cour d'appel a donc violé les textes susvisés. • Civ. 2e, 27 févr. 2020, n° 18-25.382 P : *préc. note 6.*

Art. L. 221-2 La saisie-vente dans un local servant à l'habitation du débiteur, lorsqu'elle tend au recouvrement d'une créance autre qu'alimentaire, inférieure à un montant fixé par voie réglementaire, ne peut être pratiquée, sauf autorisation du juge, que si ce recouvrement n'est pas possible par voie de saisie d'un compte de dépôt ou des rémunérations du travail. — *[L. n° 91-650 du 9 juill. 1991, art. 51, al. 1er, sauf JEX.] — V. art. R. 221-2.*

BIBL. ► Daigre, *Rev. huiss. 1992. 1041* (à propos de l'exception de subsidiarité de la saisie-vente). – Daigre et Martin, *D. 1996. Chron. 238* (la lettre tue et l'esprit vivifie). – Bourdillat, *Gaz. Pal. 1996. 2. Doctr. 900* (la subsidiarité de certaines saisies-ventes : quand la loi est inique...). – Desdevises, *D. 1993. Chron. 160* (l'incidence du silence du débiteur sur la subsidiarité de certaines saisies-ventes). – Farget et D.-R. Martin, *JCP 1993. I. 3711* (subsidiarité de la saisie-vente et carence du débiteur saisi). – Lauvergnat, *Dr. et pr. 2010. 223* (la subsidiarité de la saisie-vente : chronique d'un principe anachronique). – Perrot et Théry, *D. 1996. Chron. 169* (la subsidiarité de la saisie-vente). – Przemyski-Zajac et Przemyski, *Rev. huiss. 1996. 897.*

1. Manque de diligence de l'huissier de justice. Doit être annulée la saisie-vente lorsque l'huissier de justice ne justifie d'aucune recherche, même sommaire, de nature à identifier le compte de dépôt du débiteur et ce, d'autant plus, qu'il n'est pas contesté que ce dernier a pour habitude de régler ses factures par virement bancaire impliquant par là même l'existence d'un compte de dépôt (le montant de la créance principale était de 200 €). • TGI Troyes, JEX, 20 oct. 2004 : *Dr. et pr. 2005. 101, obs. Leborgne.*

2. Silence du débiteur. Le silence du débiteur ne rend pas possible de ce seul fait la saisie-vente. Il permet à l'huissier de s'adresser immédiatement et sans autre formalité au procureur de la République en vue d'obtenir l'identification de l'employeur ou des comptes de dépôt du débiteur. • *Cass., avis, 8 déc. 1995,* n° 09-50.013 P : *D. 1997. 130, note Ruellan et Lauba ; Procédures 1996, n° 9, obs. Perrot ; Rev. huiss. 1996. 257, note Daigre ; RTD civ. 1996. 482, obs. Perrot ; Justices 1997, n° 5, p. 332, obs. Putman.* ♦ En conséquence, le défaut de réponse du débiteur saisi à l'huissier saisissant ne suffit pas à lui seul à caractériser l'impossibilité de mise en œuvre d'une autre procédure d'exécution, et la saisie-vente pratiquée sans saisine préalable du procureur de la République et sans l'autorisation du JEX doit être annulée. • Rennes, 2 juin 1995 : *BICC, 1er févr. 1995, n° 129* • 30 juin 1995 : *Rev. jur. Ouest 1995. 3. 413.* ♦ *Contra :* • Angers, 11 juill. 1995 : *Rev. huiss. 1996. 610, note Daigre.*

3. Articulation avec une saisie-attribution. Dès lors que les soldes créditeurs des comptes détenus par le tiers saisi dans le cadre d'une saisie-attribution suffisent largement à régler les causes de la saisie, le commandement délivré au débiteur aux fins de saisie-vente est inutile et, en tout état de cause, prématuré ; en conséquence, il doit être annulé. • TGI Lyon, JEX, 31 janv. 1995 : *BICC, 1er oct. 1995, n° 980.*

4. Seuil. Modalités de calcul. Le seuil visé par l'art. 1er de l'art. 51 [devenu C. pr. exéc., art. R. 131-1], qui est applicable même lorsque le local d'habitation est une résidence secondaire, doit, en cas de paiement partiel, être calculé sur le reliquat du solde à payer. • Civ. 2e, 18 juin 2009, n° 08-18.379 P : *D. 2009. AJ 1769, note*

Avena-Robardet ; *ibid. 2010. Pan. 1307, obs. Leborgne* ; *Gaz. Pal. 2009. Jurisp. 3041, note Lauvergnat ; Procédures 2009, n° 274, note Perrot ; Dr. et pr. 2009. 353, note Vinckel ; RDBF 2009, n° 138, note Piedelièvre.*

5. Frais injustifiés. Prise en charge. Les frais injustifiés du commandement de payer aux fins de saisie-vente et du procès-verbal de carence sont à la charge, non pas du débiteur, mais de l'auxiliaire de justice qui les a faits. • Civ. 2e, 5 mai 2011 : *Procédures 2011, n° 224, note Perrot.*

SECTION II LA MISE EN VENTE DES BIENS SAISIS

Art. L. 221-3 **La vente forcée des biens a lieu aux enchères publiques après un délai d'un mois à compter du jour de la saisie pendant lequel le débiteur peut procéder à une vente amiable dans les conditions prévues au présent article.** — *V. art. R. 221-33 s.*

Le débiteur contre lequel est poursuivie une mesure d'exécution forcée peut, dans les conditions prévues par décret en Conseil d'État, vendre volontairement les biens saisis pour en affecter le prix au paiement des créanciers. — *V. art. R. 221-30 s.*

Le débiteur informe l'huissier de justice chargé de l'exécution des propositions qui lui ont été faites. Si le créancier établit que ces propositions sont insuffisantes, la personne chargée de l'exécution procède à l'enlèvement du ou des biens pour qu'ils soient vendus aux enchères publiques.

La responsabilité du créancier ne peut pas être recherchée sauf si le refus d'autoriser la vente est inspiré par l'intention de nuire au débiteur.

Le transfert de la propriété du bien est subordonné au *(L. n° 2015-177 du 16 févr. 2015, art. 11-IV)* **« paiement » de son prix.** — *[L. n° 91-650 du 9 juill. 1991, art. 52.]*

L'art. 11-IV de la L. n° 2015-177 du 16 févr. 2015 est applicable dans les îles Wallis-et-Futuna. Il ne l'est pas dans les Terres australes et antarctiques françaises (L. préc., art. 11-VI).

Pour une présentation des dispositions de la L. n° 2015-177 du 16 févr. 2015, V. Circ. du 19 févr. 2015. — ***C. pr. exéc.***

BIBL. ▸ L. du 16 févr. 2015 : DARGENT, *D. actu. 4 févr. 2015.* – LAUVERGNAT, *Procédures 2015. Focus. 19.*

1. Caractère d'ordre public. La règle de l'al. 1er est d'ordre public et doit être soulevée d'office par le juge. • TGI Nancy, JEX, 29 janv. 1993 : *BICC, 15 sept. 1993, n° 1053 ; D. 1994. Somm. 343, obs. Julien* .

2. Circulaire ministérielle. Sur l'al. 3, V. art. R. 221-2 et R. 221-3.

3. Vente forcée de parts sociales : office notarial (non). Une saisie-vente de parts d'une société civile professionnelle de notaire réalisant une cession forcée, l'exigence de l'agrément préalable du cessionnaire par le Garde des Sceaux résultant de l'art. 91 de la L. du 28 avr. 1816 est incompatible avec une telle cession. • Civ. 2e, 4 nov. 2003, n° 99-13.965 P : *Rev. sociétés 2003. 876, note Chartier* ; *D. 2004. 521, obs. Taormina* ; *RTD com. 2004. 115, obs. Monsèrié-Bon* ; *Dr. et pr. 2004. 104. obs. Hoonakker.*

Art. L. 221-4 **L'agent habilité par la loi à procéder à la vente arrête les opérations de vente lorsque le prix des biens vendus atteint un montant suffisant pour payer en principal, intérêts et frais, les créanciers saisissants et opposants.**

Il est responsable de la représentation du prix de l'adjudication.

Sauf disposition contraire, il ne peut être procédé à aucune saisie sur le prix de la vente. — *[L. n° 91-650 du 9 juill. 1991, art. 53.]*

SECTION III LES INCIDENTS DE SAISIE

V. art. R. 221-40 s.

Art. L. 221-5 **Seuls sont admis à faire valoir leurs droits sur le prix de la vente les créanciers saisissants ou opposants qui se sont manifestés avant la vérification des biens saisis et ceux qui, avant la saisie, ont procédé à une mesure conservatoire** *(Ord. n° 2021-1192 du 15 sept. 2021, art. 30-3°)* **« ou à la publication d'une sûreté » sur les mêmes biens.** — *[L. n° 91-650 du 9 juill. 1991, art. 54.]*

L'art. 30-3° entre en vigueur à une date fixée par décret et qui ne pourra être postérieure au 1er janv. 2023 (Ord. préc., art. 37-I).

I. SAISIE CONSERVATOIRE SUIVIE D'UNE SAISIE-VENTE

1. La procédure de saisie-vente ne s'achève que par la vente des biens saisis qui fait sortir ces biens du patrimoine du débiteur, les dispositions de l'art. 54 [devenu C. pr. exéc., art. L. 221-5] de la loi n'ayant pour objet que de déterminer les créanciers admis à concourir sur le prix de la vente. • Civ. 2e, 19 mai 1998, n° 96-12.944 P : *D. 1998. 405, concl. Tatu*.

2. Si la saisie-vente d'un second créancier doit revêtir la forme d'une opposition sur la première saisie intervenue, comme le prévoit l'art. 121 du Décr. n° 92-755 du 31 juill. 1992 [devenu C. pr. exéc., art. R. 221-44], c'est à la condition que le débiteur présente au créancier l'acte établi lors de la précédente saisie. Dès lors que le débiteur à qui est signifiée une deuxième saisie-vente n'informe pas le créancier saisissant d'une première saisie-vente déjà intervenue, le deuxième créancier saisissant ne peut procéder par voie d'opposition sur la première saisie et en informer le premier créancier saisissant, de sorte que, si celui-ci fait procéder à la vente du bien saisi, le deuxième créancier est exposé à ne pas participer à la distribution du prix. Au contraire, si le premier créancier saisissant est informé de la deuxième saisie intervenue avant d'avoir perçu le prix de la vente, le deuxième saisissant doit être admis à la répartition conformément aux dispositions de l'art. 54 de la L. n° 91-650 du 9 juill. 1991 [devenu C. pr. exéc., art. L. 221-5]. Tel est le cas lorsqu'un premier huissier saisissant a été informé de l'existence d'une deuxième saisie après la vente du bien saisi mais avant d'en transmettre le prix à son client. Dans ces conditions, il y a lieu d'admettre la validité de la deuxième saisie-vente et de condamner le premier saisissant à procéder à la distribution du prix de vente puisque n'ayant pu légitimement ignorer la deuxième saisie, il a commis une faute en encaissant l'intégralité du prix de vente dont il doit réparation. • TGI Brest, JEX, 7 avr. 1999 : *BICC, 15 janv. 2000, n° 66.*

II. SAISIE-VENTE SUIVIE D'UNE SAISIE CONSERVATOIRE

3. Aucun texte n'interdit de faire une saisie conservatoire après une saisie-vente. La sanction prévue en ce cas par l'art. 54 [devenu C. pr. exéc., art. L. 221-5] n'est pas la nullité de la saisie, mais son inefficacité, le créancier gardant cependant un intérêt dans le cas où la précédente saisie-vente ne verrait pas son aboutissement. • Paris, 18 janv. 2001 : *BICC 2001, n° 228.*

Art. L. 221-6 En cas de concours entre les créanciers, l'agent chargé de la vente propose une répartition amiable entre eux.

A défaut d'accord, il consigne les fonds auprès de la Caisse des dépôts et consignations et saisit le juge de l'exécution à l'effet de procéder à la répartition du prix. — *[L. n° 91-650 du 9 juill. 1991, art. 55.]*

CHAPITRE II LA SAISIE-APPRÉHENSION ET LA SAISIE-REVENDICATION DES BIENS MEUBLES CORPORELS

SECTION PREMIÈRE LA SAISIE-APPRÉHENSION

RÉP. PR. CIV. v° *Saisie-appréhension*, par SAMAIN.

DALLOZ ACTION *Droit et pratique des voies d'exécution 2022/2023*, nos 1020.00 s., par R. LAUBA.

V. art. R. 222-1 s.

Art. L. 222-1 L'huissier de justice chargé de l'exécution fait appréhender les meubles que le débiteur est tenu de livrer ou de restituer au créancier en vertu d'un titre exécutoire, sauf si le débiteur s'offre à en effectuer le transport à ses frais.

Le juge de l'exécution peut établir le titre exécutoire prévu au premier alinéa dans des conditions fixées par décret en Conseil d'État.

Lorsque le meuble se trouve entre les mains d'un tiers et dans les locaux d'habitation de ce dernier, il ne peut être appréhendé que sur autorisation du juge de l'exécution. — *[L. n° 91-650 du 9 juill. 1991, art. 56.]*

1. Aéronefs. La saisie-appréhension est applicable à tous les meubles corporels et notamment aux aéronefs et elle est de la compétence du JEX. • Versailles, 4 mai 1994 : *D. 1994. IR 149*.

2. Véhicules acquis à crédit et gagés. En revanche, les véhicules acquis à crédit et gagés au profit du prêteur sont soumis à la procédure prévue à l'art. 93 C. com., et ne relèvent pas, en conséquence, des dispositions de la L. n° 91-650 du 9 juill. 1991 [C. pr. exéc.]. • TGI Châteauroux, 9 nov. 1993 : *Rev. huiss. 1994. 1389, note Dahan.* ♦ Comp. • TGI Châteauroux, 8 juin 1993 : *Rev. huiss. 1994. 1395, note Dahan.*

SECTION II LA SAISIE-REVENDICATION

RÉP. PR. CIV. v° *Saisie-revendication*, par LEFORT.

DALLOZ ACTION *Droit et pratique des voies d'exécution 2022/2023*, n°s 1031.00 s., par R. LAUBA.

Art. L. 222-2 **Toute personne apparemment fondée à requérir la délivrance ou la restitution d'un bien meuble corporel peut, en attendant sa remise, le rendre indisponible au moyen d'une saisie-revendication.** – *[Décr. n° 92-755 du 31 juill. 1992, art. 155, al. 1er.] – V. art. R. 222-17 s.*

1. Charge de la preuve. Il appartient à celui qui sollicite une mesure conservatoire, telle une saisie-revendication, d'établir le caractère apparent du droit qu'il invoque. • Civ. 2e, 31 mai 2001 : *RDBF 2001, n° 202, note Delleci.*

2. Souvenirs de famille. La saisie-revendication est ouverte à toute personne apparemment fondée à requérir la délivrance ou la restitution d'un bien. Ainsi, après avoir relevé la présence de souvenirs de famille parmi les biens proposés à la vente publique par le comte de Paris, c'est à bon droit que la cour d'appel a décidé que les autres membres de la famille, apparemment titulaires d'un droit à la conservation des souvenirs de famille dans l'intérêt de celle-ci, étaient fondés à s'opposer à l'aliénation de ces biens. La juridiction de l'exécution n'avait pas à constater, pour ordonner une saisie-revendication, que les requérants étaient apparemment les plus qualifiés pour se voir confier, à titre de dépôt, les souvenirs de famille. Cette condition n'est pas exigée par l'art. 155 [devenu C. pr. exéc., art. L. 222-2]. • Civ. 2e, 29 mars 1995, n° 93-18.769 P : *D. 1995. Somm. 330, obs. Grimaldi ; JCP 1995. II. 22477, note Hovasse-Banget.* ♦ Dans le même sens, l'arrêt objet du pourvoi • Paris, 2 juill. 1993 : *JCP 1994. II. 22191, note Hovasse-Banget.* ♦ Et sur le fond du même litige. • TGI Paris, 1er mars 1995 : *JCP 1995. II. 22477, note Hovasse-Banget.*

3. Navire. Si des dispositions spéciales régissent la saisie conservatoire et la saisie-exécution des navires, aucune n'exclut la possibilité de leur saisie-revendication dans les conditions du droit commun. • Com. 16 sept. 2014 : *RD transp. 2014, n° 61, note M. Ndendé ; Procédures 2015, n° 42, obs. Laporte.* ♦ Les dispositions des art. L. 5114-20 et s. C. transp., régissant exclusivement la saisie conservatoire et la saisie-exécution des navires, ou celles de la Conv. de Bruxelles du 10 mai 1952, qui ne concernent que la saisie conservatoire, n'excluent pas la possibilité d'une saisie-revendication. • Com. 15 déc. 2015, n° 14-12.348 P : *D. 2016. Actu. 68 ; ibid. Pan. 1289, obs. Leborgne ; Gaz. Pal. 12 janv. 2016, p. 32, note Lauvergnat ; Banque et Dr. 3-4/2016, p. 58, note Piedelièvre.*

4. Restitution. Le terme de restitution contenu à l'art. 155 [devenu C. pr. exéc., art. L. 222-2] indique qu'il s'agit d'un bien ou d'un document détenu par la personne qui formule la demande en restitution ; en conséquence, cet article concerne les originaux des documents à l'exclusion des copies et reproductions. • Paris, 21 déc. 2006 : *Dr. et pr. 2007. 279, obs. Lefort.*

5. Office de la juridiction de l'exécution. La cour d'appel statuant comme juridiction de l'exécution n'a pas à constater, pour ordonner une saisie-revendication, que les requérants sont apparemment les plus qualifiés pour se voir confier, à titre de dépôt, des souvenirs de famille, cette condition n'étant pas exigée par ce texte. • Civ. 2e, 29 mars 1995 : *préc. note 2.*

CHAPITRE III LES MESURES D'EXÉCUTION SUR LES VÉHICULES TERRESTRES À MOTEUR

RÉP. PR. CIV. v° *Saisie des véhicules terrestres à moteur*, par PAUSIER.

DALLOZ ACTION *Droit et pratique des voies d'exécution 2022/2023*, n°s 0723.00 s., 1024.00 s., par R. LAUBA.

BIBL. ► BELOT, *LPA 6 janv. 1993, p. 89.* – EID, *RDBB 1997. 138* (mesures d'exécution forcée sur les véhicules automobiles : les mesures de protection du créancier) ; *Rev. huiss. 2000. 73* (moyens de protection du créancier). – LE FUR, *Rev. huiss. 1997. 614* (l'exécution forcée sur les VTM). – MÉLÈ, Le droit en tableaux, *Delmas 2009, p. 249 s.*

V. art. R. 223-1 s.

SECTION PREMIÈRE LA SAISIE PAR DÉCLARATION AUPRÈS DE L'AUTORITÉ ADMINISTRATIVE

Art. L. 223-1 **L'huissier de justice chargé de l'exécution d'un titre exécutoire peut faire une déclaration aux fins de saisie d'un véhicule terrestre à moteur auprès de l'autorité administrative compétente.**

La notification de cette déclaration au débiteur produit tous les effets d'une saisie.

Les conditions d'application du présent article sont fixées par décret en Conseil d'État. – *[L. n° 91-650 du 9 juill. 1991, art. 57.] – V. art. R. 223-1 s.*

BIBL. ▶ LAUVERGNAT, *Dr. et pr. 2008. 255* (la qualification de la saisie par déclaration : pour une approche finaliste).

SECTION II LA SAISIE PAR IMMOBILISATION DU VÉHICULE

Art. L. 223-2 L'huissier de justice chargé de l'exécution muni d'un titre exécutoire peut saisir le véhicule du débiteur en l'immobilisant, en quelque lieu qu'il se trouve, par tout moyen n'entraînant aucune détérioration du véhicule. Le débiteur peut demander au juge la levée de l'immobilisation du véhicule. – *[L. n° 91-650 du 9 juill. 1991, art. 58.] – V. art. R. 223-6 s.*

1. Rôle de l'huissier de justice instrumentaire. L'huissier de justice a le choix entre l'immobilisation du véhicule ou son transport pour être mis en dépôt. • Civ. 2e, 7 juin 2006, n° 04-19.001 P : *Dr. et pr. 2006. 357, note Lefort ; Procédures 2006, n° 180, obs. Perrot ; RLDC 2006/31, n° 2446, obs. Miniato ; RDBF 2007, n° 27, note Piedelièvre.*

2. Compétence exclusive du JEX. La saisie d'un véhicule à moteur n'est ouverte qu'aux créanciers munis d'un titre exécutoire ou disposant d'une autorisation du JEX du lieu où demeure le débiteur, tout autre juge étant tenu de relever d'office son incompétence (V. Décr. n° 92-755 du 31 juill. 1992, art. 149 [devenu C. pr. exéc., art. R. 222-11]). • TGI Montluçon, 24 mars 1993 : *D. 1994. 151 (1re esp.), note Prévault.*

3. Autonomie de la procédure. La saisie par immobilisation d'un véhicule de l'art. 58 de la L. du 9 juill. 1991 [devenu C. pr. exéc., art. L. 223-2] et des art. 170 à 177 du Décr. du 31 juill. 1992 [devenus C. pr. exéc., R. 223-6 à R. 223-13] est une mesure de saisie autonome et spécifique qui obéit à un régime procédural propre ; si l'acte de saisie rend indisponible le véhicule qui en est l'objet, il n'a pas pour effet de le rendre insaisissable par un créancier. • Nîmes, 14 juin 2001 : *Dr. et pr. 2001. 388, obs. Bourdillat.* ♦ En cas de concours entre plusieurs créanciers, il y a lieu à procédure de distribution des deniers. • Même arrêt.

4. Appréciation souveraine des juges du fond – saisissabilité. Les juridictions du fond apprécient souverainement si le véhicule du débiteur est nécessaire à son travail (médecin). • Civ. 2e, 15 déc. 2005, n° 04-14.600 P : *Dr. et pr. 2006. 170. obs. Salati.*

CHAPITRE IV LA SAISIE DES BIENS PLACÉS DANS UN COFFRE-FORT

Le présent chapitre ne comprend pas de dispositions législatives.

V. art. R. 224-1 s.

TITRE TROISIÈME LA SAISIE DES DROITS INCORPORELS

DALLOZ ACTION *Droit et pratique des voies d'exécution 2022/2023*, nos 0730.00 s., par X. DAVERAT.

V. art. R. 231-1.

BIBL. ▶ **Crypto-monnaie :** RISSIER, *Rev. prat. rec., nov. 2020, p. 3* (crypto-actifs et exécution : saisie impossible ?).

CHAPITRE PREMIER DISPOSITIONS GÉNÉRALES

Art. L. 231-1 Tout créancier muni d'un titre exécutoire constatant une créance liquide et exigible peut faire procéder à la saisie et à la vente des droits incorporels, autres que les créances de sommes d'argent, dont son débiteur est titulaire. – *[L. n° 91-650 du 9 juill. 1991, art. 59.]*

1. Marque. La saisie et la vente des droits incorporels, autres que les créances de sommes d'argent, sont autorisées par ce texte, mais *aucune disposition particulière*, ni dans le décret [C. pr. exéc.], ni dans des textes spécifiques, ne réglemente les opérations de saisie et de vente du bien mobilier incorporel que constitue la marque. A défaut de texte particulier, il s'ensuit que les modalités doivent être celles prévues par le titre V du Décr. n° 92-755 du 31 juill. 1992 [devenu C. pr. exéc., art. R. 211-1 s.]. • TGI Paris, JEX, 20 sept. 1994 : *BICC, 1994, n° 1171.*

2. Licence d'exploitation d'un débit de boissons. V. note 1 ss. art. R. 232-1.

3. Licence de taxi. V. note 2 ss. art. R. 232-1.

4. Cumul de saisies. Un accord sur des paiements conclu entre un débiteur et son créancier devant le juge d'instance dans le cadre d'une procédure de saisie des rémunérations ne saurait être interprété comme une renonciation tacite à une saisie de droits incorporels primitive et toujours en cours. • Paris, 14 nov. 2002 : *Dr. et pr. 2003. 170, obs. Bourdillat.*

CHAPITRE II LES OPÉRATIONS DE SAISIE

Le présent chapitre ne comprend pas de dispositions législatives.

V. art. R. 232-1 s.

CHAPITRE III LES OPÉRATIONS DE VENTE

V. art. R. 233-1 s.

Art. L. 233-1 **Seuls sont admis à faire valoir leurs droits sur le prix de la vente les créanciers saisissants ou opposants qui se sont manifestés avant la vente.** – *[L. n° 91-650 du 9 juill. 1991, art. 60.]*

TITRE QUATRIÈME LES AUTRES SAISIES MOBILIÈRES

CHAPITRE UNIQUE

Art. L. 241-1 **Les dispositions particulières relatives aux autres procédures d'exécution mobilière sont énoncées :**

1° Par le code des transports pour la saisie des navires et des aéronefs ; – *S'agissant de la saisie des navires, V.* ***C. transp.****, art. L. 5114-20 s. ; … des aéronefs, V.* ***C. transp.****, art. L. 6123-1 s.*

2° Par le code du domaine public fluvial et de la navigation intérieure pour la saisie des bateaux de navigation intérieure d'un tonnage égal ou supérieur à vingt tonnes ; – *V.* ***C. transp.****, art. L. 4111-1 et L. 4123-1.*

3° Par le code de la propriété intellectuelle pour la saisie en matière de droits de propriété littéraire, artistique et industrielle ; – *V. not.,* ***CPI****, art. L. 332-1 s., L. 333-1, L. 335-1 (droits d'auteurs) ; L. 615-1 (brevets) ; L. 623-27 s. (certificat d'obtentions végétales) ; L. 332-4 (logiciels), L. 716-8-1 et L. 716-8-6 (marques).*

4° Par le code rural et de la pêche maritime pour les oppositions à tiers détenteur des mutualités sociales agricoles ; – *V.* ***C. pr. exéc.****, App., v° Saisie en recouvrement de créances de sécurité sociale.*

5° Par le code de la sécurité sociale pour les oppositions à tiers détenteur des caisses de sécurité sociale. – *V.* ***C. pr. exéc.****, App., v° Saisies en recouvrement de créances de sécurité sociale.*

TITRE CINQUIÈME LA DISTRIBUTION DES DENIERS

CHAPITRE UNIQUE

Art. L. 251-1 **Les procédures de distribution des deniers provenant de l'exécution d'une procédure civile d'exécution prévue par le présent livre sont régies par décret en Conseil d'État.** – *[L. n° 91-650 du 9 juill. 1991, art. 38.]* – *V. art. R. 251-1 s.*

BIBL. ▶ R. Martin, *Rev. huiss. 1993. 951.*

Le JEX n'est pas compétent pour procéder à la distribution de deniers ne provenant pas de l'exécution. • TGI Lyon, ord., 9 nov. 1993 : *Gaz. Pal. 1994. 1. Somm. 218.*

LIVRE TROISIÈME **LA SAISIE IMMOBILIÈRE**

RÉP. PR. CIV. v° *Saisie immobilière,* par PIEDELIÈVRE et GUERCHOUN.

DALLOZ ACTION *Droit et pratique des voies d'exécution 2022/2023,* n°s 1300.00 s. et 1330.00 s., par A. LEBORGNE et PH. HOONAKKER.

DP RECOUVR. v° *Saisie immobilière.*

BIBL. GÉN. ► **Ouvrages :** V. Bibl. gén. du présent code, v° *Traités, manuels, cours, études.* – V. aussi : ALBIGES (ss. dir.), La saisie immobilière – Approche transversale, Thèmes et commentaires, *Dalloz 2014.* – LAPORTE et CROZE, Guide pratique de la saisie immobilière, *Droit & Professionnels, 2e éd., LexisNexis 2016.* – PIEDELIÈVRE et GUERCHOUN, Pratique de la saisie immobilière, *Dalloz corpus, 1re éd., Dalloz 2019.* – G. PLOUX et G. PLOUX, La pratique de la saisie immobilière, *Bréal 2015.*

► **Réforme de 2006 :** BRENNER, *Dr. et patr. 2/2007, p. 26.* – CROZE et LAPORTE, *JCP 2006. Actu. 236.* – HOONAKKER, L'exécution immobilière en Europe : entre tradition et modernité, quelle saisie immobilière pour demain ?, *EJT 2005 ; Gaz. Pal. 31 déc. 2006-4 janv. 2007, p. 2.* – LACHAUD, *Gaz. Pal. 5-6 janv. 2007, p. 2* (bail rural et réforme de la saisie immobilière). – LAPORTE, *Procédures 2006. Chron. 22.* – LEBORGNE, *Dr. et pr. 2006. 188 ; ibid. 2007. 7* (huissiers de justice et réforme de la saisie immobilière) ; *AJ fam. 2008. 380* ✎ (saisie immobilière et logement familial) ; *Procédures 2009. Chron. 1* (deux ans de d'actualité) ; *ibid. 2011. Chron. 1.* – R. MARTIN, *RTD civ. 2007. 723* ✎ (les détournements de la procédure judiciaire). – PIEDELIÈVRE, *RDBF 2006, n° 113* (généralités) ; *ibid., n° 114* (conditions de la saisie) ; *ibid., n° 115* (effets de la saisie) ; *ibid., n° 116* (vente de l'immeuble) ; *ibid., n° 117* (distribution du prix). – Dossier : Réforme de la saisie immobilière et de la distribution du prix de vente, *D. 2007. 235* ✎.

► **Codification :** LAPORTE, *Dr. et patr. 12/2013, p. 50* (la codification du Livre III : entre clarification et incompréhension).

► **Droit comparé :** BANON GONZALEZ, NOGALES CEJUDO et TRAVIER, *JCP 2013. 1154* (la saisie immobilière espagnole dématérialisée : un modèle porteur d'enseignements ?). – DECKERT, La saisie immobilière. Étude de droit allemand, *in* La saisie immobilière – Approches transversales (ss. dir. C. Albiges), Thèmes et commentaires, *Dalloz 2014, p. 181.* – FABBRINI, Le droit italien de la saisie immobilière, *in* La saisie immobilière – Approches transversales (ss. dir. C. Albiges), Thèmes et commentaires, *Dalloz 2014, p. 191.* – GUILLERMO NOGALES CEJUDO, Le droit espagnol de la saisie immobilière, *in* La saisie immobilière – Approches transversales (ss. dir. C. Albiges), Thèmes et commentaires, *Dalloz 2014, p. 197.* – NAMOUR, La saisie immobilière en droit libanais, *in* La saisie immobilière – Approches transversales (ss. dir. C. Albiges), Thèmes et commentaires, *Dalloz 2014, p. 201.*

► **Articles :** BENILSI, La saisie immobilière et la copropriété, *in* La saisie immobilière – Approches transversales (ss. dir. C. Albiges), Thèmes et commentaires, *Dalloz 2014, p. 51.* – CAMENSULI-FEUILLARD, La réalisation dans la liquidation judiciaire de l'immeuble déclaré insaisissable, *in* La saisie immobilière – Approches transversales (ss. dir. C. Albiges), Thèmes et commentaires, *Dalloz 2014, p. 39.* – CHOQUET, La saisie immobilière et l'huissier de justice, *in* La saisie immobilière – Approches transversales (ss. dir. C. Albiges), Thèmes et commentaires, *Dalloz 2014, p. 97.* – FRION, Saisie immobilière et l'assignation du débiteur résidant à l'étranger, *in* La saisie immobilière – Approches transversales (ss. dir. C. Albiges), Thèmes et commentaires, *Dalloz 2014, p. 75.* – HUGON, La saisie immobilière et le droits fondamentaux, *in* La saisie immobilière – Approches transversales (ss. dir. C. Albiges), Thèmes et commentaires, *Dalloz 2014, p. 7.* – LAUVERGNAT, *AJ fam. 2012. 473* ✎ (la saisie du logement et la séparation du couple). – LEBORGNE, *D. 2018. 962* ✎ (procédure de saisie immobilière : faut-il encore réformer ?). – LECLERC, La saisie immobilière et le droit international privé, *in* La saisie immobilière – Approches transversales (ss. dir. C. Albiges), Thèmes et commentaires, *Dalloz 2014, p. 155.* – PERNAUD-ORLIAC, La saisie immobilière en procédure collective, *in* La saisie immobilière – Approches transversales (ss. dir. C. Albiges), Thèmes et commentaires, *Dalloz 2014, p. 121.* – PROVANSAL et RIEU, Le rôle de l'avocat face aux autres intervenants, *in* La saisie immobilière – Approches transversales (ss. dir. C. Albiges), Thèmes et commentaires, *Dalloz 2014, p. 83.* – PUTMAN, La saisie immobilière et le couple, *in* La saisie immobilière – Approches transversales (ss. dir. C. Albiges), Thèmes et commentaires, *Dalloz 2014, p. 17.* – SALATI, La saisie immobilière et les réformes des sûretés, *in* La saisie immobilière – Approches transversales (ss. dir. C. Albiges), Thèmes et commentaires, *Dalloz 2014, p. 27.* – TILLY, La saisie immobilière et le notaire, *in* La saisie immobilière – Approches transversales (ss. dir. C. Albiges), Thèmes et commentaires, *Dalloz 2014, p. 109.*

V. art. R. 311-1 s.

V. Circ. CIV n° 2006-17 du 14 nov. 2006, relative à la réforme de la saisie immobilière et Circ. de la DACS n° 03-09 C3 du 20 mars 2009, relative à la présentation des dispositions relatives aux procédures de saisie immobilière, de distribution du prix d'un immeuble et de vente des immeubles d'une personne faisant l'objet d'une procédure collective issues de l'Ord. n° 2008-1345 du 18 déc. 2008 et du Décr. n° 2009-160 du 12 févr. 2009, **C. pr. exéc.**, *App., v° Saisie immobilière.*

V. aussi Instr. n° 07-026-A-M du 27 avr. 2007 portant analyse de la réforme de la procédure de saisie immobilière, publiée au BOCP.

TITRE PREMIER DISPOSITIONS GÉNÉRALES

CHAPITRE UNIQUE

Art. L. 311-1 La saisie immobilière tend à la vente forcée de l'immeuble du débiteur ou, le cas échéant, du tiers *(Ord. n° 2021-1192 du 15 sept. 2021, art. 34-XII, en vigueur le 1er janv. 2022)* **« acquéreur** *[ancienne rédaction : détenteur]* **» en vue de la distribution de son prix.** — *[C. civ., art. 2190.]*

Unicité. La saisie immobilière et la distribution du prix constituent les deux phases d'une même procédure. • Cass., avis, 16 mai 2008, n° 0800002 P : *BICC 15 sept. 2008, p. 9, rapp. Sommer, p. 10, concl. Maynial, p. 30 ; R. 2008. 407 ; D. actu. 6 juin 2008, obs. Dargent ; D. 2008. AJ 1631 ; ibid. 2009. Pan. 1168, obs. Leborgne ; JCP 2008. II. 10134, note Laporte ; Dr. et pr. 2008. 285, note Leborgne ; Procédures 2008, n° 212, note Laporte ; Dr. et patr. 11/2008. 101, obs. Crocq.* ♦ *Adde* sur la demande d'avis : • TGI Nanterre, 10 janv. 2008 : *D. 2008. Pan. 1167.* ♦ V. aussi : • Civ. 2e, 5 mai 2011 : *cité note 1 ss. art. R. 322-12.*

Art. L. 311-2 Tout créancier muni d'un titre exécutoire constatant une créance liquide et exigible peut procéder à une saisie immobilière dans les conditions fixées par le présent livre et par les dispositions qui ne lui sont pas contraires du livre Ier. — *[C. civ., art. 2191, al. 1er.] — V. art. L. 111-2.*

Sur la procédure de saisie immobilière, V. art. R. 311-1 s.

I. PRÉALABLES AMIABLES

1. Clause de conciliation préalable. Portée. La clause d'un contrat instituant une procédure de conciliation obligatoire et préalable à toute instance judiciaire s'impose au juge, quelle que soit la nature de celle-ci. • Civ. 1re, 1er oct. 2014, n° 13-17.920 P : *D. actu. 17 oct. 2014, obs. Delpech ; D. 2014. Actu. 2004 ; ibid. Pan. 2556, obs. Clay ; ibid. 2015. Pan. 291, obs. Fricero ; RTD civ. 2015. 131, obs. Barbier ; ibid. 187, obs. Théry ; ibid. 1345, obs. Leborgne ; AJDI 2015. 442, note Cohet ; Dr. et pr. 2015. 10, obs. Gorchs-Gelzer ; Procédures 2014, n° 320, note Laporte ; Defrénois 2014. 28, note Albarian et Poli ; Gaz. Pal. 10 janv. 2015, p. 21, note Lauvergnat ; ibid. 6-7 mars 2015, p. 14, note Dupoirier et Travani ; RDC 2015. 88, note Pelletier ; JCP E 2015. 1001, obs. Mousseron ; RLDA mai 2015. 5584, note Mestre et Mestre-Chami* (action en exécution forcée consistant en une saisie immobilière).

2. Clause de médiation. Portée. Arrêt jugeant qu'une clause imposant ou permettant une médiation préalablement à la présentation d'une demande en justice relative aux droits et obligations contractuels des parties ne peut, en l'absence de stipulation expresse en ce sens, faire obstacle à l'accomplissement d'une mesure d'exécution forcée. En conséquence, nonobstant une telle clause et l'engagement d'une procédure de médiation, un commandement de payer valant saisie immobilière peut être délivré et le débiteur assigné à comparaître à une audience d'orientation du JEX. • Civ. 2e, 22 juin 2017, n° 16-11.975 P : *D. 2017. Actu. 1369 ; ibid. 1870, obs. de Leiris ; ibid. Pan. 1128, obs. Leborgne ; RTD civ. 2017. 653, obs. Barbier ; ibid. 2018. 478, obs. Théry ; JCP 2017. 1355, obs. Libchaber ; ibid. 985, note Gerbay ; Gaz. Pal. 31 oct. 2017, p. 50, note Amrani-Mekki ; ibid. 19 déc. 2017, p. 39, note Brenner ; ibid. 14 nov. 2017, p. 80, note Salati ; RDBF 2017, n° 216, note Piedelièvre ; RDC 2017. 648, note Pelletier.*

II. TITRES EXÉCUTOIRES

3. Titre constatant une créance liquide et exigible. La cour d'appel qui constate que le débiteur n'a saisi les juridictions administratives d'aucun recours contre les rôles d'impôts directs rendus exécutoires servant de fondement aux poursuites en déduit exactement que ces titres exécutoires constatent une créance liquide et exigible. • Civ. 2e, 30 avr. 2009, n° 08-12.105 P : *cité note 3 ss. art. R. 321-1.* ♦ Ayant retenu, par des motifs exempts de dénaturation, que les actes de cautionnement avec affectation hypothécaire se bornaient à fixer le plafond des dettes garanties et n'indiquaient pas les éléments permettant l'évaluation des créances correspondantes, c'est à bon droit que la cour d'appel a décidé que la banque ne disposait pas de titres exécutoires contenant une créance liquide et exigible pouvant fonder valablement les poursuites. • Civ. 2e, 10 avr. 2014, n° 13-15.150 : *AJDI 2014. 536, note Porcheron*.

4. *Nature du titre. Acte notarié.* L'inobservation de l'obligation, pour le notaire, de faire figurer les procurations en annexe de l'acte authentique ou de les déposer au rang de ses minutes ne fait pas perdre à l'acte son caractère authentique, partant son caractère exécutoire. • Cass., ch. mixte, 21 déc. 2012, n° 11-28.688 P : *BICC 15 févr. 2013, p. 6, rapp. Maunand, avis de Azibert ; ibid. 1er mars 2013, p. 6 ; R. 2012. 379 et 461 ; D. actu. 21 janv. 2013, obs. Avena-Robardet ; D. 2013. 1577, obs. Leborgne ; Procédures 2012. Focus 12, obs. Lauvergnat ; JCP N 2013. 1025, obs. Théry ; ibid. 1026, note Le Magueresse ; Defrénois 2013. 198, obs. Latina ; Gaz. Pal. 3-5 mars 2013, p. 16, note Brenner ; Dr. et patr. 3/2013, p. 105 s., obs. Rosello ; RDBF 2013, n° 69 (1re esp.), note Piedelièvre ; Gaz. Pal. 2013. 1168, note Bolze ; Dr. et pr. 2013, p. 63, obs. Salati.* ♦ Un acte notarié de cautionnement hypothécaire constitue un titre exécutoire autorisant des poursuites de saisie immobilière dès lors qu'il mentionne l'identité du débiteur principal et la créance garantie. • Civ. 2e, 25 mars 2010, n° 09-12.127 P : *D. 2010. AJ 968 ; Dr. et pr. 2010. 212, note Putman ; RDBF 2010, n° 189, note Piedelièvre ; Dr. et patr. 11/2010, p. 93, obs. Lefort ; Procédures 2011. Chron. 1, n° 5, obs. Leborgne ; Defrénois 2011. 1289, note Théry.*

5. *Titre entaché de faux.* Un titre entaché de faux ne peut servir de fondement aux poursuites (saisie immobilière). • Civ. 2e, 13 mars 2008, n° 06-21.105 P : *D. actu. 21 mars 2008, obs. Avena-Robardet ; D. 2009. 1168, obs. Leborgne ; RDBF 2008, n° 80, note Piedelièvre.*

6. *Contestation du caractère exécutoire.* La nullité invoquée, qui tend à contester le caractère exécutoire des décisions de justice sur le fondement desquelles la procédure de saisie immobilière a été pratiquée, constitue non une exception de procédure mais une défense au fond qui peut être proposée en tout état de cause. • Civ. 2e, 5 sept. 2019, n° 17-28.471 P : *D. 2019. 1716 ; RTD civ. 2019. 923, obs. Théry ; JCP 2019. 1052, note Salhi ; Gaz. Pal. 5 nov. 2019, p. 73, note Lauvergnat ; ibid. 10 déc. 2019, p. 30, note Brenner.*

III. CRÉANCE

7. *Prescription de la créance.* Le commandement de payer valant saisie immobilière que le créancier hypothécaire, titulaire d'un droit de suite, fait signifier au tiers détenteur ne produisant les effets attachés à cette mesure d'exécution qu'à l'égard de celui-ci, le délai de prescription de la créance du poursuivant contre le débiteur n'est interrompu que par la signification qui est, en outre, faite à ce dernier du commandement de payer mentionnant que le commandement valant saisie immobilière est signifié au tiers détenteur. • Civ. 2e, 23 juin 2016, n° 15-14.633 P : *D. 2017. Pan. 1395, obs. Leborgne ; RTD civ. 2017. 209, obs. Théry ; RDBF 2016, n° 209, note Piedelièvre ; Gaz. Pal. 29 nov. 2016, p. 79, note Lauvergnat ; Procédures 2016, n° 257, note Laporte ; RLDC juin 2017. 34, obs. Salati ; RDC 2017. 439, note Libchaber.*

8. *Liquidité de la créance et compensation.* La compensation entre une créance résultant d'un jugement assorti de l'exécution provisoire et une créance détenue par une banque s'opère de plein droit à l'instant même où les deux créances coexistent. • Civ. 2e, 13 oct. 2016, n° 15-23.437 P : *D. actu. 3 nov. 2016, obs. Kebir ; D. 2017. 1388, obs. Leborgne ; RTD civ. 2017. 151, obs. Barbier ; Procédures 2016, n° 359, obs. Laporte.*

IV. INCIDENTS

9. *Caractère excessif de la saisie.* Pour un exemple de contrôle du caractère excessif de la saisie immobilière par le JEX, en application de l'art. 22 de la L. n° 91-650 du 9 juill. 1991 [devenu C. pr. exéc., art. L. 111-7], V. • Aix-en-Provence, JEX, 15 juin 2009 : *préc. note 8 ss. art. L. 111-7.*

10. *Suspension de la procédure. « Le criminel tient le civil en l'état » (non).* L'art. 4 C. pr. pén., qui pose la règle selon laquelle « le criminel tient le civil en l'état », ne s'applique pas aux procédures d'exécution. La seule plainte pour faux ne peut donc emporter suspension de la procédure de saisie. • Civ. 1re, 28 mars 2008, n° 06-19.988 P : *cité note 12 ss. art. R. 121-22.*

Art. L. 311-3 Est nulle toute convention portant qu'à défaut d'exécution des engagements pris envers lui, le créancier peut faire vendre les immeubles de son débiteur en dehors des formes prescrites pour la saisie immobilière. — *[C. civ., art. 2201, al. 2.]*

Art. L. 311-4 Lorsque la poursuite est engagée en vertu d'une décision de justice exécutoire par provision, la vente forcée ne peut intervenir qu'après une décision définitive passée en force de chose jugée.

Toutefois, pendant le délai de l'opposition, aucune poursuite ne peut être engagée en vertu d'une décision rendue par défaut. — *[C. civ., art. 2191, al. 2 et 3.]*

Art. L. 311-5 *(L. n° 2019-222 du 23 mars 2019, art. 14-2°)* « Le créancier ne peut procéder à la saisie de plusieurs immeubles de son débiteur que dans le cas où la saisie

d'un seul ou de certains d'entre eux n'est pas suffisante pour le désintéresser et désintéresser les créanciers inscrits. »

Le créancier ne peut saisir les immeubles qui ne sont pas hypothéqués en sa faveur que dans le cas où l'hypothèque dont il bénéficie ne lui permet pas d'être rempli de ses droits. – *[C. civ., art. 2192.]*

Un prêteur de deniers, qui avait inscrit son privilège sur l'immeuble financé par le contrat de prêt pouvait engager une saisie immobilière sur un autre bien que celui hypothéqué en sa faveur en vertu de l'acte notarié dont il se prévalait, parce que le bien saisi avait fait l'objet d'une inscription d'hypothèque judiciaire définitive à son profit. • Civ. 2e, 10 juin 2010 : *RDBF 2010, no 187, note Piedelièvre.*

Art. L. 311-6 Sauf dispositions législatives particulières, la saisie immobilière peut porter sur tous les droits réels afférents aux immeubles, y compris leurs accessoires réputés immeubles, susceptibles de faire l'objet d'une cession. – *[C. civ., art. 2193.]*

Art. L. 311-7 La saisie des immeubles communs est poursuivie contre les deux époux. – *[C. civ., art. 2195.]*

Art. L. 311-8 Les immeubles d'un mineur, même émancipé, ou d'un majeur en curatelle ou en tutelle ne peuvent être saisis avant la discussion de leurs meubles.

Toutefois, la discussion des meubles n'est pas requise avant la saisie des immeubles indivis entre un majeur et un mineur ou un majeur en curatelle ou en tutelle, si la dette leur est commune. Elle ne l'est pas non plus dans le cas où les poursuites ont commencé alors que le majeur n'était pas encore placé sous curatelle ou sous tutelle. – *[C. civ., art. 2197.]*

TITRE DEUXIÈME LA SAISIE ET LA VENTE DE L'IMMEUBLE

CHAPITRE PREMIER LA SAISIE DE L'IMMEUBLE

Art. L. 321-1 Le créancier saisit l'immeuble par acte signifié au débiteur ou au tiers *(Ord. no 2021-1192 du 15 sept. 2021, art. 34-XII, en vigueur le 1er janv. 2022)* **« acquéreur** *[ancienne rédaction : détenteur]* **».**

Art. L. 321-2 L'acte de saisie rend l'immeuble indisponible et restreint les droits de jouissance et d'administration du saisi. – *V. art. R. 321-14.*

Celui-ci ne peut ni aliéner le bien ni le grever de droits réels sous réserve des dispositions de l'article L. 322-1.

À moins que le bien soit loué, le saisi en est constitué séquestre sauf à ce que les circonstances justifient la désignation d'un tiers ou l'expulsion du débiteur pour cause grave. – *[C. civ., art. 2198.]*

1. Indisponibilité du bien saisi. En application de l'art. 2198 C. civ. [devenu C. pr. exéc., art. L. 321-2], le droit de signer une promesse synallagmatique de vente du bien objet de la saisie est conditionné à la radiation préalable du commandement de saisie. A défaut, le saisi n'est pas encore réinvesti dans son droit de s'engager et de contracter une obligation, soumise ou non à conditions, à propos de ce bien. En conséquence, la promesse synallagmatique de vente portant sur un bien indisponible est atteinte de nullité. • Aix-en-Provence, 6 déc. 2012 : *JCP 2013. 101, obs. Gauchon.*

2. Hypothèque (non). Il résulte des art. 2394 et 2412 C. civ. que l'hypothèque n'a lieu que dans les cas et suivant les formes autorisées par la loi et que si celui qui a obtenu un jugement en sa faveur bénéficie d'une hypothèque judiciaire, il n'est pas dispensé de procéder à l'inscription de celle-ci dans les conditions de l'art. 2426 du même code. C'est donc à bon droit qu'une cour d'appel a retenu qu'aucun texte ne le prévoyant, la publication d'un commandement valant saisie immobilière n'est pas assimilable à une inscription d'hypothèque sur l'immeuble saisi et que, par conséquent, la créance détenue ne peut être admise qu'à titre chirographaire. • Civ. 2e, 28 sept. 2017, no 16-20.437 P : *D. 2018. Pan. 1128, obs. Leborgne ; Rev. Banque 2017, no 246, obs. Legeais ; ibid., no 261, obs. Piedelièvre ; Dr. et pr. 2017. 260, note Salati ; ibid., suppl. Dr. recouvr., no 10, p. 18, note Salati ; Gaz. Pal. 20 févr. 2018, p. 36, note Albiges ; JCP 2017. 1085, note Laporte.*

Art. L. 321-3 L'acte de saisie d'un immeuble emporte saisie de ses fruits, sauf l'effet d'une saisie antérieure. – *[C. civ., art. 2194.]* – *V. art. R. 321-16 s.*

Art. L. 321-4 Les baux consentis par le débiteur après l'acte de saisie sont, quelle que soit leur durée, inopposables au créancier poursuivant comme à l'acquéreur.

La preuve de l'antériorité du bail peut être faite par tout moyen. — *[C. civ., art. 2199.]*

1. Renvoi. V. note 3 ss. ACPC, art. 684, App., *Saisie immobilière, II Ancien régime.*

I. ANTÉRIORITÉ DU BAIL

2. Opposabilité du bail. Justifie légalement sa décision au regard des art. 2198, 2199 et 2210 C. civ., devenus les art. L. 321-2, L. 321-4 et L. 322-13 C. pr. exéc., la cour d'appel qui, pour décider qu'un bail consenti par le saisi est opposable à l'adjudicataire de l'immeuble saisi et débouter ce dernier de sa demande d'expulsion de cette société et de tous occupants de son chef, retient que la réalité du bail, dont elle relevait qu'étant inférieur à une durée de douze ans il n'était pas soumis à publicité foncière pour son opposabilité, et son antériorité à la signification du commandement valant saisie immobilière étaient établies. • Civ. 2e, 6 juin 2013, n° 12-19.116 P : *D. 2014. Pan. 1466, obs. Leborgne ; Dr. et pr. 2013. 174, note Leborgne ; Defrénois 2014, p. 7, note Piedelièvre.*

II. POSTÉRIORITÉ DU BAIL

3. Conséquence de la caducité du commandement de payer. La caducité qui frappe un commandement de payer valant saisie immobilière le prive rétroactivement de tous ses effets et atteint tous les actes de la procédure de saisie qu'il engage. • Civ. 3e, 31 mars 2016, n° 14-25.604 P : *D. 2015. Actu. 782 ; ibid. 2017. 1388, obs. Leborgne ; RTD civ. 2016. 347, note Barbier ; AJDI 2016. 856, obs. de La Vaissière ; RDBF 2016, n° 128, note Piedelièvre ; JCP 2016. 1224, obs. Delebecque ; JCP E 2016. 1451, note Legrix de la Salle et Pastre-Boyer.*

4. Connaissance préalable de l'adjudicataire. La délivrance d'un commandement valant saisie immobilière n'interdit pas la conclusion d'un bail ou la reconduction tacite d'un bail antérieurement conclu, de sorte que le bail, même conclu après la publication d'un tel commandement, est opposable à l'adjudicataire qui en a eu connaissance avant l'adjudication. • Civ. 2e, 27 févr. 2020, n° 18-19.174 P : *D. actu. 13 mars 2020, note Couturier.*

Art. L. 321-5 La saisie immobilière est opposable aux tiers à partir de sa publication au fichier immobilier.

Les aliénations non publiées ou publiées postérieurement et qui n'ont pas été faites dans les conditions prévues à l'article L. 322-1 sont inopposables au créancier poursuivant comme à l'acquéreur, sauf consignation auprès de la Caisse des dépôts et consignations d'une somme suffisante pour acquitter en principal, intérêts et frais, ce qui est dû aux créanciers inscrits ainsi qu'au créancier poursuivant ; la somme ainsi consignée leur est affectée spécialement.

Sont pareillement inopposables les inscriptions du chef du saisi qui n'ont pas été prises antérieurement à la publication de la saisie *(Abrogé par Ord. n° 2021-1192 du 15 sept. 2021, art. 34-XII, à compter du 1er janv. 2022)* « ***, sous réserve du droit pour le vendeur, le prêteur de deniers pour l'acquisition et le copartageant d'inscrire, dans les délais prévus par les articles 2379 à 2381 du code civil, le privilège qui leur est conféré par l'article 2374 du même code*** ». — *[C. civ., art. 2200.]* — *V. art. R. 322-14. — V. **C. civ.**, art. 2374, 2379 à 2381.*

Promesse de vente consentie ensuite du commandement de payer. Il résulte des dispositions de l'art. L. 321-5 que le débiteur qui a consenti une promesse de vente postérieurement à la délivrance d'un commandement de payer valant saisie immobilière n'est pas fondé à se prévaloir des effets de l'indisponibilité du bien prévue à l'art. L. 321-2. • Civ. 2e, 7 déc. 2017, n° 16-21.356 P : *D. 2017. Actu. 2543 ; ibid. Pan. 1128, obs. Leborgne ; ibid. 2018. 1684, note Brenner et Théry ; D. actu. 3 janv. 2018, obs. Payan ; Procédures 2018, n° 42, note Laporte ; RDBF 2018, n° 17, note Piedelièvre ; Dr. et pr. 2018. 56, note Vinckel ; AJDI 2018. 377, obs. Cohet ; Defrénois 2018, n° 14, p. 27, note Bouirat.*

Art. L. 321-6 En cas de saisies simultanées de plusieurs de ses immeubles, le débiteur peut demander au juge le cantonnement de celles-ci.

Il peut également solliciter du juge une conversion partielle des saisies en hypothèque sur certains de ses immeubles qui prendra rang au jour de la publication de la saisie, sous réserve de l'inscription de la sûreté dans le mois de la notification de la décision. — *[C. civ., art. 2196.]*

CHAPITRE II LA VENTE DE L'IMMEUBLE SAISI

RÉP. PR. CIV. v° *Enchères*, par VIGNERON.

SECTION PREMIÈRE DISPOSITIONS GÉNÉRALES

Art. L. 322-1 **Les biens sont vendus soit à l'amiable sur autorisation judiciaire, soit par adjudication.** – *[C. civ., art. 2201, al. 1er.]*

(L. n° 2019-222 du 23 mars 2019, art. 14-3°) **« En cas d'accord entre le débiteur, le créancier poursuivant, les créanciers inscrits sur l'immeuble saisi à la date de la publication du commandement de payer valant saisie, les créanciers inscrits sur l'immeuble avant la publication du titre de vente et qui sont intervenus dans la procédure ainsi que le créancier mentionné au** *(Ord. n° 2021-1192 du 15 sept. 2021, art. 34-XII, en vigueur le 1er janv. 2022)* **« 3° de l'article 2402** *[ancienne rédaction : 1° bis de l'article 2374]* **» du code civil, ils peuvent également être vendus de gré à gré après l'orientation en vente forcée et jusqu'à l'ouverture des enchères. »**

Sur la procédure de vente amiable, V. art. R. 322-20 s. ; ... de vente forcée, V. art. R. 322-26 s.

1. Modalités de la vente. Portée du jugement d'adjudication (droit antérieur à la L. n° 2019-222 du 23 mars 2019). Le jugement d'orientation qui ordonne la vente forcée de l'immeuble saisi interdit de procéder à la vente du bien selon une autre modalité que celle qu'il a prévue. • Civ. 2e, 9 avr. 2015, n° 14-16.878 P : *D. 2015. Actu. 873 ; ibid. Chron. C. cass. 1791, obs. Adida-Cagnac, Vasseur et de Leiris ; ibid. 1928, note Théry et Brenner ; Dr. et pr. 2015. 116, note Lauvergnat ; Gaz. Pal. 28 mai 2015, p. 12, note Piedelièvre ; ibid. 31 juill. 2015, p. 24, note Bolze ; ibid. 5 sept. 2015, p. 19, note Brenner ; ibid. 22 sept. 2015, p. 38, note Lauvergnat ; JCP N 2015. 1109, note Vauvillé ; RDBF 2015, n° 97, note Houin-Bressand ; Dr. et patr. 11/2015, p. 81, obs. Crocq.*

2. Vente forcée après adjudication annulée. Une cour d'appel peut ordonner la vente forcée d'un immeuble, après avoir constaté qu'une adjudication avait eu lieu, dès lors que l'annulation du jugement d'orientation ayant ordonné l'adjudication entraîne de plein droit l'anéantissement, par perte de fondement juridique, du jugement d'adjudication. • Civ. 1re, 1er févr. 2018, n° 16-28.066 P : *D. actu. 20 févr. 2018, obs. Payan ; D. 2018. Pan. 1230, obs. Leborgne ; Procédures 2018, n° 106, obs. Laporte ; RDBF 2018, n° 44, note Piedelièvre.*

Art. L. 322-2 **L'huissier de justice instrumentaire peut pénétrer dans les lieux et, le cas échéant, faire procéder à l'ouverture des portes et des meubles, afin de décrire l'immeuble saisi.**

En l'absence de l'occupant du local ou si ce dernier en refuse l'accès, l'huissier de justice procède comme il est dit aux articles L. 142-1 et L. 142-2. Lorsque les lieux sont occupés par un tiers en vertu d'un droit opposable au débiteur, l'huissier de justice ne peut y pénétrer que sur autorisation préalable du juge de l'exécution, à défaut d'accord de l'occupant.

SECTION II LA VENTE AMIABLE SUR AUTORISATION JUDICIAIRE

Art. L. 322-3 **La vente amiable sur autorisation judiciaire produit les effets d'une vente volontaire. Elle ne peut pas donner lieu à rescision pour lésion.** – *[C. civ., art. 2202.]*

Rescision pour lésion. Sur la question de la rescision pour lésion, V. : Leborgne, *D. 2009. Pan. 1168* .

Art. L. 322-4 **L'acte notarié de vente n'est établi que sur consignation du prix** *(Abrogé par L. n° 2019-222 du 23 mars 2019, art. 14-4°-a) « et des frais de la vente »* **auprès de la Caisse des dépôts et consignations et justification du paiement** *(L. n° 2019-222 du 23 mars 2019, art. 14-4°-b)* **« des frais de la vente et » des frais taxés.** – *[C. civ., art. 2203.]*

BIBL. ▶ HÉBERT, *JCP N 2012. 1119* (le prix de la vente amiable sur autorisation judiciaire est obligatoirement consigné auprès de la CSC). – LAPORTE, *Procédures 2012. Formule 11* (cahier des conditions de vente en matière de saisie immobilière). – LEBORGNE, *Procédures 2013. Chron. 1, n° 2.*

I. COMPÉTENCE

1. *Exclusivité de la Caisse des dépôts et consignations (CDC).* Il résulte des art. 2203 C. civ., alors applicable [devenu C. pr. exéc., art. L. 322-4], 2, 14°, de l'Ord. du 3 juill. 1816 et, L. 518-19 C. mon. fin. que, quand une loi ordonne une consignation sans en indiquer le lieu, les juridictions ne peuvent autoriser de consignations auprès des organismes autres que la CDC. • Civ. 2e, 6 déc. 2012, n° 11-24.443 P : *D. actu. 19 déc. 2012, obs. Avena-Robardet ; D. 2012. 2976, obs. Avena-Robardet ; ibid. 2013. Pan. 610, obs. Leroy-Gissinger et Renault-Malignac ; JCP N. 2012.1098, obs. Hébert ; D. Avocats 2013. 67, obs. Dargent ; Dr. et pr. 2013. 43, note Leborgne ; Procédures 2013. Chron. 1, n° 21, obs. Leborgne.*

2. *Absence de compétence de la CARPA.* Les caisses de règlements pécuniaires des avocats (CARPA) ne peuvent donc recevoir le prix de la vente amiable d'un immeuble à titre de séquestre. • Civ. 2e, 6 déc. 2012 : *cité note 1.* ♦ V. déjà sur le rejet de la demande de suspension de l'exécution de l'Ord. du 19 déc. 2011, en ce qu'elle a adopté l'art. L. 322-4 C. pr. exéc., formée par le Conseil national des barreaux (CNB) faisant valoir que son entrée en vigueur, le 1er juin 2012, aurait pour effet de priver les barreaux et les CARPA de fonds qui étaient jusque-là susceptibles d'y être consignés, avec pour conséquence la perte des intérêts résultant du placement de ces fonds, ainsi que l'intérêt public qui s'attache au bon fonctionnement de la justice, aux motifs que, si le CNB fait état du montant des fonds séquestrés en 2011 en matière de ventes amiables d'immeubles saisis sur les comptes d'une trentaine de barreaux, il n'apporte aucun élément précis sur le montant des ressources que les barreaux tirent du placement de ces fonds et qu'il ne résulte ainsi pas des pièces versées au dossier soumis au juge des référés, non plus que des indications données à l'audience, que l'entrée en vigueur du nouvel art. L. 322-4, qui prévoit la consignation auprès de la CDC du prix et des frais de la vente amiable des immeubles saisis, porterait à la situation des barreaux, ou des CARPA, une atteinte suffisamment grave et immédiate justifiant que l'exécution de cette disposition soit suspendue dans l'attente qu'il soit statué sur le recours pour excès de pouvoir formé contre l'ordonnance contestée, alors que l'intérêt public qui s'attache au bon fonctionnement du service public de la justice n'est pas non plus mis en cause par l'application de la disposition contestée, V. • CE 31 mai 2012, n° 359300 : *D. 2013. Pan. 1581, obs. Leborgne.*

II. CARACTÈRE IMPÉRATIF

3. *Dérogation (non).* Il ne peut être dérogé aux dispositions impératives des art. L. 322-4, R. 322-21 et R. 322-24, en application desquelles l'acte de vente amiable sur autorisation judiciaire d'un immeuble saisi n'est établi par le notaire que sur justification du paiement par l'acquéreur, en sus du prix de vente, des frais de poursuite qui ont été taxés à la demande du créancier poursuivant par le JEX ayant autorisé la vente amiable. Doit par conséquent être cassé l'arrêt d'une cour d'appel retenant que les parties à l'acte de vente avaient pu déroger à ces dispositions en stipulant que les frais de poursuite de la procédure de saisie immobilière seraient à la charge du vendeur. • Civ. 2e, 22 juin 2017, n° 16-12.882 P : *D. 2018. Pan. 1231, obs. Leborgne ; Gaz. Pal. 19 déc. 2017, p. 41, obs. Brenner ; RDBF 2017, n° 219, note Piedelièvre ; D. actu. 6 juill. 2017, obs. Payan.*

SECTION III LA VENTE PAR ADJUDICATION

Art. L. 322-5 **L'adjudication de l'immeuble a lieu aux enchères publiques à l'audience du juge.** – *[C. civ., art. 2204.]*

Art. L. 322-6 **Le montant de la mise à prix est fixé par le créancier poursuivant. A défaut d'enchère, celui-ci est déclaré adjudicataire d'office à ce montant.**

Le débiteur peut, en cas d'insuffisance manifeste du montant de la mise à prix, saisir le juge afin de voir fixer une mise à prix en rapport avec la valeur vénale de l'immeuble et les conditions du marché. Toutefois, à défaut d'enchère, le poursuivant ne peut être déclaré adjudicataire que pour la mise à prix initiale. – *[C. civ., art. 2206.]*

I. CONSTITUTIONNALITÉ

1. *Respect de la DDHC de 1789.* La saisie *immobilière, procédure d'exécution* forcée sur l'immeuble du débiteur en vue de la distribution de son prix, est une modalité de paiement d'une créance exécutoire. Le fait que le poursuivant fixe le montant de la mise à prix et soit déclaré adjudicataire à défaut d'enchère permet d'éviter que cette procédure ne demeure suspendue faute d'enchérisseur. Le fait, pour le poursuivant, d'être déclaré d'office adjudicataire à un prix fixé par lui, est une disposition qui fait obstacle à ce que le créancier se voie imposer un transfert de propriété moyennant un prix auquel il n'aurait pas consenti. L'objectif poursuivi constitue incontestablement un motif d'intérêt général, justifiant une atteinte au droit de propriété. De surcroît, l'adjudication d'office au créancier poursuivant du bien saisi au montant de la mise à prix qu'il a lui-même fixé, en cas de carence d'enchère, n'est qu'une éventualité. En conséquence, l'art. 2206 C. civ. [devenu C. pr. exéc., art. L. 322-6] ne porte pas atteinte aux droits et libertés garantis par la DDHC de 1789, et en l'espèce au droit de propriété du saisi. • Cons. const. 16 déc. 2011, n° 2011-206 QPC : *JO 17 déc.; D. 2012. Actu. 29 ; ibid. Pan. 1518, obs. Leborgne ; JCP 2013. 322, obs. Mathieu et Verpeaux ; Dr. et pr. 2012. 80, note Leborgne ; Procédures 2013. Chron. 1, n° 22, obs. Leborgne.*

II. MONTANT DE LA MISE À PRIX

2. Montant de la mise à prix initiale. Le montant de la mise à prix initiale auquel le bien est adjugé au créancier poursuivant en l'absence d'enchère est, en application des art. L. 322-6, R. 322-10 et R. 322-47, celui fixé par le créancier poursuivant dans le cahier des conditions de vente et non le montant de la mise à prix modifié par le jugement d'orientation. • Civ. 2e, 12 avr. 2018, n° 17-15.418 P : *AJDI 2019. 138, obs. de La Vaissière ; JCP 2018. 509, obs. Laporte ; Procédures 2018, n° 187, obs. Laporte.*

3. Modification du montant de la mise à prix. Modalités. Le montant de la mise à prix fixé par le créancier poursuivant dans le cahier des conditions de vente ne peut être modifié qu'à la demande du débiteur dans les conditions prévues à l'art. L. 322-6, al. 2 C. pr. exéc. • Civ. 2e, 28 juin 2018, n° 17-11.076 P : *D. 2018. Actu. 1443 ; D. actu. 6 juill. 2018, obs. Payan ; JCP 2018. 917, note Laporte.*

4. Mise à prix fixée dans le jugement d'orientation. Viole les art. L. 322-6, R. 322-15, R. 322-43 et R. 322-47 C. pr. exéc. le jugement qui adjuge l'immeuble saisi au créancier poursuivant au prix de 40 000 €, alors que le jugement d'orientation avait fixé irrévocablement le montant de la mise à prix lors de la vente forcée à la somme de 95 000 €. • Civ. 2e, 19 févr. 2015, n° 14-13.786 P : *D. actu. 4 mars 2015, obs. Avena-Robardet ; Gaz. Pal. 16 juin 2015, p. 35, note Lauvergnat ; RDBF 2015, n° 93, note Piedelièvre ; RTD civ. 2015. 458, obs. Cayrol .*

5. Pouvoirs du JEX. Le JEX qui retient l'insuffisance manifeste de la mise à prix fixée par le créancier poursuivant apprécie souverainement le montant auquel la mise à prix doit être réévalué pour être en rapport avec la valeur vénale du bien saisi et les conditions du marché. • Civ. 2e, 24 sept. 2015, n° 14-22.407 : *AJDI 2015. 856 .*

III. CRÉANCIER POURSUIVANT

6. Association. Les dispositions de l'art. 6 de la L. du 1er juill. 1901, qui interdisent à une association d'acquérir à titre onéreux des immeubles qui ne sont pas strictement nécessaires à l'accomplissement du but qu'elle se propose, ne font pas obstacle à ce qu'une association ayant la qualité de créancier poursuivant soit déclarée, en application de l'art. L. 322-6, al. 1er, adjudicataire d'office d'un immeuble dont la destination ne rentrerait pas dans son objet statutaire. • Civ. 2e, 6 déc. 2018, n° 17-24.173 P : *D. actu. 8 janv. 2019, obs. M.-P. Mourre-Schreiber ; D. 2018. 2421 ; ibid. 2019. 1306, obs. Leborgne ; JA 2019, n° 593, p. 9, obs. Viudès ; AJDI 2019. 552, obs. Cohet ; RTD com. 2019. 182, obs. Hiez ; JCP 2019. 71, note Laporte ; Procédures 2019, n° 46, obs. Laporte.*

7. Créancier poursuivant enchérisseur. Lorsque le JEX a ordonné la vente forcée du bien, le code des procédures civiles d'exécution fixe la liste des personnes qui ne peuvent pas se porter enchérisseurs au cours de l'audience d'adjudication, que ce soit par elles-mêmes ou par personnes interposées : il s'agit du débiteur saisi, des auxiliaires de justice qui sont intervenus à un titre quelconque dans la procédure et des magistrats de la juridiction devant laquelle la vente est poursuivie (C. pr. exéc., art. R. 322-29). En l'état, les textes applicables à la procédure de saisie immobilière n'interdisent donc pas à un organisme bancaire qui serait le créancier poursuivant de se porter enchérisseur par l'intermédiaire d'une société dont il serait le gérant. Néanmoins, cette situation ne conduit pas nécessairement à la vente au rabais du bien saisi. En effet, la publicité organisée préalablement aux enchères doit permettre d'attirer le plus grand nombre d'enchérisseurs possibles à l'audience d'adjudication. Outre les mesures de publicité de droit commun (affichage dans les locaux de la juridiction, à l'entrée de l'immeuble, et insertion d'avis dans les journaux), le droit en vigueur donne également la possibilité au saisi de demander au juge de compléter ces mesures, notamment pour que d'autres modes de communication soient utilisés (C. pr. exéc., art. R. 322-37). La publicité organisée, en permettant d'attirer des enchérisseurs, tend à garantir que le bien sera vendu à un prix supérieur à celui de la mise à prix, qui se rapproche du prix du marché. Par ailleurs, toute personne qui justifie de garanties de paiement peut se porter enchérisseur, ce qui ouvre largement les enchères et donne de plus grandes chances de succès à l'audience d'adjudication. Au surplus, même si le montant de la mise à prix est fixé par le créancier poursuivant, le saisi a la possibilité, en cas d'insuffisance manifeste de ce montant, de demander au juge de fixer une mise à prix en rapport avec la valeur vénale de l'immeuble et les conditions du marché (C. pr. exéc., art. L. 322-6). Cette disposition vise à assurer que le montant de la mise à prix ne soit pas dérisoire et, qu'en présence d'enchérisseurs, la vente ne se fasse pas au rabais. Enfin, dans le cas où il n'y aurait pas d'enchères à l'audience d'adjudication, le créancier poursuivant peut d'ores et déjà être déclaré adjudicataire au montant de sa mise à prix initiale, en vertu de l'art. L. 322-6 C.

pr. exéc. Le Conseil constitutionnel a déclaré cette disposition – alors inscrite à l'art. 2206 C. civ. – conforme à la Constitution, en considérant que l'atteinte portée aux conditions d'exercice du droit de propriété du débiteur saisi ne revêtait pas un caractère disproportionné (Cons. const. 16 déc. 2011, n° 2011-206 QPC). Au regard de l'ensemble des dispositions déjà en vigueur, qui encadrent la vente forcée des biens immobiliers et visent à éviter la vente à vil prix, il n'est pas envisagé actuellement de modifier la législation pour interdire à un organisme bancaire qui serait poursuivant de se porter enchérisseur par le biais d'une société dont il serait le gérant. * Rép. min. n° 93722 : *JOAN Q 28 févr. 2017, p. 1869 ; Procédures 2017, n° 85, note Laporte.*

Art. L. 322-7 **Sous réserve des incapacités tenant aux fonctions qu'elle exerce, toute personne peut se porter enchérisseur si elle justifie de garanties de paiement.** – *[C. civ., art. 2205.]*

1. Personne pouvant enchérir. V. • Civ. 2e, 10 sept. 2009 : *cité note ss. art. R. 322-40.*

2. Redressement judiciaire. Les art. L. 642-18 et L. 642-19 C. com., auxquels renvoie l'art. L. 642-20 du même code, traitent spécialement des ventes aux enchères publiques des biens immobiliers du débiteur en liquidation judiciaire ainsi que de la vente amiable ou aux enchères des autres biens de ce débiteur. Il en résulte que l'interdiction de la cession des actifs, par quelque voie que ce soit, aux parents, jusqu'au deuxième degré, des dirigeants de la personne morale débitrice, que pose l'art. L. 642-3 C. com., auquel renvoie l'art. L. 642-20 du même code, est applicable aux parents du débiteur saisi, à l'exclusion des dispositions des art. L. 322-7 et R. 322-39 C. pr. exéc. • Com. 3 févr. 2021, n° 19-20.616 P : *D. actu. 22 févr. 2021, obs. Ferrari.*

Art. L. 322-7-1 *(L. n° 2018-1021 du 23 nov. 2018, art. 191-I)* **La personne condamnée à l'une des peines complémentaires prévues au 2° du I de l'article 225-26 du code pénal, au 3° du IV et au deuxième alinéa du V de l'article L. 1337-4 du code de la santé publique,** *(Ord. n° 2020-71 du 29 janv. 2020, art. 4-XII, en vigueur le 1er juill. 2021)* **« au 3° de l'article L. 184-7 et au deuxième alinéa de l'article L. 184-8 » du code de la construction et de l'habitation, au 3° du III et au deuxième alinéa du IV de l'article L. 511-6 et au 3° du II et au troisième alinéa du III de l'article L. 521-4 du même code ne peut se porter enchérisseur pendant la durée de cette peine pour l'acquisition d'un bien immobilier à usage d'habitation ou d'un fonds de commerce d'un établissement recevant du public à usage total ou partiel d'hébergement, sauf dans le cas d'une acquisition pour une occupation à titre personnel.**

Un décret en Conseil d'État définit les modalités d'application de l'art. 191-I de la L. n° 2018-1021 du 23 nov. 2018 (L. préc., art. 191-II).

Les dispositions de l'Ord. n° 2020-71 du 29 j anv. 2020 entrent en vigueur à une date fixée par décret en Conseil d'État, et au plus tard le 1er juill. 2021 (Ord. préc., art. 8).

Art. L. 322-8 **L'adjudication ne peut donner lieu à déclaration de command.** – *[C. civ., art. 2207.]*

Art. L. 322-9 **L'adjudicataire verse le prix sur un compte séquestre ou le consigne auprès de la Caisse des dépôts et consignations et paye les frais de la vente.**

Il ne peut, avant le versement ou la consignation et le paiement, accomplir un acte de disposition sur le bien à l'exception de la constitution d'une hypothèque accessoire à un contrat de prêt destiné à financer l'acquisition de ce bien. – *[C. civ., art. 2211.]*

Le bâtonnier de l'ordre des avocats d'un barreau désigné comme séquestre de fonds provenant de la vente sur licitation d'un immeuble a la qualité de tiers saisi dans les procédures de saisie-attribution et saisies conservatoires portant sur le prix d'adjudication ainsi consigné entre ses mains. En conséquence, la responsabilité de la caisse autonome des règlements pécuniaires des avocats (CARPA) ne peut être recherchée au titre des obligations pesant sur le tiers saisi. • Civ. 2e, 17 mars 2016, n° 14-18.692 P : *Gaz. Pal. 7 juin 2016, p. 75, note Salati.*

Art. L. 322-10 **L'adjudication emporte vente forcée du bien saisi et en transmet la propriété à l'adjudicataire.**

Elle ne confère à celui-ci d'autres droits que ceux appartenant au saisi. Ce dernier est tenu, à l'égard de l'adjudicataire, à la délivrance du bien et à la garantie d'éviction. – *[C. civ., art. 2208.]*

1. Adjudication. Portée. Justifie légalement sa décision la cour d'appel qui constate que, par le seul effet de l'adjudication, l'exploitant d'un fonds de commerce qui n'était pas locataire mais propriétaire de l'immeuble où était implanté ce fonds était dépourvu de titre lui permettant de poursuivre son exploitation et de justifier de son maintien dans les locaux acquis par l'adjudicataire, qui n'était pas tenu de lui consentir un bail commercial. • Com. 31 mars 2009, n° 08-14.180 P : *R. 2009, p. 428 ; D. 2009. AJ 1139, note Chevrier ; JCP E 2009. 1899, note Planckeel ; Defrénois 2009. 39015, obs. Thuillier ; RTD com. 2010. 686, obs. Saintourens .*

2. ... *Chose jugée.* Statue sur une partie du principal la cour d'appel qui, dans un litige tendant à la radiation de la publication d'un jugement d'adjudication sur surenchère, accueille dans son dispositif une demande tendant à voir dire que l'adjudicataire sur surenchère n'a pas payé le prix d'adjudication, et ordonne la réouverture des débats. • Civ. 2e, 11 juill. 2013, n° 12-13.737 P : *D. 2013. 1908 ; Dr. et pr. 2013. 226, obs. Leborgne ; RDBF 2013, n° 161, note Piedelièvre.*

Art. L. 322-11 Le titre de vente n'est délivré à l'adjudicataire que sur justification du paiement des frais taxés. – *[C. civ., art. 2209.]*

Art. L. 322-12 A défaut de versement du prix ou de sa consignation et de paiement des frais, la vente est résolue de plein droit.

L'adjudicataire défaillant est tenu au paiement de la différence entre son enchère et le prix de la revente, si celui-ci est moindre. Il ne peut prétendre à la répétition des sommes qu'il a acquittées. – *[C. civ., art. 2212.]*

BIBL. ► SILLARD, *Gaz. Pal. 12 janv. 2016, p. 29* (la réitération des enchères, l'adjudicataire défaillant et l'interdiction de restitution).

I. CONSÉQUENCES DU DÉFAUT DE PAIEMENT

1. Résolution de la vente. Effet de plein droit. Selon l'art. L. 322-12, ce n'est qu'en l'absence de consignation ou de versement du prix et de paiement des frais à la date où le juge statue que la résolution de la vente peut être constatée, à l'occasion de la procédure de réitération des enchères ou par une action tendant à cette seule résolution. Ces dispositions, d'ordre public, impliquent que si elle peut être demandée à titre principal en cas de défaut de paiement du prix, la résolution de la vente ne peut l'être que sur le fondement des dispositions spéciales du C. pr. exéc., qui dérogent à celles du droit commun de la vente, et tant que le prix de vente n'a pas été payé (rejet du pourvoi contre l'arrêt ayant refusé d'appliquer l'art. 1654 C. civ.). • Civ. 2e, 3 févr. 2022, n° 20-19.522 B. ♦ Jugeant qu'un débiteur est bien fondé à solliciter du juge des criées qu'il constate la résolution de la vente, cette dernière intervenant de plein droit dès l'instant où le délai de deux mois n'a pas été respecté. • TGI Pontoise, JEX, 6 août 2009 : *D. 2009. AJ 2169 .* ♦ Selon l'art. R. 322-66, le versement du prix de la vente, auquel est tenu l'adjudicataire en application de l'art. L. 322-12, est opéré dans un délai de deux mois à compter de la date d'adjudication définitive, et ce, à peine de réitération des enchères. Néanmoins, afin de pouvoir poursuivre cette réitération des enchères, l'adjudicataire doit être mis en demeure de payer, et ce, sous un délai de huit jours, conformément à l'art. R. 322-67. Il en résulte que l'adjudicataire peut consigner le prix de vente et payer les frais au-delà du délai de deux mois suivant l'adjudication, la sanction du défaut de paiement dans ce délai étant la possibilité pour les créanciers et le débiteur de poursuivre la réitération des enchères. Ce n'est, dès lors, qu'en l'absence de consignation ou de versement du prix et de paiement des frais à la date où le juge statue que la résolution de la vente peut être constatée, à l'occasion de la procédure de réitération des enchères ou par une action tendant à cette résolution. • Civ. 2e, 1er oct. 2020, n° 19-12.830 P : *Rev. prat. rec. 2020. 15, chron. Faivre, Gregori, Laher et Provansal.*

2. Radiation de la publication du jugement d'adjudication. Les ayants droit du débiteur saisi, qui peuvent agir en résolution de la vente constatée par l'adjudication, notamment en cas de défaut de paiement du prix par l'adjudicataire, sont recevables à solliciter la radiation de la publication du jugement d'adjudication. • Civ. 2e, 11 juill. 2013, n° 12-13.737 P : *D. 2013. 1908 ; Dr. et pr. 2013. 226, obs. Leborgne ; RDBF 2013, n° 161, note Piedelièvre.*

II. COMPÉTENCE JURIDICTIONNELLE

3. Compétence du JEX. Le JEX est compétent pour constater la résolution de plein droit de la vente sur adjudication du fait de l'absence de consignation du prix par l'adjudicataire. • Civ. 2e, 23 févr. 2017, n° 16-13.178 P : *D. actu. 10 mars 2017, note Camensuli-Feuillard ; D. 2017. Actu. 515 ; ibid. Pan. 1397, obs. Leborgne ; Dr. et pr. 2017. 37, note Leborgne ; Gaz. Pal. 18 avr. 2017, p. 24, note Laher ; ibid. 2 mai 2017, p. 82, note Lauvergnat ; ibid. 20 juin 2017, p. 49, note Ansault ; RDBF 2017, n° 129, note Piedelièvre.*

Art. L. 322-13 Le jugement d'adjudication constitue un titre d'expulsion à l'encontre du saisi. – *[C. civ., art. 2210.]*

1. Jugement d'adjudication. Portée. Sur le caractère suffisant d'un jugement d'adjudication pour permettre d'expulser les occupants d'un logement et de solliciter à cette fin le concours de la force publique. *Rép. min. n° 15650 : *JO AN 26 août 2008 ; Dr. et pr. 2008. 354.*

2. Indemnité d'occupation. Dès lors que, par l'effet du jugement d'adjudication, l'adjudicataire était devenu propriétaire du bien, le débiteur saisi est tenu au paiement d'une indemnité d'occupation. • Civ. 2e, 11 mars 2010, n° 09-12.712 P : *D. actu. 31 mars 2010, obs. Avena-Robardet ; Dr. et patr. 11/2010, p. 94, obs. Lefort ; RDBF 2010, n° 106, note Piedelièvre.*

SECTION IV DISPOSITIONS COMMUNES

Art. L. 322-14 Le versement du prix ou sa consignation et le paiement des frais de la vente purgent de plein droit l'immeuble de toute *(Ord. n° 2021-1192 du 15 sept. 2021, art. 30-4°, en vigueur le 1er janv. 2022)* « sûreté publiée *[ancienne rédaction : hypothèque et de tout privilège]* » du chef du débiteur à compter de la publication du titre de vente. — *[C. civ., art. 2213.]*

Dès lors qu'il retient souverainement l'absence de fraude, c'est à bon droit que le juge décide que la publication du jugement d'adjudication a emporté la purge de tous les vices de la procédure antérieure. • Civ. 2e, 24 sept. 2015, n° 14-20.132 P : *D. 2015. Actu. 1961 ; AJDI 2016. 130, obs. de La Vaissière ; D. 2016. Pan. 1288, obs. Leborgne ; ibid. Chron. Cass. 744, obs. Adida-Canac, Vasseur et de Leiris .*

TITRE TROISIÈME LA DISTRIBUTION DU PRIX

V. art. R. 331-1 s.

CHAPITRE PREMIER DISPOSITIONS GÉNÉRALES

Art. L. 331-1 Seuls sont admis à faire valoir leurs droits sur le prix de la vente le créancier poursuivant, les créanciers inscrits sur l'immeuble saisi à la date de la publication du commandement de payer valant saisie, les créanciers inscrits sur l'immeuble avant la publication du titre de vente et qui sont intervenus dans la procédure *(Ord. n° 2021-1192 du 15 sept. 2021, art. 30-5°, en vigueur le 1er janv. 2022)* « , les créanciers énumérés à l'article 2377 et au 3° de l'article 2402 du code civil ainsi que les créanciers titulaires d'une sûreté publiée sur les immeubles par destination saisis avant la publication du titre de vente *[ancienne rédaction : ainsi que les créanciers énumérés au 1° bis de l'article 2374 et à l'article 2375 du code civil]* ».— *[C. civ., art. 2214.]* — *V. C. civ., art. 2377 et 2402. — C. civ.*

BIBL. ▶ WICKERS, *Gaz. Pal. 2006. 3096.*

1. Créancier chirographaire. Il résulte de l'art. L. 331-1 que le créancier chirographaire, qui n'est pas une partie à la procédure de distribution, n'a pas qualité à contester le projet de distribution. • Civ. 2e, 12 avr. 2018, n° 17-13.235 P : *D. 2018. Pan. 1231, obs. Leborgne ; Procédures 2018, n° 185, obs. Laporte ; Gaz. Pal. 31 juill. 2018, p. 77, obs. Lauvergnat.*

2. Créanciers inscrits. Les créanciers inscrits étant admis à faire valoir leurs droits sur la répartition du prix de vente, en application de l'art. L. 331-1, quand bien même ils auraient perdu le bénéfice de leur sûreté pour défaut de déclaration de leur créance, la procédure demeure indivisible à leur égard peu important qu'ils aient omis de déclarer leur créance. • Civ. 2e, 2 déc. 2021, n° 20-15.274 B (application de l'art. 553 C. pr. civ.).

Art. L. 331-2 Les créanciers sommés de déclarer leur créance et qui ont omis de le faire sont déchus du bénéfice de leur sûreté pour la distribution du prix de vente de l'immeuble. — *[C. civ., art. 2215.]*

I. CONTENU DE LA DÉCLARATION

1. Créance non exigible. A peine de déchéance du bénéfice de sa sûreté pour la distribution du prix de vente de l'immeuble, tout créancier inscrit doit déclarer sa créance, peu important qu'elle ne soit pas exigible et que le décompte de sa créance ne soit pas actualisé au jour même de sa déclaration. • Civ. 2e, 28 sept. 2017, n° 16-17.010 P : *D. actu. 12 oct. 2017, obs. Payan ; D. 2017. Actu. 1983 ; ibid. 2018. Pan. 1229, obs. Leborgne ;* Dr. et pr. 2017. 252, *note Vinckel ; RDBF 2017, n° 259, note Piedelièvre.* ♦ A peine de déchéance du bénéfice de sa sûreté, tout créancier inscrit doit déclarer sa créance, peu important que son exigibilité soit suspendue en conséquence d'une réclamation présentée dans les conditions prévues par l'art.

L. 277 LPF. • Civ. 2e, 6 sept. 2018, n° 17-22.364 P : *D. actu. 21 sept. 2018, obs. Payan.*

II. PORTÉE DE LA DÉCHÉANCE

2. Défaillance du créancier. Fait une exacte application des dispositions des art. 2215 C. civ. [devenu C. pr. exéc., art. L. 331-2] et 113 du Décr. n° 2006-936 du 27 juill. 2006 [devenu C. pr. exéc., art. R. 332-2], dans sa rédaction antérieure au Décr. n° 2009-160 du 12 févr. 2009, la cour d'appel qui, dans une procédure de distribution du prix de vente d'un immeuble, dont l'ouverture de l'ordre, au sens de l'art. 750 ACPC (App., v° *Saisie immobilière, II Ancien régime*), n'a pas été requis avant le 1er févr. 2007, déclare déchu du bénéfice de sa sûreté un créancier qui n'avait pas déclaré sa créance dans le délai de quinze jours de la sommation qui lui avait été faite. • Civ. 2e, 17 févr. 2011, n° 10-15.100 P : *D. 2011. Actu. 687 ; ibid. Pan. 1509, obs. Leborgne .*

3. Créanciers concernés. Il résulte de l'application des art. L. 331-2 et R. 322-12 que seuls peuvent être déchus du bénéfice de leur sûreté les créanciers inscrits ayant été préalablement sommés de déclarer leur créance. • Civ. 2e, 28 juin 2018, n° 17-15.054 P : *D. actu. 11 juill. 2018, obs. Payan ; Gaz. Pal. 11 déc. 2018, p. 29, obs. Ansault.*

CHAPITRE II LA DISTRIBUTION AMIABLE

Le présent chapitre ne comprend pas de dispositions législatives.

CHAPITRE III LA DISTRIBUTION JUDICIAIRE

Le présent chapitre ne comprend pas de dispositions législatives.

CHAPITRE IV DISPOSITIONS COMMUNES

Art. L. 334-1 Si la distribution du prix n'est pas intervenue dans un délai fixé par voie réglementaire, son versement ou sa consignation produit, à l'égard du débiteur, tous les effets d'un paiement à hauteur de la part du prix de vente qui sera remise aux créanciers après la distribution. – *[C. civ., art. 2216.]*

Dès lors qu'en l'absence de répartition des fonds, la procédure de distribution n'a pas produit d'effet attributif à l'égard des créanciers, la survenance d'une procédure collective pendant le cours de la procédure de distribution entraîne sa caducité. L'autorité de chose jugée attachée à l'ordonnance d'homologation du projet de distribution n'empêche pas le mandataire judiciaire d'agir pour faire constater cette caducité et se faire remettre les fonds. • Com. 17 avr. 2019, n° 17-15.960 P : *D. actu. 15 mai 2019, note Couturier.*

TITRE QUATRIÈME DISPOSITIONS APPLICABLES DANS LES DÉPARTEMENTS DU BAS-RHIN, DU HAUT-RHIN ET DE LA MOSELLE

CHAPITRE UNIQUE

Art. L. 341-1 Le présent livre ne modifie pas les dispositions applicables dans les départements du Bas-Rhin, du Haut-Rhin et de la Moselle. – *[Ord. n° 2006-461 du 21 avr. 2006, art. 21.]*

1. Conventionnalité. L'art. L. 341-1, en tant qu'il implique que les dispositions des art. R. 311-11 et R. 321-6 relatives à la caducité du commandement valant saisie ne sont pas applicables dans ces départements, n'est pas contraire au droit à un procès équitable et au principe d'égalité des armes qui s'en déduit, garantis par l'art. 6 Conv. EDH. • Civ. 2e, 28 janv. 2016, n° 14-27.129 P.

2. V. pour un rappel du particularisme de la saisie immobilière en Alsace-Moselle : • Civ. 2e, 14 nov. 2013 : *RDBF 2014, n° 22, note Piedelièvre.*

LIVRE QUATRIÈME L'EXPULSION

RÉP. PR. CIV. v° *Expulsion*, par GAONAC'H.

DALLOZ ACTION *Droit et pratique des voies d'exécution 2022/2023*, n°s 0500.00 s., par A.-G. DUMAS.

DP *Recouvrement des créances*, v° *Expulsion*.

BIBL. GÉN. ▸ **Ouvrages :** V. Bibl. gén. du présent code. – *Adde* LÉON et CHOQUET, La pratique de l'expulsion, 2e *éd., EJT 2013*. – RADIGON et HORVATH, Expulsion et droit au logement, *Delmas 2002*. – GRATALOUP et KAN-BALIVET (ss. dir.), L'expulsion du locataire (colloque de l'IDIAB du 11 déc. 2008), *Edilaix 2010*. – BELIN, Refus du concours de la force publique – Indemnisation (en matière d'expulsion locative), *Edilaix 2010*.

▸ **Articles :** ANDRIEUX, *Dr. et pr. 2009. 75* (État et expulsion : Don Quichotte ou l'impossible rêve...). – BEAUCHARD, *RTD civ. 1993, n° spéc. hors série, p. 109* (le logement et les procédures civiles d'exécution). – BOUKRIS, *JCP N 1993. 58* (les nouvelles règles applicables en matière d'expulsion). – BOURDILLAT, *Dr. et pr. 2003. 18* (de l'expulsion du conjoint violent dans et après la réforme du divorce). – DEYGAS, *Procédures 2007, n° 204* (la nouvelle procédure contentieuse relative au stationnement des gens du voyage). – GAY, *RDSS 2006. 395* (la possibilité de disposer d'un logement, entre normes constitutionnelles et normes européennes). – LANDAU-TOUTAIN, *Gaz. Pal. 1991. Doctr. 395* (limiter les expulsions en protégeant à la fois locataires et propriétaires). – LE FUR, *RTD civ. 1993. 217* (l'expulsion). – R. MARTIN, *Dr. et pr. 2003. 215* (expulsion : préfet et huissier de justice). – MOUSSA et BOURDILLAT, *Procédures 2002. Étude 9* (l'expulsion d'un époux du domicile conjugal : des procédures civiles d'exécution au droit pénal). – PUTMAN, *LPA 21 sept. 1994, n° 113* (la réforme des procédures civiles d'exécution et l'expulsion des occupants d'immeubles). – RENAUT, *Rev. huiss. 1999. 229* (entre expulsion et droit au logement – l'occupant sans titre).

V. art. R. 411-1 s.

TITRE PREMIER LES CONDITIONS DE L'EXPULSION

CHAPITRE PREMIER DISPOSITIONS GÉNÉRALES

Art. L. 411-1 **Sauf disposition spéciale, l'expulsion** *(Abrogé par L. n° 2014-366 du 24 mars 2014, art. 89)* *« ou l'évacuation »* **d'un immeuble ou d'un lieu habité ne peut être poursuivie qu'en vertu d'une décision de justice ou d'un procès-verbal de conciliation exécutoire et après signification d'un commandement d'avoir à libérer les locaux.** – *[L. n° 91-650 du 9 juill. 1991, art. 61, phrase 1.] – Sur la forme, le contenu et les modalités de signification du commandement d'avoir à libérer les lieux, V. art. R. 411-1 à R. 411-3.*

Sur la portée du jugement d'adjudication prononcée dans le cadre de la procédure de saisie immobilière, comme titre d'expulsion à l'encontre du saisi, V. art. L. 322-13.

Sur la sanction des manœuvres, menaces, voies de fait ou autres contraintes, V. ***C. pén.****, art. 226-4-2.*

BIBL. ▸ WATINE-DROUIN, *Rev. huiss. 1996. 769* (le « commandement d'avoir à libérer les locaux » préalable à l'expulsion).

1. Nécessité d'une décision de justice. Principe. V. rappelant que la résiliation du bail doit avoir été constatée par une décision passée en force de chose jugée. • Civ. 3e, 2 juill. 2013 : *Procédures 2013, n° 338, note Perrot.*

2. Domaine. Dispositions spéciales. Les dispositions de l'art. 681 ACPC constituent une disposition spéciale rendant inapplicables les art. 61 et 62 de la L. n° 91-650 du 9 juill. 1991 [devenus C. pr. exéc., art. L. 411-1, L. 412-1, L. 412-2 et L. 412-5]. • Versailles, 9 mai 1993 : *Gaz. Pal. 1993. 259, note Sillard.*

3. Fondement des poursuites. Transaction (non). L'expulsion ne peut être poursuivie en vertu d'une transaction rendue exécutoire par ordonnance du TGI, ce titre ne constituant aucun des deux titres exécutoires limitativement énumérés par l'art. 61 de la L. n° 91-650 du 9 juill. 1991 [devenu C. pr. exéc., art. L. 411-1]. • Cass., avis, 20 oct. 2000, n° 02-00.013 P : *D. 2000. IR 296 ; JCP 2001. I. 311, obs. Cadiet ; ibid. II. 10479, note Desdevises ; Dr. et pr. mars 2001, 122, obs.* Bourdillat ; Procédures 2001, *n°* 34, note *Croze.*

4. ... Décision de justice. Jugement d'adjudication (non). La décision de justice, en vertu de laquelle l'expulsion est poursuivie, doit avoir ordonné ou autorisé l'expulsion, et tel n'est pas le cas d'un jugement d'adjudication qui n'a aucun caractère contentieux. • Civ. 2e, 7 mars 2002, n° 99-15.782 P : *D. 2002. Somm. 1404, obs. Taormina ; RTD civ. 2002. 364, obs. Perrot ; Dr. et pr. 2002. 240, note Bourdillat* • 10 juill. 2003, n° 00-19.579 P : *D. 2003. IR 2053 ; JCP 2004. II. 10001, note du Rusquec ; Dr. et pr. 2003. 379, note Bourdillat ; Gaz. Pal. 29 févr.-2 mars 2004, p. 29, obs. Brenner* • TGI Lyon, JEX, 11 oct. 1994 : *Gaz. Pal. 15 avr. 1995, Somm. voies d'exécution, v° Proc. civ.*

5. ... Bail notarié (non). Le bail notarié n'est pas un titre exécutoire permettant l'expulsion, V. Faget, *Rev. huiss. 1999. 773.*

6. Pouvoirs du JEX (non). Il n'entre pas dans les pouvoirs du JEX de délivrer un titre autorisant une expulsion. • Civ. 2e, 10 juill. 2003 : *préc. note 4.*

7. Juge des référés. Pouvoirs (oui). L'action en annulation introduite contre un jugement d'adjudication n'ayant aucun caractère suspensif et une personne expropriée de son immeuble à la suite d'une procédure d'adjudication étant dépourvue de tout titre d'occupation sur cet immeuble, le juge des référés peut ordonner l'expulsion. • Civ. 3e, 27 juin 2007, n° 06-15.893 P : *D. 2008. Pan. 1174, obs. Leborgne.*

8. Portée de l'expulsion ratione personae. Dès lors que le bailleur a obtenu une décision ordonnant l'expulsion du locataire et que les occupants ne tiennent leur droit d'occupation que de ce dernier et ne possèdent pas un droit opposable au bailleur, l'expulsion de ce locataire doit entraîner celle de tous occupants de son seul chef, ce dont il résulte que le bailleur peut poursuivre l'expulsion des occupants en vertu du seul titre obtenu à l'encontre du locataire. • Civ. 2e, 4 déc. 2003, n° 02-10.387 P : *D. 2004. IR 252 ; Dr. et pr. 2004. 164, note Bourdillat ; Gaz. Pal. 21-22 juill. 2004, p. 10, obs. Brenner.*

9. Épouse du locataire. L'art. 9-1 de la L. n° 89-462 du 6 juill. 1989 fait peser sur le locataire une obligation d'information de son lien matrimonial impliquant une démarche positive de sa part envers son bailleur. La preuve que cette information a bien été donnée incombe au preneur. • Civ. 3e, 19 oct. 2005 : *D. 2005. 2897 ; ibid. 2006. 958, obs. Damas ; AJDI 2006. 201, obs. Rouquet ; RDC 2006. 405, note Seube* • 29 oct. 2013 : *BICC 15 févr. 2014, n° 236 ; D. actu. 18 nov. 2013, obs. Kébir ; Loyers et copr. 2014, n° 4, note Vial-Pedroletti ; RDBF 2014, n° 19, obs. Piedelièvre.*

10. Sursis judiciaire. Le sursis judiciaire à l'exécution des décisions d'expulsion peut être ordonné, sur le fondement de l'art. L. 613-1 CCH [devenu C. pr. exéc., art. L. 412-3], en tout état de cause. • Civ. 2e, 10 juill. 2008, n° 07-13.503 P : *D. 2008. Chron. C. Cass. 2384, obs. Sommer et Nicoletis ; ibid. Pan. 1178, obs. Leborgne ; Procédures 2008, n° 266, obs. Perrot ; RDBF 2008. n° 176, note Piedelièvre.*

CHAPITRE II **DISPOSITIONS PARTICULIÈRES AUX LIEUX HABITÉS OU LOCAUX À USAGE PROFESSIONNEL** *(L. n° 2017-86 du 27 janv. 2017, art. 143-1°).*

Art. L. 412-1 **Si l'expulsion porte sur un** *(L. n° 2017-86 du 27 janv. 2017, art. 143-2°)* **« lieu habité par la personne expulsée ou par » tout occupant de son chef, elle ne peut avoir lieu qu'à l'expiration d'un délai de deux mois qui suit le commandement, sans préjudice des dispositions des articles L. 412-3 à L. 412-7.** *(L. n° 2018-1021 du 23 nov. 2018, art. 201-I-1°)* **« Toutefois, le juge peut, notamment lorsque la procédure de relogement effectuée en application de l'article L. 442-4-1 du code de la construction et de l'habitation n'a pas été suivie d'effet du fait du locataire, réduire ou supprimer ce délai. »** — *[L. n° 91-650 du 9 juill. 1991, art. 62, al. 1er.] — Sur le contenu du commandement de payer, V. art. R. 412-1. — V. CCH, art. L. 442-4-1 et L. 442-4-2 ci-dessous.*

(L. n° 2018-1021 du 23 nov. 2018, art. 201-I-2°) **« Le délai prévu au premier alinéa du présent article ne s'applique pas lorsque le juge qui ordonne l'expulsion constate que les personnes dont l'expulsion a été ordonnée sont entrées dans les locaux par voie de fait. »**

BIBL. ▸ **L. n° 2017-86 du 27 janv. 2017 :** LEBORGNE, *D. 2018. Pan. 1223.*

1. Constitutionnalité. L'obligation faite à l'huissier d'informer le préfet qu'un commandement de quitter les lieux a été adressé à l'occupant sans titre n'ayant ni pour objet ni pour effet de subordonner l'exécution de la décision judiciaire d'expulsion à l'accomplissement par l'administration d'une démarche préalable, l'art. 62 de la L. n° 91-650 du 9 juill. 1991 [devenu C. pr. exéc., art. L. 412-1] ne méconnaît pas le principe de séparation des pouvoirs garanti par l'art. 16 DDHC. • CE QPC 22 févr. 2012 : *AJDA 2012. 411 ; Dr. et pr. 2012. 111.*

2. Domaine. Doit être cassé pour violation des art. L. 613-3 CCH [devenu C. pr. exéc., art. L. 412-6], 62 de la L. n° 91-650 du 9 juill. 1991 [devenu C. pr. exéc., art. L. 412-1] et 197 du Décr. n° 92-755 du 31 juill. 1992 [devenu C. pr. exéc., art. R. 412-2] l'arrêt d'une cour d'appel qui, pour rejeter les demandes d'annulation d'une procédure d'expulsion et de dommages et intérêts envers l'ex-époux, relève qu'il s'agit d'une mesure de reprise du domicile conjugal opérée en vertu d'une ordonnance de non-conciliation dont la matière échappe aux textes relatifs à l'expulsion, alors que la mesure litigieuse constituait l'expulsion de l'ex-épouse de son habitation principale dont les modalités n'avaient pas été respectées. • Civ. 2e, 4 juill. 2007 : *D. 2007. 2694, note Douchy-Oudot ; Defrénois 2008. 2405, note Randoux.*

3. Compétence du juge du fond. L'art. 198 du Décr. n° 92-755 du 31 juill. 1992 [devenu C. pr. exéc., art. R. 412-4] ne visant pas l'al. 1er de l'art. 62 de la L. n° 91-650 du 9 juill. 1991 [devenu C. pr. exéc., art. L. 412-1] écarte par là même la compétence exclusive du JEX, et le juge du fond a donc compétence pour statuer sur une demande formée sur ce texte lorsqu'il est saisi avant toute mesure d'exécution forcée. • Paris, 13 oct. 1993 : *D. 1993. IR 337 ; D. 1994. Somm. 337, obs. Julien .*

4. Délai. La L. n° 91-650 du 9 juill. 1991 [V. désormais C. pr. exéc., notamment en sa partie législative] n'a pas modifié les dispositions de l'art. L. 15-1 C. expr., dérogatoire au droit commun de l'expulsion, en ce sens que le délai d'un mois accordé aux expropriés pour quitter les lieux à compter du placement de la consignation, ou encore de l'acceptation de la validation de l'offre d'un local de remplacement, ne peut être ultérieurement modifié, même par décision de justice ; en conséquence, les dispositions de l'art. 62 de la L. n° 91-650 du 9 juill. 1991 [devenu C. pr. exéc., art. L. 412-1], prévoyant un délai de deux mois, sont inapplicables. • TGI Nanterre, JEX, 9 déc. 1993 : *BICC, 15 avr. 1994, n° 48 ; D. 1994. Somm. 337, obs. Julien ; D. 1996. Somm. 309, obs. Catalano .* ♦ Le délai de deux mois est un délai légal qui ne peut être réduit ou supprimé que par décision spéciale et motivée. • Montpellier, 15 mars 1995 : *Rev. huiss. 1995. 587, note Bourdillat.*

5. L'art. L. 412-1, dans sa version issue de la L. du 27 janv. 2017 relative à l'égalité et à la citoyenneté, énonce que si l'expulsion porte sur un lieu habité par la personne expulsée ou par tout occupant de son chef, elle ne peut avoir lieu qu'à l'expiration d'un délai de deux mois qui suit le commandement, sans préjudice des dispositions des art. L. 412-3 à L. 412-7 du même code. En conséquence, une cour d'appel justifie légalement sa décision d'annulation de la procédure d'expulsion et de condamnation à payer diverses sommes à titre de dommages et intérêts, en établissant que ledit gérant intervenant volontaire à *la procédure d'appel avait son domicile* dans les locaux de la société [...] qui avait été expulsée, faisant ainsi ressortir qu'il habitait effectivement les lieux. • Civ. 2e, 9 janv. 2020, n° 18-23.975 P : *D. actu. 21 janv. 2020, obs. Payan.*

6. Prolongation du délai. Doit être rejetée la demande de prorogation présentée par une personne qui ne justifie nullement de circonstances d'une exceptionnelle dureté, le fait d'arguer d'avoir à loger sa famille, sans autre précision, n'étant pas en soi suffisant. • TI Metz, 26 mars 1993 : *BICC, 1993, n° 714.*

7. ... Portée. En ce sens que le juge des référés qui, en suite d'une saisie immobilière, ordonne l'expulsion du débiteur qui se maintient dans les lieux après l'adjudication peut refuser tout délai de grâce supplémentaire au saisi et qu'à défaut de disposition spéciale et motivée, ce débouté n'entraîne pas automatiquement la réduction ou la suppression du délai légal de deux mois, V. • TGI Paris, JEX, 11 févr. 2004 : *Dr. et pr. 2004. 277, note Bourdillat.*

8. ... Sanction. Le non-respect du délai est sanctionné par la nullité du procès-verbal de la procédure d'expulsion. • TGI Lyon, 25 mai 1993 : *Gaz. Pal. 1994. Somm. 352.*

9. ... Date d'appréciation. Statuant sur l'appel formé à l'encontre d'une ordonnance de référé et limité à l'octroi d'un délai de grâce, avant expulsion, aux occupants d'un immeuble en suite d'une voie de fait, la cour doit apprécier la demande de délais en se plaçant à la date de sa décision. • Montpellier, 15 mars 1995 : *Rev. huiss. 1995. 587, note Bourdillat.*

10. Notification au préfet. La cour d'appel qui se borne à retenir que l'expulsion a été effectuée en vertu d'un commandement répondant aux exigences légales et validé par un précédent jugement, sans rechercher si l'huissier de justice avait, dès la délivrance du commandement d'avoir à libérer les locaux, adressé au préfet du département copie de cet acte et s'il lui avait communiqué tous les renseignements relatifs à la personne concernée par l'expulsion, n'a pas donné de base légale à sa décision. • Civ. 2e, 23 nov. 2000 : *Dr. et pr. 2002. 37, note Bourdillat* • Civ. 3e, 19 mai 2010, n° 09-12.424 P : *D. 2010. Actu. 1350 ; ibid. 2011. Pan. 1520, obs. Leborgne ; AJDI 2010. 817, note de la Vaissière ; RDBF 2010, n° 154, note Piedelièvre ; Gaz. Pal. 18 sept. 2010, p. 36, note Peisse ; Loyers et copr. 2010, n° 213, note Vial-Pedroletti ; Dr. et pr. 2011, supl. Droit des baux immobiliers, n° 1, p. 5, note Savaux ; Administrer 11/2010, p. 49, obs. Canu ; ibid. juill. 2011, p. 53, obs. Beddelem.* ♦ L'art. 197 du Décr. n° 92-755 du 31 juill. 1992 [devenu C. pr. exéc., art. R. 412-2] ne s'applique qu'en cas d'expulsion d'une personne de son habitation principale, et non d'un local à usage commercial, ne comprenant aucun local d'habitation accessoire. • Civ. 2e, 20 janv. 2003, n° 03-13.138 P : Dr. et pr. 2005. 177, obs. Leborgne.

11. Force publique. Date de la réquisition. La demande de concours de la force publique qui est faite le jour même où le commandement de quitter les lieux à usage d'habitation est notifié au préfet est prématurée. Faute pour le bailleur poursuivant d'avoir demandé un nouveau concours à l'expiration du délai de deux mois qui suit la notification du commandement, celui-là n'est pas fondé à rechercher la responsabilité de l'État. • CE 18 févr. 2010 : *D. 2011. Pan. 1509, obs. Leborgne ; AJDA 2010. 360 ; ibid. 857, concl. Thiellay ; Dr. et pr. 2010. 184, note Bourdillat ; LPA 14 juin 2010, p. 6, note Rouault* • CE 25 juill. 2013 : *cité note 6 ss. art. L. 153-1.* ♦ Il résulte des art. L. 412-1, L. 412-5 et R. 421-1 que le concours de la force publique ne peut être légalement accordé avant l'expiration d'un délai de deux mois à compter de la réception par le préfet du commandement d'avoir à quitter les lieux antérieurement signifié à l'occupant. Le préfet saisi d'une demande de concours avant l'expiration de ce délai, qu'il doit mettre à profit pour tenter de trouver une solution de relogement de l'occupant, est légalement fondé à la rejeter, par une décision qui ne saurait engager la responsabilité de l'État, en raison de son caractère prématuré. Toutefois, lorsque, à la date d'expiration du délai, la demande n'a pas été rejetée pour ce motif par une décision expresse notifiée à l'huissier, le préfet doit être regardé comme valablement saisi à cette date. Il dispose alors d'un délai de deux mois pour se prononcer sur la demande et son refus exprès, ou le refus implicite né à l'expiration de ce délai, est de nature à engager la responsabilité de l'État. • CE 18 déc. 2013 : *AJDA 2014. 720 ; D. 2014. Pan. 1466, obs. Leborgne .* ♦ Lorsque le juge a supprimé le délai pour quitter les lieux, la notification du commandement et la réquisition de la force publique peuvent être simultanées. • CE 12 déc. 2014 : *JCP 2015. 98, note Lauvergnat.*

12. Renonciation (non). Lorsqu'un propriétaire, titulaire d'une créance sur un occupant, a demandé le concours de la force publique pour l'exécution d'une décision de justice ordonnant l'expulsion de celui-ci, son approbation ultérieurement donnée à un plan conventionnel de redressement de son débiteur ne vaut pas par elle-même renonciation à sa demande de concours de la force publique. • CE 17 janv. 2011 : *D. 2011. Pan. 1509, obs. Leborgne ; AJDA 2011. 133 ; Dr. et pr. 2010. 102, note Bourdillat.*

13. Légalité. V., jugeant que la loi du 5 mars 2007, qui institue le droit au logement opposable, comme le fait que, faute de solution de relogement, la situation sociale des personnes condamnées à être expulsées serait rendue difficile, n'est pas propre à créer un doute sérieux quant à la légalité de la décision du préfet d'accorder le concours de la force publique. • CE 30 juin 2010 : *D. 2011. Pan. 1509, obs. Leborgne ; AJDA 2010. 1344 ; ibid. 2011. 568, note Le Gars ; Dr. et pr. 2010. 274, note Bourdillat ; LPA 25 oct. 2010, p. 27, note Rouault.*

Art. L. 412-2 **Lorsque l'expulsion aurait pour la personne concernée des conséquences d'une exceptionnelle dureté, notamment du fait de la période de l'année considérée ou des circonstances atmosphériques, le délai prévu à l'article L. 412-1 peut être prorogé par le juge pour une durée n'excédant pas trois mois.** — *[L. nº 91-650 du 9 juill. 1991, art. 62, al. 2.]*

Renvoi. V notes 6 et 7 ss. art. L. 412-1.

Art. L. 412-3 **Le juge peut accorder des délais renouvelables aux occupants de** *(L. nº 2017-86 du 27 janv. 2017, art. 143-3º)* **« lieux habités ou de locaux » à usage professionnel, dont l'expulsion a été ordonnée judiciairement, chaque fois que le relogement des intéressés ne peut avoir lieu dans des conditions normales, sans que ces occupants aient à justifier d'un titre à l'origine de l'occupation.**

Le juge qui ordonne l'expulsion peut accorder les mêmes délais, dans les mêmes conditions.

Cette disposition n'est pas applicable lorsque le propriétaire exerce son droit de reprise dans les conditions prévues à l'article 19 de la loi nº 48-1360 du 1er septembre 1948 portant modification et codification de la législation relative aux rapports *des bailleurs et locataires* ou occupants de locaux d'habitation ou à usage professionnel et instituant des allocations de logement ainsi que lorsque la procédure de relogement effectuée en application de l'article L. 442-4-1 du code de la construction et de l'habitation n'a pas été suivie d'effet du fait du locataire. — *[CCH, art. L. 613-1.]* — *V. art. R. 412-3 et R. 442-2.*

BIBL. ▸ **L. nº 2017-86 du 27 janv. 2017 :** LEBORGNE, *D. 2018. Pan. 1223 .*

1. Constitutionnalité (oui). Les art. L. 613-1, L. 613-2 et L. 613-3 CCH [devenus art. L. 412-3, L. 412-4 et L. 421-6 C. pr. exéc.] et l'art. 66-1 de la L. nº 91-650 du 9 juill. 1991 [devenu art. L. 412-8 C. pr. exéc.] sont conformes au principe de valeur constitutionnelle de sauvegarde de la dignité de la personne humaine, au principe constitutionnel du droit de mener une vie familiale normale et à l'objectif de valeur constitutionnelle d'accès à un logement décent. • Civ. 2e, 13 mai 2015, nº 14-25.812 P : *AJDI 2015. 531, note de la Vaissière .*

2. Les dispositions de l'art. L. 613-1 CCH [devenu. C. pr. exéc., art. L. 412-3] ne sont pas applicables aux expulsions du domaine public. L'occupant sans titre ne peut demander, sur le fondement de ces dispositions, l'octroi d'un délai pour quitter les lieux. • CAA Paris, 21 févr. 1995, *Benabdeljalil*, n° 94PA01884.

3. Le maire est incompétent pour interdire par voie d'arrêté les mesures d'expulsion visant des personnes et des familles en difficulté sur le territoire de la commune. • CAA Versailles, 31 mai 2007, n° 05VE01813.

4. Sur la non-application de l'art. L. 613-1 CCH [devenu. C. pr. exéc., art. L. 412-3] à un squatter, V. • Versailles, 13 nov. 1987 : *Rev. loyers 1988. 166.* – Pour une application de l'al. 2, V. • Paris, 28 nov. 1990 : *D. 1991. IR 30.*

5. L'acquittement des loyers pendant cinquante ans n'est pas une cause de prolongation des délais. • Civ. 3e, 7 févr. 1990 : *inédit, n° 88-14.519.*

6. Une caravane ne constitue pas un local d'habitation par application de l'art. L. 613-1 CCH [devenu. C. pr. exéc., art. L. 412-3]. • Civ. 3e, 4 avr. 2001 : *Dalloz jurisprudence.*

7. Ne fait qu'user du pouvoir discrétionnaire qu'elle tient des art. L. 613-1 [devenu. C. pr. exéc., art. L. 412-3] et L. 613-2 CCH [devenu. C. pr. exéc., art. L. 412-3] la cour d'appel qui refuse d'accorder un sursis à expulsion. • Civ. 3e, 3 avr. 2001 : *Dalloz jurisprudence.*

8. Le JEX tient des art. L. 613-1 [devenu. C. pr. exéc., art. L. 412-3] et L. 613-2 [devenu. C. pr. exéc., art. L. 412-34] et de l'art. 8 du Décr. n° 92-755 du 31 juill. 1992 [devenu. C. pr. exéc., art. R. 121-1] le pouvoir d'accorder un délai de grâce à l'occupant d'un local à usage commercial. • Civ. 2e, 4 juill. 2007, n° 06-14.601 P : *D. 2007. AJ 2103, obs. Forest ; Gaz. Pal. 2007. 2. 4077, obs. Brault.*

Art. L. 412-4 **La durée des délais prévus à l'article L. 412-3 ne peut, en aucun cas, être inférieure à** *(L. n° 2014-366 du 24 mars 2014, art. 27-VII-1°)* **« trois » mois ni supérieure à** *(L. n° 2014-366 du 24 mars 2014, art. 27-VII-1°)* **« trois ans ». Pour la fixation de ces délais, il est tenu compte de la bonne ou mauvaise volonté manifestée par l'occupant dans l'exécution de ses obligations, des situations respectives du propriétaire et de l'occupant, notamment en ce qui concerne l'âge, l'état de santé, la qualité de sinistré par faits de guerre, la situation de famille ou de fortune de chacun d'eux, les circonstances atmosphériques, ainsi que des diligences que l'occupant justifie avoir faites en vue de son relogement.** *(L. n° 2014-366 du 24 mars 2014, art. 27-VII-2°)* **« Il est également tenu compte du droit à un logement décent et indépendant, des délais liés aux recours engagés selon les modalités prévues aux articles L. 441-2-3 et L. 441-2-3-1 du code de la construction et de l'habitation et du délai prévisible de relogement des intéressés. »** – *[CCH, art. L. 613-2.]*

1. Constitutionnalité (oui). Renvoi. V. note 1 ss. art. L. 412-3.

2. Pour un dépassement du délai susceptible d'être accordé, V. • Civ. 3e, 7 févr. 1990 : *Rev. loyers 1990. 268.*

3. Peut bénéficier du délai prévu à l'art. L. 613-2 CCH [devenu C. pr. exéc., art. L. 412-4] le locataire qui démontre que sa défaillance n'est pas due à sa mauvaise foi, alors que le bailleur ne justifie d'aucune difficulté ni nécessité particulière hormis le montant de sa créance. • Douai, 8e ch., 28 sept. 2000, n° 1999/3790.

4. Suite à l'occupation illégale de logements, et la décision d'expulsion en résultant plus d'un an après que les occupants furent entrés dans les lieux par voie de fait, les intimés ne peuvent revendiquer utilement l'application des dispositions des art. L. 613-1 s. CCH [devenus C. pr. exéc., art. L. 412-3 s.], ayant déjà bénéficié des délais de la procédure. • Paris, 26 nov. 1997 : *AJDI 1998. 623.*

Art. L. 412-5 *(L. n° 2014-366 du 24 mars 2014, art. 28-I)* **Dès le commandement d'avoir à libérer les locaux, l'huissier de justice chargé de l'exécution de la mesure d'expulsion en saisit le représentant de l'État dans le département afin que celui-ci en informe la commission de coordination des actions de prévention des expulsions locatives prévue à l'article 7-2 de la loi n° 90-449 du 31 mai 1990 visant à la mise en œuvre du droit au logement, et qu'il informe le ménage locataire de la possibilité de saisir la commission de médiation en vue d'une demande de relogement au titre du droit au logement opposable. A** ***défaut de saisine du*** **représentant de l'État dans le département par l'huissier, le délai avant l'expiration duquel l'expulsion ne peut avoir lieu est suspendu.**

La saisine du représentant de l'État dans le département par l'huissier et l'information de la commission de coordination des actions de prévention des expulsions locatives par le représentant de l'État dans le département *(L. n° 2017-86 du 27 janv. 2017, art. 152-II-1°)* **« s'effectuent par voie électronique par l'intermédiaire du système**

d'information prévu au dernier alinéa du même article 7-2 ». – *[L. n° 91-650 du 9 juill. 1991, art. 62, al. 4.]*

L'art. 152-II de la L. n° 2017-86 du 27 janv. 2017 entre en vigueur à la date de mise en œuvre opérationnelle des modules concernés du système d'information prévu au dernier al. de l'art. 7-2 de la L. n° 90-449 du 31 mai 1990 visant à la mise en œuvre du droit au logement, qui est fixée par arrêté du ministre de l'intérieur, et au plus tard le 31 déc. 2017 (L. préc. du 27 janv. 2017, art. 152-III).

1. Sanction des prescriptions de l'art. 62, al. 4 [devenu C. pr. exéc., art. L. 412-5]. L'inobservation de ces prescriptions constitue l'omission d'un acte et non un vice de forme, qui affecte la validité de la procédure d'expulsion subséquente sans que la personne expulsée ait à justifier d'un grief. • Civ. 2e, 25 juin 1998, n° 95-10.000 P : *D. 1998. IR 185*. – V. aussi • Civ. 2e, 23 nov. 2000 : *cité note 10 ss. art. L. 412-1* • Civ. 3e, 19 mai 2010 : *Bull. civ. III, n° 100.*

2. Concours de la force publique. Responsabilité. Saisi de la responsabilité de l'État pour n'avoir pas octroyé le concours de la force publique en vue de l'exploitation d'occupants sans titre d'un logement, le tribunal administratif qui, en l'absence de conclusion en défense sur ce point, relève que le commandement de quitter les lieux n'a pas été notifié au préfet ne soulève pas d'office un moyen qui doit être communiqué aux parties pour observations en application de l'art. R. 611-7 CJA. Il relève que les conditions de la responsabilité ne sont pas remplies. • CE 15 mai 2012 : *Dr. et pr. 2012. 240, note Bourdillat.*

Art. L. 412-6 Nonobstant toute décision d'expulsion passée en force de chose jugée et malgré l'expiration des délais accordés en vertu de l'article L. 412-3, il est sursis à toute mesure d'expulsion non exécutée à la date du 1er novembre de chaque année jusqu'au *(L. n° 2014-366 du 24 mars 2014, art. 25-1°)* **« 31 mars » de l'année suivante, à moins que le relogement des intéressés soit assuré dans des conditions suffisantes respectant l'unité et les besoins de la famille.** – *[CCH, art. L. 613-3.]*

(L. n° 2018-1021 du 23 nov. 2018, art. 201-II) **« Par dérogation au premier alinéa du présent article, ce sursis ne s'applique pas lorsque la mesure d'expulsion a été prononcée en raison d'une introduction sans droit ni titre dans le domicile d'autrui par voies de fait.**

« Le juge peut supprimer ou réduire le bénéfice du sursis mentionné au même premier alinéa lorsque les personnes dont l'expulsion a été ordonnée sont entrées dans tout autre lieu que le domicile à l'aide des procédés mentionnés au deuxième alinéa. »

BIBL. ► **L. n° 2014-366 du 24 mars 2014 :** LAUVERGNAT, *Gaz. Pal. 7-9 sept. 2014, p. 5.*

► **L. n° 2017-86 du 27 janv. 2017 :** LEBORGNE, *D. 2018. Pan. 1223*.

1. Constitutionnalité (oui). Renvoi. V. note 1 ss. art. L. 412-3.

2. Concours de la force publique. Si les dispositions de l'art. L. 613-3 CCH [devenu C. pr. exéc., art. L. 412-6] exigent des autorités de police qu'elles sursoient, au cours de cette période, à prêter le concours de la force publique, elles ne font pas obstacle à ce que l'administration soit valablement saisie pendant cette même période d'une demande de concours de la force publique dont le rejet est susceptible d'engager la responsabilité de l'État. • CE 27 avr. 2007, *Min. de l'Intérieur c/ Consorts Debost*, n° 291410 B : *AJDA 2007. 1263*. ♦ La trêve hivernale joue au profit d'un époux expulsé du domicile conjugal en exécution d'une ordonnance de non-conciliation. Le concours de la force publique peut ainsi être refusé sans engager la responsabilité de l'État si l'intéressé ne dispose pas d'une possibilité de relogement dans des conditions suffisantes respectant l'unité et les besoins de la famille. • CE 16 mai 2007, *Min. de l'Intérieur c/ Mme Hornung, épouse Halter*, n° 286847 B : *JCP 2007, Actu. 247, note Rouault.* ♦ Le préjudice qu'un propriétaire peut subir du fait de l'application des dispositions de l'art. L. 613-3 CCH [devenu C. pr. exéc., art. L. 412-6] ne présente pas un caractère spécial et exceptionnel de nature à engager, dans le silence de la loi, la responsabilité sans faute de l'État à son égard. • CAA Nantes, 26 janv. 1994, *Min. de l'Intérieur*, n° 92NT00581. ♦ Doivent être considérés comme occupant les locaux par voie de fait les occupants entrés dans les lieux sans avoir jamais eu l'accord du propriétaire ni été titulaires d'un titre quelconque. • CE 27 nov. 2002, *SCI Résidence du Théâtre*, n° 251898 B. ♦ Les dispositions de l'art. L. 613-3 CCH [devenu C. pr. exéc., art. L. 412-6] ne sont pas applicables en cas d'inoccupation prolongée. • Civ. 3e, 20 nov. 1991, n° 90-12.491 P : *AJDI 1992. 597*. ♦ Dès lors, l'expulsion est légale entre les deux dates fixées à l'al. 1er de ce texte. • Besançon, 23 janv. 1986 : *Ann. loyers 1986. 582.* ♦ Les dispositions de l'art. L. 613-3 s'appliquent à toute expulsion de local à usage d'habitation y compris ceux loués en complément d'un bail commercial. • CAA Paris, 22 avr. 2003, *Min. de l'intérieur,* n° 01PA02307. ♦ ... Même si les stipulations du bail commercial excluaient une occupation des lieux pour l'habitation à partir du moment où le bien était, quel que soit son état, effectivement occupé à usage d'habitation. • CAA Nantes, 30 mai 2002, *Prigent,* n° 97NT00166. ♦ Ces dispositions ne sont pas applicables aux expulsions du domaine public. • CAA Nantes, 28 févr. 2002, *Rety,* n° 98NT01384.

3. Astreinte. L'astreinte n'étant pas une mesure d'exécution forcée, une cour d'appel retient à bon droit que les dispositions de l'art. L. 613-3 CCH [devenu C. pr. exéc., art. L. 412-6], qui prévoient seulement un sursis aux mesures d'expulsion non exécutées à la date du 1er nov. de chaque année, n'interdisent pas à une juridiction, même pendant la période visée par ce texte, d'ordonner la libération des lieux en l'assortissant d'une astreinte pour inciter le débiteur à se conformer à la décision. • Civ. 2e, 4 juill. 2007, n° 05-15.382 P : *D. 2007. AJ 2104 ; Loyers et copr. 2007, n° 213, obs. Vial-Pedroletti.*

Art. L. 412-7 **Les dispositions des articles L. 412-3 à L. 412-6 ne sont pas applicables aux occupants de locaux spécialement destinés aux logements d'étudiants lorsque les intéressés cessent de satisfaire aux conditions en raison desquelles le logement a été mis à leur disposition.**

Les dispositions du titre II du présent livre ne sont pas non plus applicables à ces occupants. — *[CCH, art. L. 613-4.]*

Art. L. 412-8 **Les articles L. 412-1 à L. 412-7 ne sont pas applicables à l'expulsion du conjoint, du partenaire lié par un pacte civil de solidarité ou du concubin violent ordonnée par le juge aux affaires familiales sur le fondement de l'article 515-9 du code civil.** — *[L. n° 91-650 du 9 juill. 1991, art. 66-1.]*

BIBL. ► LEBORGNE, *D. 2011. Pan. 1509*

Constitutionnalité (oui). Renvoi. V. note 1 ss. art. L. 412-3.

TITRE DEUXIÈME LA PRÉVENTION DES DIFFICULTÉS D'EXÉCUTION

CHAPITRE UNIQUE L'ASTREINTE

Art. L. 421-1 **Par exception aux deuxième et troisième alinéas de l'article L. 131-2, les astreintes fixées pour obliger l'occupant d'un local à quitter les lieux ont toujours un caractère provisoire et sont révisées et liquidées par le juge une fois la décision d'expulsion exécutée.** — *[L. n° 49-972 du 21 juill. 1949, art. 1er.]*

Art. L. 421-2 **Par exception au premier alinéa de l'article L. 131-2, le montant de l'astreinte une fois liquidée ne peut excéder la somme compensatrice du préjudice effectivement causé. Il est tenu compte, lors de sa fixation, des difficultés que le débiteur a rencontrées pour satisfaire à l'exécution de la décision.**

L'astreinte n'est pas maintenue lorsque l'occupant a établi l'existence d'une cause étrangère qui ne lui est pas imputable et qui a retardé ou empêché l'exécution de la décision. — *[L. n° 49-972 du 21 juill. 1949, art. 2.]*

TITRE TROISIÈME LES OPÉRATIONS D'EXPULSION

CHAPITRE PREMIER DISPOSITIONS GÉNÉRALES

Art. L. 431-1 **Les dispositions des articles L. 142-1 et L. 142-3 ne s'appliquent pas en matière d'expulsion, sous réserve des dispositions de l'article L. 451-1.** — *[L. n° 91-650 du 9 juill. 1991, art. 21-1, phrase 1.]*

Art. L. 431-2 *(L. n° 2017-86 du 27 janv. 2017, art. 152-II-2°)* **En matière d'expulsion, lorsqu'il requiert le concours de la force publique, l'huissier de justice chargé de l'exécution procède par voie électronique par l'intermédiaire du système d'information prévu au dernier alinéa de l'article 7-2 de la loi n° 90-449 du 31 mai 1990 visant à la mise en œuvre du droit au logement.**

L'art. 152-II de la L. n° 2017-86 du 27 janv. 2017 entre en vigueur à la date de mise en œuvre opérationnelle des modules concernés du système d'information prévu au dernier al. de l'art. 7-2 de la

L. n° 90-449 du 31 mai 1990 visant à la mise en œuvre du droit au logement, qui est fixée par arrêté du ministre de l'intérieur, et au plus tard le 31 déc. 2017, ou le 30 juin 2019 s'agissant du 2° du I (L. préc. du 27 janv. 2017, art. 152-III).

CHAPITRE II LE PROCÈS-VERBAL D'EXPULSION

Le présent chapitre ne comprend pas de dispositions législatives.

CHAPITRE III LE SORT DES MEUBLES

Art. L. 433-1 Les meubles se trouvant sur les lieux sont remis, aux frais de la personne expulsée, en un lieu que celle-ci désigne. A défaut, ils sont laissés sur place ou entreposés en un autre lieu approprié et décrits avec précision par l'huissier de justice chargé de l'exécution avec sommation à la personne expulsée d'avoir à les retirer dans un délai fixé par voie réglementaire. – *[L. n° 91-650 du 9 juill. 1991, art. 65.]*

BIBL. ▶ Bourdillat, *Dr. et pr. nov. 2001. 355* (du sort des meubles dans les procédures d'expulsion).

1. La personne expulsée est en droit d'obtenir la restitution de ses effets personnels pendant le délai d'un mois à compter de la signification du procès-verbal d'expulsion et l'huissier de justice, seul responsable de l'exécution de la mesure d'expulsion, reste tenu de l'obligation de restitution. • Civ. 2e, 11 avr. 2013, n° 12-15.948 P : *D. 2014. Pan. 1466, obs. Leborgne ; AJDI 2013. 772, obs. de la Vaissière ; Dr. et patr. 11/2013, p. 81, obs. Lefort.*

2. La personne expulsée n'est en droit d'obtenir la restitution de ses biens que dans la mesure où ils n'ont pas été rendus indisponibles par une mesure de saisie. Or, en cas d'expulsion, la saisie par immobilisation des biens laissés sur place est possible en cas de dette non régularisée par le locataire expulsé. • Civ. 2e, 21 mars 2019, n° 18-11.971 P : *D. 2019. 649* .

Art. L. 433-2 *(L. n° 2019-222 du 23 mars 2019, art. 14-5°-a)* **« A l'expiration du délai imparti, il est procédé à la mise en vente aux enchères publiques des biens susceptibles d'être vendus. Les biens qui ne sont pas susceptibles d'être vendus sont réputés abandonnés. »**

(Abrogé par L. n° 2019-222 du 23 mars 2019, art. 14-5°-b) ***« Le juge peut déclarer abandonnés les biens qui ne sont pas susceptibles d'être vendus. »***

Le produit de la vente est remis à la personne expulsée après déduction des frais et de la créance du bailleur. – *[L. n° 91-650 du 9 juill. 1991, art. 66, sauf juge compétent et procédure.]*

Le 5° de l'art. 14 de la L. n° 2019-222 du 23 mars 2019 entre en vigueur à une date fixée par décret en Conseil d'État, et au plus tard le 1er janv. 2020 (L. préc., art. 109-V).

Art. L. 433-3 Les articles L. 433-1 et L. 433-2 ne sont pas applicables à l'expulsion du conjoint, du partenaire lié par un pacte civil de solidarité ou du concubin violent ordonnée par le juge aux affaires familiales sur le fondement de l'article 515-9 du code civil. – *[L. n° 91-650 du 9 juill. 1991, art. 66-1.]*

TITRE QUATRIÈME LES DIFFICULTÉS D'EXÉCUTION

CHAPITRE PREMIER LA RÉINSTALLATION DE LA PERSONNE EXPULSÉE

Le présent chapitre ne comprend pas de dispositions législatives.

CHAPITRE II LES CONTESTATIONS

Le présent chapitre ne comprend pas de dispositions législatives.

TITRE CINQUIÈME DISPOSITIONS PROPRES À LA REPRISE DES LOCAUX ABANDONNÉS

CHAPITRE UNIQUE

Art. L. 451-1 L'huissier de justice chargé de l'exécution de la mesure d'expulsion peut procéder comme il est dit à l'article L. 142-1 pour constater que la personne

expulsée et les occupants de son chef ont volontairement libéré les locaux postérieurement à la signification du commandement prévu à l'article L. 411-1 et pour procéder à la reprise des lieux. – *[L. n° 91-650 du 9 juill. 1991, art. 21-1, phrase 2.]*

BIBL. ▸ LÉON, *Dr. et pr. 2011. 63* (création d'une nouvelle procédure : la reprise des locaux abandonnés).

1. Expulsion d'un local à usage d'habitation. Dans le cadre légal de son intervention, l'huissier de justice peut procéder à l'expulsion d'un local à usage d'habitation sans le concours de la force publique. Conformément aux dispositions des art. 21 et 21-1 [devenus respectivement C. pr. exéc., art. L. 142-1 et L. 451-1], cette exigence n'est conditionnée qu'à la présence sur les lieux de l'occupant du local et son assentiment à l'accès de l'officier ministériel chargé d'instrumenter. Il incombe à l'huissier de justice de relater très exactement et précisément, dans son procès-verbal, de quelle manière il est entré dans les lieux et comment s'est déroulée d'une façon effective la mesure d'expulsion. • TGI Béthune, JEX, 13 juill. 1999 : *Rev. huiss. 2000. 234, note Bourdillat.*

2. Éviction des témoins. Jugé que l'éviction des témoins visés à l'art. 21-1 [devenu C. pr. exéc., art. L. 451-1], qui ne fait qu'écarter l'assistance des personnes visées à l'art. 21 [devenu C. pr. exéc., art. L. 142-1], ne vise en rien l'établissement du concours de la force publique en cas d'expulsion d'un local occupé. • TGI Albertville, JEX, 12 mars 2002 : *Dr. et pr. 2002. 244, note Bourdillat.*

3. Application à un local à usage commercial. En ce sens que les dispositions des art. 20 [devenu C. pr. exéc., art. L. 142-3] et 21 [devenu C. pr. exéc., art. L. 142-1] ne faisant aucune distinction selon qu'il s'agit de locaux à usage d'habitation ou de locaux à usage commercial, l'art. 21-1 [devenu C. pr. exéc., art. L. 451-1] s'applique aussi à ces derniers locaux et, qu'en l'absence de la personne à expulser ou de tout occupant de son chef, l'huissier de justice ne peut ni procéder à l'ouverture des portes, ni pénétrer dans les lieux en présence d'un des témoins visés par l'art. 21 [devenu C. pr. exéc., art. L. 142-1], V. • Montpellier, 24 juill. 2002 : *Dr. et pr. 2002. 374, note Bourdillat.* – V. aussi • Paris, 23 janv. 2003 : *Dr. et pr. 2003. 254, note Bourdillat.*

LIVRE CINQUIÈME LES MESURES CONSERVATOIRES

RÉP. PR. CIV. v° *Saisie et mesures conservatoires*, par PIEDELIÈVRE et GUERCHOUN.

DALLOZ ACTION *Droit et pratique des voies d'exécution 2022/2023*, n°s 0611.00 s., par G. MALFRE.

BIBL. ▶ BRANDEAU, *LPA 3 janv. 2008, p. 4* (contentieux des mesures conservatoires et recouvrement des créances fiscales). – DAHAN, *Rev. huiss. 1994. 249* (saisie conservatoire des créances). – LAUGIER, *Dr. et patr. 1/2014, p. 37* (l'indisponibilité et les mesures conservatoires de la loi « Petroplus »). – LEGEAIS, *LPA 6 janv. 1993, p. 63* (les mesures conservatoires). – MARTIN, *Rev. huiss. 1998. 2* (bréviaire des mesures conservatoires). – MUIR WATT, *Mél. Buffet, LPA 2004, p. 347* (le mythe de « l'effet de titre » : le statut des jugements étrangers dans le contentieux du provisoire). – PELLIER, *D. 2021. 244* (peut-on pratiquer une mesure conservatoire sur des biens insaisissables ?). – PERROT, *Mél. Buffet, LPA 2004, p. 393* (la contrainte par dissuasion). – THÉRY, *Mél. Perrot, Dalloz 1996, p. 477, spéc. 484 (judex gladii).*

▶ *Codification :* ROUSSEL GALLE, *Dr. et patr. 12/2013, p. 34* (les mesures conservatoires oubliées : l'exemple de la loi « Pétroplus »).

V. art. R. 511-1 s.

TITRE PREMIER DISPOSITIONS COMMUNES

CHAPITRE PREMIER LES CONDITIONS ET LA MISE EN ŒUVRE

Art. L. 511-1 Toute personne dont la créance paraît fondée en son principe peut solliciter du juge l'autorisation de pratiquer une mesure conservatoire sur les biens de son débiteur, sans commandement préalable, si elle justifie de circonstances susceptibles d'en menacer le recouvrement. — *Sur la compétence du juge, V. art. L. 511-3 (d'attribution) et R. 511-2 (territoriale). — Sur les modalités procédurales de la demande d'autorisation de pratiquer une mesure conservatoire, V. art. R. 511-1, al. 1er. — Sur le caractère nécessaire de l'autorisation préalable du juge, V. art. L. 511-2 (dispenses) et R. 511-1, al. 2. — Sur le contenu de l'autorisation préalable, V. art. R. 511-4.*

La mesure conservatoire prend la forme d'une saisie conservatoire ou d'une sûreté judiciaire. — *[L. n° 91-650 du 9 juill. 1991, art. 67.] — Sur les saisies conservatoires, V. art. L. 521-1 s. et R. 521-1 s. — Sur les sûretés judiciaires, V. art. L. 531-1 s. et R. 531-1 s.*

BIBL. ▶ FAGET, *Rev. huiss. 1994. 385.*

1. Absence de titre exécutoire. Lorsque le créancier ne dispose pas de titre exécutoire, il ne peut solliciter qu'une mesure conservatoire, conformément aux dispositions de ce texte. • TGI Bastia, JEX, 1er avr. 1993 : *D. 1994. Somm. 340, obs. Julien* .

2. Sentence arbitrale. V. note 1 ss. art. L. 511-2.

3. Apparence de créance fondée en son principe. Toute personne justifiant d'une apparence de créance et de circonstances susceptibles d'en menacer le recouvrement peut solliciter du juge l'autorisation de pratiquer une mesure conservatoire. • Com. 15 déc. 2009 : *Procédures 2010, n° 35, note Perrot ; Gaz. Pal. 28-30 mars 2010, p. 20, obs. Brenner.* ♦ La seule lettre d'un avocat d'une société créancière ne suffit pas à établir l'existence d'une créance fondée en son principe. • TGI Bastia, 13 janv. 1993 : *Rev. huiss. 1994. 577, obs. Bourdillat.* ♦ Le JEX à qui est demandé la rétractation de l'ordonnance autorisant une saisie conservatoire doit se borner à vérifier l'existence d'une créance fondée en son principe ; il n'est pas compétent pour condamner au paiement de la créance. • Versailles, 4 mai 1994 : *D. 1994. IR 149* . ♦ Comp. • TGI Montluçon, 19 mai 1993 : *Rev. huiss. 1994. 579, obs. Bourdillat.*

4. Les condamnations définitives obtenues par le créancier, après l'inscription des mesures conservatoires, suffisent à démontrer le caractère particulièrement fondé en son principe de sa créance et aussi l'intérêt manifeste qu'il avait à faire prendre ces mesures conservatoires contre le débiteur (et ce dans un devoir évident de salubrité par restitution d'une partie des fonds détournés par une association). • Aix-en-Provence, 9 janv. 2003 : *Dr. et pr. 2003. 361, note Leborgne.*

5. Toute personne dont la créance paraît fondée dans son principe pouvant, pour assurer la sauvegarde de ses droits, solliciter du juge l'autorisation de pratiquer une mesure conservatoire sur les biens de son débiteur, sans commandement préalable, si elle justifie de circonstances susceptibles d'en menacer le recouvrement, une cour d'appel ayant énoncé qu'il n'appartenait pas au JEX de statuer sur la réalité de la créance ou d'en fixer le montant, mais de se prononcer sur le caractère vraisemblable d'un principe de créance, retient à bon droit que la contestation relative à la détermination du montant définitif de la trésorerie nette, que les parties avaient dévolue à la compétence exclusive d'un tiers-expert, en application de l'art. 1592 C. civ., était indépendante de la compétence que le JEX tenait de l'art. L. 511-1 C. pr. exéc. • Civ. 2e, 13 oct. 2016, n° 15-13.302 P : *Procédures 2016, n° 358, note Raschel.*

6. *Créances douanières.* En application de l'art. 341 C. douanes, non abrogé par la L. n° 91-650 du 9 juill. 1991, le juge d'instance est seul compétent pour connaître des mesures conservatoires à l'encontre des personnes responsables à l'effet de garantir les créances douanières. • Civ. 2e, 6 avr. 2006, n° 04-14.855 P : *RLDC 2006/31, n° 2446, obs. Miniato ; Dr. et pr. 2006. 284, note Salati.*

7. *Circonstances mettant en péril le recouvrement de la créance.* Le créancier saisissant, qui sollicite du juge, conformément à l'art. 67 de la loi n° 91-650 du 9 juill. 1991 [devenu C. pr. exéc., art. L. 511-1], l'autorisation de pratiquer une mesure conservatoire sur les biens de son débiteur, sans commandement préalable, a la charge de la preuve des circonstances mettant en péril le recouvrement de sa créance. Il n'y a pas lieu de présumer une intention d'organiser son insolvabilité de la part d'un redevable de l'impôt, même faisant l'objet d'un redressement, à défaut de preuve d'actes matériels préparatoires manifestant une telle intention ou constituant la tentative d'un tel comportement. En l'absence d'une telle preuve, et dans la mesure où le patrimoine du contribuable est suffisant pour permettre le paiement des sommes évaluées au titre du redressement, il n'y a pas lieu à saisie conservatoire. • Paris, 16 nov. 2000 : *D. 2001. IR 284* (V. aussi cet arrêt note 15 ss. art. R. 511-7). ♦ Même solution *in* • Paris, 7 sept. 2000 : *Dr. et pr. mars 2001. 130, obs. Brenner.* ♦ V. aussi : • Paris, 8 avr. 2010 : *RDBF 2010, n° 149, note Piedelièvre.*

8. Le péril dans le recouvrement existe, s'agissant d'une dette fiscale de plus de trois millions de francs, alors que la société débitrice admet réaliser un bénéfice annuel de l'ordre d'un million de francs. • Civ. 2e, 8 nov. 2001 : *RDBF 2002, n° 71, note Delleci.*

9. Doit être approuvée la cour d'appel qui décide que, lorsque le créancier sollicite l'autorisation de pratiquer une mesure conservatoire sur les biens de la caution de son débiteur, seule la situation personnelle de la caution peut être prise en considération. • Civ. 2e, 23 juin 2016, n° 15-16.638 P.

10. *Requête. Motivation. Caractère non-contradictoire de la procédure.* L'art. L. 511-1 dispose que toute personne dont la créance paraît fondée en son principe peut solliciter du juge l'autorisation de pratiquer une mesure conservatoire sur les biens de son débiteur, sans commandement préalable, si elle justifie de circonstances susceptibles d'en menacer le recouvrement. Ni le requérant ni le juge n'ont à motiver les raisons pour lesquelles il peut être recouru à une procédure non contradictoire. • Civ. 2e, 5 déc. 2019, n° 18-15.050 P : *D. actu. 9 janv. 2020, obs. Kieffer ; D. 2019. 2422* .

11. *Compétence exclusive du JEX.* Le JEX est compétent et non pas le JAF pour autoriser une saisie conservatoire garantissant une prestation compensatoire. Mais si aucun juge du fond n'a encore accordé cette prestation il n'existe aucun « principe certain » de créance. • Paris, 1er févr. 2001 : *Dr. et pr. mai 2001, 178, obs. Hoonakker.* ♦ Le JEX a seul le pouvoir d'autoriser une saisie conservatoire pratiquée contre une caution après assignation en paiement de celle-ci devant le T. com.. • Paris, 7 sept. 2000 : *préc. note 7.*

12. *Application exclusive de la loi de 1991 [C. pr. exéc.].* La contestation relative à la mise en œuvre d'une mesure de sûreté conservatoire est régie par les seules dispositions de la L. n° 91-650 du 9 juill. 1991 [C. pr. exéc.] (exclusion de l'art. 5-1 C. pr. pén.). • Civ. 2e, 19 déc. 2002, n° 01-02.858 P : *Gaz. Pal. 5-6 sept. 2003, p. 6, obs. Brenner.*

13. *Associés d'une société civile endettée.* Pour confirmer le jugement par lequel le JEX avait rétracté son ordonnance et donné mainlevée de la mesure conservatoire en ce qu'elle concernait les associés personnellement, une cour d'appel retient que les associés d'une société civile ne sont tenus, selon l'art. 1858 C. civ., au paiement des dettes sociales qu'à condition que la personne morale ait été préalablement et vainement poursuivie et que, leur responsabilité n'étant que subsidiaire, la banque ne pourrait se prévaloir d'un principe de créance à leur égard que si, après avoir obtenu un titre exécutoire à l'encontre de la société fixant de manière certaine le montant de la dette, elle démontrait qu'elle n'avait pu obtenir satisfaction, la société ne pouvant plus faire face à ses dettes. En statuant ainsi elle viole l'art. 67 de la L. n° 91-650 du 9 juill. 1991 [devenu C. pr. exéc., art. L. 511-1] dès lors qu'elle subordonne l'autorisation de pratiquer une saisie conservatoire, à l'encontre des associés d'une société civile, à l'existence de la preuve d'une créance, alors qu'elle avait à rechercher seulement l'existence d'une créance paraissant fondée en son principe contre la société et l'apparence d'une défaillance de celle-ci. • Com. 9 oct. 2001, n° 98-18.487 P : *D. 2001. IR 3173 ; RDBF 2002, n° 28, note Delleci ; Dr. sociétés 2002, n° 2, note Bonneau.* ♦ Rappr. note 2 ss. art. L. 511-2.

14. *Plan de sauvegarde de l'emploi.* L'obligation de reclassement au sein du groupe n'incombant qu'à l'employeur, en cas d'insuffisance du plan de sauvegarde de l'emploi, une société tierce appartenant au même groupe que l'employeur ne peut faire l'objet d'une saisie conservatoire faute de créance paraissant fondée en son principe. • Soc. 13 janv. 2010 : *Procédures 2010, n° 76, note Bugada.*

15. Pouvoirs du JEX. La loi confère au juge qui autorise une mesure conservatoire le pouvoir souverain d'apprécier si la créance invoquée paraît fondée en son principe. • Civ. 2e, 29 janv. 2004, n° 01-17.161 P • 12 mai 2016, n° 15-17.722 P. ♦ Dès lors que l'appréciation de l'existence d'une créance paraissant fondée dans son principe dépend de la question litigieuse entre les parties (en l'espèce, savoir si l'accessoire de la cession de créance, tel que le cautionnement, était compris dans celle-ci), il entre dans les pouvoirs du JEX de trancher. • Civ. 2e, 19 déc. 2002, n° 01-03.719 P : *RTD civ. 2003. 357, obs. Perrot ; Procédures 2003, n° 114, note Perrot ; Gaz. Pal. 5-6 sept. 2003, p. 5, obs. Brenner.* – V. aussi • Civ. 2e, 20 nov. 2003 : *Procédures 2004, n° 24, note Perrot.* ♦ Comp., jugeant que le JEX n'a pas à trancher le fond du droit lorsqu'il s'agit d'une mesure conservatoire. • Paris, 8 nov. 1994 : *Bull. avoués 1994. 4. 141.* ♦ La détermination du montant des sommes pour la garantie desquelles la mesure conservatoire est envisagée n'étant prescrite que pour l'autorisation par le JEX de cette mesure conservatoire, une cour d'appel retient exactement qu'il ne lui appartient pas, pour statuer sur une demande de mainlevée de saisies conservatoires, d'établir la preuve d'une créance liquide et exigible et encore moins d'en apprécier le *quantum*. • Civ. 2e, 13 oct. 2016, n° 15-13.302 P : *cité note 5 ss. art. L. 511-1.*

16. DIP. Sur une application en DIP et la détermination de la règle de conflit, • Civ. 1re, 16 avr. 1996, n° 94-15.531 P : *RTD civ. 1996. 717, obs. Perrot .*

17. Sûreté judiciaire. L'inscription définitive d'une hypothèque judiciaire n'est qu'une mesure conservatoire indépendante du caractère exécutoire de l'arrêt et non soumise à la signification préalable de ce dernier. • Civ. 1re, 12 oct. 2006, n° 05-10.511 P : *RLDC 2006/12, n° 33, obs. Ansault ; Procédures 2007, n° 39, note Perrot ; Dr. et patr. 11/2007, p. 84, obs. Lefort.* ♦ L'inscription provisoire de nantissement de parts sociales s'analyse en une mesure de sûreté judiciaire et non en une saisie, de sorte que les règles des statuts qui prévoient l'agrément des associés en cas de cession de parts sociales nanties ne sauraient entraver la constitution de la sûreté en cause. • Civ. 2e, 2 déc. 2010, n° 09-17.495 P : *D. 2011. AJ 24 ; ibid. Pan. 1509, obs. Leborgne ; RTD com. 2011. 377, obs. Monsèrié-Bon ; JCP 2011. 770, n° 13, obs. Delebecque ; Rev. sociétés 2011. 44, obs. A. Lienhard ; RLDC 2011.4130, obs. Ansault ; Dr. sociétés 2011, n° 47, note Hovasse ; RDBF 2011, n° 61, note Piedelièvre ; Dr. et pr. 2011, suppl. Droit du recouvrement, n° 4, p. 7, note Salati.*

18. Biens de la caution. – Validité. Il résulte de l'art. L. 511-1 que l'autorisation de prendre une mesure conservatoire sur les biens de son débiteur est subordonnée à la condition que le créancier qui la requiert justifie de circonstances susceptibles de menacer le recouvrement de la créance dont il se prévaut contre celui-ci. C'est par une exacte application de ce texte qu'une cour d'appel a décidé qu'il convenait, pour apprécier souverainement les circonstances susceptibles de menacer le recouvrement de la créance contre la caution solidaire, de prendre en considération la seule situation de cette dernière. • Civ. 2e, 23 juin 2016, n° 15-18.638 P : *D. 2016. Actu. 1507 ; JCP 2016. 1224, obs. Delebecque ; Gaz. Pal. 27 sept. 2016, p. 69, note M. Bourassin ; ibid. 29 nov. 2016, p. 28, note C. Albiges ; ibid. 6 déc. 2016, p. 31, note Ansault ; Dr. et pr. 2016. 171, note Lauvergnat ; RDBF 2016, n° 206, note Piedelièvre ; Banque et Dr. 9-10/2016, p. 55, note Jacob ; Procédures 2016, n° 256, note Raschel.*

19. Caractère disproportionné du cautionnement. Cassation de l'arrêt ayant rejeté une demande de mainlevée de saisie, au motif qu'il n'appartient pas au JEX d'apprécier le caractère disproportionné de l'engagement de caution invoqué par la débitrice, cette question ne pouvant être tranchée que par le juge du fond, alors qu'il incombe au JEX, qui, en matière de saisie conservatoire, doit rechercher si la créance, dont le recouvrement est poursuivi, paraît fondée en son principe, d'examiner la contestation relative au caractère disproportionné d'un engagement de caution, qui est de nature à remettre en question l'existence d'une créance paraissant fondée en son principe. • Civ. 2e, 14 janv. 2021, n° 19-18.844 P : *D. 2021. 1879, obs. Ansault et Gijsbers ; Rev. prat. rec. 2021/2.13, obs. Provansal ; RTD civ. 2021. 182, obs. Gijsbers ; Procédures 2021, n° 63, note Laporte.*

Art. L. 511-2 **Une autorisation préalable du juge n'est pas nécessaire lorsque le créancier se prévaut d'un titre exécutoire ou d'une décision de justice qui n'a pas encore force exécutoire. Il en est de même en cas de défaut de paiement d'une lettre de change acceptée, d'un billet à ordre, d'un chèque ou d'un loyer resté impayé dès lors qu'il résulte d'un contrat écrit de louage d'immeubles.** – *[L. n° 91-650 du 9 juill. 1991, art. 68.] – Sur le caractère limitatif de la liste de l'art. L. 511-2, V. art. R. 511-1, al. 2. – Sur la notion de titre exécutoire, V. art. L. 111-3.*

BIBL. ► Cuniberti, *Dr. et pr. 2004. 190* (mesure conservatoire pratiquée sur le fondement d'un jugement étranger). – Prévaut, *D. 2011. 1291* (mesures conservatoires et ordonnance d'injonction de payer : une union attendue !). – Lauvergnat, *Procédures 2011. Étude 9* (le provilège d'exécution du bailleur d'immeuble). – Woog, *Gaz. Pal. 1er oct. 1994, Doctr.* (l'inscription d'une hypothèque provisoire en l'absence d'une décision judiciaire).

1. Sentence arbitrale. Théry, *Rev. arb. 1992. 160.* ♦ Une sentence arbitrale est une décision de justice au sens de l'art. 68. • Civ. 2e, 12 oct. 2006, n° 04-19.062 P : *D. 2006. Pan. 3028, obs. Clay ; ibid. Chron. C. cass. 897, obs. Vigneau ; JCP 2007. I. 139, n° 22, obs. Clay ; Dr. et pr. 2007. 82, obs. Cuniberti ; Dr. et patr. 11/2007, p. 86, obs. Lefort ; RDBF 2007, n° 118, note Piedelièvre ; RTD civ. 2007. 183, obs. Perrot* • Dijon, 23 avr. 2002 : *Rev. arb. 2002. 743, note Rivier ; Gaz. Pal. 7-8 nov. 2003, p. 40* • TGI Chaumont, JEX, 31 janv. 2001 : *ibid.* ♦ *Contra,* jugeant qu'une décision de justice au sens de ce texte est celle qui émane d'une autorité judiciaire étatique, ce qui n'est pas le cas d'une sentence arbitrale, même rendue exécutoire : • TGI Lyon, JEX, 25 janv. 1994 : *Gaz. Pal. 1994. 2. Somm. 603 ; Rev. arb. 1994. 525, note Rondeau-Rivier.* ♦ Le juge étatique peut accorder une mesure conservatoire tendant à garantir l'exécution d'une sentence arbitrale à intervenir. • Civ. 2e, 8 juin 1995 : *Rev. arb. 1995. 1006, note Pellerin et Derains.* ♦ Mais il ne peut aller au-delà et accorder la vente d'un bien. • Com. 20 mai 1997, n° 95-16.192 P : *Rev. arb. 1998. 535, note Rivier.*

2. Acte notarié. – Biens des associés du débiteur (non). L'acte notarié de prêt invoqué par un organisme de crédit ne constitue un titre exécutoire qu'à l'égard du seul emprunteur et non à l'égard de ses associés bien que chacun d'eux soit tenu indéfiniment et solidairement des dettes sociales. Dès lors, des inscriptions d'hypothèques ne peuvent être prises sur les biens d'un associé qu'en vertu d'une autorisation préalable du juge conformément aux dispositions de l'art. 67 [devenu C. pr. exéc., art. L. 511-1]. • TGI Lyon, 25 janv. 1994 : *Gaz. Pal. 1994. 2. Somm. 604* • 15 févr. 1994 : *BICC, 1994, n° 566 ; D. 1995. 47, note (approb.) Prévault ; RTD civ. 1995. 194, obs. Perrot.* ♦ Rappr. ss. art. L. 511-1, note 3.

3. Billet à ordre. Le bénéficiaire d'un billet à ordre, impayé à son échéance, peut, sans autorisation préalable d'un juge, pratiquer des mesures conservatoires sur les biens de l'avaliste. • Com. 19 mai 2015, n° 14-17.401 P : *D. 2015. Actu. 1148 ; Gaz. Pal. 22 sept. 2015, p. 34, note Lauvergnat ; RDBF 2015, n° 131, note Piedelièvre ; Banque et Dr. 7-8/2015, p. 78, note Jacob ; Dr. et patr. 11/2015, p. 72, obs. Crocq.*

4. Dette de loyer. Si par une interprétation large et bienveillante de ce texte la dette de loyer peut être étendue au loyer proprement dit, aux *charges contractuelles* et *au* droit au bail, cette dette ne peut en revanche inclure d'autres sommes comme la clause pénale et les frais de relance. • TGI Lyon, 22 févr. 1994 : *RTD civ. 1994. 688, obs. Perrot ; BICC, 1994, n° 676 ; D. 1994. Somm. 346, obs. Julien ; Gaz. Pal. 1994. 2. Somm. 602.* ♦ Mais la mesure conservatoire prévue à ce texte (sans autorisation du juge) ne peut être prise contre la caution du débiteur du loyer. • TGI Lyon, 23 nov. 1993 : *RTD civ. 1994. 688, obs. Perrot ; D. 1994. Somm. 346, obs. (crit.) Julien.* ♦ L'exception prévue par l'art. 68 est d'interprétation stricte et ne s'étend pas à une saisie conservatoire pratiquée au seul fondement d'un contrat de location-gérance de fonds de commerce. • Paris, 23 févr. 2006 : *Dr. et pr. 2006. 225, obs. Bourdillat.*

5. Décision de justice sans force exécutoire. L'autorisation du JEX n'est pas nécessaire pour pratiquer une saisie conservatoire si le créancier se prévaut d'une décision de justice qui n'a pas force exécutoire. • Paris, 4 juin 1998 : *Rev. huiss. 1999. 353, note Bourdillat* (cas d'un arrêt de cour d'appel frappé d'un pourvoi en cassation, qui fixe une prestation compensatoire).

Une épouse peut procéder à une saisie conservatoire sur le fondement d'un jugement de divorce, non encore exécutoire, lui allouant une prestation compensatoire. • Civ. 2e, 17 oct. 2002, n° 01-00.495 P : *RTD civ. 2003. 70, obs. Hauser ; Defrénois 2003. 123, obs. Massip.* ♦ Une ordonnance sur requête en injonction de payer signée par le juge ne devient un titre qu'après apposition de la formule exécutoire prévue par l'art. 1422 NCPC [devenu C. pr. civ]. ; avant cette apposition, cette ordonnance non motivée, et qui ne dispose pas de l'autorité de la chose jugée, ne peut, qu'elle soit ou non frappée d'opposition, constituer une décision de justice au sens de l'art. 68 [devenu C. pr. exéc., art. L. 511-2]. • Paris, 15 déc. 2004 : *D. 2005. 343, note Strickler ; RDBF 2005. 62, note Piedelièvre.* ♦ Un jugement étranger qui n'a pas reçu exequatur constitue une décision de justice qui n'a pas encore force exécutoire. • Caen, 29 juin 2004 : *Gaz. Pal. 14-15 janv. 2005, obs. Train.*

6. Contrainte de l'art. L. 244-9 CSS. La contrainte décernée en application de l'art. L. 244-9, CSS et frappée d'opposition, est un titre qui ne permet pas la prise d'une mesure conservatoire sans autorisation du JEX. • TGI Montpellier, JEX, 15 déc. 1998 : *Rev. huiss. 2000. 167, note Bourdillat.*

7. La décision du bâtonnier statuant sur les honoraires d'un avocat n'est pas une décision de justice qui dispense le créancier de l'autorisation du JEX pour pratiquer des mesures conservatoires. • TGI Paris, 28 sept. 2006 : *D. 2007. Pan. 1387, obs. Julien ; JCP 2007. I. 139, n° 21, obs. Clay.*

8. Injonction de payer. Une ordonnance portant injonction de payer n'est une décision de justice, au sens de l'art. 68 [devenu C. pr. exéc., art. L. 511-2], qu'en l'absence d'opposition dans le mois de sa signification. • Civ. 2e, 13 sept. 2007, n° 06-14.730 P : *JCP 2008. I. 138, obs. Jeuland ;*

Procédures 2007, n° 250, note Perrot ; Dr. et pr. 2008. 29, obs. Lefort ; RDBF 2007, n° 227, note Piedelièvre ; RTD civ. 2007. 813, obs. Perrot ; Gaz. Pal. 2008. Somm. 2342, obs. Brenner.

9. Exigence d'une créance paraissant fondée en son principe. Même si la mesure conservatoire est effectuée sans autorisation dans le cadre de l'art. 68 [devenu C. pr. exéc., art. L. 511-2], elle est soumise aux conditions de l'art. 67 [devenu C. pr. exéc., art. L. 511-1] et suppose une créance fondée en son principe et des circonstances susceptibles d'en menacer le recouvrement. • TGI Bobigny, 27 sept. 1993 : *Gaz. Pal. 1994. Somm. 22.* ♦ Le créancier qui met en œuvre une saisie conservatoire doit néanmoins justifier de circonstances susceptibles de menacer le recouvrement de sa créance, cet élément devant être rapporté tant sur l'art. 67 [devenu C. pr. exéc., art. L. 511-1] que sur l'art. 68 [devenu C. pr. exéc., art. L. 511-2]. • Paris, 7 mai 1998 : *Rev. huiss. 1999. 210, note Dahan.*

10. Pouvoirs du créancier. Aucun texte n'interdit au créancier poursuivant de restreindre les effets d'une saisie et, constatant que son titre n'est pas exécutoire, de transformer la saisie-attribution en saisie conservatoire. • TGI Orléans, 10 déc. 1993 : *Rev. huiss. 1994. 722, note Dahan.*

11. Hypothèque judiciaire. Sur la distinction de l'hypothèque « judiciaire », qui relève des art. 2123 s. C. civ. et des mesures conservatoires provisoires pratiquées en vertu de l'art. 68 de la loi de 199 [devenu art. L. 511-2]. • TGI Lyon, JEX, 21 mars 1995 : *Gaz. Pal. 19 déc. 1995, Somm. des cours, v° Proc. civ. d'exécution.*

12. Avoirs gelés. Questions préjudicielles. 1°) Les art. 1er, ss. h) et j), et 7, § 1er, du Règl. (CE) n° 423/2007, 1er, ss. i) et h), et 16, § 1er, du Règl. (UE) n° 961/2010, ainsi que 1er, ss. k) et j), et 23, § 1er, du Règl. (UE) n° 267/2012 doivent-ils être interprétés en ce sens qu'ils s'opposent à ce que soit diligentée sur des avoirs gelés, sans autorisation préalable de l'autorité nationale compétente, une mesure dépourvue d'effet attributif, telle une sûreté judiciaire ou une saisie conservatoire, prévues par le C. pr. exéc. français ?

2°) La circonstance que la cause de la créance à recouvrer sur la personne ou l'entité dont les avoirs sont gelés soit étrangère au programme nucléaire et balistique iranien et antérieure à la Résol. 1737 (2006) du 23 déc. 2006 du Conseil de sécurité des Nations unies est-elle pertinente aux fins de répondre à la première question ? • Cass., ass. plén., 10 juill. 2020, nos 18-18.542 et 18-21.814 : *D. 2020. 1473 ; D. actu. 20 juill. 2020, obs. Pellier ; RTD civ. 2020. 623, obs. Barbier ; ibid. 895, obs. Jourdain .*

Art. L. 511-3 **L'autorisation est donnée par le juge de l'exécution. Toutefois, elle peut être accordée par le président du tribunal de commerce lorsque, demandée avant tout procès, elle tend à la conservation d'une créance relevant de la compétence de la juridiction commerciale.** — *[L. n° 91-650 du 9 juill. 1991, art. 69, al. 1er.] — Sur le caractère d'ordre public des dispositions de l'art. L. 511-3, V. art. R. 511-3. — Sur la compétence territoriale du juge, V. art. R. 511-2.*

BIBL. ▸ BÉNÉZRA, *Gaz. Pal. 22 mai 1993, Doctr.* (les pouvoirs du président du tribunal de commerce en matière de mesures conservatoires dans le cadre de la loi du 9 juill. 1991). – ROUGER, *LPA 6 janv. 1993, p. 57* (le rôle du président du tribunal de commerce).

1. Compétence exclusive du JEX. Lorsqu'une instance au fond est en cours, seul le JEX peut autoriser une mesure conservatoire et tout autre juge doit relever d'office son incompétence. • Civ. 2e, 22 mars 2012 : *AJDI 2012. 368, note Porcheron ; RTD civ. 2012. 574, obs. Perrot* • TGI Chambéry, 15 juin 1993 : *Rev. huiss. 1993. 1251.* ♦ Il y a donc lieu d'ordonner la mainlevée d'une saisie conservatoire tendant à la conservation d'une créance commerciale ordonnée par le président du T. com. dans l'ignorance de l'existence d'une instance pendante au fond. • Même jugement. ♦ En appel, la cour d'appel, supérieur hiérarchique commun, tout à la fois, du JEX et du juge consulaire, peut cependant constater que l'ordonnance de ce dernier est caduque et autoriser néanmoins une inscription hypothécaire conservatoire identique. • Civ. 2e, 22 mars 2012 : *préc.* ♦ Sur la portée de la solution s'agissant de la caducité de l'ordonnance du juge, V. note 2 ss. art. R. 511-6.

2. Notion de procès. Le procès au sens de ce texte s'entend de la saisine de la juridiction commerciale ; la constitution de partie civile devant le juge d'instruction ne fait pas obstacle à la compétence du président du T. com. • Lyon, 7 mars 1997 : *JCP 1997. IV. 2574.*

Art. L. 511-4 **A peine de caducité de la mesure conservatoire, le créancier engage ou poursuit, dans les conditions et délais fixés par décret en Conseil d'État, une procédure permettant d'obtenir un titre exécutoire s'il n'en possède pas.** — *[L. n° 91-650 du 9 juill. 1991, art. 70.] — Sur les conditions et délais de la procédure relative à l'obtention d'un titre exécutoire, V. art. R. 511-7.*

V. notes 19, 23 et 24 ss. art. R. 511-7.

CHAPITRE II LES CONTESTATIONS

Art. L. 512-1 **Même lorsqu'une autorisation préalable n'est pas requise, le juge peut donner mainlevée de la mesure conservatoire s'il apparaît que les conditions prescrites par l'article L. 511-1 ne sont pas réunies.** – *V. aussi art. R. 512-1, al. 1er.*

A la demande du débiteur, le juge peut substituer à la mesure conservatoire initialement prise toute autre mesure propre à sauvegarder les intérêts des parties.

La constitution d'une caution bancaire irrévocable conforme à la mesure sollicitée dans la saisie entraîne mainlevée de la mesure de sûreté, sous réserve des dispositions de l'article L. 511-4. – *[L. nº 91-650 du 9 juill. 1991, art. 72, sauf procédure.]*

1. Pouvoir souverain du JEX. Sur le pouvoir souverain du JEX pour accorder une mesure de mainlevée ou de substitution. • Douai, 8 juill. 1993 : *Rev. huiss. 1996. 718, note Dahan.* ♦ Le moyen invoqué par le débiteur pour contester la saisie conservatoire dont il fait l'objet ne doit pas tendre à remettre en cause le pouvoir du juge du fond d'apprécier si la créance invoquée par le saisissant paraît fondée en son principe. • Civ. 2e, 11 janv. 2001 : *RDBF 2001, nº 74, note Delleci.*

Le refus du président du T. com. de rétracter sa précédente ordonnance ayant autorisé une saisie conservatoire n'interdit pas aux juges saisis de l'instance au fond d'ordonner la mainlevée de la saisie. • Civ. 2e, 18 janv. 2001 : *RDBF 2001, nº 75, note Delleci.*

2. Demande de réexamen. La personne contre laquelle a été autorisée une mesure conservatoire a le droit de demander au juge qui l'a autorisée de réexaminer sa décision, même si elle a cessé d'être propriétaire de l'immeuble sur lequel une sûreté judiciaire a été autorisée, dès lors que la mesure était fondée sur une créance à son encontre. • Civ. 2e, 27 nov. 1996 : *Procédures 1997, nº 26, obs. Perrot.*

3. Séquestre. V. ss. art. R. 523-7, note 1.

4. Chèque impayé. Le porteur d'un impayé ayant un recours fondé sur le droit du chèque, qui subsiste en cas de déchéance ou de prescription, contre le tireur qui n'a pas fait provision, le juge du fond ne peut donner mainlevée de la saisie conservatoire de créance pratiquée en vertu de ce chèque sans rechercher si la provision existait ou non au moment de l'émission. • Com. 23 oct. 2001 : *RDBF 2002, nº 30, note Delleci.*

5. Créance non fondée. Pour un exemple de mainlevée, le principe certain d'une créance chiffrable et les circonstances en menaçant le recouvrement n'étant pas établis, V. • Paris, 10 janv. 2002 : *RDBF 2002, nº 112, note Delleci.*

6. Effets de la mainlevée. Aucune faute ne peut être reprochée à la banque tiers saisi qui n'exécute pas un virement ordonné par le titulaire d'un compte dès mainlevée de la saisie-attribution, dès lors que cette mainlevée, effectivement intervenue, a été signifiée au banquier simultanément à la dénonciation dans le même acte d'une nouvelle saisie-attribution. • Bordeaux, 13 mars 2001 : *RDBF 2001, nº 126, note Delleci.*

7. Contestation. Tiers (oui). Il ne ressort pas des art. 72 de la L. nº 91-650 du 9 juill. 1991 [devenu C. pr. exéc., art. L. 512-1] et 236 du Décr. nº 92-755 du 31 juil. 1992 [devenu C. pr. exéc., art. R. 523-3] que la faculté de contester une mesure de saisie conservatoire est limitée au débiteur saisi. • Civ. 1re, 28 mars 2013 : *cité note 12 ss. art. L. 111-1* • 28 mars 2013 : *cité note 12 ss. art. L. 111-1.* ♦ Une cour d'appel en déduit exactement qu'un tiers saisi a qualité à émettre une telle contestation, par voie d'action en mainlevée des saisies conservatoires. • Même arrêt.

8. Tiers saisie. Intérêt à agir. En déduisant l'intérêt à agir du tiers saisi de l'existence d'un risque que ses paiements au profit du créancier saisissant n'aient pas d'effet libératoire, une cour d'appel ne se place pas au stade de la conversion des saisies conservatoires en saisies-attributions, mais au jour de l'introduction de la demande en mainlevée de ces saisies conservatoires, ce risque ayant été retenu comme existant dès ce jour-là et étant de nature à menacer d'ores et déjà la situation juridique de la société débitrice, les saisies conservatoires de créances ayant vocation à être converties en saisies-attributions et à donner lieu à ce titre au paiement des créances, par le tiers saisi, entre les mains du créancier saisissant. • Civ. 1re, 28 mars 2013 : *cité note 12 ss. art..L. 111-1* • 28 mars 2013 : *cité note 2 ss. art. L. 111-1.*

9. Moyen tiré de l'immunité d'exécution du débiteur. Le tiers saisi n'ayant pas pris l'initiative d'invoquer le moyen tiré de l'immunité d'exécution de la République argentine, mais s'étant bornée à s'associer à ce moyen, déjà invoqué par cet État étranger, sans substituer son appréciation à celle de ce dernier, seul à même de décider de se prévaloir d'un tel privilège, une cour d'appel retient à juste titre que cette société était recevable en ce moyen. • Civ. 1re, 28 mars 2013 : *cité note 12 ss. art. L. 111-1* • 28 mars 2013 : *cité note 2 ss. art. L. 111-1.*

10. La saisie conservatoire rend indisponibles les biens qui en sont l'objet sans toutefois en attribuer la propriété au saisissant, et lorsque le saisissant engage ou poursuit une procédure en vue d'obtenir un titre exécutoire constatant une créance s'élevant à un montant moindre que celui pour lequel il a été autorisé sur requête à pratiquer la saisie, cette mesure peut faire l'objet, à la demande du saisi, d'une mainlevée partielle ou d'une substitution à la mesure initialement prise de toute mesure propre à sauvegarder les intérêts des parties. • Civ. 2e, 12 avr. 2018, n° 17-15.527 P : *D. actu. 24 mai 2018, obs. Camensulli-Feuillard ; RDBF 2018, n° 105, note Piedelièvre.*

Art. L. 512-2 **Les frais occasionnés par une mesure conservatoire sont à la charge du débiteur, sauf décision contraire du juge.**

Lorsque la mainlevée a été ordonnée par le juge, le créancier peut être condamné à réparer le préjudice causé par la mesure conservatoire. – *[L. n° 91-650 du 9 juill. 1991, art. 73, sauf procédure.]*

Responsabilité sans faute. L'art. 73, al. 2 [devenu C. pr. exéc., art. L. 512-2], n'exige pas, pour son application, la constatation d'une faute. • Civ. 2e, 29 janv. 2004, n° 01-17.161 P : *D. 2004. IR 926 ; RTD civ. 2004. 353, obs. Perrot ; RTD com. 2004. 780, obs. M. Storck ; Procédures 2004, n° 99, note Perrot ; Dr. sociétés 2004, n° 89, obs. Bonneau ; Dr. et pr. 2004. 221, note Salati ; RDBF 2004, n° 142, note Piedelièvre ; Gaz. Pal. 21-22 juill. 2004, p. 30, obs. Brenner ; Banque et Dr. 9-10/2004, p. 71, obs. M. Storck* • Civ. 2e, 7 juin 2006 : *RDBF 2006, n° 142, note Piedelièvre* • Civ. 3e, 21 oct. 2009, n° 08-12.687 P : *RLDC 2009. 3649, obs. Ansault ; Procédures 2010, n° 8, note Perrot ; Gaz. Pal. 28-30 mars 2010, p. 21, obs. Brenner ; RDBF 2010, n° 68, obs. Piedelièvre* • Com. 25 sept. 2012, n° 11-22.337 P : *D. 2012. Actu. 2301, obs. Lienhard ; Gaz. Pal. 22 déc. 2012, p. 29, note Zattara-Gros ; JCP E 2012. 1758, note Gallois-Cochet ; BJS 2013. 26, note Dondero ; Dr. et pr. 2013. 13, note Fricero ; Dr. sociétés 2012, n° 207, note Gallois-Cochet ; Procédures 2012, n° 349, note Perrot ; Dr. sociétés 2012, n° 207, note Gallois-Cochet (2e esp.) ; Rev. sociétés 2013. 104, note Couret ; JCP N 2013. 1153, obs. Perruchot-Triboulet.*

TITRE DEUXIÈME LES SAISIES CONSERVATOIRES

DALLOZ ACTION *Droit et pratique des voies d'exécution 2022/2023*, nos 0611.00 et 0621.00 s.

BIBL. ▸ Faget, *Rev. huiss. 1996. 1169* (l'incidence en DIP de la saisie conservatoire française). – Mélè, Le droit en tableaux, *Delmas 2009, p. 256.*

CHAPITRE PREMIER DISPOSITIONS GÉNÉRALES

Art. L. 521-1 **La saisie conservatoire peut porter sur tous les biens mobiliers, corporels ou incorporels, appartenant au débiteur.** – *Sur le domaine matériel de la saisie conservatoire, V. aussi art. R. 521-1. – Sur l'impossibilité d'une saisie conservatoire sur les rémunérations du travail, V.* ***C. trav.****, art. L. 3252-7, reproduit in* ***C. pr. exéc.****, App., v° Saisie et cession des rémunérations.*

Elle les rend indisponibles.

Sous réserve des dispositions de l'article L. 523-1, un bien peut faire l'objet de plusieurs saisies conservatoires. – *[L. n° 91-650 du 9 juill. 1991, art. 74 et art. 75, al. 2.] – Sur la possibilité d'une pluralité de saisies conservatoires sur un bien, V. aussi art. R. 511-1 in fine.*

1. Saisie de brevets d'invention. Sur le maintien en vigueur, nonobstant l'art. 74 [devenu C. pr. exéc., art. L. 521-1], de la saisie des brevets d'invention de l'art. L. 613-21 CPI. • TGI Paris, 10 nov. 1994 : *Gaz. Pal. 1995. 1. Somm. 211 ; Rev. huiss. 1995. 732, note Faget.*

2. Art. L. 651-4 C. com. L'art. L. 651-4, al. 2, C. com. est dérogatoire au droit commun des saisies conservatoires en ce qu'il permet au président du tribunal d'ordonner toute mesure conservatoire utile à l'égard des biens du dirigeant d'une personne morale. • Com. 31 mai 2011 : *D. 2011. Actu. 1613, obs. A. Lienhard ; ibid. chron. 2687, obs. Arbellot et Guilhar ; Rev. sociétés 2011. 522, obs. Roussel-Galle.*

3. Saisie de marques. La généralité des termes de la L. n° 91-650 du 9 juill. 1991 [C. pr. exéc., art. L. 521-1] conduit à ce qu'une marque, comme une licence par exemple, bien incorporel avec une valeur économique, puisse faire l'objet d'une saisie, y compris à titre conservatoire, sous réserve d'adaptations nécessaires (publicité au registre national des marques par l'INPI puis adjudication et élaboration d'un cahier des charges). • TGI Paris, JEX, 28 mai 2003 : *Dr. et pr. 2003. 373, note Chardon.*

4. Créance fondée en son principe. La loi n'exige pas un principe certain de créance, mais une créance simplement fondée en son principe. • Civ. 1re, 2 févr. 1999 : *Procédures 1999, n° 60, obs. Perrot.*

5. Compte joint. Les fonds déposés sur un compte joint sont présumés la propriété conjointe des titulaires du compte. Dès lors, une saisie conservatoire, même si elle est autorisée à l'encontre d'un seul des titulaires du compte, s'applique à l'intégralité du solde créditeur. Il appartient à l'autre titulaire, demandeur de la mainlevée de la saisie, de rapporter la preuve que les fonds saisis sont sa propriété personnelle. • Paris, 5 oct. 2000 : *BICC, 1er mars 2001, n° 261.*

6. Indisponibilité des biens saisis. L'indisponibilité qui frappe des valeurs mobilières ou des droits d'associés du fait d'une saisie conservatoire n'interdit pas d'inscrire un nantissement judiciaire sur les mêmes biens, mais rend le nantissement inopposable au créancier saisissant. • Civ. 2e, 30 mai 2002 : *RDBF 2002, no 199, note Delleci ; Procédures 2002, no 160, note Perrot.*

7. Commet une faute la banque qui n'informe pas le juge d'instruction ayant demandé la blocage de comptes dans le cadre de poursuites pour escroquerie de l'indisponibilité des titres résultant de la saisie postérieure par les créanciers de la personne poursuivie. • Civ. 2e, 23 nov. 2006, no 05-10.933 P : *D. 2007. AJ 91 ; Gaz. Pal. 10-11 oct. 2007, p. 9, obs. Brenner ; RDBF 2007, no 25, note Piedelièvre.*

8. Étendue de l'indisponibilité. La saisie conservatoire des droits d'associés rend indisponibles les bénéfices distribuables qui y sont attachés. • Civ. 2e, 21 juin 2007, no 06-13.386 P : *D. 2007. AJ 1972 ; ibid. 2008. Pan. 1173, obs. Leborgne ; Defrénois 2008. 423, obs. Théry ; Dr. et pr. 2007. 350, note Lefort ; RDBF 2007, no 191, note Piedelièvre ; Gaz. Pal. 2008. Somm. 2345, obs. Brenner.* ♦ V. aussi sur l'indisponibilité de la totalité d'un compte courant d'associé au sein d'une SCP, à la suite de mesures conservatoires ou d'exécution, et l'impossibilité d'un remboursement à ce titre. • Civ. 1re, 20 déc. 2017, no 16-20.997 : *Gaz. Pal. 27 févr. 2018, p. 67, obs. Salati.*

CHAPITRE II LA SAISIE CONSERVATOIRE SUR LES BIENS MEUBLES CORPORELS

BIBL. ► PE et Cons. UE, Proposition de règlement portant création d'une ordonnance européenne de saisie des comptes bancaires, destinée à faciliter le recouvrement transfrontière de créances en matière civile et commerciale : PIEDELIÈVRE, *RDBF 2011, no 172.*

Art. L. 522-1 Le créancier qui a obtenu ou possède un titre exécutoire constatant une créance liquide et exigible peut faire procéder à la vente des biens qui ont été rendus indisponibles jusqu'à concurrence du montant de sa créance. — *[L. no 91-650 du 9 juill. 1991, art. 76, al. 1er.] — Sur les opérations de saisie et la procédure de conversion en saisie-vente, V. art. R. 522-1 s.*

CHAPITRE III LA SAISIE CONSERVATOIRE DES CRÉANCES

SECTION PREMIÈRE LES OPÉRATIONS DE SAISIE

Art. L. 523-1 Lorsque la saisie porte sur une créance ayant pour objet une somme d'argent, l'acte de saisie la rend indisponible à concurrence du montant autorisé par le juge ou, lorsque cette autorisation n'est pas nécessaire, à concurrence du montant pour lequel la saisie est pratiquée. La saisie produit les effets d'une consignation prévus à l'article 2350 du code civil. — *[L. no 91-650 du 9 juill. 1991, art. 75, al. 1er.] — Sur les opérations de saisies, V. art. R. 523-1 s.*

1. Effet de la saisie. La saisie conservatoire emportant de plein droit consignation des sommes indisponibles et entraînant affectation spéciale avec privilège de l'art. 2075-1 C. civ. au profit du créancier saisissant, le concours avec des saisies postérieures est écarté pour la portion consignée. • Poitiers, 29 mars 2000 : *RDBF 2000, no 166, note Delleci.* ♦ L'acte de saisie rendant indisponibles entre les mains de la banque les créances du débiteur ayant pour objet une somme d'argent, et la saisie produisant les effets d'une consignation avec affectation spéciale au profit du créancier, l'établissement tiers saisi a pour obligation, sous peine d'engager sa responsabilité pour négligence fautive, de rendre effectivement indisponibles, dès l'acte de saisie, les sommes figurant sur le compte du débiteur à *concurrence du montant* pour lequel la saisie conservatoire est pratiquée. • Bordeaux, 19 oct. 2015, no 13/07271 : *Gaz. Pal. 8 mars 2016, p. 82, obs. Salati.* ♦ Cependant, le droit du créancier saisissant ne peut être invoqué à l'égard du trésorier dont la créance fiscale bénéficie du privilège de l'art. 1920 CGI, dès lors que le créancier a fait procéder à la conversion de la saisie conservatoire après la notification d'un avis à tiers détenteur. • Civ. 2e, 18 janv. 2007, no 06-10.598 P : *D. 2007. Pan. 2338, obs. Vigneau ; Gaz. Pal. 10-11 oct. 2007, p. 10, obs. Brenner ; RDBF 2007, no 74, note Piedelièvre.* ♦ Dépourvue d'effet attributif, la saisie ne fait pas obstacle à l'obtention par le saisi d'un titre consacrant sa créance à l'encontre du saisissant. • Civ. 2e, 4 juill. 2007, no 06-14.825 P : *D. 2007. AJ 2244 ; Procédures 2008, no 12, note Perrot.*

2. Conflit avec une saisie-arrêt. En cas de saisie-arrêt validée après qu'une saisie conservatoire a été pratiquée sur les mêmes sommes, les saisissants viennent en concours sur le montant de ces dernières. • TGI Paris, JEX, 24 oct. 2000 : *RDBF 2000, no 29, note Delleci.*

3. Accord entre débiteur et tiers saisi. Pour un accord, non frauduleux, intervenu entre le débiteur et le tiers saisi, mettant fin à leurs relations contractuelles et éteignant la créance du premier sur le second, faisant ainsi échec à la saisie conservatoire, V. • Civ. 2e, 22 nov. 2001, no 99-14.900 P : *Dr. et pr. 2002. 172, note Putman.*

Art. L. 523-1-1 *(L. n° 2019-222 du 23 mars 2019, art. 15-I-2°, en vigueur le 1er janv. 2021)* **Lorsque le tiers saisi est un établissement habilité par la loi à tenir des comptes de dépôt, les actes lui sont transmis par voie électronique.**

SECTION II LA CONVERSION EN SAISIE-ATTRIBUTION

Art. L. 523-2 **Si la saisie conservatoire porte sur une créance, le créancier, muni d'un titre exécutoire, peut en demander le paiement. Cette demande emporte attribution immédiate de la créance saisie jusqu'à concurrence du montant de la condamnation et des sommes dont le tiers saisi s'est reconnu ou a été déclaré débiteur.** – *[L. n° 91-650 du 9 juill. 1991, art. 76, al. 2.]*

BIBL. ► LEFORT, *Dr. et pr. 2003. 204 et 272* (sort d'une saisie conservatoire de créances pratiquée antérieurement au jugement d'ouverture d'une procédure collective).

1. Acquiescement. Sur le point de savoir si, après une saisie conservatoire de créance, le débiteur saisi peut acquiescer à celle-ci : « La notion d'acquiescement est sans application à la saisie conservatoire qui n'est ni une demande en justice, ni un jugement. Toutefois, le débiteur saisi peut donner son accord pour que le tiers saisi paie le créancier saisissant moyennant la mainlevée de la saisie ». • Cass., avis, 24 mai 1996 : *BICC, 1er juill. 1996, p. 3 ; Rev. Justices 1997, n° 5, p. 338, obs. Putman.*

2. Saisie conservatoire inopérante à défaut de conversion avant le jugement d'ouverture du redressement judiciaire. Le jugement d'ouverture de la procédure collective interdit toute conversion en saisie-attribution de la saisie conservatoire pratiquée antérieurement. • Com. 22 avr. 1997, n° 94-16.979 P : *D. 1997. IR 127 ; D. Affaires 1997. 673 ; RDBB 1997. 134, obs. Campana et Calendini ; JCP E 1997. II. 1013, note Grellière ; ibid. 1997. I. 681, n° 16, obs. Cabrillac ; RPC 1997. 316, obs. Canet ; RTD com. 1998. 208, obs. Martin-Serf .* ♦ Il résulte de la combinaison de l'art. L. 621-40 C. com. et des art. 240 à 242 du Décr. n° 92-755 du 31 juill. 1992 [devenus C. pr. exéc., art. R. 523-7 à R. 523-9], qu'une saisie conservatoire signifiée au tiers saisi avant la date de cessation des paiements qui n'a pas été convertie en saisie-attribution avant la date du jugement d'ouverture n'emporte plus, dès lors, affectation spéciale et privilège au profit du créancier saisissant. • Com. 22 avr. 1997 : *préc.* • 4 janv. 2000 : *RJDA 2000, n° 307 ; Procédures 2000, n° 59, note Perrot* • 6 mars 2001, n° 98-12.266 P : *D. 2001. AJ 1102, obs. Lienhard ; APC 2001, n° 88, obs. Vallansan ; Procédures 2001, n° 126, obs. Laporte ; RDBF 2001, n° 129, note Delleci* • 29 avr. 2003 : *RDBF 2003, n° 200, note Delleci* • Paris, 19 mars 1998 : *D. Affaires 1998. 720, obs. A. L.* – V. aussi • Douai, 19 juill. 1994 : *D. 1995. 479, note Prévault ; JCP E 1995. I. 513, n° 17, obs. Cabrillac ; Rev. huiss. 1995. 838, note Dahan.* ♦ En effet, aux termes mêmes de cet art. 240 [devenus C. pr. exéc., art. R. 523-7] et de l'art. 76, al. 2, de la L. n° 91-650 du 9 juill. 1991 [devenus C. pr. exéc., art. R. 523-7], c'est la demande de paiement contenue dans l'acte de conversion qui emporte attribution immédiate, au profit du créancier, de la créance saisie conservatoirement et non la saisie conservatoire elle-même. • TGI Lyon, JEX, 26 sept. 1995 : *BICC 1996, n° 193 ; RPC 1996. 343, obs. Canet.* – *Contra* : • TGI Lyon, JEX, 20 févr. 1996 : *D. 1996. IR 188* • TGI Le Mans, JEX, 12 avr. 1994 : *Gaz. Pal. 1996. 2. Somm. 436, obs. Vray.* ♦ Dès lors, même en présence d'un jugement définitif consacrant sa créance, le créancier qui n'a pas signifié d'acte de conversion de la saisie conservatoire en saisie-attribution, avant l'ouverture de la procédure collective, ne peut se prévaloir d'un droit acquis avant le jugement d'ouverture. • Civ. 2e, 19 mai 1999, n° 97-13.672 P : *D. 1999. 549, note Prévault ; RJDA 2000, n° 184.* – V. aussi • Aix-en-Provence, 14 mars 2002 : *RDBF 2003, n° 123, note Delleci.* ♦ Sur cette question, V. Vaccaro, *D. Affaires 1997. 1409.* ♦ Une saisie conservatoire non convertie en saisie-attribution à la date du jugement d'ouverture doit faire l'objet d'une mainlevée. • Com. 31 mars 1998 : *Procédures 1998, n° 139, obs. Perrot ; ibid. n° 144, obs. Croze* • Paris, 16 juin 1998 : *D. Affaires 1998. 1450, obs. A. L.* ♦ De même, doit être ordonnée la mainlevée de la consignation des sommes entre les mains d'un séquestre, comme modalité de substitution à la saisie conservatoire, et leur reversement dans l'actif de la société en redressement judiciaire. • Lyon, 17 juin 1998 : *JCP 2000. IV. 1389.* ♦ En effet, la substitution d'un séquestre judiciaire à une saisie conservatoire n'a pas pour conséquence de faire échapper la créance séquestrée au régime juridique de la saisie conservatoire dont les effets sont maintenus. • Com. 6 mars 2001 : *préc.* – V. L. n° 91-650 du 9 juill. 1991, art. 72 [devenus C. pr. exéc., art. R. 512-1] et Décr. n° 92-755 du 31 juill. 1992, art. 235 [devenu C. pr. exéc., art. R. 523-2].

3. Nullité de la saisie conservatoire postérieure à la date de cessation des paiements. Dès lors que la conversion en saisie-attribution a été effectuée avant le jugement d'ouverture de la procédure collective, la nullité encourue par la saisie conservatoire, en application de l'art. L. 621-107 (7°) C. com., n'entraîne pas, en vertu de l'attribution immédiate au saisissant, la nullité de la saisie-attribution. • Com. 29 avr. 2003, n° 00-11.912 P : *R., p. 379 ; D. 2003. AJ 1364, obs. A. Lienhard ; RDBF 2003, n° 158, note Delleci.* – V. déjà • Com. 10 déc. 2002, n° 99-16.603 P : *D. 2003. AJ 68, obs. A. Lienhard ;*

ibid. 2003. Somm. 1473, obs. Taormina ; *RTD civ. 2003. 147, obs. Perrot* ; *Dr. et pr. 2003. 163, note Crocq* ; *Procédures 2003, n° 41, note Laporte* ; *ibid. 2003, n° 63, note Perrot* ; *RDBF 2003, n° 40, note Delleci* ; *APC 2003, n° 20, obs. Regnaut-Moutier* ; *JCP E 2003. 760, n° 3, obs. Cabrillac* ; *Gaz. Pal. 5-6 sept. 2003, p. 11, obs. Brenner.* ♦ *Contra*, auparavant, jugeant que, dès lors qu'ayant constaté qu'une saisie conservatoire avait été effectuée après la date de cessation des paiements, justifie légalement sa décision la cour d'appel qui en a déduit que cette mesure était nulle en application des dispositions de l'art. 107-7° [C. com., art. L. 621-107] de la loi du 25 janv. 1985, et a retenu qu'il y avait lieu d'annuler, par voie de conséquence, le paiement du créancier saisissant obtenu en application des dispositions de l'art. 76, al. 2, de la L. n° 91-650 du 9 juill. 1991 [devenus C. pr. exéc., art. R. 532-2]. • Com. 12 oct. 1999, n° 96-13.133 P : *D. 1999. AJ 45, obs. A. L.* ; *RJDA 2000. 57* ; *Procédures, janv. 2000, n° 3, obs. Perrot, et n° 14, obs. Laporte* ; *LPA 8 févr. 2000, p. 20, note Courtier* ; *RTD com. 2000. 459, obs. Martin-Serf* ; *JCP 2000. I. 233, n° 12, obs. Cabrillac* ; *RDBF 2000, n° 76, note Delleci.* ♦ V. aussi, en ce sens que le saisi ayant fait l'objet d'un jugement de redressement judiciaire, il convient de rechercher, avant de condamner le tiers saisi pour manquement à son obligation de renseignement, si, en raison de la date de cessation des paiements, la saisie conservatoire effectuée après cette date n'était pas nulle, • Civ. 2e, 21 déc. 2000 : *RDBF 2001, n° 72, note Delleci.*

4. Caducité de la saisie conservatoire. La caducité de la saisie conservatoire n'interdit pas au créancier saisissant de saisir le JEX d'une demande de réparation du préjudice que lui aurait causé la faute personnelle du tiers saisi à l'occasion de la mise en œuvre de la mesure d'exécution forcée. • Civ. 2e, 30 mai 2002 : *Dr. et pr. 2002. 325.*

5. Contestation de la saisie conservatoire. Une saisie conservatoire ayant été régulièrement convertie en saisie-attribution avant l'ouverture du redressement judiciaire du débiteur, ce dernier n'est plus recevable à contester la saisie conservatoire. • Com. 2 mars 2010, n° 08-19.898 P : *D. 2010. AJ 706* ; *ibid. 2011. Pan. 1509, obs. Leborgne* ; *JCP 2010. 761, note Lauvergnat* ; *Dr. et pr. 2010. 186, note Hoonakker* ; *RTD civ. 2010. 619, obs. Perrot* ; *Gaz. Pal. 22 juin 2010, p. 19, note Lefort* ; *RDBF 2010, n° 103, note Piedelièvre.*

6. Date d'appréciation de l'existence de la créance. L'acte de conversion d'une saisie conservatoire en saisie-attribution ne tendant qu'à l'attribution de la créance préalablement saisie, la condition d'existence de cette créance s'apprécie au jour où la saisie conservatoire est pratiquée. • Civ. 2e, 10 janv. 2019, n° 17-25.719 P.

7. Cours de change. La demande en paiement, faite après conversion d'une saisie conservatoire en saisie-attribution, emporte, par l'effet de la loi, attribution immédiate de la créance saisie jusqu'à concurrence du montant de la condamnation et des sommes dont le tiers saisi s'était reconnu débiteur en euros, y compris lorsque le tiers saisi avait déclaré détenir pour le compte du débiteur une créance libellée en monnaie étrangère correspondant à la contre-valeur en dollars US de la somme pour laquelle la saisie avait été autorisée. • Civ. 2e, 31 mars 2011, n° 10-12.269 P : *D. 2011. Chron. 2156, obs. Sommer et Leroy-Gissinger* ; *ibid. 2012. Pan. 1509, obs. Leborgne* ; *JCP 2011. 264, note Béguin* ; *Dr. et pr. 2011. 182, note Putman* ; *RDBF 2011, n° 153, note Crédot et Samin* ; *RTD civ. 2011. 392, obs. Perrot.*

CHAPITRE IV LA SAISIE CONSERVATOIRE DES DROITS D'ASSOCIÉ ET DES VALEURS MOBILIÈRES

Le présent chapitre ne comprend pas de dispositions législatives.

V. art. R. 524-1 s.

CHAPITRE V LA SAISIE CONSERVATOIRE DES BIENS PLACÉS DANS UN COFFRE-FORT

Le présent chapitre ne comprend pas de dispositions législatives.

V. art. R. 525-1 s.

TITRE TROISIÈME LES SÛRETÉS JUDICIAIRES

DALLOZ ACTION *Droit et pratique des voies d'exécution 2022/2023*, nos 0631.00 s., par G. Malfre..

BIBL. ▸ Bandrac, *RTD civ. 1993, n° spéc. hors série, p. 49* (procédures civiles d'exécution et droit des sûretés). – Baraderie, *Gaz. Pal. 1993. Doctr. 910.* – Delebecque, *LPA 6 janv. 1993, p. 93* – Mélé, Le droit en tableaux, *Delmas 2009, p. 260.*

CHAPITRE PREMIER **DISPOSITIONS GÉNÉRALES**

Art. L. 531-1 Une sûreté judiciaire peut être constituée à titre conservatoire sur les immeubles, les fonds de commerce, les actions, parts sociales et valeurs mobilières. – *[L. n° 91-650 du 9 juill. 1991, art. 77.]*

1. L'hypothèque dont bénéficie l'URSSAF, en application des art. 2123 C. civ. et L. 244-9 CSS, est l'hypothèque légale attachée de plein droit à tout jugement de condamnation, laquelle n'est pas soumise aux dispositions de la L. du 9 juill. 1991 ni de son décret d'application relatives aux mesures conservatoires provisoires. • Civ. 3e, 13 déc. 2000, n° 99-11.822 P.

2. Pouvoirs du JEX. Le JEX peut autoriser une inscription d'hypothèque provisoire sur un immeuble lorsque la créance paraît fondée et son recouvrement en péril. • TI Nantes, 1er mars 1993 : *Rev. huiss. 1993. 870.*

3. Il ressort des art. 2123 ancien C. civ. [devenu C. pr. exéc., art. L. 322-14] et 77 s. de la L. du 9 juill. 1991 [devenus C. pr. exéc., art. L. 531-1 s.] que l'hypothèque judiciaire résulte des jugements, soit contradictoires, soit par défaut, définitifs ou provisoires, en faveur de celui qui les a obtenus. Viole ces dispositions la cour d'appel qui décide que l'hypothèque inscrite au vu d'un jugement est rétroactivement privée d'effet pour n'avoir pas été confirmée par une inscription définitive dans le délai de deux mois suivant le prononcé de l'arrêt confirmant ce jugement. • Civ. 1re, 14 mars 2012, n° 10-28.143 P : *D. 2012. Actu. 804, obs. Avena-Robardet ; AJDI 2012. 447, obs. Le Rudulier ; JCP 2012. 626, obs. Delebecque ; Dr. et pr. 2012. 207, note Vinckel ; RDBF 2012, n° 126, obs. Piedelièvre.*

Art. L. 531-2 Les biens grevés d'une sûreté judiciaire demeurent aliénables. Le prix en est payé et distribué dans les conditions fixées par décret en Conseil d'État.

Toutefois, en cas de vente de valeurs mobilières inscrites sur un compte tenu et géré par un intermédiaire habilité, le prix peut être utilisé pour acquérir d'autres valeurs qui sont alors subrogées aux valeurs vendues. – *[L. n° 91-650 du 9 juill. 1991, art. 79.]*

BIBL. ▸ Delga, *Gaz. Pal. 20 janv. 1994, Doctr.* (disponibilité d'un immeuble grevé d'une hypothèque judiciaire conservatoire et droits du créancier au regard notamment de la législation nouvelle).

CHAPITRE II **LA PUBLICITÉ PROVISOIRE**

Art. L. 532-1 Les sûretés judiciaires sont opposables aux tiers du jour de l'accomplissement des formalités de publicité prescrites par décret en Conseil d'État. – *[L. n° 91-650 du 9 juill. 1991, art. 78, al. 1er.]*

L'ouverture d'une procédure de liquidation judiciaire ne prive pas d'effet une hypothèque judiciaire provisoire régulièrement inscrite sur un immeuble du débiteur avant le jugement d'ouverture et n'interdit pas au créancier de procéder, dans le délai de deux mois courant à compter du jour où la décision d'admission ou de fixation de sa créance est passée en force de chose jugée, à l'inscription définitive qui, confirmant l'inscription provisoire, donne rang à l'hypothèque à la date de la formalité initiale. • Com. 3 mai 2016, n° 14-21.556 P : *D. 2016. Actu. 996 ; JCP 2016. 1224, obs. Delebecque ; ibid. E 2016. 1466, note Lebel ; Gaz. Pal. 18 oct. 2016, p. 60, note Roussel Galle ; RPC 2016, n° 122, note Macorig-Venier ; RTD com. 2016. 550, note Martin-Serf ; RDBF 2016, n° 170, note S. Piedelièvre ; Procédures 2016, n° 227, note Laporte.*

CHAPITRE III **LA PUBLICITÉ DÉFINITIVE**

Art. L. 533-1 La publicité provisoire **cesse de produire effet si, dans un délai fixé par décret, elle n'a pas été confirmée par une publicité définitive.** – *[L. n° 91-650 du 9 juill. 1991, art. 78, al. 2.]*

CHAPITRE IV **DISPOSITIONS APPLICABLES AUX DÉPARTEMENTS DU BAS-RHIN, DU HAUT-RHIN ET DE LA MOSELLE**

Le présent chapitre ne comprend pas de dispositions législatives.

LIVRE SIXIÈME DISPOSITIONS RELATIVES À L'OUTRE-MER

TITRE PREMIER DISPOSITIONS SPÉCIFIQUES À LA GUADELOUPE, À LA GUYANE, À LA MARTINIQUE, À LA RÉUNION ET À MAYOTTE

CHAPITRE PREMIER DISPOSITIONS COMMUNES

Art. L. 611-1 Pour l'application de l'article L. 412-6 en Guyane, en Guadeloupe, en Martinique, à La Réunion et à Mayotte, la période pendant laquelle il est sursis à toute mesure d'expulsion est fixée par le représentant de l'État, après avis conforme du conseil général, pour une durée de trois mois et demi, le cas échéant divisée de manière à tenir compte des particularités climatiques propres à cette collectivité.

CHAPITRE II DISPOSITIONS SPÉCIFIQUES À UNE OU [À] PLUSIEURS COLLECTIVITÉS

SECTION UNIQUE DISPOSITIONS RELATIVES À MAYOTTE

Art. L. 612-1 Le présent code est applicable à Mayotte sous réserve des adaptations ci-après.

Art. L. 612-2 Pour l'application de l'article L. 152-1, les mots : "des régions, des départements" et les mots : "les régions, les départements" sont remplacés respectivement par les mots : "du département de Mayotte" et par les mots : "le département de Mayotte".

Art. L. 612-3 *(Abrogé par Ord. n° 2017-1491 du 25 oct. 2017, art. 22) L'article L. 212-1 est ainsi rédigé :*

Art. L. 212-1 La saisie et la cession des rémunérations sont régies par les articles L. 145-1 à L. 145-6 du code du travail applicable à Mayotte. – [C. trav. applicable à Mayotte, art. L. 145-1, L. 145-2, L. 145-3, L. 145-4, L. 145-5, L. 145-6.]

Art. L. 612-4 Pour l'application de l'article L. 412-3, les mots : "à l'article 19 de la loi n° 48-1360 du 1er septembre 1948 portant modification et codification de la législation relative aux rapports des bailleurs et locataires ou occupants de locaux d'habitation ou à usage professionnel et instituant des allocations de logement" sont remplacés par les mots : "par la réglementation le cas échéant applicable localement permettant de ne pas rendre opposable le droit au maintien dans les lieux".

Art. L. 612-5 Pour l'application des dispositions des livres III et IV, en tant qu'il se rapporte aux mesures conservatoires immobilières, le créancier en possession d'un certificat nominatif d'inscription délivré par le conservateur de la propriété immobilière ou d'un titre exécutoire peut, à défaut de paiement à l'échéance, poursuivre la saisie des immeubles immatriculés de son débiteur affectés à la créance. – *[C. civ., art. 2533.]*

TITRE DEUXIÈME DISPOSITIONS SPÉCIFIQUES À SAINT-BARTHÉLEMY ET [À] SAINT-MARTIN

Initialement composé de trois chapitres, respectivement intitulés « Dispositions communes », « Dispositions relatives à Saint-Barthélemy » et « Dispositions relatives à Saint-Martin », le présent titre est désormais composé, par l'effet de l'art. 11-V-2° de la L. n° 2015-177 du 16 févr. 2015, du chapitre unique suivant :

CHAPITRE UNIQUE DISPOSITIONS COMMUNES

Art. L. 621-1 En l'absence d'adaptation, les références faites par des dispositions du présent code applicables à Saint-Barthélemy et à Saint-Martin à des dispositions qui n'y sont pas applicables sont remplacées par les références aux dispositions ayant le même objet, le cas échéant applicables localement.

Art. L. 621-2 Pour l'application du présent code dans les collectivités d'outre-mer de Saint-Barthélemy et de Saint-Martin :

1° Le mot : "préfet" et les mots : "préfet du département" sont remplacés par les mots : "représentant de l'État dans la collectivité" ;

2° Les mots : "région", "département" ou "commune" sont remplacés par les mots : "collectivité de Saint-Barthélemy" et "collectivité de Saint-Martin".

Art. L. 621-3 Pour l'application de l'article L. 142-1 à Saint-Barthélemy et à Saint-Martin, les mots : "du maire de la commune, d'un conseiller municipal ou d'un fonctionnaire municipal délégué par le maire à cette fin" sont remplacés par les mots : "du président de la collectivité, d'un conseiller territorial ou d'un fonctionnaire territorial délégué par le président de la collectivité".

Art. L. 621-4 Pour l'application de l'article L. 412-6, dans les collectivités de Saint-Barthélemy et Saint-Martin, la période pendant laquelle il est sursis à toute mesure d'expulsion est fixée par le représentant de l'État, après avis du conseil territorial, pour une durée de trois mois et demi, le cas échéant divisée de manière à tenir compte des particularités climatiques propres à chacun de ces départements et collectivités. – *[CCH, art. L. 661-2.]*

Art. L. 621-5 Pour l'application de l'article L. 412-1 à Saint-Barthélemy *(L. nº 2015-177 du 16 févr. 2015, art. 11-V-3º)* « et à Saint-Martin », les mots : "effectuée en application de l'article L. 442-4-1 du code de la construction et de l'habitation" sont remplacés par les mots : ", le cas échéant, applicable localement".

L'art. L. 621-5 correspond à l'anc. art. L. 622-1 ainsi renuméroté par la L. nº 2015-177 du 16 févr. 2015, art. 11-V-1º.

Art. L. 621-6 Pour l'application de l'article L. 412-3 à Saint-Barthélemy *(L. nº 2015-177 du 16 févr. 2015, art. 11-V-3º)* « et à Saint-Martin », les mots : "à l'article 19 de la loi nº 48-1360 du 1er septembre 1948 portant modification et codification de la législation relative aux rapports des bailleurs et locataires ou occupants de locaux d'habitation ou à usage professionnel et instituant des allocations de logement" et les mots : "effectuée en application de l'article L. 442-4-1 du code de la construction et de l'habitation" sont remplacés respectivement par les mots : "par la réglementation, le cas échéant, applicable localement" et les mots : "la réglementation applicable localement".

L'art. L. 621-6 correspond à l'anc. art. L. 622-2 ainsi renuméroté par la L. nº 2015-177 du 16 févr. 2015, art. 11-V-1º.

Art. L. 621-7 Pour l'application de l'article L. 412-5 à Saint-Barthélemy *(L. nº 2015-177 du 16 févr. 2015, art. 11-V-3º)* « et à Saint-Martin », le mot : "départemental" et les mots : "la loi nº 90-449 du 31 mai 1990 visant à la mise en œuvre du droit au logement" sont remplacés respectivement par le mot : "territorial" et les mots : "la réglementation le cas échéant applicable localement".

L'art. L. 621-7 correspond à l'anc. art. L. 622-3 ainsi renuméroté par la L. nº 2015-177 du 16 févr. 2015, art. 11-V-1º.

TITRE TROISIÈME DISPOSITIONS SPÉCIFIQUES À SAINT-PIERRE-ET-MIQUELON

CHAPITRE UNIQUE

Art. L. 631-1 En l'absence d'adaptation, les références faites par des dispositions du présent code applicables à Saint-Pierre-et-Miquelon à des dispositions qui n'y sont pas applicables sont remplacées par les références aux dispositions ayant le même objet applicables localement.

Art. L. 631-2 Pour l'application du présent code à Saint-Pierre-et-Miquelon, les termes énumérés ci-après sont remplacés comme suit :

1º *(Ord. nº 2019-964 du 18 sept. 2019, art. 17-3º-a, en vigueur le 1er janv. 2020)* « " tribunal judiciaire " *[ancienne rédaction : "Tribunal de grande instance" ou "tribunal d'instance"]* » par "tribunal de première instance" ;

2° "Cour d'appel" par "tribunal supérieur d'appel" ;

3° "Tribunal de commerce" par "tribunal de première instance statuant en matière commerciale" ;

4° "Premier président de la cour d'appel" par "président du tribunal supérieur d'appel" ;

5° "Président du tribunal (*Ord. n° 2019-964 du 18 sept. 2019, art. 17-3°-b, en vigueur le 1er janv. 2020*) « judiciaire *[ancienne rédaction : de grande instance" ou "président du tribunal d'instance"]* » par "président du tribunal de première instance" ;

6° "Procureur de la République" ou "procureur général près la cour d'appel" par "procureur de la République près le tribunal supérieur d'appel" ;

7° "Préfet" ou "préfet du département" par "représentant de l'État à Saint-Pierre-et-Miquelon" ;

8° "Département" ou "région" par "collectivité de Saint-Pierre-et-Miquelon".

Art. L. 631-3 Pour l'application de l'article L. 412-1 à Saint-Pierre-et-Miquelon, les mots : "effectuée en application de l'article L. 442-4-1 du code de la construction et de l'habitation" sont remplacés par les mots : ", le cas échéant, applicable localement".

Art. L. 631-4 Pour l'application de l'article L. 412-3 à Saint-Pierre-et-Miquelon, les mots : "à l'article 19 de la loi n° 48-1360 du 1er septembre 1948 portant modification et codification de la législation relative aux rapports des bailleurs et locataires ou occupants de locaux d'habitation ou à usage professionnel et instituant des allocations de logement" et les mots : "en application de l'article L. 442-4-1 du code de la construction et de l'habitation" sont remplacés respectivement par les mots : "par la réglementation, le cas échéant, applicable localement" et les mots : ", le cas échéant, applicable localement".

Art. L. 631-5 Pour l'application de l'article L. 412-5 à Saint-Pierre-et-Miquelon, le mot : "départemental" et les mots : "la loi n° 90-449 du 31 mai 1990 visant à la mise en œuvre du droit au logement" sont remplacés respectivement par le mot : "territorial" et les mots : "la réglementation, le cas échéant, applicable localement".

Art. L. 631-6 Pour l'application de l'article L. 412-6 à Saint-Pierre-et-Miquelon, la période pendant laquelle il est sursis à toute mesure d'expulsion est fixée par le représentant de l'État, après avis conforme du conseil territorial, pour une durée de quatre mois et demi, le cas échéant divisée de manière à tenir compte des particularités climatiques propres à cette collectivité.

TITRE QUATRIÈME **DISPOSITIONS APPLICABLES DANS LES ÎLES WALLIS-ET-FUTUNA**

CHAPITRE UNIQUE

Art. L. 641-1 Sous réserve des adaptations prévues dans les articles ci-après, les dispositions suivantes de la partie législative du présent code sont applicables dans les îles Wallis-et-Futuna :

1° Le livre Ier, à l'exception du 6° de l'article L. 112-2 et de l'article L. 162-2 ;

2° Le livre II ;

3° Le livre IV ;

4° Le livre V.

(*L. n° 2021-1729 du 22 déc. 2021, art. 60*) « L'article L. 111-3 est applicable dans sa rédaction résultant de la loi n° 2021-1729 du 22 décembre 2021 pour la confiance dans l'institution judiciaire. »

(*L. n° 2022-172 du 14 févr. 2022, art. 18*) « Les articles L. 111-5, L. 121-4 et L. 125-1 sont applicables dans leur rédaction résultant de la loi n° 2019-222 du 23 mars 2019 de programmation 2018-2022 et de réforme pour la justice.

« L'article L. 161-1 est applicable dans sa rédaction résultant de la loi n° 2022-172 du 14 février 2022 en faveur de l'activité professionnelle indépendante.

« Les articles L. 211-1-1, L. 433-2 et L. 523-1-1 sont applicables dans leur rédaction résultant de la loi n° 2019-222 du 23 mars 2019 de programmation 2018-2022 et de réforme pour la justice. »

(Ord. nº 2021-1192 du 15 sept. 2021, art. 36-XII, en vigueur le 1er janv. 2022) « Les articles L. 112-3, L. 211-3 et L. 221-5 sont applicables, dans leur rédaction résultant de l'ordonnance nº 2021-1192 du 15 septembre 2021 ».

Art. L. 641-2 Pour l'application du présent code dans les îles Wallis-et-Futuna, les termes énumérés ci-après sont remplacés comme suit :

1º *(Ord. nº 2019-964 du 18 sept. 2019, art. 17-4º-a, en vigueur le 1er janv. 2020)* « " tribunal judiciaire " *[ancienne rédaction : "Tribunal de grande instance" ou " tribunal d'instance"]* » par "tribunal de première instance" ;

2º "Tribunal de commerce" par "tribunal de première instance statuant en matière commerciale" ;

3º "Procureur de la République" par "procureur de la République près le tribunal de première instance" ;

4º *(Abrogé par Ord. nº 2019-964 du 18 sept. 2019, art. 17-4º-b, à compter du 1er janv. 2020) « "Juge du tribunal d'instance" ou »*"juge aux affaires familiales" par "président du tribunal de première instance ou son délégué" ;

5º "Cour d'appel" par "tribunal supérieur d'appel" ;

6º "Région", "département" et "commune" par "collectivité de Wallis-et-Futuna" ;

7º "Préfet" ou "préfet du département" par "représentant de l'État à Wallis-et-Futuna" ;

8º "Maire, conseiller municipal, fonctionnaire municipal" par "chef de circonscription" ;

Par ailleurs, les attributions dévolues aux huissiers de justice sont également exercées par l'autorité administrative ou militaire. — *[L. nº 91-650 du 9 juill. 1991, art. 103, al. 6 à 13.]*

Art. L. 641-3 Pour son application à Wallis-et-Futuna, le premier alinéa de l'article L. 112-1 est ainsi rédigé :

Art. L. 112-1, al. 1er Les saisies peuvent porter sur tous les biens appartenant au débiteur, alors même qu'ils seraient détenus par des tiers, à l'exclusion des biens immeubles et des fonds de commerce. — *[L. nº 91-650 du 9 juill. 1991, art. 103, al. 1er à 3.]*

Art. L. 641-4 Pour son application à Wallis-et-Futuna, l'article L. 212-1 est ainsi rédigé :

Art. L. 212-1 La saisie et la cession des rémunérations sont régies par les dispositions de la loi nº 52-1322 du 15 décembre 1952 instituant un code du travail dans les territoires et territoires associés relevant du ministère de la France d'outre-mer.

Art. L. 641-5 Pour l'application de l'article L. 412-1 à Wallis-et-Futuna, les mots : "effectuée en application de l'article L. 442-4-1 du code de la construction et de l'habitation" sont remplacés par les mots : ", le cas échéant, applicable localement".

Art. L. 641-6 Pour l'application de l'article L. 412-3 à Wallis-et-Futuna, les mots : "à l'article 19 de la loi nº 48-1360 du 1er septembre 1948 portant modification et codification de la législation relative aux rapports des bailleurs et locataires ou occupants de locaux d'habitation ou à usage professionnel et instituant des allocations de logement" et les mots : "effectuée en application de l'article L. 442-4-1 du code de la construction et de l'habitation" sont remplacés respectivement par les mots : "par la réglementation, le cas échéant, applicable localement" et les mots : ", le cas échéant, applicable localement".

Art. L. 641-7 Pour l'application de l'article L. 412-5 à Wallis-et-Futuna, le mot : "départemental" et les mots : "la loi nº 90-449 du 31 mai 1990 visant à la mise en œuvre du droit au logement" sont remplacés respectivement par le mot : "territorial" et les mots : "la réglementation, le cas échéant, applicable localement".

Art. L. 641-8 Pour l'application de l'article L. 412-6 à Wallis-et-Futuna, la période pendant laquelle il est sursis à toute mesure d'expulsion est fixée par le représentant de l'État, après avis de l'assemblée territoriale, pour une durée de trois mois et demi, le cas échéant divisée de manière à tenir compte des particularités climatiques propres à cette collectivité.

Art. L. 641-9 Pour son application à Wallis-et-Futuna, l'article L. 531-1 est ainsi rédigé :

Art. L. 531-1 Une sûreté judiciaire peut être constituée à titre conservatoire sur les actions, parts sociales et valeurs mobilières.– *[L. nº 91-650 du 9 juill. 1991, art. 103, al. 4 et 5.]*

TITRE CINQUIÈME LES TERRES AUSTRALES ET ANTARCTIQUES FRANÇAISES

CHAPITRE UNIQUE

Art. L. 651-1 Le présent code n'est pas applicable dans les Terres australes et antarctiques françaises.

DEUXIÈME PARTIE : RÉGLEMENTAIRE

(Décr. n° 2012-783 du 30 mai 2012, art. 1er, en vigueur le 1er juin 2012)

Les dispositions de codification du Décr. n° 2012-783 du 30 mai 2012 sont applicables à Wallis-et-Futuna (Décr. préc., art. 11).

LIVRE PREMIER DISPOSITIONS GÉNÉRALES

TITRE PREMIER LES CONDITIONS DE L'EXÉCUTION FORCÉE

CHAPITRE PREMIER LE CRÉANCIER ET LE TITRE EXÉCUTOIRE

SECTION PREMIÈRE DISPOSITIONS GÉNÉRALES

(Décr. n° 2017-892 du 6 mai 2017, art. 37)

BIBL. ▸ **Décr. n° 2017-892 du 6 mai 2017 :** DOROL, *D. actu. 19 mai 2017*. – LEBORGNE, *D. 2018. Pan. 1223*. – PAYAN, *Lexbase Hebdo éd. privée n° 701, 8 juin 2017*.

Art. R. 111-1 **Le juge de l'exécution du** *(Décr. n° 2019-966 du 18 sept. 2019, art. 8, en vigueur le 1er janv. 2020)* **« tribunal judiciaire** *[ancienne rédaction : tribunal de grande instance]* **» de Paris est seul compétent pour statuer sur la demande d'autorisation prévue à l'article L. 111-1-1 et sur les contestations relatives aux mesures conservatoires et d'exécution forcée mobilières qu'il autorise, ainsi que pour connaître des procédures de saisie immobilière qu'il autorise, à l'exception des procédures d'exécution forcée sur les immeubles situés dans les départements du Bas-Rhin, du Haut-Rhin et de la Moselle.**

Art. R. 111-2 **La requête est présentée en double exemplaire. Elle est motivée et comporte l'indication précise des pièces invoquées.**

Art. R. 111-3 **L'ordonnance sur requête est motivée.**

Elle est exécutoire au seul vu de la minute.

Art. R. 111-4 **Le créancier procède à l'exécution dans les conditions propres à chaque mesure, définies dans le présent code.**

Lorsque l'ordonnance porte sur une mesure conservatoire, les articles R. 511-4 à R. 511-8 sont en outre applicables.

Art. R. 111-5 **L'huissier de justice procède à l'exécution sur présentation de l'autorisation du juge. Lorsque la mesure d'exécution donne lieu à dénonciation à l'État étranger, elle est accompagnée d'une copie de la requête et de l'ordonnance.**

SECTION II LES CONTESTATIONS

(Décr. n° 2017-892 du 6 mai 2017, art. 37)

Art. R. 111-6 **S'il n'est pas fait droit à la requête, appel peut être interjeté. Le délai d'appel est de quinze jours. L'appel est formé, instruit et jugé comme en matière gracieuse.**

S'il est fait droit à la requête, tout intéressé peut en référer au juge qui a rendu l'ordonnance, lequel peut modifier ou rétracter celle-ci.

CHAPITRE II LES BIENS SAISISSABLES

Art. R. 112-1 **Tous les biens mobiliers ou immobiliers, corporels ou incorporels appartenant au débiteur peuvent faire l'objet d'une mesure d'exécution forcée ou d'une mesure conservatoire, si ce n'est dans les cas où la loi prescrit ou permet leur insaisissabilité.** – *[Décr. n° 92-755 du 31 juill. 1992, art. 38.]*

Existence d'une sépulture sur un terrain. L'existence d'une sépulture située dans une propriété n'a pas pour effet de rendre inaliénable et incessible cette propriété dont la vente amiable ou judiciaire est possible sous réserve, dans ce dernier cas, qu'il en soit fait mention dans le cahier des charges et qu'un accès soit réservé à la famille. • Civ. 2e, 17 oct. 2013, n° 12-23.375 P : *D. 2013. 2472 ; ibid. 2014. Pan. 633, obs. Amrani-Mekki et M. Mekki ; D. actu. 4 nov.*

2013, obs. Avena-Robardet ; JCP 2013. 1300, note Barbier ; RPC 2013. 259, obs. Mecarelli ; Gaz. Pal. 2014. 385, note Houtcieff ; LPA 16 janv. 2013, p. 6, note Gantschnig ; RDBF 2014, n° 21, obs. Piedelièvre.

Art. R. 112-2 **Pour l'application du 5° de l'article L. 112-2, sont insaisissables comme étant nécessaires à la vie et au travail du débiteur saisi et de sa famille :**

1° Les vêtements ;

2° La literie ;

3° Le linge de maison ;

4° Les objets et produits nécessaires aux soins corporels et à l'entretien des lieux ;

5° Les denrées alimentaires ;

6° Les objets de ménage nécessaires à la conservation, à la préparation et à la consommation des aliments ;

7° Les appareils nécessaires au chauffage ;

8° La table et les chaises permettant de prendre les repas en commun ;

9° Un meuble pour ranger le linge et les vêtements et un autre pour ranger les objets ménagers ;

10° Une machine à laver le linge ;

11° Les livres et autres objets nécessaires à la poursuite des études ou à la formation professionnelle ;

12° Les objets d'enfants ;

13° Les souvenirs à caractère personnel ou familial ;

14° Les animaux d'appartement ou de garde ;

15° Les animaux destinés à la subsistance du saisi ainsi que les denrées nécessaires à leur élevage ;

16° Les instruments de travail nécessaires à l'exercice personnel de l'activité professionnelle ;

17° Un poste téléphonique permettant l'accès au service téléphonique fixe ou mobile.
– *[Décr. n° 92-755 du 31 juill. 1992, art. 39.]*

BIBL. ▸ LOCHOUARN, *Dr. et pr. 2000. 257* (les biens professionnels). – MANARA et TABAKA, *AJ fam. 2008. 207* (pour l'insaisissabilité de l'ordinateur familial).

1. Renvoi. Jurisprudence antérieure à la réforme de 1991-1992. V. notes ss. art. 592 ACPC, *in* NCPC, éd. 2008.

2. Literie. La literie et le matériel de couchage, objets absolument indispensables et affectés directement à un fonds de commerce d'hôtellerie, se trouvent exclus de la composition du fonds pour devenir des immeubles par destination ; ces biens ne peuvent faire l'objet d'une saisie-vente, procédure applicable uniquement aux biens meubles. • TGI Lille, 20 avr. 1993 : *D. 1994. Somm. 344, obs. Julien.*

3. Souvenirs à caractère personnel ou familial. Le legs de biens par une personne unie à une autre par des liens d'affection ne suffit pas à établir que chacun de ces meubles ait pour cette dernière la qualité de souvenir à caractère personnel. C'est dans l'exercice de son pouvoir d'appréciation qu'une cour d'appel, après avoir relevé les liens d'affection unissant deux personnes, retient que les éléments produits par l'intéressé n'établissent pas que chacun des objets *concernés a pour lui la qualité de souvenir à* caractère personnel. • Civ. 2e, 12 mai 2016, n° 15-15.158 P : *D. actu. 26 mai 2016, obs. Mélin ; D. 2017. Pan. 1338, obs. Leborgne ; Procédures 2016, n° 228, note Raschel.*

4. Instruments de travail. Ce texte précisant que les biens mobiliers nécessaires au travail du saisi et de la famille qui ne peuvent être saisis sont notamment des instruments de travail nécessaires à l'exercice personnel de l'activité professionnelle, il s'ensuit qu'il ne peut s'agir que d'une personne physique ; une personne morale (SARL) ne peut donc se prévaloir de ce texte. • TGI Lyon, JEX, 14 juin 1994 : *D. 1995. 207, note Prévault ; BICC 1994, n° 922.* ♦ Un véhicule ne peut être déclaré insaisissable que s'il s'agit d'un instrument de travail nécessaire à l'exercice personnel de l'activité professionnelle du débiteur saisi, c'est-à-dire s'il est utilisé pendant le travail. • Nancy, 16 janv. 2003 : *JCP 2004. IV. 3037.* ♦ V., pour un tracteur et un tracteur-pelle utilisés par un agriculteur, • Poitiers, 16 oct. 2002 : *RDBF 2003, n° 122, note Delleci.*

5. Matériel informatique. Un ordinateur utilisé pour la recherche d'un emploi doit être assimilé à un instrument nécessaire à l'exercice personnel d'une activité professionnelle ; il s'ensuit qu'il est insaisissable en application des art. 14 de la L. du 9 juill. 1991 [devenu C. pr. exéc., art. L. 112-2] et 39 du Décr. du 31 juill. 1992 [devenu C. pr. exéc., art. R. 112-2]. • Civ. 2e, 28 juin 2012, n° 11-15.055 P : *D. 2012. 1941, note Lauvergnat ; ibid. Pan. 2013. 1578, obs. Leborgne ; Dr. et pr. 2012. 211, note Leborgne ; RDBF 2012, n° 157, obs. Piedelièvre ; Procédures 2012, n° 278, note Perrot ; Dr. fam. 2013, n° 131,* *note Guerlin.* ♦ Mais s'ils ne sont pas liés à l'activité professionnelle, les ordinateurs sont saisissables, et il appartient au débiteur d'assurer lui-même la sauvegarde des informations contenues sur le disque dur (Rép. min. n° 20123 : *JOAN Q, 18 août 2003, p. 6542*). ♦ V. aussi, jugeant que, en l'absence de preuve du caractère indispensable de l'ordinateur saisi pour le travail du débiteur, la saisie-vente est valable. En revanche, les objets d'enfants, tels les poupées, sont insaisissables en l'absence de preuve de leur caractère d'objets de valeur. • Paris, 10 déc. 1998 : *Dalloz jurisprudence.* ♦ V. cependant, jugeant insaisissables des ordinateurs nécessaires l'un à la poursuite des études d'un enfant et l'autre à la gestion des comptes du couple. • TGI Lyon, 14 oct. 2008 : *D. 2009. Pan. 1168, obs. Leborgne*.

6. Parts sociales. Pour dire qu'une inscription provisoire de nantissement judiciaire sur des parts sociales est valable et régulière, une cour d'appel énonce exactement qu'une telle inscription est une mesure de sûreté judiciaire, et non une saisie, que les dispositions statutaires prévoyant l'agrément des associés en cas de cession des parts sociales nanties ne peuvent entraver la prise de cette sûreté et que l'art. 39 du Décr. n° 92-755 du 31 juill. 1992 [devenu C. pr. exéc., art. R. 112-2] ne s'applique pas aux parts sociales. • Civ. 2e, 2 déc. 2010, n° 09-17.495 P : *D. 2011. Actu. 24 ; ibid. Pan. 1509, obs. A. Leborgne ; Rev. sociétés 2011. 44, obs. A. Lienhard ; RTD com. 2011. 377, obs. Monsèrié-Bon ; JCP 2011. 770, obs. Delebecque ; Procédures 2011, n° 56, note Perrot ; Dr. et pr. 2011., suppl. Droit du recouvrement, n° 4, p. 7, obs. Salati ; RDBF 2011, n° 61, note Piedelièvre ; Dr. société 2011, n° 47, note Hovasse.*

Art. R. 112-3 Les biens énumérés à l'article R. 112-2 ne sont saisissables pour aucune créance, si ce n'est pour paiement des sommes dues à leur fabricant ou vendeur ou à celui qui a prêté pour les acheter, fabriquer ou réparer. — *[Décr. n° 92-755 du 31 juill. 1992, art. 41.]*

Renvoi. Jurisprudence antérieure à la réforme de 1991-1992. V. notes ss. ACPA, art. 592-2 *in* **NCPC**, éd. 2008.

Art. R. 112-4 Pour l'application du 3° de l'article L. 112-2, le débiteur qui prétend que les sommes reçues par lui ont un caractère alimentaire peut saisir le juge de l'exécution pour qu'il détermine si et dans quelle mesure ces sommes ont un caractère alimentaire.

A cette fin, et en tant que de besoin, le juge fait application du barème prévu aux articles R. 3252-2 et R. 3252-3 du code du travail. — *[Décr. n° 92-755 du 31 juill. 1992, art. 43.] — V.* ***C. trav.****, art. R. 3252-2 et R. 3252-3.*

Sommes versées à un avocat. Les sommes versées à l'avocat du débiteur saisi, qui proviennent des rémunérations du travail, présentent un caractère alimentaire au sens de l'art. 14, 2°, de la L. du 9 juill. 1991 [devenu C. pr. exéc., art. L. 112-2], ce dont il résulte que leur saisie est réglementée par l'art. 43 du Décr. du 31 juill. 1992 [devenu C. pr. exéc., art. R. 112-4], selon lequel le débiteur peut saisir le JEX qui déterminera la fraction saisissable, par référence, en tant que de besoin, au barème fixé pour déterminer l'insaisissabilité des rémunérations du travail. • Orléans, 24 mars 2005 : *JCP 2006. IV. 1165.*

Art. R. 112-5 Lorsqu'un compte est crédité du montant d'une créance insaisissable en tout ou partie, l'insaisissabilité se reporte à due concurrence sur le solde du compte.

Les créances insaisissables sont mises à disposition du titulaire du compte par le tiers saisi dans les conditions prévues aux articles R. 213-10 et R. 162-7 ainsi qu'au chapitre II du titre VI du présent livre. — *[Décr. n° 92-755 du 31 juill. 1992, art. 44.]*

BIBL. ▸ Décr. n° 2002-1150 du 11 sept. 2002 : CORPART, *LPA 13 mai 2003, p. 4.* – MOUSSA et DE MERSSEMAN, *JCP 2002. Act. 462 ; Procédures 2002. Chron. 11.* – TAORMINA, *D. 2003. Chron. 1848*.

1. Rémunérations du travail. L'art. L. 145-6 [devenu L. 3252-7] C. trav. n'est pas applicable aux sommes versées sur un compte bancaire, même si elles proviennent des rémunérations du travail, et la saisie de ces sommes est réglementée par l'art. 44 du Décr. n° 92-755 du 31 juill. 1992 [devenu C. pr. exéc., art. R. 112-5]. • Civ. 2e, 24 juin 2004, n° 02-14.813 P : *BICC 1er nov. 1994, n° 1616, note Moussa ; D. 2004. IR 2088 ; RTD civ. 2004. 780, obs. Perrot ; Procédures 2004, n° 208, note Perrot ; RDBF 2004, n° 258, note Piedelièvre ; Gaz. Pal. 13-14 avr. 2005, p. 31, obs. Brenner.*

2. Opérations de débit. Lorsque les sommes insaisissables versées sur un compte proviennent de créances à échéance périodique, l'insaisissabilité se reporte sur le solde du compte à due concurrence des sommes insaisissables versées, déduction faite des opérations venues en débit du compte depuis le dernier versement. • Civ.

2e, 14 oct. 2004, n° 03-10.823 P : *D. 2004. IR 2894 ; Dr. et pr. 2004. 99, note Salati.*

3. Solde insaisissable. N'est pas insaisissable le solde d'un compte bancaire dont il n'est pas prouvé qu'il est composé uniquement de sommes insaisissables. • Civ. 2e, 24 mars 2005, n° 03-12.836 P : *Procédures 2005, n° 107, note Piedelièvre ; Dr. et pr. 2005. 243, note Putman ; RDBF 2005. 30, note Piedelièvre.*

4. Pensions d'invalidité. Il résulte des dispositions combinées des art. L. 355-2 CSS, 15 de la L. n° 91-650 du 9 juill. 1991 [C. pr. exéc., art. L. 112-4] et 44 du Décr. n° 92-755 du 31 juill. 1992 [C. pr. exéc., art. R. 112-5] que les pensions d'invalidité sont cessibles et saisissables dans les mêmes conditions et limites que les salaires, que les créances insaisissables dont le montant est versé sur un compte demeurent insaisissables et que lorsqu'un compte est crédité du montant d'une créance insaisissable en tout ou en partie, l'insaisissabilité se reporte à due concurrence sur le solde du compte. Par suite, méconnaît ces dispositions la cour d'appel qui rejette une demande de mainlevée d'une saisie-attribution pratiquée sur un compte alimenté par une pension d'invalidité, sans préciser l'étendue de la saisissabilité du compte concerné. • Civ. 2e, 7 juin 2012, n° 11-19.622 P : *D. actu. 22 juin 2012, obs. Kebir ; D. 2012. Chron. C. cass. 2057, obs. Leroy-Gissinger et Renault-Malignac ; ibid. 2013. Pan. 1578, obs. Leborgne ; Dr. et pr. 2012. 267, note Vinckel ; Procédures 2012, n° 252, note Bugada ; JCP 2012. 1037, note Donnier ; JCP E 2012. 1598, obs. Lieutier ; JCP S 2012. 1364, note Tauran.*

TITRE DEUXIÈME L'AUTORITÉ JUDICIAIRE ET LES PERSONNES CONCOURANT À L'EXÉCUTION ET AU RECOUVREMENT DES CRÉANCES

CHAPITRE PREMIER L'AUTORITÉ JUDICIAIRE

SECTION UNIQUE LE JUGE DE L'EXÉCUTION

SOUS-SECTION 1 LA COMPÉTENCE

BIBL. ▸ VARAUT, *LPA 6 janv. 1993, p. 51.*

Art. R. 121-1 **En matière de compétence d'attribution, tout juge autre que le juge de l'exécution doit relever d'office son incompétence.**

Le juge de l'exécution ne peut ni modifier le dispositif de la décision de justice qui sert de fondement aux poursuites, ni en suspendre l'exécution. Toutefois, après signification du commandement ou de l'acte de saisie *(Décr. n° 2020-1452 du 27 nov. 2020, art. 2-1°, en vigueur le 1er janv. 2021)* **« ou à compter de l'audience prévue par l'article R. 3252-17 du code du travail », selon le cas, il a compétence pour accorder un délai de grâce.**

Le juge de l'exécution peut relever d'office son incompétence. – *[Décr. n° 92-755 du 31 juill. 1992, art. 8.]*

L'art. 2-1° du Décr. n° 2020-1452 du 27 nov. 2020 s'applique aux instances en cours au 1er janv. 2021 (Décr. préc., art. 12).

BIBL. ▸ Décr. n° 2008-522 du 2 juin 2008 : LEFORT, *Dr. et patr. 11/2008, p. 89.*

I. PAS DE MODIFICATION DU DISPOSITIF

1. Principe. Le JEX ne peut ni modifier le dispositif de la décision de justice qui sert de fondement aux poursuites, ni connaître de demandes tendant à remettre en cause le titre dans son principe ou la validité des droits ou obligations qu'il constate (compensation). • Civ. 2e, 31 janv. 2002 : *Procédures 2002, n° 90, note Perrot* • 13 sept. 2007, n° 06-13.672 P : *D. 2007. AJ 2395, obs. Avena-Robardet ; ibid. 2008. Pan. 648, obs. Sommer ; ibid. 1171, obs. Leborgne ; Dr. et pr. 2008. 39, note Salati ; RDBF 2007, n° 231, note Piedelièvre ; Ann. loyers 2007. 2716, obs. R. Martin* • 2 juill. 2009 : *Dalloz jurisprudence* • 27 sept. 2012, n° 11-21.926 P : *D. actu. 22 oct. 2012, obs. Avena-Robardet ; D. 2012. Actu. 2319 ; ibid. 2013. Pan. 1574, obs. Leborgne ; Dr. et pr. 2012. 299, note Choquet ; Procédures 2012, n° 328, note Bugada ; Gaz. Pal. 3-5 mars 2013, p. 12, note Brenner ; RDBF 2013, n° 22, note Piedelièvre* • Civ. 2e, 22 oct. 2009, n° 08-19.072 P : *D. 2010. Pan. 1307, obs. Leborgne ; Gaz. Pal. 28-30 mars 2010, p. 17, obs. Brenner ; Dr. et pr. 2010. 86, note Léon.* ♦ Saisi de contestations relatives à une saisie-vente, le JEX n'a pas le pouvoir d'aménager l'exécution de la décision de justice si ce n'est pour accorder un délai de grâce. • Civ. 2e, 16 oct. 2003, n° 01-02.245 P : *Gaz. Pal. 29 févr.-2 mars 2004, p. 33, obs. Brenner.* ♦ Le JEX ne peut modifier le dispositif de la décision servant de fondement aux poursuites, clair et dépourvu de toute ambiguïté quant au montant de la condamnation prononcée et de la provision déduite. • Civ. 1re, 13 déc. 2012, n° 11-12.158 P : *D. actu. 24 janv. 2013, obs. Avena-Robardet ; D. 2013. Actu. 23 ; LPA 23 avr. 2013, p. 9, note Laulier ; Gaz. Pal. 8-9 mars 2013, p. 43, note, Raschel ; ibid. 2013. 1748, note de Belval et Villacèque ; RDBF 2013, n° 68, note Piedelièvre.* ♦ Pour une autre application de la règle selon laquelle le JEX ne peut modifier le dispositif de la décision de justice servant de fondement aux poursuites, V. • Civ. 1re, 16 nov. 2004, n° 01-03.102 P. ♦ Si le JEX ne peut, sous prétexte d'interpréter la décision dont l'exécution est poursuivie, en modifier les dispositions précises, il lui appartient d'en fixer le sens. • Civ. 2e, 7 avr. 2016, n° 15-17.398 P (silence du jugement de condamnation sur la nature du taux d'intérêt applicable ; précisons qu'il s'agissait du taux d'intérêt légal et non du taux d'intérêt conventionnel fixé dans le contrat de cautionnement).

2. Exemples. Le JEX ne peut ni modifier le dispositif de la décision de justice qui sert de fondement aux poursuites, ni en suspendre l'exécution. Il en résulte qu'il n'a pas à rechercher si la condamnation aux intérêts est conforme aux textes et à la jurisprudence, même si le débiteur fait valoir qu'il était caution d'une société en redressement judiciaire, le cours des intérêts étant arrêté par cette procédure. • TGI Bobigny, 11 mars 1993 : *BICC 1er mai 1993, n° 591 ; D. 1993. Somm. 283, obs. Julien* • Grenoble, 27 juin 1996 : *LPA 2 oct. 1996, note Courtier.* ♦ Rappr. • Paris, 12 nov. 1998 : *Gaz. Pal. 7 mars 2000* (le JEX ne peut requalifier en clause pénale des intérêts moratoires fixés à un taux contractuellement prévu). ♦ De même, s'agissant d'un jugement ordonnant la constitution d'une caution bancaire, sans autres conditions, le JEX ne peut enjoindre à une société agréée en qualité de société financière de fournir une caution bancaire ; en effet, cette société, bien qu'autorisée à accorder des crédits et à délivrer des garanties et cautions, ne saurait être considérée comme une banque, l'art. 18 de la loi du 24 janv. 1984 établissant une distinction entre une banque et une société financière. • TGI Lyon, JEX, 21 déc. 1993 : *BICC 1er mai 1994, n° 521 ; D. 1994. Somm. 337, obs. Julien .* ♦ Si le JEX peut déduire d'une décision d'information ou de réformation du premier degré l'obligation de restituer les sommes qui ont été réglées au titre de l'exécution provisoire, il ne peut déduire d'une décision condamnant le vendeur à rembourser l'acheteur du prix de vente une obligation de payer des frais de gardiennage. • Civ. 2e, 13 sept. 2007 : *préc. note 1.* ♦ Il n'entre pas dans les attributions du JEX de remettre en cause un titre exécutoire constitué par une décision de justice. • Civ. 2e, 20 mai 2021, n° 19-22.553 P : *Procédures 2021, n° 191, note Laher.* ♦ V. aussi, pour la cassation d'un arrêt qui avait jugé qu'une sentence arbitrale, qui ne fixait qu'une somme maximale que le débiteur poursuivi devait garantir, ne pouvait suffire à elle seule à déterminer la créance liquide et exigible, • Civ. 2e, 8 juill. 2004, n° 02-20.213 P : *Procédures 2004, n° 258, note Perrot.* ♦ En revanche, ainsi jugé que le JEX peut, sans modifier le dispositif, préciser que la condamnation au paiement d'une indemnité de licenciement prononcée par un arrêt est assortie de la production, de plein droit, des intérêts légaux, à compter de la demande en justice, conformément à l'art. 1153 C. civ. • Civ. 2e, 17 juin 1999, n° 97-15.151 P : *Procédures, sept. 1999, n° 195, obs. Perrot ; RTD civ. 1999. 706, obs. Perrot ; Gaz. Pal. 12 févr. 2000, Somm., obs. Véron. – Contra :* • Civ. 1re, 10 mars 1998, n° 95-21.817 P : *RTD civ. 1999. 206, obs. Perrot .* ♦ De même, si le JEX ne peut modifier le dispositif d'une décision de justice, il lui appartient de prendre les mesures propres à en assurer l'exécution effective ; en conséquence, une cour d'appel décide à bon droit le principe d'une astreinte et de dommages-intérêts pour vaincre la résistance abusive du débiteur à la signature d'un procès-verbal d'arpentage dont l'établissement avait été ordonné par le juge du fond. • Civ. 3e, 26 sept. 2007, n° 06-15.805 P : *D. 2007. AJ 2613 ; ibid. 2008. Pan. 1171, obs. Leborgne ; AJDI 2008. 50 ; Dr. et pr. 2008. 39, note Salati.* ♦ En l'absence d'une décision ayant statué sur la compensation judiciaire, le JEX est compétent pour se prononcer sur l'exception de compensation. • Com. 21 févr. 2012, n° 11-18.027 P : *D. 2012. Actu. 678, obs. Lienhard ; JCP 2012. 945, note Loiseau ; Gaz. Pal. 28 avr. 2012, p. 28, note Roussel-Galle ; Procédures 2012, n° 145, note Perrot ; RPC 2012, n° 187 note Menjuck.* ♦ Les condamnations *in solidum* de l'assureur et de son assuré à intégralement indemniser une victime de ses préjudices consécutifs à un accident de la circulation n'étant pas indivisibles, l'infirmation du jugement de condamnation sur le seul appel de l'assuré ne peut produire effet à l'égard de l'assureur dont l'appel est déclaré irrecevable. Viole, en conséquence, les art. R. 121-1 C. pr. exéc. et 553 C. pr. civ. la cour d'appel qui, pour rejeter la demande de la victime de nullité du commandement aux fins de saisie-vente délivré par l'assureur afin d'obtenir le recouvrement des sommes versées en exécution du jugement de condamnation, retient que l'arrêt infirmant le jugement de condamnation avait exclu toute indemnisation des dommages subis à raison des fautes commises par la victime, que l'appel avait remis la chose jugée en question devant la juridiction d'appel du chef de la responsabilité et de l'indemnisation et que l'assureur, n'étant tenu d'une obligation *in solidum* que dans le cadre de la responsabilité encourue par l'assuré, avait qualité à agir en restitution de la provision versée dès lors que la victime était dépourvue de titre exécutoire par l'effet infirmatif de l'arrêt, l'obligation de rembourser les sommes versées en vertu d'une décision de première instance assortie de l'exécution provisoire résultant de plein droit de la réformation de cette décision. • Civ. 2e, 7 janv. 2016, n° 14-13.721 P : *D. actu. 19 janv. 2016, obs. Kébir ; JCP 2016. 72, obs. Tirvaudey.* ♦ Viole l'art. R. 121-1, la cour d'appel qui, pour rejeter la demande de liquidation de l'astreinte provisoire, retient que l'ordonnance de référé sanctionnant « chaque infraction constatée », cette disposition qui s'impose au JEX, implique un constat fait par huissier de justice ou toute personne investie par la loi ou le règlement du pouvoir de l'établir ou de le constater, ajoutant au dispositif dépourvu d'ambiguïté de l'ordonnance une condition qu'il ne comportait pas. • Civ. 2e, 1er sept. 2016, n° 15-19.524 P : *cité note 3 ss. art. L. 131-1.*

3. Suite. Dès lors qu'en son dispositif le jugement commet pour procéder à la vente le président de la compagnie des commissaires-priseurs de Paris ou son délégataire, le JEX ne peut en substituer un autre. • Paris, 17 oct. 1995 : *BICC, 1er févr. 1995, n° 127.*

4. Absence de pouvoirs de la cour d'appel. En appel de la décision d'un JEX, la cour ne peut pas non plus modifier le dispositif de la décision servant de titre exécutoire, l'effet dévolutif de l'appel (art. 561 NCPC [devenu C. pr. civ.]) ne jouant que sur la chose que le premier juge avait le droit de juger. • Civ. 2e, 24 sept. 1997, n° 95-13.386 P : *D. 1999. IR 220 ; RG proc. 1998. 152, obs. Putman.* ♦ Cassation, pour violation de l'art. 8 du Décr. n° 92-755 du 31 juill. 1992 [devenu C. pr. exéc., art. R. 121-1], de l'arrêt qui, bien que constatant qu'une cour d'appel dans le dispositif de son arrêt a augmenté des intérêts légaux la somme allouée au titre de l'art. 700 NCPC [devenu C. pr. civ.], énonce qu'il ne résulte ni de ce texte ni d'aucune disposition que les sommes allouées à ce titre portent intérêts. • Civ. 2e, 6 mai 1999, n° 96-20.827 P : *D. 1999. IR 150* . ♦ En revanche, c'est sans modifier le dispositif de la décision de justice servant de fondement à une procédure d'expulsion que la cour d'appel, saisie de l'appel d'un jugement d'un JEX compétent pour trancher la contestation qui lui était soumise à l'occasion de la mise en œuvre de ladite procédure même si elle portait sur le fond du droit et à qui il incombait de se prononcer sur l'existence éventuelle au profit de l'occupant des lieux d'un droit réel l'autorisant à se maintenir dans ceux-ci, a débouté ce dernier de ses demandes faute d'être titulaire d'un tel droit. • Civ. 2e, 24 sept. 2015, n° 13-27.364 P : *D. actu. 13 oct. 2015, obs. Mélin ; AJ fam. 2015. 624, obs. Casey ; RDBF 2015, n° 196, obs. Piedelièvre ; Gaz. Pal. 21 nov. 2015, p. 21, note Brenner.*

5. Faits postérieurs au jugement. Le JEX peut et doit prendre en compte les faits postérieurs à la délivrance du jugement qui auraient modifié le montant de la dette. • Civ. 2e, 31 mai 2001, n° 99-16.511 : *Procédures, oct. 2001, n° 191, obs. Perrot.*

6. Interprétation du jugement. Si le juge de l'exécution ne peut, sous le prétexte d'interpréter la décision dont l'exécution est poursuivie, en modifier les dispositions précises, il lui appartient d'en fixer le sens ; c'est par une interprétation nécessaire de la précédente décision que la cour d'appel a souverainement décidé que la prise en charge des frais de scolarité de l'enfant commun était subordonnée à l'accord des parents. • Civ. 2e, 22 mars 2012, n° 11-13.915 P : *D. actu. 2 avr. 2012, obs. Avena-Robardet ; D. 2012. Actu. 945 ; ibid. Chron. C. cass. 2057, obs. Leroy-Gissinger et Renault-Malignac ; ibid. 2013. Pan. 1579, obs. Leborgne ; Dr. et pr. 2012. 181, note Vinckel ; Procédures 2012, n° 176, note Perrot.*

II. PAS DE SUSPENSION DE L'EXÉCUTION DE LA DÉCISION

7. Exemples. Le JEX n'a la possibilité de suspendre l'exécution de la décision qui sert de fondement aux poursuites que dans les cas prévus par la loi pour l'octroi d'un délai de grâce, c'est-à-dire en tenant compte de la situation du débiteur. Par suite, le JEX n'est pas compétent pour ordonner la suspension de l'exécution d'une décision jusqu'à ce qu'il soit statué sur une nouvelle instance introduite devant une autre juridiction. • TGI Bobigny, 15 févr. 1993 : *BICC, 1er mai 1993, n° 586.* ♦ Le JEX, saisi d'une demande de liquidation de l'astreinte, ne peut suspendre l'exécution d'une décision de justice, fût-elle frappée de tierce opposition. • Civ. 2e, 27 juin 2002, n° 00-19.202 P : *Dr. et pr. 2002. 326.* ♦ ... Ni même aménager l'exécution provisoire sous quelque forme que ce soit, et notamment par voie de consignation. • Rouen, 16 avr. 2002 : *Dr. et pr. 2002. 251.* ♦ Le JEX ne peut, *a fortiori*, prononcer l'annulation de la décision servant de fondement aux poursuites. • Civ. 2e, 25 mars 1998, n° 95-16.913 P : *RG proc. 1999. 261, obs. Putman.* ♦ En revanche, il peut l'interpréter. • Civ. 2e, 9 juill. 1997 : *RTD civ. 1997. 998, obs. Perrot ; RG proc. 1999. 262, obs. Putman.* ♦ Ainsi c'est sans méconnaître ses pouvoirs que le JEX, tenu d'interpréter la décision pour déterminer l'identité de la personne condamnée, a retenu que le titre exécutoire était opposable à un débiteur dont le prénom avait été mal orthographié dans le jugement. • Civ. 2e, 6 nov. 2008 : *Procédures 2009, n° 14, note Perrot.* ♦ ... Mais seulement à titre accessoire, comme pouvait le faire autrefois le juge des référés sur l'art. 811 NCPC [devenu C. pr. civ.]. • Civ. 2e, 24 févr. 1997 : *Bull. civ. II, n° 235.* ♦ L'interprétation à titre principal lui est interdite. • Amiens, 9 juin 1995 : *Rev. huiss. 1995. 1389* • TGI Bobigny, JEX, 9 déc. 1997 : *Gaz. Pal. 6 févr. 1999, Somm., obs. Moussa ; RG proc. 1999. 262, obs. Putman.* ♦ V. aussi note ss. art. R. 211-2.

V. note 1 ss. art. L. 111-10.

8. Absence de pouvoirs de la cour d'ap-

pel. Une cour statuant en appel d'une décision du JEX refusant de suspendre une saisie-vente pratiquée en vertu d'un état de frais rendu exécutoire par le greffier en chef au titre d'une instance ayant donné lieu à un arrêt ne peut donner mainlevée de la saisie-vente litigieuse. • Paris, 30 janv. 1996 : *Gaz. Pal. 1996, p. 996, note Lecharny ; Justices 1997, n° 5, p. 1337, obs. Putman.*

III. POUVOIR D'ACCORDER UN DÉLAI DE GRÂCE

BIBL. Normand, *RTD civ. 1993, n° spécial, p. 31*.

9. Domaine. Dès lors que la demande de délai de paiement ne se rattache que pour partie à des mesures d'exécution forcée et que cette fraction n'a donné lieu à la délivrance d'aucun commandement, une cour d'appel n'a pas compétence pour accorder un délai de grâce, par application des art. 8 du Décr. n° 92-755 du 31 juill. 1992 [devenu C. pr. exéc., art. R. 121-1] et 1244-1 C. civ. [devenu C. civ., art. 1343-5]. • Civ. 2e, 16 sept. 2003, n° 02-10.909 P : *D. 2003. Somm. 2866, obs. Prétot ; Procédures 2003, n° 253, note Perrot.* ♦ La demande de délai de paiement peut concerner une obligation de payer ou une obligation de faire (ex. : obligation de quitter les lieux) • Civ. 2e, 4 juill. 2007, n° 06-14.601 P : *D. 2007. AJ 2103, obs. Forest ; ibid. 2008. Pan. 1172, obs. Leborgne ; Dr. et pr. 2007. 353, note Bourdillat ; RDBF 2007, n° 226, note Piedelièvre.*

10. Saisie-attribution. La saisie-attribution ayant pour effet de transmettre la propriété des fonds saisis au créancier, le JEX ne peut, en la matière, accorder de délais de paiement. • Civ. 2e, 4 oct. 2001, n° 00-11.609 P : *D. 2002. 1658, note Soustelle*. ♦ V. cependant : dans le cadre d'une action en contestation de saisie-attribution, le JEX est compétent, en application de ce texte, pour statuer sur la sollicitation par les débiteurs de nouveaux délais de grâce sur le fondement de l'art. 1244-1 C. civ. [devenu C. civ., art. 1343-5]. • TGI Quimper, 9 déc. 1993 : *Rev. huiss. 1994. 719, note Dahan.*

11. Dettes fiscales et amendes pénales. La compétence du JEX d'accorder un délai de grâce ne vaut pas pour les dettes fiscales, en raison du principe de séparation des pouvoirs. • TGI Riom, 30 mars 1993 : *Rev. huiss. 1993. 988 ; D. 1994. Somm. 336, obs. Julien* • TGI Créteil, 4 nov. 1993 : *Gaz. Pal. 14 juin 1994, Somm.* ♦ ... Ni en matière de recouvrement des amendes fiscales. • TGI Lyon, 7 juin 1994 : *Gaz. Pal. 1994. Somm. 816.*

12. Cotisations sociales. Conformément à l'art. 8 du Décr. n° 92-755 du 31 juill. 1992 [devenu C. pr. exéc., art. R. 121-1], le JEX a compétence pour accorder un délai de grâce sur le fondement de l'art. 1244-1 C. civ. [devenu C. civ., art. 1343-5] lorsqu'il statue après signification d'un acte de saisie (compétence de la cour d'appel pour accorder un délai à l'occasion d'une saisie-vente de véhicule pratiquée par une caisse de sécurité sociale pour obtenir le paiement de contraintes décernées au titre de cotisations impayées). • Soc. 19 juill. 2001, n° 00-12.917 P : *D. 2001. IR 2461 ; JCP 2002. II. 10098, note Bugada.*

13. En matière immobilière (jurisprudence antérieure à l'Ord. n° 2006-461 du 21 avr. 2006). Le JEX ne peut être valablement saisi d'une demande de délai et de suspension de la procédure d'exécution qu'avant la publication du commandement à fin de saisie immobilière, toute demande incidente à la saisie immobilière formée postérieurement à cette publication ressortissant exclusivement au juge de la saisie ; et aucun sursis ne peut être accordé sur le fondement du droit commun après la fixation de la date de l'adjudication qui résulte de la délivrance de la sommation de prendre communication du cahier des charges, quand bien même le JEX aurait été saisi antérieurement à la publication du commandement. • Cass., avis, 5 mai 1995 : *BICC, 15 juin 1995, p. 3* • TGI Lyon, JEX, 6 avr. 1993 : *Gaz. Pal. 22 mai 1993. Somm., v° Procédure ; D. 1993. Somm. 278, obs. Julien* • Civ. 2e, 11 mars 1998, n° 95-21.855 P : *D. 1998. IR 110 ; Gaz. Pal. 1999. Somm. 185, obs. Véron* • 8 avr. 1998, n° 96-04.043 P : *D. 1998. IR 125 ; Gaz. Pal. 1998. Pan. 290.* ♦ Le juge de la saisie (TGI) est donc exclusivement compétent pour accorder des délais, non plus de grâce mais de remise (art. 703, NCPC [devenu C. pr. civ.]), postérieurement à la fixation de la date de l'adjudication si le JEX, saisi antérieurement à la date de publication du commandement n'a pas encore statué. • Mêmes arrêts. • Civ. 2e, 21 janv. 1999 : *Procédures, avr. 1999, n° 100, obs. Junillon.*

14. En matière immobilière (jurisprudence postérieure à l'Ord. n° 2006-461 du 21 avr. 2006). Sur la compétence du JEX pour accorder un délai de grâce consécutivement à la délivrance du commandement de payer valant saisie immobilière : • Aix-en-Provence, 15e ch. B., 24 sept. 2008 : *D. 2009, Pan. 1168, obs. Leborgne*. ♦ V. aussi : Circ. min. Justice n° CIV/17/06, 14 nov. 2006, relative à la réforme de la procédure de saisie immobilière (spéc. pt 3.4.2.3.), App., v° *Saisie immobilière.*

15. En matière mobilière. Il résulte de l'art. 8 du Décr. n° 92-755 du 31 juill. 1992 [devenu C. pr. exéc., art. R. 121-1], modifié par le décret du 18 déc. 1996, que la demande d'un délai de grâce formée devant le JEX avant la signification d'un commandement, ou d'un acte de saisie est irrecevable comme prématurée, cette irrecevabilité ne devant pas être confondue avec une exception d'incompétence. • TGI Bobigny, 27 mai 1997 : *BICC, 15 déc. 1997, n° 1485.* ♦ ... Et, à l'inverse, à compter de cette signification, le JEX est, en principe, seul compétent pour connaître d'une demande d'octroi d'un délai de grâce et de sursis à paiement. • Civ. 2e, 3 juin 1999, n° 97-14.889 P : *Rev. huiss. 1999. 804, note Bourdillat ; Gaz. Pal. 25 mars 2000, Somm., obs. Véron.* – V. aussi • Soc. 19 juill. 2001, n° 00-12.917 P : *D. 2001. IR 2461 ; JCP 2002. II. 10098, note Bugada.* ♦ ... Sauf s'il se heurte à la compétence d'un autre juge. • TGI Bobigny, 24 juin 1997 : *BICC, 1998, n° 76* (compétence du JAF pour accorder un délai au mari qui devait quitter le logement familial, dans le cadre de la modification des mesures qu'il a prises).

16. Expropriation. Le JEX ne peut accorder de délai à des personnes ayant été expropriées, en raison de l'art. L. 15-1 C. expr. [devenu C. expr., art. L. 231-1] • TGI Lyon, 20 déc. 1994 : *BICC, 15 juin 1995, n° 650.*

17. Expulsion. Le JEX tient des art. L. 613-1 et L. 613-2 CCH [devenus respectivement C. pr. exéc., art. L. 412-3 et L. 412-4] et de l'art. 8 du Décr. n° 92-755 du 31 juill. 1992 [devenu C. pr. exéc., art. R. 121-1] le pouvoir d'accorder un délai de grâce à l'occupant d'un local à usage commercial. • Civ. 2e, 4 juill. 2007, n° 06-14.601 P : *préc. note 8.* ♦ V. déjà : • TGI Paris, JEX, 9 nov. 1998 (visa unique de l'art. 8) : *Gaz. Pal. 2000, p. 499* • TGI Paris, JEX, 13 juill. 1999 : *ibid.* (visa unique de l'art. 613-1 CCH [devenu C. pr. exéc., art. L. 412-3]). ♦ V. également : • Paris 8 févr. 1996 : *Rev. huiss. 1996. 1466, obs. R. Martin.* ♦ *Contra*, jugeant qu'aucun texte ne permet au JEX d'accorder des délais en matière de baux commerciaux : • Paris, 26 nov. 1998 : *Gaz. Pal. 2000, p. 499.* – V. également, • TGI Orléans, 8 sept. 1993 : *Rev. huiss. 1994. 938.* ♦ A compter de la signification du commandement d'avoir à libérer les locaux, toute demande de délais formée en application des art. L. 613-1 à L. 613-5 CCH [devenus C. pr. exéc., art. L. 412-3 à L. 412-7] est portée devant le JEX. • Civ. 2e, 18 sept. 2003, n° 01-16.019 P : *D. 2003. IR 2409 .* ♦ Peut être suspendue l'exécution d'un arrêt qui ordonne l'expulsion de l'occupant de locaux d'habitation, dès lors qu'un délai de grâce est spécialement prévu en cette matière par l'art. 62 de la L. n° 91-650 du 9 juill. 1991 [devenu C. pr. exéc., art. L. 412-2] et par les art. L. 613-1 et L. 613-2 CCH [devenu C. pr. exéc., art. L. 412-3 et L. 412-4] dans leur rédaction issue de la loi précitée. Cette suspension doit être ordonnée dès lors que la partie poursuivante ne justifie pas avoir accompli les diligences imposées par le premier des textes précités visant à la mise en œuvre du droit au *logement par l'information du représentant* de l'État. Le délai accordé pourra se situer dans le champ d'application des deux autres textes, plus large, dès lors qu'il est établi que le relogement ne peut avoir lieu dans des conditions normales, ce qu'il appartient au JEX d'apprécier. • Toulouse, 1re ch., 15 avr. 1993 : *BICC, 1er juin 1993, n° 715.* ♦ En application de ce texte, le JEX n'a pas le pouvoir de déroger aux dispositions légales en prorogeant le délai fixé par l'art. 24 de la loi du 6 juill. 1989, article qui permet au locataire qui souhaite éviter l'application de la clause résolutoire stipulée dans son contrat de bail de saisir le juge d'une demande de délais de grâce dans les deux mois suivant la signification du commandement de payer visant ladite clause et, à défaut de saisine dans ce délai impératif, il encourt la résiliation judiciaire de son bail ; il dispose alors de la faculté de saisir le JEX d'une demande de sursis à expulsion ou à paiement, après mise à exécution du titre exécutoire dans les conditions légales. • TI Privas, JEX, 21 sept. 1994 : *BICC, 1995, n° 329.*

V. note 6 ss. art. L. 111-2, à propos d'une décision d'expulsion qui ne peut fonder une saisie des rémunérations.

18. Concours avec la compétence du juge d'appel sur l'exécution provisoire de la décision de première instance. De la combinaison de ce texte avec l'art. L. 311-12-1 COJ [devenu art. L. 213-6] il résulte que la compétence spécifique du premier président prévue par l'art. 524 NCPC [devenu C. pr. civ.], n'est en rien abrogée. • Paris, 1er mars 1993 : *D. 1993. IR 122* . ♦ La compétence et les pouvoirs définis par l'al. 2 de ce texte sont indépendants de l'exercice éventuel de voies de recours. Ainsi, en cas d'appel formé contre un jugement assorti de l'exécution provisoire, ni ces dispositions, ni aucun texte n'interdisent à l'appelant de saisir le JEX. S'il est vrai que l'appelant, du fait de son appel, tient de l'art. 524 NCPC [devenu C. pr. civ.] la faculté de solliciter du premier président de la cour, statuant en référé, l'arrêt de l'exécution provisoire dont est assorti le jugement déféré, ce texte n'a cependant pas pour effet de rendre incompétent le JEX, en cas d'appel, mais ouvre à l'appelant un recours spécifique, non exclusif de la saisine du JEX en vue de l'octroi de mesures relevant de sa compétence et de ses pouvoirs, tel l'octroi du délai de grâce. • Versailles, 11 juill. 1994 : *BICC, 1994, n° 1263.* ♦ L'appel d'une ordonnance de référé ayant condamné des locataires à évacuer les lieux loués avec exécution provisoire peut éventuellement justifier un sursis à exécution, mais une telle décision est de la compétence du premier président de la cour d'appel ; le JEX ne peut qu'être saisi d'une demande de délai, si les locataires sont de bonne foi et respectent leurs principales obligations. • Colmar, 16 sept. 1994 : *BICC, 1994, n° 1215.*

V. notes ss. art. L. 111-10.

19. Pas de sursis à exécution. Quand, sous couvert d'une demande de délais, le demandeur sollicite en fait un sursis à exécution du jugement ordonnant l'expulsion, le JEX ne peut accéder à cette demande de sursis en raison de l'art. 8 du Décr. n° 92-755 du 31 juill. 1992 [devenu C. pr.

exéc., art. R. 121-1]. • Toulouse, 3 juill. 2001 : *JCP 2002. IV. 1467.*

IV. COMPÉTENCE D'AUTRES JUGES

20. Bien-fondé d'une pension alimentaire. En vertu de ce texte, échappe à la compétence du JEX la contestation du bien-fondé d'une pension alimentaire, unique moyen d'appel d'une partie. • Colmar, 2 mai 1995 : *BICC, 1er juin 1996, n° 637.* – V. ss. art. L. 213-6 COJ.

21. Pouvoirs de la cour d'appel. La cour d'appel statuant avec les mêmes pouvoirs que le JEX peut se déclarer d'office incompétente en vertu de ce texte qui déroge, en ce qui la concerne, à la règle de l'art. 92, al. 2, NCPC [devenu C. pr. civ.]. • Orléans, 16 nov. 2000 : *JCP 2001. II. 10448, note Ph. Rémery ; Dr. et pr. mars 2001. 116, obs. Y. Desdevises.*

22. Arrêt d'assises. Sur la régularité de saisies-attributions opérées en application d'un arrêt d'assises, V. • Paris, 31 oct. 2002 : *D. 2003. Somm. 1473, obs. Taormina.*

Art. R. 121-2 **A moins qu'il n'en soit disposé autrement, le juge de l'exécution territorialement compétent, au choix du demandeur, est celui du lieu où demeure le débiteur ou celui du lieu d'exécution de la mesure. Lorsqu'une demande a été portée devant l'un de ces juges, elle ne peut l'être devant l'autre.**

Si le débiteur demeure à l'étranger ou si le lieu où il demeure est inconnu, le juge compétent est celui du lieu d'exécution de la mesure. — *[Décr. n° 92-755 du 31 juill. 1992, art. 9.]*

1. Domaine de l'option. La première branche de l'option ouverte par l'art. 9 du Décr. n° 92-755 du 31 juill. 1992 [devenu C. pr. exéc., art. R. 121-2], désignant le lieu où demeure le débiteur » et non le défendeur », est sans portée dans un litige opposant non pas un créancier et un débiteur mais, comme en l'espèce, opposant au créancier ayant fait pratiquer une saisie celui qui s'en prétend victime. Dès lors est seule applicable la deuxième branche de l'option, qui attribue compétence au JEX du lieu de l'exécution de la mesure litigieuse. • Paris, 5 avr. 1995 : *D. 1995. IR 123.*

2. Concours de JEX. L'interdiction édictée par la dernière phrase de ces dispositions ne s'applique que si les deux juges visés sont tous deux territorialement compétents. Tel n'est pas le cas lorsqu'il en est disposé autrement, telle l'autorisation d'une mesure conservatoire, puisque l'art. 211 [devenu C. pr. exéc., art. R. 511-2] indique que le JEX compétent est celui du lieu où demeure le débiteur. • TGI Lyon, JEX, 11 avr. 1995 : *Gaz. Pal. 19 déc. 1995, Somm. cours, v° Proc. civ. d'exécution.*

3. Débiteur demeurant à l'étranger. La compétence attribuée au juge du domicile du débiteur par l'art. 211 du Décr. n° n° 92-755 du 31 juill. 1992 [devenu C. pr. exéc., art. R. 511-2] n'est pas exclusive de l'application de l'art. 9, al. 2, du même décret [devenu C. pr. exéc., art. R. 121-2], dont les dispositions d'ordre public donnent compétence au JEX du lieu d'exécution de la mesure lorsque le débiteur demeure à l'étranger. • Civ. 2e, 9 nov. 2006, n° 04-19.138 P : *Procédures 2007, n° 40, obs. Perrot* • Paris, 21 mars 2001 : *BICC, 2001, n° 1077 ; Dr. et pr. 2007, suppl., mars-avr. 2007, p. 4, obs. Mecarelli ; RTD civ. 2007. 181, obs. Perrot ; Dr. et patr., nov. 2007, p. 85, obs. Lefort.* ♦ Le JEX dans le ressort duquel est situé l'un des immeubles du débiteur demeurant à l'étranger est compétent pour autoriser des inscriptions d'hypothèque sur les biens immobiliers du débiteur situés en dehors de son ressort. • Même arrêt. ♦ Le juge compétent pour liquider une astreinte, lorsque le débiteur demeure à l'étranger, est celui du lieu d'exécution de l'injonction. Un JEX du TGI de Paris est donc compétent pour se prononcer sur la demande en liquidation d'une astreinte assortissant une injonction de mettre fin à l'adresse d'un site internet situé à l'étranger mais accessible depuis le territoire français. En retenant qu'une telle injonction devrait être exécutée en France, la cour d'appel a procédé à une interprétation nécessaire, exclusive de dénaturation, de l'ordonnance ayant fixé l'obligation sous astreinte. • Civ. 2e, 6 nov. 2008, n° 07-17.445 P : *D. 2008. AJ 2948 ; ibid. 2009. Pan. 1168, obs. Leborgne ; Dr. et pr. 2009. 104, note Cuniberti ; ibid. suppl. Droit du recouvrement, p. 3, obs. Putman ; Procédures 2009, n° 13, note Perrot.* ♦ Le JEX dans le ressort duquel est situé l'un des biens saisis appartenant au débiteur demeurant à l'étranger étant compétent pour autoriser des mesures conservatoires sur les biens du débiteur situés en dehors de son ressort, le débiteur est dénué d'intérêt à revendiquer un domicile situé à l'étranger en vue de contester la compétence du JEX dans le ressort duquel est située une partie des biens saisis. • Civ. 2e, 13 oct. 2016, n° 15-13.302 P : *cité note 5 ss. art. L. 511-1.*

4. Avis à tiers détenteur. V. note 2 ss. art. R. 211-9.

Art. R. 121-3 *(Abrogé par Décr. n° 2017-891 du 6 mai 2017, art. 6-1°, à compter du 1er sept. 2017)* ***Sauf dispositions contraires, les décisions du juge de l'exécution statuant sur la compétence ne sont pas susceptibles de contredit.*** — *[Décr. n° 92-755 du 31 juill. 1992, art. 9-1.]*

Les dispositions du Décr. n° 2017-891 du 6 mai 2017 abrogeant l'art. R. 121-3 sont applicables à Wallis-et-Futuna (Décr. préc., art. 51-IV).

1. Astreinte. Jugé que l'art. 9-1 du Décr. n° 92-755 du 31 juill. 1992 [devenu C. pr. exéc., art. R. 121-3] ne s'applique pas en matière d'astreinte, l'art. 52 [devenu C. pr. exéc., art. R. 131-2], applicable à toute juridiction qui peut connaître d'une fixation ou d'une liquidation d'astreinte, prévoyant la seule possibilité du contredit contre une décision d'incompétence. • Paris, 7 déc. 2000 : *Bull. ch. avoués 2001. 3. 61.*

2. Emploi indu de la voie du contredit. Lorsqu'elle est saisie à tort par la voie du contredit contre une décision du JEX, la cour d'appel n'en demeure pas moins saisie. • Civ. 2e, 10 févr. 2005, n° 03-15.324 P : *Procédures 2005, n° 131* • 31 mars 2011, n° 10-15.794 P : *D. 2011. Actu. 1090 ; D. 2012. Pan. 1514, obs. Leborgne ; Procédures 2011, n° 199, note Perrot.*

Art. R. 121-4 **Les règles de compétence prévues au présent code sont d'ordre public.** — *[Décr. n° 92-755 du 31 juill. 1992, art. 10.]*

SOUS-SECTION 2 LA PROCÉDURE

§ 1er DISPOSITIONS GÉNÉRALES

Art. R. 121-5 **Sauf dispositions contraires, les dispositions communes du livre Ier du code de procédure civile sont applicables, devant le juge de l'exécution, aux procédures civiles d'exécution à l'exclusion des articles** *(Décr. n° 2019-1419 du 20 déc. 2019, art. 6)* **« 481-1 et 484 à 492 ».** — *[Décr. n° 92-755 du 31 juill. 1992, art. 1er.]*

L'art. 6 du Décr. n° 2019-1419 du 20 déc. 2019 s'applique aux demandes introduites, à compter du 1er janv. 2020 (Décr. préc., art. 24-II).

1. Principe de la contradiction. Le juge de l'exécution doit respecter le principe de la contradiction. Ainsi, viole l'art. 16 NCPC le JEX qui, statuant sur le recours formé contre la décision d'une commission de surendettement, relève d'office une fin de non-recevoir, sans inviter à présenter leurs observations les parties qui, autorisées à ne pas comparaître, ont adressé par écrit leurs moyens. • Civ. 2e, 21 févr. 2013, n° 11-27.051 P : *D. actu. 28 mars 2013, obs. Menetrey ; RPC juill. 2013, n° 104, obs. Gjidara-Decaix ; Gaz. Pal. 24-25 mai 2013, p. 32, note Raschel.*

2. Appel différé. Les dispositions du NCPC [devenu C. pr. civ.] qui prévoient l'exercice différé de l'appel s'appliquent aux décisions du JEX. • Civ. 2e, 18 févr. 1999, n° 97-11.374 P : *JCP 1999. II. 10128, note du Rusquec ; Procédures 1999, n° 119, obs. Perrot ; Gaz. Pal. 12 févr. 2000, Somm., obs. Véron.*

Art. R. 121-6 *(Décr. n° 2019-1333 du 11 déc. 2019, art. 10-1°, en vigueur le 1er janv. 2020)* **Le montant prévu au troisième alinéa de l'article L. 121-4 est fixé à 10 000 euros.**

L'art. 10 du Décr. n° 2019-1333 du 11 déc. 2019 est applicable aux instances introduites à compter du 1er janv. 2020 (Décr. préc., art. 55-II).

Art. R. 121-7 *(Décr. n° 2020-1452 du 27 nov. 2020, art. 2-2°-a et b, en vigueur le 1er janv. 2021)* **« Lorsque la représentation par avocat n'est pas obligatoire, les parties se défendent elles-mêmes.**

« Elles » peuvent se faire assister ou représenter par :

1° Un avocat ;

2° Leur conjoint ;

3° Leur concubin ou la personne avec laquelle elles ont conclu un pacte civil de solidarité ;

4° Leurs parents ou alliés en ligne directe ;

5° Leurs parents ou alliés en ligne collatérale jusqu'au troisième degré inclus ;

6° Les personnes exclusivement attachées à leur service personnel ou à leur entreprise.

L'État, les régions, les départements, les communes et leurs établissements publics peuvent se faire assister ou représenter par un fonctionnaire ou un agent de leur administration.

Le représentant, s'il n'est avocat, doit justifier d'un pouvoir spécial. — *[Décr. n° 92-755 du 31 juill. 1992, art. 12.]*

L'art. 2-2° du Décr. n° 2020-1452 du 27 nov. 2020 s'applique aux instances en cours au 1er janv. 2021 (Décr. préc., art. 12).

Concubin et personne attachée au service. Les art. 22 et 31 du Décr. n° 98-1231 du 28 déc. 1998, qui avaient ajouté le concubin à la liste des personnes qui peuvent assister ou représenter une partie en cause et qui n'exigeaient plus, lorsqu'une personne se fait représenter par une personne attachée à son service ou à son entreprise, que cette personne soit exclusivement attachée à son service, avaient illégalement étendu la faculté de représentation devant le juge d'instance et le JEX en méconnaissance des dispositions du 2e al. de l'art. 4 de la L. n° 71-1130 du 31 déc. 1971. • CE 6 avr. 2001, n° 205136 : *D. 2002. 913, note Van de Winckele-Bazela ; Procédures 2001, n° 144, obs. Perrot ; Dr. et pr. 2001. 315, obs. Douchy ; Gaz. Pal. 8-9 juin 2001, note du Rusquec ; RTD civ. 2001. 654, obs. Perrot*. – V. aussi Croze, *Procédures, mai 2001, p. 3.*

Art. R. 121-8 La procédure est orale. – *[Décr. n° 92-755 du 31 juill. 1992, art. 13.]*

BIBL. ▶ V. Bibl. au-dessus de l'art. 446-1 C. pr. civ.

1. Dépôt tardif de conclusions écrites. S'il n'est pas allégué que le dépôt tardif de conclusions a été fait dans une intention de fraude ou de manœuvre déloyale, le juge n'a pas à faire droit à la demande de renvoi fondée sur une telle tardiveté. • TGI Toulouse, 7 avr. 1993 : *BICC, 1er juin 1993, n° 717 ; Rev. huiss. 1993. 870.*

2. Articulation des conclusions écrites avec l'oralité de la procédure (jurisprudence antérieure au Décr. n° 2010-1165 du 1er oct. 2010). Des conclusions écrites sont recevables, à condition qu'elles se bornent à résumer les arguments oraux. • Aix-en-Provence, 21 juin 1996 : *Rev. Justices 1997, n° 5, p. 339, obs. Putman.*

3. Désistement à l'audience. L'écrit devant le JEX n'a pas la valeur d'un acte de procédure (sauf recours aux dispositions de l'art. 14 [devenu C. pr. exéc., art. R. 121-10], non invoquées en l'espèce), tant qu'il n'a pas été noté ou consigné, après avoir été évoqué oralement à l'audience. Il s'ensuit que le désistement du demandeur intervenu oralement à une audience du JEX est parfait dans la mesure où les conclusions du défendeur n'ont été portées oralement que postérieurement à la connaissance du juge, au cours d'une autre audience. • TGI Lorient, 6 nov. 2001 : *Gaz. Pal. 26-27 juill. 2002, p. 19, note du Rusquec.*

Art. R. 121-9 *(Décr. n° 2020-1452 du 27 nov. 2020, art. 2-3°, en vigueur le 1er janv. 2021)* **Le juge peut, conformément au second alinéa de l'article 446-1 du code de procédure civile, dispenser une partie qui en fait la demande de se présenter à une audience ultérieure. Dans ce cas, le juge organise les échanges entre les parties. La communication entre elles est faite par lettre recommandée avec demande d'avis de réception ou par notification entre avocats et il en est justifié auprès du juge dans les délais qu'il impartit. A l'issue de la dernière audience, le greffe informe les parties de la date à laquelle le jugement sera rendu.**

L'art. 2-3° du Décr. n° 2020-1452 du 27 nov. 2020 s'applique aux instances en cours au 1er janv. 2021 (Décr. préc., art. 12).

Art. R. 121-10 **En cours d'instance, toute partie peut aussi exposer ses moyens par lettre adressée au juge de l'exécution, à condition de justifier que la partie adverse en a eu connaissance avant l'audience par lettre recommandée avec demande d'avis de réception.**

La partie qui use de cette faculté peut ne pas se présenter à l'audience, conformément au second alinéa de l'article 446-1 du code de procédure civile. – *[Décr. n° 92-755 du 31 juill. 1992, art. 14.]*

BIBL. ▶ V. Bibl. au-dessus de l'art. 446-1 C. pr. civ.

§ 2 LA PROCÉDURE ORDINAIRE

Art. R. 121-11 **Sauf dispositions contraires, la demande est formée par assignation à la première audience utile du juge de l'exécution.**

(Décr. n° 2019-1333 du 11 déc. 2019, art. 10-3°, en vigueur le 1er janv. 2020) **« L'assignation contient, à peine de nullité, la reproduction des dispositions des articles R. 121-8 à R. 121-10. Elle mentionne, sous la même sanction, les conditions dans lesquelles le défendeur peut ou doit se faire assister ou représenter, ainsi que, s'il y a lieu, le nom du représentant du demandeur. »**

L'art. 10 du Décr. n° 2019-1333 du 11 déc. 2019 est applicable aux instances introduites à compter du 1er janv. 2020 (Décr. préc., art. 55-I).

1. Moment de la saisine du JEX. Le JEX est saisi au jour de la délivrance de l'assignation, sans attendre la mise au rôle de celle-ci. • Cass., avis, 15 juin 1998 : *Procédures 1998, n° 196, obs. Perrot ; LPA 24 mai 1999, p. 14.* – V. Dymant, *Gaz. Pal. 1997. Doctr. 1499.*

2. Délivrance d'un titre exécutoire. La délivrance d'un titre exécutoire à l'encontre du tiers détenteur ne peut être demandée au JEX que dans les formes ordinaires de l'introduction de l'instance. • Cass., avis, 9 févr. 1998, n° 09-70.013 P : *Procédures 1998, n° 81, obs. Perrot ; RG proc. 1998. 529, obs. Putman.* ♦ V. note 1 ss. art. R. 121-3.

3. Grief justifiant la nullité. L'irrégularité d'une assignation qui ne reproduisait pas les dispositions des art. 11 à 14 [devenus C. pr. exéc., art. R. 121-6 à R. 121-10] porte préjudice au défendeur en ce qu'il n'a pas été, du fait de cette irrégularité, informé personnellement de la possibilité d'assurer seul sa défense, selon les modalités prévues par les textes, au lieu de se faire représenter par un conseil et donc engager des frais d'assistance. • Versailles, 16 nov. 1994 : *Rev. huiss. 1995. 844, note Dahan ; BICC, 15 juin 1995, n° 651* (rendu sur l'ex-art. 19, devenu art. 15 du Décr. de 1992 et par la suite C. pr. exéc., art. R. 121-11).

Art. R. 121-12 En cas d'urgence, le juge de l'exécution peut permettre d'assigner à l'heure qu'il indique, même d'heure à heure et les jours fériés ou chômés. – *[Décr. n° 92-755 du 31 juill. 1992, art. 16.]*

Art. R. 121-13 Le juge s'assure qu'il s'est écoulé un temps suffisant entre la convocation ou l'assignation et l'audience pour que la partie défenderesse ait pu préparer sa défense. – *[Décr. n° 92-755 du 31 juill. 1992, art. 20.]*

Art. R. 121-14 Sauf dispositions contraires, le juge de l'exécution statue comme juge du principal. – *[Décr. n° 92-755 du 31 juill. 1992, art. 24.]*

1. Dépens et frais irrépétibles. Lorsque le JEX se prononce comme juge du principal, il peut statuer sur les dépens en application de l'art. 696 NCPC [devenu C. pr. civ.] et faire application de l'art. 700. • TGI Bastia, JEX, 16 avr. 1993 : *BICC, 15 sept. 1993, n° 1039.*

2. Autorité de la chose jugée. Si le jugement statuant sur une demande de mainlevée d'une mesure conservatoire n'a pas autorité de la chose jugée au principal, le chef de dispositif de cette décision qui statue sur une demande incidente portant sur le fond du droit, fût-elle irrecevable devant le juge de l'exécution faute de constituer une contestation de la mesure conservatoire, est revêtu de cette autorité. • Civ. 2e, 12 avr. 2018, n° 16-28.530 P : *D. 2018. 856 ; ibid. Chron. C. cass. 2048, de Leiris, Becuwe, Touati et Palle ; D. actu. 24 mai 2018, obs. Camensuli-Feuillard ; AJDI 2018. 799, obs. de La Vaissière ; RDBF 2018, n° 104, obs. Piedelièvre.*

Art. R. 121-15 La décision est notifiée aux parties elles-mêmes par le greffe au moyen d'une lettre recommandée avec demande d'avis de réception. Une copie de la décision est envoyée le même jour par lettre simple aux parties et à l'huissier de justice.

En cas de retour au greffe de la lettre de notification qui n'a pas pu être remise à son destinataire ou à toute personne munie d'un pouvoir à cet effet, le greffier en informe les parties qui procèdent par voie de signification.

Les parties peuvent toujours faire signifier la décision.

Chacune des parties peut faire connaître au greffe qu'elle renonce à ce que la décision lui soit notifiée. Dans ce cas, la décision est réputée notifiée à la date de son prononcé. – *[Décr. n° 92-755 du 31 juill. 1992, art. 22.]*

1. Absence de notification de la LRAR. Dès lors que la lettre recommandée prévue à ce texte n'a pas été adressée à une partie, l'appel formé par celle-ci plus de quinze jours après la décision du JEX est recevable. • Douai, 6 janv. 1994 : *BICC, 1994, n° 919.*

2. Double notification. V. note 1 ss. art. R. 121-20.

Art. R. 121-16 Le juge de l'exécution peut se réserver de vérifier l'exécution de sa décision et prescrire, à cette fin, les mesures nécessaires. – *[Décr. n° 92-755 du 31 juill. 1992, art. 23.]*

Art. R. 121-17 En cas de nécessité, le juge peut déclarer la décision exécutoire au seul vu de la minute. – *[Décr. n° 92-755 du 31 juill. 1992, art. 25.]*

Art. R. 121-18 **La décision de mainlevée des mesures d'exécution forcée ou des mesures conservatoires emporte, dans la limite de son objet, suspension des poursuites dès son prononcé et suppression de tout effet d'indisponibilité dès sa notification. –** *[Décr. n° 92-755 du 31 juill. 1992, art. 26.]*

Conséquence de la décision de mainlevée. Est sans objet la demande de sursis à l'exécution formée postérieurement à l'exécution par un tiers saisi de la décision de mainlevée de la saisie. • Civ. 2e, 5 avr. 2001, n° 99-13.975 P : *Procédures 2001, n° 120, obs. Perrot.*

Art. R. 121-19 **Sauf dispositions contraires, la décision du juge de l'exécution peut être frappée d'appel à moins qu'il ne s'agisse d'une mesure d'administration judiciaire.** *– [Décr. n° 92-755 du 31 juill. 1992, art. 28.]*

1. Appel différé. Les dispositions du droit commun qui prévoient un appel différé sont applicables aux décisions du JEX. • Civ. 2e, 18 févr. 1999 : *Procédures 1999, n° 119, obs. Perrot.*

2. Appel immédiat. La décision par laquelle le JEX statue sur toutes les demandes dont il est saisi met fin à l'instance et peut être frappée d'un appel immédiat. • Civ. 2e, 15 sept. 2005, n° 03-20.644 P (absence de nécessité de l'autorisation prévue par l'art. 380 NCPC [devenu C. pr. civ.]) : *D. 2005. 2407 ; Dr. et pr. 2006, p. 49, note Hoonakker ; Gaz. Pal. 2-4 juill. 2006, p. 9, obs. Brenner ; Procédures 2005, n° 251, obs. Perrot.*

Art. R. 121-20 **Le délai d'appel est de quinze jours à compter de la notification de la décision.**

L'appel est formé, instruit et jugé selon les règles applicables à la procédure *(Décr. n° 2017-891 du 6 mai 2017, art. 42-2-a, en vigueur le 1er sept. 2017)* **« prévue à l'article 905 du code de procédure civile ou à la procédure à jour fixe ».**

(Abrogé par Décr. n° 2017-891 du 6 mai 2017, art. 42-2°-b, à compter du 1er sept. 2017) ***« La cour d'appel statue à bref délai. »*** *– [Décr. n° 92-755 du 31 juill. 1992, art. 29.]*

BIBL. ▶ **Décr. n° 93-911 du 15 juill. 1993 :** Journées des avoués, Caen, oct. 1993 : *Gaz. Pal. 4 févr. 1994, Doctr.*

▶ **Décr. n° 96-1130 du 18 déc. 1996 :** Bourdillat, *Gaz. Pal. 21 août 1997, Doctr.* – Croze, *Procédures 1997, n° 27.* – R. Lauba et Ruellan, *Gaz. Pal. 6 mars 1997.* – Miguet, *Procédures 1997.* – Putman, *Rev. Justices 1997, n° 7.*

▶ **Décr. n° 2008-522 du 2 juin 2008 :** Lefort, *Dr. et patr. 11/2008, p. 90.*

▶ **Décr. n° 2017-891 du 6 mai 2017 :** Fricero, *Lexbase hebdo éd. privée n° 718, 9 nov. 2017.*

1. Seconde notification. Il résulte des art. 528 C. pr. civ. et R. 121-20 C. pr. exéc. que lorsqu'un jugement est notifié à deux reprises, la première notification régulière fait courir les délais de recours. • Civ. 2e, 13 janv. 2022, n° 20-12.914 B. ♦ Comp. : la seconde notification effectuée par signification à l'initiative d'un plaideur dans le délai ouvert par la première notification opérée par le greffe fait courir un nouveau délai à compter de sa date. • Civ. 2e, 20 déc. 2001, n° 00-14.629 P : *D. 2002. 1165, note crit. Julien.* ♦ V. note 5 ss. art. 528 C. pr. civ.

2. Créance d'un montant inférieur à 7 600 €. L'appel formalisé par avoué, s'agissant d'une créance, telle qu'elle résultait du titre exécutoire de la requête demandant l'autorisation de pratiquer une mesure conservatoire d'un montant n'excédant pas 30 000 F [désormais 7 600 euros], est irrecevable. • Douai, 26 mai 1994 : *BICC, 1994, n° 857.* ♦ V. aussi réponse de la Civ. 2e à une question de la cour de Toulouse : *BICC, 1er mai 1996, p. 30-31 ; Justices 1997, n° 5, p. 339, obs. Putman.*

3. Créance d'un montant indéterminé (jurisprudence antérieure au Décr. n° 96-1130 du 18 déc. 1996). Lorsque le montant de cette créance est *a priori* indéterminé, l'appel interjeté contre la décision du JEX ayant liquidé cette créance doit être formé dans les formes prévues par les art. 900 s. NCPC [devenu C. pr. civ.] avec constitution d'avoué. • Rennes, 15 sept. 1994 : *BICC, 1995, n° 330.*

4. Fixation du montant du litige. Le montant de l'intérêt du litige est fixé à la date du commandement et non pas à la date de la décision du premier juge. • Paris, 19 oct. 1993 : *Bull. avoués 1993. 4. 136.* ♦ Il doit s'entendre du montant de la somme réclamée par le créancier, telle que mentionnée dans le procès-verbal de saisie (montant en principal, intérêts, frais). • Paris, 21 sept. 1993 : *Bull. avoués 1994. 2. 69.*

5. Ordonnance sur requête. L'appel des ordonnances sur requête du JEX est soumis au droit commun. • Dijon, 20 mars 1996 : *Justices 1997, n° 5, p. 338, obs. Putman.*

6. Respect par l'appelant du délai de l'art. 908 C. pr. civ. (jurisprudence antérieure au Décr. n° 2017-891 du 6 mai 2017). L'art. R. 121-20 C. pr. exéc. n'impose pas l'application de droit de l'art. 905 C. pr. civ. C'est à la seule condition que l'affaire ait été fixée par une ordonnance rendue en application de l'art. 905 que les parties peuvent s'affranchir des délais impartis pour conclure. • Civ. 2e, 21 janv. 2016, nº 14-28.985 P : *D. actu. 12 févr. 2016, obs. Laffly ; D. 2016. Actu. 263 ; ibid. Chron. C. Cass. 736, nº 4, obs. Adida-Canac, Vasseur et de Leiris ; D. 2017. 422, nº 13, obs. Fricero ; Procédures 2016, nº 87, obs. Raschel ; RLDC 2016/136. 48, note Gerbay.*

7. Appel d'un jugement statuant sur la compétence (jurisprudence postérieure au Décr. nº 2017-891 du 6 mai 2017). Il résulte des art. 83, 84 et 85 C. pr. civ. que, nonobstant toute disposition contraire, l'appel dirigé contre la décision de toute juridiction du premier degré se prononçant sur la compétence sans statuer sur le fond du litige relève, lorsque les parties sont tenues de constituer un avocat, de la procédure à jour fixe et qu'en ce cas l'appelant doit saisir, dans le délai d'appel et à peine de caducité de la déclaration d'appel, le premier président de la cour d'appel en vue d'être autorisé à assigner l'intimé à jour fixe. C'est en conséquence à bon droit qu'une cour d'appel, tenue de vérifier la régularité de sa saisine, déclare caduque la déclaration d'appel formée contre le jugement d'un JEX s'étant déclaré incompétent pour connaître d'une demande, dès lors qu'elle relevait que l'appelant n'avait pas saisi le premier président afin d'être autorisé à assigner à jour fixe. • Civ. 2e, 11 juill. 2019, nº 18-23.617 P : *D. actu. 16 juill. 2019, obs. Bléry ; D. 2019. 1499 ; ibid. 1795, obs. Lemoine et de Leiris ; JCP 2019. 942, note Gerbay ; Procédures 2019, nº 253, note Laporte.* • Cass., avis., 11 juill. 2019, nº 150011 P.

8. Instruction à bref délai (jurisprudence postérieure au Décr. nº 2017-891 du 6 mai 2017). Il résulte de l'art. R. 121-20, al. 2, que lorsque l'appel est relatif à une décision du juge de l'exécution, sauf autorisation d'assigner à jour fixe, l'instruction à bref délai s'applique de plein droit, même en l'absence d'ordonnance de fixation en ce sens. En application des art. 905-2, al. 1er, et 911 C. pr. civ., à peine de caducité de la déclaration d'appel, l'appelant doit, au plus tard dans le délai d'un mois à compter de la réception de l'avis de fixation de l'affaire à bref délai, remettre ses conclusions au greffe et les notifier à l'avocat de l'intimé. En conséquence, en application de l'art. 905-2, al. 2 et 3, C. pr. civ. lorsqu'il est relevé appel d'une décision du juge de l'exécution, le délai d'un mois imparti à l'intimé pour conclure et former, le cas échéant, un appel incident court de plein droit dès la notification des conclusions de l'appelant, puis la notification de ces conclusions comportant un appel incident fait courir le délai d'un mois imparti à l'intimé à cet appel incident pour remettre ses conclusions, de sorte que les conclusions tardives de l'appelant, intimé à un appel incident, sont irrecevables en tant qu'elles ne développent pas son appel principal. • Civ. 2e, 1er juill. 2021, nº 20-14.284 P : *D. 2021. 1337 ; JCP 2021, nº 948, note Cayrol ; Gaz. Pal. 30 nov. 2021. 28, note Brenner.* ♦ Il résulte des art. 905-2, al. 1er, et 911 C. pr. civ., qu'à peine de caducité de la déclaration d'appel, l'appelant doit, au plus tard dans le délai d'un mois à compter de la réception de l'avis de fixation de l'affaire à bref délai, remettre ses conclusions au greffe et les notifier à l'avocat de l'intimé ; il s'ensuit que les conclusions d'appelant d'un jugement du juge de l'exécution, qui peuvent être déposées au greffe avant la fixation de l'affaire à bref délai, doivent être notifiées à l'intimé dans le délai maximal d'un mois suivant la réception, par l'appelant, de l'avis de fixation à bref délai. • Civ. 2e, 13 janv. 2022, nº 20-18.121 B.

9. V. aussi notes ss. art. 946 C. pr. civ.

Art. R. 121-21 Le délai d'appel et l'appel lui-même n'ont pas d'effet suspensif. — *[Décr. nº 92-755 du 31 juill. 1992, art. 30.]*

Renvoi. V. • Civ. 2e, 27 avr. 2000 : *V. note 2 ss. art. R. 221-51.*

Art. R. 121-22 En cas d'appel, un sursis à l'exécution des décisions prises par le juge de l'exécution peut être demandé au premier président de la cour d'appel. La demande est formée par assignation en référé délivrée à la partie adverse et dénoncée, s'il y a lieu, au tiers entre les mains de qui la saisie a été pratiquée.

Jusqu'au jour du prononcé de l'ordonnance par le premier président, la demande de sursis à exécution suspend les poursuites si la décision attaquée n'a pas remis en cause leur continuation ; elle proroge les effets attachés à la saisie et aux mesures conservatoires si la décision attaquée a ordonné la mainlevée de la mesure.

Le sursis à exécution n'est accordé que s'il existe des moyens sérieux d'annulation ou de réformation de la décision déférée à la cour.

L'auteur d'une demande de sursis à exécution manifestement abusive peut être condamné par le premier président à une amende civile d'un montant maximum de *(Décr. nº 2017-892 du 6 mai 2017, art. 67)* « 10 000 € », sans préjudice des dommages-intérêts qui pourraient être réclamés. — *[Décr. nº 92-755 du 31 juill. 1992, art. 31.]*

(Décr. nº 2014-1338 du 6 nov. 2014, art. 23) « La décision du premier président n'est pas susceptible de pourvoi. »

L'art. 23 du Décr. n° 2014-1338 du 6 nov. 2014 est applicable dans les îles Wallis-et-Futuna. Il n'est pas applicable aux Terres australes et antarctiques françaises (Décr. préc., art. 25-III).

BIBL. ► Avant le Décr. n° 96-1130 du 18 déc. 1996 : Journées des avoués, Caen, oct. 1993 : *Gaz. Pal. 4 févr. 1994, Doctr.*

► **Décr. n° 96-1130 du 18 déc. 1996 :** V. Bibl. ss. art. R. 121-20.

► **Décr. n° 2017-892 du 6 mai 2017 :** LEBORGNE, *D. 2018. Pan. 1224*. – PAYAN, *Lexbase Hebdo éd. privée n° 701, 8 juin 2017.*

I. CONDITIONS

1. Jurisprudence antérieure au Décr. n° 96-1130 du 18 déc. 1996. Les premiers présidents de cour d'appel, en l'absence de précisions dans la rédaction initiale de l'art. 31 du Décr. du 31 juill. 1992 [devenu C. pr. exéc., art. R. 121-22], se référaient en majorité aux conditions posées par l'art. 524 NCPC [devenu C. pr. civ.], pour l'arrêt de l'exécution provisoire (risque de conséquences manifestement excessives). • Lyon, réf., 6 avr. 1993 : *Gaz. Pal. 1993. Somm. 276 ; Rev. huiss. 1993. 1058* • Agen, 14 avr. 1993 : *BICC, 15 juill. 1993, n° 898 ; Rev. huiss. 1993. 988* • Colmar, 6 sept. 1993 : *BICC, 15 déc. 1993, n° 1365* • Versailles, 17 déc. 1993 : *Gaz. Pal. 15 avr. 1995. Somm., Voies d'exécution, v° Proc. civ.* • Paris, 30 mars 1994 : *Bull. avoués 1994. 2. 76* • 11 mai 1994 : *Bull. avoués 1994. 3. 111* • Bourges, 10 oct. 1995 : *Rev. huiss. 1996. 220, note Le Bars* • Chambéry, 14 mars 1995 : *D. 1996. Somm. 139, obs. Julien*. ♦ Mais certains premiers présidents prenaient en considération le caractère sérieux ou non du moyen allégué. • Paris, réf., 29 sept. 1995 : *Procédures janv. 1996, n° 8, obs. Perrot* • 4 oct. 1995 (2 arrêts) : *ibid.* • 13 mars 1996 : *Gaz. Pal. 19 oct. 1996, note Renard* • Rennes, 9 avr. 1996 : *Gaz. Pal. 11 mai 1996 ; LPA 3 juill. 1996, note Daverat.* ♦ La Cour de cassation avait consacré cette dernière thèse. • Civ. 2e, 20 juin 1996 (2 arrêts) : *Procédures 1996, n° 250, obs. Perrot ; Gaz. Pal. 22 mars 1997, note du Rusquec.* ♦ Et la nouvelle rédaction de l'art. 31 [devenu C. pr. exéc., art. R. 121-22] reprend la formule.

2. Jurisprudence postérieure au Décr. n° 96-1130 du 18 déc. 1996. Pour un exemple de défaut de moyens sérieux. • Paris, ord., 21 janv. 1997 : *Bull. ch. avoués 1997. 2. 74.*

3. Exécution de la mesure ordonnée rendant sans objet la demande de sursis. L'exécution de la mesure ordonnée et dont il est demandé sursis rend sans objet la demande de sursis et dessaisit le premier président de tous ses pouvoirs. • Paris, 6 mai 1994 : *Bull. avoués 1994. 3. 110* (même jurisprudence qu'en matière d'arrêt de l'exécution provisoire du droit commun). ♦ Même solution en cas de décision du JEX ordonnant la mainlevée d'une saisie-attribution ; la demande du créancier de sursis à exécution n'étant formée que postérieurement à l'exécution, par le tiers saisi, de la décision de mainlevée, suite à la signification de celle-ci, est sans objet. • Civ. 2e, 5 avr. 2001 : *Procédures, juin 2001, n° 120, obs. Perrot.* ♦ Mais une cour d'appel ne peut dire sans objet une demande de sursis à exécution d'une mainlevée d'hypothèques au motif que la radiation des hypothèques était déjà intervenue, alors que l'assignation aux fins de sursis à exécution avait été délivrée antérieurement à la radiation, de sorte que les effets attachés à l'inscription des hypothèques étaient prorogés jusqu'au prononcé de l'ordonnance du premier président. • Civ. 2e, 7 juill. 2005, n° 03-15.469 P : *D. 2005. IR 2040 ; Procédures 2005, n° 228, obs. Perrot.*

4. Motivation de l'ordonnance du premier président. L'art. 524 NCPC [devenu C. pr. civ.] n'est pas applicable aux demandes de sursis à exécution des mesures ordonnées par le JEX. • Civ. 2e, 20 déc. 2001, n° 00-17.029 P : *D. 2002. IR 622 ; Dr. et pr. 2002. 167, note Hoonakker.* ♦ Méconnaît l'étendue de ses pouvoirs le premier président qui énonce qu'il n'a pas à aborder le fond du litige pour apprécier les chances de succès de l'appel alors que la loi ne distingue pas selon que ces moyens touchent au fond du litige ou à la procédure. • Civ. 2e, 28 juin 2012 : *RTD civ. 2012. 774, obs. Perrot ; Procédures 2012, n° 280, note Perrot.* ♦ N'est pas fondé le pourvoi qui ne tend qu'à remettre en cause le pouvoir souverain que le premier président tient de la loi pour apprécier s'il existe des moyens sérieux d'annulation ou de réformation de la décision du JEX, sans être tenu de se référer aux moyens d'appel. • Même arrêt. ♦ C'est dans l'exercice du pouvoir qu'il tient de l'art. 31 du Décr. n° 92-755 du 31 juill. 1992 [devenu C. pr. exéc., art. R. 121-22] d'apprécier souverainement l'existence de moyens sérieux d'annulation ou de réformation du jugement du JEX que, *par décision motivée*, le premier président peut débouter le saisissant de sa demande de sursis à l'exécution de la décision du JEX ordonnant la mainlevée de saisies conservatoires. • Civ. 2e, 6 déc. 2001, n° 00-13.402 P : *D. 2002. IR 139 ; Procédures 2002, n° 25, note Perrot.* ♦ De même, c'est dans l'exercice de son pouvoir souverain d'appréciation que le premier président retient, *par une décision motivée*, que le moyen développé par le débiteur saisi, pour obtenir la mainlevée de la saisie, présentait un caractère sérieux. • Civ. 2e, 6 déc. 2001, n° 00-16.870 P : *D. 2002. IR 140 ; Procédures 2002, n° 25, note Perrot ; RDBF 2002, n° 107, note Delleci.*

II. DOMAINE

5. Toutes les décisions du JEX, quelles que soient les « mesures ordonnées » (terminologie d'avant codification). **BIBL.** Gerblay et Jacotto, *Bull. avoués 2001. 102* (sursis à exécution d'une décision de débouté du JEX). ♦ S'il est possible d'ordonner un sursis à exécution de toutes les décisions du JEX, qu'elles ordonnent ou non des mesures. • Civ. 2e, 18 déc. 1996, n° 95-12.602 P : *RTD civ. 1997. 749, obs. Perrot* (*contra* : Parmentier, *Bull. avoués 1995, vol. 2*). ♦ ... Les décisions qui statuent sur des demandes dépourvues d'effet suspensif ne peuvent ordonner un sursis, sauf s'il s'agit d'une décision de mainlevée. • Civ. 2e, 18 déc. 1996 : *préc.* ♦ Sur la distinction des mesures et des décisions qui les portent, compte tenu de la nouvelle rédaction de l'art. 31 [devenu C. pr. exéc., art. R. 121-22], après le Décr. n° 96-1130 du 18 déc. 1996, V. Perrot, obs. *RTD civ. 1997. 749*. ♦ Mais la Cour de cassation maintient sa jurisprudence malgré la nouvelle rédaction de l'art. 31 [devenu C. pr. exéc., art. R. 121-22] et l'utilisation du mot mesures au lieu du mot décisions. • Com. 20 oct. 1998 : *Courrier jur. finances, mars 1999, p. 6 ; CCC, avr. 1999, n° 61, obs. S. Poillot-Peruzetto* (décision du JEX qui refusait d'accorder des délais de paiement au débiteur ; par ce refus, le JEX ordonnait en fait la continuation des poursuites) • Civ. 2e, 25 mars 1999, n° 97-15.645 P : *D. 1999. IR 112 ; RTD civ. 1999. 470, obs. Perrot* (la décision du JEX était un débouté). ♦ On note une certaine résistance des premiers présidents. • Pau, 5 août 1999, inédit, n° 2155/99 (le sursis à exécution prévu à l'art. 31 [devenu C. pr. exéc., art. R. 121-22] ne concerne que l'exécution du jugement dont appel et non pas celle du titre ou des poursuites qui ont donné lieu à ce jugement, ainsi qu'il résulte formellement de l'art. L. 311-12-1 [L. 213-6] COJ, lequel ne concerne que les mesures prises par le JEX et non celles qu'il refuse d'ordonner). ♦ V. aussi : • Aix-en-Provence, 16 oct. 1997 : *Gaz. Pal. 12 févr. 1998, p. 17, obs. Moussa* (mesure conservatoire ordonnée par le président du T. com., puis rétractée par lui ; le premier président ne peut ordonner la suspension de l'exécution de cette ordonnance) • Paris, 16 mai 1997 : *Gaz. Pal. 21 août 1997, note B. Nicod* • 4 mars 1994 : *Bull. avoués 1994. 2. 74* • 16 mars 1994 : *Bull. avoués 1994. 2. 75* (demande de suspension d'un jugement n'ordonnant aucune mesure susceptible d'exécution) • 29 oct. 1993 : *Bull. avoués 1994. 1. 40* • 12 nov. 1993 : *ibid.* • 8 déc. 1993 : *ibid.* (ne peuvent être accueillies les demandes de surseoir à l'exécution de jugement rendu par le JEX et déboutant de demandes de délais de grâce ou de suspension de poursuites, ces demandes étant hors la compétence du magistrat des référés, car elles ont en fait pour objet de voir ce magistrat *statuer sur ce qui constitue en fait le fond* du litige dont la cour est saisie par l'appel ; l'octroi de délais ne relève pas des pouvoirs du premier président en référé sur le fondement de ce texte) • Versailles, 8 mars 2002 : *BICC 2003, n° 124 ; D. 2002. Somm. 2651, obs. Julien ; Dr. et pr. 2002. 252* (s'agissant d'une mesure conservatoire et aucun acte de poursuite ne pouvant être suspendu, le sursis à exécution d'une décision du JEX qui refuse d'ordonner la mainlevée d'une saisie conservatoire ne peut être ordonné, sauf à ce que le sursis ait pour conséquence de priver d'effet la saisie conservatoire, ce qui n'est pas prévu par la loi).

6. ... « Décisions prises » (terminologie issue de la codification). Il peut être ordonné le sursis à l'exécution d'une décision par laquelle le JEX rejette une demande d'annulation des mesures d'exécution. • Civ. 2e, 14 nov. 2013, n° 12-25.526 : *D. 2014. Pan. 1466, obs. Leborgne ; Procédures 2014, n° 7, note Perrot ; RTD civ. 2014. 165, obs. Perrot*.

7. Séquestre. La demande de séquestre est recevable, mais il n'entre pas dans les attributions du premier président d'ordonner une telle mesure. • Paris, 14 janv. 1994 : *Bull. avoués 1994. 1. 41*.

8. Sursis à exécution d'une astreinte (non). Ces dispositions ne s'appliquent pas à la décision d'un JEX *liquidant* une astreinte, cette décision étant exécutoire de plein droit et par provision (art. 35 et 37, L. n° 91-650 du 9 juill. 1991 [devenus C. pr. exéc., art. L. 131-3]) ; dès lors, le sursis à exécution d'une décision d'un JEX liquidant une astreinte fixée par une ordonnance de référé ne peut être ordonné. • Cass., avis, 27 juin 1994, n° 09-40.008 P : *BICC, 15 sept. 1994, p. 6* • Aix-en-Provence, 18 janv. 1996 : *JCP 1996. II. 22728, note Muriel Giacopelli-Mori* • Paris, 12 févr. 1997 : *Bull. avoués 1997. 2. 74* • Fort-de-France, 9 juill. 1997 : *Rev. huiss. 1999. 273, note Bourdillat* • Civ. 2e, 25 juin 1997, n° 95-10.537 P : *D. 1997. 536, note Julien*. ♦ Il en est de même pour la décision qui *prononce* l'astreinte ; elle ne peut donner lieu à un sursis à exécution. • Civ. 2e, 14 juin 2001, n° 99-18.082 P : *D. 2001. IR 2719 ; Procédures, oct. 2001, n° 190, obs. Perrot ; Dr. et pr., nov. 2001. 379, obs. Hoonakker ; D. 2001. 2719, obs. Julien ; Gaz. Pal. 26-27 juill. 2002, p. 15, obs. du Rusquec* • 17 oct. 2002, n° 01-02.054 P • 12 juin 2003, n° 01-13.670 P : *D. 2003. IR 2051 ; Gaz. Pal. 29 févr.-2 mars 2004, p. 30, obs. Brenner ; ibid. 9-10 juill. 2004, p. 15, obs. du Rusquec* • Poitiers, 4 mars 2003 : *BICC 2004, n° 1151* • Civ. 2e, 10 févr. 2011, n° 10-14.424 P : *cité note 6 ss. C. pr. civ., art. 524*. ♦ *Contra* : • Paris, 30 mars 1994 : *Bull. avoués 1994. 2. 76* (suspension accordée dans les conditions de l'art. 524 NCPC [devenu C. pr. civ.]). ♦ Rappr. notes ss. art. R. 131-1.

En revanche, si la décision de condamnation prise par le JEX, qui l'a assortie d'une astreinte, fait l'objet d'une demande de sursis à exécution, l'astreinte ne court pas pendant l'instance en sursis. • Civ. 2e, 11 juill. 2002, n° 00-20.262 P : *Dr. et pr. 2002. 364, note Hoonakker*.

9. Mesures judiciaires de sûreté. Il n'entre pas dans les pouvoirs du premier président de suspendre l'exécution des mesures judiciaires de sûreté autorisées, sur requête, par le JEX. • Civ. 2e, 8 juill. 2004, nº 02-14.573 P : *D. 2004. IR 2272* ; *Gaz. Pal. 11-13 sept. 2005, p. 22, note Brenner.* ♦ L'art. R. 121-22 n'est pas applicable à l'ordonnance par laquelle une JEX rétracte une autorisation de sûreté judiciaire sollicitée sur requête et ordonne la mainlevée de l'inscription provisoire. • Civ. 2e, 11 avr. 2013 : *D. 2014. Pan. 1466, obs. Leborgne* ; *Dr. et pr. 2013. 142, note Vinckel* ; *Procédures 2013, nº 181, note Perrot* ; *Gaz Pal. 15 mars 2014, p. 16, obs. Brenner.* ♦ *Add.* Laporte, *Procédures 2013. Formule 9.* ♦ V. aussi, pour une saisie conservatoire, • Versailles, 8 mars 2002 : *préc. note 5.*

10. Saisie immobilière. Sur les doutes quant à la possibilité d'invoquer les dispositions de l'art. 31 [devenu C. pr. exéc., art. R. 121-22] à l'occasion d'une saisie immobilière, V. Leborgne, *D. 2009. Pan. 1168* .

11. Refus d'un délai de grâce (non). Ne rentrent pas dans le champ d'application de l'art. 31 [devenu C. pr. exéc., art. R. 121-22] les décisions par lesquelles le JEX refuse un délai de grâce. • Versailles, 24 nov. 2000 : *Rép. pr. civ., Synthèse 2001-3, p. 16, obs. Grèze.* ♦ Dans le même sens : • Civ. 2e, 19 nov. 2020, nº 19-17.931 P : *Rev. prat. rec. 2021. 11, chron. Draillard, Provansal et Salati* ; *Procédures 2021, nº 7, note Laher.*

12. Sort de la règle « le criminel tient le civil en l'état ». L'art. 4 C. pr. pén., qui pose la règle selon laquelle « le criminel tient le civil en l'état », ne s'applique pas aux procédures d'exécution. • Civ. 1re, 28 mars 2008 : *Dalloz jurisprudence.* ♦ V. déjà jugeant que l'art. 4 C. pr. pén., qui dispose qu'il est sursis au jugement d'une action civile introduite devant une juridiction civile tant qu'il n'a pas été prononcé définitivement sur l'action publique lorsque celle-ci a été mise en mouvement, ne peut trouver application lorsqu'il est invoqué à l'appui d'une contestation de l'exécution forcée d'un titre exécutoire. Ce texte ne concerne que l'action intentée au fond pour obtenir un titre à l'encontre d'une partie défenderesse et ne peut fonder la suspension d'une exécution forcée entreprise en vertu d'un titre exécutoire, au sens de l'art. 3 de la L. nº 91-650 du 9 juill. 1991 [devenu C. pr. exéc., art. *L. 111-3*] ; *la demande de sursis doit donc être* rejetée. • Paris, 27 sept. 2001 : *D. 2001. IR 2949* .

III. EFFETS

13. Mainlevée de la saisie. Du fait d'un sursis à exécution, ordonné par le premier président, de la condamnation du tiers détenteur à payer au receveur principal des impôts la somme saisie-attribuée, l'administration fiscale ne dispose plus d'aucun titre exécutoire fondant les saisies-attributions, et il convient, en conséquence, d'ordonner leur mainlevée et la restitution des sommes perçues par l'administration fiscale. • TGI Paris, JEX, 22 juill. 1998 : *Gaz. Pal. 9 mars 1999, note Hocquard.*

14. Prorogation des effets. Le sursis à exécution d'une décision annulant un procès-verbal de saisie-vente proroge l'effet d'indisponibilité lié à une saisi jusqu'à ce qu'il soit statué sur l'appel formé contre cette décision. • Com. 2 juin 2015, nº 14-12.230 P : *D. 2015. Actu. 1269* ; *JCP E 2015. 1449, note Lebel* ; *Dr. et patr. 11/2015, p. 79, obs. Lefort.* ♦ En application de l'art. 31 du Décr. du 31 juill. 1992 [devenu C. pr. exéc., art. R. 121-22], l'assignation aux fins de sursis à l'exécution d'une décision de mainlevée d'une inscription hypothécaire, délivrée antérieurement à la radiation, proroge les effets attachés à cette inscription jusqu'au prononcé de l'ordonnance du premier président de la cour d'appel. • Civ. 2e, 7 juill. 2005, nº 03-15.469 P : *D. 2005. 2040* ; *AJDI 2005. 755* ; *Procédures 2005, nº 228, obs. Perrot* ; *Gaz. Pal. 2-4 juill. 2006, p. 11, obs. Brenner* ; *BJE nov. 2015. 365, note Camensuli-Feuillard.*

IV. PROCÉDURE ABUSIVE

15. Caractérisation de l'abus. L'erreur d'une partie sur le fondement juridique de sa demande (art. 524 NCPC [devenu C. pr. civ.] au lieu de l'art. 31 [devenu C. pr. exéc., art. R. 121-22]) ne constitue pas, à elle seule, une faute (cassation d'une ordonnance déduisant l'abus du « défaut total d'argumentation juridique de la demande, mal fondée dans ses références juridiques et non rectifiée après les claires conclusions des cautions »). • Civ. 2e, 18 déc. 2003, nº 01-16.617 P : *D. 2004. IR 252* ; *Gaz. Pal. 21-22 juill. 2004, p. 11, obs. Brenner.*

§ 3 LES ORDONNANCES SUR REQUÊTE

Art. R. 121-23 **Le juge de l'exécution statue par ordonnance sur requête dans les cas spécifiés par la loi ou lorsque les circonstances exigent qu'une mesure urgente ne soit pas prise contradictoirement.**

La requête est remise ou adressée au greffe par le requérant ou par *(Décr. nº 2019-1333 du 11 déc. 2019, art. 10-4º, en vigueur le 1er janv. 2020)* **« son mandataire désigné conformément aux dispositions des articles L. 121-4 et L. 122-2. »**

La décision de rétractation d'une ordonnance sur requête n'a pas autorité de chose jugée au principal. – *[Décr. nº 92-755 du 31 juill. 1992, art. 32.]*

L'art. 10 du Décr. n° 2019-1333 du 11 déc. 2019 est applicable aux instances introduites à compter du 1er janv. 2020 (Décr. préc., art. 55-I).

1. Délivrance d'un titre exécutoire à l'encontre du tiers détenteur. La procédure d'ordonnance sur requête prévue à ce texte ne peut être suivie pour demander au JEX la délivrance d'un titre exécutoire à l'encontre du tiers détenteur. Toute demande à cet effet doit être présentée selon les formes ordinaires de l'introduction de l'instance, c'est-à-dire par assignation conformément aux dispositions de l'art. 19 du Décr. n° 92-755 du 31 juill. 1992 [devenu C. pr. exéc., art. R. 442-4]. • Cass., avis, 9 févr. 1998 : *BICC, 15 avr. 1998, p. 4, n° 4 ; Procédures 1998, n° 81, obs. Perrot ; Gaz. Pal. 6 févr. 1999, Somm. ann., obs. Moussa ; RTD civ. 1997. 1000, chron. Perrot.*

2. Pouvoir du JEX préalablement à la liquidation de l'astreinte. V. • Civ. 2e, 27 nov. 1997, n° 95-20.593 P : *préc. note 5 ss. art. L. 131-4.*

Art. R. 121-24 **Dans tous les cas où, pour exécuter l'opération dont il est chargé, l'huissier de justice doit obtenir l'autorisation du juge, il est habilité à le saisir par voie de requête.** – *[Décr. n° 92-755 du 31 juill. 1992, art. 33.]*

Renvoi. V. en matière de saisie immobilière nouvelle, • Lyon, 31 janv. 2008 : *note ss. art. R. 311-4.*

CHAPITRE II LES PERSONNES CHARGÉES DE L'EXÉCUTION

Art. R. 122-1 **L'huissier de justice qui envisage de refuser de prêter son ministère ou son concours en vertu de l'article L. 122-1 peut, s'il l'estime nécessaire, en référer préalablement au juge de l'exécution.** – *[L. n° 91-650 du 9 juill. 1991, art. 18, ecqc saisine du JEX.]*

Art. R. 122-2 **Outre les huissiers de justice, les personnes chargées des mesures d'exécution forcée et des mesures conservatoires nécessaires au recouvrement des créances** *(Décr. n° 2021-1221 du 23 sept. 2021, art. 1er, en vigueur le 1er janv. 2022)* **« par les comptables publics** *[ancienne rédaction : de l'État, des collectivités territoriales et des établissements publics dotés d'un comptable public]* **» sont les agents de la direction générale des finances publiques chargés de procéder aux poursuites nécessaires au recouvrement des créances publiques dans les conditions prévues par** *(Décr. n° 2021-1221 du 23 sept. 2021, art. 1er, en vigueur le 1er janv. 2022)* **« les articles L. 258 A et L. 286 C** *[ancienne rédaction : l'article L. 258 A]* **» du livre des procédures fiscales.** – *[Décr. n° 92-755 du 31 juill. 1992, art. 294.]*

Pour l'application de l'art. R. 122-2 à Mayotte et jusqu'à la date d'application à cette collectivité du code général des impôts et des autres dispositions de nature fiscale dans les conditions prévues par le I de l'art. 11 de la L. n° 2010-1487 du 7 déc. 2010 relative au Département de Mayotte, les dispositions qu'il contient sont remplacées par celles le cas échéant applicables localement ayant le même objet (Décr. n° 2012-783 du 30 mai 2012, art. 10-II).

BIBL. ▶ ANCEL, *RTD civ. 1993, n° spécial, hors série, p. 135 s., spéc. p. 141 s.* (l'exécution par la puissance publique). - VIGNERON, Rapport de la Cour de cassation 1997, *Doc. fr. 1998. 173* (la réforme des procédures civiles d'exécution et le recouvrement des créances fiscales).

CHAPITRE III LES TIERS

Art. R. 123-1 **Sauf dispositions contraires, lorsqu'une mesure d'exécution forcée ou une mesure conservatoire est pratiquée entre les mains d'un tiers sur le fondement d'un jugement, seul le dispositif est porté à sa connaissance.** – *[Décr. n° 92-755 du 31 juill. 1992, art. 3.]*

CHAPITRE IV LES PERSONNES CHARGÉES DU RECOUVREMENT *AMIABLE DES CRÉANCES*

RÉP. PR. CIV. v° *Recouvrement des créances pour le compte d'autrui par des agents spécialisés*, par GUERCHOUN.

BIBL. GÉN. ▶ CADIET, *JCP 1997. I. 4064, n° 23.* - CROSIO, *LPA 5 févr. 1997.* - CROZE et MOUSSA, *JCP. Actu. du 29 janv. 1997.* - DESURVIRE, *Rev. huiss. 1997. 808.* - LASSERRE CAPDEVILLE, *RLDA nov. 2013. 71* (comment lutter contre les abus des sociétés de recouvrement ?). - PUTMAN, *Rev. Jus-*

tices, 1997, n° 7, 208. – SMALLHOOVER et VITAL-DURAND, *JCP E 1997. I. 680.* – TRICAUD, *Gaz. Pal. 22 avr. 1997.*

Art. R. 124-1 Les dispositions du présent chapitre s'appliquent aux personnes physiques ou morales qui, d'une manière habituelle ou occasionnelle, même à titre accessoire, procèdent au recouvrement amiable des créances pour le compte d'autrui, à l'exception de celles qui y procèdent au titre de leur statut professionnel ou dans le cadre de la réglementation de leur profession. — *[Décr. n° 96-1112 du 18 déc. 1996, art. 1er.]*

Utilisation du titre d'huissier de justice. Aucun texte, en matière de recouvrement amiable, ne fait interdiction à un huissier de justice de faire état de cette qualité dans le cadre de ses activités. • Bourges, 13 févr. 2002 : *Dr. et pr. 2002. 192.*

Art. R. 124-2 Les personnes mentionnées à l'article R. 124-1 justifient qu'elles ont souscrit un contrat d'assurance les garantissant contre les conséquences pécuniaires de la responsabilité civile professionnelle qu'elles peuvent encourir en raison de leur activité.

Elles justifient également être titulaires d'un compte dans l'un des établissements de crédit mentionnés à l'article L. 511-9 du code monétaire et financier ou l'une des institutions ou l'un des établissements de services mentionnés à l'article L. 518-1 du même code. Ce compte doit être exclusivement affecté à la réception des fonds encaissés pour le compte des créanciers.

La justification des conditions requises aux alinéas précédents est assurée par déclaration écrite des intéressés, remise ou adressée, avant tout exercice de l'activité, au procureur de la République près le *(Décr. n° 2019-966 du 18 sept. 2019, art. 8, en vigueur le 1er janv. 2020)* « tribunal judiciaire *[ancienne rédaction : tribunal de grande instance]* » dans le ressort duquel ils ont le siège de leurs activités. A tout moment, le procureur de la République peut vérifier que les intéressés se conforment aux obligations prescrites par le présent article. — *[Décr. n° 96-1112 du 18 déc. 1996, art. 2.]*

Art. R. 124-3 La personne chargée du recouvrement amiable ne peut procéder à celui-ci qu'après avoir conclu une convention écrite avec le créancier dans laquelle il lui est donné pouvoir de recevoir pour son compte.

Cette convention précise notamment :

1° Le fondement et le montant des sommes dues, avec l'indication distincte des différents éléments de la ou des créances à recouvrer sur le débiteur ;

2° Les conditions et les modalités de la garantie donnée au créancier contre les conséquences pécuniaires de la responsabilité civile encourue en raison de l'activité de recouvrement des créances ;

3° Les conditions de détermination de la rémunération à la charge du créancier ;

4° Les conditions de reversement des fonds encaissés pour le compte du créancier. — *[Décr. n° 96-1112 du 18 déc. 1996, art. 3.]*

Art. R. 124-4 La personne chargée du recouvrement amiable adresse au débiteur une lettre qui contient les mentions suivantes :

1° Les nom ou dénomination sociale de la personne chargée du recouvrement amiable, son adresse ou son siège social, l'indication qu'elle exerce une activité de recouvrement amiable ;

2° Les nom ou dénomination sociale du créancier, son adresse ou son siège social ;

3° Le fondement et le montant de la somme due en principal, intérêts et autres accessoires, en distinguant les différents éléments de la dette, à l'exclusion des frais qui restent à la charge du créancier en application du troisième alinéa de l'article L. 111-8 ;

4° L'indication d'avoir à payer la somme due et les modalités de paiement de la dette ;

5° La reproduction des *(Décr. n° 2013-109 du 30 janv. 2013, art. 7-1°)* « deuxième et troisième alinéas » de l'article L. 111-8.

Les références et date d'envoi de la lettre mentionnée au premier alinéa sont rappelées à l'occasion de toute autre démarche auprès du débiteur en vue du recouvrement amiable. — *[Décr. n° 96-1112 du 18 déc. 1996, art. 4.]*

L'art. 7 du Décr. nº 2013-109 du 30 janv. 2013 est applicable à Wallis-et-Futuna (Décr. préc., art. 8).

Art. R. 124-5 **La personne chargée du recouvrement informe le créancier qu'elle a obtenu un paiement même partiel de la part du débiteur, à moins que le paiement résulte de l'exécution d'un accord de versement échelonné déjà connu du créancier.**

Sauf stipulation contraire, elle le tient également informé de toute proposition du débiteur tendant à s'acquitter de son obligation par un autre moyen que le paiement immédiat de la somme réclamée. – *[Décr. nº 96-1112 du 18 déc. 1996, art. 6.]*

Art. R. 124-6 **Une quittance est remise au débiteur pour tout paiement.**

Les fonds reçus par la personne chargée du recouvrement donnent lieu, sauf convention contraire, à un reversement dans un délai d'un mois à compter de leur encaissement effectif. – *[Décr. nº 96-1112 du 18 déc. 1996, art. 5.]*

Art. R. 124-7 **Est puni de l'amende prévue par le 5º de l'article 131-13 du code pénal pour les contraventions de la cinquième classe le fait pour toute personne exerçant l'activité mentionnée à l'article R. 124-1 de :**

1º Ne pas se conformer aux obligations prévues à l'article R. 124-2 ;

2º Omettre l'une des mentions prévues à l'article R. 124-4 dans la lettre adressée au débiteur.

En cas de récidive, la peine d'amende prévue au même alinéa pour la récidive des contraventions de la cinquième classe est applicable. – *[Décr. nº 96-1112 du 18 déc. 1996, art. 7.]*

CHAPITRE V LA PROCÉDURE SIMPLIFIÉE DE RECOUVREMENT DES PETITES CRÉANCES

(Décr. nº 2016-285 du 9 mars 2016, art. 1er, en vigueur le 1er juin 2016)

Le Décr. nº 2016-285 du 9 mars 2016 est applicable à Wallis-et-Futuna (Décr. préc., art. 3).

BIBL. ▸ **Décr. du 9 mars 2016 :** Bléry, *Gaz. Pal. 31 mai 2016, p. 15* (procédure simplifiée de recouvrement des petites créances (PSRPC) : et une procédure de plus !). - Dargent, *D. actu. 16 mars 2016.* - Dorol et Di Cesare, *RLDC 2016/137, p. 36* (procédure simplifiée de recouvrement des petites créances : présentation et réflexions). - Laher, *Dr. et pr. 2016, p. 158* (brèves réflexions sur la procédure simplifiée de recouvrement des petites créances et la *jurisdictio* de l'huissier de justice). - Lauvergnat, *Dr. et pr. 2016. 30* (succès annoncé ?). - Libchaber, *RDC 2016, p. 458* (un titre exécutoire nouveau pour les créances d'un faible montant). - Payan, *Ius & Actores, Larcier, 2016/3, p. 149* [la nouvelle procédure (française) simplifiée de recouvrement des petites créances : considérations comparatives]. - Puygauthier, *JCP N 2016. 1127* (procédure simplifiée de recouvrement des petites créances : encore et toujours la déjudiciarisation). - Sannino, *JCP 2016. 385.* - Sousa, *Procédures 2016. Étude 6.*

SECTION PREMIÈRE DISPOSITIONS GÉNÉRALES

Art. R. 125-1 *(Décr. nº 2016-285 du 9 mars 2016, art. 4-II, en vigueur le 1er janv. 2017)* **« La procédure simplifiée de recouvrement des petites créances prévue à l'article L. 125-1 peut-être mise en œuvre par un huissier de justice du ressort de la cour d'appel où le débiteur a son domicile ou sa résidence. »**

(Décr. nº 2016-285 du 9 mars 2016, art. 1er, en vigueur le 1er juin. 2016) **« Le montant de la créance en principal et intérêts ne doit pas excéder** *(Décr. nº 2019-1333 du 11 déc. 2019, art. 30-1º, en vigueur le 1er janv. 2020)* **« 5 000 euros ». »** – *V. Décr. nº 2016-285 du 9 mars 2015, art. 2 et 4 ci-dessous.*

L'art. 30 du Décr. nº 2019-1333 du 11 déc. 2019 est applicable aux instances en cours au 1er janv. 2020 (Décr. préc., art. 55-I).

Art. R. 125-2 **I. – La lettre recommandée avec demande d'avis de réception** *(Décr. nº 2019-992 du 26 sept. 2019, art. 2-1º)* **« ou le message transmis par voie électronique par lequel » l'huissier de justice invite le débiteur à participer à la procédure simplifiée de recouvrement mentionne :**

1º Le nom et l'adresse de l'huissier de justice mandaté pour mener la procédure ;

2º Le nom ou la dénomination sociale du créancier, son adresse ou son siège social ;

3° Le fondement et le montant de la somme due en principal et intérêts, en distinguant les différents éléments de la dette.

II. — *(Décr. n° 2016-285 du 9 mars 2016, art. 4-I-2°, en vigueur le 1er oct. 2016)* « *(Décr. n° 2019-992 du 26 sept. 2019, art. 2-2°)* « La lettre ou le message » reproduit les dispositions des articles L. 111-2, L. 111-3 et L. 125-1 du présent code et de l'article 2238 du code civil. » *(Abrogé par Décr. n° 2019-992 du 26 sept. 2019, art. 2-2°)* *« Elle rappelle à son destinataire qu'il peut accepter ou refuser cette procédure. »* — *V. art. L. 125-1. — V.* ***C. civ.****, art. 2238, reproduit ss. C. pr. civ., art. 53.*

(Décr. n° 2019-992 du 26 sept. 2019, art. 2-3°-a, c) « III. — La lettre ou le message indique que :

« 1° Son destinataire peut accepter ou refuser de participer à la procédure simplifiée de recouvrement ;

« 2° Si son destinataire accepte de participer à la procédure, il lui appartient de manifester son accord dans un délai d'un mois à compter de l'envoi de la lettre ou du message, soit par l'envoi d'un formulaire d'acceptation par courrier postal ou par voie électronique, soit par émargement de la lettre effectué le cas échéant par toute personne spécialement mandatée ;

« 3° » Si son destinataire refuse de participer à la procédure, il peut manifester ce refus par la remise ou l'envoi d'un formulaire de refus ou par tout autre moyen ;

(Décr. n° 2019-992 du 26 sept. 2019, art. 2-3°-c) « 4° » L'absence de réponse dans le délai d'un mois vaut refus implicite ;

(Décr. n° 2019-992 du 26 sept. 2019, art. 2-3°-b, c) « 5° En » cas de refus exprès ou implicite, le créancier pourra saisir le juge afin d'obtenir un titre exécutoire.

IV. — La lettre *(Décr. n° 2019-992 du 26 sept. 2019, art. 2-4°)* « , le message électronique » et les formulaires qui l'*[les]* accompagnent sont rédigés conformément à des modèles définis par arrêté du garde des sceaux, ministre de la justice.

V. Arr. du 24 déc. 2019.

L'art. 2 du Décr. n° 2019-992 du 26 sept. 2019 s'applique aux procédures simplifiées de recouvrement des petites créances engagées à compter du 1er janv. 2020 (Décr. préc., art. 16).

Art. R. 125-3 L'huissier de justice constate, selon le cas, l'accord ou le refus du destinataire de la lettre *(Décr. n° 2019-992 du 26 sept. 2019, art. 3-I)* « ou du message transmis par voie électronique » pour participer à la procédure simplifiée de recouvrement.

L'art. 3 du Décr. n° 2019-992 du 26 sept. 2019 s'applique aux procédures simplifiées de recouvrement des petites créances engagées à compter du 1er janv. 2020 (Décr. préc., art. 16).

Art. R. 125-4 Lorsque le destinataire de la lettre *(Décr. n° 2019-992 du 26 sept. 2019, art. 3-I)* « ou du message transmis par voie électronique » accepte de participer à la procédure simplifiée de recouvrement, l'huissier de justice lui propose un accord sur le montant et les modalités du paiement.

L'art. 3 du Décr. n° 2019-992 du 26 sept. 2019 s'applique aux procédures simplifiées de recouvrement des petites créances engagées à compter du 1er janv. 2020 (Décr. préc., art. 16).

Art. R. 125-5 La procédure simplifiée de recouvrement prend fin lorsque l'huissier de justice constate, par un écrit qui peut être établi sur support électronique :

1° Le refus de participer à la procédure simplifiée de recouvrement, par le destinataire de la lettre *(Décr. n° 2019-992 du 26 sept. 2019, art. 3-I)* « ou du message transmis par voie électronique », dans les conditions prévues au *(Décr. n° 2019-992 du 26 sept. 2019, art. 3-II)* « 3° » du III de l'article R. 125-2 ;

2° L'expiration du délai d'un mois, à compter de l'envoi par l'huissier de justice de la lettre *(Décr. n° 2019-992 du 26 sept. 2019, art. 3-I)* « ou du message transmis par voie électronique » invitant le débiteur à participer à la procédure, sans qu'un accord soit établi sur le montant et les modalités de paiement ;

3° Le refus exprès donné par le débiteur, dans le même délai, sur le montant ou les modalités de paiement proposés ;

4° La conclusion d'un accord, dans le même délai, portant sur le montant et les modalités du paiement.

L'art. 3 du Décr. n° 2019-992 du 26 sept. 2019 s'applique aux procédures simplifiées de recouvrement des petites créances engagées à compter du 1er janv. 2020 (Décr. préc., art. 16).

Art. R. 125-6 Au vu de l'accord mentionné au 4° de l'article R. 125-5, l'huissier de justice délivre au créancier mandant un titre exécutoire qui récapitule les diligences effectuées en vue de la conclusion de cet accord. Une copie en est remise sans frais au débiteur.

SECTION II PRÉVENTION DES CONFLITS D'INTÉRÊTS

Art. R. 125-7 A compter de l'envoi au débiteur de la lettre *(Décr. n° 2019-992 du 26 sept. 2019, art. 3-I)* « ou du message transmis par voie électronique » l'invitant à participer à la procédure simplifiée de recouvrement, aucun paiement ne peut avoir lieu avant que l'huissier de justice n'ait constaté l'issue de la procédure.

L'art. 3 du Décr. n° 2019-992 du 26 sept. 2019 s'applique aux procédures simplifiées de recouvrement des petites créances engagées à compter du 1er janv. 2020 (Décr. préc., art. 16).

Art. R. 125-8 L'huissier ayant établi le titre exécutoire ne peut être chargé de la mise à exécution forcée du recouvrement de la créance qui en fait l'objet.

TITRE TROISIÈME LA PRÉVENTION DES DIFICULTÉS D'EXÉCUTION

CHAPITRE UNIQUE L'ASTREINTE

Art. R. 131-1 L'astreinte prend effet à la date fixée par le juge, laquelle ne peut pas être antérieure au jour où la décision portant obligation est devenue exécutoire.

Toutefois, elle peut prendre effet dès le jour de son prononcé si elle assortit une décision qui est déjà exécutoire. – *[Décr. n° 92-755 du 31 juill. 1992, art. 51.]*

1. Date de prise d'effet. La date fixée par le juge ne peut être antérieure au jour où la décision portant obligation est devenue obligatoire. • Civ. 2e, 18 déc. 1996 : *Procédures 1997, n° 51, obs. Perrot (1re esp.).* ♦ En application de l'art. R. 131-1, l'astreinte ordonnée par un juge prend effet à la date que celui-ci fixe. Doit par conséquent être approuvé l'arrêt d'une cour d'appel qui, constatant que le point de départ de l'astreinte avait été soumis par le juge l'ayant prononcée à la formalité de la signification de sa décision, retient que cette astreinte n'avait pas couru, faute de signification du jugement, alors même que le jugement avait été notifié par le greffe. • Civ. 2e, 1er févr. 2018, n° 17-11.321 P : *D. actu. 14 févr. 2018, obs. Camensuli-Feuillard ; D. 2018. Pan. 1126, obs. Leborgne ; Procédures 2018, n° 103, note Laporte ; Dr. et pr. 2018. 74, note Choquet ; Gaz. Pal. 15 mai 2018, p. 81, note Lauvergnat ; ibid. 19 juin 2018, p. 40, obs. Ansault ; RDBF 2018, n° 47, note Piedelièvre ; Lexbase hebdo, éd. privée n° 737, 5 avr. 2018, obs. Payan.*

2. Erreur sur le point de départ. L'erreur portant sur le point de départ d'une astreinte ne *fait pas grief au débiteur avant la liquidation de* l'astreinte, de sorte que le moyen pris de cette erreur, dirigé contre le jugement ayant prononcé l'astreinte, n'est pas recevable, faute d'intérêt. • Civ. 1re, 23 oct. 2008, n° 07-11.965 P : *D. actu. 7 nov. 2008, obs. Dargent ; D. 2008. AJ 2879 ; ibid. 2009. Chron. C. cass. 766, obs. Sommer ; Dr. et pr. 2009, suppl. Droit du recouvrement, p. 5, obs. Putman ; Procédures 2008, n° 327, obs. Perrot.*

3. Nécessité d'une notification. L'astreinte ne peut commencer à courir qu'à compter du jour où la décision qui l'ordonne a été notifiée. • Soc. 9 févr. 1999 : *Procédures 1999, n° 123, obs. Sportouch.* ♦ Lorsque la décision exécutoire ordonnant l'astreinte n'en a pas fixé le point de départ, elle prend effet à compter du jour de sa notification. • Civ. 2e, 23 juin 2005, n° 03-16.851 P : *Procédures 2005, n° 200, obs. Perrot.* ♦ Hors le cas où elle assortit une décision qui est déjà exécutoire, l'astreinte prend effet à une date qui ne peut être antérieure au jour où la décision portant obligation a été notifiée. • Civ. 2e, 14 sept. 2006, n° 05-15.370 P : *D. 2007. Chron. C. cass. 901, obs. Vigneau ; D. 2007. Pan. 1387, obs. Julien ; Dr. et pr. 2007. 43, obs. Poisson ; Procédures 2007, n° 38, obs. Perrot ; RDBF 2006, n° 210, note Piedelièvre.*

4. Arrêt signifié confirmant une ordonnance de référé non signifiée. Détermination. Portée. Viole l'art. R. 131-1, dont il résulte que l'astreinte prend effet, au plus tôt, à défaut de date fixée par le juge, à compter de la date où la décision portant obligation devient exécutoire, ensemble l'art. 503 C. pr. civ., la cour d'appel qui rejette une demande de liquidation d'astreinte en retenant que l'ordonnance de référé ordonnant l'astreinte n'avait jamais été signifiée, alors que l'arrêt la confirmant l'avait été.

• Civ. 2e, 26 juin 2014, n° 13-16.899 P : *D. actu. 17 juill. 2014, obs. Avena-Robardet.*

5. Date de prise d'effet en cas d'arrêt confirmatif d'un jugement non exécutoire assorti d'une astreinte. L'astreinte étant destinée à assurer l'exécution d'une décision de justice et étant indépendante des dommages-intérêts, elle ne peut avoir pour point de départ la date fixée par le jugement frappé d'appel et qui a été confirmé ; elle ne commence à courir, en cas de confirmation d'un jugement non exécutoire qui en était assorti, qu'à compter du jour où l'arrêt devient exécutoire, à moins que les juges d'appel n'en disposent autrement en fixant un point de départ postérieur. • Civ. 2e, 11 févr. 1997 : *D. 1997. IR 175* • 11 juin 1997, n° 95-13.961 P : *D. 1997. 536, note Julien ; RTD civ. 1997. 743, obs. Perrot ; Procédures 1997, n° 173, note Perrot* • 9 déc. 1997, n° 95-20.144 P. ♦ ... Et reviennent sur • Civ. 2e, 20 juin 1996, n° 94-14.012 P : *Procédures 1997, n° 51, obs. (crit.) Perrot (2e esp.) ; RTD civ. 1997. 509, obs. (crit.) Perrot* (l'effet suspensif de l'appel ne portant aucune atteinte aux droits résultant pour l'intimé des condamnations prononcées par le jugement frappé d'appel lorsqu'il est confirmé, c'est hors de toute violation de ce texte que la cour d'appel a décidé qu'un arrêt ayant confirmé le jugement prononçant l'astreinte, celle-ci aurait pour point de départ la date fixée par ce jugement). ♦ *Add.* • Bourges, 5 mars 2009, n° 08/012241 : *BICC 1er mai 2010, n° 655.* ♦ En cas de confirmation d'un jugement non exécutoire, la cour d'appel qui entend accorder un délai d'exécution avant de faire courir l'astreinte qu'elle prononce ne peut faire courir ce délai qu'à compter de la signification de son arrêt et non pas de son prononcé. • Civ. 2e, 22 mars 2001, n° 98-21.560 P : *RTD civ. 2001. 661, obs. Perrot ; Dr. et pr. 2001. 214, obs. Ph. Hoonakker ; D. 2001. IR 1213 .*

6. Date de prise d'effet en cas d'arrêt confirmatif d'un jugement exécutoire par provision et assorti d'une astreinte. Dans cette hypothèse, l'astreinte court du jour de la notification de la décision de première instance. • Civ. 2e, 20 juin 1996, n° 94-14.012 P : *Procédures, 1997, n° 51, obs. Perrot ; RTD civ. 1997. 509, obs. Perrot* • Com. 12 juill. 1992 : *Bull. civ. IV, n° 168.* ♦ ... Ou à l'expiration du délai accordé par le premier juge. • Civ. 2e, 31 mai 2001 : *Procédures, août-sept. 2001, n° 166, obs. Perrot.* ♦ L'astreinte fixée par un jugement assorti de l'exécution provisoire continue de courir à compter de la date de notification de ce jugement, et non de celle de l'arrêt confirmatif, lorsque l'ordonnance ayant arrêté l'exécution provisoire entre-temps n'a pas été notifiée au créancier. • Civ. 2e, 20 déc. 2001, n° 98-23.102 P : *Dr. et pr. 2002. 165, note Hoonakker ; Procédures 2002, n° 45, note Perrot.*

7. Arrêt infirmatif. L'astreinte ne court que si la décision portant l'obligation qu'elle assortit est exécutoire, de sorte qu'en cas de pourvoi non suspensif, la cassation de l'arrêt qui a infirmé l'ordonnance de référé portant condamnation sous astreinte, restitue dès son prononcé à cette ordonnance son caractère exécutoire, mais ne permet pas la liquidation de l'astreinte pour la période comprise entre l'arrêt infirmatif et l'exécution de l'obligation intervenue avant l'arrêt de cassation ; ainsi, une cour d'appel ayant constaté que l'obligation qui était assortie de l'astreinte avait été exécutée le 3 oct. 2000 avant le prononcé de l'arrêt de cassation, a exactement décidé que le cours de l'astreinte avait débuté le 11 juill. 1999, cessé des suites de l'arrêt du 17 déc. 1999 et n'avait pas repris. • Soc. 28 mai 2008 : *D. 2008. AJ 1700 ; RTD civ. 2008. 552, obs. Perrot .*

8. Date de prise d'effet en cas d'arrêt modificatif. Bien qu'il ait confirmé le jugement exécutoire sur l'obligation dont était assortie l'astreinte, dès lors que l'arrêt a modifié le montant de celle-ci, le point de départ de la nouvelle astreinte ne peut lui être antérieur. • Civ. 2e, 8 juill. 2004, n° 02-20.368 P : *D. 2004. IR 2193 ; RTD civ. 2004. 777, obs. Perrot ; Gaz. Pal. 13-14 avr. 2005, p. 29, obs. Brenner ; RDBF 2005, n° 21, note Piedelièvre.*

9. Date de prise d'effet en cas d'acquiescement. L'astreinte a commencé à courir dès le désistement sans réserve, lequel, à lui seul, emporte acquiescement au jugement et produit immédiatement son effet extinctif. • Civ. 2e, 8 juill. 2004, n° 02-15.921 P : *D. 2004. IR 2544 ; RTD civ. 2004. 777, obs. Perrot .*

10. Indifférence de l'intervention du premier président. L'intervention du premier président qui subordonne l'exécution provisoire d'un jugement à la constitution d'une garantie est sans incidence sur le point de départ de l'astreinte. • Civ. 2e, 8 avr. 1999 : *Procédures 1999, n° 147, obs. Perrot.*

11. Date de prise d'effet en cas de cassation d'un arrêt infirmatif. Dans cette hypothèse, l'astreinte provisoire ne prend effet qu'à l'expiration du délai de saisine de la juridiction de renvoi, c'est-à-dire deux ou quatre mois après la signification de l'arrêt de cassation (art. 1034 NCPC [devenu C. pr. civ.]). • Civ. 2e, 16 mars 2000, n° 98-13.128 P : *RTD civ. 2000. 402, obs. Perrot .*

12. Sursis à exécution (non). V. note 8 ss. art. R. 121-22.

Art. R. 131-2 Pour l'application de l'article L. 131-3, l'incompétence est relevée d'office par le juge saisi d'une demande en liquidation d'astreinte.

Si ce n'est lorsqu'elle émane d'une cour d'appel, la décision du juge peut faire l'objet d'un *(Décr. n° 2017-892 du 6 mai 2017, art. 6-2°, en vigueur le 1er sept. 2017)* « appel »

formé dans les conditions prévues par le code de procédure civile. – *[Décr. n° 92-755 du 31 juill. 1992, art. 52.]*

1. Application. V. • Soc., 9 mai 2007, nos 05-46.029 à 05-46.041 P : *D. 2008. 585, note Foulon et Strickler ; Dr. soc. 2007. 1182, obs. Jourdan et Barthélémy ; Procédures 2007, n° 247, obs. Perrot ; Cah. soc. sept. 2007. 350, obs. Pansier.*

2. Contredit (jurisprudence antérieure au Décr. n° 2017-891 du 6 mai 2017). Sur la question de savoir si le juge visé par l'art. 52, al. 2 [devenu C. pr. exéc., art. R. 131-2], peut être le JEX, V. notes ss. art. R. 121-3.

Art. R. 131-3 **Aucune astreinte ne peut donner lieu à une mesure d'exécution forcée avant sa liquidation.**

La décision qui ordonne une astreinte non encore liquidée permet de prendre une mesure conservatoire pour une somme provisoirement évaluée par le juge compétent pour la liquidation. – *[Décr. n° 92-755 du 31 juill. 1992, art. 53.]*

Art. R. 131-4 **La décision du juge est exécutoire de plein droit par provision.** – *[L. n° 91-650 du 9 juill. 1991, art. 37.]*

1. Absence d'autorité de la chose jugée. La disposition par laquelle est prononcée une astreinte ne tranche aucune contestation et n'a pas dès lors l'autorité de la chose jugée. • Civ. 2e, 30 avr. 2002 : *préc. note 5 ss. art. L. 131-2.* – V. déjà • Req. 8 nov. 1864 : *DP 1865. 1. 389* • Civ. 25 juill. 1882 : *DP 1883. 1. 243.* ♦ La décision prononçant une astreinte étant dépourvue de l'autorité de la chose jugée, le juge peut décider, dans l'exercice de son pouvoir souverain, de la supprimer pour l'avenir sans avoir à relever l'existence d'une cause étrangère. • Civ. 2e, 21 févr. 2019, n° 17-27.900 P : *D. actu. 6 mars 2019, obs. Mélin.*

2. Arrêt de l'exécution provisoire (non) (jurisprudence antérieure au Décr. n° 2004-836 du 20 août 2004). Il résulte de l'art. 37 de la L. n° 91-650 du 9 juill. 1991 [devenu C. pr. exéc., art. R. 131-4] que l'exécution provisoire ne peut pas être arrêtée en raison des conséquences manifestement excessives qu'elle risquerait d'entraîner. • Limoges, 9 déc. 2003 : *BICC 2004, n° 357.*

3. Sursis (non). V. note 11 ss. art. R. 131-1.

4. Réformation de la décision assortie d'une astreinte. L'astreinte est une mesure accessoire à la condamnation qu'elle assortit ; la réformation de la décision assortie d'une astreinte entraîne de plein droit, pour perte de fondement juridique, l'anéantissement des décisions prises au titre de la liquidation de l'astreinte, fussent-elles passées en force de chose jugée, et ouvre dès lors droit, s'il y a lieu, à restitution. • Civ. 2e, 28 sept. 2000, n° 98-16.175 P : *D. 2000. IR 254 ; RTD civ. 2000. 899, obs. R. Perrot ; Procédures, déc. 2000, n° 229, obs. R. Perrot ; JCP 2001. II. 10591, note E. du Rusquec.* ♦ En cas d'infirmation de la décision, exécutoire de plein droit par provision en application de l'art. R. 131-4 C. pr. exéc., ayant supprimé une astreinte précédemment ordonnée, celle-ci ne recommence à courir qu'à compter de la notification de l'arrêt. • Civ. 2e, 21 févr. 2019, n° 18-10.030 P : *D. actu. 18 mars 2019, obs. Mélin.*

5. Confirmation de la décision. V. notes 5 et 6 ss. art. R. 131-1.

TITRE QUATRIÈME LES OPÉRATIONS D'EXÉCUTION

CHAPITRE PREMIER DISPOSITIONS GÉNÉRALES

Art. R. 141-1 **La remise du titre exécutoire à l'huissier de justice vaut pouvoir pour toute exécution pour laquelle il n'est pas exigé de pouvoir spécial.**

Elle emporte élection de domicile en son étude pour toutes notifications relatives à cette exécution. – *[Décr. n° 92-755 du 31 juill. 1992, art. 2 ; C. pr. civ., art. 507.]*

1. Pénétration dans un local privé. Sur les conditions de régularité de la pénétration d'un huissier de justice dans un local privé, V. • Cass., ass. plén., 16 déc. 1974 : *JCP 1975. II. 17962, note Lindon ; RTD civ. 1975. 377, obs. Perrot* • Paris, 31 mai 1975 : *RTD civ. 1976. 409.* ♦ V., désormais, art. L. 142-1.

2. Concours de la force publique. Sur la responsabilité encourue en cas de refus, par l'Administration, de prêter le concours de la force publique, V. • CE 30 nov. 1923 : *S. 1923. 3. 57* • 29 juill. 1983 : *D. 1984. IR 338, obs. Moderne et Bon* • 27 juill. 1984 : *D. 1986. IR 251, obs. Moderne et Bon* • 27 déc. 1984 : *eod. loc.* ♦ V., désormais, art. L. 153-1.

Art. R. 141-2 **Par dérogation au deuxième alinéa de l'article R. 141-1, lorsqu'un titre est remis en vue de son exécution à l'un des agents mentionnés à l'article R. 122-2,**

les notifications relatives à son exécution sont faites au comptable chargé du recouvrement.

Mention de ces dispositions est faite dans le commandement ou la mise en demeure de payer. — *[Décr. n° 92-755 du 31 juill. 1992, art. 295.]*

Pour l'application de l'art. R. 141-2 à Mayotte et jusqu'à la date d'application à cette collectivité du code général des impôts et des autres dispositions de nature fiscale dans les conditions prévues par le I de l'art. 11 de la L. n° 2010-1487 du 7 déc. 2010 relative au Département de Mayotte, les dispositions qu'il contient sont remplacées par celles le cas échéant applicables localement ayant le même objet (Décr. n° 2012-783 du 30 mai 2012, art. 10-II).

Art. R. 141-3 La personne qui a requis une mesure d'exécution forcée ou une mesure conservatoire ne peut assister aux opérations d'exécution si ce n'est avec l'autorisation du juge de l'exécution lorsque les circonstances l'exigent. — *[Décr. n° 92-755 du 31 juill. 1992, art. 4.]*

Art. R. 141-4 Le débiteur dont les biens ont déjà été saisis est tenu de faire connaître à tout nouveau créancier qui saisit les mêmes biens l'existence d'une précédente saisie et l'identité de celui qui y a procédé. Il produit, en outre, l'acte de saisie.

La même obligation s'impose au tiers qui détient des biens pour le compte du débiteur.

Le créancier ainsi informé porte à la connaissance des autres créanciers, parties à la procédure, tous actes et informations que la loi lui fait obligation de leur communiquer. — *[Décr. n° 92-755 du 31 juill. 1992, art. 5.]*

Peu importe que le débiteur n'habite pas à l'adresse personnelle mentionnée dans l'acte et les huissiers n'auraient jamais dû dresser un procès-verbal de recherches infructueuses. • TGI Lyon, JEX, 21 mars 1995 : *Gaz. Pal. 19 déc. 1995, Somm. cours, v° Proc. civ.*

CHAPITRE II LES OPÉRATIONS D'EXÉCUTION DANS DES LOCAUX

Le présent chapitre ne comprend pas de dispositions réglementaires.

CHAPITRE III LES SAISIES NOTIFIÉES AUX COMPTABLES PUBLICS

BIBL. GÉN. ▶ DYMANT, *Rev. huiss. 1993. 1208.* – FLORES, *Courrier jur. des finances, mai 1996* (la personne publique tiers saisie).

Art. R. 143-1 Les dispositions du présent code sont applicables aux saisies et cessions notifiées aux comptables publics sous réserve des dispositions du présent chapitre. — *[Décr. n° 93-977 du 31 juill. 1993, art. 2.]*

Qualité de comptable public. La saisie-arrêt formée entre les mains des receveurs, dépositaires ou administrateurs de caisses ou de dossiers publics en cette qualité, n'est valable que si l'exploit est fait à la personne préposée pour le recevoir. • Civ. 2e, 10 juill. 1985, ☎ n° 83-17.439 P : *D. 1985. IR 473, obs. Julien.*

Art. R. 143-2 Tout acte de saisie entre les mains d'un comptable public contient, à peine de nullité, la désignation de la créance saisie. — *[Décr. n° 93-977 du 31 juill. 1993, art. 3.]*

Art. R. 143-3 Sous réserve des dispositions de l'article 6-1 du décret n° 93-977 du 31 juillet 1993 relatif aux saisies et cessions notifiées aux comptables publics et aux centres de chèques postaux ou de la Caisse nationale d'épargne, tout acte de saisie est, à peine de nullité, signifié ou notifié au comptable public assignataire de la dépense. — *[Décr. n° 93-977 du 31 juill. 1993, art. 4.] — V. Décr. n° 93-977 du 31 juill. 1993, art. 6-1 in* ***C. pr. exéc.***

Art. R. 143-4 Le comptable public mentionné à l'article précédent vise l'original de l'acte. — *[Décr. n° 93-977 du 31 juill. 1993, art. 5, al. 1er.]*

TITRE CINQUIÈME LES DIFFICULTÉS D'EXÉCUTION

CHAPITRE PREMIER LA PROCÉDURE

Art. R. 151-1 Lorsque l'huissier de justice chargé de l'exécution d'un titre exécutoire se heurte à une difficulté qui entrave le cours de ses opérations, il en dresse procès-verbal et peut, à son initiative, saisir le juge de l'exécution.

Les règles de la procédure ordinaire sont applicables sous la réserve des dispositions qui suivent. – *[Décr. n° 92-755 du 31 juill. 1992, art. 34.]*

Entrave juridique. Ne constitue pas une circonstance de nature à remettre en cause la validité du paiement effectué au profit de l'huissier de justice l'escroquerie dont la banque a été victime du fait de son imprudence relativement à un paiement volontaire, sur instructions de son client, au profit de l'huissier de justice désigné qui agissait en exécution d'un titre exécutoire. • Aix-en-Provence, 21 déc. 2007 : *Dr. et pr. 2009. 220, note Leborgne.*

Art. R. 151-2 Le juge est saisi par *(Décr. n° 2019-1333 du 11 déc. 2019, art. 30-2°, en vigueur le 1er janv. 2020)* « requête » de l'huissier de justice au greffe accompagnée de la présentation du titre et d'un exposé de la difficulté qui a entravé l'opération d'exécution ainsi que, s'il y a lieu, des pièces qui lui ont été communiquées. – *[Décr. n° 92-755 du 31 juill. 1992, art. 35.]*

L'art. 30 du Décr. n° 2019-1333 du 11 déc. 2019 est applicable aux instances en cours au 1er janv. 2020 (Décr. préc., art. 55-I).

Art. R. 151-3 L'huissier de justice informe les parties intéressées de la difficulté rencontrée et des lieu, jour et heure de l'audience au cours de laquelle cette difficulté sera examinée.

Ces informations sont données soit par déclaration verbale consignée au procès-verbal, soit par lettre recommandée avec demande d'avis de réception. Elles valent assignation à comparaître.

Il est donné connaissance aux parties des dispositions des articles R. 121-6 à R. 121-10 et du fait qu'une décision pourra être rendue en leur absence.

L'huissier de justice est entendu en ses observations. – *[Décr. n° 92-755 du 31 juill. 1992, art. 36 ; L. n° 91-650 du 9 juill. 1991, art. 19, al. 2.]*

1. Prérogatives de l'huissier de justice. La responsabilité de la conduite des opérations d'exécution n'implique pas que l'huissier puisse se substituer au créancier dans le choix que celui-ci a de poursuivre ou non son débiteur, d'accorder ou non des délais. • TGI Angoulême, 3 janv. 1994 : *D. 1994. Somm. 343, obs. Julien* (V. aussi ce jugement ss. art. L. 121-2).

2. Responsabilité de l'État. Sur l'organisation matérielle des opérations d'exécution comme point de départ de la responsabilité de l'État, V. note 9 ss. art. L. 153-1.

3. Faute de l'huissier de justice. Les art. 67 et 68 de la L. n° 91-650 du 9 juill. 1991 [devenus C. pr. exéc., art. L. 511-1 et L. 511-2] disposant que, si une autorisation préalable du juge n'est pas nécessaire pour faire pratiquer une mesure conservatoire sur les biens du débiteur lorsque le créancier se prévaut d'une lettre de change acceptée, il doit néanmoins être justifié de circonstances susceptibles de menacer le recouvrement de la créance et l'huissier de justice chargé de l'exécution, ayant, aux termes de l'art. 19 [devenu C. pr. exéc., art. L. 122-2], la responsabilité de la conduite des opérations d'exécution, est tenu d'y procéder dans les conditions légales dont il doit s'assurer qu'elles sont réunies, une cour d'appel déduit justement de ce que le recouvrement de la créance n'était pas menacé, le double protêt ne suffisant pas, par lui-même, à caractériser une telle menace, que l'huissier de justice avait commis une faute en ne s'assurant pas de l'existence de circonstances propres à justifier l'exécution de la mesure conservatoire. • Civ. 1re 12 mai 2011 : *RCA 2011, n° 296.*

Art. R. 151-4 La décision n'a pas autorité de chose jugée au principal. – *[Décr. n° 92-755 du 31 juill. 1992, art. 37.]*

Le JEX ne peut pas, en l'état des difficultés d'exécution d'un jugement imposant une obligation de faire, apprécier les dommages-intérêts dus du fait de cette inexécution en vertu de l'art. 1142 C. civ. [devenu C. civ., art. 1221]. • TGI Albertville, JEX, 1er févr. 1996 : *Rev. Justices 1997, n° 5, p. 337, obs. Putman.*

CHAPITRE II LA RECHERCHE DES INFORMATIONS

Art. R. 152-1 En vue d'obtenir les informations mentionnées aux articles L. 152-1 et L. 152-2, l'huissier de justice saisit les administrations, entreprises, établissements publics ou organismes mentionnés à ces articles ou, le cas échéant, les services désignés par eux ou le service central gestionnaire du fichier des comptes bancaires et assimilés relevant du ministère chargé des finances. – *[Décr. n° 92-755 du 31 juill. 1992, art. 54.]*

Sur la gestion automatisée des demandes de recherches d'informations sur les débiteurs formulées par les huissiers de justice auprès du procureur de la République, V. Arr. du 20 juill. 1994 (JO 4 août).

CHAPITRE III LE CONCOURS DE LA FORCE PUBLIQUE

Art. R. 153-1 **Si l'huissier de justice est dans l'obligation de requérir le concours de la force publique, il s'adresse au préfet.**

La réquisition contient une copie du dispositif du titre exécutoire. Elle est accompagnée d'un exposé des diligences auxquelles l'huissier de justice a procédé et des difficultés d'exécution.

Toute décision de refus de l'autorité compétente est motivée. Le défaut de réponse dans un délai de deux mois équivaut à un refus.

Ce refus est porté à la connaissance *(Abrogé par Décr. nº 2017-892 du 6 mai 2017, art. 38)* ***« du procureur de la République et »*** **du créancier par l'huissier de justice.** – *[Décr. nº 92-755 du 31 juill. 1992, art. 50.]*

BIBL. ▸ **Décr. du 6 mai 2017 :** DOROL, *D. actu. 19 mai 2017.* – PAYAN, *Lexbase Hebdo éd. privée nº 701, 8 juin 2017.*

1. Notion de recours à la fonction publique. Sur la nécessité de ne pas confondre le recours à la force publique pour surmonter une difficulté matérielle d'exécution, et qui nécessite de s'adresser au préfet, avec l'intervention d'une autorité de police ou de gendarmerie pour assister au déroulement des opérations. * Rép. min. nº 6353, 4 oct. 1993 : *JOAN Q 17 janv. 1994, p. 271 ; JCP 1994. V. 29.*

2. Tentative matérielle. Nécessité (non). L'existence d'une tentative matérielle du jugement d'expulsion de la part de l'huissier à l'issue du délai donné par le commandement de quitter les lieux aux occupants n'est pas une condition légale de l'octroi de la force publique. • CE 14 nov. 2011 : *AJDA 2011. 2267 ; D. 2012. Pan. 1519, obs. Leborgne.* ♦ Choquet et Leon, *Dr. et pr. 2012. 91* (la demande de réquisition de la force publique en matière d'expulsion : un assouplissement confirmé des conditions de recevabilité).

3. Réquisition de la force publique. Appréciation. Les dispositions de l'art. 50 du Décr. nº 92-755 du 31 juill. 1992 [devenu C. pr. exéc., art. R. 153-1], prévoyant que la réquisition de la force publique est accompagnée d'un exposé des diligences auxquelles l'huissier de justice a procédé et des difficultés d'exécution, ont pour objet non d'habiliter le préfet à porter une appréciation qui n'appartient qu'à l'huissier de justice *sur la nécessité de demander le concours* de la force publique, mais de l'éclairer sur la situation et sur les risques de troubles que l'expulsion peut comporter. • CE 25 nov. 2009 : *AJDA 2009. 2257 ; D. 2010. Pan. 1307, obs. Leborgne ; JCP 2009. 570, obs. Rouault ; LPA 13-14 mai 2010, p. 8, concl. Thiellay ; Dr. et pr. 2010. 126, note Leborgne.* ♦ V. aussi jugeant que l'absence de mention des diligences faites par l'huissier dans la demande de concours de la force publique pour obtenir le départ des occupants sans titre n'a pas pour effet de rendre irrégulière la réquisition : • CE 14 nov. 2011 : *préc. note 2.*

4. Auteur. Si les dispositions des art. L. 153-2 et R. 153-1 C. pr. exéc. permettent à l'huissier de justice mandaté par le propriétaire d'un logement de requérir au nom du propriétaire le concours de la force publique en vue de l'exécution d'une décision de justice ordonnant l'expulsion des occupants du logement, elles n'ont ni pour objet ni pour effet d'imposer au propriétaire, à peine d'irrégularité, d'agir par l'intermédiaire d'un huissier de justice pour présenter une telle réquisition. • CE 10 févr. 2014, nº 350265 : *D. 2014. 1474, obs. Leborgne ; Procédures 2014, nº 202, obs. Perrot ; Dr. et pr. 2014, p. 90, obs. Dorol.*

5. Contenu. Si l'imprudence du propriétaire, lors de la location de l'immeuble, n'exonère pas l'État de sa responsabilité, encore faut-il que la demande d'octroi du concours de la force publique contienne une copie du dispositif du titre exécutoire. • CE 7 déc. 2011, nº 341352. ♦ Le concours de la force publique à une procédure d'expulsion ne peut être refusé au motif que la décision d'expulsion ne mentionne pas en plus du nom de la personne expulsée la mention « et de tous les occupants de son chef ». • CE 22 juin 2011, nº 340614.

TITRE SIXIÈME DISPOSITIONS PARTICULIÈRES À CERTAINES PERSONNES ET À CERTAINS BIENS

CHAPITRE PREMIER LA PROTECTION DE CERTAINES PERSONNES

Art. R. 161-1 **Les sommes visées à l'article L. 161-3 peuvent être recouvrées par les comptables publics compétents dans les conditions et selon les modalités prévues par**

le décret n° 75-1339 du 31 décembre 1975 relatif aux modalités d'application de la loi n° 75-618 du 11 juillet 1975 relative au recouvrement public des pensions alimentaires. – *V. Décr. n° 75-1339 du 31 déc. 1975,* **C. pr. exéc.**, *App., v° Recouvrement des pensions alimentaires.*

CHAPITRE II DISPOSITIONS PROPRES À CERTAINS BIENS

Art. R. 162-1 Pour l'application de l'article L. 162-1, en cas de diminution des sommes rendues indisponibles, l'établissement doit fournir un relevé de toutes les opérations qui ont affecté les comptes depuis le jour de la saisie inclusivement.

Ce relevé d'opérations est communiqué par lettre recommandée avec demande d'avis de réception au créancier saisissant au plus tard huit jours après l'expiration du délai de contre-passation. – *[Décr. n° 92-755 du 31 juill. 1992, art. 79 ; L. n° 91-650 du 9 juill. 1991, art. 47, al. 9.]*

(Décr. n° 2012-783 du 30 mai 2012, art. 13-1°) « Sous réserve des dispositions de l'article 748-7 du code de procédure civile, si l'acte de saisie est signifié par voie électronique, le tiers saisi communique le relevé par voie électronique dans ce même délai. »

L'art. 13 du Décr. n° 2012-783 du 30 mai 2012 est entré en vigueur à compter de la publication de l'Arr. du 28 août 2012, portant application de l'art. 748-6 C. pr. civ. aux huissiers de justice, soit le 31 août 2012 (Décr. préc., art. 13, al. 1er).

BIBL. ▶ Croze, *Procédures 2012. Repère 7* (les huissiers de justice rêvent-ils de saisies électroniques ?).

1. Omission du tiers saisi. Le tiers saisi qui omet d'adresser le relevé d'opérations prévu au dernier al. de l'art. 47 de la L. n° 91-650 du 9 juill. 1991 [devenu C. pr. exéc., art. L. 162-1] commet une faute. Celle-ci n'entre pas dans les prévisions des art. 44 de la loi de 1991 [devenu C. pr. exéc., art. L. 211-3], 59, 60 et 73 du Décr. n° 92-755 du 31 juill. 1992 [devenus respectivement C. pr. exéc., art. R. 211-4, R. 211-5 et R. 211-18]. Cette faute relève du régime de la responsabilité civile de droit commun. Faute par le saisissant d'apporter la preuve du préjudice que lui a causé la violation de l'art. 47 de la L. n° 91-650 du 9 juill. 1991 [devenu C. pr. exéc., art. L. 162-1], celui-la ne peut prétendre à aucune indemnisation. • Montpellier, 23 avr. 2001: *Dr. et pr. 2001. 325, obs. Bourdillat.*

2. Renseignements inexacts. La banque, tenue de satisfaire à son obligation légale de renseignement lorsqu'elle procède à la déclaration résultant de l'art. 47, dernier al. [devenu C. pr. exéc., art. L. 162-1], commet une faute en fournissant des renseignements inexacts voire frauduleux, dans le cadre des opérations de régularisation, dont il appartient aux juges du fond d'apprécier souverainement l'existence du préjudice en résultant. • Civ. 2e, 13 févr. 2003 : *préc. note 9 ss. L. 162-1* (V. l'arrêt cassé : • Paris, 19 oct. 2000 : *BICC 2001, n° 549).*

3. Période concernée. La demande de communication des relevés d'opérations bancaires pour une période de plus de quatre ans avant la saisie-attribution excède les obligations du tiers saisi, une telle mesure n'entrant pas dans les prévisions de l'art. 47 [devenu C. pr. exéc., art. L. 162-1]. • Civ. 2e, 28 sept. 2000 : *RDBF 2001, n° 25, note Delleci.*

4. Sanction du tiers saisi. Le seul manquement à l'obligation de remettre un relevé des opérations ne peut donner lieu qu'au paiement, s'il y a lieu, de dommages et intérêts (et non à la condamnation du tiers saisi à garantir les causes de la saisie). • Civ. 2e, 7 avr. 2016, n° 15-11.436 : *D. 2016. Actu. 847 ; ibid. 2017. 1394, obs. Leborgne ; D. actu. 11 mai 2016, obs. Kebir ; RTD civ. 2016. 677, obs. Cayrol ; RDBF 2016, n° 134, obs. Piedelièvre ; Procédures 2016, n° 196, note Raschel ; Gaz. Pal. 7 juin 2016, p. 76, obs. Salati ; ibid. 21 juin 2016, p. 43, note Ansault ; Dr. et pr. 2016. 71, obs. Lauvergnat.*

Art. R. 162-2 Aucune demande du débiteur n'est nécessaire lorsqu'il est fait application des dispositions de l'article L. 162-2. Le tiers saisi avertit aussitôt le débiteur de la mise à disposition de la somme mentionnée à cet article.

En cas de pluralité de comptes, il est opéré une mise à disposition au regard de l'ensemble des soldes créditeurs ; la somme est imputée en priorité sur les fonds disponibles à vue.

Le tiers saisi informe sans délai l'huissier de justice ou le comptable public chargé du recouvrement du montant laissé à disposition du titulaire du compte ainsi que du ou des comptes sur lesquels est opérée cette mise à disposition.

En cas de saisies de comptes ouverts auprès d'établissements différents, l'huissier de justice ou le comptable public chargé du recouvrement détermine le ou les tiers saisis

chargés de laisser à disposition la somme mentionnée au premier alinéa ainsi que les modalités de cette mise à disposition. Il en informe les tiers saisis. – *[Décr. n° 92-755 du 31 juill. 1992, art. 46.]*

BIBL. ▶ HOONAKKER, *D. 2011. Doctr. 1890* (le RSA bancaire ou la mise à disposition automatique d'une somme à caractère alimentaire sur un compte saisi). – LAUVERGNAT, *Dr. et pr. 2010. 76.* – LEBORGNE, *D. 2010. Pan. 1307* ; *Procédures 2010. Veille 8.* – PIEDELIÈVRE, *RDBF 2010, n° 70* (mise à disposition et RSA).

Régime (jurisprudence antérieure au Décr. n° 2009-1694 du 30 déc. 2009). Une cour d'appel ne peut subordonner l'examen d'une demande tendant à voir constater le caractère insaisissable des sommes comprises dans le solde des comptes à la mise en œuvre préalable des procédures prévues par les art. 46 et 47 du Décr. n° 92-755 du 31 juill. 1992 [devenus respectivement C. pr. exéc., art. R. 162-2 et R. 162-4]. • Civ. 2e, 6 nov. 2008 : *D. 2009. Pan. 1168, obs. Leborgne* ; *Dr. et pr. 2009. 101, note Lefort* ; *RLDC 02/2009, n° 3320, obs. Miniato* ; *RTD civ. 2009. 174, obs. Perrot*.

Art. R. 162-3 Un débiteur ne peut bénéficier d'une nouvelle mise à disposition qu'en cas de nouvelle saisie intervenant à l'expiration d'un délai d'un mois après la saisie ayant donné lieu à la précédente mise à disposition.

Pendant ce délai, la somme mentionnée à l'article R. 162-2 demeure à la disposition du débiteur. – *[Décr. n° 92-755 du 31 juill. 1992, art. 46-1.]*

BIBL. ▶ HOONAKKER, *D. 2011. Doctr. 1890* (le RSA bancaire ou la mise à disposition automatique d'une somme à caractère alimentaire sur un compte saisi). – LAUVERGNAT, *Dr. et pr. 2010. 76.* – LEBORGNE, *D. 2010. Pan. 1307* ; *Procédures 2010. Veille 8.* – PIEDELIÈVRE, *RDBF 2010, n° 70* (mise à disposition et RSA).

Art. R. 162-4 Lorsque les sommes insaisissables proviennent de créances à échéance périodique, telles que rémunérations du travail, pensions de retraite, sommes payées à titre d'allocations familiales ou d'indemnités de chômage, le titulaire du compte peut, sur justification de l'origine des sommes, en demander la mise à disposition immédiate, déduction faite des opérations venues en débit du compte depuis le dernier versement de la créance insaisissable.

Si, à l'expiration du délai de quinze jours prévu à l'article L. 162-1 pour la régularisation des opérations en cours, le montant des sommes demandées par le débiteur en raison de leur insaisissabilité excède le solde qui demeure disponible au compte, le complément est prélevé sur les sommes indisponibles à ce jour. Le tiers saisi informe le créancier de ce prélèvement au moment de sa demande en paiement ; à peine d'irrecevabilité, ce dernier dispose d'un délai de quinze jours pour contester cette imputation. – *[Décr. n° 92-755 du 31 juill. 1992, art. 47.]*

BIBL. ▶ ANDRIEUX, La saisie des pensions de retraite ou les dessous d'un brutal revirement, *Dr. et pr. 2003. 140.* – DAIGRE, La saisie-attribution d'allocations familiales profite-t-elle également aux frais de recouvrement ?, *Rev. huiss. 1998. 833.*

1. Indemnité de chômage d'un époux. Par suite des dispositions combinées des art. 45 [47] et 48 [devenus respectivement C. pr. exéc., art. R. 162-4 et R. 162-9], lorsqu'un compte, alimenté par les indemnités de chômage d'un époux, fait l'objet d'une saisie-attribution, la portion insaisissable doit être calculée sur une seule mensualité de ces indemnités et il appartient au débiteur saisi de demander à sa banque la mise à disposition immédiate de la somme insaisissable pour un mois. • TGI Lyon, JEX, 26 oct. 1993 : *D. 1994. Somm. 341, obs. Julien*.

2. Compte de créances à échéances périodiques. Viole les art. 15 de la L. n° 91-650 du 9 juill. 1991 [devenu C. pr. exéc., art. L. 112-4], 44 et 45 [47] du Décr. n° 92-755 du 31 juill. 1992 [devenus respectivement C. pr. exéc., art. R. 112-5 et R. 162-4] la cour d'appel qui, pour confirmer la décision du JEX rejetant la demande du débiteur en mainlevée de la saisie, ce dernier ayant invoqué la nature insaisissable des sommes saisies constituées d'allocations d'adulte handicapé, retient que, lorsque les sommes insaisissables versées sur un compte proviennent de créances à échéance périodique, l'insaisissabilité porte sur la dernière échéance et non sur la totalité du solde créditeur du compte. • Civ. 2e, 11 mai 2000, n° 98-11.696 P : *D. 2000. IR 166* ; *RTD civ. 2000. 641, obs. (crit.) Perrot* ; *RDBF 2000, n° 205, note Delleci* ; *Gaz. Pal. 2001. Somm. 1372, obs. Véron* • Limoges, 19 déc. 1996, dont l'arrêt est cassé par • Civ. 2e, 11 mai 2000 : *préc.* ♦ Lorsque les sommes insaisissables versées sur un compte proviennent de créances à échéance périodique, l'insaisissabilité porte sur la totalité du solde créditeur du compte. • Civ. 2e, 27 juin 2002, n° 00-17.578 P : *D. 2003. Somm. 1402, obs. Taormina* ; *RTD civ. 2002. 566, obs. Perrot* ; *Procédures 2002, n° 158, note Perrot* ; *RDBF 2002, n° 196, note Delleci* • 24 juin 2004 : *D. 2004.*

IR 2088 • 4 juill. 2007 : *D. 2007. AJ 2243* ; *Dr. et pr. 2007. 357, note Salati* • 12 juill. 2007, n° 05-20.911 P : *D. 2007. AJ 2243* ; *ibid. 2008. Pan. 648, obs. Sommer* ; *ibid. Pan. 1170, obs. Leborgne* ; *Procédures 2008, n° 11, note Perrot* ; *RTD civ. 2007. 814, obs. Perrot* ; *RDBF 2008, n° 48, note Piedelièvre* ; *Gaz. Pal. 2008. Somm. 2340, obs. Brenner* (allocation de RMI, insaisissable en vertu de l'art. L. 262-44 CASF, même lorsqu'elle est épargnée) • Paris, 5 déc. 2002 : *Dr. et pr. 2003. 178, note Putman.* ♦ *Contra :* • TGI Lyon, JEX, 7 mars 1995 : *Gaz. Pal. 1995. 2. Somm. 511.* ♦ V. aussi notes ss. art. R. 112-5.

Art. R. 162-5 Lorsque les sommes insaisissables proviennent d'une créance à échéance non périodique, le titulaire du compte peut, sur justification de l'origine des sommes, demander que soit laissé à sa disposition le montant de celles-ci, déduction faite des sommes venues en débit du compte depuis le jour où la créance y a été inscrite.

La mise à disposition ne peut avoir lieu avant l'expiration du délai de quinze jours pour la régularisation des opérations en cours. Si, à cette date, le solde disponible au compte n'est pas suffisant pour mettre à la disposition de son titulaire l'intégralité des sommes demandées par lui à raison de leur insaisissabilité, le complément est retenu par le tiers saisi sur les sommes indisponibles à la même date. Le tiers saisi informe le créancier de cette retenue au moment de sa demande en paiement.

Les sommes ainsi retenues sont mises à la disposition du titulaire du compte si le créancier saisissant déclare ne pas s'y opposer ou s'il n'élève aucune contestation dans les quinze jours qui suivent sa demande en paiement. A tout moment, le titulaire du compte peut saisir le juge de l'exécution pour lui demander, le créancier entendu ou appelé, la mise à disposition des sommes retenues sur justification de leur caractère insaisissable. — *[Décr. n° 92-755 du 31 juill. 1992, art. 47-1.]*

Art. R. 162-6 La demande de mise à disposition de sommes insaisissables est présentée avant que le créancier saisissant n'ait demandé le paiement des sommes saisies. — *[Décr. n° 92-755 du 31 juill. 1992, art. 47-2.]*

V. notes ss. art. L. 112-1 et L. 112-2.

1. Individualisation de la créance insaisissable. Le créancier n'est pas fondé à prétendre que des prestations sociales insaisissables, versées sur le compte du débiteur, deviennent saisissables dans leur totalité, au motif qu'elles perdraient, du fait de l'inscription en compte, leur individualisation (aide personnalisée au logement). • TGI Lyon, JEX, 7 mars 1995 : *Gaz. Pal. 1995. Somm. 511.* ♦ Il résulte des dispositions de l'art. L. 553-4 CSS que les prestations familiales sont insaisissables pour le recouvrement d'une dette de nature commerciale ; il convient donc, après déduction du montant de la créance insaisissable, de cantonner le montant de la somme saisie-attribuée. • TGI Amiens, JEX, 4 mars 1993 : *D. 1994. Somm. 341, obs. Julien* .

2. Contestation. En l'absence de demande de mise à disposition, le débiteur est irrecevable à formuler une contestation auprès du JEX. • TGI Grenoble, JEX, 28 nov. 1994 : *Gaz. Pal. 15 avr. 1995, Somm., Voies d'exécution.* ♦ *Contra :* • TGI Nantes, JEX, 17 déc. 2001, *Mlle X. c/ Caisse de Crédit Mutuel de Beautour,* proc. n° 01/05254 : *inédit,* (jugeant que, si l'art. 44 [46] [devenu C. pr. exéc., art. R. 162-2] indique que le débiteur peut faire une demande de mise à disposition auprès du tiers saisi lorsque le compte est crédité d'une créance insaisissable en tout ou en partie, il ne précise nullement que cette demande doit être faite à peine d'irrecevabilité de la saisine du JEX).

3. Créances à exécution successive. Quand un compte est alimenté par des créances à exécution successive, la règle de l'al. 1er du présent art. ne peut concerner que le dernier versement précédant la saisie-attribution. • Paris, 7 janv. 1999 : *Gaz. Pal. 7 mars 2000.*

Art. R. 162-7 Les sommes à caractère alimentaire mises à disposition du titulaire du compte en application des articles R. 162-2 et R. 213-10 viennent en déduction du montant des créances insaisissables dont le versement pourrait ultérieurement soit être demandé par le titulaire du compte en application des articles R. 162-4 et R. 162-5, soit obtenu par celui-ci en application de l'article R. 112-4.

Les sommes insaisissables mises à disposition du titulaire du compte en application des articles R. 162-4, R. 162-5 ou R. 213-10 viennent en déduction du montant qui est laissé à disposition en application de l'article R. 162-2. — *[Décr. n° 92-755 du 31 juill. 1992, art. 47-3.]*

BIBL. ▶ LAUVERGNAT, *Dr. et pr. 2010. 76.* – LEBORGNE, *D. 2010. Pan. 1307* . – PIEDELIÈVRE, *RDBF 2010, n° 70* (mise à disposition et RSA).

Art. R. 162-8 **Sans préjudice des sanctions pénales encourues, le titulaire du compte qui se voit mettre à disposition une somme d'un montant supérieur à celui auquel il peut prétendre en application des articles du présent chapitre restitue au créancier les sommes indûment perçues ou mises à sa disposition. En cas de faute de sa part, il peut en outre être condamné, à la demande du créancier, à des dommages et intérêts.** – *[Décr. n° 92-755 du 31 juill. 1992, art. 47-4.]*

BIBL. ▸ LAUVERGNAT, *Dr. et pr. 2010. 76.* - LEBORGNE, *D. 2010. Pan. 1307* ; *Procédures 2010. Veille 8.* - PIEDELIÈVRE, *RDBF 2010, n° 70* (mise à disposition et RSA).

Art. R. 162-9 **Lorsqu'un compte, même joint, alimenté par les gains et salaires d'un époux commun en biens fait l'objet d'une mesure d'exécution forcée ou d'une saisie conservatoire pour le paiement ou la garantie d'une créance née du chef du conjoint, il est laissé immédiatement à la disposition de l'époux commun en biens une somme équivalant, à son choix, au montant des gains et salaires versés au cours du mois précédant la saisie ou au montant moyen mensuel des gains et salaires versés dans les douze mois précédant la saisie.**

Les dispositions du deuxième alinéa de l'article R. 162-4 sont applicables.

Le juge de l'exécution peut être saisi, à tout moment, par le conjoint de celui qui a formé la demande. – *[Décr. n° 92-755 du 31 juill. 1992, art. 48 et 49, fusion.]*

BIBL. ▸ WEYLAND, *JCP 1993. I. 3712.* - TISSOT, *Dr. et pr. 2013. 103* (la saisie-attribution des comptes bancaires à l'épreuve des régimes matrimoniaux).

1. Sanction. Le non-respect de ces dispositions entraîne la nullité de la saisie-attribution. • TGI Quimper, 6 oct. 1994 : *BICC, 1995, n° 261.* ♦ En ce sens que le retard de mise à disposition du salaire est susceptible en soi de causer un préjudice aux époux, justifiant la condamnation de la banque à des dommages-intérêts sur le fondement de l'art. 1382 C. civ., V. • Civ. 2e, 27 mai 2004, n° 02-13.896 P : *D. 2004. IR 1773* ; *RDBF 2004, n° 218, note Piedelièvre ; Dr. et pr. 2004. 341, note Bourdillat ; RJPF, déc. 2004, p. 19, note Vauvillé ; Gaz. Pal. 13-14 avr. 2005, p. 30, obs. Brenner.*

2. Indemnités de chômage d'un époux. V. note 1 ss. art. R. 162-4.

3. Compte joint. Lorsque les gains et salaires du conjoint de l'époux débiteur sont versés sur un compte, l'application des art. 1414, al. 2, C. civ. et R. 162-9 C. pr. exéc. aboutit à rendre l'ensemble des fonds versés sur le compte saisissables, à l'exception d'un montant déterminé équivalent au dernier salaire. Il appartient à l'époux non débiteur de présenter une demande à l'établissement bancaire en ce sens, dix jours au plus tard après la dénonciation de la saisie, faute de quoi le caractère fongible des fonds versés sur le compte joint ne permet plus de les protéger comme gains et salaires du conjoint. • Reims, 13 oct. 2015, n° 14/02756 : *Gaz. Pal. 8 mars 2016, p. 80, obs. Salati.* ♦ Une cour d'appel, après avoir exactement énoncé que selon l'art. 1415 C. civ., seul applicable en l'espèce, chacun des époux ne peut engager que ses biens propres et ses revenus par un cautionnement ou un emprunt contractés sans le consentement exprès de l'autre conjoint, et après avoir relevé que le compte, objet de la saisie, était alimenté par les revenus de chacun des époux, décide, à bon droit, que, faute pour le créancier d'identifier les revenus de l'époux débiteur, ce compte n'est pas saisissable. • Civ. 1re, 3 avr. 2001, n° 99-13.733 P : *D. 2001. 2933, note Marc Nicod* ; *RTD civ. 2001. 943, note Vareille* ; *JCP 2002. II. 10080, note Bourdaire ; Defrénois 2001. 939, obs. Théry ; ibid. 1130, obs. Champenois.*

LIVRE DEUXIÈME LES PROCÉDURES D'EXÉCUTION MOBILIÈRE

TITRE PREMIER LA SAISIE DES CRÉANCES DE SOMMES D'ARGENT

CHAPITRE PREMIER LA SAISIE-ATTRIBUTION

SECTION PREMIÈRE DISPOSITIONS GÉNÉRALES

SOUS-SECTION 1 LA SAISIE

Art. R. 211-1 **Le créancier procède à la saisie par acte d'huissier de justice signifié au tiers.**

Cet acte contient à peine de nullité :

1° L'indication des nom et domicile du débiteur ou, s'il s'agit d'une personne morale, de sa dénomination et de son siège social ;

2° L'énonciation du titre exécutoire en vertu duquel la saisie est pratiquée ;

3° Le décompte distinct des sommes réclamées en principal, frais et intérêts échus, majorées d'une provision pour les intérêts à échoir dans le délai d'un mois prévu pour élever une contestation ;

4° L'indication que le tiers saisi est personnellement tenu envers le créancier saisissant et qu'il lui est fait défense de disposer des sommes réclamées dans la limite de ce qu'il doit au débiteur ;

5° La reproduction du premier alinéa de l'article L. 211-2, de l'article L. 211-3, du troisième alinéa de l'article L. 211-4 et des articles R. 211-5 et R. 211-11.

L'acte indique l'heure à laquelle il a été signifié. — *[Décr. n° 92-755 du 31 juill. 1992, art. 56.]*

Le Décr. n° 2012-783 du 30 mai 2012 de codification du présent code est entré en vigueur le 1er juin 2012. Toutefois, l'art. R. 211-1 ne s'applique pas aux procédures en cours à cette date qui restent régies par l'art. 66 du Décr. n° 92-755 du 31 juill. 1992.

I. MENTIONS REQUISES DANS L'ACTE

1. Titre exécutoire. Les obligations posées par l'art. 502 NCPC [devenu C. pr. civ.] ne concernent que les parties au litige (et non le tiers saisi) et l'art. 56 du Décr. n° 92-755 du 31 juill. 1992 [devenu C. pr. exéc., art. R. 211-1] n'exige, s'agissant des mentions devant figurer dans l'acte signifié au tiers saisi, que la seule énonciation du titre exécutoire en vertu duquel la saisie est pratiquée. • Civ. 2e, 19 sept. 2002, n° 00-22.086 P : *D. 2002. IR 2718 ; Procédures 2002, n° 20., note Perrot ; Gaz. Pal. 14-15 mars 2003, p. 17, obs. Brenner.* – V. déjà • Civ. 2e, 4 oct. 2001 : *RDBF 2002, n° 24, note Delleci.* ♦ L'absence d'énonciation dans l'acte du titre exécutoire en vertu duquel la saisie est pratiquée constitue une nullité de forme subordonnée à la preuve d'un grief. • Civ. 2e, 16 nov. 2017, n° 16-20.527. ♦ V. déjà, jugeant que la sanction de nullité de l'art. 56 (2°) [devenu C. pr. exéc., art. R. 211-1, 2°] est soumise au régime des dispositions de l'art. 114 NCPC [devenu C. pr. civ.] (preuve d'un grief), • Montpellier, 15 juill. 2002 : *Dr. et pr. 2002. 386.*

2. L'arrêt de la cour d'appel, rendu après renvoi d'un arrêt de cassation, s'étant borné à confirmer le jugement du TGI qui avait débouté une société de sa demande en paiement ne constitue pas la décision ouvrant droit à restitution des sommes versées en exécution de l'arrêt cassé, et cet arrêt, seul visé par la poursuite, ne peut constituer un titre exécutoire autorisant la mise en œuvre d'une procédure de saisie-attribution. • Civ. 2e, 18 déc. 2003, n° 02-15.725 P : *RTD civ. 2004. 352, obs. Perrot ; Procédures 2004, n° 154, note Perrot ; Gaz. Pal. 21-22 juill. 2004, p. 29, obs. Brenner.* ♦ Dans le même sens, à propos de l'acte de saisie mentionnant l'ordonnance ayant rejeté la demande de rétractation de l'ordonnance qui avait rendu le rôle exécutoire, et non cette dernière, V. • Civ. 2e, 19 janv. 2004 : *RDBF 2004, n° 138, note Piedelièvre.* ♦ L'art. 56 [devenu C. pr. exéc., art. R. 211-1] n'exigeant, s'agissant des mentions devant figurer dans l'acte signifié au tiers saisi, que la seule énonciation du titre exécutoire en vertu duquel la saisie est pratiquée, un arrêt retient exactement qu'en dépit de l'effet suspensif du pourvoi, l'acte signifié au tiers devait contenir l'énonciation de l'arrêt ayant confirmé le jugement de divorce, constituant le titre exécutoire, et non celle de l'arrêt ayant rejeté le pourvoi. • Civ. 2e, 14 sept. 2006, n° 04-18.178 P : *D. 2006. IR 2349 ; Dr. et pr. 2007. 41, obs. Poisson ; RDBF 2007, n° 26, note Piedelièvre ; Gaz. Pal. 28 nov. 2006, n° 332, obs. Deharo.*

♦ Une société, ayant conclu un accord avec l'administration des douanes aux termes duquel elle s'engageait à payer l'intégralité de la somme due par les codébiteurs solidaires au titre des condamnations prononcées par des arrêts correctionnels, pour les droits et taxes éludés, convention qui ne la privait pas du bénéfice de la subrogation légale résultant des dispositions de l'art. 1251, 3°, C. civ., auquel elle n'avait pas renoncé, peut poursuivre le recouvrement de sa créance à l'encontre de son codébiteur par la voie de la saisie-attribution sur le fondement des deux arrêts pénaux, qui constituent les titres exécutoires constatant la condamnation solidaire à la dette, sans avoir à signifier l'arrêt de la Cour de cassation, qui n'avait cassé l'un des arrêts correctionnels qu'en ce qui concernait les peines d'emprisonnement prononcées. • Civ. 2e, 2 déc. 2010 : *cité note 18 ss. art. L. 111-3.*

3. Sommes réclamées. L'erreur portant sur la somme réclamée dans un acte de saisie-attribution n'étant pas une cause de nullité de l'acte, une cour d'appel, qui constate que les saisies-attributions ont été pratiquées sur le fondement d'un jugement correctionnel, peut considérer que la réclamation d'une somme supérieure à celle constatée par ce titre n'entraîne pas la nullité des saisies. • Civ. 2e, 27 mai 2004, n° 02-20.160 P : *D. 2004. IR 1860 ; Gaz. Pal. 13-14 avr. 2005, p. 33, obs. Brenner.* ♦ L'acte de saisie-attribution délivré sur le fondement de plusieurs titres exécutoires constatant des créances distinctes doit contenir un décompte distinct en principal, frais et intérêts échus pour chacun de ces titres. • Civ. 2e, 23 févr. 2017, n° 16-10.338 P : *D. actu. 3 mars 2017, obs. Payan ; RTD civ. 2017. 734, obs. Cayrol ; D. 2017. 518 ; ibid. 1388. obs. Leborgne ; JCP 2017. 299, obs. Dorol ; Dr. et pr. 2017. 39, note Lauvergnat ; Gaz. Pal. 2 mai 2017, p. 85, obs. Herman ; ibid. 13 juin 2017, p. 79, obs. Salati ; ibid., 20 juin 2017, p. 53, obs. Ansault ; Procédures 2017, n° 89, obs. Laporte, RDBF 2017, n° 88, note Piedelièvre.* ♦ Seule l'absence de décompte conforme à l'art. 56 (3°) [devenu C. pr. exéc., art. R. 211-1, 3°] est susceptible d'entraîner la nullité de l'acte. • Civ. 2e, 19 sept. 2002 : *préc.* ♦ Comp., jugeant que l'omission du décompte distinct constitue un vice de forme ayant nécessairement occasionné un grief au débiteur qui a dû introduire une action devant le JEX : • Paris, 23 mai 2002 : *Dr. et pr. 2002. 324.* ♦ Comp., jugeant que les dispositions de l'article 56-3° du Décr. du 31 juill. 1992 [devenu C. pr. exéc., art. R. 211-1, 3°] qui prescrivent à peine de nullité de faire figurer dans l'acte de saisie un décompte distinct des sommes réclamées en principal, frais et intérêts, n'exige pas que chacun de ces postes soit détaillé et que la circonstance qu'un de ces postes s'avère injustifié n'affecte que la portée de la saisie-attribution et non sa validité : • Civ. 2e, 20 janv. 2011, n° 09-72.080 : *Dr. et pr. 2011. 81.* ♦ Comp., aussi, jugeant qu'en raison de son effet d'attribution immédiat, la saisie des créances est une mesure particulièrement rapide et redoutable, qui est susceptible d'être à l'origine de paiements indus si le débiteur n'est pas en mesure de relever les erreurs de calcul éventuelles, que les mentions d'information prescrites par l'art. 56 [devenu C. pr. exéc., art. R. 211-1] sont donc substantielles et impliquent l'indication d'un compte détaillé, juste et vérifiable, qu'elles doivent être scrupuleusement respectées, la sanction des irrégularités commises ne pouvant être que la nullité absolue de l'acte irrégulier. • TGI Périgueux, 17 mars 1994 : *BICC, 1994, n° 619 ; D. 1994. Somm. 341, obs. Julien .*

4. Intérêts. Aucune disposition légale n'impose au créancier saisissant de faire figurer sur l'acte de saisie le détail des intérêts dont seul le montant total réclamé est exigé dès lors que, connaissant le texte appliqué et leur point de départ, le débiteur dispose d'une information suffisante. • TI Privas, 5 juill. 1994 : *BICC, 1995, n° 138.* ♦ Comp., pour un acte de dénonciation littéralement conforme à l'art. 56 [devenu C. pr. exéc., art. R. 211-1] mais qui ne comporte aucune explication sur le calcul des intérêts de retard alors que l'acte authentique prévoyait une évaluation spécifique, insuffisance qui cause nécessairement grief au débiteur mis dans l'impossibilité de vérifier la liquidité de la créance et dans l'incapacité de faire un choix procédural. • Versailles, 10 févr. 2005 : *BICC 2005, n° 987.*

5. Engagements du tiers saisi. L'absence dans le procès-verbal de saisie-attribution de la mention des engagements du tiers saisi à l'égard du saisi n'est pas une cause de nullité et ne fait en tout cas pas grief au saisi ; il en est de même s'agissant du fait qu'un seul procès-verbal ait été dressé pour quatre tiers saisis. • TGI Lyon, 11 oct. 1994 : *BICC, 1995, n° 197.*

6. Pas de sanction de l'indication de l'heure. La dernière disposition, séparée des autres, n'est pas prévue à peine de nullité. • TGI Paris, 2 déc. 1993 : *BICC, 15 avr. 1994, n° 457 ; D. 1994. Somm. 341, obs. Julien .*

7. Dénonciation de la contestation. Dès lors que l'acte de dénonciation de la saisie-attribution n'indique pas, selon les dispositions de l'art. 56-5° [devenu C. pr. exéc., art. R. 211-1, 5°], l'obligation prévue par l'art. 66 du Décr. n° 92-755 du 31 juill. 1992 [devenu C. pr. exéc., art. R. 211-11] pour le débiteur de dénoncer la contestation le même jour à l'huissier instrumentaire, l'irrecevabilité de la contestation fondée sur le non-respect de cette obligation ne peut être opposée au débiteur. • Paris, 10 sept. 1998 : *BICC, 15 juill. 1999, n° 916.*

II. SIGNIFICATION DE L'ACTE

8. Signification de l'acte et qualité de tiers saisi. Il doit être procédé à la saisie-attribution par acte d'huissier signifié au tiers tenu d'une somme d'argent envers le débiteur, faute de quoi il ne reçoit pas la qualité de tiers saisi. • Limoges, 28 sept. 2000 : *Dr. et pr. 2001. 126, obs. Putman.*

9. Irrégularité de fond (destinataire de l'acte). Est affecté d'une irrégularité de fond, sanctionnée par la nullité et insusceptible de régularisation, l'acte de saisie-attribution signifié à un établissement de crédit après disparition de sa personnalité morale consécutive à la publication de sa dissolution au registre du commerce et des sociétés. • Civ. 2e, 26 avr. 2017, n° 14-12.040 : *Rev. sociétés. 2017. 412, obs. Pisoni.*

10. Lieu de la notification. Ni la loi ni le décret [devenus C. pr. exéc.] n'ayant précisé le lieu de la notification, il faut appliquer l'art. 690 NCPC [devenu C. pr. civ.] et la jurisprudence dite des gares principales. • Douai, 18 nov. 1993 : *D. 1994. Somm. 341, obs. Julien.*

11. Clerc assermenté. Les actes de dénonciation de saisies ne sont pas des actes d'exécution et peuvent donc être délivrés par un clerc assermenté. • Civ. 2e, 12 oct. 2006, n° 05-10.850 P : *D. 2006. IR 2695 ; Dr. et pr. 2007. 48, obs. Putman ; Procédures 2007, n° 41, obs. Perrot ; RLDC 2007/37, n° 2508, obs. Miniato* • 14 févr. 2008, n° 05-14.494 P : *Procédures 2008, n° 106, note Perrot.* ♦ Comp. : la signification n'est pas valablement faite par un clerc assermenté, dès lors que la saisie-attribution, qui opère attribution immédiate des sommes saisies au profit du saisissant, est un acte d'exécution réalisant un transfert d'un patrimoine à l'autre et que l'art. 6 de la L. du 27 déc. 1923 exclut les procès-verbaux d'exécution de la compétence des clercs assermentés pour les confier à celle exclusive des huissiers. • Civ. 1re, 18 févr. 2003 : *RDBF 2003, n° 83, note Delleci* • Civ. 2e, 28 juin 2006, n° 04-17.514 P : *D. 2007. Pan. 1388, obs. Julien ; Dr. et pr. 2006. 361, obs. Leborgne ; Procédures 2006, n° 237, obs. Perrot* • Chambéry, ord., 15 juill. 1997, *Cancava c/ Caisse régionale de crédit agricole : inédit* • TGI Albertville, JEX, 13 mai 1997 : *inédit, rôle n° 97/0162* (même affaire). ♦ Comp. notes ss. C. pr. exéc., art. L. 122-1 sur la possibilité pour un clerc assermenté de pratiquer une mesure conservatoire. ♦ V. l'art. 6 de la loi du 27 déc. 1923, *in* C. pr. civ., App., *v° Officiers publics ou ministériels, II Dispositions particulières, D Huissiers de justice.*

12. Diligences exigées de l'huissier. L'huissier ne peut se contenter de présenter l'acte de signification de la saisie-attribution au tiers saisi ; il doit la signifier et une banque ne peut être constituée tiers saisi au sens des art. 44 s. de la L. n° 91-650 du 9 juill. 1991 [devenus C. pr. exéc., art. L. 211-3 s.] et 59 du Décr. n° 92-755 du 31 juill. 1992 [devenu C. pr. exéc., art. R. 211-4], qu'après cette signification du procès-verbal de saisie-attribution matérialisée par la remise de ce procès-verbal à une personne habilitée à la recevoir. • Limoges, 28 sept. 2000 : *BICC 15 févr. 2001, n° 213 ; D. 2000. IR 264.* ♦ V. aussi note 3 ss. art. R. 211-4.

13. Constat du caractère non avenu du jugement (délai). La demande tendant à voir constater le caractère non avenu du jugement, formée à l'occasion de la contestation de saisies-attributions et d'une saisie de droits d'associé et de valeurs mobilières, n'est recevable que si la contestation avait été formée dans le délai d'un mois prévu aux art. R. 211-11 et R. 232-6 C. pr. exéc. • Civ. 2e, 31 janv. 2019, n° 17-28.369 P : *D. actu. 25 févr. 2019, obs. M.-P. Schreiber.*

III. CHAMP D'APPLICATION

14. Avis à tiers détenteur (non). L'art. 56 [devenu C. pr. exéc., art. R. 211-1] n'est pas applicable à l'avis à tiers détenteur. • Com. 3 oct. 2006, n° 01-03.515 P • Cass., ch. mixte, 26 janv. 2007, n° 04-12.422 P : *D. 2007. AJ 451 ; ibid. 2008. Pan. 1172, obs. Leborgne ; JCP N 2007. 1198, note Rezek ; RDBF 2007, n° 75, note Piedelièvre ; RTD civ. 2007. 389, obs. Perrot ; Dr. et pr. 2007. 220, obs. Putman.*

Art. R. 211-2 **Dans le délai prévu au premier alinéa de l'article R. 211-11, tout intéressé peut demander que les sommes saisies soient versées entre les mains d'un séquestre désigné, à défaut d'accord amiable, par le juge de l'exécution saisi sur requête.**

La remise des fonds au séquestre arrête le cours des intérêts dus par le tiers saisi. — *[Décr. n° 92-755 du 31 juill. 1992, art. 57.]*

Irrecevabilité d'une demande tardive. Est irrecevable la demande de séquestre formulée à titre principal ou après l'expiration du délai de contestation de la saisie-attribution, car elle ne constitue ni une difficulté relative au titre exécutoire ni une contestation soulevée à l'occasion d'une difficulté d'exécution et elle conduirait le JEX à excéder ses pouvoirs en suspendant l'exécution de la décision de justice qui fonde la poursuite, ce que ne lui permet pas de faire l'art. 8 du Décr. n° 92-755 du 31 juill. 1992 [devenu C. pr. exéc., art. R. 121-1]. • TGI Bobigny, JEX, 25 nov. 1997 : *Gaz. Pal. 6 févr. 1999, chron. Procédures d'exécution, obs. Moussa ; RG proc. 1999. 262, obs. Putman* • 9 déc. 1997 : *ibid.* • Paris, 19 mars 1998 : *ibid.* • TGI Lyon, JEX, 24 mars 1998, *Geffroy c/ Locaplus* : inédit, cité in Dalloz Action *Voies d'exécution 2018/2019, nos 831.74* ♦ Dans le même sens, J.-M. Delecci, La saisie-attribution des comptes bancaires : portée de l'art. 47 de la L. n° 91-650 du 9 juill. 1991 [devenu C. pr. exéc., art. L. 162-1], *Banque et Dr. 1992, n° 25, p. 162.*

Art. R. 211-3 A peine de caducité, la saisie est dénoncée au débiteur par acte d'huissier de justice dans un délai de huit jours.

Cet acte contient à peine de nullité :

1° Une copie du procès-verbal de saisie *(Décr. n° 2012-783 du 30 mai 2012, art. 13-2°)* « et la reproduction des renseignements communiqués par le tiers saisi si l'acte a été signifié par voie électronique » ;

2° En caractères très apparents, l'indication que les contestations doivent être soulevées, à peine d'irrecevabilité, dans le délai d'un mois qui suit la signification de l'acte par assignation, et la date à laquelle expire ce délai ainsi que l'indication que l'assignation est dénoncée par lettre recommandée avec demande d'avis de réception le même jour à l'huissier de justice ayant procédé à la saisie ;

3° La désignation de la juridiction devant laquelle les contestations peuvent être portées ;

4° L'indication, en cas de saisie de compte, du montant de la somme à caractère alimentaire laissée à la disposition du débiteur en application de l'article R. 162-2 ainsi que du ou des comptes sur lesquels cette mise à disposition est opérée.

L'acte rappelle au débiteur qu'il peut autoriser par écrit le créancier à se faire remettre sans délai par le tiers saisi les sommes qui lui sont dues. – *[Décr. n° 92-755 du 31 juill. 1992, art. 58.]*

L'art. 13 du Décr. n° 2012-783 du 30 mai 2012 est entré en vigueur à compter de la publication de l'Arr. du 28 août 2012, portant application de l'art. 748-6 C. pr. civ. aux huissiers de justice, soit le 31 août 2012 (Décr. préc., art. 13, al. 1er).

BIBL. ▸ Croze, *Procédures 2012. Repère 7* (les huissiers de justice rêvent-ils de saisies électroniques ?). – Lauvergnat, *Gaz. Pal. 25-26 oct. 2013, p. 18* (la saisie-attribution : une procédure d'exécution sous haute tension !). – Spinelli, *Dr. et pr. 2002. 273* (dénonciation de la saisie-attribution et procédures collectives).

▸ **Décr. n° 2009-1694 du 30 déc. 2009 :** Lauvergnat, *Dr. et pr. 2010. 76*. – Leborgne, *D. 2010. Pan. 130*. – Piedelièvre, *RDBF 2010, n° 70* (mise à disposition et RSA).

I. CONTENU DE L'ACTE DE DÉNONCIATION

1. *Mentions obligatoires.* Ni la mention du titre, ni celle du décompte ne figurent parmi les mentions obligatoires prévues par l'art. 58 [devenu C. pr. exéc., art. R. 211-3] pour l'acte de dénonciation de la saisie-attribution. • TGI Bobigny, 10 mars 1993 : *BICC, 1er mai 1993, n° 591.*

2. *Mention inexacte du délai.* Dès lors que l'acte de dénonciation de la saisie comportait une erreur sur le délai (erreur de deux jours sur la computation) pour élever une contestation, l'irrégularité commise a eu nécessairement pour effet de persuader le débiteur (qui a attendu sept mois pour former sa contestation) qu'il était forclos pour agir avant l'expiration du délai. • Civ. 2e, 2 déc. 2004, n° 02-20.622 P : *D. 2005. IR 18 ; RDBF 2005. 63, note Piedelièvre ; Dr. et pr. 2005. 173, obs. Putman ; Gaz. Pal. 11-13 sept. 2005, p. 15, note Brenner* • Civ. 2e, 10 sept. 2009 : *RDBF 2009, n° 208, note Piedelièvre ; Dr. et pr. 2010. 27, note Lauvergnat ; Procédures 2010, n° 356, note Perrot.* ♦ En revanche, la divergence de dates entre l'original de l'acte et sa copie ne constitue qu'un vice de forme qui n'a causé aucun grief dès lors que le débiteur a pu saisir le JEX dans le délai légal. • Civ. 2e, 3 avr. 2003 : *D. 2004. Somm. 1485, obs. Taormina.*

3. *Imprécision de la somme à caractère alimentaire.* Est irrégulière la dénonciation de la saisie-attribution lorsque l'acte de dénonciation ne précise pas le montant de la somme à caractère alimentaire laissé à la disposition du débiteur et lorsque la copie du procès-verbal de saisie contenue dans cet acte indique seulement que le tiers saisi doit laisser à la disposition du débiteur une somme à caractère alimentaire d'un montant égal au montant forfaitaire pour un allocataire seul mentionné à l'art. L. 262-2 CASF, sans en préciser le montant. • Civ. 2e, 19 oct. 2017, n° 16-23.647.

4. *Indication de la procédure de contestation.* Dès lors que la mention omise a pour objet d'informer le débiteur saisi qu'à peine d'irrecevabilité il doit dénoncer sa contestation éventuelle à l'huissier de justice poursuivant, conformément à l'art. 66 [devenu C. pr. exéc., art. R. 211-11], son absence entraîne l'inopposabilité de l'irrecevabilité de la contestation au débiteur saisi, celui-ci fût-il assisté d'un avocat. • Civ. 2e, 10 mars 2004, n° 02-16.900 P : *Gaz. Pal. 13-14 avr. 2005, p. 32, obs. Brenner.* ♦ Lorsque l'acte de dénonciation de la saisie-attribution ne comporte aucune mention relative à la manière dont la procédure de contestation de cette mesure doit être engagée devant le JEX, c'est-à-dire par exploit d'huissier, l'expiration du délai d'un mois n'emporte aucune forclusion. • TGI Carpentras, JEX, 7 juin 2000 : *BICC 2001, n° 1131.* ♦ V. aussi note 9 ss. art. R. 211-11.

II. DESTINATAIRE DE L'ACTE DE DÉNONCIATION

5. *Double habilitation du liquidateur à recevoir l'acte.* Doit être cassé l'arrêt qui a ordonné la mainlevée de la saisie-attribution en retenant que la dénonciation de la saisie, même si le débiteur et le tiers saisi sont les mêmes personnes, est indispensable et que cette formalité n'ayant pas été respectée, la saisie-attribution est caduque. En statuant ainsi, alors que le liquidateur judiciaire est habilité à recevoir l'acte par lequel lui est, à la fois, signifiée la saisie en sa qualité de tiers saisi et lui est dénoncée la saisie en sa qualité de représentant du débiteur, la cour d'appel a violé l'art. 152 de la loi du 25 janv. 1985 et les art. 56 et 58 du Décr. n° 92-755 du 31 juill. 1992 [devenus respectivement C. pr. exéc., art. R. 211-1 et R. 211-3]. • Civ. 2e, 5 avr. 2001, n° 98-14.107 P : *D. 2001. AJ 1467, obs. A Lienhard ; Dr. et pr. 2001. 320, obs. Putman.*

6. Société gérée par un majeur protégé. Le curateur d'une personne protégée à laquelle a été dévolue la fonction de gérant d'une société n'est pas investi du pouvoir d'assister la société, de sorte que la dénonciation de la saisie-attribution destinée à la SCI n'avait pas lieu d'être signifiée au curateur de sa gérante. • Civ. 2e, 7 avr. 2016, n° 15-12.739 P : *D. actu. 15 avr. 2016, obs. Da Silva ; D. 2016. 1523, obs. Noguéro ; RTD civ. 2016. 823, obs. Hauser ; ibid. 927, obs. Cayrol ; AJ fam. 2016. 272, obs. Verheyde ; JCP N. 2016, 1228, obs. Storck ; Dr. fam. 2016. 156, obs. Maria ; Dr. sociétés 2016, n° 122, obs. Hovasse.*

III. DOMAINE ET EFFET DE LA DÉNONCIATION

7. Domaine (acte de conversion). Sur l'inapplicabilité de l'art. 58 [devenu C. pr. exéc., art. R. 211-3] à l'hypothèse visée par l'art. 241 du Décr. n° 92-755 du 31 juill. 1992 [devenu C. pr. exéc., art. R. 523-8] relative à la signification au débiteur d'une copie de l'acte de conversion d'une saisie conservatoire de créance en saisie-attribution, V : • Com. 2 mars 2010 : *cité note ss. art. R. 523-8.*

8. Avis à tiers détenteur. L'art. 58 [devenu C. pr. exéc., art. R. 211-3] n'est pas applicable à l'avis à tiers détenteur. • Com. 3 oct. 2006, n° 01-03.515 P.

9. Effet de la dénonciation au débiteur. Le point de départ de l'opposition à une ordonnance portant injonction de payer qui n'a pas été signifiée à personne est, en cas de saisie-attribution, la date de la dénonciation de cette mesure d'exécution au débiteur. • Civ. 2e, 11 déc. 2008, n° 08-10.141 P : *D. 2009. 107 ; ibid. 757, obs. Sommer et Nicoletis ; Procédures 2009, n° 71, obs. Perrot.*

IV. REDRESSEMENT OU LIQUIDATION JUDICIAIRE DU DÉBITEUR

10. La saisie doit être dénoncée dans le délai de huit jours, à peine de caducité, au débiteur à la tête de ses biens, ou, dès la liquidation judiciaire, à son liquidateur. • Com. 4 mars 2003, n° 00-13.020 P : *R., p. 379 ; D. 2003. AJ 907, obs. A. Lienhard ; JCP E 2003. 708, note Delattre ; ibid. 1396, n° 17 ; Procédures 2003, n° 167, note Perrot ; Dr. et pr. 2003. 306, note Putman ; RDBF 2003, n° 118, note Delleci ; Gaz. Pal. 5-6 sept. 2003, p. 7, obs. Brenner.* ♦ Si l'effet attributif immédiat de la saisie-attribution ne peut être remis en cause par la survenance d'un jugement de redressement ou de liquidation judiciaires, l'irrégularité de la dénonciation d'une telle saisie au débiteur soumis à une procédure collective (en raison de la mission d'assistance ou de représentation confiée à l'administrateur judiciaire) entraîne la caducité de la mesure d'exécution. • Com. 19 févr. 2002, n° 98-22.727 P : *D. 2002. AJ 1070, note Avena-Robardet ; RDBF 2002, n° 109, note Delleci ; Dr. et pr. 2002. 237, note Hoonakker ; Procédures 2002, n° 92, note Perrot.* – V. déjà • Com. 16 févr. 1999 : *Procédures 1999, n° 274, obs. Laporte* ; et sur renvoi, • Grenoble : 13 nov. 2001 : *Dr. et pr. 2002. 121, note Putman.* – V. aussi • Paris, 24 oct. 2002 : *JCP 2003. IV. 1479.* – Comp. : • Paris, 15 oct. 1998 : *BICC, 15 juin 1999, n° 784.* ♦ Le défaut de dénonciation de la saisie-attribution au liquidateur du débiteur saisi, désigné par un jugement de liquidation judiciaire prononcé au cours du délai ouvert pour contester la saisie-attribution n'en affecte pas la régularité à l'égard du tiers saisi qui n'a pas qualité pour se prévaloir de cette absence de dénonciation. • Com. 10 juin 2008, n° 06-13.054 : *D. 2009. 1168, obs. Leborgne ; RTD civ. 2008. 555, obs. Perrot ; Procédures 2008, n° 268, note Perrot ; RDBF n° 178, note Piedelièvre.* ♦ Sur la prise d'effet du jugement d'ouverture à zéro heure, V. • TGI Dunkerque, JEX, 27 mars 2002 : *Dr. et pr. 2002. 253.* ♦ Une cour d'appel, qui ordonne la mainlevée de la saisie parce qu'elle n'avait pas été une nouvelle fois dénoncée à l'administrateur judiciaire désigné avec mission d'assistance une fois le débiteur saisi mis en redressement judiciaire, viole l'art. 58 [devenu C. pr. exéc., art. R. 211-3], dès lors qu'elle constatait que la saisie-attribution avait été dénoncée, dans le délai légal, au débiteur à la tête de ses biens. • Civ. 2e, 8 déc. 2011, n° 10-24.420 P : *D. actu. 20 janv. 2012, obs. Avena-Robardet ; D. 2012. Actu. 29 ; ibid. Pan. 1515, obs. Leborgne ; JCP 2012. 207, note Lauvergnat ; JCP N 2012. 1158, obs. J.-P. Garçon ; RDBF 2012, n° 63, obs. Piedelièvre ; LPA 15 juin 2012, p. 9, note Nabet ; Dr. et pr. 2011. 44, note Vinckel ; Gaz. Pal. 27-28 avr. 2012, p. 27, obs. Roussel Galle ; Procédures 2012, n° 39, note Perrot ; Act. pr. coll. 2012. Alerte 37, obs. Cagnoli ; RPC 2012, n° 39, note Staes ; Dr. et pr. 2012, suppl. Droit des entreprises en difficulté, p. 8, obs. Reille.* ♦ V. aussi, jugeant que lorsque le débiteur n'a pas été mis en liquidation judiciaire dans le délai de huit jours dans lequel la saisie-attribution doit lui être dénoncée par acte d'huissier de justice, à peine de caducité, cette saisie, si elle lui a été régulièrement dénoncée dans ce délai, ne peut plus encourir la caducité prévue par l'art. 58 du Décr. nº 92-755 du 31 juill. 1992, devenu l'art. R. 211-3 C. pr. exéc. • Com. 2 oct. 2012, nº 11-22.387 P : *D. 2012. Actu. 2385, obs. Lienhard ; JCP E 2013. 1001, note Lebel ; ibid. N 2014. 1129, obs. Garçon ; Dr. et pr. 2012. 304, note Vinckel ; Gaz. Pal. 3-5 mars 2013, p. 19, note Brenner ; BJE nov.-déc. 2012, nº 214, note Hugon ; RPC 2012. Étude 39, par F. Petit ; LPA 8-10 mai 2013, p. 11, obs. Tabourot-Hyest ; Dr. et pr. 2013. suppl. Entreprise en difficulté, p. 5, obs. Reille ; Dr. et patr. 11/2013, p. 85, obs. Crocq ; RDBF 2013, nº 26, note Piedelièvre.* ♦ Un créancier dont la créance est née postérieurement à l'ouverture du redressement judiciaire de son débiteur, par suite de l'exécution d'un contrat de crédit-bail en cours, peut pratiquer la saisie-attribution d'une créance de son débiteur sur un tiers. Cette saisie doit être dénoncée dans les huit jours au représentant des créanciers à peine de caducité. • TGI Grenoble, JEX, 27 juin 1994 : *JCP 1995. II. 22417, note R. Martin.* ♦ Comp., jugeant que, lorsque le redressement judiciaire du débiteur saisi est ouvert à l'expiration du délai de contestation d'un mois, la saisie, déjà dénoncée au débiteur lui-même, doit être dénoncée au représentant des créanciers et à l'administrateur judiciaire si celui-ci a reçu mission d'assurer seul l'administration de l'entreprise ou d'assister le débiteur ; que cependant, aucun texte ne prévoit un délai pour effectuer la dénonciation aux organes de la procédure, le délai prévu à l'art. 58 [devenu C. pr. exéc., art. R. 211-3] ne concernant que la dénonciation au débiteur lui-même ; qu'il ne peut être soutenu que l'administrateur doit être considéré comme étant le débiteur et que la saisie doit donc lui être dénoncée dans le délai de huit jours de l'art. 58 [devenu C. pr. exéc., art. R. 211-3], car faire droit à une telle prétention rendrait impossible la dénonciation de la saisie à l'administrateur chaque fois que le jugement d'ouverture intervient après l'expiration du délai de huit jours ; qu'il s'ensuit que la saisie non dénoncée aux organes de la procédure n'est pas caduque, mais que tant qu'elle n'aura pas été effectuée, le représentant des créanciers, l'administrateur judiciaire, ou le mandataire judiciaire à la liquidation qui succède à ce dernier le cas échéant, est toujours recevable à la contester et à en poursuivre l'annulation, et ce même si le débiteur y a acquiescé et que les sommes saisies-arrêtées ont été versées au créancier saisissant : • Lyon, 25 juill. 2001 : *Procédures 2002, nº 10, obs. Laporte.*

SOUS-SECTION 2 LA DÉCLARATION DU TIERS SAISI

Art. R. 211-4 **Le tiers saisi est tenu de fournir sur-le-champ à l'huissier de justice les renseignements prévus à l'article L. 211-3 et de lui communiquer les pièces justificatives.**

Il en est fait mention dans l'acte de saisie.

Par dérogation au premier alinéa, lorsque la saisie est pratiquée entre les mains d'un comptable public *(Décr. nº 2019-1197 du 20 nov. 2019, art. 21, en vigueur le 1er janv. 2020)* **« ou de la Caisse des dépôts et consignations », celui-ci dispose d'un délai de vingt-quatre heures pour fournir à l'huissier de justice les renseignements prévus à l'article L. 211-3 et lui communiquer les pièces justificatives.** — *[Décr. nº 92-755 du 31 juill. 1992, art. 59 ; Décr. nº 93-977 du 31 juill. 1993, art. 5, al. 2.]*

(Décr. nº 2019-992 du 26 sept. 2019, art. 4) **« Si l'acte de saisie est signifié par voie électronique, le tiers saisi est tenu de communiquer à l'huissier de justice, par la même voie, les renseignements et pièces justificatives mentionnés au premier alinéa. Cette communication doit être effectuée au plus tard le premier jour ouvré suivant la signification, sous réserve des dispositions prévues à l'article 748-7 du code de procédure civile. »**

L'art. 13 du Décr. nº 2012-783 du 30 mai 2012 est entré en vigueur à compter de la publication de l'Arr. du 28 août 2012, portant application de l'art. 748-6 C. pr. civ. aux huissiers de justice, soit le 31 août 2012 (Décr. préc., art. 13, al. 1er).

BIBL. ► CROZE, *Procédures 2012. Repère 7* (les huissiers de justice rêvent-ils de saisies électroniques ?). – M. DYMANT, *Gaz. Pal. 6 nov. 1999. Doctr.* – GUIEN, *Gaz. Pal. 1998. 2. Doctr. 1138.* – LAUVERGNAT, *Gaz. Pal. 25-26 oct. 2013, p. 18* (la saisie-attribution : une procédure d'exécution sous haute tension !). – V. aussi Bibl. ss. art. L. 211-3.

► **Décr. nº 2012-366 du 15 mars 2012 :** LAUVERGNAT, *Procédures 2012. Étude 3* (un souffle nouveau en matière de notification).

I. SUR-LE-CHAMP ET SPONTANÉMENT

V. aussi notes ss. art. R. 211-5.

1. Compatibilité avec l'art. 6, § 1er, de la Conv. EDH. Le requérant, qui n'a pas demandé l'annulation de l'art. 60 [devenu C. pr. exéc., art. R. 211-5], mais que soient remplacés [dans l'art. 59, devenu C. pr. exéc., art. R. 211-4] les mots « sur-le-champ » par les mots « dans un délai de deux jours ouvrés », ne saurait en tout état de cause soutenir que ces dispositions instituent des sanctions automatiques et méconnaissent les stipulations de l'art. 6, § 1er, Conv. EDH, ni que lesdites dispositions, qui se bornent à faire application de l'art. 44 de la L. n° 91-650 du 9 juill. 1991 [devenu C. pr. exéc., art. L. 211-3], portant réforme des procédures civiles d'exécution, empiètent sur la compétence dévolue au législateur par l'art. 34 de la Constitution. Il en résulte que le tiers saisi peut toujours invoquer devant le JEX l'impossibilité dans laquelle il s'est trouvé de fournir immédiatement les renseignements demandés par l'huissier de justice, et si tel est bien le cas, il n'encourt aucune des condamnations prévues à l'art. 60 du Décr. n° 92-755 du 31 juill. 1992 [devenu C. pr. exéc., art. R. 211-5]. Dès lors, le requérant n'est pas fondé à soutenir que par l'expression « sur-le-champ » les auteurs du décret ont édicté une formalité impossible et commis une erreur manifeste d'appréciation. • CE 9 juin 2000, n° 198088 : *D. 2000. IR 206 ; Procédures, févr. 2001, n° 35, obs. Croze ; RDBF 2000, n° 203, note Delleci.*

2. *Retard assimilé au refus de répondre.* Un retard d'un jour suffit à caractériser le refus de fournir les renseignements prévus par le texte. • Civ. 2e, 2 avr. 1997, n° 95-13.567 P : *D. 1998. 36, note R. Martin ; RTD civ. 1997. 752, obs. Perrot ; Procédures 1997, n° 147, obs. Perrot ; Rev. Justices 1997, n° 7, p. 207, obs. Putman.* ♦ Sur un retard de cinq mois. • Paris, 7 avr. 1998 : *D. 1998. IR 135 ; RG proc. 1998. 524, obs. Putman.* ♦ Le tiers saisi est tenu de satisfaire spontanément à son obligation de renseignement. • Civ. 2e, 28 oct. 1999, n° 98-10.865 P : *Gaz. Pal. 25 mars 2000. Somm., obs. Véron.* ♦ Le rappel de ses obligations envers le débiteur saisi n'exonère pas le tiers saisi de son obligation de fournir des renseignements. Il n'est pas justifié d'un motif légitime de ne pas répondre par des actes reproduisant exactement le contenu des dispositions légales relatives aux conséquences pécuniaires en cas de défaut de réponse. • Civ. 2e, 18 oct. 2012 : *Dr. et pr. 2013. 34, note Putman.* ♦ V. aussi note 17 ss. art. R. 211-5.

3. *Nécessité de signifier le PV de saisie.* Le banquier n'est constitué tiers saisi et tenu à l'obligation de renseignements prévue par les art. 44 de la L. n° 91-650 du 9 juill. 1991 [devenu C. pr. exéc., art. L. 211-3] et 59 du Décr. n° 92-755 du 31 juill. 1992 [devenu C. pr. exéc., art. R. 211-4] qu'après la signification du procès-verbal de saisie-attribution, matérialisée par la remise dudit procès-verbal à une personne habilitée à le recevoir. • Limoges, 28 sept. 2000 : *BICC, 15 févr. 2001, n° 213.* ♦ *V. également, pour la signification d'une saisie-attribution à une hôtesse d'accueil au siège social de la banque tiers saisi, et non à l'agence qui tenait les comptes du débiteur,* • Civ. 2e, 17 oct. 2002, n° 00-21.965 P : *D. 2003. Somm. 1470, obs. Taormina ; RDBF 2003, n° 38, note Delleci,* confirmant • Paris, 21 sept. 2000 : *RDBF 2000, n° 233, note Delleci.* ♦ V. aussi note 7 ss. art. R. 211-5. ♦ ... A l'établissement financier valablement interpellé à qui incombe de fournir, spontanément et sur-le-champ, à l'huissier de justice procédant à la saisie-attribution l'ensemble des renseignements exigés et ce pour tous les comptes ouverts dans ses livres. • Civ. 1re, 16 janv. 2013 : *RCA 2013, n° 122.*

II. CONTENU ET SANCTION DE LA DÉCLARATION DU TIERS SAISI

4. *Pluralité de comptes.* L'obligation de renseignements du banquier tiers saisi s'étend à tous les comptes ouverts dans son établissement, au-delà du compte visé par l'acte de saisie. • Civ. 2e, 1er juill. 1999, n° 96-19.108 P : *D. 1999. IR 210 ; RDBF 2000, n° 24, note Delleci* • TGI Cherbourg, 8 déc. 1993 : *D. 1994. 291, note R. Martin ; RTD civ. 1994. 687, obs. Perrot* • Caen, 21 févr. 1995 : *Gaz. Pal. 1995. 445, note E. du Rusquec ; Rev. huiss. 1995. 1171, note Théry ; ibid. 1996. 77, note Dahan.* ♦ V. toutefois pour les droits d'associés et les valeurs mobilières, note 1 ss. art. L. 123-1.

5. *Convention de fusion de comptes.* La banque tiers saisi, en présence d'une convention de fusion de comptes, n'est tenue de déclarer que le solde unique résultant de l'application de cette convention. • Civ. 2e, 5 juill. 2000, n° 97-22.287 P : *D. 2000. IR 239 ; RDBF 2000, n° 204, note Delleci.*

6. *Compte centralisateur.* En l'absence de mention, dans une convention de centralisation automatisée de trésorerie, d'un mandat donné à la banque tiers saisi par la société mère d'un groupe, à l'encontre de laquelle est dirigée la saisie-attribution, pour procéder au mécanisme de nivellement instantané et de remontée quotidienne de ses propres comptes vers le compte centralisateur, le mécanisme de centralisation est inopposable au saisissant. • TGI Versailles, 3 févr. 2000 : *RDBF 2000, n° 126, note Delleci.*

7. *Mouvements sur le compte.* La seule obligation du tiers saisi est de communiquer la situation du compte du débiteur à la date de la saisie ; il ne peut lui être imposé de justifier des mouvements antérieurs du compte. • Paris, 20 mars 2003 : *D. 2003. IR 1268.*

8. *Statuts de société.* Une société civile professionnelle, en qualité de tiers saisi, doit communiquer ses statuts et les accords entre ses membres, concernant leur rémunération, dans le cadre d'une saisie-attribution réalisée à l'encontre de l'un d'eux. • Civ. 2e, 28 janv. 1998, n° 96-12.422 P : *D. 1998. IR 68 ; Rev. huiss. 1999. 276, note Daigre.*

III. SANCTION DES RÈGLES DE FORME

9. *Sanction de la mention prévue à l'alinéa 2.* L'absence dans le procès-verbal de saisie-attribution de la mention des engagements du tiers saisi à l'égard du saisi n'est pas une cause de nullité et ne fait en tout cas pas grief au saisi. Il en est de même s'agissant du fait qu'un seul procès-verbal ait été dressé pour quatre tiers saisis. • TGI Lyon, JEX, 11 oct. 1994 : *Gaz. Pal. 15 avr. 1995. Somm., Voies d'exécution.*

10. Sanction du refus de signer la déclaration. Sur la sanction du refus de signer la déclaration. • TGI Lyon, 27 févr. 1994 : *D. 1994. IR 125 ; RTD civ. 1994. 687, obs. Perrot ; Rev. huiss. 1995. 1173, note Théry.*

Art. R. 211-5 Le tiers saisi qui, sans motif légitime, ne fournit pas les renseignements prévus est condamné, à la demande du créancier, à payer les sommes dues à ce dernier sans préjudice de son recours contre le débiteur.

Il peut être condamné à des dommages et intérêts en cas de négligence fautive ou de déclaration inexacte ou mensongère. – *[Décr. n° 92-755 du 31 juill. 1992, art. 60.]*

BIBL. ▶ A. LEBORGNE, *Dr. et pr. 2001. 151.* – V. aussi Bibl. ss. art. L. 211-3.

1. Légalité. Sur la légalité de ce texte, • CE 9 juin 2000 : *cité note 1 ss. art. R. 211-4* • Civ. 2e, 4 oct. 2001 : *RDBF 2002, n° 25, note Delleci.*

2. Charge de la preuve. Il appartient au créancier qui a fait pratiquer une saisie-attribution d'établir que le débiteur est créancier du tiers saisi. • Civ. 2e, 10 févr. 2011, n° 10-30.008 P : *D. 2011. Actu. 602 ; ibid. Pan. 1509, obs. Leborgne ; ibid. 2154, concl. Sommer et Leroy-Gissinger ; ibid. 2012. Pan. 1515, obs. Leborgne ; Procédures 2011, n° 169, note Perrot ; RDBF 2011, n° 146, note Piedelièvre ; Dr. et pr. 2011. 128, note Menut.*

3. Domaine. – Avis à tiers détenteur. L'art. 60 [devenu C. pr. exéc., art. R. 211-5] n'est pas applicable à l'avis à tiers détenteur. • Com. 7 janv. 2004, n° 00-16.358 P : *D. 2004. IR 325.* – V. aussi note 2 ss. art. R. 211-9 et note 17 ss. art. L. 211-3.

I. ÉTENDUE DE L'OBLIGATION DU TIERS SAISI

A. MOTIF LÉGITIME DE NE PAS RÉPONDRE

4. Présence d'un motif légitime. La nécessité de récapituler les comptes pour connaître exactement ce dont le tiers saisi est redevable envers le débiteur peut constituer ce motif légitime. • Civ. 2e, 28 janv. 1998, n° 95-18.340 P : *D. 1998. IR 78 ; Procédures 1998, n° 82, obs. Perrot ; RG proc. 1998. 524, obs. Putman.* ♦ La preuve d'un motif légitime peut résulter d'un certificat médical motivé par un suivi pour maladie grave. • Paris, 20 mai 1999 : *Rev. huiss. 2000. 174, note Dahan.* ♦ La nécessité d'interroger l'avocat titulaire du compte individuel peut constituer un motif légitime au sens de l'art. 60 [devenu C. pr. exéc., art. R. 211-5] pour la CARPA en cas de signification d'une saisie portant sur les fonds déposés par un avocat au nom de son client. • Civ. 2e, 9 janv. 2003, n° 00-13.887 P : *R., p. 476 ; D. 2004. IR 2825 ; Procédures 2003, n° 62, note Perrot ; Dr. et pr. 2003. 251, note Putman ; JCP 2004. I. 117, n° 17, obs. R. Martin ; Gaz. Pal. 9-11 févr. 2003, p. 5.* ♦ Le délai de quelques jours pris par la banque pour établir la réponse (sept jours après le délai de 48 h qu'elle avait mentionné) résultant d'un travail de tri entre les dossiers rendu nécessaire par l'interpellation précise de l'huissier de justice, la cour d'appel a pu déduire l'existence d'un motif légitime. • Civ. 2e, 10 avr. 2014, n° 13-12.767. ♦ L'huissier de justice pratiquant une saisie-attribution ayant indiqué au tiers saisi qu'à défaut de réponse immédiate il lui était fait sommation d'avoir à répondre sous 48 h, la cour d'appel en a déduit à bon droit que le créancier avait laissé au tiers saisi un délai de 48 h pour répondre et a pu retenir que le retard dans la réponse au-delà de 48 h avait un motif légitime dès lors qu'un délai avait été accepté au lieu d'une réponse sur-le-champ. • Civ. 2e, 8 sept. 2011, n° 10-17.506 P : *D. 2011. Actu. 2212 ; ibid. 2012. 421, note Perrot et Théry ; ibid. Pan. 1515, obs. Leborgne ; Gaz. Pal. 8 sept. 2011 ; ibid. 26/28 févr. 2011, p. 21, obs. Brenner ; Dr. et pr. 2011. 267, note Vinckel ; RDBF 2011, n° 207, note Piedelièvre.* ♦ V. aussi note 2, ss. art. L. 211-3.

5. Les circonstances de l'interpellation peuvent constituer un motif légitime de l'absence de réponse du saisi (à propos d'un acte de saisie délivré en mairie). • Civ. 2e, 22 mars 2001 : *Procédures 2001, n° 105, note Perrot ; RDBF 2001, n° 158, note Delleci.* ♦ Ainsi, par exemple, le tiers saisi a un motif légitime de ne pas répondre ou de répondre avec retard, lorsque l'huissier n'a pas apporté le soin particulier qu'exige la conduite de son interpellation en se présentant au siège social de la banque, et non à l'agence qui tenait les comptes de la débitrice et avait remis à l'acte une hôtesse d'accueil sans qualité ni pouvoir pour lui répondre. • Civ. 2e, 17 oct. 2002, n° 00-21.965 P : *D. 2003. Somm. 1470, obs. Taormina ; Procédures 2003, n° 6, note Perrot ; RDBF 2003, n° 38, note Delleci.* ♦ L'application des art. 59 et 60 [devenu C. pr. exéc., art. R. 211-4 et R. 211-5] suppose que l'huissier ait interpellé le tiers saisi dans des conditions permettant à celui-ci de répondre sur-le-champ ; à défaut, le tiers saisi a un motif légitime de ne pas effectuer sa déclaration ou de l'effectuer avec un certain retard ; un simple trait vertical porté sur le procès-verbal au lieu et place de la réponse du tiers ne peut valoir constatation d'un refus ou même d'un défaut de réponse et suffire pour entraîner la condamnation du tiers saisi. • Paris, 10 sept. 1998 : *BICC, 15 sept. 1999, n° 1031 ; RG proc. 1999. 117, obs. Putman* • 24 sept. 1998 : *D. Affaires 1999. 209 ; RG proc. 1999. 265, obs. Putman.* ♦ Une cour d'appel énonce exactement que la sanction rigoureuse qui frappe le tiers saisi négligent appelle en contrepartie de la part de l'huissier de justice instrumentaire un soin particulier dans la conduite de son interpellation. A défaut, le tiers saisi a un motif légitime de ne pas répondre ou de répondre avec un certain retard. Ayant retenu que l'huissier de justice avait eu conscience qu'il n'avait pas affaire à une personne compétente pour répondre [une secrétaire], la cour d'appel peut en déduire que la réponse du tiers saisi, donnée dans un délai administratif raisonnable, devait être considérée comme intervenue de manière légitime. • Civ. 2e, 4 oct. 2001, n° 99-20.653 P : *D. 2002. 1304, note Daverat ; RTD civ. 2002. 152, obs. Perrot ; Procédures 2001, n° 211, note Perrot ; Dr. et pr. 2002. 52, note Putman.* ♦ La délivrance d'un acte de saisie-attribution par un clerc assermenté constitue pour le banquier tiers saisi un motif légitime de ne pas répondre sur-le-champ. • Paris, 15 févr. 2000 : *RDBF 2000, n° 124, note Delleci.*

6. Le fait que le procès-verbal de saisie ait été délivré, en période estivale, à une personne assistante de direction qui ne pouvait disposer des renseignements suffisants propres à éclairer le créancier saisissant, et alors que la dette de la société, d'un faible montant par rapport au chiffre d'affaires habituel de la société, n'était exigible que depuis moins d'un mois constitue un motif légitime de ne pas répondre sur-le-champ à l'interpellation. • Civ. 2e, 15 déc. 2005, n° 04-12.171 P : *D. 2006. IR 101 ; Procédures 2006, n° 29, note Perrot.*

7. En l'absence de procès-verbal de saisie-attribution, la banque n'a pas la qualité de tiers saisi et peut se retrancher derrière le secret bancaire. • Limoges, 3 févr. 2000 : *RD bancaire 2000, n° 74, note Delleci.*

8. Absence de motif légitime. La nécessité de procéder à des recherches à l'étranger (au Cameroun), entraînant un retard de cinq mois, n'est pas justifiée compte tenu des moyens de communication modernes. • Paris, 7 avr. 1998 : *D. 1998. IR 135 ; RG proc. 1998. 523, obs. (crit.) Putman.* ♦ De même, l'indisponibilité de la créance n'est pas un motif légitime et n'exonère pas le tiers saisi de son obligation d'informer le créancier saisissant de l'existence d'autres oppositions et inscriptions sur le fonds de commerce, même si les autres oppositions sont privées d'efficacité, faute d'avoir été signifiées dans le délai. • Civ. 2e, 24 juin 1998, n° 96-14.318 P : *Rev. huiss. 1999. 350, note Daigre* ♦ De même, le tiers saisi ne peut se borner à déclarer à l'huissier que les comptes entre une SCP et ses associés n'étaient pas arrêtés, qu'il lui était impossible à l'heure actuelle de les définir avec précision, qu'il prenait acte de la saisie sous toutes réserves, notamment de saisies antérieures. • Angers, aud. sol., 4 juin 1999 : *inédit, arrêt n° 289.* ♦ Le dysfonctionnement informatique allégué par la banque ne constitue pas un motif légitime justifiant un défaut de réponse à l'huissier de justice instrumentaire et est inopposable au créancier. • Chambéry, 8 janv. 2002 : *RDBF 2002, n° 73, note Delleci.*

Sur l'absence de motif légitime résultant de pourparlers entrepris entre le créancier et le débiteur postérieurement à la saisie-attribution, V. • Civ. 2e, 8 nov. 2001, n° 00-15.803 : *RDBF 2002, n° 66, note Delleci ; CCE 2002, n° 86, obs. Grynbaum.* ♦ Sur la prise en compte du fait que les saisissants avaient été préalablement informés, par la transmission à leur notaire de la copie d'un acte, de l'étendue des obligations du tiers saisi à l'égard du débiteur, V. • Paris, 17 mai 2003 : *RDBF 2004, n° 38, note Delleci.*

9. Le tiers saisi ne peut invoquer comme motif légitime le fait que l'huissier ou le créancier n'avaient pas réclamé les pièces justificatives, alors que c'est sur lui que pèse l'obligation de déclaration complète et immédiate et sincère et que les dispositions de l'art. 44 de la loi [devenu C. pr. exéc., art. L. 211-3] lui avaient été notifiées par l'huissier. • Angers, aud. sol., 4 juin 1999 : *inédit, arrêt n° 289.* ♦ V. jugeant qu'en sa qualité de professionnel du droit, un liquidateur amiable ne pouvait ignorer les obligations qui lui incombaient en tant que tiers saisi. • Civ. 2e, 10 nov. 2010, n° 09-71.609 P : *cité note 7 ss. art. L. 211-3.*

10. Ne caractérise pas l'existence d'un motif légitime de nature à exonérer le tiers saisi de ses obligations légales le fait que l'huissier de justice n'a pas cherché à obtenir les renseignements souhaités d'une personne susceptible de les lui donner comme le notaire lui-même, que le tiers saisi a répondu puisqu'il a adressé une somme qu'il estimait disponible pour la saisie-attribution 15 jours après celle-ci, qu'à défaut d'interpellation valable par l'huissier de justice il ne pouvait répondre sur-le-champ. • Civ. 2e, 21 mars 2002, n° 00-19.092 P : *D. 2002. IR 1326 .*

11. L'absence d'habilitation de l'employé préposé à recevoir les huissiers de justice constitue non un motif légitime, mais une faute caractérisée établissant la violation volontaire des dispositions légales par l'établissement bancaire. • Lyon, 17 févr. 2005 : *Dr. et pr. 2006. 100, obs. Bourdillat.*

12. Délai pour fournir le motif légitime. Aucun texte n'exige que le tiers saisi donne sur-le-champ à l'huissier de justice qui l'interpelle le motif légitime l'autorisant à différer sa réponse. • Civ. 2e, 7 mars 2002, n° 00-12.054 P : *D. 2002. IR 1117 ; RDBF 2002, n° 106, note*

Delleci ; BJS 2002. 187, note Scholer ; Dr. et pr. 2002. 242, note Putman. ♦ Mais la réponse doit intervenir dans un délai raisonnable. • Civ. 2e, 28 févr. 2006 : *Dr. et pr. 2006. 279, obs. Hoonakker.* ♦ Dès lors que le seul avocat, membre de la société, présent au moment de l'interpellation de l'huissier, était en réunion et ne pouvait répondre immédiatement et qu'un autre avocat associé, plus au fait de la situation, avait communiqué sa réponse à l'huissier de justice le premier jour ouvrable suivant, l'existence d'un motif légitime pouvait être retenue. • Même arrêt. – V. aussi • Besançon, 27 sept. 2000 : *Bull. ch. avoués 2002. 3. 96.*

Sur les conditions dans lesquelles peut être pris en compte un délai accordé par l'huissier, V. • Civ. 2e, 12 juill. 2001 : *RDBF 2001, no 240, note Delleci.*

13. Recherche d'office du motif légitime (non). Les juges du fond n'ont pas à rechercher d'office le motif légitime qui n'est pas invoqué par le tiers saisi. • Civ. 2e, 24 juin 1998, no 96-14.318 P : *RG proc. 1998. 524, obs. Putman.*

14. Pouvoir souverain des juges du fond. Les juges du fond ont un pouvoir souverain pour apprécier ce motif légitime. • Civ. 2e, 2 avr. 1997, no 95-13.567 P : *D. 1998. 36, note R. Martin ; Procédures 1997, no 147, obs. Perrot ; Rev. Justices 1997, no 7, p. 207, obs. Putman.* ♦ Sur un certain contrôle de la Cour de cassation par la technique du défaut de base légale. • Civ. 2e, 28 janv. 1998 : *préc. note 4.* ♦ Pour une cassation, pour violation des art. 44 de la L. no 91-650 du 9 juill. 1991 [devenu C. pr. exéc., art. L. 211-3] et 60 du Décr. no 92-755 du 31 juill. 1992 [devenu C. pr. exéc., art. R. 211-5], en raison de « motifs impropres [retenus par la cour d'appel] à caractériser le motif légitime du tiers saisi », V. • Civ. 2e, 18 sept. 2003 : *RDBF 2004, no 38, note Delleci.* ♦ Sur les pouvoirs du JEX, lorsque la déclaration du tiers saisi est contestée. • Rennes, 13 oct. 1994 : *BICC, 1er mai 1995, no 488* (le JEX peut ordonner au tiers saisi de communiquer au créancier saisissant les documents non confidentiels qu'il réclame). ♦ Mais il n'entre pas dans les pouvoirs du JEX de contrôler l'évolution des comptes du débiteur saisi et le juge ne peut qu'apprécier la valeur de la déclaration du tiers saisi au regard des obligations que lui impose la loi, au moment de la saisie. • TGI Paris, JEX, 25 mars 1996 : *BICC, 15 juin 1996, no 686* • Civ. 2e, 5 juill. 2000, no 97-21.606 P : *D. 2001. IR 723.* ♦ ... Et le JEX ne peut enjoindre à un tiers saisi de produire les relevés de compte d'un débiteur à titre de mesure d'instruction avant tout procès. • Civ. 2e, 11 mars 1999 : *préc. note 5 ss. art. L. 162-1.*

B. ANNULATION ET CADUCITÉ DE LA SAISIE

15. Pas d'obligation du tiers saisi. En cas d'annulation de la saisie, le tiers saisi ne peut être tenu rétroactivement aux obligations qui lui sont imposées par la loi et ne peut, dès lors, être condamné au paiement des sommes pour lesquelles les saisies avaient été pratiquées. • Civ. 2e, 5 juill. 2000, *Akshaya Hospital,* no 98-18.475 P : *D. 2001. IR 722 ; Procédures, oct. 2000, no 196, obs. Perrot ; RTD civ. 2000. 903, obs. R. Perrot ; D. 2001. 714, chron. Perrot et Théry ; RDBF 2000, no 236, note Delleci* • 21 déc. 2006 : *cité note 19 ss. art. L. 211-3* (caducité) • 6 déc. 2007 : *cité note 19 ss. art. L. 211-3.* ♦ En effet, l'action dirigée par le saisissant contre le tiers saisi, sur le fondement de l'art. 60 [devenu C. pr. exéc., art. R. 211-5], ne résulte pas d'une responsabilité instantanée autonome du tiers saisi. • Versailles, 22 mars 2001 : *RDBF 2001, no 126, note Delleci.* ♦ Rappr., en matière de saisie conservatoire, • Cass., avis, 21 juin 1999 : *cité note 5 ss. art. R. 523-5.* ♦ En cas de caducité de la saisie, V. note 19 ss. art. L. 211-3.

C. TIERS NON TENU ENVERS LE DÉBITEUR

16. Pas d'obligation aux causes de la saisie. Le tiers saisi ne peut être condamné aux causes de la saisie pour manquement à son obligation légale de renseignement, lorsqu'il n'est tenu à aucune obligation envers le débiteur. • Civ. 2e, 5 juill. 2000, no 98-11.772 : *Procédures, oct. 2000, no 196, obs. Perrot (arrêt no 6).* – Dans le même sens, V. • Civ. 2e, 7 déc. 2000 : *Dr. et pr. 2001. 192, obs. Putman.* ♦ Il ne peut, dans ce cas, encourir qu'une condamnation à des dommages-intérêts prévus par l'art. 24 de la loi de 1991 [devenu C. pr. exéc., art. L. 123-1]. • Civ. 2e, 5 juill. 2000, *Comptoir des Entrepreneurs : Bull. civ. II, no 114 ; Procédures, oct. 2000, no 196, obs. Perrot (arrêt no 5)* • Paris, 11 juin 2003, no 07-13.915 P : *Gaz. Pal. 16-17 janv. 2003, p. 21* • Civ. 2e, 3 juill. 2008, no 07-13.915 P : *D. 2008. 2700, note Paul Loubière ; ibid. 2009. Pan. 1168, obs. Leborgne ; RTD civ. 2008. 727, obs. Perrot ; RDBF 2008, no 146, note Piedelièvre ; Dr. et pr. 2008. 339, obs. Lauvergnat* • Civ. 2e, 10 nov. 2016 : *RTD civ. 2016. 213, obs. Cayrol.* ♦ Le juge doit alors caractériser le lien de causalité entre son comportement fautif et le préjudice allégué. • Civ. 2e, 3 juill. 2008 : *préc.* ♦ ... Et le délai d'un mois imparti pour élever une contestation (telle que la nullité de la saisie) ne court pas à l'encontre du tiers saisi. • Civ. 2e, 5 juill. 2000, no 98-17.707 P : *D. 2001. IR 724 ; Procédures, oct. 2000, no 196 (arrêt no 2, Receveur des finances de Lisieux), obs. Perrot ; Dr. et pr. 2001. 39, obs. Courtier ; Bull. civ. II, no 112 (arrêt no 1) ; Procédures 2000, no 197, obs. Perrot (arrêt Belluard et Gomis).* – V. note 7 ss. art. 66 [devenu C. pr. exéc., art. R. 211-11]. ♦ Ayant relevé qu'une décision de justice avait rejeté la demande en nullité de la cession des actions cédées par la débitrice saisie, un arrêt retient exactement que les actions n'appartenant pas à la débitrice, le séquestre, tiers saisi, qui était tenu de restituer à qui il appartiendra les fruits attachés auxdites actions, n'était, au jour de la saisie, tenu à aucune obligation à l'égard de la débitrice saisie. En conséquence, il ne pouvait être condamné aux causes de la saisie sur le fondement de l'art. 60 [devenu C. pr. exéc., art. R. 211-5]. • Civ. 2e, 3 oct. 2002, n° 01-02.159 P : *D. 2003. Somm. 1471, obs. Taormina* • Civ. 2e, 24 mars 2005, n° 01-14.212 P : *D. 2005. IR 1114 ; Dr. et pr. 2005. 244, note Salati.* ♦ Dans le même sens : le tiers, entre les mains duquel est pratiquée une saisie-attribution, qui ne satisfait pas à l'obligation légale de renseignement, n'encourt, s'il n'est tenu au jour de la saisie à aucune obligation envers le débiteur, qu'une condamnation au paiement de dommages-intérêts. • Civ. 2e, 10 nov. 2016, n° 15-25.770 : *RTD civ. 2017. 213, obs. Cayrol*.

D. RETARD À RÉPONDRE

17. Condamnation aux causes de la saisie. Le tiers saisi qui, sans motif légitime, ne déclare pas sur-le-champ l'étendue de ses obligations à l'égard du débiteur, peut être condamné à garantir le paiement des causes de la saisie. • Civ. 2e, 5 juill. 2001, n° 99-20.616 P : *D. 2002. 1304, note Daverat ; Procédures, août-sept. 2001, n° 169, obs. Perrot ; RTD civ. 2001. 961, obs. Perrot* • 9 juill. 2009, n° 08-15.192 P : *Dr. et pr. 2009. 356, note Lauvergnat ; Procédures 2009, n° 310, note Perrot ; RDBF 2009, n° 168, note Piedelièvre* (cassation de l'arrêt qui énonce que seul un défaut de renseignement sur les obligations liant le tiers saisi au débiteur autorise le juge à appliquer la sanction prévue par l'al. 1er de l'art. 60 [devenu C. pr. exéc., art. R. 211-5]). ♦ V. note 1 ss. art. R. 211-5. ♦ Mais une cour d'appel énonce exactement que la sanction rigoureuse qui frappe le tiers saisi négligent appelle en contrepartie de la part de l'huissier de justice instrumentaire un soin particulier dans la conduite de son interpellation. A défaut, le tiers saisi a un motif légitime de ne pas répondre ou de répondre avec un certain retard. Ayant retenu que l'huissier de justice avait eu conscience qu'il n'avait pas a faire à une personne compétente pour répondre [une secrétaire], la cour d'appel peut en déduire que la réponse du tiers saisi, donnée dans un délai administratif raisonnable, devait être considérée comme intervenue de manière légitime. • Civ. 2e, 4 oct. 2001, n° 99-20.653 P : *D. 2002. 1304, note Daverat ; RTD civ. 2002. 152, obs. Perrot ; Procédures 2001, n° 211, note Perrot ; Dr. et pr. 2002. 52, note Putman.* ♦ Le fait que le procès-verbal de saisie ait *été délivré, en période estivale, à une* personne assistante de direction qui ne pouvait disposer des renseignements suffisants propres à éclairer le créancier saisissant, et alors que la dette de la société, d'un faible montant par rapport au chiffre d'affaires habituel de la société, n'était exigible que depuis moins d'un mois constitue un motif légitime de ne pas répondre sur-le-champ à l'interpellation. • Civ. 2e, 15 déc. 2005, n° 04-12.171 P : *D. 2006. IR 101 ; Procédures 2006, n° 29, note Perrot.*

II. RÉGIME DE LA SANCTION

18. Indifférence du repentir actif. Le repentir actif du tiers saisi ne fait pas obstacle à la sanction prévue par la loi [devenue C. pr. exéc.]. • TGI Cherbourg, 8 déc. 1993 : *D. 1994. 291, note R. Martin ; RTD civ. 1994. 687, obs. Perrot*.

19. Compatibilité avec la garantie d'un procès équitable. Il n'est pas sérieux de soutenir que l'art. 60 [devenu C. pr. exéc., art. R. 211-5] instaure une peine automatique « en son principe », contraire à la Convention européenne des droits de l'homme, alors que la condamnation du tiers saisi ne peut être prononcée que sur demande du créancier et après que le juge a vérifié que le tiers saisi a été légalement requis de fournir les renseignements utiles et qu'il a souverainement apprécié la légitimité des motifs invoqués par le tiers saisi pour justifier son absence de réponse ou son retard dans cette réponse. • Paris, 7 janv. 1999 : *Gaz. Pal. 29 juill. 1999, et la note.*

20. Décret conforme à la loi. Il n'est pas sérieux non plus de soutenir que l'art. 60 [devenu C. pr. exéc., art. R. 211-5] est contraire à la loi, alors que ce texte reprend la sanction instaurée par l'art. 24 de la loi [devenu C. pr. exéc., art. L. 123-1]. • Paris, 7 janv. 1999 : *Gaz. Pal. 29 juill. 1999, et la note.*

21. Non-cumul des sanctions. Les alinéas premier et second de l'art. 60 [devenu C. pr. exéc., art. R. 211-5] ne sont pas interdépendants : le tiers saisi qui ne s'est pas abstenu de procéder à la déclaration requise mais qui a fourni des renseignements inexacts ou mensongers encourt une condamnation au paiement de dommages-intérêts. • Civ. 2e, 13 juill. 2005, n° 03-19.138 P : *D. 2005. IR 2341 ; Procédures 2005, n° 230, obs. Perrot ; RTD civ. 2005. 828, obs. Perrot*. ♦ Seul un défaut de renseignement autorise le juge à appliquer la sanction prévue par l'art. 60 Décr. 31 juill. 1992 [devenu C. pr. exéc., art. R. 211-5] ; une déclaration incomplète, inexacte ou mensongère ne peut que donner lieu à la condamnation à dommages-intérêts prévus par l'al. 2 du même texte. • Civ. 2e, 5 juill. 2000, n° 97-19.629 P : *D. 2000. IR 219 ; Procédures, oct. 2000, n° 196 (arrêts nos 3, ACT, et 4, Crédit industriel d'Alsace-Lorraine), obs. Perrot ; Dr. et pr. mai 2001. 194,* obs. R. Martin • Paris, 21 mai 2001 : RDBF 2001, *n° 241, note Delleci* • 23 mai 2002 : *D. 2002. IR 1959.* ♦ V. aussi, ss. art. L. 123-1 et L. 211-3. Sur l'ensemble des arrêts du 5 juill. 2000, R. Perrot : *RTD civ. 2000. 903* ; R. Perrot et Ph. Théry : *D. 2001. 714* ; J.-M. Delleci, *RDBF 2000, n° 202, note Delleci.*

A. CONDAMNATION AUX CAUSES DE LA SAISIE (AL. 1er)

22. Absence de réponse. En application de l'art. 60, al. 1er, du Décr. no 92-755 du 31 juill. 1992 [devenu C. pr. exéc., art. R. 211-5], le tiers saisi qui, sans motif légitime, ne fournit pas les renseignements prévus par l'art. 44 de la L. no 91-650 du 9 juill 1991 [devenu C. pr. exéc., art. L. 211-3] est condamné, à la demande du créancier, à payer les sommes dues à ce dernier, et il ne peut échapper à cette sanction en opposant le défaut de déclaration de la créance (le débiteur saisi ayant été mis en liquidation judiciaire après la saisie). • Com., 23 nov. 2004 : *D. 2004. 3222 ; Dr. et pr. 2005. 112, obs. Putman ; Gaz. Pal. 14 avr. 2005, p. 35, obs. Brenner ; Procédures 2005, no 39, obs. Perrot.*

23. Retard à répondre. Le tiers saisi qui, sans motif légitime, ne déclare pas sur-le-champ l'étendue de ses obligations à l'égard du débiteur, peut être condamné à garantir le paiement des causes de la saisie. • Civ. 2e, 5 juill. 2001 : *D. 2002. 1304, note Daverat ; Procédures, août-sept. 2001, no 169, obs. Perrot ; RTD civ. 2001. 961, obs. Perrot* • Civ. 2e, 9 juill. 2009, no 08-15.192 : *Dr. et pr. 2009. 356, note Lauvergnat ; Procédures 2009, no 310, note Perrot ; RDBF 2009, no 168, note Piedelièvre* (cassation de l'arrêt qui énonce que seul un défaut de renseignement sur les obligations liant le tiers saisi au débiteur autorise le juge à appliquer la sanction prévue par l'al. 1er de l'art. 60 [devenu C. pr. exéc., art. R. 211-5, al. 1]). • Civ. 2e, 20 mars 2014, no 13-15.056 : *Dr. et pr. 2014. 99* (cassation de l'arrêt d'une cour d'appel ne tirant pas les conséquences légales de la double constatation que l'acte de signification de la saisie-attribution a été délivré à une personne se déclarant habilitée à le recevoir et de l'absence de réponse du tiers saisi à l'interpellation faite par l'huissier de justice instrumentaire).

24. En indiquant seulement plusieurs mois après que le litige l'opposant à son ancien salarié, débiteur saisi, n'était pas clos en raison de la procédure d'appel, alors qu'il connaissait le jugement du conseil de prud'hommes le condamnant au versement de diverses sommes avec exécution provisoire, le tiers saisi n'a pas satisfait aux exigences de la loi et doit être condamné aux causes de la saisie. • Paris, 16 mai 2002 : *JCP E 2002, no 1479.*

25. Délai pour agir contre le tiers saisi. La demande du créancier saisissant tendant à la condamnation du tiers saisi à payer les causes de la saisie, sur le fondement de l'art. 60 du Décr. no 92-755 du 31 juill. 1992 [devenu C. pr. exéc., art. R. 211-5], ne constitue pas une contestation de la saisie au sens de l'art. 45 de la L. no 91-650 du 9 juill. 1991 [devenu C. pr. exéc., art. L. 211-4] et n'est pas enfermée dans le délai de contestation de la saisie de l'art. 66 ; elle est donc recevable postérieurement au délai d'un mois, qui suit la dénonciation de la saisie au débiteur. • Civ. 2e, 26 nov. 1998 : *Bull. civ. II, no 284 ; RG proc. 1999. 264, obs. Putman ; Rev. huiss. 1999. 738, note Bourdillat* • Lyon, 14 oct. 1998 : *JCP 1999. II. 10016, note Croze* • Basse-Terre, 11 janv. 1999 : *Rev. huiss. 2000. 102, note Bourdillat.* ♦ *Contra* • TGI Pointe-à-Pitre, JEX, 17 févr. 1998 : *Gaz. Pal. 6 févr. 1999, chron. Procédures d'exécution, p. 19, obs. (crit.) Moussa ; RG proc. 1999. 264, obs. Putman.* ♦ Les demandes formées au visa de l'art. R. 211-5 à l'encontre du tiers saisi qui ne satisfait pas à ses obligations déclaratives ne sont pas enfermées dans le délai de prescription applicable à l'exécution du titre exécutoire (C. pr. exéc., art. L. 111-4) ayant servi de fondement à la saisie. • Civ. 2e, 6 sept. 2018, no 17-18.953 P : *D. 2018. Actu. 1762 ; D. actu. 6 sept. 2018, obs. Mourre-Schreiber ; Gaz. Pal. 27 nov. 2018, p. 80, note Lauvergnat ; ibid. 19 févr. 2019, p. 67, obs. Salati ; JCP 2018. 978, note Tirvaudey ; Dr. et pr. 2018. 179, note Schreiber ; RDBF 2018, no 166, note Piedelièvre.* ♦ Lorsque la demande tend au paiement des causes de la saisie, le délai de prescription court à compter du jour de la saisie-attribution. • Civ. 2e, 6 sept. 2018, no 17-18.953 P : *préc.* ♦ V. aussi note 3 ss. art. R. 523-5.

B. CONDAMNATION À DES DOMMAGES ET INTÉRÊTS (AL. 2)

26. Déclaration incomplète ou mensongère. En cas de déclaration incomplète ou mensongère, le tiers saisi ne s'expose à payer que des dommages-intérêts. • Civ. 2e, 10 mars 2004, no 02-17.011 P : *RDBF 2004, no 180, note Piedelièvre ; Gaz. Pal. 13-14 avr. 2005, p. 33, obs. Brenner.* ♦ Si le tiers saisi a rempli son obligation, il n'encourt aucune condamnation aux causes de la saisie, et ce même s'il s'avère que sa réponse est inexacte ou mensongère, ou qu'il n'a pas fourni tous les documents nécessaires à la parfaite information du créancier. Dans ce cas, il ne pourrait être condamné éventuellement qu'à des dommages-intérêts, pour le cas où il serait résulté un préjudice pour ce dernier. • Paris, 23 mai 2002 : *D 2002. IR 1959.*

27. Sanction de l'absence de communication des pièces. Le seul manquement à l'obligation de fournir les pièces justificatives ne peut donner lieu qu'au paiement, s'il y a lieu, de dommages-intérêts. • Civ. 2e, 20 déc. 2001, no 00-12.798 P : *RTD civ. 2002. 363, obs. Perrot ; Dr. et pr. 2002. 181, note Putman ; RDBF 2002, no 67, note Delleci* (cassant • Montpellier, 10 janv. 2000 : *RDBF 2000, no 125, note Delleci*) • 6 mai 2004 : *Bull. civ. II, no 218 ; D. 2004. IR 1866 ; RTD civ. 2004. 556, obs. Perrot ; RDBF 2004, no 181, note Piedelièvre ; Gaz. Pal. 13-14 avr. 2005, p. 34, obs. Brenner.*

28. Lien de causalité. La condamnation au

paiement de dommages-intérêts pour déclaration inexacte et incomplète en application de l'art. 60, al. 2 [devenu C. pr. exéc., art. R. 211-5, al. 2], nécessite que soit caractérisé le lien de causalité entre la faute retenue et le préjudice allégué, à défaut de quoi une cour d'appel prive sa décision de base légale au regard des art. 24 et 44 de la L. n° 91-650 du 9 juill. 1991 [devenus respectivement C. pr. exéc., art. L. 123-1 et L. 211-3] et de l'art. 60 [devenu C. pr. exéc., art. R. 211-5]. • Civ. 2e, 3 juill. 2008 : *Bull. civ. II, n° 164* • 10 sept. 2009 : *Bull. civ. II, n° 211 ; D. actu. 25 sept. 2009, obs. Avena-Robardet ; D. 2009. AJ 2285 ; ibid. 2010. Pan. 1307, obs. Leborgne ; Procédures 2010, n° 357, note Perrot* • 14 oct. 2010 : *D. 2011. Pan. 1509, obs. Leborgne*.

29. Perte d'une chance. La cour d'appel, qui condamne le tiers saisi pour déclaration inexacte au paiement de dommages et intérêts destinés à réparer la perte de la possibilité de recourir à d'autres mesures d'exécution forcée, doit préciser quelles sont les mesures qui auraient pu être diligentées par le créancier, ainsi que leurs probabilités de succès. • Com. 8 sept. 2015, n° 14-15.831 P : *D. 2015. Actu. 1839 ; Gaz. Pal. 21 nov. 2015, p. 17, note Ansault ; 22 déc. 2015, p. 40, note Lauvergnat ; ibid. 19 janv. 2016, p. 70, note Rohart-Messager ; Procédures 2015, n° 321, note Laporte ; JCP E 2015. Pan. 1472, obs. Gerbaud-Lebas ; RDBF 2015, n° 199, note Houin-Bressand ; Dr. et pr. 2015. 186, note Lauvergnat.*

30. Efficacité de la saisie. L'efficacité de la saisie n'est pas une condition d'application de l'al. 2 de l'art. 60 [devenu C. pr. exéc., art. R. 211-5, al 2]. En retenant que la réponse donnée par la société à l'huissier de justice était inexacte, la cour d'appel, par ce seul motif, a constaté l'existence d'un préjudice et légalement justifié sa décision. • Civ. 2e, 19 mars 2009 : *Bull. civ. II, n° 78 ; LPA 5 juin 2009, p. 22, note Lauvergnat ; Procédures 2009, n° 192, note Perrot ; Dr. et pr. 2009. 224, note Lefort.*

31. Moyen inopérant. L'arrêt attaqué ayant retenu que l'information donnée par le tiers saisi à l'huissier de justice était manifestement inexacte au sens du second alinéa de l'art. R. 211-5 C. pr. exéc., le moyen qui soutient la recevabilité de la demande formulée par le créancier sur le fondement du premier alinéa du même article relatif à la condamnation du tiers saisi faute pour lui d'avoir fourni les renseignements relatifs à l'étendue de ses obligations, est inopérant. • Civ. 2e, 12 mai 2016, n° 15-14.101.

32. Avis à tiers détenteur. V. • TGI Meaux, 16 avr. 1999 : *cité note 8 ss. art. L. 211-3.* ♦ Une créance qui n'a pas été déclarée au passif du débiteur n'est pas éteinte mais inopposable à la procédure collective de sorte que le défaut de déclaration de la créance, en recouvrement de laquelle le créancier a fait pratiquer une saisie-attribution avant le jugement d'ouverture de son débiteur, ne prive pas ce créancier de son intérêt à agir contre le tiers saisi sur le fondement de l'art. R. 211-5, al. 2 C. pr. exéc. pour déclaration inexacte. • Com. 8 sept. 2015, n° 14-15.831 P.

SOUS-SECTION 3 LE PAIEMENT PAR LE TIERS SAISI

Art. R. 211-6 **Le tiers saisi procède au paiement sur la présentation d'un certificat délivré par le greffe ou établi par l'huissier de justice qui a procédé à la saisie attestant qu'aucune contestation n'a été formée dans le mois suivant la dénonciation de la saisie.**

Le paiement peut intervenir avant l'expiration de ce délai si le débiteur a déclaré ne pas contester la saisie. Cette déclaration est constatée par écrit. — *[Décr. n° 92-755 du 31 juill. 1992, art. 61.]*

1. Moment du paiement. Hors le cas de nullité ou de caducité de la saisie-attribution, le tiers saisi, qui, lors de la saisie, a déclaré devoir une certaine somme au saisi et qui n'a fait état d'aucune modalité affectant son obligation, ni d'aucune cession de créance, de délégation ou de saisie antérieures, est personnellement débiteur des causes de la saisie dans la limite de son obligation et doit procéder au paiement sur la présentation d'un certificat de non-contestation ou d'une déclaration d'acquiescement du débiteur. • Civ. 2e, 8 juill. 2004, n° 02-20.655 P : *Gaz. Pal. 11-13 sept. 2005, p. 16, obs. Brenner ; RDBF 2004, n° 217, note Piedelièvre* (cassation de l'arrêt ayant différé ce paiement jusqu'à fixation définitive de la créance, après dépôt d'un rapport d'expertise).

2. Opposition. L'opposition formée régulièrement contre l'ordonnance portant injonction de payer et revêtue de la formule exécutoire ne peut pas conduire à ordonner la mainlevée de la saisie-attribution pratiquée, mais fait obstacle, jusqu'à ce qu'il ait été statué sur l'opposition par la juridiction compétente, au paiement au créancier des sommes rendues indisponibles. • Cass., avis, 8 mars 1996, n° 09-60.001 P : *RTD civ. 1996. 714, obs. Perrot ; D. 1996. Somm. 360, obs. Julien ; Procédures 1996, n° 215, obs. Perrot ; Rev. Justices 1997, n° 5, p. 335, obs. Putman* (avec • TGI Paris, JEX, 15 avr. 1996). – V. ss. art. L. 111-3 et L. 211-2.

3. Mainlevée irrégulière. Pour la condamnation, sur le fondement de l'art. 43 de la L. n° 91-650 du 9 juill. 1991 [devenu C. pr. exéc., art. L. 211-2], du tiers saisi qui se libère au vu d'un acte de mainlevée mentionnant avoir été donné

« sous la contrainte et la force », V. • Aix-en-Provence, 2 nov. 2001 : *LPA 26 août 2003, p. 9, note de Lajarte.*

4. Intérêts. En cas de saisie-attribution, les intérêts moratoires dus par le débiteur saisi au créancier saisissant sur la partie de sa créance correspondant aux sommes saisies disponibles continuent de courir jusqu'au paiement de ces sommes. • Civ. 2e, 7 juin 2006, n° 04-15.597 P : *D. actu. 5 juill. 2006, obs. Avena-Robardet ; RTD civ. 2006. 830, obs. Perrot ; Procédures 2006, n° 236, obs. Perrot.*

5. Remboursement. Lorsqu'une décision judiciaire infirme le jugement condamnant une première société à payer une somme à une seconde et déclare irrecevable la demande de la seconde à l'encontre de la première, le créancier saisissant doit restituer les sommes que la première société lui a versées. • Civ. 2e, 14 sept. 2006, n° 04-17.065 P.

Art. R. 211-7 **Celui qui a reçu le paiement en donne quittance au tiers saisi et en informe le débiteur.**

Dans la limite des sommes versées, ce paiement éteint l'obligation du débiteur et celle du tiers saisi. — *[Décr. n° 92-755 du 31 juill. 1992, art. 62.]*

V. • Civ. 2e, 23 nov. 2000 : *cité note 3 ss. art. R. 523-7.*

Art. R. 211-8 **Le créancier saisissant qui n'a pas été payé par le tiers saisi conserve ses droits contre le débiteur.**

Toutefois, si ce défaut de paiement est imputable à la négligence du créancier, celui-ci perd ses droits à concurrence des sommes dues par le tiers saisi. — *[Décr. n° 92-755 du 31 juill. 1992, art. 63.]*

1. Action en restitution contre le débiteur. Dans le cas où le tiers saisi a remis au débiteur (en l'espèce le liquidateur de la société en liquidation judiciaire) les sommes saisies, le créancier saisissant peut agir directement contre ce débiteur sans avoir d'abord agi contre le tiers fautif. • Civ. 2e, 11 mars 1998 : *RTD civ. 1998. 486, obs. Perrot.*

2. Négligence du créancier. Pour un exemple de négligence caractérisée du créancier saisissant en cas de saisie-attribution de créances à exécution successive, V., cassant un arrêt qui avait exigé que le défaut de paiement visé par l'al. 2 de l'art. 63 du Décr. n° 92-755 du 31 juill. 1992 [devenu C. pr. exéc., art. R. 221-8] s'entende non « d'un simple retard mais d'une carence avérée ayant rendu la mesure d'exécution pratiquée inefficiente », • Civ. 2e, 21 oct. 2004, n° 02-16.740 P : *D. 2004. IR 3118 ; Gaz. Pal. 12-13 sept. 2005, p. 15, obs. Brenner ; RTD civ. 2005. 189, obs. Perrot ; Procédures 2005, n° 37, note Perrot.* ♦ L'acte de l'huissier de justice par lequel la banque a fait procéder à la signification à partie du jugement rendu à l'encontre du tiers saisi, contenant également un commandement à fin de saisie-vente, est suffisant pour caractériser que le créancier n'a pas été négligent. • Civ. 2e, 11 janv. 2018, n° 16-24.735 : *Procédures 2018, n° 75, note Laporte.*

Art. R. 211-9 **En cas de refus de paiement par le tiers saisi des sommes qu'il a reconnu devoir ou dont il a été jugé débiteur, la contestation est portée devant le juge de l'exécution qui peut délivrer un titre exécutoire contre le tiers saisi.** — *[Décr. n° 92-755 du 31 juill. 1992, art. 64.]*

1. Absence de délai de forclusion. Est recevable, en dépit de l'expiration du délai d'un mois visé à l'art. 66 [devenu C. pr. exéc., art. R. 211-11], la contestation soulevée par le tiers saisi devant le JEX, contestation qui relève de l'art. 64 [devenu C. pr. exéc., art. R. 211-9], le décret n'ayant prévu aucun délai de forclusion. • TGI Périgueux, 2 mars 1995 : *Gaz. Pal. 19 déc. 1995. Somm. cours, v° Proc. civ. d'exécution, obs. Vray.* ♦ V. également, jugeant que l'art. 64 [devenu C. pr. exéc., art. R. 211-9] ne fixe aucun délai de forclusion pour le tiers saisi qui refuse le paiement. • Angers, 17 avr. 2007 : *JCP E 2008. 1634.*

2. Avis à tiers détenteur. Si l'avis à tiers détenteur comporte l'effet d'attribution immédiate prévu à l'art. 43 de la L. n° 91-650 du 9 juill. 1991 [devenu C. pr. exéc., art. L. 211-2], impliquant le droit pour le comptable public de recourir aux dispositions de l'art. 64 du Décr. n° 92-755 du 31 juill. 1992 [devenu C. pr. exéc., art. R. 211-9], aucune disposition légale ne prévoit l'application à l'avis à tiers détenteur des autres règles relatives à la saisie-attribution. • Cass., ch. mixte, 26 janv. 2007, n° 04-12.422 P : *D. 2007. AJ 451 ; ibid. 2008. Pan. 1172, obs. Leborgne ; JCP N 2007. 1198, note Rezek ; RDBF 2007, n° 75, note Piedelièvre ; RTD civ. 2007. 389, obs. Perrot.*

3. Assignation du tiers saisi. Il appartient au comptable public, lorsque le tiers saisi, mis en demeure par l'avis, refuse de payer la dette fiscale ou ne répond pas, de saisir le JEX aux fins de délivrance d'un titre exécutoire contre le tiers saisi. • Cass., avis, 7 mars 1997, n° 09-60.015 P : *D. 1997. 454, note Ruellan et Lauba ; RTD civ. 1997. 1000, obs. Perrot ; RG proc. 1998. 149,* *obs. Putman, et 356, obs. Lamarque.* ♦ Vigneron, La réforme des procédures civiles d'exécution et le recouvrement des créances fiscales : *R. 1997, Doc. fr. 1998, p. 173.* ♦ En application de l'avis du 7 mars 1997, les JEX ont précisé que la demande devait être formée par voie d'assignation. • TGI Bobigny, JEX, 18 juin 1997 : *Gaz. Pal. 12 févr. 1998, p. 11, obs. Moussa ; RTD civ. 1997. 1001, obs. Perrot* • TGI Meaux, JEX, 14 nov. 1997 : *Rev. huiss. 1998. 546, obs. R. Martin* (le comptable public doit saisir le JEX par voie d'assignation motivée délivrée au tiers détenteur ; la procédure suivie est contradictoire et contentieuse, ce qui exclut le recours à une requête unilatérale).

4. Viole l'art. R. 211-9 la cour d'appel qui fait droit à la demande du créancier de délivrance d'un titre exécutoire, alors qu'elle était saisie d'une demande de délivrance d'un titre exécutoire contre le tiers saisi et qu'il résulte des pièces de la procédure que le débiteur n'avait pas reconnu devoir une somme quelconque à l'égard du demandeur et n'avait pas été jugé débiteur de celui-ci. • Civ. 2e, 13 nov. 2014 : *Procédures 2015, n° 10, note Laporte* • 10 janv. 2018, n° 17-21.313 P : *D. actu. 25 janv. 2019, obs. Mourre-Schreiber.*

5. Défaut de paiement par négligence du Trésor public. Relève de la compétence du JEX la prétention, fondée sur l'art. 63, al. 2 [devenu C. pr. exéc., art. R. 211-8], d'une banque qui soutient seulement que le Trésor public a perdu ses droits en raison de sa négligence et demande la condamnation du tiers saisi à lui payer les sommes rendues indisponibles par les avis à tiers détenteur. • Civ. 2e, 18 nov. 2004, n° 03-13.139 P : *RDBF 2005, n° 22, note Piedelièvre ; Dr. et pr. 2005. 231, obs. Bourdillat.*

6. Autonomie de l'art. 64 [devenu C. pr. exéc., art. R. 211-9] par rapport à l'art. 65 [devenu C. pr. exéc., art. R. 211-10]. Un tiers saisi ne peut se fonder sur des arguments propres à la défense du débiteur pour s'opposer au paiement de sommes saisies-attribuées, malgré la délivrance d'un certificat de non-contestation ; le droit à contester de l'art. 64 du décret [devenu C. pr. exéc., art. R. 211-9] est autonome de la faculté de contestation de l'art. 65 [devenu C. pr. exéc., art. R. 211-10] offerte au débiteur ; en conséquence, le refus de paiement est sanctionné par la condamnation du tiers saisi au paiement des causes de la mesure d'exécution. • Paris, 5 févr. 1998 : *Rev. huiss. 1999. 426, note Dahan.* ♦ Il n'appartient pas au tiers saisi de s'immiscer dans les rapports entre le débiteur et son créancier. Le tiers saisi ne peut donc exciper de la nullité de la saisie au motif que le créancier ne détient pas de titre exécutoire régulier, nul ne plaidant par procureur. Lorsqu'un créancier muni d'un titre exécutoire effectue une saisie-attribution des loyers reçus par son débiteur, celui-ci n'est pas dépossédé de la gestion de ses biens par la saisie. L'obligation qui pèse sur le tiers saisi est une obligation d'information. Le débiteur et le tiers saisi gardent la possibilité de conclure un accord de fin de bail sans demander l'accord du créancier saisissant sauf accord frauduleux ou anormal. Aux termes de cet accord le bailleur renonçait à une partie du loyer en contrepartie du dépôt de garantie. Le tiers saisi n'a pas refusé le paiement des sommes dues et ne peut être condamné aux causes de la saisie, en application de l'art. 64 du Décr. n° 92-755 du 31 juill. 1992 [devenu C. pr. exéc., art. R. 211-9]. • Paris, 27 avr. 2000 : *JCP 2000. IV. 2862.*

Le tiers dont les créanciers saisissants demandent la condamnation à leur payer les causes de la saisie est recevable à se prévaloir de l'absence de dette du débiteur saisi au jour de la saisie. • Civ. 3e, 6 déc. 2006, n° 04-14.776 P : *Procédures 2007, n° 166, note Perrot.* ♦ Une société poursuivante ne peut opposer au tiers saisi le fait qu'il n'a pas contesté la créance au jour de la saisie. • Angers, 17 avr. 2007 : *préc. note 1* (décision constatant que dans sa déclaration faite à l'huissier, le tiers saisi admet avoir promis une somme à l'association, promesse qui n'a pas été suivie du fait de la disparition de sa cause. En conséquence, la cour d'appel juge que le tiers saisi n'est pas le débiteur du débiteur et ne peut être poursuivi par le créancier saisissant).

7. Douanes. L'administration des douanes peut obtenir condamnation du tiers détenteur qui a reconnu être débiteur du redevable au moment de sa déclaration mais qui a refusé de payer les sommes dues ; les paiements faits par le tiers détenteur au redevable sont inopposables à l'administration poursuivante. • TGI Meaux, 16 avr. 1999 : *Rev. huiss. 1999. 799, note Bourdillat.*

SOUS-SECTION 4 LES CONTESTATIONS

Art. R. 211-10 Les contestations sont portées devant le juge de l'exécution du lieu où demeure le débiteur. — *[Décr. n° 92-755 du 31 juill. 1992, art. 65.]*

1. Pour une application de ce texte. • TGI Bobigny, 11 mars 1993 : *D. 1994. IR 347.*

2. Avis à tiers détenteur. La contestation d'un avis à tiers détenteur se trouve soumise à la règle de compétence territoriale prévue en matière de contestations relatives aux saisies-attributions par l'art. 65 du Décr. n° 92-755 du 31 juill. 1992 [devenu C. pr. exéc., art. R. 211-10]. C'est donc à bon droit que la cour d'appel a décidé que le JEX compétent pour statuer sur la contestation était celui du lieu où demeurait le débiteur. • Civ. 2e, 1er févr. 2001, n° 99-11.896

P : *RDBF 2001, n° 127, note Delleci.* – Dans le même sens, V. • Paris, 24 juin 1999 : *Bull. ch. avoués 1999. 4. 149.* ♦ *Contra,* jugeant que l'art. L. 263 LPF et l'art. 86 de la L. n° 91-650 du 9 juill. 1991 [abrogé] déclarent seulement applicable à l'avis à tiers détenteur l'effet d'attribution immédiate institué par l'art. 43 de cette loi [devenu C. pr. exéc., art. L. 211-2], mais qu'aucune disposition de la loi de 1991 ni du décret de 1992 n'a prévu une dérogation à la règle générale de compétence de l'art. 9 du décret [devenu C. pr. exéc., art. R. 121-2], et cassant donc l'arrêt ayant décidé d'appliquer par analogie l'art. 65 relatif à la saisie-attribution : • Com. 12 mars 2002, n° 99-11.895 P : *RDBF 2002, n° 153, note Delleci ; Procédures 2002, n° 157, note Perrot.*

3. Pluralité de débiteurs. Même en cas de pluralité de débiteurs, les contestations d'une saisie-attribution sont portées devant le JEX du lieu où demeure chacun des débiteurs. Doit dès lors être cassé l'arrêt d'une cour d'appel qui, pour rejeter une exception d'incompétence territoriale d'un JEX saisi par trois débiteurs d'une demande d'annulation des saisies-attributions pratiquées à leur préjudice, retient, par des motifs inopérants, alors que deux des débiteurs saisis ne demeuraient pas dans le ressort du TGI, que les demandes de ces débiteurs tendent aux mêmes fins, qu'elles sont dirigées contre des actes d'exécution identiques et fondés sur le même titre exécutoire et qu'il existe entre elles une connexité qui commande un examen unique de l'affaire. • Civ. 2e, 4 juill. 2007, n° 06-13.840 P : *Procédures 2007, n° 251, note Perrot ; RTD civ. 2007. 815, obs. Perrot.*

4. Contestation relative au tiers saisi. Le JEX compétent pour la contestation relative au tiers saisi est celui du lieu où demeure le débiteur puisque l'art. R. 221-10 C. pr. exéc. donne spécialement compétence au JEX du lieu du domicile du débiteur sans distinction entre les personnes objets de la contestation et ne distingue pas selon qu'il s'agit de la contestation du débiteur ou de celle du tiers saisi. • Montpellier, 12 déc. 2013 : *Dr. et pr. 2014. 68.*

Art. R. 211-11 **A peine d'irrecevabilité, les contestations relatives à la saisie sont formées dans le délai d'un mois à compter de la dénonciation de la saisie au débiteur. Sous la même sanction, elles sont dénoncées le même jour** *(Décr. n° 2017-892 du 6 mai 2017, art. 45)* **« ou, au plus tard, le premier jour ouvrable suivant », par lettre recommandée avec demande d'avis de réception, à l'huissier de justice qui a procédé à la saisie.**

L'auteur de la contestation en informe le tiers saisi par lettre simple[.] *(Décr. n° 2017-892 du 6 mai 2017, art. 39)* **« Il remet une copie de l'assignation, à peine de caducité de celle-ci », au greffe du juge de l'exécution au plus tard le jour de l'audience.** – *[Décr. n° 92-755 du 31 juill. 1992, art. 66, al. 1er et 2.]*

BIBL. ► LAUVERGNAT, *D. 2012. 229* (la dénonciation de la contestation : la ponctualité est d'or et le retard est d'argent !).

Décr. du 6 mai 2017 : DOROL, *D. actu. 19 mai 2017.*

1. Légalité. Le Conseil d'État a jugé l'art. 66 [devenu C. pr. exéc., art. R. 211-11] légal. • CE 3 déc. 2003, n° 244131.

2. Application à la saisie-vente (non). Les dispositions de l'art. 66 [devenu C. pr. exéc., art. R. 211-11] sont sans application en matière de saisie-vente. • Civ. 2e, 8 févr. 2007 : *D. 2008. Pan. 1173, obs. Leborgne.*

I. CONTESTATION

A. DÉLAI

3. Nature du délai d'un mois. Le délai d'un mois prévu par ce texte est un délai de procédure et non un délai de prescription ; il est donc soumis aux règles des art. 640 s. NCPC [devenu C. pr. civ.] et n'est susceptible ni d'interruption ni de suspension à moins que le législateur n'en dispose autrement. • Colmar, 30 mai 1994 : *BICC 1994, n° 858.*

4. Prorogation du délai de contestation. Conformément à l'art. 642, al. 2, C. pr. civ., lorsque le délai d'un mois prévu à l'art. R. 211-11 expire normalement un samedi, un dimanche ou un jour férié ou chômé, il est prorogé jusqu'au premier jour ouvrable suivant. • Civ. 2e, 4 juin 2020, n° 19-12.260 : *D. 2020. 1235 ; D. actu. 25 juin 2020, obs. Payan.*

5. Interruption du délai par le jugement de liquidation judiciaire. Il résulte de la combinaison de ce texte avec l'art. 152 de la L. n° 85-98 du 25 janv. 1985 [C. com., art. L. 622-9] que, lorsque le jugement de liquidation judiciaire, qui emporte, à compter de sa date, dessaisissement du débiteur de ses droits et actions qui sont exercés par le liquidateur, est prononcé au cours du délai ouvert pour contester la saisie-attribution, il interrompt le délai et un nouveau délai commence à courir à compter de la dénonciation faite au liquidateur. • Com. 19 janv. 1999, n° 96-18.256 P : *D. 1999. 245, note Derrida ; RG proc. 1999. 264, obs. Putman ; JCP E 1999, n° 18-19, p. 815, obs. Pétel ; Defrénois 2000. 45, obs. Sénéchal.*

6. Suspension du délai. Demande d'aide juridictionnelle. L'assignation à comparaître devant un JEX, en vue de contester une saisie-attribution, engage une action en justice à cette fin, de sorte que l'art. 38 du Décr. n° 91-1266 du 19 déc. 1991 [devenu Décr. n° 2020-1717 du 28 déc. 2020, art. 43] est applicable au délai dans lequel cette contestation doit être formée. • Civ. 2e, 21 mars 2019, n° 18-10.408 P.

7. Inopposabilité du délai au créancier et au tiers saisi. Seules les contestations relatives à la saisie doivent, à peine d'irrecevabilité, être formées dans le délai d'un mois. • Civ. 2e, 8 nov. 2001 : *RDBF 2002, n° 69, note Delleci.* ♦ Le délai d'un mois n'est pas opposable au créancier saisissant qui demande au tiers détenteur des fonds le paiement des causes de la saisie à titre de garantie. • Civ. 2e, 26 nov. 1998, n° 96-18.530 P : *D. 1999. IR 30 ; RTD civ. 1999. 208, obs. (approb.) Perrot* . – V. aussi • Civ. 2e, 4 oct. 2001 : *RDBF 2003, n° 25, note Delleci.* ♦ Même solution pour l'action du créancier saisissant dirigée contre le tiers saisi par laquelle il se borne à contester la sincérité de la déclaration du tiers saisi, sans mettre en cause la garantie de ce dernier, la Cour de cassation considérant alors que le délai d'un mois ne lui est pas opposable. • Civ. 2e, 11 mars 1999, n° 96-22.183 P : *RTD civ. 1999. 707, obs. (crit.) Perrot* . ♦ ... Et ce délai ne court pas non plus à l'encontre du tiers saisi. • Civ. 2e, 5 juill. 2000, n° 97-25.512 P : *Procédures, oct. 2000, n° 196 (arrêt n° 2, Receveur des finances de Lisieux), obs. Perrot, et n° 197 (arrêt Belluard et Gomis), obs. Perrot* • 22 mars 2001 : *Gaz. Pal. 8 nov. 2001, note J.-F. Auduc* • 4 oct. 2001 : *préc.*

8. Calcul du délai. M. Dymant, *Gaz. Pal. 19 nov. 1997 et 12 mai 1998.* • Paris, 8e ch. B, 5 févr. 1998 : *cité par Dymant, Gaz. Pal. 12 mai 1998* (le délai ultime est celui de la délivrance de l'assignation).

B. FORME DE LA CONTESTATION

9. Conditions de forme de la contestation. La recevabilité de la contestation du débiteur relative à une saisie-attribution n'est soumise qu'aux exigences prévues par l'art. 19 [devenu C. pr. exéc., art. 121-11] ; le JEX est saisi au jour de la délivrance de l'assignation, sans attendre la mise au rôle de celle-ci. • Cass., avis, 15 juin 1998 : *Procédures 1998, n° 196, obs. Perrot ; RG proc. 1999. 114, obs. Putman ; RTD civ. 1998. 752, obs. Perrot ; LPA 24 mai 1999, p. 14.* – V. M. Dymant, *Gaz. Pal. 1997. Doctr. 1499 ; ibid. 12 mai 1998.* ♦ La recevabilité de la contestation du débiteur n'est soumise qu'à la signification, *avant l'expiration du délai* d'un mois suivant la dénonciation au débiteur de la saisie-attribution, d'une assignation au créancier saisissant, et à l'envoi le même jour à l'huissier de justice qui a procédé à la saisie, par lettre recommandée avec demande d'avis de réception, d'une copie de cette assignation. • Civ. 2e, 3 nov. 2005, n° 04-11.756 P : *D. 2005. IR 2826 ; RTD civ. 2006. 159, obs. Perrot ; Dr. et pr. 2006. 108, obs. Lefort* (absence d'enrôlement de l'assignation) • Civ. 2e, 15 déc. 2005, n° 04-14.415 P : *D. 2006. IR 181 ; Procédures 2006, n° 30, obs. Perrot ; Dr. et pr. 2006. 108, obs. Lefort* • 25 mars 2010 : *D. actu. 2 avr. 2010, obs. Avena-Robardet ; D. 2010. Actu. 968 ; Dr. et pr. 2010. 154, note Salati ; Procédures 2010, n° 229, note Perrot* (copie de l'assignation ne portant pas les mentions de la signification au saisissant). ♦ *Contra* : • TGI Bobigny, JEX, 20 janv. 1998 : *Gaz. Pal. 6 févr. 1999, p. 19, obs. Moussa ; RG proc. 1999. 265.* ♦ La solution adoptée par le décret du 18 déc. 1996 ne vaut que pour l'art. 66 [devenu C. pr. exéc., art. R. 211-11], c'est-à-dire pour le cas où le créancier saisissant voulant obtenir le paiement du tiers saisi, l'huissier délivrera lui-même le certificat de non-contestation ; la solution n'ayant pas été transposée à l'art. 242 du Décr. n° 92-755 du 31 juill. 1992 [devenu C. pr. exéc., art. R. 523-9], lorsqu'il y a conversion de la saisie conservatoire en saisie-attribution, il faut alors que l'assignation soit enrôlée pour que le greffier et non plus l'huissier délivre le certificat de non-contestation. • Paris, 3 déc. 1998 : *cité note 1 ss. art. R. 523-9.*

C. INCIDENTS

10. Mainlevée de la saisie-attribution. Le liquidateur ne détient pas les sommes d'argent appartenant au débiteur, en son nom personnel, mais en qualité d'organe de la procédure ; dès lors, c'est à bon droit qu'une cour d'appel ordonne la mainlevée de la saisie-attribution, pratiquée entre les mains du liquidateur pris personnellement, par un créancier titulaire d'une créance régulièrement née après le jugement d'ouverture de la procédure collective. • Com. 3 févr. 1998, n° 95-15.773 : *D. 1998. IR 62 ; D. Affaires 1998. 338, obs. A. L. ; JCP E 1998, n° 17, p. 654, obs. Cabrillac et Pétel.*

11. L'acte de mainlevée donné par l'huissier sous la contrainte est nul, comme affecté d'une irrégularité de fond au sens de l'art. 117 NCPC [devenu C. pr. civ.]. • Aix-en-Provence, 2 nov. 2001 : *JCP 2002. IV. 2179.*

II. DÉNONCIATION À L'HUISSIER DE JUSTICE

A. DÉLAI et OBJET

12. Moment de la dénonciation. Pour une application de la règle selon laquelle toute contestation relative à un acte de saisie-attribution doit, à peine d'irrecevabilité, être dénoncée le même jour à l'huissier de justice instrumentaire, V. • Civ. 2e, 8 nov. 2001 : *RDBF 2002, n° 68, note Delleci.*

13. Dénonciation anticipée. La dénonciation faite à l'huissier de justice, avant que la contestation ne soit portée devant le JEX, ne satisfait pas aux exigences légales. • Civ. 2e, 20 mars 2003, n° 01-13.746 P : *D. 2003. IR 947* ; *Dr. et pr. 2003. 316, note Hoonakker ; Gaz. Pal. 5-6 sept. 2003, p. 7, obs. Brenner.* ♦ En effet, pour être en mesure d'apprécier s'il peut ou non délivrer le certificat de non-contestation prévu par l'art. 61 [devenu C. pr. exéc., art. R. 211-6], l'huissier saisissant doit être informé avec certitude de l'existence effective de la contestation par l'envoi d'une copie le jour même où celle-ci est formée. • TGI Brest, JEX, 18 sept. 2002 : *BICC 2003, n° 385.*

14. Modalités de la signification. L'art. 66 du Décr. du 31 juill. 1992 [devenu C. pr. exéc., art. R. 211-11] n'exige pas que les modalités de signification de l'assignation portant contestation soient dénoncées à l'huissier de justice ayant procédé à la saisie. • Civ. 2e, 25 mars 2010, n° 09-14.917 P : *D. 2010. Actu. 968* ; *ibid. 2011. Pan. 1517, obs. Leborgne* ; *RDBF 2010, n° 150, note Piedelièvre ; Dr. et pr. 2010. 154, note Salati ; Gaz. Pal. 13 juill. 2010, p. 18, note Lauvergnat.*

15. Insuffisance d'un projet d'assignation. La délivrance d'un projet d'assignation ne répond pas aux exigences de l'art. R. 211-11, al. 1er. • Civ. 2e, 4 mars 2021, n° 19-21.157 : *Procédures 2021, n° 132, note Laher.*

B. FORME

16. Preuve de l'expédition de la LRAR. En l'absence de disposition imposant un mode de preuve spécifique, la preuve de l'expédition d'une lettre recommandée avec demande d'avis de réception, au moyen de laquelle la contestation de la saisie-attribution est dénoncée à l'huissier de justice instrumentaire, ne résulte pas exclusivement de la production d'un récépissé délivré à l'expéditeur par les services postaux. • Civ. 2e, 7 déc. 2017, n° 16-15.935 P : *D. actu. 19 déc. 2017, obs. Payan ; Procédures 2018, n° 41, obs. Raschel ; Dr. et pr. 2018. 75, note Choquet ; Gaz. Pal. 19 juin 2018, p. 44, obs. Ansault ; RDBF 2018, n° 15, note Piedelièvre.*

17. Procédé équivalant à l'envoi de la lettre recommandée. L'assignation de l'huissier devant le JEX, concurremment à celle délivrée contre le débiteur, est équivalente à la dénonciation par lettre recommandée avec avis de réception. • Toulouse, 2 juin 1998 : *Rev. huiss. 1999. 423, note R. Martin.* ♦ Une cour d'appel retient, à bon droit, que la formalité prévue par ce texte, ayant pour seul objet d'informer l'huissier de justice ayant procédé à la saisie de l'existence d'une contestation, son omission n'entraîne pas l'irrecevabilité de celle-ci lorsque l'huissier de justice, informé de la contestation par l'assignation délivrée à domicile élu, est celui qui a procédé à la saisie. • Civ. 2e, 31 mai 2001, n° 99-19.367 P : *D. 2001. 2717, obs. Julien* ; *Dr. et pr. nov. 2001. 387, obs. Putman ; Gaz. Pal. 2002. Somm. 248, obs. Véron.* – Et déjà : • TGI Lyon, 27 nov. 1997, n° 97/12120 • 16 déc. 1997, n° 97/15229. ♦ *Contra* : la signification de l'assignation au domicile élu de l'huissier ne vaut pas dénonciation au sens de ce texte. La sanction de l'inobservation de la dénonciation le jour même par lettre recommandée avec avis de réception à l'huissier poursuivant est l'irrecevabilité de la contestation, la sanction ainsi prononcée ne requérant pas la preuve d'un grief. • Paris, 11 sept. 2001 : *D. 2001. IR 2950 ; Dr. et pr. 2002. 43, note Putman.*

18. Opposabilité de la formalité de dénonciation. La formalité de dénonciation de la contestation d'une saisie-attribution à l'huissier poursuivant, prévue par l'art. 66 du Décr. n° 92-755 du 31 juill. 1992 [devenu C. pr. exéc., art. R. 211-11], n'est pas opposable au saisi dès lors que l'acte de dénonciation de la saisie au débiteur ne mentionne pas cette formalité. • Orléans, 25 avr. 2002 : *BICC 2003, n° 184.*

C. SANCTION

19. Office du juge. Par application des art. 12, al. 3, et 125 NCPC [devenu C. pr. civ.], les questions relatives au défaut de dénonciation à l'huissier de la contestation de la saisie-attribution prévue par l'art. 66 du Décr. n° 92-755 du 31 juill. 1992 [devenu C. pr. exéc., art. R. 211-11], et la question de la prescription applicable à une créance, peuvent être soulevées d'office par le juge. • Nancy, 15 mai 2003 : *JCP 2003. IV. 3036.*

20. Pouvoir souverain d'appréciation. C'est dans l'exercice de son pouvoir souverain d'appréciation de la valeur et de la portée des éléments de preuve qui lui étaient soumis et sans violer l'art. R. 211-11 C. pr. exéc. que la cour d'appel, qui a constaté que la lettre recommandée avec demande d'avis de réception datée du 13 juill. avait été reçue le 16 juill. alors que le 14 et le 15 juill. étaient respectivement un samedi et un dimanche, a pu rejeter l'exception d'irrecevabilité de la contestation de la saisie. • Civ. 2e, 19 mars 2015, n° 14-12.876.

21. Identité de l'huissier de justice destinataire. L'action en contestation doit être déclarée irrecevable lorsque la dénonciation de ladite contestation d'une saisie-attribution est faite à un autre huissier de justice que celui ayant procédé à cette saisie. • Montpellier, 24 juill. 2002 : *Dr. et pr. 2003. 38, obs. Caille.*

22. Irrecevabilité. V. • Paris, 11 sept. 2001 : *préc. note 17.*

23. Viole les dispositions des art. 125 C. pr. civ. et 66 du Décr. n° 92-755 du 31 juill. 1992 [devenu C. pr. exéc., art. R. 211-11] la cour d'appel qui valide la procédure de saisie-attribution pratiquée par une trésorerie municipale à l'encontre d'une société pour le recouvrement d'une créance communale et déboute la société de sa contestation, alors que, tenue de vérifier, fût-ce d'office, la régularité de sa saisine, elle relevait que la contestation devant le JEX n'était pas recevable faute de dénonciation de la contestation à l'huissier de justice instrumentaire. • Civ. 2e, 20 janv. 2011, n° 10-10.768 P : *D. 2011. Chron. C. cass. 2153, obs. Sommer et Leroy-Gissinger ; ibid. Pan. 1509, obs. Leborgne*.

24. Réitération. La fin de non-recevoir tirée de la non-dénonciation de la contestation de la saisie-attribution à l'huissier saisissant le même jour que celui de la délivrance de l'assignation au créancier, comme l'impose l'art. 66 du Décr. n° 92-755 du 31 juill. 1992 [devenu C. pr. exéc., art. R. 211-11], n'est susceptible d'être régularisée que par le renouvellement des deux diligences à la même date, si le débiteur est encore dans le délai utile. • TGI Brest, JEX, 5 avr. 2000 : *BICC, 15 déc. 2000, n° 1410.*

Art. R. 211-12 **Le juge de l'exécution donne effet à la saisie pour la fraction non contestée de la dette. Sa décision est exécutoire sur minute. Les dispositions du deuxième alinéa de l'article R. 121-22 ne sont pas applicables.**

S'il apparaît que ni le montant de la créance du saisissant ni la dette du tiers saisi ne sont sérieusement contestables, le juge de l'exécution peut ordonner à titre provisionnel le paiement d'une somme qu'il détermine en prescrivant, le cas échéant, des garanties.

Sa décision n'a pas autorité de chose jugée au principal. — *[Décr. n° 92-755 du 31 juill. 1992, art. 67.]*

Art. R. 211-13 **Après la notification aux parties en cause de la décision rejetant la contestation, le tiers saisi paie le créancier sur présentation de cette décision.** — *[Décr. n° 92-755 du 31 juill. 1992, art. 68.]*

Notification impérative. Ne peut tenir lieu de la notification de la décision rejetant la contestation le fait que le créancier connaissait la teneur du jugement puisqu'il avait saisi le JEX d'une demande de rectification d'erreur matérielle de cette décision. • Civ. 2e, 19 sept. 2002, n° 00-20.190 P : *D. 2002. IR 3246 ; Gaz. Pal. 14-15 mars 2003, p. 15, obs. Brenner ; Dr. et pr. 2003. 46, obs. Hoonakker.*

SECTION II **DISPOSITIONS PARTICULIÈRES**

SOUS-SECTION 1 **LA SAISIE-ATTRIBUTION DES CRÉANCES À EXÉCUTION SUCCESSIVE**

BIBL. ► Mouly, *RTD civ. 1993, n° spéc. hors série, p. 65* (procédures civiles d'exécution et droit bancaire).

Art. R. 211-14 **Les articles R. 211-1 à R. 211-13 s'appliquent à la saisie des créances à exécution successive, sous réserve des dispositions suivantes.** — *[Décr. n° 92-755 du 31 juill. 1992, art. 69.]*

1. Époux communs en biens. Une saisie-attribution des créances à exécution successive pratiquée à l'encontre de deux époux, communs en biens et codébiteurs solidaires, antérieurement à la mise en liquidation judiciaire de l'un d'eux sur les loyers d'un immeuble dépendant de la communauté poursuit ses effets sur les loyers de l'un échus après le jugement de liquidation. • Cass., avis, 16 déc. 1994, n° 09-40.021 P : *LPA 22 févr. 1995, obs. Derrida ; D. 1995. 166, note Derrida ; JCP 1995. II. 22409, note Grafmeyer ; JCP E 1995. 686, note R. Martin ; Gaz. Pal. 1995. 118, note Massoni ; Defrénois 1995. I. 601, note Derrida ; Rev. huiss. 1995. 1168, note Théry ; RTD civ. 1995. 965, obs. Perrot*. ♦ La *saisie-attribution d'une créance à exécution successive*, pratiquée avant le redressement ou la liquidation judiciaires de son titulaire, poursuit ses effets sur les sommes échues en vertu de cette créance après ledit jugement. • Civ. 2e, 10 juill. 1996 : *D. 1996. 625, note P. Ancel ; JCP 1996. II. 22723, note Putman ; LPA 1er nov. 1996, note Soinne ; RTD civ. 1996. 716, obs. Perrot ; Rev. Justices, 1997, n° 5, p. 340, obs. Putman*, qui rejette le pourvoi contre • Aix-en-Provence, 20 juill. 1994 : *JCP 1995. II. 22408, note Putman.* – V. aussi, • Rennes, 26 mai 1995 : *JCP 1995. II. 22508, note Putman* • TGI Lyon, JEX, 2 avr. 1996 : *D. 1997. 43. note Prévault* • 23 avr. 1996 : *ibid.* ♦ V. aussi note 25 ss. art. 43, L. n° 91-650 du 9 juill. 1991 [devenu C. pr. exéc., art. L. 211-2].

2. SACD. Bien que la Société des auteurs et compositeurs dramatiques soit un organisme unique chargé de collecter au profit des auteurs leurs droits patrimoniaux, et bien que le contrat qui lie chacun des auteurs à cet organisme soit un contrat unique, les sommes ainsi réunies au fur et à mesure de leurs échéances ont autant d'origines que d'éditeurs et leur indépendance entre elles n'autorise pas à les réunir en une créance unique à exécution successive. Il s'ensuit que le rapport existant entre l'auteur et la SACD n'entre pas dans les prévisions des art. 69 s. du Décr. n° 92-755 du 31 juill. 1992 [devenus C. pr.

exéc., art. L. 211-14 s.]. • TGI Paris, JEX, 24 déc. 1996 : *JCP 1997. II. 22855, note Putman.*

3. Contrat de collecte de lait. Pour confirmer la décision de mainlevée de la saisie-attribution pratiquée entre les mains d'une société qui procédait régulièrement à des ramassages de lait dans l'exploitation de la débitrice, en écartant la qualification de contrat à exécution successive, la cour d'appel retient que l'existence de relations contractuelles suivies entre la débitrice et le tiers saisi, le ramassage régulier du lait par ce dernier et les paiements mensuels de ces collectes ne suffisent pas à établir l'existence d'un contrat unique. En statuant ainsi elle viole les art. 1134 C. civ., 10 et 10 *bis* du Décr. nº 91-157 du 11 févr. 1991, modifié par le Décr. nº 94-53 du 20 janv. 1994, dès lors que, en matière de réglementation de quotas laitiers, le contrat liant le producteur à l'acheteur, comportant des obligations réciproques de production et de collecte échelonnées dans le temps, pendant une période de référence et portant sur des quantités de référence, constitue un contrat unique à exécution successive. • Civ. 2e, 8 mars 2001, nº 97-21.844 P : *D. 2001. IR 1077.*

4. Convention de tiers payant. Dans le cadre d'une convention de tiers payant passée avec une CPAM, un débiteur ne dispose pas sur cette Caisse d'une créance unique à exécution successive, mais de créances distinctes nées d'actes médicaux indépendants les uns des autres. • Civ. 2e, 13 juin 2002, nº 00-20.844 P : *D. 2003. 1469, obs. Taormina.*

Art. R. 211-15 En l'absence de contestation, les sommes échues après la saisie sont versées sur présentation du certificat prévu à l'article R. 211-6.

Le tiers saisi se libère, au fur et à mesure des échéances, entre les mains du créancier saisissant ou de son mandataire qui en donne quittance et en informe le débiteur. – *[Décr. nº 92-755 du 31 juill. 1992, art. 70.]*

1. Renvoi. V. note 25 ss. art. L. 211-2.

2. Dividendes. Les dividendes n'ont pas d'existence juridique avant la constatation de sommes distribuables par l'organe social compétent et la détermination de la part attribuée à chaque associé, de sorte qu'en l'absence d'une telle décision, une société n'était pas débitrice d'un associé et ne pouvait être condamnée aux causes de la saisie pour avoir méconnu son obligation de renseignement. • Com. 13 sept. 2017, nº 16-13.674 P : *cité note 11 ss. art. L. 211-3.*

Art. R. 211-16 En cas de contestation, le tiers saisi s'acquitte des créances échues entre les mains d'un séquestre désigné, à défaut d'accord amiable, par le juge de l'exécution saisi sur requête.

Si les sommes séquestrées suffisent à désintéresser le créancier, le juge de l'exécution ordonne la mainlevée de la saisie. Le greffe en informe le tiers saisi par lettre recommandée avec demande d'avis de réception. – *[Décr. nº 92-755 du 31 juill. 1992, art. 71.]*

Art. R. 211-17 Le tiers saisi est informé par le créancier de l'extinction de la dette du saisi par lettre recommandée avec demande d'avis de réception.

La saisie cesse également de produire effet lorsque le tiers saisi cesse d'être tenu envers le débiteur. Le tiers saisi en informe le créancier par lettre recommandée avec demande d'avis de réception. – *[Décr. nº 92-755 du 31 juill. 1992, art. 72.]*

SOUS-SECTION 2 LA SAISIE-ATTRIBUTION DES COMPTES OUVERTS AUPRÈS D'ÉTABLISSEMENTS HABILITÉS PAR LA LOI À TENIR DES COMPTES DE DÉPÔT

BIBL. ► G. DE LEVAL et F. GEORGES, La saisie-arrêt bancaire dans l'Union européenne, *in* L'efficacité de la justice civile en Europe, ss. dir. M.-TH. CAUPAIN et G. DE LEVAL et LARCIER, *éd. 2000, p. 185. – O. SALATI, Dr. et pr. 2002. 203* (comptes et voies d'exécution). – TISSOT, Dr. *et* pr. *2013. 103* (la saisie-attribution des comptes bancaires à l'épreuve des régimes matrimoniaux).

Art. R. 211-18 Les articles R. 211-1 à R. 211-13 s'appliquent à la saisie-attribution des comptes sous réserve des dispositions qui suivent. – *[Décr. nº 92-755 du 31 juill. 1992, art. 73.]*

Préjudice causé par la mesure conservatoire. La saisie conservatoire diligentée pour le recouvrement des deux derniers mois de loyer est abusive dès lors que le dépôt de garantie couvrait la majeure partie de la dette. • Paris, 15 mai 2003 : *Loyers et copr. 2003, nº 214, note Vial-Pedroletti.*

Art. R. 211-19 L'acte de saisie rend indisponible l'ensemble des comptes du débiteur qui représentent des créances de sommes d'argent. – *[Décr. nº 92-755 du 31 juill. 1992, art. 74.]*

1. Absence de cautionnement automatique. Par combinaison des art. 43 et 47 de la loi [devenus respectivement C. pr. exéc., art. L. 211-2, L. 162-1] et 74 du Décr. n° 92-755 du 31 juill. 1992 [devenu C. pr. exéc., art. R. 211-19], il résulte que, pendant le délai d'un mois durant lequel la contestation est possible et, en cas de contestation, jusqu'à la solution du litige, les effets de la saisie ne sont pas limités et il n'y a pas de cantonnement automatique. • TGI Bobigny, 12 févr. 1993 : *D. 1993. Somm. 279, obs. Julien*.

2. Conditions de la sanction du refus de paiement par le tiers saisi. Une banque qui ne s'est pas reconnue débitrice du débiteur saisi au jour de la saisie-attribution, et qui n'a pas été jugée débitrice de ce dernier, ne peut faire l'objet d'une condamnation prononcée sur le fondement de l'art. R. 211-9. • Civ. 2e, 10 janv. 2019, n° 17-21.313 P : *D. actu. 25 janv. 2019, obs. M.-P. Mourre-Schreiber ; JCP 2019. 197, note Dorol et Miyamou.*

Art. R. 211-20 **La déclaration du tiers saisi indique la nature du ou des comptes du débiteur ainsi que leur solde au jour de la saisie.** – *[Décr. n° 92-755 du 31 juill. 1992, art. 75.]*

1. Inopposabilité du secret bancaire par le tiers saisi. A légalement justifié sa décision la cour d'appel qui, à la demande d'un créancier, a ordonné à une banque de fournir les relevés des comptes de toute nature détenus par elle au nom du débiteur, au jour de la saisie-attribution, après avoir retenu que l'obligation de renseignement pesant sur l'établissement de crédit ne portait pas sur les seuls comptes de dépôt enregistrant des sommes d'argent. Par suite, le moyen reprochant à l'arrêt de n'avoir pas limité la déclaration du saisi au seul compte de dépôt représentant des créances de sommes d'argent, et d'avoir violé les art. 42 de la L. n° 91-650 du 9 juill. 1991 [devenu C. pr. exéc., art. L. 211-1] et 74 et 75 du Décr. n° 92-755 du 31 juill. 1992 [devenus respectivement C. pr. exéc., art. R. 211-19 et R. 211-20], n'est dès lors pas fondé. Par ailleurs, l'arrêt retient exactement que, cette obligation découlant de la loi, la banque n'est pas fondée à opposer le secret bancaire à la demande du créancier tendant à connaître la nature et la position des comptes ouverts dans ses livres au nom du débiteur. • Civ. 2e, 1er juill. 1999, n° 96-19.108 P : *Gaz. Pal. 12 févr. 2000, Somm., obs. Véron.* ♦ Comp. note 1 ss. art. R. 232-5. ♦ V. aussi notes ss. art. 24 et 44 de la L. n° 91-650 du 9 juill. 1991 [devenus respectivement C. pr. exéc., art. L. 123-1 et L. 211-3] et comp., notes ss. art. 60, 182, 238 et 246 Décr. n° 92-755 du 31 juill. 1992 [devenus respectivement C. pr. exéc., art. R. 211-5, R. 232-5, R. 523-5 et R. 524-3].

2. Diligence du tiers saisi. C'est à l'établissement financier valablement interpellé qu'il incombe de fournir, spontanément et sur-le-champ, à l'huissier de justice procédant à la saisie-attribution l'ensemble des renseignements exigés et ce pour tous les comptes ouverts dans ses livres ; en conséquence l'on ne saurait reprocher de s'être abstenu d'interroger le débiteur, ainsi que le créancier, sur l'existence éventuelle de comptes autres que celui sur lequel la saisie a porté. • Civ. 2e, 16 janv. 2013, n° 12-14.105 : *RCA 2013, n° 122.*

Art. R. 211-21 **Au vu des renseignements fournis par le tiers saisi, le créancier peut limiter l'effet de la saisie à certains comptes.**

Par accord entre les parties ou sur décision du juge de l'exécution, il peut être mis fin à l'indisponibilité par la constitution d'une garantie irrévocable à concurrence du montant des sommes réclamées. – *[Décr. n° 92-755 du 31 juill. 1992, art. 76.]*

Séquestre. Sur la désignation d'un séquestre ayant mission de payer comme garantie totale. • TGI Bobigny, 12 févr. 1993 : *BICC 1er mai 1993, n° 590 ; D. 1993. Somm. 279, obs. Julien*.

Art. R. 211-22 **Lorsque la saisie est pratiquée sur un compte joint, elle est dénoncée à chacun des titulaires du compte.**

Si les noms et adresses des autres titulaires du compte sont inconnus de l'huissier de justice, ce dernier demande à l'établissement qui tient le compte de les informer immédiatement de la saisie et du montant des sommes réclamées. – *[Décr. n° 92-755 du 31 juill. 1992, art. 77.]*

1. Obligations particulières. Lorsque le tiers saisi révèle à l'huissier de justice instrumentaire que le compte qu'il saisit est un compte joint, il appartient à l'officier ministériel de l'interpeller *avec la rigueur nécessaire* pour connaître les noms et adresse des autres titulaires afin de leur dénoncer la procédure ou, le cas échéant, de lui faire l'injonction d'information prévue par l'art. 77 [devenu C. pr. exéc., art. R. 211-22]. L'accomplissement de ces formalités doit faire l'objet de mentions expresses dans l'acte de saisie. Faute de dénonciation à chacun des cotitulaires de ce compte, la saisie-attribution doit être jugée caduque. • TGI Perpignan, JEX, 8 avr. 2002 : *Dr. et pr. 2002. 308, note Bourdillat.*

2. Dénonciation. Par application de ce texte et de l'art. 66 [devenu C. pr. exéc., art. R. 211-11], le délai d'un mois pour dénoncer les contestations vaut aussi pour la contestation du cotitulaire du compte, qui ne peut être averti que par une dénonciation à lui faite ; dès lors, une saisie-attribution dénoncée à l'un seulement des titulaires du compte joint doit être déclarée caduque. • TGI Lyon, 27 janv. 1994 : *BICC, 1994, n° 571.*

3. Charge de la preuve. Lorsque le créancier d'un époux marié sous le régime de la séparation de biens fait pratiquer une saisie sur un compte ouvert au nom des deux époux, il lui appartient d'identifier les fonds personnels de l'époux débiteur. • Civ. 1re, 20 mai 2009, n° 08-12.922 P : *D. 2009. AJ 1481 ; JCP 2009. 391, obs. Storck ; ibid. E 2009. 2020, n° 13, obs. Salgueiro ; Dr. et pr. 2009. 278, obs. Vinckel ; RLDC 2009. 3501, note Marraud des Grottes ; ibid. 3509, note Pouliquen ; LPA, 27 janv. 2010, p. 9, note Gibirila ; Gaz. Pal. 22-23 janv. 2010, p. 53, obs. Casey ; Dr. fam. 2009, n° 93, note Beignier ; RJPF 07-08/2009. 17, obs. Vauvillé ; Banque et Dr. 126/2009, p. 17, obs. Bonneau ; RDBF 2009, n° 136, note Piedelièvre ; ibid. 181, note Crédot et Samin ; ibid. 189, note Legeais.* ♦ Comp. jugeant que le solde d'un compte bancaire n'est pas insaisissable du seul fait que le compte est joint et qu'il a deux titulaires et il appartient au cotitulaire du compte joint, qui n'est tenu d'aucune solidarité avec le débiteur saisi, d'établir que les sommes figurant au compte joint lui appartiennent. • Paris, 5 juill. 2001 : *D. 2001. 3308, note Julien .*

4. Sanction. Le défaut de dénonciation de la saisie-attribution à la société titulaire d'un compte joint ne peut être frappé de nullité, dès lors que cette dénonciation n'est sanctionnée par aucun texte. • Paris, 7 nov. 2002 : *Dr. et pr. 2003. 167, note Caille.* ♦ Le défaut de dénonciation de la saisie-attribution au cotitulaire d'un compte joint sur lequel porte la mesure d'exécution n'est pas susceptible d'entraîner la caducité de celle-ci. • Civ. 2e, 7 juill. 2011, n° 10-20.923 P : *D. 2011. 2453, note Lauvergnat ; ibid. 2012. Chron. 650, obs. Leroy-Gissinger ; ibid. Pan. 1515, obs. Leborgne ; RJPF 2011. 20, note Vauvillé ; Gaz. Pal. 26-28 févr. 2012, p. 20, obs. Brenner ; JCP E 2011. 1855, note Mezen ; Procédures 2011, n° 366, note Perrot ; Dr. et pr. 2011. 247, note Schreiber ; RDBF 2011, n° 206, note S. Piedelièvre ; Banque et Dr. 11-12/2011. 17, note Bonneau.* ♦ V. déjà : • Versailles, 10 mars 2005 • Montpellier, 6 juin 2006 • Paris, 18 oct. 2007 • Versailles, 1er juill. 2010. ♦ V. *contra* : • Toulouse, 22 févr. 2011 • TGI Perpignan, JEX, 8 avr. 2002 : *Dr. et pr. 2002. 308, obs. Bourdillat.*

5. Compte joint et cautionnement. V. note 3 ss. art. R. 162-9.

Art. R. 211-23 Si le débiteur est titulaire de comptes différents, le paiement est effectué en prélevant en priorité les fonds disponibles à vue à moins que le débiteur ne prescrive le paiement d'une autre manière. — *[Décr. n° 92-755 du 31 juill. 1992, art. 78.]*

CHAPITRE II LA SAISIE ET LA CESSION DES RÉMUNÉRATIONS

SECTION PREMIÈRE DISPOSITIONS GÉNÉRALES

Art. R. 212-1 La saisie et la cession des rémunérations sont régies par les articles R. 3252-1 à R. 3252-49 du code du travail. — *V. **C. trav.**, art. R. 3252-1 s.*

SECTION II DISPOSITIONS PARTICULIÈRES À LA SAISIE SUR LES RÉMUNÉRATIONS DES AGENTS PUBLICS

Art. R. 212-2 Les dispositions du présent chapitre sont applicables aux saisies et cessions de rémunérations versées en tant qu'employeurs par les personnes morales de droit public dotées d'un comptable public sous réserve des dispositions de la présente section. — *[Décr. n° 93-977 du 31 juill. 1993, art. 7.]*

Art. R. 212-3 La déclaration qui incombe au tiers saisi sur la situation de droit existant entre lui-même et le débiteur est faite par le service employeur au greffe du *(Décr. n° 2019-913 du 30 août 2019, art. 20-1°, en vigueur le 1er janv. 2020)* « juge de l'exécution » *[ancienne rédaction : tribunal d'instance]* ».

Les déclarations relatives aux cessions, saisies, *(Décr. n° 2018-970 du 8 nov. 2018, art. 4-1°, en vigueur le 1er janv. 2019)* « saisies administratives à tiers détenteurs » ou paiement direct de créances d'aliments sont faites par le comptable assignataire au greffe du *(Décr. n° 2019-913 du 30 août 2019, art. 20-1°, en vigueur le 1er janv. 2020)* « juge de l'exécution *[ancienne rédaction : tribunal d'instance]* ». — *[Décr. n° 93-977 du 31 juill. 1993, art. 8.]*

Art. R. 212-4 La déclaration du service employeur prévue à l'article R. 212-3 précise si le débiteur bénéficie d'avantages en nature. Elle en indique la valeur.

Une copie de cette déclaration est adressée au comptable assignataire par le service employeur. — *[Décr. n° 93-977 du 31 juill. 1993, art. 9.]*

Art. R. 212-5 Lorsque le comptable public cesse d'être assignataire de la créance saisie, il en informe le greffe qui lui en donne acte.

L'ordonnateur initial de la dépense est tenu, à la demande du créancier, d'indiquer la nouvelle situation administrative du débiteur. – *[Décr. nº 93-977 du 31 juill. 1993, art. 10.]*

Art. R. 212-6 Le comptable public verse tous les mois au compte "Caisse des dépôts et consignations" du régisseur du greffe du *(Décr. nº 2019-913 du 30 août 2019, art. 20-2º, en vigueur le 1er janv. 2020)* « tribunal judiciaire ou le cas échéant, du régisseur installé auprès de l'une de ses chambres de proximité *[ancienne rédaction : tribunal d'instance]* » le montant des sommes correspondant aux retenues effectuées.

Il adresse également au greffe un état nominatif indiquant les références du saisi, de la saisie et du montant retenu.

Le greffe notifie au comptable la mainlevée de la saisie. – *[Décr. nº 93-977 du 31 juill. 1993, art. 11.]*

CHAPITRE III LA PROCÉDURE DE PAIEMENT DIRECT DES PENSIONS ALIMENTAIRES

Sur la procédure de paiement direct des pensions alimentaires, V. art. L. 213-1 s.

Sur la reconnaissance et l'exécution des décisions et la coopération en matière d'obligations alimentaires dans le cadre de l'Union européenne, V. Règl. CE nº 4/2009 du 18 déc. 2008, ***C. pr. exéc.****, App., vº Droit européen et international.*

Sur les recouvrements publics des pensions alimentaires, V. ***C. pr. exéc.****, App., vº Recouvrements publics des pensions alimentaires.*

SECTION PREMIÈRE DISPOSITIONS GÉNÉRALES *(Décr. nº 2020-1201 du 30 sept. 2020, art. 3-1º, en vigueur le 1er juin 2021).*

Art. R. 213-1 Le créancier de la pension alimentaire peut charger tout huissier de justice du lieu de sa résidence de notifier la demande de paiement direct au tiers mentionné à l'article L. 213-1.

Celle-ci comprend, à peine de nullité, indication du nom et domicile du débiteur, l'énonciation du titre exécutoire, le décompte des sommes dues ainsi que le rappel des dispositions de l'article L. 213-2.

Dans les huit jours qui suivent, l'huissier de justice procède à cette notification par lettre recommandée avec demande d'avis de réception.

Si les documents présentés par le créancier de la pension ne permettent pas de procéder à la notification, l'huissier de justice met en œuvre, dans le même délai de huit jours, les moyens lui permettant d'effectuer cette notification.

Le tiers débiteur accuse réception à l'huissier de justice de la demande de paiement direct dans les huit jours suivant la notification par un écrit qui précise s'il est ou non en mesure d'y donner suite.

Lorsqu'il notifie la demande de paiement direct au tiers débiteur, l'huissier de justice en avise simultanément le débiteur par lettre recommandée avec demande d'avis de réception qui comporte, à peine de nullité de la demande de paiement direct, le décompte des sommes dues en principal, intérêts et frais et le rappel des dispositions de l'article R. 213-6. – *[Décr. nº 73-216 du 1er mars 1973, art. 1er.]*

Le Décr. nº 2012-783 du 30 mai 2012 de codification du présent code est entré en vigueur le 1er juin 2012. Toutefois, l'art. R. 213-1 ne s'applique pas aux procédures en cours à cette date qui restent régies par l'art. 1er du Décr. nº 73-216 du 1er mars 1973.

Diligence du créancier. La notification au tiers saisi ne dispense pas le créancier de rendre préalablement exécutoire à l'encontre du débiteur de la pension la décision fixant le montant de celle-ci. • Civ. 2e, 6 févr. 1988 : *Rev. huiss. 1988. 1739, note Lescaillon.*

Art. R. 213-2 La demande de paiement cesse de produire effet si l'huissier du créancier en notifie au tiers la mainlevée par lettre recommandée avec demande d'avis de réception.

Elle prend fin aussi à la demande du débiteur, sur production d'un certificat délivré par un huissier attestant qu'un nouveau jugement *(Décr. n° 2016-1907 du 28 déc. 2016, art. 11-1°)* **« ou une nouvelle convention réglant les effets du divorce** *(Décr. n° 2019-1380 du 17 déc. 2019, art. 12-1°)* **« ou de la séparation de corps » par consentement mutuel » a supprimé la pension alimentaire ou constatant qu'en vertu des dispositions légales la pension a cessé d'être due.** – *[Décr. n° 73-216 du 1er mars 1973, art. 2, al. 3 et 4.]*

L'art. 11 du Décr. n° 2016-1907 du 28 déc. 2016 est applicable à Wallis-et-Futuna (Décr. préc., art. 41-III).

Art. R. 213-3 Si une nouvelle *(Décr. n° 2016-1907 du 28 déc. 2016, art. 11-2°-a)* **« convention ou » décision change le montant de la pension alimentaire ou les modalités d'exécution de l'obligation, la demande de paiement direct se trouve de plein droit modifiée en conséquence à compter de la notification de** *(Décr. n° 2016-1907 du 28 déc. 2016, art. 11-2°-b)* **« la convention ou de » la décision modificative qui est faite au tiers dans les conditions prévues aux premier et deuxième alinéas de l'article R. 213-1.** – *[Décr. n° 73-216 du 1er mars 1973, art. 3.]*

L'art. 11 du Décr. n° 2016-1907 du 28 déc. 2016 est applicable à Wallis-et-Futuna (Décr. préc., art. 41-III).

1. Notification de la modification (non). Ce texte n'exige pas que la modification de l'obligation alimentaire soit notifiée à la partie contre laquelle elle a été obtenue. • Paris, 9 mai 1980 : *D. 1980. 532, note Massip.*

2. Appréciation du bien fondé de la demande (non). Le tiers qui reçoit une demande de paiement direct est tenu de verser au bénéficiaire de la pension les sommes qui lui sont réclamées par la notification faite par huissier de justice et il n'a pas à apprécier le bien-fondé de ce qui lui est réclamé. • Paris, 9 mai 1980 : *préc. note 1.*

3. Diligence du créancier. Dans le cas d'une demande de paiement direct d'une pension alimentaire dont le montant avait été modifié par une ordonnance du JAM, la notification au tiers saisi dans les conditions prévues par ce texte ne dispense pas le créancier de rendre préalablement exécutoire, à l'encontre du débiteur de la pension, la décision fixant le montant de celle-ci. • Civ. 2e, 6 janv. 1988 : *JCP 1988. IV. 94.*

Art. R. 213-4 Le tiers débiteur est tenu d'aviser dans les huit jours le créancier de la pension alimentaire de l'extinction ou de la suspension de son obligation vis-à-vis du débiteur de la pension et notamment de la cessation ou de la suspension de la rémunération ainsi que de la clôture du compte du débiteur ou de l'insuffisance de provision de ce compte. – *[Décr. n° 73-216 du 1er mars 1973, art. 4.]*

Art. R. 213-5 Le fait pour le tiers débiteur tenu au paiement direct de ne pas verser la pension alimentaire due au créancier est puni des peines d'amende prévues pour les contraventions de la cinquième classe. – *[Décr. n° 73-216 du 1er mars 1973, art. 4-1.]*

1. Obligations du tiers. Le tiers est redevable des sommes pour lesquelles les retenues n'ont pas été effectuées. • Paris, 21 avr. 1983 : *D. 1984. 73, note Prévault ; RTD civ. 1984. 372, obs. Perrot.* ♦ ... Même si le créancier de la pension a procédé à d'autres prélèvements entre les mains d'autres tiers. • Même arrêt. ♦ Comp. • CE 23 déc. 1976 : *JCP 1977. II. 18660, note Lindon ; RTD civ. 1977. 635, obs. Perrot* (qui impose au tiers détenteur des fonds l'obligation de payer sans rechercher lui-même si le prélèvement effectué est ou non légitime).

2. Pour la condamnation d'une banque qui avait consenti une ouverture de crédit à l'ex-mari débiteur d'une pension alimentaire et qui avait procédé au règlement de diverses dettes de ce client au lieu de payer par préférence à tous autres le créancier de la pension. • Crim. 29 mai 1984 : *Bull. crim. n° 194 ; RTD civ. 1985. 221, obs. Perrot ; Rev. Banque 1984. 1202 ; JCP E 1985. II. 14576, n° 33, obs. (crit.) Stoufflet et Gavalda ; D. 1987. 226, note Desprez.*

3. Articulation avec l'art. L. 213-2 C. pr. exéc. Sur la combinaison de ce texte avec l'art. 2 L. n° 73-5 du 2 janv. 1973 [devenu C. pr. exéc., art. L. 213-2]. • Civ. 2e, 24 oct. 1984 : *cité ss. art. L. 213-2.*

Art. R. 213-6 La demande de paiement direct peut être contestée en justice sans préjudice de l'exercice d'une action aux fins de révision de la pension alimentaire.

Les contestations relatives à la procédure de paiement direct sont portées devant le juge de l'exécution dans le ressort duquel est situé le domicile du débiteur de la pension.

Les contestations ne suspendent pas l'obligation incombant au tiers de payer directement les sommes dues au créancier de la pension alimentaire. — *[Décr. n° 73-216 du 1er mars 1973, art. 5 ; L. n° 73-3 du 2 janv. 1973, art. 3.]*

FORM. PR. CIV. *Contestation de demande en paiement direct de pension alimentaire devant le tribunal d'instance.*

1. Compétence juridictionnelle. La contestation portant sur la régularité de la procédure suivie pour notifier au comptable public la demande de paiement direct n'est pas de la compétence administrative. • CE 23 déc. 1976 : *JCP 1977. II. 18660, note Lindon ; RTD civ. 1977. 635, obs. Perrot.* ♦ ... Mais de la compétence du TI. • TI Le Raincy, 1er avr. 1981 : *Rev. huiss. 1981. 571.* ♦ V. aussi • TI Lyon, 10 avr. 1975 : *JCP 1975. IV. 6532.*

2. Les art. R. 321-14 COJ et 5 du décret du 1er mars 1973, prévoyant la compétence du juge d'instance relativement aux procédures de paiement direct des pensions alimentaires, sont toujours en vigueur, nonobstant la compétence exclusive du JEX. • Cass., avis, 8 mars 1996 : *D. 1996. Somm. 360 (3e avis), obs. Julien ; Gaz. Pal. 18 févr. 1997, note Massip.*

3. Motif de suspension des prélèvements. Le débiteur d'aliments ne peut pas, pour obtenir la suspension des prélèvements litigieux, se prévaloir utilement de la circonstance qu'il a engagé une action en justice contre la demande de paiement direct formée par son ex-épouse. • CE 23 déc. 1976 : *JCP 1977. II. 18660, note Lindon ; RTD civ. 1977. 635, obs. Perrot.*

Art. R. 213-7 Les frais du paiement direct d'une pension alimentaire incombent au débiteur et aucune avance ne peut être demandée au créancier pour la mise en œuvre de la procédure. Si le débiteur ne peut être retrouvé ou si le paiement direct ne peut être obtenu, les émoluments de l'huissier de justice sont avancés par le Trésor public selon les modalités prévues au 16° de l'article R. 93 du code de procédure pénale. — *[Décr. n° 73-216 du 1er mars 1973, art. 5-1.]*

Art. R. 213-8 Le créancier d'aliments qui, de mauvaise foi, fait usage de la procédure de paiement direct peut être condamné à une amende civile d'un maximum de *(Décr. n° 2017-892 du 6 mai 2017, art. 67)* « 10 000 € ». — *[Décr. n° 73-216 du 1er mars 1973, art. 6.]*

BIBL. ► **Décr. n° 2017-892 du 6 mai 2017 :** LEBORGNE, *D. 2018. Pan. 1224* .

Art. R. 213-9 Devant le juge saisi d'une demande de pension alimentaire, le débiteur peut accepter que la pension donne lieu à paiement direct. En ce cas, il indique le tiers débiteur qui est chargé du paiement.

L'extrait du jugement constatant l'accord des parties est notifié au tiers débiteur selon les règles prévues aux premier et deuxième alinéas de l'article R. 213-1. — *[Décr. n° 73-216 du 1er mars 1973, art. 7.]*

Identification du tiers débiteur. Si le créancier accepte, devant le juge, le paiement direct, le débiteur doit lui indiquer le tiers chargé de ce paiement. • TI Melle, 1er oct. 1974 : *JCP 1975. IV. 6521, obs. J. A.* • TGI Nanterre, 22 janv. 1975 : *ibid.*

Art. R. 213-9-1 *(Décr. n° 2016-1907 du 28 déc. 2016, art. 11-3°)* La convention de divorce *(Décr. n° 2019-1380 du 17 déc. 2019, art. 12-2°)* « ou de la séparation de corps » par consentement mutuel prévue à l'article 229-1 du code civil peut prévoir que la pension alimentaire donne lieu à paiement direct.

En ce cas, le débiteur de la pension précise l'identité du tiers débiteur saisi chargé du paiement et ses coordonnées.

L'extrait de la convention constatant l'accord des parties est notifié au tiers débiteur selon les règles prévues aux premier et deuxième alinéas de l'article R. 213-1.

L'art. 11 du Décr. n° 2016-1907 du 28 déc. 2016 est applicable à Wallis-et-Futuna (Décr. préc., art. 41-III).

Art. R. 213-10 Lorsqu'un compte alimenté par des rémunérations du travail fait l'objet d'une procédure de paiement direct sur le fondement du présent chapitre, le tiers saisi laisse en toute hypothèse à la disposition du débiteur, sans qu'aucune demande soit nécessaire, la somme fixée à l'article R. 3252-5 du code du travail en application de l'article L. 3252-5 du même code.

En cas de pluralité de comptes, cette somme est imputée sur un seul d'entre eux. — *[Décr. n° 92-755 du 31 juill. 1992, art. 45.] — V. **C. trav.**, art. L. 3252-5 et R. 3252-5.*

SECTION II PAIEMENT DIRECT À LA DEMANDE D'UN ORGANISME DÉBITEUR DE PRESTATIONS FAMILIALES

(Décr. nº 2020-1201 du 30 sept. 2020, art. 3-2º, en vigueur le 1er juin 2021)

Art. R. 213-11 Lorsqu'un organisme débiteur de prestations familiales agit pour le compte d'un créancier d'aliments, il notifie la demande de paiement direct au tiers mentionné à l'article L. 213-1 par lettre recommandée avec demande d'avis de réception qui comprend, à peine de nullité, les mentions prévues par le deuxième alinéa de l'article R. 213-1 ainsi que les modalités de règlement des termes échus impayés.

Le règlement des sommes dues au titre des termes échus impayés est effectué par fractions mensuelles égales sur une période maximale de vingt-quatre mois selon les modalités suivantes, fixées par l'organisme débiteur des prestations familiales en tenant compte de l'exigence de célérité du paiement de la pension alimentaire et sous réserve des capacités de paiement du débiteur :

1º Sur une période minimale correspondant au nombre de termes échus impayés ;

2º Sur une période maximale de douze mois lorsque le nombre de termes échus impayés est inférieur ou égal à douze mois ;

3º Sur une période maximale de vingt-quatre mois lorsque le nombre de termes échus impayés est supérieur à douze mois.

Par dérogation aux quatre alinéas précédents, avec l'accord du débiteur, le règlement peut être effectué en une seule fois ou mensuellement par fractions égales sur une période maximale de six mois, lorsque le montant total des sommes dues par le débiteur au titre des pensions alimentaires impayées est inférieur à un montant, arrondi à l'euro supérieur, correspondant à 1,2 fois le montant de la base mensuelle de calcul des allocations familiales fixée en application de l'article L. 551-1 du code de la sécurité sociale.

Art. R. 213-12 La procédure de paiement direct mise en œuvre par un organisme débiteur de prestations familiales prend fin pour les termes à échoir au plus tard à l'issue du vingt-quatrième versement mensuel effectué par le tiers saisi.

Sous réserve des dispositions prévues par le troisième alinéa du I de l'article R. 582-8 du code de la sécurité sociale en cas d'intermédiation financière, l'organisme débiteur de prestations familiales notifie au tiers saisi la mainlevée de la procédure de paiement direct lorsque les conditions suivantes sont cumulativement remplies :

1º Les termes échus impayés ont été réglés par le tiers saisi ;

2º Postérieurement à l'apurement des termes échus impayés, les termes courants de la pension alimentaire ont été payés pendant douze mois consécutifs sans incident de paiement imputable au débiteur ;

3º Le débiteur demande la mainlevée de la procédure à l'organisme débiteur de prestations familiales.

Art. R. 213-13 Pour l'application des dispositions des cinquième et sixième alinéas de l'article R. 213-1 et de l'article R. 213-2, lorsqu'un organisme débiteur de prestations familiales forme lui-même une demande de paiement direct, les références faites à l'huissier de justice s'entendent de la référence faite à l'organisme débiteur de prestations familiales.

Pour l'application des dispositions de l'article R. 213-4, lorsqu'un organisme débiteur *de prestations* familiales forme lui-même une demande de paiement direct, les références faites au créancier de la pension alimentaire s'entendent de la référence faite à l'organisme débiteur de prestations familiales.

TITRE DEUXIÈME LA SAISIE DES BIENS CORPORELS

CHAPITRE PREMIER LA SAISIE-VENTE

BIBL. ▶ MONACHON, *JCP 1997. I. 4044* (les limites de la saisie-vente).

SECTION PREMIÈRE DISPOSITIONS GÉNÉRALES

Art. R. 221-1 Le commandement de payer prévu à l'article L. 221-1 contient à peine de nullité :

1° Mention du titre exécutoire en vertu duquel les poursuites sont exercées avec le décompte distinct des sommes réclamées en principal, frais et intérêts échus ainsi que l'indication du taux des intérêts ;

2° Commandement d'avoir à payer la dette dans un délai de huit jours faute de quoi il peut y être contraint par la vente forcée de ses biens meubles. – *[Décr. n° 92-755 du 31 juill. 1992, art. 81.]*

1. Exigence d'une créance liquide. V. notes ss. art. L. 111-6.

2. Valeur du commandement de payer. Il ressort des art. 50 de la L. n° 91-650 du 9 juill. 1991 [devenu C. pr. exéc., art. L. 122-3] et 81 du Décr. n° 92-755 du 31 juill. 1992 [devenu C. pr. exéc., art. R. 221-1] que la signification d'un commandement aux fins de saisie-vente engage la procédure d'exécution. • Civ. 2e, 16 déc. 1998, n° 96-18.255 P : *D. 1999. Somm. 221, obs. (crit.) Julien*. ♦ V. dans le même sens : en application de l'art. 2244 C. civ. et de l'art. L. 221-1 C. pr. exéc., le commandement à fin de saisie-vente qui, sans être un acte d'exécution, engage la mesure d'exécution forcée, interrompt le délai de prescription de la créance qu'elle tend à recouvrer. • Civ. 2e, 1er juin 2017, n° 16-17.589 : *AJDI 2017. 611 ; RDBF 2017, n° 214, note Piedelièvre ; Procédures 2017, n° 183, obs. Raschel.* ♦ *Contra,* la délivrance du commandement de payer ne constitue qu'un acte préparatoire à la saisie-exécution (sous l'empire de l'art. 583 ACPC, mais la solution était transposable à la saisie-vente). • Com. 14 mars 1995, n° 93-10.927 P : *RTD civ. 1995. 969, obs. Perrot*.

3. Mention du titre exécutoire. Pour la censure en vertu de l'obligation de mentionner le titre exécutoire en vertu duquel les poursuites sont exercées d'un arrêt ayant retenu qu'une obligation de restitution résultait de plein droit d'un arrêt de cour d'appel statuant sur renvoi après cassation, alors que cet arrêt s'était borné à confirmer un jugement qui avait débouté le débiteur saisi qui prétendait que la société poursuivante n'avait pas qualité pour engager la procédure de saisie-vente et que les titres exécutoires mentionnés dans le commandement n'étaient pas susceptibles de fonder les poursuites de sa demande à l'encontre du créancier poursuivant, de sorte qu'il ne s'agissait pas de la décision ouvrant droit à restitution et que cet arrêt ne pouvait donc constituer un titre exécutoire autorisant la mise en œuvre d'une procédure de saisie-vente, V. • Civ. 2e, 11 sept. 2003, n° 01-16.703 P : *D. 2004. Somm. 1497, obs. Taormina ; Procédures 2003, n° 255, note Perrot ; Dr. et pr. 2004. 41, note Putman ; Gaz. Pal. 29 févr.-2 mars 2004, p. 32, obs. Brenner.* ♦ V. aussi note *2 ss. art. R. 211-1.*

4. Mentions du commandement prévues à l'art. 81 [devenu C. pr. exéc., art. R. 221-1]. Est entaché de nullité le commandement de payer qui, en violation des dispositions de l'art. 81 [devenu C. pr. exéc., art. R. 221-1], ne contient pas l'indication du taux d'intérêt appliqué. Cette omission fait grief aux débiteurs qui sont dans l'impossibilité de calculer le montant exact de leur dette. • Paris, 12 mai 1998 : *Rev. huiss. 1999. 539, note Bourdillat* (annulation du commandement et de tous les actes ultérieurs). ♦ De même font grief des commandements de payer calculant les intérêts à un taux unique, à compter d'une date déterminée, sans conformité aux décisions mises à exécution, lesquelles avaient sérié les condamnations, et distingué pour chacune la date de départ du calcul des intérêts et leur taux. • Aix-en-Provence, 13 févr. 2004 : *JCP 2004. IV. 3092.*

5. Sur la validité du commandement visant un « décret art. 81 » et contenant la menace d'une saisie des biens meubles corporels du débiteur à l'expiration d'un délai de huitaine, V. • Aix-en-Provence, 13 févr. 2004 : *préc. note 4.*

6. Subsidiarité. V. ss. notes art. L. 221-2.

7. Cause de la saisie. Un commandement fait pour une somme supérieure au montant réel de la dette reste valable à concurrence de ce montant. • Civ. 3e, 6 mai 1998, n° 96-14.339 P : *JCP 1998. II. 10180, note E. du Rusquec ; RG proc. 1999. 115, obs. Putman.* ♦ V. dans le même sens : • Civ. 1re, 17 mai 2017, n° 16-21.907 : *AJDI 2017. 538*. ♦ *Contra :* • TGI Toulouse, 11 janv. 1971 : *D. 1971. Somm. 90* • TGI Nancy, 11 avr. 1974 : *D. 1974. Somm. 71.*

8. Distraction des biens saisis. Doit être ordonnée la distraction d'objets saisis en faveur du tiers qui s'en prétend propriétaire, au motif que ce dernier fournit des factures acquittées par ses soins, justifiant ainsi en être propriétaire pour les avoir acquis par lui-même et en son nom, sans pour autant qu'il n'ait à apporter la preuve d'un contrat de dépôt oral des objets entre les mains de son père, le lien filial dispensant les parties d'un contrat écrit ayant date certaine. • Paris, 5 févr. 1998 : *Rev. huiss. 1998. 688, note Dahan.* ♦ En tant que tiers aux poursuites, la concubine n'a pas qualité pour invoquer la nullité de la saisie, mais peut exercer l'action en distraction des biens saisis. • Civ. 2e, 10 nov. 1998 : *Gaz. Pal. 25 févr. 1999, Pan. 42 ; RG proc. 1999. 267, obs. Putman.*

9. Frais et dépens. Les demandes relatives aux frais, émoluments et débours afférents à une procédure d'exécution diligentée par un huissier de justice en recouvrement de l'état de frais d'un avoué ne relèvent pas de la compétence du premier président d'une cour d'appel statuant en matière de taxe, mais, selon leur montant, du TI ou du TGI dans le ressort duquel l'officier public ou ministériel exerce ses fonctions. Ainsi en est-il des frais du commandement aux fins de saisie-vente qui engage la procédure d'exécution. • Civ. 2e, 14 févr. 2008 : *cité note 2 ss. art. 52 C. pr. civ.*

Art. R. 221-2 Le montant prévu à l'article L. 221-2 est de 535 € en principal. L'autorisation prévue au même article est donnée par le juge de l'exécution saisi sur requête. — *[Décr. nº 92-755 du 31 juill. 1992, art. 82.]*

Imputation prioritaire. Viole les art. 1254 C. civ., ensemble les art. 51, al. 1er, de la L. nº 91-650 du 9 juill. 1991 [devenu C. pr. exéc., art. L. 221-2] et 82 du Décr. nº 92-755 du 31 juill. 1992 [devenu C. pr. exéc., art. R. 221-2], l'arrêt d'appel qui énonce qu'à la date du procès-verbal de saisie-vente, le débiteur avait versé la somme de 2 211,93 € de sorte que le solde de la créance en principal se chiffrait à 393,05 €, montant inférieur au plafond en dessous duquel le créancier ne peut agir qu'avec l'autorisation préalable du JEX, alors qu'elle constatait que la créance en principal s'élevait à la somme de 2 604,98 € et qu'à défaut de convention contraire, les versements effectués à hauteur de 1 935,03 € par le débiteur devaient s'imputer d'abord sur les frais exposés par la caisse en vue du recouvrement de sa créance dont ils étaient l'accessoire. • Civ. 2e, 19 févr. 2009 : *Procédures 2009, nº 149, note Perrot.*

Art. R. 221-3 Dans le cas prévu à l'article R. 221-2 et sous réserve des dispositions de l'article R. 221-7, le commandement de payer signifié au débiteur contient à peine de nullité :

1º Mention du titre exécutoire en vertu duquel les poursuites sont exercées avec le décompte distinct des sommes réclamées en principal, frais et intérêts échus ainsi que l'indication du taux des intérêts ;

2º Commandement d'avoir à payer dans un délai de huit jours les sommes indiquées avec l'avertissement qu'à défaut de paiement et si aucune saisie sur un compte de dépôt ou sur les rémunérations n'est possible il peut y être contraint par la vente forcée de ses biens meubles ;

3º Injonction de communiquer à l'huissier de justice du poursuivant, dans un délai de huit jours, les nom et adresse de son employeur et les références de ses comptes bancaires ou l'un de ces deux éléments seulement. — *[Décr. nº 92-755 du 31 juill. 1992, art. 83.]*

1. Irrégularité de la notification. Un commandement de payer, délivré en application des art. 82 et 83 [devenus respectivement C. pr. civ., art. R. 221-2 et R. 221-3], signifié à mairie, mais n'ayant pas été réitéré alors même que le débiteur, médecin, pouvait aisément être touché à personne pendant les heures de consultation, ne peut permettre au créancier de se prévaloir de l'impossibilité de saisir le compte bancaire ou des rémunérations du travail ; le créancier ne peut par conséquent poursuivre valablement, sans avoir au préalable saisi le procureur de la République, la procédure de saisie-vente, laquelle est à bon droit déclarée irrégulière. • Douai, 22 déc. 1994 : *Rev. huiss. 1995. 593, obs. Dahan.*

2. Vice de forme. L'irrégularité de la notification du commandement de payer constitue un vice de forme. • Civ. 2e, 17 nov. 2005, nº 04-10.741 P : *Procédures 2006, nº 4, obs. Perrot.*

Art. R. 221-4 Le commandement de payer ne peut être signifié à domicile élu. Il peut être délivré dans l'acte de signification du jugement. — *[Décr. nº 92-755 du 31 juill. 1992, art. 84.]*

Art. R. 221-5 Si, dans un délai de deux ans qui suit le commandement de payer, aucun acte *d'exécution* n'est intervenu, les poursuites ne peuvent être engagées que sur un nouveau commandement. Toutefois, l'effet interruptif de prescription du commandement demeure. — *[Décr. nº 92-755 du 31 juill. 1992, art. 85.]*

BIBL. ▶ LAUVERGNAT, *Gaz. Pal. 6-7 sept. 2013, p. 14* (l'effet interruptif du commandement de payer avant saisie-vente : le temps presse !).

1. Renonciation à un droit (condition). La renonciation à un droit ne se déduit pas de la seule inaction ou du silence de son titulaire, une cour d'appel ne peut annuler un commandement de saisie-vente au motif que la créancière n'a poursuivi aucune mesure d'exécution ni fait de demande de règlement amiable et a ainsi renoncé aux poursuites. • Civ. 1re, 4 oct. 2005, nº 03-13.375 P : *Procédures 2005, nº 278, note Perrot.*

2. Interruption de la prescription. Le commandement aux fins de saisie-vente qui, sans être un acte d'exécution forcée, engage la mesure d'exécution forcée, interrompt la prescription de la créance qu'elle tend à recouvrer. • Civ. 2e, 13 mai 2015 : *cité note 4 ss. art. L. 221-1.* ♦ V. dans le même sens, à l'égard de la caution hypothécaire : • Civ. 2e, 1er juin 2017 : *cité note 4 ss. art. L. 221-1.* ♦ La délivrance d'un commandement de payer avant saisie-vente ; même s'il n'a pas été signifié au siège social de la société débitrice mais à la personne de son gérant qui se trouvait en un autre lieu, interrompt valablement la prescription du titre exécutoire. • Civ. 2e, 12 mai 2016, nº 15-15.969 P : *Dr. et pr. 2016. 110, note Dorol.*

3. Sanction. Caducité (non). Viole l'art. R. 221-5, la cour d'appel qui, pour constater la caducité des commandements à fin de saisie-vente et dire n'y avoir lieu de prononcer l'annulation ou la mainlevée de ces commandements, retient que le commandement de payer se trouve frappé de caducité si, à l'expiration d'un délai de deux ans suivant sa signification, aucun acte d'exécution n'est intervenu, alors que ledit art. R. 221-5 ne prévoit pas une telle sanction. • Civ. 2e, 16 mars 2017, nº 16-12.610 P : *D. actu. 6 avr. 2017, obs. Payan ; JCP 2017. 365, obs. Laporte ; Dr. et pr. 2017. 67, obs. Dorol ; RDBF 2017, nº 128, note Piedelièvre ; JCP 2017. 365, obs. Laporte.* ♦ Dans le même sens : • Civ. 2e, 1er juin 2017, nº 16-17.589 : *cité note 4 ss. art. L. 221-1.*

Art. R. 221-6 **Tous les biens mobiliers corporels saisissables appartenant au débiteur peuvent faire l'objet d'une saisie-vente y compris ceux qui ont été saisis antérieurement à titre conservatoire. Dans ce dernier cas, il est fait application des articles R. 522-12 à R. 522-14.** — *[Décr. nº 92-755 du 31 juill. 1992, art. 86.]*

Art. R. 221-7 **I. — Pour les créances** *(Abrogé par Décr. nº 2021-1221 du 23 sept. 2021, art. 1er, à compter du 1er janv. 2022)* **« de l'État » recouvrées par les comptables** *(Décr. nº 2021-1221 du 23 sept. 2021, art. 1er, en vigueur le 1er janv. 2022)* **« publics** *[ancienne rédaction : de la direction générale des finances publiques et pour les créances des collectivités territoriales, de leurs établissements publics et des autres personnes morales de droit public dotées d'un comptable public]* **», la saisie-vente est précédée d'un commandement de payer ou de la mise en demeure de payer prévue par** *(Décr. nº 2021-1221 du 23 sept. 2021, art. 1er, en vigueur le 1er janv. 2022)* **« l'article L. 257 du livre des procédures fiscales** *[ancienne rédaction : les articles L. 257-0 A et L. 257-0 B du livre des procédures fiscales, L. 1617-5 du code général des collectivités territoriales et L. 2323-2 du code général de la propriété des personnes publiques]* **».**

II. — Pour les créances mentionnées au I du présent article d'un montant supérieur à la somme mentionnée à l'article R. 221-2, le commandement de payer contient à peine de nullité :

1º Mention du titre exécutoire en vertu duquel les poursuites sont exercées avec le décompte distinct des sommes réclamées en principal, frais et intérêts échus ainsi que l'indication du taux des intérêts et des pénalités éventuelles ;

2º Commandement d'avoir à payer la dette dans un délai de huit jours faute de quoi le redevable pourra y être contraint par la vente forcée de ses biens meubles.

III. — Par dérogation à l'article R. 221-3, pour les créances mentionnées au I du présent article d'un montant inférieur ou égal à la somme mentionnée à l'article R. 221-2, le commandement de payer contient à peine de nullité :

1º Mention du titre exécutoire en vertu duquel les poursuites sont exercées, avec le décompte distinct des sommes réclamées en principal, frais et intérêts échus ainsi que l'indication du taux des intérêts et des pénalités éventuelles ;

2º Commandement de payer dans un délai de huit jours les sommes indiquées avec l'avertissement qu'à défaut de paiement et si aucune saisie sur un compte de dépôt ou sur les rémunérations n'est possible le redevable pourra y être contraint par la vente forcée de ses biens meubles ;

3º Injonction au redevable de communiquer, dans un délai de huit jours, au comptable poursuivant les nom, adresse de son employeur et les références de ses comptes bancaires ou postaux, ou l'un de ces éléments seulement. — *[Décr. nº 92-755 du 31 juill. 1992, art. 296.]*

Pour l'application des art. R. 221-7 et R. 221-8 C. pr. exéc. à Mayotte et jusqu'à la date d'application à cette collectivité du code général des impôts et des autres dispositions de nature fiscale dans les conditions prévues par le I de l'art. 11 de la L. nº 2010-1487 du 7 déc. 2010 relative au Département de Mayotte, les dispositions qu'ils contiennent sont remplacées par celles le cas échéant applicables localement ayant le même objet.

Toutefois, le précédent alinéa n'est pas applicable en ce qu'ils concernent les créances étrangères à l'impôt et au domaine ainsi que les créances des collectivités territoriales, de leurs établissements publics et des autres personnes morales de droit public dotées d'un comptable public (Décr. n° 2012-783 du 30 mai 2012, art. 10-II).

1. Recouvrement des créances de l'État. Les dispositions de l'art. 296 (III, 3°) [devenu C. pr. exéc., art. R. 221-7], régissant le recouvrement des créances de l'État, n'exigeant pas que le commandement de payer indique que le procureur de la République pourra être saisi en vue de la recherche des informations nécessaires, dès lors que le trésorier justifie de son impossibilité, par des recherches internes, de pratiquer une saisie-vente sur un compte ou sur des rémunérations du travail, la saisie-vente a été régulièrement pratiquée. • Civ. 2e, 19 sept. 2002, n° 00-20.587 P : *Gaz. Pal. 14-15 mars 2003, p. 17, obs. Brenner ; Dr. et pr. 2003. 43, obs. Bourdillat.*

2. Vice de forme du commandement. Le défaut de mention des références de l'état exécutoire sur le commandement de payer constitue une irrégularité pour vice de forme affectant ce commandement, dont la nullité ne peut dès lors être prononcée que s'il est justifié d'un grief. • Civ. 2e, 3 oct. 2006, n° 01-03.515 P.

Art. R. 221-8 **Par dérogation à l'article R. 221-5, pour le recouvrement des créances visées au I de l'article R. 221-7 si, dans le délai de deux ans qui suit le commandement ou la mise en demeure de payer, aucun acte de poursuite quel qu'il soit ou règlement partiel n'est intervenu, la saisie-vente ne peut être engagée que sur un nouveau commandement ou une nouvelle mise en demeure de payer.**

Dans tous les cas, l'effet interruptif de prescription de ceux-ci demeure. — *[Décr. n° 92-755 du 31 juill. 1992, art. 297.]*

V. note ss. art. R. 221-7.

SECTION II LES OPÉRATIONS DE SAISIE

SOUS-SECTION 1 DISPOSITIONS COMMUNES

Art. R. 221-9 **La saisie peut être faite en tout lieu où se trouvent les biens mobiliers appartenant au débiteur même s'ils sont détenus par un tiers.** — *[Décr. n° 92-755 du 31 juill. 1992, art. 87.]*

Notion de tiers détenteur. Il résulte de l'art. 87 [devenu C. pr. exéc., art. R. 221-9] que, même si l'Administration des douanes ne dispose pas de titre justifiant sa rétention d'un vase en or, elle devient nécessairement un tiers détenteur et dispose de titres exécutoires suffisants pour poursuivre l'exécution forcée sur les biens des débiteurs conformément à l'art. 2 de la L. n° 91-650 du 9 juill. 1991 [devenu C. pr. exéc., art. L. 111-2], d'autant plus que ce vase est le seul bien disponible sur le territoire national, suite à l'organisation de leur insolvabilité par les débiteurs. • Aix-en-Provence, 22 janv. 2003 : *JCP 2004. IV. 1055.*

Art. R. 221-10 **Les opérations de saisie ne peuvent commencer qu'à l'expiration d'un délai de huit jours à compter de la signification du commandement de payer.** — *[Décr. n° 92-755 du 31 juill. 1992, art. 88.]*

Art. R. 221-11 **Lorsqu'une autorisation du juge est requise pour procéder à la saisie, l'huissier de justice la porte à la connaissance, selon le cas, du débiteur ou du détenteur ; l'autorisation est annexée au procès-verbal de saisie.** — *[Décr. n° 92-755 du 31 juill. 1992, art. 89.]*

Art. R. 221-12 **L'huissier de justice peut, le cas échéant, photographier les objets saisis. Ces photographies sont conservées par lui en vue de la vérification des biens saisis. Elles ne peuvent être communiquées qu'à l'occasion d'une contestation portée devant le juge.** — *[Décr. n° 92-755 du 31 juill. 1992, art. 90.]*

Art. R. 221-13 **Les biens saisis sont indisponibles.**

Si une cause légitime rend leur déplacement nécessaire, le gardien est tenu d'en informer préalablement le créancier ; il lui indique le lieu où ils seront placés. — *[Décr. n° 92-755 du 31 juill. 1992, art. 91.]*

Annulation du PV de saisie-vente. Sur la portée du sursis à exécution d'une décision annulant un procès-verbal de saisie-vente, V. : • Com. 2 juin 2015, n° 14-12.230 P : *cité note 14 ss. art. R. 121-22.*

Art. R. 221-14 Si aucun bien n'est susceptible d'être saisi, l'huissier de justice dresse un procès-verbal de carence.

Il en est de même si, manifestement, aucun bien n'a de valeur marchande. – *[Décr. nº 92-755 du 31 juill. 1992, art. 92.]*

L'acte de carence ne peut être transposé à la saisie-attribution. • Riom, 13 sept. 2005 : *Dr. et pr. 2005. 31, obs. Menut.*

Art. R. 221-14-1 *(Décr. nº 2021-1888 du 29 déc. 2021, art. 2, en vigueur le 1er janv. 2023)* L'huissier de justice qui a procédé à la saisie des biens consulte le registre prévu à l'article R. 521-1 du code de commerce et signifie le procès-verbal de saisie dans un délai de huit jours à compter de son établissement aux créanciers titulaires d'une sûreté publiée sur ces biens.

SOUS-SECTION 2 LES OPÉRATIONS DE SAISIE ENTRE LES MAINS DU DÉBITEUR

Art. R. 221-15 Avant toute opération de saisie, si le débiteur est présent, l'huissier de justice réitère verbalement la demande de paiement et informe le débiteur qu'il est tenu de faire connaître les biens qui auraient fait l'objet d'une saisie antérieure. – *[Décr. nº 92-755 du 31 juill. 1992, art. 93.]*

Art. R. 221-16 L'acte de saisie contient à peine de nullité :

1º La référence au titre en vertu duquel la saisie est pratiquée ;

2º L'inventaire des biens saisis comportant une désignation détaillée de ceux-ci ;

3º Si le débiteur est présent, la déclaration de celui-ci au sujet d'une éventuelle saisie antérieure des mêmes biens ;

4º La mention, en caractères très apparents, que les biens saisis sont indisponibles, qu'ils sont placés sous la garde du débiteur, qu'ils ne peuvent être ni aliénés ni déplacés, si ce n'est dans le cas prévu au deuxième alinéa de l'article R. 221-13, sous peine des sanctions prévues à l'article 314-6 du code pénal et que le débiteur est tenu de faire connaître la présente saisie à tout créancier qui procéderait à une nouvelle saisie des mêmes biens ;

5º L'indication, en caractères très apparents, que le débiteur dispose d'un délai d'un mois pour procéder à la vente amiable des biens saisis dans les conditions prescrites aux articles R. 221-30 à R. 221-32 ;

6º La désignation de la juridiction devant laquelle sont portées les contestations relatives à la saisie-vente ;

7º L'indication, le cas échéant, des nom, prénom et qualité des personnes qui ont assisté aux opérations de saisie, lesquelles apposent leur signature sur l'original et les copies ; en cas de refus, il en est fait mention dans l'acte ;

8º La reproduction des dispositions de l'article 314-6 du code pénal et des articles R. 221-30 à R. 221-32. – *[Décr. nº 92-755 du 31 juill. 1992, art. 94.]*

1. Sanction de l'omission de la mention du délai. Dès lors qu'un procès-verbal portant l'ancienne mention « saisie-exécution » ne comporte pas la mention du délai pour procéder à la vente amiable ni l'indication de la juridiction devant laquelle doivent être portées les contestations, la nullité de l'acte doit être prononcée. • TGI Paris, JEX, 23 mars 1993 : *D. 1994. Somm. 344, obs. Julien* ; *Rev. huiss. 1993. 1058.*

2. Sanction de la mention détaillée des biens saisis. Une cour d'appel justifie légalement sa décision de déclarer valables des opérations de saisie dès lors que les seuls numéros d'immatriculation des véhicules saisis figurant sur l'exemplaire du procès-verbal de saisie remis au débiteur peuvent lui permettre, facilement et sans aucune hésitation, étant un professionnel, d'identifier les biens saisis. • Civ. 2e, 30 sept. 1999, nº 97-17.180 P : *D. 1999. IR 249* ; *Procédures 1999, nº 246, obs. Perrot* ; *Gaz. Pal. 25 mars 2000, Somm., obs. Véron.* ♦ Il ne saurait être reproché à une cour d'appel qui, pour annuler une saisie-vente après avoir relevé que le procès-verbal de saisie-vente mentionnait seulement la saisie d'une « collection de livres (500 unités) », retient que cette mention est insuffisante pour répondre aux prescriptions de l'art. 94-2º du décret [devenu C. pr. exéc., art. R. 221-16 2º]. • Civ. 2e, 30 sept. 1999 : *préc.* ♦ Les biens saisis ayant été désignés par lots et le lot étant une quantité imprécise, la saisie ne répond pas aux exigences du 2º de l'art. 94 [devenu C. pr. exéc., art. R. 221-16] et, en conséquence, est nulle. • TGI Lyon, 2 nov. 1993 : *Gaz. Pal. 1994. Somm. 235.*

3. Dettes fiscales. Ce texte est applicable en cas de saisie-vente pratiquée par l'administration des impôts, en l'absence de disposition particulière du Livre des procédures fiscales. Dans ce cas, l'acte de saisi doit indiquer aussi que, préalablement à la saisine du JEX, il devait soumettre sa contestation à l'administration. • TGI Lyon, JEX, 7 déc. 1993 : *BICC, 1994, n° 742.*

4. Mention des témoins. Doit apparaître sur l'acte l'indication des nom, prénom, et qualité des personnes ayant assisté aux opérations de saisie, lesquelles doivent apposer leur signature sur l'original et les copies de l'acte. Lorsque les mentions de l'acte révèlent la présence du commissaire de police, et sa signature illisible, sans ses nom et prénom et qu'il n'apparaît pas, cependant, au vu du procès-verbal de saisie-vente que le débiteur, qui était présent sur les lieux, se soit opposé à ce que l'huissier accède à son habitation, l'intervention du commissaire de police est superflue, l'absence d'indication de ses nom et prénom ne pouvant alors entraîner la nullité de l'acte. • Paris, 7 juin 2001 : *D. 2001. IR 2806*.

5. Mention du code pénal. L'art. 400 C. pén. visé au 8° de l'art. 94 [devenu C. pr. exéc., art. R. 221-16] s'entend aujourd'hui de l'art. L. 314-6 du nouveau code pénal (détournement d'objets saisis).

6. Inscription de faux. En cas d'inscription de faux, seule la véracité des énonciations portées par l'officier public est contestée ; l'exactitude de la mention du procès-verbal de saisie relatant les opérations doit s'apprécier indépendamment de la validité de la saisie, en considération de la réalité des diligences et formalités décrites et non de leur nécessité ou de leur inutilité. • Civ. 1re, 7 mars 2006, n° 04-11.542 P : *D. 2007. Pan. 1387, obs. Julien*.

Art. R. 221-17 Si le débiteur est présent aux opérations de saisie, l'huissier de justice lui rappelle verbalement le contenu des mentions du 4° de l'article R. 221-16. Il lui rappelle également la faculté qui lui est ouverte de procéder à la vente amiable des biens saisis dans les conditions prescrites aux articles R. 221-30 à R. 221-32.

Il est fait mention de ces déclarations dans l'acte. Une copie de l'acte de saisie portant les mêmes signatures que l'original lui est immédiatement remise. Cette remise vaut signification. – *[Décr. n° 92-755 du 31 juill. 1992, art. 95.]*

Art. R. 221-18 Si le débiteur n'a pas assisté aux opérations de saisie, une copie de l'acte lui est signifiée, qui lui impartit un délai de huit jours pour qu'il porte à la connaissance de l'huissier de justice l'existence d'une éventuelle saisie antérieure et qu'il lui en communique le procès-verbal. – *[Décr. n° 92-755 du 31 juill. 1992, art. 96.]*

Vice de forme. Le non-respect de cette obligation constitue un vice de forme qui n'entraîne la nullité de l'acte de saisie que si le saisi établit en avoir subi un grief. • TGI Lyon, 7 déc. 1993 : *BICC, 1994, n° 742 ; RTD civ. 1995. 195, obs. (crit.) Perrot*.

Art. R. 221-19 Le débiteur conserve l'usage des biens rendus indisponibles par la saisie à moins qu'il ne s'agisse de biens consomptibles.

Toutefois, le juge de l'exécution peut ordonner sur requête, à tout moment et même avant le début des opérations de saisie, la remise d'un ou plusieurs objets à un séquestre qu'il désigne.

En outre, si parmi les biens saisis se trouve un véhicule terrestre à moteur, celui-ci peut être immobilisé jusqu'à son enlèvement en vue de la vente par l'un des procédés prévus pour l'application de l'article L. 223-2. – *[Décr. n° 92-755 du 31 juill. 1992, art. 97.]*

Art. R. 221-20 Les sommes en espèces peuvent être saisies à concurrence du montant de la créance du saisissant. Elles sont séquestrées entre les mains de l'huissier de justice.

Il en est fait mention dans l'acte de saisie lequel indique, en outre, à peine de nullité, que le débiteur dispose d'un délai d'un mois à compter de la signification de l'acte pour former une contestation devant le juge de l'exécution du lieu de la saisie qui est désigné dans l'acte.

En cas de contestation, à défaut d'ordonner le versement au créancier ou la restitution au débiteur, le juge de l'exécution en ordonne la consignation auprès de la Caisse des dépôts et consignations.

A défaut de contestation dans le délai imparti, les sommes sont immédiatement versées au créancier. Elles viennent en déduction des sommes réclamées. – *[Décr. n° 92-755 du 31 juill. 1992, art. 98.]*

SOUS-SECTION 3 LES OPÉRATIONS DE SAISIE ENTRE LES MAINS D'UN TIERS

Art. R. 221-21 Sur présentation du commandement de payer signifié au débiteur et à l'expiration du délai de huit jours après sa date, prévu à l'article R. 221-10, l'huissier de justice peut saisir entre les mains d'un tiers les biens que celui-ci détient pour le compte du débiteur.

Il l'invite à déclarer les biens qu'il détient pour le compte de celui-ci et, parmi ces derniers, ceux qui auraient fait l'objet d'une saisie antérieure.

En cas de refus de déclaration ou de déclaration inexacte ou mensongère, le tiers peut être condamné au paiement des causes de la saisie sauf son recours contre le débiteur. Il peut aussi être condamné à des dommages et intérêts. – *[Décr. n° 92-755 du 31 juill. 1992, art. 99.]*

Art. R. 221-22 Si le tiers déclare ne détenir aucun bien appartenant au débiteur ou s'il refuse de répondre, il en est dressé acte. Celui-ci est remis ou signifié au tiers avec l'indication en caractères très apparents de la sanction prévue à l'article R. 221-21. – *[Décr. n° 92-755 du 31 juill. 1992, art. 100.]*

Art. R. 221-23 Si le tiers déclare détenir des biens pour le compte du débiteur, l'acte de saisie contient à peine de nullité :

1° La référence au titre en vertu duquel la saisie est pratiquée ;

2° La mention des nom et domicile du tiers ;

3° La déclaration du tiers et, en caractères très apparents, l'indication que toute déclaration inexacte ou mensongère l'expose à être déclaré garant des sommes réclamées au débiteur sans préjudice d'une condamnation à des dommages-intérêts ;

4° L'inventaire des biens saisis comportant une désignation détaillée de ceux-ci ;

5° La mention, en caractères très apparents, que les objets saisis sont indisponibles, qu'ils sont placés sous la garde du tiers, qu'ils ne peuvent être ni aliénés ni déplacés, si ce n'est dans le cas prévu au deuxième alinéa de l'article R. 221-13, sous peine des sanctions prévues à l'article 314-6 du code pénal et que le tiers est tenu de faire connaître la présente saisie à tout créancier qui procéderait à une saisie sur les mêmes biens ;

6° La mention que le tiers peut se prévaloir des dispositions de l'article R. 221-27 qui est reproduit dans l'acte ;

7° L'indication que le tiers peut faire valoir ses droits sur les biens saisis, par déclaration ou par lettre recommandée avec demande d'avis de réception adressée à l'huissier de justice du créancier saisissant ;

8° La désignation de la juridiction devant laquelle sont portées les contestations relatives à la saisie-vente ;

9° L'indication, le cas échéant, des nom, prénoms et qualité des personnes qui ont assisté aux opérations de saisie, lesquelles apposent leur signature sur l'original et sur les copies ; en cas de refus, il en est fait mention dans l'acte ;

10° La reproduction des dispositions de l'article 314-6 du code pénal. – *[Décr. n° 92-755 du 31 juill. 1992, art. 101.]*

Art. R. 221-24 Si le tiers est présent aux opérations de saisie, l'huissier de justice lui rappelle verbalement le contenu des mentions des 3°, 5° et 6° de l'article R. 221-23. Il est fait mention de cette déclaration dans l'acte. Une copie de l'acte de saisie portant les mêmes signatures que l'original lui est immédiatement remise. Cette remise vaut signification. – *[Décr. n° 92-755 du 31 juill. 1992, art. 102, al. 1er.]*

Art. R. 221-25 Lorsque le tiers n'a pas assisté aux opérations de saisie, la copie de l'acte lui est signifiée en lui impartissant un délai de huit jours pour qu'il porte à la connaissance de l'huissier de justice l'existence d'une éventuelle saisie antérieure sur les mêmes biens et qu'il lui en communique le procès-verbal. – *[Décr. n° 92-755 du 31 juill. 1992, art. 102, al. 2.]*

Art. R. 221-26 A peine de caducité, une copie de l'acte est signifiée au débiteur huit jours au plus tard après la saisie.

A peine de nullité, il est indiqué que le débiteur dispose d'un délai d'un mois pour procéder à la vente amiable des biens saisis dans les conditions prescrites aux articles R. 221-30 à R. 221-32 qui sont reproduits. – *[Décr. n° 92-755 du 31 juill. 1992, art. 103.]*

Art. R. 221-27 Le tiers peut refuser la garde des biens saisis. Il peut demander à en être déchargé à tout moment. L'huissier de justice pourvoit à la nomination d'un gardien et à l'enlèvement des biens. – *[Décr. nº 92-755 du 31 juill. 1992, art. 104.]*

Art. R. 221-28 Sous réserve du droit d'usage dont le tiers pourrait être titulaire sur les biens saisis, le juge de l'exécution peut ordonner sur requête, à tout moment et même avant le début des opérations de saisie, la remise d'un ou de plusieurs objets à un séquestre qu'il désigne.

Si parmi les biens saisis se trouve un véhicule terrestre à moteur, celui-ci peut, sous la même réserve, être immobilisé entre les mains du tiers jusqu'à son enlèvement en vue de la vente par l'un des procédés prévus pour l'application de l'article L. 223-2. – *[Décr. nº 92-755 du 31 juill. 1992, art. 105.]*

Art. R. 221-29 Si le tiers se prévaut d'un droit de rétention sur le bien saisi, il en informe l'huissier de justice par lettre recommandée avec demande d'avis de réception à moins qu'il n'en ait fait la déclaration au moment de la saisie.

Dans le délai d'un mois, le créancier saisissant peut contester le droit de rétention devant le juge de l'exécution du lieu où demeure le tiers. Le bien demeure indisponible durant l'instance.

A défaut de contestation dans le délai d'un mois, la prétention du tiers est réputée fondée pour les besoins de la saisie. – *[Décr. nº 92-755 du 31 juill. 1992, art. 106.]*

Interruption du droit de rétention. Le droit de rétention s'exerçant tant qu'il est la suite nécessaire de la convention d'origine, et la jurisprudence imposant un lien de connexité entre le contrat d'origine et la détention ultérieure du bien, il importe peu qu'un véhicule ait été utilisé par son propriétaire pendant plus d'un an sans que ce dernier se soit acquitté de l'intégralité de son prix et qu'il y ait eu interruption du droit de rétention du vendeur, dès lors qu'il existe un lien suffisant entre la seconde remise de la chose (en vue d'une réparation sous garantie) et les conventions d'origine. • Grenoble, ch. urgences, 5 mars 2013 : *Dr. et pr. 2003. 308, note Leborgne.*

SECTION III LA MISE EN VENTE DES BIENS SAISIS

SOUS-SECTION 1 LA VENTE AMIABLE

Art. R. 221-30 Le débiteur dispose d'un délai d'un mois à compter de la notification de l'acte de saisie pour procéder lui-même à la vente des biens saisis.

Les biens saisis restent indisponibles sous la responsabilité du gardien. En aucun cas, ils ne peuvent être déplacés avant le paiement du prix. – *[Décr. nº 92-755 du 31 juill. 1992, art. 107.]*

1. Non-respect du délai. Sur l'annulation de la signification de vente notifiant une date d'enchères pour non-respect du délai d'un mois. • TGI Paris, JEX, 30 mars 1995 : *Rev. huiss. 1996. 727, note Dahan.*

2. Défaut de consignation. L'acquéreur éventuel qui offre de consigner immédiatement le prix de vente doit procéder à la consignation à l'expiration du délai d'un mois prévu par *l'art. 107 Décr. 31 juill. 1992* [devenu C. pr. exéc., art. R. 221-30] augmenté du délai de 15 jours imparti au créancier pour prendre parti sur la vente amiable, sans attendre la notification d'une absence d'opposition des créanciers. Ayant constaté qu'à la suite d'une telle offre, la consignation n'avait pas été faite à l'expiration de ce délai, une cour d'appel en a exactement déduit qu'il n'y avait pas eu transfert de propriété et qu'il pouvait être procédé à la vente forcée. • Civ. 2e, 21 janv. 1999, nº 96-19.047 P : *D. 1999. 41 ; Gaz. Pal., 2 sept. 1999, nº 245, p. 19, note Véron.*

Art. R. 221-31 L'information prévue au troisième alinéa de l'article *(Décr. nº 2013-109 du 30 janv. 2013, art. 7-2º)* « L. 221-3 » est faite par écrit et comporte le nom et l'adresse de l'acquéreur éventuel ainsi que le délai dans lequel ce dernier s'offre à verser le prix proposé.

L'huissier de justice communique ces indications au créancier saisissant et aux créanciers opposants par lettre recommandée avec demande d'avis de réception. *(Décr. nº 2021-1888 du 29 déc. 2021, art. 2, en vigueur le 1er janv. 2023)* « Il les communique également aux créanciers titulaires d'une sûreté publiée par lettre recommandée avec demande d'avis de réception reproduisant, en caractères très apparents, les deux alinéas qui suivent.

« Chaque créancier dispose d'un délai de quinze jours à compter de la réception de la lettre pour prendre parti sur les propositions de vente amiable. En l'absence de réponse, il est réputé avoir accepté.

« Chaque créancier titulaire d'une sûreté publiée doit également, dans le même délai, faire connaître à l'huissier de justice la nature et le montant de sa créance. A défaut, il perd le droit de concourir à la distribution des deniers résultant de la vente amiable, sauf à faire valoir ses droits sur un solde éventuel après la répartition *[ancienne rédaction : Ceux-ci disposent d'un délai de quinze jours pour prendre parti. En l'absence de réponse, ils sont réputés avoir accepté]* **».**

A défaut de vente amiable, il ne peut être procédé à la vente forcée qu'après l'expiration du délai d'un mois prévu à l'article R. 221-30, augmenté s'il y a lieu du délai de quinze jours imparti aux créanciers pour donner leur réponse. — *[Décr. n° 92-755 du 31 juill. 1992, art. 108.]*

L'art. 7 du Décr. n° 2013-109 du 30 janv. 2013 est applicable à Wallis-et-Futuna (Décr. préc., art. 8).

1. Diligence de l'huissier de justice. S'il apparaît que l'huissier de justice n'a pas communiqué à tous les créanciers concourant sur les biens saisis les indications du débiteur quant à une offre d'achat et qu'il n'a pas respecté le délai de 15 jours qui lui est imparti pour faire connaître la position des créanciers, ces derniers sont réputés avoir accepté la proposition de vente amiable. • TGI Paris, JEX, 9 févr. 1995 : *BICC, 15 nov. 1995, n° 1201.*

2. Illustration. Pour une application de l'al. 4. • TGI Paris, JEX, 9 févr. 1995 : *préc. note 1.*

Art. R. 221-32 Le prix de la vente est versé entre les mains de l'huissier de justice du créancier saisissant.

Le transfert de la propriété et la délivrance des biens sont subordonnés au paiement du prix.

A défaut de paiement dans le délai convenu, il est procédé à la vente forcée. — *[Décr. n° 92-755 du 31 juill. 1992, art. 109.]*

Nouvel art. R. 221-32 *(Décr. n° 2021-1888 du 29 déc. 2021, art. 2, en vigueur le 1er janv. 2023)* ***Le prix de la vente est versé entre les mains de l'huissier de justice du créancier saisissant, qui en délivre récépissé auquel est annexé un extrait des inscriptions au registre mentionné à l'article R. 521-1 du code de commerce levé en application de l'article R. 221-14-1.***

Le transfert de la propriété et la délivrance des biens sont subordonnés au paiement du prix.

Il est procédé, sur justification du paiement du prix, à la radiation des inscriptions de sûretés prises sur les biens vendus du chef du débiteur saisi.

A défaut de paiement dans le délai convenu, il est procédé à la vente forcée.

SOUS-SECTION 2 LA VENTE FORCÉE

Art. R. 221-33 La vente est effectuée aux enchères publiques soit au lieu où se trouvent les objets saisis, soit en une salle des ventes ou tout autre lieu ouvert au public dont la situation géographique est la plus appropriée pour solliciter la concurrence à moindres frais.

Le choix appartient au créancier sous la réserve des conditions prescrites par l'article 3 de l'ordonnance du 26 juin 1816 par laquelle ont été institués les commissaires-priseurs judiciaires et de la compétence territoriale de l'officier ministériel chargé de la vente. — *[Décr. n° 92-755 du 31 juill. 1992, art. 110.]*

Art. R. 221-34 La publicité de la vente est effectuée par affiches indiquant les lieu, jour et heure de celle-ci et la nature des biens saisis.

Les affiches sont apposées à la mairie de la commune où demeure le débiteur saisi et au lieu de la vente. Cette publicité obligatoire est faite à l'expiration du délai prévu au dernier alinéa de l'article R. 221-31 et huit jours au moins avant la date fixée pour la vente.

La vente peut également être annoncée par voie de presse.

L'huissier de justice certifie l'accomplissement des formalités de publicité. — *[Décr. n° 92-755 du 31 juill. 1992, art. 111.]*

Sanctions. La Cour de cassation a cassé un arrêt qui, pour accueillir la demande en annulation du procès-verbal d'enlèvement des meubles saisis et en restitution de ces meubles, avait énoncé que le procès-verbal est irrégulier dès lors que les mesures de publicité de la vente n'avaient pas été accomplies et que cette irrégularité, causant un préjudice au débiteur saisi, ne pouvait qu'être sanctionnée par la nullité de l'acte et l'obligation de restituer les objets enlevés. La deuxième chambre civile a jugé qu'en statuant ainsi, sans rechercher en quoi l'absence d'accomplissement des mesures de publicité, non prévues à peine de nullité, constituait l'inobservation d'une formalité substantielle ou d'ordre public, la cour d'appel avait privé sa décision de base légale au regard de l'art. 114 NCPC [devenu C. pr. civ.]. • Civ. 2e, 30 avr. 2002, n° 99-17.111 P : *D. 2002. IR 1734 ; Procédures 2002, n° 161, note Perrot.*

Art. R. 221-35 **Le débiteur est avisé par l'huissier de justice des lieu, jour et heure de la vente, huit jours au moins avant sa date, par lettre simple ou par tout moyen approprié. Il en est fait mention dans le certificat prévu à l'article R. 221-34.** — *[Décr. n° 92-755 du 31 juill. 1992, art. 112.]*

Sanction. – Nullité. Ce texte, qui régit l'établissement du procès-verbal de vérification des biens saisis, n'exige aucune mention particulière à peine de nullité. Les dispositions d'autres textes ne peuvent être invoquées pour fonder la nullité éventuelle de ce procès-verbal par omission de mention qu'il n'a pas à comporter. Cet acte a pour but de faire comparer par l'officier chargé de la vente la liste des objets saisis et la présence effective de ces objets pour noter les objets manquants, qui auraient été détournés par le gardien, ou relever des détériorations récentes. L'usage s'étant instauré de noter sur cet acte la liste des objets enlevés, quand elle ne recouvre pas la liste des objets saisis, cette mention supplémentaire ne saurait préjudicier au débiteur saisi. Le débiteur saisi n'excipant d'aucun grief direct que cet acte lui aurait causé par ses prétendues irrégularités, la demande de nullité de la saisie-appréhension doit être rejetée. • Paris, 27 sept. 2001 : *D. 2001. IR 2949 ; Dr. et pr. 2002. 48, note Bourdillat.* ♦ Les obligations prévues à l'art. 112 [devenu C. pr. exéc., art. R. 221-35] sont sanctionnées par la nullité de l'acte (art. 131 du Décr. [devenu C. pr. exéc., art. R. 221-54]). • TGI Lyon, 17 oct. 1995 : *Rev. huiss. 1996. 475, note Dahan.*

Art. R. 221-36 **La consistance et la nature des biens saisis sont vérifiées, avant la vente, par l'officier ministériel chargé de la vente. Il en est dressé acte. Seuls sont mentionnés les objets manquants et ceux qui auraient été dégradés.**

Les dispositions de l'article R. 221-12 sont applicables. — *[Décr. n° 92-755 du 31 juill. 1992, art. 113.]*

1. Prérogatives. Le commissaire-priseur n'est pas habilité à pénétrer par la force au domicile d'un saisi pour y exercer son ministère et procéder à la vérification des meubles saisis avant la vente ; cette faculté est réservée à l'huissier de justice (L. n° 91-650 du 9 juill. 1991 [devenu C. pr. exéc., art. L. 142-1]). • TGI Paris, JEX, 7 janv. 2000 : *D. 2000. 751, note Bourdillat.*

2. Mentions. L'art. 113 [devenu C. pr. exéc., art. R. 221-36] n'exige aucune mention particulière à peine de nullité ; les dispositions d'autres textes ne peuvent être invoquées pour fonder la nullité éventuelle de ce procès-verbal par omission de mention qu'il n'a pas à comporter. • Paris, 27 sept. 2001 : *D. 2001. IR 2949 ; Dr. et pr. 2002. 48, note Bourdillat.*

Art. R. 221-36-1 *(Décr. n° 2021-1888 du 29 déc. 2021, art. 2, en vigueur le 1er janv. 2023)* **Le créancier saisissant qui fait procéder à l'enlèvement des biens en vue de leur vente forcée en informe, par lettre recommandée avec demande d'avis de réception, les créanciers titulaires d'une sûreté publiée sur les mêmes biens. A peine de nullité,** ***cette lettre indique le nom*** **et l'adresse de l'officier ministériel chargé de la vente et reproduit en caractères très apparents l'alinéa qui suit.**

Chaque créancier, dans un délai de quinze jours à compter de la réception de la lettre, fait connaître à l'officier ministériel chargé de la vente la nature et le montant de sa créance au jour de l'enlèvement. A défaut de réponse dans le délai imparti, il perd le droit de concourir à la distribution des deniers résultant de la vente forcée, sauf à faire valoir ses droits sur un solde éventuel après répartition.

Art. R. 221-37 **La vente est faite par un officier ministériel habilité par son statut à procéder à des ventes aux enchères publiques de meubles corporels et, dans les cas prévus par la loi, par des courtiers de marchandises assermentés.** — *[Décr. n° 92-755 du 31 juill. 1992, art. 114, al. 1er.]*

Art. R. 221-38 L'adjudication est faite au plus offrant, après trois criées. Le prix est payable comptant. Faute de paiement par l'adjudicataire, l'objet est revendu sur réitération des enchères. – *[Décr. n° 92-755 du 31 juill. 1992, art. 114, al. 2.]*

Revente à la « folle enchère ». Toute vente à la folle enchère de l'adjudicataire entraîne, pour ce dernier, l'obligation de payer la différence du prix entre le prix d'adjudication du bien et celui de sa revente. • Civ. 2e, 12 juin 2003, n° 01-13.069 P : *D. 2004. Somm. 1487, obs. Taormina ; Gaz. Pal. 29 févr.-2 mars 2004, p. 34, obs. Brenner.*

Art. R. 221-39 Il est dressé acte de la vente. Cet acte contient la désignation des biens vendus, le montant de l'adjudication et l'énonciation déclarée des nom et prénoms des adjudicataires. *(Décr. n° 2021-1888 du 29 déc. 2021, art. 2, en vigueur le 1er janv. 2023)* « Il y est annexé un extrait des inscriptions au registre mentionné à l'article R. 521-1 du code de commerce levé en application de l'article R. 221-14-1.

« Il est procédé, sur justification du paiement du prix, à la radiation des inscriptions de sûretés prises sur les biens vendus du chef du débiteur saisi. »

SECTION IV LES INCIDENTS DE SAISIE

Art. R. 221-40 Les contestations relatives à la saisie-vente sont portées devant le juge de l'exécution du lieu de la saisie. – *[Décr. n° 92-755 du 31 juill. 1992, art. 117.]*

SOUS-SECTION 1 L'OPPOSITION DES CRÉANCIERS

Art. R. 221-41 Pour l'application des dispositions du deuxième alinéa de l'article L. 221-1, il peut être procédé, au besoin, à une saisie complémentaire.

Aucune opposition ne peut être reçue après la vérification des biens. – *[Décr. n° 92-755 du 31 juill. 1992, art. 118.]*

1. Saisie-vente subséquente à la saisie par immobilisation. L'art. 118 [devenu respectivement C. pr. exéc., art. R. 221-41], en ce qu'il prévoit une opposition-jonction, ne fait pas obstacle à ce qu'une saisie-vente d'un véhicule puisse être pratiquée après une saisie par immobilisation de ce véhicule. • Civ. 2e, 20 nov. 2003, n° 01-15.192 P : *D. 2004. Somm. 1493, obs. Taormina ; Procédures 2004, n° 26, note Perrot ; Dr. et pr. 2004. 162, note Bourdillat ; Gaz. Pal. 21-22 juill. 2004, p. 29, obs. Brenner.*

2. Nullité de la saisie. La saisie ayant été pratiquée entre les mains d'un tiers qui, non seulement n'avait pas la garde matérielle des objets saisis, mais encore n'en avait pas la détention juridique, il convient de déclarer la saisie nulle et de nul effet. • TGI Périgueux, 17 févr. 1994 : *D. 1994. Somm. 344, obs. Julien .*

Art. R. 221-42 A peine de nullité, l'acte d'opposition contient l'indication du titre exécutoire en vertu duquel elle est formée, le décompte distinct des sommes réclamées en principal, frais et intérêts échus, ainsi que l'indication du taux des intérêts.

L'acte d'opposition est signifié au créancier premier saisissant à moins que l'opposition n'ait été formée par lui pour ajouter une nouvelle créance ou étendre l'assiette de la saisie antérieure. Il est également signifié au débiteur.

Le créancier premier saisissant poursuit seul la vente. – *[Décr. n° 92-755 du 31 juill. 1992, art. 119.]*

Art. R. 221-43 Tout créancier opposant peut étendre la saisie initiale à d'autres biens. Il est dressé un acte de saisie qui comprend un inventaire complémentaire dans les conditions prescrites aux articles R. 221-12 et R. 221-16 à R. 221-19.

Cet acte est signifié au créancier premier saisissant et au débiteur.

Le droit de faire procéder à un inventaire complémentaire appartient également au créancier premier saisissant. – *[Décr. n° 92-755 du 31 juill. 1992, art. 120.]*

Pour une application. • TGI Dijon, 1er févr. 1994 : *Rev. huiss. 1994. 700, note Dahan.*

Art. R. 221-44 Si, à l'occasion d'une saisie, le débiteur présente au créancier l'acte établi lors d'une précédente saisie, ce dernier procède par voie d'opposition comme il est dit à l'article R. 221-42. Il peut pratiquer sur-le-champ une saisie complémentaire dans les conditions prescrites aux articles R. 221-12 et R. 221-16 à R. 221-19.

L'acte complémentaire est signifié au créancier premier saisissant en même temps que l'acte d'opposition. L'un et l'autre sont signifiés au débiteur. – *[Décr. n° 92-755 du 31 juill. 1992, art. 121.]*

Art. R. 221-45 En cas d'extension de la saisie initiale, il n'est procédé à la vente forcée sur l'ensemble des biens saisis qu'à l'expiration du dernier délai en date imparti pour leur vente amiable.

Toutefois, il peut être procédé à la vente forcée immédiate de ceux des biens pour lesquels le délai imparti en vue de leur vente amiable est expiré soit avec l'accord du débiteur ou l'autorisation du juge de l'exécution, soit si les formalités de publicité avaient déjà été effectuées au moment de l'opposition. – *[Décr. n° 92-755 du 31 juill. 1992, art. 122.]*

Art. R. 221-46 A défaut par le créancier premier saisissant d'avoir fait procéder aux formalités de la mise en vente forcée à l'expiration des délais prévus, tout créancier opposant lui est subrogé de plein droit après sommation infructueuse d'y procéder dans un délai de huit jours.

Le créancier premier saisissant est déchargé de ses obligations. Il est tenu de mettre les pièces utiles à la disposition du créancier subrogé. – *[Décr. n° 92-755 du 31 juill. 1992, art. 123.]*

Art. R. 221-47 La mainlevée de la saisie-vente ne peut résulter que d'une décision du juge ou de l'accord du créancier saisissant et des créanciers opposants. – *[Décr. n° 92-755 du 31 juill. 1992, art. 124.]*

Art. R. 221-48 La nullité de la première saisie n'entraîne pas la caducité des oppositions si ce n'est lorsqu'elle résulte d'une irrégularité dans le déroulement des opérations de saisie.

Cette nullité est dépourvue de conséquences sur la saisie complémentaire. – *[Décr. n° 92-755 du 31 juill. 1992, art. 125.]*

SOUS-SECTION 2 LES CONTESTATIONS RELATIVES AUX BIENS SAISIS

Art. R. 221-49 Les demandes relatives à la propriété ou à la saisissabilité ne font pas obstacle à la saisie mais suspendent la procédure pour les biens saisis qui en sont l'objet. – *[Décr. n° 92-755 du 31 juill. 1992, art. 126.]*

Faute du créancier saisissant (non). N'a pas commis de faute la banque qui a procédé à la vente de meubles après saisie, malgré la contestation portant sur la propriété des biens saisis, dès lors que le délai d'appel et l'appel n'étant pas suspensifs en la matière, les demandes relatives à la propriété des biens saisis ne suspendent la procédure, sauf décision prise par le premier président en application de l'art. 31 du Décr. n° 92-755 du 31 juill. 1992 [devenu C. pr. exéc., art. R. 121-22], que jusqu'à ce que le JEX ait statué sur ces demandes. L'arrêt, qui a relevé que le saisissant avait fait procéder à la vente forcée des biens saisis après que le JEX a débouté le débiteur et les tiers revendiquants de leurs contestations, se trouve ainsi légalement justifié. • Civ. 2e, 27 avr. 2000, n° 98-16.187 P : *RTD civ. 2000. 642, obs. Perrot ; Gaz. Pal. 19 juill. 2001, Somm., obs. Véron.*

§ 1er LES CONTESTATIONS RELATIVES À LA PROPRIÉTÉ DES BIENS SAISIS

Art. R. 221-50 Le débiteur peut demander la nullité de la saisie portant sur un bien dont il n'est pas propriétaire. – *[Décr. n° 92-755 du 31 juill. 1992, art. 127.]*

1. Propriété des biens. Preuve. Rejet d'une demande en nullité d'un procès-verbal de saisie-vente par les débiteurs, en raison de l'insuffisance de preuves que les meubles saisis ne leur appartiendraient pas. • Paris, 2 juill. 1998 : *Rev. huiss. 1999. 207, note Dahan.* – V. également • Toulouse, 24 avr. 2004 : *Procédures 2005, n° 105, note Piedelièvre.*

2. Tiers. Recevabilité (non). L'art. 127 du Décr. du 31 juill. 1992 [devenu C. pr. exéc., art. R. 221-52] réservant au débiteur la possibilité de demander la nullité de la saisie portant sur un bien dont il n'est pas propriétaire, l'action en nullité exercée par le tiers qui se prétend propriétaire de ce bien est irrecevable. • Com. 12 juill. 2012, n° 11-10.624 P : *Gaz. Pal. 2012. 2816, note Bléry ; RDBF 2012, n° 157, obs. Piedelièvre ; Dr. fisc. 48/12, n° 540, note Maublanc.*

Art. R. 221-51 **Le tiers qui se prétend propriétaire d'un bien saisi peut demander au juge de l'exécution d'en ordonner la distraction.**

A peine d'irrecevabilité, la demande précise les éléments sur lesquels se fonde le droit de propriété invoqué.

Le créancier saisissant met en cause les créanciers opposants. Le débiteur saisi est entendu ou appelé. — *[Décr. nº 92-755 du 31 juill. 1992, art. 128.]*

1. Articulation avec la revendication. L'absence de revendication, qui a pour seul effet de rendre le droit de propriété inopposable à la procédure collective mais n'entraîne pas transfert de la propriété des biens au débiteur, n'interdit pas au tiers qui se prétend propriétaire d'un bien saisi entre les mains de ce dernier d'en demander la distraction, pour s'opposer au droit du créancier saisissant sans préjudicier au droit de gage général des créanciers antérieurs au jugement d'ouverture. • Com. 26 nov. 2002, nº 01-03.980 P : *D. 2003. AJ 67 ; Dr. et pr. 2003. 175, note Bourdillat ; Gaz. Pal. 5-6 sept. 2003, p. 9, obs. Brenner.*

2. Suspension de la procédure. Le délai d'appel et l'appel n'étant pas suspensifs en la matière, les demandes relatives à la propriété des biens saisis ne suspendent la procédure, sauf décision prise par le premier président en application de l'art. 31 du décret [devenu C. pr. exéc., art. R. 121-22], que jusqu'à ce que le JEX ait statué sur ces demandes. Justifie légalement sa décision la cour qui, pour débouter les appelants de leur demande en réparation du préjudice par eux subi du fait de la vente forcée des biens dont ils contestaient la propriété et dire que le saisissant n'a pas commis de faute, relève que ce dernier a fait procéder à la vente forcée des biens saisis après que le JEX ait débouté le débiteur et les tiers revendiquants de leurs contestations. • Civ. 2e, 27 avr. 2000, nº 98-16.187 P : *D. 2000. IR 158 ; RTD civ. 2000. 642, obs. Perrot ; Gaz. Pal. 19 juill. 2001, Somm., obs. Véron.*

3. Prescription de la créance. L'action en distraction, prévue par l'art. 128 [devenu C. pr. exéc., art. R. 221-51], ne pouvant porter que sur la propriété des biens saisis, seul le débiteur saisi est recevable à invoquer le moyen tiré de la prescription de la créance cause de la saisie. • Civ. 2e, 25 oct. 2007, nº 06-19.071 P : *D. 2007. AJ 2281 ; ibid. 2008. Pan. 1173, obs. Leborgne ; Procédures 2008, nº 13, note Perrot ; Gaz. Pal. 2008. Somm. 2347, note Brenner.*

Art. R. 221-52 **L'action en distraction cesse d'être recevable après la vente des biens saisis ; seule peut alors être exercée l'action en revendication.**

Toutefois, le tiers reconnu propriétaire d'un bien déjà vendu peut en distraire le prix, non diminué des frais, jusqu'à la distribution des sommes produites par la vente. — *[Décr. nº 92-755 du 31 juill. 1992, art. 129.]*

Recevabilité de l'action. Dès lors qu'à la date de l'action en distraction du prix le produit de la vente n'est pas encore distribué, l'action est recevable (rejet du moyen tiré du délai d'un mois prévu par l'art. 283 [devenu C. pr. exéc., art. R. 251-1]). • Civ. 2e, 8 avr. 2004, nº 02-16.842 P : *D. 2004. IR 1564 ; Procédures 2004, nº 152, note Perrot ; CCC 2004, nº 103, note Leveneur ; Dr. et pr. 2004. 276, note Putman ; Gaz. Pal. 11-13 sept. 2005, p. 18, note Brenner.* ♦ Comp., jugeant qu'une action en distraction, régulièrement formée avant la vente des biens saisis, devient irrecevable du fait de leur vente intervenue postérieurement : • Paris, 31 août 2000 : *Dr. et pr. 2001. 47, obs. (crit.) Hoonakker.*

§ 2 LES CONTESTATIONS RELATIVES À LA VALIDITÉ DE LA SAISIE

Art. R. 221-53 **Les contestations sur la saisissabilité des biens compris dans la saisie sont portées devant le juge de l'exécution par le débiteur ou par l'huissier de justice agissant comme en matière de difficultés d'exécution.**

Lorsque l'insaisissabilité est invoquée par le débiteur, la procédure est introduite dans le délai d'un mois à compter de la signification de l'acte de saisie.

Le créancier est entendu ou appelé. — *[Décr. nº 92-755 du 31 juill. 1992, art. 130.]*

1. Domaine. L'art. 130 [devenu C. pr. exéc., art. R. 251-53] (auquel ne renvoient pas les art. 178 s. régissant la saisie de droits d'associés et de valeurs mobilières [devenus respectivement C. pr. exéc., art. R. 232-1 s.]) concerne la saisie-vente et ne peut donc être appliqué à une saisie d'une autre nature. • Paris, 14 nov. 2002 : *D. 2003. IR 468.* ♦ V. note 1 ss. art. R. 232-6.

2. Délai d'un mois. Les contestations relatives à la saisissabilité des biens compris dans une saisie-vente sont régies exclusivement par l'art. 130 [devenu C. pr. exéc., art. R. 221-53] dont il résulte que lorsque l'insaisissabilité est invoquée par le débiteur, la demande doit être formée dans le délai d'un mois à compter de la signification de l'acte de saisie. • Civ. 2e, 24 juin 2004, nº 02-20.764 P.

3. Ayant constaté que le procès-verbal d'une

saisie a été adressé le 12 oct. 1992 et que le débiteur saisi a formé sa contestation, sur la saisissabilité des biens compris dans la saisie, le 13 mai 1994, soit après l'expiration du délai d'un mois couru à compter de la signification de l'acte de saisie, une cour d'appel en déduit justement que la demande est tardive. • Civ. 2e, 30 sept. 1999, n° 97-17.180 P : *D. 1999. IR 249* ; *Gaz. Pal. 25 mars 2000. Somm., obs. Véron.*

4. Irrecevabilité. L'irrecevabilité n'est opposable au saisi qu'à la condition qu'il ait été informé, par l'acte de saisie, des modalités et du délai de recours. • Civ. 2e, 16 déc. 2004, n° 03-12.430 P : *D. 2005. IR 246* ; *RDBF 2005. 63, obs. S. P.*

Art. R. 221-54 **La nullité de la saisie pour vice de forme ou de fond autre que l'insaisissabilité des biens compris dans la saisie peut être demandée par le débiteur jusqu'à la vente des biens saisis. Le créancier saisissant met en cause les créanciers opposants.**

Si la saisie est déclarée nulle après la vente mais avant la distribution du prix, le débiteur peut demander la restitution du produit de la vente. — *[Décr. n° 92-755 du 31 juill. 1992, art. 131.]*

1. Droit d'agir. Un tiers aux poursuites de saisie n'est pas recevable à invoquer la nullité de la saisie prévue à l'art. 131 [devenu C. pr. exéc., art. R. 221-54]. • Civ. 2e, 10 nov. 1998, n° 96-18.740 P : *Gaz. Pal. 2 sept. 1999, n° 245, p. 18, note Véron.*

2. La loi ne limite pas le droit d'agir en nullité de la saisie des valeurs mobilières à des personnes qualifiées. Encourt dès lors la cassation l'arrêt qui, pour déclarer irrecevable la demande en nullité et mainlevée d'une saisie pratiquée sur la nue-propriété de valeurs nominatives et au porteur présentée par l'usufruitière, se borne à énoncer que celle-ci n'a pas qualité pour contester la saisie. • Civ. 2e, 22 févr. 2007, n° 06-11-838 P : *JCP 2007. I. 200, obs. Serinet* ; *Gaz. Pal. 2008. Somm. 2346, obs. Brenner.*

Art. R. 221-55 **Le juge qui annule la saisie peut laisser à la charge du débiteur tout ou partie des frais qu'elle a occasionnés si le débiteur s'est abstenu de demander la nullité en temps utile.** — *[Décr. n° 92-755 du 31 juill. 1992, art. 132.]*

Art. R. 221-56 **La demande en nullité ne suspend pas les opérations de saisie à moins que le juge n'en dispose autrement.** — *[Décr. n° 92-755 du 31 juill. 1992, art. 133.]*

1. Suspension des opérations de saisie. En application de l'art. 133 [devenu C. pr. exéc., art. R. 221-56], le JEX ne peut suspendre les opérations de saisie-vente que jusqu'à ce qu'il statue sur la demande en nullité de la vente. • Civ. 2e, 20 nov. 2003, n° 01-17.579 P : *D. 2004. Somm. 1492, obs. Taormina* ; *Procédures 2004, n° 27, note Perrot* ; *Dr. et pr. 2004. 160, note Salati.*

2. Illustration. V. • TGI Lyon, JEX, 4 mai 1993 : *cité note ss. art. R. 522-6.*

SECTION V **DISPOSITIONS PARTICULIÈRES À LA SAISIE DES RÉCOLTES SUR PIEDS**

RÉP. PR. CIV. v° *Saisie des récoltes sur pieds*, par Lefort.

DALLOZ ACTION *Droit et pratique des voies d'exécution 2022/2023*, nos 0721.00 s., par R. Lauba.

Art. R. 221-57 **Les récoltes sur pieds appartenant au débiteur peuvent être saisies dans les six semaines qui précèdent l'époque habituelle de la maturité.** — *[Décr. n° 92-755 du 31 juill. 1992, art. 134.]*

Art. R. 221-58 **A peine de nullité, le procès-verbal de saisie est établi conformément aux dispositions de l'article R. 221-16, à l'exception toutefois des mentions qui figurent au 2° de cet article, lesquelles sont remplacées par la description du terrain où sont situées les récoltes, avec sa contenance, sa situation et l'indication de la nature des fruits.** — *[Décr. n° 92-755 du 31 juill. 1992, art. 135.]*

Art. R. 221-59 **Les récoltes sont placées sous la responsabilité du débiteur en tant que gardien. Toutefois, sur la demande du créancier saisissant, le juge de l'exécution peut désigner un gérant à l'exploitation, le débiteur entendu ou appelé.** — *[Décr. n° 92-755 du 31 juill. 1992, art. 136.]*

Art. R. 221-60 **La vente est annoncée par des affiches apposées à la mairie et au marché le plus proche du lieu où se trouvent les récoltes.**

Les affiches font mention des jour, heure et lieu de la vente et indiquent le terrain où sont situées les récoltes ainsi que sa contenance et la nature des fruits.

L'huissier de justice en certifie l'accomplissement. – *[Décr. nº 92-755 du 31 juill. 1992, art. 137.]*

Art. R. 221-61 La vente se déroule au lieu où se trouvent les récoltes ou au marché le plus voisin. – *[Décr. nº 92-755 du 31 juill. 1992, art. 138.]*

CHAPITRE II LA SAISIE-APPRÉHENSION ET LA SAISIE-REVENDICATION DES BIENS MEUBLES CORPORELS

BIBL. ► MÉLÉ, Le droit en tableaux, *Delmas 2009, p. 258.*

SECTION PREMIÈRE LA SAISIE-APPRÉHENSION

SOUS-SECTION 1 L'APPRÉHENSION EN VERTU D'UN TITRE EXÉCUTOIRE

Art. R. 222-1 Un bien meuble corporel peut être appréhendé entre les mains de celui qui est tenu de le remettre en vertu d'un titre exécutoire ou directement entre les mains d'un tiers qui le détient pour le compte de ce dernier.

Toutefois, s'il s'agit d'un véhicule terrestre à moteur immobilisé par l'un des procédés prévus pour l'application de l'article L. 223-2, il ne peut être appréhendé que selon les règles prescrites par les articles R. 223-6, R. 223-8, R. 223-9, R. 223-12 et R. 223-13. – *[Décr. nº 92-755 du 31 juill. 1992, art. 140.]*

§ 1er L'APPRÉHENSION ENTRE LES MAINS DE LA PERSONNE TENUE À LA REMISE

Art. R. 222-2 Un commandement de délivrer ou de restituer est signifié à la personne tenue de la remise. Ce commandement contient, à peine de nullité :

1° La mention du titre exécutoire en vertu duquel la remise est exigée ;

2° L'indication que la personne tenue de la remise peut, dans un délai de huit jours, transporter à ses frais le bien désigné en un lieu et dans les conditions indiqués ;

3° L'avertissement qu'à défaut de remise dans ce délai le bien peut être appréhendé à ses frais ;

4° L'indication que les contestations peuvent être portées devant le juge de l'exécution du lieu où demeure le destinataire de l'acte.

Le commandement peut être signifié dans le même acte que le jugement. – *[Décr. nº 92-755 du 31 juill. 1992, art. 141.]*

Art. R. 222-3 Le bien peut aussi être appréhendé immédiatement, sans commandement préalable et sur la seule présentation du titre exécutoire si la personne tenue de la remise est présente et si, sur la question qui lui est posée par l'huissier de justice, elle ne s'offre pas à en effectuer le transport à ses frais.

Dans ce cas, l'acte prévu à l'article R. 222-4 contient l'indication que les contestations peuvent être portées devant le juge de l'exécution du lieu où demeure celui auquel le bien est retiré. – *[Décr. nº 92-755 du 31 juill. 1992, art. 142.]*

Art. R. 222-4 Il est dressé acte de la remise volontaire ou de l'appréhension du bien.

Cet acte contient un état détaillé du bien. Le cas échéant, ce dernier peut être photographié ; la photographie est annexée à l'acte. – *[Décr. nº 92-755 du 31 juill. 1992, art. 143.]*

Art. R. 222-5 Si le bien a été appréhendé pour être remis à son propriétaire, une copie de l'acte prévu à l'article R. 222-4 est remise ou notifiée par lettre recommandée avec demande d'avis de réception à la personne tenue, en vertu du titre exécutoire, de délivrer ou de restituer le bien. – [Décr. nº 92-755 du 31 juill. 1992, art. 144.]

Art. R. 222-6 Dans le cas particulier où le bien a été appréhendé pour être remis à un créancier gagiste, l'acte de remise ou d'appréhension vaut saisie sous la garde du créancier, et, sous réserve que le créancier n'ait pas demandé l'attribution judiciaire du gage, il est procédé à la vente *(Décr. nº 2021-1888 du 29 déc. 2021, art. 2, en vigueur le 1er janv. 2023)* « forcée aux enchères publiques du bien gagé. Sauf si le créancier met en œuvre la procédure de réalisation simplifiée prévue par le second alinéa de l'article 2346 du code civil, cette vente a lieu » selon les modalités prévues aux articles R. 221-30 à R. 221-39.

Un acte est remis ou signifié au débiteur qui contient, à peine de nullité :

1° Une copie de l'acte de remise ou d'appréhension, selon le cas ;

2° L'indication du lieu où le bien est déposé ;

3° Le décompte distinct des sommes réclamées en principal, frais et intérêts échus ainsi que l'indication du taux des intérêts ;

(Décr. n° 2021-1888 du 29 déc. 2021, art. 2, en vigueur le 1er janv. 2023) « 4° Lorsque *[le]* créancier ne met pas en œuvre la procédure de réalisation simplifiée prévue par le second alinéa de l'article 2346 du code civil :

« *a)* L'indication, en caractères très apparents, que le débiteur dispose d'un délai d'un mois pour procéder à la vente amiable du bien saisi conformément aux dispositions des articles R. 221-30 à R. 221-32 et la date à partir de laquelle, à défaut de vente amiable dans ce délai, il peut être procédé à la vente forcée aux enchères publiques ;

« *b)* La reproduction des articles R. 221-30 à R. 221-32 ;

« 5° Lorsque *[le]* créancier met en œuvre la procédure de réalisation simplifiée prévue par le second alinéa de l'article 2346 du code civil :

« *a)* La mention, en caractères très apparents, de la date de la signification effectuée en application du second alinéa de l'article 2346 du code civil ;

« *b)* La reproduction du second alinéa de l'article 2346 du code civil *[ancienne rédaction : 4° L'indication, en caractères très apparents, que le débiteur dispose d'un délai d'un mois pour procéder à la vente amiable du bien saisi conformément aux dispositions des articles R. 221-30 à R. 221-32 et la date à partir de laquelle, à défaut de vente amiable dans ce délai, il peut être procédé à la vente forcée aux enchères publiques ;*

5° La reproduction des articles R. 221-30 à R. 221-32]. » — *[Décr. n° 92-755 du 31 juill. 1992, art. 145.]*

§ 2 L'APPRÉHENSION ENTRE LES MAINS D'UN TIERS

Art. R. 222-7 Lorsque le bien est détenu par un tiers, une sommation de remettre ce bien lui est directement signifiée. Elle est dénoncée par lettre recommandée avec demande d'avis de réception à la personne tenue de le délivrer ou de le restituer.

Cette sommation contient à peine de nullité :

1° Une copie du titre exécutoire en vertu duquel la remise est exigée et, s'il s'agit d'un jugement, du dispositif de celui-ci ;

2° Une injonction d'avoir, dans un délai de huit jours soit à remettre le bien désigné, soit à communiquer à l'huissier de justice, sous peine, le cas échéant, de dommages et intérêts, les raisons pour lesquelles il s'oppose à la remise ;

3° L'indication que les difficultés sont portées devant le juge de l'exécution du lieu où demeure le destinataire de l'acte. — *[Décr. n° 92-755 du 31 juill. 1992, art. 146.]*

VTM gagé. Sur la primauté de la procédure issue des art. 146 à 148 sur le décret du 30 sept. 1953 en matière de saisie des véhicules terrestres à moteur gagés, V. • Paris, 2 avr. 1998 : *D. 1999. Somm. 215, obs. Julien.*

Art. R. 222-8 A défaut de remise volontaire dans le délai imparti, le créancier saisissant peut demander au juge de l'exécution du lieu où demeure le tiers détenteur du bien d'ordonner la remise de celui-ci. Le juge de l'exécution peut également être saisi par le tiers.

La sommation prévue à l'article R. 222-7 et les mesures conservatoires qui auraient pu être prises deviennent caduques si le juge de l'exécution n'est pas saisi dans le mois qui suit le jour où la sommation a été signifiée. — *[Décr. n° 92-755 du 31 juill. 1992, art. 147.]*

Art. R. 222-9 Sur la seule présentation de la décision du juge de l'exécution prescrivant la remise du bien au requérant et d'une autorisation spéciale du juge délivrée sur requête s'il est situé dans des locaux servant à l'habitation du tiers, il peut être procédé à l'appréhension de ce bien. — *[Décr. n° 92-755 du 31 juill. 1992, art. 148, al. 1er.]*

Art. R. 222-10 Il est dressé acte de la remise ou de l'appréhension conformément aux dispositions de l'article R. 222-4. Une copie de cet acte est remise ou notifiée au tiers par lettre recommandée avec demande d'avis de réception.

Après l'enlèvement, la personne tenue de la remise en est informée comme il est dit aux articles R. 222-5 ou R. 222-6 selon le cas. – *[Décr. nº 92-755 du 31 juill. 1992, art. 148, al. 2 et 3.]*

SOUS-SECTION 2 L'APPRÉHENSION SUR INJONCTION DU JUGE

BIBL. ▸ NORMAND, *Rev. huiss. 1996. 7.*

Art. R. 222-11 A défaut de titre exécutoire, il peut être présenté une requête à fin d'injonction d'avoir à délivrer ou restituer un bien meuble déterminé.

La requête est portée devant le juge de l'exécution du lieu où demeure le débiteur. Toute clause contraire est réputée non avenue. Le juge saisi est tenu de relever d'office son incompétence. – *[Décr. nº 92-755 du 31 juill. 1992, art. 149.]*

1. Compétence juridictionnelle (aéronef). Sur la compétence du JEX et non pas du TI en matière de saisie-appréhension des aéronefs. • TGI Bobigny, 5 févr. 1993 : *Gaz. Pal. 1993. Somm. 116, obs. Renoux* (application de l'art. 149 du Décr. nº 92-755 du 31 juill. 1992 [devenu C. pr. exéc., art. R. 222-11]).

2. Introduction d'une action au fond (non). L'introduction d'une action au fond pour obtenir un titre exécutoire n'est pas une obligation : * Rép. min. nº 8488 : *JOAN Q 8 févr. 1994 ; JCP 1994. V. 41.*

3. Renonciation du créancier. Sur un rejet par un JEX d'une requête fondée sur l'art. 149 [devenu C. pr. exéc., art. R. 222-11], en raison du comportement du créancier valant renonciation de sa part à se prévaloir de la sûreté instituée par le Décr. nº 53-968 du 30 sept. 1953. • TGI Périgueux, JEX, 22 mars 1994 : *D. 1994. Somm. 345, obs. Julien* .

4. Faute du créancier. Commet une faute le créancier qui signifie une ordonnance qui n'avait plus d'objet (le propriétaire avait réglé sa dette). • TGI Riom, JEX, 23 mars 1993 : *D. 1994. Somm. 345, obs. Julien* .

Art. R. 222-12 A peine d'irrecevabilité, la requête contient la désignation du bien dont la remise est demandée, accompagnée de tout document justifiant cette demande. – *[Décr. nº 92-755 du 31 juill. 1992, art. 150.]*

Art. R. 222-13 L'ordonnance portant injonction de délivrer ou restituer est signifiée à celui qui est tenu de la remise.

La signification contient, à peine de nullité, sommation d'avoir, dans un délai de quinze jours :

1º Soit à transporter à ses frais le bien désigné en un lieu et dans les conditions indiquées ;

2º Soit, si le détenteur du bien a des moyens de défense à faire valoir, à former opposition au greffe du juge qui a rendu l'ordonnance, par déclaration contre récépissé ou par lettre recommandée avec demande d'avis de réception, faute de quoi l'ordonnance est rendue exécutoire. – *[Décr. nº 92-755 du 31 juill. 1992, art. 151.]*

1. Effet de l'ordonnance d'injonction. C'est à tort que le premier juge, après avoir analysé comme une opposition la demande en référé du débiteur, a déclaré ladite opposition recevable jusqu'à l'expiration d'un délai de quinze jours suivant le premier acte signifié au débiteur, cette disposition ajoutant à la loi et ne pouvant être retenue ; une telle ordonnance revêtue régulièrement de la formule exécutoire produit les effets d'un jugement contradictoire en dernier ressort conformément à l'art. 153 du décret [devenu C. pr. exéc., art. R. 222-15]. • Douai, 19 mai 1994 : *D. 1994. Somm. 345, obs. Julien ; Rev. huiss. 1995. 463, note Dahan.*

2. Recours. Une fois revêtue de la formule exécutoire, l'ordonnance portant injonction de délivrer ou de restituer, qui produit tous les effets d'un jugement contradictoire en dernier ressort, n'est pas susceptible de rétractation, mais peut faire l'objet d'un pourvoi en cassation pour contester la régularité de la délivrance de la formule exécutoire. • Civ. 2e, 4 nov. 2021, nº 19-22.832 B : *Procédures 2022*, nº 5, note Laher. ♦ Cette fin de non-recevoir présente un caractère d'ordre public et doit être relevée d'office. • Même arrêt.

Art. R. 222-14 En cas d'opposition, il appartient à celui qui demande la remise du bien de saisir la juridiction compétente pour statuer sur la délivrance ou la restitution du bien.

La requête et l'ordonnance d'injonction ainsi que les mesures conservatoires qui auraient été prises deviennent caduques si le juge du fond n'est pas saisi dans un délai de deux mois à compter de la signification de l'ordonnance. — *[Décr. n° 92-755 du 31 juill. 1992, art. 152.]*

1. Effet de l'ordonnance d'injonction. L'ordonnance enjoignant de restituer produit les effets d'un jugement contradictoire, une demande en référé ne vaut pas opposition. • Douai, 19 mai 1994 : *D. 1994. Somm. 345, obs. Julien ; Rev. huiss. 1995. 463, note Dahan.*

2. Respect du délai. Le juge du fond ayant été saisi dans le délai prévu au texte, il n'y a pas lieu de statuer sur la validité de la saisie-appréhension, ni d'ordonner la remise du bien saisi, l'ordonnance et sa signification valant saisie conservatoire, en attendant la décision du juge du fond. • TGI Toulon, ord., 16 févr. 1994 : *Gaz. Pal. 1994. Somm. 235.*

3. Caducité de l'ordonnance. Le débiteur ayant formé opposition à l'encontre d'une ordonnance portant injonction de restitution de biens meubles en faisant valoir qu'il souhaitait obtenir des délais de paiement, mais l'ordonnance étant devenue caduque en application de ce texte, le JEX devait, comme il l'a fait, constater cette caducité qui rendait le recours exercé par le débiteur sans objet, sans qu'il y ait lieu d'examiner le moyen de défense développé par le débiteur auquel il appartiendra, en tant que de besoin, de saisir la juridiction compétente pour l'octroi des délais de paiement sollicités. • Colmar, 28 mars 1994 : *D. 1994. Somm. 345, obs. Julien.*

4. Compétence. Il résulte des art. 151 et 152 du Décr. du 31 juill. 1992 [devenu respectivement C. pr. exéc., art. R. 222-13 et R. 222-14] qu'en cas d'opposition à une ordonnance portant injonction de délivrer ou de restituer il appartient à celui qui demande la remise du bien de saisir la juridiction compétente pour statuer sur la délivrance ou la restitution du bien. • Civ. 2e, 26 mars 1997, n° 95-11.258 P : *RTD civ. 1997. 746, obs. Perrot ; Procédures 1997, n° 146, obs. Perrot.* ♦ Le débiteur ayant formé opposition au greffe et le JEX l'ayant alors débouté de toutes ses prétentions, viole ce texte la cour qui, pour rejeter la demande en annulation du jugement, énonce qu'est tardive une exception d'incompétence soulevée par une partie qui avait conclu au fond en première instance, alors que l'opposition n'avait pas pour effet de saisir la juridiction du JEX, en sorte que la contestation soulevée ne s'analysait pas en une exception d'incompétence. • Même arrêt.

Art. R. 222-15 **En l'absence d'opposition dans le délai prescrit à l'article R. 222-13, le requérant peut demander au greffe l'apposition de la formule exécutoire. L'ordonnance ainsi visée produit tous les effets d'un jugement contradictoire en dernier ressort.** — *[Décr. n° 92-755 du 31 juill. 1992, art. 153.]*

Office du JEX. En conséquence de ce texte, le JEX n'a pas le pouvoir d'empêcher la restitution ordonnée, de la différer ou d'y surseoir. • TGI Lyon, JEX, 4 mai 1993 : *Gaz. Pal. 22 mai 1993. Somm., v° Leasing ; D. 1993. 435, note Prévault.*

Art. R. 222-16 **Au vu de l'ordonnance devenue exécutoire, il est procédé comme il est dit aux articles R. 222-2 à R. 222-10.**

Toutefois, le commandement de délivrer ou de restituer prévu par l'article R. 222-2 n'est pas requis si le bien est entre les mains de la personne mentionnée dans l'injonction et si l'appréhension du bien est entreprise moins de deux mois après que l'ordonnance a été rendue exécutoire.

S'il s'agit d'un véhicule terrestre à moteur, il peut être immobilisé par l'un des procédés prévus pour l'application de l'article L. 223-2. Dans ce cas, les articles R. 223-6, R. 223-8, R. 223-9, R. 223-12 et R. 223-13 sont seuls applicables. — *[Décr. n° 92-755 du 31 juill. 1992, art. 154.]*

SECTION II LA SAISIE-REVENDICATION

Art. R. 222-17 **Pour procéder à la saisie prévue à l'article L. 222-2, une autorisation préalable du juge délivrée sur requête est nécessaire, sauf dans les cas prévus par l'article L. 511-2.**

L'ordonnance portant autorisation désigne le bien qui peut être saisi ainsi que l'identité de la personne tenue de le délivrer ou de le restituer. Cette autorisation est opposable à tout détenteur du bien désigné. — *[Décr. n° 92-755 du 31 juill. 1992, art. 155.]*

1. Charge de la preuve. Il appartient à celui qui sollicite une mesure conservatoire, telle une saisie-revendication, d'établir le caractère apparent du droit qu'il invoque. • Civ. 2e, 31 mai 2001 : *RDBF 2001, n° 202, note Delleci.*

2. Souvenirs de famille. La saisie-revendication est ouverte à toute personne apparemment fondée à requérir la délivrance ou la restitution d'un bien. Ainsi, après avoir relevé la présence de souvenirs de famille parmi les biens proposés à la vente publique par le comte de Paris, c'est à bon droit que la cour d'appel a décidé que les autres membres de la famille, apparemment titulaires d'un droit à la conservation des souvenirs de famille dans l'intérêt de celle-ci, étaient fondés à s'opposer à l'aliénation de ces biens. La juridiction de l'exécution n'avait pas à constater, pour ordonner une saisie-revendication, que les requérants étaient apparemment les plus qualifiés pour se voir confier, à titre de dépôt, les souvenirs de famille. Cette condition n'est pas exigée par l'art. 155 [devenu C. pr. exéc., art. R. 222-17]. • Civ. 2e, 29 mars 1995, n° 93-18.769 P : *D. 1995. Somm. 330, obs. Grimaldi* ; *JCP 1995. II. 22477, note Hovasse-Banget.* ♦ Dans le même sens, l'arrêt objet du pourvoi. • Paris, 2 juill. 1993 : *JCP 1994. II. 22191, note Hovasse-Banget.* ♦ Et sur le fond du même litige. • TGI Paris, 1er mars 1995 : *JCP 1995. II. 22477, note Hovasse-Banget.*

3. Restitution. Le terme de restitution contenu à l'art. 155 [devenu C. pr. exéc., art. R. 222-17] indique qu'il s'agit d'un bien ou d'un document détenu par la personne qui formule la demande en restitution ; en conséquence, cet article concerne les originaux des documents à l'exclusion des copies et reproductions. • Paris, 21 déc. 2006 : *Dr. et pr. 2007. 279, obs. Lefort.*

4. La cour d'appel statuant comme juridiction de l'exécution n'a pas à constater, pour ordonner une saisie-revendication, que les requérants sont apparemment les plus qualifiés pour se voir confier, à titre de dépôt, des souvenirs de famille, cette condition n'étant pas exigée par ce texte. • Civ. 2e, 29 mars 1995 : *préc. note 2.*

Art. R. 222-18 La validité de la saisie-revendication est soumise aux conditions édictées par les articles R. 511-2, R. 511-3 et R. 511-5 à R. 511-8 pour les mesures conservatoires.

Si ces conditions ne sont pas réunies, la mainlevée de la saisie peut être ordonnée à tout moment, même dans les cas où l'article L. 511-2 permet que cette mesure soit prise sans autorisation du juge.

La demande de mainlevée est portée devant le juge qui a autorisé la saisie. Si celle-ci a été prise sans autorisation préalable, la demande est portée devant le juge de l'exécution du lieu où demeure la personne tenue de l'obligation de délivrer ou de restituer le bien saisi. Toutefois, lorsque le fondement de la saisie relève de la juridiction commerciale, la demande de mainlevée peut être portée, avant tout procès, devant le président du tribunal de commerce de ce même lieu.

La décision de mainlevée prend effet du jour de sa notification. — *[Décr. n° 92-755 du 31 juill. 1992, art. 156.]*

Art. R. 222-19 Les autres contestations, notamment celles relatives à l'exécution de la saisie, sont portées devant le juge de l'exécution du lieu où sont situés les biens saisis. — *[Décr. n° 92-755 du 31 juill. 1992, art. 157.]*

Art. R. 222-20 Sur présentation de l'autorisation du juge ou de l'un des titres mentionnés à l'article L. 511-2, il est procédé à la saisie-revendication en tout lieu et entre les mains de tout détenteur du bien.

Si la saisie est pratiquée dans un local servant à l'habitation d'un tiers détenteur du bien, une autorisation spéciale du juge est nécessaire. — *[Décr. n° 92-755 du 31 juill. 1992, art. 158.]*

Art. R. 222-21 Après avoir rappelé au détenteur du bien qu'il est tenu de lui indiquer si ce bien a fait l'objet d'une saisie antérieure et, le cas échéant, de lui en communiquer le procès-verbal, l'huissier de justice dresse un acte de saisie.

L'acte de saisie contient à peine de nullité :

1° La mention de l'autorisation du juge ou du titre en vertu duquel la saisie est pratiquée ; ces documents sont annexés à l'acte ; toutefois, s'il s'agit d'un acte notarié, il est seulement fait mention de la nature du titre ;

2° La désignation détaillée du bien saisi ;

3° Si le détenteur est présent, sa déclaration au sujet d'une éventuelle saisie antérieure sur le même bien ;

4° La mention, en caractères très apparents, que le bien saisi est placé sous la garde du détenteur, qui ne peut ni l'aliéner ni le déplacer, si ce n'est dans le cas prévu au deuxième alinéa de l'article R. 221-13, sous peine des sanctions prévues à l'article 314-6 du code pénal et qu'il est tenu de faire connaître la saisie-revendication à tout créancier qui procéderait à une saisie sur le même bien ;

5° La mention, en caractères très apparents, du droit de contester la validité de la saisie et d'en demander la mainlevée au juge compétent en vertu du troisième alinéa de l'article R. 222-18 ;

6° La désignation de la juridiction devant laquelle sont portées les contestations relatives à l'exécution de la saisie ;

7° L'indication, le cas échéant, des nom, prénom et qualité des personnes qui ont assisté aux opérations de saisie, lesquelles apposent leur signature sur l'original et les copies ; en cas de refus, il en est fait mention dans l'acte ;

8° La reproduction de l'article 314-6 du code pénal ainsi que la reproduction des articles L. 222-2, R. 222-17, R. 222-18 et R. 511-5 à R. 511-8.

Il peut être fait application des dispositions de l'article R. 221-12. – *[Décr. n° 92-755 du 31 juill. 1992, art. 159.]*

Art. R. 222-22 L'acte de saisie est remis au détenteur en lui rappelant verbalement les mentions portées aux 4° et 5° de l'article R. 222-21. Il en est fait mention dans l'acte.

A peine de caducité, si la saisie a été pratiquée entre les mains d'un tiers détenteur du bien, l'acte est également signifié dans un délai de huit jours au plus tard à celui qui est tenu de le délivrer ou de le restituer.

Une copie de l'acte portant les mêmes signatures que l'original lui est immédiatement remise. Cette remise vaut signification.

Lorsque le détenteur n'a pas assisté aux opérations de saisie, une copie de l'acte lui est signifiée, qui lui impartit un délai de huit jours pour qu'il porte à la connaissance de l'huissier de justice toute information relative à l'existence d'une éventuelle saisie antérieure et qu'il lui en communique le procès-verbal. – *[Décr. n° 92-755 du 31 juill. 1992, art. 160.]*

Absence de rémunération du tiers détenteur. Le tiers détenteur visé par une procédure de saisie-revendication, ne peut prétendre à aucune rémunération ; s'il n'entend pas assumer à titre gracieux la charge de gardien jusqu'à l'issue du litige entre le crédit-bailleur et le crédit-preneur, il lui appartient de prendre lui-même l'initiative de faire désigner un séquestre. • Orléans, 3 mai 2001 : *Dr. et pr. 2002. 57.*

Art. R. 222-23 A tout moment, le juge de l'exécution peut autoriser sur requête la remise du bien à un séquestre qu'il désigne. – *[Décr. n° 92-755 du 31 juill. 1992, art. 161.]*

Art. R. 222-24 Si le détenteur se prévaut d'un droit propre sur le bien saisi, il en informe l'huissier de justice par lettre recommandée avec demande d'avis de réception à moins qu'il n'en ait fait la déclaration au moment de la saisie. Dans le délai d'un mois, il appartient au saisissant de porter la contestation devant le juge de l'exécution du lieu où demeure le détenteur. A défaut, l'indisponibilité cesse.

Le bien demeure indisponible durant l'instance. – *[Décr. n° 92-755 du 31 juill. 1992, art. 162.]*

Art. R. 222-25 Lorsque la personne qui a pratiqué une saisie-revendication dispose d'un titre exécutoire prescrivant la délivrance ou la restitution du bien saisi, il est procédé comme il est dit aux articles R. 222-2 à R. 222-10, sous réserve, dans le cas où le titre exécutoire résulte d'une injonction du juge, des dispositions des deuxième et troisième alinéas de l'article R. 222-16. – *[Décr. n° 92-755 du 31 juill. 1992, art. 163.]*

CHAPITRE III LES MESURES D'EXÉCUTION SUR LES VÉHICULES TERRESTRES À MOTEUR

BIBL. ▶ CHAPUISAT, *Rev. huiss. 1996. 129.*

SECTION PREMIÈRE LA SAISIE PAR DÉCLARATION AUPRÈS DE L'AUTORITÉ ADMINISTRATIVE

Art. R. 223-1 L'autorité administrative communique à l'huissier de justice qui en fait la demande les mentions portées sur le registre prévu à l'article 2 du décret n° 53-968 du 30 septembre 1953 relatif à la vente à crédit des véhicules automobiles ainsi que tous renseignements relatifs aux droits du débiteur sur ce véhicule. – *[Décr. n° 92-755 du 31 juill. 1992, art. 164.]*

Art. R. 223-2 La déclaration valant saisie prévue à l'article L. 223-1 contient à peine de nullité :

1° Les nom et adresse du débiteur ou, s'il s'agit d'une personne morale, sa dénomination et son siège social ;

2° Le numéro d'immatriculation et la marque du véhicule saisi ;

3° La mention du titre exécutoire dont se prévaut le créancier ;

(Abrogé par Décr. n° 2012-783 du 30 mai 2012, art. 13-4°) « 4° *Le décompte distinct des sommes réclamées, en principal, frais et intérêts échus.* »

Cette déclaration est signifiée à l'autorité administrative mentionnée à l'article L. 223-1. – *[Décr. n° 92-755 du 31 juill. 1992, art. 165.]*

L'art. 13 du Décr. n° 2012-783 du 30 mai 2012 est entré en vigueur à compter de la publication de l'Arr. du 28 août 2012, portant application de l'art. 748-6 C. pr. civ. aux huissiers de justice, soit le 31 août 2012 (Décr. préc., art. 13, al. 1er).

Art. R. 223-3 A peine de caducité, la copie de cette déclaration est signifiée au débiteur dans les huit jours qui suivent.

(Décr. n° 2012-783 du 30 mai 2012, art. 13-5°) « L'acte de signification reproduit les dispositions de l'article R. 223-4 et contient le décompte distinct des sommes réclamées, en principal, frais et intérêts échus. Il indique en caractères très apparents que les contestations doivent être portées devant le juge de l'exécution du lieu où demeure le débiteur. » – *[Décr. n° 92-755 du 31 juill. 1992, art. 166.]*

L'art. 13 du Décr. n° 2012-783 du 30 mai 2012 est entré en vigueur à compter de la publication de l'Arr. du 28 août 2012, portant application de l'art. 748-6 C. pr. civ. aux huissiers de justice, soit le 31 août 2012 (Décr. préc., art. 13, al. 1er).

Art. R. 223-4 A compter de la signification de la déclaration valant saisie sur le véhicule et valant opposition au transfert du certificat d'immatriculation, aucun certificat d'immatriculation ne peut plus être délivré à un nouveau titulaire sauf mainlevée donnée par le créancier ou ordonnée par le juge.

La déclaration cesse de produire effet à l'expiration d'un délai de deux ans à compter de sa signification, sauf renouvellement opéré dans les formes de la déclaration initiale. – *[Décr. n° 92-755 du 31 juill. 1992, art. 167.]*

Art. R. 223-5 Les effets de la déclaration ne peuvent préjudicier au créancier titulaire d'un gage régulièrement inscrit conformément aux dispositions du décret du 30 septembre 1953 précité. – *[Décr. n° 92-755 du 31 juill. 1992, art. 168.]*

SECTION II LA SAISIE PAR IMMOBILISATION DU VÉHICULE

Art. R. 223-6 L'appareil utilisé pour immobiliser un véhicule, conformément aux dispositions de l'article L. 223-2, indique, de manière très apparente, le numéro de téléphone de l'huissier de justice.

Une empreinte officielle, dont les caractéristiques sont déterminées par arrêté du garde des sceaux, ministre de la justice, figure sur l'appareil. – *V., pour les huissiers de justice : Arr. du 23 déc. 1992 (JO 6 janv. 1993) ; ... pour les agents de poursuite du Trésor : Arr. du 5 avr. 1994 (JO 22 avr.).*

Il peut être fait application des dispositions de l'article R. 221-12. – *[Décr. n° 92-755 du 31 juill. 1992, art. 170.]*

Art. R. 223-7 Si le véhicule est immobilisé à l'occasion des opérations d'une saisie-vente pratiquée dans les locaux occupés par le débiteur ou entre les mains d'un tiers qui le détient pour le compte de ce dernier, il est procédé comme en matière de saisie-vente. – *[Décr. n° 92-755 du 31 juill. 1992, art. 171.]*

Art. R. 223-8 Dans les autres cas, l'huissier de justice dresse un procès-verbal d'immobilisation. Cet acte contient à peine de nullité :

1° La mention du titre exécutoire en vertu duquel le véhicule a été immobilisé ;

2° La date et l'heure de l'immobilisation du véhicule ;

3° L'indication du lieu où il a été immobilisé et, le cas échéant, de celui où il a été transporté pour être mis en dépôt ;

4° La description sommaire du véhicule avec notamment l'indication de son numéro minéralogique, de sa marque, de sa couleur et, éventuellement, de son contenu apparent et de ses détériorations visibles ;

5° La mention de l'absence ou de la présence du débiteur.

L'immobilisation vaut saisie sous la garde du propriétaire du véhicule ou, après son enlèvement, sous la garde de celui qui l'a reçu en dépôt. – *[Décr. n° 92-755 du 31 juill. 1992, art. 172.]*

Art. R. 223-9 Si le véhicule a été immobilisé en l'absence du débiteur, l'huissier de justice en informe ce dernier le jour même de l'immobilisation, par lettre simple adressée ou déposée au lieu où il demeure. Cette lettre contient :

1° La mention du titre exécutoire en vertu duquel le véhicule a été immobilisé ;

2° L'indication du lieu où il a été immobilisé et, le cas échéant, de celui où il a été transporté pour être mis en dépôt ;

3° L'avertissement que l'immobilisation vaut saisie et que, si le véhicule a été immobilisé sur la voie publique, il peut être procédé à son enlèvement dans un délai de quarante-huit heures à compter de son immobilisation pour être transporté en un lieu qui est indiqué ;

4° La mention, en caractères très apparents, que, pour obtenir une éventuelle mainlevée de l'immobilisation, le destinataire peut soit s'adresser à l'huissier de justice dont le nom, l'adresse et le numéro de téléphone sont indiqués, soit contester la mesure devant le juge de l'exécution du lieu d'immobilisation du véhicule dont le siège est indiqué avec l'adresse du greffe. – *[Décr. n° 92-755 du 31 juill. 1992, art. 173.]*

Mention du titre exécutoire. Ce texte ne prévoit pas que la mention du titre exécutoire dans la lettre simple envoyée par l'huissier soit prescrite à peine de nullité. Ainsi, l'absence de référence à l'ordonnance exécutoire du JEX dans les avis de passage donnés par l'huissier reste sans incidence sur la validité de la procédure de saisie-appréhension dont le débiteur avait connaissance. • Lyon, 20 déc. 1995 : *BICC, 15 avr. 1996, n° 491 ; D. 1996. Somm. 349, obs. Julien*.

Art. R. 223-10 *(Décr. n° 2021-1888 du 29 déc. 2021, art. 2, en vigueur le 1er janv. 2023)* « Lorsque *[ancienne rédaction : Si]* » le véhicule a été immobilisé pour obtenir le paiement d'une somme d'argent *(Décr. n° 2021-1888 du 29 déc. 2021, art. 2, en vigueur le 1er janv. 2023)* « et que le créancier ne met pas en œuvre la procédure de réalisation simplifiée prévue par le second alinéa de l'article 2346 du code civil », l'huissier de justice signifie au débiteur, huit jours au plus tard après l'immobilisation, un commandement de payer qui contient à peine de nullité :

1° La copie du procès-verbal d'immobilisation ;

2° Un décompte distinct des sommes réclamées, en principal, frais et intérêts échus ainsi que l'indication du taux des intérêts ;

3° L'avertissement qu'à défaut de paiement et passé le délai d'un mois pour vendre le véhicule à l'amiable conformément aux dispositions des articles R. 221-30 à R. 221-32, celui-ci est vendu aux enchères publiques ;

4° L'indication que les contestations sont portées, au choix du débiteur, devant le juge de l'exécution du lieu où il demeure ou du lieu d'immobilisation du véhicule ;

5° La reproduction des articles R. 221-30 à R. 221-32. – *[Décr. n° 92-755 du 31 juill. 1992, art. 174.]*

Art. R. 223-11 Dans le cas prévu à l'article R. 223-10, le véhicule est vendu comme il est dit en matière de saisie-vente.

(Abrogé par Décr. n° 2021-1888 du 29 déc. 2021, art. 2, à compter du 1er janv. 2023) ***« Lorsqu'un gage a été inscrit sur le véhicule, l'huissier de justice informe le créancier gagiste, selon le cas, des propositions de vente amiable ou de la mise en vente aux enchères publiques. »*** – *[Décr. n° 92-755 du 31 juill. 1992, art. 175.]*

Concours avec une saisie-vente. La saisie par immobilisation d'un véhicule terrestre à moteur est une mesure de saisie autonome et spécifique qui obéit à un régime procédural propre. L'acte de saisie rend indisponible le véhicule qui en est l'objet mais n'a pas pour effet de le rendre insaisissable par un créancier. Lorsque le créancier poursuit la saisie par immobilisation du véhicule, celui-ci est vendu comme il est dit en matière de saisie-vente, mais il ne résulte ni de ces textes (art. 174 et 175 [devenus C. pr. exéc., art. R. 223-10 et R. 223-11]), ni de l'art. 118 [devenu C. pr. exéc., art. R. 221-41]), ni de l'art. 118 [devenu C. pr. exéc., art. R. 221-41] qu'un créancier muni d'un titre exécutoire ne peut procéder à une saisie-vente du véhicule immobilisé et qu'il doit nécessairement procéder, comme il est dit à l'art. 118, par une opposition-jonction à la procédure de vente forcée qui ne procède pas à l'origine d'une saisie-vente. Le JEX ne peut donc déclarer nulle la saisie-vente au motif que le créancier aurait dû respecter la procédure d'opposition prévue en matière de saisie-vente. • Nîmes, 14 juin 2001 : *Dr. et pr. 2001. 388, obs. Bourdillat.*

Art. R. 223-12 Si le véhicule a été immobilisé pour être remis à son propriétaire, l'huissier de justice signifie à la personne tenue de la remise, huit jours au plus tard après l'immobilisation, un acte qui contient à peine de nullité :

1° La copie du procès-verbal d'immobilisation ;

2° Une injonction d'avoir, dans un délai de huit jours, à se présenter à l'étude de l'huissier de justice pour convenir avec lui des conditions de transport du véhicule avec l'avertissement qu'à défaut il est transporté à ses frais pour être remis à la personne désignée dans le titre ;

3° L'indication que les contestations peuvent être portées, au choix de la personne tenue de la remise, devant le juge de l'exécution du lieu où elle demeure ou du lieu d'immobilisation du véhicule. — *[Décr. nº 92-755 du 31 juill. 1992, art. 176.]*

Art. R. 223-13 Dans le cas particulier où le véhicule a été immobilisé pour être remis à un créancier gagiste, l'huissier de justice signifie à la personne tenue de la remise, huit jours au plus tard après l'immobilisation, un acte qui contient à peine de nullité :

1° La copie du procès-verbal d'immobilisation ;

2° Une injonction d'avoir, dans un délai de huit jours, à se présenter à l'étude de l'huissier de justice pour convenir avec lui des conditions de transport du véhicule avec l'avertissement qu'à défaut il est transporté à ses frais pour être remis au créancier gagiste ;

3° Un décompte distinct des sommes réclamées en principal, frais et intérêts échus ainsi que l'indication du taux des intérêts ;

(Décr. nº 2021-1888 du 29 déc. 2021, art. 2, en vigueur le 1er janv. 2023) « 4° Lorsque le créancier ne met pas en œuvre la procédure de réalisation simplifiée prévue par le second alinéa de l'article 2346 du code civil, l'avertissement, en caractères très apparents, qu'il dispose d'un délai d'un mois pour procéder à la vente amiable du véhicule immobilisé, conformément aux dispositions des articles R. 221-30 à R. 221-32, et que, passé ce délai, il peut être procédé à sa vente forcée aux enchères publiques ;

« 5° Lorsque le créancier met en œuvre la procédure de réalisation simplifiée prévue par le second alinéa de l'article 2346 du code civil :

« *a)* La mention, en caractères très apparents, de la date de la signification effectuée en application du deuxième alinéa de l'article 2346 du code civil ;

« *b)* La reproduction du deuxième alinéa de l'article 2346 du code civil ;

« 6° L'indication que les contestations peuvent être portées, au choix de la personne tenue de la remise, devant le juge de l'exécution du lieu où elle demeure ou du lieu d'immobilisation du véhicule.

« Après remise au créancier gagiste, le véhicule est placé sous la garde de ce dernier.

« Lorsque le créancier ne met pas en œuvre la procédure de réalisation simplifiée prévue par le second alinéa de l'article 2346 du code civil, à défaut de vente amiable dans le délai prescrit, il est procédé à la vente forcée aux enchères publiques dans les conditions prévues pour la saisie-vente. Le cas échéant, il est fait application des dispositions relatives aux incidents de la saisie-vente *[ancienne rédaction : 4° L'avertissement, en caractères très apparents, qu'il dispose d'un délai d'un mois pour procéder à la vente amiable du véhicule immobilisé, conformément aux dispositions des articles R. 221-30 à R. 221-32, et que, passé ce délai, il peut être procédé à sa vente aux enchères publiques ;*

5° L'indication que les contestations peuvent être portées, au choix de la personne tenue de la remise, devant le juge de l'exécution du lieu où elle demeure ou du lieu d'immobilisation du véhicule.

Après remise au créancier gagiste, le véhicule est placé sous la garde de ce dernier. A défaut de vente amiable dans le délai prescrit, il est procédé à la vente forcée aux enchères publiques dans les conditions prévues pour la saisie-vente. Le cas échéant, il est fait application des dispositions relatives aux incidents de la saisie-vente]. » — *[Décr. nº 92-755 du 31 juill. 1992, art. 177.]*

Vente à crédit de véhicule automobile. Par suite des nouvelles dispositions du Décr. nº 92-755 du 31 juill. 1992 (art. 107, 108 et 177 [devenus respectivement C. pr. exéc., art. R. 221-30, R. 221-31 et R. 223-13]) instaurant avant toute vente forcée une faculté de vente amiable pour le débiteur, l'art. 3 du Décr. nº 53-968 du 30 sept. 1953 relatif à la vente à crédit des véhicules automobiles, qui renvoie, pour la réalisation du gage, à l'art. 93 C. com., a été tacitement abrogé ; la Cour est d'avis que la signification prévue par l'art. 93 n'a pas lieu d'être en la matière. • Cass., avis, 5 mai 1995, nº 09-50.004 P : *D. 1995. 618, note Morgan de Rivéry-Guillaud ; JCP 1995. II. 22488, note Croze et Moussa.*

CHAPITRE IV **LA SAISIE DES BIENS PLACÉS DANS UN COFFRE-FORT**

RÉP. PR. CIV. vº *Saisie des biens placés dans un coffre-fort,* par FRICERO.

DALLOZ ACTION *Droit et pratique des voies d'exécution 2022/2023,* nºs 0722.00 s., par R. LAUBA.

BIBL. ▶ FAGET, *LPA nº spécial, 6 janv. 1993, p. 82.* – MÉLÈ, Le droit en tableaux, *Delmas 2009, p. 251 s.*

Art. R. 224-1 **La saisie des biens placés dans un coffre-fort appartenant à un tiers s'effectue par acte d'huissier de justice signifié à ce tiers.**

Cet acte contient à peine de nullité :

1º Les nom et domicile du débiteur et, s'il s'agit d'une personne morale, sa dénomination et son siège social ;

2º La référence au titre en vertu duquel la saisie est pratiquée ;

3º Une injonction d'interdire tout accès au coffre, si ce n'est en présence de l'huissier de justice.

Le tiers est tenu de fournir à l'huissier de justice l'identification de ce coffre. Il en est fait mention dans l'acte. – *[Décr. nº 92-755 du 31 juill. 1992, art. 266.]*

Art. R. 224-2 **Toute saisie interdit l'accès au coffre sans la présence de l'huissier de justice. Celui-ci peut apposer des scellés sur le coffre.** – *[Décr. nº 92-755 du 31 juill. 1992, art. 267.]*

Art. R. 224-3 **Lorsque la procédure tend à la vente des biens placés dans le coffre, un commandement de payer est signifié au débiteur le premier jour ouvrable suivant l'acte de saisie prévu à l'article R. 224-1.**

Cet acte contient, à peine de nullité :

1º La dénonciation de l'acte de saisie ;

2º La mention du titre exécutoire en vertu duquel les poursuites sont exercées ;

3º Le décompte distinct des sommes réclamées en principal, frais et intérêts échus ainsi que l'indication du taux des intérêts ;

4º Un commandement d'avoir à payer la dette avant la date fixée pour l'ouverture du coffre, ou d'assister, en personne ou par mandataire, à son ouverture aux fins de saisie des biens qui s'y trouvent avec l'avertissement qu'en cas d'absence ou de refus d'ouverture, le coffre est ouvert par la force et à ses frais ;

5º L'indication des lieu, jour et heure fixés pour l'ouverture du coffre ;

6º La désignation du juge de l'exécution du lieu où sont situés les biens saisis devant lequel sont portées les contestations.

Ce commandement peut être signifié dans l'acte de signification du jugement. – *[Décr. nº 92-755 du 31 juill. 1992, art. 268.]*

Art. R. 224-4 **L'ouverture du coffre ne peut intervenir avant l'expiration d'un délai de quinze jours à compter de la signification du commandement de payer. Toutefois, le débiteur peut demander que cette ouverture ait lieu à une date plus rapprochée.**

En l'absence du débiteur, l'ouverture forcée ne peut avoir lieu qu'en présence du propriétaire du coffre ou de son préposé dûment habilité.

Les frais sont avancés par le créancier saisissant. – *[Décr. nº 92-755 du 31 juill. 1992, art. 269.]*

Art. R. 224-5 **Au jour fixé, il est procédé à l'inventaire des biens qui sont décrits de façon détaillée.**

Si le débiteur est présent, l'inventaire se limite aux biens saisis. Ceux-ci sont immédiatement enlevés pour être placés sous la garde de l'huissier de justice ou d'un séquestre désigné, à défaut d'accord amiable, par le juge de l'exécution saisi sur requête.

Si le débiteur est absent, il est dressé inventaire de tous les biens contenus dans le coffre. Les biens saisis sont enlevés immédiatement par l'huissier de justice comme il est dit à l'alinéa précédent. Les autres sont remis au tiers qui a la garde du coffre ou à un séquestre désigné sur requête par le juge de l'exécution, à charge de les représenter sur simple réquisition du débiteur.

Le cas échéant, l'huissier de justice peut photographier les objets retirés du coffre dans les conditions prévues par l'article R. 221-12. – *[Décr. n° 92-755 du 31 juill. 1992, art. 270.]*

Art. R. 224-6 Il est dressé acte des opérations.

Cet acte contient, à peine de nullité, l'indication des nom, prénoms et qualité des personnes qui ont assisté aux opérations et de celles entre les mains de qui des biens ont été remis, lesquelles apposent leur signature sur l'original et les copies ; en cas de refus, il en est fait mention dans l'acte. – *[Décr. n° 92-755 du 31 juill. 1992, art. 271.]*

Art. R. 224-7 Une copie de l'inventaire est remise ou signifiée au débiteur ainsi que, le cas échéant, aux personnes auxquelles des biens ont été remis.

A peine de nullité, dans la copie remise ou signifiée au débiteur, il est fait mention du lieu où les biens saisis sont déposés et, en caractères très apparents, il est indiqué qu'il dispose d'un délai d'un mois pour procéder à leur vente amiable, dans les conditions prévues aux articles R. 221-30 à R. 221-32 qui sont reproduits, ainsi que la date à partir de laquelle, à défaut de vente amiable, il peut être procédé à leur vente forcée. – *[Décr. n° 92-755 du 31 juill. 1992, art. 272.]*

Art. R. 224-8 La vente forcée a lieu comme il est dit aux articles R. 221-33 à R. 221-39.

Les incidents de la saisie sont régis par les dispositions des articles R. 221-40 à R. 221-56. – *[Décr. n° 92-755 du 31 juill. 1992, art. 273.]*

Art. R. 224-9 Le débiteur retrouve libre accès au coffre du jour de l'enlèvement des biens. – *[Décr. n° 92-755 du 31 juill. 1992, art. 274.]*

Art. R. 224-10 Lorsque la procédure tend à l'appréhension d'un ou plusieurs biens déterminés placés dans le coffre en vue de leur remise à un tiers, un commandement de délivrer ou de restituer est signifié à la personne tenue de la remise le premier jour ouvrable suivant l'acte de saisie prévu à l'article R. 224-1.

Cet acte contient à peine de nullité :

1° La dénonciation de l'acte de saisie ;

2° La mention du titre exécutoire en vertu duquel la remise est exigée ;

3° La désignation précise du ou des biens réclamés ;

4° Un commandement d'avoir à remettre le ou les biens réclamés avant la date fixée pour l'ouverture du coffre ou d'assister, en personne ou par mandataire, à son ouverture aux fins d'enlèvement du ou des biens avec l'avertissement qu'en cas d'absence ou de refus d'ouverture, le coffre est ouvert par la force à ses frais ;

5° L'indication des lieu, jour et heure fixés pour l'ouverture du coffre ;

6° La désignation du juge de l'exécution du lieu où sont situés les biens saisis devant lequel sont portées les contestations.

Ce commandement peut être signifié dans l'acte de signification du jugement. – *[Décr. n° 92-755 du 31 juill. 1992, art. 275.]*

Art. R. 224-11 Il est fait application des dispositions des articles R. 224-4 à R. 224-6 et R. 224-9. – *[Décr. n° 92-755 du 31 juill. 1992, art. 276.]*

Art. R. 224-12 Une copie de l'inventaire est remise ou signifiée au débiteur ainsi que, le cas échéant, aux personnes auxquelles des biens ont été remis.

A peine de nullité, il est fait mention dans la copie délivrée ou signifiée au débiteur que le bien a été remis à la personne désignée dans le titre exécutoire ou à son mandataire dont l'identité est précisée. – *[Décr. n° 92-755 du 31 juill. 1992, art. 277.]*

TITRE TROISIÈME LA SAISIE DES DROITS INCORPORELS

RÉP. PR. CIV. v° *Saisie-vente des droits d'associés et des valeurs mobilières*, par R. MARTIN.

BIBL. ▶ BRENNER, *Dr. et patr. 1/2009, p. 69* (vente des droits d'associé et des valeurs mobilières). – DAIGRE, *Rev. huiss. 1993. 1201 ; LPA n° spéc., 6 janv. 1993, p. 78 ; RTD civ. 1993, n° spéc. hors* *série, p. 87.* – DEDESSUS-LE MOUSTIER, *Rev. jur. Ouest, 1994, vol. 4, 425.* – HOONAKKER, *Dr. et patr. 1/2009, p. 64* (la saisie des droits d'associés et des valeurs mobilières). – LE CANNU, *BJS 1992. 1169* (saisie-vente des valeurs mobilières : les règles nouvelles) ; *LPA 22 déc. 1999, p. 23.* – PÉROT-REBOUL, *D. 2000. Chron. 253* (exécution forcée des instruments financiers). – PUTMAN, JCP 1993. I. 3689. – THOMASSET-PIERRE, *JCP E 1995. I. 467.*

Sur la saisie des titres financiers, V. C. mon. fin., art. L. 211-21. — ***C. mon. fin.***

CHAPITRE PREMIER DISPOSITIONS GÉNÉRALES

Art. R. 231-1 Sauf dispositions contraires, la saisie des droits incorporels est régie par le présent titre dans la mesure où leur spécificité n'y met pas obstacle.

CHAPITRE II LES OPÉRATIONS DE SAISIE

Art. R. 232-1 Les droits d'associé et les valeurs mobilières dont le débiteur est titulaire sont saisis auprès de la société ou de la personne morale émettrice. – *[Décr. nº 92-755 du 31 juill. 1992, art. 178.]*

1. Licence d'exploitation de débits de boissons. **BIBL.** Blanchet, *Procédures 2013. Formule 2* (acte de saisie d'une autorisation fiscale et administrative d'exploitation de débit de boissons). ♦ La licence d'exploitation d'un débit de boissons de 4e catégorie constitue un bien incorporel saisissable ; en l'absence de texte réglementaire de portée générale applicable à la saisie des droits de cette nature ou de dispositions spécifiques à la saisie de cette licence qui n'est pas une valeur mobilière, il est possible, sous réserve des adaptations nécessaires contrôlées par le JEX, de transposer, pour les opérations de saisie, la procédure définie aux art. 182 à 184 du Décr. nº 92-755 du 31 juill. 1992 [devenus C. pr. exéc., art. R. 232-5 s.]. • Cass., avis, 8 févr. 1999, nº 09-80.016 P : *D. 1999. 287, note Brenner* ; *Rev. huiss. 1999. 301, note Daigre* ; *Procédures 1999, nº 125, obs. Croze.* ♦ Pour une application de cette solution, V. • Colmar, 18 févr. 2002 : *RDBF 2003, nº 157, note Delleci.*

2. Licence de taxi. La licence de taxi étant un droit incorporel négociable, elle est donc saisissable par les créanciers de son titulaire en application de l'art. 59 de la L. nº 91-650 du 9 juill. 1991 [devenu C. pr. exéc., art. L. 231-1]. En l'absence de texte de portée générale relatif à la saisie des droits incorporels, les dispositions du titre V du Décr. nº 92-755 du 31 juill. 1992 [devenu C. pr. exéc., art. R. 221-1 s.], qui visent expressément la saisie des meubles corporels, ne peuvent recevoir application, et il convient dès lors de transposer à cette saisie la procédure définie aux art. 182 à 184 du Décr. nº 92-755 du 31 juill. 1992 [devenus C. pr. exéc., art. R. 232-5 s.] pour les opérations de saisie, et aux art. 189 à 193 pour les modalités de vente [devenus C. pr. exéc., art. R. 233-5 s.]. • TGI Lyon, JEX, 15 mai 2001 : *Procédures, juill. 2001, nº 154, obs. Croze* ; *Dr. et pr. 2002. 39, note Brenner.* ♦ Dans le même sens, pour une autorisation administrative de stationnement délivrée à un taxi, assortie du droit de présentation à titre onéreux d'un successeur. • Versailles, 4 mai 2006 : *Dr. et pr. 2007. 35, obs. Abbou et Nicod.*

3. Saisie de brevet. A défaut de texte particulier, la vente aux enchères publiques des brevets est soumise aux dispositions générales relatives aux voies d'exécution et aux dispositions particulières sur la vente des droits d'associé et valeurs mobilières. • Paris, 8 mars 2001 : *BICC 2002, nº 347.*

4. Bons du Trésor. Les bons du Trésor en compte courant devant être considérés comme des valeurs mobilières, le créancier ne peut procéder à leur saisie par le biais d'une procédure de saisie-attribution. • Rouen, 11 févr. 2003 : *RDBF 2004, nº 39, note Delleci.*

5. Incidence de l'ouverture d'une procédure collective. Il résulte des art. L. 622-21, II C. com. et R. 232-1 à R. 233-9 C. pr. exéc. que le jugement d'ouverture de la procédure collective arrêtant toute procédure civile d'exécution dépourvue d'effet attributif de la part des créanciers antérieurs, la mainlevée d'une procédure de saisie des droits d'associé doit être ordonnée lorsque, à la date du jugement d'ouverture, cette procédure d'exécution n'a pas, par la vente des droits d'associé, produit ses effets. • Civ. 2e, 28 janv. 2016, nº 15-13.222 P : *D. actu. 15 févr. 2016, obs. Avena-Robardet* ; *D. 2016. 309* ; *ibid. 736, obs. Adida-Canac, Vasseur et de Leiris* ; *ibid. 1279, obs. Leborgne* ; *Rev. sociétés 2016. 196, obs. Roussel Galle* ; *RTD com. 2016. 847, obs. Martin-Serf* ; *Procédures 2016, nº 94, obs. Raschel* ; *RPC 2016, étude 5, obs. Petit* ; *APC 2016, nº 48, obs. Cagnoli* ; *BJS. 2016. 361, note Ansault.*

Art. R. 232-2 Les valeurs mobilières nominatives dont les comptes sont tenus par un mandataire de la société sont saisies auprès de ce mandataire.

La société est tenue de faire connaître à l'huissier de justice le nom du mandataire chargé de la tenue de ses comptes. – *[Décr. nº 92-755 du 31 juill. 1992, art. 179.]*

Art. R. 232-3 Les valeurs mobilières au porteur sont saisies auprès de l'intermédiaire habilité chez qui l'inscription a été prise.

Si le titulaire de valeurs nominatives a chargé un intermédiaire habilité de gérer son compte, la saisie est opérée auprès de ce dernier. – *[Décr. n° 92-755 du 31 juill. 1992, art. 180.]*

Art. R. 232-4 La saisie peut aussi être opérée auprès d'un intermédiaire habilité pour l'ensemble des valeurs mobilières inscrites en compte au nom du débiteur. – *[Décr. n° 92-755 du 31 juill. 1992, art. 181.]*

Art. R. 232-5 Le créancier procède à la saisie par la signification d'un acte qui contient à peine de nullité :

1° Les nom et domicile du débiteur ou, s'il s'agit d'une personne morale, sa dénomination et son siège social ;

2° L'indication du titre exécutoire en vertu duquel la saisie est pratiquée ;

3° Le décompte des sommes réclamées en principal, frais et intérêts échus ainsi que l'indication du taux des intérêts ;

4° L'indication que la saisie rend indisponibles les droits pécuniaires attachés à l'intégralité des parts ou valeurs mobilières dont le débiteur est titulaire ;

5° La sommation de faire connaître l'existence d'éventuels nantissements ou saisies. – *[Décr. n° 92-755 du 31 juill. 1992, art. 182.]*

1. Secret opposable. Aucune disposition ne fait obligation au tiers saisi de droits d'associés ou de valeurs mobilières d'indiquer au créancier saisissant l'étendue des droits d'associés et des valeurs mobilières dont le débiteur est titulaire, à moins d'avoir reçu une injonction du JEX à cet effet ; dès lors, la société émettrice ne peut être condamnée de ce fait et l'art. 24 de la L. n° 91-650 du 9 juill. 1991 [devenu C. pr. exéc., art. L. 123-1] ne peut être invoqué. • Civ. 2e, 8 avr. 1999, n° 97-14.742 P : *D. 1999. 513, note R. Martin ; JCP 1999. II. 10124, note Th. Bonneau ; Procédures 1999, n° 181, obs. Croze ; JCP E 1999. p. 1105, note D. Vidal ; Gaz. Pal. 12 févr. 2000. Somm., obs. Véron ; Dr. soc., juin 1999, n° 105, obs. Hovasse ; D. Affaires 1999. 904, obs. V. A.-R. ; RTD com. 2000. 136, obs. Storck*. ♦ Comp. note ss. art. R. 211-20 : • Civ. 2e, 1er juill. 1999. ♦ V. aussi notes ss. art. L. 123-1 et L. 211-3, et ss. art. R. 523-5 et R. 524-3.

2. Condamnation du tiers saisi à des dommages-intérêts mais pas aux causes de la saisie. V. note 1 ss. art. L. 123-1.

3. Succession. Les significations et dénonciations auxquelles donnent lieu les mesures d'exécution dirigées contre la succession d'une personne décédée ne peuvent être annulées au seul motif que les héritiers ont renoncé à la succession. • Civ. 2e, 11 juill. 2002, n° 00-22.455 P : *D. 2002. IR 2383*.

Art. R. 232-6 Dans un délai de huit jours et à peine de caducité, la saisie est portée à la connaissance du débiteur par acte d'huissier de justice.

Cet acte contient à peine de nullité :

1° Une copie du procès-verbal de saisie ;

2° L'indication, en caractères très apparents, que les contestations sont soulevées, à peine d'irrecevabilité, par une assignation qui doit être dénoncée par lettre recommandée avec demande d'avis de réception à l'huissier de justice ayant procédé à la saisie dans le délai d'un mois qui suit la signification de l'acte avec la date à laquelle expire ce délai ;

3° La désignation du juge de l'exécution du domicile du débiteur, compétent pour statuer sur la contestation ;

4° L'indication, en caractères très apparents, que le débiteur dispose d'un délai d'un mois pour procéder à la vente amiable des valeurs saisies dans les conditions prévues soit à l'article R. 233-3, soit, s'il s'agit de droits d'associés ou de valeurs mobilières non admises aux négociations sur un marché réglementé ou sur un système multilatéral de négociation, aux articles R. 221-30 à R. 221-32 ;

5° Si la saisie porte sur des valeurs mobilières admises aux négociations sur un marché réglementé, l'indication qu'il peut, en cas de vente forcée et jusqu'à la réalisation de celle-ci, faire connaître au tiers saisi l'ordre dans lequel elles sont vendues ;

6° La reproduction des articles R. 221-30 à R. 221-32 et R. 233-3. – *[Décr. n° 92-755 du 31 juill. 1992, art. 183.]*

1. Art. 183 (2°) du décret de 1992 [devenu C. pr. exéc., art. R. 232-6]. Ce texte n'impose, dans le délai requis, que la délivrance d'une assignation au créancier saisissant pour porter à sa connaissance l'existence de la contestation. Toutefois, si le placement de l'assignation dans le délai d'un mois n'est pas nécessaire, encore faut-il que cette assignation ne soit pas par la suite frappée de caducité, pour ne pas avoir été placée dans le délai de quatre mois prévu par l'art. 757 NCPC [devenu C. pr. civ.]. A défaut de placement, le débiteur saisi ne saurait réitérer tardivement son assignation. Mais les dispositions de l'art. 183 (2°) [devenu C. pr. exéc., art. R. 232-6] ne sont opposables qu'au débiteur saisi, destinataire de la dénonciation de la saisie sans que les tiers, non visés à la saisie, ou même la personne qui reçoit effectivement l'acte dans le cadre d'une signification de la dénonciation à domicile, puissent être concernés. • Paris, 14 nov. 2002 : *D. 2003. IR 468* ✎. ♦ Par ailleurs, du rapprochement des dispositions de l'art. 183 (4°) de celles prévues à l'art. 183 (2°) [devenu C. pr. exéc., art. R. 232-6] il ressort qu'à peine d'irrecevabilité le débiteur saisi doit dans le même délai et faire son offre amiable et former sa contestation, ne serait-ce qu'à titre conservatoire pour le cas où l'offre serait refusée. • Même arrêt. ♦ Et la renonciation à un droit devant être expresse, il ne peut être déduit de l'offre amiable présentée par le débiteur saisi, une renonciation par ce dernier à toute contestation ultérieure. • Même arrêt.

2. Application. Pour des applications de l'art. 183, 2°, du décret de 1992. • TGI Montauban, JEX, 4 mars 1993 : *Gaz. Pal. 22 mai 1993. Somm., v° Saisie* • Civ. 2e, 31 mai 2001 : *RDBF 2001, n° 200, note Delleci.*

3. Constat du caractère non-avenu du jugement (délai). La demande tendant à voir constater le caractère non avenu du jugement, formée à l'occasion de la contestation de saisies-attributions et d'une saisie de droits d'associé et de valeurs mobilières, n'est recevable que si la contestation avait été formée dans le délai d'un mois prévu aux art. R. 211-11 et R. 232-6 C. pr. exéc. • Civ. 2e, 31 janv. 2019, n° 17-28.369 P : *cité note ss. art. R. 211-1.*

Art. R. 232-7 A peine d'irrecevabilité, la contestation est dénoncée le même jour *(Décr. n° 2017-892 du 6 mai 2017, art. 45)* « ou, au plus tard, le premier jour ouvrable suivant », par lettre recommandée avec demande d'avis de réception, à l'huissier de justice qui a procédé à la saisie.

L'auteur de la contestation en informe le tiers saisi par lettre simple. — *[Décr. n° 92-755 du 31 juill. 1992, art. 183-1.]*

BIBL. ▸ **Décr. du 6 mai 2017 :** DOROL, *D. actu. 19 mai 2017.*

Art. R. 232-8 L'acte de saisie rend indisponibles les droits pécuniaires du débiteur.

Celui-ci peut en obtenir la mainlevée en consignant auprès de la Caisse des dépôts et consignations une somme suffisante pour désintéresser le créancier. Cette somme est spécialement affectée au profit du créancier saisissant. — *[Décr. n° 92-755 du 31 juill. 1992, art. 184.]*

Sur l'étendue de l'indisponibilité des droits pécuniaires, V. note 8 ss. art. L. 521-1.

CHAPITRE III LES OPÉRATIONS DE VENTE

BIBL. GÉN. ▸ J.-J. DAIGRE, *Rev. huiss. 1993. 1201* (qui peut procéder à l'adjudication forcée des valeurs mobilières et des droits d'associés ?). – R. MARTIN, *D. 1994. Chron. 322* ✎.

SECTION PREMIÈRE DISPOSITIONS GÉNÉRALES

Art. R. 233-1 *La vente forcée est* effectuée à la demande du créancier sur la présentation d'un certificat délivré par le greffe ou établi par l'huissier de justice qui a procédé à la saisie attestant qu'aucune contestation n'a été formée dans le mois suivant la dénonciation de la saisie ou, le cas échéant, d'un jugement rejetant la contestation soulevée par le débiteur. — *[Décr. n° 92-755 du 31 juill. 1992, art. 185.]*

Art. R. 233-2 En cas de pluralité de saisies, le produit de la vente est réparti entre les créanciers qui ont procédé à une saisie avant la vente.

Toutefois, si une saisie conservatoire a été pratiquée avant la saisie qui a conduit à la vente, le créancier prend part à la distribution du prix mais les sommes qui lui reviennent sont consignées auprès de la Caisse des dépôts et consignations jusqu'à ce qu'il ait obtenu un titre exécutoire. — *[Décr. n° 92-755 du 31 juill. 1992, art. 186.]*

SECTION II LES MODALITÉS DE LA VENTE

SOUS-SECTION 1 LES VALEURS MOBILIÈRES ADMISES AUX NÉGOCIATIONS SUR UN MARCHÉ RÉGLEMENTÉ OU SUR UN SYSTÈME MULTILATÉRAL DE NÉGOCIATION

Art. R. 233-3 Le débiteur peut, dans le mois de la signification qui lui a été faite, donner l'ordre de vendre les valeurs mobilières saisies. Le produit de la vente est indisponible entre les mains de l'intermédiaire habilité pour être affecté spécialement au paiement du créancier.

Si les sommes provenant de la vente suffisent à désintéresser le ou les créanciers, l'indisponibilité cesse pour le surplus des valeurs mobilières saisies. – *[Décr. n° 92-755 du 31 juill. 1992, art. 187.]*

Art. R. 233-4 Jusqu'à la réalisation de la vente forcée, le débiteur peut indiquer au tiers saisi l'ordre dans lequel les valeurs mobilières sont vendues. A défaut, aucune contestation n'est recevable sur leur choix. – *[Décr. n° 92-755 du 31 juill. 1992, art. 188.]*

SOUS-SECTION 2 LES DROITS D'ASSOCIÉ ET VALEURS MOBILIÈRES NON ADMISES AUX NÉGOCIATIONS SUR UN MARCHÉ RÉGLEMENTÉ OU SUR UN SYSTÈME MULTILATÉRAL DE NÉGOCIATION

Art. R. 233-5 A défaut de vente amiable dans les conditions prévues aux articles R. 221-30 à R. 221-32, la vente est faite sous forme d'adjudication. – *[Décr. n° 92-755 du 31 juill. 1992, art. 189.]*

1. Licence d'exploitation d'un débit de boissons et licence de taxi. V. notes 1 et 2 ss. art. R. 232-1.

2. Procédure de la vente amiable. Si l'art. 189 [devenu C. pr. exéc., art. R. 233-5] réserve au débiteur saisi la possibilité de vendre le bien saisi à l'amiable, cette faculté doit toutefois s'exercer selon la procédure définie aux art. 107 à 109 [devenus respectivement C. pr. exéc., art. R. 221-30 à R. 221-32], et la proposition de cession de la licence de taxi formulée par X. dans ses écritures est donc inopérante. • TGI Lyon, JEX, 15 mai 2001 : *Procédures, juill. 2001, n° 154, obs. Croze ; Dr. et pr. 2002. 39, obs. Brenner.*

Art. R. 233-6 Il est établi un cahier des charges en vue de la vente qui contient, outre le rappel de la procédure antérieure :

1° Les statuts de la société ;

2° Tout document nécessaire à l'appréciation de la consistance et de la valeur des droits mis en vente.

Les conventions instituant un agrément ou créant un droit de préférence au profit des associés ne s'imposent à l'adjudicataire que si elles figurent dans le cahier des charges. – *[Décr. n° 92-755 du 31 juill. 1992, art. 190.]*

Art. R. 233-7 Une copie du cahier des charges est notifiée à la société qui en informe les associés.

Le même jour, une sommation est notifiée, s'il y a lieu, aux autres créanciers opposants d'avoir à prendre connaissance du cahier des charges chez la personne chargée de la vente.

Tout intéressé peut formuler auprès de cette dernière des observations sur le contenu du cahier des charges. Ces observations ne sont plus recevables à l'expiration d'un délai de deux mois à compter de la notification prévue au premier alinéa.

Les associés qui entendent se prévaloir des dispositions du deuxième alinéa de l'article 1868 du code civil en informent la personne chargée de la vente. – *[Décr. n° 92-755 du 31 juill. 1992, art. 191.]*

Sanction. En cas de non-respect du délai de deux mois prévu par ce texte pour formuler des observations sur le contenu du cahier des charges établi dans le cadre d'une saisie de parts de SARL, le grief naît automatiquement de la réduction de ce délai, fût-ce de quelques heures et ce même si, pendant le délai, les intéressés ont déposé un dire au cahier des charges. • TGI Albertville, JEX, 13 févr. 2001 : *Procédures, juill. 2001, n° 110, obs. Croze.*

Art. R. 233-8 La publicité indiquant les jour, heure et lieu de la vente est effectuée par voie de presse et, si nécessaire, par voie d'affiches.

Cette publicité est effectuée un mois au plus et quinze jours au moins avant la date fixée pour la vente.

Le débiteur, la société et, s'il y a lieu, les autres créanciers opposants sont informés de la date de la vente par voie de notification. – *[Décr. n° 92-755 du 31 juill. 1992, art. 192.]*

Art. R. 233-9 Les procédures légales et conventionnelles d'agrément, de préemption ou de substitution sont mises en œuvre conformément aux dispositions propres à chacune d'elles. – *[Décr. n° 92-755 du 31 juill. 1992, art. 193.]*

Parts de SCI. L'adjudicataire de parts sociales d'une société civile immobilière n'est pas recevable à contester les conditions prévues pour son agrément par les autres associés dès lors qu'il n'a pas contesté le cahier des charges, qui précisait que l'adjudication serait réalisée sous la condition résolutoire d'obtention de l'agrément dans les conditions prévues aux statuts, lesquels stipulaient que les dispositions des art. 1861 à 1864 C. civ. s'appliquaient. • Civ. 3e, 14 janv. 2009, n° 07-17.619 P : *D. 2009. AJ 305* ; *ibid. 2010. Pan. 292, obs. A. Rabreau* ; *BJS 2009. 197* ; *Dr. sociétés 2009, n° 70, note Mortier* ; *RTD com. 2009. 569, obs. Champaud* ; *Rev. sociétés 2009. 366, note Poracchia* ; *AJDI 2009. 652, obs. Porcheron* ; *Banque et Dr. 125/2009, p. 63, obs. Storck* ; *Defrénois 2009. 958, obs. Hovasse.*

TITRE QUATRIÈME LES AUTRES SAISIES MOBILIÈRES

CHAPITRE UNIQUE

Art. R. 241-1 Les dispositions particulières relatives aux autres procédures d'exécution mobilière sont énoncées :

1° Par le *(Décr. n° 2016-1893 du 28 déc. 2016, art. 3)* « code des transports » ; – *V. **C. pr. exéc.**, App., v° Saisie des navires, bateaux et aéronefs.*

2° Par le code de l'aviation civile pour la saisie des aéronefs ; – *V. **C. pr. exéc.**, App., v° Saisie des navires, bateaux et aéronefs.*

(Décr. n° 2017-892 du 6 mai 2017, art. 40) « 3° » Par le code de la propriété intellectuelle pour la saisie en matière de droit de propriété littéraire, artistique et industrielle ; – *V. not. CPI, art. R. 332-1 s. (droit d'auteur) ; R. 615-1 (brevets). – **CPI.***

(Décr. n° 2017-892 du 6 mai 2017, art. 40) « 4° » Par le code rural et de la pêche maritime pour les oppositions à tiers détenteur des mutualités sociales agricoles ; – *V. C. rur., art. R. 725-12 à R. 725-19. – **C. rur.***

(Décr. n° 2017-892 du 6 mai 2017, art. 40) « 5° » Par le code de la sécurité sociale pour les oppositions à tiers détenteur des caisses de sécurité sociale. – *V. CSS, art. R. 133-9-5 à R. 133-9-12. – **CSS.***

TITRE CINQUIÈME LA DISTRIBUTION DES DENIERS

RÉP. PR. CIV. v° *Distribution des deniers*, par R. MARTIN.

BIBL. ▸ MÉLÈ, Le droit en tableaux, *Delmas 2009, p. 266.*

CHAPITRE UNIQUE

Art. R. 251-1 *S'il* n'y a qu'un seul créancier, le produit de la vente est remis à celui-ci jusqu'à concurrence du montant de sa créance, en principal, intérêts et frais, dans un délai d'un mois au plus tard à compter de la vente forcée ou, en cas de vente amiable, à compter du jour où le prix a été payé. Dans le même délai, le solde est remis au débiteur.

A l'expiration de ce délai, les sommes qui sont dues portent intérêt au taux légal. – *[Décr. n° 92-755 du 31 juill. 1992, art. 283.]*

V. App., v° Intérêt légal.

Domaine de cette procédure. Les dispositions des art. 283 à 293 [devenus C. pr. exéc., art. R. 251-1 s.] ont fixé les modalités de la distribution des deniers provenant de l'exécution ; la procédure ainsi instituée, placée sous le contrôle du JEX, ne concerne que la répartition des deniers provenant des ventes forcées ou des ventes amiables issues d'une procédure d'exécution ; dès lors, la distribution de deniers ne provenant pas de l'une de ces procédures relève de la compétence du TGI. • Cass., avis, 29 nov. 1993, n° 09-30.014 P : *JCP 1994. II. 22203, note Croze et Moussa.*

Art. R. 251-2 Dans le cas où plusieurs créanciers se sont manifestés dans les délais impartis, l'agent chargé de la vente élabore un projet de répartition du prix entre les créanciers.

Le projet est élaboré au vu des indications qui figurent dans le commandement de payer, dans les actes d'opposition et, le cas échéant, des indications prescrites par les articles R. 522-13 et R. 522-14. Il est tenu compte des frais encourus et des intérêts échus depuis ces actes. – *[Décr. n° 92-755 du 31 juill. 1992, art. 284.]*

Art. R. 251-3 Le projet de répartition est établi dans le délai d'un mois à compter de la date de la vente forcée. En cas de vente amiable, ce délai court à compter du jour du *[paiement]* du prix. – *[Décr. n° 92-755 du 31 juill. 1992, art. 285.]*

Art. R. 251-4 Dans le délai prévu à l'article R. 251-3, le projet de répartition est notifié par lettre recommandée avec demande d'avis de réception au débiteur et à chacun des créanciers y compris à ceux qui ne seraient pas compris dans la répartition faute de s'être manifestés dans les délais prescrits.

Il est indiqué au destinataire à peine de nullité :

1° Qu'il dispose d'un délai de quinze jours, à compter de la réception de la lettre, pour élever une contestation motivée, accompagnée des pièces justificatives nécessaires, auprès de l'huissier de justice qui a établi le projet de répartition ;

2° Qu'à défaut de réponse dans le délai imparti, il est réputé avoir accepté le projet et que celui-ci devient définitif si aucune contestation n'est élevée. – *[Décr. n° 92-755 du 31 juill. 1992, art. 286.]*

Art. R. 251-5 A défaut de contestation dans le délai imparti, le projet de répartition devient définitif. L'agent chargé de la vente procède au paiement des créanciers ayant mis en œuvre une mesure d'exécution forcée *(Décr. n° 2021-1888 du 29 déc. 2021, art. 2, en vigueur le 1er janv. 2023)* « , des créanciers titulaires d'un gage constitué en garantie d'une dette professionnelle, et des créanciers titulaires d'une autre sûreté publiée dès lors qu'ils disposent d'un titre exécutoire.

« Il consigne auprès de la Caisse des dépôts et consignations les sommes revenant aux créanciers ayant pratiqué une saisie conservatoire ou titulaires d'une sûreté publiée et non mentionnés à l'alinéa précédent. Ces sommes sont payées aux premiers après signification d'un acte de conversion et aux seconds après obtention d'un titre exécutoire *[ancienne rédaction : Il consigne auprès de la Caisse des dépôts et consignations les sommes revenant aux créanciers ayant pratiqué une saisie conservatoire ; ces sommes leur sont payées après signification d'un acte de conversion]* ».

Art. R. 251-6 En cas de contestation, l'agent chargé de la vente convoque le débiteur et tous les créanciers en vue d'une tentative de conciliation.

Cette réunion a lieu dans le mois qui suit la première contestation. – *[Décr. n° 92-755 du 31 juill. 1992, art. 288.]*

Art. R. 251-7 Si les intéressés convoqués parviennent à un accord, il en est dressé acte.

Copie de l'accord est remise ou adressée par lettre simple au débiteur et à tous les créanciers.

Il est procédé au paiement comme il est dit à l'article R. 251-1. – *[Décr. n° 92-755 du 31 juill. 1992, art. 289.]*

Art. R. 251-8 A défaut d'accord, l'agent chargé de la vente établit un procès-verbal *exposant les difficultés* rencontrées ; il joint les pièces nécessaires à la solution du litige et saisit immédiatement le juge de l'exécution du lieu de la vente en lui transmettant le dossier.

Les sommes mises en répartition sont immédiatement consignées auprès de la Caisse des dépôts et consignations.

Le juge peut décider que les frais occasionnés par la contestation sont provisoirement prélevés sur ces sommes. – *[Décr. n° 92-755 du 31 juill. 1992, art. 290.]*

Art. R. 251-9 **Les délais prévus aux articles R. 251-1 et R. 251-3 peuvent être prorogés d'accord commun entre les intéressés ou par ordonnance du juge de l'exécution saisi sur requête.** – *[Décr. nº 92-755 du 31 juill. 1992, art. 291.]*

Art. R. 251-10 **Lorsque les délais impartis pour la préparation du projet de répartition ne sont pas respectés, tout intéressé peut saisir le juge de l'exécution qui procède à la répartition.**

Les paiements sont effectués huit jours au plus tard après que la répartition est devenue définitive.

A l'expiration de ce délai, les sommes dues portent intérêt au taux légal. – *[Décr. nº 92-755 du 31 juill. 1992, art. 292.]*

V. App., vº Intérêt légal.

Art. R. 251-11 **Tout paiement ou projet de répartition est accompagné d'un décompte détaillé des frais de recouvrement avec l'indication, en caractères très apparents, que tout intéressé peut faire procéder à leur vérification par le greffe du juge de l'exécution du lieu de la vente.** – *[Décr. nº 92-755 du 31 juill. 1992, art. 293.]*

LIVRE TROISIÈME LA SAISIE IMMOBILIÈRE

RÉP. PR. CIV. v° *Saisie immobilière,* par PIEDELIÈVRE et GUERCHOUN.

DALLOZ ACTION *Droit et pratique des voies d'exécution 2022/2023,* n°s 1300.11 s., 1330.11 s.

DP RECOUVR. v° *Saisie immobilière.*

BIBL. GÉN. ▸ Ouvrages : V. Bibl. gén. au-dessus de l'art. L. 311-1.

▸ Réforme de 2006 : CROZE et LAPORTE, *JCP 2006, p. 1874 ; Procédures 2007. Focus 47* (appel des jugements en matière de saisie immobilière et de distribution du prix). – LEBORGNE, *AJDI 2008. 569* (saisie immobilière d'un lot dans un immeuble en copropriété). – PIEDELIÈVRE, *RDBF 2006, n° 168* (généralités). – WICKERS, *Gaz. Pal. 9-10 août 2006, p. 2.*

▸ Décr. n° 2009-160 du 12 févr. 2009 : HOCQUART et TALON, *Gaz. Pal. 2 avr. 2009, p. 9.* – LAPORTE, *JCP N 2009. Actu. 221 ; Procédures 2009. Focus 17 ; ibid. 21.* – LEBORGNE, *Dr. et pr. 2009. 128 ; D. 2010. Pan. 1307* . – POMMIER, *LPA 6 avr. 2009, p. 3.*

▸ Codification : LAPORTE, *Dr. et patr. 12/2013, p. 50* (la codification du Livre III : entre clarification et incompréhension).

▸ Projet de réforme : BOURIN et CARDINI, *Dr. et pr. 2010. 71* (suspension provisoire de la saisie immobilière en cas de surendettement).

V. Circ. CIV 2006-17, relative à la réforme de la saisie immobilière, ***C. pr. exéc.****, App., v° Saisie immobilière, I Nouveau régime.*

V. Circ. de la DACS n° 03-09 C3 du 20 mars 2009, relative à la présentation des dispositions relatives aux procédures de saisie immobilière, de distribution du prix d'un immeuble et de vente des immeubles d'une personne faisant l'objet d'une procédure collective issues de l'Ord. n° 2008-1345 du 18 déc. 2008 et du Décr. n° 2009-160 du 12 févr. 2009, reproduite à la suite de l'art. R. 334-3 in ***C. pr. exéc.***

V. Instr. DGI 10 D-5-07 (BOI, n° 112, 12 oct. 2007). — Laporte, Procédures 2008. Prat. 6.

TITRE PREMIER DISPOSITIONS GÉNÉRALES

CHAPITRE UNIQUE

Art. R. 311-1 **La procédure de saisie immobilière est régie par les dispositions du présent livre et par celles qui ne lui sont pas contraires du livre Ier du présent code.** – *[Décr. n° 2006-936 du 27 juill. 2006, art. 1er.]*

1. Sursis à exécution. Sur l'applicabilité de l'art. 31 du Décr. n° 92-755 du 31 juill. 1992 [devenu C. pr. exéc., art. R. 121-22], V. • Aix-en-Provence, réf. prem. prés., 13 déc. 2007 : *cité note 1 ss. art. R. 311-6.* ♦ V. égal. : • Paris, 22 mai 2008 : *cité note 2.*

2. Délai de grâce. Le JEX peut, après signification du commandement ou d'un acte de saisie, accorder un délai de grâce (C. civ., art. 1244-1 [devenu C. civ., art. 1343-5]). • Paris, 22 mai 2008 : *Procédures 2009. Chron. 1, obs. Leborgne.* ♦ V. aussi : • Aix-en-Provence, 24 sept. 2008, n° 08/10585 : *D. 2009. 1168, obs. Leborgne* .

SECTION PREMIÈRE LA COMPÉTENCE TERRITORIALE

Art. R. 311-2 **La saisie immobilière est poursuivie devant le juge de l'exécution du** *(Décr. n° 2019-966 du 18 sept. 2019, art. 8, en vigueur le 1er janv. 2020)* **« tribunal judiciaire** *[ancienne rédaction : tribunal de grande instance]* **» dans le ressort duquel est situé l'immeuble saisi.** – *[Décr. n° 2006-936 du 27 juill. 2006, art. 2.]*

Art. R. 311-3 **Lorsqu'un créancier a procédé simultanément à la saisie de plusieurs immeubles d'un même débiteur situés dans des ressorts de plusieurs** *(Décr. n° 2019-966 du 18 sept. 2019, art. 8, en vigueur le 1er janv. 2020)* **« tribunaux judiciaires** *[ancienne rédaction : tribunaux de grande instance]* **», la procédure est portée devant le juge de l'exécution du tribunal dans le ressort duquel est situé l'immeuble saisi où demeure le débiteur, à défaut, devant le juge du ressort dans lequel est situé l'un quelconque des immeubles.** – *[Décr. n° 2006-936 du 27 juill. 2006, art. 3.]*

SECTION II LA PROCÉDURE

Art. R. 311-4 Les parties sont, sauf disposition contraire, tenues de constituer avocat. – *[Décr. nº 2006-936 du 27 juill. 2006, art. 5.]*

I. MINISTÈRE D'AVOCAT OBLIGATOIRE

1. Régularisation. Sur la régularisation par la constitution, dans l'assignation délivrée en vue de l'audience d'orientation, de la société civile professionnelle inter-barreaux, qui comporte, en son sein, deux avocats inscrits au barreau du tribunal compétent, V. : • Civ. 2e, 18 oct. 2012, nº 11-18.730 : *D. 2013. Pan. 1581, obs. Leborgne ; AJDI 2013. 59, obs. Porcheron ; Procédures 2013, nº 12, note Perrot ; ibid. Chron. 1, nº 12, obs. Leborgne.* ♦ Couverture de l'irrégularité de fond, avant que le JEX ne statue, par la délivrance aux débiteurs d'une assignation à comparaître à l'audience d'orientation mentionnant la constitution d'un avocat ayant le pouvoir de représenter la banque dans la procédure de saisie immobilière. • Civ. 2e, 10 janv. 2019, nº 17-28.805 P : *D. actu. 5 févr. 2019, obs. Kebir ; D. 2019. 1306, obs. Leborgne ; RTD civ. 2019. 399, obs. Cayrol ; JCP 2019. 68, note Laporte ; Procédures 2019, nº 70, obs. Strickler ; RDBF 2019, nº 55, obs. Piedelièvre ; D. 2019. 1306, obs. Leborgne ; Gaz. Pal. 2019, nº 16, p. 63, obs. Herman.*

2. Aide juridictionnelle. Commet un excès de pouvoir et viole l'art. 25 de la L. nº 91-647 du 10 juill. 1991 et l'art. 6 Conv. EDH le juge qui procède à la vente forcée d'un bien sans s'assurer que le débiteur saisi, qui avait sollicité l'aide juridictionnelle, avait été informé de la décision rendue sur cette demande et du nom de l'avocat désigné à ce titre. • Civ. 2e, 24 juin 2010, nº 08-19.974 P : *D. 2010. Actu. 1800 ; ibid. 2011. 265, obs. Fricero ; Gaz. Pal. 19 oct. 2010, p. 20, note Fricero ; ibid. Pan. 1509, obs. Leborgne ; Dr. et pr. 2010. 323, note Leborgne.* ♦ Viole l'art. 25 de la L. nº 91-647 du 10 juill. 1991 et l'art. 6, § 1er, Conv. EDH la cour d'appel qui confirme le jugement d'orientation ordonnant la vente forcée du bien, alors qu'elle constatait qu'au jour où le juge avait examiné l'affaire, en l'absence du débiteur saisi, qui avait sollicité un renvoi dans l'attente de l'issue du recours qu'il avait formé contre la décision ayant rejeté sa demande d'aide juridictionnelle, il n'avait pas encore été statué sur ce recours. • Civ. 2e, 16 mai 2012, nº 11-14.449 P : *D. 2013. Pan. 1581, obs. Leborgne ; RDBF 2012, nº 190, note Piedelièvre ; Dr. et pr. 2012. 213, note Leborgne ; Procédures 2013. Chron. 1, nº 15, obs. Leborgne.*

II. MINISTÈRE D'AVOCAT NON OBLIGATOIRE

3. Requête d'un huissier de justice. L'art. 5 [devenu C. pr. exéc., art. R. 311-4] n'est pas applicable à la requête présentée au JEX par l'huissier de justice en cas de difficultés rencontrées pour dresser le procès-verbal de description des lieux de l'art. 35 du décret [devenu C. pr. exéc., art. R. 151-2]. • Lyon, 31 janv. 2008 : *D. 2009. Pan. 1168, obs. Leborgne ; Procédures 2008. Fiches pratiques 35, obs. Laporte ; Dr. et pr. 2008. 147, note Leborgne ; Procédures 2009. Chron. 1, obs. Leborgne.*

Art. R. 311-5 A peine d'irrecevabilité prononcée d'office, aucune contestation ni aucune demande incidente ne peut, sauf dispositions contraires, être formée après l'audience d'orientation prévue à l'article R. 322-15 à moins qu'elle porte sur les actes de procédure postérieurs à celle-ci. Dans ce cas, la contestation ou la demande incidente est formée dans un délai de quinze jours à compter de la notification de l'acte. – *[Décr. nº 2006-936 du 27 juill. 2006, art. 6.]*

I. CONVENTIONNALITÉ

1. Compatibilité avec la Conv. EDH (oui). C'est sans méconnaître l'art. 6, § 1er, Conv. EDH qu'une cour d'appel décide que des débiteurs saisis, qui n'avaient pas comparu à l'audience d'orientation alors qu'ils avaient été régulièrement assignés, n'étaient plus recevables à former des contestations portant sur la procédure antérieure à l'audience d'orientation. • Civ. 1re, 17 nov. 2011, nº 10-26.784 P : *D. 2011. Actu. 2877, obs. Avena-Robardet ; ibid. 2012. Chron. Cass. 644, obs. Leroy-Gissinger ; ibid. Pan. 1516, obs. Leborgne ; Dr. et pr. 2012. 23, note Salati ; RDBF 2012, nº 22, note Piedelièvre ; Procédures 2013. Chron. 1, nº 17, obs. Leborgne.* ♦ *Contra*, jugeant que l'effet dévolutif de l'appel et le droit d'accès au juge, tels qu'ils découlent de l'art. 6 Conv. EDH, justifient la recevabilité d'un appel incident formé par le débiteur défaillant en première instance contre le jugement d'orientation : • Montpellier, 5 févr. 2009 : *Gaz. Pal. 24-25 juin 2009, obs. Hugon.* ♦ V. déjà : • Civ. 1re, 1er oct. 2009, nº 07-18.630 : *D. 2011. 1696, obs. Avena-Robardet ; ibid. 2012. 1509, obs. Leborgne ; Gaz. Pal. 22 déc. 2009, p. 8, note Coulot et Leborgne* • Paris, 10 avr. 2008, nº 08-03440 : *Procédures 2009. Chron. 1, obs. Leborgne* (débiteur n'ayant pas comparu à l'audience d'orientation) • 17 avr. 2008 : *Procédures 2009. Chron. 1, obs. Leborgne* (débiteurs régulièrement assignés n'ayant pas sollicité la vente amiable à l'audience d'orientation) • 12 juin 2008, nº 08/01791 :

Procédures 2009. Chron. 1, obs. Leborgne • Limoges, 15 janv. 2009, n° 08/01507 : *BICC 1er avr. 2010, n° 480* (contestation de la mise à prix d'un ensemble immobilier, en application de l'art. 2206, al. 2, C. civ. lors d'un appel du jugement d'orientation). ♦ C'est sans porter atteinte au droit à un recours juridictionnel effectif qu'une cour d'appel, saisie d'une demande de nullité des opérations de publicité de la vente forcée effectuées par la publication des avis annonçant la vente ainsi que par l'apposition de l'avis simplifié, prévu à l'art. R. 322-32, relaté dans un procès-verbal d'un huissier de justice, retient que le délai de quinze jours prévu à l'art. R. 311-5 court à compter de l'accomplissement desdites formalités, peu important dans ce cas que le débiteur ait effectué, postérieurement audit procès-verbal mais avant l'audience d'orientation, des transformations dans l'immeuble sans en avertir le créancier poursuivant. • Civ. 2e, 26 juin 2014, n° 13-20.193 P.

II. DOMAINE D'APPLICATION

A. PERSONNES

2. *Toutes les parties appelées à l'audience (oui).* Il résulte de l'art. R. 311-5 qu'à peine d'irrecevabilité prononcée d'office, aucune contestation ni demande incidente ne peut, sauf dispositions contraires, être formée après l'audience d'orientation, à moins qu'elle ne porte sur les actes de procédure postérieurs à celle-ci. Cette règle s'impose à toutes les parties appelées à l'audience d'orientation. Encourt donc la cassation l'arrêt qui, pour valider une procédure de saisie immobilière et ordonner la vente forcée de l'immeuble, accueille les fins de non-recevoir du créancier, qui n'avaient pas été soulevées lors de l'audience d'orientation. • Civ. 2e, 22 juin 2017, n° 16-18.343 P : *D. 2017. Actu. 1370 ; ibid. Pan. 1230, obs. Leborgne ; Gaz. Pal. 19 déc. 2017, p. 42, obs. Brenner.* ♦ Encourt donc la cassation l'arrêt qui, pour valider une procédure de saisie immobilière et ordonner la vente forcée de l'immeuble, accueille la demande du créancier, qui n'avait pas été soulevée lors de l'audience d'orientation, tendant à voir déclarer que le débiteur saisi n'avait pas contracté le prêt en qualité de consommateur et que, la prescription de l'action n'étant pas biennale mais quinquennale, ses créances n'étaient pas prescrites. • Civ. 2e, 14 nov. 2019, n° 18-21.917 P : *D. actu. 4 déc. 2019, obs. Kieffer ; D. 2019. 2256* .

3. *Tiers à l'instance (non).* L'obligation pour les parties à la procédure de saisie immobilière de *soulever, à peine d'irrecevabilité, à l'audience* d'orientation l'ensemble des contestations et demandes incidentes ne s'applique pas aux tiers à l'instance. • Civ. 2e, 4 déc. 2014, n° 13-24.870 : *D. 2014. Actu. 2534 ; D. actu. 16 déc. 2014, obs. Avena-Robardet ; Procédures 2015, n° 35, note Laporte ; Gaz. Pal. 10 mars 2015, p. 24, note Lauvergnat ; RDBF 2015, n° 51, note Piedelièvre.*

B. DEMANDES

4. *Demande de prorogation du commandement (non).* La demande de prorogation du commandement valant saisie n'est pas soumise aux conditions de recevabilité prévues à l'art. 6 du Décr. du 27 juill. 2006 [devenu C. pr. exéc., art. R. 311-5]. • Civ. 2e, 9 juin 2011, n° 10-30.310.

5. *Demandes nouvelles en appel. C. pr. civ., art. 566 (exclusion).* L'art. R. 311-5 est exclusif de l'application de l'art. 566 C. pr. civ. régissant l'effet dévolutif de l'appel. • Civ. 2e, 31 janv. 2019, n° 18-10.930 P : *D. actu. 20 févr. 2019, obs. Payan ; JCP 2019. 163, note Laporte.*

III. OFFICE DU JUGE

6. *Obligation.* La juridiction doit relever d'office l'irrecevabilité des demandes présentées après l'audience d'orientation, à moins qu'elles ne portent sur des actes de procédure postérieurs à celle-ci. • Civ. 2e, 14 oct. 2010, n° 09-69.580 : *D. 2011. Pan. 1518, obs. Leborgne* . ♦ V. déjà • Civ. 2e, 11 mars 2010, n° 09-13.312 P : *Procédures 2011, chron. 1, n° 13, obs. Leborgne.*

7. *Respect du principe de la contradiction.* Méconnaît le principe de la contradiction visé à l'art. 16 C. pr. civ. la cour d'appel qui relève d'office le moyen tiré de l'irrecevabilité d'une contestation non présentée à l'audience d'orientation, sans avoir, au préalable, invité les parties à présenter leurs observations. • Civ. 2e, 28 janv. 2016, n° 14-27.076 : *Procédures 2016, n° 91, obs. Laporte.*

8. *Validité des déclarations de créances.* Le JEX est tenu de trancher les contestations relatives à la validité des déclarations de créances soulevées au cours de l'audience d'orientation. • Cass., avis, 16 mai 2008 : *cité note ss. art. L. 311-1.*

9. *Honoraires de l'avocat du créancier.* L'interdiction faite, en application de l'art. R. 311-5, aux parties à la procédure de saisie immobilière de former une contestation ou une demande incidente postérieurement à l'audience d'orientation est sans incidence sur l'office du juge, tenu, en application de l'art. 12 C. pr. civ., de trancher le litige conformément aux règles de droit applicables. • Civ. 2e, 28 juin 2018, n° 17-15.054 P : *cité note 3 ss. art. L. 331-2.* ♦ Il en résulte que le juge peut d'office déduire des sommes revenant à la partie poursuivante les honoraires de l'avocat du créancier poursuivant qui ne constituent pas de frais de justice aux termes des art. 2375 C. civ. et 695 C. pr. civ. • Même arrêt.

10. *Régularité de l'assignation.* Statuant en appel d'un jugement d'orientation, la cour d'appel est tenue d'examiner le moyen présenté par le débiteur saisi qui n'avait pas comparu à l'audience d'orientation, tendant à la nullité de l'assignation qui lui avait été délivrée pour cette audience. • Civ. 2e, 10 févr. 2011, n° 10-11.944 P : *D. 2011. Actu. 601* • 4 mars 2021, n° 19-22.193 P : *D. actu. 15 mars 2021, obs. Kieffer ; Rev. prat. rec. 2021/4. 12, note Le Roux ; D. 2021. 1359, obs. Leborgne. Gaz. Pal. 15 juin 2021. 32, note Brenner ; Procédures 2021, n° 133, note Laporte.* ♦ Dès lors qu'elle rejette cette contestation, la cour d'appel est tenue de relever, d'office, l'irrecevabilité de toutes les demandes formulées devant elle par le débiteur saisi, non comparant à l'audience d'orientation. • Civ. 2e, 10 févr. 2011 : *préc.*

Il résulte de l'art. 652 C. pr. civ. qu'en cas d'annulation du jugement d'orientation découlant de la nullité de l'acte introductif d'instance, la dévolution ne s'opère pas pour le tout, de sorte que la cour d'appel ne peut pas statuer sur une demande tendant à l'annulation du commandement de payer valant saisie immobilière. • Civ. 2e, 4 mars 2021, n° 19-22.193 P : *préc.* (cassation de l'arrêt ayant annulé le commandement de payer valant saisie immobilière et, en conséquence, tous les actes subséquents de la procédure de saisie immobilière, en ce compris le jugement d'orientation, en retenant que la délivrance des actes à l'adresse du bien saisi, en connaissance du fait qu'il ne correspondait pas au domicile du débiteur, a fait grief au débiteur en ne lui permettant pas d'assurer sa défense devant le juge de l'exécution, ce qui le prive de tout moyen de contestation en cause d'appel en vertu de l'art. R. 311-5).

IV. IRRECEVABILITÉ

11. *Irrecevabilité. Appel (portée).* Il résulte des art. 125 C. pr. civ. et 6 du Décr. n° 2006-936 du 27 juill. 2006 [devenu C. pr. exéc., art. R. 311-5] qu'à peine d'irrecevabilité prononcée d'office, aucune contestation ni aucune demande incidente ne peuvent, sauf disposition contraire, être formées après l'audience d'orientation, à moins qu'elles portent sur les actes de procédure postérieurs à celle-ci. • Civ. 2e, 11 mars 2010, n° 09-13.312 P : *D. 2010. AJ 771, obs. Avena-Robardet ; ibid. Chron. C. cass. 2102, obs. Sommer et Leroy-Gissinger ; ibid. Pan. 1509, obs. Leborgne ; JCP 2010. 345, obs. Laporte ; Dr. et pr. 2010. 189, note Leborgne ; RDBF 2010, n° 104, note Piedelièvre ; Procédures 2011. Chron. 1, n° 14, obs. Leborgne* (irrecevabilité de demandes d'annulation du commandement valant saisie, de dommages-intérêts et de compensation, alors que ces demandes, formées pour le première fois en cause d'appel, avaient été présentées par le débiteur saisi après l'audience d'orientation, à laquelle il n'avait pas comparu, et ne portaient pas sur des actes postérieurs à celle-ci) • Com. 3 nov. 2010, n° 09-70.312 P : *D. 2010. Actu. 2645, obs. Lienhard ; ibid. 2011. Pan. 406, obs. Crocq ; ibid. 2075, obs. Lucas ; RTD com. 2011. 413, obs. Martin-Serf ; Rev. sociétés 2011. 194, obs. Roussel Galle ; JCP 2011. 360, n° 13, obs. Cabrillac ; Gaz. Pal. 8 janv. 2011, p. 18, note Le Corre-Broly ; ibid. 26 févr. 2011, p. 45, note Reifegerste ; ibid. 1er-3 mai 2011, p. 20, obs. Brenner* (irrecevabilité des contestations portant sur le commandement valant saisie présentées pour la première fois en appel) • Civ. 2e, 6 janv. 2011, n° 09-16.641 : *Dalloz jurisprudence* (irrecevabilité de la contestation du cantonnement de la créance présentée pour la première fois en appel) • 31 mars 2011, n° 10-13.929 : *Dalloz jurisprudence* (irrecevabilité d'une demande de cantonnement présentée pour la première fois en appel) • 9 juin 2011, n° 10-30.310 P : *D. 2011. Actu. 1696, obs. Avena-Robardet ; ibid. 2012. Pan. 1516, obs. Leborgne ; Gaz. Pal. 13-15 mai 2012, p. 13, obs. Brenner ; Procédures 2011, n° 264, note Perrot ; ibid. 2013. Chron. 1, n° 16, obs. Leborgne* (irrecevabilité d'une demande de nullité du titre exécutoire fondant les poursuites de saisie immobilière, présentée pour la première fois en appel, peu important qu'ait été présentée, devant le JEX, et pour un autre motif, une contestation portant sur la nullité du commandement valant saisie) • 20 oct. 2011, n° 10-25.787 : *AJDI 2011. 881, obs. Porcheron* (irrecevabilité de demandes de délais de paiement formées pour la première fois en appel) • 26 juin 2014, n° 13-20.560 P : *RDBF 2014, n° 177, note Piedelièvre* (censure d'un arrêt qui, pour suspendre une procédure de saisie immobilière, accueille une demande de délais de paiement alors que cette demande avait été formée pour la première fois devant elle, de sorte qu'elle devait prononcer d'office son irrecevabilité). • 25 juin 2015, n° 14-18.967 P : *D. 2015. Chron. C. cass. 1791, obs. Adida-Cagnac, Vasseur et de Leiris ; RDBF 2015, n° 201, note Piedelièvre ; Gaz. Pal. 21 nov. 2015, p. 18, obs. Brenner* (moyen, tiré des délais accordés au débiteur par le plan de surendettement, soulevé pour la première fois). ♦ Les contestations et demandes incidentes soulevées après l'audience d'orientation ne sont recevables que si elles portent sur des actes de la procédure de saisie immobilière postérieurs à cette audience ou si, nées de circonstances postérieures à celle-ci, elles sont de nature à interdire la poursuite de la saisie. Tel n'est pas le cas d'une saisie conservatoire qui a pour seul effet de rendre indisponible la créance du créancier saisissant, objet de cette saisie, sans remettre en cause son exigibilité. • Civ. 2e, 6 sept. 2018, n° 16-26.059 P : *D. actu. 24 sept. 2018, obs. Payan.* ♦ ... Un jugement d'adjudication ne peut être annulé à la demande d'une partie à la procédure de saisie pour des motifs tirés des vices dont elle aurait été affectée. Il appartenait à cette partie d'interjeter appel du jugement d'orientation pour voir trancher les contestations qu'elle formule contre la procédure mise en œuvre. • Civ. 2e, 21 févr. 2019, n° 18-10.362 P : *D. actu. 11 mars 2019, obs. Mourre-Schreiber ; D. 2019. 1306, obs. Leborgne ; JCP 2019. 266, note Laporte.* ♦ L'offre de retrait litigieux du débiteur, ensuite d'une cession de créance, qui lui a été notifiée avant l'audience d'orientation, doit être formée devant le JEX à l'occasion de l'audience d'orientation et non ultérieurement devant la cour. • Civ. 2e, 4 déc. 2014, n° 13-25.433 : *Procédures 2015, n° 34, note Laporte ; Dr. et pr. 2015. 55, note Leborgne.* ♦ Un jugement d'orientation ayant été rendu à l'occasion d'une procédure de saisie immobilière engagée par un créancier, c'est à bon droit qu'une cour d'appel a déduit de ce seul motif, peu important qu'elle ait été saisie avant l'engagement de cette procédure, que le débiteur ne pouvait invoquer dans l'instance au fond les contestations, même nouvelles, se rapportant au titre exécutoire détenu par le créancier. En conséquence, les demandes du débiteur étaient irrecevables. • Civ. 2e, 1er déc. 2016, n° 14-27.169 P : *D. actu. 19 déc. 2016, obs. Kebir ; D. 2016. Actu. 2580 ; RDBF 2017, n° 29, note Piedelièvre ; JCP 2016. 1381, obs. Laporte ; RLDC juin 2017. 34, obs. Salati.* ♦ *Adde* Maugain, *Dr. et pr. 2017. 8* (le sévère principe de concentration de l'audience d'orientation).

V. RECEVABILITÉ

12. *Actes postérieurs à l'audience d'orientation.* Les restrictions apportées à l'effet dévolutif de l'appel formé contre un jugement d'orientation n'empêchent pas, notamment, de saisir la cour d'appel de contestations portant sur des actes postérieurs à l'audience d'orientation. • Civ. 2e, 12 avr. 2012, n° 11-14.817 : *Procédures 2012, n° 178, note Perrot ; ibid. 2013. Chron. 1, n° 18, obs. Leborgne.* ♦ Cependant, fait une exacte application de l'art. R. 311-5, selon lequel les contestations et demandes incidentes portant sur des actes postérieurs à l'audience d'orientation doivent être formées dans les quinze jours à compter de la notification de l'acte, la cour d'appel qui rejette la demande de nullité des opérations de publicité de la vente forcée en retenant que celle-ci avait été formée plus de quinze jours à compter de leur accomplissement. • Civ. 2e, 26 juin 2014 : *cité note 1.*

13. *Déclaration de créance du créancier inscrit. Déchéance du terme.* Les dispositions de l'art. R. 311-5 C. pr. exéc., selon lesquelles, à peine d'irrecevabilité prononcée d'office, aucune contestation ni aucune demande incidente ne peut, *sauf dispositions contraires*, être formée après l'audience d'orientation à moins qu'elle porte sur les actes de procédure postérieurs à celle-ci, ne font pas obstacle à ce qu'un créancier inscrit qui, à peine de déchéance du bénéfice de sa sûreté pour la distribution du prix de vente de l'immeuble, doit déclarer sa créance, même non exigible, dans les deux mois de la dénonciation du commandement de payer valant saisie, demande en cause d'appel qu'il soit pris acte de la déchéance du terme prononcée postérieurement au jugement d'orientation et que le montant de sa créance soit fixé en conséquence. • Civ. 2e, 28 juin 2018, n° 17-19.894 P : *RDBF 2018, n° 130, note Piedelièvre ; Dr. et pr. 2018. 154, note Salati ; Procédures 2018, n° 286, note Laporte.*

14. *Défaut de dénonciation d'une déclaration de créance.* Le créancier inscrit est recevable à contester la régularité d'une déclaration de créance antérieure à l'audience d'orientation après cette audience, dès lors qu'elle ne lui a pas été dénoncée. • Civ. 2e, 1er oct. 2020, n° 19-15.612 P : *Rev. prat. rec. 2020. 9, chron. Cholet, Draillard, Laher et Salati.*

15. *Renvoi de l'audience d'orientation.* En cas de renvoi de l'audience d'orientation, les contestations et demandes incidentes formulées au plus tard à l'audience de renvoi sont recevables. Dès lors, c'est à bon droit qu'une cour d'appel a décidé qu'une contestation du titre exécutoire et une demande de vente amiable contenues dans des conclusions déposées à l'audience de renvoi du JEX étaient recevables. • Civ. 23 oct. 2008, n° 08-13.404 P : *R. 2008. 334 ; D. 2008. 3120, note Leborgne ; ibid. 2009. Chron. C. cass. 768, obs. Sommer ; ibid. Pan. 1177, obs. Leborgne ; Dr. et pr. 2008. 42, note Leborgne ; RLDC 2/2009. 66, obs. Miniato ; RDBF 2009, n° 31, note Piedelièvre ; RTD civ. 2009. 175, obs. Perrot ; Procédures 2009. Chron. 1, obs. Leborgne ; Ann. loyers 2009. 671, obs. R. Martin ; ibid. 1020, obs. Salati.* ♦ Mais en cas d'un « renvoi en continuation » où l'examen de l'affaire et les débats ont débuté sans avoir pu être terminés à la même audience, les demandes formulées postérieurement à cette audience sont irrecevables. • Civ. 1re, 17 nov. 2011, n° 10-25.439 P : *D. 2011. Actu. 2877, obs. Avena-Robardet ; ibid. Chron. Cass. 649, note Leroy-Gissinger ; ibid. Pan. 1516, obs. Leborgne ; Gaz. Pal. 13-15 mai 2012, p. 14, obs. Brenner ; Procédures 2012, n° 7, note Perrot ; ibid. 2013. Chron. 1, n° 14, obs. Leborgne ; RDBF 2012, n° 22, note Piedelièvre ; Dr. et pr. 2012. 23, note Salati.*

16. *Réouverture des débats.* La réouverture totale des débats rend nécessairement recevables les contestations déposées le jour de l'audience d'orientation initiale. • Civ. 2e, 5 déc. 2013, n° 12-26.680 P : *D. actu. 10 janv. 2014, obs. Avena-Robardet ; D. 2014. Pan. 1466, obs. Leborgne ; Procédures 2014, n° 44, note Perrot ; RDBF 2014, n° 58, note Piedelièvre.*

Art. R. 311-6 A moins qu'il en soit disposé autrement, toute contestation ou demande incidente est formée par le dépôt au greffe de conclusions signées d'un avocat.

La communication des conclusions et des pièces entre avocats est faite dans les conditions prévues par l'article *(Décr. n° 2019-1333 du 11 déc. 2019, art. 30-3°, en vigueur le 1er janv. 2020)* « 766 » du code de procédure civile. La communication des conclusions est faite par signification au débiteur qui n'a pas constitué avocat.

Lorsque la contestation ou la demande incidente ne peut être examinée à l'audience d'orientation, le greffe convoque les parties à une audience par lettre recommandée avec demande d'avis de réception dans un délai de quinze jours à compter du dépôt de la contestation ou de la demande.

L'examen des contestations et des demandes incidentes ne suspend pas le cours de la procédure. — *[Décr. n° 2006-936 du 27 juill. 2006, art. 7.]*

L'art. 30 du Décr. n° 2019-1333 du 11 déc. 2019 est applicable aux instances en cours au 1er janv. 2020 (Décr. préc., art. 55-I).

I. DOMAINE

1. Report de l'audience d'adjudication. La demande de report de l'audience d'adjudication, qui constitue une demande incidente, est soumise aux formes prescrites à l'art. 7 du Décr. n° 2006-936 du 27 juill. 2006 [devenu C. pr. exéc., art. R. 311-6]. • Civ. 2e, 22 févr. 2012, n° 11-11.914 P : *D. actu. 7 mars 2012, obs. Avena-Robardet ; Gaz. Pal. 13-15 mai 2012, p. 19, obs. Brenner ; Procédures 2012, n° 147, note Perrot ; ibid. 2013. Chron. 1, n° 9, obs. Leborgne ; RDBF 2012, n° 95, obs. Piedelièvre ; Dr. et pr. 2012. 184, note Salati.*

2. Relevé de forclusion (rétractation de l'ordonnance). En matière de saisie immobilière, la demande de rétractation de l'ordonnance statuant sur la requête en relevé de la forclusion d'un créancier inscrit, qui tend à faire trancher contradictoirement par le JEX ayant rendu l'ordonnance, la contestation de la validité de la déclaration de créance, est introduite selon les modalités prévues à l'art. 7 du Décr. du 27 juill. 2006 [devenu C. pr. exéc., art. R. 311-6]. • Civ. 2e, 9 sept. 2010, n° 09-15.728 : *Procédures 2010, n° 374, obs. Perrot.*

II. CONCLUSIONS

3. Purge et radiation des hypothèques. C'est par conclusions que doit être formée une demande de purge et de radiation des hypothèques ; formée par assignation, elle sera irrecevable. • Civ. 2e, 21 févr. 2013, n° 11-27.635.

4. Report de l'audience d'adjudication. L'avocat du créancier, qui demande un report de l'audience d'adjudication, doit impérativement déposer des conclusions pour éviter la caducité du commandement de payer valant saisie immobilière et ne pas se contenter de mentions portées par le greffier sur la note d'audience. • Civ. 2e, 22 févr. 2012 : *préc. note 1.*

III. DÉMATÉRIALISATION

5. RPVA. Viole les art. R. 311-6 C. pr. exéc., 748-6 C. pr. civ. et l'Arr. du 7 avr. 2009 relatif à la communication par voie électronique devant les tribunaux de grande instance l'arrêt qui, pour déclarer caduc le commandement valant saisie immobilière, retient que le conseil de la banque a adressé sa demande de report de l'audience de vente forcée et ses pièces par la voie du réseau privé virtuel des avocats (RPVA), alors que la convention sur la communication électronique signée entre le barreau de Lorient et le TGI de Lorient n'incluait pas dans son périmètre les saisies immobilières, de sorte que le message, reçu au greffe, n'a pas été transmis au JEX, et qui en a déduit que la banque n'avait pas déposé de conclusions de report, alors que l'Arr. du 7 avr. 2009 n'exclut pas de son champ d'application les procédures de saisie immobilière. • Civ. 1re, 1er mars 2018, n° 16-25.462 P : *D. actu. 13 mars 2018, obs. Bléry ; D. 2018. Actu. 517 ; ibid. 1231, obs. Leborgne ; JCP 2018. 388, note Laporte ; ibid. 514, note Raschel ; Gaz. Pal. 19 mars 2018, p. 48, note Brenner, ibid. 15 mai 2018, p. 70, note Herman.*

Art. R. 311-7 Les jugements sont, sauf disposition contraire, susceptibles d'appel. L'appel est formé dans un délai de quinze jours à compter de la notification qui en est faite. Sous réserve des dispositions de l'article R. 322-19 *(Décr. n° 2017-891 du 6 mai 2017, art. 42-1°, en vigueur le 1er sept. 2017)* « et sauf s'il est recouru à la procédure à jour fixe », l'appel est jugé selon la procédure prévue à l'article 905 du code de procédure civile.

La notification des décisions est faite par voie de signification. Toutefois, lorsqu'en vertu d'une disposition particulière le juge de l'exécution statue par ordonnance rendue en dernier ressort, sa décision est notifiée par le greffe simultanément aux parties

et à leurs avocats. Il en va de même pour la notification du jugement d'orientation vers une vente amiable lorsque le débiteur n'a pas constitué avocat et des décisions rendues en application des articles R. 311-11 et R. 321-21.

Les jugements statuant sur les contestations ou les demandes incidentes ne sont pas susceptibles d'opposition. – *[Décr. nº 2006-936 du 27 juill. 2006, art. 8.]*

La référence à l'al. 1er à l'art. 905 C. pr. civ., introduite par l'art. 13 du Décr. nº 2009-1524 du 9 déc. 2009, s'applique aux appels formés à compter du 1er janv. 2011 (Décr. préc., art. 15). Les dispositions dudit art. 13 s'appliquent par ailleurs aux instances consécutives à un renvoi après cassation lorsque la juridiction de renvoi est saisie à compter de l'entrée en vigueur du 1er sept. 2017 (Décr. nº 2017-891 du 6 mai 2017, art. 52).

1. Il résulte de l'art. 125 C. pr. civ., 8 du Décr. nº 2006-936 du 27 juill. 2006 [devenu C. pr. exéc., art. R. 311-7] et R. 331-15 C. consom. que les juges doivent relever d'office l'irrecevabilité de l'appel du jugement statuant sur les demandes présentées sur le fondement de l'art. L. 331-5 C. consom. • Civ. 2e, 29 sept. 2011 : *cité note 35 ss. C. pr. civ., art. 125.*

2. La décision qui se borne à ordonner la réouverture des débats, à inviter les parties des pièces complémentaires et à renvoyer l'affaire à une date ultérieure est une mesure d'administration judiciaire, qui n'est susceptible d'aucun recours et n'est pas soumise aux dispositions de l'art. R. 311-7 de sorte qu'elle n'a pas à être signifiée. • Civ. 2e, 13 mai 2015, nº 14-16.483 P : *D. 2015 Chron. C. cass. 1791, obs. Adida-Cagnac, Vasseur, de Leiris. ; AJDI 2015. 532 ; Dr. et pr. 2015. 166, note Salati.*

3. Notification. Formalisme. Les art. 6 de la L. du 27 déc. 1923 et 1er de l'Ord. du 2 nov. 1945 énonçant qu'à peine de nullité, seuls les huissiers de justice ont qualité pour signifier les actes et exploits, une cour d'appel énonce exactement que l'art. R. 311-7 C. pr. exéc. impose que la notification d'un jugement tel que celui frappé d'appel soit faite par voie de signification, c'est-à-dire par un acte d'huissier de justice, relève que la notification faite par le greffe à la banque ne satisfaisait pas à cette exigence, et retient l'absence de signification régulière du jugement à la banque, pour décider que l'appel de cette dernière était recevable. • Civ. 2e, 3 sept. 2015, nº 14-18.287 P : *D. actu. 14 sept. 2015, obs. Avena-Robardet ; D. 2015. Actu. 1772.*

Art. R. 311-8 La demande en distraction de tout ou partie des biens saisis peut être formée jusqu'à la vente du bien saisi. – *[Décr. nº 2006-936 du 27 juill. 2006, art. 9.]*

Art. R. 311-9 Les créanciers inscrits et les créanciers énumérés *(Décr. nº 2021-1888 du 29 déc. 2021, art. 5-IX, en vigueur le 1er janv. 2022)* **« à l'article 2377 et au 3° de l'article 2402** *[du code civil] [ancienne rédaction : au 1° bis de l'article 2374 et à l'article 2375 du code civil]* **» peuvent, à compter de la publication du commandement valant saisie et à tout moment de la procédure, demander au juge de l'exécution leur subrogation dans les droits du poursuivant, par voie de demande incidente ou verbalement à l'audience d'adjudication.**

La subrogation peut être sollicitée en cas de désistement du créancier poursuivant ou s'il y a négligence, fraude, collusion ou toute autre cause de retard imputable au poursuivant.

La décision qui rejette la demande de subrogation n'est pas susceptible de recours à moins qu'elle mette fin à la procédure.

La subrogation emporte substitution dans les poursuites et dans les droits et obligations fixés au cahier des conditions de vente prévu à l'article R. 322-10.

Le poursuivant contre lequel la subrogation est prononcée est tenu de remettre les pièces de la poursuite au subrogé qui en accuse réception. Tant que cette remise n'a pas lieu, le poursuivant n'est pas déchargé de ses obligations. – *[Décr. nº 2006-936 du 27 juill. 2006, art. 10.]*

BIBL. ▸ SILLARD, *D. 2011. 402* (la subrogation dans la saisie immobilière).

Appel. Dès lors que le jugement d'adjudication accueille la demande tendant à être subrogé dans les poursuites, l'appel devient recevable. • Civ. 2e, 16 mai 2013, nº 12-18.938 P : *D. actu. 7 juin 2013, obs. Avena-Robardet ; D. 2014. Pan. 1466, obs. Leborgne ; Procédures 2013, nº 212, note Perrot ; RDBF 2013, nº 162, note Piedelièvre.* ♦ Le jugement qui déclare une demande de subrogation irrecevable est susceptible d'appel. • Civ. 2e, 12 avr. 2012 : *Procédures 2012, nº 177, note Perrot ; ibid. 2013. Chron. 1, nº 10, obs. Leborgne.* ♦ L'instance engagée par une caisse de crédit agricole aux fins d'être subrogée dans les droits d'une caisse de crédit agricole concurrente ne concerne que ces deux créanciers, à l'exclusion de la société saisie, laquelle n'est pas recevable à contester la demande de subrogation en se prévalant du moyen de fond tiré de l'absence de justification de la créance. L'appel formé par cette société à l'encontre du jugement de subrogation est dès lors irrecevable. • Limoges, 12 mai 2009, n° 08/01767 : *BICC 1er avr. 2010, n° 481.*

Art. R. 311-10 **La nullité des actes de la procédure de saisie immobilière est régie par la section IV du chapitre II du titre V du livre Ier du code de procédure civile.** – *[Décr. n° 2006-936 du 27 juill. 2006, art. 11.]*

1. Exception de procédure. En application de l'art. 112 C. pr. civ., auquel renvoie l'art. 11 du Décr. du 27 juill. 2006 relatif aux procédures de saisie immobilière et de distribution du prix d'un immeuble [devenu C. pr. exéc., art. R. 311-10], la nullité pour irrégularité de forme du cahier des conditions de vente doit être invoquée, à peine d'irrecevabilité, avant toute défense au fond ou fin de non-recevoir. • Civ. 2e, 1er oct. 2009, n° 08-19-104 P : *D. actu. 22 oct. 2009, obs. Avena-Robardet ; D. 2009. 2973, note Leborgne.*

2. Existence d'un grief. La nullité du cahier des conditions de vente et la caducité subséquente du commandement de payer supposent que soit caractérisée l'existence d'un grief à l'égard des parties qui invoquaient l'irrégularité. • Civ. 2e, 13 nov. 2014, n° 13-25.546 : *Procédures 2015, n° 38, obs. Laporte.* ♦ Les actes de publicité préalable à l'adjudication prévus par les art. R. 322-30 s. constituent une formalité substantielle, sanctionnée par une nullité pour vice de forme qui ne peut être prononcée qu'à charge pour celui qui l'invoque de prouver le grief que lui cause l'irrégularité. • Civ. 2e, 13 janv. 2022, n° 20-18.155 B.

Art. R. 311-11 **Les délais prévus par les articles R. 321-1, R. 321-6, R. 322-6, R. 322-10 et R. 322-31 ainsi que les délais de deux et trois mois prévus par l'article R. 322-4 sont prescrits à peine de caducité du commandement de payer valant saisie.**

Toute partie intéressée peut demander au juge de l'exécution de déclarer la caducité et d'ordonner, en tant que de besoin, qu'il en soit fait mention en marge de la copie du commandement publié *(Décr. n° 2012-1462 du 26 déc. 2012, art. 35-XII-1°, en vigueur le 1er janv. 2013)* **« au fichier immobilier ».**

Il n'est pas fait droit à la demande si le créancier poursuivant justifie d'un motif légitime.

La déclaration de la caducité peut également être rapportée si le créancier poursuivant fait connaître au greffe du juge de l'exécution, dans un délai de quinze jours à compter du prononcé de celle-ci, le motif légitime qu'il n'aurait pas été en mesure d'invoquer en temps utile. – *[Décr. n° 2006-936 du 27 juill. 2006, art. 12.]*

I. OFFICE DU JUGE

1. Dépassement du délai pour assigner. C'est par une exacte application des art. 6 et 12 du Décr. n° 2006-936 du 27 juill. 2006 [devenus R. 311-5 et R. 311-11 C. pr. exéc.] qu'une cour d'appel a retenu, dès lors que le JEX n'était pas tenu de relever d'office le dépassement du délai pour assigner, que le moyen invoquant cette cause de caducité du commandement était irrecevable pour avoir été formulé après l'audience d'orientation. • Civ. 2e, 31 janv. 2013, n° 12-12.670 P : *D. actu. 28 févr. 2013, obs. Avena-Robardet ; D. 2013. Actu. 373 ; Dr. et pr. 2013. 96, note Leborgne ; RDBF 2013, n° 104, note Piedelièvre ; Gaz. Pal. 6 juill. 2013, p. 21, note Bolze.*

II. PRÉROGATIVES DES PARTIES

2. Créancier poursuivant. Une société poursuivante ne peut utilement soutenir, en se fondant sur l'art. 12 du Décr. n° 2006-936 du 27 juill. 2006 [devenu C. pr. exéc., art. R. 311-11], que la caducité du commandement de payer valant saisie immobilière pouvait être relevée, dès lors qu'elle ne rentre pas dans les prévisions de ce texte qui concerne les délais fixés pour le déroulement de la procédure. • Paris, 7 janv. 2009 : *Dr. et pr. 2009. 176.* ♦ Pour échapper à la caducité du commandement de saisie immobilière arguée par les saisis, le créancier poursuivant excipe des difficultés de transmission résultant de la grève des services de La Poste. Le créancier poursuivant, à qui il appartient de prendre toutes dispositions pragmatiques afin que les formalités de publicité lui incombant soient définitivement achevées dans le délai imparti pour ce faire, doit produire les documents se rapportant aux démarches accomplies à cette fin, afin que les juges puissent procéder à la vérification des diligences arguées de ce chef et déterminer l'existence d'une quelconque incidence de la grève considérée sur l'envoi des courriers évoqués par lui. Le dépôt de l'avis au greffe du JEX, à la charge du créancier poursuivant par courrier, dépôt manuel contre récépissé ou tout autre mode efficient à sa convenance, n'a été effectué que très postérieurement à l'expiration du délai de un à deux mois avant l'audience d'adjudication, alors qu'il n'est pas non plus justifié sur ce point de l'influence de la grève postale. Il en résulte que le commandement de payer valant saisie doit être déclaré caduc en vertu de l'art. 12 du Décr.

n° 2006-936 du 27 juill. 2006 [devenu C. pr. exéc., art. R. 311-11], sanctionnant l'absence de respect dudit délai. • Aix-en-Provence, 21 nov. 2008 : *Dr. et pr. 2009. 109, note Llahi.*

3. Débiteur (assignation tardive). Sur la possibilité pour le débiteur de soulever l'irrecevabilité de l'assignation sur le fondement de l'art. 122 C. pr. civ. • Aix-en-Provence, 25 févr. 2011, n° 10/20888 : *D. 2011. Pan. 1509, obs. Leborgne* .

TITRE DEUXIÈME LA SAISIE ET LA VENTE DE L'IMMEUBLE

BIBL. ▶ PIEDELIÈVRE, *RDBF 2006, n° 169* (procédure avant l'audience d'orientation).

CHAPITRE PREMIER LA SAISIE DE L'IMMEUBLE

SECTION PREMIÈRE L'ACTE DE SAISIE

SOUS-SECTION 1 LA DÉLIVRANCE DU COMMANDEMENT DE PAYER VALANT SAISIE AU DÉBITEUR

Art. R. 321-1 En application de l'article L. 321-1, la procédure d'exécution est engagée par la signification au débiteur ou au tiers détenteur d'un commandement de payer valant saisie à la requête du créancier poursuivant.

La délivrance du commandement est un acte de disposition, réalisé aux risques du créancier.

Dans le cas où un immeuble appartenant en propre à l'un des époux constitue la résidence de la famille, le commandement est dénoncé à son conjoint, au plus tard le premier jour ouvrable suivant la signification de l'acte. — *[Décr. n° 2006-936 du 27 juill. 2006, art. 4 et 13.]*

I. ACTES PRÉALABLES

1. Saisie pénale antérieure. La saisie pénale rendant la créance cause de la saisie indisponible en application de l'art. 706-145 C. pr. pén., la banque ne peut valablement faire délivrer postérieurement un commandement de saisie immobilière, que l'art. R. 321-1 C. pr. exéc. assimile à un acte de disposition, et qui constitue un acte d'exécution forcée. • Civ. 2e, 18 févr. 2016, n° 14-24.321 P : *D. actu. 9 mars 2016, obs. Avena-Robardet.*

2. Moment de saisine du JEX. Aucun texte n'empêche le débiteur de saisir le JEX avant le dépôt au greffe de l'assignation à l'audience d'orientation pour contester le commandement de payer valant saisie. • Aix-en-Provence, 10 oct. 2007, n° 07-05459 : *D. 2008. Pan. 1174, obs. Leborgne* . ♦ Dans ce cas, le JEX doit être saisi par le dépôt au greffe des conclusions signées par un avocat et non par assignation. • Même arrêt.

3. Portée d'une clause de conciliation préalable. La clause d'un contrat instituant une procédure de conciliation obligatoire et préalable à toute instance judiciaire s'impose au juge, quelle que soit la nature de celle-ci. • Civ. 1re, 1er oct. 2014, n° 13-17.920 P : *Dr. et pr. 2015, p. 10, obs. Gorchs-Gelzer.*

4. Habilitation du syndic. Le syndicat des copropriétaires peut accorder l'autorisation d'engager une procédure de saisie immobilière à l'encontre d'un copropriétaire même s'il ne dispose pas encore d'un titre exécutoire. • Civ. 3e, 3 juill. 2013, n° 12-18.952 P : *D. actu. 5 sept. 2013, obs. Rouquet ; D. 2013. 1897* .

II. DÉNONCE AU CONJOINT

5. Époux (oui). Il résulte de l'art. R. 321-1, al. 3, que, dans le cas où un immeuble appartenant en propre à l'un des époux constitue la résidence de la famille, le commandement est dénoncé à son conjoint au plus tard le premier jour ouvrable suivant la signification de l'acte. Ces dispositions ont pour finalité d'assurer l'information du conjoint non propriétaire afin de lui permettre, le cas échéant, de prendre toutes dispositions de nature à protéger le logement familial. Viole cette disposition l'arrêt qui, pour infirmer un jugement d'orientation ayant ordonné la vente forcée des biens saisis et déclarer caduc le commandement de payer, retient que le commandement valant saisie porte principalement sur une maison d'habitation appartenant en propre au débiteur dont il n'est pas contesté qu'elle constituait le domicile de la famille au jour de sa délivrance, que ce commandement a été signifié selon exploits délivrés aux débiteurs, pour son épouse à sa personne et pour le débiteur à la personne de son épouse présente à son domicile, et que le créancier ne justifie, ni même ne prétend, avoir satisfait aux prescriptions de l'art. R. 321-1 dans le délai de l'art. R. 311-11 en dénonçant, par acte séparé, ledit commandement au plus tard le premier jour ouvrable ayant suivi ces significations, à l'épouse prise en ladite qualité, occupant la maison d'habitation appartenant en propre à son époux, laquelle constituait le domicile de la famille, et n'invoque aucun motif légitime à sa carence, alors que par la signification du commandement de payer valant saisie se trouvait accomplie la formalité prévue par l'art. R. 321-1. • Civ. 2e, 22 mars 2018, n° 17-10.106 : *D. 2018. Pan. 1129, obs. Leborgne ; AJDI 2018. 373 ; Procédures 2018, n° 184, obs. Laporte.*

6. Concubins (non). Il ne résulte ni de l'Ord. du 21 avr. 2006, relative à la saisie immobilière, ni de son décret d'application, une obligation, pour le créancier poursuivant, de signifier le commandement de payer valant saisie au concubin du débiteur, lorsque la saisie porte sur un bien appartenant en propre au débiteur et constituant la résidence de la famille. • Civ. 2e, 30 avr. 2009, n° 08-12.105 P : *D. 2009. AJ 1361 ; ibid. 2256, note Leborgne ; Procédures 2011. Chron. 1, n° 6, obs. Leborgne ; RLDC 2009, n° 3504, note Pouliquen ; RDBF 2009, n° 134, note Piedelièvre ; Dr. et pr. 2009. 285, obs. Lauvergnat ; RJPF 2009-6. 30, obs. Vauvillé.*

7. Clerc assermenté. Les actes de dénonciation de saisies ne sont pas des actes d'exécution et peuvent donc être délivrés par un clerc assermenté. • Com. 7 juill. 2016, n° 14-18.766 P : *D. 2016. Pan. 1284, obs. Leborgne .*

III. NULLITÉ DU COMMANDEMENT : PORTÉE

8. Anéantissement rétroactif des effets du commandement. Lorsqu'un acte de procédure est déclaré nul, telles les conclusions en conséquence de l'annulation d'un commandement de payer, il est non avenu et ses effets sont rétroactivement anéantis. • Civ. 2e, 19 févr. 2015, n° 14-10.622 P : *D. actu. 13 mars 2015, obs. Avena-Robardet ; D. 2015. Actu. 494 ; ibid. 2015. Chron. C. cass. 1791, obs. Adida-Cagnac, Vasseur et de Leiris ; Procédures 2015, n° 120, note Raschel ; RDBF 2015, n° 94, note Piedelièvre.*

9. Effet interruptif de prescription (non). Les dispositions de l'art. 2241, al. 2, C. civ. ne sont pas applicables aux actes d'exécution forcée, de sorte que l'annulation du commandement de payer valant saisie immobilière prive cet acte de son effet interruptif de prescription (cassation pour violation des art. 2241 et 2244 C. civ.). • Civ. 2e, 1er mars 2018, n° 16-25.746 P : *D. actu. 22 mars 2018, obs. Camensuli-Feuillard ; D. 2018. Actu. 518 ; ibid. 1223, obs. Leborgne ; JCP 2018. 388, note Laporte ; Gaz. Pal. 15 mai 2018, p. 65, obs. Lauvergnat ; ibid. 12 juin 2018, p. 75, obs. Salati ; Dr. et pr. 2018. 112, note Bédon ; RDC 2018. 357, note Libchaber.*

IV. DROIT LOCAL

10. Alsace-Moselle. Aucune disposition légale n'exige que le commandement de payer, qui doit précéder la procédure d'exécution forcée immobilière, conformément à l'[ancien] art. 2217 C. civ., toujours en vigueur dans les départements du Bas-Rhin, du Haut-Rhin et de la Moselle, mentionne la date de délivrance de la clause exécutoire. • Civ. 2e, 9 juill. 2009, n° 08-18.329 P : *D. actu. 8 sept. 2009, obs. Avena-Robardet ; JCP N 2009. 1320, note Sander.*

Art. R. 321-2 **Lorsque la saisie porte sur des immeubles situés** *(Décr. n° 2012-1462 du 26 déc. 2012, art. 35-XII-2°, en vigueur le 1er janv. 2013)* **« dans le ressort de plusieurs services de la publicité foncière », il est établi un commandement de payer par ressort.** — *[Décr. n° 2006-936 du 27 juill. 2006, art. 14.]*

Art. R. 321-3 **Outre les mentions prescrites pour les actes d'huissier de justice, le commandement de payer valant saisie comporte :**

1° La constitution d'avocat du créancier poursuivant, laquelle emporte élection de domicile ;

2° L'indication de la date et de la nature du titre exécutoire en vertu duquel le commandement est délivré ;

3° Le décompte des sommes réclamées en principal, frais et intérêts échus ainsi que l'indication du taux des intérêts moratoires ;

4° L'avertissement que le débiteur doit payer ces sommes dans un délai de huit jours, qu'à défaut de paiement, la procédure à fin de vente de l'immeuble se poursuivra et qu'à cet effet, le débiteur sera assigné à comparaître à une audience du juge de l'exécution pour voir statuer sur les modalités de la procédure ;

5° La désignation de chacun des biens ou droits sur lesquels porte la saisie immobilière, telle qu'exigée par les règles de la publicité foncière ;

6° L'indication que le commandement vaut saisie de l'immeuble et que le bien est indisponible à l'égard du débiteur à compter de la signification de l'acte et à l'égard des tiers à compter de la publication de celui-ci *(Décr. n° 2012-1462 du 26 déc. 2012, art. 35-XII-1°, en vigueur le 1er janv. 2013)* **« au fichier immobilier » ;**

7° L'indication que le commandement vaut saisie des fruits et que le débiteur en est séquestre ;

8° L'indication que le débiteur garde la possibilité de rechercher un acquéreur de l'immeuble saisi pour procéder à sa vente amiable ou de donner mandat à cet effet et

la mention que cette vente ne pourra néanmoins être conclue qu'après autorisation du juge de l'exécution ;

9° La sommation, lorsque le bien fait l'objet d'un bail, d'avoir à indiquer à l'huissier de justice les nom, prénom et adresse du preneur ou, s'il s'agit d'une personne morale, sa dénomination et son siège social ;

10° L'indication qu'un huissier de justice pourra pénétrer dans les lieux afin de dresser un procès-verbal de description de l'immeuble ;

11° L'indication du juge de l'exécution territorialement compétent pour connaître de la procédure de saisie et des contestations et demandes incidentes y afférentes ;

12° L'indication que le débiteur qui en fait préalablement la demande peut bénéficier, pour la procédure de saisie, de l'aide juridictionnelle s'il remplit les conditions de ressources prévues par la loi n° 91-647 du 10 juillet 1991 relative à l'aide juridique et *(Décr. n° 2020-1717 du 28 déc. 2020, art. 183-1°)* **« le décret n° 2020-1717 du 28 décembre 2020 » portant application de cette loi ;** *— V. L. n° 91-647 du 10 juill. 1991 et Décr. n° 2020-1717 du 28 déc. 2020, App., v° Aide juridique.*

13° L'indication, si le débiteur est une personne physique, que s'il s'estime en situation de surendettement, il a la faculté de saisir la commission de surendettement des particuliers instituée par l'article *(Décr. n° 2017-892 du 6 mai 2017, art. 41)* **« L. 712-1 » du code de la consommation.**

Si le créancier saisissant agit en vertu d'une transmission, à quelque titre que ce soit, de la créance contenue dans le titre exécutoire fondant les poursuites, le commandement vise l'acte de transmission à moins que le débiteur n'en ait été régulièrement avisé au préalable.

Lorsque le commandement de payer valant saisie est signifié à la personne qui a consenti une hypothèque sur l'un de ses biens pour garantir la dette d'un tiers, le délai de sommation prévu au 4° est porté à un mois.

Les mentions prévues au présent article sont prescrites à peine de nullité. Toutefois, la nullité n'est pas encourue au motif que les sommes réclamées sont supérieures à celles qui sont dues au créancier. — *[Décr. n° 2006-936 du 27 juill. 2006, art. 15.]*

I. MENTIONS EXIGÉES

A. TITRE EXÉCUTOIRE

1. Date et nature. Le commandement de payer valant saisie, qui ne comporte pas l'indication de la date et de la nature du titre exécutoire, contrairement aux exigences de l'art. 15, 2° [devenu C. pr. exéc., art. R. 321-3], est affecté d'une irrégularité de forme, même si ces mentions figurent dans un document qui y est annexé. • Civ. 2e, 30 avr. 2009 : *cité note 3 ss. art. R. 321-1.*

B. ACTE DE TRANSMISSION DE LA CRÉANCE

2. Vice de forme. Est entaché d'un vice de forme le commandement de payer qui ne fait pas mention de l'acte de transmission de la créance contenue dans le titre exécutoire fondant les poursuites. • Civ. 2e, 24 sept. 2015 : *Procédures 2015, n° 354, obs. Laporte.*

C. DÉCOMPTE DES SOMMES RÉCLAMÉES

3. Décompte détaillé. Le commandement de payer valant saisie, qui ne contient pas un décompte détaillé des sommes réclamées, contrairement aux exigences de l'art. 15, 3° [devenu C. pr. exéc., art. R. 321-3], est affecté d'une irrégularité de forme, même si ces mentions figurent dans un document qui y est annexé. • Civ. 2e, 30 avr. 2009 : *cité note 3 ss. art. R. 321-1.*

4. Frais et intérêt échus. L'indication d'une somme globale, faute de distinguer les frais et intérêts échus, contrevient aux dispositions de l'art. 15 [devenu C. pr. exéc., art. R. 321-3], qui prévoit, à peine de nullité, la mention dans le commandement du décompte. Cette irrégularité a causé un grief à la débitrice qui ne pouvait connaître le détail de sa dette. Le commandement doit donc être annulé. • Poitiers, 3 sept. 2008 : *D. 2009. Pan. 1168, obs. (approb.) Leborgne.* ♦ Dans le même sens : • Civ. 2e, 20 mai 2021, n° 19-14.318 : *AJDI 2021. 615 ; Rev. prat. rec. 2021/6. 6, obs. Draillard.*

5. Convention d'anatocisme. C'est à bon droit qu'une cour d'appel retient que, lorsque créancier et débiteur sont convenus que les intérêts à échoir se capitaliseront à la fin de chaque année pour produire eux-mêmes des intérêts, ils constituent non plus des intérêts mais un nouveau capital qui s'ajoute au premier, la prescription trentenaire devenant applicable. • Com. 20 janv. 1998, n° 95-14.101 P. ♦ Les intérêts capitalisés ne constituent plus des intérêts, mais un nouveau capital s'ajoutant au premier. Par suite, c'est à bon droit qu'une cour d'appel retient que les dispositions de l'art. R. 321-3 n'imposent pas que le commandement de payer distingue les intérêts capitalisés du capital échu. • Civ. 2e, 8 janv. 2015, n° 13-26.657 P : *D. actu. 16 janv. 2015, obs. Avena-Robardet ; D. 2015.*

Actu. 166 ; ibid. 2015. Pan. 1345, obs. Leborgne ; Procédures 2015, n° 76, obs. Laporte ; Dr. et pr. 2015. 57, note Leborgne ; RDBF 2015, n° 52, note Piedelièvre.

D. HUISSIER DE JUSTICE

6. Signature. La condition d'un commandement valant saisie est remplie dès lors qu'il est constaté que l'acte de signification du commandement valant saisie est signé par l'huissier de justice, en dessous de son nom, et que celui-ci confirme dans une attestation sur l'honneur, dont le juge apprécie souverainement la force probante, avoir personnellement délivré l'acte. • Civ. 2e, 14 oct. 2010 : *D. 2011. Pan. 1509, obs. Leborgne ; Procédures 2011. Chron. 1, n° 6, obs. Leborgne.*

II. MENTIONS NON EXIGÉES

7. Délais. Aucun texte n'exigeant que la sommation à tiers détenteur dans le cadre d'une saisie immobilière indique le délai de trente jours pour payer ou délaisser, la sommation effectuée à tiers sans indication de cette mention est régulière. • Civ. 2e, 5 avr. 2007, n° 06-11.084 P : *D. 2007. AJ 1278, note Avena-Robardet ; AJDI 2007. 764, note Cohet-Cordey ; Gaz. Pal. 11 oct. 2007. Somm. 15, note Brenner.*

III. SIGNIFICATION

8. Remise du titre exécutoire (non). Il ne résulte pas de l'art. R. 321-3 C. pr. exéc., seul applicable à la signification du commandement de payer valant saisie immobilière, l'obligation pour l'huissier de justice qui signifie cet acte de remettre au débiteur saisi une copie du titre exécutoire sur le fondement duquel la saisie est entreprise. • Civ. 1re, 24 oct. 2019, n° 18-15.852 P : *D. actu. 5 déc. 2019, obs. Kieffer ; D. 2019. 2089 ; ibid. 2455, note Pellier ; BJS 12/2019, p. 8, note Barbièri.*

IV. DROIT LOCAL

9. Alsace-Moselle. L'art. 21 de l'Ord. n° 2006-461 du 21 avr. 2006, devenu l'art. L. 341-1 C. pr. exéc., disposant que celle-ci ne modifie pas les dispositions applicables dans les départements du Bas-Rhin, du Haut-Rhin et de la Moselle, ce dont il suit que l'art. R. 321-3 du même code, issu de l'art. 15 du Décr. n° 2006-936 du 27 juill. 2006, pris pour l'application de cette ordonnance, ne peut s'appliquer au commandement de payer prévu à l'art. 2217 ancien C. civ., toujours applicable dans ces départements. • Civ. 2e, 14 nov. 2013, n° 12-82.270 P : *D. 2013. Actu. 2706.*

SOUS-SECTION 2 **LA DÉLIVRANCE DU COMMANDEMENT DE PAYER VALANT SAISIE AU TIERS ACQUÉREUR** *(Décr. n° 2021-1888 du 29 déc. 2021, art. 5-IX, en vigueur le 1er janv. 2022).*

Art. R. 321-4 **La saisie immobilière diligentée par les créanciers titulaires d'un droit de suite est poursuivie contre le tiers** *(Décr. n° 2021-1888 du 29 déc. 2021, art. 5-IX, en vigueur le 1er janv. 2022)* **« acquéreur** *[ancienne rédaction : détenteur]* **» du bien.** – *[Décr. n° 2006-936 du 27 juill. 2006, art. 16.]*

Aucun texte n'impose, pour sa validité, que le commandement délivré au tiers détenteur soit postérieur à celui adressé au débiteur principal ; par ailleurs, le premier n'est pas fondé à se prévaloir de la prescription de la créance principale à l'appui de sa demande de mainlevée du commandement de payer valant saisie. • Civ. 2e, 19 févr. 2015 : *D. actu. 3 mars 2015, obs. Avena-Robardet ; D. 2015. 964, note Théry ; ibid. 1339, obs. Leborgne ; JCP 2015. 496, note Brémond ; ibid. 496, note Brémond ; ibid. 604, obs. Delebecque ; Gaz. Pal. 9 avr. 2015, p. 13, note Mignot ; ibid. 16 juin 2015, p. 36, note Lauvergnat ; ibid. 31 juill. 2015, p. 22, note Bolze ; ibid. 5 sept. 2015, p. 18, obs. Brenner ; Procédures 2015, n° 158, obs. Laporte ; RDBF 2015, n° 95, note Piedelièvre.*

Art. R. 321-5 *(Décr. n° 2017-892 du 6 mai 2017, art. 42)* **« Le créancier poursuivant fait signifier un commandement de payer au débiteur principal. L'acte comporte la mention que le commandement de payer valant saisie prévu à l'alinéa ci-après est délivré au tiers** *(Décr. n° 2021-1888 du 29 déc. 2021, art. 5-IX, en vigueur le 1er janv. 2022)* **« acquéreur** *[ancienne rédaction : détenteur]* **». »**

Le commandement de payer valant saisie est signifié à la diligence du créancier poursuivant au tiers *(Décr. n° 2021-1888 du 29 déc. 2021, art. 5-IX, en vigueur le 1er janv. 2022)* **« acquéreur** *[ancienne rédaction : détenteur]* **». Il comporte les mentions énumérées à l'article R. 321-3. Toutefois, l'avertissement prévu au 4° est remplacé par la sommation d'avoir à satisfaire à l'une des obligations énoncées à l'article** *(Décr. n° 2021-1888 du 29 déc. 2021, art. 5-IX, en vigueur le 1er janv. 2022)* **« 2456** *[ancienne rédaction : 2463]* **» du code civil dans un délai d'un mois et la mention du débiteur aux 6°, 7°, 8°, 12° et 13° s'entend de celle du tiers** *(Décr. n° 2021-1888 du 29 déc. 2021, art. 5-IX, en* *vigueur le 1er janv. 2022)* « acquéreur *[ancienne rédaction : détenteur]* ». Le commandement rappelle les dispositions de l'article 2464 du code civil. – *[Décr. n° 2006-936 du 27 juill. 2006, art. 17.]*

BIBL. ▶ LAPORTE, *Procédures 2012. Formule 10* (commandement de payer valant saisie au débiteur principal et au tiers détenteur) ; *ibid. Alerte 41* (dérèglement de la procédure de saisie immobilière poursuivie contre le tiers détenteur). – LEBORGNE, *Procédures 2013. Chron. 1, n° 2.*

▶ **Décr. n° 2017-892 du 6 mai 2017 :** DOROL, *D. actu. 19 mai 2017.* – LEBORGNE, *D. 2018. Pan. 1224.*

SECTION II LA PUBLICATION DE L'ACTE DE SAISIE

Art. R. 321-6 Le commandement de payer valant saisie est publié *(Décr. n° 2012-1462 du 26 déc. 2012, art. 35-XII-3°, en vigueur le 1er janv. 2013)* « au fichier immobilier » dans un délai de deux mois à compter de sa signification. – *[Décr. n° 2006-936 du 27 juill. 2006, art. 18.]*

1. Rejet de la formalité par le service de publicité foncière. En application des art. 18 et 19 du Décr. n° 2006-936 du 27 juill. 2006, devenus R. 321-6 et R. 321-7 C. pr. civ., lorsque l'exécution de la formalité de publication d'un commandement valant saisie immobilière, qui a été déposé au service de publicité foncière dans le délai de deux mois imparti au créancier poursuivant pour procéder à cette publication, est retardée en raison d'un rejet de la formalité soulevé par le service, ce délai est augmenté du nombre de jours écoulés entre le dépôt de ce commandement et l'exécution de cette formalité ; dès lors que cette formalité est régularisée, dans les conditions fixées par l'art. 34 du Décr. du 14 oct. 1955, relatif à la publicité foncière, la publication du commandement valant saisie immobilière est réputée faite au jour de son dépôt au service de la publicité foncière. En conséquence, c'est à bon droit qu'une cour d'appel, après avoir relevé que le dépôt de l'ordonnance du juge-commissaire produisant les effets d'un commandement valant saisie est intervenu dans les deux mois de sa notification et que la formalité de publication a donné lieu à un rejet régularisé par une attestation rectificative publiée au fichier immobilier, retient que la publication, réputée faite au jour du dépôt de la demande, est intervenue dans le délai prescrit à l'art. R. 321-6. • Civ. 2e, 5 juin 2014, n° 12-29.280 P : *D. 2015. Pan. 1139, obs. Leborgne ; Gaz. Pal. 26 juin 2014, p. 25, obs. Berlaud.*

2. Sanction du délai. Caducité. Le défaut de publicité du commandement valant saisie immobilière dans le délai imparti par l'art. R. 321-6 C. pr. exéc. entraîne sa caducité. • Civ. 2e, 5 janv. 2017, n° 15-25.692 P : *Procédures 2017, n° 34, note Laporte.*

Art. R. 321-7 Les formalités de publicité sont régies par le décret n° 55-22 du 4 janvier 1955 portant réforme de la publicité foncière et le décret n° 55-1350 du 14 octobre 1955 pris pour l'application de ce décret. – *V. C. civ.*

(Décr. n° 2012-1462 du 26 déc. 2012, art. 35-XII-4°, en vigueur le 1er janv. 2013) « Lorsque l'exécution de la formalité de publication a été retardée en raison d'un rejet notifié par le service de la publicité foncière, le délai de deux mois prévu à l'article R. 321-6 est augmenté du nombre de jours écoulés entre le dépôt du commandement à ce service et l'exécution de la formalité. » La date du dépôt est constatée au registre prévu à l'article 2453 du code civil.

S'il est dans l'impossibilité d'y procéder à l'instant de la réquisition, *(Décr. n° 2012-1462 du 26 déc. 2012, art. 35-XII-5°, en vigueur le 1er janv. 2013)* « le service de la publicité foncière » fait mention, sur le commandement qui lui est déposé, de la date du dépôt. – *[Décr. n° 2006-936 du 27 juill. 2006, art. 19.]*

SECTION III LA PLURALITÉ DE BIENS OU DE SAISIES

Art. R. 321-8 Si la publication de plusieurs commandements valant saisie du même immeuble est requise simultanément, seul est publié le commandement qui mentionne *le titre exécutoire portant* la date la plus ancienne. Lorsque des titres portent la même date, seul le commandement le plus ancien est publié ; si les commandements sont de la même date, seul est publié celui dont la créance en principal est la plus élevée. – *[Décr. n° 2006-936 du 27 juill. 2006, art. 20.]*

Art. R. 321-9 Lorsqu'un commandement de payer valant saisie a déjà été publié, il n'y a pas lieu de publier un nouveau commandement relatif au même bien.

Toutefois, si le nouveau commandement présenté *(Décr. n° 2012-1462 du 26 déc. 2012, art. 35-XII-6°, en vigueur le 1er janv. 2013)* « au service de la publicité foncière » comprend plus d'immeubles que le précédent, il est publié pour les biens non compris dans celui-ci. Le nouveau créancier poursuivant est tenu de dénoncer le commandement publié au précédent créancier qui poursuivra les deux procédures si elles sont au même état ; dans le cas contraire, ce dernier suspend sa propre poursuite et suit la nouvelle procédure jusqu'à ce qu'elle soit au même état.

Faute pour le précédent créancier de poursuivre la nouvelle saisie à lui dénoncée, le nouveau créancier peut demander la subrogation dans les conditions fixées à l'article R. 311-9. – *[Décr. n° 2006-936 du 27 juill. 2006, art. 21.]*

Art. R. 321-10 Dans les cas prévus à l'article R. 321-8 et au premier alinéa de l'article R. 321-9, *(Décr. n° 2012-1462 du 26 déc. 2012, art. 35-XII-7°, en vigueur le 1er janv. 2013)* « le service de la publicité foncière » mentionne le ou les actes qui ne sont pas publiés en marge de la copie du précédent commandement publié dans l'ordre de leur présentation, avec les nom, prénom et domicile du ou des nouveaux poursuivants ou, s'il s'agit d'une personne morale, sa dénomination et son siège social ainsi que l'indication de l'avocat qui le ou les représente.

Il indique également, en marge ou à la suite de la copie du commandement présenté, son refus de le publier. Il y mentionne, en outre, chacun des commandements antérieurement publiés ou mentionnés avec les indications énoncées à l'alinéa précédent et celle du juge de l'exécution compétent pour connaître de la saisie.

La radiation de la saisie ne peut être opérée sans le consentement des créanciers poursuivants postérieurs. – *[Décr. n° 2006-936 du 27 juill. 2006, art. 22.]*

Art. R. 321-11 En cas de jonction d'instances, la procédure est continuée par le créancier dont le commandement a été publié en premier.

Si les commandements ont été publiés le même jour, la procédure est poursuivie par le créancier dont le commandement est le premier en date et si les commandements sont du même jour, par celui dont la créance en principal est la plus élevée. – *[Décr. n° 2006-936 du 27 juill. 2006, art. 23.]*

Art. R. 321-12 Le juge de l'exécution fait droit à la demande du débiteur tendant à ce que les effets de la saisie soient provisoirement cantonnés à un ou plusieurs de ses immeubles lorsque celui-ci établit que la valeur de ces biens est suffisante pour désintéresser le créancier poursuivant et les créanciers inscrits. Le jugement rendu indique les immeubles sur lesquels les poursuites sont provisoirement suspendues. Après la vente définitive, le créancier peut reprendre les poursuites sur les biens ainsi exceptés si le prix des biens adjugés ne suffit pas à le désintéresser.

Lorsque, dans les mêmes conditions, le juge ordonne la radiation de la saisie sur les immeubles initialement saisis qu'il désigne et l'inscription d'une hypothèque judiciaire, le créancier poursuivant, pour voir l'inscription prendre rang à la date de la publication du commandement de payer valant saisie, fait procéder à la publication du jugement en marge de la copie du commandement et à l'inscription de l'hypothèque, dans les conditions du droit commun. – *[Décr. n° 2006-936 du 27 juill. 2006, art. 24.]*

SECTION IV LES EFFETS DE L'ACTE DE SAISIE ET DE SA PUBLICATION

SOUS-SECTION 1 DISPOSITIONS GÉNÉRALES

Art. R. 321-13 L'indisponibilité du bien, la saisie de ses fruits et la restriction aux droits de jouissance et d'administration du débiteur courent à l'égard de celui-ci à compter de la signification du commandement de payer valant saisie.

Ces effets courent à l'égard des tiers du jour de la publication du commandement.

Dans le cas où une convention a été conclue antérieurement à la publication du commandement par le débiteur saisi en violation des effets attachés à la signification du commandement, sa nullité est déclarée par le juge à la demande du cocontractant. – *[Décr. n° 2006-936 du 27 juill. 2006, art. 25.]*

SOUS-SECTION 2 L'INDISPONIBILITÉ DU BIEN SAISI

Art. R. 321-14 Pour rendre opposable une aliénation publiée postérieurement à la publication du commandement de payer valant saisie, la consignation prévue au

deuxième alinéa de l'article L. 321-5 est signifiée au créancier poursuivant ainsi qu'aux créanciers inscrits avant l'audience d'adjudication sans qu'il puisse être accordé de délai pour y procéder. – *[Décr. n° 2006-936 du 27 juill. 2006, art. 26.]*

SOUS-SECTION 3 LA RESTRICTION AUX DROITS DU SAISI

Art. R. 321-15 **A moins que son expulsion soit ordonnée, le débiteur conserve l'usage de l'immeuble saisi sous réserve de n'accomplir aucun acte matériel susceptible d'en amoindrir la valeur, à peine de dommages et intérêts et sans préjudice, s'il y a lieu, des peines prévues par l'article 314-6 du code pénal.** – *V. C. **pén.**, art. 314-6.*

Si les circonstances le justifient, le juge de l'exécution peut, à la demande du créancier poursuivant ou du débiteur, autoriser l'accomplissement de certains actes sur le bien saisi. – *[Décr. n° 2006-936 du 27 juill. 2006, art. 27.]*

SOUS-SECTION 4 LA SAISIE DES FRUITS

Art. R. 321-16 **Les fruits immobilisés à compter de la signification du commandement de payer valant saisie sont distribués avec le prix de l'immeuble selon le même ordre que la distribution de celui-ci.** – *[Décr. n° 2006-936 du 27 juill. 2006, art. 28.]*

Art. R. 321-17 **Le créancier poursuivant peut autoriser le saisi à vendre les fruits à l'amiable ou faire procéder lui-même, sur autorisation du juge de l'exécution, à la coupe et à la vente des fruits qui seront vendus aux enchères ou par tout autre moyen dans le délai que le juge aura fixé.**

Le prix est déposé entre les mains du séquestre désigné par le créancier poursuivant ou consignés *[consigné]* **à la Caisse des dépôts et consignations.** – *[Décr. n° 2006-936 du 27 juill. 2006, art. 29.]*

Art. R. 321-18 **Le créancier poursuivant peut, par acte d'huissier de justice, s'opposer à ce que le locataire se libère des loyers et fermages entre les mains du débiteur et lui faire obligation de les verser entre les mains d'un séquestre qu'il désigne ou de les consigner à la Caisse des dépôts et consignations.**

A défaut d'une telle opposition, les paiements faits au débiteur sont valables et celui-ci est séquestre des sommes reçues. – *[Décr. n° 2006-936 du 27 juill. 2006, art. 30.]*

SOUS-SECTION 5 LES EFFETS DU COMMANDEMENT À L'ÉGARD DU TIERS ACQUÉREUR *(Décr. n° 2021-1888 du 29 déc. 2021, art. 5-IX, en vigueur le 1er janv. 2022).*

Art. R. 321-19 **La signification du commandement de payer valant saisie au tiers** *(Décr. n° 2021-1888 du 29 déc. 2021, art. 5-IX, en vigueur le 1er janv. 2022)* **« acquéreur** *[ancienne rédaction : détenteur]* **» produit à l'égard de celui-ci les effets attachés à la signification du commandement de payer valant saisie au débiteur.**

A défaut pour le tiers *(Décr. n° 2021-1888 du 29 déc. 2021, art. 5-IX, en vigueur le 1er janv. 2022)* **« acquéreur** *[ancienne rédaction : détenteur]* **» de satisfaire à la sommation qui lui est faite, la saisie immobilière et la vente sont poursuivies à l'encontre de celui-ci selon les modalités prévues par le présent livre.** – *[Décr. n° 2006-936 du 27 juill. 2006, art. 31.]*

Rejet du moyen selon lequel le débiteur aurait dû être assigné à l'audience d'orientation à l'occasion d'une saisie immobilière poursuivie contre le tiers détenteur alors que s'appliquent les dispositions de l'art. R. 321-19 et qu'il ne résulte ni de l'art. R. 322-4, ni d'aucun autre texte qu'en cas de saisie immobilière entre les mains d'un tiers détenteur, le débiteur des causes de la saisie doive être assigné à l'audience d'orientation, le débiteur étant recevable à former tierce opposition contre le jugement d'orientation et étant, préalablement à la procédure judiciaire, destinataire d'un commandement de payer mentionnant la délivrance du commandement valant saisie au tiers détenteur. • Civ. 2e, 13 janv. 2022, n° 20-11.081 B : *D. 2022. 119*.

SOUS-SECTION 6 LA PÉREMPTION DU COMMANDEMENT DE PAYER VALANT SAISIE

Art. R. 321-20 Le commandement de payer valant saisie cesse de plein droit de produire effet si, dans les *(Décr. nº 2020-1452 du 27 nov. 2020, art. 2-4º, en vigueur le 1er janv. 2021)* **« cinq » ans de sa publication, il n'a pas été mentionné en marge de cette publication un jugement constatant la vente du bien saisi.**

En cas de refus du dépôt du commandement ou de rejet de la formalité de publication, le délai de *(Décr. nº 2020-1452 du 27 nov. 2020, art. 2-4º, en vigueur le 1er janv. 2021)* **« cinq » ans ne commence à courir qu'à compter de la régularisation de la demande ou de la décision mentionnée à l'article 26 du décret nº 55-22 du 4 janvier 1955 portant réforme de la publicité foncière.** – *[Décr. nº 2006-936 du 27 juill. 2006, art. 32.]*

L'art. 2-4º du Décr. nº 2020-1452 du 27 nov. 2020 s'applique aux instances en cours au 1er janv. 2021 (Décr. préc., art. 12).

BIBL. ► CAZAJUS, *Defrénois 2021/5. 19* (Décr. nº 2020-1452 du 27 nov. 2020).

I. DOMAINE DE LA PÉREMPTION

1. *Ordonnance du juge-commissaire.* La sanction de la péremption prévue par les art. R. 321-20 et R. 321-21 s'applique à l'ordonnance du juge-commissaire ordonnant la vente d'un immeuble d'un débiteur en liquidation judiciaire par adjudication judiciaire. Le JEX est compétent pour statuer sur une demande de prorogation des effets d'une telle ordonnance. • Cass., avis, 18 avr. 2018, nº 15009 P : *D. actu. 3 mai 2018, obs. Payan ; Procédures 2018, nº 181, note Laporte ; Dr. et pr. 2018. 113, obs. Vinckel.*

II. CONSÉQUENCE DE LA PÉREMPTION

2. *Effet interruptif.* La péremption du commandement valant saisie immobilière en application de l'art. R. 321-20 C. pr. exéc. n'a pas pour conséquence d'anéantir l'effet interruptif de prescription attaché à la délivrance de ce commandement. • Civ. 2e, 1er févr. 2018, nº 16-24.732 : *AJDI 2018. 297.*

3. *Perte d'effets de plein droit du commandement.* Une cour d'appel qui constate que, en raison du délai de plus de deux ans écoulé depuis sa délivrance, le commandement de payer valant saisie, atteint d'une péremption, avait cessé de plein droit de produire effet, ne peut, après avoir annulé le jugement d'orientation par des motifs non critiqués, connaître de la contestation, portant sur le fond du droit, relative à la validité du titre exécutoire fondant les poursuites. • Civ. 1re, 19 mars 2015, nº 14-10.239 : *D. actu. 7 avr. 2015, obs. Avena-Robardet ; Procédures 2015, nº 157, obs. Laporte.* ♦ La péremption du commandement de payer valant saisie immobilière, qui opère de plein droit et s'impose au juge qui la constate, met fin à la procédure de saisie. C'est donc à bon droit que la cour d'appel, après avoir constaté la péremption du commandement, ne s'est pas prononcée sur la demande de caducité de celui-ci. • Civ. 2e, 19 mars 2020, nº 19-11.722 P : *D. actu. 15 juill. 2020, obs. Couturier ; Rev. prat. rec. 2020. 17, chron. Cholet, Cousin, Faivre, Gregori, Laher et Salati.* ♦ En application de l'art. R. 321-22 C. pr. exéc., le délai de péremption du commandement de payer valant saisie immobilière est suspendu ou prorogé, selon le cas, par la mention en marge de la copie du commandement publié d'une décision de justice ordonnant la suspension des procédures d'exécution, le report de la vente, la prorogation des effets du commandement ou la décision ordonnant la réitération des enchères. Fait une exacte application de ce dernier texte la cour d'appel qui, après avoir relevé que la seule décision publiée ne l'avait été que postérieurement à l'expiration du délai de deux ans de l'art. R. 321-20 du même code, en déduit que le commandement avait cessé de produire effet. • Civ. 1re, 19 oct. 2017, nº 16-15.236 P : *D. actu. 15 nov. 2017, obs. Feuillard ; D. 2018. 1223, obs. Leborgne ; Gaz. Pal. 6 févr. 2018, p. 64, note Lauvergnat ; Procédures 2017, nº 301, obs. Laporte.*

4. *Office du juge.* La publication tardive du jugement d'adjudication ne purge pas l'irrégularité de forme affectant la procédure de saisie immobilière, dès lors qu'une action visant sa nullité a été engagée antérieurement à cette publication. • Civ. 2e, 9 avr. 2015, nº 14-16.805 P.

III. PROROGATION DES EFFETS DU COMMANDEMENT

5. *Demande de sursis à exécution.* La demande de sursis à exécution ne peut pas proroger les effets du commandement valant saisie immobilière si la décision de justice, faisant droit à cette demande, n'est publiée qu'après l'expiration du délai de péremption de deux ans prévu par l'art. R. 321-20. • Civ. 2e, 19 oct. 2017, nº 16-15.236 P : *D. actu. 15 nov. 2017, obs. Camensuli-Feuillard ; D. 2018. Pan. 1128, obs. Leborgne ; Procédures 2017, nº 301, note Laporte ; Gaz. Pal. 6 févr. 2018, p. 64, obs. Lauvergnat ; Dr. et pr. 2018. 25, note Choquet ; RDBF 2018, nº 18, note Piedelièvre.*

6. Effet interruptif. Lorsque la demande de prorogation des effets du commandement a été rejetée par le JEX, l'absence de prorogation n'a aucune incidence sur l'effet interruptif. • Civ. 2e, 25 sept. 2014, n° 13-19.935 P : *D. 2015. Pan. 1339, obs. Leborgne ; AJDI 2014. 879 ; RDBF 2014, n° 205, note Piedelièvre* • 11 janv. 2018, n° 16-27.889 : *Procédures 2018, n° 79, obs. Laporte.* ♦ L'effet interruptif de la prescription attachée à la délivrance de l'assignation à comparaître à l'audience d'orientation, consécutive au commandement valant saisie immobilière, produit ses effets, en l'absence d'anéantissement de ce commandement ou de cette assignation, jusqu'à l'extinction de l'instance introduite par cette assignation, laquelle résulte du jugement ayant constaté la péremption du commandement. • Civ. 2e, 1er mars 2018, n° 17-11.238 P : *D. actu. 28 mars 2018, obs. Camensuli-Feuillard ; JCP 2018. 388, note Laporte ; Gaz. Pal. 15 mai 2018, p. 63, note Bléry ; Procédures 2018. 134, note Strickler ; Dr. et pr. 2018. 127, note Salati ; RDBF 2018, n° 76, note Piedelièvre.*

Art. R. 321-21 A l'expiration du délai prévu à l'article R. 321-20 et jusqu'à la publication du titre de vente, toute partie intéressée peut demander au juge de l'exécution de constater la péremption du commandement et d'ordonner la mention de celle-ci en marge de la copie du commandement publié *(Décr. n° 2012-1462 du 26 déc. 2012, art. 35-XII-1°, en vigueur le 1er janv. 2013)* **« au fichier immobilier ».** — *[Décr. n° 2006-936 du 27 juill. 2006, art. 33.]*

1. Péremption d'instance. Soulevée d'office. La péremption du commandement de payer valant saisie immobilière peut être soulevée d'office par le juge. La péremption ainsi constatée met fin à la procédure, laquelle ne peut donc être déclarée nulle et de nul effet. • Civ. 2e, 21 mars 2019, n° 17-31.170 P : *D. actu. 4 avr. 2019, obs. Couturier.*

2. Péremption d'instance. Invocation (moment). Les dispositions de l'art. R. 321-21, qui prévoient que la constatation de la péremption du commandement de payer valant saisie immobilière peut être demandée jusqu'à la publication du titre de vente, dérogent à celles de l'art. R. 311-5. C'est, dès lors, à bon droit qu'une cour d'appel a constaté, sur la demande des débiteurs présentée pour la première fois devant la cour d'appel, la péremption du commandement de payer valant saisie immobilière, peu important que celle-ci ait été acquise avant l'audience d'orientation. • Civ. 2e, 18 oct. 2018, n° 17-21.293 P : *D. 2018. Actu. 2144 ; Procédures 2018, n° 368, note Laporte.*

3. Charge des frais et dépens de la saisie. En l'absence de constatation par le juge de la substitution du cessionnaire dans les poursuites par l'effet de la cession de créance, le créancier poursuivant conserve cette qualité. Justifie en conséquence sa décision une cour d'appel qui, constatant la péremption du commandement de payer soutenue par le créancier cessionnaire qui l'avait lui-même délivrée, condamne ce dernier en sa qualité de créancier poursuivant aux frais et dépens de la saisie. • Civ. 2e, 18 oct. 2018, n° 17-17.121 : *Procédures 2018, n° 8, note Laporte ; Gaz. Pal. 29 janv. 2019, p. 85, obs. Guez ; ibid. 19 févr. 2019, p. 70, obs. Salati.*

Art. R. 321-22 Ce délai est suspendu ou prorogé, selon le cas, par la mention en marge de la copie du commandement publié d'une décision de justice ordonnant la suspension des procédures d'exécution, le report de la vente, la prorogation des effets du commandement ou la décision ordonnant la réitération des enchères. — *[Décr. n° 2006-936 du 27 juill. 2006, art. 34.]*

1. Supension. Il résulte des art. R. 321-20 et R. 321-22, d'une part, que le délai de péremption du commandement valant saisie immobilière est suspendu par la mention en marge de sa copie publiée d'une décision de justice emportant la suspension des procédures d'exécution, tant que cette décision produit ses effets, ainsi que d'une décision ordonnant le report, en vertu d'une disposition particulière, de l'adjudication ou la réitération des enchères, dans l'attente de *l'adjudication à intervenir* et, d'autre part, qu'en dehors de ces cas, le délai est prorogé par la publication d'un jugement ordonnant la prorogation des effets du commandement. Encourt en conséquence la censure l'arrêt d'une cour d'appel qui retient que la publication d'un jugement ordonnant la réitération des enchères a prorogé les effets du commandement valant saisie jusqu'à ce que la vente sur réitération soit publiée. • Civ. 2e, 7 sept. 2017, n° 16-17.824 P : *D. actu. 26 sept. 2017, note Payan ; JCP 2017. 1123, note Laporte ; Dr. et pr. 2017. 230, note Leborgne ; Procédures 2017, n° 264, obs. Laporte ; RDBF 2017, n° 257, note Piedelièvre.*

2. Prorogation. Il résulte des art. R. 321-20 et R. 321-22 que le juge ne peut ordonner la prorogation des effets d'un commandement de payer valant saisie immobilière que si, au jour où il statue, le délai prévu au premier de ces textes, le cas échéant prolongé conformément au second, n'a pas expiré. Méconnaît l'étendue de ces pouvoirs le juge qui, pour ordonner la prorogation pour une nouvelle période de deux ans des effets de la publication du commandement valant saisie immobilière, retient, par des motifs impropres au regard des exigences découlant des textes précités, qu'il se substitue de plein droit au jugement rendu le 1er oct. 2015 et annulé du fait de la cassation, mais uniquement en ce qu'il a déclaré irrecevable la demande de prorogation dudit commandement et qu'il s'en déduit que la prorogation des effets du commandement intervient rétroactivement à la date du jugement rendu le 1er oct. 2015. • Civ. 2e, 18 oct. 2018, nº 17-24.199 P.

CHAPITRE II LA VENTE DE L'IMMEUBLE SAISI

SECTION PREMIÈRE LES ACTES PRÉPARATOIRES À LA VENTE

BIBL. GÉN. ▸ CROCQ, *RLDC 2007/38, nº 2546* (réforme de la saisie immobilière et actes préparatoires à la vente de l'immeuble).

SOUS-SECTION 1 LE PROCÈS-VERBAL DE DESCRIPTION DES LIEUX

BIBL. ▸ LAUVERGNAT, *Gaz. Pal. 28-29 mars 2014, p. 16* (le procès-verbal de description de l'immeuble saisi : quand l'incertitude se présente au seuil de la porte).

Art. R. 322-1 A l'expiration d'un délai de huit jours à compter de la délivrance du commandement de payer valant saisie et à défaut de paiement, l'huissier de justice instrumentaire peut pénétrer dans les lieux dans les conditions prévues par l'article L. 322-2. — *[Décr. nº 2006-936 du 27 juill. 2006, art. 35, ecqc délai 8 jours.]*

Sur l'applicabilité de l'art. 5 du Décr. nº 2006-936 du 27 juill. 2006 [devenu C. pr. exéc., art. R. 311-4] qui prévoit l'obligation pour les parties de constituer avocat, à la requête présentée au JEX par l'huissier de justice en cas de difficultés rencontrées pour dresser le procès-verbal de l'art. 35, V. • Lyon, 31 janv. 2008 : *cité note 3 ss. art. 5.*

Art. R. 322-2 Le procès-verbal de description comprend :

1° La description des lieux, leur composition et leur superficie ;

2° L'indication des conditions d'occupation et l'identité des occupants ainsi que la mention des droits dont ils se prévalent ;

3° Le cas échéant, le nom et l'adresse du syndic de copropriété ;

4° Tous autres renseignements utiles sur l'immeuble fournis, notamment, par l'occupant. — *[Décr. nº 2006-936 du 27 juill. 2006, art. 36.]*

Huissier de justice. Responsabilité civile professionnelle. L'avocat du créancier poursuivant ayant, sur la foi d'un acte notarié instituant une hypothèque conventionnelle et d'un procès-verbal de description établi par huissier de justice, rédigé un cahier des charges inexact dans la désignation du bien saisi comme comprenant des constructions qui, pour des raisons inconnues, ont été édifiées non sur le terrain donné en garantie comme prévu, mais sur une parcelle voisine, n'engage sa responsabilité que s'il disposait d'éléments de nature à éveiller ses soupçons quant à cette discordance. • Civ. 1re, 25 nov. 2010, nº 09-70.767 P : *D. 2010. Actu. 2910 ; JCP 2011. 468, nº 19, obs. Pillet ; Gaz. Pal. 1er-3 mai 2011, p. 15, note Brenner.* ♦ V. aussi note 5 ss. ACPC, art. 673, App., vº *Saisie immobilière, II Ancien régime.*

Art. R. 322-3 L'huissier de justice peut utiliser tout moyen approprié pour décrire les lieux et se faire assister par tout professionnel qualifié en cas de nécessité. — *[Décr. nº 2006-936 du 27 juill. 2006, art. 37.]*

SOUS-SECTION 2 L'ASSIGNATION À COMPARAÎTRE

§ 1er L'ASSIGNATION DU DÉBITEUR

Art. R. 322-4 Dans les deux mois qui suivent la publication *(Décr. nº 2012-1462 du 26 déc. 2012, art. 35-XII-1º, en vigueur le 1er janv. 2013)* « au fichier immobilier » du commandement de payer valant saisie, le créancier poursuivant assigne le débiteur saisi à comparaître devant le juge de l'exécution à une audience d'orientation.

L'assignation est délivrée dans un délai compris entre un et trois mois avant la date de l'audience. — *[Décr. nº 2006-936 du 27 juill. 2006, art. 38.]*

I. DESTINATAIRE DE L'ASSIGNATION

1. Procédure contre un tiers détenteur. Fait une exacte application de l'art. R. 322-4 C. pr. exéc. la cour d'appel qui retient qu'aucune disposition légale n'exige que le débiteur soit assigné à l'audience d'orientation quand la saisie immobilière est poursuivie contre un tiers détenteur. • Civ. 2e, 26 juin 2014, n° 13-18.428 P : *D. 2014. Actu. 1457 ; ibid. 2015. Pan. 1339, obs. Leborgne ; AJDI 2015. 53, obs. de La Vaissière ; RDBF 2014, n° 178, note Piedelièvre.* ♦ Dans le même sens : Rejet du moyen selon lequel le débiteur aurait dû être assigné à l'audience d'orientation à l'occasion d'une saisie immobilière poursuivie contre le tiers détenteur alors que s'appliquent les dispositions de l'art. R. 321-19 et qu'il ne ni de l'art. R. 322-4, ni d'aucun autre texte qu'en cas de saisie immobilière entre les mains d'un tiers détenteur, le débiteur des causes de la saisie doive être assigné à l'audience d'orientation, le débiteur étant recevable à former tierce opposition contre le jugement d'orientation et étant, préalablement à la procédure judiciaire, destinataire d'un commandement de payer mentionnant la délivrance du commandement valant saisie au tiers détenteur. • Civ. 2e, 13 janv. 2022, n° 20-11.081 B : *D. 2022. 119.*

II. DÉLIVRANCE DE L'ASSIGNATION

2. Délai minimal. Le délai minimal d'un mois, augmenté le cas échéant des délais de distance prévus à l'art. 643 C. pr. civ., précédant l'audience d'orientation, dans lequel l'assignation à comparaître à cette audience doit être délivrée au débiteur saisi en application de l'art. R. 322-4 C. pr. exéc., n'est pas au nombre des délais qui, aux termes de l'art. R. 311-11 du même code, sont prescrits à peine de caducité du commandement de payer valant saisie immobilière. • Civ. 2e, 21 févr. 2019, n° 17-27.487 P : *D. actu. 20 mars 2019, obs. Mourre-Schreiber ; D. 2019. 1306, obs. Leborgne ; Gaz. Pal. 2019, n° 22, p. 33, obs. Brenner ; ibid. n° 27, p. 64, obs. Hoffschir ; Procédures 2019, n° 119, obs. Laporte.*

3. Délai maximum. L'art. 38 du Décr. n° 2006-936 du 27 juill. 2006 [devenu C. pr. exéc., art. R. 322-4] n'impose pas que l'audience d'orientation, en cas de renvoi, se tienne dans un délai maximum de trois mois à compter de l'assignation, mais seulement que l'assignation soit délivrée dans le délai de trois mois. • Civ. 2e, 24 juin 2010, n° 09-67.887 : *Procédures 2011. Chron. 1, n° 9, obs. Leborgne.*

4. Effet interruptif de prescription. L'effet interruptif de la prescription attachée à la délivrance de l'assignation à comparaître à l'audience d'orientation, consécutive au commandement valant saisie immobilière, produit ses effets, en l'absence d'anéantissement de ce commandement ou de cette assignation, jusqu'à l'extinction de l'instance introduite par cette assignation, laquelle résulte du jugement ayant constaté la péremption du commandement. • Civ. 2e, 1er mars 2018, n° 17-11.238 P : *D. actu. 28 mars 2018, obs. Camensuli-Feuillard ; JCP 2018. 388, note Laporte ; Gaz. Pal. 15 mai 2018, p. 62, obs. Bléry ; Procédures 2018, n° 134, note Strickler ; Dr. et pr. 2018. 127, note Salati ; RDBF 2018, n° 76, note Piedelièvre.*

Art. R. 322-5 Outre les mentions prévues par l'article 56 du code de procédure civile, l'assignation comprend à peine de nullité :

1° L'indication des lieu, jour et heure de l'audience d'orientation du juge de l'exécution ;

2° L'indication que l'audience d'orientation a pour objet d'examiner la validité de la saisie, de statuer sur les contestations et demandes incidentes liées à celle-ci et de déterminer les modalités selon lesquelles la procédure sera poursuivie ;

3° L'information que, si le débiteur n'est pas présent ou représenté par un avocat à l'audience, la procédure sera poursuivie en vente forcée, sur les seules indications fournies par le créancier ;

4° La sommation de prendre connaissance des conditions de la vente figurant dans le cahier des conditions de vente qui peut être consulté au greffe du juge de l'exécution où il sera déposé le cinquième jour ouvrable au plus tard après l'assignation ou au cabinet de l'avocat du créancier poursuivant ;

5° L'indication de la mise à prix telle que fixée dans le cahier des conditions de vente et de la possibilité d'en contester le montant pour insuffisance manifeste ;

6° L'avertissement que le débiteur peut demander au juge de l'exécution à être autorisé à vendre le bien saisi à l'amiable s'il justifie qu'une vente non judiciaire peut être conclue dans des conditions satisfaisantes ;

7° L'indication, en caractères très apparents, qu'à peine d'irrecevabilité, toute contestation ou demande incidente est déposée au greffe du juge de l'exécution par conclusions d'avocat au plus tard lors de l'audience ;

8° Le rappel des dispositions des articles R. 322-16 et R. 322-17 ;

9° L'indication que le débiteur, qui en fait préalablement la demande, peut bénéficier de l'aide juridictionnelle pour la procédure de saisie, s'il remplit les conditions de ressources prévues par la loi n° 91-647 du 10 juillet 1991 relative à l'aide juridique et *(Décr. n° 2020-1717 du 28 déc. 2020, art. 183-2°)* **« le décret n° 2020-1717 du 28 décembre 2020 » portant application de cette loi.** — *[Décr. n° 2006-936 du 27 juill. 2006, art. 39.] — V. L. n° 91-647 du 10 juill. 1991 et Décr. n° 2020-1717 du 28 déc. 2020, App., v° Aide juridique, I, Réglementation générale.*

1. Heure de l'audience. La mention erronée de l'heure de l'audience constitue un vice de forme qui ne peut entraîner la nullité de l'assignation qu'à charge pour l'adversaire qui invoque la nullité de l'assignation de prouver le grief que lui cause cette irrégularité. • Civ. 2e, 20 oct. 2011, n° 10-24.109 P : *D. 2012. Pan. 1516, obs. Leborgne* ; *Procédures 2011, n° 367, note Perrot ; ibid. 2013. Chron. 1, n° 13, obs. Leborgne* (visa de l'art. 114 C. pr. civ.).

2. Caractères très apparents. La mention qui apparaît une première fois au début de l'assignation en lettres majuscules et en exergue et qui est rappelée une seconde fois dans l'acte remplit manifestement l'exigence de la mention « caractères très apparents », prévus par l'art. 15 [devenu C. pr. exéc., art. R. 321-3]. • Chambéry, 3 juin 2008 : *D. 2009. Pan. 1168, obs. Leborgne*.

3. Liquidation judiciaire. Si les mentions figurant dans l'assignation à comparaître à l'audience d'orientation sont conformes aux dispositions des art. 39 s. du décret [devenus C. pr. exéc., art. R. 322-5 s.], il n'en demeure pas moins vrai qu'il existe une inadéquation desdites dispositions avec la procédure diligentée dans le cadre de la liquidation judiciaire du débiteur en vertu d'une ordonnance du juge-commissaire, de sorte que les parties restent soumises aux dispositions de la loi de sauvegarde des entreprises du 26 juill. 2005 et que le JEX doit seulement fixer la date de l'adjudication ainsi que les modalités de visite de l'immeuble, observation étant faite que le juge-commissaire a autorisé le liquidateur à faire procéder à une publicité exceptionnelle. • Aix-en-Provence, 17 sept. 2007 : *Dr. et pr. 2009. 225, note Llahi.*

4. Constitution d'avocat. Mention. Ni l'art. 39 du Décr. n° 2006-936 du 27 juill. 2006 [devenu C. pr. exéc., art. R. 322-5], ni l'art. 56 C. pr. civ. n'imposent la mention du barreau d'appartenance de l'avocat. Il appartient à l'avocat choisi par le défendeur de prendre toutes les dispositions s'il ne peut lui-même assurer la représentation devant la juridiction devant laquelle est attrait son client. • Lyon, 21 juin 2012 : *Dr. et pr. 2012. 271, note Desmarthon.*

§ 2 L'ASSIGNATION DES CRÉANCIERS INSCRITS

Art. R. 322-6 Au plus tard le cinquième jour ouvrable suivant la délivrance de l'assignation au débiteur, le commandement de payer valant saisie est dénoncé aux créanciers inscrits au jour de la publication du commandement.

La dénonciation vaut assignation à comparaître à l'audience d'orientation. — *[Décr. n° 2006-936 du 27 juill. 2006, art. 40.]*

1. Le créancier poursuivant, même titulaire d'une sûreté inscrite sur le bien qu'il saisit, n'a pas à dénoncer à lui-même le commandement de payer valant saisie, ni à déclarer sa créance selon la procédure applicable aux créanciers ayant inscrit une sûreté sur le bien saisi. En effet, la réforme de la saisie immobilière, issue de l'Ord. du 21 avr. 2006 et du Décr. du 27 juill. 2006 [devenus C. pr. exéc., art. L. 311-1 s. et R. 311-1 s.], fait jouer au créancier poursuivant un rôle identique, qu'il soit ou non titulaire d'une sûreté sur le bien considéré. Ce créancier doit dénoncer le commandement valant saisie immobilière aux créanciers inscrits pour les informer de la procédure. * Rép. min. n° 15649 : *JOAN Q 30 sept. 2008.* ♦ Dans la nouvelle procédure comme dans l'ancienne, cette formalité, par son objet même, ne saurait conduire le créancier poursuivant à devoir dénoncer un acte dont il est l'auteur. Cette dénonciation valant assignation à comparaître à une audience n'a de sens que lorsqu'elle est faite à une autre personne. Par ailleurs, cette dénonciation a désormais pour objet de demander aux créanciers inscrits de déclarer leur créance, pour préparer la distribution du prix de vente ; or, le créancier poursuivant fait l'objet d'un régime spécifique de déclaration de créance : celle-ci se fait dans le commandement valant saisie, délivré au débiteur et dénoncé aux créanciers inscrits, et le JEX mentionne dans le jugement d'orientation le montant qu'il retient à ce titre (V. C. pr. exéc., art. R. 321-3 et R. 322-18). * Rép. min. n° 15649 : *préc.*

2. Cassation de l'arrêt ayant déclaré recevable l'appel d'une banque ne visant que les créanciers ayant déclaré leur créance : les créanciers inscrits étant admis à faire valoir leurs droits sur la répartition du prix de vente, en application de l'art. L. 331-1, quand bien même ils auraient perdu le bénéfice de leur sûreté pour défaut de déclaration de leur créance, la procédure demeure indivisible à leur égard peu important qu'ils aient omis de déclarer leur créance. • Civ. 2e, 2 déc. 2021, n° 20-15.274 B (application de l'art. 553 C. pr. civ.).

Art. R. 322-7 Outre les mentions prévues par l'article 56 du code de procédure civile, la dénonciation comprend à peine de nullité :

1° L'indication des lieu, jour et heure de l'audience d'orientation ;

2° La sommation de prendre connaissance du cahier des conditions de vente qui peut être consulté au greffe du juge de l'exécution où il est déposé le cinquième jour ouvrable au plus tard après la date de l'assignation du débiteur à l'audience d'orientation ou au cabinet de l'avocat du créancier poursuivant ;

3° L'indication de la mise à prix telle que fixée dans le cahier des conditions de vente ;

4° La sommation d'avoir à déclarer les créances inscrites sur le bien saisi, en principal, frais et intérêts échus, avec l'indication du taux des intérêts moratoires, par acte d'avocat déposé au greffe du juge de l'exécution et accompagné d'une copie du titre de créance et du bordereau d'inscription et à dénoncer le même jour ou le premier jour ouvrable suivant cette déclaration au créancier poursuivant et au débiteur, dans les mêmes formes ou par signification ;

5° La reproduction, en caractères très apparents, des articles L. 331-2 et R. 322-12 ;

6° La reproduction de l'article R. 311-6. – *[Décr. n° 2006-936 du 27 juill. 2006, art. 41.]*

Art. R. 322-8 La dénonciation aux créanciers inscrits peut être faite aux domiciles élus sur les bordereaux d'inscription.

Elle peut être faite aux héritiers collectivement sans désignation des noms et qualités respectifs, à domicile élu ou, à défaut, au domicile du défunt. – *[Décr. n° 2006-936 du 27 juill. 2006, art. 42.]*

§ 3 DISPOSITION COMMUNE

Art. R. 322-9 La mention de la délivrance de l'assignation et des dénonciations est portée en marge de la copie du commandement de payer valant saisie publiée *(Décr. n° 2012-1462 du 26 déc. 2012, art. 35-XII-1°, en vigueur le 1er janv. 2013)* « au fichier immobilier » dans les huit jours de la dernière signification en date.

Du jour de cette mention, l'inscription du commandement ne peut plus être radiée que du consentement de tous les créanciers inscrits ou en vertu d'un jugement qui leur soit opposable. – *[Décr. n° 2006-936 du 27 juill. 2006, art. 43.]*

SOUS-SECTION 3 LE DÉPÔT AU GREFFE DU CAHIER DES CONDITIONS DE VENTE ET DE L'ÉTAT HYPOTHÉCAIRE

Art. R. 322-10 Au plus tard le cinquième jour ouvrable suivant l'assignation délivrée au débiteur saisi, le créancier poursuivant dépose au greffe du juge de l'exécution un cahier des conditions de vente comportant l'état descriptif de l'immeuble et les modalités de la vente. Il y est joint la copie de l'assignation délivrée au débiteur et un état hypothécaire certifié à la date de la publication du commandement de payer valant saisie.

Le cahier des conditions de vente contient à peine de nullité :

1° L'énonciation du titre exécutoire en vertu duquel les poursuites sont exercées ;

2° Le décompte des sommes dues au créancier poursuivant en principal, frais et intérêts échus ainsi que l'indication du taux des intérêts moratoires ;

3° L'énonciation du commandement de payer valant saisie avec la mention de sa publication et des autres actes et jugements intervenus postérieurement ;

4° La désignation de l'immeuble saisi, l'origine de *[la]* propriété, les servitudes grevant l'immeuble, les baux consentis sur celui-ci et le procès-verbal de description ;

5° Les conditions de la vente judiciaire et la mise à prix fixée par le créancier poursuivant ;

6° La désignation d'un séquestre des fonds provenant de la vente ou de la Caisse des dépôts et consignations. – *[Décr. n° 2006-936 du 27 juill. 2006, art. 44.]*

1. Une contestation portant sur la validité du commandement de payer valant saisie constitue une exception de procédure. • Civ. 2e, 25 mars 2010, n° 08-17.196 P : *D. 2010. Actu. 969, obs. Avena-Robardet ; D. 2011. Chron. C. cass. 2102, obs. Sommer et Leroy-Gissinger ; ibid. Pan. 1509, obs. Leborgne ; Dr. et pr. 2010. 214,* note Leborgne ; Procédures 2011. Chron. 1, *n° 10, obs. Leborgne.* ♦ En application de l'art. 112 C. pr. civ., les nullités des actes de procédure devant être invoquées, à peine d'irrecevabilité, simultanément et avant toute défense au fond ou fin de non-recevoir, est irrecevable la demande de nullité du cahier de vente pour caractère incomplet du procès-verbal descriptif, présentée après les défenses au fond. • Civ. 2e, 1er oct. 2009, n° 08-19.104 P : *D. 2010. 2973, note Leborgne ; Dr. et pr. 2010. 31, note Leborgne ; Gaz. Pal. 2009. Jurisp. 3835, note Coulot et Leborgne ; Procédures 2010, n° 397, note Perrot ; ibid. 2011. Chron. 1, n° 10, obs. Leborgne.*

2. Cahiers de conditions de vente. Le procès-verbal de description devant être contenu au cahier des conditions de vente est celui qui doit être dressé en application des art. R. 322-1 et R. 322-2 C. pr. exéc., sans que puisse lui être assimilé un procès-verbal établi à l'occasion de la délivrance antérieure d'un autre commandement de payer valant saisie immobilière. • Civ. 1re, 21 févr. 2013, n° 12-15.643 P : *D. 2013. Actu. 576 ; D. actu. 21 mars 2013, obs. Avena-Robardet ; Gaz. Pal. 2013. 1623, note Laporte ; Dr. et pr. 2013. 117, note Leborgne ; RDBF 2013, n° 105, note Piedelièvre.*

Art. R. 322-11 **Le cahier des conditions de vente est élaboré sous la responsabilité du créancier poursuivant.**

Il peut être consulté au greffe du juge de l'exécution ou au cabinet de l'avocat du créancier poursuivant.

Sous réserve des dispositions de l'article L. 322-6 relatives au montant de la mise à prix, les stipulations du cahier des conditions de vente peuvent être contestées par tout intéressé. — *[Décr. n° 2006-936 du 27 juill. 2006, art. 45.]*

SOUS-SECTION 4 LES DÉCLARATIONS DE CRÉANCE

Art. R. 322-12 **Le délai dans lequel le créancier inscrit, à qui a été dénoncé le commandement de payer valant saisie, déclare sa créance est de deux mois à compter de la dénonciation.**

Toutefois, le créancier qui justifie que sa défaillance n'est pas de son fait peut demander à être autorisé à déclarer sa créance postérieurement au délai imparti. Le juge statue par ordonnance sur requête qui est déposée, à peine d'irrecevabilité, quinze jours au plus tard avant la date fixée pour l'audience d'adjudication ou de constatation de la vente amiable. — *[Décr. n° 2006-936 du 27 juill. 2006, art. 46.]*

I. POSTULATION

1. Avocat inscrit au barreau du TGI de la vente. Les déclarations de créances mentionnées aux art. 46 et 47 du Décr. n° 2006-936 du 27 juill. 2006 [devenus C. pr. exéc., art. R. 322-12 et R. 322-13] doivent être faites par acte d'avocat inscrit au barreau du TGI devant lequel la vente est poursuivie, les dispositions de la L. n° 71-1130 du 31 déc. 1971 demeurant encore en vigueur. • Cass., avis, 16 mai 2008 : *cité note ss. art. L. 311-1.* ♦ Sauf à violer les art. 114 et 121 C. pr. civ., si la déclaration de créance faite sous la constitution d'un avocat n'appartenant pas au barreau du tribunal compétent est entachée d'une irrégularité de fond, la seconde déclaration faite le même jour sous la constitution d'un avocat inscrit au barreau du TGI saisi de la procédure de saisie immobilière couvre cette irrégularité, de sorte que seul ce dernier représente le créancier. • Civ. 2e, 5 mai 2011, n° 10-14.066 P : *D. 2011. AJ 1357 ; ibid. 2012. Pan. 1517, obs. Leborgne ; RTD civ. 2011. 585, obs. Théry ; Procédures 2011, n° 223, note Perrot ; ibid. 2013. Chron. 1, n° 8, obs. Leborgne ; RDBF 2011, n° 144, note Piedelièvre.*

2. Exception à la multipostulation. L'exception à la multipostulation, prévue à l'art. 1er-III, al. 2, de la L. du 31 déc. 1971 modifiée (reproduit ss. art. R. 311-4), s'applique à tous les actes de la procédure de saisie immobilière soumis à la représentation obligatoire. Il en résulte qu'une déclaration de créance faite sous la constitution d'un avocat inscrit à un barreau autre que celui du tribunal de la procédure est entachée d'une irrégularité de fond et doit être annulée. Cette irrégularité de fond peut être couverte par une déclaration de créance faite sous la constitution d'un avocat inscrit au barreau du TGI saisi de la procédure de saisie immobilière. • Civ. 2e, 5 mai 2011 : *préc.*

II. RELEVÉ DE FORCLUSION

3. Créancier défaillant. Le créancier qui justifie que sa défaillance n'est pas de son fait peut demander à être autorisé à déclarer sa créance postérieurement au délai imparti. • Civ. 2e, 17 mars 2016, n° 15-10.611 : *Procédures 2016, n° 154, note Laporte.* ♦ Le relevé de forclusion ne concerne que les créanciers n'ayant pas déclaré leur créance dans le délai de deux mois suivant la sommation qui leur a été adressée à cette fin. • Civ. 2e, 28 juin 2018, n° 17-15.054 P : *cité note 3 ss. art. L. 331-2.*

4. Rétractation de l'ordonnance. Modalités du recours. En matière de saisie immobilière, la demande de rétractation de l'ordonnance statuant sur la requête en relevé de la forclusion d'un créancier inscrit, qui tend à faire trancher contradictoirement par le JEX ayant rendu l'ordonnance la contestation de la validité de la déclaration de créance, est introduite selon les modalités prévues à l'art. 7 du Décr. du 27 juill.

2006 [devenu C. pr. exéc., art. R. 311-6]. • Civ. 2e, 9 sept. 2010, n° 09-15.728 P : *D. 2010. Actu. 2072* ; *ibid. 2011. Pan. 1509, obs. Leborgne* ; *RDBF 2010, n° 225, note Piedelièvre ; Procédures 2010, n° 374, note Perrot.*

III. DÉCISION D'ADMISSION DE LA CRÉANCE

5. Chose jugée. L'ordonnance qui, dans son dispositif, admet un créancier à la procédure d'exécution forcée immobilière pour un montant déterminé, est revêtue de l'autorité de la chose jugée et il incombe au débiteur qui la conteste de présenter, dès la notification de la décision d'admission, l'ensemble des moyens qu'il estime de nature à justifier son rejet total ou partiel. • Civ. 2e, 5 sept. 2019, n° 18-16.680 P : *cité note 6 ss. art. 954.*

Art. R. 322-13 Les créanciers qui ont inscrit leur sûreté sur l'immeuble après la publication du commandement de payer valant saisie mais avant la publication de la vente, interviennent à la procédure en déclarant leur créance, arrêtée en principal frais et intérêts échus au jour de la déclaration. A peine d'irrecevabilité, la déclaration est faite par acte d'avocat déposé au greffe du juge de l'exécution dans un délai d'un mois suivant l'inscription et est accompagnée d'une copie du titre de créance et du bordereau d'inscription et d'un état hypothécaire levé à la date de l'inscription. La déclaration est dénoncée, dans les mêmes formes ou par signification, le même jour ou le premier jour ouvrable suivant, au créancier poursuivant et au débiteur. — *[Décr. n° 2006-936 du 27 juill. 2006, art. 47.]*

Postulation. V. note ss. art. R. 322-12.

Art. R. 322-14 Le créancier poursuivant se fait remettre par le greffe copie des créances produites en vue d'établir le projet de distribution prévu à l'article R. 332-3. — *[Décr. n° 2006-936 du 27 juill. 2006, art. 48.]*

SECTION II L'AUDIENCE D'ORIENTATION

BIBL. ► PIEDELIÈVRE, *RDBF 2006, n° 170.* – COULOT et LEBORGNE, *Gaz. Pal. 20-22 déc. 2009, p. 8* (obs. ss. Civ. 1re, 1er oct. 2009). – HERMENT, Le rôle du juge de l'exécution à l'audience d'orientation, *in* La saisie immobilière – Approche transversale, Thèmes et commentaires, *Dalloz 2014, p. 63.*

Art. R. 322-15 A l'audience d'orientation, le juge de l'exécution, après avoir entendu les parties présentes ou représentées, vérifie que les conditions des articles L. 311-2, L. 311-4 et L. 311-6 sont réunies, statue sur les éventuelles contestations et demandes incidentes et détermine les modalités de poursuite de la procédure, en autorisant la vente amiable à la demande du débiteur ou en ordonnant la vente forcée.

Lorsqu'il autorise la vente amiable, le juge s'assure qu'elle peut être conclue dans des conditions satisfaisantes compte tenu de la situation du bien, des conditions économiques du marché et des diligences éventuelles du débiteur. — *[Décr. n° 2006-936 du 27 juill. 2006, art. 49.]*

I. VÉRIFICATION DE CONDITIONS DE FOND

1. Titre exécutoire. Office du juge. Si le JEX est tenu, en application de l'art. R. 322-15, de vérifier que le créancier poursuivant dispose d'un titre exécutoire constatant une créance liquide et exigible, il n'a pas l'obligation de relever d'office la prescription du titre servant de fondement aux poursuites. • Civ. 11 janv. 2018, n° 15-27.941 P : *D. actu. 7 févr. 2018, obs. Camensuli-Feuillard ; D. 2018. Actu. 121* ; *ibid. Pan. 1129, obs. Leborgne* ; *AJDI 2018. 451, obs. de La Vaissière* ; *Procédures 2018, n° 78, obs. Laporte ; Gaz. Pal. 19 juin 2018, p. 47, obs. Brenner ; RDBF 2018, n° 46, obs. Piedelièvre.*

2. Titre exécutoire. Diligence du débiteur. Le créancier doit, pour procéder à une saisie immobilière, être muni d'un titre exécutoire constatant une créance liquide et exigible et il appartient au JEX de vérifier, lors de l'audience d'orientation, si ces conditions sont réunies ; il est donc sans effet que le débiteur lui-même n'ait pas contesté l'existence de la créance censée être consacrée par le titre fondant la délivrance du commandement de payer valant saisie immobilière le visant. • Civ. 2e, 7 déc. 2017, n° 16-19.336 P : *D. 2017. Actu. 2542* ; *ibid. Pan. 1230, obs. Leborgne* ; *JCP 2018. 45, note Laporte ; Gaz. Pal. 19 déc. 2017, p. 24, note Boyer ; Dr. et pr. 2018. 52, note Vinckel.*

II. CONTESTATIONS ET DEMANDES INCIDENTES

3. Office du juge. Le JEX est tenu de trancher les contestations relatives à la validité des déclarations de créance soulevées au cours de l'audience d'orientation. • Cass., avis, 16 mai 2008 : *cité note ss. art. L. 311-1.*

4. Montant de la créance. Il résulte des art. R. 322-15 et R. 322-18 C. pr. exéc. que le JEX doit statuer sur les éventuelles contestations et demandes incidentes et mentionner, dans le jugement d'orientation, le montant retenu pour la créance du poursuivant en principal, frais, intérêts et accessoires. Il s'ensuit qu'il n'est pas tenu par le montant de la créance mentionné dans le commandement valant saisie. • Civ. 2e, 24 sept. 2015, n° 14-20.009 P : *D. actu. 6 oct. 2015, obs. Avena-Robardet ; D. 2016. 736, obs. Adida-Canac, Vasseur et de Leiris ; ibid. 1279, obs. Leborgne ; JCP 2015. 1235, note Laporte.*

5. Omission dans la désignation d'un bien. Ayant constaté que le dispositif du jugement reportant la vente omettait de mentionner la totalité des biens immobiliers concernés par la procédure de saisie immobilière, visés dans le commandement de payer et rappelés par ce jugement dans l'objet de l'incident, c'est sans modifier les droits et obligations reconnus aux parties par cette décision ni excéder ses pouvoirs que le JEX a décidé que l'omission dans la désignation des biens procédait d'une erreur purement matérielle qu'il convenait de rectifier. • Civ. 2e, 22 sept. 2011, n° 11-10.119 P : *D. 2012. Chron. Cass. 644, obs. Leroy-Gissinger ; ibid. Pan. 1517, obs. Leborgne ; RDBF 2012, n° 24, note Piedelièvre.*

6. Contestation. Qualité pour agir. Les créanciers du débiteur saisi, non inscrits sur l'immeuble objet de la procédure, n'ont pas qualité à défendre à l'action engagée contre leur débiteur. • Civ. 2e, 27 sept. 2018, n° 17-20.134 P : *D. 2018. Actu. 1976 ; Gaz. Pal. 11 déc. 2018, p. 32, obs. Ansault ; Procédures 2019, n° 10, obs. Laporte.*

III. MODALITÉS DE POURSUITE DE LA PROCÉDURE

A. VENTE FORCÉE

7. Procédure collective. La vente sur adjudication d'un bien immobilier et ses modalités ayant été fixées par ordonnance d'un juge-commissaire à la liquidation judiciaire, laquelle avait été confirmée par un jugement définitif du TGI, ce dont il résultait que cette décision ne pouvait être remise en cause à l'audience d'orientation devant le JEX compétent pour statuer sur les seules contestations postérieures à l'ordonnance du juge-commissaire et fixer la date de l'adjudication, c'était sans méconnaître l'étendue de ses pouvoirs ni le principe du droit à un recours effectif au juge qu'une cour d'appel a déclaré le débiteur irrecevable en ses demandes tendant au constat de l'absence de passif définitivement arrêté et certifié, de l'excès de pouvoir du juge-commissaire en sa décision autorisant la vente de sa maison aux enchères publiques, à l'opposabilité de sa déclaration d'insaisissabilité au liquidateur judiciaire et aussi au rejet de la demande du liquidateur judiciaire de la fixation d'une date d'adjudication, et de fixer la date d'adjudication de l'immeuble. • Civ. 2e, 6 juin 2013, n° 12-18.481 P : *D. 2013. Actu. 1470 ; RTD civ. 2013. 670, obs. Perrot ; JCP E 2013. 1452 (2e esp.), note Lebel ; RDBF 2013, n° 160, note Piedelièvre.*

8. Modalités de la vente. Portée du jugement d'adjudication (droit antérieur à la L. n° 2019-222 du 23 mars 2019). Le jugement d'orientation qui ordonne la vente forcée de l'immeuble saisi interdit de procéder à la vente du bien selon une autre modalité que celle qu'il a prévue. • Civ. 2e, 9 avr. 2015 : *cité note ss. art. L. 322-1.*

B. VENTE AMIABLE

9. Conditions satisfaisantes. C'est par une appréciation souveraine que le JEX qui autorise la vente amiable s'assure, conformément à l'art. 49 [devenu C. pr. exéc., art. R. 322-15], qu'elle peut être conclue dans des conditions satisfaisantes compte tenu de la situation du bien, des conditions économiques du marché et des diligences éventuelles du débiteur. • Civ. 2e, 10 sept. 2009, n° 08-70.204 P : *D. actu. 18 sept. 2009, obs. Avena-Robardet ; D. 2010. Chron. C. Cass. 534, obs. Sommer et Leroy-Gissinger ; RDBF 2009, n° 207, note Piedelièvre ; Procédures 2011. Chron. 1, n° 9, obs. Leborgne.*

10. Autorisation de la vente amiable. Il y a lieu d'autoriser la vente amiable et de fixer le prix minimum de vente, les débiteurs produisant une estimation du bien et justifiant avoir donné plusieurs mandats non exclusifs de vente et les créanciers étant par ailleurs assurés d'être intégralement remboursés compte tenu du montant de la créance et de la valeur du bien. • Paris, 19 juin 2008, n° 08/08348 : *Procédures 2009. Chron. 1, obs. Leborgne.*

11. Rejet de la demande de vente amiable. Doit être rejetée la demande de vente amiable et d'ordonner la vente forcée de l'immeuble, dès lors qu'il n'est produit aucune estimation du bien mettant la cour dans l'impossibilité de s'assurer que la vente est conclue dans les conditions satisfaisantes visées à l'art. 49, al. 2, que l'acte ne comporte que le nom et l'adresse de l'acquéreur ainsi que le prix de vente (aucune indication n'est donnée, ni sur les organismes financiers auxquels va s'adresser l'acquéreur qui ne dispose manifestement d'aucun fonds propre et qui n'a d'ailleurs versé aucune somme à la signature de l'acte, ni sur le délai dans lequel l'acquéreur doit déposer sa demande de prêt, le nom du notaire chargé de la rédaction de l'acte n'étant pas non plus mentionné), et qu'il n'est prévu aucune indemnisation du vendeur en cas d'inexécution par l'acquéreur de ses obligations. • Paris, 12 juin 2008, n° 08/08674 : *Procédures*

2009. Chron. 1, obs. Leborgne. ♦ Il convient de rejeter la demande de vente du bien immobilier amiablement présentée par le débiteur dès lors que la mise à prix de l'immeuble dans le cadre de la procédure de vente forcée, si elle apparaît inférieure à la valeur réelle du bien, a pour objectif d'attirer le plus grand nombre d'enchérisseurs, qu'en outre le débiteur ne justifie pas d'un compromis de vente, se bornant à produire une offre d'achat d'un tiers, une attestation d'un notaire chargé d'établir l'acte et un projet de compromis de vente non signé, et qu'enfin le débiteur n'occupe manifestement pas le bien à titre de résidence principale, l'acquisition du bien immobilier apparaissant comme un investissement de nature locative ou de défiscalisation. • Bordeaux, 25 sept. 2007, n° 07/02044 : *Procédures 2009. Chron. 1, obs. Leborgne.*

IV. JUGEMENT D'ORIENTATION

12. Extinction de l'instance. L'instance engagée par la saisine du JEX ne s'éteint pas avec ce jugement, mais avec l'ordonnance d'homologation du projet de répartition du prix de vente de l'immeuble. • Civ. 2e, 6 sept. 2018, n° 17-21.337 P : *D. actu. 1er oct. 2018, obs. Payan ; Gaz. Pal. 11 déc. 2018, p. 28, obs. Brenner.*

13. Autorité de la chose jugée. Le jugement d'orientation prononcé en matière de saisie immobilière a l'autorité de la chose jugée quant à l'existence et au montant de la créance du créancier poursuivant, même si ces éléments n'ont pas été contestés devant le JEX. • Civ. 2e, 6 sept. 2018, n° 17-21.337 P : *préc. note 12.*

Art. R. 322-16 *(Décr. n° 2017-892 du 6 mai 2017, art. 43)* **La demande tendant à la suspension de la procédure de saisie immobilière en raison de la situation de surendettement du débiteur est formée conformément aux dispositions de l'article L. 721-4 du code de la consommation, dans les conditions prévues à l'article R. 721-5 de ce code.**

Art. R. 322-17 La demande du débiteur aux fins d'autorisation de la vente amiable de l'immeuble ainsi que les actes consécutifs à cette vente sont dispensés du ministère d'avocat. Cette demande peut être formulée verbalement à l'audience d'orientation. – *[Décr. n° 2006-936 du 27 juill. 2006, art. 50, al. 2.]*

La demande d'autorisation de la vente amiable de l'immeuble est dispensée du ministère d'avocat et elle peut être formulée verbalement à l'audience d'orientation par le débiteur ou son avocat. • Civ. 2e, 7 avr. 2016, n° 15-14.856 P : *D. 2017. Pan. 1388, obs. Leborgne ; Gaz. Pal. 21 juin 2016, p. 45, note Brenner ; ibid. 31 août 2016, p. 80, note Lauvergnat ; RDBF 2016, n° 129, note Piedelièvre ; Procédures 2016, n° 198, obs. Laporte ; RLDC juin 2017. 35, obs. Salati.*

Art. R. 322-18 Le jugement d'orientation mentionne le montant retenu pour la créance du poursuivant en principal, frais, intérêts et autres accessoires. – *[Décr. n° 2006-936 du 27 juill. 2006, art. 51.]*

I. OFFICE DU JUGE

1. Énonciation du titre exécutoire. En matière de saisie immobilière, pour fixer le montant de la créance du poursuivant en application de l'art. R. 322-18, le JEX est tenu de vérifier que celui-ci est conforme aux énonciations du titre exécutoire fondant les poursuites, en application des dispositions de l'art. R. 322-15, que le débiteur conteste ou non ce montant. S'il doit procéder d'office à cette vérification, il exerce, en outre, en tant que juge du principal, l'office qui lui est imparti par le code de procédure civile ou par des dispositions particulières. • Cass., avis, 12 avr. 2018, n° 18-70.004 P : *D. actu. 3 mai 2018, obs. Payan ; D. 2018. Actu. 855 ; ibid. Pan. 1129, obs. Leborgne ; JCP 2018. 542, note Laporte ; Procédures 2018, n° 186, obs. Laporte ; Gaz. Pal. 19 juin 2018, p. 45, obs. Brenner.*

2. Montant mentionné dans le commandement. Il résulte des art. R. 322-15 et R. 322-18 C. pr. exéc. que le JEX doit statuer sur les éventuelles contestations et demandes incidentes et mentionner, dans le jugement d'orientation, le montant retenu pour la créance du poursuivant en principal, frais, intérêts et accessoires. Il s'ensuit qu'il n'est pas tenu par le montant de la créance mentionné dans le commandement valant saisie. • Civ. 2e, 24 sept. 2015 : *cité note ss. art. R. 322-15.* ♦ Cependant, la juridiction qui prononce le jugement d'orientation n'est pas tenue d'actualiser d'office le montant en principal, frais, intérêts et autres accessoires de la créance réclamée dans le commandement valant saisie immobilière. • Civ. 2e, 1er févr. 2018 : *cité note 2 ss. art. L. 322-1.*

3. Éléments de preuve. En application des art. 4 C. civ. et R. 322-18 C. pr. exéc., lorsque seul le montant de la créance du créancier poursuivant la saisie immobilière demeure à fixer, le juge est tenu de déterminer ce montant et, à cette fin, de faire, s'il y a lieu, les comptes entre les parties, sans pouvoir s'y refuser en se fondant sur l'insuffisance des preuves qui lui sont fournies. • Civ. 2e, 11 mai 2017, n° 16-16.106 P : *D. actu. 8 juin 2017, obs. Camensuli-Feuillard ; D. 2017.*

Actu. 1133 ; RDBF 2017, n° 177, note Piedelièvre.

II. AUTORITÉ DE LA CHOSE JUGÉE

4. Nouveaux moyens (irrecevabilité). En procédure de saisie immobilière, le JEX, qui statue sur les éventuelles contestations, est tenu de fixer, dans le jugement d'orientation, le montant de la créance du poursuivant. Ses décisions ont, sauf disposition contraire, autorité de la chose jugée au principal et le défendeur doit présenter dès l'instance relative à la première demande l'ensemble des moyens qu'il estime de nature à justifier son rejet total ou partiel. Il en résulte que le débiteur régulièrement appelé à l'audience d'orientation n'est plus recevable à contester ultérieurement, par de nouveaux moyens, le montant retenu pour la créance du poursuivant, tel qu'il a été mentionné dans le dispositif du jugement d'orientation. • Com. 13 sept. 2017, n° 15-28.833 P : *D. 2017. Actu. 1829 ; ibid. Pan. 1229, obs. Leborgne ; AJDI 2018. 295, obs. de La Vaissière ; Gaz. Pal. 19 déc. 2017, p. 45, obs. Brenner ; Procédures 2017, n° 261, note Laporte ; RDBF 2017, n° 260, note Piedelièvre ; ibid. n° 263, note Houin-Bressand.*

Art. R. 322-19 **L'appel contre le jugement d'orientation est formé, instruit et jugé selon la procédure à jour fixe sans que l'appelant ait à se prévaloir dans sa requête d'un péril.**

Lorsque l'appel est formé contre un jugement ordonnant la vente par adjudication, la cour statue au plus tard un mois avant la date prévue pour l'adjudication. A défaut, le juge de l'exécution peut, à la demande du créancier poursuivant, reporter la date de l'audience de vente forcée. Lorsqu'une suspension des poursuites résultant de l'application de l'article R. 121-22 interdit de tenir l'audience d'adjudication à la date qui était prévue et que le jugement ordonnant l'adjudication a été confirmé en appel, la date de l'adjudication est fixée sur requête par ordonnance du juge de l'exécution. Les décisions du juge de l'exécution rendues en application du présent alinéa ne sont pas susceptibles d'appel. — *[Décr. n° 2006-936 du 27 juill. 2006, art. 52.]*

BIBL. ▶ LAPORTE, *Procédures 2012. Focus 31* (l'appel du jugement d'orientation : un appel très spécial) ; *ibid. 2013. Formule 11* (appel du jugement d'orientation).

I. PROCÉDURE À JOUR FIXE : SANCTION

1. Irrecevabilité relevée d'office. L'appel contre le jugement d'orientation doit impérativement être formé selon la procédure à jour fixe, à peine d'irrecevabilité relevée d'office. • Civ. 2e, 22 févr. 2012, n° 10-24.410 P : *D. 2012. Actu. 690 ; AJDA 2012. 50 ; Gaz. Pal. 13-15 mai 2012, p. 21, obs. Brenner ; ibid. 25-26 mai 2012, p. 46, note Jullien ; Procédures 2012, n° 146, note Perrot ; ibid. 2013. Chron. 1, n° 19, obs. Leborgne ; RDBF 2012, n° 94, obs. Piedelièvre* • Civ. 2e, 16 oct. 2014, n° 13-24.634 P : *D. actu. 28 oct. 2014, obs. Avena-Robardet ; D. 2015. Pan. 293, obs. Fricero ; ibid. 1339, obs. Leborgne ; Gaz. Pal. 21-23 déc. 2014, p. 36, obs. Bléry ; Procédures 2015, n° 36, obs. Laporte ; RDBF 2015, n° 17, note Piedelièvre.* ♦ Viole l'art. 52 du Décr. du 27 juill. 2006 [devenu C. pr. exéc., art. R. 322-19], ensemble les art. 122 et 125 C. pr. civ., la cour d'appel qui, pour juger l'appel recevable, retient que les dispositions de l'art. 52 ne sont pas sanctionnées par la nullité et que l'appel à jour fixe est une simple modalité procédurale de l'appel de sorte que l'emploi de la procédure ordinaire n'affecte pas le lien d'instance formé par la déclaration. • Civ., 2e, 22 févr. 2012 : *préc.* ♦ Sur la sanction de l'irrecevabilité, V. aussi : • Civ. 2e, 25 sept. 2014, n° 13-19.000 P : *D. 2014. Actu. 1945 ; ibid. 2015. Pan. 1339, obs. Leborgne ; RTD civ. 2015. 194, obs. Cayrol .* ♦ Si l'absence ou l'irrégularité de la signification d'un jugement a pour conséquence de ne pas faire courir le délai d'appel, elle n'a pas d'incidence sur la recevabilité de celui-ci au regard des règles énoncées aux art. R. 311-7 et R. 322-19 C. pr. exéc. Dès lors, c'est par une exacte application de ces textes, et sans méconnaître l'art. 6, § 1er Conv. EDH, qu'une cour d'appel, ayant relevé que le débiteur n'avait pas respecté la procédure à jour fixe pour former son appel, a décidé que celui-ci était irrecevable. • Civ. 2e, 28 sept. 2017, n° 16-22.143 P : *D. actu. 17 oct. 2017, obs. Payan ; D. 2018. Pan. 692, obs. Fricero ; ibid. 1230, obs. Leborgne ; Dr. et pr. 2017. 250, obs. Mourre-Schreiber ; RDBF 2017, n° 258, note Piedelièvre.* ♦ *Adde* : jugeant que viole les art. R. 311-7 et R. 322-19 C. pr. exéc., dont il résulte qu'à peine d'irrecevabilité relevée d'office l'appel du jugement d'orientation doit être formé selon la procédure à jour fixe dans les quinze jours suivant la notification de ce jugement, et les art. 122, 125 et 918 C. pr. civ., desquels il résulte que la requête tendant à voir fixer le jour auquel l'affaire sera appelée par priorité doit contenir les conclusions sur le fond et viser les pièces justificatives, la cour d'appel qui déclare l'appelant recevable en son appel mais irrecevable en ses conclusions, constate que l'appel n'était pas soutenu et confirme le jugement entrepris en toutes ses dispositions, alors que l'appel était dirigé contre un jugement d'orientation et que la requête de l'appelant tendant à être autorisé à assigner ses adversaires à jour fixe ne contenait pas les conclusions sur le fond ni ne visait les pièces justificatives, de sorte que le formalisme de l'art. R. 322-19 n'avait pas été respecté, et qu'en outre l'ordonnance statuant sur cette requête était sans incidence sur la recevabilité de l'appel. • Civ. 2e, 7 avr. 2016, n° 15-11.042 P : *D. 2017. Pan. 1388, obs. Leborgne ; Gaz. Pal. 31 août 2016, p. 77, note Herman ; Procédures 216, n° 197, note Laporte ; RLDC juin 2017. 35, obs Salati.*

II. PROCÉDURE À JOUR FIXE

A. DÉPÔT DE LA REQUÊTE

2. Date du dépôt de la requête (sanction). Est irrecevable l'appel dirigé contre un jugement d'orientation alors que la requête tendant à être autorisée à assigner ses adversaires à jour fixe avait été présentée plus de huit jours après la déclaration d'appel. • Civ. 2e, 19 mars 2015, n° 14-14.926 P : *D. actu. 3 avr. 2015, obs. Avena-Robardet ; D. 2015. Actu. 742 ; ibid. Chron. C. cass. 1791, obs. Adida-Cagnac, Vasseur et de Leiris ; RTD civ. 2015. 461, obs. Cayrol ; JCP 2015. 357, note P. Gerbay ; Procédures 2015, n° 156, note Laporte.*

3. Conséquences de l'indivisibilité. En application des art. 552 et 553 C. pr. civ., en cas d'indivisibilité à l'égard de plusieurs parties, l'appel dirigé contre l'une des parties réserve à l'appelant la faculté d'appeler les autres à l'instance mais l'appel formé contre l'une n'est recevable que si toutes sont appelées à l'instance ; les parties que l'appelant a omis d'intimer sont appelées à l'instance par voie de déclaration d'appel ; la seconde déclaration d'appel formée par l'appelant pour appeler à la cause les parties omises dans la première déclaration d'appel régularise l'appel sans créer une nouvelle instance, laquelle demeure unique : il en résulte que, lorsque l'instance est valablement introduite selon la procédure à jour fixe, la première déclaration d'appel ayant été précédée ou suivie d'une requête régulière en autorisation d'assigner à jour fixe, laquelle n'a pour objet que de fixer la date de l'audience, la seconde déclaration d'appel n'implique pas que soit présentée une nouvelle requête. • Civ. 2e, 15 avr. 2021, n° 19-21.803 P : *D. 2021. 1360, obs. Leborgne ; JCP 2021, n° 674, note Cholet ; Procédures 6/2021. 19, note Laporte ; Procédures 2021, n° 165, note Laporte.*

4. Signification irrégulière du jugement d'orientation. Incidence. Il résulte des art. 528 et 680 C. pr. civ. que l'acte de notification d'un jugement qui ne mentionne pas la voie de recours ouverte, son délai ou ses modalités d'exercice ou qui comporte des mentions erronées la concernant ne fait pas courir le délai de recours. Encourt donc la censure l'arrêt qui déclare irrecevable comme tardif l'appel formé contre un jugement d'orientation en retenant qu'en dépit de l'absence de mention dans l'acte de signification du jugement d'orientation d'une nécessité de recours à la procédure à jour fixe, l'appelant y avait recouru sans respecter le délai imparti par les art. 640 et 641 C. pr. civ. et qu'ainsi il ne justifiait pas d'un grief attaché à l'irrégularité de la signification invoquée, alors que la cour d'appel constatait que l'acte de signification avait omis de mentionner les modalités de l'appel contre ce jugement qui est formé, instruit et jugé selon la procédure à jour fixe en application de l'art. R. 322-19. • Civ. 2e, 28 juin 2016, n° 15-11.391 P : *D. 2016. Pan. 1279, obs. Leborgne ; RLDC juin 2017. 35, obs. Salati.* ♦ *Adde* : l'acte de notification d'un jugement qui ne mentionne pas la voie de recours ouverte, son délai ou ses modalités d'exercice ou qui comporte des mentions erronées la concernant ne fait pas courir le délai de recours. En conséquence, viole les art. 528 et 680 C. pr. civ. la cour d'appel qui, pour déclarer l'appel irrecevable, retient que l'acte du 27 sept. 2013 mentionne que la partie peut faire appel de la décision devant la cour d'appel d'Aix-en-Provence dans un délai de quinze jours, écrit en lettres majuscules d'imprimerie sous un titre très apparent, à compter de la date de la signification, et que la partie, si elle entend exercer ce recours, doit charger un avocat d'effectuer les formalités nécessaires devant cette cour avant l'expiration de ce délai, et que ne constitue pas une irrégularité de la signification faisant grief à la partie l'absence, dans la signification à partie, du rappel des termes de l'art. R. 322-19 C. pr. exéc. définissant les formalités nécessaires à l'exercice du recours contre le jugement d'orientation, dont l'accomplissement n'incombe pas à la partie mais à l'avocat que la signification l'a invitée à charger de cet accomplissement avant l'expiration du délai de quinze jours, alors qu'elle constatait qu'était omise dans l'acte de signification la mention des modalités de l'appel contre le jugement d'orientation qui est formé, instruit et jugé selon la procédure à jour fixe en application de l'art. R. 322-19. • Civ. 2e, 3 déc. 2015, n° 14-24.909 P : *Gaz. Pal. 9 févr. 2016, p. 66, obs. L. Mayer ; ibid., p. 81, obs. Lauvergnat ; RDBF 2016, n° 31, note Piedelièvre.*

5. Autorité de la chose jugée. Lorsqu'un premier arrêt a déclaré irrecevable, au visa de l'art. R. 322-19 C. pr. exéc., un appel interjeté à l'encontre d'un jugement d'orientation rendu par un JEX à défaut de dépôt dans le délai de huit jours d'une requête pour procéder à jour fixe, la chose ainsi jugée par cette décision ne fait pas obstacle à ce qu'un nouvel appel se conformant à ce formalisme soit interjeté dans le délai légal. Viole en conséquence les art. 480 C. pr. civ. et 1355 C. civ. la cour d'appel qui déclare irrecevable le second appel interjeté contre le jugement d'orientation, alors qu'elle avait relevé que la signification dudit jugement était nulle. • Civ. 2e, 7 sept. 2017, n° 16-16.847 P : *D. 2018. Pan. 1230, obs. Leborgne ; JCP 2017. 1355, obs. Mayer ; Procédures 2017, n° 263, obs. Laporte.*

B. CONTENU DE LA REQUÊTE

6. Conclusions et pièces. La requête tendant à voir fixer le jour auquel l'affaire sera appelée par priorité doit contenir les conclusions sur le fond et viser les pièces justificatives. • Civ. 2e, 7 avr. 2016, n° 15-11.042 P : *D. 2017. Pan. 1388, obs. Leborgne ; Gaz. Pal. 31 août 2016, p. 77, note Herman ; Procédures 216, n° 197, note Laporte ; RLDC juin 2017. 35, obs Salati.*

7. Copie intègre de l'ordonnance du premier président. Il résulte de l'art. R. 322-19 C. pr. exéc. et de l'art. 920 C. pr. civ. qu'il incombe aux appelants, qui sont représentés par un avocat, de joindre à leur assignation à jour fixe la copie intègre de l'ordonnance du premier président ; cette obligation est dénuée d'ambiguïté pour un avocat, professionnel avisé. Sa sanction, par une irrecevabilité de l'appel, est proportionnée au but légitime que poursuit cette disposition, qui est, dans un souci d'une bonne administration de la justice, d'assurer la célérité et l'efficacité de la procédure d'appel contre un jugement d'orientation rendu en matière de saisie immobilière et le respect du principe de la contradiction, en permettant aux autres parties de prendre connaissance en temps utile des prétentions de l'appelant ainsi que de l'ensemble des pièces de cette procédure accélérée et de vérifier sa régularité. Cette formalité, nécessaire, ne procède d'aucun formalisme excessif. • Civ. 2e, 20 mai 2021, n° 19-19.258 P : *AJDI 2021. 615, note Porcheron* (irrecevabilité de l'appel présenté en joignant une copie de l'ordonnance dépourvue de la signature de la présidente de la chambre contrairement à celle figurant au dossier de la procédure, dans une police différente et avec une date différemment rédigée).

C. SUPPORT DE LA REQUÊTE

8. Support papier. La requête est établie sur support papier et remise manuellement au greffe, seuls les actes de procédure à destination de la cour d'appel devant être remis par voie électronique conformément aux dispositions de l'art. 930-1 C. pr. civ. • Civ. 2e, 7 déc. 2017, n° 16-19.336 P : *D. 2017. Actu. 2542 ; ibid. Pan. 1230, obs. Leborgne ; JCP 2018. 45, note Laporte ; Gaz. Pal. 19 déc. 2017, p. 24, note Boyer ; Dr. et pr. 2018. 52, note Vinckel.*

D. COMMUNICATION DE LA REQUÊTE

9. Copie de requête (C. pr. civ., art. 920). Absence. Sanction. L'appel contre le jugement d'orientation, formé selon la procédure à jour fixe, est irrecevable dès lors que la copie de la requête n'est pas jointe à l'assignation. • Civ. 2e, 27 sept. 2018, n° 17-21.833 P : *D. 2018. Actu. 1920 ; JCP 2018. 1069, note Gerbay ; Procédures 2019, n° 9, obs. Laporte.* ♦ En application de l'art. 930-1 C. pr. civ., l'acte qui ne peut être transmis au greffe de la cour d'appel par voie électronique pour une cause étrangère doit lui être remis sur support papier. Cette disposition ne tend par conséquent qu'à remédier à une difficulté propre à la communication par la voie électronique en prescrivant à la partie d'accomplir la diligence attendue par une remise de l'acte sur support papier. Ne constitue pas une telle difficulté l'absence de restitution au demandeur, par l'huissier de justice ayant délivré une assignation à jour fixe, de la requête à fin d'être autorisé à assigner à jour fixe qui devait être jointe à l'assignation. • Civ. 2e, 27 sept. 2018, n° 17-20.930 P : *D. 2018. Actu. 1919 ; JCP 2018. 1288, obs. Mayer ; Procédures 2019, n° 11, obs. Laporte.*

E. MODALITÉS DE LA REMISE DE L'ASSIGNATION À JOUR FIXE

10. L'assignation à jour fixe doit être remise au greffe par voie électronique à peine de caducité de l'appel quand bien même une copie de cette assignation a été effectivement déposée au greffe de la cour d'appel avant le jour de l'audience. • Civ. 2e, 9 janv. 2020, n° 18-24.513 P : *D. actu. 24 janv. 2020, note Kieffer.*

III. FIXATION DE LA DATE DE L'AUDIENCE

A. NATURE DE LA DÉCISION

11. Mesure d'administration judiciaire. Il résulte des art. R. 322-19 C. pr. exéc. et 917, al. 1er, C. pr. civ., que l'appel contre le jugement d'orientation est formé, instruit et jugé selon la procédure à jour fixe et que l'ordonnance du premier président, qui a pour seul pouvoir de fixer la date à laquelle l'affaire sera appelée par priorité, constitue une mesure d'administration judiciaire, qui n'est susceptible d'aucun recours et ne peut donner lieu à référé à fin de rétractation. • Civ. 2e, 19 mars 2015, n° 14-14.926 P : *D. actu. 3 avr. 2015, obs. Avena-Robardet ; D. 2015. Actu. 742 ; ibid. Chron. C. cass. 1791, obs. Adida-Cagnac, Vasseur et de Leiris ; RTD civ. 2015. 461, obs. Cayrol ; JCP G 2015 n° 357 note P. Gerbay ; Procédures 2015, n° 156, note Laporte.* ♦ L'ordonnance par laquelle le premier président de la cour d'appel fixe, en application de l'art. 917, al. 1er, C. pr. civ., la date à laquelle une affaire sera appelée par priorité devant la cour d'appel constitue une mesure d'administration judiciaire qui n'est susceptible d'aucun recours et ne peut donner lieu à référé à fin de rétractation, peu important que le recours à la procédure à jour fixe soit imposé par l'art. R. 322-19 C. pr. exéc. pour former un appel contre un jugement d'orientation, dès lors que l'ordonnance fixant la date de l'audience est dénuée d'effet sur la recevabilité de l'appel. • Civ. 2e, 17 mars 2016, n° 15-10.865 P : *D. 2017. Pan. 1388, obs. A. Leborgne ; AJDI 2016. 855, obs. de La Vaissière ; Procédures 2016, n° 156, obs.*

Laporte ; RLDC juin 2017. 35, obs. Salati.

12. Pourvoi (non). En cas d'appel d'un jugement d'orientation ordonnant la vente par adjudication, le jugement par lequel le JEX, après avoir reporté, en vue d'une bonne administration de la justice, la date de l'audience d'adjudication dans l'attente de l'arrêt de la cour d'appel, se borne à fixer la date de l'audience à laquelle il sera procédé à la vente forcée du bien confirmée en appel, qui ne met pas fin à l'instance et ne tranche aucune partie du principal, n'est pas susceptible d'un pourvoi en cassation. • Civ. 2e, 8 janv. 2015, n° 14-10.205 P : *D. actu. 19 janv. 2015, obs. Avena-Robardet ; D. 2015. Actu. 166 ; ibid. Pan. 1339, obs. Leborgne ; Procédures 2015, n° 73, note Laporte.*

B. REPORT DE LA DATE D'AUDIENCE

13. Appel (non). Le jugement qui se borne à reporter la date de l'audience d'adjudication n'est pas susceptible d'appel. • Civ. 2e, 13 nov. 2014, n° 13-25.614 : *Procédures 2015, n° 8, note Laporte.*

14. Rectification d'erreur matérielle. La décision rectificative a, quant aux voies de recours, le même caractère et est soumise aux mêmes règles que la décision rectifiée. Par suite, lorsque la décision rectifiée, qui reporte en application de l'art. 52 du Décr n° 2006-936 du 27 juill. 2006 [devenu C. pr. exéc., art. R. 322-19] la date de l'audience de vente forcée, n'est pas susceptible d'appel, la décision rectificative ne peut être attaquée que par la voie du recours en cassation. • Civ. 2e, 22 sept. 2011 : *cité note 8 ss. art. R. 322-15.*

IV. NON-RESPECT DU DÉLAI FIXÉ

15. Recevabilité de l'appel. Le non-respect du délai fixé par le premier président dans l'ordonnance autorisant l'assignation à jour fixe pour la délivrance des assignations ne peut être sanctionné par la caducité de l'ordonnance et partant, de l'assignation à jour fixe qu'elle autorise, et est sans incidence sur la recevabilité de l'appel. • Civ. 2e, 10 nov. 2016, n° 15-11.407 P : *D. 2016. Actu. 2350 ; ibid. 2017. Pan. 1388, obs. Leborgne ; AJDI 2017. 215, obs. de La Vaissière ; Procédures 2017, n° 5, note Laporte ; RLDC juin 2017. 35, obs. Salati.*

V. OFFICE DU JUGE D'APPEL

16. Il résulte des art. R. 322-15, R. 322-18 et R. 322-19 que la cour d'appel, saisie de l'appel d'un jugement d'orientation ayant ordonné la mainlevée de la procédure de saisie immobilière, est tenue de déterminer les modalités de poursuite de la procédure, en autorisant la vente amiable ou en ordonnant la vente forcée du bien immobilier et de mentionner le montant retenu pour la créance du poursuivant en principal, frais, intérêts et autres accessoires. • Civ. 2e, 16 mai 2019, n° 18-10.033 P : *D. 2019. 1112 .*

17. Modifie l'objet du litige la cour d'appel qui, statuant en appel d'un jugement d'orientation ayant autorisé la vente amiable du bien saisi, infirme le jugement de ce chef et ordonne la vente forcée du bien, alors qu'aucune partie n'avait interjeté appel du jugement en ce qu'il avait autorisé la vente amiable. • Civ. 1re, 24 oct. 2019, n° 18-15.852 P.

18. Radiation du commandement. Lorsque le commandement valant saisie immobilière a été radié en exécution d'un jugement ordonnant la mainlevée de la saisie, la cour d'appel est tenue d'examiner les contestations soulevées par l'appelant à l'encontre de ce jugement. Encourt donc la cassation l'arrêt qui, pour déclarer irrecevable le créancier en sa demande tendant à voir infirmer le jugement de première instance en ce qu'il avait déclaré la créance prescrite, retient que la radiation du commandement valant saisie immobilière a mis fin à la procédure de saisie immobilière et, par voie de conséquence, à l'instance en appel et que la cour d'appel ne pouvait plus connaître des contestations portant sur le fond du droit. • Civ. 2e, 11 mai 2017, n° 16-15.473 P : *D. 2018. Pan. 1230, obs. Leborgne .*

VI. APPLICATION DANS LE TEMPS

19. Il résulte de l'art. 155 du Décr. n° 2009-160 du 12 févr. 2009 que les appels contre les décisions notifiées avant le 1er mars 2009 sont soumis à la procédure ordinaire devant la cour d'appel, de sorte que le délai d'un mois prévu par l'art. 52 du Décr. du 27 juill. 2006 [devenu C. pr. exéc., art. R. 322-19], dans sa rédaction issue de ce texte, ne leur est pas applicable. • Civ. 2e, 8 juill. 2010, n° 09-15.051 P : *D. 2011. Pan. 1509, obs. Leborgne ; Gaz. Pal. 1er-3 mai 2011, p. 16, obs. Brenner ; Procédures 2011. Chron. 1, n° 11, obs. Leborgne.*

SECTION III LA VENTE AMIABLE SUR AUTORISATION JUDICIAIRE

DALLOZ ACTION *Droit et pratique des voies d'exécution 2022/2023*, nos 1336.00 s., par A. Leborgne.

BIBL. GÉN. ► Brenner, *Mél. M.-S. Payet, Dalloz 2012, p. 89* (la vente volontaire de l'immeuble saisi est-elle possible sans l'autorisation du juge de l'exécution ?). – Mauger-Vielpeau, *RLDC 2007/38, n° 2547* (spécificités des ventes sur saisie immobilière). – Piedelièvre, *RDBF 2006, n° 171.* – Presle, *JCP N 2007. Étude 1107* (intervention du juge pour faciliter une procédure amiable de vente et de distribution du prix). – Lafond, *JCP N 2007. Étude 1228* (étude et formules). – Laporte, *Procédures 2010. Étude 4* (les ventes sur liquidation judiciaire à l'épreuve du temps). – Leborgne, *JCP 2008. Hors série - cahier n° 2* (procédures collectives : pour la vente amiable d'un bien). – Tilly, La saisie immobilière et le notaire (la vente sur autorisation judiciaire), *in* La saisie immobilière – Approches transversales (ss. dir. C. Albiges), Thèmes et commentaires, *Dalloz 2014, p. 109*.

Art. R. 322-20 **La demande tendant à la vente amiable de l'immeuble peut être présentée et jugée avant la signification de l'assignation à comparaître à l'audience d'orientation sous réserve pour le débiteur de mettre en cause les créanciers inscrits sur le bien.**

La décision qui fait droit à la demande suspend le cours de la procédure d'exécution à l'exception du délai imparti aux créanciers inscrits pour déclarer leur créance. – *[Décr. n° 2006-936 du 27 juill. 2006, art. 53.]*

1. Suspension de la procédure. La décision qui accueille la demande tendant à la vente amiable de l'immeuble saisi suspendant le cours de la procédure, une cour d'appel ordonne à bon droit la suspension de la procédure de saisie dès lors qu'une telle vente a été autorisée, peu important que la demande soit présentée et jugée avant la signification de l'assignation à comparaître à l'audience d'orientation. • Civ. 2e, 23 oct. 2008 : *cité note 15 ss. art. R. 311-5*.

2. Responsabilité. Dans la mesure où le débiteur saisi peut demander au juge de l'exécution l'autorisation de vendre amiablement le bien, y compris avant la signification de l'assignation à comparaître à l'audience d'orientation, il en résulte que, après avoir délivré un commandement de payer valant saisie immobilière, le créancier poursuivant ne peut, sauf abus de saisie, voir sa responsabilité engagée à raison de ce qu'il aurait tardé à répondre, avant le jugement d'orientation autorisant la vente amiable, à une sollicitation du débiteur saisi tendant à l'autoriser à vendre amiablement le bien saisi. • Civ. 2e, 3 févr. 2022, n° 20-20.355 B.

Art. R. 322-21 **Le juge de l'exécution qui autorise la vente amiable fixe le montant du prix en deçà duquel l'immeuble ne peut être vendu eu égard aux conditions économiques du marché ainsi que, le cas échéant, les conditions particulières de la vente.**

Le juge taxe les frais de poursuite à la demande du créancier poursuivant.

Il fixe la date de l'audience à laquelle l'affaire sera rappelée dans un délai qui ne peut excéder quatre mois.

A cette audience, le juge ne peut accorder un délai supplémentaire que si le demandeur justifie d'un engagement écrit d'acquisition et qu'à fin de permettre la rédaction et la conclusion de l'acte authentique de vente. Ce délai ne peut excéder trois mois. – *[Décr. n° 2006-936 du 27 juill. 2006, art. 54.]*

I. AUTORISATION DE LA VENTE AMIABLE

1. Office du JEX. Il incombe au juge qui autorise la vente amiable de fixer le montant du prix en deçà duquel l'immeuble ne peut être vendu eu égard aux conditions économiques du marché ainsi que, le cas échéant, les conditions particulières de la vente. • Civ. 1re, 1er mars 2017, n° 16-10.142 P : *D. 2017. Actu. 565 ; ibid. 1388, obs. Leborgne ; AJDI 2017. 529, obs. Lang, Moreau et Poindron ; Procédures 2017, n° 86, note Laporte ; CCC 2017. n° 111, note Bernheim-Desvaux ; LPA 5 déc. 2017, p. 20, obs. Eréséo ; JCP E 2017. 1446, obs. Correia et Lasserre Capdeville ; RDBF 2017, n° 175, note Piedelièvre ; Gaz. Pal. 18 avr. 2017, p. 27, note Lasserre Capdeville ; Banque et Dr. 5-6/2017. 26, note Bonneau.*

2. ... Désaccord des indivisaires. Si un seul des indivisaires est recevable à demander à ce que soit autorisée la vente amiable du bien, il lui appartient, selon les art. 815-5 s. C. civ., de faire les démarches nécessaires à la conclusion de la vente, en ce compris à demander les autorisations nécessaires, le juge de l'exécution ne devant s'assurer que du caractère satisfaisant des conditions de la vente envisagée ; le juge de l'exécution, qui est, à ce stade de la procédure de saisie immobilière, juge de l'orientation de la procédure de saisie immobilière, en vente amiable ou par adjudication, n'est pas juge du fonctionnement de l'indivision. • Civ. 2e, 16 juill. 2021, n° 21-70.008 B : *Rev. prat. rec. 2021. 59, obs. et Salati.*

3. Paiement des frais. Dans le sens du nécessaire paiement des frais de procédure afin que soit autorisée la vente amiable, V. : • Lyon, 23 oct. 2014 : *Gaz. Pal. 16-17 févr. 2015, p. 7, note Sillard.*

II. REPRISE DE LA PROCÉDURE

4. Conditions. Carence du débiteur (non). Lorsque le JEX a autorisé la vente amiable et que l'affaire revient à l'audience fixée par lui en application de l'art. 54, al. 3, du Décr. n° 2006-936 du 27 juill. 2006 [devenu C. pr. exéc., art. R. 322-21], la reprise des poursuites n'est pas subordonnée à la preuve de la carence du débiteur saisi. • Civ. 2e, 13 janv. 2012, n° 11-

13.495 P : *D. 2012. AJ 293* ; *ibid. 2012. Pan. 1518, obs. Leborgne* ; *Gaz. Pal. 13-15 mai 2012, p. 18, obs. Brenner ; Procédures 2012, n° 71, note Perrot ; ibid. 2013. Chron. 1, n° 20, obs. Leborgne ; Dr. et pr. 2012. 105, note Leborgne ; RDBF 2012, n° 97, obs. Piedelièvre.*

5. *Délais supplémentaires.* Un JEX n'ayant pas l'obligation d'accorder un délai supplémentaire, c'est sans méconnaître l'étendue de ses pouvoirs qu'il décide d'ordonner la vente forcée. • Civ. 2e, 13 janv. 2012 : *préc. note 4.* ♦ Pour une illustration d'octroi d'un délai supplémentaire : • Paris, 22 mai 2008, n° 07/16029 : *Procédures 2009. Chron. 1, obs. Leborgne* (octroi de trois mois supplémentaires, les débiteurs produisant un « compromis » de vente signé devant notaire).

6. *Sursis à statuer.* Il ne peut être dérogé aux délais impératifs fixés par l'art. 54 [devenu C. pr. exéc., art. R. 322-21] par un sursis à statuer. • Civ. 2e, 13 janv. 2012 : *préc. note 4.*

Art. R. 322-22 **Le débiteur accomplit les diligences nécessaires à la conclusion de la vente amiable. Il rend compte au créancier poursuivant, sur sa demande, des démarches accomplies à cette fin.**

Le créancier poursuivant peut, à tout moment, assigner le débiteur devant le juge aux fins de voir constater sa carence et ordonner la reprise de la procédure sur vente forcée.

Lorsque la reprise de la procédure est postérieure à l'audience d'orientation, le juge fixe la date de l'audience d'adjudication qui se tient dans un délai compris entre deux et quatre mois. La décision est notifiée au débiteur saisi, au créancier poursuivant et aux créanciers inscrits.

La décision qui ordonne la reprise de la procédure n'est pas susceptible d'appel. — *[Décr. n° 2006-936 du 27 juill. 2006, art. 55.]*

I. DEMANDE DE REPRISE DE LA PROCÉDURE

1. *Forme de la demande.* Lorsqu'un jugement d'orientation a autorisé le débiteur saisi à procéder à la vente amiable de son bien et fixé la date de l'audience à laquelle l'affaire sera rappelée en vue d'en contrôler la réalisation conforme aux conditions fixées, le créancier poursuivant est recevable à former oralement à l'audience de renvoi une demande de reprise de la procédure et de la vente forcée. • Civ. 2e, 6 janv. 2011, n° 09-71.146 P : *D. 2011. Pan. 1509, obs. Leborgne* ; *RTD civ. 2011. 393, obs. Perrot* ; *Gaz. Pal. 1er-3 mai 2011, p. 22, obs. Brenner ; Procédures 2011, n° 91, note Perrot ; ibid. 2013. Chron. 1, n° 9, obs. Leborgne.*

2. *Condition. Preuve.* La reprise des poursuites n'est pas subordonnée à la preuve de la carence du débiteur saisi lorsque l'affaire est rappelée à l'audience fixée par le juge. • Civ. 2e, 13 janv. 2012 : *cité note 3 ss. art. R. 322-21.*

II. JUGEMENT ORDONNANT LA REPRISE DE LA PROCÉDURE

3. *Pourvoi en cassation.* Le jugement qui, à la suite d'une vente amiable autorisée, a ordonné la poursuite de la procédure d'exécution ne tranche pas une partie du principal ni ne met fin à l'instance. • Civ. 2e, 6 déc. 2012, n° 11-26.683 P : *D. actu. 19 déc. 2012, obs. Avena-Robardet ; Procédures 2013, n° 42, note Perrot ; Dr. et pr. 2013. 43, note Leborgne ; Procédures 2013. Chron. 1, n° 21, obs. Leborgne.*

4. *Appel.* Le pourvoi en cassation restant ouvert, en cas d'excès de pouvoir, contre le jugement constatant l'échec de la vente amiable et ordonnant la poursuite de la procédure de vente sur saisie immobilière, celui-ci ne peut faire l'objet d'un appel pour excès de pouvoir. • Civ. 2e, 4 juin 2015, n° 14-16.478 : *Procédures 2015, n° 258, obs. Laporte.*

Art. R. 322-23 **Le prix de vente de l'immeuble ainsi que toute somme acquittée par l'acquéreur à quelque titre que ce soit sont consignés auprès de la Caisse des dépôts et consignations et acquis aux créanciers participant à la distribution ainsi que, le cas échéant, au débiteur, pour leur être distribués.**

En cas de défaut de conclusion de la vente du fait de l'acquéreur et sous réserve des dispositions législatives ou réglementaires relatives à son droit de rétractation, les versements effectués par celui-ci restent consignés pour être ajoutés au prix de vente *dans la distribution.* — *[Décr. n° 2006-936 du 27 juill. 2006, art. 56.]*

Art. R. 322-24 **Le notaire chargé d'établir l'acte de vente peut obtenir, contre récépissé, la remise par le créancier poursuivant des documents recueillis pour l'élaboration du cahier des conditions de vente.**

Les frais taxés sont versés directement par l'acquéreur en sus du prix de vente. — *[Décr. n° 2006-936 du 27 juill. 2006, art. 57.]*

Si l'art. 54 du Décr. nº 2006-936 du 27 juill. 2006, devenu art. R. 322-24 C. pr. exéc., prévoit désormais que le JEX, à la demande du créancier pousuivant, taxe les frais de poursuite lorsqu'il autorise la vente amiable, aucun texte n'interdit que ces frais soient taxés postérieurement à l'audience d'orientation. Par conséquent, une société créancière conserve la possibilité de faire taxer les frais de poursuite par voie de requête. • Caen, 27 sept. 2012 : *Gaz. Pal. 28-30 oct. 2012, p. 21, note Sillard.*

Art. R. 322-25 **A l'audience à laquelle l'affaire est rappelée, le juge s'assure que l'acte de vente est conforme aux conditions qu'il a fixées, et que le prix a été consigné. Il ne constate la vente que lorsque ces conditions sont remplies. Il ordonne alors la radiation des inscriptions d'hypothèque** *(Abrogé par Décr. nº 2021-1888 du 29 déc. 2021, art. 5-IX, à compter du 1er janv. 2022)* **« et de privilège » prises du chef du débiteur.**

Le jugement ainsi rendu n'est pas susceptible d'appel.

(Décr. nº 2012-1462 du 26 déc. 2012, art. 35-XII-7º, en vigueur le 1er janv. 2013) **« Le service de la publicité foncière » qui procède à la publication du jugement en fait mention en marge de la publication de la copie du commandement et procède aux radiations des inscriptions correspondantes.**

A défaut de pouvoir constater la vente amiable, le juge ordonne la vente forcée dans les conditions prévues aux troisième et quatrième alinéas de l'article R. 322-22. – *[Décr. nº 2006-936 du 27 juill. 2006, art. 58.]*

I. JURIDICTION

1. Office du JEX. Le JEX doit seulement vérifier les conditions d'une vente amiable d'un immeuble faisant l'objet d'une saisie ; il n'a pas d'autre recherche à effectuer pour constater cette vente. • Civ. 2e, 2 juin 2016, nº 14-29.456 P : *AJDI 2016. 780, note de La Vaissière ; RDBF 2016, nº 171, note Piedelièvre.*

2. Compétence du JEX. Il n'appartient qu'au seul JEX de suivre la procédure postérieure à l'autorisation de la vente amiable. • Civ. 2e, 23 oct. 2008 : *cité note 4 ss. art. R. 311-5.*

II. RECOURS

3. Intérêt à agir. Créancier désintéressé (non). Le créancier désintéressé dans le cadre d'une vente amiable sur autorisation judiciaire de l'immeuble saisi est sans intérêt à critiquer le jugement qui la constate. • Civ. 2e, 18 oct. 2012, nº 11-20.450 P : *D. 2012. Actu. 2539 ; AJDI 2013. 58, note Porcheron ; Dr. et pr. 2013. 43, note Leborgne ; Procédures 2013. Chron. 1, nº 21, obs. Leborgne ; RDBF 2013, nº 25, obs. Piedelièvre.*

4. Tierce opposition. Le jugement par lequel le JEX constate la vente amiable, après avoir contrôlé la conformité de l'acte notarié aux conditions fixées par le jugement qui l'a autorisée, et la consignation du prix de vente constitue une décision juridictionnelle susceptible de tierce opposition. • Civ. 2e, 6 déc. 2012 : *cité note ss. art. L. 322-4.* ♦ Comp., s'agissant du jugement d'adjudication, note 2 ss. art. R. 322-60.

5. Frais de poursuite. Seuls sont à la charge des acquéreurs les frais taxés par le JEX dans le jugement autorisant la vente amiable ou accordant un délai supplémentaire pour y procéder. Doit par conséquent être déclarée irrecevable l'action de l'avocat du poursuivant tendant à la condamnation des acquéreurs et du notaire ayant dressé l'acte de vente au paiement d'autres frais de poursuites que ceux ainsi taxés par le JEX. • Civ. 2e, 22 juin 2017, nº 16-12.882 P : *cité note 2 ss. art. L. 322-4.*

SECTION IV LA VENTE PAR ADJUDICATION

DALLOZ ACTION *Droit et pratique des voies d'exécution 2022/2023*, nos 1341.00 s., par A. Leborgne.

BIBL. GÉN. ► Bourin et Cardini, *Dr. et pr. 2008. 186* (les incidences de l'appel du jugement d'orientation ordonnant la vente forcée de l'immeuble). – Laporte, *Procédures 2010. Étude 4* (les ventes sur liquidation judiciaire à l'épreuve du temps). – Mauger-Vielpeau, *RLDC 2007/38, nº 2547* (les spécificités des ventes sur saisie immobilière). – Piedelièvre, *RDBF 2006, nº 172.*

SOUS-SECTION 1 DISPOSITIONS GÉNÉRALES

Art. R. 322-26 **Lorsque le juge de l'exécution ordonne la vente forcée, il fixe la date de l'audience à laquelle il y sera procédé dans un délai compris entre deux et quatre mois à compter du prononcé de sa décision.**

Le juge détermine les modalités de visite de l'immeuble à la demande du créancier poursuivant. – *[Décr. nº 2006-936 du 27 juill. 2006, art. 59.]*

1. Délai. Le délai, prévu à l'art. 59 [devenu C. pr. exéc., art. R. 322-26], devant être respecté entre le jugement d'orientation et la date de l'audience de vente forcée ne s'impose pas à la cour d'appel, saisie de l'appel du jugement d'orientation qui a fixé la date de cette audience. • Civ. 2e, 8 juill. 2010 : *cité note 19 ss. art. R. 322-19.*

2. Date de l'audience. Le JEX ayant le pouvoir de modifier, en cas de besoin, la date de l'audience à laquelle sera ordonnée, sur saisie immobilière, la vente forcée d'un bien, le moyen qui critique la cour d'appel d'avoir elle-même fixé la date de cette audience devant le JEX est inopérant. • Civ. 2e, 11 mars 2010 : *cité note 6 ss. art. R. 311-5.*

Art. R. 322-27 Au jour indiqué, le créancier poursuivant ou, à défaut, tout créancier inscrit, alors subrogé dans les poursuites, sollicite la vente.

Si aucun créancier ne sollicite la vente, le juge constate la caducité du commandement de payer valant saisie. Dans ce cas, le créancier poursuivant défaillant conserve à sa charge l'ensemble des frais de saisie engagés sauf décision contraire du juge spécialement motivée. — *[Décr. no 2006-936 du 27 juill. 2006, art. 60.]*

BIBL. ▸ SILLARD, *D. 2011. 402* (la subrogation dans la saisie immobilière).

I. CONSTAT DE CADUCITÉ

1. Constat de caducité du commandement de payer. La demande de report du poursuivant, fondée sur l'appel interjeté par le saisi à l'encontre du jugement d'orientation, constitue un motif légitime justifiant de ne pas constater la caducité du commandement de payer valant saisie. En conséquence de quoi il appartient au poursuivant de saisir à nouveau le JEX pour que soit fixée une nouvelle date d'audience de vente forcée. • Bordeaux, 25 sept. 2007, no 07-02044 : *D. 2008. Pan. 1174, obs. Leborgne ; Procédures 2009. Chron. 1, obs. Leborgne.* ♦ L'exécution provisoire se fait aux risques et périls du créancier ; il lui appartient de choisir entre bénéficier de l'exécution rapide ou attendre que la décision dont appel devienne définitive ou irrévocable. Eu égard à la matière et aux conséquences graves sur la validité de la procédure de saisie immobilière que pouvait avoir l'infirmation éventuelle de la décision du JEX, le syndicat des copropriétaires pouvait légitimement attendre de procéder à la vente forcée des biens immobiliers de la débitrice, justifiant de confirmer la décision de relevé de la caducité du commandement valant saisie. • Paris, 22 mai 2008, no 07/01799 : *Procédures 2009. Chron. 1, obs. Leborgne.* ♦ La vente forcée qui n'avait pas fait l'objet d'une publicité de la part de la société poursuivante n'ayant pu être requise par celle-ci à l'audience prévue, dont d'ailleurs elle demandait le report, cette absence de sollicitation de la vente entraîne la caducité du commandement de payer valant saisie immobilière que le juge ne peut que constater. • Paris, 7 janv. 2009 : *cité note 1 ss. art. R. 311-11.* ♦ *Adde* • Aix-en-Provence, 17 mars 2008 : *Dr. et pr. 2009. 227, note Llahi.*

2. Demande préventive. Refus. Le créancier ne peut, afin d'échapper préventivement à la caducité de l'art. 60 du Décr. no 92-755 du 31 juill. 1992 [devenu C. pr. exéc., art. R. 211-5], demander au JEX, lors d'une audience d'incident, de juger que l'appel interjeté à l'encontre du premier jugement constitue, au sens de l'art. 12 du Décr. no 2006-936 du 27 juill. 2006 [devenu C. pr. exéc., art. R. 311-11], un motif légitime de ne pas effectuer les formalités de publicité et de ne pas requérir la vente lors de l'audience prévue. • Aix-en-Provence, 2 nov. 2007, no 07-12609 : *D. 2008. Pan. 1175, obs. Leborgne ; Procédures 2009. Chron. 1, obs. Leborgne.*

II. PORTÉE DE LA CADUCITÉ

3. Effet rétroactif. La caducité qui atteint une mesure d'exécution la privant rétroactivement de tous ses effets, ainsi viole l'art. R. 322-27, ensemble l'art. 2244 C. civ., dans sa rédaction issue de la L. du 17 juin 2008, la cour d'appel qui retient que l'action du créancier contre son débiteur est soumise à un délai de prescription de deux ans et relève que le premier commandement valant saisie immobilière a été déclaré caduc et que le second commandement valant saisie immobilière a été signifié au débiteur saisi au-delà de ce délai de prescription. • Civ. 2e, 4 sept. 2014, no 13-11.887 P : *D. 2014. Actu. 1828 ; AJDI 2014. 798, note Porcheron ; AJCA 2014. 379, obs. Mégret ; D. 2015. Pan. 1339, obs. Leborgne ; Gaz. Pal. 2014. 3045, note Mignot ; Procédures 2014, no 293, note Laporte ; RDBF 2014, no 204, note Piedelièvre ; Dr. et pr. 2015. 53, note Choquet.* ♦ La caducité qui frappe un commandement de payer valant saisie immobilière et qui le prive rétroactivement de tous ses effets atteint tous les actes de la procédure de saisie qu'il engage. Viole en conséquence les art. L. 311-1, L. 321-1, R. 321-1 et R. 322-27 C. pr. exéc., ensemble l'art. 2244 C. civ., dans sa rédaction issue de la L. du 17 juin 2008, applicable en la cause, la cour d'appel qui retient que l'action du créancier contre son débiteur est soumise à un délai de prescription de deux ans et relève que le premier commandement valant saisie immobilière a été déclaré caduc et que le second commandement valant saisie immobilière a été signifié au débiteur saisi au-delà de ce délai de prescription. • Civ. 2e, 19 févr. 2015, no 13-28.445 P : *D. actu. 13 mars 2015, obs. Avena-Robardet ; D. 2015.*

Actu. 495, ibid. Pan. 1339, obs. Leborgne ; AJDI 2015. 457, note de La Vaissière ; Gaz. Pal. 5 sept. 2015, p. 20, note Brenner ; Procédures 2015, n° 119, note Raschel ; RDBF 2015, n° 94, note Piedelièvre ; Dr. et pr. 2015. 102, note Lauvergnat. ♦ La caducité du commandement valant saisie immobilière, qui anéantit la mesure d'exécution, laisse subsister la disposition du jugement statuant sur la demande en revendication, qui n'a pas perdu son fondement juridique. • Civ. 2e, 2 juin 2016, n° 15-12.828 P : *D. 2016. Actu. 1263 ; D. 2016. 1886, obs. Adida-Canac, Vasseur et de Leiris ; AJDI 2016. 781, note de La Vaissière ; JCP 2016. 1296, n° 5, obs. Libchaber ; RDBF 2016, n° 172, note Piedelièvre.*

Art. R. 322-28 La vente forcée ne peut être reportée que pour un cas de force majeure ou sur la demande de la commission de surendettement formée en application des articles *(Décr. n° 2017-892 du 6 mai 2017, art. 44)* **« L. 722-4 ou L. 721-7 » du code de la consommation.** — *[Décr. n° 2006-936 du 27 juill. 2006, art. 61.]*

I. DEMANDE DE REPORT

1. Forme. La demande de report de l'audience d'adjudication, qui constitue une demande incidente, est soumise aux formes prescrites à l'art. 7 du Décr. n° 2006-936 du 27 juill. 2006 [devenu C. pr. exéc., art. R. 311-6]. • Civ. 2e, 22 févr. 2012, n° 11-11.914 P : *D. actu. 7 mars 2012, obs. Avena-Robardet ; Procédures 2012, n° 147, obs. Perrot ; RDBF 2012, n° 95, obs. Piedelièvre.*

2. Rejet. Office du juge. Le délai d'appel et l'appel formé contre les décisions du JEX étant dénués d'effet suspensif, le JEX qui rejette une demande de report de l'adjudication ne fait qu'user des pouvoirs qui lui sont conférés par les art. L. 322-5 et R. 322-28 en procédant à l'adjudication ordonnée, et il ne méconnaît pas le droit à un recours effectif, garanti par l'art. 6, § 1er Conv. EDH, contre sa décision de refus de report dès lors que l'information par la cour d'appel de cette décision entraînerait l'anéantissement par voie de conséquence du jugement d'adjudication. • Civ. 2e, 12 avr. 2018, n° 17-15.418 P : *cité note 4 ss. art. L. 322-6.*

II. MOTIFS DE REPORT

3. Force majeure. L'appel du jugement d'orientation, émanant de l'une des parties à la procédure, prévu par l'art. 8 du Décr. du 27 juill. 2006 [devenu C. pr. exéc., art. R. 311-7], et permettant à l'autre partie de faire valoir ses moyens à l'encontre de la prétention ainsi formée, sans que la décision à intervenir puisse être considérée comme aléatoire, ne présente aucun des caractères d'extériorité, d'imprévisibilité et d'irrésistibilité retenus par la jurisprudence pour constituer un cas de force majeure. • Paris, 7 janv. 2009 : *cité note 1 ss. art. R. 311-11.*

4. C. rur., art. L. 351-5. La décision du président du TGI qui nomme un conciliateur dans le cadre d'un règlement amiable agricole et prononce la suspension provisoire des poursuites pour un délai n'excédant pas deux mois, pouvant être prorogé pour la même durée, arrête ou interdit toute voie d'exécution de la part des créanciers dont la créance a son origine antérieurement à ladite décision, tant sur les meubles que sur les immeubles. Le législateur a ainsi prévu un cas spécifique de suspension des procédures d'exécution engagées qui doit recevoir application en cas de saisie immobilière, en sus des cas permettant le report de la vente forcée prévus par l'art. R. 322-28. • Civ. 2e, 16 nov. 2017, n° 16-17.259.

III. VOIES DE RECOURS

5. Appel immédiat. Le jugement ordonnant le report de l'adjudication, sur le fondement de l'art. R. 322-28 C. pr. exéc., pour un cas de force majeure, est susceptible d'un appel immédiat. • Civ. 2e, 9 avr. 2015, n° 14-13.330. ♦ Le jugement ordonnant le report de l'adjudication, sur le fondement de l'art. R. 322-28 C. pr. exéc., est, en application de l'art. R. 311-7 du même code, susceptible d'un appel immédiat. • Civ. 2e, 10 avr. 2014, n° 13-14.193.

6. Pourvoi en cassation. Est irrecevable le pourvoi contre l'arrêt qui se borne, en confirmant le jugement, à renvoyer l'audience d'adjudication à une date qu'il fixe. • Civ. 2e, 19 févr. 2015, n° 14-12.226 P : *RDBF 2015, n° 96, note Piedelièvre.* ♦ Il résulte des art. 606 à 608 C. pr. civ. et R. 322-28 C. pr. exéc. que l'arrêt d'une cour d'appel qui confirme le jugement du JEX ayant débouté un débiteur de sa demande de report de la date d'adjudication n'est pas susceptible d'un pourvoi en cassation immédiat dès lors qu'il ne tranche pas pour partie le principal et ne met pas fin à l'instance. • Civ. 2e, 3 déc. 2015, n° 14-20.390 P : *D. actu. 6 janv. 2016, obs. Avena-Robardet ; D. 2016. 1279, obs. Leborgne ; AJDI 2016. 284, obs. de La Vaissière ; RDBF 2016, n° 83, obs. Piedelièvre ; Procédures 2016, n° 50, obs. Laporte.*

Art. R. 322-29 Lorsque la vente forcée est renvoyée à une audience ultérieure, il est procédé à une nouvelle publicité dans les formes et délais de la première vente forcée. — *[Décr. n° 2006-936 du 27 juill. 2006, art. 62.]*

SOUS-SECTION 2 LA PUBLICITÉ

Art. R. 322-30 La vente forcée est poursuivie après une publicité visant à permettre l'information du plus grand nombre d'enchérisseurs possible dans les conditions prévues à la présente section. – *[Décr. n° 2006-936 du 27 juill. 2006, art. 63.]*

Nullité. V. note ss. art. R. 322-31.

§ 1er LA PUBLICITÉ DE DROIT COMMUN

Art. R. 322-31 La vente forcée est annoncée à l'initiative du créancier poursuivant dans un délai compris entre un et deux mois avant l'audience d'adjudication.

A cette fin, le créancier poursuivant rédige un avis, en assure le dépôt au greffe du juge de l'exécution pour qu'il soit affiché sans délai dans les locaux de la juridiction, à un emplacement aisément accessible au public, et fait procéder à sa publication dans un des journaux d'annonces légales diffusé dans l'arrondissement de la situation de l'immeuble saisi.

L'avis indique :

1° Les nom, prénoms et domicile du créancier poursuivant et de son avocat ;

2° La désignation de l'immeuble saisi et une description sommaire indiquant sa nature, son occupation éventuelle et tous éléments connus relatifs à sa superficie ainsi que, le cas échéant, les dates et heures de visite ;

3° Le montant de la mise à prix ;

4° Les jour, heure et lieu de la vente ;

5° L'indication que les enchères ne peuvent être portées que par un avocat inscrit au barreau du *(Décr. n° 2019-966 du 18 sept. 2019, art. 8, en vigueur le 1er janv. 2020)* « tribunal judiciaire *[ancienne rédaction : tribunal de grande instance]* » du lieu de la vente ;

6° L'indication que le cahier des conditions de vente peut être consulté au greffe du juge de l'exécution ou au cabinet de l'avocat du poursuivant.

L'avis publié dans le journal d'annonces légales ne comporte aucune autre mention.

L'avis affiché est rédigé en caractères dont la hauteur ne peut être inférieure à celle du corps 30, sur format A3 (40 × 29,7 cm). – *[Décr. n° 2006-936 du 27 juill. 2006, art. 64.]*

Les actes de publicité préalable à l'adjudication constituent une formalité substantielle, sanctionnée par une nullité pour vice de forme qui ne peut être prononcée qu'à charge pour celui qui l'invoque de prouver le grief que lui cause l'irrégularité. • Civ. 2e, 13 janv. 2022, n° 20-18.155 B.

Art. R. 322-32 Dans le délai mentionné à l'article R. 322-31 et à la diligence du créancier poursuivant, un avis simplifié est apposé à l'entrée ou, à défaut, en limite de l'immeuble saisi et publié dans deux éditions périodiques de journaux à diffusion locale ou régionale, au tarif des annonces ordinaires.

Cet avis indique, à l'exclusion du caractère forcé de la vente et de l'identité du débiteur :

1° La mise en vente aux enchères publiques de l'immeuble ;

2° La nature de l'immeuble et son adresse ;

3° Le montant de la mise à prix ;

4° Les jour, heure et lieu de la vente ;

5° L'indication que le cahier des conditions de vente peut être consulté au greffe du juge de l'exécution ou au cabinet de l'avocat du poursuivant.

Le format et la taille des caractères de l'avis apposé sur l'immeuble sont identiques à ceux mentionnés à l'article R. 322-31. – *[Décr. n° 2006-936 du 27 juill. 2006, art. 65.]*

Art. R. 322-33 Il est justifié de l'insertion des avis dans les journaux par un exemplaire de ceux-ci et de l'avis apposé au lieu de l'immeuble par un procès-verbal d'huissier de justice. – *[Décr. n° 2006-936 du 27 juill. 2006, art. 66.]*

Art. R. 322-34 Au premier jour ouvrable suivant la vente et hors le cas où celle-ci est réalisée après surenchère, un extrait du procès-verbal d'audience, avec mention du prix d'adjudication et des frais taxés, est affiché par le greffe à la porte de la salle d'audience pendant le délai au cours duquel la surenchère peut être exercée.

L'extrait mentionne la description sommaire de l'immeuble telle que figurant dans l'avis initial, le prix de la vente et des frais taxés ainsi que l'indication du greffe compétent pour recevoir les offres de surenchère et du délai de dix jours suivant la vente pour les former. – *[Décr. n° 2006-936 du 27 juill. 2006, art. 67.]*

Art. R. 322-35 En cas de surenchère ou de réitération des enchères, la nouvelle vente est précédée de la publicité de droit commun. – *[Décr. n° 2006-936 du 27 juill. 2006, art. 68.]*

Art. R. 322-36 Le créancier poursuivant ou les créanciers inscrits peuvent, sans avoir à recueillir l'autorisation du juge, recourir à tous moyens complémentaires d'information à l'effet d'annoncer la vente. Ces moyens ne doivent ni entraîner des frais pour le débiteur ni faire apparaître le caractère forcé de la vente ou le nom du débiteur. – *[Décr. n° 2006-936 du 27 juill. 2006, art. 69.]*

§ 2 L'AMÉNAGEMENT JUDICIAIRE DE LA PUBLICITÉ

Art. R. 322-37 Le juge de l'exécution peut être saisi par le créancier poursuivant, l'un des créanciers inscrits ou la partie saisie d'une requête tendant à aménager, restreindre ou compléter les mesures de publicité prévues aux articles R. 322-31 à R. 322-35.

La requête est formée, selon le cas, à l'audience d'orientation, deux mois au plus tard avant l'audience d'adjudication ou dans un délai de deux jours ouvrables à compter de la vente.

Le juge tient compte de la nature, de la valeur, de la situation de l'immeuble et de toutes autres circonstances particulières.

Il peut notamment ordonner :

1° Que soit adjoint aux mentions prévues aux articles R. 322-31 et R. 322-32 toute autre indication ou document relatif à l'immeuble ;

2° Que les mesures de publicité soient accomplies par d'autres modes de communication qu'il indique ;

3° Que les avis mentionnés aux articles R. 322-32 et R. 322-34 soient affichés au lieu qu'il désigne dans les communes de la situation des biens.

Lorsque le juge statue par ordonnance, sa décision n'est pas susceptible d'appel. – *[Décr. n° 2006-936 du 27 juill. 2006, art. 70.]*

Art. R. 322-38 Les mesures de publicité ordonnées par le juge en application de l'article R. 322-37 sont réalisées à la diligence et aux frais avancés de la partie qui les sollicite. – *[Décr. n° 2006-936 du 27 juill. 2006, art. 71.]*

SOUS-SECTION 3 LES ENCHÈRES

§ 1er LA CAPACITÉ D'ENCHÉRIR

Art. R. 322-39 Ne peuvent se porter enchérisseurs, ni par eux-mêmes, ni par personnes interposées :

1° Le débiteur saisi ;

2° Les auxiliaires de justice qui sont intervenus à un titre quelconque dans la procédure ;

3° Les magistrats de la juridiction devant laquelle la vente est poursuivie. – *[Décr. n° 2006-936 du 27 juill. 2006, art. 72.]*

1. Auxiliaires de justice. Fait une exacte application de l'art. 72, 2°, du Décr. n° 2006-936 du 27 juill. 2006, devenu l'art. R. 322-39 C. pr. exéc., la cour d'appel qui prononce la nullité d'une surenchère portée par une société civile immobilière, dont le gérant et unique associé, avocat, était intervenu en tant qu'auxiliaire de justice dans la procédure de saisie immobilière en se présentant, lors de la visite préalable à l'adjudication, comme le conseil de l'un des associés de la société civile immobilière, débitrice saisie. • Civ. 2e, 18 oct. 2012, n° 11-23.646 P : *D. actu. 5 nov. 2012, obs. Avena-Robardet ; D. 2013. Pan. 1582, obs. Leborgne ; Gaz. Pal. 20 nov. 2012, p. 10, note Lauvergnat ; Procédures 2013. Chron. 1, n° 22, obs. Leborgne ; RDBF 2013, n° 3, obs. Piedelièvre.*

2. Banque. Le C. pr. exéc. permet au débiteur saisi de solliciter l'autorisation de procéder à la vente amiable de son bien, ce qui permet d'éviter la vente forcée, moins avantageuse. Lorsque le juge de l'exécution a ordonné la vente forcée du bien, le C. pr. exéc. fixe la liste des personnes qui ne peuvent pas se porter enchérisseurs au cours de l'audience d'adjudication, que ce soit par elles-mêmes ou par personnes interposées : il s'agit du débiteur saisi, des auxiliaires de justice qui sont intervenus à un titre quelconque dans la procédure et des magistrats de la juridiction dans laquelle la vente est poursuivie (C. pr. exéc., art. R. 322-29). En l'état, les textes applicables à la procédure de saisie immobilière n'interdisent donc pas à un organisme bancaire qui serait le créancier poursuivant de se porter enchérisseur par l'intermédiaire d'une société dont il serait le gérant. Néanmoins, cette situation ne conduit pas nécessairement à la vente au rabais du bien saisi. En effet, la publicité organisée préalablement aux enchères doit permettre d'attirer le plus grand nombre d'enchérisseurs possibles à l'audience d'adjudication. Outre les mesures de publicité de droit commun (affichage dans les locaux de la juridiction, à l'entrée de l'immeuble, et insertion d'avis dans les journaux), le droit en vigueur donne également la possibilité au saisi de demander au juge de compléter ces mesures, notamment pour que d'autres modes de communication soient utilisés (C. pr. exéc., art. R. 322-3). La publicité organisée, en permettant d'attirer des enchérisseurs, tend à garantir que le bien sera vendu à un prix supérieur à celui de la mise à prix, qui se rapproche du prix du marché. Par ailleurs, toute personne qui justifie de garanties de paiement peut se porter enchérisseur, ce qui ouvre largement les enchères et donne de plus grandes chances de succès à l'audience d'adjudication. Au surplus, même si le montant de la mise à prix est fixé par le créancier poursuivant, le saisi a la possibilité, en cas d'insuffisance manifeste de ce montant, de demander au juge de fixer une mise à prix en rapport avec la valeur vénale de l'immeuble et les conditions du marché (C. pr. exéc., art. L. 322-6). Cette disposition vise à assurer que le montant de la mise à prix ne soit pas dérisoire et, qu'en présence d'enchérisseurs, la vente ne se fasse pas au rabais. Enfin, dans le cas où il n'y aurait pas d'enchères à l'audience d'adjudication, le créancier poursuivant peut d'ores et déjà être déclaré adjudicataire au montant de sa mise à prix initiale, en vertu de l'art. L. 322-6 C. pr. exéc. Le Conseil constitutionnel a déclaré cette disposition – alors inscrite à l'art. 2206 C. civ. – conforme à la Constitution, en considérant que l'atteinte apportée aux conditions d'exercice du droit de propriété du débiteur saisi ne revêtait pas un caractère disproportionné (Cons. const., 16 déc. 2011, n° 2011-206 QPC). Au regard de l'ensemble des dispositions déjà en vigueur, qui encadrent la vente forcée des biens immobiliers et visent à éviter la vente à vil prix, il n'est pas envisagé actuellement de modifier la législation pour interdire à un organisme bancaire qui serait poursuivant de se porter enchérisseur par le biais d'une société dont il serait le gérant. * Rép. min. n° 93722, *JOAN Q 28 févr. 2017, p. 1869 ; Procédures 2017, n° 85, note Laporte.*

3. Redressement judiciaire. Les art. L. 642-18 et L. 642-19 C. com., auxquels renvoie l'art. L. 642-20 du même code, traitent spécialement des ventes aux enchères publiques des biens immobiliers du débiteur en liquidation judiciaire ainsi que de la vente amiable ou aux enchères des autres biens de ce débiteur. Il en résulte que l'interdiction de la cession des actifs, par quelque voie que ce soit, aux parents, jusqu'au deuxième degré, des dirigeants de la personne morale débitrice, que pose l'art. L. 642-3 C. com., auquel renvoie l'art. L. 642-20 du même code, est applicable aux parents du débiteur saisi, à l'exclusion des dispositions des art. L. 322-7 et R. 322-39 C. pr. exéc. • Com. 3 févr. 2021, n° 19-20.616 P : *D. actu. 22 févr. 2021, obs. Ferrari.*

§ 2 LE DÉROULEMENT DES ENCHÈRES

Art. R. 322-40 **Les enchères sont portées par le ministère d'un avocat inscrit au barreau du** *(Décr. n° 2019-966 du 18 sept. 2019, art. 8, en vigueur le 1er janv. 2020)* **« tribunal judiciaire** *[ancienne rédaction : tribunal de grande instance]* **» devant lequel la vente est poursuivie.**

Celui-ci ne peut être porteur que d'un seul mandat. – *[Décr. n° 2006-936 du 27 juill. 2006, art. 73.]*

I. ENCHÈRES

1. Personne pouvant enchérir. L'enchère portée au nom et pour le compte d'une société en cours de formation n'encourt pas la nullité lorsqu'en raison de la reprise des actes accomplis pendant sa formation, l'enchère est réputée avoir été conclue dès l'origine par la société ultérieurement immatriculée. • Civ. 2e, 10 sept. 2009, n° 08-15.882 P : *D. 2009. AJ 2280 ; Dr. et pr. 2010. 49, note Leborgne ; Gaz. Pal. 21-22 avr. 2010, p. 16, obs. Zattara-Gros ; JCP E 2010. 1145, n° 1, obs. Deboissy et Wicker ; RDBF 2009, n° 206, note Piedelièvre ; Dr. sociétés 2009, n° 217, note Coquelet ; RLDA nov. 2009. 10, obs. Cerati-Gauthier.*

II. SURENCHÈRES

2. Exclusion. L'art. R. 322-40 régit uniquement le déroulement des enchères. Il n'est pas applicable à la déclaration de surenchère. Un même avocat peut ainsi représenter l'indivisaire qui exerce son droit de substitution et le surenchérisseur, sans contrevenir aux règles qui régissent les enchères et, notamment, à l'art. R. 322-40 qui prévoit que l'avocat inscrit au barreau du TGI devant lequel la vente est poursuivie ne peut être porteur que d'un seul mandat. • Civ. 2e, 5 déc. 2013 : *cité note 1 ss. art. R. 322-52.*

Art. R. 322-41 Avant de porter les enchères, l'avocat se fait remettre par son mandant et contre récépissé une caution bancaire irrévocable ou un chèque de banque rédigé à l'ordre du séquestre ou de la Caisse des dépôts et consignations selon les indications du cahier des conditions de vente, représentant 10 % du montant de la mise à prix, sans que le montant de cette garantie puisse être inférieur à 3 000 €.

Le récépissé reproduit les dispositions des troisième et quatrième alinéas du présent article.

La somme encaissée par le séquestre ou la Caisse des dépôts et consignations est restituée dès l'issue de l'audience d'adjudication à l'enchérisseur qui n'a pas été déclaré adjudicataire.

Lorsque l'adjudicataire est défaillant, la somme versée ou la caution apportée est acquise aux créanciers participant à la distribution et, le cas échéant, au débiteur pour leur être distribuée avec le prix de l'immeuble. – *[Décr. no 2006-936 du 27 juill. 2006, art. 74.]*

1. Informations contenues dans l'avis de vente forcée. Portée. Les informations contenues dans l'avis annonçant la vente forcée ne peuvent remettre en cause les dispositions de l'art. R. 322-41. • Civ. 2e, 18 févr. 2016, no 14-29.052 P : *D. actu. 15 mars 2016, obs. Avena-Robardet ; D. 2016. Pan. 1279, obs. Leborgne ; RDLC juin 2017. 36, obs. Salati.*

2. Caractère limitatif de la liste des garanties énumérées. L'enchérisseur ne peut fournir d'autre garantie que celles limitativement énumérées à l'art. R. 322-41. • Civ. 2e, 20 mai 2021, no 20-15.111 P : *Gaz. Pal. 19 oct. 2021. 69, note Salati RDBF 2021, no 110, note Piédelièvre ; Procédures 2021, no 193, note Laporte* (nullité de l'enchère menée par un avocat ayant présenté un acte intitulé « Garantie autonome (article 2321 du code civil) Paiement à terme », qui ne constitue pas un cautionnement bancaire irrévocable).

3. ... Dépôt d'une somme sur un compte CARPA. Garantie valable (non). Le dépôt d'une somme sur un compte de la Caisse des règlements pécuniaires des avocats (CARPA) ne constitue pas la caution bancaire irrévocable prévue par l'art. R. 322-41 C. pr. exéc. • Civ. 2e, 18 févr. 2016, no 14-29.052 P : *préc. note 1.*

Art. R. 322-41-1 *(Décr. no 2019-488 du 22 mai 2019, art. 2, en vigueur le 1er sept. 2019)* Avant de porter les enchères, lorsque l'immeuble saisi est un immeuble à usage d'habitation ou un fonds de commerce d'un établissement recevant du public à usage total ou partiel d'hébergement, l'avocat se fait en outre remettre par son mandant une attestation sur l'honneur indiquant s'il fait l'objet ou non d'une condamnation à l'une des peines mentionnées à l'article L. 322-7-1 et, lorsque le mandant est une personne physique, si le bien est destiné ou non à son occupation personnelle. Si le mandant est une société civile immobilière ou en nom collectif, il indique également si ses associés et mandataires sociaux font l'objet ou non d'une condamnation à l'une de ces peines.

Lorsque le mandant est une personne physique, l'attestation mentionne ses nom, prénoms, date et lieu de naissance et domicile, ainsi que, lorsqu'il est né à l'étranger, les nom et prénoms de ses parents. Lorsque le mandant est une personne morale, l'attestation mentionne sa dénomination et son numéro SIREN. S'il s'agit d'une société civile immobilière ou en nom collectif, l'attestation mentionne également pour ses associés et mandataires sociaux, l'ensemble des informations requises, tant pour les personnes physiques que morales. L'attestation est datée et signée par le mandant.

Art. R. 322-42 Les frais de poursuite dûment justifiés par le créancier poursuivant et, le cas échéant, par le surenchérisseur sont taxés par le juge et publiquement annoncés avant l'ouverture des enchères. Il ne peut rien être exigé au-delà du montant de la taxe. Toute stipulation contraire est réputée non écrite. – *[Décr. no 2006-936 du 27 juill. 2006, art. 75.]*

Art. R. 322-43 Le juge rappelle que les enchères partiront du montant de la mise à prix fixé, selon le cas, dans le cahier des conditions de vente ou par la décision judiciaire prévue au deuxième alinéa de l'article L. 322-6. – *[Décr. no 2006-936 du 27 juill. 2006, art. 76.]*

Art. R. 322-44 Les enchères sont pures et simples.

Chaque enchère doit couvrir l'enchère qui la précède. – *[Décr. n° 2006-936 du 27 juill. 2006, art. 77.]*

Art. R. 322-45 Les enchères sont arrêtées lorsque quatre-vingt-dix secondes se sont écoulées depuis la dernière enchère. Ce temps est décompté par tout moyen visuel ou sonore qui signale au public chaque seconde écoulée.

Le juge constate sur-le-champ le montant de la dernière enchère, laquelle emporte adjudication. – *[Décr. n° 2006-936 du 27 juill. 2006, art. 78.]*

BIBL. ▶ D. BOULANGER, *JCP N 2008. 1216* (la fin de la vente à la bougie ou le folkore et le retour de la pendule de notaire !).

Art. R. 322-46 *(Décr. n° 2019-488 du 22 mai 2019, art. 3, en vigueur le 1er sept. 2019)* Avant l'issue de l'audience, l'avocat dernier enchérisseur déclare au greffier l'identité de son mandant et lui remet l'attestation mentionnée à l'article R. 322-41-1. – *[Décr. n° 2006-936 du 27 juill. 2006, art. 79.]*

Art. R. 322-47 A défaut d'enchère et lorsque le montant de la mise à prix a été modifié par le juge, le bien est immédiatement remis en vente sur baisses successives de ce montant, le cas échéant jusqu'au montant de la mise à prix initiale. – *[Décr. n° 2006-936 du 27 juill. 2006, art. 80.]*

§ 3 LA NULLITÉ DES ENCHÈRES

Art. R. 322-48 Les dispositions de la présente section sont prescrites à peine de nullité de l'enchère soulevée d'office.

Toute nouvelle enchère régulièrement portée couvre la nullité des enchères précédentes.

La nullité de la dernière enchère entraîne de plein droit la nullité de l'adjudication. – *[Décr. n° 2006-936 du 27 juill. 2006, art. 81.]*

La sanction prévue à l'art. 81 du Décr. n° 2006-936 du 27 juill. 2006 [devenu C. pr. exéc., art. R. 322-48] ne s'applique pas à la notification par le greffe de la date de la nouvelle audience sur réitération des enchères, cette notification obéissant aux dispositions de l'art. 22 du Décr. n° 92-755 du 31 juill. 1992 [devenu C. pr. exéc., art. R. 121-15]. • Civ. 2e, 31 mars 2011, n° 09-70.920 P : *D. 2011 Actu. 1090 ; ibid. 2012. Pan. 1518, obs. Leborgne ; Procédures 2011, n° 265, note Perrot ; ibid. 2013. Chron. 1, n° 24, obs. Leborgne.*

Art. R. 322-49 Les contestations relatives à la validité des enchères sont formées verbalement à l'audience, par ministère d'avocat. Le juge statue sur-le-champ et, le cas échéant, reprend immédiatement les enchères dans les conditions prévues à l'article R. 322-43. – *[Décr. n° 2006-936 du 27 juill. 2006, art. 82.]*

Art. R. 322-49-1 *(Décr. n° 2019-488 du 22 mai 2019, art. 4, en vigueur le 1er sept. 2019)* En l'absence de surenchère valide et lorsque l'attestation mentionnée à l'article R. 322-41-1 ne précise pas que le bien est destiné à l'occupation personnelle du mandant, le service du greffe demande le bulletin n° 2 du casier judiciaire de l'enchérisseur déclaré adjudicataire et, s'il s'agit d'une société civile immobilière ou en nom collectif, de ses associés et mandataires sociaux.

Lorsque l'enchérisseur déclaré adjudicataire ou, s'il s'agit d'une société civile immobilière ou en nom collectif, l'un de ses associés ou mandataires sociaux, a fait l'objet d'une condamnation à l'une des peines mentionnées à l'article L. 322-7-1, le service du greffe en réfère au juge qui, après avoir sollicité les observations des parties, prononce d'office la nullité de l'adjudication par une ordonnance non susceptible d'appel dans laquelle il fixe la nouvelle audience de vente à une date comprise dans un délai de deux à quatre mois suivant le prononcé de sa décision.

L'ordonnance est notifiée par le greffe au débiteur saisi, au créancier poursuivant, aux créanciers inscrits et à l'adjudicataire par lettre recommandée avec demande d'avis de réception.

Art. R. 322-49-2 *(Décr. n° 2019-488 du 22 mai 2019, art. 4, en vigueur le 1er sept. 2019)* Lorsque l'immeuble est remis en vente par la voie d'une nouvelle adjudication en application des dispositions de l'article R. 322-49-1, il est fait application des dispositions des articles R. 322-70 à R. 322-72.

SOUS-SECTION 4 LA SURENCHÈRE

DALLOZ ACTION *Droit et pratique des voies d'exécution 2022/2023*, n° 1342.00 s., par A. Leborgne.

Art. R. 322-50 **Toute personne peut faire une surenchère du dixième au moins du prix principal de la vente.** — *[Décr. n° 2006-936 du 27 juill. 2006, art. 94.]*

1. Acte de disposition. La déclaration de surenchère constitue un acte de disposition que le maire ne peut accomplir que dûment autorisé par le conseil municipal. • Civ. 2e, 21 mars 2013 : *Dalloz jurisprudence.*

2. Faculté. On ne peut exiger une surenchère supérieure à 10 %. • Civ. 2e, 16 déc. 2010 : *Procédures 2011, n° 90, note Perrot.*

Art. R. 322-51 **A peine d'irrecevabilité, la surenchère est formée par acte d'avocat et déposée au greffe du juge de l'exécution dans les dix jours suivant l'adjudication. Elle vaut demande de fixation d'une audience de surenchère.**

L'avocat atteste s'être fait remettre de son mandant une caution bancaire irrévocable ou un chèque de banque du dixième du prix principal de la vente.

La déclaration de surenchère ne peut être rétractée. — *[Décr. n° 2006-936 du 27 juill. 2006, art. 95.]*

I. SURENCHÈRE : DÉCLARATION

1. Délai. Une cour d'appel peut déclarer irrecevables les déclarations de surenchère après avoir relevé que, le jour où le délai expirait, le greffe du TGI avait été fermé entre 16 h 35 et 17 h 30 en raison d'une alerte incendie, et retenu qu'il ne ressortait d'aucun des éléments de la cause que les conseils des surenchérisseurs aient été sur place, prêts à déposer leurs déclarations de surenchère, et en aient été empêchés par cette alerte, ni qu'ils aient tenté de les déposer après la levée de l'alerte et en aient été empêchés par la fermeture du greffe. • Civ. 2e, 19 févr. 2015, n° 14-15.712.

II. SURENCHÈRE : DÉNONCIATION

2. Pluralité d'adjudicataires. En cas de pluralité d'adjudicataires, la surenchère doit, à peine d'irrecevabilité, être dénoncée à chacun d'eux, fussent-ils représentés par un même avocat. • Civ. 2e, 20 oct. 2011, n° 10-25.377 P : *D. 2011. Actu. 2663, obs. Avena-Robardet ; ibid. 2012. Pan. 1518, obs. Leborgne ; Procédures 2013. Chron. 1, n° 23, obs. Leborgne ; RDBF 2012, n° 23, note Piedelièvre.*

III. SURENCHÈRE : GARANTIE

3. Caution bancaire irrévocable. A défaut de remise par le surenchérisseur d'une garantie de paiement valable, la surenchère est irrecevable. • Civ. 2e, 10 mars 2011, n° 10-15.486 P : *D. actu. 30 mars 2011, obs. Tahri ; D. 2011. Actu. 891 ; ibid. 2012, Pan. 1518, obs. Leborgne ; Procédures 2011, n° 200, note Perrot ; ibid. 2013. Chron. 1 , n° 23, obs. Leborgne ; RDBF 2011, n° 105, note Piedelièvre ; Dr. et patr. 11/2011, p. 81, obs. Crocq* (non-validité d'un complément de garantie fourni au moyen d'un nantissement de sommes d'argent).

4. Chèque de banque. Encaissement (non). Aucun texte n'impose, à peine d'irrecevabilité de la surenchère, l'encaissement par l'avocat du surenchérisseur du chèque de banque remis en garantie par ce dernier. • Civ. 2e, 28 juin 2012, n° 11-18.121 : *RDBF 2012, n° 161, obs. Piedelièvre ; Procédures 2012, n° 279, note Perrot ; ibid. 2013. Chron. 1, n° 23, obs. Leborgne.*

5. Défaut d'attestation de remise des garanties. La déclaration de surenchère n'étant pas accompagnée de l'attestation de remise à l'avocat du surenchérisseur des garanties exigées par l'art. 95 du Décr. du 27 juill. 2006, devenu l'art. R. 322-51, la surenchère est irrecevable. • Civ. 2e, 11 avr. 2013, n° 12-10.053 P : *D. 2014. Pan. 1466, obs. Leborgne ; Dr. et pr. 2013. 145, note Leborgne.*

Art. R. 322-52 **Au plus tard le troisième jour ouvrable suivant la déclaration de surenchère, le surenchérisseur la dénonce par acte d'huissier de justice ou par notification entre avocats au créancier poursuivant, à l'adjudicataire et au débiteur saisi, à peine d'irrecevabilité. L'acte de dénonciation rappelle les dispositions de l'article R. 311-6 et du deuxième alinéa du présent article ; une copie de l'attestation prévue au deuxième alinéa de l'article R. 322-51 y est jointe.**

La validité de la surenchère peut être contestée dans les quinze jours de sa dénonciation. — *[Décr. n° 2006-936 du 27 juill. 2006, art. 96.]*

I. DÉNONCIATION

1. Dénonciation à l'adjudicataire. Modalités. L'art. R. 322-52 n'exige pas une double dénonciation de la déclaration de surenchère – non soumise à l'interdiction pour l'avocat de cumuler les mandats d'enchérir – à la personne ayant à la fois la qualité de coïndivisaire poursuivant et d'adjudicataire par substitution. • Civ. 2e, 5 déc. 2013, n° 10-22.901 P : *D. actu. 10 janv. 2014, obs. Avena-Robardet ; RDBF 2014, n° 59, note Piedelièvre.*

2. Domicile élu (non). L'absence de dénonciation à l'adjudicataire est sanctionnée par l'irrecevabilité et ne peut être remplacée par une délégation faite au notaire. • Civ. 2e, 28 juin 2012 : *cité note 4 ss. art. R. 322-51.*

3. Délai. Sanction. L'inobservation du délai pour dénoncer la déclaration de surenchère est sanctionnée, non par la nullité, mais par l'irrecevabilité de la délégation, et donc sans avoir à prouver l'existence d'un grief. • Civ. 2e, 8 sept. 2011, n° 10-18.429 P : *D. 2012. Pan. 1518, obs. Leborgne ; AJDI 2011. 811, obs. Porcheron ; Procédures 2011, n° 336, note Perrot ; ibid. 2013. Chron. 1, n° 23, obs. Leborgne.*

II. VALIDITÉ DE LA SURENCHÈRE : CONTESTATION

4. Conclusions. Contenu. L'art. 96 du Décr. du 27 juill. 2006, devenu l'art. R. 322-52, n'exige pas que les conclusions déposées au greffe dans les quinze jours de la dénonciation de la surenchère contiennent, à peine d'irrecevabilité, tous les moyens pouvant être invoqués au soutien de la contestation de sa validité. • Civ. 2e, 11 avr. 2013 : *cité note 5 ss. art. R. 322-51.*

5. Sanction du non-respect des formalités. Si la déclaration de surenchère doit être dénoncée par acte d'huissier de justice ou par notification entre avocats au créancier poursuivant, à l'adjudicataire et au débiteur saisi, à peine d'irrecevabilité, c'est à peine de nullité, supposant la démonstration d'un grief, que cette dénonciation doit rappeler les dispositions de l'art. R. 311-6 et du 2e al. de l'art. R. 322-52, et que doit y être jointe une copie de l'attestation prévue au 2e al. de l'art. R. 322-51. • Civ. 2e, 10 juin 2021, n° 19-21.935 P : *Rev. prat. rec. 2021/8. 9, note Sajous ; JCP 2021, n° 704, note Laporte ;RDBF 2021, n° 130, note Piédelièvre ; Procédures 2021, n° 222, note Laporte* (cassation de l'arrêt ayant considéré que la sanction de l'irrégularité des formalités prévues est non pas la nullité pour vice de forme, mais l'irrecevabilité de la surenchère).

III. DROIT DE PRÉEMPTION

6. Notification. Délai. En application des dispositions de l'art. L. 143-11 C. rur., la SAFER dispose, même en cas de surenchère, d'un délai d'un mois à compter de l'adjudication pour notifier l'exercice de la préemption au greffe du tribunal. • Civ. 2e, 5 juin 2013, n° 11-26.088.

Art. R. 322-53 **L'audience de surenchère est fixée par le juge de l'exécution à une date comprise dans un délai de deux à quatre mois suivant la déclaration de surenchère.**

En cas de contestation de la déclaration de surenchère, ce délai court à compter de la date de la décision de rejet.

Le débiteur saisi, le créancier poursuivant, les créanciers inscrits, l'adjudicataire et le surenchérisseur sont avisés par le greffe de la date de l'audience par lettre recommandée avec demande d'avis de réception. – *[Décr. n° 2006-936 du 27 juill. 2006, art. 97.]*

Art. R. 322-54 **Les formalités de publicité sont réalisées à la diligence du surenchérisseur ou, à son défaut, du créancier poursuivant, sur la mise à prix modifiée par la surenchère.** – *[Décr. n° 2006-936 du 27 juill. 2006, art. 98.]*

Art. R. 322-55 **Le jour de l'audience, les enchères sont reprises dans les conditions prévues par les articles R. 322-39 à R. 322-49, sur la mise à prix modifiée par la surenchère.**

Si cette surenchère n'est pas couverte, le surenchérisseur est déclaré adjudicataire.

Aucune surenchère ne pourra être reçue sur la seconde adjudication. – *[Décr. n° 2006-936 du 27 juill. 2006, art. 99.]*

(Décr. n° 2019-488 du 22 mai 2019, art. 5, en vigueur le 1er sept. 2019) **« Les dispositions de l'article R. 322-49-1 sont applicables. »**

La déclaration de surenchère constitue un acte de disposition que le maire ne peut accomplir que dûment autorisé par le conseil municipal. En conséquence, viole les art. L. 2241-1 et L. 2132-3 CGCT, ensemble l'art. R. 322-55 C. pr. exéc., l'arrêt qui, pour débouter l'adjudicataire de sa contestation, énonce que seule la décision définitive d'acquisition immobilière nécessite une décision préalable du conseil municipal et qu'aucune disposition légale ou réglementaire n'impose au maire d'obtenir l'autorisation préalable de ce conseil pour faire surenchère, alors qu'il constatait qu'un jugement précédent avait annulé la délibération par laquelle le conseil municipal avait approuvé la demande du maire de former surenchère. • Civ. 2e, 21 mars 2013 : *Procédures 2013, n° 146, note Perrot.*

SOUS-SECTION 5 LE PAIEMENT DU PRIX

Art. R. 322-56 Le versement au séquestre ou la consignation auprès de la Caisse des dépôts et consignations du prix auquel est tenu l'adjudicataire en application de l'article L. 322-12 est opéré dans un délai de deux mois à compter de la date d'adjudication définitive, à peine de réitération des enchères. Passé ce délai, le prix de vente est augmenté de plein droit des intérêts au taux légal jusqu'au versement complet du prix ou sa consignation. — *[Décr. n° 2006-936 du 27 juill. 2006, art. 83.]*

Art. R. 322-57 Lorsque les fonds sont séquestrés, ils produisent intérêt à un taux fixé par le cahier des conditions de vente et qui ne peut être inférieur au taux d'intérêt servi par la Caisse des dépôts et consignations. Les intérêts sont acquis aux créanciers et, le cas échéant, au débiteur, pour leur être distribués avec le prix de l'immeuble. — *[Décr. n° 2006-936 du 27 juill. 2006, art. 84.]*

Art. R. 322-58 Les frais de poursuite et, le cas échéant, de surenchère taxés et les droits de mutation sont payés par l'adjudicataire par priorité en sus du prix. Il en est fourni justificatif au greffe avant l'expiration du délai de deux mois à compter de la date d'adjudication définitive, à peine de réitération des enchères.

Toute stipulation contraire est réputée non écrite. — *[Décr. n° 2006-936 du 27 juill. 2006, art. 86.]*

SOUS-SECTION 6 LE JUGEMENT D'ADJUDICATION ET LE TITRE DE VENTE

Art. R. 322-59 Outre les mentions prescrites pour tout jugement, le jugement d'adjudication vise le jugement d'orientation, les jugements tranchant les contestations et le cahier des conditions de vente. Il désigne le créancier poursuivant et, le cas échéant, le créancier subrogé dans ses droits. Il mentionne les formalités de publicité et leur date, la désignation de l'immeuble adjugé, les date et lieu de la vente forcée, l'identité de l'adjudicataire, le prix d'adjudication et le montant des frais taxés. Il comporte, le cas échéant, les contestations qu'il tranche. — *[Décr. n° 2006-936 du 27 juill. 2006, art. 87.]*

Prescription. L'action en nullité du jugement d'adjudication est soumise à la prescription trentenaire de l'art. 2262 C. civ. dans sa rédaction antérieure à la L. n° 2008-561 du 17 juin 2008. • Civ. 2e, 4 juin 2020, n° 18-22.930 : *D. 2020. 1230 ; Rev. prat. rec. 2020. 12, obs. Couturier, Jullien et Salati.*

Art. R. 322-60 Le jugement d'adjudication est notifié par le créancier poursuivant, au débiteur, aux créanciers inscrits, à l'adjudicataire ainsi qu'à toute personne ayant élevé une contestation tranchée par la décision.

Seul le jugement d'adjudication qui statue sur une contestation est susceptible d'appel de ce chef dans un délai de quinze jours à compter de sa notification. — *[Décr. n° 2006-936 du 27 juill. 2006, art. 88.]*

I. AUTORITÉ DE LA CHOSE JUGÉE

1. Chose jugée. Le jugement d'adjudication qui ne statue sur aucun incident n'est pas revêtu de l'autorité de la chose jugée. • Civ. 2e, 11 juill. 2013, n° 12-13.737 P : *D. actu. 26 juill. 2013, obs. Ravel d'Esclapon ; RDBF 2013, comm. 161, obs. Piedelièvre.*

II. VOIES DE RECOURS

2. Appel. Il résulte de l'art. 88, al. 2 [devenu C. pr. exéc., art. R. 322-60], que l'appel du jugement d'adjudication n'est recevable qu'en ce qui concerne la partie du jugement qui a statué sur la contestation émise, l'appel n'étant pas recevable en ce qui concerne la partie du jugement qui a déclaré le surenchérisseur adjudicataire. • Poitiers, 16 oct. 2009, n° 09/00898 : *Procédures 2010. Prat. 1, obs. Laporte ; RDBF 2010, n° 23, obs. Piedelièvre* (disposition du jugement ayant déclaré irrecevable la demande du saisi tendant à contester la poursuite de la vente sur surenchère en raison de paiements adressés au créancier poursuivant). ♦ Le pourvoi en cassation restant ouvert, en cas d'excès de pouvoir, contre le jugement d'adjudication, celui-ci ne peut faire l'objet d'un appel pour excès de pouvoir. • Civ. 2e, 6 déc. 2012, n° 11-24.028 P : *D. actu. 18 déc. 2012, obs. Avena-Robardet.* ♦ Rappr., jugeant que la voie de l'appel n'est ouverte, en cas d'excès de pouvoir, qu'en l'absence d'autres voies de recours pour faire constater l'irrégularité et qu'en matière de saisie immobilière, si le jugement qui statue sur une demande de remise de l'adjudication n'est en principe susceptible d'aucun recours, le pourvoi en cassation reste ouvert en cas d'excès de pouvoir : • Civ. 2e, 22 nov. 2001, nº 00-13.773. ♦ Dès lors que le jugement d'adjudication accueille la demande tendant à être subrogé dans les poursuites, l'appel devient recevable. • Civ. 2e, 16 mai 2013, nº 12-18.938 P : *D. actu. 7 juin 2013, obs. Avena-Robardet ; D. 2014. Pan. 1466, obs. Leborgne ; Procédures 2013, nº 212, note Perrot ; RDBF 2013, nº 162, note Piedelièvre.* ♦ L'art. R. 322-60 C. pr. exéc. est applicable au jugement d'adjudication sur licitation conformément à l'art. 543 C. pr. civ. Ce jugement est donc susceptible d'appel dès lors qu'il statue sur une contestation. • Civ. 2e, 19 nov. 2020, nos 19-18.800 et 19-18.801 P : *Rev. prat. rec. 2021. 11, chron. Draillard, Provansal et Salati ; Procédures 2021, nº 9, note Laporte* • Civ. 2e, 10 déc. 2020, nº 19-16.691 P : *D. 2020. 1230 ; Rev. prat. rec. 2020. 12, obs. Couturier, Jullien et Salati ; Procédures 2021, nº 37, note Laporte.*

3. Tierce opposition. Le jugement d'adjudication qui ne statue sur aucune contestation ou demande incidente n'est susceptible d'aucun recours. Il s'ensuit que la tierce opposition formée contre le jugement d'adjudication par le titulaire d'un droit viager d'habitation portant sur une pièce de l'immeuble vendu n'est pas recevable. • Civ. 2e, 6 janv. 2011, nº 09-70.437 P : *D. 2011. Actu. 249 .*

4. Pourvoi en cassation. Le jugement qui statue sur une demande de remise de l'adjudication n'est susceptible d'aucun recours, hormis le cas d'excès de pouvoir. • Civ. 2e, 8 avr. 2004, nº 02-15.356 : *D. 2004. IR 1354 ; AJDI 2004. 909* • 19 nov. 2009, nº 08-70.024 P : *D. actu. 8 déc. 2009, obs. Dargent* (visa de l'art. 605 C. pr. civ.) ; *D. 2009. AJ 2938 ; ibid. 2010. Pan. 532, obs. Sommer et Leroy-Gissinger ; ibid. 1307, obs. Leborgne ; Procédures 2010, Prat. 1, obs. Laporte ; Dr. et pr. 2010. 97, note Leborgne ; RDBF 2010, nº 22, note Piedelièvre* • 19 nov. 2009, nº 08-20.798 P : *D. 2009. AJ 2938 ; RDBF 2010, nº 22, note Piedelièvre ; Dr. et pr. 2010. 97 (1re esp.), note Leborgne* • 24 juin 2010 : *Procédures 2011. Chron. 1, nº 15, obs. Leborgne* • 8 juill. 2010, nº 02-15.356 : *Procédures 2011. Chron. 1, nº 15, obs. Leborgne.* ♦ Est en conséquence recevable le pourvoi en cassation formé contre le jugement d'un tribunal qui, méconnaissant l'étendue de ses pouvoirs, refuse de se prononcer sur le bien-fondé d'une demande de remise de l'adjudication présentée par la partie saisie. • Civ. 2e, 8 avr. 2004, nº 02-15.356 : *préc.* ♦ Le juge n'excède pas ses pouvoirs alors qu'il prononce l'adjudication de l'immeuble désigné au cahier des charges des conditions de vente. • Civ. 2e, 19 nov. 2009, nº 08-70.024 P : *préc.* ♦ ... Alors qu'après avoir constaté l'échec de la vente amiable précédemment autorisée, il ordonne, par un jugement d'orientation, la vente forcée du bien saisi, jugement confirmé en appel, et qu'à l'audience d'adjudication, après avoir refusé le report de la vente, par jugement séparé dont il a été interjeté appel, le bien a été adjugé au profit d'une banque au prix de 1 000 000 € à défaut d'enchère, dès lors d'une part, que le délai d'appel et l'appel formé contre les décisions du JEX étant dénués d'effet suspensif, le JEX qui rejette une demande de report de l'adjudication ne fait qu'user des pouvoirs qui lui sont conférés par les art. L. 322-5 et R. 322-28 en procédant à l'adjudication ordonnée, que d'autre part, il ne méconnaît pas le droit à un recours effectif, garanti par l'art. 6, § 1er Conv. EDH, contre sa décision de refus de report dès lors que l'infirmation par la cour d'appel de cette décision entraînerait l'anéantissement par voie de conséquence du jugement d'adjudication, et qu'enfin le montant de la mise à prix initiale auquel le bien est adjugé au créancier poursuivant en l'absence d'enchère est, en application des art. L. 322-6, R. 322-10 et R. 322-47, celui fixé par le créancier poursuivant dans le cahier des conditions de vente et non le montant de la mise à prix modifié par le jugement d'orientation. • Civ. 2e, 12 avr. 2018, nº 17-15.418 P : *JCP 2018. 509, obs. Laporte ; Procédures 2018, nº 187, obs. Laporte.*

Art. R. 322-61 Le titre de vente consiste dans l'expédition du cahier des conditions de vente revêtue de la formule exécutoire, à la suite de laquelle est transcrit le jugement d'adjudication.

Si les renseignements d'identité fournis par l'adjudicataire sont incomplets au regard des exigences de la publicité foncière, l'avocat de l'adjudicataire les complète par une déclaration écrite remise au greffe au plus tard le troisième jour ouvrable suivant *l'audience d'adjudication.* Cette déclaration complémentaire est annexée au titre de vente. En cas de difficulté, le greffe en réfère au juge qui statue par une ordonnance non susceptible d'appel. – *[Décr. nº 2006-936 du 27 juill. 2006, art. 89.]*

Pour une sanction des dispositions de l'art. 89 du Décr. nº 2006-936 du 27 juill. 2006 [devenu C. pr. exéc., art. R. 322-61] : • TGI Pontoise, JEX, 6 août 2009 : *D. 2009. AJ 2169 .*

Art. R. 322-62 Le titre de vente est délivré par le greffier à l'adjudicataire. Il l'est également, à sa demande, au créancier poursuivant pour procéder aux formalités de publicité du titre à défaut de diligence à cet effet par l'adjudicataire.

Si la vente forcée comprend plusieurs lots, il est délivré une expédition par acquéreur.

La quittance du paiement des frais est annexée au titre de vente. – *[Décr. n° 2006-936 du 27 juill. 2006, art. 90.]*

Art. R. 322-63 Le titre de vente est publié *(Décr. n° 2012-1462 du 26 déc. 2012, art. 35-XII-1°, en vigueur le 1er janv. 2013)* « au fichier immobilier » selon les règles prévues pour les ventes judiciaires, à la requête de l'acquéreur ou, à son défaut, du créancier poursuivant la distribution. – *[Décr. n° 2006-936 du 27 juill. 2006, art. 91.]*

SOUS-SECTION 7 LES EFFETS DE L'ADJUDICATION

Art. R. 322-64 Sauf si le cahier des conditions de vente prévoit le maintien dans les lieux du débiteur saisi, l'adjudicataire peut mettre à exécution le titre d'expulsion dont il dispose à l'encontre du saisi et de tout occupant de son chef n'ayant aucun droit qui lui soit opposable à compter du versement du prix ou de sa consignation et du paiement des frais taxés. – *[Décr. n° 2006-936 du 27 juill. 2006, art. 92.]*

Art. R. 322-65 Sur requête de l'adjudicataire, le juge de l'exécution, qui constate la purge des *(Décr. n° 2021-1888 du 29 déc. 2021, art. 5-IX, en vigueur le 1er janv. 2022)* « hypothèques prises *[ancienne rédaction : hypothèques et privilèges pris]* » sur l'immeuble du chef du débiteur, ordonne la radiation des inscriptions correspondantes *(Décr. n° 2012-1462 du 26 déc. 2012, art. 35-XII-1°, en vigueur le 1er janv. 2013)* « au fichier immobilier ».

L'ordonnance n'est pas susceptible d'appel. – *[Décr. n° 2006-936 du 27 juill. 2006, art. 93.]*

SOUS-SECTION 8 LA RÉITÉRATION DES ENCHÈRES

DALLOZ ACTION *Droit et pratique des voies d'exécution 2022/2023*, nos 1343.00 s., par A. Leborgne.

Art. R. 322-66 A défaut pour l'adjudicataire de payer dans les délais prescrits le prix, les frais taxés ou les droits de mutation, le bien est remis en vente à la demande du créancier poursuivant, d'un créancier inscrit ou du débiteur saisi, aux conditions de la première vente forcée. – *[Décr. n° 2006-936 du 27 juill. 2006, art. 100.]*

Un jugement de réitération des enchères n'est pas la suite, l'application ou l'exécution du jugement d'adjudication et ne s'y rattache pas par un lien de dépendance nécessaire, dans la mesure où l'adjudication, fût-elle sur réitération des enchères, a eu lieu en application du jugement d'orientation qui est irrévocable. En conséquence, la censure du jugement d'adjudication n'entraîne pas l'annulation par voie de conséquence du jugement subséquent d'adjudication sur réitération des enchères. • Civ. 2e, 6 sept. 2018, n° 17-19.692 P : *D. actu. 27 sept. 2018, obs. Payan ; Gaz. Pal. 11 déc. 2018, p. 31, obs. Ansault ; JCP 2018. 1075, note Laporte.*

Art. R. 322-67 Toute personne qui poursuit la réitération des enchères se fait délivrer par le greffe un certificat constatant que l'adjudicataire n'a pas justifié du versement du prix ou de sa consignation ou du paiement des frais taxés ou des droits de *mutation.*

La personne qui poursuit la réitération des enchères fait signifier le certificat au saisi, à l'adjudicataire et, le cas échéant, au créancier ayant sollicité la vente.

Outre les mentions prescrites pour les actes d'huissier de justice, la signification faite à l'acquéreur comporte, à peine de nullité :

1° La sommation d'avoir à payer le prix, les frais taxés et les droits de mutation dans un délai de huit jours ;

2° Le rappel des dispositions du deuxième alinéa de l'article L. 322-12 et des articles R. 311-6, R. 322-56, R. 322-58, R. 322-68, R. 322-69 et R. 322-72. – *[Décr. n° 2006-936 du 27 juill. 2006, art. 101.]*

Art. R. 322-68 L'adjudicataire peut contester le certificat dans un délai de quinze jours suivant sa signification. La décision du juge de l'exécution statuant sur cette contestation n'est pas susceptible d'appel. – *[Décr. n° 2006-936 du 27 juill. 2006, art. 102.]*

1. Point de départ du délai. L'art. 102 du Décr. n° 2006-936 du 27 juill. 2006 [devenu C. pr. exéc., art. R. 322-68] réserve au seul adjudicataire le droit de contester le certificat délivré en application de l'art. 101 du même texte [devenu C. pr. exéc., art. R. 322-67] par le greffe. Par suite, le délai de contestation de quinze jours qu'il prévoit court à compter de la signification du certificat à l'adjudicataire. • Civ. 2e, 16 déc. 2010, n° 09-71.327 P : *D. 2011. Actu. 172 ; ibid. Pan. 1509, obs. Leborgne ; RTD civ. 2011. 176, obs. Perrot ; RDBF 2011, n° 62, note Piedelièvre.*

2. Appel. Lorsque le juge de l'exécution statue en dernier ressort sur la contestation d'un certificat de non-paiement des frais et du prix de l'adjudication et sur d'autres chefs de demandes, l'appel de ces seuls chefs est recevable. • Civ. 2e, 24 mars 2022, n° 21-11.452 B (cassation de l'arrêt ayant déclaré l'appel irrecevable au motif qu'il importait peu que le premier juge ait été saisi d'autres demandes).

Art. R. 322-69 **Faute pour l'adjudicataire de satisfaire à la sommation qui lui a été faite, l'immeuble est remis en vente par la voie d'une nouvelle adjudication.**

La nouvelle audience de vente est fixée par le juge de l'exécution sur requête de la partie qui poursuit la réitération des enchères, à une date comprise dans un délai de deux à quatre mois suivant la date de la signification du certificat du greffe à l'acquéreur.

En cas de contestation du certificat prévu à l'article R. 322-67, ce délai court à compter de la date de la décision de rejet.

Le débiteur saisi, le créancier poursuivant, les créanciers inscrits et l'adjudicataire défaillant sont avisés par le greffe de la date de l'audience par lettre recommandée avec demande d'avis de réception. – *[Décr. n° 2006-936 du 27 juill. 2006, art. 103.]*

Art. R. 322-70 **Les formalités de publicité sont réitérées dans les formes et conditions prévues par les articles R. 322-31 à R. 322-36.**

Elles comportent, en outre, le montant de l'adjudication. – *[Décr. n° 2006-936 du 27 juill. 2006, art. 104.]*

Art. R. 322-71 **Le jour de l'audience, les enchères sont réitérées dans les conditions prévues par les articles R. 322-39 à R. 322-49.** – *[Décr. n° 2006-936 du 27 juill. 2006, art. 105.]*

(Décr. n° 2019-488 du 22 mai 2019, art. 5, en vigueur le 1er sept. 2019) **« Les dispositions de l'article R. 322-49-1 sont applicables. »**

Surenchère après réitération des enchères. Recevabilité. L'art. R. 322-71, relatif à la réitération des enchères, n'ayant trait qu'aux conditions de déroulement des enchères, la circonstance que cet article ne renvoie pas aux dispositions réglementant la surenchère ne constituant pas une exclusion de la faculté de surenchérir, celle-ci n'étant susceptible d'intervenir que postérieurement aux enchères, en l'absence de disposition contraire, la déclaration de surenchère est recevable après la réitération de la vente. • Civ. 2e, 7 janv. 2016, n° 14-26.887 P : *D. 2016. Actu. 134 ; D. 2016. Pan. 1288, obs. Leborgne ; JCP 2016. 72, obs. Laporte ; Dr. et pr. 2016. 46, note Leborgne ; Gaz. Pal. 17 mai 2016, p. 77, note Lauvergnat ; Banque et Dr. 3-4/2016. 58, note Piedelièvre ; RLDC juin 2017. 36, obs. Salati.*

Art. R. 322-72 **L'adjudicataire défaillant de la vente initiale conserve à sa charge les frais taxés lors de cette adjudication. Passé un délai de deux mois suivant celle-ci, il est tenu des intérêts au taux légal sur son enchère jusqu'à la nouvelle vente.**

La personne déclarée adjudicataire à l'issue de la nouvelle adjudication doit les frais afférents à celle-ci. – *[Décr. n° 2006-936 du 27 juill. 2006, art. 106.]*

TITRE TROISIÈME **LA DISTRIBUTION DU PRIX**

DALLOZ ACTION *Droit et pratique des voies d'exécution 2022/2023*, nos 1511.00 s., 1521.00 s., par E. DE LEIRIS.

BIBL. ▸ LAPORTE, *Procédures 2007. Étude 3 ; ibid. Formules 2.* – PIEDELIÈVRE, *RDBF 2006, n° 173.*

CHAPITRE PREMIER **DISPOSITIONS GÉNÉRALES**

Art. R. 331-1 **La distribution du prix de l'immeuble est poursuivie à la diligence du créancier saisissant ou, à son défaut, du créancier le plus diligent ou du débiteur.** – *[Décr. n° 2006-936 du 27 juill. 2006, art. 107.]*

Il convient d'appliquer les dispositions du titre II du Décr. n° 2006-936 du 27 juill. 2006 [devenu C. pr. exéc., art. R. 331-1 s.] qui réglementent la procédure, que la vente soit réalisée amiablement ou aux enchères. • Paris, 29 mai 2008 : *D. 2009. Pan. 1168, obs. Leborgne*.

Art. R. 331-2 **Les frais de la procédure de distribution, hormis ceux des contestations ou réclamations, sont avancés par la partie sollicitant la distribution et prélevés par priorité à tous autres.** – *[Décr. n° 2006-936 du 27 juill. 2006, art. 110.]*

Dans une procédure de distribution amiable du prix de vente d'un immeuble ayant fait l'objet d'une procédure de saisie immobilière, les honoraires de l'avocat du créancier poursuivant ayant élaboré le projet de distribution du prix ne sont pas des frais de justice. • Cass., avis, 18 oct. 2010 : *Bull. avis, n° 6 ; BICC 15 déc. 2010, p. 15, rapp. Bardy, obs. Marotte ; D. 2011. 860, note Leborgne ; ibid. Pan. 1509, obs. Leborgne ; JCP N 2010. 769 ; Gaz. Pal. 9-11 janv. 2011, note Hocquard ; ibid. 1er-3 mai 2011, p. 18, obs. Brenner ; Dr. et pr. 2011. 48, note Leborgne ; Procédures 2011. Chron 1, n° 18, obs. Leborgne.*

Art. R. 331-3 **La procédure de distribution du prix de l'immeuble régie par le présent titre s'applique, sauf dispositions contraires, à la répartition entre créanciers du prix d'un immeuble vendu en dehors de toute procédure d'exécution, après purge des inscriptions.**

En ce cas, la procédure est poursuivie par la partie la plus diligente devant le *(Décr. n° 2019-966 du 18 sept. 2019, art. 8, en vigueur le 1er janv. 2020)* **« tribunal judiciaire** *[ancienne rédaction : tribunal de grande instance]* **».**

La juridiction désigne un séquestre des fonds, à moins que la consignation auprès de la Caisse des dépôts et consignations ne soit ordonnée. La rétribution du séquestre est prélevée sur les fonds à répartir et supportée par les créanciers, au prorata de la somme qui revient à chacun d'eux. En cas de contestation, cette rétribution est fixée par le tribunal. – *[Décr. n° 2006-936 du 27 juill. 2006, art. 111.]*

1. Domaine d'application. L'al. 3 de l'art. R. 331-3 n'est applicable qu'à la procédure de distribution du prix d'un immeuble vendu en dehors de toute procédure d'exécution. • Civ. 2e, 28 juin 2018, n° 17-15.054 P : *cité note 3 ss. art. L. 331-2.*

2. Frais de séquestre de l'avocat. Qualification. Les honoraires de l'avocat du créancier poursuivant ne constituent pas des frais de justice aux termes des art. 2375 C. civ. et 695 C. pr. civ. Le juge pouvant d'office procéder à tout redressement nécessaire pour rendre le compte conforme à la loi, une cour d'appel peut déduire des sommes revenant au créancier poursuivant les « frais de séquestre » de son avocat. • Civ. 2e, 28 juin 2018, n° 17-15.054 P : *préc. note 1.*

Art. R. 331-4 *(Décr. n° 2021-1888 du 29 déc. 2021, art. 3, en vigueur le 1er janv. 2022)* **Dans le mois suivant la publication du titre de vente, le créancier poursuivant, ou à défaut le créancier le plus diligent ou le débiteur, fait sommation aux créanciers titulaires d'une sûreté publiée sur un immeuble par destination mentionnés à l'article L. 331-1 d'avoir à déclarer leur créance.**

Cette sommation contient à peine de nullité :

1° La copie du commandement de payer valant saisie immobilière ;

2° La sommation d'avoir à déclarer les créances inscrites sur le bien saisi, en principal, frais et intérêts échus, avec l'indication du taux des intérêts moratoires, par acte d'avocat déposé au greffe du juge de l'exécution et accompagné *(Décr. n° 2021-1887 du 29 déc. 2021, art. 13, en vigueur le 1er janv. 2023)* **« de la copie » du bordereau d'inscription** *(Décr. n° 2021-1887 du 29 déc. 2021, art. 13, en vigueur le 1er janv. 2023)* **« ou tout élément justifiant d'une inscription au registre mentionné à l'article R. 521-1 du code de commerce** *[ancienne rédaction : ou tout élément justifiant de la transcription d'un warrant agricole sur le registre spécial des warrants agricoles]* **» et à dénoncer le même jour ou le premier jour ouvrable suivant cette déclaration au créancier poursuivant et au débiteur, dans les mêmes formes ou par signification ;**

3° La reproduction, en caractères très apparents, des articles L. 331-2 et R. 331-5.

Les art. R. 331-4 et R. 331-5 ont été insérés dans le C. pr. exéc. par le Décr. nº 2021-1888 du 29 déc. 2021 pris en application de l'Ord. nº 2021-1192 du 15 sept. 2021 portant réforme du droit des sûretés, en vigueur le 1er janv. 2022. Ils sont modifiés, à l'échéance du 1er janv. 2023, par le Décr. nº 2021-1887 du 29 déc. 2021 relatif au registre des sûretés mobilières et autres opérations connexes. — Sur ce registre, V. C. com. art. R. 521-1 s., ss. C. pr. exéc., art. R. 533-2.

Art. R. 331-5 *(Décr. nº 2021-1888 du 29 déc. 2021, art. 3, en vigueur le 1er janv. 2022)* **Le délai dans lequel le créancier titulaire d'une sûreté publiée sur l'immeuble par destination doit déclarer sa créance est de deux mois à compter de la sommation qui lui a été faite.**

La déclaration est faite par acte d'avocat déposé au greffe du juge de l'exécution et dénoncée le même jour ou le premier jour ouvrable suivant cette déclaration au créancier poursuivant et au débiteur, dans les mêmes formes ou par signification. Elle contient, à peine de nullité :

1° Le montant des créances inscrites sur le bien saisi, en principal, frais et intérêts échus, avec l'indication du taux des intérêts moratoires ;

2° La copie du contrat constitutif de la sûreté, ainsi que toute précision utile permettant l'identification des biens sur lequel elle porte ;

3° La copie du bordereau d'inscription *(Décr. nº 2021-1887 du 29 déc. 2021, art. 13, en vigueur le 1er janv. 2023)* **« ou tout élément justifiant d'une inscription au registre mentionné à l'article R. 521-1 du code de commerce** *[ancienne rédaction : ou tout élément justifiant de la transcription d'un warrant agricole sur le registre spécial des warrants agricoles]* **» ;**

4° La copie du titre exécutoire constatant la créance, le cas échéant.

V. ndlr ss. art. R. 331-4.

CHAPITRE II LA DISTRIBUTION AMIABLE

DALLOZ ACTION *Droit et pratique des voies d'exécution 2022/2023*, nos 1522.00 s., par E. DE LEIRIS.

BIBL. ▶ PRESLE, *JCP N 2007. Étude 1107* (l'intervention du juge pour faciliter une procédure amiable de vente et de distribution du prix).

Art. R. 332-1 **Lorsqu'il n'existe qu'un créancier répondant aux conditions de l'article L. 331-1, celui-ci adresse, dans un délai de deux mois suivant la publication du titre de vente, au séquestre ou à la Caisse des dépôts et consignations, une demande de paiement de sa créance par lettre recommandée avec demande d'avis de réception.**

La demande de paiement est motivée.

Lorsque la distribution fait suite à une saisie immobilière, la demande est accompagnée d'un état hypothécaire certifié à la date de la publication du commandement de payer valant saisie, *(Décr. nº 2021-1887 du 29 déc. 2021, art. 13, en vigueur le 1er janv. 2023)* **« des états des inscriptions prévus aux premier et deuxième alinéas de l'article R. 521-31 du code de commerce** *[ancienne rédaction issue du Décr. nº 2021-1888 du 29 déc. 2021, art. 3, en vigueur le 1er janv. 2022 : d'un état des inscriptions figurant sur le fichier national des gages sans dépossession du chef du débiteur saisi, ainsi que le cas échéant sur le registre spécial des warrants agricoles tenu par le greffier du tribunal judiciaire du lieu de situation de l'immeuble saisi certifié]* **»** *(Décr. nº 2021-1888 du 29 déc. 2021, art. 3, en vigueur le 1er janv. 2022)* **« à la date de la publication du titre de vente, » d'une copie revêtue de la formule exécutoire du jugement d'orientation et, selon le cas, du jugement d'adjudication ou du jugement constatant la fin de l'instance, à laquelle est annexée une copie du contrat de vente amiable ainsi que d'un certificat du greffe du juge de l'exécution attestant qu'aucun créancier inscrit après la date de la publication du commandement n'est intervenu dans la procédure. Le certificat du greffe ne peut être délivré avant l'expiration d'un délai d'un mois suivant la publication du titre de vente.**

Le séquestre ou la Caisse des dépôts et consignations procède au paiement dans le mois de la demande. A l'expiration de ce délai, les sommes dues portent intérêt au taux légal.

Dans le même délai, il informe le débiteur du montant versé au créancier et, le cas échéant, lui remet le solde.

Le séquestre ou la Caisse des dépôts et consignations ne peut refuser le paiement que si les documents produits démontrent l'existence d'un autre créancier répondant aux conditions de l'article L. 331-1. En cas de contestation, le juge de l'exécution est saisi

par le créancier poursuivant ou le débiteur. — *[Décr. nº 2006-936 du 27 juill. 2006, art. 112.]*

L'art. R. 332-1 a été modifié par le Décr. nº 2021-1888 du 29 déc. 2021 pris en application de l'Ord. nº 2021-1192 du 15 sept. 2021 portant réforme du droit des sûretés, en vigueur le 1er janv. 2022. Ces dispositions sont modifiées, à l'échéance du 1er janv. 2023, par le Décr. nº 2021-1887 du 29 déc. 2021 relatif au registre des sûretés mobilières et autres opérations connexes. — Sur ce registre, V. C. com. art. R. 521-1 s., ss. C. pr. exéc., art. R. 533-2.

Art. R. 332-2 **Lorsqu'il existe plusieurs créanciers répondant aux conditions de l'article L. 331-1, la partie poursuivante notifie, dans les deux mois suivant la publication du titre de vente, une demande de déclaration actualisée des créances aux créanciers inscrits ainsi que, si elle en a connaissance, aux créanciers énumérés à l'article** *(Décr. nº 2021-1888 du 29 déc. 2021, art. 5-IX, en vigueur le 1er janv. 2022)* **« 2377** *[ancienne rédaction : 2375]* **» du code civil.**

Le décompte actualisé est produit par conclusions d'avocat, dans les quinze jours suivants *[suivant]* **la demande qui en est faite. A défaut, le créancier est déchu des intérêts postérieurs à la déclaration prévue au 4° de l'article R. 322-7 ou à l'article R. 322-13. Lorsqu'une déclaration de créance n'avait pas à être faite en vertu de ces dispositions, la demande de déclaration actualisée de créance vaut sommation au sens de l'article L. 331-2.**

Nonobstant la déchéance qu'ils encourent dans la procédure de distribution en application de l'article L. 331-2, les créanciers sommés de déclarer leur créance et qui ont omis de le faire peuvent y procéder dans les formes prévues par l'alinéa ci-dessus aux fins de se voir répartir le solde éventuel. — *[Décr. nº 2006-936 du 27 juill. 2006, art. 113.]*

1. Renvoi. V. note ss. art. L. 331-2.

2. Dépassement du délai. Sanction. En matière de saisie immobilière, le délai suivant la publication du titre de vente dans lequel la partie poursuivant la distribution notifie une demande de déclaration actualisée de créance n'est assorti d'aucune sanction et le débiteur saisi peut lui-même poursuivre la distribution judiciaire. Il s'ensuit que le dépassement de ce délai ne peut être sanctionné par l'engagement de la responsabilité civile du créancier saisissant. • Civ. 2e, 21 mars 2013, nº 12-13.813 P : *D. actu. 3 avr. 2013, obs. Avena-Robardet.*

Art. R. 332-3 **La partie poursuivante élabore un projet de distribution. A cette fin, elle peut convoquer les créanciers.** — *[Décr. nº 2006-936 du 27 juill. 2006, art. 114.]*

Art. R. 332-4 **Le projet de distribution est établi et notifié aux créanciers mentionnés** *(Décr. nº 2021-1888 du 29 déc. 2021, art. 3, en vigueur le 1er janv. 2022)* **« aux articles R. 332-2 et R. 331-4,** *[ancienne rédaction : à l'article R. 332-2 et]* **» au débiteur ainsi que, par lettre recommandée avec demande d'avis de réception, au syndic qui a formé l'opposition prévue par l'article 20 de la loi nº 65-557 du 10 juillet 1965 fixant le statut de la copropriété des immeubles bâtis, dans un délai d'un mois suivant l'expiration du délai imparti aux créanciers pour actualiser leur créance.** — *[Décr. nº 2006-936 du 27 juill. 2006, art. 115.]*

Délai. Sanction. Le délai d'un mois imparti à la partie poursuivante par l'art. R. 332-4 pour notifier aux débiteurs le projet de distribution *amiable n'était assorti d'aucune sanction* ; c'est à bon droit qu'une cour d'appel, qui a relevé qu'aucun procès-verbal d'accord revêtu de la formule exécutoire n'avait été établi, a fait droit à la requête en distribution judiciaire. • Civ. 2e, 5 janv. 2017, nº 15-28.798 P : *JCP 2017. 75, obs. Laporte.*

Art. R. 332-5 **La notification mentionne à peine de nullité :**

1° Qu'une contestation motivée peut être formée par acte d'avocat à avocat, auprès de la partie poursuivante, accompagnée des pièces justificatives nécessaires ;

2° Qu'à défaut de contestation dans le délai de quinze jours suivant la réception de la notification, le projet est réputé accepté et qu'il sera soumis au juge de l'exécution aux fins d'homologation. — *[Décr. nº 2006-936 du 27 juill. 2006, art. 116.]*

Art. R. 332-6 **A défaut de contestation ou de réclamation dans les quinze jours suivant la réception de la notification, la partie poursuivante, ou, à défaut, toute partie au projet de distribution sollicite son homologation par le juge. A peine d'irrecevabi-**

lité, la requête est formée dans un délai d'un mois à compter de l'expiration du délai précédent.

Le juge de l'exécution confère force exécutoire au projet de distribution après avoir vérifié que tous les créanciers parties à la procédure et le débiteur ont été en mesure de faire valoir leurs contestations ou réclamations dans le délai prévu à l'article R. 332-5. – *[Décr. n° 2006-936 du 27 juill. 2006, art. 117.]*

I. REQUÊTE TENDANT À L'HOMOLOGATION

1. Délai. Sanction. A peine d'irrecevabilité devant être prononcée d'office, la requête tendant à l'homologation par le JEX du projet de distribution du prix de vente d'un immeuble vendu à la suite d'une procédure de saisie immobilière est formée dans un délai d'un mois suivant l'expiration du délai ouvert aux parties pour contester ce projet. • Civ. 2e, 13 oct. 2016, n° 15-24.570 P : *D. actu. 24 oct. 2016, obs. Avena-Robardet ; D. 2017. Pan. 1397, obs. Leborgne ; Procédures 2016, n° 357, note Laporte ; RLDC juin 2017. 36, obs. Salati.*

II. ORDONNANCE D'HOMOLOGATION : RECOURS

A. OBJET

2. Motifs. L'ordonnance, qui vise la requête comportant l'indication des dates de notification du projet de distribution aux créanciers concernés et aux débiteurs ainsi que les pièces qui y sont annexées, est réputée en avoir adopté les motifs. • Civ. 1re, 21 févr. 2013, n° 12-13.738 P : *D. actu. 13 mars 2013, obs. Avena-Robardet ; RDBF 2013, n° 103, note Piedelièvre.*

B. RECOURS

3. Opposition (non). L'ordonnance d'homologation étant une décision non contradictoire rendue à la requête d'une partie, au terme d'une procédure n'exigeant pas de comparution, il n'y a pas lieu de faire application de l'art. 478 C. pr. civ., ni d'admettre une quelconque possibilité de former opposition à son encontre. • Civ. 2e, 5 janv. 2017, n° 15-29.148 P : *D. actu. 25 janv. 2017, obs. Kebir ; JCP 2017. 75, obs Laporte ; RDBF 2017, n° 83, note Piedelièvre.*

4. Pourvoi en cassation (oui). L'ordonnance rendue en dernier ressort par laquelle le JEX confère, en application de l'art. 117 du Décr. n° 2006-936 du 27 juill. 2006, devenu l'art. R. 332-6 C. pr. exéc., force exécutoire au projet de distribution est susceptible d'un pourvoi en cassation. • Civ. 2e, 18 oct. 2012, n° 11-20.314 P : *D. 2013. 1582, obs. Leborgne ; Dr. et pr. 2013, p. 15, obs. Leborgne ; RDBF 2013, n° 24, obs. Piedelièvre ; Gaz. Pal. 3-5 mars 2013, p. 21, note Brenner.*

5. Chose jugée. L'autorité de la chose jugée ayant un caractère provisoire pour le titulaire d'une hypothèque judiciaire provisoire, c'est à bon droit que le premier président de la cour d'appel a retenu que l'autorité de la chose jugée attachée à l'ordonnance d'homologation n'a pas eu pour effet d'attribuer définitivement au créancier la somme prévue par le projet de distribution mais de bloquer celle-ci qui ne pourrait être versée à ce dernier que sous réserve qu'il ait obtenu un titre constatant l'existence et le montant de la créance revendiquée. • Civ. 2e, 4 juin 2020, n° 18-18.534 : *D. avocats 2020. 333 ; Rev. prat. rec. 2020. 12, obs. Couturier, Jullien et Salati.*

Art. R. 332-7 Lorsque le projet de distribution fait l'objet d'une contestation, le requérant convoque les créanciers parties à la procédure et le débiteur. Les intéressés sont réunis dans un délai compris entre quinze jours et un mois suivant la première contestation. – *[Décr. n° 2006-936 du 27 juill. 2006, art. 118.]*

BIBL. ▸ SILLARD, *D. 2008. 1783* (l'homologation dans la distribution amiable de vente d'un immeuble saisi).

Art. R. 332-8 Si les créanciers parties à la procédure et le débiteur parviennent à un accord sur la distribution du prix et, lorsqu'il est fait application de l'article R. 331-3, sur la mainlevée des inscriptions et publications, il en est dressé un procès-verbal signé des créanciers et du débiteur.

Une copie en est remise ou adressée au débiteur et aux créanciers.

A la requête de la partie la plus diligente, le juge de l'exécution confère force exécutoire au procès-verbal d'accord sur production de celui-ci, après en avoir vérifié la régularité. – *[Décr. n° 2006-936 du 27 juill. 2006, art. 119.]*

Art. R. 332-9 Les notifications et les convocations auxquelles donne lieu le présent chapitre sont faites conformément aux règles des notifications entre avocats, sauf à procéder par voie de signification à l'égard du débiteur n'ayant pas constitué avocat. L'article 652 du code de procédure civile est applicable. – *[Décr. n° 2006-936 du 27 juill. 2006, art. 120.]*

Art. R. 332-10 **Aux requêtes mentionnées aux articles R. 332-6 et R. 332-8 sont joints :**

1° Un état hypothécaire postérieur à la publication de la vente ;

2° Les justificatifs de réception du projet de distribution ;

3° Le projet de distribution ou le procès-verbal d'accord contenant, le cas échéant, autorisation de mainlevée des inscriptions et radiation du commandement de payer valant saisie ;

(Décr. n° 2021-1888 du 29 déc. 2021, art. 3, en vigueur le 1er janv. 2022) **« 4°** *(Décr. n° 2021-1887 du 29 déc. 2021, art. 13, en vigueur le 1er janv. 2023)* **« Des états des inscriptions prévus aux premier et deuxième alinéas de l'article R. 521-31 du code de commerce** *[ancienne rédaction : Un état des inscriptions figurant sur le fichier national des gages sans dépossession du chef du débiteur saisi, ainsi que le cas échéant sur le registre spécial des warrants agricoles tenu par le greffier du tribunal judiciaire du lieu de situation de l'immeuble saisi]* **». »**

Lorsque le prix de vente provient d'une saisie immobilière, il est joint en outre :

1° Le cahier des conditions de vente ;

2° Le jugement d'orientation ;

3° Selon le cas, le jugement constatant la vente auquel est annexée la copie du contrat de vente amiable ou le jugement d'adjudication.

L'ordonnance statuant sur la requête n'est pas susceptible d'appel. — *[Décr. n° 2006-936 du 27 juill. 2006, art. 121.]*

L'art. R. 332-10 a été modifié par le Décr. n° 2021-1888 du 29 déc. 2021 pris en application de l'Ord. n° 2021-1192 du 15 sept. 2021 portant réforme du droit des sûretés, en vigueur le 1er janv. 2022. Ces dispositions sont modifiées, à l'échéance du 1er janv. 2023, par le Décr. n° 2021-1887 du 29 déc. 2021 relatif au registre des sûretés mobilières et autres opérations connexes. — Sur ce registre, V. C. com. art. R. 521-1 s., ss. C. pr. exéc., art. R. 533-2.

1. Pourvoi en cassation. Recevabilité. L'ordonnance rendue en dernier ressort par laquelle le JEX confère, en application de l'art. 117 du Décr. n° 2006-936 du 27 juill. 2006, devenu l'art. R. 332-6 C. pr. exéc., force exécutoire au projet de distribution est susceptible d'un pourvoi en cassation. • Civ. 2e, 18 oct. 2012, n° 11-20.314 P : *D. actu. 6 nov. 2012, obs. Avena-Robardet ; D. 2012. 2529, note Sillard ; Dr. et pr. 2013.15, note A. Leborgne ; Procédures 2013. Chron. 1, n° 25, obs. Leborgne ; Gaz. Pal. 3-5 mars 2013, p. 21, note Brenner ; RDBF 2013, n° 24, note Piedelièvre.* ♦ Les débiteurs saisis qui n'ont pas contesté le projet de distribution dans le délai de quinze jours à compter de la réception de sa notification sont réputés l'avoir accepté. Par suite, ils ne sont pas recevables à soulever devant la Cour de cassation un moyen contraire à l'accord qu'ils ont donné. • Même arrêt.

2. Procès-verbal de description. Le procès-verbal de description devant être contenu au cahier des conditions de vente est celui qui doit être dressé en application des art. R. 322-1 et R. 322-2, sans que puisse lui être assimilé un procès-verbal établi à l'occasion de la délivrance antérieure d'un autre commandement de payer valant saisie immobilière. • Civ. 2e, 21 févr. 2013, n° 12-15.643 P : *D. actu. 13 mars 2013, obs. Avena-Robardet ; D. 2013. Actu. 576 ; Dr. et pr. 2013. 117, note Leborgne ; Gaz. Pal. 2013. 1623, note Laporte ; RDBF 2013, n° 105, note Piedelièvre.*

CHAPITRE III LA DISTRIBUTION JUDICIAIRE

DALLOZ ACTION *Droit et pratique des voies d'exécution 2022/2023,* nos 1523.00 s., par E. DE LEIRIS.

Art. R. 333-1 **A défaut de procès-verbal d'accord revêtu de la formule exécutoire, la partie poursuivante saisit le juge de l'exécution en lui transmettant le projet de distribution, un procès-verbal exposant les difficultés rencontrées ainsi que tous documents utiles.**

A défaut de diligence de la partie poursuivante, toute partie intéressée peut saisir le juge de l'exécution d'une requête aux fins de distribution judiciaire. Lorsque la distribution porte sur des sommes provenant d'une saisie immobilière, la demande est formée conformément à l'article R. 311-6. A défaut, elle est formée par assignation. — *[Décr. n° 2006-936 du 27 juill. 2006, art. 122.]*

Art. R. 333-2 **Lorsqu'il y a lieu** *(Décr. n° 2021-1888 du 29 déc. 2021, art. 3, en vigueur le 1er janv. 2022)* **« de ventiler le prix de plusieurs immeubles vendus collectivement ou de déterminer la fraction du prix de vente correspondant à la valeur d'un immeuble par destination** *[ancienne rédaction : à ventilation du prix de plusieurs immeubles vendus collectivement]* **», le juge, à la demande des parties ou d'office, peut désigner un expert par**

ordonnance. Le juge fixe le délai dans lequel l'expert dépose son rapport au vu duquel la ventilation sera prononcée. – *[Décr. n° 2006-936 du 27 juill. 2006, art. 123.]*

Art. R. 333-3 **Le juge établit l'état des répartitions et statue sur les frais de distribution. Le cas échéant, le juge ordonne la radiation des** *(Décr. n° 2021-1888 du 29 déc. 2021, art. 3, en vigueur le 1er janv. 2022)* **« sûretés publiées** *[ancienne rédaction : inscriptions des hypothèques et privilèges]* **» sur l'immeuble prises du chef du débiteur.**

L'appel contre le jugement établissant l'état des répartitions a un effet suspensif. – *[Décr. n° 2006-936 du 27 juill. 2006, art. 124.]*

BIBL. ▶ LAPORTE, *Procédures 2010. Prat. 1* (appel et cassation en matière de saisie immobilière et de distribution du prix).

I. OFFICE DU JUGE

1. Éléments contestés. Le législateur ayant entendu privilégier la distribution amiable, le JEX n'est saisi que pour trancher les contestations élevées entre les parties, et ne peut remettre en cause les éléments du projet non contestés. • Lyon, 19 mars 2009, n° 08/02248 • Versailles, 20 oct. 2011, n° 11/00547.

2. Frais de justice. Une cour d'appel ayant rappelé que le juge établit, en application de l'art. R. 333-3, l'état des répartitions et statue sur les frais de distribution, et justement retenu que pour la liquidation des frais de justice, qui obéit aux principes généraux ressortant des art. 695 s. C. pr. civ., le juge procède d'office à tous redressements nécessaires de leur compte pour le rendre conforme à la loi, a exactement décidé d'écarter la production afférente aux honoraires de l'avocat du créancier poursuivant ayant élaboré le projet de distribution du prix comme ne ressortant pas des frais visés à l'art. R. 331-2. • Civ. 2e, 25 sept. 2014, n° 13-15.597 P : *D. actu. 14 oct. 2014, obs. Avena-Robardet ; AJDI 2014. 881 ; Procédures 2015, n° 41, obs. Laporte ; Gaz. Pal. 2014. 3275, note Gerry-Vernières ; ibid. 2015. 253, note Hocquard ; RLDA mai 2015, n° 5584, note Mestre et Mestre-Chami.*

II. VOIES DE RECOURS

3. Appel. Un jugement d'un JEX rendu en application de l'art. R. 333-3 C. pr. exéc., inexactement qualifié en dernier ressort, est susceptible d'appel. • Civ. 2e, 13 nov. 2014, n° 13-25.212 : *Procédures 2015, n° 37, obs. Laporte.*

CHAPITRE IV DISPOSITIONS COMMUNES

Art. R. 334-1 **Après la publication du titre de vente et au vu d'un état hypothécaire, le créancier de premier rang peut demander, par requête au juge de l'exécution, à être payé à titre provisionnel pour le principal de sa créance par le séquestre ou la Caisse des dépôts et consignations.**

La décision du juge de l'exécution est notifiée par le créancier de premier rang au débiteur et aux créanciers inscrits lesquels disposent d'un délai de quinze jours pour faire opposition à cette décision. Les intérêts, frais et accessoires de cette créance sont payés une fois le projet de distribution devenu définitif.

Toute stipulation contraire est réputée non écrite. – *[Décr. n° 2006-936 du 27 juill. 2006, art. 85.]*

Art. R. 334-2 **Le séquestre ou la Caisse des dépôts et consignations procède au paiement des créanciers et le cas échéant du débiteur, dans le mois de la notification qui lui est faite, selon le cas, du projet de distribution homologué ou du procès-verbal d'accord revêtu de la formule exécutoire ou d'une copie revêtue de la formule exécutoire de la décision arrêtant l'état de répartition.** – *[Décr. n° 2006-936 du 27 juill. 2006, art. 125.]*

Art. R. 334-3 **Le délai à l'expiration duquel le versement du prix de vente ou sa consignation auprès de la Caisse des dépôts par l'acquéreur produit à l'égard du débiteur tous les effets d'un paiement est de six mois.** – *[Décr. n° 2006-936 du 27 juill. 2006, art. 125-1.]*

TITRE QUATRIÈME DISPOSITIONS RELATIVES À L'APPLICATION DANS LES DÉPARTEMENTS DU BAS-RHIN, DU HAUT-RHIN ET DE LA MOSELLE

CHAPITRE UNIQUE

Le présent chapitre ne comprend pas de dispositions réglementaires.

LIVRE QUATRIÈME L'EXPULSION

TITRE PREMIER CONDITIONS DE L'EXPULSION

CHAPITRE PREMIER DISPOSITIONS GÉNÉRALES

Art. R. 411-1 **Le commandement d'avoir à libérer les locaux prend la forme d'un acte d'huissier de justice signifié à la personne expulsée et contient à peine de nullité :**

1° L'indication du titre exécutoire en vertu duquel l'expulsion est poursuivie ;

2° La désignation de la juridiction devant laquelle peuvent être portées les demandes de délais et toutes contestations relatives à l'exécution des opérations d'expulsion ;

3° L'indication de la date à partir de laquelle les locaux devront être libérés ;

4° L'avertissement qu'à compter de cette date il peut être procédé à l'expulsion forcée du débiteur ainsi qu'à celle de tout occupant de son chef.

Ce commandement peut être délivré dans l'acte de signification du jugement. — *[Décr. n° 92-755 du 31 juill. 1992, art. 194.]*

1. Commandement d'avoir à libérer les locaux. Le commandement aux fins de saisie-vente n'étant pas un commandement aux fins de libérer les lieux, il ne peut produire d'effet dans le cadre d'une procédure d'expulsion. • Douai, 10 mars 1994 : *D. 1994. Somm. 337, obs. Julien* .

2. Bail commercial. Un occupant d'un local à usage de commerce et d'habitation ne peut être expulsé sans que lui soit signifié le commandement prévu à l'art. 194 du Décr. n° 92-750 du 31 juill. 1992 [devenu C. pr. exéc., art. R. 411-1], même s'il occupait les lieux du chef d'un locataire bénéficiant d'un bail commercial ; la procédure d'expulsion est donc nulle et la réintégration de l'occupant doit être ordonnée. • TGI Angoulême, JEX, 4 oct. 1993 : *D. 1994. Somm. 337, obs. Julien* .

3. Est sans intérêt la question de la validité d'un commandement de déguerpir, dès lors que l'expulsion est réalisée quand le JEX statue. Doit être débouté de ses demandes aux fins de nullité de l'expulsion et de réintégration l'occupant d'une résidence secondaire habitée à titre principal, expulsé en son absence, sans la force publique, en période de trêve hivernale. • TGI Albertville, JEX, 12 mars 2002 : *Dr. et pr. 2002. 244, note Bourdillat.*

4. Destinataires. Est nul et de nul effet le commandement de quitter les lieux délivré à l'épouse visant un arrêt d'appel confirmant un jugement qui ne concernait que le mari, seule partie à l'instance. • Paris, 19 juin 2003 : *Dr. et pr. 2003. 389.*

5. Sanction. Nécessité d'un grief. La nullité tirée de l'absence dans le commandement d'avoir à libérer les locaux des mentions prescrites à peine de nullité par les art. 194, 2°, et 195 du Décr. n° 92-755 du 31 juill. 1992 [devenus C. pr. exéc., art. R. 411-1 et R. 412-1] suppose la preuve d'un grief. • Civ. 2e, 13 juill. 2006, n° 04-13.248 P : *AJDI 2006. 762* . ♦ Même solution pour la mention de la date de libération des locaux (art. 194, 3° [devenu C. pr. exéc., art. R. 411-1 et R. 412-1]). • Civ. 2e, 8 févr. 2007, n° 05-20.936 P : *D. 2007. AJ 665* ; *ibid. 2008. Pan. 1175, obs. Leborgne* ; *Procédures 2007, n° 164, note Perrot.*

6. Signification. Destinataire. Le commandement d'avoir à libérer les lieux, qui doit être signifié, en application de l'art. R. 411-1, à la personne dont l'expulsion a été ordonnée, n'a pas à l'être à l'occupant de son chef. • Civ. 2e, 23 juin 2016, n° 15-21.408 P : *RDBF 2016, n° 205, note Piedelièvre ; Procédures 2016, n° 255, note Raschel ; Dr. et pr. 2017. 147, note Lauvergnat.*

Art. R. 411-2 **Le commandement d'avoir à libérer les locaux ne peut être signifié à domicile élu.** — *[Décr. n° 92-755 du 31 juill. 1992, art. 196.]*

Art. R. 411-3 **Si l'expulsion ou l'évacuation d'un immeuble ou d'un lieu habité vise des personnes non dénommées, l'acte est remis au parquet à toutes fins.** — *[L. n° 91-650 du 9 juill. 1991, art. 61, phrase 2.]*

CHAPITRE II DISPOSITIONS PARTICULIÈRES AUX LIEUX HABITÉS OU LOCAUX À USAGE PROFESSIONNEL *(Décr. n° 2019-992 du 26 sept. 2019, art. 5-2°).*

Art. R. 412-1 **Lorsque l'expulsion porte sur un** *(Décr. n° 2019-992 du 26 sept. 2019, art. 5-2°)* **« lieu habité par la personne expulsée ou par** *[ancienne rédaction : local affecté à l'habitation principale de la personne expulsée ou de]* **» tout occupant de son chef, le comman-**

dement d'avoir à libérer les locaux contient, à peine de nullité, en plus des mentions prévues à l'article R. 411-1, la reproduction des articles L. 412-1 à L. 412-6.

Par dérogation au précédent alinéa, les articles L. 412-3 à L. 412-6 ne sont pas reproduits pour l'application de l'article L. 412-7.

Les articles L. 412-1 à L. 412-6 ne sont pas reproduits pour l'application de l'article L. 412-8. – *[Décr. nº 92-755 du 31 juill. 1992, art. 195.]*

La nullité tirée de l'absence dans le commandement d'avoir à libérer les locaux des mentions prescrites à peine de nullité par les art. 194, 2º, et 195 du Décr. nº 92-755 du 31 juill. 1992 [devenu C. pr. exéc., art. R. 411-1 et R. 412-1] suppose la preuve d'un grief. • Civ. 2e, 13 juill. 2006 : *préc. note 5 ss. art. R. 411-1.* ♦ Le commandement de quitter les lieux ne répondant pas aux exigences de l'art. 195 est atteint d'un vice de forme et le prononcé de sa nullité est subordonné à la preuve de l'existence d'un grief. • Civ. 3e, 30 sept. 2009, nº 08-15.203 P : *D. actu. 12 oct. 2009, obs. Prigent ; Loyers et copr. 2009, nº 247, note Vial-Pedroletti ; Procédures 2010, nº 395, note Perrot.* ♦ Comp., jugeant qu'un commandement qui ne reproduit pas les textes mentionnés à l'art. 195 est nul : • TGI Riom, JEX, 29 avr. 1993 : *D. 1994. Somm. 337, obs. Julien*.

Art. R. 412-2 **Lorsque l'expulsion porte sur un** *(Décr. nº 2019-992 du 26 sept. 2019, art. 5-2º)* **« lieu habité par la personne expulsée ou par** *[ancienne rédaction : local affecté à l'habitation principale de la personne expulsée ou de]* **» tout occupant de son chef, le juge qui ordonne l'expulsion ou qui, avant la délivrance du commandement d'avoir à libérer les locaux mentionné à l'article L. 411-1, statue sur une demande de délais présentée sur le fondement des articles L. 412-3 et L. 412-4 peut, même d'office, décider que l'ordonnance ou le jugement sera transmis, par les soins du greffe, au préfet du département, en vue de la prise en compte de la demande de relogement de l'occupant dans le cadre du plan départemental d'action pour le logement des personnes défavorisées prévu par la loi nº 90-449 du 31 mai 1990 visant à la mise en œuvre du droit au logement.**

Pour l'application de l'article L. 412-5, l'huissier de justice envoie au préfet du département du lieu de situation de l'immeuble, par lettre recommandée avec demande d'avis de réception *(Décr. nº 2015-1384 du 30 oct. 2015, art. 15)* **« ou par voie électronique », copie du commandement d'avoir à libérer les locaux.**

Dans toute la mesure du possible, il communique tous renseignements relatifs à l'occupant dont l'expulsion est poursuivie ainsi qu'aux personnes vivant habituellement avec lui. – *[Décr. nº 92-755 du 31 juill. 1992, art. 197.]*

1. L'art. 197 [devenu C. pr. exéc., art. L. 412-2] ne s'applique qu'en cas d'expulsion d'une personne de son habitation principale, et non à l'expulsion d'un local à usage professionnel sans aucun local d'habitation accessoire. • Civ. 2e, 20 janv. 2005, nº 03-13.138 P : *D. 2005. IR 389, obs. Avena-Robardet*. ♦ L'huissier de justice n'a pas à procéder aux formalités prévues par l'art. 197 [devenu C. pr. exéc., art. L. 412-2] lorsque la personne expulsée ne réside pas dans le local d'habitation accessoire aux locaux à usage professionnel donnés à bail. • Civ. 2e, 23 juin 2011, nº 10-18.551 P : *D. 2012. Pan. 1519, obs. Leborgne ; Loyers et copr. 2011, nº 33, note Vial-Pedroletti ; JCP 2011.1045, note Cholet ; Procédures 2011, nº 301, note Perrot ; Gaz. Pal. 26-28 févr. 2011, p. 18, obs. Brenner.*

2. V. note ss. art. L. 412-5.

Art. R. 412-3 **Pour l'application des dispositions de l'article L. 412-3, le juge peut accorder les délais qui y sont prévus même d'office.** – *[CCH, art. L. 613-1, saisine d'office par le juge.]*

Art. R. 412-4 **A compter de la signification du commandement d'avoir à libérer les locaux, toute demande de délais formée en application des articles L. 412-2 à L. 412-6 est portée devant le juge de l'exécution du lieu de situation de l'immeuble.** – *[Décr. nº 92-755 du 31 juill. 1992, art. 198.]*

TITRE DEUXIÈME LA PRÉVENTION DES DIFFICULTÉS D'EXÉCUTION

CHAPITRE UNIQUE

Le présent chapitre ne comprend pas de dispositions réglementaires.

TITRE TROISIÈME LES OPÉRATIONS D'EXPULSION

CHAPITRE PREMIER DISPOSITIONS GÉNÉRALES

Le présent chapitre ne comprend pas de dispositions réglementaires.

CHAPITRE II LE PROCÈS-VERBAL D'EXPULSION

Art. R. 432-1 L'huissier de justice dresse un procès-verbal des opérations d'expulsion qui contient, à peine de nullité :

1° La description des opérations auxquelles il a été procédé et l'identité des personnes dont le concours a été nécessaire ;

2° La désignation de la juridiction compétente pour statuer sur les contestations relatives aux opérations d'expulsion.

Le procès-verbal est signé par toutes les personnes mentionnées au 1°. En cas de refus de signer, il en est fait mention. – *[Décr. n° 92-755 du 31 juill. 1992, art. 199.]*

Le procès-verbal que doit dresser l'huissier de justice et qui ne contient pas les mentions prévues à l'art. 201 concernant l'enlèvement des meubles doit être annulé ; cette annulation n'entraîne pas la réintégration dans les lieux de la personne expulsée en vertu d'un titre exécutoire, mais son indemnisation du préjudice qu'elle a subi par des dommages-intérêts. • Paris, 23 avr. 1998 : *Rev. huiss. 1999. 791, note R. Martin.*

Art. R. 432-2 Le procès-verbal d'expulsion est remis ou signifié à la personne expulsée. – *[Décr. n° 92-755 du 31 juill. 1992, art. 202.]*

CHAPITRE III LE SORT DES MEUBLES

SECTION PREMIÈRE DISPOSITIONS GÉNÉRALES

Art. R. 433-1 Si des biens ont été laissés sur place ou déposés par l'huissier de justice en un lieu approprié, le procès-verbal d'expulsion contient, en outre, à peine de nullité :

1° Inventaire de ces biens, avec l'indication qu'ils paraissent avoir ou non une valeur marchande ;

2° Mention du lieu et des conditions d'accès au local où ils ont été déposés ; – *[Décr. n° 92-755 du 31 juill. 1992, art. 201.]*

(Décr. n° 2019-992 du 26 sept. 2019, art. 6-1° et 2°) « 3° Sommation à la personne expulsée, en caractères très apparents, d'avoir à les retirer dans le délai de deux mois non renouvelable à compter de la remise ou de la signification de l'acte, faute de quoi les biens qui n'auront pas été retirés seront vendus aux enchères publiques dans le cas où l'inventaire indique qu'ils paraissent avoir une valeur marchande ; dans le cas contraire, les biens seront réputés abandonnés, à l'exception des papiers et documents de nature personnelle qui seront placés sous enveloppe scellée et conservés pendant deux ans par l'huissier de justice *[ancienne rédaction : « Sommation à la personne expulsée, en caractères très apparents, d'avoir à les retirer dans le délai d'un mois non renouvelable à compter de la signification de l'acte, faute de quoi les biens qui n'auront pas été retirés pourront être, sur décision du juge, vendus aux enchères publiques ou déclarés abandonnés selon le cas ; »]* ;

« 4° Mention de la possibilité, pour la personne expulsée, de contester l'absence de valeur marchande des biens, à peine d'irrecevabilité dans le délai d'un mois à compter de la remise ou de la signification de l'acte *[ancienne rédaction : « Convocation de la personne expulsée d'avoir à comparaître devant le juge de l'exécution du lieu de la situation de l'immeuble à une date déterminée qui ne peut être antérieure à l'expiration du délai imparti au 3°, afin qu'il soit statué sur le sort des biens qui n'auraient pas été retirés avant le jour de l'audience. L'acte reproduit les dispositions des articles R. 121-6 à R. 121-10. »]* ;

« 5° L'indication du juge de l'exécution territorialement compétent pour connaître de la contestation ;

« 6° La reproduction des dispositions des articles R. 121-6 à R. 121-10, R. 442-2 et R. 442-3. »

L'art. 6 du Décr. nº 2019-992 du 26 sept. 2019 s'applique aux procédures d'expulsion dont le procès-verbal d'expulsion ou de reprise des lieux a été établi à compter du 1er janv. 2020 (Décr. préc., art. 16).

1. La personne expulsée qui doit retirer son mobilier dans le délai d'un mois en a aussi le droit ; le propriétaire des lieux ne peut faire obstacle à cette reprise des effets mobiliers, dès lors que ceux-ci ne sont pas l'objet d'une saisie antérieure. • TGI Paris, JEX, 26 juin 1995 : *BICC 15 déc. 1995, nº 1314.*

2. La procédure d'expulsion ayant pour but d'obtenir du preneur la libération des lieux de tous les objets lui appartenant, le bailleur n'est pas fondé, après avoir fait sommation à la personne expulsée de retirer ses meubles et effets personnels, à prétendre simultanément lui interdire l'accès des locaux pour récupérer des objets restants y compris ses souvenirs personnels. • Civ. 3e, 9 juill. 2003 : *Dr. et pr. 2004. 33, note Bourdillat.*

3. Les frais de l'exécution forcée sont à la charge du débiteur, sauf s'il est manifeste que les frais n'étaient pas nécessaires au moment où ils ont été exposés : tel est le cas des frais de gardiennage engagés alors que le créancier avait indûment refusé la restitution des meubles que réclamait le débiteur. • Civ. 2e, 28 juin 2006 : *Procédures 2006, nº 234, obs. Perrot.*

4. Le commandement de quitter les lieux, délivré en vertu d'une ordonnance de référé, n'a pas à être réitéré par la suite en vertu de l'arrêt confirmatif. • Civ. 2e, 13 mai 2015, nº 14-18.859 : *AJDI 2015. 532.*

Art. R. 433-2 **Le délai prévu par l'article L. 433-1 est** *(Décr. nº 2019-992 du 26 sept. 2019, art. 7)* **« de deux mois** *[ancienne rédaction : d'un mois]* **» non renouvelable à compter** *(Décr. nº 2019-992 du 26 sept. 2019, art. 7)* **« de la remise ou » de la signification du procès-verbal d'expulsion.** – *[Décr. nº 92-755 du 31 juill. 1992, art. 203.]*

L'art. 7 du Décr. nº 2019-992 du 26 sept. 2019 s'applique aux procédures d'expulsion dont le procès-verbal d'expulsion ou de reprise des lieux a été établi à compter du 1er janv. 2020 (Décr. préc., art. 16).

Art. R. 433-3 *(Décr. nº 2019-992 du 26 sept. 2019, art. 8)* **La personne expulsée peut saisir le juge de l'exécution pour contester l'absence de valeur marchande des biens retenue par l'huissier de justice dans l'inventaire. La saisine doit être effectuée, à peine d'irrecevabilité, dans le délai d'un mois à compter de la remise ou de la signification du procès-verbal d'expulsion. Elle suspend le délai de deux mois mentionné à l'article R. 433-2 au terme duquel les biens déclarés sans valeur marchande sont réputés abandonnés.**

L'huissier de justice peut être entendu à l'audience sur cette contestation.

L'art. 8 du Décr. nº 2019-992 du 26 sept. 2019 s'applique aux procédures d'expulsion dont le procès-verbal d'expulsion ou de reprise des lieux a été établi à compter du 1er janv. 2020 (Décr. préc., art. 16).

Ancien art. R. 433-3 ***En vue de l'audience prévue pour le cas où tous les biens de la personne expulsée n'auraient pas été retirés du lieu où ils ont été entreposés, le juge est saisi par le dépôt d'une copie du procès-verbal d'expulsion.***

Au cours de cette audience, l'huissier de justice peut être entendu. – *[Décr. nº 92-755 du 31 juill. 1992, art. 204.]*

Art. R. 433-4 **Si tous les biens ont été retirés avant le jour prévu pour la date de l'audience, le propriétaire du local est tenu d'en informer le juge par tout moyen écrit ou par déclaration au greffe.** – *[Décr. nº 92-755 du 31 juill. 1992, art. 205.]*

Art. R. 433-5 *(Abrogé par Décr. nº 2019-992 du 26 sept. 2019, art. 9-1º)* ***« Si les biens laissés sur place ou déposés en un lieu approprié ont une valeur marchande, le juge peut décider qu'ils seront mis en vente aux enchères publiques, y compris ceux qui sont insaisissables par leur nature. »***

(Décr. nº 2019-992 du 26 sept. 2019, art. 9-2º) **« Si les biens laissés sur place ou déposés en un lieu approprié ont une valeur marchande** *[ancienne rédaction : Après inventaire de ces biens]* **», il est procédé à leur vente forcée comme en matière de saisie-vente.**

Le produit de la vente, après déduction des frais et s'il y a lieu du montant de la créance du bailleur, est consigné auprès de la Caisse des dépôts et consignations au profit de la personne expulsée qui en est informée par l'officier ministériel chargé de la vente au moyen d'une lettre recommandée avec demande d'avis de réception adressée à sa demeure actuelle ou, si celle-ci est inconnue, au lieu de son dernier domicile. – *[Décr. nº 92-755 du 31 juill. 1992, art. 206.]*

L'art. 9 du Décr. n° 2019-992 du 26 sept. 2019 s'applique aux procédures d'expulsion dont le procès-verbal d'expulsion ou de reprise des lieux a été établi à compter du 1er janv. 2020 (Décr. préc., art. 16).

Ayant relevé que l'huissier de justice avait laissé sur place les meubles garnissant les lieux et qu'il avait invité la personne expulsée à les retirer, puis constaté que celle-ci n'avait pas manifesté l'intention de récupérer ce mobilier, la cour d'appel qui n'avait pas à trancher la question de la propriété des meubles a, par ces seuls motifs, légalement justifié sa décision d'ordonner les vente aux enchères. • Civ. 2e, 5 mars 2009, n° 07-20.677 P : *D. 2009. AJ 881 ; Procédures 2009, n° 147, note Perrot ; Dr. et pr. 2009. 221, note Vinckel.*

Art. R. 433-6 **Les biens n'ayant aucune valeur marchande** *(Décr. n° 2019-992 du 26 sept. 2019, art. 10-1°)* **« sont réputés** *[ancienne rédaction : peuvent être déclarés]* **» abandonnés, à l'exception des papiers et documents de nature personnelle qui sont placés sous enveloppe scellée et conservés pendant deux ans par l'huissier de justice.**

Avis en est donné à la personne expulsée, *(Décr. n° 2019-992 du 26 sept. 2019, art. 10-2°)* **« dans les conditions prévues » au dernier alinéa de l'article R. 433-5.**

A l'expiration du délai prévu au premier alinéa, l'huissier de justice détruit les documents conservés et dresse un procès-verbal qui fait mention des documents officiels et des instruments bancaires qui ont été détruits. — *[Décr. n° 92-755 du 31 juill. 1992, art. 207.]*

L'art. 10 du Décr. n° 2019-992 du 26 sept. 2019 s'applique aux procédures d'expulsion dont le procès-verbal d'expulsion ou de reprise des lieux a été établi à compter du 1er janv. 2020 (Décr. préc., art. 16).

Appréciation de la valeur marchande. L'appréciation de la valeur marchande relève du pouvoir souverain d'appréciation du juge. Une cour d'appel peut ainsi déduire de ce que les biens mobiliers inventoriés dans le procès-verbal d'expulsion n'avaient pas une valeur suffisante pour couvrir les frais d'une vente publique, qu'ils étaient dépourvus de valeur marchande. • Civ. 2e, 4 oct. 2007, n° 06-16.685 P : *D. 2007. AJ 2678 ; Procédures 2008, n° 10, note Perrot ; Gaz. Pal. 2008. Somm. 2338, obs. Brenner.*

SECTION II LES MEUBLES INDISPONIBLES

Art. R. 433-7 **Lorsque les biens situés dans un local sont indisponibles en raison d'une saisie antérieurement pratiquée par un autre créancier, ils sont remis à un séquestre, à moins que la personne expulsée n'indique le lieu où ils seront transportés. Il en est dressé inventaire dans le procès-verbal d'expulsion, avec l'indication du lieu où ils seront déposés.**

Le procès-verbal est dénoncé au créancier saisissant. Si le propriétaire du local entend se joindre à la saisie, l'opposition est faite avec la dénonciation du procès-verbal. — *[Décr. n° 92-755 du 31 juill. 1992, art. 200.]*

TITRE QUATRIÈME LES DIFFICULTÉS D'EXÉCUTION

CHAPITRE PREMIER LA RÉINSTALLATION DE LA PERSONNE EXPULSÉE

Art. R. 441-1 **La réinstallation sans titre de la personne expulsée dans les mêmes locaux est constitutive d'une voie de fait.**

Le commandement d'avoir à libérer les locaux signifié auparavant continue de produire ses effets ; l'article R. 412-2 n'est pas applicable. — *[Décr. n° 92-755 du 31 juill. 1992, art. 208.]*

1. Application. V. : • Civ. 2e, 6 mai 1999 : *Procédures 1999, n° 176, obs. Perrot ; ibid., n° 199, obs. Junillon.*

2. Responsabilité de l'huissier. Le fait que des occupants sans droit ni titre se sont réinstallés par voie de fait, malgré une première expulsion, ne dispense pas l'huissier de justice du respect des règles édictées par la loi du 9 juill. 1991 et le Décr. n° 92-755 du 31 juill. 1992 [devenus C. pr. exéc.], selon lesquelles il ne peut en aucun cas user de violence envers les personnes résistantes condamnées à quitter les lieux, seule la force publique pouvant lui fournir ce qu'il faut de violence légitime en cas de nécessité. • Paris, 7 févr. 2002 : *BICC 2002, n° 777 ; ibid. 2003, n° 1176 ; Dr. et pr. 2002. 368, note Menut.* ♦ Un huissier de justice qui s'adjoint des maîtres-chiens pour impressionner les occupants, voire pour lui prêter main forte, commet une faute ayant pour effet d'annuler la procédure d'expulsion et de condamner cet officier public au versement de dommages-intérêts. • Même arrêt.

CHAPITRE II LES CONTESTATIONS

Art. R. 442-1 **Les contestations relatives à l'application des dispositions du présent livre sont portées devant le juge de l'exécution du lieu de la situation de l'immeuble.** — *[Décr. nº 92-755 du 31 juill. 1992, art. 209.]*

Le JEX tient des art. 208 et 209, lorsqu'une personne expulsée se réinstalle sans titre dans les locaux, le pouvoir de mettre fin à cette voie de fait ; et, par application de l'art. 62 de la L. nº 91-650 du 9 juill. 1991 [devenu C. pr. exéc., art. L. 412-1, L. 412-2 et L. 412-5], la cour d'appel a pu, ayant constaté cette voie de fait, supprimer dans une même décision le délai de deux mois devant suivre le commandement d'avoir à libérer les locaux. • Civ. 2e, 6 mai 1999 : *Procédures 1999, nº 176, note Perrot.*

Art. R. 442-2 **Par dérogation aux dispositions de l'article R. 121-11, la demande relative à l'exécution d'une décision de justice ordonnant l'expulsion peut être formée au greffe du juge de l'exécution par lettre recommandée avec demande d'avis de réception ou par** *(Décr. nº 2020-1452 du 27 nov. 2020, art. 2-5º, en vigueur le 1er janv. 2021)* **« requête remise ou adressée au greffe de la juridiction ».**

(Abrogé par Décr. nº 2019-913 du 30 août 2019, art. 20-3º, à compter du 1er janv. 2020) ***« Lorsque le juge de l'exécution exerce aussi les fonctions de juge d'instance et que la demande a été formée au greffe du tribunal de grande instance, celle-ci est réputée faite valablement et elle est immédiatement transmise au greffe du tribunal d'instance. Avis en est donné au demandeur par lettre simple. »*** — *[Décr. nº 92-755 du 31 juill. 1992, art. 17.]*

L'art. 2-5º du Décr. nº 2020-1452 du 27 nov. 2020 s'applique aux instances en cours au 1er janv. 2021 (Décr. préc., art. 12).

Art. R. 442-3 **A peine de nullité, la demande présentée en application de l'article R. 442-2, outre les mentions prévues à l'article** *(Décr. nº 2019-1333 du 11 déc. 2019, art. 30-4º, en vigueur le 1er janv. 2020)* **« 57 » du code de procédure civile, contient un exposé sommaire des motifs et mentionne le nom et l'adresse du défendeur ou, s'il s'agit d'une personne morale, sa dénomination et son siège social.** — *[Décr. nº 92-755 du 31 juill. 1992, art. 18.]*

L'art. 30 du Décr. nº 2019-1333 du 11 déc. 2019 est applicable aux instances en cours au 1er janv. 2020 (Décr. préc., art. 55-I).

Art. R. 442-4 *(Décr. nº 2015-282 du 11 mars 2015, art. 15-1º)* **« Lorsqu'il est fait application de l'article R. 442-2, le greffe avise par tous moyens le demandeur des lieu, jour et heure de l'audience. »**

(Abrogé par Décr. nº 2015-282 du 11 mars 2015, art. 15-2º) ***« Lors de la présentation de la demande, le demandeur peut également être convoqué verbalement contre émargement. Dans ce cas, le greffe lui remet un avis comportant les indications prévues à l'alinéa précédent. »***

Le défendeur est convoqué par lettre recommandée avec demande d'avis de réception. Cette lettre contient une copie de la demande, informe l'intéressé qu'il s'expose, faute de se présenter ou de faire connaître ses moyens de défense, à être jugé sur les seuls éléments fournis par le demandeur, et reproduit les dispositions des articles R. 121-6 à R. 121-10. *(Abrogé par Décr. nº 2015-282 du 11 mars 2015, art. 15-2º)* ***« Copie de la convocation est envoyée le même jour par lettre simple. »*** **Cette convocation peut être également faite verbalement contre émargement.**

En cas de retour au greffe de la lettre recommandée qui n'a pu être remise à son destinataire, le greffier en informe le demandeur et l'invite à procéder comme il est dit à l'article 670-1 du code de procédure civile. — *[Décr. nº 92-755 du 31 juill. 1992, art. 19.]* — *V. C. pr. civ., art. 670-1.*

L'art. 15 du Décr. nº 2015-282 du 11 mars 2015 est applicable dans les îles Wallis-et-Futuna. Il n'est pas applicable dans les Terres australes et antarctiques françaises (Décr. préc., art. 34-II).

Sur le Décr. nº 2015-282 du 11 mars 2015, V. Circ. du 20 mars 2015, reproduit ss. C. pr. civ., art. 692-1.

TITRE CINQUIÈME DISPOSITIONS PROPRES À LA REPRISE DES LOCAUX ABANDONNÉS

CHAPITRE UNIQUE

BIBL. ▸ **Décr. nº 2011-945 du 10 août 1945 :** CHOQUET et LÉON, *Dr. et pr. 2011. 254* (« heureux » propriétaires ?). – LEBORGNE, *D. 2012. Pan. 1512.*

Art. R. 451-1 Pour l'application des dispositions de l'article L. 451-1, l'huissier de justice chargé de l'exécution procède aux opérations de reprise des lieux :

1º Lorsqu'il constate que la personne expulsée et les occupants de son chef ont volontairement libéré les lieux postérieurement à la signification du commandement prévu à l'article L. 411-1 ;

2º Lorsqu'il est autorisé par décision de justice passée en force de chose jugée à reprendre des locaux abandonnés, dans les conditions prévues par les articles 1er à 8 du décret nº 2011-945 du 10 août 2011 pris pour l'application de l'article 14-1 de la loi nº 89-462 du 6 juillet 1989. – *[Décr. nº 92-755 du 31 juill. 1992, art. 208-1.]*

Art. R. 451-2 L'huissier de justice chargé de l'exécution dresse un procès-verbal des opérations de reprise des lieux dans les conditions prévues par l'article R. 432-1 qu'il signifie conformément aux dispositions de l'article R. 432-2. – *[Décr. nº 92-755 du 31 juill. 1992, art. 208-2.]*

Art. R. 451-3 Dans le cas prévu au 1º de l'article R. 451-1, le procès-verbal de reprise des lieux peut être dressé avant l'expiration du délai fixé dans le commandement d'avoir à libérer les locaux. – *[Décr. nº 92-755 du 31 juill. 1992, art. 208-3.]*

Art. R. 451-4 Dans le cas prévu au 2º de l'article R. 451-1 :

1º En cas de vente aux enchères des meubles laissés sur place, celle-ci a lieu dans les conditions prévues par *(Abrogé par Décr. nº 2019-992 du 26 sept. 2019, art. 11)* « *les deuxième et troisième alinéas de* » l'article R. 433-5. Le sort des papiers et documents de nature personnelle est *(Décr. nº 2019-992 du 26 sept. 2019, art. 11)* « régi » par l'article R. 433-6 ;

2º S'il s'avère, à l'occasion des opérations de reprise des locaux, que ceux-ci sont à nouveau occupés par la personne expulsée ou toute personne de son chef, l'huissier de justice procède conformément aux dispositions des titres Ier à IV du présent livre, sans qu'il ait à obtenir un nouveau titre d'expulsion ;

3º Pour l'application de l'article R. 441-1, en cas de réinstallation sans titre de la personne expulsée postérieurement aux opérations de reprise des locaux, constitutive de voie de fait, la signification de la décision de justice, passée en force de chose jugée, autorisant la reprise des lieux tient lieu de commandement d'avoir à libérer les locaux ;

4º Les dispositions des articles R. 442-1 à R. 442-4 sont applicables.

Les autres dispositions des titres Ier à IV ne sont pas applicables. – *[Décr. nº 92-755 du 31 juill. 1992, art. 208-4.]*

L'art. 10 du Décr. nº 2019-992 du 26 sept. 2019 s'applique aux procédures d'expulsion dont le procès-verbal d'expulsion ou de reprise des lieux a été établi à compter du 1er janv. 2020 (Décr. préc., art. 16).

LIVRE CINQUIÈME LES MESURES CONSERVATOIRES

TITRE PREMIER DISPOSITIONS COMMUNES

CHAPITRE PREMIER LES CONDITIONS ET LA MISE EN ŒUVRE

Art. R. 511-1 La demande d'autorisation prévue à l'article L. 511-1 est formée par requête.

Sauf dans les cas prévus à l'article L. 511-2, une autorisation préalable du juge est nécessaire. — *[Décr. n° 92-755 du 31 juill. 1992, art. 210.]*

1. Demande par requête et procédure à suivre. L'autorisation du juge de pratiquer une saisie conservatoire doit être demandée par requête ; le décret ne réglant pas les modalités de l'obtention et de la délivrance de cette requête, il convient, pour la procédure à suivre, de se reporter aux textes du NCPC [devenu C. pr. civ.] dont l'application est expressément visée par l'art. 1er du Décr. n° 92-755 du 31 juill. 1992 [devenu C. pr. exéc., art. R. 121-5]. • Paris, 2 sept. 1999 : *D. 1999. IR 238* (V. aussi cet arrêt, ss. art. 236 [devenu C. pr. exéc., art. R. 523-3]).

2. Pouvoirs du JEX. Si une créance paraissant fondée en son principe peut être délictuelle ou quasidélictuelle, le JEX ne saurait sans excéder ses pouvoirs rechercher et apprécier l'éventuelle faute d'une société mère dans ses relations avec sa filiale ou une immixtion dans la gestion des affaires de celle-ci, desquelles pourrait résulter un principe de créance. • Amiens, 18 nov. 1997 : *D. 1998. IR 23 ; Gaz. Pal. 3 févr. 1998, Somm. des cours, obs. H. Vray ; ibid., 12 févr. 1998, chron. Procédure d'exécution, p. 12, obs. Moussa.*

A défaut d'une disposition expresse excluant l'application des art. 67 de la L. n° 91-650 du 9 juill. 1991 [devenu C. pr. exéc., art. L. 511-1] et 210 du Décr. n° 92-755 du 31 juill. 1992 [devenu C. pr. exéc., art. R. 511-1], d'application générale, en matière de recouvrement de créance dont le contentieux échappe à la compétence des juridictions de l'ordre judiciaire, le JEX est compétent pour autoriser une mesure conservatoire lorsque la créance paraît fondée en son principe. • Civ. 2e, 26 oct. 2006, n° 05-19.194 P : *RLDC 2007/37, n° 2508, obs. Miniato.*

3. Présomption d'innocence. L'instance n'ayant pas pour objet de déterminer si le débiteur est coupable des infractions à lui reprochées, ni même si l'Administration dispose d'une créance fondée dans son principe, mais seulement de rechercher si des mesures conservatoires peuvent être ordonnées au vu de l'apparence d'une telle créance, et la décision du JEX n'ayant qu'un effet provisoire, ne tendant pas à la fixation d'une créance et ne s'imposant pas au juge pénal, cette décision, conforme à l'art. 210 [devenu C. pr. exéc., art. R. 511-1], ne heurte pas le principe du respect de la présomption d'innocence. • Civ. 2e, 20 nov. 2003, n° 01-17.713 P : *D. 2003. IR 3010 ; RTD civ. 2004. 143, obs. Perrot ; RDBF 2004, n° 41, note Delleci ; Dr. et pr. 2004. 155, note Leborgne ; Gaz. Pal. 10-11 mars 2004, p. 8, note Bouchez ; ibid. 21-22 juill. 2004, p. 11, obs. Brenner.*

4. Créances à échéances multiples. Lorsque cette créance est à échéances multiples, il n'est nullement nécessaire qu'elle soit totalement exigible pour qu'une telle autorisation puisse être donnée. • Rennes, 24 nov. 1994 : *BICC, 1995, n° 259.*

5. Obligations pesant sur le requérant. Aux termes des dispositions des art. 210 s. du Décr. n° 92-755 du 31 juill. 1992 [devenus C. pr. exéc., art. R. 511-1 s.], il appartient au requérant de donner tous renseignements sur l'identité du ou des tiers entre les mains du ou desquels il sollicite l'autorisation de pratiquer une saisie conservatoire ; par suite, doit être rejetée la demande tendant à obtenir saisie entre les mains de tout établissement bancaire » dès lors qu'elle est de nature à entraîner des frais frustratoires. • TGI Bastia, JEX, 1er mars 1993 : *BICC, 1er juill. 1993, n° 838 ; D. 1994. Somm. 346, obs. (crit.) Julien .*

6. Abus. Justifie légalement sa décision la cour d'appel qui, ayant souverainement estimé que le courrier par lequel une banque avait accordé à un emprunteur un mois pour régulariser sa situation impliquant un sursis à exécution pendant cette durée, et constaté que le règlement était intervenu dans le délai imparti, a déclaré abusive l'inscription conservatoire d'hypothèque judiciaire prise dans l'intervalle par le prêteur en garantie du remboursement. • Civ. 2e, 6 juill. 2000 : *Dr. et pr. 2001-2, 120, obs. Brenner.* ♦ De même, dès lors qu'une cour d'appel constatait que la société créancière, autorisée par ordonnance du JEX à prendre une inscription d'hypothèque judiciaire provisoire sur des biens immobiliers appartenant à son débiteur, avait volontairement laissé l'huissier de justice dans l'ignorance de la véritable adresse du débiteur saisi et retenait souverainement que ladite société avait, de manière malicieuse, fait signifier l'acte en un lieu où elle savait que celui-ci était propriétaire mais ne résidait pas, elle a, en annulant l'acte de signification, légalement justifié sa décision ayant déclaré caduque l'inscription d'hypothèque. • Civ. 2e, 21 déc. 2000, n° 99-13.218 P : *Gaz. Pal. 19 juill. 2001, Somm., obs. Véron ; RDBF 2001, n° 76, note Delleci.*

7. Menaces sur le recouvrement. La seule circonstance que la société débitrice ait son siège social en Espagne ne saurait constituer la circonstance mettant en péril le recouvrement de la créance. • Pau, 18 mars 2002 : *RDBF 2002, n° 197, note Delleci.*

8. Les associés d'une SCI n'ont pas qualité pour faire pratiquer, en leur nom, une saisie conservatoire. • Civ. 2e, 14 sept. 2006, n° 05-16.266 P : *RDBF 2006, n° 211, note Piedelièvre.*

Art. R. 511-2 **Le juge compétent pour autoriser une mesure conservatoire est celui du lieu où demeure le débiteur.** — *[Décr. n° 92-755 du 31 juill. 1992, art. 211, al. 1er.] — Sur le caractère d'ordre public de l'art. R. 511-2, V. art. R. 511-3. — Sur la compétence d'attribution, V. art. L. 511-3.*

BIBL. ► V. ss. art. L. 511-3.

1. Créance de fret. Sur la compétence du JEX en matière de saisie conservatoire de créances de fret. V. • Com. 13 janv. 1998, n° 95-15.497 P : *D. 1998. IR 43.*

2. Pluralité de débiteurs. En cas de pluralité de débiteurs, le requérant peut, en application de l'art. 42, al. 2, NCPC [devenu C. pr. civ.], présenter la requête, à son choix, au juge du domicile de l'un quelconque d'entre eux. • Paris, 7 mai 2003 : *Dr. et pr. 2003. 327.*

3. Débiteur demeurant à l'étranger. V. ss. art. R. 121-2, note 3.

Art. R. 511-3 **Toute clause contraire aux articles L. 511-3 ou R. 511-2 est réputée non avenue. Le juge saisi doit relever d'office son incompétence.** — *[Décr. n° 92-755 du 31 juill. 1992, art. 211, al. 3.]*

V. notes ss. art. R. 511-2.

Art. R. 511-4 **A peine de nullité de son ordonnance, le juge détermine le montant des sommes pour la garantie desquelles la mesure conservatoire est autorisée et précise les biens sur lesquels elle porte.** — *[Décr. n° 92-755 du 31 juill. 1992, art. 212.]*

Le juge qui autorise une mesure conservatoire par l'adoption des motifs de la requête qui le saisit doit déterminer le montant des sommes pour la garantie desquelles la saisie est autorisée. • Civ. 2e, 10 juill. 2003, n° 01-15.874 P : *D. 2003. IR 2053 ; JCP 2004. II. 10024, note du Rusquec ; Dr. et pr. 2004. 36, note Hoonakker ; Gaz. Pal. 29 févr.-2 mars 2004, p. 34, obs. Brenner.* ♦ La simple référence à la requête ne suffit pas à satisfaire aux exigences de l'art. 212 [devenu C. pr. exéc., art. R. 511-4]. • Même arrêt.

Art. R. 511-5 **En autorisant la mesure conservatoire, le juge peut décider de réexaminer sa décision ou les modalités de son exécution au vu d'un débat contradictoire.**

En ce cas, il fixe la date de l'audience, sans préjudice du droit pour le débiteur de le saisir à une date plus rapprochée.

Le débiteur est assigné par le créancier, le cas échéant, dans l'acte qui dénonce la mesure. — *[Décr. n° 92-755 du 31 juill. 1992, art. 213 ; L. n° 91-650 du 9 juill. 1991, art. 69, al. 3.]*

1. Compétence exclusive du JEX. Lorsqu'une instance au fond est en cours, seul le JEX peut autoriser une mesure conservatoire et tout autre juge doit relever d'office son incompétence. • TGI Chambéry, 15 juin 1993 : *Rev. huiss. 1993. 1251.* ♦ *Il y a donc lieu d'ordonner la mainlevée d'une saisie conservatoire tendant à la conservation d'une créance commerciale ordonnée par le président du T. com. dans l'ignorance de l'existence d'une instance pendante au fond.* • Même jugement.

2. Notion de procès. Le procès au sens de ce texte s'entend de la saisine de la juridiction commerciale ; la constitution de partie civile devant le juge d'instruction ne fait pas obstacle à la compétence du président du T. com. • Lyon, 7 mars 1997 : *JCP 1997. IV. 2574.*

Art. R. 511-6 **L'autorisation du juge est caduque si la mesure conservatoire n'a pas été exécutée dans un délai de trois mois à compter de l'ordonnance.** — *[Décr. n° 92-755 du 31 juill. 1992, art. 214.]*

1. La notification du refus d'une demande d'inscription d'hypothèque judiciaire provisoire, formée dans le délai de trois mois, en raison d'irrégularités de la demande, n'interrompt pas le délai de trois mois, s'agissant d'un refus pur et simple non susceptible de régularisation. • Aix-en-Provence, 19 nov. 2003 : *RDBF 2004, n° 140, note Piedelièvre.*

2. V. jugeant que les hypothèques provisoires prennent rang non pas au jour des nouvelles inscriptions autorisées par le juge d'appel à la suite de la caducité de celles prises par un juge consulaire incompétent en raison d'une instance au fond, mais dès le jour où l'ordonnance d'autorisation du juge consulaire incompétent a été exécutée, en l'espèce, à une date antérieure : • Civ. 2e, 22 mars 2012 : *cité note 1 ss. art. L. 511-3.*

Art. R. 511-7 **Si ce n'est dans le cas où la mesure conservatoire a été pratiquée avec un titre exécutoire, le créancier, dans le mois qui suit l'exécution de la mesure, à peine de caducité, introduit une procédure ou accomplit les formalités nécessaires à l'obtention d'un titre exécutoire.**

Toutefois, en cas de rejet d'une requête en injonction de payer présentée dans le délai imparti au précédent alinéa, le juge du fond peut encore être valablement saisi dans le mois qui suit l'ordonnance de rejet. – *[Décr. nº 92-755 du 31 juill. 1992, art. 215.]*

(Décr. nº 2021-1888 du 29 déc. 2021, art. 4, en vigueur le 1er janv. 2022) **« Lorsqu'il a été fait application de l'article 2320 du code civil, le délai prévu au premier alinéa court à compter du paiement du créancier par la caution. »**

1. Blanchiment. Pour l'application de la L. nº 96-392 du 13 mai 1996, justifie légalement sa décision, au regard de l'art. 215 [devenu C. pr. exéc., art. R. 511-7], la cour d'appel qui relève qu'une procédure de confiscation de l'immeuble, objet de la mesure conservatoire, a été introduite, avant même l'exécution de celle-ci, devant l'autorité judiciaire étrangère et que le propriétaire de l'immeuble a été invité à y participer pour faire valoir ses droits. • Civ. 2e, 4 juin 2009 : *D. 2009. AJ 1698 ; ibid. 2250, note Cutajar ; JCP 2009. 309, note Lasserre Capdeville.*

I. TITRE EXÉCUTOIRE FONDANT LA MESURE CONSERVATOIRE

2. Dès lors qu'une société a fait pratiquer une saisie conservatoire en vertu d'une ordonnance du JEX, ladite mesure conservatoire n'est pas atteinte de caducité, au regard des dispositions de l'art. 215 [devenu C. pr. exéc., art. R. 511-7]. • TGI Paris, JEX, 25 mars 1996 : *BICC, 15 juin 1996, nº 686.*

II. OBTENIR UN TITRE EXÉCUTOIRE

3. Délivrance de l'assignation et non pas enrôlement. L'introduction d'une procédure au sens de ce texte s'entend non pas de la remise au greffe de la copie de l'assignation (qui opère saisine du tribunal) mais de la délivrance de l'assignation. • Paris, ord., 12 févr. 1997 : *Bull. avoués 1997. 2. 72* • Rennes, 19 janv. 1995 : *Rev. jur. Ouest 1995. 3. 413* (l'art. 215 [devenu C. pr. exéc., art. R. 511-7] n'a pas pour effet d'imposer au créancier de saisir la juridiction compétente dans le délai d'un mois fixé par ce texte, mais seulement d'introduire sa procédure dans le même délai soit, plus précisément, d'assigner son débiteur devant cette juridiction).

4. Assignation antérieure à l'acte de saisie. Au cas où le créancier saisissant aurait déjà introduit contre son débiteur une citation aux fins d'obtention d'un titre exécutoire, une nouvelle citation est superflue. • Civ. 2e, 30 mai 2002 : *Procédures 2002, nº 160, note Perrot* (sol. impl.).

5. Date d'audience erronée. Après assignation en validité d'une saisie conservatoire délivrée dans le délai d'un mois mais pour une date d'audience erronée, la réitération de l'assignation, avant la date d'audience effective, en des termes identiques, mais hors délai d'un mois, est caduque. • Paris, ord., 12 févr. 1997 : *Bull. avoués 1997. 2. 76.*

6. Saisine d'un juge incompétent. L'assignation, même délivrée devant une juridiction incompétente dans les délais de l'art. 215, satisfait aux exigences de ce texte. • Civ. 2e, 3 avr. 2003, nº 01-12.032 P : *D. 2003. IR 1138 ; RTD civ. 2003. 550, obs. Perrot ; Procédures 2003, nº 115, note Perrot ; RDBF 2003, nº 159, note Delleci.* – V. déjà • TGI Paris, JEX, 25 sept. 1997 : *Gaz. Pal. 2 juill. 1998, note D. Talon* (« lorsque, après la mise en place d'une inscription d'hypothèque provisoire, l'affaire au fond a été portée devant le tribunal qui s'est estimé incompétent et a transmis le dossier à la nouvelle juridiction désignée par lui, il faut admettre que c'est l'instance introduite devant le premier juge qui se poursuit et que les formalités nécessaires à l'obtention d'un titre engagées à temps sont toujours en cours et n'ont pas été interrompues », V. art. 97 C. pr. civ.). ♦ *Contra :* • TGI Toulouse, JEX, 7 avr. 1993 : *BICC, 1er juin 1993, nº 717.*

7. Citation en référé-provision (oui). Il suffit, pour répondre à l'exigence de l'art. 215 [devenu C. pr. exéc., art. R. 511-7], de citer l'adversaire en référé en vue d'obtenir une provision. • Civ. 2e, 18 févr. 1999, nº 96-15.272 P : *D. 1999. Somm. 218, obs. Julien ; RTD civ. 1999. 472, obs. Perrot ; D. 2000. 813, note Hoonakker ; Gaz. Pal. 12 févr. 2000, Somm., obs. Véron.* ♦ *Contra* jugeant que dans la mesure où une ordonnance de référé dit n'y avoir lieu à référé, la procédure introduite par le créancier dans le délai, imposé par l'art. 215 [devenu C. pr. exéc., art. R. 511-7], s'assimile à une absence de procédure au sens de ce texte. • Paris, 17 févr. 1995 : *D. 1997. 464, note Hoonakker ; RG proc. 1998. 155, obs. Putman* • 17 févr. 1996 : *Gaz. Pal. 8 août 1996, note D. Rocher.*

8. Titre exécutoire tendant à la résolution de la convention (non). Le fondement de la procédure relative aux mesures conservatoires impose que la créance qui paraît fondée en son principe et dont le recouvrement est menacé, pour laquelle l'autorisation de pratiquer une mesure conservatoire est donnée par le JEX, soit identique, en application des art. 210 et 215 du Décr. n° 92-755 du 31 juill. 1992 [devenus C. pr. exéc., art. R. 511-1 et R. 511-7], à celle dont la reconnaissance du bien-fondé est sollicitée auprès du juge du fond en vue de l'obtention du titre exécutoire portant condamnation à paiement. • Montpellier, 17 sept. 2001 : *Dr. et pr. 2002. 113, note Bourdillat.* ♦ Il s'ensuit que devient caduque la saisie conservatoire de créance autorisée pour garantir le paiement du prix d'un contrat de vente, dès lors que le titre exécutoire requis tend à la résolution de cette convention et à l'obtention de dommages et intérêts. • Même arrêt.

9. Assignation en divorce (non). L'assignation en divorce n'ouvre pas, au sens de ce texte, et de l'art. 70 de la L. n° 91-650 du 9 juill. 1991 [devenu C. pr. exéc., art. L. 511-4], une procédure permettant l'obtention d'un titre exécutoire par le conjoint (préalablement) autorisé par le juge à pratiquer une saisie conservatoire. • Cass., avis, 9 févr. 1998, ☎ n° 09-70.011 P : *Procédures 1998, n° 143, obs. Croze ; Gaz. Pal. 6 févr. 1999. Chron. Procédures d'exécution, p. 15, obs. Moussa ; RG proc. 1999. 259, obs. Putman.* ♦ ... Sauf si l'assignation en divorce s'accompagne, concomitamment, d'une demande en révocation d'une donation entre époux. • Civ. 1re, 4 mars 1999 : *Procédures 1999, n° 182, obs. Perrot.*

10. Assignation en vérification de comptabilité (oui). Ayant relevé que l'ouverture de la procédure en vérification de comptabilité avait été notifiée au saisi dans le mois suivant l'exécution des saisies conservatoires, l'arrêt retient exactement que les exigences de l'art. 215 du Décr. n° 92-755 du 31 juill. 1992 [devenu art. R. 511-7 C. pr. civ.] ont été respectées. • Civ. 2e, 4 oct. 2001 : ☎ *D. 2001. IR 3093* ✎ *; JCP 2002. II. 10023, obs. Croze et Masson.*

11. Désignation d'un notaire pour partage (oui). L'épouse qui a fait désigner un notaire pour établir le partage de la communauté des biens après divorce a accompli une formalité nécessaire pour obtenir un titre, évitant la caducité de l'inscription d'hypothèque provisoire. • Paris, 5 sept. 2002 : *JCP 2003. IV. 1478.*

12. Action paulienne (non). L'exercice d'une action paulienne par un créancier saisissant postérieurement à l'exécution d'une saisie conservatoire de créances ne tend pas à l'introduction d'une procédure destinée à l'obtention d'un titre exécutoire. • Montpellier, 15 déc. 2003 : *Dr. et pr. 2004. 169, note Lefort.*

13. Dette fiscale. Cassation de l'arrêt qui, pour accueillir la demande d'un débiteur tendant à voir constater la caducité des mesures de saisies conservatoires prises en exécution d'une ordonnance, retient que seul l'établissement du rôle, en vertu duquel les impôts sont recouvrés, et rendu exécutoire par arrêté du préfet, dans le délai prévu par les textes, est susceptible d'éviter la caducité des mesures prises, alors que la loi exige seulement que soit justifié l'accomplissement des formalités nécessaires à l'obtention d'un titre exécutoire, dans le mois qui suit l'exécution de la mesure conservatoire. • Civ. 2e, 4 févr. 1999, ☎ n° 96-21.244 P : *D. 1999. IR 72* ✎ *; Procédures 1999, n° 59, obs. Perrot.*

14. Injonction de payer. V. note 25. ♦ Le recours à la procédure d'injonction de payer, exorbitante du droit commun, ne peut satisfaire aux exigences de ce texte que si l'ordonnance et sa signification interviennent elles-mêmes dans le délai d'un mois ; l'art. 215 du Décr. n° 92-755 du 31 juill. 1992 [devenu C. pr. exéc., art. R. 511-7] suppose en effet que le débiteur saisi puisse connaître les motifs invoqués au soutien de la mesure dont il doit pouvoir éventuellement rapidement contester la régularité. • TGI Carpentras, JEX, 20 janv. 1999 : *BICC, 15 juin 1999, n° 785.*

15. Procédure de redressement. Le principe de créance résulte de la notification du redressement fiscal dont le JEX ou la cour statuant sur appel de sa décision n'est pas juge. S'agissant d'une procédure de redressement, et alors qu'il n'est pas contesté à la barre que la procédure se poursuit devant la commission *ad hoc,* les dispositions de l'art. 215 du décret n° 92-755 du 31 juill. 1992 [devenu C. pr. exéc., art. R. 511-7], relatives à la nécessité de rechercher l'obtention d'un titre exécutoire, sont respectées. • Paris, 16 nov. 2000 : *D. 2001. IR 284* ✎ (V. aussi cet arrêt, note 18 ss. art. L. 511-1).

16. En ce sens que le créancier qui a pris une inscription provisoire d'hypothèque ne peut saisir la juridiction du fond d'une demande tendant à voir constater les engagements de caution pris à son profit, V. • Civ. 2e, 30 avr. 2002, ☎ n° 00-20.372 P : *D. 2002. AJ 2260* ✎ *; JCP E 2002, n° 31, p. 1521, obs. Pétel ; RDBF 2002, n° 131, obs. Legeais et n° 138, note Delleci ; Defrénois 2003. 779, note Piedelièvre ; Dr. et patrimoine, oct. 2002. 113, obs. Monsérié-Bon.* ♦ L'action régulièrement engagée par le créancier contre la caution et suspendue par l'effet du jugement d'ouverture d'une procédure de redressement judiciaire du débiteur principal ; elle peut être reprise sans nouvelle assignation après le jugement arrêtant le plan de redressement ou prononçant la liquidation judiciaire. • Com. 24 mai 2005, ☎ n° 03-21.043 P : *D. 2005. AJ 1632, obs. A. Lienhard* ✎. ♦ En application de l'art. R. 622-26 C. com., les instances engagées par le créancier contre les coobligés et les personnes physiques ayant consenti un cautionnement ou une garantie autonome à une société bénéficiant d'un plan de sauvegarde, qui peuvent se prévaloir des dispositions de ce plan en application de l'article L. 626-11, suspendues en application de l'article L. 622-28, sont poursuivies à l'initiative des créanciers bénéficiaires de garanties selon les dispositions applicables à l'opposabilité de ce plan à l'égard des garants. • Com. 10 janv. 2012, n° 11-11.482 P : *D. 2012. Actu. 215, obs. Lienhard ; ibid. Chron C. cass. 1218, obs. Guillou ; ibid. 1220, note Guillou ; JCP 2012. 626, obs. Simler ; Dr. et pr. 2012, suppl. Dr. recouvr., n° 4, p. 9, note Salati ; RDBF 2012, n° 49, note Cerles ; RPC mars-avr. 2012. 79, note Patureau et Pérot-Reboul ; ibid. mai-juin 2012, n° 77, note Fraimout ; Gaz. Pal. 2012. 1080, note Le Corre-Broly ; ibid. 947 note Dumont-Lefrand ; RTD com. 2012. 178, obs. Legeais ; RJ com. 2012. 43, note Macorig-Venier ; Banque et Dr. 3-4/2012. 40, note Jacob.* ♦ En conséquence, viole ces dispositions la cour d'appel qui rejette les demandes d'une banque contre une caution (également donneur d'aval) aux motifs que celles-ci peut se prévaloir des délais et remises consenties en exécution du plan de sauvegarde dont il n'est pas contesté qu'il est respecté, la créance invoquée par la banque n'étant donc pas exigible. • Même arrêt. ♦ L'art. L. 622-28, al. 2 et 3, C. com., qui est applicable à la procédure de redressement judiciaire, le créancier bénéficiaire d'un cautionnement consenti par une personne physique, en garantie de la dette d'un débiteur principal mis ensuite en redressement judiciaire, peut prendre des mesures conservatoires sur les biens de la caution et doit, en application des art. R. 511-4 et R. 511-7 C. pr. exéc., introduire dans le mois de leur exécution une procédure ou accomplir les formalités nécessaires à l'obtention d'un titre exécutoire, à peine de caducité de ces mesures, ce dont il résulte que l'obtention d'un tel titre ne peut être subordonnée à l'exigibilité de la créance contre la caution. Viole en conséquence ces textes l'arrêt qui, pour rejeter la demande en paiement, retient que la banque ne justifie pas de l'exigibilité de sa créance, laquelle n'était pas acquise à la date du jugement d'ouverture du redressement judiciaire de la société débitrice principale et n'a pu résulter de ce jugement ou de celui arrêtant le plan, la preuve n'étant pas rapportée, par ailleurs, que la société débitrice ne s'acquitterait pas des échéances du prêt, alors que la banque était fondée, afin d'éviter la caducité de sa mesure conservatoire, à obtenir un jugement de condamnation des cautions avant l'exigibilité de sa créance à leur égard. • Com. 1er mars 2016, n° 14-20.553 P. ♦ *Il résulte de l'art. 215 du Décr. du* 31 juill. 1992, devenu l'art. R. 511-7 C. pr. exéc., que sauf le cas où la mesure est pratiquée avec un titre exécutoire, le créancier qui a été autorisé à pratiquer une mesure conservatoire contre une caution personnelle, personne physique, doit, dans le mois qui suit l'exécution de la mesure, à peine de caducité, introduire une procédure ou accomplir les formalités nécessaires à l'obtention d'un titre exécutoire, même si le débiteur principal bénéficie d'un plan de sauvegarde. Dans ce cas, l'exécution du titre exécutoire ainsi obtenu est suspendue pendant la durée du plan ou jusqu'à sa résolution. En conséquence, justifie légalement sa décision, notamment au regard de l'art. L. 626-11 C. com., une cour d'appel qui retient qu'en application du texte précité la banque avait l'obligation d'assigner au fond les cautions pour obtenir un titre exécutoire et que la mise en œuvre de ce dernier était suspendue pendant la durée du plan ou jusqu'à sa résolution. • Com. 27 mai 2014 : *Gaz. Pal. 5-7 oct. 2014, p. 42, obs. E. Le Corre-Broly.* ♦ *Contra*, jugeant que si le créancier est fondé, en application des art. L. 622-28 et R. 622-26 C. com., à inscrire sur les biens de la caution du débiteur principal soumis à une procédure de sauvegarde une hypothèque judiciaire provisoire et, pour valider cette mesure conservatoire, est tenu d'assigner la caution en vue d'obtenir contre elle un titre exécutoire couvrant la totalité des sommes dues, l'exécution forcée de celui-ci ne peut être mise en œuvre tant que le plan de sauvegarde est respecté. • Com. 2 juin 2015, n° 14-10.673 P : *D. 2015. Actu. 1270, obs. A. Lienhard ; ibid. Pan. 1977, obs. P.-M. Le Corre ; D. 2015. Pan. 2210, obs. Arbellot ; RTD com. 2015. 752, note Martin-Serf ; Rev. sociétés 2015. 548, note Roussel Galle ; RDBF 2015, n° 123, note Legeais ; Banque et dr. juill.-août 2015, p. 79, note Rontchevsky ; JCP E 2016. 1000, obs. Pétel ; Gaz. Pal. 20 oct. 2015, p. 34, note E. Le Corre ; Dr. et patr. 11/2015, p. 76, obs. Crocq.*

17. Arbitrage. La procédure permettant d'obtenir un titre exécutoire, lorsque le juge étatique a accordé une mesure conservatoire tendant à garantir l'exécution d'une sentence arbitrale à intervenir, doit être engagée devant le tribunal arbitral. • Com. 14 oct. 1997, n° 95-17.706 P : *D. 1997. IR 243 ; RG proc. 1998. 536, obs. Rivier.*

18. Plainte avec constitution de partie civile. Le dépôt d'une plainte avec constitution de partie civile constitue la mise en œuvre d'une procédure destinée à l'obtention du titre exécutoire lorsqu'elle permet au plaignant d'obtenir des dommages-intérêts. • Civ. 2e, 30 mars 2000, n° 98-12.782 P : *D. 2000. IR 154 ; Procédures, juin 2000, n° 144, obs. Perrot ; Gaz. Pal. 9 déc. 2000. Somm., obs. Véron* • Civ. 2e, 25 sept. 2014 : *Procédures 2014, n° 318, note Laporte* (non-lieu partiel). – V. aussi • Aix-en-Provence, 16 mai 2003 : *RDBF 2003, n° 239, note Delleci.* ♦ Comp., jugeant qu'en invoquant un certificat de dépôt de plainte, et non des procès-verbaux constatant l'existence d'une créance paraissant fondée en son principe, l'Administration des douanes n'établit pas avoir introduit une procédure ou accompli les formalités nécessaires à l'obtention d'un titre exécutoire : • Com. 27 juin 2000 : *RDBF 2000, n° 238, note Delleci.* ♦ Mais, la plainte avec constitution de partie civile déposée contre personne non dénommée, dès lors qu'elle n'implique pas que les dommages-intérêts susceptibles d'être obtenus par le créancier soient à la charge du débiteur, n'est pas de nature à éviter la caducité de la mesure conservatoire pratiquée. • Civ. 2e, 21 nov. 2002, n° 01-02.705 P : *D. 2002. IR 3246 ; RTD com. 2003. 163, obs. Martin-Serf ; RDBF 2003, n° 41, note Delleci ; Dr. et pr. 2003. 173, note Cuniberti ; Procédures 2003, n° 61, note Perrot ; JCP E. 2003. 233, note P.-M. Le Corre.* ♦ V. aussi, en ce sens qu'une plainte avec constitution de partie civile ne saurait constituer la formalité prescrite par l'art. 215, al. 1er [devenu C. pr. exéc., art. R. 511-7] • Rennes, 26 oct. 2000 : *RDBF 2000, n° 238, note Delleci.* ♦ Une procédure pénale, en cours pendant le mois suivant la saisie conservatoire, ne justifie pas que le créancier a introduit ou accompli les formalités nécessaires à l'obtention d'un titre exécutoire permettant la condamnation en paiement du débiteur. Le juge doit préciser en quoi la procédure pénale visant le débiteur permet de justifier que le créancier avait, dans ce même délai, introduit une procédure ou accompli les formalités nécessaires à l'obtention d'un titre exécutoire à l'égard de celle-ci. • Civ. 2e, 19 févr. 2015 : *Procédures 2015, n° 155, note Raschel.*

19. Ayant souverainement retenu que la créance revendiquée par la société Isotec avait pour unique cause factuelle l'accomplissement de travaux pour le compte de la société défenderesse, une cour d'appel a exactement décidé que la condition de mise en œuvre d'une procédure destinée à l'obtention d'un titre exécutoire, dans les délais impartis, était bien remplie, peu important que le fondement juridique de la demande de condamnation contenue à l'acte d'assignation différait de celui invoqué par la société demanderesse à l'appui de sa créance dans sa requête. • Civ. 3e, 25 sept. 2013, n° 13-40.046 P : *D. 2013. Actu. 2275 ; ibid. 2547, obs. Georget .*

20. Fondement juridique de l'action en paiement et fondement juridique invoqué dans la requête. Identité (non). La condition posée par les art. 70 de la L. du 9 juill. 1991 et 215 du Décr. du 31 juill. 1992, devenus les art. L. 511-4 et R. 511-7, est remplie par l'assignation, dans le délai prévu, aux fins de condamnation en paiement de la créance revendiquée à l'appui de la requête aux fins de mesure conservatoire, peu important que le fondement juridique de cette action diffère de celui invoqué dans la requête aux fins de mesure conservatoire. Doit être approuvé en conséquence l'arrêt qui estime cette condition remplie après avoir souverainement retenu que la créance revendiquée à l'appui de la mesure conservatoire et objet de l'action au fond avait pour unique cause factuelle l'accomplissement de travaux impayés. • Civ. 2e, 26 sept. 2013 : *BICC 1er févr. 2014, n° 164 ; D. 2014. Pan. 1466, obs. Leborgne ; RTD civ. 2014. 166, obs. Perrot ; Dr. et pr. 2013. 251, note Vinckel ; Gaz. Pal. 8-10 déc. 2013, p. 23, obs. Lauvergnat et Raschel ; Procédures 2013, n° 339, note Perrot.*

21. L'obligation faite, à peine de caducité, au créancier d'introduire une procédure ou d'accomplir les formalités nécessaires à l'obtention d'un titre exécutoire, dans le mois qui suit l'exécution d'une mesure conservatoire, peut être satisfaite par la signification au débiteur dans ce délai, de conclusions contenant une demande incidente, sous réserve, lorsque la procédure est orale, que le créancier ait repris oralement ces conclusions lors de l'audience de plaidoirie ultérieure. Ayant relevé que les parties avaient dévolu à la compétence exclusive d'un tiers-expert la détermination du montant définitif de la trésorerie nette et que la société créancière avait formé une demande reconventionnelle consistant en la désignation d'un tiers-expert pour déterminer le montant définitif de la trésorerie nette, la cour d'appel a justement déduit de ces seuls motifs que cette société justifiait avoir accompli les diligences nécessaires à l'obtention d'un titre exécutoire. • Civ. 2e, 13 oct. 2016, n° 15-13.302 : *cité note 5 ss. art. L. 511-1.*

22. Titre exécutoire étranger. Une ordonnance d'un juge de l'exécution ayant autorisé une saisie conservatoire sur le fondement d'actes de défaut de biens délivrés par l'office des faillites de l'arrondissement de Lausanne, titres exécutoires au sens du droit suisse, il incombait au créancier, dans le mois suivant la mise en œuvre de la mesure conservatoire, à peine de caducité de celle-ci, d'engager la procédure permettant de conférer à ces titres l'exequatur afin qu'ils soient exécutoires sur le territoire français. En conséquence, viole les art. L. 111-3, L. 511-4 et R. 511-7 C. pr. exéc. la cour d'appel qui, pour écarter la caducité de la mesure conservatoire, retient que les exigences légales ont été respectées dès lors que le créancier avait engagé une procédure aux fins d'obtention d'un titre exécutoire dans le délai d'un mois suivant la mesure conservatoire en saisissant au fond la chambre patrimoniale cantonale de Lausanne d'une demande en paiement dirigée à l'encontre du débiteur. • Civ. 2e, 28 sept. 2017, n° 16-17.381 P : *D. 2018. Pan. 1232, obs. Leborgne .*

III. SANCTION

23. Caducité. Le non-respect de l'obligation d'assigner au fond dans le délai d'un mois entraîne la caducité de la mesure conservatoire ; en cas de contestation portant sur une saisie conservatoire des créances à l'encontre d'un débiteur demeurant à l'étranger, le JEX compétent est celui du lieu d'exécution de la mesure. • Paris, 18 déc. 1997 : *Rev. huiss. 1998. 685, note Dahan.*

24. Le créancier saisissant, qui omet d'assigner son débiteur dans le mois suivant la date de la saisie conservatoire devant le juge du fond, ne peut, sur le fondement de l'ordonnance l'ayant autorisé à pratiquer cette saisie, devenue caduque, prendre une nouvelle mesure conservatoire tendant aux mêmes fins, la mise en œuvre de la saisie ayant fait produire instantanément son plein effet à ladite ordonnance. • TGI Nice, JEX, 20 avr. 1994 : *D. 1994. Somm. 347, obs. Julien ; RTD civ. 1995. 197, obs. Perrot* • Paris, 22 oct. 1999 : *BICC 1er mars 2000, n° 278.*

IV. ALINÉA 2

25. Référé-provision après le rejet d'une requête en injonction de payer. En cas de rejet d'une requête en injonction de payer présentée dans le mois qui suit l'exécution d'une mesure conservatoire, le juge du fond peut encore être valablement saisi dans le mois qui suit l'ordonnance de rejet. En l'espèce, le créancier a saisi le juge des référés d'une demande de provision dans le mois suivant le rejet de la demande d'injonction de payer. Le juge qui a rejeté la demande d'annulation de la procédure de conversion de la saisie conservatoire en saisie-vente sur le fondement de cette ordonnance de référé alors que le créancier n'avait pas saisi le juge du fond dans les délais, a violé l'art. 215, al. 2, du Décr. n° 92-755 du 31 juill. 1992 [devenu C. pr. exéc., art. R. 511-7]. • Civ. 2e, 5 juill. 2001, n° 99-19.512 P : *RTD civ. 2001. 960, obs. Perrot ; Procédures 2001, n° 209, note Perrot ; RDBF 2001, n° 242, note Delleci ; Dr. et pr. 2000. 42, note Hoonakker ; JCP 2002. II. 10110, note Gentili ; D. 2001. IR 2563* .

Art. R. 511-8 **Lorsque la mesure est pratiquée entre les mains d'un tiers, le créancier signifie à ce dernier une copie des actes attestant les diligences requises par l'article R. 511-7, dans un délai de huit jours à compter de leur date. A défaut, la mesure conservatoire est caduque.** — *[Décr. n° 92-755 du 31 juill. 1992, art. 216.]*

1. Le créancier qui, le même jour, pratique une mesure conservatoire entre les mains d'un tiers et accomplit les diligences nécessaires à l'obtention d'un titre exécutoire doit, à peine de caducité de la mesure, signifier au tiers une copie des actes attestant lesdites diligences, dans un délai de huit jours à compter de leur date. • Civ. 2e, 15 janv. 2009, n° 07-21.804 P : *D. 2009. AJ 378 ; Dr. et pr. 2009. 165, obs. Salati ; Procédures 2009, n° 80, note Perrot ; RLDC 09/2009, n° 3555, obs. Beignier et Miniato ; RDBF 2009, n° 101, note Piedelièvre.*

2. Pluralité de procédures. La diligence exigée par l'art. R. 511-8 étant requise en vue d'informer le tiers saisi du maintien de l'obligation qui lui incombe de conserver les biens rendus indisponibles par la saisie conservatoire, la caducité n'est pas encourue, en cas de pluralité de procédures engagées à fin d'obtention d'un tel titre, lorsque au moins l'une de ces procédures lui a été dénoncée. • Civ. 2e, 10 janv. 2019, n° 17-25.719 P : *cité note 6 ss. art. L. 523-2.*

3. Le conservateur des hypothèques n'est pas un tiers au sens de ce texte. • Cass., avis, 24 janv. 1994, n° 09-30.020 P : *D. 1994. IR 347 ; RTD civ. 1994. 428, obs. Perrot ; D. 1994. Somm. 347, obs. Julien ; JCP 1995. II. 22392, note Dagot et Malbosc-Cantegril.*

4. Ne saurait être déclarée caduque une saisie conservatoire n'ayant pas donné lieu à signification des actes de continuation des poursuites conformément aux art. 215 et 216 [devenus C. pr. exéc., art. R. 511-7 et R. 511-8], dès lors qu'avant l'expiration des délais résultant de ces textes, le saisissant a converti sa mesure conservatoire en saisie-attribution, en signifiant l'acte de conversion prévu par l'art. 240 [devenu C. pr. exéc., art. R. 523-7]. • Civ. 2e, 10 déc. 1998, n° 96-14.862 P : *D. 1999. Somm. 216, obs. Julien ; Rev. huiss. 1999. 683, note Dahan.*

5. Le nantissement opéré sur un bien rendu indisponible par une saisie conservatoire est inopposable au créancier saisissant, lequel n'est pas tenu d'informer le tiers saisi des diligences accomplies pour obtenir un titre exécutoire si celles-ci l'ont été avant la signification de la saisie. • Civ. 2e, 30 mai 2002 : *Procédures 2002, n° 160, note Perrot ; Dr. et pr. 2002. 325.*

CHAPITRE II LES CONTESTATIONS

Art. R. 512-1 **Si les conditions prévues aux articles R. 511-1 à R. 511-8 ne sont pas réunies, le juge peut ordonner la mainlevée de la mesure à tout moment, les parties entendues ou appelées, même dans les cas où l'article L. 511-2 permet que cette mesure soit prise sans son autorisation.** — *V. aussi art. L. 512-1, al. 1er.*

Il incombe au créancier de prouver que les conditions requises sont réunies. — *[Décr. n° 92-755 du 31 juill. 1992, art. 217.]*

1. Pour une application de l'al. 1er de l'art. R. 512-1. • TGI Bastia, 2 avr. 1993 : *D. 1993. Somm. 284, obs. Julien* .

2. Les inscriptions d'hypothèques judiciaires définitives sont rayées du consentement des parties intéressées et ayant capacité à cet effet, ou en vertu d'un jugement en dernier ressort ou passé en force de chose jugée rendu par un TGI. A violé les art. 217 et 265 du Décr. n° 92-755 du 31 juill. 1992 [devenus C. pr. exéc., art. R. 512-1 et R. 533-6], ensemble l'art. 2157 C. civ. et l'art. 4 NCPC [devenu C. pr. civ.] la cour d'appel qui s'est fondée sur les dispositions de l'art. 217 [devenu C. pr. exéc., art. R. 512-1] susvisé pour ordonner la mainlevée de l'inscription qu'il qualifie à tort de « provisoire », alors que le caractère définitif de l'inscription faisait obstacle à la compétence du JEX. • Civ. 2e, 19 oct. 2000, n° 98-22.328 P : *Gaz. Pal. 19 juill. 2001, Somm., obs. Véron.*

3. Preuve. Pour une application de l'al. 2 de l'art. R. 512-7 : • Civ. 2e, 6 oct. 2005, n° 04-12.063 P : *D. 2005. IR 2548 ; Procédures 2005, n° 275, obs. Perrot.*

4. Autorité de la chose jugée. Si le jugement statuant sur une demande de mainlevée d'une mesure conservatoire n'a pas autorité de la chose jugée au principal, le chef de dispositif de cette décision qui statue sur une demande incidente portant sur le fond du droit, fût-elle irrecevable devant le juge de l'exécution faute de constituer une contestation de la mesure conservatoire, est revêtu de cette autorité. • Civ. 2e, 12 avr. 2018, n° 16-28.530 P : *D. actu. 24 mai 2018, obs. Camensuli-Feuillard ; D. 2018. Actu. 856 ; Dr. et pr. 2018. 109, note Salati ; Gaz. Pal. 31 juill. 2018, p. 76, obs. Lauvergnat.*

Art. R. 512-2 La demande de mainlevée est portée devant le juge qui a autorisé la mesure. Si celle-ci a été prise sans autorisation préalable du juge, la demande est portée devant le juge de l'exécution du lieu où demeure le débiteur. Toutefois, lorsque la mesure est fondée sur une créance relevant de la compétence d'une juridiction commerciale, la demande de mainlevée peut être portée, avant tout procès, devant le président du tribunal de commerce de ce même lieu. — *[Décr. n° 92-755 du 31 juill. 1992, art. 218.]*

BIBL. ▶ V. ss. art. L. 511-3.

1. Dès lors qu'une cour d'appel a confirmé la décision d'un juge ayant compétence d'attribution qui avait autorisé la saisie, la cour s'est substituée au premier juge et la demande de rétractation doit être présentée devant elle. • TGI Paris, JEX, 16 mars 1993 : *D. 1994. Somm. 347, obs. Julien ; Rev. huiss. 1993. 1058.*

2. Sur la compétence du T. com. lorsque le litige oppose une société commerciale à un organisme financier à propos d'une lettre de change. • TGI Pointe-à-Pitre, 24 mars 1993 : *D. 1994. Somm. 347, obs. Julien .*

3. La règle posée par la première phrase de ce texte est applicable quand bien même une instance au fond aurait été engagée avant la demande de mainlevée ; compétence du président du T. com. qui a accordé une autorisation de saisie pour modifier ou rétracter la mesure, même lorsque le T. com. a été saisi d'une demande au fond. • Civ. 2e, 26 févr. 1997 : *Procédures 1997, n° 84, obs. Perrot ; RTD civ. 1997. 520, obs. Perrot ; RG proc. 1998. 156, obs. Putman.*

4. Le fait pour le président du T. com., saisi en qualité de JEX d'une demande de mainlevée de saisie conservatoire par application des dispositions de l'art. 218 du Décr. n° 92-755 du 31 juill. 1992 [devenu C. pr. exéc., art. R. 512-2], de statuer par ordonnance de référé et non par jugement ne saurait, à lui seul, entraîner la nullité de cette décision, dès lors que l'appelant ne prouve ni ne soutient que cette irrégularité de forme lui cause un grief. • Paris, 22 oct. 1999 : *BICC, 1er mars 2000, n° 278.*

5. Un précédent jugement, devenu irrévocable, ayant débouté un créancier de sa requête aux fins de pratiquer une saisie conservatoire, la demande du débiteur pour obtenir mainlevée de la saisie autorisée par une nouvelle décision ne peut être écartée au motif que son objet est différent, en raison du changement du tiers détenteur des fonds, alors que le changement de tiers saisi n'a aucune incidence sur l'objet du litige et ne constitue pas une circonstance nouvelle propre à remettre en cause l'autorité de la chose jugée attachée à la première décision (cassation sur le fondement de l'art. 480 NCPC [devenu C. pr. civ.]). • Civ. 2e, 6 juill. 2000 : *RDBF 2000, n° 237, note Delleci.*

Art. R. 512-3 Les autres contestations sont portées devant le juge de l'exécution du lieu d'exécution de la mesure. — *[Décr. n° 92-755 du 31 juill. 1992, art. 219.]*

1. Sur l'application de l'art. 65 du décret [devenu C. pr. exéc., art. R. 211-10] et non pas de l'art. 219 du même décret [devenu C. pr. exéc., art. R. 512-3] lorsque la saisie porte sur des créances et nonobstant le renvoi de l'art. 236, al. 2, 5°, à l'art. 219 [devenus respectivement C. pr. exéc., art. R. 523-3 et R. 512-3]. • TGI Bobigny, JEX, 11 mars 1993 : *D. 1994. Somm. 347, obs. (approb.) Julien .*

2. Des saisies conservatoires autorisées par ordonnance du président du tribunal de première instance de Papeete et pratiquées à Paris à l'encontre d'une personne demeurant à Papeete relèvent du code de procédure civile de la Polynésie française et non de l'art. 219 du Décr. du 31 juill. 1992 [devenu C. pr. exéc., art. R. 512-3]. • Civ. 2e, 13 juill. 2005, n° 03-19.527 P.

TITRE DEUXIÈME LES SAISIES CONSERVATOIRES

CHAPITRE PREMIER DISPOSITIONS GÉNÉRALES

Art. R. 521-1 Sur présentation, selon le cas, de l'autorisation du juge ou du titre en vertu duquel la loi permet une mesure conservatoire, une saisie peut être pratiquée sur les biens meubles corporels ou incorporels appartenant au débiteur, même s'ils sont détenus par un tiers ou s'ils ont fait l'objet d'une saisie conservatoire antérieure. – *[Décr. nº 92-755 du 31 juill. 1992, art. 220.] — Sur le domaine matériel de la saisie conservatoire, V. aussi, art. L. 511-1, al. 1er. — Sur la possibilité d'une pluralité de saisies conservatoires sur un bien, V. aussi, art. L. 511-1, al. 1er. — Sur l'impossibilité d'une saisie conservatoire sur les rémunérations du travail, V.* ***C. trav.****, art. L. 3252-7, reproduit in* ***C. pr. exéc.****, App., vº Saisie et cession des rémunérations.*

Le fait qu'une procédure commence par un acte intitulé saisie conservatoire et se continue par un acte de dénonciation de saisie-attribution fait grief à celui qui les reçoit dans la mesure où il ne sait plus quelles sont les règles qui lui sont applicables. • TGI Riom, JEX, 20 avr. 1993 : *D. 1994. Somm. 347, obs. Julien* .

CHAPITRE II LA SAISIE CONSERVATOIRE SUR LES BIENS MEUBLES CORPORELS

SECTION PREMIÈRE LES OPÉRATIONS DE SAISIE

BIBL. ▸ VACCARO, *D. Affaires 1997. 1409* (le sort de la saisie conservatoire des créances dans le cadre de la procédure collective).

Art. R. 522-1 Après avoir rappelé au débiteur qu'il est tenu de lui indiquer les biens qui auraient fait l'objet d'une saisie antérieure et de lui en communiquer le procès-verbal, l'huissier de justice dresse un acte de saisie.

Cet acte contient à peine de nullité :

1º La mention de l'autorisation du juge ou du titre en vertu duquel la saisie est pratiquée ; ces documents sont annexés à l'acte ; toutefois, s'il s'agit d'une obligation notariée ou d'une créance de l'État, des collectivités territoriales ou de leurs établissements publics, il est seulement fait mention de la date, de la nature du titre ainsi que du montant de la dette ;

2º La désignation détaillée des biens saisis ;

3º Si le débiteur est présent, la déclaration de celui-ci au sujet d'une éventuelle saisie antérieure des mêmes biens ;

4º La mention, en caractères très apparents, que les biens saisis sont indisponibles, qu'ils sont placés sous la garde du débiteur, qu'ils ne peuvent être ni aliénés, ni déplacés, si ce n'est dans le cas prévu au deuxième alinéa de l'article R. 221-13 sous peine des sanctions prévues à l'article 314-6 du code pénal et que le débiteur est tenu de faire connaître la présente saisie à tout créancier qui procéderait à une nouvelle saisie des mêmes biens ;

5º L'indication, en caractères très apparents, que le débiteur peut, si les conditions de validité de la saisie ne sont pas réunies, en demander la mainlevée au juge de l'exécution du lieu de son domicile ;

6º La désignation de la juridiction devant laquelle seront portées les autres contestations, notamment celles relatives à l'exécution de la saisie ;

7º L'indication, le cas échéant, des nom, prénom et qualité des personnes qui ont assisté aux opérations de saisie, lesquelles apposent leur signature sur l'original et les copies ; en cas de refus, il en est fait mention dans l'acte ;

8º La reproduction de l'article 314-6 du code pénal et des articles R. 511-1 à R. 512-3.

Il peut être fait application des dispositions de l'article R. 221-12. — *[Décr. nº 92-755 du 31 juill. 1992, art. 221.] — V., de façon dérogatoire, en matière de saisie conservatoire des navires, C. transp., art. R. 5114-18. —* ***C. transp.***

Art. R. 522-2 Si le débiteur est présent aux opérations de saisie, l'huissier de justice lui rappelle verbalement le contenu des mentions des 4º et 5º de l'article R. 522-1.

Une copie de l'acte de saisie portant les mêmes signatures que l'original lui est immédiatement remise ; cette remise vaut signification. – *[Décr. n° 92-755 du 31 juill. 1992, art. 222, al. 1er.]*

Saisie-revendication d'un navire. Dans le sens de la non-application des restrictions édictées par les art. L. 5114-20 s. C. transp. à la saisie-revendication d'un navire, V. • Bordeaux, 5 déc. 2013 : *DMF 2014. 146, note Bonassies.*

Art. R. 522-3 Si le débiteur n'a pas assisté aux opérations de saisie, une copie de l'acte lui est signifiée, en lui impartissant un délai de huit jours pour qu'il porte à la connaissance de l'huissier de justice l'existence d'une éventuelle saisie antérieure et qu'il lui en communique le procès-verbal. – *[Décr. n° 92-755 du 31 juill. 1992, art. 222, al. 2.]*

Art. R. 522-4 Les dispositions des articles R. 221-14 et R. 221-19 sont applicables à la saisie conservatoire des meubles corporels. – *[Décr. n° 92-755 du 31 juill. 1992, art. 223.]*

Sur la responsabilité du débiteur s'agissant de la conservation de la qualité des biens (vins) • Civ. 1re, 15 mai 2008, n° 07-11.250 P : *D. 2009. Pan. 1168, obs. Leborgne ; JCP E 2008. 1820 ; RDBF 2008, n° 177, note Piedelièvre.*

Art. R. 522-5 Si la saisie conservatoire est pratiquée entre les mains d'un tiers, il est procédé comme il est dit aux articles R. 221-21 à R. 221-29, sauf en ce qui concerne le premier alinéa de l'article R. 221-21 et l'article R. 221-26 qui ne sont pas applicables.

A peine de caducité, l'acte de saisie est signifié au débiteur dans un délai de huit jours. Il contient, en outre, à peine de nullité :

1° Une copie de l'autorisation du juge ou du titre, selon le cas, en vertu duquel la saisie a été pratiquée ;

2° La mention, en caractères très apparents, du droit qui appartient au débiteur, si les conditions de validité de la saisie ne sont pas réunies, d'en demander la nullité au juge de l'exécution du lieu de son propre domicile ;

3° La reproduction des articles R. 511-1 à R. 512-3. – *[Décr. n° 92-755 du 31 juill. 1992, art. 224.]*

Art. R. 522-6 Les incidents relatifs à l'exécution de la saisie sont soumis, en tant que de besoin, aux dispositions des articles R. 221-49 à R. 221-56. – *[Décr. n° 92-755 du 31 juill. 1992, art. 225.]*

Droit international privé. Le juge français n'est pas compétent pour annuler une saisie conservatoire pratiquée à l'étranger, même lorsque le saisissant et le saisi sont tous deux français et domiciliés en France et que le contrat est régi par la loi française. • TGI Lyon, JEX, 4 mai 1993 : *Gaz. Pal. 22 mai 1993. Somm., v° Étrangers ; D. 1994. 55, note Rémery.* ... Et déjà, antérieurement à la réforme. • Civ. 12 mai 1931 : *D. 1933. 60, note Silz* • Civ. 1re, 4 mai 1976 : *Bull. civ. I, n° 155* • Civ. 2e, 29 févr. 1984 : *Bull. civ. II, n° 40.*

SECTION II LA CONVERSION EN SAISIE-VENTE

Art. R. 522-7 Le créancier qui obtient un titre exécutoire constatant l'existence de sa créance signifie au débiteur un acte de conversion qui contient, à peine de nullité :

1° La référence au procès-verbal de saisie conservatoire ;

2° L'énonciation du titre exécutoire ;

3° Le décompte distinct des sommes à payer, en principal, frais et intérêts échus, ainsi que l'indication du taux des intérêts ;

4° Un commandement d'avoir à payer cette somme dans un délai de huit jours, faute de quoi il sera procédé à la vente des biens saisis.

La conversion peut être signifiée dans le même acte que le jugement.

Si la saisie a été effectuée entre les mains d'un tiers, une copie de l'acte de conversion est dénoncée à ce dernier. – *[Décr. n° 92-755 du 31 juill. 1992, art. 226.]*

Art. R. 522-8 A l'expiration d'un délai de huit jours à compter de la date de l'acte de conversion, l'huissier de justice procède à la vérification des biens saisis. Il est dressé acte des biens manquants ou dégradés.

Cet acte contient l'indication, en caractères très apparents, que le débiteur dispose d'un délai d'un mois pour procéder à la vente amiable des biens saisis dans les conditions prescrites aux articles R. 221-30 à R. 221-32. — *[Décr. n° 92-755 du 31 juill. 1992, art. 227.]*

Procédure collective. L'arrêt des voies d'exécution du fait de la procédure collective implique la mainlevée de toute saisie conservatoire de biens meubles corporels lorsque, à la date du jugement prononçant le redressement judiciaire du débiteur, les biens saisis n'ont pas encore été vendus en exécution de la procédure de saisie-vente en laquelle une telle saisie conservatoire doit être convertie, dès lors que c'est seulement par la vente que ces biens sortent du patrimoine du débiteur. • Com. 2 févr. 1999, n° 96-17.517 P : *D. 1998. IR 63 ; JCP E 1999, n° 13, p. 553, obs. Cadiou ; Procédures 1999, n° 97, obs. Laporte.*

Art. R. 522-9 Si les biens ne se retrouvent plus au lieu où ils avaient été saisis, l'huissier de justice fait injonction au débiteur de l'informer dans un délai de huit jours du lieu où ils se trouvent et, s'ils ont fait l'objet d'une saisie-vente, de lui communiquer le nom et l'adresse, soit de l'huissier de justice qui y a procédé, soit du créancier pour le compte de qui elle a été diligentée.

A défaut de réponse, le créancier saisit le juge de l'exécution qui peut ordonner la remise de ces informations sous astreinte sans préjudice d'une action pénale pour détournement de biens saisis. — *[Décr. n° 92-755 du 31 juill. 1992, art. 228.]*

Art. R. 522-10 A défaut de vente amiable dans le délai prévu, il est procédé à la vente forcée des biens saisis dans les conditions prescrites aux articles R. 221-33 à R. 221-39. — *[Décr. n° 92-755 du 31 juill. 1992, art. 229.]*

SECTION III LA PLURALITÉ DE SAISIES

Art. R. 522-11 L'huissier de justice qui procède à une saisie conservatoire sur des biens rendus indisponibles par une ou plusieurs saisies conservatoires antérieures signifie une copie du procès-verbal de saisie à chacun des créanciers dont les diligences sont antérieures aux siennes. — *[Décr. n° 92-755 du 31 juill. 1992, art. 230.]*

Sanction. Aucune nullité ni aucune caducité n'est prévue en cas d'inobservation de la règle prévue par l'art. 230 du Décr. n° 92-755 du 31 juill. 1992 [devenu C. pr. exéc., art. R. 522-11] ; la seule sanction est que le créancier qui ne s'est pas fait connaître ne pourra concourir à la répartition des deniers. • Paris, 18 janv. 2001 : *BICC 2002, n° 228.*

Art. R. 522-12 Si des biens saisis à titre conservatoire font ensuite l'objet d'une saisie-vente, l'huissier de justice signifie le procès-verbal de saisie aux créanciers qui ont pratiqué antérieurement les saisies conservatoires.

De même, l'acte de conversion d'une saisie conservatoire en saisie-vente est signifié aux créanciers qui, avant cette conversion, ont saisi les mêmes biens à titre conservatoire. — *[Décr. n° 92-755 du 31 juill. 1992, art. 231.]*

Art. R. 522-13 Si le débiteur présente des propositions de vente amiable, le créancier saisissant qui les accepte en communique la teneur, par lettre recommandée avec demande d'avis de réception, aux créanciers qui ont saisi les mêmes biens à titre conservatoire, soit avant l'acte de saisie, soit avant l'acte de conversion, selon le cas. A peine de nullité, la lettre reproduit, en caractères très apparents, les trois alinéas qui suivent.

Chaque créancier, dans un délai de quinze jours à compter de la réception de la lettre, prend parti sur les propositions de vente amiable et fait connaître au créancier saisissant la nature et le montant de sa créance.

A défaut de réponse dans le délai imparti, le créancier est réputé avoir accepté les propositions de vente.

Si, dans le même délai, il ne fournit aucune indication sur la nature et le montant de sa créance, il perd le droit de concourir à la distribution des deniers résultant de la vente amiable, sauf à faire valoir ses droits sur un solde éventuel après la répartition. — *[Décr. n° 92-755 du 31 juill. 1992, art. 232.]*

Art. R. 522-14 Le créancier saisissant qui fait procéder à l'enlèvement des biens en vue de leur vente forcée en informe, par lettre recommandée avec demande d'avis de réception, les créanciers qui ont pratiqué une saisie conservatoire sur les mêmes biens avant l'acte de saisie ou l'acte de conversion, selon le cas. A peine de nullité, cette lettre indique le nom et l'adresse de l'officier ministériel chargé de la vente et reproduit en caractères très apparents l'alinéa qui suit.

Chaque créancier, dans un délai de quinze jours à compter de la réception de la lettre, fait connaître à l'officier ministériel chargé de la vente la nature et le montant de sa créance au jour de l'enlèvement. A défaut de réponse dans le délai imparti, il perd le droit de concourir à la distribution des deniers résultant de la vente forcée, sauf à faire valoir ses droits sur un solde éventuel après répartition. — *[Décr. nº 92-755 du 31 juill. 1992, art. 233.]*

CHAPITRE III LA SAISIE CONSERVATOIRE DES CRÉANCES

SECTION PREMIÈRE LES OPÉRATIONS DE SAISIE

Art. R. 523-1 Le créancier procède à la saisie par acte d'huissier de justice signifié au tiers.

Cet acte contient à peine de nullité :

1º L'énonciation des nom et domicile du débiteur ou, s'il s'agit d'une personne morale, de sa dénomination et de son siège social ;

2º L'indication de l'autorisation ou du titre en vertu duquel la saisie est pratiquée ;

3º Le décompte des sommes pour lesquelles la saisie est pratiquée ;

4º La défense faite au tiers de disposer des sommes réclamées dans la limite de ce qu'il doit au débiteur ;

5º La reproduction du troisième alinéa de l'article L. 141-2 et de l'article L. 211-3. — *[Décr. nº 92-755 du 31 juill. 1992, art. 234.]*

Art. R. 523-2 Tout intéressé peut demander que les sommes saisies soient versées entre les mains d'un séquestre désigné, à défaut d'accord amiable, par le juge de l'exécution saisi sur requête.

La remise des fonds au séquestre arrête le cours des intérêts dus par le tiers saisi. — *[Décr. nº 92-755 du 31 juill. 1992, art. 235.]*

Il s'ensuit de ce texte que la remise par le tiers saisi de la somme saisie au créancier saisissant sans l'accord préalable du débiteur saisi et sans autorisation du JEX ne libère pas le tiers saisi à l'égard du débiteur et n'arrête pas le cours des intérêts ; cependant, cette remise irrégulière ne permet au saisi de réclamer au tiers saisi le paiement de la somme concernée que si le saisissant considère avoir été payé et refuse de restituer la somme en question. * TGI Lyon, JEX, nº 94-633 (date non indiquée) : *BICC 1994, nº 993.*

Art. R. 523-3 Dans un délai de huit jours, à peine de caducité, la saisie conservatoire est dénoncée au débiteur par acte d'huissier de justice.

Cet acte contient à peine de nullité :

1º Une copie de l'autorisation du juge ou du titre en vertu duquel la saisie a été pratiquée ; toutefois, s'il s'agit d'une obligation notariée ou d'une créance de l'État, des collectivités territoriales ou de leurs établissements publics, il est seulement fait mention de la date, de la nature du titre ainsi que du montant de la dette ;

2º Une copie du procès-verbal de saisie *(Décr. nº 2019-992 du 26 sept. 2019, art. 12)* « et la reproduction des renseignements communiqués par le tiers saisi si l'acte lui a été signifié par voie électronique » ;

3º La mention, en caractères très apparents, du droit qui appartient au débiteur, si les conditions de validité de la saisie ne sont pas réunies, d'en demander la mainlevée au juge de l'exécution du lieu de son domicile ;

4º La désignation de la juridiction devant laquelle seront portées les autres contestations, notamment celles relatives à l'exécution de la saisie ;

5º La reproduction des articles R. 511-1 à R. 512-3 ;

6º L'indication, en cas de saisie de compte, du montant de la somme à caractère alimentaire laissée à la disposition du débiteur en application de l'article R. 162-2 ainsi que du ou des comptes sur lesquels cette mise à disposition est opérée. — *[Décr. nº 92-755 du 31 juill. 1992, art. 236.]*

L'art. 12 du Décr. n° 2019-992 du 26 sept. 2019 s'applique aux actes de saisie signifiés aux tiers à compter du 1er avr. 2021 (Décr. préc., art. 16, mod. par Décr. n° 2020-950 du 30 juill. 2020, art. 2).

BIBL. ▸ **Décr. n° 2009-1694 du 30 déc. 2009 :** PIEDELIÈVRE, *RDBF 2010, n° 70* (mise à disposition et RSA).

1. Compte joint. Les fonds déposés sur un compte joint ou collectif sont présumés être la propriété conjointe des titulaires du compte et une saisie conservatoire sur ce compte produit ses effets sur l'intégralité du solde créditeur. Il s'ensuit que l'indisponibilité des fonds frappe autant le débiteur que le titulaire du compte étranger à la dette, qui doit en conséquence avoir les mêmes droits ; la saisie conservatoire doit donc être aussi dénoncée au cotitulaire du compte, dans les termes de l'art. 236 [devenu C. pr. exéc., art. R. 523-3]. • TGI Nanterre, JEX, 8 sept. 1994 : *BICC, 1994, n° 1173.*

2. Saisie portant sur une créance. Sur l'application de l'art. 65 du décret [devenu C. pr. exéc., art. R. 211-10] et non pas de l'art. 219 du même décret [devenu C. pr. exéc., art. R. 512-3] lorsque la saisie porte sur des créances et nonobstant le renvoi de l'art. 236, al. 2, 5°) à l'art. 219 [devenus respectivement C. pr. exéc., art. R. 523-3 et R. 512-3]. • TGI Bobigny, JEX, 11 mars 1993 : *D. 1994. Somm. 347, obs. (approb.) Julien* .

3. Nullité de la dénonciation. L'art. 236 du Décr. n° 92-755 du 31 juill. 1992 [devenu C. pr. exéc., art. R. 523-3] ne peut être considéré comme une disposition particulière dérogeant aux dispositions du NCPC [devenu C. pr. civ.] ; l'autorisation du juge de pratiquer une saisie conservatoire doit être demandée au juge par le créancier, par requête (V. art. 210 [devenu C. pr. exéc., art. R. 511-1]) ; l'art. 495 NCPC [devenu C. pr. civ.] qui prévoit que copie de la requête et de l'ordonnance est laissée à la personne à laquelle elle est opposée doit être respecté, quelle que soit la qualité de la personne du débiteur auquel cette copie est délivrée, fût-il avocat ; il importe peu qu'il puisse connaître précisément les éléments qui ont déterminé le juge à donner l'autorisation pour pouvoir efficacement préparer ses arguments à l'appui d'une éventuelle contestation ; la nullité de la dénonciation entraîne la caducité de la saisie conservatoire. • Paris, 2 sept. 1999 : *D. 1999. IR 238* (V. cet arrêt aussi, ss. art. R. 511-1). – Arrêt confirmé par • Civ. 2e, 6 déc. 2001, n° 99-19.894 P : *D. 2002. IR 258 ; RTD civ. 2002. 362, obs. Perrot ; Procédures 2002, n° 26, note Perrot ; RDBF 2002, n° 74, note Delleci ; Dr. et pr. 2002. 177, note Dymant.* ♦ L'irrégularité affectant l'acte de dénonciation constitue un vice de forme qui ne peut entraîner la nullité de l'acte qu'à charge pour celui qui l'invoque de prouver le grief que lui cause l'irrégularité. Ayant souverainement retenu l'absence de preuve d'un grief, c'est à bon droit qu'une cour d'appel en a déduit que les critiques portant sur la régularité formelle des actes de dénonciation n'étaient pas de nature à entraîner leur nullité. • Civ. 2e, 22 mars 2018, n° 16-23.601 P : *D. 2018. Actu. 675 ; ibid. Pan. 1231, obs. Leborgne ; Procédures 2018, n° 183, obs. Laporte ; Gaz. Pal. 19 juin 2018, p. 42, obs. Ansault ; RDBF 2018, n° 73, note Piedelièvre.*

4. Caducité de la saisie. La saisie est caduque faute d'avoir été portée à la connaissance des débiteurs dans le délai de huit jours de l'art. 236 du Décr. n° 92-755 du 31 juill. 1992 [devenu C. pr. exéc., art. R. 523-3], peu important que la saisie ait été infructueuse. • Civ. 2e, 6 mai 2004, n° 02-12.484 P : *D. 2004. IR 1646 ; Procédures 2004, n° 151, note Perrot ; Dr. et pr. 2004. 284, note Putman ; JCP 2004. II. 10150, note Salati ; RDBF 2004, n° 215, note Piedelièvre ; Defrénois 2004. 1549, note Lefort ; Gaz. Pal. 11-13 sept. 2005, p. 19, note Brenner.* ♦ Est caduque la saisie à raison de l'irrégularité dont est affecté l'acte de dénonciation aux saisis de la mesure conservatoire qui, s'il mentionne la remise des copies des procès-verbaux de saisie conservatoire, n'indique pas la remise, prévue à l'art. R. 523-3, de la copie de l'ordonnance, irrégularité qui ne peut être réparée par les mentions propres des procès-verbaux de saisie. • Civ. 2e, 18 oct. 2012 : *Dr. et pr. 2013. 35, note Choquet.* ♦ La caducité des mesures conservatoires ne peut être examinée qu'en conséquence de l'irrégularité des actes de conversion en saisie-attribution et en saisie-vente. • Civ. 2e, 28 juin 2018, n° 17-12.063 P : *D. actu. 25 juill. 2018, obs. Camensuli-Feuillard ; Gaz. Pal. 11 déc. 2018, p. 27, obs. Ansault.*

Art. R. 523-4 **Le tiers saisi est tenu de fournir sur-le-champ à l'huissier de justice les renseignements prévus à l'article L. 211-3 et de lui communiquer les pièces justificatives.**

Il en est fait mention dans l'acte de saisie. – *[Décr. n° 92-755 du 31 juill. 1992, art. 237.]*

(Décr. n° 2019-992 du 26 sept. 2019, art. 13) **« Si l'acte de saisie est signifié par voie électronique, le tiers saisi est tenu de communiquer à l'huissier de justice, par la même voie, les renseignements et pièces justificatives mentionnés au premier alinéa. Cette communication doit être effectuée au plus tard le premier jour ouvré suivant la signification, sous réserve des dispositions prévues à l'article 748-7 du code de procédure civile. »**

L'art. 13 du Décr. n° 2019-992 du 26 sept. 2019 s'applique aux actes de saisie signifiés aux tiers à compter du 1er avr. 2021 (Décr. préc., art. 16, mod. par Décr. n° 2020-950 du 30 juill. 2020, art. 2).

V. note 1 ss. art. R. 523-5.

Art. R. 523-5 Le tiers saisi qui, sans motif légitime, ne fournit pas les renseignements prévus, s'expose à devoir payer les sommes pour lesquelles la saisie a été pratiquée si le débiteur est condamné et sauf son recours contre ce dernier.

Il peut être condamné à des dommages-intérêts en cas de négligence fautive ou de déclaration inexacte ou mensongère. – *[Décr. n° 92-755 du 31 juill. 1992, art. 238.]*

V. aussi notes et renvois ss. art. L. 123-1.

1. Exigence de réponse « sur-le-champ ». Les renseignements auxquels le tiers est tenu sont mentionnés sur l'acte de saisie, ce qui implique que, sauf motif légitime, ils soient donnés sur-le-champ. • Civ. 2e, 7 nov. 2002, n° 99-16.322 P : *D. 2002. IR 3189 ; Dr. et pr. 2003. 118, note Hoonakker ; RDBF 2003, n° 39, note Delleci ; Procédures 2003, n° 9, note Perrot ; Gaz. Pal. 14-15 mars 2003, p. 18, obs. Brenner* • 1er févr. 2006, n° 04-11.693 P : *Procédures 2006, n° 135, obs. Perrot ; RDBF 2006, n° 77, note Piedelièvre.* ♦ *Contra*, jugeant que l'art. 238 du décret du 31 juill. 1992 [devenu C. pr. exéc., art. R. 532-5] ne concernant que les saisies *conservatoires* de créances n'exige pas une réponse « sur-le-champ » ; qu'il ne peut être mis en œuvre que si le débiteur saisi est condamné, la saisie pouvant alors être convertie en saisie-attribution et le tiers pouvant se retourner contre le débiteur effectivement condamné. Le créancier qui assigne le tiers saisi avant la condamnation du débiteur agit prématurément et, faute d'un intérêt né et actuel, sa demande est irrecevable : • Paris, 7 sept. 2000 : *Bull. inf. C. cass. 15 févr. 2001, n° 212 ; D. 2000. IR 270*.

2. Sanctions. Le tiers, entre les mains duquel est pratiquée une saisie conservatoire, qui ne satisfait pas à l'obligation légale de renseignement, n'encourt, s'il n'est tenu au jour de la saisie à aucune obligation envers le débiteur, que la condamnation au paiement de dommages-intérêts prévue à l'art. 238 du Décr. du 31 juill. 1992 [devenu C. pr. exéc., art. R. 523-5]. • Civ. 2e, 30 mai 2002 : *Procédures 2002, n° 204, note Perrot.* ♦ V. aussi, jugeant qu'une déclaration incomplète, inexacte ou mensongère ne peut donner lieu qu'à une condamnation du tiers saisi à des dommages-intérêts. • Civ. 2e, 26 mai 2011, n° 10-16.343 P : *D. 2011. Actu. 1567 ; ibid. Chron. 2150, obs. Sommer, Leroy-Gissinger, Adida, Carac et Boursier ; ibid. Pan. 1515, obs. Leborgne ; BJS 2011. 962, n° 494, note Rubellin.*

3. Prescription. Le créancier qui agit à l'encontre du tiers saisi pour le faire condamner, sur le fondement de l'art. R. 523-5, al. 1er, C. pr. exéc., au paiement des sommes pour lesquelles la saisie conservatoire des créances a été pratiquée n'exécute, à l'égard de ce tiers saisi, aucun titre exécutoire, de sorte que la prescription décennale prévue par l'article L. 111-4 C. pr. exéc. n'est pas applicable à cette action. • Civ. 2e, 6 sept. 2018, n° 17-18.955 P : *D. 2018. Actu. 1762 ; Gaz. Pal. 27 nov. 2018, p. 80, note Lauvergnat ; JCP 2018, n° 978, note Tirvaudey ; Dr. et pr. 2018. 182, note Bédon.* ♦ Cette action, qui n'est pas soumise à la démonstration d'un dommage, peut être introduite à compter de la signification de la décision, même susceptible de recours, condamnant le débiteur au paiement des sommes pour lesquelles la saisie est pratiquée. • Civ. 2e, 6 sept. 2018, n° 17-18.955 P : *préc.* ♦ V. aussi note 25 ss. art. R. 211-5.

4. ... Inscription d'hypothèque. Le défaut d'information du débiteur sur l'existence de l'inscription d'hypothèque est sanctionné par la caducité de l'inscription. • Civ. 2e, 4 janv. 2012, n° 11-12.308 P : *JCP 2012. 626, obs. Delebecque ; RDBF 2012, n° 92, note Piedelièvre ; Dr. et pr. 2012. 139, note Lefebvre ; ibid. suppl. Droit au recouvrement, p. 8, note Salati.*

5. Absence de sanction en cas de saisie nulle ou caduque. La nullité de la saisie conservatoire ou sa caducité qui la prive rétroactivement de tous ses effets s'oppose à ce que le créancier saisissant puisse faire condamner le tiers saisi, sur le fondement de l'art. 238 [devenu C. pr. exéc., art. R. 523-5], au paiement des sommes pour lesquelles la saisie a été pratiquée, cette sanction de la méconnaissance par le tiers saisi de son obligation de renseignement s'inscrivant nécessairement dans le cadre d'une saisie valable ; dès lors, le tiers saisi, pour s'opposer à la demande en paiement, a un intérêt à se prévaloir des causes d'inefficacité de la saisie. • Cass., avis, 21 juin 1999 : *D. 1999. IR 206 ; JCP 1999. II. 10160, note Croze et Moussa.* ♦ La saisie conservatoire, qui n'a pas été convertie en saisie-attribution lors du jugement d'ouverture du redressement judiciaire du saisi ne peut plus produire ses effets, ce qui s'oppose à ce que le créancier poursuivant puisse faire condamner le tiers saisi qui ne fournit pas les renseignements prévus. • Civ. 2e, 20 oct. 2005, n° 04-10.870 P : *Procédures 2005, n° 276, obs. Perrot ; RDBF 2006, n° 28, note Piedelièvre* • 14 sept. 2006, n° 05-16.584 P : *D. 2007. Pan. 1386, obs. Julien ; Dr. et pr. 2007. 46, obs. Salati.*

Dès lors que la signification de la saisie conservatoire de créances a été faite en mairie, le tiers, qui n'a pas eu connaissance de la saisie, ne peut ni encourir la sanction prévue par l'art. 238, al. 1er [devenu C. pr. exéc., art. R. 523-5], ni avoir commis une négligence fautive au sens de l'art. 238, al. 2. • Civ. 2e, 13 juin 2002, n° 00-22.021 P : *D. 2002. IR 2102*. ♦ Sur la validité de la notification d'une saisie au lieu de l'établissement du service de la banque gestionnaire du financement de la société contre laquelle la saisie conservatoire est pratiquée et à laquelle sont dues des commissions par la banque, V. • Civ. 2e, 7 nov. 2002, n° 01-02.308 P : *D. 2003. Somm. 1474, obs. Taormina ; Gaz. Pal. 5-6 sept. 2003, p. 10, obs. Brenner.* ♦ Rappr., ss. art. R. 211-5, la situation du tiers saisi en cas de nullité de la saisie-attribution ou de caducité (note 13).

6. Nécessité d'une détention au jour de la saisie. Le tiers ne peut être condamné au paiement des causes de la saisie que s'il détient les fonds au jour de la saisie. • Civ. 2e, 15 nov. 2012 : *Dr. et pr. 2012. 308 ; Dr. et patr. 11/2013, p. 82, obs. Lefort.*

7. Nécessité de rechercher les manquements du banquier. La banque, condamnée en sa qualité de tiers saisi, à réparer le préjudice subi par les saisissantes, qui avait fortuitement appris de leur huissier instrumentaire, à la suite d'une saisie conservatoire pratiquée par une autre société entre les mains de la banque, des éléments de nature à les conforter dans leurs opinions que leur saisie ne pouvait leur profiter, et n'avait, dès lors pas poursuivi celle-ci, fait grief à l'arrêt de cette condamnation alors qu'en imputant une négligence fautive ou une erreur à la banque, tout en relevant que celle-ci avait satisfait aux obligations déclaratives lui incombant en sa qualité de tiers saisi, la cour d'appel aurait violé l'art. 238 du Décr. n° 92-755 du 31 juill. 1992 [devenu C. pr. exéc., art. R. 523-5]. Mais, les dispositions de cet article ne font pas obstacle à ce que le tiers saisi, qui a fourni à l'huissier de justice les renseignements prévus à l'art. 237 du Décr. n° 92-755 du 31 juill. 1992 [devenu C. pr. exéc., art. R. 523-4], soit condamné à des dommages-intérêts en cas de négligence fautive ou de déclaration inexacte ou mensongère. Pour condamner la banque à payer des dommages-intérêts aux créanciers saisissants, l'arrêt retient que l'erreur ou la négligence fautive commise par la banque a causé un préjudice à celles-ci en ce qu'elles n'ont pas poursuivi l'obtention d'un titre exécutoire pour convertir leur saisie et qu'il doit leur être alloué la somme qu'elles auraient pu se voir attribuer sans cette erreur. En statuant ainsi sans rechercher si, en raison de la fixation de la date de cessation des paiements de la société débitrice ultérieurement mise en redressement puis en liquidation judiciaire, la saisie conservatoire effectuée après cette date n'était pas nulle, ce qui n'aurait pas permis aux sociétés saisissantes d'obtenir l'attribution des sommes saisies à titre de dommages-intérêts, la cour d'appel a privé sa décision de base légale au regard des art. 1382 C. civ., 238 du Décr. n° 92-755 du 31 juill. 1992 [devenu C. pr. exéc., art. R. 523-5] et 107 de la L. du 25 janv. 1985. • Civ. 2e, 21 déc. 2000, n° 98-21.990 P : *RDBF 2001, n° 71, note Delleci ; Gaz. Pal 2002. Somm. 249, obs. Véron.* ♦ V. aussi note 1.

8. Exemples de fautes. Lorsque l'acte de saisie contient le patronyme et le prénom de la personne saisie et qu'aucune confusion sur l'identification de cette dernière ne peut être faite, la banque tiers saisi, qui donne des renseignements exacts puis annule sa réponse, commet une faute au sens de l'art. 238, al. 2 du Décr. n° 92-755 du 31 juill. 1992 [devenu C. pr. exéc., art. R. 523-5]. • Civ. 2e, 5 juill. 2000 : *RDBF 2000, n° 235, note Delleci.*

9. Seule une saisie conservatoire autorise la condamnation du tiers saisi sur le fondement des art. 24 de la L. du 9 juill. 1991 [devenu art. L. 123-1] et 238 du Décr. du 31 juill. 1992 [devenu art. R. 523-5]. • Civ. 2e, 22 mars 2006, n° 05-12.569 P : *Procédures 2006, n° 135, obs. Perrot ; RDBF 2006, n° 141, note Piedelièvre.*

Art. R. 523-6 A défaut de contestation avant l'acte de conversion, la déclaration du tiers est réputée exacte pour les seuls besoins de la saisie. — *[Décr. n° 92-755 du 31 juill. 1992, art. 239.]*

1. Cassation de l'arrêt qui retient que le tiers saisi peut apporter la preuve contraire à ses déclarations et que son action n'est pas enfermée dans les délais institués pour contester les saisies, alors que la cour d'appel avait constaté que le tiers n'avait contesté sa déclaration qu'après avoir reçu signification de l'acte de conversion. • Civ. 2e, 8 déc. 2005, n° 04-12.954 P : *Procédures 2006, n° 136, obs. Perrot.*

2. La présomption de l'art. 239 du Décr. n° 92-755 du 31 juill. 1992 [devenu C. pr. exéc., art. R. 523-6] ne concerne que la contestation par le tiers saisi de sa déclaration, après l'acte de conversion et non la demande en paiement du créancier fondée sur l'art. 238 [devenu C. pr. exéc., art. R. 523-5], qui ne fixe aucun délai pour agir. • Civ. 2e, 8 déc. 2011, n° 07-13.167 P : *D. actu. 25 janv. 2012, obs. Avena-Robardet ; RTD civ. 2012. 377, obs. Perrot ; Dr. et pr. 2012. 47, note Lefort ; RDBF 2012, n° 61, note Piedelièvre.* ♦ Elle n'est pas non plus opposable aux tiers à la procédure de saisie. Par suite, viole ce texte la cour d'appel qui en applique les dispositions à l'épouse d'un débiteur saisi pour rejeter sa contestation alors que celle-ci, tiers à la procédure de saisie, contestait le droit pour un organisme bancaire de poursuivre, sur le produit de la vente d'un bien commun, le recouvrement de sa créance résultant d'une dette contractée par son époux au titre d'un engagement de caution sans son consentement. • Civ. 2e, 27 sept. 2012, nº 11-22.570 P : *D. 2012. Actu. 2320* ; *Dr. et pr. 2012. 297, note Schreiber* ; *RDBF 2013, nº 193, note Piedelièvre* ; *Gaz. Pal. 3-5 mars 2013, note Brenner.*

SECTION II LA CONVERSION EN SAISIE-ATTRIBUTION

Art. R. 523-7 Le créancier qui obtient un titre exécutoire constatant l'existence de sa créance signifie au tiers saisi un acte de conversion qui contient à peine de nullité :

1º La référence au procès-verbal de saisie conservatoire ;

2º L'énonciation du titre exécutoire ;

3º Le décompte distinct des sommes dues en vertu du titre exécutoire, en principal, frais et intérêts échus ainsi que l'indication du taux des intérêts ;

4º Une demande de paiement des sommes précédemment indiquées à concurrence de celles dont le tiers s'est reconnu ou a été déclaré débiteur.

L'acte informe le tiers que, dans cette limite, la demande entraîne attribution immédiate de la créance saisie au profit du créancier. — *[Décr. nº 92-755 du 31 juill. 1992, art. 240.]*

1. Effets de l'ouverture d'une procédure collective. Sur la nullité de la saisie conservatoire pratiquée *après* la date de la cessation des paiements, V. note 3 ss. art. L. 523-2. ♦ Une saisie conservatoire signifiée au tiers saisi *avant* la date de cessation des paiements, mais qui n'a pas été convertie en saisie-attribution *avant* la date du jugement d'ouverture de la procédure collective, n'emporte plus, dès lors, affectation spéciale et privilège au profit du créancier. • Com. 22 avr. 1997, nº 94-16.979 P : *D. 1997. IR 127* ; *D. Affaires 1997. 673* ; *RTD com. 1998. 208, obs. Martin-Serf* ; *JCP 1998. I. 103, nº 30, obs. Delebecque* ; *ibid. E 1997. I. 681, nº 16, obs. Cabrillac* ; *ibid. II. 1013, note Grellière* ; *RPC 1997. 313, obs. Canet* ; *ibid. 1998, p. 83, obs. Canet* ; *ibid. N 1998. 1008, obs. Garçon* ; *RDBB 1997. 134, obs. Campana et Calendini* • Paris, 19 mars 1998 : *D. Affaires 1999. 720, obs. A. L.* • Com. 4 janv. 2000 : *Procédures, mars 2000, nº 59, note Perrot.* ♦ Même solution lorsqu'un séquestre a été substitué à une saisie conservatoire. Cette substitution n'a aucune conséquence sur le régime juridique de la créance saisie et il en découle, selon les art. L. 621-40, C. com., 72, al. 2 de la L. nº 91-650 du 9 juill. 1991 [devenu C. pr. exéc., art. R. 512-1], 240 à 242 du Décr. nº 92-755 du 31 juill. 1992 [devenus C. pr. exéc., art. R. 523-9], que le séquestre n'emporte plus affectation spéciale et privilège au profit du saisissant et que l'ouverture d'une procédure collective à l'encontre du saisi arrête ses effets, comme elle le fait pour une saisie conservatoire. • Com. 6 mars 2001, nº 98-12.266 P : *Dr. et pr. 2001-4, 237, obs. Courtier* ; *D. 2001. AJ 1102, obs. A. Lienhard* ; *JCP E. 2001. 1818, note Diloy* ; *RDBF 2001, nº 129, note Delleci.* – V. aussi • Civ. 2e, 17 juill. 2001 : *RDBF 2002, nº 29, note Delleci.*

2. Nature juridique de l'acte de conversion. L'acte de conversion d'une saisie conservatoire des créances, prévu par ce texte, constitue un acte d'exécution ; en effet, aux termes de ce texte et de l'art. 76 de la loi, c'est la demande de paiement contenue dans l'acte en question qui emporte attribution immédiate, au profit du créancier, de la créance saisie conservatoirement et non la saisie conservatoire elle-même ; dès lors, la signification au tiers saisi, postérieurement au jugement d'ouverture du redressement judiciaire du débiteur saisi, d'un acte de conversion d'une saisie conservatoire pratiquée antérieurement audit jugement est nulle comme contrevenant aux dispositions de l'art. 47 de la loi du 25 janv. 1985 [C. com., art. L. 621-40]. • TGI Lyon, JEX, 26 sept. 1995 : *BICC, 15 févr. 1996, nº 193.*

3. Nécessité de signifier l'acte de conversion au tiers saisi. En déclarant que le tiers saisi était libéré de sa dette, sans constater la signification par le créancier saisissant au tiers saisi d'un acte de conversion de la saisie conservatoire en saisie-attribution et le paiement par le tiers saisi entre les mains du créancier saisissant, la cour d'appel a violé les art. 76, al. 2, de la L. nº 91-650 du 9 juill. 1991 [devenu C. pr. exéc., art. L. 522-1], 62 et 240 du Décr. nº 92-755 du 31 juill. 1992 [devenus respectivement C. pr. exéc., art. R. 211-7 et R. 523-7]. • Civ. 2e, 23 nov. 2000, nº 98-22.795 P : *D. 2001. IR 284* ; *RDBF 2001, nº 73, note Delleci.*

4. Notification d'une mesure d'exécution forcée. Contenu. Les dispositions de l'art. 680 C. pr. civ. qui visent la notification des jugements, ne s'appliquent pas à la notification d'une mesure d'exécution, tel un acte de conversion d'une saisie-attribution. • Civ. 2e, 8 sept. 2011, nº 10-23.003 P : *Procédures 2011, nº 335, note Perrot* ; *Dr. et pr. 2011. 265, note Salati* ; *RDBF 2011, nº 2009, note Piedelièvre.*

5. Signification de l'acte de conversion. Compétence exclusive de l'huissier de justice. Renvoi. V. note 4 ss. L. 27 déc. 1923, art. 6, App., vº *Huissiers de justice.*

Art. R. 523-8 La copie de l'acte de conversion est signifiée au débiteur. — *[Décr. nº 92-755 du 31 juill. 1992, art. 241.]*

Le délai de 8 jours prévu, à peine de caducité, par l'art. 58 du Décr. n° 92-755 du 31 juill. 1992 [devenu C. pr. exéc., art. R. 211-3] pour la dénonciation de la saisie-attribution au débiteur ne s'applique pas lorsqu'il s'agit de signifier au débiteur la copie de l'acte de conversion de la saisie conservatoire en saisie-attribution, en application de l'art. 241 du Décr. n° 92-755 du 31 juill. 1992 [devenu C. pr. exéc., art. R. 523-8] qui ne prévoit aucun délai. • Com. 2 mars 2010 : *cité note 5 ss. C. pr. exéc., art. L. 523-2.*

Art. R. 523-9 **A compter de cette signification, le débiteur dispose d'un délai de quinze jours pour contester l'acte de conversion devant le juge de l'exécution du lieu où il demeure. Ce délai est prescrit à peine d'irrecevabilité.**

Sous la même sanction, la contestation est dénoncée le même jour *(Décr. n° 2017-892 du 6 mai 2017, art. 45)* **« ou, au plus tard, le premier jour ouvrable suivant », par lettre recommandée avec demande d'avis de réception, à l'huissier de justice qui a procédé à la saisie.**

L'auteur de la contestation en informe le tiers saisi par lettre simple.

En l'absence de contestation, le tiers saisi procède au paiement sur la présentation d'un certificat délivré par le greffe ou établi par l'huissier de justice qui a procédé à la saisie attestant qu'aucune contestation n'a été formée dans les quinze jours suivant la dénonciation de l'acte de conversion.

Le paiement peut intervenir avant l'expiration de ce délai si le débiteur a déclaré ne pas contester l'acte de conversion. Cette déclaration doit être constatée par écrit. – *[Décr. n° 92-755 du 31 juill. 1992, art. 242.]*

BIBL. ► **Décr. du 6 mai 2017 :** DOROL, *D. actu. 19 mai 2017.*

1. Nécessité d'un enrôlement de l'assignation. En cas de contestation ayant pour objet la conversion d'une saisie conservatoire des créances en une saisie-attribution, l'assignation doit être non seulement signifiée, mais enrôlée dans le délai de 15 jours. • Paris, 3 déc. 1998 : *Procédures 1999, n° 24, obs. Perrot.*

2. Défaut de contestation. A défaut de contestation de saisies conservatoires ou d'actes de conversion par la saisine du JEX au moyen de la remise d'une copie de l'assignation dans le délai de 15 jours de l'art. 242 du Décr. n° 92-755 du 31 juill. 1992 [devenu C. pr. exéc., art. R. 523-9], le greffe a l'obligation de délivrer un certificat de non-contestation, tout recours du débiteur étant alors irrecevable. • TGI Orléans, 10 oct. 1997 : *Rev. huiss. 1999. 37, note Dahan.*

3. Saisie conservatoire de droits d'associé. Le délai de contestation de 15 jours de la conversion de la saisie conservatoire en saisie-attribution, prévu par l'art. 242 du Décr. n° 92-755 du 31 juill. 1992 [devenu C. pr. exéc., art. R. 523-9], n'est pas applicable à la conversion de la saisie conservatoire de droits d'associé ou de valeurs mobilières en saisie-vente. • TGI Nanterre, 17 avr. 2000 : *RDBF 2000, n° 165, note Delleci.*

4. Délai de procédure. En ce sens que le délai de l'art. 242 du Décr. n° 92-755 du 31 juill. 1992 [devenu C. pr. exéc., art. R. 523-9] n'est pas un délai de prescription ni de forclusion, mais un délai de procédure au sens des art. 640 s. C. pr. civ, dont le respect conditionne la recevabilité de la contestation, et qui n'est pas susceptible d'interruption ni de prescription, V. : • TGI Bordeaux, 28 déc. 2010 : *D. 2011. 728, note Agostini.*

Art. R. 523-10 **En tant que de besoin, les dispositions des articles R. 211-7, R. 211-8, R. 211-9, R. 211-12, du deuxième alinéa de l'article R. 211-15 et R. 211-22 sont applicables à la conversion de la saisie conservatoire.** – *[Décr. n° 92-755 du 31 juill. 1992, art. 243.]*

CHAPITRE IV LA SAISIE CONSERVATOIRE DES DROITS D'ASSOCIÉ ET DES VALEURS MOBILIÈRES

SECTION PREMIÈRE LES OPÉRATIONS DE SAISIE

Art. R. 524-1 **Le créancier procède à la saisie par la signification d'un acte à l'une des personnes mentionnées aux articles R. 232-1 à R. 232-4 selon le cas.**

Cet acte contient à peine de nullité :

1° Les nom et domicile du débiteur ou, s'il s'agit d'une personne morale, sa dénomination et son siège social ;

2° L'indication de l'autorisation ou du titre en vertu duquel la saisie est pratiquée ;

3° Le décompte des sommes pour lesquelles la saisie est pratiquée ;

4° L'indication que la saisie rend indisponibles les droits pécuniaires attachés à l'intégralité des parts ou valeurs mobilières dont le débiteur est titulaire ;

5° La sommation de faire connaître l'existence d'éventuels nantissements ou saisies. – *[Décr. n° 92-755 du 31 juill. 1992, art. 244.]*

Art. R. 524-2 Dans un délai de huit jours, à peine de caducité, la saisie conservatoire est dénoncée au débiteur par acte d'huissier de justice.

Cet acte contient à peine de nullité :

1° Une copie de l'autorisation du juge ou du titre en vertu duquel la saisie a été pratiquée ; toutefois, s'il s'agit d'une obligation notariée ou d'une créance de l'État, des collectivités territoriales ou de leurs établissements publics, il est seulement fait mention de la date, de la nature du titre ainsi que du montant de la dette ;

2° Une copie du procès-verbal de saisie ;

3° La mention, en caractères très apparents, du droit qui appartient au débiteur, si les conditions de validité de la saisie ne sont pas réunies, d'en demander la mainlevée au juge de l'exécution du lieu de son domicile ;

4° La désignation de la juridiction devant laquelle seront portées les autres contestations, notamment celles relatives à l'exécution de la saisie ;

5° La reproduction des articles R. 511-1 à R. 512-3. – *[Décr. n° 92-755 du 31 juill. 1992, art. 245.]*

Art. R. 524-3 Les dispositions de l'article R. 232-8 sont applicables. – *[Décr. n° 92-755 du 31 juill. 1992, art. 246.]*

1. Aucune disposition du Décr. n° 92-755 du 31 juill. 1992 [devenu C. pr. exéc., notammant partie réglementaire] ne sanctionne le défaut de réponse du tiers saisi dans le cas d'une saisie conservatoire de droits d'associés et de valeurs mobilières. • Paris, 28 oct. 1999 : *D. 1999. IR 281* • 7 sept. 2000 : *D. 2000. IR 270*. ♦ Comp. notes ss. art. 24 et 44 L. n° 91-650 du 9 juill. 1991 [devenus respectivement C. pr. exéc., art. L. 123-1 et L. 211-3] et art. 60, 75, 182 et 238 Décr. n° 92-755 du 31 juill. 1992 [devenus respectivement C. pr. exéc., art. R. 211-5, R. 211-20, R. 232-5 et R. 523-5].

2. Propriété des actions. Seuls les dépôts effectués par les donneurs d'ordre en couverture des positions prises par eux sur un marché d'instruments financiers sont en application de l'art. L. 440-7 C. mon. fin., dès leur constitution, transférés en pleine propriété au prestataire de services d'investissement habilité. Il en résulte que les titres dont l'affectation à la couverture des opérations à terme n'est pas démontrée peuvent faire l'objet d'une saisie conservatoire par un créancier du donneur d'ordre. • Com. 26 juin 2012, n° 11-18.337 P : *RDBF 2012, n° 159, obs. Piedelièvre ; ibid. n° 198, obs. Muller ; BJS 2012. 314, note Goutay ; Banque et Dr. 2012. 32, obs. de Vauplane.*

SECTION II **LA CONVERSION EN SAISIE-VENTE**

Art. R. 524-4 Le créancier qui obtient un titre exécutoire constatant l'existence de sa créance signifie au débiteur un acte de conversion qui contient à peine de nullité :

1° La référence au procès-verbal de saisie conservatoire ;

2° L'énonciation du titre exécutoire ;

3° Le décompte distinct des sommes à payer en principal, frais et intérêts échus, ainsi que l'indication du taux des intérêts ;

4° Un commandement d'avoir à payer cette somme, faute de quoi il sera procédé à la vente des biens saisis ;

5° *L'indication*, en caractères très apparents, que le débiteur dispose d'un délai d'un mois pour procéder à la vente amiable des valeurs saisies dans les conditions prescrites soit à l'article R. 233-3, soit, s'il s'agit de droits d'associés ou de valeurs mobilières non admises aux négociations sur un marché réglementé ou sur un système multilatéral de négociation, aux articles R. 221-30 à R. 221-32 ;

6° Si la saisie porte sur des valeurs mobilières admises aux négociations sur un marché réglementé, l'indication qu'il peut, en cas de vente forcée et jusqu'à la réalisation de celle-ci, faire connaître au tiers saisi l'ordre dans lequel elles seront vendues ;

7° La reproduction des articles R. 221-30 à R. 221-32 et R. 233-3. – *[Décr. n° 92-755 du 31 juill. 1992, art. 247.]*

Art. R. 524-5 Une copie de l'acte de conversion est signifiée au tiers saisi. – *[Décr. n° 92-755 du 31 juill. 1992, art. 248.]*

Art. R. 524-6 La vente est effectuée selon les modalités fixées aux articles R. 233-3 à R. 233-9. – *[Décr. n° 92-755 du 31 juill. 1992, art. 249.]*

V. note 3 ss. art. R. 523-9.

CHAPITRE V LA SAISIE CONSERVATOIRE DES BIENS PLACÉS DANS UN COFFRE-FORT

Art. R. 525-1 La saisie conservatoire des biens placés dans un coffre-fort est soumise aux dispositions des articles R. 224-1 et R. 224-2, R. 511-1 à R. 512-3. – *[Décr. n° 92-755 du 31 juill. 1992, art. 278.]*

Art. R. 525-2 Un acte d'huissier de justice est signifié au débiteur le premier jour ouvrable suivant l'acte de saisie prévu à l'article R. 224-1.

Cet acte contient à peine de nullité :

1° La dénonciation de l'acte de saisie ;

2° La mention de l'autorisation du juge ou du titre en vertu duquel la saisie est pratiquée ; ces documents sont annexés à l'acte ; toutefois, s'il s'agit d'une obligation notariée ou d'une créance de l'État, des collectivités territoriales ou de leurs établissements publics, il est seulement fait mention de la date, de la nature du titre, ainsi que du montant de la dette ;

3° L'indication que l'accès au coffre lui est interdit, si ce n'est, sur sa demande, en présence de l'huissier de justice ;

4° La mention, en caractères très apparents, du droit qui appartient au débiteur, si les conditions de validité de la saisie ne sont pas réunies, d'en demander la mainlevée au juge de l'exécution du lieu de son domicile ;

5° La reproduction des articles R. 511-1 à R. 512-3. – *[Décr. n° 92-755 du 31 juill. 1992, art. 279.]*

Art. R. 525-3 A tout moment, le débiteur peut demander l'ouverture du coffre en présence de l'huissier de justice.

Ce dernier procède alors à l'inventaire détaillé des biens qui sont saisis à titre conservatoire ou appréhendés au titre d'une saisie-revendication. Ces biens sont immédiatement enlevés pour être placés sous la garde de l'huissier de justice ou d'un séquestre désigné, à défaut d'accord amiable, par le juge de l'exécution saisi sur requête du lieu de la saisie. Le cas échéant, l'huissier de justice peut photographier les objets retirés du coffre, dans les conditions prescrites par l'article R. 221-12.

Une copie de l'acte de saisie est remise ou signifiée au débiteur, avec la désignation, à peine de nullité, du juge de l'exécution du lieu de la saisie devant lequel sont portées les contestations relatives aux opérations de saisie.

Il est procédé ensuite comme il est dit en matière de saisie conservatoire des meubles ou en matière de saisie-revendication, selon le cas. – *[Décr. n° 92-755 du 31 juill. 1992, art. 280.]*

Art. R. 525-4 En cas de résiliation du contrat de location du coffre, le propriétaire de celui-ci en informe immédiatement l'huissier de justice.

Ce dernier signifie au débiteur une sommation d'être présent aux lieu, jour et heure indiqués, en personne ou par tout mandataire, pour qu'il soit procédé à l'ouverture du coffre, avec l'avertissement que, en cas d'absence ou de refus d'ouverture, elle aura lieu par la force et à ses frais. L'ouverture du coffre ne peut intervenir avant l'expiration d'un délai de quinze jours à compter de la signification de la sommation, sauf au débiteur à demander que cette ouverture ait lieu à une date plus rapprochée.

Il est fait application des dispositions des deuxième et troisième alinéas de l'article R. 224-4 et des articles R. 224-5 à R. 224-7. – *[Décr. n° 92-755 du 31 juill. 1992, art. 281.]*

Art. R. 525-5 Le créancier qui obtient un titre exécutoire à un moment où les biens ont déjà été retirés du coffre, procède comme il est dit aux articles R. 522-7 à R. 522-14 si le titre constate l'existence d'une créance, ou conformément aux dispositions de l'article R. 222-25 si le titre prescrit la délivrance ou la restitution du bien saisi.

Si le coffre n'a pas encore été ouvert, il est fait application des dispositions des articles R. 224-3 à R. 224-9 ou R. 224-10 à R. 224-12, selon le cas. — *[Décr. n° 92-755 du 31 juill. 1992, art. 282.]*

TITRE TROISIÈME LES SÛRETÉS JUDICIAIRES

CHAPITRE PREMIER DISPOSITIONS GÉNÉRALES

Art. R. 531-1 Sur présentation de l'autorisation du juge ou du titre en vertu duquel la loi permet qu'une mesure conservatoire soit pratiquée, une sûreté peut être prise sur un immeuble, un fonds de commerce, des parts sociales ou des valeurs mobilières appartenant au débiteur. — *[Décr. n° 92-755 du 31 juill. 1992, art. 250.]*

L'inscription d'une hypothèque provisoire n'est possible, en vertu d'un titre exécutoire, que pour garantir la créance qu'il constate. • Civ. 2e, 13 nov. 2014 : *JCP 2015. 156, note Lauvergnat.* ♦ *Adde* Putman, *Mél. Serlooten, Dalloz 2015, p. 695* (inscription d'une créance en compte et perte d'effet de son titre exécutoire à propos d'une conséquence indésirable de l'effet novatoire du compte courant).

CHAPITRE II LA PUBLICITÉ PROVISOIRE

SECTION PREMIÈRE LES FORMALITÉS

Art. R. 532-1 L'inscription provisoire d'hypothèque est opérée par le dépôt *(Décr. n° 2012-1462 du 26 déc. 2012, art. 35-XII-6°, en vigueur le 1er janv. 2013)* « au service de la publicité foncière » de deux bordereaux dans les conditions prévues par l'article 2428 du code civil. Elle contient, en outre, l'indication du capital de la créance et de ses accessoires. — *[Décr. n° 92-755 du 31 juill. 1992, art. 251.]*

BIBL. ▶ Meunier, *Defrénois 1994. 81* (l'inscription provisoire d'hypothèque après la réforme).

Art. R. 532-2 L'inscription provisoire de nantissement sur un fonds de commerce est opérée par le dépôt au greffe du tribunal de commerce de deux bordereaux sur papier libre contenant :

1° La désignation du créancier, son élection de domicile dans le ressort du tribunal de commerce où se trouve situé le fonds et la désignation du débiteur ;

2° L'indication de l'autorisation ou du titre en vertu duquel l'inscription est requise ;

3° L'indication du capital de la créance et de ses accessoires. — *[Décr. n° 92-755 du 31 juill. 1992, art. 252.]*

Art. R. 532-3 Le nantissement des parts sociales est opéré par la signification à la société d'un acte contenant :

1° La désignation du créancier et celle du débiteur ;

2° L'indication de l'autorisation ou du titre en vertu duquel la sûreté est requise ;

3° L'indication du capital de la créance et de ses accessoires.

En outre, s'il s'agit d'une société civile immatriculée, l'acte de nantissement est publié au registre du commerce et des sociétés.

Le nantissement grève l'ensemble des parts à moins qu'il ne soit autrement précisé dans l'acte. — *[Décr. n° 92-755 du 31 juill. 1992, art. 253.]*

Art. R. 532-4 Le nantissement des valeurs mobilières est opéré par la signification d'une déclaration à l'une des personnes mentionnées aux articles R. 232-1 à R. 232-4 selon le cas.

Cette déclaration contient :

1° La désignation du créancier et du débiteur ;

2° L'indication de l'autorisation ou du titre en vertu duquel la sûreté est requise ;

3° L'indication du capital de la créance et de ses accessoires.

Le nantissement grève l'ensemble des valeurs mobilières à moins qu'il ne soit autrement précisé dans l'acte. — *[Décr. n° 92-755 du 31 juill. 1992, art. 254.]*

SECTION II DISPOSITIONS COMMUNES

Art. R. 532-5 A peine de caducité, huit jours au plus tard après le dépôt des bordereaux d'inscription ou la signification du nantissement, le débiteur en est informé par acte d'huissier de justice.

Cet acte contient à peine de nullité :

1° Une copie de l'ordonnance du juge ou du titre en vertu duquel la sûreté a été prise ; toutefois, s'il s'agit d'une obligation notariée ou d'une créance de l'État, des collectivités territoriales ou de leurs établissements publics, il n'est fait mention que de la date, de la nature du titre et du montant de la dette ;

2° L'indication, en caractères très apparents, que le débiteur peut demander la mainlevée de la sûreté comme il est dit à l'article R. 512-1 ;

3° La reproduction des articles R. 511-1 à R. 512-3 et R. 532-6. – *[Décr. n° 92-755 du 31 juill. 1992, art. 255.]*

1. Acte de procédure. Contenu. Ayant relevé que l'acte de signification au débiteur de l'ordonnance autorisant l'inscription d'une hypothèque judiciaire provisoire ne mentionnait pas que le créancier avait procédé à l'inscription provisoire d'hypothèque et justement retenu que le défaut d'information du débiteur sur l'existence de l'inscription d'hypothèque est sanctionné par la caducité de l'inscription, une cour d'appel décide à bon droit qu'il y a lieu d'ordonner la mainlevée de la mesure conservatoire. • Civ. 2e, 2 févr. 2012, n° 11-12.308 P : *JCP 2012. 626, obs. Delebecque ; Dr. et pr. 2012. 139, note Lefebvre ; ibid., suppl. Droit du recouvrement, p. 8, obs. Salati ; RDBF 2012, n° 92, note Piedelièvre.*

2. L'application de l'art. 255 du Décr. du 31 juill. 1992 [devenu C. pr. exéc., art. R. 523-5] n'exclut pas celle de l'art. 495 NCPC [devenu C. pr. civ.] : une copie de la requête comportant l'indication précise des pièces invoquées et de l'ordonnance sur requête est laissée à la personne à laquelle elle est opposée. • Civ. 2e, 13 juill. 2006, n° 05-13.976 P : *D. 2007. Pan. 1386, obs. Julien ; AJDI 2006. 761 ; Gaz. Pal. 9 oct. 2007, p. 12, note Brenner ; Procédures 2006, n° 238, note Perrot.* ♦ Il résulte de la combinaison des art. R. 532-5 C. pr. exéc. et 495 C. pr. civ. que le créancier est tenu, lorsqu'il signifie au débiteur la décision du juge de l'exécution qui l'autorise à inscrire provisoirement une hypothèque, de remettre une copie de la requête comportant l'indication précise des pièces invoquées. • Civ. 2e, 1er déc. 2016, n° 15-28.803 P : *RDBF 2017, n° 27, note Piedelièvre.*

3. V. ss. art. R. 511-1, note 5.

Art. R. 532-6 **Lorsque le créancier est déjà titulaire d'un titre exécutoire, la mainlevée de la publicité provisoire peut être demandée jusqu'à la publicité définitive, laquelle ne peut intervenir moins d'un mois après la signification de l'acte prévu à l'article R. 532-5.** – *[Décr. n° 92-755 du 31 juill. 1992, art. 256.]*

L'inscription définitive rend irrecevable la demande de main levée et de radiation de l'inscription judiciaire provisoire. • Civ. 2e, 25 juin 2015, n° 14-18.924 P : *JCP 2015. 1222, obs. Delebecque ; Dr. et pr. 2015. 164, note Lauvergnat ; Defrénois 2015. 1235, note Piedelièvre.*

Art. R. 532-7 **La publicité provisoire conserve la sûreté pendant trois ans. Elle peut être renouvelée pour la même durée.**

Le renouvellement est effectué dans les conditions prévues aux articles 61 et suivants du décret n° 55-1350 du 14 octobre 1955 pris pour l'application du décret n° 55-22 du 4 janvier 1955 portant réforme de la publicité foncière, pour l'inscription provisoire d'hypothèque, et dans les mêmes formes que la publicité initiale pour les autres sûretés judiciaires. – *[Décr. n° 92-755 du 31 juill. 1992, art. 257.]*

Si le renouvellement d'une inscription d'hypothèque provisoire peut valablement émaner d'une société absorbante ou cessionnaire à condition de ne pas aggraver la situation du débiteur, l'inscription initiale doit, en revanche, avoir été valablement obtenue par un créancier pourvu de la personnalité morale. Une cour d'appel écarte, à bon droit, la responsabilité d'un avocat qui avait omis de faire procéder au renouvellement d'une inscription initiale prise au nom d'une société inexistante. • Civ. 1re, 16 sept. 2010, n° 09-65.909 P : *D. 2010. Actu. 2155 ; RTD com. 2011. 131, obs. Le Cannu et Dondero ; Gaz. Pal. 4 janv. 2011, p. 15, note Y. Avril ; BJS 2011. 12, note X. Vamparys ; Rev. sociétés 2011. 160, note B. Saintourens ; JCP E 2011. 1251, n° 12, obs. Delebecque ; RDBF 2010, n° 223, obs. Piedelièvre.*

Art. R. 532-8 **Si le bien est vendu avant que la publicité définitive ait été accomplie, le créancier titulaire de la sûreté judiciaire jouit des mêmes droits que le titulaire d'une sûreté conventionnelle ou légale. Toutefois, la part qui lui revient dans la distribution du prix est consignée auprès de la Caisse des dépôts et consignations.**

Cette part lui est remise s'il justifie de l'accomplissement de la publicité définitive dans le délai prévu. A défaut, elle est remise aux créanciers en ordre de la recevoir ou au débiteur. – *[Décr. n° 92-755 du 31 juill. 1992, art. 258.]*

Responsabilité du notaire. Pour une hypothèse de remise prématurée au vendeur du solde du prix, passé par la comptabilité d'une SCP notariale, ayant interdit à une banque, qui avait vocation à en bénéficier, de se prévaloir de l'art. 258, al. 1er, du Décr. n° 92-755 du 31 juill. 1992 [devenu C. pr. exéc., art. R. 523-8], V. • Paris, 19 févr. 2002 : *Gaz. Pal. 25-28 déc. 2002, p. 23.*

Art. R. 532-9 Lorsque la valeur des biens grevés est manifestement supérieure au montant des sommes garanties, le débiteur peut faire limiter par le juge les effets de la sûreté provisoire s'il justifie que les biens demeurant grevés ont une valeur double du montant de ces sommes. — *[Décr. n° 92-755 du 31 juill. 1992, art. 259.]*

1. Dans l'hypothèse visée à ce texte, une seconde hypothèque prise sur un second immeuble n'est pas justifiée et il doit en être ordonné la mainlevée. • TGI Lyon, JEX, 7 nov. 1995 : *D. 1996. 270, note Prévault.*

2. Sur la possibilité, pour le juge, de débouter deux époux débiteurs de leur demande de cantonnement d'une hypothèque judiciaire dès lors que la valeur des biens est grevée par d'autres mesures de sûreté au profit de divers autres créanciers, V. • Civ. 3e, 7 juill. 2004, n° 03-13.533 P : *D. 2004. IR 2195 ; AJDI 2004. 826 ; RDBF 2004, n° 216, note Piedelièvre.*

3. Viole l'art. R. 532-9 la cour d'appel qui accueille une demande de limitation de l'inscription d'hypothèque judiciaire à certains des immeubles concernés, au motif que les biens restant grevés par l'hypothèque sont évalués à plus du double du montant de la créance résultant du titre exécutoire obtenu, alors que ces biens ne représentaient pas le double du montant des sommes inscrites pour lequel la mesure conservatoire avait été autorisée. • Civ. 2e, 21 mars 2013, n° 12-15.071 P : *D. 2013. Actu. 847 ; ibid. Pan. 1583, obs. Leborgne ; JCP 2013. 585, obs. Delebecque ; RDBF 2013, n° 94, note Cerles ; Dr. et pr. 2013, suppl. Droit des baux immobiliers, p. 17, obs. Putman.*

CHAPITRE III LA PUBLICITÉ DÉFINITIVE

Art. R. 533-1 La publicité provisoire doit être confirmée par une publicité définitive. Cette publicité donne rang à la sûreté à la date de la formalité initiale, dans la limite des sommes conservées par cette dernière. — *[Décr. n° 92-755 du 31 juill. 1992, art. 260.]*

Divorce. Dès lors que les formalités de transcription d'un jugement de divorce prescrites à l'art. 262 C. civ. avaient été accomplies après une inscription d'hypothèque sur un bien commun, les juges du fond doivent tenir compte de l'antériorité de cette inscription. • Civ. 2e, 4 févr. 1998, n° 95-17.549 P : *RTD civ. 1998. 354, obs. Hauser.*

Art. R. 533-2 La publicité définitive est opérée, pour l'hypothèque, conformément à l'article 2428 du code civil et, pour le nantissement du fonds de commerce, conformément aux articles L. 143-16 et R. 143-6 et suivants du code de commerce. — *V. **C. com.**, art. L. 143-16 et R. 143-6 s. ci dessous.*

Il n'est dû *(Décr. n° 2012-1462 du 26 déc. 2012, art. 35-XII-8°, en vigueur le 1er janv. 2013)* **« qu'un seul émolument ou qu'une seule contribution de sécurité immobilière prévue à l'article 879 du code général des impôts » pour les inscriptions provisoire et définitive.** — *[Décr. n° 92-755 du 31 juill. 1992, art. 261.]*

Art. R. 533-3 La publicité définitive du nantissement des parts sociales et valeurs mobilières est opérée dans les mêmes formes que la publicité provisoire.

Après avoir accompli cette formalité, le créancier peut demander l'agrément du nantissement, s'il y a lieu. — *[Décr. n° 92-755 du 31 juill. 1992, art. 262.]*

Art. R. 533-4 La publicité définitive est effectuée dans un délai de deux mois courant selon le cas :

1° Du jour où le titre constatant les droits du créancier est passé en force de chose jugée ;

2° Si la procédure a été mise en œuvre avec un titre exécutoire, du jour de l'expiration du délai d'un mois mentionné à l'article R. 532-6 ou, si une demande de mainlevée a été formée, du jour de la décision rejetant cette contestation ; toutefois, si le titre n'était exécutoire qu'à titre provisoire, le délai court comme il est dit au 1° ;

3° Si le caractère exécutoire du titre est subordonné à une procédure d'*exequatur*, du jour où la décision qui l'accorde est passée en force de chose jugée.

Le créancier présente tout document attestant que les conditions prévues ci-dessus sont remplies. — *[Décr. n° 92-755 du 31 juill. 1992, art. 263.]*

1. Point de départ du délai d'inscription définitive. Le point de départ du délai de deux mois de l'inscription définitive d'une sûreté judiciaire est le jour où la décision statuant au fond a force de chose jugée, ce qui n'est pas le cas du jugement frappé d'appel, même assorti de l'exécution provisoire. • Civ. 2e, 24 juin 1998 : *RTD civ. 1999. 210, obs. (approb.) Perrot* . ♦ ... Ce qui est le cas d'un arrêt d'appel, hors les cas où le pourvoi en cassation est suspensif, l'inscription définitive d'une hypothèque judiciaire n'étant qu'une mesure conservatoire indépendante du caractère exécutoire de l'arrêt et non soumise à la signification préalable de ce dernier. • Civ. 1re, 12 oct. 2006, nº 05-10.511 P : *JCP G 2006. I. 195, obs. Delebecque ; RLDC 2006/12, nº 33, obs. Ansault ; Gaz. Pal. 9 oct. 2007. Somm. 13, obs. Brenner ; Procédures 2007, nº 39, note Perrot ; Dr. et patr. 11/2007, p. 84, obs. Lefort ; RDBF 2006, nº 212, note Piedelièvre* (arrêt rendu sous l'empire de l'ancien art. 54 du C. pr. civ. identique sur le point de départ du délai à l'art. 263 [devenu C. pr. exéc., art. R. 533-4]). ♦ V. déjà • Civ. 2e, 1er févr. 2006 : *RDBF 2006, nº 76, note Piedelièvre.*

2. L'action civile étant indépendante de l'action publique et l'appel du ministère public étant sans effet sur les intérêts civils, un jugement correctionnel contradictoire rendu le 2 déc. 1996 est devenu irrévocable, en ses dispositions civiles, le 12 déc. 1996, à défaut d'appel du créancier hypothécaire, peu important le délai d'appel imparti au procureur général, ce dont il se déduit que le délai de deux mois pour effectuer la publicité définitive expirait le 12 févr. 1997. • Civ. 2e, 6 mai 2004, nº 02-17.180 P : *AJDI 2004. 582, obs. Porcheron ; JCP 2004. I. 188, nº 13, obs. Delebecque ; Gaz. Pal. 11-13 sept. 2005, p. 23, note Brenner ; Procédures 2004, nº 161, note Junillon ; RDBF 2004, nº 167, obs. Legeais ; ibid. nº 182, note Piedelièvre.*

3. Inscription définitive précoce. L'inscription définitive prise sur le fondement d'une décision qui n'est pas passée en force de chose jugée est irrégulière. • Civ. 3e, 16 janv. 2008, nº 07-10.084 P. ♦ Une inscription définitive prise avant que la décision ne soit passée en force de chose jugée ne peut avoir pour effet de se substituer rétroactivement à une inscription provisoire antérieure. • Com. 27 mai 1997, nº 94-15.838 P : *D. 1997. IR 144 ; RTD civ. 1997. 755, obs. Perrot ; RTD com. 1997. 628, obs. Derrupé .*

Art. R. 533-5 **Si, après la vente du bien, le prix en a été régulièrement versé pour être distribué, la publicité définitive est remplacée par la signification du titre du créancier à la personne chargée de la répartition du prix, dans le délai de deux mois prévu à l'article R. 533-4.** – *[Décr. nº 92-755 du 31 juill. 1992, art. 264.]*

Art. R. 533-6 **A défaut de confirmation dans le délai, la publicité provisoire est caduque et sa radiation peut être demandée au juge de l'exécution.**

En cas d'extinction de l'instance introduite par le créancier ou si sa demande est rejetée, la radiation est demandée au juge saisi du fond ; à défaut, elle est ordonnée par le juge de l'exécution.

La radiation est effectuée sur présentation de la décision passée en force de chose jugée.

Les frais sont supportés par le créancier.

Si la part du créancier titulaire de la sûreté provisoire a été consignée, elle est remise, selon le cas, aux créanciers en ordre de la recevoir ou au débiteur. – *[Décr. nº 92-755 du 31 juill. 1992, art. 265.]*

V. note 2 ss. art. R. 512-1.

CHAPITRE IV DISPOSITIONS APPLICABLES AUX DÉPARTEMENTS DU BAS-RHIN, DU HAUT-RHIN ET DE LA MOSELLE

Art. R. 534-1 **Dans les départements du Bas-Rhin, du Haut-Rhin et de la Moselle, l'inscription provisoire prévue à l'article R. 532-1 et la publicité définitive prévue à l'article R. 533-2 sont effectuées selon les modalités fixées par la section III du chapitre Ier du titre Ier du décret du 18 novembre 1924 relatif à la tenue du livre foncier dans les départements du Bas-Rhin, du Haut-Rhin et de la Moselle et par le titre II du décret du 14 janvier 1927 complétant ce décret.** – *[Décr. nº 92-755 du 31 juill. 1992, art. 300.]*

LIVRE SIXIÈME DISPOSITIONS RELATIVES À L'OUTRE-MER

TITRE PREMIER DISPOSITIONS SPÉCIFIQUES À LA GUADELOUPE, À LA GUYANE, À LA MARTINIQUE, À LA RÉUNION ET À MAYOTTE

CHAPITRE PREMIER DISPOSITIONS COMMUNES

Art. R. 611-1 *(Abrogé par Décr. nº 2020-1717 du 28 déc. 2020, art. 183-3º) Pour l'application du 12º de l'article R. 321-3 et du 9º de l'article R. 322-5 en Guadeloupe, en Guyane, en Martinique, à La Réunion et à Mayotte, les mots : "et le décret nº 91-1266 du 19 décembre 1991 portant application de cette loi" sont remplacés par les mots : "et le décret nº 91-1369 du 30 décembre 1991 fixant les modalités particulières d'application dans les départements d'outre-mer, à Saint-Barthélemy, Saint-Martin et Saint-Pierre-et-Miquelon ainsi qu'en Polynésie française de cette loi".*

CHAPITRE II DISPOSITIONS SPÉCIFIQUES À UNE OU [À] PLUSIEURS COLLECTIVITÉS

SECTION UNIQUE DISPOSITIONS RELATIVES À MAYOTTE

Art. R. 612-1 Le présent code est applicable à Mayotte sous réserve des adaptations prévues par la présente section.

Art. R. 612-2 *(Abrogé par Décr. nº 2018-953 du 31 oct. 2018, art. 19) Pour l'application du deuxième alinéa de l'article R. 112-4, les mots : "aux articles R. 3252-2 et 3 du code du travail" sont remplacés par les mots : "à l'article R. 145-1 du code du travail applicable à Mayotte".*

Art. R. 612-3 L'article R. 212-1 est ainsi rédigé :

Art. R. 212-1 La saisie et la cession des rémunérations sont régies par les articles R. 145-1 à R. 145-21 du code du travail applicable à Mayotte.

Art. R. 612-4 *(Abrogé par Décr. nº 2018-953 du 31 oct. 2018, art. 19) Pour l'application de l'article R. 213-10, les mots : "la somme fixée à l'article R. 3252-5 du code du travail en application de l'article L. 3252-5 du même code" sont remplacés par les mots : "une somme égale au montant forfaitaire mentionné au 2º de l'article L. 262-2 du code de l'action sociale et des familles fixé pour un foyer composé d'une seule personne".*

Art. R. 612-5 Pour l'application des dispositions des livres III et V, en tant qu'il se rapporte aux mesures conservatoires immobilières :

1º Les références faites au décret nº 55-22 du 4 janvier 1955 portant réforme à la publicité foncière et au décret nº 55-1350 du 14 octobre 1955 pris pour l'application de ce décret s'entendent de la référence faite aux dispositions du titre IV du livre V du code civil et au décret nº 2008-1086 du 23 octobre 2008 relatif à l'immatriculation et à l'inscription des droits en matière immobilière à Mayotte ;

2º *(Décr. nº 2012-1462 du 26 déc. 2012, art. 35-XII-9º, en vigueur le 1er janv. 2013)* « Les références faites au service de la publicité foncière et au fichier immobilier » s'entendent respectivement des références faites au service de la conservation de la propriété immobilière et au conservateur de la propriété immobilière ;

3º La référence faite au registre prévu à l'article *(Décr. nº 2021-1888 du 29 déc. 2021, art. 5-IX, en vigueur le 1er janv. 2022)* « **2246** *[ancienne rédaction : 2453]* » du code civil s'entend de la référence faite au registre des dépôts des actes et documents à produire ;

4º La référence aux journaux d'annonces légales diffusés dans l'arrondissement s'entend de la référence faite aux journaux d'annonces légales diffusés dans le Département de Mayotte. – *[Décr. nº 2006-936 du 27 juill. 2006, art. 167, al. 9 à 11 et 13.]*

Art. R. 612-6 Pour l'application du présent code, la référence faite à la Caisse des dépôts et consignations s'entend de la référence faite au Trésor public. – *[Décr. nº 2006-936 du 27 juill. 2006, art. 167, al. 12.]*

Art. R. 612-7 *(Abrogé par Décr. nº 2017-892 du 6 mai 2017, art. 46) Au 13º de l'article R. 321-3, la référence à l'article L. 331-1 du code de la consommation s'entend de la référence à l'article L. 334-1 de ce même code.*

Art. R. 612-8 *(Décr. nº 2012-1462 du 26 déc. 2012, art. 35-XII-10º, en vigueur le 1er janv. 2013)* Pour l'application du second alinéa de l'article R. 533-2, la référence à la contribution de sécurité immobilière prévue à l'article 879 du code général des impôts est remplacée par la référence aux frais des inscriptions prévus à l'article 89 du décret nº 2008-1086 du 23 octobre 2008 relatif à l'immatriculation et à l'inscription des droits en matière immobilière à Mayotte.

TITRE DEUXIÈME DISPOSITIONS SPÉCIFIQUES À SAINT-BARTHÉLEMY ET *[À]* SAINT-MARTIN

CHAPITRE PREMIER DISPOSITIONS COMMUNES

Art. R. 621-1 En l'absence d'adaptation, les références faites par des dispositions du présent code applicables à Saint-Barthélemy et à Saint-Martin à des dispositions qui n'y sont pas applicables sont remplacées par les références aux dispositions ayant le même objet le cas échéant applicables localement.

Art. R. 621-2 Pour l'application de l'article R. 121-7, les collectivités d'outre-mer de Saint-Barthélemy et de Saint-Martin peuvent se faire représenter ou assister devant le juge par un fonctionnaire ou un agent de leur administration.

Art. R. 621-3 Pour l'application des articles R. 221-34 et R. 221-60 à Saint-Barthélemy et à Saint-Martin, les mots : "à la mairie de la commune" et les mots : "à la mairie" sont remplacés par les mots : "au conseil territorial de la collectivité".

Art. R. 621-4 *(Abrogé par Décr. nº 2020-1717 du 28 déc. 2020, art. 183-3º) Pour l'application du 12º de l'article R. 321-3 et au 9º de l'article R. 322-5 à Saint-Barthélemy et à Saint-Martin, la référence au décret nº 91-1266 du 19 décembre 1991 portant application de la loi nº 91-647 du 10 juillet 1991 relative à l'aide juridique est remplacé par la référence au décret nº 91-1369 du 30 décembre 1991 fixant les modalités particulières d'application dans les départements d'outre-mer, à Saint-Barthélemy, Saint-Martin et Saint-Pierre-et-Miquelon ainsi qu'en Polynésie française de la loi nº 91-647 du 10 juillet 1991 relative à l'aide juridique.*

Art. R. 621-5 Pour l'application de l'article R. 412-2 à Saint-Barthélemy et à Saint-Martin, le mot : "départemental" et les mots : "la loi nº 90-449 du 31 mai 1990 visant à la mise en œuvre du droit au logement" sont remplacés respectivement par le mot : "territorial" et les mots : "la réglementation le cas échéant applicable localement".

CHAPITRE II DISPOSITIONS RELATIVES À SAINT-BARTHÉLEMY

Le présent chapitre ne comprend pas de dispositions réglementaires.

CHAPITRE III DISPOSITIONS RELATIVES À SAINT-MARTIN

Le présent chapitre ne comprend pas de dispositions réglementaires.

TITRE TROISIÈME DISPOSITIONS SPÉCIFIQUES À SAINT-PIERRE-ET-MIQUELON

CHAPITRE UNIQUE

Art. R. 631-1 En l'absence d'adaptation, les références faites par des dispositions du présent code applicables à Saint-Pierre-et-Miquelon à des dispositions qui n'y sont pas applicables sont remplacées par les références aux dispositions ayant le même objet le cas échéant applicables localement.

Art. R. 631-2 Pour l'application du présent code à Saint-Pierre-et-Miquelon, les termes énumérés ci-après sont remplacés comme suit :

1° *(Décr. n° 2019-913 du 30 août 2019, art. 20-4°-a, en vigueur le 1er janv. 2020)* « "tribunal judiciaire" *[ancienne rédaction : "Tribunal de grande instance" ou "tribunal d'instance"]* » par "tribunal de première instance" ;

2° "Cour d'appel" par "tribunal supérieur d'appel" ;

3° "Tribunal de commerce" par "tribunal de première instance statuant en matière commerciale" ;

4° "Premier président de la cour d'appel" par "président du tribunal supérieur d'appel" ;

5° "Président du tribunal *(Décr. n° 2019-913 du 30 août 2019, art. 20-4°-b, en vigueur le 1er janv. 2020)* « "judiciaire" *[ancienne rédaction : de grande instance" ou "président du tribunal d'instance"]* » par "président du tribunal de première instance" ;

6° "Procureur de la République" ou "procureur général près la cour d'appel" par "procureur de la République près le tribunal supérieur d'appel" ;

7° "Préfet" ou "préfet du département" par "représentant de l'État à Saint-Pierre-et-Miquelon" ;

8° "Département" ou "région" par "collectivité de Saint-Pierre-et-Miquelon". – *[Décr. n° 93-551 du 27 mars 1993, art. 2.]*

Art. R. 631-3 Les fonctions dévolues aux huissiers de justice par le présent code sont exercées, à Saint-Pierre-et-Miquelon, par les personnes énumérées à l'article 183 du décret n° 548 du 2 novembre 1942 modifié portant organisation judiciaire aux îles Saint-Pierre et Miquelon. – *[Décr. n° 93-551 du 27 mars 1993, art. 3.]*

Art. R. 631-4 Pour l'application des articles R. 121-7 et R. 212-1 à Saint-Pierre-et-Miquelon, les parties peuvent se faire assister ou représenter soit par les personnes mentionnées à l'article L. 3252-11 du code du travail ou à l'article R. 121-7, soit par un agréé, lequel est dispensé de produire une procuration. – *[Décr. n° 93-551 du 27 mars 1993, art. 4.]*

Art. R. 631-5 Pour l'application de l'article R. 121-7, la collectivité d'outre-mer de Saint-Pierre-et-Miquelon peut se faire représenter ou assister devant le juge par un fonctionnaire ou un agent de son administration.

Art. R. 631-6 *(Abrogé par Décr. n° 2020-1717 du 28 déc. 2020, art. 183-3°) Pour l'application du 12° de l'article R. 321-3 et du 9° de l'article R. 322-5 à Saint-Pierre-et-Miquelon, la référence au décret n° 91-1266 du 19 décembre 1991 portant application de la loi n° 91-647 du 10 juillet 1991 relative à l'aide juridique est remplacée par la référence au décret n° 91-1369 du 30 décembre 1991 fixant les modalités particulières d'application dans les départements d'outre-mer, à Saint-Barthélemy, Saint-Martin et Saint-Pierre-et-Miquelon ainsi qu'en Polynésie française de la loi n° 91-647 du 10 juillet 1991 relative à l'aide juridique.*

Art. R. 631-7 Pour l'application de l'article R. 412-2 à Saint-Pierre-et-Miquelon, le mot : "départemental" et les mots : "la loi n° 90-449 du 31 mai 1990 visant à la mise en œuvre du droit au logement" sont remplacés respectivement par le mot : "territorial" et les mots : "la réglementation le cas échéant applicable localement".

TITRE QUATRIÈME DISPOSITIONS APPLICABLES DANS LES ÎLES WALLIS-ET-FUTUNA

CHAPITRE UNIQUE

Art. R. 641-1 Sous réserve des adaptations prévues par le présent titre, les dispositions suivantes de la partie réglementaire du présent code sont applicables à Wallis-et-Futuna :

1° Le livre Ier, à l'exception du second alinéa de l'article R. 112-4, des articles R. 162-2, R. 162-3 et R. 162-7 ;

(Décr. n° 2020-1452 du 27 nov. 2020, art. 11-II-1°, en vigueur le 1er janv. 2021) « L'article R. 121-1 dans sa rédaction résultant du décret n° 2020-1452 du 27 novembre 2020*[;]* »

(Décr. n° 2019-1419 du 20 déc. 2019, art. 23-III) « L'article R. 121-5 dans sa rédaction résultant du décret n° 2019-1419 du 20 décembre 2019 ; »

(Décr. n° 2020-1452 du 27 nov. 2020, art. 11-II-2°, en vigueur le 1er janv. 2021) **« Les articles R. 121-6, R. 121-11, et R. 121-13 dans leur rédaction résultant du décret n° 2019-1333 du 11 décembre 2019.***[;]*

« Les articles R. 121-7 et R. 121-9 dans leur rédaction résultant du décret n° 2020-1452 du 27 novembre 2020.*[;]* **»**

(Décr. n° 2019-1333 du 11 déc. 2019, art. 56-VI-1°, en vigueur le 1er janv. 2020) **« L'article R. 121-20 dans sa rédaction résultant du décret n° 2017-891 du 6 mai 2017 ;**

« Les articles R. 121-23 et R. 125-1 dans leur rédaction résultant du décret n° 2019-1333 du 11 décembre 2019 ; »

(Décr. n° 2019-992 du 26 sept. 2019, art. 15) **« Les articles R. 125-2 à R. 125-5 et R. 125-7 dans leur rédaction résultant du décret n° 2019-992 du 26 septembre 2019. »**

(Décr. n° 2019-1333 du 11 déc. 2019, art. 56-VI-2°, en vigueur le 1er janv. 2020) **« L'article R. 131-2 dans sa rédaction résultant du décret n° 2017-891 du 6 mai 2017 ;**

« L'article R. 151-2 dans sa rédaction résultant du décret n° 2019-1333 du 11 décembre 2019. »

2° Le livre II, à l'exception du 4° de l'article R. 211-3 et des 3°, 5° et 6° de l'article R. 241-1 ;

(Décr. n° 2019-992 du 26 sept. 2019, art. 15) **« L'article R. 211-4 dans sa rédaction résultant du décret n° 2019-992 du 26 septembre 2019 ; »**

(Décr. n° 2018-970 du 8 nov. 2018, art. 4-2°, en vigueur le 1er janv. 2019) **« L'article R. 212-3 dans sa rédaction résultant du décret n° 2012-783 du 30 mai 2012 ; »**

(Décr. n° 2021-1888 du 29 déc. 2021, art. 6-III, en vigueur le 1er janv. 2022) **« Les articles R. 221-14-1, R. 221-31, R. 221-32, R. 221-36-1, R. 221-39, R. 222-6, R. 223-10, R. 223-11, R. 223-13 et R. 251-5, dans leur rédaction résultant du décret n° 2021-1888 du 29 décembre 2021 ; »**

3° Le livre IV, à l'exception du 2° de l'article R. 451-1 et de l'article R. 451-4 ;

(Décr. n° 2019-992 du 26 sept. 2019, art. 15) **« Les articles R. 412-1, R. 412-2, R. 433-1 à R. 433-3, R. 433-5 et R. 433-6 dans leur rédaction résultant du décret n° 2019-992 du 26 septembre 2019 ; »**

(Décr. n° 2020-1452 du 27 nov. 2020, art. 11-II-3°, en vigueur le 1er janv. 2021) **« L'article R. 442-2 dans sa rédaction résultant du décret n° 2020-1452 du 27 novembre 2020.***[;]* **»**

(Décr. n° 2019-1333 du 11 déc. 2019, art. 56-VI-3°, en vigueur le 1er janv. 2020) **« L'article R. 442-3 dans sa rédaction résultant du décret n° 2012-783 du 30 mai 2012. »**

(Décr. n° 2021-1888 du 29 déc. 2021, art. 6-III, en vigueur le 1er janv. 2022) **« 4° Le livre V, à l'exception du 6° de l'article R. 523-3, des articles R. 532-1, R. 532-2, R. 532-7 en tant qu'il porte sur les immeubles et les fonds de commerce et R. 533-2 ;**

« L'article R. 511-7, dans sa rédaction résultant du décret n° 2021-1888 du 29 décembre 2021 ;

« Le 2° de l'article R. 523-3 et l'article R. 523-4 dans leur rédaction résultant du décret n° 2019-992 du 26 septembre 2019 *[ancienne rédaction : 4° Le livre V, à l'exception du 6° de l'article R. 523-3, des articles R. 532-1, R. 532-2, R. 532-7 en tant qu'il porte sur les immeubles et les fonds de commerce et R. 533-2. – [Décr. n° 92-755 du 31 juill. 1992, art. 303-1 ; Décr. n° 73-216 du 1er mars 1973, art. 10.]*

(Décr. n° 2019-992 du 26 sept. 2019, art. 15) « Le 2° de l'article R. 523-3 et l'article R. 523-4 dans leur rédaction résultant du décret n° 2019-992 du 26 septembre 2019. »]. **»**

L'art. 56 du Décr. n° 2019-1333 du 11 déc. 2019 est applicable aux instances en cours au 1er janv. 2020 (Décr. préc., art. 55-I).

L'art. 23 du Décr. n° 2019-1419 du 20 déc. 2019 s'applique aux demandes introduites, à compter du 1er janv. 2020 (Décr. préc., art. 24-II).

L'art. 11-II du Décr. n° 2020-1452 du 27 nov. 2020 s'applique aux instances en cours au 1er janv. 2021 (Décr. préc., art. 12).

Art. R. 641-2 **En l'absence d'adaptation, les références faites par des dispositions du présent code applicables à Wallis-et-Futuna à des dispositions qui n'y sont pas appli-**

cables sont remplacées par les références aux dispositions ayant le même objet le cas échéant applicables localement.

Art. R. 641-3 Pour l'application du présent code à Wallis-et-Futuna, les termes énumérés ci-après sont remplacés comme suit :

1° *(Décr. n° 2019-913 du 30 août 2019, art. 20-5°-a, en vigueur le 1er janv. 2020)* « "tribunal judiciaire" *[ancienne rédaction : "Tribunal de grande instance" ou "tribunal d'instance"]* » par "tribunal de première instance" ;

2° "Tribunal de commerce" par "tribunal de première instance statuant en matière commerciale" ;

3° "Procureur de la République" par " procureur de la République près le tribunal de première instance" ;

4° *(Abrogé par Décr. n° 2019-913 du 30 août 2019, art. 20-4°-b, à compter du 1er janv. 2020)* ***« "Juge du tribunal d'instance" ou »*** "juge aux affaires familiales" par "président du tribunal de première instance ou son délégué" ;

5° "Cour d'appel" par "tribunal supérieur d'appel" ;

6° "Région", "département" et "commune" par "collectivité de Wallis-et-Futuna" ;

7° "Préfet" ou "préfet du département" par "représentant de l'État à Wallis-et-Futuna" ;

8° "Maire, conseiller municipal, fonctionnaire municipal" par "chef de circonscription" ;

9° "Mairie de la commune" et "mairie" par "siège de la circonscription" ;

10° "Caisse des dépôts et consignations" par "Trésor public".

Par ailleurs, les attributions dévolues aux huissiers de justice sont également exercées par l'autorité administrative ou militaire et celles dévolues aux commissaires-priseurs pour les ventes aux enchères par le greffier du tribunal de première instance.

Art. R. 641-4 Pour l'application du présent code à Wallis-et-Futuna :

1° Les assignations, convocations, significations, notifications et remises d'actes peuvent se faire par lettre simple contre émargement ;

2° Le montant des sommes exprimées en euros dans le présent code est remplacé par leur contrepartie en monnaie locale. – *[Décr. n° 92-755 du 31 juill. 1992, art. 303-3.]*

Art. R. 641-5 Pour l'application de l'article R. 121-7, la collectivité d'outre-mer de Wallis-et-Futuna peut se faire représenter ou assister devant le juge par un fonctionnaire ou un agent de son administration.

Art. R. 641-6 Pour l'application à Wallis-et-Futuna de l'article R. 124-2, les mots : "ou l'une des institutions ou l'un des établissements mentionnés à l'article L. 518-1 du même code" sont supprimés.

Art. R. 641-7 Pour son application à Wallis-et-Futuna, l'article R. 212-1 est ainsi rédigé :

Art. R. 212-1 La saisie et la cession des rémunérations sont régies par les dispositions du décret n° 55-972 du 16 juillet 1955 relatif aux saisies-arrêts, cessions et retenues sur les traitements ou salaires des travailleurs au sens de l'article 1er de la loi n° 52-1322 du 15 décembre 1952.

Art. R. 641-8 Pour l'application à Wallis-et-Futuna de l'article R. 213-10, les mots : "la somme fixée à l'article R. 3252-5 du code du travail en application de l'article L. 3252-5 du même code" sont remplacés par les mots : "une somme fixée par arrêté du représentant de l'État".

Art. R. 641-9 Pour l'application de l'article R. 412-2 à Wallis-et-Futuna, le mot : "départemental" et les mots : "la loi n° 90-449 du 31 mai 1990 visant à la mise en œuvre du droit au logement" sont remplacés respectivement par le mot : "territorial" et les mots : "la réglementation le cas échéant applicable localement".

Art. R. 641-10 Pour son application à Wallis-et-Futuna, l'article R. 531-1 est rédigé comme suit :

Art. R. 531-1 Sur présentation de l'autorisation du juge ou du titre en vertu duquel la loi permet qu'une mesure conservatoire soit pratiquée, une sûreté peut être prise sur des parts sociales ou des valeurs mobilières appartenant au débiteur. – *[Décr. nº 92-755 du 31 juill. 1992, art. 303-2.]*

TITRE CINQUIÈME LES TERRES AUSTRALES ET ANTARCTIQUES FRANÇAISES

CHAPITRE UNIQUE

Art. R. 651-1 **Le présent code n'est pas applicable dans les Terres australes et antarctiques françaises.**

CODE DE L'ORGANISATION JUDICIAIRE

Le code de l'organisation judiciaire comprend une partie législative (L. 111-1 s.) et une partie réglementaire (R. 111-1 s.). Il est par ailleurs complété d'une annexe reproduite à la suite de l'art. R. 563-4 COJ et comprenant les tableaux I à XVII.

La concordance des textes nouveaux du code de l'organisation judiciaire aux textes d'origine figure au niveau de chaque article correspondant. Une table de concordance des textes d'origine aux articles nouveaux figure également à la fin dudit code.

BIBL. GÉN. ▸ **Traités, manuels, cours, études :** Ackermann et Bastard, Innovation et gestion dans l'institution judiciaire, *Droit et société, tome 6, LGDJ 1993.* – Beignier, Miniato, Perrot, Instituts judiciaires, 16e éd. Précis Domat Droit privée, *Montchrestien 2017.* – Braconnay, La justice et les institutions juridictionnelles, *La Documentation française 2008.* – Braconnay et Delamarre, Institutions juridictionnelles, *Vuibert 2007.* – Del-Preste et Fischer, Institutions juridictionnelles, *Hachette 2006.* – Debeaurain, Les institutions juridictionnelles, *5e éd., Librairie de l'Université d'Aix 2006.* – Douence et Azavant, Institutions juridictionnelles, Cours, *3e éd., Dalloz 2017.* – Fricero, Institutions judiciaires, Mémento LMD, *3e éd., Gualino 2010 ;* L'essentiel des institutions judiciaires, *5e éd., Gualino 2010.* – Giudecelli-Delage, Institutions judiciaires, *2e éd., PUF 1993.* – Gondouin et Rouxel, Les institutions juridictionnelles, *2e éd., PUG 2007.* – Guinchard, Varinard et Debard, Institutions juridictionnelles, *14e éd., Dalloz 2017.* – Guinchard et *alii,* Droit processuel, Droits fondamentaux du procès, *9e éd., Dalloz 2017.* – Héraud et Marin, Institutions juridictionnelles (aide-mémoire), *8e éd., Dalloz-Sirey 2010.* – Jaubert, Les institutions politiques, administratives et judiciaires de la France, *Studyrama 2012.* – Jeuland, *Droit processuel, général, 3e éd., Montchrestien 2014.* – Kernaleguen, Institutions judiciaires, *6e éd., Litec 2015.* – Lasserre-Jeannin, Institutions juridictionnelles et procès, *Foucher 2007.* – Maurin, Brusorio Aillaud et Héraud, Institutions juridictionnelles, *11e éd., Sirey 2017.* – Rassat, J.-M. Lemoyne De Forges et P. Lemoyne De Forges, Institutions administratives et juridictionnelles, *Ellipses 2005.* – Scarano, Institutions juridictionnelles, *10e éd., Ellipses 2007.* – Solus et Perrot, Droit judiciaire privé, tome I (introduction, notions fondamentales, organisation judiciaire), *Sirey 1961* ; Droit judiciaire privé, tome II (La compétence), *Sirey 1973.* – Stolowy, Institutions judiciaires, *3e éd., Vuibert 2006.* – Taisne, Institutions juridictionnelles (Mémentos), *15e éd., Dalloz 2016.* – Toulemonde, L'essentiel des institutions de la Ve République, *Carré Rouge, 5e éd., Gualino 2017.* – Truche (coll.), Justice et institutions judiciaires, *La Documentation française 2001.* – Vannier, Procès et institutions juridictionnelles, *Ellipses 2008.*

▸ **Articles :** Bouvier (entretien), *Constitutions 2017. 527* (l'autonomie financière de l'autorité judiciaire : quelques pistes de réflexions).

▸ **Chantiers de la justice :** Beignier et Miniato, *JCP 2018. 271* (adaptation du réseau des juridictions – la carte et le territoire). – Deharo, *D. actu. 25 janv. 2018* (adaptation de l'organisation judiciaire ?...). – Raimbourg et Houillon, Adaptation de l'organisation judiciaire, *Rapport janv. 2018.*

▸ ***PLPRPJ 2018-2022* :** Accomando, *Gaz. Pal. 15 mai 2018, p.* 52 (les axes de la réforme relative à l'organisation judiciaire).

PREMIÈRE PARTIE : LÉGISLATIVE

(Ord. nº 2006-673 du 8 juin 2006, art. 1er, ratifiée par L. nº 2009-526 du 12 mai 2009, art. L. 138-I-20º)

L'Ord. nº 2006-673 du 8 juin 2006 est applicable, en tant qu'elle s'y rapporte, à Mayotte, en Polynésie française, dans les îles Wallis-et-Futuna, en Nouvelle-Calédonie et dans les Terres australes et antarctiques françaises (Ord. préc., art. 12, mod. par L. nº 2009-526 du 12 mai 2009, art. 138-V).

V. Rapport au Président de la République relatif à l'Ord. nº 2006-673 du 8 juin 2006, JO 9 juin, p. 8708.

BIBL. GÉN. ▶ CROZE, *Procédures 2006. Repère 8* (conte d'une nuit d'été).

LIVRE PREMIER DISPOSITIONS COMMUNES AUX JURIDICTIONS JUDICIAIRES

Sur le refus des juridictions spécialisées en matière d'environnement, V. Rép. min., nº 39057 : JOAN Q, 9 juin 2009, p. 5646 ; Procédures 2009. Veille 40.

TITRE PREMIER PRINCIPES GÉNÉRAUX

CHAPITRE UNIQUE

Art. L. 111-1 Les juridictions judiciaires rendent leurs décisions au nom du peuple français.

BIBL. ▶ SOYER, *Mél. J. Foyer, Economica 2008, p. 941* (justice nationale : d'une légitimité conquise à la souveraineté perdue). – WIEDERKHER, *Mél. Héron, LGDJ-Lextenso 2008, p. 485* (légitimité de la justice).

Art. L. 111-2 *(L. nº 2016-1547 du 18 nov. 2016, art. 1er-I-1º)* **Le service public de la justice concourt à l'accès au droit et assure un égal accès à la justice.**

Sa gratuité est assurée selon les modalités fixées par la loi et le règlement.

S'agissant de la gratuité des actes de justice, V. L. nº 77-1468 du 30 déc. 1977, App., vº Frais et dépens (tarif).

S'agissant du délit de concussion, V. C. pén., art. 432-10. — **C. pén.**

S'agissant de l'aide juridictionnelle, V. App., vº Aide juridique.

S'agissant de la taxe forfaitaire sur les actes d'huissiers de justice, V. CGI, art. 302 bis Y. — ... des droits de plaidoiries et de la contribution équivalente, V. CSS, art. L. 652-6 et Décr. nº 95-161 du 15 févr. 1995, App., vº Frais et dépens. — ... de la taxe forfaitaire due par les parties à l'instance d'appel, V. CGI, art. 1635 bis P. — ... du droit d'enregistrement relatif aux actions en justice, V. CGI, art. 1635 bis Q [abrogé].

BIBL. ▶ COHEN, *Gaz. Pal. 26 janv. 1999* (la gratuité de la justice).

▶ **L. 18 nov. 2016 :** G'SELL, *JCP 2016. 1406* (l'accès au droit et la poursuite de la modernisation des professions réglementées dans la loi de modernisation de la justice du XXIe siècle). – RASCHEL, *Gaz. Pal. 31 janv. 2017, p. 68* (quelle modernisation du service public de la justice ?).

Art. L. 111-3 Les décisions de justice sont rendues dans un délai raisonnable.

V. Bibl. et notes ss. Conv. EDH, art. 6, § 1er, App., *vº Droit européen et international, Droit du Conseil de l'Europe.*

Art. L. 111-4 La permanence et la continuité du *(L. nº 2016-1547 du 18 nov. 2016, art. 1er-I-2º)* **« service public de la justice » demeurent toujours assurées.** — *[Anc. art. R. 711-1, al. 2.] — S'agissant des horaires d'ouverture du greffe, V. art. R. 123-18. — S'agissant des mesures permettant d'assurer la continuité du service du TGI en cas d'urgence, V. art. R. 212-31.*

BIBL. ▶ **L. 18 nov. 2016 :** G'SELL, *JCP 2016. 1406* (l'accès au droit et la poursuite de la modernisation des professions réglementées dans la loi de modernisation de la justice du XXIe siècle).

Art. L. 111-5 L'impartialité des juridictions judiciaires est garantie par les dispositions du présent code et celles prévues par les dispositions particulières à certaines juridictions ainsi que par les règles d'incompatibilité fixées par le statut de la magistrature. — *V. App., v° Magistrature (statut).*

V. Bibl. et notes ss. Conv. EDH, art. 6, § 1er, App., v° Droit européen et international, Droit du conseil de l'Europe.

Art. L. 111-6 Sous réserve de dispositions particulières à certaines juridictions, la récusation d'un juge peut être demandée :

1° Si lui-même ou son conjoint a un intérêt personnel à la contestation ;

2° Si lui-même ou son conjoint est créancier, débiteur, héritier présomptif ou donataire de l'une des parties ;

3° Si lui-même ou son conjoint est parent ou allié de l'une des parties ou de son conjoint jusqu'au quatrième degré inclusivement ;

4° S'il y a eu ou s'il y a procès entre lui ou son conjoint et l'une des parties ou son conjoint ;

5° S'il a précédemment connu de l'affaire comme juge ou comme arbitre ou s'il a conseillé l'une des parties ;

6° Si le juge ou son conjoint est chargé d'administrer les biens de l'une des parties ;

7° S'il existe un lien de subordination entre le juge ou son conjoint et l'une des parties ou son conjoint ;

8° S'il y a amitié ou inimitié notoire entre le juge et l'une des parties.

(L. n° 2016-1547 du 18 nov. 2016, art. 18-1°) « 9° S'il existe un conflit d'intérêts, au sens de l'article 7-1 de l'ordonnance n° 58-1270 du 22 décembre 1958 portant loi organique relative au statut de la magistrature. »

Les magistrats du ministère public, partie jointe, peuvent être récusés dans les mêmes cas. — *[Anc. art. L. 731-1.] — Sur la prise en compte de l'existence d'un PACS, V. art. L. 111-11.*

BIBL. ▸ NADAL, *Gaz. Pal. 23-24 mai 2012, p. 14* (l'impartialité du magistrat).

V. notes ss. art. 341 C. pr. civ.

Art. L. 111-7 Le juge qui suppose en sa personne une cause de récusation ou estime en conscience devoir s'abstenir se fait remplacer par un autre juge spécialement désigné. — *Comp. art. 339 C. pr. civ.*

(L. n° 2016-1547 du 18 nov. 2016, art. 18-2°) « Le magistrat du ministère public qui suppose en sa personne un conflit d'intérêts, au sens de l'article 7-1 de l'ordonnance n° 58-1270 du 22 décembre 1958 portant loi organique relative au statut de la magistrature, ou estime en conscience devoir s'abstenir se fait remplacer. »

Art. L. 111-8 En matière civile, le renvoi à une autre juridiction de même nature et de même degré peut être ordonné pour cause de suspicion légitime, de sûreté publique ou s'il existe des causes de récusation contre plusieurs juges. — *[Anc. art. L. 731-2 et L. 731-3.]*

Al. 2 Matière pénale. 🏛

Art. L. 111-9 Ne peut faire partie d'une formation de jugement du second degré le juge qui a précédemment connu de l'affaire en premier ressort.

Ne peut faire partie d'une formation de jugement de la Cour de cassation le juge qui a précédemment connu de l'affaire en premier ou en dernier ressort.

V. Bibl. et notes ss. Conv. EDH, art. 6, § 1er, App., *v° Droit européen et international, Droit du Conseil de l'Europe.*

Art. L. 111-10 Les conjoints, les parents et alliés jusqu'au troisième degré inclus ne peuvent, sauf dispense, être simultanément membres d'un même tribunal ou d'une même cour en quelque qualité que ce soit.

Aucune dispense ne peut être accordée lorsque la juridiction ne comprend qu'une chambre ou que l'un des conjoints, parents ou alliés au degré mentionné à l'alinéa précédent est le président de la juridiction ou le chef du parquet près celle-ci.

En aucun cas, même si la dispense est accordée, les conjoints, les parents ou alliés mentionnés à l'alinéa premier ne peuvent siéger dans une même cause. — *[Anc.*

art. R. 721-1.] — Sur la prise en compte de l'existence d'un PACS, V. art. L. 111-11. — Sur les modalités d'octroi d'une dispense, V. art. R. 111-3.*

1. Est nul le jugement rendu par une juridiction présidée par un magistrat dont le conjoint occupait le siège du ministère public • Com. 23 févr. 1993 : *D. 1993. Somm. 188, obs. Julien* • TGI Laval, 7 nov. 1980 : *D. 1981. IR 375, obs. Julien.*

2. Il est sans intérêt d'invoquer le fait que deux époux sont magistrats dans la même cour dès lors qu'il n'est pas allégué et qu'il ne ressort pas de l'arrêt que les deux magistrats auraient tous deux siégé dans la procédure. • Civ. 2e, 21 janv. 2010 : *Procédures 2010, n° 68, note Perrot* (magistrats ne siégeant pas dans la même formation ayant délibéré de l'arrêt).

Art. L. 111-11 Pour l'application des articles L. 111-6 et L. 111-10, la personne liée au juge par un pacte civil de solidarité est assimilée au conjoint.

Art. L. 111-12 *(L. n° 2007-1787 du 20 déc. 2007, art. 25-I)* **Les audiences devant les juridictions judiciaires, sans préjudice des dispositions particulières** *(L. n° 2011-803 du 5 juill. 2011, art. 1er-II, en vigueur le 1er août 2011)* **« du code de la santé publique », du code de procédure pénale et du code de l'entrée et du séjour des étrangers et du droit d'asile, peuvent, par décision du président de la formation de jugement, d'office ou à la demande d'une partie, et avec le consentement de l'ensemble des parties, se dérouler dans plusieurs salles d'audience reliées directement par un moyen de télécommunication audiovisuelle garantissant la confidentialité de la transmission.**

L'une ou plusieurs de ces salles d'audience peuvent se trouver en dehors du ressort de la juridiction saisie.

Pour la tenue des débats en audience publique, chacune des salles d'audience est ouverte au public. Pour la tenue des débats en chambre du conseil, il est procédé hors la présence du public dans chacune des salles d'audience.

Les prises de vue et les prises de son ne peuvent faire l'objet d'aucun enregistrement ni d'aucune fixation, hors le cas prévu par les articles L. 221-1 et suivants du code du patrimoine. — *V. C. patr., art. L. 221-1, reproduit ci-dessous.*

Les modalités d'application du présent article sont fixées par décret en Conseil d'État. — *V. art. R. 111-7.*

L'art. 25-I de la L. n° 2007-1787 du 20 déc. 2007 est applicable à Mayotte, dans les îles Wallis-et-Futuna, en Polynésie française, en Nouvelle-Calédonie et dans les Terres australes et antarctiques françaises (L. préc., art. 30-VII, 1°, mod. par Ord. n° 2009-537 du 14 mai 2009, art. 1er-I).

BIBL. ► DEFFERRARD, *D. 2011. 2878* (contre la « visiojustice » - à propos du recours à la visioconférence à l'égard des audiences de jugement visant les individus privés de la liberté d'aller et venir). - F. DESPREZ, *Procédures 2008. Focus 6* (réforme de la carte judiciaire et visioconférence : d'une proximité physique à une proximité virtuelle). - DUPUIS et LICOPPE, Les audiences à distance. Genèse et institutionnalisation d'une innovation dans la justice, *Droit et société, LGDJ 2017.* - SIMON-DELCROS, *Gaz. Pal. 9-11 mai 2010, p. 8* (moderniser sans déshumaniser).

La décision de l'autorité compétente pour décider l'enregistrement audiovisuel ou sonore d'une audience en application des art. L. 221-1 s. C. patr. ne revêt pas le caractère d'un acte juridictionnel devant être soumis au débat contradictoire. Il suffit qu'aient été recueillies les observations des *personnes énumérées à l'art. L. 221-3 dudit code.* Une telle décision ne prononçant ni sur une contestation de caractère civil ni sur le bien-fondé d'une accusation, celui qui exerce un recours en annulation contre une telle décision n'est pas fondé à invoquer la méconnaissance des art. 6, § 1, et 6, § 2, Conv. EDH. • Crim. 17 févr. 2009 : *BICC 15 juill. 2009, n° 996.*

Code du patrimoine

(Ord. n° 2004-178 du 20 févr. 2004)

PARTIE LÉGISLATIVE

LIVRE II. ARCHIVES

TITRE II. ARCHIVES AUDIOVISUELLES DE LA JUSTICE

BIBL. ► PRADEL, *D. 1986. 113.* - RAPPORT, *Gaz. Pal. 24 févr. 2005, p. 34 ; ibid. 23-24 mars 2005, p. 2* (filmer les audiences : une autorisation sous condition). - ZENATI, *RTD civ. 1985. 808.*

CHAPITRE Ier. *CONSTITUTION*

Art. L. 221-1 Les audiences publiques devant les juridictions de l'ordre administratif ou judiciaire peuvent faire l'objet d'un enregistrement audiovisuel ou sonore dans les conditions prévues par le présent titre lorsque cet enregistrement présente un intérêt pour la constitution d'archives historiques de la justice. Sous réserve des dispositions de l'article L. 221-4, l'enregistrement est intégral. – *[L. nº 85-699 du 11 juill. 1985, art. 1er.] – Sur les modalités d'une demande d'enregistrement des audiences, V. infra, C. patr., art. R. 221-1.*

Sur la possibilité de se faire communiquer des pièces relevant des archives audiovisuelles de la justice, indépendamment de la loi du 11 juill. 1985 réglementant l'accès des tiers à ces archives, V. • Civ. 2e, 17 mars 2005 : ⚖ *cité note 12 ss. art. 138.*

Art. L. 221-2 L'autorité compétente pour décider l'enregistrement de l'audience est :

a) Pour le tribunal des conflits, le *(L. nº 2021-1729 du 22 déc. 2021, art. 1er-II)* « président » ;

b) Pour les juridictions de l'ordre administratif, le vice-président pour le Conseil d'État et, pour toute autre juridiction, le président de celle-ci ;

c) Pour les juridictions de l'ordre judiciaire, le premier président pour la Cour de cassation ; pour la cour d'appel et pour toute autre juridiction de son ressort, le premier président de la cour d'appel. – *[L. nº 85-699 du 11 juill. 1985, art. 2.]*

Art. L. 221-3 La décision prévue par l'article L. 221-2 est prise soit d'office, soit à la requête d'une des parties ou de ses représentants ou du ministère public. Sauf urgence, toute requête est présentée, à peine d'irrecevabilité, au plus tard huit jours avant la date fixée pour l'audience dont l'enregistrement est demandé. – *Sur les modalités de la décision prescrivant ou refusant l'enregistrement, sa notification et sa communication, V. infra, C. patr., art. R. 221-5 et sur les modalités du recours contre cette décision et la portée de ce dernier, V. respectivement, C. patr., art. R. 221-6 et R. 221-7.*

Avant toute décision, l'autorité compétente recueille les observations des parties ou de leurs représentants, du président de l'audience dont l'enregistrement est envisagé et du ministère public. Elle fixe le délai dans lequel les observations doivent être présentées et l'avis doit être fourni. – *[L. nº 85-699 du 11 juill. 1985, art. 3, al. 1er et 2, à l'exception de la fin de la 1re phrase.] – Sur la nécessité d'un avis de la commission consultative des archives audiovisuelles de la justice, V. C. patr., art. R. 221-2 et sur les modalités de la communication de la question de l'enregistrement aux autorités et personnes dont les observations doivent être recueillies en application de l'art. L. 221-3, al. 2 et R. 221-2, V. infra, C. patr., art. R. 221-3 (décision rendue sur saisine des parties, de leurs représentants ou du ministère public) et R. 221-4 (prescription d'office d'enregistrement d'une audience).*

(L. nº 2019-222 du 23 mars 2019, art. 69-IV-1º) « En cas de procès pour crime contre l'humanité ou pour actes de terrorisme, l'enregistrement est de droit s'il est demandé par le ministère public. »

L'art. 69 de la L. nº 2019-222 du 23 mars 2019 entre en vigueur à une date fixée par décret, et au plus tard le 1er janv. 2020 (L. préc., art. 109-XVIII).

Art. L. 221-4 Les enregistrements sont réalisés dans *(L. nº 2004-1343 du 9 déc. 2004, art. 78-XIV-A-9º)* « des conditions » ne portant atteinte ni au bon déroulement des débats ni au libre exercice des droits de la défense. Ils sont réalisés à partir de points fixes.

Lorsque les dispositions du premier alinéa ne sont pas respectées, le président de l'audience peut, dans l'exercice de son pouvoir de police, s'opposer aux enregistrements ou les interrompre momentanément. – *[L. nº 85-699 du 11 juill. 1985, art. 6.] – V. infra, sur la réalisation des enregistrements, C. patr., art. D. 221-14 s.*

Art. L. 221-5 Les enregistrements sont transmis à l'administration des Archives de France, responsable de leur conservation, par le président des audiences, qui signale, le cas échéant, tout incident survenu lors de leur réalisation. – *[L. nº 85-699 du 11 juill. 1985, art. 7.]*

CHAPITRE II. *COMMUNICATION ET REPRODUCTION*

Art. L. 222-1 *(L. nº 2008-696 du 15 juill. 2008, art. 18)* « L'enregistrement audio visuel ou sonore est communicable à des fins historiques ou scientifiques dès que l'instance a pris fin par une décision devenue définitive. »

(Abrogé par L. nº 2008-696 du 15 juill. 2008, art. 18) « A l'expiration de ce délai, la consultation est libre. » La reproduction ou la diffusion, intégrale ou partielle, de l'enregistrement audio-visuel ou sonore est subordonnée à une autorisation accordée, après que toute per-

sonne justifiant d'un intérêt pour agir a été mise en mesure de faire valoir ses droits, par le président du *(Ord. n° 2019-964 du 18 sept. 2019, art. 35, en vigueur le 1er janv. 2020)* « tribunal judiciaire *[ancienne rédaction : tribunal de grande instance]* » de Paris ou par le juge qu'il délègue à cet effet. Toutefois, la reproduction ou la diffusion, intégrale ou partielle, de l'enregistrement des audiences d'un procès pour crime contre l'humanité *(L. n° 2019-222 du 23 mars 2019, art. 69-IV-2°)* « ou pour actes de terrorisme » peut être autorisée dès que ce procès a pris fin par une décision devenue définitive.

Après cinquante ans, la reproduction et la diffusion des enregistrements audiovisuels ou sonores sont libres. — *Sur les modalités de la demande de reproduction et de diffusion de l'enregistrement audiovisuel, V., infra, C. patr., art. R. 222-1 s.*

L'art. 69 de la L. n° 2019-222 du 23 mars 2019 entre en vigueur à une date fixée par décret, et au plus tard le 1er janv. 2020 (L. préc., art. 109-XVIII).

Art. L. 222-2 Les procès dont l'enregistrement a été autorisé avant le 13 juillet 1990 peuvent être reproduits ou diffusés en suivant la procédure prévue à l'article L. 222-1. — *[L. n° 90-615 du 13 juill. 1990, art. 15-II.]*

Art. L. 222-3 Un décret en Conseil d'État détermine les modalités d'application des articles L. 221-1 à L. 221-5 et de l'article L. 222-1, notamment en ce qui concerne les voies de recours susceptibles d'être exercées contre les décisions prévues par les articles L. 221-2 et L. 222-1. — *[L. n° 85-699 du 11 juill. 1985, art. 2.] — V. infra, C. patr., art. R. 221-1 s.*

PARTIE RÉGLEMENTAIRE

(Décr. n° 2011-574 du 24 mai 2011)

TITRE II. ARCHIVES AUDIOVISUELLES DE LA JUSTICE

CHAPITRE Ier. *CONSTITUTION*

SECTION I. *Décision d'enregistrement des audiences*

Art. R. 221-1 La demande tendant à l'enregistrement audiovisuel ou sonore d'une audience est présentée par une requête écrite, adressée à l'autorité mentionnée à l'article L. 221-2, compétente pour prendre la décision.

La demande et les pièces qui lui sont jointes sont établies en trois exemplaires.

Art. R. 221-2 *(Abrogé par Décr. n° 2013-420 du 23 mai 2013, art. 7-I) L'autorité compétente désignée à l'article L. 221-2 pour décider des enregistrements audiovisuels ou sonores des audiences publiques recueille, en sus des avis prévus au deuxième alinéa de l'article L. 221-3, l'avis de la commission consultative des archives audiovisuelles de la justice prévue aux articles D. 221-8 à D. 221-13. — V. C. patr., art. D. 221-8 à D. 221-13, V. infra.*

Lorsque cette commission ne peut émettre son avis dans le délai qui est imparti, celui-ci est donné par son président ou par le membre de la commission qu'il a délégué.

Art. R. 221-3 Une copie de la demande est communiquée aux autorités et personnes dont les observations doivent être recueillies en application du deuxième alinéa de l'article L. 221-3 *(Abrogé par Décr. n° 2013-420 du 23 mai 2013, art. 7-II-1°) « et de l'article R. 221-2 ».*

Ces autorités et personnes sont informées qu'elles peuvent prendre connaissance, au greffe ou au secrétariat de la juridiction dont le président est compétent pour statuer sur la demande d'enregistrement, de l'ensemble des pièces jointes à cette demande.

(Abrogé par Décr. n° 2013-420 du 23 mai 2013, art. 7-II-2°) « Un exemplaire de la demande et des pièces jointes est transmis à la commission consultative des archives audiovisuelles de la justice. »

Les communications prévues par le présent article sont faites soit par la remise des pièces à leur destinataire, soit par lettre recommandée avec demande d'avis de réception.

Art. R. 221-4 Lorsque l'autorité compétente n'est pas saisie d'une demande des parties, de leurs représentants ou du ministère public et qu'elle envisage de prescrire d'office l'enregistrement d'une audience, elle communique un projet de décision motivée aux autorités et personnes mentionnées au premier alinéa de l'article R. 221-3 *(Abrogé par Décr. n° 2013-420 du 23 mai 2013, art. 7-III) « et à la commission consultative des archives audiovisuelles de la justice ».* Les communications sont faites dans les conditions prévues par le *(Décr. n° 2013-420 du 23 mai 2013, art. 7-III)* « troisième » alinéa de l'article R. 221-3.

Art. R. 221-5 L'autorité compétente statue par une décision motivée, qui est notifiée sans délai aux parties ou à leurs représentants, au président de l'audience et au ministère public.

Lorsque la décision prescrit l'enregistrement de l'audience, elle est communiquée en outre au garde des Sceaux, ministre de la justice.

Art. R. 221-6 La décision prescrivant ou refusant l'enregistrement d'une audience peut, dans les huit jours de sa notification, faire l'objet d'un recours en annulation.

Ce recours, qui n'a pas d'effet suspensif, est porté :

1° Devant le tribunal des conflits, lorsque la décision a été rendue par le vice-président de cette juridiction ;

2° Devant le Conseil d'État, lorsque la décision a été rendue par le vice-président du Conseil d'État ou par le président d'une juridiction administrative ;

3° Devant la Cour de cassation, lorsque la décision a été rendue par le premier président de la Cour de cassation ou d'une cour d'appel.

Le recours est formé, instruit et jugé selon les règles applicables devant la juridiction appelée à statuer ; devant la Cour de cassation, il est fait par simple déclaration au secrétariat-greffe de cette cour et examiné par la chambre compétente à raison de la nature du procès.

Art. R. 221-7 En cas d'annulation d'une décision prescrivant un enregistrement, le juge peut ordonner la destruction de cet enregistrement.

SECTION II *[ABROGÉE]. Commission consultative des archives audiovisuelles de la justice*
(Abrogée par Décr. n° 2013-420 du 23 mai 2013, art. 7-IV)

Art. D. 221-8 *La commission consultative des archives audiovisuelles de la justice est présidée par une personnalité compétente en matière d'archives de la justice et composée :*

1° D'un député et d'un sénateur ;

2° Du directeur général des patrimoines au ministère de la culture ou son représentant ;

3° De deux historiens ;

4° De deux membres en activité ou honoraires du Conseil d'État ;

5° De deux magistrats en activité ou honoraires de la Cour de cassation ;

6° De deux magistrats en activité ou honoraires des autres juridictions de l'ordre judiciaire ;

7° De deux membres en activité ou honoraires des autres juridictions de l'ordre administratif ;

8° De deux avocats choisis l'un parmi les avocats au barreau de Paris, l'autre parmi les avocats de tout autre barreau ;

9° De deux journalistes choisis l'un parmi les membres de la presse écrite, l'autre parmi les membres de la presse audiovisuelle.

A l'exclusion du directeur général des patrimoines ou de son représentant, les membres de la commission sont désignés pour une durée de trois ans renouvelable une seule fois.

En cas de vacance, pour quelque cause que ce soit, il est pourvu à la nomination d'un nouveau membre dont le mandat expire à la date à laquelle aurait expiré celui de la personne qu'il remplace.

Art. D. 221-9 *Les membres de la commission consultative des archives audiovisuelles de la justice sont tenus, même après la cessation de leurs fonctions, de conserver le secret des informations portées à leur connaissance ainsi que des délibérations de la commission.*

Art. D. 221-10 *Le président de la commission consultative des archives audiovisuelles est nommé par arrêté du ministre de la justice.*

Art. D. 221-11 *Les membres de la commission consultative des archives audiovisuelles de la justice autres que ceux qui sont mentionnés au[x] 1° et 2° de l'article D. 221-8 sont nommés par le garde des Sceaux, ministre de la justice, dans les conditions ci-après :*

1° Les deux historiens sont nommés sur proposition de la section compétente du Conseil national des universités, l'autre sur proposition de l'École pratique des hautes études ;

2° Les deux membres en activité ou honoraires du Conseil d'État et les deux membres en activité ou honoraires des autres juridictions de l'ordre administratif sont nommés sur proposition de l'assemblée générale du Conseil d'État ;

3° Les deux magistrats en activité ou honoraires de la Cour de cassation et les deux magistrats en activité ou honoraires des autres juridictions de l'ordre judiciaire sont nommés sur proposition de l'assemblée générale de la Cour de cassation ;

4° L'avocat au barreau de Paris et l'avocat d'un autre barreau sont nommés, le premier, sur proposition du conseil de l'ordre des avocats au barreau de Paris et, le second, sur proposition de la conférence des bâtonniers ;

5° Les deux journalistes sont nommés sur proposition des organisations professionnelles de journalistes les plus représentatives.

Art. D. 221-12 *Les fonctions des membres de la commission consultative des archives audiovisuelles de la justice sont gratuites. Toutefois, elles peuvent donner lieu au remboursement des frais engagés par les membres de la commission pour l'exercice de leur mission, dans les conditions prévues par la réglementation applicable aux personnels civils de l'État.*

Art. D. 221-13 *Le secrétariat de la commission consultative des archives audiovisuelles de la justice est assuré par le ministère de la justice.*

SECTION III. *Réalisation des enregistrements*

Art. D. 221-14 L'enregistrement des audiences est assuré par les services du ministère de la justice, à défaut, par un ou plusieurs entrepreneurs choisis dans les conditions prévues par le chapitre III du titre III du code des marchés publics.

Art. D. 221-15 La disposition des appareils d'enregistrement à l'intérieur de la salle d'audience est fixée en accord avec le président de l'audience, dans le cadre de son pouvoir de police.

Art. R. 221-16 Les enregistrements sont remis au président dès la fin de l'audience. Ils sont transmis au directeur général des patrimoines avec un procès-verbal signé par le président de l'audience et mentionnant les incidents qui ont pu survenir au cours de la réalisation. Un exemplaire de ce procès-verbal est conservé au greffe ou au secrétariat de la juridiction.

Art. R. 221-17 Les modalités de la conservation, du classement, de l'inventaire et de la consultation des archives audiovisuelles de la justice sont fixées par un arrêté conjoint du ministre chargé du budget, du garde des Sceaux, ministre de la justice, et du ministre chargé de la culture.

CHAPITRE II. *COMMUNICATION ET REPRODUCTION*

Art. R. 222-1 La demande aux fins de reproduction ou de diffusion intégrale ou partielle de l'enregistrement audiovisuel ou sonore d'une audience est présentée au président du *(Décr. n° 2019-966 du 18 sept. 2019, art. 8, en vigueur le 1er janv. 2020)* « tribunal judiciaire *[ancienne rédaction : tribunal de grande instance]* » de Paris en la forme prévue par l'article 494 du code de procédure civile pour les ordonnances sur requête.

Art. R. 222-2 Après avoir procédé ou fait procéder aux mesures d'instruction qu'il estime utiles, le président du *(Décr. n° 2019-966 du 18 sept. 2019, art. 8, en vigueur le 1er janv. 2020)* « tribunal judiciaire *[ancienne rédaction : tribunal de grande instance]* » de Paris statue sur la requête par une ordonnance motivée dont la minute est conservée au greffe de ce tribunal. Il peut assortir de conditions particulières la reproduction ou la diffusion de l'enregistrement.

L'ordonnance est portée à la connaissance du public selon les modalités qu'elle fixe, à la diligence du requérant.

Art. R. 222-3 Si l'ordonnance fait droit à la requête, tout intéressé peut en référer au juge qui l'a rendue pour la contester dans le délai qu'elle fixe.

Le délai d'appel est de quinze jours. L'appel est formé, instruit et jugé comme en matière gracieuse.

Art. R. 222-4 Le président du *(Décr. n° 2019-966 du 18 sept. 2019, art. 8, en vigueur le 1er janv. 2020)* « tribunal judiciaire *[ancienne rédaction : tribunal de grande instance]* » de Paris a la faculté de relever le contestant de la forclusion dans les conditions de l'article 540 du code de procédure civile.

Art. L. 111-12-1 *(L. n° 2021-1729 du 22 déc. 2021, art. 54)* **Sans préjudice du code de la santé publique et du code de l'entrée et du séjour des étrangers et du droit d'asile et par dérogation à l'article L. 111-12 du présent code, le président de la formation de jugement peut, devant les juridictions statuant en matière non pénale, pour un motif légitime, autoriser une partie, un témoin, un expert ou toute autre personne convoquée et qui en a fait expressément la demande à être entendu par un moyen de communication audiovisuelle au cours de l'audience ou de l'audition.**

Les modalités d'application du présent article, notamment les conditions de sécurité et de confidentialité des échanges, sont fixées par décret en Conseil d'État.

Art. L. 111-13 *(L. nº 2019-222 du 23 mars 2019, art. 33-IV-1º)* « Sous réserve des dispositions particulières qui régissent l'accès aux décisions de justice et leur publicité, les décisions rendues par les juridictions judiciaires sont mises à la disposition du public à titre gratuit sous forme électronique.

« Les nom et prénoms des personnes physiques mentionnées dans la décision, lorsqu'elles sont parties ou tiers, sont occultés préalablement à la mise à la disposition du public. Lorsque sa divulgation est de nature à porter atteinte à la sécurité ou au respect de la vie privée de ces personnes ou de leur entourage, est également occulté tout élément permettant d'identifier les parties, les tiers, les magistrats et les membres du greffe.

« Les données d'identité des magistrats et des membres du greffe ne peuvent faire l'objet d'une réutilisation ayant pour objet ou pour effet d'évaluer, d'analyser, de comparer ou de prédire leurs pratiques professionnelles réelles ou supposées. La violation de cette interdiction est punie des peines prévues aux articles 226-18, 226-24 et 226-31 du code pénal, sans préjudice des mesures et sanctions prévues par la loi nº 78-17 du 6 janvier 1978 relative à l'informatique, aux fichiers et aux libertés. »

(L. nº 2016-1321 du 7 oct. 2016, art. 21) Les articles L. 321-1 à L. 326-1 du code des relations entre le public et l'administration sont également applicables à la réutilisation des informations publiques figurant dans ces décisions.

Un décret en Conseil d'État fixe, pour les décisions de premier ressort, d'appel ou de cassation, les conditions d'application du présent article.

Art. L. 111-14 *(L. nº 2019-222 du 23 mars 2019, art. 33-IV-2º)* Les tiers peuvent se faire délivrer copie des décisions de justice par le greffe de la juridiction concernée conformément aux règles applicables en matière civile ou pénale et sous réserve des demandes abusives, en particulier par leur nombre ou par leur caractère répétitif ou systématique.

Les éléments permettant d'identifier les personnes physiques mentionnées dans la décision, lorsqu'elles sont parties ou tiers, sont occultés si leur divulgation est de nature à porter atteinte à la sécurité ou au respect de la vie privée de ces personnes ou de leur entourage.

Un décret en Conseil d'État fixe, pour les décisions de premier ressort, d'appel ou de cassation, les conditions d'application du présent article.

TITRE DEUXIÈME RÈGLES GÉNÉRALES D'ORGANISATION ET DE FONCTIONNEMENT

CHAPITRE PREMIER LES JUGES

SECTION PREMIÈRE COMPOSITION DES JURIDICTIONS

Art. L. 121-1 Sauf disposition particulière, à la Cour de cassation, dans les cours d'appel *(L. nº 2019-222 du 23 mars 2019, art. 95-I-1º, en vigueur le 1er janv. 2020)* « et dans les tribunaux judiciaires *[ancienne rédaction :, les tribunaux de grande instance et les tribunaux d'instance]* », les fonctions de jugement sont exercées par des magistrats appartenant au corps judiciaire ; les règles applicables à leur nomination sont fixées par le statut de la magistrature.

Les autres juridictions judiciaires sont composées soit de magistrats du corps judiciaire, soit de juges non professionnels désignés dans les conditions prévues par les textes organisant ces juridictions. — *V. App., vº Magistrature (statut).*

Art. L. 121-2 Sauf disposition particulière, les juges statuent en nombre impair. — *[Anc. art. L. 213-1, 1re phrase, L. 311-7, L. 311-8, 1re phrase et L. 412-1, 1re phrase.]* — *V. art. L. 421-6.*

Sur le principe et sa sanction, V. • Crim. 8 août 1935 : *Gaz. Pal. 1935. 2. 693* • Crim. 9 févr. 1950 : *D. 1951. Somm. 12* • Com. 8 mars 1949 : *D. 1949. 234* • Civ. 3e, 10 févr. 1988 : *D. 1989. Somm. 181, obs. Julien* • Civ. 2e, 16 juill. 1993 : *D. 1993. IR 205* • Civ. 1re, 25 mai 2004, nº 02-10.641 P : *Procédures 2004, nº 240, note Croze* • Civ. 2e, 6 mai 2004, nº 02-15.761 P • Civ. 3e, 30 juin 2004 : *JCP 2004. IV. 2828.*

SECTION II LE SERVICE JURIDICTIONNEL

Art. L. 121-3 **Chaque année, le premier président de la Cour de cassation, le premier président de la cour d'appel** *(L. n° 2019-222 du 23 mars 2019, art. 95-I-2°, en vigueur le 1er janv. 2020)* **« et le président du tribunal judiciaire** *[ancienne rédaction :, le président du tribunal de grande instance, et le magistrat chargé de la direction et de l'administration du tribunal d'instance]* **» répartissent les juges dans les différents** *(L. n° 2019-222 du 23 mars 2019, art. 95-I-2°-b, en vigueur le 1er janv. 2020)* **« pôles, chambres et » services de la juridiction.**

Un décret en Conseil d'État fixe les modalités d'application du présent article. Il précise notamment les conditions dans lesquelles la répartition des juges peut être modifiée en cours d'année. — *[Anc. art. L. 710-1.] — V. art. R. 121-1, R. 212-4, R. 212-5, R. 212-6, R. 212-20, R. 212-21, R. 212-59, R. 213-6, R. 213-7, R. 213-8, R. 213-10, R. 222-3, R. 312-2, R. 312-3, R. 312-5, R. 312-6, R. 312-69, R. 431-3, R. 431-7, R. 532-10, R. 562-28.*

Par dérogation à l'art. L. 121-3 COJ, le premier président de la cour d'appel de Saint-Denis de la Réunion est compétent pour répartir les juges dans les différents services du TGI et du TI de Mamoudzou, à compter de la création de ces juridictions et jusqu'à l'installation du président du TGI de Mamoudzou et du magistrat chargé de la direction et de l'administration du TI de Mamoudzou. Les modalités d'application en sont fixées par décret en Conseil d'État (Ord. n° 2011-337 du 29 mars 2011, art. 13, en vigueur le 1er avr. 2011).

Ordonnance de roulement. Recours. Compétence judiciaire. La décision prise par le président d'une juridiction judiciaire de modifier une ordonnance de roulement constitue une mesure relevant du fonctionnement du service public de la justice et dont l'examen conduit à porter une appréciation sur la marche même des services judiciaires. La juridiction judiciaire peut seule procéder à cet examen. Il s'ensuit qu'un recours contre une telle décision, fondé sur le fait qu'elle constituerait une sanction déguisée, relève de sa compétence. • T. confl. 12 févr. 2018, n° 4115 : *JCP 2018. 467, note Pauliat.*

Art. L. 121-4 **En cas de vacance d'emploi ou d'empêchement d'un ou plusieurs magistrats ou lorsque le renforcement temporaire et immédiat des juridictions du premier degré apparaît indispensable pour assurer le traitement du contentieux dans un délai raisonnable, le premier président peut, par ordonnance, déléguer les présidents de chambre et les conseillers de la cour d'appel** *(L. n° 2019-222 du 23 mars 2019, art. 95-I-3°, en vigueur le 1er janv. 2020)* **« et les juges des tribunaux judiciaires** *[ancienne rédaction :, les juges des tribunaux d'instance et de grande instance]* **», pour exercer des fonctions judiciaires dans les tribunaux du ressort de la cour d'appel dont le service est assuré par des magistrats du corps judiciaire.**

Un magistrat ne peut être délégué plus de cinq fois au cours de la même année judiciaire. Ses délégations ne peuvent excéder une durée totale de trois mois.

En ce qui concerne les magistrats désignés pour exercer les fonctions de juge de l'expropriation, la durée de la délégation prévue à l'alinéa précédent peut être portée à six mois.

L'ordonnance mentionnée au premier alinéa précise le motif et la durée de la délégation ainsi que la nature des fonctions qui seront exercées par le magistrat délégué. — *[Anc. art. L. 221-1, al. 1er à 3.] — V. art. R. 121-3.*

CHAPITRE PREMIER *BIS* LES JUGES DE PROXIMITÉ

(L. n° 2011-1862 du 13 déc. 2011, art. 1er-I-1°, mod. par L. n° 2016-1547 du 18 nov. 2016, art. 15-IV-3°, en vigueur le 1er juill. 2017)

L'art. 1er de la L. n° 2011-1862 du 13 déc. 2011 est applicable aux procédures en cours dans les conditions suivantes :

En matière civile, la juridiction de proximité demeure compétente pour connaître des procédures en cours jusqu'au premier jour du septième mois suivant la date du 1er juill. 2017 (L. n° 2012-1441 du 24 déc. 2012, art. unique, 1° et 2°, b ; L. n° 2014-1654 du 29 déc. 2014, art. 9 ; L. n° 2016-1547 du 18 nov. 2016, art. 15-IV-3°), date à compter de laquelle ces procédures sont transférées en l'état au tribunal d'instance. Dans les matières dont la connaissance est transférée par l'effet de la présente loi au tribunal d'instance, les convocations et assignations données aux parties peuvent être délivrées avant la date du 1er janv. 2017 (L. n° 2012-1441 du 24 déc. 2012, art. unique, 1° et 2°, c, et L. n° 2014-1654 du 29 déc. 2014, art. 9) pour une comparution postérieure à cette date devant le tribunal d'instance.

Il n'y a pas lieu de renouveler les actes, formalités et jugements régulièrement intervenus antérieurement au transfert des procédures civiles, à l'exception des convocations, citations et assignations données aux parties et aux témoins qui n'auraient pas été suivies d'une comparution devant la juridiction supprimée.

Les parties ayant comparu devant la juridiction supprimée sont informées par l'une ou l'autre des juridictions qu'il leur appartient d'accomplir les actes de la procédure devant le tribunal auquel les procédures sont transférées.

Les archives et les minutes du greffe de la juridiction de proximité sont transférées au greffe du tribunal d'instance selon la nature de la procédure. Les frais de transfert de ces archives et minutes sont pris sur le crédit ouvert à cet effet au budget du ministère de la justice (L. préc., art. 70-I).

BIBL. ▶ **L. 13 déc. 2011 :** Dargent, *D. actu. 15 déc. 2011* (répartition des contentieux et allègement des procédures : aspects de procédure civile). – Vericel, *JCP 2011. 194* (l'abandon de la justice de proximité en matière civile). – Fricero, *Dr. et pr. 2012. 30* (les suites du rapport Guinchard).

▶ **L. 18 nov. 2016 :** Bléry, *Gaz. Pal. 31 août 2016, p. 40* (1er juill. 2017 : l'adieu aux juges de proximités (?)).

Art. L. 121-5 **Le service des juges de proximité mentionnés à l'article 41-17 de l'ordonnance n° 58-1270 du 22 décembre 1958 portant loi organique relative au statut de la magistrature, appelés à exercer des fonctions de juge d'un** *(Ord. n° 2019-964 du 18 sept. 2019, art. 35, en vigueur le 1er janv. 2020)* **« tribunal judiciaire** *[ancienne rédaction : tribunal de grande instance]* **» et à être chargés de fonctions juridictionnelles dans un** *(Ord. n° 2019-964 du 18 sept. 2019, art. 35, en vigueur le 1er janv. 2020)* **« tribunal judiciaire** *[ancienne rédaction : tribunal d'instance]* **», est fixé conformément aux dispositions du présent chapitre.** – *V. Ord. n° 58-1270 du 22 déc. 1958, art. 41-17, App., v° Magistrature.*

Sur l'application aux procédures en cours de l'art. 1er de la L. n° 2011-1862 du 13 déc. 2011, V. note au-dessus de l'art. L. 121-5.

Art. L. 121-6 **Chaque année, le président du** *(Ord. n° 2019-964 du 18 sept. 2019, art. 35, en vigueur le 1er janv. 2020)* **« tribunal judiciaire** *[ancienne rédaction : tribunal de grande instance]* **» répartit les juges de proximité dans les différents services de la juridiction auxquels ils peuvent participer en tenant compte de leurs fonctions au** *(Ord. n° 2019-964 du 18 sept. 2019, art. 35, en vigueur le 1er janv. 2020)* **« tribunal judiciaire** *[ancienne rédaction : tribunal d'instance]* **» à l'activité duquel ils concourent.**

Sur l'application aux procédures en cours de l'art. 1er de la L. n° 2011-1862 du 13 déc. 2011, V. note au-dessus de l'art. L. 121-5.

Art. L. 121-7 **Chaque année, le magistrat chargé de la direction et de l'administration du** *(Ord. n° 2019-964 du 18 sept. 2019, art. 35, en vigueur le 1er janv. 2020)* **« tribunal judiciaire** *[ancienne rédaction : tribunal d'instance]* **» organise par ordonnance le service dont les juges de proximité sont chargés au sein de ce tribunal, en tenant compte de celui auquel ils sont astreints au** *(Ord. n° 2019-964 du 18 sept. 2019, art. 35, en vigueur le 1er janv. 2020)* **« tribunal judiciaire** *[ancienne rédaction : tribunal de grande instance]* **».**

Sur l'application aux procédures en cours de l'art. 1er de la L. n° 2011-1862 du 13 déc. 2011, V. note au-dessus de l'art. L. 121-5.

Art. L. 121-8 **Un décret en Conseil d'État fixe les conditions d'application du présent chapitre. Il précise les conditions dans lesquelles la répartition des juges de proximité peut être modifiée en cours d'année.**

Sur l'application aux procédures en cours de l'art. 1er de la L. n° 2011-1862 du 13 déc. 2011, V. note au-dessus de l'art. L. 121-5.

CHAPITRE II LE MINISTÈRE PUBLIC

RÉP. PROC. CIV. v° *Ministère public*, par FLORES.
BIBL. GÉN. ▶ CHARBONNIER, *JCP 1991. I. 3532.*

SECTION PREMIÈRE ORGANISATION

Art. L. 122-1 A la Cour de cassation, dans les cours d'appel et les tribunaux *(L. n° 2019-222 du 23 mars 2019, art. 95-I-4°, en vigueur le 1er janv. 2020)* « judiciaires *[ancienne rédaction : de grande instance]* », le ministère public est exercé par des magistrats appartenant au corps judiciaire ; les règles applicables à leur nomination sont fixées par le statut de la magistrature. — *V. App., v° Magistrature (statut).*

Devant les autres juridictions, le ministère public est exercé soit par des magistrats du corps judiciaire, soit par des personnes habilitées dans les conditions prévues par les textes organisant ces juridictions.

Art. L. 122-2 Le ministère public est exercé, en toutes matières, devant toutes les juridictions du premier degré du ressort du tribunal *(L. n° 2019-222 du 23 mars 2019, art. 95-I-5°, en vigueur le 1er janv. 2020)* « judiciaire *[ancienne rédaction : de grande instance]* » par le procureur de la République. — *[Anc. art. L. 311-15.]*

Art. L. 122-3 *(L. n° 2019-222 du 23 mars 2019, art. 69-I-1°)* « Sous réserve des dispositions particulières du code de procédure pénale, » le ministère public est exercé, en toutes matières, devant toutes les juridictions du second degré et les cours d'assises instituées dans le ressort de la cour d'appel par le procureur général. — *[Anc. art. L. 213-4.]*

L'art. 69 de la L. n° 2019-222 du 23 mars 2019 entre en vigueur à une date fixée par décret, et au plus tard le 1er janv. 2020 (L. préc., art. 109-XVIII).

SECTION II FONCTIONNEMENT

Art. L. 122-4 Tout magistrat d'un parquet ou d'un parquet général peut exercer les fonctions du ministère public au sein de ce parquet.

CHAPITRE III LE GREFFE

RÉP. PR. CIV. v° *Greffe*, par GAONAC'H.

Art. L. 123-1 La Cour de cassation, les cours d'appel, les tribunaux *(L. n° 2019-222 du 23 mars 2019, art. 95-I-6°-a, en vigueur le 1er janv. 2020)* « judiciaires *[ancienne rédaction : de grande instance, les tribunaux d'instance, les tribunaux d'instance ayant compétence exclusive en matière pénale]* » *(Abrogé par L. n° 2011-1862 du 13 déc. 2011, art. 2-I, à compter du 1er janv. 2017)* « *, **les juridictions de proximité** »* et les conseils de prud'hommes comprennent un greffe composé de fonctionnaires de l'État. — *[Anc. art. L. 811-1 et L. 831-1.]*

(L. n° 2019-222 du 23 mars 2019, art. 95-I-6°-b, en vigueur le 1er janv. 2020) « Nonobstant le premier alinéa, lorsqu'un conseil de prud'hommes a son siège dans la même commune que le siège d'un tribunal judiciaire ou de l'une de ses chambres de proximité, le greffe du tribunal judiciaire comprend, d'une part, les services de greffe de cette juridiction et, d'autre part, le service de greffe du conseil des prud'hommes, dans des conditions propres à garantir le bon fonctionnement du conseil de prud'hommes.

« Le président du conseil de prud'hommes est consulté sur l'organisation du service de greffe du conseil de prud'hommes. »

Sur l'application de l'art. 2 de la L. n° 2011-1862 du 13 déc. 2011 aux procédures en cours, V. note au-dessus de l'art. L. 121-5 COJ.

L'art. 2 de la L. n° 2011-1862 du 13 déc. 2011 est applicable dans les îles Wallis-et-Futuna, en Polynésie française et en Nouvelle-Calédonie (L. préc., art. 72).

Art. L. 123-2 Les dispositions particulières applicables au greffe des autres juridictions sont fixées par les textes sur l'organisation et le fonctionnement de ces juridictions, mentionnés à l'article L. 261-1.

Art. L. 123-3 *(L. n° 2016-1547 du 18 nov. 2016, art. 2-I)* Il est institué un service d'accueil unique du justiciable dont la compétence s'étend au-delà de celle de la juridiction où il est implanté. Le service informe les personnes sur les procédures qui les concernent et reçoit de leur part des actes afférents à ces procédures.

BIBL. ▶ **L. 18 nov. 2016 :** G'Sell, *JCP 2016. 1406* (l'accès au droit et la poursuite de la modernisation des professions réglementées dans la loi de modernisation de la justice du XXIe siècle). – Raschel, *Gaz. Pal. 31 janv. 2017, p. 68* (quelle modernisation du service public de la justice ?).

CHAPITRE III *BIS* LES JURISTES ASSISTANTS

(L. nº 2016-1547 du 18 nov. 2016, art. 24)

Art. L. 123-4 Des juristes assistants sont institués auprès des juridictions. Peuvent être nommées en qualité de juristes assistants auprès des magistrats des tribunaux *(L. nº 2019-222 du 23 mars 2019, art. 95-I-7º, en vigueur le 1er janv. 2020)* « judiciaires et des tribunaux *[ancienne rédaction : d'instance, des tribunaux de grande instance et]* » de première instance, des cours d'appel ainsi qu'à la Cour de cassation les personnes titulaires d'un diplôme de doctorat en droit ou sanctionnant une formation juridique au moins égale à cinq années d'études supérieures après le baccalauréat avec *(L. nº 2021-1729 du 22 déc. 2021, art. 61)* « une année » d'expérience professionnelle dans le domaine juridique et que leur compétence qualifie particulièrement pour exercer ces fonctions. Ces juristes assistants sont nommés, à temps partiel ou complet, pour une durée maximale de trois années, renouvelable une fois. Ils sont tenus au secret professionnel et peuvent accéder aux dossiers de procédure pour l'exercice des tâches qui leur sont confiées. Un décret en Conseil d'État précise les modalités d'application du présent article.

CHAPITRE IV SIÈGE ET RESSORT DES JURIDICTIONS

Art. L. 124-1 *(L. nº 2019-222 du 23 mars 2019, art. 103)* Lorsque la continuité du service de la justice ne peut plus être assurée au sein du bâtiment où siège la juridiction, dans les conditions offrant les garanties nécessaires au maintien de la sécurité des personnes et des biens, tout ou partie des services de la juridiction peut, à titre provisoire, être transféré dans une autre commune du ressort de la même cour d'appel.

Ce transfert est prononcé par ordonnance du premier président de la cour d'appel après avis du procureur général près cette cour.

(Abrogé par Décr. nº 2020-900 du 22 juill. 2020, art. 1er) ***« La durée du transfert ne peut excéder six mois. Cependant, si la situation l'exige, elle peut faire l'objet d'une prorogation pour une durée égale dans les conditions définies ci-dessus. »***

Un décret en Conseil d'État détermine les conditions d'application du présent article.

Art. L. 124-2 *(L. nº 2019-222 du 23 mars 2019, art. 103)* Lorsqu'une audience ne peut être matériellement tenue dans le respect des droits des parties ou dans des conditions garantissant la bonne administration de la justice, elle peut se dérouler dans toute commune située *(L. nº 2021-1729 du 22 déc. 2021, art. 55)* « soit dans le ressort d'une juridiction limitrophe, soit dans le ressort de la même cour d'appel ». Le premier président de la cour d'appel, après avis du procureur général, fixe par ordonnance le lieu et le jour de ces audiences.

Art. L. 124-3 *(L. nº 2019-222 du 23 mars 2019, art. 103)* Lorsqu'une juridiction a compétence nationale, elle peut tenir des audiences dans toute commune du territoire national. Le premier président de la cour d'appel dont relève la juridiction à compétence nationale, après avis du procureur général, fixe par ordonnance le lieu et le jour de ces audiences.

TITRE TROISIÈME MAISONS DE JUSTICE ET DU DROIT

Ce titre ne comprend pas de dispositions législatives.

TITRE QUATRIÈME RESPONSABILITÉ DU FAIT DU FONCTIONNEMENT DU SERVICE PUBLIC DE LA JUSTICE

(L. nº 2016-1547 du 18 nov. 2016, art. 1er-I-2º).

CHAPITRE UNIQUE

RÉP. PR. CIV. vº *Responsabilité encourue du fait du fonctionnement défectueux du service public de la justice*, par S. GUINCHARD.

Art. L. 141-1 **L'État est tenu de réparer le dommage causé par le fonctionnement défectueux du** *(L. nº 2016-1547 du 18 nov. 2016, art. 1er-I-2º)* **« service public de la justice ».**

Sauf dispositions particulières, cette responsabilité n'est engagée que par une faute lourde ou par un déni de justice. – *[Anc. art. L. 781-1, al. 1er.]*

BIBL. ▶ AUBY, *AJDA 1973. 4* (responsabilité de l'État en matière de justice judiciaire). – CADIET, *JCP 1992. I. 3587, nº 3 ; ibid. 1994. I. 3755, nº 3 ; ibid. 1994. I. 3805, nº 2* (responsabilité du fait de la fonction juridictionnelle). – CHOLET, *D. 2005. 2540*. – COLLECTIF, La responsabilité professionnelle des magistrats, Les cahiers de l'Institut d'étude sur la justice, *tome 10, Bruylant 2007 ;* La responsabilité des magistrats, Entretiens d'Aguesseau, *PULIM 2008*. – Dossier : Dysfonctionnements du service de la justice et responsabilité de l'État, *LPA 12 juill. 2007*. – DE LA VAISSIÈRE, *Gaz. Pal. 2002. Doctr. 1* (« délai raisonnable »). – DESDEVISES, *Mél. Normand, Litec, 2003, p. 167* (responsabilité des juges et de la justice). – DUBUISSON, *Mél. G. Viney, LGDJ-Lextenso 2008, p. 355* (la responsabilité civile du pouvoir judiciaire : l'expérience belge). – GARAPON, Les juges – un pouvoir irresponsable ?, *Justement 2003*. – GOMA, *AJDA 2013. 564* (de la responsabilité de l'État pour inobservation du délai raisonnable par la justice). – JEAN et PAULIAT, *D. 2005. Chron. 598* (l'administration de la justice en Europe et l'évaluation de sa qualité). – KRIEGK, *LPA 26 juin 2003, p. 4* (délai raisonnable : office du juge et office de l'autorité publique). – LEQUETTE, *Mél. Héron, LGDJ-Lextenso 2008, p. 309* (des juges littéralement irresponsables). – LUDET, *Gaz. Pal. 23-24 sept. 2005, p. 2* (responsabilité des magistrats). – MAGENDIE, *D. 2003. Chron. 1177 ; ibid. 2005. Chron. 2414* (responsabilité des magistrats). – R. MARTIN, *Procédures 2001. Chron. 8* (la justice en faute lourde ou simple). – OUDOT, *Mél. R. Martin, Univ. Nice-Sophia-Antipolis, Bruylant, LGDJ, 2004, p. 25* (responsabilité civile des principaux acteurs du procès). – RENARD-PAYEN et ROBINEAU, *R. 2002, p. 59.*

V. Rép. min. nº 40542 : *JOAN Q 5 janv. 2010 ; D. 2010. AL 199* (effectivité du contentieux au fonctionnement défectueux du service de la justice : données chiffrées).

▶ **L. 18 nov. 2016 :** G'SELL, *JCP 2016. 1406* (l'accès au droit et la poursuite de la modernisation des professions réglementées dans la loi de modernisation de la justice du XXIe siècle).

I. COMPATIBILITÉ AVEC LA CONVENTION EUROPÉENNE

1. L'existence d'un régime de responsabilité propre au fonctionnement défectueux du service public de la justice, qui ne prive pas le justiciable d'accès au juge, n'est pas en contradiction avec les exigences d'un procès équitable au sens de l'art. 6, § 1, Conv. EDH. • Cass., ass. plén., 23 févr. 2001, nº 99-16.165 P : *D. 2001. 1752, note Debbasch ; JCP 2001. II. 10583, note Menuret* • Civ. 1re, 28 janv. 2009, nº 08-11.275 P : *RLDC 2009. 3383, obs. Bugnicourt.*

2. L'État ne dispose, en cas de fonctionnement défectueux du service public de la justice, d'aucune action à l'encontre du justiciable concerné, de sorte qu'en l'absence d'actions réciproques pouvant avoir le même objet, soumises à des délais de prescription distincts, aucune rupture du juste équilibre entre la protection de la propriété et les exigences de l'intérêt général ne peut être invoquée. • Civ. 1re, 24 févr. 2016, nº 14-50.074 P : *JCP 2016. 295, obs. Cholet.*

II. DOMAINE DE LA RESPONSABILITÉ

3. Auteur de la faute. Les dispositions de l'art. L. 781-1 [L. 141-1] sont applicables aux agents investis, sous le contrôle et l'autorité d'un magistrat du siège ou du parquet, de pouvoirs de police judiciaire à l'effet de constater et de réprimer des infractions à la loi. • Civ. 1re, 9 mars 1999, nº 96-16.560 P : *D. 2000. 398, note Matsopoulou ; JCP 1999. II. 10069, rapp. Sargos ; Procédures 1999, nº 213, obs. Buisson* • TGI Paris, 26 janv. 2005 : *Gaz. Pal. 6-8 févr. 2005, p. 12.*

4. Relèvent de l'art. L. 781-1 [L. 141-1] les fautes commises par une commission de surendettement des particuliers. • Civ. 1re, 13 déc. 2005 : *D. 2006. IR 227*. ♦ Sur l'inapplicabilité du texte à la responsabilité de l'arbitre, V. • TGI Paris, 12 mai 1993 : *BICC 1993, nº 1110.* ♦ ... D'un expert, V. • TGI Paris, 20 nov. 2002 : *Les Annonces de la Seine, 19 déc. 2002, p. 8,* infirmé par • Paris, 28 juin 2004 : *D. 2004. IR 2893 ; Gaz. Pal. 25-26 août 2004, p. 6, note J.-G. Moore.* ♦ L'art.

L. 781-1 [L. 141-1] ne s'applique pas à la juridiction administrative. • Civ. 1re, 22 mars 2005 : *cité note 159 ss. Conv. EDH, art. 6, § 1er, App., v° Droit européen et international.* ♦ ... Ni à une décision du préfet de faire exécuter des travaux de démolition sur le fondement de l'art. L. 480-9 C. urb. • Civ. 3e, 26 janv. 2005, n° 03-17.418 P : *D. 2005. IR 460*. ♦ ... Ni à l'agent judiciaire du Trésor [devenu agent judiciaire de l'État] ayant engagé des poursuites contre une société. • Civ. 1re, 30 oct. 2006, n° 05-16.699 P. ♦ ... Ni à une association désignée par le juge des enfants pour réaliser une enquête sociale. • Montpellier, 22 oct. 2008 : *BICC 15 mars 2008, n° 427.* ♦ ... Ni au conseil de l'ordre d'un barreau dès lors que les mesures critiquées et imputées à fautes prises par ledit conseil de l'ordre l'ont été dans l'exercice de ses attributions juridictionnelles telles qu'elles lui sont conférées par la loi. • Paris, 16 juin 2009, n° 07/14568 : *Gaz. Pal. 2009. Jurisp. 3137, note J.-G. M.*

5. Exclusion du dualisme juridictionnel. Lorsque la durée totale de la procédure qu'un justiciable estime excessive résulte d'instances introduites successivement devant les deux ordres de juridictions en raison de difficultés de détermination de la juridiction compétente, que le Tribunal des conflits ait été amené à statuer ou non, l'action en réparation du préjudice allégué doit être portée devant l'ordre de juridiction compétent pour connaître du fond du litige, objet desdites instances. La juridiction saisie de la demande d'indemnisation, conformément aux règles de compétence et de procédure propres à l'ordre de juridiction auquel elle appartient, est compétent pour porter une appréciation globale sur la durée de la procédure devant les deux ordres de juridiction et, le cas échéant, devant le Tribunal des conflits. Dès lors, la juridiction de l'ordre judiciaire est compétente pour statuer sur la demande des requérants en indemnisation du préjudice qu'ils imputent à la durée prétendument excessive des instances tendant à la réparation des conséquences dommageables de la décision d'orientation de leur fille en section d'éducation spécialisée. • T. confl. 30 juin 2008 : *Bull. civ. n° 13 ; JCP 2008. II. 10153, note Cholet ; RLDC 2/2009. 61, obs. Miniato ; AJDA 2008. 1593, note Geffray et Liéber ; RFDA 2008. 1165, Concl. De Silva, note Seiller*.

6. Victime de la faute (usager du service public). Est soumis à l'art. L. 781-1 [L. 141-1] un avocat, conseil représentant ou assistant l'une des parties, et non collaborateur du service public de la justice. • Civ. 1re, 13 oct. 1998, n° 96-13.862 *P : D. 2000. 576, note Lemaire*. ♦ ... Mais pas un mandataire judiciaire, collaborateur du service public de la justice, qui peut engager la responsabilité de l'État sans faute, dès lors que son préjudice est anormal, spécial et d'une certaine gravité. • Civ. 1re, 30 janv. 1996, n° 91-20.266 P : *D. 1997. 83, note Legrand ; JCP 1996. II. 22608, rapp. Sargos ; Gaz. Pal. 1997. 1. 256, concl. Sainte-Rose ; RPC 1996. 337, obs. Soinne.* – Comp., dans la même affaire : • Civ. 2e, 14 déc. 1992, n° 91-17.274 P : *D. 1993. Somm. 192, obs. A. Honorat*. ♦ Egalement pour l'exclusion du mandataire judiciaire, • Civ. 1re, 14 févr. 2006, n° 04-15.595 P. ♦ V. aussi • Paris, 7 oct. 2003 : *Gaz. Pal. 25-27 juill. 2004, p. 20, note Vray.* ♦ Un dirigeant d'entreprise, dont les sociétés font l'objet d'une procédure collective, relève de la catégorie des usagers, et non des tiers, dès lors qu'il est concerné par la procédure à l'occasion de laquelle il a subi un dommage. • Civ. 1re, 25 janv. 2005, n° 02-21.613 P. ♦ Une cour d'appel qui relève que, nommément désignée dans une plainte datant de 1991, une personne n'était, avant sa comparution devant le juge et sa mise en examen, qu'un usager potentiel du service public de la justice, ne disposant d'aucun droit subjectif à l'encontre de l'institution, a pu en déduire que cette personne contre laquelle aucune mesure de garde n'avait été prise au cours des cinq années antérieures n'était devenue partie à la procédure pénale et usager, au sens de l'art. L. 781-1 COJ devenu l'art. L. 141-1 du même code, qu'après sa mise en examen intervenue en 1996, de sorte qu'elle n'était fondée à se plaindre d'un éventuel dysfonctionnement du service de la justice qu'à compter de cette date. • Civ. 1re, 10 mai 2007, n° 06-13.546 P. ♦ Rappr. • Civ. 1re, 4 nov. 2010 : *RCA 2011, n° 72.*

7. Victime par ricochet. Il résulte de l'art. L. 141-1 que l'État est tenu de réparer le dommage personnel causé aux victimes par ricochet par le fonctionnement défectueux du service public de la justice lorsque cette responsabilité est engagée par une faute lourde ou un déni de justice. • Civ. 1re, 16 avr. 2008, n° 07-16.286 P : *BICC 15 sept. 2008, n° 1315, et le communiqué ; R. 2008. 313 ; D. 2008. AJ 1354, obs. Dargent ; ibid. Chron. C. cass. 2363, obs. Chauvin et Creton ; JCP 2008. Actu. 294 ; Gaz. Pal. 22 avr. 2008, p. 6 et la note ; RLDC 2008. 3019, note Gaudin* • 16 avr. 2008, n° 07-16.504 P : *BICC 15 sept. 2008, n° 1315, et le communiqué ; R. 2008. 313 ; D. 2008. AJ 1354, obs. Dargent ; ibid. Chron. C. cass. 2363, obs. Chauvin et Creton ; JCP 2008. Actu. 294 ; Gaz. Pal. 22 avr. 2008, p. 6 et la note ; RLDC 2008. 3019, note Gaudin ; RCA 2008. Comm. 199, note Hocquet-Berg.*

8. Tiers non partie à la procédure. L'art. L. 141-1 ne concerne que la responsabilité de l'État envers les usagers qui sont, soit directement, soit par ricochet, victime du fonctionnement défectueux du service public de la justice et n'est donc pas applicable à l'action engagée contre l'État par un tiers pour une faute commise dans une procédure à laquelle il n'était pas partie. • Civ. 1re, 12 oct. 2011 : *RLDC 12/2011. 25, obs. Le Nestour Drelon* (victime d'un homme mise en liberté sous contrôle judiciaire à la suite d'une erreur commise par un juge d'instruction).

9. *Préjudice indirect.* L'art. L. 141-1 ne concerne que la responsabilité de l'État envers les usagers qui sont, soit directement, soit par ricochet, victime du fonctionnement défectueux du service public de la justice et ne peut être invoqué par le cocontractant d'une personne se prétendant victime d'une faute lourde du service public de la justice dès lors que le préjudice de celui-ci n'est qu'indirect. • Civ. 1re, 12 oct. 2011 : *RLDC 01/2011. 25, obs. Le Nestour Drelon.*

10. *Caractère impératif du régime.* Sur l'impossibilité, pour un usager du service public de la justice, d'engager la responsabilité de l'État sur un autre fondement que l'art. L. 781-1 [L. 141-1], V. • Paris, 8 oct. 2002 : *Les annonces de la Seine, 19 déc. 2002, p. 12.* ♦ V. toutefois, en matière de tutelle, C. civ., art. 473. – **C. civ.**

11. *Exercice des voies de recours.* L'inaptitude du service public de la justice à remplir la mission dont il est investi ne peut être appréciée que dans la mesure où l'exercice des voies de recours n'a pas permis de réparer le mauvais fonctionnement allégué. • Civ. 1re, 6 mai 2003, n° 01-02.543 P : *Gaz. Pal. 5-7 oct. 2003, p. 10, concl. Sainte-Rose* • 11 janv. 2005, n° 02-15.444 P : *D. 2005. IR 317* • Civ. 1re, 4 nov. 2010 : *BICC 1er mars 2011, n° 282 ; Procédures 201, n° 52, note Perrot* • Civ. 1re, 12 oct. 2011 : *préc. note 9.* ♦ Dès lors c'est à bon droit, qu'ayant relevé que le résultat de l'exercice des voies de recours, favorable à l'usager, et la cassation prononcée démontraient le bon fonctionnement du service de la justice par l'effectivité des voies de recours, la cour d'appel a jugé qu'aucune faute lourde ne pouvait être imputée à ce service. • Civ. 1re, 4 nov. 2010 : *préc.* ♦ ... Que l'exercice des voies de recours avait permis à l'usager de défendre ses droits et de rechercher tous éléments de nature à faire apparaître une faille de la procédure, laquelle avait été sanctionnée, la cour d'appel a jugé qu'aucune faute lourde ne pouvait être imputée au service public de la justice. • Civ. 1re, 12 oct. 2011 : *préc.*

III. CONDITIONS DE LA RESPONSABILITÉ

12. *Recevabilité.* L'action en responsabilité pour faute lourde ou déni de justice prévue à l'art. L. 141-1 n'est ouverte qu'aux usagers du service public de la justice qui critiquent, au regard de la mission dont est investi ce service et en leur qualité de victime directe ou par ricochet de son fonctionnement, une procédure déterminée dans laquelle ils sont ou ont été impliqués. Ayant constaté que le bâtonnier et le conseil de l'ordre des avocats au barreau de Paris ne formulaient pas de critiques à l'occasion d'une ou plusieurs affaires déterminées dans lesquelles un avocat de ce barreau serait intervenu, la cour d'appel, qui n'avait pas à procéder à une recherche inopérante sur l'installation permanente et généralisée des box vitrés, n'a pu qu'en déduire qu'ils n'agissaient pas en qualité d'usagers du service public de la justice, de sorte que leurs demandes étaient irrecevables sur le fondement de l'art. L. 141-1. • Civ. 1re, 13 mai 2020, n° 19-17.970 P.

13. *Affaires identiques jugées différemment.* La circonstance que deux affaires identiques puissent être, en définitive, jugées différemment n'est pas révélateur d'une faute commise par les juridictions, mais n'est que la conséquence des règles de droit et procédures applicables. • Civ. 1re, 17 févr. 2010 : *RCA 2010, n° 121, note Groutel.*

A. FAUTE LOURDE

14. *Notion de faute lourde.* Constitue une faute lourde toute déficience caractérisée par un fait ou une série de faits traduisant l'inaptitude du service public de la justice à remplir la mission dont il est investi. • Cass., ass. plén., 23 févr. 2001 : *préc. note 1.* ♦ V. aussi, dans la même affaire, • TGI Paris, 20 nov. 2002 : *préc. note 4 ; Gaz. Pal. 10-11 janv. 2003, p. 13,* infirmé par • Paris, 28 juin 2004 : *préc. note 4.* ♦ V. déjà, tenant compte d'un ensemble de négligences dont aucune ne revêtait le caractère de la faute lourde, à propos d'une décision fixant chez une mère, dangereuse psychotique, le lieu de résidence habituel de l'enfant, à l'origine des actes ayant entraîné la mort de celui-ci, • Paris, 25 oct. 2000 : *D. 2001. 580, note C. Lienhard ; RTD civ. 2001. 125, obs. Hauser.*

15. *Exemples de fautes lourdes.* Est constitutive d'une faute lourde l'adoption d'une circulaire par le ministre de la justice enjoignant aux procureurs de la République d'engager des poursuites pénales en application de textes (art. 17 et 18 C. déb. boiss., devenus L. 3323-2 et L. 3323-4 CSP), déclarés contraires au Traité CE (arrêt CJCE 10 juill. 1980). • Com. 21 févr. 1995, n° 93-15.387 P : *Justices 1995, n° 2, p. 100, obs. Simon et Mehdi.* – V. aussi Dutheil de la Rochère, *JCP E 1996. I. 604.* ♦ Pour une décision du bureau d'aide juridictionnelle ayant considéré que l'intéressé aurait dû justifier des ressources de son conjoint malgré la rupture de la vie commune, décision inadaptée rendue selon une motivation inexacte qui ne peut échapper à la qualification de faute lourde du seul fait de son caractère isolé, V. • Civ. 1re, 14 déc. 2004, n° 03-10.271 P. ♦ Constitue une faute lourde engageant la responsabilité de l'État, l'impossibilité des services de police à intercepter les auteurs de 13 cambriolages en 12 ans, en dépit d'un système d'alarme directement relié au commissariat de police. • Civ. 1re, 25 janv. 2005, n° 02-16.572 P : *D. 2005. IR 389, obs. Chevrier ; ibid. 2006. Pan. 618, obs. Pradel ; Gaz. Pal. 18-19 mars 2005, p. 14, avis Sainte-Rose.*

16. Exemples en matière de procédure civile : injonction de conclure à deux ans et fixation des plaidoiries à trois ans. • TGI Paris, 6 juill. 1994 : *RTD civ. 1995. 957, obs. Perrot*. ♦ ... Délivrance par un conseil de prud'hommes de la grosse d'une décision neuf mois après son prononcé. • TI Paris, 7e arr., 9 juill. 1991 : *cité par de la Vaissière, Dr. et patrimoine janv. 1995, p. 9.* ♦ ... Délibéré de quinze mois et délai de cinq mois pour la copie du jugement. • TI Paris, 1er arr., 2 févr. 1993 : *ibid.*

17. En revanche, n'ont pas été regardés comme des fautes lourdes : les termes discourtois employés par un magistrat dans une lettre à un avocat, manifestement maladroite, de l'irritation du juge départiteur informé, lors de l'audience, par le conseil adverse, d'une demande de renvoi ayant pour effet de vider le rôle de son contenu en un temps où, du fait de l'encombrement des rôles, le traitement des affaires constitue une des préoccupations majeures des magistrats. • Civ. 1re, 13 oct. 1998 : *préc. note 6.* ♦ ... L'application de la procédure d'assistance éducative prévue pour les majeurs à un mineur (sept jours avant sa majorité, ce délai très court empêchant d'entendre la mère, ce qui établissait l'absence d'intention de détournement de procédure de la part du juge). • Civ. 1re, 16 mars 1999, n° 97-12.717 P : *D. 1999. 488, note Huyette*. ♦ V. aussi, jugeant, notamment, que le seul énoncé d'une interprétation abandonnée de la loi ne suffit pas à caractériser une violation de celle-ci, dès lors qu'il n'en a pas été fait une application erronée, • Civ. 1re, 16 nov. 2004, n° 01-00.579 P : *D. 2005. IR 114*. ♦ ... L'application d'emblée d'une loi d'amnistie. • Civ. 1re, 4 nov. 2010 : *BICC 1er mars 2011, n° 283.*

18. Exemples en matière de procédure pénale : absence d'établissement de copie de pièces disparues du dossier d'information, en raison de l'inobservation des dispositions de l'art. 81 C. pr. pén. • TGI Paris, 5 janv. 2000 : *D. 2000. IR 45*. ♦ ... Renvoi par simple mention au dossier, et non par un jugement, de l'examen d'une affaire introduite en matière de diffamation à une date d'audience ayant comme effet d'entraîner la prescription de l'application en vertu de l'art. 65 de la loi du 29 juill. 1881. • TGI Basse-Terre, 4 mai 2000 : *D. 2000. IR 185*. ♦ ... Interception irrégulière des communications téléphoniques d'un avocat par un magistrat instructeur. • TGI Paris, 11 juill. 2001 : *Gaz. Pal. 2001. 1472, note Petit ; JCP 2001. I. 362, n° 5, obs. Cadiet.* ♦ ... Saisine tardive de la Chambre criminelle de la Cour de cassation aux fins de désignation de la juridiction d'instruction compétente, dès lors que les magistrats en charge de la procédure ont poursuivi cette dernière sans satisfaire aux prescriptions d'ordre public de l'art. 679 C. pr. pén. (règlement de juges). • Paris, 25 nov. 2002 : *Gaz. Pal. 10-11 janv. 2003, p. 19.* ♦ ... Manque de diligence à vérifier un alibi. • TGI Paris, 22 janv. 2003 : *Gaz. Pal. 7-10 mai 2003, p. 8.* ♦ ... L'inaction des magistrats ayant négligé pendant trois ans d'instruire une information ouverte sur la plainte de la partie civile. • Paris, 28 avr. 2003 : *Gaz. Pal. 22-24 juin 2003, p. 17.* ♦ ... L'inaction du juge d'instruction qui pendant quatre ans et sept mois n'a pas accompli les actes nécessaires au bon déroulement de l'information. • Civ. 1re, 13 mars 2007, n° 06-13.040 P. ♦ ... L'inculpation d'une personne sur l'unique indice des déclarations initiales d'une autre. • Paris, 12 mai 2003 : *Gaz. Pal. 12-13 sept. 2003, p. 17.* ♦ ... L'absence de suite donnée à une plainte, pourtant éminemment vraisemblable, déposée du chef de viol, privant la victime de la protection qu'aurait constituée pour elle l'éventuel placement en détention provisoire ou sous contrôle judiciaire de l'agresseur. • TGI Nancy, 12 janv. 2004 : *AJ pénal 2004. 112, obs. Enderlin-Morieult*. ♦ ... Le fait de laisser s'écouler le délai imparti par la loi pour statuer sur la demande de mise en liberté d'une personne condamnée à quatorze années de réclusion criminelle, sans qu'il puisse être relevé que ce retard, impliquant la fin de la détention provisoire, soit imputable à une circonstance imprévisible et insurmontable extérieure au service de la justice. • Paris, 14 juin 2004 : *Gaz. Pal. 11-12 août 2004, p. 6.* ♦ ... De nombreuses erreurs et omissions dans l'instruction d'un dossier, la perte de pièces de la procédure, à l'origine d'un déni de justice dû à une procédure très longue n'ayant finalement pas pu aboutir compte tenu du suicide de l'auteur présumé des faits. • TGI Paris, 26 janv. 2005 : *Gaz. Pal. 6-8 févr. 2005, p. 12.* ♦ ... L'erreur commise par le ministère public sur les conditions juridiques de l'engagement des poursuites, puis, l'absence de vérification de la régularité de sa saisine par le juge d'instruction. • Civ. 1re, 14 mars 2006, n° 04-15.458 P : *BICC 15 juin 2006, n° 1282.* ♦ ... La remise en liberté de l'auteur d'un viol condamné à 14 ans de prison, faute d'avoir respecté le délai imparti pour statuer sur sa demande de remise en liberté, cette personne s'étant ensuite soustraite à la justice. • Civ. 1re, 4 juill. 2006, n° 04-17.584 P : *D. 2006. IR 2277*. ♦ ... La destruction de scellés sans que, par application de l'art. 41-4 C. pr. pén., la personne à laquelle la restitution avant été accordée n'ait été préalablement mise en demeure de les reprendre dans un délai de deux mois traduit l'inaptitude du service de la justice à remplir sa mission, au sens de l'art. L. 781-1 COJ devenu L. 141-1 du même code. • Civ. 1re, 9 juill. 2008, n° 07-18.239 P : *D. 2008. AJ 2153*. ♦ ... Un contrôle d'identité présentant un caractère discriminatoire, ce qui est le cas, notamment, d'un contrôle d'identité réalisé selon des critères tirés de caractéristiques physiques associées à une origine, réelle ou supposée, sans aucune justification objective préalable. Il appartient à celui qui s'en prétend victime d'apporter des éléments de fait de nature à traduire une différence de traitement et laissant présumer l'existence d'une discrimination, et, le cas échéant, à l'administration de démontrer, soit l'absence de différence de traitement, soit que celle-ci est justifiée par des éléments objectifs étrangers à toute discrimination. • Civ. 1re, 9 nov. 2016, nº 15-25.210 P • Civ. 1re, 9 nov. 2016, nº 15-24.212 P • Civ. 1re, 9 nov. 2016, nº 15-25.873 P.

19. Mais n'ont pas été considérés comme des fautes lourdes : les propos d'un magistrat ne violant ni le secret de l'instruction, ni son obligation de réserve, ni la présomption d'innocence. • Paris, 6 mars 2001 : *Gaz. Pal. 25-29 mai 2001, note Petit.* ♦ ... La divulgation à la presse d'une ordonnance d'un juge d'instruction condamnant un sénateur à une amende pour non-comparution, en l'absence de preuve que cette divulgation soit imputable à un dysfonctionnement du service public de la justice. • Paris, 14 juin 2001 : *D. 2001. IR 2562 ; JCP 2001. I. 362, nº 5, obs. Cadiet.* ♦ ... La destruction sur instruction du Parquet d'objets placés sous scellés. • TGI Paris, 27 nov. 2002 : *Les Annonces de la Seine, 19 déc. 2002, p. 14.* ♦ ... La décision de mise en détention, à l'encontre de laquelle le requérant n'a pas interjeté appel, suivie d'un non-lieu. • Paris, 30 juin 2003 : *Gaz. Pal. 25-26 févr. 2004, p. 26.* ♦ ... Les précautions prises pour s'assurer de la nationalité d'une personne sollicitant un certificat de nationalité française. • Civ. 1re, 28 févr. 2006, nº 05-12.455 P. ♦ ... Les lenteurs de transmission et d'exécution de la procédure, inhérentes aux problèmes de coopération internationale, que rien ne permettait d'imputer. • Civ. 1re, 31 janv. 2006, nº 04-10.803 P. ♦ ... L'envoi d'une « lettre-plainte », individualisée en fonction du destinataire auquel elle est adressée, à qui sont révélées les seules infractions dont il peut être victime, et qui n'est pas destinée à être portée à la connaissance d'autres personnes que son destinataire, quand bien même le contenu de cette « lettre plainte » serait attentatoire à la présomption d'innocence. • Civ. 1re, 10 juill. 2013 : *D. 2013. Actu. 1841 ; Gaz. Pal. 2-3 oct. 2013, p. 19, obs. Michalski.* ♦ ... La durée d'une information ouverte dans une affaire complexe en raison de sa dimension internationale et des enjeux de santé publique qu'elle soulève mais aussi du nombre important de mis en examen et témoins concernés. • Civ. 2e, 13 sept. 2017, nº 16-22.673 P : *D. actu. 25 sept. 2017, obs. Hacene ; D. 2017. Actu 1842.*

Pour un exemple d'action abusive, motivée par une intention de nuire au magistrat, V. • Paris, 26 janv. 2004 : *Gaz. Pal. 26-27 mars 2004, p. 31, obs. J.-G. M.* ♦ La destruction de scellés sans que, par application de l'art. 41-4 C. pr. pén., la personne à laquelle la restitution avait été accordée n'ait été préalablement mise en demeure de les reprendre dans un délai de deux mois traduit l'inaptitude du service public de la justice à remplir sa mission, au sens de l'art. L. 781-1 COJ devenu l'art. L. 141-1 du même code. • Civ. 1re, 9 juill. 2008 : *BICC 15 déc. 2008, nº 1904.*

20. Doit être cassé l'arrêt qui rejette les prétentions du demandeur fondées sur la responsabilité pour fonctionnement défectueux du service public de la justice et durée excessive de la procédure, sans rechercher, comme il le lui était demandé, si le délai de restitution des biens saisis n'était pas excessif. • Civ. 1re, 17 mai 2017, nº 16-14.637 P.

21. Preuve de la faute lourde. La faute lourde doit être prouvée par le requérant. • Paris, 21 juin 1989 : *Gaz. Pal. 1989. 2. 944, concl. Lupi* • Paris, 14 juin 2001 : *préc. note 19.*

22. Absence de déficience. L'absence de déficience du service exclut nécessairement la réparation d'un préjudice. • Civ. 1re, 17 sept. 2003, nº 01-13.281 P.

B. PERTE DE CHANCE

23. Possibilité de prise en compte. Seule constitue une perte de chance la disparition actuelle et certaine d'une éventualité favorable. • Civ. 1re, 4 juin 2007, nº 05-20.213 P (visa de ce texte et de l'art. 1382 C. civ.). ♦ Viole l'art. L. 141-1 la cour d'appel qui, pour limiter la somme destinée à réparer le dommage matériel et moral subi par la partie du fait de la durée anormale (dix-sept mois) des délibérés, a estimé que le préjudice subi du fait de ce retard s'analysait matériellement comme une perte de chance d'avoir pu exiger plus tôt l'exécution de la décision qui ne saurait être réparée par l'allocation d'intérêts légaux, alors que le préjudice résultant du retard apporté au prononcé du délibéré, constitutif d'un déni de justice était certain. • Civ. 1re, 4 juin 2009, nº 08-16.480 P.

C. DÉNI DE JUSTICE

24. Notion de déni de justice. BIBL. Perdriau, *Les Annonces de la Seine, 4 sept. 2003, p. 12* (circonstances du déni de justice). ♦ La jurisprudence s'est largement inspirée de la doctrine (L. Favoreu, Du déni de justice en droit public français, *LGDJ, 1964*) : il faut entendre par déni de justice, non seulement le refus de répondre aux requêtes ou le fait de négliger de juger les affaires en état de l'être, mais aussi, plus largement, tout manquement de l'État à son devoir de protection juridictionnelle de l'individu qui comprend le droit pour tout justiciable de voir statuer sur ses prétentions dans un délai raisonnable, V. • TGI Paris, 6 juill. 1994 : *Gaz. Pal. 1994. 2. 589, note Petit ; JCP 1994. I. 3805, nº 2, obs. Cadiet ; Dr. et patrimoine, janv. 1995, p. 9, obs. de la Vaissière* • 5 nov. 1997 : *D. 1998. 9, note Frison-Roche* , conf. par • Paris, 20 janv. 1999 : *D. 1999. IR 125* . ♦ L'existence d'un tel déni de justice s'apprécie à la lumière des circonstances propres à chaque espèce. Il y a lieu en particulier, de prendre en considération la nature de l'affaire, son degré de complexité, le comportement de la partie qui se plaint de la durée de la procédure, et les mesures mises en œuvre par les autorités compétentes. • Paris, 20 janv. 1999 : *préc.* • 26 nov. 1992 : *Gaz. Pal. 7-10 mai 2003, p. 11.* ♦ V. aussi, rejetant l'action en responsabilité en raison de la complexité de l'affaire, comportant notamment une mesure d'expertise, et du comportement des parties civiles non étranger à la lenteur de la procédure, • Civ. 1re, 25 mars 2003 : *AJDI 2003. 775, note Heugas-Darraspen*. ♦ ... S'agissant de désordres affectant la construction d'un supermaché mettant en jeu la responsabilité de divers intervenants et la garantie de leurs assureurs, six groupes de parties étant concernés. • Civ. 1re, 4 juin 2009 : *cité note 23* (délai de vingt-six mois accordé aux parties pour déposer leur conclusion). ♦ Pour un autre exemple de rejet en raison de la complexité, V. • Civ. 1re, 25 mai 2004, n° 02-17.745 P.

25. Exemples de dénis de justice. S'agissant du manquement à l'exigence de « délai raisonnable », V., pour un délai anormal d'audiencement, imposé dès le début de la procédure par un acte d'administration judiciaire insusceptible de recours, • TGI Paris, 6 juill. 1994 : *préc. note 24.* ♦ ... Une procédure d'appel de trente mois et dix jours en matière sociale, • Paris, 20 janv. 1999 : *préc. note 24.* ♦ ... Un délai de presque trois ans entre l'assignation et le jugement rendu par le juge des loyers commerciaux (et, plus particulièrement, entre l'audience de plaidoirie et le jugement : onze mois). • TGI Nice, 17 sept. 2001 : *D. 2002. IR 543* ; *JCP 2002. I. 132, n° 9, obs. Cadiet.* ♦ L'absence de fixation d'une affaire prud'homale devant le juge départiteur 36 mois après l'établissement du procès-verbal de partage de voix. • TGI Tarascon, 20 juin 2003 : *D. 2003. IR 2732*. ♦ ... L'inaction injustifiée des juges pendant près de trois ans ayant entraîné un retard dans l'instruction de l'affaire dont ils étaient saisis, la reprise de la procédure n'ayant été due, au surplus, qu'aux initiatives du demandeur, et ayant eu pour conséquence de retarder l'examen de l'affaire par le tribunal, lequel n'est intervenu que plus de six ans après le dépôt de la plainte avec constitution de partie civile, • Paris, 28 avr. 2003 : *préc. note 18.* ♦ Viole l'art. L. 781-1, devenu l'art. L. 141-1, l'arrêt qui déboute un requérant, victime d'un accident du travail au cours duquel son bras gauche a été sectionné, de sa demande en réparation pour fonctionnement défectueux du service public de la justice en raison de la durée excessive de la procédure qui a duré quatorze ans, alors qu'il ne peut être reproché à ce dernier d'avoir exercé les voies de recours et qu'un tel délai pour obtenir une décision définitive dans un litige relatif à un accident du travail dénué de complexité caractérise une série de faits traduisant l'inaptitude du service public de la justice à remplir sa mission. • Civ. 1re, 20 févr. 2008, n° 06-20.384 P. ♦ Eu égard à l'absence de grande complexité des faits et au caractère prescrit de certains d'entre eux, l'information qu'a subie le demandeur pendant sept années excède le délai raisonnable visé à l'art. 6 § 1 Conv. EDH, ce qui constitue une faute lourde de la part du service de la justice au sens de l'art. L. 141-1 COJ. • Aix-en-Provence, 4 sept. 2008 : *BICC 15 mars 2009, n° 425.* ♦ Dès lors que des procédures pénales ont pour objet la consécration d'un droit à indemnisation de la victime, elles doivent être considérées ensemble pour l'appréciation du délai raisonnable prévu par l'art. 6, § 1, Conv. EDH et du déni de justice prévu par l'art. L. 141-1 COJ. • Civ. 1re, 25 mars 2009 : *JCP 2009. Actu. 197, obs. Milano ; Procédures 2009, n° 152, note Fricero ; RFDA 2009. 559, note Delaunay*. ♦ Dès lors que des procédures pénales et une procédure civile ont pour objet la consécration d'un droit à indemnisation de la victime, elles doivent être considérées ensemble pour l'appréciation du délai raisonnable prévu par l'art. 6, § 1 Conv. EDH et du déni de justice prévu par l'art. L. 141-1 COJ. • 25 mars 2009 : *JCP 2009. Actu. 197, obs. Milano ; Procédures 2009, n° 152, note Fricero.* ♦ Un délai de quatorze ans pour obtenir une décision de justice sur une plainte pour blessures involontaires ne peut résulter que d'une série de faits traduisant l'inaptitude du service public de la justice à remplir la mission dont il est investi. • Civ. 2e, 26 juin 2013 : *RCA 2013. 310.* ♦ La responsabilité de l'État ne peut pas être engagée si, au regard de la nature et de la complexité de l'affaire (contentieux de construction) et de l'exercice des voies de recours mises à la disposition des parties, la durée de l'instruction de la plainte (deux ans et trois mois), de l'information judiciaire et des procédures de jugement n'excède pas un délai raisonnable (quatorze ans). • Civ. 1re, 5 sept. 2018, n° 17-23.147 P : *D. actu. obs. Hacène.*

26. S'agissant du « refus de juger », V., pour l'inactivité d'un juge d'instruction, • Paris, 6 sept. 1996 : *Gaz. Pal. 1996. 2. 495.*

27. Rapport avec la CEDH. Sur la jurisprudence relative au droit à une durée raisonnable au sens de la Conv. EDH, V. notes 25 et 117 s. ss. l'art. 6 § 1er et note 4 ss. art. 35, App., *v° Droit européen et international.*

Art. L. 141-2 La responsabilité des juges, à raison de leur faute personnelle, est régie :

— s'agissant des magistrats du corps judiciaire, par le statut de la magistrature ;

— s'agissant des autres juges, par des lois spéciales ou, à défaut, par *(L. n° 2007-1787 du 20 déc. 2007, art. 26-I-1°)* **« la prise à partie ».**

(Abrogé par L. nº 2007-1787 du 20 déc. 2007, art. 26-I-1º) ***« L'État garantit les victimes des dommages causés par les fautes personnelles des juges et autres magistrats, sauf son recours contre ces derniers. »*** – *[Anc. art. L. 781-1, al. 2.] – V. Ord. nº 58-1270 du 22 déc. 1958, art. 11-1, App., vº Magistrature.*

Art. L. 141-3 *(L. nº 2007-1787 du 20 déc. 2007, art. 26-I-2º)* **Les juges peuvent être pris à partie dans les cas suivants :**

1º S'il y a dol, fraude, concussion ou faute lourde, commis soit dans le cours de l'instruction, soit lors des jugements ;

2º S'il y a déni de justice.

Il y a déni de justice lorsque les juges refusent de répondre aux requêtes ou négligent de juger les affaires en état et en tour d'être jugées.

L'État est civilement responsable des condamnations en dommages et intérêts qui sont prononcées à raison de ces faits contre les juges, sauf son recours contre ces derniers. – *[Anc. art. L. 781-1, al. 3 et 4.] – V. art. 366-1 s. C. pr. civ.*

LIVRE DEUXIÈME JURIDICTIONS DU PREMIER DEGRÉ

TITRE PREMIER LE TRIBUNAL JUDICIAIRE *(L. nº 2019-222 du 23 mars 2019, art. 95-I-8º, en vigueur le 1er janv. 2020).*

RÉP. PR. CIV. vº *Tribunaux de grande instance,* par Fricero.

BIBL. GÉN. ▸ Bléry, *D. avocats 2020. 17* (tribunal judiciaire ; compétences et règlement des incidents de compétence internes).

CHAPITRE PREMIER INSTITUTION ET COMPÉTENCE

Art. L. 211-1 **Le tribunal** *(L. nº 2019-222 du 23 mars 2019, art. 95-I-9º, en vigueur le 1er janv. 2020)* **« judiciaire** *[ancienne rédaction : de grande instance]* **» statue en première instance en matière civile et pénale. Lorsqu'il statue en matière pénale, il est dénommé tribunal correctionnel** *(L. nº 2016-1547 du 18 nov. 2016, art. 15-II-1º)* **« ou tribunal de police ».** – *[Anc. art. L. 622-1, al. 1er.]*

Art. L. 211-2 **Il y a au moins un tribunal** *(L. nº 2019-222 du 23 mars 2019, art. 95-I-9º, en vigueur le 1er janv. 2020)* **« judiciaire** *[ancienne rédaction : de grande instance]* **» dans le ressort de chaque cour d'appel.** – *[Anc. art. L. 311-1.]*

SECTION PREMIÈRE COMPÉTENCE MATÉRIELLE

SOUS-SECTION 1 COMPÉTENCE COMMUNE À TOUS LES TRIBUNAUX JUDICIAIRES *(L. nº 2019-222 du 23 mars 2019, art. 95-I-10º, en vigueur le 1er janv. 2020).*

Art. L. 211-3 **Le tribunal** *(L. nº 2019-222 du 23 mars 2019, art. 95-I-11º-a, en vigueur le 1er janv. 2020)* **« judiciaire** *[ancienne rédaction : de grande instance]* **» connaît de toutes les affaires civiles et commerciales pour lesquelles compétence n'est pas attribuée, en raison de** *(L. nº 2019-222 du 23 mars 2019, art. 95-I-11º-b, en vigueur le 1er janv. 2020)* **« la nature** *[ancienne rédaction : leur nature ou du montant]* **» de la demande, à une autre juridiction.** – *[Anc. art. R.* 311-1.]*

En application de l'art. L. 211-3 COJ, le tribunal de grande instance est compétent pour les matières pour lesquelles compétence n'est pas attribuée expressément à une autre juridiction en raison de la nature de l'affaire ou du montant de la demande, de sorte que la demande de l'autorité requérante décernée en application des dispositions de la Conv. de La Haye du 18 mars 1970, sur l'obtention des preuves à l'étranger en matière civile ou commerciale ayant pour seul objet l'exécution d'une commission rogatoire, cette demande, qui n'entre pas dans le champ de la compétence d'attribution du tribunal de commerce, telle que définie par l'art. L. 721-3 C. com., relève de la compétence du tribunal de grande instance. • Cass., avis, 18 mars 2013 : *BICC 1er mai 2013, p. 20, rapp. Matet, obs. Domingo.*

Art. L. 211-4 **Le tribunal** *(L. nº 2019-222 du 23 mars 2019, art. 95-I-12º, en vigueur le 1er janv. 2020)* **« judiciaire** *[ancienne rédaction : de grande instance]* **» a compétence exclusive dans les matières déterminées par les lois et règlements.** – *[Anc. art. L. 311-2 et R.* 312-3, al. 2.] – V., pour une liste indicative, art. R. 211-4.*

Code de la propriété intellectuelle

(L. nº 2007-1544 du 29 oct. 2007, art. 23)

BIBL. ▸ Sur la L. nº 2008-776 du 4 août 2008 : *RTD com. 2008. 561, obs. Pollaud-Dulian.*

Propriété littéraire et artistique

Art. L. 331-1 *(Al. 1er) (L. nº 2011-525 du 17 mai 2011, art. 196-I-1º)* « Les actions civiles et les demandes relatives à la propriété littéraire et artistique, y compris lorsqu'elles portent également sur une question connexe de concurrence déloyale, sont exclusivement portées devant des *(Ord. nº 2019-964 du 18 sept. 2019, art. 35, en vigueur le 1er janv. 2020)* « tribunaux judiciaires *[ancienne rédaction : tribunaux de grande instance]* », déterminés par voie réglementaire. »

. . . .

(Al. 4) (L. n° 2011-525 du 17 mai 2011, art. 196-I-2°) « Les dispositions qui précèdent ne font pas obstacle au recours à l'arbitrage, dans les conditions prévues aux articles 2059 et 2060 du code civil. »

La loi n° 2008-776 du 4 août 2008 étant interprétative, le TGI est compétent pour connaître d'un litige entre un auteur et un employeur, malgré l'absence de décret d'application, ce qui signifie que l'exception d'incompétence au profit du conseil de prud'hommes doit être rejetée. • T. com. Paris, 23 oct. 2008 : *CCE 2009, n° 3, note Caron.*

Dessins et modèles

Art. L. 521-3-1 *(L. n° 2011-525 du 17 mai 2011, art. 196-II)* Les actions civiles et les demandes relatives aux dessins et modèles, y compris lorsqu'elles portent également sur une question connexe de concurrence déloyale, sont exclusivement portées devant des *(Ord. n° 2019-964 du 18 sept. 2019, art. 35, en vigueur le 1er janv. 2020)* « tribunaux judiciaires *[ancienne rédaction : tribunaux de grande instance]* », déterminés par voie réglementaire.

Les dispositions qui précèdent ne font pas obstacle au recours à l'arbitrage, dans les conditions prévues aux articles 2059 et 2060 du code civil.

Ayant relevé qu'une assignation avait été délivrée postérieurement à l'entrée en vigueur de l'article L. 521-3-1 CPI issu de la L. n° 2008-776 du 4 août 2008, instituant la compétence exclusive des TGI pour la matière des dessins et modèles, et retenu que l'absence, au jour de cette assignation, du décret, auquel renvoie cette loi, déterminant le TGI territorialement compétent n'empêchait pas l'application immédiate de cet art. et imposait à la demanderesse de saisir un TGI, la cour d'appel, constatant que, à la date où elle statuait, le Décr n° 2009-1205 du 9 oct. 2009 fixant le siège et le ressort des TGI ayant compétence exclusive pour connaître des actions en matière de dessins et modèles était entré en vigueur, en déduit exactement que le TGI de Marseille, désigné par le décret précité, était seul compétent pour connaître de l'action de la demanderesse : • Civ. 2e, 16 déc. 2010 : *CCE 2011, n° 22, note Caron.*

Brevets d'invention

Art. L. 615-17 *(L. n° 2011-525 du 17 mai 2011, art. 196-V)* Les actions civiles et les demandes relatives aux brevets d'invention, y compris *(L. n° 2014-315 du 11 mars 2014, art. 1er-1°)* « dans les cas prévus à l'article L. 611-7 ou » lorsqu'elles portent également sur une question connexe de concurrence déloyale, sont exclusivement portées devant des *(Ord. n° 2019-964 du 18 sept. 2019, art. 35, en vigueur le 1er janv. 2020)* « tribunaux judiciaires *[ancienne rédaction : tribunaux de grande instance]* », déterminés par voie réglementaire, à l'exception des recours formés contre les actes administratifs du ministre chargé de la propriété industrielle qui relèvent de la juridiction administrative.

Les dispositions qui précèdent ne font pas obstacle au recours à l'arbitrage, dans les conditions prévues aux articles 2059 et 2060 du code civil.

Les *(Ord. n° 2019-964 du 18 sept. 2019, art. 35, en vigueur le 1er janv. 2020)* « tribunaux judiciaires *[ancienne rédaction : tribunaux de grande instance]* » mentionnés au premier alinéa du présent article sont seuls compétents pour constater que le brevet français cesse de produire ses effets, en totalité ou en partie, dans les conditions prévues à l'article L. 614-13 du présent code.

La L. n° 2014-315 du 11 mars 2014 est applicable dans les îles Wallis-et-Futuna (L. préc., art. 21-I).

L'art. L. 615-17 CPI disposant que les actions civiles et les demandes relatives aux brevets d'invention, y compris lorsqu'elles portent également sur une question connexe de concurrence déloyale, sont exclusivement portées devant des TGI, c'est à bon droit qu'une cour d'appel a, constatant que le demandeur ne fondait sa demande que sur des actes de concurrence déloyale et de détournement de savoir-faire, ce qui n'impliquait aucun examen de l'existence ou de la méconnaissance d'un droit attaché à un brevet, dit que cette demande ne rassortissait pas à la compétence exclusive du TGI. • Com. 16 févr. 2016, n° 14-24.295 P.

Obtention végétale

Art. L. 623-31 *(L. n° 2011-525 du 17 mai 2011, art. 196-VI)* Les actions civiles et les demandes relatives aux obtentions végétales, y compris lorsqu'elles portent également sur une question connexe de concurrence déloyale, sont exclusivement portées devant des *(Ord. n° 2019-964 du 18 sept. 2019, art. 35, en vigueur le 1er janv. 2020)* « tribunaux judiciaires *[ancienne rédaction : tribunaux de grande instance]* » *(L. n° 2014-315 du 11 mars 2014, art. 1er-3°)* « , déterminés par voie réglementaire, » *(Abrogé par L. n° 2011-1862 du 13 déc. 2011, art. 7, à compter du 1er janv. 2013)* « *, dont le nombre ne peut être inférieur à dix,* » à l'exception des recours formés contre les actes administratifs ministériels, qui relèvent de la juridiction administrative.

La cour d'appel de Paris connaît directement des recours formés contre les décisions *(L. n° 2011-1843 du 8 déc. 2011, art. 1er-II-2°)* « de l'organisme mentionné à l'article L. 412-1 » prises en application du présent chapitre *[obtention végétale : CPI, art. L. 623-1 à L. 623-35]*.

Les dispositions qui précèdent ne font pas obstacle au recours à l'arbitrage, dans les conditions prévues aux articles 2059 et 2060 du code civil.

L'art. 7 de la L. n° 2011-1862 du 13 déc. 2011 est applicable dans les îles Wallis-et-Futuna et en Nouvelle-Calédonie (L. préc., art. 72).

La L. n° 2014-315 du 11 mars 2014 est applicable dans les îles Wallis-et-Futuna (L. préc., art. 21-I).

Marques

Art. L. 716-5 *(Ord. n° 2019-1169 du 13 nov. 2019, art. 8-17°, en vigueur le 1er avr. 2020)* I. — Ne peuvent être formées que devant l'Institut national de la propriété industrielle :

1° Les demandes en nullité exclusivement fondées sur un ou plusieurs des motifs énumérés à l'article L. 711-2, aux 1° à 5°, 9° et 10° du I de l'article L. 711-3, au III du même article ainsi qu'aux articles L. 715-4 et L. 715-9 ;

2° Les demandes en déchéance fondées sur les articles L. 714-5, L. 714-6, L. 715-5 et L. 715-10.

II. — Les autres actions civiles et les demandes relatives aux marques autres que celles mentionnées au I, y compris lorsqu'elles portent également sur une question connexe de concurrence déloyale, sont exclusivement portées devant des tribunaux de grande instance, déterminés par voie réglementaire.

Les tribunaux mentionnés à l'alinéa précédent sont en outre exclusivement compétents dans les cas suivants :

1° Lorsque les demandes mentionnées aux 1° et 2° du I sont formées à titre principal ou reconventionnel par les parties de façon connexe à toute autre demande relevant de la compétence du tribunal et notamment à l'occasion d'une action introduite sur le fondement des articles L. 716-4, L. 716-4-6, L. 716-4-7 et L. 716-4-9 ou à l'occasion d'une action en concurrence déloyale ;

2° Lorsque les demandes mentionnées aux 1° et 2° du I sont formées alors que soit des mesures probatoires, soit des mesures provisoires ou conservatoires ordonnées afin de faire cesser une atteinte à un droit de marque sont en cours d'exécution avant l'engagement d'une action au fond.

III. — Un décret en Conseil d'État précise les conditions d'application du présent article.

Compétence exclusive (jurisprudence rendue sous l'empire de l'ancien art. L. 716-3 CPI). Encourt la cassation pour défaut de base légale au regard des art. L. 331-1 et L. 716-3 CPI un arrêt d'une cour d'appel, rendu sur contredit, qui, dans un litige relatif à un contrat de licence de marques et de droits d'auteurs accueille une exception d'incompétence au profit d'un TGI, sans rechercher si les prétentions du demandeur portaient sur l'application de dispositions relevant du droit des marques ou du droit d'auteur • Com. 23 nov. 2010 : *CCE 2011, n° 10, note Caron.*

Art. L. 716-6 *(Ord. n° 2019-1169 du 13 nov. 2019, art. 8-18°, en vigueur le 1er avr. 2020)* Les dispositions de l'article L. 716-5 ne font pas obstacle au recours à l'arbitrage, dans les conditions prévues aux articles 2059 et 2060 du code civil.

Indications géographiques

Art. L. 722-8 *(L. n° 2011-525 du 17 mai 2011, art. 196-IV)* Les actions civiles et les demandes relatives aux indications géographiques, y compris lorsqu'elles portent également sur une question connexe de concurrence déloyale, sont exclusivement portées devant des *(Ord. n° 2019-964 du 18 sept. 2019, art. 35, en vigueur le 1er janv. 2020)* « tribunaux judiciaires *[ancienne rédaction : tribunaux de grande instance]* », déterminés par voie réglementaire.

Les dispositions qui précèdent ne font pas obstacle au recours à l'arbitrage, dans les conditions prévues aux articles 2059 et 2060 du code civil.

Code de la santé publique

(Ord. n° 2000-548 du 15 juin 2000)

Art. L. 1126-7 Par dérogation à l'article 13 de la loi des 16 et 24 août 1790 sur l'organisation judiciaire, le *(Ord. n° 2019-964 du 18 sept. 2019, art. 35, en vigueur le 1er janv. 2020)* « tribunal judiciaire *[ancienne rédaction : tribunal de grande instance]* » est seul compétent pour statuer sur toute action en indemnisation des dommages résultant d'une recherche impliquant la personne humaine ; *[...]*

Code de commerce

Art. R. 662-3 Sans préjudice des pouvoirs attribués en premier ressort au juge-commissaire, le tribunal saisi d'une procédure de sauvegarde, de redressement judiciaire ou de liquidation judiciaire connaît de tout ce qui concerne la sauvegarde, le redressement et la liquidation judiciaires, *(Décr. n° 2009-160 du 12 févr. 2009, art. 117)* « l'action en responsabilité pour insuffisance d'actif, » la faillite personnelle ou l'interdiction prévue à l'article L. 653-8, à l'exception des actions en responsabilité civile exercées à l'encontre de l'administrateur, du mandataire judiciaire, du commissaire à l'exécution du plan ou du liquidateur qui sont de la compétence du *(Décr. n° 2019-966 du 18 sept. 2019, art. 8, en vigueur le 1er janv. 2020)* « tribunal judiciaire *[ancienne rédaction : tribunal de grande instance]* ».

*Sur la compétence territoriale des TGI quant aux litiges relatifs à l'appartenance d'une société à un groupe pour la constitution d'un comité de groupe, V. C. trav., art. L. 439-1, IV [devenu L. 2331-3]. — **C. trav.***

*Sur la compétence du TGI du siège social de l'employeur pour les contestations relatives aux logiciels créés par ses employés dans l'exercice de leurs fonctions, V. CPI, art. L. 113-9. — **CPI**.*

*Sur l'attribution, selon le cas, aux TGI ou aux T. com. dont la liste est fixée par décret, des litiges concernant les pratiques anticoncurrentielles, V. C. com., art. L. 420-7. — **C. com.***

Art. L. 211-4-1 *(L. n° 2016-1547 du 18 nov. 2016, art. 14)* **Le tribunal** *(L. n° 2019-222 du 23 mars 2019, art. 95-I-12°, en vigueur le 1er janv. 2020)* **« judiciaire** *[ancienne rédaction : de grande instance]* **» connaît des actions en réparation d'un dommage corporel.**

L'art. 14 de la L. n° 2016-1547 du 18 nov. 2016 entre en vigueur le premier jour du sixième mois suivant la publication de la présente loi, soit le 1er mai 2017.

A cette date, les procédures en cours devant le tribunal d'instance sont transférées en l'état aux tribunaux de grande instance territorialement compétents. Les convocations et citations données aux parties peuvent être délivrées avant la date d'entrée en vigueur du même art. 14 pour une comparution postérieure à cette date devant le tribunal de grande instance nouvellement compétent. Il n'y a pas lieu de renouveler les actes, formalités et jugements régulièrement intervenus antérieurement, à l'exception des convocations et citations données aux parties, le cas échéant, qui n'auraient pas été suivies d'une comparution devant le tribunal d'instance (L. préc., art. 114-II).

Art. L. 211-4-2 *(L. n° 2019-222 du 23 mars 2019, art. 95-I-13°, en vigueur le 1er janv. 2020)* **Le tribunal judiciaire connaît des demandes formées en application du règlement (CE) n° 861/2007 du Parlement européen et du Conseil du 11 juillet 2007 instituant une procédure européenne de règlement des petits litiges.**

Art. L. 211-5 *(Abrogé par L. n° 2019-222 du 23 mars 2019, art. 95-I-14°, à compter du 1er janv. 2020)* ***Le*** *(Ord. n° 2019-964 du 18 sept. 2019, art. 35, en vigueur le 1er janv. 2020)* ***« tribunal judiciaire** [ancienne rédaction : tribunal de grande instance]* ***» est compétent pour connaître des recours :***

(Abrogé par L. n° 2009-526 du 12 mai 2009, art. 13-II-1°) ***« 1° Contre les décisions du juge des tutelles et celles du conseil de famille ; »***

2° Contre les décisions du *(Ord. n° 2019-964 du 18 sept. 2019, art. 35, en vigueur le 1er janv. 2020)* ***« tribunal judiciaire** [ancienne rédaction : tribunal d'instance]* ***» en matière de***

titres perdus ou volés dans les conditions prévues à l'article 11 du décret n° 56-27 du 11 janvier 1956 relatif à la procédure à suivre en cas de dépossession de titres au porteur. – *[Anc. art. R.* 311-3.] – V. Décr. n° 56-27 du 11 janv. 1956, art. 11 (JO 12 janv.).*

Art. L. 211-6 **Le tribunal** *(L. n° 2019-222 du 23 mars 2019, art. 95-I-15°, en vigueur le 1er janv. 2020)* **« judiciaire** *[ancienne rédaction : de grande instance]* **» connaît des demandes relatives aux frais, émoluments et débours des auxiliaires de justice et des officiers publics ou ministériels dans les cas prévus par l'article 52 du** *(L. n° 2007-1787 du 20 déc. 2007, art. 26-IV)* **« code de procédure civile », sans préjudice des dispositions particulières en matière d'honoraires d'avocats énoncées à l'article L. 311-7 du présent code et à l'article 179 du décret n° 91-1197 du 27 novembre 1991 organisant la profession d'avocat** *(Abrogé par L. n° 2011-94 du 25 janv. 2011, art. 32-10°, à compter du 1er janv. 2012)* ***« , et d'honoraires d'avoués énoncées par l'article 5 de la loi n° 57-1420 du 31 décembre 1957 sur le recouvrement des honoraires des avocats ».*** *– V. Décr. n° 91-1197 du 27 nov. 1991, art. 179. –* ***C. avocat.***

Art. L. 211-7 **Dans les cas prévus par l'article 16 de la loi n° 71-1130 du 31 décembre 1971 portant réforme de certaines professions judiciaires et juridiques, le tribunal** *(L. n° 2019-222 du 23 mars 2019, art. 95-I-15°, en vigueur le 1er janv. 2020)* **« judiciaire** *[ancienne rédaction : de grande instance]* **» remplit les fonctions du conseil de l'ordre des avocats.** *– V. L. n° 71-1130 du 31 déc. 1971, art. 16, App., v° Avocats.*

Art. L. 211-8 *(Abrogé par Ord. n° 2022-544 du 13 avr. 2022, art. 32)* ***Le tribunal*** *(L. n° 2019-222 du 23 mars 2019, art. 95-I-15°, en vigueur le 1er janv. 2020)* ***« judiciaire*** *[ancienne rédaction : de grande instance]* ***» est la juridiction disciplinaire*** *(Abrogé par L. n° 2011-94 du 25 janv. 2011, art. 32-4°-b, à compter du 1er janv. 2012)* ***« des avoués, » des commissaires-priseurs judiciaires, des huissiers de justice et des notaires dans les cas et conditions prévus par l'ordonnance n° 45-1418 du 28 juin 1945 relative à la discipline des notaires et de certains officiers ministériels.*** *– [Anc. art. L. 312-3.] – V. Ord. n° 45-1418 du 28 juin 1945, App., v° Officiers publics et ministériels.*

L'art. 32 de l'Ord. n° 2022-544 du 13 avr. 2022 entrent en vigueur le 1er juill. 2022.

Jusqu'à l'édition d'un code de déontologie et des règles professionnelles visées à l'art. 2 de ladite Ord., les principes déontologiques et règles professionnelles des huissiers de justice et des commissaires-priseurs judiciaires demeurent applicables.

Les dispositions issues de l'Ord. préc. sont applicables aux procédures disciplinaires engagées postérieurement à son entrée en vigueur. Les instances disciplinaires engagées antérieurement devant les chambres de discipline des huissiers de justice et des commissaires-priseurs judiciaires peuvent être reprises, à l'initiative de l'une des autorités visées aux art. 8 et 9, devant la nouvelle juridiction disciplinaire.

Elles sont applicables aux réclamations reçues postérieurement à son entrée en vigueur (Ord. préc., art. 40).

Art. L. 211-9 *Tribunal correctionnel* 🏛.

Art. L. 211-9-1 *(L. n° 2016-1547 du 18 nov. 2016, art. 15-II-2°)* **Le tribunal de police connaît des contraventions, sous réserve de la compétence du juge des enfants.**

Art. L. 211-9-2 *(L. n° 2016-1547 du 18 nov. 2016, art. 84-I-1°)* **Le tribunal** *(L. n° 2019-222 du 23 mars 2019, art. 95-I-15°, en vigueur le 1er janv. 2020)* **« judiciaire** *[ancienne rédaction : de grande instance]* **» connaît des actions de groupe définies au chapitre III du titre II du livre VI** *[art. L. 613-1 s.]* **du code de la consommation et par la loi n° 2016-1547 du 18 novembre 2016 de modernisation de la justice du XXIe siècle.** *– V. C. consom., art. L. 613-1 s. et L. n° 2016-1547 du 18 nov. 2016, art. 85 s., in* ***C. pr. civ.****, App., v° Action en justice.*

Pour l'application de l'article L. 211-9-2 du code de l'organisation judiciaire en Nouvelle-Calédonie et en Polynésie française, les mots : « par la loi n° 2016-1547 du 18 novembre 2016 de modernisation de la justice du XXIe siècle » sont remplacés par les mots : « par le code de procédure civile applicable localement ».

SOUS-SECTION 2 COMPÉTENCE PARTICULIÈRE À CERTAINS TRIBUNAUX JUDICIAIRES *(L. nº 2019-222 du 23 mars 2019, art. 95-I-16º, en vigueur le 1er janv. 2020).*

Sur la compétence du TGI de Paris pour l'application de la L. nº 68-943 du 30 oct. 1968, relative à la responsabilité civile dans le domaine de l'énergie nucléaire, lorsque l'accident nucléaire est survenu sur le territoire de la République française ou si, en application de la convention de Paris, compétence est attribuée à un tribunal français, V. L. préc., art. 17.

Art. L. 211-9-3 *(L. nº 2019-222 du 23 mars 2019, art. 95-I-17º, en vigueur le 1er janv. 2020)* **I. — Lorsqu'il existe plusieurs tribunaux judiciaires dans un même département, ils peuvent être spécialement désignés par décret pour connaître seuls, dans l'ensemble** *(L. nº 2020-1672 du 24 déc. 2020, art. 26-XV)* **« des ressorts de ces juridictions » :**

1º De certaines des matières civiles dont la liste est déterminée par décret en Conseil d'État, en tenant compte du volume des affaires concernées et de la technicité de ces matières ;

2º De certains délits et contraventions dont la liste est déterminée par décret en Conseil d'État, en tenant compte du volume des affaires concernées et de la technicité de ces matières. Cette liste ne peut comporter les délits mentionnés à l'article 398-1 du code de procédure pénale, à l'exception des délits prévus par le code du travail, le code de l'action sociale et des familles, le code de la sécurité sociale, la législation sociale des transports, le code de l'environnement, le code rural et de la pêche maritime, le code forestier, le code minier, le code de l'urbanisme, le code de la consommation, le code de la propriété intellectuelle, *(Ord. nº 2020-1144 du 16 sept. 2020, art. 8-II, en vigueur le 1er janv. 2021)* **« et » le code de la construction et de l'habitation** *(Abrogé par Ord. nº 2020-1144 du 16 sept. 2020, art. 8, à compter du 1er janv. 2021)* ***« et l'article L. 1337-4 du code de la santé publique »*.**

Il peut être saisi des infractions connexes aux délits et contraventions mentionnés au 2º du présent I.

II. — Pour la mise en œuvre du I, le premier président de la cour d'appel et le procureur général près cette cour peuvent proposer la désignation de tribunaux de leur ressort après avis des chefs de juridiction et consultation des conseils de juridiction concernés.

III. — A titre exceptionnel, le I peut s'appliquer à des tribunaux judiciaires situés dans deux départements différents lorsque leur proximité géographique et les spécificités territoriales le justifient.

IV. — Pour la mise en œuvre du III, le premier président de la cour d'appel et le procureur général près cette cour peuvent proposer la désignation de tribunaux de leur ressort situés dans deux départements différents, en identifiant les spécificités territoriales mentionnées au même III, après avis des chefs de juridiction et consultation des conseils de juridiction concernés.

Les dispositions de l'Ord. nº 2020-1144 du 16 sept. 2020 ne sont applicables qu'aux arrêtés notifiés à compter du 1er janv. 2021 (Ord. préc., art. 19).

Art. L. 211-10 *(L. nº 2007-1544 du 29 oct. 2007, art. 7-I)* **Des tribunaux** *(L. nº 2019-222 du 23 mars 2019, art. 95-I-18º, en vigueur le 1er janv. 2020)* **« judiciaires** *[ancienne rédaction : de grande instance]* **» spécialement désignés connaissent des actions en matière de propriété littéraire et artistique, de dessins et modèles, de brevets d'invention, de certificats d'utilité, de certificats complémentaires de protection, de topographie de produits semi-conducteurs, d'obtentions végétales** *(L. nº 2011-1862 du 13 déc. 2011, art. 6, en vigueur le 1er janv. 2013)* **« , d'indications géographiques » et de marques, dans les cas et conditions prévus par le code de la propriété intellectuelle.** — *[Anc. art. L. 312-2, al. 1er.]* — *V. art. D. 211-5 et D. 211-6.*

L'art. 6 de la L. nº 2011-1862 du 13 déc. 2011 est applicable dans les îles Wallis-et-Futuna, en Polynésie française et en Nouvelle-Calédonie (L. préc., art. 72).

Art. L. 211-11 **Un tribunal** *(L. nº 2019-222 du 23 mars 2019, art. 95-I-19º, en vigueur le 1er janv. 2020)* **« judiciaire** *[ancienne rédaction : de grande instance]* **» spécialement désigné connaît des actions et demandes en matière de marque** *(Ord. nº 2019-1169 du*

13 nov. 2019, art. 13-IX) **« de l'Union européenne », dans les cas et conditions prévus par le code de la propriété intellectuelle.** – *[Anc. art. R. 312-10.] – V. art. R. 211-7.*

Les dispositions issues de l'Ord. n° 2019-1169 du 13 nov. 2019 entrent en vigueur à la date d'entrée en vigueur du décret pris pour son application et au plus tard le 15 déc. 2019 (Ord. préc. art. 15-I). Ladite ordonnance a été ratifiée par la L. n° 2020-1508 du 3 déc. 2020, art. 41-I.

Art. L. 211-11-1 *(L. n° 2007-1544 du 29 oct. 2007, art. 7-II)* **Des tribunaux** *(L. n° 2019-222 du 23 mars 2019, art. 95-I-20°, en vigueur le 1er janv. 2020)* **« judiciaires** *[ancienne rédaction : de grande instance]* **» spécialement désignés connaissent des actions et demandes en matière de dessins ou modèles communautaires, dans les cas et conditions prévus par le code de la propriété intellectuelle.** – *V. art. R. 211-7.*

Art. L. 211-12 Des tribunaux *(L. n° 2019-222 du 23 mars 2019, art. 95-I-20°, en vigueur le 1er janv. 2020)* **« judiciaires** *[ancienne rédaction : de grande instance]* **» spécialement désignés connaissent des actions engagées sur le fondement des dispositions des instruments internationaux et communautaires relatives au déplacement illicite international d'enfants.** – *[Anc. art. L. 312-1-1, al. 1er.] – V. art. D. 211-9.*

Art. L. 211-13 *(L. n° 2009-526 du 12 mai 2009, art. 17-1°)* **Des tribunaux** *(L. n° 2019-222 du 23 mars 2019, art. 95-I-20°, en vigueur le 1er janv. 2020)* **« judiciaires** *[ancienne rédaction : de grande instance]* **» spécialement désignés connaissent des actions aux fins d'adoption ainsi que des actions aux fins de reconnaissance des jugements d'adoption rendus à l'étranger, lorsque l'enfant résidant habituellement à l'étranger a été, est ou doit être déplacé vers la France.** – *V. art. D. 211-10-1.*

BIBL. ▶ BLÉRY, *Procédures 2009. Focus 38* (organisation judiciaire du contentieux familial). – BRUGGEMAN, *Dr. fam. 2009. Alerte 78.*

Art. L. 211-14 *(Ord. n° 2009-864 du 15 juill. 2009, art. 25)* **Des tribunaux** *(L. n° 2019-222 du 23 mars 2019, art. 95-I-20°, en vigueur le 1er janv. 2020)* **« judiciaires** *[ancienne rédaction : de grande instance]* **» spécialement désignés connaissent des contestations relatives aux obligations de publicité et de mise en concurrence auxquelles est soumise la passation des contrats de droit privé relevant de la commande publique dans les cas et conditions prévus par les articles 2 à 20 de l'ordonnance n° 2009-515 du 7 mai 2009 relative aux procédures de recours applicables aux contrats de la commande publique.**

Art. L. 211-15 *Abrogé par L. n° 2016-1547 du 18 nov. 2016, art. 84-I-2°.*

Art. L. 211-16 *(L. n° 2016-1547 du 18 nov. 2016, art. 12-III-1°-a)* **Des tribunaux** *(L. n° 2019-222 du 23 mars 2019, art. 95-I-21°, en vigueur le 1er janv. 2020)* **« judiciaires** *[ancienne rédaction : de grande instance]* **» spécialement désignés connaissent :**

(L. n° 2019-222 du 23 mars 2019, art. 96-II-1°-a) **« 1° Des litiges relevant du contentieux de la sécurité sociale défini à l'article L. 142-1 du code de la sécurité sociale, à l'exception de ceux mentionnés au 7° du même article L. 142-1 ; »**

*(Abrogé par L. n° 2019-222 du 23 mars 2019, art. 96-II-1°-b) « 2° **Des litiges relevant du contentieux technique de la sécurité sociale défini à l'article L. 142-2 du même code, à l'exception de ceux mentionnés au 4° du même article ;** »*

(L. n° 2019-222 du 23 mars 2019, art. 96-II-1°-c) **« 2° » Des litiges relevant de l'admission à l'aide sociale mentionnés à l'article L. 134-3 du code de l'action sociale et des familles et des litiges relatifs aux décisions mentionnées aux articles L. 861-5 et L. 863-3 du code de la sécurité sociale ;**

(L. n° 2019-222 du 23 mars 2019, art. 96-II-1°-c) **« 3° » Des litiges relevant de l'application de l'article L. 4162-13 du code du travail.**

L'art. 12 de la L. n° 2016-1547 du 18 nov. 2016 entre en vigueur le 1er janv. 2019 (L. préc., art. 114 ; Décr. n° 2018-928 du 29 oct. 2018, art. 17-I).

A cette date, les procédures en cours devant les tribunaux des affaires de sécurité sociale et les tribunaux du contentieux de l'incapacité sont transférées en l'état aux tribunaux mentionnés au 1° du III de l'art. 12 préc. Les procédures relevant du contentieux général en cours devant les cours d'appel sont transférées en l'état aux cours d'appel spécialement désignées à l'art. L. 311-15 COJ. A cette même date, les affaires en cours devant les commissions départementales d'aide sociale sont, selon leur nature, transférées en l'état aux tribunaux de grande instance ou aux tribunaux administratifs territorialement compétents. Les procédures en cours devant la Commission centrale d'aide sociale en application de l'art. L. 134-2 CASF sont, selon leur nature, transférées en l'état aux cours d'appel ou à une juridiction administrative désignée par décret en Conseil d'État. Les procédures en cours devant la même commission en application de l'article L. 134-3 du même code sont transférées en l'état à une juridiction administrative désignée par décret en Conseil d'État.

Par dérogation, la Cour nationale de l'incapacité et de la tarification de l'assurance des accidents du travail demeure compétente pour connaître des procédures introduites avant cette date et jusqu'au 31 déc. 2020, ou à une date ultérieure qui sera fixée par décret, sans pouvoir dépasser le 31 déc. 2022, date à compter de laquelle ces procédures sont transférées en l'état aux cours d'appel territorialement compétentes spécialement désignées en vertu des art. L. 311-15 et L. 311-16 COJ. Les dispositions du CSS, du C. rural et du CASF qui lui sont applicables demeurent en vigueur jusqu'à cette date.

Les convocations et citations données aux parties peuvent être délivrées avant la date d'entrée en vigueur de l'art. 12 préc. pour une comparution postérieure à cette date devant la juridiction nouvellement compétente. Il n'y a pas lieu de renouveler les actes, formalités et jugements régulièrement intervenus avant le transfert des procédures, à l'exception des convocations et citations données aux parties qui n'auraient pas été suivies d'une comparution devant la juridiction supprimée ou antérieurement compétente. Les parties ayant comparu devant la juridiction supprimée ou antérieurement compétente sont informées par l'une ou l'autre des juridictions qu'il leur appartient d'accomplir les actes de la procédure devant la juridiction à laquelle les procédures sont transférées. Les archives et les minutes du secrétariat des juridictions supprimées ou antérieurement compétentes sont transférées au greffe de la juridiction nouvellement compétente. Les frais de transfert de ces archives et minutes sont imputés sur le crédit ouvert à cet effet au budget du ministère de la justice (L. préc., art. 114-I, mod. par Ord. n° 2018-358 du 16 mai 2018, art. 7-I).

Les dispositions de l'art. 12 de la L. n° 2016-1547 du 18 nov. 2016, de l'art. 4 de l'Ord. n° 2018-358 du 16 mai 2018 et du Décr. n° 2018-928 du 29 oct. 2018 relatives aux décisions prises par les autorités administratives, les organismes de sécurité sociale et les commissions des droits et de l'autonomie des personnes handicapées ainsi qu'aux recours préalables formés contre ces décisions s'appliquent aux décisions prises à compter du 1er janv. 2019.

Les dispositions relatives à la procédure devant les juridictions sont applicables aux instances en cours.

Les instances en cours devant la cour nationale de l'incapacité et de la tarification des accidents du travail demeurent instruites et jugées selon les dispositions du code de la sécurité sociale, du code rural et de la pêche maritime, du code de l'action sociale et des familles et du code de procédure civile applicables avant le 1er janv. 2019. Toutefois, dans ces instances, le président de la cour nationale de l'incapacité et de la tarification de l'assurance des accidents du travail ou le président de la section compétente peut :

1° Dans l'intérêt d'une bonne justice, d'office ou à la demande d'une partie, dessaisir la cour d'une affaire et en renvoyer en l'état la connaissance à la cour spécialement désignée mentionnée à l'art. L. 311-16 COJ, lorsque l'affaire présente un lien étroit avec une contestation relative au 4° de l'art. L. 142-2 pendante devant cette juridiction. Dans ce cas, la procédure se poursuit selon les règles applicables devant la cour spécialement désignée ;

2° Statuer sur les exceptions de procédure et sur les fins de non-recevoir.

Jusqu'au 1er sept. 2019, dans le cas où la formation collégiale du tribunal de grande instance et de la cour d'appel spécialement désignée en application des art. L. 211-16 et L. 311-16 COJ ne peut siéger avec les compositions prévues aux art. L. 218-1 et L. 312-6-2 du même code par suite de la vacance, de la récusation ou de l'absence d'assesseurs titulaires ou suppléants, l'audience est reportée à une date ultérieure, sauf accord des parties pour que le président statue seul après avoir recueilli, le cas échéant, l'avis de l'assesseur présent.

Lorsque l'audience est reportée à une date ultérieure, les parties présentes en sont avisées verbalement par mention au dossier et les parties absentes sont convoquées à nouveau selon les modalités prévues à l'art. R. 142-10-3 CSS.

L'audience ne peut être reportée plus d'une fois. Dans le cas où, à la deuxième audience, le tribunal de grande instance ou la cour d'appel ne peut à nouveau siéger avec les compositions prévues aux art. L. 218-1 et L. 312-6-2 COJ, le président statue seul après avoir recueilli, le cas échéant, l'avis de l'assesseur présent (Décr. n° 2018-928 du 29 oct. 2018, art. 17).

Les fonctionnaires de l'État, les agents contractuels de l'État et les salariés de droit privé des organismes de sécurité sociale, mentionnés aux art. 1er, 2, 3 et 4 de l'Ord. n° 2018-359 du 16 mai 2018, concourent au fonctionnement des services du greffe au sein des pôles sociaux des TGI et cours d'appel spécialement désignés en application de l'art. L. 211-16 COJ (Décr. n° 2018-928 du 29 oct. 2018, art. 10, en vigueur le 1er janv. 2019).

L'art. 96 de la L. n° 2019-222 du 23 mars 2019 est applicable aux recours préalables et aux recours juridictionnels introduits à compter d'une date fixée par décret en Conseil d'État, et au plus tard le 1er janv. 2020 (L. préc., art. 96-VII).

BIBL. ▶ BLÉRY, *Gaz. Pal. 31 janv. 2017, p. 72* (JXXI : à propos de la réforme du contentieux de la sécurité sociale et de l'action sociale).

Art. L. 211-17 *(Abrogé par L. n° 2021-1729 du 22 déc. 2021, art. 57-I) (L. n° 2019-222 du 23 mars 2019, art. 27)* ***Un*** *(Ord. n° 2019-964 du 18 sept. 2019, art. 14-1°, en vigueur le 1er janv. 2020)* ***« tribunal judiciaire*** *[ancienne rédaction : tribunal de grande instance]* ***» spécialement désigné par décret connaît :***

1° Des demandes d'injonction de payer, à l'exception de celles relevant de la compétence d'attribution du tribunal de commerce lorsqu'elle est exercée par la juridiction mentionnée à l'article L. 721-1 du code de commerce ;

2° Des demandes formées en application du règlement (CE) n° 1896/2006 du Parlement européen et du Conseil du 12 décembre 2006 instituant une procédure européenne d'injonction de payer.

L'art. 27 de la L. n° 2019-222 du 23 mars 2019 entre en vigueur à une date fixée par décret en Conseil d'État, et au plus tard le 1er janv. 2021 (L. préc., art. 109-IX).

Art. L. 211-18 *(Abrogé par L. n° 2021-1729 du 22 déc. 2021, art. 57-I) (L. n° 2019-222 du 23 mars 2019, art. 27)* ***Les demandes d'injonction de payer sont formées par voie dématérialisée devant le*** *(Ord. n° 2019-964 du 18 sept. 2019, art. 14-1°, en vigueur le 1er janv. 2020)* ***« tribunal judiciaire*** *[ancienne rédaction : tribunal de grande instance]* ***» spécialement désigné mentionné à l'article L. 211-17. Toutefois, les demandes formées par les personnes physiques n'agissant pas à titre professionnel et non représentées par un mandataire ainsi que les demandes mentionnées au 2° du même article L. 211-17 peuvent être adressées au greffe sur support papier.***

Les oppositions sont formées devant le *(Ord. n° 2019-964 du 18 sept. 2019, art. 14-1°, en vigueur le 1er janv. 2020)* ***« tribunal judiciaire*** *[ancienne rédaction : tribunal de grande instance]* ***» spécialement désigné.***

Les oppositions aux ordonnances portant injonction de payer sont transmises par le greffe du *(Ord. n° 2019-964 du 18 sept. 2019, art. 14-1°, en vigueur le 1er janv. 2020)* ***« tribunal judiciaire*** *[ancienne rédaction : tribunal de grande instance]* ***» spécialement désigné aux*** *(Ord. n° 2019-964 du 18 sept. 2019, art. 14-1°, en vigueur le 1er janv. 2020)* ***« tribunaux judiciaires*** *[ancienne rédaction : tribunaux de grande instance]* ***» territorialement compétents.***

L'art. 27 de la L. n° 2019-222 du 23 mars 2019 entre en vigueur à une date fixée par décret en Conseil d'État, et au plus tard le 1er janv. 2021 (L. préc., art. 109-IX).

Art. L. 211-19 *(L. n° 2020-1672 du 24 déc. 2020, art. 3-1°)* **Le tribunal judiciaire de Paris connaît des infractions pénales portant atteinte aux intérêts financiers de l'Union européenne et relevant de la compétence du procureur européen conformément au règlement (UE) 2017/1939 du Conseil du 12 octobre 2017 mettant en œuvre une coopération renforcée concernant la création du Parquet européen, dans les cas et conditions prévus par le code de procédure pénale.**

L'art. 3 de la L. n° 2020-1672 du 24 déc. 2020 entre en vigueur à la date fixée par la Commission européenne en application de l'art. 120 du Règl. (UE) 2017/1939 du Conseil du 12 oct. 2017 mettant en œuvre une coopération renforcée concernant la création du Parquet européen (L. préc., art. 32).

Art. L. 211-20 *(L. n° 2020-1672 du 24 déc. 2020, art. 17)* **Dans le ressort de chaque cour d'appel, un tribunal judiciaire spécialement désigné connaît :**

1° Des actions relatives au préjudice écologique fondées sur les articles 1246 à 1252 du code civil ;

2° Des actions en responsabilité civile prévues par le code de l'environnement ;

3° Des actions en responsabilité civile fondées sur les régimes spéciaux de responsabilité applicables en matière environnementale résultant de règlements européens, de conventions internationales et des lois prises pour l'application de ces conventions.

Art. L. 211-21 *(L. nº 2021-1729 du 22 déc. 2021, art. 56)* **Le tribunal judiciaire de Paris connaît des actions relatives au devoir de vigilance fondées sur les articles L. 225-102-4 et L. 225-102-5 du code de commerce.**

Droit antérieur. V., jugeant antérieurement à l'entrée en vigueur de la L. nº 2021-1729 du 22 déc. 2021, qu'il résulte de l'art. L. 211-3 COJ et des art. L. 721-3 et L. 225-102-4 C. com. que le plan de vigilance, incombant à une société anonyme en application de l'art. L. 225-102-4 C. com., ne constitue pas un acte de commerce au sens du 3º de l'art. L. 721-3 du même code et que, si l'établissement et la mise en œuvre d'un tel plan présentent un lien direct avec la gestion de cette société, justifiant la compétence des juridictions consulaires par application du 2º de l'art. L. 721-3, le demandeur non commerçant qui entend agir à cette fin dispose toutefois, en ce cas, du choix de saisir le tribunal civil ou le tribunal de commerce. • Com. 15 déc. 2021, nº 21-11.882 P : *cité note 14 ss. C. com., art. L. 721-3, reproduit ss. art. 853.*

SECTION II **COMPÉTENCE TERRITORIALE**

La sect. II ne comprend pas de dispositions législatives.

CHAPITRE II **ORGANISATION ET FONCTIONNEMENT**

SECTION PREMIÈRE **LE SERVICE JURIDICTIONNEL**

Art. L. 212-1 **Le tribunal** *(L. nº 2019-222 du 23 mars 2019, art. 95-I-22º-a, en vigueur le 1er janv. 2020)* **« judiciaire** *[ancienne rédaction : de grande instance]* **» statue en formation collégiale, sous réserve des exceptions tenant à l'objet du litige ou à la nature des questions à juger.** — *[Anc. art. L. 311-6.]*

(L. nº 2019-222 du 23 mars 2019, art. 95-I-22º-b, en vigueur le 1er janv. 2020) **« Dans les matières disciplinaires ou relatives à l'état des personnes, sous réserve des dispositions particulières aux matières de la compétence du juge aux affaires familiales et du juge des contentieux de la protection mentionné à l'article L. 213-4-1, le tribunal judiciaire ne peut statuer à juge unique. »**

BIBL. ▸ VILLACÈQUE, *D. 1995. Chron. 317* (la collégialité menacée par les juges uniques).

Art. L. 212-2 *(L. nº 2019-222 du 23 mars 2019, art. 95-I-23º-a, en vigueur le 1er janv. 2020)* **« Lorsqu'une affaire, compte tenu de l'objet du litige ou de la nature des questions à juger, est portée devant le tribunal judiciaire statuant à juge unique, le renvoi à la formation collégiale peut être décidé, d'office ou à la demande de l'une des parties, dans les cas prévus par décret en Conseil d'État. Cette décision constitue une mesure d'administration judiciaire qui n'est pas susceptible de recours** *[ancienne rédaction : Lorsqu'une affaire, compte tenu de l'objet du litige ou de la nature des questions à juger, est portée devant le tribunal de grande instance statuant à juge unique, le renvoi à la formation collégiale est de droit, sur la demande non motivée d'une des parties formulée selon les modalités et délais fixés par décret en Conseil d'État]*. **»**

(Abrogé par L. nº 2019-222 du 23 mars 2019, art. 95-I-23º-b, à compter du 1er janv. 2020) ***« Toutefois, les dispositions du présent article ne sont pas applicables en matières disciplinaires ou relatives à l'état des personnes, sous réserve des dispositions particulières aux matières de la compétence du juge aux affaires familiales. »*** — *[Anc. art. L. 311-10, al. 2 et 4.]*

Art. L. 212-3 ***La formation* collégiale du tribunal** *(L. nº 2019-222 du 23 mars 2019, art. 95-I-24º, en vigueur le 1er janv. 2020)* **« judiciaire** *[ancienne rédaction : de grande instance]* **» se compose d'un président et de plusieurs assesseurs.** — *[Anc. art. L. 311-8.]*

Art. L. 212-3-1 *(L. nº 2011-1862 du 13 déc. 2011, art. 1er-I-2º, en vigueur le 1er janv. 2015)* **Les juges de proximité peuvent être appelés à siéger dans la formation mentionnée à l'article L. 212-3. Ils peuvent également :**

1º Statuer sur requête en injonction de payer, sauf sur opposition ;

2º Procéder, dans les cas et conditions prévus par le sous-titre II du titre VII du livre Ier du code de procédure civile, aux mesures d'instruction suivantes :

a) **Se transporter sur les lieux à l'occasion des vérifications personnelles du juge ;**

b) **Entendre les parties à l'occasion de leur comparution personnelle ;**

c) **Entendre les témoins à l'occasion d'une enquête.**

L'art. 1er de la L. no 2011-1862 du 13 déc. 2011 est applicable aux procédures en cours dans les conditions suivantes :

En matière civile, la juridiction de proximité demeure compétente pour connaître des procédures en cours jusqu'au premier jour du septième mois suivant la date du 1er janv. 2015 (L. no 2012-1441 du 24 déc. 2012, art. unique, 1o et 2o, b), date à compter de laquelle ces procédures sont transférées en l'état au tribunal d'instance. Dans les matières dont la connaissance est transférée par l'effet de la présente loi au tribunal d'instance, les convocations et assignations données aux parties peuvent être délivrées avant la date du 1er janv. 2017 (L. no 2012-1441 du 24 déc. 2012, art. unique, 1o et 2o, c, et L. no 2014-1654 du 29 déc. 2014, art. 99) pour une comparution postérieure à cette date devant le tribunal d'instance.

Il n'y a pas lieu de renouveler les actes, formalités et jugements régulièrement intervenus antérieurement au transfert des procédures civiles, à l'exception des convocations, citations et assignations données aux parties et aux témoins qui n'auraient pas été suivies d'une comparution devant la juridiction supprimée.

Les parties ayant comparu devant la juridiction supprimée sont informées par l'une ou l'autre des juridictions qu'il leur appartient d'accomplir les actes de la procédure devant le tribunal auquel les procédures sont transférées.

Les archives et les minutes du greffe de la juridiction de proximité sont transférées au greffe du tribunal d'instance selon la nature de la procédure. Les frais de transfert de ces archives et minutes sont pris sur le crédit ouvert à cet effet au budget du ministère de la justice (L. préc., art. 70-II).

BIBL. ▸ **L. 13 déc. 2011 :** DARGENT, *D. actu. 15 déc. 2011* (répartition des contentieux et allègement des procédures : aspects de procédure civile).

Art. L. 212-4 Les avocats peuvent être appelés, dans l'ordre du tableau, à suppléer les juges pour compléter le tribunal *(L. no 2019-222 du 23 mars 2019, art. 95-I-24o, en vigueur le 1er janv. 2020)* **« judiciaire** *[ancienne rédaction : de grande instance]* **».**

Toutefois, la formation de jugement ne peut comprendre *(Abrogé par L. no 2011-1862 du 13 déc. 2011, art. 1er-I-3o, à compter du 1er janv. 2015)* **« , *en matière pénale,* » une majorité de juges non professionnels.** – *[Anc. art. L. 311-9.]*

L'art. 1er de la L. no 2011-1862 du 13 déc. 2011 est applicable dans les îles Wallis-et-Futuna, en Polynésie française et en Nouvelle-Calédonie (L. préc., art. 72).

Art. L. 212-5 *Tribunal correctionnel*

Art. L. 212-5-1 *(L. no 2019-222 du 23 mars 2019, art. 26)* **Devant le** *(Ord. no 2019-964 du 18 sept. 2019, art. 35, en vigueur le 1er janv. 2020)* **« tribunal judiciaire** *[ancienne rédaction : tribunal de grande instance]* **», la procédure peut, à l'initiative des parties lorsqu'elles en sont expressément d'accord, se dérouler sans audience. En ce cas, elle est exclusivement écrite.**

Toutefois, le tribunal peut décider de tenir une audience s'il estime qu'il n'est pas possible de rendre une décision au regard des preuves écrites ou si l'une des parties en fait la demande.

Art. L. 212-5-2 *(L. no 2019-222 du 23 mars 2019, art. 26)* **Les oppositions aux ordonnances portant injonction de payer statuant sur une demande initiale n'excédant pas un montant défini par décret en Conseil d'État et les demandes formées devant le** *(Ord. no 2019-964 du 18 sept. 2019, art. 14-2o, en vigueur le 1er janv. 2020)* **« tribunal judiciaire** *[ancienne rédaction : tribunal de grande instance]* **» en paiement d'une somme n'excédant pas ce montant peuvent, à l'initiative des parties lorsqu'elles en sont expressément d'accord, être traitées dans le cadre d'une procédure dématérialisée. Dans ce cas, la procédure se déroule sans audience.**

Toutefois, le tribunal peut décider de tenir une audience s'il estime qu'il n'est pas possible de rendre une décision au regard des preuves écrites ou si l'une des parties en fait la demande. Le tribunal peut, par décision spécialement motivée, rejeter cette demande s'il estime que, compte tenu des circonstances de l'espèce, une audience n'est pas nécessaire pour garantir le déroulement équitable de la procédure. Le refus de tenir une audience ne peut être contesté indépendamment du jugement sur le fond.

L'art. L. 212-5-2, dans sa rédaction résultant de l'art. 26 de la L. no 2019-222 du 23 mars 2019, entre en vigueur à une date définie par décret en Conseil d'État, et au plus tard le 1er janv. 2022 (L. préc., art. 109-VIII).

SECTION II LE PARQUET

Art. L. 212-6 **Le procureur de la République représente, en personne ou par ses substituts, le ministère public près le tribunal** *(L. n° 2019-222 du 23 mars 2019, art. 95-I-24°, en vigueur le 1er janv. 2020)* **« judiciaire** *[ancienne rédaction : de grande instance]* **».** — *[Anc. art. L. 311-14.]*

(L. n° 2016-1547 du 18 nov. 2016, art. 15-II-3°) **« Le siège du ministère public devant le tribunal de police est occupé par le procureur de la République ou par le commissaire de police dans les cas et conditions prévus aux articles 45 à 48 du code de procédure pénale. »**

Art. L. 212-6-1 *(L. n° 2020-1672 du 24 déc. 2020, art. 3-2°)* **Nonobstant les articles L. 122-2 et L. 212-6, le ministère public près le tribunal judiciaire de Paris est exercé par le procureur européen ou ses délégués pour les affaires relevant de ses attributions.**

L'art. 3 de la L. n° 2020-1672 du 24 déc. 2020 entre en vigueur à la date fixée par la Commission européenne en application de l'art. 120 du Règl. (UE) 2017/1939 du Conseil du 12 oct. 2017 mettant en œuvre une coopération renforcée concernant la création du Parquet européen (L. préc., art. 32).

Art. L. 212-7 *(L. n° 2019-222 du 23 mars 2019, art. 97, en vigueur le 1er janv. 2020)* **Quand un département compte plusieurs** *(Ord. n° 2019-964 du 18 sept. 2019, art. 14-1°, en vigueur le 1er janv. 2020)* **« tribunaux judiciaires** *[ancienne rédaction : tribunaux de grande instance]* **», le procureur général peut désigner l'un des procureurs de la République de ce département pour représenter, sous son autorité, l'ensemble des parquets dans le cadre de leurs relations avec les autorités administratives du département et assurer la coordination des activités s'y rapportant. Celui-ci tient les autres procureurs informés de ses diligences et rend compte au procureur général.**

SECTION III LE GREFFE

La présente section ne comprend pas de dispositions législatives.

SECTION IV LES CHAMBRES DE PROXIMITÉ *(L. n° 2019-222 du 23 mars 2019, art. 95-I-25°, en vigueur le 1er janv. 2020).*

Art. L. 212-8 *(L. n° 2019-222 du 23 mars 2019, art. 95-I-26°, en vigueur le 1er janv. 2020)* **Le tribunal judiciaire peut comprendre, en dehors de son siège, des chambres de proximité dénommées "tribunaux de proximité", dont le siège et le ressort ainsi que les compétences matérielles sont fixées** *[fixés]* **par décret.**

Ces chambres peuvent se voir attribuer, dans les limites de leur ressort, des compétences matérielles supplémentaires, par une décision conjointe du premier président de la cour d'appel et du procureur général près cette cour, après avis des chefs de juridiction et consultation du conseil de juridiction concernés.

SECTION V LES ASSEMBLÉES GÉNÉRALES

La présente section ne comprend pas de dispositions législatives.

CHAPITRE III FONCTIONS PARTICULIÈRES

SECTION PREMIÈRE FONCTIONS PARTICULIÈRES EXERCÉES EN MATIÈRE CIVILE

SOUS-SECTION 1 LE PRÉSIDENT DU TRIBUNAL *(L. n° 2019-222 du 23 mars 2019, art. 95-I-27°, en vigueur le 1er janv. 2020).*

Art. L. 213-1 **Le président du tribunal** *(L. n° 2019-222 du 23 mars 2019, art. 95-I-28°, en vigueur le 1er janv. 2020)* **« judiciaire** *[ancienne rédaction : de grande instance]* **» a compétence dans les matières déterminées par la loi et le règlement.** — *[Anc. art. R.* 311-12.]*

Art. L. 213-2 **En toutes matières, le président du tribunal** *(L. n° 2019-222 du 23 mars 2019, art. 95-I-28°, en vigueur le 1er janv. 2020)* **« judiciaire** *[ancienne rédaction : de grande* *instance]* » **statue en référé ou sur requête.** *(Ord. n° 2019-738 du 17 juill. 2019, art. 7 et 30, en vigueur le 1er janv. 2020)* **« Dans les cas prévus par la loi ou le règlement, il statue selon la procédure accélérée au fond. »**

L'Ord. n° 2019-738 du 17 juill. 2019, s'appliquent aux demandes introduites à compter du 1er janv. 2020 (Ord. préc., art. 30).

SOUS-SECTION 2 LE JUGE DE LA MISE EN ÉTAT

La présente sous-section ne comprend pas de dispositions législatives.

SOUS-SECTION 3 LE JUGE AUX AFFAIRES FAMILIALES

RÉP. PR. CIV. v° *Juge aux affaires familiales* par C. Lienhard.

BIBL. ► L. n° 2009-526 du 12 mai 2009 : Bléry, *Procédures 2009. Focus 38* (organisation judiciaire du contentieux familial). – Gebler, *AJ fam. 2009. 256* (le nouveau bloc de compétence du JAF). – Larribau-Terneyre, *Dr. fam. 2009. Comm. 29 ; ibid. Étude 33* (infortunes et regret). – Maisy, *AJ fam. 2010. 106* (extension des attributions du JAF et nécessaire réorganisation des juridictions). – Massip, *Defrénois 2009. 1898* (les incidences en matière familiale de la loi de « simplification du droit »). – Maugain, *Dr. et pr. 2011. 8* (les nouvelles attributions du juge aux affaires familiales et leurs répercussions).

Art. L. 213-3 **Dans chaque tribunal** *(L. n° 2019-222 du 23 mars 2019, art. 95-I-28°, en vigueur le 1er janv. 2020)* **« judiciaire** *[ancienne rédaction : de grande instance]* **», un ou plusieurs magistrats du siège sont délégués dans les fonctions de juge aux affaires familiales.**

Le juge aux affaires familiales connaît :

(L. n° 2009-526 du 12 mai 2009, art. 14-I-1°) **« 1° De l'homologation judiciaire du changement de régime matrimonial, des demandes relatives au fonctionnement des régimes matrimoniaux et des indivisions entre personnes liées par un pacte civil de solidarité ou entre concubins, de la séparation de biens judiciaire, sous réserve des compétences du président du tribunal** *(L. n° 2019-222 du 23 mars 2019, art. 95-I-28°, en vigueur le 1er janv. 2020)* **« judiciaire** *[ancienne rédaction : de grande instance]* **» et du juge des tutelles des majeurs ;**

« 2° Du divorce, de la séparation de corps et de leurs conséquences, de la liquidation et du partage des intérêts patrimoniaux des époux, des personnes liées par un pacte civil de solidarité et des concubins, sauf en cas de décès ou de déclaration d'absence ;

« 3° Des actions liées :

« *a)* A la fixation de l'obligation alimentaire, de la contribution aux charges du mariage ou du pacte civil de solidarité et de la contribution à l'entretien et à l'éducation des enfants ;

« *b)* A l'exercice de l'autorité parentale ;

« *c)* A la révision de la prestation compensatoire ou de ses modalités de paiement ;

« *d)* Au changement de prénom ; » — *[Anc. art. L. 312-1, al. 1er à 4.] — V. Circ. 16 juin 2010, n° CIV/10/10, reproduite ci-dessous.*

(L. n° 2010-769 du 9 juill. 2010, art. 17) **« *e)* A la protection à l'encontre du conjoint, du partenaire lié par un pacte civil de solidarité ou du concubin violent ou d'un ancien conjoint, partenaire lié par un pacte civil de solidarité ou concubin violent ;**

« *f)* A la protection de la personne majeure menacée de mariage forcé ; »

(L. n° 2019-222 du 23 mars 2019, art. 32-II) **« 4° Des demandes d'attribution à un concubin de la jouissance provisoire du logement de la famille en application de l'article 373-2-9-1 du code civil. »**

La L. n° 2010-769 du 9 juill. 2010, art. 17 est applicable dans les îles Wallis-et-Futuna, en Polynésie française et en Nouvelle-Calédonie (L. préc., art. 37-I, II et III).

L'art. 14 de la L. n° 2009-526 du 12 mai 2009 est applicable aux demandes en justice formées à compter du 1er janv. 2010. Il est par ailleurs applicable dans les mêmes conditions à Wallis-et-Futuna, dans les Terres australes et antarctiques françaises, en Polynésie française et en Nouvelle-Calédonie (L. préc., art. 14-IV et V).

BIBL. ► Buat-Ménard, *AJ fam. 2010. 102* (incertitudes). – Douchy-Oudot, *D. 2010. Pan. 990*. – Fricero, *Gaz. Pal. 23-24 mars 2012, p. 13* (les procédures judiciaires familiales). – Larribau-Terneyre, *Dr. fam. 2009, n° 66* (le JAF devient le juge des intérêts patrimoniaux des concubins et des partenaires). – Massip, *JCP N 2011. 1086* (les nouvelles attributions du JAF en matière de régimes matrimoniaux). – Panet, *AJ fam. 2012. 172* (compétence du JAF en matière de prestations familiales). – Permingeat, *AJ fam. 2013. 280* (les compétences concurrentes du juge des enfants et du juge aux affaires familiales). – Verheyde, *Dr. fam. 2011. Dossier 4* (décisions du juge des tutelles en matière de conflit concernant le choix du lieu de vie ou les relations personnelles du majeur protégé sur le fondement de l'art. 459-2 C. civ.).

▸ **Sur la circulaire du 16 juin 2010 :** Larribau-Terneyre, *Dr. fam. 2011. Étude 5* (les nouvelles compétences du juge aux affaires familiales : cadrage ou verrouillage ?).

1. Prestations familiales. Il n'entre pas dans la compétence du JAF de décider au bénéfice de quel parent doit être attribué le droit aux prestations familiales. • Civ. 1re, 30 sept. 2009 : *Dr. fam. 2010. Comm. 11, note Devers* (cassation au visa de l'art. L. 142-1 CSS de l'arrêt de la cour d'appel ayant précisé, alors qu'elle fixait le montant de la contribution à l'entretien et à l'éducation de l'enfant due par le père, après avoir dit que l'enfant résiderait en alternance hebdomadaire chez chacun de ses père et mère, que les prestations familiales restaient versées à la mère).

2. Nom de famille de l'enfant. Le JAF n'est pas compétent pour connaître d'une demande de changement de nom d'un enfant mineur. • Bordeaux, 3 nov. 2008 : *RJPF 06/2009. 17, obs. Corpart.*

3. Régime matrimonial. Il entre dans les pouvoirs du JAF de se prononcer sur le régime matrimonial des époux. • Civ. 1re, 20 mars 2013 : *BICC 15 juill. 2013, no 1028 ; D. 2013. Actu. 837 ; ibid. 1451, note Le Gac-Pech ; ibid. Pan. 2050, obs. Capitaine ; Gaz. Pal. 2013. 1828, note Gossart.* ♦ A rapprocher notamment : • Civ. 1re, 20 mars 2013 (irrecevabilité). ♦ Sur l'étendue des pouvoirs du JAF en application de l'art. 267 C. civ., relatif à la liquidation et au partage des intérêts patrimoniaux des époux : V. : • Civ. 1re, 7 nov. 2012, no 11-17.377 P : *D. 2012. 2661 ; ibid. 2013. 591, spéc. 594, chron. C. Capitaine ; ibid. 798, spéc. 800, obs. Douchy-Oudot ; AJ fam. 2013. 55, obs. P. Hilt ; ibid. 2012. 607, pratique E. Buat-Ménard ; RTD civ. 2013. 96, obs. J. Hauser* • 7 nov. 2012, no 11-10.449 P : *D. 2012. 2661 ; ibid. 2013. 591, spéc. 593, chron. Capitaine ; ibid. 98, spéc. 800, obs. Douchy-Oudot ; AJ fam. 2013. 57, obs. Buat-Ménard ; RTD civ. 2013. 96, obs. Hauser* • 7 nov. 2012 : *cité note ss. art. 1361.* • 11 sept. 2013 : *cité note ss. art. 1361.* ♦ La compétence spéciale du JAF pour connaître de la liquidation et du partage des intérêts patrimoniaux des époux, résultant de l'art. L. 213-3, 2°, COJ n'est pas subordonnée à la séparation des époux. • Civ. 1re, 1er juin 2017, no 15-28.344 P : *D. 2017. Actu. 1190 ; ibid. 2012, note Pierre et Pierre-Maurice ; AJ fam. 2017. 487, note Casey ; RTD civ. 2017. 620, obs. Hauser ; LPA 7 févr. 2018, p. 11, obs. Morin et Niel ; Gaz. Pal. 3 oct. 2017, p. 63, note Bautrait-Lottelier.* ♦ Le JAF est seul compétent pour statuer sur les créances entre époux. • Civ. 1re, 12 juill. 2017, no 16-20.482 : *Gaz. Pal. 9 janv. 2018, p. 60, obs. Sardaby.* ♦ Le JAF connaît de la liquidation et du partage des intérêts patrimoniaux des époux, des personnes liées par un PACS. La liquidation à laquelle il est procédé en cas de divorce englobe tous les rapports pécuniaires entre les parties et il appartient à l'époux qui se prétend créancier de l'autre de faire valoir sa créance selon les règles applicables à la liquidation de leur régime matrimonial lors de l'établissement des comptes s'y rapportant. Il en résulte que le JAF est compétent pour statuer sur l'indivision ayant existé entre les parties avant leur union matrimoniale, les créances nées avant le mariage ayant vocation à être intégrées dans les comptes de liquidation du régime matrimonial. • Civ. 1re, 30 janv. 2019, no 18-14.150 P : *AJ fam. 2019. 216, note Casey ; RJPF mars 2019, note Dubarry et Fragu ; RLDC juin 2019, note Marcou ; Dr. fam. 2019, no 80, note Torricelli-Chrifi.*

4. Droit de visite et d'hébergement. Il résulte de la combinaison des art. 375-3 et 375-7, al. 4, C. civ. que, lorsqu'un JAF a statué sur la résidence de l'enfant et fixé le droit de visite et d'hébergement de l'autre parent, le juge des enfants, saisi postérieurement à cette décision, ne peut modifier les modalités du droit de visite et d'hébergement décidé par le JAF que s'il existe une décision de placement de l'enfant au sens de l'art. 375-3, laquelle ne peut conduire le juge des enfants à placer l'enfant chez le parent qui dispose déjà d'une décision du JAF fixant la résidence de l'enfant à son domicile, et si un fait nouveau de nature à entraîner un danger pour le mineur s'est révélé postérieurement à la décision du JAF. • Civ. 1re, 20 oct. 2021, no 19-26.152 P : *D. actu. 9 nov. 2021, note Kebir ; D. 2021. 1921 ; Gaz. Pal. 14 déc. 2021, p. 20, note Pierrot-Blondeau et Galvez.*

Circulaire no CIV/10/10 du 16 juin 2010,

Ayant pour objet la présentation de l'article 14 de la loi no 2009-526 du 12 mai 2009 et du décret no 2009-1591 du 17 décembre 2009.

Art. L. 213-3-1 *(L. nº 2009-526 du 12 mai 2009, art. 13-II-2º)* **Le juge aux affaires familiales exerce les fonctions de juge des tutelles des mineurs.**

Il connaît :

1º De l'émancipation ;

2º De l'administration légale et de la tutelle des mineurs ;

3º De la tutelle des pupilles de la nation.

L'art. 13 de la L. nº 2009-526 du 12 mai 2009 entre en vigueur le 1er janv. 2010. Il est par ailleurs applicable à Wallis-et-Futuna et dans les Terres australes et antarctiques françaises (L. préc., art. 13-IV et V).

Selon une circulaire ministérielle du 4 août 2009 adressée aux présidents de cours d'appel, une « disposition législative pourrait intervenir pour reporter l'entrée en vigueur du transfert de la compétence en matière de tutelle des mineurs ». Il y est précisé que, si une telle disposition ne peut être prise avant le 31 déc. 2009, certaines dispositions peuvent être mises en œuvre jusqu'à son adoption. Ainsi, les présidents de TGI pourront prévoir, sur le fondement de l'art. R. 212-6, al. 4, COJ, que siégeront dans la chambre des affaires familiales les juges d'instance exerçant actuellement les fonctions de juge des tutelles. A compter du 1er janv. 2010, ces derniers pourront ainsi continuer d'exercer ces fonctions, toujours en qualité de juge des tutelles, mais, s'agissant des mineurs, en agissant en qualité de JAF du TGI. Dans un premier temps cependant, les dossiers de tutelle des mineurs seront conservés dans les TI, ce qui permettra au juge d'instance de continuer de traiter le contentieux des tutelles des mineurs depuis son tribunal. Par ailleurs, la circulaire indique qu'il serait souhaitable, dans ce cadre, que le magistrat en charge de ces dossiers puisse continuer à bénéficier de l'assistance de son greffe habituel en se fondant sur l'art. R. 124-2 COJ qui permet la tenue d'audience dans une commune autre que celle du siège de la juridiction (AJ fam. 2009. 367 ; JCP 2009. 283 ; Dr. fam. 2009. Focus 67, obs. Lamarche ; ibid. Alerte 72 ; RLDC 11/2009. 47, obs. Pouliquen ; RJPF 10/2009. 7 ; RTD civ. 2009. 701).

BIBL. ▶ DESPORTES et SALOPON, *LPA 9 mars 2012, p. 37* (le JAF et la protection du patrimoine du mineur). – PÉCAUT-RIVOLIER, *AJ fam. 2010. 72* (la réforme des tutelles : suite et ... fin ?).

Art. L. 213-4 **Le juge aux affaires familiales peut renvoyer à la formation collégiale du tribunal** *(L. nº 2019-222 du 23 mars 2019, art. 95-I-28º, en vigueur le 1er janv. 2020)* **« judiciaire** *[ancienne rédaction : de grande instance]* **» qui statue comme juge aux affaires familiales.**

(L. nº 2009-526 du 12 mai 2009, art. 14-I-2º) **« Ce renvoi est de droit à la demande des parties pour le divorce et la séparation de corps. »**

La formation collégiale comprend le juge qui a ordonné le renvoi. — *[Anc. art. L. 312-1, al. 5.]*

L'art. 14 de la L. nº 2009-526 du 12 mai 2009 est applicable aux demandes en justice formées à compter du 1er janv. 2010. Il est par ailleurs applicable dans les mêmes conditions à Wallis-et-Futuna, aux Terres australes et antarctiques françaises, à la Polynésie française et à la Nouvelle-Calédonie (L. préc., art. 14-IV et V).

SOUS-SECTION 3 *BIS* LE JUGE DES CONTENTIEUX DE LA PROTECTION

(L. nº 2019-222 du 23 mars 2019, art. 95-I-29º, en vigueur le 1er janv. 2020)

Art. L. 213-4-1 **Au sein du tribunal judiciaire, un ou plusieurs juges exercent les fonctions de juge des contentieux de la protection.**

Art. L. 213-4-2 **Le juge des contentieux de la protection exerce les fonctions de juge des tutelles des majeurs.**

Il connaît :

1º De la sauvegarde de justice, de la curatelle, de la tutelle des majeurs et de la mesure d'accompagnement judiciaire ;

2º Des actions relatives à l'exercice du mandat de protection future ;

3º Des demandes formées par un époux, lorsque son conjoint est hors d'état de manifester sa volonté, aux fins d'être autorisé à passer seul un acte pour lequel le concours ou le consentement de ce dernier serait nécessaire, ou aux fins d'être habilité à le représenter ;

4º De la constatation de la présomption d'absence ;

5º Des demandes de désignation d'une personne habilitée et des actions relatives à l'habilitation familiale prévue à la section VI du chapitre II du titre XI du livre Ier du code civil.

Art. L. 213-4-3 Le juge des contentieux de la protection connaît des actions tendant à l'expulsion des personnes qui occupent aux fins d'habitation des immeubles bâtis sans droit ni titre.

Art. L. 213-4-4 Le juge des contentieux de la protection connaît des actions dont un contrat de louage d'immeubles à usage d'habitation ou un contrat portant sur l'occupation d'un logement est l'objet, la cause ou l'occasion ainsi que des actions relatives à l'application de la loi n° 48-1360 du 1er septembre 1948 portant modification et codification de la législation relative aux rapports des bailleurs et locataires ou occupants de locaux d'habitation ou à usage professionnel et instituant des allocations de logement.

Art. L. 213-4-5 Le juge des contentieux de la protection connaît des actions relatives à l'application du chapitre II du titre Ier du livre III du code de la consommation.

Art. L. 213-4-6 Le juge des contentieux de la protection connaît des actions relatives à l'inscription et à la radiation sur le fichier national recensant les informations sur les incidents de paiement caractérisés liés aux crédits accordés aux personnes physiques pour des besoins non professionnels prévu à l'article L. 751-1 du code de la consommation.

Art. L. 213-4-7 Le juge des contentieux de la protection connaît des mesures de traitement des situations de surendettement des particuliers et de la procédure de rétablissement personnel *(L. n° 2022-172 du 14 févr. 2022, art. 5-IV, en vigueur le 15 mai 2022)* « , à l'exception du cas prévu au IV de l'article L. 681-2 du code de commerce ».

Art. L. 213-4-8 Le juge des contentieux de la protection peut renvoyer à la formation collégiale du tribunal judiciaire, qui statue comme juge des contentieux de la protection.

La formation collégiale comprend le juge qui a ordonné le renvoi.

SOUS-SECTION 4 LE JUGE DE L'EXÉCUTION

RÉP. PR. CIV. v° *Juge de l'exécution* par S. Guinchard.

Art. L. 213-5 Les fonctions de juge de l'exécution sont exercées par le président du tribunal *(L. n° 2019-222 du 23 mars 2019, art. 95-I-30°, en vigueur le 1er janv. 2020)* « judiciaire *[ancienne rédaction : de grande instance]* ».

Lorsqu'il délègue ces fonctions à un ou *[à]* plusieurs juges, le président du tribunal *(L. n° 2019-222 du 23 mars 2019, art. 95-I-30°, en vigueur le 1er janv. 2020)* « judiciaire *[ancienne rédaction : de grande instance]* » fixe la durée et l'étendue territoriale de cette délégation. – *[Anc. art. L. 311-12, al. 1er.]*

1. Demande d'interprétation. Le pouvoir dévolu par l'art. L. 311-12 [ancien] au JEX n'a pas pour effet d'exclure la possibilité de saisir, sur le fondement de l'art. 461 NCPC [devenu C. pr. civ.], le juge qui a rendu la décision d'une demande d'interprétation. • *Versailles, 13 janv. 2000 : D. 2000. IR 68.*

2. Organisation juridictionnelle. Le JEX ne constitue pas une « formation » autonome et indépendante de la juridiction collégiale d'un TGI, dès lors que cette fonction est dévolue par l'art. L. 311-12 au président de ce tribunal qui en exerce seul les attributions ou qui peut la déléguer à un ou plusieurs juges pour un certain temps et sur une certaine fraction territoriale du ressort du tribunal, que tout JEX peut toujours renvoyer une affaire devant la juridiction collégiale dont il doit faire obligatoirement partie, et qu'enfin le président du tribunal, attributaire de droit de cette fonction, peut y être suppléé, en cas d'empêchement, par un autre magistrat de la juridiction dans les conditions fixées par les art. R. 311-17 à R. 311-19. • Bordeaux, 12 juin 2001 : *BICC 2002, n° 59.* ♦ Sur les conséquences, s'agissant d'une demande de renvoi pour cause de suspicion légitime, V. note 8 *bis* ss. art. 356 C. pr. civ.

Art. L. 213-6 Le juge de l'exécution connaît, de manière exclusive, des difficultés relatives aux titres exécutoires et des contestations qui s'élèvent à l'occasion de l'exécution forcée, même si elles portent sur le fond du droit à moins qu'elles n'échappent à la compétence des juridictions de l'ordre judiciaire.

Dans les mêmes conditions, il autorise les mesures conservatoires et connaît des contestations relatives à leur mise en œuvre.

(Ord. nº 2006-461 du 21 avr. 2006, art. 12, en vigueur le 1er janv. 2007) **« Le juge de l'exécution connaît, sous la même réserve, de la procédure de saisie immobilière, des contestations qui s'élèvent à l'occasion de celle-ci et des demandes nées de cette procédure ou s'y rapportant directement, même si elles portent sur le fond du droit ainsi que de la procédure de distribution qui en découle. »**

Il connaît, sous la même réserve, des demandes en réparation fondées sur l'exécution ou l'inexécution dommageables des mesures d'exécution forcée ou des mesures conservatoires.

(L. nº 2019-222 du 23 mars 2019, art. 95-I-31º, en vigueur le 1er janv. 2020) **« Il connaît de la saisie des rémunérations, à l'exception des demandes ou moyens de défense échappant à la compétence des juridictions de l'ordre judiciaire. »**

(Ord. nº 2011-1895 du 19 déc. 2011, art. 3-19º, en vigueur le 1er juin 2012) **« Le juge de l'exécution exerce également les compétences particulières qui lui sont dévolues par le code des procédures civiles d'exécution. »**

BIBL. ► Compétence : Perrot, *RTD civ. 1995. 191*. – Varaut, *LPA 6 janv. 1993*. – Brunel, *D. 1997. Chron. 370* (responsabilité de l'huissier). – Sené, *Mél. Buffet, LPA 2004, p. 407* (difficultés relatives aux titres exécutoires devant le juge de la saisie immobilière et le juge de l'exécution). – *BICC, 15 juin 2006, p. 5.*

► Voies de recours : Autier et Lecharny, *Bull. avoués, 3e trim. 1992. 123.* – Lefort, *Mél. Julien, Edilaix, 2003, p. 230.*

Plan des annotations

1. Distinction compétence/pouvoir. Viole l'art. L. 213-6 COJ la cour d'appel qui retient qu'un juge de l'exécution, qui statue en l'absence de toute mesure d'exécution forcée, commet un excès de pouvoir, alors que ce juge étant incompétent pour statuer sur la demande, elle devait se prononcer sur le fond du litige en application de l'art. 79, al. 1er C. pr. civ. • Civ. 2e, *26 juin 2014*, nº *13-15.932 P : D. actu. 16 juill. 2014, obs. Dargent.* ♦ V. déjà, sous l'empire de l'anc. art. L. 312-12-1, • Civ. 1re, 16 oct. 2001, nº 99-14.711 P : *RTD civ. 2002. 351, obs. Perrot* (si la déchéance des intérêts convenus en conséquence d'une offre de prêt irrégulière est bien une remise en cause des obligations stipulées à l'acte lui-même, excédant donc les attributions du juge de l'exécution, la cour d'appel, juridiction d'appel du juge d'instance, considéré tant comme juge de l'exécution en matière de saisie de rémunérations que comme juge des litiges de prêts immobiliers régis par la L. du 13 juill. 1979 [V. C. consom.], avait compétence pour apprécier elle-même l'incidence de l'irrégularité dénoncée sur les droits du prêteur). ♦ V. cependant, jugeant que le JEX n'est tenu de statuer au fond que sur la validité et les difficultés d'exécution des titres exécutoires qui sont directement en relation avec la mesure d'exécution contestée, et qu'il n'entre pas dans les attributions de ce magistrat, telles que prévues par l'art. L. 213-6

COJ, de se prononcer sur une demande en paiement (remboursement d'un trop-perçu), et en déduisant que la demande est irrecevable, le juge étant ainsi considéré comme dénué de pouvoir. * • Civ. 2e, 3 déc. 2015, n° 13-28.177 P : *D. actu. 17 déc. 2015, obs. Avena-Robardet ; RDBF 2016, n° 30, note Piedelièvre ; Lexbase hebdo éd. privée n° 647, 17 mars 2016, obs. Fricero.*

2. Pouvoir. Avant même toute instance en liquidation d'astreinte, le juge de l'exécution exerce les pouvoirs prévus par l'art. 32 du Décr. du 31 juill. 1992 [devenu art. R. 121-23 C. pr. exéc.]. • Civ. 2e, 27 nov. 1997, n° 95-20.593 P : *D. 1998. IR 20 ; D. Affaires 1998. 75, obs. S. P. ; RG proc. 1998. 522, obs. Putman ; Procédures 1998, n° 32, note Perrot* (mesure de constat).

3. Excès de pouvoir. Il résulte des art. 545 et 599 C. civ., ensemble l'art. L. 332-8 C. consom. que le juge de l'exécution ne peut, sans excéder ses pouvoirs, ordonner la vente forcée de la pleine propriété de biens meubles et immeubles grevés d'un usufruit, contre la volonté du nu-propriétaire. • Civ. 3e, 18 nov. 2009, n° 08-19.875 P : *D. 2009. AJ 2861 ; D. actu. 3 déc. 2009, obs. Forest ; RTD com. 2010. 214, obs. Paisant ; RDBF 2010. n° 25, note Piédelièvre.* ♦ Le JEX, après avoir annulé une mesure d'expulsion poursuivie sans titre exécutoire, ne peut rejeter la demande de réintégration de la personne expulsée au motif qu'elle est dépourvue de droit d'occupation. • Civ. 2e, 16 mai 2019, n° 18-16.934 P : *D. 2019. 1112 ; RDBF 2019, n° 170, note Piedelièvre ; Loyers et copr. 2019, n° 112, note Vial-Pedroletti.* ♦ Il n'entre pas dans les attributions du JEX de prononcer une condamnation à paiement d'une créance. • Civ. 2e, 19 nov. 2020, n° 19-20.700 P : *D. actu. 5 janv. 2021, note Kieffer ; D. 2020. 2352 ; Rev. prat. rec. 2021. 11, chron. Draillard, Gregori, A. Provansal et Simon ; RDBF 2021, n° 12, note Piédelièvre.*

4. Incompétence. Procédure collective. La vente aux enchères publiques, ordonnée par le juge-commissaire, ne constitue pas une mesure d'exécution forcée dont les contestations relèvent de la compétence du juge de l'exécution, mais une opération de liquidation des biens du débiteur, prise en application de l'art. L. 642-19 C. com., rédaction issue de l'Ord. du 18 déc. 2008, et les recours contre les ordonnances du juge-commissaire, prises en application de ce texte doivent être formés conformément à l'art. R. 642-37-3 du même code. • Com. 11 févr. 2014, n° 12-26.208 P : *D. actu. 27 févr. 2014, obs. Delpech ; RDBF 2014, n° 140, obs. Piedelièvre ; Procédures 2014, n° 156, note Rolland ; APC 2014, n° 131, obs. Hoonakker.* ♦ L'action en nullité d'une saisie-attribution réalisée au cours de la période suspecte, fondée sur l'art. L. 632-2 C. com., étant une contestation née de la procédure collective, relève non pas de la compétence du juge de l'exécution, mais de celle du tribunal saisi de la procédure collective. • Com. 29 avr. 2014 : *Gaz. Pal. 7-9 sept. 2014, p. 16, obs. Lauvergnat ; Procédures 2014, n° 203, obs. Perrot ; RPC 2014, n° 91, obs. Cagnoli.*

5. Incompétence. Mise en fourrière. Il résulte des art. L. 25 et R. 285 C. route, dans leur rédaction applicable en la cause [désormais L. 325-1 et R. 325-12 C. route], que la mise en fourrière d'un véhicule a le caractère d'une opération de police judiciaire ; ainsi, ne procédant pas d'une voie d'exécution forcée au sens de la L. du 9 juill. 1991 [du C. pr. exéc.], elle ne relève pas de la compétence du juge de l'exécution. • Civ. 2e, 11 juin 1997, n° 95-13.433 P : *Gaz. Pal. 1998. 2. 800, note du Rusquec.*

6. Compétence exclusive. Surendettement. L'anc. art. L. 311-12-1 COJ [devenu L. 213-6 COJ], qui fait obligation à tout autre juge que le juge de l'exécution, de relever d'office son incompétence, ne s'applique qu'aux matières qu'il énumère ; il s'ensuit que le surendettement n'étant pas mentionné par ce texte demeure soumis à l'art. 92 NCPC [devenu C. pr. civ.], qui ne fait pas obligation aux juges de relever d'office leur incompétence d'attribution. • Civ. 1re, 4 oct. 2000, n° 98-04.023 P.

7. Compétence exclusive. Bornage. Anc. art. L. 311-12-1. Seul le juge de l'exécution est compétent pour connaître des difficultés liées à l'implantation de bornes, en exécution d'un jugement ayant préalablement et définitivement fixé la limite de deux fonds. • Civ. 3e, 26 sept. 2001, n° 99-14.330 P (incompétence du juge des référés).

8. Compétence exclusive. Provision. Anc. art. L. 311-12-1. La contestation relative à la mise en œuvre d'une saisie conservatoire relève de la compétence exclusive du juge de l'exécution ; dès lors, une telle contestation ne peut, sous le couvert d'une demande de provision, être portée devant le juge des référés. • Civ. 2e, 16 mai 2002, n° 00-11.589 P : *D. 2002. IR 1809.*

I. ALINÉA 1er

A. DIFFICULTÉS RELATIVES AUX TITRES EXÉCUTOIRES

1° DÉCISIONS DE JUSTICE

a. Jurisprudence relative à l'art. L. 213-6

9. Demande tendant à faire déclarer non avenu un jugement. Le juge de l'exécution est compétent pour se prononcer sur la demande tendant à faire déclarer un jugement non avenu, celle-ci ayant pour objet de lui faire perdre son caractère de titre exécutoire. • Civ. 2e, 16 mai 2013, n° 12-15.101 P : *Procédures 2013, n° 208, note Perrot.*

10. Modification ou annulation (non). Si, aux termes de l'art. L. 213-6, auquel renvoie l'art. 8 du Décr. du 31 juill. 1992 [devenu l'art.

R. 121-1 C. pr. exéc.], dans sa rédaction alors applicable, le juge de l'exécution connaît de manière exclusive des difficultés relatives aux titres exécutoires et des contestations qui s'élèvent à l'occasion de l'exécution forcée, même si elles portent sur le fond du droit, il n'a pas le pouvoir de modifier le dispositif d'une décision de justice servant de fondement à des poursuites, ni d'annuler une condamnation prononcée par une autre juridiction ; en conséquence, il n'a pas compétence pour se substituer au tribunal de grande instance qui a statué au fond et ne peut connaître d'une tierce opposition, même formée à titre incident. • Civ. 1re, 9 avr. 2014, n° 12-23.022 P : *D. 2014. Actu. 928*. ♦ Saisie du recours formé à l'encontre du jugement du juge de l'exécution, la cour d'appel n'a pas le pouvoir de réformer ou d'annuler une autre décision de justice. • Civ. 2e, 28 sept. 2017, n° 15-26.640 P : *D. actu. 13 oct. 2017, obs. Camensuli-Feuillard ; Gaz. Pal. 6 févr. 2018, p. 63, obs. Lauvergnat ; Lexbase hebdo éd. privée n° 718, 9 nov. 2017, obs. Payan ; Dr. et patr. 2018, n° 277, p. 62, obs. Maugain.*

11. Compensation. Il résulte des art. L. 5252-6 et R. 3252-11 C. trav. et des art. L. 221-8 et L. 213-6 COJ que le juge d'instance, saisi d'une demande d'autorisation de saisie des rémunérations du travail, exerce les pouvoirs du juge de l'exécution et doit, en conséquence, vérifier le montant de la créance servant de cause à la saisie et trancher la contestation relative à l'exception de compensation soulevée par le débiteur. • Civ. 2e, 21 janv. 2010, n° 09-65.011 P (demande de compensation entre les loyers visés par le commandement de payer, délivré à la suite d'une condamnation en référé, à verser une provision après constat par le juge de l'acquisition de la clause résolutoire figurant au bail et le montant du dépôt de garantie). ♦ Il appartient au juge de l'exécution de vérifier le montant de la créance dont le recouvrement est poursuivi et de trancher la contestation relative à l'exception de compensation. • Civ. 2e, 18 févr. 2016, n° 14-29.893 : *Procédure 2016, n° 124, obs. Laporte.*

12. Compensation (autre cas). En l'absence de décision ayant déjà statué sur la compensation judiciaire, le juge de l'exécution est compétent pour se prononcer sur l'exception de compensation présentée à l'appui d'une demande de mainlevée de saisie. • Com. 21 févr. 2012, n° 11-18.027 P : *D. 2012. Actu. 678, obs. Lienhard ; Gaz. Pal. 28 avr. 2012, p. 28, note Roussel-Galle ; Dr. et pr. 2012. 108* (l'interdiction du paiement des créances nées avant le jugement d'ouverture de la procédure collective ne fait pas obstacle à la compensation de telles créances avec une créance connexe du débiteur née postérieurement ; n'a, dès lors, pas tiré les conséquences légales de ses constatations la cour d'appel à qui il appartenait, après avoir constaté le principe de la compensation en raison de la vraisemblance de la créance d'une société et l'absence de décision d'admission de cette créance contestée, de surseoir à statuer sur la demande de mainlevée des saisies jusqu'à décision du juge-commissaire).

13. Commandement. Saisie-vente. Un commandement qui n'est pas délivré aux fins de saisie-vente n'engage aucune mesure d'exécution forcée, ce qui fait obstacle à ce que le juge de l'exécution statue sur la créance qu'il vise. • Civ. 2e, 22 juin 2017, n° 16-17.277 P : *D. actu. 12 juill. 2017, obs. Camensuli-Feuillard ; D. 2018. Pan. 1226, obs. Leborgne ; Dr. et pr. 2018. 13, note Vinckel ; JCP 2017. 817, obs. Dorol ; Lexbase hebdo éd. privée n° 718, 9 nov. 2017, obs. Payan.*

14. ... Saisie immobilière. En application de l'art. L. 213-6, le juge de l'exécution, qui connaît des demandes nées de la procédure de saisie immobilière ou s'y rapportant directement, est dès lors compétent pour statuer sur une demande de prorogation des effets d'un commandement valant saisie immobilière, y compris dans le cas où cette saisie a cessé de produire ses effets. Par conséquent, c'est sans excéder ses pouvoirs qu'une cour d'appel, saisie de l'appel du jugement d'un juge de l'exécution s'étant prononcé sur une demande de prorogation des effets d'un tel commandement, a statué, avec les pouvoirs de ce juge, sur cette demande. • 18 oct. 2018, n° 17-24.199 P : *Gaz. Pal. 29 janv. 2019, p. 84, obs. Lauvergnat ; Procédures 2019, n° 12, obs. Laporte.*

15. Résolution de la vente sur adjudication. Le JEX est compétent pour constater la résolution de plein-droit de la vente sur adjudication du fait de l'absence de consignation du prix par l'adjudicataire. • Civ. 2e, 23 févr. 2017, n° 16-13.178 P : *D. actu. 10 mars 2017, obs. Camensuli-Feuillard ; D. 2017. Actu. 515 ; ibid. Pan. 1397, obs. Leborgne ; Procédures 2017, n° 62, note Laporte ; Dr. et pr. 2017. 37, note Leborgne ; RDBF 2017, n° 129, note Piedelièvre ; Gaz. Pal. 2 mai 2017, p. 82, note Lauvergnat ; ibid. 20 juin 2017, p. 49, note Ansault ; ibid. 18 avr. 2017, p. 24, note Laher ; Lexbase hebdo éd. privée n° 718, 9 nov. 2017, obs. Payan.*

16. Intérêts. Viole l'art. L. 213-6, al. 1er la cour d'appel qui, pour cantonner la saisie-attribution au capital restant dû à la date de déchéance du terme, majoré de l'indemnité de résiliation, retient qu'il n'appartient pas au juge de l'exécution de statuer sur la déchéance du droit aux intérêts conventionnels à l'occasion d'une mesure d'exécution forcée tendant à recouvrer lesdits intérêts dès lors que le juge du fond a été préalablement saisi de ce litige, alors que la cour d'appel, statuant avec les pouvoirs du juge de l'exécution, devait, pour se prononcer sur la demande de cantonnement de la saisie-attribution au seul capital restant dû, trancher la contestation portant sur la déchéance du droit aux intérêts conventionnels qui lui était soumise, dont dépendait l'étendue de la saisie, peu important qu'un tribunal de grande instance ait été saisi d'une demande de déchéance du droit aux intérêts conventionnels avant l'engagement de la mesure d'exécution et la saisine du juge de l'exécution. • Civ. 2e, 17 mai 2018, n° 16-25.917 : *D. actu. 8 juin 2018, obs. Camensuli-Feuillard ; D. 2018. Actu. 1082 ; JCP 2018. 636, obs. Lauvergnat ; Procédures 2018, n° 213, note Laporte ; Gaz. Pal 11 déc. 2018, p. 23, obs. Brenner.*

17. Injonction de payer européenne. Il résulte de l'art. 19 du Règl. (CE) n° 1896/2006 du 12 déc. 2006 que le JEX n'est pas compétent pour connaître d'une demande de nullité d'un acte de signification d'une injonction de payer européenne déclarée exécutoire par une juridiction de l'État membre d'origine. • Civ. 2e, 27 juin 2019, n° 18-14.198 P : *D. actu. 18 juill. 2019, obs. Payan ; D. 2019. 1398 ; RTD civ. 2019. 925, obs. Théry ; Gaz. Pal. 5 nov. 2019, p. 54, note Herman ; JCP 2019. 759, note Richard ; ibid. 1386, obs. Jeuland.*

b. Jurisprudence relative à l'anc. art. L. 311-12-1

18. Sentence pénale. En application de l'art. 710 C. pr. pén., les incidents contentieux relatifs à l'exécution d'une sentence pénale doivent être portés devant la juridiction qui l'a rendue. • Civ. 2e, 12 mars 1997, n° 95-11.807 P (le juge de l'exécution excède ses pouvoirs en déterminant lui-même le point de départ d'un délai imparti, à peine d'astreinte, par une juridiction répressive). ♦ Dans le même sens : • Civ. 2e, 5 avr. 2001 : *Dr. et pr. 2001. 312, note Hoonakker* (demande d'annulation d'un commandement de payer délivré pour recouvrer le montant d'une astreinte, prononcée par une juridiction pénale, au motif que les travaux prescrits par cette juridiction avaient été effectués).

19. Expulsion. D'une part, la décision de justice, en vertu de laquelle l'expulsion est poursuivie, doit avoir ordonné ou autorisé l'expulsion et tel n'est pas le cas d'un jugement d'adjudication, qui n'a aucun caractère contentieux ; d'autre part, il n'entre pas dans les pouvoirs du juge de l'exécution de délivrer un titre autorisant l'expulsion. • Civ. 2e, 10 juill. 2003, n° 00-19.579 P : *AJDI 2004. 704, obs. Des Lyons et Rouquet ; Gaz. Pal. 2 mars 2004, p. 29, obs. Brenner ; Dr. et pr. 2003. 379, obs. Bourdillat ; JCP 2004. II. 10001, obs. du Rusquec.*

20. Interprétation. L'anc. art. L. 311-12-1, s'il confère au juge de l'exécution le pouvoir d'interpréter s'il y a lieu la décision de justice sur laquelle les poursuites sont fondées, ne fait pas échec au pouvoir reconnu par la loi à tout juge d'interpréter sa décision. • Civ. 2e, 9 juill. 1997, n° 94-18.320 P : *RTD civ. 1997. 998, obs. Perrot* (ne fait qu'éclairer par ses motifs son précédent arrêt dont la portée du dispositif pouvait donner lieu à un doute, la cour d'appel qui précise les modalités de restitution de matériel informatique découlant du prononcé de la résolution d'une vente).

21. Précision. Intérêts. En apportant à un précédent arrêt, ayant prononcé condamnation au paiement d'une indemnité de licenciement, la simple précision qu'en vertu de l'art. 1153 C. civ. [devenu C. civ., art. 1231-6], cette indemnité avait produit de plein droit intérêts à compter de la demande en justice, une cour d'appel, qui n'a pas modifié le dispositif de cet arrêt, n'a fait qu'user du pouvoir que confère au juge de l'exécution l'anc. art. L. 311-12-1 COJ. • Civ. 2e, 17 juin 1999, n° 97-15.151 P : *RTD civ. 1999. 706, obs. Perrot ; Procédures 1999, n° 195, note Perrot.* ♦ Comp. note 52, s'agissant d'un arrêt du Conseil d'État. • Civ. 2e, 14 oct. 1999, n° 97-19.189 P (optant pour le sursis à statuer du juge de l'exécution). ♦ Il entre dans les pouvoirs du juge de l'exécution de préciser que, en vertu de l'art. 1153 C. civ. [devenu C. civ., art. 1231-6], le montant d'une condamnation prononcée à titre de rappel de loyers a produit de plein droit des intérêts au taux légal à compter de la demande. • Civ. 2e, 23 sept. 2004, n° 02-20.943 P : *D. 2004. IR 2694* .

22. Précision. Charges sociales. Il appartient au juge de l'exécution de déterminer le montant de la créance servant de cause à la saisie. • Civ. 2e, 21 mars 2002, n° 00-18.657 P : *RDBF 2002, n° 151, obs. Dellecci ; D. 2002. IR 1406* (à propos d'une contestation existant entre les parties sur le point de savoir si les charges sociales devaient être calculées à la date du paiement ou à la date du licenciement). ♦ Le juge de l'exécution peut connaître d'une contestation portant sur l'assujettissement à la CSG et à la CRDS d'une somme allouée par un conseil de prud'hommes à une partie à titre de dommages-intérêts, dès lors que, ne concernant ni l'assiette de l'indemnité allouée, ni la nature de l'indemnisation, elle constitue une difficulté d'exécution. • Civ. 2e, 7 juin 2006, n° 04-10.326 P : *R. 2006, p. 427.*

23. Précision. TVA. Saisi d'une difficulté d'exécution, le juge de l'exécution peut retenir que la TVA est due sur le montant de la condamnation prononcée, sans porter atteinte à l'autorité de la chose jugée par le jugement qui, servant de fondement aux poursuites, ne comporte aucune précision sur ce point. • Civ. 2e, 9 nov. 2006, n° 05-12.860 P : *Dr. et pr. 2007. 88, obs. Lefort ; AJDI 2007. 320, note de La Vaissière* .

24. Aménagement. Le juge de l'exécution, saisi de contestations relatives à une saisie-vente, n'a pas le pouvoir d'aménager l'exécution de la décision de justice, si ce n'est pour accorder un délai de grâce. • Civ. 2e, 16 oct. 2003, n° 01-02.245 P : *Gaz. Pal. 29 févr.-2 mars 2004, p. 35, obs. Brenner* (une demande de consignation ne constitue pas une difficulté relative au titre exécutoire).

25. Modification. Excède ses pouvoirs le juge de l'exécution qui condamne une bailleresse à payer des dommages-intérêts à des locataires évincés des lieux qu'ils louaient, au motif que, les locaux ayant fait l'objet d'une relocation, l'obligation en nature de réintégration, ordonnée en justice, ne pouvait être exécutée. • Civ. 3e, 23 mars 2005, n° 03-19.071 P : *Procédures 2005, n° 129, note Perrot ; RDBF 2005. 140 ; Dr. et pr. 2006. 88, obs. Hoonakker.*

26. Annulation. Le juge de l'exécution n'a pas compétence pour prononcer l'annulation d'une décision de justice. • Civ. 2e, 25 mars 1998, n° 95-16.913 P.

27. Remise en cause. Il résulte de l'anc. art. L. 311-12-1 COJ que le juge de l'exécution n'a pas compétence pour connaître de demandes tendant à remettre en cause un titre exécutoire dans son principe, ou la validité des droits et obligations qu'il constate ; dès lors, statuant sur les difficultés d'exécution de titres exécutoires ayant condamné un employeur à remettre à son salarié, travaillant à l'étranger, des bulletins de salaire conformes à la législation française, la cour d'appel qui n'avait pas, au prétexte d'interprétation, à remettre en cause la validité des droits et obligations du salarié déterminés par ces titres exécutoires, a, par une appréciation de fait qui ne peut être remise en cause devant la Cour de cassation, assorti l'ordonnance de référé d'une astreinte, et fixé la réparation du préjudice résultant de l'absence de conformité des bulletins délivrés au regard des dispositions des titres exécutoires. • Soc. 27 janv. 2000, n° 98-11.297 P : *D. 2000. IR 69.* ♦ Le juge de l'exécution ne peut ni modifier le dispositif de la décision servant de fondement aux poursuites, ni remettre en cause la validité des droits et obligations qu'il constate ; en conséquence, viole l'art. L. 311-12-1 du COJ dans sa rédaction alors applicable [devenu art. L. 213-6 COJ] et l'art. 8 du Décr. du 31 juill. 1992 [devenu art. R. 121-1 C. pr. exéc.], le juge de l'exécution qui met à la charge d'une partie des frais de gardiennage d'un véhicule, alors que la décision servant de fondement aux poursuites n'avait pas statué sur ces frais. • Civ. 2e, 13 sept. 2007, n° 06-13.672 P.

28. Recevabilité d'un recours. Il n'appartient pas au juge de l'exécution, saisi d'une demande de mainlevée d'une mesure d'exécution forcée pratiquée en vertu d'un jugement, lorsque cette demande est fondée sur l'exercice préalable d'un recours à effet suspensif d'exécution, de se prononcer sur la recevabilité de ce recours. • Civ. 2e, 3 juin 1998, n° 95-12.887 P.

29. Contrôle. Les établissements de crédit ayant accordé à une entreprise un concours financier, au sens de l'art. L. 313-22 C. mon. fin., sous la condition de cautionnement, doivent se conformer aux prescriptions de ce texte jusqu'à l'extinction de la dette garantie ; par conséquent, viole les art. L. 312-22 C. mon. fin. et L. 311-12-1 COJ [devenu art. L. 213-6 COJ] la cour d'appel qui, saisie d'une difficulté d'exécution d'un jugement ayant condamné la caution à payer une certaine somme avec intérêts conventionnels jusqu'à parfait paiement, ne prend pas en compte l'inobservation par l'établissement de crédit de son obligation d'information, prévue par le premier de ces textes, pour la période postérieure au jugement et déboute la caution de sa demande tendant à voir constater la déchéance de cet établissement de son droit aux intérêts relatifs à cette période. • Civ. 2e, 4 juill. 2007, n° 06-11.910 P.

2° ACTE NOTARIÉ

BIBL. Rouzet, *Defrénois 2010. 282* (force exécutoire de l'acte notarié : un singulier pluriel).

30. Prescription. Viole l'art. L. 213-6, le juge de l'exécution qui se déclare incompétent pour statuer sur la prescription quinquennale des intérêts du prêt faisant l'objet du titre exécutoire. • Civ. 2e, 9 sept. 2010, n° 09-16.538 P : *D. 2010. Actu 2073, obs. Avena-Robardet ; ibid. 2011. Pan. 265, obs. Fricero ; ibid. 1509, obs. Leborgne ; Procédures 2010, n° 373, note Perrot ; RDBF 2010, n° 228, note Piedelièvre ; Dr. et pr. 2010. 325, note Hoonakker* (saisie-attribution pratiquée sur le fondement d'un acte notarié de prêt).

31. Nullité. Viole l'art. L. 311-12-1, devenu L. 213-6, le juge de l'exécution qui refuse de se prononcer sur la nullité d'un engagement résultant d'un acte notarié, invoquée pour absence prétendue de l'une des conditions requises par la loi pour la validité de sa formation. • Civ. 2e, 18 juin 2009, n° 08-10.843 P : *R. 2009, p. 426 ; Just. et cass. 2010. 462, rapp. Bardy ; D. 2009. AJ 1768, note Avena-Robardet ; ibid. Chron. C. cass. 2069, obs. Sommer et Nicolétis ; ibid. 2525, note Ansault ; ibid. 2010. Pan. 1307, obs. Leborgne ; JCP 2009. 191, obs. Desdevises et Mérand ; JCP E 2010. 1036, n° 3, obs. Simler ; Banque et Dr. 126/2009, p. 41, obs. Rontchevsky ; RDBF 2009. n° 139, note Piedelièvre ; ibid. 155, obs. Legeais ; Dr. et pr. 2009. 281, obs. Lefort ; RTD civ. 2009. 577, obs. Perrot ; Gaz. Pal. 6 oct. 2009, p. 17, note Brenner ; Defrénois 2009. 2090, obs. Théry ; ibid. 2344, obs. Libchaber ; Procédures 2009, n° 273, note Perrot* (caution demandant au juge de l'exécution la mainlevée d'une saisie-attribution et invoquant la nullité de son engagement de caution donné par l'acte notarié). ♦ *Contra*, sous l'empire de l'anc. art. L. 311-12-1 : le juge de l'exécution ne peut être saisi de difficultés relatives à un titre exécutoire qu'à l'occasion des contestations portant sur les mesures d'exécution forcée envisagées ou opérées sur le fondement de ce titre, et n'a pas compétence pour connaître de demandes tendant à remettre en cause le titre dans son principe, ou la validité des droits et obligations qu'il constate ; en conséquence, le juge de l'exécution ne peut se prononcer sur la nullité d'un engagement résultant d'un acte notarié exécutoire, invoquée en raison de l'absence prétendue d'une des conditions requises par la loi pour la validité de sa formation. • Cass. avis, 15 juin 1995, nº 09-50.008 P.

32. Clause pénale. C'est à bon droit qu'une cour d'appel, saisie de l'appel d'un jugement du juge de l'exécution, retient sa compétence pour statuer sur la demande de modération de la clause pénale, contenue dans l'acte notarié fondant les poursuites. • Civ. 2e, 5 juin 2014, nº 13-16.053 P : *D. actu. 20 juin 2014, obs. Avena-Robardet ; D. 2014. chron. 1722 Lazerges-Cousquer et alii. ; ibid 2015. 1339, obs. Leborgne ; Procédures 2014, nº 233, obs. Perrot* (acquisition d'un ensemble immobilier aux termes d'un acte notarié contenant l'obligation, assortie d'une clause pénale, de libérer les lieux à une certaine date, puis saisie, de droits d'associés et de valeurs mobilières en l'absence de libération des lieux à la date convenue, sur le fondement de l'acte authentique).

33. Compensation. Méconnaît l'étendue de ses pouvoirs et viole l'art. L. 213-6, la cour d'appel qui énonce que le juge de l'exécution n'est pas compétent pour connaître d'une demande de compensation d'une somme due à titre de soulte avec une créance de pension alimentaire, au motif qu'elle tendrait à remettre en cause la validité des droits et obligations d'un ex-époux constatés par l'acte notarié, portant liquidation et partage de la communauté, en vertu duquel il a fait délivrer un commandement de saisie-vente à son ex-épouse. • Civ. 2e, 25 févr. 2010 : *Procédures 2010, nº 176, note Perrot.*

3º TITRE DÉLIVRÉ PAR L'HUISSIER DE JUSTICE EN CAS DE NON-PAIEMENT D'UN CHÈQUE

34. Remise en cause. Il n'appartient pas au juge d'instance, investi des pouvoirs du juge de l'exécution à l'occasion d'une saisie des rémunérations, de remettre en cause le titre exécutoire qui sert de fondement aux poursuites. • Civ. 2e, 5 avr. 2001, nº 99-14.756 P : *D. 2001. IR 1593 ; Dr. et pr. 2001. 323, note Hoonakker ; Gaz. Pal. 2002. Somm. 251, obs. Véron* (contestation de l'existence du titre exécutoire délivré par l'huissier de justice en vertu de l'art. 65-3 du Décr.-L. 30 oct. 1935 [devenu art. L. 131-73 C. mon. fin.], en soutenant ne pas être la signataire du chèque et ne pouvoir, de ce fait, se voir opposer par le porteur la solidarité prévue par la convention de compte joint).

4º ACCORDS TRANSACTIONNELS HOMOLOGUÉS

35. Contestation de l'accord. L'homologation d'un accord transactionnel, qui a pour seul effet de lui conférer force exécutoire, ne fait pas obstacle à une contestation de la validité de cet accord devant le juge de l'exécution. • Civ. 2e, 28 sept. 2017, nº 16-19.184 P : *D. actu. 16 oct. 2017, obs. Camensuli-Feuillard ; D. 2017. Actu. 1983 ; Dr. et pr. 2017. 256, note Gorchs-Gelzer ; Gaz. Pal. 6 févr. 2018, p. 40, note Mayer ; RDBF 2017, nº 262, note Piedelièvre ; Lexbase hebdo éd. privée nº 718, 9 nov. 2017, obs. Payan ; ibid. nº 737, 5 avr. 2018, obs. Fricero.* ♦ Sur le pouvoir du JEX d'interpréter une transaction homologuée par le président du tribunal : V. • Civ. 2e, 1er févr. 2018, nº 16-21.400 : *Lexbase hebdo éd. privée nº 737, 5 avr. 2018, obs. Fricero.*

5º TITRES DÉLIVRÉS PAR DES PERSONNES MORALES DE DROIT PUBLIC

36. Contestation du fondement des titres. En application de l'art. L. 213-6, le juge de l'exécution ne peut être saisi des difficultés relatives à un titre exécutoire qu'à l'occasion de contestations portant sur des mesures d'exécution forcées engagées ou opérées sur le fondement de ce titre ; décide, dès lors, justement que le tribunal de grande instance est compétent pour connaître du contentieux relatif à des titres exécutoires émis pour recouvrer des astreintes, la cour d'appel qui relève que la société conteste seulement le fondement de ces titres. • Com. 16 déc. 2008, nº 07-20.939 P : *AJDA 2009. 1167* (titre de recettes émis par une commune).

37. Remise en cause du titre. Anc. art. L. 311-12-1. Il n'appartient pas au juge d'instance, investi des pouvoirs du juge de l'exécution à l'occasion d'une procédure de saisie des rémunérations, de remettre en cause le titre exécutoire, émis par un établissement public, servant de base aux poursuites. • Civ. 2e, 8 avr. 2004, nº 02-11.625 P : *Gaz. Pal. 11-13 sept. 2005, p. 21, note Brenner* (le moyen tiré de la prescription représente une contestation remettant en cause la créance visée par le titre exécutoire). ♦ Il n'appartient pas au juge d'instance, investi des pouvoirs du juge de l'exécution à l'occasion d'une procédure de saisie-attribution, de remettre en cause le titre exécutoire servant de base aux poursuites. • Civ. 1re, 22 nov. 2005, nº 03-20.806 P (titre exécutoire délivré au titre de la redevance d'enlèvement des ordures ménagères par une commune).

B. CONTESTATIONS À L'OCCASION DE L'EXÉCUTION FORCÉE

1º JURISPRUDENCE RENDUE EN APPLICATION DE L'ART. L. 213-6

38. Sans contestation de mesures d'exécution forcées engagées en vertu du titre exécutoire dont l'exécution fait difficulté, le juge de l'exécution n'est pas compétent. Viole l'art. L. 213-6 COJ la cour d'appel qui, pour écarter l'exception d'incompétence, a retenu que seul le JEX était compétent pour connaître des difficultés relatives à l'exécution d'un jugement ayant préalablement et définitivement fixé la limite de deux fonds, sans constater que la difficulté relative à l'exécution du jugement s'élevait à l'occasion de contestations portant sur des mesures d'exécution forcée opérées sur le fondement de ce jugement, elle a violé le texte susvisé. • Civ. 2e, 25 mars 2021, n° 19-25.156 P.

39. Comptes entre les parties. Viole les art. L. 213-6 COJ et 1351 C. civ. la cour d'appel qui, pour déclarer irrecevable la demande d'un ex-époux en fixation de la somme due par lui à titre de solde de prestation compensatoire, retient que les comptes qui restent à faire entre les parties, en exécution des décisions de justice rendues, relèvent de la compétence exclusive du juge de l'exécution, alors que la contestation opposant les ex-époux n'était pas soulevée à l'occasion d'une mesure d'exécution forcée et que la liquidation, ordonnée par une décision passée en force de chose jugée, englobait tous les rapports pécuniaires existant entre les parties. • Civ. 2e, 23 juin 2011 : *Procédures 2011, n° 302, note Perrot.*

40. Résiliation d'un bail commercial. Viole les dispositions de l'art. L. 213-6 la cour d'appel qui, saisie en référé d'une demande tendant à voir constater la résiliation d'un bail commercial, a dit n'y avoir lieu à référé, en retenant que l'appréciation des conditions de l'exécution par le locataire du dispositif d'un précédent arrêt, ayant arrêté un échéancier afin d'apurer sa dette et suspendu les effets de la clause résolutoire insérée dans le bail, relevait de la compétence du juge de l'exécution alors que ce dernier ne pouvant être saisi des difficultés relatives à un titre exécutoire qu'à l'occasion d'une mesure d'exécution forcée, le juge des référés avait été valablement saisi en l'absence d'une procédure d'exécution en cours. • Civ. 2e, 18 oct. 2012, n° 11-25.257 P : *D. actu. 12 nov. 2012, obs. Kebir ; D. 2013. 1574, obs. Leborgne ; Procédures 2012, n° 348, note Perrot.*

41. Bulletins de salaire. Il n'appartient pas au juge de l'exécution de prononcer une condamnation au paiement de salaires non visés par une saisie-attribution ; en revanche, méconnaît l'étendue de ses pouvoirs la cour d'appel saisie d'une difficulté d'exécution qui refuse d'ordonner la délivrance des bulletins de salaire afférents au montant des salaires visé par la saisie-attribution, alors qu'il résulte nécessairement d'une décision ayant ordonné le paiement de salaires que les bulletins de salaire doivent être *délivrés. • Civ. 2e, 1er oct. 2009,* n° 08-18.478 P : *D. 2009. AJ 2496 ; D. 2010. Pan. 1307, obs. Leborgne ; Dr. et pr. 2010. 29, note Leborgne.*

42. Résolution d'une vente immobilière sur adjudication. Le JEX est compétent pour constater la résolution de plein droit de la vente sur adjudication du fait de l'absence de consignation du prix par l'adjudicataire. • Civ. 2e, 23 févr. 2017, n° 16-13.178 P : *D. actu. 10 mars 2017, note Camensuli-Feuillard.*

43. Demande de condamnation à des dommages-intérêts. Faute de constituer une contestation de la saisie immobilière, la demande présentée par les débiteurs tendant à la condamnation de la banque créancière au paiement de dommages-intérêts d'un montant équivalent à celui de sa créance ne relève pas de la compétence du juge de l'exécution. • Civ. 2e, 22 juin 2017, n° 15-24.385 : *AJDI 2017. 603, obs. Porcheron ; Procédures 2017, n° 233, note Laporte.*

44. Désistement du créancier. Dès lors que le créancier avait déclaré par conclusions écrites se désister de la procédure de saisie immobilière qu'il avait engagée, le juge de l'exécution n'était plus compétent pour trancher les contestations qui avaient été élevées à l'occasion de celle-ci ni pour statuer sur les demandes reconventionnelles nées de cette procédure ou s'y rapportant. • Civ. 2e, 11 janv. 2018, n° 16-22.829 P : *D. actu. 31 janv. 2018, obs. Camensuli-Feuillard ; D. 2018. Pan. 1230, obs. Leborgne ; AJDI 2018. 452, obs. Le Rudulier ; JCP 2018. 101, obs. Laporte ; Procédures 2018, n° 77, obs. Laporte ; Lexbase hebdo éd. privée n° 737, 5 avr. 2018, obs. Payan ; RDLC mars 2018, n° 157, obs. Fleury ; RDBF 2018, n° 45, note Piedelièvre.*

45. Contestation d'un commandement à fin de saisie-vente. Il résulte de la combinaison des art. L. 213-6 du COJ et L. 221-1 C. pr. exéc. que, si le commandement à fin de saisie-vente ne constitue pas un acte d'exécution forcée, il engage la mesure d'exécution et que toute contestation portant sur les effets de sa délivrance relève des attributions du juge de l'exécution. Viole ces disposition l'arrêt d'appel qui, pour déclarer irrecevable la demande en restitution formée par la société, retient que c'est de sa propre initiative et sans qu'elle n'y soit tenue légalement, qu'elle a réglé les causes du commandement et qu'elle a en outre payé des sommes supplémentaires, non visées à cet acte. Elle en conclut que ces sommes n'ont fait l'objet d'aucune mesure d'exécution forcée et que leur restitution éventuelle échappe à la compétence du juge de l'exécution, alors qu'un commandement de saisie-vente constitue une injonction adressée au débiteur de payer, faute de quoi ses biens meubles pourront être saisis, de sorte que, si le paiement fait par celui-ci après réception de ce commandement n'est pas effectué en exécution d'un acte d'exécution forcée, il l'est à l'occasion de l'engagement d'une procédure d'exécution forcée, ce qui confère au juge de l'exécution compétence pour ordonner toute restitution des sommes versées à la suite de la délivrance de ce commandement, la cour d'appel a violé les textes susvisés. • Civ 2e, 27 févr. 2020, n° 18-25.382 P : *préc. note 6.*

2° JURISPRUDENCE RENDUE EN APPLICATION DE L'ANCIEN ART. L. 311-12-1

46. Condition. Le juge de l'exécution ne peut être saisi des difficultés relatives à un titre exécutoire qu'à l'occasion des mesures d'exécution forcée engagées sur le fondement de ce titre. • Civ. 2e, 11 juin 1997, n° 94-18.263 P : *D. Affaires 1997. 1122* (une société, autorisée par un juge-commissaire à reprendre en nature ou en valeur les marchandises qu'elle avait vendues à une autre société à l'encontre de laquelle une procédure de redressement judiciaire avait été ouverte, et qui se trouvaient en nature dans l'actif de celle-ci au jour de l'ouverture de la procédure, avait assigné le liquidateur de cette société devant un juge de l'exécution pour voir fixer le montant de la valeur représentative des marchandises dont la reprise avait été autorisée, mais cette contestation opposant la société demanderesse au liquidateur n'était pas apparue à l'occasion d'une mesure d'exécution forcée). ♦ Le juge de l'exécution ne peut connaître de difficultés relatives à un titre exécutoire qu'à l'occasion de contestations portant sur les mesures d'exécution forcée engagées ou opérées sur le fondement de ce titre. • Civ. 2e, 9 juill. 1997, n° 94-16.194 P : *D. Affaires. 1997. 1080* (compétence du président du tribunal de commerce, statuant en référé, pour constater la résolution d'un contrat de crédit-bail notarié, pour obtenir l'expulsion et la condamnation au versement d'une provision). ♦ Le juge de l'exécution ne peut être saisi de difficultés relatives à un titre exécutoire qu'à l'occasion des contestations portant sur les mesures d'exécution forcée. • Civ. 2e, 29 mars 2006, n° 03-17.004 P (contestation sur l'application de l'art. L. 211-13 C. assur. qui contient la formule selon laquelle l'indemnité produit intérêts de plein droit au double du taux de l'intérêt légal, à compter du délai de 8 mois de l'accident et jusqu'au jour du jugement devenu définitif, mais qui ne dispense pas, pour poursuivre le recouvrement forcé de ces intérêts doublés, d'une condamnation spécifique, laquelle ne peut être prononcée par le juge de l'exécution dont le rôle n'est pas de délivrer un titre exécutoire complémentaire).

47. Avis de saisie non accompagnés d'actes d'exécution. *C'est à bon droit* que, pour juger que la contestation formée à l'encontre d'avis de saisie ne relevait pas de la compétence du juge de l'exécution, l'arrêt retient que ceux-ci ne constituent pas des actes d'exécution tant qu'une procédure de saisie n'a pas été effectivement mise en œuvre. • Com. 25 avr. 2006, n° 03-19.836 P : *Procédures 2006, n° 134, note Perrot* (à propos d'avis de saisie émanant de la trésorerie publique, en charge du recouvrement d'impôts directs).

48. Hypothèse d'annulation des saisies. En constatant l'acquisition de plein droit de la clause résolutoire qui rendait exigible la créance pour le recouvrement de laquelle les saisies-attributions avaient été pratiquées, le juge de l'exécution, saisi d'une contestation dirigée contre ces mesures d'exécution, n'a fait qu'exercer les pouvoirs qu'il tient de l'art. L. 311-12-1 COJ, peu important qu'il ait annulé les saisies pour d'autres motifs. • Civ. 2e, 26 nov. 1997, n° 95-18.138 P : *D. 1998. IR 16* ; *D. Affaires 1998. 109.*

49. Répétition de l'indu. Viole les art. L. 311-12-1 COJ [devenu L. 213-6 COJ] et 45 de la L. 9 juill. 1991 [devenu art. L. 211-4 C. pr. exéc.] la cour d'appel qui, pour rejeter une demande tendant à faire les comptes entre les parties, déclare que le juge de l'exécution est incompétent pour statuer sur une demande en répétition de l'indu, alors que le juge de l'exécution connaît des contestations qui s'élèvent à l'occasion de l'exécution forcée, y compris celles tendant à une répétition de l'indu. • Civ. 2e, 19 déc. 2002, n° 00-20.774 P : *Dr. et pr. 2003. 179, note Hoonakker ; Gaz. Pal. 5-6 sept. 2003, p. 5, obs. Brenner.* ♦ Comp. : Le juge de l'exécution n'est pas compétent pour connaître d'une demande de répétition de l'indu, formulée à la suite d'un commandement de payer et non pas à l'occasion de l'exécution forcée d'un titre exécutoire. • Civ. 2e, 11 déc. 2008, n° 07-19.411 P : *D. 2009. Pan. 1168, obs. Leborgne ; JCP E 2009. Pan. 1115 ; Procédures 2009, n° 45, note Perrot ; RDBF 2009, n° 63, note Piedelièvre.*

50. Restitution des fruits. La demande de restitution des fruits par le détenteur précaire, qui n'était pas partie au procès en résiliation opposant le bailleur au preneur, n'étant pas une contestation dont l'examen est lié à l'exécution forcée de la mesure d'expulsion et de restitution des biens et du matériel objet des baux, le juge de l'exécution ne peut en connaître. • Civ. 3e, 3 juin 2004, n° 01-16.049 P : *D. 2004. IR 1937 ; RTD civ. 2004. 544, obs. Théry ; RDBF 2004, n° 220, obs. Piedelièvre* (violation de l'anc. art. L. 311-12-1).

C. DIFFICULTÉS ET CONTESTATIONS SUR LE FOND DU DROIT

51. Anc. art. L. 311-12-1. Le juge de l'exécution connaît des contestations qui s'élèvent à l'occasion de l'exécution forcée, même si elles portent sur le fond du droit. • Civ. 2e, 21 mars 2002, n° 00-16.866 P : *Dr. et pr. 2002. 294, note Hoonakker* (à propos d'une saisie-vente).

D. RÉSERVE DE L'INCOMPÉTENCE DES JURIDICTIONS DE L'ORDRE JUDICIAIRE

52. Existence, montant ou exigibilité d'une créance administrative. Viole les art. L. 213-6, al. 1er COJ, la L. des 16-24 août 1790 et le Décr. 16 fructidor an III, l'arrêt qui, pour annuler un commandement de payer, retient que l'avertissement valant titre de recette ne mentionnait pas l'indication des bases de la liquidation de créance, alors que l'opposition à exécution, qui porte sur l'existence même du titre exécutoire, de son montant ou de son exigibilité, relève de la compétence exclusive du juge administratif lorsque la créance ainsi recouvrée est de nature administrative. • Com. 26 mai 2009, ☎ n° 08-16.286 P : *CMP 2009, n° 240, note Llorens* (commandement de payer émis par un trésorier principal).

53. Interprétation. Viole l'anc. art. L. 311-12-1 COJ [devenu L. 213-6 COJ] la cour d'appel qui accueille la demande de mainlevée d'une saisie-attribution pratiquée à l'encontre d'une société par le Trésor public, sur le fondement d'un titre de perception émis pour une créance d'intérêts, alors que cette demande exigeait que fût préalablement tranchée par la juridiction de l'ordre administratif la contestation relative à la reconnaissance ou non d'une créance d'intérêts par une décision du Conseil d'État dont les parties discutaient la portée et qu'il y avait lieu d'interpréter, de telle sorte qu'il appartenait au juge de l'exécution de surseoir à statuer. • Civ. 2e, 14 oct. 1999, ☎ n° 97-19.189 P : *D. 1999. 249*. ♦ Comp. *supra* note 20, • Civ. 2e, 17 juin 1999, ☎ n° 97-15.151 P.

54. Forme et fond. Le litige relatif à la compétence territoriale du comptable d'une trésorerie pour notifier les procès-verbaux de saisie-attribution se rattache à la contestation de la régularité en la forme de l'acte, qui relève de l'autorité judiciaire. • T. confl. 23 juin 2003, n° 03-03.357 P. ♦ L'action tendant à l'annulation en la forme d'un commandement de payer aux fins de saisie-vente, au motif que le comptable public ayant engagé les poursuites serait territorialement incompétent, ne remet en cause ni l'existence, ni le montant, ni l'exigibilité de la créance de l'État ; une telle opposition à poursuites portant sur la régularité en la forme de l'acte litigieux ressortit, comme le prévoit l'art. L. 311-12-1 [devenu l'art. L. 213-6], de la compétence du juge de l'exécution et, par voie de conséquence, de celle de la juridiction de l'ordre judiciaire. • T. confl. 23 févr. 2004, ☎ n° 04-03.336 P.

55. Administration pénitentiaire. Ayant relevé que la contestation de la régularité de prélèvements effectués par le Fonds de garantie, subrogé aux droits de la victime d'une infraction, sur la pension de retraite versée sur le compte nominatif d'un détenu, avait pour objet des opérations comptables effectuées par un agent de l'administration pénitentiaire, en application de l'art. 728-1 C. pr. pén., et que cette contestation échappait à la compétence des juridictions judiciaires, c'est à bon droit que, en application de l'anc. art. L. 311-12-1 COJ, une cour d'appel décide qu'il n'entre pas dans les pouvoirs du juge de l'exécution de contrôler ces opérations. • Civ. 2e, 13 déc. 2001, ☎ n° 00-14.392 P : *Dr. pénal 2012, n° 89, obs. Maron.*

56. Administration fiscale (jurisprudence antérieure à la L. n° 2017-1775 du 28 déc. 2017). Dès lors qu'elle ne met pas en cause la créance sur laquelle sont fondées les poursuites dans son existence, son montant ou son exigibilité et qu'elle concerne la régularité de la procédure d'exécution, la contestation relève de l'opposition à poursuites qui ressortit au juge de l'exécution ; viole l'art. L. 281 LPF, par refus d'application, la cour d'appel qui retient que le LPF n'ouvre aucune voie de droit au débiteur qui conteste être le propriétaire des biens saisis en affirmant qu'ils sont la propriété d'un tiers, alors que cette contestation relève du contentieux du recouvrement régi par le LPF et doit s'analyser comme une opposition à poursuites entrant dans le champ d'application de l'art. L. 281, 1° LPF. • Com. 4 juin 2002, ☎ n° 98-19.342 P : *D. 2002. IR 2101*. ♦ La contestation relative au caractère insaisissable des sommes appréhendées au titre d'un avis à tiers détenteur ressortit à la compétence du juge de l'exécution. • Civ. 2e, 2 déc. 2004, ☎ n° 02-21.381 P : *D. 2005. Pan. 1608, obs. Julien et Taormina*. ♦ Le recouvrement de la taxe d'habitation est soumis aux dispositions de l'art. L. 281 LPF, qui prévoit que les contestations relatives au recouvrement des impôts, taxes, redevances et sommes quelconques dont la perception incombe aux comptables publics compétents doivent être adressées à l'administration dont dépend le comptable qui exerce les poursuites ; une cour d'appel a, dès lors, exactement énoncé que, s'agissant du recouvrement de sommes représentant pour partie la taxe d'habitation, la contestation du contribuable devait être préalablement adressée au comptable du Trésor et que le juge judiciaire ne pouvait être saisi avant que soit notifiée la décision prise par le chef de service sur la contestation ou qu'ait expiré le délai de deux mois dont celui-ci dispose pour prendre sa décision, de sorte que l'action introduite par le contribuable devant le juge de l'exécution, sans que la contestation ait fait l'objet d'une demande préalable au chef de service compétent devait être déclarée irrecevable ; en revanche, il résulte de l'art. L. 1617-5, 2° CGCT que le débiteur d'une créance assise et liquidée par une collectivité territoriale peut contester directement devant le juge de l'exécution, visé à l'art. L. 311-12 COJ, la régularité formelle de l'acte de poursuite diligenté à son encontre ; viole ce texte et ne tire pas les conséquences légales de ses constatations et énonciations, la cour d'appel qui déclare irrecevable l'action introduite par un contribuable devant le juge de l'exécution au motif que sa contestation relative au recouvrement par voie de saisie-vente de sommes représentant la taxe d'habitation aurait dû être préalablement adressée au comptable du Trésor, alors qu'elle avait relevé qu'en recourant à la saisie-vente contestée, le comptable public poursuivait également le recouvrement de factures d'eau émises par la commune, et que la contestation de la voie d'exécution mise en œuvre aux fins du recouvrement de ces créances communales pouvait être portée directement devant le juge de l'exécution. • Com. 14 déc. 2004, n° 02-15.617 P. ♦ La contestation des conditions posées par le service des impôts à la mainlevée d'une hypothèque légale prise en vue de garantir le recouvrement de créances fiscales portait sur la régularité en la forme d'un acte de poursuite, de sorte que le juge de l'exécution était seul compétent pour en connaître. • Civ. 2e, 13 mai 2015, n° 14-16.640 P : *D. actu. 11 juin 2015, obs. Mélin ; D. 2016. 1279, obs. Leborgne ; Procédures 2015, n° 219, obs. Laporte ; ibid. n° 249, obs. Ayrault ; Dr. fiscal 2015, n° 594.* ♦ La question de la prescription de l'action en recouvrement d'un comptable public relève des juridictions administratives. Dès lors, si un saisi soulève une fin de non-recevoir tirée de la prescription de la créance devant le juge de l'exécution, il appartient à ce magistrat de renvoyer les parties à faire trancher cette question préjudicielle, dont dépend la solution du litige, par la juridiction administrative exclusivement compétente, et par conséquent de surseoir à statuer à cette fin. • Com. 7 juill. 2015, n° 14-18.766 P : *D. 2016. Pan. 1284, obs. Leborgne .* ♦ Une demande de dommages-intérêts fondée sur l'exécution dommageable d'une mesure d'avis à tiers détenteur ne relève pas des dispositions de l'art. L. 281 LPF et n'est donc pas soumise à la demande préalable auprès de l'administration fiscale prévue à l'article R. 281-1 du même code. Le juge de l'exécution est compétent pour en connaître. • Civ. 2e, 22 mars 2018, n° 17-17.312 P : *D. actu. 19 avr. 2018, obs. Payan ; D. 2018. 2442, obs. Gauthier, Le Bras et Barbot .*

II. ALINÉA 2

57. Infractions douanières. Anc. art. L. 311-12-1. L'anc. art. 341 *bis*, 2 C. douanes, qui donnait compétence au juge d'instance du lieu de rédaction du procès-verbal pour connaître des mesures conservatoires à l'encontre des personnes responsables d'infractions douanières, n'a pas été abrogé par la L. du 9 juill. 1991 portant réforme des procédures civiles d'exécution. • Civ. 2e, 6 mai 1997, *n° 95-11.249 P : D. Affaires 1997. 796.* ♦ *Contra*, l'art. 341 *bis*, 2 C. douanes, modifié par l'art. 8 de la L. n° 2011-1862 du 13 déc. 2011, dispose désormais : « Le juge compétent pour connaître de la procédure, y compris les demandes en validité, en mainlevée, en réduction ou cantonnement des saisies est le juge de l'exécution du lieu de rédaction du procès-verbal ».

A. HYPOTHÈQUE JUDICIAIRE CONSERVATOIRE

58. Acte notarié. Le juge de l'exécution connaît des difficultés relatives aux titres exécutoires et des contestations qui s'élèvent à l'occasion des mesures conservatoires, même si elles portent sur le fond du droit, à moins qu'elles n'échappent à la compétence des juridictions de l'ordre judiciaire ; viole, en conséquence, l'art. L. 213-6 l'arrêt qui décide qu'une mesure conservatoire ne constituant pas une mesure d'exécution forcée, à l'occasion de laquelle le juge de l'exécution dispose d'une compétence de pleine juridiction pour apprécier la portée et la validité des actes authentiques formalisant un titre exécutoire, il ne lui appartient pas de connaître du fond du droit. • Civ. 2e, 31 janv. 2013, n° 11-26.992 P : *D. 2013. Actu. 373 ; Dr. et pr. 2013. 115, note Vinckel ; Gaz. Pal. 6 juill. 2013, p. 22, note Bolze ; LPA 10 oct. 2013, p. 11, note Ploux ; RDBF 2013, n° 101, note Piedelièvre ; AJDI 2013. 701, obs. Le Rudulier ; Procédures 2013, n° 103, note Perrot* (demande de levée d'une inscription d'hypothèque judiciaire conservatoire sur le fondement de prêts notariés, en contestant le caractère exécutoire de ces actes notariés). ♦ Le juge de l'exécution connaît des difficultés relatives aux titres exécutoires et des contestations qui s'élèvent à l'occasion des mesures conservatoires, même si elles portent sur le fond du droit, à moins qu'elles n'échappent à la compétence des juridictions de l'ordre judiciaire ; viole en conséquence l'art. L. 213-6 l'arrêt qui, pour déclarer irrecevable une demande de mainlevée d'une hypothèque judiciaire provisoire inscrite sur le fondement d'un acte notarié de prêt en contestant le caractère exécutoire de l'acte, retient que, en l'absence de mesure d'exécution forcée, le juge de l'exécution n'a pas compétence pour connaître de demandes tendant à remettre en cause le titre dans son principe, ni la validité des droits et obligations qu'il constate. • Civ. 2e, 27 juin 2013 : *Procédures 2013, n° 279, note Perrot ; AJDI 2013. 774 ; D. 2014. 1466, obs. Leborgne .*

59. Question de fond. Anc. art. L. 311-12-1. Viole les art. L. 311-12-1, 2e al. COJ et 67 de la L. du 9 juill. 1991 [devenu L. 511-1 C. pr. exéc.] et méconnaît ses pouvoirs, la cour d'appel qui, pour accueillir la demande de rétractation de l'ordonnance ayant autorisé le cessionnaire d'une créance à inscrire une hypothèque provisoire sur un immeuble appartenant à la caution des engagements du débiteur, retient que les parties s'opposent sur le point de savoir si l'accessoire de la créance, tel que le cautionnement, était compris dans la cession de créance et qu'en l'état de cette divergence qu'il n'entrait pas dans les pouvoirs du juge de l'exécution de trancher, la créance invoquée par le cessionnaire ne paraissait pas fondée en son principe, alors que l'appréciation de l'existence d'une créance, paraissant fondée en son principe, dépendait de la question qui était litigieuse entre les parties. • Civ. 2e, 19 déc. 2002, n° 01-03.719 P : *D. actu. 27 nov. 2007, obs. Avena-Robardet ; D. 2008. Chron. C. cass.*

648, obs. Sommer et Nicoletis ; *RDBF 2008, n° 16, obs. Piédelièvre.* ♦ Pour déterminer si l'inscription d'hypothèque judiciaire provisoire pouvait être prise sur des biens appartenant à des SCI, exclusivement détenues par le débiteur et son épouse, afin de garantir la créance du créancier à l'égard du débiteur, le juge de l'exécution a examiné si ces SCI pouvaient être considérées comme fictives. • Civ. 2e, 22 oct. 2020, n° 19-16.347 P : *D. actu. 11 déc. 2020, note Kieffer ; Rev. prat. rec. 2020. 8, chron. Kieffer et Schreiber ; JCP 2020. 1242, note Laporte ; RDBF 2021, n° 13, note Piédelièvre.*

B. SAISIE CONSERVATOIRE

60. *Compensation.* Méconnaît l'étendue de ses pouvoirs, résultant de l'art. L. 213-6, le juge de l'exécution qui, saisi d'une demande de rétractation d'une ordonnance ayant autorisé une saisie conservatoire, refuse d'examiner le bien-fondé d'une exception de compensation soulevée par le débiteur. • Civ. 2e, 15 nov. 2007, n° 06-20.057 P.

C. CONTENTIEUX ÉCHAPPANT À LA COMPÉTENCE DES JURIDICTIONS DE L'ORDRE JUDICIAIRE

61. *Anc. art. L. 311-12-1.* Le juge de l'exécution est compétent pour autoriser, en l'absence de titre exécutoire, une mesure conservatoire pour le recouvrement d'une créance dont le contentieux échappe à la compétence des juridictions de l'ordre judiciaire. • Civ. 2e, 26 oct. 2006, n° 05-19.194 P : *D. 2007. Chron. C. cass. 897, obs. Vigneau* ; *RLDC 2007/4, p. 59, obs. Miniato ; Dr. et patr. 11/2007, p. 87, obs. Lefort.*

III. ALINÉA 3

62. *Délais de grâce.* La demande de délais sur le fondement de l'art. 1244-1 C. civ., consécutive à la délivrance du commandement de payer valant saisie, tendait à suspendre le cours de la procédure de saisie ; il s'agit donc d'une demande née de la procédure immobilière ou s'y rapportant directement, au sens de l'art. L. 213-6 COJ. • Aix-en-Provence, 24 sept. 2008 : *Bull. Aix-en-Provence 2008. 4 ; D. 2009. Pan. 1168, obs. Leborgne.*

63. *Demande reconventionnelle.* Le juge de l'exécution ne peut délivrer de titre exécutoire hors les cas prévus par la loi ; c'est dès lors à bon droit qu'une cour d'appel, saisie de l'appel d'un jugement d'orientation rendu en matière de saisie immobilière, a dit qu'une demande reconventionnelle tendant à la condamnation de la banque créancière au paiement de dommages-intérêts d'un montant équivalent à celui de sa créance, présentée par les débiteurs, qui ne se bornaient donc pas à se prévaloir d'une compensation, ne relevait pas de la compétence du juge de l'exécution. • Civ. 2e, 25 sept. 2014, n° 13-20.561 P : *D. actu. 13 oct. 2014, obs. Avena-Robardet ; RTD civ. 2015. 192, obs. Théry* ; *D. 2015. Chron. Cass. 517, obs. Adida-Cagnac, Vasseur et de Leiris ; LPA 18 déc. 2014, p. 8, obs. Vinckel.*

64. *Procédure de distribution du prix de vente.* Lorsque l'immeuble d'un débiteur mis en liquidation judiciaire a été vendu sur saisie immobilière, le juge de l'exécution est compétent pour constater la caducité de la procédure de distribution du prix de vente n'ayant pas produit son effet attributif avant le jugement d'ouverture, en vertu de l'art. R. 622-19 C. com., rendu applicable à la liquidation judiciaire par l'art. R. 641-23 dudit code, et pour ordonner, en conséquence, la remise des fonds au liquidateur aux fins de répartition, en vertu de l'art. R. 641-24. • Com. 21 oct. 2020, n° 19-15.171 : *D. actu. 6 nov. 2020, obs. Ferrari ; D. 2020. 2117* ; *ibid. 2475, chron. Barbot, de Cabarrus, Kass-Danno et Le Bras* ; *RDBF 2021, n° 16, note Piédelièvre.*

IV. ALINÉA 4

65. *Action contre le créancier poursuivant.* Le juge de l'exécution connaît des demandes en réparation fondées sur l'exécution dommageable des mesures conservatoires ; il s'ensuit que lorsque ce juge ordonne la mainlevée d'une saisie conservatoire, il est compétent pour statuer sur les demandes en réparation des préjudices causés par cette saisie. • Civ. 2e, 12 oct. 2006, n° 04-11.561 P : *D. 2007. Pan. 1387, obs. Julien* ; *Dr. et pr. 2007. 84, obs. Lefort.* ♦ Le JEX, saisi d'une demande de mainlevée d'une mesure d'exécution, n'est pas compétent pour se prononcer sur une action en responsabilité qui n'est pas fondée sur l'exécution ou l'inexécution dommageable de cette mesure, cette action serait-elle présentée au soutien d'une exception de compensation. • Com. 22 mars 2017, n° 15-15.742 P : *D. actu. 4 avr. 2017, obs. Payan ; D. 2017. Actu. 711* ; *ibid. Pan. 1393, obs. Leborgne* ; *AJDI 2017. 609, note de la Vaissière* ; *RTD civ. 2018, p. 214, obs. Cayrol* ; *RDBF 2017, n° 116, note Legeais ; ibid. n° 126, note Piedelièvre ; Gaz. Pal. 20 juin 2017, p. 49, note Ansault ; ibid. 25 juill. 2017 jur. p. 52, note Lauvergnat ; JCP 2017. 411, obs. Dorol ; Dr. et pr. 2017. 88, note Lauvergnat.*

66. *Action contre un huissier.* Viole l'art. L. 213-6, al. 4, la cour d'appel qui, pour déclarer irrecevable une demande, énonce qu'il n'entre pas dans les attributions du juge de l'exécution de connaître des actions tendant à la mise en cause de la responsabilité civile, à des fins indemnitaires, de l'huissier ayant procédé à des actes d'exécution forcée discutés, alors que le juge de l'exécution connaît des demandes en réparation fondées sur l'exécution dommageable des mesures d'exécution forcée. • Civ. 2e, 14 mai 2009 :

Procédures 2009, n° 272, note Perrot. ♦ Le juge de l'exécution connaît des demandes en réparation fondées sur l'exécution ou l'inexécution dommageables des mesures d'exécution forcée ou des mesures conservatoires ; dès lors, viole l'art. L. 213-6 la cour d'appel qui, pour déclarer le juge de l'exécution incompétent pour statuer sur une action en responsabilité civile engagée contre un huissier de justice à raison des mesures d'exécution forcée pratiquées par lui, retient que la contestation est relative au recouvrement d'une pension alimentaire. • Civ. 2e, 2 déc. 2010, n° 09-65.951 P : *Dr. et pr. 2011. 72, note Lefort ; D. 2011. Pan. 1509, obs. Leborgne ; Procédures 2011, n° 55, note Perrot.* ♦ Le juge de l'exécution, saisi d'une demande de mainlevée d'une mesure d'exécution, n'est pas compétent pour se prononcer sur une action en responsabilité qui n'est pas fondée sur l'exécution ou l'inexécution dommageable de cette mesure, cette action serait-elle présentée au soutien d'une exception de compensation. • Com. 22 mars 2017, n° 15-15.742 P : *D. actu. 4 avr. 2017, obs. Payan ; D. 2017. Actu. 711 ; ibid. Pan. 1393, obs. Leborgne ; AJDI 2017. 609, note de la Vaissière ; RDBF 2017, n° 116, note Legeais ; ibid. n° 126, note Piedelièvre ; Gaz. Pal. 20 juin 2017, p. 49, note Ansault ; ibid. 25 juill. 2017 jur. p. 52, note Lauvergnat ; JCP 2017. 411, obs. Dorol ; Dr. et pr. 2017. 88, note Lauvergnat.*

67. Action contre un huissier. Anc. art. L. 311-12-1, al. 3. A l'occasion de la mise en œuvre d'une procédure d'exécution, le juge de l'exécution peut connaître d'une action en responsabilité exercée par le débiteur à l'encontre de l'huissier de justice sur le fondement du droit commun. • Civ. 2e, 24 juin 1998, n° 96-22.851 P : *D. 1999. Somm. 221, obs. Julien ; Dr. et patr. 1999. 94, note Théry ; RTD civ. 1998. 746* et 753, *obs. Perrot.*

68. Action contre un bailleur et appel en garantie d'un huissier. Viole l'art. L. 213-6 l'arrêt qui, pour rejeter l'exception d'incompétence, retient que le juge de l'exécution est compétent pour connaître des demandes en réparation fondées sur l'exécution dommageable de mesures d'exécution forcée, alors que l'appel en garantie formé par le bailleur à l'encontre de l'huissier était fondé sur l'exécution fautive du mandat qu'il lui avait donné. • Civ. 3e, 5 janv. 2012 : *Procédures 2012, n° 70, note Perrot.*

69. Action contre un commissaire-priseur et appel en garantie d'un huissier. Anc. art. L. 311-12-1, al. 3. Excède ses pouvoirs le juge de l'exécution qui statue sur l'action engagée par un créancier contre des professionnels chargés de l'exécution, alors que l'appel en garantie, formé par le commissaire-priseur, était fondé sur l'exécution fautive du mandat confié à l'huissier. • Civ. 2e, 21 févr. 2008, n° 07-10.417 P : *D. 2008. Chron. C. cass. 2373, obs. Sommer ; ibid. 2009. Pan. 1168, obs. Leborgne ; Procédures 2008, n° 267, note Perrot ; RTD civ. 2008. 546, obs. Théry ; Gaz. Pal. 2008. Somm. 2341, obs. Brenner ; Dr. et patr. 11/2008, p. 95, obs. Lefort.*

70. Action contre un notaire. La demande fondée sur la responsabilité des notaires, recherchée du fait de l'inaccomplissement de formalités dans la rédaction de l'acte de vente, étrangère aux conditions d'exécution de la saisie, n'entre pas dans le champ des attributions du JEX et rend l'action irrecevable. • Civ. 2e, 8 janv. 2015 : *D. 2015. Chron. C. cass. 1791, obs. Adida-Cagnac, Vasseur et de Leiris ; Procédures 2015, n° 72, note Laporte.*

71. Moment de l'action (indifférent). Il résulte de l'art. L. 213-6 que le juge de l'exécution connaît des demandes en réparation fondées sur l'exécution ou l'inexécution dommageables des mesures d'exécution forcée ou des mesures conservatoires, sans qu'il y ait lieu de distinguer suivant qu'elles sont ou non encore en cours au jour où il est saisi. • Civ. 2e, 27 févr. 2014, n° 13-11.788 P : *D. actu. 17 mars 2014, obs. Avena-Robardet ; Gaz. Pal. 25-27 mai 2014, p. 35, obs. Lauvergnat* (juge de l'exécution compétent pour connaître d'une demande d'indemnisation formée contre un huissier auquel étaient reprochées plusieurs fautes délictuelles commises à l'occasion d'une saisie-attribution et l'inexécution de son obligation d'information du débiteur). • Civ. 2e, 22 mars 2018, n° 17-17.312 P : *préc. note 2.*

V. ALINÉA 5

72. Renvoi. V. C. pr. exéc.

VI. TEXTES PARTICULIERS

73. Décr. 22 déc. 1964, art. 9. Fait une exacte application de l'art. 9 du Décr. du 22 déc. 1964 relatif au recouvrement des amendes et condamnations pécuniaires par les comptables de la direction générale des finances publiques, la cour d'appel qui énonce que l'opposition à l'acte de poursuite ne peut viser que la validité de l'acte en la forme, et retient que les contestations d'une personne condamnée au paiement d'amendes forfaitaires majorées, relatives à la prescription de l'action en recouvrement et à la validité du titre exécutoire, portent sur l'existence de la créance et son exigibilité, dont le juge de l'exécution ne peut pas connaître. • Com. 17 janv. 2012, n° 11-10.102 P : *D. actu. 25 janv. 2012, obs. Delpech ; JCP E. 2012, 1452, note Maublanc ; Dr. fisc. 2012, n° 330, obs. Maublanc.* ♦ En matière de recouvrement des amendes, le juge de l'exécution ne connaissant, en application combinée des art. 530-2 C. pr. pén. et 9 du Décr. n° 64-1333 du 22 déc. 1964, que de la régularité en la forme de l'acte de poursuite, il ne peut pas apprécier le respect de l'obligation faite, par l'art. R. 49-6 du même code, au comptable public d'envoyer au contrevenant un avis l'invitant à s'acquitter du montant de l'amende forfaitaire majorée. • Civ. 1re, 1er juin 2017, n° 15-18.751 P : *D. actu. 20 juin 2017, obs. Camensulli-Feuillard ; Lexbase hebdo éd. privée n° 718, 9 nov. 2017, obs. Payan.* • Civ. 2e, 19 oct. 2017, n° 16-25.765 P : *D. actu. 7 nov. 2017, obs. Payan ; D. 2017. Actu. 2153.*

Livre des procédures fiscales **Art. L. 281** *(L. n° 2017-1775 du 28 déc. 2017, art. 73-I-8°, en vigueur le 1er janv. 2019)* Les contestations relatives au recouvrement des impôts, taxes, redevances, amendes, condamnations pécuniaires et sommes quelconques dont la perception incombe aux comptables publics doivent être adressées à l'administration dont dépend le comptable qui exerce les poursuites.

Lorsque les contestations portent sur le recouvrement de créances détenues par les établissements publics de l'État, par un de ses groupements d'intérêt public ou par les autorités publiques indépendantes, dotés d'un agent comptable, ces contestations sont adressées à l'ordonnateur de l'établissement public, du groupement d'intérêt public ou de l'autorité publique indépendante pour le compte duquel l'agent comptable a exercé ces poursuites.

Les contestations relatives au recouvrement ne peuvent pas remettre en cause le bien-fondé de la créance. Elles peuvent porter :

1° Sur la régularité en la forme de l'acte ;

2° A l'exclusion des amendes et condamnations pécuniaires, sur l'obligation au paiement, sur le montant de la dette compte tenu des paiements effectués et sur l'exigibilité de la somme réclamée.

Les recours contre les décisions prises par l'administration sur ces contestations sont portés dans le cas prévu au 1° devant le juge de l'exécution. Dans les cas prévus au 2°, ils sont portés :

a) Pour les créances fiscales, devant le juge de l'impôt prévu à l'article L. 199 ;

b) Pour les créances non fiscales de l'État, des établissements publics de l'État, de ses groupements d'intérêt public et des autorités publiques indépendantes, dotés d'un agent comptable, devant le juge de droit commun selon la nature de la créance ;

c) Pour les créances non fiscales des collectivités territoriales, des établissements publics locaux et des établissements publics de santé, devant le juge de l'exécution.

....

Art. L. 283 Lorsqu'il a été procédé, en vue du recouvrement *(L. n° 2017-1775 du 28 déc. 2017, art. 73-I-9°-a)* « des impôts, taxes, redevances, amendes, condamnations pécuniaires et sommes quelconques dont la perception incombe aux comptables publics », à une saisie mobilière et que la propriété de tout ou partie des biens saisis est revendiquée par une tierce personne, celle-ci peut s'opposer à la vente de ces biens en demandant leur restitution. A défaut de décision de l'administration sur cette demande ou si la décision rendue ne donne pas satisfaction au demandeur, celui-ci peut assigner *(L. n° 91-650 du 9 juill. 1991)* « devant le juge de l'exécution » le comptable qui a fait procéder à la saisie. *(L. n° 2017-1775 du 28 déc. 2017, art. 73-I-9°-b)* « Les dispositions du présent article ne sont pas applicables aux contestations des créances détenues par les établissements publics et les groupements d'intérêt public de l'État ainsi que par les autorités publiques indépendantes, dotés d'un agent comptable. »

L'art. 73-I de la L. n° 2017-1775 du 28 déc. 2017 entre en vigueur à une date fixée par décret, et au plus tard le 1er janv. 2019 (L. préc., art. 73-XVII-A).

Art. L. 213-7 **Le juge de l'exécution peut renvoyer à la formation collégiale du tribunal** *(L. n° 2019-222 du 23 mars 2019, art. 95-I-32°, en vigueur le 1er janv. 2020)* **« judiciaire** *[ancienne rédaction : de grande instance]* **» qui statue comme juge de l'exécution.**

La formation collégiale comprend le juge qui a ordonné le renvoi. — *[Anc. art. L. 311-12-2 et R. 311-29-3, ecqc 2e phrase.]*

SOUS-SECTION 5 LE JUGE DES LIBERTÉS ET DE LA DÉTENTION

Art. L. 213-8 **Les compétences du juge des libertés et de la détention en matière non répressive sont fixées par des lois particulières.**

SECTION II **FONCTIONS PARTICULIÈRES EXERCÉES EN MATIÈRE PÉNALE**

Art. L. 213-9 à L. 213-13 *Matière pénale* 🏛.

CHAPITRE IV **LA COMMISSION D'INDEMNISATION DES VICTIMES D'INFRACTIONS**

Art. L. 214-1 **Chaque tribunal** *(L. n° 2019-222 du 23 mars 2019, art. 95-I-34°, en vigueur le 1er janv. 2020)* **« judiciaire** *[ancienne rédaction : de grande instance]* **» comporte une commission d'indemnisation de certaines victimes d'infractions qui revêt le caractère d'une juridiction civile. Cette commission, compétente pour fixer l'indemnisation prévue par l'article 706-3 du code de procédure pénale, statue en premier ressort.** – *[Anc. art. L. 313-1.]*

Art. L. 214-2 **La commission d'indemnisation est composée de magistrats du siège du tribunal** *(L. n° 2019-222 du 23 mars 2019, art. 95-I-34°, en vigueur le 1er janv. 2020)* **« judiciaire** *[ancienne rédaction : de grande instance]* **» et d'une ou** *[de]* **plusieurs personnes majeures, de nationalité française et jouissant de leurs droits civiques, s'étant signalées par l'intérêt qu'elles portent aux problèmes des victimes. Elle est présidée par l'un des magistrats.**

Les membres de la commission et leurs suppléants sont désignés pour une durée de trois ans par l'assemblée générale des magistrats du siège du tribunal.

Les fonctions du ministère public sont exercées par le procureur de la République. – *[Anc. art. L. 313-2.] – V. art. R. 214-1.*

CHAPITRE V **DISPOSITIONS PARTICULIÈRES AUX DÉPARTEMENTS DU BAS-RHIN, DU HAUT-RHIN ET DE LA MOSELLE**

RÉP. PR. CIV. v° *Alsace et Moselle* par HAEGEL, SCHWOB et VALLENS.

Art. L. 215-1 **Dans les matières prévues au livre VI du code de commerce, le tribunal** *(L. n° 2019-222 du 23 mars 2019, art. 95-I-35°-a, en vigueur le 1er janv. 2020)* **« judiciaire** *[ancienne rédaction : de grande instance]* **» ou, le cas échéant, la chambre commerciale de ce tribunal remplit les fonctions attribuées au tribunal de commerce.**

Les fonctions de juge-commissaire peuvent aussi être exercées par un juge du siège du tribunal *(L. n° 2019-222 du 23 mars 2019, art. 95-I-35°-b, en vigueur le 1er janv. 2020)* **« judiciaire** *[ancienne rédaction : de grande instance ou par un juge chargé du service du tribunal d'instance du domicile du débiteur]* **».** – *[Anc. art. L. 912-1, ecqc sauvegarde, redressement et liquidation judiciaires.]*

Art. L. 215-2 **Les règles relatives à la compétence, à l'organisation et au fonctionnement des chambres commerciales des tribunaux** *(L. n° 2019-222 du 23 mars 2019, art. 95-I-36°, en vigueur le 1er janv. 2020)* **« judiciaires** *[ancienne rédaction : de grande instance]* **» des départements du Bas-Rhin, du Haut-Rhin et de la Moselle sont fixées par le code de commerce.**

Art. L. 215-3 *(L. n° 2019-222 du 23 mars 2019, art. 95-I-37°, en vigueur le 1er janv. 2020)* **Le greffe du tribunal judiciaire, sous le contrôle du juge, tient les registres de publicité légale tenus au greffe du tribunal de commerce.**

Art. L. 215-4 *(L. n° 2019-222 du 23 mars 2019, art. 95-I-37°, en vigueur le 1er janv. 2020)* **Les fonctions de tribunal pour la navigation du Rhin sont exercées par un tribunal judiciaire spécialement désigné, conformément à la convention révisée pour la navigation du Rhin, signée à Mannheim le 17 octobre 1868.**

Les fonctions de tribunal de première instance pour la navigation de la Moselle sont exercées par un tribunal judiciaire spécialement désigné, conformément à la convention franco-germano-luxembourgeoise du 27 octobre 1956.

Art. L. 215-5 *(L. n° 2019-222 du 23 mars 2019, art. 95-I-37°, en vigueur le 1er janv. 2020)* **Le service du livre foncier est assuré au sein du tribunal judiciaire selon des modalités fixées par décret.**

Art. L. 215-6 *(L. n° 2019-222 du 23 mars 2019, art. 95-I-37°, en vigueur le 1er janv. 2020)* **Le tribunal judiciaire connaît :**

1° De la tutelle, des administrations légales et des curatelles de droit local ;

2° Du partage judiciaire et de la vente judiciaire d'immeubles, des certificats d'héritier et des scellés ;

3° Des registres des associations et des registres des associations coopératives de droit local.

Art. L. 215-7 *(L. n° 2019-222 du 23 mars 2019, art. 95-I-37°, en vigueur le 1er janv. 2020)* **Le tribunal judiciaire connaît de la saisie conservatoire prévue à l'article L. 511-51 du code de commerce.**

Art. L. 215-8 *(Ord. n° 2019-964 du 18 sept. 2019, art. 14-3°, en vigueur le 1er janv. 2020)* **Les fonctions du tribunal de l'exécution sont exercées par le tribunal judiciaire.**

Le tribunal de l'exécution connaît :

1° De l'exécution forcée sur les biens immeubles ;

2° De l'administration forcée des immeubles ;

3° De la procédure en matière de purge des hypothèques.

CHAPITRE VI DISPOSITIONS PARTICULIÈRES AU DÉPARTEMENT DE MAYOTTE

(Ord. n° 2011-337 du 29 mars 2011, art. 1er-1°, en vigueur le 1er avr. 2011)

Art. L. 216-1 **Le tribunal** *(L. n° 2019-222 du 23 mars 2019, art. 95-I-38°, en vigueur le 1er janv. 2020)* **« judiciaire** *[ancienne rédaction : de grande instance]* **» connaît de toutes les affaires relatives à l'application du statut civil de droit local entre citoyens relevant de ce statut.**

Art. L. 216-2 **Lorsque le tribunal** *(L. n° 2019-222 du 23 mars 2019, art. 95-I-38°, en vigueur le 1er janv. 2020)* **« judiciaire** *[ancienne rédaction : de grande instance]* **» est saisi d'un litige entre citoyens de statut civil de droit local sur des matières régies par ce statut, les parties peuvent, d'un commun accord, demander l'application des règles du droit civil commun.**

CHAPITRE VII DISPOSITIONS PARTICULIÈRES AU TRIBUNAL JUDICIAIRE *(L. n° 2019-222 du 23 mars 2019, art. 95-I-39°, en vigueur le 1er janv. 2020).*

(L. n° 2013-1117 du 6 déc. 2013, art. 69)

L'art. 69 de la L. n° 2013-1117 du 6 déc. 2013 entre en vigueur à une date fixée par décret et au plus tard le 1er févr. 2014 (L. préc., art. 73).

SECTION PREMIÈRE LES PARQUETS SPÉCIALISÉS PRÈS LE TRIBUNAL JUDICIAIRE DE PARIS *(Ord. n° 2019-964 du 18 sept. 2019, art. 35, en vigueur le 1er janv. 2020).*

(L. n° 2019-222 du 23 mars 2019, art. 64-I)

Art. L. 217-1 *(L. n° 2019-222 du 23 mars 2019, art. 69-I-3°-a)* **« Sont placés** *[ancienne rédaction : est placé]* **» auprès du tribunal** *(L. n° 2019-222 du 23 mars 2019, art. 95-I-40°, en vigueur le 1er janv. 2020)* **« judiciaire** *[ancienne rédaction : de grande instance]* **» de Paris, aux côtés du procureur de la République, un procureur de la République financier** *(L. n° 2019-222 du 23 mars 2019, art. 69-I-3°-b)* **« et un procureur de la République antiterroriste », dont les attributions sont fixées par le code de procédure pénale.**

L'art. 69 de la L. n° 2019-222 du 23 mars 2019 entre en vigueur à une date fixée par décret, et au plus tard le 1er janv. 2020 (L. préc., art. 109-XVIII).

Art. L. 217-2 **Par dérogation aux articles L. 122-2 et L. 212-6, le procureur de la République financier** *(L. n° 2019-222 du 23 mars 2019, art. 69-I-4°-a)* **« et le procureur de la République antiterroriste », en personne ou par** *(L. n° 2019-222 du 23 mars 2019, art. 69-I-4°-b)* **« leurs** *[ancienne rédaction : ses]* **» substituts,** *(L. n° 2019-222 du 23 mars 2019, art. 69-I-4°-c)* **« exercent respectivement** *[ancienne rédaction : exerce]* **» le ministère public auprès du tribunal** *(L. n° 2019-222 du 23 mars 2019, art. 95-I-40°, en* *vigueur le 1er janv. 2020)* **« judiciaire** *[ancienne rédaction : de grande instance]* **» de Paris pour les affaires relevant de** *(L. n° 2019-222 du 23 mars 2019, art. 69-I-4°-b)* **« leurs** *[ancienne rédaction : ses]* **» attributions.**

V. note ss. art. L. 217-1.

Art. L. 217-3 **Par dérogation à l'article L. 122-4, le procureur de la République financier** *(L. n° 2019-222 du 23 mars 2019, art. 69-I-5°)* **« et le procureur de la République antiterroriste, et leurs substituts,** *[ancienne rédaction : et ses substituts]* **» n'exercent les fonctions de ministère public que pour les affaires relevant de leurs attributions.**

V. note ss. art. L. 217-1.

Art. L. 217-4 **Les dispositions législatives du code de l'organisation judiciaire faisant mention du procureur de la République ne sont applicables au procureur de la République financier** *(L. n° 2019-222 du 23 mars 2019, art. 69-I-6°)* **« ou au procureur de la République antiterroriste » que si elles le prévoient expressément.**

V. note ss. art. L. 217-1.

Art. L. 217-5 *(L. n° 2019-222 du 23 mars 2019, art. 69-I-7°)* **Lorsque le renforcement temporaire et immédiat du parquet antiterroriste près le** *(Ord. n° 2019-964 du 18 sept. 2019, art. 35, en vigueur le 1er janv. 2020)* **« tribunal judiciaire** *[ancienne rédaction : tribunal de grande instance]* **» de Paris apparaît indispensable pour assurer le traitement des procédures, le procureur de la République antiterroriste peut requérir un ou plusieurs magistrats du parquet de Paris dont les noms figurent sur une liste arrêtée par le procureur général près la cour d'appel de Paris pour chaque année civile, après avis du procureur de la République et du procureur de la République antiterroriste.**

Le procureur de la République antiterroriste informe le procureur général et le procureur de la République de Paris des réquisitions de magistrats auxquelles il procède.

Le procureur général veille à ce que ce dispositif soit utilisé le temps strictement nécessaire au traitement de l'accroissement temporaire d'activité du parquet antiterroriste.

Les modalités d'application du présent article sont déterminées par décret en Conseil d'État.

V. note ss. art. L. 217-1.

SECTION II L'INDEMNISATION DES VICTIMES D'ACTES DE TERRORISME

(L. n° 2019-222 du 23 mars 2019, art. 64-I-2°)

Art. L. 217-6 **Le** *(Ord. n° 2019-964 du 18 sept. 2019, art. 35, en vigueur le 1er janv. 2020)* **« tribunal judiciaire** *[ancienne rédaction : tribunal de grande instance]* **» de Paris a compétence exclusive pour connaître, en matière civile, à moins qu'ils n'échappent à la compétence des juridictions de l'ordre judiciaire :**

1° Des demandes formées par les victimes mentionnées à l'article L. 126-1 du code des assurances contre le fonds de garantie des victimes des actes de terrorisme et d'autres infractions, après saisine de ce dernier, et relatives :

***a)* A la reconnaissance de leur droit à indemnisation ;**

***b)* Au versement d'une provision ;**

***c)* A l'organisation d'une expertise judiciaire en cas de contestation de l'examen médical pratiqué en application de l'article L. 422-2 du même code ou en cas de refus du fonds de garantie de désigner un médecin à cette fin ;**

***d)* A l'offre d'indemnisation qui leur est faite ;**

2° Des recours subrogatoires du fonds de garantie en remboursement des indemnités ou provisions mentionnées au 1° du présent article ;

3° Des demandes formées contre toute personne, autre que le fonds de garantie, en réparation du dommage résultant d'un acte de terrorisme.

CHAPITRE VIII DISPOSITIONS PARTICULIÈRES AU TRIBUNAL JUDICIAIRE SPÉCIALEMENT DÉSIGNÉ AU TITRE DE L'ARTICLE L. 211-16 *(L. n° 2019-222 du 23 mars 2019, art. 95-I-41-a°, en vigueur le 1er janv. 2020).*

(L. n° 2016-1547 du 18 nov. 2016, art. 12-III-1°-b)

Sur l'entrée en vigueur de l'art. 12 de la L. n° 2016-1547 du 18 nov. 2016, V. note ss. art. L. 211-16.

Art. L. 218-1 Lorsqu'elle statue dans les matières mentionnées à l'article L. 211-16, la formation collégiale du tribunal *(L. n° 2019-222 du 23 mars 2019, art. 95-I-41°-b, en vigueur le 1er janv. 2020)* « judiciaire *[ancienne rédaction : de grande instance]* » est composée du président du tribunal *(L. n° 2019-222 du 23 mars 2019, art. 95-I-41°-b, en vigueur le 1er janv. 2020)* « judiciaire *[ancienne rédaction : de grande instance]* », ou d'un magistrat du siège désigné par lui pour le remplacer, et de deux assesseurs représentant les travailleurs salariés, pour le premier, et les employeurs et les travailleurs indépendants, pour le second.

(L. n° 2019-222 du 23 mars 2019, art. 95-I-41°-c) « Dans le cas où la formation collégiale est incomplète, l'audience est reportée à une date ultérieure, dans des conditions fixées par décret en Conseil d'État, sauf accord des parties pour que le président statue seul après avoir recueilli, le cas échéant, l'avis de l'assesseur présent.

« L'audience ne peut être reportée plus d'une fois. Dans le cas où, à la deuxième audience, la formation collégiale ne peut à nouveau siéger au complet, le président statue seul après avoir recueilli, le cas échéant, l'avis de l'assesseur présent. »

Art. L. 218-2 Les assesseurs appartiennent aux professions agricoles lorsque le litige intéresse un membre de ces professions et aux professions non agricoles dans le cas contraire.

Lorsque le tribunal est appelé à déterminer si le régime applicable à l'une des parties à l'instance est celui d'une profession agricole ou celui d'une profession non agricole, il est composé, outre son président, de deux assesseurs représentant les travailleurs salariés, dont l'un appartient à une profession agricole et l'autre à une profession non agricole, et de deux assesseurs représentant les employeurs et travailleurs indépendants, dont l'un appartient à une profession agricole et l'autre à une profession non agricole.

Art. L. 218-3 Les assesseurs sont choisis pour une durée de trois ans par le premier président de la cour d'appel, après avis du président du tribunal, sur une liste dressée dans le ressort de chaque tribunal par l'autorité administrative sur proposition des organisations professionnelles intéressées les plus représentatives. Leurs fonctions peuvent être renouvelées suivant les mêmes formes. En l'absence de liste ou de proposition, le premier président de la cour d'appel peut renouveler les fonctions d'un ou de plusieurs assesseurs pour une durée de trois ans.

Des assesseurs suppléants sont désignés dans les mêmes formes.

Une indemnité est allouée aux membres du tribunal pour l'exercice de leurs fonctions.

Un décret en Conseil d'État détermine les modalités d'application du présent article.

Par dérogation aux dispositions de l'art. L. 218-3 COJ, dans sa rédaction issue de l'art. 12 de la L. du 18 nov. 2016, les assesseurs des tribunaux des affaires de sécurité sociale et des tribunaux du contentieux de l'incapacité désignés dans les conditions prévues aux art. L. 142-5 et L. 143-2 CSS, dont le mandat n'est pas arrivé à terme au 31 déc. 2018, siègent, à la demande du premier président de la cour d'appel et avec leur accord, dans la formation collégiale du tribunal de grande instance spécialement désigné en vertu de l'art. L. 211-16 COJ, dans sa rédaction issue de l'art. 12 de la même loi. Leur mandat expire alors à la date à laquelle leur mandat initial devait arriver à terme. Ces assesseurs ne sont pas soumis à l'obligation de formation prévue à l'art. L. 218-12 du même code, dans sa rédaction issue de l'art. 12 de la même loi (Ord. n° 2018-358 du 16 mai 2018, art. 7-II).

Pour l'application du II de l'art. 7 de l'Ord. n° 2018-358 du 16 mai 2018, le président du tribunal des affaires de sécurité sociale et le président du tribunal du contentieux de l'incapacité sollicitent les assesseurs de ces juridictions dont le mandat ne sera pas arrivé à terme au 31 déc. 2018 afin qu'ils fassent, le cas échéant, connaître leur accord de le poursuivre, sous réserve de la décision du premier président de la cour d'appel, dans la formation collégiale des tribunaux de grande instance spécialement désignés en application de l'art. L. 211-16 COJ.

Le président du tribunal des affaires de sécurité sociale et le président du tribunal du contentieux de l'incapacité transmettent au premier président de la cour d'appel, avec leur avis sur chacun d'entre eux, la liste des assesseurs qui ont manifesté leur accord en ce sens.

En fonction de cette liste et des besoins des juridictions, le premier président de la cour d'appel nomme les assesseurs qu'il a retenus afin de poursuivre leur mandat au sein de la formation collégiale du TGI qu'il désigne (Décr. n° 2018-928 du 29 oct. 2018, art. 15).

Art. L. 218-4 Les assesseurs titulaires et suppléants doivent être de nationalité française, être âgés de vingt-trois ans au moins, remplir les conditions d'aptitude pour être juré fixées aux articles 255 à 257 du code de procédure pénale et n'avoir fait l'objet d'aucune condamnation pour une infraction prévue au livre VII du code rural et de la pêche maritime ou au code de la sécurité sociale.

Nonobstant le 2° de l'article 257 du code de procédure pénale, la fonction d'assesseur n'est pas incompatible avec celle de conseiller prud'homme.

Les membres des conseils ou des conseils d'administration des organismes de sécurité sociale ou de mutualité sociale agricole ne peuvent être désignés en qualité d'assesseurs.

Art. L. 218-5 Les assesseurs exercent leurs fonctions en toute indépendance, impartialité, dignité et probité et se comportent de façon à exclure tout doute légitime à cet égard. Ils s'abstiennent, notamment, de tout acte ou comportement public incompatible avec leurs fonctions.

Ils sont tenus au secret des délibérations.

Art. L. 218-6 Avant d'entrer en fonctions, les assesseurs prêtent devant le tribunal *(L. n° 2019-222 du 23 mars 2019, art. 95-I-41°-d, en vigueur le 1er janv. 2020)* « judiciaire *[ancienne rédaction : de grande instance]* » le serment suivant : "Je jure de bien et fidèlement remplir mes fonctions, de garder le secret des délibérations et de me conduire en tout comme un assesseur digne et loyal".

Art. L. 218-7 Les employeurs sont tenus de laisser à leurs salariés assesseurs d'un tribunal *(L. n° 2019-222 du 23 mars 2019, art. 95-I-41°-d, en vigueur le 1er janv. 2020)* « judiciaire *[ancienne rédaction : de grande instance]* » mentionné à l'article L. 211-16 le temps nécessaire à l'exercice de leurs fonctions.

L'exercice des fonctions d'assesseur ne peut être une cause de sanction ou de rupture du contrat de travail. Le licenciement d'un assesseur est soumis à la procédure d'autorisation administrative prévue au livre IV de la deuxième partie du code du travail pour les conseillers prud'hommes.

Art. L. 218-8 Les assesseurs veillent à prévenir ou à faire cesser immédiatement les situations de conflit d'intérêts.

Constitue un conflit d'intérêts toute situation d'interférence entre un intérêt public et des intérêts publics ou privés qui est de nature à influencer ou paraître influencer l'exercice indépendant, impartial et objectif d'une fonction.

Art. L. 218-9 *(Abrogé par Ord. n° 2018-358 du 16 mai 2018, art. 4-1°)* ***L'assesseur qui, sans motif légitime et après mise en demeure, s'abstient d'assister à une audience peut être déclaré démissionnaire par la cour d'appel, à la demande du président du tribunal, après que la cour a entendu ou dûment appelé l'assesseur.***

L'art. 4 de l'Ord. n° 2018-358 du 16 mai 2018 entre en vigueur à la date fixée par le décret mentionné au premier al. du I de l'art. 114 de la L. n° 2016-1547 du 18 nov. 2016, et au plus tard le 1er janv. 2019 (Ord. préc., art. 8).

Art. L. 218-10 En dehors de toute action disciplinaire, le premier président de la cour d'appel peut donner un avertissement aux assesseurs des tribunaux *(L. n° 2019-222 du 23 mars 2019, art. 95-I-41°-e, en vigueur le 1er janv. 2020)* « judiciaires *[ancienne rédaction : de grande instance]* » mentionnés à l'article L. 211-16 situés dans le ressort de la cour, après avoir recueilli l'avis du président du *(Ord. n° 2018-358 du 16 mai 2018, art. 4-2°)* « tribunal concerné ».

L'art. 4 de l'Ord. n° 2018-358 du 16 mai 2018 entre en vigueur à la date fixée par le décret mentionné au premier al. du I de l'art. 114 de la L. n° 2016-1547 du 18 nov. 2016, et au plus tard le 1er janv. 2019 (Ord. préc., art. 8).

Art. L. 218-11 Tout manquement d'un assesseur d'un tribunal *(L. nº 2019-222 du 23 mars 2019, art. 95-I-41º-f, en vigueur le 1er janv. 2020)* « judiciaire *[ancienne rédaction : de grande instance]* » mentionné à l'article L. 211-16 aux devoirs de son état, à l'honneur, à la probité ou à la dignité constitue une faute disciplinaire.

Le pouvoir disciplinaire est exercé par le ministre de la justice. Après audition de l'assesseur par le premier président de la cour d'appel dans le ressort de laquelle le tribunal *(L. nº 2019-222 du 23 mars 2019, art. 95-I-41º-f, en vigueur le 1er janv. 2020)* « judiciaire *[ancienne rédaction : de grande instance]* » a son siège, assisté du président du tribunal, le ministre de la justice peut être saisi par le premier président.

Les sanctions disciplinaires applicables sont :

1º Le blâme ;

2º La suspension des fonctions pour une durée maximale de six mois ;

3º La déchéance assortie de l'interdiction d'être désigné assesseur pour une durée maximale de dix ans ;

4º La déchéance assortie de l'interdiction définitive d'être désigné assesseur.

L'assesseur qui, après sa désignation, perd la capacité d'être juré ou est condamné pour une infraction pénale mentionnée au premier alinéa de l'article L. 218-4 est déchu de plein droit.

Sur proposition du premier président de la cour d'appel dans le ressort de laquelle le tribunal a son siège, le ministre de la justice peut suspendre de ses fonctions un assesseur, préalablement entendu par le premier président, pour une durée maximale de six mois, lorsqu'il existe contre l'intéressé des faits de nature à entraîner une sanction disciplinaire.

Art. L. 218-12 Les assesseurs sont soumis à une obligation de formation initiale dans des conditions fixées par décret.

Tout assesseur qui n'a jamais exercé de mandat ne peut siéger que s'il justifie avoir suivi une formation initiale.

TITRE DEUXIÈME *[ABROGÉ]* LE TRIBUNAL D'INSTANCE

(Abrogé par L. nº 2019-222 du 23 mars 2019, art. 95-I-42º, à compter du 1er janv. 2020)

RÉP. PR. CIV. vº *Tribunaux d'instance*, par FRICERO.

BIBL. GÉN. ▶ CARATINI, *Gaz. Pal. 1989. 2. Doctr. 331.* – GRIDEL, *D. 1994. Chron. 29* (retour du juge de paix). – SOLUS, *D. 1964. Chron. 133.*

▶ Propositions de réforme : NDLR, *D. 2012. Actu. 1412* (rapport 2012 du groupe de travail sur les tribunaux d'instance).

CHAPITRE PREMIER *[ABROGÉ]* INSTITUTION ET COMPÉTENCE

Art. L. 221-1 *Le tribunal d'instance connaît en première instance des affaires civiles (Abrogé par L. nº 2016-1547 du 18 nov. 2016, art. 15-II-4º-a) « et pénales » qui lui sont attribuées par la loi ou le règlement en raison de leur nature ou du montant de la demande.*

(Abrogé par L. nº 2016-1547 du 18 nov. 2016, art. 15-II-4º-b) « Toutefois, peuvent être institués des tribunaux d'instance ayant compétence exclusive en matière pénale.

« Lorsqu'il statue en matière pénale, le tribunal d'instance est dénommé tribunal de police. » — [Anc. art. L. 623-1, al. 1er et L. 623-2, al. 1er.]

Art. L. 221-2 *Il y a au moins un tribunal d'instance dans le ressort de chaque cour d'appel. — [Anc. art. L. 321-1.]*

Art. L. 221-3 *Au sein du tribunal d'instance, un ou plusieurs juges exercent les fonctions de juge des tutelles (L. nº 2009-526 du 12 mai 2009, art. 13-II-3º) « des majeurs ». — [Anc. art. L. 322-1.]*

SECTION PREMIÈRE *[ABROGÉE]* COMPÉTENCE MATÉRIELLE

SOUS-SECTION 1 *[ABROGÉE]* COMPÉTENCE CIVILE DU TRIBUNAL D'INSTANCE

Art. L. 221-4 *Sous réserve des dispositions législatives ou réglementaires fixant la compétence particulière des autres juridictions, le tribunal d'instance connaît, en matière civile, de*

toutes actions personnelles ou mobilières jusqu'à la valeur de 10 000 euros. Il connaît aussi des demandes indéterminées qui ont pour origine l'exécution d'une obligation dont le montant n'excède pas 10 000 euros. *— [Anc. art. L. 321-2.] — V. art. R. 221-4.*

En application de l'art. L. 321-2 [ancien], et à la suite de l'abrogation de l'art. R. 321-1 [ancien] du même code, le TI connaît à charge d'appel de toutes actions personnelles ou mobilières jusqu'à la valeur de 10 000 euros. • Civ. 2e, 24 janv. 2008, n° 06-19.560 P.

Art. L. 221-4-1 *(L. n° 2011-1862 du 13 déc. 2011, art. 4-I-1°, en vigueur le 1er janv. 2013)* ***Le tribunal d'instance connaît des demandes formées en application du règlement (CE) n° 861/2007 du Parlement européen et du Conseil du 11 juillet 2007 instituant une procédure européenne de règlement des petits litiges.*** *— V. Règl. (CE) n° 861/2007 du Parlement européen et du Conseil du 11 juill. 2007, App., v° Droit européen et international, Droit de l'Union européenne.*

L'art. 4 de la L. n° 2011-1862 du 13 déc. 2011 n'est pas applicable aux procédure en cours (L. préc., art. 70-IV).

BIBL. ▸ L. 13 déc. 2011 : Dargent, *D. actu. 15 déc. 2011* (répartition des contentieux et allègement des procédures : aspects de procédure civile). - Fricero, *Dr. et pr. 2012. 30* (les suites du rapport Guinchard).

Art. L. 221-5 ***Les compétences particulières du tribunal d'instance sont fixées par décret en Conseil d'État.*** *— [Anc. art. L. 321-2-4.]*

SOUS-SECTION 2 *[ABROGÉE]* COMPÉTENCE DU JUGE DU TRIBUNAL D'INSTANCE

Art. L. 221-6 ***Lorsqu'il statue sur requête et en référé, le juge du tribunal d'instance connaît des demandes visées à l'article L. 221-4.*** *— [Anc. art. R. 321-3, al. 2.]*

Art. L. 221-7 *(L. n° 2011-1862 du 13 déc. 2011, art. 4-I-2°, en vigueur le 1er janv. 2013)* ***Le juge du tribunal d'instance connaît des demandes formées en application du règlement (CE) n° 1896/2006 du Parlement européen et du Conseil du 12 décembre 2006 instituant une procédure européenne d'injonction de payer.*** *— V. Règl. (CE) n° 1896/2006 du Parlement européen et du Conseil du 12 déc. 2006, App., v° Droit européen et international, Droit de l'Union européenne.*

L'art. 4 de la L. n° 2011-1862 du 13 déc. 2011 n'est pas applicable aux procédure en cours (L. préc., art. 70-IV).

BIBL. ▸ L. 13 déc. 2011 : Dargent, *D. actu. 15 déc. 2011* (répartition des contentieux et allègement des procédures : aspects de procédure civile). - Fricero, *Dr. et pr. 2012. 30* (les suites du rapport Guinchard).

Art. L. 221-8 *(L. n° 2010-1609 du 22 déc. 2010, art. 11-I-2°)* ***Par dérogation aux dispositions de l'article L. 213-6, le juge du tribunal d'instance connaît de la saisie des rémunérations, à l'exception des demandes ou moyens de défense échappant à la compétence des juridictions de l'ordre judiciaire.***

Il exerce les pouvoirs du juge de l'exécution. *— Sur le taux de ressort, V. art. R. 221-42. — Sur la compétence territoriale, V. art. R. 3252-7. —* ***C. trav.***

L'art. 11 de la L. n° 2010-1609 du 22 déc. 2010 entre en vigueur dans les conditions fixées par un décret nécessaire à son application et au plus tard le 1er sept. 2011 (L. préc., art. 43).

1. Pouvoirs du juge. Il appartient au juge de la saisie des rémunérations de vérifier le montant de la créance servant de cause à la saisie et de trancher la contestation relative à l'exception de compensation soulevée par la débitrice. • Civ. 2e, 21 janv. 2010 : *D. actu. 3 févr. 2010, obs. Avena-Robardet ; D. 2010. AJ 386.*

2. Le créancier peut saisir le juge du TI, exerçant les pouvoirs du JEX, des difficultés d'exécution de la procédure de saisie des rémunérations en cours et d'une demande de dommages-intérêts pour résistance abusive de l'employeur. En conséquence, viole les art. L. 221-8 COJ et R. 3252-11 C. trav., ensemble l'art. R. 3252-8 du même code, la cour d'appel qui retient que le créancier poursuivant devait transmettre ses critiques au greffe du TI. • Civ. 2e, 6 juin 2019, n° 18-16.892 P : *D. 2019. 1235 ; Procédures 2019, n° 254, note Raschel.*

Art. L. 221-8-1 *(L. n° 2010-1609 du 22 déc. 2010, art. 11-I-3°)* ***Le juge du tribunal d'instance connaît des mesures de traitement des situations de surendettement des particuliers***

et de la procédure de rétablissement personnel. Un décret peut désigner, dans le ressort de chaque tribunal de grande instance, un ou plusieurs tribunaux d'instance dont les juges seront seuls compétents pour connaître de ces mesures et de cette procédure.

L'art. 11 de la L. n° 2010-1609 du 22 déc. 2010 entre en vigueur dans les conditions fixées par un décret nécessaire à son application et au plus tard le 1er sept. 2011 (L. préc., art. 43).

SOUS-SECTION 3 *[ABROGÉE]* COMPÉTENCE DU JUGE DES TUTELLES

Art. L. 221-9 *(L. n° 2009-526 du 12 mai 2009, art. 13-II-4°)* ***Le juge des tutelles connaît :***

1° De la sauvegarde de justice, de la curatelle, de la tutelle des majeurs et de la mesure d'accompagnement judiciaire ;

2° Des actions relatives à l'exercice du mandat de protection future ;

3° Des demandes formées par un époux, lorsque son conjoint est hors d'état de manifester sa volonté, aux fins d'être autorisé à passer seul un acte pour lequel le concours ou le consentement de ce dernier serait nécessaire, ou aux fins d'être habilité à le représenter ;

4° De la constatation de la présomption d'absence ;

(Ord. n° 2015-1288 du 15 oct. 2015, art. 15, en vigueur le 1er janv. 2016) ***« 5° De l'habilitation familiale prévue par la section VI du chapitre II du titre XI du livre Ier du code civil. »***

L'art. 13 de la L. n° 2009-526 du 12 mai 2009 entre en vigueur le 1er janv. 2010. Il est par ailleurs applicable à Wallis-et-Futuna et dans les Terres australes et antarctiques françaises (L. préc., art. 13-IV et V).

SOUS-SECTION 4 *[ABROGÉE]* COMPÉTENCE DU TRIBUNAL DE POLICE

(Abrogée par L. n° 2016-1547 du 18 nov. 2016, art. 15-II-5°)

Art. L. 221-10 *[Abrogé] Tribunal de police* 🏛.

SECTION II *[ABROGÉE]* COMPÉTENCE TERRITORIALE

La présente section ne comprend pas de dispositions législatives.

CHAPITRE II *[ABROGÉ]* ORGANISATION ET FONCTIONNEMENT

SECTION PREMIÈRE *[ABROGÉE]* LE SERVICE JURIDICTIONNEL

Art. L. 222-1 ***Le tribunal d'instance statue à juge unique.*** *– [Anc. art. L. 321-4.]*

Art. L. 222-1-1 *(L. n° 2011-1862 du 13 déc. 2011, art. 1er-I-5°, en vigueur le 1er janv. 2015)* ***Le juge de proximité peut statuer sur requête en injonction de payer, sauf sur opposition.***

L'art. 1er de la L. n° 2011-1862 du 13 déc. 2011 est applicable aux procédures en cours dans les conditions suivantes :

En matière civile, la juridiction de proximité demeure compétente pour connaître des procédures en cours jusqu'au premier jour du septième mois suivant la date du 1er janv. 2017 (L. n° 2012-1441 du 24 déc. 2012, art. unique, 1° et 2°, b, et L. n° 2014-1654 du 29 déc. 2014, art. 99), date à compter de laquelle ces procédures sont transférées en l'état au tribunal d'instance. Dans les matières dont la connaissance est transférée par l'effet de la présente loi au tribunal d'instance, les convocations et assignations données aux parties peuvent être délivrées avant la date du 1er janv. 2015 (L. n° 2012-1441 du 24 déc. 2012, art. unique, 1° et 2°, c) pour une comparution postérieure à cette date devant le tribunal d'instance.

Il n'y a pas lieu de renouveler les actes, formalités et jugements régulièrement intervenus antérieurement au transfert des procédures civiles, à l'exception des convocations, citations et assignations données aux parties et aux témoins qui n'auraient pas été suivies d'une comparution devant la juridiction supprimée.

Les parties ayant comparu devant la juridiction supprimée sont informées par l'une ou l'autre des juridictions qu'il leur appartient d'accomplir les actes de la procédure devant le tribunal auquel les procédures sont transférées.

Les archives et les minutes du greffe de la juridiction de proximité sont transférées au greffe du tribunal d'instance selon la nature de la procédure. Les frais de transfert de ces archives et minutes sont pris sur le crédit ouvert à cet effet au budget du ministère de la justice (L. préc., art. 70-II).

L'art. 1er de la L. n° 2011-1862 du 13 déc. 2011 est applicable dans les îles Wallis-et-Futuna, en Polynésie française et en Nouvelle-Calédonie (L. préc., art. 72).

BIBL. ▸ **L. 13 déc. 2011 :** Dargent, *D. actu. 15 déc. 2011* (répartition des contentieux et allègement des procédures : aspects de procédure civile).

Art. L. 222-2 ***Les magistrats du siège qui assurent le service d'un tribunal d'instance peuvent être suppléés en cas de vacance d'emploi, d'absence ou d'empêchement, ou remplacés provisoirement, par des magistrats du siège désignés par le président du tribunal de grande instance.***

Ils peuvent être également chargés du service de tribunaux d'instance limitrophes ayant leur siège dans le ressort du même tribunal de grande instance. — *[Anc. art. L. 321-5 et R.* 321-34.]*

SECTION II *[ABROGÉE]* LE MINISTÈRE PUBLIC

(Abrogée par L. n° 2016-1547 du 18 nov. 2016, art. 15-II-6°)

Art. L. 222-3 *[Abrogé] Tribunal de police*

SECTION III *[ABROGÉE]* LE GREFFE

Art. L. 222-4 *(L. n° 2016-1547 du 18 nov. 2016, art. 16-II)* ***A titre exceptionnel, les attributions du directeur des services de greffe mentionnées aux articles 26, 26-1, 26-3, 31, 31-2, 31-3, 33-1, 511 et 512 du code civil peuvent être exercées par un directeur des services de greffe du ressort ou, à défaut, par le greffier chef de greffe du tribunal d'instance concerné, par décision des chefs de cour.***

SECTION IV *[ABROGÉE]* LES ASSEMBLÉES GÉNÉRALES

La présente section ne comprend pas de dispositions législatives.

CHAPITRE III *[ABROGÉ]* DISPOSITIONS PARTICULIÈRES AUX DÉPARTEMENTS DU BAS-RHIN, DU HAUT-RHIN ET DE LA MOSELLE

RÉP. PR. CIV. v° *Alsace et Moselle* par Haegel, Schwob et Vallens.

Art. L. 223-1 *(L. n° 2011-1862 du 13 déc. 2011, art. 1er-I-6°, en vigueur le 1er janv. 2017)* ***Le tribunal d'instance connaît, de manière exclusive, en matière civile et commerciale, de toute action patrimoniale jusqu'à la valeur de 10 000 €.***

Il connaît aussi, dans les mêmes conditions, des demandes indéterminées qui ont pour origine l'exécution d'une obligation dont le montant n'excède pas 10 000 €.

L'art. 1er de la L. n° 2011-1862 du 13 déc. 2011 est applicable aux procédures en cours dans les conditions suivantes :

En matière civile, la juridiction de proximité demeure compétente pour connaître des procédures en cours jusqu'au premier jour du septième mois suivant la date du 1er janv. 2017 (L. n° 2012-1441 du 24 déc. 2012, art. unique, 1° et 2°, b, et L. n° 2014-1654 du 29 déc. 2014, art. 99), date à compter de laquelle ces procédures sont transférées en l'état au tribunal d'instance. Dans les matières dont la connaissance est transférée par l'effet de la présente loi au tribunal d'instance, les convocations et assignations données aux parties peuvent être délivrées avant la date du 1er janv. 2017 (L. n° 2012-1441 du 24 déc. 2012, art. unique, 1° et 2°, c et L. n° 2014-1654 du 29 déc. 2014, art. 99) pour une comparution postérieure à cette date devant le tribunal d'instance.

Il n'y a pas lieu de renouveler les actes, formalités et jugements régulièrement intervenus antérieurement au transfert des procédures civiles, à l'exception des convocations, citations et assignations données aux parties et aux témoins qui n'auraient pas été suivies d'une comparution devant la juridiction supprimée.

Les parties ayant comparu devant la juridiction supprimée sont informées par l'une ou l'autre des juridictions qu'il leur appartient d'accomplir les actes de la procédure devant le tribunal auquel les procédures sont transférées.

Les archives et les minutes du greffe de la juridiction de proximité sont transférées au greffe du tribunal d'instance selon la nature de la procédure. Les frais de transfert de ces archives et minutes sont pris sur le crédit ouvert à cet effet au budget du ministère de la justice (L. préc., art. 70-II).

L'art. 1er de la L. n° 2011-1862 du 13 déc. 2011 est applicable dans les îles Wallis-et-Futuna, en Polynésie française et en Nouvelle-Calédonie (L. préc., art. 72).

BIBL. ▶ **L. 13 déc. 2011 :** DARGENT, *D. actu. 15 déc. 2011* (répartition des contentieux et allègement des procédures : aspects de procédure civile). – FRICERO, *Dr. et pr. 2012. 30* (les suites du rapport Guinchard).

Art. L. 223-2 ***Les fonctions du tribunal de l'exécution sont exercées par le tribunal d'instance.***

Le tribunal de l'exécution connaît :

1° De l'exécution forcée sur les biens immeubles ;

2° De l'administration forcée des immeubles ;

3° De la procédure en matière de purge des hypothèques. *– [Anc. art. L. 911-3.]*

Art. L. 223-3 ***Les fonctions de tribunal pour la navigation du Rhin sont exercées par un tribunal d'instance spécialement désigné, conformément à la convention révisée pour la navigation du Rhin, signée à Mannheim le 17 octobre 1868.*** *– V. C. transp., art. L. 4261-2.*

Les fonctions de tribunal de première instance pour la navigation de la Moselle sont exercées par un tribunal d'instance spécialement désigné, conformément à la loi n° 66-379 du 15 juin 1966 déterminant, en application de la convention franco-luxembourgeoise du 27 octobre 1956, les juridictions compétentes pour la navigation de la Moselle. *– V. C. transp., art. L. 4262-2.*

La L. n° 66-379 du 15 juin 1966 a été abrogée, à compter du 1er déc. 2011, par l'Ord. n° 2010-1307 du 28 oct. 2010, art. 7.

Art. L. 223-4 ***Le service du livre foncier est assuré au sein du tribunal d'instance selon les modalités fixées par décret.*** *– [Anc. art. L. 911-4.]*

Art. L. 223-5 ***Le tribunal d'instance connaît :***

1° De la tutelle, des administrations légales et des curatelles de droit local ;

2° Du partage judiciaire et de la vente judiciaire d'immeubles, des certificats d'héritier et des scellés ;

3° Des registres des associations et des registres des associations coopératives de droit local. *– [Anc. art. R.* 911-1.]*

Art. L. 223-6 ***Le tribunal d'instance statue à la place du tribunal de grande instance et du président de cette juridiction dans les cas où la loi leur donne compétence en matière successorale.*** *– [Anc. art. R.* 911-2.]*

Art. L. 223-7 ***Le juge du tribunal d'instance connaît de la saisie conservatoire prévue à l'article L. 511-51 du code de commerce quel que soit le montant des causes de la saisie.*** *– [Anc. art. R.* 911-4.]*

Art. L. 223-8 *(L. n° 2007-1787 du 20 déc. 2007, art. 26-I-3°)* ***Le greffe du tribunal d'instance, sous le contrôle du juge, tient les registres de publicité légale tenus au greffe du tribunal de commerce.***

TITRE QUATRIÈME **LA COUR D'ASSISES**

CHAPITRE UNIQUE

Art. L. 241-1 *Cour d'assises* 🏛.

TITRE CINQUIÈME **LES JURIDICTIONS DES MINEURS**

CHAPITRE PREMIER **LE TRIBUNAL POUR ENFANTS**

SECTION PREMIÈRE **INSTITUTION ET COMPÉTENCE**

Art. L. 251-1 et L. 251-2 *Tribunal pour enfants* 🏛.

SECTION II ORGANISATION ET FONCTIONNEMENT

Art. L. 251-3 à L. 251-6 *Tribunal pour enfants* 🏛.

CHAPITRE PREMIER *BIS [ABROGÉ]* LE TRIBUNAL CORRECTIONNEL POUR MINEURS

(Abrogé par L. nº 2016-1547 du 18 nov. 2016, art. 29-II et III, à compter du 1er janv. 2017) (L. nº 2011-939 du 10 août 2011, art. 51)

Art. L. 251-7 ***Le tribunal correctionnel pour mineurs constitue une formation spécialisée du tribunal correctionnel.***

Les règles concernant la compétence, la composition et le fonctionnement sont fixées par l'ordonnance nº 45-174 du 2 février 1945 relative à l'enfance délinquante.

Art. L. 251-8 ***Il y a un tribunal correctionnel pour mineurs dans chaque*** *(Ord. nº 2019-964 du 18 sept. 2019, art. 35, en vigueur le 1er janv. 2020)* ***« tribunal judiciaire*** *[ancienne rédaction : tribunal de grande instance]* ***» où se trouve un tribunal pour enfants.***

CHAPITRE II LE JUGE DES ENFANTS

SECTION PREMIÈRE INSTITUTION ET COMPÉTENCE *(L. nº 2022-140 du 7 févr. 2022, art. 25-1º).*

Art. L. 252-1 **Il y a au moins un juge des enfants au siège de chaque tribunal pour enfants.** – *[Anc. art. L. 531-1.]*

(L. nº 2011-525 du 17 mai 2011, art. 85) **« Le juge des enfants peut être suppléé, en cas d'absence ou d'empêchement, ou remplacé provisoirement par un magistrat du siège désigné par le président du tribunal** *(L. nº 2019-222 du 23 mars 2019, art. 95-I-43º, en vigueur le 1er janv. 2020)* **« judiciaire** *[ancienne rédaction : de grande instance]* **». »**

L'art. 85 de la L. nº 2011-525 du 17 mai 2011 est applicable en Polynésie française, en Nouvelle-Calédonie et dans les îles Wallis-et-Futuna (L. préc., art. 200).

Art. L. 252-2 **Le juge des enfants est compétent en matière d'assistance éducative.** – *[Anc. art. L. 531-3.]*

Droit de visite et d'hébergement. Il résulte de la combinaison des art. 375-3 et 375-7, al. 4, C. civ. que, lorsqu'un JAF a statué sur la résidence de l'enfant et fixé le droit de visite et d'hébergement de l'autre parent, le juge des enfants, saisi postérieurement à cette décision, ne peut modifier les modalités du droit de visite et d'hébergement décidé par le JAF que s'il existe une décision de placement de l'enfant au sens de l'art. 375-3, laquelle ne peut conduire le juge des enfants à placer l'enfant chez le parent qui dispose déjà d'une décision du JAF fixant la résidence de l'enfant à son domicile, et si un fait nouveau de nature à entraîner un danger pour le mineur s'est révélé postérieurement à la décision du JAF. • Civ. 1re, 20 oct. 2021, ♁ nº 19-26.152 P : *cité note 4 ss. art. L. 213-3 COJ.*

Art. L. 252-3 **Le juge des enfants est compétent en matière d'organisation ou de prolongation d'une action de protection judiciaire à l'égard des mineurs émancipés ou des majeurs âgés de vingt et un ans ou moins.**

Art. L. 252-4 **Le juge des enfants connaît** *(Abrogé par L. nº 2007-308 du 5 mars 2007, art. 29, à compter du 1er janv. 2009)* *« , sous réserve de la compétence du juge des tutelles, »* **de la** *(L. nº 2009-526 du 12 mai 2009, art. 116-I)* **« mesure judiciaire d'aide à la gestion du budget familial ».**

Art. L. 252-5 *Matière pénale* 🏛.

SECTION II ORGANISATION ET FONCTIONNEMENT

(L. nº 2022-140 du 7 févr. 2022, art. 25-2º)

Art. L. 252-6 **En matière d'assistance éducative, si la particulière complexité d'une affaire le justifie, le juge des enfants peut, à tout moment de la procédure, ordonner son renvoi à la formation collégiale du tribunal judiciaire, qui statue comme juge des enfants. La formation collégiale est présidée par le juge des enfants saisi de l'affaire.**

CHAPITRE III DISPOSITIONS COMMUNES AU TRIBUNAL POUR ENFANTS ET AU JUGE DES ENFANTS

Le présent chapitre ne comprend pas de dispositions législatives.

CHAPITRE IV LA COUR D'ASSISES DES MINEURS

Art. L. 254-1 *Cour d'assises* 🏛.

TITRE SIXIÈME AUTRES JURIDICTIONS D'ATTRIBUTION

CHAPITRE UNIQUE

Art. L. 261-1 Les dispositions particulières relatives à l'institution, la compétence, l'organisation et au fonctionnement des autres juridictions d'attribution sont énoncées :

1° Au code de commerce en ce qui concerne le tribunal de commerce ; *– C. com., art. L. 721-1 s. et R. 721-1 s. –* ***C. com.***

(Ord. n° 2012-1218 du 2 nov. 2012, art. 19) « 2° Par la loi relative à la répression en matière maritime, en ce qui concerne le tribunal maritime ; »

3° Au code de l'expropriation pour cause d'utilité publique et aux lois et règlements particuliers en ce qui concerne le juge de l'expropriation ; *– V. notamment art. L. 311-1 s et R. 311-1. –* ***C. expr.***

4° Au code de justice militaire en ce qui concerne les juridictions des forces armées ; *– V. CJM, art. L. 111-1 s. et R. 111-1 s.. –* ***C. pr. pén.***

5° Au code de procédure pénale en ce qui concerne le tribunal d'application des peines ; *– C. pr. pén., art. 712-1 s. –* ***C. pr. pén.***

6° Au *(Ord. n° 2010-462 du 6 mai 2010, art. 1er)* « code rural et de la pêche maritime » en ce qui concerne le tribunal paritaire des baux ruraux ; *– C. rur., art. L. 491-1 s. et R. 491-1 s. –* ***C. rur.***

(Abrogé par L. n° 2016-1547 du 18 nov. 2016, art. 12-III-2°) ***« 7° Au code de la sécurité sociale*** *(L. n° 2014-40 du 20 janv. 2014, art. 11-II)* ***« et, le cas échéant, au code du travail » en ce qui concerne le tribunal des affaires de sécurité sociale, le tribunal du contentieux de l'incapacité et la Cour nationale de l'incapacité et de la tarification de l'assurance des accidents du travail ; »*** *– CSS, art. L. 142-1 s. et R. 142-1 s. –* ***CSS.*** *– Sur l'entrée en vigueur de l'art. 12 de la L. n° 2016-1547 du 18 nov. 2016, V. note ss. art. L. 211-16.*

8° Au code du travail en ce qui concerne le conseil de prud'hommes ; *– C. trav., art. L. 1411-1 s. et R. 1412-1 s. –* ***C. trav.***

9° Au décret du 19 novembre 1859 sur la police de la pêche côtière dans le cinquième arrondissement maritime en ce qui concerne les prud'homies de pêche. *– [Anc. art. L. 420-1, L. 431-1, L. 450-1, ecqc TASS et tribunal du contentieux de l'incapacité, L. 461-1, L. 630-1 à L. 630-3, L. 882-1 et L. 882-2.]*

L'art. 12 de la L. n° 2016-1547 du 18 nov. 2016, entre en vigueur à une date fixée par décret, et au plus tard le 1er janv. 2019.

A cette date, les procédures en cours devant les tribunaux des affaires de sécurité sociale et les tribunaux du contentieux de l'incapacité sont transférées en l'état aux tribunaux mentionnés au 1° du III de l'art. 12. Les procédures relevant du contentieux général en cours devant les cours d'appel sont transférées en l'état aux cours d'appel spécialement désignées à l'art. L. 311-15 COJ. A cette même date, les affaires en cours devant les commissions départementales d'aide sociale sont, selon leur nature, transférées en l'état aux tribunaux de grande instance ou aux tribunaux administratifs territorialement compétents. Les procédures en cours devant la Commission centrale d'aide sociale en application de l'art. L. 134-2 CASF sont, selon leur nature, transférées en l'état aux cours d'appel ou à une juridiction administrative désignée par décret en Conseil d'État. Les procédures en cours devant la même commission en application de l'art. L. 134-3 du même code sont transférées en l'état à une juridiction administrative désignée par décret en Conseil d'État.

Par dérogation aux deux premiers alinéas du présent I, la Cour nationale de l'incapacité et de la tarification de l'assurance des accidents du travail demeure compétente pour connaître des procédures introduites avant cette date et jusqu'au 31 déc. 2020, ou à une date ultérieure qui sera fixée par décret, sans pouvoir dépasser le 31 déc. 2022, date à compter de laquelle ces procédures sont transférées en l'état aux cours d'appel territorialement compétentes spécialement désignées en vertu des art. L. 311-15 et L. 311-16 COJ. Les dispositions du CSS, du C. rural et du CASF qui lui sont applicables demeurent en vigueur jusqu'à cette date.

Les convocations et citations données aux parties peuvent être délivrées avant la date d'entrée en vigueur de l'art. 12 de la présente loi pour une comparution postérieure à cette date devant la juridiction nouvellement compétente. Il n'y a pas lieu de renouveler les actes, formalités et jugements régulièrement intervenus avant le transfert des procédures, à l'exception des convocations et citations données aux parties qui n'auraient pas été suivies d'une comparution devant la juridiction supprimée ou antérieurement compétente. Les parties ayant comparu devant la juridiction supprimée ou antérieurement compétente sont informées par l'une ou l'autre des juridictions qu'il leur appartient d'accomplir les actes de la procédure devant la juridiction à laquelle les procédures sont transférées. Les archives et les minutes du secrétariat des juridictions supprimées ou antérieurement compétentes sont transférées au greffe de la juridiction nouvellement compétente. Les frais de transfert de ces archives et minutes sont imputés sur le crédit ouvert à cet effet au budget du ministère de la justice (Ord. nº 2012-1218 du 2 nov. 2012, art. 114-I).

LIVRE TROISIÈME JURIDICTIONS DU SECOND DEGRÉ

RÉP. PR. CIV. v° *Cour d'appel,* par Putman et Quin.

TITRE PREMIER LA COUR D'APPEL

CHAPITRE PREMIER COMPÉTENCE

SECTION PREMIÈRE DISPOSITIONS GÉNÉRALES

Art. L. 311-1 **La cour d'appel connaît, sous réserve des compétences attribuées à d'autres juridictions, des décisions judiciaires, civiles et pénales, rendues en premier ressort.**

La cour d'appel statue souverainement sur le fond des affaires. – *[Anc. art. L. 211-1 et R.* 211-1.]*

BIBL. ▶ Bachellier, *BICC 15 mai 2009, p. 18* (le pouvoir souverain des juges du fond). – Charruault, *BICC 15 mai 2009, p. 24* (la souveraineté du juge du fond à l'épreuve de quelques faits).

SECTION II DISPOSITIONS PARTICULIÈRES

Art. L. 311-2 **La cour d'appel connaît des contestations relatives à l'élection du président du tribunal de commerce dans les conditions prévues par le code de commerce.**

Art. L. 311-3 **La cour d'appel connaît, en ce qui concerne les avocats :**

1° Des contestations relatives aux élections au conseil de l'ordre et à l'élection du bâtonnier de l'ordre ;

2° Des recours contre les décisions ou délibérations du conseil de l'ordre ;

3° Des recours contre les décisions des centres de formation professionnelle ;

4° Des recours exercés après arbitrage du bâtonnier pour les litiges nés à l'occasion du contrat de travail des avocats salariés. – *[Anc. art. L. 225-1 et L. 225-2.]*

Art. L. 311-4 **La cour d'appel connaît :**

(Abrogé par L. n° 2011-94 du 25 janv. 2011, art. 33-9°, à compter du 1er janv. 2012) ***« 1° En ce qui concerne le stage des avoués, des recours contre les décisions de la chambre de la compagnie des avoués ; »***

2° En ce qui concerne le stage des huissiers de justice, des recours contre les décisions de la chambre départementale des huissiers de justice ;

3° En ce qui concerne le stage des notaires, des recours contre les décisions du conseil d'administration du centre de formation professionnelle des notaires.

Art. L. 311-5 *(Abrogé par Ord. n° 2022-544 du 13 avr. 2022, art. 32)* ***La cour d'appel connaît, en ce qui concerne la discipline*** *(Abrogé par L. n° 2011-94 du 25 janv. 2011, art. 32-4°-b, à compter du 1er janv. 2012)* ***« des avoués, » des commissaires-priseurs judiciaires, des huissiers de justice et des notaires, des recours contre les décisions de la chambre de discipline.***

L'art. 32 de l'Ord. n° 2022-544 du 13 avr. 2022 entrent en vigueur le 1er juill. 2022.

Jusqu'à l'édiction d'un code de déontologie et des règles professionnelles visées à l'art. 2 de ladite Ord., les principes déontologiques et règles professionnelles des huissiers de justice et des commissaires-priseurs judiciaires demeurent applicables.

Les dispositions issues de l'Ord. préc. sont applicables aux procédures disciplinaires engagées postérieurement à son entrée en vigueur. Les instances disciplinaires engagées antérieurement devant les chambres de discipline des huissiers de justice et des commissaires-priseurs judiciaires peuvent être reprises, à l'initiative de l'une des autorités visées aux art. 8 et 9, devant la nouvelle juridiction disciplinaire.

Elles sont applicables aux réclamations reçues postérieurement à son entrée en vigueur (Ord. préc., art. 40).

Art. L. 311-6 **La cour d'appel connaît des contestations relatives à la régularité des élections des membres des organismes professionnels** *(Abrogé par L. n° 2011-94 du 25 janv. 2011, art. 32-4°-b, à compter du 1er janv. 2012)* ***« des avoués »*** **des commissaires-priseurs judiciaires, des huissiers de justice et des notaires.**

SECTION III DISPOSITIONS RELATIVES AU PREMIER PRÉSIDENT

Art. L. 311-7 Le premier président a compétence dans les matières suivantes, sans préjudice des autres compétences qui lui sont attribuées par la loi ou le règlement :

1° L'arrêt ou l'octroi de l'exécution provisoire en cas d'appel, conformément au *(L. n° 2007-1787 du 20 déc. 2007, art. 26-IV)* « code de procédure civile » ;

2° Le recours contre la décision du bâtonnier prise sur contestation des honoraires d'avocat ;

3° La réparation à raison d'une détention provisoire, conformément au code de procédure pénale ;

4° L'appel des ordonnances du juge des libertés et de la détention en cas de prolongation du maintien en zone d'attente et de la rétention, conformément au code de l'entrée et du séjour des étrangers et du droit d'asile. — *[Anc. art. R.* 212-7.]*

Art. L. 311-7-1 *(L. n° 2009-526 du 12 mai 2009, art. 138-VI-2°)* En matière civile, le premier président statue en référé ou sur requête. *(Ord. n° 2019-738 du 17 juill. 2019, art. 7 et 30, en vigueur le 1er janv. 2020)* « Dans les cas prévus par la loi ou le règlement, il statue selon la procédure accélérée au fond. »

L'Ord. n° 2019-738 du 17 juill. 2019, s'appliquent aux demandes introduites à compter du 1er janv. 2020 (Ord. préc., art. 30).

SECTION IV DISPOSITIONS PARTICULIÈRES À CERTAINES CHAMBRES DE LA COUR D'APPEL

Art. L. 311-8 *Matière pénale* 🏛.

Art. L. 311-9 *(Abrogé par Ord. n° 2014-1345 du 6 nov. 2014, art. 6-2°) **Les règles relatives à la compétence de la chambre de l'expropriation sont fixées par le code de l'expropriation pour cause d'utilité publique.** — [Anc. art. L. 222-1.]*

SECTION V DISPOSITIONS PARTICULIÈRES À CERTAINES COURS D'APPEL

Art. L. 311-10 Des cours d'appel spécialement désignées connaissent des recours contre les décisions du directeur de l'Institut national de la propriété industrielle dans les cas et conditions prévus par le code de la propriété intellectuelle.

Art. L. 311-11 Une cour d'appel spécialement désignée connaît des recours contre :

1° Les décisions *(Ord. n° 2008-1161 du 13 nov. 2008, art. 4)* « de l'Autorité de la concurrence », *(Ord. n° 2021-649 du 26 mai 2021, art. 5 ; rect. JO 19 juin 2021)* « et relatifs à la validité de la notification par l'Autorité de la concurrence des actes mentionnés au IV de l'article L. 462-9-1 du code de commerce » dans les cas et conditions prévus par le code de commerce ;

2° Les décisions de portée individuelle de l'Autorité des marchés financiers, dans les cas et conditions prévus par le code monétaire et financier ;

3° Les décisions du Comité de la protection des obtentions végétales, dans les cas et conditions prévus par le code de la propriété intellectuelle.

Art. L. 311-12 Une cour d'appel spécialement désignée connaît des actions, engagées en matière d'indemnisation des victimes de préjudices résultant de la contamination par le virus d'immunodéficience humaine, contre l'Office national d'indemnisation des accidents médicaux, des affections iatrogènes et des infections nosocomiales, dans les cas et conditions prévus par le code de la santé publique. — *[Anc. art. R. 412-3.]*

Art. L. 311-13 Une cour d'appel spécialement désignée connaît des recours contre les décisions prises par l'Autorité de régulation des communications électroniques et des postes dans les cas et conditions prévus par le code des postes et des communications électroniques.

Art. L. 311-14 Une cour d'appel spécialement désignée connaît :

1° Des contestations relatives à l'élection des membres du Conseil national des barreaux et des membres du bureau de ce conseil ;

2° Des recours contre les décisions individuelles prises par le Conseil national des barreaux ;

3° Des recours contre les décisions prises par les commissions nationales en matière d'inscription, de retrait ou de discipline des administrateurs judiciaires, des mandataires judiciaires au redressement et à la liquidation des entreprises et des experts en diagnostic d'entreprise. — *V. COJ, art. D. 311-11.*

Art. L. 311-15 *(L. n° 2016-1547 du 18 nov. 2016, art. 12-III-3°-a)* Des cours d'appel spécialement désignées connaissent des décisions rendues par les juridictions mentionnées à l'article L. 211-16, dans les cas et conditions prévus par le code de l'action sociale et des familles et le code de la sécurité sociale.

Sur l'entrée en vigueur de l'art. 12 de la L. n° 2016-1547 du 18 nov. 2016, V. note ss. art. L. 211-16.

Art. L. 311-16 *(L. n° 2016-1547 du 18 nov. 2016, art. 12-III-3°)* Une cour d'appel spécialement désignée connaît des litiges mentionnés au *(L. n° 2019-222 du 23 mars 2019, art. 96-II-2°)* « 7° de l'article L. 142-1 » du code de la sécurité sociale.

Sur l'entrée en vigueur de l'art. 12 de la L. n° 2016-1547 du 18 nov. 2016, V. note ss. art. L. 211-16.

SECTION VI DISPOSITIONS PARTICULIÈRES AU PREMIER PRÉSIDENT DE CERTAINES COURS D'APPEL

(Ord. n° 2017-303 du 9 mars 2017, art. 11)

Art. L. 311-17 Le premier président d'une cour d'appel spécialement désignée connaît des recours contre les décisions relatives à la protection du secret des affaires dans les cas et conditions prévus par le code de commerce.

CHAPITRE II ORGANISATION ET FONCTIONNEMENT

SECTION PREMIÈRE LES FORMATIONS DE LA COUR D'APPEL

SOUS-SECTION 1 DISPOSITIONS GÉNÉRALES

Art. L. 312-1 La cour d'appel statue en formation collégiale.

Art. L. 312-2 La formation de jugement de la cour d'appel se compose d'un président et de plusieurs conseillers.

Aux audiences solennelles, la cour est présidée par le premier président et comprend en outre des conseillers appartenant à plusieurs chambres. — *[Anc. art. L. 212-2, al. 1er.]*

Art. L. 312-3 Les avocats dans l'ordre du tableau *(Abrogé par L. n° 2011-94 du 25 janv. 2011, art. 32-10°, à compter du 1er janv. 2012)* ***« et, après eux, les avoués selon la date de leur réception, »*** peuvent être appelés à suppléer les conseillers pour compléter la cour d'appel.

Toutefois, la formation de jugement de la cour d'appel ne peut comprendre, en matière pénale, une majorité de juges non professionnels. — *[Anc. art. L. 213-2.]*

Les énonciations de l'arrêt, selon lesquelles un avocat a été appelé à suppléer un conseiller pour compléter la cour d'appel, font présumer qu'il a été procédé à ce remplacement conformément à la loi. • Soc. 7 juill. 1998, n° 96-41.701 P.

SOUS-SECTION 2 DISPOSITIONS PARTICULIÈRES À CERTAINES FORMATIONS

Art. L. 312-4 *Matière pénale.*

Art. L. 312-5 *(Abrogé par Ord. n° 2014-1345 du 6 nov. 2014, art. 6-2°)* ***Les règles relatives à l'organisation et au fonctionnement de la chambre de l'expropriation sont fixées par le code de l'expropriation pour cause d'utilité publique.*** — *[Anc. art. L. 222-2.]*

Art. L. 312-6 Un magistrat qui prend le nom de délégué à la protection de l'enfance est désigné au sein de chaque cour d'appel.

Ce magistrat préside la chambre spéciale des mineurs ou y exerce les fonctions de rapporteur.

Il siège comme membre de la chambre de l'instruction dans les cas mentionnés à l'article *(Ord. n° 2019-950 du 11 sept. 2019, art. 5-IV, en vigueur le 30 sept. 2021)* « L. 221-3 du code de la justice pénale des mineurs *[ancienne rédaction : 23 de l'ordonnance n° 45-174 du 2 février 1945]* ». — *V. CJPM, art. L. 221-3.*

Il siège également dans la formation de la cour d'appel qui statue sur les recours formés contre les décisions rendues en première instance sur le fondement des dispositions des instruments internationaux et communautaires relatives au déplacement illicite international d'enfants. — *[Anc. art. L. 223-2, al. 1er, L. 223-3 et L. 226-1, al. 1er.]*

Code de la justice pénale des mineurs

(Ord. n° 2019-950 du 11 sept. 2019, en vigueur le 1er oct. 2020)

Art. L. 221-3 Le conseiller délégué à la protection de l'enfance mentionné à l'article L. 312-6 du code de l'organisation judiciaire siège comme membre de la chambre de l'instruction dans les affaires impliquant un mineur.

....

Art. L. 231-6 La chambre spéciale des mineurs de la cour d'appel mentionnée à l'article L. 312-6 du code de l'organisation judiciaire connaît des appels formés contre :

1° Les décisions du juge des enfants et du tribunal pour enfants ;

2° Les jugements du tribunal de police rendus à l'égard des mineurs ;

(L. n° 2021-218 du 26 févr. 2021, art. 11) « 3° Les décisions du juge des libertés et de la détention rendues à l'égard des mineurs en matière de détention provisoire, sauf dans le cadre d'une information judiciaire. »

Art. L. 312-6-1 *(L. n° 2009-526 du 12 mai 2009, art. 13-II-5°)* **Un magistrat, qui prend le nom de délégué à la protection des majeurs, est désigné au sein de chaque cour d'appel par le premier président.**

Ce magistrat préside la formation de jugement qui statue en matière de protection juridique des majeurs sur les appels des décisions rendues par le juge des tutelles et le conseil de famille, ou y exerce les fonctions de rapporteur.

L'art. 13 de la L. n° 2009-526 du 12 mai 2009 entre en vigueur le 1er janv. 2010. Il est par ailleurs applicable à Wallis-et-Futuna et dans les Terres australes et antarctiques françaises (L. préc., art. 13-IV et V).

BIBL. ▶ BLÉRY, *Procédures 2009. Focus 38* (organisation judiciaire du contentieux familial).

Art. L. 312-6-2 *(L. n° 2016-1547 du 18 nov. 2016, art. 12-III-3°-b)* **La formation de jugement mentionnée à l'article L. 311-16 est composée d'un magistrat du siège et de deux assesseurs représentant les travailleurs salariés, pour le premier, et les employeurs et les travailleurs indépendants, pour le second.**

(Ord. n° 2018-358 du 16 mai 2018, art. 4-3°) **« Ces assesseurs sont choisis par le premier président dans le ressort de la cour d'appel sur les listes dressées en vertu de l'article L. 218-3. Les articles L. 218-4 à L. 218-12** *(L. n° 2019-222 du 23 mars 2019, art. 95-I-44°)* **« et les deux derniers alinéas de l'article L. 218-1 » leur sont applicables, dans des conditions fixées par décret en Conseil d'État. »**

Sur l'entrée en vigueur de l'art. 12 de la L. n° 2016-1547 du 18 nov. 2016, V. note ss. art. L. 211-16.

L'art. 4 de l'Ord. n° 2018-358 du 16 mai 2018 entre en vigueur à la date fixée par le décret mentionné au premier al. du I de l'art. 114 de la L. n° 2016-1547 du 18 nov. 2016, et au plus tard le 1er janv. 2019 (Ord. préc., art. 8).

SECTION II LE PARQUET GÉNÉRAL

Art. L. 312-7 **Le procureur général représente en personne, ou par ses substituts, le ministère public près la cour d'appel.** — *[Anc. art. L. 213-4.]*

Art. L. 312-8 *(L. n° 2020-1672 du 24 déc. 2020, art. 3-4°)* **Nonobstant les articles L. 122-3 et L. 312-7, le ministère public près la cour d'appel de Paris est exercé par le procureur européen ou ses délégués pour les affaires relevant de ses attributions.**

L'art. 3 de la L. n° 2020-1672 du 24 déc. 2020 entre en vigueur à la date fixée par la Commission européenne en application de l'art. 120 du Règl. (UE) 2017/1939 du Conseil du 12 oct. 2017 mettant en œuvre une coopération renforcée concernant la création du Parquet européen (L. préc., art. 32).

SECTION III LE GREFFE

La présente section ne comprend pas de dispositions législatives.

SECTION IV LA CHAMBRE DÉTACHÉE DE CAYENNE

La présente section ne comprend pas de dispositions législatives.

SECTION V LES ASSEMBLÉES GÉNÉRALES

La présente section ne comprend pas de dispositions législatives.

CHAPITRE III DISPOSITIONS PARTICULIÈRES AUX DÉPARTEMENTS DU BAS-RHIN, DU HAUT-RHIN ET DE LA MOSELLE

RÉP. PR. CIV. v° *Alsace et Moselle* par HAEGEL, SCHWOB et VALLENS.

Art. L. 313-1 Une cour d'appel spécialement désignée exerce les fonctions de tribunal d'appel pour la navigation du Rhin et connaît des recours contre les décisions du tribunal pour la navigation du Rhin. – *[L. du 19 mars 1934, art. 3.]*

Art. L. 313-2 Une cour d'appel spécialement désignée exerce les fonctions de tribunal d'appel pour la navigation de la Moselle et connaît des recours contre les décisions du tribunal de première instance pour la navigation de la Moselle. – *[L. n° 66-379 du 15 juin 1966, art. 2.]*

CHAPITRE IV DISPOSITIONS PARTICULIÈRES AU DÉPARTEMENT DE MAYOTTE

(Ord. n° 2011-337 du 29 mars 2011, art. 1er-2°, en vigueur le 1er avr. 2011)

Art. L. 314-1 Lorsque la cour d'appel est saisie d'un litige entre citoyens de statut civil de droit local sur des matières régies par ce statut, les parties peuvent, d'un commun accord, demander l'application des règles du droit civil commun.

Art. L. 314-2 *(Abrogé par Ord. n° 2014-464 du 7 mai 2014, art. 21-II-b)* ***Pour l'application du 4° de l'article L. 311-7, la référence au code de l'entrée et du séjour des étrangers et du droit d'asile est remplacée par la référence à l'ordonnance n° 2000-373 du 26 avril 2000 relative aux conditions d'entrée et de séjour des étrangers à Mayotte.***

TITRE DEUXIÈME LA COUR D'ASSISES STATUANT EN APPEL

CHAPITRE UNIQUE

Art. L. 321-1 *Matière pénale* 🏛.

TITRE TROISIÈME *[ABROGÉ]* LA COUR NATIONALE DE L'INCAPACITÉ ET DE LA TARIFICATION DE L'ASSURANCE DES ACCIDENTS DU TRAVAIL

(Abrogé par L. n° 2016-1547 du 18 nov. 2016, art. 12-III-4°)

V. note ss. art. L. 211-16.

CHAPITRE UNIQUE *[ABROGÉ]*

Art. L. 331-1 ***Les règles concernant l'institution, la compétence, l'organisation et le fonctionnement de la Cour nationale de l'incapacité et de la tarification de l'assurance des accidents du travail sont fixées par le code de la sécurité sociale.*** – *[Anc. art. L. 450-1, ecqc Cour nationale de l'incapacité et de la tarification de l'assurance des accidents du travail.]*

LIVRE QUATRIÈME LA COUR DE CASSATION

RÉP. PR. CIV. v° *Cour de cassation*, par J. et L. Boré.

TITRE PREMIER INSTITUTION ET COMPÉTENCE

CHAPITRE UNIQUE

Art. L. 411-1 **Il y a, pour toute la République, une Cour de cassation.** – *[Anc. art. L. 111-1.]*

RÉP. PR. CIV. v° *Cour de cassation*, par Boré.

DALLOZ ACTION *La cassation en matière civile 2009/2010*, par J. et L. Boré, n°s 10.00 s.

BIBL. GÉN. ▶ Bénabent, *D. 1989. Chron. 222*. – Drai, *JCP 1989. I. 3374* ; *JCP 1991. I. 3545*. – Bouglé, *D. 2006. Chron. 1991*. – Hébraud, *Mél. Vincent, 1981, p. 155* (part de la loi et du décret dans la réforme de la Cour de cassation). – Piwnica, Principes de justice, *Mél. Burgelin, Dalloz 2008, p. 295* (à propos des divergences de jurisprudence en matière judiciaire). – Zénati, *Les Annonces de la Seine, 28 avr. 2003* (nature de la Cour de cassation).

1. La Cour de cassation qui, seule, a pour mission de juger les pourvois contre les décisions rendues en dernier ressort, constitue un ordre de juridiction au sens de l'art. 34 de la Constitution. • Cons. const. 20 juill. 1977 : *D. 1978. 705, note Hamon.*

2. Le pourvoi et la procédure devant la Cour de cassation sont régis par les textes applicables devant cette cour, y compris en matière d'expropriation. Ainsi, le pourvoi formé par l'exproprié au greffe de la Cour de cassation par ministère d'avocat, contre l'ordonnance, quatre jours après sa notification, est recevable. Cependant, le pourvoi formé au greffe du tribunal de première instance de Nouméa est irrecevable. • Civ. 3e, 10 sept. 2008.

3. Eu égard tant à la mission ainsi confiée par le législateur à la Cour de cassation, placée au sommet de l'ordre judiciaire, qu'aux rôles confiés par la Constitution à son premier président et à son procureur général, notamment à la tête du Conseil supérieur de la magistrature chargé par la Constitution d'assister le Président de la République dans son rôle de garant de l'autorité judiciaire, le décret attaqué ne pouvait légalement inclure la Cour de cassation dans le champ des missions de l'inspection générale de la justice sans prévoir de garanties supplémentaires relatives, notamment, aux conditions dans lesquelles sont diligentées les inspections et enquêtes portant sur cette juridiction ou l'un de ses membres. Son art. 2 doit, par suite, être annulé en tant qu'il inclut la Cour de cassation dans le champ de la mission permanente d'inspection, de contrôle, d'étude, de conseil et d'évaluation exercée par l'inspection générale de la justice. • CE 23 mars 2018, n° 406066 : *D. actu. 27 mars 2018, obs. Maupin ; D. 2018. Actu. 675 ; JCP 2018. 398, obs. Pauliat ; Procédures 2018. Repère 5, obs. Cadiet ; RFDA 2018. 509, concl. Dutheillet de Lamothe, obs. Delvolvé.*

Art. L. 411-2 **La Cour de cassation statue sur les pourvois en cassation formés contre les arrêts et jugements rendus en dernier ressort par les juridictions de l'ordre judiciaire.**

La Cour de cassation ne connaît pas du fond des affaires, sauf disposition législative contraire. – *[Anc. art. L. 111-2.]*

BIBL. ▶ Aubert, *D. 2005. Chron. 1115* (distinction du fait et du droit). – Bachellier, *BICC 15 mai 2009, p. 18* (le pouvoir souverain des juges du fond). – Charruault, *BICC 15 mai 2009, p. 24* (la souveraineté du juge du fond à l'épreuve de quelques faits). – Perdriau, *JCP 1993. I. 3683* (les chambres civiles jugent-elles en fait ?) ; *ibid. 2001. I. 364* (pragmatisme de la Cour de cassation).

Art. L. 411-3 **La Cour de cassation peut casser sans renvoi lorsque la cassation n'implique pas qu'il soit à nouveau statué sur le fond.**

(L. n° 2016-1547 du 18 nov. 2016, art. 38) **« Elle peut aussi, en matière civile, statuer au fond lorsque l'intérêt d'une bonne administration de la justice le justifie.** – *Sur l'information nécessaire des parties, V. C. pr. civ., art. 1015, al. 2. – Comp., en contentieux administratif, CJA, art. L. 821-2.*

« En matière pénale, elle peut, en cassant sans renvoi, mettre fin au litige lorsque les faits, tels qu'ils ont été souverainement constatés et appréciés par les juges du fond, lui permettent d'appliquer la règle de droit appropriée. »

En ces cas, elle se prononce sur la charge des dépens afférents aux instances civiles devant les juges du fond.

L'arrêt emporte exécution forcée.

Les modalités d'application du présent article sont fixées par décret en Conseil d'État. – *[Anc. art. L. 131-5 et L. 132-5, ecqc art. L. 131-5.]*

BIBL. ▶ **L. 18 nov. 2016 :** FERRAND, *JCP 2016. 1407* (la Cour de cassation dans la loi de modernisation de la justice du XXIe siècle). – PIWNICA, *Gaz. Pal. 31 janv. 2017, p. 76* (commentaire des dispositions de la loi J21 relatives à la Cour de cassation). – TEXIER, *D. 2017. 63* (réflexions sur le règlement du litige au fond par la Cour de cassation).

V. notes ss. art. 627 C. pr. civ.

Art. L. 411-4 Ainsi qu'il est dit à l'article 11-1 de l'ordonnance n° 58-1270 du 22 décembre 1958 portant loi organique relative au statut de la magistrature, l'action récursoire contre les magistrats ayant commis une faute personnelle se rattachant au service public de la justice est exercée devant une chambre civile de la Cour de cassation. – *V. Ord. n° 58-1270 du 22 déc. 1958, App., v° Magistrature (statut).*

TITRE DEUXIÈME ORGANISATION

CHAPITRE UNIQUE

Art. L. 421-1 La Cour de cassation comprend des chambres civiles et une chambre criminelle. – *[Anc. art. L. 121-3.]*

Art. L. 421-2 Les pourvois formés à l'encontre des arrêts et jugements rendus en dernier ressort en matière pénale sont portés devant la chambre criminelle dans les conditions prévues au code de procédure pénale. – *[Anc. art. L. 111-3.] – V. C. pr. pén., art. 567 s. – **C. pr. pén.***

Art. L. 421-3 Les arrêts de la Cour de cassation sont rendus soit par l'une des chambres, soit par une chambre mixte, soit par l'assemblée plénière. – *[Anc. art. L. 121-4, al. 1er.]*

Art. L. 421-4 Lorsqu'une chambre mixte doit être constituée, elle est composée de magistrats appartenant à trois chambres au moins de la cour.

La chambre mixte est présidée par le premier président, ou, en cas d'empêchement de celui-ci, par le plus ancien des présidents de chambre.

Elle comprend, en outre, les présidents et doyens des chambres qui la composent ainsi que deux conseillers de chacune de ces chambres. – *[Anc. art. L. 121-5.]*

BIBL. ▶ PERDRIAU, *JCP 1994. I. 3798* (chambre mixte et Assemblée plénière). – LIBCHABER, *RTD civ. 1999. 734* .

Art. L. 421-5 L'assemblée plénière est présidée par le premier président, ou, en cas d'empêchement de celui-ci, par le plus ancien des présidents de chambre.

Elle comprend, en outre, les présidents et les doyens des chambres ainsi qu'un conseiller de chaque chambre. – *[Anc. art. L. 121-6.]*

BIBL. ▶ Commentaires de la loi du 23 avr. 1997 : HÉRON, *RG proc. 1998. 99.* – PERDRIAU, *JCP 1998. I. 136.*

Art. L. 421-6 Les dispositions de l'article L. 121-2 ne sont pas applicables à la Cour de cassation.

Art. L. 421-7 Un ou plusieurs avocats généraux à la Cour d'appel de Paris peuvent, par décret, être délégués à la Cour de cassation pour exercer les fonctions du ministère public près cette juridiction. – *[Anc. art. L. 121-2, 1re phrase.]*

Art. L. 421-8 Les modalités d'application du présent titre sont fixées par décret en Conseil d'État. – *[Anc. art. L. 132-5, ecqc Titre II.]*

TITRE TROISIÈME FONCTIONNEMENT

CHAPITRE PREMIER LES CHAMBRES DE LA COUR

SECTION PREMIÈRE DISPOSITIONS GÉNÉRALES

Art. L. 431-1 **Les affaires soumises à une chambre civile sont examinées par une formation de trois magistrats appartenant à la chambre à laquelle elles ont été distribuées.**

Cette formation statue lorsque la solution du pourvoi s'impose. Dans le cas contraire, elle renvoie l'examen du pourvoi à l'audience de la chambre.

Toutefois, le premier président ou le président de la chambre concernée, ou leurs délégués, d'office ou à la demande du procureur général ou de l'une des parties, peuvent renvoyer directement une affaire à l'audience de la chambre par décision non motivée. — *[Anc. art. L. 131-6, al. 1er à 3, ecqc organisation judiciaire.]*

BIBL. ▸ PERDRIAU, *JCP 1994. I. 3768* (les formations restreintes de la Cour de cassation).

Art. L. 431-2 *Matière pénale* 🏛.

Art. L. 431-3 **Les conseillers référendaires siègent, avec voix consultative, dans la chambre à laquelle ils sont affectés. Ils ont voix délibérative dans le jugement des affaires qu'ils sont chargés de rapporter.**

En outre, des conseillers référendaires pris par ordre d'ancienneté dans leurs fonctions peuvent, avec voix délibérative, être appelés à compléter la chambre à laquelle ils appartiennent. — *[Anc. art. L. 131-7.]*

Art. L. 431-3-1 *(L. n° 2016-1547 du 18 nov. 2016, art. 39)* **Lors de l'examen du pourvoi, la Cour de cassation peut inviter toute personne dont la compétence ou les connaissances sont de nature à l'éclairer utilement sur la solution à donner à un litige à produire des observations d'ordre général sur les points qu'elle détermine.** — *Sur les modalités de présentations de ces observations, V. C. pr. civ., art. 1015-2.*

BIBL. ▸ **L. 18 nov. 2016 :** DEUMIER, *RTD civ. 2018. 600* (la jurisprudence d'aujourd'hui et de demain). – FERRAND, *JCP 2016. 1407* (la Cour de cassation dans la loi de modernisation de la justice du XXIe siècle). – PIWNICA, *Gaz. Pal. 31 janv. 2017, p. 76* (commentaire des dispositions de la loi J21 relatives à la Cour de cassation).

Art. L. 431-4 **En cas de cassation, l'affaire est renvoyée, sous réserve des dispositions de l'article L. 411-3, devant une autre juridiction de même nature que celle dont émane l'arrêt ou le jugement cassé ou devant la même juridiction composée d'autres magistrats.**

Lorsque le renvoi est ordonné par l'assemblée plénière, la juridiction de renvoi doit se conformer à la décision de cette assemblée sur les points de droit jugés par celle-ci. — *[Anc. art. L. 131-4.]*

V. note ss. art. 626 C. pr. civ.

SECTION II DISPOSITIONS PARTICULIÈRES AUX CHAMBRES MIXTES ET À L'ASSEMBLÉE PLÉNIÈRE

BIBL. ▸ BOUIX, *Procédures 2018. Étude 6* (réflexions sur le traitement des seconds pourvois en cassation).

Art. L. 431-5 **Le renvoi devant une chambre mixte peut être ordonné lorsqu'une affaire pose une question relevant normalement des attributions de plusieurs chambres ou si la question a reçu ou est susceptible de recevoir devant les chambres des solutions divergentes ; il doit l'être en cas de partage égal des voix.** — *[Anc. art. L. 131-2, al. 1er.]*

Art. L. 431-6 **Le renvoi devant l'assemblée plénière peut être ordonné lorsque l'affaire pose une question de principe, notamment s'il existe des solutions divergentes soit entre les juges du fond, soit entre les juges du fond et la Cour de cassation ; il doit l'être lorsque, après cassation d'un premier arrêt ou jugement, la décision rendue par la juridiction de renvoi est attaquée par les mêmes moyens.** — *[Anc. art. L. 131-2, al. 2.]*

Un moyen visant une décision par laquelle la juridiction de renvoi s'est conformée à la doctrine de l'arrêt de cassation est irrecevable, peu important que, postérieurement à l'arrêt qui a saisi la juridiction de renvoi, la Cour de cassation ait rendu, dans une autre instance, un arrêt revenant sur la solution exprimée par l'arrêt saisissant la juridiction de renvoi. • Ch. mixte, 30 avr. 1971, n° 61-11.829 P. • Ass. plén.,21 déc. 2006, n° 05-11.966 P. ♦ Cette règle prétorienne, résultant d'une interprétation a contrario de l'art. L. 431-6 COJ, repose essentiellement sur les principes de bonne administration de la justice et de sécurité juridique en ce qu'elle fait obstacle à la remise en cause d'une décision rendue conformément à la cassation prononcée et permet de mettre un terme au litige. Cependant, la prise en considération d'un changement de norme, tel un revirement de jurisprudence, tant qu'une décision irrévocable n'a pas mis un terme au litige, relève de l'office du juge auquel il incombe alors de réexaminer la situation à l'occasion de l'exercice d'une voie de recours. L'exigence de sécurité juridique ne consacre au demeurant pas un droit acquis à une jurisprudence figée, et un revirement de jurisprudence, dès lors qu'il donne lieu à une motivation renforcée, satisfait à l'impératif de prévisibilité de la norme. Cette prise en considération de la norme nouvelle ou modifiée participe de l'effectivité de l'accès au juge et assure une égalité de traitement entre des justiciables placés dans une situation équivalente en permettant à une partie à un litige qui n'a pas été tranché par une décision irrévocable de bénéficier de ce changement. Enfin, elle contribue tant à la cohérence juridique qu'à l'unité de la jurisprudence. Dès lors, il y a lieu d'admettre la recevabilité d'un moyen critiquant la décision par laquelle la juridiction s'est conformée à la doctrine de l'arrêt de cassation qui l'avait saisie, lorsqu'est invoqué un changement de norme intervenu postérieurement à cet arrêt, et aussi longtemps qu'un recours est ouvert contre la décision sur renvoi. • Ass. plén., 2 avr. 2021, n° 19-18.814 P : *D. actu. 9 avr. 2021, note Hélaine.*

Art. L. 431-7 **Le renvoi devant une chambre mixte ou devant l'assemblée plénière est décidé soit, avant l'ouverture des débats, par ordonnance non motivée du premier président, soit par arrêt non motivé de la chambre saisie.**

Le renvoi est de droit lorsque le procureur général le requiert avant l'ouverture des débats. — *[Anc. art. L. 131-3, al. 1er à 4.]*

Art. L. 431-8 **En cas d'empêchement de l'un des membres, il est remplacé par un conseiller désigné par le premier président ou, à défaut de celui-ci, par le président de chambre qui le remplace.** — *[Anc. art. L. 131-6-2.] — V. art. R. 431-13.*

Art. L. 431-9 **La chambre mixte et l'assemblée plénière se prononcent sur le pourvoi même si les conditions de leur saisine n'étaient pas réunies.** — *[Anc. art. L. 131-2, al. 3.]*

Art. L. 431-10 **Les modalités d'application du présent chapitre sont fixées par décret en Conseil d'État.** — *[Anc. art. L. 132-5, ecqc Titre III et chambres.]*

CHAPITRE II LE PARQUET GÉNÉRAL

Art. L. 432-1 **Le procureur général porte la parole aux audiences des chambres mixtes et de l'assemblée plénière ainsi que dans les assemblées générales de la cour.**

Il peut la porter aux audiences des chambres et devant *(L. n° 2016-1547 du 18 nov. 2016, art. 41-1°)* **« les formations prévues » à l'article L. 441-2.** — *[Anc. art. L. 132-1.]*

(L. n° 2016-1547 du 18 nov. 2016, art. 40) **« Il rend des avis dans l'intérêt de la loi et du bien commun. Il éclaire la cour sur la portée de la décision à intervenir. »**

BIBL. ▸ **L. 18 nov. 2016 :** DEUMIER, *RTD civ. 2017. 600* (la jurisprudence d'aujourd'hui et de demain). – FERRAND, *JCP 2016. 1407* (la Cour de cassation dans la loi de modernisation de la justice du XXIe siècle). – PIWNICA, *Gaz. Pal. 31 janv. 2017, p. 76* (commentaire des dispositions de la loi J21 relatives à la Cour de cassation)

Art. L. 432-2 **En cas d'empêchement du procureur général, celui-ci est remplacé pour les actes de ses fonctions par** *(L. n° 2006-1666 du 21 déc. 2006, art. 117)* **« un premier avocat général désigné par le procureur général ou, à défaut, par le plus ancien des premiers avocats généraux. »** — *[Anc. art. L. 132-2.]*

Art. L. 432-3 *(L. n° 2006-1666 du 21 déc. 2006, art. 117)* **« Les premiers avocats généraux »** *(L. n° 2009-526 du 12 mai 2009, art. 138-VI-1°)* **« , les avocats généraux et les avocats généraux référendaires » portent la parole, au nom du procureur général, devant les chambres auxquelles ils sont affectés.** — *[Anc. art. L. 132-3.]*

Ils peuvent être désignés par le procureur général pour la porter également devant les autres formations de la cour.

BIBL. ▶ BURGELIN, *Mél. R. Martin, Univ. Nice-Sophia-Antipolis, Bruylant, LGDJ, 2004, p. 3* (un anticonformiste nécessaire : l'avocat général à la Cour de cassation). – J.-L. NADAL, *D. 2005. Chron. 800* (la jurisprudence de Strasbourg, une chance pour le parquet général de la Cour de cassation).

Sur le rôle de l'avocat général quant au droit à un procès équitable, V. notes 55 et 106 ss. art. 6, § 1er, Conv. EDH, App., *v° Droit européen et international.*

Art. L. 432-4 **Lorsque l'empêchement d'un avocat général est de longue durée, le premier président et le procureur général peuvent, par une décision conjointe, déléguer un conseiller dans les fonctions d'avocat général.** — *[Anc. art. L. 132-4.]*

Art. L. 432-5 **Les modalités d'application du présent chapitre sont fixées par décret en Conseil d'État.** — *[Anc. art. L. 132-5, ecqc Titre III et parquet général.]*

CHAPITRE III LE SERVICE DE DOCUMENTATION ET D'ÉTUDES

Le présent chapitre ne comprend pas de dispositions législatives.

CHAPITRE IV LE GREFFE

Le présent chapitre ne comprend pas de dispositions législatives.

CHAPITRE V LES ASSEMBLÉES GÉNÉRALES

Le présent chapitre ne comprend pas de dispositions législatives.

TITRE QUATRIÈME DISPOSITIONS PARTICULIÈRES EN CAS DE SAISINE POUR AVIS DE LA COUR DE CASSATION

V. art. 1031-1 s. C. pr. civ. et R. 441-1 COJ.

BIBL. GÉN. ▶ BUGADA, *Dr. et pr. 2004. 137* (la formation pour avis de la Cour de cassation, « juge des lois »). – CADIET, *JCP 1992. I. 3587, n° 2 ; JCP 2001. I. 362, n° 18.* – CHAUVIN, *BICC 15 déc. 1993.* – CHAUVY, *Dr. ouvrier 1994. 151.* – CŒURET, *RTD civ. 1991. 615* . – GAUDEMET ET DAL FARRA, *Courrier jur. fin., oct. 1995* (les avis contentieux du Conseil d'État et de la Cour de cassation). – KEROMMES, *Gaz. Pal. 3-4 nov. 1997* (examen des conditions de recevabilité des demandes). – LAROCHE DE ROUSSANE, *Journ. not. 1992. 60563.* – LIBCHABER, *RTD civ. 2003. 157* (une procédure singulière dans le paysage jurisprudentiel). – MOLFESSIS, *D. 2007. Chron. 37* (avis spontanés). – MORGAN DE RIVERY-GUILLAUD, *JCP 1992. I. 3576.* – NORMAND, *Ann. de droit de Louvain 1998, p. 125* (la saisine pour avis de la Cour de cassation). – PELLETIER, *Mél. Jestaz, Dalloz 2006, p. 429* (efficacité des avis). – ROUHETTE, *Mél. Breton-Derrida, p. 343.* – WIEDERKEHR, *Justices 1995, n° 1, p. 258.* – ZÉNATI, *D. 1992. Chron. 247* .

CHAPITRE UNIQUE

Art. L. 441-1 **Avant de statuer sur une question de droit nouvelle, présentant une difficulté sérieuse et se posant dans de nombreux litiges, les juridictions de l'ordre judiciaire peuvent, par une décision non susceptible de recours, solliciter l'avis de la Cour de cassation.** — *[Anc. art. L. 151-1, al. 1er jusqu'à « cassation ».]*

(L. n° 2015-990 du 6 août 2015, art. 258-V) **« Elles peuvent, dans les mêmes conditions, solliciter l'avis** *(L. n° 2016-1088 du 8 août 2016, art. 24-IV)* **« de la commission paritaire mentionnée à l'article L. 2232-9 du code du travail ou » de la Cour de cassation avant de statuer sur l'interprétation d'une convention ou d'un accord collectif présentant une difficulté sérieuse et se posant dans de nombreux litiges. »**

BIBL. ▶ **L. 18 nov. 2016 :** FERRAND, *JCP 2016. 1407* (la Cour de cassation dans la loi de modernisation de la justice du XXIe siècle).

1. Juridictions de l'ordre judiciaire. Le bâtonnier statuant en matière de contestation d'honoraires n'est pas une juridiction au sens de l'art. L. 151-1 [L. 441-1.] • Cass., avis, 16 nov. 1998, n° 09-80.010 P. ♦ ... Pas plus que les bureaux d'aide juridictionnelle. • Cass., avis, 9 juill. 1993 : *D. 1994. 137, note Laroche de Roussane* .

2. Refus d'avis. V., pour une question d'interprétation du Traité CEE, • Cass., avis, 9 oct. 1992, n° 92-08.000 P : *D. 1993. Somm. 188, obs. Julien* . ♦ ... Une question déjà tranchée par la Cour de cassation, • Cass., avis, 9 oct. 1992 : *D. 1993. Somm. 188, obs. Julien* • 7 juill. 2003 : *JCP 2003. I. 2551* (impartialité d'un juge d'instance saisi d'un litige relatif à l'exécution d'une obligation, ayant déjà eu à connaître de la situation de l'une des deux parties pour des faits et sur des fondements juridiques différents). ♦ ... Une obligation, pour le premier président de la cour d'appel, de statuer dans les quarante-huit heures, sous peine d'être dessaisi (art. 35 *bis* de l'ord. du 2 nov. 1945), • Cass., avis, 20 nov. 2000, n° 02-00.016 P.

3. La question de la compatibilité d'une disposition de droit interne avec les dispositions de la Conv. EDH ne relève pas de la procédure instituée par l'art. L. 151-1 [devenu L. 441-1], l'office du juge étant de statuer sur cette compatibilité. • Cass., avis, 16 déc. 2002, n° 00-20.008 P. – V. aussi • Cass., avis, 1er déc. 2003 : *JCP 2004. IV. 1192* • Cass., avis, 8 oct. 2007, n° 00-70.011 P : *BICC 15 janv. 2008, p. 11, rapp. Coutou et Vassallo, obs. Maynial ; D. 2007. AJ 2738, obs. Avena-Robardet ; JCP 2008. I. 138, obs. Serinet* (examen de la compatibilité de l'art. L. 512-2 CSS avec la Conv. EDH et la Convention internationale des droits de l'enfant supposant l'analyse des conditions de fait et de droit régissant l'allocation des prestations sollicitées, en fonction des circonstances particulières relatives au séjour tant des enfants que de l'allocataire sur le territoire national). ♦ Échappe à la procédure de demande d'avis prévue par les art. L. 441-1 s. COJ la demande portant sur la compatibilité des fonctions de juge correctionnel appelé à statuer sur les intérêts civils et de juge délégué aux victimes au regard des dispositions de l'article préliminaire du code de procédure pénale, dès lors que l'examen d'une telle demande suppose l'analyse de la nature et de l'étendue des mesures qui, le cas échéant, ont été prises par le magistrat, en qualité de juge délégué aux victimes, avant de statuer sur les intérêts civils. Cette qualité ne ferait pas obstacle en soi à ce qu'il statue. • Cass., avis, 20 juin 2008 : *BICC 1er nov. 2008, n° 1, R. Lazerges, obs. Boccon-Gibot ; R. 2008. 408.*

4. Est irrecevable comme étant formulée de façon trop générale et n'énonçant aucune question de droit précise, la demande d'avis sur l'application des modes de calcul du recours aux organismes payeurs prévus par l'art. 31 de la L. n° 85-677 du 5 juill. 1985, modifié par la L. n° 2006-1640 du 21 déc. 2006, aux accidents visés par l'art. L. 411-2 CSS. • Cass., avis, 29 oct. 2007, n° 00-70.014 P : *BICC 1er févr. 2008, p. 30, rapp. Grignon-Dumoulin, obs. Mazard ; JCP 2008. I. 138, obs. Serinet.*

5. Fermeture du recours en cassation. Pour une application de cette règle posée par l'art. L. 151-1, al. 1er, V. • Civ. 1re, 27 nov. 2001 : *Gaz. Pal. 9-10 oct. 2002, p. 36, obs. Perdriau.*

Art. L. 441-2 *(L. n° 2016-1547 du 18 nov. 2016, art. 41-2°)* **La chambre compétente de la Cour de cassation se prononce sur la demande d'avis.**

Lorsque la demande relève normalement des attributions de plusieurs chambres, elle est portée devant une formation mixte pour avis.

Lorsque la demande pose une question de principe, elle est portée devant la formation plénière pour avis.

La formation mixte et la formation plénière pour avis sont présidées par le premier président ou, en cas d'empêchement, par le doyen des présidents de chambre. – *Sur la composition de ces deux formations, V. COJ, art. R. 441-1.*

BIBL. ▸ **L. du 18 nov. 2016 :** DEUMIER, *RTD civ. 2017. 600* (la jurisprudence d'aujourd'hui et de demain). – PIWNICA, *Gaz. Pal. 31 janv. 2017, p. 76* (commentaire des dispositions de la loi J21 relatives à la Cour de cassation).

Art. L. 441-2-1 *(L. n° 2016-1547 du 18 nov. 2016, art. 41-3°)* **Le renvoi devant une formation mixte ou plénière pour avis est décidé soit par ordonnance non motivée du premier président, soit par décision non motivée de la chambre saisie.**

Le renvoi est de droit lorsque le procureur général le requiert.

Art. L. 441-3 **L'avis rendu ne lie pas la juridiction qui a formulé la demande.** – *[Anc. art. L. 151-1, al. 3, 1re phrase.]*

Art. L. 441-4 **Les modalités d'application du présent titre sont fixées, en ce qui concerne les juridictions autres que pénales, par décret en Conseil d'État.** – *[Anc. art. L. 151-3.] – V. art. R. 441-1 COJ.*

TITRE CINQUIÈME JURIDICTIONS ET COMMISSIONS PLACÉES *AUPRÈS DE LA COUR DE CASSATION*

CHAPITRE PREMIER RÉVISION ET RÉEXAMEN EN MATIÈRE PÉNALE *(L. n° 2016-1547 du 18 nov. 2016, art. 42-I-1°).*

Art. L. 451-1 et L. 451-2 *Matière pénale*

CHAPITRE II RÉEXAMEN EN MATIÈRE CIVILE

(L. n° 2016-1547 du 18 nov. 2016, art. 42-I-3°)

V. note ss. art. L. 451-2.

BIBL. ▸ CADIET, *Procédures 2017. Étude 3, spéc. § 9* (la loi J21 et la Cour de cassation : la réforme avant la réforme ?). – T. LE BARS, *Dr. fam. 2017. Dossier 12* (convention européenne des droits de l'homme et état des personnes : instauration d'une procédure de réexamen des décisions de justice en matière civile). – FERRAND, *JCP 2017. 702, spéc. § 4* (le décret du 24 mars 2017 portant diverses dispositions relatives à la Cour de cassation). – PIWNICA, *Gaz. Pal. 31 janv. 2017, p. 76* (commentaire des dispositions de la loi J21 relatives à la Cour de cassation). – POULET, *D. actu. 31 mars 2017* (Cour de cassation : les évolutions procédurales).

Art. L. 452-1 **Le réexamen d'une décision civile définitive rendue en matière d'état des personnes peut être demandé au bénéfice de toute personne ayant été partie à l'instance et disposant d'un intérêt à le solliciter, lorsqu'il résulte d'un arrêt rendu par la Cour européenne des droits de l'homme que cette décision a été prononcée en violation de la convention européenne de sauvegarde des droits de l'homme et des libertés fondamentales ou de ses protocoles additionnels, dès lors que, par sa nature et sa gravité, la violation constatée entraîne, pour cette personne, des conséquences dommageables auxquelles la satisfaction équitable accordée en application de l'article 41 de la même convention ne pourrait mettre un terme. Le réexamen peut être demandé dans un délai d'un an à compter de la décision de la Cour européenne des droits de l'homme. Le réexamen d'un pourvoi en cassation peut être demandé dans les mêmes conditions.**

1. Entrée en vigueur. Il ne résulte d'aucune stipulation de la Conv. EDH ni d'aucune disposition de droit interne en vigueur avant le 15 mai 2017, qu'une décision par laquelle la CEDH a condamné la France puisse avoir pour effet, en matière civile, de remettre en cause l'autorité de la chose jugée attachée à une décision devenue irrévocable. Dès lors, la demande de transcription d'actes de naissance étrangers, sur les registres français de l'état civil, présentée après un arrêt de la Cour européenne des droits de l'homme ayant constaté une violation de la Convention, mais avant l'entrée en vigueur de la nouvelle procédure de réexamen en matière civile, issue de la L. n° 2016-1547 du 18 nov. 2016 de modernisation de la justice du XXIe siècle, se heurte à l'autorité de la chose jugée attachée à un arrêt irrévocable ayant déjà rejeté cette demande de transcription. • Civ. 1re, 5 juill. 2017, n° 16-20.052 P : *RLDC oct. 2017. 29, obs. Mésa.*

2. Réexamen de pourvois en cassation. Illustrations. V. pour un réexamen de pourvois en raison de violations de l'art. 8 Conv. EDH, qui par leur nature et leur gravité, ont entraîné des conséquences dommageables, auxquelles la satisfaction équitable accordée par la Cour européenne des droits de l'homme n'a pas mis un terme : • C. réexamen, 16 févr. 2018, RDH-001 : *D. actu. 20 févr. 2018, obs. Mélin ; D. 2018. 825, note Guillaumé ; JCP 2017. 344, note Gouttenoire* • 16 févr. 2018, RDH 002 : *D. actu. 20 févr. 2018, obs. Mélin ; D. 2018. 825, note Guillaumé ; JCP 2017. 344, note Gouttenoire.*

Art. L. 452-2 **Le réexamen peut être demandé :**

1° Par la partie intéressée ou, en cas d'incapacité, par son représentant légal ;

2° Après la mort ou l'absence déclarée de la partie intéressée, par son conjoint, le partenaire lié à elle par un pacte civil de solidarité, son concubin, ses enfants, ses parents, ses petits-enfants ou arrière-petits-enfants ou ses légataires universels ou à *titre universel.*

Art. L. 452-3 **La demande en réexamen est adressée à la cour de réexamen. Celle-ci est composée de treize magistrats de la Cour de cassation, dont le doyen des présidents de chambre, qui préside la cour de réexamen. Les douze autres magistrats sont désignés par l'assemblée générale de la Cour de cassation pour une durée de trois ans, renouvelable une fois.**

Chacune des chambres de la Cour de cassation y est représentée par deux de ses membres.

Douze magistrats suppléants sont désignés dans les mêmes conditions. Le président de chambre le plus ancien après le doyen des présidents de chambre est désigné suppléant de celui-ci. – *Sur la procédure devant la Cour de réexamen, V. C. pr. civ., art. 1031-8 s.*

Art. L. 452-4 Lorsque la demande est manifestement irrecevable, le président de la cour de réexamen peut la rejeter par une ordonnance motivée non susceptible de recours.

Art. L. 452-5 Le parquet général près la Cour de cassation assure les fonctions du ministère public devant la formation de jugement.

Ne peuvent siéger au sein de la formation de jugement ou y exercer les fonctions du ministère public les magistrats qui, dans l'affaire soumise à la cour de réexamen, ont, au sein d'autres juridictions, soit assuré les fonctions du ministère public, soit participé à une décision sur le fond.

Art. L. 452-6 La cour de réexamen rejette la demande si elle l'estime mal fondée. Si elle estime la demande fondée, elle annule la décision mentionnée à l'article L. 452-1, sauf lorsqu'il est fait droit à une demande en réexamen du pourvoi du requérant.

La cour de réexamen renvoie le requérant devant une juridiction de même ordre et de même degré, autre que celle qui a rendu la décision annulée. Toutefois, si le réexamen du pourvoi du requérant, dans des conditions conformes à la convention européenne de sauvegarde des droits de l'homme et des libertés fondamentales, est de nature à remédier à la violation constatée par la Cour européenne des droits de l'homme, elle renvoie le requérant devant l'assemblée plénière de la Cour de cassation.
— *Sur la procédure à suivre devant les juridictions de renvoi, V. C. pr. civ., art. 1031-22 s.*

1. Arrêt de la Cour de cassation. Pouvoir d'annulation (non). La Cour de réexamen ne tient pas de la loi le pouvoir d'annuler un arrêt rendu par la Cour de cassation. • C. réexamen, 16 févr. 2018, RDH-001 : *cité note 2 ss. art. L. 452-1.*

2. Renvoi devant l'assemblée plénière de la Cour de cassation. Illustrations. V. • C. réexamen, 16 févr. 2018, RDH-001 : *cité note 2 ss. art. L. 452-1* • 16 févr. 2018, RDH-002 : *cité note 2 ss. art. L. 452-1.*

TITRE SIXIÈME QUESTION PRIORITAIRE DE CONSTITUTIONNALITÉ

(L. org. n° 2009-1523 du 10 déc. 2009, art. 2-II, en vigueur le 1er mars 2010)

BIBL. GÉN. ▸ **Manuels :** DRAGO, Contentieux constitutionnel français, *3e éd., PUF 2010.* – DUHAMEL et CARCASSONNE, *QPC, Dalloz 2011.* – GOESEL-LE BIHAN, Contentieux constitutionnel, *Ellipses 2010.* – JAN, Le procès constitutionnel, *2e éd., LGDJ 2010.* – ROUSSEAU (ss. dir.), La question prioritaire de constitutionnalité – Guide pratique, *2e éd., Gaz. Pal. - Lextenso 2010.* – A. LYON-CAEN, *La QPC, Que sais-je ?, PUF 2011.* – MIGNON (ss. dir.), La QPC – pratique et contentieux, *Litec 2010.* – ROUSSEAU, Droit du contentieux constitutionnel, *9e éd., Montchrestien 2010.* – STAHL et MAUGÜÉ, La QPC, Connaissance du droit, *Dalloz 2011.*

▸ **Monographies :** MAGNON (ss. dir.), La QPC – Pratique et contentieux, *Litec 2010.* – ROUSSEAU (ss. dir.), La QPC – Guide pratique, *Gaz. Pal. - Lextenso 2010.*

▸ **Ouvrages :** JAN, Le procès constitutionnel, *2e éd., LGDJ 2010.* – ROUSSEAU (ss. dir.), La question prioritaire de constitutionnalité, Guide pratique, *Gaz. Pal. - Lextenso 2010.*

▸ **Articles :** ALBERTON, *AJDA 2008. 967* (exception d'inconstitutionnalité et exception d'inconventionnalité). – AMSON, *Gaz. Pal. 25-26 juill. 2008, p. 2* (réflexions critiques). – BAGHESTANI, *LPA 15 févr. 2010, p. 4.* – BAILLON-PASSE, *LPA 19 févr. 2010, p. 3* (questions pratiques devant le juge *a quo*). – BENETTI, *AJDA 2010. 74* (genèse de la réforme – 1990 à 2009). – BERNAUD, *Economica 2009, p. 1438* (art. 61-1) (la Constitution de la République française [ss. dir. Luchaire, Cognac et Prétot]). – BERNAUD et FATIN-ROUGE, *RFDC 2008, n° hors-série, p. 169* (réflexions autour des art. 61-1 et 62, al. 2). – BLACHER, *LPA 18 mars 2010.* – BLÉRY, *Procédures 2010. Focus 28* (QPC, jurisprudence Cesareo et office du juge : l'impossible conciliation). – BON, *RFDA 2009. 1107* . – BORZEIX, *Gaz. Pal. 28 févr.-2 mars 2010, p. 18* (exception de procédure ou question préjudicielle ?). – BRIAND, *Gaz. Pal. 17-19 janv. 2010, p. 17* (règles du procès équitable) ; *AJ fam. 2010. 127* (devant le JAF) ; *Gaz. Pal 16-17 févr. 2011, p. 7* (un an de *QPC devant les juridictions* judiciaires du fond) ; Gaz. Pal. 11-13 déc. 2011, p. 8 (quel rôle pour le procureur de la République dans le contentieux constitutionnel ?). – BURGOGUE-LARSEN, *RFDA 2009. 787* (question préjudicielle de constitutionnalité et contrôle de conventionalité). – CADIET, *JCP 2010. 546, n° 12.* – CASSIA, *RFDA 2008. 877* ; *AJDA 2009. Tribune. 2193* (question sur le caractère prioritaire). – CHAIX, *Politeia 2009. 489* (fin heureuse d'une exception française ?). – CHAUVAUX, *RD publ. 2009. 566* (1990-2009 : réflexions sur un retard). – Collectif, *PUAM 2009* (contrôle de constitutionnalité par voie préjudicielle. La saisine par les citoyens) ;

JCP 2013, suppl. aux nos 29-34 (une question pour la démocratie). – Croze, *Procédures 2010. Étude 2 ; JCP 2010. 269* (aspects procéduraux). – Deboissy, *Dr. fisc. 2010. Actu. 42* (la fin d'un angle mort). – De Lamy, *D. 2009. 177* . – De La Rosa, *RFDC 2009. 817* (l'art. 6, § 1er, Conv. EDH, le Conseil constitutionnel et la question préjudicielle de constitutionnalité). – Delcros, *Gaz. Pal. 2007. Doctr. 3705* (l'avocat devant le Conseil constitutionnel ?). – Deumier, *RTD civ. 2010. 67* (la QPC : prioritaire mais pas première...). – Dossier, *RD publ. 2009, no 3* (l'exception d'inconstitutionnalité : un chantier difficile). – Drago, *JCP 2008. I. 217* (prolégomènes d'une pratique contentieuse) ; *JCP 2010. 2* (une Constitution proche du citoyen) ; *Mél. S. Guinchard, Dalloz 2010, p. 439* (quels principes directeurs pour le procès constitutionnel ?). – Dubrulle, *AJDA 2007. 127* (un contrôle de constitutionnalité ?). – Fatin-Rouge, *RFDC 2009. 269*. – Ferraiuolo, *LPA 26 févr. 2010, p. 3* (point de vue d'un praticien). – Y. Gaudemet, *RD publ. 2009. 582* (brouillard sur les institutions) ; *RJEP 2010. Repère 2* (questions à la QPC). – Genevois, *RFDA 2010. 1* (le contrôle *a priori* de constitutionnalité au service du contrôle *a posteriori*). – Groshens, *RD publ. 2009. 589* (à propos du Conseil constitutionnel) ; *RJEP 2010. Repère 2*(questions à la QPC). – Guillaume, *LPA 23 févr. 2010, p. 3* (le règlement intérieur sur la procédure suivie devant le Conseil constitutionnel). – Huglo, *LPA 25 janv. 2010* (de nouvelles obligations pour les avocats) ; *Gaz. Pal. 26-27 mars 2010, p. 19* (la QPC, le droit de l'environnement et l'avocat) ; *JCP 2010. 547* (rôle du praticien dans la mise en œuvre de la QPC). – Jan, *LPA 18 déc. 2009, p. 6*. – Lepage, *LPA 19 sept. 2008, p. 3* (pratique judiciaire et rapports de pouvoir). – Le Prado, *Dr. et patr., oct. 2009, p. 20 ; AJDA 2010. 94* (point de vue d'un avocat). – Mathieu, *JCP 2009. Actu. 214* (projet de loi organique) ; *ibid. 280* (améliorations apportées par l'Assemblée nationale au projet de loi organique) ; *ibid. 602* (une nouvelle voie de droit). – D. Mazeaud et Revet, *RDC 2009. 1313* (influences du dispositif quant aux relations contractuelles). – Molfessis, *RLDA janv. 2010. 51* (abécédaire). – de Montalivet, *Dr. adm. 2010. Étude 6* (étendue et limites d'un nouveau droit). – Nicod, *AIJC 2008. 59* (une procédure eurocompatible ?). – Peres, *RDC 2010. 539* (la QPC et le contrat). – Pfersmann, *LPA 19 déc. 2008, p. 103* (une nouvelle procédure de contrôle concret *a posteriori*). – Pini, *AIJC 2007, Vol. XXIII, p. 41* (projet de réforme). – Piwnica, Quarantième anniversaire du Code de procédure civile (1975-2015), Hors-collection, *Panthéon-Assas Paris II 2016, p. 230* (QPC et procès civil). – Prétot, *Economica 2009, p. 1476* (art. 62, al. 2) ; *JCP S 2010. 1023* (premières réflexions) ; La Constitution de la République française [ss. dir. Luchaire, Conac et Prétot]. – Renaudie, *Gaz. Pal. 21-23 mars 2010, p. 10*. – Rideaux, *RD publ. 2009. 602* (contrôle de constitutionnalité et contrôle de conventionalité : les orphelins de la pyramide). – Roblot-Trozier, *AJDA 2008. 1866* (impact sur les droits et libertés) ; *AJDA 2010. 80* (devant les juridictions ordinaires : entre méfiance et prudence). – Rousseau, *JCP 2008. I. 175* (vers la fin de l'exception française ?) ; *RD publ. 2009. 631* (un big bang juridictionnel) ; *Gaz. Pal. 24-26 janv. 2010, p. 13* ("vive la QPC !" La quoi ?) ; *ibid. 23-27 mai 2010, p. 16* (toujours "vive la QPC ?" oui !) ; *BJS Sociétés 2010, p. 216* (l'argument de constitutionnalité en droit des affaires). – Roux, *JCP 2008. I. 175* (fin de l'exception française ?) ; *RD publ. 2009. 645* (l'abandon de la jurisprudence IBG : une question d'opportunité ou de logique ?). – Savonitto, *Gaz. Pal. 1er-3 juill. 2012, p. 15* (les cas d'absence de double filtrage des QPC). – Sudre, *RD publ. 2009. 671* (question préjudicielle de constitutionnalité et Conv. EDH) ; *JCP 2014. 1027* (de QPC en QPC.... ou le Conseil constitutionnel juge de la Convention EDH). – Thibaud, *Politeia 2007, no 11, p. 199*. – Tron, *Gaz. Pal. 17-18 mars 2010, p. 7* (égalité devant l'impôt et QPC). – Verpeaux, *JCP 2007. I. 204* (premières réflexions) ; *AJDA 2008. 1879* (renouveau constitutionnel) ; *AJDA 2009. 1474* (projet de loi organique) ; *AIJC 2008. 11* (projet de loi organique) ; *LPA25 juin 2009* (une nouvelle compétence pour la Cour de cassation) ; *AJDA 2010. 88* (constitutionnalité de la question prioritaire). – Weisbuch, *Les Annonces de la Seine, no 45 (suppl.), p. 2*.

▸ **Droit comparé :** Arnold, *AIJC 2007, vol. XXIII, p. 24* (Allemagne). – Bon, *AIJC 2007, vol. XXIII, p. 34* (Espagne). – Di Manno, *AIJC 2007, vol. XXIII, p. 36* (Italie). – Kucsko-Stadlmayer, *AIJC 2007, vol. XXIII, p. 27* (Autriche). – Vansnick, *AIJC 2007, vol. XXIII, p. 29* (Belgique).

Art. L.O. 461-1 La transmission par une juridiction de l'ordre judiciaire d'une question prioritaire de constitutionnalité à la Cour de cassation obéit aux règles définies par les articles 23-1 à 23-3 de l'ordonnance n° 58-1067 du 7 novembre 1958 portant loi organique sur le Conseil constitutionnel. — *V. art. 23-1 à 23-3 de l'Ord. no 58-1067 du 7 nov. 1958, App., vo Question prioritaire de constitutionnalité.* — **C. pr. civ.** — *Sur la procédure de transmission à la Cour de cassation, V. C. pr. civ., art. 126-1 à 126-7.* — **C. pr. civ.**

Art. L.O. 461-2 Le renvoi par la Cour de cassation d'une question prioritaire de constitutionnalité au Conseil constitutionnel obéit aux règles définies par les articles 23-4 à 23-7 de l'ordonnance n° 58-1067 du 7 novembre 1958 précitée. — *V. art. 23-4 à 23-7 de l'Ord. no 58-1067 du 7 nov. 1958, App., vo Question prioritaire de constitu-*

*tionnalité. — **C. pr. civ.** — Sur la procédure de renvoi par la Cour de cassation, V. art. 126-8 à 126-12 C. pr. civ. — Sur la formation statuant sur le renvoi, V. art. R.* 461-1.*

*V. également, s'agissant respectivement des contentieux administratif, pénal, et de celui relevant des juridictions financières : **CJA**, art. L.O. 771-1, L.O. 771-2 et R.* 771-3 à R.* 771-21. — **CJA** ; C. pr. pén., art. L.O. 630 et R.* 49-21 à R.* 49-33. — **C. pr. pén.** ; CJF, art. L.O. 142-2. — Adde. Bibl. au-dessus de l'art. L.O. 461-1 COJ.*

LIVRE CINQUIÈME DISPOSITIONS PARTICULIÈRES À SAINT-PIERRE-ET-MIQUELON, À WALLIS-ET-FUTUNA, AUX TERRES AUSTRALES ET ANTARCTIQUES FRANÇAISES, À LA POLYNÉSIE FRANÇAISE ET À LA NOUVELLE-CALÉDONIE *(Ord. nº 2011-337 du 29 mars 2011, art. 1er-3º-a, en vigueur le 1er avr. 2011).*

TITRE PREMIER DISPOSITIONS PARTICULIÈRES À SAINT-PIERRE-ET-MIQUELON

CHAPITRE PREMIER DISPOSITIONS GÉNÉRALES

Art. L. 511-1 **Pour l'application à Saint-Pierre-et-Miquelon du présent code (partie Législative), il y a lieu de lire :**

1º "tribunal supérieur d'appel" à la place de : "cour d'appel" ;

2º "tribunal de première instance" à la place de : *(Ord. nº 2019-964 du 18 sept. 2019, art. 34-I, en vigueur le 1er janv. 2020)* **« "tribunal judiciaire"** *[ancienne rédaction : "tribunal de grande instance" ou de : "tribunal d'instance"]* **» ;**

3º "président du tribunal supérieur d'appel" à la place de : "premier président de la cour d'appel" ;

4º "procureur de la République près le tribunal supérieur d'appel" à la place de : "procureur général près la cour d'appel" et de : "procureur de la République près le *(Ord. nº 2019-964 du 18 sept. 2019, art. 35, en vigueur le 1er janv. 2020)* **« tribunal judiciaire** *[ancienne rédaction : tribunal de grande instance]* **»".** – *[Anc. art. L. 952-1 et L. 952-13.]*

CHAPITRE II DES FONCTIONS JUDICIAIRES

Art. L. 512-1 **Les fonctions judiciaires à Saint-Pierre-et-Miquelon sont exercées :**

1º Par des magistrats du corps judiciaire ;

2º Par des assesseurs au tribunal supérieur d'appel et au tribunal criminel ;

(Abrogé par L. nº 2007-1787 du 20 déc. 2007, art. 30-VIII, 1º) ***« 3º Par des suppléants du procureur de la République. »*** – *[Anc. art. L. 951-1.]*

Art. L. 512-2 **Les personnes appelées à exercer** *(L. nº 2007-1787 du 20 déc. 2007, art. 30-VIII, 2º)* **« les fonctions d'assesseurs au tribunal supérieur d'appel et au tribunal criminel » sont choisies parmi les personnes de nationalité française, âgées de plus de vingt-trois ans, jouissant des droits civiques, civils et de famille et présentant des garanties de compétence et d'impartialité.** – *[Anc. art. L. 951-2.] – V. art. R. 512-1.*

Art. L. 512-3 **Les assesseurs au tribunal supérieur d'appel** *(Abrogé par L. nº 2007-1787 du 20 déc. 2007, art. 30-VIII, 3º)* ***« et les suppléants du procureur de la République »*** **sont désignés pour deux ans par le garde des Sceaux, ministre de la justice.**

Les assesseurs sont désignés sur proposition du président du tribunal supérieur d'appel, après avis du procureur de la République.

(Abrogé par L. nº 2007-1787, du 20 déc. 2007, art. 30-VIII, 3º) ***« Les suppléants sont désignés sur proposition du procureur de la République, après avis du président du tribunal supérieur d'appel. »***

Avant d'entrer en fonctions, les assesseurs *(Abrogé par L. nº 2007-1787 du 20 déc. 2007, art. 30-VIII, 3º)* ***« et les suppléants du procureur de la République »*** **prêtent devant le tribunal supérieur d'appel le serment prévu à l'article 6 de l'ordonnance nº 58-1270 du 22 décembre 1958 portant loi organique relative au statut de la magistrature.** – *[Anc. art. L. 951-3, ecqc désignation assesseurs.] – V. Ord. nº 58-1270 du 22 déc. 1958, App., vº Magistrature (statut).*

Art. L. 512-4 **Les assesseurs au tribunal supérieur d'appel** *(Abrogé par L. nº 2007-1787 du 20 déc. 2007, art. 30-VIII, 1º)* ***« et les suppléants du procureur de la République »*** **peuvent, avant l'expiration de la période de deux ans prévue à l'article L. 512-3, être relevés de leurs fonctions, par arrêté du garde des Sceaux, ministre de la justice, sur leur demande.**

Les assesseurs au tribunal supérieur d'appel peuvent, en cas de faute grave entachant l'honneur ou la probité, être relevés de leurs fonctions, avant l'expiration de la période de deux ans prévue à l'article L. 512-3, par décision du premier président de la cour d'appel de Paris, après avoir été convoqués et mis en demeure de présenter leurs observations. Ils peuvent, selon les mêmes formes, à la demande du président du tribunal supérieur d'appel, être déclarés démissionnaires lorsque, sans motif légitime, ils se sont abstenus de déférer à plus de deux convocations successives.

(Abrogé par L. nº 2007-1787 du 20 déc. 2007, art. 30-VIII, 3º) ***« Les suppléants du procureur de la République peuvent, en cas de faute grave entachant l'honneur ou la probité, être relevés de leurs fonctions, avant l'expiration de la période de deux ans prévue à l'article L. 512-3, par arrêté du garde des Sceaux, ministre de la justice, après avoir été convoqués et mis en demeure de présenter leurs observations. Ils peuvent, selon les mêmes formes, à la demande du procureur de la République, être déclarés démissionnaires lorsque, sans motif légitime, ils se sont abstenus de déférer à plus de deux convocations successives. Dans les mêmes conditions et selon les mêmes formes, il peut également être mis fin à leurs fonctions pour les nécessités du service. »***

Dans tous les cas, l'avis du président du tribunal supérieur d'appel et celui du procureur de la République sont nécessaires lorsque la décision n'intervient pas sur leur demande. — *[Anc. art. L. 951-4.]*

CHAPITRE III DES JURIDICTIONS

SECTION PREMIÈRE LE TRIBUNAL DE PREMIÈRE INSTANCE

Art. L. 513-1 Le tribunal de première instance connaît de toutes les affaires pour lesquelles compétence n'est pas attribuée à une autre juridiction. — *[Anc. art. L. 952-4.]*

Art. L. 513-2 Le tribunal de première instance statue à juge unique. — *[Anc. art. L. 952-5.]*

Art. L. 513-3 En cas de vacance des postes de magistrat au tribunal de première instance, d'absence, d'empêchement ou d'incompatibilité légale, les fonctions de magistrat dans cette juridiction sont exercées par le président du tribunal supérieur d'appel. — *[Anc. art. L. 952-6.]*

Art. L. 513-4 I. — Si, pour l'une des causes énoncées à l'article L. 513-3, le président du tribunal supérieur d'appel ne peut intervenir, les fonctions de magistrat du tribunal de première instance sont alors assurées par un magistrat du siège désigné par le premier président de la cour d'appel de Paris sur une liste arrêtée par lui pour chaque année civile.

II. — Lorsque la venue du magistrat assurant le remplacement n'est pas matériellement possible, soit dans les délais prescrits par la loi, soit dans les délais exigés par la nature de l'affaire, l'audience est présidée par ce magistrat depuis un autre point du territoire de la République, ce dernier se trouvant relié, en direct, à la salle d'audience, par un moyen de communication audiovisuelle. — *[Anc. art. L. 952-7-I et II.] — V. art. R. 513-5.*

Les modalités d'application de l'alinéa qui précède sont fixées par décret en Conseil d'État.

Art. L. 513-5 Le président du tribunal de première instance exerce les fonctions de juge des enfants. — *[Anc. art. L. 952-8.]*

Art. L. 513-5-1 *(L. nº 2009-526 du 12 mai 2009, art. 138-VI, 3º)* Pour l'application de l'article L. 214-1, le président du tribunal de première instance exerce les attributions dévolues à la commission d'indemnisation des victimes d'infraction.

Les premier et deuxième alinéas de l'article L. 214-2 ne sont pas applicables à ***Saint-Pierre-et-Miquelon.***

SECTION II LE TRIBUNAL SUPÉRIEUR D'APPEL

Art. L. 513-6 Le tribunal supérieur d'appel statuant en formation collégiale comprend un président, magistrat du siège, et des assesseurs choisis parmi les personnes mentionnées à l'article L. 512-2. — *[Anc. art. L. 952-9.]*

Art. L. 513-7 En cas de vacance du poste, d'absence, d'empêchement ou d'incompatibilité légale, les fonctions de président du tribunal supérieur d'appel sont exercées par le président du tribunal de première instance ou, à défaut, par un juge de ce tribunal. — *[Anc. art. L. 952-10.]*

Art. L. 513-8 I. — Si, pour l'une des causes énoncées à l'article L. 513-7, aucun magistrat du siège du tribunal de première instance ne peut remplacer le président du tribunal supérieur d'appel, ses fonctions sont assurées par un magistrat du siège désigné par le premier président de la cour d'appel de Paris sur une liste arrêtée par lui pour chaque année civile.

II. — Lorsque la venue du magistrat assurant le remplacement n'est pas matériellement possible, soit dans les délais prescrits par la loi, soit dans les délais exigés par la nature de l'affaire, l'audience est présidée par le magistrat depuis un autre point du territoire de la République, ce dernier se trouvant relié, en direct, à la salle d'audience, par un moyen de communication audiovisuelle.

Lorsque l'audience est collégiale, par dérogation aux dispositions de l'article L. 513-6, la formation de jugement est composée de magistrats, figurant sur la liste prévue au I ci-dessus, reliés à la salle d'audience selon le même procédé.

Les modalités d'application des deux alinéas précédents sont fixées par décret en Conseil d'État. — *[Anc. art. L. 952-11-I et II.] — V. art. R. 513-11.*

Art. L. 513-9 Le président du tribunal supérieur d'appel exerce les fonctions de délégué à la protection de l'enfance. — *[Anc. art. L. 952-12.]*

Art. L. 513-10 Le procureur de la République près le tribunal supérieur d'appel peut, en toutes matières, exercer le ministère public devant toutes juridictions du premier degré établies dans son ressort. — *[Anc. art. L. 952-2.]*

Art. L. 513-11 *(L. n° 2007-1787 du 20 déc. 2007, art. 30-VIII, 5°)* I. — En cas d'empêchement du procureur de la République, quelle qu'en soit la cause, les fonctions de ce magistrat sont alors assurées par un magistrat du parquet général désigné par le procureur général près la cour d'appel de Paris sur une liste arrêtée par lui pour chaque année civile.

II. — Lorsque la venue de ce magistrat n'est pas matériellement possible soit dans les délais prescrits par la loi, soit dans les délais exigés par la nature de l'affaire, celui-ci exerce ses fonctions depuis un autre point du territoire de la République par téléphone et par télécopie et, en cas de déferement ou d'audience, par un moyen de communication audiovisuelle qui le relie directement au tribunal de première instance ou au tribunal supérieur d'appel. — *V. art. R. 513-5 et R. 513-11.*

Les modalités d'application des dispositions prévues au premier alinéa du présent II sont fixées par décret en Conseil d'État. — *[Anc. art. L. 952-2.]*

TITRE DEUXIÈME *[ABROGÉ]* DISPOSITIONS PARTICULIÈRES À MAYOTTE

Le présent titre II, qui comprenait les art. L. 521-1 à L. 523-1 contenant des dispositions particulières à Mayotte, a été abrogé, à compter du 1er avr. 2011, par l'Ord. n° 2011-337 du 29 mars 2011, art. 1er-3°-b (JO 30 mars), à l'occasion de la réforme de l'organisation judiciaire dans ce département, entreprise par ladite ordonnance.

TITRE TROISIÈME DISPOSITIONS APPLICABLES À WALLIS-ET-FUTUNA

CHAPITRE PREMIER DISPOSITIONS GÉNÉRALES

Art. L. 531-1 *(L. n° 2019-222 du 23 mars 2019, art. 110-X-1°)* Sont applicables à Wallis-et-Futuna le livre Ier *(L. n° 2020-1672 du 24 déc. 2020, art. 31-III-1°)* « , les articles *(Abrogé par L. n° 2021-1729 du 22 déc. 2021, art. 57-III)* « ***L. 211-17, L. 211-18,*** » L. 211-19, L. 211-20 *(L. n° 2021-1729 du 22 déc. 2021, art. 60-II-2°)* « , L. 211-21 », L. 212-5-1, L. 212-5-2, L. 212-6-1 et L. 213-13 ainsi que l'article L. 312-8 du présent code, dans leur rédaction résultant de la loi *(L. n° 2021-1729 du 22 déc. 2021,* *art. 60-II-2°)* **« n° 2021-1729 du 22 décembre 2021 pour la confiance dans l'institution judiciaire ». »**

Art. L. 531-2 **Pour l'application des dispositions étendues par le présent titre à Wallis-et-Futuna, il y a lieu de lire : "tribunal de première instance" à la place de :** *(Ord. n° 2019-964 du 18 sept. 2019, art. 34-II, en vigueur le 1er janv. 2020)* **« "tribunal judiciaire"** *[ancienne rédaction : "tribunal de grande instance" et de : "tribunal d'instance"]* **».** — *[Anc. art. L. 931-1, ecqc Wallis-et-Futuna.]*

CHAPITRE II DES JURIDICTIONS

SECTION PREMIÈRE LE TRIBUNAL DE PREMIÈRE INSTANCE

Art. L. 532-1 **A Wallis-et-Futuna, la juridiction du premier degré est dénommée tribunal de première instance.** — *[Anc. art. L. 931-5, ecqc Wallis-et-Futuna.]*

Art. L. 532-2 **Les dispositions** *(Ord. n° 2009-537 du 14 mai 2009, art. 1er-VII, 2°)* **« des articles »** *(L. n° 2016-1547 du 18 nov. 2016, art. 112-V-B-3-1°)* **« L. 211-9-2, L. 211-10 »** *(L. n° 2019-222 du 23 mars 2019, art. 110-X-2°)* **« , L. 211-12 et L. 217-6 » sont applicables à Wallis-et-Futuna** *(Ord. n° 2019-964 du 18 sept. 2019, art. 34-III, en vigueur le 1er janv. 2020)* **« dans leur rédaction résultant de la loi n° 2019-222 du 23 mars 2019 de programmation 2018-2022 et de réforme pour la justice ».** — *[Anc. art. L. 931-7-1, ecqc Wallis-et-Futuna.]*

On notera que l'art. 17, 2°, de la L. n° 2009-526 du 12 mai 2009 à laquelle s'est substituée l'Ord. n° 2009-537 du 14 mai 2009, art. 1er-VII, 2°, avait modifié l'art. 532-2 mais visait les art. L. 211-12 et L. 211-13 COJ.

Art. L. 532-3 *Tribunaux correctionnel et de police* 🏛.

Art. L. 532-4 **Le tribunal de première instance connaît de toutes les affaires pour lesquelles compétence n'est pas attribuée, en raison de la nature de la demande, à une autre juridiction.** — *[Anc. art. R. 931-8, ecqc Wallis-et-Futuna.]*

Art. L. 532-5 **Le tribunal de première instance a compétence exclusive dans les matières déterminées par les lois et règlements.** — *[Anc. art. L. 931-6, ecqc Wallis-et-Futuna.]*

Art. L. 532-6 **Le tribunal de première instance exerce les compétences dévolues en métropole au tribunal de commerce.** — *[Anc. art. L. 934-2.]*

Art. L. 532-6-1 *(L. n° 2010-1609 du 22 déc. 2010, art. 11-I-5°)* **Les articles L. 213-5 à L. 213-7 sont applicables à Wallis-et-Futuna** *(Ord. n° 2019-964 du 18 sept. 2019, art. 34-IV, en vigueur le 1er janv. 2020)* **« dans leur rédaction résultant de la loi n° 2019-222 du 23 mars 2019 de programmation 2018-2022 et de réforme pour la justice ».**

L'art. 11 de la L. n° 2010-1609 du 22 déc. 2010 entre en vigueur dans les conditions fixées par un décret nécessaire à son application et au plus tard le 1er sept. 2011 (L. préc., art. 43).

Art. L. 532-7 **En matière civile et commerciale, le tribunal de première instance statue à juge unique.**

Toutefois, le juge saisi peut ordonner le renvoi devant la formation collégiale du tribunal. — *[Anc. art. L. 931-8, al. 1er et 2, ecqc Wallis-et-Futuna.]* — *V. art. R. 532-11.*

Art. L. 532-8 **Lorsqu'il statue en formation collégiale, le tribunal de première instance est composé d'un magistrat du siège, président du tribunal, et d'assesseurs choisis, pour une durée de deux ans, parmi les personnes de nationalité française, âgées de plus de vingt-trois ans, jouissant des droits civiques, civils et de famille et présentant** ***des garanties de compétence*** **et d'impartialité.** — *[Anc. art. L. 934-3.]* — *V. art. R. 532-13 et R. 532-17.*

Art. L. 532-9 **Avant l'expiration des fonctions des assesseurs en exercice, le garde des Sceaux, ministre de la justice, arrête la liste des assesseurs titulaires et suppléants.**

Les assesseurs sont choisis sur proposition du premier président de la cour d'appel après avis du procureur général et de l'assemblée générale de la cour d'appel. Un

décret en Conseil d'État fixe les modalités d'application du présent article. – *[Anc. art. L. 934-4.] – V. art. R. 532-14 et R. 532-16.*

Art. L. 532-10 Si le nombre des candidats remplissant les conditions fixées à l'article L. 532-8 n'est pas suffisant pour établir la liste des assesseurs titulaires et suppléants, le tribunal de première instance statue sans assesseur. – *[Anc. art. L. 933-4, ecqc Wallis-et-Futuna.]*

Art. L. 532-11 Lorsqu'un assesseur titulaire est absent ou empêché, il est remplacé par l'un de ses suppléants appelés dans l'ordre de la liste d'assesseurs prévue à l'article L. 532-9. – *[Anc. art. L. 933-5, ecqc Wallis-et-Futuna.]*

Art. L. 532-12 Avant d'entrer en fonctions, les assesseurs titulaires et suppléants prêtent devant la cour d'appel le serment prévu à l'article 6 de l'ordonnance n° 58-1270 du 22 décembre 1958 portant loi organique relative au statut de la magistrature. – *[Anc. art. L. 933-7, ecqc Wallis-et-Futuna.]*

Art. L. 532-13 Sous réserve de l'application de l'article L. 532-10, les assesseurs restent en fonctions jusqu'à l'installation de leurs successeurs. Toutefois, la prorogation des fonctions d'un assesseur ne peut en aucun cas excéder une période de deux mois. – *[Anc. art. L. 933-8, ecqc Wallis-et-Futuna.]*

Art. L. 532-14 Les assesseurs titulaires ou suppléants qui, sans motif légitime, se sont abstenus de déférer à plusieurs convocations successives peuvent, à la demande du président du tribunal de première instance ou du ministère public, après avoir été convoqués et mis en mesure de présenter leurs observations, être déclarés démissionnaires par la cour d'appel statuant en chambre du conseil.

En cas de faute grave entachant l'honneur ou la probité, leur déchéance est prononcée dans les mêmes formes. – *[Anc. art. L. 933-10 ecqc Wallis-et-Futuna.]*

Art. L. 532-15 Lorsque, du fait de l'absence ou de l'empêchement d'un assesseur titulaire et de ses suppléants, la formation normalement compétente ne peut être légalement composée et que le cours de la justice s'en trouve interrompu, la cour d'appel, sur requête présentée par le procureur général, constate l'impossibilité pour la formation de se réunir dans la composition prévue à l'article L. 532-8 et renvoie la connaissance de l'affaire à la formation statuant sans assesseur. – *[Anc. art. L. 933-11, ecqc Wallis-et-Futuna.]*

Art. L. 532-15-1 *(L. n° 2009-526 du 12 mai 2009, art. 14-I-3°)* **Les articles L. 213-3 et L. 213-3-1 sont applicables à Wallis-et-Futuna** *(Ord. n° 2019-964 du 18 sept. 2019, art. 34-V, en vigueur le 1er janv. 2020)* **« dans leur rédaction résultant de la loi n° 2019-222 du 23 mars 2019 de programmation 2018-2022 et de réforme pour la justice ».**

L'art. 14 de la L. n° 2009-526 du 12 mai 2009 est applicable aux demandes en justice formées à compter du 1er janv. 2010. Il est par ailleurs applicable dans les mêmes conditions à Wallis-et-Futuna, aux Terres australes et antarctiques françaises, à la Polynésie française et à la Nouvelle-Calédonie (L. préc., art. 14-IV et V).

Art. L. 532-15-2 *(L. n° 2011-1862 du 13 déc. 2011, art. 1er-I-7°, en vigueur le 1er janv. 2017)* **L'article L. 222-1-1 est applicable à Wallis-et-Futuna.**

L'art. 1er de la L. n° 2011-1862 du 13 déc. 2011 est applicable aux procédures en cours dans les conditions suivantes :

En matière civile, la juridiction de proximité demeure compétente pour connaître des procédures en cours jusqu'au premier jour du septième mois suivant la date du 1er janv. 2017 (L. n° 2012-1441 du 24 déc. 2012, art. unique, 1° et 2°, b, et L. n° 2014-1654 du 29 déc. 2014, art. 99), date à compter de laquelle ces procédures sont transférées en l'état au tribunal d'instance. Dans les matières dont la connaissance est transférée par l'effet de la présente loi au tribunal d'instance, les convocations et assignations données aux parties peuvent être délivrées avant la date du 1er janv. 2017 (L. n° 2012-1441 du 24 déc. 2012, art. unique, 1° et 2°, b, et L. n° 2014-1654 du 29 déc. 2014, art. 99) pour une comparution postérieure à cette date devant le tribunal d'instance.

Il n'y a pas lieu de renouveler les actes, formalités et jugements régulièrement intervenus antérieurement au transfert des procédures civiles, à l'exception des convocations, citations et assignations données aux parties et aux témoins qui n'auraient pas été suivies d'une comparution devant la juridiction supprimée.

Les parties ayant comparu devant la juridiction supprimée sont informées par l'une ou l'autre des juridictions qu'il leur appartient d'accomplir les actes de la procédure devant le tribunal auquel les procédures sont transférées.

Les archives et les minutes du greffe de la juridiction de proximité sont transférées au greffe du tribunal d'instance selon la nature de la procédure. Les frais de transfert de ces archives et minutes sont pris sur le crédit ouvert à cet effet au budget du ministère de la justice (L. préc., art. 70-II).

Art. L. 532-16 **Le président du tribunal de première instance exerce les fonctions de juge d'instruction dans les conditions prévues par les dispositions de procédure pénale applicables à Wallis-et-Futuna.** – *[Anc. art. L. 934-7.]*

Art. L. 532-17 *(L. nº 2007-1787 du 20 déc. 2007, art. 30-VIII-6º)* **I. – En cas de vacance de poste du président du tribunal de première instance de Mata-Utu, d'absence, d'empêchement ou d'incompatibilité légale, les fonctions de ce magistrat sont exercées par un magistrat du siège désigné par le premier président de la cour d'appel de Nouméa sur une liste arrêtée par lui pour chaque année civile.**

II. – Lorsque la venue du magistrat assurant le remplacement n'est pas matériellement possible soit dans les délais prescrits par la loi, soit dans les délais exigés par la nature de l'affaire, l'audience est présidée par ce magistrat depuis un autre point du territoire de la République, ce dernier se trouvant relié directement à la salle d'audience par un moyen de communication audiovisuelle.

Les modalités d'application des dispositions prévues au premier alinéa du présent II sont fixées par décret en Conseil d'État. – *[Anc. art. L. 934-8, al. 1er.] – V. art. R. 532-22.*

Art. L. 532-17-1 *(L. nº 2009-526 du 12 mai 2009, art. 138-VI-4º)* **Pour l'application de l'article L. 214-1, le président du tribunal de première instance exerce les attributions dévolues à la commission d'indemnisation des victimes d'infraction.**

Les premier et deuxième alinéas de l'article L. 214-2 ne sont pas applicables à Wallis-et-Futuna.

Art. L. 532-18 **En cas d'empêchement, le procureur de la République est remplacé par un magistrat du parquet appartenant au ressort de la cour d'appel et désigné par le procureur général.** – *[Anc. art. L. 934-8, al. 2.]*

SECTION II *[ABROGÉE]* LA JURIDICTION DE PROXIMITÉ

(Abrogée par L. nº 2011-1862 du 13 déc. 2011, art. 1er-III, à compter du 1er janv. 2015)

Sur l'application de l'art. 1er de la L. nº 2011-1862 du 13 déc. 2011 aux procédures en cours, V. note au-dessus du nouvel art. L. 121-5 COJ.

Art. L. 532-19 ***Il y a à Wallis-et-Futuna une juridiction de proximité.*** – *[Anc. art. L. 934-8-1, al. 1er, ecqc art. L. 331-1.]*

Art. L. 532-20 ***En matière civile, la juridiction de proximité connaît des actions personnelles mobilières dont elle est saisie par une personne physique pour les besoins de sa vie non professionnelle, jusqu'à la contrepartie en monnaie locale de la somme de 1 500 euros ou d'une valeur indéterminée mais qui ont pour origine l'exécution d'une obligation dont le montant n'excède pas la contrepartie en monnaie locale de la somme de 1 500 euros.***

Elle connaît des procédures d'injonction de payer ou de faire, dans les conditions prévues au premier alinéa. – *[Anc. art. L. 934-8-1, ecqc art. L. 331-2.]*

Art. L. 532-21 ***Lorsque, en matière civile, le juge de proximité se heurte à une difficulté juridique sérieuse portant sur l'application d'une règle de droit ou sur l'interprétation du contrat liant les parties, il peut, à la demande d'une partie ou d'office, après avoir recueilli l'avis, selon le cas, de l'autre ou des deux parties, renvoyer l'affaire au tribunal de première instance qui statue en tant que juridiction de proximité.*** – *[Anc. art. L. 934-8-1, al. 1er, ecqc art. L. 331-4.]*

Art. L. 532-22 *Matière pénale*

Art. L. 532-23 ***La juridiction de proximité statue à juge unique.*** – *[Anc. art. L. 934-8-1, al. 1er, ecqc art. L. 331-7.]*

Art. L. 532-24 *En cas d'absence ou d'empêchement du juge de proximité ou lorsque le nombre de juges de proximité se révèle insuffisant, les fonctions de ce juge sont exercées par un juge du tribunal de première instance désigné à cet effet par le président de ce tribunal.*

Le juge du tribunal de première instance exerce toutefois de plein droit, en cette qualité, les fonctions de juge de proximité lorsque aucun juge de proximité n'a été affecté au sein de la juridiction de proximité. — *[Anc. art. L. 934-8-1, al. 1er, ecqc art. L. 331-9.]*

SECTION III LES JURIDICTIONS DES MINEURS

Art. L. 532-25 Les dispositions du titre V du livre II (partie Législative) relatives aux juridictions des mineurs sont applicables à Wallis-et-Futuna, *(Ord. nº 2019-964 du 18 sept. 2019, art. 34-VI, en vigueur le 1er janv. 2020)* « dans leur rédaction résultant de la loi *(L. nº 2022-52 du 24 janv. 2022, art. 34-IV)* « nº 2022-52 du 24 janvier 2022 relative à la responsabilité pénale et à la sécurité intérieure » ». — *[Anc. art. L. 931-13, ecqc Wallis-et-Futuna.]*

Art. L. 532-26 Les fonctions de juge des enfants sont exercées par le président du tribunal de première instance. — *[Anc. art. L. 934-9.]*

SECTION IV LA COUR D'ASSISES

Art. L. 532-27 et L. 532-28 *Cour d'assises* 🏛.

CHAPITRE III DU GREFFE

Art. L. 533-1 Le service des greffes du tribunal de première instance *(Abrogé par L. nº 2011-1862 du 13 déc. 2011, art. 2-II, à compter du 1er janv. 2017) « et de la juridiction de proximité »* est assuré par des fonctionnaires de l'État ou, lorsque des dispositions législatives ou réglementaires l'autorisent, par des fonctionnaires des cadres territoriaux ou des agents territoriaux. — *[Anc. art. L. 931-17, ecqc Wallis-et-Futuna.]*

Sur l'application de l'art. 2 de la L. nº 2011-1862 du 13 déc. 2011 aux procédures en cours, V. note au-dessus du nouvel art. L. 121-5 COJ.

TITRE QUATRIÈME DISPOSITIONS APPLICABLES AUX TERRES AUSTRALES ET ANTARCTIQUES FRANÇAISES

Art. L. 541-1 *(L. nº 2019-222 du 23 mars 2019, art. 110-X-3º)* Sont applicables dans les Terres australes et antarctiques françaises les articles *(Abrogé par L. nº 2021-1729 du 22 déc. 2021, art. 57-III)* « L. 211-17, L. 211-18, » L. 212-5-1 et L. 212-5-2 du présent code, dans leur rédaction résultant de la loi nº 2019-222 du 23 mars 2019 de programmation 2018-2022 et de réforme pour la justice.

TITRE CINQUIÈME DISPOSITIONS APPLICABLES À LA POLYNÉSIE FRANÇAISE

CHAPITRE PREMIER DISPOSITIONS GÉNÉRALES

Art. L. 551-1 *(L. nº 2019-222 du 23 mars 2019, art. 110-X-4º)* Sont applicables en *Polynésie française le livre Ier*, les articles (*Abrogé par L. nº 2021-1729 du 22 déc. 2021, art. 57-III) « L. 211-17 » (L. nº 2020-1672 du 24 déc. 2020, art. 31-III-2º) « (Abrogé par L. nº 2021-1729 du 22 déc. 2021, art. 57-III) « , L. 211-18, »* L. 211-19, L. 211-20, L. 212-6-1, L. 213-13 et le 3º de l'article L. 261-1 ainsi que l'article L. 312-8 du présent code dans leur rédaction résultant de la loi *(L. nº 2021-1729 du 22 déc. 2021, art. 60-II-2º)* « nº 2021-1729 du 22 décembre 2021 pour la confiance dans l'institution judiciaire ». »

Art. L. 551-2 Pour l'application des dispositions étendues par le présent titre à la Polynésie française, il y a lieu de lire : "tribunal de première instance" à la place de : *(Ord. nº 2019-964 du 18 sept. 2019, art. 34-VII, en vigueur le 1er janv. 2020)* « "tribunal judiciaire" *[ancienne rédaction : "tribunal de grande instance" et de : "tribunal d'instance"]* ». — *[Anc. art. L. 931-1, ecqc Polynésie française.]*

CHAPITRE II DES JURIDICTIONS

SECTION PREMIÈRE LE TRIBUNAL DE PREMIÈRE INSTANCE

SOUS-SECTION 1 DISPOSITIONS GÉNÉRALES *(L. nº 2015-177 du 16 févr. 2015, art. 23).*

Art. L. 552-1 En Polynésie française, la juridiction du premier degré est dénommée tribunal de première instance. — *[Anc. art. L. 931-5, ecqc Polynésie française.]*

Art. L. 552-2 Les *(L. nº 2016-1547 du 18 nov. 2016, art. 112-V-B-3-2º)* « articles L. 211-9-2, » *(Ord. nº 2009-537 du 14 mai 2009, art. 1er-VII-3º)* « L. 211-10 » *(L. nº 2019-222 du 23 mars 2019, art. 110-X-2º)* « , L. 211-12 et L. 217-6 » sont applicables en Polynésie française *(Ord. nº 2019-964 du 18 sept. 2019, art. 34-VIII, en vigueur le 1er janv. 2020)* « dans leur rédaction résultant de la loi nº 2019-222 du 23 mars 2019 de programmation 2018-2022 et de réforme pour la justice ». — *[Anc. art. L. 931-7-1, ecqc Polynésie française.]*

On notera que l'art. 17-2º de la L. nº 2009-526 du 12 mai 2009 à laquelle s'est substituée l'Ord. nº 2009-537 du 14 mai 2009, art. 1er-VII-3º, avait modifié l'art. 552-2 mais visait les art. L. 211-12 et L. 211-13 COJ.

Art. L. 552-3 *Tribunaux correctionnel et de police* 🏛.

Art. L. 552-4 Le tribunal de première instance connaît de toutes les affaires pour lesquelles compétence n'est pas attribuée, en raison de la nature de la demande, à une autre juridiction. — *[Anc. art. R. 931-8, ecqc Polynésie française.]*

Art. L. 552-5 Le tribunal de première instance a compétence exclusive dans les matières déterminées par les lois et règlements. — *[Anc. art. L. 931-6, ecqc Polynésie française.]*

Art. L. 552-6 En matière civile, le tribunal de première instance statue à juge unique.

Toutefois, le juge saisi peut ordonner le renvoi devant la formation collégiale du tribunal. — *[Anc. art. L. 931-8, al. 1er et 2, ecqc Polynésie française.] — V. art. R. 552-11.*

Art. L. 552-7 La formation collégiale prévue à l'article L. 552-6 est composée d'un président et de magistrats du siège. — *[Anc. art. L. 932-1, ecqc Polynésie française.] — V. art. R. 552-12.*

Art. L. 552-8 Les avocats peuvent être appelés, dans l'ordre du tableau, à suppléer les juges pour compléter le tribunal de première instance.

La formation de jugement du tribunal de première instance ne peut comprendre *(Abrogé par L. nº 2016-1547 du 18 nov. 2016, art. 112-V-B-3-3º)* « *, en matière pénale,* » une majorité de juges non professionnels. — *[Anc. art. L. 932-2 ecqc PF.]*

Art. L. 552-8-1 *(L. nº 2009-526 du 12 mai 2009, art. 14-I-4º)* Les articles L. 213-3, L. 213-3-1 et L. 213-4 sont applicables en Polynésie française *(Ord. nº 2019-964 du 18 sept. 2019, art. 34-IX, en vigueur le 1er janv. 2020)* « dans leur rédaction résultant de la loi nº 2019-222 du 23 mars 2019 de programmation 2018-2022 et de réforme pour la justice ».

L'art. 14 de la L. nº 2009-526 du 12 mai 2009 est applicable aux demandes en justice formées à compter du 1er janv. 2010. Il est par ailleurs applicable dans les mêmes conditions à Wallis-et-Futuna, aux Terres australes et antarctiques françaises, à la Polynésie française et à la Nouvelle-Calédonie (L. préc., art. 14-IV et V).

Art. L. 552-9 Il y a au tribunal de première instance un ou plusieurs juges d'instruction. Les règles concernant les conditions de nomination et les attributions du juge d'instruction sont fixées par les dispositions de procédure pénale applicables en Polynésie française. — *[Anc. art. L. 932-9, ecqc Polynésie française.]*

SOUS-SECTION 2 DISPOSITIONS SPÉCIFIQUES AU TRIBUNAL FONCIER

(L. nº 2015-177 du 16 févr. 2015, art. 23)

Art. L. 552-9-1 Lorsque le tribunal de première instance statue en matière foncière, il est dénommé tribunal foncier.

Il statue dans une formation présidée par un magistrat du siège et comprenant, en outre, deux assesseurs.

(Abrogé par L. n° 2017-256 du 28 févr. 2017, art. 111) « ***Sans préjudice de l'article L. 122-2, il statue au vu des conclusions des parties et de celles du commissaire du Gouvernement de la Polynésie française.***

« ***Un décret en Conseil d'État détermine les conditions de désignation et les attributions du commissaire du Gouvernement de la Polynésie française, dans le respect du principe du contradictoire.*** »

Art. L. 552-9-2 En matière foncière, les assesseurs titulaires et suppléants sont agréés dans les conditions prévues à l'article 58 de la loi organique n° 2004-192 du 27 février 2004 portant statut d'autonomie de la Polynésie française.

Art. L. 552-9-3 Les assesseurs titulaires et suppléants sont choisis, pour une durée de trois ans renouvelable, parmi les personnes de nationalité française, âgées de plus de vingt-trois ans, jouissant des droits civiques, civils et de famille et présentant des garanties de compétence et d'impartialité.

Art. L. 552-9-4 Si le nombre des candidats remplissant les conditions fixées à l'article L. 552-9-3 n'est pas suffisant pour établir la liste des assesseurs titulaires et suppléants, le tribunal statue sans assesseur.

Art. L. 552-9-5 Avant d'entrer en fonctions, les assesseurs titulaires et suppléants prêtent, devant la cour d'appel, le serment prévu à l'article 6 de l'ordonnance n° 58-1270 du 22 décembre 1958 portant loi organique relative au statut de la magistrature.

Art. L. 552-9-6 Sous réserve de l'application de l'article L. 552-9-4, les assesseurs restent en fonctions jusqu'à l'installation de leurs successeurs. Toutefois, la prorogation des fonctions d'un assesseur ne peut excéder une période de deux mois.

Art. L. 552-9-7 Les employeurs sont tenus d'accorder aux salariés de leur entreprise assesseurs au tribunal foncier, sur leur demande, des autorisations d'absence.

Art. L. 552-9-8 Tout assesseur qui, sans motif légitime et après mise en demeure, refuse de remplir le service auquel il est appelé peut être déclaré démissionnaire.

Le président du tribunal constate le refus de service par un procès-verbal contenant l'avis motivé du tribunal foncier, l'assesseur préalablement entendu ou dûment appelé.

Au vu du procès-verbal, la cour d'appel statue en audience non publique après avoir appelé l'intéressé.

Art. L. 552-9-9 Tout assesseur qui manque gravement à ses devoirs dans l'exercice de ses fonctions est appelé devant le tribunal foncier pour s'expliquer sur les faits qui lui sont reprochés.

L'initiative de cet appel appartient au président du tribunal et au procureur de la République.

Dans le délai d'un mois à compter de la convocation, le procès-verbal de la séance de comparution est adressé par le président du tribunal au procureur de la République, qui le transmet avec son avis à l'assemblée générale des magistrats du siège de la cour d'appel.

Sur décision de l'assemblée générale des magistrats du siège de la cour d'appel, les peines applicables aux assesseurs sont :

1° La censure ;

2° La suspension, pour une durée qui ne peut excéder six mois ;

3° La déchéance.

Art. L. 552-9-10 L'assesseur qui a été privé du droit de vote ou du droit d'élection dans *(L. n° 2019-222 du 23 mars 2019, art. 11-IV)* « le cas mentionné à l'article » L. 6 du code électoral est déchu de plein droit de ses fonctions à compter de la date où le jugement est devenu définitif.

L'assesseur déclaré déchu ne peut plus être nommé aux mêmes fonctions.

Art. L. 552-9-11 Sur proposition du premier président de la cour d'appel et du procureur général près ladite cour, l'assemblée générale des magistrats du siège de la cour d'appel, saisie d'une plainte ou informée de faits de nature à entraîner des poursuites pénales contre un assesseur, peut suspendre l'intéressé de ses fonctions, pour une durée qui ne peut excéder six mois. Il est fait application de la procédure prévue à l'article L. 552-9-9.

SECTION II LA COUR D'APPEL

Art. L. 552-10 Les dispositions des articles L. 311-1, L. 311-3, L. 312-2 et L. 312-7 relatives à la cour d'appel sont applicables en Polynésie française.

Les dispositions des articles L. 311-9 et L. 312-6 relatives à la protection de l'enfance sont applicables en Polynésie française. — *[Anc. art. L. 931-2, ecqc Polynésie française, généralités et protection.]*

(Ord. nº 2019-950 du 11 sept. 2019, art. 8-IV-1º, en vigueur le 30 sept. 2021) « L'article L. 312-6 est applicable en Polynésie française dans sa rédaction résultant de l'ordonnance nº 2019-950 du 11 septembre 2019 portant partie législative du code de la justice pénale des mineurs. »

Art. L. 552-11 Les avocats peuvent être appelés, dans l'ordre du tableau, à suppléer les conseillers pour compléter la cour d'appel.

La formation de jugement de la cour d'appel ne peut comprendre, en matière pénale, une majorité de juges non professionnels. — *[Anc. art. L. 931-3, ecqc Polynésie française.]*

Art. L. 552-12 *Matière pénale* 🏛.

SECTION III *[ABROGÉE]* LA JURIDICTION DE PROXIMITÉ

(Abrogée par L. nº 2011-1862 du 13 déc. 2011, art. 1er-III, à compter du 1er janv. 2017)

Sur l'application de l'art. 1er de la L. nº 2011-1862 du 13 déc. 2011 aux procédures en cours, V. note au-dessus du nouvel art. L. 121-5 COJ.

Art. L. 552-13 *Il y a en Polynésie française une juridiction de proximité. — [Anc. art. L. 932-9-1, al. 1er, ecqc art. L. 331-1.]*

Art. L. 552-14 *En matière civile, la juridiction de proximité connaît des actions personnelles mobilières dont elle est saisie par une personne physique pour les besoins de sa vie non professionnelle, jusqu'à la contrepartie en monnaie locale de la somme de 1 500 euros ou d'une valeur indéterminée mais qui ont pour origine l'exécution d'une obligation dont le montant n'excède pas la contrepartie en monnaie locale de la somme de 1 500 euros.*

Elle connaît des procédures d'injonction de payer ou de faire, dans les conditions prévues au premier alinéa. — [Anc. art. L. 932-9-1, al. 1er, ecqc art. L. 331-2.]

Art. L. 552-15 *Lorsque, en matière civile, le juge de proximité se heurte à une difficulté juridique sérieuse portant sur l'application d'une règle de droit ou sur l'interprétation du contrat liant les parties, il peut, à la demande d'une partie ou d'office, après avoir recueilli l'avis, selon le cas, de l'autre ou des deux parties, renvoyer l'affaire au tribunal de première instance qui statue en tant que juridiction de proximité. — [Anc. art. L. 932-9-1, al. 1er, ecqc Polynésie française ecqc art. L. 331-4.]*

Art. L. 552-16 *Juridiction de proximité* 🏛.

Art. L. 552-17 *La juridiction de proximité statue à juge unique. — [Anc. art. L. 932-9-1, al. 1er, ecqc Polynésie française ecqc art. L. 331-7.]*

Art. L. 552-18 *En cas d'absence ou d'empêchement du juge de proximité ou lorsque le nombre de juges de proximité se révèle insuffisant, les fonctions de ce juge sont exercées par un juge du tribunal de première instance désigné à cet effet par le président de ce tribunal.*

Le juge du tribunal de première instance exerce toutefois de plein droit, en cette qualité, les fonctions de juge de proximité lorsque aucun juge de proximité n'a été affecté au sein de la juridiction de proximité. — [Anc. art. L. 932-9-1, al. 1er, ecqc Polynésie française ecqc art. L. 331-9.]

SECTION IV LES JURIDICTIONS DES MINEURS

Art. L. 552-19 Les dispositions du titre V du livre II (partie Législative) relatives aux juridictions des mineurs sont applicables en Polynésie française, *(Ord. nº 2019-964 du*

18 sept. 2019, art. 34-X, en vigueur le 1er janv. 2020) **« dans leur rédaction résultant de la loi** *(L. n° 2022-52 du 24 janv. 2022, art. 34-IV)* **« n° 2022-52 du 24 janvier 2022 relative à la responsabilité pénale et à la sécurité intérieure » ».** — *[Anc. art. L. 931-13, ecqc Polynésie française.]*

SECTION V LA COUR D'ASSISES

Art. L. 552-20 et L. 552-21 *Cour d'assises* 🏛.

CHAPITRE III DU GREFFE

Art. L. 553-1 Le service des greffes de la cour d'appel *(L. n° 2011-1862 du 13 déc. 2011, art. 2-XIX, en vigueur le 1er janv. 2017)* **« et du tribunal de première instance** *[ancienne rédaction : du tribunal de première instance et de la juridiction de proximité]* **» est assuré par des fonctionnaires de l'État ou, lorsque des dispositions législatives ou réglementaires l'autorisent, par des fonctionnaires des cadres territoriaux ou des agents territoriaux.** — *[Anc. art. L. 931-17, ecqc Polynésie française.]*

Sur l'application de l'art. 2 de la L. n° 2011-1862 du 13 déc. 2011 aux procédures en cours, V. note au-dessus du nouvel art. L. 121-5 COJ.

L'art. unique de la L. n° 2012-1441 du 24 déc. 2012 a modifié la date d'entrée en vigueur de l'art. 2 de la L. n° 2011-1862 du 13 déc. 2011 prévue à l'art. 70 de ladite loi en la reportant du 1er janv. 2013 au 1er janv. 2015. A sa suite, l'art. 99 de la L. n° 2014-1654 du 29 déc. 2014 a encore modifié cette date en la reportant du 1er janv. 2015 au 1er janv. 2017.

TITRE SIXIÈME DISPOSITIONS APPLICABLES À LA NOUVELLE-CALÉDONIE

CHAPITRE PREMIER DISPOSITIONS GÉNÉRALES

Art. L. 561-1 *(L. n° 2019-222 du 23 mars 2019, art. 110-X-5°)* **Sont applicables en Nouvelle-Calédonie le livre Ier, les articles** *(Abrogé par L. n° 2021-1729 du 22 déc. 2021, art. 57-III)* **«** *L. 211-17, L. 211-18* **»** *(L. n° 2020-1672 du 24 déc. 2020, art. 31-III-3°)* **«** *(Abrogé par L. n° 2021-1729 du 22 déc. 2021, art. 57-III)* **« , » L. 211-19, L. 211-20, L. 212-6-1, L. 213-13, le 3° de l'article L. 261-1 et l'article L. 312-8 ainsi que l'article L. 532-17 du présent code dans leur rédaction résultant de la loi** *(L. n° 2021-1729 du 22 déc. 2021, art. 60-II-2°)* **« n° 2021-1729 du du 22 décembre 2021 pour la confiance dans l'institution judiciaire ». »**

Art. L. 561-2 Pour l'application des dispositions étendues par le présent titre à la Nouvelle-Calédonie, il y a lieu de lire : « tribunal de première instance » à la place de : *(Ord. n° 2019-964 du 18 sept. 2019, art. 34-XI, en vigueur le 1er janv. 2020)* **« "tribunal judiciaire"** *[ancienne rédaction : "tribunal de grande instance" et de : "tribunal d'instance"]* **».** — *[Anc. art. L. 931-1, ecqc Nouvelle-Calédonie.]*

CHAPITRE II DES JURIDICTIONS

SECTION PREMIÈRE LE TRIBUNAL DE PREMIÈRE INSTANCE

Art. L. 562-1 En Nouvelle-Calédonie, la juridiction du premier degré est dénommée tribunal de première instance. — *[Anc. art. L. 931-5, ecqc Nouvelle-Calédonie.]*

Art. L. 562-2 Les *(L. n° 2016-1547 du 18 nov. 2016, art. 112-V-B-3-4°)* **« articles L. 211-9-2, »** *(Ord. n° 2009-537 du 14 mai 2009, art. 1er-VII-4°)* **« L. 211-10 et »** *(L. n° 2019-222 du 23 mars 2019, art. 110-X-6°)* **« L. 211-12,** *[et]* **L. 217-6 » sont applicables en Nouvelle-Calédonie** *(Ord. n° 2019-964 du 18 sept. 2019, art. 34-XII, en vigueur le 1er janv. 2020)* **« dans leur rédaction résultant de la loi n° 2019-222 du 23 mars 2019 de programmation 2018-2022 et de réforme pour la justice ».** — *[Anc. art. L. 931-7-1, ecqc Nouvelle-Calédonie.]*

On notera que l'art. 17-2° de la L. n° 2009-526 du 12 mai 2009, à laquelle s'est substituée l'Ord. n° 2009-537 du 14 mai 2009, art. 1er-VII-4°, avait modifié l'art. 532-2, mais visait les art. L. 211-12 et L. 211-13 COJ.

Art. L. 562-3 *Tribunaux correctionnel et de police* 🏛.

Art. L. 562-4 Le tribunal de première instance connaît de toutes les affaires pour lesquelles compétence n'est pas attribuée, en raison de la nature de la demande, à une autre juridiction. — *[Anc. art. R. 931-8, ecqc Nouvelle-Calédonie.]*

Art. L. 562-5 Le tribunal de première instance a compétence exclusive dans les matières déterminées par les lois et règlements. — *[Anc. art. L. 931-6, ecqc Nouvelle-Calédonie.]*

Art. L. 562-6 En matière civile, le tribunal de première instance statue à juge unique.

Toutefois, le juge saisi peut ordonner le renvoi devant la formation collégiale du tribunal. — *[Anc. art. L. 931-8, al. 1er et 2.] — V. art. R. 562-11.*

Art. L. 562-6-1 *(L. n° 2017-256 du 28 févr. 2017, art. 89)* Sans préjudice de l'article L. 121-4, en cas de surcharge d'activité et d'impossibilité manifeste pour la juridiction d'y faire face dans les délais prescrits par la loi ou le règlement, et à la demande du premier président de la cour d'appel de Nouméa, un ou plusieurs magistrats du siège désignés par le premier président de la cour d'appel de Paris sur une liste arrêtée par lui pour chaque année civile peuvent compléter les effectifs de la juridiction pendant une période ne pouvant excéder trois mois.

Lorsque la venue du ou des magistrats ainsi désignés n'est pas matériellement possible soit dans les délais prescrits par la loi ou le règlement, soit dans les délais exigés par la nature de l'affaire, les magistrats participent à l'audience et au délibéré du tribunal depuis un point du territoire de la République relié, en direct, à la salle d'audience, par un moyen de communication audiovisuelle.

Les modalités d'application du deuxième alinéa du présent article sont fixées par décret en Conseil d'État.

Art. L. 562-7 La formation collégiale prévue à l'article L. 562-6 est composée d'un président et de magistrats du siège. — *[Anc. art. L. 932-1, ecqc Nouvelle-Calédonie.]*

Art. L. 562-8 Les avocats peuvent être appelés, dans l'ordre du tableau, à suppléer les juges pour compléter le tribunal de première instance.

La formation de jugement du tribunal de première instance ne peut comprendre *(Abrogé par L. n° 2016-1547 du 18 nov. 2016, art. 112-V-B-3-3°)* « *, en matière pénale,* » une majorité de juges non professionnels. — *[Anc. art. L. 932-2 ecqc NC.]*

Art. L. 562-9 En matière délictuelle, la formation collégiale est complétée par des assesseurs ayant voix délibérative. — *[Anc. art. L. 933-1.]*

Art. L. 562-10 Les assesseurs titulaires et suppléants sont choisis, pour une durée de deux ans, parmi les personnes de nationalité française, âgées de plus de vingt-trois ans, jouissant des droits civiques, civils et de famille et présentant des garanties de compétence et d'impartialité. — *[Anc. art. L. 933-2.] — V. art. R. 562-13 et R. 562-17.*

Art. L. 562-11 Avant l'expiration des fonctions des assesseurs en exercice, le garde des Sceaux, ministre de la justice, arrête la liste des assesseurs titulaires et suppléants.

Les assesseurs sont choisis sur proposition du premier président de la cour d'appel après avis du procureur général et de l'assemblée générale de la cour d'appel. Un décret en Conseil d'État fixe les modalités d'application du présent article. — *[Anc. art. L. 933-3.] — V. art. R. 562-14 et R. 562-16.*

Art. L. 562-12 Si le nombre des candidats remplissant les conditions fixées à l'article L. 562-10 n'est pas suffisant pour établir la liste des assesseurs titulaires et suppléants, le tribunal statue sans assesseur. — *[Anc. art. L. 933-4.]*

Art. L. 562-13 Lorsqu'un assesseur titulaire est absent ou empêché, il est remplacé *par l'un de ses suppléants* appelés dans l'ordre de la liste d'assesseurs prévue à l'article L. 562-11. — *[Anc. art. L. 933-5.]*

Art. L. 562-14 Avant d'entrer en fonctions, les assesseurs titulaires et suppléants prêtent devant la cour d'appel le serment prévu à l'article 6 de l'ordonnance n° 58-1270 du 22 décembre 1958 portant loi organique relative au statut de la magistrature. — *[Anc. art. L. 933-7.] — V. Ord. n° 58-1270 du 22 déc. 1958, art. 6, App., v° Magistrature.*

Art. L. 562-15 **Sous réserve de l'application de l'article L. 562-12, les assesseurs restent en fonctions jusqu'à l'installation de leurs successeurs. Toutefois, la prorogation des fonctions d'un assesseur ne peut en aucun cas excéder une période de deux mois.** – *[Anc. art. L. 933-8.]*

Art. L. 562-16 **Les assesseurs titulaires ou suppléants qui, sans motif légitime, se sont abstenus de déférer à plusieurs convocations successives peuvent, à la demande du président du tribunal de première instance ou du ministère public, après avoir été convoqués et mis en mesure de présenter leurs observations, être déclarés démissionnaires par la cour d'appel statuant en chambre du conseil.**

En cas de faute grave entachant l'honneur ou la probité, leur déchéance est prononcée dans les mêmes formes. – *[Anc. art. L. 933-10.]*

Art. L. 562-17 **Lorsque, du fait de l'absence ou de l'empêchement d'un assesseur titulaire et de ses suppléants, la formation normalement compétente ne peut être légalement composée et que le cours de la justice s'en trouve interrompu, la cour d'appel, sur requête présentée par le procureur général, constate l'impossibilité pour la formation de se réunir dans la composition prévue à l'article L. 562-9 et renvoie la connaissance de l'affaire à la formation statuant sans assesseur.** – *[Anc. art. L. 933-11.]*

Art. L. 562-18 *Juges d'instruction* 🏛.

Art. L. 562-19 **Les contestations entre citoyens de statut civil particulier sur des matières régies par ce statut peuvent être directement portées, à l'initiative de l'une quelconque des parties, devant le tribunal de première instance.** – *[Ord. n° 82-877 du 15 oct. 1982, art. 2.]*

Art. L. 562-20 **Lorsque le tribunal de première instance est saisi des litiges mentionnés à l'article L. 562-19, il est complété par des assesseurs coutumiers, en nombre pair.**

Les assesseurs ont voix délibérative. – *[Ord. n° 82-877 du 15 oct. 1982, art. 3, al. 1er et 3, ecqc tribunal de première instance.]*

Art. L. 562-21 **Les assesseurs sont choisis parmi les personnes de nationalité française, de statut civil particulier, âgées de plus de vingt-cinq ans, présentant des garanties de compétence et d'impartialité.**

Une liste comprenant des assesseurs de chaque coutume est établie tous les deux ans, par l'assemblée générale de la cour d'appel, sur proposition du procureur général. – *[Ord. n° 82-877 du 15 oct. 1982, art. 4.]*

Art. L. 562-22 **Les assesseurs appelés à compléter la formation de jugement sont désignés par ordonnance du président de la juridiction de telle sorte que la coutume de chacune des parties soit représentée par un assesseur au moins.**

Sous cette réserve, les assesseurs d'une même coutume sont appelés dans l'ordre de leur inscription sur la liste prévue à l'article L. 562-21. – *[Ord. n° 82-877 du 15 oct. 1982, art. 5.]*

Art. L. 562-23 **Avant d'entrer en fonctions, les assesseurs coutumiers prêtent devant la cour d'appel le serment prévu à l'article 6 de l'ordonnance n° 58-1270 du 22 décembre 1958 portant loi organique relative au statut de la magistrature.** – *[Ord. n° 82-877 du 15 oct. 1982, art. 6.] – V. Ord. n° 58-1270 du 22 déc. 1958, App., v° Magistrature (statut).*

Art. L. 562-24 **Les citoyens de statut particulier peuvent d'un commun accord réclamer devant le tribunal de première instance l'application à leur différend des règles de droit commun relatives à la composition de la juridiction.** – *[Ord. n° 82-877 du 15 oct. 1982, art. 7, al 1er, 1re phrase.]*

Art. L. 562-24-1 *(L. n° 2009-526 du 12 mai 2009, art. 14-I-5°)* **Les articles L. 213-3, L. 213-3-1 et L. 213-4 sont applicables en Nouvelle-Calédonie** *(Ord. n° 2019-964 du 18 sept. 2019, art. 34-XIII, en vigueur le 1er janv. 2020)* **« dans leur rédaction résultant de la loi n° 2019-222 du 23 mars 2019 de programmation 2018-2022 et de réforme pour la justice ».**

L'art. 14 de la L. n° 2009-526 du 12 mai 2009 est applicable aux demandes en justice formées à compter du 1er janv. 2010. Il est par ailleurs applicable dans les mêmes conditions à Wallis-et-Futuna, aux Terres australes et antarctiques françaises, à la Polynésie française et à la Nouvelle-Calédonie (L. préc., art. 14-IV et V).

SECTION II LA COUR D'APPEL

Art. L. 562-25 Les dispositions des articles L. 311-1, L. 311-3, L. 312-2 et L. 312-7 relatives à la cour d'appel sont applicables en Nouvelle-Calédonie.

Les dispositions des articles L. 311-9 et L. 312-6 relatives à la protection de l'enfance sont applicables en Nouvelle-Calédonie. — *[Anc. art. L. 931-2, ecqc Nouvelle-Calédonie, généralités et protection.]*

(Ord. n° 2019-950 du 11 sept. 2019, art. 8-IV-2°, en vigueur le 30 sept. 2021) « L'article L. 312-6 est applicable en Nouvelle-Calédonie dans sa rédaction résultant de l'ordonnance n° 2019-950 du 11 septembre 2019 portant partie législative du code de la justice pénale des mineurs. »

Art. L. 562-26 Les avocats peuvent être appelés, dans l'ordre du tableau, à suppléer les conseillers pour compléter la cour d'appel.

La formation de jugement de la cour d'appel ne peut comprendre, en matière pénale, une majorité d'avocats. — *[Anc. art. L. 931-3, ecqc Nouvelle-Calédonie.]*

Art. L. 562-27 *Chambres des appels correctionnels et de l'instruction.*

Art. L. 562-28 Lorsque la cour d'appel est saisie des contestations entre citoyens de statut civil particulier sur des matières régies par ledit statut, elle est complétée, conformément aux articles L. 562-20 à L. 562-23 par des assesseurs de statut civil particulier, en nombre pair, qui n'ont pas connu de l'affaire en première instance.

Les assesseurs ont voix délibérative. — *[Ord. n° 82-877 du 15 oct. 1982, art. 3, al. 2 et 3, ecqc cour d'appel.]*

SECTION III *[ABROGÉE]* LA JURIDICTION DE PROXIMITÉ

(Abrogée par L. n° 2011-1862 du 13 déc. 2011, art. 1er-III, à compter du 1er janv. 2017)

Sur l'application de l'art. 1er de la L. n° 2011-1862 du 13 déc. 2011 aux procédures en cours, V. note au-dessus du nouvel art. L. 121-5 COJ.

Art. L. 562-29 *Il y a en Nouvelle-Calédonie une juridiction de proximité. — [Anc. art. L. 932-9-1, al. 1er, ecqc Nouvelle-Calédonie ecqc art. L. 331-1.]*

Art. L. 562-30 *En matière civile, la juridiction de proximité connaît des actions personnelles mobilières dont elle est saisie par une personne physique pour les besoins de sa vie non professionnelle, jusqu'à la contrepartie en monnaie locale de la somme de 1 500 euros ou d'une valeur indéterminée mais qui ont pour origine l'exécution d'une obligation dont le montant n'excède pas la contrepartie en monnaie locale de la somme de 1 500 euros.*

Elle connaît des procédures d'injonction de payer ou de faire, dans les conditions prévues au premier alinéa. — [Anc. art. L. 932-9-1, al. 1er, ecqc Nouvelle-Calédonie ecqc art. L. 331-2.]

Art. L. 562-31 *Lorsque, en matière civile, le juge de proximité se heurte à une difficulté juridique sérieuse portant sur l'application d'une règle de droit ou sur l'interprétation du contrat liant les parties, il peut, à la demande d'une partie ou d'office, après avoir recueilli l'avis, selon le cas, de l'autre ou des deux parties, renvoyer l'affaire au tribunal de première instance qui statue en tant que juridiction de proximité. — [Anc. art. L. 932-9-1, al. 1er, ecqc Nouvelle-Calédonie ecqc art. L. 331-4.]*

Art. L. 562-32 *Matière pénale.*

Art. L. 562-33 *La juridiction de proximité statue à juge unique. — [Anc. art. L. 932-9-1, al. 1er, ecqc Nouvelle-Calédonie ecqc art. L. 331-7.]*

Art. L. 562-34 *En cas d'absence ou d'empêchement du juge de proximité ou lorsque le nombre de juges de proximité se révèle insuffisant, les fonctions de ce juge sont exercées par un juge du tribunal de première instance, désigné à cet effet par le président de ce tribunal.*

Le juge du tribunal de première instance exerce toutefois de plein droit, en cette qualité, les fonctions de juge de proximité lorsque aucun juge de proximité n'a été affecté au sein de la juridiction de proximité. – *[Anc. art. L. 932-9-1, al. 1er, ecqc Nouvelle-Calédonie ecqc art. L. 331-9.]*

SECTION IV **LES JURIDICTIONS DES MINEURS**

Art. L. 562-35 **Les dispositions du titre V du livre II (partie Législative) relatives aux juridictions des mineurs sont applicables en Nouvelle-Calédonie,** *(Ord. nº 2019-964 du 18 sept. 2019, art. 34-XIV, en vigueur le 1er janv. 2020)* **« dans leur rédaction résultant de la loi** *(L. nº 2022-52 du 24 janv. 2022, art. 34-IV)* **« nº 2022-52 du 24 janvier 2022 relative à la responsabilité pénale et à la sécurité intérieure » ».** – *[Anc. art. L. 931-13, ecqc Nouvelle-Calédonie.]*

SECTION V **LA COUR D'ASSISES**

Art. L. 562-36 *et* L. 562-37 *Cours d'assises* 🏛.

CHAPITRE III **DU GREFFE**

Art. L. 563-1 **Le service des greffes de la cour d'appel** *(L. nº 2011-1862 du 13 déc. 2011, art. 2-XIX, en vigueur le 1er janv. 2017)* **« et du tribunal de première instance** *[ancienne rédaction :, du tribunal de première instance et de la juridiction de proximité,* **» est assuré par des fonctionnaires de l'État ou, lorsque des dispositions législatives ou réglementaires l'autorisent, par des fonctionnaires des cadres territoriaux ou des agents territoriaux.** – *[Anc. art. L. 931-17, ecqc Nouvelle-Calédonie.]*

Sur l'application de l'art. 2 de la L. nº 2011-1862 du 13 déc. 2011 aux procédures en cours, V. note au-dessus du nouvel art. L. 121-5 COJ.

L'art. unique de la L. nº 2012-1441 du 24 déc. 2012 a modifié la date d'entrée en vigueur de l'art. 2 de la L. nº 2011-1862 du 13 déc. 2011 prévue à l'art. 70 de ladite loi en la reportant du 1er janv. 2013 au 1er janv. 2015. A sa suite, l'art. 99 de la L. nº 2014-1654 du 29 déc. 2014 a encore modifié cette date en la reportant du 1er janv. 2015 au 1er janv. 2017.

DEUXIÈME PARTIE : RÉGLEMENTAIRE

(Décr. nº 2008-522 du 2 juin 2008, art. 1er)

Les articles identifiés par un « R » correspondent à des dispositions relevant d'un décret en Conseil d'État, ceux identifiés par un « D » correspondent à des dispositions relevant d'un décret.

L'art. 1er du Décr. nº 2008-522 du 2 juin 2008 est applicable, en tant qu'il s'y rapporte, en Nouvelle-Calédonie, en Polynésie française, dans les Terres australes et antarctiques françaises et dans les îles Wallis-et-Futuna (Décr. préc., art. 14).

LIVRE PREMIER DISPOSITIONS COMMUNES AUX JURIDICTIONS JUDICIAIRES

TITRE PREMIER PRINCIPES GÉNÉRAUX

CHAPITRE PREMIER

(Décr. nº 2015-233 du 27 févr. 2015, art. 46)

Art. R. 111-1 L'année judiciaire commence le 1er janvier et se termine le 31 décembre. — *[Anc. art. R.* 711-1, al. 1er.]*

Par dérogation à l'art. R. 111-1 COJ, dans le département de Mayotte, en 2011, l'année judiciaire commence le 1er avr. et s'achève le 31 déc. (Décr. nº 2011-338 du 29 mars 2011, art. 15).

Art. R. 111-2 Une audience solennelle est tenue chaque année pendant la première quinzaine du mois de janvier.

Toutefois, l'audience solennelle est tenue à la cour d'appel de Saint-Denis-de-la-Réunion et dans les *(Décr. nº 2019-912 du 30 août 2019, art. 23, en vigueur le 1er janv. 2020)* « tribunaux judiciaires *[ancienne rédaction : tribunaux de grande instance]* » du ressort de cette cour pendant la première quinzaine du mois de février.

Au cours de l'audience solennelle, il est fait un exposé de l'activité de la juridiction durant l'année écoulée.

Dans les cours d'appel, cet exposé peut être précédé d'un discours portant sur un sujet d'actualité ou sur un sujet d'intérêt juridique ou judiciaire. — *[Anc. art. R.* 711-2, al. 1er, 2e et 3e phrases et R.* 923-1.]*

Par dérogation à l'art. R. 111-2 COJ, une audience solennelle est tenue au cours de la première année quinzaine du mois d'avr. 2011. Il y est fait une présentation de la nouvelle organisation judiciaire du département de Mayotte depuis le 1er avr. 2011 (Décr. nº 2011-338 du 29 mars 2011, art. 15).

Par dérogation au troisième al. de l'art. R. 111-2 COJ, au cours de la première audience solennelle de la cour d'appel de Cayenne, il est fait une présentation de la nouvelle organisation judiciaire (Décr. nº 2011-1877 du 14 déc. 2011, art. 13, en vigueur le 1er janv. 2012).

Art. R. 111-3 La dispense prévue à l'article L. 111-10 est accordée par décret.

Toutefois, pour les conseillers prud'hommes, elle est accordée par ordonnance du premier président de la cour d'appel. — *[Anc. art. R.* 721-1, al. 1er, in fine et R.* 721-2, 2e phrase.]*

Art. R. 111-4 Ne peut faire partie d'une formation de jugement tout juge dont le conjoint, un parent ou allié jusqu'au troisième degré inclus est partie au procès ou représente ou assiste l'une des parties.

La personne liée au juge par un pacte civil de solidarité est assimilée au conjoint. — *[Anc. art. R.* 721-3.]*

Art. R. 111-5 Lorsque la participation à une commission administrative ou à un jury de concours ou d'examen d'un magistrat en fonction dans les cours *(Décr. nº 2019-912 du 30 août 2019, art. 22-I, en vigueur le 1er janv. 2020)* « et les tribunaux judiciaires *[ancienne rédaction :, les tribunaux de grande instance et les tribunaux d'instance,]* » est prévue par une disposition législative ou réglementaire, l'autorité chargée de sa désignation peut porter son choix sur un magistrat honoraire du même rang acceptant cette mission. — *[Anc. art. R.* 771-1.]*

Sur les conditions d'entrée en vigueur de l'art. 22 du Décr. n° 2019-912 du 30 août 2019, V. note au-dessus de l'art. R. 211-3.

Art. R. 111-6 **Les costumes des magistrats de la Cour de cassation, de la cour d'appel, du tribunal** *(Décr. n° 2019-912 du 30 août 2019, art. 22-II-2°, en vigueur le 1er janv. 2020)* **« judiciaire** *[ancienne rédaction : de grande instance, du tribunal d'instance]* **», des auditeurs de justice, des** *(Décr. n° 2015-1273 du 13 oct. 2015, art. 42-1°, en vigueur le 1er nov. 2015)* **« directeurs des services de greffe judiciaires » et greffiers de ces juridictions** *(Décr. n° 2018-928 du 29 oct. 2018, art. 8-1°-a, en vigueur le 1er janv. 2019)* **« ainsi que les insignes portés par les** *(Décr. n° 2019-912 du 30 août 2019, art. 22-II-2°, en vigueur le 1er janv. 2020)* **« assesseurs des tribunaux judiciaires** *[ancienne rédaction : assesseurs des tribunaux de grande instance]* **» et de la cour d'appel spécialement désignés en application des articles L. 211-16 et L. 311-16 » sont fixés par décret conformément au tableau I annexé au présent code.** — *[Anc. art. R. 741-6, ecqc COJ.] — V. annexe, tableau I.*

Sur les conditions d'entrée en vigueur de l'art. 22 du Décr. n° 2019-912 du 30 août 2019, V. note au-dessus de l'art. R. 211-3.

BIBL. ▸ MADRANGE, *JCP 2017. 1273* (l'épitoge, accessoire historique du costume judiciaire).

Art. R. 111-7 **La décision du président de la formation de jugement prise en application de l'article L. 111-12 est une mesure d'administration judiciaire.**

Les caractéristiques techniques des moyens de télécommunication audiovisuelle utilisés doivent assurer une transmission fidèle, loyale et confidentielle à l'égard des tiers. Elles sont définies par arrêté du garde des Sceaux, ministre de la justice. — *V. Arr. 5 déc. 2008 (JO 19 déc.).*

Il est dressé procès-verbal de tout incident technique ayant perturbé une transmission.

Les prises de vue et de son sont assurées par des fonctionnaires du ministère de la justice ou, à défaut et sauf lorsque l'audience se tient en chambre du conseil, par tous autres agents titulaires et contractuels.

Art. R. 111-7-1 *(Décr. n° 2022-79 du 27 janv. 2022, art. 1er)* **Lorsqu'une personne demande expressément à être entendue par un moyen de communication audiovisuelle en application de l'article L. 111-12-1, le président de la formation de jugement l'y autorise s'il estime que son audition à distance est compatible avec la nature des débats et le respect du principe du contradictoire.**

Cette décision constitue une mesure d'administration judiciaire.

Les caractéristiques techniques des moyens de télécommunication audiovisuelle utilisés en application de l'article L. 111-12-1 doivent permettre de s'assurer de l'identité des personnes y participant. Elles doivent également assurer la qualité de la transmission et, lorsque l'audience ou l'audition n'est pas publique, la confidentialité des échanges. Elles sont précisées par arrêté du garde des sceaux, ministre de la justice.

Le président dirige les débats depuis la salle d'audience où se trouvent également, le cas échéant, les autres membres de la formation de jugement, le ministère public et le greffier. Il contrôle, lors de l'audience, que les conditions dans lesquelles la personne se connecte sont compatibles avec le respect de la dignité et de la sérénité des débats. Ces conditions sont présumées réunies lorsque la personne se connecte depuis le local professionnel d'un avocat sur le territoire national ou à l'étranger.

Le Décr. n° 2022-79 du 27 janv. 2022 est applicable aux instances en cours (Décr. préc., art. 3).

Art. R. 111-8 *(Décr. n° 2010-1234 du 20 oct. 2010, art. 2)* **Lorsqu'il est procédé à l'installation d'un magistrat par écrit, le procès-verbal d'installation fait mention des réquisitions du ministère public.**

CHAPITRE II ***LE RÈGLEMENT DES CONFLITS DE COMPÉTENCE ENTRE LES ORDRES DE JURIDICTION***

(Décr. n° 2015-233 du 27 févr. 2015, art. 46)

Art. R. 111-9 *(Décr. n° 2015-233 du 27 févr. 2015, art. 46)* **Les difficultés de compétence entre la juridiction administrative et la juridiction judiciaire sont réglées par le**

Tribunal des conflits conformément aux dispositions de la loi du 24 mai 1872 relative au Tribunal des conflits et du décret n° 2015-233 du 27 février 2015.

CHAPITRE III LA MISE À DISPOSITION DU PUBLIC DES DÉCISIONS DE JUSTICE SOUS FORME ÉLECTRONIQUE

(Décr. n° 2020-797 du 29 juin 2020, art. 4-1°)

Art. R. 111-10 **La Cour de cassation est responsable de la mise à la disposition du public, sous forme électronique, des décisions de justice rendues par les juridictions judiciaires, dans les conditions définies à l'article L. 111-13 ainsi qu'au présent chapitre et à l'article R. 433-3.**

Les décisions sont mises à la disposition du public dans un délai de six mois à compter de leur mise à disposition au greffe de la juridiction.

Art. R. 111-11 **Les décisions mentionnées à l'article R. 111-10 sont les décisions rendues publiquement et accessibles à toute personne sans autorisation préalable.**

Toutefois, une décision dont la communication à des tiers est soumise à autorisation préalable peut être mise à la disposition du public lorsqu'elle présente un intérêt particulier. Lorsqu'elle est rendue par une juridiction du fond, la décision est communiquée à la Cour de cassation par le président de la juridiction dans les conditions fixées par un arrêté du ministre de la justice.

Lorsque la loi ou le règlement prévoit que la délivrance d'une copie peut n'être accordée qu'après occultation de tout ou partie des motifs de la décision, celle-ci est mise à la disposition du public dans les mêmes conditions.

Lorsque la loi ou le règlement prévoit que seul un extrait de la décision est public ou accessible à toute personne sans autorisation préalable, seul cet extrait est mis à la disposition du public.

Art. R. 111-12 **Dans le cas où, malgré l'occultation des nom et prénoms prévue par le deuxième alinéa de l'article L. 111-13, la mise à disposition de la décision est de nature à porter atteinte à la sécurité ou au respect de la vie privée des personnes physiques mentionnées au jugement ou de leur entourage, la décision d'occulter tout autre élément d'identification est prise par le président de la formation de jugement ou le magistrat ayant rendu la décision en cause lorsque l'occultation concerne une partie ou un tiers.**

Lorsque l'occultation concerne un magistrat ou un membre du greffe, la décision est prise par le président de la juridiction concernée.

Art. R. 111-13 **Toute personne intéressée peut introduire, à tout moment, devant un magistrat de la Cour de cassation désigné par le premier président, une demande d'occultation ou de levée d'occultation des éléments d'identification ayant fait l'objet de la décision mentionnée à l'article R. 111-12.**

Il n'est pas fait droit aux demandes abusives, notamment par leur nombre ou leur caractère répétitif ou systématique.

La décision prise en application du premier alinéa peut faire l'objet d'un recours devant le premier président de la Cour de cassation dans les deux mois suivant sa notification. Le premier président ou le président de chambre qui le supplée statue par ordonnance.

TITRE DEUXIÈME RÈGLES GÉNÉRALES D'ORGANISATION ET DE FONCTIONNEMENT

CHAPITRE PREMIER LES JUGES

SECTION PREMIÈRE COMPOSITION DES JURIDICTIONS

La présente section ne comprend pas de dispositions réglementaires.

SECTION II LE SERVICE JURIDICTIONNEL

Art. R. 121-1 **La répartition des juges dans les différents** *(Décr. n° 2016-514 du 26 avr. 2016, art. 4)* **« pôles, chambres et » services de la juridiction est faite par**

ordonnance prise, conformément aux dispositions de l'article L. 121-3, avant le début de l'année judiciaire.

Cette ordonnance peut être modifiée en cours d'année, pour prendre en compte un changement dans la composition de la juridiction ou pour prévoir un service allégé pendant la période au cours de laquelle les magistrats, les fonctionnaires et les auxiliaires de justice bénéficient de leurs congés annuels. – *[Anc. art. L. 710-1, al. 2.]*

Les mesures prises en application des dispositions du présent article sont des mesures d'administration judiciaire.

Par dérogation au premier al. de l'art. R. 121-1 COJ, la répartition des juges dans les différents services du TGI de Mamoudzou est faite, pour l'année judiciaire 2011 définie au premier alinéa, par ordonnance prise, conformément aux dispositions de l'art. L. 121-3 COJ, dans les quinze jours suivant l'installation du président du TGI de Mamoudzou.

Jusqu'à cette date, la répartition effectuée par le premier président de la cour d'appel de Saint-Denis de La Réunion, à titre temporaire sur le fondement de l'art. 13 de l'Ord. n° 2011-337 du 29 mars 2011 s'applique. Cette répartition peut être modifiée, en cas de nécessité, par le président du TGI de Mamoudzou.

Par dérogation au premier alinéa de l'art. R. 121-1 COJ, l'ordonnance prise par le magistrat chargé de la direction et de l'administration du TI de Mamoudzou, en application de l'art. L. 121-3 COJ, pour la nouvelle année judiciaire 2011 définie au premier alinéa, intervient dans les huit jours suivant l'installation de ce magistrat, après avis du président du TGI de Mamoudzou et du procureur de la République près ce tribunal.

Jusqu'à cette date, la répartition effectuée par le premier président de la cour d'appel de Saint-Denis de La Réunion, à titre temporaire sur le fondement de l'art. 13 de l'Ord. n° 2011-337 du 29 mars 2011 s'applique. Cette répartition peut être modifiée, en cas de nécessité, par le magistrat chargé de la direction et de l'administration du TI (Décr. n° 2011-338 du 29 mars 2011, art. 15).

Par dérogation au premier al. de l'art. R. 121-1 COJ, le premier président de la cour d'appel de Cayenne répartit, par ordonnance prise à titre provisoire, les présidents de chambre et les conseillers dans les chambres et services de la juridiction.

Au terme de la première quinzaine suivant son installation, l'ordonnance précitée est remplacée par une ordonnance prise après avis de l'assemblée générale des magistrats du siège, conformément au premier alinéa de l'art. R. 121-1 COJ. Pour la tenue de cette première assemblée générale, le dernier al. de l'art. R. 312-27 et les art. R. 312-62 à R. 312-64 du même code ne sont pas applicables (Décr. n° 2011-1877 du 14 déc. 2011, art. 12, en vigueur le 1er janv. 2012).

L'art. 4 du Décr. n° 2016-514 du 26 avr. 2016 est applicable en Polynésie française et en Nouvelle-Calédonie (Décr. préc., art. 24-I et II).

Art. R. 121-2 Le premier président de la Cour de cassation, le premier président de la cour d'appel et le président du *(Décr. n° 2019-912 du 30 août 2019, art. 23, en vigueur le 1er janv. 2020)* **« tribunal judiciaire** *[ancienne rédaction : tribunal de grande instance]* **» peuvent présider toute formation de jugement au sein de leur juridiction.** – *[Anc. art. L. 131-1, al. 1er, R.* 213-4 et R.** 311-16, al. 2.]*

Art. R. 121-3 L'assemblée générale de la cour d'appel est informée chaque année du nombre et de la nature des délégations ordonnées conformément à l'article L. 121-4, de l'identité des magistrats délégués et de l'incidence des délégations sur le fonctionnement des juridictions. – *[Anc. art. L. 221-1, al. 4.]*

Art. R. 121-4 Dans chaque juridiction, il est tenu une liste de rang des juges.

Sauf dispositions particulières contraires, le rang des juges est déterminé, à égalité de grade, par l'ancienneté de leur nomination dans la juridiction.

Cette liste établit le rang des juges dans les cérémonies publiques, les assemblées générales et les formations de la juridiction.

Le magistrat qui, après avoir été appelé à d'autres fonctions de l'ordre judiciaire, est nommé de nouveau dans la même juridiction aux fonctions qu'il exerçait antérieurement, prend rang au jour de sa première nomination, à moins que sa seconde nomination ne soit la conséquence d'une mesure disciplinaire. – *[Anc. art. R.* 741-1, R.* 741-3, ecqc siège, et R.* 741-4, ecqc siège.]* – *Sur l'établissement d'une liste de rang des juges au sein de chaque TGI, V. art. R. 212-10. – ... de chaque cour d'appel, V. art. R. 312-8. – ... à la Cour de cassation, V. art. R. 421-8.*

Art. R. 121-5 Lorsque la loi ou le règlement prévoit que le président d'une juridiction siège dans une commission administrative, il peut se faire remplacer au sein de cette commission par un membre de la juridiction qu'il préside. – *[Anc. art. R.* 791-1.]*

CHAPITRE II LE MINISTÈRE PUBLIC

SECTION PREMIÈRE ORGANISATION

RÉP. PROC. CIV. v° *Ministère public,* par FLORES.

Art. R. 122-1 Les magistrats du ministère public n'assistent pas aux délibérations des juges. – *[Anc. art. R.* 751-1.] – Rappr., s'agissant du secret du délibéré, art. 448 C. pr. civ.*

SECTION II FONCTIONNEMENT

Art. R. 122-2 En cas de vacance d'emploi ou d'empêchement d'un ou plusieurs magistrats ou lorsque le renforcement temporaire et immédiat des juridictions du premier degré apparaît indispensable pour assurer le traitement du contentieux dans un délai raisonnable, le procureur général peut déléguer, pour remplir les fonctions du ministère public près les tribunaux du ressort de la cour d'appel, un magistrat du parquet général ou un magistrat du parquet d'un *(Décr. nº 2019-912 du 30 août 2019, art. 23, en vigueur le 1er janv. 2020)* « tribunal judiciaire *[ancienne rédaction : tribunal de grande instance]* » du ressort de cette cour. Cette délégation ne peut excéder une durée de trois mois.

La décision mentionnée au premier alinéa précise le motif et la durée de la délégation ainsi que la nature des fonctions qui seront exercées par le magistrat délégué. – *[Anc. art. L. 221-2.]*

Art. R. 122-3 En cas de vacance d'emploi ou d'empêchement d'un ou plusieurs magistrats ou lorsque le renforcement temporaire et immédiat de la cour d'appel apparaît indispensable pour assurer le traitement du contentieux dans un délai raisonnable, le procureur général peut déléguer, pour remplir les fonctions du ministère public près la cour d'appel, un procureur de la République adjoint ou un vice-procureur du parquet d'un *(Décr. nº 2019-912 du 30 août 2019, art. 23, en vigueur le 1er janv. 2020)* « tribunal judiciaire » *[ancienne rédaction : tribunal de grande instance]* » du ressort de cette cour. Cette délégation ne peut excéder une durée de trois mois.

La décision mentionnée au premier alinéa précise le motif et la durée de la délégation ainsi que la nature des fonctions qui seront exercées par le magistrat délégué.

Art. R. 122-4 Pour l'organisation du service de fin de semaine ou du service allégé pendant la période au cours de laquelle les magistrats bénéficient de leurs congés annuels, le procureur général peut désigner, après avis des procureurs de la République concernés, un magistrat du parquet d'un *(Décr. nº 2019-912 du 30 août 2019, art. 23, en vigueur le 1er janv. 2020)* « tribunal judiciaire *[ancienne rédaction : tribunal de grande instance]* » de son ressort pour exercer également les compétences du ministère public près d'au plus deux autres *(Décr. nº 2019-912 du 30 août 2019, art. 23, en vigueur le 1er janv. 2020)* « tribunaux judiciaires *[ancienne rédaction : tribunaux de grande instance]* » du ressort de la cour d'appel.

La décision portant désignation en précise le motif et la durée ainsi que les tribunaux pour lesquels elle s'applique. – *[Anc. art. L. 221-3.]*

Art. R. 122-5 Dans les juridictions comportant un parquet, il est tenu une liste de rang des membres du parquet.

Sauf dispositions particulières contraires, le rang des membres du parquet est déterminé, à égalité de grade, par l'ancienneté de leur nomination au parquet près la juridiction.

Cette liste établit le rang des membres du parquet dans les cérémonies publiques, les assemblées générales et les formations de la juridiction.

Le magistrat qui, après avoir été appelé à d'autres fonctions de l'ordre judiciaire, est nommé de nouveau dans le même parquet aux fonctions qu'il exerçait antérieurement, prend rang au jour de sa première nomination à moins que sa seconde nomination ne soit la conséquence d'une mesure disciplinaire. – *[Anc. art. R.* 741-2, R.* 741-3, ecqc* *parquet et R.* 741-4, ecqc parquet.] — Sur l'établissement d'une liste de rang des membres du parquet au sein de chaque TGI, V. art. R. 212-15. — ... au sein de chaque cour d'appel, V. art. R. 312-18. — ... à la Cour de cassation, V. art. R. 432-4.*

CHAPITRE III LE GREFFE

RÉP. PR. CIV. v° *Greffe*, par Tihal.

SECTION PREMIÈRE ORGANISATION

Art. R. 123-1 Le greffe *(Abrogé par Décr. n° 2014-64 du 29 janv. 2014, art. 1er-I-1°) « de la Cour de cassation, »* des cours d'appel et des *(Décr. n° 2019-912 du 30 août 2019, art. 22-III-1°, en vigueur le 1er janv. 2020)* **« tribunaux judiciaires** *[ancienne rédaction : tribunaux de grande instance]* **» comprend l'ensemble des services administratifs du siège et du parquet.**

Toutefois, *(Décr. n° 2014-64 du 29 janv. 2014, art. 1er-I-2°)* **« le** *(Décr. n° 2019-912 du 30 août 2019, art. 22-III-2°, en vigueur le 1er janv. 2020)* **« tribunal judiciaire** *[ancienne rédaction : tribunal de grande instance]* **» de Paris est doté d'un secrétariat des parquets autonome ; d'autres » juridictions sont dotées d'un secrétariat de parquet autonome. La liste de ces juridictions est fixée par arrêté du garde des Sceaux, ministre de la justice, conformément au tableau II annexé au présent code.** — *[Anc. art. R.* 811-2.] — V. annexe, tableau II.*

(Décr. n° 2014-64 du 29 janv. 2014, art. 1er-I-3°) **« La Cour de cassation est dotée d'un secrétariat de parquet autonome. »**

(Décr. n° 2019-912 du 30 août 2019, art. 7-I, en vigueur le 1er janv. 2020) **« En application des dispositions de l'article L. 123-1, lorsqu'un conseil de prud'hommes a son siège dans la même commune que le siège d'un tribunal judiciaire ou de l'une de ses chambres de proximité, le greffe du tribunal judiciaire ou le greffe détaché de la chambre de proximité comprend également les services administratifs du conseil de prud'hommes. »**

Sur les conditions d'entrée en vigueur de l'art. 22 du Décr. n° 2019-912 du 30 août 2019, V. note au-dessus de l'art. R. 211-3.

Art. R. 123-2 *(Décr. n° 2019-912 du 30 août 2019, art. 7-II, en vigueur le 1er janv. 2020)* **« Sans préjudice du deuxième alinéa de l'article L. 123-1, » les greffes et les greffes détachés font partie de la juridiction dont ils dépendent.** — *[Anc. art. R.* 811-4, al. 1er.]*

SECTION II FONCTIONNEMENT

Art. R. 123-3 **Les services du greffe sont dirigés par un directeur de greffe.**

Dans les secrétariats de parquet autonomes, le secrétaire en chef du parquet est directeur de greffe.

Le directeur de greffe est un *(Décr. n° 2015-1273 du 13 oct. 2015, art. 42-2°, en vigueur le 1er nov. 2015)* **« directeur des services de greffe judiciaires ».**

Les chefs de juridiction exercent leur autorité et un contrôle hiérarchique sur le directeur de greffe, dans les conditions définies à la présente section. Ils ne peuvent toutefois se substituer à lui dans l'exercice de ses fonctions.

Le directeur de greffe définit et met en œuvre les mesures d'application des directives générales qui lui sont données par les chefs de juridiction. Il tient ces derniers informés de ses diligences. — *[Anc. art. R.* 812-1.]*

Art. R. 123-4 **Sous le contrôle des chefs de juridiction, le directeur de greffe :**

1° Exprime les besoins nécessaires au fonctionnement de la juridiction ;

2° Alloue les moyens octroyés à la juridiction ;

3° Participe à l'exécution de la dépense et à son suivi. — *Add., s'agissant des maisons de justice et du droit, art. R. 131-7, al. 2.*

Dans le respect des dispositions d'ordre statutaire propres à chacune des catégories de personnel intéressées et en se conformant aux dispositions en vigueur, le directeur de greffe assure la gestion du personnel du greffe et l'organisation générale du service de celui-ci. — *[Anc. art. R.* 812-2.] — V. art. R. 213-7.*

Art. R. 123-5 Le directeur de greffe est chargé de tenir les documents et les différents registres prévus par les textes en vigueur et celui des délibérations de la juridiction.

Il est dépositaire, sous le contrôle des chefs de juridiction, des minutes et archives dont il assure la conservation ; il délivre les expéditions et copies et a la garde des scellés et de toutes sommes et pièces déposées au greffe. – *Sur la gestion des archives, V. notamment C. patr., art. L. 211-1 s. et R. 211-1 s. ; Circ. SJ. 03-13 du 10 sept. 2003, relative aux archives des juridictions de l'ordre judiciaire (partie relative aux cours d'appel et aux tribunaux de grande instance, mod. par Circ. de la DSJ AB2 du 30 juin 2009 (BOMJ 30 août).*

L'établissement et la délivrance des reproductions de toute pièce conservée dans les services de la juridiction ne peuvent être assurés que par le directeur de greffe. – *[Anc. art. R.* 812-3, sauf al. 2 dernière phrase.] – V. art. R. 123-7 et R. 123-14.*

Art. R. 123-6 Le directeur de greffe tient la comptabilité administrative des opérations de recettes et de dépenses relatives aux opérations mentionnées à la présente section. – *[Anc. art. R.* 812-3, al. 2 dernière phrase et R.* 814-1, al. 1er.]*

Art. R. 123-7 Pour l'exercice des attributions qui lui sont dévolues, le directeur de greffe de la juridiction peut donner délégation à un *(Décr. nº 2015-1273 du 13 oct. 2015, art. 42-2º, en vigueur le 1er nov. 2015)* « directeur des services de greffe judiciaires » de la même juridiction.

Selon les besoins du service, le directeur de greffe peut désigner sous sa responsabilité un ou plusieurs agents du greffe pour exercer partie des fonctions qui lui sont attribuées aux articles R. 123-4 et R. 123-5. – *[Anc. art. L. 811-2 et R.* 812-6.]*

Il résulte de l'art. L. 811-2 (devenu art. R. 123-7) COJ dans sa rédaction encore en vigueur que, pour les attributions qui lui sont dévolues par la loi, le greffier en chef de la juridiction peut donner délégation à un autre greffier en chef de la même juridiction. L'assemblée générale des magistrats de la cour d'appel s'étant tenue avec l'assistance du greffier en chef, celui-ci est présumé avoir reçu délégation en application de l'article susmentionné. • Civ. 2e, 26 juin 2008, nº 08-10.132 P.

Art. R. 123-8 *(Décr. nº 2015-1273 du 13 oct. 2015, art. 42-3º, en vigueur le 1er nov. 2015)* « Lorsque le directeur de greffe est absent ou empêché, sa suppléance est assurée par son adjoint. S'il existe plusieurs adjoints, le directeur de greffe désigne, dans la première quinzaine du mois de décembre, celui ayant vocation à le suppléer. A défaut d'adjoint, ou en cas d'absence ou d'empêchement de celui-ci, le directeur de greffe désigne un chef de service ou un autre agent du greffe. »

Lorsque l'emploi du directeur de greffe est vacant, les chefs de juridiction désignent un fonctionnaire chargé de l'intérim, selon les distinctions prévues au premier alinéa. – *[Anc. art. R.* 812-7.]*

Art. R. 123-9 *(Décr. nº 2015-1273 du 13 oct. 2015, art. 42-4º, en vigueur le 1er nov. 2015)* Dans les tâches prévues aux articles R. 123-4 et R. 123-5, le directeur de greffe peut être assisté par un ou plusieurs adjoints.

Ces derniers peuvent diriger plusieurs services du greffe ou contrôler l'activité de tout ou partie du personnel.

Art. R. 123-10 *(Décr. nº 2015-1273 du 13 oct. 2015, art. 42-5º, en vigueur le 1er nov. 2015)* Les chefs de service de greffe sont placés à la tête d'un ou plusieurs services. Ils *assistent* le directeur de greffe en l'absence d'adjoint au directeur de greffe.

Art. R. 123-11 Les greffiers sont chargés de coordonner l'exécution des diverses tâches confiées à tout ou partie du personnel du greffe.

Ils peuvent être placés à la tête d'un service lorsque l'importance de celui-ci ne justifie pas que ces fonctions soient confiées à un fonctionnaire appartenant au corps des *(Décr. nº 2015-1273 du 13 oct. 2015, art. 42-1º, en vigueur le 1er nov. 2015)* « directeurs des services de greffe judiciaires ». – *[Anc. art. R.* 812-10, al. 1er et 2.]*

Art. R. 123-12 Prennent rang après les magistrats de la juridiction :

– le directeur de greffe de la juridiction ;

– les *(Décr. nº 2015-1273 du 13 oct. 2015, art. 42-1º, en vigueur le 1er nov. 2015)* « directeurs des services de greffe judiciaires » ;

– les greffiers. – *[Anc. art. R.* 741-5.]*

Art. R. 123-13 A la Cour de cassation, à la cour d'appel, *(Décr. n° 2019-912 du 30 août 2019, art. 26-1°, en vigueur le 1er janv. 2020)* « et au tribunal judiciaire *[ancienne rédaction : au tribunal de grande instance et au tribunal d'instance]* », le directeur de greffe assiste aux audiences solennelles, aux audiences des chambres lorsque le service de la juridiction l'exige ainsi qu'aux assemblées générales.

Le directeur de greffe, *(Décr. n° 2015-1273 du 13 oct. 2015, art. 42-6°, en vigueur le 1er nov. 2015)* « ses » adjoints, les greffiers de chambre, les chefs de services de greffe et les greffiers assistent les magistrats à l'audience et dans les cas prévus par les lois et règlements.

Ils dressent les actes de greffe, notes et procès-verbaux dans les cas prévus par les lois et règlements. — *[Anc. art. R.* 7-11-1-1 et R.* 812-11.] — V. art. R. 123-14.*

(Décr. n° 2019-912 du 30 août 2019, art. 26-2°) « Les greffiers exercent, dans les conditions prévues à l'article 4 du décret n° 2015-1275 du 13 octobre 2015 portant statut particulier des greffiers des services judiciaires, des fonctions d'assistance des magistrats du siège et du parquet. »

Le greffier présent lors du prononcé de la décision est présumé avoir assisté aux débats. • Civ. 1re, 15 mai 2007, ⚖ n° 06-15.904 P: *Gaz. Pal. 13 janv. 2008, Jurisp., p. 35, note Du Rusquec.*

Art. R. 123-14 Des personnels appartenant à la catégorie C de la fonction publique, et, le cas échéant, des auxiliaires et des vacataires concourent au fonctionnement des différents services du greffe.

Ces personnels peuvent, à titre exceptionnel et temporaire, et après avoir prêté le serment prévu à l'article *(Décr. n° 2016-1359 du 11 oct. 2016, art. 7-II-1°)* « 24 du décret n° 2015-1275 du 13 octobre 2015 portant statut particulier des greffiers des services judiciaires », être chargés des fonctions énumérées à l'article R. 123-13 et d'une partie des fonctions énumérées à l'article R. 123-5. Au-delà d'un délai de quatre mois, ils sont, sur leur demande, déchargés de ces fonctions. — *[Anc. art. R.* 812-12.] — V. Décr. n° 2015-1275 du 13 oct. 2015 (JO 15 oct., rect. 24 oct.).*

Art. R. 123-15 Les chefs de juridiction décident de la répartition de l'effectif des fonctionnaires entre les services du siège et du parquet à la préparation de laquelle participe le directeur de greffe. *(Décr. n° 2019-912 du 30 août 2019, art. 7-III, en vigueur le 1er janv. 2020)* « Lorsque le greffe comprend les services administratifs d'un conseil de prud'hommes, le président du conseil de prud'hommes est consulté sur la répartition de l'effectif entre les différents services du greffe. » Dans les cours d'appel et les tribunaux *(Décr. n° 2019-912 du 30 août 2019, art. 22-IV, en vigueur le 1er janv. 2020)* « judiciaires *[ancienne rédaction : de grande instance]* », la décision est prise, après avis de l'assemblée des magistrats du siège et du parquet et de l'assemblée des fonctionnaires.

Les dispositions du premier alinéa ne sont pas applicables aux juridictions dotées d'un secrétariat de parquet autonome. — *[Anc. art. R.* 812-15.]*

Sur les conditions d'entrée en vigueur de l'art. 22 du Décr. n° 2019-912 du 30 août 2019, V. note au-dessus de l'art. R. 211-3.

Art. R. 123-16 L'affectation à l'intérieur des divers services du siège ou du parquet est fixée par le directeur de greffe, sous le contrôle des chefs de juridiction *(Décr. n° 2019-912 du 30 août 2019, art. 7-IV, en vigueur le 1er janv. 2020)* « , et, le cas échéant, après consultation du président du conseil de prud'hommes ».

Lorsque le directeur de greffe envisage de modifier l'affectation d'un agent exerçant ses fonctions auprès d'un magistrat spécialisé, il recueille au préalable l'avis de ce magistrat. — *[Anc. art. R.* 812-16, al. 1er et 2, sauf secrétariat.] — Pour une application concernant les maisons de justice et du droit, V. art. 131-10, al. 3. — V. art. R. 222-5.*

Art. R. 123-17 *(Décr. n° 2019-912 du 30 août 2019, art. 7-V, en vigueur le 1er janv. 2020)* « Pour des raisons impérieuses de service *[ancienne rédaction : Selon les besoins du service]* », les agents des greffes peuvent être délégués dans les services d'une autre juridiction du ressort de la même cour d'appel.

(Décr. n° 2017-501 du 6 avr. 2017, art. 1er-1°) « Cette délégation est prononcée par décision du premier président de la cour d'appel et du procureur général près cette cour après consultation, selon le cas, du président du tribunal *(Décr. n° 2019-912 du*

30 août 2019, art. 22-V-1°, en vigueur le 1er janv. 2020) **« judiciaire** *[ancienne rédaction : de grande instance, du magistrat chargé de la direction et de l'administration du tribunal d'instance]* **», du procureur de la République et du directeur de greffe de la juridiction d'affectation de l'agent. Elle ne peut excéder une durée de quatre mois.**

« Lorsque l'agent est délégué dans les services d'une autre juridiction ayant son siège dans le ressort du même *(Décr. n° 2019-912 du 30 août 2019, art. 22-V-2°, en vigueur le 1er janv. 2020)* **« tribunal judiciaire** *[ancienne rédaction : tribunal de grande instance]* **», les chefs de cour peuvent renouveler la délégation pour des durées qui ne peuvent excéder quatre mois, sans que la durée totale de la délégation n'excède douze mois.**

« Lorsque l'agent est délégué dans les services d'une juridiction ayant son siège dans le ressort d'un autre *(Décr. n° 2019-912 du 30 août 2019, art. 22-V-2°, en vigueur le 1er janv. 2020)* **« tribunal judiciaire** *[ancienne rédaction : tribunal de grande instance]* **», les chefs de cour peuvent renouveler la délégation pour une durée qui ne peut excéder deux mois. La délégation peut être de nouveau renouvelée, pour des durées qui ne peuvent excéder deux mois, par décision du garde des sceaux, ministre de la justice, sans que la durée totale de la délégation n'excède douze mois.**

« Un bilan annuel écrit des délégations prononcées au sein du ressort de la cour d'appel est présenté au comité technique de service déconcentré placé auprès du premier président de cette cour. »

Les agents délégués dans une autre juridiction perçoivent les indemnités dans les mêmes conditions que les fonctionnaires de leur catégorie et suivant les mêmes taux. *– [Anc. art. R.* 812-17 et R.* 921-13.]*

Sur les conditions d'entrée en vigueur de l'art. 22 du Décr. n° 2019-912 du 30 août 2019, V. note au-dessus de l'art. R. 211-3.

Art. R. 123-18 Les heures d'ouverture et de fermeture au public des greffes sont fixées par le premier président de la cour d'appel, après avis de l'assemblée des magistrats du siège et du parquet et de l'assemblée des fonctionnaires. La détermination de ces horaires tient compte, le cas échéant, des particularités locales. *– [Anc. art. R.* 812-19.] – S'agissant de l'avis de l'assemblée des magistrats du siège et du parquet, V. art. R. 212-42, 4°.*

Art. R. 123-19 Dans les juridictions dotées d'un secrétariat de parquet autonome, les attributions des chefs de juridiction mentionnées à la présente section sont exercées par le chef du parquet pour ce qui concerne le secrétariat de parquet autonome et par le président de la juridiction pour ce qui concerne les autres services du greffe. *– [Anc. art. R.* 812-13, R.* 812-14 et R.* 812-16, al. 1er, ecqc secrétariat.]*

SECTION III RÉGIES

Art. R. 123-20 Il est institué auprès de chaque greffe pour les opérations dont celui-ci est chargé autres que celles mentionnées à la section II *(Décr. n° 2019-912 du 30 août 2019, art. 8-I, en vigueur le 1er janv. 2020)* **« une ou plusieurs régies de recettes et une ou plusieurs régies d'avances** *[ancienne rédaction : une régie de recettes et une régie d'avances]* **» fonctionnant dans les conditions prévues pour les régies de recettes et d'avances des organismes publics.** *– [Anc. art. R.* 814-1, al. 2.]*

(Décr. n° 2019-912 du 30 août 2019, art. 8-II, en vigueur le 1er janv. 2020) **« Lorsque le tribunal judiciaire comprend, en dehors de son siège, une chambre de proximité, il peut être institué en son sein une régie de recettes et une régie d'avances fonctionnant dans les conditions prévues pour les régies de recettes et d'avances des organismes publics. ».**

Art. R. 123-21 Les attributions des régisseurs définies aux articles suivants sont confiées à un fonctionnaire du greffe autre que le directeur de greffe. Toutefois, elles peuvent être confiées à ce dernier par arrêté du garde des Sceaux, ministre de la justice. *– [Anc. art. R.* 814-2.]*

Art. R. 123-22 Les opérations d'encaissement ou de paiement incombant aux régisseurs sont exécutées par ceux-ci pour le compte des *(Décr. n° 2014-551 du 27 mai 2014, art. 17)* **« comptables de la direction générale des finances publiques ».** *– [Anc. art. R.* 814-3.]*

L'art. 17 du Décr. nº 2014-551 du 27 mai 2014 est applicable en Nouvelle-Calédonie (Décr. préc., art. 62-IV).

Art. R. 123-23 *(Décr. nº 2016-479 du 18 avr. 2016, art. 14)* **Les régisseurs sont habilités à payer les frais de justice énumérés au 4º de l'article R. 92 du code de procédure pénale.** – *V. art. R. 123-25.*

L'art. 14 du Décr. nº 2016-479 du 18 avr. 2016 entre en vigueur le 1er mai 2016 (Décr. préc., art. 19-I). Il est applicable en Nouvelle-Calédonie, mais ne l'est pas à Saint-Pierre-et-Miquelon, dans les îles Wallis-et-Futuna et en Polynésie française (Décr. préc., art. 18-I et II).

Art. R. 123-24 Les régisseurs encaissent les recettes suivantes :

1º Les redevances de copies de pièces pénales ;

2º Les cautionnements prévus aux articles R. 19 à R. 23-4 du code de procédure pénale ;

3º Les sommes provenant des saisies des rémunérations prévues aux articles R. 145-1 *[R. 3252-1]* **à R. 145-39** *[R. 3252-44]* **et R. 145-43** *[R. 3252-48]* **du code du travail ;**

4º Les consignations de parties civiles prévues aux articles 88, 88-1, 392-1 et R. 15-41 du code de procédure pénale ;

5º Les provisions pour expertise *(Décr. nº 2016-479 du 18 avr. 2016, art. 15-1º)* **« ou pour médiation prévue à l'article 131-6 du code de procédure civile ; »**

6º Les provisions sur redevances et droits ;

7º Le produit des ventes d'ouvrages et publications vendus dans les greffes ;

8º Les sommes dues au titre des publicités au *Bulletin des annonces civiles et commerciales* prévues aux articles 788, 790 et 794 du code civil et à l'article 1337 du code de procédure civile ;

(Décr. nº 2016-479 du 18 avr. 2016, art. 15-2º) **« 9º Les consignations prévues à l'article 132-70-3 du code pénal. »**

(Abrogé par Décr. nº 2019-912 du 30 août 2019, art. 22-VI, à compter du 1er janv. 2020) ***« En outre, les régisseurs des greffes des tribunaux d'instance enregistrent dans leur comptabilité les sommes*** *(Abrogé par Décr. nº 2011-1043 du 1er sept. 2011, art. 6)* ***« trouvées lors de l'apposition des scellés et celles » qui leur sont remises en dépôt par le directeur de greffe, sauf en matière pénale. »*** – *[Anc. art. R.* 814-5.]* – *V. art. R. 123-25.*

L'art. 6 du Décr. nº 2011-1043 du 1er sept. 2011 n'est pas applicable dès lors qu'un greffier en chef a déjà procédé, à la date de sa publication, à une mesure conservatoire ou qu'il a été saisi à cette fin (Décr. préc., art. 11).

L'art. 15 du Décr. nº 2016-479 du 18 avr. 2016 entre en vigueur le 1er mai 2016 (Décr. préc., art. 19-I). Il est applicable en Nouvelle-Calédonie, mais ne l'est pas à Saint-Pierre-et-Miquelon, dans les îles Wallis-et-Futuna et en Polynésie française (Décr. préc., art. 18-I et II).

Art. R. 123-25 Pour l'ensemble des opérations mentionnées aux articles R. 123-23 et R. 123-24, les régisseurs d'avances et les régisseurs de recettes sont tenus aux garanties et encourent les responsabilités définies par la réglementation des régies. Ils perçoivent une indemnité de responsabilité. – *[Anc. art. R.* 814-7, ecqc art. R.* 814-4 et R.* 814-5.]*

SECTION IV LE SERVICE D'ACCUEIL UNIQUE DU JUSTICIABLE

(Décr. nº 2017-897 du 9 mai 2017, art. 1er)

L'art. 1er du Décr. nº 2017-897 du 9 mai 2017 est applicable en Nouvelle-Calédonie, en Polynésie française et dans les îles Wallis-et-Futuna (Décr. préc., art. 5-I).

Art. R. 123-26 *(Décr. nº 2019-912 du 30 août 2019, art. 9-I-1º, en vigueur le 1er janv. 2020)* **« Un service d'accueil unique du justiciable est implanté au siège de chaque tribunal judiciaire et de chaque chambre de proximité »**

(Décr. nº 2017-897 du 9 mai 2017, art. 1er) **« La liste des** *(Décr. nº 2019-912 du 30 août 2019, art. 9-I-2º, en vigueur le 1er janv. 2020)* **« conseils de prud'hommes et des maisons de justice et du droit dans lesquels** *[ancienne rédaction : juridictions dans lesquelles]* **» est implanté un service d'accueil unique du justiciable est fixée par arrêté du garde des sceaux, ministre de la justice, conformément au tableau IV-I annexé au présent code. »** – *V. Annexes, Tableau IV-I, ss. art. R. 563-4.*

Art. R. 123-27 Les agents de greffe affectés dans un service d'accueil unique du justiciable sont désignés par le directeur de greffe conformément aux dispositions de l'article R. 123-16.

Art. R. 123-28 *(Décr. n° 2019-912 du 30 août 2019, art. 9-II, en vigueur le 1er janv. 2020)* Les agents de greffe affectés dans un service d'accueil unique du justiciable peuvent assurer la réception et la transmission :

1° De tous les actes en matière civile, lorsque la représentation n'est pas obligatoire ;

2° En matière prud'homale :

a) Des requêtes ;

b) Des demandes de délivrance de copie certifiée conforme, d'un extrait et d'une copie certifiée conforme revêtue de la formule exécutoire ;

3° En matière pénale :

a) Des plaintes déposées auprès du procureur de la République ;

b) Des demandes en consultation ou en exclusion du bulletin n° 2 du casier judiciaire ;

c) Des requêtes en confusion de peines, en relèvement ou en rectification d'erreur matérielle ;

d) Des demandes de copie de décision pénale ;

e) Des oppositions à ordonnance pénale ;

f) Des demandes de permis de visite ;

4° En matière d'aide juridictionnelle, des demandes d'aide juridictionnelle dans les conditions prévues *(Décr. n° 2020-1717 du 28 déc. 2020, art. 180-1°, en vigueur le 1er janv. 2021)* « aux articles 32 et 37 du décret n° 2020-1717 du 28 décembre 2020 portant application de la loi n° 91-647 du 10 juillet 1991 relative à l'aide juridique et relatif à l'aide juridictionnelle et à l'aide à l'intervention de l'avocat dans les procédures non juridictionnelles ». *— V. Décr. n° 2020-1717 du 28 déc. 2020, art. 32 et 37, App., v° Aide juridique.*

Ancien art. R. 123-28

Art. R. 123-29 Les agents de greffe affectés dans un service d'accueil unique du justiciable reçoivent les actes de procédure et accomplissent les diligences mentionnés à l'article R. 123-28 pour le compte du *(Décr. n° 2019-912 du 30 août 2019, art. 22-VII-1°, en vigueur le 1er janv. 2020)* « tribunal judiciaire *[ancienne rédaction : tribunal de grande instance]* » dans le ressort duquel le service d'accueil unique du justiciable est implanté ou de tout *(Abrogé par Décr. n° 2019-912 du 30 août 2019, art. 22-VII-2°, à compter du 1er janv. 2020)* « *tribunal d'instance ou* » conseil des prud'hommes situé dans le même ressort.

Sur les conditions d'entrée en vigueur de l'art. 22 du Décr. n° 2019-912 du 30 août 2019, V. note au-dessus de l'art. R. 211-3.

CHAPITRE III *BIS* LES JURISTES ASSISTANTS

(Décr. n° 2017-1618 du 28 nov. 2017, art. 1er)

Le Décr. n° 2017-1618 du 28 nov. 2017 est applicable en Nouvelle-Calédonie, en Polynésie française et à Wallis-et-Futuna (Décr. préc., art. 3-I).

BIBL. ▶ Belfanti, *Gaz. Pal. 5 juin 2018, p. 10* (la création des juristes assistants : entre utilité et questionnement). – Charlon et Cousin, *D. 2018. 288* (les juristes assistants : nouveaux venus dans l'équipe autour du magistrat). – Melin, *D. actu. 15 déc. 2017* (le statut des juristes assistants).

Art. R. 123-30 Les juristes assistants recrutés en application de l'article L. 123-4 contribuent par leur expertise, en matière civile et en matière pénale, à l'analyse juridique des dossiers techniques ou comportant des éléments de complexité qui leur sont soumis par les magistrats sous la direction desquels ils sont placés. Ils ne participent ni à la procédure ni aux audiences. Ils ne peuvent assister aux délibérés.

Ils sont recrutés en qualité d'agent contractuel de l'État relevant de la catégorie A.

Art. R. 123-31 Peut être nommée juriste assistant toute personne qui remplit les conditions prévues à l'article 5 de la loi n° 83-634 du 13 juillet 1983 modifiée portant droits et obligations des fonctionnaires et qui satisfait aux conditions de l'article 3 du

décret n° 86-83 du 17 janvier 1986 modifié relatif aux dispositions générales applicables aux agents contractuels de l'État pris pour l'application de l'article 7 de la loi n° 84-16 du 11 janvier 1984, applicables aux personnes de nationalité française.

Loi n° 83-634 du 13 juillet 1983,

Portant droits et obligations des fonctionnaires.

Art. 5 *(L. n° 91-715 du 26 juill. 1991, art. 1er)* « Sous réserve des dispositions de l'article 5 *bis* » nul ne peut avoir la qualité de fonctionnaire :

1° S'il ne possède la nationalité française ;

2° S'il ne jouit de ses droits civiques ;

3° Le cas échéant, si les mentions portées au bulletin n° 2 de son casier judiciaire sont incompatibles avec l'exercice des fonctions ;

4° S'il ne se trouve en position régulière au regard du code du service national ;

(Ord. n° 2020-1447 du 25 nov. 2020, art. 1er-I-1°) « 5° Le cas échéant, s'il ne remplit, compte tenu des possibilités de compensation du handicap, les conditions de santé particulières exigées pour l'exercice de certaines fonctions relevant du corps ou du cadre d'emplois auquel il a accès, en raison des risques particuliers que ces fonctions comportent pour les agents ou pour les tiers et des sujétions que celles-ci impliquent. Les statuts particuliers fixent la liste de ces fonctions ainsi que les règles générales suivant lesquelles les conditions de santé particulières sont appréciées. »

Pour l'application de l'art. 1er de l' Ord. n° 2020-1447 du 25 nov. 2020, les conditions d'aptitude physique particulières existantes à la date d'entrée en vigueur de ladite ordonnance sont maintenues jusqu'à l'entrée en vigueur des dispositions réglementaires prises pour l'application de cet article dans la limite de deux ans suivant la publication de ladite ordonnance (Ord. préc., art. 14-I).

Décret n° 86-83 du 17 janvier 1986,

Relatif aux dispositions générales applicables aux agents contractuels de l'État pris pour l'application des articles 7 et 7 bis de la loi n° 84-16 du 11 janvier 1984 portant dispositions statutaires relatives à la fonction publique de l'État (Décr. n° 2020-172 du 27 févr. 2020, art. 1er-1°).

Art. 3 Aucun agent non titulaire ne peut être engagé :

(Décr. n° 2014-364 du 21 mars 2014, art. 4-1° et 2°) « 1° S'il fait l'objet d'une interdiction de tout ou partie de ses droits civiques prononcée par décision de justice prise sur le fondement des articles 131-26 et 132-21 du code pénal ;

« 2° Le cas échéant :

« *a)* Si étant de nationalité française, les mentions portées au bulletin n° 2 de son casier judiciaire sont incompatibles avec l'exercice des fonctions ;

« *b)* Si étant de nationalité française, il a fait l'objet, dans un État autre que la France, d'une condamnation incompatible avec l'exercice des fonctions ;

« *c)* Si étant de nationalité étrangère ou apatride, il a subi, en France ou dans un État autre que la France, une condamnation incompatible avec l'exercice des fonctions.

« A cette fin, les personnes de nationalité étrangère ou apatrides peuvent faire l'objet d'une enquête de la part de l'administration destinée à s'assurer qu'elles peuvent être recrutées par elle ; »

3° Si *(Abrogé par Décr. n° 2014-364 du 21 mars 2014, art. 4-3°) « , étant de nationalité française, »* il ne se trouve en position régulière au regard du code du service national *(Décr. n° 2014-364 du 21 mars 2014, art. 4-3°)* « de l'État dont ils sont ressortissants » ;

(Décr. n° 2022-353 du 11 mars 2022, art. 40-1°) « 4° S'il ne remplit pas les conditions de santé particulières requises pour l'admission à certaines fonctions compte tenu des possibilités de compensation du handicap.

« Les mêmes contrôles des conditions de santé particulières que ceux prévus pour un emploi de fonctionnaire titulaire par la réglementation en vigueur doivent être effectués au moment de l'engagement. »

(Abrogé par Décr. n° 2022-353, du 11 mars 2022, art. 40-2°) « Les examens médicaux sont assurés par les services médicaux de l'administration ou, à défaut, pris en charge par l'adminis-

tration dans les limites des tarifs de remboursement du régime général de sécurité sociale et sous réserve qu'ils ne donnent pas lieu à remboursement à d'autres titres ; »

(Décr. n° 2014-364 du 21 mars 2014, art. 4-4°) « 5° S'il ne fournit, le cas échéant, les certificats de travail attestant de son ancienneté de services publics délivrés en application de l'article 44-1 du présent décret, lorsqu'il a déjà été recruté par une des administrations mentionnées à l'article 2 de la loi du 11 janvier 1984 susvisée ;

« 6° Si étant de nationalité étrangère, il ne se trouve dans une position régulière au regard des dispositions relatives aux documents de séjour du code de l'entrée et du séjour des étrangers et du droit d'asile.

« La condition posée au 3° ne fait toutefois pas obstacle au recrutement d'un étranger ayant obtenu le statut de réfugié en application du livre VII du code de l'entrée et du séjour des étrangers et du droit d'asile et au recrutement d'un apatride auxquels a été délivrée la carte de résident dans les conditions fixées au 9° de l'article L. 314-11 de ce même code. »

Art. R. 123-32 **Les juristes assistants ne peuvent être recrutés dans le ressort d'une juridiction où ils auront exercé depuis moins de deux ans les professions d'avocat** *(Abrogé par Décr. n° 2021-867 du 29 juin 2021, art. 2)* **« , *d'avoué* », de notaire, d'huissier de justice, de greffier de tribunal de commerce, d'administrateur judiciaire ou de mandataire-liquidateur.**

Les dispositions du premier alinéa ne sont pas applicables aux juristes assistants affectés à la Cour de cassation.

Les fonctions de juriste assistant ne peuvent être exercées concomitamment à une activité professionnelle qu'avec l'accord, selon le cas, des chefs de la Cour de cassation, ou des chefs de la cour d'appel ou du tribunal supérieur d'appel dans le ressort duquel ils sont affectés. Les professions mentionnées au premier alinéa ne peuvent être exercées dans le ressort de la cour d'appel ou du tribunal supérieur d'appel de leur affectation.

Art. R. 123-33 **Les candidatures aux fonctions de juriste assistant à la Cour de cassation sont adressées aux chefs de la Cour. Les autres candidatures sont adressées aux chefs de la cour d'appel ou du tribunal supérieur d'appel dans le ressort duquel l'agent souhaite exercer ses fonctions.**

Le recrutement des juristes assistants à la Cour de cassation est décidé, après instruction de la demande, par les chefs de la Cour.

Le recrutement des juristes assistants auprès des autres juridictions est décidé, après instruction de la demande, par les chefs de la cour d'appel ou le cas échéant ceux du tribunal supérieur d'appel.

Art. R. 123-34 **Les juristes assistants sont recrutés par contrat précisant notamment sa date d'effet et sa durée, la nature des fonctions exercées, les conditions de rémunération, la ou les juridictions d'affectation ainsi que les modalités d'organisation du temps de travail. Si l'intérêt du service l'exige, ces dernières peuvent être modifiées au cours de l'exécution du contrat.**

Le contrat débute par une période d'essai dont la durée est définie dans les conditions prévues à l'article 9 du décret n° 86-83 du 17 janvier 1986. Il peut être mis fin au contrat au cours ou à l'expiration de la période d'essai sans préavis ni indemnité.

Décret n° 86-83 du 17 janvier 1986,

Relatif aux dispositions générales applicables aux agents contractuels de l'État pris pour l'application des articles 7 et 7 bis de la loi n° 84-16 du 11 janvier 1984 portant dispositions statutaires relatives à la fonction publique de l'État (Décr. n° 2020-172 du 27 févr. 2020, art. 1er-1°).

Art. 9 *(Décr. n° 2014-1318 du 3 nov. 2014, art. 3) Al. 1er et 2 non reproduits.*

La durée initiale de la période d'essai peut être modulée à raison d'un jour ouvré par semaine de durée de contrat, dans la limite :

— de trois semaines lorsque la durée initialement prévue au contrat est inférieure à six mois ;

— d'un mois lorsque la durée initialement prévue au contrat est inférieure à un an ;
— *[de]* deux mois lorsque la durée initialement prévue au contrat est inférieure à deux ans ;
— de trois mois lorsque la durée initialement prévue au contrat est supérieure ou égale à deux ans ;
— de quatre mois lors le contrat est conclu à durée indéterminée.
La période d'essai peut être renouvelée une fois pour une durée au plus égale à sa durée initiale.
Al. 10 à 14 non reproduits.

Art. R. 123-35 Avant l'arrivée du terme, il peut être mis fin au contrat, par les chefs de la Cour de cassation, de la cour d'appel ou du tribunal supérieur d'appel :

1° En cas de faute grave du juriste assistant sans préavis ni indemnité de licenciement, après information qu'il peut obtenir communication de son dossier individuel et de tous documents annexes et se faire assister par tous défenseurs de son choix ;

2° Pour un motif autre que disciplinaire ; en ce cas, une indemnité de licenciement est versée au juriste assistant dans les conditions prévues par le titre XII du décret n° 86-83 du 17 janvier 1986.

Le juriste assistant peut également mettre fin à son contrat avant l'arrivée du terme en adressant sa démission par lettre recommandée ; en ce cas, l'intéressé est tenu de respecter un préavis dont la durée est fixée, en application de l'article 48 du décret n° 86-83 du 17 janvier 1986, conformément aux dispositions de l'article 46, alinéa 1er, de ce même décret.

Avant l'échéance du premier contrat, selon les cas, les chefs de la Cour de cassation, de la cour d'appel ou du tribunal supérieur d'appel informent le juriste assistant de leur intention de renouveler ou non ce contrat, en respectant un délai de prévenance dont la durée est déterminée conformément aux dispositions de l'article 45 du décret n° 86-83 du 17 janvier 1986. Le juriste assistant dispose alors d'un délai de huit jours pour faire connaître, le cas échéant, son acceptation. En l'absence de réponse dans ce délai, il est présumé renoncer à l'emploi.

Art. R. 123-36 Les juristes assistants bénéficient de congés annuels d'une durée égale à cinq fois leurs obligations hebdomadaires de service effectuées et, le cas échéant, de journées de réduction de temps de travail.

Art. R. 123-37 Les juristes assistants relèvent selon les cas, soit de l'autorité des chefs de la Cour de cassation, soit de celle des chefs de la cour d'appel ou du tribunal supérieur d'appel dans le ressort duquel ils exercent.

A la Cour de cassation, l'affectation du juriste assistant est prononcée par les chefs de la Cour.

A la cour d'appel et au tribunal supérieur d'appel, l'affectation du juriste assistant est prononcée par les chefs de la cour ou du tribunal.

Dans les autres juridictions, le juriste assistant est placé par les chefs de la cour d'appel auprès d'un chef de juridiction *(Abrogé par Décr. n° 2019-912 du 30 août 2019, art. 22-VIII, à compter du 1er janv. 2020)* *« ou du magistrat chargé de la direction et de l'administration d'un tribunal d'instance »*, qui prononce son affectation.

Dans l'exercice de ses fonctions, le juriste assistant ne peut recevoir ni solliciter d'autres instructions que celles du ou des magistrats sous la direction desquels il est placé.

Sur les conditions d'entrée en vigueur de l'art. 22 du Décr. n° 2019-912 du 30 août 2019, V. note au-dessus de l'art. R. 211-3.

Art. R. 123-38 Les juristes assistants suivent une formation organisée, selon les cas, soit par la Cour de cassation, soit *[par]* le tribunal supérieur d'appel ou le service administratif régional de la cour d'appel dans le ressort duquel ils se trouvent affectés.

Art. R. 123-39 Préalablement à leur prise d'activité, les juristes assistants prêtent serment, selon les cas, devant la Cour de cassation, devant la cour d'appel ou devant le tribunal supérieur d'appel, en ces termes :

"Je jure de conserver le secret des informations sur les affaires judiciaires ainsi que sur les actes du parquet et des juridictions d'instruction et de jugement, dont j'aurai eu connaissance à l'occasion de mes travaux au sein des juridictions."

Ils ne peuvent en aucun cas être relevés de ce serment.

CHAPITRE IV SIÈGE ET RESSORT DES JURIDICTIONS

Art. R. 124-1 *(Décr. n° 2019-912 du 30 août 2019, art. 24)* Pour l'application de l'article L. 124-1, lorsque l'ensemble des services de la juridiction est transféré, le siège de la juridiction est le lieu dans lequel elle est transférée. Lorsque certains services sont transférés, le siège de la juridiction est, pour chaque service, le lieu dans lequel son activité se déroule.

(Décr. n° 2020-900 du 22 juill. 2020, art. 2) « La commune dans laquelle est transféré tout ou partie des services de la juridiction est située dans le ressort de cette juridiction et, à défaut, dans le ressort de la même cour d'appel. »

L'ordonnance mentionnée à l'article L. 124-1 indique le motif du transfert, la date à laquelle il sera effectif, la durée prévisible, l'adresse du ou des services transférés.

Elle fait l'objet d'une publication dans deux journaux diffusés dans le ressort et de toute autre mesure de publicité dans tout lieu jugé utile.

(Décr. n° 2020-900 du 22 juill. 2020, art. 2) « La durée du transfert ne peut excéder deux ans. Cependant, si la situation l'exige, elle peut, dans les mêmes conditions, faire l'objet d'une prorogation pour une durée égale par ordonnance du premier président de la cour d'appel après avis du procureur général près cette cour. Le transfert peut être une seconde fois prorogé dans les mêmes conditions, portant la durée maximale et continue de transfert à six ans. »

Un bilan annuel écrit des transferts ordonnés par le premier président de la cour d'appel est présenté au comité technique de service déconcentré placé auprès de ce dernier.

Art. R. 124-2 En fonction des nécessités locales, les juridictions judiciaires peuvent tenir des audiences foraines en des communes de leur propre ressort autres que celle où est fixé leur siège.

Le premier président de la cour d'appel, après avis du procureur général près cette cour, fixe, par ordonnance, le lieu, le jour et la nature de ces audiences. — *[Anc. art. L. 7-10-1-1 et R. 7-10-1-1.]*

Art. R. 124-3 *(Décr. n° 2019-912 du 30 août 2019, art. 25)* Dans les cas prévus aux articles L. 124-1, L. 124-2, L. 124-3 et R. 124-2, la dénomination de la juridiction demeure celle du siège fixé par décret.

TITRE TROISIÈME MAISONS DE JUSTICE ET DU DROIT

CHAPITRE UNIQUE

Art. R. 131-1 Il peut être institué des maisons de justice et du droit, placées sous l'autorité du président du *(Décr. n° 2019-912 du 30 août 2019, art. 23, en vigueur le 1er janv. 2020)* « tribunal judiciaire *[ancienne rédaction : tribunal de grande instance]* » et du procureur de la République près ce tribunal, dans le ressort duquel elles sont situées.

Elles assurent une présence judiciaire de proximité et concourent à la prévention de la délinquance, à l'aide aux victimes et à l'accès au droit.

Les mesures alternatives de traitement pénal et les actions tendant à la résolution amiable des litiges peuvent s'y exercer. — *[Anc. art. L. 7-12-1-1.]*

Art. R. 131-2 Le projet de convention constitutive d'une maison de justice et du droit est soumis pour avis par le président du *(Décr. n° 2019-912 du 30 août 2019, art. 23, en vigueur le 1er janv. 2020)* « tribunal judiciaire *[ancienne rédaction : tribunal de grande instance]* » et le procureur de la République près ce tribunal, dans le ressort duquel celle-ci est située, à l'assemblée des magistrats du siège et du parquet, à l'assemblée des fonctionnaires et à l'assemblée plénière des magistrats et des fonctionnaires.

Le président du *(Décr. n° 2019-912 du 30 août 2019, art. 23, en vigueur le 1er janv. 2020)* « tribunal judiciaire *[ancienne rédaction : tribunal de grande instance]* » et le procureur de la République soumettent le projet de convention au premier président de la cour d'appel et au procureur général près cette cour, qui, après avoir recueilli l'avis des directeurs régionaux des services déconcentrés de l'administration pénitentiaire et de la protection judiciaire de la jeunesse, le transmettent avec leurs observations au garde des Sceaux, ministre de la justice.

Lorsqu'il approuve les termes du projet, le garde des Sceaux, ministre de la justice, autorise le président du *(Décr. n° 2019-912 du 30 août 2019, art. 23, en vigueur le 1er janv. 2020)* « tribunal judiciaire *[ancienne rédaction : tribunal de grande instance]* » et le procureur de la République à signer la convention. — *[Anc. art. R. 7-12-1-1.]*

En l'absence de signature du bâtonnier, qui est au nombre des partenaires dont l'accord est une condition préalable à la création d'une maison de justice et du droit, il y a lieu d'annuler l'arrêté créant cette maison de justice et du droit. • CE 6 avr. 2006 : *Lebon 5329 ; AJDA 2006. 1575 ; JCP 2006. I. 188, obs. R. Martin.*

Art. R. 131-3 La convention constitutive est signée entre :

a) Le préfet et, à Paris, le préfet de Paris et le préfet de police ;

b) Le président du *(Décr. n° 2019-912 du 30 août 2019, art. 23, en vigueur le 1er janv. 2020)* « tribunal judiciaire *[ancienne rédaction : tribunal de grande instance]* » dans le ressort duquel est située la maison de justice et du droit ;

c) Le procureur de la République près ce tribunal ;

d) Le maire de la commune où est située la maison de justice et du droit ou le président de l'établissement public de coopération intercommunale incluant cette commune ;

e) Le bâtonnier de l'ordre des avocats ;

f) Une ou plusieurs associations œuvrant dans le domaine de la prévention de la délinquance, de l'aide aux victimes ou de l'accès au droit ;

(Décr. n° 2017-822 du 5 mai 2017, art. 2) « *g)* Le cas échéant, le président du conseil départemental de l'accès au droit ou en cas d'absence ou d'empêchement du président, le vice-président du conseil départemental de l'accès au droit. »

D'autres collectivités territoriales et d'autres personnes morales intéressées par les missions de la maison de justice et du droit peuvent également être signataires de cette convention. — *[Anc. art. R. 7-12-1-2.]*

Art. R. 131-4 La convention constitutive détermine les missions qui sont exercées par la maison de justice et du droit et les conditions de fonctionnement de celle-ci.

La convention fixe les modalités selon lesquelles les collectivités territoriales mettent à la disposition de la maison de justice et du droit un local adapté à ses missions et fixe la répartition entre les signataires des charges inhérentes à son fonctionnement. — *[Anc. art. R. 7-12-1-3.]*

Art. R. 131-5 La maison de justice et du droit est créée par arrêté du garde des Sceaux, ministre de la justice. — *[Anc. art. R. 7-12-1-4.]*

Art. R. 131-6 La convention constitutive est conclue pour une durée de trois ans renouvelable par tacite reconduction.

Elle peut être dénoncée par chacune des parties signataires avec un préavis d'un an. Ce préavis est réduit à un mois lorsque la dénonciation émane du président du *(Décr. n° 2019-912 du 30 août 2019, art. 23, en vigueur le 1er janv. 2020)* « tribunal judiciaire *[ancienne rédaction : tribunal de grande instance]* » et du procureur de la République près ce tribunal.

La dénonciation est adressée au président du *(Décr. n° 2019-912 du 30 août 2019, art. 23, en vigueur le 1er janv. 2020)* « tribunal judiciaire *[ancienne rédaction : tribunal de grande instance]* » et au procureur de la République lorsqu'ils n'en sont pas les auteurs ainsi que, dans tous les cas, au garde des Sceaux, ministre de la justice.

Lorsque la dénonciation émane d'une des parties mentionnées aux *a)* à *e)* de l'article R. 131-3, la convention est résiliée à l'expiration du préavis.

La maison de justice et du droit dont la convention est dénoncée est supprimée par arrêté du garde des Sceaux, ministre de la justice. — *[Anc. art. R. 7-12-1-5.]*

Art. R. 131-7 Le président du *(Décr. n° 2019-912 du 30 août 2019, art. 23, en vigueur le 1er janv. 2020)* « tribunal judiciaire *[ancienne rédaction : tribunal de grande instance]* » et le procureur de la République près ce tribunal désignent, après avis de l'assemblée générale des magistrats du siège et du parquet, un magistrat qui, sous leur autorité, a pour mission :

– de veiller, sans préjudice des attributions du directeur de greffe, à la coordination des actions conduites au sein de la ou des maisons de justice et du droit situées dans le ressort du tribunal et au bon emploi des moyens qui concourent à leur réalisation ;

– d'assurer l'information régulière des membres du conseil de la maison de justice et du droit sur l'activité de celle-ci ;

– de représenter la maison de justice et du droit lorsque cette représentation ne peut être assurée directement par le président du *(Décr. n° 2019-912 du 30 août 2019, art. 23, en vigueur le 1er janv. 2020)* « tribunal judiciaire *[ancienne rédaction : tribunal de grande instance]* » et le procureur de la République. – *[Anc. art. R. 7-12-1-6.]*

Art. R. 131-8 Il est constitué un conseil de la maison de justice et du droit composé des signataires de la convention ou de leurs représentants et du directeur de greffe et présidé par le président du *(Décr. n° 2019-912 du 30 août 2019, art. 23, en vigueur le 1er janv. 2020)* « tribunal judiciaire *[ancienne rédaction : tribunal de grande instance]* » et le procureur de la République près ce tribunal, dans le ressort duquel la maison de justice et du droit est située.

Le conseil de la maison de justice et du droit définit les orientations de l'action de celle-ci et met en place une procédure d'évaluation de cette action. Il autorise les interventions des associations.

Le conseil, s'agissant des mesures exercées sous mandat judiciaire, est tenu informé, par le président du *(Décr. n° 2019-912 du 30 août 2019, art. 23, en vigueur le 1er janv. 2020)* « tribunal judiciaire *[ancienne rédaction : tribunal de grande instance]* » et le procureur de la République, des orientations et des résultats généraux obtenus.

Le conseil examine les conditions financières de fonctionnement de la maison de justice et du droit et établit le règlement intérieur de celle-ci.

Le conseil se réunit au moins une fois par an. Il peut entendre toute personne dont il juge l'audition utile.

Il élabore annuellement un rapport général d'activité adressé *(Décr. n° 2017-822 du 5 mai 2017, art. 3)* « au conseil départemental de l'accès au droit dans le ressort duquel est située la maison de justice et du droit, ainsi qu' » au premier président de la cour d'appel et au procureur général près cette cour, qui en assurent la transmission au garde des Sceaux, ministre de la justice. – *[Anc. art. R. 7-12-1-7.]*

Art. R. 131-9 Sans préjudice des dispositions prévues par leur statut ou les règles régissant leur activité, les personnes qui participent au fonctionnement de la maison de justice et du droit sont tenues à l'obligation de confidentialité, notamment à l'égard des informations nominatives qu'elles recueillent dans l'exercice de leurs missions. – *[Anc. art. R. 7-12-1-8.]*

Art. R. 131-10 Sous l'autorité du président du *(Décr. n° 2019-912 du 30 août 2019, art. 22-IX, en vigueur le 1er janv. 2020)* « tribunal judiciaire *[ancienne rédaction : tribunal de grande instance]* » et du procureur de la République près ce tribunal, le directeur de greffe du *(Décr. n° 2019-912 du 30 août 2019, art. 22-IX, en vigueur le 1er janv. 2020)* « tribunal judiciaire *[ancienne rédaction : tribunal de grande instance]* » dans le ressort duquel la maison de justice et du droit est située veille au bon fonctionnement administratif de celle-ci et en prépare le projet de budget.

Pour l'assister dans ses tâches, il affecte à la maison de justice et du droit, selon les modalités définies au premier alinéa de l'article R. 123-16, des greffiers de ce tribunal.

Ces greffiers assurent l'accueil et l'information du public, la réception, la préparation et le suivi des procédures alternatives aux poursuites ; ils prêtent leur concours au bon déroulement des actions tendant à la résolution amiable des litiges ; ils assistent le magistrat désigné en application de l'article R. 131-7 dans l'exercice de ses missions. *(Décr. n° 2019-912 du 30 août 2019, art. 27-I)* « Ils participent à l'élaboration et *[à]* la rédaction du rapport général d'activité. » – *[Anc. art. R. 7-12-1-9.]*

Sur les conditions d'entrée en vigueur de l'art. 22 du Décr. n° 2019-912 du 30 août 2019, V. note au-dessus de l'art. R. 211-3.

Art. R. 131-11 **La liste des maisons de justice et du droit est fixée** *(Décr. n° 2019-912 du 30 août 2019, art. 27-II)* **« par arrêté du garde des sceaux, ministre de la justice, » conformément au tableau III annexé au présent code.** – *[Anc. art. R. 7-12-1-10.]* – *V. annexe, tableau III.*

TITRE QUATRIÈME RESPONSABILITÉ DU FAIT DU FONCTIONNEMENT DU SERVICE DE LA JUSTICE

Le présent titre ne comprend pas de dispositions réglementaires.

TITRE CINQUIÈME CONCILIATEURS DE JUSTICE

(Décr. n° 2016-514 du 26 avr. 2016, art. 21)

Art. R. 131-12 **Les conciliateurs de justice ont pour mission, à titre bénévole, de rechercher le règlement amiable d'un différend.**

LIVRE DEUXIÈME JURIDICTIONS DU PREMIER DEGRÉ

TITRE PREMIER LE TRIBUNAL JUDICIAIRE *[ANCIENNE RÉDACTION : DE GRANDE INSTANCE] (Décr. n° 2019-912 du 30 août 2019, art. 22-X, en vigueur le 1er janv. 2020).*

Sur les conditions d'entrée en vigueur de l'art. 22 du Décr. n° 2019-912 du 30 août 2019, V. note au-dessus de l'art. R. 211-3.

CHAPITRE PREMIER INSTITUTION ET COMPÉTENCE

Art. D. 211-1 **Le siège et le ressort des** *(Décr. n° 2019-912 du 30 août 2019, art. 23, en vigueur le 1er janv. 2020)* **« tribunaux judiciaires** *[ancienne rédaction : tribunaux de grande instance]* **» sont fixés conformément au tableau IV annexé au présent code.** — *[Anc. art. L. 311-5 et R.* 311-7, al. 1er.] — V. annexe, tableau IV.*

Sur l'aide à l'adaptation de l'exercice de la profession d'avocat aux conditions nouvelles résultant de la suppression de certains TGI par suite de la réforme de la carte judiciaire du 15 févr. 2008, V. Décr. n° 2008-741 du 29 juill. 2008 (JO 30 juill.) et Arr. du 29 juill. 2008 (JO 30 juill.).

A la suite de la suppression du tribunal de première instance de Mamoudzou et de la création d'un TGI et d'un TI dans le Département de Mayotte dont les sièges et la répartition sont fixés conformément au tableau IV annexé au COJ, (Décr. n° 2011-338 du 29 mars 2011, art. 1er), toutes les procédures en cours devant le tribunal de première instance de Mamoudzou à la date d'entrée en vigueur du décret du 29 mars 2011 préc. supprimant le tribunal de première instance sont transférées, en l'état, au TGI, au TI, au tribunal mixte de commerce, au TASS, au tribunal du contentieux de l'incapacité et au TPBR de Mamoudzou conformément à la répartition des compétences fixées entre les juridictions par le COJ, le C. com., le C. trav., le CSS et le C. rur., sans qu'il y ait lieu de renouveler les actes, formalités et jugements régulièrement intervenus antérieurement à cette date.

Toutes les procédures relevant de la compétence du TI sont transférées au TI de Mamoudzou à l'exclusion du greffe détaché de Sada.

Les archives et les minutes du greffe du tribunal de première instance de Mamoudzou sont transférées aux greffes du TGI, du TI, du tribunal mixte de commerce, du TASS, du tribunal du contentieux de l'incapacité et du TPBR de Mamoudzou, selon leurs compétences respectives.

Les frais de transfert de ces archives et minutes sont pris sur le crédit ouvert à cet effet au budget du ministère de la justice (Décr. préc., art. 14-I).

Art. R. 211-2 **Lorsqu'un** *(Décr. n° 2019-912 du 30 août 2019, art. 23, en vigueur le 1er janv. 2020)* **« tribunal judiciaire** *[ancienne rédaction : tribunal de grande instance]* **» est créé ou lorsque le ressort d'un** *(Décr. n° 2019-912 du 30 août 2019, art. 23, en vigueur le 1er janv. 2020)* **« tribunal judiciaire** *[ancienne rédaction : tribunal de grande instance]* **» est modifié par suite d'une nouvelle délimitation des circonscriptions administratives ou judiciaires, le tribunal primitivement saisi demeure compétent pour statuer sur les procédures introduites antérieurement à la date de création du tribunal ou de modification du ressort.** — *[Anc. art. R.* 311-7, al. 3.]*

(Décr. n° 2010-1234 du 20 oct. 2010, art. 3) **« Lorsqu'un** *(Décr. n° 2019-912 du 30 août 2019, art. 23, en vigueur le 1er janv. 2020)* **« tribunal judiciaire** *[ancienne rédaction : tribunal de grande instance]* **» est supprimé, toutes les procédures en cours devant cette juridiction à la date d'entrée en vigueur du décret de suppression sont transférées en l'état au** *(Décr. n° 2019-912 du 30 août 2019, art. 23, en vigueur le 1er janv. 2020)* **« tribunal judiciaire** *[ancienne rédaction : tribunal de grande instance]* **» dans le ressort duquel est situé le siège du tribunal supprimé sans qu'il y ait lieu de renouveler les actes, formalités et jugements régulièrement intervenus antérieurement à cette date, à l'exception des convocations, citations et assignations données aux parties et aux témoins qui n'auraient pas été suivies d'une comparution devant la juridiction supprimée.**

« Avant l'entrée en vigueur du décret de suppression du *(Décr. n° 2019-912 du 30 août 2019, art. 23, en vigueur le 1er janv. 2020)* **« tribunal judiciaire** *[ancienne rédaction : tribunal de grande instance]* **», les convocations, citations et assignations données aux parties et aux témoins peuvent être délivrées pour une comparution à une date posté-**

rieure à cette date d'entrée en vigueur devant la juridiction à laquelle les procédures seront transférées.

« Lorsque le ressort du *(Décr. n° 2019-912 du 30 août 2019, art. 23, en vigueur le 1er janv. 2020)* **« tribunal judiciaire** *[ancienne rédaction : tribunal de grande instance]* **» supprimé est réparti entre plusieurs** *(Décr. n° 2019-912 du 30 août 2019, art. 23, en vigueur le 1er janv. 2020)* **« tribunaux judiciaires** *[ancienne rédaction : tribunaux de grande instance]* **», les mesures de protection des mineurs sont directement transférées, par dérogation au deuxième alinéa, au** *(Décr. n° 2019-912 du 30 août 2019, art. 23, en vigueur le 1er janv. 2020)* **« tribunal judiciaire** *[ancienne rédaction : tribunal de grande instance]* **» dans le ressort duquel le mineur a son domicile.**

« Les parties ayant comparu devant le *(Décr. n° 2019-912 du 30 août 2019, art. 23, en vigueur le 1er janv. 2020)* **« tribunal judiciaire** *[ancienne rédaction : tribunal de grande instance]* **» supprimé sont informées, par l'une ou l'autre des juridictions, qu'il leur appartient d'accomplir les actes de la procédure devant le** *(Décr. n° 2019-912 du 30 août 2019, art. 23, en vigueur le 1er janv. 2020)* **« tribunal judiciaire** *[ancienne rédaction : tribunal de grande instance]* **» auquel la procédure a été transférée.**

« Les archives et les minutes du greffe du *(Décr. n° 2019-912 du 30 août 2019, art. 23, en vigueur le 1er janv. 2020)* **« tribunal judiciaire** *[ancienne rédaction : tribunal de grande instance]* **» supprimé sont transférées au greffe du** *(Décr. n° 2019-912 du 30 août 2019, art. 23, en vigueur le 1er janv. 2020)* **« tribunal judiciaire** *[ancienne rédaction : tribunal de grande instance]* **» dans le ressort duquel est situé le siège du tribunal supprimé. Les frais de transfert de ces archives et minutes sont pris sur le crédit ouvert à cet effet au budget du ministère de la justice. »**

SECTION PREMIÈRE COMPÉTENCE MATÉRIELLE

SOUS-SECTION 1 COMPÉTENCE COMMUNE À TOUS LES TRIBUNAUX JUDICIAIRES

(Décr. n° 2019-912 du 30 août 2019, art. 2, en vigueur le 1er janv. 2020)

Les art. 2, 4 à 6, 10, 12, 15 et 17 à 23 du Décr. n° 2019-912 du 30 août 2019 sont applicables aux procédures en cours à la date d'entrée en vigueur du décret dans les conditions suivantes :

1° Sous réserve des dispositions des 2°, 3° et 4° du présent IV, les procédures en cours au 1er janv. 2020 devant les tribunaux d'instance sont transférées en l'état aux tribunaux judiciaires désormais compétents ;

2° Dans les matières transférées par l'effet du présent décret à une chambre de proximité, les procédures en cours à cette même date devant la juridiction ou, le cas échéant, la chambre détachée initialement saisies sont transférées en l'état à cette chambre de proximité, dans la mesure où elles relèvent désormais de sa compétence ;

3° Les procédures en matière de saisies des rémunérations en cours devant le juge du tribunal d'instance au 1er janv. 2020 sont transférées en l'état au juge de l'exécution compétent ;

4° Les procédures en cours devant le tribunal d'instance au 1er janv. 2020 sont transférées au juge des contentieux de la protection, dans la mesure où elles relèvent désormais de sa compétence (Décr. préc., art. 40-IV).

Pour l'application du IV de l'art. 40 du Décr. n° 2019-912 du 30 août 2019, les convocations, citations et assignations données aux parties et aux témoins peuvent être délivrées avant le 1er janv. 2020 pour une comparution postérieure à cette date devant le tribunal judiciaire ou l'une de ses chambres de proximité nouvellement compétents.

Il n'y a pas lieu de renouveler les actes, formalités et jugements intervenus antérieurement au 1er janvier 2020, à l'exception des convocations, citations et assignations données aux parties et aux témoins en vue d'une audience avant cette date devant le tribunal d'instance ou la chambre détachée d'un tribunal de grande instance antérieurement compétents et qui n'auraient pas été suivies d'une comparution devant le tribunal d'instance, le tribunal de grande instance ou l'une de ses chambres détachées antérieurement compétents.

Les convocations et assignations valablement données aux parties devant le tribunal d'instance pour une comparution postérieure au 1er janvier 2020 sont réputées valablement faites devant le tribunal judiciaire ou l'une de ses chambres de proximité nouvellement compétents, y compris lorsqu'elles ont été faites avant l'entrée en vigueur du Décr. n° 2019-912 du 30 août 2019.

Les parties ayant comparu devant le tribunal d'instance, le tribunal de grande instance ou l'une de ses chambres détachées, sont informées qu'il leur appartient d'accomplir les actes de procédure devant le tribunal judiciaire ou la chambre de proximité auxquels la procédure a été transférée.

Les archives et les minutes du greffe des juridictions antérieurement compétentes sont transférées au greffe des tribunaux judiciaires compétents ou, le cas échéant, au greffe détaché institué auprès des chambres de proximité compétentes. Les frais de transfert de ces archives et minutes sont imputés sur le crédit ouvert à cet effet au budget du ministère de la justice (Décr. préc., art. 40-V).

Pour l'application du même IV, le président du tribunal de grande instance répartit, conformément aux dispositions de l'art. L. 121-3 COJ, le service entre les magistrats du tribunal judiciaire et, le cas échéant, entre les magistrats de ses chambres de proximité, par ordonnance prise pendant la première quinzaine du mois de déc. 2019 après avis de l'assemblée des magistrats du siège du tribunal de grande instance. Cette ordonnance précise le nombre, le jour et la nature des audiences (Décr. préc., art. 40-VI).

Les juridictions civiles et pénales demeurent compétentes pour les instances en cours à la date d'entrée en vigueur du décret mentionné au premier al. du I de l'art. L. 211-9-3, sans préjudice de la possibilité d'un dessaisissement au profit de la juridiction spécialement désignée par ce même décret (Décr. préc., art. 40-VII).

Le cas échéant, il est statué sur les difficultés d'application de l'art. 40 du Décr. n° 2019-912 du 30 août 2019 par ordonnance du premier président de la cour d'appel qui n'est susceptible d'aucune voie de recours (Décr. préc., art. 40-VIII).

§ 1er COMPÉTENCE À CHARGE D'APPEL

Art. R. 211-3 **Sous réserve des dispositions de l'article R. 211-3-24, le tribunal judiciaire statue à charge d'appel dans les matières pour lesquelles compétence n'est pas attribuée expressément à une autre juridiction en raison de la nature de la demande.**

Art. R. 211-3-1 **Le tribunal judiciaire connaît, à charge d'appel, des matières énumérées au présent paragraphe.**

Art. R. 211-3-2 **Le tribunal judiciaire connaît des demandes de mainlevée de l'opposition frappant les titres perdus ou volés dans les conditions prévues par les articles 19 et 20 du décret n° 56-27 du 11 janvier 1956 relatif à la procédure à suivre en cas de dépossession de titres au porteur ou de coupons.**

Art. R. 211-3-3 **Le tribunal judiciaire connaît des contestations sur les conditions des funérailles.**

Art. R. 211-3-4 **Le tribunal judiciaire connaît des actions en bornage.**

Art. R. 211-3-5 *(Décr. n° 2021-456 du 15 avr. 2021, art. 2-1°)* **Le tribunal judiciaire connaît des contestations relatives à la formation, à l'exécution ou à la rupture du contrat d'engagement maritime entre l'employeur et le marin, dans les conditions prévues aux articles L. 5542-48 et L. 5621-18 du code des transports.**

Art. R. 211-3-6 **Le tribunal judiciaire connaît :**

1° Des actions pour dommages causés aux champs et cultures, aux fruits et récoltes, aux arbres, aux clôtures et aux bâtiments agricoles, que ces dommages résultent du fait de l'homme, des animaux domestiques ou des instruments et machines de culture ;

2° Des actions pour dommages causés aux cultures et récoltes par le gibier ;

3° Des demandes relatives aux vices rédhibitoires et aux maladies contagieuses des animaux domestiques, fondées sur les dispositions du code rural et de la pêche maritime ou sur la convention des parties, quel qu'ait été le mode d'acquisition des animaux ;

4° Des actions en rescision, réduction de prix ou dommages-intérêts pour lésion dans les ventes d'engrais, amendements, semences et plants destinés à l'agriculture, et de substances destinées à l'alimentation du bétail ;

5° Des contestations relatives aux warrants agricoles ;

6° Des contestations relatives aux travaux nécessaires à l'entretien et à la mise en état de viabilité des chemins d'exploitation.

Art. R. 211-3-7 Le tribunal judiciaire connaît :

1° Des litiges relatifs à la vente des objets abandonnés dans les garde-meubles ou chez tout dépositaire, des objets confiés à des ouvriers, industriels ou artisans pour être travaillés, réparés ou mis en garde et des objets confiés à des entrepreneurs de transport et non réclamés, ainsi qu'au paiement des sommes dues à ces différents détenteurs ;

2° Des actions entre les transporteurs et les expéditeurs ou les destinataires relatives aux indemnités pour perte, avarie, détournement des colis et bagages, y compris les colis postaux, ou pour retard dans la livraison ; ces indemnités ne pourront excéder les tarifs prévus aux conventions intervenues entre les transporteurs concessionnaires et l'État.

Art. R. 211-3-8 Le tribunal judiciaire connaît :

1° Des actions relatives à la distance prescrite par la loi, les règlements particuliers et l'usage des lieux pour les plantations ou l'élagage d'arbres ou de haies ;

2° Des actions relatives aux constructions et travaux mentionnés à l'article 674 du code civil ;

3° Des actions relatives au curage des fossés et canaux servant à l'irrigation des propriétés ou au mouvement des usines et moulins ;

4° Des contestations relatives à l'établissement et à l'exercice des servitudes instituées par les articles L. 152-14 à L. 152-23 du code rural et de la pêche maritime, 640 et 641 du code civil ainsi qu'aux indemnités dues à raison de ces servitudes ;

5° Des contestations relatives aux servitudes établies au profit des associations syndicales prévues par l'ordonnance n° 2004-632 du 1er juillet 2004 relative aux associations syndicales de propriétaires.

Art. R. 211-3-9 Le tribunal judiciaire connaît :

1° Des contestations relatives aux indemnités auxquelles peuvent donner lieu, conformément à l'article L. 215-5 du code de l'environnement, l'élargissement ou l'ouverture du nouveau lit des cours d'eau non domaniaux ;

2° Des contestations relatives aux indemnités dues à raison des servitudes aéronautiques de balisage prévues aux articles D. 243-1 et suivants du code de l'aviation civile ;

3° Des contestations relatives aux indemnités dues à raison des servitudes prévues par l'article L. 171-10 du code de la voirie routière ;

4° Des actions mentionnées aux articles L. 211-1 et L. 211-20 du code rural et de la pêche maritime.

Art. R. 211-3-10 Le tribunal judiciaire connaît en matière de contrat de fourniture de produits des demandes présentées par les organisations professionnelles agricoles en application de l'article L. 632-7 du code rural et de la pêche maritime.

Art. R. 211-3-11 Le tribunal judiciaire connaît des contestations relatives à l'application des I et II de l'article 1er de la loi n° 66-457 du 2 juillet 1966 relative à l'installation d'antennes réceptrices de radiodiffusion et des décrets n° 67-1171 du 28 décembre 1967 et n° 2009-53 du 15 janvier 2009 pris en application de cette loi.

§ 2 COMPÉTENCE EN DERNIER RESSORT

Art. R. 211-3-12 Le tribunal judiciaire connaît, en dernier ressort, des matières énumérées au présent paragraphe.

Art. R. 211-3-13 Le tribunal judiciaire connaît des contestations relatives à l'électorat, à l'éligibilité et à la régularité des opérations électorales en ce qui concerne l'élection des juges des tribunaux de commerce.

Décision JUSB2006675S du 24 décembre 2019,

Nous, Bernard KEIME ROBERT-HOUDIN, premier président de la cour d'appel de Versailles,

Et

Marc CIMAMONTI, Procureur Général près la cour d'appel de Versailles,

Vu la consultation du conseil de juridiction de Nanterre en date du 11 décembre 2019,

Vu l'avis de Madame la Présidente et Madame le Procureur du Tribunal de Grande Instance de

Nanterre en date du 17 décembre 2019, favorable à l'ajout aux tribunaux de proximité des Hauts de Seine du contentieux des élections professionnelles,

Vu l'article L. 212-8 du code de l'organisation judiciaire,

Vu les articles R. 211-3-13 à R. 211-3-23 du code de l'organisation judiciaire,

Décidons conjointement d'attribuer aux chambres de proximité des Hauts de Seine dénommées "tribunaux de proximité" d'Asnières, de Colombes, de Courbevoie, de Puteaux, de Boulogne-Billancourt, de Vanves et d'Antony, dans les limites de leurs ressorts, les compétences matérielles du tribunal judiciaire de Nanterre prévues aux articles R. 211-3-13 à R. 211-3-23 du code de l'organisation judiciaire.

Art. R. 211-3-14 Le tribunal judiciaire connaît des contestations des décisions prises par la commission d'établissement des listes électorales et relatives à l'électorat :

1° Des délégués consulaires ;

2° Des membres des chambres de commerce et d'industrie territoriales.

Art. R. 211-3-15 Le tribunal judiciaire connaît des contestations relatives à l'électorat, à l'éligibilité et à la régularité des opérations électorales en ce qui concerne l'élection :

(Décr. n° 2020-1214 du 2 oct. 2020, art. 3-1°) « 1° Des membres de la délégation du personnel aux comités sociaux et économiques d'entreprise, aux comités sociaux et économiques d'établissement et aux comités sociaux et économiques centraux d'entreprise ; »

(Abrogé par Décr. n° 2020-1214 du 2 oct. 2020, art. 3-2°) « 2° Des délégués du personnel ; »

3° Des représentants des salariés au conseil d'administration ou au conseil de surveillance des sociétés anonymes ;

4° Des représentants des salariés au conseil d'administration ou au conseil de surveillance des entreprises mentionnées à l'article 1er de la loi n° 83-675 du 26 juillet 1983 relative à la démocratisation du secteur public ;

5° Des représentants des salariés au conseil d'administration de la Société nationale des chemins de fer français ;

6° Des délégués de bord *(Abrogé par Décr. n° 2021-456 du 15 avr. 2021, art. 2-2°) « de la marine marchande »* ;

7° Des représentants du personnel aux conseils d'administration des caisses primaires d'assurance maladie, des caisses générales de sécurité sociale et des caisses d'allocations familiales ;

8° Des représentants des assujettis aux assemblées générales des caisses de mutualité sociale agricole ;

9° Des représentants des professionnels de la santé exerçant à titre libéral sous le régime des conventions nationales mentionnées au titre VI du livre Ier du code de la sécurité sociale, dans les unions régionales des professionnels de santé.

Art. R. 211-3-16 *(Décr. n° 2020-1214 du 2 oct. 2020, art. 4)* Le tribunal judiciaire connaît des contestations relatives à la désignation des délégués syndicaux et des représentants syndicaux aux comités sociaux et économiques d'entreprise, aux comités *sociaux et économiques* d'établissement, aux comités sociaux et économiques centraux d'entreprise et aux comités de groupe.

Art. R. 211-3-17 Le tribunal judiciaire connaît des contestations relatives :

1° Aux modalités d'organisation, à la liste des salariés devant être consultés et à la régularité des procédures de consultation sur les accords d'entreprise prévues par les articles L. 2232-12, L. 2232-23-1, L. 2232-24 et L. 2232-26 du code du travail ;

2° A la liste des salariés devant être consultés et à la régularité des procédures de consultation prévues par les articles L. 2232-21 et L. 2232-23 du code du travail.

Art. R. 211-3-18 Le tribunal judiciaire connaît des contestations relatives à la désignation ou à l'élection du représentant des salariés dans les cas prévus par les articles L. 621-4, L. 631-9 et L. 641-1 du code de commerce.

Art. R. 211-3-19 Le tribunal judiciaire connaît des contestations relatives aux inscriptions et radiations sur les listes destinées aux élections des délégués mineurs.

Art. R. 211-3-20 Le tribunal judiciaire connaît des contestations relatives à l'électorat des conseillers des centres régionaux de la propriété forestière.

Art. R. 211-3-21 Le tribunal judiciaire connaît des contestations relatives à la régularité des opérations électorales en ce qui concerne l'élection :

1° Des membres du conseil d'administration des mutuelles, des membres de l'Autorité de contrôle prudentiel et de résolution, des représentants des salariés au conseil d'administration et des délégués des sections locales de vote dans les conditions prévues à l'article R. 125-3 du code de la mutualité ;

2° Des représentants des locataires au conseil d'administration ou de surveillance des sociétés anonymes d'habitations à loyer modéré dans les conditions prévues à l'article R. 422-2-1 du code de la construction et de l'habitation.

Art. R. 211-3-22 Le tribunal judiciaire connaît des contestations des décisions du maire et de la commission de contrôle relatives à l'établissement et à la révision des listes électorales dans les conditions prévues par le I de l'article L. 20 du code électoral ainsi que des réclamations présentées devant lui en application du II de l'article L. 20 du même code.

Art. R. 211-3-23 Le tribunal judiciaire connaît :

1° Des contestations des décisions de la commission départementale et des réclamations relatives à la formation de la liste pour l'élection des membres des chambres d'agriculture dans les conditions prévues à l'article R. 511-23 du code rural et de la pêche maritime ;

2° Des contestations des décisions du président de la chambre de métiers relatives à la formation et à la révision des listes pour l'élection des membres des chambres de métiers dans les conditions prévues à l'article 14 du décret n° 99-433 du 27 mai 1999 relatif à la composition des chambres des métiers et à leur élection.

§ 3 COMPÉTENCE À CHARGE D'APPEL OU EN DERNIER RESSORT EN FONCTION DU MONTANT DE LA DEMANDE

Art. R. 211-3-24 Lorsque le tribunal judiciaire est appelé à connaître, en matière civile, d'une action personnelle ou mobilière portant sur une demande dont le montant est inférieur ou égal à la somme de 5 000 euros, le tribunal judiciaire statue en dernier ressort.

Art. R. 211-3-25 Dans les matières pour lesquelles il a compétence exclusive, et sauf disposition contraire, le tribunal judiciaire statue en dernier ressort lorsque le montant de la demande est inférieur ou égal à la somme de 5 000 euros.

Art. R. 211-3-26 Le tribunal judiciaire a compétence exclusive dans les matières déterminées par les lois et règlements, au nombre desquelles figurent les matières suivantes :

1° État des personnes : mariage, filiation, adoption, déclaration d'absence ;

2° Annulation des actes d'état civil, les actes irrégulièrement dressés pouvant également être annulés par le procureur de la République ;

3° Successions ;

4° Amendes civiles encourues par les officiers de l'état civil ;

5° Actions immobilières pétitoires ;

6° Récompenses industrielles ;

7° Dissolution des associations ;

8° Sauvegarde, redressement judiciaire et liquidation judiciaire lorsque le débiteur n'exerce ni une activité commerciale ni une activité artisanale ;

9° Assurance contre les accidents et les maladies professionnelles des personnes non salariées en agriculture ;

10° Droits d'enregistrement, taxe de publicité foncière, droits de timbre et contributions indirectes et taxes assimilées à ces droits, taxes ou contributions ;

11° Baux commerciaux à l'exception des contestations relatives à la fixation du prix du bail révisé ou renouvelé, baux professionnels et conventions d'occupation précaire en matière commerciale ;

12° Inscription de faux contre les actes authentiques ;

13° Actions civiles pour diffamation ou pour injures publiques ou non publiques, verbales ou écrites ;

14° Contestations concernant le paiement, la garantie ou le remboursement des créances de toute nature recouvrées par l'administration des douanes et les autres affaires de douanes, dans les cas et conditions prévus au code des douanes.

Art. R. 211-3-27 Le tribunal judiciaire connaît des oppositions à contrainte dans les conditions prévues par les articles R. 1235-4 à R. 1235-9 du code du travail.

SOUS-SECTION 1 *[ANCIENNE]* COMPÉTENCE COMMUNE À TOUS LES TRIBUNAUX DE GRANDE INSTANCE

Ancien art. R. 211-3 *Dans les matières pour lesquelles compétence n'est pas attribuée expressément à une autre juridiction en raison de la nature de l'affaire ou du montant de la demande, le tribunal de grande instance statue à charge d'appel.*

Lorsqu'il est appelé à connaître, en matière civile, d'une action personnelle ou mobilière portant sur une demande dont le montant est inférieur ou égal à la somme de 4 000 euros, le tribunal de grande instance statue en dernier ressort.

Dans les matières pour lesquelles il a compétence exclusive, et sauf disposition contraire, le tribunal de grande instance statue en dernier ressort lorsque le montant de la demande est inférieur ou égal à la somme de 4 000 euros. — *[Anc. art. R.* 311-1, ecqc ressort et art. R.* 311-2.] — V. C. pr. civ., art. 49 s.*

BIBL. ▶ Décr. 29 déc. 1998 : GUINCHARD, *D. 1999. Chron. 65*. – PERROT, *Procédures 1999. Chron. 3*. – CADIET, *JCP 1999. I. 130*. – SANDER, *JCP 1999. I. 164* (application du décret à l'Alsace-Moselle). – SEGONDS, *JCP 2000. I. 223* (plénitude de juridiction du TGI).

1. Les dispositions de l'art. R.* 311-2 [ancien] ne sont pas applicables aux affaires dont les commissions d'indemnisation des victimes d'infraction (CIVI) ont à connaître. • Paris, 24 oct. 2001 : *D. 2001. IR 3398*.

2. Conformément à l'art. L. 721-3, 1° C. com., s'agissant d'une contestation relative aux engagements entre commerçants, le litige relatif au paiement des frais de rédaction d'avenants au bail commercial relève de la compétence exclusive du tribunal de commerce. • Com. 27 oct. 2009 : *D. 2009. AJ 2682 ; JCP E 2010. 1037 note Lebel ; Dr. et pr. 2010. 53, note Lauvergnat.*

3. Accords collectifs. Le litige entre un employeur et des syndicats quant à l'interprétation d'accords collectifs relève de la compétence du tribunal de grande instance. Viole en conséquence l'art. L. 1411-1 C. trav., ensemble les art. R. 211-3 COJ, 86, 96 C. pr. civ., la cour d'appel qui, saisie d'un tel litige, retient que, dans la mesure où il ne porte pas sur l'établissement, la révision ou le renouvellement d'une convention collective, mais uniquement sur son interprétation à l'occasion de litiges individuels relatifs à des contrats de travail existants, la demande de renvoi quelle que soit la répercussion pratique étendue de ladite interprétation relève de la compétence du conseil de prud'hommes, que, par ailleurs, la compétence du tribunal de grande instance ne serait pas de nature à éliminer le risque de contrariété de décision avec le conseil de prud'hommes, et qu'il n'y a donc pas lieu de faire droit à l'exception de connexité. • Soc. 21 nov. 2012, n° 11-15.057 P.

Ancien art. R. 211-4 *(Décr. n° 2009-1693 du 29 déc. 2009, art. 1er, en vigueur le 1er janv. 2010)* ***Le tribunal de grande instance a compétence exclusive dans les matières déterminées par les lois et règlements, au nombre desquelles figurent les matières suivantes :***

1° État des personnes : mariage, filiation, adoption, déclaration d'absence ;

2° *(Décr. n° 2017-890 du 6 mai 2017, art. 54-1°, en vigueur le 1er nov. 2017)* ***« Annulation » des actes d'état civil ;***

3° Successions ;

4° Amendes civiles encourues par les officiers de l'état civil ;

5° Actions immobilières pétitoires *(Abrogé par Décr. n° 2017-892 du 6 mai 2017, art. 30-1°)* ***« et possessoires » ;***

6° Récompenses industrielles ;

7° Dissolution des associations ;

(Décr. n° 2019-912 du 30 août 2019, art. 28) ***« 8° Sauvegarde, redressement judiciaire et liquidation judiciaire lorsque le débiteur n'exerce ni une activité commerciale ni une activité artisanale ; »***

9° Assurance contre les accidents et les maladies professionnelles des personnes non salariées en agriculture ;

10° Droits d'enregistrement, taxe de publicité foncière, droits de timbre et contributions indirectes et taxes assimilées à ces droits, taxes ou contributions ;

11° Baux commerciaux à l'exception des contestations relatives à la fixation du prix du bail révisé ou renouvelé, baux professionnels et conventions d'occupation précaire en matière commerciale ;

12° Inscription de faux contre les actes authentiques ;

13° Actions civiles pour diffamation ou pour injures publiques ou non publiques, verbales ou écrites ;

(Décr. n° 2012-1515 du 28 déc. 2012, art. 11, en vigueur le 1er janv. 2013) « 14° Contestations concernant le paiement, la garantie ou le remboursement des créances de toute nature recouvrées par l'administration des douanes et les autres affaires de douanes, dans les cas et conditions prévus au code des douanes. »

Le tribunal saisi demeure compétent pour statuer sur les procédures introduites antérieurement à la date d'entrée en vigueur du Décr. n° 2009-1693 du 29 déc. 2009 (Décr. préc., art. 9, al. 2).

BIBL. ▶ Bléry, *JCP 2010. 107.* – Dargent, *D. 2010. AL 76*. – Leborgne, *D. 2010. Pan. 1307*.

▶ Filiation : Granet-Lambrechts, *AJ fam. 2012. 26* (compétence juridictionnelle).

Circulaire JUSC1243674C du 3 janvier 2013,

Relative à la présentation du décret n° 2012-1515 du 28 décembre 2012 portant diverses dispositions relatives à la procédure civile et à l'organisation judiciaire (BOMJ n° 2013-01 du 31 janv. 2013).

SOUS-SECTION 2 COMPÉTENCE PARTICULIÈRE À CERTAINS TRIBUNAUX JUDICIAIRES *[ANCIENNE RÉDACTION : DE GRANDE INSTANCE] (Décr. n° 2019-912 du 30 août 2019, art. 22-XI, en vigueur le 1er janv. 2020).*

Sur les conditions d'entrée en vigueur de l'art. 22 du Décr. n° 2019-912 du 30 août 2019, V. note au-dessus de l'art. R. 211-3.

Art. R. 211-4 *(Décr. n° 2019-912 du 30 août 2019, art. 3, en vigueur le 1er janv. 2020)* I. — En matière civile, les tribunaux judiciaires spécialement désignés sur le fondement de l'article L. 211-9-3 connaissent seuls, *(Décr. n° 2021-867 du 29 juin 2021, art. 3-1°)* « dans l'ensemble des ressorts des tribunaux judiciaires d'un même département » ou, dans les conditions prévues au III de l'article L. 211-9-3, dans deux départements, de l'une ou plusieurs des compétences suivantes :

1° Des actions relatives aux droits d'enregistrement et assimilés ;

2° Des actions relatives aux baux commerciaux fondées sur les articles L. 145-1 à L. 145-60 du code de commerce ;

3° Des actions relatives à la cession ou au nantissement de créance professionnelle fondées sur les articles L. 313-23 à L. 313-29-2 du code monétaire et financier ;

4° Des actions relatives au billet à ordre fondées sur les articles L. 512-1 à L. 512-8 du code de commerce ;

(Abrogé par Décr. n° 2021-867 du 29 juin 2021, art. 3-2°) « 5° Des actions relatives au préjudice écologique fondées sur les articles 1246 à 1252 du code civil ; »

6° Des actions fondées sur les dispositions du livre VI du code de commerce et des actions fondées sur les dispositions du chapitre premier du titre V du livre III du code rural et de la pêche maritime ;

7° Des litiges relevant de l'exécution d'un contrat de transport de marchandises ;

8° Des actions en responsabilité médicale ;

9° Des demandes en réparation des dommages causés par un véhicule aérien, maritime ou fluvial ;

10° Sauf stipulation contraire des parties et sous réserve de la compétence du tribunal judiciaire de Paris ou de son président en matière d'arbitrage international ainsi que de la compétence de la cour d'appel ou de son premier président en matière de voies de recours, des demandes fondées sur le Livre IV du code de procédure civile ;

11° Des actions en paiement, en garantie et en responsabilité liées à une opération de construction immobilière ;

12° Les *[Des]* **actions en contestation des décisions des assemblées générales et** *[de]* **celles relatives aux copropriétés en difficulté relevant de la loi n° 65-557 du 10 juillet 1965 fixant le statut de la copropriété des immeubles bâtis.**

Les tribunaux judiciaires spécialement désignés pour connaître des actions mentionnées au 6° le sont conformément à l'article L. 610-1 du code de commerce.

II. – En matière pénale, les tribunaux judiciaires spécialement désignés sur le fondement de l'article L. 211-9-3 connaissent seuls, *(Décr. n° 2021-867 du 29 juin 2021, art. 3-3°)* **« dans l'ensemble des ressorts des tribunaux judiciaires d'un même département » ou, dans les conditions prévues au III de l'article L. 211-9-3, dans deux départements d'une ou plusieurs des compétences suivantes :**

1° Des délits et contraventions prévus et réprimés par le code du travail ;

2° Des délits et contraventions prévus et réprimés par le code de l'action sociale et des familles ;

3° Des délits et contraventions prévus et réprimés par le code de la sécurité sociale ;

(Abrogé par Décr. n° 2021-867 du 29 juin 2021, art. 3-4°) ***« 4° Des délits et contraventions prévus et réprimés par le code de l'environnement ;***

« 5° Des délits et contraventions prévus et réprimés par le code rural et de la pêche maritime ;

« 6° Des délits et contraventions prévus et réprimés par le code forestier ;

« 7° Des délits et contraventions prévus et réprimés par le code minier ; »

8° Des délits et contraventions prévus et réprimés par le code de l'urbanisme ;

9° Des délits et contraventions prévus et réprimés par le code de la consommation ;

10° Des délits et contraventions prévus et réprimés par le code de la propriété intellectuelle ;

11° Des délits prévus et réprimés par les articles 1741 et 1743 du code général des impôts ;

12° *(Décr. n° 2021-867 du 29 juin 2021, art. 3-5°)* **« Des délits prévus par les articles L. 183-15, L. 184-4 à L. 184-6, L. 511-22 et L. 521-4 du code de la construction et de l'habitation. »**

Art. D. 211-4-1 *(Décr. n° 2021-1103 du 20 août 2021, art. 1er, en vigueur le 1er sept. 2021)* **Le siège, le ressort et les compétences matérielles des tribunaux judiciaires spécialement désignés sur le fondement de l'article L. 211-9-3 sont fixés conformément au tableau IV-IV annexé au présent code.** – *V. Annexes, Tableau IV-IV, ss. art. R. 563-4.*

La juridiction saisie demeure compétente pour statuer sur les procédures civiles introduites antérieurement à la date d'entrée en vigueur du Décr. n° 2021-1103 du 20 août 2021.

Le procureur de la République, le juge d'instruction et la juridiction de jugement demeurent compétents pour les procédures pénales en cours à la date d'entrée en vigueur du Décr. n° 2021-1103 du 20 août 2021, sans préjudice de la possibilité d'un dessaisissement au profit du procureur de la République ou de la juridiction spécialement désignée par ce même décret (Décr. préc., art. 3).

Art. D. 211-5 Le siège et le ressort des *(Décr. n° 2019-912 du 30 août 2019, art. 23, en vigueur le 1er janv. 2020)* **« tribunaux judiciaires** *[ancienne rédaction : tribunaux de grande instance]* **» compétents pour connaître des actions en matière d'obtentions végétales, dans les cas et conditions prévus par le code de la propriété intellectuelle, sont fixés conformément au tableau V annexé au présent code.** – *V. annexe, tableau V.*

(Abrogé par Décr. n° 2013-1 du 2 janv. 2013, art. 1er) ***« Le nombre de ces tribunaux ne peut être inférieur à dix. »*** – *[Anc. art. L. 312-2, al. 1er à 3, ecqc obtentions végétales et art. R. 312-2.]*

Art. D. 211-6 *(Décr. n° 2009-1205 du 9 oct. 2009, art. 2-I, en vigueur le 1er nov.)* **Le** *(Décr. n° 2019-912 du 30 août 2019, art. 23, en vigueur le 1er janv. 2020)* **« tribunal judiciaire** *[ancienne rédaction : tribunal de grande instance]* **» ayant compétence exclusive pour connaître des actions en matière de brevets d'invention, de certificats d'utilité, de certificats complémentaires de protection et de topographies de produits semi-conducteurs, dans les cas et conditions prévus par le code de la propriété intellectuelle, est celui de Paris.**

La juridiction saisie demeure compétente pour statuer sur les procédures introduites antérieurement à la date d'entrée en vigueur du Décr. n° 2009-1205 du 9 oct. 2009 (Décr. préc., art. 9).

BIBL. ▶ Nourrissat, *Procédures 2010. Alerte 6* (les juges lyonnais sont-ils bêtes ?). – Pajot, *Gaz. Pal. 12 déc. 2009, p. 16* (fins des débats quant à la spécialisation des juridictions françaises en matière de propriété intellectuelle).

Art. D. 211-6-1 *(Décr. n° 2009-1205 du 9 oct. 2009, art. 3-I, en vigueur le 1er nov.)* **Le siège et le ressort des** *(Décr. n° 2019-912 du 30 août 2019, art. 23, en vigueur le 1er janv. 2020)* **« tribunaux judiciaires** *[ancienne rédaction : tribunaux de grande instance]* **» ayant compétence exclusive pour connaître des actions en matière de propriété littéraire et artistique, de dessins et modèles, de marques et d'indications géographiques, dans les cas et conditions prévus par le code de la propriété intellectuelle, sont fixés conformément au tableau VI annexé au présent code.** – *V. annexe, tableau VI.*

La juridiction saisie demeure compétente pour statuer sur les procédures introduites antérieurement à la date d'entrée en vigueur du Décr. n° 2009-1205 du 9 oct. 2009 (Décr. préc., art. 9).

BIBL. ▶ Pajot, *Gaz. Pal. 12 déc. 2009, p. 16* (fins des débats quant à la spécialisation des juridictions françaises en matière de propriété intellectuelle).

Art. R. 211-7 **Le** *(Décr. n° 2019-912 du 30 août 2019, art. 23, en vigueur le 1er janv. 2020)* **« tribunal judiciaire** *[ancienne rédaction : tribunal de grande instance]* **» compétent pour connaître des actions en matière de marques** *(Décr. n° 2019-1316 du 9 déc. 2019, art. 14-III-1°)* **« de l'Union européenne », dessins et modèles communautaires, dans les cas et conditions prévus par le code de la propriété intellectuelle, est celui de Paris.** – *[Anc. art. R. 312-10.]*

Art. R. 211-7-1 *(Décr. n° 2012-1462 du 26 déc. 2012, art. 1er, en vigueur le 1er janv. 2013)* **Le** *(Décr. n° 2019-912 du 30 août 2019, art. 23, en vigueur le 1er janv. 2020)* **« tribunal judiciaire** *[ancienne rédaction : tribunal de grande instance]* **» de Paris est seul compétent pour connaître des actions prévues au II de l'article 2450 du code civil.**

Art. D. 211-7-2 *(Décr. n° 2019-53 du 30 janv. 2019, art. 1er, en vigueur le 1er févr. 2019)* **Le** *(Décr. n° 2019-912 du 30 août 2019, art. 23, en vigueur le 1er janv. 2020)* **« tribunal judiciaire** *[ancienne rédaction : tribunal de grande instance]* **» de Paris est seul compétent pour connaître des actions fondées sur l'article L. 163-2 du code électoral.**

Art. D. 211-7-3 *(Décr. n° 2020-1284 du 22 oct. 2020, art. 2)* **Le tribunal judiciaire de Paris est seul compétent pour connaître des litiges prévus à l'article L. 7342-10 du code du travail.**

Art. D. 211-8 **Le** *(Décr. n° 2019-912 du 30 août 2019, art. 23, en vigueur le 1er janv. 2020)* **« tribunal judiciaire** *[ancienne rédaction : tribunal de grande instance]* **» compétent pour connaître des actions en identification du demandeur de visa par ses empreintes génétiques, dans les cas et conditions prévus par le code de l'entrée et du séjour des étrangers et du droit d'asile, est celui de Nantes.**

Art. D. 211-9 **Le siège et le ressort des** *(Décr. n° 2019-912 du 30 août 2019, art. 23, en vigueur le 1er janv. 2020)* **« tribunaux judiciaires** *[ancienne rédaction : tribunaux de grande instance]* **» compétents pour connaître des actions engagées sur le fondement des dispositions des instruments internationaux et communautaires relatives au déplacement illicite international d'enfants sont fixés conformément au tableau VII annexé au présent code.** – *V. annexe, tableau VII.*

Il n'existe qu'un tribunal compétent par cour d'appel. – *[Anc. art. L. 312-1-1 et R. 312-1-1.]*

Art. D. 211-10 **Le siège et le ressort des** *(Décr. n° 2019-912 du 30 août 2019, art. 23, en vigueur le 1er janv. 2020)* **« tribunaux judiciaires** *[ancienne rédaction : tribunaux de grande instance]* **» compétents pour connaître des contestations sur la nationalité des personnes physiques, dans les cas et conditions prévus par le code civil, sont fixés conformément au tableau VIII annexé au présent code.** – *[Anc. art. R. 312-9.]* – *V. annexe, tableau VIII.*

Art. D. 211-10-1 *(Décr. n° 2009-1221 du 12 oct. 2009, art. 1er-1°, en vigueur le 1er janv. 2010 ; Décr. n° 2009-1455 du 27 nov. 2009, art. 2, en vigueur le 1er déc. 2009)* **Le siège et le ressort des** *(Décr. n° 2019-912 du 30 août 2019, art. 23, en vigueur le 1er janv. 2020)* **« tribunaux judiciaires** *[ancienne rédaction : tribunaux de grande instance]* **»**

compétents pour connaître des actions aux fins d'adoption ainsi que des actions aux fins de reconnaissance des jugements d'adoption rendus à l'étranger, lorsque l'enfant résidant habituellement à l'étranger a été, est ou doit être déplacé vers la France, sont fixés conformément au tableau VIII-I annexé au présent code. — *V. annexe, tableau VIII-I.*

Il n'existe qu'un tribunal compétent par cour d'appel.

Le Décr. n° 2009-1221 du 12 oct. 2009 n'est pas applicable aux instances introduites avant la date de son entrée en vigueur (Décr. préc., art. 2). Ses dispositions sont applicables à la Nouvelle-Calédonie, en Polynésie française et à Wallis-et-Futuna (Décr. n° 2009-1221 du 12 oct. 2009, art. 3).

Le présent art. D. 211-10-1 résulte de la renumérotation de l'ancien art. D. 211-11 par l'art. 2 du Décr. n° 2009-1455 du 27 nov. 2009.

Art. D. 211-10-2 *(Décr. n° 2009-1455 du 27 nov. 2009, art. 3, en vigueur le 1er déc. 2009)* **Le siège et le ressort des** *(Décr. n° 2019-912 du 30 août 2019, art. 23, en vigueur le 1er janv. 2020)* **« tribunaux judiciaires** *[ancienne rédaction : tribunaux de grande instance]* **» compétents pour connaître des contestations relatives aux obligations de publicité et de mise en concurrence auxquelles est soumise la passation des contrats de droit privé relevant de la commande publique dans les cas et conditions prévus par les articles 2 à 18 de l'ordonnance n° 2009-515 du 7 mai 2009 relative aux procédures de recours applicables aux contrats de la commande publique sont fixés conformément au tableau VIII-II annexé au présent code.** — *V. Annexe, tableau VIII-II.*

La juridiction saisie demeure compétente pour statuer sur les procédures introduites antérieurement à la date d'entrée en vigueur du Décr. n° 2009-1455 du 27 nov. 2009 (Décr. préc., art. 5, al. 2).

Art. D. 211-10-3 *(Décr. n° 2018-772 du 4 sept. 2018, art. 1er, en vigueur le 1er janv. 2019)* **Le siège et le ressort des** *(Décr. n° 2019-912 du 30 août 2019, art. 23, en vigueur le 1er janv. 2020)* **« tribunaux judiciaires** *[ancienne rédaction : tribunaux de grande instance]* **» compétents pour connaître des litiges mentionnés à l'article L. 211-16 sont fixés conformément au tableau VIII-III annexé au présent code.**

Art. D. 211-10-3-1 *(Décr. n° 2019-914 du 30 août 2019, art. 2, en vigueur le 1er janv. 2020)* **Le siège et le ressort des tribunaux judiciaires appelés à recevoir et à enregistrer les déclarations de la nationalité française et à délivrer les certificats de nationalité française, dans les cas et conditions prévus par le code civil, sont fixés conformément au tableau IX annexé au présent code.**

L'art. 2 du Décr. n° 2019-914 du 30 août 2019 est applicable aux procédures en cours à sa date d'entrée en vigueur, dans les conditions déterminées par les IV à VIII de l'art. 40 du Décr. n° 2019-912 du 30 août 2019 (Décr. n° 2019-914 du 30 août 2019, art. 13-III).

Art. R. 211-10-4 *(Décr. n° 2019-912 du 30 août 2019, art. 4, en vigueur le 1er janv. 2020)* **Le tribunal judiciaire de Paris connaît en dernier ressort des contestations des décisions de la commission administrative relatives à l'établissement et à la révision des listes électorales consulaires, dans les cas et conditions du décret n° 2005-1613 du 22 décembre 2005 portant application de la loi organique n° 76-97 du 31 janvier 1976 relative aux listes électorales consulaires et au vote des Français établis hors de France pour l'élection du Président de la République.**

Sur les conditions d'entrée en vigueur de l'art. 4 du Décr. n° 2019-912 du 30 août 2019, V. note au-dessus de l'art. R. 211-3.

Art. D. 211-10-4-1 *(Décr. n° 2021-286 du 16 mars 2021, art. 2-1°, en vigueur le 1er avr. 2021)* **Le siège et le ressort des tribunaux judiciaires compétents pour connaître des actions mentionnées à l'article L. 211-20 sont fixés conformément au tableau VIII-IV annexé au présent code.** — *V. Tableau VIII-IV, ss. art. R. 563-4 COJ.*

La juridiction saisie demeure compétente pour statuer sur les procédures introduites antérieurement à la date d'entrée en vigueur de l'art. 2 du Décr. n° 2021-286 du 16 mars 2021 (Décr. préc., art. 4). Ledit décret est applicable en Nouvelle-Calédonie, en Polynésie française et dans les îles Wallis-et-Futuna (Décr. préc., art. 5).

SOUS-SECTION 3 COMPÉTENCE DU JUGE DU TRIBUNAL JUDICIAIRE

(Décr. n° 2019-912 du 30 août 2019, art. 5, en vigueur le 1er janv. 2020)

Art. R. 211-10-5 **Le juge du tribunal judiciaire cote et paraphe les livres, registres et répertoires des notaires, des huissiers de justice, des commissaires-priseurs judiciaires et des courtiers établis ou exerçant leurs fonctions dans le ressort du tribunal judiciaire.**

Sur les conditions d'entrée en vigueur de l'art. 5 du Décr. n° 2019-912 du 30 août 2019, V. note au-dessus de l'art. R. 211-3.

SECTION II COMPÉTENCE TERRITORIALE

Art. R. 211-11 *(Décr. n° 2009-1693 du 29 déc. 2009, art. 2-1°, en vigueur le 1er janv. 2010)* **Les règles relatives à la compétence territoriale du** *(Décr. n° 2019-912 du 30 août 2019, art. 23, en vigueur le 1er janv. 2020)* **« tribunal judiciaire** *[ancienne rédaction : tribunal de grande instance]* **» statuant en matière civile sont déterminées par le code de procédure civile et les dispositions ci-après ainsi que par les autres lois et règlements.**

Sur les règles de droit commun relatives à la compétence territoriale, V. C. pr. civ., art. 42 s.

Sur les règles spéciales de compétence territoriale intéressant le TGI, V. not. :

— C. pr. civ., art. R. 423-2, en matière d'action de groupe.

— C. envir., art. L. 597-19, s'agissant de la ***responsabilité civile*** *dans le domaine de l'****énergie nucléaire****.*

— COJ, art. R. 211-12, en matière de ***rente viagère****.*

— COJ, art. D. 211-8, s'agissant des actions en ***identification des demandeurs de visa par ses empreintes génétiques****.*

— C. com,, art. R. 145-23, en matière de ***baux commerciaux****.*

— Décr. n° 67-223 du 17 mars 1967, art. 60 et 61-1, en matière de ***copropriété****.*

— CPI, art. L 331-1, COJ, art. D. 211-6-1 et tableau VI de l'annexe, en matière de ***propriété littéraire et artistique*** *(droit d'auteur, droits voisins et droits des producteurs de bases de données).*

— CPI, art. L. 521-3-1, COJ, art. D. 211-6-1, tableau VI de l'annexe, et R. 211-7, en matière de ***dessins et modèles****.*

— CPI, art. L. 716-3, COJ, art. D. 211-6-1, tableau VI de l'annexe, et R. 211-7, en matière de ***marques de fabrique, de commerce ou de service****.*

*— CPI, art. L. 722-8, en matière d'****indications géographiques****.*

— CPI, art. L. 615-17 et COJ, art. D. 211-6, en matière de ***brevets d'invention****, de certificats d'utilité, de certificats complémentaires de protection et de topographies de produits semi-conducteurs.*

*— CPI, art. L. 623-31, COJ, art. D. 211-5 et tableau V de l'annexe, en matière d'****obtentions végétales****.*

— C. com., art. L. 420-7, R. 420-4 et tableau de l'annexe 4-2, pour les actions relatives à des ***pratiques anticoncurrentielles****, visées aux art. L. 420-1 à L. 420-5 C. com.*

— C. com., art. D. 442-4 et tableau de l'annexe 4-2-2, pour les actions relatives à des ***pratiques restrictives de concurrence*** *visées au I de l'art. 442-6-III C. com.*

— C. pr. civ., art. 1210-4, COJ, art. L. 211-12, D. 211-9 et tableau VII de l'annexe, pour les actions engagées sur le fondement des dispositions des instruments internationaux et européens relatives au ***déplacement illicite international d'enfants****.*

— C. pr. civ., art. 1039, COJ, art. D. 211-10 et tableau VIII de l'annexe, s'agissant des contestations en matière de ***nationalité****.*

*— C. pr. civ., art. 1406, al. 2, et Décr. n° 67-223 du 17 mars 1967, art. 60, en matière d'****injonction de payer****.*

— C. com., art. R. 600-1, en matière de ***procédures de sauvegarde, de redressement et de liquidation judiciaire****.*

— C. pr. civ., art. 1048, s'agissant des demandes en ***rectification ou annulation d'acte de l'état civil****.*

— C. pr. civ., art. 1055-1, s'agissant des demandes en ***changement de prénoms*** *dont a à connaître le JAF.*

*— C. pr. civ., art. 1166 et COJ, art. D. 211-10-1, s'agissant des demandes d'****adoption****.*

*— C. pr. civ., art. 1181, s'agissant des questions d'****assistance éducative*** *dont a à connaître le JAF.*

— COJ, art. D. 211-10-2, s'agissant des contestations relatives aux obligations de publicité et de mise en concurrence auxquelles est soumise la passation des contrats de droit privé relevant de la ***commande publique****.*

— C. pr. civ., art. 1180, s'agissant des questions intéressant les ***relations des enfants avec leurs grands-parents ou un tiers****, dont a à connaître le JAF.*

— C. pr. civ., art. 1202, s'agissant des questions de ***délégation et retrait de l'autorité parentale****.*

— C. pr. civ., art. 1070, s'agissant des procédures de ***divorce****, de* ***séparation de corps*** *et de* ***conversion de la séparation de corps*** *en divorce, dont a à connaître le JAF.*

— C.. pr. civ., art. 1062 et 1066, s'agissant des demandes en ***présomption et déclaration d'absence****.*

*— C. assur., art. R. 114-1, en matière d'****assurance****.*

— C. consom., art. R. 631-3, s'agissant de l'action d'un consommateur contre un professionnel dans le cadre d'un manquement au droit de la ***consommation****.*

— C. pr. exéc., art. R. 121-2, s'agissant du contentieux relevant du ***juge de l'exécution****.*

— C. pr. exéc., art. R. 211-10, en matière de ***saisie-attribution****.*

— C. pr. exéc., art. R. 222-2 et R. 222-3, R. 222-11 et R. 222-123, en matière de ***saisie-appréhension****.*

— C. pr. exéc., art. R. 222-18, R. 222-19, R. 222-24, en matière de ***saisie-revendication****.*

— C. pr. exéc., art. R. 223-3, en matière de ***saisie d'un véhicule terrestre à moteur faite par déclaration à la préfecture****.*

— C. pr. exéc., art. R. 223-10, en matière de ***saisie du véhicule et pratiquée par immobilisation de celui-ci****.*

— C. pr. exéc., art. 232-6, en matière de ***saisies de droits d'associés et de valeurs mobilières****.*

— C. pr. exéc., art. R. 511-2, R. 512-1 et R. 512-3, en matière de ***mesures conservatoires*** *et de* ***sûretés judiciaires****.*

— C. pr. exéc., art. L. 433-2 et R. 442-1, CCH, art. L. 613-1, en matière de ***mesures d'expulsion****.*

BIBL. ▶ *DARGENT, D. 2010. AL 76. – DOUCHY-OUDOT, D. 2010. Pan. 990.*

Art. R. 211-12 *(Décr. nº 2009-1693 du 29 déc. 2009, art. 2-2º, en vigueur le 1er janv. 2010)* **Les contestations relatives à l'application de la loi nº 49-420 du 25 mars 1949 révisant certaines rentes viagères constituées entre particuliers sont portées devant le tribunal dans le ressort duquel est situé le bien lorsqu'il s'agit d'un immeuble ou d'un fonds de commerce et devant le tribunal dans le ressort duquel est situé le domicile du crédirentier lorsqu'il s'agit d'un meuble.** *— V. L. nº 49-420 du 25 mars 1949 (JO 26 mars).*

Les contestations relatives à l'application de la loi nº 49-1098 du 2 août 1949 portant révision de certaines rentes viagères constituées par les compagnies d'assurances, par la Caisse nationale des retraites pour la vieillesse ou par des particuliers moyennant l'aliénation de capitaux en espèces, à l'exception du titre II de cette loi, et de la loi nº 51-695 du 24 mai 1951 portant majoration de certaines rentes viagères et pensions sont portées devant le tribunal dans le ressort duquel est situé le domicile du crédirentier. *— V. L. nº 49-1098 du 2 août 1949 (JO 6 août).*

Le tribunal saisi demeure compétent pour statuer sur les procédures introduites antérieurement à la date d'entrée en vigueur du Décr. nº 2009-1693 du 29 déc. 2009 (Décr. préc., art. 9, al. 2).

BIBL. ▶ *BLÉRY, JCP 2010. 107. – DARGENT, D. 2010. AL 76.*

Art. R. 211-13 *(Décr. nº 2009-1693 du 29 déc. 2009, art. 2-2º, en vigueur le 1er janv. 2010)* **Les actions relatives** *(Décr. nº 2019-912 du 30 août 2019, art. 6-I, en vigueur le 1er janv. 2020)* **« au 2º de l'article R. 211-3-7 et celles relatives » aux correspondances et objets recommandés et aux envois de valeur déclarée, grevés ou non de remboursement, sont portées devant le tribunal dans le ressort duquel est situé le domicile de l'expéditeur ou devant celui dans le ressort duquel est situé le domicile du destinataire.**

Le tribunal saisi demeure compétent pour statuer sur les procédures introduites antérieurement à la date d'entrée en vigueur du Décr. n° 2009-1693 du 29 déc. 2009 (Décr. préc., art. 9, al. 2).

Sur les conditions d'entrée en vigueur de l'art. 6 du Décr. n° 2019-912 du 30 août 2019, V. note au-dessus de l'art. R. 211-3.

BIBL. ▶ DARGENT, *D. 2010. AL 76* .

Art. R. 211-14 *(Décr. n° 2019-912 du 30 août 2019, art. 6-II, en vigueur le 1er janv. 2020)* **Dans le cas prévu à l'article R. 211-3-3, la demande est portée devant le tribunal dans le ressort duquel s'est produit le décès ou, si le décès est survenu à l'étranger, devant le tribunal dans le ressort duquel est situé le dernier domicile du défunt en France.**

Sur les conditions d'entrée en vigueur de l'art. 6 du Décr. n° 2019-912 du 30 août 2019, V. note au-dessus de l'art. R. 211-3.

Art. R. 211-15 *(Décr. n° 2019-912 du 30 août 2019, art. 6-II, en vigueur le 1er janv. 2020)* **Dans les cas prévus à l'article R. 211-3-4, aux 1°, 2° et 6° de l'article R. 211-3-6, aux 1° à 4° de l'article R. 211-3-8, aux 1° à 3° de l'article R. 211-3-9 et à l'article R. 211-3-11, la demande est portée devant le tribunal dans le ressort duquel sont situés les biens.**

Sur les conditions d'entrée en vigueur de l'art. 6 du Décr. n° 2019-912 du 30 août 2019, V. note au-dessus de l'art. R. 211-3.

Art. R. 211-16 *(Décr. n° 2019-912 du 30 août 2019, art. 6-II, en vigueur le 1er janv. 2020)* **Dans les cas prévus à l'article R. 211-3-5, le tribunal judiciaire compétent est celui dans le ressort duquel se situe :**

1° Soit le domicile du marin ;

2° Soit le port d'embarquement ou de débarquement du marin.

Le marin peut également saisir le tribunal judiciaire dans le ressort duquel est situé le port où l'employeur a son principal établissement ou une agence ou, à défaut, le port d'immatriculation du navire.

Dans les cas prévus aux 3° et 4° de l'article R. 211-3-6, la demande est portée devant le tribunal compétent en application de l'article R. 211-11 ou devant le tribunal dans le ressort duquel la convention a été passée ou exécutée, lorsqu'une des parties est domiciliée en ce ressort.

Sur les conditions d'entrée en vigueur de l'art. 6 du Décr. n° 2019-912 du 30 août 2019, V. note au-dessus de l'art. R. 211-3.

Art. R. 211-17 *(Décr. n° 2019-912 du 30 août 2019, art. 6-II, en vigueur le 1er janv. 2020)* **Dans les cas prévus au 5° de l'article R. 211-3-6, la demande est portée devant le tribunal dans le ressort duquel sont situés les objets warrantés.**

Sur les conditions d'entrée en vigueur de l'art. 6 du Décr. n° 2019-912 du 30 août 2019, V. note au-dessus de l'art. R. 211-3.

Art. R. 211-18 *(Décr. n° 2019-912 du 30 août 2019, art. 6-II, en vigueur le 1er janv. 2020)* **Dans le cas prévu à l'article 31-1 du code civil, la demande est portée devant :**

1° Le tribunal dans le ressort duquel est situé le domicile du demandeur, si celui-ci réside en France ;

2° Le tribunal dans le ressort duquel est situé le lieu de naissance du demandeur, si celui-ci est né en France et réside à l'étranger ;

3° Le tribunal judiciaire de Paris, si le demandeur est né et réside à l'étranger.

Sur les conditions d'entrée en vigueur de l'art. 6 du Décr. n° 2019-912 du 30 août 2019, V. note au-dessus de l'art. R. 211-3.

CHAPITRE II **ORGANISATION ET FONCTIONNEMENT**

Art. R. 212-1 **L'installation des magistrats du siège et du parquet a lieu, en audience solennelle, devant une ou deux chambres du** *(Décr. n° 2019-912 du 30 août 2019, art. 23, en vigueur le 1er janv. 2020)* **« tribunal judiciaire** *[ancienne rédaction : tribunal de grande instance]* **».**

Toutefois, le président et le procureur de la République sont installés devant toutes les chambres du *(Décr. n° 2019-912 du 30 août 2019, art. 23, en vigueur le 1er janv.*

2020) « **tribunal judiciaire** *[ancienne rédaction : tribunal de grande instance]* ». — *[Anc. art. R. 311-9.]*

Art. R. 212-2 *(Décr. n° 2019-912 du 30 août 2019, art. 29-1°, en vigueur le 1er janv. 2020)* « **Sous réserve des dispositions législatives ou réglementaires fixant la compétence d'une autre juridiction, le tribunal judiciaire peut recevoir le serment de toute personne dont l'assermentation est exigée par des textes particuliers.** »

Les prestations de serment sont reçues à l'audience d'une des chambres du tribunal *(Décr. n° 2019-912 du 30 août 2019, art. 29-2°, en vigueur le 1er janv. 2020)* « **judiciaire** *[ancienne rédaction : de grande instance]* ». — *[Anc. art. R. 311-10.]*

SECTION PREMIÈRE LE SERVICE JURIDICTIONNEL

Art. R. 212-3 *(Décr. n° 2016-514 du 26 avr. 2016, art. 2)* **Le** *(Décr. n° 2019-912 du 30 août 2019, art. 23, en vigueur le 1er janv. 2020)* « **tribunal judiciaire** *[ancienne rédaction : tribunal de grande instance]* » **est organisé en une ou plusieurs chambres et en différents services. Certains services peuvent regrouper des chambres.**

Chacune des chambres est présidée par le président du *(Décr. n° 2019-912 du 30 août 2019, art. 23, en vigueur le 1er janv. 2020)* « **tribunal judiciaire** *[ancienne rédaction : tribunal de grande instance]* », **un premier vice-président ou un vice-président, ou** *[,]* **à défaut, par le magistrat du siège dont le rang est le plus élevé.**

Le service, lorsqu'il est composé de plusieurs magistrats, est coordonné par l'un d'entre eux.

Le nombre et le contenu des services sont fixés par l'ordonnance prévue à l'article R. 121-1.

Le président du *(Décr. n° 2019-912 du 30 août 2019, art. 23, en vigueur le 1er janv. 2020)* « **tribunal judiciaire** *[ancienne rédaction : tribunal de grande instance]* » **procède à la désignation du magistrat coordonnateur d'un service, après concertation avec les magistrats du service, par la même ordonnance que celle, prise après avis de l'assemblée des magistrats du siège, qui est mentionnée à l'alinéa précédent.**

Ce magistrat est notamment chargé de l'animation du service. Il est l'interlocuteur des personnes, organismes et autorités avec lesquels ce service est en relation. L'administration du service est exercée par un directeur des services de greffe judiciaires, conformément aux dispositions des articles R. 123-3 et R. 123-4.

L'art. 2 du Décr. n° 2016-514 du 26 avr. 2016 est applicable en Polynésie française et en Nouvelle-Calédonie (Décr. préc., art. 24-I et II).

Art. R. 212-4 **Lorsque le** *(Décr. n° 2019-912 du 30 août 2019, art. 23, en vigueur le 1er janv. 2020)* « **tribunal judiciaire** *[ancienne rédaction : tribunal de grande instance]* » **comprend plusieurs premiers vice-présidents, le président, en cas d'absence ou d'empêchement, est suppléé dans les fonctions qui lui sont spécialement attribuées, par le premier vice-président qu'il aura désigné ou, à défaut, par le premier vice-président dont le rang est le plus élevé et, en cas d'absence ou d'empêchement de ce dernier, par le vice-président dont le rang est le plus élevé.**

Lorsque le tribunal ne comprend qu'un seul premier vice-président, le président est suppléé par ce magistrat et, en cas d'absence ou d'empêchement de ce dernier, par le vice-président dont le rang est le plus élevé.

Lorsque le tribunal ne comprend pas de premier vice-président, le président est suppléé par le vice-président qu'il aura désigné ou, à défaut, par le vice-président dont le rang est le plus élevé.

Lorsque le tribunal ne comprend qu'un seul vice-président, le président est suppléé par ce magistrat et, en cas d'absence ou d'empêchement de ce dernier, par le juge dont le rang est le plus élevé.

Lorsque le tribunal ne comprend pas de vice-président, le président est suppléé par le juge qu'il aura désigné ou, à défaut, par le juge dont le rang est le plus élevé.

L'ordonnance de désignation, prise conformément aux dispositions de l'article L. 121-3, peut être modifiée en cours d'année judiciaire par une nouvelle ordonnance du président en cas de cessation ou interruption des fonctions du suppléant initialement désigné. — *[Anc. art. R.** 311-17, R.** 311-18, R.** 311-19 et R.** 311-20.]*

Art. R. 212-5 Le président, les premiers vice-présidents et les vice-présidents du *(Décr. n° 2019-912 du 30 août 2019, art. 23, en vigueur le 1er janv. 2020)* « tribunal judiciaire *[ancienne rédaction : tribunal de grande instance]* » sont, en cas d'absence ou d'empêchement, remplacés pour le service de l'audience par un magistrat du siège désigné conformément aux dispositions de l'article L. 121-3 ou, à défaut, par le magistrat du siège présent dont le rang est le plus élevé.

En cas d'absence ou d'empêchement d'un juge, celui-ci est remplacé par un autre juge du tribunal, dans l'ordre du rang. — *[Anc. art. R.** 311-21 et R.* 311-22.]*

Art. R. 212-6 L'ordonnance prise par le président du tribunal *(Décr. n° 2019-912 du 30 août 2019, art. 22-XII-1°, en vigueur le 1er janv. 2020)* « judiciaire *[ancienne rédaction : de grande instance]* » en application de l'article L. 121-3 intervient dans la première quinzaine du mois de décembre après avis de l'assemblée générale des magistrats du siège. Elle précise le nombre, le jour et la nature des audiences. Une expédition est transmise au premier président de la cour d'appel et au procureur général près cette cour.

Les magistrats des chambres civiles peuvent, en cas de changement d'affectation dans le tribunal, siéger aux audiences de la chambre à laquelle ils appartenaient pour rapporter les affaires dont ils avaient été chargés avant leur changement d'affectation.

Chaque chambre connaît des affaires qui lui ont été distribuées. Toutefois, si les besoins du fonctionnement d'une chambre le nécessitent, le président du tribunal, sur demande ou après avis du procureur de la République, peut attribuer une partie des affaires qui ont été distribuées à cette chambre à une autre chambre du tribunal.

(Abrogé par Décr. n° 2019-912 du 30 août 2019, art. 22-XII-2°, à compter du 1er janv. 2020) ***« Les magistrats chargés du service d'un tribunal d'instance peuvent être appelés à siéger au tribunal de grande instance dont ils sont membres. »*** — *[Anc. art. R. 311-23, R.* 311-25, R.* 311-26, R.* 311-27 et R. 321-41.]*

Par dérogation à la première phrase du premier al. de l'art. R. 212-6 COJ, la répartition des juges dans les différents services du TGI de Mamoudzou est faite, pour l'année judiciaire 2011 définie au premier alinéa, par ordonnance prise, conformément aux dispositions de l'art. L. 121-3 COJ, dans les quinze jours suivant l'installation du président du TGI de Mamoudzou.

Jusqu'à cette date, la répartition effectuée par le premier président de la cour d'appel de Saint-Denis de La Réunion, à titre temporaire sur le fondement de l'art. 13 de l'Ord. n° 2011-337 du 29 mars 2011 s'applique. Cette répartition peut être modifiée, en cas de nécessité, par le président du TGI de Mamoudzou (Décr. n° 2011-338 du 29 mars 2011, art. 15).

Sur les conditions d'entrée en vigueur de l'art. 22 du Décr. n° 2019-912 du 30 août 2019, V. note au-dessus de l'art. R. 211-3.

Art. R. 212-7 Les assesseurs de la formation collégiale du *(Décr. n° 2019-912 du 30 août 2019, art. 23, en vigueur le 1er janv. 2020)* « tribunal judiciaire *[ancienne rédaction : tribunal de grande instance]* » sont au nombre de deux. — *[Anc. art. L. 311-8.]*

Art. R. 212-8 Le *(Décr. n° 2019-912 du 30 août 2019, art. 10-I-1°, en vigueur le 1er janv. 2020)* « tribunal judiciaire *[ancienne rédaction : tribunal de grande instance]* » connaît à juge unique :

1° Des litiges auxquels peuvent donner lieu les accidents de la circulation terrestre ;

2° Des demandes en reconnaissance et en exequatur des décisions judiciaires et actes publics étrangers ainsi que des sentences arbitrales françaises ou étrangères ;

3° Des ventes de biens de mineurs et de celles qui leur sont assimilées ;

(Décr. n° 2019-912 du 30 août 2019, art. 10-I-2°, en vigueur le 1er janv. 2020) « 4° Des contestations relatives à l'électorat, à l'éligibilité et à la régularité des opérations électorales en ce qui concerne l'élection des juges des tribunaux de commerce ;

« 5° Des contestations des décisions prises par la commission d'établissement des listes électorales mentionnées à l'article R. 211-3-14 du présent code ;

« 6° Des contestations relatives à l'électorat, à l'éligibilité et à la régularité des opérations électorales mentionnées à l'article R. 211-3-15 du présent code ;

« 7° Des contestations mentionnées aux articles R. 211-3-16, R. 211-3-17, R. 211-3-18, R. 211-3-19, R. 211-3-20 et R. 211-3-23 du présent code ;

« 8° Des contestations relatives à la régularité des opérations électorales en ce qui concerne l'élection des membres du conseil d'administration des mutuelles, des membres de l'Autorité de contrôle prudentiel et de résolution, des représentants des salariés au conseil d'administration et des délégués des sections locales de vote dans les conditions prévues à l'article R. 125-3 du code de la mutualité ;

« 9° Des contestations des décisions de la commission administrative relatives à l'établissement et à la révision des listes électorales consulaires mentionnées à l'article R. 211-10-4 du présent code ;

« 10° Des contestations relatives à la qualité d'électeur, à l'éligibilité et à la régularité des opérations électorales mentionnées à l'article R. 144-5 du code de l'énergie ;

« 11° Des demandes formées en application du règlement (CE) n° 1896/2006 du Parlement européen et du Conseil du 12 décembre 2006 instituant une procédure européenne d'injonction de payer ;

« 12° Des actions patrimoniales, en matière civile et commerciale, jusqu'à la valeur de 10 000 euros et des demandes indéterminées qui ont pour origine l'exécution d'une obligation dont le montant n'excède pas 10 000 euros ;

« 13° Des matières de la compétence du tribunal pour la navigation du Rhin ;

« 14° Des matières de la compétence du tribunal de première instance pour la navigation de la Moselle ;

« 15° Des fonctions de juge du livre foncier ;

« 16° Des matières mentionnées à l'article L. 215-6 du présent code ;

« 17° De la saisie-conservatoire mentionnée à l'article L. 215-7 du présent code ;

« 18° Des mesures de traitement des situations de surendettement des particuliers et de la procédure de rétablissement personnel mentionnées à l'article L. 213-4-7 ;

« 19° Des matières, dont la liste est fixée par décret, relevant de la compétence des chambres de proximité ;

« 20° Des fonctions de tribunal de l'exécution. »

Le juge peut toujours *(Décr. n° 2019-912 du 30 août 2019, art. 10-I-3°, en vigueur le 1er janv. 2020)* « , d'office ou à la demande des parties, » renvoyer une affaire en l'état à la formation collégiale. Cette décision est une mesure d'administration judiciaire. – *[Anc. art. L. 311-10-1, L. 311-11 et L. 311-13, ecqc TGI liste.]*

Sur les conditions d'entrée en vigueur de l'art. 10 du Décr. n° 2019-912 du 30 août 2019, V. note au-dessus de l'art. R. 211-3.

1. Exequatur. L'exequatur accordé, aux termes de l'art. 36 de l'accord de coopération franco-gabonais du 23 juill. 1963, par le président du TGI qui est saisi et statue suivant la forme prévue pour les référés, ne peut être accordé ni par le juge des référés, ni par le président du tribunal statuant en première instance à juge unique en application de l'art. L. 311-11 [ancien]. • Civ. 1re, 17 sept. 2003 : *Procédures 2003, n° 238, note Perrot.* ♦ V. aussi, pour l'accord de coopération du 24 avr. 1961 entre la France et le Burkina-Faso, • Civ. 1re, 8 juin 2004 : *D. 2004. IR 1935 ; JCP 2004. II. 10168, note Mahinga ; Procédures 2004, n° 237, note Nourissat.*

2. JEX. Compétence. V. note ss. C. pr. civ., art. 1525.

Art. R. 212-9 En toute matière, le président du *(Décr. n° 2019-912 du 30 août 2019, art. 23, en vigueur le 1er janv. 2020)* « tribunal judiciaire *[ancienne rédaction : tribunal de grande instance]* » ou le magistrat délégué par lui à cet effet peut décider qu'une affaire sera jugée par le *(Décr. n° 2019-912 du 30 août 2019, art. 23, en vigueur le 1er janv. 2020)* « tribunal judiciaire *[ancienne rédaction : tribunal de grande instance]* » statuant à juge unique.

Le renvoi à la formation collégiale peut être décidé par le président ou son délégué soit à la demande du juge saisi, soit d'office. Cette décision est une mesure d'administration judiciaire. – *[Anc. art. L. 311-10, al. 1er et 3, et L. 311-13, ecqc TGI principe.]*

Art. R. 212-9-1 *(Décr. n° 2014-1458 du 8 déc. 2014, art. 2, en vigueur le 1er janv. 2015)* Dans les tribunaux composés d'au moins deux chambres, les jugements peuvent être rendus par une formation de deux chambres réunies présidée par le président du tribunal et comprenant, outre les présidents de ces chambres, deux magistrats assesseurs affectés dans chacune de ces chambres. Elle siège au nombre de sept.

La formation de chambres réunies peut être saisie lorsqu'une affaire est d'une particulière complexité ou est susceptible de recevoir devant les chambres des solutions divergentes.

Lorsque l'affaire n'est pas distribuée, le président du tribunal peut saisir cette formation après avoir recueilli l'avis du président de la chambre à laquelle l'affaire doit être distribuée selon les dispositions de l'ordonnance portant sur le service de la juridiction.

Une fois l'affaire distribuée, le président du tribunal ne peut saisir cette formation qu'avec l'accord du président de la chambre à laquelle l'affaire a été distribuée ou à la demande de celui-ci, de la chambre, du ministère public ou de l'une des parties.

La décision de saisine de cette formation est une mesure d'administration judiciaire.

Art. R. 212-10 Il est tenu, dans chaque *(Décr. n° 2019-912 du 30 août 2019, art. 23, en vigueur le 1er janv. 2020)* « tribunal judiciaire *[ancienne rédaction : tribunal de grande instance]* », une liste de rang des magistrats du siège.

Les magistrats sont inscrits sur cette liste, conformément à l'article R. 121-4, dans l'ordre suivant :

1° Le président ;

2° Les premiers vice-présidents ;

3° Les vice-présidents ;

4° Les juges. — *[Anc. art. R.* 311-28.]*

Art. R. 212-11 Lorsqu'une disposition réglementaire attribue à un magistrat du siège du *(Décr. n° 2019-912 du 30 août 2019, art. 10-II, en vigueur le 1er janv. 2020)* « tribunal judiciaire *[ancienne rédaction : tribunal de grande instance]* » les fonctions de président ou membre d'une commission juridictionnelle ou administrative, le premier président de la cour d'appel peut désigner un magistrat *(Décr. n° 2019-912 du 30 août 2019, art. 10-II, en vigueur le 1er janv. 2020)* « du siège exerçant au sein d'une chambre de proximité *[ancienne rédaction : chargé du service d'un tribunal d'instance]* » pour exercer ces fonctions. — *[Anc. art. R.* 321-43.]*

Sur les conditions d'entrée en vigueur de l'art. 10 du Décr. n° 2019-912 du 30 août 2019, V. note au-dessus de l'art. R. 211-3.

SECTION II LE PARQUET

Art. R. 212-12 Le procureur de la République répartit les substituts entre les chambres du tribunal et les divers services du parquet.

Il peut modifier à tout moment cette répartition.

Il peut exercer lui-même les fonctions qu'il a spécialement déléguées à ses substituts. — *[Anc. art. R.* 311-34 et R.* 311-35.]*

Art. R. 212-13 Au sein de chaque *(Décr. n° 2019-912 du 30 août 2019, art. 23, en vigueur le 1er janv. 2020)* « tribunal judiciaire *[ancienne rédaction : tribunal de grande instance]* » dans le ressort duquel un tribunal pour enfant a son siège, un ou plusieurs magistrats du parquet désignés par le procureur général sont chargés spécialement des affaires concernant les mineurs. — *[Anc. art. L. 522-6, ecqc parquet.]*

Art. R. 212-14 En cas d'absence ou d'empêchement, le procureur de la République est suppléé par le magistrat du parquet qu'il aura désigné.

En cas d'absence ou d'empêchement de ce magistrat, le procureur de la République est suppléé par le magistrat du parquet dont le rang est le plus élevé et, à défaut, par un magistrat délégué dans les conditions prévues à l'article R. 122-2. — *[Anc. art. R.* 311-36.]*

Art. R. 212-15 Il est tenu, dans chaque *(Décr. n° 2019-912 du 30 août 2019, art. 23, en vigueur le 1er janv. 2020)* « tribunal judiciaire *[ancienne rédaction : tribunal de grande instance]* », une liste de rang des magistrats du parquet.

Les magistrats sont inscrits sur cette liste, conformément à l'article R. 122-5, dans l'ordre suivant :

1° Le procureur de la République ;

2° Les procureurs de la République adjoints ;

3° Les vice-procureurs de la République ;

4° Les substituts du procureur de la République. — *[Anc. art. R.* 311-37.]*

SECTION III **LE GREFFE**

Art. R. 212-16 Le directeur de greffe du *(Décr. n° 2019-912 du 30 août 2019, art. 23, en vigueur le 1er janv. 2020)* « tribunal judiciaire *[ancienne rédaction : tribunal de grande instance]* » établit et certifie, aux dates prévues par les règlements et instructions en vigueur, un état de l'activité de la juridiction au cours de la période écoulée, conformément aux modèles fixés par arrêté du garde des Sceaux, ministre de la justice.

Le procureur de la République complète cet état en ce qui concerne l'activité du parquet.

Cet état est transmis, aux dates prescrites, par le président du *(Décr. n° 2019-912 du 30 août 2019, art. 23, en vigueur le 1er janv. 2020)* « tribunal judiciaire *[ancienne rédaction : tribunal de grande instance]* » et le procureur de la République puis par le premier président de la cour d'appel et le procureur général près cette cour, avec leurs observations respectives, au ministère de la justice. – *[Anc. art. R. 813-1, ecqc TGI, R. 813-2 et R. 813-3, ecqc TGI.]*

Art. R. 212-17 Sous réserve de l'article *(Décr. n° 2019-912 du 30 août 2019, art. 11-I-1°, en vigueur le 1er janv. 2020)* « R. 212-17-1 *[ancienne rédaction : R. 222-8]* », le greffe du juge de l'exécution est le greffe du tribunal *(Décr. n° 2019-912 du 30 août 2019, art. 11-I-2°, en vigueur le 1er janv. 2020)* « judiciaire *[ancienne rédaction : de grande instance]* ». – *[Anc. art. R. 811-6, al. 1er.]*

Art. R. 212-17-1 *(Décr. n° 2014-899 du 18 août 2014, art. 2)* Un tribunal *(Décr. n° 2019-912 du 30 août 2019, art. 11-II-2°, en vigueur le 1er janv. 2020)* « judiciaire *[ancienne rédaction : de grande instance]* » peut comporter un ou plusieurs greffes détachés.

(Décr. n° 2019-912 du 30 août 2019, art. 11-II-1°, en vigueur le 1er janv. 2020) « Il y a un greffe détaché auprès de chaque chambre de proximité. »

Art. R. 212-17-1-1 *(Décr. n° 2019-912 du 30 août 2019, art. 11-III, en vigueur le 1er janv. 2020)* Les agents des greffes affectés au siège d'un tribunal judiciaire qui comporte une ou plusieurs chambres de proximité accomplissent les diligences propres à leurs fonctions pour le compte du siège du tribunal judiciaire. Ils reçoivent les actes de procédure pour le compte des chambres de proximité du ressort du tribunal judiciaire dans les conditions prévues aux articles R. 123-26 à R. 123-29.

Les agents des greffes affectés dans un greffe détaché ayant son siège dans une chambre de proximité accomplissent les diligences propres à leurs fonctions pour le compte de cette chambre. Ils reçoivent les actes de procédure pour le compte du siège du tribunal judiciaire dans les conditions prévues aux articles R. 123-26 à R. 123-29.

Les agents des greffes affectés dans un greffe détaché n'ayant pas son siège dans une chambre de proximité accomplissent les diligences propres à leurs fonctions pour le compte du siège du tribunal judiciaire. Si le tribunal judiciaire comporte une ou plusieurs chambres de proximité, ils reçoivent les actes de procédure pour le compte des chambres de proximité du ressort du tribunal judiciaire dans les conditions prévues aux articles R. 123-26 à R. 123-29.

Art. D. 212-17-2 *(Décr. n° 2019-914 du 30 août 2019, art. 3, en vigueur le 1er janv. 2020)* I. – Le siège et le ressort des greffes détachés implantés au siège d'une chambre de proximité sont les mêmes que ceux de cette chambre.

II. – Le siège et le ressort des greffes détachés implantés hors du siège d'une chambre de proximité sont fixés conformément au tableau XI annexé au présent code.

L'art. 3 du Décr. n° 2019-914 du 30 août 2019 est applicable aux procédures en cours à sa date d'entrée en vigueur, dans les conditions déterminées par les IV à VIII de l'art. 40 du Décr. n° 2019-912 du 30 août 2019 (Décr. n° 2019-914 du 30 août 2019, art. 13-III).

Art. *[R.]* 212-17-3 *(Décr. n° 2017-501 du 6 avr. 2017, art. 1er-2°)* Selon les besoins du service, les agents du greffe du tribunal *(Décr. n° 2019-912 du 30 août 2019, art. 11-IV-1°, en vigueur le 1er janv. 2020)* « judiciaire *[ancienne rédaction : de grande instance]* » peuvent être délégués dans les services d'un greffe détaché de ce tribunal.

(Décr. n° 2019-912 du 30 août 2019, art. 11-IV-2°, en vigueur le 1er janv. 2020) « Cette délégation est prononcée par décision du directeur de greffe du tribunal judiciaire qui s'assure préalablement qu'elle est compatible avec la situation personnelle de l'agent de greffe *[Cette délégation est prononcée par décision du président du tribunal de grande instance et du*

procureur de la République près ce tribunal, après consultation du directeur de greffe]. » **Elle ne peut excéder une durée de quatre mois, renouvelable une fois. Les agents délégués dans les services du greffe détaché du tribunal** *(Décr. n° 2019-912 du 30 août 2019, art. 11-IV-1°, en vigueur le 1er janv. 2020)* « **judiciaire** *[ancienne rédaction : de grande instance]* » **perçoivent les indemnités dans les mêmes conditions que les fonctionnaires de leur catégorie et suivant les mêmes taux.**

Les agents du greffe détaché peuvent, dans les mêmes conditions, être délégués dans les services du greffe du tribunal *(Décr. n° 2019-912 du 30 août 2019, art. 11-IV-1°, en vigueur le 1er janv. 2020)* « **judiciaire** *[ancienne rédaction : de grande instance]* » **ou d'un autre greffe détaché de ce tribunal, qui lui est limitrophe.**

Art. R. 212-17-4 *(Décr. n° 2019-912 du 30 août 2019, art. 11-V, en vigueur le 1er janv. 2020)* **Pour l'application de l'article R. 123-7 du présent code, le directeur de greffe du tribunal judiciaire peut donner délégation à un directeur des services de greffe judiciaires du greffe détaché de ce tribunal. Il peut, selon les besoins du service, désigner sous sa responsabilité un ou plusieurs agents du greffe détaché du tribunal judiciaire pour exercer partie des fonctions qui lui sont attribuées aux articles R. 123-4 et R. 123-5.**

SECTION IV **LES CHAMBRES DE PROXIMITÉ** *[ANCIENNE RÉDACTION : DÉTACHÉES] (Décr. n° 2019-912 du 30 août 2019, art. 12-I, en vigueur le 1er janv. 2020).*

Art. R. 212-18 *(Abrogé par Décr. n° 2019-912 du 30 août 2019, art. 12-II-1°, à compter du 1er janv. 2020)* « ***Un tribunal de grande instance peut comprendre des chambres détachées pour juger dans leur ressort les affaires civiles et pénales.***

« *(Décr. n° 2014-899 du 18 août 2014, art. 3-1°)* « ***Toutefois, la compétence matérielle des chambres détachées peut être limitée par décret, dans l'intérêt d'une bonne administration de la justice, appréciée notamment au regard du nombre d'affaires civiles et pénales relevant du ressort de la chambre détachée, de la distance orthodromique entre la chambre détachée et le tribunal de grande instance de rattachement et du nombre de magistrats du tribunal de grande instance.*** » »

En cas de création d'une chambre *(Décr. n° 2019-912 du 30 août 2019, art. 12-II-2°, en vigueur le 1er janv. 2020)* « **de proximité** », **les procédures en cours devant le tribunal** *(Décr. n° 2019-912 du 30 août 2019, art. 12-II-2°, en vigueur le 1er janv. 2020)* « **judiciaire** *[ancienne rédaction :de grande instance]* » **à la date fixée pour l'entrée en activité de la nouvelle chambre sont transférées en l'état à cette dernière, dans la mesure où elles relèvent désormais de sa compétence, sans qu'il y ait lieu de renouveler les actes, formalités et jugements intervenus antérieurement à cette date, à l'exception des convocations, citations et assignations données aux parties et aux témoins** *(Décr. n° 2010-1234 du 20 oct. 2010, art. 4-1°)* « **qui n'auraient pas été suivies d'une comparution devant** *(Décr. n° 2014-899 du 18 août 2014, art. 3-2°)* « **le tribunal** *(Décr. n° 2019-912 du 30 août 2019, art. 12-II-2°, en vigueur le 1er janv. 2020)* « **judiciaire** *[ancienne rédaction : de grande instance]* ». »

Les citations et assignations produisent cependant leurs effets ordinaires interruptifs de prescription. — *[Anc. art. L. 311-16, al. 1er, sauf siège et ressort et L. 311-18.]*

(Décr. n° 2010-1234 du 20 oct. 2010, art. 4-2°) « **Les parties ayant comparu devant le tribunal** *(Décr. n° 2019-912 du 30 août 2019, art. 12-II-4°, en vigueur le 1er janv. 2020)* « **judiciaire** *[ancienne rédaction : de grande instance]* » **sont informées, par ce dernier ou par la chambre** *(Décr. n° 2019-912 du 30 août 2019, art. 12-II-4°, en vigueur le 1er janv. 2020)* « **de proximité** *[ancienne rédaction : détachée]* », **qu'il leur appartient** *(Décr. n° 2019-912 du 30 août 2019, art. 12-II-3°, en vigueur le 1er janv. 2020)* « , **sous réserve des dispositions des deuxième et troisième alinéas de l'article R. 212-17-1-1,** » **d'accomplir les actes de la procédure devant la chambre** *(Décr. n° 2019-912 du 30 août 2019, art. 12-II-4°, en vigueur le 1er janv. 2020)* « **de proximité** *[ancienne rédaction : détachée]* » **à laquelle la procédure a été transférée.** »

Sur les conditions d'entrée en vigueur de l'art. 12 du Décr. n° 2019-912 du 30 août 2019, V. note au-dessus de l'art. R. 211-3.

Art. D. 212-19 **Le siège et le ressort des chambres** *(Décr. nº 2019-914 du 30 août 2019, art. 4-I-1º, en vigueur le 1er janv. 2020)* **« de proximité** *[ancienne rédaction : détachée]* **» sont fixés conformément au tableau IV annexé au présent code.** — *[Anc. art. L. 311-16, al. 1er, ecqc siège et ressort.] — V. annexe, tableau IV.*

(Décr. nº 2019-914 du 30 août 2019, art. 4-I-2º, en vigueur le 1er janv. 2020) **« Le siège et le ressort des chambres de proximité appelées à recevoir et à enregistrer les déclarations de la nationalité française et à délivrer les certificats de nationalité française, dans les cas et conditions prévus par le code civil, sont fixés conformément au tableau IX annexé au présent code** *[ancienne rédaction : Les compétences des chambres détachées, lorsqu'elles sont limitées en application du deuxième alinéa de l'article R. 212-18, sont fixées conformément au tableau IV bis annexé au présent code]*. **»**

L'art. 4 du Décr. nº 2019-914 du 30 août 2019 est applicable aux procédures en cours à sa date d'entrée en vigueur, dans les conditions déterminées par les IV à VIII de l'art. 40 du Décr. nº 2019-912 du 30 août 2019 (Décr. nº 2019-914 du 30 août 2019, art. 13-III).

Art. D. 212-19-1 *(Décr. nº 2019-914 du 30 août 2019, art. 4-II, en vigueur le 1er janv. 2020)* **Les compétences matérielles des chambres de proximité sont fixées conformément aux tableaux IV-II et IV-III annexés au présent code.**

L'art. 4 du Décr. nº 2019-914 du 30 août 2019 est applicable aux procédures en cours à sa date d'entrée en vigueur, dans les conditions déterminées par les IV à VIII de l'art. 40 du Décr. nº 2019-912 du 30 août 2019 (Décr. nº 2019-914 du 30 août 2019, art. 13-III).

Sur des compétences matérielles supplémentaires aux chambres de proximité de Sarrebourg du tribunal judiciaire de Metz, de Saint Avold du tribunal judiciaire de Sarreguemines, du tribunal judiciaire de Colmar, de Thann du tribunal judiciaire de Mulhouse et de Molsheim du tribunal judiciaire de Saverne, V. ci-dessous.

Décision JUSB2001725S du 15 janvier 2020,

Portant attribution de compétences matérielles supplémentaires à la chambre de proximité de Sarrebourg du tribunal judiciaire de Metz.

Art. 1er Outre les compétences qu'elles possèdent sur le fondement du tableau *[IV-II/IV-III]* annexé au code de l'organisation judiciaire, la chambre de proximité de Sarrebourg du tribunal judiciaire de Metz connaît, dans les limites de son ressort, des compétences déterminées conformément à l'article 2 de la présente décision.

Art. 2 La chambre de proximité de Sarrebourg du tribunal judiciaire de Metz connaît :
1º des acceptations à concurrence de l'actif net,
2º des renonciations,
3º des dépôts des testaments olographes.

Art. 3 La présente décision est applicable aux instances introduites à compter du 24 janvier 2020.

Décision JUSB2001719S du 15 janvier 2020,

Portant attribution de compétences matérielles supplémentaires à la chambre de proximité de Saint Avold du tribunal judiciaire de Sarreguemines.

Art. 1er *Outre les compétences* qu'elles possèdent sur le fondement du tableau *[IV-II/IV-III]* annexé au code de l'organisation judiciaire, la chambre de proximité de Saint-Avold du tribunal judiciaire de Sarreguemines connaît, dans les limites de son ressort, des compétences déterminées conformément à l'article 2 de la présente décision.

Art. 2 La chambre de proximité de Saint-Avold du tribunal judiciaire de Sarreguemines connaît :
1º des acceptations à concurrence de l'actif net,
2º des renonciations,
3º des dépôts des testaments olographes.

Art. 3 La présente décision est applicable aux instances introduites à compter du 24 janvier 2020.

Décision JUSB2001726S du 16 janvier 2020,

Portant attribution de compétences matérielles supplémentaires aux chambres de proximité du tribunal judiciaire de Colmar.

Art. 1er Outre les compétences qu'elles possèdent sur le fondement du tableau IV-III annexé au code de l'organisation judiciaire les chambres de proximité du tribunal judiciaire de Colmar connaissent dans les limites de leur ressort des compétences déterminées conformément à l'article 2 de la présente décision.

Art. 2 La chambre de proximité de Sélestat et la chambre de proximité de Guebwiller connaissent dans les limites de leur ressort des acceptations à concurrence de l'actif net des renonciations et du dépôt des testaments olographes.

Art. 3 La présente décision est applicable aux instances introduites à compter du 24 janvier 2020.

Décision JUSB2001729S du 16 janvier 2020,

Portant attribution de compétences matérielles supplémentaires à la chambre de proximité de Thann du tribunal judiciaire de Mulhouse.

Art. 1er Outre les compétences qu'elle possède sur le fondement du tableau IV-III annexé au code de l'organisation judiciaire. La chambre de proximité de Thann du tribunal judiciaire de Mulhouse connaît dans les limites de son ressort des compétences déterminées conformément à l'article 2 de la présente décision.

Art. 2 La chambre de proximité de Thann connaît dans les limites de son ressort des matières des acceptations à concurrence de l'actif net des renonciations et du dépôt des testaments olographes.

Art. 3 La présente décision est applicable aux instances introduites à compter du 24 janvier 2020.

Décisions JUSB2001730S du 16 janvier 2020,

Portant attribution de compétences matérielles supplémentaires à la chambre de proximité de Molsheim du tribunal judiciaire de Saverne.

Art. 1er Outre Les compétences qu'elle possède sur le fondement du tableau IV-III annexé au code de l'organisation judiciaire, la chambre de proximité de Molsheim du tribunal judiciaire de Saverne connaît dans les limites de son ressort des compétences déterminées conformément à l'article 2 de la présente décision.

Art. 2 La chambre de proximité de Molsheim connaît dans les limites de son ressort des matières des acceptations à concurrence de l'actif net des renonciations et du dépôt des testaments olographes.

Art. 3 La présente décision est applicable aux instances introduites à compter du 24 janvier 2020.

Décision JUSB2001732S du 16 janvier 2020,

Portant attribution de compétences matérielles supplémentaires aux chambres de proximité du tribunal judiciaire de Strasbourg.

Art. 1er Outre les compétences qu'elles possèdent sur le fondement du tableau IV-III annexé au code de l'organisation judiciaire, les chambres de proximité du tribunal judiciaire de Strasbourg connaissent dans les limites de leur ressort des compétences déterminées conformément à l'article 2 de la présente décision.

Art. 2 La chambre de proximité d'Illkirch Graffenstaden, la chambre de proximité de Haguenau et la chambre de proximité de Schiltigheim connaissent dans les limites de leur ressort des acceptations à concurrence de l'actif net des renonciations et du dépôt des testaments olographes.

Art. 3 La présente décision est applicable aux instances introduites à compter du 24 janvier 2020.

Décision JUSB2006666S du 10 février 2020,

Portant attribution de compétences matérielles supplémentaires à la chambre de proximité de Sarrebourg dénommée tribunal de proximité de Sarrebourg du tribunal judiciaire de Metz.

Art. 1er Outre les compétences qu'elles possèdent sur le fondement du tableau IV-III annexé au code de l'organisation judiciaire. la chambre de proximité du tribunal judiciaire de Metz connaît. dans les limites de son ressort. des compétences déterminées conformément à l'article 2 de la présente décision.

Art. 2 La chambre de proximité de Sarrebourg connaît :

1° des actions en divorce y compris celles hors et après divorce. des actions en séparation de corps. dans le respect des dispositions de l'article 1070 du code de procédure civile. prévues au titre VI du livre I du code civil. à l'exclusion du titre XIV :

2° des tutelles des mineurs (affaires nouvelles). prévues au titre X du livre I du code civil.

Art. 3 La présente décision est applicable aux instances introduites à compter du 1er septembre 2020.

Décision JUSB2006664S du 10 février 2020,

Portant attribution de compétences matérielles supplémentaires à La chambre de proximité de Saint Avold dénommée tribunal de proximité de Saint Avold du tribunal judiciaire de Sarreguemines.

Art. 1er Outre les compétences qu'elles possèdent sur le fondement du tableau IV-III annexé au code de l'organisation judiciaire, la chambre de proximité du tribunal judiciaire de Sarreguemines connaît, dans les limites de son ressort, des compétences déterminées conformément à l'article 2 de la présente décision.

Art. 2 La chambre de proximité de Saint Avold connaît :

1° des actions hors et après divorce dans le respect des dispositions de l'article 1070 du code de procédure civile, hors titre XIV du livre I du code civil : Demandes relatives aux modalités d'exercice de l'autorité parentale et à la contribution à l'entretien et à l'éducation de l'enfant relevant du juge aux affaires familiales en dehors d'une procédure de divorce.

Art. 3 La présente décision est applicable aux instances introduites à compter du 1er septembre 2020.

Décision JUSB2033511S du 10 novembre 2020,

Portant attribution de compétences matérielles supplémentaires à la chambre de proximité d'Uzès du tribunal judiciaire de Nîmes.

Art. 1er Outre les compétences qu'elle possède sur le fondement du tableau IV-II annexé au code de l'organisation judiciaire, la chambre de proximité d'Uzès du tribunal judiciaire de Nîmes connaît dans les limites de son ressort des compétences déterminées conformément à l'article 2 de la présente décision.

Art. 2 La chambre de proximité d'Uzès connaît des contraventions des quatre premières classes.

Art. 3 La présente décision est applicable aux instances introduites à compter du 1er janvier 2021.

Art. D. 212-19-2 *(Décr. nº 2019-914 du 30 août 2019, art. 4-II, en vigueur le 1er janv. 2020)* **La décision prise en application du deuxième alinéa de l'article L. 212-8 portant attribution de compétences matérielles supplémentaires aux chambres de proximité entre en vigueur à la date qu'elle fixe. Elle n'est applicable qu'aux instances introduites postérieurement à cette date.**

La décision portant attribution de compétences supplémentaires aux chambres de proximité est publiée au Bulletin officiel du ministère de la justice et sur le site internet www. justice. fr.

L'art. 4 du Décr. nº 2019-914 du 30 août 2019 est applicable aux procédures en cours à sa date d'entrée en vigueur, dans les conditions déterminées par les IV à VIII de l'art. 40 du Décr. nº 2019-912 du 30 août 2019 (Décr. nº 2019-914 du 30 août 2019, art. 13-III).

Art. R. 212-19-3 *(Décr. nº 2019-912 du 30 août 2019, art. 12-III, en vigueur le 1er janv. 2020)* **Les chambres de proximité connaissent seules, dans leur ressort, des compétences qui leur sont attribuées par décret ou en application du dernier alinéa de l'article L. 212-8.**

Sur les conditions d'entrée en vigueur de l'art. 12 du Décr. nº 2019-912 du 30 août 2019, V. note au-dessus de l'art. R. 211-3.

Art. R. 212-19-4 *(Décr. nº 2019-912 du 30 août 2019, art. 12-III, en vigueur le 1er janv. 2020)* **I. – Lorsque le service d'une chambre de proximité est assuré par un seul magistrat du siège du tribunal judiciaire, celui-ci administre la chambre de proximité.**

Lorsque le service d'une chambre de proximité est assuré par plusieurs magistrats du siège du tribunal judiciaire, le magistrat dont le grade est le plus élevé administre la chambre de proximité. Lorsque plusieurs magistrats du siège exerçant au sein de la chambre de proximité ont le même grade, le président du tribunal judiciaire désigne parmi eux le magistrat chargé de l'administration de la chambre de proximité ; à défaut, le magistrat du siège exerçant au sein de la chambre de proximité dont le rang est le plus élevé administre la chambre de proximité.

En cas d'absence ou d'empêchement, le magistrat chargé de l'administration de la chambre de proximité est suppléé par un magistrat du siège exerçant au sein de la chambre de proximité désigné conformément à l'alinéa précédent.

II. – Pendant la première quinzaine du mois de décembre, sur proposition du magistrat chargé de l'administration de la chambre de proximité, le président du tribunal judiciaire, par ordonnance prise après avis de l'assemblée générale des magistrats de cette juridiction, répartit, conformément aux dispositions de l'article L. 121-3, le service entre les magistrats de la chambre de proximité. Cette ordonnance précise le nombre, le jour et la nature des audiences de la chambre de proximité.

En cas d'absence ou d'empêchement d'un magistrat du siège exerçant au sein de la chambre de proximité, après avis de l'assemblée générale des magistrats du siège, le président du tribunal judiciaire désigne pour suppléer ce magistrat :

1º Un autre magistrat du siège exerçant au sein de la chambre de proximité ;

2º A défaut, un magistrat du siège exerçant au sein d'une chambre de proximité limitrophe ayant son siège dans le ressort du même tribunal judiciaire ;

3º A défaut, un magistrat du siège du tribunal judiciaire.

Sur les conditions d'entrée en vigueur de l'art. 12 du Décr. nº 2019-912 du 30 août 2019, V. note au-dessus de l'art. R. 211-3.

Art. R. 212-20 **Les magistrats** *(Décr. nº 2019-912 du 30 août 2019, art. 12-IV-1º, en vigueur le 1er janv. 2020)* **« du siège exerçant au sein d'une chambre de proximité** *[ancienne rédaction : chargés de la présidence ou du service d'une chambre détachée]* **» peuvent, s'il y a lieu, être appelés, dans les conditions fixées par l'article L. 121-3, à siéger** *(Décr. nº 2019-912 du 30 août 2019, art. 12-IV-1º, en vigueur le 1er janv. 2020)* **« , pour une part limitée de leur activité, » au tribunal** *(Décr. nº 2019-912 du 30 août 2019, art. 12-IV-1º, en vigueur le 1er janv. 2020)* **« judiciaire** *[ancienne rédaction : de grande instance]* **» dont ils sont membres.**

Dans les mêmes conditions, ces magistrats peuvent, en cas de nécessité, être affectés en même temps dans des chambres *(Décr. nº 2019-912 du 30 août 2019, art. 12-IV-2º, en vigueur le 1er janv. 2020)* **« de proximité** *[ancienne rédaction : détachées]* **» limitrophes ayant leur siège dans le ressort du même tribunal** *(Décr. nº 2019-912 du 30 août 2019,* *art. 12-IV-°, en vigueur le 1er janv. 2020)* « **judiciaire** *[ancienne rédaction : de grande instance]* ». – *[Anc. art. R. 311-39.]*

(Décr. n° 2019-912 du 30 août 2019, art. 12-IV-3°, en vigueur le 1er janv. 2020) « **Les magistrats du siège du tribunal judiciaire peuvent, s'il y a lieu, être appelés dans les conditions fixées par l'article L. 121-3, à siéger, pour une part limitée de leur activité, dans une chambre de proximité ayant son siège dans le ressort de ce tribunal judiciaire. L'ordonnance du président du tribunal judiciaire intervient sur proposition du magistrat chargé de l'administration de la chambre de proximité après avis de l'assemblée générale des magistrats du siège.** »

Sur les conditions d'entrée en vigueur de l'art. 12 du Décr. n° 2019-912 du 30 août 2019, V. note au-dessus de l'art. R. 211-3.

Art. R. 212-21 *(Décr. n° 2019-912 du 30 août 2019, art. 12-V, en vigueur le 1er janv. 2020)* **En fonction des nécessités locales, une chambre de proximité du tribunal judiciaire peut tenir des audiences foraines dans des communes de son ressort autres que celle où est situé son siège.**

Le premier président de la cour d'appel, après avis du procureur général près cette cour, fixe par ordonnance, le lieu, le jour et la nature de ces audiences.

Sur les conditions d'entrée en vigueur de l'art. 12 du Décr. n° 2019-912 du 30 août 2019, V. note au-dessus de l'art. R. 211-3.

Ancien art. R. 212-21

SECTION V LES ASSEMBLÉES GÉNÉRALES

Art. R. 212-22 **Le** *(Décr. n° 2019-912 du 30 août 2019, art. 23, en vigueur le 1er janv. 2020)* « **tribunal judiciaire** *[ancienne rédaction : tribunal de grande instance]* » **se réunit en assemblée générale dans les conditions prévues à la présente section selon l'une des formations suivantes :**

1° L'assemblée des magistrats du siège ;

2° L'assemblée des magistrats du parquet ;

3° L'assemblée des magistrats du siège et du parquet ;

4° Les assemblées des fonctionnaires du greffe et du secrétariat de parquet autonome ;

5° L'assemblée plénière des magistrats et des fonctionnaires.

L'assemblée plénière des magistrats et des fonctionnaires comporte une *(Décr. n° 2014-1458 du 8 déc. 2014, art. 15-II, en vigueur le 1er janv. 2015)* « **commission plénière** ».

Dans les *(Décr. n° 2019-912 du 30 août 2019, art. 23, en vigueur le 1er janv. 2020)* « **tribunaux judiciaires** *[ancienne rédaction : tribunaux de grande instance]* » **comportant un effectif d'au moins vingt magistrats,** *(Décr. n° 2014-1458 du 8 déc. 2014, art. 6, en vigueur le 1er janv. 2015)* « **l'assemblée des magistrats du siège, l'assemblée des magistrats du parquet, l'assemblée des magistrats du siège et du parquet** » **et les assemblées des fonctionnaires du greffe et du secrétariat de parquet autonome comportent une commission restreinte.** – *[Anc. art. R.* 761-1, ecqc TGI, R.* 761-15, ecqc TGI et R.* 761-46, ecqc TGI.]*

SOUS-SECTION 1 DISPOSITIONS COMMUNES AUX DIFFÉRENTES FORMATIONS DE L'ASSEMBLÉE GÉNÉRALE

Art. R. 212-23 **Les différentes formations de l'assemblée générale sont réunies au moins une fois par an, au cours du mois de novembre.**

Elles sont, en outre, convoquées par leur président :

1° Soit à son initiative ;

2° Soit à la demande de la majorité de leurs membres ;

3° Soit à la demande des deux tiers des membres de *(Décr. n° 2014-1458 du 8 déc. 2014, art. 15-II, en vigueur le 1er janv. 2015)* « **la commission plénière** » **pour la réunion de l'assemblée plénière ;**

4° Soit à la demande des deux tiers des membres d'une commission restreinte pour la réunion de la formation de l'assemblée générale correspondante.

Les réunions de l'assemblée générale se tiennent pendant les heures ouvrables, dans les conditions prévues par le règlement intérieur de l'assemblée plénière. — *[Anc. art. R.* 761-3, ecqc TGI et R.* 761-4, ecqc TGI.]*

Art. R. 212-24 Lorsque le garde des Sceaux, ministre de la justice, consulte les *(Décr. nº 2019-912 du 30 août 2019, art. 23, en vigueur le 1er janv. 2020)* « tribunaux judiciaires *[ancienne rédaction : tribunaux de grande instance]* » sur les projets de loi ou sur d'autres questions d'intérêt public, le président du *(Décr. nº 2019-912 du 30 août 2019, art. 23, en vigueur le 1er janv. 2020)* « tribunal judiciaire *[ancienne rédaction : tribunal de grande instance]* » convoque celle-ci en assemblée générale. Le président détermine, selon l'objet de la consultation, après avis du procureur de la République et de *(Décr. nº 2014-1458 du 8 déc. 2014, art. 15-II, en vigueur le 1er janv. 2015)* « la commission plénière », la formation de l'assemblée générale qui doit être réunie. — *[Anc. art. R.* 763-1, ecqc TGI.]*

Art. R. 212-25 L'ordre du jour de l'assemblée générale est établi par son président. Toutefois, le président du *(Décr. nº 2019-912 du 30 août 2019, art. 23, en vigueur le 1er janv. 2020)* « tribunal judiciaire *[ancienne rédaction : tribunal de grande instance]* » et le procureur de la République, lorsqu'ils n'assurent pas cette présidence, peuvent ajouter d'autres questions à l'ordre du jour.

Les questions relatives à l'organisation et au fonctionnement de la juridiction, proposées par le tiers des membres de l'assemblée ou par la majorité des membres de la commission qu'elle comporte, sont inscrites d'office à l'ordre du jour. — *[Anc. art. R.* 761-5, ecqc TGI.]*

Art. R. 212-26 Un bureau est constitué pour chaque réunion de l'assemblée. Il est composé du président et de deux membres désignés selon des modalités fixées par le règlement intérieur de l'assemblée plénière.

Le bureau veille au bon fonctionnement de l'assemblée, règle les difficultés relatives aux procurations, tient les feuilles de présence et de vote, statue sur les quorums, fait procéder au vote et surveille le déroulement du scrutin. Les résultats sont proclamés par le président de l'assemblée. — *[Anc. art. R.* 761-6, ecqc TGI et R.* 761-9, 2e phrase, ecqc TGI.]*

Art. R. 212-27 Chaque formation de l'assemblée générale ne peut valablement se réunir que si la moitié au moins de ses membres est présente ou représentée.

Si le quorum prévu à l'alinéa précédent n'est pas atteint, l'assemblée est à nouveau convoquée *(Décr. nº 2014-1458 du 8 déc. 2014, art. 8, en vigueur le 1er janv. 2015)* « dans un délai minimum de huit jours, ne pouvant excéder un mois », sur le même ordre du jour. Elle peut alors valablement délibérer si un tiers au moins de ses membres est présent ou représenté. — *[Anc. art. R.* 761-7, ecqc TGI.]*

Art. R. 212-28 Seuls les membres bénéficiant d'un congé, d'un congé de maladie ou de maternité, ou assurant un service de permanence, ou se trouvant en mission officielle, ou étant en dehors de leurs heures de service, s'ils exercent un travail à temps partiel, peuvent se faire représenter par un mandataire.

Le mandataire doit être membre de l'assemblée à laquelle appartient son mandant.

Chaque mandataire ne peut disposer de plus de deux procurations.

Les membres de l'assemblée générale qui remplissent les conditions pour voter par procuration et qui souhaitent utiliser cette procédure, doivent en informer le président de l'assemblée générale avant la tenue de la réunion.

La procuration doit être donnée par écrit ; elle est annexée au procès-verbal. — *[Anc. art. R.* 761-8, ecqc TGI et R.* 761-9, 1re phrase, ecqc TGI.]*

Art. R. 212-29 Il ne peut être délibéré que sur les questions inscrites à l'ordre du jour, dans les conditions prévues par le règlement intérieur de chaque formation de l'assemblée générale. — *[Anc. art. R.* 761-10, ecqc TGI.]*

Art. R. 212-30 Après la délibération sur chaque question inscrite à l'ordre du jour, il est procédé au vote.

Le vote à bulletin secret peut être demandé par tout membre de l'assemblée.

Le vote a lieu à la majorité des membres présents ou représentés. — *[Anc. art. R.* 761-11, ecqc TGI.]*

Art. R. 212-31 En cas d'urgence, le président du *(Décr. nº 2019-912 du 30 août 2019, art. 23, en vigueur le 1er janv. 2020)* « tribunal judiciaire *[ancienne rédaction : tribunal de* *grande instance]* **» peut, dans les matières entrant dans la compétence de l'assemblée générale, prendre, après avis du procureur de la République, du directeur de greffe et de la commission compétente, les mesures propres à assurer la continuité du service jusqu'à la réunion de l'assemblée compétente.** — *[Anc. art. R.* 761-12, ecqc TGI.]*

Art. R. 212-32 Les modalités de convocation, de dépouillement des votes, de désignation du secrétaire, d'établissement et de dépôt des procès-verbaux des délibérations des différentes formations de l'assemblée générale sont déterminées par le règlement intérieur de chacune de ces formations.

(Décr. nº 2014-1458 du 8 déc. 2014, art. 7, en vigueur le 1er janv. 2015) **« Le garde des Sceaux, ministre de la Justice, fixe par arrêté un règlement intérieur type pour chacune des assemblées. Ces dernières peuvent adapter ce règlement type pour tenir compte de spécificités locales ou pour améliorer la concertation interne. »** — *V. Arr. du 10 nov. 2016, ci-dessous.*

Les règlements intérieurs et les modifications qui leur sont apportées sont transmis au premier président de la cour d'appel et au procureur général près cette cour. — *[Anc. art. R.* 761-13, ecqc TGI.]*

Arrêté du 10 novembre 2016,

Fixant un règlement intérieur type pour chacune des formations de l'assemblée générale du tribunal judiciaire [ancienne rédaction : tribunal de grande instance] (Décr. nº 2019-966 du 18 sept. 2019, art. 8-I, en vigueur le 1er janv. 2020).

Art. 1er Le règlement intérieur type pour l'assemblée des magistrats du siège figure en annexe I du présent arrêté.

Art. 2 Le règlement intérieur type pour l'assemblée des magistrats du parquet figure en annexe II du présent arrêté.

Art. 3 Le règlement intérieur type pour l'assemblée des magistrats du siège et du parquet figure en annexe III du présent arrêté.

Art. 4 Le règlement intérieur type pour l'assemblée des fonctionnaires du greffe et du secrétariat de parquet autonome figure en annexe IV du présent arrêté.

Art. 5 Le règlement intérieur type pour l'assemblée des magistrats et des fonctionnaires figure en annexe V du présent arrêté.

Art. 6 Le présent arrêté est applicable en Polynésie française et en Nouvelle-Calédonie.

[...]

ANNEXES
ANNEXE I

RÈGLEMENT INTÉRIEUR TYPE DE L'ASSEMBLÉE DES MAGISTRATS DU SIÈGE DU TRIBUNAL JUDICIAIRE

[ANCIENNE RÉDACTION : TRIBUNAL DE GRANDE INSTANCE]
(Décr. nº 2019-966 du 18 sept. 2019, en vigueur le 1er janv. 2020).

Par application des articles R. 212-23 à R. 212-33, R. 212-34 à R. 212-37-1 et R. 212-55 à R. 212-57 du code de l'organisation judiciaire, le présent règlement intérieur régit l'assemblée des magistrats du siège du *(Décr. nº 2019-966 du 18 sept. 2019, en vigueur le 1er janv. 2020)* « tribunal judiciaire *[ancienne rédaction : tribunal de grande instance]* ».

Il peut être adapté par chaque assemblée pour tenir compte de spécificités locales ou pour améliorer la concertation interne, conformément aux dispositions du deuxième alinéa de l'article R. 212-32 du code de l'organisation judiciaire.

Art. 1er *Conditions dans lesquelles se tiennent les réunions de l'assemblée (art. R. 212-23 du COJ).* L'assemblée des magistrats du siège du *(Décr. nº 2019-966 du 18 sept. 2019, en vigueur le 1er janv. 2020)* « tribunal judiciaire *[ancienne rédaction : tribunal de grande instance]* » est réunie au moins une fois par an, au cours du mois de novembre. En outre, elle peut être réunie à tout autre moment de l'année, soit à l'initiative de son président, soit à la demande de la majorité de ses membres, soit à la demande des deux tiers des membres de sa commission restreinte.

L'assemblée est fixée le jour où le nombre d'audiences est le plus réduit au sein de la juridiction, déterminé après consultation de la commission restreinte.

Les réunions de l'assemblée se tiennent pendant les heures ouvrables.

Art. 2 *Désignation des membres du bureau pour chaque réunion de l'assemblée (art. R. 212-26 du COJ).* Le bureau est constitué pour chaque réunion de l'assemblée sur la base du volontariat. Il veille au bon fonctionnement de l'assemblée, règle les difficultés relatives aux procurations, tient les feuilles de présence et de vote, statue sur les quorums, fait procéder au vote et surveille le déroulement du scrutin.

Si le nombre de volontaires est supérieur à deux, les membres du bureau sont tirés au sort parmi les volontaires. A défaut de volontaire, les deux membres constituant le bureau sont tirés au sort parmi les membres présents de l'assemblée.

Art. 3 *Fixation de l'ordre du jour (art. R. 212-25 et R. 212-29 du COJ).* L'ordre du jour de l'assemblée est établi par son président. Toutefois le procureur de la République peut ajouter d'autres questions à l'ordre du jour.

Les questions relatives à l'organisation et au fonctionnement de la juridiction, proposées par le tiers des membres de l'assemblée ou par la majorité des membres de sa commission restreinte, sont inscrites d'office à l'ordre du jour.

Elles doivent être remises, dans un délai de cinq jours ouvrables suivant la convocation, au président de l'assemblée, qui vérifie leur recevabilité. Les questions devront être rédigées par écrit et être accompagnées du nom des demandeurs.

Le président informe sans délai les membres de l'assemblée par tout moyen des questions ajoutées à l'ordre du jour.

Art. 4 *Modalités de convocation (art. R. 212-32 du COJ).* Dix jours au moins avant la réunion de l'assemblée, le président convoque les membres de l'assemblée par courrier électronique, auquel sont joints l'ordre du jour ainsi que les documents nécessaires à l'examen de celui-ci. Ce délai ne s'applique pas si l'assemblée doit être reconvoquée en vertu du second alinéa de l'article R. 212-37-1 du code de l'organisation judiciaire.

Afin de favoriser la participation du plus grand nombre à l'assemblée, un planning prévisionnel annuel indicatif doit être proposé par le comité de gestion et diffusé à l'ensemble des membres de la juridiction.

Art. 5 *Modalités de désignation du secrétaire (art. R. 212-32 du COJ).* Le secrétariat est assuré par une personne désignée par la commission restreinte.

Art. 6 *Conditions de délibération (art. R. 212-29 du COJ).* Le président de l'assemblée veille au bon déroulement des débats et au respect de la libre expression de chacun.

Art. 7 *Modalités de dépouillement des votes (art. R. 212-32 du COJ).* En cas de vote à bulletin secret, le dépouillement est assuré par le bureau en présence de l'ensemble de ses membres.

Art. 8 *Modalités d'établissement et de dépôt des procès-verbaux des délibérations (art. R212-32 du COJ).* Le procès-verbal de chaque réunion de l'assemblée est établi par le secrétaire et diffusé auprès de l'ensemble des membres de l'assemblée par courrier électronique sous quinze jours, avec sa signature et celle du président de l'assemblée.

Outre les décisions prises et les avis émis, le procès-verbal fait apparaître de façon synthétique l'ensemble des observations soulevées lors de la réunion.

Chaque membre de l'assemblée a dix jours pour présenter par courrier électronique ses observations écrites à la suite de cet envoi, lesquelles seront annexées au procès-verbal de l'assemblée.

Art. 9 *Composition de la commission restreinte (art. R. 212-55 du COJ).* La commission restreinte, outre son président, comprend entre deux et dix membres, ce nombre étant fixé par l'assemblée en tenant compte de ses effectifs.

Ces membres sont élus par et parmi les membres de l'assemblée des magistrats du siège.

L'ensemble des membres de la commission, titulaires et suppléants, sont convoqués et peuvent assister à la commission restreinte. Néanmoins, seul le membre titulaire a voix délibérative.

En cas de départs concomitants de la juridiction du membre titulaire et de son suppléant, il est procédé à de nouvelles élections pour désigner un nouveau membre titulaire et son suppléant.

Art. 10 *Modalités d'élection des membres de la commission restreinte (art. R. 212-55 du COJ).* *a)* L'élection se tient dans le mois précédant l'expiration du mandat de la commission à la diligence du président de celle-ci. Elle se fait au scrutin proportionnel avec panachage et vote préférentiel ;

b) Seuls sont éligibles les membres de l'assemblée qui ont fait acte de candidature ;

c) Les listes de candidats doivent être déposées au moins quinze jours avant la date du scrutin auprès du secrétariat de la présidence. Elles doivent présenter pour chaque candidat titulaire un candidat suppléant. Les listes doivent être datées et visées par l'ensemble des candidats ;

d) Elles sont affichées le jour suivant la date limite de dépôt des candidatures. Elles peuvent en outre être numérisées et adressées par message électronique à l'ensemble des votants. Elles comportent, le cas échéant, l'indication du syndicat au nom duquel se présentent les candidats. Elles peuvent servir de bulletins de vote ;

e) Un bureau *ad hoc* composé du président ainsi que du plus jeune et du plus âgé des membres de l'assemblée, dans sa composition au jour des élections de la commission restreinte, calcule le nombre de voix obtenues par chaque liste en additionnant les suffrages acquis à chaque candidat ayant fait acte de candidature au titre de cette liste.

Ce bureau détermine ensuite le quotient électoral en divisant le nombre total de suffrages exprimés par le nombre de sièges à pourvoir. Il attribue à chaque liste autant de sièges qu'elle a atteint de fois le quotient électoral.

Les sièges restant éventuellement à pourvoir sont attribués suivant la règle du plus fort reste. Les élus d'une liste sont choisis en fonction du nombre de voix que chacun d'eux a obtenues.

Pour départager les candidats qui auraient obtenu le même nombre de voix, il sera tenu compte de l'ordre préférentiel émis par l'électeur.

Un cas concret à valeur d'exemple est présenté en annexe du présent règlement intérieur.

Art. 11 *Règles de fonctionnement de la commission restreinte (art. R. 212-55 du COJ).* La commission restreinte est réunie à la diligence de son président quinze jours au moins avant la tenue de l'assemblée. La convocation des membres de la commission leur est adressée par le président par courrier électronique huit jours au moins avant la tenue de sa réunion : à cette convocation sont joints les propositions et projets qu'il envisage de soumettre à l'assemblée sur les questions inscrites à l'ordre du jour.

A défaut de communication préalable de ces éléments et en l'absence de motifs impérieux le justifiant, le report de la réunion de la commission restreinte est de droit s'il est demandé par l'un au moins de ses membres. Les formalités de convocation sont allégées en cas d'urgence. La commission restreinte doit impérativement être consultée, le cas échéant sans délai préalable de convocation, en cas de modification de l'ordonnance de roulement justifiée par l'urgence.

Un compte-rendu de la réunion de la commission est établi, signé par le président et diffusé aux membres de la commission par courrier électronique sous sept jours. Il fait apparaître de façon synthétique l'ensemble des observations soulevées lors de la réunion.

Chaque membre de la commission a cinq jours pour présenter par courrier électronique ses observations écrites à la suite de cet envoi, lesquelles seront annexées au compte-rendu de la réunion de la commission.

Art. 12 *Modalités de révision du règlement intérieur.* Toute demande de modification du règlement intérieur est inscrite d'office à l'ordre du jour de l'assemblée dès lors qu'elle est présentée par le tiers des membres de l'assemblée ou par la majorité des membres de la commission restreinte dans les conditions fixées par l'article 3 du présent règlement intérieur.

Règlement intérieur approuvé lors de la réunion de l'assemblée le .... à ....
Le/la président(e) de l'assemblée,
M./Mme
Signature
Le/la secrétaire de l'assemblée,
M./Mme
Signature

Annexe

Cas concret à valeur d'exemple : 30 électeurs, 5 sièges à pourvoir, 30 × 5 = 150 suffrages exprimés

Deux listes sont en présence.

LISTE A	LISTE B
Candidat V	Candidat V'
Candidat W	Candidat W'
Candidat X	Candidat X'
Candidat Y	Candidat Y'
Candidat Z	Candidat Z'

Parmi les 10 candidats en présence, l'électeur en choisit au maximum 5, qui peuvent appartenir à des listes différentes, en leur affectant un ordre de préférence.

Résultat du vote par candidat :

CANDIDAT	**LISTE**	**VOIX OBTENUES**
V	A	30
W	A	8
X	A	12
Y	A	10
Z	A	5
V'	B	25
W'	B	25
X'	B	20
Y'	B	10
Z'	B	5

Détermination du quotient électoral : 150/5 = 30

Attribution du nombre de sièges pour chaque liste :

LISTES	**SUFFRAGES OBTENUS**	**NOMBRE DE SIÈGES OBTENUS après application du QE**	**RESTE**	**NOMBRE TOTAL de sièges obtenus**
Liste A	65	2	5	2
Liste B	85	2	25	3

Répartition des sièges à l'intérieur des listes :

Liste A : répartition des 2 sièges obtenus : les candidats V (30 voix) et X (12 voix)

Liste B : répartition des 3 sièges obtenus : les candidats V' (25 voix), W' (25 voix) et X' (20 voix)

ANNEXE II

Règlement intérieur type de l'assemblée des magistrats du parquet du tribunal judiciaire

[ANCIENNE RÉDACTION : TRIBUNAL DE GRANDE INSTANCE]
(Décr. n° 2019-966 du 18 sept. 2019, en vigueur le 1er janv. 2020).

Par application des articles R. 212-23 à R. 212-33, R. 212-38 à R. 212-40 et R. 212-55 à R. 212-57 du code de l'organisation judiciaire, le présent règlement intérieur régit l'assemblée des magistrats du parquet du *(Décr. n° 2019-966 du 18 sept. 2019, en vigueur le 1er janv. 2020)* « tribunal judiciaire *[ancienne rédaction : tribunal de grande instance]* ».

Il peut être adapté par chaque assemblée pour tenir compte de spécificités locales ou pour améliorer la concertation interne, conformément aux dispositions du deuxième alinéa de l'article R. 212-32 du code de l'organisation judiciaire.

Art. 1er *Conditions dans lesquelles se tiennent les réunions de l'assemblée (art. R. 212-23 du COJ).* L'assemblée des magistrats du parquet du *(Décr. n° 2019-966 du 18 sept. 2019, en vigueur le 1er janv. 2020)* « tribunal judiciaire *[ancienne rédaction : tribunal de grande instance]* » est réunie au moins une fois par an, au cours du mois de novembre. En outre, elle peut être réunie à tout autre moment de l'année, soit à l'initiative de son président, soit à la demande de la majorité de ses membres, soit à la demande des deux tiers des membres de sa commission restreinte.

L'assemblée est fixée le jour où le nombre d'audiences est le plus réduit au sein de la juridiction, déterminé après consultation de la commission restreinte.

Les réunions de l'assemblée se tiennent pendant les heures ouvrables.

Art. 2 *Désignation des membres du bureau pour chaque réunion de l'assemblée (art. R. 212-26 du COJ).* Le bureau est constitué pour chaque réunion de l'assemblée sur la base du volontariat. Il veille au bon fonctionnement de l'assemblée, règle les difficultés relatives aux procurations, tient les feuilles de présence et de vote, statue sur les quorums, fait procéder au vote et surveille le déroulement du scrutin.

Si le nombre de volontaires est supérieur à deux, les membres du bureau sont tirés au sort parmi les volontaires. A défaut de volontaire, les deux membres constituant le bureau sont tirés au sort parmi les membres présents de l'assemblée.

Art. 3 *Fixation de l'ordre du jour (art. R. 212-29 du COJ).* L'ordre du jour de l'assemblée est établi par son président. Toutefois le président du *(Décr. n° 2019-966 du 18 sept. 2019, en vigueur le 1er janv. 2020)* « tribunal judiciaire *[ancienne rédaction : tribunal de grande instance]* » peut ajouter d'autres questions à l'ordre du jour.

Les questions relatives à l'organisation et au fonctionnement de la juridiction, proposées par le tiers des membres de l'assemblée ou par la majorité des membres de sa commission restreinte, sont inscrites d'office à l'ordre du jour.

Elles doivent être remises, dans un délai de cinq jours ouvrables précédant l'assemblée, au président de l'assemblée. Les questions devront être rédigées par écrit et être accompagnées du nom des demandeurs. Le président informe sans délai les membres de l'assemblée par tout moyen des questions ajoutées à l'ordre du jour.

Art. 4 *Modalités de convocation (art. R. 212-32 du COJ).* Dix jours ouvrables au moins avant la réunion de l'assemblée, le président convoque les membres de l'assemblée par courrier électronique, auquel sont joints l'ordre du jour ainsi que les documents nécessaires à l'examen de celui-ci.

Afin de favoriser la participation du plus grand nombre à l'assemblée, un planning prévisionnel annuel indicatif doit être proposé par le comité de gestion, soumis pour avis à la commission restreinte lors de la préparation de l'assemblée de novembre et diffusé à l'ensemble des membres de la juridiction.

Art. 5 *Modalités de désignation du secrétaire (art. R. 212-32 du COJ).* Un secrétaire est désigné par la commission restreinte.

Art. 6 *Conditions de délibération (art. R. 212-29 du COJ).* Le président de l'assemblée veille au bon déroulement des débats et au respect de la libre expression de chacun.

Art. 7 *Modalités de dépouillement des votes (art. R. 212-32 du COJ).* En cas de vote à bulletin secret, le dépouillement est assuré par le bureau en présence de l'ensemble de ses membres.

Art. 8 *Modalités d'établissement et de dépôt des procès-verbaux des délibérations (art. R. 212-32 du COJ).* Le procès-verbal de chaque réunion de l'assemblée est établi par le secrétaire puis communiqué aux membres du bureau, qui transmettent leurs observations éventuelles dans un délai de dix jours. Il est ensuite diffusé auprès de l'ensemble des membres de l'assemblée par courrier électronique sous quinze jours, avec sa signature et celle du président de l'assemblée.

Outre les décisions prises et les avis émis, le procès-verbal fait apparaître de façon synthétique l'ensemble des observations soulevées lors de la réunion.

Chaque membre de l'assemblée a dix jours pour présenter par courrier électronique ses observations écrites à la suite de cet envoi, lesquelles seront annexées au procès-verbal de l'assemblée.

Art. 9 *Composition de la commission restreinte (art. R. 212-55 du COJ).* La commission restreinte, outre son président, comprend : deux membres pour les juridictions comprenant moins de trente magistrats, quatre membres pour les juridictions comprenant entre trente et cinquante-neuf magistrats, six membres pour les juridictions entre soixante et soixante-dix-neuf magistrats, huit membres pour les juridictions de quatre-vingts à quatre-vingt-dix-neuf magistrats et dix à douze membres pour les juridictions de cent magistrats ou plus. Le nombre de magistrats pris en compte correspond aux effectifs localisés au moment de l'élection à cette commission.

Ces membres sont élus par et parmi les membres de l'assemblée des magistrats du parquet.

L'ensemble des membres de la commission, titulaires et suppléants, sont convoqués et peuvent assister à la commission restreinte. Néanmoins, seul le membre titulaire a voix délibérative. En cas d'absence du titulaire, le suppléant a voix délibérative.

En cas de départ de la juridiction concomitant du membre titulaire et de son suppléant, il est procédé à de nouvelles élections partielles pour désigner un nouveau membre titulaire et son suppléant. Les mandats de ces nouveaux élus expirent en même temps que ceux des autres membres.

Art. 10 *Modalités d'élection des membres de la commission restreinte (art. R. 212-55 du COJ).*

a) L'élection se tient dans le mois précédant l'expiration du mandat de la commission à la diligence du président de celle-ci. Elle se fait au scrutin proportionnel avec panachage et vote préférentiel ;

b) Seuls sont éligibles les membres de l'assemblée qui ont fait acte de candidature ;

c) Les listes de candidats doivent être déposées au moins quinze jours avant la date du scrutin auprès du secrétariat de la présidence. Elles doivent présenter pour chaque candidat titulaire un candidat suppléant. Les listes doivent être datées et visées par l'ensemble des candidats ;

d) Elles sont affichées le jour suivant la date limite de dépôt des candidatures. Elles peuvent en outre être numérisées et adressées par message électronique à l'ensemble des votants. Elles comportent, le cas échéant, l'indication du syndicat au nom duquel se présentent les candidats. Elles peuvent servir de bulletins de vote ;

e) Un bureau *ad hoc* composé du président et de deux volontaires ou, à défaut, du plus jeune et du plus âgé des membres de l'assemblée, dans sa composition au jour des élections de la commission restreinte, calcule le nombre de voix obtenues par chaque liste en additionnant les suffrages acquis par chaque candidat ayant fait acte de candidature au titre de cette liste.

Ce bureau détermine ensuite le quotient électoral en divisant le nombre total de suffrages exprimés par le nombre de sièges à pourvoir. Il attribue à chaque liste autant de sièges qu'elle a atteint de fois le quotient électoral.

Les sièges restant éventuellement à pourvoir sont attribués suivant la règle du plus fort reste. Les élus d'une liste sont choisis en fonction du nombre de voix que chacun d'eux a obtenues.

Pour départager les candidats qui auraient obtenu le même nombre de voix, il sera tenu compte de l'ordre préférentiel émis par l'électeur.

Les opérations de dépouillement sont ouvertes aux membres de l'assemblée.

Un cas concret à valeur d'exemple est présenté en annexe du présent règlement intérieur.

Art. 11 *Règles de fonctionnement de la commission restreinte (art. R. 212-55 du COJ).* La commission restreinte est réunie à la diligence de son président quinze jours au moins avant la tenue de l'assemblée. La convocation des membres de la commission leur est adressée par le président par courrier électronique huit jours au moins avant la tenue de sa réunion : à cette convocation sont joints les propositions et projets qu'il envisage de soumettre à l'assemblée sur les questions inscrites à l'ordre du jour.

A défaut de communication préalable de ces éléments dans les huit jours et en l'absence de motifs impérieux le justifiant, le report de la réunion de la commission restreinte est de droit s'il est demandé par l'un au moins de ses membres. Dans ce cas, l'assemblée est également reportée de plein droit, sauf accord de la commission restreinte pour son maintien à la date initialement prévue, afin de respecter un délai de quinze jours au moins entre la date de la réunion de la commission restreinte et celle prévue pour cette assemblée.

Les formalités de convocation sont allégées en cas d'urgence. La commission restreinte doit impérativement être consultée, le cas échéant sans délai préalable de convocation, en cas de modification de l'ordonnance de roulement justifiée par l'urgence.

Un compte-rendu de la réunion de la commission est établi, signé par le président et diffusé aux membres de la commission par courrier électronique sous sept jours. Il fait apparaître de façon synthétique l'ensemble des observations soulevées lors de la réunion.

Chaque membre de la commission a cinq jours pour présenter ses observations écrites à la suite de cet envoi, lesquelles seront annexées au compte-rendu de la réunion de la commission.

Art. 12 *Modalités de révision du règlement intérieur.* Toute demande de modification du règlement intérieur est inscrite d'office à l'ordre du jour de l'assemblée dès lors qu'elle est présentée par le tiers des membres de l'assemblée ou par la majorité des membres de la commission restreinte dans les conditions fixées par l'article 3 du présent règlement intérieur.

Règlement intérieur approuvé lors de la réunion de l'assemblée le .... à ....

Le/la président(e) de l'assemblée,

M./Mme

Signature

Le/la secrétaire de l'assemblée,

M./Mme

Signature

Annexe

Cas concret à valeur d'exemple : 30 électeurs, 4 sièges à pourvoir, 30 × 4=120 suffrages exprimés

Deux listes sont en présence.

CANDIDAT	**X**	**Y**	**Z**	**X'**	**Y'**	**Z'**
Liste	A	A	A	B	B	B
Voix obtenues	25	25	5	20	10	5

Parmi les huit candidats en présence, l'électeur en choisit au maximum quatre, qui peuvent appartenir à des listes différentes, en leur affectant un ordre de préférence.

Résultat du vote par candidat :

CANDIDAT	**LISTE**	**VOIX OBTENUES**
W	A	8
X	A	12
Y	A	10
Z	A	5
W'	B	25
X'	B	20
Y'	B	10
Z'	B	5

Détermination du quotient électoral : 120/4=30

Attribution du nombre de sièges pour chaque liste :

LISTES	**SUFFRAGES OBTENUS**	**NOMBRE DE SIÈGES OBTENUS après application du QE**	**RESTE**	**NOMBRE TOTAL de sièges obtenus**
Liste A	35	1	5	2
Liste B	60	2	0	2

Répartition des sièges à l'intérieur des listes :

Liste A : répartition des 2 sièges obtenus :

les candidats X (12 voix) et Y (10 voix)

Liste B : répartition des 2 sièges obtenus :

les candidats W' (25 voix) et X' (20 voix)

ANNEXE III

Règlement intérieur type de l'assemblée des magistrats du siège et du parquet du tribunal judiciaire

[ANCIENNE RÉDACTION : TRIBUNAL DE GRANDE INSTANCE]
(Décr. n° 2019-966 du 18 sept. 2019, en vigueur le 1er janv. 2020).

Par application des articles R. 212-23 à R. 212-33, R. 212-41 à R. 212-44 et R. 212-55 à R. 212-57 du code de l'organisation judiciaire, le présent règlement intérieur régit l'assemblée des magistrats du siège et du parquet du *(Décr. n° 2019-966 du 18 sept. 2019, en vigueur le 1er janv. 2020)* « tribunal judiciaire *[ancienne rédaction : tribunal de grande instance]* ».

Il peut être adapté par chaque assemblée pour tenir compte de spécificités locales ou pour améliorer la concertation interne, conformément aux dispositions du deuxième alinéa de l'article R. 212-32 du code de l'organisation judiciaire.

Art. 1er *Conditions dans lesquelles se tiennent les réunions de l'assemblée (art. R. 212-23 du COJ).* L'assemblée des magistrats du siège et du parquet du *(Décr. nº 2019-966 du 18 sept. 2019, en vigueur le 1er janv. 2020)* « tribunal judiciaire *[ancienne rédaction : tribunal de grande instance]* » est réunie au moins une fois par an, au cours du mois de novembre. En outre, elle peut être réunie à tout autre moment de l'année, soit à l'initiative de son président, soit à la demande de la majorité de ses membres, soit à la demande des deux tiers des membres de sa commission restreinte. L'assemblée est fixée le jour où le nombre d'audiences est le plus réduit au sein de la juridiction, déterminé après consultation de la commission restreinte.

Les réunions de l'assemblée se tiennent pendant les heures ouvrables.

Art. 2 *Désignation des membres du bureau pour chaque réunion de l'assemblée (art. R. 212-26 du COJ).* Le bureau est constitué pour chaque réunion de l'assemblée sur la base du volontariat. Il veille au bon fonctionnement de l'assemblée, règle les difficultés relatives aux procurations, tient les feuilles de présence et de vote, statue sur les quorums, fait procéder au vote et surveille le déroulement du scrutin.

Si le nombre de volontaires est supérieur à deux, les membres du bureau sont tirés au sort parmi les volontaires. A défaut de volontaire, les deux membres constituant le bureau sont tirés au sort parmi les membres présents de l'assemblée.

Art. 3 *Fixation de l'ordre du jour (art. R. 212-29 du COJ).* L'ordre du jour de l'assemblée est établi par son président. Toutefois le procureur de la République peut ajouter d'autres questions à l'ordre du jour.

Les questions relatives à l'organisation et au fonctionnement de la juridiction, proposées par le tiers des membres de l'assemblée ou par la majorité des membres de sa commission restreinte, sont inscrites d'office à l'ordre du jour.

Elles doivent être remises, dans un délai de cinq jours ouvrables précédant l'assemblée, au président de l'assemblée. Les questions devront être rédigées par écrit et être accompagnées du nom des demandeurs. Le président informe sans délai les membres de l'assemblée par tout moyen des questions ajoutées à l'ordre du jour.

Art. 4 *Modalités de convocation (art. R. 212-32 du COJ).* Dix jours ouvrables au moins avant la réunion de l'assemblée, le président convoque les membres de l'assemblée par courrier électronique, auquel sont joints l'ordre du jour ainsi que les documents nécessaires à l'examen de celui-ci.

Afin de favoriser la participation du plus grand nombre à l'assemblée, un planning prévisionnel annuel indicatif doit être proposé par le comité de gestion, soumis pour avis à la commission restreinte lors de la préparation de l'assemblée de novembre et diffusé à l'ensemble des membres de la juridiction.

Art. 5 *Modalités de désignation du secrétaire (art. R. 212-32 du COJ).* Un secrétaire est désigné par l'assemblée.

Art. 6 *Conditions de délibération (art. R. 212-29 du COJ).* Le président de l'assemblée veille au bon déroulement des débats et au respect de la libre expression de chacun.

Art. 7 *Modalités de dépouillement des votes (art. R. 212-32 du COJ).* En cas de vote à bulletin secret, le dépouillement est assuré par le bureau en présence de l'ensemble de ses membres.

Art. 8 *Modalités d'établissement et de dépôt des procès-verbaux des délibérations (art. R. 212-32 du COJ).* Le procès-verbal de chaque réunion de l'assemblée est établi par le secrétaire puis communiqué aux membres du bureau, qui transmettent leurs observations éventuelles dans un délai de dix jours. Il est ensuite diffusé auprès de l'ensemble des membres de l'assemblée par courrier électronique sous quinze jours, avec sa signature et celle du président de l'assemblée.

Outre les décisions prises et les avis émis, le procès-verbal fait apparaître de façon synthétique l'ensemble des observations soulevées lors de la réunion.

Chaque membre de l'assemblée a dix jours pour présenter ses observations écrites à la suite de cet envoi, lesquelles seront annexées au procès-verbal de l'assemblée.

Art. 9 *Composition de la commission restreinte (art. R. 212-55 du COJ).* La commission restreinte, outre son président, comprend : deux membres pour les juridictions comprenant moins de trente magistrats, quatre membres pour les juridictions comprenant entre trente et cinquante-neuf magistrats, six membres pour les juridictions entre soixante et soixante-dix-neuf magistrats, huit membres pour les juridictions de quatre-vingts à quatre-vingt-dix-neuf magistrats et dix à douze membres pour les juridictions de cent magistrats ou plus. Le nombre de magistrats pris en compte correspond aux effectifs localisés au moment de l'élection à cette commission.

Ces membres sont élus par et parmi les membres de l'assemblée des magistrats du siège et du parquet.

L'ensemble des membres de la commission, titulaires et suppléants, sont convoqués et peuvent assister à la commission restreinte. Néanmoins, seul le membre titulaire a voix délibérative. En cas d'absence du titulaire, le suppléant a voix délibérative.

En cas de départ de la juridiction concomitant du membre titulaire et de son suppléant, il est procédé à de nouvelles élections partielles pour désigner un nouveau membre titulaire et son suppléant. Les mandats de ces nouveaux élus expirent en même temps que ceux des autres membres.

Art. 10 *Modalités d'élection des membres de la commission restreinte (art. R. 212-55 du COJ).*

a) L'élection se tient dans le mois précédant l'expiration du mandat de la commission à la diligence du président de celle-ci. Elle se fait au scrutin proportionnel avec panachage et vote préférentiel ;

b) Seuls sont éligibles les membres de l'assemblée qui ont fait acte de candidature ;

c) Les listes de candidats doivent être déposées au moins quinze jours avant la date du scrutin auprès du secrétariat de la présidence. Elles doivent présenter pour chaque candidat titulaire un candidat suppléant. Les listes doivent être datées et visées par l'ensemble des candidats ;

d) Elles sont affichées le jour suivant la date limite de dépôt des candidatures. Elles peuvent en outre être numérisées et adressées par message électronique à l'ensemble des votants. Elles comportent, le cas échéant, l'indication des syndicats au nom desquels se présentent les candidats. Elles peuvent servir de bulletins de vote ;

e) Un bureau *ad hoc* composé du président et de deux volontaires ou, à défaut, du plus jeune et du plus âgé des membres de l'assemblée, dans sa composition au jour des élections de la commission restreinte, calcule le nombre de voix obtenues par chaque liste en additionnant les suffrages acquis par chaque candidat ayant fait acte de candidature au titre de cette liste.

Ce bureau détermine ensuite le quotient électoral en divisant le nombre total de suffrages exprimés par le nombre de sièges à pourvoir. Il attribue à chaque liste autant de sièges qu'elle a atteint de fois le quotient électoral.

Les sièges restant éventuellement à pourvoir sont attribués suivant la règle du plus fort reste. Les élus d'une liste sont choisis en fonction du nombre de voix que chacun d'eux a obtenues.

Pour départager les candidats qui auraient obtenu le même nombre de voix, il sera tenu compte de l'ordre préférentiel émis par l'électeur.

Les opérations de dépouillement sont ouvertes aux membres de l'assemblée.

Un cas concret à valeur d'exemple est présenté en annexe du présent règlement intérieur.

Art. 11 *Règles de fonctionnement de la commission restreinte (art. R. 212-55 du COJ).* La commission restreinte est réunie à la diligence de son président quinze jours au moins avant la tenue de l'assemblée. La convocation des membres de la commission leur est adressée par le président par courrier électronique huit jours au moins avant la tenue de sa réunion : à cette convocation sont joints les propositions et projets qu'il envisage de soumettre à l'assemblée sur les questions inscrites à l'ordre du jour.

A défaut de communication préalable de ces éléments dans les huit jours et en l'absence de motifs impérieux le justifiant, le report de la réunion de la commission restreinte est de droit s'il est demandé par l'un au moins de ses membres. Dans ce cas, l'assemblée est également reportée de plein droit, sauf accord de la commission restreinte pour son maintien à la date initialement prévue, afin de respecter un délai de quinze jours au moins entre la date de la réunion de la commission restreinte et celle prévue pour cette assemblée.

Les formalités de convocation sont allégées en cas d'urgence. La commission restreinte doit impérativement être consultée, le cas échéant sans délai préalable de convocation, en cas de modification de l'ordonnance de roulement justifiée par l'urgence.

Un compte-rendu de la réunion de la commission est établi, signé par le président et diffusé aux membres de la commission par courrier électronique sous sept jours. Il fait apparaître de façon synthétique l'ensemble des observations soulevées lors de la réunion.

Chaque membre de la commission a cinq jours pour présenter ses observations écrites à la suite de cet envoi, lesquelles seront annexées au compte-rendu de la réunion de la commission.

Art. 12 *Modalités de révision du règlement intérieur.*

Toute demande de modification du règlement intérieur est inscrite d'office à l'ordre du jour de l'assemblée dès lors qu'elle est présentée par le tiers des membres de l'assemblée ou par la majorité des membres de la commission restreinte dans les conditions fixées par l'article 3 du présent règlement intérieur.

Règlement intérieur approuvé lors de la réunion de l'assemblée le .... à ....

Le/la président(e) de l'assemblée,

M./Mme

Signature

Le/la secrétaire de l'assemblée,

M./Mme

Signature

Annexe

Cas concret à valeur d'exemple : 30 électeurs, 4 sièges à pourvoir, 30 × 4=120 suffrages exprimés

Deux listes sont en présence.

LISTE A	LISTE B
Candidat W	Candidat W'
Candidat X	Candidat X'
Candidat Y	Candidat Y'
Candidat Z	Candidat Z'

Parmi les huit candidats en présence, l'électeur en choisit au maximum quatre, qui peuvent appartenir à des listes différentes, en leur affectant un ordre de préférence.

Résultat du vote par candidat :

CANDIDAT	LISTE	VOIX OBTENUES
W	A	8
X	A	12
Y	A	10
Z	A	5
W'	B	25
X'	B	20
Y'	B	10
Z'	B	5

Détermination du quotient électoral : 120/4 = 30

Attribution du nombre de sièges pour chaque liste :

LISTES	SUFFRAGES OBTENUS	NOMBRE DE SIÈGES OBTENUS après application du QE	RESTE	NOMBRE TOTAL de sièges obtenus
Liste A	35	1	5	2
Liste B	60	2	0	2

Répartition des sièges à l'intérieur des listes :

Liste A : répartition des 2 sièges obtenus :

les candidats X (12 voix) et Y (10 voix)

Liste B : répartition des 2 sièges obtenus :

les candidats W' (25 voix) et X' (20 voix)

ANNEXE IV

Règlement intérieur type de l'assemblée des fonctionnaires du greffe et du secrétariat autonome du tribunal judiciaire

[ANCIENNE RÉDACTION : TRIBUNAL DE GRANDE INSTANCE]
(Décr. nº 2019-966 du 18 sept. 2019, en vigueur le 1er janv. 2020).

Par application des articles R. 212-23 à R. 212-33, R. 212-45 à R. 212-48 et R. 212-55 à R. 212-57 du code de l'organisation judiciaire, le présent règlement intérieur régit l'assemblée des fonctionnaires du greffe et du secrétariat de parquet autonome du *(Décr. nº 2019-966 du 18 sept. 2019, en vigueur le 1er janv. 2020)* « tribunal judiciaire *[ancienne rédaction : tribunal de grande instance]* ».

Il peut être adapté par chaque assemblée pour tenir compte de spécificités locales ou pour améliorer la concertation interne, conformément aux dispositions du deuxième alinéa de l'article R. 212-32 du code de l'organisation judiciaire.

Art. 1er *Conditions dans lesquelles se tiennent les réunions de l'assemblée (art. R. 212-23 du COJ).* L'assemblée des fonctionnaires du *(Décr. nº 2019-966 du 18 sept. 2019, en vigueur le 1er janv. 2020)* « tribunal judiciaire *[ancienne rédaction : tribunal de grande instance]* » est réunie au moins une fois par an, au cours du mois de novembre. En outre, elle peut être réunie à tout autre moment de l'année, soit à l'initiative de son président, soit à la demande de la majorité de ses membres, soit à la demande des deux tiers des membres de sa commission restreinte.

L'assemblée est fixée le jour où le nombre d'audiences est le plus réduit au sein de la juridiction, déterminé après consultation de la commission restreinte.

Les réunions de l'assemblée se tiennent pendant les heures ouvrables.

Art. 2 *Désignation des membres du bureau pour chaque réunion de l'assemblée (art. R. 212-26 du COJ).* Le bureau est constitué pour chaque réunion de l'assemblée sur la base du volontariat. Il veille au bon fonctionnement de l'assemblée, règle les difficultés relatives aux procurations, tient les feuilles de présence et de vote, statue sur les quorums, fait procéder au vote et surveille le déroulement du scrutin.

Si le nombre de volontaires est supérieur à deux, les membres du bureau sont tirés au sort parmi les volontaires. A défaut de volontaire, les deux membres constituant le bureau sont tirés au sort parmi les membres présents de l'assemblée.

Art. 3 *Fixation de l'ordre du jour (art. R. 212-29 du COJ).* L'ordre du jour de l'assemblée est établi par son président. Toutefois, le président du *(Décr. nº 2019-966 du 18 sept. 2019, en vigueur le 1er janv. 2020)* « tribunal judiciaire *[ancienne rédaction : tribunal de grande instance]* » et le procureur de la République peuvent ajouter d'autres questions à l'ordre du jour.

Les questions relatives à l'organisation et au fonctionnement de la juridiction, proposées par le tiers des membres de l'assemblée ou par la majorité des membres de sa commission restreinte, sont inscrites d'office à l'ordre du jour.

Elles doivent être remises, dans un délai de cinq jours ouvrables précédant l'assemblée, au président de l'assemblée. Les questions devront être rédigées par écrit et être accompagnées du nom des demandeurs. Le président informe sans délai les membres de l'assemblée par tout moyen des questions ajoutées à l'ordre du jour.

Art. 4 *Modalités de convocation (art. R. 212-32 du COJ).* Dix jours ouvrables au moins avant la réunion de l'assemblée, le président convoque les membres de l'assemblée par courrier électronique, auquel sont joints l'ordre du jour ainsi que les documents nécessaires à l'examen de celui-ci.

Afin de favoriser la participation du plus grand nombre à l'assemblée, un planning prévisionnel annuel indicatif doit être proposé par le comité de gestion, soumis pour avis à la commission restreinte lors de la préparation de l'assemblée de novembre et diffusé à l'ensemble des membres de la juridiction.

Art. 5 *Modalités de désignation du secrétaire (art. R. 212-32 du COJ).* Un secrétaire est désigné par l'assemblée.

Art. 6 *Conditions de délibération (art. R. 212-29 du COJ).* Le président de l'assemblée veille au bon déroulement des débats et au respect de la libre expression de chacun.

Art. 7 *Modalités de dépouillement des votes (art. R. 212-32 du COJ).* En cas de vote à bulletin secret, le dépouillement est assuré par le bureau en présence de l'ensemble de ses membres.

Art. 8 *Modalités d'établissement et de dépôt des procès-verbaux des délibérations (art. R. 212-32 du COJ).* Le procès-verbal de chaque réunion de l'assemblée est établi et signé par le secrétaire. Il est également signé par le secrétaire adjoint et par le président de l'assemblée puis diffusé auprès de l'ensemble des membres de l'assemblée par courrier électronique sous quinze jours, avec sa signature et celle du président de l'assemblée.

Outre les décisions prises et les avis émis, le procès-verbal fait apparaître de façon synthétique l'ensemble des observations soulevées lors de la réunion.

Chaque membre de l'assemblée a dix jours pour présenter ses observations écrites à la suite de cet envoi, lesquelles seront annexées au procès-verbal de l'assemblée.

Art. 9 *Composition de la commission restreinte (art. R. 212-55 du COJ).* La commission restreinte, outre son président, comprend un nombre de membres élus supérieur d'une unité au nombre de membres élus de la commission restreinte des magistrats du siège et du parquet afin d'assurer le caractère paritaire de la commission plénière. Par exception, si la juridiction comporte un secrétaire en chef du parquet, la commission restreinte comprend autant de membres élus que la commission restreinte des magistrats du siège et du parquet.

Ces membres sont élus par et parmi les membres de l'assemblée des fonctionnaires.

L'ensemble des membres de la commission, titulaires et suppléants, sont convoqués et peuvent assister à la commission restreinte. Néanmoins, seul le membre titulaire a voix délibérative. En cas d'absence du titulaire, le suppléant a voix délibérative.

En cas de départ de la juridiction concomitant du membre titulaire et de son suppléant, il est procédé à de nouvelles élections partielles pour désigner un nouveau membre titulaire et son suppléant. Les mandats de ces nouveaux élus expirent en même temps que ceux des autres membres.

Art. 10 *Modalités d'élection des membres de la commission restreinte (art. R. 212-55 du COJ).*

a) L'élection se tient dans le mois précédant l'expiration du mandat de la commission à la diligence du président de celle-ci. Elle se fait au scrutin proportionnel avec panachage et vote préférentiel ;

b) Seuls sont éligibles les membres de l'assemblée qui ont fait acte de candidature ;

c) Les listes de candidats doivent être déposées au moins quinze jours avant la date du scrutin auprès du secrétariat de la présidence. Elles doivent présenter pour chaque candiat titulaire un candidat suppléant. Les listes doivent être datées et visées par l'ensemble des candidats ;

d) Elles sont affichées le jour suivant la date limite de dépôt des candidatures. Elles peuvent en outre être numérisées et adressées par message électronique à l'ensemble des votants. Elles comportent, le cas échéant, l'indication du syndicat au nom duquel se présentent les candidats. Elles peuvent servir de bulletins de vote ;

e) Un bureau *ad hoc* composé du président et de deux volontaires ou, à défaut, du plus jeune et du plus âgé des membres de l'assemblée, dans sa composition au jour des élections de la commission restreinte, calcule le nombre de voix obtenues par chaque liste en additionnant les suffrages acquis par chaque candidat ayant fait acte de candidature au titre de cette liste.

Ce bureau détermine ensuite le quotient électoral en divisant le nombre total de suffrages exprimés par le nombre de sièges à pourvoir. Il attribue à chaque liste autant de sièges qu'elle a atteint de fois le quotient électoral.

Les sièges restant éventuellement à pourvoir sont attribués suivant la règle du plus fort reste. Les élus d'une liste sont choisis en fonction du nombre de voix que chacun d'eux a obtenues.

Pour départager les candidats qui auraient obtenu le même nombre de voix, il sera tenu compte de l'ordre préférentiel émis par l'électeur.

Les opérations de dépouillement sont ouvertes aux membres de l'assemblée.

Un cas concret à valeur d'exemple est présenté en annexe du présent règlement intérieur.

Art. 11 *Règles de fonctionnement de la commission restreinte (art. R. 212-55 du COJ).* La commission restreinte est réunie à la diligence de son président quinze jours au moins avant la tenue de l'assemblée. La convocation des membres de la commission leur est adressée par le président par courrier électronique huit jours au moins avant la tenue de sa réunion : à cette convocation sont joints les propositions et projets qu'il envisage de soumettre à l'assemblée sur les questions inscrites à l'ordre du jour.

A défaut de communication préalable de ces éléments dans les huit jours et en l'absence de motifs impérieux le justifiant, le report de la réunion de la commission restreinte est de droit *s'il est demandé par* l'un au moins de ses membres. Dans ce cas, l'assemblée est également reportée de plein droit, sauf accord de la commission restreinte pour son maintien à la date initialement prévue, afin de respecter un délai de quinze jours au moins entre la date de la réunion de la commission restreinte et celle prévue pour cette assemblée.

Les formalités de convocation sont allégées en cas d'urgence. La commission restreinte doit impérativement être consultée, le cas échéant sans délai préalable de convocation, en cas de modification de l'ordonnance de roulement justifiée par l'urgence.

Un compte-rendu de la réunion de la commission est établi, signé par le président et diffusé aux membres de la commission et aux chefs de la juridiction par courrier électronique sous sept jours. Il fait apparaître de façon synthétique l'ensemble des observations soulevées lors de la réunion.

Chaque membre de la commission a cinq jours pour présenter ses observations écrites à la suite de cet envoi, lesquelles seront annexées au compte-rendu de la réunion de la commission.

Art. 12 *Modalités de révision du règlement intérieur.* Toute demande de modification du règlement intérieur est inscrite d'office à l'ordre du jour de l'assemblée dès lors qu'elle est présentée par le tiers des membres de l'assemblée ou par la majorité des membres de la commission restreinte dans les conditions fixées par l'article 3 du présent règlement intérieur.

Règlement intérieur approuvé lors de la réunion de l'assemblée le ………… à …………

Le/la président(e) de l'assemblée,

M./Mme

Signature

Le/la secrétaire de l'assemblée,

M./Mme

Signature

Annexe

Cas concret à valeur d'exemple : 30 électeurs, 4 sièges à pourvoir, 30 × 4 = 120 suffrages exprimés

Deux listes sont en présence.

LISTE A	LISTE B
Candidat W	Candidat W'
Candidat X	Candidat X'
Candidat Y	Candidat Y'
Candidat Z	Candidat Z'

Parmi les huit candidats en présence, l'électeur en choisit au maximum quatre, qui peuvent appartenir à des listes différentes, en leur affectant un ordre de préférence.

Résultat du vote par candidat :

CANDIDAT	LISTE	VOIX OBTENUES
W	A	8
X	A	12
Y	A	10
Z	A	5
W'	B	25
X'	B	20
Y'	B	10
Z'	B	5

Détermination du quotient électoral : 120/4=30

Attribution du nombre de sièges pour chaque liste :

LISTES	SUFFRAGES OBTENUS	NOMBRE DE SIÈGES OBTENUS après application du QE	RESTE	NOMBRE TOTAL de sièges obtenus
Liste A	35	1	5	2
Liste B	60	2	0	2

Répartition des sièges à l'intérieur des listes :
Liste A : répartition des 2 sièges obtenus :
les candidats X (12 voix) et Y (10 voix)
Liste B : répartition des 2 sièges obtenus :
les candidats W' (25 voix) et X' (20 voix)

ANNEXE V

Règlement intérieur type de l'assemblée plénière des magistrats et des fonctionnaires du tribunal judiciaire

[ANCIENNE RÉDACTION : TRIBUNAL DE GRANDE INSTANCE]
(Décr. n° 2019-966 du 18 sept. 2019, en vigueur le 1er janv. 2020).

Par application des articles R. 212-23 à R. 212-33, R. 212-49 à R. 212-54-1 du code de l'organisation judiciaire, le présent règlement intérieur régit l'assemblée plénière du *(Décr. n° 2019-966 du 18 sept. 2019, en vigueur le 1er janv. 2020)* « tribunal judiciaire *[ancienne rédaction : tribunal de grande instance]* ».

Il peut être adapté par chaque assemblée plénière pour tenir compte de spécificités locales ou pour améliorer la concertation interne, conformément aux dispositions du deuxième alinéa de l'article R. 212-32 du code de l'organisation judiciaire.

Art. 1er *Conditions dans lesquelles se tiennent les réunions de l'assemblée plénière (art. R. 212-23 du COJ).* L'assemblée plénière du *(Décr. n° 2019-966 du 18 sept. 2019, en vigueur le 1er janv. 2020)* « tribunal judiciaire *[ancienne rédaction : tribunal de grande instance]* » est réunie au moins une fois par an, au cours du mois de novembre. En outre, elle peut être réunie à tout autre moment de l'année, soit à l'initiative de son président, soit à la demande de la majorité de ses membres, soit à la demande des deux tiers des membres de la commission plénière.

L'assemblée est fixée le jour où le nombre d'audiences est le plus réduit au sein de la juridiction, déterminé après consultation de la commission plénière.

Les réunions de l'assemblée se tiennent pendant les heures ouvrables.

Art. 2 *Désignation des membres du bureau pour chaque réunion de l'assemblée plénière (art. R. 212-26 du COJ).* Le bureau est constitué pour chaque réunion de l'assemblée sur la base du volontariat. Il veille au bon fonctionnement de l'assemblée, règle les difficultés relatives aux procurations, tient les feuilles de présence et de vote, statue sur les quorums, fait procéder au vote et surveille le déroulement du scrutin.

Si le nombre de volontaires est supérieur à deux, les membres du bureau sont tirés au sort parmi les volontaires. A défaut de volontaire, les deux membres constituant le bureau sont tirés au sort parmi les membres présents de l'assemblée.

Art. 3 *Fixation de l'ordre du jour (art. R. 212-29 du COJ).* L'ordre du jour de l'assemblée est établi par son président. Toutefois le procureur de la République peut ajouter d'autres questions à l'ordre du jour.

Les questions relatives à l'organisation et au fonctionnement de la juridiction, proposées par le tiers des membres de l'assemblée ou par la majorité des membres de la commission plénière, sont inscrites d'office à l'ordre du jour.

Elles doivent être remises, dans un délai de cinq jours ouvrables précédant l'assemblée, au président de l'assemblée. Les questions devront être rédigées par écrit et être accompagnées du nom des demandeurs. Le président informe sans délai les membres de l'assemblée par tout moyen des questions ajoutées à l'ordre du jour.

Art. 4 *Modalités de convocation (art. R. 212-32 du COJ).* Dix jours ouvrables au moins avant la réunion de l'assemblée, le président convoque les membres de l'assemblée par courrier électronique, auquel sont joints l'ordre du jour ainsi que les documents nécessaires à l'examen de celui-ci.

Afin de favoriser la participation du plus grand nombre à l'assemblée plénière, un planning prévisionnel annuel indicatif doit être proposé par le comité de gestion, soumis pour avis à la commission plénière lors de la préparation de l'assemblée plénière de novembre et diffusé à l'ensemble des membres de la juridiction.

Art. 5 *Modalités de désignation du secrétaire (art. R. 212-32 du COJ).* Un secrétaire est désigné par l'assemblée plénière.

Art. 6 *Conditions de délibération (art. R. 212-29 du COJ).* Le président de l'assemblée veille au bon déroulement des débats et au respect de la libre expression de chacun.

Art. 7 *Modalités de dépouillement des votes (art. R. 212-32 du COJ).* En cas de vote à bulletin secret, le dépouillement est assuré par le bureau en présence de l'ensemble de ses membres.

Art. 8 *Modalités d'établissement et de dépôt des procès-verbaux des délibérations (art. R. 212-32 du COJ).* Le procès-verbal de chaque réunion de l'assemblée est établi et signé par le secrétaire puis communiqué aux membres du bureau, qui transmettent leurs observations éventuelles dans un délai de dix jours. Il est ensuite diffusé auprès de l'ensemble des membres de l'assemblée par courrier électronique sous quinze jours, avec sa signature et celle du président de l'assemblée.

Outre les décisions prises et les avis émis, le procès-verbal fait apparaître de façon synthétique l'ensemble des observations soulevées lors de la réunion.

Chaque membre de l'assemblée a dix jours pour présenter ses observations écrites à la suite de cet envoi, lesquelles seront annexées au procès-verbal de l'assemblée.

Art. 9 *Composition de la commission plénière (art. R. 212-51 du COJ).* Présidée par le président du *(Décr. nº 2019-966 du 18 sept. 2019, en vigueur le 1er janv. 2020)* « tribunal judiciaire *[ancienne rédaction : tribunal de grande instance]* », la commission plénière comprend en qualité de membres de droit le procureur de la République et le ou les directeurs de greffe.

Elle comprend en outre les membres des commissions restreintes de l'assemblée des magistrats du siège et du parquet et de l'assemblée des fonctionnaires.

Dans les juridictions qui ne comportent pas de commissions restreintes, les membres de la commission plénière sont élus par l'assemblée des magistrats du siège et du parquet et par l'assemblée des fonctionnaires, au scrutin de liste proportionnel avec panachage et vote préférentiel.

Le président du *(Décr. nº 2019-966 du 18 sept. 2019, en vigueur le 1er janv. 2020)* « tribunal judiciaire *[ancienne rédaction : tribunal de grande instance]* » détermine les modalités de dépôt des candidatures et de l'élection. Six membres au total doivent être élus, trois parmi l'assemblée des magistrats du siège et du parquet et trois parmi l'assemblée des fonctionnaires.

Un bureau *ad hoc* composé du président et de deux volontaires ou, à défaut, du plus jeune et du plus âgé des membres de l'assemblée, dans sa composition au jour des élections de la commission plénière, calcule le nombre de voix obtenues par chaque liste en additionnant les suffrages acquis par chaque candidat ayant fait acte de candidature au titre de cette liste.

Ce bureau détermine en outre le quotient électoral en divisant le nombre total de suffrages exprimés par le nombre de sièges à pourvoir. Il attribue à chaque liste autant de sièges qu'elle a atteint de fois le quotient électoral.

Les sièges restant éventuellement à pourvoir sont attribués suivant la règle du plus fort reste.

Les élus d'une liste sont choisis en fonction du nombre de voix que chacun d'eux a obtenues.

Pour départager les candidats qui auraient obtenu le même nombre de voix, il sera tenu compte de l'ordre préférentiel émis par l'électeur.

Les opérations de dépouillement sont ouvertes aux membres de l'assemblée.

Un cas concret à valeur d'exemple est présenté en annexe du présent règlement intérieur.

Art. 10 *Modalités de révision du règlement intérieur.* Toute demande de modification du règlement intérieur est inscrite d'office à l'ordre du jour de l'assemblée dès lors qu'elle est présentée par le tiers des membres de l'assemblée ou par la majorité des membres de la commission plénière dans les conditions fixées par l'article 3 du présent règlement intérieur.

Règlement intérieur approuvé lors de la réunion de l'assemblée le .... à ....

Le/la président(e) de l'assemblée,

M./Mme

Signature

Le/la secrétaire de l'assemblée,

M./Mme
Signature

Annexe

Cas concret à valeur d'exemple : 30 électeurs de l'assemblée des magistrats du siège et du parquet, 3 sièges de magistrats à pourvoir, 30 × 3 = 90 suffrages exprimés
Deux listes sont en présence.

LISTE A	CANDIDAT X	CANDIDAT Y	CANDIDAT Z
LISTE B	CANDIDAT X'	CANDIDAT Y'	CANDIDAT Z'

Parmi les 6 candidats en présence, l'électeur en choisit au maximum 3, qui peuvent appartenir à des listes différentes, en leur affectant un ordre de préférence.
Résultat du vote par candidat :

CANDIDAT	X	Y	Z	X'	Y'	Z'
Liste	A	A	A	B	B	B
Voix obtenues	25	25	5	20	10	5

Détermination du quotient électoral : 90/3 = 30
Attribution du nombre de sièges pour chaque liste :

LISTES	SUFFRAGES OBTENUS	NOMBRE DE SIÈGES OBTENUS après application du QE	RESTE	NOMBRE TOTAL de sièges obtenus
Liste A	55	1	25	2
Liste B	35	1	5	1

Répartition des sièges à l'intérieur des listes :
Liste A : répartition des 2 sièges obtenus :
les candidats X (25 voix) et Y (25 voix)
Liste B : attribution du seul siège obtenu :
au candidat X' (20 voix)

Art. R. 212-33 Le directeur de greffe assiste aux assemblées générales et consigne sur le registre des délibérations de la juridiction les décisions prises et les avis émis.

Le président du *(Décr. n° 2019-912 du 30 août 2019, art. 23, en vigueur le 1er janv. 2020)* « tribunal judiciaire *[ancienne rédaction : tribunal de grande instance]* » transmet au premier président de la cour d'appel les procès-verbaux des délibérations des assemblées générales à l'exception de celles de l'assemblée des magistrats du parquet qui sont transmises par le procureur de la République au procureur général près cette cour. – *[Anc. art. R.* 761-14, ecqc TGI.]*

SOUS-SECTION 2 L'ASSEMBLÉE DES MAGISTRATS DU SIÈGE

Art. R. 212-34 *(Décr. n° 2019-912 du 30 août 2019, art. 13-I, en vigueur le 1er janv. 2020)* Le président du tribunal judiciaire préside l'assemblée des magistrats du siège.

Cette assemblée comprend :

1° Les magistrats du siège du tribunal judiciaire, y compris les magistrats du siège exerçant au sein d'une chambre de proximité de ce tribunal ;

2° Les magistrats placés auprès du premier président exerçant leurs fonctions au tribunal judiciaire.

Assistent à l'assemblée des magistrats du siège :

1° Les magistrats honoraires exerçant au sein du tribunal judiciaire les fonctions de magistrat du siège mentionnées à l'article 41-25 de l'ordonnance n° 58-1270 du 22 décembre 1958 portant loi organique relative au statut de la magistrature ;

2° Les magistrats exerçant à titre temporaire du tribunal judiciaire ;

3° Les auditeurs de justice en stage au sein du tribunal judiciaire.

Ancien art. R. 212-34

Art. R. 212-34-1 *(Décr. n° 2019-912 du 30 août 2019, art. 13-II, en vigueur le 1er janv. 2020)* La participation des magistrats du siège exerçant au sein d'une chambre de proximité du tribunal judiciaire à l'assemblée des magistrats du siège peut, le cas échéant, avoir lieu par l'utilisation d'un moyen de télécommunication audiovisuelle.

Art. R. 212-35 L'assemblée des magistrats du siège peut entendre le procureur de la République à l'initiative de son président, à la demande de la majorité de ses membres ou à celle du procureur lui-même. — *[Anc. art. R.* 761-22, ecqc TGI.]*

Art. R. 212-36 L'assemblée des magistrats du siège du *(Décr. n° 2019-912 du 30 août 2019, art. 23, en vigueur le 1er janv. 2020)* « tribunal judiciaire *[ancienne rédaction : tribunal de grande instance]* » désigne :

1° Un magistrat du siège pour exercer les fonctions de juge d'instruction, conformément à l'article 50 du code de procédure pénale ;

2° Les membres titulaires et suppléants de la commission d'indemnisation des victimes d'infractions ;

3° Un magistrat du siège pour siéger à la commission prévue par l'article *(Décr. n° 2020-1734 du 16 déc. 2020, art. 8, en vigueur le 1er mai 2021)* « L. 632-1 *[ancienne rédaction : L. 522-1]* » du code de l'entrée et du séjour des étrangers et du droit d'asile. — *[Anc. art. R.* 761-24, al. 1er à 4.]*

Art. R. 212-37 L'assemblée des magistrats du siège du tribunal *(Décr. n° 2019-912 du 30 août 2019, art. 13-III-1°, en vigueur le 1er janv. 2020)* « judiciaire *[ancienne rédaction : de grande instance]* » émet un avis sur :

1° Le projet de décision fixant le nombre et le jour des audiences correctionnelles, conformément au code de procédure pénale ;

2° Les critères généraux de répartition des dossiers entre les chambres et de distribution des affaires entre les magistrats spécialisés du tribunal ;

(Décr. n° 2016-514 du 26 avr. 2016, art. 3) « 3° Le projet d'ordonnance, préparé par le président du tribunal, de répartition dans les chambres, services et pôles des magistrats du siège dont le tribunal est composé et de désignation du magistrat chargé de la coordination d'un service ou d'un pôle conformément aux articles R. 212-3 et R. 212-62 ; »

4° L'affectation des magistrats dans les formations de jugement spécialisées en matière militaire en temps de paix et en matière d'intérêts fondamentaux de la nation, conformément au code de procédure pénale ;

5° La désignation, en cas de pluralité de juges de l'application des peines, par le président du tribunal, de celui qui exercera les attributions mentionnées au titre XI du livre V du code de procédure pénale (troisième partie : Décrets) ;

6° La désignation, en cas de pluralité de magistrats chargés des fonctions de juge pour enfants, par le président du tribunal, de celui qui exercera les attributions mentionnées à l'article R. 251-3 ;

(Abrogé par Décr. n° 2017-683 du 28 avr. 2017, art. 1er-2°, à compter du 1er juill. 2017) *« 7° Le projet d'ordonnance préparé par le président du tribunal désignant un juge du tribunal d'instance pour exercer les fonctions du juge de proximité conformément à l'article L. 232-2 ; »*

8° Le projet d'ordonnance préparé par le président du tribunal désignant un magistrat pour exercer les fonctions de juge des libertés et de la détention conformément à l'article 137-1 du code de procédure pénale ; — *[Anc. art. R*. 761-24, al. 6 à 12.]*

(Décr. n° 2010-1395 du 12 nov. 2010, art. 6, en vigueur le 1er févr. 2010) « 9° Le projet d'ordonnance préparé par le président du tribunal désignant le magistrat coordon-

nateur en matière de droit de la famille et des personnes qui exercera les attributions mentionnées à l'article R. 213-9-1 » ;

(Décr. n° 2012-1451 du 24 déc. 2012, art. 1er) **« 10° Le projet d'ordonnance préparé par le président du tribunal désignant le magistrat chargé de contrôler l'exécution des mesures d'instruction conformément à l'article 155-1 du code de procédure civile ; »**

(Décr. n° 2015-261 du 5 mars 2015, art. 21-1°) **« 11° La désignation du président du tribunal maritime et de ses deux assesseurs magistrats par le président du tribunal auprès duquel est institué un tribunal maritime ; »**

(Décr. n° 2016-514 du 26 avr. 2016, art. 12) **« 12° Le projet d'ordonnance préparé par le président du tribunal désignant le magistrat »** *(Décr. n° 2019-912 du 30 août 2019, art. 13-III-2°, en vigueur le 1er janv. 2020)* **« coordonnateur de la protection et de la conciliation de justice qui exercera les attributions mentionnées à l'article R. 213-9-8** *[ancienne rédaction : chargé de coordonner et d'animer l'activité des tribunaux d'instance dans le ressort du tribunal de grande instance]* **; »**

(Décr. n° 2016-660 du 20 mai 2016, art. 6) **« 13° Le projet d'ordonnance préparé par le président du tribunal désignant un magistrat du tribunal** *(Décr. n° 2019-912 du 30 août 2019, art. 13-III-3°, en vigueur le 1er janv. 2020)* **« judiciaire** *[ancienne rédaction : de grande instance]* **» pour exercer les fonctions prévues à l'article L. 1454-2 du code du travail. »**

L'art. 6 du Décr. n° 2010-1395 du 12 nov. 2010 est applicable en Polynésie française et en Nouvelle-Calédonie (Décr. préc., art. 11).

Le Décr. n° 2015-261 du 5 mars 2015 est applicable à la Nouvelle-Calédonie, à la Polynésie française et à Wallis-et-Futuna (Décr. préc., art. 20).

L'art. 3 du Décr. n° 2016-514 du 26 avr. 2016 est applicable en Polynésie française et en Nouvelle-Calédonie (Décr. préc., art. 24-I et II).

Art. R. 212-37-1 *(Décr. n° 2014-1458 du 8 déc. 2014, art. 9, en vigueur le 1er janv. 2015)* **L'avis ne peut être émis sur le projet d'ordonnance mentionné au 3° de l'article R. 212-37 que lorsque les magistrats qui se sont prononcés représentent au moins 50 % des magistrats présents ou représentés lors de la constatation du quorum.**

Si l'avis est défavorable ou si le quorum mentionné au premier alinéa n'est pas atteint, l'assemblée est de nouveau convoquée dans un délai minimum de huit jours ne pouvant excéder un mois et le projet d'ordonnance, éventuellement modifié selon les observations qui auraient été formulées par l'assemblée, lui est de nouveau soumis. L'assemblée est alors réputée avoir valablement émis son avis.

SOUS-SECTION 3 L'ASSEMBLÉE DES MAGISTRATS DU PARQUET

Art. R. 212-38 Le procureur de la République préside l'assemblée des magistrats du parquet.

Cette assemblée comprend :

1° Les magistrats du parquet près le tribunal *(Décr. n° 2019-912 du 30 août 2019, art. 13-IV-1°, en vigueur le 1er janv. 2020)* **« judiciaire** *[ancienne rédaction : de grande instance]* **» ;**

2° Les magistrats placés auprès du procureur général exerçant leurs fonctions au parquet près ce tribunal.

(Décr. n° 2019-912 du 30 août 2019, art. 13-IV-2°, en vigueur le 1er janv. 2020) **« Assistent à l'assemblée des magistrats du parquet :**

« 1° Les magistrats honoraires exerçant près le tribunal judiciaire les fonctions de magistrat du parquet mentionnées à l'article 41-25 de l'ordonnance n° 58-1270 du 22 décembre 1958 portant loi organique relative au statut de la magistrature ;

« 2° Les auditeurs de justice en stage au parquet près le tribunal judiciaire *[ancienne rédaction : Les auditeurs de justice, en stage au parquet près le tribunal de grande instance, assistent à l'assemblée des magistrats du parquet].* **» —** *[Anc. art. R.* 761-2, ecqc TGI parquet, R. 761-2-1, ecqc TGI parquet et R.* 761-25, al. 2, ecqc TGI.]*

Art. R. 212-39 L'assemblée des magistrats du parquet peut entendre le président du *(Décr. n° 2019-912 du 30 août 2019, art. 23, en vigueur le 1er janv. 2020)* **« tribunal judiciaire** *[ancienne rédaction : tribunal de grande instance]* **» à l'initiative de son président, à**

la demande de la majorité de ses membres ou à celle du président lui-même. – *[Anc. art. R.* 761-25, al. 1er, ecqc TGI.]*

Art. R. 212-40 L'assemblée des magistrats du parquet émet un avis sur :

1° L'organisation des services du parquet ;

2° Les relations avec les services de police judiciaire ;

3° Les conditions dans lesquelles le ministère public exerce ses attributions ;

4° Le projet de décision fixant le nombre et le jour des audiences correctionnelles, conformément au code de procédure pénale ;

5° Les critères généraux de répartition des dossiers entre les chambres et de distribution des affaires entre les magistrats spécialisés du tribunal. – *[Anc. art. R.* 761-26, ecqc TGI.]*

SOUS-SECTION 4 L'ASSEMBLÉE DES MAGISTRATS DU SIÈGE ET DU PARQUET

Art. R. 212-41 Le président du tribunal *(Décr. no 2019-912 du 30 août 2019, art. 13-V-1o, en vigueur le 1er janv. 2020)* « judiciaire *[ancienne rédaction : de grande instance]* » préside l'assemblée des magistrats du siège et du parquet.

Cette assemblée comprend :

1° Les membres de l'assemblée des magistrats du siège ;

2° Les membres de l'assemblée des magistrats du parquet.

(Décr. no 2019-912 du 30 août 2019, art. 13-V-2o, en vigueur le 1er janv. 2020) « Assistent à l'assemblée des magistrats du siège et du parquet :

« 1° Les magistrats honoraires mentionnés aux articles R. 212-34 et R. 212-38 ;

« 2° Les magistrats exerçant à titre temporaire du tribunal judiciaire ;

« 3° Les auditeurs de justice mentionnés aux articles R. 212-34 et R. 212-38 *[ancienne rédaction : Les auditeurs de justice, en stage dans le tribunal de grande instance, assistent à l'assemblée des magistrats du siège et du parquet]*. » – *[Anc. art. R.* 761-2. ecqc TGI siège et parquet et R.* 761-16, ecqc TGI.]*

Art. R. 212-41-1 *(Décr. no 2019-912 du 30 août 2019, art. 13-VI, en vigueur le 1er janv. 2020)* La participation des magistrats du siège exerçant au sein d'une chambre de proximité du tribunal judiciaire à l'assemblée des magistrats du siège et du parquet peut, le cas échéant, avoir lieu par l'utilisation d'un moyen de télécommunication audiovisuelle.

Art. R. 212-42 L'assemblée des magistrats du siège et du parquet émet un avis sur :

1° Le nombre, le jour et la nature des audiences ;

2° Le projet de répartition des emplois de fonctionnaires entre les services du siège et du parquet, préparé par le président du *(Décr. no 2019-912 du 30 août 2019, art. 23, en vigueur le 1er janv. 2020)* « tribunal judiciaire *[ancienne rédaction : tribunal de grande instance]* » et le procureur de la République, en liaison avec le ou les directeurs de greffe ;

3° Le projet de répartition de l'effectif des fonctionnaires à l'intérieur des services du siège et du parquet ;

4° Les heures d'ouverture et de fermeture au public du greffe ;

5° Les besoins nécessaires au fonctionnement de la juridiction exprimés par le président du *(Décr. no 2019-912 du 30 août 2019, art. 23, en vigueur le 1er janv. 2020)* « tribunal judiciaire *[ancienne rédaction : tribunal de grande instance]* » et le procureur de la République avec le concours du directeur de greffe ;

6° *L'affectation des moyens* alloués à la juridiction ;

7° Les mesures relatives à l'entretien des locaux, à la bibliothèque et au mobilier ;

8° Les conditions de travail du personnel et les problèmes de sécurité ;

9° Les questions intéressant le fonctionnement interne de la juridiction ;

10° Les projets de convention constitutive des maisons de justice et du droit relevant du ressort de la juridiction ;

11° La désignation, par le président du *(Décr. no 2019-912 du 30 août 2019, art. 23, en vigueur le 1er janv. 2020)* « tribunal judiciaire *[ancienne rédaction : tribunal de grande instance]* » et le procureur de la République, du ou des magistrats chargés d'animer et de coordonner les actions conduites au sein des maisons de justice et du droit relevant du ressort de la juridiction. – *[Anc. art. R.* 761-17, ecqc TGI.] – V. art. R. 212-46.*

Art. R. 212-43 *Matière pénale* 🏛.

Art. R. 212-44 L'assemblée des magistrats du siège et du parquet procède à des échanges de vues sur l'activité de la juridiction *(Décr. n° 2014-64 du 29 janv. 2014, art. 1er-II)* « et sur le rapport annuel de politique pénale présenté par le parquet. »

Elle étudie l'évolution de la jurisprudence.

Elle examine toutes les questions intéressant le fonctionnement de la juridiction et concernant l'ensemble des magistrats.

Elle prépare les réunions de l'assemblée plénière.

Elle examine le rapport annuel d'activité des maisons de justice et du droit situées dans le ressort de la juridiction.

Elle entend le rapport du juge de l'application des peines. – *[Anc. art. R.* 312-8, 3e phrase et R.* 761-20, ecqc TGI.]*

SOUS-SECTION 5 LES ASSEMBLÉES DES FONCTIONNAIRES DU GREFFE ET DU SECRÉTARIAT DE PARQUET AUTONOME

Art. R. 212-45 Le directeur de greffe préside l'assemblée des fonctionnaires du greffe.

Le secrétaire en chef du parquet préside l'assemblée des fonctionnaires du secrétariat de parquet autonome.

Chacune de ces assemblées comprend :

1° Les *(Décr. n° 2015-1273 du 13 oct. 2015, art. 42-1°, en vigueur le 1er nov. 2015)* « directeurs des services de greffe judiciaires » *(Décr. n° 2019-912 du 30 août 2019, art. 13-VII-1°, en vigueur le 1er janv. 2020)* « du tribunal, y compris ceux qui exercent leurs fonctions au sein d'un greffe détaché ; »

2° Les greffiers *(Décr. n° 2019-912 du 30 août 2019, art. 13-VII-1°, en vigueur le 1er janv. 2020)* « du tribunal, y compris ceux qui exercent leurs fonctions au sein d'un greffe détaché ; »

(Décr. n° 2019-912 du 30 août 2019, art. 13-VII-2°, en vigueur le 1er janv. 2020) « 3° Les autres fonctionnaires et les agents contractuels du tribunal, y compris ceux qui exercent leurs fonctions au sein d'un greffe détaché *[ancienne rédaction : Les fonctionnaires et les agents de l'État relevant de la direction des services judiciaires]*. »

Les fonctionnaires en stage rémunérés à titre permanent, les autres stagiaires ainsi que les fonctionnaires et les agents qui, placés sous l'autorité des magistrats, concourent au fonctionnement de la juridiction mais ne relèvent pas de la direction des services judiciaires, assistent aux réunions de l'assemblée des fonctionnaires.

Le président du tribunal *(Décr. n° 2019-912 du 30 août 2019, art. 13-VII-3°, en vigueur le 1er janv. 2020)* « judiciaire *[ancienne rédaction : de grande instance]* » et le procureur de la République peuvent assister à l'assemblée des fonctionnaires. – *[Anc. art. R.* 761-2, ecqc TGI greffe, R.* 761-27, ecqc TGI, R.* 761-28, ecqc TGI et R.* 761-29, ecqc TGI.]*

Art. R. 212-45-1 *(Décr. n° 2019-912 du 30 août 2019, art. 13-VIII, en vigueur le 1er janv. 2020)* La participation à cette assemblée des directeurs des services de greffe judiciaires, des greffiers, des autres fonctionnaires et des agents contractuels affectés dans un greffe détaché peut, le cas échéant, avoir lieu par l'utilisation d'un moyen de télécommunication audiovisuelle.

Art. R. 212-46 L'assemblée des fonctionnaires émet un avis sur les questions mentionnées à l'article R. 212-42 à l'exception du 11°. – *[Anc. art. R.* 761-31, ecqc TGI.]*

Art. R. 212-47 L'assemblée des fonctionnaires est consultée en outre sur :

1° Le projet d'affectation du personnel dans les services du greffe, préparé par le ou les directeurs de greffe ;

2° La formation permanente du personnel ;

3° Les problèmes de gestion et d'organisation du greffe. – *[Anc. art. R.* 761-32, al. 1er à 3, ecqc TGI et R.* 761-33, al. 1er, ecqc TGI.]*

Art. R. 212-48 L'assemblée des fonctionnaires prépare les réunions de l'assemblée plénière.

Le ou les directeurs de greffe et, le cas échéant, le secrétaire en chef de parquet transmettent au président du *(Décr. n° 2019-912 du 30 août 2019, art. 23, en vigueur le 1er janv. 2020)* « tribunal judiciaire *[ancienne rédaction : tribunal de grande instance]* » les procès-verbaux des délibérations de l'assemblée des fonctionnaires. – *[Anc. art. R.* 761-32, al. 4, ecqc TGI et R.* 761-33, al. 2, ecqc TGI.]*

SOUS-SECTION 6 L'ASSEMBLÉE PLÉNIÈRE DES MAGISTRATS ET DES FONCTIONNAIRES

Art. R. 212-49 Le président du tribunal *(Décr. n° 2019-912 du 30 août 2019, art. 13-IX-1°, en vigueur le 1er janv. 2020)* « judiciaire *[ancienne rédaction : de grande instance]* » préside l'assemblée plénière des magistrats et des fonctionnaires.

Cette assemblée comprend :

1° Les membres de l'assemblée des magistrats du siège et du parquet ;

2° Les membres des assemblées des fonctionnaires du greffe et, le cas échéant, du secrétariat de parquet autonome.

(Décr. n° 2019-912 du 30 août 2019, art. 13-IX-2°, en vigueur le 1er janv. 2020) « Assistent aux réunions de l'assemblée plénière des magistrats et des fonctionnaires :

« 1° Les magistrats honoraires mentionnés aux articles R. 212-34 et R. 212-38 ;

« 2° Les magistrats exerçant à titre temporaire du tribunal judiciaire ;

« 3° Les auditeurs de justice, les fonctionnaires en stage rémunérés à titre permanent, les autres stagiaires ainsi que les fonctionnaires et les agents qui, placés sous l'autorité des magistrats, concourent au fonctionnement de la juridiction mais ne relèvent pas de la direction des services judiciaires *[ancienne rédaction : Les auditeurs de justice, les fonctionnaires en stage rémunérés à titre permanent, les autres stagiaires ainsi que les fonctionnaires et les agents qui, placés sous l'autorité des magistrats, concourent au fonctionnement de la juridiction mais ne relèvent pas de la direction des services judiciaires, assistent aux réunions de l'assemblée plénière des magistrats et des fonctionnaires]*. » — *[Anc. art. R.* 761-2, ecqc TGI plénière, R.* 761-34, ecqc TGI et R.* 761-35, ecqc TGI.]*

Art. R. 212-49-1 *(Décr. n° 2019-912 du 30 août 2019, art. 13-X, en vigueur le 1er janv. 2020)* La participation à cette assemblée des magistrats du siège exerçant au sein d'une chambre de proximité du tribunal judiciaire ainsi que des directeurs des services de greffe judiciaires, des greffiers, des autres fonctionnaires et des agents contractuels affectés dans un greffe détaché peut, le cas échéant, avoir lieu par l'utilisation d'un moyen de télécommunication audiovisuelle.

Art. R. 212-50 L'assemblée plénière procède à un échange de vues sur les questions qui ont été soumises à l'avis de l'assemblée des magistrats du siège et du parquet, de l'assemblée des fonctionnaires du greffe et, le cas échéant, de celle du secrétariat de parquet autonome et qui ont fait préalablement l'objet d'un vote de celles-ci.

Elle émet un avis sur le projet de convention constitutive d'une maison de justice et du droit. — *[Anc. art. R.* 761-37, ecqc TGI.]*

(Décr. n° 2016-514 du 26 avr. 2016, art. 10-I) « Elle émet également un avis sur le projet de juridiction et sur l'ordre du jour du conseil de juridiction. »

(Décr. n° 2014-1458 du 8 déc. 2014, art. 10, en vigueur le 1er janv. 2015) « L'assemblée plénière procède à un échange de vues sur les orientations adoptées par le comité de gestion et sur la situation et les perspectives budgétaires de la juridiction dans le cadre du dialogue de gestion.

« L'assemblée plénière élabore et arrête son règlement intérieur selon le règlement intérieur type arrêté par le garde des sceaux, ministre de la justice, en l'adaptant, le cas échéant, dans les conditions prévues au deuxième alinéa de l'article R. 212-32. »

L'art. 10 du Décr. n° 2016-514 du 26 avr. 2016 est applicable en Polynésie française et en Nouvelle-Calédonie (Décr. préc., art. 24-I et II).

SOUS-SECTION 7 LA COMMISSION PLÉNIÈRE *(Décr. n° 2014-1458 du 8 déc. 2014, art. 15-I, en vigueur le 1er janv. 2015).*

Art. R. 212-51 *(Décr. n° 2014-1458 du 8 déc. 2014, art. 16, en vigueur le 1er janv. 2015)* I. — Le président du *(Décr. n° 2019-912 du 30 août 2019, art. 23, en vigueur le 1er janv. 2020)* « tribunal judiciaire *[ancienne rédaction : tribunal de grande instance]* » préside la commission plénière.

La commission plénière comprend en qualité de membres de droit :

1° Le procureur de la République ;

2° Le ou les directeurs de greffe.

II. — Cette commission comprend, en outre, les membres des commissions restreintes de l'assemblée des magistrats du siège et du parquet et de l'assemblée des fonctionnaires des juridictions dans des conditions fixées par le règlement intérieur de l'assemblée plénière.

III. – Dans les juridictions qui ne comportent pas de commissions restreintes, les membres de la commission plénière sont élus par l'assemblée des magistrats du siège et du parquet et par l'assemblée des fonctionnaires, au scrutin de liste proportionnel avec panachage et vote préférentiel, dans des conditions fixées par le règlement intérieur de l'assemblée plénière.

Les modalités de dépôt des candidatures et de l'élection sont alors déterminées par le président du *(Décr. n° 2019-912 du 30 août 2019, art. 23, en vigueur le 1er janv. 2020)* « tribunal judiciaire *[ancienne rédaction : tribunal de grande instance]* ».

Seuls peuvent être élus les membres de l'assemblée plénière qui ont fait acte de candidature. Chaque candidat se présente avec son suppléant. Les membres sont élus pour deux ans. Le mandat des membres titulaires est renouvelable deux fois.

Les magistrats et les fonctionnaires élus doivent être en nombre égal.

Art. R. 212-52 *(Décr. n° 2014-1458 du 8 déc. 2014, art. 15-II, en vigueur le 1er janv. 2015)* « La commission plénière » ne peut valablement siéger que si plus de la moitié de ses membres sont présents. – *[Anc. art. R.* 761-43, ecqc TGI.]*

Art. R. 212-53 Le vote a lieu à la majorité des membres présents.

En cas de partage des voix, celle du président est prépondérante. – *[Anc. art. R.* 761-44, ecqc TGI.]*

Art. R. 212-54 *(Décr. n° 2014-1458 du 8 déc. 2014, art. 15-II, en vigueur le 1er janv. 2015)* « La commission plénière » :

1° Prépare les réunions de l'assemblée plénière ; à cet effet, le président du *(Décr. n° 2019-912 du 30 août 2019, art. 23, en vigueur le 1er janv. 2020)* « tribunal judiciaire *[ancienne rédaction : tribunal de grande instance]* » lui communique, quinze jours au moins avant la date de la réunion, après délibération des assemblées concernées, les projets de décisions qui feront l'objet d'échanges de vues à l'assemblée plénière ; la commission fait connaître au président ses avis et propositions ;

(Abrogé par Décr. n° 2014-1458 du 8 déc. 2014, art. 17, à compter du 1er janv. 2015) *« 2° Élabore et arrête le règlement intérieur de l'assemblée plénière ; »*

3° Donne son avis sur les demandes d'attribution de mobilier, matériel technique et autres équipements spéciaux non financés sur les moyens propres de la juridiction ;

4° Propose les mesures tendant à faciliter l'accueil et les démarches au public ;

5° Assure les liaisons avec les organismes sociaux ou professionnels dont l'activité est liée au fonctionnement de la justice, ainsi qu'avec les autorités locales. – *[Anc. art.* R. 761-45, ecqc TGI.]*

Art. R. 212-54-1 *(Décr. n° 2014-1458 du 8 déc. 2014, art. 18, en vigueur le 1er janv. 2015)* La commission plénière peut saisir le comité de gestion mentionné aux articles R. 212-60 et R. 212-61 de toute question relative à ses compétences.

SOUS-SECTION 8 LA COMMISSION RESTREINTE

Art. R. 212-55 Le président d'une assemblée préside la commission restreinte de celle-ci.

La commission est composée de membres de l'assemblée élus au scrutin proportionnel avec panachage et vote préférentiel. Le mandat de ces membres est de deux ans, renouvelable une fois.

Le procureur de la République est membre de droit de la commission restreinte de l'assemblée des magistrats du siège et du parquet.

Le nombre et les modalités de l'élection des membres de la commission restreinte ainsi que les règles de fonctionnement de celle-ci sont déterminés par le règlement intérieur de chaque assemblée. – *[Anc. art. R.* 761-47, ecqc TGI et R.* 761-48, ecqc TGI.]*

Art. R. 212-56 Le vote a lieu à la majorité des membres présents.

En cas de partage des voix, celle du président est prépondérante. – *[Anc. art. R.* 761-49, ecqc TGI.]*

Art. R. 212-57 La commission restreinte prépare les réunions de l'assemblée ; à cet effet, le président de cette assemblée communique aux membres de la commission,

quinze jours au moins avant la date de la réunion, les propositions et les projets qu'il envisage de soumettre à l'assemblée générale sur les questions inscrites à l'ordre du jour ; la commission fait connaître au président ses avis et propositions.

La commission restreinte de l'assemblée des fonctionnaires peut être consultée, par délégation de cette assemblée, par le directeur de greffe, sur les problèmes de gestion et d'organisation du greffe. – *[Anc. art. R.* 761-50, ecqc TGI.]*

SECTION VI **ADMINISTRATION DU TRIBUNAL JUDICIAIRE** *[ANCIENNE RÉDACTION : DE GRANDE INSTANCE] (Décr. nº 2019-912 du 30 août 2019, art. 22-XIII, en vigueur le 1er janv. 2020).*

Sur les conditions d'entrée en vigueur de l'art. 22 du Décr. nº 2019-912 du 30 août 2019, V. note au-dessus de l'art. R. 211-3.

Art. R. 212-58 *(Abrogé par Décr. nº 2019-912 du 30 août 2019, art. 22-XIV-1º, à compter du 1er janv. 2020)* ***« Le président du tribunal de grande instance et le procureur de la République près ce tribunal procèdent à l'inspection des tribunaux d'instance*** *(Abrogé par Décr. nº 2017-683 du 28 avr. 2017, art. 1er-3º, à compter du 1er juill. 2017)* ***« et des juridictions de proximité » du ressort. »***

(Décr. nº 2019-912 du 30 août 2019, art. 22-XIV-2º, en vigueur le 1er janv. 2020) **« Le président du tribunal judiciaire et le procureur de la République près ce tribunal** *[ancienne rédaction : Ils]* **» s'assurent, chacun en ce qui le concerne, de la bonne administration des services judiciaires et de l'expédition normale des affaires ;** *(Décr. nº 2019-912 du 30 août 2019, art. 30)* **« ils sont assistés, le cas échéant, par le magistrat chargé du secrétariat général ; » ils peuvent déléguer ces pouvoirs, pour des actes déterminés, à des magistrats du siège ou du parquet placés sous leur autorité ; ils rendent compte de leurs constatations ou de celles qui ont été faites par les magistrats qu'ils ont délégués au premier président de la cour d'appel et au procureur général près cette cour.** – *[Anc. art. R.* 311-38 et R. 311-38-1.]*

Sur les conditions d'entrée en vigueur de l'art. 22 du Décr. nº 2019-912 du 30 août 2019, V. note au-dessus de l'art. R. 211-3.

Art. R. 212-59 Le président du *(Décr. nº 2019-912 du 30 août 2019, art. 23, en vigueur le 1er janv. 2020)* **« tribunal judiciaire** *[ancienne rédaction : tribunal de grande instance]* **», en cas d'absence ou d'empêchement, est suppléé dans ses fonctions administratives par le magistrat du siège qu'il aura désigné ou, à défaut, par le magistrat du siège dont le rang est le plus élevé.**

L'ordonnance de désignation, prise conformément aux dispositions de l'article L. 121-3, peut être modifiée en cours d'année judiciaire par une nouvelle ordonnance du président en cas de cessation ou interruption des fonctions du suppléant initialement désigné.

Art. R. 212-60 *(Décr. nº 2014-1458 du 8 déc. 2014, art. 4, en vigueur le 1er janv. 2015)* **Le comité de gestion est composé du président du** *(Décr. nº 2019-912 du 30 août 2019, art. 23, en vigueur le 1er janv. 2020)* **« tribunal judiciaire** *[ancienne rédaction : tribunal de grande instance]* **», du procureur de la République et du directeur de greffe.**

Art. R. 212-61 *(Décr. nº 2014-1458 du 8 déc. 2014, art. 4, en vigueur le 1er janv. 2015)* **Le comité de gestion se réunit aux dates arrêtées conjointement par ses membres en début de semestre, selon une fréquence au moins mensuelle.**

L'ordre du jour, arrêté par le président, **est composé des questions proposées par ses membres.**

Le comité débat des questions de gestion et de fonctionnement de la juridiction et, éventuellement, d'autres questions proposées par ses membres.

Les orientations arrêtées lors des réunions du comité sont consignées par le président sur un registre de délibérations et sont communiquées aux membres de la commission plénière.

SECTION VII **LES PÔLES**

(Décr. nº 2016-514 du 26 avr. 2016, art. 5)

Art. R. 212-62 Lorsque le *(Décr. nº 2019-912 du 30 août 2019, art. 23, en vigueur le 1er janv. 2020)* **« tribunal judiciaire** *[ancienne rédaction : tribunal de grande instance]* **» est**

composé de plusieurs chambres et services, ceux-ci peuvent être regroupés en pôles dont le nombre et le contenu sont fixés par l'ordonnance prévue à l'article R. 121-1.

Chaque pôle est coordonné par l'un des magistrats qui le composent choisi parmi les magistrats nommés dans l'une des fonctions de premier vice-président ou de premier vice-président adjoint ou, à défaut, parmi les autres magistrats du pôle. Le président du *(Décr. nº 2019-912 du 30 août 2019, art. 23, en vigueur le 1er janv. 2020)* « tribunal judiciaire *[ancienne rédaction : tribunal de grande instance]* » procède à sa désignation, après concertation avec les magistrats du pôle, par la même ordonnance que celle, prise après avis de l'assemblée des magistrats du siège, qui est mentionnée à l'alinéa précédent.

Il est notamment chargé de l'animation du pôle. Il est l'interlocuteur des personnes, organismes et autorités avec lesquels ce pôle est en relation. L'administration du pôle est exercée par un directeur des services de greffe judiciaires, conformément aux dispositions des articles R. 123-3 et R. 123-4.

L'art. 5 du Décr. nº 2016-514 du 26 avr. 2016 est applicable en Polynésie française et en Nouvelle-Calédonie (Décr. préc., art. 24-I et II).

SECTION VIII LE PROJET DE JURIDICTION

(Décr. nº 2016-514 du 26 avr. 2016, art. 8)

Art. R. 212-63 Le projet de juridiction est élaboré à l'initiative des chefs de juridiction, en concertation avec l'ensemble des magistrats du siège et du parquet et l'ensemble des personnels de la juridiction. Il est soumis à l'avis de l'assemblée plénière des magistrats et des fonctionnaires avant d'être arrêté par les chefs de juridiction. Il définit, en prenant en compte les spécificités du ressort, des objectifs à moyen terme visant à améliorer le service rendu au justiciable et les conditions de travail, dans le respect de l'indépendance juridictionnelle. Il est présenté en tout ou partie, au sein du conseil de juridiction, aux personnes, organismes et autorités avec lesquels la juridiction est en relation.

L'art. 8 du Décr. nº 2016-514 du 26 avr. 2016 est applicable en Polynésie française et en Nouvelle-Calédonie (Décr. préc., art. 24-I, II).

SECTION IX LE CONSEIL DE JURIDICTION

Art. R. 212-64 *(Décr. nº 2019-912 du 30 août 2019, art. 14-I-1º)* « I. — » Le conseil de juridiction, coprésidé par le président du tribunal *(Décr. nº 2019-912 du 30 août 2019, art. 40-II-2º, en vigueur le 1er janv. 2020)* « judiciaire *[ancienne rédaction : de grande instance]* » et le procureur de la République, est un lieu d'échanges et de communication entre la juridiction et la cité. Il se réunit au moins une fois par an.

L'ordre du jour est arrêté par les chefs de juridiction après avis du directeur de greffe en comité de gestion et de l'assemblée plénière des magistrats et des fonctionnaires, qui peuvent également faire des propositions d'ordre du jour.

Le conseil de juridiction se compose de magistrats et fonctionnaires de la juridiction désignés par la commission restreinte ou l'assemblée plénière en fonction de la taille de la juridiction et, en fonction de son ordre du jour, notamment :

1º De représentants de l'administration pénitentiaire et de la protection judiciaire de la jeunesse ;

2º De représentants locaux de l'État ;

3º De représentants des collectivités territoriales *(Abrogé par Décr. nº 2019-912 du 30 août 2019, art. 14-I-2º) « et de parlementaires élus du ressort »* ;

4º De personnes exerçant une mission de service public auprès des juridictions ;

5º *(Décr. nº 2019-912 du 30 août 2019, art. 14-I-3º)* « Du bâtonnier de l'ordre des avocats du ressort et de représentants des autres professions du droit » ;

6º De représentants d'associations ;

(Décr. nº 2019-912 du 30 août 2019, art. 14-I-4º) « 7º De représentants des conciliateurs de justice désignés par le magistrat coordonnateur de la protection et de la conciliation de justice pour le ressort de la juridiction. »

Cet organe n'exerce aucun contrôle sur l'activité juridictionnelle ou sur l'organisation de la juridiction ni n'évoque les affaires individuelles dont la juridiction est saisie.

(Décr. n° 2019-912 du 30 août 2019, art. 14-I-5°) « **II. — Lorsque sa consultation est requise par des dispositions législatives ou réglementaires, le conseil de juridiction, coprésidé par le président du tribunal** *(Décr. n° 2019-912 du 30 août 2019, art. 40-II-2°, en vigueur le 1er janv. 2020)* « **judiciaire** *[ancienne rédaction : de grande instance]* » **et le procureur de la République près ce tribunal, est composé :**

« **1° Du directeur de greffe ;**

« **2° D'au moins un magistrat du siège désigné par l'assemblée des magistrats du siège ou son suppléant ;**

« **3° D'au moins un magistrat du parquet désigné par l'assemblée des magistrats du parquet ou son suppléant ;**

« **4° D'au moins un fonctionnaire désigné par l'assemblée des fonctionnaires du greffe et, le cas échéant, du secrétariat de parquet autonome, ou son suppléant ;**

« **5° Du maire de la commune siège du tribunal** *(Décr. n° 2019-912 du 30 août 2019, art. 40-II-2°, en vigueur le 1er janv. 2020)* « **judiciaire** *[ancienne rédaction : de grande instance]* » ;

« **6° Du président du conseil départemental ou du président de l'assemblée délibérante de la collectivité territoriale exerçant les compétences du département ou, en Guyane, du président de l'Assemblée de Guyane ;**

« **7° Du bâtonnier de l'ordre des avocats du ressort.**

« **Les personnes mentionnées aux 1°, 5°, 6° et 7° peuvent se faire représenter.**

« **Le président du tribunal** *(Décr. n° 2019-912 du 30 août 2019, art. 40-II-2°, en vigueur le 1er janv. 2020)* « **judiciaire** *[ancienne rédaction : de grande instance]* » **et le procureur de la République près ce tribunal recueillent l'ensemble des observations présentées lors de la réunion du conseil de juridiction. Ils rédigent, dans un délai de huit jours suivant la réunion, une synthèse de ces observations.** »

L'art. 9 du Décr. n° 2016-514 du 26 avr. 2016 est applicable en Polynésie française et en Nouvelle-Calédonie (Décr. préc., art. 24-I et II).

CHAPITRE III FONCTIONS PARTICULIÈRES

SECTION PREMIÈRE FONCTIONS PARTICULIÈRES EXERCÉES EN MATIÈRE CIVILE

SOUS-SECTION 1 LE PRÉSIDENT DU TRIBUNAL JUDICIAIRE *[ANCIENNE RÉDACTION : TRIBUNAL DE GRANDE INSTANCE] (Décr. n° 2019-912 du 30 août 2019, art. 23, en vigueur le 1er janv. 2020).*

Art. R. 213-1 **Le président du** *(Décr. n° 2019-912 du 30 août 2019, art. 23, en vigueur le 1er janv. 2020)* « **tribunal judiciaire** *[ancienne rédaction : tribunal de grande instance]* » **a compétence dans les matières déterminées par les lois et règlements au nombre desquelles figurent les matières mentionnées à la présente sous-section.**

Art. R. 213-1-1 *(Décr. n° 2017-890 du 6 mai 2017, art. 54-2°, en vigueur le 1er nov. 2017)* **Le président du** *(Décr. n° 2019-912 du 30 août 2019, art. 23, en vigueur le 1er janv. 2020)* « **tribunal judiciaire** *[ancienne rédaction : tribunal de grande instance]* » **connaît de la rectification des actes de l'état civil.**

Art. R. 213-2 **Le président du** *(Décr. n° 2019-912 du 30 août 2019, art. 23, en vigueur le 1er janv. 2020)* « **tribunal judiciaire** *[ancienne rédaction : tribunal de grande instance]* » **connaît :**

1° Des contestations relatives à la fixation du prix des baux commerciaux dans les cas et conditions prévus par l'article R. 145-23 du code de commerce ; – *[Anc. art. R.* 312-3, al. 1er.]*

2° Des contestations relatives au prix du bail à construction dans les cas et conditions prévus par l'article L. 251-5 du code de la construction et de l'habitation.

BIBL. ▶ NORMAND, *RTD civ. 1982. 199 ; ibid. 1983. 583.* – JULIEN, *D. 1982. IR 157.*

Art. R. 213-3 **Le président du** *(Décr. n° 2019-912 du 30 août 2019, art. 23, en vigueur le 1er janv. 2020)* « **tribunal judiciaire** *[ancienne rédaction : tribunal de grande instance]* » **connaît du règlement amiable, du redressement et de la liquidation judiciaires des**

exploitations agricoles dans les cas et conditions prévus par les articles L. 351-2 à L. 351-8 du *(Ord. n° 2010-462 du 6 mai 2010, art. 1er)* **« code rural et de la pêche maritime ».** – *V. art. R. 222-5.*

Art. R. 213-4 **Le président du** *(Décr. n° 2019-912 du 30 août 2019, art. 23, en vigueur le 1er janv. 2020)* **« tribunal judiciaire** *[ancienne rédaction : tribunal de grande instance]* **» connaît des contestations relatives aux honoraires du bâtonnier de l'ordre des avocats, dans les cas et conditions prévus par l'article 179 du décret n° 91-1197 du 27 novembre 1991 organisant la profession d'avocat.** – *V. Décr. n° 91-1197 du 27 nov. 1991, art. 179.* – **C. *avocat*.**

Art. R. 213-5 **Le président du** *(Décr. n° 2019-912 du 30 août 2019, art. 23, en vigueur le 1er janv. 2020)* **« tribunal judiciaire** *[ancienne rédaction : tribunal de grande instance]* **» connaît de la demande formée, sur le fondement du** *(Décr. n° 2018-687 du 1er août 2018, art. 30-II ; Décr. n° 2019-536 du 29 mai 2019, art. 158-II-1°, en vigueur le 1er juin 2019)* **« IV de l'article 21 » de la loi n° 78-17 du 6 janvier 1978 relative à l'informatique, aux fichiers et aux libertés, à l'encontre des personnes ou des organismes autres que ceux mentionnés à l'article R. 555-1 du code de justice administrative.** – *[Anc. art. R. 312-4.]* – *V. L. n° 78-17 du 6 janv. 1978 (JO 7 janv.).*

Art. R. 213-5-1 *(Décr. n° 2009-1456 du 27 nov. 2009, art. 2)* **Le président du** *(Décr. n° 2019-912 du 30 août 2019, art. 23, en vigueur le 1er janv. 2020)* **« tribunal judiciaire** *[ancienne rédaction : tribunal de grande instance]* **» compétent en application de l'article L. 211-14** *[abrogé]* **connaît des contestations relatives aux obligations de publicité et de mise en concurrence auxquelles est soumise la passation des contrats de droit privé relevant de la commande publique dans les cas et conditions prévus par les articles 2 à 20 de l'ordonnance n° 2009-515 du 7 mai 2009 relative aux procédures de recours applicables aux contrats de la commande publique.** – *V. Ord. n° 2009-515 du 7 mai 2009, art. 2 à 20 (JO 8 mai).*

Le Décr. n° 2009-1456 du 27 nov. 2009 est applicable aux contrats en vue desquels une consultation est engagée à partir du 1er déc. 2009 (Décr. préc., art. 33).

L'art. L. 211-14 a été abrogé par l'art. 77-5° de l'Ord. n° 2016-65 du 29 janv. 2016. Sur l'entrée en vigueur de ladite Ord., V. note ss. art. L. 211-14 préc.

Art. R. 213-5-2 *(Décr. n° 2012-1515 du 28 déc. 2012, art. 12, en vigueur le 1er janv. 2013)* **Le président du** *(Décr. n° 2019-912 du 30 août 2019, art. 23, en vigueur le 1er janv. 2020)* **« tribunal judiciaire** *[ancienne rédaction : tribunal de grande instance]* **» connaît des actions et requêtes dans les cas et conditions prévus au code des douanes.**

Art. R. 213-5-3 *(Décr. n° 2019-912 du 30 août 2019, art. 15, en vigueur le 1er janv. 2020)* **Lorsqu'il statue sur requête, en référé ou selon la procédure accélérée au fond, la compétence du président du tribunal judiciaire s'exerce dans le ressort du tribunal judiciaire et, s'il y a lieu, dans celui de chacune des chambres de proximité.**

Sur les conditions d'entrée en vigueur de l'art. 15 du Décr. n° 2019-912 du 30 août 2019, V. note au-dessus de l'art. R. 211-3.

Art. R. 213-6 **Le président du tribunal** *(Décr. n° 2019-912 du 30 août 2019, art. 16, en vigueur le 1er janv. 2020)* **« judiciaire** *[ancienne rédaction : de grande instance]* **» peut déléguer les fonctions juridictionnelles qui lui sont spécialement attribuées à un ou plusieurs juges du tribunal** *(Décr. n° 2019-912 du 30 août 2019, art. 16, en vigueur le 1er janv. 2020)* **« , y compris aux magistrats du siège exerçant au sein d'une chambre de proximité ». La délégation est effectuée conformément aux dispositions de l'article L. 121-3.**

SOUS-SECTION 2 LE JUGE DE LA MISE EN ÉTAT

Art. R. 213-7 **Le président du** *(Décr. n° 2019-912 du 30 août 2019, art. 23, en vigueur le 1er janv. 2020)* **« tribunal judiciaire** *[ancienne rédaction : tribunal de grande instance]* **» désigne un ou plusieurs juges de la mise en état conformément aux dispositions de l'article L. 121-3.**

Lorsque plusieurs juges sont chargés de la mise en état dans une même chambre, les affaires sont réparties entre eux par le président de la chambre. – *[C. pr. civ., anc. art. 817, al. 1er, ecqc JME et 818.]*

SOUS-SECTION 3 LE JUGE AUX AFFAIRES FAMILIALES

Art. R. 213-8 Le président du *(Décr. nº 2019-912 du 30 août 2019, art. 23, en vigueur le 1er janv. 2020)* « tribunal judiciaire *[ancienne rédaction : tribunal de grande instance]* » désigne un ou plusieurs juges aux affaires familiales conformément aux dispositions de l'article L. 121-3. – *[Anc. art. R. 312-1.]*

Art. R. 213-9 Les décisions relatives au renvoi à la formation collégiale sont des mesures d'administration judiciaire. – *[Anc. art. L. 312-1, al. 5, 2e phrase.]*

SOUS-SECTION 3-1 LE MAGISTRAT COORDONNATEUR DE L'ACTIVITÉ EN MATIÈRE DE DROIT DE LA FAMILLE ET DES PERSONNES

(Décr. nº 2010-1395 du 12 nov. 2010, art. 5, en vigueur le 1er févr. 2010)

BIBL. ▸ DOUCHY-OUDOT, *D. 2011. Pan. 1107*. – FRICERO, *D. 2011. Pan. 265*.

Art. R. 213-9-1 Le président du *(Décr. nº 2019-912 du 30 août 2019, art. 23, en vigueur le 1er janv. 2020)* « tribunal judiciaire *[ancienne rédaction : tribunal de grande instance]* » désigne, après avis de l'assemblée générale des magistrats du siège, un magistrat qui assure la coordination de l'activité des magistrats du siège du ressort du tribunal en matière de droit de la famille et des personnes.

Il est mis fin à ses fonctions et pourvu à son remplacement dans les mêmes formes.

Le magistrat désigné établit un rapport annuel sur l'activité des magistrats du siège en matière de droit de la famille et des personnes, qu'il transmet au président. Ce dernier communique ce rapport au premier président de la cour d'appel ainsi qu'au procureur de la République et à toute personne à laquelle il estime cette communication utile.

SOUS-SECTION 3-2 LE JUGE DES CONTENTIEUX DE LA PROTECTION

(Décr. nº 2019-912 du 30 août 2019, art. 17, en vigueur le 1er janv. 2020)

Sur les conditions d'entrée en vigueur de l'art. 15 du Décr. nº 2019-912 du 30 août 2019, V. note au-dessus de l'art. R. 211-3.

§ 1er COMPÉTENCE MATÉRIELLE

Art. R. 213-9-2 Les règles relatives à la compétence matérielle du juge des contentieux de la protection sont déterminées par le code de procédure civile, le code de la consommation et les dispositions ci-après ainsi que par les autres lois et règlements.

Art. R. 213-9-3 Le juge des contentieux de la protection connaît à charge d'appel des actions mentionnées à l'article L. 213-4-3.

Art. R. 213-9-4 Le juge des contentieux de la protection connaît, en dernier ressort jusqu'à la valeur de 5 000 euros, et à charge d'appel lorsque la demande excède cette somme ou est indéterminée, des actions énumérées aux articles L. 213-4-4, L. 213-4-5 et L. 213-4-6.

§ 2 COMPÉTENCE TERRITORIALE

Art. R. 213-9-5 Les règles relatives à la compétence territoriale du juge des contentieux de la protection sont déterminées par le code de procédure civile, le code de la consommation et les dispositions ci-après ainsi que par les autres lois et règlements.

Art. R. 213-9-6 Les juges des contentieux de la protection exercent leurs compétences dans le ressort des tribunaux judiciaires ou, le cas échéant, des chambres de proximité dont ils relèvent.

Le siège et le ressort des tribunaux judiciaires et des chambres de proximité dont les juges des contentieux de la protection sont seuls compétents, dans le ressort de certains tribunaux judiciaires, pour connaître des mesures de traitement des situations de surendettement des particuliers et des procédures de rétablissement personnel, sont fixés par décret conformément au tableau IX-I annexé au présent code.

Art. R. 213-9-7 Dans les cas prévus aux articles L. 213-4-3 et L. 213-4-4, le juge des contentieux de la protection territorialement compétent est celui du lieu où sont situés les biens.

Art. R. 213-9-8 Dans le cas prévu à l'article L. 213-4-6, le juge des contentieux de la protection territorialement compétent est celui du lieu où est situé le domicile du débiteur.

§ 3 LE SERVICE JURIDICTIONNEL

Art. R. 213-9-9 Les décisions relatives au renvoi à la formation collégiale sont des mesures d'administration judiciaire.

SOUS-SECTION 3-3 LE MAGISTRAT COORDONNATEUR DE LA PROTECTION ET DE LA CONCILIATION DE JUSTICE

(Décr. n° 2019-912 du 30 août 2019, art. 18, en vigueur le 1er janv. 2020)

Sur les conditions d'entrée en vigueur de l'art. 18 du Décr. n° 2019-912 du 30 août 2019, V. note au-dessus de l'art. R. 211-3.

Art. R. 213-9-10 Le président du tribunal judiciaire désigne, après concertation avec les juges des contentieux de la protection du ressort et avis de l'assemblée des magistrats du siège du tribunal judiciaire, parmi les magistrats nommés dans des fonctions de premier vice-président ou à défaut parmi les autres magistrats, un juge des contentieux de la protection, dénommé magistrat coordonnateur de la protection et de la conciliation de justice, pour assurer la coordination et l'animation de l'activité des juges des contentieux de la protection et des conciliateurs de justice pour le ressort de ce tribunal judiciaire.

Art. R. 213-9-11 Le magistrat coordonnateur de la protection et de la conciliation de justice instruit les dossiers de candidature des conciliateurs de justice et les transmet au premier président de la cour d'appel.

Il réunit, chaque fois qu'il l'estime nécessaire et au moins une fois par an, les conciliateurs de justice de son ressort à des réunions d'information portant notamment sur les problématiques locales.

Le magistrat désigné établit un rapport annuel sur l'activité des juges des contentieux de la protection du ressort et sur la conciliation de justice du ressort, qu'il transmet au président du tribunal judiciaire. Ce dernier communique ce rapport au premier président de la cour d'appel. Il le communique également au procureur de la République, aux juges des contentieux de la protection ainsi qu'au directeur de greffe du tribunal judiciaire et à toute personne à laquelle il estime cette communication utile.

SOUS-SECTION 4 LE JUGE DE L'EXÉCUTION

Art. R. 213-10 *(Décr. n° 2019-912 du 30 août 2019, art. 19, en vigueur le 1er janv. 2020)* « Le président du tribunal judiciaire exerce les fonctions de juge de l'exécution dans le ressort du tribunal et, s'il y a lieu, dans celui de chacune des chambres de proximité. »

Lorsque le président du *(Décr. n° 2019-912 du 30 août 2019, art. 23, en vigueur le 1er janv. 2020)* « tribunal judiciaire *[ancienne rédaction : tribunal de grande instance]* » délègue les fonctions de juge de l'exécution à un ou plusieurs juges du tribunal, la délégation est effectuée conformément aux dispositions de l'article L. 121-3.

L'ordonnance de délégation est adressée au bâtonnier de l'ordre des avocats et au président de la chambre départementale des huissiers de justice. Elle est affichée au greffe des juridictions comprises dans le ressort du *(Décr. n° 2019-912 du 30 août 2019, art. 23, en vigueur le 1er janv. 2020)* « tribunal judiciaire *[ancienne rédaction : tribunal de grande instance]* » ainsi que dans les mairies des communes comprises dans ce ressort.

En cas de modification de l'étendue territoriale de la délégation par le président du *(Décr. n° 2019-912 du 30 août 2019, art. 23, en vigueur le 1er janv. 2020)* « tribunal judiciaire *[ancienne rédaction : tribunal de grande instance]* », le dossier est transmis au

greffe de la nouvelle juridiction. Les actes et formalités liés au déroulement des mesures d'exécution et des mesures conservatoires déjà engagées continuent à être effectués au greffe de la juridiction initialement désignée qui en assure la transmission. – *[Anc. art. R. 311-29-2.]*

Sur les conditions d'entrée en vigueur de l'art. 19 du Décr. n° 2019-912 du 30 août 2019, V. note au-dessus de l'art. R. 211-3.

Art. R. 213-11 **Le président du** *(Décr. n° 2019-912 du 30 août 2019, art. 23, en vigueur le 1er janv. 2020)* **« tribunal judiciaire** *[ancienne rédaction : tribunal de grande instance]* **» tranche les incidents relatifs à la répartition des affaires entre les juges auxquels il a délégué les fonctions de juge de l'exécution.**

Les décisions relatives aux incidents sont des mesures d'administration judiciaire. – *[Anc. art. L. 311-12, al. 2.]*

Art. R. 213-12 **Les décisions relatives au renvoi à la formation collégiale sont des mesures d'administration judiciaire.** – *[Anc. art. L. 311-13, ecqc JEX.]*

SOUS-SECTION 5 LE JUGE CHARGÉ DE CONTRÔLER L'EXÉCUTION DES MESURES D'INSTRUCTION ET DES COMMISSIONS ROGATOIRES EN PROVENANCE DE L'ÉTRANGER *(Décr. n° 2017-892 du 6 mai 2017, art. 17-1°).*

(Décr. n° 2012-1451 du 24 déc. 2012, art. 2)

Art. R. 213-12-1 **Le président du** *(Décr. n° 2019-912 du 30 août 2019, art. 23, en vigueur le 1er janv. 2020)* **« tribunal judiciaire** *[ancienne rédaction : tribunal de grande instance]* **» désigne un ou plusieurs juges chargés de contrôler l'exécution des mesures d'instruction** *(Décr. n° 2017-892 du 6 mai 2017, art. 17-2°)* **« et l'exécution des commissions rogatoires en provenance de l'étranger » conformément aux dispositions de l'article L. 121-3.**

BIBL. ▶ Décr. du 24 déc. 2012 : RUELLAN et MARIE, *Experts oct. 2013, p. 12.*

SECTION II FONCTIONS PARTICULIÈRES EXERCÉES EN MATIÈRE PÉNALE

Art. R. 213-13 *Matière pénale* 🏛.

Art. R. 213-14 *(Décr. n° 2021-682 du 27 mai 2021, art. 3-III, en vigueur le 30 sept. 2021)* **Au sein de chaque tribunal judiciaire dans le ressort duquel un tribunal pour enfant a son siège, un ou plusieurs juges des libertés et de la détention désignés par le premier président sont chargés spécialement des affaires concernant les mineurs.**

Le Décr. n° 2021-682 du 27 mai 2021 est applicable en Nouvelle-Calédonie, en Polynésie française et à Wallis-et-Futuna (Décr. préc., art. 7-I).

CHAPITRE IV LA COMMISSION D'INDEMNISATION DES VICTIMES D'INFRACTIONS

Art. R. 214-1 **La commission d'indemnisation des victimes d'infractions est composée de deux magistrats du siège du** *(Décr. n° 2019-912 du 30 août 2019, art. 23, en vigueur le 1er janv. 2020)* **« tribunal judiciaire** *[ancienne rédaction : tribunal de grande instance]* **» et d'une personne remplissant les conditions fixées par l'article L. 214-2.** – *[C. pr. pén., anc. art. 706-4, al. 2, ecqc nombre de membres.]*

Art. R. 214-2 **Tous les trois ans, au cours du dernier trimestre, l'assemblée générale des magistrats du siège du** *(Décr. n° 2019-912 du 30 août 2019, art. 23, en vigueur le 1er janv. 2020)* **« tribunal judiciaire** *[ancienne rédaction : tribunal de grande instance]* **» désigne les membres titulaires de la commission ainsi que, parmi ceux-ci, le magistrat qui en assure la présidence. Elle désigne également deux magistrats du siège suppléants ainsi que la personne susceptible de suppléer le troisième membre de la commission.**

Elle peut décider que la commission comportera plusieurs formations composées comme il est dit au premier alinéa.

En cas d'empêchement ou de cessation de fonctions du président, la présidence de la commission est assurée par l'autre magistrat.

En cas d'empêchement ou de cessation de fonctions d'un des autres membres, la commission est complétée en faisant appel aux suppléants dans les conditions prévues par le présent article. Les fonctions du nouveau membre expirent à la date du renouvellement normal de la commission. Il est procédé au remplacement du membre suppléant par l'assemblée générale des magistrats du siège.

En cas d'urgence, s'il ne peut être fait immédiatement application des dispositions qui précèdent, le président du tribunal pourvoit provisoirement, par ordonnance, au remplacement du membre de la commission. Cette ordonnance ne peut produire effet au-delà de la prochaine assemblée générale. – *[C. pr. pén., anc. art. R. 50-1.]*

Art. R. 214-3 Les personnes, autres que les magistrats en activité, qui souhaitent faire acte de candidature en qualité d'assesseurs à la commission d'indemnisation doivent demeurer dans le ressort du *(Décr. n° 2019-912 du 30 août 2019, art. 23, en vigueur le 1er janv. 2020)* « tribunal judiciaire *[ancienne rédaction : tribunal de grande instance]* » dont la commission fait partie. Elles adressent leur demande au président de ce tribunal avant le 30 avril de l'année au cours de laquelle doit être renouvelée la commission.

Le président du tribunal procède ou fait procéder à toutes diligences utiles pour l'instruction de la demande. L'assemblée générale statue sur son rapport.

Avant de prendre leurs fonctions, les assesseurs désignés, titulaires et suppléants, prêtent serment devant le tribunal de bien et fidèlement remplir leur mission et de garder le secret des délibérations. Une indemnité horaire est allouée aux assesseurs qui siègent à la commission ; le montant et les modalités de versement de cette indemnité sont fixés par arrêté conjoint du garde des Sceaux, ministre de la justice, et du ministre chargé du budget.

Lorsqu'ils se sont abstenus, sans motif légitime, de déférer à trois convocations successives, les assesseurs peuvent être déclarés démissionnaires. En cas de faute grave entachant l'honneur ou la probité, ils sont déchus de leurs fonctions.

Les décisions prévues par l'alinéa précédent sont prises, à la demande du président de la commission ou du procureur de la République, par l'assemblée générale des magistrats du siège du tribunal ; en cas d'urgence, le président du tribunal peut, par ordonnance, prononcer une suspension provisoire. Cette ordonnance ne peut produire effet au-delà de la prochaine assemblée générale. – *[C. pr. pén., anc. art. R. 50-1-1.]*

Art. R. 214-4 Le greffe du *(Décr. n° 2019-912 du 30 août 2019, art. 23, en vigueur le 1er janv. 2020)* « tribunal judiciaire *[ancienne rédaction : tribunal de grande instance]* » assure le secrétariat de la commission. – *[C. pr. pén., anc. art. R. 50-2.]*

Art. D. 214-5 Le siège et le ressort de la commission sont les mêmes que ceux du *(Décr. n° 2019-912 du 30 août 2019, art. 23, en vigueur le 1er janv. 2020)* « tribunal judiciaire *[ancienne rédaction : tribunal de grande instance]* ». – *[C. pr. pén., anc. art. R. 50-3.]*

Art. R. 214-6 La commission territorialement compétente est, au choix du demandeur :

Soit celle dans le ressort de laquelle il demeure, s'il réside en France métropolitaine, dans un département d'outre-mer, à Mayotte, à Saint-Barthélemy, à Saint-Martin, à Saint-Pierre-et-Miquelon, à Wallis-et-Futuna, en Polynésie française ou en Nouvelle-Calédonie ;

Soit, si une juridiction pénale a été saisie en France métropolitaine, dans un département d'outre-mer, à Mayotte, à Saint-Barthélemy, à Saint-Martin, à Saint-Pierre-et-Miquelon, à Wallis-et-Futuna, en Polynésie française ou en Nouvelle-Calédonie, celle dans le ressort de laquelle cette juridiction à *[a]* son siège.

A défaut, la commission territorialement compétente est celle du *(Décr. n° 2019-912 du 30 août 2019, art. 23, en vigueur le 1er janv. 2020)* « tribunal judiciaire *[ancienne rédaction : tribunal de grande instance]* » de Paris.

En cas de pluralité de demandeurs victimes d'une même infraction, la commission saisie par l'un d'entre eux peut être également saisie par les autres quel que soit leur lieu de résidence. – *[C. pr. pén., anc. art. R. 50-4, R. 50-5 et R. 50-6.]*

CHAPITRE V DISPOSITIONS PARTICULIÈRES AUX DÉPARTEMENTS DU BAS-RHIN, DU HAUT-RHIN ET DE LA MOSELLE

(Décr. nº 2019-912 du 30 août 2019) art. 20, en vigueur le 1er janv. 2020)

Sur les conditions d'entrée en vigueur de l'art. 20 du Décr. nº 2019-912 du 30 août 2019, V. note au-dessus de l'art. R. 211-3.

RÉP. PR. CIV. vº *Alsace et Moselle* par HAEGEL, SCHWOB et VALLENS.

SECTION PREMIÈRE INSTITUTION ET COMPÉTENCE

Art. R. 215-1 **Lorsque le tribunal judiciaire est appelé à connaître, en matière civile et commerciale, d'une action patrimoniale, il statue en dernier ressort jusqu'à la valeur de 5 000 euros.**

Lorsqu'il est appelé à connaître d'une demande qui excède la somme de 5 000 euros ou qui est indéterminée, il statue à charge d'appel.

Art. D. 215-2 *(Décr. nº 2019-914 du 30 août 2019, art. 5-I, en vigueur le 1er janv. 2020)* **Le siège et le ressort du tribunal pour la navigation du Rhin et du tribunal de première instance pour la navigation de la Moselle sont fixés conformément au tableau XII annexé au présent code.**

L'art. 5 du Décr. nº 2019-914 du 30 août 2019 est applicable aux procédures en cours à sa date d'entrée en vigueur, dans les conditions déterminées par les IV à VIII de l'art. 40 du Décr. nº 2019-912 du 30 août 2019 (Décr. nº 2019-914 du 30 août 2019, art. 13-III).

SECTION II ORGANISATION ET FONCTIONNEMENT

SOUS-SECTION 1 LE LIVRE FONCIER

Art. D. 215-3 *(Décr. nº 2019-914 du 30 août 2019, art. 5-II, en vigueur le 1er janv. 2020)* **Le bureau foncier est chargé de la tenue du livre foncier.**

L'art. 5 du Décr. nº 2019-914 du 30 août 2019 est applicable aux procédures en cours à sa date d'entrée en vigueur, dans les conditions déterminées par les IV à VIII de l'art. 40 du Décr. nº 2019-912 du 30 août 2019 (Décr. nº 2019-914 du 30 août 2019, art. 13-III).

Art. D. 215-4 *(Décr. nº 2019-914 du 30 août 2019, art. 5-II, en vigueur le 1er janv. 2020)* **La liste des bureaux fonciers est fixée par arrêté du garde des sceaux, ministre de la justice, conformément au tableau XIII annexé au présent code.**

Le garde des sceaux, ministre de la justice, peut modifier cette liste par arrêté pris après avis du premier président de la cour d'appel et du procureur général près cette cour.

L'art. 5 du Décr. nº 2019-914 du 30 août 2019 est applicable aux procédures en cours à sa date d'entrée en vigueur, dans les conditions déterminées par les IV à VIII de l'art. 40 du Décr. nº 2019-912 du 30 août 2019 (Décr. nº 2019-914 du 30 août 2019, art. 13-III).

Art. R. 215-5 **Le juge du livre foncier statue en premier ressort.**

Art. D. 215-6 *(Décr. nº 2019-914 du 30 août 2019, art. 5-III, en vigueur le 1er janv. 2020)* **Le bureau foncier est tenu par un juge du livre foncier.**

Les tribunaux judiciaires et les chambres de proximité au siège desquels est situé un bureau foncier disposent d'un effectif propre de juges du livre foncier.

Si plusieurs juges sont chargés du service du livre foncier, le premier président de la cour d'appel assigne, par ordonnance, à chaque juge des circonscriptions déterminées. Il est statué par un même juge sur l'ensemble d'une requête concernant des immeubles situés dans des circonscriptions différentes.

En cas d'absence ou d'empêchement du juge du livre foncier, son remplacement est assuré par ordonnance du premier président de la cour d'appel.

Les ordonnances du premier président mentionnées aux troisième et quatrième aliéna *[alinéas]* **du présent article sont des mesures d'administration judiciaire.**

L'art. 5 du Décr. nº 2019-914 du 30 août 2019 est applicable aux procédures en cours à sa date d'entrée en vigueur, dans les conditions déterminées par les IV à VIII de l'art. 40 du Décr. nº 2019-912 du 30 août 2019 (Décr. nº 2019-914 du 30 août 2019, art. 13-III).

Art. R. 215-7 Le garde des sceaux, ministre de la justice, peut, par arrêté pris après avis du premier président de la cour d'appel et du procureur général près cette cour, décider qu'un même magistrat est chargé de plusieurs livres fonciers.

Art. D. 215-8 *(Décr. nº 2019-914 du 30 août 2019, art. 5-IV, en vigueur le 1er janv. 2020)* Le secrétariat du bureau foncier est assuré par le greffe du tribunal judiciaire ou le greffe détaché de la chambre de proximité au siège desquels est situé le bureau foncier.

Le juge chargé du livre foncier surveille l'instruction des affaires par le secrétariat du bureau.

L'art. 5 du Décr. nº 2019-914 du 30 août 2019 est applicable aux procédures en cours à sa date d'entrée en vigueur, dans les conditions déterminées par les IV à VIII de l'art. 40 du Décr. nº 2019-912 du 30 août 2019 (Décr. nº 2019-914 du 30 août 2019, art. 13-III).

Art. D. 215-9 *(Décr. nº 2019-914 du 30 août 2019, art. 5-IV, en vigueur le 1er janv. 2020)* La vérification de la tenue du livre foncier est faite par un magistrat de la cour d'appel désigné à cette fin par le premier président. Ce magistrat est assisté du directeur des services de greffe judiciaires vérificateur. Il peut faire procéder, par celui-ci, à des investigations déterminées.

Le résultat des vérifications et investigations est consigné dans un procès-verbal qui est porté à la connaissance des magistrats et greffiers intéressés.

Le magistrat vérificateur notifie aux juges intéressés ses observations et suggestions. Le premier président se prononce sur les désaccords que ces derniers pourraient manifester.

Le directeur des services de greffe judiciaires vérificateur procède pareillement en ce qui concerne les opérations de la compétence exclusive des greffiers du livre foncier. Il demande, en cas de nécessité, au procureur général de se prononcer.

L'art. 5 du Décr. nº 2019-914 du 30 août 2019 est applicable aux procédures en cours à sa date d'entrée en vigueur, dans les conditions déterminées par les IV à VIII de l'art. 40 du Décr. nº 2019-912 du 30 août 2019 (Décr. nº 2019-914 du 30 août 2019, art. 13-III).

SOUS-SECTION 2 LE GREFFE

Art. R. 215-10 Les dispositions des articles R. 123-20 à R. 123-24 sont applicables dans les greffes des tribunaux judiciaires des départements du Bas-Rhin, du Haut-Rhin et de la Moselle, pour les opérations de recettes qui y sont effectuées et sous réserve du maintien en vigueur des règles du droit local concernant l'enrôlement, la liquidation et le mode de recouvrement des frais de justice.

Art. R. 215-11 Les formalités dont les textes en vigueur prescrivent l'accomplissement au greffe du tribunal de commerce sont effectuées au greffe du tribunal judiciaire.

Art. R. 215-12 Sont tenus au greffe du tribunal judiciaire sous le contrôle du juge :

1° Le registre des associations ;

2° Le registre des associations coopératives de droit local.

Art. R. 215-13 Sont tenus au greffe du tribunal judiciaire, sous le contrôle du juge :

1° Le registre du commerce et des sociétés ;

2° Le registre des warrants hôteliers prévu par les articles L. 523-1 et suivants du code de commerce ;

3° Le registre des agents commerciaux prévu par l'article R. 134-6 du code de commerce.

Le registre mentionné au 3° est tenu au greffe du tribunal judiciaire dépositaire du registre du commerce.

Art. R. 215-14 La tenue des registres couvrant plusieurs ressorts de tribunaux judiciaires peut être confiée à un seul de ces tribunaux par arrêté du garde des sceaux, ministre de la justice.

CHAPITRE V *[ANCIEN]* DISPOSITIONS PARTICULIÈRES AUX DÉPARTEMENTS DU BAS-RHIN, DU HAUT-RHIN ET DE LA MOSELLE

RÉP. PR. CIV. v° *Alsace et Moselle* par HAEGEL, SCHWOB et VALLENS.

Ancien art. R. 215-1 *Les dispositions des articles R. 123-20 à R. 123-24 sont applicables dans les greffes des tribunaux de grande instance des départements du Bas-Rhin, du Haut-Rhin et de la Moselle, pour les opérations de recettes qui y sont effectuées et sous réserve du maintien en vigueur des règles du droit local concernant l'enrôlement, la liquidation et le mode de recouvrement des frais de justice. – [Anc. art. R.* 915-1, ecqc TGI.]*

Ancien art. R. 215-2 *Les formalités dont les textes en vigueur prescrivent l'accomplissement au greffe du tribunal de commerce sont effectuées au greffe du tribunal de grande instance. – [Anc. art. R.* 915-3, al. 1er.]*

CHAPITRE VI DISPOSITIONS PARTICULIÈRES AU DÉPARTEMENT DE MAYOTTE

(Décr. n° 2011-338 du 29 mars 2011, art. 2-1°, en vigueur le 1er avr. 2011)

Art. R. 216-1 *(Abrogé par Décr. n° 2014-527 du 23 mai 2014, art. 14-1°) Pour l'application à Mayotte de l'article R. 212-36, les mots : "L. 522-1 du code de l'entrée et du séjour des étrangers et du droit d'asile" sont remplacés par les mots : "32 de l'ordonnance n° 2000-373 du 26 avril 2000 relative aux conditions d'entrée et de séjour des étrangers à Mayotte".*

CHAPITRE VII DISPOSITIONS PARTICULIÈRES AU TRIBUNAL JUDICIAIRE [ANCIENNE RÉDACTION : TRIBUNAL DE GRANDE INSTANCE] DE PARIS *(Décr. n° 2019-912 du 30 août 2019, art. 23, en vigueur le 1er janv. 2020).*

(Décr. n° 2014-64 du 29 janv. 2014, art. 2)

Art. R. 217-1 Les articles *(Décr. n° 2014-899 du 18 août 2014, art. 5)* « R. 111-6, » R. 122-2, R. 122-3, R. 122-4, R. 122-5, R. 212-1, R. 212-6, R. 212-12, R. 212-14, R. 212-15, R. 212-16, R. 212-24, R. 212-25, R. 212-31, R. 212-35, R. 212-42, R. 212-44, R. 212-45, R. 212-51 et R. 212-55 sont applicables selon les cas au parquet financier *(Décr. n° 2019-626 du 24 juin 2019, art. 4-I-1°)* « , au parquet antiterroriste ou aux membres intéressés de ces parquets », dans la limite de leurs attributions.

Les autres dispositions réglementaires du présent code faisant mention du parquet ou de membres du parquet ne sont applicables au parquet financier *(Décr. n° 2019-626 du 24 juin 2019, art. 4-I-2°)* « , au parquet antiterroriste ou à leurs membres » que si elles le prévoient expressément.

L'art. 4 du Décr. n° 2019-626 du 24 juin 2019 entre en vigueur le 1er juill. 2019 (Décr. préc., art. 6 ; Décr. n° 2019-628 du 24 juin 2019, art. 1er).

Art. R. 217-2 Les attributions des chefs de juridiction mentionnées à la section II du chapitre III du titre II du livre Ier sont exercées par les chefs des parquets pour ce qui concerne le secrétariat des parquets autonome mentionné au deuxième alinéa de l'article R. 123-1.

Art. R. 217-3 *(Décr. n° 2019-626 du 24 juin 2019, art. 4-II-1°)* « L'assemblée des magistrats du parquet financier et l'assemblée des magistrats du parquet antiterroriste sont des formations de l'assemblée générale du tribunal *(Décr. n° 2019-912 du 30 août 2019, art. 13-XI-1°, en vigueur le 1er janv. 2020)* « judiciaire » de Paris. Ces assemblées comprennent respectivement : »

(Décr. n° 2014-64 du 29 janv. 2014, art. 2) « 1° Les magistrats du parquet financier *(Décr. n° 2019-626 du 24 juin 2019, art. 4-II-21°)* « ou du parquet antiterroriste » ;

« 2° Les magistrats placés auprès du procureur général exerçant leurs fonctions au parquet financier *(Décr. n° 2019-626 du 24 juin 2019, art. 4-II-3°)* « ou au parquet antiterroriste ».

(Décr. n° 2019-912 du 30 août 2019, art. 13-XI-2°, en vigueur le 1er janv. 2020) « Assistent à l'assemblée des magistrats du parquet financier ou à l'assemblée des magistrats du parquet antiterroriste :

« 1° Les magistrats honoraires exerçant au sein du parquet financier ou au sein du parquet antiterroriste les fonctions de magistrat du parquet mentionnées à l'article 41-25 de l'ordonnance n° 58-1270 du 22 décembre 1958 portant loi organique relative au statut de la magistrature ;

« 2° Les auditeurs de justice en stage au parquet financier ou au parquet antiterroriste *[ancienne rédaction : Les auditeurs de justice, en stage au parquet financier, assistent à l'assemblée des magistrats du parquet financier]*. »

L'art. 4 du Décr. n° 2019-626 du 24 juin 2019 entre en vigueur le 1er juill. 2019 (Décr. préc., art. 6 ; Décr. n° 2019-628 du 24 juin 2019, art. 1er).

Art. R. 217-4 *(Décr. n° 2019-626 du 24 juin 2019, art. 4-III)* Le procureur de la République financier et le procureur de la République antiterroriste président chacun l'assemblée des magistrats du parquet qu'ils dirigent. Celles-ci peuvent entendre le président du *(Décr. n° 2019-912 du 30 août 2019, art. 23, en vigueur le 1er janv. 2020)* « tribunal judiciaire *[ancienne rédaction : tribunal de grande instance]* » à l'initiative de son président, à la demande de la majorité de leurs membres ou à celle du président lui-même.

L'art. 4 du Décr. n° 2019-626 du 24 juin 2019 entre en vigueur le 1er juill. 2019 (Décr. préc., art. 6 ; Décr. n° 2019-628 du 24 juin 2019, art. 1er).

Art. R. 217-5 *(Décr. n° 2019-626 du 24 juin 2019, art. 4-IV-1°)* « L'assemblée des magistrats du parquet financier et l'assemblée des magistrats du parquet antiterroriste émettent respectivement un avis sur : »

(Décr. n° 2014-64 du 29 janv. 2014, art. 2) « 1° L'organisation *(Décr. n° 2019-626 du 24 juin 2019, art. 4-IV-2°)* « de leurs » services *(Abrogé par Décr. n° 2019-626 du 24 juin 2019, art. 4-IV-2°) « du parquet financier »* ;

(Décr. n° 2019-626 du 24 juin 2019, art. 4-IV-3°) « 2° « Leurs relations » avec les services de police judiciaire ;

« 3° Les conditions dans lesquelles le ministère public exerce ses attributions ;

« 4° Le projet de décision fixant le nombre et le jour des audiences correctionnelles relevant de *(Décr. n° 2019-626 du 24 juin 2019, art. 4-IV-4°)* « leurs » attributions, conformément au code de procédure pénale ;

« 5° Les critères généraux de répartition des dossiers entre les chambres et de distribution des affaires entre les magistrats spécialisés du tribunal. »

L'art. 4 du Décr. n° 2019-626 du 24 juin 2019 entre en vigueur le 1er juill. 2019 (Décr. préc., art. 6 ; Décr. n° 2019-628 du 24 juin 2019, art. 1er).

Art. R. 217-6 Pour l'application des dispositions de la section V du chapitre II du titre Ier du livre II au *(Décr. n° 2019-912 du 30 août 2019, art. 23, en vigueur le 1er janv. 2020)* « tribunal judiciaire *[ancienne rédaction : tribunal de grande instance]* » de Paris :

1° Il y a lieu de lire : "assemblée des magistrats du siège et des parquets" à la place de : "assemblée des magistrats du siège et du parquet" ;

2° Il y a lieu de lire : "secrétariat des parquets autonome" à la place de : "secrétariat de parquet autonome" ;

3° L'assemblée des magistrats du siège et des parquets comprend les membres de l'assemblée des magistrats du siège, de l'assemblée des magistrats du parquet *(Décr. n° 2019-626 du 24 juin 2019, art. 4-V)* « de l'assemblée des magistrats du parquet financier et de l'assemblée des magistrats du parquet antiterroriste. »

L'art. 4 du Décr. n° 2019-626 du 24 juin 2019 entre en vigueur le 1er juill. 2019 (Décr. préc., art. 6 ; Décr. n° 2019-628 du 24 juin 2019, art. 1er).

Art. R. 217-7 *(Décr. n° 2019-626 du 24 juin 2019, art. 5)* Lorsque le procureur de la République antiterroriste requiert un ou plusieurs magistrats du parquet de Paris en application de l'article L. 217-5, il précise le motif et la durée des réquisitions auxquelles il procède.

L'art. 5 du Décr. n° 2019-626 du 24 juin 2019 entre en vigueur le 1er juill. 2019 (Décr. préc., art. 6 ; Décr. n° 2019-628 du 24 juin 2019, art. 1er).

Art. R. 217-8 *(Décr. n° 2019-626 du 24 juin 2019, art. 5)* La liste arrêtée par le procureur général en application de l'article L. 217-5 peut être modifiée en cours d'année, pour prendre en compte un changement dans la composition du parquet de Paris.

L'art. 5 du Décr. n° 2019-626 du 24 juin 2019 entre en vigueur le 1er juill. 2019 (Décr. préc., art. 6 ; Décr. n° 2019-628 du 24 juin 2019, art. 1er).

CHAPITRE VIII **DISPOSITIONS PARTICULIÈRES AU TRIBUNAL JUDICIAIRE** *[ANCIENNE RÉDACTION : TRIBUNAL DE GRANDE INSTANCE]* **SPÉCIALEMENT DÉSIGNÉ AU TITRE DE L'ARTICLE L. 211-16** *(Décr. n° 2019-912 du 30 août 2019, art. 23, en vigueur le 1er janv. 2020).*

(Décr. n° 2018-928 du 29 oct. 2018, art. 8-2°)

Les dispositions de l'art. 8-2° du Décr. n° 2018-928 du 29 oct. 2018 entrent en vigueur le 1er janvier 2019, sauf les dispositions particulières aux art. R. 218-1 à R. 218-6 (Décr. préc., art. 17-VI) et dans les conditions suivantes : jusqu'au 1er sept. 2019, dans le cas où la formation collégiale du tribunal de grande instance et de la cour d'appel spécialement désignés en application des art. L. 211-16 et L. 311-16 COJ ne peut siéger avec les compositions prévues aux art. L. 218-1 et L. 312-6-2 du même code par suite de la vacance, de la récusation ou de l'absence d'assesseurs titulaires ou suppléants, l'audience est reportée à une date ultérieure, sauf accord des parties pour que le président statue seul après avoir recueilli, le cas échéant, l'avis de l'assesseur présent. Lorsque l'audience est reportée à une date ultérieure, les parties présentes en sont avisées verbalement par mention au dossier et les parties absentes sont convoquées à nouveau selon les modalités prévues à l'article R. 142-10-3 CSS. L'audience ne peut être reportée plus d'une fois. Dans le cas où, à la deuxième audience, le tribunal de grande instance ou la cour d'appel ne peut à nouveau siéger avec les compositions prévues aux art. L. 218-1 et L. 312-6-2 COJ, le président statue seul après avoir recueilli, le cas échéant, l'avis de l'assesseur présent (Décr. n° 2018-928 du 29 oct. 2018, art. 17-VIII).

SECTION PREMIÈRE **DE LA DÉSIGNATION ET DU MANDAT DES ASSESSEURS** *(Décr. n° 2019-185 du 12 mars 2019, art. 1er-1°).*

Art. R. 218-1 Le premier président de la cour d'appel fixe, pour les tribunaux ayant compétence sur son ressort, le nombre d'assesseurs titulaires et d'assesseurs suppléants qui doivent figurer sur la liste prévue à l'article L. 218-3.

La liste comporte un nombre égal d'assesseurs représentant les salariés et d'assesseurs représentant les employeurs et travailleurs indépendants.

L'art. R. 218-1, dans sa rédaction résultant de l'art. 8 du Décr. n° 2018-928 du 29 oct. 2018, entre en vigueur le lendemain de la publication dudit décret, soit le 31 oct.

Art. R. 218-2 L'autorité administrative chargée d'établir la liste mentionnée à l'article L. 218-3 est le préfet du département du lieu du siège du tribunal spécialement désigné.

L'art. R. 218-2, dans sa rédaction résultant de l'art. 8 du Décr. n° 2018-928 du 29 oct. 2018, entre en vigueur le lendemain de la publication dudit décret, soit le 31 oct.

Art. R. 218-3 Dans les professions non agricoles, en vue de la désignation des assesseurs représentant respectivement les salariés et les non-salariés, le directeur régional des entreprises, de la concurrence, de la consommation, du travail et de l'emploi détermine, à la demande du préfet, les organisations professionnelles les plus représentatives dans le ressort de chaque tribunal.

Il fixe également le nombre des personnes qui doivent être présentées par chaque organisation.

Chaque organisation dépose le nombre de candidatures qui lui est attribué auprès du préfet.

L'art. R. 218-3, dans sa rédaction résultant de l'art. 8 du Décr. n° 2018-928 du 29 oct. 2018, entre en vigueur le lendemain de la publication dudit décret, soit le 31 oct.

Art. R. 218-4 Dans les professions agricoles, en vue de la désignation des assesseurs représentant respectivement les salariés et les non-salariés, le directeur régional de l'alimentation, de l'agriculture et de la forêt détermine, à la demande du préfet, les organisations professionnelles les plus représentatives dans le ressort de chaque tribunal.

Il fixe également le nombre des personnes qui doivent être présentées par chaque organisation.

Chaque organisation dépose le nombre de candidatures qui lui est attribué auprès du préfet.

L'art. R. 218-4, dans sa rédaction résultant de l'art. 8 du Décr. n° 2018-928 du 29 oct. 2018, entre en vigueur le lendemain de la publication dudit décret, soit le 31 oct.

Art. R. 218-5 **Après s'être assuré de la recevabilité des candidatures, le préfet transmet la liste au premier président de la cour d'appel. Ce dernier recueille l'avis du président du** *(Décr. n° 2019-912 du 30 août 2019, art. 23, en vigueur le 1er janv. 2020)* **« tribunal judiciaire** *[ancienne rédaction : tribunal de grande instance]* **» spécialement désigné compétent avant de procéder à la désignation des assesseurs.**

L'art. R. 218-5, dans sa rédaction résultant de l'art. 8 du Décr. n° 2018-928 du 29 oct. 2018, entre en vigueur le lendemain de la publication dudit décret, soit le 31 oct.

Art. R. 218-6 **Dans les quinze jours suivant leur désignation, les assesseurs sont invités, par le procureur de la République, à se présenter pour prêter serment devant le** *(Décr. n° 2019-912 du 30 août 2019, art. 23, en vigueur le 1er janv. 2020)* **« tribunal judiciaire** *[ancienne rédaction : tribunal de grande instance]* **».**

Le président du tribunal ou le magistrat délégué par lui, siégeant en audience publique et en présence du procureur de la République, reçoit les prestations de serment.

Au cours de leur réception, les assesseurs prêtent individuellement le serment mentionné à l'article L. 218-6.

Il est dressé procès-verbal de la réception de serment.

La prestation de serment donne droit aux indemnités prévues aux articles R. 218-11 et R. 218-12.

L'art. R. 218-6, dans sa rédaction résultant de l'art. 8 du Décr. n° 2018-928 du 29 oct. 2018, entre en vigueur le lendemain de la publication dudit décret, soit le 31 oct.

Art. R. 218-7 **L'installation des assesseurs a lieu, en audience publique, au siège du tribunal, sous la présidence du président du** *(Décr. n° 2019-912 du 30 août 2019, art. 23, en vigueur le 1er janv. 2020)* **« tribunal judiciaire** *[ancienne rédaction : tribunal de grande instance]* **», ou du magistrat délégué par lui en présence du procureur de la République.**

Il est dressé procès-verbal de cette installation.

En cas de nécessité, les assesseurs peuvent être installés par écrit.

L'installation en audience publique donne droit aux indemnités prévues aux articles R. 218-11 et R. 218-12.

Art. R. 218-8 **En cas de vacance des fonctions d'un assesseur, par suite de décès, démission, déchéance ou pour toute autre cause, il peut être procédé à son remplacement à la demande du président de la juridiction dans les conditions fixées à l'article L. 218-3.**

Les fonctions de l'assesseur ainsi désigné expirent à l'époque où auraient cessé celles de l'assesseur qu'il remplace.

Art. R. 218-9 **L'ordonnance prévue à l'article R. 212-6 fixe le nombre et le jour des audiences de la formation collégiale.**

Le greffe convoque les assesseurs par tous moyens conférant date certaine quinze jours au moins avant la date de l'audience.

Les assesseurs présents peuvent également être convoqués aux audiences suivantes par la remise d'un bulletin après signature de la feuille de répartition des assesseurs aux audiences.

En cas d'empêchement d'un assesseur, il est immédiatement pourvu à son remplacement par un assesseur titulaire ou suppléant de la même catégorie.

Art. R. 218-9-1 *(Décr. n° 2019-912 du 30 août 2019, art. 31)* **Lorsque l'audience est reportée à une date ultérieure en application de l'article L. 218-1, les parties présentes en sont avisées verbalement par mention au dossier et les parties absentes sont convoquées à nouveau selon les modalités prévues à l'article R. 142-10-3 du code de la sécurité sociale.**

Art. R. 218-10 **Les assesseurs peuvent être récusés dans les conditions prévues au chapitre II du titre X du livre Ier du code de procédure civile.**

Art. R. 218-11 Les assesseurs perçoivent, pour chaque audience à laquelle ils participent, l'indemnité prévue à l'article R. 140 du code de procédure pénale.

Ils perçoivent également une indemnité pour perte de salaire ou de gain.

L'indemnité pour perte de salaire des assesseurs représentant les travailleurs salariés est égale à la perte de salaire effectivement subie, justifiée par une attestation de l'employeur, qu'il appartient à l'assesseur de fournir.

L'indemnité pour perte de gain des assesseurs représentant les employeurs et travailleurs indépendants est fixée forfaitairement à six fois le montant brut horaire du salaire minimum interprofessionnel de croissance par audience.

Art. R. 218-12 Les assesseurs sont indemnisés de leurs frais de déplacement et de séjour dans les conditions fixées par le décret n° 2006-781 du 3 juillet 2006.

SECTION II DE L'OBLIGATION DE FORMATION INITIALE

(Décr. n° 2019-185 du 12 mars 2019, art. 1er-2°)

Art. D. 218-13 Sont soumis à l'obligation de formation initiale prévue à l'article L. 218-12 les assesseurs désignés par le premier président de la cour d'appel et n'ayant jamais exercé de mandat dans la formation collégiale du *(Décr. n° 2019-912 du 30 août 2019, art. 23, en vigueur le 1er janv. 2020)* « tribunal judiciaire *[ancienne rédaction : tribunal de grande instance]* ».

Art. D. 218-14 La formation initiale, d'une durée d'une journée, est organisée par l'École nationale de la magistrature. Elle porte notamment sur des enseignements relatifs à l'organisation judiciaire, au statut et à la déontologie, aux principes de la procédure devant les juridictions désignées ainsi qu'aux grands principes de la protection sociale.

Elle est commune aux assesseurs représentant les travailleurs salariés et à ceux représentant les employeurs et les travailleurs indépendants.

Art. D. 218-15 A l'issue de la formation, et sous réserve d'assiduité, l'École nationale de la magistrature remet à l'assesseur une attestation individuelle de formation, justificative de la réalisation de son obligation de formation.

Art. R. 218-16 L'exercice des fonctions mentionné aux articles L. 218-3 et L. 218-7 comprend le suivi de la formation initiale.

Art. R. 218-17 Le suivi de la formation initiale donne droit aux indemnités mentionnées à l'article R. 218-11 et au remboursement des frais de déplacement et de séjour selon la réglementation en vigueur applicable aux agents de l'État en mission à l'exclusion de toute autre indemnité.

TITRE QUATRIÈME LA COUR D'ASSISES

Le présent titre ne comprend pas de dispositions réglementaires.

TITRE CINQUIÈME LES JURIDICTIONS DES MINEURS

CHAPITRE PREMIER LE TRIBUNAL POUR ENFANTS

SECTION PREMIÈRE INSTITUTION ET COMPÉTENCE

Art. D. 251-1 *Tribunal pour enfants* 🏛.

SECTION II ORGANISATION ET FONCTIONNEMENT

Art. D. 251-2 à R. 251-13 *Tribunal pour enfants* 🏛.

CHAPITRE II LE JUGE DES ENFANTS

SECTION PREMIÈRE INSTITUTION ET COMPÉTENCE

Art. R. 252-1 En matière d'assistance éducative, le juge des enfants peut tenir audience au siège de *(Décr. n° 2019-912 du 30 août 2019, art. 32-I, en vigueur le*

1er janv. 2020) « chacune des chambres de proximité situées *[ancienne rédaction : chacun des tribunaux d'instance situés]* » dans le ressort du tribunal pour enfants. – *[Décr. no 79-295 du 6 avr. 1979, art. 1er.]*

Art. R. 252-2 La compétence territoriale du juge des enfants est la même que celle du tribunal pour enfants auprès duquel il exerce ses fonctions. – *[Anc. art. R. 531-1.]*

SECTION II ORGANISATION ET FONCTIONNEMENT

La présente section ne comprend pas de dispositions réglementaires.

CHAPITRE III DISPOSITIONS COMMUNES AU TRIBUNAL POUR ENFANT ET AU JUGE DES ENFANTS

Art. R. 253-1 Le greffe du tribunal pour enfants et du juge des enfants est le greffe du *(Décr. no 2019-912 du 30 août 2019, art. 23, en vigueur le 1er janv. 2020)* « tribunal judiciaire *[ancienne rédaction : tribunal de grande instance]* » dans le ressort duquel le tribunal pour enfants a son siège. – *[Anc. art. L. 871-2.]*

CHAPITRE IV LA COUR D'ASSISES DES MINEURS

Le présent chapitre ne comprend pas de dispositions réglementaires.

TITRE SIXIÈME AUTRES JURIDICTIONS D'ATTRIBUTION

Le présent titre ne comprend pas de dispositions réglementaires.

LIVRE TROISIÈME JURIDICTIONS DU SECOND DEGRÉ

TITRE PREMIER LA COUR D'APPEL

CHAPITRE PREMIER COMPÉTENCE

SECTION PREMIÈRE DISPOSITIONS GÉNÉRALES

Art. D. 311-1 Le siège et le ressort des cours d'appel sont fixés conformément au tableau IV annexé au présent code. – *[Anc. art. L. 212-1, al. 2 et R.* 212-1, al. 1er.]* – *V. annexe, tableau IV.*

A la suite de la suppression du tribunal supérieur d'appel de Mamoudzou et de la création d'une chambre d'appel de la cour d'appel de Saint-Denis de la Réunion dont le siège est fixé conformément au tableau IV annexé au COJ, (Décr. no 2011-338 du 29 mars 2011, art. 1er et COJ), toutes les procédures en cours devant le tribunal supérieur d'appel de Mamoudzou à la date d'entrée en vigueur du décret du 29 mars 2011 préc., soit le 1er avr. 2011, sont transférées, en l'état, à la chambre d'appel de Mamoudzou, sans qu'il y ait lieu de renouveler les actes, formalités et jugements intervenus antérieurement à cette date.

Toutefois, les procédures relevant de la compétence de la chambre de l'instruction sont transférées, en l'état, à compter de la même date à la chambre de l'instruction de la cour d'appel de Saint-Denis de la Réunion. Les convocations, citations et assignations données aux parties et aux témoins qui n'auraient pas été suivies d'une comparution devant le tribunal supérieur d'appel, en tant que chambre de l'instruction, sont réitérées.

Les parties ayant comparu devant le tribunal supérieur d'appel, en tant que chambre de l'instruction, sont informées, par l'une ou l'autre juridiction, qu'il leur appartient d'accomplir les actes de la procédure devant la chambre de l'instruction de la cour d'appel de Saint-Denis de la Réunion à laquelle la procédure aura été transférée.

Les archives et les minutes du greffe du tribunal supérieur d'appel sont transférées au greffe de la chambre d'appel de Mamoudzou ou de la chambre de l'instruction de la cour d'appel de Saint-Denis de la Réunion selon la nature des procédures. Les frais de transfert de ces archives et minutes sont pris sur le crédit ouvert à cet effet au budget du ministère de la justice (Décr. no 2011-338 du 29 mars 2011, art. 14-II).

Au titre de la création au 1er janv. 2012 de la Cour d'appel de Cayenne par le Décr. no 2011-1877 du 14 déc. 2011 :

– Les magistrats nommés pour la constitution de la cour d'appel de Cayenne sont installés de plein droit à compter de leur nomination.

– Les greffiers en chef et les greffiers des services judiciaires nommés pour la constitution de la cour d'appel de Cayenne sont installés de plein droit à compter de leur nomination.

– Les fonctionnaires, les agents contractuels, les auxiliaires et les agents de service de la chambre détachée de Cayenne sont affectés à la cour d'appel de Cayenne (Décr. préc., art. 11, en vigueur le 1er janv. 2012).

Dans les huit jours suivant l'installation du premier président de la cour d'appel de Cayenne, l'assemblée des magistrats du siège est réunie.

Dans les huit jours suivant l'installation du procureur général près ladite cour, l'assemblée des magistrats du parquet est réunie.

Dans les huit jours suivant l'installation du directeur de greffe de la cour d'appel de Cayenne, l'assemblée des fonctionnaires du greffe est réunie.

Dans les quinze jours suivant l'installation du premier président de la cour d'appel de Cayenne et du procureur général près ladite cour, l'assemblée des magistrats du siège et du parquet ainsi que l'assemblée plénière sont réunies. Pour la première réunion de cette assemblée plénière, les dispositions des articles R. 312-58 à R. 312-61 du code de l'organisation judiciaire ne sont pas applicables (Décr. préc., art. 14, en vigueur le 1er janv. 2012).

S'agissant du sort des procédures en cours, V. notes ss. COJ, art. R. 311-2.

Art. R. 311-2 Lorsqu'une cour d'appel est créée ou lorsque le ressort d'une cour d'appel est modifié par suite d'une nouvelle délimitation des circonscriptions administratives ou judiciaires, la cour primitivement saisie demeure compétente pour statuer

sur les procédures introduites antérieurement à la date de création de la cour ou de modification du ressort. – *[Anc. art. R.* 212-1, al. 3 et 4.]*

(Décr. n° 2010-1234 du 20 oct. 2010, art. 7) **« Lorsqu'une cour d'appel est supprimée, toutes les procédures en cours devant cette juridiction à la date d'entrée en vigueur du décret de suppression sont transférées en l'état à la cour d'appel dans le ressort de laquelle est situé le siège de la juridiction supprimée sans qu'il y ait lieu de renouveler les actes, formalités et jugements régulièrement intervenus antérieurement à cette date, à l'exception des convocations, citations et assignations données aux parties et aux témoins qui n'auraient pas été suivies d'une comparution devant la juridiction supprimée.**

« Avant l'entrée en vigueur du décret de suppression de la cour d'appel, les convocations, citations et assignations données aux parties et aux témoins peuvent être délivrées pour une comparution à une date postérieure à cette date d'entrée en vigueur devant la juridiction à laquelle les procédures seront transférées.

« Les parties ayant comparu devant la cour d'appel supprimée sont informées par l'une ou l'autre des juridictions qu'il leur appartient d'accomplir les actes de la procédure devant la cour d'appel à laquelle la procédure a été transférée.

« Les archives et les minutes du greffe de la cour d'appel supprimée sont transférées au greffe de la cour d'appel dans le ressort de laquelle est situé le siège de la cour d'appel supprimée. Les frais de transfert de ces archives et minutes sont pris sur le crédit ouvert à cet effet au budget du ministère de la justice. »

Par dérogation au premier al. de l'art. R. 311-2 COJ, les procédures en cours devant la chambre détachée de Cayenne sont transférées en l'état à la cour d'appel de Cayenne à la date d'entrée en vigueur du décret supprimant la chambre détachée et créant la cour d'appel sans qu'il y ait lieu de renouveler les actes, formalités et jugements régulièrement intervenus antérieurement à cette date.

Avant l'entrée en vigueur du décret de suppression de la chambre détachée de Cayenne et de création de la cour d'appel de Cayenne, les convocations, citations et assignations données aux parties et aux témoins peuvent être délivrées pour une comparution à une date postérieure à cette date d'entrée en vigueur devant la cour d'appel de Cayenne.

Les parties ayant comparu devant la chambre détachée de Cayenne sont informées, par l'une ou l'autre des juridictions, qu'il leur appartient d'accomplir les actes de la procédure devant la cour d'appel de Cayenne à laquelle la procédure est transférée.

Les archives et les minutes du greffe de la chambre détachée de Cayenne sont transférées au greffe de la cour d'appel de Cayenne (Décr. n° 2011-1877 du 14 déc. 2011, art. 15, en vigueur le 1er janv. 2012).

Art. R. 311-3 Sauf disposition particulière, la cour d'appel connaît de l'appel des jugements des juridictions situées dans son ressort. – *[Anc. art. R.* 212-2.]*

Sanction. Fin de non-recevoir. Une cour d'appel qui, tenue de vérifier la régularité de sa saisine, constate que l'appel d'un jugement rendu par un conseil de prud'hommes a été formé devant une cour dans le ressort de laquelle n'est pas située la juridiction dont émane la décision attaquée en déduit exactement que l'appel n'est pas recevable. • Civ. 2e, 9 juill. 2009, n° 06-46.220 P (appel) : *D. 2009. 2043 ; ibid. 2010. Chron. C. Cass. 532, obs. Sommer et Leroy-Gissinger ; RTDciv. 2010. 370 (crit.), obs. Théry* • 9 juill. 2009, n° 08-40.541 P (appel) : *D. 2009. 2043 ; ibid. 2010. Chron. C. Cass. 532, obs. Sommer et Leroy-Gissinger* • 9 juill. 2009, *n° 08-41.465 P (appel) : D. 2009. 2043 ; ibid. 2010. Chron. C. Cass. 532, obs. Sommer et Leroy-Gissinger.* • Soc. 5 févr. 2014, n° 12-28.352 (appel) • 17 juin 2015, n° 14-14.020 (appel) : *Gaz. Pal. 22 sept. 2015, p. 29, note (crit.) Bléry ; RTDciv. 2015. 931, obs. Théry.* ♦ Solution étendue s'agissant de la sanction de la compétence territoriale des cours d'appel en matière de pratiques anticoncurrentielles fondée sur les art. L. 420-7 et R. 420-5 C. com. : • Com. 21 févr. 2012, n° 11-13.276 P (appel) :*D. 2012. 677, obs. Chevrier ; RTDciv. 2012. 566, obs Théry.* ♦ ... s'agissant de la sanction de la compétence territoriale des cours d'appel en matière de pratiques restrictives de concurrence, fondée sur les art. L. 442-6, III et D. 442-3 C. com. • Com. 24 sept. 2013, n° 12-21.089 P (appel) • 7 oct. 2014, n° 13-21.086 (appel) • 4 nov. 2014, n° 13-16.755 (contredit) : *D. 2014. Actu. 2293 ; ibid. 2015. Pan. 946, obs. Ferrier ; AJCA 2015. 86, note Ponsard (2e esp.) ; JCP 2015. 424, obs. Serinet* ; CCC 2015, n° 9, note Mathey. • 31 mars 2015, n° 14-10.016 P (appel) : *JCP 2015. 1304, n° 2, obs. Sérinet.* ♦ V. cependant, jugeant que, en application des art. L. 442-6, III, et D. 442-3 C. com., seuls les recours formés contre les décisions rendues par les juridictions du premier degré spécialement désignées sont portés devant la cour d'appel de Paris, de sorte qu'il appartient aux autres cours d'appel, conformément à l'art. R. 311-3 COJ, de connaître de tous les recours formés contre les décisions rendues par les juridictions situées dans leur ressort qui ne sont pas désignées par le second texte. Il en est ainsi même dans l'hypothèse où celles-ci auront, à tort, statué sur l'application du premier, auquel cas elles devront relever, d'office, l'excès de pouvoir commis par ces juridictions en statuant sur des demandes qui, en ce qu'elles ne relevaient pas de leur pouvoir juridictionnel, étaient irrecevables. • Civ. 2e, 29 mars 2017, nº 15-17.659 P (appel) : *D. actu. 27 avr. 2017, obs. Dargent ; D. 2017. 757 ; ibid. 2450, obs. ND ; RTD civ. 2017. 722, obs Théry ; JCP 2017. 498, note Behar-Touchais ; ibid. E 2017. 1238, note Loir ; RDLC juin 2017. 29, obs. Mouly-Guillemaud ; CCC. 2017, nº 175, note Mathey* • Civ. 2e, 29 mars 2017, nº 15-27.811 P (appel) : *D. actu. 27 avr. 2017, obs. Dargent ; D. 2017. 757 ; ibid. 2450, obs. ND ; RTD civ. 2017. 722, obs. Théry ; JCP 2017. 498, note Béhar-Touchais ; ibid. E 2017. 1238, note Loir ; RDLC juin 2017. 29, obs. Mouly-Guillemaud ; CCC. 2017, nº 175, note Mathey.* • Com. 26 avr. 2017, nº 15-26.780 P : *D. 2017. 2450, obs. ND ; RTD civ. 2017. 722, obs. Théry* (contredit). ♦ *Adde*, sur l'application dans le temps de cette nouvelle jurisprudence : • Com. 21 mars 2018, nº 16-28.412 P : *D. actu. 4 avr. 2018, obs. Mélin ; JCP 2018. 391, obs. Behar-Touchais ; ibid. 541, note Deumier ; ibid. 544, note Behar-Touchais ; Procédures 2018, nº 178, obs. Croze ; RLDC 10/2018. 30, note Mouly-Guillemaud.*

SECTION II DISPOSITIONS PARTICULIÈRES

La présente section ne comprend pas de dispositions réglementaires.

SECTION III DISPOSITIONS RELATIVES AU PREMIER PRÉSIDENT

Art. R. 311-4 En matière civile, le premier président statue en référé ou sur requête. – *[Anc. art. R.* 212-7.]*

Art. R. 311-5 Le premier président de la cour d'appel statue dans les conditions prévues par l'article 23 de la loi nº 91-647 du 10 juillet 1991 relative à l'aide juridique. – *V. L. nº 91-647 du 10 juill. 1991, art. 23, App., vº Aide juridique.*

SECTION IV DISPOSITIONS PARTICULIÈRES À CERTAINES CHAMBRES DE LA COUR D'APPEL

Art. R. 311-6 La chambre sociale connaît de l'appel des jugements rendus en matière de sécurité sociale, de contrat de travail et en application des lois sociales. – *[Anc. art. R.* 221-1, al. 1er.]*

Sur l'absence de compétence exclusive de la chambre sociale, V. • Soc. 16 juin 1961 : *RTD civ. 1962. 165, obs. Hébraud.*

Art. R. 311-7 La chambre spéciale des mineurs connaît de l'appel des décisions du juge des enfants *(Décr. nº 2019-912 du 30 août 2019, art. 32-II, en vigueur le 1er janv. 2020)* « et du tribunal pour enfants *[ancienne rédaction : du tribunal pour enfants et du tribunal correctionnel pour mineurs]*. ».

Elle statue dans les mêmes conditions qu'en première instance. – *[Anc. art. L. 223-1.]*

SECTION V DISPOSITIONS PARTICULIÈRES À CERTAINES COURS D'APPEL

Art. D. 311-8 *(Décr. nº 2009-1205 du 9 oct. 2009, art. 4-I, en vigueur le 1er nov.)* Le siège et le ressort des cours d'appel mentionnées à l'article R. 411-19 du code de la propriété intellectuelle compétentes pour connaître directement des recours formés contre les décisions du directeur *(Décr. nº 2019-1316 du 9 déc. 2019, art. 14-III-2º, en vigueur le 1er avr. 2020)* « général » de l'Institut national de la propriété industrielle en matière de délivrance, rejet ou maintien des dessins et modèles et des marques *(Décr. nº 2017-1097 du 13 juin 2017, art. 3-1º)* « , *(Décr. nº 2019-1316 du 9 déc. 2019, art. 14-III-2º, en vigueur le 1er avr. 2020)* « de nullité ou de déchéance des marques, » en matière d'homologation, de rejet et de retrait d'homologation du cahier des charges des indications géographiques définies à l'article L. 721-2 du code de la propriété intellectuelle, ainsi qu'en matière d'homologation et de rejet des modifications de ce cahier des charges » sont fixés conformément au tableau XVI annexé au présent code. – *[Anc. art. R.* 212-1, al. 2.] – V. annexe, tableau XVI.*

La juridiction saisie demeure compétente pour statuer sur les procédures introduites antérieurement à la date d'entrée en vigueur du Décr. n° 2009-1205 du 9 oct. 2009 (Décr. préc., art. 9).

L'art. 3 du Décr. n° 2017-1097 du 13 juin 2017 est applicable dans les îles Wallis-et-Futuna (Décr. préc., art. 7).

Art. D. 311-9 **La cour d'appel de Paris est compétente pour connaître des recours contre :**

1° Les décisions *(Ord. n° 2008-1161 du 13 nov. 2008, art. 4)* **« de l'Autorité de la concurrence », dans les cas et conditions prévus par le code de commerce ;**

2° Les décisions de portée individuelle de l'Autorité des marchés financiers, dans les cas et conditions prévus par le code monétaire et financier ;

3° Les décisions du Comité de la protection des obtentions végétales, dans les cas et conditions prévus par le code de la propriété intellectuelle ;

4° Les décisions prises par l'Autorité de régulation des communications électroniques et des postes, dans les cas et conditions prévus par le code des postes et des communications électroniques ;

(Décr. n° 2015-1468 du 10 nov. 2015, art. 6) **« 5° Les décisions prises par l'Autorité de régulation de la distribution de la presse et le Conseil supérieur des messageries de presse au titre des articles 18-12, 18-12-1 et 18-13 de la loi n° 47-585 du 2 avril 1947 ; »**

(Décr. n° 2017-924 du 6 mai 2017, art. 7) **« 6° Les décisions prononcées par le collège des sanctions de la commission de contrôle des organismes de gestion des droits d'auteur et des droits voisins dans les cas et conditions prévues par le code de la propriété intellectuelle. »**

Art. D. 311-10 **La cour d'appel de Paris est compétente pour connaître des actions engagées en matière d'indemnisation des victimes de préjudices résultant de la contamination par le virus d'immunodéficience humaine contre l'Office national d'indemnisation des accidents médicaux, des affections iatrogènes et des infections nosocomiales, dans les cas et conditions prévus par le code de la santé publique.**

Art. D. 311-11 **La cour d'appel de Paris est compétente pour connaître :**

1° Des contestations relatives à l'élection des membres du Conseil national des barreaux et des membres du bureau de ce conseil ;

2° Des recours contre les décisions individuelles prises par le Conseil national des barreaux ;

3° Des recours contre les décisions prises par les commissions nationales en matière d'inscription, de retrait ou de discipline des administrateurs judiciaires, des mandataires judiciaires au redressement et à la liquidation des entreprises et des experts en diagnostic d'entreprise.

Art. D. 311-12 *(Décr. n° 2017-13 du 5 janv. 2017, en vigueur le 1er janv. 2019)* **La cour d'appel d'Amiens est compétente pour connaître des litiges mentionnés au** *(Décr. n° 2021-36 du 18 janv. 2021, art. 1er)* **« 7° de l'article L. 142-1 » du code de la sécurité sociale.**

Il résulte des art. L. 142-1, L. 142-2, 4° et D. 242-6-5 CSS que la cour d'appel spécialement désignée par les art. L. 311-16 et D. 311-12 COJ pour connaître du contentieux de la tarification est compétente pour statuer sur le recours d'un employeur contre la décision d'une CARSAT de retrait des coûts moyens d'une maladie professionnelle du compte employeur et de refus d'inscription de ces coûts au compte spécial prévu à l'art. D. 242-6-5 précédemment mentionné. • Cass., avis, 13 mars 2020, n° 19-70.021.

Art. D. 311-12-1 *(Décr. n° 2018-772 du 4 sept. 2018, art. 1er, en vigueur le 1er janv. 2019)* **Le siège et le ressort des cours d'appel mentionnées à l'article L. 311-15 compétentes pour connaître des décisions rendues par les** *(Décr. n° 2019-912 du 30 août 2019, art. 23, en vigueur le 1er janv. 2020)* **« tribunaux judiciaires** *[ancienne rédaction : tribunaux de grande instance]* **» mentionnés à l'article L. 211-16 sont fixés conformément au tableau VIII-III annexé au présent code.**

SECTION VI DISPOSITIONS PARTICULIÈRES AU PREMIER PRÉSIDENT DE CERTAINES COURS D'APPEL

(Décr. n° 2017-305 du 9 mars 2017, art. 5)

Art. D. 311-13 Le premier président de la cour d'appel de Paris connaît des recours contre les décisions relatives à la protection du secret des affaires dans les cas et conditions prévus par le code de commerce.

CHAPITRE II ORGANISATION ET FONCTIONNEMENT

SECTION PREMIÈRE LES FORMATIONS DE LA COUR D'APPEL

SOUS-SECTION 1 DISPOSITIONS GÉNÉRALES

Art. R. 312-1 La cour d'appel comprend plusieurs chambres.

Lorsque le premier président préside une chambre, le président de cette chambre siège comme assesseur. – *[Anc. art. R.* 212-3, al. 1er et R.* 213-5.]*

Art. R. 312-2 Le premier président, en cas d'absence ou d'empêchement, est suppléé dans les fonctions qui lui sont spécialement attribuées, par le président de chambre qu'il aura désigné et, en cas d'absence ou d'empêchement de ce dernier, par le président de chambre dont le rang est le plus élevé.

L'ordonnance de désignation, prise conformément aux dispositions de l'article L. 121-3, peut être modifiée en cours d'année judiciaire par une nouvelle ordonnance du premier président en cas de cessation ou interruption des fonctions du suppléant initialement désigné. – *[Anc. art. R.* 213-6.]*

Art. R. 312-3 Le premier président et les présidents de chambre sont, en cas d'absence ou d'empêchement, remplacés pour le service de l'audience par un magistrat du siège désigné conformément aux dispositions de l'article L. 121-3 ou, à défaut, par le magistrat du siège présent dont le rang est le plus élevé.

En cas d'absence ou d'empêchement d'un conseiller, celui-ci est remplacé par un autre conseiller de la cour. – *[Anc. art. R.* 213-7 et R.* 213-10.]*

Art. R. 312-4 Dans les départements d'outre-mer, selon les besoins du service, le premier président de la cour d'appel peut, par ordonnance, déléguer les magistrats du siège des *(Décr. n° 2019-912 du 30 août 2019, art. 23, en vigueur le 1er janv. 2020)* « tribunaux judiciaires *[ancienne rédaction : tribunaux de grande instance]* » du ressort de cette cour pour exercer des fonctions judiciaires à la cour d'appel.

Les magistrats du siège de la cour d'appel doivent être en majorité. – *[Anc. art. R.* 921-2.]*

Art. R. 312-5 L'ordonnance prise par le premier président en application de l'article L. 121-3 intervient dans la première quinzaine du mois de décembre, après avis de l'assemblée générale des magistrats du siège. Elle précise le nombre, le jour et la nature des audiences.

Les magistrats des chambres civiles peuvent, en cas de changement d'affectation dans la cour, siéger aux audiences de la chambre à laquelle ils appartenaient pour rapporter les affaires dont ils avaient été chargés avant leur changement d'affectation. – *[Anc. art. R.* 213-8 et R.* 213-11.]*

Par dérogation à la première phrase du premier al. de l'art. R. 312-5 COJ, le premier président de la cour d'appel de Cayenne répartit, par ordonnance prise à titre provisoire, les présidents de chambre et les conseillers dans les chambres et services de la juridiction.

Au terme de la première quinzaine suivant son installation, l'ordonnance précitée est remplacée par une ordonnance prise après avis de l'assemblée générale des magistrats du siège, conformément à la première phrase du premier al. de l'art. R. 312-5 COJ. Pour la tenue de cette première assemblée générale, le dernier al. de l'art. R. 312-27 et les art. R. 312-62 à R. 312-64 du même code ne sont pas applicables (Décr. n° 2011-1877 du 14 déc. 2011, art. 12, en vigueur le 1er janv. 2012).

Art. R. 312-6 Le premier président de la cour d'appel désigne un ou plusieurs conseillers de la mise en état conformément aux dispositions de l'article L. 121-3.

Lorsque plusieurs conseillers sont chargés de la mise en état dans une même chambre, les affaires sont réparties entre eux par le président de la chambre. – *[C. pr. civ., anc. art. 963, al. 1er et 964, al. 1er.]*

Art. R. 312-7 Les assesseurs de la formation collégiale de la cour d'appel sont au nombre de deux. – *[Anc. art. L. 212-2, ecqc ordinaire.]*

Art. R. 312-8 Il est tenu, dans chaque cour d'appel, une liste de rang des magistrats du siège.

Les magistrats sont inscrits sur cette liste, conformément à l'article R. 121-4, dans l'ordre suivant :

1° Le premier président ;

2° Les présidents de chambre ;

3° Les conseillers. – *[Anc. art. L. 212-1, al. 1er et R.** 213-12.]*

SOUS-SECTION 2 DISPOSITIONS PARTICULIÈRES À CERTAINES FORMATIONS

Art. R. 312-9 Les audiences solennelles se tiennent devant deux chambres de la cour d'appel sous la présidence du premier président. Les assesseurs sont au nombre de quatre.

Après cassation d'un arrêt en matière civile, le premier président, d'office ou à la demande des parties, renvoie l'affaire à l'audience solennelle si la nature ou la complexité de celle-ci le justifie. Cette décision est une mesure d'administration judiciaire.

Le contentieux des élections au Conseil national des barreaux et aux conseils de l'ordre et des élections des bâtonniers ainsi que les recours dirigés contre les décisions ou les délibérations de ces conseils sont portés aux audiences solennelles. – *[Anc. art. L. 212-2, ecqc solennelle et R.* 212-5, al. 1er à 3.]*

Il résulte de l'art. R. 212-5 [ancien], dans sa rédaction issue du Décr. n° 2005-1678 du 28 déc. 2005, que les renvois après cassation ne sont pas obligatoirement portés aux audiences solennelles. • Soc. 23 oct. 2007, n° 06-44.744 P : *JCP 2008. II. 10002, note I. Pétel-Teyssié.* ♦ Le moyen tiré de l'irrégularité de la composition de la juridiction de renvoi n'est pas fondé dès lors que l'affaire a été examinée postérieurement au 1er mars 2006, date de l'entrée en vigueur du décret dont les dispositions applicables immédiatement aux instances en cours. • Même arrêt.

Art. R. 312-10 L'assemblée des chambres réunit les deux premières chambres de la cour d'appel sous la présidence du premier président. Toutefois, l'assemblée des chambres de la cour d'appel de Paris réunit les trois premières chambres.

L'assemblée des chambres reçoit le serment des magistrats et procède à l'installation des membres de la cour et du parquet général, ainsi que du directeur de greffe.

Dans toutes les cours d'appel, l'installation du premier président et du procureur général a lieu devant l'ensemble des chambres. – *[Anc. art. R.* 212-3, al. 2, R.* 212-4, R.* 213-3, ecqc assemblée et R. 225-1.]*

Art. R. 312-11 Plusieurs chambres de la cour d'appel peuvent se réunir sous la présidence du premier président dans les cas et conditions prévus par les lois et règlements. – *[Anc. art. R.* 213-3, ecqc réunies.]*

Art. R. 312-11-1 *(Décr. n° 2014-1458 du 8 déc. 2014, art. 3, en vigueur le 1er janv. 2015)* Les arrêts peuvent être rendus par une formation de deux chambres réunies présidée par le premier président et comprenant, outre les présidents de ces chambres, deux conseillers assesseurs affectés dans chacune de ces chambres. Elle siège au nombre de sept.

La formation de chambres réunies peut être saisie lorsqu'une affaire est d'une particulière complexité ou est susceptible de recevoir devant les chambres des solutions divergentes.

Lorsque l'affaire n'est pas distribuée, le premier président peut saisir cette formation après avoir recueilli l'avis du président de la chambre à laquelle l'affaire doit être distribuée selon les dispositions de l'ordonnance portant sur le service de la juridiction.

Une fois l'affaire distribuée, le premier président ne peut prendre cette décision qu'avec l'accord du président de la chambre à laquelle l'affaire a été distribuée ou à la demande de celui-ci, de la chambre, du ministère public ou de l'une des parties.

La décision de saisine de cette formation est une mesure d'administration judiciaire.

Art. R. 312-12 Les recours formés contre les décisions prises par la commission de discipline ou le premier président, dans les cas et conditions *(Décr. n° 2019-912 du 30 août 2019, art. 33-I, en vigueur le 1er janv. 2020)* « prévus » par les articles 29 et 31 du décret n° 2004-1463 du 23 décembre 2004 relatif aux experts judiciaires, sont portés devant la première chambre de la cour d'appel. — *[Anc. art. R.* 225-3.]*

Art. R. 312-13 Le conseiller délégué à la protection de l'enfance est suppléé, en cas d'absence ou d'empêchement, par un magistrat du siège désigné par le premier président de la cour d'appel.

Il établit, chaque fois qu'il le juge nécessaire et au moins une fois par an, un rapport sur le fonctionnement des tribunaux pour enfants du ressort de la cour d'appel qu'il transmet au premier président de celle-ci ainsi qu'aux présidents des *(Décr. n° 2019-912 du 30 août 2019, art. 23, en vigueur le 1er janv. 2020)* « tribunaux judiciaires *[ancienne rédaction : tribunaux de grande instance]* » dans lesquels il existe un tribunal pour enfants.

Le premier président de la cour d'appel communique ce rapport et celui mentionné à l'article R. 251-3 au garde des Sceaux, ministre de la justice, avec ses observations. — *[Anc. art. L. 223-2, al. 2.]*

(Décr. n° 2016-514 du 26 avr. 2016, art. 23) « Le premier président de la cour d'appel et le procureur général près cette cour organisent et président, avec les présidents des *(Décr. n° 2019-912 du 30 août 2019, art. 23, en vigueur le 1er janv. 2020)* « tribunaux judiciaires *[ancienne rédaction : tribunaux de grande instance]* » et les procureurs de la République du ressort de la cour d'appel, une conférence annuelle portant sur la justice des mineurs.

« Elle réunit les magistrats du siège et du parquet, des juridictions de la cour d'appel et des juridictions de première instance, en charge des mineurs.

« Y participent également les directeurs interrégionaux de la protection judiciaire de la jeunesse, ou leurs représentants, et les personnels des services placés sous leur autorité.

« Peuvent être invités à participer à cette conférence les directeurs interrégionaux des services pénitentiaires, des responsables du service de l'aide sociale à l'enfance du ressort, des représentants des personnes morales de droit public ou de droit privé mettant en œuvre des mesures judiciaires dans le cadre de l'assistance éducative ou de la délinquance des mineurs, des représentants du barreau du ressort ayant un intérêt particulier pour les questions relatives aux mineurs.

« Cette conférence a pour objet :

« 1° L'amélioration des échanges d'informations entre les juridictions, les services de la protection judiciaire de la jeunesse et les autres acteurs de la protection de l'enfance du ressort ;

« 2° La définition et la mise en œuvre d'actions à mener dans le domaine de la protection judiciaire de l'enfance, en matière pénale comme en matière civile.

« La conclusion de la conférence annuelle est intégrée dans le rapport prévu au deuxième alinéa du présent article. »

L'art. 23 du Décr. n° 2016-514 du 26 avr. 2016 est applicable en Polynésie française et en Nouvelle-Calédonie (Décr. préc., art. 24-I et II).

Art. R. 312-13-1 *(Décr. n° 2010-1165 du 1er oct. 2010, art. 2-1°, en vigueur le 1er déc. 2010)* Le premier président désigne un conseiller chargé de suivre l'activité des conciliateurs de justice et des médiateurs et de coordonner leur action dans le ressort de la cour d'appel.

Ce magistrat établit un rapport annuel sur l'activité des conciliateurs de justice et des médiateurs du ressort de la cour d'appel qu'il transmet au premier président de celle-ci ainsi qu'aux présidents des tribunaux *(Décr. n° 2019-912 du 30 août 2019, art. 33-II-1°, en vigueur le 1er janv. 2020)* « judiciaires *[ancienne rédaction : de grande instance]* ».

Le premier président de la cour d'appel communique ce rapport au garde des Sceaux, ministre de la justice. — *Sur la création du magistrat coordonnateur en matière de conciliation et de médiation, V. Circ. 24 janv. 2011, reproduites ss. art. 131.*

(Décr. n° 2019-912 du 30 août 2019, art. 33-II-2°, en vigueur le 1er janv. 2020) « Le conseiller mentionné au premier alinéa invite, chaque fois qu'il l'estime nécessaire et

au moins une fois par an, les conciliateurs de justice de son ressort à des réunions d'information portant notamment sur les problématiques locales.

« Il réunit également, dans les mêmes conditions, les médiateurs personnes physiques et au moins un représentant de chaque personne morale inscrits sur la liste des médiateurs prévue à l'article 22-1 A de la loi n° 95-125 du 8 février 1995 relative à l'organisation des juridictions et à la procédure civile, pénale et administrative. »

L'art. 2-1° du Décr. n° 2010-1165 du 1er oct. 2010 est applicable en Nouvelle-Calédonie, en Polynésie française, dans les Terres australes et antarctiques françaises et dans les îles Wallis-et-Futuna (Décr. préc., art. 18-II).

Art. R. 312-13-2 *(Décr. n° 2010-1395 du 12 nov. 2010, art. 7, en vigueur le 1er févr. 2010)* **Le premier président désigne, après avis de l'assemblée générale des magistrats du siège, un conseiller qui assure la coordination de l'activité des magistrats du siège du ressort de la cour en matière de droit de la famille et des personnes.**

Il est mis fin à ses fonctions et pourvu à son remplacement dans les mêmes formes.

Le conseiller désigné établit un rapport annuel sur l'activité des magistrats du siège en matière de droit de la famille et des personnes, qu'il transmet au premier président. Ce dernier communique ce rapport, avec ses observations, au garde des Sceaux, ministre de la justice. Il le communique également aux présidents des *(Décr. n° 2019-912 du 30 août 2019, art. 23, en vigueur le 1er janv. 2020)* **« tribunaux judiciaires** *[ancienne rédaction : tribunaux de grande instance]* **» du ressort de la cour d'appel ainsi qu'au procureur général et à toute personne à laquelle il estime cette communication utile.**

L'art. 7 du Décr. n° 2010-1395 du 12 nov. 2010 est applicable en Polynésie française et en Nouvelle-Calédonie (Décr. préc., art. 11).

BIBL. ▶ DOUCHY-OUDOT, *D. 2011. Pan. 1107* .

Art. R. 312-13-3 *(Décr. n° 2018-928 du 29 oct. 2018, art. 8-3°)* **Pour l'application de l'article L. 312-6-2 :**

1° *(Décr. n° 2019-185 du 12 mars 2019, art. 2)* **« Aux articles L. 218-6 et L. 218-7 », la référence au** *(Décr. n° 2019-912 du 30 août 2019, art. 23, en vigueur le 1er janv. 2020)* **« tribunal judiciaire** *[ancienne rédaction : tribunal de grande instance]* **» est remplacée par la référence à la cour d'appel ;**

2° La procédure d'avertissement prévue à l'article L. 218-10 et la procédure disciplinaire prévue à l'article L. 218-11 s'appliquent aux assesseurs qui siègent à la cour d'appel à l'exception des dispositions mentionnant l'intervention du président du *(Décr. n° 2019-912 du 30 août 2019, art. 23, en vigueur le 1er janv. 2020)* **« tribunal judiciaire** *[ancienne rédaction : tribunal de grande instance]* **».**

L'art. R. 312-13-3, dans sa rédaction résultant de l'art. 8 du Décr. n° 2018-928 du 29 oct. 2018, entre en vigueur le lendemain de la publication dudit décret, soit le 31 oct. (Décr. préc., art. 17-VI).

Art. R. 312-13-4 *(Décr. n° 2019-185 du 12 mars 2019, art. 3)* **Les dispositions des articles R. 218-1 à R. 218-17 sont applicables aux assesseurs qui siègent à la cour d'appel mentionnée à l'article L. 311-16 à l'exception des dispositions mentionnant l'avis ou la demande du président du** *(Décr. n° 2019-912 du 30 août 2019, art. 23, en vigueur le 1er janv. 2020)* **« tribunal judiciaire** *[ancienne rédaction : tribunal de grande instance]* **». Pour ces mêmes dispositions, il y a lieu de lire :**

– "cour d'appel" ou "cour" à la place de : *(Décr. n° 2019-912 du 30 août 2019, art. 23, en vigueur le 1er janv. 2020)* **« "tribunal judiciaire"** *[ancienne rédaction :" tribunal de grande instance"]* **» ou "tribunal" ;**

– "premier président de la cour d'appel" ou "premier président de la cour" à la place de : "président du *(Décr. n° 2019-912 du 30 août 2019, art. 23, en vigueur le 1er janv. 2020)* **« tribunal judiciaire** *[ancienne rédaction : tribunal de grande instance]"* **» ou "président du tribunal" ;**

– "procureur général" à la place de : "procureur de la République" ;

– "ordonnance prévue à l'article R. 312-5" à la place de : "ordonnance prévue à l'article R. 212-6".

SECTION II LE PARQUET GÉNÉRAL

Art. R. 312-14 Le procureur général répartit les substituts entre les chambres de la cour d'appel et les divers services du parquet.

Il peut modifier à tout moment cette répartition.

Il peut exercer lui-même les fonctions qu'il leur a spécialement déléguées. – *[Anc. art. R.* 213-21 à R.** 213-23.]*

Art. R. 312-15 Au sein de chaque cour d'appel, un ou plusieurs magistrats du parquet général désignés par le procureur général sont chargés spécialement des affaires concernant les mineurs. – *[Anc. art. L. 223-2, al. 3 et L. 226-1, al. 2.]*

Art. R. 312-16 En cas d'absence ou d'empêchement, le procureur général est suppléé par l'avocat général qu'il aura désigné.

En cas d'absence ou d'empêchement de cet avocat général, le procureur général est suppléé par le magistrat du parquet dont le rang est le plus élevé et, à défaut, par un magistrat délégué dans les conditions prévues à l'article R. 122-3. – *[Anc. art. R.* 213-24.]*

Art. R. 312-17 Dans les départements d'outre-mer, selon les besoins du service, le procureur général près la cour d'appel peut déléguer les magistrats du parquet près les *(Décr. n° 2019-912 du 30 août 2019, art. 23, en vigueur le 1er janv. 2020)* « tribunaux judiciaires *[ancienne rédaction : tribunaux de grande instance]* » du ressort de cette cour pour remplir les fonctions du ministère public près la cour d'appel. – *[Anc. art. R.* 921-3.]*

Art. R. 312-18 Il est tenu, dans chaque cour d'appel, une liste de rang des magistrats du parquet.

Les magistrats sont inscrits sur cette liste, conformément à l'article R. 122-5, dans l'ordre suivant :

1° Le procureur général ;

2° Les avocats généraux ;

3° Les substituts généraux. – *[Anc. art. R.** 213-26.]*

SECTION III LE GREFFE

Art. R. 312-19 Le directeur de greffe de la cour d'appel établit et certifie, aux dates prévues par les règlements et instructions en vigueur, un état de l'activité de la juridiction au cours de la période écoulée, conformément aux modèles fixés par arrêté du garde des Sceaux, ministre de la justice.

Le procureur général près la cour d'appel complète cet état en ce qui concerne l'activité du parquet.

Cet état est transmis, aux dates prescrites, par le premier président de la cour d'appel et le procureur général près cette cour, avec leurs observations respectives, au ministère de la justice. – *[Anc. art. R. 813-1, ecqc cour d'appel et R. 813-3, ecqc cour d'appel.]*

SECTION IV *[ABROGÉE]* LA CHAMBRE DÉTACHÉE DE CAYENNE

(Abrogée par Décr. n° 2011-1877 du 14 déc. 2011, art. 2, à compter du 1er janv. 2012)

Art. D. 312-20 *Une chambre détachée de la cour d'appel de Fort-de-France siège à Cayenne pour connaître en appel des décisions rendues par les juridictions du premier degré du département de la Guyane. – [Anc. art. L. 922-1, al. 1er.]*

Art. R. 312-21 *La chambre détachée exerce les compétences dévolues à la chambre de l'instruction ainsi qu'aux autres chambres spécialisées de la cour d'appel. – [Anc. art. L. 922-1, al. 2.]*

Art. R. 312-22 *La chambre détachée est composée de magistrats du siège de la cour d'appel de Fort-de-France.*

Le président de la chambre détachée exerce de plein droit les fonctions de président de la chambre de l'instruction. – [Anc. art. L. 922-1, al. 3 à 5.]

Art. R. 312-23 *En cas d'absence ou d'empêchement, les magistrats appelés à composer la chambre détachée sont suppléés, pour le service des audiences, par des magistrats du siège de* *la cour d'appel de Fort-de-France désignés à cet effet par ordonnance du premier président de la cour d'appel, après avis de l'assemblée générale des magistrats du siège de la cour. – [Anc. art. L. 922-1, al. 6.]*

Art. R. 312-24 *Le procureur général peut déléguer ses fonctions auprès de la chambre détachée soit à un magistrat du parquet général près la cour d'appel de Fort-de-France, soit à un magistrat du parquet près le tribunal de grande instance de Cayenne. – [Anc. art. L. 922-1, al. 7.]*

Art. R. 312-25 *Le pouvoir d'inspection des juridictions du premier degré comprises dans le ressort de la chambre détachée peut être délégué par le premier président de la cour d'appel de Fort-de-France au président de la chambre détachée ou à un magistrat du siège de cette cour et par le procureur général près cette cour au procureur de la République près le tribunal de grande instance de Cayenne ou à un magistrat du parquet près cette cour.*

Ils peuvent déléguer, dans les mêmes conditions, leurs pouvoirs de gestion administrative de la chambre détachée et des juridictions du premier degré comprises dans le ressort de celle-ci. – [Anc. art. L. 922-1, al. 8.]

Art. R. 312-26 *La cour d'appel de Fort-de-France est pourvue d'un greffe à Cayenne. – [Anc. art. R.* 922-3.]*

SECTION V **LES ASSEMBLÉES GÉNÉRALES**

Art. R. 312-27 La cour d'appel se réunit en assemblée générale dans les conditions prévues à la présente section selon l'une des formations suivantes :

1° L'assemblée des magistrats du siège ;

2° L'assemblée des magistrats du parquet ;

3° L'assemblée des magistrats du siège et du parquet ;

4° L'assemblée des fonctionnaires du greffe ;

5° L'assemblée plénière des magistrats et des fonctionnaires.

L'assemblée plénière des magistrats et des fonctionnaires comporte une *(Décr. n° 2014-1458 du 8 déc. 2014, art. 15-II, en vigueur le 1er janv. 2015)* « commission plénière ».

(Décr. n° 2014-1458 du 8 déc. 2014, art. 11, en vigueur le 1er janv. 2015) « L'assemblée des magistrats du siège, l'assemblée des magistrats du parquet, l'assemblée des magistrats du siège et du parquet » et l'assemblée des fonctionnaires du greffe comportent une commission restreinte. – *[Anc. art. R* 212-3, al. 3, R.* 213-13, R.* 761-1, ecqc cour d'appel, R.* 761-15, ecqc cour d'appel, et R.* 761-46, ecqc cour d'appel.]*

SOUS-SECTION 1 **DISPOSITIONS COMMUNES AUX DIFFÉRENTES FORMATIONS DE L'ASSEMBLÉE GÉNÉRALE**

Art. R. 312-28 Les différentes formations de l'assemblée générale sont réunies au moins une fois par an, au cours du mois de novembre.

Elles sont, en outre, convoquées par leur président :

1° Soit à son initiative ;

2° Soit à la demande de la majorité de leurs membres ;

3° Soit à la demande des deux tiers des membres de *(Décr. n° 2014-1458 du 8 déc. 2014, art. 15-II, en vigueur le 1er janv. 2015)* « la commission plénière » pour la réunion de l'assemblée plénière ;

4° Soit à la demande des deux tiers des membres d'une commission restreinte pour la réunion de la formation de l'assemblée générale correspondante.

Les réunions de l'assemblée générale se tiennent pendant les heures ouvrables dans les conditions prévues par le règlement intérieur de l'assemblée plénière. – *[Anc. art. R.* 761-3, ecqc cour d'appel.]*

Art. R. 312-29 Lorsque le garde des Sceaux, ministre de la justice, consulte les cours d'appel sur les projets de loi ou sur d'autres questions d'intérêt public, le premier président de la cour d'appel convoque celle-ci en assemblée générale. Le premier président détermine, selon l'objet de la consultation, après avis du procureur général et de *(Décr. n° 2014-1458 du 8 déc. 2014, art. 15-II, en vigueur le 1er janv. 2015)* « la com-

mission plénière », la formation de l'assemblée générale qui doit être réunie. – *[Anc. art. R.* 761-4, ecqc cour d'appel, et R.* 763-1.]*

Art. R. 312-30 **L'ordre du jour de l'assemblée générale est établi par son président. Toutefois, le premier président de la cour d'appel et le procureur général près cette cour, lorsqu'ils n'assurent pas cette présidence, peuvent ajouter d'autres questions à l'ordre du jour.**

Les questions relatives à l'organisation et au fonctionnement de la juridiction, proposées par le tiers des membres de l'assemblée ou par la majorité des membres de la commission qu'elle a constituée, sont inscrites d'office à l'ordre du jour. – *[Anc. art. R.* 761-5, ecqc cour d'appel.]*

Art. R. 312-31 **Un bureau est constitué pour chaque réunion de l'assemblée. Il est composé du président et de deux membres désignés selon des modalités fixées par le règlement intérieur de l'assemblée plénière.**

Le bureau veille au bon fonctionnement de l'assemblée, règle les difficultés relatives aux procurations, tient les feuilles de présence et de vote, statue sur les quorums, fait procéder au vote et surveille le déroulement du scrutin. Les résultats sont proclamés par le président de l'assemblée. – *[Anc. art. R.* 761-6, ecqc cour d'appel et R.* 761-9, 2e phrase, ecqc cour d'appel.]*

Art. R. 312-32 **Chaque formation de l'assemblée générale ne peut valablement se réunir que si la moitié au moins de ses membres est présente ou représentée.**

Si le quorum prévu à l'alinéa précédent n'est pas atteint, l'assemblée est à nouveau convoquée *(Décr. n° 2014-1458 du 8 déc. 2014, art. 8, en vigueur le 1er janv. 2015)* **« dans un délai minimum de huit jours, ne pouvant excéder un mois », sur le même ordre du jour. Elle peut alors valablement délibérer si un tiers au moins de ses membres est présent ou représenté.** – *[Anc. art. R.* 761-7, ecqc cour d'appel.]*

Art. R. 312-33 **Seuls les membres bénéficiant d'un congé, d'un congé de maladie ou de maternité, ou assurant un service de permanence, ou se trouvant en mission officielle, ou étant en dehors de leurs heures de service, s'ils exercent un travail à temps partiel, peuvent se faire représenter par un mandataire.**

Le mandataire doit être membre de l'assemblée à laquelle appartient son mandant.

Chaque mandataire ne peut disposer de plus de deux procurations.

Les membres de l'assemblée générale qui remplissent les conditions pour voter par procuration et qui souhaitent utiliser cette procédure doivent en informer le président de l'assemblée générale avant la tenue de la réunion.

La procuration doit être donnée par écrit ; elle est annexée au procès-verbal. – *[Anc. art. R.* 761-8, ecqc cour d'appel et R.* 761-9, 1re phrase, ecqc cour d'appel.]*

Art. R. 312-34 **Il ne peut être délibéré que sur les questions inscrites à l'ordre du jour, dans les conditions prévues par le règlement intérieur de chaque formation de l'assemblée générale.** – *[Anc. art. R.* 761-10, ecqc cour d'appel.]*

Art. R. 312-35 **Après la délibération sur chaque question inscrite à l'ordre du jour, il est procédé au vote.**

Le vote à bulletin secret peut être demandé par tout membre de l'assemblée.

Le vote a lieu à la majorité des membres présents ou représentés. – *[Anc. art. R.* 761-11, ecqc cour d'appel et R.* 761-2, ecqc cour d'appel.]*

Art. R. 312-36 **En cas d'urgence, le premier président de la cour d'appel peut, dans les matières entrant dans la compétence de l'assemblée générale, prendre, après avis du procureur général près cette cour, du directeur de greffe et de la commission compétente, les mesures propres à assurer la continuité du service jusqu'à la réunion de l'assemblée compétente.** – *[Anc. art. R.* 761-12, ecqc cour d'appel.]*

Art. R. 312-37 **Les modalités de convocation, de dépouillement des votes, de désignation du secrétaire, d'établissement et de dépôt des procès-verbaux des délibérations des différentes formations de l'assemblée générale sont déterminées par le règlement intérieur de chacune de ces formations.**

(Décr. n° 2014-1458 du 8 déc. 2014, art. 12, en vigueur le 1er janv. 2015) **« Le garde des sceaux, ministre de la justice, fixe par arrêté un règlement intérieur type pour cha-**

cune des assemblées. Ces dernières peuvent adapter ce règlement type pour tenir compte de spécificités locales ou pour améliorer la concertation interne. » — *V. Arr. du 10 nov. 2016, ci-dessous.*

Les règlements intérieurs et les modifications qui leur sont apportées sont transmis au premier président de la cour d'appel et au procureur général près cette cour. — *[Anc. art. R.* 761-13, ecqc cour d'appel.]*

Arrêté du 10 novembre 2016,

Fixant un règlement intérieur type pour chacune des formations de l'assemblée générale de la cour d'appel.

Art. 1er Le règlement intérieur type pour l'assemblée des magistrats du siège figure en annexe I du présent arrêté.

Art. 2 Le règlement intérieur type pour l'assemblée des magistrats du parquet figure en annexe II du présent arrêté.

Art. 3 Le règlement intérieur type pour l'assemblée des magistrats du siège et du parquet figure en annexe III du présent arrêté.

Art. 4 Le règlement intérieur type pour l'assemblée des fonctionnaires du greffe figure en annexe IV du présent arrêté.

Art. 5 Le règlement intérieur type pour l'assemblée plénière des magistrats et des fonctionnaires figure en annexe V du présent arrêté.

Art. 6 Le présent arrêté est applicable en Polynésie française et en Nouvelle-Calédonie.

[...]

ANNEXES

ANNEXE I

RÈGLEMENT INTÉRIEUR TYPE DE L'ASSEMBLÉE DES MAGISTRATS DU SIÈGE DE LA COUR D'APPEL

Par application des articles R. 312-28 à R. 312-38, R. 312-39 à R. 312-44 et R. 312-62 à R. 312-64 du code de l'organisation judiciaire, le présent règlement intérieur régit l'assemblée des magistrats du siège de la cour d'appel.

Il peut être adapté par chaque assemblée pour tenir compte de spécificités locales ou pour améliorer la concertation interne, conformément aux dispositions du deuxième alinéa de l'article R. 312-37 du code l'organisation judiciaire.

Art. 1er *Les conditions dans lesquelles se tiennent les réunions de l'assemblée (art. R. 312-28 du COJ).* L'assemblée des magistrats du siège de la cour d'appel est réunie au moins une fois par an, au cours du mois de novembre. En outre, elle peut être réunie à tout autre moment de l'année, soit à l'initiative de son président, soit à la demande de la majorité de ses membres, soit à la demande des deux tiers des membres de sa commission restreinte.

L'assemblée est fixée le jour où le nombre d'audiences est le plus réduit au sein de la juridiction, déterminé après consultation de la commission restreinte. Les réunions de l'assemblée se tiennent pendant les heures ouvrables.

Art. 2 *La désignation des membres du bureau pour chaque réunion de l'assemblée (art. R. 312-31 du COJ).* Le bureau est constitué pour chaque réunion de l'assemblée sur la base du volontariat. Il veille au bon fonctionnement de l'assemblée, règle les difficultés relatives aux procurations, tient les feuilles de présence et de vote, statue sur les quorums, fait procéder au vote et surveille le déroulement du scrutin.

Si le nombre de volontaires est supérieur à deux, les membres du bureau sont tirés au sort parmi les volontaires. A défaut de volontaire, les deux membres constituant le bureau sont tirés au sort parmi les membres présents de l'assemblée.

Art. 3 *La fixation de l'ordre du jour (art. R. 312-30 et R. 312-34 du COJ).* L'ordre du jour de l'assemblée est établi par son président. Toutefois, le procureur général peut ajouter d'autres questions à l'ordre du jour.

Les questions relatives à l'organisation et au fonctionnement de la juridiction, proposées par le tiers des membres de l'assemblée ou par la majorité des membres de sa commission restreinte, sont inscrites d'office à l'ordre du jour.

Elles doivent être remises, dans un délai de cinq jours ouvrables suivant la convocation, au président de l'assemblée, qui vérifie leur recevabilité. Les questions devront être rédigées par écrit et être accompagnées du nom des demandeurs. Le président informe sans délai les membres de l'assemblée par tout moyen des questions ajoutées à l'ordre du jour.

Art. 4 *Les modalités de convocation (art. R. 312-37 du COJ).* Dix jours au moins avant la réunion de l'assemblée, le président convoque les membres de l'assemblée par courrier électronique, auquel sont joints l'ordre du jour ainsi que les documents nécessaires à l'examen de celui-ci. Ce délai ne s'applique pas si l'assemblée doit être reconvoquée en vertu du second alinéa de l'article R. 312-42-1 du code de l'organisation judiciaire.

Afin de favoriser la participation du plus grand nombre à l'assemblée, un planning prévisionnel annuel indicatif doit être proposé par le comité de gestion et diffusé à l'ensemble des membres de la juridiction.

Art. 5 *Les modalités de désignation du secrétaire (art. R. 312-37 du COJ).* Le secrétariat est assuré par une personne désignée par la commission restreinte.

Art. 6 *Les conditions de délibération (art. R. 312-34 du COJ).* Le président de l'assemblée veille au bon déroulement des débats et au respect de la libre expression de chacun.

Art. 7 *Les modalités de dépouillement des votes (art. R. 312-37 du COJ).* En cas de vote à bulletin secret, le dépouillement est assuré par le bureau en présence de l'ensemble de ses membres.

Art. 8 *Les modalités d'établissement et de dépôt des procès-verbaux des délibérations (art. R. 312-37 du COJ).* Le procès-verbal de chaque réunion de l'assemblée est établi par le secrétaire et diffusé auprès de l'ensemble des membres de l'assemblée par courrier électronique sous quinze jours, avec sa signature et celle du président de l'assemblée. Outre les décisions prises et les avis émis, le procès-verbal fait apparaître de façon synthétique l'ensemble des observations soulevées lors de la réunion.

Chaque membre de l'assemblée a dix jours pour présenter par courrier électronique ses observations écrites à la suite de cet envoi, lesquelles seront annexées au procès-verbal de l'assemblée.

Art. 9 *Composition de la commission restreinte (art. R. 312-62 du COJ).* La commission restreinte, outre son président, comprend entre deux et dix membres, ce nombre étant fixé par l'assemblée en tenant compte de ses effectifs.

Ces membres sont élus par et parmi les membres de l'assemblée des magistrats du siège.

L'ensemble des membres de la commission, titulaires et suppléants, sont convoqués et peuvent assister à la commission restreinte. Néanmoins, seul le membre titulaire a voix délibérative. En cas de départs concomitants de la juridiction du membre titulaire et de son suppléant, il est procédé à de nouvelles élections pour désigner un nouveau membre titulaire et son suppléant.

Art. 10 *Modalités d'élection des membres de la commission restreinte (art. R. 312-62 du COJ).*

a) L'élection se tient dans le mois précédant l'expiration du mandat de la commission à la diligence du président de celle-ci. Elle se fait au scrutin proportionnel avec panachage et vote préférentiel ;

b) Seuls sont éligibles les membres de l'assemblée qui ont fait acte de candidature ;

c) Les listes de candidats doivent être déposées au moins quinze jours avant la date du scrutin auprès du secrétariat de la présidence. Elles doivent présenter pour chaque candidat titulaire un candidat suppléant. Les listes doivent être datées et visées par l'ensemble des candidats ;

d) Elles sont affichées le jour suivant la date limite de dépôt des candidatures. Elles peuvent en outre être numérisées et adressées par message électronique à l'ensemble des votants. Elles comportent, le cas échéant, l'indication du syndicat au nom duquel se présentent les candidats. Elles peuvent servir de bulletins de vote ;

e) Un bureau *ad hoc* composé du président ainsi que du plus jeune et du plus âgé des membres de l'assemblée, dans sa composition au jour des élections de la commission restreinte, calcule le nombre de voix obtenues par chaque liste en additionnant les suffrages acquis à chaque candidat ayant fait acte de candidature au titre de cette liste.

Ce bureau détermine ensuite le quotient électoral en divisant le nombre total de suffrages exprimés par le nombre de sièges à pourvoir. Il attribue à chaque liste autant de sièges qu'elle a atteint de fois le quotient électoral. Les sièges restant éventuellement à pourvoir sont attribués suivant la règle du plus fort reste. Les élus d'une liste sont choisis en fonction du nombre de voix que chacun d'eux a obtenues. Pour départager les candidats qui auraient obtenu le même nombre de voix, il sera tenu compte de l'ordre préférentiel émis par l'électeur.

Un cas concret à valeur d'exemple est présenté en annexe du présent règlement intérieur.

Art. 11 *Règles de fonctionnement de la commission restreinte (art. R. 312-62 du COJ).* La commission restreinte est réunie à la diligence de son président quinze jours au moins avant la tenue de l'assemblée. La convocation des membres de la commission leur est adressée par le président par courrier électronique huit jours au moins avant la tenue de sa réunion : à cette convocation sont joints les propositions et projets qu'il envisage de soumettre à l'assemblée sur les questions inscrites à l'ordre du jour.

A défaut de communication préalable de ces éléments et en l'absence de motifs impérieux le justifiant, le report de la réunion de la commission restreinte est de droit s'il est demandé par l'un au moins de ses membres.

Les formalités de convocation sont allégées en cas d'urgence. La commission restreinte doit impérativement être consultée, le cas échéant sans délai préalable de convocation, en cas de modification de l'ordonnance de roulement justifiée par l'urgence.

Un compte rendu de la réunion de la commission est établi, signé par le président et diffusé aux membres de la commission par courrier électronique sous sept jours. Il fait apparaître de façon synthétique l'ensemble des observations soulevées lors de la réunion. Chaque membre de la commission a cinq jours pour présenter par courrier électronique ses observations écrites à la suite de cet envoi, lesquelles seront annexées au compte rendu de la réunion de la commission.

Art. 12 *Modalités de révision du règlement intérieur.* Toute demande de modification du règlement intérieur est inscrite d'office à l'ordre du jour de l'assemblée dès lors qu'elle est présentée par le tiers des membres de l'assemblée ou par la majorité des membres de la commission restreinte dans les conditions fixées par l'article 3 du présent règlement intérieur.

Règlement intérieur approuvé lors de la réunion de l'assemblée le ...., à ....

Le/la président(e) de l'assemblée,

M./Mme

Signature

Le/la secrétaire de l'assemblée,

M./Mme

Signature

Annexe

Cas concret à valeur d'exemple : 30 électeurs, 5 sièges à pourvoir, 30 × 5 = 150 suffrages exprimés.

Deux listes sont en présence.

LISTE A	**LISTE B**
Candidat V	Candidat V'
Candidat W	Candidat W'
Candidat X	Candidat X'
Candidat Y	Candidat Y'
Candidat Z	Candidat Z'

Parmi les 10 candidats en présence, l'électeur en choisit au maximum 5, qui peuvent appartenir à des listes différentes, en leur affectant un ordre de préférence.

Résultat du vote par candidat :

CANDIDAT	**LISTE**	**VOIX OBTENUES**
V	A	30
W	A	8
X	A	12
Y	A	10
Z	A	5
V'	B	25

CANDIDAT	LISTE	VOIX OBTENUES
W'	B	25
X'	B	20
Y'	B	10
Z'	B	5

Détermination du quotient électoral : 150/5 = 30.

Attribution du nombre de sièges pour chaque liste :

LISTES	SUFFRAGES OBTENUS	NOMBRE DE SIÈGES OBTENUS après application du QE	RESTE	NOMBRE TOTAL de sièges obtenus
Liste A	65	2	5	2
Liste B	85	2	25	3

Répartition des sièges à l'intérieur des listes :

Liste A : répartition des 2 sièges obtenus : les candidats V (30 voix) et X (12 voix).

Liste B : répartition des 3 sièges obtenus : les candidats V' (25 voix), W' (25 voix) et X' (20 voix).

ANNEXE II

Règlement intérieur type de l'assemblée des magistrats du parquet de la cour d'appel

Par application des articles R. 312-28 à R. 312-38, R. 312-45 à R. 312-47 et R. 312-62 à R. 312-64 du code de l'organisation judiciaire, le présent règlement intérieur régit l'assemblée des magistrats du parquet de la cour d'appel.

Il peut être adapté par chaque assemblée pour tenir compte de spécificités locales ou pour améliorer la concertation interne, conformément aux dispositions du deuxième alinéa de l'article R. 312-37 du code l'organisation judiciaire.

Art. 1er *Les conditions dans lesquelles se tiennent les réunions de l'assemblée (art. R. 312-28 du COJ).* L'assemblée des magistrats du parquet de la cour d'appel est réunie au moins une fois par an, au cours du mois de novembre. En outre, elle peut être réunie à tout autre moment de l'année, soit à l'initiative de son président, soit à la demande de la majorité de ses membres, soit à la demande des deux tiers des membres de sa commission restreinte.

L'assemblée est fixée le jour où le nombre d'audiences est le plus réduit au sein de la juridiction, déterminé après consultation de la commission restreinte.

Les réunions de l'assemblée se tiennent pendant les heures ouvrables.

Art. 2 *La désignation des membres du bureau pour chaque réunion de l'assemblée (art. R. 312-31 du COJ).* Le bureau est constitué pour chaque réunion de l'assemblée sur la base du *volontariat. Il veille au bon fonctionnement* de l'assemblée, règle les difficultés relatives aux procurations, tient les feuilles de présence et de vote, statue sur les quorums, fait procéder au vote et surveille le déroulement du scrutin.

Si le nombre de volontaires est supérieur à deux, les membres du bureau sont tirés au sort parmi les volontaires.

A défaut de volontaire, les deux membres constituant le bureau sont tirés au sort parmi les membres présents de l'assemblée.

Art. 3 *La fixation de l'ordre du jour (art. R. 312-30 et R. 312-34 du COJ).* L'ordre du jour de l'assemblée est établi par son président. Toutefois, le premier président peut ajouter d'autres questions à l'ordre du jour.

Les questions relatives à l'organisation et au fonctionnement de la juridiction, proposées par le tiers des membres de l'assemblée ou par la majorité des membres de sa commission restreinte, sont inscrites d'office à l'ordre du jour.

Elles doivent être remises, dans un délai de cinq jours ouvrables suivant la convocation, au président de l'assemblée, qui vérifie leur recevabilité. Les questions devront être rédigées par écrit et être accompagnées du nom des demandeurs. Le président informe sans délai les membres de l'assemblée par tout moyen des questions ajoutées à l'ordre du jour.

Art. 4 *Les modalités de convocation (art. R. 312-37 du COJ).* Dix jours au moins avant la réunion de l'assemblée, le président convoque les membres de l'assemblée par courrier électronique, auquel sont joints l'ordre du jour ainsi que les documents nécessaires à l'examen de celui-ci.

Afin de favoriser la participation du plus grand nombre à l'assemblée, un planning prévisionnel annuel indicatif doit être proposé par le comité de gestion et diffusé à l'ensemble des membres de la juridiction.

Art. 5 *Les modalités de désignation du secrétaire (art. R. 312-37 du COJ).* Le secrétariat est assuré par une personne désignée par la commission restreinte.

Art. 6 *Les conditions de délibération (art. R. 312-34 du COJ).* Le président de l'assemblée veille au bon déroulement des débats et au respect de la libre expression de chacun.

Art. 7 *Les modalités de dépouillement des votes (art. R. 312-37 du COJ).* En cas de vote à bulletin secret, le dépouillement est assuré par le bureau en présence de l'ensemble de ses membres.

Art. 8 *Les modalités d'établissement et de dépôt des procès-verbaux des délibérations (art. R. 312-37 du COJ).* Le procès-verbal de chaque réunion de l'assemblée est établi par le secrétaire et diffusé auprès de l'ensemble des membres de l'assemblée par courrier électronique sous quinze jours, avec sa signature et celle du président de l'assemblée.

Outre les décisions prises et les avis émis, le procès-verbal fait apparaître de façon synthétique l'ensemble des observations soulevées lors de la réunion.

Chaque membre de l'assemblée a dix jours pour présenter par courrier électronique ses observations écrites à la suite de cet envoi, lesquelles seront annexées au procès-verbal de l'assemblée.

Art. 9 *Composition de la commission restreinte (art. R. 312-62 du COJ).* La commission restreinte, outre son président, comprend entre deux et dix membres, ce nombre étant fixé par l'assemblée en tenant compte de ses effectifs.

Ces membres sont élus par et parmi les membres de l'assemblée des magistrats du parquet.

L'ensemble des membres de la commission, titulaires et suppléants, sont convoqués et peuvent assister à la commission restreinte. Néanmoins, seul le membre titulaire a voix délibérative.

En cas de départs concomitants de la juridiction du membre titulaire et de son suppléant, il est procédé à de nouvelles élections pour désigner un nouveau membre titulaire et son suppléant.

Art. 10 *Modalités d'élection des membres de la commission restreinte (art. R. 312-62 du COJ).*

a) L'élection se tient dans le mois précédant l'expiration du mandat de la commission à la diligence du président de celle-ci. Elle se fait au scrutin proportionnel avec panachage et vote préférentiel ;

b) Seuls sont éligibles les membres de l'assemblée qui ont fait acte de candidature ;

c) Les listes de candidats doivent être déposées au moins quinze jours avant la date du scrutin auprès du secrétariat de la présidence. Elles doivent présenter pour chaque candidat titulaire un candidat suppléant. Les listes doivent être datées et visées par l'ensemble des candidats ;

d) Elles sont affichées le jour suivant la date limite de dépôt des candidatures. Elles peuvent en outre être numérisées et adressées par message électronique à l'ensemble des votants. Elles comportent, le cas échéant, l'indication du syndicat au nom duquel se présentent les candidats. Elles peuvent servir de bulletins de vote ;

e) Un bureau *ad hoc* composé du président ainsi que du plus jeune et du plus âgé des membres de l'assemblée, dans sa composition au jour des élections de la commission restreinte, calcule le nombre de voix obtenues par chaque liste en additionnant les suffrages acquis à chaque candidat ayant fait acte de candidature au titre de cette liste.

Ce bureau détermine ensuite le quotient électoral en divisant le nombre total de suffrages exprimés par le nombre de sièges à pourvoir. Il attribue à chaque liste autant de sièges qu'elle a atteint de fois le quotient électoral.

Les sièges restant éventuellement à pourvoir sont attribués suivant la règle du plus fort reste. Les élus d'une liste sont choisis en fonction du nombre de voix que chacun d'eux a obtenues.

Pour départager les candidats qui auraient obtenu le même nombre de voix, il sera tenu compte de l'ordre préférentiel émis par l'électeur.

Un cas concret à valeur d'exemple est présenté en annexe du présent règlement intérieur.

Art. 11 *Règles de fonctionnement de la commission restreinte (art. R. 312-62 du COJ).* La commission restreinte est réunie à la diligence de son président quinze jours au moins avant la tenue de l'assemblée. La convocation des membres de la commission leur est adressée par le président par courrier électronique huit jours au moins avant la tenue de sa réunion : à cette convocation sont joints les propositions et projets qu'il envisage de soumettre à l'assemblée sur les questions inscrites à l'ordre du jour.

A défaut de communication préalable de ces éléments et en l'absence de motifs impérieux le justifiant, le report de la réunion de la commission restreinte est de droit s'il est demandé par l'un au moins de ses membres.

Les formalités de convocation sont allégées en cas d'urgence. La commission restreinte doit impérativement être consultée, le cas échéant sans délai préalable de convocation, en cas de modification de l'ordonnance de roulement justifiée par l'urgence.

Un compte rendu de la réunion de la commission est établi, signé par le président et diffusé aux membres de la commission par courrier électronique sous sept jours. Il fait apparaître de façon synthétique l'ensemble des observations soulevées lors de la réunion.

Chaque membre de la commission a cinq jours pour présenter par courrier électronique ses observations écrites à la suite de cet envoi, lesquelles seront annexées au compte rendu de la réunion de la commission.

Art. 12 *Modalités de révision du règlement intérieur.* Toute demande de modification du règlement intérieur est inscrite d'office à l'ordre du jour de l'assemblée dès lors qu'elle est présentée par le tiers des membres de l'assemblée ou par la majorité des membres de la commission restreinte dans les conditions fixées par l'article 3 du présent règlement intérieur.

Règlement intérieur approuvé lors de la réunion de l'assemblée le ...., à ....

Le/la président(e) de l'assemblée,

M./Mme

Signature

Le/la secrétaire de l'assemblée,

M./Mme

Signature

Annexe

Cas concret à valeur d'exemple : 30 électeurs, 5 sièges à pourvoir, 30 × 5=150 suffrages exprimés.

Deux listes sont en présence.

LISTE A	LISTE B
Candidat V	Candidat V'
Candidat W	Candidat W'
Candidat X	Candidat X'
Candidat Y	Candidat Y'
Candidat Z	Candidat Z'

Parmi les 10 candidats en présence, l'électeur en choisit au maximum 5, qui peuvent appartenir à des listes différentes, en leur affectant un ordre de préférence.

Résultat du vote par candidat :

CANDIDAT	LISTE	VOIX OBTENUES
V	A	30
W	A	8
X	A	12

CANDIDAT	LISTE	VOIX OBTENUES
Y	A	10
Z	A	5
V'	B	25
W'	B	25
X'	B	20
Y'	B	10
Z'	B	5

Détermination du quotient électoral : 150/5 = 30.

Attribution du nombre de sièges pour chaque liste :

LISTES	SUFFRAGES OBTENUS	NOMBRE DE SIÈGES OBTENUS après application du QE	RESTE	NOMBRE TOTAL de sièges obtenus
Liste A	65	2	5	2
Liste B	85	2	25	3

Répartition des sièges à l'intérieur des listes :

Liste A : répartition des 2 sièges obtenus : les candidats V (30 voix) et X (12 voix).

Liste B : répartition des 3 sièges obtenus : les candidats V' (25 voix), W' (25 voix) et X' (20 voix).

ANNEXE III

Règlement intérieur type de l'assemblée des magistrats du siège et du parquet de la cour d'appel

Par application des articles R. 312-28 à R. 312-38, R. 312-48 à R. 312-51 et R. 312-62 à R. 312-64 du code de l'organisation judiciaire, le présent règlement intérieur régit l'assemblée des magistrats du siège et du parquet de la cour d'appel.

Il peut être adapté par chaque assemblée pour tenir compte de spécificités locales ou pour améliorer la concertation interne, conformément aux dispositions du deuxième alinéa de l'article R. 312-37 du code l'organisation judiciaire.

Art. 1er *Les conditions dans lesquelles se tiennent les réunions de l'assemblée (art. R. 312-28 du COJ).* L'assemblée des magistrats du siège et du parquet de la cour d'appel est réunie au moins une fois par an, au cours du mois de novembre. En outre, elle peut être réunie à tout autre moment de l'année, soit à l'initiative de son président, soit à la demande de la majorité de ses membres, soit à la demande des deux tiers des membres de sa commission restreinte.

L'assemblée est fixée le jour où le nombre d'audiences est le plus réduit au sein de la juridiction, déterminé après consultation de la commission restreinte.

Les réunions de l'assemblée se tiennent pendant les heures ouvrables.

Art. 2 *La désignation des membres du bureau pour chaque réunion de l'assemblée (art. R. 312-31 du COJ).* Le bureau est constitué pour chaque réunion de l'assemblée sur la base du volontariat. Il veille au bon fonctionnement de l'assemblée, règle les difficultés relatives aux procurations, tient les feuilles de présence et de vote, statue sur les quorums, fait procéder au vote et surveille le déroulement du scrutin.

Si le nombre de volontaires est supérieur à deux, les membres du bureau sont tirés au sort parmi les volontaires. A défaut de volontaire, les deux membres constituant le bureau sont tirés au sort parmi les membres présents de l'assemblée.

Art. 3 *La fixation de l'ordre du jour (art. R. 312-30 et R. 312-34 du COJ).* L'ordre du jour de l'assemblée est établi par son président. Toutefois, le procureur général peut ajouter d'autres questions à l'ordre du jour.

Les questions relatives à l'organisation et au fonctionnement de la juridiction, proposées par le tiers des membres de l'assemblée ou par la majorité des membres de sa commission restreinte, sont inscrites d'office à l'ordre du jour.

Elles doivent être remises, dans un délai de cinq jours ouvrables suivant la convocation, au président de l'assemblée, qui vérifie leur recevabilité. Les questions devront être rédigées par écrit et être accompagnées du nom des demandeurs. Le président informe sans délai les membres de l'assemblée par tout moyen des questions ajoutées à l'ordre du jour.

Art. 4 *Les modalités de convocation (art. R. 312-37 du COJ).* Dix jours au moins avant la réunion de l'assemblée, le président convoque les membres de l'assemblée par courrier électronique, auquel sont joints l'ordre du jour ainsi que les documents nécessaires à l'examen de celui-ci.

Afin de favoriser la participation du plus grand nombre à l'assemblée, un planning prévisionnel annuel indicatif doit être proposé par le comité de gestion et diffusé à l'ensemble des membres de la juridiction.

Art. 5 *Les modalités de désignation du secrétaire (art. R. 312-37 du COJ).* Le secrétariat est assuré par une personne désignée par la commission restreinte.

Art. 6 *Les conditions de délibération (art. R. 312-34 du COJ).* Le président de l'assemblée veille au bon déroulement des débats et au respect de la libre expression de chacun.

Art. 7 *Les modalités de dépouillement des votes (art. R. 312-37 du COJ).* En cas de vote à bulletin secret, le dépouillement est assuré par le bureau en présence de l'ensemble de ses membres.

Art. 8 *Les modalités d'établissement et de dépôt des procès-verbaux des délibérations (art. R. 312-37 du COJ).* Le procès-verbal de chaque réunion de l'assemblée est établi par le secrétaire et diffusé auprès de l'ensemble des membres de l'assemblée par courrier électronique sous quinze jours, avec sa signature et celle du président de l'assemblée.

Outre les décisions prises et les avis émis, le procès-verbal fait apparaître de façon synthétique l'ensemble des observations soulevées lors de la réunion.

Chaque membre de l'assemblée a dix jours pour présenter par courrier électronique ses observations écrites à la suite de cet envoi, lesquelles seront annexées au procès-verbal de l'assemblée.

Art. 9 *Composition de la commission restreinte (art. R. 312-62 du COJ).* La commission restreinte, outre son président, comprend entre deux et dix membres, ce nombre étant fixé par l'assemblée en tenant compte de ses effectifs.

L'ensemble des membres de la commission, titulaires et suppléants, sont convoqués et peuvent assister à la commission restreinte. Néanmoins, seul le membre titulaire a voix délibérative.

En cas de départs concomitants de la juridiction du membre titulaire et de son suppléant, il est procédé à de nouvelles élections pour désigner un nouveau membre titulaire et son suppléant.

Ces membres sont élus par et parmi les membres de l'assemblée des magistrats du siège et du parquet.

Art. 10 *Modalités d'élection des membres de la commission restreinte (art. R. 312-62 du COJ).*

a) L'élection se tient dans le mois précédant l'expiration du mandat de la commission à la diligence du président de celle-ci. Elle se fait au scrutin proportionnel avec panachage et vote préférentiel ;

b) Seuls sont éligibles les membres de l'assemblée qui ont fait acte de candidature ;

c) Les listes de candidats doivent être déposées au moins quinze jours avant la date du scrutin auprès du secrétariat de la présidence. Elles doivent présenter pour chaque candidat titulaire un candidat suppléant. Les listes doivent être datées et visées par l'ensemble des candidats ;

d) Elles sont affichées le jour suivant la date limite de dépôt des candidatures. Elles peuvent en outre être numérisées et adressées par message électronique à l'ensemble des votants. Elles comportent, le cas échéant, l'indication du syndicat au nom duquel se présentent les candidats. Elles peuvent servir de bulletins de vote ;

e) Un bureau *ad hoc* composé du président ainsi que du plus jeune et du plus âgé des membres de l'assemblée, dans sa composition au jour des élections de la commission restreinte, calcule le nombre de voix obtenues par chaque liste en additionnant les suffrages acquis à chaque candidat ayant fait acte de candidature au titre de cette liste.

Ce bureau détermine ensuite le quotient électoral en divisant le nombre total de suffrages exprimés par le nombre de sièges à pourvoir. Il attribue à chaque liste autant de sièges qu'elle a atteint de fois le quotient électoral.

Les sièges restant éventuellement à pourvoir sont attribués suivant la règle du plus fort reste. Les élus d'une liste sont choisis en fonction du nombre de voix que chacun d'eux a obtenues.

Pour départager les candidats qui auraient obtenu le même nombre de voix, il sera tenu compte de l'ordre préférentiel émis par l'électeur.

Un cas concret à valeur d'exemple est présenté en annexe du présent règlement intérieur.

Art. 11 *Règles de fonctionnement de la commission restreinte (art. R. 312-62 du COJ).* La commission restreinte est réunie à la diligence de son président quinze jours au moins avant la tenue de l'assemblée. La convocation des membres de la commission leur est adressée par le président par courrier électronique huit jours au moins avant la tenue de sa réunion : à cette convocation sont joints les propositions et projets qu'il envisage de soumettre à l'assemblée sur les questions inscrites à l'ordre du jour.

A défaut de communication préalable de ces éléments et en l'absence de motifs impérieux le justifiant, le report de la réunion de la commission restreinte est de droit s'il est demandé par l'un au moins de ses membres.

Les formalités de convocation sont allégées en cas d'urgence. La commission restreinte doit impérativement être consultée, le cas échéant sans délai préalable de convocation, en cas de modification de l'ordonnance de roulement justifiée par l'urgence.

Un compte rendu de la réunion de la commission est établi, signé par le président et diffusé aux membres de la commission par courrier électronique sous sept jours. Il fait apparaître de façon synthétique l'ensemble des observations soulevées lors de la réunion.

Chaque membre de la commission a cinq jours pour présenter par courrier électronique ses observations écrites à la suite de cet envoi, lesquelles seront annexées au compte rendu de la réunion de la commission.

Art. 12 *Modalités de révision du règlement intérieur.* Toute demande de modification du règlement intérieur est inscrite d'office à l'ordre du jour de l'assemblée dès lors qu'elle est présentée par le tiers des membres de l'assemblée ou par la majorité des membres de la commission restreinte dans les conditions fixées par l'article 3 du présent règlement intérieur.

Règlement intérieur approuvé lors de la réunion de l'assemblée le ...., à ....

Le/la président(e) de l'assemblée,

M. /Mme

Signature

Le/la secrétaire de l'assemblée,

M. /Mme

Signature

Annexe

Cas concret à valeur d'exemple : 30 électeurs, 5 sièges à pourvoir, 30 × 5 = 150 suffrages exprimés.

Deux listes sont en présence.

LISTE A	LISTE B
Candidat V	Candidat V'
Candidat W	Candidat W'
Candidat X	Candidat X'
Candidat Y	Candidat Y'
Candidat Z	Candidat Z'

Parmi les 10 candidats en présence, l'électeur en choisit au maximum 5, qui peuvent appartenir à des listes différentes, en leur affectant un ordre de préférence.

Résultat du vote par candidat :

CANDIDAT	LISTE	VOIX OBTENUES
V	A	30
W	A	8
X	A	12
Y	A	10
Z	A	5
V'	B	25
W'	B	25
X'	B	20
Y'	B	10
Z'	B	5

Détermination du quotient électoral : 150/5 = 30.

Attribution du nombre de sièges pour chaque liste :

LISTES	SUFFRAGES OBTENUS	NOMBRE DE SIÈGES OBTENUS après application du QE	RESTE	NOMBRE TOTAL de sièges obtenus
Liste A	65	2	5	2
Liste B	85	2	25	3

Répartition des sièges à l'intérieur des listes :

Liste A : répartition des 2 sièges obtenus : les candidats V (30 voix) et X (12 voix).

Liste B : répartition des 3 sièges obtenus : les candidats V' (25 voix), W' (25 voix) et X' (20 voix).

ANNEXE IV

Règlement intérieur type de l'assemblée des fonctionnaires du greffe de la cour d'appel

Par application des articles R. 312-28 à R. 312-38, R. 312-52 à R. 312-55 et R. 312-62 à R. 312-64 du code de l'organisation judiciaire, le présent règlement intérieur régit l'assemblée des fonctionnaires de la cour d'appel.

Il peut être adapté par chaque assemblée pour tenir compte de spécificités locales ou pour améliorer la concertation interne, conformément aux dispositions du deuxième alinéa de l'article R. 312-37 du code l'organisation judiciaire.

Art. 1er *Les conditions dans lesquelles se tiennent les réunions de l'assemblée (art. R. 312-28 du COJ).* L'assemblée des fonctionnaires de la cour d'appel est réunie au moins une fois par an, au cours du mois de novembre. En outre, elle peut être réunie à tout autre moment de l'année, soit à l'initiative de son président, soit à la demande de la majorité de ses membres, soit à la demande des deux tiers des membres de sa commission restreinte.

L'assemblée est fixée le jour où le nombre d'audiences est le plus réduit au sein de la juridiction, déterminé après consultation de la commission restreinte.

Les réunions de l'assemblée se tiennent pendant les heures ouvrables.

Art. 2 *La désignation des membres du bureau pour chaque réunion de l'assemblée (art. R. 312-31 du COJ).* Le bureau est constitué pour chaque réunion de l'assemblée sur la base du volontariat. Il veille au bon fonctionnement de l'assemblée, règle les difficultés relatives aux procurations, tient les feuilles de présence et de vote, statue sur les quorums, fait procéder au vote et surveille le déroulement du scrutin.

Si le nombre de volontaires est supérieur à deux, les membres du bureau sont tirés au sort parmi les volontaires. A défaut de volontaire, les deux membres constituant le bureau sont tirés au sort parmi les membres présents de l'assemblée.

Art. 3 *La fixation de l'ordre du jour (art. R. 312-30 et R. 312-34 du COJ).* L'ordre du jour de l'assemblée est établi par son président. Toutefois, le premier président et le procureur général peuvent ajouter d'autres questions à l'ordre du jour.

Les questions relatives à l'organisation et au fonctionnement de la juridiction, proposées par le tiers des membres de l'assemblée ou par la majorité des membres de sa commission restreinte, sont inscrites d'office à l'ordre du jour.

Elles doivent être remises, dans un délai de cinq jours ouvrables suivant la convocation, au président de l'assemblée, qui vérifie leur recevabilité. Les questions devront être rédigées par écrit et être accompagnées du nom des demandeurs. Le président informe sans délai les membres de l'assemblée par tout moyen des questions ajoutées à l'ordre du jour.

Art. 4 *Les modalités de convocation (art. R. 312-37 du COJ).* Dix jours au moins avant la réunion de l'assemblée, le président convoque les membres de l'assemblée par courrier électronique auquel sont joints l'ordre du jour ainsi que les documents nécessaires à l'examen de celui-ci.

Afin de favoriser la participation du plus grand nombre à l'assemblée, un planning prévisionnel annuel indicatif doit être proposé par le comité de gestion et diffusé à l'ensemble des membres de la juridiction.

Art. 5 *Les modalités de désignation du secrétaire (art. R. 312-37 du COJ).* Le secrétariat est assuré par une personne désignée par la commission restreinte.

Art. 6 *Les conditions de délibération (art. R. 312-34 du COJ).* Le président de l'assemblée veille au bon déroulement des débats et au respect de la libre expression de chacun.

Art. 7 *Les modalités de dépouillement des votes (art. R. 312-37 du COJ).* En cas de vote à bulletin secret, le dépouillement est assuré par le bureau en présence de l'ensemble de ses membres.

Art. 8 *Les modalités d'établissement et de dépôt des procès-verbaux des délibérations (art. R. 312-37 du COJ).* Le procès-verbal de chaque réunion de l'assemblée est établi par le secrétaire et diffusé auprès de l'ensemble des membres de l'assemblée et auprès des chefs de cour par courrier électronique sous quinze jours, avec sa signature et celle du président de l'assemblée.

Outre les décisions prises et les avis émis, le procès-verbal fait apparaître de façon synthétique l'ensemble des observations soulevées lors de la réunion.

Chaque membre de l'assemblée a dix jours pour présenter par courrier électronique ses observations écrites à la suite de cet envoi, lesquelles seront annexées au procès-verbal de l'assemblée.

Art. 9 *Composition de la commission restreinte (art. R. 312-62 du COJ).* La commission restreinte, outre son président, comprend un nombre de membres élus supérieur d'une unité au nombre de membres élus de la commission restreinte des magistrats du siège et du parquet afin d'assurer le caractère paritaire de la commission plénière.

L'ensemble des membres de la commission, titulaires et suppléants, sont convoqués et peuvent assister à la commission restreinte. Néanmoins, seul le membre titulaire a voix délibérative.

En cas de départs concomitants de la juridiction du membre titulaire et de son suppléant, il est procédé à de nouvelles élections pour désigner un nouveau membre titulaire et son suppléant.

Ces membres sont élus par et parmi les membres de l'assemblée des fonctionnaires.

Art. 10 *Modalités d'élection des membres de la commission restreinte (art. R. 312-62 du COJ).*

a) L'élection se tient dans le mois précédant l'expiration du mandat de la commission à la diligence du président de celle-ci. Elle se fait au scrutin proportionnel avec panachage et vote préférentiel ;

b) Seuls sont éligibles les membres de l'assemblée qui ont fait acte de candidature ;

c) Les listes de candidats doivent être déposées au moins quinze jours avant la date du scrutin auprès du secrétariat de la présidence. Elles doivent présenter pour chaque candidat titulaire un candidat suppléant. Les listes doivent être datées et visées par l'ensemble des candidats ;

d) Elles sont affichées le jour suivant la date limite de dépôt des candidatures. Elles peuvent en outre être numérisées et adressées par message électronique à l'ensemble des votants. Elles comportent, le cas échéant, l'indication du syndicat au nom duquel se présentent les candidats. Elles peuvent servir de bulletins de vote ;

e) Un bureau *ad hoc* composé du président ainsi que du plus jeune et du plus âgé des membres de l'assemblée, dans sa composition au jour des élections de la commission restreinte, calcule le nombre de voix obtenues par chaque liste en additionnant les suffrages acquis à chaque candidat ayant fait acte de candidature au titre de cette liste.

Ce bureau détermine ensuite le quotient électoral en divisant le nombre total de suffrages exprimés par le nombre de sièges à pourvoir. Il attribue à chaque liste autant de sièges qu'elle a atteint de fois le quotient électoral.

Les sièges restant éventuellement à pourvoir sont attribués suivant la règle du plus fort reste. Les élus d'une liste sont choisis en fonction du nombre de voix que chacun d'eux a obtenues. Pour départager les candidats qui auraient obtenu le même nombre de voix, il sera tenu compte de l'ordre préférentiel émis par l'électeur.

Un cas concret à valeur d'exemple est présenté en annexe du présent règlement intérieur.

Art. 11 *Règles de fonctionnement de la commission restreinte (art. R. 312-62 du COJ).* La commission restreinte est réunie à la diligence de son président quinze jours au moins avant la tenue de l'assemblée. La convocation des membres de la commission leur est adressée par le président par courrier électronique huit jours au moins avant la tenue de sa réunion : à cette convocation sont joints les propositions et projets qu'il envisage de soumettre à l'assemblée sur les questions inscrites à l'ordre du jour.

A défaut de communication préalable de ces éléments et en l'absence de motifs impérieux le justifiant, le report de la réunion de la commission restreinte est de droit s'il est demandé par l'un au moins de ses membres. Les formalités de convocation sont allégées en cas d'urgence. La commission restreinte doit impérativement être consultée, le cas échéant sans délai préalable de convocation, en cas de modification de l'ordonnance de roulement justifiée par l'urgence.

Un compte rendu de la réunion de la commission est établi, signé par le président et diffusé aux membres de la commission et aux chefs de cour par courrier électronique sous sept jours. Il fait apparaître de façon synthétique l'ensemble des observations soulevées lors de la réunion. Chaque membre de la commission a cinq jours pour présenter par courrier électronique ses observations écrites à la suite de cet envoi, lesquelles seront annexées au compte rendu de la réunion de la commission.

Art. 12 *Modalités de révision du règlement intérieur.* Toute demande de modification du règlement intérieur est inscrite d'office à l'ordre du jour de l'assemblée dès lors qu'elle est présentée par le tiers des membres de l'assemblée ou par la majorité des membres de la commission restreinte dans les conditions fixées par l'article 3 du présent règlement intérieur.

Règlement intérieur approuvé lors de la réunion de l'assemblée le ...., à ....

Le/la président(e) de l'assemblée,

M. /Mme

Signature

Le/la secrétaire de l'assemblée,

M. /Mme

Signature

Annexe

Cas concret à valeur d'exemple : 30 électeurs, 5 sièges à pourvoir, 30 × 5 = 150 suffrages exprimés.

Deux listes sont en présence.

(Arr. 10 nov. 2016, JO 16 nov.)

LISTE A	LISTE B
Candidat V	Candidat V'
Candidat W	Candidat W'
Candidat X	Candidat X'
Candidat Y	Candidat Y'
Candidat Z	Candidat Z'

Parmi les 10 candidats en présence, l'électeur en choisit au maximum 5, qui peuvent appartenir à des listes différentes, en leur affectant un ordre de préférence.

Résultat du vote par candidat :

CANDIDAT	LISTE	VOIX OBTENUES
V	A	30
W	A	8
X	A	12
Y	A	10
Z	A	5
V'	B	25
W'	B	25
X'	B	20
Y'	B	10
Z'	B	5

Détermination du quotient électoral : 150/5 = 30.

Attribution du nombre de sièges pour chaque liste :

LISTES	SUFFRAGES OBTENUS	NOMBRE DE SIÈGES OBTENUS après application du QE	RESTE	NOMBRE TOTAL de sièges obtenus
Liste A	65	2	5	2
Liste B	85	2	25	3

Répartition des sièges à l'intérieur des listes :

Liste A : répartition des 2 sièges obtenus : les candidats V (30 voix) et X (12 voix).

Liste B : répartition des 3 sièges obtenus : les candidats V' (25 voix), W' (25 voix) et X' (20 voix).

ANNEXE V

Règlement intérieur type de l'assemblée plénière des magistrats et des fonctionnaires de la cour d'appel

Par application des articles R. 312-28 à R. 312-38, R. 312-56 à R. 312-57 et R. 312-58 à R. 312-61-1 du code de l'organisation judiciaire, le présent règlement intérieur régit l'assemblée plénière de la cour d'appel.

Il peut être adapté par chaque assemblée pour tenir compte de spécificités locales ou pour améliorer la concertation interne, conformément aux dispositions du deuxième alinéa de l'article R. 312-37 du code l'organisation judiciaire.

Art. 1er *Les conditions dans lesquelles se tiennent les réunions de l'assemblée plénière (art. R. 312-28 du COJ).* L'assemblée plénière de la cour d'appel est réunie au moins une fois par an, au cours du mois de novembre. En outre, elle peut être réunie à tout autre moment de l'année, soit à l'initiative de son président, soit à la demande de la majorité de ses membres, soit à la demande des deux tiers des membres de la commission plénière.

L'assemblée est fixée le jour où le nombre d'audiences est le plus réduit au sein de la juridiction, déterminé après consultation de la commission plénière.

Les réunions de l'assemblée se tiennent pendant les heures ouvrables.

Art. 2 *La désignation des membres du bureau pour chaque réunion de l'assemblée (art. R. 312-31 du COJ).* Le bureau est constitué pour chaque réunion de l'assemblée sur la base du volontariat. Il veille au bon fonctionnement de l'assemblée, règle les difficultés relatives aux procurations, tient les feuilles de présence et de vote, statue sur les quorums, fait procéder au vote et surveille le déroulement du scrutin.

Si le nombre de volontaires est supérieur à deux, les membres du bureau sont tirés au sort parmi les volontaires. A défaut de volontaire, les deux membres constituant le bureau sont tirés au sort parmi les membres présents de l'assemblée.

Art. 3 *La fixation de l'ordre du jour (art. R. 312-30 et R. 312-34 du COJ).* L'ordre du jour de l'assemblée est établi par son président. Toutefois, le procureur général peut ajouter d'autres questions à l'ordre du jour.

Les questions relatives à l'organisation et au fonctionnement de la juridiction, proposées par le tiers des membres de l'assemblée ou par la majorité des membres de la commission plénière, sont inscrites d'office à l'ordre du jour.

Elles doivent être remises, dans un délai de cinq jours ouvrables suivant la convocation, au président de l'assemblée, qui vérifie leur recevabilité. Les questions devront être rédigées par écrit et être accompagnées du nom des demandeurs. Le président informe sans délai les membres de l'assemblée par tout moyen des questions ajoutées à l'ordre du jour.

Art. 4 *Les modalités de convocation (art. R. 312-37 du COJ).* Dix jours au moins avant la réunion de l'assemblée, le président convoque les membres de l'assemblée par courrier électronique auquel sont joints l'ordre du jour ainsi que les documents nécessaires à l'examen de celui-ci.

Afin de favoriser la participation du plus grand nombre à l'assemblée, un planning prévisionnel annuel indicatif doit être proposé par le comité de gestion et diffusé à l'ensemble des membres de la juridiction.

Art. 5 *Les modalités de désignation du secrétaire (art. R. 312-37 du COJ).* Le secrétariat est assuré par une personne désignée par la commission plénière.

Art. 6 *Les conditions de délibération (art. R. 312-34 du COJ).* Le président de l'assemblée veille au bon déroulement des débats et au respect de la libre expression de chacun.

Art. 7 *Les modalités de dépouillement des votes (art. R. 312-37 du COJ).* En cas de vote à bulletin secret, le dépouillement est assuré par le bureau en présence de l'ensemble de ses membres.

Art. 8 *Les modalités d'établissement et de dépôt des procès-verbaux des délibérations (art. R. 312-37 du COJ).* Le procès-verbal de chaque réunion de l'assemblée est établi par le secrétaire et diffusé auprès de l'ensemble des membres de l'assemblée par courrier électronique sous quinze jours, avec sa signature et celle du président de l'assemblée.

Outre les décisions prises et les avis émis, le procès-verbal fait apparaître de façon synthétique l'ensemble des observations soulevées lors de la réunion.

Chaque membre de l'assemblée a dix jours pour présenter par courrier électronique ses observations écrites à la suite de cet envoi, lesquelles seront annexées au procès-verbal de l'assemblée.

Art. 9 *Composition de la commission plénière (art. R. 312-58 du COJ).* Présidée par le premier président, la commission plénière comprend en qualité de membres de droit le procureur général et le directeur de greffe.

Elle comprend en outre les membres des commissions restreintes de l'assemblée des magistrats du siège et du parquet et de l'assemblée des fonctionnaires.

Art. 10 *Modalités de révision du règlement intérieur.* Toute demande de modification du règlement intérieur est inscrite d'office à l'ordre du jour de l'assemblée dès lors qu'elle est présentée par le tiers des membres de l'assemblée ou par la majorité des membres de la commission plénière dans les conditions fixées par l'article 3 du présent règlement intérieur.

Règlement intérieur approuvé lors de la réunion de l'assemblée le ...., à ....

Le/la président(e) de l'assemblée,

M. /Mme

Signature

Le/la secrétaire de l'assemblée,

M. /Mme

Signature

Art. R. 312-38 Le directeur de greffe assiste aux assemblées générales et consigne sur le registre des délibérations de la juridiction les décisions prises et les avis émis. – *[Anc. art. R.* 761-14, ecqc cour d'appel.]*

SOUS-SECTION 2 L'ASSEMBLÉE DES MAGISTRATS DU SIÈGE

Art. R. 312-39 Le premier président de la cour d'appel préside l'assemblée des magistrats du siège.

Cette assemblée comprend :

1° Les magistrats du siège de la cour d'appel ;

2° Les magistrats placés auprès du premier président exerçant leurs fonctions à la cour d'appel.

(Décr. n° 2019-912 du 30 août 2019, art. 13-XII, en vigueur le 1er janv. 2020) « Assistent à cette assemblée :

« 1° Les magistrats honoraires exerçant au sein de la cour d'appel les fonctions de magistrat du siège mentionnées à l'article 41-25 de l'ordonnance n° 58-1270 du 22 décembre 1958 portant loi organique relative au statut de la magistrature ;

« 2° Les auditeurs de justice en stage au sein de la cour d'appel *[ancienne rédaction : Les auditeurs de justice, en stage dans la cour d'appel, assistent à cette assemblée]*. » – *[Anc. art. R.* 761-2, ecqc cour d'appel siège, R. 761-2-1, ecqc cour d'appel siège et R.* 761-21, al. 2, ecqc cour d'appel.]*

Art. R. 312-40 L'assemblée des magistrats du siège peut entendre le procureur général près la cour d'appel soit à l'initiative de son président, soit à la demande de la majorité de ses membres ou du procureur général. – *[Anc. art. R.* 761-22, ecqc cour d'appel.]*

Art. R. 312-41 *Matière pénale* 🏛.

Art. R. 312-42 L'assemblée des magistrats du siège de la cour d'appel émet un avis sur :

1° Le projet de décision préparé par le premier président de la cour d'appel et le procureur général près cette cour fixant le nombre et le jour des audiences correctionnelles, conformément à l'article 511 du code de procédure pénale ;

2° Les critères généraux de répartition des dossiers entre les chambres ;

(Décr. n° 2016-514 du 26 avr. 2016, art. 7) « 3° Le projet d'ordonnance, préparé par le premier président de la cour d'appel, de répartition dans les chambres et pôles des magistrats du siège dont la cour d'appel est composée et de désignation du magistrat chargé de la coordination d'un pôle conformément à l'article R. 312-83 ; »

4° Le projet d'ordonnance préparé par le premier président désignant :

a) Les juges de l'application des peines du ressort de la cour composant un tribunal de l'application des peines, conformément à l'article 712-3 du code de procédure pénale ;

b) Le président de la chambre de l'application des peines et les conseillers la composant en qualité d'assesseurs, conformément à l'article 712-13 du code de procédure pénale ;

c) Le responsable d'une association de réinsertion des condamnés et le responsable d'une association d'aide aux victimes composant la chambre de l'application des peines, conformément à l'article 712-13 du code de procédure pénale ;

d) Le ou les conseillers chargés de suivre l'application des peines et de coordonner l'action des juges de l'application des peines dans le ressort de la cour d'appel.*[;]*

(Décr. n° 2008-1129 du 4 nov. 2008, art. 10) « *e)* Le président de la juridiction régionale de la rétention de sûreté et les conseillers la composant en qualité d'assesseurs, conformément à l'article 706-53-15 du code de procédure pénale*[;]* » – *[Anc. art. R.* 226-1 et R.* 761-23, al. 4 et 6 à 12.]*

(Décr. n° 2010-1165 du 1er oct. 2010, art. 2-2°, en vigueur le 1er déc. 2010) « *f)* Le conseiller chargé de suivre l'activité des conciliateurs de justice et des médiateurs et de coordonner leur action dans le ressort de la cour d'appel » *[;]*

(Décr. n° 2010-1395 du 12 nov. 2010, art. 8, en vigueur le 1er févr. 2010) « *g)* Le conseiller qui assure la coordination de l'activité des magistrats du siège du ressort de la cour en matière de droit de la famille et des personnes. »

L'art. 2-2° du Décr. n° 2010-1165 du 1er oct. 2010 est applicable en Nouvelle-Calédonie, en Polynésie française, dans les Terres australes et antarctiques françaises et dans les îles Wallis-et-Futuna (Décr. préc., art. 18-II).

L'art. 8 du Décr. n° 2010-1395 du 12 nov. 2010 est applicable en Polynésie française et en Nouvelle-Calédonie (Décr. préc., art. 11).

L'art. 7 du Décr. n° 2016-514 du 26 avr. 2016 est applicable en Polynésie française et en Nouvelle-Calédonie (Décr. préc., art. 24-I et II).

Art. R. 312-42-1 *(Décr. n° 2014-1458 du 8 déc. 2014, art. 13, en vigueur le 1er janv. 2015)* **L'avis ne peut être émis sur le projet d'ordonnance mentionné au 3° de l'article R. 312-42 que lorsque les magistrats qui se sont prononcés représentent au moins 50 % des magistrats présents ou représentés lors de la constatation du quorum.**

Si l'avis est défavorable ou si le quorum mentionné au premier alinéa n'est pas atteint, l'assemblée est de nouveau convoquée, dans un délai minimum de huit jours ne pouvant excéder un mois, et le projet d'ordonnance, éventuellement modifié selon les observations qui auraient été formulées par l'assemblée, lui est de nouveau soumis. L'assemblée est alors réputée avoir valablement émis son avis.

Art. R. 312-43 *(Décr. n° 2009-285 du 12 mars 2009, art. 11)* **L'assemblée des magistrats du siège de la cour d'appel dresse :**

1° La liste des experts près la cour d'appel dans les conditions prévues par les articles 6 à 16 du décret n° 2004-1463 du 23 décembre 2004 relatif aux experts judiciaires ; *— V. Décr. n° 2004-1463 du 23 déc. 2004, App., v° Experts judiciaires.*

2° La liste des enquêteurs sociaux près la cour d'appel dans les conditions prévues par les articles 4 et 5 du décret n° 2009-285 du 12 mars 2009 ; *— [Anc. art. L. 225-3, R.* 225-2 et R.* 761-23, al. 5.] — V. Décr. n° 2009-285 du 12 mars 2009, App., v° Enquêteurs sociaux.*

(Décr. n° 2017-1457 du 9 oct. 2017, art. 6) **« 3° La liste des médiateurs en matière civile, commerciale et sociale près la cour d'appel dans les conditions fixées par l'article 5 du décret n° 2017-1457 du 9 octobre 2017. »** *— V. Décr. n° 2017-1457 du 9 oct. 2017, art. 5, ss. C. pr. civ., art. 131-15. —* ***C. pr. civ.***

Art. R. 312-44 *(Abrogé par Décr. n° 2016-514 du 26 avr. 2016, art. 14)* ***L'assemblée des magistrats du siège de la cour d'appel propose au garde des Sceaux, ministre de la justice, les candidats aux fonctions de magistrat exerçant à titre temporaire.*** *— [Anc. art. R.* 761-23, al. 13.]*

L'art. 14 du Décr. n° 2016-514 du 26 avr. 2016 est applicable en Polynésie française et en Nouvelle-Calédonie (Décr. préc., art. 24-I et II).

SOUS-SECTION 3 L'ASSEMBLÉE DES MAGISTRATS DU PARQUET

Art. R. 312-45 **Le procureur général près la cour d'appel préside l'assemblée des magistrats du parquet.**

Cette assemblée comprend :

1° Les magistrats du parquet près la cour d'appel ;

2° Les magistrats placés auprès du procureur général exerçant leurs fonctions au parquet près cette cour.

(Décr. n° 2019-912 du 30 août 2019, art. 13-XIII, en vigueur le 1er janv. 2020) **« Assistent à cette assemblée :**

« 1° Les magistrats honoraires exerçant près la cour d'appel les fonctions de magistrat du parquet mentionnées à l'article 41-25 de l'ordonnance n° 58-1270 du 22 décembre 1958 portant loi organique relative au statut de la magistrature ;

« 2° Les auditeurs de justice en stage au parquet près la cour d'appel *[ancienne rédaction : Les auditeurs de justice, en stage au parquet près la cour d'appel, assistent à cette assemblée]***. »** *— [Anc. art. R.* 761-2, ecqc cour d'appel parquet, R. 761-2-1, ecqc cour d'appel parquet et R.* 761-25, al. 2, ecqc cour d'appel.]*

Art. R. 312-46 **L'assemblée des magistrats du parquet peut entendre le premier président de la cour d'appel soit à l'initiative de son président, soit à la demande de la majorité de ses membres ou du premier président.** *— [Anc. art. R.* 761-25, al. 1er, ecqc cour d'appel.]*

Art. R. 312-47 L'assemblée des magistrats du parquet émet un avis sur :
1° L'organisation des services du parquet ;
2° Les relations avec les services de police judiciaire ;
3° Les conditions dans lesquelles le ministère public exerce ses attributions ;
4° Les critères généraux de répartition des dossiers entre les chambres et de distribution des affaires entre les magistrats spécialisés de la cour. – *[Anc. art. R.* 761-26.]*

SOUS-SECTION 4 L'ASSEMBLÉE DES MAGISTRATS DU SIÈGE ET DU PARQUET

Art. R. 312-48 Le premier président de la cour d'appel préside l'assemblée des magistrats du siège et du parquet.
Cette assemblée comprend :
1° Les membres de l'assemblée des magistrats du siège ;
2° Les membres de l'assemblée des magistrats du parquet.
(Décr. n° 2019-912 du 30 août 2019, art. 13-XIV, en vigueur le 1er janv. 2020) « Assistent à cette assemblée :
« 1° Les magistrats honoraires mentionnés aux articles R. 312-39 et R. 312-45 ;
« 2° Les auditeurs de justice mentionnés aux articles R. 312-39 et R. 312-45 *[ancienne rédaction : Les auditeurs de justice, en stage dans la cour d'appel, assistent à cette assemblée]*. » – *[Anc. art. R.* 761-2, ecqc cour d'appel siège et parquet et R.* 761-16, ecqc cour d'appel.]*

Art. R. 312-49 L'assemblée des magistrats du siège et du parquet émet un avis sur :
1° Le nombre, le jour et la nature des audiences ;
2° Le projet de répartition des emplois de fonctionnaires entre les services du siège et du parquet, préparé par le premier président de la cour d'appel et le procureur général près cette cour, en liaison avec le directeur de greffe ;
3° Le projet de répartition de l'effectif des fonctionnaires à l'intérieur des services du siège et du parquet ;
4° Les heures d'ouverture et de fermeture au public du greffe ;
5° Les besoins nécessaires au fonctionnement de la juridiction exprimés par le premier président de la cour d'appel et le procureur général près cette cour avec le concours du directeur de greffe ;
6° L'affectation des moyens alloués à la juridiction ;
7° Les mesures relatives à l'entretien des locaux, à la bibliothèque et au mobilier ;
8° Les conditions de travail du personnel, et les problèmes de sécurité ;
9° Les questions intéressant le fonctionnement interne de la juridiction. – *[Anc. art. R.* 761-17, ecqc cour d'appel.]* – *V. art. R. 312-53.*

Art. R. 312-50 *Matière pénale* 🏛.

Art. R. 312-51 L'assemblée des magistrats du siège et du parquet procède à des échanges de vues sur l'activité de la juridiction.
Elle étudie l'évolution de la jurisprudence.
Elle examine toutes les questions intéressant le fonctionnement de la juridiction et concernant l'ensemble des magistrats.
Elle prépare les réunions de l'assemblée plénière.
Elle examine le rapport annuel d'activité des maisons de justice et du droit situées dans le ressort de la juridiction. – *[Anc. art. R.* 761-20, ecqc cour d'appel.]*

SOUS-SECTION 5 L'ASSEMBLÉE DES FONCTIONNAIRES DU GREFFE

Art. R. 312-52 Le directeur de greffe préside l'assemblée des fonctionnaires du greffe.
Cette assemblée comprend :
1° Les *(Décr. n° 2015-1273 du 13 oct. 2015, art. 42-1°, en vigueur le 1er nov. 2015)* « directeurs des services de greffe judiciaires » ;
2° Les greffiers ;
(Décr. n° 2019-912 du 30 août 2019, art. 13-XV, en vigueur le 1er janv. 2020) « 3° Les autres fonctionnaires et les agents contractuels de la cour *[ancienne rédaction : 3° Les fonctionnaires et les agents de l'État relevant de la direction des services judiciaires]*. »
Les fonctionnaires en stage rémunérés à titre permanent, les autres stagiaires ainsi que les fonctionnaires et les agents qui, placés sous l'autorité des magistrats, concou-

rent au fonctionnement de la juridiction mais ne relèvent pas de la direction des services judiciaires assistent aux réunions de l'assemblée des fonctionnaires.

Le premier président de la cour d'appel et le procureur général près cette cour peuvent assister à l'assemblée des fonctionnaires. – *[Anc. art. R.* 761-2, ecqc cour d'appel greffe, R.* 761-27, ecqc cour d'appel, R.* 761-28, ecqc cour d'appel et R.* 761-29, al. 2, ecqc cour d'appel.]*

Art. R. 312-53 L'assemblée des fonctionnaires émet un avis sur les questions mentionnées à l'article R. 312-49. – *[Anc. art. R.* 761-31, ecqc cour d'appel.]*

Art. R. 312-54 L'assemblée des fonctionnaires est consultée en outre sur :

1° Le projet d'affectation du personnel dans les services du greffe préparé par le directeur de greffe ;

2° La formation permanente du personnel ;

3° Les problèmes de gestion et d'organisation du greffe. – *[Anc. art. R.* 761-32, al. 1er à 3, ecqc cour d'appel et R.* 761-33, al. 1er, ecqc cour d'appel.]*

Art. R. 312-55 L'assemblée des fonctionnaires prépare les réunions de l'assemblée plénière.

Le directeur de greffe transmet au premier président de la cour d'appel les procès-verbaux des délibérations de l'assemblée des fonctionnaires. – *[Anc. art. R.* 761-32, al. 4, ecqc cour d'appel et R.* 761-33, al. 2, ecqc cour d'appel.]*

SOUS-SECTION 6 L'ASSEMBLÉE PLÉNIÈRE DES MAGISTRATS ET DES FONCTIONNAIRES

Art. R. 312-56 Le premier président de la cour d'appel préside l'assemblée plénière des magistrats et des fonctionnaires.

Cette assemblée comprend :

1° Les membres de l'assemblée des magistrats du siège et du parquet ;

2° Les membres de l'assemblée des fonctionnaires du greffe ;

3° Les membres de l'assemblée du service administratif régional.

(Décr. n° 2019-912 du 30 août 2019, art. 13-XVI, en vigueur le 1er janv. 2020) **« Assistent à cette assemblée :**

« 1° Les magistrats honoraires mentionnés aux articles R. 312-39 et R. 312-45 ;

« 2° Les auditeurs de justice mentionnés aux articles R. 312-39 et R. 312-45, les fonctionnaires en stage rémunérés à titre permanent, les autres stagiaires ainsi que les fonctionnaires et les agents qui, placés sous l'autorité des magistrats, concourent au fonctionnement de la juridiction mais ne relèvent pas de la direction des services judiciaires *[ancienne rédaction : Les auditeurs de justice, les fonctionnaires en stage rémunérés à titre permanent, les autres stagiaires ainsi que les fonctionnaires et les agents qui, placés sous l'autorité des magistrats, concourent au fonctionnement de la juridiction mais ne relèvent pas de la direction des services judiciaires assistent aux réunions de l'assemblée plénière des magistrats et des fonctionnaires].* **»** – *[Anc. art. R.* 761-2, ecqc cour d'appel plénière, R.* 761-34, ecqc cour d'appel et R.* 761-35, ecqc cour d'appel.]*

Art. R. 312-57 L'assemblée plénière procède à un échange de vues sur les questions qui ont été soumises à l'avis de l'assemblée des magistrats du siège et du parquet et de l'assemblée des fonctionnaires du greffe et qui ont fait préalablement l'objet d'un vote de celles-ci. – *[Anc. art. R.* 761-37, ecqc cour d'appel.]*

(Décr. n° 2016-514 du 26 avr. 2016, art. 10-II) **« Elle émet un avis sur le projet de juridiction et sur l'ordre du jour du conseil de juridiction. »**

(Décr. n° 2014-1458 du 8 déc. 2014, art. 14, en vigueur le 1er janv. 2015) **« L'assemblée plénière procède à un échange de vues sur les orientations adoptées par le comité de gestion et sur la situation et les perspectives budgétaires de la juridiction dans le cadre du dialogue de gestion.**

« L'assemblée plénière élabore et arrête son règlement intérieur selon le règlement intérieur type arrêté par le garde des sceaux, ministre de la justice, en l'adaptant, le cas échéant, dans les conditions prévues au deuxième alinéa de l'article R. 312-37. »

L'art. 10 du Décr. n° 2016-514 du 26 avr. 2016 est applicable en Polynésie française et en Nouvelle-Calédonie (Décr. préc., art. 24-I et II).

SOUS-SECTION 7 LA COMMISSION PLÉNIÈRE *(Décr. n° 2014-1458 du 8 déc. 2014, art. 15-I, en vigueur le 1er janv. 2015).*

Art. R. 312-58 *(Décr. n° 2014-1458 du 8 déc. 2014, art. 19, en vigueur le 1er janv. 2015)* I. – Le premier président de la cour d'appel préside la commission plénière.

La commission plénière comprend en qualité de membres de droit :

1° Le procureur général ;

2° Le directeur de greffe.

II. – Cette commission comprend, en outre, les membres des commissions restreintes de l'assemblée des magistrats du siège et du parquet et de l'assemblée des fonctionnaires des juridictions dans des conditions fixées par le règlement intérieur de l'assemblée plénière.

III. – Dans les juridictions qui ne comportent pas de commissions restreintes, les membres de la commission plénière sont élus par l'assemblée des magistrats du siège et du parquet et par l'assemblée des fonctionnaires, au scrutin de liste proportionnel avec panachage et vote préférentiel, dans des conditions fixées par le règlement intérieur de l'assemblée plénière.

Les modalités de dépôt des candidatures et de l'élection sont alors déterminées par le premier président de la cour d'appel.

Seuls peuvent être élus les membres de l'assemblée plénière qui ont fait acte de candidature. Chaque candidat se présente avec son suppléant. Les membres sont élus pour deux ans. Le mandat des membres titulaires est renouvelable deux fois.

Les magistrats et les fonctionnaires élus doivent être en nombre égal.

Art. R. 312-59 *(Décr. n° 2014-1458 du 8 déc. 2014, art. 15-II, en vigueur le 1er janv. 2015)* « La commission plénière » ne peut valablement siéger que si plus de la moitié de ses membres sont présents. – *[Anc. art. R.* 761-43, ecqc cour d'appel.]*

Art. R. 312-60 Le vote a lieu à la majorité des membres présents.

En cas de partage des voix, celle du président est prépondérante. – *[Anc. art. R.* 761-44, ecqc cour d'appel.]*

Art. R. 312-61 *(Décr. n° 2014-1458 du 8 déc. 2014, art. 15-II, en vigueur le 1er janv. 2015)* « La commission plénière » :

1° Prépare les réunions de l'assemblée plénière ; à cet effet, le premier président de la cour d'appel lui communique, quinze jours au moins avant la date de la réunion, après délibération des assemblées concernées, les projets de décisions qui feront l'objet d'échanges de vues à l'assemblée plénière ; la commission fait connaître au président ses avis et propositions ;

(Abrogé par Décr. n° 2014-1458 du 8 déc. 2014, art. 17, à compter du 1er janv. 2015) *« 2° Élabore et arrête le règlement intérieur de l'assemblée plénière ; »*

3° Donne son avis sur les demandes d'attribution de mobilier, matériel technique et autres équipements spéciaux non financés sur les moyens propres de la juridiction ;

4° Propose les mesures tendant à faciliter l'accueil et les démarches au public ;

5° Assure les liaisons avec les organismes sociaux ou professionnels dont l'activité est liée au fonctionnement de la justice, ainsi qu'avec les autorités locales. – *[Anc. art. R.* 761-45, ecqc cour d'appel.]*

Art. R. 312-61-1 *(Décr. n° 2014-1458 du 8 déc. 2014, art. 20, en vigueur le 1er janv. 2015)* La commission plénière peut saisir le comité de gestion mentionné aux articles R. 312-69-1 et R. 312-69-2 de toute question relative à ses compétences.

SOUS-SECTION 8 LA COMMISSION RESTREINTE

Art. R. 312-62 Le président d'une assemblée préside la commission restreinte de celle-ci.

La commission est composée de membres de l'assemblée élus au scrutin proportionnel avec panachage et vote préférentiel. Le mandat de ces membres est de deux ans, renouvelable une fois.

Le procureur général près la cour d'appel est membre de droit de la commission restreinte de l'assemblée des magistrats du siège et du parquet.

Le nombre et les modalités de l'élection des membres de la commission restreinte ainsi que les règles de fonctionnement de celle-ci sont déterminés par le règlement intérieur de chaque assemblée. – *[Anc. art. R.* 761-47, ecqc cour d'appel et R.* 761-48, ecqc cour d'appel.]*

Art. R. 312-63 Le vote a lieu à la majorité des membres présents.

En cas de partage des voix, celle du président est prépondérante. – *[Anc. art. R.* 761-49, ecqc cour d'appel.]*

Art. R. 312-64 La commission restreinte prépare les réunions de l'assemblée générale ; à cet effet, le président de cette assemblée communique aux membres de la commission, quinze jours au moins avant la date de la réunion, les propositions et les projets qu'il envisage de soumettre à l'assemblée générale sur les questions inscrites à l'ordre du jour ; la commission fait connaître au président ses avis et propositions.

La commission restreinte de l'assemblée des fonctionnaires peut être consultée, par délégation de cette assemblée, par le directeur de greffe, sur les problèmes de gestion et d'organisation du greffe. – *[Anc. art. R.* 761-50, ecqc cour d'appel.]*

SECTION VI ADMINISTRATION ET INSPECTION DES JURIDICTIONS DU RESSORT DE LA COUR D'APPEL

Art. R. 312-65 Par délégation du garde des Sceaux, ministre de la justice, le premier président de la cour d'appel et le procureur général près cette cour assurent conjointement l'administration des services judiciaires dans le ressort de la cour d'appel. Ils sont assistés dans cette mission par le service administratif régional, placé sous leur autorité. – *[Anc. art. R. 213-29-1.]*

Art. D. 312-66 *(Décr. n° 2010-1612 du 23 déc. 2010, art. 1er, en vigueur le 1er janv. 2011 ; Décr. n° 2011-107 du 27 janv. 2011, art. 2)* Le premier président de la cour d'appel et le procureur général près cette cour sont institués conjointement ordonnateurs secondaires des dépenses et des recettes des juridictions de leur ressort relatives au personnel, au fonctionnement et aux interventions.

S'agissant des investissements et des études qui leur sont afférentes, ils sont ordonnateurs secondaires :

1° Pour les dépenses et les recettes se rapportant aux opérations mobilières ;

2° En matière immobilière, pour les dépenses et les recettes se rapportant aux opérations d'investissement dont le montant est inférieur à un seuil fixé par arrêté conjoint du garde des Sceaux, ministre de la justice, et du ministre chargé du budget. – *Seuil fixé à 1 000 000 € TTC pour les opérations de câblage et à 60 000 € TTC pour les autres opérations. Il est fixé à 2 000 000 € TTC pour les dépenses relatives à l'aménagement des locaux nécessaires au relogement provisoire des services du TGI de Bourg-en-Bresse, ainsi que des chambres civiles et sociales, de la chambre spéciale des mineurs et du service administratif régional de la cour d'appel de Lyon (Arr. 10 oct. 2007, JO 11 nov.).*

Ils peuvent déléguer conjointement leur signature, sous leur responsabilité, aux magistrats ou agents en fonction dans le ressort de la cour d'appel.

Le Décr. n° 2010-1612 du 23 déc. 2010 est applicable dans les îles Wallis-et-Futuna, en Polynésie française et en Nouvelle-Calédonie (Décr. préc., art. 2).

BIBL. ► SERVERIN et GRUMBACH, *RTD 2009. 180* (contrôle des chefs de cour d'appel sur l'indemnisation du temps juridictionnel des conseillers prud'hommes, avant et après le Décr. n° 2008-560 du 16 juin 2008).

Art. R. 312-67 Par délégation du garde des Sceaux, ministre de la justice, le premier président de la cour d'appel et le procureur général près cette cour ont compétence conjointe pour passer les marchés répondant aux besoins des services judiciaires dans le ressort de la cour d'appel.

Ils peuvent déléguer conjointement leur signature, sous leur surveillance et leur responsabilité, au directeur délégué à l'administration régionale judiciaire. Ils peuvent également la déléguer, dans les mêmes conditions, à un magistrat ou aux agents en fonction à la cour d'appel, dans les juridictions du ressort ou au service administratif régional. – *[Anc. art. R. 213-31.]*

Art. R. 312-68 Le premier président de la cour d'appel et le procureur général près cette cour procèdent à l'inspection des juridictions de leur ressort. Ils s'assurent, chacun en ce qui le concerne, de la bonne administration des services judiciaires et de l'expédition normale des affaires. *(Décr. nº 2019-912 du 30 août 2019, art. 35)* « Ils sont assistés par le magistrat chargé du secrétariat général. » Ils rendent compte chaque année au garde des Sceaux, ministre de la justice, des constatations qu'ils ont faites. – *[Anc. art. R.* 213-29.]*

Art. R. 312-69 Le premier président de la cour d'appel, en cas d'absence ou d'empêchement, est suppléé dans ses fonctions administratives par le magistrat du siège qu'il aura désigné ou, à défaut, par le magistrat du siège dont le rang est le plus élevé.

L'ordonnance de désignation, prise conformément aux dispositions de l'article L. 121-3, peut être modifiée en cours d'année judiciaire par une nouvelle ordonnance du premier président en cas de cessation ou interruption des fonctions du suppléant initialement désigné.

Art. R. 312-69-1 *(Décr. nº 2014-1458 du 8 déc. 2014, art. 5, en vigueur le 1er janv. 2015)* Le comité de gestion est composé du premier président, du procureur général et du directeur de greffe.

Art. R. 312-69-2 *(Décr. nº 2014-1458 du 8 déc. 2014, art. 5, en vigueur le 1er janv. 2015)* Le comité de gestion se réunit aux dates arrêtées conjointement par ses membres en début de semestre, selon une fréquence au moins mensuelle.

L'ordre du jour, arrêté par le premier président, est composé des questions proposées par ses membres.

Le comité débat des questions de gestion et de fonctionnement de la juridiction et, éventuellement, d'autres questions proposées par ses membres.

Les orientations arrêtées lors des réunions du comité sont consignées par le premier président sur un registre de délibérations et sont communiquées aux membres de la commission plénière.

Art. R. 312-69-3 *(Décr. nº 2016-514 du 26 avr. 2016, art. 13)* Le premier président peut désigner, après avis de l'assemblée des magistrats du siège de la cour d'appel, un président de chambre ou un conseiller chargé, en concertation, le cas échéant, avec les magistrats coordonnateurs de première instance prévus aux articles R. 212-3 et R. 212-62, de coordonner certaines activités juridictionnelles dans le ressort de sa cour d'appel. Il est l'interlocuteur des personnes, organismes et autorités avec lesquels la cour, au titre de ces activités juridictionnelles, est en relation.

L'art. 13 du Décr. nº 2016-514 du 26 avr. 2016 est applicable en Polynésie française et en Nouvelle-Calédonie (Décr. préc., art. 24-I et II).

SECTION VII LE SERVICE ADMINISTRATIF RÉGIONAL

SOUS-SECTION 1 MISSIONS

Art. R. 312-70 Le service administratif régional assiste le premier président de la cour d'appel et le procureur général près cette cour dans l'exercice de leurs attributions en matière d'administration des services judiciaires dans le ressort de la cour d'appel dans les domaines suivants :

1° La gestion administrative de l'ensemble du personnel ;

2° La formation du personnel, à l'exception de celle des magistrats ;

3° La préparation et l'exécution des budgets opérationnels de programme ainsi que de la passation des marchés ;

4° La gestion des équipements en matière de systèmes d'information ;

5° La gestion du patrimoine immobilier et le suivi des opérations d'investissement dans le ressort. – *[Anc. art. R. 241-1.]*

SOUS-SECTION 2 ORGANISATION ET FONCTIONNEMENT

Art. R. 312-71 Le service administratif régional est dirigé, sous l'autorité conjointe du premier président de la cour d'appel et du procureur général près cette cour, par un directeur délégué à l'administration régionale judiciaire, magistrat ou *(Décr. nº 2015-1273 du 13 oct. 2015, art. 42-2°, en vigueur le 1er nov. 2015)* « directeur des services de greffe judiciaires », assisté le cas échéant d'un ou plusieurs adjoints. – *[Anc. art. R. 242-1.]*

Art. R. 312-72 Le service administratif régional est organisé en bureaux, dirigés par des responsables de gestion, *(Décr. nº 2019-912 du 30 août 2019, art. 34)* « fonctionnaires de catégorie A *[ancienne rédaction : directeurs des services de greffe judiciaires]* ». – *[Anc. art. R. 242-2.]*

Art. R. 312-73 Sous réserve des dispositions de l'article *(Décr. nº 2021-867 du 29 juin 2021, art. 4)* « D. 312-66 », le premier président de la cour d'appel et le procureur général près cette cour peuvent, conjointement, donner délégation de signature, pour les matières relevant des attributions du service administratif régional, au directeur délégué à l'administration régionale judiciaire et, en cas d'absence ou d'empêchement de celui-ci, à ses adjoints ou, à défaut, aux responsables de gestion placés sous son autorité, dans la limite de leurs attributions. – *[Anc. art. R. 242-3.]*

Art. R. 312-74 En cas d'absence ou d'empêchement du directeur délégué à l'administration régionale judiciaire sans que ce dernier ait désigné un des responsables de gestion en fonction au service administratif régional pour assurer sa suppléance, celle-ci est exercée de droit par ses adjoints ou, à défaut, par le responsable de gestion du rang le plus élevé et, à égalité de rang, le plus ancien, parmi les responsables de gestion effectivement présents dans le ressort au début de l'absence ou de l'empêchement. – *[Anc. art. R. 242-4.]*

Art. R. 312-75 En cas de vacance du poste de directeur délégué à l'administration régionale judiciaire sans que le premier président de la cour d'appel et le procureur général près cette cour aient désigné, conjointement, un magistrat ou un *(Décr. nº 2015-1273 du 13 oct. 2015, art. 42-2º, en vigueur le 1er nov. 2015)* « directeur des services de greffe judiciaires » en fonction dans le ressort pour assurer l'intérim, celui-ci est exercé de droit par ses adjoints ou, à défaut, par le responsable de gestion du rang le plus élevé et, à égalité de rang, le plus ancien, en fonction au service administratif régional. – *[Anc. art. R. 242-5.]*

Art. R. 312-76 Les moyens du service administratif régional sont rattachés au budget opérationnel de programme de la cour d'appel. – *[Anc. art. R. 242-6.]*

SOUS-SECTION 3 ASSEMBLÉE DES MEMBRES DU SERVICE ADMINISTRATIF RÉGIONAL

Art. R. 312-77 Il est tenu au moins une fois par an dans chaque service administratif régional une assemblée des membres de ce service. – *[Anc. art. R. 764-1.]*

Art. R. 312-78 L'assemblée des membres du service administratif régional est composée des fonctionnaires et agents de l'État en poste au service administratif régional.

Elle est présidée par le directeur délégué à l'administration régionale judiciaire.

Les fonctionnaires en stage au service administratif régional assistent aux séances de l'assemblée.

Le premier président de la cour d'appel et le procureur général près cette cour peuvent y assister. – *[Anc. art. R. 764-2.]*

Art. R. 312-79 L'assemblée émet un avis sur :

1º Le projet de répartition des fonctionnaires entre les bureaux du service, préparé par le directeur délégué à l'administration régionale judiciaire ;

2º L'évaluation des besoins financiers du service administratif régional élaborée par le directeur délégué à l'administration régionale judiciaire ;

3º L'affectation des moyens du service administratif régional ;

4º Les questions relatives à l'entretien des locaux et au mobilier ;

5º Les questions relatives à l'hygiène, à la sécurité et aux conditions de travail au sein du service ;

6º Les questions intéressant le fonctionnement interne du service administratif régional ;

7º La charte des temps ;

8º Le programme de formation continue du personnel. – *[Anc. art. R. 764-3.]*

Art. R. 312-80 L'assemblée est également consultée par le directeur délégué à l'administration régionale judiciaire sur les problèmes de gestion et d'organisation du service administratif régional. – *[Anc. art. R. 764-4.]*

Art. R. 312-81 Les délibérations sont prises à la majorité des membres présents ou représentés. – *[Anc. art. R. 764-5.]*

Art. R. 312-82 Les avis émis sont consignés sur le registre des délibérations du service administratif régional.

Le directeur délégué à l'administration régionale judiciaire transmet au premier président de la cour d'appel et au procureur général près cette cour les procès-verbaux des délibérations. – *[Anc. art. R. 764-6.]*

SECTION VIII LES PÔLES

(Décr. nº 2016-514 du 26 avr. 2016, art. 6)

Art. R. 312-83 Les chambres de la cour d'appel peuvent être regroupées en pôles dont le nombre et le contenu sont fixés par l'ordonnance prévue à l'article R. 121-1.

Chaque pôle est coordonné par l'un des magistrats qui le composent, choisi parmi les magistrats nommés dans la fonction de président de chambre ou, à défaut, parmi les autres magistrats. Le premier président de la cour d'appel procède à sa désignation, après concertation avec les magistrats du pôle, par la même ordonnance que celle, prise après avis de l'assemblée des magistrats du siège, qui est mentionnée à l'alinéa précédent.

Il est notamment chargé de l'animation du pôle. Il est l'interlocuteur des personnes, organismes et autorités avec lesquels ce pôle est en relation. L'administration du pôle est exercée par un directeur des services de greffe judiciaires, conformément aux dispositions des articles R. 123-3 et R. 123-4.

L'art. 6 du Décr. nº 2016-514 du 26 avr. 2016 est applicable en Polynésie française et en Nouvelle-Calédonie (Décr. préc., art. 24-I et II).

SECTION IX LE PROJET DE JURIDICTION

(Décr. nº 2016-514 du 26 avr. 2016, art. 8)

Art. R. 312-84 Le projet de juridiction est élaboré à l'initiative des chefs de cour, en concertation avec l'ensemble des magistrats du siège et du parquet et l'ensemble des personnels de la cour. Il est soumis à l'avis de l'assemblée plénière des magistrats et des fonctionnaires avant d'être arrêté par les chefs de cour. Il définit, en prenant en compte les spécificités du ressort, des objectifs à moyen terme visant à améliorer le service rendu au justiciable et les conditions de travail dans le respect de l'indépendance juridictionnelle. Il est présenté en tout ou partie, au sein du conseil de juridiction, aux personnes, organismes et autorités avec lesquels la juridiction est en relation.

L'art. 8 du Décr. nº 2016-514 du 26 avr. 2016 est applicable en Polynésie française et en Nouvelle-Calédonie (Décr. préc., art. 24-I et II).

SECTION X LE CONSEIL DE JURIDICTION

(Décr. nº 2016-514 du 26 avr. 2016, art. 9)

Art. R. 312-85 *(Décr. nº 2019-912 du 30 août 2019, art. 14-II-1º)* « I. – » Le conseil de juridiction, coprésidé par le premier président de la cour d'appel et le procureur général, est un lieu d'échanges et de communication entre la juridiction et la cité. Il se réunit au moins une fois par an.

L'ordre du jour est arrêté par les chefs de cour après consultation du directeur de greffe en comité de gestion et avis de l'assemblée plénière des magistrats et des fonctionnaires, qui peuvent également faire des propositions d'ordre du jour.

Le conseil de juridiction se compose de magistrats et fonctionnaires de la juridiction désignés par la commission restreinte ou l'assemblée plénière en fonction de la taille de la juridiction et, en fonction de son ordre du jour, notamment :

1º De représentants de l'administration pénitentiaire et de la protection judiciaire de la jeunesse ;

2° De représentants locaux de l'État ;

3° De représentants des collectivités territoriales *(Abrogé par Décr. n° 2019-912 du 30 août 2019, art. 14-II-2°)* *« et de parlementaires élus du ressort »* ;

4° De personnes exerçant une mission de service public auprès des juridictions ;

5° *(Décr. n° 2019-912 du 30 août 2019, art. 14-II-3°)* « Des bâtonniers des ordres des avocats du ressort et de représentants des autres professions du droit » ;

6° De représentants d'associations ;

(Décr. n° 2019-912 du 30 août 2019, art. 14-II-4°) « 7° De représentants des conciliateurs de justice désignés par le conseiller coordonnateur chargé de suivre l'activité des conciliateurs de justice et des médiateurs et de coordonner leur action dans le ressort de la cour d'appel. »

Cet organe n'exerce aucun contrôle sur l'activité juridictionnelle ou sur l'organisation de la juridiction ni n'évoque les affaires individuelles dont la juridiction est saisie.

(Décr. n° 2019-912 du 30 août 2019, art. 14-II-5°) « II. — Lorsque sa consultation est requise par des dispositions législatives ou réglementaires, le conseil de juridiction, coprésidé par le premier président de la cour d'appel et le procureur général près cette cour, est composé :

« 1° Du directeur de greffe ;

« 2° D'au moins un magistrat du siège désigné par l'assemblée des magistrats du siège ou son suppléant ;

« 3° D'au moins un magistrat du parquet désigné par l'assemblée des magistrats du parquet ou son suppléant ;

« 4° D'au moins un fonctionnaire désigné par l'assemblée des fonctionnaires du greffe ou son suppléant ;

« 5° Du maire de la commune siège de la cour d'appel ;

« 6° Du président du conseil régional ou du président de l'assemblée délibérante de la collectivité territoriale exerçant les compétences de la région ou, en Guyane, du président de l'Assemblée de Guyane ;

« 7° Des bâtonniers des ordres des avocats du ressort de la cour d'appel.

« Les personnes mentionnées aux 1°, 5°, 6° et 7° peuvent se faire représenter.

« Le premier président de la cour d'appel et le procureur général près cette cour recueillent l'ensemble des observations présentées lors de la réunion du conseil de juridiction. Ils rédigent, dans un délai de huit jours suivant la réunion, une synthèse de ces observations. »

L'art. 9 du Décr. n° 2016-514 du 26 avr. 2016 est applicable en Polynésie française et en Nouvelle-Calédonie (Décr. préc., art. 24-I et II).

CHAPITRE III **DISPOSITIONS PARTICULIÈRES AUX DÉPARTEMENTS DU BAS-RHIN, DU HAUT-RHIN ET DE LA MOSELLE**

RÉP. PR. CIV. v° *Alsace et Moselle* par HAEGEL, SCHWOB et VALLENS.

Art. D. 313-1 La cour d'appel de Colmar exerce les fonctions de tribunal d'appel pour la navigation du Rhin et connaît des recours contre les décisions du tribunal pour la navigation du Rhin. — *[L. 19 mars 1934, art. 3.]*

Art. D. 313-2 La cour d'appel de Colmar exerce les fonctions de tribunal d'appel pour la navigation de la Moselle et connaît des recours contre les décisions du tribunal de première instance pour la navigation de la Moselle. — *[L. n° 66-379 du 15 juin 1966, art. 2, al. 1er, ecqc cour d'appel.]*

Art. R. 313-3 Les dispositions des articles R. 123-20 à R. 123-24 sont applicables dans les greffes des cours d'appel des départements du Bas-Rhin, du Haut-Rhin et de la Moselle, pour les opérations de recettes qui y sont effectuées et sous réserve du maintien en vigueur des règles du droit local concernant l'enrôlement, la liquidation et le mode de recouvrement des frais de justice. — *[Anc. art. R.* 915-1, ecqc cour d'appel.]*

CHAPITRE IV DISPOSITIONS PARTICULIÈRES AU DÉPARTEMENT DE MAYOTTE

(Décr. nº 2011-338 du 29 mars 2011, art. 2-2º, en vigueur le 1er avr. 2011)

Art. D. 314-1 Une chambre d'appel de la cour d'appel de Saint-Denis de La Réunion siège à Mamoudzou pour connaître en appel des décisions rendues par les juridictions du premier degré du département de Mayotte.

Art. R. 314-2 La chambre d'appel exerce les compétences dévolues aux chambres spécialisées de la cour d'appel à l'exception de celles dévolues à la chambre de l'instruction qui siège à la cour d'appel de Saint-Denis de La Réunion.

Art. R. 314-3 La chambre d'appel est composée de magistrats du siège de la cour d'appel de Saint-Denis de La Réunion.

Art. R. 314-4 En cas d'absence ou d'empêchement, les magistrats appelés à composer la chambre d'appel sont suppléés, pour le service des audiences, par des magistrats du siège de la cour d'appel de Saint-Denis de La Réunion désignés à cet effet par ordonnance du premier président de la cour d'appel, après avis de l'assemblée générale des magistrats du siège de la cour.

Art. R. 314-5 Le procureur général peut déléguer ses fonctions auprès de la chambre d'appel soit à un magistrat du parquet général près la cour d'appel de Saint-Denis de La Réunion, soit à un magistrat du parquet près le *(Décr. nº 2019-912 du 30 août 2019, art. 23, en vigueur le 1er janv. 2020)* « tribunal judiciaire *[ancienne rédaction : tribunal de grande instance]* » de Mamoudzou.

Art. R. 314-6 Le pouvoir d'inspection des juridictions du premier degré comprises dans le ressort de la chambre d'appel peut être délégué par le premier président de la cour d'appel de Saint-Denis de La Réunion au président de la chambre d'appel ou à un magistrat du siège de cette cour et par le procureur général près cette cour au procureur de la République près le *(Décr. nº 2019-912 du 30 août 2019, art. 23, en vigueur le 1er janv. 2020)* « tribunal judiciaire *[ancienne rédaction : tribunal de grande instance]* » de Mamoudzou ou à un magistrat du parquet près cette cour.

Ils peuvent déléguer, dans les mêmes conditions, leurs pouvoirs de gestion administrative de la chambre d'appel et des juridictions du premier degré comprises dans le ressort de celle-ci.

Art. R. 314-7 La cour d'appel de Saint-Denis de La Réunion est pourvue d'un greffe à Mamoudzou.

TITRE DEUXIÈME LA COUR D'ASSISES STATUANT EN APPEL

Le présent titre ne comprend pas de dispositions réglementaires.

TITRE TROISIÈME LA COUR NATIONALE DE L'INCAPACITÉ ET DE LA TARIFICATION DE L'ASSURANCE DES ACCIDENTS DU TRAVAIL

Le présent titre ne comprend pas de dispositions réglementaires.

LIVRE QUATRIÈME LA COUR DE CASSATION

TITRE PREMIER INSTITUTION ET COMPÉTENCE

CHAPITRE UNIQUE

Art. R. 411-1 La Cour de cassation a son siège à Paris. — *[Anc. art. R.* 121-1.]*

Art. R. 411-2 La Cour de cassation connaît des recours formés contre la décision refusant la procédure de prise à partie dans les conditions prévues à l'article 366-5 du code de procédure civile.

Art. R. 411-3 La Cour de cassation connaît des actions en responsabilité civile professionnelle engagées à l'encontre des avocats au Conseil d'État et à la Cour de cassation dans les conditions prévues à l'article 13 de l'ordonnance du 10 septembre 1817 qui réunit, sous la dénomination d'Ordre des avocats au Conseil d'État et à la Cour de cassation, l'ordre des avocats aux conseils et le collège des avocats à la Cour de cassation, fixe irrévocablement le nombre des titulaires et contient des dispositions pour la discipline intérieure de l'ordre. — *V. Ord. 10 sept. 1817, App., v° Avocats au Conseil d'État et à la Cour de cassation.*

Art. R. 411-4 La Cour de cassation connaît des recours formés contre les décisions prises en matière disciplinaire à l'encontre des avocats au Conseil d'État et à la Cour de cassation dans les conditions prévues aux articles 9 et 14 à 18 du décret n° 2002-76 du 11 janvier 2002 relatif à la discipline des avocats au Conseil d'État et à la Cour de cassation. — *V. Décr. n° 2002-76 du 11 janv. 2002, App., v° Avocats au Conseil d'État et à la Cour de cassation.*

Art. R. 411-4-1 *(Décr. n° 2016-651 du 20 mai 2016, art. 26)* La Cour de cassation connaît des recours formés contre les décisions prises en matière de règlement des litiges nés à l'occasion d'un contrat de travail d'un avocat au Conseil d'État et à la Cour de cassation salarié ou de la convention de rupture, de l'homologation ou du refus d'homologation de cette convention dans les conditions prévues aux articles 12, 18 et 22 du décret n° 2016-652 du 20 mai 2016 relatif aux avocats au Conseil d'État et à la Cour de cassation salariés.

Art. R. 411-5 La Cour de cassation connaît des recours formés contre les décisions prises par les autorités chargées de l'établissement des listes d'experts dans les conditions prévues aux articles 20, 29 et 31 du décret n° 2004-1463 du 23 décembre 2004 relatif aux experts judiciaires. — *[Anc. art. R.* 121-7.] — V. Décr. n° 2004-1463 du 23 déc. 2004, art. 20, 29 et 31, App., v° Experts judiciaires.*

Art. R. 411-6 Le premier président statue dans les conditions prévues par l'article 23 de la loi n° 91-647 du 10 juillet 1991 relative à l'aide juridique. — *V. L. n° 91-647 du 10 juill. 1991, art. 23, App., v° Aide juridique.*

Art. R. 411-7 Le bureau de la Cour de cassation a compétence dans les matières déterminées par les lois et règlements.

Il désigne :

1° Les magistrats du siège de la Cour de cassation composant la commission d'instruction de la Haute Cour de justice dans les conditions prévues par l'ordonnance n° 59-1 du 2 janvier 1959 portant loi organique sur la Haute Cour de justice ; — *V. Ord. n° 59-1 du 2 janv. 1959 (JO 3 janv.).*

2° Les magistrats du siège de la Cour de cassation composant la Commission nationale de réparation des détentions dans les conditions prévues par le code de procédure pénale ;

3° Les magistrats du siège de la Cour de cassation composant la commission d'examen des recours en matière de discipline des officiers de police judiciaire dans les conditions prévues par le code de procédure pénale.

Le bureau de la Cour de cassation procède au dépouillement du scrutin de l'élection des membres de la Commission nationale de discipline des juges des tribunaux de commerce et règle les difficultés et les contestations relatives à la préparation et au déroulement du scrutin dans les conditions prévues par le code de commerce.

Le bureau de la Cour de cassation émet un avis sur :

1° La désignation des membres ou membres honoraires de la Cour de cassation composant la Commission nationale des comptes de campagne et des financements politiques dans les conditions prévues par le code électoral ;

2° La désignation des membres ou membres honoraires de la Cour de cassation composant le bureau d'aide juridictionnelle établi près la Cour de cassation et, le cas échéant, le bureau d'aide juridictionnelle établi près le Conseil d'État, dans les conditions prévues par *(Décr. n° 2020-1717 du 28 déc. 2020, art. 180-2°, en vigueur le 1er janv. 2021)* « le décret n° 2020-1717 du 28 décembre 2020 portant application de la loi n° 91-647 du 10 juillet 1991 relative à l'aide juridique et relatif à l'aide juridictionnelle et à l'aide à l'intervention de l'avocat dans les procédures non juridictionnelles ». – *V. Décr. n° 2020-1717 du 28 déc. 2020 et L. n° 91-647 du 10 juill. 1991, art. 12 s., App., v° Aide juridique.*

TITRE DEUXIÈME **ORGANISATION**

CHAPITRE UNIQUE

Art. R. 421-1 La Cour de cassation se compose :

1° Du premier président ;

2° Des présidents de chambre ;

3° Des conseillers ;

4° Des conseillers référendaires ;

5° Des auditeurs ;

6° Du procureur général ;

7° Des premiers avocats généraux ;

8° Des avocats généraux ;

9° Des avocats généraux référendaires ;

10° Des directeurs de greffe ;

11° Des greffiers de chambre. – *[Anc. art. L. 121-1.]*

V. Décr. n° 2002-349 du 8 mars 2002, art. 1er et 2, fixant les effectifs des magistrats à la Cour de cassation (JO 15 mars).

BIBL. ► SOMMER et HORTALA, *JCP 2014. 831* (le premier président de la Cour de cassation).

Art. R. 421-2 Le bureau de la Cour de cassation est constitué par :

1° Le premier président ;

2° Les présidents de chambre ;

3° Le procureur général ;

4° Le premier avocat général dont le rang est le plus élevé ;

5° Deux premiers avocats généraux désignés par le procureur général.

Le bureau siège avec l'assistance du directeur du greffe de la cour.

Le bureau de la Cour de cassation règle par délibération les matières dans lesquelles compétence lui est donnée par les lois et règlements. – *[Anc. art. R.* 121-2 et R.* 131-1, al. 1er.]*

Art. R. 421-3 La Cour de cassation comprend cinq chambres civiles et une chambre criminelle.

Chaque chambre comprend une ou plusieurs sections.

Chaque chambre siège soit en formation plénière, soit en formation de section *(Décr. n° 2019-213 du 20 mars 2019, art. 1er-1°)* « , soit en formation restreinte, en matière civile, conformément aux deux premiers alinéas de l'article L. 431-1 et, en matière pénale, conformément à l'article L. 431-2 et à l'article 567-1-1 du code de procédure pénale ». – *[Anc. art. R.* 121-3.]*

Art. R. 421-4 Chacune des chambres de la Cour de cassation se compose :

1° D'un président de chambre *(Abrogé par Décr. n° 2019-213 du 20 mars 2019, art. 1er-2°) « , président de section »* ;

2° De conseillers *(Abrogé par Décr. n° 2019-213 du 20 mars 2019, art. 1er-2°) « , le cas échéant, présidents de section »* ;

3° De conseillers référendaires ;

4° D'un premier avocat général ;

5° D'un ou plusieurs avocats généraux ;
6° D'un ou plusieurs avocats généraux référendaires ;
7° D'un greffier de chambre. – *[Anc. art. R.* 121-4.]*

Art. R. 421-4-1 *(Décr. n° 2019-213 du 20 mars 2019, art. 1er-3°)* Lorsqu'elle se réunit en formation plénière, la chambre comprend :

1° Le président, selon les modalités prévues au premier alinéa de l'article R. 431-1 ;
2° Le doyen de chambre, ou, à défaut, le doyen de section dont le rang est le plus élevé ;
3° Les doyens de section ;
4° Les conseillers de la chambre ;
5° Les conseillers référendaires de la chambre.

Le président peut décider que la formation plénière sera composée de la façon suivante :

1° Le président, selon les modalités prévues au premier alinéa de l'article R. 431-1 ;
2° Le doyen de chambre, ou, à défaut, le doyen de section dont le rang est le plus élevé ;
3° Les doyens de section ;
4° Les deux conseillers de chaque section dont le rang est le plus élevé ;
5° Le conseiller référendaire de chaque section dont le rang est le plus élevé ;
(Décr. n° 2021-1341 du 13 oct. 2021, art. 2-1°) « 6° Le ou les rapporteurs ; si un rapporteur n'est pas l'un des deux conseillers de sa section dont le rang est le plus élevé, il se substitue à celui des conseillers mentionnés au 4° dont le rang est le moins élevé ; si un rapporteur n'est pas le conseiller référendaire de sa section dont le rang est le plus élevé, il se substitue au conseiller référendaire mentionné au 5°. »

Art. R. 421-4-2 *(Décr. n° 2019-213 du 20 mars 2019, art. 1er-3°)* Lorsqu'elle se réunit en formation de section*[,]* la chambre comprend :

1° Le président, selon les modalités prévues au deuxième alinéa de l'article R. 431-1 ;
2° Le doyen de section, ou, à défaut, le conseiller de la section dont le rang est le plus élevé ;
3° Les conseillers de la section ;
4° Les conseillers référendaires de la section.

Lorsque la chambre comprend plus d'une section, la chambre siégeant en formation de section réunit une seule section ou, à la demande du président, deux ou plusieurs sections.

Art. R. 421-4-3 *(Décr. n° 2019-213 du 20 mars 2019, art. 1er-3°)* Lorsqu'elle se réunit en formation restreinte*[,]* la chambre comprend :

1° Le président, selon les modalités prévues au troisième alinéa de l'article R. 431-1 ;
2° Le doyen de section, ou, à défaut, un conseiller de la section pris dans l'ordre du rang, *[ou]* à défaut, un conseiller de la section ;
3° Le rapporteur.

Art. R. 421-5 Les chambres de la cour se réunissent en audience solennelle ou en assemblée générale dans les cas prévus par les lois et règlements. – *[Anc. art. L. 121-4, al. 2.]*

Art. R. 421-6 Dans chaque section, le doyen est *(Décr. n° 2019-213 du 20 mars 2019, art. 1er-4°-a)* « désigné, parmi les conseillers, par ordonnance du premier président, sur proposition du président de chambre concerné ».

Dans chaque chambre, le doyen est le *(Décr. n° 2019-213 du 20 mars 2019, art. 1er-4°-b)* « doyen de section dont le rang est le plus élevé.

« Le doyen de chambre dont le rang est le plus élevé » porte le titre de doyen de la Cour de cassation. – *[Anc. art. R.* 131-11.]*

Les dispositions du 4° de l'art. 1er du Décr. n° 2019-213 du 20 mars 2019 sont applicables aux doyens désignés postérieurement à l'entrée en vigueur dudit décr. (Décr. préc., art. 2).

Art. R. 421-7 Les auditeurs à la Cour de cassation exercent des attributions administratives auprès de la Cour de cassation, notamment au sein du service de documentation et d'études.

Ils participent aux travaux d'aide à la décision tels que définis par le premier président, notamment en ce qui concerne le traitement automatisé de données jurisprudentielles.

Ils peuvent assister aux audiences des chambres.

Sur la demande du procureur général et avec leur accord, le premier président peut déléguer des auditeurs à la Cour de cassation au parquet général, pour y exercer des fonctions autres que celles du ministère public. Cette délégation est effectuée pour une durée d'un an renouvelable. – *[Anc. art. R.* 131-14.]*

Art. R. 421-8 Il est tenu à la Cour de cassation une liste de rang des magistrats du siège.

Les magistrats sont inscrits sur cette liste, conformément à l'article R. 121-4, dans l'ordre suivant :

1° Le premier président ;

2° Les présidents de chambre ;

(Décr. n° 2019-213 du 20 mars 2019, art. 1er-5°) « 3° Le doyen de la Cour ;

« 4° Les doyens de chambre ;

« 5° Les doyens de section ;

« 6° Les conseillers ;

« 7° Les conseillers référendaires ;

« 8° Les auditeurs. »

Toutefois, les avocats généraux nommés conseillers à la Cour de cassation prennent rang à ce titre du jour de leur nomination comme avocats généraux près cette Cour.

De même, les magistrats qui, après avoir exercé les fonctions de conseiller à la Cour de cassation ou d'avocat général près cette Cour et avoir été appelés ensuite à d'autres fonctions, sont nommés de nouveau à la Cour de cassation, en qualité de conseillers, prennent rang du jour de leur première nomination à la Cour. – *[Anc. art. R.* 131-10.]*

Art. R. 421-9 La direction de la bibliothèque est assurée, sous le contrôle du premier président, par un conservateur, nommé dans les conditions prévues par le décret n° 92-26 du 9 janvier 1992 portant statut particulier du corps des conservateurs des bibliothèques et du corps des conservateurs généraux des bibliothèques. – *[Anc. art. R.* 131-19.]*

Art. R. 421-10 Peuvent donner lieu à rémunération pour services rendus les prestations fournies par la Cour de cassation à des personnes privées ou publiques autres que l'État, dont la liste suit :

(Abrogé par Décr. n° 2020-797 du 29 juin 2020, art. 4-2°) « *1° Communication des décisions et avis contenus dans les bases de données tenues par le service de documentation et d'études, le cas échéant assortis de leurs sommaires et de leurs titres, des rapports des conseillers et conseillers référendaires et des avis des premiers avocats généraux, des avocats généraux et des avocats généraux référendaires préparatoires à ces décisions et avis ;* » – *V. Arr. 23 mars 2009 (JO 31 mars).*

2° Vente d'ouvrages ou d'autres documents, quel que soit le support utilisé ;

3° Cession des droits de reproduction ou de diffusion des ouvrages et documents mentionnés au 2° ;

4° Mise à disposition de locaux pour l'organisation de manifestations.

Les tarifs des rémunérations dues au titre de ces prestations sont fixés par arrêté du garde des Sceaux, ministre de la justice, ou par voie de contrat relatif à une prestation déterminée. – *[Anc. art. R. 131-18.]*

TITRE TROISIÈME FONCTIONNEMENT

CHAPITRE PREMIER LES CHAMBRES DE LA COUR

SECTION PREMIÈRE DISPOSITIONS GÉNÉRALES

Art. R. 431-1 *(Décr. n° 2019-213 du 20 mars 2019, art. 1er-6°)* A défaut de son président, chaque chambre est présidée par son doyen ou, à défaut, par le conseiller dont le rang est le plus élevé.

A défaut du président de la chambre, chaque section est présidée par son doyen ou, à défaut, par le conseiller de la section dont le rang est le plus élevé.

A défaut du président de la chambre, chaque formation restreinte est présidée par le doyen de section ou, à défaut, par le conseiller de la section dont le rang est le plus élevé.

Toute chambre siégeant en formation plénière, en formation de section ou en formation restreinte peut être présidée par le premier président.

BIBL. ▶ TRUCHE, *Mél. Drai, Dalloz, 2000, p. 133.*

Art. R. 431-2 Le premier président fixe les attributions de chacune des chambres civiles par ordonnance après avis du procureur général.

Le président de chambre détermine, à l'intérieur de chaque chambre, le nombre de sections et les règles de répartition des affaires entre elles. Il affecte chaque affaire à la section compétente ou décide, le cas échéant, de son examen en formation plénière.

En cas de modification des attributions des chambres civiles ou des sections, les affaires distribuées antérieurement à cette modification sont transférées aux chambres ou aux sections désormais compétentes. Il est procédé, s'il y a lieu, à la désignation de nouveaux rapporteurs. – *[Anc. art. R.* 121-5 et R.* 121-6.]*

Art. R. 431-3 L'ordonnance prise par le premier président en application de l'article L. 121-3 intervient dans la première quinzaine du mois de décembre. – *[Anc. art. R. 131-2, al. 1er.]*

Art. R. 431-4 Le bureau de la Cour de cassation fixe le nombre des audiences. – *[Anc. art. R.* 131-1, al. 2.]*

Art. R. 431-5 A l'audience de la chambre *(Décr. nº 2019-213 du 20 mars 2019, art. 1er-7º)* « siégeant en formation plénière ou en formation de section », au moins cinq de ses membres ayant voix délibérative sont présents. – *[Anc. art. L. 131-6-1.]*

Art. R. 431-6 A l'audience d'une chambre *(Décr. nº 2019-213 du 20 mars 2019, art. 1er-8-a)* « siégeant en formation plénière ou de section », si, par l'effet des absences ou des empêchements, le nombre des membres ayant voix délibérative est inférieur à cinq, il peut être fait appel, en suivant l'ordre du rang, à des conseillers appartenant à d'autres *(Décr. nº 2019-213 du 20 mars 2019, art. 1er-8º-b)* « sections ou d'autres » chambres. – *[Anc. art. R.* 131-7.]*

Art. R. 431-7 Les conseillers référendaires désignés en application de l'article L. 431-3 sont au nombre d'un ou de deux. – *[Anc. art. L. 131-7, al. 2.]*

Art. R. 431-7-1 *(Décr. nº 2011-1173 du 23 sept. 2011, art. 24)* Peuvent être autorisées à assister au délibéré de la Cour de cassation les personnes qui participent à une session de formation en vue d'accéder à la profession d'avocat au Conseil d'État et à la Cour de cassation, les professeurs des universités, les maîtres de conférences, ainsi que les personnes admises, à titre exceptionnel, à suivre les travaux de la Cour de cassation, qu'elles soient de nationalité française ou étrangère.

Le premier président de la Cour de cassation, après avis du président de la formation de jugement, délivre l'autorisation.

Les personnes visées au premier alinéa sont astreintes au secret professionnel pour tous les faits et actes qu'elles ont à connaître au cours de la formation et des stages *qu'elles accomplissent* auprès de la Cour de cassation.

Art. R. 431-8 Le premier président peut, s'il y a lieu, désigner par ordonnance l'un des présidents de chambre pour le suppléer dans les fonctions qui lui sont attribuées par l'article L. 221-2 du code du patrimoine. – *[Anc. art. R. 131-20.]*

Art. R. 431-9 Il est fait rapport annuellement au président de la République et au garde des Sceaux, ministre de la justice, de la marche des procédures et de leurs délais d'exécution. – *[Anc. art. R.* 131-12, al. 1er.]*

Art. R. 431-10 Le premier président et le procureur général peuvent appeler l'attention du garde des Sceaux, ministre de la justice, sur les constatations faites par la Cour à l'occasion de l'examen des pourvois et lui faire part des améliorations qui leur paraissent de nature à remédier aux difficultés constatées. – *[Anc. art. R.* 131-13.]*

SECTION II DISPOSITIONS PARTICULIÈRES AUX CHAMBRES MIXTES ET À L'ASSEMBLÉE PLÉNIÈRE

Art. R. 431-11 Le premier président désigne, conformément à l'article R. 431-3, sur proposition de chacun des présidents de chambre, parmi les conseillers de chaque chambre, celui qui sera appelé à siéger aux chambres mixtes au titre de cette chambre.

Dans l'ordonnance portant constitution d'une chambre mixte, le premier président indique les chambres qui doivent la composer et, dans chacune de celles-ci, désigne, sur proposition du président de chambre, pour siéger à la chambre mixte, un conseiller en sus de celui qui est désigné pour l'année judiciaire en cours. Lorsque la présidence de la chambre mixte est assurée par le président de l'une des chambres qui la composent, le premier président, ou, à défaut, le président de chambre qui le supplée, désigne un autre conseiller de cette chambre pour siéger à la chambre mixte. – *[Anc. art. R.* 131-4 et R*. 131-6, ecqc art. R.* 131-4.]*

Art. R. 431-12 Le premier président désigne, sur proposition de chacun des présidents de chambre, parmi les conseillers de chaque chambre, celui qui sera appelé à siéger à l'assemblée plénière au titre de cette chambre. – *[Anc. art. R. 131-3.]*

Art. R. 431-13 Le premier président, ou, à défaut, le président de chambre qui le supplée, désigne par ordonnance, en application de l'article L. 431-8, le conseiller appelé à remplacer un membre empêché d'une chambre mixte ou de l'assemblée plénière.

Ce conseiller doit appartenir à la même chambre que le magistrat qu'il remplace. – *[Anc. art. R.* 131-6, ecqc art. L. 131-6-2.]*

Art. R. 431-14 *(Décr. nº 2021-1341 du 13 oct. 2021, art. 2-2º)* Un ou deux membres de la chambre mixte ou de l'assemblée plénière, selon le cas, sont chargés du rapport par le premier président.

CHAPITRE II LE PARQUET GÉNÉRAL

Art. R. 432-1 Les fonctions du ministère public sont confiées au procureur général.

Les premiers avocats généraux, les avocats généraux et les avocats généraux référendaires participent à l'exercice de ces fonctions sous la direction du procureur général. – *[Anc. art. R.* 132-1.]*

Art. R. 432-2 Le procureur général répartit les premiers avocats généraux, les avocats généraux et les avocats généraux référendaires entre les chambres de la Cour de cassation et les divers services du parquet.

Il peut modifier à tout moment cette répartition.

Il peut exercer lui-même les fonctions qu'il leur a spécialement déléguées. – *[Anc. art. R.* 132-2, al. 1er.]*

Art. R. 432-3 Dans les affaires importantes, les conclusions du premier avocat général, de l'avocat général ou de l'avocat général référendaire sont communiquées au procureur général.

Si le procureur général n'approuve pas les conclusions et que le premier avocat général, l'avocat général ou l'avocat général référendaire persiste, le procureur général délègue un autre magistrat du parquet général ou porte lui-même la parole à l'audience. – *[Anc. art. R.* 132-3.]*

Art. R. 432-4 Il est tenu à la Cour de cassation une liste de rang des magistrats du parquet.

Les magistrats sont inscrits sur cette liste, conformément à l'article R. 122-5, dans l'ordre suivant :

1º Le procureur général ;

2º Les premiers avocats généraux ;

3º Les avocats généraux ;

4º Les avocats généraux référendaires.

Toutefois, les conseillers à la Cour de cassation nommés avocats généraux prennent rang à ce titre du jour de leur nomination comme conseiller à cette Cour.

De même, les magistrats qui, après avoir exercé les fonctions de conseiller à la Cour de cassation ou d'avocat général près cette Cour et avoir été appelés ensuite à d'autres fonctions sont nommés de nouveau à la Cour de cassation, en qualité d'avocat général, prennent rang du jour de leur première nomination à cette Cour. – *[Anc. art. R.* 132-4.]*

CHAPITRE III LE SERVICE DE DOCUMENTATION ET D'ÉTUDES

Art. R. 433-1 Le service de documentation et d'études de la Cour de cassation est placé sous l'autorité du premier président.

(Décr. nº 2009-216 du 23 févr. 2009, art. 1er) « Le service est dirigé par un président de chambre qui exerce cette fonction à plein temps. Son fonctionnement est assuré par les auditeurs à la Cour de cassation. »

Les conseillers référendaires affectés à une chambre peuvent également, sur décision du premier président, participer aux travaux de ce service. – *[Anc. art. R.* 131-15.]*

Art. R. 433-2 Le service de documentation et d'études de la Cour de cassation rassemble les éléments d'information utiles aux travaux de la Cour et procède aux recherches nécessaires. Il assure le classement méthodique de tous les pourvois dès le dépôt du mémoire ampliatif. Il analyse et met en mémoire informatique les moyens de cassation aux fins, notamment, de faciliter les rapprochements entre les affaires en cours.

Le service participe à la conception des moyens de traitement automatisé de données jurisprudentielles mis en œuvre par la Cour de cassation.

Un arrêté du garde des Sceaux, ministre de la justice, fixe les conditions dans lesquelles la documentation du service est mise à la disposition des juridictions de l'ordre judiciaire et de l'ordre administratif, ainsi que des services relevant du garde des Sceaux, ministre de la justice. – *[Anc. art. R.* 131-16.]*

Art. R. 433-3 *(Décr. nº 2020-797 du 29 juin 2020, art. 4-3º)* Le service de documentation et d'études tient une base de données rassemblant les décisions et avis de la Cour de cassation et des juridictions ou commissions juridictionnelles placées auprès d'elle, publiés ou non publiés aux bulletins mensuels mentionnés à l'article R. 433-4, ainsi que les décisions présentant un intérêt particulier rendues par les autres juridictions de l'ordre judiciaire. Cette base de données a pour objet de mettre ces décisions à la disposition du public dans les conditions définies aux articles R. 111-10 et R. 111-11, ainsi que d'assurer la diffusion de la jurisprudence.

Aux mêmes fins et dans les mêmes conditions, le service de documentation et d'études tient une base de données rassemblant les décisions des premier et second degrés rendues par les juridictions de l'ordre judiciaire. Les conditions dans lesquelles ces décisions lui sont transmises sont fixées par les dispositions régissant les applications informatiques du ministère de la justice et du conseil national des greffiers des tribunaux de commerce.

Art. R. 433-4 Le service de documentation et d'études établit deux bulletins mensuels, l'un pour les chambres civiles, l'autre pour la chambre criminelle, dans lesquels sont mentionnés les décisions et avis dont la publication a été décidée par le président de la formation qui les a rendus. Le service établit des tables périodiques. – *[Anc. art. R.* 131-17.]*

BIBL. ▶ X. HENRY, *BICC 1er juin 2004, p. 4* (chaînage des arrêts). – PERDRIAU, *Gaz. Pal. 1er-4 janv. 2003.*

CHAPITRE IV LE GREFFE

Art. R. 434-1 Le premier président de la Cour de cassation fixe, sur proposition du directeur de greffe, la répartition des fonctionnaires du greffe dans les différents services de la juridiction par ordonnance dans la première quinzaine du mois de décembre.

Cette ordonnance peut être modifiée en cours d'année, en cas de cessation ou d'interruption des fonctions ou pour prévoir un service allégé pendant la période au cours de laquelle les magistrats, les fonctionnaires et les auxiliaires de justice bénéficient de leurs congés annuels.

Les mesures prises en application des dispositions du présent article sont des mesures d'administration judiciaire. – *[Anc. art. R. 131-2, al. 2 et R. 131-5, al. 2.]*

Art. R. 434-2 Le directeur de greffe de la Cour de cassation remet, au début de chaque année, au premier président et au procureur général un état de l'activité de la juridiction au cours de l'année précédente. Cet état est adressé au garde des Sceaux, ministre de la justice. – *[Anc. art. R.* 813-4.]*

CHAPITRE V LES ASSEMBLÉES GÉNÉRALES

Art. R. 435-1 Le premier président préside les assemblées générales de la Cour de cassation.

En cas d'absence ou d'empêchement du premier président, ces assemblées sont présidées par le président de chambre dont le rang est le plus élevé. – *[Anc. art. R.* 131-8.]*

Art. R. 435-2 Lorsque le garde des Sceaux, ministre de la justice, consulte la Cour de cassation sur les projets de loi ou sur d'autres questions d'intérêt public, le premier président convoque celle-ci en assemblée générale. Le premier président détermine, selon l'objet de la consultation, après avis du procureur général et de la commission permanente, la formation de l'assemblée générale qui doit être réunie. – *[Anc. art. R.* 763-1.]*

Art. R. 435-3 Il est dressé procès-verbal des assemblées générales de la Cour de cassation. – *[Anc. art. R.* 131-9.]*

TITRE QUATRIÈME DISPOSITIONS PARTICULIÈRES EN CAS DE SAISINE POUR AVIS DE LA COUR DE CASSATION

CHAPITRE UNIQUE

Art. R. 441-1 *(Décr. nº 2017-396 du 24 mars 2017, art. 3)* La formation mixte pour avis est composée de magistrats appartenant à deux chambres au moins de la Cour désignées par ordonnance du premier président. Elle comprend, outre le premier président, les présidents et doyens des chambres concernées, ainsi qu'un conseiller désigné par le premier président au sein de chacune de ces chambres. En cas d'absence ou d'empêchement de l'un des présidents de chambre, doyens ou conseillers, il est remplacé par un conseiller de la même chambre désigné par le premier président ou, en cas d'empêchement de celui-ci, par le président de chambre qui le remplace.

La formation plénière pour avis comprend, outre le premier président, les présidents et doyens des chambres et un conseiller par chambre désigné par le premier président. En cas d'absence ou d'empêchement de l'un des présidents de chambre, doyens ou conseillers, il est remplacé par un conseiller désigné par le premier président ou, en cas d'empêchement de celui-ci, par le président de chambre qui le remplace.

La formation plénière pour avis ne peut siéger que si tous les membres qui doivent la composer sont présents. – *V. COJ, art. L. 441-2.*

L'art. 3 du Décr. nº 2017-396 du 24 mars 2017 s'applique aux demandes d'avis sur lesquelles il n'a pas été statué au jour de la publication dudit décret (Décr. préc., art. 6, JO 26 mars).

BIBL. ▸ **Décr. 24 mars 2017 :** AMRANI-MEKKI, *JCP 2017. 585.* - FERRAND, *JCP 2017. 366.* - POULET, *D. actu. 31 mars 2017.*

TITRE CINQUIÈME JURIDICTIONS ET COMMISSIONS PLACÉES AUPRÈS DE LA COUR DE CASSATION

Le présent titre ne comprend pas de dispositions réglementaires.

TITRE SIXIÈME QUESTION PRIORITAIRE DE CONSTITUTIONNALITÉ

(Décr. nº 2010-148 du 16 févr. 2010, art. 5, en vigueur le 1er mars 2010)

V. Bibl. au-dessus de l'art. L.O. 461-1 COJ.

Dans les instances en cours, une question prioritaire de constitutionnalité doit, pour être recevable, être présentée sous la forme d'un mémoire distinct et motivé produit postérieurement à la date d'entrée en vigueur du 1er mars 2010. Le cas échéant, la juridiction ordonne la réouverture de l'instruction pour les seuls besoins de l'examen de la question prioritaire de constitutionnalité, si elle l'estime nécessaire (Décr. no 2010-148 du 16 févr. 2010, art. 7, en vigueur le 1er mars 2010).

Le Décr. no 2010-148 du 16 févr. 2010 est applicable sur l'ensemble du territoire de la République (Décr. préc., art. 6, en vigueur le 1er mars 2010).

Art. R.* 461-1 *(Décr. no 2010-1216 du 15 oct. 2010, art. 1er)* **Dès réception d'une question prioritaire de constitutionnalité transmise par une juridiction, l'affaire est distribuée à la chambre qui connaît des pourvois dans la matière considérée.**

La question peut être examinée par la formation prévue au premier alinéa de l'article L. 431-1 du présent code ou à l'article 567-1-1 du code de procédure pénale lorsque la solution paraît s'imposer.

BIBL. ► LAVRIC, *D. actu. 19 oct. 2010.*

LIVRE CINQUIÈME DISPOSITIONS PARTICULIÈRES À SAINT-PIERRE-ET-MIQUELON, À WALLIS-ET-FUTUNA, AUX TERRES AUSTRALES ET ANTARCTIQUES FRANÇAISES, À LA POLYNÉSIE FRANÇAISE ET À LA NOUVELLE-CALÉDONIE *(Décr. nº 2011-338 du 29 mars 2011, art. 2-4º-a).*

TITRE PREMIER DISPOSITIONS PARTICULIÈRES À SAINT-PIERRE-ET-MIQUELON

CHAPITRE PREMIER DISPOSITIONS GÉNÉRALES

Art. R. 511-1 Pour l'application à Saint-Pierre-et-Miquelon des dispositions du présent code (partie Réglementaire), il y a lieu de lire :

1° "tribunal supérieur d'appel" à la place de : "cour d'appel" ;

2° "tribunal de première instance" à la place de : *(Décr. nº 2019-912 du 30 août 2019, art. 36-I-1º, en vigueur le 1er janv. 2020)* « "tribunal judiciaire" *[ancienne rédaction : "tribunal de grande instance" et de "tribunal d'instance"]* » ;

3° "président du tribunal supérieur d'appel" à la place de : "premier président de la cour d'appel" ;

4° "procureur de la République près le tribunal supérieur d'appel" à la place de : "procureur général près la cour d'appel" et de "procureur de la République près le tribunal *(Décr. nº 2019-912 du 30 août 2019, art. 36-I-2º, en vigueur le 1er janv. 2020)* « judiciaire *[ancienne rédaction : de grande instance]* »". – *[Anc. art. R. 952-1.]*

CHAPITRE II DES FONCTIONS JUDICIAIRES

Art. R. 512-1 Les candidatures aux fonctions d'assesseur au tribunal supérieur d'appel sont déclarées au président de cette juridiction.

Les déclarations de candidature sont déposées au plus tard deux mois avant l'expiration des fonctions des assesseurs en exercice. Ces déclarations doivent être individuelles, formulées par écrit et signées des candidats.

Chaque candidat fournit les renseignements et les pièces destinés à établir qu'il remplit les conditions prévues à l'article L. 512-2 et dont la détermination est fixée par arrêté du garde des Sceaux, ministre de la justice.

Il est délivré récépissé par le président du tribunal supérieur d'appel des déclarations de candidature qu'il a reçues et qui sont immédiatement affichées au greffe du tribunal supérieur d'appel. – *[Anc. art. R. 951-1.]*

Art. R. 512-2 Le président du tribunal supérieur d'appel dresse une liste préparatoire des assesseurs titulaires et des assesseurs suppléants comprenant le nom des personnes ayant fait acte de candidature. – *[Anc. art. L. 951-3, al. 1er à 3, ecqc listes Tribunal supérieur d'appel.]*

Art. R. 512-3 Au plus tard un mois avant l'expiration des fonctions des assesseurs en exercice, le président du tribunal supérieur d'appel transmet au garde des Sceaux, ministre de la justice, la liste préparatoire, assortie de l'avis du procureur de la République près ce tribunal ; il y joint ses propositions parmi les candidats portés sur la liste préparatoire. – *[Anc. art. R. 951-2.]*

Art. R. 512-4 Le garde des Sceaux, ministre de la justice, arrête une liste comprenant *(Décr. nº 2011-1042 du 31 août 2011, art. 1er)* « quatre assesseurs titulaires et six assesseurs suppléants » au tribunal supérieur d'appel. – *[Anc. art. L. 951-3, al. 1er à 3, ecqc liste garde des Sceaux.]*

Art. R. 512-5 Dès sa publication au *Journal officiel* de la République française, l'arrêté du garde des Sceaux, ministre de la justice, portant désignation des assesseurs est affiché au greffe du tribunal supérieur d'appel et publié au Recueil des actes administratifs de la collectivité territoriale. Il est, en outre, notifié à chacun des assesseurs désignés. – *[Anc. art. R. 951-3.]*

Art. R. 512-6 Le procureur de la République près le tribunal supérieur d'appel invite les assesseurs nouvellement désignés à se présenter devant cette juridiction pour prêter serment et être installés dans leurs fonctions judiciaires.

Le président du tribunal supérieur d'appel, siégeant en audience publique et en présence du procureur de la République, reçoit la prestation de serment des assesseurs, puis procède à leur installation.

Il est dressé procès-verbal de la réception du serment et de l'installation. — *[Anc. art. R. 951-4.]*

Art. R. 512-7 Il est attribué, pour l'exercice de leurs fonctions judiciaires, une indemnité de vacation aux assesseurs au tribunal supérieur d'appel. Cette indemnité, calculée par demi-journée, est fixée par arrêté conjoint du garde des Sceaux, ministre de la justice, et du ministre chargé du budget.

La réalité du service fait par les assesseurs est attestée par le président du tribunal supérieur d'appel.

Les frais de déplacement que les assesseurs engagent pour se rendre à l'audience de prestation de serment et d'installation ainsi qu'aux audiences où ils siègent sont remboursés. — *[Anc. art. R. 951-6.]*

CHAPITRE III DES JURIDICTIONS

SECTION PREMIÈRE LE TRIBUNAL DE PREMIÈRE INSTANCE

SOUS-SECTION 1 COMPÉTENCE

Art. R. 513-1 Le tribunal de première instance statue en dernier ressort jusqu'à la valeur de *(Décr. nº 2019-912 du 30 août 2019, art. 36-II, en vigueur le 1er janv. 2020)* « 5 000 euros » et à charge d'appel lorsque la demande excède cette somme ou est indéterminée. — *[Anc. art. R. 952-5.]*

Art. R. 513-1-1 *(Décr. nº 2019-912 du 30 août 2019, art. 36-III, en vigueur le 1er janv. 2020)* Le juge du tribunal de première instance cote et paraphe les registres du service de la publicité foncière.

SOUS-SECTION 2 ORGANISATION ET FONCTIONNEMENT

Art. R. 513-2 La liste arrêtée par le premier président de la cour d'appel de Paris conformément aux dispositions du I de l'article L. 513-4 ne peut comprendre que des magistrats du siège ayant donné leur accord pour y figurer. — *[Anc. art. R. 952-7.]*

Art. R. 513-3 Lorsqu'en vertu d'une disposition de la loi ou du règlement, le magistrat désigné pour exercer les fonctions de magistrat du tribunal de première instance est appelé à statuer sans débat, sa décision peut être rendue au siège de la juridiction où il exerce ses autres fonctions. — *[Anc. art. L. 952-7, al. 4.]*

Art. R. 513-4 Le service du greffe du tribunal de première instance est assuré par le greffe du tribunal supérieur d'appel.

Les fonctions de directeur de greffe sont assurées par un greffier.

Les articles R. 123-20 à R. 123-25 ne sont pas applicables. — *[Anc. art. R. 952-8.]*

Art. R. 513-5 Dans les cas où, en application des dispositions du II de l'article L. 513-4, sont mis en œuvre des moyens de communication audiovisuelle pour la tenue d'une audience, le service du greffe de la juridiction est assuré par le greffe de la cour d'appel de Paris.

Pour l'application des dispositions du II de l'article L. 513-11, le service du greffe est assuré par le greffe du tribunal supérieur d'appel, à l'exception du cas de la tenue de l'audience mentionnée à l'alinéa premier.

La disposition, à l'intérieur de la salle d'audience et à l'intérieur de l'enceinte accueillant la formation de jugement ou le représentant du ministère public, du matériel nécessaire à la transmission audiovisuelle est fixée par décision conjointe du premier président de la cour d'appel de Paris, du procureur général près cette cour, du président du tribunal supérieur d'appel et du procureur de la République près ce tribunal.

Les prises de vue et de son sont assurées par des agents des services du ministère de la justice ou, à défaut, par tous autres agents publics.

Lorsque l'audience se tient à huis clos ou en chambre du conseil, ces agents sont nécessairement des fonctionnaires des greffes.

Les caractéristiques techniques des moyens de communication audiovisuelle utilisés doivent assurer une transmission fidèle, loyale et confidentielle à l'égard des tiers. Ces caractéristiques sont définies par arrêté conjoint du garde des Sceaux, ministre de la justice, du ministre de l'intérieur et du ministre de la défense.

Les prises de vue et les prises de son sont soumises aux règles mentionnées à l'article 38 *ter* de la loi du 29 juillet 1881 sur la liberté de la presse. – *[Anc. art. R. 952-2, ecqc tribunal de première instance, R. 952-3, ecqc tribunal de première instance et R. 952-4, ecqc tribunal de première instance.] – V. Arr. 22 déc. 2008 (JO 26 mai 2009) fixant les caractéristiques techniques des moyens de communication audiovisuelle susceptibles d'être utilisés à Saint-Pierre-et-Miquelon et à Wallis-et-Futuna.*

Art. R. 513-6 Les dispositions des articles R. 214-1 à R. 214-3 ne sont pas applicables à Saint-Pierre-et-Miquelon.

SECTION II LE TRIBUNAL SUPÉRIEUR D'APPEL

Art. R. 513-7 Les assesseurs de la formation collégiale du tribunal supérieur d'appel sont au nombre de deux.

Art. R. 513-8 En cas d'absence ou d'empêchement ou d'incompatibilité légale, les fonctions d'assesseur sont exercées par un assesseur suppléant désigné par ordonnance du président du tribunal supérieur d'appel. – *[Anc. art. R. 952-10.]*

Art. R. 513-9 La liste arrêtée par le premier président de la cour d'appel de Paris conformément aux dispositions du I de l'article L. 513-8 ne peut comprendre que des magistrats du siège ayant donné leur accord pour y figurer. – *[Anc. art. R. 952-9.]*

Art. R. 513-10 Lorsqu'en vertu d'une disposition de la loi ou du règlement, le magistrat désigné pour remplacer le président du tribunal supérieur d'appel est appelé à statuer seul et sans débat, sa décision peut être rendue au siège de la juridiction où il exerce ses autres fonctions. – *[Anc. art. L. 952-11, al. 5.]*

Art. R. 513-11 Pour la mise en œuvre du II de l'article L. 513-8 et du II de l'article L. 513-11, il est fait application des dispositions de l'article R. 513-5. – *[Anc. art. R. 952-2, ecqc tribunal supérieur d'appel, R. 952-3, ecqc tribunal supérieur d'appel et R. 952-4, ecqc tribunal supérieur d'appel.]*

Art. R. 513-12 Les dispositions relatives au service administratif régional ne sont pas applicables à Saint-Pierre-et-Miquelon. – *[Anc. art. R. 952-11.]*

TITRE DEUXIÈME *[ABROGÉ]* DISPOSITIONS PARTICULIÈRES À MAYOTTE

Le présent titre II, qui comprenait les art. R. 521-1 à R. 523-2 contenant des ositions particulières à Mayotte, a été abrogé, à compter du 1er avr. 2011, par le Décr. no 2011-338 du 29 mars 2011, art. 2-4o-b (JO 30 mars), à l'occasion de la réforme de l'organisation judiciaire dans ce département, entreprise par l'Ord. no 2011-337 du même jour.

TITRE TROISIÈME DISPOSITIONS APPLICABLES À WALLIS-ET-FUTUNA

CHAPITRE PREMIER DISPOSITIONS GÉNÉRALES

Art. R. 531-1 *(Décr. no 2019-912 du 30 août 2019, art. 37-I, en vigueur le 1er janv. 2020)* « Le livre Ier du présent code (partie Réglementaire) est applicable à Wallis-et-Futuna, dans sa rédaction résultant *(Décr. no 2022-79 du 27 janv. 2022, art. 2)* « du décret no 2022-79 du 27 janvier 2022 », à l'exception du second alinéa de l'article R. 111-3, du dernier alinéa de l'article R. 123-1, des articles R. 123-2, R. 123-9,

R. 123-10, R. 123-15, R. 123-17, R. 123-19, du second alinéa de l'article R. 123-20 et de l'article R. 124-2. En outre, ne sont pas non plus applicables à Wallis-et-Futuna les dispositions de l'article R. 123-26 en ce qu'elles s'appliquent aux chambres de proximité. »

(Décr. nº 2017-683 du 28 avr. 2017, art. 4-I-1º-c) **« Les dispositions de l'article R. 121-1 sont applicables à Wallis-et-Futuna dans sa rédaction résultant du décret nº 2008-522 du 2 juin 2008. »**

Le Décr. nº 2022-79 du 27 janv. 2022 est applicable aux instances en cours (Décr. préc., art. 3).

Art. R. 531-2 Pour l'application des dispositions étendues par le présent titre à Wallis-et-Futuna, il y a lieu de lire :

1º "tribunal de première instance" à la place de *(Décr. nº 2019-912 du 30 août 2019, art. 37-II-1º, en vigueur le 1er janv. 2020)* **« "tribunal judiciaire" » ;**

2º "tribunal du travail" à la place de "conseil de prud'hommes" ;

3º "directeur de greffe de la cour d'appel ou fonctionnaire responsable du greffe du tribunal de première instance" à la place de "directeur de greffe" ;

4º "administrateur supérieur" à la place de "préfet". — *[Anc. art. R. 931-1, ecqc Wallis-et-Futuna et R. 931-21, al. 2, ecqc Wallis-et-Futuna.]*

(Décr. nº 2017-897 du 9 mai 2017, art. 5-II-2º) **« Pour l'application à Wallis-et-Futuna de l'article R. 123-28** *(Décr. nº 2019-912 du 30 août 2019, art. 37-II-2º, en vigueur le 1er janv. 2020)* **« dans sa rédaction résultant du décret nº 2019-912 du 30 août 2019 », les mots : "prud'homale" sont remplacés par les mots : "de juridictions du travail" ».**

CHAPITRE II DES JURIDICTIONS

Art. D. 532-1 Les juridictions sises à Wallis-et-Futuna en application du présent titre sont comprises dans le ressort de la cour d'appel de Nouméa. — *[Anc. art. L. 934-1.]*

SECTION PREMIÈRE LE TRIBUNAL DE PREMIÈRE INSTANCE

SOUS-SECTION 1 INSTITUTION ET COMPÉTENCE

Art. D. 532-2 Le siège du tribunal de première instance est fixé conformément au tableau IV annexé au présent code. — *[Anc. art. L. 931-7, ecqc Wallis-et-Futuna et R. 931-11, al. 1er, ecqc Wallis-et-Futuna.]*

Art. R. 532-3 En fonction des nécessités locales, pour le jugement des affaires civiles, correctionnelles et de police, le tribunal de première instance peut tenir des audiences foraines en tout lieu de la collectivité.

Le premier président de la cour d'appel, après avis du procureur général près cette cour, fixe par ordonnance le lieu, le jour et la nature de ces audiences. — *[Anc. art. L. 931-12, ecqc Wallis-et-Futuna et R. 931-12, ecqc Wallis-et-Futuna.]*

Art. R. 532-4 Dans les matières pour lesquelles compétence n'est pas attribuée expressément à une autre juridiction en raison de la nature de l'affaire, le tribunal de première instance statue à charge d'appel.

Dans les matières pour lesquelles il a compétence exclusive, le tribunal de première instance statue en dernier ressort lorsque le montant de la demande est inférieur ou égal à la contrepartie en monnaie locale de la somme de 3 771 euros et à charge d'appel lorsque la demande excède cette somme ou est indéterminée. — *[Anc. art. R. 931-8, ecqc Wallis-et-Futuna ecqc ressort et R. 931-9, ecqc Wallis-et-Futuna.]*

Art. D. 532-5 *(Décr. nº 2019-914 du 30 août 2019, art. 6, en vigueur le 1er janv. 2020)* **Les dispositions des articles D. 211-9 à D. 211-10-1** *(Décr. nº 2021-286 du 16 mars 2021, art. 2-2º, en vigueur le 1er avr. 2021)* **« et D. 211-10-4-1 » sont applicables à Wallis-et-Futuna, dans leur rédaction résultant du** *(Décr. nº 2021-286 du 16 mars 2021, art. 2-2º, en vigueur le 1er avr. 2021)* **« décret nº 2021-286 du 16 mars 2021 ».** — *[Anc. art. L. 931-7-1, ecqc Wallis-et-Futuna et R. 931-10-3, ecqc Wallis-et-Futuna.]*

L'art. 6 du Décr. nº 2019-914 du 30 août 2019 est applicable aux procédures en cours à sa date d'entrée en vigueur, dans les conditions déterminées par les IV à VIII de l'art. 40 du Décr. nº 2019-912 du 30 août 2019 (Décr. nº 2019-914 du 30 août 2019, art. 13-III).

La juridiction saisie demeure compétente pour statuer sur les procédures introduites antérieurement à la date d'entrée en vigueur de l'art. 2 du Décr. nº 2021-286 du 16 mars 2021 (Décr. préc., art. 4). Ledit décret est applicable en Nouvelle-Calédonie, en Polynésie française et dans les îles Wallis-et-Futuna (Décr. préc., art. 5).

Art. R. 532-6 **En matière civile, le président du tribunal de première instance statue en référé ou sur requête.** – *[Anc. art. R. 931-14, ecqc Wallis-et-Futuna.]*

Art. R. 532-6-1 *(Décr. nº 2019-536 du 29 mai 2019, art. 158-II-2º, en vigueur le 1er juin 2019)* **Le président du tribunal de première instance connaît de la demande formée sur le fondement du IV de l'article 21 de la loi nº 78-17 du 6 janvier 1978 relative à l'informatique, aux fichiers et aux libertés, à l'encontre des personnes ou des organismes autres que ceux mentionnés à l'article R. 555-1 du code de justice administrative.**

Art. D. 532-7 *(Abrogé par Décr. nº 2019-914 du 30 août 2019, art. 6, à compter du 1er janv. 2020)* ***Les dispositions*** *(Décr. nº 2009-1221 du 12 oct. 2009, art. 1er, 2º)* ***« des articles D. 211-10 et D. 211-11 » sont applicables à Wallis-et-Futuna.***

Le Décr. nº 2009-1221 du 12 oct. 2009 entre en vigueur le 1er janv. 2010. Toutefois, il n'est pas applicable aux instances introduites avant cette date (Décr. préc., art. 2). Ses dispositions sont applicables à la Nouvelle-Calédonie, en Polynésie française et à Wallis-et-Futuna (Décr. préc., art. 3).

L'art. 7 du Décr. nº 2019-914 du 30 août 2019 est applicable aux procédures en cours à sa date d'entrée en vigueur, dans les conditions déterminées par les IV à VIII de l'art. 40 du Décr. nº 2019-912 du 30 août 2019 (Décr. nº 2019-914 du 30 août 2019, art. 13-III).

SOUS-SECTION 2 ORGANISATION ET FONCTIONNEMENT

Art. R. 532-8 **L'installation des magistrats du tribunal de première instance a lieu en audience solennelle.** – *[Anc. art. R. 931-13, ecqc Wallis-et-Futuna.]*

Art. R. 532-9 **Les dispositions de l'article R. 213-8 sont applicables à Wallis-et-Futuna** *(Décr. nº 2019-912 du 30 août 2019, art. 37-III, en vigueur le 1er janv. 2020)* **« dans leur rédaction résultant du décret nº 2019-912 du 30 août 2019 ».** – *[Anc. art. R. 931-10-1, ecqc Wallis-et-Futuna.]*

Art. R. 532-10 **L'ordonnance prise par le président du tribunal de première instance en application de l'article L. 121-3 intervient dans la première quinzaine du mois de décembre après avis du procureur de la République. Elle précise le nombre, le jour et la nature des audiences. Cette ordonnance peut être modifiée en cours d'année judiciaire par une nouvelle ordonnance du président en cas d'absence ou de cessation ou interruption des fonctions des magistrats du siège initialement désignés. Une expédition est transmise au premier président de la cour d'appel et au procureur général près cette cour.** – *[Anc. art. R. 934-2.]*

Art. R. 532-11 **La décision de renvoi à la formation collégiale, prise en application des dispositions de l'article L. 532-7, est une mesure d'administration judiciaire.** – *[Anc. art. L. 931-8, al. 3, ecqc Wallis-et-Futuna.]*

Art. R. 532-12 **Les assesseurs de la formation collégiale du tribunal de première instance sont au nombre de deux.** – *[Anc. art. L. 934-3, ecqc nombre.]*

Art. R. 532-13 **Les candidatures aux fonctions d'assesseur du tribunal de première instance de ce tribunal sont déclarées à l'administrateur supérieur.**

Les déclarations de candidature doivent être effectuées au plus tard deux mois avant l'expiration des fonctions des assesseurs en exercice. Les déclarations sont faites par écrit et signées des candidats. Elles doivent être individuelles.

Chaque candidat fournit, à l'appui de sa candidature, les renseignements et les pièces destinés à établir qu'il remplit les conditions prévues à l'article L. 532-8 et dont la détermination est fixée par arrêté du garde des Sceaux, ministre de la justice.

L'administrateur supérieur reçoit les déclarations des candidats et en donne récépissé ; il fait procéder immédiatement à l'affichage des candidatures dans les locaux de l'administration supérieure et transmet celles-ci au premier président de la cour d'appel. – *[Anc. art. R. 933-1, ecqc Wallis-et-Futuna et R. 934-3, ecqc art. R. 933-1.]*

Art. R. 532-14 En application de l'article L. 532-9, le premier président de la cour d'appel dresse une liste préparatoire des assesseurs titulaires et des assesseurs suppléants comprenant le nom des personnes ayant fait acte de candidature. – *[Anc. art. L. 934-4, ecqc liste cour d'appel.]*

Art. R. 532-15 Au plus tard un mois avant l'expiration des fonctions des assesseurs en exercice, le premier président de la cour d'appel adresse au garde des Sceaux, ministre de la justice, la liste préparatoire assortie des dossiers de chaque candidat, de l'avis du procureur général près cette cour et du procès-verbal de délibération de l'assemblée des magistrats de celle-ci. Il y joint ses propositions parmi les candidats portés sur la liste préparatoire pour chaque formation de jugement. – *[Anc. art. R. 933-2, ecqc Wallis-et-Futuna et R. 934-3, ecqc art. R. 933-2.]*

Art. R. 532-16 En application de l'article L. 532-9, le garde des Sceaux, ministre de la justice, arrête une liste comprenant deux assesseurs titulaires et quatre assesseurs suppléants. – *[Anc. art. L. 934-4, ecqc liste Garde des Sceaux, R. 933-3, ecqc Wallis-et-Futuna et R. 934-3, ecqc art. R. 933-3.]*

Art. R. 532-17 Lorsque le nombre des candidats remplissant les conditions fixées à l'article L. 532-8 n'est pas suffisant pour établir la liste des assesseurs titulaires et suppléants appelés à compléter le tribunal de première instance, le garde des Sceaux, ministre de la justice, constate, par arrêté, l'impossibilité de constituer cette liste. – *[Anc. art. R. 933-5, ecqc Wallis-et-Futuna et R. 934-3, ecqc art. R. 933-5.]*

Art. R. 532-18 Dès sa publication au *Journal officiel* du territoire de Wallis-et-Futuna, l'arrêté portant désignation des assesseurs est affiché au greffe du tribunal de première instance. Il est en outre notifié à chacun des assesseurs désignés. – *[Anc. art. R. 934-4.]*

Art. R. 532-19 Le procureur de la République près le tribunal de première instance invite les assesseurs qui n'ont pas encore exercé de fonctions judiciaires au tribunal de première instance à se présenter à l'audience de cette juridiction pour prêter serment.

Le président du tribunal de première instance, siégeant en audience publique et en présence du procureur de la République près ce tribunal, reçoit la prestation de serment des assesseurs, puis procède à leur installation.

Il est dressé un procès-verbal de la réception du serment et de l'installation. – *[Anc. art. R. 934-5 et R. 934-6.]*

Art. R. 532-20 Lorsque, en cours d'année, il y a lieu, pour quelque cause que ce soit, de compléter la liste d'assesseurs, il est pourvu, pour la partie de l'année judiciaire restant à courir, au remplacement des assesseurs titulaires ou suppléants. Le nouvel assesseur est désigné dans les mêmes formes. – *[Anc. art. L. 933-6, ecqc Wallis-et-Futuna et L. 934-5, ecqc art. L. 933-6.]*

Art. R. 532-21 Les dispositions de l'article R. 212-16 sont applicables à Wallis-et-Futuna *(Décr. n° 2019-912 du 30 août 2019, art. 37-III, en vigueur le 1er janv. 2020)* « dans leur rédaction résultant du décret n° 2019-912 du 30 août 2019 ». – *[Anc. art. R. 931-21, al. 1er, ecqc Wallis-et-Futuna ecqc statistiques.]*

Art. R. 532-22 Dans les cas où, en application des dispositions du II de l'article L. 532-17, sont mis en œuvre des moyens de communication audiovisuelle pour la tenue d'une audience, le service du greffe de la juridiction est assuré par le greffe de la cour d'appel de Nouméa.

La disposition, à l'intérieur de la salle d'audience et à l'intérieur de l'enceinte accueillant la formation de jugement, du matériel nécessaire à la transmission audiovisuelle est fixée par décision conjointe du premier président de la cour d'appel de Nouméa et du président du tribunal de première instance de Mata-Utu.

Les prises de vue et de son sont assurées par des agents des services du ministère de la justice ou, à défaut, par tous autres agents publics.

Lorsque l'audience se tient à huis clos ou en chambre du conseil, ces agents sont nécessairement des fonctionnaires des greffes.

Les caractéristiques techniques des moyens de communication audiovisuelle utilisés doivent assurer une transmission fidèle, loyale et confidentielle à l'égard des tiers. Ces caractéristiques sont définies par arrêté conjoint du garde des Sceaux, ministre de la justice, du ministre de l'intérieur et du ministre de la défense. — *V. Arr. 22 déc. 2008 (JO 26 mai 2009) fixant les caractéristiques techniques des moyens de communication audiovisuelle susceptibles d'être utilisés à Saint-Pierre-et-Miquelon et à Wallis-et-Futuna.*

Art. R. 532-22-1 *(Décr. n° 2021-682 du 27 mai 2021, art. 7-IV-1°, en vigueur le 30 sept. 2021)* Les dispositions des articles R. 213-13 et R. 213-14 sont applicables à Wallis-et-Futuna.

Le Décr. n° 2021-682 du 27 mai 2021 est applicable en Nouvelle-Calédonie, en Polynésie française et à Wallis-et-Futuna (Décr. préc., art. 7-I).

SOUS-SECTION 3 LA COMMISSION D'INDEMNISATION DES VICTIMES D'INFRACTIONS

Art. R. 532-23 Les dispositions des articles R. 214-4 à R. 214-6 sont applicables à Wallis-et-Futuna *(Décr. n° 2019-912 du 30 août 2019, art. 37-III, en vigueur le 1er janv. 2020)* « dans leur rédaction résultant du décret n° 2019-912 du 30 août 2019 ».

SECTION II *[ABROGÉE]* LA JURIDICTION DE PROXIMITÉ

(Abrogée par Décr. n° 2017-683 du 28 avr. 2017, art. 1er-7°, à compter du 1er juill. 2017)

La présente section ne comprend pas de dispositions réglementaires.

SECTION III LES JURIDICTIONS DES MINEURS

Art. R. 532-24 Les dispositions du titre V du livre II du présent code (partie Réglementaire), relatives aux juridictions des mineurs, sont applicables à Wallis-et-Futuna *(Décr. n° 2019-912 du 30 août 2019, art. 37-III, en vigueur le 1er janv. 2020)* « dans leur rédaction résultant du décret n° 2019-912 du 30 août 2019 ». — *[Anc. art. R. 931-15, al. 1er, ecqc Wallis-et-Futuna.]*

SECTION IV LA COUR D'ASSISES

La présente section ne comprend pas de dispositions réglementaires.

CHAPITRE III DU GREFFE

Art. R. 533-1 Le service du greffe du tribunal de première instance est assuré par des agents du greffe de la cour d'appel.

Le greffe fait partie de la juridiction dont il dépend. — *[Anc. art. R. 931-17, al. 1er et 3, 1re phrase, ecqc Wallis-et-Futuna et R. 931-18, ecqc Wallis-et-Futuna.]*

Art. R. 533-2 Les fonctions de greffier du tribunal de première instance, du tribunal du travail, du tribunal mixte de commerce et du tribunal pour enfants sont exercées par le directeur de greffe de la cour d'appel ou par un greffier de cette cour. — *[Anc. art. L. 931-18, ecqc Wallis-et-Futuna.]*

Art. R. 533-3 Le premier président de la cour d'appel et le procureur général près cette cour, après avis du président du tribunal de première instance, du procureur de la République près ce tribunal et du directeur de greffe de la cour d'appel, répartissent le personnel assurant le service des greffes entre le greffe de la cour d'appel et celui du tribunal de première instance et désignent un fonctionnaire responsable du greffe du tribunal de première instance. — *[Anc. art. R. 931-19, ecqc Wallis-et-Futuna.]*

Art. R. 533-4 Le premier président de la cour d'appel et le procureur général près cette cour, après avis du directeur de greffe de cette cour, ainsi que le président du tribunal de première instance et le procureur de la République près ce tribunal, après avis du fonctionnaire responsable du greffe de ce tribunal, décident de la répartition du personnel assurant le service du greffe entre les services du siège et ceux du parquet. — *[Anc. art. R. 931-20, ecqc Wallis-et-Futuna.]*

TITRE QUATRIÈME DISPOSITIONS APPLICABLES AUX TERRES AUSTRALES ET ANTARCTIQUES FRANÇAISES

CHAPITRE UNIQUE

Art. R. 541-1 Les juridictions de l'ordre judiciaire sises au siège de la cour d'appel de Saint-Denis sont compétentes dans les Terres australes et antarctiques françaises. – *[Anc. art. L. 935-1 et R. 935-1.]*

TITRE CINQUIÈME DISPOSITIONS APPLICABLES À LA POLYNÉSIE FRANÇAISE

CHAPITRE PREMIER DISPOSITIONS GÉNÉRALES

Art. R. 551-1 *(Décr. n° 2019-912 du 30 août 2019, art. 38-I, en vigueur le 1er janv. 2020)* Le livre Ier du présent code (partie Réglementaire) est applicable à la Polynésie française, dans sa rédaction résultant *(Décr. n° 2022-79 du 27 janv. 2022, art. 2)* « du décret n° 2022-79 du 27 janvier 2022 », à l'exception du second alinéa de l'article R. 111-3, du dernier alinéa de l'article R. 123-1, des articles R. 123-2, R. 123-9, R. 123-10, R. 123-15, R. 123-17, R. 123-19, du second alinéa de l'article R. 123-20 et des articles R. 124-2 et R. 131-12. En outre, ne sont pas non plus applicables à la Polynésie française les dispositions de l'article R. 123-26 en ce qu'elles s'appliquent aux chambres de proximité.

Le Décr. n° 2022-79 du 27 janv. 2022 est applicable aux instances en cours (Décr. préc., art. 3).

Art. R. 551-2 Pour l'application des dispositions étendues par le présent titre en Polynésie française, il y a lieu de lire :

1° "tribunal de première instance" à la place de *(Décr. n° 2019-912 du 30 août 2019, art. 38-II-1°, en vigueur le 1er janv. 2020)* « "tribunal judiciaire" » ;

2° "tribunal du travail" à la place de "conseil de prud'hommes" ;

3° "directeur de greffe de la cour d'appel ou fonctionnaire responsable du greffe du tribunal de première instance" à la place de "directeur de greffe" ;

4° "haut-commissaire de la République" à la place de "préfet". – *[Anc. art. R. 931-1, ecqc Polynésie française, et R. 931-21, al. 2, ecqc Polynésie française.]*

(Décr. n° 2017-897 du 9 mai 2017, art. 5) « Pour l'application en Polynésie française de l'article R. 123-28 *(Décr. n° 2019-912 du 30 août 2019, art. 38-II-2°, en vigueur le 1er janv. 2020)* « dans sa rédaction résultant du décret n° 2019-912 du 30 août 2019 », les mots : "prud'homale" sont remplacés par les mots : "de juridictions du travail" ».

CHAPITRE II DES JURIDICTIONS

SECTION PREMIÈRE LE TRIBUNAL DE PREMIÈRE INSTANCE

SOUS-SECTION 1 INSTITUTION ET COMPÉTENCE

Art. D. 552-1 Le siège et le ressort du tribunal de première instance sont fixés conformément au tableau IV annexé au présent code. – *[Anc. art. L. 931-7, ecqc Wallis-et-Futuna et R. 931-11, al. 1er, ecqc Polynésie française.] – V. annexe, tableau IV.*

Art. R. 552-2 En fonction des nécessités locales, pour le jugement des affaires civiles, correctionnelles et de police, le tribunal de première instance peut tenir des audiences foraines dans les communes de son ressort autres que celle où est situé le siège de ce tribunal.

Le premier président de la cour d'appel, après avis du procureur général près cette cour, fixe par ordonnance le lieu, le jour et la nature de ces audiences. – *[Anc. art. L. 931-12, ecqc Polynésie française et R. 931-12, ecqc Polynésie française.]*

Art. R. 552-3 Dans les matières pour lesquelles compétence n'est pas attribuée expressément à une autre juridiction en raison de la nature de l'affaire, le tribunal de première instance statue à charge d'appel.

Dans les matières pour lesquelles il a compétence exclusive, le tribunal de première instance statue en dernier ressort lorsque le montant de la demande est inférieur ou égal à la contrepartie en monnaie locale de la somme de 3 771 euros et à charge d'appel lorsque la demande excède cette somme ou est indéterminée. – *[Anc. art. R. 931-8, ecqc Polynésie française ecqc ressort et R. 931-9, ecqc Polynésie française.]*

Art. D. 552-4 *(Décr. n° 2019-914 du 30 août 2019, art. 7-I, en vigueur le 1er janv. 2020)* **Les dispositions des articles D. 211-9 à D. 211-10-1** *(Décr. n° 2021-286 du 16 mars 2021, art. 2-2°, en vigueur le 1er avr. 2021)* **« et D. 211-10-4-1 » sont applicables en Polynésie française, dans leur rédaction résultant du** *(Décr. n° 2021-286 du 16 mars 2021, art. 2-2°, en vigueur le 1er avr. 2021)* **« décret n° 2021-286 du 16 mars 2021 ».**

L'art. 7 du Décr. n° 2019-914 du 30 août 2019 est applicable aux procédures en cours à sa date d'entrée en vigueur, dans les conditions déterminées par les IV à VIII de l'art. 40 du Décr. n° 2019-912 du 30 août 2019 (Décr. n° 2019-914 du 30 août 2019, art. 13-III).

La juridiction saisie demeure compétente pour statuer sur les procédures introduites antérieurement à la date d'entrée en vigueur de l'art. 2 du Décr. n° 2021-286 du 16 mars 2021 (Décr. préc., art. 4). Ledit décret est applicable en Nouvelle-Calédonie, en Polynésie française et dans les îles Wallis-et-Futuna (Décr. préc., art. 5).

Art. R. 552-5 En matière civile, le président du tribunal de première instance statue en référé ou sur requête. – *[Anc. art. R. 931-14, ecqc Polynésie française.]*

Art. R. 552-6 Le président du tribunal de première instance connaît de la demande formée sur le fondement du *(Décr. n° 2019-536 du 29 mai 2019, art. 158-II-3°, en vigueur le 1er juin 2019)* « IV de l'article 21 » de la loi n° 78-17 du 6 janvier 1978 relative à l'informatique, aux fichiers et aux libertés, à l'encontre des personnes ou des organismes autres que ceux mentionnés à l'article R. 555-1 du code de justice administrative. – *[Anc. art. R. 931-10-4, ecqc Polynésie française.] — V. L. n° 78-17 du 6 janv. 1978 (JO 7 janv.).*

Art. D. 552-7 *(Abrogé par Décr. n° 2019-914 du 30 août 2019, art. 7-II, à compter du 1er janv. 2020) Les dispositions (Décr. n° 2009-1221 du 12 oct. 2009, art. 1er-2°) « des articles D. 211-10 et D. 211-11 » sont applicables en Polynésie française.*

Le Décr. n° 2009-1221 du 12 oct. 2009 entre en vigueur le 1er janv. 2010. Toutefois, il n'est pas applicable aux instances introduites avant cette date (Décr. préc., art. 2). Ses dispositions sont applicables à la Nouvelle-Calédonie, en Polynésie française et à Wallis-et-Futuna (Décr. préc., art. 3).

L'art. 7 du Décr. n° 2019-914 du 30 août 2019 est applicable aux procédures en cours à sa date d'entrée en vigueur, dans les conditions déterminées par les IV à VIII de l'art. 40 du Décr. n° 2019-912 du 30 août 2019 (Décr. n° 2019-914 du 30 août 2019, art. 13-III).

SOUS-SECTION 2 ORGANISATION ET FONCTIONNEMENT

Art. R. 552-8 L'installation des magistrats du tribunal de première instance a lieu en audience solennelle. – *[Anc. art. R. 931-13, ecqc Polynésie française.]*

§ 1er LE SERVICE JURIDICTIONNEL

Art. R. 552-9 Les dispositions de la section I du chapitre II du titre Ier du livre II du présent code (partie Réglementaire), relatives au service juridictionnel du *(Décr. n° 2019-912 du 30 août 2019, art. 38-III, en vigueur le 1er janv. 2020)* « tribunal judiciaire *[ancienne rédaction : tribunal de grande instance]* », sont applicables en Polynésie française *(Décr. n° 2012-1451 du 24 déc. 2012, art. 16-II-1°-a)* « dans leur rédaction » *(Décr. n° 2014-1458 du 28 déc. 2014, art. 28-II, en vigueur le 1er janv. 2015)* « résultant du *(Décr. n° 2019-912 du 30 août 2019, art. 38-III, en vigueur le 1er janv. 2020)* « décret n° 2019-912 du 30 août 2019 », à l'exception des articles R. 212-8, R. 212-9 et R. 212-11. – *[Anc. art. R. 932-1, ecqc Polynésie française ecqc art. R. 311-14 à R. 311-28.]*

Art. R. 552-10 *(Décr. n° 2012-1451 du 24 déc. 2012, art. 16-II-1°-b)* Les dispositions des articles R. 213-8, R. 213-9-1 et R. 213-12-1 sont applicables en Polynésie française dans leur rédaction en vigueur le lendemain de la publication du *(Décr. n° 2019-*

912 du 30 août 2019, art. 38-IV, en vigueur le 1er janv. 2020) **« décret n° 2019-912 du 30 août 2019 ».**

Art. R. 552-11 **La décision de renvoi à la formation collégiale, prise en application de l'article L. 552-6, est une mesure d'administration judiciaire.** – *[Anc. art. L. 931-8, al. 3, ecqc Polynésie française.]*

Art. R. 552-12 **En application de l'article L. 552-7, les assesseurs de la formation collégiale du tribunal de première instance sont au nombre de deux.** – *[Anc. art. L. 932-1, ecqc Polynésie française ecqc nombre.]*

Art. R. 552-13 **Les dispositions des articles R. 214-1 à R. 214-6 sont applicables en Polynésie française** *(Décr. n° 2019-912 du 30 août 2019, art. 38-V, en vigueur le 1er janv. 2020)* **« dans leur rédaction résultant du décret n° 2019-912 du 30 août 2019 ».**

Pour l'application de l'article R. 214-1 en Polynésie française, les mots : "l'article L. 214-2" sont remplacés par les mots : "l'article 706-4 du code de procédure pénale".

Art. R. 552-13-1 *(Décr. n° 2021-682 du 27 mai 2021, art. 7-IV-2°, en vigueur le 30 sept. 2021)* **Les dispositions des articles R. 213-13 et R. 213-14 sont applicables en Polynésie française.**

Le Décr. n° 2021-682 du 27 mai 2021 est applicable en Nouvelle-Calédonie, en Polynésie française et à Wallis-et-Futuna (Décr. préc., art. 7-I).

§ 2 LE PARQUET

Art. R. 552-14 **Les articles R. 212-12, R. 212-13 et R. 212-15 sont applicables en Polynésie française** *(Décr. n° 2019-912 du 30 août 2019, art. 38-VI, en vigueur le 1er janv. 2020)* **« dans leur rédaction résultant du décret n° 2019-912 du 30 août 2019 ».** – *[Anc. art. R. 932.1, ecqc Polynésie française ecqc art. R. 311-34 à R. 311-37.]*

Art. R. 552-15 **En cas d'absence ou d'empêchement, le procureur de la République est suppléé par un magistrat du parquet général ou un magistrat du parquet du tribunal de première instance désigné par le procureur général.**

En cas d'absence ou d'empêchement du magistrat ainsi désigné, le procureur de la République est remplacé par le magistrat du parquet du tribunal de première instance le plus ancien dans le grade le plus élevé. – *[Anc. art. R. 932-2, ecqc Polynésie française.]*

§ 3 LES SECTIONS DÉTACHÉES

Art. R. 552-16 **Le tribunal de première instance comprend des sections détachées pour juger dans leur ressort les affaires civiles, correctionnelles, de police et d'application des peines.**

(Décr. n° 2017-1474 du 16 oct. 2017, art. 1er) **« Lorsqu'elle statue en matière foncière, la section détachée est composée d'un président et de deux assesseurs choisis par le président du tribunal foncier parmi les membres de celui-ci. »**

En cas de création d'une section détachée, les procédures en cours devant le tribunal de première instance ou devant une autre section à la date fixée pour l'entrée en activité de la nouvelle section sont transférées en l'état à cette dernière, dans la mesure où elles relèvent désormais de sa compétence, sans qu'il y ait lieu de renouveler les actes, formalités et jugements intervenus antérieurement à cette date, à l'exception des convocations, citations et assignations données aux parties et aux témoins à fin de comparution personnelle.

Les citations et assignations produisent leurs effets ordinaires interruptifs de prescription.

La modification du ressort d'une section détachée entraîne un transfert des procédures en cours dans les mêmes conditions. – *[Anc. art. L. 932-3, ecqc Polynésie française sauf siège et ressort et L. 932-8, ecqc Polynésie française.]*

Le Décr. n° 2017-1474 du 16 oct. 2017 entre en vigueur le premier jour du deuxième mois suivant sa publication.

Les procédures en cours devant le tribunal de première instance à la date d'entrée en vigueur du présent décret sont transférées en l'état au tribunal foncier.

Les convocations et citations délivrées aux parties peuvent être délivrées avant la date d'entrée en vigueur du présent décret pour une comparution postérieure à cette date devant le tribunal foncier nouvellement compétent. Il n'y a pas lieu de renouveler les actes, formalités et jugements régulièrement intervenus avant le transfert des procédures, à l'exception des convocations et citations délivrées aux parties qui n'auraient pas été suivies d'une comparution devant le tribunal de première instance. Le greffe de celui-ci informe les parties ayant comparu devant le tribunal de première instance qu'il leur appartient d'accomplir les actes de la procédure devant le tribunal foncier (Décr. préc., art. 4).

Art. D. 552-17 **Le siège et le ressort des sections détachées sont fixés conformément au tableau IV annexé au présent code.** – *[Anc. art. L. 932-3, ecqc Polynésie française ecqc siège et ressort et R. 932-4, ecqc Polynésie française.] — V. annexe, tableau IV.*

Art. R. 552-18 **En fonction des nécessités locales, une section détachée du tribunal de première instance peut tenir des audiences foraines dans des communes de son ressort autres que celle où est situé le siège de la section détachée.**

Le premier président de la cour d'appel, après avis du procureur général près cette cour, fixe par ordonnance le lieu, le jour et la nature de ces audiences. – *[Anc. art. L. 932-7, ecqc Polynésie française et R. 932-5, ecqc Polynésie française.]*

Art. R. 552-19 **Pendant la seconde quinzaine du mois de novembre, le premier président de la cour d'appel, par ordonnance prise après avis de l'assemblée générale des magistrats du siège de cette cour, désigne les magistrats du siège du tribunal de première instance qui seront chargés du service des sections détachées aux fins de les compléter lorsqu'elles statuent en formation collégiale.**

Pendant la première quinzaine du mois de décembre, le président du tribunal de première instance, par ordonnance prise après avis de l'assemblée générale des magistrats du siège de ce tribunal, répartit, conformément aux dispositions de l'article L. 121-3, les magistrats chargés du service des sections détachées au sein de celles-ci. Un magistrat peut être affecté au service de plusieurs sections détachées. L'ordonnance précise le nombre, le jour et la nature des audiences.

Les ordonnances prises en application du présent article peuvent être modifiées en cours d'année judiciaire dans les mêmes formes en cas d'absence ou de cessation ou interruption des fonctions des magistrats du siège initialement désignés. – *[Anc. art. L. 932-6, ecqc Polynésie française, R. 932-6, ecqc Polynésie française, R. 932-7, ecqc Polynésie française et R. 932-8, ecqc Polynésie française.]*

Art. R. 552-20 **En cas d'absence ou d'empêchement, le magistrat chargé de la présidence d'une section détachée est suppléé par un magistrat du siège du tribunal de première instance désigné par le premier président de la cour d'appel.**

En cas d'absence ou d'empêchement, un magistrat chargé du service d'une section détachée est suppléé par un autre magistrat chargé du service d'une section détachée désigné par le président du tribunal de première instance. – *[Anc. art. L. 932-5, ecqc Polynésie française et R. 932-9, ecqc Polynésie française.]*

§ 4 LES ASSEMBLÉES GÉNÉRALES

Art. R. 552-21 **Les dispositions de la section V du chapitre II du titre Ier du livre II du présent code (partie Réglementaire), relatives aux assemblées générales du** *(Décr. nº 2019-912 du 30 août 2019, art. 38-VII-1º, en vigueur le 1er janv. 2020)* **« tribunal judiciaire** *[ancienne rédaction : tribunal de grande instance]* **», sont applicables en Polynésie française** *(Décr. nº 2012-1451 du 24 déc. 2012, art. 16-II-1º-a)* **« dans leur rédaction »** *(Décr. nº 2014-1458 du 8 déc. 2014, art. 28-III, en vigueur le 1er janv. 2015)* **« résultant du »** *(Décr. nº 2019-912 du 30 août 2019, art. 38-VII-2º, en vigueur le 1er janv. 2020)* **« décret nº 2019-912 du 30 août 2019 à l'exception des articles R. 212-34-1, R. 212-41-1, R. 212-45-1 et R. 212-49-1 »** *(Abrogé par Décr. nº 2016-514 du 26 avr. 2016, art. 24-IV-3º) (Décr. nº 2015-261 du 5 mars 2015, art. 21-2º)* ***« à l'exception de l'article R. 212-37 qui est applicable dans sa rédaction résultant du décret nº 2015-261 du 5 mars 2015 ».*** – *[Anc. art. R. 932-1, ecqc Polynésie française ecqc art. R. 311-30.]*

§ 5 ADMINISTRATION DES JURIDICTIONS DU RESSORT DU TRIBUNAL DE PREMIÈRE INSTANCE

Art. R. 552-22 **Les dispositions** *(Décr. nº 2014-1458 du 8 déc. 2014, art. 28-IV, en vigueur le 1er janv. 2015)* **« des articles R. 212-59 à R. 212-61, dans leur rédaction**

résultant du » *(Décr. n° 2019-912 du 30 août 2019, art. 38-VIII, en vigueur le 1er janv. 2020)* **« décret n° 2019-912 du 30 août 2019 » sont applicables en Polynésie française.**

§ 6 LES PÔLES

(Décr. n° 2016-514 du 26 avr. 2016, art. 24-IV-5°)

Art. R. 552-22-1 **Les dispositions de la section VII du chapitre II du titre Ier du livre II du présent code (partie réglementaire), dans leur rédaction résultant du** *(Décr. n° 2019-912 du 30 août 2019, art. 38-IX, en vigueur le 1er janv. 2020)* **« décret n° 2019-912 du 30 août 2019 », sont applicables en Polynésie française.**

§ 7 LE PROJET DE JURIDICTION

(Décr. n° 2016-514 du 26 avr. 2016, art. 24-IV-5°)

Art. R. 552-22-2 **Les dispositions de la section VIII du chapitre II du titre Ier du livre II du présent code (partie réglementaire), dans leur rédaction résultant du** *(Décr. n° 2019-912 du 30 août 2019, art. 38-X, en vigueur le 1er janv. 2020)* **« décret n° 2019-912 du 30 août 2019 », sont applicables en Polynésie française.**

§ 8 LE CONSEIL DE JURIDICTION

(Décr. n° 2016-514 du 26 avr. 2016, art. 24-IV-5°)

Art. R. 552-22-3 **Les dispositions de la section IX du chapitre II du titre Ier du livre II du présent code (partie réglementaire), dans leur rédaction résultant du** *(Décr. n° 2019-912 du 30 août 2019, art. 38-XI, en vigueur le 1er janv. 2020)* **« décret n° 2019-912 du 30 août 2019 », sont applicables en Polynésie française.**

SOUS-SECTION 3 DISPOSITIONS SPÉCIFIQUES AU TRIBUNAL FONCIER

(Décr. n° 2017-1474 du 16 oct. 2017, art. 2)

Le Décr. n° 2017-1474 du 16 oct. 2017 entre en vigueur le premier jour du deuxième mois suivant sa publication.

Les procédures en cours devant le tribunal de première instance à la date d'entrée en vigueur du présent décret sont transférées en l'état au tribunal foncier.

Les convocations et citations délivrées aux parties peuvent être délivrées avant la date d'entrée en vigueur du présent décret pour une comparution postérieure à cette date devant le tribunal foncier nouvellement compétent. Il n'y a pas lieu de renouveler les actes, formalités et jugements régulièrement intervenus avant le transfert des procédures, à l'exception des convocations et citations délivrées aux parties qui n'auraient pas été suivies d'une comparution devant le tribunal de première instance. Le greffe de celui-ci informe les parties ayant comparu devant le tribunal de première instance qu'il leur appartient d'accomplir les actes de la procédure devant le tribunal foncier (Décr. préc., art. 4).

Art. R. 552-22-4 **Le premier président de la cour d'appel arrête chaque année, parmi les assesseurs agréés dans les conditions de l'article L. 552-9-2, la liste des assesseurs titulaires et suppléants en fonction des nécessités du service et de l'activité de la juridiction.**

V. note au-dessus du présent art.

Art. R. 552-22-5 **L'ordonnance prévue à l'article R. 212-6 et au deuxième alinéa de l'article R. 552-19 fixe le nombre et le jour des audiences ainsi que la répartition des assesseurs à celles-ci.**

V. note au-dessus de l'art. R. 552-22-4.

Art. R. 552-22-6 **Le greffe convoque les assesseurs par tous moyens conférant date certaine, un mois au moins avant la date de l'audience.**

Les assesseurs présents peuvent être convoqués aux audiences suivantes par la remise d'un bulletin après signature de la feuille de répartition des assesseurs aux audiences.

En cas d'absence ou d'empêchement d'un assesseur, le président du tribunal procède à son remplacement par tout autre assesseur inscrit sur la liste.

V. note au-dessus de l'art. R. 552-22-4.

Art. R. 552-22-7 En cas de cessation des fonctions d'un assesseur, par suite de décès, démission, déchéance ou pour toute autre cause, le premier président procède à son remplacement. Les fonctions de l'assesseur ainsi désigné expirent à l'époque où auraient cessé celles de l'assesseur qu'il remplace.

V. note au-dessus de l'art. R. 552-22-4.

Art. R. 552-22-8 Dans la limite des crédits ouverts à cet effet au budget du ministère de la justice, les assesseurs perçoivent, les jours où ils assurent le service de l'audience, l'indemnité journalière prévue au premier alinéa de l'article R. 140 du code de procédure pénale.

Ils perçoivent également une indemnité pour perte de salaire ou de gain.

L'indemnité pour perte de salaire est égale à la perte de salaire effectivement subie, justifiée par une attestation d'employeur qu'il appartient à l'assesseur de fournir à la juridiction.

L'indemnité pour perte de gain est fixée forfaitairement à douze fois le montant brut horaire du salaire minimum interprofessionnel de croissance par audience.

Les assesseurs sont indemnisés de leurs frais de déplacement et d'hébergement dans les conditions fixées par le décret n° 2006-781 du 3 juillet 2006.

V. note au-dessus de l'art. R. 552-22-4.

SECTION II LA COUR D'APPEL

SOUS-SECTION 1 INSTITUTION ET COMPÉTENCE

Art. R. 552-23 Les dispositions du chapitre Ier du titre Ier du livre III du présent code (partie Réglementaire), relatives à la compétence de la cour d'appel, sont applicables en Polynésie française *(Décr. n° 2012-1451 du 24 déc. 2012, art. 16-II-1°-a)* « dans leur rédaction en vigueur le lendemain de la publication du » *(Décr. n° 2019-912 du 30 août 2019, art. 38-XII, en vigueur le 1er janv. 2020)* « décret n° 2019-912 du 30 août 2019 », à l'exception des articles D. 311-8 à *(Décr. n° 2019-912 du 30 août 2019, art. 38-XII, en vigueur le 1er janv. 2020)* « D. 311-12-1 ». – *[Anc. art. L. 931-2, ecqc Polynésie française ecqc institution et compétence, R. 931-3, ecqc Polynésie française ecqc institution et compétence et R. 931-7, ecqc Polynésie française ecqc art. R.* 221-1.]*

SOUS-SECTION 2 ORGANISATION ET FONCTIONNEMENT

Art. R. 552-24 Les dispositions du chapitre II du titre Ier du livre III du présent code (partie Réglementaire), relatives à l'organisation et au fonctionnement de la cour d'appel, sont applicables en Polynésie française *(Décr. n° 2014-1458 du 8 déc. 2014, art. 28-V-1°, en vigueur le 1er janv. 2015)* « dans leur rédaction résultant du » *(Décr. n° 2021-867 du 29 juin 2021, art. 6-II)* « décret n° 2021-867 du 29 juin 2021 », à l'exception des articles R. 312-4, R. 312-12, *(Décr. n° 2019-912 du 30 août 2019, art. 38-XIII, en vigueur le 1er janv. 2020)* « R. 312-13-1 et » R. 312-17 *(Abrogé par Décr. n° 2011-1877 du 14 déc. 2011, art. 2-3°, en vigueur le 1er janv. 2012)* « , D. 312-20 à R. 312-26 ». – *[Anc. art. L. 931-2, ecqc Polynésie française ecqc organisation et fonctionnement, R. 931-3, ecqc Polynésie française ecqc organisation et fonctionnement, R. 931-4, ecqc Polynésie française, R. 931-7, ecqc Polynésie française ecqc art. R.* 226-1, R. 931-21, al. 1er, ecqc Polynésie française ecqc statistiques et R. 932-27, ecqc Polynésie française ecqc cour d'appel.]*

Art. R. 552-25 La chambre des appels correctionnels ou la chambre de l'instruction assure, avec la chambre civile, le service des audiences solennelles. – *[Anc. art. R. 931-3, al. 3, ecqc Polynésie française.]*

Art. R. 552-26 En cas d'absence ou d'empêchement d'un magistrat du siège de la cour d'appel, celui-ci peut être suppléé par un magistrat du siège du tribunal de première instance désigné par ordonnance du premier président.

Les magistrats du siège de la cour d'appel doivent être en majorité. – *[Anc. art. R. 931-5, ecqc Polynésie française.]*

Art. R. 552-27 En cas d'absence ou d'empêchement d'un magistrat du parquet de la cour d'appel, celui-ci peut-être suppléé par un magistrat du parquet près le tribunal de première instance, désigné par le procureur général, pour exercer les fonctions du ministère public à la cour d'appel. – *[Anc. art. R. 931-6, ecqc Polynésie française.]*

SECTION III *[ABROGÉE]* LA JURIDICTION DE PROXIMITÉ

(Abrogée par Décr. nº 2017-683 du 28 avr. 2017, art. 1er-7º, à compter du 1er juill. 2017)

La présente section ne comprend pas de dispositions réglementaires.

SECTION IV LES JURIDICTIONS DES MINEURS

Art. R. 552-28 Les dispositions du titre V du livre II du présent code (partie Réglementaire), relatives aux juridictions des mineurs, sont applicables en Polynésie française *(Décr. nº 2019-912 du 30 août 2019, art. 38-XIV, en vigueur le 1er janv. 2020)* « dans leur rédaction résultant du décret nº 2019-912 du 30 août 2019, à l'exception des articles R. 251-6 et R. 252-1 ». – *[Anc. art. R. 931-15, al. 1er, ecqc Polynésie française.]*

Art. R. 552-29 L'effectif des assesseurs des tribunaux pour enfants est fixé, dans chaque juridiction, à raison de deux assesseurs titulaires et deux assesseurs suppléants par juge des enfants et par juge chargé de la présidence d'une section détachée du tribunal de première instance. – *[Anc. art. R. 932-26, ecqc Polynésie française.]*

Art. R. 552-30 Le tribunal pour enfants tient ses audiences au siège des sections détachées du tribunal de première instance pour le jugement des affaires entrant dans leur compétence territoriale.

Le magistrat chargé de la présidence d'une section détachée exerce, dans son ressort, les fonctions de juge des enfants. Il préside le tribunal pour enfants lorsque cette juridiction tient ses audiences au siège de la section détachée.

En cas de création d'une section détachée ou en cas de modification du partage des compétences territoriales du tribunal de première instance et de ses sections détachées, les procédures en cours relevant de la compétence du juge des enfants sont transférées dans les conditions prévues à l'article R. 552-16. – *[Anc. art. L. 932-44, ecqc Polynésie française, L. 932-45, ecqc Polynésie française et L. 932-46, ecqc Polynésie française.]*

SECTION V LA COUR D'ASSISES

La présente section ne comprend pas de dispositions réglementaires.

SECTION VI LE TRIBUNAL DU TRAVAIL

Art. R. 552-31 Le siège et le ressort du tribunal du travail sont fixés conformément au tableau XVII annexé au présent code. – *[Anc. art. L. 932-10, al. 4, ecqc Polynésie française.] – V. annexe, tableau XVII.*

Art. R. 552-32 La formation de jugement est composée de deux assesseurs salariés et de deux assesseurs employeurs. – *[Anc. art. L. 932-11, al. 3, ecqc nombre ecqc Polynésie française.]*

Art. R. 552-33 Des indemnités de séjour et de déplacement peuvent être allouées aux assesseurs salariés et employeurs. – *[Anc. art. L. 932-14, al. 4, ecqc Polynésie française.]*

Art. R. 552-34 Le président constate le refus de service par un procès-verbal contenant l'avis motivé du tribunal du travail, l'assesseur préalablement entendu ou dûment appelé.

Au vu du procès-verbal, la cour d'appel statue en audience non publique après avoir appelé l'intéressé. – *[Anc. art. L. 932-18, al. 2 et 3, ecqc Polynésie française.]*

Art. R. 552-35 En matière disciplinaire, dans le délai d'un mois à dater de la convocation, le procès-verbal de la séance de comparution est adressé par le président du tribunal au procureur de la République, qui le transmet avec son avis au garde des Sceaux, ministre de la justice.

L'arrêté prononçant la censure ou la suspension d'un assesseur est pris par le garde des Sceaux, ministre de la justice. – *[Anc. art. L. 932-19, al. 3 et 8, 1re phrase, ecqc Polynésie française.]*

CHAPITRE III DU GREFFE

Art. R. 553-1 Le service du greffe du tribunal de première instance est assuré par des agents du greffe de la cour d'appel.

Le greffe fait partie de la juridiction dont il dépend. – *[Anc. art. L. 931-17, ecqc Polynésie française, R. 931-17, al. 1er et 3, 1re phrase, ecqc Polynésie française et R. 931-18, ecqc Polynésie française.]*

Art. R. 553-2 Les fonctions de greffier du tribunal de première instance, du tribunal du travail, du tribunal mixte de commerce et du tribunal pour enfants sont exercées par le directeur de greffe de la cour d'appel ou par un greffier de cette cour. – *[Anc. art. L. 931-18, ecqc Polynésie française.]*

Art. R. 553-3 Le premier président de la cour d'appel et le procureur général près cette cour, après avis du président du tribunal de première instance, du procureur de la République près ce tribunal et du directeur de greffe de la cour d'appel, répartissent le personnel assurant le service des greffes entre le greffe de la cour d'appel et celui du tribunal de première instance et désignent un fonctionnaire responsable du greffe du tribunal de première instance. – *[Anc. art. R. 931-19, ecqc Polynésie française.]*

Art. R. 553-4 Le premier président de la cour d'appel et le procureur général près cette cour, après avis du directeur de greffe de cette cour, ainsi que le président du tribunal de première instance et le procureur de la République près ce tribunal, après avis du fonctionnaire responsable du greffe de ce tribunal, décident de la répartition du personnel assurant le service du greffe entre les services du siège et ceux du parquet. – *[Anc. art. R. 931-20, ecqc Polynésie française.]*

TITRE SIXIÈME DISPOSITIONS APPLICABLES À LA NOUVELLE-CALÉDONIE

CHAPITRE PREMIER DISPOSITIONS GÉNÉRALES

Art. R. 561-1 *(Décr. nº 2019-912 du 30 août 2019, art. 39-I, en vigueur le 1er janv. 2020)* Le livre Ier du présent code (partie Réglementaire) est applicable en Nouvelle-Calédonie, dans sa rédaction résultant *(Décr. nº 2022-79 du 27 janv. 2022, art. 2)* « du décret nº 2022-79 du 27 janvier 2022 », à l'exception du second alinéa de l'article R. 111-3, du dernier alinéa de l'article R. 123-1, des articles R. 123-2, R. 123-9, R. 123-10, R. 123-15, R. 123-17, R. 123-19, du second alinéa de l'article R. 123-20 et des articles R. 124-2 et R. 131-12. En outre, ne sont pas non plus applicables à la Nouvelle-Calédonie les dispositions de l'article R. 123-26 en ce qu'elles s'appliquent aux chambres de proximité.

Le Décr. nº 2022-79 du 27 janv. 2022 est applicable aux instances en cours (Décr. préc., art. 3).

Art. R. 561-2 Pour l'application des dispositions étendues par le présent titre en Nouvelle-Calédonie, il y a lieu de lire :

1º "tribunal de première instance" à la place de *(Décr. nº 2019-912 du 30 août 2019, art. 39-II-1º, en vigueur le 1er janv. 2020)* « "tribunal judiciaire" » ;

2º "tribunal du travail" à la place de "conseil des prud'hommes" ;

(Abrogé par Décr. nº 2011-579 du 25 mai 2011, art. 2-2º) « 3º "directeur de greffe de la cour d'appel ou fonctionnaire responsable du greffe du tribunal de première instance" à la place de "directeur de greffe" ; »

4º "haut-commissaire de la République" à la place de "préfet". – *[Anc. art. R. 931-1, ecqc Nouvelle-Calédonie et R. 931-21, al. 2, ecqc Nouvelle-Calédonie.]*

(Décr. nº 2017-897 du 9 mai 2017, art. 5-II-5º) « Pour l'application en Nouvelle-Calédonie de l'article R. 123-28 *(Décr. nº 2019-912 du 30 août 2019, art. 39-II-2º, en vigueur le 1er janv. 2020)* « dans sa rédaction résultant du décret nº 2019-912 du 30 août 2019 », les mots : "prud'homale" sont remplacés par les mots : "de juridictions du travail". »

CHAPITRE II DES JURIDICTIONS

SECTION PREMIÈRE LE TRIBUNAL DE PREMIÈRE INSTANCE

SOUS-SECTION 1 INSTITUTION ET COMPÉTENCE

Art. D. 562-1 **Le siège et le ressort du tribunal de première instance sont fixés conformément au tableau IV annexé au présent code.** — *[Anc. art. L. 931-7, ecqc Nouvelle-Calédonie et R. 931-11, al. 1er, ecqc Nouvelle-Calédonie.] — V. annexe, tableau IV.*

Art. R. 562-2 **En fonction des nécessités locales, pour le jugement des affaires civiles, correctionnelles et de police, le tribunal de première instance peut tenir des audiences foraines dans les communes de son ressort autres que celle où est situé le siège de ce tribunal.**

Le premier président de la cour d'appel, après avis du procureur général près cette cour, fixe par ordonnance le lieu, le jour et la nature de ces audiences. — *[Anc. art. L. 931-12, ecqc Nouvelle-Calédonie et R. 931-12, ecqc Nouvelle-Calédonie.]*

Art. R. 562-3 **Dans les matières pour lesquelles compétence n'est pas attribuée expressément à une autre juridiction en raison de la nature de l'affaire, le tribunal de première instance statue à charge d'appel.**

Dans les matières pour lesquelles il a compétence exclusive, le tribunal de première instance statue en dernier ressort lorsque le montant de la demande est inférieur ou égal à la contrepartie en monnaie locale de la somme de 3 771 euros et à charge d'appel lorsque la demande excède cette somme ou est indéterminée. — *[Anc. art. R. 931-8, ecqc Nouvelle-Calédonie ecqc ressort et R. 931-9, ecqc Nouvelle-Calédonie.]*

Art. D. 562-4 *(Décr. n° 2019-914 du 30 août 2019, art. 8-I, en vigueur le 1er janv. 2020)* **Les dispositions des articles D. 211-9 à D. 211-10-1** *(Décr. n° 2021-286 du 16 mars 2021, art. 2-2°, en vigueur le 1er avr. 2021)* **« et D. 211-10-4-1 » sont applicables en Nouvelle-Calédonie, dans leur rédaction résultant du** *(Décr. n° 2021-286 du 16 mars 2021, art. 2-2°, en vigueur le 1er avr. 2021)* **« décret n° 2021-286 du 16 mars 2021 ».**

L'art. 8 du Décr. n° 2019-914 du 30 août 2019 est applicable aux procédures en cours à sa date d'entrée en vigueur, dans les conditions déterminées par les IV à VIII de l'art. 40 du Décr. n° 2019-912 du 30 août 2019 (Décr. n° 2019-914 du 30 août 2019, art. 13-III).

La juridiction saisie demeure compétente pour statuer sur les procédures introduites antérieurement à la date d'entrée en vigueur de l'art. 2 du Décr. n° 2021-286 du 16 mars 2021 (Décr. préc., art. 4). Ledit décret est applicable en Nouvelle-Calédonie, en Polynésie française et dans les îles Wallis-et-Futuna (Décr. préc., art. 5).

Art. R. 562-5 **En matière civile, le président du tribunal de première instance statue en référé ou sur requête.** — *[Anc. art. R. 931-14, ecqc Nouvelle-Calédonie.]*

Art. R. 562-6 **Le président du tribunal de première instance connaît de la demande formée sur le fondement du** *(Décr. n° 2019-536 du 29 mai 2019, art. 158-II-3°, en vigueur le 1er juin 2019)* **« IV de l'article 21 » de la loi n° 78-17 du 6 janvier 1978 relative à l'informatique, aux fichiers et aux libertés, à l'encontre des personnes ou des organismes autres que ceux mentionnés à l'article R. 555-1 du code de justice administrative.** — *[Anc. art. R. 931-10-4, ecqc Nouvelle-Calédonie.] — V. L. n° 78-17 du 6 janv. 1978 (JO 7 janv.).*

Art. D. 562-7 *(Abrogé par Décr. n° 2019-914 du 30 août 2019, art. 8-II, à compter du 1er janv. 2020)* ***Les dispositions*** *(Décr. n° 2009-1221 du 12 oct. 2009, art. 1er, 2°)* ***« des articles D. 211-10 et D. 211-11 » sont applicables en Nouvelle-Calédonie.***

Le Décr. n° 2009-1221 du 12 oct. 2009 entre en vigueur le 1er janv. 2010. Toutefois, il n'est pas applicable aux instances introduites avant cette date (Décr. préc., art. 2). Ses dispositions sont applicables à la Nouvelle-Calédonie, en Polynésie française et à Wallis-et-Futuna (Décr. préc., art. 3).

L'art. 8 du Décr. n° 2019-914 du 30 août 2019 est applicable aux procédures en cours à sa date d'entrée en vigueur, dans les conditions déterminées par les IV à VIII de l'art. 40 du Décr. n° 2019-912 du 30 août 2019 (Décr. n° 2019-914 du 30 août 2019, art. 13-III).

SOUS-SECTION 2 ORGANISATION ET FONCTIONNEMENT

Art. R. 562-8 L'installation des magistrats du tribunal de première instance a lieu en audience solennelle. – *[Anc. art. R. 931-13, ecqc Nouvelle-Calédonie.]*

§ 1er LE SERVICE JURIDICTIONNEL

Art. R. 562-9 Les dispositions de la section I du chapitre II du titre Ier du livre II du présent code (partie Réglementaire), relatives au service juridictionnel du *(Décr. n° 2019-912 du 30 août 2019, art. 39-III, en vigueur le 1er janv. 2020)* « tribunal judiciaire *[ancienne rédaction : tribunal de grande instance]* », sont applicables en Nouvelle-Calédonie *(Décr. n° 2019-912 du 30 août 2019, art. 39-III, en vigueur le 1er janv. 2020)* « dans leur rédaction résultant du décret n° 2019-912 du 30 août 2019 », à l'exception des articles R. 212-8, R. 212-9 et R. 212-11. – *[Anc. art. R. 932-1, ecqc Nouvelle-Calédonie, ecqc art. R.* 311-14 à R.* 311-28.]*

Art. R. 562-10 *(Décr. n° 2012-1451 du 24 déc. 2012, art. 16-III-1°-b)* Les dispositions des articles R. 213-8, R. 213-9-1 et R. 213-12-1 sont applicables en Nouvelle[-]Calédonie dans leur rédaction en vigueur le lendemain de la publication du *(Décr. n° 2019-912 du 30 août 2019, art. 39-IV, en vigueur le 1er janv. 2020)* « décret n° 2019-912 du 30 août 2019 ».

Art. R. 562-11 La décision de renvoi à la formation collégiale, prise en application de l'article L. 562-6, est une mesure d'administration judiciaire. – *[Anc. art. L. 931-8., al. 3, ecqc Nouvelle-Calédonie.]*

Art. R. 562-11-1 *(Décr. n° 2018-195 du 21 mars 2018, art. 1er)* La liste arrêtée par le premier président de la cour d'appel de Paris conformément aux dispositions du premier alinéa de l'article L. 562-6-1 ne peut comprendre que des magistrats du siège ayant donné leur accord pour y figurer et dont le nombre et les compétences répondent aux besoins exprimés dans la demande du premier président de la cour d'appel de Nouméa.

Art. R. 562-11-2 *(Décr. n° 2018-195 du 21 mars 2018, art. 1er)* L'ordonnance par laquelle le premier président de la cour d'appel de Paris désigne les magistrats du siège mentionnés à l'article précédent précise la durée de la délégation de chaque magistrat concerné et la nature des fonctions ou des attributions que celui-ci exercera au sein du tribunal de première instance de Nouméa.

Art. R. 562-11-3 *(Décr. n° 2018-195 du 21 mars 2018, art. 1er)* L'assemblée générale des magistrats du siège des juridictions auxquelles appartiennent les magistrats délégués est informée chaque année du nombre et de la nature des délégations ordonnées conformément à l'article L. 562-6-1, de l'identité des magistrats délégués et de l'incidence des délégations sur le fonctionnement de la juridiction concernée.

Art. R. 562-11-4 *(Décr. n° 2018-195 du 21 mars 2018, art. 1er)* Les magistrats délégués au sein du tribunal de première instance en application du premier alinéa de l'article L. 562-6-1 sont indemnisés dans les conditions fixées par le décret n° 2006-781 du 3 juillet 2006.

Art. R. 562-11-5 *(Décr. n° 2018-195 du 21 mars 2018, art. 1er)* Dans les cas où, en application des dispositions du deuxième alinéa de l'article L. 562-6-1, sont mis en œuvre des moyens de communication audiovisuelle pour la tenue d'une audience, la répartition des diligences du service de greffe est fixée par décision conjointe des chefs de la cour d'appel de Paris et de la cour d'appel de Nouméa et la disposition, à l'intérieur de la salle d'audience et à l'intérieur de la juridiction accueillant le ou les magistrats qui participent à l'audience et au délibéré, du matériel nécessaire à la transmission audiovisuelle est déterminée, respectivement, pour ce qui les concerne, par les chefs de l'une et l'autre cours d'appel. Ces magistrats disposent des pièces du dossier qu'ils estiment nécessaires au jugement de l'affaire. Il est tenu un procès-verbal du déroulement des débats par le greffe de l'une et l'autre des juridictions concernées.

Les prises de vue et de son sont assurées par des agents des services du ministère de la justice ou, à défaut, par tous autres agents publics.

Lorsque l'audience se tient à huis clos ou en chambre du conseil, ces agents sont nécessairement des fonctionnaires des greffes.

Les caractéristiques techniques des moyens de communication audiovisuelle utilisés doivent assurer une transmission fidèle, loyale et confidentielle à l'égard des tiers, dans les mêmes conditions que celles définies par l'arrêté mentionné à l'article R. 513-5.

Art. R. 562-12 En application de l'article L. 562-7, les assesseurs de la formation collégiale du tribunal de première instance sont au nombre de deux. – *[Anc. art. L. 932-1, ecqc Nouvelle-Calédonie, ecqc nombre.]*

Art. R. 562-13 Les candidatures aux fonctions d'assesseur du tribunal de première instance ou d'une section détachée de ce tribunal sont déclarées au premier président de la cour d'appel.

Les déclarations de candidature doivent être effectuées au plus tard deux mois avant l'expiration des fonctions des assesseurs en exercice. Les déclarations sont faites par écrit et signées des candidats. Elles doivent être individuelles.

Chaque candidat fournit, à l'appui de sa candidature, les renseignements et les pièces, destinés à établir qu'il remplit les conditions prévues à l'article L. 562-10 et dont la détermination est fixée par arrêté du garde des Sceaux, ministre de la justice.

Le premier président de la cour d'appel reçoit les déclarations des candidats et en donne récépissé. Les candidatures sont immédiatement affichées au greffe de la cour d'appel. – *[Anc. art. R. 933-1.]*

Art. R. 562-14 En application de l'article L. 562-11, le premier président de la cour d'appel dresse une liste préparatoire des assesseurs titulaires et des assesseurs suppléants comprenant le nom des personnes ayant fait acte de candidature. – *[Anc. art. L. 933-3, ecqc liste Cour d'appel.]*

Art. R. 562-15 Au plus tard un mois avant l'expiration des fonctions des assesseurs en exercice, le premier président de la cour d'appel adresse au garde des Sceaux, ministre de la justice, la liste préparatoire assortie des dossiers de chaque candidat, de l'avis du procureur général près cette cour et du procès-verbal de délibération de l'assemblée des magistrats de celle-ci. Il y joint ses propositions parmi les candidats portés sur la liste préparatoire pour chaque formation de jugement. – *[Anc. art. R. 933-2.]*

Art. R. 562-16 En application de l'article L. 562-11, le garde des Sceaux, ministre de la justice, arrête une liste comprenant deux assesseurs titulaires et six assesseurs suppléants. – *[Anc. art. L. 933-3, ecqc liste Garde des Sceaux et R. 933-3.]*

Art. R. 562-17 Lorsque le nombre des candidats remplissant les conditions fixées à l'article L. 562-10 n'est pas suffisant pour établir la liste des assesseurs titulaires et suppléants appelés à compléter le tribunal de première instance et les sections détachées de ce tribunal, le garde des Sceaux, ministre de la justice, constate, par arrêté, l'impossibilité de constituer cette liste. – *[Anc. art. R. 933-5.]*

Art. R. 562-18 Dès sa publication au *Journal officiel* de la Nouvelle-Calédonie, l'arrêté portant désignation des assesseurs est affiché au greffe du tribunal de première instance et de chacune des sections détachées de ce tribunal. Il est en outre notifié à chacun des assesseurs désignés. – *[Anc. art. R. 933-4.]*

Art. R. 562-19 Le procureur général près la cour d'appel invite les assesseurs qui n'ont pas encore exercé de fonctions judiciaires au tribunal de première instance ou dans une section détachée de ce tribunal à se présenter à l'audience de la cour d'appel pour prêter serment.

Le président du tribunal de première instance, siégeant en audience publique et en présence du procureur de la République près ce tribunal, reçoit la prestation de serment des assesseurs puis procède à leur installation.

Il est dressé un procès-verbal de la réception du serment et de l'installation. – *[Anc. art. R. 933-6 et R. 933-7.]*

Art. R. 562-20 Lorsque, en cours d'année, il y a lieu, pour quelque cause que ce soit, de compléter une liste d'assesseurs, il est pourvu, pour la partie de l'année judiciaire restant à courir, au remplacement des assesseurs titulaires ou suppléants. Le nouvel assesseur est désigné dans les mêmes formes. – *[Anc. art. L. 933-6.]*

Art. R. 562-21 La demande formée en application de l'article L. 562-24 doit être présentée avant toute défense au fond ou fin de non-recevoir.

Le juge interroge spécialement les parties sur ce point et leur accord est consigné dans la décision. – *[Ord. nº 82-877 du 15 oct. 1982, art. 7.]*

Art. R. 562-22 Les dispositions des articles R. 214-1 à R. 214-6 sont applicables en Nouvelle-Calédonie *(Décr. nº 2019-912 du 30 août 2019, art. 39-V, en vigueur le 1er janv. 2020)* « dans leur rédaction résultant du décret nº 2019-912 du 30 août 2019 ».

Pour l'application de l'article R. 214-1 en Nouvelle-Calédonie, les mots : "l'article L. 214-2" sont remplacés par les mots : "l'article 706-4 du code de procédure pénale".

Art. R. 562-22-1 *(Décr. nº 2021-682 du 27 mai 2021, art. 7-IV-3º, en vigueur le 30 sept. 2021)* Les dispositions des articles R. 213-13 et R. 213-14 sont applicables en Nouvelle-Calédonie.

Le Décr. nº 2021-682 du 27 mai 2021 est applicable en Nouvelle-Calédonie, en Polynésie française et à Wallis-et-Futuna (Décr. préc., art. 7-I).

§ 2 LE PARQUET

Art. R. 562-23 Les articles R. 212-12, R. 212-13 et R. 212-15 sont applicables en Nouvelle-Calédonie *(Décr. nº 2019-912 du 30 août 2019, art. 39-VI, en vigueur le 1er janv. 2020)* « dans leur rédaction résultant du décret nº 2019-912 du 30 août 2019 ». – *[Anc. art. R. 932-1, ecqc Nouvelle-Calédonie ecqc art. R.* 311-34 à R.* 311-37.]*

Art. R. 562-24 En cas d'absence ou d'empêchement, le procureur de la République est suppléé par un magistrat du parquet général ou un magistrat du parquet du tribunal de première instance désigné par le procureur général.

En cas d'absence ou d'empêchement du magistrat ainsi désigné, le procureur de la République est remplacé par le magistrat du parquet du tribunal de première instance le plus ancien dans le grade le plus élevé. – *[Anc. art. R. 932-2, ecqc Nouvelle-Calédonie.]*

§ 3 LES SECTIONS DÉTACHÉES

Art. R. 562-25 Le tribunal de première instance comprend des sections détachées pour juger dans leur ressort les affaires civiles, correctionnelles *(Décr. nº 2014-911 du 19 août 2014, art. 1er)* « , de police et d'application des peines ». Les sections détachées sont également compétentes pour connaître dans leur ressort des litiges relevant du statut civil particulier dans la composition et les conditions prévues par les articles L. 562-19 à L. 562-24.

En cas de création d'une section détachée, les procédures en cours devant le tribunal de première instance ou devant une autre section à la date fixée pour l'entrée en activité de la nouvelle section, sont transférées en l'état à cette dernière, dans la mesure où elles relèvent désormais de sa compétence, sans qu'il y ait lieu de renouveler les actes, formalités et jugements intervenus antérieurement à cette date, à l'exception des convocations, citations et assignations données aux parties et aux témoins à fin de comparution personnelle.

Les citations et assignations produisent leurs effets ordinaires interruptifs de prescription.

La modification du ressort d'une section détachée entraîne un transfert des procédures en cours dans les mêmes conditions. – *[Anc. art. L. 932-3, ecqc Nouvelle-Calédonie sauf siège et ressort, L. 932-8, ecqc Nouvelle-Calédonie et Ord. nº 82-877 du 15 oct. 1982, art. 7-1.]*

Le Décr. nº 2014-911 du 19 août 2014 entre en vigueur le 1er janv. 2015. A cette date, les procédures en cours devant le juge de l'application des peines et le juge des enfants du tribunal de première instance de Nouméa et relevant, en application des dispositions de l'art. 712-10 C. pr. pén., de la compétence des sections détachées sont transférées à ces sections sans qu'il y ait lieu de renouveler les actes, formalités, ordonnances et jugements, à l'exception des convocations envoyées aux condamnés à fin de comparution personnelle (Décr. préc., art. 2).

Art. D. 562-26 Le siège et le ressort des sections détachées sont fixés conformément au tableau IV annexé au présent code. – *[Anc. art. L. 932-7, ecqc Nouvelle-Calédonie et R. 932-5, ecqc Nouvelle-Calédonie.] – V. annexe, tableau IV.*

Art. R. 562-27 En fonction des nécessités locales, une section détachée du tribunal de première instance peut tenir des audiences foraines dans des communes de son ressort autres que celle où est situé le siège de cette section détachée.

Le premier président de la cour d'appel, après avis du procureur général près cette cour, fixe par ordonnance le lieu, le jour et la nature de ces audiences. – *[Anc. art. L. 932-7, ecqc Nouvelle-Calédonie et R. 932-5, ecqc Nouvelle-Calédonie.]*

Art. R. 562-28 Pendant la seconde quinzaine du mois de novembre, le premier président de la cour d'appel, par ordonnance prise après avis de l'assemblée générale des magistrats du siège de cette cour, désigne les magistrats du siège du tribunal de première instance qui seront chargés du service des sections détachées aux fins de les compléter lorsqu'elles statuent en formation collégiale.

Pendant la première quinzaine du mois de décembre, le président du tribunal de première instance, par ordonnance prise après avis de l'assemblée générale des magistrats du siège de ce tribunal, répartit, conformément aux dispositions de l'article L. 121-3, les magistrats chargés du service des sections détachées au sein de celles-ci. Un magistrat peut être affecté au service de plusieurs sections détachées. L'ordonnance précise le nombre, le jour et la nature des audiences.

Les ordonnances prises en application du présent article peuvent être modifiées en cours d'année judiciaire dans les mêmes formes en cas d'absence ou de cessation ou interruption des fonctions des magistrats du siège initialement désignés. – *[Anc. art. L. 932-6, ecqc Nouvelle-Calédonie, R. 932-6, ecqc Nouvelle-Calédonie, R. 932-7, ecqc Nouvelle-Calédonie et R. 932-8, ecqc Nouvelle-Calédonie.]*

Art. R. 562-29 En cas d'absence ou d'empêchement, le magistrat chargé de la présidence d'une section détachée est suppléé par un magistrat du siège du tribunal de première instance désigné par le premier président de la cour d'appel.

En cas d'absence ou d'empêchement, un magistrat chargé du service d'une section détachée est suppléé par un autre magistrat chargé du service d'une section détachée désigné par le président du tribunal de première instance. – *[Anc. art. L. 932-5, ecqc Nouvelle-Calédonie et R. 932-9, ecqc Nouvelle-Calédonie.]*

§ 4 LES ASSEMBLÉES GÉNÉRALES

Art. R. 562-30 Les dispositions de la section V du chapitre II du titre Ier du livre II du présent code (partie Réglementaire), relatives aux assemblées générales du *(Décr. n° 2019-912 du 30 août 2019, art. 39-VII-1°, en vigueur le 1er janv. 2020)* « tribunal judiciaire *[ancienne rédaction : tribunal de grande instance]* », sont applicables en Nouvelle-Calédonie *(Décr. n° 2012-1451 du 24 déc. 2012, art. 16-III-1°-a)* « dans leur rédaction » *(Décr. n° 2014-1458 du 8 déc. 2014, art. 28-III, en vigueur le 1er janv. 2015)* « résultant du » *(Décr. n° 2019-912 du 30 août 2019, art. 39-VII-2°, en vigueur le 1er janv. 2020)* « décret n° 2019-912 du 30 août 2019 à l'exception des articles R. 212-34-1, R. 212-41-1, R. 212-45-1 et R. 212-49-1 » *(Abrogé par Décr. n° 2016-514 du 26 avr. 2016, art. 24-IV-3°)* *(Décr. n° 2015-261 du 5 mars 2015, art. 21-3°)* ***« à l'exception de l'article R. 212-37 qui est applicable dans sa rédaction résultant du décret n° 2015-261 du 5 mars 2015 »***. – *[Anc. art. R. 932-1, ecqc Nouvelle-Calédonie ecqc art. R. 311-30 et R. 932-27, ecqc Nouvelle-Calédonie ecqc tribunal de première instance.]*

§ 5 ADMINISTRATION DES JURIDICTIONS DU RESSORT DU TRIBUNAL DE PREMIÈRE INSTANCE

Art. R. 562-31 Les dispositions *(Décr. n° 2014-1458 du 8 déc. 2014, art. 28-IV, en vigueur le 1er janv. 2015)* « des articles R. 212-59 à R. 212-61, dans leur rédaction résultant du » *(Décr. n° 2019-912 du 30 août 2019, art. 39-VIII, en vigueur le 1er janv. 2020)* « décret n° 2019-912 du 30 août 2019*[,]* » sont applicables en Nouvelle-Calédonie.

§ 6 LES PÔLES

(Décr. n° 2016-514 du 26 avr. 2016, art. 24-IV-6°)

Art. R. 562-31-1 **Les dispositions de la section VII du chapitre II du titre Ier du livre II du présent code (partie réglementaire), dans leur rédaction résultant du** *(Décr. n° 2019-912 du 30 août 2019, art. 39-IX, en vigueur le 1er janv. 2020)* **« décret n° 2019-912 du 30 août 2019 », sont applicables en Nouvelle-Calédonie.**

§ 7 LE PROJET DE JURIDICTION

(Décr. n° 2016-514 du 26 avr. 2016, art. 24-IV-6°)

Art. R. 562-31-2 **Les dispositions de la section VIII du chapitre II du titre Ier du livre II du présent code (partie réglementaire), dans leur rédaction résultant du** *(Décr. n° 2019-912 du 30 août 2019, art. 39-X, en vigueur le 1er janv. 2020)* **« décret n° 2019-912 du 30 août 2019 », sont applicables en Nouvelle-Calédonie.**

§ 8 LE CONSEIL DE JURIDICTION

(Décr. n° 2016-514 du 26 avr. 2016, art. 24-IV-6°)

Art. R. 562-31-3 **Les dispositions de la section IX du chapitre II du titre Ier du livre II du présent code (partie réglementaire), dans leur rédaction résultant du** *(Décr. n° 2019-912 du 30 août 2019, art. 39-XI, en vigueur le 1er janv. 2020)* **« décret n° 2019-912 du 30 août 2019 à l'exception de l'article R. 212-65 », sont applicables en Nouvelle-Calédonie.**

SECTION II LA COUR D'APPEL

SOUS-SECTION 1 INSTITUTION ET COMPÉTENCE

Art. R. 562-32 **Les dispositions du chapitre Ier du titre Ier du livre III du présent code (partie Réglementaire), relatives à la compétence de la cour d'appel, sont applicables en Nouvelle-Calédonie** *(Décr. n° 2019-912 du 30 août 2019, art. 39-XII, en vigueur le 1er janv. 2020)* **« dans leur rédaction résultant du décret n° 2019-912 du 30 août 2019 », à l'exception des articles D. 311-8 à** *(Décr. n° 2019-912 du 30 août 2019, art. 39-XII, en vigueur le 1er janv. 2020)* **« D. 311-12-1 ».** – *[Anc. art. L. 931-2, ecqc Nouvelle-Calédonie ecqc institution et compétence, R. 931-3, ecqc Nouvelle-Calédonie, ecqc institution et compétence et R. 931-7, ecqc Nouvelle-Calédonie, ecqc art. R.* 221-1.]*

SOUS-SECTION 2 ORGANISATION ET FONCTIONNEMENT

Art. R. 562-33 **Les dispositions du chapitre II du titre Ier du livre III du présent code (partie Réglementaire), relatives à l'organisation et au fonctionnement de la cour d'appel, sont applicables en Nouvelle-Calédonie** *(Décr. n° 2012-1451 du 24 déc. 2012, art. 16-III-1°-a)* **« dans leur rédaction »** *(Décr. n° 2014-1458 du 8 déc. 2014, art. 28-V-2°, en vigueur le 1er janv. 2015)* **« résultant du »** *(Décr. n° 2021-867 du 29 juin 2021, art. 6-II)* **« décret n° 2021-867 du 29 juin 2021 », à l'exception des articles R. 312-4, R. 312-12,** *(Décr. n° 2019-912 du 30 août 2019, art. 39-XIII, en vigueur le 1er janv. 2020)* **« R. 312-13-1 et » R. 312-17** *(Abrogé par Décr. n° 2011-1877 du 14 déc. 2011, art. 2-3°, en vigueur le 1er janv. 2012)* **« , D. 312-20 à R. 312-26 ».** – *[Anc. art. L. 931-2, ecqc Nouvelle-Calédonie ecqc organisation et fonctionnement, R. 931-3, ecqc Nouvelle-Calédonie, ecqc organisation et fonctionnement, R. 931-4, ecqc Nouvelle-Calédonie, R. 931-7, ecqc Nouvelle-Calédonie, ecqc art. R.* 226-1, R. 931-21, al. 1er, ecqc Nouvelle-Calédonie, ecqc statistiques et R. 932-27, ecqc Nouvelle-Calédonie ecqc Cour d'appel.]*

Art. R. 562-34 **La chambre des appels correctionnels ou la chambre de l'instruction assure, avec la chambre civile, le service des audiences solennelles.** – *[Anc. art. R. 931-3, al. 3, ecqc Nouvelle-Calédonie.]*

Art. R. 562-35 **En cas d'absence ou d'empêchement d'un magistrat du siège de la cour d'appel, celui-ci peut être suppléé par un magistrat du siège du tribunal de première instance désigné par ordonnance du premier président.**

Les magistrats du siège de la cour d'appel doivent être en majorité. – *[Anc. art. R. 931-5, ecqc Nouvelle-Calédonie.]*

Art. R. 562-36 En cas d'absence ou d'empêchement d'un magistrat du parquet de la cour d'appel, celui-ci peut-être suppléé par un magistrat du parquet près le tribunal de première instance, désigné par le procureur général, pour exercer les fonctions du ministère public à la cour d'appel. – *[Anc. art. R. 931-6, ecqc Nouvelle-Calédonie.]*

SECTION III *[ABROGÉE]* LA JURIDICTION DE PROXIMITÉ

(Abrogée par Décr. n° 2017-683 du 28 avr. 2017, art. 1er-7°, à compter du 1er juill. 2017)

La présente section ne comprend pas de dispositions réglementaires.

SECTION IV LES JURIDICTIONS DES MINEURS

Art. R. 562-37 Les dispositions du titre V du livre II du présent code (partie Réglementaire), relatives aux juridictions des mineurs, sont applicables en Nouvelle-Calédonie *(Décr. n° 2019-912 du 30 août 2019, art. 39-XIV, en vigueur le 1er janv. 2020)* « dans leur rédaction résultant du décret n° 2019-912 du 30 août 2019, à l'exception des articles R. 251-6 et R. 252-1 ». – *[Anc. art. R. 931-15, al. 1er, ecqc Nouvelle-Calédonie.]*

Art. R. 562-38 L'effectif des assesseurs des tribunaux pour enfants est fixé, dans chaque juridiction, à raison de deux assesseurs titulaires et deux assesseurs suppléants par juge des enfants et par juge chargé de la présidence d'une section détachée du tribunal de première instance. – *[Anc. art. R. 932-26, ecqc Nouvelle-Calédonie.]*

Art. R. 562-39 Le tribunal pour enfants tient ses audiences au siège des sections détachées du tribunal de première instance pour le jugement des affaires entrant dans leur compétence territoriale.

Le magistrat chargé de la présidence d'une section détachée exerce, dans son ressort, les fonctions de juge des enfants. Il préside le tribunal pour enfants lorsque cette juridiction tient ses audiences au siège de la section détachée.

En cas de création d'une section détachée ou en cas de modification du partage des compétences territoriales du tribunal de première instance et de ses sections détachées, les procédures en cours relevant de la compétence du juge des enfants sont transférées dans les conditions prévues à l'article R. 562-25. – *[Anc. art. L. 932-44, ecqc Nouvelle-Calédonie, L. 932-45, ecqc Nouvelle-Calédonie et L. 932-46, ecqc Nouvelle-Calédonie.]*

SECTION V LA COUR D'ASSISES

La présente section ne comprend pas de dispositions réglementaires.

SECTION VI LE TRIBUNAL DU TRAVAIL

Art. R. 562-40 Le siège et le ressort du tribunal du travail sont fixés conformément au tableau XVII annexé au présent code. – *[Anc. art. L. 932-10, al. 4, ecqc Nouvelle-Calédonie et R. 932-10, ecqc Nouvelle-Calédonie.] – V. annexe, tableau XVII.*

Art. R. 562-41 La formation de conciliation est composée d'un assesseur salarié et d'un assesseur employeur.

La formation de jugement est composée de deux assesseurs salariés et de deux assesseurs employeurs. – *[Anc. art. L. 932-10-1, al. 2, ecqc nombre ecqc Nouvelle-Calédonie et L. 932-11, al. 3, ecqc nombre ecqc Nouvelle-Calédonie.]*

Art. R. 562-42 Des indemnités de séjour et de déplacement peuvent être allouées aux assesseurs salariés et employeurs. – *[Anc. art. L. 932-14, al. 4, ecqc Nouvelle-Calédonie.]*

Art. R. 562-43 Le président constate le refus de service par un procès-verbal contenant l'avis motivé du tribunal du travail, l'assesseur préalablement entendu ou dûment appelé.

Au vu du procès-verbal, la cour d'appel statue en audience non publique après avoir appelé l'intéressé. – *[Anc. art. L. 932-18, al. 2 et 3, ecqc Nouvelle-Calédonie.]*

Art. R. 562-44 En matière disciplinaire, dans le délai d'un mois à dater de la convocation, le procès-verbal de la séance de comparution est adressé par le président du tribunal au procureur de la République, qui le transmet avec son avis au garde des Sceaux, ministre de la justice.

L'arrêté prononçant la censure ou la suspension d'un assesseur est pris par le garde des Sceaux, ministre de la justice. – *[Anc. art. L. 932-19, al. 3 et 8, 1re phrase, ecqc Nouvelle-Calédonie.]*

CHAPITRE III DU GREFFE

Art. R. 563-1 *(Décr. no 2011-579 du 25 mai 2011, art. 2-3o)* La cour d'appel et le tribunal de première instance ont, chacun, un greffe composé d'effectifs propres.

Le greffe fait partie de la juridiction dont il dépend.

Art. R. 563-2 *(Décr. no 2011-579 du 25 mai 2011, art. 2-3o)* Les fonctions de greffier du tribunal du travail, du tribunal mixte de commerce et du tribunal pour enfants sont exercées par le directeur de greffe du tribunal de première instance ou un greffier du tribunal de première instance.

Art. R. 563-3 *(Décr. no 2011-579 du 25 mai 2011, art. 2-3o)* Selon les besoins du service, les agents des greffes peuvent être délégués dans les services d'une autre juridiction du ressort de la cour d'appel.

Cette délégation est prononcée par décision du premier président de la cour d'appel et du procureur général près cette cour. Elle ne peut excéder une durée de six mois. Les chefs de cour peuvent la renouveler une fois. A l'issue de cette période, le garde des Sceaux peut renouveler la délégation ou lui assigner une durée supérieure.

Les agents délégués dans une autre juridiction perçoivent les indemnités dans les mêmes conditions que les fonctionnaires de leur catégorie et suivant les mêmes taux.

Art. R. 563-3-1 *(Décr. no 2018-195 du 21 mars 2018, art. 2)* Lorsque la mise en œuvre de l'article R. 563-3 par le premier président de la cour d'appel de Nouméa n'est pas de nature à répondre aux besoins du service du tribunal de première instance et sous les mêmes conditions que celles prévues au premier alinéa de l'article L. 562-6-1, le premier président de la cour d'appel de Paris et le procureur général près cette cour peuvent déléguer un ou plusieurs agents de greffe d'une juridiction du ressort de cette cour dans les services de ce tribunal pour une durée n'excédant pas trois mois par année civile.

Ces agents sont inscrits, avec leur accord, sur une liste arrêtée chaque année civile par le directeur délégué à l'administration régionale judiciaire de la cour d'appel de Paris.

Cette délégation est prise après consultation, selon le cas, du président du *(Décr. no 2019-912 du 30 août 2019, art. 23, en vigueur le 1er janv. 2020)* « tribunal judiciaire *[ancienne rédaction : tribunal de grande instance]* », *(Abrogé par Décr. no 2021-867 du 29 juin 2021, art. 5)* « *du magistrat chargé de la direction et de l'administration du* *(Décr. no 2019-912 du 30 août 2019, art. 23, en vigueur le 1er janv. 2020)* « *tribunal judiciaire* *[ancienne rédaction : tribunal de grande instance]* », » du procureur de la République et du directeur de greffe de la juridiction d'affectation de l'agent.

Un bilan annuel écrit des délégations ordonnées par les chefs de la cour d'appel de Paris est présenté au comité technique de service déconcentré placé auprès du premier président de cette cour.

Art. R. 563-3-2 *(Décr. no 2018-195 du 21 mars 2018, art. 2)* Les agents délégués au sein du tribunal de première instance en application de l'article précédent sont indemnisés dans les conditions fixées par le décret no 2006-781 du 3 juillet 2006.

Art. R. 563-4 *(Décr. no 2011-579 du 25 mai 2011, art. 2-3o)* Le premier président de la cour d'appel et le procureur général près cette cour, après avis du directeur de greffe de la cour d'appel, ainsi que le président du tribunal de première instance et le procureur de la République, après avis du directeur de greffe du tribunal de première instance, décident de la répartition du personnel assurant le service du greffe entre les services du siège et ceux du parquet.

ANNEXES DU CODE DE L'ORGANISATION JUDICIAIRE

TABLEAU I

Costumes et insignes (annexe de l'article R. 111-6)

(Mod. par Décr. n° 2014-65 du 29 janv. 2014, art. 2, en vigueur le 1er févr. 2014 ; Décr. n° 2015-1273 du 13 oct. 2015, art. 42-1°, en vigueur le 1er nov, 2015 ; Décr. n° 2017-824 du 5 mai 2017, art. 1er-2°, en vigueur le 1er juill. 2017 ; Décr. n° 2017-1015 du 10 mai 2017 ; Décr. n° 2018-928 du 29 oct. 2018, art. 8-1°-b ; Décr. n° 2019-628 du 24 juin 2019, art. 2 ; Décr. n° 2019-914 du 30 août 2019, art. 9-I, en vigueur le 1er janv. 2020)

COUR DE CASSATION

Premier président de la Cour de cassation et procureur général près ladite cour

AUDIENCE	ROBE	SIMARRE	ÉPITOGE	CEINTURE	TOQUE	CRAVATE
Ordinaire.	Noire, à grandes manches.	De soie noire.	Bordée de fourrure blanche.	Sans.	De velours noir, bordée de deux galons d'or.	Blanche, plissée.
Chambres réunies (et cérémonies publiques).	Rouge, à grandes manches ; manteau et cape de fourrure.	Comme ci-dessus.	Sans.	De soie rouge à glands d'or.	Comme ci-dessus.	En dentelle.

Présidents de chambre de la Cour de cassation et premiers avocats généraux près ladite cour

AUDIENCE	ROBE	SIMARRE	ÉPITOGE	CEINTURE	TOQUE	CRAVATE
Ordinaire.	Noire, à grandes manches.	De soie noire.	Bordée de fourrure blanche.	De soie rouge à glands d'or.	De velours noir, bordée de deux galons d'or.	Blanche, plissée.
Chambres réunies (et cérémonies publiques).	Rouge, à grandes manches ; garniture de fourrure.	Comme ci-dessus.	Comme ci-dessus.	De soie rouge à glands d'or.	Comme ci-dessus.	En dentelle.

Conseillers de la Cour de cassation et avocats généraux près ladite cour

AUDIENCE	ROBE	SIMARRE	ÉPITOGE	CEINTURE	TOQUE	CRAVATE
Ordinaire.	Noire, à grandes manches.	De soie noire.	Bordée de fourrure blanche.	Sans.	De velours noir, bordée d'un galon d'or.	Blanche, plissée.
Chambres réunies (et cérémonies publiques).	Rouge, à grandes manches.	Comme ci-dessus.	Comme ci-dessus.	De soie rouge à glands d'or.	Comme ci-dessus.	En dentelle.

Conseillers référendaires de la Cour de cassation et avocats généraux référendaires près ladite cour

AUDIENCE	ROBE	SIMARRE	ÉPITOGE	CEINTURE	TOQUE	CRAVATE
Ordinaire.	Noire, à grandes manches.	De soie noire.	Bordée de fourrure blanche.	De soie noire, avec franges.	De velours noir, avec deux galons d'or.	Blanche, plissée.
Solennelle (et cérémonies publiques).	Rouge, à grandes manches.	Comme ci-dessus.	Comme ci-dessus.	Comme ci-dessus.	Comme ci-dessus.	Comme ci-dessus.

COURS D'APPEL

Premiers présidents des cours d'appel et procureurs généraux près lesdites cours

AUDIENCE	ROBE	SIMARRE	ÉPITOGE	CEINTURE	TOQUE	CRAVATE
Ordinaire.	Noire, à grandes manches.	De soie noire.	Bordée de fourrure blanche.	De soie noire, avec franges.	De velours noir, avec quatre galons d'or.	Blanche, plissée.
Solennelle (et cérémonies publiques).	Rouge, à grandes manches, à revers bordés d'hermine.	Comme ci-dessus.	Comme ci-dessus.	Comme ci-dessus.	Comme ci-dessus.	Comme ci-dessus.

Présidents de chambre des cours d'appel et avocats généraux près lesdites cours

AUDIENCE	ROBE	SIMARRE	ÉPITOGE	CEINTURE	TOQUE	CRAVATE
Audience ordinaire.	Noire, à grandes manches.	De soie noire.	Bordée de fourrure blanche.	De soie noire, avec franges.	De velours noir avec trois galons d'or.	Blanche, plissée.
Solennelle (et cérémonies publiques).	Rouge, à grandes manches, à revers bordés d'hermine.	Comme ci-dessus.	Comme ci-dessus.	Comme ci-dessus.	Comme ci-dessus.	Comme ci-dessus.

Conseillers des cours d'appel et substituts généraux près lesdites cours

AUDIENCE	ROBE	SIMARRE	ÉPITOGE	CEINTURE	TOQUE	CRAVATE
Ordinaire.	Noire, à grandes manches.	De soie noire.	Bordée de fourrure blanche.	De soie noire avec franges.	De velours noir, avec deux galons d'or.	Blanche, plissée.
Solennelle (et cérémonies publiques).	Rouge, à grandes manches.	Comme ci-dessus.	Comme ci-dessus.	Comme ci-dessus.	Comme ci-dessus.	Comme ci-dessus.

TRIBUNAUX DE GRANDE INSTANCE ET TRIBUNAUX D'INSTANCE

Présidents des tribunaux de grande instance, procureurs de la République près lesdits tribunaux et procureur de la République financier près le tribunal de grande instance de Paris

AUDIENCE	ROBE	SIMARRE	ÉPITOGE	CEINTURE	TOQUE	CRAVATE
Ordinaire	Noire, à grandes manches.	De soie noire.	Bordée de fourrure blanche.	Sans.	De laine noire, avec un double galon d'argent.	Blanche, plissée.
Solennelle (et cérémonies publiques).	Comme ci-dessus, sauf pour les chefs de juridiction des tribunaux de grande instance de Bobigny, Créteil, Nanterre, Paris et le procureur de la République financier de Paris : rouge, à grandes manches.	Comme ci-dessus	Comme ci-dessus	De soie bleu clair, avec franges, sauf dans le ressort des cours d'appel de Paris et de Versailles : de soie noire, avec franges.	Comme ci-dessus, sauf pour les chefs de juridiction des tribunaux de grande instance de Bobigny, Créteil, Nanterre, Paris et le procureur de la République financier de Paris : de velours noir, avec quatre galons d'or	Comme ci-dessus.

Premiers vice-présidents, vice-présidents et juges des tribunaux de grande instance, procureurs de la République adjoints, vice-procureurs et substituts près lesdits tribunaux

AUDIENCE	ROBE	SIMARRE	ÉPITOGE	CEINTURE	TOQUE	CRAVATE
Ordinaire.	Noire, à grandes manches.	De soie noire.	Bordée de fourrure blanche.	Sans.	De laine noire, avec un galon d'argent.	Blanche, plissée.

AUDIENCE	ROBE	SIMARRE	ÉPITOGE	CEINTURE	TOQUE	CRAVATE
Solennelle (et cérémonies publiques).	Comme ci-dessus, sauf pour les premiers vice-présidents des tribunaux de grande instance de Bobigny, Créteil, Nanterre, Paris, les procureurs de la République adjoints près lesdits tribunaux et les procureurs de la République financiers adjoints près le tribunal de grande instance de Paris : rouge, à grandes manches.	Comme ci-dessus.	Comme ci-dessus.	De soie bleu clair, avec franges, sauf dans le ressort des cours d'appel de Paris et de Versailles : de soie noire, avec franges.	Comme ci-dessus, sauf pour les premiers vice-présidents des tribunaux de grande instance de Bobigny, Créteil, Nanterre, Paris, les procureurs de la République adjoints près lesdits tribunaux et les procureurs de la République financiers adjoints près le tribunal de grande instance de Paris : de laine noire, avec un double galon d'argent.	Comme ci-dessus.

TRIBUNAUX SUPÉRIEURS D'APPEL

Présidents des tribunaux supérieurs d'appel et procureurs de la République près lesdits tribunaux

AUDIENCE	ROBE	SIMARRE	ÉPITOGE	CEINTURE	TOQUE	CRAVATE
Ordinaire.	Noire, à grandes manches.	De soie noire.	Bordée de fourrure blanche.	De soie noire avec franges.	De velours noir, avec deux galons d'or.	Blanche, plissée.
Solennelle (et cérémonies publiques).	Rouge, à grandes manches.	Comme ci-dessus.	Comme ci-dessus.	Comme ci-dessus.	Comme ci-dessus.	Comme ci-dessus.

Vice-présidents et juges des tribunaux supérieurs d'appel et substituts près lesdits tribunaux

AUDIENCE	ROBE	SIMARRE	ÉPITOGE	CEINTURE	TOQUE	CRAVATE
Ordinaire.	Noire, à grandes manches.	De soie noire.	Bordée de fourrure blanche.	Sans.	De laine noire, avec un galon d'argent.	Blanche, plissée.

AUDIENCE	ROBE	SIMARRE	ÉPITOGE	CEINTURE	TOQUE	CRAVATE
Solennelle (et cérémonies publiques).	Comme ci-dessus.	Comme ci-dessus.	Comme ci-dessus.	De soie bleu clair, avec franges.	Comme ci-dessus.	Comme ci-dessus.

Auditeurs de justice

AUDIENCE	SIMARRE	ÉPITOGE	CEINTURE	TOQUE	CRAVATE
Noire, à grandes manches.	De soie noire.	Sans.	De soie bleu clair, avec franges.	De laine noire, avec un galon d'argent.	Blanche, plissée.

Assesseurs (L. 211-16 et L. 311-16)

Le présent tableau peut être modifié par décret (Décr. n° 2018-928 du 29 oct. 2018, art. 8-1°-c, en vigueur le 1er janv. 2019)

MÉDAILLE	**MÉTAL**	**AVERS**	**RUBAN**
D'un module de 45 mm sur 65 mm, suspendue à un ruban, en sautoir.	Doré.	Comportant la mention « République française » et la mention du nom de la juridiction à laquelle ils appartiennent entourant le motif d'une balance sur un fond noir et rouge.	Largeur de 35 mm, divisé dans le sens vertical en deux parties égales, noire et verte.

Directeurs des services de greffe judiciaires et greffiers

AUDIENCE	GRADE	COSTUME
Cour de cassation.	Greffier en chef.	Même costume que les conseillers de la Cour de cassation, sans or à la toque. Ceinture rouge à franges rouges.
	Greffier.	Robe noire sans simarre ni toque noire.
Cour d'appel.	Greffier en chef.	Même costume que les conseillers de la cour d'appel, sans galon à la toque.
	Greffier.	Robe noire sans simarre ni toque noire.
Tribunal de grande instance et tribunal d'instance	Greffier en chef.	Même costume que les juges du tribunal de grande instance, sans galon à la toque.
	Greffier.	Robe noire sans simarre ni toque noire.

TABLEAU II

Liste des secrétariats de parquet autonome (annexe de l'article R. 123-1)

JURIDICTIONS DOTÉES D'UN SECRÉTARIAT DE PARQUET AUTONOME
Cour de cassation.
Tribunal de grande instance de Paris.

TABLEAU III

Liste des maisons de justice et du droit (annexe de l'article R. 131-11)

(Arr. du 20 avr. 2022, en vigueur le 1er mai 2022, mod par Arr. du 20 avr. 2022, en vigueur le 1er mai 2022)

TRIBUNAUX JUDICIAIRES	MAISONS DE JUSTICE ET DU DROIT
Cour d'appel d'Aix-en-Provence	
Alpes Maritimes	
Nice	Menton, Nice.
Bouches-du-Rhône	
Aix-en-Provence	Aix-en-Provence, Martigues, Salon-de-Provence.
Marseille	Aubagne, Marseille.
Tarascon	Arles.
Var	
Toulon	La Seyne-sur-Mer, Toulon.
Cour d'appel d'Amiens	
Oise	
Beauvais	Méru.
Compiègne	Noyon.
Senlis	Creil.
Somme	
Amiens	Amiens.
Cour d'appel d'Angers	
Maine-et-Loire	
Angers	Angers.
Sarthe	
Le Mans	Allonnes.

TRIBUNAUX JUDICIAIRES	MAISONS DE JUSTICE ET DU DROIT
Cour d'appel de Basse-Terre	
Guadeloupe	
Pointe-à-Pitre	Les Abymes.
Cour d'appel de Bastia	
Corse-du-Sud	
Ajaccio	Porto-Vecchio.
Cour d'appel de Bordeaux	
Charente	
Angoulême	Angoulême.
Dordogne	
Bergerac	Bergerac.
Gironde	
Bordeaux	Lormont, Bordeaux.
Cour d'appel de Bourges	
Cher	
Bourges	Vierzon.
Cour d'appel de Caen	
Calvados	
Caen	Mondeville.
Manche	
Coutances	Saint-Lô.
Cour d'appel de Cayenne	
Guyane	
Cayenne	Saint-Laurent-du-Maroni.
Cour d'appel de Chambéry	
Haute-Savoie	
Thonon-les-Bains	Annemasse, Saint-Julien-en-Genevois.
Savoie	
Albertville	Albertville, Saint-Jean-de-Maurienne.
Chambéry	Aix-les-Bains, Chambéry.

TRIBUNAUX JUDICIAIRES	MAISONS DE JUSTICE ET DU DROIT
Cour d'appel de Colmar	
Bas-Rhin	
Strasbourg	Strasbourg.
Haut-Rhin	
Colmar	Colmar.
Mulhouse	Mulhouse.
Cour d'appel de Dijon	
Côte-d'Or	
Dijon	Chenôve.
Haute-Marne	
Chaumont	Saint-Dizier.
Saône-et-Loire	
Chalon-sur-Saône	Chalon-sur-Saône.
Mâcon	Mâcon.
Cour d'appel de Douai	
Nord	
Avesnes-sur-Helpe	Aulnoye-Aymeries, Maubeuge.
Dunkerque	Dunkerque.
Lille	Roubaix, Tourcoing.
Valenciennes	Denain.
Pas-de-Calais	
Béthune	Lens.
Boulogne-sur-Mer	Calais.
Cour d'appel de Fort-de-France	
Martinique	
Fort-de-France	Fort-de-France.
Cour d'appel de Grenoble	
Drôme	
Valence	Romans-sur-Isère.
Hautes-Alpes	
Gap	Briançon.

TRIBUNAUX JUDICIAIRES	MAISONS DE JUSTICE ET DU DROIT
Isère	
Grenoble	Grenoble.
Vienne	Villefontaine.
Cour d'appel de Limoges	
Corrèze	
Brive-la-Gaillarde	Brive-la-Gaillarde.
Haute-Vienne	
Limoges	Limoges.
Cour d'appel de Lyon	
Ain	
Bourg-en-Bresse	Bourg-en-Bresse.
Loire	
Saint-Étienne	Saint-Étienne.
Rhône	
Lyon	Bron, Givors, Lyon, Rillieux-la-Pape, Vaulx-en-Velin, Villeurbanne, Vénissieux.
Cour d'appel de Metz	
Moselle	
Metz	Faulquemont, Woippy.
Sarreguemines	Forbach.
Thionville	Hayange.
Cour d'appel de Montpellier	
Aude	
Narbonne	Narbonne.
Hérault	
Béziers	Agde.
Montpellier	Lattes, Lodève, Lunel, Montpellier.
Pyrénées-Orientales	
Perpignan	Perpignan.
Cour d'appel de Nancy	
Meurthe-et-Moselle	
Nancy	Nancy, Tomblaine, Vandœuvre-lès-Nancy, Toul.

TRIBUNAUX JUDICIAIRES	MAISONS DE JUSTICE ET DU DROIT
Cour d'appel de Nîmes	
Gard	
Nîmes	Bagnols-sur-Cèze, Nîmes, Vauvert.
Vaucluse	
Avignon	Avignon.
Cour d'appel d'Orléans	
Indre-et-Loir	
Tours	Joué-les-Tours.
Loir-et-Cher	
Blois	Blois.
Loiret	
Orléans	Orléans.
Cour d'appel de Paris	
Essonne	
Évry	Athis-Mons, Etampes, Les Ulis, Villemoisson-sur-Orge.
Paris	
Paris	Paris (10e), Paris (14e), Paris (17e).
Seine-et-Marne	
Meaux	Chelles, Meaux, Lognes.
Melun	Pontault-Combault, Savigny-le-Temple.
Seine-Saint-Denis	
Bobigny	Aubervilliers, Clichy-sous-Bois, Epinay-sur-Seine, La Courneuve, Le Blanc-Mesnil, Pantin, Saint-Denis.
Val-de-Marne	
Créteil	Champigny-sur-Marne, Villejuif.
Cour d'appel de Poitiers	
Charente-Maritime	
La Rochelle	La Rochelle.
Cour d'appel de Reims	
Ardennes	
Charleville-Mézières	Charleville-Mézières, Sedan.

TRIBUNAUX JUDICIAIRES	MAISONS DE JUSTICE ET DU DROIT
Aube	
Troyes	Romilly-sur-Seine, Troyes.
Marne	
Reims	Reims.
Cour d'appel de Rennes	
Côtes d'Armor	
Saint-Brieuc	Lannion, Loudéac.
Loire-Atlantique	
Nantes	Nantes, Rezé, Châteaubriant.
Morbihan	
Lorient	Pontivy.
Cour d'appel de Riom	
Allier	
Montluçon	Montluçon.
Puy-de-Dôme	
Clermont-Ferrand	Clermont-Ferrand.
Cour d'appel de Rouen	
Eure	
Évreux	Évreux, Louviers, Pont-Audemer, Vernon.
Seine-Maritime	
Le Havre	Fécamp, Le Havre.
Rouen	Elbeuf-sur-Seine, Canteleu, Rouen, Saint-Étienne-du-Rouvray.
Cour d'appel de Toulouse	
Haute-Garonne	
Toulouse	Toulouse (Lalande), Toulouse (La Reynerie), Tournefeuille.
Tarn	
Castres	Mazamet.
Cour d'appel de Versailles	
Eure-et-Loir	
Chartres	Dreux, Nogent-le-Rotrou.

TRIBUNAUX JUDICIAIRES	MAISONS DE JUSTICE ET DU DROIT
Hauts-de-Seine	
Nanterre	Bagneux, Châtenay-Malabry, Gennevilliers.
Val-d'Oise	
Pontoise	Argenteuil, Cergy, Ermont, Garges-lès-Gonesse, Persan, Sarcelles, Villiers-le-Bel.
Yvelines	
Versailles	Les Mureaux, Trappes.

TABLEAU IV

Siège et ressort des cours d'appel et des tribunaux supérieurs d'appel, des tribunaux judiciaires et des tribunaux de première instance, des chambres de proximité des tribunaux judiciaires, des sections détachées des tribunaux de première instance (annexe des articles D. 211-1, D. 212-19, D. 311-1, D. 532-2, D. 552-1, D. 552-17, D. 562-1 et D. 562-26)

(Décr. nº 2019-914 du 30 août 2019, art. 9-II, en vigueur le 1er janv. 2020, mod. par Décr. nº 2020-1151 du 18 sept. 2020, en vigueur le 1er janv. 2021 ; Décr. nº 2020-1563 du 10 déc. 2020, en vigueur le 1er sept. 2021 ; Décr. nº 2021-46 du 19 janv. 2021, en vigueur le 1er mai 2021 ; Décr. nº 2021-47 du 19 janv. 2021, en vigueur le 1er mai 2021 ; Décr. nº 2021-1517 du 23 nov. 2021, en vigueur le 1er janv. 2022 ; Décr. nº 2022-685 du 26 avr. 2022, applicable aux procédures introduites à compter du 1er mai 2022).

SIÈGE DU TRIBUNAL JUDICIAIRE	SIÈGE DE LA CHAMBRE DE PROXIMITÉ	RESSORT
Cour d'appel d'Agen		
Gers		
Auch		A l'exception de l'emprise de l'aérodrome d'Aire-sur-L'Adour, cantons d'Aignan, Auch-Nord-Est, Auch-Nord-Ouest, Auch-Sud-Est-Seissan, Auch-Sud-Ouest, Cologne, Gimont, Jegun, L'Isle-Jourdain, Lombez, Marciac, Masseube, Miélan, Mirande, Montesquiou, Plaisance, Riscle, Samatan, Saramon et Vic-Fezensac.
	Condom	Cantons de Cazaubon, Condom, Eauze, Fleurance, Lectoure, Mauvezin, Miradoux, Montréal, Nogaro, Saint-Clar et Valence-sur-Baïse.
Lot		
Cahors		Cantons de Cahors-Nord-Est, Cahors-Nord-Ouest, Cahors-Sud, Castelnau-Montratier, Catus, Cazals, Gourdon, Gramat, Labastide-Murat, Lalbenque, Lauzès, Limogne-en-Quercy, Luzech, Martel, Montcuq, Payrac, Puy-l'Évêque, Saint-Germain-du-Bel-Air, Saint-Géry, Salviac, Souillac et Vayrac.
	Figeac	Cantons de Bretenoux, Cajarc, Figeac-Est, Figeac-Ouest, Lacapelle-Marival, Latronquière, Livernon, Saint-Céré et Sousceyrac.

SIÈGE DU TRIBUNAL JUDICIAIRE	SIÈGE DE LA CHAMBRE DE PROXIMITÉ	RESSORT
		Lot-et-Garonne
Agen		Cantons d'Agen-Centre, Agen-Nord, Agen-Nord-Est, Agen-Ouest, Agen-Sud-Est, Astaffort, Beauville, Francescas, Laplume, Laroque-Timbaut, Lavardac, Mézin, Nérac, Port-Sainte-Marie, Prayssas et Puymirol.
	Marmande	Cantons de Bouglon, Casteljaloux, Castelmoron-sur-Lot, Damazan, Duras, Houeillès, Lauzun, Le Mas-d'Agenais, Marmande-Est, Marmande-Ouest, Meilhan-sur-Garonne, Seyches et Tonneins.
	Villeneuve-sur-Lot	Cantons de Cancon, Castillonnès, Fumel, Monclar, Monflanquin, Penne-d'Agenais, Sainte-Livrade-sur-Lot, Tournon-d'Agenais, Villeneuve-sur-Lot-Nord, Villeneuve-sur-Lot-Sud et Villeréal.
		Cour d'appel d'Aix-en-Provence
		Alpes-de-Haute-Provence
Digne-les-Bains		Cantons d'Allos-Colmars, Annot, Barcelonnette, Barrême, Castellane, Digne-les-Bains-Est, Digne-les-Bains-Ouest, Entrevaux, La Javie, La Motte-du-Caire, Le Lauzet-Ubaye, Les Mées, Mézel, Moustiers-Sainte-Marie, Noyers-sur-Jabron, Riez, Saint-André-les-Alpes, Seyne, Sisteron, Turriers et Volonne.
	Manosque	Cantons de Banon, Forcalquier, Manosque-Nord, Manosque-Sud-Est, Manosque-Sud-Ouest, Peyruis, Reillanne, Saint-Étienne-les-Orgues et Valensole.
		Alpes-Maritimes
Grasse		Cantons de Grasse-Nord, Grasse-Sud, Le Bar-sur-Loup, Saint-Auban et Saint-Vallier-de-Thiey.
	Antibes	Cantons d'Antibes-Biot, Antibes-Centre et Vallauris-Antibes-Ouest.
	Cagnes-sur-Mer	Cantons de Cagnes-sur-Mer-Centre, Cagnes-sur-Mer-Ouest, Carros, Coursegoules, Saint-Laurent-du-Var-Cagnes-sur-Mer-Est et Vence.
	Cannes	Cantons de Cannes-Centre, Cannes-Est, Le Cannet, Mandelieu-Cannes-Ouest et Mougins.
Nice		Cantons de Contes, Guillaumes, Lantosque, L'Escarène, Levens, Nice 1er Canton, Nice 2e Canton, Nice 3e Canton, Nice 4e Canton, Nice 5e Canton, Nice 6e Canton, Nice 7e Canton, Nice 8e Canton, Nice 9e Canton, Nice 10e Canton, Nice 11e Canton, Nice 12e Canton, Nice 13e Canton, Nice 14e Canton, Puget-Théniers, Roquebillière, Roquesteron, Saint-Étienne-de-Tinée, Saint-Martin-Vésubie, Saint-Sauveur-sur-Tinée et Villars-sur-Var.
	Menton	Cantons de Beausoleil, Breil-sur-Roya, Menton-Est, Menton-Ouest, Sospel, Tende et Villefranche-sur-Mer.

SIÈGE DU TRIBUNAL JUDICIAIRE	SIÈGE DE LA CHAMBRE DE PROXIMITÉ	RESSORT
		Bouches-du-Rhône
Aix-en-Provence		Cantons d'Aix-en-Provence-Centre, Aix-en-Provence-Nord-Est, Aix-en-Provence-Sud-Ouest, Gardanne, Les Pennes-Mirabeau, Peyrolles-en-Provence et Trets.
	Martigues	Cantons de Berre-l'Étang, Châteauneuf-Côte-Bleue, Istres-Nord, Istres-Sud, Marignane, Martigues-Est, Martigues-Ouest et Vitrolles.
	Salon-de-Provence	Cantons de Lambesc, Pélissanne et Salon-de-Provence.
Marseille		Cantons d'Allauch, Marseille-Notre-Dame-du-Mont, Marseille-Notre-Dame-Limite, Marseille-Saint-Barthélemy, Marseille-Sainte-Marguerite, Marseille-Saint-Giniez, Marseille-Saint-Just, Marseille-Saint-Lambert, Marseille-Saint-Marcel, Marseille-Saint-Mauront, Marseille-Belsunce, Marseille-La Belle-de-Mai, Marseille-La Blancarde, Marseille-La Capelette, Marseille-La Pointe-Rouge, Marseille-La Pomme, Marseille-La Rose, Marseille-Le Camas, Marseille-Les Cinq-Avenues, Marseille-Les Grands-Carmes, Marseille-Les Olives, Marseille-Les Trois Lucs, Marseille-Mazargues, Marseille-Montolivet, Marseille-Vauban et Marseille-Verduron.
	Aubagne	Cantons d'Aubagne-Est, Aubagne-Ouest, La Ciotat et Roquevaire.
Tarascon		Cantons d'Arles-Est, Arles-Ouest, Châteaurenard, Eyguières, Orgon, Port-Saint-Louis-du-Rhône, Saintes-Maries-de-la-Mer, Saint-Rémy-de-Provence et Tarascon.
		Var
Draguignan		Cantons d'Aups, Callas, Comps-sur-Artuby, Draguignan, Fayence, Le Luc, Lorgues et Salernes.
	Brignoles	Cantons de Barjols, Besse-sur-Issole, Brignoles, Cotignac, La Roquebrussanne, Rians, Saint-Maximin-la-Sainte-Baume et Tavernes.
	Fréjus	Cantons de Fréjus, Grimaud, Le Muy, Saint-Raphaël et Saint-Tropez.
Toulon		Cantons de Cuers, Collobrières, Hyères-Est, Hyères-Ouest, La Crau, La Garde, La Seyne-sur-Mer, La Valette-du-Var, Le Beausset, Ollioules, Saint-Mandrier-sur-Mer, Six-Fours-les-Plages, Solliès-Pont, Toulon 1er Canton, Toulon 2e Canton, Toulon 3e Canton, Toulon 4e Canton, Toulon 5e Canton, Toulon 6e Canton, Toulon 7e Canton, Toulon 8e Canton et Toulon 9e Canton.

SIÈGE DU TRIBUNAL JUDICIAIRE	SIÈGE DE LA CHAMBRE DE PROXIMITÉ	RESSORT
		Cour d'appel d'Amiens
		Aisne
Laon		Cantons d'Anizy-le-Château, Aubenton, Chauny, Coucy-le-Château-Auffrique, Craonne, Crécy-sur-Serre, Hirson, La Capelle, La Fère, Laon-Nord, Laon-Sud, Le Nouvion-en-Thiérache, Marle, Neufchâtel-sur-Aisne (à l'exception de la fraction de commune de Cormicy), Rozoy-sur-Serre, Sains-Richaumont, Sissonne, Tergnier et Vervins.
Saint-Quentin		Cantons de Bohain-en-Vermandois, Guise, Le Catelet, Moÿ-de-l'Aisne, Ribemont, Saint-Quentin-Centre, Saint-Quentin-Nord, Saint-Quentin-Sud, Saint-Simon, Vermand et Wassigny.
Soissons		Cantons de Braine, Charly-sur-Marne, Château-Thierry, Condé-en-Brie, Fère-en-Tardenois, Neuilly-Saint-Front, Oulchy-le-Château, Soissons-Nord, Soissons-Sud, Vailly-sur-Aisne, Vic-sur-Aisne et Villers-Cotterêts.
		Oise
Beauvais		Cantons d'Auneuil, Beauvais-Nord-Est, Beauvais-Nord-Ouest, Beauvais-Sud-Ouest, Breteuil, Chaumont-en-Vexin, Clermont, Crèvecœur-le-Grand, Formerie, Froissy, Grandvilliers, Le Coudray-Saint-Germer, Liancourt, Maignelay-Montigny, Marseille-en-Beauvaisis, Méru, Mouy, Nivillers, Noailles, Saint-Just-en-Chaussée et Songeons.
Compiègne		Cantons d'Attichy, Compiègne-Nord, Compiègne-Sud-Est, Compiègne-Sud-Ouest, Estrées-Saint-Denis, Guiscard, Lassigny, Noyon, Ressons-sur-Matz et Ribécourt-Dreslincourt.
Senlis		Cantons de Betz, Chantilly, Creil-Nogent-sur-Oise, Creil-Sud, Crépy-en-Valois, Montataire, Nanteuil-le-Haudouin, Neuilly-en-Thelle, Pont-Sainte-Maxence et Senlis.
		Somme
Amiens		Cantons d'Acheux-en-Amiénois, Ailly-sur-Noye, Amiens 1er Ouest, Amiens 2e Nord-Ouest, Amiens 3e Nord-Est, Amiens 4e Est, Amiens 5e Sud-Est, Amiens 6e Sud, Amiens 7e Sud-Ouest, Amiens 8e Nord, Bernaville, Boves, Conty, Corbie, Domart-en-Ponthieu, Doullens, Hornoy-le-Bourg, Molliens-Dreuil, Montdidier, Moreuil, Oisemont, Picquigny, Poix-de-Picardie, Rosières-en-Santerre, Roye et Villers-Bocage.
	Abbeville	Cantons d'Abbeville-Nord, Abbeville-Sud, Ailly-le-Haut-Clocher, Ault, Crécy-en-Ponthieu, Friville-Escarbotin, Gamaches, Hallencourt, Moyenneville, Nouvion, Rue et Saint-Valery-sur-Somme.
	Péronne	Cantons d'Albert, Bray-sur-Somme, Chaulnes, Combles, Ham, Nesle, Péronne et Roisel.

SIÈGE DU TRIBUNAL JUDICIAIRE	SIÈGE DE LA CHAMBRE DE PROXIMITÉ	RESSORT
		Cour d'appel d'Angers
		Maine-et-Loire
Angers		Cantons d'Angers-Centre, Angers-Est, Angers-Nord, Angers-Nord-Est, Angers-Nord-Ouest, Angers-Ouest, Angers-Sud, Angers-Trélazé, Candé (à l'exception de la fraction de commune de Vallons-de-l'Erdre), Chalonnes-sur-Loire, Châteauneuf-sur-Sarthe, Durtal, Le Lion-d'Angers, Le Louroux-Béconnais, Les Ponts-de-Cé, Pouancé, Saint-Georges-sur-Loire, Segré, Seiches-sur-le-Loir (à l'exception de la fraction de commune de Mazé-Milon), Thouarcé (à l'exception de la fraction de commune de Chemillé-en-Anjou) et Tiercé et communes de Brissac Loire Aubance, Ingrandes-Le Fresne-sur-Loire, Loire-Authion et Terranjou.
	Cholet	Cantons de Beaupréau, Champtoceaux, Chemillé, Cholet 1er Canton, Cholet 2e Canton, Cholet 3e Canton, Montfaucon-Montigné, Montrevault et Saint-Florent-le-Vieil et commune de Chemillé-en-Anjou.
Saumur		Cantons d'Allonnes, Baugé, Beaufort-en-Vallée (à l'exception de la fraction de commune de Loire-Authion), Doué-la-Fontaine (à l'exception de la fraction de commune de Terranjou), Gennes (à l'exception de la fraction de commune de Brissac-Loire Aubance), Longué-Jumelles, Montreuil-Bellay, Noyant, Saumur-Nord, Saumur-Sud et Vihiers (à l'exception de la fraction de commune de Chemillé-en-Anjou) et commune de Mazé-Milon.
		Mayenne
Laval		Cantons d'Ambrières-les-Vallées, Argentré, Bais, Bierné, Château-Gontier-Est, Château-Gontier-Ouest, Chailland, Cossé-le-Vivien, Couptrain, Craon, Ernée, Évron, Gorron, Grez-en-Bouère, Landivy, Lassay-les-Châteaux, Laval-Est, Laval-Nord-Est, Laval-Nord-Ouest, Laval-Saint-Nicolas, Laval-Sud-Ouest, Le Horps, Loiron, Mayenne-Est, Mayenne-Ouest, Meslay-du-Maine, Montsûrs, Pré-en-Pail, Saint-Aignan-sur-Roë, Saint-Berthevin, Sainte-Suzanne et Villaines-la-Juhel.
		Sarthe
Le Mans		Cantons d'Allonnes, Ballon, Beaumont-sur-Sarthe, Bonnétable, Bouloire, Conlie, Écommoy, Fresnay-sur-Sarthe, La Ferté-Bernard, La Fresnaye-sur-Chédouet, La Suze-sur-Sarthe, Le Mans-Centre, Le Mans-Est-Campagne, Le Mans-Nord-Campagne, Le Mans-Nord-Ouest, Le Mans-Nord-Ville, Le Mans-Ouest, Le Mans-Sud-Est, Le Mans-Sud-Ouest, Le Mans-Ville-Est, Loué, Mamers, Marolles-les-Braults, Montfort-le-Gesnois, Montmirail, Saint-Calais, Saint-Paterne, Sillé-le-Guillaume, Tuffé et Vibraye.
	La Flèche	Cantons de Brûlon, Château-du-Loir, La Chartre-sur-le-Loir, La Flèche, Le Grand-Lucé, Le Lude, Malicorne-sur-Sarthe, Mayet, Pontvallain et Sablé-sur-Sarthe.

SIÈGE DU TRIBUNAL JUDICIAIRE	SIÈGE DE LA CHAMBRE DE PROXIMITÉ	RESSORT
Cour d'appel de Basse-Terre		
Guadeloupe		
Basse-Terre		Cantons de Basse-Terre 1er canton, Basse-Terre 2e canton, Bouillante, Capesterre-Belle-Eau 1er canton, Capesterre-Belle-Eau 2e canton, Gourbeyre, Goyave (uniquement la commune de Goyave), Les Saintes, Pointe-Noire, Saint-Claude, Sainte-Rose 2e canton (uniquement la commune de Deshaies), Trois-Rivières et Vieux-Habitants.
	Saint-Martin	Cantons de Saint-Barthélemy, Saint-Martin 1er canton et Saint-Martin 2e Canton.
Pointe-à-Pitre		Cantons d'Anse-Bertrand, Baie-Mahault, Capesterre-de-Marie-Galante, Grand-Bourg, Goyave (uniquement la fraction de la commune de Petit-Bourg), La Désirade, Lamentin, Le Gosier 1er Canton, Le Gosier 2e Canton, Le Moule 1er Canton, Le Moule 2e Canton, Les Abymes 1er Canton, Les Abymes 2e Canton, Les Abymes 3e Canton, Les Abymes 4e Canton, Les Abymes 5e Canton, Morne-à-l'Eau 1er Canton, Morne-à-l'Eau 2e Canton, Petit-Bourg, Petit-Canal, Pointe-à-Pitre 1er Canton, Pointe-à-Pitre 2e Canton, Pointe-à-Pitre 3e Canton, Sainte-Anne 1er Canton, Sainte-Anne 2e Canton, Sainte-Rose 1er canton, Sainte-Rose 2e Canton (uniquement la fraction de la commune de Sainte-Rose), Saint-François et Saint-Louis.
Cour d'appel de Bastia		
Corse-du-Sud		
Ajaccio		Cantons d'Ajaccio 1er Canton, Ajaccio 2e Canton, Ajaccio 3e Canton, Ajaccio 4e Canton, Ajaccio 5e Canton, Ajaccio 6e Canton, Ajaccio 7e Canton, Bastelica, Bonifacio, Celavo-Mezzana, Cruzini-Cinarca, Figari, Les Deux-Sevi, Les Deux-Sorru, Levie, Olmeto, Petreto-Bicchisano, Porto-Vecchio, Santa-Maria-Siché, Sartène, Tallano-Scopamène et Zicavo.
Haute-Corse		
Bastia		Cantons d'Alto-di-Casaconi, Bastia 1er Canton, Bastia 2e Canton, Bastia 3e Canton, Bastia 4e Canton, Bastia 5e Canton Lupino, Bastia 6e Canton Furiani-Montésoro, Belgodère, Borgo, Bustanico, Calenzana, Calvi, Campoloro-di-Moriani, Capobianco, Castifao-Morosaglia, Corte, Fiumalto-d'Ampugnani, Ghisoni, La Conca-d'Oro, Le Haut-Nebbio, L'Île-Rousse, Moïta-Verde, Niolu-Omessa, Orezza-Alesani, Prunelli-di-Fiumorbo, Sagro-di-Santa-Giulia, San-Martino-di-Lota, Venaco, Vescovato et Vezzani.

SIÈGE DU TRIBUNAL JUDICIAIRE	SIÈGE DE LA CHAMBRE DE PROXIMITÉ	RESSORT
Cour d'appel de Besançon		
Doubs		
Besançon		*(Décr. nº 2021-46 du 19 janv. 2021, en vigueur le 1er mai 2021)* « Cantons d'Amancey (à l'exception de la fraction de commune de Levier), Audeux, Baume-les-Dames, Besançon-Est, Besançon-Nord-Est, Besançon-Nord-Ouest, Besançon-Ouest, Besançon-Planoise, Besançon-Sud, Boussières, Marchaux, Ornans (à l'exception de la fraction de commune d'Etalans), Quingey, Rougemont et Roulans. *[ancienne rédaction : Cantons d'Amancey (à l'exception de la fraction de commune de Levier), Audeux, Baume-les-Dames, Besançon-Est, Besançon-Nord-Est, Besançon-Nord-Ouest, Besançon-Ouest, Besançon-Planoise, Besançon-Sud, Boussières, Clerval, L'Isle-sur-le-Doubs, Marchaux, Ornans (à l'exception de la fraction de commune d'Étalans), Quingey, Rougemont et Roulans].* »
	Pontarlier	*(Décr. nº 2021-46 du 19 janv. 2021, en vigueur le 1er mai 2021)* « Cantons du Russey, Levier, Montbenoît, Morteau, Mouthe, Pontarlier, Pierrefontaine-les-Varans, Vercel-Villedieu-le-Camp et communes d'Etalans et Levier *[ancienne rédaction : Cantons de Levier, Montbenoît, Morteau, Mouthe, Pontarlier, Pierrefontaine-les-Varans et Vercel-Villedieu-le-Camp et communes d'Étalans et Levier]* ».
Montbéliard		*(Décr. nº 2021-46 du 19 janv. 2021, en vigueur le 1er mai 2021)* « Cantons d'Audincourt, Clerval, Étupes, Hérimoncourt, L'Isle-sur-le-Doubs, Maîche, Montbéliard-Est, Montbéliard-Ouest, Pont-de-Roide, Saint-Hippolyte, Sochaux-Grand-Charmont et Valentigney *[ancienne rédaction : Cantons d'Audincourt, Étupes, Hérimoncourt, Le Russey, Maîche, Montbéliard-Est, Montbéliard-Ouest, Pont-de-Roide, Saint-Hippolyte, Sochaux-Grand-Charmont et Valentigney]* ».
Haute-Saône		
Vesoul		Cantons d'Amance, Autrey-lès-Gray, Champlitte, Combeaufontaine, Dampierre-sur-Salon, Fresne-Saint-Mamès, Gray, Gy, Jussey, Marnay, Montbozon, Noroy-le-Bourg, Pesmes, Port-sur-Saône, Rioz, Scey-sur-Saône-et-Saint-Albin, Vesoul-Est, Vesoul-Ouest et Vitrey-sur-Mance.
	Lure	Cantons de Champagney, Faucogney-et-la-Mer, Héricourt-Est, Héricourt-Ouest, Lure-Nord, Lure-Sud, Luxeuil-les-Bains, Mélisey, Saint-Loup-sur-Semouse, Saint-Sauveur, Saulx, Vauvillers et Villersexel.
Jura		
Lons-le-Saunier		Cantons d'Arinthod, Beaufort, Bletterans, Clairvaux-les-Lacs, Conliège, Lons-le-Saunier-Nord, Lons-le-Saunier-Sud, Orgelet, Saint-Amour, Saint-Julien, Sellières et Voiteur.
	Dole	Cantons d'Arbois, Champagnole, Chaumergy, Chaussin, Chemin, Dampierre, Dole-Nord-Est, Dole-Sud-Ouest, Gendrey, Les Planches-en-Montagne, Montbarrey, Montmirey-le-Château, Nozeroy, Poligny, Rochefort-sur-Nenon, Salins-les-Bains et Villers-Farlay.

SIÈGE DU TRIBUNAL JUDICIAIRE	SIÈGE DE LA CHAMBRE DE PROXIMITÉ	RESSORT
	Saint-Claude	Cantons Les Bouchoux, Moirans-en-Montagne, Morez, Saint-Claude et Saint-Laurent-en-Grandvaux.
		Territoire de Belfort
Belfort		Cantons de Beaucourt, Belfort-Centre, Belfort-Est, Belfort-Nord, Belfort-Ouest, Belfort-Sud, Châtenois-les-Forges, Danjoutin, Delle, Fontaine, Giromagny, Grandvillars, Offemont, Rougemont-le-Château et Valdoie.
		Cour d'appel de Bordeaux
		Charente
Angoulême		Cantons d'Aigre, Angoulême-Est, Angoulême-Nord, Angoulême-Ouest, Blanzac-Porcheresse, Chabanais, Champagne-Mouton, Confolens-Nord, Confolens-Sud, Gond-Pontouvre, Hiersac, La Couronne, La Rochefoucauld, Mansle, Montbron, Montembœuf, Rouillac, Ruelle-sur-Touvre, Ruffec, Saint-Amant-de-Boixe, Saint-Claud, Soyaux, Villebois-Lavalette et Villefagnan.
	Cognac	Cantons d'Aubeterre-sur-Dronne, Baignes-Sainte-Radegonde, Barbezieux-Saint-Hilaire, Brossac, Chalais*[,]* Châteauneuf-sur-Charente, Cognac-Nord, Cognac-Sud, Jarnac, Montmoreau-Saint-Cybard et Segonzac.
		Dordogne
Bergerac		Cantons de Beaumont-du-Périgord, Bergerac 1er Canton, Bergerac 2e Canton, Eymet, Issigeac, La Force, Lalinde, Le Buisson-de-Cadouin, Monpazier, Sainte-Alvère, Sigoulès, Vélines, Villamblard et Villefranche-de-Lonchat et commune de Val de Louyre et Caudeau.
	Sarlat-la-Canéda	Cantons de Belvès, Carlux, Domme, Le Bugue, Saint-Cyprien, Salignac-Eyvigues, Sarlat-la-Canéda et Villefranche-du-Périgord.
Périgueux		Cantons de Brantôme, Bussière-Badil, Champagnac-de-Belair, Excideuil, Hautefort, Jumilhac-le-Grand, Lanouaille, Mareuil, Montagrier, Montignac, Montpon-Ménestérol, Mussidan, Neuvic, Nontron, Périgueux-Centre, Périgueux-Nord-Est, Périgueux-Ouest, Ribérac, Saint-Pardoux-la-Rivière, Saint-Astier, Saint-Aulaye, Saint-Pierre-de-Chignac, Savignac-les-Églises, Terrasson-Lavilledieu, Thenon, Thiviers, Vergt (à l'exception de la fraction de commune de Val de Louyre et Caudeau) et Verteillac.

SIÈGE DU TRIBUNAL JUDICIAIRE	SIÈGE DE LA CHAMBRE DE PROXIMITÉ	RESSORT
		Gironde
Bordeaux		*(Décr. n° 2021-1517 du 23 nov. 2021, en vigueur le 1er janv. 2022)* « Cantons d'Auros, Bazas, Bègles, Blanquefort, Bordeaux 1er Canton, Bordeaux 2e Canton, Bordeaux 3e Canton, Bordeaux 4e Canton, Bordeaux 5e Canton, Bordeaux 6e Canton, Bordeaux 7e Canton, Bordeaux 8e Canton, Cadillac, Captieux, Carbon-Blanc, Castelnau-de-Médoc, Cenon, Créon, Floirac, Gradignan, Grignols, La Brède, La Réole, Langon, Le Bouscat, Lesparre-Médoc, Lormont, Mérignac 1er Canton, Mérignac 2e Canton, Monségur, Pauillac, Pellegrue, Pessac 1er Canton, Pessac 2e Canton, Podensac, Saint-Laurent-Médoc, Saint-Macaire, Saint-Médard-en-Jalles, Saint-Symphorien, Saint-Vivien-de-Médoc, Sauveterre-de-Guyenne, Talence, Targon, Villandraut et Villenave-d'Ornon. »
	Arcachon	*(Décr. n° 2021-1517 du 23 nov. 2021, en vigueur le 1er janv. 2022)* « Cantons d'Arcachon, Audenge, Belin-Béliet et La Teste-de-Buch. »
Libourne		*(Décr. n° 2021-1517 du 23 nov. 2021, en vigueur le 1er janv. 2022)* « Cantons de Blaye, Bourg, Branne, Castillon-la-Bataille, Coutras, Fronsac, Guîtres, Libourne, Lussac, Pujols, Saint-André-de-Cubzac, Saint-Ciers-sur-Gironde, Saint-Savin et Sainte-Foy-la-Grande. »
		Cour d'appel de Bourges
		Cher
Bourges		*(Décr. n° 2020-1151 du 18 sept. 2020, en vigueur le 1er janv. 2021)* « Cantons d'Argent-sur-Sauldre, Aubigny-sur-Nère, Baugy, Bourges 1er Canton, Bourges 2e Canton, Bourges 3e Canton, Bourges 4e Canton, Bourges 5e Canton, Chârost, Graçay, Henrichemont, La Chapelle-d'Angillon, Les Aix-d'Angillon, Léré, Levet, Lury-sur-Arnon, Mehun-sur-Yèvre, Saint-Doulchard, Saint-Martin-d'Auxigny, Sancergues, Sancerre, Vailly-sur-Sauldre, Vierzon 1er Canton et Vierzon 2e Canton et commune de Corquoy ».
	Saint-Amand-Montrond	*(Décr. n° 2020-1151 du 18 sept. 2020, en vigueur le 1er janv. 2021)* « Cantons de Charenton-du-Cher, Châteaumeillant, Châteauneuf-sur-Cher (à l'exception de la fraction de commune de Corquoy), Dun-sur-Auron, La Guerche-sur-l'Aubois, Le Châtelet, Lignières, Nérondes, Saint-Amand-Montrond, Sancoins et Saulzais-le-Potier ».
		Indre
Châteauroux		Cantons d'Aigurande, Ardentes, Argenton-sur-Creuse, Bélâbre, Buzançais, Châteauroux-Centre, Châteauroux-Est, Châteauroux-Ouest, Châteauroux-Sud, Châtillon-sur-Indre, Écueillé, Éguzon-Chantôme, Issoudun-Nord, Issoudun-Sud, La Châtre, Le Blanc, Levroux, Mézières-en-Brenne, Neuvy-Saint-Sépulchre, Saint-Benoît-du-Sault, Saint-Christophe-en-Bazelle, Saint-Gaultier, Tournon-Saint-Martin, Sainte-Sévère-sur-Indre, Valençay et Vatan.

SIÈGE DU TRIBUNAL JUDICIAIRE	SIÈGE DE LA CHAMBRE DE PROXIMITÉ	RESSORT
		Nièvre
Nevers		Cantons de Château-Chinon (Ville), Châtillon-en-Bazois, Cosne-Cours-sur-Loire-Nord, Cosne-Cours-sur-Loire-Sud, Decize, Dornes, Fours, Guérigny, Imphy, La Charité-sur-Loire, La Machine, Luzy, Moulins-Engilbert, Nevers-Centre, Nevers-Est, Nevers-Nord, Nevers-Sud, Pougues-les-Eaux, Pouilly-sur-Loire, Prémery, Saint-Benin-d'Azy, Saint-Pierre-le-Moûtier et Saint-Saulge.
	Clamecy	Cantons de Brinon-sur-Beuvron, Clamecy, Corbigny, Donzy, Lormes, Montsauche-les-Settons, Saint-Amand-en-Puisaye, Tannay et Varzy.
		Cour d'appel de Caen
		Calvados
Caen		Cantons de Balleroy, Bayeux, Bourguébus, Bretteville-sur-Laize (à l'exception de la fraction de commune de Mézidon Vallée d'Auge), Cabourg, Caen 1er Canton, Caen 2e Canton, Caen 3e Canton, Caen 4e Canton, Caen 7e Canton, Caen 8e Canton, Caen 9e Canton, Caen 10e Canton, Caen-Hérouville Caen 6e Canton, Caumont-l'Éventé, Creully, Douvres-la-Délivrande, Évrecy, Falaise-Nord, Falaise-Sud, Hérouville-Saint-Clair Caen 5e Canton, Isigny-sur-Mer, Morteaux-Coulibœuf, Ouistreham, Ryes, Tilly-sur-Seulles, Trévières, Troarn, Thury-Harcourt et Villers-Bocage et communes des Monts d'Aunay et Val de Drôme.
	Vire	Cantons d'Aunay-sur-Odon (à l'exception des fractions de communes des Monts d'Aunay et de Val de Drôme), Condé-sur-Noireau, Le Bény-Bocage, Saint-Sever-Calvados (à l'exception de la fraction de commune de Tessy-Bocage), Vassy et Vire.
Lisieux		Cantons de Blangy-le-Château, Cambremer, Dozulé, Honfleur, Lisieux 1er Canton, Lisieux 2e Canton, Lisieux 3e Canton, Livarot, Mézidon-Canon, Orbec, Pont-l'Évêque, Saint-Pierre-sur-Dives et Trouville-sur-Mer et commune de Mézidon Vallée d'Auge.
		Manche
Cherbourg-en-Cotentin		*(Décr. no 2020-1151 du 18 sept. 2020, en vigueur le 1er janv. 2021)* « Cantons de Barneville-Carteret, Beaumont-Hague, Bricquebec, Cherbourg-Octeville-Nord-Ouest, Cherbourg-Octeville-Sud-Est, Cherbourg-Octeville-Sud-Ouest, Équeurdreville-Hainneville, Les Pieux, Montebourg, Quettehou, Sainte-Mère-Église (à l'exception de la fraction de commune de Carentan-les-Marais), Saint-Pierre-Église, Saint-Sauveur-le-Vicomte, Tourlaville et Valognes et communes de Picauville et de Port-Bail-Sur-Mer ».

SIÈGE DU TRIBUNAL JUDICIAIRE	SIÈGE DE LA CHAMBRE DE PROXIMITÉ	RESSORT
Coutances		*(Décr. nº 2020-1151 du 18 sept. 2020, en vigueur le 1er janv. 2021)* « Cantons de Bréhal, Canisy, Carentan, Cerisy-la-Salle, Coutances, Gavray, La Haye-du-Puits (à l'exception des fractions de communes de Picauville et de Port-Bail-sur-Mer), Lessay, Marigny, Montmartin-sur-Mer, Percy, Périers, Saint-Clair-sur-l'Elle, Saint-Jean-de-Daye, Saint-Lô-Est, Saint-Lô-Ouest, Saint-Malo-de-la-Lande, Saint-Sauveur-Lendelin, Tessy-sur-Vire et Torigni-sur-Vire et communes de Carentan-les-Marais et de Tessy-Bocage ».
	Avranches	*(Décr. nº 2020-1151 du 18 sept. 2020, en vigueur le 1er janv. 2021)* « Cantons d'Avranches, Barenton, Brécey, Ducey, Granville, Isigny-le-Buat, Juvigny-le-Tertre, La Haye-Pesnel, Le Teilleul, Mortain, Pontorson, Saint-Hilaire-du-Harcouët, Saint-James, Saint-Pois, Sartilly, Sourdeval et Villedieu-les-Poêles ».
		Orne
Alençon		*(Décr. nº 2020-1151 du 18 sept. 2020, en vigueur le 1er janv. 2021)* « Cantons d'Alençon 1er Canton, Alençon 2e Canton, Alençon 3e Canton, Bazoches-sur-Hoëne, Bellême, Carrouges, Courtomer, L'Aigle-Est, L'Aigle-Ouest, Le Theil, Le Mêle-sur-Sarthe, Longny-au-Perche, Mortagne-au-Perche, Moulins-la-Marche, Nocé, Pervenchères, Rémalard, Sées (à l'exception de la fraction de commune de Mortrée) et Tourouvre et commune de Chailloué ».
Argentan		*(Décr. nº 2020-1151 du 18 sept. 2020, en vigueur le 1er janv. 2021)* « Cantons d'Argentan-Est, Argentan-Ouest, Briouze, Écouché, Exmes, Gacé, La Ferté-Frênel, Le Merlerault, Mortrée (à l'exception de la fraction de commune de Chailloué), Putanges-Pont-Écrepin, Trun et Vimoutiers et commune de Mortrée ».
	Flers	*(Décr. nº 2020-1151 du 18 sept. 2020, en vigueur le 1er janv. 2021)* « Cantons d'Athis-de-l'Orne, Domfront, Flers-Nord, Flers-Sud, Juvigny-sous-Andaine, La Ferté-Macé, Messei, Passais et Tinchebray ».
		Cour d'appel de Cayenne
		Guyane
Cayenne		Cantons d'Approuague-Kaw, Cayenne 1er Canton Nord-Ouest, Cayenne 2e Canton Nord-Est, Cayenne 3e Canton Sud-Ouest, Cayenne 4e Canton Centre, Cayenne 5e Canton Sud, Cayenne 6e Canton Sud-Est, Iracoubo, Kourou, Macouria, Mana, Maripasoula, Matoury, Montsinéry-Tonnegrande, Remire-Montjoly, Roura, Saint-Georges-Oyapoc, Saint-Laurent-du-Maroni et Sinnamary.
	Saint-Laurent-du-Maroni	Cantons de Mana, Maripasoula, Saint-Laurent-du-Maroni.

SIÈGE DU TRIBUNAL JUDICIAIRE	SIÈGE DE LA CHAMBRE DE PROXIMITÉ	RESSORT
		Cour d'appel de Chambéry
		Haute-Savoie
Annecy		Cantons d'Alby-sur-Chéran, Annecy-Centre, Annecy-le-Vieux, Annecy-Nord-Est, Annecy-Nord-Ouest, Faverges, Rumilly, Seynod, Thônes et Thorens-Glières.
Bonneville		Cantons de Bonneville, Chamonix-Mont-Blanc, Cluses, La Roche-sur-Foron, Saint-Gervais-les-Bains, Saint-Jeoire, Sallanches, Samoëns, Scionzier et Taninges.
Thonon-les-Bains		Cantons d'Abondance, Boëge, Douvaine, Évian-les-Bains, Le Biot, Thonon-les-Bains-Est et Thonon-les-Bains-Ouest.
	Annemasse	Cantons d'Annemasse-Nord, Annemasse-Sud, Cruseilles, Frangy, Reignier, Saint-Julien-en-Genevois et Seyssel.
		Savoie
Chambéry		Cantons d'Aix-les-Bains-Centre, Aix-les-Bains-Nord-Grésy, Aix-les-Bains-Sud, Albens, Chambéry-Est, Chambéry-Nord, Chambéry-Sud, Chambéry-Sud-Ouest, Chamoux-sur-Gelon, Cognin, La Motte-Servolex, La Ravoire, La Rochette, Le Châtelard, Le Pont-de-Beauvoisin, Les Échelles, Montmélian, Ruffieux, Saint-Alban-Leysse, Saint-Genix-sur-Guiers, Saint-Pierre-d'Albigny et Yenne.
Albertville		Cantons d'Aiguebelle, Aime, Albertville-Nord, Albertville-Sud, Beaufort, Bourg-Saint-Maurice, Bozel, Grésy-sur-Isère, La Chambre, Lanslebourg-Mont-Cenis, Modane, Moûtiers, Saint-Jean-de-Maurienne, Saint-Michel-de-Maurienne et Ugine.
		Cour d'appel de Colmar
		Bas-Rhin
Strasbourg		Cantons de Strasbourg 1er Canton, Strasbourg 2e Canton, Strasbourg 3e Canton, Strasbourg 4e Canton, Strasbourg 5e Canton, Strasbourg 6e Canton, Strasbourg 7e Canton, Strasbourg 8e Canton, Strasbourg 9e Canton et Strasbourg 10e Canton.
	Haguenau	Cantons de Bischwiller, Brumath, Haguenau, Hochfelden, Lauterbourg, Niederbronn-les-Bains, Seltz, Soultz-sous-Forêts, Truchtersheim, Wissembourg et Woerth et commune de Val de Moder.
	Illkirch-Graffenstaden	Cantons de Benfeld, Erstein, Geispolsheim et Illkirch-Graffenstaden.
	Schiltigheim	Cantons de Bischheim, Mundolsheim et Schiltigheim.
Saverne		Cantons de Bouxwiller (à l'exception de la fraction de commune de Val de Moder), Drulingen, La Petite-Pierre, Marmoutier, Sarre-Union et Saverne.
	Molsheim	Cantons de Molsheim, Obernai, Rosheim, Saales, Schirmeck et Wasselonne.

SIÈGE DU TRIBUNAL JUDICIAIRE	SIÈGE DE LA CHAMBRE DE PROXIMITÉ	RESSORT
		Bas-Rhin et Haut-Rhin
Colmar	Sélestat	Cantons de Barr, Marckolsheim, Sainte-Marie-aux-Mines, Sélestat, Villé et Ribeauvillé.
		Haut-Rhin
Colmar		Cantons d'Andolsheim, Colmar-Nord, Colmar-Sud, Kaysersberg, Lapoutroie, Munster, Neuf-Brisach et Wintzenheim.
	Guebwiller	Cantons d'Ensisheim, Guebwiller, Rouffach et Soultz-Haut-Rhin.
Mulhouse		Cantons d'Altkirch, Dannemarie, Ferrette, Habsheim, Hirsingue, Huningue, Illzach, Mulhouse-Est, Mulhouse-Nord, Mulhouse-Ouest, Mulhouse-Sud, Sierentz et Wittenheim et commune de Bernwiller.
	Thann	Cantons de Cernay (à l'exception de la fraction de commune de Bernwiller), Masevaux, Saint-Amarin et Thann.
		Cour d'appel de Dijon
		Côte-d'Or
Dijon		Cantons d'Auxonne, Chenôve, Dijon 1er Canton, Dijon 2e Canton, Dijon 3e Canton, Dijon 4e Canton, Dijon 5e Canton, Dijon 6e Canton, Dijon 7e Canton, Dijon 8e Canton, Fontaine-Française, Fontaine-lès-Dijon, Genlis, Gevrey-Chambertin, Grancey-le-Château-Neuvelle, Is-sur-Tille, Mirebeau-sur-Bèze, Pontailler-sur-Saône, Saint-Seine-l'Abbaye, Selongey et Sombernon.
	Beaune	Cantons d'Arnay-le-Duc, Beaune-Nord, Beaune-Sud, Bligny-sur-Ouche, Liernais, Nolay, Nuits-Saint-Georges, Pouilly-en-Auxois, Saint-Jean-de-Losne et Seurre.
	Montbard	Cantons d'Aignay-le-Duc, Baigneux-les-Juifs, Châtillon-sur-Seine, Laignes, Montbard, Montigny-sur-Aube, Précy-sous-Thil, Recey-sur-Ource, Saulieu, Semur-en-Auxois, Venarey-les-Laumes et Vitteaux.
		Haute-Marne
Chaumont		Cantons d'Andelot-Blancheville, Arc-en-Barrois, Auberive, Bourbonne-les-Bains, Bourmont, Châteauvillain, Chaumont-Nord, Chaumont-Sud, Clefmont, Doulaincourt-Saucourt, Fayl-Billot, Juzennecourt, Laferté-sur-Amance, Langres, Longeau-Percey, Neuilly-l'Évêque, Nogent, Prauthoy, Saint-Blin, Terre-Natale, Val-de-Meuse et Vignory.
	Saint-Dizier	Cantons de Chevillon, Doulevant-le-Château, Joinville, Montier-en-Der, Poissons, Saint-Dizier-Centre, Saint-Dizier-Nord-Est, Saint-Dizier-Ouest, Saint-Dizier-Sud-Est et Wassy.
		Saône-et-Loire
Chalon-sur-Saône		Cantons de Beaurepaire-en-Bresse, Buxy, Chagny, Chalon-sur-Saône-Centre, Chalon-sur-Saône-Nord, Chalon-sur-Saône-Ouest, Chalon-sur-Saône-Sud, Cuiseaux, Cuisery, Givry, Louhans, Montpont-en-Bresse, Montret, Pierre-de-Bresse, Saint-Germain-du-Bois, Saint-Germain-du-Plain, Saint-Martin-en-Bresse, Sennecey-le-Grand et Verdun-sur-le-Doubs.

SIÈGE DU TRIBUNAL JUDICIAIRE	SIÈGE DE LA CHAMBRE DE PROXIMITÉ	RESSORT
	Le Creusot	Cantons d'Autun-Nord, Autun-Sud, Couches, Épinac, Issy-l'Évêque, Le Creusot-Est, Le Creusot-Ouest, Lucenay-l'Évêque, Mesvres, Montcenis, Montceau-les-Mines-Nord, Montceau-les-Mines-Sud, Montchanin, Mont-Saint-Vincent et Saint-Léger-sous-Beuvray.
Mâcon		Cantons de Bourbon-Lancy, Charolles, Chauffailles, Cluny, Digoin, Gueugnon, La Chapelle-de-Guinchay, La Clayette, La Guiche, Lugny, Mâcon-Centre, Mâcon-Nord, Mâcon-Sud, Marcigny, Matour, Palinges, Paray-le-Monial, Saint-Bonnet-de-Joux, Saint-Gengoux-le-National, Semur-en-Brionnais, Toulon-sur-Arroux, Tournus et Tramayes.
		Cour d'appel de Douai
		Nord
Avesnes-sur-Helpe		Cantons d'Avesnes-sur-Helpe-Nord, Avesnes-sur-Helpe-Sud, Berlaimont, Landrecies, Le Quesnoy-Est, Le Quesnoy-Ouest, Solre-le-Château et Trélon.
	Maubeuge	Cantons de Bavay, Hautmont, Maubeuge-Nord et Maubeuge-Sud.
Cambrai		Cantons de Cambrai-Est, Cambrai-Ouest, Carnières, Clary, Le Cateau-Cambrésis, Marcoing et Solesmes.
Douai		Cantons d'Arleux, Douai-Nord, Douai-Nord-Est, Douai-Sud, Douai-Sud-Ouest, Marchiennes et Orchies.
Dunkerque		Cantons de Bergues, Bourbourg, Coudekerque-Branche, Dunkerque-Est, Dunkerque-Ouest, Grande-Synthe, Gravelines, Hondschoote et Wormhout.
	Hazebrouck	Cantons de Bailleul-Nord-Est, Bailleul-Sud-Ouest, Cassel, Hazebrouck-Nord, Hazebrouck-Sud, Merville et Steenvoorde.
Lille		Cantons d'Armentières, Cysoing, Haubourdin, La Bassée, Lannoy, Lille-Centre, Lille-Est, Lille-Nord, Lille-Nord-Est, Lille-Ouest, Lille-Sud, Lille-Sud-Est, Lille-Sud-Ouest, Lomme, Pont-à-Marcq, Quesnoy-sur-Deûle, Seclin-Nord, Seclin-Sud, Villeneuve-d'Ascq-Nord et Villeneuve-d'Ascq-Sud.
	Roubaix	Cantons de Roubaix-Centre, Roubaix-Est, Roubaix-Nord et Roubaix-Ouest.
	Tourcoing	Cantons de Marcq-en-Barœul, Tourcoing-Nord, Tourcoing-Nord-Est et Tourcoing-Sud.
Valenciennes		Cantons d'Anzin, Bouchain, Condé-sur-l'Escaut, Denain, Saint-Amand-les-Eaux-Rive droite, Saint-Amand-les-Eaux-Rive gauche, Valenciennes-Est, Valenciennes-Nord et Valenciennes-Sud.
		Pas-de-Calais
Arras		Cantons d'Arras-Nord, Arras-Ouest, Arras-Sud, Aubigny-en-Artois, Auxi-le-Château, Avesnes-le-Comte, Avion, Bapaume, Beaumetz-lès-Loges, Bertincourt, Croisilles, Dainville, Heuchin, Le Parcq, Marquion, Pas-en-Artois, Rouvroy, Saint-Pol-sur-Ternoise, Vimy et Vitry-en-Artois.

SIÈGE DU TRIBUNAL JUDICIAIRE	SIÈGE DE LA CHAMBRE DE PROXIMITÉ	RESSORT
Béthune		Cantons d'Auchel, Barlin, Béthune-Est, Béthune-Nord, Béthune-Sud, Bruay-la-Buissière, Cambrin, Divion, Douvrin, Houdain, Laventie, Lillers, Nœux-les-Mines et Norrent-Fontes.
	Lens	Cantons de Bully-les-Mines, Carvin, Courrières, Harnes, Hénin-Beaumont, Leforest, Lens-Est, Lens-Nord-Est, Lens-Nord-Ouest, Liévin-Nord, Liévin-Sud, Montigny-en-Gohelle, Noyelles-sous-Lens, Sains-en-Gohelle et Wingles.
Boulogne-sur-Mer		Cantons de Boulogne-sur-Mer-Nord-Est, Boulogne-sur-Mer-Nord-Ouest, Boulogne-sur-Mer-Sud, Desvres, Le Portel, Marquise, Outreau et Samer.
	Montreuil	Cantons de Berck, Campagne-lès-Hesdin, Étaples, Fruges, Hesdin, Hucqueliers et Montreuil.
	Calais	Cantons de Calais-Centre, Calais-Est, Calais-Nord-Ouest, Calais-Sud-Est et Guînes.
Saint-Omer		Cantons d'Aire-sur-la-Lys, Ardres, Arques, Audruicq, Fauquembergues, Lumbres, Saint-Omer-Nord et Saint-Omer-Sud.
	Cour d'appel de Fort-de-France	
	Martinique	
Fort-de-France		Cantons de Basse-Pointe, Case-Pilote-Bellefontaine, Ducos, Fort-de-France 1er Canton, Fort-de-France 2e Canton, Fort-de-France 3e Canton, Fort-de-France 4e Canton, Fort-de-France 5e Canton, Fort-de-France 6e Canton, Fort-de-France 7e Canton, Fort-de-France 8e Canton, Fort-de-France 9e Canton, Fort-de-France 10e Canton, Gros-Morne, L'Ajoupa-Bouillon, La Trinité, Le Carbet, Le Diamant, Le François 1er Canton Nord, Le François 2e Canton Sud, Le Lamentin 1er Canton Sud-Bourg, Le Lamentin 2e Canton Nord, Le Lamentin 3e Canton Est, Le Lorrain, Le Marigot, Le Marin, Le Morne-Rouge, Le Prêcheur, Le Robert 1er Canton Sud, Le Robert 2e Canton Nord, Le Vauclin, Les Anses-d'Arlet, Les Trois-Îlets, Macouba, Rivière-Pilote, Rivière-Salée, Sainte-Anne, Sainte-Luce, Sainte-Marie 1er Canton Nord, Sainte-Marie 2e Canton Sud, Saint-Esprit, Saint-Joseph, Saint-Pierre, Schoelcher 1er Canton et Schoelcher 2e Canton.
	Cour d'appel de Grenoble	
	Drôme	
Valence		Cantons de Bourdeaux, Bourg-lès-Valence, Chabeuil, Châtillon-en-Diois, Crest-Nord, Crest-Sud, Die, La Motte-Chalancon, Loriol-sur-Drôme, Luc-en-Diois, Portes-lès-Valence, Saillans, Saint-Vallier, Tain-l'Hermitage, Valence 1er Canton, Valence 2e Canton, Valence 3e Canton et Valence 4e Canton.
	Montélimar	Cantons de Buis-les-Baronnies, Dieulefit, Grignan, Marsanne, Montélimar 1er Canton, Montélimar 2e Canton, Nyons, Pierrelatte, Rémuzat, Saint-Paul-Trois-Châteaux et Séderon.
	Romans-sur-Isère	Cantons de Bourg-de-Péage, La Chapelle-en-Vercors, Le Grand-Serre, Romans-sur-Isère 1er Canton, Romans-sur-Isère 2e Canton, Saint-Donat-sur-l'Herbasse et Saint-Jean-en-Royans.

SIÈGE DU TRIBUNAL JUDICIAIRE	SIÈGE DE LA CHAMBRE DE PROXIMITÉ	RESSORT
		Hautes-Alpes
Gap		Cantons d'Aiguilles, Aspres-sur-Buëch, Barcillonnette, Briançon-Nord, Briançon-Sud, Chorges, Embrun, Gap-Campagne, Gap-Centre, Gap-Nord-Est, Gap-Nord-Ouest, Gap-Sud-Est, Gap-Sud-Ouest, Guillestre, La Bâtie-Neuve, La Grave, L'Argentière-la-Bessée, Laragne-Montéglin, Le Monêtier-les-Bains, Orcières, Orpierre, Ribiers, Rosans, Saint-Bonnet-en-Champsaur, Saint-Étienne-en-Dévoluy, Saint-Firmin, Savines-le-Lac, Serres, Tallard et Veynes.
		Isère
Bourgoin-Jallieu		Cantons de Bourgoin-Jallieu-Nord, Bourgoin-Jallieu-Sud, Crémieu, La Tour-du-Pin, Le Grand-Lemps, Le Pont-de-Beauvoisin, Morestel, Saint-Geoire-en-Valdaine et Virieu et commune d'Éclose-Badinières.
Grenoble		Cantons d'Allevard, Clelles, Corps, Domène, Échirolles-Est, Échirolles-Ouest, Eybens, Fontaine-Sassenage, Fontaine-Seyssinet, Goncelin, Grenoble 1er Canton, Grenoble 2e Canton, Grenoble 3e Canton, Grenoble 4e Canton, Grenoble 5e Canton, Grenoble 6e Canton, La Mure, Le Bourg-d'Oisans, Le Touvet, Mens, Meylan, Monestier-de-Clermont, Pont-en-Royans, Rives, Roybon, Saint-Égrève, Saint-Étienne-de-Saint-Geoirs, Saint-Ismier, Saint-Laurent-du-Pont, Saint-Marcellin, Saint-Martin-d'Hères-Nord, Saint-Martin-d'Hères-Sud, Tullins, Valbonnais, Vif, Villard-de-Lans, Vinay, Vizille et Voiron.
Vienne		Cantons de Beaurepaire, Heyrieux, La Côte-Saint-André, La Verpillière, L'Isle-d'Abeau, Pont-de-Chéruy, Roussillon, Saint-Jean-de-Bournay (à l'exception de la fraction de la commune d'Eclose-Badinières), Vienne-Nord et Vienne-Sud.
		Cour d'appel de Limoges
		Corrèze
Brive-la-Gaillarde		Cantons d'Ayen, Beaulieu-sur-Dordogne, Beynat, Brive-la-Gaillarde-Centre, Brive-la-Gaillarde-Nord-Est, Brive-la-Gaillarde-Nord-Ouest, Brive-la-Gaillarde-Sud-Est, Brive-la-Gaillarde-Sud-Ouest, Donzenac, Juillac, Larche, Lubersac, Malemort-sur-Corrèze, Meyssac et Vigeois.
Tulle		Cantons d'Argentat, Bort-les-Orgues, Bugeat, Corrèze, Égletons, Eygurande, La Roche-Canillac, Lapleau, Mercœur, Meymac, Neuvic, Saint-Privat, Seilhac, Sornac, Treignac, Tulle-Campagne-Nord, Tulle-Campagne-Sud, Tulle-Urbain-Nord, Tulle-Urbain-Sud, Ussel-Est, Ussel-Ouest et Uzerche.
		Creuse
Guéret		Cantons d'Ahun, Aubusson, Auzances, Bellegarde-en-Marche, Bénévent-l'Abbaye, Bonnat, Bourganeuf, Boussac, Chambon-sur-Voueize, Châtelus-Malvaleix*[,]* Chénérailles, Crocq, Dun-le-Palestel, Évaux-les-Bains, Felletin, Gentioux-Pigerolles, Guéret-Nord, Guéret-Sud-Est, Guéret-Sud-Ouest, Jarnages, La Courtine, La Souterraine, Le Grand-Bourg, Pontarion, Royère-de-Vassivière, Saint-Sulpice-les-Champs et Saint-Vaury.

SIÈGE DU TRIBUNAL JUDICIAIRE	SIÈGE DE LA CHAMBRE DE PROXIMITÉ	RESSORT
Haute-Vienne		
Limoges		Cantons d'Aixe-sur-Vienne, Ambazac, Bellac, Bessines-sur-Gartempe, Châlus, Châteauneuf-la-Forêt, Châteauponsac, Eymoutiers, Laurière, Le Dorat, Limoges-Beaupuy, Limoges-Carnot, Limoges-Centre, Limoges-Cité, Limoges-Condat, Limoges-Corgnac, Limoges-Couzeix, Limoges-Émailleurs, Limoges-Grand-Treuil, Limoges-Isle, Limoges-La Bastide, Limoges-Landouge, Limoges-Le Palais, Limoges-Panazol, Limoges-Puy-las-Rodas, Limoges-Vigenal, Magnac-Laval, Mézières-sur-Issoire, Nantiat, Nexon, Nieul, Oradour-sur-Vayres, Pierre-Buffière, Rochechouart, Saint-Germain-les-Belles, Saint-Léonard-de-Noblat, Saint-Junien-Est, Saint-Junien-Ouest, Saint-Laurent-sur-Gorre, Saint-Mathieu, Saint-Sulpice-les-Feuilles et Saint-Yrieix-la-Perche.
Cour d'appel de Lyon		
Ain		
Bourg-en-Bresse		Cantons de Bâgé-le-Châtel, Bourg-en-Bresse-Est, Bourg-en-Bresse-Nord-Centre, Bourg-en-Bresse-Sud, Ceyzériat, Coligny, Montrevel-en-Bresse, Péronnas, Pont-d'Ain, Pont-de-Vaux, Pont-de-Veyle, Saint-Trivier-de-Courtes, Treffort-Cuisiat et Viriat.
	Belley	Cantons d'Ambérieu-en-Bugey, Belley, Champagne-en-Valromey, Hauteville-Lompnes, Lagnieu, Lhuis, Saint-Rambert-en-Bugey, Seyssel et Virieu-le-Grand et commune de Haut Valromey.
	Nantua	Cantons de Bellegarde-sur-Valserine, Brénod (à l'exception de la fraction de commune de Haut Valromey), Collonges, Ferney-Voltaire, Gex, Izernore, Nantua, Oyonnax-Nord, Oyonnax-Sud et Poncin.
	Trévoux	Cantons de Chalamont, Châtillon-sur-Chalaronne, Meximieux, Miribel, Montluel, Reyrieux, Saint-Trivier-sur-Moignans, Thoissey, Trévoux et Villars-les-Dombes.
Loire		
Roanne		Cantons de Belmont-de-la-Loire, Charlieu, La Pacaudière, Néronde, Perreux, Roanne-Nord, Roanne-Sud, Saint-Germain-Laval, Saint-Haon-le-Châtel, Saint-Just-en-Chevalet et Saint-Symphorien-de-Lay.
Saint-Étienne		Cantons de Bourg-Argental, Firminy, La Grand-Croix, Le Chambon-Feugerolles, Pélussin, Rive-de-Gier, Saint-Chamond-Nord, Saint-Chamond-Sud, Saint-Étienne-Nord-Est-1, Saint-Étienne-Nord-Est-2, Saint-Étienne-Nord-Ouest-1, Saint-Étienne-Nord-Ouest-2, Saint-Étienne-Sud-Est-1, Saint-Étienne-Sud-Est-2, Saint-Étienne-Sud-Est-3, Saint-Étienne-Sud-Ouest-1, Saint-Étienne-Sud-Ouest-2, Saint-Genest-Malifaux et Saint-Héand.
	Montbrison	Cantons de Boën, Chazelles-sur-Lyon, Feurs, Montbrison, Noirétable, Saint-Bonnet-le-Château, Saint-Galmier, Saint-Georges-en-Couzan, Saint-Jean-Soleymieux et Saint-Just-Saint-Rambert.

SIÈGE DU TRIBUNAL JUDICIAIRE	SIÈGE DE LA CHAMBRE DE PROXIMITÉ	RESSORT
		Rhône
Lyon		Cantons de Caluire-et-Cuire, Condrieu, Écully, Givors, Irigny, L'Arbresle, Limonest, Lyon-I, Lyon-II, Lyon-III, Lyon-IV, Lyon-IX, Lyon-V, Lyon-VI, Lyon-VII, Lyon-VIII, Lyon-X, Lyon-XI, Lyon-XII, Lyon-XIII, Lyon-XIV, Mornant, Neuville-sur-Saône, Oullins, Rillieux-la-Pape, Sainte-Foy-lès-Lyon, Saint-Genis-Laval, Saint-Laurent-de-Chamousset, Saint-Symphorien-sur-Coise, Tassin-la-Demi-Lune et Vaugneray.
	Villeurbanne	Cantons de Bron, Décines-Charpieu, Meyzieu, Saint-Fons, Saint-Priest, Saint-Symphorien-d'Ozon, Vaulx-en-Velin, Vénissieux-Nord, Vénissieux-Sud, Villeurbanne-Centre, Villeurbanne-Nord et Villeurbanne-Sud.
Villefranche-sur-Saône		Cantons d'Amplepuis, Anse, Beaujeu, Belleville, Gleizé, Lamure-sur-Azergues, Le Bois-d'Oingt, Monsols, Tarare, Thizy et Villefranche-sur-Saône.
		Cour d'appel de Metz
		Moselle
Metz		Cantons d'Albestroff, Ars-sur-Moselle, Boulay-Moselle, Bouzonville, Château-Salins, Delme, Dieuze, Faulquemont, Maizières-lès-Metz, Marange-Silvange, Metz-Ville 1er Canton, Metz-Ville 2e Canton, Metz-Ville 3e Canton, Metz-Ville 4e Canton, Montigny-lès-Metz, Pange, Rombas, Verny, Vic-sur-Seille, Vigy et Woippy.
	Sarrebourg	Cantons de Fénétrange, Lorquin, Phalsbourg, Réchicourt-le-Château et Sarrebourg.
Sarreguemines		Cantons de Bitche, Rohrbach-lès-Bitche, Sarralbe, Sarreguemines, Sarreguemines-Campagne et Volmunster.
	Saint-Avold	Cantons de Behren-lès-Forbach, Forbach, Freyming-Merlebach, Grostenquin, Saint-Avold 1er Canton, Saint-Avold 2e Canton et Stiring-Wendel.
Thionville		Cantons d'Algrange, Cattenom, Fameck, Florange, Fontoy, Hayange, Metzervisse, Moyeuvre-Grande, Sierck-les-Bains, Thionville-Est, Thionville-Ouest et Yutz.
		Cour d'appel de Montpellier
		Aude
Carcassonne		Cantons d'Alaigne, Alzonne, Axat, Belcaire, Belpech, Capendu, Carcassonne 1er Canton, Carcassonne 2e Canton-Nord, Carcassonne 2e Canton-Sud, Carcassonne 3e Canton, Castelnaudary-Nord, Castelnaudary-Sud, Chalabre, Conques-sur-Orbiel, Couiza, Fanjeaux, Lagrasse, Limoux, Mas-Cabardès, Montréal, Mouthoumet, Peyriac-Minervois, Quillan, Saint-Hilaire, Saissac et Salles-sur-l'Hers.
Narbonne		Cantons de Coursan, Durban-Corbières, Ginestas, Lézignan-Corbières, Narbonne-Est, Narbonne-Ouest, Narbonne-Sud, Sigean et Tuchan.

SIÈGE DU TRIBUNAL JUDICIAIRE	SIÈGE DE LA CHAMBRE DE PROXIMITÉ	RESSORT
		Aveyron
Rodez		Cantons d'Aubin, Baraqueville-Sauveterre, Bozouls, Capdenac-Gare, Cassagnes-Bégonhès, Conques, Decazeville, Entraygues-sur-Truyère, Espalion, Estaing, Laguiole, Laissac, La Salvetat-Peyralès, Marcillac-Vallon, Montbazens, Mur-de-Barrez, Najac, Naucelle, Pont-de-Salars, Réquista, Rieupeyroux, Rignac, Rodez-Est, Rodez-Nord, Rodez-Ouest, Saint-Amans-des-Cots, Saint-Chély-d'Aubrac, Sainte-Geneviève-sur-Argence, Saint-Geniez-d'Olt, Villefranche-de-Rouergue et Villeneuve.
	Millau	Cantons de Belmont-sur-Rance, Camarès, Campagnac, Cornus, Millau-Est, Millau-Ouest, Nant, Peyreleau, Saint-Affrique, Saint-Beauzély, Saint-Rome-de-Tarn, Saint-Sernin-sur-Rance, Salles-Curan, Sévérac-le-Château et Vézins-de-Lévézou.
		Hérault
Béziers		*(Décr. n° 2021-47 du 19 janv. 2021, en vigueur le 1er mai 2021)* « Cantons d'Agde, Bédarieux, Béziers 1er Canton, Béziers 2e Canton, Béziers 3e Canton, Béziers 4e Canton, Capestang, Florensac, La Salvetat-sur-Agout, Montagnac, Murviel-lès-Béziers, Olargues, Olonzac, Pézenas, Roujan, Saint-Chinian, Saint-Gervais-sur-Mare, Saint-Pons-de-Thomières et Servian et communes d'Avène, Brénas, Ceilhes-et-Rocozels, Dio-et-Valquières, Joncels, Le Bousquet-d'Orb et Lunas *[ancienne rédaction : Cantons d'Agde, Bédarieux, Béziers 1er Canton, Béziers 2e Canton, Béziers 3e Canton, Béziers 4e Canton, Capestang, Florensac, La Salvetat-sur-Agout, Montagnac, Murviel-lès-Béziers, Olargues, Olonzac, Pézenas, Roujan, Saint-Chinian, Saint-Gervais-sur-Mare, Saint-Pons-de-Thomières et Servian]*. »
Montpellier		*(Décr. n° 2021-47 du 19 janv. 2021, en vigueur le 1e mai 2021)* « Cantons d'Aniane, Castelnau-le-Lez, Castries, Claret, Clermont-l'Hérault, Ganges, Gignac, Lattes, Le Caylar, Les Matelles, Lodève, Lunas (à l'exception des communes d'Avène, Brénas, Ceilhes-et-Rocozels, Dio-et-Valquières, Joncels, Le Bousquet-d'Orb et Lunas), Lunel, Mauguio, Montpellier 1er Canton, Montpellier 2e Canton, Montpellier 3e Canton, Montpellier 4e Canton, Montpellier 5e Canton, Montpellier 6e Canton, Montpellier 7e Canton, Montpellier 8e Canton, Montpellier 9e Canton, Montpellier 10e Canton, Pignan et Saint-Martin-de-Londres *[ancienne rédaction : Cantons d'Aniane, Castelnau-le-Lez, Castries, Claret, Clermont-l'Hérault, Ganges, Gignac, Lattes, Le Caylar, Les Matelles, Lodève, Lunas, Lunel, Mauguio, Montpellier 1er Canton, Montpellier 2e Canton, Montpellier 3e Canton, Montpellier 4e Canton, Montpellier 5e Canton, Montpellier 6e Canton, Montpellier 7e Canton, Montpellier 8e Canton, Montpellier 9e Canton, Montpellier 10e Canton, Pignan et Saint-Martin-de-Londres]* ».
	Sète	*(Décr. n° 2021-47 du 19 janv. 2021, en vigueur le 1er mai 2021)* « Cantons de Frontignan, Mèze, Sète 1er Canton et Sète 2e Canton *[ancienne rédaction : Cantons de Frontignan, Mèze, Sète 1er Canton et Sète 2e Canton]* ».

SIÈGE DU TRIBUNAL JUDICIAIRE	SIÈGE DE LA CHAMBRE DE PROXIMITÉ	RESSORT
		Pyrénées-Orientales
Perpignan		Cantons d'Argelès-sur-Mer, Arles-sur-Tech, Canet-en-Roussillon, Céret, Côte Vermeille, Elne, La Côte Radieuse, Latour-de-France, Millas, Mont-Louis, Olette, Perpignan 1er Canton, Perpignan 2e Canton, Perpignan 3e Canton, Perpignan 4e Canton, Perpignan 5e Canton, Perpignan 6e Canton, Perpignan 7e Canton, Perpignan 8e Canton, Perpignan 9e Canton, Prades, Prats-de-Mollo-la-Preste, Rivesaltes, Saillagouse, Saint-Estève, Saint-Laurent-de-la-Salanque, Saint-Paul-de-Fenouillet, Sournia, Thuir, Toulouges et Vinça.
		Cour d'appel de Nancy
		Meurthe-et-Moselle
Val de Briey		Cantons d'Audun-le-Roman, Briey, Chambley-Bussières, Conflans-en-Jarnisy, Herserange, Homécourt, Longuyon, Longwy, Mont-Saint-Martin et Villerupt.
Nancy		Cantons de Colombey-les-Belles, Dieulouard, Domèvre-en-Haye, Haroué, Jarville-la-Malgrange, Laxou, Malzéville, Nancy-Est, Nancy-Nord, Nancy-Ouest, Nancy-Sud, Neuves-Maisons, Nomeny, Pompey, Pont-à-Mousson, Saint-Max, Saint-Nicolas-de-Port, Seichamps, Thiaucourt-Regniéville, Tomblaine, Toul-Nord, Toul-Sud, Vandœuvre-lès-Nancy-Est, Vandœuvre-lès-Nancy-Ouest et Vézelise.
	Lunéville	Cantons d'Arracourt, Baccarat, Badonviller, Bayon, Blâmont, Cirey-sur-Vezouze, Gerbéviller, Lunéville-Nord et Lunéville-Sud.
		Meuse
Bar-le-Duc		Cantons d'Ancerville, Bar-le-Duc-Nord, Bar-le-Duc-Sud, Commercy, Gondrecourt-le-Château, Ligny-en-Barrois, Montiers-sur-Saulx, Pierrefitte-sur-Aire, Revigny-sur-Ornain, Saint-Mihiel, Seuil-d'Argonne, Vaubecourt, Vaucouleurs, Vavincourt, Vigneulles-lès-Hattonchâtel et Void-Vacon.
Verdun		Cantons de Charny-sur-Meuse, Clermont-en-Argonne, Damvillers, Dun-sur-Meuse, Étain, Fresnes-en-Woëvre, Montfaucon-d'Argonne, Montmédy, Souilly, Spincourt, Stenay, Varennes-en-Argonne, Verdun-Centre, Verdun-Est et Verdun-Ouest.
		Vosges
Épinal		Cantons de Bains-les-Bains, Bruyères, Bulgnéville, Charmes, Châtel-sur-Moselle, Châtenois, Coussey, Darney, Dompaire, Épinal-Est, Épinal-Ouest, Lamarche, Le Thillot, Mirecourt, Monthureux-sur-Saône, Neufchâteau, Plombières-les-Bains, Rambervillers, Remiremont, Saulxures-sur-Moselotte, Vittel et Xertigny.
	Saint-Dié-des-Vosges	Cantons de Brouvelieures, Corcieux, Fraize, Gérardmer, Provenchères-sur-Fave, Raon-l'Étape, Saint-Dié-des-Vosges-Est, Saint-Dié-des-Vosges-Ouest et Senones.

SIÈGE DU TRIBUNAL JUDICIAIRE	SIÈGE DE LA CHAMBRE DE PROXIMITÉ	RESSORT
		Cour d'appel de Nîmes
		Ardèche
Privas		Cantons d'Antraigues-sur-Volane, Bourg-Saint-Andéol, Chomérac, La Voulte-sur-Rhône, Privas, Rochemaure, Saint-Pierreville, Vals-les-Bains, Villeneuve-de-Berg et Viviers.
	Annonay	Cantons d'Annonay-Nord, Annonay-Sud, Lamastre, Le Cheylard, Saint-Agrève, Saint-Félicien, Saint-Martin-de-Valamas, Saint-Péray, Satillieu, Serrières, Tournon-sur-Rhône et Vernoux-en-Vivarais.
	Aubenas	Cantons de *[d']*Aubenas, Burzet, Coucouron, Joyeuse, Largentière, Les Vans, Montpezat-sous-Bauzon, Saint-Étienne-de-Lugdarès, Thueyts, Valgorge et Vallon-Pont-d'Arc.
		Gard
Alès		Cantons d'Alès-Nord-Est, Alès-Ouest, Alès-Sud-Est, Alzon, Anduze, Barjac, Bessèges, Génolhac, La Grand-Combe, Lasalle, Lédignan, Le Vigan, Quissac, Saint-Ambroix, Saint-André-de-Valborgne, Saint-Hippolyte-du-Fort, Saint-Jean-du-Gard, Sauve, Sumène, Trèves, Valleraugue et Vézénobres.
Nîmes		Cantons d'Aigues-Mortes, Aramon, Beaucaire, La Vistrenque, Marguerittes, Nîmes 1er Canton, Nîmes 2e Canton, Nîmes 3e Canton, Nîmes 4e Canton, Nîmes 5e Canton, Nîmes 6e Canton, Rhôny-Vidourle, Saint-Gilles, Saint-Mamert-du-Gard, Sommières et Vauvert.
	Uzès	Cantons de Bagnols-sur-Cèze, Lussan, Pont-Saint-Esprit, Remoulins, Roquemaure, Saint-Chaptes, Uzès et Villeneuve-lès-Avignon.
		Lozère
Mende		Cantons d'Aumont-Aubrac, Barre-des-Cévennes, Chanac, Châteauneuf-de-Randon, Florac, Fournels, Grandrieu, La Canourgue, Langogne, Le Bleymard, Le Malzieu-Ville, Le Massegros, Le Pont-de-Montvert, Marvejols, Mende-Nord, Mende-Sud, Meyrueis, Nasbinals, Saint-Alban-sur-Limagnole, Saint-Amans, Saint-Chély-d'Apcher, Saint-Germain-de-Calberte, Saint-Germain-du-Teil, Sainte-Enimie et Villefort.
		Vaucluse
Avignon		Cantons d'Avignon-Est, Avignon-Nord, Avignon-Ouest, Avignon-Sud, Bédarrides, Cavaillon et L'Isle-sur-la-Sorgue.
	Pertuis	Cantons d'Apt, Bonnieux, Cadenet, Gordes et Pertuis.
Carpentras		Cantons de Carpentras-Nord, Carpentras-Sud, Mormoiron, Pernes-les-Fontaines et Sault.
	Orange	Cantons de Beaumes-de-Venise, Bollène, Malaucène, Orange-Est, Orange-Ouest, Vaison-la-Romaine et Valréas.

SIÈGE DU TRIBUNAL JUDICIAIRE	SIÈGE DE LA CHAMBRE DE PROXIMITÉ	RESSORT
		Cour d'appel d'Orléans
		Indre-et-Loire
Tours		Cantons d'Amboise, Azay-le-Rideau, Ballan-Miré, Bléré, Bourgueil, Chambray-lès-Tours, Château-la-Vallière, Château-Renault, Chinon, Descartes, Joué-lès-Tours-Nord, Joué-lès-Tours-Sud, Langeais, Le Grand-Pressigny, Ligueil, L'Île-Bouchard, Loches, Luynes, Montbazon, Montlouis-sur-Loire, Montrésor, Neuillé-Pont-Pierre, Neuvy-le-Roi, Preuilly-sur-Claise, Richelieu, Saint-Avertin, Saint-Cyr-sur-Loire, Saint-Pierre-des-Corps, Sainte-Maure-de-Touraine, Tours-Centre, Tours-Est, Tours-Nord-Est, Tours-Nord-Ouest, Tours-Ouest, Tours-Sud, Tours-Val-du-Cher et Vouvray.
		Loiret
Montargis		Cantons d'Amilly, Bellegarde, Briare, Châlette-sur-Loing, Château-Renard, Châtillon-Coligny, Châtillon-sur-Loire, Courtenay, Ferrières-en-Gâtinais, Gien, Lorris, Montargis, Ouzouer-sur-Loire et Sully-sur-Loire et commune de Bray-Saint Aignan.
Orléans		Cantons d'Artenay, Beaugency, Beaune-la-Rolande, Châteauneuf-sur-Loire (à l'exception de la fraction de commune de Bray-Saint Aignan), Chécy, Cléry-Saint-André, Fleury-les-Aubrais, Ingré, Jargeau, La Ferté-Saint-Aubin, Malesherbes, Meung-sur-Loire, Neuville-aux-Bois, Olivet, Orléans-Bannier, Orléans-Bourgogne, Orléans-Carmes, Orléans-La Source, Orléans-Saint-Marc-Argonne, Orléans-Saint-Marceau, Outarville, Patay, Pithiviers, Puiseaux, Saint-Jean-de-Braye, Saint-Jean-de-la-Ruelle et Saint-Jean-le-Blanc.
		Loir-et-Cher
Blois		Cantons de Blois 1er Canton, Blois 2e Canton, Blois 3e Canton, Blois 4e Canton, Blois 5e Canton, Bracieux, Contres, Droué, Herbault, Lamotte-Beuvron, Marchenoir, Mennetou-sur-Cher, Mer, Mondoubleau, Montoire-sur-le-Loir, Morée, Montrichard, Neung-sur-Beuvron, Ouzouer-le-Marché, Romorantin-Lanthenay-Nord, Romorantin-Lanthenay-Sud, Saint-Aignan, Saint-Amand-Longpré, Salbris, Savigny-sur-Braye, Selles-sur-Cher, Selommes, Vendôme 1er Canton, Vendôme 2e Canton et Vineuil.
		Cour d'appel de Paris
		Essonne
Évry-Courcouronnes		Cantons de Corbeil-Essonnes-Est, Corbeil-Essonnes-Ouest, Évry-Nord, Évry-Sud, Mennecy, Milly-la-Forêt, Ris-Orangis et Saint-Germain-lès-Corbeil.
	Étampes	Cantons de Dourdan, Étampes, Étréchy, La Ferté-Alais, Méréville et Saint-Chéron.
	Juvisy-sur-Orge	Cantons de Brunoy, Draveil, Épinay-sous-Sénart, Grigny, Juvisy-sur-Orge (uniquement la commune de Juvisy-sur-Orge), Montgeron, Morsang-sur-Orge, Vigneux-sur-Seine, Viry-Châtillon et Yerres.

SIÈGE DU TRIBUNAL JUDICIAIRE	SIÈGE DE LA CHAMBRE DE PROXIMITÉ	RESSORT
	Longjumeau	A l'exception de l'emprise de l'aérodrome de Paris-Orly, cantons d'Arpajon, Athis-Mons, Brétigny-sur-Orge, Chilly-Mazarin, Juvisy-sur-Orge (uniquement la fraction de la commune de Savigny-sur-Orge), Longjumeau, Massy-Est, Massy-Ouest, Montlhéry, Sainte-Geneviève-des-Bois, Saint-Michel-sur-Orge, Savigny-sur-Orge et Villebon-sur-Yvette (uniquement les communes de Ballainvilliers, de Champlan et de Saulx-les-Chartreux).
	Palaiseau	Cantons de Bièvres, Gif-sur-Yvette, Les Ulis, Limours, Orsay, Palaiseau et Villebon-sur-Yvette (uniquement les communes de Villebon-sur-Yvette et Villejust).
		Paris
Paris		Ville de Paris
		Seine-et-Marne
Fontainebleau		Cantons de Château-Landon, Fontainebleau, La Chapelle-la-Reine, Lorrez-le-Bocage-Préaux, Montereau-Fault-Yonne, Moret-sur-Loing et Nemours.
Meaux		A l'exception de l'emprise de l'aérodrome de Roissy-Charles-de-Gaulle, cantons de Coulommiers, Crécy-la-Chapelle, Dammartin-en-Goële, La Ferté[-]Gaucher, La Ferté-sous-Jouarre, Lizy-sur-Ourcq, Meaux-Nord, Meaux-Sud, Rebais et Rozay-en-Brie.
	Lagny-sur-Marne	A l'exception de l'emprise de l'aérodrome de Roissy-Charles-de-Gaulle, cantons de Champs-sur-Marne, Chelles, Claye-Souilly, Lagny-sur-Marne, Mitry-Mory, Noisiel, Thorigny-sur-Marne, Torcy et Vaires-sur-Marne.
Melun		Cantons de Bray-sur-Seine, Brie-Comte-Robert, Combs-la-Ville, Donnemarie-Dontilly, Le Châtelet-en-Brie, Le Mée-sur-Seine, Melun-Nord, Melun-Sud, Mormant, Nangis, Perthes, Pontault-Combault, Provins, Roissy-en-Brie, Savigny-le-Temple, Tournan-en-Brie et Villiers-Saint-Georges.
		Seine-Saint-Denis
Bobigny		Cantons de Bobigny, Bondy-Nord-Ouest, Bondy-Sud-Est, Drancy, Le Bourget (uniquement la fraction de la commune de Drancy), Les Pavillons-sous-Bois, Noisy-le-Sec, Romainville, Rosny-sous-Bois et Villemomble.
	Aubervilliers	Emprise de l'aérodrome de Paris-Le Bourget et cantons d'Aubervilliers-Est, Aubervilliers-Ouest, La Courneuve, Le Bourget (uniquement les communes du Bourget et de Dugny) et Stains.
	Aulnay-sous-Bois	Emprise de l'aérodrome de Roissy-Charles-de-Gaulle et cantons d'Aulnay-sous-Bois-Nord, Aulnay-sous-Bois-Sud, Le Blanc-Mesnil, Sevran, Tremblay-en-France et Villepinte.
	Le Raincy	Cantons de Gagny, Le Raincy, Livry-Gargan, Montfermeil, Neuilly-Plaisance, Neuilly-sur-Marne et Noisy-le-Grand.
	Montreuil	Cantons de Montreuil-Est, Montreuil-Nord et Montreuil-Ouest.
	Pantin	Cantons de Bagnolet, Les Lilas, Pantin-Est et Pantin-Ouest.

SIÈGE DU TRIBUNAL JUDICIAIRE	SIÈGE DE LA CHAMBRE DE PROXIMITÉ	RESSORT
	Saint-Denis	Cantons de Pierrefitte-sur-Seine, Saint-Denis-Nord-Est, Saint-Denis-Nord-Ouest et Saint-Denis-Sud (uniquement la fraction de la commune de Saint-Denis).
	Saint-Ouen-sur-Seine	Cantons d'Épinay-sur-Seine, Saint-Denis-Sud (uniquement la fraction de la commune de Saint-Ouen-sur-Seine et la commune de L'Ile-Saint-Denis) et Saint-Ouen.
		Val-de-Marne
Créteil	Sucy-en-Brie	A l'exception de l'emprise de l'aérodrome de Paris-Orly, cantons de Boissy-Saint-Léger, Chennevières-sur-Marne, Ormesson-sur-Marne, Sucy-en-Brie, Valenton, Villecresnes, Villeneuve-le-Roi, Villeneuve-Saint-Georges et Villiers-sur-Marne.
	Charenton-le-Pont	Cantons d'Alfortville-Nord, Alfortville-Sud, Charenton-le-Pont, Maisons-Alfort-Nord et Maisons-Alfort-Sud.
	Ivry-sur-Seine	Emprise de l'aérodrome de Paris-Orly et cantons de Choisy-le-Roi, Ivry-sur-Seine-Est, Ivry-sur-Seine-Ouest, Orly, Thiais, Vitry-sur-Seine-Est, Vitry-sur-Seine-Nord et Vitry-sur-Seine-Ouest.
	Nogent-sur-Marne	Cantons de Bry-sur-Marne, Champigny-sur-Marne-Centre, Champigny-sur-Marne-Est, Champigny-sur-Marne-Ouest, Fontenay-sous-Bois-Est, Fontenay-sous-Bois-Ouest, Le Perreux-sur-Marne, Nogent-sur-Marne, Saint-Mandé, Vincennes-Est et Vincennes-Ouest.
	Saint-Maur-des-Fossés	Cantons de Bonneuil-sur-Marne, Créteil-Nord, Créteil-Ouest, Créteil-Sud, Joinville-le-Pont, Saint-Maur-des-Fossés-Centre, Saint-Maur-des-Fossés-Ouest et Saint-Maur-La Varenne.
	Villejuif	A l'exception de l'emprise de l'aérodrome de Paris-Orly, cantons d'Arcueil, Cachan, Chevilly-Larue, Fresnes, Le Kremlin-Bicêtre, L'Haÿ-les-Roses, Villejuif-Est et Villejuif-Ouest.
		Yonne
Auxerre		Cantons d'Ancy-le-Franc, Avallon, Auxerre-Est, Auxerre-Nord, Auxerre-Nord-Ouest, Auxerre-Sud, Auxerre-Sud-Ouest, Bléneau, Chablis, Coulanges-la-Vineuse, Coulanges-sur-Yonne, Courson-les-Carrières, Cruzy-le-Châtel, Flogny-la-Chapelle, Guillon, Ligny-le-Châtel, L'Isle-sur-Serein, Noyers, Quarré-les-Tombes, Saint-Fargeau, Saint-Florentin, Saint-Sauveur-en-Puisaye, Seignelay, Tonnerre, Toucy, Vermenton et Vézelay.
Sens		Cantons d'Aillant-sur-Tholon, Brienon-sur-Armançon, Cerisiers, Charny, Chéroy, Joigny, Migennes, Pont-sur-Yonne, Saint-Julien-du-Sault, Sens-Nord-Est, Sens-Ouest, Sens-Sud-Est, Sergines, Villeneuve-l'Archevêque et Villeneuve-sur-Yonne.

SIÈGE DU TRIBUNAL JUDICIAIRE	SIÈGE DE LA CHAMBRE DE PROXIMITÉ	RESSORT
		Cour d'appel de Pau
		Hautes-Pyrénées
Tarbes		Cantons d'Argelès-Gazost, Arreau, Aucun, Aureilhan, Bagnères-de-Bigorre, Bordères-Louron, Bordères-sur-l'Échez, Campan, Castelnau-Magnoac, Castelnau-Rivière-Basse, Galan, La Barthe-de-Neste, Laloubère, Lannemezan, Lourdes-Est, Lourdes-Ouest, Luz-Saint-Sauveur, Maubourguet, Mauléon-Barousse, Ossun, Pouyastruc, Rabastens-de-Bigorre, Saint-Laurent-de-Neste, Saint-Pé-de-Bigorre, Séméac, Tarbes 1er Canton, Tarbes 2e Canton, Tarbes 3e Canton, Tarbes 4e Canton, Tarbes 5e Canton, Tournay, Trie-sur-Baïse, Vic-en-Bigorre et Vielle-Aure.
		Landes
Dax		Cantons d'Amou, Castets, Dax-Nord, Dax-Sud, Montfort-en-Chalosse, Mugron, Peyrehorade, Pouillon, Saint-Martin-de-Seignanx, Saint-Vincent-de-Tyrosse, Soustons, Tartas-Est et Tartas-Ouest.
Mont-de-Marsan		Emprise de l'aérodrome d'Aire-sur-l'Adour et cantons d'Aire-sur-l'Adour, Gabarret, Geaune, Grenade-sur-l'Adour, Hagetmau, Labrit, Mimizan, Mont-de-Marsan-Nord, Mont-de-Marsan-Sud, Morcenx, Parentis-en-Born, Pissos, Roquefort, Sabres, Saint-Sever, Sore et Villeneuve-de-Marsan.
		Pyrénées-Atlantiques
Bayonne		Cantons d'Anglet-Nord, Anglet-Sud, Bayonne-Est, Bayonne-Nord, Bayonne-Ouest, Biarritz-Est, Biarritz-Ouest, Bidache, Espelette, Hasparren, Hendaye, Iholdy, La Bastide-Clairence, Saint-Étienne-de-Baïgorry, Saint-Jean-de-Luz, Saint-Jean-Pied-de-Port, Saint-Palais, Saint-Pierre-d'Irube et Ustaritz.
Pau		Cantons d'Arthez-de-Béarn, Arzacq-Arraziguet, Billère, Garlin, Jurançon, Lagor, Lembeye, Lescar, Montaner, Morlaàs, Navarrenx, Nay-Est, Nay-Ouest, Orthez, Pau-Centre, Pau-Est, Pau-Nord, Pau-Ouest, Pau-Sud, Pontacq, Salies-de-Béarn, Sauveterre-de-Béarn et Thèze.
	Oloron-Sainte-Marie	Cantons d'Accous, Aramits, Arudy, Laruns, Lasseube, Mauléon-Licharre, Monein, Oloron-Sainte-Marie-Est, Oloron-Sainte-Marie-Ouest et Tardets-Sorholus.
		Cour d'appel de Poitiers
		Charente-Maritime
La Rochelle		Cantons d'Ars-en-Ré, Aytré, Courçon, La Jarrie, La Rochelle 1er Canton, La Rochelle 2e Canton, La Rochelle 3e Canton, La Rochelle 4e Canton, La Rochelle 5e Canton, La Rochelle 6e Canton, La Rochelle 7e Canton, La Rochelle 8e Canton, La Rochelle 9e Canton, Marans et Saint-Martin-de-Ré.
	Rochefort	Cantons d'Aigrefeuille-d'Aunis, La Tremblade, Le Château-d'Oléron, Marennes, Rochefort-Centre, Rochefort-Nord, Rochefort-Sud, Saint-Agnant, Saint-Pierre-d'Oléron, Surgères et Tonnay-Charente et commune de La Devise.

SIÈGE DU TRIBUNAL JUDICIAIRE	SIÈGE DE LA CHAMBRE DE PROXIMITÉ	RESSORT
Saintes		Cantons d'Aulnay, Burie, Cozes, Loulay, Matha, Royan-Est, Royan-Ouest, Saint-Hilaire-de-Villefranche, Saint-Jean-d'Angély, Saint-Savinien, Saintes-Est, Saintes-Nord, Saintes-Ouest, Saint-Porchaire, Saujon et Tonnay-Boutonne (à l'exception de la fraction de commune de La Devise).
	Jonzac	Cantons d'Archiac, Gémozac, Jonzac, Mirambeau, Montendre, Montguyon, Montlieu-la-Garde, Pons et Saint-Genis-de-Saintonge.
		Deux-Sèvres
Niort		Cantons de Beauvoir-sur-Niort, Brioux-sur-Boutonne, Celles-sur-Belle, Champdeniers-Saint-Denis, Chef-Boutonne, Coulonges-sur-l'Autize, Frontenay-Rohan-Rohan, La Mothe-Saint-Héray, Lezay, Mauzé-sur-le-Mignon, Melle, Niort-Est, Niort-Nord, Niort-Ouest, Prahecq, Saint-Maixent-l'École 1er Canton, Saint-Maixent-l'École 2e Canton et Sauzé-Vaussais.
	Bressuire	Cantons d'Airvault, Argenton-les-Vallées, Bressuire, Cerizay, Mauléon, Mazières-en-Gâtine, Ménigoute, Moncoutant, Parthenay, Saint-Loup-Lamairé, Saint-Varent, Secondigny, Thénezay, Thouars 1er Canton et Thouars 2e Canton.
		Vendée
(Décr. n° 2022-685 du 26 avr. 2022, applicable aux procédures introduites à compter du 1er mai 2022) « La Roche-sur-Yon		« Cantons de Chantonnay, La Roche-sur-Yon-Nord, La Roche-sur-Yon-Sud, Le Poiré-sur-Vie, Les Essarts, Les Herbiers, Mareuil-sur-Lay-Dissais, Montaigu, Mortagne-sur-Sèvre, Rocheservière et Saint-Fulgent.
	« Fontenay-le-Comte	« Cantons de Chaillé-les-Marais, Fontenay-le-Comte, La Châtaigneraie, L'Hermenault, Luçon (à l'exception de la fraction de commune de L'Aiguillon-la-Presqu'île), Maillezais, Pouzauges, Sainte-Hermine et Saint-Hilaire-des-Loges.
« Les Sables-d'Olonne		« Cantons de Beauvoir-sur-Mer, Challans, La Mothe-Achard, Les Sables-d'Olonne, L'Île-d'Yeu, Moutiers-les-Mauxfaits, Noirmoutier-en-l'Île, Palluau, Saint-Gilles-Croix-de-Vie, Saint-Jean-de-Monts et Talmont-Saint-Hilaire et commune de l'Aiguillon-la-Presqu'île. »
La Roche-sur-Yon *(applicable aux procédures introduites antérieurement au 1er mai 2022)*		Cantons de Chantonnay, La Roche-sur-Yon-Nord, La Roche-sur-Yon-Sud, Le Poiré-sur-Vie, Les Essarts, Les Herbiers, Mareuil-sur-Lay-Dissais, Montaigu, Mortagne-sur-Sèvre, Rocheservière et Saint-Fulgent.
	Fontenay-le-Comte	Cantons de Chaillé-les-Marais, Fontenay-le-Comte, La Châtaigneraie, L'Hermenault, Luçon, Maillezais, Pouzauges, Sainte-Hermine et Saint-Hilaire-des-Loges.

SIÈGE DU TRIBUNAL JUDICIAIRE	SIÈGE DE LA CHAMBRE DE PROXIMITÉ	RESSORT
Les Sables-d'Olonne *(applicable aux procédures introduites antérieurement au 1er mai 2022)*		Cantons de Beauvoir-sur-Mer, Challans, La Mothe-Achard, Les Sables-d'Olonne, L'Île-d'Yeu, Moutiers-les-Mauxfaits, Noirmoutier-en-l'Île, Palluau, Saint-Gilles-Croix-de-Vie, Saint-Jean-de-Monts et Talmont-Saint-Hilaire.
		Vienne
Poitiers		Cantons d'Availles-Limouzine, Charroux, Chauvigny, Civray, Couhé, Gençay, La Trimouille, La Villedieu-du-Clain, Les Trois-Moutiers, L'Isle-Jourdain, Loudun, Lusignan, Lussac-les-Châteaux, Mirebeau, Moncontour, Montmorillon, Monts-sur-Guesnes, Neuville-de-Poitou, Poitiers 1er Canton, Poitiers 2e Canton, Poitiers 3e Canton, Poitiers 4e Canton, Poitiers 5e Canton, Poitiers 6e Canton, Poitiers 7e Canton, Saint-Georges-lès-Baillargeaux (à l'exception de la fraction de commune de Beaumont Saint-Cyr), Saint-Julien-l'Ars, Saint-Savin, Vivonne et Vouillé.
	Châtellerault	Cantons de Châtellerault-Nord, Châtellerault-Ouest, Châtellerault-Sud, Dangé-Saint-Romain, Lencloître, Pleumartin, Saint-Gervais-les-Trois-Clochers et Vouneuil-sur-Vienne et commune de Beaumont Saint-Cyr.
		Cour d'appel de Reims
		Ardennes
Charleville-Mézières		Cantons d'Asfeld, Charleville-Centre, Charleville-La Houillère, Château-Porcien, Chaumont-Porcien, Flize, Fumay, Givet, Juniville, Mézières-Centre-Ouest, Mézières-Est, Monthermé, Nouzonville, Novion-Porcien, Omont, Renwez, Rethel, Revin, Rocroi, Rumigny, Signy-le-Petit, Signy-l'Abbaye et Villers-Semeuse.
	Sedan	Cantons d'Attigny, Buzancy, Carignan, Grandpré, Le Chesne, Machault, Monthois, Mouzon, Raucourt-et-Flaba, Sedan-Est, Sedan-Nord, Sedan-Ouest, Tourteron et Vouziers.
		Aube
Troyes		Cantons d'Aix-en-Othe, Arcis-sur-Aube, Bar-sur-Aube, Bar-sur-Seine, Bouilly, Brienne-le-Château, Chaource, Chavanges, Ervy-le-Châtel, Essoyes, Estissac, La Chapelle-Saint-Luc, Les Riceys, Lusigny-sur-Barse, Marcilly-le-Hayer, Méry-sur-Seine, Mussy-sur-Seine, Nogent-sur-Seine, Piney, Ramerupt, Romilly-sur-Seine 1er Canton, Romilly-sur-Seine 2e Canton, Sainte-Savine, Soulaines-Dhuys, Troyes 1er Canton, Troyes 2e Canton, Troyes 3e Canton, Troyes 4e Canton, Troyes 5e Canton, Troyes 6e Canton, Troyes 7e Canton, Vendeuvre-sur-Barse et Villenauxe-la-Grande.

SIÈGE DU TRIBUNAL JUDICIAIRE	SIÈGE DE LA CHAMBRE DE PROXIMITÉ	RESSORT
Marne		
Châlons-en-Champagne		Cantons d'Anglure, Avize, Châlons-en-Champagne 1er Canton, Châlons-en-Champagne 2e Canton, Châlons-en-Champagne 3e Canton, Châlons-en-Champagne 4e Canton, Dormans, Écury-sur-Coole, Épernay 1er Canton, Épernay 2e Canton, Esternay, Fère-Champenoise, Givry-en-Argonne, Heiltz-le-Maurupt, Marson, Montmirail, Montmort-Lucy, Saint-Remy-en-Bouzemont-Saint-Genest-et-Isson, Sainte-Menehould, Sézanne, Sompuis, Suippes, Thiéblemont-Farémont, Vertus, Ville-sur-Tourbe, Vitry-le-François-Est et Vitry-le-François-Ouest.
Reims		Cantons d'Ay, Beine-Nauroy, Bourgogne, Châtillon-sur-Marne, Fismes, Reims 1er Canton, Reims 2e Canton, Reims 3e Canton, Reims 4e Canton, Reims 5e Canton, Reims 6e Canton, Reims 7e Canton, Reims 8e Canton, Reims 9e Canton, Reims 10e Canton, Verzy et Ville-en-Tardenois et commune de Cormicy.
Cour d'appel de Rennes		
Côtes-d'Armor		
Saint-Brieuc		Cantons de Châtelaudren, Collinée, Corlay, Étables-sur-Mer, Gouarec, La Chèze, Lamballe, Langueux, Lanvollon, Loudéac, Merdrignac, Moncontour, Mûr-de-Bretagne, Paimpol, Pléneuf-Val-André, Plérin, Plœuc-sur-Lié, Ploufragan, Plouguenast, Plouha, Quintin, Saint-Brieuc-Nord, Saint-Brieuc-Ouest, Saint-Brieuc-Sud et Uzel.
	Guingamp	Cantons de Bégard, Belle-Isle-en-Terre, Bourbriac, Callac, Guingamp, Lannion, La Roche-Derrien, Lézardrieux, Maël-Carhaix, Perros-Guirec, Plestin-les-Grèves, Plouagat, Plouaret, Pontrieux, Rostrenen, Saint-Nicolas-du-Pélem et Tréguier.
Finistère		
Brest		Cantons de Brest-Bellevue, Brest-Cavale-Blanche-Bohars-Guilers, Brest-Centre, Brest-Kerichen, Brest-Lambezellec, Brest-L'Hermitage-Gouesnou, Brest-Plouzané, Brest-Recouvrance, Brest-Saint-Marc, Brest-Saint-Pierre, Daoulas, Guipavas, Landerneau, Lannilis, Lesneven, Ouessant, Plabennec, Ploudalmézeau, Ploudiry et Saint-Renan.
	Morlaix	Cantons de Carhaix-Plouguer, Huelgoat, Landivisiau, Lanmeur, Morlaix, Plouescat, Plouigneau, Plouzévédé, Saint-Pol-de-Léon, Saint-Thégonnec, Sizun et Taulé.
Quimper		Cantons d'Arzano, Bannalec, Briec, Châteaulin, Châteauneuf-du-Faou, Concarneau, Crozon, Douarnenez, Fouesnant, Guilvinec, Le Faou, Pleyben, Plogastel-Saint-Germain, Pont-Aven, Pont-Croix, Pont-l'Abbé, Quimper 1er Canton, Quimper 2e Canton, Quimper 3e Canton, Quimperlé, Rosporden et Scaër.

SIÈGE DU TRIBUNAL JUDICIAIRE	SIÈGE DE LA CHAMBRE DE PROXIMITÉ	RESSORT
		Ille-et-Vilaine
Rennes		Cantons de Bécherel, Betton, Bruz, Cesson-Sévigné, Châteaugiron, Hédé, Janzé, Liffré, Montauban-de-Bretagne, Montfort-sur-Meu, Mordelles, Plélan-le-Grand, Rennes-Brequigny, Rennes-Centre, Rennes-Centre-Ouest, Rennes-Centre-Sud, Rennes-Est, Rennes-le-Blosne, Rennes-Nord, Rennes-Nord-Est, Rennes-Nord-Ouest, Rennes-Sud-Est, Rennes-Sud-Ouest, Saint-Aubin-d'Aubigné, Saint-Méen-le-Grand et commune de Châteaugiron.
	Fougères	Cantons d'Antrain, Argentré-du-Plessis, Châteaubourg (à l'exception de la fraction de commune de Châteaugiron), Fougères-Nord, Fougères-Sud, La Guerche-de-Bretagne, Louvigné-du-Désert, Retiers, Saint-Aubin-du-Cormier, Saint-Brice-en-Coglès, Vitré-Est, Vitré-Ouest.
	Redon	Cantons de Bain-de-Bretagne, Grand-Fougeray, Guichen, Le Sel-de-Bretagne, Maure-de-Bretagne, Pipriac et Redon.
Saint-Malo		Cantons de Cancale, Châteauneuf-d'Ille-et-Vilaine, Combourg, Dinard, Dol-de-Bretagne, Pleine-Fougères, Saint-Malo-Nord, Saint-Malo-Sud et Tinténiac.
	Dinan (Côtes d'Armor)	Cantons de Broons, Caulnes, Dinan-Est, Dinan-Ouest, Évran, Jugon-les-Lacs, Matignon, Plancoët, Plélan-le-Petit et Ploubalay.
		Loire-Atlantique
Nantes		Cantons d'Aigrefeuille-sur-Maine, Ancenis, Bouaye, Carquefou, Châteaubriant, Clisson, Derval, La Chapelle-sur-Erdre, Le Loroux-Bottereau, Le Pellerin, Legé, Ligné, Machecoul, Moisdon-la-Rivière, Nantes 1er Canton, Nantes 2e Canton, Nantes 3e Canton, Nantes 4e Canton, Nantes 5e Canton, Nantes 6e Canton, Nantes 7e Canton, Nantes 8e Canton, Nantes 9e Canton, Nantes 10e Canton, Nantes 11e Canton, Nort-sur-Erdre, Nozay, Orvault, Rezé, Riaillé, Rougé, Saint-Étienne-de-Montluc, Saint-Herblain-Est, Saint-Herblain-Ouest-Indre, Saint-Julien-de-Vouvantes, Saint-Mars-la-Jaille, Saint-Philbert-de-Grand-Lieu, Vallet, Varades (à l'exception de la fraction de commune d'Ingrandes-Le Fresne sur Loire), Vertou et Vertou-Vignoble et commune de Vallons-de-l'Erdre.
Saint-Nazaire		Cantons de Blain, Bourgneuf-en-Retz, Guémené-Penfao, Guérande, Herbignac, La Baule-Escoublac, Le Croisic, Montoir-de-Bretagne, Paimbœuf, Pontchâteau, Pornic, Saint-Gildas-des-Bois, Saint-Nazaire-Centre, Saint-Nazaire-Est, Saint-Nazaire-Ouest, Saint-Nicolas-de-Redon, Saint-Père-en-Retz et Savenay.
		Morbihan
Lorient		Cantons d'Auray, Baud, Belle-Île, Belz, Cléguérec, Gourin, Groix, Guémené-sur-Scorff, Hennebont, Lanester, Le Faouët, Locminé, Lorient-Centre, Lorient-Nord, Lorient-Sud, Ploemeur, Plouay, Pluvigner, Pontivy, Pont-Scorff, Port-Louis et Quiberon.

SIÈGE DU TRIBUNAL JUDICIAIRE	SIÈGE DE LA CHAMBRE DE PROXIMITÉ	RESSORT
Vannes		Cantons d'Allaire, Elven, Grand-Champ, Guer, Josselin, La Gacilly, La Roche-Bernard, La Trinité-Porhoët, Malestroit, Mauron, Muzillac, Ploërmel, Questembert, Rochefort-en-Terre, Rohan, Saint-Jean-Brévelay, Sarzeau, Vannes-Centre, Vannes-Est et Vannes-Ouest.
Cour d'appel de Riom		
Allier		
Cusset	Vichy	Cantons de Chantelle, Cusset-Nord, Cusset-Sud, Ébreuil, Escurolles, Gannat, Jaligny-sur-Besbre, Lapalisse, Le Donjon, Le Mayet-de-Montagne, Saint-Pourçain-sur-Sioule, Varennes-sur-Allier, Vichy-Nord et Vichy-Sud.
Montluçon		Cantons de Cérilly, Commentry, Domérat-Montluçon-Nord-Ouest, Hérisson, Huriel, Marcillat-en-Combraille, Montluçon-Est 4e Canton, Montluçon-Nord-Est 1er Canton, Montluçon-Ouest 2e Canton, Montluçon-Sud 3e Canton et Montmarault.
Moulins		Cantons de Bourbon-l'Archambault, Chevagnes, Dompierre-sur-Besbre, Le Montet, Lurcy-Lévis, Moulins-Ouest, Moulins-Sud, Neuilly-le-Réal, Souvigny et Yzeure.
Cantal		
Aurillac		Cantons d'Arpajon-sur-Cère, Aurillac 1er Canton, Aurillac 2e Canton, Aurillac 3e Canton, Aurillac 4e Canton, Champs-sur-Tarentaine-Marchal, Jussac, Laroquebrou, Mauriac, Maurs, Montsalvy, Pleaux, Riom-ès-Montagnes, Saignes, Saint-Cernin, Saint-Mamet-la-Salvetat, Salers et Vic-sur-Cère.
	Saint-Flour	Cantons d'Allanche, Chaudes-Aigues, Condat, Massiac, Murat, Pierrefort, Ruynes-en-Margeride, Saint-Flour-Nord et Saint-Flour-Sud.
Haute-Loire		
Le Puy-en-Velay		Cantons d'Allègre, Aurec-sur-Loire, Auzon, Bas-en-Basset, Blesle, Brioude-Nord, Brioude-Sud, Cayres, Craponne-sur-Arzon, Fay-sur-Lignon, La Chaise-Dieu, Langeac, Lavoûte-Chilhac, Le Monastier-sur-Gazeille, Le Puy-en-Velay-Est, Le Puy-en-Velay-Nord, Le Puy-en-Velay-Ouest, Le Puy-en-Velay-Sud-Est, Le Puy-en-Velay-Sud-Ouest, Loudes, Monistrol-sur-Loire, Montfaucon-en-Velay, Paulhaguet, Pinols, Pradelles, Retournac, Saint-Didier-en-Velay, Saint-Julien-Chapteuil, Saint-Paulien, Sainte-Sigolène, Saugues, Solignac-sur-Loire, Tence, Vorey et Yssingeaux.
Puy-de-Dôme		
Clermont-Ferrand		Cantons d'Ardes, Aubière, Beaumont, Besse-et-Saint-Anastaise, Billom, Bourg-Lastic, Chamalières, Champeix, Clermont-Ferrand-Centre, Clermont-Ferrand-Est, Clermont-Ferrand-Nord, Clermont-Ferrand-Nord-Ouest, Clermont-Ferrand-Ouest, Clermont-Ferrand-Sud, Clermont-Ferrand-Sud-Est, Clermont-Ferrand-Sud-Ouest, Cournon-d'Auvergne, Gerzat, Herment, Issoire, Jumeaux, La Tour-d'Auvergne, Montferrand, Pont-du-Château, Rochefort-Montagne, Royat, Saint-Amant-Tallende, Saint-Dier-d'Auvergne, Saint-Germain-Lembron, Sauxillanges, Tauves, Vertaizon, Veyre-Monton et Vic-le-Comte.

SIÈGE DU TRIBUNAL JUDICIAIRE	SIÈGE DE LA CHAMBRE DE PROXIMITÉ	RESSORT
	Riom	Cantons d'Aigueperse, Combronde, Ennezat, Manzat, Menat, Montaigut, Pionsat, Pontaumur, Pontgibaud, Randan, Riom-Est, Riom-Ouest et Saint-Gervais-d'Auvergne.
	Thiers	Cantons d'Ambert, Arlanc, Châteldon, Courpière, Cunlhat, Lezoux, Maringues, Olliergues, Saint-Amant-Roche-Savine, Saint-Anthème, Saint-Germain-l'Herm, Saint-Rémy-sur-Durolle, Thiers et Viverols.
		Cour d'appel de Rouen
		Eure
Évreux		Cantons d'Amfreville-la-Campagne (à l'exception de la fraction de commune des Monts du Roumois), Breteuil, Conches-en-Ouche, Damville, Évreux-Est, Évreux-Nord, Évreux-Ouest, Évreux-Sud, Gaillon, Gaillon-Campagne, Le Neubourg, Louviers-Nord, Louviers-Sud, Nonancourt, Pacy-sur-Eure, Pont-de-l'Arche, Rugles, Saint-André-de-l'Eure, Val-de-Reuil, Verneuil-sur-Avre, Vernon-Nord et Vernon-Sud.
	Bernay	Cantons de Beaumesnil, Beaumont-le-Roger, Bernay-Est, Bernay-Ouest, Beuzeville, Bourgtheroulde-Infreville, Brionne, Broglie, Cormeilles, Montfort-sur-Risle, Pont-Audemer, Quillebeuf-sur-Seine, Routot, Saint-Georges-du-Vièvre, Thiberville et commune des Monts du Roumois.
	Les Andelys	Cantons d'Écos, Étrépagny, Fleury-sur-Andelle, Gisors, Les Andelys et Lyons-la-Forêt.
(Décr. n° 2020-1563 du 10 déc. 2020, en vigueur le 1er sept. 2021) « Évreux		« Cantons de Breteuil, Conches-en-Ouche, Damville, Évreux-Est, Évreux-Nord, Évreux-Ouest, Évreux-Sud, Nonancourt, Pacy-sur-Eure, Rugles, Saint-André-de-l'Eure, Verneuil-sur-Avre, Vernon-Nord et Vernon-Sud.
	« Bernay	Cantons de Beaumesnil, Beaumont-le-Roger, Bernay-Est, Bernay-Ouest, Beuzeville, Bourgtheroulde-Infreville, Brionne, Broglie, Cormeilles, Montfort-sur-Risle, Pont-Audemer, Quillebeuf-sur-Seine, Routot, Saint-Georges-du-Vièvre, Thiberville et commune des Monts du Roumois.
	« Louviers	Cantons d'Amfreville-la-Campagne (à l'exception de la fraction de commune des Monts du Roumois), Écos, Étrépagny, Fleury-sur-Andelle, Gaillon, Gaillon-Campagne, Gisors, Le Neubourg, Les Andelys, Louviers-Nord, Louviers-Sud, Lyons-la-Forêt, Pont-de-l'Arche et Val-de-Rueil. »
		Seine-Maritime
Dieppe		Cantons d'Argueil, Aumale, Bacqueville-en-Caux, Bellencombre, Blangy-sur-Bresle, Dieppe-Est, Dieppe-Ouest, Envermeu, Eu, Forges-les-Eaux, Gournay-en-Bray, Londinières, Longueville-sur-Scie, Neufchâtel-en-Bray, Offranville, Saint-Saëns et Tôtes.

SIÈGE DU TRIBUNAL JUDICIAIRE	SIÈGE DE LA CHAMBRE DE PROXIMITÉ	RESSORT
Le Havre		Cantons de Bolbec, Criquetot-l'Esneval, Fauville-en-Caux, Fécamp, Goderville, Gonfreville-l'Orcher, Le Havre 1er Canton, Le Havre 2e Canton, Le Havre 3e Canton, Le Havre 4e Canton, Le Havre 5e Canton, Le Havre 6e Canton, Le Havre 7e Canton, Le Havre 8e Canton, Le Havre 9e Canton, Lillebonne, Montivilliers, Saint-Romain-de-Colbosc et Valmont et commune de Port-Jérôme-sur-Seine.
Rouen		Cantons de Bois-Guillaume, Boos, Buchy, Cany-Barville, Caudebec-en-Caux (à l'exception de la fraction de commune de Port-Jérôme-sur-Seine), Caudebec-lès-Elbeuf, Clères, Darnétal, Doudeville, Duclair, Elbeuf, Fontaine-le-Dun, Grand-Couronne, Le Grand-Quevilly, Le Petit-Quevilly, Maromme, Mont-Saint-Aignan, Notre-Dame-de-Bondeville, Ourville-en-Caux, Pavilly, Rouen 1er Canton, Rouen 2e Canton, Rouen 3e Canton, Rouen 4e Canton, Rouen 5e Canton, Rouen 6e Canton, Rouen 7e Canton, Saint-Étienne-du-Rouvray, Saint-Valery-en-Caux, Sotteville-lès-Rouen-Est, Sotteville-lès-Rouen-Ouest, Yerville et Yvetot.
Cour d'appel de Saint-Denis		
La Réunion		
Saint-Denis		Cantons de Saint-Denis 1er Canton, Saint-Denis 2e Canton, Saint-Denis 3e Canton, Saint-Denis 4e Canton, Saint-Denis 5e Canton, Saint-Denis 6e Canton, Saint-Denis 7e Canton, Saint-Denis 8e Canton, Saint-Denis 9e Canton, Sainte-Marie et Sainte-Suzanne ; Îles Eparses (îles Bassas-da-India, Europa, Glorieuses, Juan-de-Nova et Tromelin) ; et territoire des Terres australes et antarctiques françaises (îles Amsterdam et Saint-Paul, archipels Crozet et Kerguelen, et Terre-Adélie).
	Saint-Benoît	Cantons de Bras-Panon, La Plaine-des-Palmistes, Saint-André 1er Canton, Saint-André 2e Canton, Saint-André 3e Canton, Saint-Benoît 1er Canton, Saint-Benoît 2e Canton, Sainte-Rose et Salazie.
	Saint-Paul	Cantons de La Possession, Le Port 1er Canton Nord, Le Port 2e Canton Sud, Saint-Paul 1er Canton, Saint-Paul 2e Canton, Saint-Paul 3e Canton, Saint-Paul 4e Canton et Saint-Paul 5e Canton.
Saint-Pierre		Cantons d'Entre-Deux, Le Tampon 1er Canton, Le Tampon 2e Canton, Le Tampon 3e Canton, Le Tampon 4e Canton, Les Avirons, Les Trois-Bassins, L'Étang-Salé, Petite-Île, Saint-Joseph 1er Canton, Saint-Joseph 2e Canton, Saint-Leu 1er Canton, Saint-Leu 2e Canton, Saint-Louis 1er Canton, Saint-Louis 2e Canton, Saint-Louis 3e Canton, Saint-Philippe, Saint-Pierre 1er Canton, Saint-Pierre 2e Canton, Saint-Pierre 3e Canton et Saint-Pierre 4e Canton.
Mayotte		
Mamoudzou		Cantons de Acoua, Brandaboua, Bandrele, Bouéni, Chiconi, Chirongui, Dembeni, Dzaoudzi, Kani-Kéli, Koungou, Mamoudzou-I, Mamoudzou-II, Mamoudzou-III, Mtsamboro, M'Tsangamouji, Ouangani, Pamandzi, Sada, Tsingoni.

SIÈGE DU TRIBUNAL JUDICIAIRE	SIÈGE DE LA CHAMBRE DE PROXIMITÉ	RESSORT
		Cour d'appel de Toulouse
		Ariège
Foix		Cantons d'Ax-les-Thermes, Foix-Rural, Foix-Ville, La Bastide-de-Sérou, Lavelanet, Le Fossat, Le Mas-d'Azil, Les Cabannes, Mirepoix, Pamiers-Est, Pamiers-Ouest, Quérigut, Saverdun, Tarascon-sur-Ariège, Varilhes et Vicdessos.
	Saint-Girons	Cantons de Castillon-en-Couserans, Massat, Oust, Sainte-Croix-Volvestre, Saint-Girons et Saint-Lizier.
		Haute-Garonne
Saint-Gaudens		Cantons d'Aspet, Aurignac, Bagnères-de-Luchon, Barbazan, Boulogne-sur-Gesse, Cazères, Le Fousseret, L'Isle-en-Dodon, Montréjeau, Saint-Béat, Saint-Gaudens, Saint-Martory et Salies-du-Salat.
Toulouse		Cantons de Blagnac, Cadours, Caraman, Castanet-Tolosan, Fronton, Grenade, Lanta, Léguevin, Montastruc-la-Conseillère, Montgiscard, Nailloux, Revel, Toulouse 1er Canton, Toulouse 2e Canton, Toulouse 3e Canton, Toulouse 4e Canton, Toulouse 5e Canton, Toulouse 6e Canton, Toulouse 7e Canton, Toulouse 8e Canton, Toulouse 9e Canton, Toulouse 10e Canton, Toulouse 11e Canton, Toulouse 12e Canton, Toulouse 13e Canton, Toulouse 14e Canton, Toulouse 15e Canton, Tournefeuille, Verfeil, Villefranche-de-Lauragais et Villemur-sur-Tarn.
	Muret	Cantons d'Auterive, Carbonne, Cintegabelle, Montesquieu-Volvestre, Muret, Portet-sur-Garonne, Rieumes, Rieux-Volvestre et Saint-Lys.
		Tarn
Albi		Cantons d'Alban, Albi-Centre, Albi-Est, Albi-Nord-Est, Albi-Nord-Ouest, Albi-Ouest, Albi-Sud, Cadalen, Carmaux-Nord, Carmaux-Sud, Castelnau-de-Montmiral, Cordes-sur-Ciel, Gaillac, Lisle-sur-Tarn, Monestiés, Pampelonne, Rabastens, Réalmont, Salvagnac, Valderiès, Valence-d'Albigeois, Vaour et Villefranche-d'Albigeois.
Castres		Cantons d'Anglès, Brassac, Castres-Est, Castres-Nord, Castres-Ouest, Castres-Sud, Cuq-Toulza, Dourgne, Graulhet, Labruguière, Lacaune, Lautrec, Lavaur, Mazamet-Nord-Est, Mazamet-Sud-Ouest, Montredon-Labessonnié, Murat-sur-Vèbre, Puylaurens, Roquecourbe, Saint-Amans-Soult, Saint-Paul-Cap-de-Joux, Vabre et Vielmur-sur-Agout.
		Tarn-et-Garonne
Montauban		Cantons de Caussade, Caylus, Lafrançaise, Molières, Monclar-de-Quercy, Montauban 1er Canton, Montauban 2e Canton, Montauban 3e Canton, Montauban 4e Canton, Montauban 5e Canton, Montauban 6e Canton, Montpezat-de-Quercy, Nègrepelisse, Saint-Antonin-Noble-Val et Villebrumier.

SIÈGE DU TRIBUNAL JUDICIAIRE	SIÈGE DE LA CHAMBRE DE PROXIMITÉ	RESSORT
	Castelsarrasin	Cantons d'Auvillar, Beaumont-de-Lomagne, Bourg-de-Visa, Castelsarrasin 1er Canton, Castelsarrasin 2e Canton, Grisolles, Lauzerte, Lavit, Moissac 1er Canton, Moissac 2e Canton, Montaigu-de-Quercy, Montech, Saint-Nicolas-de-la-Grave, Valence et Verdun-sur-Garonne.
		Cour d'appel de Versailles
		Eure-et-Loir
Chartres		Cantons d'Auneau, Authon-du-Perche, Bonneval, Brou, Chartres-Nord-Est, Chartres-Sud-Est, Chartres-Sud-Ouest, Châteaudun, Cloyes-sur-le-Loir, Courville-sur-Eure, Illiers-Combray, Janville, La Loupe, Lucé, Maintenon, Mainvilliers, Nogent-le-Rotrou, Orgères-en-Beauce, Thiron*[-]* Gardais et Voves.
	Dreux	Cantons d'Anet, Brezolles, Châteauneuf-en-Thymerais, Dreux-Est, Dreux-Ouest, Dreux-Sud, La Ferté-Vidame, Nogent-le-Roi et Senonches.
		Hauts-de-Seine
Nanterre	Antony	Cantons d'Antony, Bagneux, Bourg-la-Reine, Châtenay-Malabry, Fontenay-aux-Roses, Le Plessis-Robinson (uniquement la commune du Plessis-Robinson), Montrouge et Sceaux.
	Asnières-sur-Seine	Cantons d'Asnières-sur-Seine-Nord, Asnières-sur-Seine-Sud, Clichy, Gennevilliers-Nord, Gennevilliers-Sud, Levallois-Perret-Nord (uniquement la fraction de la commune de Clichy) et Villeneuve-la-Garenne.
	Boulogne-Billancourt	Cantons de Boulogne-Billancourt-Nord-Est, Boulogne-Billancourt-Nord-Ouest, Boulogne-Billancourt-Sud, Chaville, Garches (uniquement la commune de Garches), Saint-Cloud et Sèvres.
	Colombes	Cantons de Bois-Colombes, Colombes-Nord-Est, Colombes-Nord-Ouest, Colombes-Sud et La Garenne-Colombes.
	Courbevoie	Cantons de Courbevoie-Nord, Courbevoie-Sud, Levallois-Perret-Nord (uniquement la fraction de la commune de Levallois-Perret), Levallois-Perret-Sud, Neuilly-sur-Seine-Nord et Neuilly-sur-Seine-Sud.
	Puteaux	Cantons de Garches (uniquement la fraction de la commune de Rueil-Malmaison), Nanterre-Nord, Nanterre-Sud-Est, Nanterre-Sud-Ouest, Puteaux, Rueil-Malmaison et Suresnes.
	Vanves	Cantons de Châtillon, Clamart, Issy-les-Moulineaux-Est, Issy-les-Moulineaux-Ouest, Le Plessis-Robinson (uniquement la fraction de la commune de Clamart), Malakoff, Meudon et Vanves.
		Val-d'Oise
Pontoise		Cantons de Beauchamp (uniquement la commune de Pierrelaye), Beaumont-sur-Oise, Cergy-Nord, Cergy-Sud, La Vallée-du-Sausseron, L'Hautil, L'Isle-Adam, Magny-en-Vexin, Marines, Pontoise, Saint-Ouen-l'Aumône et Vigny.

SIÈGE DU TRIBUNAL JUDICIAIRE	SIÈGE DE LA CHAMBRE DE PROXIMITÉ	RESSORT
	Gonesse	A l'exception de l'emprise des aérodromes de Paris-Le Bourget et de Roissy-Charles-de-Gaulle, cantons de Domont, Écouen, Garges-lès-Gonesse-Est, Garges-lès-Gonesse-Ouest, Gonesse, Goussainville, Luzarches, Sarcelles-Nord-Est, Sarcelles-Sud-Ouest, Viarmes et Villiers-le-Bel.
	Montmorency	Cantons de Beauchamp (uniquement les communes de Plessis-Bouchard et de Beauchamp), Eaubonne, Enghien-les-Bains, Ermont, Franconville, Montmorency, Saint-Gratien, Saint-Leu-la-Forêt, Soisy-sous-Montmorency et Taverny.
	Sannois	Cantons d'Argenteuil-Est, Argenteuil-Nord, Argenteuil-Ouest, Bezons, Cormeilles-en-Parisis, Herblay et Sannois.
		Yvelines
Versailles		Cantons du Chesnay, Montfort-l'Amaury (uniquement les communes d'Auteuil, Autouillet, Bazoches-sur-Guyonne, Béhoust, Beynes, Boissy-sans-Avoir, Flexanville, Galluis, Garancières, Goupillières, Grosrouvre, Marcq, Mareil-le-Guyon, Méré, Les Mesnuls, Millemont, Montfort-l'Amaury, Neauphle-le-Château, Neauphle-le-Vieux, La Queue-les-Yvelines, Saint-Germain-de-la-Grange, Saulx-Marchais, Thoiry, Le Tremblay-sur-Mauldre, Vicq, Villiers-le-Mahieu et Villiers-Saint-Fréderic), Montigny-le-Bretonneux, Plaisir, Saint-Cyr-l'École, Trappes, Vélizy-Villacoublay, Versailles-Nord, Versailles-Nord-Ouest, Versailles-Sud et Viroflay.
	Mantes-la-Jolie	Cantons de Bonnières-sur-Seine, Guerville, Houdan, Limay, Mantes-la-Jolie et Mantes-la-Ville.
	Poissy	Cantons d'Andrésy, Aubergenville, Conflans-Sainte-Honorine, Meulan, Poissy-Nord, Poissy-Sud et Triel-sur-Seine.
	Rambouillet	Cantons de Chevreuse, Maurepas, Montfort-l'Amaury (uniquement les communes de Jouars-Ponchartrain et Saint-Rémy-l'Honoré), Rambouillet et Saint-Arnoult-en-Yvelines.
	Saint-Germain-en-Laye	Cantons de Chatou, Houilles, La Celle-Saint-Cloud, Le Pecq, Le Vésinet, Maisons-Laffitte, Marly-le-Roi, Saint-Germain-en-Laye-Nord, Saint-Germain-en-Laye-Sud, Saint-Nom-la-Bretèche et Sartrouville.

Siège du tribunal de première instance	Siège de la section détachée	Ressort
	Cour d'appel de Nouméa	
	Nouvelle-Calédonie	
Nouméa		Nouvelle-Calédonie.
	Koné	Province Nord.
	Lifou	Province des îles Loyauté.
	Wallis-et-Futuna	
	Mata-Utu	Territoire des îles Wallis-et-Futuna.

Siège du tribunal de première instance	Siège de la section détachée	Ressort
Cour d'appel de Papeete		
Polynésie française		
Papeete		Collectivité d'outre-mer de la Polynésie française.
	Uturoa	Îles Sous-le-Vent
	Nuku-Hiva	Îles Marquises

Siège du tribunal de première instance et de la juridiction de proximité	Ressort
Tribunal supérieur d'appel de Saint-Pierre	
Saint-Pierre-et-Miquelon	
Saint-Pierre	Collectivité territoriale de Saint-Pierre-et-Miquelon

Cour d'appel de Basse-Terre		
Basse-Terre	Basse-Terre	Cantons de Basse-Terre 1er canton, Basse-Terre 2e canton, Bouillante, Capesterre-Belle-Eau 1er canton, Capesterre-Belle-Eau 2e canton, Gourbeyre, Goyave (uniquement la commune de Goyave), Les Saintes, Pointe-Noire, Saint-Claude, Sainte-Rose 1er canton, Sainte-Rose 2e canton (uniquement la commune de Deshaies), Trois-Rivières et Vieux-Habitants.
	Saint-Martin	Cantons de Saint-Barthélemy, Saint-Martin 1er canton et Saint-Martin 2e canton.
Dont une chambre détachée à Saint-Martin		Cantons de Saint-Barthélemy, Saint-Martin 1er canton et Saint-Martin 2e canton.
	Pointe-à-Pitre	Cantons d'Anse-Bertrand, Baie-Mahault, Capesterre-de-Marie-Galante, Grand-Bourg, Goyave (uniquement la fraction de la commune de Petit-Bourg), La Désirade, Lamentin, Le Gosier 1er canton, Le Gosier 2e canton, Le Moule 1er canton, Le Moule 2e canton, Les Abymes 1er canton, Les Abymes 2e canton, Les Abymes 3e canton, Les Abymes 4e canton, Les Abymes 5e canton, Morne-à-l'Eau 1er canton, Morne-à-l'Eau 2e canton, Petit-Bourg, Petit-Canal, Pointe-à-Pitre 1er canton, Pointe-à-Pitre 2e canton, Pointe-à-Pitre 3e canton, Sainte-Anne 1er canton, Sainte-Anne 2e canton, Sainte-Rose 2e canton (uniquement la fraction de la commune de Sainte-Rose), Saint-François et Saint-Louis.

L'art. 9 du Décr. n° 2019-914 du 30 août 2019 est applicable aux procédures en cours à sa d'entrée en vigueur, dans les conditions déterminées par les IV à VIII de l'art. 40 du Décr. n° 2019-912 du 30 août 2019 (Décr. n° 2019-914 du 30 août 2019, art. 13-III).

Les dispositions du Décr. n° 2020-1563 du 10 déc. 2020 entrent en vigueur le 1er sept. 2021. A cette date, les procédures en cours devant le tribunal judiciaire d'Évreux et la chambre de proximité des Andelys sont transférées en l'état à la nouvelle chambre de proximité de Louviers, dans la mesure où elles relèvent désormais de sa compétence.

Les convocations, citations et assignations données aux parties et aux témoins délivrées avant le 1er sept. 2021 pour une comparution postérieure à cette date le sont devant la chambre de proximité nouvellement compétente.

Il n'y a pas lieu de renouveler les actes, formalités et jugements régulièrement intervenus avant le 1er sept. 2021, à l'exception des convocations, citations et assignations données aux parties et aux témoins qui n'auraient pas été suivies d'une comparution devant le tribunal judiciaire d'Évreux ou la chambre de proximité des Andelys. Les citations et assignations produisent cependant leurs effets ordinaires interruptifs de prescription. Le tribunal judiciaire d'Évreux ou la chambre de proximité des Andelys informe les parties ayant comparu devant l'un ou l'autre, de ce qu'il leur appartient d'accomplir les actes de la procédure devant la chambre de proximité de Louviers à laquelle la procédure a été transférée.

Les archives et les minutes du greffe du tribunal judiciaire d'Évreux antérieurement compétent et de la chambre de proximité des Andelys sont transférées au greffe de la chambre de proximité de Louviers nouvellement compétente. Les frais de transfert de ces archives et minutes sont imputés sur le crédit ouvert à cet effet au budget du ministère de la Justice (Décr. préc., art. 3).

TABLEAU IV-I

Conseils de prud'hommes et maisons de justice et du droit dans lesquels est implanté un service d'accueil unique du justiciable (annexe R. 123-26)

(Arr. du 21 déc. 2020, JO 8 janv., mod. par Arr. du 8 avr. 2021, JO 16 avr. ; mod. par Arr. du 23 avr. 2021, en vigueur le 1er sept. 2021, JO 25 avr.)

CONSEIL DE PRUD'HOMMES ET MAISONS DE JUSTICE ET DU DROIT DANS LESQUELS EST IMPLANTÉ UN SERVICE D'ACCUEIL UNIQUE DU JUSTICIABLE
Cour d'appel d'Agen
Conseil de prud'hommes d'Auch
Conseil de prud'hommes d'Agen
Cour d'appel d'Aix-en-Provence
Conseil de prud'hommes d'Arles
Cour d'appel d'Amiens
Maison de justice et du droit de Creil
Cour d'appel d'Angers
Conseil de prud'hommes de Laval
Cour d'appel de Basse-Terre
Conseil de prud'hommes de Basse-Terre
Cour d'appel de Bastia
Maison de justice et du droit de Porto-Vecchio
Cour d'appel de Bourges
Maison de justice et du droit de Vierzon

Cour d'appel de Caen
Conseil de prud'hommes de Caen
Maison de justice et du droit de Saint-Lô
Conseil de prud'hommes de Cherbourg-en-Cotentin
Cour d'appel de Chambéry
Conseil de prud'hommes d'Aix-les-bains
Cour d'appel de Douai
Conseil de prud'hommes de Lannoy
Cour d'appel de Lyon
Conseil de prud'hommes d'Oyonnax
Conseil de prud'hommes de Lyon
Cour d'appel de Metz
Conseil de prud'hommes de Forbach
Cour d'appel de Montpellier
Conseil de prud'hommes de Montpellier
Cour d'appel de Nancy
Conseil de prud'hommes d'Épinal
Conseil de prud'hommes de Longwy
Cour d'appel de Paris
Conseil de prud'hommes de Bobigny
Conseil de prud'hommes de Créteil
Conseil de prud'hommes de Villeneuve-Saint-Georges
Cour d'appel de Poitiers
Conseil de prud'hommes de Saintes
Conseil de prud'hommes de Thouars
Conseil de prud'hommes de La Roche-sur-Yon
Cour d'appel de Reims
Conseil de prud'hommes d'Epernay
Cour d'appel de Rennes
Conseil de prud'hommes de Brest
Conseil de prud'hommes de Nantes
Conseil de prud'hommes de Lorient
Maison de justice et du droit de Pontivy

Cour d'appel de Versailles
Conseil de prud'hommes de Boulogne-Billancourt
Conseil de prud'hommes de Châteaudun
Conseil de prud'hommes d'Argenteuil
Conseil de prud'hommes de Saint-Germain-en-Laye

TABLEAU IV-II

Compétences matérielles des chambres de proximité non mentionnées au tableau IV-III (annexe de l'article D. 212-19-1)

(Décr. nº 2019-914 du 30 août 2019, art. 9-III, en vigueur le 1er janv. 2020 ; mod. par Décr. nº 2020-1563 du 10 déc. 2020, en vigueur le 1er sept. 2021 ; Décr. nº 2021-456 du 15 avr. 2021, art. 2-3º ; mod. par Décr. nº 2021-872 du 30 juin 2021, art. 7-IX, en vigueur le 1er juill. 2021)

L'art. 9 du Décr. nº 2019-914 du 30 août 2019 est applicable aux procédures en cours à sa date d'entrée en vigueur, dans les conditions déterminées par les IV à VIII de l'art. 40 du Décr. nº 2019-912 du 30 août 2019 (reproduit ss. l'art. R. 211-3) (Décr. nº 2019-914 du 30 août 2019, art. 13-III).

Les dispositions du Décr. nº 2020-1563 du 10 déc. 2020 entrent en vigueur le 1er sept. 2021. A cette date, les procédures en cours devant le tribunal judiciaire d'Évreux et la chambre de proximité des Andelys sont transférées en l'état à la nouvelle chambre de proximité de Louviers, dans la mesure où elles relèvent désormais de sa compétence.

Les convocations, citations et assignations données aux parties et aux témoins délivrées avant le 1er sept. 2021 pour une comparution postérieure à cette date le sont devant la chambre de proximité nouvellement compétente.

Il n'y a pas lieu de renouveler les actes, formalités et jugements régulièrement intervenus avant le 1er sept. 2021, à l'exception des convocations, citations et assignations données aux parties et aux témoins qui n'auraient pas été suivies d'une comparution devant le tribunal judiciaire d'Évreux ou la chambre de proximité des Andelys. Les citations et assignations produisent cependant leurs effets ordinaires interruptifs de prescription. Le tribunal judiciaire d'Évreux ou la chambre de proximité des Andelys informe les parties ayant comparu devant l'un ou l'autre, de ce qu'il leur appartient d'accomplir les actes de la procédure devant la chambre de proximité de Louviers à laquelle la procédure a été transférée.

Les archives et les minutes du greffe du tribunal judiciaire d'Évreux antérieurement compétent et de la chambre de proximité des Andelys sont transférées au greffe de la chambre de proximité de Louviers nouvellement compétente. Les frais de transfert de ces archives et minutes sont imputés sur le crédit ouvert à cet effet au budget du ministère de la Justice (Décr. préc., art. 3).

<table>
<tr><th>COUR D'APPEL</th><th>TRIBUNAL JUDICIAIRE</th><th>CHAMBRES DE PROXIMITÉ</th><th>COMPÉTENCE MATÉRIELLE</th></tr>
<tr><td rowspan="3">Agen</td><td>Agen</td><td>Villeneuve-sur-Lot.</td><td rowspan="20">1° Actions personnelles ou mobilières jusqu'à la valeur de 10 000 euros et demandes indéterminées qui ont pour origine l'exécution d'une obligation dont le montant n'excède pas 10 000 euros, en matière civile ;
2° Demandes formées en application du règlement (CE) n° 861/2007 du Parlement européen et du Conseil du 11 juillet 2007 instituant une procédure européenne de règlement des petits litiges ;
3° Demandes de mainlevée de l'opposition frappant les titres perdus ou volés dans les conditions prévues par les articles 19 et 20 du décret n° 56-27 du 11 janvier 1956 relatif à la procédure à suivre en cas de dépossession de titres au porteur ou de coupons ;
4° Contestations sur les conditions des funérailles ;
5° Demandes relatives aux frais, émoluments et débours des auxiliaires de justice et des officiers publics ou ministériels suivant les modalités définies au premier alinéa de l'article 52 du code de procédure civile ;
6° Actions en bornage ;
7° Actions pour dommages causés aux champs et cultures, aux fruits et récoltes, aux arbres, aux clôtures et aux bâtiments agricoles, que ces dommages résultent du fait de l'homme, des animaux domestiques ou des instruments et machines de culture ;
8° Actions pour dommages causés aux cultures et récoltes par le gibier ;
9° Demandes relatives aux vices rédhibitoires et aux maladies contagieuses des animaux domestiques, fondées sur les dispositions du code rural et de la pêche maritime ou sur la convention des parties, quel qu'ait été le mode d'acquisition des animaux ;
10° Actions en rescision, réduction de prix ou dommages-intérêts pour lésion dans les ventes d'engrais, amendements, semences et plants destinés à l'agriculture, et de substances destinées à l'alimentation du bétail ;
11° Contestations relatives aux warrants agricoles ;
12° Contestations relatives aux travaux nécessaires à l'entretien et à la mise en état de viabilité des chemins d'exploitation ;
13° Litiges relatifs à la vente des objets abandonnés dans les garde-meubles ou chez tout dépositaire, des objets confiés à des ouvriers, industriels ou artisans pour être travaillés, réparés ou mis en garde et des objets confiés à des entrepreneurs de transport et non réclamés, ainsi qu'au paiement des sommes dues à ces différents détenteurs ;</td></tr>
<tr><td>Auch</td><td>Condom.</td></tr>
<tr><td>Cahors</td><td>Figeac.</td></tr>
<tr><td rowspan="6">Aix-en-Provence</td><td>Aix-en-Provence</td><td>Martigues, Salon-de-Provence.</td></tr>
<tr><td>Digne-les-Bains</td><td>Manosque.</td></tr>
<tr><td>Draguignan</td><td>Brignoles, Fréjus.</td></tr>
<tr><td>Grasse</td><td>Antibes, Cagnes-sur-Mer, Cannes.</td></tr>
<tr><td>Marseille</td><td>Aubagne.</td></tr>
<tr><td>Nice</td><td>Menton.</td></tr>
<tr><td>Amiens</td><td>Amiens</td><td>Abbeville, Péronne.</td></tr>
<tr><td rowspan="2">Angers</td><td>Angers</td><td>Cholet.</td></tr>
<tr><td>Le Mans</td><td>La Flèche.</td></tr>
<tr><td rowspan="3">Besançon</td><td>Besançon</td><td>Pontarlier</td></tr>
<tr><td>Lons-le-Saunier</td><td>Saint-Claude.</td></tr>
<tr><td>Vesoul</td><td>Lure.</td></tr>
<tr><td rowspan="3">Bordeaux</td><td>Angoulême</td><td>Cognac.</td></tr>
<tr><td>Bergerac</td><td>Sarlat-la-Canéda.</td></tr>
<tr><td>Bordeaux</td><td>Arcachon.</td></tr>
<tr><td rowspan="2">Bourges</td><td>Bourges</td><td>Saint-Amand-Montrond.</td></tr>
<tr><td>Nevers</td><td>Clamecy.</td></tr>
</table>

COUR D'APPEL	TRIBUNAL JUDICIAIRE	CHAMBRES DE PROXIMITÉ	COMPÉTENCE MATÉRIELLE
Caen	Argentan	Flers.	14° Actions entre les transporteurs et les expéditeurs ou les destinataires relatives aux indemnités pour perte, avarie, détournement des colis et bagages, y compris les colis postaux, ou pour retard dans la livraison ; ces indemnités ne pourront excéder les tarifs prévus aux conventions intervenues entre les transporteurs concessionnaires et l'État ; 15° Actions relatives à la distance prescrite par la loi, les règlements particuliers et l'usage des lieux pour les plantations ou l'élagage d'arbres ou de haies ; 16° Actions relatives aux constructions et travaux mentionnés à l'article 674 du code civil ; 17° Actions relatives au curage des fossés et canaux servant à l'irrigation des propriétés ou au mouvement des usines et moulins ; 18° Contestations relatives à l'établissement et à l'exercice des servitudes instituées par les articles L. 152-14 à L. 152-23 du code rural et de la pêche maritime, 640 et 641 du code civil ainsi qu'aux indemnités dues à raison de ces servitudes ; 19° Contestations relatives aux servitudes établies au profit des associations syndicales prévues par l'ordonnance n° 2004-632 du 1er juillet 2004 relative aux associations syndicales de propriétaires ; 20° Contestations relatives aux indemnités auxquelles peuvent donner lieu, conformément à l'article L. 215-5 du code de l'environnement, l'élargissement ou l'ouverture du nouveau lit des cours d'eau non domaniaux ; 21° Contestations relatives aux indemnités dues à raison des servitudes aéronautiques de balisage prévues aux articles D. 243-1 et suivants du code de l'aviation civile ; 22° Contestations relatives aux indemnités dues à raison des servitudes prévues par l'article L. 171-10 du code de la voirie routière ; 23° Actions mentionnées aux articles L. 211-1 et L. 211-20 du code rural et de la pêche maritime ; 24° Demandes présentées par les organisations professionnelles agricoles en application de l'article L. 632-7 du code rural et de la pêche maritime en matière de contrat de fourniture de produits ; 25° Contestations relatives à l'application des I et II de l'article 1er de la loi n° 66-457 du 2 juillet 1966 relative à l'installation d'antennes réceptrices de radiodiffusion et des décrets n° 67-1171 du 28 décembre 1967 et n° 2009-53 du 15 janvier 2009 pris en application de cette loi ; 26° Contestations des décisions du maire et de la commission de contrôle relatives à l'établissement et à la révision des listes électorales dans les conditions prévues par le I de l'article L. 20 du code électoral ainsi que des réclamations présentées devant lui en application du II de l'article L. 20 du même code ;
	Caen	Vire.	
	Coutances	Avranches.	
Chambéry	Thonon-les-Bains	Annemasse.	
Dijon	Chalon-sur-Saône	Le Creusot.	
	Chaumont	Saint-Dizier.	
	Dijon	Beaune, Montbard.	
Douai	Avesnes-sur-Helpe	Maubeuge.	
	Béthune	Lens.	
	Boulogne-sur-Mer	Montreuil, Calais.	
	Dunkerque	Hazebrouck.	
	Lille	Roubaix, Tourcoing.	
Grenoble	Valence	Montélimar, Romans-sur-Isère.	
Lyon	Bourg-en-Bresse	Belley, Nantua, Trévoux.	
	Lyon	Villeurbanne.	
	Saint-Étienne	Montbrison.	
Montpellier	Montpellier	Sète.	
Nancy	Épinal	Saint-Dié-des-Vosges.	
	Nancy	Lunéville.	
Nîmes	Avignon	Pertuis.	
	Carpentras	Orange.	
	Nîmes	Uzès.	
	Privas	Annonay, Aubenas.	

COUR D'APPEL	TRIBUNAL JUDICIAIRE	CHAMBRES DE PROXIMITÉ	COMPÉTENCE MATÉRIELLE
Paris	Bobigny	Aubervilliers, Aulnay-sous-Bois, Le Raincy, Montreuil, Pantin, Saint-Denis, Saint-Ouen-sur-Seine.	27° Côte et paraphe des livres, registres et répertoires des notaires, des huissiers de justice, des commissaires-priseurs judiciaires et des courtiers établis ou exerçant leurs fonctions dans le ressort de la chambre de proximité ; 28° Contestations prévues aux articles R.* 421-7, R. 422-2-1 et R.* 423-89 du code de la construction et de l'habitation ;*(Décr. n° 2021-456 du 15 avr. 2021, art. 2-3°)* « 29° Des contestations relatives à la formation, à l'exécution ou à la rupture du contrat d'engagement maritime entre l'employeur et le marin, dans les conditions prévues aux articles L. 5542-48 et L. 5621-18 du code des transports ; » 30° Oppositions à contrainte dans les conditions prévues par les articles R. 1235-4 à R. 1235-9 du code du travail ; 31° Demandes formées en application du règlement (CE) n° 1896/2006 du Parlement européen et du Conseil du 12 décembre 2006 instituant une procédure européenne d'injonction de payer ; 32° Des demandes formées en application de l'article R. 2234-91 du code de la défense lorsque le montant de la demande n'excède pas les taux de compétence prévus à *[au]* 1° du présent tableau ; 33° Des demandes formées en application de l'article R. 2234-103 du code de la défense ; 34° Des contestations formées contre les saisies pour contrefaçon d'un brevet, dessin ou modèle prévues aux articles R. 123-8 et suivants du code de l'aviation civile ; 35° De la suspension d'un permis de chasser prévues *[prévu]* aux articles L. 428-16 et suivants du code de l'environnement ; 36° Des demandes de désignation d'expert prévues à l'article L. 429-32 du code de l'environnement ; 37° Des actions mentionnées *(Décr. n° 2021-872 du 30 juin 2021, art. 7-IX, en vigueur le 1er juill. 2021)* « aux articles R. 113-7 à R. 113-10 » du code de la construction et de l'habitation ; 38° Des actions mentionnées à l'article L. 271-5 du code de l'action sociale et des familles ; 39° Des actions en responsabilités prévues à l'article L. 2333-35 du code général des collectivités territoriales ; 40° Des désignations d'experts prévues à l'article 5 de la loi du 17 juillet 1856 relative au drainage ; 41° Des actions prévues à l'article 2 de la loi n° 73-1230 du 31 décembre 1973 réglementant la location du droit de pêche dans certains étangs salés privés du littoral ; 42° Des actions prévues aux articles L. 313-63 et L. 314-20 du code de la consommation ; 43° Des actes de notoriété prévus à l'article R. 39 du code des pensions civiles et militaires de retraite ; 44° Des demandes formées en application de l'article L. 106 du Livre des procédures fiscales ;
	Créteil	Charenton-le-Pont, Ivry-sur-Seine, Nogent-sur-Marne, Saint-Maur-des-Fossés, Sucy-en-Brie, Villejuif.	
	Évry-Courcouronnes	Étampes, Juvisy-sur-Orge, Longjumeau, Palaiseau.	
	Meaux	Lagny-sur-Marne.	
Pau	Pau	Oloron-Sainte-Marie.	
Poitiers	La Roche-sur-Yon	Fontenay-le-Comte.	
	La Rochelle	Rochefort.	
	Poitiers	Châtellerault.	
	Niort	Bressuire.	
	Saintes	Jonzac.	
Reims	Charleville-Mézières	Sedan.	
Rennes	Brest	Morlaix.	
	Rennes	Fougères, Redon.	
	Saint-Malo	Dinan.	
Riom	Aurillac	Saint-Flour.	
	Clermont-Ferrand	Riom, Thiers.	
	Cusset	Vichy.	

COUR D'APPEL	TRIBUNAL JUDICIAIRE	CHAMBRES DE PROXIMITÉ	COMPÉTENCE MATÉRIELLE
Rouen	Évreux	Bernay, Les Andelys *[nouvelle rédaction issue du Décr. n° 2020-1563 du 10 déc. 2020, en vigueur le 1er sept. 2021 : « Bernay, Louviers »]*.	45° Cotes et paraphes des registres des sociétés civiles de placement immobilier, sociétés d'épargne forestière et groupements forestiers d'investissement prévu*[s]* à l'article R. 214-148 du code monétaire et financier ; 46° Cotes et paraphes des registres des professions libérales *[prévu aux articles]* R. 4113-2 et R. 4131-14 du code de la santé publique ; 47° De la réception des testaments faits en application des articles 985 et 986 du code civil ; 48° Des demandes de mainlevée de saisie d'aéronef prévues aux articles R. 123-8 et suivants du code de l'aviation civile ; 49° Des demandes d'indemnités dues à raison des servitudes aéronautiques de balisage prévues de *[à]* l'article D. 243-5 du code de l'aviation civile ; 50° Des demandes d'indemnisations des témoins et des jurés prévus *[prévu]* aux articles R. 134 et R. 146 du code de procédure pénale ; 51° Des demandes de mainlevée provisoire de la mise sous séquestre des animaux et des objets périssables prévues à l'article R. 149 du code de procédure pénale ; 52° Des actions prévues à l'article R. 421-14 du code des assurances dont le montant n'excède pas 10 000 euros ; 53° Cote et paraphe du registre spécial tenu au siège de la société civile de l'article 1845 du code civil et prévu à l'article 45 du décret n° 78-704 du 3 juillet 1978 relatif à l'application de la loi n° 78-9 du 4 janvier 1978 modifiant le titre IX du livre III du code civil ; 54° Cote et paraphe du registre spécial des délibérations du conseil d'administration de la Compagnie française d'assurance pour le commerce extérieur (Coface) prévu à l'article 18 du décret du 20 janvier 1948 portant approbation des statuts de la Compagnie française d'assurance pour le commerce extérieur ; 55° Demandes présentées en application des articles L. 471-3 à L. 471-7 du code rural et de la pêche maritime ; 56° Demandes présentées en application de l'article R. 124-13 du code rural et de la pêche maritime ; 57° Demandes présentées en application de l'article R. 125-10 du code rural et de la pêche maritime ; 58° Demandes présentées en application de l'article R. 135-5 du code rural et de la pêche maritime ; 59° Contestations mentionnées aux articles R. 152-26, R. 152-27 et R. 152-28 du code rural et de la pêche maritime ;
(Décr. n° 2020-1563 du 10 déc. 2020, en vigueur le 1er sept. 2021) « Rouen	Évreux	Bernay, Louviers »	
Saint-Denis	Saint-Denis	Saint-Benoît, Saint-Paul.	
Toulouse	Foix	Saint-Girons.	
	Montauban	Castelsarrasin.	
	Toulouse	Muret.	
Versailles	Chartres	Dreux.	
	Nanterre	Antony, Asnières-sur-Seine, Boulogne-Billancourt, Colombes, Courbevoie, Puteaux, Vanves.	

COUR D'APPEL	TRIBUNAL JUDICIAIRE	CHAMBRES DE PROXIMITÉ	COMPÉTENCE MATÉRIELLE
Versailles	Pontoise	Gonesse, Montmorency, Sannois.	60° Demandes présentées en application de l'article R. 213-3 du code rural et de la pêche maritime ; 61° Demandes présentées en application de l'article D. 554-12 du code rural et de la pêche maritime ; 62° Demandes tendant au paiement du capital mentionnées à l'article R. 361-4 du code de la sécurité sociale ; 63° Contestations relatives au contrat mentionné à l'article L. 442-1 du code de l'action sociale et des familles ; 64° Contestations relatives à la décision du directeur régional des entreprises, de la concurrence, de la consommation, du travail et de l'emploi relative à la détermination du nombre et du périmètre des établissements distincts mentionnée aux articles R. 2313-2 et R. 2313-5 du code du travail ; 65° Actions en fixation du montant de la subvention de fonctionnement mentionnées à l'article R. 2315-32 du code du travail ; 66° Actions en dommages et intérêts envers le régime d'assurance chômage mentionnées à l'article D. 3141-2 du code du travail.
	Versailles	Mantes-la-Jolie, Poissy, Rambouillet, Saint-Germain-en-Laye.	

TABLEAU IV-III

Compétences matérielles des chambres de proximité de Dole, Guebwiller, Guingamp, Haguenau, Illkirch-Graffenstaden, Marmande, Millau, Molsheim, Saint-Martin, Saint-Laurent-Du-Maroni, Saint-Avold, Sarrebourg, Schiltigheim, Sélestat Et Thann (annexe de l'article D. 212-19-1)

(Décr. n° 2019-914 du 30 août 2019, art. 9, en vigueur le 1er janv. 2020, mod. par Décr. n° 2019-1408 du 19 déc. 2019, art. 3, en vigueur le 1er janv. 2020, mod. par Décr. n° 2020-166 du 26 févr. 2020, applicable aux saisines du juge des libertés et de la détention introduites à compter du 1er mars 2020, mod. par Décr. n° 2021-887 du 2 juill. 2021, en vigueur le 1er sept. 2021)

L'art. 9 du Décr. n° 2019-914 du 30 août 2019 est applicable aux procédures en cours à sa date d'entrée en vigueur, dans les conditions déterminées par les IV à VIII de l'art. 40 du Décr. n° 2019-912 du 30 août 2019 (reproduit ss. l'art. R. 211-3) (Décr. n° 2019-914 du 30 août 2019, art. 13-III).

COUR D'APPEL	TRIBUNAL JUDICIAIRE	CHAMBRES DE PROXIMITÉ	COMPÉTENCE MATÉRIELLE
Agen	Agen	Marmande	1° Matières énumérées au tableau IV-II annexé au présent code ; 2° Matières relevant de l'article L. 213-3 du code de l'organisation judiciaire, à l'exception de celles relevant du 1° et du *d* du 3° de cet article, et de celles relevant des articles 233, 237, 242 et 296 du code civil ; 3° Matières relevant de l'article L. 213-3-1 du code de l'organisation judiciaire ; 4° Délits dont la liste est fixée aux 2° et 3° de l'article 398-1 du code de procédure pénale. 5° Procédures de comparution sur reconnaissance préalable de culpabilité dont l'audience d'homologation est régie par les articles 495-9 et 495-11 à 495-16 du code de procédure pénale.
Basse-Terre	Basse-Terre	Saint-Martin	*(Décr. n° 2020-166 du 26 févr. 2020, applicable aux saisines du juge des libertés et de la détention introduites à compter du 1er mars 2020)* « 1° Sous réserve des 2° et 3°, affaires civiles et pénales de la compétence du tribunal judiciaire à l'exception de celles relevant des fonctions visées au premier alinéa de l'article 28-3 de l'ordonnance n° 58-1270 du 22 décembre 1958 portant loi organique relative au statut de la magistrature ; « 2° Fonctions relevant de la compétence du juge des enfants et présidence du tribunal pour enfants lorsque cette juridiction tient ses audiences au siège de la chambre de proximité ; « 3° Fonctions relevant de la compétence du juge des libertés et de la détention. »
Besançon	Lons-le-Saunier	Dole	1° Matières énumérées au tableau IV-II annexé au présent code ; 2° Matières relevant de l'article L. 213-3 du code de l'organisation judiciaire, à l'exception de celles relevant du 1° et du *d* du 3° de cet article, et de celles relevant des articles 376 à 377-3 du code civil ; 3° Délits dont la liste est fixée à l'article 398-1 du code de procédure pénale ; 4° Contraventions.
Cayenne	Cayenne	Saint-Laurent-du-Maroni.	*(Décr. n° 2021-887 du 2 juill. 2021, en vigueur le 1er sept. 2021)* « 1° Sous réserve du 2°, affaires civiles et pénales de la compétence du tribunal judiciaire à l'exception de celles relevant des fonctions visées au premier alinéa de l'article 28-3 de l'ordonnance n° 58-1270 du 22 décembre 1958 portant loi organique relative au statut de la magistrature ; « 2° Fonctions relevant de la compétence du juge des enfants et présidence du tribunal pour enfants lorsque cette juridiction tient ses audiences au siège de la chambre de proximité ; »

COUR D'APPEL	TRIBUNAL JUDICIAIRE	CHAMBRES DE PROXIMITÉ	COMPÉTENCE MATÉRIELLE
Colmar	Colmar	Guebwiller Sélestat	1° Matières énumérées au tableau IV-II annexé au présent code ; 2° En matière civile et commerciale, actions patrimoniales jusqu'à la valeur de 10 000 euros et demandes indéterminées qui ont pour origine l'exécution d'une obligation dont le montant n'excède pas 10 000 euros ; 3° Fonctions de tribunal de l'exécution ; 4° Tutelle, administrations légales et curatelles de droit local ; 5° Partage judiciaire et vente judiciaire d'immeubles, certificats d'héritier et scellés ; 6° Registre des associations de droit local ; 7° Saisie conservatoire prévue à l'article L. 511-51 du code de commerce quel que soit le montant des causes de la saisie.
	Mulhouse	Thann	
	Saverne	Molsheim	
	Strasbourg	Haguenau Illkirch-Graffenstaden Schiltigheim	
Metz	Metz	Sarrebourg	
	Sarreguemines	Saint-Avold	
Montpellier	Rodez	Millau	1° Matières énumérées au tableau IV-II annexé au présent code ; 2° Matières relevant de l'article L. 213-3 du code de l'organisation judiciaire, à l'exception de celles relevant des articles 377 à 377-3 du code civil ; 3° Matières relevant de l'article L. 213-3-1 du code de l'organisation judiciaire ; 4° Délits dont la liste est fixée à l'article 398-1 du code de procédure pénale ; 5° Procédures de comparution sur reconnaissance préalable de culpabilité dont l'audience d'homologation est régie par les articles 495-9 et 495-11 à 495-16 du code de procédure pénale ; 6° Contraventions.
Rennes	Saint-Brieuc	Guingamp	1° Matières énumérées au tableau IV-II annexé au présent code ; *(Abrogé par Décr. n° 2019-1408 du 19 déc. 2019, art. 3-II, à compter du 1er janv. 2020)* « *2° Matières relevant de l'article 311-20 du code civil ;* » *(Décr. n° 2019-1408 du 19 déc. 2019, art. 3-II, en vigueur le 1er janv. 2020)* « 2° » Matières relevant de l'article L. 213-3 du code de l'organisation judiciaire, à l'exception de celles relevant des articles 205, 206 et 376 à 377-3 du code civil, et de celles relevant des articles 233, 237, 242, 296, 371-4, 515-7, 515-8, 840, 1400, 1536 et 1569 du code civil pour lesquelles l'assignation a été enrôlée au tribunal de grande instance de Saint-Brieuc avant le 1er septembre 2014 ; *(Décr. n° 2019-1408 du 19 déc. 2019, art. 3-II, en vigueur le 1er janv. 2020)* « 3° » Matières relevant de l'article L. 213-3-1 du code de l'organisation judiciaire ; *(Décr. n° 2019-1408 du 19 déc. 2019, art. 3-II, en vigueur le 1er janv. 2020)* « 4° » Délits dont la liste est fixée à l'article 398-1 du code de procédure pénale ; *(Décr. n° 2019-1408 du 19 déc. 2019, art. 3-II, en vigueur le 1er janv. 2020)* « 5° » Contraventions.

TABLEAU IV-IV

Siège, ressort et compétences matérielles des tribunaux judiciaires spécialement désignés sur le fondement de l'article L. 211-9-3 (annexe de l'article D. 211-4-1) *(mod. par Décr. n° 2021-1822 du 27 déc. 2021, en vigueur le 1er janv. 2022).*

La juridiction saisie demeure compétente pour statuer sur les procédures civiles introduites antérieurement à la date d'entrée en vigueur du Décr. n° 2021-1103 du 20 août 2021.

Le procureur de la République, le juge d'instruction et la juridiction de jugement demeurent compétents pour les procédures pénales en cours à la date d'entrée en vigueur du Décr. n° 2021-1103 du 20 août 2021, sans préjudice de la possibilité d'un dessaisissement au profit du procureur de la République ou de la juridiction spécialement désignée par ce même décret (Décr. préc., art. 3).

Siège	Compétences civiles (conformément à l'article R. 211-4 I)	Compétences pénales (conformément à l'article R. 211-4 II)	Ressort
Cour d'appel de Grenoble			
Département de l'Isère			
Grenoble	– Des actions relatives aux droits d'enregistrement et assimilés ; – Des actions relatives à la cession ou au nantissement de créance professionnelle fondées sur les articles L. 313-23 à L. 313-29-2 du code monétaire et financier ; – Des actions relatives au billet à ordre fondées sur les articles L. 512-1 à L. 512-8 du code de commerce ; – Des litiges relevant de l'exécution d'un contrat de transport de marchandises ; – Des demandes en réparation des dommages causés par un véhicule aérien, maritime ou fluvial ; – Sauf stipulation contraire des parties et sous réserve de la compétence du tribunal judiciaire de Paris ou de son président en matière d'arbitrage international ainsi que de la compétence de la cour d'appel ou de son premier président en matière de voies de recours, des demandes fondées sur le Livre IV du code de procédure civile ; – Les actions en contestation des décisions des assemblées générales et celles relatives aux copropriétés en difficulté relevant de la loi n° 65-557 du 10 juillet 1965 fixant le statut de la copropriété des immeubles bâtis.	– Des délits et contraventions prévus et réprimés par le code de la consommation ; – Des délits et contraventions prévus et réprimés par le code de la propriété intellectuelle ; – Des délits prévus et réprimés par les articles 1741 et 1743 du code général des impôts.	Ressort des tribunaux judiciaires du département de l'Isère

Siège	Compétences civiles (conformément à l'article R. 211-4 I)	Compétences pénales (conformément à l'article R. 211-4 II)	Ressort
		Cour d'appel de Metz	
		Département de la Moselle	
Metz	– Des actions relatives aux droits d'enregistrement et assimilés ; – Des litiges relevant de l'exécution d'un contrat de transport de marchandises ; – Des demandes en réparation des dommages causés par un véhicule aérien, maritime ou fluvial ; – Sauf stipulation contraire des parties et sous réserve de la compétence du tribunal judiciaire de Paris ou de son président en matière d'arbitrage international ainsi que de la compétence de la cour d'appel ou de son premier président en matière de voies de recours, des demandes fondées sur le Livre IV du code de procédure civile.	– Des délits et contraventions prévus et réprimés par le code de l'action sociale et des familles ; – Des délits et contraventions prévus et réprimés par le code de la sécurité sociale ; – Des délits et contraventions prévus et réprimés par le code de la propriété intellectuelle ; – Des délits prévus et réprimés par les articles 1741 et 1743 du code général des impôts ; – Des délits et contraventions prévus et réprimés par le code de l'urbanisme.	Ressorts des tribunaux judiciaires du département de la Moselle
		Cour d'appel de Montpellier	
		Département de l'Hérault	
Montpellier	– Des actions relatives aux droits d'enregistrement et assimilés ; – Des demandes en réparation des dommages causés par un véhicule aérien, maritime ou fluvial.	– Des délits prévus et réprimés par les articles 1741 et 1743 du code général des impôts.	Ressorts des tribunaux judiciaires du département de l'Hérault
Béziers	– Des litiges relevant de l'exécution d'un contrat de transport de marchandises ; – Des actions relatives à la cession ou au nantissement de créance professionnelle *fondées sur les articles* L. 313-23 à L. 313-29-2 du code monétaire et financier.	– Des délits et contraventions prévus et réprimés par le code de la propriété intellectuelle.	Ressorts des tribunaux judiciaires du département de l'Hérault

Siège	Compétences civiles (conformément à l'article R. 211-4 I)	Compétences pénales (conformément à l'article R. 211-4 II)	Ressort
		Département de l'Aude	
Narbonne	– Des litiges relevant de l'exécution d'un contrat de transport de marchandises ; Des demandes en réparation des dommages causés par un véhicule aérien, maritime ou fluvial ; – Sauf stipulation contraire des parties et sous réserve de la compétence du tribunal judiciaire de Paris ou de son président en matière d'arbitrage international ainsi que de la compétence de la cour d'appel ou de son premier président en matière de voies de recours, des demandes fondées sur le Livre IV du code de procédure civile.	– Des délits et contraventions prévus et réprimés par le code du travail ; – Des délits et contraventions prévus et réprimés par le code de l'urbanisme ; – Des délits prévus et réprimés par les articles 1741 et 1743 du code général des impôt ; – Des délits prévus par les articles L. 183-15, L. 184-4 à L. 184-6, L. 511-22 et L. 521-4 du code de la construction et de l'habitation.	Ressort des tribunaux judiciaires du département de l'Aude
Carcassonne	– Des actions relatives aux droits d'enregistrement et assimilés ; – Des actions relatives à la cession ou au nantissement de créance professionnelle fondées sur les articles L. 313-23 à L. 313-29-2 du code monétaire et financier ; – Des actions relatives au billet à ordre fondées sur les articles L. 512-1 à L. 512-8 du code de commerce ; – Des actions relatives au billet à ordre fondées sur les articles L. 512-1 à L. 512-8 du code de commerce.	– Des délits et contraventions prévus et réprimés par le code de l'action sociale et des familles ; – Des délits et contraventions prévus et réprimés par le code de la sécurité sociale ; – Des délits et contraventions prévus et réprimés par le code de la consommation ; – Des délits et contraventions prévus et réprimés par le code de la propriété intellectuelle.	Ressort des tribunaux judiciaires du département de l'Aude
		Cour d'appel d'Orléans	
		Département du Loiret	
Orléans	– Des actions en responsabilité médicale ; – Des actions relatives aux droits d'enregistrement et *assimilés.*	– Des délits prévus et réprimés par les articles 1741 et 1743 du code général des impôts.	Ressorts des tribunaux judiciaires du département du Loiret

Siège	Compétences civiles (conformément à l'article R. 211-4 I)	Compétences pénales (conformément à l'article R. 211-4 II)	Ressort
Montargis		– Des délits prévus par les articles L. 183-15, L. 184-4 à L. 184-6, L. 511-22 et L. 521-4 du code de la construction et de l'habitation ; – Des délits et contraventions prévus et réprimés par le code de la consommation.	Ressorts des tribunaux judiciaires du département du Loiret
Cour d'appel de Pau *(Décr. n° 2021-1822 du 27 déc. 2021, en vigueur le 1er janv. 2022)*			
Département des Landes			
Mont de Marsan	– Des actions relatives aux droits d'enregistrement et assimilés ; – Des actions en responsabilité médicale ; – Des demandes en réparation des dommages causés par un véhicule aérien, maritime ou fluvial.	– Des délits prévus et réprimés par les articles 1741 et 1743 du code général des impôts.	Ressorts des tribunaux judiciaires du département des Landes
Dax	– Des actions relatives à la cession ou au nantissement de créance professionnelle fondées sur les articles L. 313-23 à L. 313-29-2 du code monétaire et financier ; – Des actions relatives aux baux commerciaux fondées sur les articles L. 145-1 à L. 145-60 du code de commerce ; – Des actions relatives au billet à ordre fondées sur les articles L. 512-1 à L. 512-8 du code de commerce ; – Des litiges relevant de l'exécution d'un contrat de transport de marchandises ; – Sauf stipulation contraire des parties et sous réserve de la compétence du tribunal judiciaire de Paris ou de son président en matière d'arbitrage international ainsi que de la compétence de la cour d'appel ou de son premier président en matière de voies de recours, des demandes fondées sur le Livre IV du code de procédure civile ; – Les actions en contestation des décisions des assemblées générales et celles relatives aux copropriétés en difficulté relevant de la loi n° 65-557 du 10 juillet 1965 fixant le statut de la copropriété des immeubles bâtis.	– Des délits et contraventions prévus et réprimés par le code du travail ; – Des délits et contraventions prévus et réprimés par le code de la sécurité sociale ; – Des délits et contraventions prévus et réprimés par le code de la consommation ; – Des délits et contraventions prévus et réprimés par le code de l'action sociale et des familles ; – Des délits et contraventions prévus et réprimés par le code de l'urbanisme ; – Des délits et contraventions prévus et réprimés par le code de la propriété intellectuelle ; – Des délits prévus par les articles L. 183-15, L. 184-4 à L. 184-6, L. 511-22 et L. 521-4 du code de la construction et de l'habitation.	Ressorts des tribunaux judiciaires du département des Landes

TABLEAU V

Siège et ressort des tribunaux judiciaires

[ancienne rédaction : tribunaux de grande instance]
compétents pour connaître des actions en matière d'obtentions végétales (annexe de l'article D. 211-5)

(Mod. par Décr. n° 2011-338 du 29 mars 2011, en vigueur le 1er avr. 2011 ; Décr. n° 2011-1878 du 14 déc. 2011, art. 1er, en vigueur le 1er janv. 2012 ; Décr. n° 2019-966 du 18 sept. 2019, en vigueur le 1er janv. 2020)

SIÈGE	RESSORT
Cour d'appel d'Aix-en-Provence	
Marseille	Ressort des cours d'appel d'Aix-en-Provence, Bastia et Nîmes.
Cour d'appel de Bordeaux	
Bordeaux	Ressort des cours d'appel d'Agen, Bordeaux et Poitiers.
Cour d'appel de Colmar	
Strasbourg	Ressort des cours d'appel de Colmar et Metz.
Cour d'appel de Douai	
Lille	Ressort des cours d'appel d'Amiens et Douai.
Cour d'appel de Limoges	
Limoges	Ressort des cours d'appel de Bourges, Limoges et Riom.
Cour d'appel de Lyon	
Lyon	Ressort des cours d'appel de Chambéry, Grenoble et Lyon.
Cour d'appel de Nancy	
Nancy	Ressort des cours d'appel de Besançon, Dijon et Nancy.
Cour d'appel de Paris	
Paris	Ressort des cours d'appel de Basse-Terre, Cayenne, Fort-de-France, Nouméa, Orléans, Papeete, Paris, Reims, Rouen, Saint-Denis et Versailles, et du tribunal supérieur d'appel de Saint-Pierre.
Cour d'appel de Rennes	
Rennes	Ressort des cours d'appel d'Angers, Caen et Rennes.
Cour d'appel de Toulouse	
Toulouse	Ressort des cours d'appel de Montpellier, Pau et Toulouse.

TABLEAU VI

Siège et ressort des tribunaux judiciaires

[ancienne rédaction : tribunaux de grande instance]
et des tribunaux de première instance compétents pour connaître des actions en matière de propriété littéraire et artistique, de dessins et modèles, de marques et d'indications géographiques (annexe de l'article D. 211-6-1)

(Décr. n° 2010-1369 du 12 nov. 2010, en vigueur le 1er déc. 2011 ; Décr. n° 2011-338 du 29 mars 2011, en vigueur le 1er avr. 2011 ; Décr. n° 2011-1878 du 14 déc. 2011, art. 1er, en vigueur le 1er janv. 2012 ; Décr. n° 2019-966 du 18 sept. 2019, en vigueur le 1er janv. 2020)

Le Décr. n° 2010-1369 du 12 nov. 2010 est applicable sur l'ensemble du territoire de la République (Décr. préc., art. 2).

Le tribunal de grande instance de Nancy demeure compétent pour statuer sur les procédures du ressort de la cour d'appel de Colmar introduites antérieurement à la date d'entrée en vigueur du présent décret (Décr. préc., art. 3).

SIÈGE	RESSORT
Bordeaux	Ressort des cours d'appel d'Agen, Bordeaux, Limoges, Pau et Toulouse.
Lille	Ressort des cours d'appel d'Amiens, Douai, Reims et Rouen.
Lyon	Ressort des cours d'appel de Chambéry, Grenoble, Lyon et Riom.
Marseille	Ressort des cours d'appel d'Aix-en-Provence, Bastia, Montpellier et Nîmes.
Nanterre	Ressort de la cour d'appel de Versailles.
Nancy	Ressort des cours d'appel de Besançon, Dijon, Metz et Nancy.
Paris	Ressort des cours d'appel de Bourges, Paris, Orléans, Nouméa, Papeete, Saint-Denis et du tribunal supérieur d'appel de Saint-Pierre.
Rennes	Ressort des cours d'appel d'Angers, Caen, Poitiers et Rennes.
Strasbourg	Ressort de la cour d'appel de Colmar.
Fort-de-France	Ressort des cours d'appel de Basse-Terre, Cayenne et Fort-de-France.

TABLEAU VII

Siège et ressort des tribunaux judiciaires

[ancienne rédaction : tribunaux de grande instance]
et des tribunaux de première instance compétents pour connaître des actions engagées sur le fondement des dispositions des instruments internationaux et communautaires relatives au déplacement illicite international d'enfants (annexe de l'article D. 211-9)

(Mod. par Décr. n° 2011-338 du 29 mars 2011, en vigueur le 1er avr. 2011 ; Décr. n° 2011-1878 du 14 déc. 2011, art. 1er, en vigueur le 1er janv. 2012 ; Décr. n° 2019-966 du 18 sept. 2019, en vigueur le 1er janv. 2020)

SIÈGE	RESSORT
Cour d'appel d'Agen	
Agen	Ressort de la cour d'appel d'Agen.
Cour d'appel d'Aix-en-Provence	
Marseille	Ressort de la cour d'appel d'Aix-en-Provence.
Cour d'appel d'Amiens	
Amiens	Ressort de la cour d'appel d'Amiens.

SIÈGE	RESSORT
Cour d'appel d'Angers	
Angers	Ressort de la cour d'appel d'Angers.
Cour d'appel de Basse-Terre	
Basse-Terre	Ressort de la cour d'appel de Basse-Terre.
Cour d'appel de Bastia	
Bastia	Ressort de la cour d'appel de Bastia.
Cour d'appel de Besançon	
Besançon	Ressort de la cour d'appel de Besançon.
Cour d'appel de Bordeaux	
Bordeaux	Ressort de la cour d'appel de Bordeaux.
Cour d'appel de Bourges	
Bourges	Ressort de la cour d'appel de Bourges.
Cour d'appel de Caen	
Caen	Ressort de la cour d'appel de Caen.
Cour d'appel de Cayenne	
Cayenne	Ressort de la Cour d'appel de Cayenne
Cour d'appel de Chambéry	
Chambéry	Ressort de la cour d'appel de Chambéry.
Cour d'appel de Colmar	
Strasbourg	Ressort de la cour d'appel de Colmar.
Cour d'appel de Dijon	
Dijon	Ressort de la cour d'appel de Dijon.
Cour d'appel de Douai	
Lille	Ressort de la cour d'appel de Douai.
Cour d'appel de Fort-de-France	
Fort-de-France	Ressort de la cour d'appel de Fort-de-France.
Cour d'appel de Grenoble	
Grenoble	Ressort de la cour d'appel de Grenoble.
Cour d'appel de Limoges	
Limoges	Ressort de la cour d'appel de Limoges.
Cour d'appel de Lyon	
Lyon	Ressort de la cour d'appel de Lyon.

SIÈGE	RESSORT
Cour d'appel de Metz	
Metz	Ressort de la cour d'appel de Metz.
Cour d'appel de Montpellier	
Montpellier	Ressort de la cour d'appel de Montpellier.
Cour d'appel de Nancy	
Nancy	Ressort de la cour d'appel de Nancy.
Cour d'appel de Nîmes	
Nîmes	Ressort de la cour d'appel de Nîmes.
Cour d'appel de Nouméa	
Nouméa	Ressort de la cour d'appel de Nouméa.
Cour d'appel d'Orléans	
Orléans	Ressort de la cour d'appel d'Orléans.
Cour d'appel de Papeete	
Papeete	Ressort de la cour d'appel de Papeete.
Cour d'appel de Paris	
Paris	Ressort de la cour d'appel de Paris.
Cour d'appel de Pau	
Pau	Ressort de la cour d'appel de Pau.
Cour d'appel de Poitiers	
Poitiers	Ressort de la cour d'appel de Poitiers.
Cour d'appel de Reims	
Reims	Ressort de la cour d'appel de Reims.
Cour d'appel de Rennes	
Rennes	Ressort de la cour d'appel de Rennes.
Cour d'appel de Riom	
Clermont-Ferrand	Ressort de la cour d'appel de Riom.
Cour d'appel de Rouen	
Rouen	Ressort de la cour d'appel de Rouen.
Cour d'appel de Saint-Denis	
Saint-Denis	Ressort de la cour d'appel de Saint-Denis.
Cour d'appel de Toulouse	
Toulouse	Ressort de la cour d'appel de Toulouse.

SIÈGE	RESSORT
Cour d'appel de Versailles	
Nanterre	Ressort de la cour d'appel de Versailles.
Tribunal supérieur d'appel de Saint-Pierre	
Saint-Pierre	Ressort du tribunal supérieur d'appel de Saint-Pierre.

TABLEAU VIII

Siège et ressort des tribunaux judiciaires

[ancienne rédaction : tribunaux de grande instance] et de première instance compétents pour connaître des contestations sur la nationalité française ou étrangère des personnes physiques (annexe de l'article D. 211-10)

(Décr. n° 2009-1384 du 11 nov. 2009, art. 5 ; Décr. n° 2011-338 du 29 mars 2011, en vigueur le 1er avr. 2011 ; Décr. n° 2011-1878 du 14 déc. 2011, art. 1er, en vigueur le 1er janv. 2012 ; Décr. n° 2019-966 du 18 sept. 2019, en vigueur le 1er janv. 2020)

L'art. 5 du Décr. n° 2009-1384 du 11 nov. 2009 entre en vigueur à la date de publication dudit décret (JO 15 nov.). La juridiction primitivement saisie demeure compétente pour statuer sur les procédures introduites antérieurement à la date d'entrée en vigueur du décret préc. (Décr. préc., art. 8). Ce dernier est par ailleurs applicable dans les Terres australes et antarctiques françaises, à Wallis-et-Futuna, en Polynésie française et en Nouvelle-Calédonie (Décr. préc., art. 7).

SIÈGE	RESSORT
Cour d'appel d'Aix-en-Provence	
Marseille.	Ressort des cours d'appel d'Aix-en-Provence, Bastia, Montpellier et Nîmes.
Cour d'appel de Bordeaux	
Bordeaux.	Ressort des cours d'appel d'Agen, Bordeaux, Limoges, Pau et Toulouse.
Cour d'appel de Douai	
Lille.	Ressort des cours d'appel d'Amiens, Douai, Reims et Rouen.
Cour d'appel de Cayenne	
Cayenne	Ressort de la Cour d'appel de Cayenne.
Cour d'appel de Fort-de-France	
Fort-de-France.	Ressort des cours d'appel de Basse-Terre et de Fort-de-France.
Cour d'appel de Lyon	
Lyon.	Ressort des cours d'appel de Chambéry, Grenoble, Lyon et Riom.
Cour d'appel de Nancy	
Nancy.	Ressort des cours d'appel de Besançon, Colmar, Dijon, Metz et Nancy.
Cour d'appel de Nouméa	
Nouméa.	Ressort du tribunal de première instance de Nouméa.
Mata-Utu.	Ressort du tribunal de première instance de Mata-Utu.

SIÈGE	RESSORT
	Cour d'appel de Papeete
Papeete.	Ressort de la cour d'appel.
	Cour d'appel de Paris
Paris.	Ressort des cours d'appel de Bourges, Orléans, Paris et Versailles.
	Cour d'appel de Rennes
Nantes.	Ressort des cours d'appel d'Angers, Caen, Poitiers et Rennes.
	Cour d'appel de Saint-Denis
	La Réunion
Saint-Denis.	Ressort de la cour d'appel, à l'exception du ressort du tribunal de grande instance de Mamoudzou.
	Mayotte
Mamoudzou.	Ressort du tribunal de grande instance de Mamoudzou.
	Tribunal supérieur d'appel de Saint-Pierre
	Saint-Pierre-et-Miquelon
Saint-Pierre.	Ressort du tribunal supérieur d'appel.

TABLEAU VIII-I

Siège et ressort des tribunaux judiciaires

[ancienne rédaction : tribunaux de grande instance]
et des tribunaux de première instance compétents pour connaître des actions aux fins d'adoption ainsi que des actions aux fins de reconnaissance des jugements d'adoption rendus à l'étranger, lorsque l'enfant résidant habituellement à l'étranger a été, est ou doit être déplacé vers la France (annexe de l'article D. 211-10-1)

(Décr. nº 2009-1221 du 12 oct. 2009, art. 1er-3º ; mod. par Décr. nº 2011-338 du 29 mars 2011, en vigueur le 1er avr. 2011 ; Décr. nº 2011-1878 du 14 déc. 2011, art. 1er-6º, en vigueur le 1er janv. 2012 ; Décr. nº 2019-966 du 18 sept. 2019, en vigueur le 1er janv. 2020)

Le Décr. nº 2009-1221 du 12 oct. 2009 entre en vigueur le 1er janv. 2010. Toutefois, il n'est pas applicable aux instances introduites avant cette date (Décr. préc., art. 2). Ses dispositions sont applicables à la Nouvelle-Calédonie, en Polynésie française et à Wallis-et-Futuna (Décr. préc., art. 3).

SIÈGE	RESSORT
	Cour d'appel d'Agen
Agen	Ressort de la cour d'appel d'Agen.
	Cour d'appel d'Aix-en-Provence
Marseille	Ressort de la cour d'appel d'Aix-en-Provence.
	Cour d'appel d'Amiens
Amiens	Ressort de la cour d'appel d'Amiens.

SIÈGE	RESSORT
Cour d'appel d'Angers	
Angers	Ressort de la cour d'appel d'Angers.
Cour d'appel de Basse-Terre	
Basse-Terre	Ressort de la cour d'appel de Basse-Terre.
Cour d'appel de Bastia	
Bastia	Ressort de la cour d'appel de Bastia.
Cour d'appel de Besançon	
Besançon	Ressort de la cour d'appel de Besançon.
Cour d'appel de Bordeaux	
Bordeaux	Ressort de la cour d'appel de Bordeaux.
Cour d'appel de Bourges	
Bourges	Ressort de la cour d'appel de Bourges.
Cour d'appel de Caen	
Caen	Ressort de la cour d'appel de Caen.
Cour d'appel de Cayenne	
Cayenne	Ressort de la Cour d'appel de Cayenne.
Cour d'appel de Chambéry	
Chambéry	Ressort de la cour d'appel de Chambéry.
Cour d'appel de Colmar	
Strasbourg	Ressort de la cour d'appel de Colmar.
Cour d'appel de Dijon	
Dijon	Ressort de la cour d'appel de Dijon.
Cour d'appel de Douai	
Lille	Ressort de la cour d'appel de Douai.
Cour d'appel de Fort-de-France	
Fort-de-France	Ressort de la cour d'appel de Fort-de-France.
Cour d'appel de Grenoble	
Grenoble	Ressort de la cour d'appel de Grenoble.
Cour d'appel de Limoges	
Limoges	Ressort de la cour d'appel de Limoges.
Cour d'appel de Lyon	
Lyon	Ressort de la cour d'appel de Lyon.

SIÈGE	RESSORT
Cour d'appel de Metz	
Metz	Ressort de la cour d'appel de Metz.
Cour d'appel de Montpellier	
Montpellier	Ressort de la cour d'appel de Montpellier.
Cour d'appel de Nancy	
Nancy	Ressort de la cour d'appel de Nancy.
Cour d'appel de Nîmes	
Nîmes	Ressort de la cour d'appel de Nîmes.
Cour d'appel de Nouméa	
Nouméa	Ressort de la cour d'appel de Nouméa.
Cour d'appel d'Orléans	
Orléans	Ressort de la cour d'appel d'Orléans.
Cour d'appel de Papeete	
Papeete	Ressort de la cour d'appel de Papeete.
Cour d'appel de Paris	
Paris	Ressort de la cour d'appel de Paris.
Cour d'appel de Pau	
Pau	Ressort de la cour d'appel de Pau.
Cour d'appel de Poitiers	
Poitiers	Ressort de la cour d'appel de Poitiers.
Cour d'appel de Reims	
Reims	Ressort de la cour d'appel de Reims.
Cour d'appel de Rennes	
Nantes	Ressort de la cour d'appel de Rennes.
Cour d'appel de Riom	
Clermont-Ferrand	Ressort de la cour d'appel de Riom.
Cour d'appel de Rouen	
Rouen	Ressort de la cour d'appel de Rouen.
Cour d'appel de Saint-Denis	
Saint-Denis	Ressort de la cour d'appel de Saint-Denis.
Cour d'appel de Toulouse	
Toulouse	Ressort de la cour d'appel de Toulouse.

SIÈGE	RESSORT
Cour d'appel de Versailles	
Nanterre	Ressort de la cour d'appel de Versailles.
Tribunal supérieur d'appel de Saint-Pierre	
Saint-Pierre	Ressort du tribunal supérieur d'appel de Saint-Pierre.

BIBL. ▶ Douchy-Oudot, *D. 2010. 989* ✎.

TABLEAU VIII-II

Siège et ressort des tribunaux judiciaires

[ancienne rédaction : tribunaux de grande instance]
et des tribunaux de première instance compétents pour connaître des recours en matière de contrats de la commande publique (annexe de l'article D. 211-10-2)

(Décr. n° 2009-1455 du 27 nov. 2009, art. 4, en vigueur le 1er déc. 2009 ; mod. par Décr. n° 2011-338 du 29 mars 2011, en vigueur le 1er avr. 2011 ; Décr. n° 2011-1878 du 14 déc. 2011, art. 1er-7°, en vigueur le 1er janv. 2011 ; Décr. n° 2019-966 du 18 sept. 2019, en vigueur le 1er janv. 2020)

La juridiction saisie demeure compétente pour statuer sur les procédures introduites antérieurement à la date d'entrée en vigueur du Décr. n° 2009-1455 du 27 nov. 2009 (Décr. préc., art. 5, al. 2).

SIÈGE	RESSORT
Bordeaux	Ressort des cours d'appel d'Agen, Bordeaux, Limoges, Pau et Toulouse.
Lille	Ressort des cours d'appel d'Amiens, Douai, Reims et Rouen.
Lyon	Ressort des cours d'appel de Chambéry, Grenoble, Lyon et Riom.
Marseille	Ressort des cours d'appel d'Aix-en-Provence, Bastia, Montpellier et Nîmes.
Nanterre	Ressort de la cour d'appel de Versailles.
Nancy	Ressort des cours d'appel de Besançon, Colmar, Dijon, Metz et Nancy.
Paris	Ressort des cours d'appel de Bourges, Paris et Orléans.
Rennes	Ressort des cours d'appel d'Angers, Caen, Poitiers et Rennes.
Fort-de-France	Ressort des cours d'appel de Basse-Terre, Cayenne et Fort-de-France.
Saint-Denis	Ressort de la cour d'appel de Saint-Denis.
Saint-Pierre-et-Miquelon	Ressort du tribunal supérieur d'appel de Saint-Pierre.

TABLEAU VIII-III

Siège et ressort des tribunaux judiciaires

[ancienne rédaction : tribunaux de grande instance]
et des cours d'appel compétents en matière de contentieux technique et général de la sécurité sociale et d'admission à l'aide sociale (annexe des articles D. 211-10-3 et D. 311-12-1)

(Décr. n° 2018-772 du 4 sept. 2018, art. 2, en vigueur le 1er janv. 2019 ; Décr. n° 2019-966 du 18 sept. 2019, en vigueur le 1er janv. 2020)

COURS D'APPEL COMPÉTENTES	SIÈGE ET RESSORT DES TRIBUNAUX DE GRANDE INSTANCE COMPÉTENTS	
Cour d'appel d'Aix-en-Provence	Cour d'appel d'Aix-en-Provence	
	Alpes-de-Haute-Provence	
	Digne-les-Bains	Ressort du tribunal de grande instance de Digne-les-Bains.
	Alpes-Maritimes	
	Nice	Ressort des tribunaux de grande instance de Grasse et Nice.
	Bouches-du-Rhône	
	Marseille	Ressort des tribunaux de grande instance d'Aix-en-Provence, Marseille et Tarascon.
	Var	
	Toulon	Ressort des tribunaux de grande instance de Draguignan et Toulon.
Cour d'appel d'Amiens	Cour d'appel d'Amiens	
	Aisne	
	Laon	Ressort des tribunaux de grande instance de Laon et Soissons.
	Saint-Quentin	Ressort du tribunal de grande instance de Saint-Quentin.
	Oise	
	Beauvais	Ressort des tribunaux de grande instance de Beauvais, Compiègne et Senlis.
	Somme	
	Amiens	Ressort du tribunal de grande instance d'Amiens.
	Cour d'appel de Douai	
	Nord	
	Douai	Ressort des tribunaux de grande instance de Douai et Cambrai.
	Lille	Ressort des tribunaux de grande instance de Dunkerque et Lille.

COURS D'APPEL COMPÉTENTES	SIÈGE ET RESSORT DES TRIBUNAUX DE GRANDE INSTANCE COMPÉTENTS	
	Valenciennes	Ressort des tribunaux de grande instance d'Avesnes-sur-Helpe et Valenciennes.
	Pas-de-Calais	
	Arras	Ressort des tribunaux de grande instance d'Arras et Béthune.
	Boulogne-sur-Mer	Ressort des tribunaux de grande instance de Boulogne-sur-Mer et Saint-Omer.
Cour d'appel d'Angers	Cour d'appel d'Angers	
	Maine-et-Loire	
	Angers	Ressort des tribunaux de grande instance d'Angers et Saumur.
	Mayenne	
	Laval	Ressort du tribunal de grande instance de Laval.
	Sarthe	
	Le Mans	Ressort du tribunal de grande instance du Mans.
Cour d'appel de Basse-Terre	Cour d'appel de Basse-Terre	
	Guadeloupe, Saint-Barthélemy et Saint-Martin	
	Pointe-à-Pitre	Ressort des tribunaux de grande instance de Basse-Terre et Pointe-à-Pitre.
Cour d'appel de Bastia	Cour d'appel de Bastia	
	Corse-du-Sud	
	Ajaccio	Ressort du tribunal de grande instance d'Ajaccio.
	Haute-Corse	
	Bastia	Ressort du tribunal de grande instance de Bastia.

COURS D'APPEL COMPÉTENTES	SIÈGE ET RESSORT DES TRIBUNAUX DE GRANDE INSTANCE COMPÉTENTS	
Cour d'appel de Besançon	Cour d'appel de Besançon	
	Doubs	
	Besançon	Ressort du tribunal de grande instance de Besançon.
	Montbéliard	Ressort du tribunal de grande instance de Montbéliard.
	Haute-Saône	
	Vesoul	Ressort du tribunal de grande instance de Vesoul.
	Jura	
	Lons-le-Saunier	Ressort du tribunal de grande instance de Lons-le-Saunier.
	Territoire de Belfort	
	Belfort	Ressort du tribunal de grande instance de Belfort.
Cour d'appel de Bordeaux	Cour d'appel de Bordeaux	
	Charente	
	Angoulême	Ressort du tribunal de grande instance d'Angoulême.
	Dordogne	
	Périgueux	Ressort des tribunaux de grande instance de Bergerac et Périgueux.
	Gironde	
	Bordeaux	Ressort des tribunaux de grande instance de Bordeaux et Libourne.
Cour d'appel de Caen	Cour d'appel de Caen	
	Calvados	
	Caen	Ressort des tribunaux de grande instance de Caen et Lisieux.
	Manche	
	Coutances	Ressort des tribunaux de grande instance de Cherbourg-en-Cotentin et Coutances.
	Orne	
	Alençon	Ressort des tribunaux de grande instance d'Alençon et Argentan.
Cour d'appel de Cayenne	Cour d'appel de Cayenne	
	Guyane	
	Cayenne	Ressort du tribunal de grande instance de Cayenne.

COURS D'APPEL COMPÉTENTES	SIÈGE ET RESSORT DES TRIBUNAUX DE GRANDE INSTANCE COMPÉTENTS	
Cour d'appel de Colmar	Cour d'appel de Colmar	
	Bas-Rhin	
	Strasbourg	Ressort des tribunaux de grande instance de Saverne et Strasbourg.
	Bas-Rhin et Haut-Rhin	
	Mulhouse	Ressort des tribunaux de grande instance de Colmar et Mulhouse.
Cour d'appel de Dijon	Cour d'appel de Dijon	
	Côte-d'Or	
	Dijon	Ressort du tribunal de grande instance de Dijon.
	Haute-Marne	
	Chaumont	Ressort du tribunal de grande instance de Chaumont.
	Saône-et-Loire	
	Mâcon	Ressort des tribunaux de grande instance de Chalon-sur-Saône et Mâcon.
Cour d'appel de Fort-de-France	Cour d'appel de Fort-de-France	
	Martinique	
	Fort-de-France	Ressort du tribunal de grande instance de Fort-de-France.

COURS D'APPEL COMPÉTENTES	SIÈGE ET RESSORT DES TRIBUNAUX DE GRANDE INSTANCE COMPÉTENTS	
Cour d'appel de Grenoble	Cour d'appel de Chambéry	
	Haute-Savoie	
	Annecy	Ressort des tribunaux de grande instance d'Annecy, Bonneville et Thonon-les-Bains.
	Savoie	
	Chambéry	Ressort des tribunaux de grande instance d'Albertville et Chambéry.
	Cour d'appel de Grenoble	
	Drôme	
	Valence	Ressort du tribunal de grande instance de Valence.
	Hautes-Alpes	
	Gap	Ressort du tribunal de grande instance de Gap.
	Isère	
	Grenoble	Ressort des tribunaux de grande instance de Bourgoin-Jallieu et Grenoble.
	Vienne	Ressort du tribunal de grande instance de Vienne.
Cour d'appel de Lyon	Cour d'appel de Lyon	
	Ain	
	Bourg-en-Bresse	Ressort du tribunal de grande instance de Bourg-en-Bresse.
	Loire	
	Roanne	Ressort du tribunal de grande instance de Roanne.
	Saint-Étienne	Ressort du tribunal de grande instance de Saint-Étienne.
	Rhône	
	Lyon	Ressort du tribunal de grande instance de Lyon.
	Villefranche-sur-Saône	Ressort du tribunal de grande instance de Villefranche-sur-Saône.
Cour d'appel de Metz	Cour d'appel de Metz	
	Moselle	
	Metz	Ressort des tribunaux de grande instance de Metz, Sarreguemines et Thionville.

COURS D'APPEL COMPÉTENTES	SIÈGE ET RESSORT DES TRIBUNAUX DE GRANDE INSTANCE COMPÉTENTS	
Cour d'appel de Montpellier	Cour d'appel de Montpellier	
	Aude	
	Carcassonne	Ressort des tribunaux de grande instance de Carcassonne et Narbonne.
	Aveyron	
	Rodez	Ressort du tribunal de grande instance de Rodez.
	Hérault	
	Montpellier	Ressort des tribunaux de grande instance de Béziers et Montpellier.
	Pyrénées-Orientales	
	Perpignan	Ressort du tribunal de grande instance de Perpignan.
Cour d'appel de Nancy	Cour d'appel de Nancy	
	Meurthe-et-Moselle	
	Nancy	Ressort du tribunal de grande instance de Nancy.
	Val de Briey	Ressort du tribunal de grande instance de Val de Briey.
	Meuse	
	Bar-le-Duc	Ressort des tribunaux de grande instance de Bar-le-Duc et Verdun.
	Vosges	
	Épinal	Ressort du tribunal de grande instance d'Épinal.
	Cour d'appel de Reims	
	Ardennes	
	Charleville-Mézières	Ressort du tribunal de grande instance de Charleville-Mézières.
	Aube	
	Troyes	Ressort du tribunal de grande instance de Troyes.
	Marne	
	Châlons-en-Champagne	Ressort du tribunal de grande instance de Châlons-en-Champagne.
	Reims	Ressort du tribunal de grande instance de Reims.

COURS D'APPEL COMPÉTENTES	SIÈGE ET RESSORT DES TRIBUNAUX DE GRANDE INSTANCE COMPÉTENTS	
Cour d'appel de Nîmes	Cour d'appel de Nîmes	
	Ardèche	
	Privas	Ressort du tribunal de grande instance de Privas.
	Gard	
	Nîmes	Ressort des tribunaux de grande instance d'Alès et Nîmes.
	Lozère	
	Mende	Ressort du tribunal de grande instance de Mende.
	Vaucluse	
	Avignon	Ressort des tribunaux de grande instance d'Avignon et Carpentras.
Cour d'appel d'Orléans	Cour d'appel de Bourges	
	Cher	
	Bourges	Ressort du tribunal de grande instance de Bourges.
	Indre	
	Châteauroux	Ressort du tribunal de grande instance de Châteauroux.
	Nièvre	
	Nevers	Ressort du tribunal de grande instance de Nevers.
	Cour d'appel d'Orléans	
	Indre-et-Loire	
	Tours	Ressort du tribunal de grande instance de Tours.
	Loiret	
	Orléans	Ressort des tribunaux de grande instance de Montargis et Orléans.
	Loir-et-Cher	
	Blois	Ressort du tribunal de grande instance de Blois.

COURS D'APPEL COMPÉTENTES	SIÈGE ET RESSORT DES TRIBUNAUX DE GRANDE INSTANCE COMPÉTENTS	
Cour d'appel de Paris	Cour d'appel de Paris	
	Essonne	
	Évry	Ressort du tribunal de grande instance d'Évry.
	Paris	
	Paris	Ressort du tribunal de grande instance de Paris.
	Seine-et-Marne	
	Meaux	Ressort du tribunal de grande instance de Meaux.
	Melun	Ressort des tribunaux de grande instance de Fontainebleau et Melun.
	Seine-Saint-Denis	
	Bobigny	Ressort du tribunal de grande instance de Bobigny.
	Val-de-Marne	
	Créteil	Ressort du tribunal de grande instance de Créteil.
	Yonne	
	Auxerre	Ressort des tribunaux de grande instance d'Auxerre et Sens.
Cour d'appel de Pau	Cour d'appel de Pau	
	Hautes-Pyrénées	
	Tarbes	Ressort du tribunal de grande instance de Tarbes.
	Landes	
	Mont-de-Marsan	Ressort des tribunaux de grande instance de Dax et Mont-de-Marsan
	Pyrénées-Atlantiques	
	Bayonne	Ressort du tribunal de grande instance de Bayonne
	Pau	Ressort du tribunal de grande instance de Pau.

COURS D'APPEL COMPÉTENTES	SIÈGE ET RESSORT DES TRIBUNAUX DE GRANDE INSTANCE COMPÉTENTS	
Cour d'appel de Poitiers	Cour d'appel de Limoges	
	Corrèze	
	Tulle	Ressort des tribunaux de grande instance de Brive-la-Gaillarde et Tulle.
	Creuse	
	Guéret	Ressort du tribunal de grande instance de Guéret.
	Haute-Vienne	
	Limoges	Ressort du tribunal de grande instance de Limoges.
	Cour d'appel de Poitiers	
	Charente-Maritime	
	La Rochelle	Ressort du tribunal de grande instance de La Rochelle.
	Saintes	Ressort du tribunal de grande instance de Saintes.
	Deux-Sèvres	
	Niort	Ressort du tribunal de grande instance de Niort.
	Vendée	
	La Roche-sur-Yon	Ressort des tribunaux de grande instance de La Roche-sur-Yon et Les Sables-d'Olonne.
	Vienne	
	Poitiers	Ressort du tribunal de grande instance de Poitiers.

COURS D'APPEL COMPÉTENTES	SIÈGE ET RESSORT DES TRIBUNAUX DE GRANDE INSTANCE COMPÉTENTS	
Cour d'appel de Rennes	Cour d'appel de Rennes	
	Côtes-d'Armor	
	Saint-Brieuc	Ressort du tribunal de grande instance de Saint-Brieuc.
	Finistère	
	Brest	Ressort du tribunal de grande instance de Brest.
	Quimper	Ressort du tribunal de grande instance de Quimper.
	Côtes-d'Armor et Ille-et-Vilaine	
	Rennes	Ressort des tribunaux de grande instance de Rennes et Saint-Malo.
	Loire-Atlantique	
	Nantes	Ressort des tribunaux de grande instance de Nantes et Saint-Nazaire.
	Morbihan	
	Vannes	Ressort des tribunaux de grande instance de Lorient et Vannes.
Cour d'appel de Riom	Cour d'appel de Riom	
	Allier	
	Moulins	Ressort des tribunaux de grande instance de Cusset, Montluçon et Moulins.
	Cantal	
	Aurillac	Ressort du tribunal de grande instance d'Aurillac.
	Haute-Loire	
	Le Puy-en-Velay	Ressort du tribunal de grande instance du Puy-en-Velay.
	Puy-de-Dôme	
	Clermont-Ferrand	Ressort du tribunal de grande instance de Clermont-Ferrand.
Cour d'appel de Rouen	Cour d'appel de Rouen	
	Eure	
	Évreux	Ressort du tribunal de grande instance d'Évreux.
	Seine-Maritime	
	Le Havre	Ressort du tribunal de grande instance du Havre.
	Rouen	Ressort des tribunaux de grande instance de Dieppe et Rouen.

COURS D'APPEL COMPÉ-TENTES	SIÈGE ET RESSORT DES TRIBUNAUX DE GRANDE INSTANCE COMPÉTENTS	
Cour d'appel de Saint-Denis	Cour d'appel de Saint-Denis	
	La Réunion	
	Saint-Denis	Ressort des tribunaux de grande instance de Saint-Denis et Saint-Pierre.
	Mayotte	
	Mamoudzou	Ressort du tribunal de grande instance de Mamoudzou.
Cour d'appel de Toulouse	Cour d'appel d'Agen	
	Gers	
	Auch	Ressort du tribunal de grande instance d'Auch.
	Lot	
	Cahors	Ressort du tribunal de grande instance de Cahors.
	Lot-et-Garonne	
	Agen	Ressort du tribunal de grande instance d'Agen.
	Cour d'appel de Toulouse	
	Ariège	
	Foix	Ressort du tribunal de grande instance de Foix.
	Haute-Garonne	
	Toulouse	Ressort des tribunaux de grande instance de Saint-Gaudens et Toulouse.
	Tarn	
	Albi	Ressort des tribunaux de grande instance d'Albi et Castres.
	Tarn-et-Garonne	
	Montauban	Ressort du tribunal de grande instance de Montauban.

COURS D'APPEL COMPÉTENTES	SIÈGE ET RESSORT DES TRIBUNAUX DE GRANDE INSTANCE COMPÉTENTS	
Cour d'appel de Versailles	Cour d'appel de Versailles	
	Eure-et-Loire	
	Chartres	Ressort du tribunal de grande instance de Chartres.
	Hauts-de-Seine	
	Nanterre	Ressort du tribunal de grande instance de Nanterre.
	Val-d'Oise	
	Pontoise	Ressort du tribunal de grande instance de Pontoise.
	Yvelines	
	Versailles	Ressort du tribunal de grande instance de Versailles.

TABLEAU VIII-IV

Siège et ressort des tribunaux judiciaires compétents pour connaître des actions relatives au préjudice écologique fondées sur les articles 1246 à 1252 du code civil, des actions en responsabilité civile prévues par le code de l'environnement et des actions en responsabilité civile fondées sur les régimes spéciaux de responsabilité applicables en matière environnementale résultant de règlements européens, de conventions internationales et des lois prises pour l'application de ces conventions (annexe de l'article D. 211-10-4-1)

(Décr. n° 2021-286 du 16 mars 2021, art. 3, en vigueur le 1er avr. 2021)

La juridiction saisie demeure compétente pour statuer sur les procédures introduites antérieurement à la date d'entrée en vigueur de l'art. 3 du Décr. n° 2021-286 du 16 mars 2021 (Décr. préc., art. 4). Ledit décret est applicable en Nouvelle-Calédonie, en Polynésie française et dans les îles Wallis-et-Futuna (Décr. préc., art. 5).

SIÈGE	RESSORT
Cour d'appel d'Agen	
Agen	**Ressort de la cour d'appel d'Agen**
Cour d'appel d'Aix-en-Provence	
Marseille	**Ressort de la cour d'appel d'Aix-en-Provence**
Cour d'appel d'Amiens	
Amiens	**Ressort de la cour d'appel d'Amiens**
Cour d'appel d'Angers	
Angers	**Ressort de la cour d'appel d'Angers**

SIÈGE	RESSORT
Cour d'appel de Basse-Terre	
Basse-Terre	Ressort de la cour d'appel de Basse-Terre
Cour d'appel de Bastia	
Bastia	Ressort de la cour d'appel de Bastia
Cour d'appel de Besançon	
Besançon	Ressort de la cour d'appel de Besançon
Cour d'appel de Bordeaux	
Bordeaux	Ressort de la cour d'appel de Bordeaux
Cour d'appel de Bourges	
Châteauroux	Ressort de la cour d'appel de Bourges
Cour d'appel de Caen	
Coutances	Ressort de la cour d'appel de Caen
Cour d'appel de Cayenne	
Cayenne	Ressort de la cour d'appel de Cayenne
Cour d'appel de Chambéry	
Annecy	Ressort de la cour d'appel de Chambéry
Cour d'appel de Colmar	
Strasbourg	Ressort de la cour d'appel de Colmar
Cour d'appel de Dijon	
Dijon	Ressort de la cour d'appel de Dijon
Cour d'appel de Douai	
Lille	Ressort de la cour d'appel de Douai
Cour d'appel de Fort-de-France	
Fort-de-France	Ressort de la cour d'appel de Fort-de-France
Cour d'appel de Grenoble	
Grenoble	Ressort de la cour d'appel de Grenoble

SIÈGE	RESSORT
Cour d'appel de Limoges	
Limoges	Ressort de la cour d'appel de Limoges
Cour d'appel de Lyon	
Lyon	Ressort de la cour d'appel de Lyon
Cour d'appel de Metz	
Metz	Ressort de la cour d'appel de Metz
Cour d'appel de Montpellier	
Montpellier	Ressort de la cour d'appel de Montpellier
Cour d'appel de Nancy	
Nancy	Ressort de la cour d'appel de Nancy
Cour d'appel de Nîmes	
Nîmes	Ressort de la cour d'appel de Nîmes
Cour d'appel de Nouméa	
Nouméa	Ressort de la cour d'appel de Nouméa
Cour d'appel d'Orléans	
Tours	Ressort de la cour d'appel d'Orléans
Cour d'appel de Papeete	
Papeete	Ressort de la cour d'appel de Papeete
Cour d'appel de Paris	
Paris	Ressort de la cour d'appel de Paris
Cour d'appel de Pau	
Bayonne	Ressort de la cour d'appel de Pau
Cour d'appel de Poitiers	
La Rochelle	Ressort de la cour d'appel de Poitiers
Cour d'appel de Reims	
Troyes	Ressort de la cour d'appel de Reims

SIÈGE	RESSORT
Cour d'appel de Rennes	
Rennes	Ressort de la cour d'appel de Rennes
Cour d'appel de Riom	
Clermont-Ferrand	Ressort de la cour d'appel de Riom
Cour d'appel de Rouen	
Rouen	Ressort de la cour d'appel de Rouen
Cour d'appel de Saint-Denis de La Réunion	
Saint-Pierre	Ressort de la cour d'appel de Saint-Denis de La Réunion
Cour d'appel de Toulouse	
Toulouse	Ressort de la cour d'appel de Toulouse
Cour d'appel de Versailles	
Nanterre	Ressort de la cour d'appel de Versailles
Tribunal supérieur d'appel de Saint-Pierre-et-Miquelon	
Saint-Pierre-et-Miquelon	Ressort du tribunal supérieur d'appel de Saint-Pierre-et-Miquelon

TABLEAU IX

Siège et ressort des tribunaux judiciaires, des chambres de proximité, des tribunaux de première instance et des sections détachées compétents pour recevoir et enregistrer les déclarations de nationalité française et délivrer les certificats de nationalité française (annexe des articles D. 211-10-3-1 et D. 212-19)

(Décr. n° 2019-914 du 30 août 2019, art. 9-V, en vigueur le 1er janv. 2020)

L'art. 9 du Décr. n° 2019-914 du 30 août 2019 est applicable aux procédures en cours à sa date d'entrée en vigueur, dans les conditions déterminées par les IV à VIII de l'art. 40 du Décr. n° 2019-912 du 30 août 2019 (reproduit ss. l'art. R. 211-3) (Décr. n° 2019-914 du 30 août 2019, art. 13-III).

Siège		Ressort
Tribunal judiciaire ou tribunal de première instance	**Chambre de proximité ou section détachée**	
Cour d'appel d'Agen		
Gers		
Auch		Ressort du tribunal judiciaire d'Auch.

Siège		Ressort
Tribunal judiciaire ou tribunal de première instance	Chambre de proximité ou section détachée	
	Lot	
Cahors		Ressort du tribunal judiciaire de Cahors.
	Lot-et-Garonne	
Agen		Ressort du tribunal judiciaire d'Agen.
	Cour d'appel d'Aix en Provence	
	Alpes-de-Haute-Provence	
Digne-les-Bains		Ressort du tribunal judiciaire de Digne-les-Bains.
	Alpes-Maritimes	
	Cannes	Ressort du tribunal judiciaire de Grasse.
Nice		Ressort du tribunal judiciaire de Nice.
	Bouches-du-Rhône	
Aix-en-Provence		Ressort du tribunal judiciaire d'Aix-en-Provence.
Tarascon		Ressort du tribunal judiciaire de Tarascon.
Marseille		Ressort du tribunal judiciaire de Marseille.
	Var	
	Fréjus	Ressort du tribunal judiciaire de Draguignan.
Toulon		Ressort du tribunal judiciaire de Toulon.
	Cour d'appel d'Amiens	
	Aisne	
Laon		Ressorts des tribunaux judiciaires de Laon et de Saint-Quentin.
Soissons		Ressort du tribunal judiciaire de Soissons.
	Oise	
Beauvais		Ressort du tribunal judiciaire de Beauvais.
Senlis		Ressort des tribunaux judiciaires de Compiègne et Senlis.
	Somme	
Amiens		Ressort du tribunal judiciaire d'Amiens.

Siège		Ressort
Tribunal judiciaire ou tribunal de première instance	**Chambre de proximité ou section détachée**	
	Cour d'appel d'Angers	
	Maine-et-Loire	
Angers		Ressort des tribunaux judiciaires d'Angers et de Saumur.
	Mayenne	
Laval		Ressort du tribunal judiciaire de Laval.
	Sarthe	
Le Mans		Ressort du tribunal judiciaire du Mans.
	Cour d'appel de Basse-Terre	
Basse-Terre		Ressort du tribunal judiciaire de Basse-Terre, à l'exception du ressort de la chambre de proximité de Saint-Martin.
	Saint-Martin	Ressort de la chambre de proximité de Saint-Martin.
Pointe-à-Pitre		Ressort du tribunal judiciaire de Pointe-à-Pitre.
	Cour d'appel de Bastia	
	Corse-du-Sud	
Ajaccio		Ressort du tribunal judiciaire d'Ajaccio.
	Haute-Corse	
Bastia		Ressort du tribunal judiciaire de Bastia.
	Cour d'appel de Besançon	
	Doubs	
Besançon		Ressort du tribunal judiciaire de Besançon.
Montbéliard		Ressort du tribunal judiciaire de Montbéliard.
	Haute-Saône	
Vesoul		Ressort du tribunal judiciaire de Vesoul.
	Jura	
Lons-le-Saunier		Ressorts du tribunal judiciaire de Lons-le-Saunier.
	Territoire de Belfort	
Belfort		Ressort du tribunal judiciaire de Belfort.

Siège		Ressort
Tribunal judiciaire ou tribunal de première instance	**Chambre de proximité ou section détachée**	
Cour d'appel de Bordeaux		
Charente		
Angoulême		Ressort du tribunal judiciaire d'Angoulême.
Dordogne		
Périgueux		Ressort des tribunaux judiciaires de Périgueux et de Bergerac.
Gironde		
Bordeaux		Ressorts des tribunaux judiciaires de Bordeaux et de Libourne.
Cour d'appel de Bourges		
Cher		
Bourges		Ressort du tribunal judiciaire de Bourges.
Indre		
Châteauroux		Ressort du tribunal judiciaire de Châteauroux.
Nièvre		
Nevers		Ressort du tribunal judiciaire de Nevers.
Cour d'appel de Caen		
Calvados		
Caen		Ressort des tribunaux judiciaires de Caen et de Lisieux.
Manche		
Cherbourg		Ressort du tribunal judiciaire de Cherbourg.
Coutances		Ressort du tribunal judiciaire de Coutances.
Orne		
Alençon		Ressort des tribunaux judiciaires d'Alençon et d'Argentan.
Cour d'appel de Cayenne		
Guyane		
Cayenne		Ressort du tribunal judiciaire de Cayenne, à l'exception du ressort de la chambre de proximité de Saint-Laurent-du-Maroni.
Cayenne	Saint-Laurent-du-Maroni	Ressort de la chambre de proximité de Saint-Laurent-du-Maroni.

Siège		Ressort
Tribunal judiciaire ou tribunal de première instance	Chambre de proximité ou section détachée	
Cour d'appel de Chambéry		
Haute-Savoie		
Annecy		Ressort du tribunal judiciaire d'Annecy.
Bonneville		Ressort des tribunaux judiciaires de Bonneville et de Thonon-les-Bains.
Savoie		
Chambéry		Ressort des tribunaux judiciaires d'Albertville et de Chambéry.
Cour d'appel de Colmar		
Bas-Rhin		
	Haguenau	Ressort de la chambre de proximité d'Haguenau.
	Illkirch-Graffenstaden	Ressort de la chambre de proximité d'Illkirch-Graffenstaden.
Saverne		Ressort du tribunal judiciaire de Saverne.
Strasbourg		Ressort du tribunal judiciaire de Strasbourg, à l'exception du ressort des chambres de proximité d'Haguenau et Illkirch-Graffenstaden.
Haut-Rhin		
Colmar		Ressort du tribunal judiciaire de Colmar.
Mulhouse		Ressort du tribunal judiciaire de Mulhouse, à l'exception du ressort de la chambre de proximité de Thann.
	Thann	Ressort de la chambre de proximité de Thann.
Cour d'appel de Dijon		
Côte-d'Or		
Dijon		Ressort du tribunal judiciaire de Dijon.
Haute-Marne		
Chaumont		Ressort du tribunal judiciaire de Chaumont.
Saône-et-Loire		
Chalon-sur-Saône		Ressort du tribunal judiciaire de Chalon-sur-Saône, à l'exception du ressort de la chambre de proximité du Creusot.
	Le Creusot	Ressort de la chambre de proximité du Creusot.
Mâcon		Ressort du tribunal judiciaire de Mâcon.

Siège		Ressort
Tribunal judiciaire ou tribunal de première instance	**Chambre de proximité ou section détachée**	
	Cour d'appel de Douai	
	Nord	
Avesnes-sur-Helpe		Ressort du tribunal judiciaire d'Avesnes-sur-Helpe.
Douai		Ressort des tribunaux judiciaires de Douai et de Cambrai.
Dunkerque		Ressort du tribunal judiciaire de Dunkerque.
Lille		Ressort du tribunal judiciaire de Lille, à l'exception du ressort des chambres de proximité de Roubaix et Tourcoing.
	Roubaix	Ressort des chambres de proximité de Roubaix et de Tourcoing.
Valenciennes		Ressort du tribunal judiciaire de Valenciennes.
	Pas-de-Calais	
Arras		Ressort du tribunal judiciaire d'Arras.
Béthune		Ressort du tribunal judiciaire de Béthune.
Boulogne-sur-Mer		Ressort des tribunaux judiciaires de Boulogne-sur-Mer et de Saint-Omer.
	Cour d'appel de Fort-de-France	
	Martinique	
Fort-de-France		Ressort du tribunal judiciaire de Fort-de-France.
	Cour d'appel de Grenoble	
	Drôme	
	Montélimar	Ressort de la chambre de proximité de Montélimar.
	Romans-sur-Isère	Ressort de la chambre de proximité de Romans-sur-Isère.
Valence		Ressort du tribunal judiciaire de Valence, à l'exception du ressort des chambres de proximité de Montélimar et Romans-sur-Isère.
	Hautes-Alpes	
Gap		Ressort du tribunal judiciaire de Gap.
	Isère	
Bourgoin-Jallieu		Ressort du tribunal judiciaire de Bourgoin-Jallieu.
Grenoble		Ressort du tribunal judiciaire de Grenoble.

Siège		Ressort
Tribunal judiciaire ou tribunal de première instance	Chambre de proximité ou section détachée	
Vienne		Ressort du tribunal judiciaire de Vienne.
Cour d'appel de Limoges		
Corrèze		
Tulle		Ressort des tribunaux judiciaires de Brive-la-Gaillarde et de Tulle.
Creuse		
Guéret		Ressort du tribunal judiciaire de Guéret.
Haute-Vienne		
Limoges		Ressort du tribunal judiciaire de Limoges.
Cour d'appel de Lyon		
Ain		
Bourg-en-Bresse		Ressort du tribunal judiciaire de Bourg-en-Bresse.
Loire		
Roanne		Ressort du tribunal judiciaire de Roanne.
Saint-Étienne		Ressort du tribunal judiciaire de Saint-Étienne.
Rhône		
Lyon		Ressort du tribunal judiciaire de Lyon, à l'exception du ressort de la chambre de proximité de Villeurbanne.
Villefranche-sur-Saône		Ressort du tribunal judiciaire de Villefranche-sur-Saône.
	Villeurbanne	Ressort de la chambre de proximité de Villeurbanne.
Cour d'appel de Metz		
Moselle		
	Saint-Avold	Ressort du tribunal judiciaire de Sarreguemines.
Metz		Ressort du tribunal judiciaire de Metz.
Thionville		Ressort du tribunal judiciaire de Thionville.
Cour d'appel de Montpellier		
Aude		
Carcassonne		Ressort des tribunaux judiciaires de Carcassonne et de Narbonne.

Siège		Ressort
Tribunal judiciaire ou tribunal de première instance	**Chambre de proximité ou section détachée**	
		Aveyron
	Millau	Ressort de la chambre de proximité de Millau.
Rodez		Ressort du tribunal judiciaire de Rodez, à l'exception du ressort de la chambre de proximité de Millau.
		Hérault
Béziers		Ressort du tribunal judiciaire de Béziers.
Montpellier		Ressort du tribunal judiciaire de Montpellier.
		Pyrénées-Orientales
Perpignan		Ressort du tribunal judiciaire de Perpignan.
		Cour d'appel de Nancy
		Meurthe-et-Moselle
Val de Briey		Ressort du tribunal judiciaire de Val de Briey.
Nancy		Ressort du tribunal judiciaire de Nancy.
		Meuse
Verdun		Ressort des tribunaux judiciaires de Bar-le-Duc et Verdun.
		Vosges
Épinal		Ressort du tribunal judiciaire d'Épinal.
		Cour d'appel de Nîmes
		Ardèche
	Annonay	Ressort de la chambre de proximité d'Annonay.
	Aubenas	Ressort de la chambre de proximité d'Aubenas.
Privas		Ressort du tribunal judiciaire de Privas à l'exception du ressort des chambres de proximité d'Annonay et Aubenas.
		Gard
Alès		Ressort du tribunal judiciaire d'Alès.
Nîmes		Ressort du tribunal judiciaire de Nîmes, à l'exception du ressort de la chambre de proximité d'Uzès.
	Uzès	Ressort de la chambre de proximité d'Uzès.
		Lozère
Mende		Ressort du tribunal judiciaire de Mende.

Siège		Ressort
Tribunal judiciaire ou tribunal de première instance	**Chambre de proximité ou section détachée**	
		Vaucluse
Avignon		Ressort du tribunal judiciaire d'Avignon.
	Orange	Ressort du tribunal judiciaire de Carpentras.
		Cour d'appel de Nouméa
		Nouvelle-Calédonie
Nouméa		Ressort du tribunal de première instance de Nouméa, à l'exception de la province Nord et de la province des Îles Loyauté.
	Koné	Province Nord.
	Lifou	Province des Îles Loyautés.
		Wallis-et-Futuna
Mata-Utu		Ressort du tribunal de première instance de Mata-Utu.
		Cour d'appel d'Orléans
		Indre-et-Loire
Tours		Ressort du tribunal judiciaire de Tours.
		Loiret
Montargis		Ressort du tribunal judiciaire de Montargis.
Orléans		Ressort du tribunal judiciaire d'Orléans.
		Loir-et-Cher
Blois		Ressort du tribunal judiciaire de Blois.
		Cour d'appel de Papeete
		Polynésie française
Papeete		Ressort du tribunal de première instance de Papeete, à l'exception des Îles Sous-le-Vent et des Îles Marquises.
	Uturoa	Île Sous-le-Vent.
	Nuku-Hiva	Îles Marquises.
		Cour d'appel de Paris
		Essonne
	Étampes	Ressort de la chambre de proximité d'Étampes.

Siège		Ressort
Tribunal judiciaire ou tribunal de première instance	**Chambre de proximité ou section détachée**	
Évry-Courcouronnes		Ressort du tribunal judiciaire d'Évry-Courcouronnes, à l'exception du ressort des chambres de proximité d'Étampes, Juvisy-sur-Orge, Longjumeau et Palaiseau.
	Juvisy-sur-Orge	Ressort de la chambre de proximité de Juvisy-sur-Orge.
	Longjumeau	Ressort de la chambre de proximité de Longjumeau.
	Palaiseau	Ressort de la chambre de proximité de Palaiseau.
		Paris
Paris		Ressort du tribunal judiciaire de Paris.
		Seine-et-Marne
Fontainebleau		Ressort du tribunal judiciaire de Fontainebleau.
	Lagny-sur-Marne	Ressort de la chambre de proximité de Lagny-sur-Marne.
Meaux		Ressort du tribunal judiciaire de Meaux, à l'exception du ressort de la chambre de proximité de Lagny-sur-Marne.
Melun		Ressort du tribunal judiciaire de Melun.
		Seine-Saint-Denis
	Aubervilliers	Ressort de la chambre de proximité d'Aubervilliers.
	Aulnay-Sous-Bois	Ressort de la chambre de proximité d'Aulnay-Sous-Bois.
Bobigny		Ressort du tribunal judiciaire de Bobigny, à l'exception du ressort des chambres de proximité d'Aubervilliers, Aulnay-sous-Bois, Le Raincy, Montreuil, Pantin, Saint-Denis et Saint-Ouen-sur-Seine.
	Le Raincy	Ressort de la chambre de proximité du Raincy.
	Montreuil	Ressort de la chambre de proximité de Montreuil.
	Pantin	Ressort de la chambre de proximité de Pantin.
	Saint-Denis	Ressort de la chambre de proximité de Saint-Denis.
	Saint-Ouen-sur-Seine	Ressort de la chambre de proximité de Saint-Ouen-sur-Seine.
		Val-de-Marne
	Sucy-en-Brie	Ressort de la chambre de proximité de Sucy-en-Brie.
	Charenton-le-Pont	Ressort de la chambre de proximité de Charenton-le-Pont.

Siège		Ressort
Tribunal judiciaire ou tribunal de première instance	**Chambre de proximité ou section détachée**	
	Ivry-sur-Seine	Ressort de la chambre de proximité d'Ivry-sur-Seine.
	Nogent-sur-Marne	Ressort de la chambre de proximité de Nogent-sur-Marne.
	Saint-Maur-des-Fossés	Ressort de la chambre de proximité de Saint-Maur-des-Fossés.
	Villejuif	Ressort de la chambre de proximité de Villejuif.
		Yonne
Auxerre		Ressort du tribunal judiciaire d'Auxerre.
Sens		Ressort du tribunal judiciaire de Sens.
		Cour d'appel de Pau
		Hautes-Pyrénées
Tarbes		Ressort du tribunal judiciaire de Tarbes.
		Landes
Dax		Ressort du tribunal judiciaire de Dax.
Mont-de-Marsan		Ressort du tribunal judiciaire de Mont-de-Marsan.
		Pyrénées-Atlantiques
Bayonne		Ressort du tribunal judiciaire de Bayonne.
Pau		Ressort du tribunal judiciaire de Pau.
		Cour d'appel de Poitiers
		Charente-Maritime
La Rochelle		Ressort du tribunal judiciaire de La Rochelle.
Saintes		Ressort du tribunal judiciaire de Saintes.
		Deux-Sèvres
	Bressuire	Ressort de la chambre de proximité de Bressuire.
Niort		Ressort du tribunal judiciaire de Niort, à l'exception du ressort de la chambre de proximité de Bressuire.
		Vendée
La-Roche-sur-Yon		Ressort des tribunaux judiciaires de La-Roche-sur-Yon et des Sables-d'Olonne.
		Vienne
Poitiers		Ressort du tribunal judiciaire de Poitiers.

Siège		Ressort
Tribunal judiciaire ou tribunal de première instance	**Chambre de proximité ou section détachée**	
		Cour d'appel de Reims
		Ardennes
Charleville-Mézières		Ressort du tribunal judiciaire de Charleville-Mézières.
		Aube
Troyes		Ressort du tribunal judiciaire de Troyes.
		Marne
Châlons-en-Champagne		Ressort du tribunal judiciaire de Châlons-en-Champagne.
Reims		Ressort du tribunal judiciaire de Reims.
		Cour d'appel de Rennes
		Côtes-d'Armor
Saint-Brieuc		Ressort du tribunal judiciaire de Saint-Brieuc.
		Finistère
Brest		Ressort du tribunal judiciaire de Brest.
Quimper		Ressort du tribunal judiciaire de Quimper.
		Ille-et-Vilaine
Rennes		Ressort des tribunaux judiciaires de Rennes et de Saint-Malo.
		Loire-Atlantique
Nantes		Ressort du tribunal judiciaire de Nantes.
Saint-Nazaire		Ressort du tribunal judiciaire de Saint-Nazaire.
		Morbihan
Vannes		Ressort des tribunaux judiciaires de Lorient et de Vannes.
		Cour d'appel de Riom
		Allier
Montluçon		Ressort du tribunal judiciaire de Montluçon.
Moulins		Ressort du tribunal judiciaire de Moulins.
	Vichy	Ressort du tribunal judiciaire de Cusset.
		Cantal
Aurillac		Ressort du tribunal judiciaire d'Aurillac, à l'exception du ressort de la chambre de proximité de Saint-Flour.
	Saint-Flour	Ressort de la chambre de proximité de Saint-Flour.

Siège		Ressort
Tribunal judiciaire ou tribunal de première instance	**Chambre de proximité ou section détachée**	
Haute-Loire		
Le-Puy-en-Velay		Ressort du tribunal judiciaire du Puy-en-Velay.
Puy-de-Dôme		
Clermont-Ferrand		Ressort du tribunal judiciaire de Clermont-Ferrand, à l'exception du ressort des chambres de proximité de Riom et Thiers.
	Riom	Ressort de la chambre de proximité de Riom.
	Thiers	Ressort de la chambre de proximité de Thiers.
Cour d'appel de Rouen		
Eure		
Évreux		Ressort du tribunal judiciaire d'Évreux.
Seine-Maritime		
Dieppe		Ressort du tribunal judiciaire de Dieppe.
Le Havre		Ressort du tribunal judiciaire du Havre.
Rouen		Ressort du tribunal judiciaire de Rouen.
Cour d'appel de Saint-Denis		
Mayotte		
Mamoudzou		Ressort du tribunal judiciaire de Mamoudzou.
Réunion		
	Saint-Benoît	Ressort de la chambre de proximité de Saint-Benoît.
Saint-Denis		Ressort du tribunal judiciaire de Saint-Denis, à l'exception du ressort des chambres de proximité de Saint-Paul et Saint-Benoît.
	Saint-Paul	Ressort de la chambre de proximité de Saint-Paul.
Saint-Pierre		Ressort du tribunal judiciaire de Saint-Pierre.
Cour d'appel de Toulouse		
Ariège		
Foix		Ressort du tribunal judiciaire de Foix.
Haute-Garonne		
Toulouse		Ressort des tribunaux judiciaires de Saint-Gaudens et Toulouse.
Tarn		
Albi		Ressort des tribunaux judiciaires d'Albi et de Castres.
Tarn-et-Garonne		
Montauban		Ressort du tribunal judiciaire de Montauban.

Siège		Ressort
Tribunal judiciaire ou tribunal de première instance	**Chambre de proximité ou section détachée**	
Cour d'appel de Versailles		
Eure-et-Loir		
Chartres		Ressort du tribunal judiciaire de Chartres, à l'exception du ressort de la chambre de proximité de Dreux.
	Dreux	Ressort de la chambre de proximité de Dreux.
Hauts-de-Seine		
	Antony	Ressort de la chambre de proximité d'Antony.
	Asnières-sur-Seine	Ressort de la chambre de proximité d'Asnières-sur-Seine.
	Boulogne-Billancourt	Ressort de la chambre de proximité de Boulogne-Billancourt.
	Colombes	Ressort de la chambre de proximité de Colombes.
	Courbevoie	Ressort de la chambre de proximité de Courbevoie.
	Puteaux	Ressort de la chambre de proximité de Puteaux.
	Vanves	Ressort de la chambre de proximité de Vanves.
Val-d'Oise		
	Gonesse	Ressort de la chambre de proximité de Gonesse.
	Montmorency	Ressort de la chambre de proximité de Montmorency.
Pontoise		Ressort du tribunal judiciaire de Pontoise, à l'exception du ressort des chambres de proximité de Gonesse, Montmorency et Sannois.
	Sannois	Ressort de la chambre de proximité de Sannois.
Yvelines		
	Mantes-la-Jolie	Ressort de la chambre de proximité de Mantes-la-Jolie.
	Poissy	Ressort de la chambre de proximité de Poissy.
	Rambouillet	Ressort de la chambre de proximité de Rambouillet.
	Saint-Germain-en-Laye	Ressort de la chambre de proximité de Saint-Germain-en-Laye.
Versailles		Ressort du tribunal judiciaire de Versailles, à l'exception du ressort des chambres de proximité de Mantes-la-Jolie, Poissy, Rambouillet et Saint-Germain-en-Laye.
Tribunal supérieur d'appel de Saint-Pierre		
Saint-Pierre-et-Miquelon		
Saint-Pierre		Ressort du tribunal de première instance de Saint-Pierre.

TABLEAU IX-I

Siège et ressort des tribunaux judiciaires ou des chambres de proximité dont les juges des contentieux de la protection sont seuls compétents, dans le ressort de certains tribunaux judiciaires, pour connaître des mesures de traitement des situations de surendettement des particuliers et des procédures de rétablissement personnel (annexe de l'article R. 213-9-6)

(Décr. n° 2019-914 du 30 août 2019, art. 9-VI, en vigueur le 1er janv. 2020 ; Décr. n° 2021-439 du 13 avr. 2021, en vigueur le 1er juill. 2021).

L'art. 9 du Décr. n° 2019-914 du 30 août 2019 est applicable aux procédures en cours à sa date d'entrée en vigueur, dans les conditions déterminées par les IV à VIII de l'art. 40 du Décr. n° 2019-912 du 30 août 2019 (Décr. n° 2019-914 du 30 août 2019, art. 13-III).

SIÈGE		**RESSORT**
TRIBUNAL JUDICIAIRE	**CHAMBRE DE PROXIMITÉ**	
Cour d'appel d'Aix-en-Provence		
Alpes-Maritimes		
Nice		Ressort du tribunal judiciaire de Nice
Bouches-du-Rhône		
Aix-en-Provence		Ressort du tribunal judiciaire d'Aix-en-Provence à l'exception du ressort de la chambre de proximité de Martigues
Marseille		Ressort du tribunal judiciaire de Marseille
Cour d'appel d'Angers		
(Abrogé par Décr. n° 2021-439 du 13 avr. 2021, à compter du 1er juill. 2021) « Maine-et-Loire		
« Angers		*Ressort du tribunal judiciaire d'Angers »*
Sarthe		
Le Mans		Ressort du tribunal judiciaire du Mans
Cour d'appel de Paris		
Seine-Saint-Denis		
Bobigny		Ressort du tribunal judiciaire de Bobigny
Val-de-Marne		
	Villejuif	Ressort du tribunal judiciaire de Créteil
Cour d'appel de Reims		
Ardennes		
Charleville-Mézières		Ressort du tribunal judiciaire de Charleville-Mézières

SIÈGE		RESSORT
TRIBUNAL JUDICIAIRE	CHAMBRE DE PROXIMITÉ	
Cour d'appel de Toulouse		
		Ariège
Foix		Ressort du tribunal judiciaire de Foix
		Tarn-et-Garonne
Montauban		Ressort du tribunal judiciaire de Montauban
Cour d'appel de Versailles		
		Hauts-de-Seine
	Asnières-sur-Seine	Ressort du tribunal judiciaire de Nanterre
		Val-d'Oise
Pontoise		Ressort du tribunal judiciaire de Pontoise
		Yvelines
Versailles		Ressort du tribunal judiciaire de Versailles à l'exception du ressort de la chambre de proximité de Saint-Germain-en-Laye

TABLEAU X *[ABROGÉ]*

Siège et ressort des tribunaux d'instance et juridictions de proximité ayant compétence exclusive en matière pénale (annexe de l'article D. 221-1)

(Abrogé par Décr. n° 2017-824 du 5 mai 2017, art. 1er, à compter du 1er juill. 2017)

TABLEAU XI

Siège et ressort des greffes détachés implantés hors du siège d'une chambre de proximité (annexe de l'article D. 212-17-2)

(Décr. n° 2019-914 du 30 août 2019, art. 9-VII, en vigueur le 1er janv. 2020)

L'art. 9 du Décr. n° 2019-914 du 30 août 2019 est applicable aux procédures en cours à sa date d'entrée en vigueur, dans les conditions déterminées par les IV à VIII de l'art. 40 du Décr. n° 2019-912 du 30 août 2019 (Décr. n° 2019-914 du 30 août 2019, art. 13-III).

TRIBUNAL JUDICIAIRE	CHAMBRE DE PROXIMITÉ	SIÈGE DU GREFFE DÉTACHÉ	RESSORT DU GREFFE DÉTACHÉ
Cour d'appel de Saint-Denis			
Mamoudzou		Sada	Cantons de Bouéni, Bandrele, Chiconi, Chirongui, Kani-Kéli, Sada

TABLEAU XII

Siège et ressort du tribunal pour la navigation du Rhin et du tribunal de première instance pour la navigation de la Moselle (annexe de l'article D. 215-2) *(Décr. n° 2019-914 du 30 août 2019, art. 9-VIII, en vigueur le 1er janv. 2020)*

L'art. 9 du Décr. n° 2019-914 du 30 août 2019 est applicable aux procédures en cours à sa date d'entrée en vigueur, dans les conditions déterminées par les IV à VIII de l'art. 40 du Décr. n° 2019-912 du 30 août 2019 (reproduit ss. l'art. R. 211-3) (Décr. n° 2019-914 du 30 août 2019, art. 13-III).

SIÈGE	RESSORT
Tribunal pour la navigation du Rhin	
Strasbourg	Partie du Rhin située en territoire français.
Tribunal de première instance pour la navigation de la Moselle	
Thionville	Partie de la Moselle située entre Metz et la frontière.

TABLEAU XIII

Listes des bureaux fonciers (annexe de l'article D. 215-4)
(Arr. du 30 août 2019, art. 1er-3°)

Les dispositions de l'Arr. du 30 août 2019 entrent en vigueur le 1er janv. 2020 et sont applicables aux procédures en cours dans les conditions déterminées par les IV à VIII de l'art. 40 du Décr. n° 2019-912 du 30 août 2019 (reproduit ss. l'art. R. 211-3) (Arr. préc., art. 3).

SIÈGE DU TRIBUNAL JUDICIAIRE	SIÈGE DE LA CHAMBRE DE PROXIMITÉ	BUREAU FONCIER	RESSORT
Cour d'appel de Colmar			
Colmar		Colmar	Ressort du tribunal judiciaire de Colmar à l'exception du ressort des chambres de proximité de Guebwiller et de Sélestat
	Guebwiller	Guebwiller	Ressort de la chambre de proximité de Guebwiller
	Sélestat	Sélestat	Ressort de la chambre de proximité de Sélestat
Mulhouse		Mulhouse	Ressort du tribunal judiciaire de Mulhouse à l'exception du ressort de la chambre de proximité de Thann
	Thann	Thann	Ressort de la chambre de proximité de Thann
Saverne		Saverne	Ressort du tribunal judiciaire de Saverne
Strasbourg		Strasbourg	Ressort du tribunal judiciaire de Strasbourg à l'exception du ressort de la chambre de proximité d'Haguenau
	Haguenau	Haguenau	Ressort de la chambre de proximité d'Haguenau
Cour d'appel de Metz			
Metz		Metz	Ressort du tribunal judiciaire de Metz
Sarreguemines		Sarreguemines	Ressort du tribunal judiciaire de Sarreguemines
Thionville		Thionville	Ressort du tribunal judiciaire de Thionville

TABLEAU XIV

Siège et ressort des tribunaux pour enfants (annexe de l'article D. 251-1)

(Mod. par Décr. n° 2008-1482 du 22 déc. 2008, art. 5, rect. JO 17 janv. ; Décr. n° 2009-770 du 23 juin 2009, art. 4 ; Décr. n° 2010-1078 du 13 sept. 2010, art. 1er ; Décr. n° 2011-338 du 29 mars 2011, en vigueur le 1er avr. 2011 ; Décr. n° 2011-1878 du 14 déc. 2011, art. 1er-10°, en vigueur le 1er janv. 2012 ; Décr. n° 2013-1258 du 27 déc. 2013, en vigueur le 1er sept. 2014 ; Décr. n° 2016-1186 du 30 août 2016 ; Décr. n° 2019-914 du 30 août 2019, art. 9-IX, en vigueur le 1er janv. 2020)

SIÈGE	RESSORT
	Cour d'appel d'Agen
	Gers
Auch	Ressort du tribunal de grande instance d'Auch.
	Lot
Cahors	Ressort du tribunal de grande instance de Cahors.
	Lot-et-Garonne
[Agen	Ressort du tribunal de grande instance d'Agen. [(4)]]
	Cour d'appel d'Aix-en-Provence
	Alpes-de-Haute-Provence
Digne-les-Bains	Ressort du tribunal de grande instance de Digne-les-Bains.
	Alpes-Maritimes
Grasse	Ressort du tribunal de grande instance de Grasse.
Nice	Ressort du tribunal de grande instance de Nice.
	Bouches-du-Rhône
Aix-en-Provence	Ressort du tribunal de grande instance d'Aix-en-Provence.
Marseille	Ressort du tribunal de grande instance de Marseille.
Tarascon	Ressort du tribunal de grande instance de Tarascon.
	Var
Draguignan	Ressort du tribunal de grande instance de Draguignan.
Toulon	Ressort du tribunal de grande instance de Toulon.
	Cour d'appel d'Amiens
	Aisne
Laon	Ressort du tribunal de grande instance de Laon.
Saint-Quentin	Ressort du tribunal de grande instance de Saint-Quentin.
Soissons	Ressort du tribunal de grande instance de Soissons.

SIÈGE	RESSORT
	Oise
Beauvais	Ressort du tribunal de grande instance de Beauvais.
Compiègne	Ressort du tribunal de grande instance de Compiègne.
Senlis	Ressort du tribunal de grande instance de Senlis.
	Somme
[Amiens	Ressort du tribunal de grande instance d'Amiens. [(4)]]
	Cour d'appel d'Angers
	Maine-et-Loire
Angers	Ressort des tribunaux de grande instance d'Angers et de Saumur.
	Mayenne
Laval	Ressort du tribunal de grande instance de Laval.
	Sarthe
Le Mans	Ressort du tribunal de grande instance du Mans.
	Cour d'appel de Basse-Terre
	Guadeloupe
Basse-Terre	Ressort du tribunal de grande instance de Basse-Terre.
Pointe-à-Pitre	Ressort du tribunal de grande instance de Pointe-à-Pitre.
	Cour d'appel de Bastia
	Corse-du-Sud
Ajaccio	Ressort du tribunal de grande instance d'Ajaccio.
	Haute-Corse
Bastia	Ressort du tribunal de grande instance de Bastia.
	Cour d'appel de Besançon
	Doubs
Montbéliard	Ressort du tribunal de grande instance de Montbéliard.
Besançon	Ressort du tribunal de grande instance de Besançon.
	Haute-Saône
[Vesoul	Ressort du tribunal de grande instance de Vesoul. [(4)]]
	Jura
[Lons-le-Saunier	Ressort du tribunal de grande instance de Lons-le-Saunier. [(4)]]

SIÈGE	RESSORT
Territoire de Belfort	
Belfort	Ressort du tribunal de grande instance de Belfort.
Cour d'appel de Bordeaux	
Charente	
Angoulême	Ressort du tribunal de grande instance d'Angoulême.
Dordogne	
Bergerac	Ressort du tribunal de grande instance de Bergerac.
Périgueux	Ressort du tribunal de grande instance de Périgueux.
Gironde	
Bordeaux	Ressort du tribunal de grande instance de Bordeaux.
Libourne	Ressort du tribunal de grande instance de Libourne.
Cour d'appel de Bourges	
Cher	
Bourges	Ressort du tribunal de grande instance de Bourges.
Indre	
Châteauroux	Ressort du tribunal de grande instance de Châteauroux.
Nièvre	
Nevers	Ressort du tribunal de grande instance de Nevers.
Cour d'appel de Caen	
Calvados	
Caen	Ressort des tribunaux de grande instance de Caen et Lisieux.
Manche	
Cherbourg-en-Cotentin	Ressort du tribunal de grande instance de Cherbourg-en-Cotentin.
[Coutances	Ressort du tribunal de grande instance de Coutances. (4)]
Orne	
Alençon	Ressort des tribunaux de grande instance d'Alençon et Argentan.
Cour d'appel de Cayenne (Guyane)	
Cayenne	Ressort du tribunal de grande instance de Cayenne.

SIÈGE	RESSORT
Cour d'appel de Chambéry	
Haute-Savoie	
Annecy	Ressort du tribunal de grande instance d'Annecy.
Bonneville	Ressort du tribunal de grande instance de Bonneville.
Thonon-les-Bains	Ressort du tribunal de grande instance de Thonon-les-Bains.
Savoie	
Chambéry	Ressort des tribunaux de grande instance d'Albertville et Chambéry.
Cour d'appel de Colmar	
Bas-Rhin	
Saverne	Ressort du tribunal de grande instance de Saverne.
Strasbourg	Ressort du tribunal de grande instance de Strasbourg.
Haut-Rhin	
Colmar	Ressort du tribunal de grande instance de Colmar.
Mulhouse	Ressort du tribunal de grande instance de Mulhouse.
Cour d'appel de Dijon	
Côte-d'Or	
Dijon	Ressort du tribunal de grande instance de Dijon.
Haute-Marne	
Chaumont	Ressort du tribunal de grande instance de Chaumont.
Saône-et-Loire	
Chalon-sur-Saône	Ressort du tribunal de grande instance de Chalon-sur-Saône.
Mâcon	Ressort du tribunal de grande instance de Mâcon.
Cour d'appel de Douai	
Nord	
Avesnes-sur-Helpe	Ressort du tribunal de grande instance d'Avesnes-sur-Helpe.
Cambrai	Ressort du tribunal de grande instance de Cambrai.
Douai	Ressort du tribunal de grande instance de Douai.
[Dunkerque	Ressort du tribunal de grande instance de Dunkerque. (4)]
Lille	Ressort du tribunal de grande instance de Lille.

SIÈGE	RESSORT
Valenciennes	Ressort du tribunal de grande instance de Valenciennes.
Pas-de-Calais	
Arras	Ressort du tribunal de grande instance d'Arras.
Béthune	Ressort du tribunal de grande instance de Béthune.
Boulogne-sur-Mer	Ressort du tribunal de grande instance de Boulogne-sur-Mer.
Saint-Omer	Ressort du tribunal de grande instance de Saint-Omer.
Cour d'appel de Fort-de-France (Martinique)	
Fort-de-France	Ressort du tribunal de grande instance de Fort-de-France.
Cour d'appel de Grenoble	
Drôme	
Valence	Ressort du tribunal de grande instance de Valence.
Hautes-Alpes	
Gap	Ressort du tribunal de grande instance de Gap.
Isère	
Bourgoin-Jallieu	Ressort du tribunal de grande instance de Bourgoin-Jallieu.
Grenoble	Ressort du tribunal de grande instance de Grenoble.
Vienne	Ressort du tribunal de grande instance de Vienne.
Villefontaine	Ressort du tribunal de grande instance de Villefontaine (12)
Cour d'appel de Limoges	
Corrèze	
Brive-la-Gaillarde	Ressort des tribunaux de grande instance de Brive-la-Gaillarde et *[de]* Tulle.
Creuse	
Guéret	Ressort du tribunal de grande instance de Guéret.
Haute-Vienne	
Limoges	Ressort du tribunal de grande instance de Limoges.
Cour d'appel de Lyon	
Ain	
[Bourg-en-Bresse	Ressort du tribunal de grande instance de Bourg-en-Bresse. (4)]

SIÈGE	RESSORT
Loire	
Roanne	Ressort du tribunal de grande instance de Roanne.
[Saint-Étienne	Ressort du tribunal de grande instance de Saint-Étienne. (4)]
Rhône	
Lyon	Ressort du tribunal de grande instance de Lyon.
Villefranche-sur-Saône	Ressort du tribunal de grande instance de Villefranche-sur-Saône.
Cour d'appel de Metz	
Moselle	
Metz	Ressort du tribunal de grande instance de Metz.
Thionville	Ressort du tribunal de grande instance de Thionville.
Sarreguemines	Ressort du tribunal de grande instance de Sarreguemines.
Cour d'appel de Montpellier	
Aude	
Carcassonne	Ressort du tribunal de grande instance de Carcassonne.
Narbonne	Ressort du tribunal de grande instance de Narbonne.
Aveyron	
[Rodez	Ressort du tribunal de grande instance de Rodez. (4)]
Hérault	
Béziers	Ressort du tribunal de grande instance de Béziers.
Montpellier	Ressort du tribunal de grande instance de Montpellier.
Pyrénées-Orientales	
Perpignan	Ressort du tribunal de grande instance de Perpignan.
Cour d'appel de Nancy	
Meurthe-et-Moselle	
Val de Briey	Ressort du tribunal de grande instance de Val de Briey.
Nancy	Ressort du tribunal de grande instance de Nancy.
Meuse	
Verdun	Ressort des tribunaux de grande instance de Bar-le-Duc et Verdun.

SIÈGE	RESSORT
	Vosges
[Épinal	Ressort du tribunal de grande instance d'Épinal. (4)]
	Cour d'appel de Nîmes
	Ardèche
Privas	Ressort du tribunal de grande instance de Privas.
	Gard
Nîmes	Ressort des tribunaux de grande instance d'Alès et Nîmes.
	Lozère
Mende	Ressort du tribunal de grande instance de Mende.
	Vaucluse
Avignon	Ressort du tribunal de grande instance d'Avignon.
Carpentras	Ressort du tribunal de grande instance de Carpentras.
	Cour d'appel de Nouméa
	Nouvelle-Calédonie
Nouméa	Ressort du tribunal de première instance de Nouméa.
	Wallis-et-Futuna
Mata-Utu	Ressort du tribunal de première instance de Mata-Utu.
	Cour d'appel d'Orléans
	Indre-et-Loire
Tours	Ressort du tribunal de grande instance de Tours.
	Loiret
Montargis	Ressort du tribunal de grande instance de Montargis.
Orléans	Ressort du tribunal de grande instance d'Orléans.
	Loir-et-Cher
Blois	Ressort du tribunal de grande instance de Blois.
	Tribunal supérieur d'appel de Papeete
	Polynésie française
Papeete	Ressort du tribunal de première instance de Papeete.

SIÈGE	RESSORT
Cour d'appel de Paris	
Essonne	
Évry	Ressort du tribunal de grande instance d'Évry.
Paris	
Paris	Ressort du tribunal de grande instance de Paris.
Seine-et-Marne	
Meaux	Ressort du tribunal de grande instance de Meaux.
Melun	Ressort des tribunaux de grande instance de Fontainebleau et Melun.
Seine-Saint-Denis	
Bobigny	Ressort du tribunal de grande instance de Bobigny.
Val-de-Marne	
Créteil	Ressort du tribunal de grande instance de Créteil.
Yonne	
Auxerre	Ressort des tribunaux de grande instance d'Auxerre et Sens.
Cour d'appel de Pau	
Hautes-Pyrénées	
Tarbes	Ressort du tribunal de grande instance de Tarbes.
Landes	
Dax	Ressort du tribunal de grande instance de Dax.
Mont-de-Marsan	Ressort du tribunal de grande instance de Mont-de-Marsan.
Pyrénées-Atlantiques	
Bayonne	Ressort du tribunal de grande instance de Bayonne.
Pau	Ressort du tribunal de grande instance de Pau.
Cour d'appel de Poitiers	
Charente-Maritime	
[La Rochelle	Ressort des tribunaux de grande instance de La Rochelle et Saintes. (4)]
[La Rochelle	Ressort du tribunal de grande instance de La Rochelle. (6)]
[Saintes	Ressort du tribunal de grande instance de Saintes. (6)]

SIÈGE	RESSORT
	Deux-Sèvres
[Niort	Ressort du tribunal de grande instance de Niort. (4)]
	Vendée
La Roche-sur-Yon	Ressort des tribunaux de grande instance de La Roche-sur-Yon et Les Sables-d'Olonne.
	Vienne
Poitiers	Ressort du tribunal de grande instance de Poitiers.
	Cour d'appel de Reims
	Ardennes
Charleville-Mézières	Ressort du tribunal de grande instance de Charleville-Mézières.
	Aube
Troyes	Ressort du tribunal de grande instance de Troyes.
	Marne
Châlons-en-Champagne	Ressort du tribunal de grande instance de Châlons-en-Champagne.
Reims	Ressort du tribunal de grande instance de Reims.
	Cour d'appel de Rennes
	Côtes-d'Armor
[Saint-Brieuc	Ressort du tribunal de grande instance de Saint-Brieuc. (4)]
	Finistère
[Brest	Ressort du tribunal de grande instance de Brest. (4)]
Quimper	Ressort du tribunal de grande instance de Quimper.
	Ille-et-Vilaine
Rennes	Ressort du tribunal de grande instance de Rennes.
Saint-Malo	Ressort du tribunal de grande instance de Saint-Malo.
	Loire-Atlantique
Nantes	Ressort du tribunal de grande instance de Nantes.
Saint-Nazaire	Ressort du tribunal de grande instance de Saint-Nazaire.
	Morbihan
Lorient	Ressort du tribunal de grande instance de Lorient.
Vannes	Ressort du tribunal de grande instance de Vannes.

SIÈGE	RESSORT
Cour d'appel de Riom	
Allier	
Moulins	Ressort des tribunaux de grande instance de Cusset, Montluçon et Moulins.
Cantal	
Aurillac	Ressort du tribunal de grande instance d'Aurillac.
Haute-Loire	
Le Puy-en-Velay	Ressort du tribunal de grande instance du Puy-en-Velay.
Puy-de-Dôme	
[Clermont-Ferrand	Ressort du tribunal de grande instance de Clermont-Ferrand. (4)]
Cour d'appel de Rouen	
Eure	
[Évreux	Ressort du tribunal de grande instance d'Évreux. (4)]
Seine-Maritime	
Dieppe	Ressort du tribunal de grande instance de Dieppe.
Le Havre	Ressort du tribunal de grande instance du Havre.
Rouen	Ressort du tribunal de grande instance de Rouen.
Cour d'appel de Saint-Denis	
La Réunion	
Saint-Denis	Ressort du tribunal de grande instance de Saint-Denis.
Saint-Pierre	Ressort du tribunal de grande instance de Saint-Pierre.
Mayotte	
Mamoudzou	Ressort du tribunal de grande instance de Mamoudzou.
Cour d'appel de Toulouse	
Ariège	
Foix	Ressort du tribunal de grande instance de Foix.
Haute-Garonne	
Toulouse	Ressort des tribunaux de grande instance de Saint-Gaudens et de Toulouse.

SIÈGE	RESSORT
Tarn	
Albi	Ressort du tribunal de grande instance d'Albi.
Castres	Ressort du tribunal de grande instance de Castres.
Tarn-et-Garonne	
Montauban	Ressort du tribunal de grande instance de Montauban.
Cour d'appel de Versailles	
Eure-et-Loir	
Chartres	Ressort du tribunal de grande instance de Chartres.
Hauts-de-Seine	
Nanterre	Ressort du tribunal de grande instance de Nanterre.
Val-d'Oise	
Pontoise	Ressort du tribunal de grande instance de Pontoise.
Yvelines	
Versailles	Ressort du tribunal de grande instance de Versailles.
Tribunal supérieur d'appel de Saint-Pierre	
Saint-Pierre-et-Miquelon	
Saint-Pierre	Ressort du tribunal de grande instance de Saint-Pierre.

(4) Applicable à compter du 1er janvier 2011.
(6) Applicable à compter du 1er janvier 2011.
(12) Applicable à compter du 1er juillet 2014.

TABLEAU XV

Listes des tribunaux pour enfants dans lesquels les fonctions de président et, le cas échéant, celles de vice-président sont confiées à un vice-président du tribunal judiciaire

[ancienne rédaction : tribunal de grande instance]
chargé des fonctions de juge des enfants (annexe de l'article D. 251-2) Décr. n° 2019-966 du 18 sept. 2019, en vigueur le 1er janv. 2020)

TRIBUNAUX POUR ENFANTS DANS LESQUELS LES FONCTIONS DE PRÉSIDENT SONT CONFIÉES À UN VICE-PRÉSIDENT DU TRIBUNAL DE GRANDE INSTANCE CHARGÉ DES FONCTIONS DE JUGE DES ENFANTS	
Cour d'appel d'Aix-en-Provence	Tribunal pour enfants de Marseille.
Cour d'appel de Douai	Tribunal pour enfants de Lille.
Cour d'appel de Lyon	Tribunal pour enfants de Lyon.
Cour d'appel de Paris	Tribunal pour enfants de Bobigny.

TRIBUNAUX POUR ENFANTS DANS LESQUELS LES FONCTIONS DE PRÉSIDENT SONT CONFIÉES À UN VICE-PRÉSIDENT DU TRIBUNAL DE GRANDE INSTANCE CHARGÉ DES FONCTIONS DE JUGE DES ENFANTS	
	Tribunal pour enfants de Créteil.
	Tribunal pour enfants de Paris.
Cour d'appel de Versailles	Tribunal pour enfants de Nanterre.

TRIBUNAUX POUR ENFANTS DANS LESQUELS LES FONCTIONS DE VICE-PRÉSIDENT SONT CONFIÉES À UN VICE-PRÉSIDENT DU TRIBUNAL DE GRANDE INSTANCE CHARGÉ DES FONCTIONS DE JUGE DES ENFANTS	
Cour d'appel de Paris	Tribunal de grande instance de Paris

TABLEAU XVI

Siège et ressort des cours d'appel mentionnées à l'article R. 411-19 du code de la propriété intellectuelle compétentes pour connaître directement des recours formés contre les décisions du directeur général de l'Institut national de la propriété industrielle en matière de délivrance, rejet ou maintien des dessins et modèles et des marques, de nullité ou de déchéance des marques, en matière d'homologation [...] de ce cahier des charges (annexe de l'article D. 311-8)

(Décr. nº 2010-1665 du 28 déc. 2010, art. 1er, en vigueur le 1er janv. 2011, mod. par Décr. nº 2011-338 du 29 mars 2011, en vigueur le 1er avr. 2011 ; Décr. nº 2011-1878 du 14 déc. 2011, art. 1er-11º, en vigueur le 1er janv. 2012 ; Décr. nº 2017-1097 du 13 juin 2017, en vigueur le 16 juin 2017 ; Décr. nº 2019-1316 du 9 déc. 2019, art. 14-III-3º, en vigueur le 1er avr. 2020)

La cour d'appel de Nancy demeure compétente pour statuer sur les procédures du ressort de la cour d'appel de Colmar introduites antérieurement à la date d'entrée en vigueur du Décr. nº 2010-1665 du 28 déc. 2010 (Décr. préc., art. 2).

SIÈGE	RESSORT
Aix-en-Provence	Ressort des cours d'appel d'Aix-en-Provence, Bastia, Montpellier et Nîmes.
Bordeaux	Ressort des cours d'appel d'Agen, Bordeaux, Limoges, Pau et Toulouse.
Colmar	Ressort de la cour d'appel de Colmar.
Douai	Ressort des cours d'appel d'Amiens, Douai, Reims et Rouen.
Fort-de-France	Ressort des cours d'appel de Basse-Terre, Cayenne et Fort-de-France.
Lyon	Ressort des cours d'appel de Chambéry, Grenoble, Lyon et Riom.
Nancy	Ressort des cours d'appel de Besançon, Dijon, Metz et Nancy.
Paris	Ressort des cours d'appel de Bourges, Paris, Orléans, Nouméa, Papeete, Saint-Denis et du tribunal supérieur d'appel de Saint-Pierre.
Rennes	Ressort des cours d'appel d'Angers, Caen, Poitiers et Rennes.
Versailles	Ressort de la cour d'appel de Versailles.

TABLEAU XVII

Siège et ressort des tribunaux du travail (annexe des articles R. 552-31 et R. 562-40)

SIÈGE	RESSORT
	Cour d'appel de Nouméa.
Nouméa.	Ressort du tribunal de première instance de Nouméa.
	Cour d'appel de Papeete.
Nuku-Hiva.	Ressort de la section détachée de Nuku-Hiva.
Papeete.	Ressort du tribunal de première instance de Papeete, à l'exception des ressorts des sections détachées de Nuku-Hiva et Uturoa.
Uturoa.	Ressort de la section détachée d'Uturoa.

DISPOSITIONS GÉNÉRALES

Décret n° 58-1281 du 22 décembre 1958,

Portant application de l'ordonnance n° 58-1273 du 22 décembre 1958 et relatif à l'organisation judiciaire (D. 1959. 35 ; BLD 1959. 40).

Art. 9 à 12 *(Conseil de l'organisation judiciaire). — Mod. par Décr. n° 66-443 du 23 juin 1966 (D. 1966. 301 ; BLD 1966. 272), Décr. n° 72-1142 du 20 déc. 1972 (D. et BLD 1973. 19).*

Décret n° 90-115 du 2 février 1990,

Portant application aux juridictions du troisième alinéa de l'article 31 de la loi n° 78-17 du 6 janvier 1978 relative à l'informatique, aux fichiers et aux libertés.

Art. 1er Les juridictions de l'ordre judiciaire et de l'ordre administratif sont autorisées, pour l'exercice de leur mission, à mettre ou conserver en mémoire informatisée les données nominatives nécessaires à l'instruction et au jugement des litiges dont elles sont saisies et à l'exécution des décisions de justice, qui font apparaître, directement ou indirectement, les origines raciales ou les opinions politiques, philosophiques ou religieuses, ou les appartenances syndicales des parties au litige.

Circulaire du 17 mars 2015,

Portant sur la réforme cantonale et la définition des ressorts des juridictions de l'ordre judiciaire.

La loi n° 2013-403 du 17 mai 2013 relative à l'élection des conseillers départementaux, des conseillers municipaux et des conseillers communautaires et modifiant le calendrier électoral, prévoit notamment une révision générale de la carte cantonale. Cette réforme doit aboutir à une réduction significative du nombre de cantons. Les nouvelles délimitations des cantons ont été définies par divers décrets. La nouvelle carte cantonale n'entrera en vigueur, aux termes desdits décrets, qu'"au prochain renouvellement général des assemblées départementales suivant" leur publication, soit après les prochaines élections départementales des 22 et 29 mars 2015.

Par une note du 21 février 2014, je vous informais, d'une part, que la réforme de la carte des cantons n'impliquait pas en elle-même une modification de la carte judiciaire et, d'autre part, que le ministère de la justice travaillait à une adaptation des textes permettant de prendre en compte cette réforme sans que les ressorts des juridictions en soient modifiés.

Il a été, dans un premier temps, envisagé de substituer, à ressorts constants, la référence aux communes à celle faite aux cantons dans les différents tableaux, annexés à divers codes, fixant le siège et le ressort des juridictions de droit commun et spécialisées.

Une étude juridique approfondie a conclu à ne pas donner suite à cette solution.

En effet, la référence aux cantons a pour objet, non pas d'établir un lien juridique entre les circonscriptions de l'élection départementale et le ressort des juridictions, mais seulement de décrire une zone géographique. Le fait que la carte des cantons ait été modifiée pour les élections départementales n'a donc pas pour effet de remettre en cause les ressorts des juridictions. La mention d'un grand nombre de cantons qui n'existeront plus à compter des élections de mars ne pourra être lue que comme renvoyant aux anciens cantons.

L'entrée en vigueur de la nouvelle carte cantonale, au prochain renouvellement général des assemblées départementales, ne produira ainsi aucun effet de droit sur le ressort des juridictions.

Toutefois, le souci d'une parfaite lisibilité de notre carte judiciaire conduit à assurer la plus large diffusion, à titre purement informatif, des tableaux suivants : IV annexé au code de l'organisation judiciaire, I annexé au code de la sécurité sociale, C annexé au code du travail et 7-1 annexé au code de commerce, précisant pour chaque juridiction les communes composant son ressort.

La liste et les limites territoriales des communes auxquelles se réfèrent les tableaux annexés à la présente circulaire sont celles qui résultent des dispositions en vigueur à la date du 31 décembre 2014.

Chacun pourra ainsi facilement, par la seule référence à la commune considérée, connaître la juridiction compétente territorialement.

Je vous remercie de bien vouloir diffuser ce document auprès des présidents de tribunaux de grande instance et procureurs près lesdits tribunaux de grande instance de votre ressort.

Vous veillerez également à ce que les professionnels du droit exerçant dans vos ressorts soient rendus destinataires de cette circulaire.

En ce sens, je vous précise que je communique la présente circulaire aux représentants nationaux des différentes professions.

APPENDICE

ACTION EN JUSTICE

Sur le droit commun de l'action en justice, V. C. pr. civ., art. 30 à 32-1.

I. ACTIONS EXERCÉES PAR OU CONTRE L'ÉTAT ET LES COLLECTIVITÉS TERRITORIALES

A. Actions exercées par ou contre l'État

Décret du 28 octobre 1790,

Relatif à la vente et à l'administration des biens nationaux.

Art. 15 Il ne pourra être exercé aucune action contre le procureur général syndic *[l'État]*, par qui que ce soit, sans qu'au préalable on ne se soit pourvu par simple mémoire ... au directoire du département *[au préfet]* pour donner une décision, à peine de nullité. Le directoire *[le préfet]* statuera sur le mémoire dans le mois à compter du jour qu'il aura été remis, avec les pièces justificatives, au secrétariat du district *[à la préfecture]*, dont le secrétaire donnera son récépissé, et dont il fera mention sur le registre qu'il tiendra à cet effet. La remise et l'enregistrement du mémoire interrompront la prescription ; et dans le cas où les corps administratifs *[le préfet]* n'auront *[n'aura]* pas statué à l'expiration du délai ci-dessus, il sera permis de se pourvoir devant les tribunaux. — *Ces dispositions ont été abrogées en tant qu'elles concernaient le domaine de l'État, sur lequel V. CGPPP, art. R. 2331-9, App., v° Action en justice.*

Loi n° 48-830 du 15 mai 1948,

Habilitant le ministre chargé de la reconstruction et de l'urbanisme à intenter au nom de l'État les actions en réparation et en répétition prévues par l'article 72 de la loi du 28 octobre 1946 sur les dommages de guerre.

Art. unique Par dérogation aux dispositions du décret des 27-31 août 1791 et à celles de l'article 69, paragraphe 2 *[abrogé]*, du code de procédure civile, le ministre chargé de la reconstruction et de l'urbanisme a qualité pour intenter, aux lieu et place de l'*(Décr. n° 2012-985 du 23 août 2012, art. 6)* « agent judiciaire de l'État », les actions en réparation du préjudice subi par l'État ou en répétition des sommes indûment versées par celui-ci prévues par l'article 72 de la loi du 28 octobre 1946 sur les dommages de guerre.

Sont validées les actions en réparation ou en répétition introduites par le ministre chargé de la reconstruction et de l'urbanisme en application de l'article 72 de la loi du 28 octobre 1946 *[précité]* ou des textes antérieurs à cette loi.

Loi n° 55-366 du 3 avril 1955,

Relative au développement des crédits affectés aux dépenses du ministère des finances et des affaires économiques pour l'exercice 1955.

Art. 38 Toute action portée devant les tribunaux de l'ordre judiciaire et tendant à faire déclarer l'État créancier ou débiteur pour des causes étrangères à l'impôt et au domaine doit, sauf exception prévue par la loi, être intentée à peine de nullité par ou contre l'*(Décr. n° 2012-985 du 23 août 2012, art. 6)* « agent judiciaire de l'État ».

Al. 2 Non reproduit.

BIBL. ▶ BERGEAL, *JCP 2012. 1058* (longue vie à l'Agent judiciaire de l'État !).

Renvoi. V. note 2 ss. art. 1040 C. pr. civ.

Code général de la propriété des personnes publiques

Exercice des fonctions de contentieux au sein de l'État

Art. R. 2331-1 L'administration chargée des domaines a seule qualité pour suivre les instances de toute nature relatives :

1° Aux biens mobiliers et immobiliers de l'État qui ne sont pas utilisés ou mis à la disposition d'un service ou d'un établissement public de l'État ;

2° Aux biens dépendant de patrimoines privés dont l'administration ou la liquidation lui sont confiées, et aux conditions dans lesquelles elle assure la gestion de ces patrimoines ;

3° A l'assiette et au recouvrement des produits et redevances du domaine de l'État ainsi qu'au recouvrement de toute somme dont la perception incombe aux comptables publics chargés des recettes domaniales de l'État. – *[C. dom. Ét., art. R. 158.]*

Art. R. 2331-2 L'administration chargée des domaines a seule qualité pour suivre les instances intéressant les biens de l'État autres que ceux mentionnés à l'article R. 2331-1, dès lors que le litige porte sur : – *V. CGPPP, art. R. 2331-1, reproduit ci-dessus.*

1° La détermination du caractère de domanialité publique ou de domanialité privée de ces biens ;

2° Le droit de propriété de l'État ou tous autres droits réels dont peuvent faire l'objet les biens mobiliers ou immobiliers du domaine de l'État, l'étendue ou les conditions d'exercice de ces droits ;

3° La validité ou l'interprétation des titres et des conventions relatives à l'acquisition, à l'utilisation et à la gestion des biens de l'État et de tous autres titres et conventions dont l'établissement entre dans ses attributions ;

4° L'application des conditions financières des titres et des conventions mentionnés au 3°. – *[C. dom. Ét., art. R. 158-1, al. 1er à 3 et al. 4 et 5, ecqc les instances portant sur la validité ou l'interprétation des conventions relatives à l'acquisition, à l'utilisation et à la gestion des biens de l'État et l'application des conditions financières de ces conventions.]*

Art. R. 2331-3 L'administration chargée des domaines est appelée à l'instance dès lors que le litige porte directement ou indirectement sur les droits et obligations dont il lui appartient, aux termes des articles R. 2331-1, R. 2331-2, R. 3231-1 et R. 4111-11 d'assurer la défense ou de demander l'exécution en justice. – *[C. dom. Ét., art. R. 159.] – V. CGPPP, art. R. 2331-1, R. 2331-2, R. 3231-1 et R. 4111-11, App., v° Action en justice.*

Art. R. 2331-4 Sous réserve de l'application du 3° de l'article R. 2331-1 et de l'article R. 2331-3, le ministre de la défense a seul qualité pour suivre les instances intéressant le domaine militaire. – *[C. dom. Ét., art. R. 160.]*

………………………………………………………………………………………………

Art. R. 2331-6 Devant les juridictions judiciaires autres que la Cour de cassation, l'État est représenté par le préfet du département dans lequel le litige a pris naissance.

Devant ces juridictions, les instances mentionnées au 2° de l'article R. 2331-1 sont suivies par le préfet du département sous l'autorité duquel est géré le patrimoine privé concerné ou, dans la région d'Île-de-France, par le chef du service chargé de la gestion des patrimoines privés.

Les instances mentionnées au 3° de l'article R. 2331-1 sont suivies par le directeur départemental des finances publiques ou le comptable public compétent.

Devant la Cour de cassation, l'État est représenté par le ministre chargé du domaine. – *[C. dom. Ét., art. R. 163, al. 1er à 4 et 8, ecqc la représentation de l'État devant les juridictions judiciaires.] – V. CGPPP, art. R. 2331-1, App., v° Action en justice.*

Illustrant que seule l'administration des domaines a compétence pour suivre les instances intéressant le droit de propriété et les droits réels de l'État : • Civ. 3e, 24 sept. 2014, *Brunel, Chauvet, Hillaire c/ Min. de la Culture et de la Communication et agent judiciaire de l'État,* n° 12.21-978 : *AJDA 2015. 59, avis Petit.*

………………………………………………………………………………………………

Procédure devant la juridiction judiciaire

Art. R. 2331-8 Lorsqu'elles sont portées devant une juridiction judiciaire, les instances mentionnées aux articles R. 2331-1 à R. 2331-3, R. 3231-1 et R. 4111-11 auxquelles l'État est partie sont soumises aux dispositions du code de procédure civile, sous réserve des dispositions particulières prévues par la présente sous-section. – *V. CGPPP, art. R. 2331-1, R. 2331-2, R. 3231-1 et R. 4111-11, App., v° Action en justice.*

Art. R. 2331-9 A peine d'irrecevabilité, toute action judiciaire dirigée contre l'État en application des articles R. 2331-1, R. 2331-2, R. 3231-1 et R. 4111-11 est précédée de l'envoi par lettre recommandée avec demande d'avis de réception ou de la remise contre un récépissé d'un recours administratif contre l'administration chargée des domaines. – *[C. dom. Ét., art. R. 161.] – V. CGPPP, art. R. 2331-1, R. 2331-2, R. 3231-1 et R. 4111-11, App., v° Action en justice.*

Art. R. 2331-10 Devant le *(Décr. n° 2019-966 du 18 sept. 2019, art. 8, en vigueur le 1er janv. 2020)* « tribunal judiciaire *[ancienne rédaction : tribunal de grande instance]* », l'instruction des instances mentionnées aux articles R. 2331-1 à R. 2331-3, R. 3231-1 et R. 4111-11 auxquelles l'État est partie se fait par simples mémoires. – *V. CGPPP, art. R. 2331-1, R. 2331-2, R. 3231-1 et R. 4111-11, App., v° Action en justice.*

Les parties ne sont pas tenues de constituer avocat.

Elles peuvent présenter des explications orales. – *[C. dom. Ét., art. R. 162, ecqc les instances devant les tribunaux de grande instance.]*

Art. R. 2331-11 Devant la cour d'appel, la procédure est sans représentation obligatoire.

Toutefois, l'instruction des instances mentionnées aux articles R. 2331-1 à R. 2331-3, R. 3231-1 et R. 4111-11 auxquelles l'État est partie se fait par simples mémoires. – *V. CGPPP, art. R. 2331-1, R. 2331-2, R. 3231-1 et R. 4111-11, App., v° Action en justice.*

Les parties ne sont pas tenues de constituer avocat.

Les parties peuvent présenter des explications orales. – *[C. dom. Ét., art. R. 162, ecqc les instances devant les cours d'appel.]*

....

Cession des biens relevant du domaine privé

Art. R. 3231-1 L'administration chargée des domaines a seule qualité pour suivre les instances intéressant les biens de l'État autres que ceux mentionnés à l'article R. 2331-1, dès lors que le litige porte sur la validité ou l'interprétation des conventions relatives à la cession des biens de l'État ou sur l'application des conditions financières de ces conventions. – *[C. dom. Ét., art. R. 158-1, al. 1er, 4 et 5, ecqc les instances portant sur la validité ou l'interprétation des conventions relatives à la cession des biens de l'État et l'application des conditions financières de ces conventions.] – V. CGPPP, art. R. 2331-1, App., v° Action en justice.*

....

Baux des biens situés en France

Art. R. 4111-11 L'administration chargée des domaines a seule qualité pour suivre les instances portant sur la validité et les conditions financières des actes de prise à bail passés par elle pour le compte des services civils ou militaires de l'État conformément à l'article R. 4111-8. – *[C. dom. Ét., art. R. 158-1, al. 6.]*

B. Actions exercées par ou contre les collectivités territoriales

Code général des collectivités territoriales

Actions contentieuses de la commune

Dispositions générales

Art. L. 2132-1 Sous réserve des dispositions du 16° de l'article L. 2122-22 *[actions en justice au nom de la commune ou défense de la commune dans les actions intentées contre elle, dans les cas définis par le conseil municipal]*, le conseil municipal délibère sur les actions à intenter au nom de la commune. – *[C. communes, art. L. 316-1.]*

Art. L. 2132-2 Le maire, en vertu de la délibération du conseil municipal, représente la commune en justice. – *[C. communes, art. L. 316-3 issu de L. 5 avr. 1884, art. 122, al. 1er.]*

Art. L. 2132-3 Le maire peut toujours, sans autorisation préalable du conseil municipal, faire tous actes conservatoires ou interruptifs des déchéances. – *[C. communes, art. L. 316-4 issu de L. 5 avr. 1884, art. 122, al. 2.]*

Art. L. 2132-4 Toute partie qui a obtenu une condamnation contre la commune n'est pas passible des charges ou contributions imposées pour l'acquittement des frais et dommages-intérêts qui résultent du procès. – *[C. communes, art. L. 316-12 issu de L. 5 avr. 1884, art. 131.]*

Exercice par un contribuable des actions appartenant à la commune

Art. L. 2132-5 Tout contribuable inscrit au rôle de la commune a le droit d'exercer, tant en demande qu'en défense, à ses frais et risques, avec l'autorisation du tribunal administratif, les actions qu'il croit appartenir à la commune, et que celle-ci, préalablement appelée à en délibérer, a refusé ou négligé d'exercer. – *[C. communes, art. L. 316-5 issu de L. 5 avr. 1884, art. 123, al. 1er.]*

Art. L. 2132-6 Le contribuable adresse au tribunal administratif un mémoire détaillé.

(L. n° 2000-629 du 7 juill. 2000, art. 4) « Le maire soumet ce mémoire au conseil municipal lors de la plus proche réunion tenue en application des articles L. 2121-7 et L. 2121-9. »

Art. L. 2132-7 Lorsqu'un jugement est intervenu, le contribuable ne peut se pourvoir en appel ou en cassation qu'en vertu d'une nouvelle autorisation. – *[C. communes, art. L. 316-8 issu de L. 5 avr. 1884, art. 123, al. 8.]*

....

Art. R. 2132-1 Dans le cas prévu à l'article L. 2132-6, il est délivré au contribuable un récépissé du mémoire détaillé qu'il a adressé au tribunal administratif. – *V. CGCT, art. L. 2132-6, App., v° Action en justice.*

Le préfet, saisi par le président du tribunal administratif, transmet immédiatement ce mémoire au maire, en l'invitant à le soumettre au conseil municipal.

La décision du tribunal administratif est rendue dans le délai de deux mois à dater du dépôt de la demande d'autorisation.

Toute décision qui porte refus d'autorisation doit être motivée. – *[C. communes, art. R.* 316-1.]*

Art. R. 2132-2 Lorsque le tribunal administratif ne statue pas dans le délai de deux mois ou lorsque l'autorisation est refusée, le contribuable peut se pourvoir devant le Conseil d'État. – *[C. communes, art. R.* 316-2.]*

Art. R. 2132-3 Le pourvoi devant le Conseil d'État est, à peine de déchéance, formé dans le mois qui suit, soit l'expiration du délai imparti au tribunal administratif pour statuer, soit la notification de l'arrêté portant refus.

Il est statué sur le pourvoi dans un délai de trois mois à compter de son enregistrement au secrétariat du contentieux du Conseil d'État. – *[C. communes, art. R.* 316-3.]*

Art. R. 2132-4 Le tribunal administratif ou le Conseil d'État peuvent, s'ils accordent l'autorisation, en subordonner l'effet à la consignation préalable des frais d'instance. Ils fixent, dans ce cas, la somme à consigner. – *[C. communes, art. R.* 316-4.]*

Section de commune

Art. L. 2411-8 La commission syndicale décide des actions à intenter ou à soutenir au nom de la section.

Le président de la commission syndicale, en vertu de la délibération de cette dernière, représente la section en justice.

Il peut, sans autorisation préalable de la commission syndicale, faire tous actes conservatoires ou interruptifs de déchéance.

Tout contribuable inscrit au rôle de la commune a le droit d'exercer, tant en demande qu'en défense, les actions qu'il croit appartenir à la section dans laquelle il est *(L. n° 2013-428 du 27 mai 2013, art. 4-II)* « membre, dès lors qu'il ne dispose pas d'un intérêt à agir en son nom propre ».

Le contribuable qui souhaite exercer l'action doit, au préalable, en saisir le président de la *commission syndicale.* Celle-ci dispose d'un délai de deux mois, sauf risque de forclusion, pour délibérer sur le mérite de l'action.

En cas de désaccord ou de risque de forclusion ou si la commission syndicale ne s'est pas prononcée dans le délai visé ci-dessus ou n'a pas été constituée, le représentant de l'État dans le département peut autoriser le contribuable à exercer l'action.

Si le contribuable a été autorisé à exercer l'action, la section est mise en cause et la décision qui intervient a effet à son égard.

Si la commune est partie à l'action, l'article L. 2411-9 est applicable.

(Abrogé par L. n° 2013-428 du 27 mai 2013, art. 4-II) « Lorsque la section a obtenu une condamnation contre la commune ou une autre section de la commune, les charges ou contributions imposées pour l'acquittement des frais et dommages-intérêts qui résultent du procès ne peuvent être inscrites au budget de la section. Il en est de même de toute partie qui plaide contre la section. »

Lorsqu'un jugement est intervenu, le contribuable ne peut se pourvoir en appel ou en cassation qu'en vertu d'une nouvelle autorisation.

(L. n° 2013-428 du 27 mai 2013, art. 4-II) « Si la commission syndicale n'est pas constituée, le maire peut être habilité par le conseil municipal à représenter la section en justice, sauf si les intérêts de la commune se trouvent en opposition avec ceux de la section. Dans ce dernier cas, une commission syndicale spéciale est désignée par le représentant de l'État dans le département uniquement pour exercer l'action en justice contre la commune. Cette commission est dissoute lorsque le jugement est définitif. Les conditions de désignation de cette commission et ses modalités de fonctionnement sont fixées par décret en Conseil d'État. — *V. CGCT, art. R. 2411-11 à R. 2411-13.* — **CGCT**.

« Dans le cas où le maire de la commune est personnellement intéressé à l'affaire, le représentant de l'État dans le département peut autoriser un autre membre du conseil municipal à exercer l'action en justice. » — *[C. communes, art. L. 151-8.]*

La L. n° 2013-428 du 27 mai 2013 est applicable en Polynésie française (L. préc., art. 23-I).

Exercice par un contribuable des actions appartenant au département

(L. n° 2000-321 du 12 avr. 2000, art. 14)

Art. L. 3133-1 Tout contribuable inscrit au rôle du département a le droit d'exercer, tant en demande qu'en défense, à ses frais et risques, avec l'autorisation du tribunal administratif, les actions qu'il croit appartenir au département et que celui-ci, préalablement appelé à en délibérer, a refusé ou négligé d'exercer.

Le contribuable adresse au tribunal administratif un mémoire.

(L. n° 2000-629 du 7 juill. 2000, art. 4) « Le président du conseil départemental soumet ce mémoire au conseil départemental lors de la plus proche réunion tenue en application des articles L. 3121-9 et L. 3121-10. »

Lorsqu'un jugement est intervenu, le contribuable ne peut se pourvoir en appel ou en cassation qu'en vertu d'une nouvelle autorisation. — *V. CGCT, art. R. 3133-1 à R. 3133-4, reproduits ci-après.*

....

Art. R. 3133-1 Dans le cas prévu à l'article L. 3133-1, il est délivré au contribuable un récépissé du mémoire détaillé qu'il a adressé au tribunal administratif. — *V. CGCT, art. L. 3133-1, reproduit au-dessus du présent art.*

Le préfet, saisi par le président du tribunal administratif, transmet immédiatement ce mémoire au président du conseil départemental en l'invitant à le soumettre au conseil départemental.

La décision du tribunal administratif est rendue dans le délai de deux mois à dater du dépôt de la demande d'autorisation.

Toute décision qui porte refus d'autorisation doit être motivée.

Art. R. 3133-2 *Lorsque le tribunal administratif* ne statue pas dans le délai de deux mois ou lorsque l'autorisation est refusée, le contribuable peut se pourvoir devant le Conseil d'État.

Art. R. 3133-3 Le pourvoi devant le Conseil d'État est, à peine de déchéance, formé dans le mois qui suit soit l'expiration du délai imparti au tribunal administratif pour statuer, soit la notification de l'arrêté portant refus.

Il est statué sur le pourvoi dans un délai de trois mois à compter de son enregistrement au secrétariat du contentieux du Conseil d'État.

Art. R. 3133-4 Le tribunal administratif ou le Conseil d'État peuvent, s'ils accordent l'autorisation, en subordonner l'effet à la consignation préalable des frais d'instance. Ils fixent, dans ce cas, la somme à consigner.

Exercice par un contribuable des actions appartenant à la région

(L. nº 2000-321 du 12 avr. 2000, art. 15)

Art. L. 4143-1 Tout contribuable inscrit au rôle de la région a le droit d'exercer, tant en demande qu'en défense, à ses frais et risques, avec l'autorisation du tribunal administratif, les actions qu'il croit appartenir à la région et que celle-ci, préalablement appelée à en délibérer, a refusé ou négligé d'exercer.

Le contribuable adresse au tribunal administratif un mémoire.

(L. nº 2000-629 du 7 juill. 2000, art. 4) « Le président du conseil régional soumet ce mémoire au conseil régional lors de la plus proche réunion en application des articles L. 4132-8 et L. 4132-9. »

Lorsqu'un jugement est intervenu, le contribuable ne peut se pourvoir en appel ou en cassation qu'en vertu d'une nouvelle autorisation. *— V. art. R. 4143-1 à R. 4143-4, reproduits ci-dessous.*

....

Art. R. 4143-1 Dans le cas prévu à l'article L. 4143-1, il est délivré au contribuable un récépissé du mémoire détaillé qu'il a adressé au tribunal administratif.

Le préfet, saisi par le président du tribunal administratif, transmet immédiatement ce mémoire au président du conseil régional en l'invitant à le soumettre au conseil régional.

La décision du tribunal administratif est rendue dans le délai de deux mois à dater du dépôt de la demande d'autorisation.

Toute décision qui porte refus d'autorisation doit être motivée.

Art. R. 4143-2 Lorsque le tribunal administratif ne statue pas dans le délai de deux mois ou lorsque l'autorisation est refusée, le contribuable peut se pourvoir devant le Conseil d'État.

Art. R. 4143-3 Le pourvoi devant le Conseil d'État est, à peine de déchéance, formé dans le mois qui suit soit l'expiration du délai imparti au tribunal administratif pour statuer, soit la notification de l'arrêté portant refus.

Il est statué sur le pourvoi dans un délai de trois mois à compter de son enregistrement au secrétariat du contentieux du Conseil d'État.

Art. R. 4143-4 Le tribunal administratif ou le Conseil d'État peuvent, s'ils accordent l'autorisation, en subordonner l'effet à la consignation préalable des frais d'instance. Ils fixent, dans ce cas, la somme à consigner.

....

Actions contentieuses des établissements publics de coopération intercommunale

Art. L. 5211-58 *(L. nº 99-586 du 12 juill. 1999)* Tout contribuable inscrit au rôle de la commune a le droit d'exercer, tant en demande qu'en défense, à ses frais et risques, avec l'autorisation du tribunal administratif, les actions qu'il croit appartenir aux établissements publics de coopération intercommunale auxquels a adhéré la commune et que ceux-ci, préalablement appelés à en délibérer, ont refusé ou négligé d'exercer.

Le contribuable adresse au tribunal administratif un mémoire détaillé.

(L. nº 2000-629 du 7 juill. 2000, art. 4) « Le président de l'établissement public de coopération intercommunale soumet ce mémoire à l'organe délibérant de l'établissement lors de la plus proche réunion tenue en application de l'article L. 5211-11. »

Lorsqu'un jugement est intervenu, le contribuable ne peut se pourvoir en appel ou en cassation qu'en vertu d'une nouvelle autorisation. *— V. CGCT, art. R. 5211-49 à R. 5211-52, reproduits ci-dessous.*

....

Art. R. 5211-49 Dans le cas prévu à l'article L. 5211-58, il est délivré au contribuable un récépissé du mémoire détaillé qu'il a adressé au tribunal administratif. *— V. CGCT, art. L. 5211-58, App. vº Action en justice.*

Le préfet, saisi par le président du tribunal administratif, transmet immédiatement ce mémoire au président de l'établissement public de coopération intercommunale en l'invitant à le soumettre à l'organe délibérant de cet établissement.

La décision du tribunal administratif est rendue dans le délai de deux mois à dater du dépôt de la demande d'autorisation.

Toute décision qui porte refus d'autorisation doit être motivée. – *[Décr. nº 2000-167 du 28 févr. 2000, art. 1er.]*

Art. R. 5211-50 Lorsque le tribunal administratif ne statue pas dans le délai de deux mois ou lorsque l'autorisation est refusée, le contribuable peut se pourvoir devant le Conseil d'État. – *[Décr. nº 2000-167 du 28 févr. 2000, art. 2.]*

Art. R. 5211-51 Le pourvoi devant le Conseil d'État est, à peine de déchéance, formé dans le mois qui suit soit l'expiration du délai imparti au tribunal administratif pour statuer, soit la notification de l'arrêté portant refus.

Il est statué sur le pourvoi dans un délai de trois mois à compter de son enregistrement au secrétariat du contentieux du Conseil d'État. – *[Décr. nº 2000-167 du 28 févr. 2000, art. 3.]*

Art. R. 5211-52 Le tribunal administratif ou le Conseil d'État peuvent, s'ils accordent l'autorisation, en subordonner l'effet à la consignation préalable des frais d'instance. Ils fixent, dans ce cas, la somme à consigner. – *[Décr. nº 2000-167 du 28 févr. 2000, art. 4.]*

....

II. ACTIONS EN DÉFENSE DE L'INTÉRÊT GÉNÉRAL

Sur la qualité du ministère public à agir en défense de l'intérêt général, V. C. pr. civ., art. 422 et 423, et s'agissant du contentieux de la passation des contrats de droit privé de la commande publique, V. C. pr. civ., art. 1441-2.

Sur la qualité à agir du contribuable par substitution à la commune ou à un établissement public de coopération intercommunale ou à un département ou à une région, sans représentation, V. CGCT, art. L. 2132-5, App., vº Action en justice.

Action de l'Autorité de la concurrence en manquement aux obligations visant à protéger les investisseurs et le marché contre le délit d'initié, les manipulations de cours ou la diffusion de fausses informations

Code monétaire et financier

Art. L. 621-14 *[...]*

(Ord. nº 2015-1576 du 3 déc. 2015, art. 1er-2º) « III. – » Le président de l'Autorité des marchés financiers peut demander en justice qu'il soit ordonné à la personne qui est responsable de la pratique relevée de se conformer *(L. nº 2013-672 du 26 juill. 2013, art. 48-2º)* « aux règlements européens, » aux dispositions législatives ou réglementaires, de mettre fin à l'irrégularité ou d'en supprimer les effets.

(Ord. nº 2019-738 du 17 juill. 2019, art. 5) « La demande est portée devant le président du tribunal judiciaire de Paris qui statue en référé. *[ancienne rédaction : La demande est portée devant le président du tribunal de grande instance de Paris qui statue en la forme des référés et dont la décision est exécutoire par provision.]* » Il peut prendre, même d'office, toute mesure conservatoire et prononcer pour l'exécution de son ordonnance une astreinte versée au Trésor public.

En cas de poursuites pénales, l'astreinte, si elle a été prononcée, n'est liquidée qu'après que la décision sur l'action publique est devenue définitive.

L'art. L. 621-14 est applicable en Nouvelle-Calédonie, en Polynésie française et dans les îles Wallis-et-Futuna dans sa rédaction issue de l'Ord. nº 2015-1576 du 3 déc. 2015 (Ord. préc., art. 6-I-A). Les dispositions issues de l'Ord. nº 2019-738 du 17 juill. 2019 s'appliquent aux demandes introduites à compter du 1er janv. 2020 (Ord. préc., art. 30).

Action du ministre de l'Économie et de l'Autorité de la concurrence en réparation des pratiques anti-concurrentielles

Code de commerce

Art. L. 442-4 *(Ord. nº 2019-359 du 24 avr. 2019, art. 2)* I. – Pour l'application des articles L. 442-1, L. 442-2, L. 442-3, L. 442-7 et L. 442-8, l'action est introduite devant la juridiction civile ou commerciale compétente par toute personne justifiant d'un intérêt, par le ministère public, par le ministre chargé de l'économie ou par le président de l'Autorité de la concurrence lorsque ce dernier constate, à l'occasion des affaires qui relèvent de sa compétence, une pratique mentionnée aux articles précités.

Toute personne justifiant d'un intérêt peut demander à la juridiction saisie d'ordonner la cessation des pratiques mentionnées aux articles L. 442-1, L. 442-2, L. 442-3, L. 442-7 et L. 442-8 ainsi que la réparation du préjudice subi. Seule la partie victime des pratiques prévues aux articles L. 442-1, L. 442-2, L. 442-3, L. 442-7 et L. 442-8 peut faire constater la nullité des clauses ou contrats illicites et demander la restitution des avantages indus.

Le ministre chargé de l'économie ou le ministère public peuvent demander à la juridiction saisie d'ordonner la cessation des pratiques mentionnées aux articles L. 442-1, L. 442-2, L. 442-3, L. 442-7 et L. 442-8. Ils peuvent également, pour toutes ces pratiques, faire constater la nullité des clauses ou contrats illicites et demander la restitution des avantages indument obtenus, dès lors que les victimes de ces pratiques sont informées, par tous moyens, de l'introduction de cette action en justice. Ils peuvent également demander le prononcé d'une amende civile dont le montant ne peut excéder le plus élevé des trois montants suivants :

– cinq millions d'euros ;

– le triple du montant des avantages indument perçus ou obtenus ;

– 5 % du chiffre d'affaires hors taxes réalisé en France par l'auteur des pratiques lors du dernier exercice clos depuis l'exercice précédant celui au cours duquel les pratiques ont été mises en œuvre.

II. – La juridiction ordonne systématiquement la publication, la diffusion ou l'affichage de sa décision ou d'un extrait de celle-ci selon les modalités qu'elle précise. Elle peut ordonner l'insertion de la décision ou de l'extrait de celle-ci dans le rapport établi sur les opérations de l'exercice par les gérants, le conseil d'administration ou le directoire de l'entreprise. Les frais sont supportés par la personne condamnée.

La juridiction peut ordonner l'exécution de sa décision sous astreinte.

Le juge des référés peut ordonner, au besoin sous astreinte, la cessation des pratiques abusives ou toute autre mesure provisoire.

III. – Les litiges relatifs à l'application des articles L. 442-1, L. 442-2, L. 442-3, L. 442-7 et L. 442-8 sont attribués aux juridictions dont le siège et le ressort sont fixés par décret. – *V. art. D. 442-2 et D. 442-3. – **C. com.** – Comp. anc. art. L. 442-6-III et IV.*

BIBL. ► Luc, *RLC juin 2019. 28* (le nouveau dispositif de mise en œuvre des pratiques restrictives de concurrence). – Ferrier, *CCC 2019. Dossier 5* (quelle autonomie procédurale du droit de la concurrence ?).

III. ACTIONS EN DÉFENSE D'UN INTÉRÊT COLLECTIF

Code de la consommation

Art. L. 621-1 Les associations régulièrement déclarées ayant pour objet statutaire explicite la défense des intérêts des consommateurs peuvent, si elles ont été agréées à cette fin en application de l'article L. 811-1, exercer les droits reconnus à la partie civile relativement aux faits portant un préjudice direct ou indirect à l'intérêt collectif des consommateurs.

Les organisations définies à l'article L. 211-2 du code de l'action sociale et des familles *[union nationale et unions départementales des associations familiales]* sont dispensées de l'agrément pour agir en justice dans les conditions prévues au présent article. – *[C. consom., art. L. 421-1.]*

1. Action civile. Les associations de consommateurs ne peuvent exercer que l'action civile, c'est-à-dire l'action en réparation d'un dommage causé par une infraction pénale (arrêt rendu sous l'empire de l'art. 46 de la L. du 27 déc. 1973 ; solution consacrée par l'art. 1er de la L. du 5 janv. 1988, devenu C. consom., art. L. 621-1). • Civ. 1re, 16 janv. 1985 : *D. 1985. 317, note Aubert ; JCP 1985. II. 20484, note Calais-Auloy.*

2. Agrément de l'association. Les dispositions contestées, à savoir les art. L. 621-1, L. 621-2 et L. 621-7 C. consom., lesquelles habilitent les associations agréées, d'une part, à exercer les droits reconnus à la partie civile relativement aux faits portant un préjudice direct ou indirect à l'intérêt collectif des consommateurs et, d'autre part, à agir devant les juridictions civiles en cessation, interdiction ou réparation de tout agissement illicite au regard des dispositions transposant les directives mentionnées à l'art. 1er de la Dir. 2009/22/CE du Parlement européen et du Conseil du 23 avr. 2009 mod., ne sont pas applicables au litige dès lors que l'objet de celui-ci est la méconnaissance alléguée de dispositions du code des assurances relatives à l'obligation des maîtres d'ouvrage, ayant la qualité de consommateurs, de souscrire une assurance de dommages-ouvrage et que l'AAMOI n'invoque ni l'existence d'une infraction, ni la méconnaissance d'une disposition issue de la transposition du droit de l'Union. • Civ. 1re, 30 mars 2022, n° 21-13.970 P. ♦ Il incombe aux juges du fond, pour recevoir la constitution de partie civile d'une association de défense des consommateurs, de rechercher si elle a été régulièrement agréée par arrêté ou si elle a personnellement subi un préjudice résultant directement de l'infraction. • Crim. 23 janv. 1992, n° 89-82.111 P. ♦ L'association doit avoir été agréée antérieurement à sa constitution de partie civile, peu important que l'agrément soit postérieur à la commission de l'infraction. • Crim. 5 févr. 1986 : *Bull. crim. n° 47.* ♦ La modification des statuts de l'association (élargissement du domaine de l'objet social, extension de la compétence géographique) n'ayant affecté aucun des éléments constitutifs de l'objet social en considération desquels l'agrément lui avait été accordé, il en résulte que, sous sa nouvelle dénomination, celle-ci pouvait continuer de se prévaloir de cet agrément. • Civ. 1re, 20 oct. 2011, n° 10-25.402 P : *D. 2011. 2910, note Bazin ; JCP E 2011, n° 1834, note Dupont ; CCC 2011, n° 274, obs. G. R. ; LPA 27 févr. 2012, note Gaba ; Gaz. Pal. 2011. 3551, obs. Piedelièvre ; RJDA 2012, n° 213 ; BJS 2012. 143, note Dondero.* ♦ Pour confirmer le jugement déclarant l'association irrecevable, l'arrêt énonce notamment qu'aucun des faits délictueux mentionnés dans la citation de l'association pour étayer le bien-fondé de son action ne trouvant son origine dans le ressort territorial de son agrément, elle est sortie du champ de compétence territorial que lui confère ledit agrément. En statuant ainsi, alors que, si l'association a été agréée par arrêté du préfet de l'Essonne, elle justifie agir pour la défense d'un intérêt collectif qui n'est pas strictement local, la cour d'appel a méconnu le sens et la portée de l'art. L. 621-1. • Crim. 25 juin 2019, n° 18-82.617 : *RSC 2020. 93, obs. Ambroise-Casterot.*

3. Infraction : nature indifférente. Aucune infraction ayant porté un préjudice direct ou indirect à l'intérêt collectif des consommateurs n'est exclue des prévisions de la L. n° 88-14 du 5 janv. 1988 [C. consom., art. L. 621-1]. • Crim. 30 janv. 1995 : *D. 1995. IR 77* (escroquerie) • 24 juin 1997 : *cité note 10* (homicide et blessures involontaires) • 27 oct. 1997 : *cité note 8* (corruption).

4. ... Publicité trompeuse. Les associations de consommateurs tiennent de l'art. L. 421-1 [L. 621-1] le pouvoir d'exercer les droits reconnus à la partie civile relativement aux faits portant un préjudice direct ou indirect à l'intérêt collectif des consommateurs, telle une publicité de nature à induire en erreur sur les prestations offertes par une agence de voyages. • Crim. 15 oct. 1997, n° 96-85.785 P : *RSC 1999. 116, obs. Giudicelli ; RTD com. 1998. 431, obs. Bouloc.* ♦ ... Ou par un opérateur de téléphonie mobile (facturation par paliers). • TGI Nanterre, 22 mai 2002 : *D. 2002. AJ 1832, obs. Avena-Robardet ; CCC 2002, n° 116, obs. Raymond.* ♦ ... Ou par un fournisseur d'accès à Internet. • Civ. 1re, 9 mars 2004, n° 01-11.296 P : *CCC 2004, n° 101, obs. Raymond ; Dr. et patr. 1/2005. 100, obs. Caprioli.*

5. ... Fraudes. L'utilisation de produits anabolisants dans l'élevage de bovins destinés à la consommation humaine étant de nature à mettre en danger la santé des consommateurs, il en résulte un préjudice porté à l'intérêt collectif des consommateurs dont une association de consommateurs est fondée à demander réparation. • Nancy, 6 sept. 2001 : *D. 2002. AJ 484.*

6. ... Loteries. L'infraction à la prohibition des loteries est de nature à porter atteinte non seulement à l'intérêt général, mais aussi à l'intérêt collectif des consommateurs ; l'action d'une association est donc recevable, même si aucun joueur ne subit personnellement de préjudice direct. • Crim. 22 août 1990 : *D. 1990. IR 243 ; BID 4/1991. 18* (cassation de : • Paris, 10 avr. 1986 : *D. 1986. IR 392, obs. Aubert*). ♦ La réglementation des loteries publicitaires tend à la protection du public contre l'attrait de l'aléa que ces jeux comportent. En conséquence, sa transgression est nécessairement de nature à porter atteinte à l'intérêt collectif des consommateurs. • Crim. 18 févr. 1998 : *Dr. pénal 1998, n° 88, obs. Maron.*

7. ... Revente à perte. La cour d'appel caractérise le préjudice direct ou indirect allégué par une association de consommateurs agréée en affirmant que la revente à perte, incompatible avec une concurrence saine et loyale, est contraire à l'intérêt général des consommateurs. • Crim. 10 oct. 1996, n° 95-80.226 P : *D. Affaires 1997. 217 ; JCP 1997. IV. 60.*

8. ... Corruption. Aucune infraction ayant porté un préjudice direct ou indirect à l'intérêt collectif des consommateurs n'étant exclue des prévisions de l'art. L. 421-1 [L. 621-1], al. 1er, la cour d'appel a méconnu ce texte lorsque, pour écarter la constitution de partie civile d'une association de consommateurs agréée dans les poursuites exercées du chef de corruption contre des prévenus, elle retient que « les délits de corruption active et passive ne sont pas de nature à porter atteinte à l'intérêt collectif des consommateurs ». • Crim. 27 oct. 1997, n° 96-83.698 P : *D. Affaires 1997. 1375, obs. Ducouloux-Favard et 1429, note Boizard ; JCP 1998. II. 10017, note Pralus ; CCC 1998, n° 11, obs. Raymond.* ♦ Ainsi, les usagers de l'eau d'une commune, représentés par une association de consommateurs, ont subi un préjudice collectif distinct du préjudice matériel de chacun d'eux et du préjudice social relevant de l'action publique, dès lors que les augmentations de tarifs de l'eau dont ils ont fait l'objet sont liées aux agissements de corruption active des prévenus, ayant consisté pour le maire à consentir la concession du service de l'eau de sa commune à une société déterminée, uniquement parce qu'elle était en mesure de procurer au maire les dons et avantages personnels promis. • Crim. 8 avr. 1999 : *Gaz. Pal. 9-10 juill. 1999, chron. 112, par Doucet.*

9. ... Escroquerie. Aucune infraction ayant porté un préjudice direct ou indirect à l'intérêt collectif des consommateurs n'étant exclue des prévisions de la L. n° 88-14 du 5 janv. 1988 [C. consom., art. L. 621-1], les associations de consommateurs, parties civiles, sont recevables en leur demande de dommages-intérêts, dès lors que les publicités mensongères reprochées par la prévention constituent les manœuvres frauduleuses caractérisant l'escroquerie, et ne peuvent en conséquence être poursuivies que sous cette qualification. • Crim. 30 janv. 1995 : *préc. note 3.*

10. ... Homicide et blessures involontaires. Aucune infraction ayant porté un préjudice direct ou indirect à l'intérêt collectif des consommateurs n'est exclue des prévisions de l'art. L. 421-1 [L. 621-1], al. 1er. La cour d'appel méconnaît ce texte lorsque, pour déclarer irrecevable la constitution de partie civile d'une association agréée de consommateurs, à l'occasion des poursuites exercées du chef d'homicide et blessures involontaires à la suite de l'effondrement d'une tribune du stade de Furiani, elle retient notamment que les infractions n'ont pas été commises à raison de considérations économiques en relation avec le droit de la consommation, et que les intérêts collectifs des citoyens dans leur sécurité générale ainsi que celui de l'association ne se distinguent ni des préjudices directs ou indirects subis individuellement par les victimes, d'une part, ni du préjudice social né de l'ampleur de l'accident, d'autre part, alors qu'en vertu de l'art. L. 221-1 [L. 421-3], les services doivent dans des conditions normales d'utilisation présenter la sécurité à laquelle on peut légitimement s'attendre. • Crim. 24 juin 1997, n° 96-82.424 P : *D. 1997. IR 185 ; CCC 1997, n° 138, obs. Raymond* • 1er avr. 2008, n° 06-88.948 P : *D. 2008. AJ 1404, obs. Darsonville ; RSC 2009. 109, obs. Ambroise-Castérot ; LPA 25 nov. 2008, obs. A. G. ; Dr. pénal 2008, n° 99, obs. J.-H. Robert ; RJDA 2008, n° 1058.*

11. ... Risque causé à autrui. Sur la recevabilité de l'action civile d'une association de consommateurs du chef de risque causé à autrui : • Aix-en-Provence, 1er déc. 1997 : *Dr. pénal 1998, n° 136, obs. Maron.*

12. ... Matière médicale. Les personnes avec lesquelles un médecin conclut un contrat médical doivent être considérées comme des consommateurs ; en cas d'infraction commise dans l'accomplissement d'un tel contrat, une association de consommateurs peut donc exercer l'action civile pour demander réparation du préjudice, même indirect, causé à l'intérêt collectif des consommateurs. • Crim. 15 mai 1984 : *D. 1985. IR 401, obs. Penneau ; D. 1986. 106, note Mémeteau* • 6 juill. 1994, n° 93-83.894 P : *D. 1994. IR 201* . ♦ Comp., estimant que l'art. L. 111-1 n'a pas vocation à régir les relations entre patient et professionnel de santé, V. • Paris, 21 mars 2013 : *CCC 2013, n° 195, obs. Raymond ; Gaz. Pal. 2013. 3298, obs. Piedelièvre.*

13. ... Outrage aux bonnes mœurs (non). Les délits prévus par l'art. 227-24 C. pén., destinés à protéger les mineurs contre certaines atteintes aux mœurs, ne portent pas, en tant que tels, un préjudice direct ou indirect à l'intérêt collectif des consommateurs ; rejet de la constitution de partie civile d'une association de consommateurs. • Paris, 13 avr. 1995 : *CCC 1995, n° 178, note Raymond.*

14. Intérêt collectif des consommateurs. Le préjudice direct ou indirect porté par une infraction à l'intérêt collectif des consommateurs et dont une association agréée peut demander réparation ne se confond pas avec le préjudice subi personnellement par les victimes directes de l'infraction, qui peuvent seules en demander réparation. • Crim. 20 mai 1985 : *Bull. crim. n° 190.* – V. aussi • Civ. 1re, 9 mars 2004 : *préc. note 4.* ♦ Les associations régulièrement déclarées ayant pour objet statutaire explicite la défense des intérêts des consommateurs ne peuvent exercer les droits reconnus à la partie civile que relativement aux faits portant un préjudice direct ou indirect à l'intérêt collectif des consommateurs, sauf à justifier avoir souffert elles-mêmes du dommage directement causé par l'infraction. • Crim. 3 mai 2006, n° 05-85.715 P : *AJ pénal 2006. 363, obs. Rondey ; RSC 2007. 99, obs. Ambroise-Castérot ; Gaz. Pal. 2006. Somm. 1937, obs. M. B. ; RJDA 2006, n° 1078 ; RLDA oct. 2006. 46, note Bazin ; RDC 2007. 355, obs. Fenouillet.*

L'action d'une association n'est pas recevable pour un délit de tromperie commis par un particulier à l'encontre d'un autre particulier, ce délit n'ayant pas eu la même répercussion sur l'ensemble des consommateurs que s'il avait été commis par un professionnel de la vente. • Aix-en-Provence, 26 janv. 1994 : *CCC 1994, n° 238, obs. Raymond.*

15. Préjudice. Les juges du fond sont tenus de caractériser les éléments du préjudice collectif subi par les consommateurs. • Crim. 25 sept. 1997 : *Dr. pénal 1998, n° 39, obs. J.-H. Robert.* ♦ L'action en réparation du préjudice causé à l'intérêt collectif des consommateurs est distincte de celle en suppression des clauses illicites ou abusives. • Civ. 1re, 26 sept. 2019, n° 18-10.890 P : *D. actu. 10 oct. 2019, obs. Pellier ; D. 2020. 624, obs. Aubry, Poillot et*

Sauphanor-Brouillaud ; JA 2019, n° 610, p. 13, obs. Delpech ; BRDA 2019, n° 21, p. 13. ♦ Pour indemniser le préjudice subi par l'association agissant en publicité trompeuse relativement à un forfait de téléphonie mobile, il convient de prendre en compte les frais qu'elle engage pour assurer sa mission d'information et de protection des consommateurs. • TGI Nanterre, 15 oct. 2001 : *CCC 2001, n° 182, obs. Raymond.*

16. Responsabilité civile. N'engage pas sa responsabilité civile l'association de consommateurs qui publie une liste noire des sociétés de vente par correspondance et y mentionne une société dont les pratiques ont donné lieu au dépôt d'une cinquantaine de plaintes, même si les procédures pénales ont été clôturées par un non-lieu. • Aix-en-Provence, 11 oct. 2007 : *CCC 2008, n° 52, obs. Raymond.*

Art. L. 621-2 **Les associations de consommateurs mentionnées à l'article L. 621-1 et agissant dans les conditions précisées à cet article peuvent demander à la juridiction civile, statuant sur l'action civile ou à la juridiction répressive, statuant sur l'action civile, d'ordonner au défendeur ou au prévenu, le cas échéant sous astreinte, toute mesure destinée à faire cesser des agissements illicites ou à supprimer une clause illicite dans le contrat ou le type de contrat proposé aux consommateurs ou dans tout contrat en cours d'exécution.**

Elles peuvent également demander, selon le cas, à la juridiction civile ou à la juridiction répressive de déclarer que cette clause est réputée non écrite dans tous les contrats identiques en cours d'exécution conclus par le défendeur ou le prévenu avec des consommateurs et de lui ordonner d'en informer à ses frais les consommateurs concernés par tous moyens appropriés. – *[C. consom., art. L. 421-2.]*

1. Intervention. Jugé que le terme de « demande » employé dans l'art. 3 [C. consom., art. L. 621-2] est un terme général, et ne restreint nullement le droit d'action des associations de consommateurs en ne leur permettant d'agir que si elles ont pris l'initiative du procès, puisque le vocable employé inclut l'intervention, principale ou accessoire. • Grenoble, 13 juin 1991 : *JCP 1992. II. 21819, note Paisant ; Err. ibid. 21834 bis.*

2. Interêt à agir. Sur la recevabilité de l'action intentée par la Fédération du logement, de la consommation et de l'environnement (association agréée) pour non-respect, notamment, des prescriptions de l'art. 1er de l'arrêté du 3 déc. 1987 relatif à l'information des consommateurs sur les prix, V. • TGI Rennes, réf., 24 oct. 2001 : *D. 2001. AJ 3531, obs. Rondey ; CCC 2001, n° 183, obs. Raymond.* ♦ Sur la recevabilité d'une action intentée par une association agréée de consommateurs pour voir déclarer illicite une publicité par voie d'affiches relative à un crédit à la consommation, V. • Rennes, 19 déc. 2003 : *CCC 2004, n° 115, obs. Raymond.*

3. Référé. Le droit donné aux associations d'exercer l'action civile en réparation d'un dommage causé par une infraction implique nécessairement pour ces associations la faculté de saisir le juge des référés pour faire cesser le trouble manifestement illicite qui en découle. • Civ. 1re, 1er déc. 1987 : *Bull. civ. I, n° 320 ; D. 1987. IR 255.*

4. Dommages-intérêts. Sur le droit pour les associations agréées d'obtenir des dommages-intérêts sur le fondement de cet art., V. • Civ. 1re, 1er févr. 2005 : *cité note 11 ss. art. L. 621-8.*

5. Agissement illicite. L'agissement illicite, au sens des art. L. 421-2 [L. 621-2] et L. 421-6 [L. 621-7], n'est pas nécessairement constitutif d'une infraction pénale. • Civ. 1re, 25 mars 2010, n° 09-12.678 P : *D. 2010. 1842, note Dupont ; RTD com. 2010. 599, obs. Bouloc ; JCP 2010, n° 374, obs. Corgas-Bernard ; JCP E 2010, n° 1722, note Rodriguez ; CCC 2010, n° 169, obs. Raymond ; RJDA 2010, n° 882 ; RDC 2010. 879, note Fenouillet.* – V. aussi • Angers, 17 mai 2011 : *CCC 2011, n° 202, obs. Raymond.*

Art. L. 621-3 **La juridiction répressive saisie dans les conditions de l'article L. 621-1 peut, après avoir déclaré le prévenu coupable, ajourner le prononcé de la peine en lui enjoignant, sous astreinte le cas échéant, de se conformer, dans un délai fixé, aux prescriptions qu'elle détermine et qui ont pour objet de faire cesser l'agissement illicite ou de supprimer une clause illicite dans le contrat ou le type de contrat proposé aux consommateurs.** – *[C. consom., art. L. 421-3, al. 1er.]*

Art. L. 621-4 **Dans le cas où la juridiction répressive assortit l'ajournement d'une astreinte, elle en prévoit le taux et la date à compter de laquelle elle commence à courir.**

L'ajournement, qui ne peut intervenir qu'une seule fois, peut être décidé même si le prévenu ne comparaît pas en personne.

Le juge peut ordonner l'exécution provisoire de la décision d'injonction. – *[C. consom., art. L. 421-3, al. 2.]*

Art. L. 621-5 **A l'audience de renvoi, qui doit intervenir au plus tard dans le délai d'un an à compter de la décision d'ajournement, la juridiction statue sur la peine et liquide l'astreinte s'il y a lieu.**

Elle peut, le cas échéant, supprimer cette dernière ou en réduire le montant.

L'astreinte est de plein droit supprimée à chaque fois qu'il est établi que la personne concernée s'est conformée à une injonction sous astreinte prononcée par un autre juge répressif ayant ordonné de faire cesser une infraction identique à celle qui fonde les poursuites. – *[C. consom., art. L. 421-4, 1re et 2e phrases et L. 421-5.]*

Art. L. 621-6 *(Abrogé par L. nº 2017-203 du 21 févr. 2017, art. 13)* ***« A l'audience de renvoi, qui doit intervenir au plus tard dans le délai d'un an à compter de la décision d'ajournement, la juridiction statue sur la peine et liquide l'astreinte s'il y a lieu. Elle peut, le cas échéant, supprimer cette dernière ou en réduire le montant. »*** **L'astreinte est recouvrée par le comptable public compétent comme une amende pénale. Elle ne peut donner lieu à contrainte judiciaire.** – *[C. consom., art. L. 421-4, 3e et 4e phrases.]*

Art. L. 621-7 Les associations mentionnées à l'article L. 621-1 et les organismes justifiant de leur inscription sur la liste publiée au *Journal officiel de l'Union européenne* en application de l'article 4 de la directive 2009/22/ CE du Parlement européen et du Conseil du 23 avril 2009 modifiée relative aux actions en cessation en matière de protection des intérêts des consommateurs, peuvent agir devant la juridiction civile pour faire cesser ou interdire tout agissement illicite au regard des dispositions transposant les directives mentionnées à l'article 1er de la directive précitée. – *[C. consom., art. L. 421-6, al. 1er.] – V. Dir. nº 2009/22/CE du 23 avr. 2009, ss. art. L. 621-8.*

Art. L. 621-8 Lorsqu'il est saisi en application de l'article L. 621-7, le juge peut ordonner, le cas échéant sous astreinte, la suppression d'une clause illicite ou abusive dans tout contrat ou type de contrat proposé ou destiné au consommateur ou dans tout contrat en cours d'exécution.

Les associations et les organismes mentionnés à l'article L. 621-7 peuvent également demander au juge de déclarer que cette clause est réputée non écrite dans tous les contrats identiques conclus par le même professionnel avec des consommateurs, et de lui ordonner d'en informer à ses frais les consommateurs concernés par tous moyens appropriés. – *[C. consom., art. L. 421-6, al. 2 et 3.]*

BIBL. ▶ PAISANT, *D. 1988. Chron. 253.* – VINEY, *JCP 1988. I. 3355.* – CHABOT, *LPA 10 oct. 2000.* – PATETTA, *RLDC mai 2009. 59* (les clauses abusives ont encore de beaux jours devant elles...). – BERNHEIM-DESVAUX, *LPA 9 juill. 2010* (brèves remarques sur l'efficacité de l'action associative et l'effectivité du droit en matière de lutte contre les clauses abusives). – PAISANT, *JCP 2013, nº 297* (confirmations sur l'action collective en suppression de clauses abusives). ▶ **L. nº 2015-990 du 6 août 2015 :** RAZAVI et BOUFFIER, *CCC 2016. Étude 2* (l'action en suppression de clauses illicites ou abusives au lendemain de la loi Macron : retour sur le délicat passage d'une action préventive à une action curative).

I. CONDITIONS DE L'ACTION

1. *Contrat proposé aux consommateurs.* L'action de l'association de consommateurs est recevable dès lors que la clause contestée figure dans un contrat type présenté à des consommateurs par un professionnel de l'assurance. • Colmar, 16 juin 1995 : *JCP 1995. II. 22932, note Bigot.* ♦ En ce sens que le règlement intérieur d'une maison de retraite constitue un modèle de conventions habituellement proposées aux consommateurs, au sens de l'art. L. 421-6 [L. 621-8], V. • Aix-en-Provence, 18 sept. 1995 : *Bull. Aix 1995, nº 2, p. 25, note Agostinelli.* ♦ Pour la suppression de clauses abusives contenues dans des contrats remis par un franchiseur à ses franchisés et destinés à la clientèle, V. déjà avant la modification de l'art. L. 421-6 [L. 621-8] par la loi du 1er févr. 1995, • TGI Brest, 21 déc. 1994 : *D. 1995. Somm. 310, obs. Pizzio ; BID 6/1995. 21.* ♦ L'action en suppression des clauses illicites ou abusives des associations visées à l'art. L. 421-1 [L. 621-1] est limitée aux contrats destinés ou proposés aux seuls consommateurs (cassation d'un arrêt qui avait jugé recevable l'action en suppression de clauses contenues dans un contrat proposé par un professionnel à un non-professionnel, tel un syndicat de copropriétaires). • Civ. 1re, 4 juin 2014, nº 13-13.779 P : *D. 2015. Pan. 597, obs. Poillot ; AJDI 2015. 44, note Tomasin ; RTD com. 2014. 677, obs. Bouloc ; JCP E 2014. Actu. 445 ; CCC 2014, nº 232, obs. Raymond ; RJDA 2014, nº 870 ; LPA 2-3 sept. 2014, note Litaize ; Gaz. Pal. 2014. 3227, obs. Piedelièvre.* ♦ Ayant relevé que l'action, engagée sur le fondement de l'art. L. 421-6 [L. 621-7], intéressait un contrat proposé ou destiné à des syndicats de copropriétaires, la cour d'appel en a exactement déduit, peu important la présence de consommateurs en leur sein, que celle-ci était irrecevable. • Civ. 1re, 17 mars 2016, nº 15-14.287 : *CCC 2016, nº 153, obs. Bernheim-Desvaux ; Gaz. Pal. 13 sept. 2016, p. 29, obs. Piedelièvre.* ♦ Comp., jugeant qu'il ne s'agit pas, en l'espèce, pour l'association de défendre les intérêts de commerçants, mais de présenter une demande relative à une clause insérée dans une convention conclue entre un professionnel et un non-professionnel ou un consommateur, lequel peut être un commerçant non professionnel dans le domaine bancaire ou un commerçant agissant en dehors de son activité commerciale. • TGI Laval, 22 oct. 2007 : *CCC 2008, n° 24, obs. Raymond.*

2. Contrat de consommation. L'action préventive en suppression de clauses abusives ouverte aux associations agréées de défense des consommateurs a vocation à s'appliquer aux modèles types de contrats destinés aux consommateurs et rédigés par des professionnels en vue d'une utilisation généralisée. • Civ. 1re, 3 févr. 2011, ♔ n° 08-14.402 P : *BICC 1er juin 2011, n° 724, et les obs. ; D. 2011. 1659, note Chantepie* ✎ *; RTD civ. 2011. 350, obs. Fages* ✎ *; RTD com. 2011. 404, obs. Bouloc* ✎ *; JCP 2011, n° 414, note Paisant ; JCP E 2011, n° 1285, note Dupont ; CCC 2011, n° 102, obs. Raymond ; Gaz. Pal. 2011. 2864, note Piedelièvre ; LPA 13 mai 2011, note Falaise ; RJDA 2011, n° 468 ; Dr. et pr. 2011. 145, note Valette-Ercole ; RLDC avr. 2011. 11, obs. Paulin ; Loyers et copr. 2011. Repère 3, par Monéger ; Rev. loyers 2011. 109, note Rémy.* ♦ Comp., jugeant que les dispositions concernant les clauses abusives ayant pour objectif de protéger le consommateur contre des clauses qui lui sont imposées par un professionnel et qui confèrent à ce dernier un avantage excessif, lorsque l'acte litigieux n'a pas été conclu entre un professionnel et un consommateur, le vendeur et l'acquéreur étant des non-professionnels, les associations de consommateurs sont irrecevables à intervenir pour demander la suppression des clauses qui seraient abusives dans cet acte. • Civ. 1re, 4 mai 1999, ♔ n° 97-14.187 P : *D. 2000. Somm. 48, obs. Pizzio* ✎ *; D. Affaires 1999. 985, obs. V. A.-R. ; Defrénois 1999. 1004, obs. Mazeaud ; JCP 1999. I. 171, n° 1, obs. Jamin ; ibid. II. 10205, note Paisant ; CCC 1999, n° 124, obs. Leveneur ; ibid. n° 134, obs. Raymond ; LPA 24 mars 2000, note Lawson-Body.* ♦ Est également irrecevable l'action d'associations de consommateurs à l'encontre d'un éditeur de modèles de conventions contenant des clauses abusives, cet éditeur n'ayant conclu aucun contrat avec un consommateur. • Même arrêt. ♦ Les personnes avec lesquelles un médecin conclut un contrat médical doivent être considérées comme consommateurs de services (à propos de l'art. L. 421-1 [L. 621-1]). • Crim. 6 juill. 1994, ♔ n° 93-83.894 P : *D. 1994. IR 201* ✎ *; Dr. sociétés 1994, n° 199, obs. Bonneau.*

3. Contrat effectivement signé. La nature préventive et l'objectif dissuasif des actions en suppression des clauses abusives impliquent que de telles actions puissent être exercées alors même que les clauses dont l'interdiction est réclamée n'auraient pas été utilisées dans des contrats déterminés. • CJCE 24 janv. 2002, ♔ n° C-372/99 : *D. 2002. AJ 1065, obs. Chevrier* ✎ *; Europe 2002, n° 84 ; RTD com. 2003. 195, obs. Luby* ✎. ♦ L'action collective à fin de suppression préventive et générale de clauses abusives est recevable indépendamment de toute action individuelle d'un consommateur et de la signature effective d'un contrat. • TGI Albertville, 17 janv. 1997 : *JCP 1997. IV. 2501.*

4. Contrat en cours. V. désormais la rédaction de l'art. L. 621-8. ♦ En application du principe civiliste de non-rétroactivité de la loi nouvelle, le dernier alinéa de l'art. L. 421-6 [L. 621-8], ajouté par la L. du 17 mars 2014, n'est pas applicable aux contrats antérieurs à l'entrée en vigueur de cette loi. • Paris, 3 déc. 2014 : ♔ *CCC 2015, n° 73, obs. Raymond.*

Jurisprudence antérieure : s'il est constaté qu'avant l'introduction de l'instance par l'association de consommateurs, le professionnel avait éliminé de ses contrats les clauses critiquées, la demande est sans objet et, partant, irrecevable. • Civ. 1re, 1er févr. 2005, ♔ n° 03-13.779 P : *D. 2005. AJ 487, obs. Rondey (1re esp.)* ✎ *; ibid. Pan. 2841, obs. Amrani Mekki* ✎ *; JCP 2005. II. 10057, note Paisant ; ibid. I. 141, n° 15 s., obs. Rochfeld ; CCC 2005, n° 95, obs. Raymond ; CCE 2005, n° 85, obs. Stoffel-Munck ; RTD civ. 2005. 393, obs. Mestre et Fages* ✎ *; RDC 2005. 733, obs. Fenouillet.* – Dans le même sens : • Civ. 1re, 1er févr. 2005, ♔ n° 03-16.935 P : *D. 2005. AJ 487, obs. Rondey (4e esp.)* ✎. – Déjà en ce sens : • Civ. 1re, 13 mars 1996, ♔ n° 93-21.070 P : *D. 1996. IR 95* ✎ *; RJDA 1997, n° 284* (rejet du pourvoi contre : • Grenoble, 6 oct. 1993 : *JCP 1994. II. 22237, note Paisant)* • Rennes, 28 janv. 2005 : *JCP 2005. II. 10156, note Corgas-Bernard ; CCC 2005, n° 154, obs. Raymond.* ♦ ... Et l'association ne peut pas poursuivre au moyen de cette action préventive l'annulation des clauses de contrats individuels déjà conclus. • Civ. 1re, 1er févr. 2005, ♔ n° 03-16.905 P : *D. 2005. AJ 487, obs. Rondey (3e esp.)* ✎ *; JCP eod. loc. ; CCC eod. loc.* – Déjà en ce sens : • Paris, 23 mai 2003 : *JCP E 2004, n° 4, p. 129, obs. Bruguière ; CCE 2003, n° 96, obs. Grynbaum.* – En sens contraire : • Toulouse, 6 déc. 1995 : *D. 1996. IR 87* ✎ *; D. Affaires 1996. 386.* ♦ Les demandes concernant des clauses supprimées et modifiées en cours d'instance ne peuvent qu'être rejetées, tant en ce qui concerne la demande de suppression des clauses, de mesures de publication et d'interdiction que l'indemnisation de l'atteinte portée à l'intérêt collectif des consommateurs. • Paris, 13 févr. 2009 : *Gaz. Pal. 2009. 2697, obs. de Roquefeuil et Bellesort ; CCC 2009, n° 155, obs. G. R. ; RJDA 2009, n° 684.* ♦ Ayant constaté que la société ne proposait désormais plus que le contrat de syndic dans sa version 2011, c'est à bon droit que la cour d'appel a déclaré sans objet la demande d'interdiction de l'usage à l'avenir des clauses contenues dans les versions 2006, 2007 et 2008 de ce contrat. • Civ. 1re, 29 oct. 2014, ♔ n° 13-15.850 P : *AJDI 2015. 364, obs. Le Rudulier* ✎ *; RJDA 2015, n° 711.*

II. RÉGIME DE L'ACTION

5. Voie d'action ou d'intervention. L'action de l'association de consommateurs, aux côtés d'un emprunteur, est recevable sans que puisse lui être opposée l'absence d'une intervention au sens de l'art. 66 NCPC [renommé C. pr. civ.], dès lors que cette association a introduit par le même acte une action dont elle dispose personnellement. • Colmar, 16 juin 1995 : *préc. note 1.* ♦ Mais, l'art. L. 421-6 [L. 621-8] C. consom. n'exigeant pas que la demande soit faite par voie de demande initiale, au sens de l'art. 53 NCPC [renommé C. pr. civ.], l'intervention d'une association en première instance à titre principal pour demander la suppression de clauses abusives dans les modèles de conventions est recevable. • Civ. 1re, 6 janv. 1994, n° 91-19.424 P : *D. 1994. IR 27 ; JCP 1994. II. 22237, note Paisant ; CCC 1994, n° 58, obs. Raymond* (rejet du pourvoi contre • Grenoble, 13 juin 1991 : *JCP 1992. II. 21819, note Paisant ; Err. ibid. 21834 bis*).

Aucune disposition ne subordonne l'action de l'association à une action parallèle d'un consommateur ou à la démonstration d'un préjudice individuel. • Rennes, 28 janv. 2005 : *préc. note 4.* – Déjà en ce sens : • Paris, 2 oct. 1998 : *D. Affaires 1998. 1851, obs. V. A.-R.* • TGI Albertville, 17 janv. 1997 : *préc. note 3.* ♦ Elle peut ainsi s'exercer indépendamment du processus contractuel, pour faire supprimer des clauses abusives dans un modèle type de contrat destiné aux consommateurs. • Rennes, 28 févr. 2014 : *CCC 2014, n° 201, obs. Raymond ; Gaz. Pal. 2014. 3227, obs. Piedelièvre.*

6. Compétence. L'action juridictionnelle préventive, introduite par une association de protection des consommateurs en vue de faire interdire l'utilisation par un commerçant de clauses jugées abusives dans des contrats avec des particuliers, est de nature délictuelle ou quasi délictuelle au sens de l'art. 5, point 3, de la Conv. Bruxelles du 27 sept. 1968. • CJCE 1er oct. 2002 : *D. 2002. 3200, note Kobina Gaba ; JCP 2003. I. 107, n° 9, obs. Jazottes ; Europe 2002, n° 433, obs. Idot ; RTD com. 2003. 204, obs. Marmisse ; LPA 4 déc. 2002, obs. Legros ; Rev. crit. DIP 2003. 682, note Rémy-Corlay* .

III. OBJET DE L'ACTION

7. Agissement illicite. L'agissement illicite, au sens des art. L. 421-2 [L. 621-2] et L. 421-6 [L. 621-7], n'est pas nécessairement constitutif d'une infraction pénale. • Civ. 1re, 25 mars 2010 : *cité note 5 ss. art. L. 621-2.*

8. Suppression des clauses « abusives ». Recevabilité d'une association de consommateurs à demander la déclaration du caractère *abusif de clauses insérées dans des contrats* : • Civ. 1re, 7 juill. 1998, n° 96-17.279 P : *CCC 1998, n° 120, obs. Raymond.* ♦ Le fait que l'art. L. 421-6, dans son ancienne rédaction [L. 621-7] emploie le terme d'« abusives » pour désigner les clauses dont les associations peuvent demander la suppression, et non le terme « d'illicites » indique clairement que l'action a pour but, non pas de faire assurer le respect d'un texte législatif ou réglementaire précis qui aurait interdit telle ou telle clause, ainsi devenue illicite, mais bien de faire constater le caractère abusif, au regard de l'art. 35 de la loi du 10 janv. 1978 [C. consom., art. L. 212-1], de certaines dispositions des contrats. • Grenoble, 13 juin 1991 : *JCP 1992. II. 21819, note Paisant ; Err. ibid. 21834 bis.* ♦ Le juge national est tenu d'examiner d'office le caractère abusif des clauses contractuelles invoquées par une partie dès qu'il dispose des éléments de droit et de fait nécessaires à cet effet. • Civ. 1re, 1er oct. 2014, n° 13-21.801 P : *D. 2015. Pan. 597, obs. Poillot ; JCP E 2014, n° 1591, note Dupont ; CCC 2015, n° 23, obs. Raymond ; RJDA 2015, n° 533 ; Gaz Pal. 2015. 504, obs. Piedelièvre ; Constr.-Urb. 2014, n° 166, obs. Sizaire.*

9. Illustrations. Pour des illustrations des art. L. 421-6 [L. 621-8] et L. 421-7 [L. 621-9], V. • Paris, 17 déc. 1990 : *D. 1991. 350, note crit. D. Martin* (une association de consommateurs est recevable à demander la nullité d'une clause de frais unilatéralement ajoutée par une banque dans un contrat de compte courant) • TGI Paris, 16 avr. 1991 : *D. 1991. 460* (clauses abusives dans un contrat de vente de meubles) • Civ. 1re, 6 janv. 1994 : *préc. note 5* (clauses abusives dans des contrats de location de longue durée de véhicules automobiles) • TGI Paris, 18 mai 2004 : *D. 2004. 2288, note Boujeka (1re et 3e esp.)* (clauses abusives en matière de dates de valeur pratiquées par les banques) • Rennes, 28 janv. 2005 : *préc. note 4* (clause attributive de compétence dans les conditions générales de vente d'un voyagiste). ♦ V. aussi ss. art. L. 212-1.

10. Réparation du préjudice collectif. Une association agréée de défense des consommateurs est en droit de demander devant les juridictions civiles la réparation, notamment par l'octroi de dommages-intérêts, de tout préjudice direct ou indirect à l'intérêt collectif des consommateurs. • Civ. 1re, 5 oct. 1999, n° 97-17.559 P : *D. 2000. 110, note Paisant ; CCC 1999, n° 182, obs. Raymond* (cassation de • Grenoble, 3 juin 1997 : *CCC 1997, n° 139, obs. crit. Raymond)* • 21 oct. 2003 : *CCC 2004, n° 65, obs. Raymond* • 1er févr. 2005, n° 03-16.935 P : *D. 2005. AJ 487, obs. Rondey (4 arrêts) ; JCP 2005. II. 10057, note Paisant ; ibid. I. 141, n° 15 s., obs. Rochfeld ; CCC 2005, n° 95, obs. Raymond ; CCE 2005, n° 85, obs. Stoffel-Munck ; RDC 2005. 733, obs. Fenouillet.* – V., dans le même sens, • Grenoble, 13 juin 1991 : *préc. note 8* • TGI Brest, 21 déc. 1994 : *préc. note 1* • Rennes, 28 janv. 2005 : *préc. note 4.* ♦ *Contra*, au motif que l'art. L. 421-6 [L. 621-8] ne prévoit pas cette réparation : • Versailles, 2 juin 1994 : *BID 6/1995. 19* • Grenoble, 3 juin 1997 : *préc.*

11. Intérêt collectif des consommateurs. La stipulation de clauses abusives constitue en elle-même une faute de nature à porter atteinte à l'intérêt collectif des consommateurs, même en l'absence de décision préalable déclarant ces clauses abusives. • Civ. 1re, 1er févr. 2005, n° 02-20.633 P : *BICC 15 mai 2005, n° 951, et la note ; D. 2005. AJ 487, obs. Rondey (2e esp.) ; JCP 2005. II. 10057, note Paisant ; ibid. I. 141, n° 15 s., obs. Rochfeld ; CCC 2005, n° 96, obs. Raymond ; RDC 2005. 736, obs. Fenouillet.*

Dès lors que le professionnel a retiré les clauses litigieuses des contrats proposés aux consommateurs, l'action de l'association initialement recevable est devenue sans objet relativement à la demande de suppression des clauses abusives et dépourvue de fondement quant à l'indemnisation du préjudice prétendument causé à l'intérêt collectif des consommateurs. • Civ. 1re, 1er févr. 2005, n° 03-16.935 P : *D. 2005. AJ 487, obs. Rondey (4e esp.) ; JCP 2005. II. 10057, note Paisant ; ibid. I. 141, n° 15 s., obs. Rochfeld ; CCC 2005, n° 95, obs. Raymond ; RDC 2005. 733, obs. Fenouillet.* ♦ Également en ce sens : • Rennes, 28 janv. 2005 : *préc. note 4*, qui attribue cependant des dommages-intérêts à l'association en réparation du préjudice moral, seul caractérisé.

12. Demande de publication. L'action principale en retrait ou en cessation ne pouvant prospérer puisque devenue sans objet, la demande de publication de la décision judiciaire, qui n'est qu'un des modes de réparation, ne le peut davantage. • Rennes, 28 janv. 2005 : *préc. note 4.* ♦ V. aussi art. L. 621-11.

Art. L. 621-9 **A l'occasion d'une action portée devant les juridictions civiles et ayant pour objet la réparation d'un préjudice subi par un ou plusieurs consommateurs à raison de faits non constitutifs d'une infraction pénale, les associations mentionnées à l'article L. 621-1 peuvent agir conjointement ou intervenir pour obtenir réparation de tout fait portant un préjudice direct ou indirect à l'intérêt collectif des consommateurs et demander, le cas échéant, l'application de mesures prévues à l'article L. 621-2.** – *[C. consom., art. L. 421-7.]*

1. Exercice de l'action. De la combinaison des art. L. 421-7 [L. 621-9] C. consom. et 66 et 68 NCPC [renommé C. pr. civ.] il résulte que, si les associations agréées de consommateurs peuvent intervenir à l'instance introduite sur la demande initiale en réparation du préjudice subi par un ou plusieurs consommateurs, en raison de faits non constitutifs d'une infraction pénale, à l'effet notamment d'obtenir réparation du préjudice causé à l'intérêt collectif des consommateurs, en revanche elles ne peuvent, à cette fin, introduire l'instance. • Civ. 1re, 21 févr. 2006, n° 04-10.879 P : *R., p. 381 ; D. 2006. AJ 781, obs. Rondey ; RTD com. 2006. 906, obs. Bouloc ; AJDI 2006. 373 ; JCP E 2006, n° 13, p. 621 ; RJDA 2006, n° 963 ; Dr. et pr. 2006. 335, obs. Bazin* • 30 mai 2006, n° 04-16.030 P : *RTD com. 2007. 219, obs. Bouloc ; JCP 2006. IV. 2385 ; CCC 2006, n° 166, obs. Raymond ; RDC 2006. 743, obs. Fenouillet* • 30 janv. 2007 : *RCA 2007, n° 110* • Paris, 20 juin 2007 : *JCP E 2007, n° 35, p. 40 ; CCC 2007, n° 265, obs. Raymond* • Civ. 1re, 27 nov. 2008 : *CCC 2009, n° 84, obs. Raymond ; RJDA 2009, n° 275.* ♦ Déjà en ce sens : est irrecevable l'action d'une association de consommateurs en garantie des vices cachés exercée à titre principal et non par voie d'intervention. • TGI Nanterre, 2 sept. 2003 : *D. 2003. Somm. 2824, obs. Le Stanc ; CCE 2003, n° 108, obs. Grynbaum.* ♦ Comp., dans la même affaire, • Versailles, 15 avr. 2005 : *CCC 2005, n° 101, obs. Raymond ; CCE 2005, n° 173, obs. Chabert,* jugeant que l'art. L. 421-7 [L. 621-9] n'interdit pas à l'association intervenante volontaire de se joindre au demandeur principal dès l'acte introductif d'instance. ♦ V. aussi note 5 ss. art. L. 621-8.

Il résulte de la recrudescence du nombre de dossiers relatifs aux dysfonctionnements de l'accès à internet proposé par une société que l'intérêt collectif des consommateurs ayant contracté avec cette société se trouvait lésé et que, dès lors, l'association était en droit de réclamer réparation du préjudice direct et indirect qui en découlait. • Civ. 1re, 13 nov. 2008 : *JCP 2009. I. 123, n° 2, obs. Stoffel-Munck ; CCC 2009, n° 29, obs. Raymond ; Gaz. Pal. 2009. 1348, obs. Forster et Hadjadje ; RJDA 2009, n° 682.*

2. Action en représentation conjointe. Jugé qu'est irrecevable l'action d'intérêt collectif de l'art. L. 421-7 [L. 621-9] exercée par une association de consommateurs concurremment à une action en représentation conjointe, le préjudice personnel de l'association n'étant pas démontré. • TI Pantin, 18 avr. 1998 : *D. 2000. Somm. 51, obs. Pizzio.*

3. Illustrations : suppression de clauses abusives. Sur le droit d'intervenir pour demander la suppression de clauses abusives, V. note 5 ss. art. L. 621-8.

4. ... Garantie des vices cachés. V. les décisions citées note 1 (CD équipés de dispositifs anticopie les rendant inutilisables sur certains lecteurs).

5. ... Transport ferroviaire. L'art. L. 421-7 [L. 621-9] lui donnant le droit d'intervenir devant les juridictions civiles pour demander réparation du préjudice collectif subi par les usagers qu'elle représente, une association se trouve recevable à se joindre à l'action individuelle engagée par trois de ces usagers (action contre la SNCF pour retards répétés des trains). • Paris, 4 oct. 1996 : *JCP 1997. II. 22811, note Paisant et Brun ; Gaz. Pal. 1996. 2. 635, concl. Gizardin, note J.-G. M. ; D. Affaires 1996. 1284 ; RJDA 1997, n° 355.*

6. ... Surendettement (non). Une association de consommateurs n'est pas recevable à intervenir volontairement dans une procédure de règlement amiable d'une situation de surendettement, dès lors que cette procédure n'a pas pour objet la réparation d'un préjudice que le débiteur aurait subi, et que l'association ne justifie pas autrement avoir intérêt, pour la conservation de ses droits, à soutenir les prétentions du demandeur. • Civ. 1re, 4 avr. 1991 : *D. 1991. 307, note Bouloc ; CCC 1991, n° 153, obs. Raymond* • 22 oct. 1991 : *CCC 1992, n° 20, obs. Raymond.*

Art. L. 621-10 Le ministère public peut produire devant la juridiction saisie, nonobstant les dispositions législatives contraires, les procès-verbaux ou rapports d'enquête qu'il détient, dont la production est utile à la solution du litige. – *[C. consom., art. L. 421-8.]*

Art. L. 621-11 La juridiction saisie peut ordonner la diffusion, par tous moyens appropriés, de l'information au public du jugement rendu. Lorsqu'elle ordonne l'affichage de l'information en application du présent alinéa, il est procédé à celui-ci dans les conditions prévues par l'article 131-35 du code pénal.

Cette diffusion a lieu aux frais de la partie qui succombe ou du condamné ou de l'association qui s'est constituée partie civile lorsque les poursuites engagées à son initiative ont donné lieu à une décision de relaxe. – *[C. consom., art. L. 421-9.]*

1. Publication. La mesure de publication prévue à l'art. L. 421-9 [L. 621-11] est nécessaire pour que soit assurée l'information de l'ensemble des consommateurs sur la décision à intervenir quand bien même cette décision n'a qu'un effet relatif entre les parties, d'autant qu'en l'espèce l'information des consommateurs était à l'époque du jugement justifiée. • Grenoble, 28 janv. 2013 : *cité note 3.* ♦ Les associations de consommateurs, qui sont recevables à saisir le juge des référés d'une demande tendant à faire cesser un trouble illicite, peuvent, aux termes de l'art. L. 421-9, solliciter la publication de la décision. • Civ. 1re, 9 mars 2004, n° 01-11.296 P : *CCC 2004, n° 101, obs. Raymond ; Dr. et patr. 1/2005. 100, obs. Caprioli.* ♦ Pour une demande de publication devenue sans objet, V. note 12 ss. art. L. 621-8.

2. Courrier électronique. Pour la condamnation d'une société à adresser, à l'ensemble de ses abonnés antérieurs au prononcé de la décision la condamnant, copie du dispositif par courrier électronique, V. • TGI Paris, 15 sept. 2009 : *Lettre distrib. 10/2009, p. 3.*

3. Publication trompeuse. La lecture de la publication judiciaire du jugement révèle que l'association de consommateurs n'a effectivement pas précisé que l'ensemble des clauses supprimées à l'exception d'une seule émanait du contrat de syndic 2006. Dès lors, même si la lecture attentive du résumé des clauses figurant dans cette publication permettait, par comparaison avec les contrats qui avaient été conclus postérieurement, de se rendre compte que ces clauses avaient été supprimées de ces derniers contrats, il n'en demeure pas moins qu'une telle publication ainsi tronquée de cette décision était de nature à semer la confusion dans l'esprit des copropriétaires et à porter ainsi atteinte à l'image de la société syndic. • Grenoble, 28 janv. 2013 : *AJDI 2013. 619* .

IV. ACTIONS EN DÉFENSE DE L'INTÉRÊT D'AUTRUI

A. Action d'un syndicat en défense d'un salarié

Discriminations

V. C. trav., art. L. 1134-1, App., v° Action en justice.

Principe d'égalité professionnelle entre hommes et femmes

Code du travail

Art. L. 1144-2 Les organisations syndicales représentatives au niveau national ou dans l'entreprise peuvent exercer en justice toutes actions résultant de l'application des articles L. 3221-2 à L. 3221-7, relatifs à l'égalité de rémunération entre les femmes et les hommes.

Elles peuvent exercer ces actions en faveur d'un candidat à un emploi, à un stage ou à une période de formation ou d'un salarié.

L'organisation syndicale n'a pas à justifier d'un mandat de l'intéressé. Il suffit que celui-ci ait été averti par écrit de cette action et ne s'y soit pas opposé dans un délai de quinze jours à compter de la date à laquelle l'organisation syndicale lui a notifié son intention d'agir.

L'intéressé peut toujours intervenir à l'instance engagée par le syndicat. – *[Anc. art. L. 123-6.]*

Une confédération est irrecevable à introduire une action en contestation de la décision de désaffiliation d'un des syndicats affiliés, à moins que des dispositions statutaires le lui permettent. • Soc. 19 févr. 2014 : *D. actu. 20 mai 2014, obs. Ines ; RJS 2014. 343, n° 414.*

Harcèlement sexuel

Code du travail

Art. L. 1154-1 Lorsque survient un litige relatif à l'application des articles L. 1152-1 à L. 1152-3 et L. 1153-1 à L. 1153-4, le candidat à un emploi, à un stage ou à une période de formation en entreprise ou le salarié *(L. n° 2016-1088 du 8 août 2016, art. 3)* « présente des éléments de fait laissant supposer » l'existence d'un harcèlement.

Au vu de ces éléments, il incombe à la partie défenderesse de prouver que ces agissements ne sont pas constitutifs d'un tel harcèlement et que sa décision est justifiée par des éléments objectifs étrangers à tout harcèlement.

Le juge forme sa conviction après avoir ordonné, en cas de besoin, toutes les mesures d'instruction qu'il estime utiles. – *[Anc. art. L. 122-52.]*

Protection d'un salarié licencié économique ou ayant rompu son contrat d'un commun accord avec son employeur en acceptant une convention de conversion

Code du travail

Art. L. 1235-8 Les organisations syndicales de salariés représentatives peuvent exercer en justice toutes les actions résultant des dispositions légales ou conventionnelles régissant le licenciement pour motif économique d'un salarié, sans avoir à justifier d'un mandat de l'intéressé.

Le salarié en est averti, dans des conditions prévues par voie réglementaire, et ne doit pas s'y être opposé dans un délai de quinze jours à compter de la date à laquelle l'organisation syndicale lui a notifié son intention.

A l'issue de ce délai, l'organisation syndicale avertit l'employeur de son intention d'agir en justice.

Le salarié peut toujours intervenir à l'instance engagée par le syndicat. – *[Anc. art. L. 321-15.]*

L'action du syndicat en dommages-intérêts en raison du manquement de l'employeur à son obligation de reclassement individuel avant licenciement économique est irrecevable, cette faute ne portant pas atteinte aux intérêts collectifs de la profession. • Soc. 18 nov. 2009 : *RJS 2010. 155, n° 197.*

Contrat à durée déterminée

Code du travail

Art. L. 1247-1 Les organisations syndicales représentatives dans l'entreprise peuvent exercer en justice toutes les actions qui résultent du présent titre en faveur d'un salarié, sans avoir à justifier d'un mandat de l'intéressé.

Le salarié en est averti dans des conditions déterminées par voie réglementaire et ne doit pas s'y être opposé dans un délai de quinze jours à compter de la date à laquelle l'organisation syndicale lui a notifié son intention.

Le salarié peut toujours intervenir à l'instance engagée par le syndicat et y mettre un terme à tout moment. – *[Anc. art. L. 122-3-16.]* – *V. art. D. 1247-1 s.*

1. Information du salarié. Le fait que le salarié soit informé par le syndicat le jour de l'introduction de l'instance n'entache pas l'action d'irrecevabilité dès lors qu'un délai de quinze jours s'est écoulé entre l'information du salarié et le moment où le juge statue. • Soc. 1er févr. 2000, n° 98-41.624 P : *D. 2000. IR 65* ; *Dr. soc. 2000. 516, obs. Roy-Loustaunau* ; *RJS 2000. 275, n° 381.* ♦ L'action est recevable même si le syndicat n'a adressé au salarié qu'une lettre d'intention le jour où il introduisait l'instance. • Soc. 1er févr. 2000, n° 98-46.201 P : *D. 2000. IR 90* ; *RJS. 2000. 275, n° 381.*

2. Absence de renonciation tacite. L'opposition d'un salarié à ce qu'une organisation syndicale exerce une action de substitution ne saurait valoir renonciation de ce salarié au droit d'intenter l'action personnelle dont il est titulaire pour obtenir la requalification de ses contrats à durée déterminée en un contrat à durée indéterminée et la règle de l'unicité de l'instance ne peut être opposée à l'intéressé alors qu'il a été partie à la première instance. • Soc. 12 févr. 2008, n° 06-45.397 P : *RJS 2008. 298, n° 374.*

Protection des salariés des groupements d'employeurs

Code du travail

Art. L. 1253-16 Les organisations syndicales représentatives dans l'entreprise utilisatrice ou dans le groupement peuvent exercer en justice les actions civiles nées en vertu des dispositions du présent chapitre en faveur des salariés du groupement.

Elles peuvent exercer ces actions sans avoir à justifier d'un mandat de l'intéressé pourvu que celui-ci ait été averti et n'ait pas déclaré s'y opposer.

Le salarié peut toujours intervenir à l'instance engagée par le syndicat. — *[Anc. art. L. 127-6.]*

Convention collective

Code du travail

Art. L. 2262-9 Les organisations ou groupements ayant la capacité d'agir en justice, dont les membres sont liés par une convention ou un accord, peuvent exercer toutes les actions en justice qui en résultent en faveur de leurs membres, sans avoir à justifier d'un mandat de l'intéressé, pourvu que celui-ci ait été averti et n'ait pas déclaré s'y opposer.

L'intéressé peut toujours intervenir à l'instance engagée par l'organisation ou le groupement. — *[Anc. art. L. 135-4, al. 1er.]*

1. Conditions. Doit être cassé l'arrêt qui accueille la demande d'un syndicat, alors que ce dernier n'a pas indiqué le nom de ses adhérents, ni précisé la qualité exacte et la rémunération de ceux de ses membres au nom desquels il déclare agir, ce qui rend impossible la détermination de leurs droits individuels, la vérification de ce qu'ils avaient été avertis de l'action et le prononcé d'une condamnation au profit de chacun d'eux. • Soc. 3 nov. 1972 : *Bull. civ. V, n° 595.*

2. Les actions prévues par l'art. L. 135-4 [L. 2262-9 et L. 2262-10 nouv.] afin d'obtenir l'application d'une convention ou d'un accord collectif ne sont pas réservées aux seules organisations signataires mais sont ouvertes à toutes celles, signataires ou non, dont les membres adhérents se trouvent liés par la convention ou l'accord collectif. • Soc. 14 févr. 2001, n° 98-46.149 P : *D. 2001. Somm. 2172, obs. Géniaut* ; *RJS 2001. 342, n° 479* ; *Dr. soc. 2001. 572, obs. Miné* ; *Dr. ouvrier 2001. 174, n° 632* • 9 avr. 2002, n° 99-45.963 P : *RJS 2002. 637, n° 816.*

3. Intervention. Le désistement de la partie principale n'interdit pas au syndicat qui est intervenu dans l'instance de poursuivre celle-ci. • Soc. 25 oct. 1961 : *D. 1962. 3, note Verdier* ; *Dr. soc. 1962. 229, obs. Savatier.*

Statut d'ouvrier à domicile

Code du travail

Art. L. 7423-2 Les syndicats professionnels peuvent exercer tout action civile fondée sur l'inobservation des dispositions du présent livre.

Ils peuvent exercer ces actions en faveur de chacun de leurs membres, sans avoir à justifier d'un mandat de l'intéressé pourvu que celui-ci ait été averti et n'ait pas déclaré s'y opposer. L'intéressé peut toujours intervenir à l'instance engagée par le syndicat. — *[Anc. art. L. 721-19, al. 1er et 2.]*

Marchandage

Code du travail

Art. L. 8233-1 Les organisations syndicales représentatives peuvent exercer en justice toutes les actions résultant de l'application des dispositions du présent titre en faveur d'un salarié sans avoir à justifier d'un mandat de l'intéressé.

Il suffit que celui-ci ait été averti, dans des conditions déterminées par voie réglementaire, et ne s'y soit pas opposé dans un délai de quinze jours à compter de la date à laquelle l'organisation syndicale lui a notifié son intention.

L'intéressé peut toujours intervenir à l'instance engagée par le syndicat et y mettre un terme à tout moment. – *[Anc. art. L. 125-3-1.]*

Interdiction du prêt illicite de main-d'œuvre

Code du travail

Art. L. 8242-1 Les organisations syndicales représentatives peuvent exercer en justice toutes les actions résultant des dispositions du présent titre en faveur d'un salarié sans avoir à justifier d'un mandat de l'intéressé.

Il suffit que celui-ci ait été averti, dans des conditions déterminées par voie réglementaire, et ne s'y soit pas opposé dans un délai de quinze jours à compter de la date à laquelle l'organisation syndicale lui a notifié son intention.

L'intéressé peut toujours intervenir à l'instance engagée par le syndicat et y mettre un terme à tout moment. – *[Anc. art. L. 125-3-1.] – V. art. R. 8242-1.*

Interdiction d'employer un travailleur étranger sans titre de travail

Code du travail

Art. L. 8255-1 Les organisations syndicales représentatives peuvent exercer en justice les actions nées en faveur des salariés étrangers en vertu des dispositions des articles L. 8252-1 et L. 8252-2, sans avoir à justifier d'un mandat de l'intéressé, à condition que celui-ci n'ait pas déclaré s'y opposer.

L'intéressé peut toujours intervenir à l'instance engagée par le syndicat. – *[Anc. art. L. 341-6-2.]*

B. Action d'une association en défense d'une victime

V. en matière de lutte contre les discriminations, C. pr. civ., art. 1263-1.

BIBL. ▸ CHISS, *JCP S 2010. 1339* (contentieux de la discrimination et de la rupture d'égalité).

Relations relevant du code du travail

Code du travail

Art. L. 1134-1 Lorsque survient un litige en raison d'une méconnaissance des dispositions du chapitre II, le candidat à un emploi, à un stage ou à une période de formation en entreprise ou le salarié présente des éléments de fait laissant supposer l'existence d'une discrimination directe ou indirecte, *(L. nº 2008-496 du 27 mai 2008, art. 6)* « telle que définie à l'article 1er de la loi nº 2008-496 du 27 mai 2008 portant diverses dispositions d'adaptation au droit communautaire dans le domaine de la lutte contre les discriminations ». – *[V. App. I. B.]*

Au vu de ces éléments, il incombe à la partie défenderesse de prouver que sa décision est justifiée par des éléments objectifs étrangers à toute discrimination.

Le juge forme sa conviction après avoir ordonné, en cas de besoin, toutes les mesures d'instruction qu'il estime utiles.

Art. L. 1134-2 Les organisations syndicales représentatives au niveau national, au niveau départemental *(Ord. nº 2008-205 du 27 févr. 2008)* « ou de la collectivité » *(Ord. nº 2017-1491 du 25 oct. 2017, art. 2-1º)* « en Guadeloupe, en Guyane, en Martinique, à Mayotte, à La Réunion » *(Ord. nº 2008-205 du 27 févr. 2008)* « , à Saint-Barthélemy et à Saint-Martin », ou dans l'entreprise peuvent exercer en justice toutes les actions résultant de l'application des dispositions du chapitre II.

Elles peuvent exercer ces actions en faveur d'un candidat à un emploi, à un stage ou une période de formation en entreprise, ou d'un salarié, dans les conditions prévues par l'article L. 1134-1.

L'organisation syndicale n'a pas à justifier d'un mandat de l'intéressé. Il suffit que celui-ci ait été averti par écrit de cette action et ne s'y soit pas opposé dans un délai de quinze jours à compter de la date à laquelle l'organisation syndicale lui a notifié son intention d'agir.

L'intéressé peut toujours intervenir à l'instance engagée par le syndicat. – *[Anc. art. L. 122-45-1, al. 1er.]*

Art. L. 1134-3 Les associations régulièrement constituées depuis cinq ans au moins pour la lutte contre les discriminations ou œuvrant dans le domaine du handicap peuvent exercer en justice toutes actions résultant de l'application des dispositions du chapitre II.

Elles peuvent exercer ces actions en faveur d'un candidat à un emploi, à un stage ou une période de formation en entreprise ou d'un salarié dans les conditions prévues à l'article L. 1134-1, sous réserve de justifier d'un accord écrit de l'intéressé.

L'intéressé peut toujours intervenir à l'instance engagée par l'association et y mettre un terme à tout moment. – *[Anc. art. L. 122-45-1, al. 2, et L. 122-45-5.]*

Art. L. 1134-4 Est nul et de nul effet le licenciement d'un salarié faisant suite à une action en justice engagée par ce salarié ou en sa faveur, sur le fondement des dispositions du chapitre II, lorsqu'il est établi que le licenciement n'a pas de cause réelle et sérieuse et constitue en réalité une mesure prise par l'employeur en raison de cette action en justice. Dans ce cas, la réintégration est de droit et le salarié est regardé comme n'ayant jamais cessé d'occuper son emploi.

(Ord. nº 2017-1387 du 22 sept. 2017, art. 3, ratifiée par L. nº 2018-217 du 29 mars 2018, art. 1er) « Lorsque le salarié refuse de poursuivre l'exécution du contrat de travail, les dispositions de l'article L. 1235-3-1 sont applicables. »

Les dispositions issues de l'Ord. nº 2017-1387 du 22 sept. 2017 sont applicables aux licenciements prononcés postérieurement à sa publication (Ord. préc., art. 40-I).

Art. L. 1134-5 *(L. nº 2008-561 du 17 juin 2008)* L'action en réparation du préjudice résultant d'une discrimination se prescrit par cinq ans à compter de la révélation de la discrimination.

Ce délai n'est pas susceptible d'aménagement conventionnel.

Les dommages et intérêts réparent l'entier préjudice résultant de la discrimination, pendant toute sa durée.

C. Action en représentation conjointe

Code de la consommation

Art. L. 622-1 Lorsque plusieurs consommateurs identifiés ont subi des préjudices individuels qui ont été causés par le fait d'un même professionnel, et qui ont une origine commune, toute association agréée et reconnue représentative sur le plan national en application de l'article L. 811-1 peut, si elle a été mandatée par au moins deux des consommateurs concernés, agir en réparation devant toute juridiction au nom de ces consommateurs. – *[C. consom., art. L. 422-1, al. 1er.] – V. art. R. 622-1 s.*

1. Action en représentation conjointe. *Pour un exemple d'action* en représentation conjointe d'une association agréée, jugée recevable, V. • TI Rennes, 17 avr. 1997 : *CCC 1997, nº 168, obs. Raymond.*

2. Action d'intérêt collectif. V. note 2 ss. art. L. 621-9.

3. Action de groupe. Refusant d'analyser la participation d'actionnaires français à une *class action* aux États-Unis contre Vivendi en abus de *forum shopping*, V. • Paris, 28 avr. 2010 : *D. 2010. Pan. 2323, obs. Bollée ; ibid. Actu. 1224, obs. Delpech ; RTD com. 2010. 753, obs. Rontchevsky ; Rev. sociétés 2010. 367, note Magnier ; JCP 2010, nº 886, spéc. nº 8, obs.*

Nourissat ; Gaz. Pal. 2010. 1348, note Audit et Niboyet ; RJ com. 2010. 350, note Messaï-Bahri ; Banque et Dr. 5-6/2010. 23, et les obs. ; Procédures 2010. Repère 7, par Nourissat ; Dr. sociétés 2010, n° 185, obs. Mortier. ♦ V. toutefois, mettant un coup d'arrêt aux *class actions* extraterritoriales : • Cour suprême États-Unis, 24 juin 2010 : *D. 2010. Pan. 2323, obs. Bollée* ; *JCP 2010, n° 743, note Gaillard ; JCP 2011, n° 944, note Dubos et Crépin ; RDBF 2010. Alerte 14, par Paclot ; ibid. Étude 17, par Dubertret ; Banque et Dr. 7-8/2010. 23, et les obs. ; Dr. sociétés 2010, n° 186, obs. Mortier ; BJS 2010. 738, note Fages et Perchet ; BJB 2010. 296, obs. Garrigues ; ibid. 308, note Gaillard.* ♦ Pour le rejet d'une *class action* pour insuffisance du caractère commun en droit ou en fait des situations des membres de la *class*, V. • Cour suprême États-Unis, 20 juin 2011 : *D. 2011. 2284, note Le Gallou* .

Art. L. 622-2 Le mandat mentionné à l'article L. 622-1 ne peut être sollicité par voie d'appel public télévisé ou radiophonique, ni par voie d'affichage, de tract ou de lettre personnalisée.

Il est donné par écrit par chaque consommateur. — *[C. consom., art. L. 422-1, al. 2.] — V. art. R. 622-2.*

Sollicitation des mandats. Après avoir constaté que l'UFC Que choisir était l'initiatrice de la procédure, celle-ci, qui savait ne pouvoir agir en introduisant l'instance et qui très rapidement avait pris conscience du caractère très limité du préjudice individuel de chaque abonné, s'étant efforcée d'organiser et d'orchestrer l'assignation et les interventions volontaires des abonnés au mépris des interdictions de démarchage et d'appel au public qui y faisaient obstacle, ayant fait préalablement réaliser à cet effet un calculateur de préjudice et prévu sur son site internet la possibilité pour les internautes de souscrire un contrat d'engagement la mandatant pour agir en justice, mandat qui n'avait aucune réalité puisque l'association indiquait supporter toute la procédure et la conduire, la cour d'appel a exactement retenu que l'association n'avait pas respecté les dispositions de l'art. L. 422-1 [L. 622-2], lequel, étranger à la préservation de l'image et de la présomption d'innocence, prohibe notamment tout appel public par moyen de communication de masse ou par lettre personnalisée. • Civ. 1re, 26 mai 2011, n° 10-15.676 P : *D. 2011. 1884, note Dupont* ; *RTD com. 2011. 627, obs. Bouloc* ; *JCP E 2011, n° 1440 ; CCC 2011, n° 201, obs. Raymond ; CCE 2011, n° 77, obs. Debet ; Gaz. Pal. 2011. 3046, note Forster et Santonja ; RJDA 2011, n° 739 ; RDC 2011. 1252, note Sauphanor-Brouillaud ; RDBF 2011, n° 156, obs. Lagarde ; RJ com. 2011. 429, note Deharo ; RDC 2012. 151, note Pelletier* (conf. de • Paris, 22 janv. 2010 : *RLDC avr. 2010. 59, note Patetta*).

Art. L. 622-3 Tout consommateur ayant donné son accord, dans les conditions prévues à l'article L. 622-2, à l'exercice d'une action devant une juridiction pénale est considéré en ce cas comme exerçant les droits reconnus à la partie civile en application du code de procédure pénale.

Toutefois, les significations et notifications qui concernent le consommateur sont adressées à l'association. — *[C. consom., art. L. 422-2.]*

Art. L. 622-4 L'association qui exerce une action en justice en application des dispositions des articles L. 622-1 à L. 622-3 peut se constituer partie civile devant le juge d'instruction ou la juridiction de jugement du siège social de l'entreprise mise en cause ou, à défaut, du lieu de la première infraction. — *[C. consom., art. L. 422-3.]*

....

Art. R. 622-1 Les consommateurs qui, sur le fondement des dispositions de l'article L. 622-1, entendent demander réparation des préjudices qui ont été causés par le fait du même professionnel et qui ont une origine commune peuvent donner à une association nationale agréée de consommateurs, en application de l'article L. 811-1, le mandat d'agir en leur nom devant les juridictions civiles, dans les conditions fixées par le présent chapitre.

Sauf convention contraire, le mandat ainsi déterminé ne comporte pas devoir d'assistance. — *[C. consom., art. R. 422-1.]*

Art. R. 622-2 Le mandat est écrit. Il mentionne expressément son objet et confère à l'association nationale agréée de consommateurs le pouvoir d'accomplir au nom du consommateur tous les actes de procédure.

Le mandat peut prévoir en outre :

1° L'avance par l'association nationale agréée de consommateurs de tout ou partie des dépenses et des frais liés à la procédure ;

2° Le versement par le consommateur de provisions ;

3° La renonciation de l'association nationale agréée de consommateurs à l'exercice du mandat, après mise en demeure au consommateur par lettre recommandée avec demande d'avis de réception dans le cas où l'inertie de celui-ci est susceptible de ralentir le déroulement de l'instance ;

4° La représentation du consommateur par l'association nationale agréée lors du déroulement de mesures d'instruction ;

5° La possibilité pour l'association nationale agréée d'exercer au nom du consommateur les voies de recours, à l'exception du pourvoi en cassation, sans nouveau mandat. – *[C. consom., art. R. 422-2.]*

Art. R. 622-3 Pour l'application de l'article L. 622-1, la compétence en raison du montant de la demande et le taux de compétence en dernier ressort sont déterminés, pour l'ensemble des prétentions, par la plus élevée d'entre elles. – *[C. consom., art. R. 422-3.]*

Art. R. 622-4 Les convocations et notifications destinées au consommateur pour le déroulement de l'instance sont adressées à l'association nationale agréée de consommateurs qui agit pour son compte. – *[C. consom., art. R. 422-4.]*

Art. R. 622-5 Si le mandat est révoqué, la partie qui l'avait donné peut poursuivre l'instance engagée comme si elle l'avait introduite directement.

La partie qui révoque son mandat doit en aviser aussitôt le juge et la partie adverse. – *[C. consom., art. R. 422-5.]*

Art. R. 622-6 L'association nationale agréée de consommateurs fait connaître à ses mandants, par tous moyens appropriés, la juridiction devant laquelle l'affaire est portée et, le cas échéant, celle devant laquelle elle a été renvoyée, la date de l'audience et la date à laquelle le jugement doit être rendu.

Sur la demande d'un de ses mandants, l'organisation nationale agréée de consommateurs doit délivrer, aux frais de celui-ci, copie de l'acte introductif d'instance et, le cas échéant, des conclusions écrites. – *[C. consom., art. R. 422-6.]*

Art. R. 622-7 En cas de dissolution de l'association nationale agréée de consommateurs, de changement d'objet social ou de retrait d'agrément, les consommateurs peuvent donner mandat à une autre association nationale agréée de consommateurs de poursuivre l'instance. – *[C. consom., art. R. 422-7.]*

Art. R. 622-8 L'acte introductif d'instance contient, à peine de nullité, outre les mentions prévues par la loi, la dénomination de l'association nationale agréée, son siège social, l'organe qui la représente légalement et les nom, prénoms et adresse de chacun des consommateurs pour le compte desquels elle agit.

Copie de l'arrêté d'agrément pris en application des dispositions de l'article R. 811-2 est jointe à l'acte introductif d'instance. – *[C. consom., art. R. 422-8.]*

Art. R. 622-9 L'acte d'appel et la déclaration de pourvoi contiennent, à peine de nullité, outre les mentions prévues par la loi, la dénomination de l'association nationale agréée, son siège social, l'organe qui la représente légalement et l'identité des consommateurs pour le compte de qui elle agit. – *[C. consom., art. R. 422-9.]*

Art. R. 622-10 La décision est notifiée à l'association nationale agréée de consommateurs qui en informe ses mandants sans délai et en tout état de cause dans les délais des voies de recours. Le délai pour exercer une voie de recours part de la notification à l'association. – *[C. consom., art. R. 422-10.]*

D. Actions de groupe

BIBL. GÉN. ▶ BERGEROT et DE POUZILHAC, *BRDA 2019, n° 8, p. 27* (bilan et perspectives des actions de groupe pour les entreprises). – HAERI et JAVAUX, *D. avocats 2019. 236* (action de groupe : quatre ans après, un bilan en demi-teinte). – MÉTAIS et VALETTE, *JCP 2018. 558* (class action à la française – une promesse séduisante, une application décevante) ; *D. avocats 2020. 11* (stratégie contentieuse et action de groupe : un premier bilan).

▶ **Projet de recours collectif européen :** AUBERT DE VINCELLE, *CCC 2019. Chron. 3, n° 17* (vers un droit européen des actions de groupe). – LE MORE, *CCC 2019. Alerte 27* (la dernière version votée par les parlementaires répond-elle à l'impératif d'effectivité du droit européen ?). – MÉTAIS et VALETTE, *JCP E 2019, n° 1251* (approche européenne en matière de recours collectifs pour la protection des intérêts collectifs des consommateurs – une modification législative imminente ?) ; *L'Obs. de Bruxelles janv. 2020, p. 19* (l'instauration de recours collectifs à l'échelle de l'Union européenne) ; *D. actu. 16 déc. 2020* (la directive actions représentatives : un nouvel élan pour les actions de groupe ?). – NOURISSAT, *Procédures 2021. Repère 3* (directive européenne « actions représentatives »).

Droit commun de l'action de groupe devant le juge judiciaire

BIBL. ▸ **L. du 18 nov. 2016 :** AMRANI MEKKI, *JCP 2016. 1296, n° 1 ; ibid. 1340* (le socle commun procédural de l'action de groupe de la loi de modernisation de la justice du XXIe siècle). – BOILLOT, *JCP 2017. 155* (action de groupe et règlement amiable). – CROZE, *Procédures 2017. Étude 4* (un droit commun de l'action de groupe ?). – JEULAND, *JCP 2017. 354* (retour sur la qualification de l'action de groupe à la lumière de la loi de modernisation de la justice du XXIe siècle). – LOPEZ, *Procédures 2018. Étude 3* (les parties prenantes en matière de responsabilité sociale de l'entreprise (RSE) : les oubliés de la loi J21 en matière d'action de groupe. Proposition d'une nouvelle forme d'action). – ORIF, *Gaz. Pal. 31 janv. 2017, p. 81* (l'élaboration dans la loi J21 d'un modèle général d'action de groupe : un essai à transformer).

Loi n° 2016-1547 du 18 novembre 2016,

De modernisation de la justice du XXIe siècle.

Sur la compétence du TGI pour connaître des actions de groupe définies par la L. n° 2016-1547 du 18 nov. 2016, V. COJ, art. L. 211-9-2.

[...]

TITRE V L'action de groupe

CHAPITRE PREMIER *L'action de groupe devant le juge judiciaire*

Art. 60 Sous réserve des dispositions particulières prévues pour chacune de ces actions, le présent chapitre est applicable aux actions suivantes devant le juge judiciaire :

1° L'action ouverte sur le fondement de la loi n° 2008-496 du 27 mai 2008 portant diverses dispositions d'adaptation au droit communautaire dans le domaine de la lutte contre les discriminations ;

2° L'action ouverte sur le fondement des articles L. 1134-6 à L. 1134-10 du code du travail ;

3° L'action ouverte sur le fondement de l'article L. 142-3-1 du code de l'environnement ;

4° L'action ouverte sur le fondement du chapitre III du titre IV du livre Ier de la première partie du code de la santé publique ;

5° L'action ouverte sur le fondement de l'article 43 *ter* de la loi n° 78-17 du 6 janvier 1978 relative à l'informatique, aux fichiers et aux libertés.

Art. 61 Sauf disposition contraire, l'action de groupe est introduite et régie selon les règles prévues au code de procédure civile.

SECTION I *Objet de l'action de groupe, qualité pour agir et introduction de l'instance*

Art. 62 Lorsque plusieurs personnes placées dans une situation similaire subissent un dommage causé par une même personne, ayant pour cause commune un manquement de même nature à ses obligations légales ou contractuelles, une action de groupe peut être exercée en justice au vu des cas individuels présentés par le demandeur.

Cette action peut être exercée en vue soit de la cessation du manquement mentionné au premier alinéa, soit de l'engagement de la responsabilité de la personne ayant causé le dommage afin d'obtenir la réparation des préjudices subis, soit de ces deux fins.

Art. 63 Seules les associations agréées et les associations régulièrement déclarées depuis cinq ans au moins dont l'objet statutaire comporte la défense d'intérêts auxquels il a été porté atteinte peuvent exercer l'action mentionnée à l'article 62.

Art. 64 Préalablement à l'introduction de l'action de groupe, la personne ayant qualité pour agir met en demeure celle à l'encontre de laquelle elle envisage d'agir par la voie de l'action de groupe de cesser ou de faire cesser le manquement ou de réparer les préjudices subis.

A peine d'irrecevabilité que le juge peut soulever d'office, afin que la personne mise en demeure puisse prendre les mesures pour cesser ou faire cesser le manquement ou réparer les préjudices subis, l'action de groupe ne peut être introduite qu'à l'expiration d'un délai de quatre mois à compter de la réception de cette mise en demeure.

BIBL. ▶ Amrani Mekki, *Gaz. Pal. 31 janv. 2017, p. 48* (loi J21 : avancées et inquiétudes procédurales).

SECTION II *Cessation du manquement*

Art. 65 Lorsque l'action de groupe tend à la cessation du manquement, le juge, s'il constate l'existence d'un manquement, enjoint au défendeur de cesser ou de faire cesser ledit manquement et de prendre, dans un délai qu'il fixe, toutes les mesures utiles à cette fin, au besoin avec l'aide d'un tiers qu'il désigne. Lorsque le juge prononce une astreinte, celle-ci est liquidée au profit du Trésor public.

SECTION III *Réparation des préjudices*

SOUS-SECTION 1 *Jugement sur la responsabilité*

Art. 66 Lorsque l'action de groupe tend à la réparation des préjudices subis, le juge statue sur la responsabilité du défendeur.

Il définit le groupe de personnes à l'égard desquelles la responsabilité du défendeur est engagée en fixant les critères de rattachement au groupe et détermine les préjudices susceptibles d'être réparés pour chacune des catégories de personnes constituant le groupe qu'il a défini.

Il fixe également le délai dans lequel les personnes répondant aux critères de rattachement et souhaitant se prévaloir du jugement sur la responsabilité peuvent adhérer au groupe en vue d'obtenir réparation de leur préjudice.

Art. 67 Le juge qui reconnaît la responsabilité du défendeur ordonne, à la charge de ce dernier, les mesures de publicité adaptées pour informer de cette décision les personnes susceptibles d'avoir subi un dommage causé par le fait générateur constaté.

Ces mesures ne peuvent être mises en œuvre qu'une fois que le jugement mentionné à l'article 66 ne peut plus faire l'objet de recours ordinaire ni de pourvoi en cassation.

Art. 68 Lorsque le demandeur à l'action le demande et que les éléments produits ainsi que la nature des préjudices le permettent, le juge peut décider la mise en œuvre d'une procédure collective de liquidation des préjudices.

A cette fin, il habilite le demandeur à négocier avec le défendeur l'indemnisation des préjudices subis par chacune des personnes constituant le groupe. Il détermine, dans le même jugement, le montant ou tous les éléments permettant l'évaluation des préjudices susceptibles d'être réparés pour chacune des catégories de personnes constituant le groupe qu'il a défini. Il fixe également les délais et modalités selon lesquels cette négociation et cette réparation doivent intervenir.

Le juge peut également condamner le défendeur au paiement d'une provision à valoir sur les frais non compris dans les dépens exposés par le demandeur à l'action.

SOUS-SECTION 2 *Mise en œuvre du jugement et réparation des préjudices*

§ 1er *Procédure individuelle de réparation des préjudices*

Art. 69 Dans les délais et conditions fixés par le jugement mentionné à l'article 66, les personnes souhaitant adhérer au groupe adressent une demande de réparation soit à la personne déclarée responsable par ce jugement, soit au demandeur à l'action, qui reçoit ainsi mandat aux fins d'indemnisation.

Ce mandat ne vaut ni n'implique adhésion au demandeur à l'action.

Il vaut mandat aux fins de représentation pour l'exercice de l'action en justice mentionnée à l'article 71 et, le cas échéant, pour l'exécution forcée du jugement prononcé à l'issue.

Art. 70 La personne déclarée responsable par le jugement mentionné à l'article 66 procède à l'*indemnisation individuelle* des préjudices résultant du fait générateur de responsabilité reconnu par le jugement et subis par les personnes remplissant les critères de rattachement au groupe et ayant adhéré à celui-ci.

Art. 71 Les personnes dont la demande n'a pas été satisfaite en application de l'article 70 peuvent saisir le juge ayant statué sur la responsabilité en vue de la réparation de leur préjudice dans les conditions et limites fixées par le jugement mentionné à l'article 66.

§ 2 *Procédure collective de liquidation des préjudices*

Art. 72 Dans les délais et conditions fixés par le juge en application des articles 66 et 68, les personnes intéressées peuvent se joindre au groupe en se déclarant auprès du demandeur à l'action, qui est chargé de solliciter auprès du responsable la réparation du dommage.

L'adhésion au groupe vaut mandat au profit du demandeur à l'action aux fins d'indemnisation. A cette fin, le demandeur à l'action négocie avec le défendeur le montant de l'indemnisation, dans les limites fixées par le jugement mentionné au même article 68.

Ce mandat ne vaut ni n'implique adhésion au demandeur à l'action.

Il vaut mandat aux fins de représentation à l'action en justice mentionnée à l'article 73 et, le cas échéant, pour l'exécution forcée du jugement prononcé à l'issue.

Art. 73 Dans un délai qui ne peut être inférieur à celui fixé par le jugement mentionné à l'article 66 pour l'adhésion des personnes lésées au groupe, le juge ayant statué sur la responsabilité est saisi aux fins d'homologation de l'accord, éventuellement partiel, intervenu entre les parties et accepté par les membres du groupe concernés.

Le juge peut refuser l'homologation si les intérêts des parties et des membres du groupe lui paraissent insuffisamment préservés au regard des termes du jugement mentionné à l'article 68 et peut renvoyer à la négociation pour une nouvelle période de deux mois.

En l'absence d'accord total, le juge est saisi dans le délai fixé au premier alinéa du présent article aux fins de liquidation des préjudices subsistants. Dans ce dernier cas, le juge statue dans les limites fixées par le jugement mentionné au même article 68.

A défaut de saisine du tribunal à l'expiration d'un délai d'un an à compter du jour où le jugement mentionné audit article 68 a acquis force de chose jugée, les membres du groupe peuvent adresser une demande de réparation à la personne déclarée responsable par le jugement mentionné à l'article 66. La procédure individuelle de réparation des préjudices définie au paragraphe 1 de la présente sous-section est alors applicable.

Une amende civile d'un montant maximal de 50 000 € peut être prononcée contre le demandeur ou le défendeur à l'instance lorsque celui-ci a, de manière dilatoire ou abusive, fait obstacle à la conclusion d'un accord sur le fondement du jugement mentionné à l'article 68.

SOUS-SECTION 3 *Gestion des fonds reçus au titre de l'indemnisation des membres du groupe*

Art. 74 Sous réserve des dispositions législatives relatives au maniement des fonds des professions judiciaires réglementées, toute somme reçue au titre de l'indemnisation des personnes lésées membres du groupe est immédiatement versée sur un compte ouvert auprès de la Caisse des dépôts et consignations. Celui-ci ne peut faire l'objet de mouvements en débit que pour le règlement de l'affaire qui est à l'origine du dépôt.

SECTION IV **Médiation**

Art. 75 La personne mentionnée à l'article 63 de la présente loi peut participer à une médiation, dans les conditions fixées au chapitre Ier du titre II de la loi nº 95-125 du 8 février 1995 relative à l'organisation des juridictions et à la procédure civile, pénale et administrative, afin d'obtenir la réparation des préjudices individuels. – *V. L. nº 95-125 du 8 févr. 1995, art. 21 s., ss. C. pr. civ., art. 131-15.*

Art. 76 Tout accord négocié au nom du groupe est soumis à l'homologation du juge, qui vérifie s'il est conforme aux intérêts de ceux auxquels il a vocation à s'appliquer et lui donne force exécutoire.

Cet accord précise les mesures de publicité nécessaires pour informer de son existence les personnes susceptibles d'être indemnisées sur son fondement, ainsi que les délais et modalités pour en bénéficier.

SECTION V **Dispositions diverses**

Art. 77 L'action de groupe suspend la prescription des actions individuelles en réparation des préjudices résultant des manquements constatés par le juge ou des faits retenus dans l'accord homologué en application de l'article 76.

Le délai de prescription recommence à courir, pour une durée qui ne peut être inférieure à six mois, à compter de la date à laquelle le jugement n'est plus susceptible de recours ordinaire ou de pourvoi en cassation ou à compter de la date de l'homologation de l'accord.

Art. 78 Le jugement mentionné à l'article 66 et celui résultant de l'application de l'article 76 ont autorité de la chose jugée à l'égard de chacune des personnes dont le préjudice a été réparé au terme de la procédure.

Art. 79 L'adhésion au groupe ne fait pas obstacle au droit d'agir selon les voies de droit commun pour obtenir la réparation des préjudices n'entrant pas dans le champ défini par le jugement mentionné à l'article 66 qui n'est plus susceptible de recours ordinaire ou de pourvoi en cassation ou d'un accord homologué en application de l'article 76.

Art. 80 N'est pas recevable l'action de groupe qui se fonde sur le même fait générateur, le même manquement et la réparation des mêmes préjudices que ceux reconnus par le jugement mentionné à l'article 66 ou par un accord homologué en application de l'article 76.

Art. 81 Lorsque le juge a été saisi d'une action en application de l'article 62 et que le demandeur à l'action est défaillant, toute personne ayant qualité pour agir à titre principal peut demander au juge sa substitution dans les droits du demandeur.

Art. 82 Est réputée non écrite toute clause ayant pour objet ou pour effet d'interdire à une personne de participer à une action de groupe.

Art. 83 Le demandeur à l'action peut agir directement contre l'assureur garantissant la responsabilité civile du responsable en application de l'article L. 124-3 du code des assurances.

Art. 84 *V. COJ, art. L. 211-9-2, L. 211-15 et C. consom., art. L. 623-10.*

[...]

CHAPITRE VII *Dispositions diverses*

Art. 92 I. — Le présent titre n'est pas applicable à l'action de groupe prévue au chapitre III du titre II du livre IV du code de la consommation.

[...]

Consommation

Code de la consommation

PREMIÈRE PARTIE : *LÉGISLATIVE*

CHAPITRE III *Action de groupe*

(L. n° 2014-344 du 17 mars 2014, art. 1er)

Sur la compétence du TGI pour connaître des actions de groupe définies au chapitre III du titre II du livre VI du C. consom., V. COJ, art. L. 211-9-2.

Trente mois au plus tard après la promulgation de la L. n° 2014-344 du 17 mars 2014, le Gouvernement remet au Parlement un rapport évaluant les conditions de mise en œuvre de la procédure d'action de groupe et propose les adaptations qu'il juge nécessaires. Il envisage également les évolutions possibles du champ d'application de l'action de groupe, en examinant son extension aux domaines de la santé et de l'environnement (L. préc., art. 2-VI).

Sur l'action de groupe en matière de produits de santé, V. CSP, art. L. 1143-1 s. et R. 1143-1 s. — CSP.

Sur l'extension de l'action de groupe devant le juge judiciaire et devant le juge administratif en matière, notamment, de discrimination, environnementale et de protection des données à caractère personnel, V. L. n° 2016-1547 du 18 nov. 2016, art. 60 s. — Le titre V de la L. n° 2016-1547 du 18 nov. 2016 n'est pas applicable à l'action de groupe prévue au chapitre III du titre II du livre IV [livre VI] du code de la consommation (L. préc., art. 92-I).

BIBL. GÉN. ► Loi n° 2014-344 du 17 mars 2014 : MAINGUY et DEPINCÉ, *JCP E 2013. Actu. 355* (pour l'action de groupe en droit français). – ROSKIS et JAFFAR, *Cah. dr. entr. 7-8/2013. Dossier 25* (une justice plus proche du citoyen ?). – AZAR-BAUD, *Gaz. Pal. 2013. 2850* (introduction d'une action de groupe en droit de la consommation). – GRANDJEAN, *JCP 2013, n° 1007* (action de groupe : petit pas ou pas de géant ?). – SÉNÉCHAL, *LPA 15 nov. 2013* (regard d'un mandataire de justice sur le projet de *class action* à la française). – A.-C. MARTIN, *Journ. sociétés 12/ 2013. 12* (l'action de groupe : le droit de la consommation en quête d'efficience ?). – DE LA MURE, *ibid. 20* (l'action de groupe en matière de pratiques anticoncurrentielles : en quête d'équilibre ?). – RASKIN, *RJ com. 2013. 455* (l'action de groupe). – LIGNEUL, *Gaz. Pal. 2014. 111* (action de groupe : de la mondialisation des procédures au projet de loi sur la consommation). – MAINGUY et DEPINCÉ, *JCP E 2014, n° 1144* (introduction de l'action de groupe en droit français). – Numéro spécial, *LPA 25 mars 2014* (*class action* : la France comble enfin son retard). – NDLR, *BRDA 2014, n° 6, p. 11* (loi relative à la consommation : l'action de groupe). – RASKIN, *ibid., p. 15* (l'action de groupe vue par un avocat). – HAERI et JAVAUX, *JCP 2014, n° 375* (l'action de groupe à la française, une curiosité). – BACACHE, *ibid., n° 377* (introduction de l'action de groupe en droit français). – JOUFFIN, *Banque et Dr. 3-4/2014. 3* (les actions de groupe... avant les actions de groupe). – REBEYROL, *D. 2014. 940* (la nouvelle action de groupe). – MOLFESSIS, *ibid. 947* (l'exorbitance de l'action de groupe à la française). – FRANÇOIS-MARTIN et DAULOUÈDE, *CCC 2014. Dossier 5* (entre risque et incertitude pour les entreprises). – HILT, *Gaz. Pal. 2014. 1420* (consécration de l'action de groupe : peut-on s'en satisfaire ?). – MAINGUY et DEPINCÉ, *Dr. et patr. 5/2014. 34* (nouvelle procédure du droit français de la consommation). – LE GAC-PECH, *Dr.et proc. mai 2014. 42* (l'avènement du printemps de la consommation). – CHONÉ-GRIMALDI et RASCHEL, *RCA 2014. Étude 4* (action de groupe à la française : tout vient à point à qui sait attendre !). – JOUFFIN, *Banque et Dr. 5-6/2014. 3* (un rendez-vous manqué ?). – SABARD, *Dr. et pr. 2014. 132* (l'action de groupe à la française). – BRUNET, DUPUIS et PAROCHE, *D. 2014. 1600* (l'indemnisation des consommateurs favorisée au détriment de la détection des cartels ?). – ASSELAIN, *RGDA 2014. 368* (assurance et action de groupe). – BRETZNER, *D. avocats 2014. 321* (le rôle de l'avocat dans la mise en œuvre de la loi Hamon : opportunités et limites). – ABID, *RTD com. 2014. 27* (le renouveau de l'arbitrage international dans les litiges de consommation : l'introduction de l'arbitrage collectif en France). – ALBERTINI, *JCP 2014, n° 1196* (les points-clés de l'action de groupe pour les entreprises). – Hors-série, *Banque et Dr. nov. 2014* (l'action de groupe à la française). – CROZE, *Procédures 2014. Étude 17* (action de groupe de droit commun : schéma procédural). – Dossier, *Dr. et patr. 1/2015. 35* (action de groupe : les premiers pas). – COIGNAC, *D. actu. 16 févr. 2015* (action de groupe : quelle stratégie pour les entreprises ?). – HAERI et JAVAUX, *RLDA oct. 2015. 50* (actions de groupe dans le domaine de la consommation : une première année mitigée). – AZAR-BAUD et CARVAL, *D. 2015. 2136* (bilan d'étape et préconisations). – ALEMAN, *RLC oct.-déc. 2015. 89* (introduction de l'action de groupe en outre-mer : un acte manqué ?). – DARY et DU CHASTEL, *ibid. 118* (premier bilan et perspectives). – FAILLET-SBLANDANO, *LPA 26 mai 2016* (les actions de groupe *in futurum*). – JAVAUX, *D. avocats 2016. 122* (les actions de groupe en France : régimes juridiques et perspectives) ; *ibid. 128* (l'avocat et les actions de groupe). – BEDDELEEM, *Administrer août-sept. 2016. 34* (l'immobilier et les actions de groupe). – AZAR-BAUD, *Gaz. Pal. 29 nov. 2016, p. 52* (décomplexer l'action de groupe par l'aménagement du régime de l'aide juridictionnelle et des frais et dépens). – RODRIGUEZ, *RDBF 2017. Étude 2* (contentieux bancaire et action de groupe). – DUPONT et AZAR-BAUD, *CCC 2018. Étude 15* (actions de groupe et actions collectives classiques : concurrence ou complémentarité ? – Étude à partir du droit de la consommation). – AZAR-BAUD, *JCP E 2018, n° 1637* (en attendant un registre d'actions de groupe et autres actions collectives – revue de presse). – Dossier, *JA 2019, n° 591, p. 17* (action de groupe : l'union fait la force). – BERGEROT et DE POUZILHAC, *BRDA 2019, n° 8, p. 27* (bilan et perspectives des actions de groupe pour les entreprises). – MÉTAIS et VALETTE, *JCP E 2019, n° 1251* (approche européenne en matière de recours collectifs pour la protection des intérêts collectifs des consommateurs – une modification législative imminente ?). – HAERI et JAVAUX, *D. avocats 2019. 236* (action de groupe : quatre ans après, un bilan en demi-teinte). – MÉTAIS et VALETTE, *D. avocats 2020. 11* (stratégie contentieuse et action de groupe : un premier bilan).

Articles de doctrine antérieurs : V. Bibl. au **C. consom.**

SECTION I *Champ d'application et qualité pour agir*

Art. L. 623-1 Une association de défense des consommateurs représentative au niveau national et agréée en application de l'article L. 811-1 peut agir devant une juridiction civile afin d'obtenir la réparation des préjudices individuels subis par des consommateurs placés dans une situation similaire ou identique et ayant pour cause commune un manquement d'un ou des mêmes professionnels à leurs obligations légales *(L. n° 2018-1021 du 23 nov. 2018, art. 138-1°)* **« , relevant ou non du présent code, » ou contractuelles :**

1° A l'occasion de la vente de biens ou de la fourniture de services *(L. n° 2018-1021 du 23 nov. 2018, art. 138-2°)* **« ainsi que dans le cadre de la location d'un bien immobilier » ;**

2° Ou lorsque ces préjudices résultent de pratiques anticoncurrentielles au sens du titre II du livre IV du code de commerce ou des articles 101 et 102 du traité sur le fonctionnement de l'Union européenne. – *[C. consom., art. L. 423-1, al. 1er, 2 et 3.]*

L'action exercée sur le fondement du chapitre III du titre II du livre IV [livre VI] du code de la consommation ne peut être introduite pour la réparation des préjudices causés par des manquements au titre II du livre IV du code de commerce ou aux art. 101 et 102 TFUE ayant fait l'objet d'une décision constatant ces manquements qui n'est plus susceptible de recours à la date de publication de la L. n° 2014-344 du 17 mars 2014 (L. préc., art. 2-III ; JO 18 mars).

BIBL. ▸ Bazot, *CCC 2018. Focus 32* (action de groupe à la française, une coquille vide ?). – Mathey, *Banque et Dr. 9-10/2014. 4* (domaine de l'action de groupe). – Muchielli, *D. avocats 2015. 92* (l'ordre parisien lance sa plate-forme dédiée aux actions collectives). – Lapérou-Scheneider, *Dr. soc. 2015. 256* (de la nature répressive de l'action de groupe et de son extension en droit du travail). – Aleman, *JCP E 2015, n° 824* (L. du 14 oct. 2015 : conséquences de l'amendement Lurel sur l'action de groupe) ; *CCC 2016. Étude 4* (fin du monopole des associations nationales : vers une action de groupe démocratique ?).

▸ **Action de groupe « santé » :** Haeri et Javaux, *D. 2015. 584* (l'action de groupe « santé » soulève de nombreuses difficultés) ; *D. 2016. 330* (une procédure complexe à l'efficience incertaine). – NDLR, *BRDA 2016, n° 3, p. 23* (l'action de groupe « santé » pourra bientôt être exercée). – Derycke et Prunier, *JCP E 2016, n° 1346* (action de groupe en santé : la défense sera judiciaire et médiatique). – Nicolas-Vullierme et Pietrini, *CCC 2016. Étude 6* (l'action de groupe en matière de produits de santé : un dispositif voué à l'« asphyxie » ?).

1. Champ d'application. Aucun secteur ou domaine d'activité n'est exclu du champ d'application du dispositif d'action de groupe. Les locataires, en tant que personnes physiques agissant à des fins non professionnelles, sont bien des consommateurs. Rien ne s'oppose à ce que, par l'exercice d'une action de groupe et sous réserve de sa recevabilité, ils puissent ainsi obtenir réparation des préjudices économiques subis du fait des manquements d'un même bailleur professionnel ou d'un même syndic à ses obligations légales ou contractuelles * Rép. min. n° 38849 : *JOAN Q 10 juin 2014, p. 4696 ; BRDA 2014, n° 12, p. 12.* ♦ A l'exception des domaines de la santé et de l'environnement, aucun secteur d'activité n'a été expressément exclu du champ d'application de l'action de groupe. Le législateur a clairement manifesté sa volonté d'inclure le secteur du logement dans le champ d'application du dispositif de l'action de groupe. • TGI Paris, 27 janv. 2016, n° 15/00835 : *D. 2016. 1690, note Javaux*.

2. Champ d'application : bail d'habitation (non). **BIBL.** Bazot, *CCC 2018. Alerte 32* (action de groupe à la française, une coquille vide ?). ♦ Ayant à bon droit retenu que le contrat de location d'un logement, en ce qu'il oblige le bailleur à mettre un immeuble à la disposition du locataire afin qu'il en jouisse pendant un certain temps, sans imposer au premier, à titre principal, l'exécution d'une prestation, ne constitue pas un contrat de fourniture de services, une cour d'appel en déduit exactement que le bail d'habitation régi par la L. n° 89-462 du 6 juill. 1989 n'entrait pas dans le champ d'application de l'action de groupe prévue à l'art. L. 423-1, devenu L. 623-1 C. consom., dans sa rédaction antérieure à celle issue de la L. n° 2018-1021 du 23 nov. 2018, de sorte qu'était irrecevable l'action de groupe engagée par l'association aux fins d'obtenir la réparation de préjudices individuels subis par les locataires et ayant pour cause commune un manquement du bailleur à ses obligations légales ou contractuelles. • Civ. 1re, 19 juin 2019, n° 18-10.424 P : *D. actu. 5 juill. 2019, obs. Danon ; D. 2019. Actu. 1332 ; D. 2019. Actu. 1332 ; RTD civ. 2019. 605, obs. Gautier ; AJDI 2020. 217, obs. Damas ; Gaz. Pal. 10 sept. 2019, p. 35, note Piedelièvre ; Loyers et copr. 2019, n° 140, note Vial-Pedroletti ; CCC 2019, n° 169, obs. Bernheim-Desvaux* (conf. de • Paris, 9 nov. 2017, n° 16/05321 : *D. 2017. Actu. 2368 ; RTD civ. 2018. 149, obs. Gautier ; JA 2017, n° 571, p. 10, obs. Delpech ; JCP 2018. 530, n° 4, obs. Jeuland*). – V. aussi • Civ. 3e, 26 janv. 2017, n° 15-27.580 P : *D. 2017. 388, note Pezzella ; AJDI 2017. 443, obs. Damas ; ibid. 498, note Moreau et Adda ; RTD civ. 2017. 372, obs. Barbier ; JCP 2017, n° 239, note Paisant ; CCC 2017, n° 88, obs. Bernheim-Desvaux ; RJDA 2017, n° 320 ; RDC 2017. 274, obs. Seube.*

3. Modifications issues de la L. n° 2018-1021 du 23 nov. 2018. **BIBL.** Ndlr, *BRDA 2018, n° 24, p. 21.* ♦ Ces modifications permettent de faire entrer le bail d'habitation dans le champ d'application de l'action de groupe.

4. Recevabilité de l'action. Les conditions de recevabilité tiennent à l'existence d'une pluralité de consommateurs, placés dans une situation similaire ou identique, sollicitant réparation de préjudices individuels patrimoniaux résultant d'un dommage matériel, ces préjudices ayant pour cause commune un manquement d'un ou des mêmes professionnels à une obligation légale ou contractuelle à l'occasion de la vente de biens ou de la fourniture de services ou résultant d'une pratique anticoncurrentielle. • TJ Versailles, 4 juin 2020 : *D. actu. 22 juill. 2020, obs. Haeri et Javaux ; BRDA 2020, n° 13, p. 16.*

5. Manquement. L'intention du législateur est de permettre une indemnisation des consommateurs victimes d'un même manquement, quels que soient la nature et le fondement de ce manquement. Ainsi, le « manquement » au sens de l'art. L. 623-1 est plus large que la notion de faute. La garantie des vices cachés sanctionnant l'obligation du vendeur de délivrer au consommateur un produit conforme à sa destination offrant toutes garanties de qualité et de sécurité, ce manquement à cette obligation légale, commis au préjudice d'un groupe de consommateurs, doit pouvoir être sanctionné par la voie d'une action de groupe. • TJ Versailles, 4 juin 2020 : *préc. note 4.*

Art. L. 623-2 L'action de groupe ne peut porter que sur la réparation des préjudices patrimoniaux résultant des dommages matériels subis par les consommateurs. – *[C. consom., art. L. 423-1, al. 4.]*

Art. L. 623-3 L'action de groupe est introduite selon des modalités fixées par décret en Conseil d'État. – *[C. consom., art. L. 423-2.] – V. art. R. 623-1 s.*

SECTION II *Jugement sur la responsabilité*

Art. L. 623-4 Le juge statue sur la responsabilité du professionnel au vu des cas individuels présentés par l'association requérante, définit le groupe des consommateurs à l'égard desquels la responsabilité du professionnel est engagée et en fixe les critères de rattachement. – *[C. consom., art. L. 423-3, al. 1er partiel.]*

Sur la compétence du TGI, V. COJ, art. L. 211-9-2.

BIBL. ▶ G'Sell, *Gaz. Pal. 2014. 2972* (action des associations de consommateurs : à la recherche du groupe perdu).

Art. L. 623-5 Le juge détermine les préjudices susceptibles d'être réparés pour chaque consommateur ou chacune des catégories de consommateurs constituant le groupe qu'il a défini, ainsi que leur montant ou tous les éléments permettant l'évaluation de ces préjudices. – *[C. consom., art. L. 423-3, al. 2, 1re phrase.] – V. art. R. 623-9.*

BIBL. ▶ Mattout, *Banque et Dr. hors-série, nov. 2014. 20* (action de groupe et indemnisation du préjudice).

Art. L. 623-6 Lorsqu'une réparation en nature du préjudice lui paraît plus adaptée, le juge précise les conditions de sa mise en œuvre par le professionnel. – *[C. consom., art. L. 423-3, al. 2, 2e phrase et al. 3.]*

Art. L. 623-7 S'il juge que la responsabilité du professionnel est engagée, le juge ordonne par la même décision les mesures adaptées pour informer de cette décision les consommateurs susceptibles d'appartenir au groupe.

Les mesures de publicité de la décision sont à la charge du professionnel. Elles ne peuvent être mises en œuvre qu'une fois que la décision sur la responsabilité n'est plus susceptible de recours ordinaires ni de pourvoi en cassation. – *[C. consom., art. L. 423-4.] – V. art. R. 623-16.*

Art. L. 623-8 Dans la même décision prononçant la responsabilité du professionnel, le juge fixe le délai dont disposent les consommateurs pour adhérer au groupe afin d'obtenir la réparation de leur préjudice. Ce délai ne peut être inférieur à deux mois ni supérieur à six mois après l'achèvement des mesures de publicité ordonnées par lui.

Il détermine les modalités de cette adhésion et précise si les consommateurs s'adressent directement au professionnel ou par l'intermédiaire de l'association ou de la personne mentionnée à l'article L. 623-13. – *[C. consom., art. L. 423-5, al. 1er et 2.]*

Art. L. 623-9 L'adhésion au groupe vaut mandat aux fins d'indemnisation au profit de l'association requérante.

L'adhésion au groupe ne vaut ni n'implique adhésion à l'association requérante. – *[C. consom., art. L. 423-5, al. 3 et 4.]*

Art. L. 623-10 *(L. nº 2016-1547 du 18 nov. 2016, art. 84-II)* Sous réserve des dispositions législatives relatives au maniement des fonds des professions judiciaires réglementées, toute somme reçue au titre de l'indemnisation des personnes lésées membres du groupe est immédiatement versée sur un compte ouvert auprès de la Caisse des dépôts et consignations. Celui-ci ne peut faire l'objet de mouvements en débit que pour le règlement de l'affaire qui est à l'origine du dépôt. – *[C. consom., art. L. 423-6.] – V. art. R. 623-23.*

Art. L. 623-11 Le juge fixe le délai dans lequel doit intervenir la réparation des préjudices des consommateurs lésés, ainsi que celui ouvert, à cette échéance, pour le saisir des demandes d'indemnisation auxquelles le professionnel n'a pas fait droit. – *[C. consom., art. L. 423-7.]*

Art. L. 623-12 Lorsqu'il statue sur la responsabilité, le juge peut condamner le professionnel au paiement d'une provision à valoir sur les frais non compris dans les dépens exposés par l'association, y compris ceux afférents à la mise en œuvre de l'article L. 623-13.

Il peut ordonner, lorsqu'il la juge nécessaire et compatible avec la nature de l'affaire, la consignation à la Caisse des dépôts et consignations d'une partie des sommes dues par le professionnel. – *[C. consom., art. L. 423-8.]*

Art. L. 623-13 L'association peut s'adjoindre, avec l'autorisation du juge, toute personne appartenant à une profession judiciaire réglementée, dont la liste est fixée par décret en Conseil d'État, pour l'assister, notamment afin qu'elle procède à la réception des demandes d'indemnisation des membres du groupe et plus généralement afin qu'elle représente les consommateurs lésés auprès du professionnel, en vue de leur indemnisation. – *[C. consom., art. L. 423-9.] – V. art. R. 623-5.*

SECTION III *Procédure d'action de groupe simplifiée*

BIBL. GÉN. ▸ MARTINET, *Banque et Dr.* 9-10/2014. 8 (procédure simplifiée : particularités et dangers).

Art. L. 623-14 Lorsque l'identité et le nombre des consommateurs lésés sont connus et lorsque ces consommateurs ont subi un préjudice d'un même montant, d'un montant identique par prestation rendue ou d'un montant identique par référence à une période ou à une durée, le juge, après avoir statué sur la responsabilité du professionnel, peut condamner ce dernier à les indemniser directement et individuellement, dans un délai et selon des modalités qu'il fixe. – *[C. consom., art. L. 423-10, al. 1er.] – V. art. R. 623-11.*

Art. L. 623-15 Préalablement à son exécution par le professionnel et selon des modalités et dans le délai fixés par le juge, la décision mentionnée à l'article L. 623-14, lorsqu'elle n'est plus susceptible de recours ordinaires ni de pourvoi en cassation, fait l'objet de mesures d'information individuelle des consommateurs concernés, aux frais du professionnel, afin de leur permettre d'accepter d'être indemnisés dans les termes de la décision. – *[C. consom., art. L. 423-10, al. 2.] – V. art. R. 623-12.*

Art. L. 623-16 En cas d'inexécution par le professionnel, à l'égard des consommateurs ayant accepté l'indemnisation, de la décision rendue dans le délai fixé, les articles L. 623-19 et L. 623-20 sont applicables et l'acceptation de l'indemnisation dans les termes de la décision vaut mandat aux fins d'indemnisation au profit de l'association. – *[C. consom., art. L. 423-10, al. 3.]*

Art. L. 623-17 Un décret en Conseil d'État fixe les conditions d'application de la présente section. – *[C. consom., art. L. 423-10, al. 4.]*

SECTION IV *Mise en œuvre du jugement, liquidation des préjudices et exécution*

Art. L. 623-18 Le professionnel procède à l'indemnisation individuelle des préjudices subis par chaque consommateur, dans les conditions, limites et délais fixés par le jugement mentionné à l'article L. 623-5. – *[C. consom., art. L. 423-11.]*

Art. L. 623-19 Le juge ayant statué sur la responsabilité tranche les difficultés qui s'élèvent à l'occasion de la mise en œuvre du jugement. – *[C. consom., art. L. 423-12, al. 1er.] – V. art. R. 623-25.*

Art. L. 623-20 L'association requérante représente les consommateurs membres du groupe qui n'ont pas été indemnisés par le professionnel dans les délais fixés, aux fins de l'exécution forcée du jugement statuant sur les demandes d'indemnisation auxquelles les *[le]* professionnel n'a pas fait droit. – *[C. consom., art. L. 423-13.] – V. art. R. 623-28.*

Art. L. 623-21 L'intégralité des frais et des droits proportionnels de recouvrement ou d'encaissement prévus à l'article L. 111-8 du code des procédures civiles d'exécution, pour l'application des sections I, II et IV du présent chapitre, est à la charge du professionnel visé. – *[C. consom., art. L. 423-14.]*

SECTION V *Médiation*

Art. L. 623-22 Seule l'association requérante peut participer à une médiation, dans les conditions fixées au chapitre Ier du titre II de la loi n° 95-125 du 8 février 1995 relative à l'organisation des juridictions et à la procédure civile, pénale et administrative, afin d'obtenir la réparation des préjudices individuels mentionnés à l'article L. 623-1. – *[C. consom., art. L. 423-15.]*

BIBL. ► NEAU-LEDUC, *Banque et Dr. hors-série, nov. 2014. 30* (action de groupe et règlement extrajudiciaire des litiges).

Art. L. 623-23 **Tout accord négocié au nom du groupe est soumis à l'homologation du juge, qui vérifie s'il est conforme aux intérêts de ceux auxquels il a vocation à s'appliquer et lui donne force exécutoire.**

Cet accord précise les mesures de publicité nécessaires pour informer les consommateurs concernés de la possibilité d'y adhérer, ainsi que les délais et modalités de cette adhésion. – *[C. consom., art. L. 423-16.]*

BIBL. ► BROCHIER, *JCP E 2014, n° 1622* (la « transaction de groupe » : les particularités de la transaction dans l'action de groupe).

SECTION VI *Modalités spécifiques à l'action de groupe intervenant dans le domaine de la concurrence*

BIBL. GÉN. ► PIETRINI, *Gaz. Pal. 2013. 2855* (introduction d'une action de groupe en droit de la concurrence). – ARHEL, *JCP E 2014. Actu. 184* (action de groupe et autres dispositions « concurrence » de la loi « consommation »). – MARÉCHAL, *CCC 2014. Dossier 4* (volet « concurrence » de la L. n° 2014-344 du 17 mars 2014). – GIRAUD et GALMICHE, *RLC avr.-juin 2014. 186* (actions de suivi en réparation des dommages de concurrence : quel impact des décisions des autorités de concurrence). – CLAUDEL, *RTD com. 2014. 339* (action de groupe et autres dispositions concurrence de la loi consommation : un dispositif singulier). – UTZSCHNEIDER et MUSSI, *AJCA 2014. 222* (l'action de groupe en droit de la concurrence, une intention louable à la mise en œuvre complexe). – BÉHAR-TOUCHAIS, *Banque et Dr. hors-série, nov. 2014. 34* (action de groupe en droit de la concurrence). – Colloque, *RLC janv.-mars 2015. 168* (les actions indemnitaires des pratiques anticoncurrentielles après la loi sur l'action de groupe et la directive européenne du 26 nov. 2014).

Art. L. 623-24 **Lorsque les manquements reprochés au professionnel portent sur le respect des règles définies au titre II du livre IV du code de commerce ou des articles 101 et 102 du traité sur le fonctionnement de l'Union européenne, la responsabilité du professionnel ne peut être prononcée dans le cadre de l'action mentionnée à l'article L. 623-1 que sur le fondement d'une décision prononcée à l'encontre du professionnel par les autorités ou juridictions nationales ou de l'Union européenne compétentes, qui constate les manquements et qui n'est plus susceptible de recours pour la partie relative à l'établissement des manquements.**

(Abrogé par Ord. n° 2017-303 du 9 mars 2017, art. 9) ***« Dans ces cas, les manquements du professionnel sont réputés établis de manière irréfragable pour l'application des articles L. 623-4 à*** *(L. n° 2017-203 du 21 févr. 2017, art. 13)* ***« L. 623-6 ». »*** – *[C. consom., art. L. 423-17.]*

Art. L. 623-25 **L'action prévue à l'article L. 623-1 ne peut être engagée au-delà d'un délai de cinq ans à compter de la date à laquelle la décision mentionnée à l'article L. 623-24 n'est plus susceptible de recours.** – *[C. consom., art. L. 423-18.]*

Art. L. 623-26 **Par dérogation aux dispositions de l'article L. 623-7, le juge peut ordonner l'exécution provisoire du jugement mentionné à l'article L. 623-4 pour ce qui concerne les seules mesures de publicité, afin de permettre aux consommateurs de se déclarer dans le délai imparti.** – *[C. consom., art. L. 423-19.]*

SECTION VII *Dispositions diverses*

Art. L. 623-27 **L'action mentionnée à l'article L. 623-1 suspend la prescription des actions individuelles en réparation des préjudices résultant des manquements constatés par le jugement prévu aux articles L. 623-4 ou L. 623-14.**

Le délai de prescription recommence à courir, pour une durée qui ne peut être inférieure à six mois, à compter de la date à laquelle, selon le cas, le jugement rendu en application des articles L. 623-4 ou L. 623-14 n'est plus susceptible de recours ordinaire ou de pourvoi en cassation ou de l'homologation prévue à l'article L. 623-23. – *[C. consom., art. L. 423-20.]*

Art. L. 623-28 **Les décisions prévues aux articles L. 623-4 et L. 623-14 ainsi que celle** *[celles]* **résultant de l'application de l'article L. 623-23 ont également autorité de la chose jugée à l'égard de chacun des membres du groupe dont le préjudice a été réparé au terme de la procédure.** – *[C. consom., art. L. 423-21.]*

Art. L. 623-29 L'adhésion au groupe ne fait pas obstacle au droit d'agir selon les voies de droit commun pour obtenir la réparation des préjudices n'entrant pas dans le champ défini par la décision du juge mentionnée à l'article L. 623-4 ou d'un accord homologué en application de l'article L. 623-23. – *[C. consom., art. L. 423-22.]*

Art. L. 623-30 N'est pas recevable l'action prévue à l'article L. 623-1 lorsqu'elle se fonde sur les mêmes faits, les mêmes manquements et la réparation des mêmes préjudices que ceux ayant déjà fait l'objet du jugement prévu à l'article L. 623-4 ou d'un accord homologué en application de l'article L. 623-23. – *[C. consom., art. L. 423-23.]*

Art. L. 623-31 Toute association de défense des consommateurs représentative au niveau national et agréée en application de l'article L. 811-1 peut demander au juge, à compter de sa saisine en application de l'article L. 623-1 et à tout moment, sa substitution dans les droits de l'association requérante, en cas de défaillance de cette dernière. – *[C. consom., art. L. 423-24.] – V. art. R. 623-30.*

Art. L. 623-32 Est réputée non écrite toute clause ayant pour objet ou effet d'interdire à un consommateur de participer à une action de groupe. – *[C. consom., art. L. 423-25.]*

BIBL. ► Clay et Mainguy, *JCP 2015, n° 573* (arbitrage et action de groupe).

CHAPITRE III *Action de groupe*

BIBL. GÉN. ► Legrand, *LPA 13 oct. 2014* (action de groupe : le décret qui lève le voile et jette le trouble...). – Mainguy, *JCP 2014. Actu. 787* (l'entrée en vigueur des procédures d'action de groupe). – Lasserre et Le More, *CCC 2014. Étude 11* (premières observations sur la mise en œuvre de l'action de groupe). – Fricero, *Banque et Dr. hors-série, nov. 2014. 24* (aspects procéduraux de l'action de groupe après le Décr. du 24 sept. 2014). – Choné-Grimaldi et Raschel, *RCA 2014. Étude 9* (le décret relatif à l'action de groupe : entre espoir et inquiétude). – Bosco, *CCC 2014, n° 277* (action de groupe : décret d'application). – Amrani Mekki, *Procédures 2014. Étude 16* (action de groupe, mode d'emploi). – Grandjean et Sicsic, *Gaz. Pal. 2014. 3545* (l'action de groupe en état de marche). – Claret, *Dr. et pr. 2015, Cah. dr. consom., n° 1, p. 4* (décret d'application relatif à l'action de groupe).

SECTION I *Introduction de l'action et règles de procédure*

Art. R. 623-1 L'action de groupe prévue par l'article L. 623-1 est exercée conformément aux dispositions du code de procédure civile, sous réserve des dispositions qui suivent. – *[C. consom., art. R. 423-1.]*

Art. R. 623-2 Le *(Décr. n° 2019-966 du 18 sept. 2019, art. 8, en vigueur le 1er janv. 2020)* « tribunal judiciaire *[ancienne rédaction : tribunal de grande instance]* » territorialement compétent est celui du lieu où demeure le défendeur.

Le *(Décr. n° 2019-966 du 18 sept. 2019, art. 8, en vigueur le 1er janv. 2020)* « tribunal judiciaire *[ancienne rédaction : tribunal de grande instance]* » de Paris est compétent lorsque le défendeur demeure à l'étranger ou n'a ni domicile ni résidence connus. – *[C. consom., art. R. 423-2.]*

Art. R. 623-3 Outre les mentions prescrites aux articles 56 et 752 du code de procédure civile, l'assignation expose expressément, à peine de nullité, les cas individuels présentés par l'association au soutien de son action.

Copie de l'arrêté d'agrément pris en application des dispositions de l'article R. 811-2 est jointe à l'assignation. – *[C. consom., art. R. 423-3.]*

BIBL. ► Laporte, *Procédures 2014. Formule 11* (assignation en matière d'action de groupe).

Juge de la mise en état. Compétence. S'il revient au juge de la mise en état de vérifier que l'assignation délivrée sur le fondement de l'art. L. 423-1 C. consom., dans sa rédaction antérieure à celle issue de la l. n° 2015-1268 du 14 oct. 2015, expose expressément des cas individuels au sens de l'art. R. 423-3 C. consom., devenu R. 623-3 du même code, il ne lui appartient pas d'en apprécier la pertinence. Il s'ensuit que la cour d'appel a exactement retenu que l'absence éventuelle de représentativité des cas individuels exposés dans l'assignation arguée de nullité, de même que la diversité des conditions générales des contrats d'assurance applicables à ceux-ci, constituent des moyens sur lesquels le juge de la mise en état ne peut se prononcer. • Civ. 1re, 27 juin 2018, n° 17-10.891 P : *D. actu. 16 juill. 2018, obs. Kebir ; D. 2018. Actu. 1380 ; LPA 23-24 août 2018, p. 9, note Legrand ; Gaz. Pal. 11 sept. 2018, p. 38, note Piedelièvre ; CCC 2018, n° 163, note Bernheim-*

Desvaux ; RLDC 10/2018. 12, obs. Dorange ; Dr. et Depincé et Mainguy. pr. 2018. 177, note Fricero ; JCP E 2018. 1475, note

Art. R. 623-4 La demande est formée, instruite et jugée selon les règles applicables à la *(Décr. n° 2019-1333 du 11 déc. 2019, art. 17-1°, en vigueur le 1er janv. 2020)* « procédure écrite ordinaire » devant le *(Décr. n° 2019-966 du 18 sept. 2019, art. 8, en vigueur le 1er janv. 2020)* « tribunal judiciaire *[ancienne rédaction : tribunal de grande instance]* ».

L'appel est jugé selon la procédure prévue à l'article 905 du code de procédure civile. – *[C. consom., art. R. 423-4.]*

L'art. 17 du Décr. n° 2019-1333 du 11 déc. 2019 est applicable aux instances en cours au 1er janv. 2020 (Décr. préc., art. 55-I).

Art. R. 623-5 Les professions judiciaires réglementées auxquelles appartient la personne que les associations peuvent s'adjoindre conformément à l'article L. 623-13 sont les avocats et les huissiers de justice. – *[C. consom., art. R. 423-5.]*

SECTION II *Jugement sur la responsabilité*

Art. R. 623-6 Le juge constate que les conditions de recevabilité mentionnées à l'article L. 623-1 sont réunies. – *[C. consom., art. L. 423-3, al. 1er – recevabilité.]*

Art. R. 623-7 Le jugement qui retient la responsabilité du ou des professionnels concernés fixe le délai dans lequel les mesures de publicité doivent être mises en œuvre par le ou les professionnels concernés et à l'expiration duquel elles le seront par la ou les associations aux frais de ce ou ces professionnels. – *[C. consom., art. R. 423-6.]*

Art. R. 623-8 Ce jugement renvoie l'affaire à la mise en état pour la suite de la procédure. Il indique la date de l'audience à laquelle seront examinées, en application de l'article R. 623-10, les demandes d'indemnisation auxquelles le professionnel n'aura pas fait droit. – *[C. consom., art. R. 423-7.]*

Art. R. 623-9 Pour l'application des dispositions de l'article L. 623-5, le juge peut, à tout moment de la procédure, ordonner toute mesure d'instruction légalement admissible nécessaire à la conservation des preuves et de production de pièces, y compris celles détenues par le professionnel. – *[C. consom., art. L. 423-3, al. 3.]*

Art. R. 623-10 Le juge statue par un même jugement sur toutes les demandes d'indemnisation auxquelles le professionnel n'a pas fait droit. – *[C. consom., art. L. 423-12, al. 2.]*

SECTION III *Procédure d'action de groupe simplifiée*

Art. R. 623-11 Le jugement prévu à l'article L. 623-14, après avoir déterminé les critères d'identification des membres du groupe, précise le délai et les modalités d'information, d'acceptation et d'indemnisation des consommateurs concernés. – *[C. consom., art. R. 423-8.]*

Art. R. 623-12 Les mesures d'information individuelle des consommateurs mentionnées à l'article L. 623-15 auxquelles le professionnel doit procéder doivent comporter, outre les mentions éventuellement prescrites par le jugement :

1° La reproduction du dispositif de la décision ;

2° Les coordonnées du professionnel auprès duquel chaque consommateur peut accepter l'indemnisation et de l'association qui doit en être informée ;

3° La forme, le contenu et le délai de l'acceptation de l'indemnisation dans les termes du jugement ainsi que l'indication que celle-ci vaut mandat aux fins d'indemnisation au profit de l'association auprès de laquelle le consommateur a manifesté son acceptation ou qu'il a informée de celle-ci ou, en cas de défaillance, au profit de l'association qui lui aura été substituée ;

4° L'indication que le consommateur qui a accepté l'indemnisation dans les termes du jugement ne pourra plus agir individuellement à l'encontre du professionnel concerné en réparation du préjudice indemnisé dans le cadre de l'action de groupe mais qu'il pourra toujours agir en indemnisation de ses autres préjudices ;

5° L'indication qu'à défaut d'acceptation selon les modalités et délai requis le consommateur ne sera plus recevable à obtenir une indemnisation dans le cadre de l'action de groupe. – *[C. consom., art. R. 423-9.]*

Art. R. 623-13 L'acceptation du consommateur est adressée, par tout moyen permettant d'en accuser la réception, auprès du professionnel et de l'association requérante ou, en cas de pluralité, de l'une d'elles, selon le délai et les modalités déterminées par le juge.

Elle contient les nom, prénoms, domicile du consommateur ainsi que, le cas échéant, une adresse électronique à laquelle les informations relatives à la procédure peuvent lui être envoyées.

Elle mentionne expressément le montant de l'indemnisation acceptée, eu égard aux termes du jugement. – *[C. consom., art. R. 423-10.]*

Art. R. 623-14 Les consommateurs membres du groupe qui n'ont pas exprimé leur acceptation dans le délai et selon les modalités fixés par le juge en application des dispositions de l'article L. 623-15 et dans les conditions prévues par l'article R. 623-13 ne sont plus recevables à demander leur indemnisation dans le cadre de l'action de groupe et ne sont pas représentés par l'association requérante. – *[C. consom., art. R. 423-11.]*

Art. R. 623-15 Les dispositions des articles R. 623-20 à R. 623-22 sont applicables à la présente section. – *[C. consom., art. R. 423-12.]*

SECTION IV ***Mise en œuvre du jugement, réparation des préjudices et exécution forcée***

§ 1er *Mesures d'information des consommateurs*

Art. R. 623-16 Les mesures d'information ordonnées en application des dispositions de l'article L. 623-7 comportent, outre les mentions éventuellement prescrites par le jugement :

1° La reproduction du dispositif de la décision ;

2° Les coordonnées de la personne auprès de laquelle chaque consommateur manifeste son adhésion au groupe et éventuellement de l'association qui doit en être informée ;

3° La forme, le contenu et le délai de cette adhésion ainsi que l'indication que celle-ci vaut mandat aux fins d'indemnisation au profit de l'association requérante auprès de laquelle le consommateur a manifesté son adhésion au groupe ou qu'il a informée de son adhésion, ou, en cas de défaillance de celle-ci, au profit de celle qui lui aura été substituée ;

4° L'indication que, à défaut d'adhésion reçue selon les modalités et dans le délai prévus par le jugement, le consommateur défaillant ne sera plus recevable à obtenir une indemnisation dans le cadre de l'action de groupe ;

5° L'indication que le consommateur ne pourra plus agir individuellement à l'encontre du professionnel concerné en réparation du préjudice déjà indemnisé dans le cadre de l'action de groupe mais qu'il pourra toujours agir en indemnisation de ses autres préjudices ;

6° L'indication que les consommateurs doivent produire tout document utile au soutien de leur demande. – *[C. consom., art. R. 423-13.]*

§ 2 *Adhésion au groupe*

Art. R. 623-17 L'adhésion au groupe est faite par tout moyen permettant d'en accuser la réception, selon les modalités déterminées par le juge.

Elle contient notamment les nom, prénoms, domicile du consommateur ainsi que, le cas échéant, une adresse électronique à laquelle celui-ci accepte de recevoir les informations relatives à la procédure.

Elle précise le montant demandé en réparation du préjudice invoqué, eu égard aux dispositions du jugement sur la responsabilité. – *[C. consom., art. R. 423-14.]*

Art. R. 623-18 En cas de pluralité d'associations requérantes, le consommateur manifeste son adhésion auprès de l'association de son choix ou l'en informe en cas d'adhésion auprès du professionnel. L'association concernée reçoit ainsi mandat aux fins d'indemnisation.

Lorsque l'adhésion est faite auprès du professionnel, le consommateur en informe l'association requérante ou, en cas de pluralité d'associations, celle qu'il a choisie en application du premier alinéa. – *[C. consom., art. R. 423-15.]*

Art. R. 623-19 Les consommateurs susceptibles d'appartenir au groupe, mais qui n'y ont pas adhéré dans le délai fixé par le juge en application de l'article L. 623-8 et dans les conditions prévues par l'article R. 623-17, ne sont plus recevables à demander leur indemnisation dans le cadre de l'action de groupe et ne sont pas représentés par l'association requérante. – *[C. consom., art. R. 423-16.]*

Art. R. 623-20 Le mandat aux fins d'indemnisation donné à l'association par l'effet de l'adhésion du consommateur au groupe vaut pouvoir d'accomplir au nom de celui-ci tous actes de procédure et diligences en vue d'obtenir la réparation du préjudice individuel subi par lui et entrant dans le champ de l'action de groupe introduite par cette association, notamment pour l'exercice des voies de recours.

Il emporte avance par l'association de toutes les dépenses et frais liés à la procédure et représentation des consommateurs lors du déroulement d'éventuelles mesures d'instruction. – *[C. consom., art. R. 423-17, al. 1er et 2.]*

Art. R. 623-21 Le consommateur peut mettre un terme au mandat à tout moment. Il doit en informer l'association par tout moyen permettant d'en accuser la réception et celle-ci en avise le professionnel sans délais. La révocation du mandat emporte renonciation à l'adhésion au groupe. – *[C. consom., art. R. 423-17, al. 3.]*

Art. R. 623-22 Le consommateur qui n'a pas été indemnisé par le professionnel, et qui n'a pas fourni les documents utiles au soutien de sa demande avant l'expiration du délai fixé par le juge pour le saisir des demandes d'indemnisation auxquelles le professionnel n'a pas fait droit, est réputé renoncer à son adhésion. – *[C. consom., art. R. 423-17, al. 4.]*

§ 3 *Réparation des préjudices et règlement des différends*

Art. R. 623-23 Chaque association ouvre auprès de la Caisse des dépôts et consignations un compte spécifique au groupe des consommateurs défini par le juge en application de l'article L. 623-4.

Toute somme reçue au titre de l'article L. 623-10 est immédiatement déposée par l'association qui agit sur le fondement de l'article L. 623-1 sur le compte mentionné au premier alinéa.

L'association titulaire est seule habilitée, sous sa responsabilité, à procéder aux mouvements sur chaque compte et à le clôturer. – *[C. consom., art. R. 423-18, al. 1er, 2 et 3.]*

Art. R. 623-24 La tenue des comptes ouverts en application de l'article R. 623-23 peut donner lieu à des frais de gestion perçus par la Caisse des dépôts et consignations. – *[C. consom., art. R. 423-18, al. 4.]*

Art. R. 623-25 Les difficultés qui s'élèvent au cours de la mise en œuvre du jugement sur la responsabilité sont, en application de l'article L. 623-19, soumises au juge de la mise en état avant l'expiration du délai fixé pour l'indemnisation des consommateurs. Ce délai est suspendu jusqu'à la décision du juge de la mise en état.

L'ordonnance du juge de la mise en état n'est pas susceptible d'appel. – *[C. consom., art. R. 423-19.]*

§ 4 *Liquidation judiciaire et réparation forcée des préjudices*

Art. R. 623-26 Les demandes d'indemnisation auxquelles le professionnel n'a pas fait droit sont portées devant le *(Décr. no 2019-966 du 18 sept. 2019, art. 8, en vigueur le 1er janv. 2020)* « tribunal judiciaire *[ancienne rédaction : tribunal de grande instance]* », en vue de l'audience fixée en application des dispositions de l'article R. 623-8, dans les formes prévues pour les demandes incidentes et dans le délai fixé par le juge pour le saisir, conformément à l'article L. 623-11. – *[C. consom., art. R. 423-20, al. 1er.]*

Art. R. 623-27 S'il n'a été saisi d'aucune demande d'indemnisation dans le délai fixé en application de l'article L. 623-11, le juge constate l'extinction de l'instance. – *[C. consom., art. R. 423-20, al. 2.]*

Art. R. 623-28 L'association représentant les consommateurs en application des dispositions de l'article L. 623-20 est réputée créancière au sens des articles L. 111-1 et L. 111-2 du code des procédures civiles d'exécution pour l'exécution forcée du jugement rendu sur le fondement des dispositions de l'article R. 623-10. – *[C. consom., art. R. 423-21.]*

Art. R. 623-29 Dans tous les actes relatifs à la liquidation judiciaire des préjudices et à l'exécution forcée du jugement, l'association précise, outre les mentions prévues par la loi, à peine de nullité, l'identité des consommateurs pour le compte de qui elle agit. – *[C. consom., art. R. 423-22.]*

SECTION V *Substitution*

Art. R. 623-30 La demande d'une association de défense des consommateurs agréée tendant à ce que celle-ci soit substituée dans les droits de l'association requérante en application des dispositions de l'article L. 623-31 est faite par voie de demande incidente. – *[C. consom., art. R. 423-23, al. 1er.]*

Art. R. 623-31 Le juge statue, à la demande de l'association qui l'en saisit, sur le transfert de tout ou partie de la provision qui aura pu être allouée en application des dispositions de l'article L. 623-12. – *[C. consom., art. R. 423-23, al. 2.]*

Art. R. 623-32 La décision qui rejette la demande de substitution n'est pas susceptible de recours. – *[C. consom., art. R. 423-23, al. 3.]*

Art. R. 623-33 La substitution emporte transfert du mandat donné par les consommateurs à l'association substituée.

L'association défaillante remet les pièces ainsi que les fonds détenus, le cas échéant pour le compte de consommateurs, à l'association qui lui est substituée qui en accuse réception. Tant que cette remise n'a pas lieu, l'association défaillante n'est pas déchargée de ses obligations. – *[C. consom., art. R. 423-23, al. 4 et 5.]*

Circulaire JUSC1421594C du 26 septembre 2014,

De présentation des dispositions de la loi nº 2014-344 du 17 mars 2014 relative à la consommation et du décret nº 2014-1081 du 24 septembre 2014 relatif à l'action de groupe en matière de consommation.

Santé

Code de la santé publique

CHAPITRE III *Action de groupe*

(L. nº 2016-41 du 26 janv. 2016, art. 184-I)

L'art. 184 de la L. nº 2016-41 du 26 janv. 2016, entre en vigueur à la date fixée par les dispositions réglementaires prises pour son application, et au plus tard le 1er juill. 2016. (L. préc., art. 184-II).

BIBL. ▸ **L. du 26 janv. 2016 :** Amrani Mekki, *JCP 2016. 146* (action de groupe santé : un nouveau modèle pour de nouveaux préjudices). – Bloch, *RCA 2016. Focus. 7.* – Dericke et Caron, *JCP 2017. 227* (démêler le vrai du ... plus contestable). Haeri et Javaux, *D. 2016. 330* (l'action de groupe en matière de produits de santé : une procédure complexe à l'efficience incertaine). – Laude, *D. 2017. 412* (l'action de groupe en santé, à l'épreuve de sa complexification). – Ranouil, *JCP 2017. 747* (action de groupe, assurance et fonds d'indemnisation).

▸ **Décr. du 26 sept. 2016 :** Derycke et Caron, *JCP 2017. 227* (action de groupe en santé. – Démêler le vrai du... plus contestable). Javaux, *JCP 2016. 1033* (action de groupe en matière de santé : un décret source d'insécurité juridique).

SECTION I *Principes, champ d'application et qualité pour agir* *(L. nº 2016-1547 du 18 nov. 2016, art. 90-I-1º-a).*

(L. nº 2016-41 du 26 janv. 2016, art. 184-I)

Art. L. 1143-1 *(L. nº 2016-1547 du 18 nov. 2016, art. 90-I-1º-c)* **Sous réserve du présent chapitre, le chapitre Ier du titre V de la loi nº 2016-1547 du 18 novembre 2016 de modernisation de la justice du XXIe siècle et le chapitre X du titre VII du livre VII du code de justice administrative s'appliquent à l'action ouverte sur le fondement du présent chapitre.** – *V. L. nº 2016-1547 du 18 nov. 2016, art. 60 à 83, App., vº Action en justice. – V.* ***CJA****, art. L. 77-10-1 à L. 77-10-25.*

Art. L. 1143-2 **Une association d'usagers du système de santé agréée en application de l'article L. 1114-1 peut agir en justice afin d'obtenir la réparation des préjudices individuels subis par des usagers du système de santé placés dans une situation similaire ou identique et ayant pour cause commune un manquement d'un producteur ou d'un fournisseur de l'un des produits mentionnés au II de l'article L. 5311-1 ou d'un prestataire utilisant l'un de ces produits à leurs obligations légales ou contractuelles.**

L'action n'est pas ouverte aux associations ayant pour activité annexe la commercialisation de l'un des produits mentionnés au même II.

L'action ne peut porter que sur la réparation des préjudices résultant de dommages corporels subis par des usagers du système de santé.

(L. nº 2016-1547 du 18 nov. 2016, art. 90-I-1º-b) **« L'engagement de l'action n'est soumis ni à l'article 64 de la loi nº 2016-1547 du 18 novembre 2016 de modernisation de la justice du XXIe siècle ni à l'article L. 77-10-5 du code de justice administrative. »**

Anc. art. L. 1143-1 (L. nº 2016-1547 du 18 nov. 2016, art. 90-I-1º-b).

Constitutionnalité. Si le législateur, abrogeant ou modifiant des textes antérieurs, ne saurait sans motif d'intérêt général suffisant porter atteinte aux situations légalement acquises, les dispositions des art. L. 1143-1 s. sont relatives à la procédure par laquelle la responsabilité d'un professionnel à l'égard des usagers du système de santé peut être judiciairement constatée ; elles ne modifient pas les règles de fond qui définissent les conditions de cette responsabilité, et n'ont donc pas de caractère rétroactif. • Cons. const. 21 janv. 2016, n° 2016-727.

SECTION II *Jugement sur la responsabilité*

(L. n° 2016-41 du 26 janv. 2016, art. 184-I)

Art. L. 1143-3 Dans la même décision, le juge constate que les conditions mentionnées à l'article *(L. n° 2016-1547 du 18 nov. 2016, art. 90-I-2°-b)* « L. 1143-2 » sont réunies et statue sur la responsabilité du défendeur au vu des cas individuels présentés par l'association requérante. Il définit le groupe des usagers du système de santé à l'égard desquels la responsabilité du défendeur est engagée et fixe les critères de rattachement au groupe.

Le juge détermine les dommages corporels susceptibles d'être réparés pour les usagers constituant le groupe qu'il définit.

Le juge saisi de la demande peut ordonner toute mesure d'instruction, y compris une expertise médicale.

Anc. art. L. 1143-2 (L. n° 2016-1547 du 18 nov. 2016, art. 90-I-2°-b).

Ancien art. L. 1143-3 *(Abrogé par L. n° 2016-1547 du 18 nov. 2016, art. 90-I-2°-a) Le juge qui reconnaît la responsabilité du défendeur ordonne, à la charge de ce dernier, les mesures de publicité adaptées pour informer de cette décision les personnes susceptibles d'avoir subi un dommage du fait du manquement constaté.*

Ces mesures ne peuvent être mises en œuvre qu'une fois que la décision mentionnée à l'article L. 1143-2 ne peut plus faire l'objet de recours ordinaires ni de pourvoi en cassation.

Art. L. 1143-4 Dans la décision mentionnée au premier alinéa de l'article *(L. n° 2016-1547 du 18 nov. 2016, art. 90-I-2°-c)* « L. 1143-3 », le juge fixe le délai dont disposent les usagers du système de santé remplissant les critères de rattachement et souhaitant se prévaloir du jugement prévu à l'article *(L. n° 2016-1547 du 18 nov. 2016, art. 90-I-2°-c)* « L. 1143-3 » pour adhérer au groupe afin d'obtenir la réparation de leurs préjudices. Ce délai, qui ne peut être inférieur à six mois ni supérieur à cinq ans, commence à courir à compter de l'achèvement des mesures de publicité ordonnées.

Au choix de l'usager, la demande de réparation est adressée à la personne reconnue responsable soit directement par lui, soit par l'association requérante, qui reçoit ainsi mandat aux fins d'indemnisation.

(Abrogé par L. n° 2016-1547 du 18 nov. 2016, art. 90-I-2°-c) « Le mandat donné à l'association requérante ne vaut ni n'implique adhésion à cette association. »

L'usager donnant mandat à l'association lui indique, le cas échéant, sa qualité d'assuré social ainsi que les organismes de sécurité sociale auxquels il est affilié pour les divers risques. Il lui indique également les prestations reçues ou à recevoir de ces organismes et des autres tiers payeurs du chef du dommage qu'il a subi, afin que ceux-ci puissent faire valoir leurs créances contre le responsable. L'association informe du mandat reçu les organismes de sécurité sociale et les tiers payeurs concernés.

Art. L. 1143-5 Lorsqu'il statue sur la responsabilité, le juge peut condamner le défendeur au paiement d'une provision à valoir sur les frais non compris dans les dépens exposés par l'association, y compris ceux afférents à la mise en œuvre de l'article *(L. n° 2016-1547 du 18 nov. 2016, art. 90-I-2°-d)* « L. 1143-12 ».

Il peut ordonner, lorsqu'il la juge nécessaire et compatible avec la nature de l'affaire, la consignation à la Caisse des dépôts et consignations d'une partie des sommes dues par le défendeur.

SECTION III *Médiation*

(L. n° 2016-41 du 26 janv. 2016, art. 184-I)

Art. L. 1143-6 Le juge saisi de l'action mentionnée à l'article *(L. n° 2016-1547 du 18 nov. 2016, art. 90-I-3°)* « L. 1143-2 » peut, avec l'accord des parties, donner mission à un médiateur, dans les conditions fixées à la section 1 du chapitre Ier du titre II de la loi n° 95-125 du 8 février 1995 relative à l'organisation des juridictions et à la procédure civile, pénale et administrative, de proposer aux parties une convention réglant les conditions de l'indemnisation amiable des dommages qui font l'objet de l'action.

Le juge fixe la durée de la mission du médiateur dans la limite de trois mois. Il peut la prolonger une fois, dans la même limite, à la demande du médiateur.

Art. L. 1143-7 Le médiateur est choisi par le juge sur une liste établie par arrêté du ministre chargé de la santé. Le juge peut décider que le médiateur est assisté d'une commission de médiation composée, sous la présidence du médiateur, dans des conditions déterminées par le décret prévu à l'article L. 1144-1.

Le médiateur et les membres de la commission sont tenus au secret professionnel concernant les documents et informations reçus et les discussions tenues dans le cadre des travaux de la commission, dans les conditions et sous les peines prévues aux articles 226-13 et 226-14 du code pénal.

Art. L. 1143-8 Qu'elle comporte ou non la détermination des responsabilités, la convention d'indemnisation amiable fixe les conditions dans lesquelles les personnes mises en cause assurent aux personnes ayant subi un dommage corporel en raison d'un ou de plusieurs faits qu'elle identifie la réparation de leur préjudice.

Elle précise notamment :

1° Si les éléments à la disposition des parties et la nature des préjudices le permettent, le type de dommages corporels susceptibles de résulter du ou des faits mentionnés au premier alinéa ;

2° Les modalités d'expertise individuelle contradictoire ;

3° Les conditions dans lesquelles la charge des expertises mentionnées au 2° est supportée par les personnes mises en cause ;

4° Les conditions dans lesquelles les offres transactionnelles individuelles sont présentées aux personnes intéressées ainsi qu'aux tiers payeurs ayant supporté des frais du fait des dommages subis par ces personnes ;

5° Le délai dans lequel doivent intervenir les demandes de réparation pour bénéficier des conditions qu'elle prévoit ;

6° Les modalités de suivi du dispositif ;

7° Les mesures de publicité mises en œuvre par les personnes mises en cause pour informer les usagers du système de santé concernés de l'existence de la convention, de la possibilité de demander réparation aux conditions qu'elle fixe ainsi que du délai et des modalités applicables.

Art. L. 1143-9 La convention d'indemnisation amiable est proposée aux parties par le médiateur.

Elle doit être acceptée par l'association requérante et l'une au moins des personnes mises en cause dans l'action engagée en application de l'article *(L. n° 2016-1547 du 18 nov. 2016, art. 90-I-3°)* « L. 1143-2 » et être homologuée par le juge saisi de cette action.

Art. L. 1143-10 L'homologation met fin à l'action entre les parties signataires de la convention.

Les décisions prises par le juge en application des articles L. 1143-6 et L. 1143-7 ne sont pas susceptibles de recours.

SECTION IV *Mise en œuvre du jugement et réparation individuelle des préjudices*

(L. n° 2016-1547 du 18 nov. 2016, art. 90-I ; L. n° 2016-41 du 26 janv. 2016, art. 184-I)

Art. L. 1143-11 La mise en œuvre du jugement mentionné à l'article L. 1143-2 et la réparation des préjudices s'exercent dans le cadre de la procédure individuelle prévue aux articles 69 à 71 de la loi n° 2016-1547 du 18 novembre 2016 de modernisation de la justice du XXIe siècle et aux articles L. 77-10-10 à L. 77-10-12 du code de justice administrative.

Art. L. 1143-12 L'association peut s'adjoindre, avec l'autorisation du juge, toute personne appartenant à une profession judiciaire réglementée, dont la liste est fixée par décret en Conseil d'État, pour l'assister. – *Anc. art. L. 1143-14 (L. n° 2016-1547 du 18 nov. 2016, art. 90-I-4°-c).*

Ancien art. L. 1143-12 *(Abrogé par L. n° 2016-1547 du 18 nov. 2016, art. 90-I-4°-b) **Les usagers dont la demande n'a pas été satisfaite en application de l'article L. 1143-11 par les personnes déclarées responsables peuvent demander au juge ayant statué sur la responsabilité la réparation de leur préjudice dans les conditions et limites fixées par le jugement rendu en appli-***

cation des articles L. 1143-2 et L. 1143-4.

Art. L. 1143-13 Le règlement amiable qui intervient entre le responsable et le demandeur ou ses ayants droit, y compris en application de la convention mentionnée à l'article L. 1143-9 du présent code, et le jugement statuant sur les droits à indemnisation du demandeur ou de ses ayants droit sont soumis, selon le cas, au chapitre VI du titre VII du livre III du code de la sécurité sociale, au chapitre IV du titre V du livre IV du même code, à l'article L. 752-23 du code rural et de la pêche maritime, à l'ordonnance n° 59-76 du 7 janvier 1959 relative aux actions en réparation civile de l'État et de certaines autres personnes publiques ou au chapitre II et à l'article 44 de la loi n° 85-677 du 5 juillet 1985 tendant à l'amélioration de la situation des victimes d'accidents de la circulation et à l'accélération des procédures d'indemnisation. – *Anc. art. L. 1143-15 (L. n° 2016-1547 du 18 nov. 2016, art. 90-I-4°-c).*

Ancien art. L. 1143-13 *(Abrogé par L. n° 2016-1547 du 18 nov. 2016, art. 90-I-4°-b) Le mandat aux fins d'indemnisation donné à l'association dans les conditions définies à l'article L. 1143-4 vaut également mandat aux fins de représentation pour l'exercice de l'action en justice mentionnée à l'article L. 1143-12 et, le cas échéant, pour l'exécution forcée du jugement prononcé à l'issue.*

SECTION V *[ABROGÉE]* ***Dispositions diverses***

(Abrogée par L. n° 2016-1547 du 18 nov. 2016, art. 90-I-5°) (L. n° 2016-41 du 26 janv. 2016, art. 184-I)

Art. L. 1143-16 *L'action mentionnée à l'article L. 1143-1 suspend la prescription des actions individuelles en réparation des préjudices résultant des manquements constatés par le jugement prévu à l'article L. 1143-2 ou des faits retenus dans la convention homologuée en application de l'article L. 1143-9.*

Le délai de prescription recommence à courir, pour une durée qui ne peut être inférieure à six mois, à compter de la date à laquelle ce jugement n'est plus susceptible de recours ordinaire ou de pourvoi en cassation ou à compter de la date de l'homologation de la convention.

Art. L. 1143-17 *La décision prévue à l'article L. 1143-2 a autorité de la chose jugée à l'égard de chacun des membres du groupe dont le préjudice a été réparé au terme de la procédure mentionnée aux articles L. 1143-11 et L. 1143-12.*

Art. L. 1143-18 *N'est pas recevable l'action prévue à l'article L. 1143-1 lorsqu'elle se fonde sur les mêmes faits, les mêmes manquements et la réparation des mêmes préjudices que ceux ayant déjà fait l'objet du jugement prévu à l'article L. 1143-2 ou d'une convention homologuée en application de l'article L. 1143-9.*

L'adhésion au groupe ne fait pas obstacle au droit d'agir selon les voies de droit commun pour obtenir la réparation des dommages n'entrant pas dans le champ défini par la décision du juge mentionnée à l'article L. 1143-2 ou par une convention homologuée en application de l'article L. 1143-9.

Art. L. 1143-19 *Toute association d'usagers du système de santé agréée en application de l'article L. 1114-1 peut demander au juge, à compter de sa saisine en application de l'article L. 1143-1 et à tout moment au cours de l'accomplissement des missions mentionnées à l'article L. 1143-13, sa substitution dans les droits de l'association requérante en cas de défaillance de cette dernière.*

Art. L. 1143-20 *Les actions prévues aux articles L. 1143-1 et L. 1143-12 peuvent être exercées directement contre l'assureur garantissant la responsabilité civile du responsable, en application de l'article L. 124-3 du code des assurances.*

Art. L. 1143-21 *Est réputée non écrite toute clause ayant pour objet ou effet d'interdire à une personne de participer à une action de groupe.*

SECTION VI *[ABROGÉE]* ***Dispositions relatives à l'outre-mer***

(Abrogée par L. n° 2016-1547 du 18 nov. 2016, art. 90-I-5°) (L. n° 2016-41 du 26 janv. 2016, art. 184-I)

Art. L. 1143-22 *Le présent chapitre est applicable dans les îles Wallis-et-Futuna.*

....

CHAPITRE III *Action de groupe*

(Décr. n° 2016-1249 du 26 sept. 2016, art. 1er-2°)

SECTION I *Dispositions préliminaires*

Art. R. 1143-1 **L'action de groupe prévue par l'article L. 1143-1 est introduite et régie selon les règles prévues par le code de procédure civile ou le code de justice administrative, selon l'ordre de juridiction compétent, sous réserve des dispositions du présent chapitre.** – *V. CSP, art. L. 1143-1, App., v° Action en justice.*

Code de la santé publique

Art. R. 1526-1 *(Décr. n° 2016-1249 du 26 sept. 2016, art. 2)* Les dispositions du chapitre III du titre IV du livre Ier de la présente partie sont applicables dans les territoires des îles Wallis-et-Futuna *(Décr. n° 2017-888 du 6 mai 2017, art. 9-III)* « dans sa *[leur]* rédaction résultant du décret n° 2017-888 du 6 mai 2017 relatif à l'action de groupe et à l'action en reconnaissance de droits prévues aux titres V et VI de la loi n° 2016-1547 du 18 novembre 2016 de modernisation de la justice du XXIe siècle ».

Art. R. 1143-2 **Les professions judiciaires réglementées auxquelles appartient la personne que les associations peuvent s'adjoindre conformément à l'article L. 1143-14 sont :**
– les avocats ;
– les huissiers de justice. – *Anc. art. R. 1143-3 (Décr. n° 2017-888 du 6 mai 2017, art. 7-2°).*

Le Décr. n° 2017-888 du 6 mai 2017 est applicable dans les îles Wallis-et-Futuna (Décr. préc., art. 9-I).

Ancien art. R. 1143-2 *(Abrogé par Décr. n° 2017-888 du 6 mai 2017, art. 7-1°)* ***La demande de réparation expose expressément, à peine de nullité, les cas individuels présentés par l'association au soutien de son action.***

Le Décr. n° 2017-888 du 6 mai 2017 est applicable dans les îles Wallis-et-Futuna (Décr. préc., art. 9-I).

SECTION II *[ABROGÉE]* *Jugement sur la responsabilité*

(Abrogée par Décr. n° 2017-888 du 6 mai 2017, art. 1er-3°)

Le Décr. n° 2017-888 du 6 mai 2017 est applicable dans les îles Wallis-et-Futuna (Décr. préc., art. 9-I).

BIBL. ▸ **Décr. du 6 mai 2017 :** BLÉRY, *D. actu. 19 mai 2017.*

Art. R. 1143-4 ***La décision mentionnée au premier alinéa de l'article L. 1143-2 fixe le délai dans lequel les mesures de publicité prévues à l'article L. 1143-3 doivent être mises en œuvre.*** – *V. CSP, art. L. 1143-2 et L. 1143-3, App., v° Action en justice.*

Art. R. 1143-5 ***Les mesures d'information ordonnées en application de l'article L. 1143-3 comportent, outre les mentions éventuellement prescrites par le jugement :*** – *V. CSP, art. L. 1143-3, App., v° Action en justice.*

1° La reproduction du dispositif de la décision ;

2° Les coordonnées des personnes auprès desquelles l'usager peut adresser sa demande de réparation ;

3° La forme, le contenu de cette demande, ainsi que le délai dans lequel elle doit être adressée au choix de l'usager soit directement par lui, soit par l'association requérante ;

4° L'indication que, à défaut de demande de réparation reçue selon les modalités et dans le délai mentionné à l'article L. 1143-4, l'usager ne sera plus recevable à obtenir une indemnisation dans le cadre de l'action de groupe mais qu'il pourra toujours agir en indemnisation de ses préjudices à titre individuel ;

5° L'indication qu'en cas d'adhésion l'usager ne pourra plus agir individuellement à l'encontre de la personne déclarée responsable en réparation du préjudice déjà indemnisé dans le cadre de l'action de groupe mais qu'il pourra toujours agir en indemnisation de ses autres préjudices ;

6° L'indication que l'usager doit produire tout document utile au soutien de sa demande.

SECTION II *Composition de la commission de médiation*

Ancienne section III, la présente section a été renumérotée II à la suite du Décr. n° 2017-888 du 6 mai 2017 (Décr. préc. art. 7-4°).

Le Décr. n° 2017-888 du 6 mai 2017 est applicable dans les îles Wallis-et-Futuna (Décr. préc., art. 9-I).

Art. R. 1143-3 La commission de médiation mentionnée à l'article L. 1143-7 comprend, outre le médiateur désigné par le juge, qui en assure la présidence, les membres suivants, nommés par ordonnance du juge :

1° Deux experts professionnels de santé, proposés par le président de la commission et pris sur une des listes dressées par la Cour de cassation et les cours d'appel en application de l'article 2 de la loi n° 71-498 du 29 juin 1971 relative aux experts judiciaires ou sur la liste des médecins agréés mentionnée à l'article L. 1142-11 et compétents dans la ou les pathologies susceptibles d'être imputables au produit de santé en cause ; – *V. L. n° 71-498 du 29 juin 1971, art. 2, App., v° Experts judiciaires.*

2° Une personnalité qualifiée dans le domaine de la réparation des préjudices corporels, proposée par le président de la commission ;

3° Un professionnel de santé compétent dans la ou les pathologies susceptibles d'être imputables au produit de santé en cause proposé par l'association requérante ;

4° Un professionnel de santé compétent dans la ou les pathologies susceptibles d'être imputables au produit de santé en cause proposé par le producteur ou le fournisseur du produit mis en cause, ou le prestataire utilisant le produit mis en cause ;

5° Un représentant des entreprises pratiquant l'assurance de responsabilité médicale prévue à l'article L. 1142-2, proposé par le président de la commission ;

6° Un représentant de l'Office national d'indemnisation des accidents médicaux, des affections iatrogènes et des infections nosocomiales désigné par le président de cet office ;

7° Un représentant des organismes de sécurité sociale, désigné par le directeur de l'Union nationale des caisses de sécurité sociale.

Le médiateur définit les modalités de fonctionnement de la commission. – *Anc. art. R. 1143-6 (Décr. n° 2017-888 du 6 mai 2017, art. 7-5°).*

Le Décr. n° 2017-888 du 6 mai 2017 est applicable dans les îles Wallis-et-Futuna (Décr. préc., art. 9-I).

SECTION IV *[ABROGÉE]* ***Mise en œuvre du jugement en responsabilité et réparation individuelle des préjudices***

(Abrogée par Décr. n° 2017-888 du 6 mai 2017, art. 7-6°)

Le Décr. n° 2017-888 du 6 mai 2017 est applicable dans les îles Wallis-et-Futuna (Décr. préc., art. 9-I).

SOUS-SECTION 1 *[ABROGÉE]* *Adhésion au groupe*

Art. R. 1143-7 *La demande de réparation est adressée, au choix de l'usager, soit à la personne reconnue responsable, soit à l'association requérante, par tout moyen permettant d'en accuser réception, selon les modalités déterminées par le juge, et dans le délai mentionné au premier alinéa de l'article L. 1143-4.* – *V. CSP, art. L. 1143-4, App., v° Action en justice.*

Elle contient notamment les nom, prénoms, domicile de l'usager ainsi que, le cas échéant, une adresse électronique à laquelle il accepte de recevoir les informations relatives à la procédure.

La demande justifie que les critères de rattachement au groupe soient remplis.

Art. R. 1143-8 *Lorsque l'usager adresse directement la demande de réparation à la personne reconnue responsable, il en informe l'association requérante.*

Art. R. 1143-9 *Les usagers susceptibles d'appartenir au groupe et qui n'y ont pas adhéré dans le délai fixé par le juge en application de l'article L. 1143-4 et dans les conditions prévues par l'article R. 1143-4 ne sont plus recevables à demander une indemnisation dans le cadre de l'action de groupe et ne sont pas représentés par l'association requérante.* – *V. CSP, art. L. 1143-4, App., v° Action en justice.*

Art. R. 1143-10 *Le mandat aux fins d'indemnisation donné par l'usager à l'association en application de l'article L. 1143-4 vaut pouvoir d'accomplir au nom de celui-ci tous actes de procédure et diligences en vue d'obtenir la réparation du préjudice individuel subi par lui et entrant dans le champ de l'action de groupe introduite par cette association, notamment pour l'exercice des voies de recours.* – *V. CSP, art. L. 1143-4, App., v° Action en justice.*

Le mandat emporte avance par l'association de toutes les dépenses et frais liés à la procédure et représentation des usagers lors du déroulement d'éventuelles mesures d'instruction, et lors de l'action en justice mentionnée à l'article L. 1143-12. – *V. CSP, art. L. 1143-12, App., v° Action en justice.*

L'usager peut mettre un terme au mandat à tout moment. Il doit en informer l'association par tout moyen permettant d'en accuser réception et celle-ci en avise la personne déclarée responsable sans délai.

SOUS-SECTION 2 *[ABROGÉE]* *Réparation individuelle des préjudices*

Art. R. 1143-11 *Lorsque l'association ne s'est pas adjoint un avocat pour l'assister, en application des articles L. 1143-14 et R. 1143-3, elle ouvre auprès de la Caisse des dépôts et consignations un compte spécifique au groupe d'usagers défini par le juge en application de l'article L. 1143-2.*

Toute somme reçue au titre des articles L. 1143-5 et L. 1143-11 est immédiatement déposée par l'association qui agit sur le fondement de l'article L. 1143-1 sur le compte ouvert conformément à l'alinéa précédent. — V. CSP, art. L. 1143-5 et L. 1143-11, App., vº Action en justice.

L'association titulaire du compte est seule habilitée, sous sa responsabilité, à procéder aux mouvements sur chaque compte et à le clôturer.

La tenue des comptes ouverts conformément au premier alinéa peut donner lieu à des frais de gestion perçus par la Caisse des dépôts et consignations.

SOUS-SECTION 3 *[ABROGÉE]* *Réparation par le juge et exécution forcée du jugement*

Art. R. 1143-12 *L'association représentant les usagers en application de l'article L. 1143-13 est réputée créancière, au sens des articles L. 111-1 et L. 111-2 du code des procédures civiles d'exécution, pour l'exécution forcée du jugement sur le fondement de l'article L. 1143-12. — V. CSP, art. L. 1143-12, App., vº Action en justice.*

Art. R. 1143-13 *Dans tous les actes relatifs à la réparation par le juge des préjudices et à l'exécution forcée du jugement, l'association précise, outre les mentions prévues par la loi, à peine de nullité, l'identité des usagers pour le compte de qui elle agit.*

SECTION V *[ABROGÉE]* ***Dispositions diverses***

(Abrogée par Décr. nº 2017-888 du 6 mai 2017, art. 7-6º)

Le Décr. nº 2017-888 du 6 mai 2017 est applicable dans les îles Wallis-et-Futuna (Décr. préc., art. 9-I).

Art. R. 1143-14 *La demande d'une association d'usagers du système de santé agréée tendant à être substituée dans les droits de l'association requérante défaillante, en application des dispositions de l'article L. 1143-19, est faite par voie de demande incidente.*

Le juge statue, à la demande de l'association qui l'en saisit, sur le transfert de tout ou partie de la provision qui aura pu être allouée en application des dispositions de l'article L. 1143-5. — V. CSP, art. L. 1143-5, App., vº Action en justice.

La substitution emporte transfert du mandat donné par les usagers à l'association substituée. L'association défaillante est tenue de remettre les pièces ainsi que les fonds détenus, le cas échéant pour le compte des usagers, à l'association qui lui est substituée qui en accuse réception. Tant que cette remise n'a pas lieu, l'association défaillante n'est pas déchargée de ses obligations.

Discrimination

Loi nº 2008-496 du 27 mai 2008,

Portant diverses dispositions d'adaptation au droit communautaire dans le domaine de la lutte contre les discriminations.

Sur la compétence du TGI pour connaître des actions de groupe définies par la L. nº 2016-1547 du 18 nov. 2016, V. COJ, art. L. 211-9-2.

Art. 10 *(L. nº 2016-1547 du 18 nov. 2016, art. 86-I-5º)* I. — Sous réserve du présent article, le chapitre Iᵉʳ du titre V de la loi nº 2016-1547 du 18 novembre 2016 de modernisation de la justice du XXIᵉ siècle ainsi que le chapitre X du titre VII du livre VII du code de justice administrative s'appliquent à l'action ouverte sur le fondement du présent article. — *V. L. nº 2016-1547 du 18 nov. 2016, art. 60 s., App., vº Action en justice. — V. CJA, art. L. 77-10-1 s.*

Une association régulièrement déclarée depuis cinq ans au moins intervenant dans la lutte contre les discriminations ou œuvrant dans le domaine du handicap peut agir devant une juridiction civile ou administrative afin d'établir que plusieurs personnes physiques font l'objet d'une discrimination directe ou indirecte, au sens de la présente loi ou des dispositions législatives en vigueur, fondée sur un même motif et imputable à une même personne. Peuvent agir aux mêmes fins les associations régulièrement déclarées depuis cinq ans au moins dont l'objet statutaire comporte la défense d'un intérêt lésé par la discrimination en cause.

L'action peut tendre à la cessation du manquement et, le cas échéant, en cas de manquement, à la réparation des préjudices subis.

II. — Le présent article n'est toutefois pas applicable à l'action de groupe engagée contre un employeur qui relève, selon le cas, du chapitre IV du titre III du livre Ier de la première partie du code du travail ou du chapitre XI du titre VII du livre VII du code de justice administrative. — *V. C. trav., art. L. 1134-1 s., App., v^o^ Action en justice. — V.* ***CJA****, art. L. 77-1-1 s.*

Relations relevant du code du travail

Code du travail

Art. L. 1134-6 *(L. n° 2016-1547 du 18 nov. 2016, art. 87-I-2°)* Sous réserve des articles L. 1134-7 à L. 1134-10, le chapitre Ier du titre V de la loi n° 2016-1547 du 18 novembre 2016 de modernisation de la justice du XXIe siècle s'applique à l'action de groupe prévue à la présente section. — *V. L. n° 2016-1547 du 18 nov. 2016, art. 60 s., App., v^o^ Action en justice.*

BIBL. ▸ Ben Achour, Levannier-Gouël et Tarasewicz, *SSL 2016, n° 1741* (quel avenir pour l'action de groupe en droit du travail ?). - Chonnier et Rouspide-Katchadourian, *RJS 1/2017, p. 3* (l'action de groupe dans les relations de travail : un dispositif novateur à l'efficacité incertaine). - Clément, *JCP S 2017. 1296* (action de groupe et discriminations).

Art. L. 1134-7 *(L. n° 2016-1547 du 18 nov. 2016, art. 87-I-2°)* Une organisation syndicale de salariés représentative au sens des articles L. 2122-1, L. 2122-5 ou L. 2122-9 peut agir devant une juridiction civile afin d'établir que plusieurs candidats à un emploi, à un stage ou à une période de formation en entreprise ou plusieurs salariés font l'objet d'une discrimination, directe ou indirecte, fondée sur un même motif figurant parmi ceux mentionnés à l'article L. 1132-1 et imputable à un même employeur.

Une association régulièrement déclarée depuis au moins cinq ans intervenant dans la lutte contre les discriminations ou œuvrant dans le domaine du handicap peut agir aux mêmes fins, pour la défense des intérêts de plusieurs candidats à un emploi ou à un stage en entreprise.

(L. n° 2017-86 du 27 janv. 2017, art. 212) « Pour l'application du présent article, l'organisation syndicale mentionnée au premier alinéa peut, si elle le souhaite, recueillir l'aide d'une association mentionnée au deuxième alinéa. »

Art. L. 1134-8 *(L. n° 2016-1547 du 18 nov. 2016, art. 87-I-2°)* L'action peut tendre à la cessation du manquement et, le cas échéant, en cas de manquement, à la réparation des préjudices subis.

Sauf en ce qui concerne les candidats à un emploi, à un stage ou à une période de formation, sont seuls indemnisables dans le cadre de l'action de groupe les préjudices nés après la réception de la demande mentionnée à l'article L. 1134-9.

Art. L. 1134-9 *(L. n° 2016-1547 du 18 nov. 2016, art. 87-I-2°)* Par dérogation à l'article 64 de la loi n° 2016-1547 du 18 novembre 2016 de modernisation de la justice du XXIe siècle, préalablement à l'engagement de l'action de groupe mentionnée à l'article L. 1134-7, les personnes mentionnées au même article L. 1134-7 demandent à l'employeur, par tout moyen conférant date certaine à cette demande, de faire cesser la situation de discrimination collective alléguée. — *V. L. n° 2016-1547 du 18 nov. 2016, art. 64, App., v^o^ Action en justice.*

Dans un délai d'un mois à compter de la réception de cette demande, l'employeur en informe le *(Ord. n° 2017-1386 du 22 sept. 2017, art. 4, ratifiée par L. n° 2018-217 du 29 mars 2018, art. 1er)* « comité social et économique *[ancienne rédaction : comité d'entreprise ou, à défaut, les délégués du personnel]* », ainsi que les organisations syndicales représentatives dans l'entreprise. A la demande du *(Ord. n° 2017-1386 du 22 sept. 2017, art. 4, ratifiée par L. n° 2018-217 du 29 mars 2018, art. 1er)* « comité social et économique *[ancienne rédaction : comité d'entreprise ou, à défaut, des délégués du personnel]* », ou à la demande d'une organisation syndicale représentative, l'employeur engage une discussion sur les mesures permettant de faire cesser la situation de discrimination collective alléguée.

L'action de groupe engagée pour la défense des intérêts de plusieurs candidats à un emploi, à un stage ou à une période de formation en entreprise ou de plusieurs salariés peut être introduite à l'expiration d'un délai de six mois à compter de la demande tendant à faire cesser la situation de discrimination collective alléguée ou à compter de la notification par l'employeur du rejet de la demande.

Les dispositions de la L. n° 2016-1547 du 18 nov. 2016 sont applicables aux seules actions dont le fait générateur de la responsabilité ou le manquement est postérieur au 19 nov. 2016 (L. n° 2016-1547 du 18 nov. 2016, art. 92-II).

Sur le régime transitoire applicable aux institutions représentatives du personnel modifiées par l'Ord. n° 2017-1386 du 22 sept. 2017, V. C. trav., note ss. titre Ier, livre III, Partie II.

Art. L. 1134-10 *(L. n° 2016-1547 du 18 nov. 2016, art. 87-I-2°)* Lorsque l'action tend à la réparation des préjudices subis, elle s'exerce dans le cadre de la procédure individuelle de réparation définie au chapitre Ier du titre V de la loi n° 2016-1547 du 18 novembre 2016 de modernisation de la justice du XXIe siècle. *– V. L. n° 2016-1547 du 18 nov. 2016, art. 60 s., App., v° Action en justice.*

Le *(Ord. n° 2019-964 du 18 sept. 2019, art. 35, en vigueur le 1er janv. 2020)* « tribunal judiciaire *[ancienne rédaction : tribunal de grande instance]* » connaît des demandes en réparation des préjudices subis du fait de la discrimination auxquelles l'employeur n'a pas fait droit.

Protection des données à caractère personnel

Loi n° 78-17 du 6 janvier 1978,

Relative à l'informatique, aux fichiers et aux libertés.

Art. 43 *ter* *(L. n° 2016-1547 du 18 nov. 2016, art. 91)* I. – Sous réserve du présent article, le chapitre Ier du titre V de la loi n° 2016-1547 du 18 novembre 2016 de modernisation de la justice du XXIe siècle et le chapitre X du titre VII du livre VII du code de justice administrative s'appliquent à l'action ouverte sur le fondement du présent article. *– V. L. n° 2016-1547 du 18 nov. 2016, art. 60 à 83, App., v° Action en justice. – V.* ***CJA****, art. L. 77-10-1 à L. 77-10-25.*

II. – Lorsque plusieurs personnes physiques placées dans une situation similaire subissent un dommage ayant pour cause commune un manquement de même nature aux dispositions *(L. n° 2018-493 du 20 juin 2018, art. 25-1°)* « du règlement (UE) 2016/679 du Parlement européen et du Conseil du 27 avril 2016 précité ou » de la présente loi par un responsable de traitement de données à caractère personnel ou un sous-traitant, une action de groupe peut être exercée devant la juridiction civile ou la juridiction administrative compétente *(L. n° 2018-493 du 20 juin 2018, art. 25-2°)* « au vu des cas individuels présentés par le demandeur, qui en informe la Commission nationale de l'informatique et des libertés ».

(L. n° 2018-493 du 20 juin 2018, art. 25-3°) « III. – Cette action peut être exercée en vue soit de faire cesser le manquement mentionné au II, soit d'engager la responsabilité de la personne ayant causé le dommage afin d'obtenir la réparation des préjudices matériels et moraux subis, soit de ces deux fins.

« Toutefois, la responsabilité de la personne ayant causé le dommage ne peut être engagée que si le fait générateur du dommage est postérieur au 24 mai 2018. »

IV. – Peuvent seules exercer cette action :

1° Les associations régulièrement déclarées depuis cinq ans au moins ayant pour objet statutaire la protection de la vie privée et la protection des données à caractère personnel ;

2° Les associations de défense des consommateurs représentatives au niveau national et agréées en application de l'article L. 811-1 du code de la consommation, lorsque le traitement de données à caractère personnel affecte des consommateurs ;

3° Les organisations syndicales de salariés ou de fonctionnaires représentatives au sens des articles L. 2122-1, L. 2122-5 ou L. 2122-9 du code du travail ou du III de l'article 8 *bis* de la loi n° 83-634 du 13 juillet 1983 portant droits et obligations des fonctionnaires ou les syndicats représentatifs de magistrats de l'ordre judiciaire, lorsque le traitement affecte les intérêts des personnes que les statuts de ces organisations les chargent de défendre.

(L. n° 2018-493 du 20 juin 2018, art. 25-4°) « Lorsque l'action tend à la réparation des préjudices subis, elle s'exerce dans le cadre de la procédure individuelle de réparation définie au chapitre X du titre VII du livre VII du code de justice administrative et au chapitre Ier du titre V de la loi n° 2016-1547 du 18 novembre 2016 de modernisation de la justice du XXIe siècle. »

AGENTS DE JUSTICE

Loi n° 99-515 du 23 juin 1999,

Renforçant l'efficacité de la procédure pénale.

Art. 29 Pour développer des activités répondant à des besoins non satisfaits, l'État peut faire appel à des agents âgés de dix-huit à moins de vingt-six ans ou de personnes de moins de trente ans répondant aux conditions définies à l'article L. 322-4-19 du code du travail *[devenu C. trav., art. L. 5134-1 et L. 5134-19]*, recrutés en qualité de contractuels de droit public pour une période maximale de cinq ans non renouvelable afin d'exercer les missions d'agents de justice auprès des magistrats et fonctionnaires du ministère de la justice.

Un décret en Conseil d'État fixe les modalités d'application du présent article. Il définit notamment les missions des agents de justice ainsi que les conditions d'évaluation des activités concernées. *— V. Décr. n° 99-916 du 27 oct. 1999.*

Décret n° 99-916 du 27 octobre 1999,

Relatif aux agents de justice recrutés en application de l'article 29 de la loi du 23 juin 1999.

Art. 1er Les agents de justice, recrutés en qualité d'agents contractuels de droit public, en application de l'article 29 de la loi du 23 juin 1999 susvisée, concourent aux missions du service public de la justice assurées par les magistrats et les fonctionnaires sous l'autorité desquels ils sont placés.

Dans les juridictions et les maisons de justice et du droit, ils assurent, à l'exclusion de toute autre fonction, des activités répondant à des besoins non satisfaits en matière d'accueil et d'assistance auprès des justiciables et du public.

Dans les établissements, centres et services de l'administration pénitenciaire et de la protection judiciaire de la jeunesse, ils exercent des fonctions d'assistance pour la prise en charge et le suivi éducatif de mineurs et jeunes majeurs, délinquants ou en danger. A ce titre, ils ne peuvent ni participer à des missions de surveillance, ni avoir la responsabilité directe de la prise en charge ou du suivi éducatif de mineurs ou jeunes majeurs.

Art. 2 Les activités des agents de justice font l'objet d'une évaluation portant sur leur adéquation aux besoins locaux et leur conformité aux conditions d'emploi fixées par le présent décret. Cette évaluation est assurée par l'inspection générale des services judiciaires. Elle donne lieu à l'élaboration d'un rapport annuel adressé au garde des Sceaux, ministre de la justice.

Art. 3 Les agents de justice sont régis par les dispositions du présent décret ainsi que par les dispositions du décret du 17 janvier 1986 susvisé *[n° 86-83, relatif aux dispositions générales applicables aux agents non titulaires de l'État]*, à l'exception de l'article 1er du titre Ier, des articles 4 à 8 du titre II, des titres IX et IX *bis* et de l'article 45 du titre XI.

Art. 4 Les agents de justice sont recrutés au terme d'une procédure comportant une première sélection sur dossier permettant d'apprécier leur motivation suivie, le cas échéant, d'un entretien de sélection définitive. Les modalités de cette procédure sont fixées par arrêté conjoint du ministre de la justice et du ministre chargé de la fonction publique. *— V. Arr. 27 oct. 1999 (JO 30 oct.).*

Art. 5 Les agents de justice sont recrutés par contrat écrit, pour une durée maximale de cinq ans non renouvelable, conclu au nom de l'État, par le ministre de la justice.

Le contrat précise les fonctions confiées à l'agent de justice. Il comporte une période d'essai, d'une durée de trois mois, au cours de laquelle l'État peut mettre fin au contrat sans indemnité ni préavis et les agents de justice peuvent mettre fin à leurs fonctions sans préavis.

Le contrat est conclu pour un temps complet correspondant à la durée de travail dans la fonction publique de l'État. Toutefois, lors du recrutement ou en cours de contrat, une activité à mi-temps peut être autorisée.

Art. 6 Les agents de justice bénéficient dès leur recrutement d'une formation professionnelle adaptée aux missions qui leur sont confiées.

Ils peuvent en outre, pendant la durée de leur contrat, être autorisés à suivre des formations en vue d'acquérir une expérience professionnelle dans les activités relevant du service public de la justice et d'accéder aux emplois publics, ainsi que des formations destinées à favoriser leur insertion dans d'autres secteurs de la vie active.

Art. 7 Les agents de justice sont tenus au secret professionnel dans les conditions prévues aux articles 226-13 et 226-14 du code pénal. Ils doivent faire preuve de discrétion professionnelle pour tous les faits, informations ou documents dont ils ont connaissance dans l'exercice ou à l'occasion de l'exercice de leurs fonctions.

AIDE JURIDIQUE

RÉP. PR. CIV. v° *Aide juridique*, par GERPHAGNON.

RÉP. CONT. ADM. v° *Aide juridictionnelle*, par BARTHÉLEMY.

RÉP. PR. PÉN. v° *Aide juridictionnelle*, par CARBONE.

DP ACT. SOC. v° *Aide juridique.*

DALLOZ ACTION *Droit et pratique de la procédure civile 2022/2023, n°s 18.00 s.*, par GERPHAGNON ; *Règles de la profession d'avocat 2022/2023, n°s 48.00 s.*, par ADER et DAMIEN ; *La cassation en matière civile 2013/2014, n°s 16.00 s. ; La cassation en matière pénale 2012/2013, n°s 41.92, 131.44 s. et 131.83*, par J. BORÉ et L. BORÉ.

BIBL. GÉN. ▸ **Ouvrages :** BAILLY et ROUSSY, L'aide juridique – aide juridictionnelle et aide à l'accès au droit, *Sopiac 1999*. – BALSAN, Guide pratique de l'aide juridictionnelle : aide juridictionnelle, aide à l'intervention de l'État, *Edilaix 2007*. – LAVAUD, Guide de l'aide juridictionnelle, *Berger-Levrault 2022*.

▸ **Articles :** Dossier, *D. avocats 2015. 382* (aide juridictionnelle : la valeur de l'accès au droit). – BENICHOU, *Gaz. Pal. 12-13 sept. 2014, p. 9* (l'accès à la justice, un droit menacé) ; *D. avocats 2017. 24* (les avocats européens à Lesbos : l'aide juridique fait partie de l'aide humanitaire). – BLANQUER, *Gaz. Pal. 17-18 oct. 2014, p. 9* (le collaborateur libéral et l'aide juridictionnelle) ; *Gaz. Pal. 19 janv. 2016, p. 10* (de quelques pistes pour améliorer l'accès au droit à budget constant). – BOUGRAB, *AJDA 2001. 1016* (l'aide juridictionnelle, un droit fondamental). – BRUNEL et PICARD, *Gaz. Pal. 21 févr. 2017, p. 12* (l'AJ en Belgique et en France : l'exemple d'une réforme réussie pour un dispositif à bout de souffle). – D'AMBRA, Procédures et effectivité des droits, *Droit et justice, t. 49, Bruylant 2003, p. 43* (l'aide à l'accès à la justice : l'aide juridictionnelle) ; *Mél. S. Guinchard, Dalloz 2010, p. 85* (réformer l'aide juridictionnelle). – DARGENT, *D. avocats 2015. 10* (financement de l'aide juridictionnelle : hausse de la fiscalité du procès). – DESDEVISES, Dictionnaire de la justice (ss. dir. L. Cadiet), *PUF 2004, p. 1* (accès au droit, accès à la justice). – DORIAT-DUBAN, *RIDE 2001. 77* (analyse économique de l'accès à la justice : les effets de l'aide juridictionnelle). – DRAGO, *Dr. et pr. 2013. 154* (propositions pour la réforme du financement et de l'organisation de l'aide juridictionnelle). – FRISON-ROCHE, Libertés et droit fondamentaux, *17e éd., Dalloz 2011, p. 521* (le droit d'accès à la justice et au droit). – MARCHESINI, *RRJ 2003. 77* (le droit à l'aide juridictionnelle. Réflexion sur l'effectivité d'un droit fondamental). – MARRIGUES, *Gaz. Pal. 23-25 juin 2013, p. 11* (les maisons de l'AJ : vraie ou fausse bonne idée ?). – LECOMPTE, *Gaz. Pal. 13-14 juin 2014, p. 11* (une façon de voir le système d'aide juridictionnelle ou comment ne jamais résoudre la question). – PERROTIN, *D. avocats 2015. 384* (y a-t-il une vie avec l'aide juridictionnelle ?). – RANCÉ, *Gaz. Pal. 23-25 janv. 2011, p. 12* (journée avec une avocate au barreau de Pontoise ou l'aide juridictionnelle au quotidien). – F. ROLIN, *D. 2001. 6* (crise de l'aide juridictionnelle) ; *D. 2002. Chron. 2890* (projet de loi relatif à l'accès au droit et à la justice). – VERGÈS, *Gaz. Pal. 12-14 mai 2013, p. 10* (aide juridictionnelle, un système à bout de souffle). – WAQUET, *D. 2009. 2178* (l'aide juridictionnelle et l'instance).

▸ **Études et rapports :** BOUCHET, CHARVET et FRAGONARD, Rapport de la Commission de réforme de l'accès au droit et à la justice, *Paris, La Documentation française 2001*. – CARRÉ-PIERRAT, L'accès au droit et l'aide juridictionnelle – Solidarité et responsabilité, *févr. 2014*. – CNB, *D. avocats 2013. 216* (lignes directrices d'une réforme globale de l'accès au droit et à la justice). – Cour de cassation, Contentieux de l'aide juridictionnelle porté devant la Cour de cassation : 1980-2009, *Rapport annuel de la Cour de cassation 2009, p. 149*. – DAROIS, Rapport sur les professions du droit, *mars 2009*. – DE LUART, *Rapport d'information n° 23 (2007-2008)* (l'aide juridictionnelle : réformer un système à bout de souffle). – GOSSELIN, Rapport d'information n° 3319 en vue d'améliorer l'accès au droit et à la justice, *Ass. Nat. 6 avr. 2011*. – Haut Conseil des professions du droit, Propositions pour une réforme du financement et de l'organisation de l'aide juridictionnelle, *avr. 2013*. – JOISSAINS et MÉZARD, Aide juridictionnelle : le temps de la décision, Rapport d'information, *juill. 2014*. – LE BOUILLONEC, Financement et gouvernance de l'aide juridictionnelle – A la croisée des fondamentaux – Analyse et propositions d'aboutissement, *sept. 2014*. – MARSAULT, Rapport d'évaluation de la gestion de l'aide juridictionnelle, *nov. 2013*. –

SÉNAT, Étude de législation comparée, n° 137, juill. 2004 : *Rapport d'information n° 63 sur la gestion de l'aide juridictionnelle par les caisses autonomes de règlements pécuniaires des avocats* (CARPA), *oct. 2008*. – STEINMAN, ROUX-TRESCASES et VERGER, Rapport sur le recouvrement de l'aide juridictionnelle : mission d'audit de modernisation, *ministère de la Justice 2007*. – *Adde* Bibl. ss. L. n° 91-647 du 10 juill. 1991, reproduite ci-dessous.

I Réglementation générale

A Droit international

1 Droit du Conseil de l'Europe

V. Conv. EDH, art. 6, App., v° Droit européen et international.

2 Droit de l'Union européenne

Charte des droits fondamentaux de l'Union européenne

(JOUE C-83/389, 30 mars 2010).

TITRE VI **Justice**

Art. 47 *Droit à un recours effectif et à accéder à un tribunal impartial.* [...]

Une aide juridictionnelle est accordée à ceux qui ne disposent pas de ressources suffisantes, dans la mesure où cette aide serait nécessaire pour assurer l'effectivité de l'accès à la justice.

Renvoi. V. note 3 ss. L. n° 91-647 du 10 juill. 1991, art. 2, App., v° *Aide juridique*.

B Droit interne

Loi n° 91-647 du 10 juillet 1991,

Relative à l'aide juridique.

Sur l'entrée en vigueur de la présente loi, V. art. 76.

V. not., à la suite de la présente loi, Décr. n° 2020-1717 du 28 déc. 2020 en portant application.

RÉP. PR. CIV. v° *Aide juridique*, par GERPHAGNON.

RÉP. CONT. ADM. v° *Aide juridictionnelle*, par BARTHÉLEMY.

RÉP. PR. PÉN. v° *Aide juridictionnelle*, par CARBONE.

DP ACT. SOC. v° *Aide juridique.*

DALLOZ ACTION *Droit et pratique de la procédure civile 2022/2023, n°s 18.00 s.*, par GERPHAGNON ; *Règles de la profession d'avocat 2022/2023, n°s 48.00 s.*, par ADER et DAMIEN ; *La cassation en matière civile 2009/2010, n°s 16.00 s.*, par J. BORÉ et L. BORÉ ; *La cassation en matière pénale 2012/2013, n°s 41.92, 131.44 s. et 131.83.*

BIBL. ▸ L. 10 juill. 1991 : Conseil d'État, L'aide juridique, pour un meilleur accès au droit et à la justice, *La Documentation française 1991*. – DOUSSET, *Gaz. Pal. 1991. Doctr. 83*. – LAROCHE DE ROUSSANE, *ALD 1992. 1 et 97*. – LEROY, *RDSS 1992. 223*. – R. MARTIN, *Rev. huiss. 1991. 710 ; JCP 2002. Act. 161* (projet de loi relatif à l'accès au droit et à la justice). – SOULARD, *Rev. huiss. 1992. 233*.

▸ L. 18 déc. 1998 : GUINCHARD, *D. 1999. 65*. – JAMIN, *RTD civ. 1999. 220*. – LEBRETON, *RDSS 1999. 664*. – R. MARTIN, *Ann. Loyers 1999. 380*.

▸ Bilan d'application et propositions de réformes : V. Bibl. gén. de la présente rubrique.

Art. 1er L'accès à la justice et au droit est assuré dans les conditions prévues par la présente loi.

(L. n° 93-1013 du 24 août 1993, art. 47-I, en vigueur le 2 sept. 1993) **« L'aide juridique comprend l'aide juridictionnelle, l'aide à l'accès au droit et l'aide à l'intervention de l'avocat** *(L. n° 2014-1654 du 29 déc. 2014, art. 35-III-1°)* **« dans les procédures non juridictionnelles ».** — *Sur l'aide juridictionnelle, V. not. art. 2 s. de la présente loi ; … l'accès au droit, V. not. art. 53 s. de la présente loi ; … l'aide à l'intervention de l'avocat dans les procédures non juridictionnelles, V. not. art. 64 s. de la présente loi. — Adde sur l'aide à la médiation, V. art. 64-5 s. de la présente loi.*

L'art. 35-III de la L. n° 2014-1654 du 29 déc. 2014 est applicable en Polynésie française (L. préc., art. 35-IX).

1. Constitutionnalité. Droit à un recours effectif. Les dispositions particulières régissant l'octroi de l'aide juridictionnelle ont pour objet de rendre effectif le principe à valeur constitutionnelle du droit d'exercer un recours. • CE 10 janv. 2001, n° 211878 : *Lebon 5 ; D. 2001. 598 ; RDI 2001. 186, obs. Soler-Couteaux ; ibid. 191, obs. Soler-Couteaux ; JCP 2001. I. 352, obs. Mathieu et Verpeaux ; ibid. I. 318, obs. Braconnier.* ♦ Eu égard à l'institution par le législateur d'un dispositif d'aide juridictionnelle, l'obligation du ministère d'avocat ne saurait être regardée comme portant atteinte au droit constitutionnel des justiciables d'exercer un recours effectif devant une juridiction. • CE 6 avr. 2006, n° 273311 : *AJDA 2006. 1463 ; D. 2006. 1188 ; RDT 2006. 331, obs. Grumbach et Serverin.* ♦ *Adde* note 4 ss. art. 3 de la présente loi.

2. Responsabilité du fait du fonctionnement du service de la justice. La décision d'un bureau d'aide juridictionnelle ayant considéré que l'intéressé aurait dû justifier des ressources de son conjoint malgré la rupture de la vie commune, décision inadaptée rendue selon une motivation inexacte, ne peut échapper à la qualification de faute lourde du seul fait de son caractère isolé. • Civ. 1re, 14 oct. 1994, n° 03-10.271 P.

Décret n° 2008-689 du 9 juillet 2008,

Relatif à l'organisation du ministère de la justice.

Arrêté JUSG0816305A du 9 juillet 2008,

Fixant l'organisation en bureaux du service de l'accès au droit et à la justice et de l'aide aux victimes du secrétariat général du ministère de la justice.

PREMIÈRE PARTIE L'aide juridictionnelle et l'aide à l'intervention de l'avocat dans les procédures non juridictionnelles *(L. n° 2020-1721 du 29 déc. 2020, art. 234-IV-1°-a).*

RÉP. PR. CIV. v° *Aide juridique,* par GERPHAGNON.

RÉP. CONT. ADM. v° *Aide juridictionnelle,* par BARTHÉLEMY.

RÉP. PR. PÉN. v° *Aide juridictionnelle,* par CARBONE.

DP ACT. SOC. v° *Aide juridique.*

DALLOZ ACTION *Droit et pratique de la procédure civile 2022/2023, nos 181.00 s.,* par GERPHAGNON.

BIBL. ▸ FRICERO, *AJ fam. 2008. 423* (aide juridictionnelle).

TITRE PREMIER L'accès à l'aide juridictionnelle et à l'aide à l'intervention de l'avocat dans les procédures non juridictionnelles *(L. n° 2020-1721 du 29 déc. 2020, art. 234-IV-1°-b).*

Art. 2 **Les personnes physiques dont les ressources sont insuffisantes pour faire valoir leurs droits en justice peuvent bénéficier d'une aide juridictionnelle. Cette aide est totale ou partielle.** — *Sur les conditions d'éligibilité à l'aide juridictionnelle des personnes physiques, V. art. 3 s. de la présente loi, et Décr. n° 2020-1717 du 28 déc. 2020, art. 2 s., App., v° Aide juridique.*

Son bénéfice peut être exceptionnellement accordé aux personnes morales à but non lucratif ayant leur siège en France et ne disposant pas de ressources suffisantes. — *Sur l'appréciation des ressources des personnes morales, V. Décr. n° 2020-1717 du 28 déc. 2020, art. 9, App., v° Aide juridique.*

(L. n° 2003-710 du 1er août 2003, art. 22) **« Aux mêmes conditions, il peut être accordé aux syndicats des copropriétaires d'immeubles soumis à la loi n° 65-557 du 10 juillet 1965 fixant le statut de la copropriété des immeubles bâtis, lorsque l'immeuble fait l'objet d'un plan de sauvegarde en application de l'article L. 615-1 du code de la construction et de l'habitation ou lorsqu'un administrateur provisoire est désigné en application de l'article 29-1 de la loi n° 65-557 du 10 juillet 1965 précitée, pour l'exercice des actions de recouvrement des créances tant en demande qu'en défense. »** — *V. L. n° 65-557 du 10 juill. 1965, art. 29-1.* — **C. copr.** *ou* **C. civ.**

(L. n° 2007-210 du 19 févr. 2007, art. 5-1°) **« L'aide juridictionnelle n'est pas accordée lorsque les frais couverts par cette aide sont pris en charge au titre d'un contrat d'assurance de protection juridique ou d'un système de protection. »** — *V. Décr. n° 2020-1717 du 28 déc. 2020, art. 1er, 55, 109, 113, 116, 175, App., v° Aide juridique. — Sur l'assurance de protection juridique, V. aussi C. assur., art. L. 127-1 s. et R. 127-1, et C. mut., art. L. 224-1 s., App., v° Assurance de protection juridique.*

Pour les demandes d'aide juridictionnelle devant la commission d'indemnisation de certains dommages corporels, V. C. pr. pén., art. R. 50-7. — **C. pr. pén.**

Pour un rappel exprès au bénéfice de l'aide juridictionnelle devant les juridictions administratives, V. CJA, art. R. 441-1 (premier ressort), R. 811-9 (appel). — **CJA.**

BIBL. ▶ BALSAN, *Gaz. Pal. 1987. Doctr. 766* (l'aide judiciaire et la notion de ressources). – BRUNEL, *Dr. et pr. mai 2015, p. 86* (la subsidiarité de l'aide juridictionnelle : un dispositif à l'efficacité limitée). – COLLIOU, *Gaz. Pal. 13-14 févr. 2015, p. 9* (de l'utilité discutable de l'aide juridictionnelle partielle). – TIBERGHIEN, *Maître 2016, n° 235, p. 30* (aide juridictionnelle partielle – particularités, dangers et écueils).

I. BÉNÉFICIAIRES

1. Personnes morales à but lucratif. Le bénéfice de l'aide judiciaire [sous l'empire de la L. n° 72-11 du 3 janv. 1972] ne peut en aucun cas être accordé aux personnes morales à but lucratif. • Civ. 1re, 16 déc. 1981, n° 80-12.732 P.

2. Personnes morales à but non lucratif. Absence de droit à. Ce texte disposant que le bénéfice de l'aide judiciaire « peut être exceptionnellement accordé aux personnes morales à but non lucratif ayant leur siège en France », les personnes morales à but non lucratif ne peuvent en aucun cas se prévaloir d'un droit à l'aide juridictionnelle. • CE 24 nov. 1982 : *Lebon, p. 390 ; D. 1984. 6, note Laroche de Roussane* (association) • 21 juin 2013, n° 352427 : *Lebon, p. 167 ; AJDA 2013. 1301 ; ibid. 1276, chron. Domino et Bretonneau ; ibid. 1839, étude Melleray et Noyer ; Just. & cass. 2014. 103, concl. de Lesquen ; RFDA 2013. 805, concl. de Lesquen ; Gaz. Pal. 2013 jur. p. 3114, note Seiller ; LPA 28 nov. 2013, p. 14, note Ferreira ; JCP G 2013 n° 1359, obs. Eveillard* (comité d'intérêt de quartier). ♦ Sur l'admission à l'aide juridictionnelle des associations, V. aussi : * Rép. min. n° 26486 : *JOAN Q janv. 2004, p. 152* ; * Rép. min. n° 48494 : *JOAN 18 janv. 2005.*

3. Personnes morales. Accessibilité restreinte. Le principe de protection juridictionnelle effective, tel que consacré à l'art. 47 de la charte UE, doit être interprété en ce sens qu'il n'est pas exclu qu'il soit invoqué par des personnes morales et que l'aide octroyée en application de ce principe peut couvrir, notamment, la dispense du paiement de l'avance des frais de procédure et/ou l'assistance d'un avocat. • CJUE 22 déc. 2010 : *JOUE C 55/9 du 19 févr. 2011 ; Procédures 2011, n° 57, note Nourrissat ; Europe 2011, n° 38, note Simon ; RTD eur. 2011. 173, obs. Coutron* . ♦ Il incombe à cet égard au juge national de vérifier si les conditions d'octroi de l'aide judiciaire constituent une limitation du droit d'accès aux tribunaux qui porte atteinte à ce droit dans sa substance même, si elles tendent à un but légitime et s'il existe un rapport raisonnable de proportionnalité entre les moyens employés et le but visé. • Même décision. ♦ Dans le cadre de cette appréciation, le juge national peut prendre en considération l'objet du litige, les chances raisonnables de succès du demandeur, la gravité de l'enjeu pour celui-ci, la complexité du droit et de la procédure applicables ainsi que la capacité de ce demandeur à défendre effectivement sa cause. Pour apprécier la proportionnalité, le juge national peut également tenir compte de l'importance des frais de procédure devant être avancés et du caractère insurmontable ou non de l'obstacle qu'ils constituent éventuellement pour l'accès à la justice. • Même décision. ♦ S'agissant plus spécialement des personnes morales, le juge national peut tenir compte de la situation de celles-ci. Ainsi, il peut prendre en considération, notamment, la forme et le but lucratif ou non de la personne morale en cause ainsi que la capacité financière de ses associés ou actionnaires et la possibilité, pour ceux-ci, de se procurer les sommes nécessaires à l'introduction de l'action en justice. • Même décision.

4. Récidiviste. V. note 1 ss. art. 3 de la présente loi.

II. ARTICULATION AVEC UNE ASSURANCE DE PROTECTION JURIDIQUE

5. Principe de subsidiarité. V. pour une application : • Lyon, prem. prés., 28 juin 2011, n° 11/03505.

Art. 3 Sont admises au bénéfice de l'aide juridictionnelle les personnes physiques de nationalité française et les ressortissants des États membres de la Communauté européenne *[devenue Union européenne]*.

Les personnes de nationalité étrangère résidant habituellement et régulièrement en France sont également admises au bénéfice de l'aide juridictionnelle.

Toutefois, l'aide juridictionnelle peut être accordée à titre exceptionnel aux personnes ne remplissant pas les conditions fixées à l'alinéa précédent, lorsque leur situation apparaît particulièrement digne d'intérêt au regard de l'objet du litige ou des charges prévisibles du procès.

L'aide juridictionnelle est accordée sans condition de résidence aux étrangers lorsqu'ils sont mineurs, témoins assistés, *(L. nº 2014-1654 du 20 déc. 2014, art. 35-III-2º)* « mis en examen », prévenus, accusés, condamnés ou parties civiles *(L. nº 2010-769 du 9 juill. 2010, art. 15, en vigueur le 1er oct. 2010)* « , lorsqu'ils bénéficient d'une ordonnance de protection en vertu de l'article 515-9 du code civil » *(L. nº 2004-204 du 9 mars 2004, art. 137-III-1º)* « ou lorsqu'ils font l'objet de la procédure de comparution sur reconnaissance préalable de culpabilité », *(L. nº 2007-210 du 19 févr. 2007, art. 7-I ; L. nº 2011-672 du 16 juin 2011, art. 72)* « ainsi qu'aux personnes faisant l'objet de l'une des procédures prévues aux articles L. 222-1 à L. 222-6 *[prolongation du maintien en zone d'attente]*, L. 312-2 *[refus de délivrer ou de renouveler une carte de séjour temporaire "vie privée et familiale"]*, L. 511-1 *[obligation de quitter le territoire français et interdiction de retour sur le territoire français]*, L. 511-3-1, *(L. nº 2016-274 du 7 mars 2016, art. 28-IV, en vigueur le 1er nov. 2016)* « L. 511-3-2, » *[obligation de quitter le territoire pour un ressortissant d'un État membre de l'Union européenne, d'un autre État partie à l'accord sur l'Espace économique européen ou de la Confédération suisse, ou un membre de la famille de celui-ci faute de ne plus justifier d'aucun titre de séjour requis, pour séjour constitutif d'un abus de droit, ou menace réelle, actuelle et suffisamment grave pour un intérêt fondamental de la société française]*, L. 512-1 à L. 512-4 *[recours devant les juridictions administratives pour un refus de titre de séjour]*, L. 522-1, L. 522-2 *[expulsion]* et *(L. nº 2015-925 du 29 juill. 2015, art. 20-IV)* « , L. 552-1 à L. 552-10 et L. 742-4 » *[prolongation du maintien en rétention par le juge des libertés et de la détention]* du code de l'entrée et du séjour des étrangers et du droit d'asile, ou lorsqu'il est fait appel des décisions mentionnées aux articles L. 512-1 à L. 512-4 *[précités]* du même code. » — *Un décret en Conseil d'État fixe les conditions d'application des dispositions issues de la L. nº 2007-210 du 19 févr. 2007, art. 7-I (L. préc., art. 7-III).*

Devant la *(L. nº 2015-925 du 29 juill. 2015, art. 17-III-1º)* « Cour nationale du droit d'asile », elle est accordée aux étrangers qui résident habituellement *(L. nº 2006-911 du 24 juill. 2006, art. 93-I, en vigueur le 1er déc. 2008)* « en France ».

La L. nº 2010-769 du 9 juill. 2010, art. 15, est applicable en Polynésie française (L. préc., art. 37-II).

L'art. 72 de la L. nº 2011-672 du 16 juin 2011 entre en vigueur à compter de la date fixée par décret en Conseil d'État et au plus tard le dernier jour du troisième mois suivant le jour de la publication de la loi précitée (JO 17 juin), soit le 30 sept. 2011 (L. préc., art. 111).

S'agissant des demandeurs d'asile, V. CESEDA, art. L. 532-12, reproduit ci-dessous.

Sur la compétence du JAF à l'occasion de la délivrance d'une ordonnance de protection au profit d'une victime de violences pour se prononcer sur l'admission provisoire à l'aide juridictionnelle de la partie demanderesse en application du premier alinéa de l'art. 20 de la présente loi, V. C. civ., art. 515-11, reproduit ss. art. 20 préc.

L'art. 35-III de la L. nº 2014-1654 du 29 déc. 2014 est applicable en Polynésie française (L. préc., art. 35-IX).

BIBL. ▸ Sur la situation des ressortissants des États membres de la Communauté européenne : V. Rép. min. nº 33538 : *JOAN Q, 8 août 1983, p. 3390.* – LAROCHE DE ROUSSANE, L'assistance judiciaire dans la Communauté économique européenne, *Actes de l'Académie nationale de Bordeaux, 1983.* – Rapp. comm. BOUCHET, *Ann. I, 26 avr. 1990.*

I. GÉNÉRALITÉS

1. Condition de non-récidive (non). L'attribution de l'aide juridictionnelle ne peut être conditionnée à l'absence de récidive de l'intéressé. * Rép. min. nº 48106 : *JOAN Q 30 juin 2009, p. 6670 ; Procédures 2009. Veille 43.*

2. Procédure. La procédure au terme de laquelle il est statué sur la demande d'aide juridictionnelle en vue de soumettre un litige à une juridiction est distincte de la procédure suivie devant cette juridiction et obéit à des règles qui lui sont propres. Est par suite inopérant le moyen tiré, contre la décision de cette juridiction, de ce que la décision ayant rejeté la demande d'aide juridictionnelle serait irrégulière, notamment parce qu'elle serait intervenue au vu de textes qui seraient incompatibles avec des engagements internationaux de la France. • CE 15 mai 2000 : *Lebon 176 ; RFDA 2000. 866* (à propos du moyen tiré de l'incompatibilité entre les conditions d'obtention de l'aide juridictionnelle devant la Commission des recours des réfugiés et l'art. 3 Conv. EDH).

II. PERSONNES DE NATIONALITÉ ÉTRANGÈRE

A. AMÉNAGEMENT

3. Constitutionnalité (oui). Les dispositions de l'art. 3 de la loi de 1991, eu égard aux aménagements qu'elles apportent à la condition tenant à la résidence régulière et habituelle en France des personnes de nationalité étrangère qui demandent l'aide juridictionnelle, ne peuvent être regardées comme des atteintes substantielles au droit d'exercer un recours effectif devant une juridiction. Au demeurant, la personne à laquelle l'aide juridictionnelle n'a pas été accordée dispose d'une voie de recours contre le refus qui lui a été opposé, conserve le droit d'agir devant une juridiction et peut bénéficier, en cas de succès, du remboursement des frais et dépens qu'elle a engagés. • CE 12 juin 2013, n° 367004 : *AJDA 2013. 2413* (QPC – Caractère non sérieux).

B. CONDITIONS D'OBTENTION

4. Condition de résidence. V. note ss. CASF, art. L. 264-2 reproduit ci-dessous.

5. Conditions de ressources. En application de l'art. 6 de la L. du 10 juill. 1991 relative à l'aide juridique, il peut à titre exceptionnel être dérogé à la condition de ressources lorsque la situation de la personne apparaît digne d'intérêt au regard du litige ou des charges prévisibles du procès. Il appartient aux bureaux d'apprécier souverainement si ce texte peut trouver application aux demandes dont ils sont saisis. Ces dispositions permettent ainsi aux bureaux d'aide juridictionnelle d'accorder le bénéfice de l'aide juridictionnelle aux personnes étrangères en situation irrégulière qui introduisent des recours pour obtenir la délivrance ou le renouvellement de titres de séjour, même si elles ne peuvent justifier de documents officiels sur leurs ressources. * Rép. min. n° 17501 : JO débats Sénat, Questions, 6 oct. 2011 ; Rev. crit. DIP 2011. 1045.

6. Incidence d'une convention internationale de coopération judiciaire. En subordonnant la recevabilité des demandes d'aide juridictionnelle présentées par des ressortissants étrangers ne remplissant pas la condition de résidence habituelle en France mais bénéficiaires de stipulations d'une convention internationale de coopération en matière judiciaire, telles celles figurant à l'art. 38 de la Conv. conclue le 29 mars 1974 entre la France et la République du Sénégal qui stipulent « que les ressortissants de chacun des deux États bénéficient sur le territoire de l'autre de l'assistance judiciaire comme les nationaux eux-mêmes pourvu qu'ils se conforment à la loi du pays où l'assistance est demandée », au respect d'une procédure de transmission de ces demandes par l'intermédiaire du ministère de la Justice de leur pays et de l'autorité centrale française, la lettre du 10 juill. 1997 du garde des Sceaux au président d'un bureau d'aide juridictionnelle ne s'est pas bornée à expliciter les dispositions légales et conventionnelles en vigueur, mais a ajouté à celles-ci une condition qu'elles peuvent éventuellement ne pas comporter. • CE 31 mai 2000, *Traoré et Diatta*, n° 195626.

C. CONSÉQUENCE DE LA DEMANDE D'AIDE JURIDICTIONNELLE

7. Demandeur d'asile. La présentation, par un demandeur d'asile, avant l'expiration du délai d'un mois prévu à l'art. R. 733-9 CESEDA, d'une demande d'aide juridictionnelle devant la Cour nationale du droit d'asile en vue de contester la décision négative de l'Office français de protection des réfugiés et apatrides dont il a fait l'objet, a le caractère d'un recours au sens de ces dispositions. Ainsi, en refusant à un demandeur d'asile qui justifiait avoir présenté, dans le délai de recours, devant le bureau d'aide juridictionnelle de la Cour nationale du droit d'asile, une demande d'aide juridictionnelle en vue de contester la décision de l'OFPRA, le renouvellement de son récépissé de demande d'asile au seul motif qu'il n'avait pas encore déposé, à cette date, de recours contre cette décision, le préfet de police a porté une atteinte grave et manifestement illégale à une liberté fondamentale. • CE réf. 8 févr. 2012 : *Lebon 29 ; AJDA 2012. 294 ; D. 2013. 324, obs. Boskovic, Corneloup, Jault-Seseke, Joubert et Parrot*.

Code de l'action sociale et des familles

Art. L. 264-1 Pour prétendre *[...]* à l'aide *(L. n° 2014-366 du 24 mars 2014, art. 46-I-2°-b)* « juridictionnelle », les personnes sans domicile stable doivent élire domicile soit auprès d'un centre communal ou intercommunal d'action sociale, soit auprès d'un organisme agréé à cet effet.

[...]

Art. L. 264-2 *Al. 1er et 2 non reproduits.*

L'attestation d'élection de domicile ne peut être délivrée à la personne non ressortissante d'un État membre de l'Union européenne, d'un autre État partie à l'accord sur l'Espace économique européen ou de la Confédération suisse, qui n'est pas en possession d'un des titres de séjour prévus au *(Ord. n° 2020-1733 du 16 déc. 2020, art. 4-3°, en vigueur le 1er mai 2021)* « titre II du livre IV » du code de l'entrée et du séjour des étrangers et du droit d'asile *(L. n° 2014-366 du 24 mars 2014, art. 46-I-3°)* « , à moins qu'elle sollicite l'aide médicale de l'État mentionnée à l'article L. 251-1 du présent code, l'aide juridictionnelle en application des troisième ou quatrième alinéas de l'article 3 de la loi n° 91-647 du 10 juillet 1991 relative à l'aide juridique ou l'exercice des droits civils qui lui sont reconnus par la loi ». – *V. L. n° 91-647 du 10 juill. 1991, art. 3, reproduit au-dessus du présent art.*

Constitutionnalité (oui). L'art. L. 264-2 CASF, qui constitue une disposition générale, n'a ni pour objet ni pour effet de déroger aux dispositions législatives spécifiques, notamment à celle du septième al. de l'art. 13 de la L. du 10 juill. 1991 et des quatre derniers al. de l'art. 3 de la même loi, et ne prive pas certains étrangers en situation irrégulière du droit de déposer une demande tendant à obtenir l'aide juridictionnelle. • Cons. const. QPC, 11 oct. 2013, n° 2013-347 QPC : *JO 13 oct. ; AJDA 2013. 2001 ; D. 2013. Actu. 2346 ; D. avocats 2013. 400, obs. Portmann.*

Code de l'entrée et du séjour des étrangers et du droit d'asile

Art. L. 532-12 Les requérants peuvent présenter leurs explications à la Cour nationale du droit d'asile et s'y faire assister d'un conseil et d'un interprète. – *[Anc. art. L. 733-1, al. 1er.]*

1. L'art. 9-4 de la L. n° 91-647 du 10 juill. 1991 relative à l'aide juridique, dans sa rédaction issue de la L. n° 2018-778 du 10 sept. 2018 pour une immigration maîtrisée, un droit d'asile effectif et une intégration réussie prévoit, que l'aide juridictionnelle est sollicitée dans un délai de quinze jours à compter de la notification de la décision de l'OFPRA. Lorsqu'une demande d'aide juridictionnelle est adressée au bureau d'aide juridictionnelle de la Cour, le délai prévu au 1er al. de l'art. L. 731-2 est suspendu, et un nouveau délai court, pour la durée restante, à compter de la notification de la décision relative à l'admission au bénéfice de l'aide juridictionnelle. Ces délais sont notifiés avec la décision de l'Office. Le bureau d'aide juridictionnelle de la Cour s'efforce de notifier sa décision dans un délai de quinze jours suivant l'enregistrement de la demande. Si la CNDA se prononce sans qu'il ait été statué sur la demande d'aide juridictionnelle, elle méconnaît les règles générales de procédure. • CE 10 avr. 2009, *B.*, n° 283397 : *Rec. CNDA 24.*

2. La demande d'aide juridictionnelle régulièrement formée dans le délai de recours conserve celui-ci. • CE 26 nov. 2008, *P.*, n° 283158. ♦ Lorsque la demande d'aide juridictionnelle est formée dans le délai de recours d'un mois prévu par l'art. R. 733-9, ce délai est interrompu jusqu'à notification de la décision du bureau d'aide juridictionnelle statuant sur cette demande ; si la CNDA rejette le recours pour tardiveté, elle commet une erreur de droit. • CE 30 déc. 2009, *Mme A.*, n° 298865 : *Rec. CNDA 7.*

3. Une demande d'aide juridictionnelle doit être présentée dans le délai de quinze jours à compter de la notification de la décision de l'OFPRA pour interrompre le délai d'un mois prévu au présent art. • CE 9 mars 2018, n° 411892.

4. La procédure au terme de laquelle il est statué sur la demande d'aide juridictionnelle du candidat débouté à l'asile politique est distincte de celle suivie devant la CNDA et obéit à des règles spécifiques. En conséquence, cette procédure ne peut pas être contestée, en l'espèce au regard de la Conv. EDH, dans le cadre d'un recours contre la décision de la Cour. • CE 15 mai 2000, *Abd El Hameid*, n° 159706 : *RFDA 2000. 890*.

5. Lorsque la décision concernant la demande d'aide juridictionnelle n'a pas été notifiée avant l'audience, la Cour ne peut pas différer le jugement de l'affaire jusqu'à ce que l'intéressé ait reçu notification de la décision prise sur sa demande d'aide. • CE 29 avr. 1998, *Kaya*, n° 179171 • 21 déc. 2007, *M. Boulanouar A*, n° 280143.

6. Afin d'assurer au requérant le bénéfice effectif du droit qu'il tient de la L. du 10 juill. 1991, dans le cas où l'auxiliaire de justice justifie avoir été informé de sa désignation à une date rendant en pratique impossible l'introduction du recours avant l'expiration de ce nouveau délai, le recours introduit dans le mois qui suit la date de cette information ne peut être regardé comme tardif. • CE 29 nov. 2019, n° 415837 : *AJDA 2019. 2468*.

7. Les décisions du président de la CNDA fixant la rétribution des avocats au titre de l'aide juridictionnelle ont le caractère de décisions administratives et sont, à ce titre, susceptibles de recours en annulation devant le juge administratif et non d'un pourvoi en cassation devant le Conseil d'État ; ces décisions relèvent ainsi de la compétence territoriale du TA de Montreuil. • CE 16 oct. 2013, nos 345704 et 345705.

Art. 3-1 *(L. n° 2005-750 du 4 juill. 2005, art. 1er-1°)* **Par dérogation aux deuxième et troisième alinéas de l'article 2 et à l'article 3, et pour l'application de la directive 2003/8/CE du Conseil, du 27 janvier 2003, visant à améliorer l'accès à la justice dans les affaires transfrontalières par l'établissement de règles minimales communes relatives à l'aide judiciaire accordée dans le cadre de telles affaires, l'aide juridictionnelle est accordée dans les litiges transfrontaliers en matière civile ou commerciale, et dans cette même matière définie au titre II, aux personnes qui, quelle que soit leur nationalité, sont en situation régulière de séjour et résident habituellement dans un État membre de l'Union européenne, à l'exception du Danemark, ou y ont leur domicile.** *— V. Dir. n° 2003/8/CE du Conseil du 27 janv. 2003, App., v° Aide juridique. — V. Décr. n° 2020-1717 du 28 déc. 2020, art. 37 (pièces justificatives de la demande d'aide juridictionnelle), 117 (frais avancés par l'État) et 124, al. 2 (recouvrement des frais de traduction en cas de rejet de la demande d'aide), App., v° Aide juridique. — V. par ailleurs art. 61 de la présente loi s'agissant de la prise en charge de la consultation d'un avocat, préalablement à la réception de la demande d'aide juridictionnelle par l'État de la juridiction compétente au fond, au titre de l'aide à l'accès au droit.*

Le litige transfrontalier est celui dans lequel la partie qui sollicite l'aide a sa résidence habituelle ou son domicile dans un État membre autre que celui où siège la juridiction compétente sur le fond du litige ou que celui dans lequel la décision doit être exécutée. Cette situation s'apprécie au moment où la demande d'aide est présentée.

Dernier al. abrogé par L. n° 2007-210 du 19 févr. 2007, art. 5-2°.

Sur l'octroi de l'aide juridictionnelle à l'occasion de l'exécution sur le territoire français d'une décision de justice ou de tout autre titre exécutoire, y compris s'ils émanent d'un autre État membre de l'Union européenne à l'exception du Danemark, V. art. 10 de la présente loi.

Sur l'octroi, à titre exceptionnel, de l'aide juridictionnelle s'agissant de personnes ne remplissant pas les conditions posées par l'art. 4 de la présente loi, V. art. 6 de la présente loi.

Sur les frais couverts par l'aide juridictionnelle dans le cadre des litiges transfrontaliers, V. art. 40-1 de la présente loi.

Sur le fondement de la prise en charge de la consultation de l'avocat, préalablement à la réception de la demande d'aide juridictionnelle par l'État de la juridiction compétente, V. art. 61 de la présente loi.

Art. 4 *(L. n° 2019-1479 du 28 déc. 2019, art. 243-I-1°)* **I. — Les plafonds annuels d'éligibilité des personnes physiques à l'aide juridictionnelle** *(L. n° 2020-1721 du 29 déc. 2020, art. 234-IV-1°-c)* **« et à l'aide à l'intervention de l'avocat » sont fixés par décret en Conseil d'État.** *— V. Décr. n° 2020-1717 du 28 déc. 2020, art. 3 s., App., v° Aide juridique.*

II. — Le caractère insuffisant des ressources des personnes physiques est apprécié en tenant compte :

1° Du revenu fiscal de référence ou, à défaut, des ressources imposables dont les modalités de calcul sont définies par décret ; *— V. Décr. n° 2020-1717 du 28 déc. 2020, art. 3, 4, 6 à 8, App., v° Aide juridique.*

2° De la valeur en capital du patrimoine mobilier ou immobilier *(L. n° 2020-1721 du 29 déc. 2020, art. 234-IV-1°-c)* **« même » non productif de revenus** *(Abrogé par L. n° 2020-1721 du 29 déc. 2020, art. 234-IV-1°-c)* ***« et du patrimoine mobilier productif de revenus »*** **;** *— V. Décr. n° 2020-1717 du 28 déc. 2020, art. 5, App., v° Aide juridique.*

3° De la composition du foyer fiscal. *— V. not. Décr. n° 2020-1717 du 28 déc. 2020, art. 6, App., v° Aide juridique.*

III. — Les biens qui ne pourraient être vendus ou donnés en gage sans entraîner un trouble grave pour les intéressés ne sont pas pris en compte dans le calcul du montant des ressources auquel s'appliquent les plafonds d'éligibilité.

L'art. 243 de la L. n° 2019-1479 du 28 déc. 2019 entre en vigueur à une date fixée par décret, et au plus tard le 1er déc. 2020 (L. préc., art. 243-IV). Le I dudit art. est applicable en Polynésie française (L. préc., art. 243-III).

Code des pensions militaires d'invalidité et des victimes de la guerre

Art. L. 711-7 Dispense de justificatifs. *(Abrogé par L. n° 2018-607 du 13 juill. 2018, art. 51, à compter du 1er janv. 2020) Les dispositions de la première partie de la loi n° 91-647 du 10 juillet 1991 relative à l'aide juridique sont applicables de plein droit, sans condition de ressources, de nationalité et de résidence, aux personnes qui formulent une demande en application du présent code devant le tribunal des pensions, la cour régionale des pensions et le Conseil d'État.*

Restriction. Pertinence de l'action. Si les conditions de ressources, de nationalité et de séjour posées aux art. 2 et 3 de la L. n° 91-647 du 10 juill. 1991, qui sont attachées à la personne du requérant, ne sont pas applicables aux demandes d'aide juridictionnelle formées par des personnes engageant une action devant les juridictions des pensions sur le fondement du code des pensions militaires d'invalidité et des victimes de la guerre, ces dernières ne peuvent toutefois bénéficier de l'aide juridictionnelle que si leur requête répond à la condition posée à l'art. 7 de la même loi (présentation de moyens sérieux de cassation à l'appui de leur pourvoi pour bénéficier de l'aide juridictionnelle). • CE 31 oct. 2008 : *AJDA 2008. 2092, obs. S. B.* ♦ *Contra*, antérieurement, il résulte de l'art. L. 104-1, al. 1er, C. pens. mil., rapproché des dispositions de la L. n° 91-647 du 10 juill. 1991, que les personnes engageant une action devant les juridictions des pensions peuvent obtenir le bénéfice de l'aide juridictionnelle même lorsqu'elles ne remplissent pas les conditions prévues par les art. 2, 3 et 7 de cette loi. • CE 14 mars 2003 : *D. 2003. IR 1263*.

Art. 5 *(L. n° 2019-1479 du 28 déc. 2019, art. 243-I-2°)* **L'appréciation des ressources est individualisée dans les cas suivants :**

1° La procédure oppose des personnes au sein d'un même foyer fiscal ou bien il existe entre eux, eu égard à l'objet du litige, une divergence d'intérêt ;

2° La procédure concerne une personne majeure ou mineure rattachée au foyer fiscal de ses parents ou de ses représentants légaux, lesquels manifestent un défaut d'intérêt à son égard.

L'art. 243 de la L. n° 2019-1479 du 28 déc. 2019 entre en vigueur à une date fixée par décret, et au plus tard le 1er déc. 2020 (L. préc., art. 243-IV). Le I dudit art. est applicable en Polynésie française (L. préc., art. 243-III).

I. RESSOURCES DU DEMANDEUR

A. LES RESSOURCES PRISES EN CONSIDÉRATION

1. Pension alimentaire. Il y a lieu d'ajouter aux ressources de l'épouse faisant appel d'un jugement de divorce la pension alimentaire servie par le père pour l'entretien des enfants mineurs. • Bur. sup. aide jud., 8 oct. 1974 : *D. 1975. 582, note Laroche de Roussane.* ♦ Corrélativement, cette pension doit être déduite, à l'inverse, des ressources du mari qui la verse et qui demande lui aussi le bénéfice de l'aide judiciaire. • Bur. sup. aide jud., 30 avr. 1974 : *D. 1975. 582, note Laroche de Roussane.* ♦ V. de façon générale, sur la nécessité de tenir compte des sommes versées à l'intéressé par son ex-conjoint (versement d'une pension alimentaire ou d'une participation au loyer du logement occupé par le demandeur), ainsi que, le cas échéant, des mises à disposition gracieuses. * Rép. min. n° 4579 : *JOAN Q, 5 janv. 1998, p. 99 ; Dr. et pr. 1998. 150.*

2. Éléments extérieurs du train de vie. Sur le refus de l'aide judiciaire au requérant qui semble mener un train de vie très supérieur à celui qui pourrait être normalement mené dans la situation dans laquelle il prétend se trouver, V. : • Bur. sup. aide jud., 25 juin 1979 : *Circ. 8 janv. 1980, n° 72.*

3. Indifférence du surendettement. Le bénéfice de l'aide juridictionnelle est fonction du montant des ressources perçues par le demandeur et non des sommes qui restent disponibles une fois que l'intéressé a payé les dettes qu'il peut avoir. Il s'ensuit que l'admission d'une personne surendettée à une procédure de règlement amiable ou de redressement judiciaire civil est à elle seule sans effet sur l'octroi de l'aide juridictionnelle. Il n'appartient pas à l'État de régler, par le moyen de l'aide juridictionnelle, des sommes engagées pour faire face à un procès alors que la personne dispose normalement de ressources suffisantes pour qu'elle les assume elle-même. La dette que peuvent représenter les frais entraînés par le procès auquel serait partie une personne surendettée sera incluse dans l'ensemble de ses dettes. * Rép. min. n° 59019 : *JOAN Q, 5 oct. 1992, p. 4629.*

B. LES RESSOURCES EXCLUES

4. Somme espérée au titre de l'action. Prise en compte a priori. La détermination des ressources du demandeur n'inclut pas la somme escomptée par lui, par l'exercice de son action. • Bur. sup. aide jud., 20 févr. 1978 : *D. 1978. 467, note Laroche de Roussane.* ♦ V. cependant, s'agissant du retrait de l'aide juridictionnelle, art. 36 et 50 de la présente loi.

5. Dommages et intérêts escomptés. Dans l'appréciation des ressources d'une veuve demandant l'aide judiciaire, il n'y a pas lieu de tenir compte de la somme que lui a accordée le jugement dont elle veut interjeter appel, à titre de dommages-intérêts à la suite d'un accident mortel dont a été victime son mari ; cette somme lui a été attribuée pour compenser un préjudice réel qui est l'objet même de la procédure en cours. • Bur. sup. aide jud., 20 févr. 1978 : *D. 1978. 467, note Laroche de Roussane.*

6. Part de communauté non définiti-

vement liquidée. Ne doit pas être prise en considération la part du demandeur à l'aide judiciaire dans une communauté non définitivement liquidée, puisqu'elle n'est pas disponible. • Bur. sup. aide jud., 3 juin 1975 : *Circ. 10 févr. 1976, n° 28* • 27 oct. 1976 : *Circ. 25 janv. 1977, n° 48.*

7. Avantages en nature. Hébergement gratuit. Conformément à la précision apportée par une Circ. du 6 juin 2003 [reproduite ci-dessous], il ne doit pas être tenu compte de la jouissance ou de la libre disposition de l'hébergement gratuit, à titre temporaire ou permanent. Cette solution s'applique au cas de jeunes majeurs résidant, à titre permanent, au domicile parental. * Rép. min. n° 9147 : *JO Sénat Q, 8 janv. 2004, p. 80.* ♦ V. antérieurement, jugeant que saisi d'une demande d'interprétation de l'al. 3 de l'art. 5 de la L. du 10 juill. 1991 par le président du bureau d'aide juridictionnelle de Paris, le garde des Sceaux, ministre de la Justice, a pu, sans excéder ses compétences, rappeler qu'en vertu des dispositions de cet article et de l'art. 35 du Décr. n° 91-1266 du 19 déc. 1991 pris pour son application [devenu Décr. n° 2020-1717 du 28 déc. 2020, art. 37], les avantages en nature dont peuvent bénéficier les demandeurs de l'aide juridictionnelle du fait d'un hébergement habituel chez des tiers doivent être pris en compte dans l'appréciation de leur situation financière. En énumérant ces avantages en nature, il n'a pas méconnu le sens et la portée de l'art. 5 préc., lequel vise la prise en compte des ressources de toute nature dont le demandeur a directement ou indirectement la jouissance ou la libre disposition. • CE 19 mars 2003, n° 224370 • 19 mars 2003, n° 225378.

II. MEUBLES ET IMMEUBLES DU DEMANDEUR

8. Prise en considération. Sur la possibilité pour le bureau d'aide juridictionnelle de refuser le bénéfice de l'institution au demandeur dont les ressources sont inférieures aux plafonds mais qui est propriétaire d'immeubles importants. V. : • Bur. sup. aide jud., 25 oct. 1978 : *Circ. 3 janv. 1979, n° 68.* ♦ La déduction des annuités de remboursement des prêts immobiliers de l'ensemble des ressources du foyer n'est pas expressément *prévue par les textes. Toutefois, les bureaux* d'aide judiciaire [juridictionnelle] peuvent en tenir compte sur le fondement de l'art. 16 de la L. n° 72-11 du 3 janv. 1972 [repris *in* L. 10 juill. 1991, art. 6] * Rép. min. n° 28501 : *JOAN Q 6 juin 1983, p. 2544.*

9. Exclusion. Néanmoins ne doivent pas être pris en compte les immeubles grevés de charges ou d'inscriptions hypothécaires pour la quasi-totalité de leur valeur. • Bur. sup. aide jud., 10 mars 1976 : *Circ. 25 janv. 1977, n° 42.* ♦ ... Ou l'exploitation agricole qui constitue la seule source de revenus de l'agriculteur demandeur et qui ne pourrait donc être vendue ou donnée en gage sans entraîner pour lui un trouble grave. • Bur. sup. aide jud., 27 oct. 1976 : *Circ. 25 janv. 1977, n° 46* • 16 nov. 1979 : *Circ. 8 janv. 1980, n° 74.*

III. RESSOURCES DES TIERS

A. LES RESSOURCES DU CONJOINT

10. Prise en considération. Deux époux ayant formé les demandes d'aide judiciaire conjointes et leurs ressources provenant de l'exploitation en commun d'un fonds de commerce, le bureau supérieur a retenu le montant de ces ressources pour l'appréciation de celles de chacun des époux. • Bur. sup. aide jud., 28 févr. 1977 : *Circ. 16 févr. 1978, n° 55.*

11. Indifférence du régime matrimonial. Le fait que les époux soient mariés sous le régime de la séparation de biens ne s'oppose pas à la prise en considération des ressources du conjoint du demandeur à l'aide judiciaire. • Bur. sup. aide jud., 10 mars 1976 : *D. 1976. 627, note Laroche de Roussane.*

12. Exclusion en cas de procédure de divorce. Il n'est pas tenu compte, pour apprécier les ressources de la femme, de celles du mari, celui-ci plaidant contre elle et ne paraissant pas en mesure de lui fournir une provision ad litem. • Bur. sup. aide jud., 17 déc. 1974 : *D. 1975. 621, note Laroche de Roussane.* ♦ Si la femme est dépourvue de ressources, à l'exception de la pension alimentaire servie par le mari, il convient de lui accorder l'aide judiciaire. Toutefois, si le mari dispose de ressources suffisantes, cette aide peut être limitée à l'obtention d'une provision ad litem et à l'exécution de la décision rendue sur cet incident. • Bur. sup. aide jud., 9 oct. 1973 : *D. 1974. Somm. 13.* ♦ Dans le cas d'un recours au divorce sur requête conjointe et du choix d'un avocat commun, l'un des époux peut néanmoins bénéficier de l'aide judiciaire. • Bur. sup. aide jud., 9 mars 1979 : *D. 1980. 135, note Laroche de Roussane.*

B. LES RESSOURCES DES PERSONNES AUTRES QUE LE CONJOINT

13. Demandeurs vivant ensemble. Lorsque les deux personnes qui vivent ensemble ont demandé l'aide judiciaire conjointement mais agissent en justice chacune en leur nom personnel, il convient de se prononcer séparément sur chacune des demandes et au vu des seules ressources de chaque personne, sans avoir à rechercher si l'action que se proposent d'engager les demanderesses est destinée à défendre globalement leurs droits. • Bur. sup. aide jud., 19 févr. 1974 : *Circ. 28 janv. 1975, n° 8.*

14. Hébergeant. Les revenus des hébergeants ne sauraient être pris en compte dans l'appréciation de la situation financière du demandeur.

• CE 19 mars 2003 : *préc. note 7.* ♦ Il n'y a pas à tenir compte des ressources de celui qui héberge habituellement mais exclusivement des ressources de celui qui demande le bénéfice de l'aide. • Civ. 2e, 15 mars 2001, nº 99-17.007 : *D. 2001. 1218*.

15. Personnes vivant habituellement au foyer du demandeur. S'agissant des personnes autres que le conjoint, il découle de l'art. 5 que deux conditions sont requises pour retenir leurs ressources : d'une part, elles doivent vivre au foyer du demandeur à l'aide juridictionnelle, notion qui désigne traditionnellement le domicile mais également l'entité familiale que le demandeur forme avec son concubin ou son partenaire d'un pacte civil de solidarité comprenant, le cas échéant, un ou plusieurs enfants ; d'autre part, ces personnes doivent vivre habituellement au foyer du demandeur à l'aide. Si ces conditions ne sont pas réunies, le bureau ne pourra retenir les ressources des personnes hébergeant le demandeur à l'aide. Tel est le cas notamment lorsque cet hébergement est temporaire et gratuit. * Rép. min. nº 83211 : *JOAN Q 23 nov. 2010, p. 12490 ; Procédures 2010. Veille 2.*

16. Enfants majeurs. Sur la prise en considération des ressources des enfants majeurs vivant au foyer du demandeur. • Versailles, 13 avr. 1988 : *Gaz. Pal. 1988. 538, note David.*

Art. 6 **L'aide juridictionnelle peut, à titre exceptionnel, être accordée aux personnes ne remplissant pas les conditions fixées à l'article 4 lorsque leur situation apparaît particulièrement digne d'intérêt au regard de l'objet du litige ou des charges prévisibles du procès** *(L. nº 2005-750 du 4 juill. 2005, art. 1er-2º)* **« ou, dans les litiges transfrontaliers mentionnés à l'article 3-1, si elles rapportent la preuve qu'elles ne pourraient faire face aux dépenses visées à l'article 24 en raison de la différence du coût de la vie entre la France et l'État membre où elles ont leur domicile ou leur résidence habituelle ».** — *V. Dir. 2003/8/CE du Conseil du 27 janv. 2003, App., vº Aide juridique.*

1. Caractère exceptionnel. Sur le caractère exceptionnel de cette dérogation : * Rép. min. QE nº 31841, 16 mai 1983 : *JOAN 4 juill. 1983* • Bur. sup. aide jud., 17 déc. 1974 : *D. 1975. 621, note Laroche de Roussane.*

2. Situations dignes d'intérêt. Pour une personne âgée hébergée en maison de retraite par exemple, V. : * Rép. min. nº 25025 : *JOAN 29 mars 1999.* ♦ V. S'agissant d'une demande d'allocations de chômage : • Bur. sup. aide jud., 27 nov. 1973 : *Circ. 28 janv. 1975, nos 4, 15, 24 ; D. 1975. 621, note Laroche de Roussane* • 30 avr. 1974 : *cité note 7 ss. art. 5 de la présente loi* • 17 déc. 1974 : *préc. note 1.* ♦ V. s'agissant de la révision de pension alimentaire : • Bur. sup. aide jud., 10 mars 1976 : *D. 1977. 30, note Laroche de Roussane.* ♦ V. s'agissant du versement à la femme d'un interné des indemnités de salaires perçues par l'hôpital psychiatrique, • Bur. sup. aide jud., 27 oct. 1976 : *Circ. 25 janv. 1977, nº 46.* ♦ V. sur la réparation du préjudice résultant d'un accident pour un chômeur de soixante-quatre ans, • Bur. sup. aide jud., 28 févr. 1977 : *Circ. 16 févr. 1978, nos 52 et 56* • 13 juin 1977 : *cité note 2 ss. art. 6.* ♦ V. s'agissant de la défense d'un agriculteur en matière de remboursement • Colmar, 10 févr. 2004, nº 2B03/04852.

3. Aide totale ou partielle. Le bureau, dans l'exercice de son pouvoir discrétionnaire, peut accorder indifféremment l'aide totale ou l'aide partielle (mêmes décisions. • Bur. sup. aide jud., 19 févr. 1974 : *Circ. 28 janv. 1975, nº 7*). ♦ Le bénéficiaire d'une aide judiciaire partielle peut, au titre de l'art. 16 de la L. du 3 janv. 1972 [repris in L. 10 juill. 1991, art. 6], bénéficier d'une aide judiciaire totale. • Bur. sup. aide jud., 10 mars 1976 : *D. 1977. 30, note Laroche de Roussane.*

Art. 7 **L'aide juridictionnelle est accordée à la personne dont l'action n'apparaît pas, manifestement, irrecevable** *(L. nº 2019-1479 du 28 déc. 2019, art. 243-I-3º)* **« , dénuée de fondement ou abusive en raison notamment du nombre des demandes, de leur caractère répétitif ou systématique ».**

Cette condition n'est pas applicable au défendeur à l'action, à la personne civilement responsable, au témoin assisté, à *(L. nº 93-1013 du 24 août 1993, art. 46, en vigueur le 2 sept. 1993)* **« la personne mise en examen », au prévenu, à l'accusé, au condamné** *(L. nº 2004-204 du 9 mars 2004, art. 137-III-2º)* **« et à la personne faisant l'objet de la procédure de comparution sur reconnaissance préalable de culpabilité ».**

En outre, en matière de cassation, l'aide juridictionnelle est refusée au demandeur si aucun moyen de cassation sérieux ne peut être relevé.

Lorsqu'en vertu des alinéas qui précèdent, **l'aide juridictionnelle n'a pas été accordée et que cependant le juge a fait droit à l'action intentée par le demandeur, il est accordé à ce dernier le remboursement des frais, dépens et honoraires par lui exposés ou versés, à concurrence de l'aide juridictionnelle dont il aurait bénéficié compte tenu de ses ressources.** — *Sur les modalités de demande du remboursement, V. Décr. nº 2020-1717 du 28 déc. 2020, art. 45, App., vº Aide juridique.*

L'art. 243 de la L. n° 2019-1479 du 28 déc. 2019 entre en vigueur à une date fixée par décret, et au plus tard le 1er déc. 2020 (L. préc., art. 243-IV). Le I dudit art. est applicable en Polynésie française (L. préc., art. 243-III).

BIBL. ▸ L. Boré, *Just. et cass. 2008. 38* (l'aide juridictionnelle). – Sargos, *JCP 2014. 1064* (l'aide juridictionnelle devant la Cour de cassation – L'exigence d'un moyen de cassation sérieux).

I. VALEUR DE LA RESTRICTION

A. CONSTITUTIONNALITÉ

1. Le fait de réserver le bénéfice de l'aide juridictionnelle à la personne dont l'action n'apparaît pas, manifestement, irrecevable ou dénuée de fondement, d'une part, ne porte pas atteinte au principe d'égalité qui ne s'oppose ni à ce que le législateur règle de façon différente des situations différentes, ni à ce qu'il déroge à l'égalité pour des raisons d'intérêt général pourvu que, dans l'un et l'autre cas, la différence de traitement qui en résulte soit en rapport direct avec l'objet de la loi qui l'établit et que, dans l'exercice de ce pouvoir, il ne prive pas de garanties des exigences constitutionnelles et, d'autre part, n'emporte pas d'atteinte substantielle au droit à un recours effectif dès lors que la personne à laquelle le bénéfice de l'aide juridictionnelle n'a pas été accordé dispose d'une voie de recours contre la décision de refus de cette aide, conserve le droit d'agir devant une juridiction pour soutenir sa réclamation et, dans le cas où le juge a fait droit à son action, d'obtenir le remboursement des frais, dépens et honoraires qu'elle a exposés ou versés, à concurrence de l'aide juridictionnelle dont elle aurait bénéficié compte tenu de ses ressources. • Civ. 2e, 21 juin 2012, n° 12-40.036 P : *D. 2012. Actu. 1748*.

B. CONVENTIONNALITÉ

2. Le bureau d'assistance judiciaire (belge) n'avait pas à apprécier les chances de succès du pourvoi en cassation envisagé ; il appartenait à la Cour de cassation (belge) de décider. En rejetant la demande au motif que la prétention ne paraissait pas actuellement juste, le bureau d'assistance judiciaire a porté atteinte à la substance même du droit du requérant à un tribunal. • CEDH 30 juill. 1998, n° 25357/94, *Aerts c/ Belgique : D. 1999. Somm. 270, obs. Fricero ; D. 1998. Actualités du 35e cahier, obs. Rolin.*

3. Représentation facultative (oui). Mais le motif tiré du défaut d'un moyen sérieux de cassation (al. 3 du texte) « s'inspire sans nul doute du légitime souci de n'allouer des deniers publics au titre de l'aide juridictionnelle qu'aux demandeurs dont le pourvoi a une chance raisonnable de succès », alors d'autant plus que dans une matière sans représentation obligatoire, ce refus ne privait pas le requérant de son droit d'accès à un tribunal. • CEDH 19 sept. 2000, n° 40031/98, *Gnahoré c/ France : Journal des droits de l'homme, suppl. n° 66 aux Annonces de la Seine, 16 oct. 2000, p. 7 ; D. 2001. 725, note Rolin ; JDI 2001. 207, obs. Leclercq-Delapierre et Restencourt ; D. 2001. 1063, obs. Fricero ; RDP 2001. 682, obs. Gonzalès ; JCP 2001. I. 291, n° 19, obs. Sudre.*

4. Représentation obligatoire (oui). Dans les procédures avec représentation obligatoire, en raison de la composition du bureau, de l'existence d'un recours contre les décisions de rejet prises par ce dernier et du fait que le requérant a pu faire entendre sa cause par deux juridictions successives, le refus du bureau d'aide juridictionnelle d'accorder l'aide au demandeur n'atteint pas dans sa substance même le droit d'accès à un tribunal. • CEDH 26 févr. 2002, *Del Sol c/ France*, n° 46800/99 : *BICC 2002, n° 471 ; Gaz. Pal. 4 oct. 2002, p. 35, note Puéchavy* • 26 févr. 2002, *Essaadi c/ France*, n° 49384/99.

C. RESPECT DE L'IMPARTIALITÉ

5. Eu égard à la nature de l'office attribué au magistrat appelé à statuer, en application des art. 7, 12 et 20 de la L. du 10 juill. 1991 modifiée, sur une demande d'aide juridictionnelle – et sous réserve du cas où il apparaîtrait qu'allant au-delà de ce qu'implique nécessairement cet office, il aurait préjugé l'issue du litige – la circonstance que le même magistrat se trouve ultérieurement amené à se prononcer sur la requête pour la présentation de laquelle l'aide juridictionnelle avait été sollicitée est, par elle-même, sans incidence sur la régularité de la décision juridictionnelle statuant sur cette requête notamment au regard des règles relatives à l'impartialité de la juridiction. • CE 12 mai 2004 : *Lebon 224 ; AJDA 2004. 1354, chron. Landais et Lenica ; D. 2004. 1501, et les obs. ; et 2005. 1182, chron. Cassia ; RFDA 2004. 713, concl. de Silva.*

II. DOMAINE DE LA RESTRICTION

6. Anciens combattants. V. note ss. C. pens. mil., art. L. 104-1 reproduit ss. art. 4 de la présente loi.

III. APPRÉCIATION

7. Incidence du prononcé de la décision au fond. Lorsqu'un bureau d'aide judiciaire, saisi sans aucun retard de la part d'un requérant qui justifie par ailleurs d'un montant de ressources lui permettant de bénéficier de cette mesure, n'a pas statué avant le prononcé de la décision juridictionnelle, cette circonstance n'est pas, à elle seule, de nature à rendre ladite demande sans objet. • Bur. sup. aide jud., 18 juin 1974, *Ballion*

(1re esp.) : D. 1974. 748, note Laroche de Roussane. ♦ De même, lorsque postérieurement à la décision du bureau d'aide judiciaire près une cour d'appel, la cour a rendu sa décision sur le fond en déboutant le requérant de son appel et en confirmant le jugement entrepris, cette circonstance, qui n'est pas imputable à l'appelant, n'a pas, à elle seule, pour effet de rendre la demande sans objet. • Bur. sup. aide jud., 18 juin 1974, *Besse (2e esp.) : D. 1974. 748, note Laroche de Roussane*

8. Moment d'appréciation. C'est au moment de la demande que s'apprécie le caractère manifestement dénuée de fondement ou non de celle-ci. • Bur. sup. aide jud., 18 juin 1974, *Besse (2e esp.) : préc.*

Art. 8 **Toute personne admise à l'aide juridictionnelle en conserve de plein droit le bénéfice pour se défendre en cas d'exercice d'une voie de recours.**

Recours. Maintien du bénéfice de l'aide juridictionnelle. Celui qui a bénéficié de l'aide judiciaire totale en instance d'appel en conserve de plein droit le bénéfice pour se défendre au pourvoi en cassation, dès lors qu'il satisfait aux conditions de l'art. 6, sans qu'il soit besoin de rechercher si le montant des ressources mensuelles de l'intéressé est inférieur aux plafonds fixés par la loi. • Bur. sup. aide jud., 3 juin 1975 : *D. 1975. 663, note Laroche de Roussane.*

Art. 9 **Si la juridiction saisie d'un litige pour lequel le bénéfice de l'aide juridictionnelle a été accordé est incompétente, ce bénéfice subsiste devant la nouvelle juridiction appelée à connaître du litige, sans qu'il soit besoin d'une nouvelle admission.**

Incompétence du juge saisi. Maintien du bénéfice de l'aide juridictionnelle devant le juge compétent. Si le juge d'instruction saisi d'une plainte avec constitution de partie civile pour laquelle le bénéfice de l'aide juridictionnelle a été accordé est incompétent, ce bénéfice subsiste devant le nouveau juge d'instruction appelé à connaître du litige, sans qu'il soit besoin d'une nouvelle admission. • Crim. 4 janv. 2017, n° 16-83.528 : *D. avocats 2017. 46, obs. Dargent ; JCP 2017. 660, n° 24, obs. G'Sell ; Dr. pénal 2017, n° 47, note Maron.*

Art. 9-1 *(L. n° 93-22 du 8 janv. 1993, art. 54)* **Dans toute procédure le concernant, le mineur entendu dans les conditions mentionnées à l'article 388-1 du code civil, s'il choisit d'être entendu avec un avocat ou si le juge procède à la désignation d'un avocat, bénéficie de droit de l'aide juridictionnelle.** — *V. sur la rétribution de l'avocat sur la seule présentation d'une attestation de mission remise par le greffe, V. Décr. n° 96-887 du 10 oct. 1996, art. 14, App., v° Aide juridique.*

Notion de mineur. Le majeur, qui comparaît devant le tribunal pour enfants pour une infraction commise alors qu'il était mineur, doit être assisté d'un avocat, lequel sera rémunéré soit par des honoraires, soit par l'aide juridictionnelle dans les conditions prévues pour les mineurs par les art. 2 à 6 de la L. du 10 juill. 1991. • Cass. avis, 29 févr. 2016, n° 15-70.005 P : *D. 2016. 601, obs. N. explicative de la Cour de cassation ; RTD civ. 2016. 317, obs. J. Hauser D. avocats 2016. 83, obs. Dargent ; JCP 2016. 324, note Deumier.*

Art. 9-2 *(L. n° 2002-1138 du 9 sept. 2002, art. 65)* **La condition de ressources n'est pas exigée des victimes de crimes d'atteintes volontaires à la vie ou à l'intégrité de la personne prévus et réprimés par les articles 221-1 à 221-5** *[atteintes volontaires à la vie]*, **222-1 à 222-6** *[tortures et actes de barbarie]*, **222-8** *[violences ayant entraîné la mort sans intention de la donner]*, **222-10** *[violences ayant entraîné une mutilation ou une infirmité permanente]*, **222-14 (1° et 2°)** *[violences habituelles sur mineur ou sur personne particulièrement vulnérable et ayant entraîné soit la mort soit une mutilation ou infirmité permanente]*, **222-23 à 222-26** *[viols]*, **421-1 (1°) et 421-3 (1° à 4°)** *[actes de terrorisme lorsqu'ils sont constitutifs d'atteintes volontaires à la vie, d'enlèvement ou de séquestration, ainsi que le défournement d'aéronef, de navire ou de tout autre moyen de transport]* **du code pénal, ainsi que de leurs ayants droit pour bénéficier de l'aide juridictionnelle en vue d'exercer l'action civile en réparation des dommages résultant des atteintes à la personne.**

(L. n° 2019-222 du 23 mars 2019, art. 64-VII) **« Les dispositions du premier alinéa sont également applicables aux victimes de crimes d'atteintes volontaires à la vie ou à l'intégrité de la personne prévus et réprimés par le 1° de l'article 421-1 et les 1° à 4° de l'article 421-3 du code pénal ainsi qu'à leurs ayants droit en vue de leur constitution de partie civile au soutien de l'action publique. »**

L'art. 64-II de la L. n° 2019-222 du 23 mars 2019 entre en vigueur le premier jour du mois suivant la publication de ladite loi, soit le 1er avr. 2019. A cette date, les procédures en cours devant les juridictions civiles sont transférées en l'état au tribunal de grande instance de Paris (L. préc., art. 64-VIII).

Art. 9-3 *(L. nº 2004-439 du 26 mai 2004, art. 29, en vigueur le 1er janv. 2005)* **Lorsque le pourvoi en cassation est susceptible d'entraîner l'annulation d'une décision ayant fixé une indemnité de licenciement, le montant de cette indemnité est exclu de l'appréciation des ressources.**

La L. nº 2004-439 du 26 mai 2004 est applicable en Nouvelle-Calédonie, en Polynésie française, à Wallis-et-Futuna et à Mayotte (L. préc., art. 32-I).

Art. 9-4 *(L. nº 2015-925 du 29 juill. 2015, art. 17-III-b)* **Devant la Cour nationale du droit d'asile, le bénéfice de l'aide juridictionnelle est de plein droit, sauf si le recours est manifestement irrecevable.** *(L. nº 2018-778 du 10 sept. 2018, art. 8-III)* **« L'aide juridictionnelle est sollicitée dans un délai de quinze jours à compter de la notification de la décision de l'Office français de protection des réfugiés et apatrides. Lorsqu'une demande d'aide juridictionnelle est adressée au bureau d'aide juridictionnelle de la cour, le délai prévu au premier alinéa de l'article L. 731-2 du code de l'entrée et du séjour des étrangers et du droit d'asile est suspendu et un nouveau délai court, pour la durée restante, à compter de la notification de la décision relative à l'admission au bénéfice de l'aide juridictionnelle. Ces délais sont notifiés avec la décision de l'office. Le bureau d'aide juridictionnelle de la cour s'efforce de notifier sa décision dans un délai de quinze jours suivant l'enregistrement de la demande. »**

L'art. 8-III de la L. nº 2018-778 du 10 sept. 2018 entre en vigueur à une date fixée par décret en Conseil d'État, et au plus tard le 1er janv. 2019 et est applicable aux demandes déposées postérieurement à cette dernière (L. préc., art. 71-III).

TITRE II **Le domaine de l'aide juridictionnelle et de l'aide à l'intervention de l'avocat dans les procédures non juridictionnelles** *(L. nº 2020-1721 du 29 déc. 2020, art. 234-IV-1º-d).*

Art. 10 L'aide juridictionnelle est accordée en matière gracieuse ou contentieuse, en demande ou en défense devant toute juridiction *(L. nº 93-22 du 8 janv. 1993, art. 55)* **« ainsi qu'à l'occasion de la procédure d'audition du mineur prévue par l'article 388-1 du code civil »** *(L. nº 2004-204 du 9 mars 2004, art. 137-III-3º)* **« et de la procédure de comparution sur reconnaissance préalable de culpabilité prévue par les articles 495-7 et suivants du code de procédure pénale ».** – *Sur la procédure d'audition du mineur, V. aussi art. 9-1 de la présente loi.*

(L. nº 2010-1609 du 22 déc. 2010, art. 37-IV-1º) **« Elle peut être accordée pour tout ou partie de l'instance ainsi qu'en vue de parvenir, avant l'introduction de l'instance, à une transaction ou à un accord conclu dans le cadre d'une procédure participative prévue par le code civil. »** – *V. Décr. nº 2020-1717 du 28 déc. 2020, art. 13, App., vº Aide juridique. – Sur la procédure participative, V. C. pr. civ., art. 1542 s.*

(L. nº 2016-1547 du 18 nov. 2016, art. 50-VII-1º, en vigueur le 1er janv. 2017) **« Elle peut être accordée en matière de divorce par acte sous signature privée contresigné par avocats, déposé au rang des minutes d'un notaire. »** – *Sur l'extension aux missions accomplies par les avocats dans le cadre de cette nouvelle procédure de divorce, les règles prévues pour les pourparlers transactionnels et la procédure participative, V. art. 39-1 de la présente loi. – Sur la compétence territoriale du BAJ, V. Décr. nº 2020-1717 du 28 déc. 2020, art. 32, App., vº Aide juridique. – Sur le contenu de la décision d'attribution de l'aide juridictionnelle, V. Décr. préc., art. 55. – Sur la rétribution des avocats, V. art. 39-1 de la présente loi, Décr. préc., art. 95 s., et Décr. nº 96-887 du 10 oct. 1996, art. 13, 15, 16 et 22. – Sur le recouvrement de l'aide juridictionnelle, V. not. Décr. nº 2020-1717 du 28 déc. 2020, art. 123, App., vº Aide juridique.*

Elle peut également être accordée à l'occasion de l'exécution *(L. nº 2005-750 du 4 juill. 2005, art. 1er-3º)* **« sur le territoire français, d'une décision de justice ou de tout autre titre exécutoire, y compris s'ils émanent d'un autre État membre de l'Union européenne à l'exception du Danemark ».** – *V. Dir. 2003/8/CE du Conseil du 27 janv. 2003, JOUE L 26, 31 janv. – Sur le maintien de l'aide juridictionnelle pour les procédures civiles d'exécution des décisions de justice obtenues avec son bénéfice, V. aussi art. 11 de la présente loi.*

L'art. 37-IV de la L. nº 2010-1609 du 22 déc. 2010 entre en vigueur dans les conditions fixées par le décret modifiant le code de procédure civile nécessaire à son application et au plus tard le 1er sept. 2011 (L. préc., art. 43).

Restriction aux contraventions de cinquième classe. Aucune contribution à la charge du bureau d'aide juridictionnelle n'est prévue pour les contraventions de police des quatre premières classes. • Reims, 12 juill. 2011, nº 11/01484. ♦ En application de l'art. 90 du Décr. nº 91-1266 du 19 déc. 1991 [devenu Décr. nº 2020-1717 du 28 déc. 2020, art. 86], l'aide juridictionnelle est réservée, pour les majeurs non protégés, aux contraventions de cinquième classe, les contraventions des quatre premières classes n'ouvrant pas droit à cette aide. • Aix-en-Provence, 23 oct. 2019, n° 2019/0875. ♦ *Contra* : la restriction aux contraventions de 5e classe (V. rubrique IX du tableau, infra) est en contradiction avec les dispositions générales de la L. du 10 juill. 1991 (art. 7 et 10) et avec le principe de la hiérarchie des normes ; dès lors, il convient d'admettre le requérant, allocataire du RMI et dont les ressources sont inférieures au plafond légal, au bénéfice de l'aide juridictionnelle pour se faire assister en défense devant le tribunal de police en contravention de 4e classe. • TGI Béthune, 22 sept. 2000 : *D. 2000. IR 289 ; Dr. pén. 2001, n° 1, comm. 11, note A. Maron.*

Art. 11 L'aide juridictionnelle s'applique de plein droit aux procédures, actes ou mesures d'exécution des décisions de justice obtenues avec son bénéfice, à moins que l'exécution ne soit suspendue plus d'une année pour une cause autre que l'exercice d'une voie de recours ou d'une décision de sursis à exécution.

Ces procédures, actes ou mesures s'entendent de ceux qui sont la conséquence de la décision de justice, ou qui ont été déterminés par le bureau ayant prononcé l'admission.

Notion de conséquences de la décision de justice. L'assignation en liquidation judiciaire ne constitue pas un acte ou une mesure d'exécution de la décision de condamnation, mais une instance autonome. • Civ. 1re, 6 oct. 2011, n° 10-19.654.

Art. 11-1 *(L. n° 2015-1785 du 29 déc. 2015, art. 42-I-5°)* L'avocat qui assiste une partie bénéficiaire de l'aide juridictionnelle dans le cadre d'une médiation ordonnée par le juge a droit à une rétribution.

Lorsque le juge est saisi aux fins d'homologation d'un accord intervenu à l'issue d'une médiation qu'il n'a pas ordonnée, une rétribution est due à l'avocat qui a assisté une partie éligible à l'aide juridictionnelle.

Un décret en Conseil d'État fixe les modalités d'application du présent article. Il définit également les conditions dans lesquelles une partie éligible à l'aide juridictionnelle peut obtenir la prise en charge d'une part de la rétribution due au médiateur. — *V. Décr. n° 2020-1717 du 28 déc. 2020, art. 86, App., v° Aide juridique. — [Ancien art. 64-5 de la présente loi (L. n° 2020-1721 du 29 déc. 2020, art. 234-IV-1°-e)].*

L'art. 42-I de la L. n° 2015-1785 du 29 déc. 2015 est applicable en Polynésie française (L. préc., art. 42-VI).

Art. 11-2 *(L. n° 2020-1721 du 29 déc. 2020, art. 234-IV-1°-f)* Sans préjudice de l'application de l'article 19-1, l'aide à l'intervention de l'avocat dans les procédures non juridictionnelles est accordée à la personne qui remplit les conditions pour bénéficier de l'aide juridictionnelle, qu'elle soit mise en cause ou victime, dans les procédures suivantes :

1° Audition, confrontation ou mesures d'enquête mentionnées aux articles 61-1 à 61-3 du code de procédure pénale, à l'article L. 39 du livre des procédures fiscales ou à l'article 67 F du code des douanes ; confrontation ou reconstitution en application des articles 61-2 et 61-3 du code de procédure pénale ; assistance d'une personne arrêtée dans l'État membre d'exécution d'un mandat d'arrêt européen dans les conditions fixées à l'article 695-17-1 du même code ;

2° Garde à vue, retenue, rétention, confrontation dans les conditions prévues par ledit code ; retenue douanière dans les conditions prévues par le code des douanes ; retenue d'un étranger aux fins de vérification du droit de circulation ou de séjour dans les conditions prévues par le code de l'entrée et du séjour des étrangers et du droit d'asile lorsque l'avocat est commis ou désigné d'office ;

3° Déferrement devant le procureur de la République en application de l'article 393 du code de procédure pénale lorsque l'avocat est commis d'office ;

4° Mesures prévues au 5° de l'article 41-1 et aux articles 41-2 et 41-3 du même code ou *(Ord. n° 2019-950 du 11 sept. 2019, art. 6)* « au 2° de l'article L. 422-1 du code de la justice pénale des mineurs » et ordonnées par le procureur de la République.

Un décret en Conseil d'État détermine les modalités d'application du présent article.

Art. 11-3 *(L. n° 2020-1721 du 29 déc. 2020, art. 234-IV-1°-f)* L'avocat assistant une personne détenue faisant l'objet d'une procédure disciplinaire en relation avec la détention a droit à une rétribution.

Il en va de même de l'avocat assistant une personne détenue faisant l'objet d'une mesure d'isolement d'office ou de prolongation de cette mesure, ou de l'avocat assistant une personne détenue placée à l'isolement à sa demande et faisant l'objet d'une levée sans son accord de ce placement.

L'avocat assistant une personne détenue devant la commission d'application des peines en application de l'article 720 du code de procédure pénale a droit à une rétribution.

Le premier alinéa du présent article est également applicable aux missions d'assistance à une personne retenue dans un centre socio-médico-judiciaire de sûreté, s'agissant des décisions prises à son encontre pour assurer le bon ordre du centre.

TITRE III Les bureaux d'aide juridictionnelle

Art. 12 L'admission à l'aide juridictionnelle est prononcée par un bureau d'aide juridictionnelle.

BIBL. ► WAQUET, *D. 2005. Chron. 2827* (office du juge et aide juridictionnelle).

1. Obligation de transmission pour les juridictions. Lorsque l'appelant sollicite l'attribution de l'aide juridictionnelle, il incombe à la cour d'appel de transmettre cette demande au bureau d'aide juridictionnelle établi auprès d'elle. • Soc. 19 juill. 2000, nº 98-20.844 P : *D. 2000. 227 ; RDSS 2000. 869, obs. Badel, Daugareilh, Lafore et Willmann* • Civ. 2e, 28 mai 2003, nº 01-20.878 P : *D. 2003. IR 1804*. – V. aussi • Civ. 2e, 1er avr. 2004, nº 02-04.108 P : *D. 2004. IR 1349*. ♦ ... Y compris lorsque la procédure est orale. • Soc. 27 sept. 2005, nº 04-40.617 P : *D. 2005. IR 2479*.

2. Sursis à statuer. Saisie, à l'occasion d'un recours introduit devant elle, d'une demande d'aide juridictionnelle, dont le régime contribue à la mise en œuvre du droit constitutionnellement garanti à toute personne à un recours effectif devant une juridiction, toute juridiction administrative est tenue en vertu de ce principe, et afin d'assurer sa pleine application, de transmettre cette demande sans délai au bureau d'aide juridictionnelle compétent, qu'il soit placé auprès d'elle ou auprès d'une autre juridiction, et de surseoir à statuer jusqu'à ce qu'il ait été statué sur cette demande. Il n'en va différemment que dans les cas où une irrecevabilité manifeste, insusceptible d'être couverte en cours d'instance, peut donner lieu à une décision immédiate sur le recours. • CE 6 mai 2009, nº 322713 : *AJDA 2009. 957 ; ibid. 1898, note Arvis ; JCP 2009. 272, obs. Rouault ; ibid. 601, obs. Mathieu et Verpeaux ; Gaz. Pal. 2010. Jurisp. 3853 et la note.* ♦ Compte tenu de l'importance de l'aide juridictionnelle, ainsi que de l'obligation de transmission, pour la mise en œuvre du droit constitutionnellement garanti de toute personne à un recours effectif à une juridiction, l'irrégularité tenant à ce qu'une décision juridictionnelle a été rendue en méconnaissance de l'obligation de surseoir à statuer qui s'impose à toute juridiction lorsqu'a été présentée une demande d'aide juridictionnelle, que la demande ait été présentée directement devant le bureau d'aide juridictionnelle ou bien devant la juridiction saisie, doit, le cas échéant, être soulevée d'office par la juridiction qui est saisie de cette décision. • Même arrêt.

3. Demande en cours de délibéré. C'est sans méconnaître les règles régissant l'aide juridictionnelle et les exigences du procès équitable qu'une cour d'appel statue, en procédure orale, sur l'appel dont elle est saisie, dès lors que l'appelant, régulièrement convoqué, ne s'était pas présenté à l'audience et que n'ayant sollicité le bénéfice de l'aide juridictionnelle que pendant le cours du délibéré, il ne l'avait obtenue qu'après le prononcé de la décision. • Civ. 2e, 5 mars 2009, nº 08-13.749 P : *JCP 2009. I. 142, nº 1, note Jeuland.*

4. Renvoi. V. note ss. art. 25 de la présente loi.

Art. 13 Il est institué un bureau d'aide juridictionnelle chargé de se prononcer sur les demandes d'admission à l'aide juridictionnelle relatives aux instances portées devant les juridictions du premier et du second degré *(L. nº 98-1163 du 18 déc. 1998, art. 1er-II)* **« , à l'exécution de leurs décisions et aux transactions avant l'introduction de l'instance ».**

(L. nº 2019-1479 du 28 déc. 2019, art. 243-I-4º-a) **« Ce bureau est établi au siège des juridictions dont la liste et le ressort en cette matière sont définis par décret. »**

(L. nº 2020-1721 du 29 déc. 2020, art. 234-IV-1º-g) **« S'il y a lieu, le bureau comporte :**

« – une section statuant sur les demandes portées devant les juridictions de première instance de l'ordre judiciaire ou la cour d'assises ; »

– une section chargée d'examiner les demandes relatives aux affaires portées devant le tribunal administratif et les autres juridictions administratives statuant en premier ressort ;

– une section chargée d'examiner les demandes relatives aux affaires portées devant *(Ord. nº 2022-544 du 13 avr. 2022, art. 36)* **« les juridictions de l'ordre judiciaire statuant en appel » ;**

– une section chargée d'examiner les demandes relatives aux affaires portées devant la cour administrative d'appel et les autres juridictions administratives statuant à charge de recours devant le Conseil d'État. – *Sur les cas dans lesquels ces sections doivent être créées, V. Décr. nº 2020-1717 du 28 déc. 2020, art. 13, App., vº Aide juridique.*

Le demandeur peut *(L. n° 2016-1547 du 18 nov. 2016, art. 2-III-1°)* **« déposer ou » adresser sa demande au bureau du lieu de son domicile** *(L. n° 2016-1547 du 18 nov. 2016, art. 2-III-2°)* **«** *(Abrogé par L. n° 2019-1479 du 28 déc. 2019, art. 243-I-4°-b)* **«** *ou, dans les conditions fixées par décret en Conseil d'État* **», auprès d'un agent de greffe d'une juridiction de l'ordre judiciaire »** *(L. n° 2019-1479 du 28 déc. 2019, art. 243-I-4°)* **« ou par voie électronique ».** *(L. n° 98-657 du 29 juill. 1998, art. 82)* **« S'il n'a pas de domicile, le demandeur peut** *(L. n° 2016-1547 du 18 nov. 2016, art. 2-III-1°)* **« déposer ou » adresser sa demande au bureau d'aide juridictionnelle** *(L. n° 2019-1479 du 28 déc. 2019, art. 243-I-4°-b)* **« dont relève le siège de »** *(L. n° 2007-290 du 5 mars 2007, art. 51-VI, en vigueur le 1er juill. 2007)* **« l'organisme qui lui a délivré une attestation d'élection de domicile dans les conditions prévues au chapitre IV du titre VI du livre II du code de l'action sociale et des familles ». Pour les besoins de la procédure d'aide juridictionnelle, le demandeur est réputé domicilié audit organisme d'accueil. »** — *Sur la compétence territoriale des bureaux d'aide juridictionnelle, V. Décr. n° 2020-1717 du 28 déc. 2020, art. 32 s., App., v° Aide juridique. — Sur le règlement des incidents de compétence, V. art. 15 de la présente loi ci-dessous. — Sur la procédure de demande d'aide juridictionnelle, V. Décr. n° 2020-1717 du 28 déc. 2020, art. 36 s., App., v° Aide juridique.*

L'art. 243 de la L. n° 2019-1479 du 28 déc. 2019 entre en vigueur à une date fixée par décret, et au plus tard le 1er déc. 2020 (L. préc., art. 243-IV). Le I dudit art. est applicable en Polynésie française (L. préc., art. 243-III).

L'art. 36 de l'Ord. n° 2022-544 du 13 avr. 2022 entre en vigueur le 1er juill. 2022.

Les dispositions de l'Ord. préc. sont applicables aux procédures disciplinaires engagées postérieurement à son entrée en vigueur. Les instances disciplinaires engagées antérieurement devant les chambres de discipline des huissiers de justice et des commissaires-priseurs judiciaires peuvent être reprises, à l'initiative de l'une des autorités visées aux art. 8 et 9, devant la nouvelle juridiction disciplinaire.

Elles sont applicables aux réclamations reçues postérieurement à son entrée en vigueur (Ord. préc., art. 40).

BIBL. ▸ **L. du 18 nov. 2016 :** G'SELL, *JCP 2016. 1406* (l'accès au droit et la poursuite de la modernisation des professions réglementées dans la loi de modernisation de la justice du XXIe siècle).

Nature juridictionnelle (non). Les bureaux d'aide juridictionnelle ne sont pas des juridictions. • Cass., avis, 9 juill. 1993, n° 09-30.010 P : *D. 1994. 137, note Laroche de Roussane*.

Art. 14 **Des bureaux d'aide juridictionnelle sont institués, en outre, auprès des juridictions suivantes :**

Cour de cassation ;

Conseil d'État ;

(L. n° 2015-925 du 29 juill. 2015, art. 17-III-3°) **« Cour nationale du droit d'asile. »**

Ces bureaux se prononcent sur les demandes relatives aux affaires portées devant chacune de ces juridictions, ainsi que, s'il y a lieu, aux actes et procédures d'exécution. — *Sur le caractère exclusif de la compétence de ces bureaux d'aide juridictionnelles, V. Décr. n° 2020-1717 du 28 déc. 2020, art. 41, App., v° Aide juridique.*

Le bureau près le Conseil d'État est également compétent pour les demandes relevant du tribunal des conflits et de la Cour supérieure d'arbitrage. — *V. aussi Décr. n° 2020-1717 du 28 déc. 2020, art. 41, App., v° Aide juridique.*

BIBL. ▸ DUMAS, *JCP 2009. 296 ; Gaz. Pal. 2009. Doctr. 2921* (aide juridictionnelle et pourvoi en cassation). – PERDRIAU, *Gaz. Pal. 23-25 juin 2002, p. 2* (aide juridictionnelle pour se pourvoir en cassation). – Rapport de la Cour de cassation 2009, *p. 520 s.* (Bureau d'aide juridictionnelle de la Cour de cassation – Activités 2009).

Art. 15 **Lorsque deux sections ou bureaux d'aide juridictionnelle compétents, l'un pour statuer sur les demandes portées devant les juridictions de l'ordre judiciaire, l'autre sur les demandes portées devant les juridictions de l'ordre administratif, se sont déclarés successivement incompétents pour connaître d'une demande d'aide juridictionnelle, il est statué sur cette demande par le bureau établi près le Conseil d'État, complété par le président du bureau établi près la Cour de cassation.** — *Sur le règlement des incidents de compétence, V. aussi Décr. n° 2020-1717 du 28 déc. 2020, art. 35, App., v° Aide juridique.*

Art. 16 **Chaque bureau ou section de bureau d'aide juridictionnelle prévus à l'article 13 est présidé, selon le cas, par un magistrat du siège du** *(Ord. n° 2019-964 du 18 sept. 2019, art. 35, en vigueur le 1er janv. 2020)* **« tribunal judiciaire** *[ancienne rédaction : tribunal de grande instance]* **» ou de la cour d'appel ou un membre du tribunal administratif ou de la cour**

administrative d'appel. Ils peuvent également être présidés par un magistrat ou un membre honoraire de ces juridictions. *(L. nº 2020-1721 du 29 déc. 2020, art. 234-IV-1º-h)* **« Le directeur des services de greffe judiciaire du tribunal judiciaire ou de la cour d'appel ou le greffier en chef du tribunal administratif ou de la cour administrative d'appel, selon les cas, est vice-président du bureau ou de la section chargés d'examiner les demandes d'aide juridictionnelle relatives aux instances pour lesquelles le bureau ou la section sont respectivement compétents. »** *(L. nº 98-1163 du 18 déc. 1998, art. 2)* **« En cas d'empêchement ou d'absence du président, il préside le bureau ou la section. »** — *Sur les modalités de nomination du président du bureau ou de la section de bureau d'aide juridictionnelle, V. Décr. nº 2020-1717 du 28 déc. 2020, art. 17, App., vº Aide juridique. — Sur les fonctions de vice-président du bureau à Saint-Pierre-et-Miquelon, V. Décr. nº 2020-1717 du 28 déc. 2020, art. 158, App., vº Aide juridique.*

Le bureau établi près la Cour de cassation est présidé par un magistrat du siège de cette cour en activité ou honoraire. *(L. nº 95-125 du 8 févr. 1995, art. 18-II, en vigueur le 9 mai 1995)* **« Le greffier en chef en est vice-président ». Il comporte en plus deux membres choisis par la Cour de cassation.**

Le bureau établi près le Conseil d'État est présidé par un membre du Conseil d'État en activité ou honoraire. Il comporte en plus deux membres choisis par le Conseil d'État ou, lorsque la demande concerne le tribunal des conflits, un membre choisi par le Conseil d'État et un membre choisi par la Cour de cassation.

Le bureau établi près la *(L. nº 2007-1631 du 20 nov. 2007, art. 29-I-B-8º)* **« Cour nationale du droit d'asile » est présidé par un des présidents de** *(L. nº 2015-925 du 29 juill. 2015, art. 17-III-4º)* **« formation de jugement mentionnés à l'article L. 732-1 du code de l'entrée et du séjour des étrangers et du droit d'asile. »** — *Sur les modalités de nomination du président des bureaux établis près la Cour de cassation, le Conseil d'État et près la Cour nationale du droit d'asile, V. Décr. nº 2020-1717 du 28 déc. 2020, art. 18, App., vº Aide juridique.*

Le bureau ou chaque section de bureau comprend, en outre, deux fonctionnaires ainsi que deux auxiliaires de justice dont au moins un avocat ou un avocat au Conseil d'État et à la Cour de cassation, choisis parmi les avocats, avocats honoraires, les huissiers de justice, huissiers de justice honoraires, *(Abrogé par L. nº 2011-94 du 25 janv. 2011, art. 32-4º-a, à compter du 1er janv. 2012) « les avoués, »* **avoués honoraires et les avocats au Conseil d'État et à la Cour de cassation, avocats au Conseil d'État et à la Cour de cassation honoraires et une personne désignée au titre des usagers par le conseil départemental de l'aide juridique et qui ne soit ni agent public, ni membre d'une profession juridique et judiciaire.** — *Sur la composition du bureau ou de la section de bureau, selon les juridictions concernées, V. Décr. nº 2020-1717 du 28 déc. 2020, art. 19 s., App., vº Aide juridique. — Sur les modalités de renouvellement des membres honoraires, V. Décr. préc., art. 21, App., vº Aide juridique.*

Les auxiliaires de justice sont désignés par leurs organismes professionnels. — *Sur les modalités de ce choix, V. Décr. nº 2020-1717 du 28 déc. 2020, art. 22, App., vº Aide juridique.*

Sur la durée de la nomination des présidents et membres des bureaux et sections de bureau, V. Décr. nº 2020-1717 du 28 déc. 2020, art. 24, App., vº Aide juridique.

Sur le remplacement du président ou d'un membre du bureau, V. Décr. nº 2020-1717 du 28 déc. 2020, art. 20 et 26, App., vº Aide juridique.

Sur la suppléance des membres du bureau, V. Décr. nº 2020-1717 du 28 déc. 2020, art. 25, App., vº Aide juridique.

Sur l'honorariat des anciens présidents de bureau ou des sections de bureau, V. Décr. nº 2020-1717 du 28 déc. 2020, art. 28, App., vº Aide juridique.

Art. 17 **Les membres des bureaux d'aide juridictionnelle et le personnel de leurs services sont soumis au secret professionnel défini par** *(L. nº 92-1336 du 16 déc. 1992, art. 333, al. 1er, en vigueur le 1er mars 1994)* **« les articles 226-13 et 226-14 » du code pénal.**

Sur l'organisation, la composition et la compétence des bureaux, V. Décr. nº 2020-1717 du 28 déc. 2020, art. 12 s., App., vº Aide juridique.

TITRE IV La procédure d'admission à l'aide juridictionnelle et à l'aide à l'intervention de l'avocat dans les procédures non juridictionnelles *(L. nº 2020-1721 du 29 déc. 2020, art. 234-IV-1º-i).*

Art. 18 **L'aide juridictionnelle peut être demandée avant ou pendant l'instance.**

Sur le moment du dépôt de la demande en droit des étrangers, V. CESEDA, art. L. 614-4 reproduit ci-dessous.

1. Principe. Sur la possibilité de demander l'aide juridictionnelle en tout état de cause, mais avant la date de l'audience, V. notes 9 et 10 ss. art. 25 de la présente loi.

2. Dérogation. V. note ss. art. L. 512-1 CESEDA, reproduit ss. le présent art.

Code de l'entrée et du séjour des étrangers et du droit d'asile

Art. L. 614-4 Lorsque la décision portant obligation de quitter le territoire français prise en application des 3°, 5° ou 6° de l'article L. 611-1 est assortie d'un délai de départ volontaire, le tribunal administratif est saisi dans le délai de trente jours suivant la notification de la décision.

L'étranger peut demander le bénéfice de l'aide juridictionnelle au plus tard lors de l'introduction de sa requête en annulation.

Le tribunal administratif statue dans un délai de trois mois à compter de sa saisine. — *[Anc. art. L. 512-1, I, al. 1er et 2.]*

1. Aide juridictionnelle. Toute juridiction administrative est tenue, en vertu du droit constitutionnellement garanti à toute personne à un recours effectif devant une juridiction, de transmettre sans délai une demande d'aide juridictionnelle au bureau d'aide juridictionnelle compétent, qu'il soit placé auprès d'elle ou auprès d'une autre juridiction, et de surseoir à statuer jusqu'à ce qu'il ait été statué sur cette demande, sauf en présence d'une irrecevabilité manifeste, insusceptible d'être couverte en cours d'instance. • CE, avis, 6 mai 2009, *M. Jafor Khan,* n° 322716 : *AJDA 2009. 1898, note Arvis*. ♦ Une demande d'aide juridictionnelle formulée au sein d'une requête dirigée contre un refus de séjour assorti d'une OQTF est valablement introduite au regard des dispositions du présent art. • Même avis. ♦ Les dispositions de l'art. 38 du Décr. du 19 déc. 1991 s'appliquent à toute juridiction du premier degré, ce qui inclut les TA, quelles que soient les voies de recours ouvertes contre leurs jugements, ainsi qu'aux juridictions administratives spécialisées statuant en premier degré et dont les jugements sont susceptibles de recours devant une juridiction d'appel statuant elle-même à charge de recours devant le Conseil d'État. L'art. 39 de ce même décret, qui fait référence aux juridictions administratives « statuant à charge de recours devant le Conseil d'État », reprenant en cela les termes de l'art. 13, al. 6, de la L. du 10 juill. 1991, s'applique aux CAA par dérogation à l'art. 38, ainsi qu'aux juridictions administratives spécialisées qui, même lorsqu'elles statuent en premier ressort, rendent des décisions qui ne sont susceptibles que d'un recours devant le Conseil d'État. • CE 1er juill. 2020, n° 426203 : *AJDA 2020. 1381*. ♦ L'irrégularité tenant à ce qu'une décision juridictionnelle a été rendue en méconnaissance de l'obligation *de surseoir à statuer qui s'impose* à toute juridiction lorsqu'à été présentée une demande d'aide juridictionnelle, que la demande ait été présentée directement devant le bureau d'aide juridictionnelle ou bien devant la juridiction saisie, doit être soulevée d'office par la juridiction qui est saisie de cette décision. • Même avis. ♦ En application de l'art. 39 du Décr. n° 91-1266 du 19 déc. 1991, une demande d'aide juridictionnelle présentée avant l'expiration du délai de recours mentionné au présent art. a pour effet d'interrompre ce délai ; un nouveau délai court à compter de la réception par le requérant de la notification de la décision du bureau d'aide juridictionnelle. • TA Nantes, 20 mars 2007, *Boumaza,* n° 071473. ♦ Une nouvelle demande d'aide juridictionnelle formée à la suite d'une décision de caducité d'aide juridictionnelle n'a pas pour effet d'interrompre à nouveau le délai de recours contentieux. • CAA Versailles, 19 mai 2009, *Sacko,* n° 08VE01681. ♦ L'interdiction de demander le bénéfice de l'aide juridictionnelle après l'introduction d'un recours contre une OQTF ne s'applique que devant le TA et non devant le juge d'appel. • CE 30 mars 2015, *M. C. A.,* n° 369381 B : *AJDA 2015. 722*.

2. Une demande d'aide juridictionnelle formulée au sein d'une requête dirigée contre un refus de séjour assorti d'une OQTF devra être regardée comme valablement introduite au regard du présent art., qui impose que la demande d'aide juridictionnelle soit déposée au plus tard lors de l'introduction du recours ; compte tenu de l'importance de l'aide juridictionnelle pour la mise en œuvre du droit constitutionnel à un recours effectif, l'irrégularité tenant à ce qu'une décision juridictionnelle a été rendue en méconnaissance de l'obligation de surseoir à statuer lorsqu'a été présentée une demande d'aide juridictionnelle, doit être soulevée d'office par la juridiction saisie de cette décision. • CE, avis, 6 mai 2009, *M. Jafor Khan,* n° 322713 A : *Gaz. Pal. 10 déc. 2009, n° 344, p. 7.*

3. Il résulte de l'art. 39 du Décr. du 19 déc. 1991 portant application de la L. du 10 juillet 1991 relative à l'aide juridique que, lorsque l'aide juridictionnelle est sollicitée à l'occasion d'une instance devant le Conseil d'État, les délais de recours sont interrompus si la demande est adressée au bureau d'aide juridictionnelle avant l'expiration du délai imparti pour le dépôt du pourvoi ; un nouveau délai court à compter du jour de la réception par l'intéressé de la notification de la décision du bureau. Ce dernier délai est lui-même interrompu si l'intéressé forme un recours contre cette décision devant le président de la section du contentieux du Conseil d'État, le délai alors imparti pour le dépôt du pourvoi courant à compter de la date de réception par l'intéressé de la notification de la décision prise sur le recours. • CE 7 mars 2007, *M. Alexei A.*, nº 294963.

Art. 19 L'avocat commis ou désigné d'office dans les cas prévus par la loi peut saisir le bureau d'aide juridictionnelle compétent au lieu et place de la personne qu'il assiste ou qu'il a assistée.

Art. 19-1 *(L. nº 2020-1721 du 29 déc. 2020, art. 234-IV-1º-j)* La commission ou la désignation d'office ne préjuge pas de l'application des règles d'attribution de l'aide juridictionnelle ou de l'aide à l'intervention de l'avocat. Par exception, l'avocat commis ou désigné d'office a droit à une rétribution, y compris si la personne assistée ne remplit pas les conditions pour bénéficier de l'aide juridictionnelle ou de l'aide à l'intervention de l'avocat, s'il intervient dans les procédures suivantes, en première instance ou en appel :

1º Procédure judiciaire de mainlevée et de contrôle des mesures de soins psychiatriques ;

2º Assistance d'une personne demandant ou contestant la délivrance d'une ordonnance de protection prévue à l'article 515-9 du code civil ;

3º Comparution immédiate ;

4º Comparution à délai différé ;

5º Déferrement devant le juge d'instruction ;

6º Débat contradictoire relatif au placement ou au maintien en détention provisoire ;

7º Assistance d'un mineur dans le cadre d'une procédure d'assistance éducative, d'une audition libre, d'un interrogatoire de première comparution, d'une instruction ou d'une audience de jugement ;

8º Assistance d'un accusé devant la cour d'assises, la cour criminelle départementale, la cour d'assises des mineurs ou le tribunal pour enfants statuant en matière criminelle ;

9º Procédures devant le juge des libertés et de la détention relatives à l'entrée et au séjour des étrangers ;

10º Procédures devant le tribunal administratif relatives à l'éloignement des étrangers faisant l'objet d'une mesure restrictive de liberté ;

11º Procédures non juridictionnelles mentionnées aux 2º à 4º de l'article 11-2 de la présente loi.

La personne qui a bénéficié de l'intervention d'un avocat commis ou désigné d'office dans les conditions prévues aux onze premiers alinéas du présent article et qui n'est pas éligible à l'aide juridictionnelle ou à l'aide à l'intervention de l'avocat est tenue de rembourser au Trésor public les sommes exposées par l'État. Le recouvrement des sommes dues à l'État a lieu comme en matière de créances étrangères à l'impôt et au domaine.

L'avocat commis ou désigné d'office qui a perçu des honoraires au titre d'une des procédures mentionnées aux 1º à 11º du présent article perçoit une rétribution dans les conditions fixées à l'article 33 de la présente loi.

Les modalités d'application du présent article sont fixées par décret en Conseil d'État.

Art. 20 Dans les cas d'urgence, sous réserve de l'application des règles relatives aux commissions ou désignations d'office, l'admission provisoire à l'aide juridictionnelle peut être prononcée *(Abrogé par L. nº 2020-1721 du 29 déc. 2020, art. 234-IV-1º-k) « soit par le président du bureau ou de la section compétente du bureau d'aide juridictionnelle, soit »* par la juridiction compétente ou son président.

L'admission provisoire à l'aide juridictionnelle peut également être accordée lorsque la procédure met en péril les conditions essentielles de vie de l'intéressé, notamment en cas d'exécution forcée emportant saisie de biens ou expulsion. — *Sur la mise en œuvre de cette procédure d'admission provisoire lorsque la demande d'aide juridictionnelle est formée après que la partie concernée ou son mandataire a eu connaissance de la date d'audience et moins d'un mois avant celle-ci, V. Décr. nº 2020-1717 du 28 déc. 2020, art. 61, App., vº Aide juridique. — … Devant la commission du titre de séjour, V. CESEDA, art. L. 312-2. —* **CESEDA.** *— Sur la compétence du JAF à l'occasion de la délivrance d'une ordonnance de protection au profit d'une victime de violences pour se prononcer sur l'admission provisoire à l'aide juridictionnelle de la partie demanderesse en application du premier alinéa de l'art. 20 de la présente loi, V. C. civ., art. 515-11 reproduit ci-dessous.*

(L. nº 2020-936 du 30 juill. 2020, art. 25) « L'aide juridictionnelle est attribuée de plein droit à titre provisoire dans le cadre des procédures présentant un caractère d'urgence dont la liste est fixée par décret en Conseil d'État.

« L'aide juridictionnelle provisoire devient définitive si le contrôle des ressources du demandeur réalisé *a posteriori* par le bureau d'aide juridictionnelle établit l'insuffisance des ressources. »

L'art. 25 de la L. n° 2020-936 du 30 juill. 2020 est applicable dans les îles Wallis-et-Futuna (L. préc., art. 28-I).

Notion d'urgence. Sur l'urgence à statuer sur la demande d'admission provisoire lorsqu'en matière d'appel, le jugement a été signifié. • Bur. aide jud. Lyon, 11 oct. 1972 : *JCP A 1972. IV, n° 6222, obs. J. A. ; Gaz. Pal. 1972. 2. 776 ; D. 1873. 374, note Laroche de Roussane* **(rendue sous l'empire de l'art. 17 de la L. du 3 janv. 1972).**

Code civil

Art. 515-11 *[...]* A l'occasion de sa délivrance *[de l'ordonnance de protection]*, le juge aux affaires familiales est compétent pour :

[...]

7° Prononcer l'admission provisoire à l'aide juridictionnelle *(L. n° 2020-936 du 30 juill. 2020, art. 26)* « des deux parties ou de l'une d'elles » en application du premier alinéa de l'article 20 de la loi n° 91-647 du 10 juillet 1991 relative à l'aide juridique. — *V. L. n° 91-647 du 10 juill. 1991, art. 20, reproduit ci-dessus.*

BIBL. ▶ MULON et CASEY, *Gaz. Pal. 11 nov. 2010, n° 315, p. 6.*

Art. 21 Le bureau d'aide juridictionnelle peut recueillir tous renseignements *(L. n° 2019-1479 du 28 déc. 2019, art. 243-I-5°-a)* « permettant d'apprécier l'éligibilité de l'intéressé à l'aide juridictionnelle ». — *Comp. LPF, art. L. 146 A.* — ***C. pr. fisc.***

Les services de l'État et des collectivités publiques, les organismes de sécurité sociale et les organismes qui assurent la gestion des prestations sociales sont tenus de communiquer au bureau, *(Abrogé par L. n° 2019-1479 du 28 déc. 2019, art. 243-I-5°-b) « sur sa demande, »* sans pouvoir opposer le secret professionnel, tous renseignements permettant de vérifier que l'intéressé satisfait aux conditions exigées pour bénéficier de l'aide juridictionnelle.

(L. n° 2019-1479 du 28 déc. 2019, art. 243-I-5°-c) « Les entreprises mentionnées à l'article L. 310-1 du code des assurances sont tenues de communiquer au bureau, sans pouvoir opposer le secret professionnel, tous renseignements permettant de vérifier que l'intéressé ne bénéficie pas d'un contrat d'assurance de protection juridique ou d'un système de protection à même de prendre en charge les frais couverts par l'aide juridictionnelle. »

En matière pénale, le bureau d'aide juridictionnelle peut, en outre, demander au procureur de la République ou au procureur général, selon les cas, communication des pièces du dossier pénal pouvant permettre d'apprécier les ressources de l'intéressé. — *Sur l'instruction des demandes d'aide juridictionnelle, V. Décr. n° 2020-1717 du 28 déc. 2020, art. 46 s., App., v° Aide juridique.*

L'art. 243 de la L. n° 2019-1479 du 28 déc. 2019 entre en vigueur à une date fixée par décret, et au plus tard le 1er déc. 2020 (L. préc., art. 243-IV). Le I dudit art. est applicable en Polynésie française (L. préc., art. 243-III).

Art. 22 *(L. n° 98-1163 du 18 déc. 1998, art. 3)* Le président du bureau ou de la section compétente ou, en cas d'absence ou d'empêchement du président, le vice-président peut statuer seul sur les demandes ne présentant manifestement pas de difficulté sérieuse.

Le président ou, le cas échéant, le vice-président peut, en outre, procéder aux mesures d'investigation nécessaires et rejeter la demande si le demandeur, sans motif légitime, ne communique pas dans le délai imparti les documents ou les renseignements demandés.

Exemple. Sur un cas d'action manifestement dénuée de fondement. • Bur. sup. aide jud., 18 juin 1974, *Besse (2e esp.) : D. 1974. 748, note Laroche de Roussane.*

Art. 23 *(L. n° 2007-210 du 19 févr. 2007, art. 8-1°)* « Les décisions du bureau d'aide juridictionnelle, de la section du bureau ou de leur premier président peuvent être déférées, selon le cas, au président de la cour d'appel ou de la Cour de cassation, au président de la cour administrative d'appel, au président de la section du contentieux du Conseil d'État, au *(L. n° 2015-177 du 16 févr. 2015, art. 13-II, en vigueur au plus tard le 16 août 2015)* « président » du Tribunal des conflits, au président de la *(L. n° 2007-1631 du 20 nov. 2007, art. 29-I-B-8°)* « Cour nationale du droit d'asile » ou au membre de la juridiction qu'ils ont délégué. Ces autorités statuent sans recours. »

(L. n° 2007-210 du 19 févr. 2007, art. 8-2°) **« Les recours contre les décisions du bureau d'aide juridictionnelle peuvent être exercés par l'intéressé lui-même lorsque le bénéfice de l'aide juridictionnelle lui a été refusé, ne lui a été accordé que partiellement ou lorsque ce bénéfice lui a été retiré. »** — *S'agissant des modalités de ce recours (devant la Cour nationale du droit d'asile), V. Décr. n° 2020-1717 du 28 déc. 2020, art. 69, App., v° Aide juridique.*

Dans tous les cas, ces recours peuvent être exercés par les autorités suivantes :

— le garde des sceaux, ministre de la justice, pour ceux qui sont intentés contre les décisions du bureau institué près le Conseil d'État ;

— le ministère public pour ceux qui sont intentés contre les décisions des autres bureaux ;

— le président de l'ordre des avocats au Conseil d'État et à la Cour de cassation pour ceux qui sont intentés contre les décisions des bureaux institués près ces juridictions et le bâtonnier pour ceux qui sont intentés contre les décisions des autres bureaux. — *S'agissant des titulaires territorialement compétents pour former ces recours, V. Décr. n° 2020-1717 du 28 déc. 2020, art. 73, App., v° Aide juridique.*

Dernier al. abrogé par L. n° 2007-210 du 19 févr. 2007, art. 8-3°.

Le II de l'art. 13 de la L. n° 2015-177 du 16 févr. 2015 est applicable en Polynésie française (L. préc., art. 25).

Sur les formes de procéder, V. Décr. n° 2020-1717 du 28 déc. 2020, art. 36 s., App., v° Aide juridique.

Sur le fondement de l'entrée en vigueur de l'art. 13-II de la L. n° 2015-177 du 16 févr. 2015, V. art. 13-II de ladite loi, combiné au Décr. n° 2015-333 du 27 févr. 2015.

I. RECOURS CONTRE LES DÉCISIONS DU BUREAU D'AIDE JURIDICTIONNELLE

1. Soumission à l'art. 6, § 1er, Conv. EDH (non). L'art. 6, § 1er, Conv. EDH n'est pas applicable à la procédure d'aide juridictionnelle. • CEDH 12 juin 2003, n° 45681/99, *Gutfreund c/ France : D. 2003. Somm. 2268, obs. Fricero.*

2. Récusation (non). Un magistrat ne peut faire l'objet d'une requête en récusation que dans l'exercice d'une fonction juridictionnelle. Tel n'est pas le cas du premier président de la cour d'appel statuant sur le recours formé contre la décision de rejet d'un bureau d'aide juridictionnelle. • Civ. 2e, 17 sept. 2015, n° 15-01.497 P : *D. 2016. Pan. 451, obs. Fricero ; JCP 2015. 1341, obs. Mathieu.*

A. EN CAS D'ADMISSION À L'AIDE JURIDICTIONNELLE

3. Titulaires du recours. Lorsque le demandeur de première instance a été admis au bénéfice de l'aide juridictionnelle, seuls le ministère public ou le bâtonnier ont vocation à contester, le cas échéant, cette décision, qui devient ainsi définitive, en l'absence de recours de leur part, à l'issue d'un délai de deux mois. • CE 28 déc. 2016, n° 397598 : *AJDA 2017. 555* • 21 févr. 2018, n° 407346.

B. EN CAS DE REFUS DE L'AIDE JURIDICTIONNELLE

4. Recours exclusifs. La décision de rejet de la demande d'aide judiciaire – sous l'empire de la L. n° 72-11 du 3 janv. 1972 – n'ayant pas un caractère administratif, elle ne peut faire l'objet d'un recours devant la juridiction administrative. • CE 24 avr. 1981 : *RD publ. 1982. 1135.* ♦ En revanche, le refus par le garde des Sceaux d'exercer le recours est une décision administrative susceptible d'un recours pour excès de pouvoir. • CE 24 nov. 1982 : *Lebon. 390 ; D. 1984. 6, note Laroche de Roussane.* ♦ Considérant qu'en vertu des art. 12 à 23 de la L. du 10 juill. 1991, les décisions en matière d'aide juridictionnelle, qui ont le caractère de décisions d'administration judiciaire, sont prises par des organismes collégiaux présidés par des magistrats ou des membres de la juridiction administrative et peuvent faire l'objet d'un recours devant le président de la juridiction compétente pour connaître de l'action envisagée. Les garanties particulières qui entourent ainsi l'examen des droits des intéressés au bénéfice de l'aide juridictionnelle sont exclusives d'autres voies de recours que celles prévues par la loi. Il en résulte que, si les décisions du président du bureau d'aide juridictionnelle près le Conseil d'État peuvent être contestées devant le président de la section du contentieux, elles ne peuvent faire l'objet d'une demande de suspension devant le juge des référés selon la procédure définie par l'art. L. 521-1 CJA. • CE 5 juill. 2005, n° 281974 B.

5. Effet du recours. Interruption du délai du recours contentieux (non). Il ne résulte ni des dispositions de la L. 10 juill. 1991, ni de celle du Décr. du 19 déc. 1991, que le recours contre les décisions du bureau d'aide juridictionnelle ait pour effet d'interrompre à nouveau le délai du recours contentieux. Dès lors, l'intéressé doit, à peine de forclusion, introduire son recours contentieux dans les deux mois suivant la notification de la première décision du bureau d'aide juridictionnelle, quel que soit le sort réservé au recours ou à la demande de nouvelle délibération qu'il a présenté à la suite de cette décision. Toutefois, le principe à valeur constitutionnelle du droit d'exercer un recours juridictionnel, rappelé par les stipulations du § 1er de l'art. 6, Conv. EDH, interdit, en raison de l'objet même de l'aide juridictionnelle, qui est de faciliter l'exercice de ce droit, que la forclusion résultant de cette règle puisse être opposée à un requérant lorsqu'il n'en a pas été expressément informé au préalable. • CE 28 juill. 2000 : *D. 2000. IR 241* ; *RFDA 2001. 1239, concl. Boissard* ; *GACA 2014, p. 59.*

II. DÉCISIONS ISSUES DES RECOURS

6. Absence de recours. L'ordonnance par laquelle le premier président d'une cour d'appel statue sur le recours formé contre une décision du bureau d'aide juridictionnelle ne peut être frappée d'aucun recours. • Civ. 2e, 10 mars 2005, n° 03-17.076 P • 25 mars 2010, n° 09-16.902 P : *D. 2010. Actu. 968*. ♦ ... Fût-ce pour excès de pouvoir • Civ. 2e, 19 oct. 2017, n° 16-24.686 P : *D. actu. 16 nov. 2017, obs. Dargent ; Procédures 2017, n° 296, note Strickler.* ♦ En vertu de l'art. 23 de la L. du 10 juill. 1991, les décisions d'administration judiciaire par lesquelles les présidents de juridiction statuent sur des demandes dirigées contre les décisions en matière d'aide juridictionnelle prises par les bureaux d'aide juridictionnelle sont sans recours. Irrecevabilité du recours pour excès de pouvoir. • CE 22 janv. 2003, n° 244177 B : *AJDA 2003. 1182*. – V. déjà • CE 20 déc. 1989 : *Lebon 259 ; AJDA 1990. 199, obs. Prétot*.

TITRE V **Les effets de l'aide juridictionnelle et de l'aide à l'intervention de l'avocat dans les procédures non juridictionnelles** *(L. n° 2020-1721 du 29 déc. 2020, art. 234-IV-1°-I).*

Art. 24 Les dépenses qui incomberaient au bénéficiaire de l'aide juridictionnelle s'il n'avait pas cette aide sont à la charge de l'État.

Toutefois, l'aide juridictionnelle partielle laisse à son bénéficiaire la charge d'un honoraire fixé par convention avec l'avocat conformément à l'article 35 ou d'un émolument au profit des officiers publics et ministériels qui prêtent leur concours.

BIBL. ► **L. du 3 janv. 1972 :** THOUROUDE, *Gaz. Pal. 1984. Doctr. 416* (la responsabilité de l'État du fait du paiement tardif des indemnités d'aide judiciaire aux avocats).

Dispense de consignation. Le bénéfice de l'aide juridictionnelle emporte dispense de la consignation due en cas de citation directe par application de l'art. 392 C. pr. pén. • Toulouse, 15 janv. 2004, n° 02/00388 • 3 avr. 2003, n° 02/00389.

CHAPITRE PREMIER *Le concours des auxiliaires de justice*

Art. 25 Le bénéficiaire de l'aide juridictionnelle a droit à l'assistance d'un avocat et à celle de tous officiers publics ou ministériels dont la procédure requiert le concours. – *Sur la TVA applicable aux prestations effectuées par les avocats dans le cadre de l'aide juridictionnelle, V. CGI, art. 279 désormais abrogé et reproduit ci-dessous.*

Les avocats et les officiers publics ou ministériels sont choisis par le bénéficiaire de l'aide juridictionnelle. Ils peuvent l'être également par l'auxiliaire de justice premier choisi ou désigné.

A défaut de choix ou en cas de refus de l'auxiliaire de justice choisi, un avocat ou un officier public ou ministériel est désigné, sans préjudice de l'application des règles relatives aux commissions ou désignations d'office, par le bâtonnier ou par le président de l'organisme professionnel dont il dépend.

L'auxiliaire de justice qui prêtait son concours au bénéficiaire de l'aide juridictionnelle avant que celle-ci ait été accordée doit continuer de le lui prêter. Il ne pourra en être déchargé qu'exceptionnellement et dans les conditions fixées par le bâtonnier ou par le président de l'organisme dont il dépend. – *V. CGI, art. 279, f), désormais abrogé.*

Sur le choix ou la désignation des avocats et des officiers publics ou ministériels, V. Décr. n° 2020-1717 du 28 déc. 2020, art. 75 s.

BIBL. ► A. BALSAN, *Gaz. Pal. 1987. Doctr. 260* (l'aide judiciaire et le libre choix de l'avocat).

Code général des impôts

Art. 279 La taxe sur la valeur ajoutée est perçue au taux réduit de *[...]* en ce qui concerne :

[...]

(Abrogé par L. n° 2010-1658 du 29 déc. 2010, art. 70-VII) « f) les prestations pour lesquelles les avocats, les avocats au Conseil d'État et à la Cour de cassation et les avoués sont indemnisés totalement ou partiellement par l'État dans le cadre de l'aide juridictionnelle ; »

Taux réduit. Suppression. Sur la condamnation de la France par la CJUE pour manquement aux obligations qui lui incombent en vertu des art. 96 et 98, § 2, de la Dir. 2006/112/CE du 28 nov. 2006, relative au système commun de taxe sur la valeur ajoutée (TVA), pour avoir appliqué un taux réduit de TVA aux prestations rendues par les avocats, avocats au Conseil d'État et à la Cour de cassation et avoués, pour lesquelles ceux-ci sont indemnisés totalement ou partiellement par l'État dans le cadre de l'aide juridictionnelle, V. : • CJUE 17 juin 2010, n° C-492/08 : *D. actu. 24 juin 2010, obs. Dargent ; D. 2010. 1632 ; ibid. 2011. 265, obs. Fricero ; Gaz. Pal. 31 août 2010, p. 14, note Clavier ; ibid. 11 déc. 2010, p. 45, note Toulemont et Zapf ; JCP 2010. 1068, obs. Tanaskovic.*

I. DROIT À UN AVOCAT

A. PRINCIPE

1. Droit à l'assistance. La partie bénéficiaire de l'aide juridictionnelle en cause d'appel a droit à l'assistance d'un avocat ; prive sa décision de base légale, la cour d'appel qui, pour répondre aux conclusions de la personne appelée en intervention forcée, demandant de disjoindre les demandes formées à son encontre afin de lui permettre de se faire assister par un avocat au titre de l'aide juridictionnelle, énonce qu'il convient de statuer dès à présent sur les demandes dirigées contre elle puisqu'elle déclare bénéficier de l'aide juridictionnelle provisoire depuis déjà six mois. • Civ. 2e, 12 mars 1997, *Novo Mondo : D. 1997. IR 89 ; JCP 1997. II. 22884, note du Rusquec ; RG proc. 1998. 91, obs. J. Héron* • Civ. 3e, 7 mai 2003, n° 01-16.936 P : *D. 2003. IR 1476 ; Gaz. Pal. mars-avr. 2004, p. 1227, obs. du Rusquec* • Civ. 1re, 20 févr. 2008, n° 07-12-650 P : *D. 2008. AJ 791 ; ibid. 2009. Pan. 54, obs. Douchy-Oudot ; JCP 2008, 140, n° 17, obs. G'sell-Macrez ; Gaz. Pal. 13 janv. 2008, p. 27, note du Rusquec.* ♦ Le bénéficiaire de l'aide juridictionnelle a droit à l'assistance d'un avocat, et dans les instances en cours au 1er janv. 2012, la présence d'un avoué devenu avocat, assurant la représentation du bénéficiaire de l'aide juridictionnelle, n'est pas exclusive de l'assistance d'un avocat. • Civ. 2e, 25 sept. 2014, n° 13-21.707 : *Procédures 2014, n° 314, obs. Croze* • 15 nov. 2012, n° 11-27.289 • 17 oct. 2013, n° 12-24.300.

2. Droit concret et effectif. Le droit d'être défendu par un avocat doit être effectif : tel n'est pas le cas lorsqu'un avocat a été tardivement désigné et que le requérant est privé soit de l'accès à certaines pièces du dossier. • CEDH 10 mai 2007, *Seris c/ France : nos 38208/3 et 2810/05.* ♦ … Soit de la possibilité de déposer un mémoire ampliatif. • CEDH 9 oct. 2007, n° 9375/02 : *RSC 2008. 140, obs. Marguénaud et Roets .* ♦ Vu l'art. 6, § 1er Conv. EDH, cette assistance doit constituer un droit concret et effectif. • Civ. 1re, 20 févr. 2008 : *préc.* ♦ Le juge ne peut statuer sans s'assurer que la partie qui bénéficie de l'aide juridictionnelle avait été mise en mesure d'être assistée effectivement par un avocat. • Civ. 2e, 22 sept. 2016, n° 15-21.625. ♦ Il en va de même lorsque le bénéficiaire de l'aide juridictionnelle est présent à l'audience. • Civ. 2e, 23 févr. 2017, n° 16-10.852 : *Procédures 2017, n° 78, note Strickler.*

3. Moyen nouveau. Le moyen pris du défaut d'assistance par un avocat du bénéficiaire de l'aide juridictionnelle en cause d'appel est nouveau, lorsque, représenté par un avoué, ce bénéficiaire n'a pas soutenu, devant la cour d'appel, qu'il avait demandé à être également assisté par un avocat. • Civ. 2e, 22 mars 2006, n° 04-14.962 P : *AJDI 2006. 661, obs. de la Vaissière* • Soc. 24 nov. 2004, n° 02-45.126 : *RTD com. 2005. 174, obs. Vallens.*

4. Abus de droit. Justifie légalement sa décision une cour d'appel qui retient qu'un justiciable qui « par ses refus réitérés d'être assisté gratuitement par un conseil, conjugués à son hostilité exprimée à l'encontre des avocats, s'était de lui-même mis dans la situation d'être privé de défenseur », faisant ressortir, par ces seuls motifs, qu'aucun trouble manifestement illicite ne résultait de la décision du conseil de l'ordre. • Civ. 2e, 18 oct. 2018, n° 17-22.662 : *D. avocats 2018. 350 ; Gaz. Pal. 8 janv. 2019, p. 17, note Piau.*

B. ÉTENDUE DU DROIT

5. Libre choix de son avocat. Il ne résulte d'aucune disposition de la L. du 10 juill. 1991, ni du décret d'application du 19 déc. 1991, que l'exercice, en cours de procédure, de la liberté de choix de son avocat par le bénéficiaire de l'aide juridictionnelle emporte renonciation rétroactive à cette aide. • Civ. 1re, 1er juin 1999, n° 96-20.406 P : *D. 1999. IR 197* • Civ. 2e, 16 nov. 2006, n° 04-20.662 • 12 juin 2014, n° 13-15.579 • 22 nov. 2018, n° 17-28.997.

6. Remplacement de l'auxiliaire choisi. Rien n'interdit au bénéficiaire de l'aide judiciaire de demander l'assistance d'un autre avocat que celui qu'il avait initialement choisi. * Rép. min. QE n° 7916, 24 nov. 1986 : *JCP 1987. IV. 13.*

7. Avocat au Conseil d'État et à la Cour de cassation. Si les requêtes présentées au Conseil d'État sur le fondement de l'art. L. 521-2 CJA sont dispensées du ministère d'avocat et si, par suite, les requérants peuvent, s'ils ne les signent pas eux-mêmes, mandater à cet effet un avocat au barreau, l'aide juridictionnelle ne peut être accordée devant le Conseil d'État que pour obtenir le concours d'un avocat au Conseil d'État et à la Cour de cassation qui peut seul percevoir la rétribution prévue à cet effet par la L. du 10 juill. 1991 ou demander le bénéfice des dispositions de l'art. 37 de cette loi. • CE 7 mai 2013, n° 368061.

8. *Exclusion des honoraires de médecin.* La circonstance que la L. du 10 juill. 1991 et le Décr. n° 91-1266 du 19 déc. 1991 [devenu Décr. n° 2020-1717 du 28 déc. 2020] pris pour son application ne prévoient pas la prise en charge par l'État, au titre de l'aide juridictionnelle, des frais exposés par une partie qui décide, de sa propre initiative, d'avoir recours à un conseil, autre qu'un avocat, afin de l'assister lorsqu'une expertise a été ordonnée, ne fait pas obstacle à la protection du justiciable et à l'exercice, par celui-ci, de ses droits devant la juridiction compétente. Ces dispositions ne sont donc pas incompatibles avec les stipulations du § 1er, de l'art. 6 Conv. EDH. • CE 27 févr. 2004, n° 240087 : *D. 2004. IR 1122*.

II. MOMENT DE LA DEMANDE

9. *Avant la date de l'audience (oui).* L'aide judiciaire peut être sollicitée en tout état de cause, à condition que ce soit avant la date de l'audience ; viole les art. 2 et 25 de la L. de 1991 l'arrêt d'une cour d'appel qui, alors que l'appelant avait sollicité, avant la date d'audience (en l'espèce quelques jours seulement avant), l'attribution de l'aide juridictionnelle et présenté une demande tendant au renvoi de l'affaire, statue sur l'appel dont elle était saisie sans attendre la décision du bureau d'aide juridictionnelle, au motif que la demande était tardive et dilatoire. • Civ. 2e, 18 janv. 2007, n° 06-10.294 P : *D. 2007. AJ 380, obs. Avena-Robardet ; ibid. Pan. 2336, obs. Vigneau ; JCP 2007. Actu. 56, obs. Bougrab ; ibid. I. 139, n° 1, obs. Cadiet ; ibid. I. 151, n° 7, obs. G'Sell-Macrez ; Dr. et pr. 2007. 210, note Lefort ; Procédures 2007, n° 54, obs. Perrot.* ♦ Vu les art. 18 et 25 de la L. du 10 juill. 1991, la demande de désignation d'un avocat impliquant une demande d'admission à l'aide juridictionnelle peut être formulée jusqu'au jour de l'audience. • Civ. 2e, 10 déc. 2009, n° 08-20.507 P : *JCP S 2010. 1021, note Tauran ; Dr. et pr. 2010. 88, note Lauvergnat* • 14 janv. 2010, n° 08-20.964.

10. *Pendant le délibéré (non).* La demande d'aide juridictionnelle ne peut intervenir en cours de délibéré. • Civ. 2e, 5 mars 2009, n° 08-13.749 P • 26 sept. 2013, n° 12-20.270 P.

III. OBLIGATIONS DU JUGE

A. VÉRIFICATIONS

11. *Information du bénéficiaire de l'aide juridictionnelle.* Commet un excès de pouvoir et viole l'art. 25 de la L. de 1991 et l'art. 6 Conv. EDH le juge qui procède à la vente forcée d'un bien sans s'assurer que le débiteur saisi, qui avait sollicité l'aide juridictionnelle, avait été informé de la décision rendue sur cette demande et du nom de l'avocat désigné à ce titre. • Civ. 2e, 24 juin 2010 n° 08-19.974 P : *D. 2010. Actu. 1800 ; ibid. 2011. 265, obs. Fricero ; ibid. 1509, obs. Leborgne ; Gaz. Pal. 19 oct. 2010, p. 20, note Fricero ; Dr. et pr. 2010. 323, note Leborgne.*

12. *Désignation d'un avocat remplaçant.* Commet un excès de pouvoir et viole l'art. 25 de la L. de 1991 et l'art. 6 Conv. EDH le juge qui procède à la vente forcée, sans vérifier si, compte tenu du refus opposé par l'avocat désigné au titre de l'aide juridictionnelle obtenue par le débiteur, la désignation d'un nouvel avocat aux lieu et place était en cours. • Civ. 2e, 15 oct. 2015, n° 14-18.461.

13. *Renonciation non équivoque. Le droit à l'assistance d'un avocat constitue un droit concret et effectif.* L'effectivité de ce droit impose alors au juge de s'assurer de la renonciation non équivoque de la partie civile à bénéficier de l'assistance d'un défenseur au cours de l'audience. En conséquence, doit être censuré l'arrêt d'une chambre de l'instruction qui retient une affaire et statue sur l'appel dont elle était saisie, alors qu'elle a constaté que l'avocate désignée pour assister l'appelant au titre de l'aide juridictionnelle avait refusé de lui prêter son concours après avoir indiqué que le père de ce dernier lui avait tenu, dans les instants précédant l'appel de la cause, des propos qu'elle estimait irrespectueux de sa personne. • Crim. 22 mars 2017, n° 16-83.928 P : *JCP 2017. 660, n° 25, obs. G'Sell* (visa de l'art. 6, §1er Conv. EDH, ensemble l'art. 25 de la L. du 10 juill. 1991 et 591 C. pr. pén.).

14. *Cause grave de révocation de l'ordonnance de clôture.* Le juge doit rechercher si, dans les circonstances dans lesquelles la demande d'aide juridictionnelle a été formée et instruite, la constitution tardive de l'avoué ne constitue pas une cause grave de nature à entraîner la révocation de l'ordonnance de clôture et le renvoi de l'affaire à la mise en État. • Civ. 2e, 12 mars 1997, n° 94-20.180 P : *D. 1997. 95 ; JCP 1997. II. 22879, note du Rusquec ; RG proc. 1998. 89 (1er arrêt), obs. Héron.*

B. SURSIS À STATUER

15. *Renvoi.* V. note ss. art. 12, L. 10 juill. 1991.

1° PRINCIPE

16. *En l'absence du bénéfice du concours d'un avocat.* Le juge ne peut statuer sans que le demandeur à l'aide juridictionnelle n'ait pu bénéficier du concours d'un avocat. • Civ. 2e, 28 juin 2012, n° 11-20.546 P • 20 mars 2014 :

D. avocats 2014. 134, obs. Dargent • Civ. 1re, 30 sept. 2009, n° 08-15.174 P : *D. actu. 13 oct. 2009, obs. Dargent ; AJ fam. 2009. 457, note Pécaut-Rivolier ; RTD civ. 2009. 713, obs. Hauser*. ♦ Il en va ainsi quand il n'a pas encore été statué sur la demande de bénéfice d'aide juridictionnelle. • Civ. 2e, 23 juin 2011, n° 09-70.640 • 20 mars 2014 : *D. avocats 2014. 134, obs. Dargent*. ♦ Ou quand la demande de désignation d'un avocat au titre de l'aide juridictionnelle n'a pas été traitée. • Civ. 2e, 12 mai 2016, n° 15-16.029 : *AJ fam. 2016. 442*. ♦ Il en va également ainsi quand le demandeur obtient l'aide juridictionnelle pendant le cours du délibéré. • Civ. 2e, 28 juin 2012, n° 11-20.680 P. ♦ Ou avant le prononcé du jugement. • Civ. 2e, 17 nov. 2005, n° 03-04.186 P : *D. 2005. IR 2967* • 18 janv. 2007 : *D. 2007. Pan. 2336, obs. Vigneau ; Dr. et pr. 2007. 210, note Lefort ; Procédures 2007, n° 54, note Perrot* • 22 mai 2008, n° 07-10.521. ♦ Il en va encore ainsi quand l'avocat n'a été désigné que postérieurement aux débats. • Soc. 19 juill. 2000, n° 98-17.792 P : *D. 2002. Somm. 852, obs. Blanchard ; RDSS 2001. 95, note Verkindt*. ♦ Il en va encore ainsi quand le bénéficiaire de l'aide juridictionnelle s'est vu désigner un avocat qui, en congé de maternité, avait demandé son remplacement. • Civ. 2e, 19 févr. 2019, n° 08-10.834.

17. Procédure sans représentation obligatoire. Le juge ne peut statuer sans que le demandeur à l'aide juridictionnelle n'ait pu bénéficier du concours d'un avocat. • Civ. 2e, 28 juin 2012, n° 11-20.546 P : *préc. note 16* • 28 juin 2012, n° 11-20.680 P : *préc. note 16* • 14 nov. 2013, n° 12-21.538 P : *D. 2013. 2706 ; ibid. Chron. Cass. 571, obs. Adida-Canac ; ibid. Pan. 795, obs. Fricero ; D. avocats 2013. 440, obs. Dargent ; Gaz. Pal. 2014, p. 1821 note Villacèque, Gaineton* • 7 janv. 2016, n° 15-11.135 • 23 févr. 2017, n° 16-10.910.

18. En cas de recours contre la décision de rejet. viole l'art. 25 de la L. du 10 juill. 1991 et l'art. 6, § 1er, Conv. EDH la cour d'appel qui confirme le jugement d'orientation ordonnant la vente forcée du bien, alors qu'elle constatait qu'au jour où le juge avait examiné l'affaire, en l'absence du débiteur saisi, qui avait sollicité un renvoi dans l'attente de l'issue du recours qu'il avait formé contre la décision ayant rejeté sa demande d'aide juridictionnelle, il n'avait pas encore été statué sur ce recours. • Civ. 2e, 16 mai 2012, n° 11-14.449 P : *RDBF 2012, n° 190, note Piedelièvre ; D. 2013. 1574, obs. Leborgne ; Dr. et pr. 2012. 213, note Leborgne.*

19. Obligation du juge même non avisé de la demande. Viole l'art. 25 de la L. de 1991, ensemble l'art. 6, § 1er, Conv. EDH, le premier président qui statue sur l'opposition dont il était saisi, alors que l'une des parties avait sollicité, avant la date de l'audience, l'attribution de l'aide juridictionnelle, peu important que le premier président ait été ou non avisé de cette demande. • Civ. 2e, 14 nov. 2013 : *préc. note 17* • 7 janv. 2016, n° 15-11.135 : *préc. note 17.* ♦ Viole l'art. 25 de la L. du 10 juill. 1991 et commet un excès de pouvoir, la cour d'appel qui statue sur le litige dont elle est saisie alors que l'une des parties avait sollicité, avant la date de l'audience, l'attribution de l'aide juridictionnelle, peu important que le premier président ait été ou non avisé de cette demande. • Civ. 2e, 16 mars 2017, n° 16-14.388 • Crim. 21 nov. 2017, n° 17-81.591 P : *D. avocats 2017. 390, obs. Dargent ; D. 2017. Actu. 2428 ; ibid. 2018. 204, obs. G. G.*

20. Mise en demeure de l'avocat désigné. Si les cours administratives d'appel peuvent rejeter les requêtes entachées de défaut de ministère d'avocat, sans demande de régularisation préalable, si le requérant a été averti dans la notification du jugement attaqué que l'obligation du ministère d'avocat s'imposait à lui en l'espèce, dès lors que ce requérant a obtenu la désignation d'un avocat au titre de l'aide juridictionnelle et que cet avocat n'a pas produit de mémoire, le juge d'appel ne peut, afin d'assurer au requérant le bénéfice effectif du droit qu'il tire de la L. du 10 juill. 1991, rejeter la requête sans avoir préalablement mis l'avocat désigné en demeure d'accomplir, dans un délai qu'il détermine, les diligences qui lui incombent et porté cette carence à la connaissance du requérant, afin de le mettre en mesure, le cas échéant, de choisir un autre représentant. • CE 28 déc. 2012 : *D. avocats 2013. 70, obs. Dargent*. ♦ Afin d'assurer au bénéficiaire de l'aide juridictionnelle le bénéfice effectif du droit à l'assistance d'un avocat choisi par lui ou, à défaut, désigné par le bâtonnier de l'ordre des avocats, selon l'art. 25 de la L. du 10 juill. 1991, il appartient au juge d'appel de surseoir à statuer en mettant l'avocat désigné pour le représenter en demeure d'accomplir les diligences qui lui incombaient ou en portant sa carence à la connaissance du requérant afin de le mettre en mesure de choisir un autre représentant. • CE 28 nov. 2008 : *LPA 28 janv. 2009, p. 11, concl. Thiellay* • 21 oct. 2013, n° 352996 • 25 févr. 2015, n° 375215.

2° EXCEPTIONS

21. Absence de demande de désignation d'un avocat. L'absence d'un avocat pour assister le bénéficiaire de l'aide juridictionnelle à l'audience ne fait pas obstacle à ce qu'il soit statué, alors que ce dernier, représenté par un avoué, n'avait pas conclu et n'avait pas demandé devant la cour d'appel à être assisté par un avocat. • Civ. 2e, 10 nov. 2010, n° 09-17.172 P.

22. Caducité de la demande d'aide juridictionnelle. C'est sans violer les exigences du procès équitable qu'une juridiction, informée par une partie de son intention de former, à nouveau, une demande d'aide juridictionnelle après que sa première demande a été déclarée caduque par une décision, insusceptible de recours, dont elle avait été informée en temps utile, statue sur l'affaire dont elle est saisie après avoir relevé qu'au jour de l'audience, la partie s'était abstenue de former une nouvelle demande d'aide juridictionnelle et qu'elle était représentée par un avoué. • Civ. 2e, 14 nov. 2013 : *D. 2013. 2706 ; ibid. Chron. C. cass. 571, obs. Adida-Canac ; ibid. Pan. 795, obs. Fricero ; D. avocats 2013. 440, obs. Dargent*.

23. Défaut de comparution. Si les juridictions doivent attendre la décision du bureau d'aide juridictionnelle avant de se prononcer sur le litige dont elles sont saisies, l'absence de l'avocat désigné au titre de l'aide à l'audience des débats ne fait pas, en soi, obstacle à ce qu'il soit statué. • Civ. 2e, 6 janv. 2011 : *Procédures 2011, no 82, note Perrot* • 12 oct. 2006, no 05-15.690 P : *D. 2006. 2688* • 7 juin 2007, no 06-14-599 • 26 mai 2016, no 14-29.358.

24. Représentation par l'avocat régulièrement désigné à l'AJ. Il importe également peu que le bénéficiaire ait demandé la désignation d'un autre avocat, la présence de l'avocat désigné par le BAJ permet au juge de statuer dans le respect du droit à un procès équitable. • Civ. 2e, 24 mars 2016, no 14-24.576.

25. Irrecevabilité manifeste de l'action. V. note ss. Décr. no 2020-1717 du 28 déc. 2020, art. 51, App., vo *Aide juridique*.

IV. ÉTENDUE DE LA MISSION DE L'AVOCAT

26. Fin de mission. L'avocat désigné au titre de l'aide juridictionnelle est tenu de prêter son concours tant qu'il ne justifie pas avoir été valablement déchargé de sa mission. La charge de la preuve ne repose pas sur le client, auteur de la demande indemnitaire, mais sur son conseil. • Civ. 1re, 16 janv. 2013, no 12-12.647 P : *D. 2013. Actu. 315 ; JCP 2013. 99, obs. Guichard ; D. avocats 2013. 71, obs. Dargent ; JCP 2013. 622, no 11, obs. Bolze ; Dr. et pr. 2013. 92, note Oudot ; Dr. et patr. 2013. 94, obs. Chaffois.*

V. COMPÉTENCE JURIDICTIONNELLE

27. Litige relatif à la désignation de l'avocat. Les litiges relatifs à la désignation d'un avocat chargé de prêter son concours au bénéficiaire de l'aide juridictionnelle par le bâtonnier relèvent, dans tous les cas, de la compétence du juge judiciaire. • T. confl. 2 avr. 2012, no C-3830 P : *AJDA 2012. 737 ; AJFP 2012. 353 ; Gaz. Pal. 25-26 avr. 2012, p. 22, note Guyomard ; LPA 13 juin 2012, p. 13, note Rouault ; ibid. 27 sept. 2012, p. 10, note Bonnefont.*

Art. 26 En cas d'appel, le bénéficiaire de l'aide juridictionnelle est assisté ou représenté par l'avocat qui lui avait prêté son concours en première instance au titre de cette aide, sauf choix contraire de la partie ou refus de l'avocat.

Art. 27 *(L. no 2020-1721 du 29 déc. 2020, art. 234-IV-1o-m)* L'avocat qui prête son concours au bénéficiaire de l'aide juridictionnelle ou de l'aide à l'intervention de l'avocat dans les procédures non juridictionnelles perçoit une rétribution.

L'État affecte annuellement à chaque barreau une dotation représentant sa part contributive aux missions d'aide juridictionnelle et aux missions d'aide à l'intervention de l'avocat dans les procédures non juridictionnelles accomplies par les avocats du barreau.

Le montant de la dotation affecté à l'aide juridictionnelle résulte*[,]* d'une part, du nombre de missions d'aide juridictionnelle accomplies par les avocats du barreau et, d'autre part, du produit d'un coefficient par type de procédure et d'une unité de valeur de référence. Le montant, hors taxe sur la valeur ajoutée, de cette unité de valeur de référence est fixé, pour les missions dont l'admission à l'aide juridictionnelle est prononcée à compter du 1er janvier *(L. no 2021-1900 du 30 déc. 2021, art. 188-1o)* « 2022, à 36 € ».

Le montant de cette dotation affecté à l'aide à l'intervention de l'avocat dans les procédures non juridictionnelles est fonction du nombre de missions effectuées par les avocats.

1. Rétribution partielle. V. note ss. Décr. no 2020-1717 du 28 déc. 2020, art. 86, App., vo *Aide juridique*.

2. Rémunération de l'avocat dessaisi intervenant au titre de l'AJ. Si l'avocat intervenant au titre de l'aide juridictionnelle est déchargé de sa mission par le bénéficiaire qui choisit un autre conseil et le rémunère personnellement, l'avocat dessaisi ne peut percevoir d'autre rémunération que la contribution due au titre de l'aide juridictionnelle. • Civ. 2e, 15 févr. 2007, no 05-16.244. ♦ Il ne peut prétendre à la perception d'honoraires. • Civ. 2e, 12 juin 2014 : *JCP 2014. 1093, no 15, obs. Bortoluzzi.*

Art. 28 *(L. no 2014-1654 du 29 déc. 2014, art. 35-III-3o)* La dotation due au titre de chaque année donne lieu au versement d'une provision initiale, versée en début d'année et ajustée en fonction de l'évolution du nombre des admissions à l'aide juridictionnelle *(Abrogé par L. no 2019-1479 du 28 déc. 2019, art. 81-VI, à compter du 1er janv. 2020)* « *et du montant de la* *dotation affectée au barreau par le Conseil national des barreaux en application du deuxième alinéa de l'article 21-1 de la loi nº 71-1130 du 31 décembre 1971 portant réforme de certaines professions judiciaires et juridiques ».* Elle est liquidée en fin d'année sur la base du nombre des missions achevées, après déduction des sommes perçues au titre du même deuxième alinéa. *— V. L. nº 71-1130 du 31 déc. 1971, art. 21-1, Partie I, I, Profession d'avocat. — **C. avocat.***

Art. 29 La dotation est versée *(L. nº 2020-1721 du 29 déc. 2020, art. 234-IV-1º-n)* « par l'Union nationale des caisses des règlements pécuniaires des avocats pour le compte de l'État » sur un compte spécial de la caisse des règlements pécuniaires prévue au 9º de l'article 53 de la loi nº 71-1130 du 31 décembre 1971 portant réforme de certaines professions judiciaires et juridiques. *(L. nº 2020-1721 du 29 déc. 2020, art. 234-IV-1º-n)* « Le montant et la répartition par barreau de cette dotation sont fixés par arrêté du ministre de la justice. » Elle est intégralement affectée au paiement des avocats effectuant des missions d'aide juridictionnelle *(L. nº 2020-1721 du 29 déc. 2020, art. 234-IV-1º-n)* « et d'aide à l'intervention de l'avocat dans les procédures non juridictionnelles ». *— V. L. nº 71-1130 du 31 déc. 1971, art. 53, Partie I, I, Profession d'avocat. — **C. avocat**. — V. Décr. nº 2020-1717 du 28 déc. 2020, art. 133, App., vº Aide juridique.*

Les modalités et le montant de ce paiement et, le cas échéant, le versement de provisions sont déterminés dans chaque barreau par le règlement intérieur.

Toutefois, pour l'aide juridictionnelle partielle, la part contributive de l'État revenant à l'avocat est calculée selon les modalités qui servent à déterminer la dotation du barreau.

Le règlement intérieur peut prévoir que les avocats prêtent, à temps partiel, leur concours à l'aide juridictionnelle *(L. nº 2020-1721 du 29 déc. 2020, art. 234-IV-1º-n)* « et à l'aide à l'intervention de l'avocat » selon des modalités fixées par convention avec l'ordre.

En ce qui concerne les règles de gestion financière et comptable des fonds, le règlement intérieur doit être conforme à un règlement type établi par décret en Conseil d'État. *— V. Décr. nº 96-887 du 10 oct. 1996 et règlement type annexé, App., vº Aide juridique.*

Les dispositions du règlement intérieur relatives à l'aide juridictionnelle sont communiquées pour information au *(L. nº 98-1163 du 18 déc. 1998, art. 12-I)* « conseil départemental de l'accès au droit » prévu à l'article 54.

Sur l'autonomie des barreaux en ce domaine, V. : Rép. min. nº 19021 : *JO Sénat Q, 12 mars 1992, p. 623 ; JCP 1992. V. 55.*

Art. 30 *(L. nº 2019-486 du 22 mai 2019, art. 27-VIII-1º)* « La caisse des règlements pécuniaires désigne un commissaire aux comptes et, lorsque les conditions définies au deuxième alinéa du I de l'article L. 823-1 du code de commerce sont réunies, un suppléant, choisis sur la liste mentionnée à l'article L. 225-219 du même code pour une durée de six exercices. »

Ne peuvent être choisis comme commissaires aux comptes :

1º Les conjoints, ascendants ou descendants et collatéraux au quatrième degré inclusivement du président et des administrateurs de la caisse, du bâtonnier et des membres du conseil de l'ordre ;

2º Les personnes qui, directement ou indirectement ou par personne interposée, reçoivent de la caisse ou de son président une rémunération quelconque à raison d'une autre activité que celle de commissaire aux comptes ;

3º Les sociétés de commissaires aux comptes dont l'un des associés, actionnaires ou dirigeants, se trouve dans l'une des situations prévues aux alinéas précédents ;

4º Les conjoints des personnes qui, en raison d'une activité autre que celle de commissaire aux comptes, reçoivent de la caisse ou de son président une rémunération en raison de l'exercice d'une activité permanente ;

5º *Les sociétés* de commissaires aux comptes dont soit l'un des dirigeants, soit l'associé ou actionnaire exerçant les fonctions de commissaire aux comptes au nom de la société, a son conjoint qui se trouve dans l'une des situations prévues au 4º ;

6º *(L. nº 2004-130 du 11 févr. 2004, art. 73)* « Les avocats anciens conseils juridiques qui ont été autorisés à poursuivre les activités de commissaire aux comptes par le XI de l'article 50 de la loi nº 71-1130 du 31 décembre 1971 précitée dans sa rédaction antérieure à la loi nº 2004-130 du 11 février 2004 réformant le statut de certaines professions judiciaires ou juridiques, des experts judiciaires, des conseils en propriété industrielle et des experts en ventes aux enchères publiques ». *— V. L. nº 71-1130 du 31 déc. 1971, art. 50, Partie I, I, Profession d'avocat. — **C. avocat**.*

Le commissaire aux comptes vérifie que la dotation de l'État a été versée sur un compte spécial établi chaque année à cet effet dans des conditions fixées par décret en Conseil d'État et qu'elle a été utilisée conformément à la présente loi.

Les dispositions des articles *(Ord. n° 2000-912 du 18 sept. 2000, art. 3 et 4-23° ; Ord. n° 2005-1126 du 8 sept. 2005, art. 22-8°, 12°, 13° et 14° ; L. n° 2019-486 du 22 mai 2019, art. 27-VIII-2°)* **« L. 820-6, L. 820-7, L. 822-17, L. 822-18, L. 823-12, L. 823-13 et L. 823-14 du code de commerce » sont applicables.**

Les dispositions *(L. n° 2019-486 du 22 mai 2019, art. 27-VIII-3°)* **« du 1° de l'article L. 820-4 » sont applicables au président de la caisse et celles** *(L. n° 2019-486 du 22 mai 2019, art. 27-VIII-3°)* **« du 2° du même article L. 820-4 » au président de la caisse et à toute personne au service de celle-ci.**

L'Ord. n° 2000-912 du 18 sept. 2000 a été ratifiée par l'art. 50-I de la L. n° 2003-7 du 3 janv. 2003 (JO 4 janv.).

L'Ord. n° 2005-1526 du 8 déc. 2005 a été ratifiée par la L. n° 2007-210 du 19 févr. 2007, art. 10 (JO 21 févr.).

Art. 31 **L'avocat au Conseil d'État et à la Cour de cassation** *(Abrogé par L. n° 2011-94 du 25 janv. 2011, art. 32-7°, à compter du 1er janv. 2012)* **« *, l'avoué près la cour d'appel* », le notaire, l'huissier de justice, le greffier titulaire de charge, le commissaire-priseur qui prêtent leur concours au bénéficiaire de l'aide juridictionnelle perçoivent une rétribution de l'État fixée selon des barèmes établis par décret en Conseil d'État.**

Art. 32 **La contribution due au titre de l'aide juridictionnelle totale à l'auxiliaire de justice est exclusive de toute autre rémunération, sous réserve des dispositions de l'article 36** *[de la présente loi]*. **Toute stipulation contraire est réputée non écrite.**

I. PRINCIPE

1. Exclusion de toute rémunération. La rétribution de l'auxiliaire de justice au titre de l'aide juridictionnelle totale est exclusive de toute autre rémunération. • Civ. 2e, 6 juin 2013, n° 12-20.361 P : *D. actu. 13 juin 2013, obs. Portmann ; D. avocats 2013. 264, obs. Dargent ; Dr. et patr. 2013. 95, obs. Chaffois ; JCP 2013. 42, 1087, obs. G'Sell* • Civ. 1re, 1er juin 1999, n° 96-20.406 P : *D. 1999. IR 197*.

2. Dispense des frais de correspondance. L'avocat ne peut solliciter systématiquement la fourniture d'un carnet de timbres aux clients qu'il assiste au titre de l'aide juridictionnelle, totale ou partielle, un tel comportement étant constitutif d'une faute déontologique justifiant le prononcé d'un blâme. • Civ. 1re, 3 mai 2018, n° 17-19.933 : *Procédures 2019, n° 209, Strickler.*

3. Indifférence de la dissimulation de l'obtention de l'AJ. Viole l'art. 32 de la L. n° 91-647 du 10 juill. 1991 le premier président d'une cour d'appel statuant en matière de taxe et les productions qui, pour confirmer la décision du bâtonnier de l'ordre des avocats de taxation des honoraires d'un avocat à une certaine somme alors que la cliente qui refuse de verser ces honoraires avait demandé le bénéfice de l'aide juridictionnelle totale et l'avait obtenue, énonce que cette dernière n'avait pas informé son avocate de ce qu'elle bénéficiait de l'aide juridictionnelle et avait entretenu celle-ci dans son ignorance, • Civ. 2e, 6 juin 2013 : *préc.*

II. AMÉNAGEMENTS

4. Diligences accomplies avant le jour de la demande d'aide juridictionnelle. Les diligences (le dépôt d'un dire et de conclusions) accomplies avant le jour de la demande d'aide juridictionnelle peuvent faire l'objet d'une facturation distincte, peu important que celles-ci se rapportent à l'instance pour laquelle l'aide juridictionnelle a ensuite été accordée et que la provision ait été versée le jour de cette demande. • Civ. 2e, 27 mars 2003, n° 02-10.592 P : *D. 2003. IR 1075 ; JCP 2003. I. 140, n° 17, obs. R. Martin ; Gaz. Pal. 8-10 févr. 2004, p. 20, obs. du Rusquec.* ♦ Il résulte des art. 32 et 33, al. 2, de la L. du 10 juill. 1991 que l'avocat ne peut réclamer au bénéficiaire de l'aide juridictionnelle totale que la rémunération des seules diligences qu'il a accomplies avant la demande d'aide ; par ce motif substitué à ceux des juges du fond, la décision se trouve légalement justifiée, en ce qu'elle a condamné l'avocat à restituer les honoraires qu'il avait perçus, dès lors que les diligences étaient postérieures à la demande d'aide juridictionnelle. • Civ. 1re, 22 mai 2001, n° 98-14.738 P : *D. 2002. Somm. 852, obs. Blanchard* • Civ. 2e, 1er oct. 2009, n° 08-18.477 P : *D. actu. 12 oct. 2009, obs. Dargent ; Gaz. Pal. 2009. Jurisp. 3777, note Bizot ; JCP 2010. 270, n° 17, obs. G'Sell.*

5. Incidence du changement d'avocat en cours d'instance. Il ne résulte ni de la L. du 10 juill. 1991 relative à l'aide juridique ni du Décr. n° 91-1266 du 19 déc. 1991 [devenu Décr. n° 2020-1717 du 28 déc. 2020], pris pour son application, que l'exercice, en cours de procédure, de la liberté de choix de son avocat par le bénéficiaire de l'aide juridictionnelle emporte renonciation rétroactive à cette aide. Dès lors que pour fixer les honoraires d'un avocat au barreau de Paris sur le fondement de l'art. 10 de la L. du 31 déc. 1971, le premier président énonce que l'avocat au barreau d'Orléans, désigné à son tour après renvoi de l'affaire au tribunal d'Orléans, l'avait été au titre de l'aide juridictionnelle, mais que le client a ultérieurement fait le choix de l'avocat au barreau de Paris pour assurer la défense de ses intérêts, sans constater qu'en choisissant l'avocat au barreau de Paris, le client avait renoncé au bénéfice de l'aide juridictionnelle, sa décision manque de base légale au regard des art. 32 et 33 de la L. du 10 juill. 1991 et de l'art. 103 du Décr. du 19 déc. 1991 [devenu Décr. n° 2020-1717 du 28 déc. 2020, art. 89]. • Civ. 2e, 3 juill. 2008, n° 07-13.036 P : *D. 2008. AJ 2086*. • Civ. 1re, 1er juin 1999, n° 96-20.406 P : *D. 1999. IR 197*. ♦ L'avocat, désigné au titre de l'aide juridictionnelle, n'ayant pas mené sa mission jusqu'à son terme, ne peut prétendre à la perception d'honoraires s'il n'est pas justifié que son client a renoncé rétroactivement au bénéfice de l'aide juridictionnelle. Viole, en conséquence, les art. 32 de la L. n° 91-647 du 10 juill. 1991 et 103 du Décr. n° 91-1266 du 19 déc. 1991 [devenu Décr. n° 2020-1717 du 28 déc. 2020, art. 89] le premier président d'une cour d'appel qui, pour fixer à une certaine somme les honoraires dus à un avocat, énonce que la clientèle ayant dessaisi son conseil avant la fin de la procédure, ce dernier, qui ne pourra obtenir aucune indemnité au titre de l'aide juridictionnelle, est fondé à réclamer le paiement de ses prestations au temps passé. • Civ. 2e, 14 juin 2018, n° 17-21.318 P : *D. actu. 9 juill. 2018, obs. Pellier ; D. 2018. Actu. 1317 ; D. avocats 2018. 258 ; JCP 2018. 1023, note G'Sell.*

Art. 33 Les honoraires ou émoluments, ainsi que les provisions versées à ce titre avant l'admission à l'aide juridictionnelle totale par son bénéficiaire viennent en déduction de la contribution de l'État.

Lorsqu'une rémunération a déjà été versée à un auxiliaire de justice avant une demande d'aide juridictionnelle, aucune contribution n'est due par l'État au titre de l'aide juridictionnelle totale si les sommes déjà reçues à titre d'émoluments ou d'honoraires sont au moins égales à celles qu'il aurait perçues à ce titre.

Lorsque la rémunération déjà versée par le bénéficiaire de l'aide juridictionnelle totale est inférieure à la contribution de l'État prévue à ce titre, l'auxiliaire de justice ne peut prétendre à un complément qui aurait pour effet de dépasser le montant de cette contribution.

Dans le cas prévu à l'article 9 *[de la présente loi]*, il sera tenu compte de l'ensemble des diligences effectivement exercées par l'avocat.

Renvoi. V. notes ss. art. 32 de la présente loi.

Art. 34 En cas d'aide juridictionnelle partielle, la part contributive de l'État au profit du bénéficiaire est, dans des conditions déterminées par un barème fixé par décret en Conseil d'État, inversement proportionnelle aux ressources du bénéficiaire. — *V. Décr. n° 2020-1717 du 28 déc. 2020, art. 103, App., v° Aide juridique.*

Art. 35 En cas d'aide juridictionnelle partielle, l'avocat a droit, de la part du bénéficiaire, à un honoraire complémentaire librement négocié.

Une convention écrite préalable fixe, en tenant compte de la complexité du dossier, des diligences et des frais imposés par la nature de l'affaire, le montant et les modalités de paiement de ce complément d'honoraires, dans des conditions compatibles avec les ressources et le patrimoine du bénéficiaire.

La convention rappelle le montant de la part contributive de l'État. Elle indique les voies de recours ouvertes en cas de contestation. A peine de nullité, elle est communiquée dans les quinze jours de sa signature au bâtonnier qui contrôle sa régularité ainsi que le montant du complément d'honoraires.

Lorsque le barreau dont relève l'avocat établit une méthode d'évaluation des honoraires tenant compte des critères fixés ci-dessus, le montant du complément est calculé sur la base de cette méthode d'évaluation.

Les dispositions qui précèdent sont applicables à l'avocat au Conseil d'État et à la Cour de cassation ; les pouvoirs qu'elles confèrent au barreau sont exercés par l'ordre, et ceux qu'elles confèrent au bâtonnier par le président de l'ordre.

Dans le même cas, les autres officiers publics ou ministériels ont droit, de la part du bénéficiaire, à un émolument complémentaire calculé sur la base de leurs tarifs dans des limites fixées par décret en Conseil d'État.

1. Pouvoir de modération du juge. Les dispositions de l'art. 35, L. 10 juill. 1991, ensemble l'art. 99, Décr. 19 déc. 1991, ne font pas obstacle au pouvoir des juges de réduire les honoraires convenus initialement entre l'avocat et son client lorsque ceux-ci apparaissent exagérés au regard du service rendu. • Civ. 1re, 7 juill. 1998, n° 96-10.387 P : *D. Affaires 1998. 1587, obs. V. A.-R ; JCP 1999. I. 110, étude R. Martin.*

2. Honoraire de résultat. Il résulte de l'art. 35 de la L. n° 91-647 du 10 juill. 1991 qu'en cas d'aide juridictionnelle partielle, l'avocat a uniquement droit à un honoraire complémentaire forfaitaire de diligence librement négocié avec son client, sans possibilité de réclamer un honoraire de résultat, sauf si la convention le prévoit, en cas de retrait de l'aide juridictionnelle dans les conditions de l'art. 36 du texte susvisé. • Civ. 2e, 6 juill. 2017, n° 16-17.788 P : *D. 2017. Actu. 1478* ; *ibid. 1870*, *n° 4, obs Touati et Becuwe* ; *JCP 2017. 1104, n° 23, obs. G'Sell.*

Art. 36 *(L. n° 98-1163 du 18 déc. 1998, art. 4)* **Lorsque la décision passée en force de chose jugée rendue au profit du bénéficiaire de l'aide juridictionnelle a procuré à celui-ci des ressources telles que, si elles avaient existé au jour de la demande d'aide juridictionnelle, celle-ci ne lui aurait pas été accordée, l'avocat désigné peut demander des honoraires à son client après que le bureau d'aide juridictionnelle a prononcé le retrait de l'aide juridictionnelle.** – *V. plus généralement sur le retrait de l'aide juridictionnelle art. 50 s. de la présente loi.*

(L. n° 2019-1479 du 28 déc. 2019, art. 243-I-6°) **« L'avocat désigné peut conclure avec son client une convention écrite préalable qui fixe le montant et les modalités de paiement des honoraires qu'il peut demander si le bureau d'aide juridictionnelle ou la juridiction saisie de la procédure prononce le retrait de l'aide juridictionnelle.**

« Lorsque l'avocat perçoit des honoraires de la part de son client après que l'aide juridictionnelle lui a été retirée, l'avocat renonce à percevoir sa rétribution au titre de l'aide juridictionnelle. »

L'art. 243 de la L. n° 2019-1479 du 28 déc. 2019 entre en vigueur à une date fixée par décret, et au plus tard le 1er déc. 2020 (L. préc., art. 243-IV). Le I dudit art. est applicable en Polynésie française (L. préc., art. 243-III).

BIBL. ▶ BALSAN, *Gaz. Pal. 1987. Doctr. 766* (l'aide judiciaire et la notion de ressources).

1. Domaine. L'application de ce texte [art. 22, L. 3 janv. 1972 devenu art. 36, L. 10 juill. 1991] est exclue lorsque des dispositions particulières accordent de plein droit l'aide judiciaire à tout intéressé qui la demande. • Civ. 1re, 12 juin 1990, n° 88-19.446 P : *D. 1991. 185, note Lebretton* (juridiction des pensions). ♦ Les dispositions des art. 10 et 36 ne sont applicables qu'aux demandes d'honoraires pour les procédures dans lesquelles le client de l'avocat qui sollicite un honoraire a été désigné au titre de l'aide juridictionnelle. • Civ. 2e, 18 déc. 2003, n° 02-10.008 P.

2. Indifférence de la nature des ressources. Ce texte [art. 22, L. 3 janv. 1972 devenu art. 36, L. 10 juill. 1991] n'établit aucune distinction quant à la nature des sommes allouées, peu important qu'il s'agisse d'une indemnité visant à compenser l'atteinte à l'intégrité physique du bénéficiaire de l'aide juridictionnelle. • Civ. 1re, 26 mai 1993 : *D. 1994. 39, note Laroche de Roussane*. ♦ Il ressort de la combinaison de l'article 22 de la loi du 3 janv. 1972 [devenu art. 36, L. 10 juill. 1991] et de l'art. 15 de la même loi [devenu art. 5, L. 10 juill. 1991], que l'avocat peut réclamer des honoraires même si les ressources de l'art. 22 n'ont pas le caractère d'un revenu imposable (en l'espèce, une indemnité perçue en capital au titre de dommages-intérêts). • Grenoble, 23 déc. 1986 : *Gaz. Pal. 1987. 338, note Damien*, qui infirme • TGI Grenoble, 9 oct. 1986 : *Gaz. Pal. 1987. 8, note Damien.*

3. Nécessité d'une convention d'honoraires préalable. Même en cas d'application de l'art. 36 de la loi du 10 juill. 1991, aucun honoraire de résultat n'est dû s'il n'a été expressément stipulé dans une convention préalablement conclue entre l'avocat et son client. • Cass., avis, 27 sept. 1999, n° 09-90.011 P : *JCP 1999. II. 10219, note R. Martin* ; *D. 2000. Somm. 151, obs. Blanchard*. ♦ V. L. n° 71-1130 du 31 déc. 1971, art. 10, *Partie I, I, Profession d'avocat*. – **C. avocat.**

Art. 37 **Les auxiliaires de justice rémunérés selon un tarif peuvent renoncer à percevoir la somme correspondant à la part contributive de l'État et poursuivre contre la partie condamnée aux dépens et non bénéficiaire de l'aide juridictionnelle le recouvrement des émoluments auxquels ils peuvent prétendre.**

(L. n° 2013-1278 du 29 déc. 2013, art. 128-IV-3°-a) **« Dans toutes les instances, le juge condamne la partie tenue aux dépens, ou qui perd son procès, et non bénéficiaire de l'aide juridictionnelle, à payer à l'avocat** *(L. n° 2021-1729 du 22 déc. 2021, art. 48-V-1°-a)* **« pouvant être rétribué, totalement ou partiellement, au titre de l'aide juridictionnelle », une somme qu'il détermine et qui ne saurait être inférieure à la part contributive de l'État** *(L. n° 2019-1479 du 28 déc. 2019, art. 243-I-7°-a)* **« majorée de 50 % », au titre des honoraires et frais non compris dans les dépens que le bénéficiaire de l'aide aurait exposés s'il n'avait pas eu cette aide.** *(L. n° 2021-1729 du 22 déc. 2021, art. 48-V-1°-b)* **« Les parties peuvent produire les justificatifs des sommes qu'elles demandent et » le juge tient compte de l'équité ou de la situation économique de la partie condamnée. Il peut, même d'office, pour des raisons tirées des mêmes considérations, dire qu'il n'y a pas lieu à cette condamnation. »**

(Ord. n° 2005-1526 du 8 déc. 2005, art. 2) (Abrogé par L. n° 2013-1278 du 29 déc. 2013, art. 128-IV-3°-b) ***« Si le juge fait droit à sa demande, l'avocat dispose d'un délai de douze mois à compter du jour où la décision est passée en force de chose jugée pour recouvrer la somme qui lui a***

été allouée. » *(L. nº 2013-1278 du 29 déc. 2013, art. 128-IV-3º-b)* **« Si l'avocat du bénéficiaire de l'aide » recouvre cette somme, il renonce à percevoir la part contributive de l'État. S'il n'en recouvre qu'une partie, la fraction recouvrée vient en déduction de la part contributive de l'État.**

« Si, à l'issue du délai de *(L. nº 2019-1479 du 28 déc. 2019, art. 243-I-7º-b)* **« quatre ans »** *(L. nº 2013-1278 du 29 déc. 2013, art. 128-IV-3º-c)* **« à compter du jour où la décision est passée en force de chose jugée », l'avocat n'a pas demandé le versement de tout ou partie de la part contributive de l'État, il est réputé avoir renoncé à celle-ci.**

« Un décret en Conseil d'État fixe, en tant que de besoin, les modalités d'application du présent article. »

L'Ord. nº 2005-1526 du 8 déc. 2005 a été ratifiée par la L. nº 2007-210 du 19 févr. 2007, art. 10 (JO 21 févr.).

L'art. 243 de la L. nº 2019-1479 du 28 déc. 2019 entre en vigueur à une date fixée par décret, et au plus tard le 1er déc. 2020 (L. préc., art. 243-IV). Le I dudit art. est applicable en Polynésie française (L. préc., art. 243-III).

BIBL. ▸ CNB, L'évaluation de la prestation de l'avocat pour la fixation des sommes mises à la charge de la partie succombante, Guide pratique, 2e éd., *CNB 2017*. – COLLIOU, *Gaz. Pal. 16-18 juin 2013, p. 9* (AJ : plaidoyer pour l'utilisation de l'art. 37, al. 2). – SERVERIN et GRUMBACH, *RDT 2010. 50* (contrôle du juge sur les honoraires d'avocats : deux procédures, deux poids et deux mesures).

▸ **Décr. du 29 déc. 2013 :** FRICERO, *Procédures 2014. Étude 2*. – LAPORTE, *Procédures 2015. Étude 1* (quoi de neuf en matière d'aide juridictionnelle ?).

1. Contribution exclusive. La contribution due au titre de l'aide juridictionnelle est exclusive de toute autre rémunération ; l'auxiliaire de justice qui n'a pas renoncé à percevoir la somme correspondant à la part contributive de l'État ne peut poursuivre, contre la partie condamnée aux dépens et non bénéficiaire de l'aide juridictionnelle, le recouvrement des émoluments auxquels il peut prétendre. • Civ. 2e, 19 mai 2005, nº 03-14.709 P : *D. 2005. IR 1447*.

2. Déduction des frais irrépétibles. L'indemnité accordée au bénéficiaire de l'aide judiciaire [ss. l'empire de la L. du 3 janv. 1972] en application de l'art. 700 NCPC [devenu C. pr. civ.], et qui ne correspond pas à des frais réellement exposés par celui-ci, doit être déduite de l'indemnité mise à la charge de l'État dans la décision ayant accordé l'aide judiciaire. • TGI Saint-Étienne, 8 févr. 1980 : *JCP 1981. IV. 227.*

3. Débiteur de l'art. 37. Les dispositions de l'art. L. 761-1 CJA et de l'art. 37 de la L. du 10 juill. 1991 font obstacle à ce qu'une somme soit mise à la charge d'un protagoniste qui n'est pas, dans la présente instance, la partie perdante. • CE 24 janv. 2020, nº 437328.

4. Bénéficiaire de l'art. 37. Il résulte de l'art. 37 que seul l'avocat du bénéficiaire de l'aide juridictionnelle peut obtenir que l'autre partie soit condamnée à lui payer une somme au titre des honoraires et frais non compris dans les dépens que son client aurait exposés s'il n'avait pas eu l'aide juridictionnelle. • Civ. 2e, 31 janv. 2013 : *D. avocats 2013. 122* • 6 sept. 2018, nº 17-20.109. ♦ A l'exclusion du bénéficiaire de l'aide juridictionnelle lui-même. • Crim. 3 nov. 2009 nº 09-80.090. ♦ Si les requêtes présentées au Conseil d'État sur le fondement de l'art. L. 521-2 CJA sont dispensées du ministère d'avocat et si, par suite, les requérants peuvent, s'ils ne les signent pas eux-mêmes, mandater à cet effet un avocat au barreau, l'aide juridictionnelle ne peut être accordée devant le Conseil d'État que pour obtenir le concours d'un avocat au Conseil d'État et à la Cour de cassation qui peut seul percevoir la rétribution prévue à cet effet par la L. du 10 juill. 1991 ou demander le bénéfice des dispositions de l'art. 37 de cette loi. • CE 7 mai 2013 : *cité note 17 ss. art. 25 de la présente loi.*

5. Condition du bénéfice de l'art. 37. L'avocat désigné d'office dans le cadre de la procédure prévue par les I *bis* ou III de l'art. L. 512-1 CESEDA peut obtenir le versement à son profit de la somme mise à la charge de la partie perdante sur le fondement de l'art. 37 de la L. du 10 juill. 1991 à la condition que la personne qu'il assiste ait, soit directement soit par son entremise, en application de l'art. 19 de cette loi, sollicité et obtenu l'aide juridictionnelle. Si l'avocat désigné d'office est valablement désigné au titre de l'aide juridictionnelle lorsque la personne qu'il assiste bénéficie déjà de celle-ci, sa désignation d'office ne peut, par elle-même, valoir demande et admission au bénéfice de l'aide juridictionnelle au profit de cette personne et lui ouvrir droit au bénéfice de ces dispositions. Il s'ensuit qu'il appartient à l'avocat désigné d'office qui entend obtenir le versement à son profit de la somme mise à la charge de la partie perdante de formuler expressément, au besoin dans ses écritures, une demande tendant à l'attribution de l'aide juridictionnelle à son client si celui-ci ne l'a pas fait. Le juge ne peut décider que les sommes mises à la charge de la partie perdante seront versées à cet avocat dans les conditions prévues à l'art. 37 de la L. du 10 juill. 1991, sans avoir, au préalable, admis son client au bénéfice de l'aide juridictionnelle provisoire sur le fondement de l'art. 20 de la L. du 10 juill. 1991, sans préjudice de la décision définitive du bureau d'aide juridictionnelle. • CE 16 oct. 2019, n° 431140 : *D. avocats, nov. 2019, p. 537*.

Art. 38 La contribution versée par l'État est réduite, selon des modalités fixées par décret en Conseil d'État, lorsqu'un avocat *(Abrogé par L. n° 2011-94 du 25 janv. 2011, art. 32-2°-a, à compter du 1er janv. 2012)* « *, un avoué* » ou un avocat au Conseil d'État et à la Cour de cassation est chargé d'une série d'affaires présentant à juger des questions semblables.

Série d'affaires. Notion. La réduction de la part contributive de l'État à la rétribution des missions d'aide juridictionnelle assurées par l'avocat devant la juridiction administrative s'applique lorsque celui-ci assiste plusieurs bénéficiaires de l'aide juridictionnelle présentant des conclusions similaires en demande ou en défense et que le juge est conduit à trancher des questions semblables, soit dans le cadre d'une même instance, soit dans le cadre d'instances distinctes reposant sur les mêmes faits. • CE, avis, 18 janv. 2017, n° 398918 : *Lebon ; D. avocats 2017. 47, obs. Dargent ; AJDA 2017. 143 ; Gaz. Pal. 28 mars 2017, p. 39, obs. Roussel ; JCP 2017. 660, nos 28 et 30, obs. G'Sell.*

Art. 39 Pour toute affaire terminée par une transaction conclue avec le concours de l'avocat, *(L. n° 98-1163 du 18 déc. 1998, art. 1er-III)* « avant ou pendant l'instance, il est alloué à l'auxiliaire de justice une rétribution égale à celle due par l'État au titre de l'aide juridictionnelle lorsque l'instance s'éteint par l'effet d'un jugement ».

Dans le cas où le bénéficiaire de l'aide juridictionnelle renonce à poursuivre l'instance engagée, il est tenu compte de l'état d'avancement de la procédure.

(L. n° 98-1163 du 18 déc. 1998, art. 1er-IV) « Lorsque l'aide a été accordée en vue de parvenir à une transaction avant l'introduction de l'instance et qu'une transaction n'a pu être conclue, le versement de la rétribution due à l'avocat, dont le montant est fixé par décret en Conseil d'État, est subordonné à la justification, avant l'expiration du délai de six mois qui suit la décision d'admission, de l'importance et du sérieux des diligences accomplies par ce professionnel.

« Lorsqu'une instance est engagée après l'échec de pourparlers transactionnels, la rétribution versée à l'avocat à raison des diligences accomplies durant ces pourparlers *(L. n° 2020-1721 du 29 déc. 2020, art. 234-IV-1°-o)* « est fixée » dans des conditions fixées par décret en Conseil d'État *(Abrogé par L. n° 2020-1721 du 29 déc. 2020, art. 234-IV-1°-o)* « *, sur celle qui lui est due pour l'instance* ». »

(L. n° 2010-1609 du 22 déc. 2010, art. 37-IV-2°) « Les modalités de rétribution des auxiliaires de justice prévues par les alinéas précédents en matière de transaction s'appliquent également en cas de procédure participative prévue par le code civil, dans des conditions fixées par décret en Conseil d'État. »

Sur la contribution de l'État à la rétribution des avocats et des officiers publics ou ministériels, V. Décr. n° 2020-1717 du 28 déc. 2020, art. 86 s., App., v° Aide juridique.

L'art. 37-IV de la L. n° 2010-1609 du 22 déc. 2010 entre en vigueur dans les conditions fixées par le décret modifiant le code de procédure civile nécessaire à son application et au plus tard le 1er sept. 2011 (L. préc., art. 43).

L'avocat désigné a droit à l'indemnité d'aide judiciaire, alors même qu'il a obtenu satisfaction en dehors de toute instance. • Aix-en-Provence, 27 nov. 1980 : *Gaz. Pal. 1981. 137, note Damien.*

Art. 39-1 *(L. n° 2016-1547 du 18 nov. 2016, art. 50-VII-2°, en vigueur le 1er janv. 2017)* Dans le cas où le bénéficiaire de l'aide juridictionnelle renonce à divorcer par consentement mutuel par acte sous signature privée contresigné par avocats, déposé au rang des minutes d'un notaire, il est tenu compte de l'état d'avancement de la procédure.

Lorsque l'aide a été accordée pour divorcer par consentement mutuel par acte sous signature privée contresigné par avocats, déposé au rang des minutes d'un notaire, et que les époux reviennent sur leur engagement, le versement de la rétribution due à l'avocat, dont le montant est fixé par décret en Conseil d'État, est subordonné à la justification, avant l'expiration du délai de six mois à compter de la décision d'admission, de l'importance et du sérieux des diligences accomplies par cet avocat.

Lorsqu'une instance est engagée après l'échec de la procédure de divorce par consentement mutuel par acte sous signature privée contresigné par avocats, déposé au rang des minutes d'un notaire, la rétribution versée à l'avocat à raison des diligences accomplies durant ladite procédure s'impute, dans des conditions fixées par décret en Conseil d'État, sur celle qui lui est due pour l'instance.

CHAPITRE II *Les frais couverts par l'aide juridictionnelle*

Art. 40 **L'aide juridictionnelle concerne tous les frais afférents aux instances, procédures ou actes pour lesquels elle a été accordée** *(L. n° 2010-1657 du 29 déc. 2010, art. 74-I-1°, en vigueur le 1er janv. 2011)* **« , à l'exception des droits de plaidoirie ».** *— S'agissant de l'exonération du versement du droit de plaidoirie des bénéficiaires de l'aide juridictionnelle totale pour certaines procédures pénales, civiles et administratives dans lesquelles le bénéficiaire de l'aide totale dispose d'un bref délai pour solliciter la désignation d'office d'un avocat, V. CSS, art. 652-26, al. 3.*

Le bénéficiaire de l'aide est dispensé du paiement, de l'avance ou de la consignation de ces frais.

Les frais occasionnés par les mesures d'instruction sont avancés par l'État.

L'art. 74-I de la L. n° 2010-1657 du 29 déc. 2010 est applicable en Polynésie française (L. préc., art. 74-II).

Sur la dispense du paiement des honoraires devant la Cour de cassation en matière de sécurité sociale, V. CSS, art. R. 144-2. — ***CSS.***

BIBL. ▶ **L. du 29 déc. 2010 :** G'Sell-Macrez, *JCP 2011. 468, n° 21.*

I. PRISE EN CHARGE

1. *Frais d'expertise.* Viole l'art. 40 le tribunal qui déboute une partie en retenant qu'elle n'a pas consigné la provision mise à sa charge par la décision de désignation de l'expert, tout en constatant qu'elle est bénéficiaire de l'aide juridictionnelle, ce qui la dispense, à compter de la demande, du paiement de la consignation des frais d'expertise. • Civ. 2e, 8 juill. 2004, n° 02-19.801 P • 21 mai 2013, n° 11-27.208 P : *D. 2013. Actu. 845*. ♦ V. déjà, ss. l'empire de l'art. 8 de la L. n° 72-11 du 3 janv. 1972, jugeant que l'aide judiciaire, qui concerne tous les frais afférents aux instances pour lesquelles elle est accordée et notamment ceux d'expertise, dispense son bénéficiaire, à compter de la demande d'aide judiciaire, de l'avance et de la consignation de ces frais. • Civ. 2e, 26 févr. 1992, n° 90-20.821 P : *D. 1992. 495, note Laroche de Roussane*.

2. *Frais d'huissier.* L'ensemble des constats, inventaires ou procès-verbaux de toute nature établis par un huissier de justice qui entrent dans le cadre de la procédure pour laquelle l'aide judiciaire a été accordée doivent être pris en charge à ce titre. * Rép. min. QE n° 7917, 24 nov. 1986 : *JCP 1987. IV. 13.*

3. *Frais d'interprétariat.* Les honoraires et frais versés aux interprètes et traducteurs qui entrent dans le cadre de la procédure pour laquelle l'aide judiciaire a été accordée doivent être pris en charge à ce titre. * Rép. min. QE n° 9665, 29 déc. 1986 : *JCP 1987. IV. 82.*

4. *Étendue temporelle.* Le bénéficiaire de l'aide est, à compter de la demande, dispensé du paiement, de l'avance ou de la consignation des frais afférents aux instances, procédures ou actes pour lesquels elle a été accordée. • Civ. 2e, 26 févr. 1992 : *préc. note 1* • 8 juill. 2004 : *ibid.* • 15 nov. 1995, n° 94-12.453 P. ♦ Il importe peu que la demande d'aide juridictionnelle n'ait été faite et son bénéfice obtenu qu'en appel ; à compter de la demande, le bénéficiaire de l'aide qui critiquait expressément la disposition du jugement afférente à la charge de l'avance des frais d'expert géomètre était dispensé d'en faire l'avance. • Civ. 2e, 15 nov. 1995 : *préc.*

II. EXCLUSION

5. *Droits de plaidoirie.* Les dispositions de l'art. 40 portant exclusion des droits de plaidoirie du champ de l'aide juridictionnelle ne méconnaissent pas, eu égard à leur faible montant, le droit au recours effectif devant une juridiction, tel qu'il résulte de l'art. 16 DDHC de 1789. En tout état de cause, il appartient au pouvoir réglementaire, compétent pour fixer le montant de ces droits, de le faire dans une mesure compatible avec l'exigence constitutionnelle susvisée. • Cons. const. 25 nov. 2011, n° 2011-198 QPC : *D. 2012. 244, obs. Fricero* ; *ibid. 1638, obs. Bernaud et Jacquinot* ; *JCP 2012. 387, n° 16, obs. G'Sell.* ♦ V. aussi, pour une justification de l'exclusion des droits de plaidoirie de l'aide juridictionnelle : * Rép. min. n° 94560 : *JOAN 18 janv. 2011 ; Procédures 2011. Veille 15 ; JCP 2012. 387, n° 16, obs. G'Sell.*

Art. 40-1 *(L. n° 2005-750 du 4 juill. 2005, art. 1er-4°)* **Dans les litiges transfrontaliers mentionnés à l'article 3-1, l'aide juridictionnelle couvre les frais de traduction de sa demande et des documents exigés pour son instruction avant transmission de cette demande à l'État de la juridiction compétente sur le fond. En cas de rejet de cette demande, les frais de traduction peuvent être recouvrés par l'État.** *— V. Dir. 2003/8/CE du Conseil du 27 janv. 2003, JOUE L 26, 31 janv. 2003, p. 41.*

L'aide juridictionnelle couvre pour les mêmes litiges, lorsque l'instance se déroule en France, les frais d'interprète, les frais de traduction des documents que le juge a estimé indispensable d'examiner pour apprécier les moyens soulevés par le bénéficiaire de l'aide,

ainsi que les frais de déplacement des personnes dont la présence à l'audience est requise par le juge.

Renvoi. V. note 3 ss. art. 40 de la présente loi.

Art. 41 Les dépositaires publics délivrent gratuitement au bénéficiaire de l'aide juridictionnelle les actes et expéditions nécessaires à la procédure ou à la mesure d'exécution.

Les droits et taxes dus par le bénéficiaire de l'aide juridictionnelle sont recouvrés par l'État après le jugement dans les conditions prévues aux articles 42 et suivants.

Art. 42 Lorsque le bénéficiaire de l'aide juridictionnelle est condamné aux dépens ou perd son procès, il supporte exclusivement la charge des dépens effectivement exposés par son adversaire, sans préjudice de l'application éventuelle des dispositions de l'article 75. – *Comp. C. pr. civ., art. 696.*

Le juge peut toutefois, même d'office, laisser une partie des dépens à la charge de l'État.

Dans le même cas, le juge peut mettre à la charge du bénéficiaire de l'aide juridictionnelle partielle, demandeur au procès, le remboursement d'une fraction des sommes exposées par l'État autres que la part contributive de l'État à la mission d'aide juridictionnelle des avocats et des officiers publics et ministériels.

1. Droit fixe et droit proportionnel. Les dépens exposés par l'adversaire du bénéficiaire de l'aide judiciaire [sous l'empire de la L. du 3 janv. 1972] et supportés par celui-ci comprennent notamment le droit fixe et, le cas échéant, le droit proportionnel. • Civ. 2e, 2 févr. 1983 : *Gaz. Pal. 1983. Pan. 181.*

2. Partage des dépens. En cas de partage des dépens, la part de ceux-ci incombant à l'adversaire du bénéficiaire de l'aide judiciaire [sous l'empire de la loi du 3 janv. 1972] est récupérée sur cette partie par l'État qui, pour ce qui concerne ses avances, est subrogé dans les droits et actions que le bénéficiaire de l'aide judiciaire possède envers son adversaire et qui, pour le surplus, agit en qualité de mandataire légal des auxiliaires de justice désignés à ce titre. • Civ. 2e, 12 juill. 1989, n° 88-13.815 P : *D. 1989. 558, note N. S.*

3. Dispense de remboursement des sommes exposées par l'État. Le bénéficiaire de l'aide juridictionnelle condamné aux dépens est dispensé de rembourser au Trésor public les sommes exposées par l'État au titre de l'aide juridictionnelle accordée à son adversaire. • Civ. 2e, 17 févr. 2011, n° 10-12.174 P : *D. actu. 4 mars 2011, obs. Tahri ; RDSS 2011. 374, obs. Tauran ; JCP 2011. 468, obs. G' Sell-Macrez ; Procédures 2011, n° 126, note Perrot* • Civ. 3e, 19 juin 2007, n° 06-17.699.

Art. 43 *(L. n° 93-2 du 4 janv. 1993, art. 139, en vigueur le 1er mars 1993)* « Lorsque la partie condamnée aux dépens ou la partie perdante ne bénéficie pas de l'aide juridictionnelle, elle est tenue de rembourser au Trésor public les sommes exposées par l'État, à l'exclusion des frais de justice criminelle, correctionnelle ou de police. » Toutefois, pour des considérations tirées de l'équité ou de la situation économique de cette partie, le juge peut la dispenser totalement ou partiellement de ce remboursement. – *V. Décr. n° 2020-1717 du 28 déc. 2020, art. 121, App., v° Aide juridique.*

Le bénéficiaire de l'aide juridictionnelle peut demander au juge de condamner dans les conditions prévues à l'article 75, la partie mentionnée à l'alinéa précédent au paiement d'une somme au titre des frais qu'il a exposés.

1. Nature des sommes exposées. Ce texte n'opère aucune distinction entre les dépens, au sens des art. 695 s. C. pr. civ. et les autres sommes versées par l'État au titre de la rétribution des officiers publics et ministériels, ou au titre de la part contributive à la mission de l'avocat, même en l'absence de représentation obligatoire. • Civ. 2e, 2 juill. 2009, n° 08-14.586.

2. Compétence. Le juge taxateur ne tient d'aucun texte le pouvoir de statuer sur une demande de dispense totale ou partielle de recouvrement des avances faites par le Trésor public, au titre de l'aide juridictionnelle ; cela relève des pouvoirs du juge du fond. • Cass., avis, 13 oct. 1995, n° 09-50.012 P : *D. 1995. IR 247* • Civ. 2e, 19 mai 1998, n° 96-11.384 : *Rev. huissiers 1994, p. 1004 ; obs. R. Martin* • 17 mai 2001, n° 99-17.719.

3. Dispense de remboursement. Pour une exonération totale motivée par la situation économique difficile de l'intéressée, liée à sa perte de revenus pour longue maladie, aux charges de remboursement et aux charges personnelles d'entretien de ses enfants, V. • Rennes, 22 mars 2001 : *JCP 2002. II. 10015, note du Rusquec.*

4. Dispense pour le bénéficiaire de l'AJ. V. note 3 ss. art. 42 de la présente loi.

Art. 44 Le recouvrement des sommes dues à l'État a lieu comme en matière *(L. n° 2010-1657 du 29 déc. 2010, art. 74-I-2°, en vigueur le 1er janv. 2011)* « de créances étrangères à l'impôt et au domaine », sous réserve de dispositions particulières définies par décret.

(L. n° 2020-1721 du 29 déc. 2020, art. 160-IX, en vigueur le 1er janv. 2022) « Un titre de perception est émis dans les cinq ans à compter de la décision de justice ou de l'acte mettant fin à la mission d'aide juridictionnelle.

« L'action en recouvrement se prescrit conformément aux dispositions de l'article L. 274 du livre des procédures fiscales *[ancienne rédaction : L'action en recouvrement de toutes les sommes dues au titre de la présente loi se prescrit par cinq ans à compter de la décision de justice ou de l'acte mettant fin à la mission d'aide juridictionnelle]*. »

L'art. 74-I de la L. n° 2010-1657 du 29 déc. 2010 est applicable en Polynésie française (L. préc., art. 74-II).

Art. 45 et 46 *Abrogés par L. n° 98-1163 du 18 déc. 1998, art. 16.*

L'aide judiciaire ne peut être accordée à un prévenu qui se constituerait partie civile contre le plaignant. • Bur. aide jud. Reims, 25 avr. 1978 : *Gaz. Pal. 1978. Somm. 382* (rendue ss. l'empire de la L. du 3 janv. 1972 et transposable).

Art. 47 Les dispositions du présent chapitre ne sont pas applicables en matière pénale lorsque le bénéficiaire de l'aide juridictionnelle est témoin assisté, *(L. n° 93-1013 du 24 août 1993, art. 46)* « personne mise en examen », prévenu, accusé ou condamné *(L. n° 2004-204 du 9 mars 2004, art. 137-III-4°)* « ou qu'il fait l'objet de la procédure de comparution sur reconnaissance préalable de culpabilité ».

Art. 48 *(L. n° 93-2 du 4 janv. 1993, art. 140, en vigueur le 1er mars 1993)* Lorsque le bénéficiaire de l'aide juridictionnelle est partie civile au procès pénal, la juridiction de jugement met à la charge du condamné le remboursement de la contribution versée par l'État à l'avocat de la partie civile au titre de l'aide juridictionnelle. Toutefois, pour des considérations tirées de l'équité ou de la situation économique du condamné, le juge peut le dispenser totalement ou partiellement de ce remboursement.

Art. 49 *Abrogé par L. n° 98-1163 du 18 déc. 1998, art. 16.*

Sur l'avance et le recouvrement des frais, V. Décr. n° 2020-1717 du 28 déc. 2020, art. 116 s., App., v° Aide juridique.

TITRE VI Le retrait de l'aide juridictionnelle et de l'aide à l'intervention de l'avocat dans les procédures non juridictionnelles *(L. n° 2020-1721 du 29 déc. 2020, art. 234-IV-1°-p).*

BIBL. ▶ WIENHOFER, *Gaz. Pal. 2011. Doctr. 84* (le cas de l'aide juridictionnelle et ses risques de retrait).

Art. 50 *(L. n° 2019-1479 du 28 déc. 2019, art. 243-I-8°)* Sans préjudice des sanctions prévues à l'article 441-7 du code pénal, le bénéfice de l'aide juridictionnelle *(L. n° 2020-1721 du 29 déc. 2020, art. 234-IV-1°-q)* « ou de l'aide à l'intervention de l'avocat » est retiré, en tout ou partie, même après l'instance ou l'accomplissement des actes pour lesquels il a été accordé, dans les cas suivants :

1° Si ce bénéfice a été obtenu à la suite de déclarations ou au vu de pièces inexactes ;

2° S'il survient au bénéficiaire, pendant cette instance ou l'accomplissement de ces actes, des ressources telles que si elles avaient existé au jour de la demande d'aide juridictionnelle *(L. n° 2020-1721 du 29 déc. 2020, art. 234-IV-1o-q)* « ou d'aide à l'intervention de l'avocat », celle-ci n'aurait pas été accordée ;

3° Lorsque la décision passée en force de chose jugée a procuré au bénéficiaire des ressources excédant les plafonds d'admission à l'aide juridictionnelle ;

4° Lorsque la procédure engagée par le demandeur bénéficiant de l'aide juridictionnelle *(L. n° 2020-1721 du 29 déc. 2020, art. 234-IV-1°-q)* « ou de l'aide à l'intervention de l'avocat » a été jugée dilatoire, abusive, ou manifestement irrecevable ;

5° Lorsque les éléments extérieurs du train de vie du bénéficiaire de l'aide juridictionnelle *(L. n° 2020-1721 du 29 déc. 2020, art. 234-IV-1°-q)* « ou de l'aide à l'intervention de l'avocat » apparaissent manifestement incompatibles avec le montant des ressources annuelles pris en compte pour apprécier son éligibilité.

L'art. 243 de la L. n° 2019-1479 du 28 déc. 2019 entre en vigueur à une date fixée par décret, et au plus tard le 1er déc. 2020 (L. préc., art. 243-IV). Le I dudit art. est applicable en Polynésie française (L. préc., art. 243-III).

Ancien art. 50 ***Sans préjudice des sanctions pénales éventuellement encourues, le bénéfice de l'aide juridictionnelle est retiré, même après l'instance ou l'accomplissement des actes pour lesquels il a été accordé, si ce bénéfice a été obtenu à la suite de déclarations ou au vu de pièces inexactes.*** *— S'agissant des conséquences procédurales spécifiques de cette hypothèse de retrait de l'aide juridictionnelle, V. not. Décr. n° 2020-1717 du 28 déc. 2020, art. 67, App., v° Aide juridique.*

(L. n° 2010-1657 du 29 déc. 2010, art. 74-I-3°, en vigueur le 1er janv. 2011) ***« Il est retiré, en tout »*** *(L. n° 98-1163 du 18 déc. 1998, art. 6)* ***« ou partie, dans les cas suivants :***

« 1° S'il survient au bénéficiaire, pendant cette instance ou l'accomplissement de ces actes, des ressources telles que si elles avaient existé au jour de la demande d'aide juridictionnelle, celle-ci n'aurait pas été accordée ;

« 2° Lorsque la décision passée en force de chose jugée a procuré au bénéficiaire des ressources telles que si elles avaient existé au jour de la demande d'aide juridictionnelle, celle-ci ne lui aurait pas été accordée ;

« 3° Lorsque la procédure engagée par le demandeur bénéficiant de l'aide juridictionnelle a été jugée dilatoire ou abusive. » *— S'agissant des conséquences procédurales spécifiques d'un retrait partiel de l'aide juridictionnelle, V. not. Décr. n° 2020-1717 du 28 déc. 2020, art. 68, al. 1er, App., v° Aide juridique.*

L'art. 74-I de la L. n° 2010-1657 du 29 déc. 2010 est applicable en Polynésie française (L. préc., art. 74-II).

1. Légalité. V., affirmant la légitimité du dispositif de retrait de l'aide juridictionnelle et de ses conditions de mise en œuvre au regard de l'accès à la justice, * Rép. min. n° 45008 : *JOAN Q 30 juin 2009, p. 6661 ; Procédures 2009. Veille 44.*

2. Compétence pour le retrait. Il résulte des art. 50 et 51 de la L. n° 91-647 du 10 juill. 1991 et 73 du Décr. n° 91-1266 du 19 déc. 1991 [devenu Décr. n° 2020-1717 du 28 déc. 2020, art. 67] que la juridiction saisie du litige ne peut prononcer le retrait de l'aide juridictionnelle que dans le cas où la procédure engagée par le bénéficiaire de l'aide juridictionnelle a été jugée abusive ou dilatoire. Par suite, lorsque la juridiction saisie du litige estime que l'aide juridictionnelle a été accordée à la suite de déclarations ou au vu de pièces inexactes, il lui appartient d'en saisir le bureau d'aide juridictionnelle (BAJ), seul compétent pour retirer le bénéfice de l'aide juridictionnelle dans ce cas. • CE, avis, 2 déc. 2015, n° 391760 : *D. avocats 2016. 6, obs. Dargent ; AJDA 2015. 2353 ; JCP 2015. 1436, obs. Erstein ; Gaz. Pal. 2 févr. 2016, p. 35, obs. Seiller.*

3. Cas de retrait. Liste exhaustive. Le fait que l'avocat désigné n'ait pas régularisé une difficulté concernant l'envoi de ses conclusions d'appel est un motif impropre à fonder le retrait de l'aide juridictionnelle. • Civ. 2e, 18 oct. 2018, n° 17-22.613.

4. Motivation du retrait. Lorsque la procédure engagée par un demandeur bénéficiant de l'aide juridictionnelle a été jugée dilatoire ou abusive, la juridiction qui en est saisie prononce le retrait total ou partiel de cette aide, ce qui impose une motivation sur le caractère abusif ou dilatoire de la demande en justice. • Civ. 2e, 27 juin 2019, n° 18-18.076 : *D. 2020. 576, obs. Fricero .*

Art. 51 *(L. n° 2019-1479 du 28 déc. 2019, art. 243-I-9°)* **Le retrait de l'aide juridictionnelle** *(L. n° 2020-1721 du 29 déc. 2020, art. 234-IV-1°-r)* **« ou de l'aide à l'intervention de l'avocat » peut intervenir** *(Abrogé par L. n° 2020-1721 du 29 déc. 2020, art. 234-IV-1°-r) « en cours d'instance et »* **jusqu'à** *(L. n° 2020-1721 du 29 déc. 2020, art. 234-IV-1°-r)* **« quatre ans » après la fin de l'instance** *(L. n° 2020-1721 du 29 déc. 2020, art. 234-IV-1°-r)* **« ou de la mesure ». Il peut être demandé par tout intéressé. Il peut également intervenir d'office.**

(L. n° 2020-1721 du 29 déc. 2020, art. 234-IV-1°-s) **« Le retrait est prononcé :**

« 1° Par le président du bureau dans les cas mentionnés aux 1° à 3° et 5° de l'article 50. Toutefois, si le retrait vise une procédure ou une mesure pour laquelle les auxiliaires de justice désignés n'ont pas perçu de rétribution, il est prononcé par le bureau ;

« 2° Par la juridiction saisie dans le cas mentionné au 4° du même article 50. »

L'art. 243 de la L. n° 2019-1479 du 28 déc. 2019 entre en vigueur à une date fixée par décret, et au plus tard le 1er déc. 2020 (L. préc., art. 243-IV). Le I dudit art. est applicable en Polynésie française (L. préc., art. 243-III).

Ancien art. 51 ***Le retrait de l'aide juridictionnelle peut être demandé par tout intéressé. Il peut également intervenir d'office.***

(L. n° 2010-1657 du 29 déc. 2010, art. 74-I-4°-a, en vigueur le 1er janv. 2011) ***« Dans les cas mentionnés aux 1° et 2° de l'article 50, le retrait est prononcé par le » bureau qui a accordé l'aide juridictionnelle.*** *— S'agissant de la procédure du retrait de l'aide juridictionnelle, V. Décr. n° 2020-1717 du 28 déc. 2020, art. 65 s., App., v° Aide juridique.*

*(L. nº 2010-1657 du 29 déc. 2010, art. 74-I-4º-b, en vigueur le 1er janv. 2011) « **Lorsque la procédure engagée par le demandeur bénéficiant de l'aide juridictionnelle a été jugée dilatoire ou abusive, la juridiction saisie prononce le retrait total de l'aide juridictionnelle.** »*

L'art. 74-I de la L. nº 2010-1657 du 29 déc. 2010 est applicable en Polynésie française (L. préc., art. 74-II).

Renvoi. Compétence. V. note 2 ss. art. 50 de la présente loi.

Art. 52 **Le retrait de l'aide juridictionnelle** *(L. nº 2020-1721 du 29 déc. 2020, art. 234-IV-1º-t)* **« ou de l'aide à l'intervention de l'avocat » rend immédiatement exigibles, dans les limites fixées par la décision de retrait, les droits, redevances, honoraires, émoluments, consignations et avances de toute nature dont le bénéficiaire avait été dispensé. Il emporte obligation pour le bénéficiaire de restituer les sommes versées par l'État.** — *S'agissant des effets du retrait de l'aide juridictionnelle sur le paiement des honoraires de l'avocat désigné, V. également art. 36 de la présente loi. — S'agissant du remboursement des frais exposés avec le bénéfice de l'aide, V. Décr. nº 2020-1717 du 28 déc. 2020, art. 120, App., vº Aide juridique.*

Terme du mandat de représentation. Il résulte de l'art. 419 NCPC [devenu C. pr. civ.] que tant qu'il n'est pas remplacé par un nouveau représentant constitué, l'avocat ou l'avoué désigné au titre de l'aide judiciaire ne peut, lorsque la représentation est obligatoire, se décharger de son mandat de représentation. • Civ. 2e, 16 févr. 1984 : *Bull. civ. II, nº 31 ; Gaz. Pal. 21 mars 1985, nº 79-80, note E. du Rusquec.* ♦ Par suite, la décision de retrait de l'aide judiciaire accordée à une partie n'ayant pas mis fin au mandat de l'avoué désigné, qui avait interjeté appel pour elle, celle-ci ne saurait reprocher aux juges d'avoir violé les règles de la représentation obligatoire et le principe de la contradiction en statuant au vu des écritures déposées par cet avoué. • Même arrêt.

Art. 52-1 *(L. nº 98-1163 du 18 déc. 1998, art. 7)* **Les dispositions des articles 42 et 50 à 52 sont portées à la connaissance du bénéficiaire de l'aide juridictionnelle lors de la notification de son admission au bénéfice de celle-ci.**

DEUXIÈME PARTIE L'aide à l'accès au droit

RÉP. PR. CIV. vº *Aide juridique,* par GERPHAGNON.

RÉP. CONT. ADM. vº *Aide juridictionnelle,* par BARTHÉLEMY.

RÉP. PR. PÉN. vº *Aide juridictionnelle,* par CARBONE.

DP ACT. SOC. vº *Aide juridique.*

DALLOZ ACTION *Droit et pratique de la procédure civile 2022/2023, nos 183.00 s.,* par GERPHAGNON.

BIBL. GÉN. ▸ RIBS, *Mél. Robert, LGDJ 1998, p. 415* (l'accès au droit).

Sur la création du service de l'accès au droit et à la justice, V. Décr. nº 2002-222 du 20 févr. 2002 (JO 21 févr.).

S'agissant des maisons de justice et du droit, V. COJ, art. R. 131-1 s. et Annexe, tableau III ss. COJ, art. R. 563-4. — ***C. pr. civ.*** *— Adde sur le fonctionnement, Circ. JUSJO490016C 24 nov. 2004.*

TITRE PREMIER Définition de l'aide à l'accès au droit

(L. nº 98-1163 du 18 déc. 1998, art. 9)

Art. 53 **L'aide à l'accès au droit comporte :**

1º L'information générale des personnes sur leurs droits et obligations ainsi que leur orientation vers les organismes chargés de la mise en œuvre de ces droits ;

2º L'aide dans l'accomplissement de toute démarche en vue de l'exercice d'un droit ou de l'exécution d'une obligation de nature juridique et l'assistance au cours des procédures non juridictionnelles ;

3º La consultation en matière juridique ;

4º L'assistance à la rédaction et à la conclusion des actes juridiques ;

Les conditions dans lesquelles s'exerce l'aide à la consultation en matière juridique sont déterminées par le conseil départemental de l'accès au droit en conformité avec les règles de déontologie des personnes chargées de la consultation et dans le respect des dispositions du

titre II de la loi n° 71-1130 du 31 décembre 1971 portant réforme de certaines professions judiciaires et juridiques. – *V. L. n° 71-1130 du 31 déc. 1971, art. 54 s., Partie I, I, Profession d'avocat.* – ***C. avocat.***

Sur la mise en œuvre de l'accès au droit, V. art. 54 s. de la présente loi, relatifs aux conseils départementaux de l'accès au droit, et COJ, art. R. 131-1 s.

Consultations juridiques gratuites. Maisons de justice et du droit. L'organisation de consultations juridiques, le cas échéant gratuites, dans les maisons de justice et du droit, qui trouve depuis 1998 un fondement explicite dans la loi, est justifiée par les motifs d'intérêt général de mieux garantir l'égalité devant la justice et de faciliter l'accès au droit. L'organisation de ces consultations n'est, compte tenu de leurs caractéristiques, pas de nature à porter atteinte à l'activité professionnelle des avocats exerçant sur le territoire de la même commune et ne peut dès lors constituer une pratique anticoncurrentielle prohibée. • CE 28 déc. 2012 : *D. avocats 2013. 69, obs. Dargent ; AJDA 2013. 831 ; Gaz. Pal. 12-14 mai 2013, p. 12, obs. de Belval ; JCP 2013. 622, n° 13, obs. Bolze.*

TITRE II Mise en œuvre de l'aide à l'accès au droit

(L. n° 98-1163 du 18 déc. 1998, art. 10)

V. Décr. n° 2020-1717 du 28 déc. 2020, art. 144 s., App., v° Aide juridique.

Art. 54 **Dans chaque département, il est institué un conseil départemental de l'accès au droit, chargé de recenser les besoins, de définir une politique locale, de dresser et diffuser l'inventaire de l'ensemble des actions menées. Le conseil est saisi, pour information, de tout projet d'action préalablement à sa mise en œuvre et, pour avis, de toute demande de concours financier de l'État préalablement à son attribution. Il procède à l'évaluation de la qualité et de l'efficacité des dispositifs auxquels il apporte son concours.** – *Sur le siège et la désignation des conseils départementaux de l'accès au droit, V. Décr. n° 2020-1717 du 28 déc. 2020, art. 144, App., v° Aide juridique.*

(L. n° 2016-1547 du 18 nov. 2016, art. 1er-II-1°-a) **« Il participe à la mise en œuvre d'une politique locale de résolution amiable des différends. »**

Il peut participer au financement des actions poursuivies.

(L. n° 2016-1547 du 18 nov. 2016, art. 1er-II-1°-b) **« Il peut développer des actions communes avec d'autres conseils départementaux de l'accès au droit. »**

Il établit chaque année un rapport sur son activité.

BIBL. ▸ **L. du 18 nov. 2016 :** Belot, *D. 2017. 560* (accès au droit : les apports de la loi « J21 »). - G'Sell, *JCP 2016. 1406* (l'accès au droit et la poursuite de la modernisation des professions réglementées dans la loi de modernisation de la justice du XXIe siècle). – Raschel, *Gaz. Pal. 31 janv. 2017, p. 68* (quelle modernisation du service public de la justice ?).

Art. 55 *(L. n° 2011-525 du 17 mai 2011, art. 119-VI)* **« Sous réserve des dispositions du présent article, le conseil départemental de l'accès au droit est un groupement d'intérêt public auquel est applicable le chapitre II de la loi n° 2011-525 du 17 mai 2011 de simplification et d'amélioration de la qualité du droit. »** – *V. L. n° 2011-525 du 17 mai 2011, art. 98 à 122 (JO 18 mai). – Sur l'application du Décr. n° 2012-91 du 26 janv. 2012 relatif au groupements d'intérêt public, V. Décr. n° 2020-1717 du 28 déc. 2020, art. 148, App., v° Aide juridique.*

Il est constitué *(L. n° 2016-1547 du 18 nov. 2016, art. 1er-II-2°-a)* **« de représentants » :**

1° De l'État ;

2° Du département *(Ord. n° 2016-1562 du 21 nov. 2016, art. 26)* **« ou, en Corse, de la collectivité de Corse » ;**

3° De l'association départementale des maires ;

4° De l'ordre ou, si le département compte plus d'un barreau, de l'un des ordres des avocats établis dans le département choisi par leurs bâtonniers respectifs ;

5° De la caisse des règlements pécuniaires de ce barreau ;

6° De la chambre départementale des huissiers de justice ;

7° De la chambre départementale des notaires ;

(L. n° 2016-1547 du 18 nov. 2016, art. 1er-II-2°-b et c) **« 8° A Paris, de l'ordre des avocats au Conseil d'État et à la Cour de cassation ;**

« 9° D'une ou de plusieurs associations œuvrant dans le domaine de l'accès au droit, de l'aide aux victimes, de la conciliation ou de la médiation, désignée conjointement par le président du *(Ord. n° 2019-964 du 18 sept. 2019, art. 35, en vigueur le 1er janv. 2020)* **« tribunal judiciaire** *[ancienne rédaction : tribunal de grande instance]* **» du chef-lieu du département, par le**

procureur de la République près ce tribunal et par les membres mentionnés aux 2° à 8°, sur la proposition du représentant de l'État dans le département. »

(Abrogé par L. nº 2016-1547 du 18 nov. 2016, art. 1er-II-2°-d) ***« 10º D'une association œuvrant dans le domaine de l'accès au droit, désignée conjointement par le président du tribunal de grande instance du chef-lieu du département et les membres mentionnés aux 2º à 9º, sur la proposition du préfet. »***

(L. nº 2016-1547 du 18 nov. 2016, art. 1er-II-2°-e) « Le conseil départemental de l'accès au droit est présidé par le président du *(Ord. nº 2019-964 du 18 sept. 2019, art. 35, en vigueur le 1er janv. 2020)* « tribunal judiciaire *[ancienne rédaction : tribunal de grande instance]* » du chef-lieu du département, qui a voix prépondérante en cas de partage égal des voix. Le procureur de la République près ce tribunal en assure la vice-présidence.

« Un magistrat du siège ou du parquet de la cour d'appel chargé de la politique associative, de l'accès au droit et de l'aide aux victimes, désigné conjointement par le premier président de la cour d'appel dans le ressort de laquelle siège le conseil départemental de l'accès au droit et par le procureur général près cette cour, exerce la fonction de commissaire du Gouvernement. »

La convention constitutive détermine les modalités de participation des membres au financement des activités ou celles de l'association des moyens de toute nature mis par chacun à la disposition du groupement, ainsi que les conditions dans lesquelles ce dernier peut accueillir en son sein d'autres membres que ceux mentionnés aux 1° à *(L. nº 2016-1547 du 18 nov. 2016, art. 1er-II-2°-f)* « 9° ». — *V. Décr. nº 2020-1717 du 28 déc. 2020, art. 145 et 146, App., vº Aide juridique.*

BIBL. ▶ **L. du 18 nov. 2016 :** G'SELL, *JCP 2016. 1406* (l'accès au droit et la poursuite de la modernisation des professions réglementées dans la loi de modernisation de la justice du XXIe siècle). – RASCHEL, *Gaz. Pal. 31 janv. 2017, p. 68* (quelle modernisation du service public de la justice ?).

Art. 56 Peuvent être appelés par le président à siéger au conseil départemental de l'accès au droit, avec voix consultative, des représentants :

1° Des communes ou groupements de communes du département ;

2° Si le département compte plus d'un barreau, des ordres des avocats et de leurs caisses des règlements pécuniaires n'ayant pas la qualité de membres en application de l'article 55.

Le président peut également appeler à siéger, avec voix consultative, toute personne physique ou morale qualifiée.

Art. 57 Le conseil départemental de l'accès au droit reçoit et répartit les ressources définies à l'article 68. Il peut conclure des conventions :

1° Avec des membres des professions juridiques ou judiciaires réglementées ou leurs organismes professionnels ou avec des personnes répondant aux exigences du titre II de la loi nº 71-1130 du 31 décembre 1971 précitée, en vue de définir les modalités de leur participation aux actions d'aide à l'accès au droit ; — *V. L. nº 71-1130 du 31 déc. 1971, art. 54 s., Partie I, I, Profession d'avocat. —* ***C. avocat****. — V. également Décr. nº 2005-790 du 12 juill. 2005, art. 6, al. 2, Partie I, I, Profession d'avocat. —* ***C. avocat****.*

2° Avec les centres communaux d'action sociale ou tout autre organisme public ou privé, en vue d'obtenir leur concours pour la mise en œuvre de l'aide à l'accès au droit.

Consultations juridiques gratuites. Maisons de justice et du droit. Renvoi. V. note ss. L. nº 91-647 du 10 juill. 1991, art. 55, App., vº *Aide juridique*.

Art. 58 Le conseil départemental de l'accès au droit décide du montant des frais de consultation qui peuvent rester à la charge du bénéficiaire selon un barème qu'il établit en fonction des ressources de l'intéressé et de la nature de la consultation.

Art. 59 Le bénéfice des mesures prises par les conseils départementaux de l'accès au droit ne peut être refusé aux Français établis hors de France en raison de leur résidence à l'étranger.

Les questions relatives à l'aide à l'accès au droit intéressant les Français établis hors de France relèvent, en l'absence de lien avec un autre département, du conseil départemental de l'accès au droit de Paris.

Art. 60 Le ministre des affaires étrangères et les chefs des postes diplomatiques ou consulaires exercent leurs attributions en matière d'aide à l'accès au droit pour les Français établis hors de France, concurremment, le cas échéant, avec les autres aides ou mesures d'assistance prévues par les conseils départementaux de l'accès au droit.

Art. 61 *(L. n° 2005-750 du 4 juill. 2005, art. 1er-5°)* Dans les litiges transfrontaliers mentionnés à l'article 3-1, la consultation d'un avocat, préalablement à la réception de la demande d'aide juridictionnelle par l'État de la juridiction compétente sur le fond, a lieu au titre de l'aide à l'accès au droit mise en œuvre en application de la deuxième partie de la présente loi. – *V. Dir. 2003-8/CE du Conseil du 27 janv. 2003, JOUE L 26, 31 janv. 2003, p. 41.*

Art. 62 et 63 *Abrogés par L. n° 98-1163 du 18 déc. 1998, art. 16.*

TROISIÈME PARTIE **L'aide à l'intervention de l'avocat dans les procédures non juridictionnelles** *(L. n° 2014-535 du 27 mai 2014, art. 13-1°).*

(L. n° 93-1013 du 24 août 1993, art. 47-II, en vigueur le 2 sept. 1993)

L'art. 13 de la L. n° 2014-535 du 27 mai 2014 est applicable en Polynésie française (L. préc., art. 14-I).

V. Décr. n° 2020-1717 du 28 déc. 2020, art. 36 s., App., v° Aide juridique.

BIBL. ▸ WIENHOFER, *Gaz. Pal. 14-15 mai 2004, p. 19 (statistiques 2002).*

Art. 64 *(L. n° 2014-535 du 27 mai 2014, art. 13-2°)* L'avocat assistant, au cours de l'audition *(L. n° 2016-731 du 3 juin 2016, art. 63-IV-a, en vigueur le 15 nov. 2016)* « , de la confrontation ou des mesures d'enquête mentionnées aux articles 61-1 à 61-3 » du code de procédure pénale *(L. n° 2015-1785 du 29 déc. 2015, art. 42-I-3°)* « , à l'article L. 39 du livre des procédures fiscales » ou à l'article 67 F du code des douanes, la personne soupçonnée qui remplit les conditions pour bénéficier de l'aide juridictionnelle a droit à une rétribution. Il en est de même de l'avocat qui intervient pour assister une victime lors d'une confrontation *(L. n° 2016-731 du 3 juin 2016, art. 63-IV-b, en vigueur le 15 nov. 2016)* « ou d'une reconstitution en application des articles 61-2 et 61-3 » du code de procédure pénale, lorsque la victime remplit les conditions pour bénéficier de l'aide juridictionnelle.

(L. n° 2019-222 du 23 mars 2019, art. 70-IV) « L'avocat assistant, dans les conditions fixées à l'article 695-17-1 du code de procédure pénale, une personne arrêtée dans l'État membre d'exécution d'un mandat d'arrêt européen qui remplit les conditions pour bénéficier de l'aide juridictionnelle a droit à une rétribution. »

Un décret en Conseil d'État détermine les modalités d'application du présent article.

L'art. 13 de la L. n° 2014-535 du 27 mai 2014 est applicable en Polynésie française (L. préc., art. 14-I).

Les dispositions réglementaires d'application de l'art. 64 de la L. du 10 juill. 1991 publiées avant le 1er janv. 2017 peuvent prévoir une date d'entrée en vigueur rétroactive, au plus tôt au 1er janv. 2016 (L. n° 2015-1785 du 29 déc. 2015, art. 42-VII).

L'art. 42-I de la L. n° 2015-1785 du 29 déc. 2015 est applicable en Polynésie française (L. préc., art. 42-VI).

BIBL. ▸ LAPORTE, *Procédures 2015. Étude 1* (quoi de neuf en matière d'aide juridictionnelle ?).

Art. 64-1 L'avocat désigné d'office qui intervient *(L. n° 2011-392 du 14 avr. 2011, art. 23-I)* « au cours de la garde à vue *(L. n° 2014-896 du 15 août 2014, art. 34-II)* « , de la retenue ou de la rétention » dans les conditions prévues par le code de procédure pénale ou au cours de la retenue douanière dans les conditions prévues par le code des douanes » *(L. n° 2012-1560 du 31 déc. 2012, art. 6-1°)* « ou au cours de la retenue d'un étranger aux fins de vérification du droit de circulation ou de séjour dans les conditions prévues par le code de l'entrée et du séjour des étrangers et du droit d'asile » a droit à une rétribution. – *V. not. Décr. n° 2020-1717 du 28 déc. 2020, art. 87 et 105, App., v° Aide juridique.*

(L. n° 2011-392 du 14 avr. 2011, art. 9-II) « Le premier alinéa est également applicable lorsque l'avocat intervient pour assister une victime lors d'une confrontation avec une personne gardée à vue. »

L'État affecte annuellement à chaque barreau une dotation représentant sa part contributive aux missions ainsi assurées par les avocats.

Cette dotation est versée sur le compte spécial prévu par l'article 29. – *V., sur les modalités d'enregistrement, Décr. n° 2020-1717 du 28 déc. 2020, art. 133, App., v° Aide juridique.*

Le montant de la dotation est calculé selon des modalités fixées par décret en Conseil d'État, en fonction du nombre des missions effectuées par les avocats désignés d'office. – *V., s'agissant des modalités de calcul et de versement, Décr. n° 2020-1717 du 28 déc. 2020, art. 132, App., v° Aide juridique.*

La L. nº 2011-392 du 14 avr. 2011 entre en vigueur le 1er juin 2011. Elle est applicable aux mesures de garde à vue prises à compter de son entrée en vigueur (L. préc., art. 26).

La rétribution prévue à l'art. 64-1 pour l'avocat commis d'office intervenant au cours d'une mesure de retenue ou de rétention est due pour les missions effectuées à compter du 1er oct. 2014 (L. nº 2014-1654 du 29 déc. 2014, art. 35-VI).

Art. 64-1-1 *(L. nº 2011-900 du 29 juill. 2011, art. 54-III)* **La personne qui a bénéficié de l'intervention d'un avocat commis d'office dans les conditions prévues à l'article 63-3-1 du code de procédure pénale et qui n'est pas éligible à l'aide juridictionnelle est tenue de rembourser au Trésor public les sommes exposées par l'État. Le recouvrement des sommes dues à l'État a lieu comme en matière de créances étrangères à l'impôt et au domaine.**

Les modalités d'application du présent article sont fixées par décret en Conseil d'État.

Art. 64-1-2 *(L. nº 2014-1654 du 29 déc. 2014, art. 35-III-4º)* **L'avocat commis d'office assistant une personne déférée devant le procureur de la République en application de l'article 393 du code de procédure pénale, qui remplit les conditions pour bénéficier de l'aide juridictionnelle, a droit à une rétribution.**

La rétribution prévue à l'art. 64-1-2 est due pour les missions effectuées à compter du 2 juin 2014 (L.nº 2014-1654 du 29 déc. 2014, art. 35-V).

Art. 64-2 *(L. nº 98-1163 du 18 déc. 1998, art. 15)* **L'avocat assistant, au cours des mesures prévues** *(L. nº 99-515 du 23 juin 1999, art. 5-III)* **« au 5º de l'article 41-1 et aux articles** *(Abrogé par L. nº 2019-222 du 23 mars 2019, art. 59-II) (L. nº 2014-1654 du 29 déc. 2014, art. 35-III-5º)* **« 41-1-1, » 41-2 et 41-3 » du code de procédure pénale ou à l'article 12-1 de l'ordonnance nº 45-174 du 2 février 1945 relative à l'enfance délinquante et ordonnées par le procureur de la République, la personne mise en cause ou la victime qui remplissent** *[remplit]* **les conditions pour bénéficier de l'aide juridictionnelle a droit à une rétribution** *(Abrogé par L. nº 2013-1278 du 29 déc. 2013, art. 128-IV-4º)* ***« fixée par décret en Conseil d'État ».*** *— L'art. 41-1-5º est relatif à la procédure de médiation pénale, et les art. 41-2 et 41-3 portent sur la procédure de composition pénale. L'art. 12-1 de l'Ord. nº 45-174 du 2 févr. 1945 vise la mesure ou l'activité d'aide ou de réparation à l'égard de la victime ou dans l'intérêt de la collectivité, proposée au mineur délinquant par le procureur de la République, la juridiction chargée de l'instruction de l'affaire ou la juridiction de jugement en application dudit art. —* ***C. pr. pén.*** *— V. not. Décr. nº 2020-1717 du 28 déc. 2020, art. 87 et 105 s., App., vº Aide juridique.*

Un décret en Conseil d'État détermine les modalités selon lesquelles l'aide est accordée par le président ou le vice-président du bureau d'aide juridictionnelle. *— V. Décr. nº 2020-1717 du 28 déc. 2020, art. 105 s., App., vº Aide juridique.*

La rétribution prévue à l'art. 64-2 pour l'avocat intervenant au cours de la transaction pénale en application de l'art. 41-1-1 C. pr. pén. est due pour les missions effectuées à compter du 1er oct. 2014 (L. nº 2014-1654 du 29 déc. 2014, art. 35-VII).

Art. 64-3 *(Abrogé par L. nº 2020-1721 du 29 déc. 2020, art. 234-IV-2º) « (L. nº 2007-210 du 19 févr. 2007, art. 9)* ***L'avocat assistant une personne détenue faisant l'objet d'une procédure disciplinaire en relation avec la détention a droit à une rétribution.***

« Il en va de même de l'avocat assistant une personne détenue faisant l'objet d'une mesure d'isolement d'office ou de prolongation de cette mesure, ou de l'avocat assistant une personne détenue placée à l'isolement à sa demande et faisant l'objet d'une levée sans son accord de ce placement.

« (L nº 2014-1654 du 29 déc. 2014, art. 35-III-6º) ***« L'avocat assistant une personne détenue devant la commission d'application des peines en application de l'article 720 du code de procédure pénale a droit à une rétribution. »***

« (L. nº 2010-242 du 10 mars 2010, art. 8-2º) ***« Le premier alinéa est également applicable aux missions d'assistance à une personne retenue dans un centre socio-médico-judiciaire de sûreté, s'agissant des décisions prises à son encontre pour assurer le bon ordre du centre. » »***

L'État affecte annuellement à chaque barreau une dotation représentant sa part contributive aux missions ainsi assurées par les avocats. *— V., s'agissant des modalités de calcul et de versement, Décr. nº 2020-1717 du 28 déc. 2020, art. 132, App., vº Aide juridique.*

Art. 64-4 *(L. nº 2013-1278 du 29 déc. 2013, art. 128-IV-5º)* **Les modalités et le montant de la rétribution de l'avocat sont déterminés dans chaque barreau par le règlement intérieur.**

Ce règlement peut prévoir que les avocats désignés ou commis d'office interviennent, à temps partiel, au cours des mesures mentionnées aux articles qui précèdent, selon des modalités fixées par convention avec l'ordre.

Une évaluation de ces conventions est effectuée annuellement par le Gouvernement.

QUATRIÈME PARTIE *[ABROGÉE]* L'aide à la médiation

(Abrogée par L. n° 2020-1721 du 29 déc. 2020, art. 234-IV-3°) (L. n° 2015-1785 du 29 déc. 2015, art. 42-I, 4°)

V. désormais l'art. 11-1 de la présente loi.

CINQUIÈME PARTIE Dispositions communes *(L. n° 2015-1785 du 29 déc. 2015, art. 42-I-4°).*

La présente partie correspond à l'ancienne troisième partie, renumérotée partie quatrième par l'art. 47-III de la L. n° 93-1013 du 24 août 1993, en vigueur le 2 sept. 1993, puis partie cinquième par l'art. 42-I-4° de la L. n° 2015-1785 du 29 déc. 2015. L'art. 42-I de la L. n° 2015-1785 du 29 déc. 2015 est applicable en Polynésie française (L. préc., art. 42-VI).

S'agissant du service de l'accès au droit et à la justice et de l'aide aux victimes, V. Décr. n° 2008-689 du 9 juill. 2008 et Arr. du 9 juill. 2008 (JO 11 juill), reproduits ss. art. 1er de la présente loi.

TITRE PREMIER Le Conseil national de l'aide juridique

Art. 65 Il est créé un Conseil national de l'aide juridique chargé de recueillir toutes informations quantitatives et qualitatives sur le fonctionnement de l'aide juridictionnelle et de l'aide à l'accès au droit et de proposer aux pouvoirs publics toutes mesures propres à l'améliorer, de faire aux *(L. n° 98-1163 du 18 déc. 1998, art. 12-II)* « conseils départementaux de l'accès au droit » des suggestions en vue de développer et d'harmoniser les actions menées localement, d'établir chaque année un rapport sur l'activité d'aide juridique, au vu des rapports des conseils départementaux sur l'aide juridictionnelle et sur l'aide à l'accès au droit dans leur ressort. Ce rapport est publié. — *Sur les missions du Conseil national de l'aide juridique, V. aussi Décr. n° 2020-1717 du 28 déc. 2020, art. 136, App., v° Aide juridique.*

Les études, rapports et délibérations du Conseil national de l'aide juridique doivent tenir compte de la situation particulière des Français établis hors de France en matière d'aide juridictionnelle et d'accès au droit.

Art. 66 Un décret en Conseil d'État détermine les règles de composition et de fonctionnement du Conseil national de l'aide juridique. — *V. Décr. n° 2020-1717 du 28 déc. 2020, art. 137 s., App., v° Aide juridique.*

Le nombre des représentants des professions judiciaires et juridiques doit être égal à la moitié au moins du nombre des membres.

TITRE II Le financement de l'aide juridique

Art. 67 Le financement de l'aide juridictionnelle *(L. n° 93-1013 du 24 août 1993, art. 47-IV, en vigueur le 2 sept. 1993)* « *(L. n° 2015-1785 du 29 déc. 2015, art. 42-I-6°)* « , de » l'aide à l'intervention de l'avocat » *(L. n° 2014-1654 du 29 déc. 2014, art. 35-III-7°)* « dans les procédures non juridictionnelles » *(L. n° 2015-1785 du 29 déc. 2015, art. 42-I-6°)* « et de l'aide à la médiation » est assuré par l'État.

Les dispositions réglementaires d'application de l'art. 67 de la L. du 10 juill. 1991 publiées avant le 1er janv. 2017 peuvent prévoir une date d'entrée en vigueur rétroactive au plus tôt au 1er janv. 2016 (L. n° 2015-1785 du 29 déc. 2015, art. 42-VII).

L'art. 42-I de la L. n° 2015-1785 du 29 déc. 2015 est applicable en Polynésie française (L. préc., art. 42-VI).

Art. 67-1 *(Abrogé par L. n° 2020-1721 du 29 déc. 2020, art. 234-IV-4°-a) (L. n° 2015-1785 du 29 déc. 2015, art. 42-I-7°)* ***L'affectation à chaque barreau des dotations mentionnées aux articles 29, 64-1 et 64-3 ne fait pas obstacle à ce que les crédits correspondants soient utilisés indifféremment pour toute dépense d'aide juridique.***

Les dispositions réglementaires d'application de l'art. 67-1 de la L. du 10 juill. 1991 publiées avant le 1er janv. 2017 peuvent prévoir une date d'entrée en vigueur rétroactive au plus tôt au 1er janv. 2016 (L. n° 2015-1785 du 29 déc. 2015, art. 42-VII).

L'art. 42-I de la L. n° 2015-1785 du 29 déc. 2015 est applicable en Polynésie française (L. préc., art. 42-VI).

Art. 67-2 *(L. n° 2015-1785 du 29 déc. 2015, art. 42-I-7°)* L'Union nationale des caisses des règlements pécuniaires des avocats rend compte au ministère de la justice de l'utilisation au

sein de chaque barreau des ressources affectées au financement de l'aide juridique par le biais de transmissions dématérialisées.

(L. n° 2020-1721 du 29 déc. 2020, art. 234-IV-4°-b) **« Elle coordonne la transmission aux bureaux d'aide juridictionnelle des informations nécessaires à la mise en œuvre du recouvrement relatif aux personnes ayant bénéficié de l'intervention d'un avocat dans les conditions prévues à l'article 19-1. »**

Les dispositions réglementaires d'application de l'art. 67-2 de la L. du 10 juill. 1991 publiées avant le 1er janv. 2017 peuvent prévoir une date d'entrée en vigueur rétroactive au plus tôt au 1er janv. 2016 (L. n° 2015-1785 du 29 déc. 2015, art. 42-VII).

L'art. 42-I de la L. n° 2015-1785 du 29 déc. 2015 est applicable en Polynésie française (L. préc., art. 42-VI).

Art. 68 **Le financement de l'aide à l'accès au droit est notamment assuré par :**
– les participations de l'État, du département et des autres membres du groupement d'intérêt public prévues par la convention constitutive dans les conditions de l'article 55 ;
– les contributions des caisses des règlements pécuniaires des barreaux du ressort ;
– les participations des organismes professionnels des professions judiciaires et juridiques ;
– les subventions accordées par les collectivités territoriales, les établissements publics, les organismes de sécurité sociale et toute autre participation.

Les fonds destinés à l'aide à l'accès au droit sont versés au *(L. n° 98-1163 du 18 déc. 1998, art. 12-III)* **« conseil départemental de l'accès au droit » territorialement compétent.**

Art. 69 **Pour compenser les disparités entre les départements et soutenir des initiatives d'intérêt général, l'État peut, en outre, participer par voie de convention à la prise en charge d'actions mises en œuvre par** *(L. n° 98-1163 du 18 déc. 1998, art. 11-I)* **« le conseil départemental de l'accès au droit ».**

Sur la possibilité d'une participation sous forme de subvention, V. Circ. du 12 mars 1992, relative à l'accès au droit, § II.4.5 (JO 8 avr.).

Art. 69-1 *(L. n° 98-1163 du 18 déc. 1998, art. 11-II)* **La rétribution des personnes assurant des consultations juridiques organisées dans le cadre de la deuxième partie de la présente loi fait l'objet d'une tarification dans des conditions prévues par décret.** *– V. Décr. n° 2000-4 du 4 janv. 2000, reproduit ci-dessous.*

Décret n° 2000-4 du 4 janvier 2000,

Fixant la rétribution des consultations juridiques en matière d'accès au droit.

Art. 1er Pour l'application de l'article 69-1 de la loi *[n° 91-647]* du 10 juillet 1991 susvisée, la rétribution horaire des consultations juridiques faisant l'objet d'un financement par le conseil départemental de l'accès au droit ne peut excéder trois fois l'unité de valeur de référence en matière d'aide juridictionnelle.

SIXIÈME PARTIE **Dispositions applicables en Polynésie française, à Mayotte et en Nouvelle-Calédonie** *(Ord. n° 2012-395 du 23 mars 2012, art. 1er-1° ; L. n° 2015-1785 du 29 déc. 2015, art. 42-I-4° ; L. n° 2021-1729 du 22 déc. 2021, art. 50-1°-a).*

(Ord. n° 2007-392 du 22 mars 2007, art. 1er)

Les demandes présentées antérieurement à l'entrée en vigueur de l'Ord. n° 2007-392 du 22 mars 2007 demeurent régies par les textes en vigueur à la date à laquelle elles ont été présentées tant en ce qui concerne la procédure applicable que les effets produits par les admissions (V. Ord. préc., art. 19).

La présente partie correspond à l'ancienne cinquième partie, renumérotée partie sixième par l'art. 42-I, 4° de la L. n° 2015-1785 du 29 déc. 2015. L'art. 42-I de la L. n° 2015-1785 du 29 déc. 2015 est applicable en Polynésie française (L. préc., art. 42-VI).

TITRE PREMIER **Dispositions applicables en Polynésie française** *(Ord. n° 2012-395 du 23 mars 2012, art. 1er-2°).*

L'Ord. n° 2012-395 du 23 mars 2012 a été ratifiée par la L. n° 2012-1270 du 20 nov. 2012, art. 30-III-5° (JO 21 nov.).

Art. 69-2 La présente loi, à l'exception du troisième alinéa de l'article 2, de l'article 3-1, du dernier alinéa de l'article 10 et de l'article 61, est applicable en Polynésie française *(L. n° 2020-936 du 30 juill. 2020, art. 28-V ; L. n° 2021-1900 du 30 déc. 2021, art. 188-2°)* « dans sa rédaction résultant de la loi n° 2021-1900 du 30 décembre 2021 de finances pour 2022, sous réserve des adaptations suivantes. »

Art. 69-3 Les dispositions de la présente loi mentionnant le préfet, les collectivités publiques et le *(Ord. n° 2019-964 du 18 sept. 2019, art. 35, en vigueur le 1er janv. 2020)* « tribunal judiciaire *[ancienne rédaction : tribunal de grande instance]* » doivent être comprises comme désignant respectivement le haut-commissaire de la République, les collectivités territoriales et le tribunal de première instance.

Art. 69-4 Au quatrième alinéa de l'article 3 *[de la présente loi]*, l'absence de condition de résidence est applicable aux étrangers faisant l'objet de l'une des procédures prévues aux articles 19, 34, 50 et 52 de l'ordonnance n° 2000-372 du 26 avril 2000 relative aux conditions d'entrée et de séjour des étrangers en Polynésie française.

Art. 69-5 *(Abrogé par L. n° 2019-1479 du 28 déc. 2019, art. 243-I-10°)* ***Pour l'application du quatrième alinéa de l'article 4*** *[de la présente loi]*, ***la référence à l'allocation*** *(L. n° 2015-1785 du 29 déc. 2015, art. 42-I-8°)* ***« de solidarité aux personnes âgées ou au revenu de solidarité active » est remplacée par la référence aux allocations de même nature attribuées localement, dans la limite du montant maximum des allocations allouées en métropole.***

L'art. 42-I de la L. n° 2015-1785 du 29 déc. 2015 est applicable en Polynésie française (L. préc., art. 42-VI).

L'art. 243 de la L. n° 2019-1479 du 28 déc. 2019 entre en vigueur à une date fixée par décret, et au plus tard le 1er déc. 2020 (L. préc., art. 243-IV). Le I dudit art. est applicable en Polynésie française (L. préc., art. 243-III).

Art. 69-6 I. — Pour l'application du premier alinéa de l'article 16, les fonctions de vice-président du bureau ou de la section chargés d'examiner les demandes d'aide juridictionnelle, relatives aux instances portées devant les juridictions de première instance de l'ordre judiciaire et la cour d'assises ou devant la cour d'appel, sont exercées par le greffier en chef de la cour d'appel.

Pour l'application du cinquième alinéa de l'article 16 *[de la présente loi]*, les huissiers de justice et les huissiers de justice honoraires, membres du bureau d'aide juridictionnelle, sont désignés par le procureur général près la cour d'appel.

II. — Pour l'application des troisième et quatrième alinéas de l'article 25 *[de la présente loi]*, l'officier public ou ministériel est désigné ou déchargé par le président de l'organisme professionnel dont il dépend ou, en l'absence d'un tel organisme, par le procureur général près la cour d'appel.

Art. 69-7 Le conseil de l'accès au droit qui exerce les attributions dévolues au conseil départemental de l'accès au droit prévu à l'article 55 *[de la présente loi]* est constitué de *(L. n° 2016-1547 du 18 nov. 2016, art. 1er-II-3°-a)* « représentants » :

1° *(L. n° 2016-1547 du 18 nov. 2016, art. 1er-II-3°-b)* « De » l'État ;

2° *(L. n° 2016-1547 du 18 nov. 2016, art. 1er-II-3°-b)* « De » la Polynésie française ;

3° *(L. n° 2016-1547 du 18 nov. 2016, art. 1er-II-3°-c)* « Du » syndicat de la promotion des communes ;

4° *(L. n° 2016-1547 du 18 nov. 2016, art. 1er-II-3°-b)* « De » l'ordre des avocats au barreau de Papeete ;

5° *(L. n° 2016-1547 du 18 nov. 2016, art. 1er-II-3°-b)* « De » la caisse des règlements pécuniaires de ce barreau ;

6° *(L. n° 2016-1547 du 18 nov. 2016, art. 1er-II-3°-b)* « De » la chambre des notaires de Polynésie française ;

7° *(L. n° 2016-1547 du 18 nov. 2016, art. 1er-II-3°-d)* « Des » huissiers de justice *(Ord. n° 2009-537 du 14 mai 2009, art. 1er-V)* « désigné par le procureur général près la cour d'appel » ;

(L. n° 2016-1547 du 18 nov. 2016, art. 1er-II-3°-e) « 8° D'une ou de plusieurs associations œuvrant dans le domaine de l'accès au droit, de l'aide aux victimes, de la conciliation ou de la médiation, désignée conjointement par le président du tribunal de première instance, par le procureur de la République près ce tribunal et par les membres mentionnés aux 3° à 7°, sur la proposition du haut-commissaire. »

Peut en outre être admise toute autre personne morale de droit public ou privé.

(L. n° 2016-1547 du 18 nov. 2016, art. 1er-II-3°-f) « Le conseil de l'accès au droit est présidé par le président du tribunal de première instance, qui a voix prépondérante en cas de partage égal des voix. Le procureur de la République près ce tribunal en assure la vice-présidence.

« Un magistrat du siège ou du parquet de la cour d'appel chargé de la politique associative, de l'accès au droit et de l'aide aux victimes, désigné conjointement par le premier président de la cour d'appel et par le procureur général près cette cour, exerce la fonction de commissaire du Gouvernement. »

Les dispositions du dernier alinéa de l'article 55 sont applicables.

Art. 69-8 La référence aux articles du code de commerce mentionnée à l'article 30 est remplacée par la référence aux dispositions de même nature applicables localement.

Art. 69-9 *(L. n° 2019-707 du 5 juill. 2019, art. 9)* La Polynésie française peut participer au financement de l'aide juridictionnelle en matière foncière par la prise en charge de la rémunération des avocats qu'elle emploie.

TITRE II Dispositions applicables à Mayotte

(Ord. n° 2012-395 du 23 mars 2012, art. 1er-3°)

Les demandes d'aide juridictionnelle présentées avant la publication de l'Ord. n° 2012-395 du 23 mars 2012 demeurent régies par les textes en vigueur à la date à laquelle elles ont été présentées tant en ce qui concerne la procédure applicable que les effets produits par les admissions (Ord. préc., art. 3).

L'Ord. n° 2012-395 du 23 mars 2012 a été ratifiée par la L. n° 2012-1270 du 20 nov. 2012, art. 30-III-5° (JO 21 nov.).

Art. 69-10 *Abrogé par L. n° 2015-1268 du 14 oct. 2015, art. 74.*

Art. 69-11 et 69-12 *Abrogés par L. n° 2019-1479 du 28 déc. 2019, art. 243-I-10°.*

L'art. 243 de la L. n° 2019-1479 du 28 déc. 2019 entre en vigueur à une date fixée par décret, et au plus tard le 1er déc. 2020 (L. préc., art. 243-IV). Le I dudit art. est applicable en Polynésie française (L. préc., art. 243-III).

Art. 69-13 Pour l'application de la deuxième phrase du dernier alinéa de l'article 13 *[de la présente loi]*, les mots : "l'organisme qui lui a délivré une attestation d'élection de domicile dans les conditions prévues au chapitre IV du livre II du code de l'action sociale et des familles" sont remplacés par les mots : "l'organisme d'accueil choisi par lui".

Art. 69-14 I. — Pour l'application de l'article 16 *[de la présente loi]*, le dernier alinéa est complété par les mots : "ou, s'agissant des huissiers de justice, en activité ou honoraires et, à défaut d'un tel organisme, par le procureur général près la cour d'appel".

II. — Pour l'application des troisième et quatrième alinéas de l'article 25 *[de la présente loi]*, l'officier public ou ministériel est désigné ou déchargé, lorsqu'il s'agit d'un notaire, par le procureur général près la cour d'appel et lorsqu'il s'agit d'un huissier de justice par le président de la chambre professionnelle dont il dépend ou, à défaut d'un tel organisme, par le procureur général près la cour d'appel.

Art. 69-15 Pour l'application des 6° et 7° de l'article 55 *[de la présente loi]*, le conseil départemental de l'accès au droit est constitué par :

1° La chambre des huissiers de justice ayant son siège à La Réunion ;

2° La chambre des notaires de La Réunion.

Art. 69-16 I. — Pour l'application du 4 de l'article 53, les mots : "et dans le respect des dispositions du titre II de la loi n° 71-1130 du 31 décembre 1971 portant réforme de certaines professions judiciaires et juridiques" sont supprimés.

II. — Pour l'application du I de l'article 57 *[de la présente loi]*, les mots : "personnes répondant aux exigences du titre II de la loi n° 71-1130 du 31 décembre 1971" sont remplacés par les mots : "membres de professions réglementées autorisées à pratiquer le conseil juridique."

TITRE III Dispositions applicables en Nouvelle-Calédonie

(L. n° 2021-1729 du 22 déc. 2021, art. 50-1°-b)

Art. 69-17 La deuxième partie de la présente loi, à l'exception de l'article 61, est applicable en Nouvelle-Calédonie, sous réserve des adaptations figurant au présent titre III.

Art. 69-18 Les dispositions de la deuxième partie de la présente loi mentionnant le représentant de l'État, les collectivités publiques et le tribunal de grande instance sont comprises comme désignant respectivement le haut-commissaire de la République, les collectivités territoriales et le tribunal de première instance.

Art. 69-19 Les conditions dans lesquelles s'exerce l'aide à la consultation en matière juridique mentionnée au 3° de l'article 53 sont déterminées par le conseil de l'accès au droit de Nouvelle-Calédonie, en conformité avec les règles de déontologie des personnes chargées de la consultation et dans le respect de la réglementation des professions judiciaires et juridiques concernées applicable localement.

Art. 69-20 Le rapport mentionné au dernier alinéa de l'article 54 est transmis au haut-commissaire et aux présidents des institutions de la Nouvelle-Calédonie et publié par tout moyen.

Art. 69-21 I. – Le conseil de l'accès au droit de la Nouvelle-Calédonie qui exerce les attributions dévolues au conseil départemental de l'accès au droit prévu à l'article 55 est constitué de représentants :

1° De l'État ;

2° Des associations de maires ;

3° De l'ordre des avocats au barreau de Nouméa ;

4° De la caisse des règlements pécuniaires de ce barreau ;

5° De la chambre des notaires de Nouvelle-Calédonie ;

6° De la chambre des huissiers de justice de Nouvelle-Calédonie ;

7° De deux associations œuvrant dans le domaine de l'accès au droit, de l'aide aux victimes ou de la médiation, désignées conjointement par le président du tribunal de première instance et les membres du conseil, sur la proposition du haut-commissaire.

Les institutions de la Nouvelle-Calédonie peuvent être membres du conseil d'accès au droit, sur décision de leur assemblée délibérante. En outre, toute autre personne morale de droit public ou privé peut également être membre.

II. – Le conseil de l'accès au droit est présidé par le président du tribunal de première instance. Ce dernier a voix prépondérante en cas de partage égal des voix. Le procureur près le tribunal de première instance, membre de droit, est vice-président du conseil.

Un magistrat de la cour d'appel de Nouméa, chargé de la politique associative, de l'accès au droit et de l'aide aux victimes, désigné conjointement par le premier président et le procureur général près ladite cour d'appel, exerce la fonction de commissaire du Gouvernement.

III. – La convention constitutive détermine les modalités d'adhésion de nouveaux membres ainsi que la participation des membres au financement des activités.

Art. 69-22 Pour son application en Nouvelle-Calédonie, le 1° de l'article 57 est ainsi rédigé :

"1° Avec des membres des professions juridiques ou judiciaires réglementées ou leurs organismes professionnels, en vue de définir les modalités de leur participation aux actions d'aide à l'accès au droit ;"

SEPTIÈME PARTIE **Dispositions transitoires et diverses** *(Ord. n° 2007-392 du 22 mars 2007, art. 2-I ; L. n° 2015-1785 du 29 déc. 2015, art. 42-I-4°).*

La présente partie correspond à l'ancienne cinquième partie renumérotée partie sixième par l'art. 2-I de l'Ord. n° 2007-392 du 22 mars 2007, puis partie septième par l'art. 42-I-4° de la L. n° 2015-1785 du 29 déc. 2015. L'art. 42-I de la L. n° 2015-1785 du 29 déc. 2015 est applicable en Polynésie française (L. préc., art. 42-VI).

Art. 70 Un décret en Conseil d'État fixe les conditions d'application de la présente loi, et notamment :

(L. n° 2019-1479 du 28 déc. 2019, art. 243-I-11°-a) « 1° Le montant des plafonds prévus à l'article 4 ainsi que leurs modalités de révision, les correctifs liés à la composition du foyer fiscal, les modalités d'estimation du patrimoine et des ressources imposables à prendre en compte lorsque le revenu fiscal de référence n'est pas applicable *[ancienne rédaction : 1° Les modalités d'estimation des ressources des personnes morales, les correctifs pour charges de famille prévus à l'article 4, les prestations sociales à objet spécialisé exclues de l'appréciation des ressources et la période durant laquelle les ressources sont prises en considération]* ; »

2° L'organisation et le fonctionnement des bureaux d'aide juridictionnelle *(L. n° 2019-1479 du 28 déc. 2019, art. 243-I-11°-a)* « les modalités de leur saisine par voie électronique, » les règles de procédure ainsi que les modalités de nomination du président, des membres et de leurs suppléants ;

3° Les modalités de désignation des avocats et officiers publics ou ministériels chargés de prêter leur concours au bénéficiaire de l'aide juridictionnelle ;

4° Le règlement des conflits de compétence entre les bureaux d'aide juridictionnelle ;

5° Les barèmes mentionnés aux articles 31, 34 et 35 ;

6° Le règlement type fixant les règles de gestion financière et comptable des fonds versés au compte spécial des caisses chargées de cette gestion en application de l'article 29 ;

7° Les modalités d'exercice du contrôle des commissaires aux comptes prévus à l'article 30 ;

8° Les modalités suivant lesquelles est réduite la part contributive de l'État en cas de pluralité de parties au cas prévu par l'article 38 ; — *V. Décr. n° 2020-1717 du 28 déc. 2020, art. 92, App., v° Aide juridique.*

9° Les dispositions particulières applicables au recouvrement des sommes exposées par l'État au titre de l'aide juridictionnelle, prévues par les articles 43 et 44 ;

10° Les règles de composition et de fonctionnement du conseil national de l'aide juridique et des *(L. n° 98-1163 du 18 déc. 1998, art. 12-IV)* « conseils départementaux de l'accès au droit » ;

11° Les vacations versées aux personnes bénéficiant de l'honorariat et exerçant les fonctions de président ou de membre d'une section ou d'un bureau d'aide juridictionnelle.

Ce décret fixe également les modalités particulières d'application de la présente loi :

1° Dans les départements du Bas-Rhin, du Haut-Rhin et de la Moselle ;

2° Dans les départements de la Guadeloupe, de la Guyane, de la Martinique et de la Réunion ainsi que dans la collectivité territoriale de Saint-Pierre-et-Miquelon, notamment les plafonds de ressources ;

(Ord. n° 2007-392 du 22 mars 2007, art. 2-II) « 3° En Polynésie française, notamment *(L. n° 2020-1721 du 29 déc. 2020, art. 234-IV-5°-a)* « les modalités d'appréciation des ressources du foyer à défaut de pouvoir disposer de ressources imposables, » les conditions de rémunération de l'avocat du bénéficiaire de l'aide juridictionnelle partielle, les règles de composition et de fonctionnement du conseil de l'accès au droit et les modalités d'indemnisation des frais de déplacement exposés par les avocats qui prêtent leur concours au bénéficiaire de l'aide juridictionnelle pour se rendre aux audiences foraines ou aux audiences des sections détachées ; »

(Ord. n° 2012-395 du 23 mars 2012, art. 2) « 4° Dans le Département de Mayotte ; »

(L. n° 2020-1721 du 29 déc. 2020, art. 234-IV-5°-b) « 5° Dans la collectivité de Saint-Barthélemy, notamment les modalités d'appréciation des ressources du foyer à défaut de pouvoir disposer de ressources imposables ; » — *V. Décr. n° 2020-1717 du 28 déc. 2020, art. 172, App., v° Aide juridique.*

(L. n° 2021-1729 du 22 déc. 2021, art. 50-2°) « 6° En Nouvelle-Calédonie, notamment les règles de composition et de fonctionnement du conseil de l'accès au droit. »

Ce décret fixe également, en tant que de besoin, les modalités d'application de la présente loi aux Français établis hors de France, notamment en ce qui concerne les délais de distance.

Les demandes d'aide juridictionnelle présentées avant la publication de l'Ord. n° 2012-395 du 23 mars 2012 demeurent régies par les textes en vigueur à la date à laquelle elles ont été présentées tant en ce qui concerne la procédure applicable que les effets produits par les admissions (Ord. préc., art. 3).

L'Ord. n° 2012-395 du 23 mars 2012 a été ratifiée par la L. n° 2012-1270 du 20 nov. 2012, art. 30-III-5° (JO 21 nov.).

L'art. 243 de la L. n° 2019-1479 du 28 déc. 2019 entre en vigueur à une date fixée par décret, et au plus tard le 1er déc. 2020 (L. préc., art. 243-IV). Le I dudit art. est applicable en Polynésie française (L. préc., art. 243-III).

Assistance de plusieurs bénéficiaires de l'AJ. Renvoi. V. note ss. art. 38 de la présente loi.

Art. 71 et 72 *Mod. respectivement L. n° 71-1130 du 31 déc. 1971, art. 7 et 10, Partie I, I, Profession d'avocat. — **C. avocat.***

Art. 73 *Mod. Ord. n° 45-2658 du 2 nov. 1945, art. 18 bis et 24.*

Art. 74 Dans les textes législatifs se référant à l'aide judiciaire ou à l'indemnisation des commissions et désignations d'office, les mots : "aide judiciaire ou indemnisation des commissions et désignations d'office" sont remplacés par ceux de : "aide juridictionnelle".

De même, les références à la loi n° 72-11 du 3 janvier 1972 relative à l'aide judiciaire et à l'indemnisation des commissions et désignations d'office sont remplacées par une référence à la présente loi.

Al. 3 mod. C. pr. pén., art. 706-14. — ***C. pr. pén.***

Art. 75 **I. — Dans toutes les instances, le juge condamne la partie tenue aux dépens ou, à défaut, la partie perdante, à payer à l'autre partie la somme qu'il détermine, au titre des frais exposés et non compris dans les dépens.** *(L. n° 2021-1729 du 22 déc. 2021, art. 48-V-2°-a)* **« Les parties peuvent produire les justificatifs des sommes qu'elles demandent et » le juge tient compte de l'équité ou de la situation économique de la partie condamnée. Il peut, même d'office, pour des raisons tirées des mêmes considérations, dire qu'il n'y a pas lieu à cette condamnation.** — *Comp. C. pr. civ., art. 700.*

II. — *Modifie C. trib. adm., art. L. 8-1 devenu CJA, art. L. 761-1.* — ***CJA***

III et IV. — *Mod. respectivement C. pr. pén., art. 375, al. 2, et 475-1.* — ***C. pr. pén.***

(L. n° 2021-1729 du 22 déc. 2021, art. 48-V-2°-b et 60-IX) **« V. — L'article 66-5 de la loi n° 71-1130 du 31 décembre 1971 portant réforme de certaines professions judiciaires et juridiques ne fait pas obstacle à la production en justice de tout élément nécessaire à la justification des sommes demandées au titre des frais exposés et non compris dans les dépens.**

« VI. — Le présent article est applicable dans les îles Wallis-et-Futuna, en Polynésie française et dans les Terres australes et antarctiques françaises. Il est également applicable en Nouvelle-Calédonie, en tant qu'il concerne la procédure pénale et la procédure administrative. »

1. Nature. Il ne peut être reproché à un arrêt d'avoir alloué une indemnité au titre de l'art. 700 NCPC [devenu C. pr. civ.] à une partie ayant bénéficié d'une aide judiciaire totale [sous l'empire de la L. du 3 janv. 1972], dès lors que les sommes allouées en application de ce texte sont distinctes des dépens, seuls pris en compte par l'aide judiciaire. • Civ. 3e, 26 avr. 1984 : *Gaz. Pal. 1984. Pan. 261, obs. Guinchard.*

2. Constitutionnalité. Ne présente pas un caractère sérieux la QPC tendant à faire juger que les dispositions de l'art. 75 de la L. n° 91-647 du 10 juill. 1991, telles qu'interprétées de façon constante, qui permettent au juge judiciaire de ne pas motiver sa décision lorsqu'il statue sur les frais irrépétibles, portent atteinte aux droits et libertés que la Constitution garantit et plus exactement au respect des droits de la défense découlant de l'art. 16 DDH et des principes fondamentaux reconnus par les lois de la République, dès lors que, reprises par l'art. 700 C. pr. civ., permettant au juge de condamner la partie tenue aux dépens ou, à défaut, la partie perdante à payer à l'autre partie la somme qu'il détermine au titre des frais exposés et non compris dans les dépens en lui imposant de tenir compte tant des considérations d'équité que de la situation économique de la partie condamnée, ces dispositions ne peuvent être regardées comme un obstacle aux droits de la défense et au droit à un procès équitable découlant de l'art. 16 DDHC. • Civ. 2e, 31 mai 2012, n° 11-26.146 P.

Art. 76 **La présente loi entrera en vigueur le 1er janvier 1992. Toutefois, les dispositions relatives à la majoration en matière d'aide juridictionnelle totale prévue au quatrième alinéa de l'article 27 n'entreront en vigueur que le 1er janvier 1993.**

Les demandes d'aide judiciaire ainsi que les demandes de dispense d'honoraires d'avocat formées devant la commission prévue par le code de la sécurité sociale en cours d'examen au 1er janvier 1992 seront transférées en l'état aux bureaux d'aide juridictionnelle désormais compétents.

Les bureaux d'aide juridictionnelle se prononceront dans les conditions prévues par les textes en vigueur à la date à laquelle les demandes ont été présentées et les admissions produiront les effets attachés à ces textes. Toutefois, les dispositions de la présente loi relatives au recouvrement des sommes exposées par l'État au titre de l'aide juridictionnelle seront applicables lorsque les missions seront achevées après le 31 décembre 1991.

Jusqu'à l'installation du conseil départemental de l'aide juridique, le représentant des usagers au sein du bureau d'aide juridictionnelle, prévu à l'article 16, est désigné par le président de ce bureau.

Art. 77 **La loi n° 72-11 du 3 janvier 1972 relative à l'aide judiciaire et à l'indemnisation des commissions et désignations d'office est abrogée** *(Abrogé par L. n° 98-1163 du 18 déc. 1998, art. 8-II)* ***« , à l'exception de son article 36 ».*** — *V. Dir. 2002/8/CE du 27 janv. 2003, visant à améliorer l'accès à la justice dans les affaires transfrontalières par l'établissement de règles minimales communes relatives à l'aide judiciaire (JOCE 31 janv. 2003, L. 26, p. 41).*

V. Convention du 25 oct. 1980, tendant à faciliter l'accès international à la justice, publiée par Décr. n° 88-979 du 11 oct. 1988, art. 1er à 13, relatifs à l'assistance judiciaire (D. et ALD 1988. 442).

V. Décr. n° 83-1012 du 23 nov. 1983 (D. et ALD 1983. 528) portant publication de l'accord européen sur la transmission des demandes d'assistance judiciaire, fait à Strasbourg le 27 janv. 1977.

Art. 78 **Avant le 1er juillet 1995, le Gouvernement fera un rapport au Parlement sur le bilan des trois premières années d'application de la présente loi. Il adressera au Parlement un rapport intermédiaire avant le 1er juillet 1993.**

Décret n° 2020-1717 du 28 décembre 2020,

Portant application de la loi n° 91-647 du 10 juillet 1991 relative à l'aide juridique et relatif à l'aide juridictionnelle et à l'aide à l'intervention de l'avocat dans les procédures non juridictionnelles.

RÉP. PR. CIV. v° *Aide juridique,* par GERPHAGNON.

RÉP. CONT. ADM. v° *Aide juridictionnelle,* par BARTHÉLEMY.

RÉP. PR. PÉN. v° *Aide juridictionnelle,* par CARBONE.

DP ACTION SOC. v° *Aide juridique.*

TITRE PREMIER Dispositions relatives à l'aide juridique dans les procédures juridictionnelles et non juridictionnelles

Art. 1er **L'aide juridictionnelle et l'aide à l'intervention de l'avocat dans les procédures non juridictionnelles sont régies par les dispositions du présent titre.**

L'aide juridictionnelle peut être totale ou partielle.

Conformément à l'article 2 de la loi *[n° 91-647]* **du 10 juillet 1991 susvisée, l'aide juridictionnelle ne prend pas en charge les frais couverts par un contrat d'assurance de protection juridique ou un autre système de protection. Le cas échéant, la part des frais ainsi couverts vient en déduction des sommes avancées par l'État au titre de l'aide juridictionnelle.** – *[Comp. Décr. n° 91-1266 du 19 déc. 1991, art. 5-1.] — V. L. n° 91-647 du 10 juill. 1991, art. 2, App., v° Aide juridique. — Sur l'assurance de protection juridique, V. C. assur., art. L. 127-1 s. et R. 127-1, et C. mut., art. L. 224-1 s., App., v° Assurance de protection juridique.*

BIBL. ▶ **Principe de subsidiarité :** CERVEAU, *Gaz. Pal. 2009. Doctr. 1070* (aide juridictionnelle et assurance de protection juridique – mise en œuvre du principe de subsidiarité). – BRUNEL, *Dr. et pr., mai 2015, p. 86* (la subsidiarité de l'aide juridictionnelle : un dispositif à l'efficacité limitée).

Régime fiscal de l'aide juridictionnelle

Code général des impôts

Art. 1090 A I. — Sauf lorsqu'elles portent mutation de propriété, d'usufruit ou de jouissance, les décisions rendues dans les instances où l'une au moins des parties bénéficie de l' *(L. n° 91-647 du 10 juill. 1991, art. 74, en vigueur le 1er janv. 1992)* « aide juridictionnelle » sont exonérées des droits *(Abrogé par L. n° 2004-1485 du 30 déc. 2004, art. 95-I-D-2 et IV) « de timbre et »* d'enregistrement.

II. — Sont liquidés en débet les droits et pénalités d'enregistrement *(Abrogé par L. n° 2004-1485 du 30 déc. 2004, art. 95-I-D-2-u et IV) « et de timbre »* exigibles sur :

a) Les décisions mentionnées au I et qui portent mutation de propriété, d'usufruit ou de jouissance ;

b) Les actes et titres produits par le bénéficiaire de l' *(L. n° 91-647 du 10 juill. 1991, art. 74, en vigueur le 1er janv. 1992)* « aide juridictionnelle » pour justifier de ses droits et qualités, lorsqu'ils sont du *[au]* nombre de ceux soumis par leur nature *(Abrogé par L. n° 2004-1485 du 30 déc. 2004, art. 95-I-D-2 et IV) « au timbre ou »* à l'enregistrement dans un délai déterminé ;

c) Abrogé.

Les sommes ainsi liquidées deviennent exigibles immédiatement après le jugement. — *En ce qui concerne les mentions à porter sur les actes et décisions, V. art. 310 F bis de l'annexe II reproduit ci-dessous.*

III. — Abrogé par Ord. n° 2003-1235 du 22 déc. 2003, art. 2-I et IV.

L'art. 2-I de l'Ord. n° 2003-1235 du 22 déc. 2003 est applicable aux requêtes enregistrées auprès des tribunaux administratifs, des cours administratives d'appel et du Conseil d'État à compter du 1er janv. 2004 (Ord. préc., art. 2-IV).

L'art. 95-I-D-2-u de la L. n° 2004-1485 du 30 déc. 2004 s'applique aux conventions conclues et actes passés à compter du 1er janv. 2006 lorsqu'ils sont obligatoirement déclarés ou soumis à la formalité de l'enregistrement, et dans les autres cas, lorsque leur présentation volontaire à la formalité intervient à compter de cette date (L. préc., art. 95-IV).

Divorces. Tous les partages consécutifs à un jugement de divorce et les actes prévoyant le versement d'une prestation compensatoire sont exonérés de droits lorsque l'une des parties bénéficie de l'aide juridictionnelle. * Rép. min. n° 11790 : *JO Sénat Q 10 juin 2010, p. 1461.*

Code général des impôts

Art. 310 F *bis* En matière d'aide juridictionnelle, les actes et décisions bénéficiant d'une exonération fiscale ou pour lesquels les droits et taxes sont liquidés en débet doivent comporter en marge les nom et prénom*[s]* du bénéficiaire de l'aide ainsi que l'indication de la date d'admission et du bureau ou de la section du bureau dont elle émane. *— [Décr. n° 72-809 du 1er sept. 1972, art. 90 ; Décr. n° 91-1266 du 19 déc. 1991, art. 120 et 172.]*

Art. 1090 B Lorsqu'elle tient lieu des droits d'enregistrement en vertu de l'article 664, la taxe de publicité foncière éventuellement exigible est liquidée en débet dans les conditions indiquées, pour les droits d'enregistrement, au II de l'article 1090 A.

Lorsqu'elle ne tient pas lieu des droits d'enregistrement, la taxe de publicité foncière n'est pas exigible sur les formalités requises par les bénéficiaires de l'aide juridictionnelle. Toutefois, la taxe non perçue sur une inscription d'hypothèque judiciaire ou conventionnelle doit être acquittée lors de la radiation de l'inscription. A cet effet, le *(Ord. n° 2010-638 du 10 juin 2010, art. 13-IX-3°, en vigueur le 1er janv. 2013)* « service chargé de la publicité foncière » est tenu d'énoncer, tant sur le bordereau destiné aux archives que sur le bordereau remis au requérant, le montant de la taxe non perçue.

Par dérogation au deuxième alinéa, la taxe tombe en non-valeur lorsque la radiation est requise par le bénéficiaire de l'aide juridictionnelle, condamné. *— [L. n° 72-11 du 3 janv. 1972, art. 8-a et 34 ; Ord. n° 2010-638 du 10 juin 2010, art. 13-IX-3°.]*

Art. 1090 D Le retrait de l'aide juridictionnelle *(L. n° 2020-1721 du 29 déc. 2020, art. 234-I)* « et de l'aide à l'intervention de l'avocat dans les procédures non juridictionnelles » rend immédiatement exigibles, dans les limites fixées par la décision de retrait, les droits, redevances, honoraires, émoluments, consignations et avances de toute nature dont le bénéficiaire avait été dispensé. *— [L. n° 72-11 du 3 janv. 1972, art. 30 ; L. n° 91-647 du 10 juill. 1991, art. 52 et 76.]*

CHAPITRE PREMIER *Conditions d'éligibilité*

Art. 2 Sans préjudice de l'application de l'article 7 de la loi *[n° 91-647]* du 10 juillet 1991 susvisée, peuvent être admises au bénéfice de l'aide juridictionnelle et de l'aide à l'intervention de l'avocat, sous condition de ressources : *— V. L. n° 91-647 du 10 juill. 1991, art. 7, App., v° Aide juridique.*

– les personnes physiques de nationalité française ;

– les ressortissants des États membres de l'Union européenne ;

– les personnes non ressortissantes de l'Union européenne résidant habituellement et régulièrement en France.

Le bénéfice de ces aides peut également être accordé dans les conditions dérogatoires prévues aux articles 2, 3, 3-1, 6, 9-1, 9-2, 9-4, 64-1 et 64-3 de la loi *[n° 91-647]* du 10 juillet 1991 susvisée. *— [Comp. Décr. n° 91-1266 du 19 déc. 1991, art. 132-7.] — V. L. n° 91-647 du 10 juill. 1991, art. 2 à 3-1, 6, 9-1, 9-2, 9-4, 64-1 et 64-3, App., v° Aide juridique.*

Art. 3 Pour bénéficier de l'aide juridictionnelle totale, le demandeur doit justifier par la production de son avis d'imposition le plus récent que son revenu fiscal de référence au sens du 1° du IV de l'article 1417 du code général des impôts est inférieur *(Décr. n° 2021-810 du 24 juin 2021, art. 1er, en vigueur le 1er juill. 2021)* « ou égal » à 11 262 €. *— V. CGI, art. 1417. —* ***CGI.***

Pour bénéficier de l'aide juridictionnelle partielle ou de l'aide à l'intervention de l'avocat, le demandeur doit justifier que son revenu fiscal de référence au sens des mêmes dispositions est inférieur *(Décr. n° 2021-810 du 24 juin 2021, art. 1er, en vigueur le 1er juill. 2021)* « ou égal » à 16 890 €.

Ces plafonds de ressources sont applicables pour les demandes d'aide présentées en 2021. Ils sont revalorisés chaque année en fonction de l'évolution constatée des prix à la consommation hors tabac. — *Sur les plafonds de ressources pour 2022, V. Circ. du 20 janv. 2022, reproduite ci-dessous. — Pour des dérogations, V. art. 4 s. du présent Décr.*

Circulaire JUST2201936C 20 janvier 2022,

Relative au montant des plafonds de ressources et de patrimoine pour l'admission à l'aide juridictionnelle.

Le décret n° 2020-1717 du 28 décembre 2020 portant application de la loin° 91-647 du 10 juillet 1991 relative à l'aide juridique, à l'aide juridictionnelle et à l'aide à l'intervention de l'avocat dans les procédures non-juridictionnelles prévoit trois types de plafonds à respecter pour être admis à l'aide juridictionnelle. Le dépassement d'un seul de ces plafonds entraîne une non admission. Ces trois types de plafonds sont :

— Les plafonds relatifs aux ressources ;

— Les plafonds relatifs au patrimoine mobilier ;

— Les plafonds relatifs au patrimoine immobilier.

La présente circulaire fixe les plafonds d'admission à l'aide juridictionnelle applicables à compter du lendemain de sa publication au bulletin officiel. Pour les demandes déposées avant sa date d'entrée en vigueur, les plafonds pris en compte doivent être ceux de 2021.

Les nouveaux plafonds d'admission sont calculés à partir de l'indice des prix à la consommation tel que publié au *Journal officiel* de la République française du 15 janvier 2022 sous la référence NOR : ECOO2201518V (cf. annexe 1). Les plafonds sont arrondis à l'entier le plus proche. Si le montant des ressources ou du patrimoine pris en compte comporte des décimales, il est arrondi à l'entier supérieur.

1. *Les plafonds relatifs aux ressources*

Pour que le demandeur soit admis à l'aide juridictionnelle, le revenu fiscal de référence (RFR) figurant sur l'avis d'imposition le plus récent doit être inférieur ou égal à :

— **11 580 euros** ou **1 381 862 XPF** (francs Pacifique) pour l'aide juridictionnelle totale ;

— **17 367 euros** ou **2 072 434 XPF** pour l'aide juridictionnelle partielle.

Pour que le demandeur soit admis partiellement à l'aide juridictionnelle, les tranches de ressources à prendre en compte pour une personne seule dans son foyer fiscal sont les suivantes, en fonction du lieu de la demande :

Part contributive de l'État	RFR 2022 (€)		Part contributive de l'État	RFR 2022 (XPF)	
	Supérieur ou égal à	Inférieur ou égal à		Supérieur ou égal à	Inférieur ou égal à
55 %	11 581 €	13 688 €	55 %	1 381 863 XPF	1 633 413 XPF
25 %	13 689 €	17 367 €	25 %	1 633 414 XPF	072 434 XPF

En l'absence de revenu fiscal de référence ou lorsque le revenu fiscal de référence ne peut pas être appliqué (en raison d'un changement de situation, par exemple), le plafond pris en compte correspond au double du montant des revenus imposables perçus au cours des 6 derniers mois, après déduction d'un abattement de 10 %.

Les plafonds de ressources sont majorés en fonction de la composition du foyer fiscal. Un tableau présentant le montant des plafonds de ressources en euros applicables en fonction de la composition du foyer fiscal du demandeur est annexé à la présente circulaire. Son équivalent en francs Pacifique est également annexé.

2. *Plafonds relatifs au patrimoine mobilier et financier*

Pour être éligible à l'aide juridictionnelle, le demandeur doit disposer d'un patrimoine mobilier ou financier (notamment épargne) inférieur ou égal à **11 580 euros** ou **1 381 862 XPF**.

Ce plafond est majoré en fonction de la composition du foyer fiscal. Ces majorations sont présentées dans les tableaux ci-dessous.

Pour les foyers fiscaux composés de plus de sept personnes, les plafonds de ressources sont augmentés de 1 316 euros ou de 157 041 XPF par personne supplémentaire.

Montants plafonds pour le patrimoine mobilier ou financier applicables en 2022 dans l'ensemble des départements, ainsi qu'à Saint-Barthélemy, Saint-Martin et Saint-Pierre-et-Miquelon						
Montant maximum du patrimoine mobilier, pour un foyer fiscal se composant de :						
1 personne	2 personnes	3 personnes	4 personnes	5 personnes	6 personnes	7 personnes
11 580	13 664	15 748	17 064	18 380	19 696	21 012
Montants plafonds pour le patrimoine mobilier ou financier applicables en 2022 en Polynésie française, en francs pacifique						
Montant maximum du patrimoine mobilier, pour un foyer fiscal se composant de :						
1 personne	2 personnes	3 personnes	4 personnes	5 personnes	6 personnes	7 personnes
1 381 862	1 630 549	1 879 236	2 036 277	2 193 317	2 350 358	2 507 399

3. *Plafonds relatifs au patrimoine immobilier*

Le patrimoine immobilier s'apprécie sans prendre en compte les biens qui ne pourraient être vendus ou donnés en gage sans entraîner un trouble grave pour les intéressés et notamment :

— la résidence principale ;

— les biens destinés à l'usage professionnel.

Pour être éligible à l'aide juridictionnelle, le demandeur doit disposer d'un patrimoine immobilier inférieur ou égal à **34 734 euros** ou **4144 869 XPF**.

Ce plafond est majoré en fonction de la composition du foyer fiscal. Ces majorations sont présentées dans les tableaux ci-dessous.

Pour les foyers fiscaux composés de plus de sept personnes, les plafonds de ressources sont augmentés de 3 949 euros ou 471 272 XPF par personne supplémentaire.

Montants plafonds pour le patrimoine immobilier applicables en 2022 dans l'ensemble des départements, ainsi qu'à Saint-Barthélemy, Saint-Martin et Saint-Pierre-et-Miquelon						
Montant maximum du patrimoine immobilier, pour un foyer fiscal se composant de :						
1 personne	2 personnes	3 personnes	4 personnes	5 personnes	6 personnes	7 personnes
34 734	40 986	47 238	51 187	55 137	59 086	63 035
Montants plafonds pour le patrimoine immobilier applicables en 2022 en Polynésie française, en francs pacifique						
Montant maximum du patrimoine immobilier, pour un foyer fiscal se composant de :						
1 personne	2 personnes	3 personnes	4 personnes	5 personnes	6 personnes	7 personnes
4 144 869	4 890 945	5 637 021	6 108 293	6 579 565	7 050 836	7 522 108

La présente circulaire n'est pas applicable en Nouvelle-Calédonie et dans les îles Wallis-et-Futuna.

Je vous saurais gré de bien vouloir transmettre la présente circulaire à l'ensemble des magistrats et agents concernés par son application.

ANNEXE 1

Avis du ministère de l'économie, des finances et de la relance relatif à l'indice des prix à la consommation

Avis,

relatif à l'indice des prix à la consommation.

L'indice mensuel des prix à la consommation de l'ensemble des ménages s'établit a 107,85 en décembre 2021 (104,96 en décembre 2020 sur la base de 100 en 2015).

L'indice mensuel des prix à la consommation hors tabac, de l'ensemble des ménages s'établit à 107,03 en décembre 2021 (104,09 en décembre 2020 sur la base de 100 en 2015).

L'indice mensuel des prix à la consommation, hors tabac, des ménages urbains dont le chef est ouvrier ou employé s'établit à 106,63 en décembre 2021 (103,77 en décembre 2020 sur la base de 100 en 2015).

L'indice mensuel des prix à la consommation, hors tabac, des ménages du premier quintile de la distribution de niveaux de vie s'établit à 106,84 en décembre 2021 (103,64 en décembre 2020 sur la base de 100 en 2015).

ANNEXE 2

TABLEAU RÉCAPITULATIF DES PLAFONDS DE RESSOURCES APPLICABLES EN FONCTION DE LA COMPOSITION DU FOYER FISCAL POUR LES DEMANDES DÉPOSÉES DANS L'ENSEMBLE DES DÉPARTEMENTS FRANÇAIS AINSI QU'À SAINT-PIERRE-ET-MIQUELON, SAINT-MARTIN ET SAINT BARTHÉLÉMY

Pour les foyers fiscaux composés de plus de sept personnes, les plafonds de ressources sont augmentés de 1 316 euros par personne supplémentaire.

Part contributive de l'État	Revenu fiscal de référence maximal, pour un foyer fiscal se composant de :																				
	1 personne			2 personnes			3 personnes			4 personnes			5 personnes			6 personnes			7 personnes		
	supérieur ou égal à	et	inférieur ou égal à	supérieur ou égal à	et	inférieur ou égal à	supérieur ou égal à	et	inférieur ou égal à	supérieur ou égal à	et	inférieur ou égal à	supérieur ou égal à	et	inférieur ou égal à	supérieur ou égal à	et	inférieur ou égal à	supérieur ou égal à	et	inférieur ou égal à
100 %			11 580 €			13 664 €			15 748 €			17 064 €			18 380 €			19 696 €			21 012 €
55 %	11 581 €		13 688 €	13 665 €		15 772 €	15 749 €		17 856 €	17 065 €		19 172 €	18 381 €		20 488 €	19 697 €		21 804 €	21 013 €		23 120 €
25 %	13 689 €		17 367 €	15 773 €		19 451 €	17 857 €		21 535 €	19 173 €		22 851 €	20 489 €		24 167 €	21 805 €		25 483 €	23 121 €		26 799 €

ANNEXE 3

TABLEAU RÉCAPITULATIF DES PLAFONDS DE RESSOURCES APPLICABLES EN FONCTION DE LA COMPOSITION DU FOYER FISCAL POUR LES DEMANDES DÉPOSÉES EN POLYNÉSIE FRANÇAISE

Pour les foyers fiscaux composés de plus de sept personnes, les plafonds de ressources sont augmentés de 157 041 XPF par personne supplémentaire.

Part contributive de l'État	Revenu fiscal de référence maximal, pour un foyer fiscal se composant de :																				
	1 personne			2 personnes			3 personnes			4 personnes			5 personnes			6 personnes			7 personnes		
	supérieur ou égal à	et	inférieur ou égal à	supérieur ou égal à	et	inférieur ou égal à	supérieur ou égal à	et	inférieur ou égal à	supérieur ou égal à	et	inférieur ou égal à	supérieur ou égal à	et	inférieur ou égal à	supérieur ou égal à	et	inférieur ou égal à	supérieur ou égal à	et	inférieur ou égal à
100 %			1381862			1630549			1879236			2036277			2193317			2350358			2507399
55 %	1381863		1633413	1630550		1882100	1879237		2130788	2036278		2287828	2193318		2444869	2350359		2601909	2507400		2758950
25 %	1633414		2072434	1882101		2321122	2130789		2569809	2287829		2726850	2444870		2883890	2601910		3040931	2758951		3197971

Art. 4 Par dérogation à l'article 3, lorsqu'à la date de la demande les revenus du foyer fiscal diffèrent, en raison d'un changement de situation, de ceux qui avaient été pris en compte pour établir l'avis d'imposition le plus récent, le montant pris en compte pour apprécier le droit à l'aide juridictionnelle ou à l'aide à l'intervention de l'avocat correspond au double du montant des revenus imposables perçus par le foyer fiscal au cours des six derniers mois après abattement de 10 %. – *[Comp. Décr. nº 91-1266 du 19 déc. 1991, art. 1er.]*

Art. 5 Le demandeur n'est pas éligible à l'aide juridictionnelle et à l'aide à l'intervention de l'avocat lorsqu'il dispose, au jour de la demande, d'un patrimoine mobilier ou financier dont la valeur est supérieure au plafond d'admission à l'aide juridictionnelle totale.

Le demandeur n'est pas éligible à l'aide juridictionnelle et à l'aide à l'intervention de l'avocat lorsqu'il dispose, au jour de la demande, d'un patrimoine immobilier dont la valeur estimée est supérieure à deux fois le plafond d'admission à l'aide juridictionnelle partielle et à l'aide à l'intervention de l'avocat.

Conformément au III de l'article 4 de la loi *[nº 91-647]* du 10 juillet 1991 susvisée, la résidence principale du demandeur n'est pas prise en compte dans l'estimation du patrimoine immobilier auquel s'applique le plafond prévu au précédent alinéa. – *V. L. nº 91-647 du 10 juill. 1991, art. 4, App., vº Aide juridique.*

Art. 6 Lorsque le foyer fiscal est composé de plus d'une personne, les plafonds de ressources et de patrimoine prévus aux articles 3, 4 et 5 sont majorés d'une somme équivalente :

1º A 0,18 fois le montant du plafond pris en compte pour le bénéfice de l'aide juridictionnelle totale pour chacune des deux premières personnes supplémentaires ;

2º A 0,1137 fois ce même montant pour chaque personne au-delà de la troisième. – *[Comp. Décr. nº 91-1266 du 19 déc. 1991, art. 3.]*

Art. 7 Par dérogation à l'article 3, l'appréciation des ressources est individualisée dans les cas prévus aux deuxième et troisième alinéas de l'article 5 de la loi *[nº 91-647]* du 10 juillet 1991 susvisée. – *V. L. nº 91-647 du 10 juill. 1991, art. 5, App., vº Aide juridique.*

Dans ces situations, le montant pris en compte pour apprécier le droit à l'aide juridictionnelle ou à l'aide à l'intervention de l'avocat est le double du montant des revenus imposables perçus par le demandeur au cours des six derniers mois après abattement de 10 %. Les revenus d'un bien possédé en commun sont pris en compte au prorata de la part de propriété du demandeur.

Art. 8 En l'absence de revenu fiscal de référence, le montant pris en compte pour apprécier le droit à l'aide juridictionnelle et à l'aide à l'intervention de l'avocat correspond au double du montant des revenus imposables perçus par le foyer au cours des six derniers mois après abattement de 10 %. – *Pour l'application à Saint-Martin, à Saint-Pierre-et-Miquelon et en Polynésie française, V. art. 151 du présent décret.*

Art. 9 Pour apprécier, au regard des plafonds prévus à l'article 3, les ressources des personnes morales à but non lucratif ayant leur siège en France, il est tenu compte des ressources de toute nature perçues par la personne morale au cours de la dernière année civile après déduction des dépenses nécessaires à son fonctionnement. – *[Comp. Décr. nº 91-1266 du 19 déc. 1991, art. 5.]* – *V. L. nº 91-647 du 10 juill. 1991, art. 3, App., vº Aide juridique.*

[Jurisprudence rendue sous l'empire du Décr. du 19 déc. 1991]

1. Sommes prises en compte. Il convient d'inclure dans les ressources d'une association le montant des dommages-intérêts qu'elle a perçu, à titre de partie civile, pendant l'année civile de référence, à condition d'en déduire les frais de ces procédures. • Bur. sup. aide jud., 14 juin 1978 : *D. 1979. 203, note Laroche de Roussane.*

2. Sommes déductibles des ressources. Sont déductibles des ressources d'une association les frais généraux annuels (location et entretien des locaux, rémunération du personnel, frais de secrétariat) et les autres dépenses annuelles liées à l'activité normale et courante de l'association (frais de réunion, de publications, de représentation) doivent être regardés comme nécessaires à son fonctionnement. • Bur. sup. aide jud., 14 juin 1978 : *préc. note 1.* ♦ L'aide judiciaire qui n'est accordée qu'exceptionnellement aux personnes morales à but non lucratif ne peut l'être qu'à celles qui, même dépourvues de ressources suffisantes, ne justifient pas de l'impossibilité de les réunir pour intenter l'action. • Bur. sup. aide jud., 2 déc. 1981 : *D. 1983. 32, note Laroche de Roussane.* ♦ A cet effet, le bureau devra vérifier le nombre de membres de l'association, le montant des cotisations et se renseigner sur les facultés contributives des adhérents et des dirigeants (Circ. du 23 déc. 1991).

Art. 10 I. – L'aide juridictionnelle est maintenue lorsque la personne formule une nouvelle demande dans les cas suivants :

1° Pour se défendre en cas d'exercice d'une voie de recours ;

2° Pour les instances nées ou les pourparlers transactionnels menés au cours des procédures d'exécution effectuées avec le bénéfice de l'aide juridictionnelle ;

3° En cas de procédure participative.

II. – L'aide juridictionnelle est maintenue sans qu'il soit nécessaire de formuler une nouvelle demande dans les cas suivants :

1° En cas de médiation ordonnée par le juge ;

2° En cas d'application par la juridiction saisie de la procédure de saisine pour avis du Conseil d'État ou de la Cour de cassation ou en cas d'examen par le Conseil d'État, la Cour de cassation ou le Conseil constitutionnel d'une question prioritaire de constitutionnalité. S'il y a lieu, un avocat au Conseil d'État et à la Cour de cassation est désigné sans formalité par le président de l'ordre sur la demande du bénéficiaire de l'aide ou du bureau d'aide juridictionnelle initialement saisi. – *[Comp. Décr. n° 91-1266 du 19 déc. 1991, art. 53, 53-1 et 66.]*

Art. 11 Lorsque le demandeur est mineur et demande à être entendu avec un avocat en application de l'article 388-1 du code civil, il est admis d'office à l'aide juridictionnelle*[.]*

CHAPITRE II *Les bureaux d'aide juridictionnelle*

SECTION I *Composition et fonctionnement des bureaux*

Art. 12 La liste des bureaux d'aide juridictionnelle établis au siège des tribunaux judiciaires et, le cas échéant, des tribunaux administratifs, ainsi que le ressort de compétence de chaque bureau, sont fixés par décret.

Des bureaux d'aide juridictionnelle distincts sont établis, respectivement, près le Conseil d'État, près la Cour de cassation et près la Cour nationale du droit d'asile. Chacun de ces bureaux est compétent pour statuer sur les demandes d'aide juridictionnelle présentées à l'appui des recours portés devant la juridiction près laquelle il est établi. Le bureau établi près le Conseil d'État est également compétent pour les affaires portées devant le Tribunal des conflits et la Cour supérieure d'arbitrage. Le bureau établi près la Cour de cassation est également compétent pour les affaires portées devant la cour de réexamen mentionnée à l'article L. 452-3 du code de l'organisation judiciaire.

Art. 13 Selon son siège, la juridiction dans laquelle il est établi, ainsi que son ressort de compétence, le bureau d'aide juridictionnelle peut comporter les sections suivantes :

1° Une section chargée d'examiner :

a) Les demandes relatives aux affaires portées devant les juridictions de première instance de l'ordre judiciaire ou la cour d'assises ;

b) Les affaires qui concernent les divorces par consentement mutuel prévus à l'article 229-1 du code civil, les médiations ordonnées par le juge, avant l'introduction de l'instance, les pourparlers transactionnels, ou les procédures participatives prévus au deuxième alinéa de l'article 10 de la loi *[n° 91-647]* du 10 juillet 1991 susvisée afférents à des litiges relevant de la compétence des juridictions auprès desquelles ils sont établis ; – *V. L. n° 91-647 du 10 juill. 1991, art. 10, App., v° Aide juridique.*

c) Les demandes d'aide adressées par voie électronique, en vue de les transmettre aux bureaux compétents ;

2° Une section chargée d'examiner les demandes relatives aux affaires portées devant le tribunal administratif et les autres juridictions administratives statuant en premier ressort ;

3° Une section chargée d'examiner les demandes relatives aux affaires portées devant la cour d'appel ;

4° Une section chargée d'examiner les demandes relatives aux affaires portées devant la cour administrative d'appel et les autres juridictions administratives statuant à charge de recours devant le Conseil d'État. – *[Comp. Décr. n° 91-1266 du 19 déc. 1991, art. 6 et 8-1.]*

Art. 14 Lorsque le bureau comporte des sections compétentes en matière judiciaire, il est présidé par le président de la section chargée d'examiner les demandes relatives aux affaires portées devant les juridictions de première instance de l'ordre judiciaire ou la cour d'assises.

Lorsque le bureau ne comporte que des sections compétentes en matière administrative, il est présidé par le président de la section chargée d'examiner les demandes relatives aux affaires portées devant le tribunal administratif et les autres juridictions administratives statuant en premier ressort.

Le président du bureau d'aide juridictionnelle est nommé par le président du tribunal au sein duquel il est institué.

Le président du bureau ne peut se substituer aux présidents de section pour l'exercice des pouvoirs qui leur sont conférés par la loi et par le présent décret.

Outre les fonctions de vice-président qui lui sont confiées par le premier alinéa de l'article 16 de la loi *[nº 91-647]* du 10 juillet 1991 susvisée, le directeur de greffe du tribunal judiciaire, le greffier en chef ou le secrétaire de la juridiction près laquelle le bureau est établi exerce, sous l'autorité du président du bureau, les fonctions d'administration du bureau. Il désigne le ou les secrétaires du bureau ou de ses sections. – *[Comp. Décr. nº 91-1266 du 19 déc. 1991, art. 7.] — V. L. nº 91-647 du 10 juill. 1991, art. 16, App., vº Aide juridique.*

Art. 15 Les bureaux d'aide juridictionnelle ou les sections de bureau peuvent comporter des divisions dont le nombre dépend de celui des affaires qu'ils ont à traiter.

La création de divisions au sein d'un bureau ou d'une section de bureau est décidée, selon le cas, par l'autorité compétente en vertu des articles 17 et 18 pour nommer le président du bureau ou d'une section de bureau.

La décision portant création de divisions au sein d'un bureau ou d'une section de bureau désigne celui des présidents de ces divisions qui exerce la fonction de président du bureau ou de la section de bureau.

Les dispositions concernant les bureaux et les sections de bureau ainsi que leurs présidents et membres sont applicables à chaque division, à l'exception de celles du premier alinéa de l'article 25. – *[Décr. nº 91-1266 du 19 déc. 1991, art. 15.]*

Art. 16 Les attributions conférées au ministère public par la loi *[nº 91-647]* du 10 juillet 1991 susvisée et par le présent décret sont exercées :

1º En ce qui concerne les sections de bureau chargées d'examiner les demandes relatives aux affaires portées devant les tribunaux administratifs et les autres juridictions administratives statuant en premier ressort, par le procureur de la République près le tribunal judiciaire dans le ressort duquel le tribunal administratif a son siège ;

2º En ce qui concerne les sections de bureau chargées d'examiner les demandes relatives aux affaires portées devant les cours administratives d'appel et les autres juridictions administratives statuant à charge de recours devant le Conseil d'État, par le procureur général près la cour d'appel dans le ressort de laquelle la cour administrative d'appel a son siège ;

3º En ce qui concerne le bureau établi près la Cour nationale du droit d'asile, par le procureur général près la cour d'appel de Paris. – *[Décr. nº 91-1266 du 19 déc. 1991, art. 9.]*

Art. 17 Le président de la section chargé de statuer sur les demandes relatives aux affaires portées devant les juridictions de première instance de l'ordre judiciaire ou la cour d'assises est nommé par le président du tribunal judiciaire auprès duquel il est institué. Le président de la section chargée d'examiner les demandes relatives aux affaires portées devant le tribunal administratif et les autres juridictions administratives statuant en premier ressort est nommé par le président du tribunal administratif dont il relève.

Les présidents des sections chargées d'examiner les demandes relatives aux affaires portées devant la cour d'appel et celles qui sont relatives aux affaires portées devant la cour administrative d'appel et les autres juridictions statuant à charge de recours devant le Conseil d'État sont respectivement nommés par le premier président de la cour d'appel et le président de la cour administrative d'appel. – *[Comp. Décr. nº 91-1266 du 19 déc. 1991, art. 10.]*

Art. 18 Les présidents des bureaux établis près la Cour de cassation, près le Conseil d'État et près la Cour nationale du droit d'asile sont respectivement nommés par le premier président de la Cour de cassation, après consultation du bureau de cette cour, par le vice-président du Conseil d'État, après consultation des présidents de section, et par le président de la Cour nationale du droit d'asile. – *[Décr. nº 91-1266 du 19 déc. 1991, art. 11.]*

Art. 19 Outre son président et son vice-président, chaque bureau ou chaque section du bureau comprend :

1º Deux auxiliaires de justice dont au moins un avocat choisi parmi les avocats qui exercent ou ont exercé leur profession dans le ressort du bureau d'aide juridictionnelle concerné ;

2º Le directeur départemental des finances publiques ou son représentant ;

3º Le directeur départemental de la cohésion sociale ou, le cas échéant, de la cohésion sociale et de la protection des populations ou son représentant ;

4º Un membre désigné au titre des usagers.

Les directeurs mentionnés au 2º et au 3º sont ceux de l'un des départements situés dans le ressort du bureau d'aide juridictionnelle concerné. – *[Comp. Décr. nº 91-1266 du 19 déc. 1991, art. 12 à 15.] — Pour l'application en Polynésie française, V. art. 167 du présent décret.*

Art. 20 Outre leur président et leur vice-président, les bureaux établis près la Cour de cassation et le Conseil d'État comprennent chacun :

1° Respectivement, deux membres choisis par la Cour de cassation et deux membres choisis par le Conseil d'État ;

2° Deux avocats au Conseil d'État et à la Cour de cassation ;

3° Un représentant du ministre des finances ou du ministre chargé du budget ;

4° Un représentant du ministre chargé de l'aide sociale ;

5° Un membre désigné au titre des usagers.

Lorsque le bureau établi près le Conseil d'État examine une demande se rapportant à une affaire portée devant le Tribunal des conflits, les deux membres mentionnés au 1° sont choisis l'un par la Cour de cassation et l'autre par le Conseil d'État. – *[Comp. Décr. n° 91-1266 du 19 déc. 1991, art. 16 et 17.]*

Art. 21 Les membres des bureaux d'aide juridictionnelle choisis par la Cour de cassation et par le Conseil d'État, les avocats et officiers publics ou ministériels membres des bureaux d'aide juridictionnelle peuvent être choisis parmi les magistrats honoraires à la Cour de cassation, les membres honoraires du Conseil d'État, les avocats honoraires et les officiers publics ou ministériels honoraires. – *[Décr. n° 91-1266 du 19 déc. 1991, art. 19.]*

Art. 22 Les avocats au Conseil d'État et à la Cour de cassation, les avocats et les huissiers de justice, membres des bureaux d'aide juridictionnelle, sont désignés, selon le cas, par le conseil de l'ordre ou la chambre départementale dont ils relèvent. Lorsque les fonctions du conseil de l'ordre sont remplies par le tribunal judiciaire, les avocats membres des bureaux d'aide juridictionnelle ou des sections de bureau sont désignés par l'assemblée générale de l'ordre.

Les membres des bureaux qui doivent être choisis par la Cour de cassation ou par le Conseil d'État sont désignés respectivement par le premier président de la Cour de cassation, après consultation du bureau de cette cour, et par le vice-président du Conseil d'État, après consultation des présidents de section.

Les membres des bureaux ou des sections de bureau au titre des usagers sont choisis parmi les personnes portant un intérêt particulier aux problèmes relatifs à l'accès à la justice. Ils sont désignés par le conseil départemental de l'accès au droit dans le ressort duquel le bureau a son siège. – *[Décr. n° 91-1266 du 19 déc. 1991, art. 20.] – Pour l'application en Polynésie française, V. art. 168 du présent décret.*

Art. 23 Outre son président, le bureau établi près la Cour nationale du droit d'asile comprend :

1° Deux avocats désignés par le Conseil national des barreaux ;

2° Un représentant du ministre des affaires étrangères et un représentant du ministre de l'intérieur ;

3° Un membre désigné au titre des usagers dans les conditions prévues à l'article 22. – *[Décr. n° 91-1266 du 19 déc. 1991, art. 18.]*

Art. 24 Les présidents et membres des bureaux et des sections de bureau sont nommés ou désignés pour une période de trois années renouvelable.

Les membres des bureaux et des sections de bureau, honoraires, ne sont renouvelables qu'une fois.

Toutefois, en ce qui concerne les bureaux d'aide juridictionnelle établis près la Cour de cassation et le Conseil d'État, la nomination ou la désignation des membres honoraires peut être renouvelée sans limitation. – *[Décr. n° 91-1266 du 19 déc. 1991, art. 21.]*

Art. 25 Les membres des bureaux autres que les directeurs départementaux des finances publiques ou de la cohésion sociale ou, le cas échéant, de la cohésion sociale et de la protection des populations ne peuvent exercer leurs fonctions dans plusieurs bureaux.

Les membres des sections d'un même bureau peuvent, sous réserve des règles propres à la composition de chaque section, être membres de plusieurs sections de ce bureau. – *[Décr. n° 91-1266 du 19 déc. 1991, art. 22.] – Pour l'application en Polynésie française, V. art. 167 du présent décret.*

Art. 26 Le président ou le membre d'un bureau qui cesse cette fonction pour quelque cause que ce soit avant l'expiration de la période triennale est remplacé par un membre de la même catégorie nommé ou désigné dans les mêmes conditions que son prédécesseur. Il ne demeure en fonction que pour la durée de cette période restant à courir.

Le président ou le membre d'un bureau qui perd la qualité en raison de laquelle il a été nommé ou désigné cesse d'office d'exercer ses fonctions. Toutefois, cette disposition n'est applicable ni aux magistrats ni aux membres du Conseil d'État qui perdent leur qualité en raison de la cessation de leur activité professionnelle et auxquels l'honorariat n'est pas retiré ou refusé. – *[Comp. Décr. n° 91-1266 du 19 déc. 1991, art. 23.]*

Art. 27 Dans chaque bureau, section de bureau ou division, des suppléants sont nommés ou désignés dans les mêmes conditions que le président et les membres titulaires. Un titulaire peut avoir plusieurs suppléants. – *[Décr. n° 91-1266 du 19 déc. 1991, art. 24.]*

Art. 28 L'honorariat peut être accordé aux anciens présidents des bureaux d'aide juridictionnelle ou des sections de bureau qui ont exercé leurs fonctions pendant six ans au moins. Il est conféré par arrêté du garde des sceaux, ministre de la justice, pris sur proposition de l'autorité de nomination. – *[Décr. n° 91-1266 du 19 déc. 1991, art. 25.]*

Art. 29 L'indemnité de vacation allouée aux personnes bénéficiant de l'honorariat et exerçant les fonctions de président ou membre d'une section ou d'un bureau d'aide juridictionnelle est calculée par demi-journée en fonction de la durée de la séance. Elle est égale, pour les présidents, au quarantième du traitement budgétaire moyen mensuel brut des magistrats du premier grade et, pour les membres, au quarantième du traitement budgétaire moyen mensuel brut des magistrats du second grade. – *[Décr. n° 91-1266 du 19 déc. 1991, art. 170.]*

Art. 30 Une indemnité forfaitaire mensuelle est allouée aux personnes bénéficiant de l'honorariat et exerçant les fonctions de président des bureaux d'aide juridictionnelle établis près le Conseil d'État et la Cour de cassation, ou de président de division de ces bureaux. Cette indemnité leur est versée au titre de l'ensemble des tâches afférentes à leurs fonctions.

Le montant de l'indemnité est égal, pour les présidents de bureau, au cinquième du traitement budgétaire moyen mensuel brut des magistrats du premier grade et, pour les présidents de division, au huitième du traitement budgétaire moyen mensuel brut des magistrats du premier grade. Cette indemnité est exclusive de celle prévue à l'article 29. – *[Décr. n° 91-1266 du 19 déc. 1991, art. 170-1.]*

Art. 31 Pour l'élaboration et la présentation du rapport mentionné au troisième alinéa de l'article 53, les membres des bureaux d'aide juridictionnelle établis près le Conseil d'État et la Cour de cassation bénéficiant de l'honorariat perçoivent une indemnité égale au cent cinquante-deuxième du traitement budgétaire moyen mensuel brut des magistrats du second grade. – *[Décr. n° 91-1266 du 19 déc. 1991, art. 170-2.]*

SECTION II *Compétence des bureaux*

Art. 32 Le bureau d'aide juridictionnelle territorialement compétent pour statuer sur la demande d'aide juridictionnelle est :

1° Pour les affaires relevant d'une juridiction de première instance de l'ordre judiciaire, d'une cour d'assises, de la Cour nationale de l'incapacité et de la tarification de l'assurance des accidents du travail, ou pour l'accomplissement d'un acte conservatoire ou l'exercice d'une voie d'exécution, le bureau établi près le tribunal judiciaire dans le ressort duquel demeure le demandeur ;

2° Pour les affaires relevant d'un tribunal administratif ou d'une juridiction administrative statuant en premier ressort, ou pour l'accomplissement d'un acte conservatoire ou l'exercice d'une voie d'exécution, le bureau établi près le tribunal administratif dans le ressort duquel demeure le demandeur ou, à défaut, le bureau comportant une section spécialisée pour le tribunal administratif dans le ressort duquel demeure le demandeur ;

3° Pour les affaires portées devant une cour d'appel, le bureau établi au siège du tribunal judiciaire dans le ressort duquel a son siège la cour d'appel devant laquelle l'affaire est ou doit être portée ;

4° Pour les affaires portées devant une cour administrative d'appel, y compris celles relevant de la compétence de premier ressort de cette cour, le bureau établi au siège du tribunal administratif dans le ressort duquel a son siège la cour administrative d'appel devant laquelle l'affaire est ou doit être portée, ou, à défaut, le bureau établi au siège du tribunal judiciaire dans le ressort duquel a son siège la cour administrative d'appel devant laquelle l'affaire est ou doit être portée ;

5° Pour les affaires portées devant une autre juridiction administrative statuant à charge de recours devant le Conseil d'État, le bureau établi au siège du tribunal administratif dans le ressort duquel a son siège la cour administrative d'appel dans le ressort de laquelle est installée la juridiction devant laquelle l'affaire est ou doit être portée, ou à défaut le bureau établi au siège du tribunal judiciaire dans le ressort duquel a son siège la cour administrative d'appel dans le ressort de laquelle est installée la juridiction devant laquelle l'affaire est ou doit être portée ;

6° Pour statuer sur la demande d'aide juridictionnelle d'un étranger devant la commission de séjour des étrangers ou devant la commission d'expulsion des étrangers, le bureau établi près le tribunal judiciaire du chef-lieu du département dans lequel siège la commission ou, le cas échéant, la section de ce bureau chargée d'examiner les demandes relatives aux affaires portées devant les juridictions de première instance de l'ordre judiciaire ou la cour d'assises.

Les dispositions des alinéas précédents sont applicables aux demandes d'aide juridictionnelle formées en vue de parvenir à un divorce par consentement mutuel prévu à l'article 229-1 du code civil, et, avant l'introduction de l'instance, à une transaction ou un accord conclu dans le cadre d'une procédure participative. — *[Comp. Décr. nº 91-1266 du 19 déc. 1991, art. 26 et 30.]*

Art. 33 Lorsque le demandeur ne demeure pas en France ou lorsque, demeurant dans les îles Wallis-et-Futuna ou en Nouvelle-Calédonie, il a saisi ou envisage de saisir une juridiction ayant son siège en métropole, dans un département d'outre-mer, à Saint-Barthélemy, Saint-Martin, Saint-Pierre-et-Miquelon ou en Polynésie française, le bureau territorialement compétent est :

1° Pour les affaires portées devant une juridiction de première instance de l'ordre judiciaire, une cour d'assises ou la Cour nationale de l'incapacité et de la tarification de l'assurance des accidents du travail, celui qui est établi au siège du tribunal judiciaire dans le ressort duquel est installée la juridiction devant laquelle l'affaire est ou doit être portée ;

2° Pour les affaires portées devant un tribunal administratif, celui qui est établi au siège du tribunal administratif ou à défaut, celui du tribunal judiciaire dans le ressort duquel a son siège le tribunal administratif devant lequel l'affaire est ou doit être portée ;

3° Pour les affaires portées devant une autre juridiction administrative statuant en premier ressort, celui qui est établi au siège du tribunal administratif ou, à défaut, celui du tribunal judiciaire dans le ressort duquel a son siège le tribunal administratif dans le ressort duquel est établie la juridiction devant laquelle l'affaire est ou doit être portée.

Il en est de même lorsque l'aide juridictionnelle est demandée en vue de parvenir à un divorce par consentement mutuel prévu à l'article 229-1 du code civil, pour l'accomplissement d'un acte conservatoire ou l'exercice d'une voie d'exécution ou, avant l'introduction de l'instance, à une transaction ou un accord conclu dans le cadre d'une procédure participative. — *[Comp. Décr. nº 91-1266 du 19 déc. 1991, art. 27.]*

Art. 34 Par dérogation à l'article 32, est compétent pour examiner les demandes d'aide afférentes à des commissions ou des désignations d'office le bureau établi près la juridiction dans le ressort de laquelle il a été procédé à la commission ou à la désignation.

De même, la demande d'aide formée après qu'une juridiction a été saisie est instruite par le bureau ou la section de bureau compétente dont relève cette juridiction. — *[Comp. Décr. nº 91-1266 du 19 déc. 1991, art. 28.]*

Art. 35 Le bureau ou la section de bureau qui se déclare incompétent renvoie la demande par décision motivée devant le bureau ou la section de bureau qu'il désigne.

La décision de renvoi s'impose au sein d'un même ordre de juridiction.

Lorsque le bureau ou la section de renvoi est compétent pour examiner les demandes portées devant l'autre ordre de juridiction et se déclare incompétent, il transmet le dossier au bureau établi près le Conseil d'État, complété par le président du bureau établi près la Cour de cassation qui statue sur la demande d'aide juridictionnelle. — *[Comp. Décr. nº 91-1266 du 19 déc. 1991, art. 32.] — Pour l'application à Saint-Pierre-et-Miquelon, V. art. 164 du présent décret.*

CHAPITRE III *Procédure d'obtention de l'aide juridictionnelle et de l'aide à l'intervention de l'avocat*

SECTION I *Demande d'aide*

Art. 36 A l'exception des situations dans lesquelles un avocat est désigné ou commis d'office, l'aide juridictionnelle ou l'aide à l'intervention de l'avocat est demandée avant la fin de l'instance ou de la procédure concernée, sans préjudice de l'application des articles L. 512-1 du code de l'entrée et du séjour des étrangers et du droit d'asile et 9-4 de la loi *[nº 91-647]* du 10 juillet 1991 susvisée. — *V. L. nº 91-647 du 10 juill. 1991, art. 9-4, App., vº Aide juridique. — V. CESEDA, art. L. 614-4, reproduit ss. art. 18 de la L. nº 91-647 du 10 juill. 1991, App., vº Aide juridique.*

Art. 37 L'aide juridictionnelle et les aides à l'intervention de l'avocat qui relèvent *(Décr. nº 2021-810 du 24 juin 2021, art. 2-1º, en vigueur le 1er juill. 2021)* « du deuxième alinéa de

l'article 11-1 et du 1° de l'article 11-2 » de la loi *[n° 91-647]* **du 10 juillet 1991 susvisée sont demandées au moyen d'un formulaire homologué CERFA. Un arrêté du garde des sceaux, ministre de la justice, fixe, pour les personnes physiques d'une part et pour les personnes morales d'autre part, le** *(Décr. n° 2021-810 du 24 juin 2021, art. 2-2°, en vigueur le 1er janv. 2022)* **« modèle** *[ancienne rédaction : contenu]* **» du formulaire de demande et la liste des pièces qui doivent y être jointes.** — *V. L. n° 91-647 du 10 juill. 1991, art. 11-1 et 11-2, App., v° Aide juridique.*

La demande d'aide est déposée ou adressée par l'intéressé ou par tout mandataire au bureau d'aide juridictionnelle établi au siège du tribunal dans le ressort duquel est fixé le domicile du demandeur, ou déposée auprès d'un service d'accueil unique du justiciable situé dans le ressort de la juridiction compétente ou dans le ressort duquel est fixé le domicile du demandeur. La demande est ensuite transmise sans délai au bureau d'aide juridictionnelle compétent.

Lorsqu'une demande d'aide est adressée par voie postale, sa date est celle de l'expédition de la lettre. La date de l'expédition est celle qui figure sur le cachet du bureau de poste d'émission. — *[Comp. Décr. n° 91-1266 du 19 déc. 1991, art. 33 à 36, 40, 66 et 67.]*

1. Responsabilité du justiciable. Le justiciable est seul responsable du dépôt de son dossier d'aide juridictionnelle. Il lui appartient de déposer lui-même la demande d'aide juridictionnelle et/ou de s'assurer de la prise en charge de son dossier par son assurance de protection juridique. Il ne saurait invoquer un manquement de son avocat à cet égard, l'avocat étant un tiers par rapport au bénéfice de l'aide juridictionnelle et aux relations avec l'assurance de protection juridique. • Amiens, 27 janv. 2015, n° 14/03906 : *D. avocats 2015. 59*.

2. Demande par voie postale. En omettant de prendre en considération la date d'envoi d'une demande d'aide juridictionnelle qui a interrompu le délai du recours contentieux, le Conseil d'État entache sa décision d'une erreur matérielle qui peut faire l'objet d'un recours en rectification. • CE 23 févr. 2001, n° 222524 : *Lebon 82* • 10 mars 2009, n° 315113 • 25 mars 2009, n° 316098.

Art. 38 **L'aide juridictionnelle peut également être demandée au moyen d'une application informatique dédiée accessible par le réseau internet au moyen du téléservice d'identification et d'authentification prévu par l'arrêté du 8 novembre 2018 relatif au télé-service** *[téléservice]* **dénommé "FranceConnect". Dans ce cas, la demande d'aide est transmise automatiquement au bureau établi auprès de la juridiction dans le ressort de laquelle est fixé le domicile du demandeur.** — *Sur la mise à disposition de l'application informatique dédiée, V. art. 187 et 188 du présent décret. — Sur la non-applicabilité en Polynésie française, V. art. 165 du présent décret.*

Art. 39 **Lorsque l'avocat est commis ou désigné d'office en matière d'aide juridictionnelle ou d'aide à l'intervention de l'avocat, il saisit le bureau d'aide juridictionnelle au nom de la personne qu'il assiste ou qu'il a assistée et formule la demande d'aide** *(Décr. n° 2021-810 du 24 juin 2021, art. 3-I-1°, en vigueur le 1er janv. 2022)* **« selon les modalités prévues à l'article 37** *[ancienne rédaction : au moyen d'un formulaire homologué CERFA]* **».** *(Abrogé par Décr. n° 2021-810 du 24 juin 2021, art. 3-I-1°, à compter du 1er janv. 2022)* ***« Un arrêté du garde des sceaux, ministre de la justice, fixe le contenu de ce formulaire et la liste des pièces qui doivent y être jointes. »***

(Décr. n° 2021-810 du 24 juin 2021, art. 3-I-2°, en vigueur le 1er juill. 2021) **« Par exception, l'avocat commis ou désigné d'office en matière d'aide juridictionnelle ou d'aide à l'intervention de l'avocat dans le cadre d'une procédure mentionnée à l'article 19-1 de la loi du 10 juillet 1991 susvisée est dispensé de déposer une demande d'aide. »**

Rémunération de l'avocat commis d'office. La commission d'office d'un avocat n'exclut pas le droit pour celui-ci d'obtenir la rémunération de ses services. Ainsi, l'avocat commis d'office pour assurer devant le juge des enfants la défense d'un mineur dont le représentant légal n'a pas obtenu l'aide juridictionnelle, et qui a accompli sa mission, a droit à la rémunération de ses services par le représentant légal du mineur. • Civ. 1re, 30 janv. 1996, n° 94-11.021 P.

Art. 40 **Tout changement de domicile ou de siège social qui survient postérieurement à la demande d'aide doit être déclaré sans délai au bureau d'aide juridictionnelle initialement saisi.** — *[Comp. Décr. n° 91-1266 du 19 déc. 1991, art. 33.]*

Art. 41 **La demande est déposée ou adressée par l'intéressé ou par tout mandataire au bureau établi près le Conseil d'État, la Cour de cassation ou la Cour nationale du droit d'asile pour les affaires relevant de la compétence de ce bureau en application du second alinéa de l'article 12.** — *[Comp. Décr. n° 91-1266 du 19 déc. 1991, art. 29.]*

Art. 42 La personne détenue ou retenue dans un centre socio-médico-judiciaire de sûreté qui sollicite l'aide à l'assistance d'un avocat au titre de l'article 64-3 de la loi *[nº 91-647]* du 10 juillet 1991 susvisée formule sa demande sur papier libre auprès du greffier de l'établissement pénitentiaire ou du centre socio-médico judiciaire de sûreté qui, sans délai, transmet la demande, selon le cas, à l'avocat choisi ou au bâtonnier aux fins de désignation d'un avocat. *— V. L. nº 91-647 du 10 juill. 1991, art. 64-3, App., vº Aide juridique.*

Le greffier joint à cette transmission un document indiquant les nom, prénoms, date de naissance de la personne détenue ou retenue, le cas échéant le nom de l'avocat choisi, ainsi que, selon le cas, le motif des poursuites disciplinaires et la mention de la date d'examen du dossier par la commission de discipline ou, en matière d'isolement, l'objet de la mesure contestée et la date d'examen du dossier ou, pour les personnes retenues, les motifs pour lesquels l'administration envisage de prendre l'une des mesures prévues à *(Décr. nº 2022-479 du 30 mars 2022, art. 16, en vigueur le 1er mai 2022)* « l'article R. 541-16 du code pénitentiaire » et la date de l'examen du dossier. *— [Comp. Décr. nº 91-1266 du 19 déc. 1991, art. 132-6-1.]*

Art. 43 Sans préjudice de l'application de l'article 9-4 de la loi *[nº 91-647]* du 10 juillet 1991 susvisée et du II de l'article 44 du présent décret, lorsqu'une action en justice ou un recours doit être intenté avant l'expiration d'un délai devant les juridictions de première instance ou d'appel, l'action ou le recours est réputé avoir été intenté dans le délai si la demande d'aide juridictionnelle s'y rapportant est adressée ou déposée au bureau d'aide juridictionnelle avant l'expiration dudit délai et si la demande en justice ou le recours est introduit dans un nouveau délai de même durée à compter : *— V. L. nº 91-647 du 10 juill. 1991, art. 9-4, App., vº Aide juridique.*

1º De la notification de la décision d'admission provisoire ;

2º De la notification de la décision constatant la caducité de la demande ;

3º De la date à laquelle le demandeur de l'aide juridictionnelle ne peut plus contester la décision d'admission ou de rejet de sa demande en application du premier alinéa de l'article 69 et de l'article 70 ou, en cas de recours de ce demandeur, de la date à laquelle la décision relative à ce recours lui a été notifiée ;

4º Ou, en cas d'admission, de la date, si elle est plus tardive, à laquelle un auxiliaire de justice a été désigné.

Lorsque la demande d'aide juridictionnelle est présentée au cours des délais impartis pour conclure ou former appel ou recours incident, mentionnés aux articles 905-2, 909 et 910 du code de procédure civile et aux articles R. 411-30 et R. 411-32 du code de la propriété intellectuelle, ces délais courent dans les conditions prévues aux 2º à 4º du présent article.

Par dérogation aux premier et sixième alinéas du présent article, les délais mentionnés ci-dessus ne sont pas interrompus lorsque, à la suite du rejet de sa demande d'aide juridictionnelle, le demandeur présente une nouvelle demande ayant le même objet que la précédente. *— [Comp. Décr. nº 91-1266 du 19 déc. 1991, art. 38.] — Pour l'application en Polynésie française, V. art. 166 du présent décret.*

BIBL. ▶ L. Boré, *Just. et cass. 2008. 38* (l'aide juridictionnelle).

▶ **Décr. du 6 mai 2017 :** Dos-Reis, *Gaz. Pal. 23 oct. 2018, p. 14* (l'erreur sur la disponibilité matrimoniale, un risque mésestimé par le décret du 6 mai 2017 réformant l'appel en matière civile ?). - Laporte, *Procédures 2017. Focus 21* (appel et aide juridictionnelle).

1. Légalité. Il résulte des art. 2231 et 2242 C. civ. et de l'art. 2 de la L. nº 91-647 du 10 juill. 1991 combinés qu'une demande d'aide juridictionnelle formée en vue de saisir une juridiction a le caractère d'une demande en justice au sens de l'art. 2241 C. civ. ayant pour effet d'interrompre le délai de prescription du droit revendiqué par le demandeur. Dès lors, l'art. 38 du Décr. nº 91-1266 du 19 déc. 1991 [devenu art. 43 du Décr. nº 2020-1717 du 28 déc. 2020], en tant qu'il *confère aux demandes* d'aide juridictionnelle un caractère interruptif des délais de prescription, se borne à préciser les modalités de mise en œuvre de l'interruption du délai de prescription qui découle de la loi. Par suite, il n'a pas été pris en méconnaissance du champ de compétence que l'art. 34 de la Constitution réserve au législateur. • CE 14 mars 2018, nº 415956 : *D. avocats 2018. 134 ; AJDA 2018. 600.*

I. DOMAINE

A. JURIDICTIONS

1º PREMIÈRE INSTANCE

2. Juridictions administratives. Il ressort des termes de l'art. 38 du Décr. du 19 déc. 1991 [devenu art. 43 du Décr. nº 2020-1717 du 28 déc. 2020] que celui-ci s'applique à toute juridiction du premier degré, ce qui inclut les tribunaux administratifs et les juridictions administratives spécialisées qui statuent en premier degré et dont les jugements sont susceptibles de recours devant une juridiction d'appel statuant elle-même à charge de recours devant le Conseil d'État. Il en résulte, d'une part, que les dispositions de l'art. 38 de ce décret s'appliquent à toutes les instances engagées devant les tribunaux administratifs, quelles que soient les voies de recours ouvertes contre leurs jugements. • CE, avis, 28 juin 2013, n° 363460 : *JO 3 juill. ; AJDA 2013. 1367, obs. Poupeau ; Gaz. Pal. 13-14 sept. 2013, p. 14, obs. Seiller ; JCP 2013. 1087, obs. G'Sell ; ibid. 814, obs. Erstein* • CE 1er juill. 2020, n° 426203 : *AJDA 2020. 1381* .

2° APPEL (AVANT LA RÉFORME DU DÉCR. DU 27 DÉC. 2016)

3. *Droit d'accès à un tribunal.* Dès lors que c'est en raison d'une défaillance suivie d'un manque de diligence des autorités, au nombre desquelles figure notamment le bureau d'aide juridictionnelle, que le requérant s'est trouvé dans l'impossibilité de saisir la juridiction de renvoi dans le délai prescrit avec l'assistance obligatoire d'un avocat, la déclaration d'irrecevabilité de la saisine de la cour d'appel constitue une atteinte injustifiée au droit d'accès à un tribunal pour la détermination des droits et obligations de caractère civil. • CEDH 6 oct. 2011, *Staszkow c/ France*, n° 52124/08 : *Procédures 2011, n° 337, note Fricero.* ♦ Bien qu'en vertu de l'art. 38-1 du Décr. du 19 déc. 1991, alors applicable en la cause, la demande d'aide juridictionnelle n'interrompt pas le délai d'appel, le droit d'accès au juge exclut que ce délai puisse courir tant qu'il n'a pas été définitivement statué sur une demande d'aide juridictionnelle formée dans ce délai. • Civ. 2e, 2 juill. 2020, n° 19-13.947 P : *D. actu. 3 sept. 2020, note Auché et De Andrade ; D. 2020. 2198, chron. Touati, Bohnert, de Leiris et Palle* .

4. *Juridictions administratives.* L'art. 39 de ce décret, lorsqu'il fait référence aux juridictions administratives « statuant à charge de recours devant le Conseil d'État », reprenant en cela les termes de l'art. 13 de la L. du 10 juill. 1991, s'applique aux juridictions d'appel de l'ordre administratif ainsi qu'aux juridictions administratives spécialisées qui, même lorsqu'elles statuent en premier ressort, rendent des décisions qui ne sont susceptibles que d'un recours devant le Conseil d'État. • CE, avis, 28 juin 2013, *n° 363460 : préc. note 2.*

5. *Juridictions judiciaires.* V. note 8.

B. DÉLAIS

1° DÉLAIS INTERROMPUS OU NON

6. *Délais interrompus.* Les dispositions de l'art. 38 s'appliquent aux délais préfix. • Civ. 1re, 30 janv. 1979, n° 76-15.494 P : *D. 1980. 65, note Laroche de Roussane* • Civ. 2e, 22 févr. 2007, n° 06-10.559 P. ♦ ... Au délai de deux mois d'un recours en révision. • Soc. 8 févr. 2005, n° 02-46.044 P : *Procédures 2005. Comm. 88.* ♦ ... Au délai de prescription. • Civ. 2e, 3 juill. 2008, n° 06-14.293. ♦ ... Au délai d'un mois d'opposition à injonction de payer prévu à l'art. 1416 C. pr. civ. • Civ. 2e, 19 nov. 2009, n° 08-19.364 P : *cité note 3 ss. C. pr. civ., art. 1416.* ♦ ... A une demande d'annulation d'un mariage. • Civ. 2e, 22 mars 2006, n° 04-15.232 P. ♦ ... A une action en nullité d'une assemblée générale de copropriétaires et jugeant qu'il appartient à la partie bénéficiaire de l'aide juridictionnelle, qui entend se prévaloir d'un report du point de départ du délai d'agir (en l'occurrence délai de deux mois prévu par l'art. 42 de la L. n° 65-557 du 10 juill. 1965), en raison de désignations successives de l'huissier de justice chargé de délivrer l'acte introductif d'instance, de produire tout document de nature à établir l'existence des désignations invoquées. • Civ. 1re, 16 déc. 2011, n° 10-17.711 : *BICC 1er avr. 2012, n° 361 ; D. 2012. Actu. 157 ; Loyers et copr. 2012, n° 50, note Vigneron.* ♦ ... Au délai dans lequel la contestation de la saisie-attribution doit être formée. • Civ. 2e, 21 mars 2019, n° 18-10.408 P : *D. actu. 30 avr. 2019, note Mourre-Schreiber ; D. 2020. 576, obs. Fricero ; RDBF 2019, n° 133, note Piedelièvre.*

7. *Délais non interrompus.* En revanche, la demande d'aide judiciaire n'interrompt pas le délai de la péremption d'instance. • Civ. 2e, 26 nov. 1980, n° 79-12.416 P : *Gaz. Pal. 1981. 199, note J. V.* • 8 févr. 1989 : *JCP 1990. II. 21473, note Cadiet.* ♦ ... Ni celui de la consignation de la provision due à l'expert (art. 269 NCPC [devenu C. pr. civ.]). • Civ. 2e, 8 avr. 1981, n° 79-13.676 P : *Gaz. Pal. 1981. 578, note Viatte.* ♦ ... Ni le délai de la consignation exigée de la partie civile par l'art. 88 C. pr. pén. • Bur. aide jud. Bordeaux, 29 juin 1982 : *D. 1983. 590, note Laroche de Roussane.* ♦ L'interruption de la prescription prévue à l'art. 38 du Décr. du 19 déc. 1991 [devenu art. 43 du Décr. n° 2020-1717 du 28 déc. 2020] ne s'appliquant qu'aux actions en justice, la demande d'aide juridictionnelle formée en vue de l'exécution d'une décision de justice, lorsque la procédure d'exécution ne nécessite pas la saisine préalable d'une juridiction, n'interrompt pas le délai de prescription de la créance objet de cette demande. • Civ. 2e, 18 févr. 2016, n° 14-25.790 P : *D. 2016. Actu. 489* .

2° DÉLAIS DANS LE CADRE DE L'APPEL

8. *Délai d'appel.* Avant même que la solution ne soit consacrée par le Décr. du 27 déc. 2016, a été jugé recevable l'appel formé au-delà du délai d'appel (15 jours), l'appelant ayant formulé sa demande d'aide juridictionnelle pendant ce délai mais, cette aide ne lui ayant été accordée que postérieurement à l'expiration de ce délai, le temps mis par le bureau d'aide juridictionnelle pour accorder l'aide constituant un

« dysfonctionnement » ne peut pas être imputé au justiciable. • Toulouse, 25 oct. 2013, n° 13/02730 : *JCP 2013. 1329, obs. Attal ; Gaz. Pal. 8-10 déc. 2013, p. 25, note Foulon et Strickler.*

9. Délais de la procédure d'appel. Droit transitoire. Il résulte de l'art. 6, § 1er, Conv. EDH que le principe de sécurité juridique implique que de nouvelles règles, prises dans leur ensemble, soient accessibles et prévisibles et n'affectent pas le droit à l'accès effectif au juge, dans sa substance même. Or, l'abrogation de l'art. 38-1 du Décr. du 19 déc. 1991 par le Décr. du 27 déc. 2016 et l'affirmation par une Circ. du 19 janv. 2017 du maintien de certaines dispositions ont créé une situation d'incertitude juridique. C'est pourquoi l'appelant qui a formé appel avant le 11 mai 2017, date d'entrée en vigueur du Décr. n° 2017-891 du 6 mai 2017 précisant ladite situation, et sollicité, dans le délai prévu par l'art. 908 C. pr. civ., le bénéfice de l'aide juridictionnelle, puis remis au greffe ses conclusions dans ce même délai, courant à compter de la notification de la décision statuant définitivement sur cette aide, ne peut se voir opposer la caducité de sa déclaration d'appel. • Civ. 2e, 19 mars 2020, n° 18-23.923 : *D. actu. 22 avr. 2020, note Auché et De Andrade ; D. 2020. 658 ; ibid. 2198, chron. Touati, Bohnert, de Leiris et Palle ; D. avocats 2020. 210 et les obs. ; RTD civ. 2020. 453, obs. Cayrol ; Gaz. Pal. 21 juill. 2020, p. 80, note Egéa* • 19 mars 2020, n° 19-12.990 : *D. actu. 22 avr. 2020, note Auché et De Andrade ; D. 2020. 658 ; ibid. 2020. 2198, chron. Touati, Bohnert, de Leiris et Palle ; D. avocats 2020. 210 et les obs. ; RTD civ. 2020. 453, obs. Cayrol ; Gaz. Pal. 21 juill. 2020, p. 80, note Egéa.* ♦ Déjà, avant que la solution ne soit consacrée aux art. 38-1 puis 38, l'introduction d'une demande d'aide juridictionnelle dans le délai d'appel interrompt les délais pour conclure jusqu'à, en cas d'admission, la désignation de l'auxiliaire de justice si elle est plus tardive. • Civ. 3e, 7 nov. 2012, n° 11-22.947 : *D. 2012. Actu. 2672 ; D. avocats 2013. 4, obs. Dargent ; Procédures 2013, n° 1, note Perrot* (la solution est désormais consacrée par l'art. 38-1 du présent décret). ♦ En revanche, l'art. 38 du Décr. 19 déc. 1991, dans sa rédaction issue du Décr. du 6 mai 2017, ne prévoit pas que l'appelant puisse bénéficier d'un report du point de départ du délai pour signifier la déclaration d'appel prévu par l'art. 905-1. • Civ. 2e, 4 juin 2020, n° 19-24.598 : *D. actu. 1er juill. 2020, note Auché et De Audrade ; D. 2020. 1235 ; ibid. 2198, chron. Touati, Bohnert, de Leiris et Palle ; JCP 2020. 982 note Grayoy-Dirx.*

10. Procédure à jour fixe. Le délai d'appel n'étant pas interrompu par la demande d'aide juridictionnelle en application de l'art. 38 du Décr. du 19 déc. 1991, dans sa version antérieure au Décr. du 27 déc. 2016, le droit de l'appelant à l'assistance effective d'un avocat, en application de l'art. 6, § 1er, Conv. EDH, imposait que le délai de huit jours pour déposer la requête à fin d'autorisation d'assigner à jour fixe, prévue à l'art. 919 C. pr. civ., fût interrompu par la demande d'aide juridictionnelle. • Civ. 2e, 6 juin 2019, n° 18-11.668 P : *D. 2019. 1233 ; ibid. 1792, obs. Lemoine et de Leiris ; Gaz. Pal. 5 nov. 2019, p. 61, note Hoffschir ; Procédures 2019, n° 226, note Laporte.*

II. EFFETS

A. INTERRUPTION DES DÉLAIS

11. Suite au rejet d'une demande d'indemnité, la demande d'aide juridictionnelle formée en vue d'introduire une demande de référé-expertise a pour effet, en application des dispositions de l'art. 38 du Décr. du 19 déc. 1991, d'interrompre le délai du recours contentieux contre la décision de rejet ; un nouveau délai de deux mois a alors commencé à courir à compter de la notification de la décision octroyant le bénéfice de l'aide juridictionnelle ; le dépôt dans ce nouveau délai de la demande de référé-expertise a, une nouvelle fois, interrompu le délai de recours contre la décision de rejet, et un second nouveau délai à commencé à compter de la notification au requérant du rapport de l'expert ou de l'ordonnance du juge des référés rejetant la demande d'expertise. • CE 13 mars 2009, n° 317567 : *AJDA 2009. 510 .* ♦ Après l'expiration du délai de recours contre un acte administratif, sont irrecevables, sauf s'ils sont d'ordre public, les moyens soulevés par le demandeur qui relèvent d'une cause juridique différente de celle à laquelle se rattachent les moyens invoqués dans sa demande avant l'expiration de ce délai qui commence, en principe, à courir à compter de la publication ou de la notification complète et régulière de l'acte attaqué, et au plus tard à compter, pour ce qui concerne un demandeur donné, de l'introduction de son recours contentieux contre cet acte. Cependant, en cas de demande d'aide juridictionnelle (AJ) formée avant l'expiration du délai de recours, un nouveau délai court dans les conditions prévues, devant les premiers juges, par l'art. 38 du Décr. du 19 déc. 1991 [devenu art. 43 du Décr. n° 2020-1717 du 28 déc. 2020]. • CE 31 mars 2017, n° 399123 • 7 oct. 1994, n° 132031.

12. La caducité de la décision d'admission à l'aide juridictionnelle lorsque la juridiction n'a pas été saisie dans l'année de sa notification n'a d'effet qu'en ce qui concerne le bénéfice de l'aide juridictionnelle et n'a pas d'incidence sur l'interruption des délais résultant de l'aide juridictionnelle. • Civ. 2e, 7 mai 2003, n° 01-17.693 P : *D. 2003. IR 1476 ; Gaz. Pal. 7-8 avr. 2004, p. 14, obs. du Rusquec* • Toulouse, 13 déc. 2001 : *D. 2002. Somm. 2651, obs. Julien .*

13. En cas de désignations successives d'avocats. Il résulte des dispositions de l'art. 38 du Décr. du 19 déc. 1991 [devenu art. 43 du Décr.

n° 2020-1717 du 28 déc. 2020] que le bénéficiaire de l'aide juridictionnelle étant mis en mesure, sauf cas de force majeure, d'être effectivement assisté par l'avocat qui est initialement désigné pour lui prêter son concours, la désignation ultérieure d'un nouvel avocat est sans incidence sur les conditions d'exercice du recours pour lequel l'aide juridictionnelle a été accordée. • Civ. 2e, 27 févr. 2020, n° 18-26.239 P : *D. 2020. 492 ; D. avocats 2020. 138 .* ♦ *Contra*, il résulte des art. 38 [devenu art. 43 du Décr. n° 2020-1717 du 28 déc. 2020] et 84 du Décr. n° 91-1266 du 19 déc. 1991 que, dans l'hypothèse où un auxiliaire de justice a été désigné en application de l'art. 76 de ce décret et que celui-ci est, avant que le recours ou l'action en justice ne soit intenté, remplacé par un autre auxiliaire de justice désigné dans les conditions prévues à l'art. 84, le délai de recours contentieux qui, dans le cas mentionné au *d* de l'art. 38, aurait commencé à courir à compter de la première désignation, recommence à courir à compter de cette nouvelle désignation. • CE 6 juin 2018, n° 413511 : *D. avocats 2018. 260 .*

B. NOUVEAU DÉLAI

14. Point de départ du délai. Notification au demandeur. Lorsque le délai de recours contentieux devant un tribunal administratif est interrompu par une demande d'aide juridictionnelle, ce délai recommence donc à courir selon les modalités prévues à l'art. 38 du Décr. du 19 déc. 1991 [devenu art. 43 du Décr. n° 2020-1717 du 28 déc. 2020]. En cas de décision d'admission ou de rejet du bureau d'aide juridictionnelle, le délai recommence à courir le jour où cette décision devient définitive, c'est-à-dire le jour où il n'est plus possible d'exercer contre elle l'un des recours prévus à l'art. 23 de la L. du 10 juill. 1991 dans les délais prévus à l'art. 56 du Décr. du 19 déc. 1991 ou, si un tel recours est exercé, le jour où il est statué sur ce recours. Cependant, en cas d'admission à l'aide et si la désignation de l'auxiliaire de justice intervient postérieurement au jour où la décision statuant sur la demande d'aide juridictionnelle devient définitive, le délai de recours contentieux ne recommence à courir que le jour le jour où l'auxiliaire de justice est désigné. En cas de décision du bureau d'aide juridictionnelle prononçant une admission provisoire ou constatant la caducité de la demande, le délai de recours contentieux recommence alors à courir à compter de la notification de la décision. • CE, avis, 28 juin 2013, n° 363460 : *préc. note 3.* ♦ En raison de l'objet même de l'aide juridictionnelle, qui est de faciliter l'exercice du droit à un recours juridictionnel effectif, les dispositions de l'art. 38 du Décr. n° 91-1266 du 19 déc. 1991 [devenu art. 43 du Décr. n° 2020-1717 du 28 déc. 2020] selon lesquelles le délai de recours contentieux recommence à courir soit à compter du jour où la décision du bureau d'aide juridictionnelle devient définitive, soit, si elle est plus tardive, à compter de la date de désignation de l'auxiliaire de justice, ne sauraient avoir pour effet de rendre ce délai opposable au demandeur tant que cette décision ne lui a pas été notifiée. • CE 28 déc. 2016, n° 397598 : *cité note 3 ss. L. n° 91-647 du 10 juill. 1991, art. 23, App., v° Aide juridique.* ♦ Lorsque le demandeur de première instance a été admis au bénéfice de l'aide juridictionnelle totale, seuls le ministère public ou le bâtonnier ont vocation à contester, le cas échéant, cette décision, qui devient ainsi définitive, en l'absence de recours de leur part, à l'issue d'un délai de deux mois ; toutefois, en raison de l'objet même de l'aide juridictionnelle, qui est de faciliter l'exercice du droit à un recours juridictionnel effectif, les dispositions précitées selon lesquelles le délai de recours contentieux recommence à courir, soit à compter du jour où la décision du bureau d'aide juridictionnelle devient définitive, soit, si elle est plus tardive, à compter de la date de désignation de l'auxiliaire de justice, ne sauraient avoir pour effet de rendre ce délai opposable au demandeur tant que cette décision ne lui a pas été notifiée. • CE 21 févr. 2018, n° 407346. ♦ Il résulte des art. 6, § 1er, CEDH, ensemble l'art. 38 du Décr. du 19 déc. 1991 [devenu art. 43 du Décr. n° 2020-1717 du 28 déc. 2020], dans sa rédaction issue du Décr. n° 2016-1876 du 27 déc. 2016, que le délai d'exercice du recours pour lequel l'aide juridictionnelle a été accordée ne court qu'à compter de la date à laquelle la désignation initiale, par le bâtonnier, de l'avocat chargé de prêter son concours au bénéficiaire de l'aide juridictionnelle a été portée à la connaissance de celui-ci par une notification permettant d'attester la date de réception. • Civ. 2e, 27 févr. 2020, n° 18-26.239 P : *préc. note 13.*

15. Délais pour conclure. Il résulte des art. 25 de la L. du 10 juill. 1991 et 38-1 du Décr. du 19 déc. 1991, ensemble l'art. 6, § 1er, Conv. EDH que le bénéficiaire de l'aide juridictionnelle a droit à l'assistance d'un avocat et les délais impartis pour conclure courent à compter de la date à laquelle la décision d'admission ou de rejet de la demande est devenue définitive. • Civ. 3e, 3 déc. 2014, n° 13-25.330 : *D. actu. 12 janv. 2015, obs. Mélin ; D. 2014. Actu. 2531 ; ibid. 2015. Pan. 290, obs. Fricero ; D. avocats 2015. 11, obs. Dargent ; AJDI 2015. 215, obs. Porcheron .*

C. AUTRES EFFETS

16. Suspension du délai. Lorsque, dans une procédure prud'homale soumise à la règle de l'unicité de l'instance, une partie demande, dans le délai de deux ans prévu par l'art. 386 C. pr. civ., l'aide juridictionnelle pour accomplir la diligence mise à sa charge par la juridiction, le délai de péremption ne court plus tant qu'il n'a pas été définitivement statué sur cette demande. • Soc. 28 janv. 2009, n° 07-42.287 P : *D. 2009. 1576,* *note Lefort ; ibid. 2010. 169, obs. Fricero ; JCP 2009. 82, note Dauxerre ; ibid. 142, n° 1, obs. Jeuland ; Procédures 2009, n° 108, note Perrot.*

17. Conservation du délai. La demande d'aide juridictionnelle déposée avant l'expiration du délai de recours contentieux devant la Commission de recours des réfugiés a pour effet de conserver celui-ci. • CE 26 nov. 2008, n° 283158.

Art. 44 I. — En matière civile, lorsqu'une demande d'aide juridictionnelle en vue de se pourvoir devant la Cour de cassation ou de former une demande de réexamen devant la cour mentionnée à l'article L. 452-3 du code de l'organisation judiciaire est déposée ou adressée au bureau d'aide juridictionnelle établi près la Cour de cassation avant l'expiration du délai imparti pour le dépôt du pourvoi, de la demande de réexamen ou des mémoires, ce délai est interrompu. Un nouveau délai de recours court à compter de la notification de la décision du bureau d'aide juridictionnelle ou, si elle est plus tardive, de la date à laquelle un auxiliaire de justice a été désigné.

Ce nouveau délai est interrompu lorsque l'intéressé forme régulièrement contre la décision du bureau d'aide juridictionnelle le recours prévu à l'article 23 de la loi *[n° 91-647]* du 10 juillet 1991 susvisée. Le délai alors imparti pour le dépôt du pourvoi, de la demande de réexamen ou des mémoires court à compter de la notification de la décision prise sur le recours ou, si la décision déférée, prise sur le seul fondement des articles 4 et 5 de la loi *[n° 91-647]* du 10 juillet 1991 susvisée, a été réformée et que la demande d'aide a été renvoyée au bureau en vue d'une appréciation du caractère sérieux des moyens, à compter de la notification de la décision du bureau. Toutefois, en cas d'admission à l'aide, le délai court à compter de la date à laquelle un auxiliaire de justice a été désigné si cette date est plus tardive que celle de la notification de la décision. — *V. L. n° 91-647 du 10 juill. 1991, art. 4, 5 et 23, App., v° Aide juridique.*

Par dérogation aux premier et troisième alinéas, le délai imparti pour le dépôt du pourvoi en cassation, de la demande de réexamen ou des mémoires n'est pas interrompu lorsque, à la suite du rejet de sa demande d'aide juridictionnelle, le demandeur présente une nouvelle demande ayant le même objet que la précédente.

II. — Les délais de recours sont interrompus dans les conditions prévues au I lorsque l'aide juridictionnelle est sollicitée à l'occasion d'une instance devant le Conseil d'État, une cour administrative d'appel ou une juridiction administrative spécialisée statuant en premier et dernier ressort ou en appel à charge de recours en cassation devant le Conseil d'État. — *[Comp. Décr. n° 91-1266 du 19 déc. 1991, art. 39.]*

1. Application à l'action civile exercée au pénal. L'interruption du délai pour agir en justice vaut pour l'action civile exercée devant une juridiction pénale. • TI Aix-en-Provence, 8 févr. 1980 : *JCP 1981. II. 19510, note J. A.*

2. Délais interrompus ou non. V. ss. art. 38 du présent décret.

I. CONDITIONS

3. Demandeur. L'effet interruptif ne peut s'attacher à une demande d'aide juridictionnelle formée par une personne sans qualité (en l'espèce, une société commerciale, c'est-à-dire une personne morale à but lucratif) pour la solliciter et formellement exclue des prévisions de la loi. • Civ. 1re, 16 déc. 1981, n° 80-12.732 P.

4. Bureau d'aide juridictionnelle compétent. Seule la demande d'aide juridictionnelle en vue de se pourvoir en matière civile devant la Cour de cassation adressée au bureau d'aide juridictionnelle établi près cette juridiction interrompt le délai imparti pour le dépôt du pourvoi ou des mémoires. Un tel effet interruptif n'est attaché ni au dépôt de la demande devant un autre bureau d'aide juridictionnelle, ni à la transmission de la demande par celui-ci au bureau de la Cour de cassation. • Soc. 3 mai 2016, n° 14-16.533. ♦ *Contra*, il résulte de la combinaison des art. 32 et 39 du Décr. n° 91-1266 du 19 déc. 1991 que les demandes d'aide juridictionnelle en vue de se pourvoir devant une juridiction administrative interrompent le délai de recours contentieux à compter de la date à laquelle elles sont adressées à un bureau d'aide juridictionnelle, même lorsque ce bureau n'est pas compétent pour y statuer. • CE 16 oct. 2012, n° 353255.

5. Délai. Si la demande d'aide judiciaire interrompt le délai imparti pour le dépôt du pourvoi en cassation, c'est à la condition qu'elle ait été adressée au bureau d'aide judiciaire établi près la Cour de cassation avant l'expiration de ce délai. • Com. 15 mars 1988, n° 86-15.140 P. ♦ Est recevable le pourvoi en cassation de requérants ayant sollicité le bénéfice de l'aide juridictionnelle avant l'expiration du délai de deux mois dont ils disposaient, en application de l'art. R. 821-1 CJA, le pourvoi, qui était motivé, ayant été enregistré moins de deux mois après la notification de la décision du bureau d'aide juridictionnelle. • CE 15 juin 2009 : *Gaz. Pal. 2010. Somm. 3854 ; ibid. 22 déc. 2009, p. 23, note Graveleau.* ♦ La demande d'aide juridictionnelle ne produit pas d'effet interruptif si elle est présentée après l'expiration du délai pour former un recours en cassation. • Civ. 1re, 14 avr. 2010, n° 09-12.417 : *Procédures 2010, n° 217, note Perrot.*

6. Office du juge. L'irrégularité tenant à ce qu'une décision juridictionnelle a été rendue en méconnaissance de l'obligation de surseoir à statuer qui s'impose à toute juridiction lorsque a été présentée une demande d'aide juridictionnelle, que la demande ait été présentée directement devant le bureau d'aide juridictionnelle ou bien devant la juridiction saisie, doit être soulevée d'office par la juridiction qui est saisie de cette décision. • CE 1er juill. 2020, n° 426203 : *AJDA 2020. 1381*.

II. EFFETS

A. INTERRUPTION DES DÉLAIS

7. Fraude à la loi. Lorsqu'une demande d'aide juridictionnelle en vue de se pourvoir en matière civile est adressée au bureau d'aide juridictionnelle établi près la Cour de cassation avant l'expiration du délai imparti pour le délai du dépôt des mémoires, ce délai est interrompu. Est encourue la déchéance du pourvoi dès lors qu'il est établi que la demande d'aide n'a été formée que dans le but d'éviter la déchéance du pourvoi, cette prolongation artificielle du délai de cinq mois du dépôt et de signification du mémoire ampliatif constituant une fraude à la loi. • Civ. 1re, 17 nov. 1999, n° 97-18.108 P : *D. 1999. IR 275* ; *JCP 1999. II. 10224, note Chartier.*

8. Indifférence d'une seconde demande. Une seconde demande d'aide juridictionnelle n'a pu avoir pour effet d'interrompre une nouvelle fois le délai de pourvoi qui avait recommencé à courir à compter de la notification de la décision de rejet sur recours de la première demande. • Civ. 2e, 14 oct. 2010, n° 09-15.306 : *Procédures 2010, n° 394, note Perrot* • Civ. 1re, 8 sept. 2011, n° 10-17.907 P • Soc. 13 févr. 2013, n° 11-27.034. ♦ Une demande d'aide juridictionnelle, formée à la suite du rejet d'une première demande d'aide pour absence de moyen sérieux en cassation par une décision sur recours, n'a pas pour effet d'interrompre une nouvelle fois le délai de quatre mois à compter du pourvoi, prévu à peine de déchéance par l'art. 978 C. pr. civ. pour le dépôt et la notification à l'avocat constitué en défense du mémoire en demande. • Civ. 2e, 3 avr. 2014, *n° 12-19.152 : D. avocats 2014. 172*.

B. BÉNÉFICIAIRE

9. Demandeur de l'aide juridictionnelle. L'interruption du délai de pourvoi qui résulte de la demande d'aide juridictionnelle ne profite qu'à celui qui l'a formée. • Com. 11 juill. 2006, n° 05-13.047 P (pas d'interruption pour le liquidateur judiciaire d'une personne ayant fait une demande d'aide juridictionnelle à titre personnel) • Com. 30 janv. 2007 : *Procédures 2007, n° 74, note Perrot.*

C. NOUVEAU DÉLAI

10. Point de départ du délai. Notification au demandeur. Il résulte de l'art. 39 du Décr. du 19 déc. 1991 que, lorsque l'aide juridictionnelle a été sollicitée à l'occasion d'une instance devant le Conseil d'État ou une juridiction administrative statuant à charge de recours devant celui-ci avant l'expiration du délai imparti pour le dépôt du pourvoi ou des mémoires, ce délai est interrompu et qu'un nouveau délai court à compter du jour de la réception par l'intéressé de la notification de la décision du bureau d'aide juridictionnelle ou, si elle est plus tardive, de la date à laquelle un auxiliaire de justice a été désigné. • CE 29 avr. 2013, n° 357122 : *JCP 2013. 1087, obs. G'Sell* • 24 sept. 2010, n° 338579. ♦ Un nouveau délai court pour le dépôt du mémoire à compter du jour de la réception par l'intéressé de la notification de la décision du bureau d'aide judiciaire. • Soc. 12 mars 1980, n° 77-41.572 P.

11. Indifférence du pourvoi formé avant la notification. La formation d'un premier pourvoi pendant l'interruption du délai provoquée par la demande d'aide judiciaire n'interdit pas de former un nouveau pourvoi dans le délai qui a recommencé à courir le jour de la réception, par le demandeur, de la notification de la décision lui accordant l'aide judiciaire. • Soc. 4 févr. 1988, n° 85-42.229 : *D. 1989. Somm. 272, obs. Julien.*

D. IRRECEVABILITÉ IMMÉDIATE

12. A compter de la notification au requérant de la décision du bureau d'aide juridictionnelle rejetant sa demande d'aide juridictionnelle ou, en cas de recours contre cette décision, de la décision confirmant ce rejet, le juge d'appel peut rejeter sans délai une requête d'appel entachée d'une irrecevabilité tenant au défaut de ministère d'avocat, dès lors que la notification du jugement contesté a fait mention de l'obligation de ce ministère. • CE 29 sept. 2014, n° 374256 : *JCP 2014. 1053, obs. Langelier.*

III. RECOURS

13. Effet interruptif. Contrairement à ce qui prévalait avant l'intervention du Décr. du 14 juin 2001, qui a modifié sur ce point l'art. 39 du Décr. du 19 déc. 1991 pris pour l'application de la L. n° 91-647 du 10 juill. 1991, le délai de recours contentieux est interrompu tout aussi bien par la demande d'aide juridictionnelle que par un recours régulièrement exercé contre la décision du bureau d'aide juridictionnelle refusant l'octroi de l'aide. • CE 22 mars 2006, n° 278974. ♦ Lorsqu'une demande d'aide juridictionnelle, déposée avant l'expiration du délai pour former un pourvoi, est rejetée pour non-production de pièces, le pourvoi est recevable dès lors qu'à la suite d'une demande de nouvelle délibération adressée dans le délai légal, avec les pièces nécessaires, le bureau d'aide juridictionnelle a rapporté la décision de rejet initiale, privant ainsi de support la notification de celle-ci et restituant son plein effet interruptif de délai à la demande d'aide juridictionnelle initiale. • Civ. 3e, 17 avr. 1996, n° 94-10.099 P. ♦ Le recours régulièrement formé contre le refus proroge de nouveau le délai pour se pourvoir en cassation et permet la régularisation d'un pourvoi sommaire qui ne comportait l'exposé d'aucun fait ni moyen en méconnaissance de l'art. R. 411-1 CJA. • CE 2 mars 2011, n° 322818 : *AJDA 2011. 478*.

14. Alignement des délais de recours. Il résulte de la combinaison des dispositions des art. R. 523-1 et R. 441-1 CJA et des art. 23 de la L. n° 91-647 du 10 juill. 1991 et 39 du Décr. du 19 déc. 1991 que, lorsque l'aide juridictionnelle est refusée au requérant qui en a demandé le bénéfice pour se pourvoir en cassation contre une ordonnance du juge des référés, le délai de quinze jours imparti à l'intéressé se trouve prorogé jusqu'à l'expiration du mois dont il dispose pour contester la décision qui lui a refusé le bénéfice de l'aide juridictionnelle. Ce délai est interrompu lorsque, dans ce mois, l'intéressé présente une demande de nouvelle délibération ou forme un recours contre la décision de refus d'aide juridictionnelle. • CE 28 déc. 2005, n° 274401 B.

Art. 45 La demande de remboursement prévue au dernier alinéa de l'article 7 de la loi *[n° 91-647]* du 10 juillet 1991 susvisée dans le cas où le juge fait droit à l'action intentée par une personne à laquelle l'aide avait été refusée est déposée ou adressée au bureau ou à la section du bureau d'aide juridictionnelle qui a rejeté la demande initiale. — *V. L. n° 91-647 du 10 juill. 1991, art. 7, App., v° Aide juridique.*

Elle contient les indications suivantes :

1° Nom et adresse de l'avocat et des officiers publics ou ministériels qui ont prêté leur concours au demandeur ;

2° Copie de la décision de justice ayant fait droit à l'action ;

3° Justificatifs des frais, dépens et honoraires exposés par le demandeur ainsi que les justificatifs de leur règlement.

Le bureau ou la section de bureau prononce l'admission à l'aide juridictionnelle totale ou partielle en fonction des ressources dont bénéficiait l'intéressé au jour de sa demande initiale.

Le dossier est transmis au greffier ou au secrétaire de la juridiction qui a rendu la décision. L'ordonnateur compétent ou son délégataire procède à la liquidation et à l'ordonnancement des sommes dues qui sont réglées par le comptable de la direction générale des finances publiques. — *[Décr. n° 91-1266 du 19 déc. 1991, art. 70.]*

SECTION II *Instruction des demandes*

Art. 46 Si le demandeur n'a pas produit l'ensemble des pièces mentionnées dans les listes fixées par arrêté en application *(Décr. n° 2021-810 du 24 juin 2021, art. 3-II-1°, en vigueur le 1er janv. 2022)* « de l'article 37 *[ancienne rédaction : des articles 37 et 39]* », le bureau ou la section du bureau lui enjoint de fournir, dans un délai d'un mois à compter de la réception de la demande qui lui est faite, tout document mentionné dans ces listes, même en original. Il peut lui demander de fournir dans le même délai tout renseignement de nature à justifier qu'il satisfait aux conditions exigées pour bénéficier de l'aide.

A défaut de production dans ce délai, la demande d'aide est caduque.

La caducité de la demande d'aide est constatée par une décision qui n'est pas susceptible de recours. Cette décision peut être prise par le président ou le vice-président du bureau ou de la section.

[Jurisprudence rendue sous l'empire de l'art. 42 du Décr. du 19 déc. 1991]

I. JUSTIFICATIFS

1. A défaut de production spontanée. En ce qui concerne les conditions de ressources, les bureaux d'aide juridictionnelle peuvent, à défaut de justificatifs, en application de l'art. 42 du Décr. du 19 déc. 1991, recueillir tous renseignements ou demander aux requérants de fournir tous éléments de nature à justifier de leurs moyens de subsistance et satisfaire aux conditions exigées pour bénéficier de l'aide juridictionnelle. * Rép. min. n° 17501 : *JO débats Sénat, Questions, 6 oct. 2011 ; Rev. crit. DIP 2011. 1045. 1.*

2. A défaut de protection juridique. Si le demandeur de l'aide juridictionnelle déclare qu'il ne dispose pas d'un contrat d'assurance de protection juridique ou d'un autre système de protection couvrant la rémunération des auxiliaires de justice et les frais afférents au différend pour lequel le bénéfice de l'aide est demandé, il n'a pas à fournir au bureau d'aide juridictionnelle l'attestation, prévue à l'art. 34, de non-prise en charge délivrée, selon le cas, par l'employeur ou l'assureur et le bureau ne peut, dans ce cas, solliciter la production d'une telle attestation à peine de caducité de la demande. En revanche, il demeure loisible au bureau d'aide juridictionnelle, sur le fondement de l'art. 42, de recueillir les seuls renseignements permettant d'établir de façon certaine l'absence de tout mécanisme de garantie pouvant assurer la prise en charge des frais de procédure. • CE 28 déc. 2017, n° 408400.

3. Protection juridique. En cas de protection juridique, si le demandeur de l'aide juridictionnelle déclare disposer d'un contrat d'assurance de protection juridique ou d'un autre système de protection, il appartient, le cas échéant, à l'assureur du demandeur d'attester sur le formulaire Cerfa n° 15173, qu'il ne prend pas en charge le litige ou le différend mentionné par le demandeur ; que le formulaire précise qu'il doit être joint à la demande d'aide juridictionnelle ; que l'assureur est informé, par cette mention, que l'attestation qu'il produit est destinée à garantir le respect du principe de subsidiarité de l'aide juridictionnelle énoncé à l'art. 2 de la L. du 10 juill. 1991. • CE 28 déc. 2017, n° 408400 : *préc. note 3.*

II. CADUCITÉ

4. Causes exhaustives. La caducité de la demande d'admission à l'aide juridictionnelle, prévue par l'art. 42 du Décr. du 19 déc. 1991, ne peut être constatée par le bureau d'aide juridictionnelle que dans le cas où le demandeur a omis de communiquer à ce bureau, dans le délai qui lui a été imparti, un des documents mentionnés à l'art. 34 du même décret ou les seuls renseignements qui sont nécessaires pour justifier qu'il satisfait aux conditions exigées pour bénéficier de l'aide juridictionnelle et qui lui ont été demandés. • CE 28 déc. 2017, n° 408400 : *préc. note 3.*

5. Absence de recours. Il résulte de l'art. 42, al. 2 et 3, que la décision du bureau d'aide juridictionnelle constatant la caducité de la demande faute d'avoir fourni les renseignements et pièces nécessaires à l'instruction du dossier n'est pas susceptible de recours. • Cass., ord., 22 mai 2009, n° 1492/2009 P. ♦ En revanche, si à la différence d'une décision de rejet d'une demande d'aide juridictionnelle, elle n'est pas susceptible de recours, elle ne fait pas obstacle à ce qu'une nouvelle demande soit immédiatement et utilement présentée. • CE 28 déc. 2017, n° 408400 : *préc. note 3.*

Art. 47 Le bureau peut recueillir ou faire recueillir tous renseignements utiles pour apprécier l'éligibilité à l'aide juridictionnelle et à l'aide à l'intervention de l'avocat et faire procéder à toutes auditions.

Il peut entendre ou faire entendre les intéressés.

Le président ou, le cas échéant, le vice-président du bureau dispose également des pouvoirs prévus au présent article. — *[Comp. Décr. n° 91-1266 du 19 déc. 1991, art. 42.]*

Art. 48 Lorsque l'aide a été précédemment accordée au demandeur par un autre bureau pour la même affaire, le bureau saisi en second demande au premier la copie de la décision d'admission et des éléments du dossier.

Art. 49 Lorsque la demande d'aide juridictionnelle est adressée par voie dématérialisée au moyen de l'application informatique mentionnée à l'article 38, un accusé d'enregistrement électronique avise automatiquement le demandeur de la mise à disposition de l'accusé de réception de sa demande.

Le cas échéant, cet accusé de réception indique au demandeur les pièces mentionnées dans *(Décr. n° 2021-810 du 24 juin 2021, art. 3-III-1°, en vigueur le 1er janv. 2022)* « la liste fixée par l'arrêté prévu à l'article 37 *[ancienne rédaction : les listes fixées par les arrêtés prévus aux articles 37 et 39]* » qu'il n'a pas fournies et l'invite à les transmettre dans le délai d'un mois. En l'absence de transmission de ces pièces dans ce délai, la demande est caduque. La caducité est constatée dans les conditions prévues au troisième alinéa de l'article 46.

Le bureau adresse par le moyen de l'application toutes les communications et notifications prévues par le présent décret.

Chaque communication ou notification est accompagnée d'un avis de mise à disposition adressé au destinataire à l'adresse électronique choisie par lui. *(Abrogé par Décr. n° 2021-810 du 24 juin 2021, art. 3-III-2°, à compter du 1er juill. 2021)* ***« Cet avis indique la date et l'heure de la communication ou de la mise à disposition du document. »*** Dans ce cas, le demandeur ou son mandataire est réputé avoir reçu la communication ou la notification à la date de première consultation du document ou, à défaut de consultation dans un délai de huit jours à compter de la date de mise à disposition du document dans l'application, à l'issue de ce délai. — *V. art. 166 du présent décret.*

Art. 50 En matière d'aide juridictionnelle, pour apprécier le caractère manifestement irrecevable, dénué de fondement ou abusif de l'action, les bureaux d'aide juridictionnelle ne sont pas liés par la qualification juridique des faits qui font l'objet de l'instance, ou avant l'introduction de l'instance des faits qui font l'objet des pourparlers transactionnels ou des procédures participatives, ni par celle de l'acte conservatoire ou de la procédure d'exécution, telle qu'elle est mentionnée dans la demande.

L'absence, de la part du demandeur, d'indications sur cette qualification ou sur la juridiction compétente ou susceptible de l'être ne fait pas obstacle à l'admission à l'aide juridictionnelle. – *[Comp. Décr. n° 91-1266 du 19 déc. 1991, art. 49.]*

Art. 51 I. – En cas de demande d'aide juridictionnelle formée en cours d'instance, le secrétaire du bureau d'aide juridictionnelle ou de la section du bureau en avise le président de la juridiction saisie.

Dans le cas où la demande est faite en vue d'exercer une voie de recours, l'avis est adressé au président de la juridiction devant laquelle le recours doit être porté.

Le greffier ou le secrétaire de la juridiction saisie classe sans délai, dans tous les cas, au dossier de procédure, l'avis transmis par le bureau ou la section.

II. – Sans préjudice de l'application des dispositions relatives à l'admission provisoire, la juridiction avisée du dépôt d'une demande d'aide juridictionnelle sursoit à statuer dans l'attente de la décision relative à cette demande.

Il en est de même lorsqu'elle est saisie d'une telle demande, qu'elle transmet sans délai au bureau d'aide juridictionnelle compétent.

Les dispositions des alinéas précédents ne sont pas applicables en cas d'irrecevabilité manifeste de l'action du demandeur, insusceptible d'être couverte en cours d'instance. – *[Comp. Décr. n° 91-1266 du 19 déc. 1991, art. 43 et 43-1.]*

1. Sursis à statuer. V. notes 15 s. ss. L. du 10 juill. 1991, art. 25, App., v° *Aide juridique*. ♦ Il résulte du 1er al. de l'art. 43-1 du Décr. du 19 déc. 1991 et du droit constitutionnellement garanti à toute personne à un recours effectif devant une juridiction que, lorsqu'un requérant a formé une demande d'aide juridictionnelle, l'obligation de surseoir à statuer s'impose à la juridiction, que cette dernière ait ou non été avisée de cette demande dans les conditions fixées par le Décr. du 19 déc. 1991. • CE 26 juin 2015, n° 384722.

2. Exception. Irrecevabilité manifeste de l'action. En vertu de l'art. 43-1 du Décr. du 19 déc. 1991, en cas de dépôt d'une demande d'aide juridictionnelle, si le juge ne peut statuer avant qu'une décision définitive ait été prise sur cette demande, il en va autrement en cas d'irrecevabilité manifeste de l'action du demandeur à l'aide juridictionnelle, non susceptible d'être couverte en cours d'instance. Le jugement par lequel le juge a statué sur le recours formé contre la décision d'orientation de la commission de surendettement étant rendu en dernier ressort en application de l'art. R. 331-9-2, II, C. consom. alors applicable, il en résulte que, l'appel se heurtant à une irrecevabilité manifeste, insusceptible d'être couverte, l'arrêt qui le déclare irrecevable, sans attendre qu'une décision définitive ait été prise sur la demande d'aide juridictionnelle formée par l'appelant, se trouve légalement justifié. • Civ. 2e, 6 juin 2019, n° 18-12.755 P : *D. actu. 27 juin 2019, obs. Payan ; D. 2019. Actu. 1222 ; Gaz. Pal. 1er oct. 2019, p. 34, note Mouial-Bassilana ; LPA 28 août 2019, p. 10, note Richevaux* • CE 5 juill. 2004, n° 245216 • 6 mai 2009, n° 322713 : *JCP 2009. 272, obs. Rouault ; ibid. 601, obs. Mathieu et Verpeaux ; Gaz. Pal. 2010. Jurisp. 3853* • 24 oct. 2013, n° 363973 • 11 oct. 2017, n° 399162 • 17 mai 2019, n° 417776.

SECTION III *Décisions des bureaux*

Art. 52 Les bureaux d'aide juridictionnelle ou les sections de bureaux ne peuvent valablement siéger que si le président et deux membres au moins sont présents. Le nombre des membres est porté à trois pour les bureaux établis près le Conseil d'État et la Cour de cassation.

Le secrétaire assiste aux séances.

Le ministère public peut être représenté aux séances. – *[Décr. n° 91-1266 du 19 déc. 1991, art. 44 à 46.]*

Art. 53 Les décisions des bureaux d'aide juridictionnelle ou de leurs sections sont prises à la majorité des voix des membres présents. En cas de partage égal des voix, celle du président est prépondérante.

Toutefois, en matière d'aide juridictionnelle lorsque les demandes ne présentent pas de difficulté sérieuse et en matière d'aide à l'intervention de l'avocat, la décision peut être prononcée par le président du bureau d'aide juridictionnelle ou, sur sa délégation, par le vice-président de ce bureau.

En cassation, les décisions mentionnées au premier alinéa sont prises après présentation et examen d'un rapport sur l'existence ou l'absence d'un moyen de cassation sérieux. – *[Comp. Décr. n° 91-1266 du 19 déc. 1991, art. 47.]*

Art. 54 La décision est signée par le président du bureau d'aide juridictionnelle, ou, sur sa délégation, par le vice-président de ce bureau. — *[Comp. Décr. n° 91-1266 du 19 déc. 1991, art. 132-12.]*

Art. 55 I. — Les décisions concernant l'aide juridictionnelle et les aides à l'intervention de l'avocat qui relèvent *(Décr. n° 2021-810 du 24 juin 2021, art. 4, en vigueur le 1er juill. 2021)* « du deuxième alinéa de l'article 11-1 et des 1° et 4° de l'article 11-2 » de la loi *[n° 91-647]* du 10 juillet 1991 susvisée mentionnent : — *V. L. n° 91-647 du 10 juill. 1991, art. 64, 64-1-2, 64-2 et 64-5, App., v° Aide juridique.*

1° Le montant des ressources retenues ainsi que, le cas échéant, les correctifs liés à la composition du foyer fiscal et tous autres éléments pris en considération ;

2° L'admission à l'aide juridictionnelle totale ou partielle, l'admission à l'aide à l'intervention de l'avocat, ou le rejet de la demande.

II. — En cas d'admission à l'aide juridictionnelle totale ou partielle ou à l'aide à l'intervention de l'avocat, les décisions indiquent également :

1° La nature des procédures, des actes ou, pour les procédures se déroulant avant l'introduction de l'instance, l'objet des pourparlers transactionnels ou de la procédure participative en vue ou à l'occasion desquels l'aide juridictionnelle est accordée ainsi que, le cas échéant, le moment de l'instance à compter duquel ou jusqu'auquel le demandeur en bénéficiera ;

2° Dans le cas où plusieurs professions sont habilitées à représenter le bénéficiaire de l'aide, le cas échéant, celle de ces professions au sein de laquelle est choisi le représentant ;

3° Si l'aide juridictionnelle est accordée en vue d'une instance devant la cour d'assises, la cour d'appel ou une juridiction administrative autre que le Conseil d'État, le cas échéant, le barreau auquel appartient l'avocat qui doit être désigné ;

4° S'il y a lieu, l'identité et les coordonnées de l'avocat et des officiers publics ou ministériels qui prêtaient leur concours au demandeur avant l'admission ou qui ont accepté de le lui prêter au titre de l'aide juridictionnelle ou de l'aide à l'intervention de l'avocat ainsi que le montant des honoraires, émoluments ou provisions déjà versés et qui doivent être imputés sur le montant de la rétribution ;

5° S'il y a lieu, l'identité et les coordonnées de l'avocat et des officiers publics ou ministériels désignés dans les conditions prévues aux articles 76 et 77 ;

6° Si l'aide juridictionnelle est accordée en vue d'une instance, la mention que son bénéfice reste acquis si une transaction intervient avant que celle-ci soit introduite ;

7° Le plafond de remboursement des frais, émoluments et honoraires couverts par un contrat d'assurance de protection juridique ou par un autre système de protection lorsque ce plafond est inférieur à la contribution de l'État à la rétribution de l'avocat ou des officiers publics ou ministériels.

III. — En cas d'admission à l'aide juridictionnelle partielle, les décisions précisent, en outre, le montant de la part contributive de l'État.

IV. — En cas de rejet de la demande, la décision énonce les motifs du rejet. En matière de cassation, les motifs peuvent se limiter à l'indication de l'absence de moyen de cassation sérieux ; dans ce cas, le 1° du I n'est pas applicable.

V. — La décision comporte, le cas échéant, la mention que l'aide juridictionnelle a été antérieurement accordée avant l'introduction de l'instance pour le même différend et précise en outre le nom de l'avocat qui est intervenu à ce titre ainsi que le montant de l'indemnisation qui lui a été allouée lorsque celui-ci est déjà fixé :

1° S'il s'agit de pourparlers transactionnels ou d'une procédure participative ayant échoué ou n'ayant pas abouti à un accord total ;

2° S'il s'agit d'une procédure de divorce par consentement mutuel prévu à l'article 229-1 du code civil qui n'a pas abouti. — *[Comp. Décr. n° 91-1266 du 19 déc. 1991, art. 48 et 132-13.]*

Art. 56 La décision du bureau, de la section du bureau ou de leur président est notifiée à l'intéressé par le secrétaire du bureau ou de la section du bureau par lettre simple en cas d'admission à l'aide juridictionnelle totale, et au moyen de tout dispositif permettant d'attester la date de réception dans les autres cas.

La notification de la décision refusant l'aide juridictionnelle, ne l'accordant que partiellement ou retirant le bénéfice de cette aide indique les modalités selon lesquelles l'intéressé peut former un recours contre cette décision.

Dans le cas où la décision prononce l'admission à l'aide, la notification reproduit, outre les dispositions des articles 42 et 50 à 52 de la loi *[n° 91-647]* du 10 juillet 1991 susvisée, celles des articles 43 ou 44, selon le cas, et de l'article 59 du présent décret. — *V. L. n° 91-647 du 10 juill. 1991, art. 42 et 50 à 52, App., v° Aide juridique.*

La notification de la décision du bureau comporte l'indication qu'en cas d'échec, même partiel, des pourparlers transactionnels ou de la procédure participative pour lesquels l'aide juridictionnelle a été accordée, aucune nouvelle demande d'aide ne pourra être formée à l'un de ces titres avant l'introduction de l'instance à raison du même différend.

La décision peut également être notifiée au moyen de l'application informatique dédiée mentionnée à l'article 38. – *[Comp. Décr. n° 91-1266 du 19 déc. 1991, art. 50 et 132-14.] – V. art. 166 du présent décret.*

Effet de la notification. La décision de rejet du recours contre une décision du bureau d'aide juridictionnelle, prononcée sans débat à une date qu'aucune disposition n'impose de porter préalablement à la connaissance de l'auteur du recours, ne peut être opposée à celui-ci qu'au jour où elle est portée à sa connaissance par sa notification prévue par les art. 50 et 60 du Décr. du 19 déc. 1991 (violation des art. 38-1, 50 et 60 du Décr. du 19 déc. 1991, et 6, § 1er, Conv. EDH). • Civ. 2e, 28 juin 2018, ☎ n° 17-16.578 P : *D. actu. 18 juill. 2018, obs. Deharo ; JCP 2018. 1023, n° 17, obs. G'Sell.*

Art. 57 Les décisions du bureau, de la section du bureau ou de leur président prononçant l'admission provisoire ou définitive à l'aide juridictionnelle ou à l'aide à l'intervention de l'avocat, le rejet ou la caducité de la demande, le retrait de l'aide, ou l'incompétence du bureau sont notifiées sans délai par le secrétaire :

1° A l'avocat et aux officiers publics ou ministériels désignés pour prêter leur concours aux bénéficiaires ou, selon le cas, au bâtonnier ou au président de l'organisme chargé de les désigner ;

2° A la caisse des règlements pécuniaires des avocats lorsqu'un avocat est désigné ou choisi ;

3° Lorsque l'aide accordée concerne une instance en cours, au greffier ou au secrétaire de la juridiction compétente, qui classe sans délai, au dossier de procédure, la décision transmise par le bureau ou la section ;

4° Lorsque l'aide juridictionnelle est accordée en vue d'un divorce par consentement mutuel régi par l'article 229-1 du code civil, ou, avant l'introduction de l'instance, en vue de parvenir à une transaction ou à un accord dans le cadre d'une procédure participative, au bureau d'aide juridictionnelle de la juridiction susceptible d'être saisie en cas de non-aboutissement de la procédure de divorce, d'échec des pourparlers transactionnels ou de la procédure participative, s'il est différent ;

5° Lorsque l'aide à l'intervention de l'avocat est accordée dans le cadre des situations prévues à l'article 64-2 de la loi *[n° 91-647]* du 10 juillet 1991 susvisée, au procureur de la République ; *– V. L. n° 91-647 du 10 juill. 1991, art. 64-2, App., v° Aide juridique.*

6° Lorsque l'aide juridictionnelle est accordée à un étranger devant la commission du titre de séjour ou devant la commission d'expulsion, au président de la commission ;

7° Lorsque l'aide juridictionnelle est accordée dans un litige transfrontalier mentionné à l'article 3-1 de la loi *[n° 91-647]* du 10 juillet 1991 susvisée, à l'autorité réceptrice et expéditrice désignée par la France conformément à l'article 14 de la directive 2003/8/CE du Conseil du 27 janvier 2003 visant à améliorer l'accès à la justice dans les affaires transfrontalières par l'établissement de règles minimales communes relatives à l'aide judiciaire accordée dans le cadre de telles affaires. – *[Comp. Décr. n° 91-1266 du 19 déc. 1991, art. 51 et 132-14.] – V. L. n° 91-647 du 10 juill. 1991, art. 3-1, App., v° Aide juridique. – Pour l'application à Mayotte, V. art. 154 du présent décret ; ... en Polynésie française, V. art. 169 du présent décret.*

Art. 58 Outre les personnes ou organismes auxquels elles sont notifiées en vertu des articles 56 et 57, les décisions des bureaux, de leurs sections ou de leur président peuvent être communiquées aux autorités habilitées à exercer un recours. – *[Comp. Décr. n° 91-1266 du 19 déc. 1991, art. 52.]*

Art. 59 La décision d'admission à l'aide juridictionnelle est caduque si, dans l'année de sa notification, la juridiction n'a pas été saisie de l'instance en vue de laquelle l'admission a été prononcée.

Par dérogation au premier alinéa, dans le cadre d'une procédure de divorce, la décision d'admission à l'aide juridictionnelle est caduque si, dans les trente mois à compter de sa notification, la convention n'a pas été déposée au rang des minutes d'un notaire ou si l'instance n'a pas été introduite. – *[Comp. Décr. n° 91-1266 du 19 déc. 1991, art. 54.]*

1. Conventionnalité. Ne méconnaît ni l'art. 25 de la L. n° 91-647 du 10 juill. 1991, ni l'art. 6 Conv. EDH, l'art. 54 du Décr. du 19 déc. 1991 [devenu art. 59, al. 1er, du Décr. n° 2020-1717 du 28 déc. 2020] prévoyant que la décision d'admission à l'aide juridictionnelle devient caduque faute de désignation, dans l'année de sa notification, d'un auxiliaire de justice chargé de prêter son concours au bénéficiaire ou en raison de la négligence de cet auxiliaire, car les décisions que le bâtonnier ou le président de l'organisme professionnel peut être amené à prendre dans l'exercice de cette mission peuvent faire l'objet d'un recours devant le juge judiciaire. • CE 28 déc. 2017, n° 406628.

2. Portée de la caducité. La caducité de la décision d'admission à l'aide juridictionnelle lorsque la juridiction n'a pas été saisie dans l'année de sa notification n'a d'effet qu'en ce qui concerne le bénéfice de l'aide juridictionnelle et n'a pas d'incidence sur l'interruption des délais résultant de l'aide juridictionnelle. • Civ. 2e, 7 mai 2003, n° 01-17.693 P : *D. 2003. IR 1476 ; Gaz. Pal. 7-8 avr. 2004, p. 14, obs. du Rusquec* • Toulouse, 13 déc. 2001 : *D. 2002. Somm. 2651, obs. Julien*.

Art. 60 **Les dépositaires publics délivrent gratuitement au bénéficiaire de l'aide les actes et expéditions nécessaires à la procédure ou à la mesure, au vu de la copie certifiée de la décision d'admission.**

Il est statué sur les difficultés nées à l'occasion de cette délivrance par le président de la juridiction pour les actes et expéditions délivrés par son greffe et, dans les autres cas, par le président du tribunal judiciaire.

Ces magistrats sont saisis et statuent sans forme. – *[Comp. Décr. n° 91-1266 du 19 déc. 1991, art. 68 et 69.]*

SECTION IV *L'admission provisoire à l'aide juridictionnelle et à l'aide à l'intervention de l'avocat*

Art. 61 **L'admission provisoire peut être accordée dans une situation d'urgence, notamment lorsque la procédure met en péril les conditions essentielles de vie de l'intéressé ou en cas d'exécution forcée emportant saisie de biens ou expulsion. Elle est accordée de plein droit au demandeur et au défendeur lorsque la procédure concerne la délivrance d'une ordonnance de protection.**

L'admission provisoire est accordée par le président du bureau ou de la section ou le président de la juridiction saisie, soit sur une demande présentée sans forme par l'intéressé, soit d'office si celui-ci a présenté une demande d'aide juridictionnelle ou d'aide à l'intervention de l'avocat sur laquelle il n'a pas encore été statué. – *[Comp. Décr. n° 91-1266 du 19 déc. 1991, art. 31, 41, 62, 132-18 et 132-21.]*

Art. 62 **La décision d'admission provisoire est immédiatement notifiée à l'intéressé, selon le cas, par le secrétaire du bureau ou de la section, ou par le secrétaire ou le greffier de la juridiction.**

Lorsque l'intéressé est présent, la décision peut être notifiée verbalement contre émargement au dossier.

La décision statuant sur la demande d'admission provisoire n'est pas susceptible de recours. – *[Comp. Décr. n° 91-1266 du 19 déc. 1991, art. 63.]*

Art. 63 **S'il y a lieu, la décision d'admission provisoire, accompagnée, le cas échéant, des pièces produites est transmise sans délai au bureau ou à la section du bureau compétent.** – *[Décr. n° 91-1266 du 19 déc. 1991, art. 64.]*

Art. 64 **La décision qui refuse l'aide juridictionnelle après une admission provisoire produit les effets d'une décision de retrait.** – *[Décr. n° 91-1266 du 19 déc. 1991, art. 65.]*

SECTION V *Le retrait de l'aide*

Art. 65 **Pour l'application du** *(Décr. n° 2021-810 du 24 juin 2021, art. 5-1°, en vigueur le 1er juill. 2021)* **« troisième » alinéa de l'article 51 de la loi** *[n° 91-647]* **du 10 juillet 1991 susvisée, le retrait de l'aide juridictionnelle peut être décidé par** *(Décr. n° 2021-810 du 24 juin 2021, art. 5-1°, en vigueur le 1er juill. 2021)* **« le président du bureau » qui a prononcé l'admission, soit d'office, soit à la demande de la juridiction qui a eu à connaître de l'affaire, de tout intéressé ou du ministère public, après avis d'un avocat membre du bureau d'aide juridictionnelle.**

(Décr. n° 2021-810 du 24 juin 2021, art. 5-2°, en vigueur le 1er juill. 2021) **« Toutefois, si le retrait vise une procédure ou une mesure pour laquelle les auxiliaires de justice désignés n'ont pas perçu de rétribution, il est prononcé par le bureau. »**

L'aide juridictionnelle et l'aide à l'intervention de l'avocat peuvent être retirées, même après la fin de la procédure ou de la mesure pour laquelle elles ont été accordées, si leur bénéfice a été obtenu à la suite de déclarations ou au vu de pièces inexactes. – *V. L. n° 91-647 du 10 juill. 1991, art. 51, App., v° Aide juridique.*

Le président et le vice-président disposent des mêmes pouvoirs que pour l'instruction de la demande d'aide.

Lorsque la procédure engagée par le bénéficiaire de l'aide a été jugée dilatoire, abusive ou manifestement irrecevable, le retrait est prononcé par la juridiction saisie qui en avise le bâtonnier et le bureau d'aide juridictionnelle.

Le retrait entraîne l'obligation, pour le bénéficiaire, de rembourser le montant *(Décr. nº 2021-810 du 24 juin 2021, art. 5-3º, en vigueur le 1er juill. 2021)* « des frais exposés par l'État au titre de l'aide juridictionnelle ». — *[Comp. Décr. nº 91-1266 du 19 déc. 1991, art. 71.]*

Art. 66 Avant de prononcer le retrait de l'aide, le bureau d'aide juridictionnelle en informe le bénéficiaire et l'avocat, et leur indique les motifs de ce retrait, par tout moyen donnant date certaine à la réception.

Le bénéficiaire dispose d'un délai d'un mois pour faire valoir ses observations écrites.

Lorsque l'avocat choisi ou désigné n'a pas reçu l'attestation de fin de mission correspondante, il dispose également d'un mois pour présenter des observations écrites par tout moyen permettant d'accuser réception à date certaine. — *[Comp. Décr. nº 91-1266 du 19 déc. 1991, art. 72.]*

Art. 67 Le bureau d'aide juridictionnelle ou la section du bureau communique sa décision au ministère public lorsque la demande de retrait repose sur des déclarations ou la production de pièces inexactes. — *[Comp. Décr. nº 91-1266 du 19 déc. 1991, art. 73.]*

Art. 68 En cas de retrait partiel de l'aide juridictionnelle, la décision indique la proportion du retrait et, s'il y a lieu, le moment de l'instance à compter duquel il s'applique.

La décision de retrait est notifiée dans les conditions prévues aux articles 56 et 57. — *[Décr. nº 91-1266 du 19 déc. 1991, art. 74.]*

SECTION VI *Les recours contre les décisions des bureaux d'aide juridictionnelle*

Art. 69 Le délai du recours prévu au deuxième alinéa de l'article 23 de la loi *[nº 91-647]* du 10 juillet 1991 susvisée est de quinze jours à compter du jour de la notification de la décision à l'intéressé. — *V. L. nº 91-647 du 10 juill. 1991, art. 23, App., vº Aide juridique.*

Le délai du recours ouvert par le troisième alinéa de cet article au ministère public, au garde des sceaux, ministre de la justice, au bâtonnier de l'ordre des avocats dont relève l'avocat choisi ou désigné au titre de l'aide, ou, en l'absence de choix ou de désignation, au bâtonnier de l'ordre des avocats établi près le tribunal saisi ou susceptible d'être saisi, ou au président de l'ordre des avocats au Conseil d'État et à la Cour de cassation est d'un mois à compter du jour de la décision. — *[Comp. Décr. nº 91-1266 du 19 déc. 1991, art. 56.]*

1. Pourvoi. Même admis, le recours contre la décision refusant le bénéfice de l'aide juridictionnelle, qui n'a pas été régulièrement formé, n'a pu avoir pour effet d'interrompre une nouvelle fois le délai de pourvoi qui avait recommencé à courir à compter de la notification de la décision de rejet. • Civ. 2e, 8 mars 2018, nº 16-26.849 P : *D. actu. 23 mars 2018, obs. Kébir ; D. avocats 2018. 130 ; JCP 2018. 588, obs. G'Sell.*

2. Délais francs (non). Eu égard au fait que les recours ouverts par l'art. 23 de la L. du 10 juill. 1991 pour contester les décisions des bureaux d'aide juridictionnelle n'ont pas un caractère juridictionnel et qu'ils concernent, d'ailleurs, également l'octroi de l'aide juridictionnelle devant les juridictions judiciaires, pour lesquelles les art. 640 s. C. pr. civ. prévoient que de tels délais ne sont pas francs, ces délais de recours ne sont pas des délais francs. • CE, avis, 28 juin 2013, nº 363460 : *cité note 2 ss. l'art. 43 du présent décret.*

Art. 70 Devant la Cour nationale du droit d'asile, les délais prévus aux premier et second alinéas de l'article 69 sont respectivement ramenés à huit jours et à quinze jours. — *[Décr. nº 91-1266 du 19 déc. 1991, art. 160.]*

Art. 71 Les recours sont formés par simple déclaration remise ou adressée par lettre recommandée avec demande d'avis de réception au bureau d'aide juridictionnelle qui a rendu la décision contestée.

Les recours qui relèvent de la compétence du président de la cour administrative d'appel ou du président de la section du contentieux du Conseil d'État doivent être transmis directement à l'autorité de recours par voie électronique au moyen de l'application informatique mentionnée à l'article R. 414-1 du code de justice administrative, lorsqu'ils sont présentés par un avocat ou un avocat au Conseil d'État et à la Cour de cassation, et peuvent être transmis directement à l'autorité de recours par voie électronique, au moyen de l'application informatique mentionnée à l'article R. 414-2 du même code, lorsqu'ils sont présentés par une personne physique ou une personne morale de droit privé, autre que celles chargées de la gestion permanente d'un service public, non représentée par un avocat.

A peine de rejet, les recours mentionnés dans le présent article doivent contenir l'exposé des faits et des motifs sur lesquels ils sont fondés et être accompagnés d'une copie de la décision attaquée. – *[Décr. n° 91-1266 du 19 déc. 1991, art. 59.]*

Art. 72 Les décisions des bureaux établis au siège des tribunaux judiciaires ou, le cas échéant, des sections statuant sur les demandes portées ou susceptibles d'être portées devant les juridictions de première instance de l'ordre judiciaire, la cour d'assises ou la cour d'appel, ainsi que les décisions de leur président, sont déférées au premier président de la cour d'appel dans le ressort de laquelle le bureau ou la section est institué.

Les décisions des bureaux établis au siège des tribunaux administratifs ou, le cas échéant, des sections chargées d'examiner les demandes relatives aux affaires portées ou susceptibles d'être portées devant le tribunal administratif et, à l'exception du Conseil d'État, devant les autres juridictions administratives statuant en premier ressort, devant la cour administrative d'appel et les autres juridictions administratives statuant à charge de recours en cassation devant le Conseil d'État, ainsi que les décisions des présidents de ces sections sont déférées au président de la cour administrative d'appel dans le ressort de laquelle le bureau ou la section est institué.

Les décisions du bureau d'aide juridictionnelle établi près la Cour de cassation, ou de son président, sont déférées au premier président de cette cour.

Les décisions du bureau d'aide juridictionnelle établi près le Conseil d'État, ou de son président, sont déférées au président du Tribunal des conflits lorsque la demande concerne ce tribunal ou dans le cas prévu à l'article 15 de la loi *[n° 91-647]* du 10 juillet 1991 susvisée et devant le président de la section du contentieux du Conseil d'État dans les autres cas. – *V. L. n° 91-647 du 10 juill. 1991, art. 15, App., v° Aide juridique.*

Les décisions du bureau d'aide juridictionnelle établi près la Cour nationale du droit d'asile, ou de son président, sont déférées au président de cette juridiction. – *[Comp. Décr. n° 91-1266 du 19 déc. 1991, art. 57.]*

Art. 73 Les recours prévus au troisième alinéa de l'article 23 de la loi *[n° 91-647]* du 10 juillet 1991 susvisée sont exercés : – *V. L. n° 91-647 du 10 juill. 1991, art. 23, App., v° Aide juridique.*

1° Lorsque la décision du bureau, de la section du bureau ou de leur président est relative à une affaire portée ou susceptible d'être portée devant une juridiction du premier degré de l'ordre judiciaire ou une cour d'assises, par le procureur de la République près le tribunal judiciaire auprès duquel le bureau est institué, par le bâtonnier de l'ordre des avocats dont relève l'avocat choisi ou désigné au titre de l'aide ou, en l'absence de choix ou de désignation, par le bâtonnier de l'ordre des avocats établi près ce tribunal ;

2° Lorsque la décision du bureau, de la section ou de leur président est relative à une affaire portée ou susceptible d'être portée devant un tribunal administratif ou une autre juridiction administrative statuant en premier ressort, par le procureur de la République près le tribunal judiciaire dans le ressort duquel le tribunal administratif a son siège, par le bâtonnier de l'ordre des avocats dont relève l'avocat choisi ou désigné au titre de l'aide ou, en l'absence de choix ou de désignation, par le bâtonnier de l'ordre des avocats établi près ce même tribunal judiciaire ;

3° Lorsque la décision de la section du bureau ou de son président est relative à une affaire portée ou susceptible d'être portée devant une cour d'appel, par le procureur général près cette cour, par le bâtonnier de l'ordre des avocats dont relève l'avocat choisi ou désigné au titre de l'aide ou, en l'absence de choix ou de désignation, par le bâtonnier de l'ordre des avocats établi près le tribunal judiciaire dans le ressort duquel la cour d'appel a son siège ;

4° Lorsque la décision de la section du bureau ou de son président est relative à une affaire portée ou susceptible d'être portée devant une cour administrative d'appel ou une juridiction administrative statuant à charge de recours devant le Conseil d'État, par le procureur général près la cour d'appel dans le ressort de laquelle la cour administrative d'appel a son siège, par le bâtonnier de l'ordre des avocats dont relève l'avocat choisi ou désigné au titre de l'aide ou, en l'absence de choix ou de désignation, par le bâtonnier de l'ordre des avocats établi près le tribunal judiciaire dans le ressort duquel la cour administrative d'appel a son siège ;

5° Lorsque la décision est prise par le bureau établi près la Cour de cassation ou de son président, par le procureur général près cette cour ou par le président de l'ordre des avocats au Conseil d'État et à la Cour de cassation ;

6° Lorsque la décision est prise par le bureau établi près le Conseil d'État ou de son président, par le garde des sceaux, ministre de la justice, ou par le président de l'ordre des avocats au Conseil d'État et à la Cour de cassation ;

7° Lorsque la décision est prise par *[le]* bureau établi près la Cour nationale du droit d'asile ou de son président, par le procureur général près la cour d'appel de Paris, par le bâtonnier de l'ordre des avocats dont relève l'avocat choisi ou désigné au titre de l'aide juridictionnelle ou, en l'absence de choix ou de désignation, par le bâtonnier de l'ordre dont relèvent les avocats membres du bureau. — *[Décr. n° 91-1266 du 19 déc. 1991, art. 58.] — Pour l'application aux audiences de la Cour nationale du droit d'asile dans les départements et les régions d'outre-mer, V. art. 150 du présent décret.*

Art. 74 Lorsqu'une décision est déférée, le dossier est transmis sans délai à l'autorité compétente pour statuer sur le recours.

Lorsqu'elle est directement saisie par voie électronique dans les conditions prévues par le deuxième alinéa de l'article 71, l'autorité compétente pour statuer sur le recours informe sans délai le secrétaire du bureau d'aide juridictionnelle ou de la section du bureau ayant rendu la décision contestée qui lui adresse sans délai le dossier de demande d'aide juridictionnelle ou d'aide à l'intervention de l'avocat.

L'autorité qui reçoit le recours en avise le greffier ou le secrétaire de la juridiction dont relève l'affaire faisant l'objet de la demande d'aide, lequel classe sans délai cet avis au dossier de procédure.

Elle informe le demandeur à l'aide juridictionnelle ou à l'aide à l'intervention de l'avocat du dépôt du recours lorsqu'il n'en est pas l'auteur. Il peut présenter des observations écrites.

Il est statué par voie d'ordonnance. La copie des décisions rendues par l'autorité de recours statuant sur la contestation d'une décision du bureau ou d'une section est adressée ou notifiée selon le cas dans les conditions fixées aux articles 56 et 57. Une copie des décisions accompagnée du dossier de demande d'aide en original est adressée au bureau ou à la section du bureau ayant rendu la décision qui fait procéder en cas de nécessité aux désignations des auxiliaires de justice et archive le dossier retourné.

La juridiction dont relève l'autorité de recours peut adresser par le moyen de l'application informatique mentionnée à l'article R. 414-1 du code de justice administrative une copie de la décision rendue à l'avocat de l'intéressé, s'il est inscrit dans cette application, et le cas échéant, à la caisse des règlements pécuniaires des avocats dont dépend cet avocat. Elle peut également adresser copie de cette décision par le même moyen au bureau ou à la section du bureau ayant rendu la décision contestée. — *[Décr. n° 91-1266 du 19 déc. 1991, art. 60.]*

CHAPITRE IV *Le concours des avocats et des officiers publics ou ministériels*

SECTION I *Modalités de choix ou de désignation*

Art. 75 Le bénéficiaire de l'aide juridictionnelle ou de l'aide à l'intervention de l'avocat, y compris s'il est mineur, choisit l'avocat ou l'officier public ou ministériel qui l'assistera sous réserve de l'accord de celui-ci. L'avocat ou l'officier public ou ministériel qui accepte de prêter son concours au bénéficiaire de l'aide en informe le bâtonnier ou le président de l'organisme professionnel dont il dépend et remet à l'intéressé un document écrit attestant son acceptation.

Lorsque l'avocat choisi assiste un mineur dans le cadre des dispositions *(Décr. n° 2021-810 du 24 juin 2021, art. 6, en vigueur le 1er juill. 2021)* « de l'ordonnance n° 45-174 du 2 février 1945 relative à l'enfance délinquante, » du code de la justice pénale des mineurs, de l'article 1186 du code de procédure civile ou de l'article 388-1 du code civil, il informe également le juge en charge de l'affaire *(Abrogé par Décr. n° 2021-810 du 24 juin 2021, art. 6, à compter du 1er juill. 2021)* ***« ainsi que la caisse des règlements pécuniaires des avocats »***. — *[Comp. Décr. n° 91-1266 du 19 déc. 1991, art. 70-2, 75 et 132-17.] — Pour l'application à Mayotte, V. art. 154 du présent décret ; ... en Polynésie française, V. art. 169 et 170 du présent décret.*

Art. 76 A défaut de choix exprimé par le bénéficiaire de l'aide juridictionnelle ou de l'aide à l'intervention de l'avocat ou lorsque celui-ci ne produit pas de document attestant l'acceptation d'un avocat ou d'un officier public ou ministériel choisi par lui, la désignation est effectuée :

1° Par le membre du bureau ou de la section du bureau représentant la profession et, *s'agissant d'un avocat, sous* réserve, qu'il ait reçu délégation du bâtonnier à cet effet, lorsque le bureau ou la section est établi près la juridiction compétente ou susceptible de l'être ;

2° A défaut, par le bâtonnier ou le président de l'organisme professionnel dont dépend l'auxiliaire de justice dont l'assistance est requise, après que le secrétaire du bureau ou de la section du bureau d'aide juridictionnelle le lui a demandé ou après que le juge a demandé au bâtonnier de procéder à cette désignation pour l'audition d'un mineur au titre de l'article 388-1 du code civil.

Toutefois, pour les affaires portées devant la Cour nationale du droit d'asile, l'avocat est désigné par le bureau d'aide juridictionnelle sur une liste établie par le bâtonnier du barreau dans le ressort duquel le demandeur a son domicile.

Lorsqu'un nouvel avocat ou officier public ou ministériel doit être désigné après admission à l'aide juridictionnelle ou à l'aide à l'intervention de l'avocat, le bénéficiaire de l'aide saisit soit le secrétaire du bureau ou de la section du bureau d'aide juridictionnelle soit le bâtonnier ou le président de l'organisme professionnel concerné. — *[Comp. Décr. n° 91-1266 du 19 déc. 1991, art. 70-1, 76, 77, 78, 79, 80 et 132-17.] — Pour l'application à Mayotte, V. art. 154 du présent décret ; ... en Polynésie française, V. art. 169 et 170 du présent décret.*

Art. 77 Lorsque le bâtonnier ou le président de l'organisme professionnel concerné, ou son délégué, désigne l'avocat ou l'officier public ou ministériel, il avise de cette désignation :

1° L'avocat ou l'officier public ou ministériel intéressé, à qui il transmet copie de la décision du bureau en lui rappelant les dispositions de l'article 59 ;

2° Le secrétaire du bureau d'aide juridictionnelle qui en informe immédiatement le bénéficiaire de l'aide juridictionnelle, en l'invitant à se mettre en rapport avec cet auxiliaire de justice, ainsi que le greffier ou le secrétaire de la juridiction dans le cas où une juridiction est saisie du litige ; mention du nom de l'auxiliaire de justice est alors faite au dossier de l'affaire ;

3° La caisse des règlements pécuniaires des avocats lorsqu'un avocat a été désigné ;

4° Le juge saisi de l'affaire lorsque l'avocat est désigné en vue de l'audition d'un mineur au titre de l'article 388-1 du code civil. — *[Comp. Décr. n° 91-1266 du 19 déc. 1991, art. 70-3 et 82.] — Pour l'application à Mayotte, V. art. 154 du présent décret ; ... en Polynésie française, V. art. 169 et 170 du présent décret.*

Art. 78 Lorsque l'auxiliaire de justice qui prêtait son concours au bénéficiaire de l'aide avant que celle-ci lui ait été accordée demande à en être déchargé, le bâtonnier ou le président de l'organisme professionnel concerné se prononce par décision motivée dans les conditions prévues au quatrième alinéa de l'article 25 de la loi *[n° 91-647]* du 10 juillet 1991 susvisée. — *V. L. n° 91-647 du 10 juill. 1991, art. 25, App., v° Aide juridique.*

Cette décision est notifiée au bénéficiaire de l'aide juridictionnelle, à l'auxiliaire ou aux auxiliaires de justice et au secrétaire du bureau d'aide juridictionnelle.

Dans tous les cas où un auxiliaire de justice qui prêtait son concours au bénéficiaire de l'aide est déchargé de sa mission, à défaut de choix par le bénéficiaire, un remplaçant est immédiatement désigné. — *[Comp. Décr. n° 91-1266 du 19 déc. 1991, art. 83 et 84.] — Pour l'application à Mayotte, V. art. 154 du présent décret ; ... en Polynésie française, V. art. 169 et 170 du présent décret.*

Art. 79 Lorsque l'officier public ou ministériel est choisi par l'avocat choisi ou désigné, celui-ci en informe :

1° Le secrétaire du bureau ou de la section du bureau d'aide juridictionnelle qui procède conformément à l'article 77 ;

2° Le président de l'organisme professionnel concerné ;

3° Le bénéficiaire de l'aide juridictionnelle ou de l'aide à l'intervention de l'avocat. — *[Comp. Décr. n° 91-1266 du 19 déc. 1991, art. 86.] — Pour l'application à Mayotte, V. art. 154 du présent décret ; ... en Polynésie française, V. art. 169 et 170 du présent décret.*

Art. 80 Sans préjudice de l'application *(Décr. n° 2021-810 du 24 juin 2021, art. 7, en vigueur le 1er juill. 2021)* « de l'article 19-1 » de la loi *[n° 91-647]* du 10 juillet 1991 susvisée, l'avocat ou l'officier public ou ministériel commis d'office, désigné d'office, ou désigné sur demande du prévenu ou de la victime est valablement désigné au titre de l'aide juridictionnelle ou de l'aide à l'intervention de l'avocat si la personne pour le compte de laquelle il intervient remplit les conditions d'éligibilité à l'aide. — *[Comp. Décr. n° 91-1266 du 19 déc. 1991, art. 81.] — V. L. n° 91-647 du 10 juill. 1991, art. 64-1 et 64-3, App., v° Aide juridique.*

Art. 81 Le bénéficiaire de l'aide peut demander au secrétaire du bureau ou de la section compétente de désigner un nouvel avocat ou de nouveaux officiers publics et ministériels notamment :

1° En cas d'incompétence de la juridiction saisie du litige ou de recours exercé contre une décision qui profite au bénéficiaire de l'aide juridictionnelle ;

2° Dans tous les cas où il est nécessaire de désigner des avocats et officiers publics ou ministériels en matière de procédure ou d'actes d'exécution, ordonnés ou autorisés par une décision de justice obtenue avec le bénéfice de l'aide juridictionnelle, mais devant être poursuivis ou avoir lieu dans le ressort d'une autre juridiction.

La demande est formée par lettre simple mentionnant les motifs, à laquelle sont jointes copie de la décision d'admission et, le cas échéant, copie de la décision d'incompétence ou de la notification ou dénonciation de la voie de recours, ou copie de la décision autorisant la procédure ou l'acte d'exécution.

A compter de la deuxième demande du bénéficiaire tendant à la désignation d'un nouvel avocat, celle-ci est soumise à l'accord du bâtonnier. — *[Comp. Décr. nº 91-1266 du 19 déc. 1991, art. 87 et 88.]*

Art. 82 Conformément aux dispositions de l'article 39 de la loi *[nº 91-647]* du 10 juillet 1991 susvisée, lorsque l'aide juridictionnelle est demandée ou accordée en vue de parvenir à une transaction avant l'introduction de l'instance, seul un avocat peut être choisi ou désigné pour y procéder. — *[Décr. nº 91-1266 du 19 déc. 1991, art. 88-1.] — V. L. nº 91-647 du 10 juill. 1991, art. 39, App., vº Aide juridique.*

Art. 83 Lorsqu'il est choisi ou désigné au titre de l'aide juridictionnelle en vue de parvenir à un divorce par consentement mutuel en application de l'article 229-1 du code civil, ou à une transaction avant l'introduction de l'instance ou à un accord dans le cadre d'une procédure participative, l'avocat accomplit les diligences suivantes :

1º Il en informe par écrit la partie adverse et, le cas échéant, son avocat ;

2º Il mentionne dans sa lettre que les courriers, pièces et documents élaborés ou échangés au cours des pourparlers transactionnels, de la procédure participative ou, s'agissant de la procédure de divorce par consentement mutuel, les seules correspondances portant la mention "Officiel" pourront être communiqués au président du bureau d'aide juridictionnelle et, le cas échéant, au président de la juridiction et à eux seuls, avec pour seule finalité l'examen de sa demande de paiement de la contribution qui lui est due par l'État au titre de l'aide juridictionnelle. — *[Comp. Décr. nº 91-1266 du 19 déc. 1991, art. 118-1 et 118-2.]*

Art. 84 Lorsque l'aide juridictionnelle est accordée pour une instance et que les époux consentent mutuellement à leur divorce en application de l'article 229-1 du code civil ou qu'une transaction ou un accord intervenant dans le cadre d'une procédure participative est conclu avant que celle-ci soit introduite, le bénéfice de l'aide juridictionnelle reste acquis pour la seule rétribution de l'avocat choisi ou désigné. — *[Comp. Décr. nº 91-1266 du 19 déc. 1991, art. 118-6, dernier al.]*

Art. 85 En cas d'appel, si le bénéficiaire de l'aide juridictionnelle refuse l'assistance de l'avocat qui lui prêtait son concours en première instance, il en informe dès le dépôt de sa demande d'aide juridictionnelle le secrétaire du bureau ou de la section du bureau d'aide juridictionnelle.

En cas d'appel porté devant la cour d'appel de Metz ou la cour d'appel de Colmar, et lorsque la représentation peut être assurée par un autre avocat qu'un avocat postulant devant ces juridictions, l'avocat qui a assisté et représenté la partie en première instance la représente devant la cour sauf choix contraire de la partie ou refus de l'avocat. — *[Décr. nº 91-1266 du 19 déc. 1991, art. 85 et 157.]*

SECTION II *Contribution de l'État à la rétribution des avocats et des officiers publics ou ministériels*

SOUS-SECTION 1 *Rétribution des avocats et des avocats au Conseil d'État et à la Cour de cassation*

Art. 86 La contribution de l'État à la rétribution des avocats qui prêtent leur concours au bénéficiaire de l'aide juridictionnelle totale ou de l'aide à l'intervention de l'avocat au titre *(Décr. nº 2021-810 du 24 juin 2021, art. 8, en vigueur le 1er juill. 2021)* « de l'article 11-1 de la loi du 10 juillet 1991 susvisée ou qui interviennent en matière juridictionnelle au titre de l'article 19-1 de la même loi » est déterminée par le produit de l'unité de valeur prévue par *la loi de finances (UV) et des coefficients*, le cas échéant majorés, fixés dans les tableaux figurant en annexe I du présent décret et du taux d'admission à l'aide juridictionnelle. — *[Comp. Décr. nº 91-1266 du 19 déc. 1991, art. 90 et 118-9.] — V. L. nº 91-647 du 10 juill. 1991, art. 64-5, App., vº Aide juridique. — Pour l'application à Mayotte, V. art. 155 du présent décret. — Sur l'application à Saint-Pierre-et-Miquelon, V. art. 159 du présent décret ; … à Saint-Pierre-et-Miquelon, V. art. 159 du présent décret ; … en Polynésie française, V. art. 171 du présent décret.*

I. LÉGALITÉ

1. Revalorisation de l'indemnisation de l'intervention devant la CNDA. Il résulte de l'art. 27 de la L. n° 91-647 du 10 juill. 1991 que la contribution versée aux avocats prêtant leur concours aux bénéficiaires de l'aide juridictionnelle n'implique pas que cette contribution, dont l'unité de valeur est déterminée annuellement par la loi de finances, couvre l'intégralité des frais et honoraires correspondants et que le législateur a ainsi entendu laisser à la charge des auxiliaires de justice une part du financement de l'aide juridictionnelle. Le législateur, afin de garantir l'objectif d'intérêt général d'accès à la justice des plus démunis, a prévu un mécanisme de rétribution forfaitaire qui laisse à la charge des avocats une partie des coûts liés à la mise en œuvre de l'aide juridictionnelle. Cette participation des avocats à la prise en charge de l'aide juridictionnelle trouve ainsi sa contrepartie dans le régime de représentation dont ils disposent devant les tribunaux, qui, sauf exceptions définies par la loi, leur confère un monopole de représentation. Le Décr. n° 2013-525 du 20 juin 2013 procède à un réaménagement d'ensemble du barème de rétribution des avocats au titre de l'aide juridictionnelle pour les contentieux relevant de la CNDA et pour les contentieux relatifs aux décisions mentionnées à l'art. R. 776-1 CJA, notamment les obligations de quitter le territoire français, afin d'assurer une meilleure adaptation de la rémunération versée à la complexité des dossiers ainsi qu'aux conditions procédurales, et de délai dans lequel l'avocat est conduit à intervenir. Le décret a notamment valorisé la rétribution versée à l'avocat dans les procédures pour lesquelles l'étranger est placé en rétention administrative ou fait l'objet d'une assignation à résidence. En décidant par ailleurs de diminuer de 20 à 16 unités de valeur le coefficient de rétribution des avocats pour les mêmes contentieux, lorsque l'étranger n'est pas placé en rétention ou assigné à résidence, le décret ne porte pas une appréciation entachée d'erreur manifeste sur la charge de travail qu'implique le traitement de ce type de contentieux pour les avocats. En conséquence, les dispositions contestées du décret ne portent pas atteinte, d'une part, aux dispositions *de l'art. 16 DDH, aux stipulations des art.* 6 et 13 Conv. EDH et de l'art. 47 Charte UE, d'autre part, au principe d'égalité. • CE 30 déc. 2015, n° 371190 : *D. avocats 2016. 11, obs. Dargent ; D. 2017. 74, obs. Wickers* • 17 févr. 2016, n° 370989.

2. Différence entre avocats de mise en cause et avocats de parties civile. L'art. 27 de la L. n° 91-647 du 10 juill. 1991 dispose que l'avocat qui prête son concours au bénéficiaire de l'aide juridictionnelle perçoit une rétribution l'art. 90 du Décr. de 1991 fixe forfaitairement cette rétribution, en opérant en matière pénale une différenciation avec la rétribution de l'avocat de la partie civile, généralement plus faible que celle de l'avocat du mis en cause. La contribution versée aux avocats prêtant leur concours aux bénéficiaires de l'aide juridictionnelle n'implique pas que cette contribution couvre l'intégralité des frais et honoraires correspondants et que le législateur a ainsi entendu laisser à la charge des auxiliaires de justice une part du financement de l'aide juridictionnelle, cette participation des avocats à la prise en charge de l'aide juridictionnelle trouvant sa contrepartie dans le régime de représentation dont ils disposent devant les tribunaux, qui, sauf exceptions définies par la loi, leur confère un monopole de représentation. Cette différenciation ne porte pas atteinte aux principes d'égalité devant la justice et d'égalité des armes, le principe d'égalité ne s'opposant pas à ce que l'autorité investie du pouvoir réglementaire règle de façon différente des situations différentes ni à ce qu'elle déroge à l'égalité pour des raisons d'intérêt général pourvu que, dans l'un comme l'autre cas, la différence de traitement qui en résulte soit en rapport direct avec l'objet de la norme qui l'établit et ne soit pas manifestement disproportionnée au regard des motifs susceptibles de la justifier. Or, les missions de l'avocat de la défense et celles de l'avocat de la partie civile ne sauraient être considérées comme identiques, alors que la défense pénale implique, en particulier, des obligations et charges plus lourdes pour l'avocat de la personne mise en cause, tant au cours de l'instruction que durant le procès, ce dernier devant notamment répondre au ministère public et à la partie civile, et alors que, lors du procès pénal, il appartient à l'avocat de la défense de plaider non seulement, comme l'avocat de la partie civile, sur la question de la culpabilité, mais également sur celle du quantum de la peine. • CE 3 nov. 2016, n° 378190 : *D. avocats 2016. 346, obs. Dargent ; JCP 2017. 660, n° 29, obs. G'Sell.*

II. APPLICATIONS

3. Pluralité de parties ayant choisi le même avocat. V. note ss. L. n° 91-647 du 10 juill. 1991, art. 38, App., v° *Aide juridique.*

4. Contraventions des quatre premières classes. Aucune contribution à la charge du bureau d'aide juridictionnelle n'est prévue pour les contraventions de police des quatre premières classes. • Reims, 12 juill. 2011, n° 11/01484. ♦ En application de l'art. 90 du Décr. du 19 déc. 1991, l'aide juridictionnelle est réservée, pour les majeurs non protégés, aux contraventions de cinquième classe, les contraventions des quatre premières classes n'ouvrant pas droit à cette aide. • Aix-en-Provence, 23 oct. 2019, n° 2019/0875. ♦ *Contra* : la restriction aux contraventions de cinquième classe (V. rubrique IX du tableau, *infra*) est en contradiction avec les dispositions générales de la L. du 10 juill. 1991 (art. 7 et 10) et avec le principe de la hiérarchie des normes ; dès lors, il convient d'admettre le requérant, allocataire du RMI et dont les ressources sont inférieures au plafond légal, au bénéfice de l'aide juridictionnelle pour se faire assister en défense devant le tribunal de police en contravention de 4e classe. • TGI Béthune, 22 sept. 2000 : *D. 2000. IR 289 ; Dr. pén. 2001, no 11, note Maron.*

Art. 87 La contribution de l'État à la rétribution des avocats choisis ou désignés d'office pour leur intervention dans les procédures non juridictionnelles mentionnées aux articles *(Décr. no 2021-810 du 24 juin 2021, art. 9, en vigueur le 1er juill. 2021)* « 11-2 et 11-3 » de la loi *[no 91-647]* du 10 juillet 1991 susvisée est déterminée selon une base forfaitaire fixée dans le tableau figurant en annexe II du présent décret. Elle est exclusive de toute autre rémunération. — *[Comp. Décr. no 91-1266 du 19 déc. 1991, art. 132-2.] — V. L. no 91-647 du 10 juill. 1991, art. 64 à 64-3, App., vo Aide juridique.*

Art. 88 Une dotation complémentaire peut être allouée chaque année aux barreaux ayant conclu avec le tribunal judiciaire près lequel ils sont établis une convention locale relative à l'aide juridique permettant de garantir l'assistance d'un avocat dans les procédures juridictionnelles et non juridictionnelles et d'assurer la qualité de la défense des bénéficiaires de l'aide juridique. Cette convention vise à mettre en place des permanences, assorties d'engagements d'objectifs et de procédures d'évaluation.

En matière juridictionnelle, ces conventions locales ne peuvent porter que sur les procédures mentionnées dans les rubriques I. 6, III, IV. 8, VIII et XIII *(Décr. no 2021-810 du 24 juin 2021, art. 10-1o, en vigueur le 1er juill. 2021)* « , y compris les majorations, » ainsi que sur les ordonnances de protection rétribuées au titre de la rubrique IV. 2 de l'annexe I du présent décret. En matière non juridictionnelle, elles peuvent porter sur les missions d'aide à l'intervention de l'avocat définies aux *(Décr. no 2021-810 du 24 juin 2021, art. 10-1o, en vigueur le 1er juill. 2021)* « 2°, 3° et 4° de l'article 11-2 » de la loi *[no 91-647]* du 10 juillet 1991 susvisée. — *V. L. no 91-647 du 10 juill. 1991, art. 11-2, App., vo Aide juridique.*

(Abrogé par Décr. no 2021-810 du 24 juin 2021, art. 10-2o, à compter du 1er juill. 2021) « *Ces conventions locales peuvent également être étendues, dans les mêmes conditions, aux rétributions allouées pour les missions d'aide juridictionnelle au titre des majorations prévues aux rubriques I à V du barème figurant à l'article 86.* »

La convention locale relative à l'aide juridique précise le périmètre retenu. Elle est conclue et transmise au ministère de la justice, par tout moyen permettant de donner date certaine à l'envoi, avant le 31 décembre de l'année précédant sa prise d'effet, puis homologuée par un arrêté du garde des sceaux, ministre de la justice.

Le montant de la dotation complémentaire mentionnée au premier alinéa est déterminé lors de l'homologation de la convention et ne peut excéder 20 % du montant des rétributions allouées au titre des missions du périmètre retenu.

La convention fait l'objet d'un bilan triennal cosigné par le barreau et la juridiction compétents, transmis au ministère de la justice, au Conseil national des barreaux et à l'Union nationale des caisses de règlements pécuniaires des avocats. — *[Décr. no 91-1266 du 19 déc. 1991, art. 91.]*

Art. 89 Lorsqu'un avocat désigné ou choisi au titre de l'aide juridictionnelle ou de l'aide à l'intervention de l'avocat est, en cours de procédure ou pendant l'exécution de la mesure, remplacé au même titre pour raison légitime par un autre avocat, il n'est dû qu'une seule contribution de l'État. Cette contribution est versée au second avocat, à charge pour lui de la partager avec le premier dans une proportion qui, à défaut d'accord, est fixée par le bâtonnier.

Dans le cas où les avocats n'appartiennent pas au même barreau, la décision est prise conjointement par les bâtonniers des barreaux intéressés. — *[Décr. no 91-1266 du 19 déc. 1991, art. 103.]*

Art. 90 La rétribution versée par l'État aux avocats au Conseil d'État et à la Cour de cassation qui prêtent leur concours devant ces juridictions ou le Tribunal des conflits au bénéficiaire de l'aide juridictionnelle est de 382 € hors taxes.

La rétribution est de 115 € hors taxes en cas de demande de sursis à exécution d'une décision juridictionnelle, de 153 € hors taxes en cas de demande adressée au juge des référés et de 191 € hors taxes en cas d'intervention dans la procédure de saisine pour avis du Conseil d'État ou de la Cour de cassation.

En cas d'intervention devant les autres juridictions, les avocats au Conseil d'État et à la Cour de cassation perçoivent une rétribution égale à celle qui résulte du barème prévu à l'article 86. — *[Comp. Décr. no 91-1266 du 19 déc. 1991, art. 93.]*

Art. 91 En cas d'intervention dans le cadre de l'examen d'une question prioritaire de constitutionnalité par le Conseil d'État ou la Cour de cassation :

1° La rétribution versée par l'État aux avocats est établie selon les barèmes applicables aux différentes missions d'aide juridictionnelle et majorée d'un coefficient de seize unités de valeur en cas d'intervention ultérieure devant le Conseil constitutionnel ;

2° La rétribution versée par l'État aux avocats au Conseil d'État et à la Cour de cassation est de 191 € hors taxes. Cette rétribution est majorée de 382 € hors taxes en cas d'intervention ultérieure devant le Conseil constitutionnel. — *[Comp. Décr. n° 91-1266 du 19 déc. 1991, art. 90-1 et 93-1.]*

Art. 92 La part contributive versée par l'État à l'avocat, ou à l'avocat au Conseil d'État et à la Cour de cassation, choisi ou désigné pour assister plusieurs personnes dans une procédure reposant sur les mêmes faits en matière pénale ou dans un litige reposant sur les mêmes faits et comportant des prétentions ayant un objet similaire dans les autres matières est réduite par le juge de 30 % pour la deuxième affaire, de 40 % pour la troisième, de 50 % pour la quatrième et de 60 % pour la cinquième et s'il y a lieu pour les affaires supplémentaires. *(Décr. n° 2021-810 du 24 juin 2021, art. 11, en vigueur le 1er juill. 2021)* « Dans ce cas, le greffier compétent reporte cette réduction sur le document justifiant de l'intervention de l'avocat. » — *[Comp. Décr. n° 91-1266 du 19 déc. 1991, art. 109.]*

1. Série d'affaires. Notion. Il résulte de la combinaison des dispositions de la L. n° 91-647 du 10 juill. 1991 et du Décr. du 19 déc. 1991 pris pour son application que l'avocat perçoit en principe une rétribution pour toute mission de représentation d'une personne bénéficiaire de l'aide juridictionnelle dans une instance déterminée. Toutefois, lorsque plusieurs bénéficiaires de l'aide juridictionnelle présentent, dans une même instance ou dans plusieurs instances, des conclusions identiques en demande ou en défense conduisant le juge à trancher les mêmes questions, l'avocat les représentant au titre de l'aide juridictionnelle réalise à leur égard une seule et même mission. La réduction de la part contributive de l'État à la rétribution des missions d'aide juridictionnelle assurées par l'avocat devant la juridiction administrative, prévue par l'art. 109 du Décr. du 19 déc. 1991, s'applique lorsque celui-ci assiste plusieurs bénéficiaires de l'aide juridictionnelle présentant des conclusions similaires en demande ou en défense et que le juge est conduit à trancher des questions semblables, soit dans le cadre d'une même instance, soit dans le cadre d'instances distinctes reposant sur les mêmes faits. • CE, avis, 18 janv. 2017, n° 398918 P.

2. Montant. Détermination. Le montant de la part contributive de l'État à la rétribution d'un avocat au titre de l'aide juridictionnelle en deçà duquel ne saurait être fixée par le juge administratif la somme mise à la charge de l'autre partie non bénéficiaire de l'aide juridictionnelle au titre des art. L. 761-1 CJA et 37 de la L. n° 91-647 du 10 juill. de 1991 résulte de l'application du barème fixé par l'art. 90 du Décr. du 19 déc. 1991 et, le cas échéant, des réductions prévues par les textes applicables, notamment par les art. 38 de la même loi et 109 du même décret. • CE, avis, 18 janv. 2017, n° 399893 P.

Art. 93 *(Décr. n° 2021-810 du 24 juin 2021, art. 12-II, en vigueur le 1er juill. 2021)* Lorsque l'avocat fait constater par le juge que l'instance est éteinte par une transaction ou par un accord intervenu dans le cadre d'une procédure participative conclus avec son concours, il a droit à sa rétribution.

Art. 93-1 Le juge peut, sur demande de l'avocat ou de l'avocat au Conseil et à la Cour de cassation, allouer à celui-ci une rétribution dont il fixe le montant en fonction des diligences accomplies au cours de l'instance en cas :

1° D'extinction de l'instance pour une autre cause qu'un jugement, une transaction ou un accord intervenu dans le cadre d'une procédure participative ;

2° De radiation ou de retrait du rôle ;

3° De non-lieu ou de désistement devant les juridictions administratives.

Dans tous les cas, le montant de cette rétribution ne peut excéder la moitié de celle fixée par le barème applicable en aide totale sans autre imputation à ce titre. — *Anc. art. 93 (Décr. n° 2021-810 du 24 juin 2021, art. 12-I, en vigueur le 1er juill. 2021).* — *[Comp. Décr. n° 91-1266 du 19 déc. 1991, art. 111.]*

Montant maximal de la rétribution de l'avocat. En cas de non-lieu, qu'il soit prononcé par une ordonnance en application de l'art. R. 222-1 CJA ou par un jugement du tribunal administratif, la part contributive de l'État à la rétribution de l'avocat intervenant au titre de l'aide juridictionnelle est calculée conformément aux dispositions du dernier al. de l'art. 111 du Décr. du 19 déc. 1991 et ne peut donc excéder la moitié de la rétribution fixée par le barème applicable en aide totale. La somme mise le cas échéant à la charge de l'autre partie non bénéficiaire de l'aide juridictionnelle au titre des art. L. 761-1 CJA et 37 de la L. n° 91-647 du 10 juill. 1991 ne peut être inférieure au montant de la part contributive de l'État ainsi calculée. • CE, avis, 18 janv. 2017, n° 399893 : *Lebon.*

Art. 94 Le rétablissement d'une affaire après sa radiation ou son retrait du rôle ne donne pas lieu à une nouvelle contribution de l'État à la rétribution de l'auxiliaire de justice.

Dans le cas où le rétablissement intervient après une radiation ou un retrait du rôle ayant donné lieu à la rétribution mentionnée à l'article 93, l'avocat ou l'avocat au Conseil d'État et à la Cour de cassation perçoit, à l'achèvement de sa mission, le complément de sa rétribution. – *[Décr. n° 91-1266 du 19 déc. 1991, art. 114.]*

SOUS-SECTION 2 *Rétribution des autres auxiliaires de justice*

Art. 95 La rétribution versée par l'État aux huissiers de justice qui prêtent leur concours au bénéficiaire de l'aide juridictionnelle est de 10 € hors taxes par acte effectivement délivré et de 22 € hors taxes par procès-verbal, pour la transmission de la demande de signification ou de notification dans un État étranger ou pour l'exécution d'une décision relative à l'exercice de l'autorité parentale. Toutefois, cette indemnité est de 42 € hors taxes pour l'exécution d'une décision ordonnant une expulsion et du montant de la rétribution mentionnée à la rubrique IV. 6 de l'annexe I du présent décret pour la procédure de distribution des deniers.

Pour les commandements aux fins de saisie, il est ajouté à l'indemnité prévue à l'alinéa premier la moitié du droit d'engagement de poursuites prévu par le tarif des huissiers de justice en matière civile et commerciale.

Les indemnités prévues au présent article sont majorées de 3,5 € hors taxes lorsque les copies de pièces sont établies par l'huissier de justice pour être annexées à l'acte ou au procès-verbal.

Ces mêmes indemnités sont indépendantes du remboursement des frais de transport, des frais d'affranchissement des correspondances postales prévues à l'article 116 et des frais postaux engagés aux fins de notification à l'étranger. – *[Comp. Décr. n° 91-1266 du 19 déc. 1991, art. 94.]*

Art. 96 La rétribution versée par l'État aux notaires qui prêtent leur concours au bénéficiaire de l'aide juridictionnelle est de 18 € hors taxes pour les actes soumis au droit fixe et de 54 € hors taxes pour les actes soumis au droit proportionnel.

Pour la liquidation d'un régime matrimonial, le montant de la rétribution versée par l'État est de 80 € hors taxes.

Lorsque le notaire désigné en application du 10° de l'article 255 du code civil établit l'acte de partage du régime matrimonial, le montant de la rétribution versée par l'État pour l'élaboration du projet de liquidation du régime matrimonial et de formation des lots à partager s'impute sur celui dû au titre de la rédaction de l'acte de partage. – *[Comp. Décr. n° 91-1266 du 19 déc. 1991, art. 95.]*

Art. 97 La rétribution versée par l'État aux commissaires-priseurs judiciaires ou aux officiers publics ou ministériels qui procèdent à une prisée est de 23 € hors taxes. La rétribution versée par l'État est égale au montant de la rétribution mentionnée à la rubrique IV. 6 de l'annexe I du présent décret pour la procédure de distribution des deniers. – *[Comp. Décr. n° 91-1266 du 19 déc. 1991, art. 96.]*

Art. 98 La rétribution versée par l'État aux greffiers des tribunaux de commerce pour chaque instance dont le placement est requis avec le bénéfice de l'aide juridictionnelle est de 22 € hors taxes. – *[Comp. Décr. n° 91-1266 du 19 déc. 1991, art. 97.]*

Art. 99 Dès lors que l'une des parties à la médiation bénéficie de l'aide juridique, une rétribution est versée par l'État au médiateur, en cas de médiation ordonnée par le juge ou en cas de saisine du juge aux fins d'homologation d'un accord intervenu à l'issue d'une médiation conventionnelle.

Cette rétribution est versée après transmission par le médiateur au juge d'un rapport de présentation permettant à ce dernier d'apprécier l'importance et le sérieux des diligences accomplies.

Lorsque le juge est saisi aux fins d'homologation d'un accord intervenu à l'issue d'une médiation conventionnelle, ce rapport de présentation expose également les termes de cet accord. – *[Décr. n° 91-1266 du 19 déc. 1991, art. 118-10.]*

1. Légalité. Il résulte des dispositions de l'art. 131-12 C. pr. civ, en ce qui concerne la médiation judiciaire, et des dispositions de l'art. 1534 du même code, en ce qui concerne la médiation conventionnelle, que, lorsque les parties sont parvenues à un accord à l'issue de la médiation et en demandent l'homologation, cette demande est présentée par elles au juge. Ce dernier est, par suite, nécessairement informé par elles des termes de l'accord ainsi conclu. En prévoyant que le médiateur expose ces termes dans son rapport de présentation, le Décr. n° 2016-1876 du 27 déc. 2016 ne méconnaît donc pas le principe de la confidentialité de la médiation. • CE 14 juin 2018, n° 408265 : *D. actu. 11 juill. 2018, obs. Deharo ; JCP 2018. 1023, note G'Sell ; AJ fam. 2018. 369* ; *Dr. et pr., nov. 2018, Suppl., p. 14, obs. Gorchs-Gelzer.* ♦ De même, en ce que ce décret prévoit que ce rapport de présentation permet au juge d'apprécier l'importance et le sérieux des diligences accomplies, le décret attaqué n'a ni pour objet ni pour effet de contraindre le médiateur à divulguer des informations relatives au contenu de la médiation en méconnaissance du principe de confidentialité. • CE 14 juin 2018, n° 408265 : *préc.* ♦ Ce décret méconnaît le principe de la confidentialité de la médiation en tant qu'il prévoit également l'exposé par le médiateur des termes de l'accord lorsque celui-ci intervient à l'issue d'une médiation judiciaire n'ayant pas fait l'objet d'une demande d'homologation, dès lors que, dans ce cas, l'information du juge n'est pas la conséquence nécessaire d'une demande d'homologation. En conséquence, l'art. 118-10 du Décr. de 1991 est annulé en tant qu'il prévoit l'exposé, par le médiateur, des termes de l'accord lorsque celui-ci intervient à l'issue d'une médiation judiciaire n'ayant pas fait l'objet d'une demande d'homologation par les parties. • CE 14 juin 2018, n° 408265 : *préc.*

2. Rétribution du médiateur. En cas de saisine du juge aux fins d'homologation d'un accord intervenu à l'issue d'une médiation conventionnelle, les dispositions de l'art. 118-10 du Décr. de 1991, dans leur rédaction résultant du Décr. du 27 déc. 2016, n'ont ni pour objet ni pour effet de restreindre la rétribution du médiateur aux seules diligences accomplies en vue de l'homologation de l'accord. • CE 14 juin 2018, n° 408265 : *préc. note 1.* ♦ Si l'art. 118-10 du Décr. de 1991, dans sa rédaction résultant du Décr. du 27 déc. 2016, prévoit que le médiateur transmet au juge un rapport de présentation exposant les termes de l'accord, il résulte des art. 131-11 et 131-13 C. pr. civ. que, dans le cas d'une médiation ordonnée par le juge et lorsque les parties ne parviennent pas à un accord, le médiateur constate, dans son rapport, l'absence d'accord et informe le juge des diligences accomplies afin d'obtenir rétribution au titre de l'aide juridictionnelle. Par suite, les moyens tirés de ce que le décret méconnaîtrait le principe d'impartialité et le « droit à rétribution » du médiateur dans le cadre d'une médiation judiciaire, en ce qu'il ne permettrait la rétribution de ce dernier qu'en cas d'accord des parties, ne peuvent qu'être écartés. • CE 14 juin 2018, n° 408265 : *préc. note 1.*

Art. 100 **La rétribution du médiateur relevant de l'aide juridictionnelle est fixée par le magistrat taxateur au maximum à :**

1° Lorsque toutes les parties bénéficient de l'aide juridictionnelle : 512 € hors taxes ;

2° Lorsque toutes les parties ne bénéficient pas de l'aide juridictionnelle : 256 € hors taxes pour chaque partie bénéficiant de l'aide juridictionnelle, dans la limite de 512 € hors taxes pour l'ensemble des parties bénéficiant de l'aide juridictionnelle.

Lorsque les parties bénéficient de l'aide juridictionnelle et que la médiation est financée en partie par un tiers, la rétribution du médiateur relevant de l'aide juridictionnelle fixée par le magistrat taxateur ne peut être supérieure à la part restant à la charge des parties. – *[Comp. Décr. n° 91-1266 du 19 déc. 1991, art. 118-11 et 118-12.]*

SOUS-SECTION 3 *Rétribution en cas d'aide juridictionnelle partielle*

Art. 101 **La part contributive de l'État versée à l'avocat ou à l'officier public ou ministériel qui prête son concours au bénéficiaire de l'aide juridictionnelle partielle est celle qui est prévue par les articles 86, 87, 90, 91, 95, 96, 97 et 98, affectée d'un pourcentage calculé en fonction du tableau ci-après :** – *[Comp. Décr. n° 91-1266 du 19 déc. 1991, art. 98.]*

RESSOURCES	PART CONTRIBUTIVE DE L'ÉTAT (en pourcentage)
De [Pt] à [1,182 x Pt]	55
De [(1,182 × Pt) + 1] à [Pp]	25

Pt : plafond de ressources pris en compte pour le bénéfice de l'aide juridictionnelle totale.
Pp : plafond de ressources pris en compte pour le bénéfice de l'aide juridictionnelle partielle.

Art. 102 En cas d'aide juridictionnelle partielle, à défaut d'accord sur le montant de l'honoraire complémentaire entre le bénéficiaire de l'aide et l'avocat, le bâtonnier se prononce selon les formes prévues pour la contestation des honoraires des avocats.

La convention écrite qui fixe l'honoraire complémentaire dû à l'avocat choisi ou désigné au titre de l'aide juridictionnelle partielle est communiquée dans les quinze jours de sa signature au bâtonnier qui fait connaître son avis à l'avocat et au bénéficiaire de l'aide dans un délai fixé par le règlement intérieur du barreau.

La convention rappelle le montant de la part contributive de l'État et, le cas échéant, précise le montant de la provision qui a pu être versée à l'avocat par le bénéficiaire de l'aide avant son admission à l'aide juridictionnelle partielle.

Les contestations relatives à la convention sont réglées dans les conditions et formes prévues pour la contestation des honoraires des avocats.

Les pouvoirs conférés par la loi et le présent article au bâtonnier sont exercés, lorsque le bâtonnier est lui-même choisi ou désigné au titre de l'aide juridictionnelle partielle, par le plus ancien bâtonnier dans l'ordre du tableau, membre du conseil de l'ordre.

Les contestations relatives aux honoraires des avocats au Conseil d'État et à la Cour de cassation sont portées devant le président de l'ordre dont ils relèvent. La décision du président peut, dans le mois de sa notification, être portée devant le président de la juridiction concernée ou son délégué, qui est saisi et statue sans forme.

Lorsque le président de l'ordre est lui-même choisi ou désigné, les pouvoirs qui lui sont conférés par la loi et le présent article sont exercés par le plus ancien président de l'ordre, dans l'ordre du tableau, membre du conseil de l'ordre. — *[Décr. nº 91-1266 du 19 déc. 1991, art. 99.]*

Art. 103 L'émolument complémentaire versé par le bénéficiaire de l'aide juridictionnelle partielle aux officiers publics ou ministériels est calculé suivant le tarif de droit commun applicable minoré, selon les tranches prévues à l'article 101, de 55 ou 25 % et déduction faite de la rétribution de l'État.

Dans tous les cas, cet émolument complémentaire ne peut être supérieur au montant du plafond de ressources fixé par la loi pour l'attribution de l'aide juridictionnelle totale. — *[Décr. nº 91-1266 du 19 déc. 1991, art. 100.]*

Art. 104 Les auxiliaires de justice désignés au titre de l'aide juridictionnelle partielle ne peuvent, en cas de paiements fractionnés, subordonner leur intervention au paiement préalable de l'intégralité de la somme. — *[Décr. nº 91-1266 du 19 déc. 1991, art. 101.]*

SOUS-SECTION 4 *Modalités de règlement de la rétribution*

Art. 105 I. — La rétribution revenant à l'avocat, en vertu des dispositions du règlement intérieur du barreau, lui est versée par la caisse des règlements pécuniaires dont il relève sous réserve, le cas échéant, des provisions réglées par cette caisse, sur présentation des documents mentionnés ci-après.

II. — Lorsqu'il intervient pour une procédure juridictionnelle, l'avocat produit à l'appui de sa demande de règlement la décision d'admission délivrée par le bureau d'aide juridictionnelle et le document justifiant son intervention, visé par le greffier compétent.

III. — Lorsque l'avocat intervient au titre *(Décr. nº 2021-810 du 24 juin 2021, art. 13-2º, en vigueur le 1er juill. 2021)* « du 1º de l'article 11-2 » de la loi *[nº 91-647]* du 10 juillet 1991 susvisée, il produit la décision d'admission délivrée par le bureau d'aide juridictionnelle et le document justifiant son intervention, visé par un officier de police judiciaire ou un agent de police judiciaire ou, pour un mandat d'arrêt européen, par le procureur qui a délivré ce mandat. — *V. L. nº 91-647 du 10 juill. 1991, art. 64, App., vº Aide juridique.*

IV. — Lorsque l'avocat intervient au titre *(Décr. nº 2021-810 du 24 juin 2021, art. 13-3º, en vigueur le 1er juill. 2021)* « du 4º de l'article 11-2 » de la même loi, il produit la décision d'admission mentionnée à l'article 55 du présent décret et l'attestation de mission délivrée par le procureur de la République à l'issue de la procédure, laquelle mentionne la nature de la procédure, le numéro d'ordre du parquet et le montant de la contribution de l'État à la rétribution de l'avocat. — *V. L. nº 91-647 du 10 juill. 1991, art. 64-2, App., vº Aide juridique.*

V. — Lorsque l'avocat intervient au titre de l'article *(Décr. nº 2021-810 du 24 juin 2021, art. 13-4º, en vigueur le 1er juill. 2021)* « 11-3 » de la loi *[nº 91-647]* du 10 juillet 1991 susvisée, il produit pour sa rétribution une attestation, visée par le président de la commission de discipline de l'établissement pénitentiaire. Lorsqu'il intervient en matière disciplinaire, cette attestation indique son nom, celui de la personne assistée, le motif des poursuites disciplinaires, la date et l'heure de l'intervention. Lorsqu'il intervient en matière d'isolement, cette attestation, visée par le chef d'établissement pénitentiaire ou son représentant, indique son nom, celui de la personne assistée, l'objet de la mesure contestée, la date et l'heure de l'intervention. — *[Comp. Décr. nº 91-1266 du 19 déc. 1991, art. 104, 105, 132-5 et 132-16.] — V. L. nº 91-647 du 10 juill. 1991, art. 64-3, App., vº Aide juridique.*

(Décr. nº 2021-810 du 24 juin 2021, art. 13-5º, en vigueur le 1er juill. 2021) « VI. — Lorsque l'avocat intervient au titre de l'article 19-1 de la loi du 10 juillet 1991 susvisée, l'avocat produit à l'appui de sa demande de règlement :

« 1º Un document justifiant son intervention :

« *a)* En matière juridictionnelle, ce document est établi selon les modalités prévues au II du présent article ;

« *b)* Pour une intervention au cours d'une garde à vue, d'une retenue, d'une rétention dans les conditions prévues par le code de procédure pénale ou de la retenue aux fins de vérification du droit de circulation ou de séjour sur le territoire français, ce document est visé par les autorités de police, de gendarmerie ou de douane compétentes ainsi que par le bâtonnier ou son représentant. Il indique le numéro de procès-verbal, le nom de l'avocat et, selon le cas :

« — le nom de la personne gardée à vue, placée en retenue ou en rétention dans les conditions prévues par le code de procédure pénale ou retenue aux fins de vérification de son droit de circulation ou de séjour sur le territoire français, ainsi que ses prénoms, date et lieu de naissance, le lieu, la nature de l'intervention, la date et l'heure de début et de fin d'intervention ;

« — le nom de la victime lors d'une confrontation avec une personne gardée à vue, placée en retenue ou en rétention dans les conditions prévues par le code de procédure pénale, le lieu de l'intervention, la date et l'heure de début et de fin d'intervention ;

« *c)* Pour une intervention au cours d'une retenue douanière, ce document est visé par un agent des douanes exerçant les attributions conférées à un officier de police judiciaire. Il indique le numéro de procès-verbal, le nom de l'avocat et celui de la personne placée en retenue douanière ainsi que ses prénoms, date et lieu de naissance, le lieu, la date, la nature de l'intervention, l'heure de début et de fin d'intervention ;

« *d)* Pour une intervention au cours d'un déferrement devant le procureur de la République, l'attestation de mission délivrée par le procureur de la République ainsi que par le bâtonnier ou son représentant ;

« *e)* Pour une intervention dans les situations prévues par le IV du présent article, l'attestation de mission délivrée par le procureur de la République comportant les éléments mentionnés à cet alinéa ;

« 2º une attestation sur l'honneur d'avoir informé la personne ayant bénéficié de son intervention que, dans l'hypothèse où elle s'avèrerait non-éligible à l'aide juridictionnelle ou à l'aide à l'intervention de l'avocat, les sommes perçues au titre de sa mission d'assistance seront recouvrées à son endroit par l'État, et mentionnant, le cas échéant, le montant des honoraires versés. Ce document est signé par l'autorité ayant procédé à la désignation ou à la commission d'office de l'avocat. »

Art. 106 *(Abrogé par Décr. nº 2021-810 du 24 juin 2021, art. 12-III, en vigueur le 1er juill. 2021) « Une rétribution est versée à l'avocat lorsque, avec son concours, l'instance est éteinte par une transaction, par un accord intervenu dans le cadre d'une procédure participative ou par un divorce par consentement mutuel en application de l'article 229-1 du code civil. »*

Lorsqu'une transaction ou un accord intervenu dans le cadre d'une procédure participative met fin à l'entier différend, l'avocat qui sollicite le paiement de la contribution de l'État remet au président du bureau d'aide juridictionnelle une copie de l'acte conclu, certifiée conforme par le bâtonnier.

*Lorsque les époux consentent mutuel*lement à leur divorce en application de l'article 229-1 du code civil, l'avocat qui sollicite le paiement de la contribution de l'État remet au président du bureau d'aide juridictionnelle une attestation de dépôt de l'acte délivré par le notaire et un extrait de la convention portant sur la seule répartition des frais entre les époux.

En cas d'échec des pourparlers transactionnels ou lorsque la procédure participative n'a pas abouti à un accord total, l'avocat communique au président du bureau d'aide juridictionnelle les lettres, pièces et documents élaborés ou échangés au cours des pourparlers transactionnels ou de la procédure participative et de nature à établir l'importance et le sérieux des diligences accomplies.

En cas de non-aboutissement de la procédure de divorce par consentement mutuel prévue à l'article 229-1 du code civil, l'avocat communique au président du bureau d'aide juridictionnelle les correspondances portant la mention "Officiel" échangées au cours de la procédure et une attestation récapitulant les diligences accomplies, de nature à établir leur importance et leur sérieux.

Le président du bureau d'aide juridictionnelle peut recueillir auprès de l'avocat toutes explications et informations complémentaires.

Les justificatifs communiqués par l'avocat ne peuvent être utilisés que pour le traitement de la demande de paiement et les vérifications que celle-ci appelle. – *[Comp. Décr. n° 91-1266 du 19 déc. 1991, art. 110, 118-1, 118-3 et 118-4.]*

Art. 107 Dans les situations mentionnées à l'article 106, après avoir procédé aux vérifications nécessaires, le président du bureau d'aide juridictionnelle délivre une attestation de fin de mission qui précise la nature de l'affaire et indique le montant de la contribution de l'État à la rétribution de l'auxiliaire de justice en y affectant, le cas échéant, les pourcentages fixés à l'article 97.

Lorsqu'une transaction est intervenue ou lorsque un *[lorsqu'un]* accord mettant fin à l'entier différend a été conclu au terme d'une procédure participative, le cas échéant homologuée ou lorsque les époux consentent mutuellement à leur divorce en application de l'article 229-1 du code civil, la contribution de l'État à la rétribution de l'avocat qui prête son concours au bénéficiaire de l'aide juridictionnelle totale est déterminée, selon la nature du différend, en fonction du produit de l'unité de valeur mentionnée à l'article 86 et des coefficients de base prévus aux tableaux figurant en annexe I du présent décret.

En cas d'échec des pourparlers transactionnels, de non-aboutissement de la procédure de divorce par consentement mutuel prévue à l'article 229-1 du code civil ou lorsque la procédure participative n'a pas abouti à un accord total, le montant de la rétribution est fixé par le président du bureau d'aide juridictionnelle, dans la limite du montant mentionné au deuxième alinéa, sur justification par l'avocat de la difficulté de l'affaire, de la complexité particulière des pourparlers ou de l'exécution de la procédure participative, de l'étendue des diligences accomplies ou de l'accord partiel intervenu au terme de la convention de procédure participative.

Le président du bureau d'aide juridictionnelle adresse copie de sa décision au bureau d'aide juridictionnelle de la juridiction susceptible d'être saisie à la suite de l'échec des pourparlers ou de la procédure participative ou de l'absence d'aboutissement de la procédure de divorce par consentement mutuel prévue à l'article 229-1 du code civil, s'il est différent.

La contribution de l'État à la rétribution du notaire est fixée à l'article 96 pour les actes soumis au droit fixe.

La somme revenant à l'avocat ou au notaire est réglée sur justification de sa désignation au titre de l'aide juridictionnelle et production de l'attestation mentionnée au premier alinéa.

Les difficultés auxquelles donne lieu l'application du présent article sont tranchées sans forme par le président de la juridiction qui doit être saisi dans un délai d'un an à compter de la date de délivrance de l'attestation de fin de mission ou, à défaut, de la date à laquelle le juge a rendu sa décision. A défaut, l'auxiliaire de justice est réputé avoir renoncé à son recours. – *[Comp. Décr. n° 91-1266 du 19 déc. 1991, art. 118-5 et 118-6.]*

Art. 108 La rétribution accordée à l'avocat au titre de l'aide juridictionnelle pour des pourparlers transactionnels ayant échoué, une procédure participative n'ayant pas abouti à un accord total, ou une procédure de divorce par consentement mutuel prévue à l'article 229-1 du code civil qui n'a pas abouti est déduite de celle qui lui est allouée à ce titre lorsqu'il apporte son concours dans le cadre d'une instance engagée entre les mêmes parties à raison du même différend ou d'une procédure de divorce par consentement mutuel judiciaire diligentée par les mêmes parties lorsque celle-ci leur est ouverte. Toutefois, il n'y a pas lieu à déduction lorsque le juge alloue une rétribution à l'avocat dans les cas prévus à l'article 93. – *[Comp. Décr. n° 91-1266 du 19 déc. 1991, art. 118-8.]*

Art. 109 Les honoraires ou émoluments ainsi que les provisions versées à ce titre avant l'admission à l'aide juridictionnelle par son bénéficiaire viennent en déduction :

1° De la contribution de l'État, en cas d'aide juridictionnelle totale ;

2° De la contribution du bénéficiaire et de celle de l'État pour le surplus éventuel, en cas d'aide juridictionnelle partielle.

Il en va de même des honoraires et émoluments ainsi que des provisions versées à ce titre pris en charge en application d'un contrat d'assurance de protection juridique ou d'un autre système de protection. – *[Décr. n° 91-1266 du 19 déc. 1991, art. 102.]*

Art. 110 Les sommes revenant aux avocats et aux avocats au Conseil d'État et à la Cour de cassation sont réglées sur justification de la désignation au titre de l'aide juridictionnelle et production d'une attestation de mission délivrée par le greffier ou le secrétaire de la juridiction saisie.

Cette attestation mentionne la nature de la procédure, les diligences effectuées et, selon le cas :

1° Le montant de la contribution de l'État à la rétribution de l'avocat après, le cas échéant, application de la réduction prévue à l'article 92 ou imputation de la somme perçue par lui au titre de l'aide juridictionnelle pour une procédure de divorce par consentement mutuel en application de l'article 229-1 du code civil n'ayant pas abouti, des pourparlers transactionnels ayant échoué ou une procédure participative avant l'introduction d'une instance n'ayant pas abouti à un accord total ;

2° Ou la somme à régler à l'officier public ou ministériel après, le cas échéant, application de la réduction prévue à l'article 92.

L'attestation est délivrée ou remise à l'auxiliaire de justice au moment où le juge rend sa décision ou, au plus tard, en même temps que lui en est adressée une expédition, sous réserve des dispositions du premier alinéa de l'article 112 et de l'article 113.

Les difficultés auxquelles donne lieu l'application du présent article sont tranchées sans forme par le président de la juridiction qui doit être saisi dans un délai d'un an à compter de la date de délivrance de l'attestation de fin de mission ou, à défaut, de la date à laquelle le juge a rendu sa décision. A défaut, l'auxiliaire de justice est réputé avoir renoncé à son recours. – *[Comp. Décr. nº 91-1266 du 19 déc. 1991, art. 104.]*

Art. 111 La part contributive due par l'État à l'avocat au Conseil d'État et à la Cour de cassation, à un huissier de justice, un notaire, un commissaire-priseur ou un greffier du tribunal de commerce est liquidée et ordonnancée par l'ordonnateur compétent ou son délégataire et payée par le comptable de la direction générale des finances publiques.

Lorsque les actes des huissiers de justice, notaires, commissaire-priseur ou greffiers du tribunal de commerce sont intervenus pour introduire une instance ou au cours de l'instance, le paiement a lieu selon les modalités prévues au premier alinéa de l'article 110. La demande d'attestation de mission doit être faite dans les quatre mois qui suivent l'accomplissement de l'acte.

Lorsque l'acte a été accompli pour la signification d'une décision ou pour son exécution, le paiement a lieu selon les modalités prévues au premier alinéa de l'article 110. La demande d'attestation de mission doit être faite, dans le même délai, auprès du greffier ou du secrétaire de la juridiction ayant rendu la décision.

Lorsqu'a *[Lorsque a]* été déposée au rang des minutes d'un notaire la convention de divorce par consentement mutuel prévue à l'article 229-1 du code civil, le paiement du notaire a lieu selon les modalités prévues à l'article 107. La demande d'attestation de mission doit être faite dans les quatre mois qui suivent le dépôt de l'acte, auprès du président du bureau d'aide juridictionnelle. – *[Comp. Décr. nº 91-1266 du 19 déc. 1991, art. 106 et 107.]*

Art. 112 Lorsque l'avocat du bénéficiaire de l'aide juridictionnelle a recouvré la somme allouée sur le fondement de l'article 37 de la loi *[nº 91-647]* du 10 juillet 1991 susvisée dans le délai de quatre ans à compter du jour où la décision est passée en force de chose jugée, il en avise sans délai le greffier ou le secrétaire de la juridiction qui a rendu la décision ainsi que la caisse des règlements pécuniaires dont il relève. Lorsqu'il renonce dans ce même délai à recouvrer cette somme ou qu'il n'en recouvre qu'une partie et que la fraction recouvrée n'excède pas la part contributive de l'État, il demande au greffier ou au secrétaire de la juridiction la délivrance d'une attestation de mission laquelle mentionne, le cas échéant, le montant des sommes recouvrées. A l'expiration du délai précité, l'avocat qui n'a pas sollicité la délivrance d'une attestation de mission, est réputé avoir renoncé à la part contributive de l'État.

Si la décision rendue sur le fondement des dispositions de l'article 37 de la loi *[nº 91-647]* du 10 juillet 1991 susvisée fait l'objet d'un recours, l'avocat peut, durant l'instance sur recours, renoncer au bénéfice de la somme allouée et demander au greffier ou au secrétariat de la juridiction qui a rendu la décision contestée la délivrance d'une attestation de mission.

L'avocat peut solliciter, dans les mêmes conditions, la délivrance d'une attestation de mission si, à l'issue du recours, la décision lui allouant une somme sur le fondement de l'article 37 est réformée ou annulée.

Les auxiliaires de justice rémunérés selon un tarif peuvent renoncer à percevoir la part contributive de l'État à tout moment et au plus tard dans les quatre mois qui suivent, selon le cas, la délivrance de l'attestation de mission ou l'accomplissement de l'acte par l'auxiliaire de justice. Avis de la renonciation est donné au greffier ou au secrétaire de la juridiction concernée. – *[Comp. Décr. nº 91-1266 du 19 déc. 1991, art. 108.] – V. L. nº 91-647 du 10 juill. 1991, art. 37, App., vº Aide juridique.*

Contribution exclusive. La contribution due au titre de l'aide juridictionnelle est exclusive de toute autre rémunération ; l'auxiliaire de justice qui n'a pas renoncé à percevoir la somme correspondant à la part contributive de l'État ne peut poursuivre, contre la partie condamnée aux dépens et non bénéficiaire de l'aide juridictionnelle, le recouvrement des émoluments auxquels il peut prétendre. • Civ. 2e, 19 mai 2005, nº 03-14.709 P : *D. 2005. IR 1447*.

Art. 113 Lorsque le plafond de remboursement des honoraires et émoluments couverts par un contrat d'assurance de protection juridique ou par un autre système de protection est inférieur à la contribution de l'État, l'avocat ou l'officier public ou ministériel ayant prêté son concours demande au greffier ou au secrétaire de la juridiction la délivrance d'une attestation de mission. A cet effet, il produit tout justificatif des honoraires et émoluments dus. L'attestation de mission mentionne leur montant. – *[Décr. nº 91-1266 du 19 déc. 1991, art. 108-1.]*

Art. 114 Dans le cas où une instance est reprise ou poursuivie devant une juridiction, après que la juridiction saisie initialement du litige pour lequel l'aide juridictionnelle avait été accordée s'est déclarée incompétente, l'avocat qui prête son concours au bénéficiaire de l'aide peut solliciter une nouvelle contribution de l'État. Le président de la juridiction devant laquelle l'affaire est reprise ou poursuivie se prononce sur cette demande et fixe le montant de la contribution complémentaire éventuellement due en tenant compte des diligences effectuées par l'avocat. – *[Décr. nº 91-1266 du 19 déc. 1991, art. 115.]*

Art. 115 Le premier président de la cour d'appel et le procureur général près cette cour sont institués conjointement ordonnateurs secondaires des dépenses et des recettes se rapportant :

1º A la rétribution des auxiliaires de justice, autres que les avocats, prêtant leur concours au titre de l'aide juridictionnelle devant les juridictions situées dans leur ressort, en vue de parvenir à une transaction avant l'introduction d'une instance devant ces juridictions ou à l'occasion de l'exécution dans leur ressort d'une décision de justice ou de tout autre titre exécutoire ;

2º Aux frais avancés par l'État au titre de l'aide juridictionnelle afférents aux instances devant les juridictions situées dans leur ressort et à l'exécution d'une décision de justice ou de tout autre titre exécutoire dans leur ressort.

Ils sont également institués ordonnateurs secondaires des recettes se rapportant à la rétribution des avocats inscrits aux barreaux établis près des tribunaux judiciaires de leur ressort prêtant leur concours au titre de l'aide juridictionnelle ou de l'aide à l'intervention de l'avocat prévues par les dispositions de la troisième partie de la loi *[nº 91-647]* du 10 juillet 1991 susvisée. – *V. L. nº 91-647 du 10 juill. 1991, art. 64 s., App., vº Aide juridique.*

Ils peuvent déléguer conjointement leur signature, sous leur responsabilité, aux magistrats ou aux agents en fonction dans le ressort de la cour d'appel. – *[Décr. nº 91-1266 du 19 déc. 1991, art. 158.]*

SECTION III *L'avance et le recouvrement des frais*

Art. 116 Les rémunérations afférentes aux constatations, consultations, expertises et médiations ainsi que les acomptes accordés par le juge sur justification des avances faites par l'expert, les indemnités allouées aux témoins, les frais de transport lorsque ces frais entrent dans les dépens, les frais d'affranchissement exposés à l'occasion des correspondances postales expressément prévues par la loi lorsqu'ils sont à la charge des parties, les droits d'enregistrement et les taxes assimilées, les redevances de greffe et, en général, tous les frais dus à des tiers en application de l'article 40 de la loi *[nº 91-647]* du 10 juillet 1991 susvisée, sont avancés par l'État. – *V. L. nº 91-647 du 10 juill. 1991, art. 40, App., vº Aide juridique.*

Les frais pris en charge au titre d'un contrat d'assurance de protection juridique ou d'un autre système de protection viennent en déduction des sommes dues par l'État au titre de l'alinéa précédent.

Il n'y a pas lieu à consignation par l'État lorsque celle-ci eût incombé au bénéficiaire de l'aide juridictionnelle.

Les frais, à l'exception des sommes revenant aux avocats, sont liquidés et ordonnancés par *l'ordonnateur compétent* ou son délégataire au vu, selon le cas, d'une attestation du greffier ou du secrétaire de la juridiction, d'une décision de taxe ou de la justification par l'auxiliaire de justice de l'exécution de sa mission et sont payés par le comptable de la direction générale des finances publiques.

Le présent article est applicable aux constatations, consultations, expertises et médiations auxquelles les parties décident de procéder dans le cadre d'une procédure participative aux fins de mise en état. – *[Décr. nº 91-1266 du 19 déc. 1991, art. 119.]*

Art. 117 Lorsque l'aide juridictionnelle est accordée dans un litige transfrontalier en application de l'article 3-1 de la loi *[nº 91-647]* du 10 juillet 1991 susvisée et que l'instance se déroule en France, les frais d'interprète, les frais de traduction des documents que le juge a estimé indispensable d'examiner pour apprécier les moyens soulevés par le bénéficiaire de l'aide, ainsi que les frais de déplacement des personnes dont la présence à l'audience est requise par le juge, sont avancés par l'État selon les modalités prévues au quatrième alinéa de l'article 116.

Lorsque l'aide juridictionnelle est accordée dans un litige transfrontalier en application de l'article 3-1 de la loi *[nº 91-647]* du 10 juillet 1991 susvisée et que l'instance se déroule dans les départements du Bas-Rhin, du Haut-Rhin ou de la Moselle, les frais de traduction et d'interprète mentionnés au premier alinéa du présent article sont couverts dans les conditions prévues au premier alinéa de l'article 4 de la loi locale du 30 juin 1878 relative aux indemnités accordées aux témoins et experts.

Lorsque l'instance ne se déroule pas en France, les frais de traduction de la demande d'aide et des documents exigés pour son instruction avant transmission de cette demande à l'État de la juridiction compétente sur le fond sont avancés par l'État au vu d'une ordonnance émise par le garde des sceaux, ministre de la justice.

Hors le cas prévu au troisième alinéa, la rémunération des traducteurs et interprètes est fixée conformément aux dispositions de l'article R. 122 du code de procédure pénale.

Les frais de déplacement des personnes dont la présence à l'audience en France est requise par le juge sont couverts, sur justificatif, par une indemnité égale à celle attribuée aux témoins par l'article R. 133 du code de procédure pénale. Cette indemnité est versée au vu de l'état récapitulatif visé par le greffier, accompagné des pièces justificatives, selon les modalités prévues au quatrième alinéa de l'article 116. – *[Comp. Décr. nº 91-1266 du 19 déc. 1991, art. 119-1 et 153-1.] — V. L. nº 91-647 du 10 juill. 1991, art. 3-1, App., vº Aide juridique.*

Art. 118 Les actes et décisions bénéficiant d'une exonération fiscale ou pour lesquels les droits et taxes sont liquidés en débet doivent comporter en marge les nom et prénoms du bénéficiaire de l'aide juridictionnelle ainsi que l'indication de la date d'admission et du bureau ou de la section du bureau dont elle émane. – *[Décr. nº 91-1266 du 19 déc. 1991, art. 120.]*

Art. 119 Les frais exposés avec le bénéfice de l'aide afférents aux procédures d'exécution et aux instances nées de cette exécution entre le bénéficiaire de l'aide et la partie poursuivie sont, même si ces procédures ou instances ont été discontinuées ou suspendues pendant plus d'une année, réputés dus par la partie poursuivie, sauf justifications ou décisions contraires. – *[Décr. nº 91-1266 du 19 déc. 1991, art. 121.]*

Art. 120 En cas de retrait de l'aide juridictionnelle, il est procédé au recouvrement, dans les limites éventuellement fixées par la décision de retrait, des avances, redevances, droits et taxes dont le bénéficiaire de l'aide avait été dispensé, de la part contributive versée à l'avocat et des indemnités forfaitaires versées aux officiers publics ou ministériels, ainsi que, s'il y a lieu, des droits, taxes et pénalités dus par le bénéficiaire sur les actes et titres produits par lui pour justifier de ses droits et qualités. – *[Décr. nº 91-1266 du 19 déc. 1991, art. 122.]*

Art. 121 La partie condamnée aux dépens qui ne bénéficie pas elle-même de l'aide juridictionnelle est tenue, sauf dispense totale ou partielle accordée par le juge, de rembourser au Trésor public, dans la proportion des dépens mis à sa charge, les sommes avancées par l'État au titre de l'aide juridictionnelle. La partie tenue aux dépens dans les cas prévus par la loi est assimilée à la partie condamnée aux dépens.

Lorsque l'instance est engagée après l'échec de pourparlers transactionnels ou que la procédure participative engagée avant celle-ci n'a pas abouti à un accord, la partie condamnée *aux dépens qui ne bénéficie* pas elle-même de l'aide juridictionnelle est tenue, sauf dispense totale ou partielle dans la proportion des dépens mis à sa charge, de rembourser l'ensemble des sommes avancées par l'État au titre de l'aide juridictionnelle, tant pour l'instance que pour les pourparlers transactionnels ou la procédure participative. – *[Décr. nº 91-1266 du 19 déc. 1991, art. 123.]*

Art. 122 En cas de désistement mettant fin à l'instance, les dépens ne peuvent être mis à la charge du défendeur bénéficiaire de l'aide juridictionnelle. Toute stipulation contraire est réputée non écrite. – *[Décr. nº 91-1266 du 19 déc. 1991, art. 123-1.]*

Art. 123 L'accord des parties tendant à mettre fin à une instance les opposant ne peut mettre à la charge de la partie bénéficiaire de l'aide juridictionnelle plus de la moitié des dépens de cette instance. Il en est de même de la convention des époux en cas de divorce par consentement mutuel judiciaire.

En cas de divorce par consentement mutuel prévu à l'article 229-1 du code civil, la convention de divorce ne peut mettre à la charge de la partie bénéficiaire de l'aide juridictionnelle plus de la moitié des frais. Il en va de même de la convention de procédure participative. – *[Décr. n° 91-1266 du 19 déc. 1991, art. 123-2.]*

Art. 124 Le recouvrement des sommes avancées par l'État au titre de l'aide juridictionnelle est effectué par le comptable de la direction générale des finances publiques au vu d'un titre de perception établi et rendu exécutoire par l'ordonnateur compétent. Le titre de perception est notifié à la personne contre qui les sommes sont à recouvrer par les comptables publics.

Dans les litiges transfrontaliers mentionnés à l'article 3-1 de la loi *[n° 91-647]* du 10 juillet 1991 susvisée, si la demande d'aide transmise à l'État de la juridiction compétente sur le fond est rejetée, les frais de traduction de cette demande et des documents exigés pour son instruction sont recouvrés contre le demandeur de l'aide par un comptable public conformément aux dispositions prévues aux articles 112 à 124 du décret du 7 novembre 2012 relatif à la gestion budgétaire et comptable publique susvisé, au vu d'un titre de perception établi par le garde des sceaux et d'un justificatif de la décision de rejet. – *[Décr. n° 91-1266 du 19 déc. 1991, art. 124.] — V. L. n° 91-647 du 10 juill. 1991, art. 3-1, App., v° Aide juridique.— Pour l'application à Saint-Pierre-et-Miquelon, à Saint-Barthélemy et en Polynésie française, V. art. 152 du présent décret.*

Art. 125 Le titre de perception contient :

1° Les nom, prénom*[s]*, date et lieu de naissance et domicile de la personne contre qui les sommes sont à recouvrer et, s'il s'agit d'une personne morale, sa forme, sa dénomination et son siège social ;

2° La date et la nature de la décision ainsi que la juridiction qui a rendu cette décision ou la date et la nature de la convention de divorce par consentement mutuel prévu à l'article 229-1 du code civil ;

3° La mention des textes applicables ;

4° Le détail des bases de la liquidation au sens de l'article 24 du décret *[n° 2012-1246]* du 7 novembre 2012 susvisé relatif à la gestion budgétaire et comptable publique ;

5° Les délais et modalités de paiement et de contestation.

Les sommes engagées par le bénéficiaire de l'aide juridictionnelle, avant son admission à cette aide, ne sont pas comprises dans les dépens recouvrables par l'État. – *[Décr. n° 91-1266 du 19 déc. 1991, art. 125.]*

Art. 126 Le titre de perception peut faire l'objet de la part du redevable d'une contestation.

La contestation est formée et instruite selon les règles prévues aux articles 117 à 119 du décret *[n° 2012-1246]* du 7 novembre 2012 susvisé, et produit les mêmes effets. – *[Comp. Décr. n° 91-1266 du 19 déc. 1991, art. 128.]*

Art. 127 L'exercice d'une voie de recours contre la décision rendue par la juridiction saisie de l'affaire suspend la procédure de recouvrement*[.]* – *[Décr. n° 91-1266 du 19 déc. 1991, art. 129.]*

Art. 128 Lorsque le titre de perception pris en charge par le comptable public a été établi sur la base d'une décision frappée de recours, l'ordonnateur compétent avisé de ce recours par le directeur des services de greffe judiciaire, le greffier en chef ou le secrétaire de la juridiction en informe le comptable public. – *[Décr. n° 91-1266 du 19 déc. 1991, art. 130.]*

Art. 129 Les règles relatives à l'admission en non-valeur et aux remises gracieuses des créances de l'État mentionnées aux articles 120 à 124 du décret *[n° 2012-1246]* du 7 novembre 2012 susvisé relatif à la gestion budgétaire et comptable publique sont applicables au recouvrement des sommes avancées par l'État au titre de l'aide juridictionnelle. – *[Décr. n° 91-1266 du 19 déc. 1991, art. 131.]*

Art. 130 Les dispositions du présent chapitre sont applicables au Tribunal des conflits et aux juridictions administratives, compte tenu des règles propres à ces juridictions. La partie perdante est assimilée à la partie condamnée aux dépens.

En l'absence de règles propres à certaines de ces juridictions, les dispositions du code de justice administrative sont applicables. – *[Décr. n° 91-1266 du 19 déc. 1991, art. 132.]*

SECTION IV *La gestion des fonds d'aide juridictionnelle et d'aide à l'intervention de l'avocat par les caisses des règlements pécuniaires des avocats*

Art. 131 Les caisses des règlements pécuniaires des avocats tiennent une comptabilité annuelle de la gestion des fonds de l'aide juridique dans les procédures juridictionnelles et non juridictionnelles*[.]*

Elles enregistrent dans les conditions fixées par arrêté du garde des sceaux, ministre de la justice :

1° Les opérations inscrites sur le compte spécial :

a) Dotations versées par l'État au titre de sa part contributive à la rétribution des avocats, conformément à l'article 132 ;

b) Contributions dues par l'État au titre des missions achevées ainsi que des provisions au titre des missions en cours ;

2° Les rétributions versées aux avocats au titre des missions achevées ;

3° La dotation complémentaire versée par l'État et les rétributions versées aux avocats au titre des conventions locales conclues au titre de l'article 88 ;

4° Les produits financiers provenant du placement des fonds disponibles. – *[Comp. Décr. nº 91-1266 du 19 déc. 1991, art. 117-1.] – Pour l'application en Polynésie française, V. art. 173 du présent décret.*

Art. 132 Le montant de la provision initiale prévue *(Décr. nº 2021-810 du 24 juin 2021, art. 14, en vigueur le 1er juill. 2021)* « à l'article 28 » de la loi *[nº 91-647]* du 10 juillet 1991 susvisée est fixé, en début d'année, par arrêté de l'ordonnateur compétent. Il est calculé sur la base d'une prévision portant, d'une part, sur les montants versés au titre des missions et interventions achevées dans l'année et, d'autre part, sur les missions engagées et susceptibles de donner lieu au versement d'une provision à l'avocat dans les conditions fixées par l'article 29 de la même loi. – *V. L. nº 91-647 du 10 juill. 1991, art. 28, App., vº Aide juridique.*

Le montant des ajustements versés en cours d'année est également fixé par arrêté de l'ordonnateur compétent et calculé selon les mêmes modalités.

Le montant de la dotation annuelle affectée à chaque barreau par l'État en application *(Décr. nº 2021-810 du 24 juin 2021, art. 14, en vigueur le 1er juill. 2021)* « de l'article 27 » de la loi *[nº 91-647]* du 10 juillet 1991 susvisée résulte, d'une part, du nombre de missions et d'interventions accomplies par les avocats intervenus au titre de ces dispositions et *[,]* d'autre part, de la contribution de l'État à la rétribution des avocats fixée ci-après. – *V. L. nº 91-647 du 10 juill. 1991, art. 27, App., vº Aide juridique.*

La liquidation de la dotation due par l'ordonnateur compétent à chaque barreau est effectuée en fin d'année à partir d'un état récapitulatif des missions achevées.

Cet état est établi par la caisse des règlements pécuniaires des avocats et, après certification de sa régularité et de sa sincérité par le commissaire aux comptes, est visé par le bâtonnier. Après liquidation de la dotation due, la part de la dotation non utilisée est constatée à la fin de chaque année. Elle est reprise dans la comptabilité de l'année suivante.

Le solde correspondant à la différence entre le montant des provisions versées et celui de la dotation due au titre des missions achevées tel qu'il résulte de l'état liquidatif est déduit de la provision initiale de l'exercice suivant.

Le garde des sceaux, ministre de la justice, peut faire vérifier par les agents de son administration l'application des dispositions du présent article par les caisses des règlements pécuniaires des avocats.

Art. 133 Les montants des contributions dues par l'État pour les missions achevées tels qu'ils sont déterminés par application des dispositions des articles 86 et 87 sont enregistrés chronologiquement sur le compte spécial prévu à l'article 29 de la loi *[nº 91-647]* du 10 juillet 1991 susvisée. Y sont mentionnés : – *V. L. nº 91-647 du 10 juill. 1991, art. 29, App., vº Aide juridique.*

1° Le nom de l'avocat ayant effectué la mission ;

2° Le nom et les prénoms de la personne assistée, sa date et son lieu de naissance *(Décr. nº 2021-810 du 24 juin 2021, art. 15, en vigueur le 1er juill. 2021)* « et, si la personne a bénéficié d'un avocat dans les conditions prévues à l'article 19-1 de la loi du 10 juillet 1991 susvisée, les coordonnées postales du lieu de résidence habituelle du bénéficiaire » ;

3° L'objet de la procédure juridictionnelle ou, en matière non juridictionnelle, la nature de l'intervention ainsi que, le cas échéant, le lieu et la date ;

4° La nature, les références et la date de la décision du bureau d'aide juridictionnelle, sauf pour les procédures d'audition de l'enfant en justice ;

5° Le cas échéant :

a) Le nom de la victime lors d'une confrontation avec une personne entendue librement, gardée à vue, placée en retenue ou en rétention dans les conditions prévues par le code de procédure pénale ;

b) Le numéro de procès-verbal, la date et l'heure de début et de fin d'intervention ;

6° Le nombre d'unités de valeur et le montant de la contribution due par l'État après calcul de la TVA et, le cas échéant, après déduction du montant de la provision versée par le client à l'avocat.

De même, les montants des provisions versées au titre des missions en cours sont enregistrés chronologiquement sur le compte spécial, avec mention du nom de l'avocat effectuant la mission, de la nature, des références et de la date de la décision du bureau d'aide juridictionnelle.

Aucune écriture autre que celles prévues ci-dessus ne peut figurer sur le compte spécial. – *[Comp. Décr. nº 91-1266 du 19 déc. 1991, art. 117-2 et 132-3.] – Pour l'application à Mayotte, V. art. 156 du présent décret.*

Art. 134 A la fin de chaque année, les rétributions versées aux avocats au titre de la dotation annuelle et, le cas échéant, de la dotation complémentaire versée au titre de l'article 88, font l'objet d'états liquidatifs établis par la caisse des règlements pécuniaires des avocats et visés par le bâtonnier.

Le commissaire aux comptes établit ensuite un rapport dans lequel il rend compte des contrôles et vérifications qu'il a effectués sur les enregistrements visés à l'article 131*[,]* formule si nécessaire des observations et atteste la régularité et la sincérité des états liquidatifs mentionnés au premier alinéa du présent article.

Le commissaire aux comptes transmet son rapport au bâtonnier et au président de la caisse des règlements pécuniaires des avocats.

Ce rapport est présenté à l'assemblée générale de la CARPA appelée à statuer sur les comptes de l'exercice de l'association CARPA. – *[Décr. nº 91-1266 du 19 déc. 1991, art. 117-1-1.]*

Art. 135 L'Union nationale des caisses de règlements pécuniaires des avocats transmet au ministère de la justice :

1° Mensuellement, les états de trésorerie consolidés de l'ensemble des caisses de règlements pécuniaires des avocats prévus à l'article 37 du règlement type pris pour l'application de l'article 29 de la loi *[nº 91-647]* du 10 juillet 1991 susvisée ;

2° Trimestriellement, la situation du compte bancaire spécial dédié aux versements aux caisses de règlements pécuniaires des avocats retraçant le détail des entrées et sorties de fonds ;

3° Annuellement, les états liquidatifs consolidés des caisses de règlements pécuniaires des avocats. – *[Comp. Décr. nº 91-1266 du 19 déc. 1991, art. 117-3.]*

TITRE II Les conseils de l'aide juridique

CHAPITRE PREMIER *Le Conseil national de l'aide juridique*

Art. 136 Le Conseil national de l'aide juridique est consulté sur les projets de loi et de décret relatifs à l'aide juridictionnelle, à l'aide à l'accès au droit, et aux aides à l'intervention de l'avocat prévues par les dispositions de la troisième partie de la loi *[nº 91-647]* du 10 juillet 1991 susvisée. – *[Décr. nº 91-1266 du 19 déc. 1991, art. 133.] – V. L. nº 91-647 du 10 juill. 1991, art. 64 s., App., vº Aide juridique.*

Art. 137 Le Conseil national de l'aide juridique est présidé par un conseiller d'État ou un conseiller à la Cour de cassation. La vice-présidence en est assurée, selon que le président est un conseiller d'État ou un conseiller à la Cour de cassation, par un conseiller à la Cour de cassation désigné sur proposition du premier président de la Cour de cassation ou par un conseiller d'État désigné sur proposition du vice-président du Conseil d'État.

Il comprend en outre :

1° Un président de conseil départemental de l'accès au droit ;

2° Deux directeurs de l'administration centrale du ministère de la justice ;

3° Le directeur général de la cohésion sociale au ministère chargé des affaires sociales ;

4° Un directeur de l'administration centrale du ministère chargé du budget ;

5° Un directeur des services de greffe judiciaires désigné sur proposition de la commission administrative paritaire ;

6° Huit avocats désignés sur proposition du Conseil national des barreaux ;

7° Un avocat au Conseil d'État et à la Cour de cassation désigné sur proposition de l'ordre des avocats au Conseil d'État et à la Cour de cassation ;

8° Deux notaires désignés sur proposition du Conseil supérieur du notariat ;

9° Deux huissiers de justice désignés sur proposition de la chambre nationale des commissaires de justice ;

10° Un conseiller départemental ou un conseiller de Paris ;

11° Un représentant de l'Association des maires de France ;

12° Deux représentants d'associations œuvrant dans le domaine de l'aide juridique ;

13° Un représentant des Français établis hors de France désigné sur proposition de l'Assemblée des Français de l'étranger. – *[Décr. n° 91-1266 du 19 déc. 1991, art. 134.]*

Art. 138 En cas d'empêchement de son président, la présidence du Conseil national de l'aide juridique est assurée par son vice-président. – *[Décr. n° 91-1266 du 19 déc. 1991, art. 135.]*

Art. 139 Les membres du Conseil national de l'aide juridique mentionnés aux 6° et 12° de l'article 137 doivent être membres d'un bureau d'aide juridictionnelle ou du conseil d'administration d'un conseil départemental de l'accès au droit depuis au moins un an à la date de leur nomination, ou avoir exercé lesdites fonctions pendant une telle durée. – *[Décr. n° 91-1266 du 19 déc. 1991, art. 136.]*

Art. 140 Les membres du Conseil national de l'aide juridique mentionnés aux 2° à 4° de l'article 137 peuvent se faire représenter. Les directeurs prévus aux 2° et 4° de l'article 137 sont nommés par arrêté du ministre dont ils relèvent. Les autres membres sont nommés par arrêté du garde des sceaux, ministre de la justice, pour une période de trois ans. Ils peuvent se faire remplacer par un suppléant nommé dans les mêmes conditions qu'eux. Sauf dans le cas prévu à l'article 138, un membre suppléant ne peut assister aux séances du Conseil national qu'en cas d'absence du membre titulaire. Le mandat des membres du Conseil national est renouvelable une seule fois. En cas de décès, de démission ou de perte de la qualité au titre de laquelle ils ont été désignés, les membres sont remplacés pour la période restant à courir. – *[Décr. n° 91-1266 du 19 déc. 1991, art. 137.]*

Art. 141 Le Conseil national de l'aide juridique constitue en son sein une commission permanente.

La commission permanente prépare les travaux du Conseil national et peut être consultée en cas d'urgence en ses lieu et place.

Elle est présidée par le président du conseil national et, en cas d'empêchement de celui-ci, par son vice-président.

Elle comprend en outre :

1° Deux membres choisis parmi ceux mentionnés aux 1° à 5° et 10° à 13° de l'article 137 ;

2° Trois membres choisis parmi ceux mentionnés aux 6° à 9° de l'article 137, dont au moins un parmi ceux mentionnés au 6°. – *[Décr. n° 91-1266 du 19 déc. 1991, art. 138.]*

Art. 142 Le Conseil national de l'aide juridique se réunit sur convocation du président et au moins une fois par an. – *[Décr. n° 91-1266 du 19 déc. 1991, art. 139.]*

Art. 143 Le secrétariat du Conseil national de l'aide juridique est assuré par les services du ministère de la justice. – *[Décr. n° 91-1266 du 19 déc. 1991, art. 140.]*

CHAPITRE II *Les conseils départementaux de l'accès au droit*

Art. 144 Les conseils départementaux de l'accès au droit ont leur siège au chef-lieu du département. Ils sont présidés par le président du tribunal judiciaire de ce chef-lieu. Ils sont désignés sous le nom du département. – *[Comp. Décr. n° 91-1266 du 19 déc. 1991, art. 141.]*

Art. 145 La convention constitutive du conseil départemental d'accès au droit est approuvée par le ministre chargé du budget et par le ministre de la justice, qui peut déléguer son pouvoir au premier président de la cour d'appel dans le ressort de laquelle siège ce conseil. – *[Décr. n° 91-1266 du 19 déc. 1991, art. 142.]*

Art. 146 Un conseil d'administration, dont la présidence est assurée par le président du conseil départemental de l'accès au droit, administre celui-ci. Il comprend, outre son président et son vice-président, quinze membres au plus.

Sont obligatoirement représentés, au sein du conseil d'administration, l'État, le département, les professions judiciaires et juridiques, l'association départementale des maires et la ou les associations mentionnées au 9° de l'article 55 de la loi *[n° 91-647]* du 10 juillet 1991 susvisée. La convention constitutive du conseil départemental de l'accès au droit fixe, pour chacun de ces membres, le nombre de leurs représentants qui sont désignés selon les modalités suivantes :

1° Au titre des représentants de l'État :

a) Le préfet désigne le ou les fonctionnaires des services déconcentrés des administrations civiles de l'État placés sous son autorité ;

b) Les chefs des autres services déconcentrés de ces administrations désignent, s'il y a lieu, le ou les fonctionnaires qui relèvent de leur autorité ;

c) Le premier président de la cour d'appel et le procureur général près ladite cour désignent conjointement, s'il y a lieu, le ou les magistrats de l'ordre judiciaire ou le ou les fonctionnaires des services judiciaires exerçant leurs fonctions dans le ressort de la cour ;

2° Le ou les représentants du département sont désignés par le conseil départemental ou, à Paris, par le conseil de Paris ;

3° Le ou les représentants des professions judiciaires et juridiques sont désignés par l'organisme professionnel dont ils relèvent ;

4° Le ou les représentants de l'association départementale des maires et le ou les représentants de la ou les associations mentionnées au 9° de l'article 55 de la loi *[n° 91-647]* du 10 juillet 1991 précitée sont désignés par l'organe délibérant de leur association.

Lorsque sont admis à siéger au conseil départemental de l'accès au droit, conformément aux dispositions du dernier alinéa de l'article 55 de la loi *[n° 91-647]* du 10 juillet 1991 précitée, d'autres membres que ceux mentionnés aux 1° à 9° du même article, leur représentation au sein du conseil d'administration est déterminée selon les modalités prévues par la convention constitutive. — *[Décr. n° 91-1266 du 19 déc. 1991, art. 145.] — V. L. n° 91-647 du 10 juill. 1991, art. 55, App., v° Aide juridique.*

Art. 147 Le commissaire du Gouvernement auprès du conseil départemental de l'accès au droit est le magistrat du siège ou du parquet de la cour d'appel mentionné à l'avant-dernier alinéa de l'article 55 de la loi *[n° 91-647]* du 10 juillet 1991 susvisée. — *[Décr. n° 91-1266 du 19 déc. 1991, art. 148.] — V. L. n° 91-647 du 10 juill. 1991, art. 55, App., v° Aide juridique.*

Art. 148 Sous réserve des dispositions du présent chapitre, les conseils départementaux d'accès au droit sont régis par les dispositions du décret *[n° 2012-91]* du 26 janvier 2012 relatif aux groupements d'intérêt public susvisé. — *[Décr. n° 91-1266 du 19 déc. 1991, art. 149.]*

TITRE III **Modalités particulières d'application aux collectivités de l'article 73 de la Constitution, à Saint-Barthélemy, Saint-Martin et Saint-Pierre-et-Miquelon ainsi qu'en Polynésie française, dans les îles Wallis-et-Futuna et en Nouvelle-Calédonie**

Art. 149 Le présent décret est applicable dans les collectivités régies par l'article 73 de la Constitution, à Saint-Barthélemy, Saint-Martin et Saint-Pierre-et-Miquelon ainsi qu'en Polynésie française *(Décr. n° 2021-810 du 24 juin 2021, art. 16, en vigueur le 1er juill. 2021)* « dans sa rédaction résultant » *(Décr. n° 2022-419 du 23 mars 2022, art. 4-1°)* « *[du]* décret n° 2022-419 du 23 mars 2022 », sous réserve des dispositions suivantes. — *[Comp. Décr. n° 91-1369 du 30 déc. 1991, art. 1er.]*

SECTION I *Dispositions relatives à l'aide juridictionnelle et à l'aide à l'intervention de l'avocat et au concours des avocats et des officiers publics ou ministériels*

Art. 150 Pour l'application du quatrième alinéa de l'article 76 aux audiences de la Cour nationale du droit d'asile dans les collectivités régies par l'article 73 de la Constitution, l'avocat peut être désigné sur des listes établies par les bâtonniers des barreaux des cours d'appel de Basse-Terre, de Fort-de-France, de Cayenne et de Saint-Denis de La Réunion. — *[Décr. n° 91-1369 du 30 déc. 1991, art. 3.]*

Art. 151 Pour l'application de l'article 8 à Saint-Martin, à Saint-Pierre-et-Miquelon et en Polynésie française, les ressources mensuelles imposables s'entendent des ressources imposables localement. Pour son application à Saint-Barthélemy *(Décr. n° 2021-810 du 24 juin 2021, art. 17, en vigueur le 1er juill. 2021)* « et en Polynésie française », à défaut de ressources mensuelles imposables, sont prises en compte les ressources du foyer.

Art. 152 Les dispositions du présent décret relatives à l'aide juridictionnelle accordée dans les litiges transfrontaliers en matière civile ou commerciale ne sont pas applicables à Saint-Pierre-et-Miquelon, à Saint-Barthélemy ni en Polynésie française. — *[Comp. Décr. n° 91-1369 du 30 déc. 1991, art. 8-1 et 17-2.]*

SECTION II *Dispositions relatives aux conseils de l'accès au droit*

Art. 153 Les conseils de l'accès au droit de Saint-Barthélemy et de Saint-Martin, de Saint-Pierre-et-Miquelon et de la Polynésie française exercent les attributions dévolues au conseil départemental de l'accès au droit par l'article 54 de la loi *[nº 91-647]* du 10 juillet 1991 susvisée. – *V. L. nº 91-647 du 10 juill. 1991, art. 54, App., vº Aide juridique.*

A Saint-Barthélemy, Saint-Martin et Saint-Pierre-et-Miquelon ainsi qu'en Polynésie française, les dispositions du présent décret mentionnant le conseil départemental de l'accès au droit désignent le conseil de l'accès au droit. – *[Comp. Décr. nº 91-1369 du 30 déc. 1991, art. 6, 16 et 17-1.]* – *Sur le siège du conseil de l'accès au droit de la Polynésie française, V. art. 153-5 du présent décret.*

Art. 153-1 Le conseil de l'accès au droit de Saint-Barthélemy et de Saint-Martin exerce les attributions dévolues au conseil départemental de l'accès au droit par l'article 54 de la loi *[nº 91-647]* du 10 juillet 1991 susvisée. – *V. L. nº 91-647 du 10 juill. 1991, art. 54, App., vº Aide juridique.*

Il est présidé par le président du tribunal judiciaire compétent dans ces collectivités, dont la voix est prépondérante en cas de partage égal des voix. Le procureur de la République près ce tribunal en assure la vice-présidence. En cas d'absence ou d'empêchement du président, cette voix prépondérante est attribuée au vice-président.

La fonction de commissaire du Gouvernement est exercée par le magistrat du siège ou du parquet de la cour d'appel mentionné à l'avant-dernier alinéa de l'article 55 de la loi *[nº 91-647]* du 10 juillet 1991 susvisée. – *V. L. nº 91-647 du 10 juill. 1991, art. 55, App., vº Aide juridique.*

Sont représentés au conseil de l'accès au droit :

1º L'État ;

2º La collectivité de Saint-Barthélemy ;

3º La collectivité de Saint-Martin ;

4º L'ordre des avocats du barreau établi près le tribunal judiciaire compétent dans ces collectivités ;

5º La caisse des règlements pécuniaires de ce barreau ;

6º La chambre des huissiers de justice dont relèvent les huissiers exerçant dans ces collectivités ;

7º La chambre des notaires dont relèvent les notaires exerçant dans ces collectivités ;

8º Une ou plusieurs associations œuvrant dans le domaine de l'accès au droit, de l'aide aux victimes, de la conciliation ou de la médiation, désignées conjointement par le président du tribunal judiciaire compétent dans ces collectivités, le procureur de la République près ce tribunal et les représentants des personnes morales de droit public ou privé mentionnées aux 2º à 7º.

Peut en outre être admise toute autre personne morale de droit public ou privé. – *[Comp. Décr. nº 91-1369 du 30 déc. 1991, art. 6.]*

Art. 153-2 Un conseil d'administration, dont la présidence est assurée par le président du conseil de l'accès au droit, administre le conseil de l'accès au droit mentionné à l'article précédent. Il comprend, outre son président et son vice-président :

1º Deux membres désignés l'un par le représentant de l'État à Saint-Barthélemy, l'autre par le représentant de l'État à Saint-Martin, parmi les fonctionnaires des services déconcentrés des administrations civiles de l'État placés sous son autorité ;

2º Un magistrat de l'ordre judiciaire ou un fonctionnaire des services judiciaires exerçant leurs fonctions dans le ressort de la cour désigné conjointement par le premier président et le procureur général de la cour d'appel de Basse-Terre ;

3º Deux représentants, l'un de la collectivité de Saint-Barthélemy et l'autre de celle de Saint-Martin, désignés respectivement par leur conseil territorial ;

4º Un représentant de chaque profession judiciaire et juridique mentionnée aux 4º, 6º et 7º de l'article 153-1 désigné par l'organisme professionnel dont il relève ;

5º Le ou les représentants de la ou des associations mentionnées au 8º de l'article 153-1 désigné par l'organe délibérant de cette ou de ces associations. – *[Comp. Décr. nº 91-1369 du 30 déc. 1991, art. 7.]*

Art. 153-3 Le conseil de l'accès au droit de Saint-Pierre-et-Miquelon exerce les attributions dévolues par la loi *[nº 91-647]* du 10 juillet 1991 susvisée au conseil de l'accès au droit. – *V. L. nº 91-647 du 10 juill. 1991, art. 69-7, App., vº Aide juridique.*

Le conseil d'administration du conseil de l'accès au droit est présidé par le président du tribunal supérieur d'appel, dont la voix est prépondérante en cas de partage égal des voix. Le procureur de la République près ce tribunal en assure la vice-présidence.

Il comprend un représentant de l'État désigné par le préfet et un membre du conseil territorial élu par celui-ci.

Le conseil peut associer à ses délibérations avec voix consultative les représentants d'autres personnes morales de droit public ou privé dont l'objet le justifie. – *[Comp. Décr. n° 91-1369 du 30 déc. 1991, art. 16.]*

Art. 153-4 Les dispositions du présent décret mentionnant respectivement le conseil départemental de l'accès au droit, le conseil départemental, le département, le préfet, le tribunal judiciaire et l'association départementale des maires désignent respectivement, pour la Polynésie française, le conseil de l'accès au droit, le gouvernement de la Polynésie française, la Polynésie française, le haut-commissaire de la République, le tribunal de première instance et le syndicat de promotion des communes. – *[Comp. Décr. n° 91-1369 du 30 déc. 1991, art. 17-1.]*

Art. 153-5 Pour l'application de l'article 153, le conseil de l'accès au droit de la Polynésie française a son siège à Papeete. – *[Comp. Décr. n° 91-1369 du 30 déc. 1991, art. 17-18.]*

SECTION III *Dispositions spécifiques applicables à Mayotte*

Art. 154 Pour l'application aux notaires des articles 57 et 75 à 79, la référence au président de l'organisme professionnel est regardée comme désignant le procureur général près la cour d'appel.

Pour l'application aux huissiers des mêmes dispositions, la référence à l'organisme professionnel est regardée comme désignant, en l'absence de constitution d'un tel organisme, le procureur général près la cour d'appel. – *[Comp. Décr. n° 91-1369 du 30 déc. 1991, art. 7-9.]*

Art. 155 Pour l'application de la rubrique : "II. – Droit social" du barème prévu à l'article 86, la référence aux "Prud'hommes" et au "Référé prud'homal" est respectivement remplacée, jusqu'à la date prévue au II de l'article 16 de l'ordonnance n° 2011-337 du 29 mars 2011 modifiant l'organisation judiciaire dans le Département de Mayotte, par la référence au "Tribunal du travail et des prud'hommes" et au "Référé devant le tribunal du travail et des prud'hommes". – *[Comp. Décr. n° 91-1369 du 30 déc. 1991, art. 7-10.]*

Art. 156 Pour l'application du 6° de l'article 133, les mots : "après calcul de la TVA et" sont supprimés. – *[Comp. Décr. n° 91-1369 du 30 déc. 1991, art. 7-12.]*

SECTION IV *Dispositions spécifiques applicables à Saint-Pierre-et-Miquelon*

Art. 157 Les dispositions de la loi *[n° 91-647]* du 10 juillet 1991 susvisée et du présent décret mentionnant la cour d'appel, le tribunal judiciaire et la cour d'assises désignent, en ce qui concerne la collectivité territoriale de Saint-Pierre-et-Miquelon*[,]* respectivement le tribunal supérieur d'appel, le tribunal de première instance et le tribunal criminel. – *[Comp. Décr. n° 91-1369 du 30 déc. 1991, art. 8.] – V. L. n° 91-647 du 10 juill. 1991, App., v° Aide juridique.*

Art. 158 Le bureau d'aide juridictionnelle est présidé par un magistrat en activité ou honoraire du siège du tribunal de première instance, désigné par le président du tribunal supérieur d'appel.

Pour l'application du premier alinéa de l'article 16 de la loi *[n° 91-647]* du 10 juillet 1991 susvisée, les fonctions de vice-président du bureau sont exercées par le greffier en chef du tribunal supérieur d'appel. – *V. L. n° 91-647 du 10 juill. 1991, art. 16, App., v° Aide juridique.*

Il comprend, en outre, un agréé désigné par le président du tribunal supérieur d'appel et le directeur des services fiscaux ou son représentant.

Des suppléants sont désignés dans les mêmes conditions. – *[Comp. Décr. n° 91-1369 du 30 déc. 1991, art. 9.]*

Art. 159 Le barème prévu par l'article 86 est applicable dans la collectivité de Saint-Pierre-et-Miquelon sous réserve de l'adaptation suivante : la rubrique "II. – Prud'hommes" s'applique au contentieux du prud'homal porté devant le tribunal de première instance.

Art. 160 Les demandes d'aide juridictionnelle relatives aux affaires portées devant une juridiction judiciaire statuant en premier ressort, le tribunal criminel, le tribunal administratif, *une autre juridiction administrative*, le tribunal supérieur d'appel relèvent de la compétence du bureau d'aide juridictionnelle. – *[Comp. Décr. n° 91-1369 du 30 déc. 1991, art. 11.]*

Art. 161 L'avocat, l'agréé ou l'huissier de justice qui prête son concours au bénéficiaire de l'aide juridictionnelle est désigné, le cas échéant, par le président ou par le vice-président du bureau qui a prononcé l'admission à l'aide juridictionnelle. – *[Comp. Décr. n° 91-1369 du 30 déc. 1991, art. 12.]*

Art. 162 Les recours contre les décisions du bureau d'aide juridictionnelle sont exercés devant le président du tribunal supérieur d'appel lorsqu'ils sont relatifs à des affaires relevant de la compétence des juridictions de l'ordre judiciaire et devant le président du tribunal administratif lorsqu'ils relèvent des juridictions administratives. – *[Comp. Décr. n° 91-1369 du 30 déc. 1991, art. 13.]*

Art. 163 Les dispositions du présent décret relatives aux caisses des règlements pécuniaires des avocats ne sont pas applicables dans la collectivité territoriale de Saint-Pierre-et-Miquelon.

La contribution de l'État due à l'agréé ou à l'huissier de justice au titre de l'aide juridictionnelle est liquidée et ordonnancée par l'ordonnateur compétent ou son délégataire. Elle est payée par le comptable assignataire. – *[Comp. Décr. n° 91-1369 du 30 déc. 1991, art. 14.]*

Art. 164 En cas d'aide juridictionnelle partielle, les pouvoirs conférés au bâtonnier par les articles 35 et 36 de la loi *[n° 91-647]* du 10 juillet 1991 susvisée sont exercés par le président du tribunal de première instance. – *[Comp. Décr. n° 91-1369 du 30 déc. 1991, art. 15.] – V. L. n° 91-647 du 10 juill. 1991, art. 35 et 36, App., v° Aide juridique.*

SECTION V *Dispositions spécifiques applicables en Polynésie française*

Art. 165 *(Décr. n° 2021-810 du 24 juin 2021, art. 18-II, en vigueur le 1er juill. 2021)* Les ressources prises en compte pour apprécier le droit à l'aide juridictionnelle au regard des plafonds fixés par la loi sont la moyenne mensuelle des ressources de la dernière année civile, après abattement de 10 %.

Il peut être tenu compte de la moyenne mensuelle des ressources perçues depuis le 1er janvier de l'année en cours si des modifications du niveau des ressources le justifient.

Sont exclues de l'appréciation des ressources les prestations familiales ou sociales ainsi que les aides au logement attribuées localement, dans la limite du montant maximum des allocations allouées en métropole.

Sont considérés comme à charge :

1° Le conjoint ou le concubin ou le partenaire d'un pacte civil de solidarité dépourvu de ressources personnelles ;

2° Le descendant qui, au 1er janvier de l'année en cours, est âgé de moins de dix-huit ans ou, s'il poursuit ses études ou s'il est dépourvu de ressources personnelles, de moins de vingt-cinq ans, ou qui est titulaire de la carte d'invalidité et vit sous le toit du demandeur à l'aide juridictionnelle ;

3° L'ascendant qui habite avec le demandeur à l'aide juridictionnelle et dont les ressources n'excèdent pas le montant de l'allocation de solidarité aux personnes âgées, prévu par la délibération n° 82-33 du 15 avril 1982 modifiée portant l'institution d'un minimum vieillesse, ou n'excèdent pas le revenu pour être affilié au régime de solidarité de la Polynésie française.

Les majorations prévues à l'article 6 du présent décret s'appliquent aux personnes mentionnées aux 1°, 2° et 3° du présent article.

Art. 165-1 Ne sont pas applicables en Polynésie française les dispositions figurant à l'article 38, à l'article 49, et au dernier alinéa de l'article 56 relatives aux demandes d'aide juridictionnelle par voie électronique. – *Anc. art. 165 (Décr. n° 2021-810 du 24 juin 2021, art. 18-I, en vigueur le 1er juill. 2021).*

Art. 166 Pour l'application de l'article 43, la référence aux articles 905-2, 909 et 910 du code de procédure civile et la référence aux articles R. 411-30 et R. 411-32 du code de la propriété intellectuelle sont remplacées par les dispositions de même nature applicables localement.

Art. 167 Pour l'application des 2° et 3° de l'article 19 et de l'article 25, les fonctions dévolues au directeur départemental des finances publiques et au directeur départemental de la cohésion sociale sont exercées par les autorités locales compétentes. – *[Comp. Décr. n° 91-1369 du 30 déc. 1991, art. 17-5.]*

Art. 168 Pour l'application du premier alinéa de l'article 22, les huissiers de justice, membres du bureau d'aide juridictionnelle, sont désignés par le procureur général près la cour d'appel. – *[Comp. Décr. n° 91-1369 du 30 déc. 1991, art. 17-8.]*

Art. 169 Pour l'application aux huissiers de justice des articles 57 et 75 à 79, la référence à l'organisme professionnel et au président de l'organisme professionnel doit être regardée comme désignant le procureur général près la cour d'appel. – *[Comp. Décr. n° 91-1369 du 30 déc. 1991, art. 17-9.]*

Art. 170 Pour l'application de l'article 75, la référence à l'article 1186 du code de procédure civile est remplacée par la référence aux dispositions de même nature applicables localement.

Art. 171 Le barème prévu par l'article 86 est applicable en Polynésie française sous réserve des adaptations suivantes :

1° Pour l'application de la rubrique : II. – Droit social, la ligne : "II. – 1. Prudhommes*["]* et la ligne : *["]*II. – 3. Référé prud'homal" sont remplacées respectivement par la ligne : "II. –1. Tribunal du travail" et la ligne : "II. – 3. Référé devant le tribunal du travail" ;

2° Pour l'application de la rubrique : IV. – Autres matières civiles*[,]* la ligne : "IV. – 6. Difficultés d'exécution devant le juge de l'exécution" est remplacée par la ligne : "IV. – 6. Difficultés d'exécution" ;

3° Dans la troisième colonne du 1er tableau, les majorations possibles en cas d'incidents peuvent être accordées lorsque le juge de la mise en état ou le conseiller de la mise en état statue sur des exceptions de procédures, des demandes de provisions ou des mesures provisoires, ou bien suspend l'exécution d'un jugement ; – *[Comp. Décr. n° 91-1369 du 30 déc. 1991, art. 17-11.]*

(Décr. n° 2021-810 du 24 juin 2021, art. 19, en vigueur le 1er juill. 2021) « 4° Les deux dernières colonnes du tableau I de l'annexe I relatives à la convention participative aux fins de mise en état ne sont pas applicables. »

Art. 172 Pour les déplacements inférieurs à 1 000 kilomètres effectués par les avocats prêtant leur concours au bénéficiaire de l'aide juridictionnelle, conformément aux dispositions de l'avant-dernier alinéa de l'article 70 de la loi *[n° 91-647]* du 10 juillet 1991 susvisée, il est alloué à la caisse des règlements pécuniaires des avocats, tous les trimestres, une somme équivalant aux frais de transport ainsi engagés. La prise en charge des frais de transport par voie aérienne ou maritime est effectuée sur la base du tarif de la classe la plus économique. Pour les déplacements effectués avec un véhicule personnel, l'indemnisation est opérée sur la base du taux applicable aux agents de l'État mentionnés au décret *[n° 2006-781]* du 3 juillet 2006 susvisé fixant les conditions et les modalités de règlement des frais occasionnés par les déplacements temporaires des personnels civils de l'État. – *V. L. n° 91-647 du 10 juill. 1991, art. 70, App., v° Aide juridique.*

Pour les déplacements supérieurs à 1 000 kilomètres, il est alloué forfaitairement à la caisse des règlements pécuniaires des avocats une somme correspondant à 1,5 fois le coût d'un transport entre le siège de la juridiction dont dépend l'avocat et la section détachée ou le lieu de l'audience foraine.

Ces sommes sont intégralement affectées au remboursement des frais de déplacement engagés par les conseils.

Les modalités et le montant de ce paiement sont déterminés par le règlement intérieur du barreau.

Ces sommes sont versées à la caisse des règlements pécuniaires des avocats à partir d'un état récapitulatif des déplacements des avocats qui doit comporter le nom des avocats, les dates, les lieux et la nature des audiences ainsi que le coût des transports supérieurs à 1 000 kilomètres. Cet état, accompagné des justificatifs des interventions des avocats au titre de l'aide juridictionnelle et des frais de déplacement engagés par ces derniers, est établi par la caisse des règlements pécuniaires des avocats et visé par le greffier en chef.

Le montant ainsi calculé des sommes devant être versées à la caisse des règlements pécuniaires des avocats est liquidé par arrêté du garde des sceaux, ministre de la justice, et ordonnancé par l'ordonnateur compétent ou son délégataire. Le paiement est effectué par le comptable assignataire compétent. – *[Décr. n° 91-1369 du 30 déc. 1991, art. 17-14.]*

Art. 173 Pour l'application de l'article 131, la comptabilité tenue par la caisse des règlements pécuniaires des avocats enregistre également les sommes versées par l'État en application de l'article 171, ainsi que l'indemnisation des déplacements effectués par les avocats prêtant leur concours au bénéficiaire de l'aide juridictionnelle. – *[Décr. n° 91-1369 du 30 déc. 1991, art. 17-15.]*

Art. 174 L'avocat ayant prêté son concours au titre de l'aide juridictionnelle ou des aides à l'intervention de l'avocat prévues par les dispositions de la troisième partie de la loi *[n° 91-647]* du 10 juillet 1991 susvisée, n'est rétribué selon les modalités définies par le présent décret que lorsqu'il exerce sa profession dans les conditions prévues à l'article 7 de la loi *[n° 71-1130]* du 31 décembre 1971 portant réforme de certaines professions judiciaires et juridiques susvisée. – *[Décr. n° 91-1369 du 30 déc. 1991, art. 17-17.] – V. L. n° 91-647 du 10 juill. 1991, art. 64 s., App., v° Aide juridique. – V. L. n° 71-1130 du 31 déc. 1971, art. 7, Partie I, I, Profession d'avocat. –* ***C. avocat.***

Art. 175 Les dispositions du décret *[n° 2008-1324]* du 15 décembre 2008 relatif à la prise en charge au titre de l'aide juridictionnelle des frais non couverts par un dispositif de protection juridique susvisé sont applicables en Polynésie française. – *[Comp. Décr. n° 91-1369 du 30 déc. 1991, art. 17-19.]*

SECTION VI *Dispositions modifiant le décret n° 93-1425 du 31 décembre 1993 relatif à l'aide juridictionnelle en Nouvelle-Calédonie et dans les îles Wallis-et-Futuna*

Art. 176 *Mod. Décr. n° 93-1425 du 31 déc. 1993, art. 1er, 3, 6, 11, 14, 18, 20, 25, 26, 29 à 31, 33, 34, 36, 38, 43 et 46, App., v° Aide juridique.*

Art. 177 *Mod. Décr. n° 93-1425 du 31 déc. 1993, art. 39, App., v° Aide juridique.*

TITRE IV Dispositions diverses, transitoires et finales

CHAPITRE PREMIER *Dispositions diverses*

Art. 178 *Mod. Règl. type pris pour l'application de l'art. 29 de la L. n° 91-647 du 10 juill. 1991. – V. Ann. du Décr. n° 96-887 du 10 oct. 1996, App., v° Aide juridique.*

Art. 179 *Mod. art. R. 522-5, 7°, CESEDA.*

Art. 180 *Mod. art. R. 123-28 et R. 411-7 COJ.*

Art. 181 *Mod. art. 696, 1105, 1144-5 et 1545 C. pr. civ.*

Art. 182 *Mod. art. R. 53-8-67 C. pr. pén.*

Art. 183 *Mod. art. R. 321-3, R. 322-5, R. 611-1, R. 621-4 et R. 631-6 C. pr. exéc.*

Art. 184 *Mod. art. R. 3132-5 C. trav.*

Art. 185 *Mod. art. R. 114-9-4, 7°, CRPA.*

Art. 186 Dans toutes les autres dispositions règlementaires en vigueur, la référence au "décret n° 91-1266 du 19 décembre 1991 modifié portant application de la loi n° 91-647 du 10 juillet 1991 relative à l'aide juridique" et au "décret n° 91-1369 du 30 décembre 1991 fixant les modalités particulières d'application dans les départements d'outre-mer, à Saint-Barthélemy, Saint-Martin et Saint-Pierre-et-Miquelon ainsi qu'en Polynésie française de cette loi" s'entendent comme une référence au décret n° 2020-1717 du 28 décembre 2020 portant application de la loi n° 91-647 du 10 juillet 1991 relative à l'aide juridique et relatif à l'aide juridictionnelle et à l'aide à l'intervention de l'avocat dans les procédures non juridictionnelles.

CHAPITRE II *Dispositions transitoires*

Art. 187 A titre transitoire et au plus tard jusqu'au 31 décembre 2022, lorsque l'application informatique mentionnée à l'article 38 n'est pas encore mise à disposition, si le bénéficiaire de l'aide juridictionnelle ou de l'aide à l'intervention de l'avocat ne produit pas de document attestant l'acceptation d'un avocat ou d'un officier public ou ministériel choisi par lui et que la désignation doit être effectuée par le bâtonnier, le secrétaire du bureau ou de la section du bureau d'aide juridictionnelle adresse à ce dernier, en vue de cette désignation, une copie de la décision d'admission.

CHAPITRE III *Dispositions finales*

Art. 188 L'application informatique mentionnée à l'article 38 est mise à disposition vingt-quatre mois à compter de la date d'entrée en vigueur du présent décret, selon un calendrier de déploiement défini par arrêté du garde des sceaux, ministre de la justice.

Art. 189 Sont abrogés au 1er janvier 2021 :

1° Le décret n° 91-1266 du 19 décembre 1991 portant application de la loi n° 91-647 du 10 juillet 1991 relative à l'aide juridique ;

2° Le décret n° 91-1369 du 30 décembre 1991 fixant les modalités particulières d'application dans les départements d'outre-mer, à Saint-Barthélemy, Saint-Martin et Saint-Pierre-et-Miquelon, ainsi qu'en Polynésie française de la loi n° 91-647 du 10 juillet 1991 relative à l'aide juridique ;

3° Le décret n° 93-192 du 8 février 1993 portant application des dispositions de l'article 4 de la loi n° 91-647 du 10 juillet 1991 relative à l'aide juridique.

Art. 190 Le présent décret entre en vigueur le 1er janvier 2021.

ANNEXES

ANNEXE I

Barème de rétribution des avocats en matière d'aide juridictionnelle

Tableau 1. — *Droits des personnes, prudhommes, baux d'habitation, autres matières civiles, appel (Décr. n° 2021-810 du 24 juin 2021, art. 20, en vigueur le 1er juill. 2021, mod. par Décr. n° 2022-419 du 23 mars 2022, art. 4)*

Procédures	Coefficient de base	Majorations possibles cumulables dans la limite de 24 UV								
		Incidents (dans la limite de 3 majorations)	Mesures de médiation ordonnées par le juge		Expertises		Vérifications personnelles du juge	Autres mesures d'instruction dont enquêtes sociales	Convention participative aux fins de mise en état	
			Sans accord	Avec accord, même partiel rédigé par l'avocat	Sans déplacement	Avec déplacement			Conclusion d'une convention	Avec accord, même partiel, entre les parties
I. Droits des personnes										
I. 1.1. Divorce par consentement mutuel par acte sous signature privée contresigné par avocats	24									
I. 1.2. Divorce par consentement mutuel judiciaire	30	3			4	9	5	2		
I. 2. Autres cas de divorce	34 (1)	3	8	12	4	9	5	2	6	9
I. 3. Procédure après divorce devant le juge aux affaires familiales (JAF)	14		8	12	4	9	5	2	6	9
I. 5. Administration légale, tutelle des mineurs, protection juridique des majeurs	10				4	9	5	2		
I. 6. Assistance éducative	16									
I. 7. Autres demandes (cf. IV)										
II. Prud'hommes										
II. 1 Prud'hommes	30		8	12	4	9	5	2	6	9
II. 2 Prud'hommes avec départage	36		8	12	4	9	5	2	6	9
II. 3 Référé prud'homal	16		8	12	4	9	5	2	6	9
II. 4 Référé prud'homal avec départage	24		8	12	4	9	5	2	6	9
II. 6 Autres demandes (cf. IV)										

III. Baux d'habitation										
III. 1. Instance au fond	21		8	12	4	9	5	2	6	9
III. 2. Référé	16		8	12	4	9	5	2	6	9
IV. Autres matières civiles										
IV. 1. Instance au fond devant le tribunal judiciaire avec représentation obligatoire et devant le tribunal de commerce	26	3	8	12	4	9	5	2	6	9
IV. 2. Instance au fond devant le tribunal judiciaire sans représentation obligatoire et devant les autres juridictions (y compris le juge de l'exécution)	16		8	12	4	9	5	2	6	9
IV. 3. Procédures accélérées au fond, référés	8		8	12	4	9	5	2	6	9
IV. 4. Matière gracieuse	8									
IV. 5. Requête	4									
IV. 6. Difficultés d'exécution devant le juge de l'exécution	4		8	12					6	9
IV. 7. Demande de réparation d'une détention provisoire	6									
IV. 8. Procédure judiciaire de mainlevée et de contrôle des mesures de soins psychiatriques (en première instance et en appel)	6 (2)									
IV. 9. Procédure judiciaire de mainlevée *(Décr. n° 2022-419 du 23 mars 2022, art. 4-2°-a)* « et de contrôle » des mesures d'isolement ou de contention (en première instance et en appel)	4 (3)									
V. Appel										
V. 1. Appel et recours dans les procédures d'appel avec représentation obligatoire	26	3	8	12	4	9	5	2		
V. 2. Appel avec référé dans les procédures d'appel avec représentation obligatoire	30	3	8	12	4	9	5	2		
V. 3. Appel dans les procédures d'appel sans représentation obligatoire	20	3	8	12	4	9	5	2		
V. 4. Appel avec référé dans les procédures d'appel sans représentation obligatoire	24	3	8	12	4	9	5	2		

V. 5. Recours devant le premier président statuant en procédure accélérée au fond	8		8	12						
VI. Cour de réexamen en matière civile	10									

(1) Ce coefficient est porté à 36 UV en cas de projet d'acte notarié de liquidation du régime matrimonial homologué par le juge aux affaires familiales lors du prononcé du divorce.
(2) Ce coefficient est porté à 8 UV en cas de procédure judiciaire de mainlevée *(Décr. n° 2022-419 du 23 mars 2022, art. 4-2°-b)* « et de contrôle » des soins psychiatriques sans consentement associée à une procédure de mainlevée des mesures d'isolement ou de contention.
(3) Ce coefficient est porté à 6 UV en cas de procédure judiciaire de mainlevée *(Décr. n° 2022-419 du 23 mars 2022, art. 4-2°-c)* « et de contrôle » des mesures d'isolement ou de contention donnant lieu à une audience devant le juge.

Tableau 2. — *Cour d'assises et tribunal pour enfants statuant au criminel, tribunal correctionnel, juge des enfants et tribunal pour enfants, procédures d'appel et procédures devant la chambre de l'instruction, procédures d'application des peines et procédures applicables en matière de surveillance de sûreté et de rétention de sûreté*
(Décr. n° 2021-810 du 24 juin 2021, art. 20, en vigueur le 1er sept. 2021)

Procédures	**Coefficient**	**Majorations possibles**
		Demi-journée d'audience supplémentaire
VII. – Cour d'assises et chambre des mineurs ou tribunal pour enfants statuant au criminel		
VII. 1. Assistance d'un mis en examen dans le cadre d'une instruction criminelle	50 (9)	
VII. 2. Assistance d'un accusé devant la cour d'assises, la cour d'assises des mineurs ou le tribunal pour enfants statuant au criminel	50 (8)	8
VII. 3. Assistance d'une partie civile pour une instruction criminelle	20 (1) (9)	
VII. 4. Assistance d'une partie civile ou d'un civilement responsable devant la cour d'assises, la cour d'assises des mineurs et la chambre des mineurs ou le tribunal pour enfants statuant au criminel	38 (8)	8
VIII. – Tribunal correctionnel, juge des enfants, tribunal pour enfants et tribunal d'application des peines en matière correctionnelle		
VIII. 1. Assistance d'une personne dans le cadre de la première comparution devant le juge d'instruction ou le juge des enfants	4 (10) (13)	
VIII. 2 Assistance d'un mineur dans le cadre d'un déferement devant le procureur de la *République et le juge des enfants*	5 (13)	

VIII. 3. Assistance d'une personne dans le cadre d'un débat contradictoire relatif : – au placement ou au maintien en détention provisoire devant le juge des libertés et des détentions, le juge des enfants ou le juge d'instruction ; – au placement sous contrôle judiciaire ou sous assignation à résidence avec surveillance électronique devant le juge d'instruction ou le juge des enfants		3 (10)	
VIII. 4. Assistance d'une personne dans le cadre d'une instruction correctionnelle (juge d'instruction ou juge des enfants)		12 (9) (11)	
VIII. 5. Assistance d'une personne faisant l'objet de la procédure de comparution sur reconnaissance préalable de culpabilité		5 (2)	
VIII. 6. Assistance d'un prévenu devant le tribunal correctionnel		10 (2) (7)	3
VIII. 7. Assistance d'un prévenu devant le juge des enfants	1) lors de l'audience de cabinet (y compris la phase d'instruction)	8 (2)	
	2) lors de l'audience d'examen de la culpabilité ou de prononcé de la sanction	8 (2) (11) (12)	
	3) lors du jugement en audience unique	11 (2)	
	4) avant l'audience d'examen de la culpabilité ou pendant la période de mise à l'épreuve éducative	3 (13)	
VIII. 8. Assistance d'un prévenu devant le tribunal pour enfants	1) à l'issue des procédures régies par l'ordonnance du 2 février 1945 relative à l'enfance délinquante et de celles régies par le code de la justice pénale des mineurs *dans le cadre* d'une instruction correctionnelle	10 (2) (7)	3
	2) lors de l'audience d'examen de la culpabilité ou de prononcé de la sanction	11 (2) (11) (12)	
	3) lors du jugement en audience unique	18 (2) (11)	3

VIII. 9. Assistance d'une partie civile ou d'un civilement responsable en matière correctionnelle durant la phase d'instruction ou devant une juridiction de jugement de premier degré ou d'application des peines	8 (1) (7) (9)	3
IX. Assistance d'un prévenu majeur (contraventions de police de la 5e classe), d'un prévenu mineur ou majeur protégé, d'une partie civile ou d'un civilement responsable (contraventions de police de la 1re à la 5e classe) devant le tribunal de police.	5 (2)	
X. – Procédures d'appel		
X. 1. Assistance d'un prévenu, d'une partie civile ou d'un civilement responsable devant : - la chambre des appels correctionnels - la chambre de l'application des peines - la chambre de l'instruction lorsqu'elle est saisie dans le cadre d'une irresponsabilité pénale présumée - la chambre des mineurs	13 (2)	3
X. 2. Assistance d'une personne déférée au procureur général et présentée au premier président en exécution d'un mandat d'arrêt européen ou d'une demande d'extradition	6	
X. 3. Assistance d'une personne pour les appels des ordonnances : - du juge d'instruction, - du juge des libertés et de la détention et autres procédures devant la chambre de l'instruction (y compris extradition et procédures de remise résultant de l'exécution d'un mandat d'arrêt européen) - du juge des enfants et du juge des libertés et de la détention devant la chambre des mineurs	6 (3)	
XI. – Procédures d'application des peines et procédures applicables en matière de surveillance de sûreté et de rétention de sûreté	4 (4)	

1) Une seule contribution est due pour l'ensemble de la phase d'instruction, que la chambre de l'instruction ait été ou non saisie.
(2) Majoration en cas de présence d'une partie civile lorsque l'avocat assiste le prévenu : 3 UV.
(3) L'ensemble des appels portés au cours de l'instruction devant la chambre de l'instruction donne lieu à une rétribution forfaitaire de 5 UV.
(4) Majoration lorsque le débat contradictoire ou une audition préalable du condamné en présence de son avocat a lieu au sein de l'établissement pénitentiaire : 1 UV.
(7) Majoration de 2 UV lorsque l'avocat ayant assisté la partie civile ou le prévenu au cours de l'information devant le pôle de l'instruction appartient au barreau établi près le tribunal judiciaire au sein duquel est établi le pôle et que l'audience a lieu en dehors du ressort de compétence territoriale de ce tribunal.
(8) Majoration de 2 UV, dans la limite de 4 UV, lorsque l'avocat ayant assisté la partie civile ou l'accusé au cours de l'information devant le pôle de l'instruction appartient au barreau établi près le tribunal judiciaire au sein duquel est établi le pôle et que l'audience a lieu en dehors du ressort de compétence territoriale de ce tribunal.

(9) Majoration de 2 UV pour chaque acte d'instruction nécessitant l'assistance de l'avocat devant le pôle de l'instruction lorsque cet avocat appartient au barreau établi près le tribunal judiciaire initialement compétent.
(10) Majoration de 2 UV lorsque l'interrogatoire de première comparution et le débat contradictoire ont lieu au pôle de l'instruction et que l'avocat appartient au barreau établi près le tribunal judiciaire initialement compétent.
(11) Majoration de 8 UV lorsque le prévenu fait l'objet d'une détention provisoire.
(12) Majoration de 2 UV lors de l'audience de prononcé de la sanction, en cas d'extension de la période de mise à l'épreuve éducative et pour chaque procédure pour laquelle la période de mise à l'épreuve éducative a été étendue.
(13) Majoration de 2 UV en cas de débat contradictoire relatif au prononcé ou à la modification d'une mesure de sûreté.

Tableau 3. — *Procédures devant le juge des libertés et de la détention relatives à l'entrée et au séjour des étrangers, Tribunal administratif et cour administrative d'appel, Cour nationale du droit d'asile, Intérêts civils après un procès pénal, Autres juridictions administratives, sauf le Conseil d'État, Commission d'expulsion des étrangers – Commission de séjour des étrangers*
(Décr. n° 2021-810 du 24 juin 2021, art. 20, en vigueur le 1er juill. 2021)

Procédures	Coefficient	Majorations possibles			
		Expertises sans déplacement	Expertises avec déplacement	Médiation administrative à l'initiative du juge	
				Sans accord de médiation	Avec accord de médiation rédigé par l'avocat
XIII. Procédures devant le juge des libertés et de la détention relatives à l'entrée et au séjour des étrangers					
XIII. 1. Contestation de la décision de placement en rétention ou prolongation de la rétention dans des locaux ne relevant pas de l'administration pénitentiaire	4				
XIII. 2. Prolongation du maintien en zone d'attente	4 (5)				
XIV. Tribunal administratif et cour administrative d'appel					
XIV. 1. Affaires au fond	20	4	9	8	12
XIV. 2. Référé fiscal	6			8	12
XIV. 3. Référé suspension, référé liberté, référé conservatoire	8			8	12
XIV. 4. Autres référés et procédures spéciales de suspension	4			8	12

XIV. 5. Difficulté d'exécution d'une décision, recours en matière d'injonction au logement ou au relogement	6			8	12
XIV. 6. Recours dirigés contre les mesures prises en matière de droit des étrangers, à l'exception des recours indemnitaires et des référés	14			8	12
XIV. 7. Saisine du juge aux fins d'homologation d'un accord à l'issue d'une médiation à l'initiative des parties (article L. 213-5 du code de justice administrative)	8				
XV. Cour nationale du droit d'asile					
XV. 1. Procédures en audiences publiques	16				
XV. 2. Autres procédures	4				
XVI. – Autres juridictions administratives, sauf le Conseil d'État	14				
XVII. – Commission d'expulsion des étrangers – Commission de séjour des étrangers	6				
(5) Majoration en cas d'audience dans l'emprise portuaire et aéroportuaire : 1 UV.					

Tableau 4. – *Audition de l'enfant en justice, assistance ou représentation du requérant ou de la partie civile (instruction et jugement) devant la Cour de réexamen en matière pénale, intérêts civils après un procès pénal*

Procédures	**Coefficient**
XVIII. Audition de l'enfant en justice	3 (1)
XIX. Assistance ou représentation du requérant ou de la partie civile (instruction et jugement) devant la Cour de réexamen en matière pénale	10
XX. Intérets civils après un procès pénal	
XX. 1. Assistance du condamné ou de la partie civile dans le cadre d'une procédure relative aux dommages et intérêts civils *après une procédure criminelle*	4
XX. 2. Assistance du condamné ou de la partie civile dans le cadre d'une procédure relative aux dommages et intérêts civils après une procédure correctionnelle	4

Procédures	Coefficient
XX. 3. Assistance du condamné ou de la partie civile dans le cadre d'une procédure relative aux dommages et intérêts civils après une procédure contraventionnelle (contraventions de police de la 5e classe pour les majeurs ; contraventions de police de la 1re à la 5e classe pour les mineurs et les majeurs protégés)	4
(1) Majoration possible : 1 UV par audition supplémentaire décidée par le juge dans la limite de trois majorations	

ANNEXE II

BARÈME DE RÉTRIBUTION EN MATIÈRE D'AIDE À L'INTERVENTION DE L'AVOCAT POUR LES PROCÉDURES NON JURIDICTIONNELLES

	Mesures	Entretien seul au début de la mesure, au cours de la mesure ou en cas de prolongation de la mesure	Assistance seule au cours de la mesure[,] y compris en cas de prolongation de la mesure	Entretien et assistance au cours de la mesure hors prolongation de la mesure	Entretien et assistance pendant la prolongation de la mesure	Plafond par avocat en cas de cumul (par période de 24 heures)
	1. Gardes à vue					
1-1	Garde à vue	61 €	-	300 €	150 €	1 200 €
1-2	Garde à vue-séances d'identification des suspects (assistance d'une victime)	-	61 €	-	-	1 200 €
1-3	Garde à vue-confrontations et séances d'identification des suspects (assistance d'une victime)	-	150 €	-	-	1 200 €
	2. Retenues					
2-1	Retenue pour l'exécution d'un mandat d'arrêt européen ou d'une demande d'extradition	61 €	-	300 €	150 €	1 200 €
2-2	Retenue douanière	61 €	-	300 €	150 €	1 200 €
2-3	Retenue d'une personne déférée dans les locaux de la juridiction en vue de sa comparution	61 €	-	-	-	-
2-4	Retenue d'une personne en application des articles 141-4 et 709-1-1 du code de procédure pénale	61 €	100 €	-	-	-
2-5	Retenue pour mise à exécution d'une peine d'emprisonnement ou de réclusion	61 €	-	-	-	-

	Mesures	Entretien seul au début de la mesure, au cours de la mesure ou en cas de prolongation de la mesure	Assistance seule au cours de la mesure[,] y compris en cas de prolongation de la mesure	Entretien et assistance au cours de la mesure hors prolongation de la mesure	Entretien et assistance pendant la prolongation de la mesure	Plafond par avocat en cas de cumul (par période de 24 heures)
2-6	Retenue des étrangers aux fins de vérification de leur droit de circulation ou de séjour sur le territoire français	61 €	-	150 €	-	-
2-7	Retenue dans un centre socio-médico-judiciaire de sûreté	-	88 €	-	-	-
	3. Autres interventions					
3-1	Déférement devant le Procureur de la République	-	46 €	-	-	-
3-2	Médiation et composition pénales, transaction et mesures ou activités d'aide ou de réparation proposées à un mineur	-	46 €	-	-	-
3-3	Audition libre	-	150 €	-	-	-
3-4	Procédure disciplinaire en relation avec la détention de la personne détenue	-	88 €	-	-	-
3-5	Mesures d'isolement d'office, prolongation ou levée du placement sans accord de la personne détenue	-	88 €			
3-6	Intervention auprès de l'avocat assistant une personne arrêtée dans l'État membre d'exécution d'un mandat d'arrêt européen émis en France	-	150 €			

II Modalités particulières d'application

A Nouvelle-Calédonie et îles Wallis-et-Futuna

Ordonnance nº 92-1147 du 12 octobre 1992,

Relative à l'aide juridictionnelle en matière pénale en Nouvelle-Calédonie et dans les îles Wallis-et-Futuna (L. nº 2004-1343 du 9 déc. 2004, art. 6-II ; Ord. nº 2007-392 du 22 mars 2007, art. 3) 🏛.

Décret nº 93-1425 du 31 décembre 1993,

Relatif à l'aide juridictionnelle en Nouvelle-Calédonie et dans les îles Wallis-et-Futuna (Décr. nº 2000-751 du 1er août 2000, art. 1er ; Décr. nº 2001-633 du 17 juill. 2001, art. 93-1º ; Décr. nº 2008-278 du 21 mars 2008, art. 3-1º) 🏛.

B Règles de gestion financière et comptable

Décret nº 96-887 du 10 octobre 1996,

Portant règlement type relatif aux règles de gestion financière et comptable des fonds versés par l'État aux caisses des règlements pécuniaires des avocats pour les missions d'aide juridictionnelle et pour l'aide à l'intervention de l'avocat prévue par les dispositions de la troisième partie de la loi [nº 91-647] du 10 juillet 1991 (Décr. nº 2001-512 du 14 juin 2001, art. 49) 🏛.

Arrêté du 27 décembre 1996,

Portant règlement comptable applicable aux caisses des règlements pécuniaires des avocats pour l'emploi des fonds versés par l'État au titre de l'aide juridictionnelle et de l'aide à l'intervention de l'avocat au cours de la garde à vue 🏛.

C Droit européen et international

1 Droit du Conseil de l'Europe

a Cour européenne des droits de l'homme

Règlement de la Cour européenne des droits de l'homme

V. ledit Règl., art. 105 à 110, et 113, App., vº Droit européen et international.

b Litiges transfrontaliers

Accord européen du 27 janvier 1977,

Sur la transmission des demandes d'assistance judiciaire (Série des traités européens – nº 92) 🏛.

Protocole additionnel du 4 octobre 2001,

A l'Accord européen sur la transmission des demandes d'assistance judiciaire (Série des traités européens – nº 179) 🏛.

2 Droit de l'Union européenne

a Cour de justice de l'Union européenne

V. Règl. de procédure du Tribunal, art. 146 à 150, App., v° Droit européen et international.

V. Dispositions pratiques d'exécution du règlement de procédure du tribunal, pts 1, 17 à 19, 33, 51, 57, 120, 121 et 198 à 207, App., v° Droit européen et international.

V. Règl. de procédure de la Cour de justice, art. 115 à 118, 184 à 189, 207, App., v° Droit européen et international.

V. Règl. additionnel de la Cour de justice du 14 janvier 2014, art. 4, 5, 8 et 9, App., v° Droit européen et international.

V. Recommandations à l'attention des juridictions nationales, relatives à l'introduction de procédures préjudicielles, art. 28 s., App., v° Droit européen et international.

V. Instructions pratiques aux parties relatives aux affaires portées devant la Cour, pt 4 à 6, App., v° Droit européen et international.

b Litiges transfrontaliers

Directive du Conseil n° 2003/8/CE du 27 janvier 2003,

Visant à améliorer l'accès à la justice dans les affaires transfrontalières par l'établissement de règles minimales communes relatives à l'aide judiciaire accordée dans le cadre de telles affaires (JOUE L 26, 31 janv. 2003, p. 41, rect. JOUE L 32 du 7 févr. 2003, p. 15).

3 Droit international

V. Conv. du 1er mars 1954, Relative à la procédure civile, art. 20 à 24, App., v° Droit européen et international.

V. Conv. de La Haye de 1980, Tendant à faciliter l'accès international à la justice, App., v° Droit européen et international.

ANNONCES JUDICIAIRES ET LÉGALES

Loi n° 55-4 du 4 janvier 1955,

Concernant les annonces judiciaires et légales.

Art. 1er Dans chaque département, et sauf pour les annonces devant paraître au *Journal officiel* de la République française ou à ses annexes, les annonces exigées par les lois et décrets seront insérées, à peine de nullité de l'insertion, nonobstant les dispositions contraires de ces lois et décrets, dans *(L. n° 2019-486 du 22 mai 2019, art. 3-I-1°-a)* « une publication de presse ou un service de presse en ligne, au sens de l'article 1er de la loi n° 86-897 du 1er août 1986 portant réforme du régime juridique de la presse », au choix des parties, remplissant les conditions prévues à l'article 2 *(L. n° 2019-486 du 22 mai 2019, art. 3-I-1°-b)* « de la présente loi ».

(L. n° 2012-387 du 22 mars 2012, art. 101-I) « *(L. n° 2019-486 du 22 mai 2019, art. 3-I-1°-c)* « L'insertion » des annonces relatives aux sociétés et fonds de commerce *(Abrogé par L. n° 2019-486 du 22 mai 2019, art. 3-I-1°-c) « publiées »* dans les *(L. n° 2019-486 du 22 mai 2019, art. 3-I-1°-c)* « publications de presse ou les services de presse en ligne » remplissant les conditions prévues au même article 2 est complétée par une insertion dans une base de données numérique centrale, dans des conditions définies par décret en Conseil d'État. » — *V. Décr. n° 2012-1547 du 28 déc. 2012, JO 30 déc.*

Sous réserve des dispositions de l'art. 6 de la L. n° 55-4 du 4 janv. 1955 concernant les annonces judiciaires et légales, le I de l'art. 101 de la L. n° 2012-387 du 22 mars 2012 est applicable en

Nouvelle-Calédonie, en Polynésie française et dans les îles Wallis-et-Futuna (L. n° 2012-387 du 22 mars 2012, art. 101-II).

Art. 2 *(L. n° 78-9 du 4 janv. 1978 ; Ord. n° 2004-637 du 1er juill. 2004, art. 7 ; L. n° 2019-486 du 22 mai 2019, art. 3-I-2°-a)* **« Les publications de presse et services de presse en ligne » d'information générale, judiciaire ou technique** *(Abrogé par L. n° 2019-486 du 22 mai 2019, art. 3-I-2°-a)* ***« , inscrits à la commission paritaire des*** *(L. n° 2012-387 du 22 mars 2012, art. 102-I-1°-a)* ***« publications et agences » de presse, et ne consacrant pas en conséquence à la publicité plus des deux tiers de leur surface et justifiant une vente effective par abonnements, dépositaires ou vendeurs, »*** **sont inscrits de droit sur la liste prévue ci-dessous sous les conditions suivantes :**

(L. n° 2019-486 du 22 mai 2019, art. 3-I-2°-b, c et d) **« 1° Être inscrits à la commission paritaire des publications et agences de presse ;**

« 2° Ne pas avoir pour objet principal la diffusion de messages publicitaires ou d'annonces. Un décret précise les conditions dans lesquelles ce critère est apprécié ;

« 3° Être édité » depuis plus de six mois *(Abrogé par L. n° 2019-486 du 22 mai 2019, art. 3-I-2°-d)* ***« au moins une fois par semaine »*** **;**

(L. n° 2019-486 du 22 mai 2019, art. 3-I-2°-c et e) **« 4° Comporter un volume substantiel d'informations originales dédiées au département et renouvelées sur une base » au moins hebdomadaire ;**

(L. n° 2019-486 du 22 mai 2019, art. 3-I-2°-c et f) **« 5° Pour les publications imprimées : » justifier d'une diffusion atteignant le minimum fixé par décret** *(Abrogé par L. n° 2015-433 du 17 avr. 2015, art. 17-1°-a)* ***« après avis de la commission prévue ci-dessous »***, **en fonction de l'importance de la population du département** *(Abrogé par L. n° 2019-486 du 22 mai 2019, art. 3-I-2°-f)* ***« ou de ses arrondissements »***. *— V. Décr. n° 55-1650 du 17 déc. 1955 (JO 18 déc.), mod. par Décr. n° 55-1676 du 27 déc. 1955 (JO 29 déc.), Décr. n° 55-1727 du 30 déc. 1955 (JO 14 janv. 1956), Décr. n° 56-1322 du 27 déc. 1956 (JO 29 déc.), Décr. n° 57-1346 du 30 déc. 1957 (JO 31 déc.), Décr. n° 63-1046 du 14 oct. 1963 (JO 18 oct.), Décr. n° 64-37 du 13 janv. 1964 (JO 17 janv.), Décr. n° 67-1101 du 16 déc. 1967 (JO 20 déc.), Décr. n° 75-1094 du 26 nov. 1975 (JO 27 nov.), Décr. n° 82-885 du 14 oct. 1982 (JO 17 oct.), Décr. n° 89-411 du 19 juin 1989 (JO 23 juin), Décr. n° 2007-1768 du 14 déc. 2007 (JO 16 déc.).*

(L. n° 2019-486 du 22 mai 2019, art. 3-I-2°-g) **« 6° Pour les services de presse en ligne : justifier d'une audience atteignant le minimum fixé par décret, en fonction de l'importance de la population du département. »**

(L. n° 2015-433 du 17 avr. 2015, art. 17-1°-b) **« La liste des** *(L. n° 2019-486 du 22 mai 2019, art. 3-I-2°-h)* **« publications de presse et services de presse en ligne » susceptibles de recevoir les annonces légales** *(L. n° 2019-486 du 22 mai 2019, art. 3-I-2°-h)* **« dans le département » est fixée chaque année au mois de décembre pour l'année suivante, par arrêté du préfet. »**

(L. n° 2019-486 du 22 mai 2019, art. 3-I-2°-i) **« Ils publient » les annonces judiciaires et légales au tarif fixé en application de l'article 3.**

Sous réserve des dispositions de l'art. 6 de la L. n° 55-4 du 4 janv. 1955, le 1° du I de l'art. 102 de la L. n° 2012-387 du 22 mars 2012 est applicable en Nouvelle-Calédonie, en Polynésie française et dans les îles Wallis-et-Futuna (L. préc., art. 102-II).

La publication d'annonces judiciaires et légales régies par la L. du 4 janv. 1955 présente le caractère d'une activité de service au sens de la Dir. n° 2006/123/CE relative aux services dans le marché intérieur, et entre, par suite, dans son champ d'application. L'art. 2 de la L. de 1955, qui prévoit l'intervention, au sein de la commission chargée d'établir la liste des journaux habilités à publier des annonces légales, d'au moins deux directeurs de journaux eux-mêmes susceptibles de recevoir de telles annonces, et font ainsi intervenir des opérateurs concurrents dans la procédure de délivrance de cette habilitation, est incompatible avec les dispositions du § 6 de l'art. 14 de la Dir. n° 2006/123/CE. • TA Lille, 13 oct. 2011, ☎ n° 1102652 : *AJDA 2012. 324* ✎.

Art. 3 *(L. n° 2012-387 du 22 mars 2012, art. 102-I-2°)* **Le** *(L. n° 2019-486 du 22 mai 2019, art. 3-I-3°-a)* **« tarif des annonces, forfaitaire ou calculé en fonction du nombre de caractères ou de lignes, » est fixé chaque année, après avis des organisations professionnelles les plus représentatives des entreprises de presse, par arrêté conjoint des ministres chargés de la communication et de l'économie. Ce** *(L. n° 2019-486 du 22 mai 2019, art. 3-I-3°-b)* **« tarif, commun aux publications de presse et aux services de presse en ligne », qui peut varier selon les départements, tient compte notamment des coûts** *(L. n° 2019-486 du 22 mai 2019, art. 3-I-3°-b)* **« pertinents » et tend** *(L. n° 2019-486 du 22 mai 2019, art. 3-I-3°-b)* **« progressivement » à limiter** *(Abrogé par L. n° 2019-486 du 22 mai 2019, art. 3-I-3°-b)* ***« progressive-***

ment » la disparité des tarifs *(L. nº 2019-486 du 22 mai 2019, art. 3-I-3º-b et c)* « et intégrer les économies rendues possibles par la numérisation.

« Les ministres chargés de la communication et de l'économie, pour l'application du présent article, peuvent recueillir toute donnée utile auprès des entreprises éditrices de publications habilitées à publier des annonces judiciaires et légales ou des organisations professionnelles les représentant. »

L'arrêté ministériel précité peut prévoir un tarif réduit pour certaines catégories d'annonces, notamment pour celles faites par un annonceur bénéficiant de l'aide juridictionnelle ou pour les annonces publiées dans le cadre des procédures collectives. Dans ce dernier cas, la réduction du prix peut être au maximum de 50 % par rapport au prix de l'annonce calculé par application du tarif à la ligne *(L. nº 2019-486 du 22 mai 2019, art. 3-I-3º-d)* « ou par rapport au tarif forfaitaire, le cas échéant ». *— V. Arr. du 21 déc. 2012, relatif au tarif annuel et aux modalités de publication des annonces judiciaires et légales, JO 30 déc.*

Pour l'application du 2º du I de l'art. 102 de la L. nº 2012-387 du 22 mars 2012 à Saint-Pierre-et-Miquelon, les mots : « des organisations professionnelles les plus représentatives des entreprises de presse » sont remplacés par les mots : « de la chambre d'agriculture, de commerce, d'industrie, de métiers et de l'artisanat » et les mots : « conjoint du ministre chargé de la communication et du ministre chargé de l'économie » sont remplacés par le mot : « préfectoral » (L. préc., art. 102-II).

Art. 4 Toute infraction aux dispositions de la présente loi et à celles des arrêtés pris pour son application sera punie d'une amende de *(L. nº 92-1336 du 16 déc. 1992, art. 322, en vigueur le 1er mars 1994 ; Ord. nº 2000-916 du 19 sept. 2000, art. 3)* « 9 000 € ». Le préfet *(Abrogé par L. nº 2015-433 du 17 avr. 2015, art. 17-2º)* « ***, après avis de la commission prévue au cinquième alinéa de l'article 2,*** » pourra prononcer la radiation de la liste pour une période de trois à douze mois.

En cas de récidive, la radiation de la liste pourra être définitive.

Art. 5 Est expressément constatée la nullité de l'acte dit loi du 23 décembre 1941 sur les annonces judiciaires et légales. Toutefois, la constatation de cette nullité ne porte pas atteinte aux effets résultant de l'application dudit acte antérieure à l'entrée en vigueur de la présente loi.

Les textes antérieurs sont et demeurent abrogés.

Art. 6 *Dispositions relative à Mayotte, aux îles Wallis-et-Futuna, à la Polynésie française et à la Nouvelle-Calédonie.*

Décret nº 59-191 du 23 janvier 1959,

Relatif à la publication des annonces judiciaires et légales.

Art. 1er Lorsqu'un extrait d'une décision judiciaire doit être inséré dans un journal paraissant dans le lieu où siège le tribunal, cette insertion pourra, jusqu'à une date qui sera fixée par décret, être faite dans tout journal paraissant dans le ressort du tribunal et susceptible de recevoir des annonces légales.

ASSISTANTS DE JUSTICE

Loi nº 95-125 du 8 février 1995,

Relative à l'organisation des juridictions et à la procédure civile, pénale, et administrative.

Art. 20 Peuvent être nommées en qualité d'assistants auprès des magistrats des *(Ord. nº 2019-964 du 18 sept. 2019, art. 28, en vigueur le 1er janv. 2020)* « tribunaux judiciaires *[ancienne rédaction : tribunaux d'instance, des tribunaux de grande instance]* » *(L. org. nº 2001-539 du 25 juin 2001 ; L. nº 2007-148 du 2 févr. 2007, art. 54)* « , des cours d'appel, de la Cour de *cassation ainsi qu'*à l'École nationale de la magistrature » les personnes titulaires d'un diplôme sanctionnant une formation juridique d'une durée au moins égale à quatre années d'études supérieures après le baccalauréat et que leur compétence qualifie particulièrement pour exercer ces fonctions.

Ces assistants sont nommés pour une durée de deux ans renouvelable *(L. nº 2002-1138 du 9 sept. 2002, art. 62)* « deux fois ». Ils sont tenus au secret professionnel sous les peines prévues à l'article 226-13 du code pénal.

(L. nº 2019-222 du 23 mars 2019, art. 98) « Ces assistants peuvent également être nommés auprès du tribunal de première instance et de la cour d'appel de Papeete, dans les mêmes conditions qu'aux deux premiers alinéas du présent article. »

Un décret en Conseil d'État précise les modalités d'application du présent article. — *V. Décr. nº 96-513 du 7 juin 1996.*

....

Art. 82 *[...]*

(L. nº 2019-222 du 23 mars 2019, art. 99) « III. — Un décret en Conseil d'État précise les modalités d'application de l'article 20 de la présente loi dans les collectivités mentionnées au I *[Nouvelle-Calédonie, Polynésie Française et Îles Wallis-et-Futuna]*du présent article. »

Décret nº 96-513 du 7 juin 1996,

Relatif aux assistants de justice.

Art. 1er *(Décr. nº 2019-1448 du 24 déc. 2019, art. 2-I, en vigueur le 1er sept. 2020)* Les assistants de justice recrutés en application de l'article 20 de la loi du 8 février 1995 susvisée apportent leur concours aux travaux préparatoires réalisés pour l'exercice de leurs attributions par les magistrats des tribunaux judiciaires, des cours d'appel et de la Cour de cassation ainsi qu'aux activités de l'École nationale de la magistrature.

Art. 2 Peuvent être nommées assistant de justice les personnes qui remplissent les conditions prévues aux articles 5 et 5 *bis* de la loi du 13 juillet 1983 susvisée *[L. nº 83-634 portant droits et obligations des fonctionnaires. — **C. fonct. publ.**]*.

Art. 3 *(Décr. nº 2008-1159 du 10 nov. 2008, art. 3, 1º)* « Les fonctions d'assistant de justice ne peuvent être exercées concomitamment à une activité professionnelle qu'avec :

(Décr. nº 2019-1448 du 24 déc. 2019, art. 2-II, en vigueur le 1er sept. 2020) « — pour les assistants de justice affectés dans les tribunaux judiciaires et les cours d'appel, l'accord des chefs de la cour d'appel ; »

« — pour les assistants de justice affectés à la Cour de cassation, l'accord des chefs de la cour ;

« — pour les assistants de justice affectés à l'École nationale de la magistrature, l'accord du directeur. »

Ces fonctions ne peuvent être exercées par les membres des professions libérales juridiques et judiciaires ou par les personnes qui sont employées à leur service dans le ressort de la cour d'appel où ils ont leur domicile professionnel *(Décr. nº 2004-1122 du 14 oct. 2004, art. 3)* « ou, pour les assistants de justice affectés à la Cour de cassation, avec l'accord des chefs de la cour.

« Les dispositions du deuxième alinéa ne sont pas applicables aux assistants de justice affectés à la Cour de cassation » *(Décr. nº 2008-1159 du 10 nov. 2008, art. 3, 2º)* « et à l'École nationale de la magistrature. »

Art. 4 *(Décr. nº 2008-1159 du 10 nov. 2008, art. 4)* Tout candidat aux fonctions d'assistant de justice en juridiction adresse sa demande aux chefs de la cour d'appel dans le ressort de laquelle il souhaite exercer ses fonctions.

Les candidatures aux fonctions d'assistant de justice à la Cour de cassation sont adressées aux chefs de la cour et celles aux fonctions d'assistant de justice à l'École nationale de la magistrature au directeur de l'école.

Après instruction de la demande, le recrutement des assistants de justice à la Cour de cassation est décidé par les chefs de la cour, celui des autres assistants de justice en juridiction par les chefs de la cour d'appel dans le ressort de laquelle ils ont présenté leur candidature et celui des assistants de justice à l'École nationale de la magistrature par le directeur de l'école.

Art. 5 Les assistants de justice sont recrutés par engagement écrit.

Cet engagement écrit précise sa date d'effet et sa durée, la nature des fonctions exercées, la ou les juridictions d'affectation et les modalités d'organisation du temps de travail. Si l'intérêt du service l'exige, celles-ci peuvent être modifiées au cours de l'exécution de l'engagement.

L'engagement débute par une période d'essai de trois mois au cours de laquelle il peut y être mis fin sans préavis ni indemnité.

Avant l'arrivée du terme, il peut être mis fin à l'engagement :

En cas de faute grave de l'assistant de justice sans préavis ni indemnité de licenciement, après information qu'il peut obtenir communication de son dossier individuel et de tous documents annexes et se faire assister par tous défenseurs de son choix ;

Pour un motif autre que disciplinaire ; en ce cas, une indemnité de licenciement est versée à l'assistant de justice dans les conditions prévues par le titre XII du décret du 17 janvier 1986 susvisé *[Décr. nº 86-83 relatif aux dispositions générales applicables aux agents non titulaires de l'État]* ;

Par la démission de l'assistant de justice adressée par lettre recommandée ; en ce cas, l'intéressé est tenu de respecter un préavis d'une durée de quinze jours.

Deux mois avant l'échéance du premier engagement, l'assistant de justice est informé de son éventuel renouvellement. Il dispose alors d'un délai de quinze jours pour faire connaître, le cas échéant, son acceptation. S'il n'a pas répondu dans ce délai, il est présumé y renoncer. *(Décr. nº 2004-1122 du 14 oct. 2004, art. 5)* « L'engagement peut être renouvelé une seconde fois, dans les mêmes conditions.

« L'assistant de justice » bénéficie de congés annuels d'une durée égale à cinq fois ses obligations hebdomadaires de service effectuées.

Art. 6 *(Décr. nº 2019-1448 du 24 déc. 2019, art. 2-III, en vigueur le 1er sept. 2020)* « L'assistant de justice est placé par les chefs de la cour d'appel auprès d'un chef de juridiction, qui prononce son affectation. »

(Décr. nº 2004-1122 du 14 oct. 2004, art. 6) « A la Cour de cassation, l'affectation de l'assistant de justice est prononcée par les chefs de la cour. »

(Décr. nº 2008-1159 du 10 nov. 2008, art. 5) « A l'École nationale de la magistrature, l'affectation de l'assistant de justice est prononcée par le directeur. »

Art. 7 *(Décr. nº 2019-1448 du 24 déc. 2019, art. 2-IV, en vigueur le 1er sept. 2020)* « Préalablement à sa prise d'activité, l'assistant de justice auprès des magistrats des tribunaux judiciaires, des cours d'appel ainsi que de la Cour de cassation prête serment, selon le cas, devant la Cour de cassation ou devant la cour d'appel, en ces termes : »

"Je jure de conserver le secret des informations sur les affaires judiciaires ainsi que sur les actes du parquet et des juridictions d'instruction et de jugement, dont j'aurai eu connaissance à l'occasion de mes travaux au sein des juridictions."

Il ne peut en aucun cas être relevé de ce serment.

Art. 8 Il est attribué à l'assistant de justice pour le temps passé à la réalisation des travaux qui lui sont confiés une indemnité de vacation horaire fixée par arrêté conjoint du garde des Sceaux, ministre de la justice, du ministre chargé du budget et du ministre chargé de la fonction publique. — *V. Arr. du 7 juin 1996 (JO 14 juin).*

Le magistrat auprès duquel l'assistant de justice est affecté atteste de la réalité du service fait. *(Décr. nº 2008-1159 du 10 nov. 2008, art. 7)* « Pour les assistants de justice affectés à l'École nationale de la magistrature, le service fait est attesté par le directeur. »

Le nombre de vacations horaires allouées à un même bénéficiaire ne peut excéder 80 par mois dans la limite de 720 par an.

Art. 8-1 *(Décr. nº 2019-1448 du 24 déc. 2019, art. 3, en vigueur le 1er sept. 2020)* I. — Le présent décret est applicable dans les îles Wallis-et-Futuna, en Polynésie française et en Nouvelle-Calédonie dans sa rédaction résultant du décret nº 2019-1448 du 24 décembre 2019.

II. — Pour l'application du I les références au tribunal judiciaire dans le présent décret sont remplacées par la référence au tribunal de première instance.

ASSURANCES

BIBL. ► **Codes :** Code des assurances, *20e éd., Dalloz 2014.* - BEIGNIER et DO CARMO SILVA, Code des assurances, *8e éd., LexisNexis 2014.* - BIGOT (ss. dir.), Code des assurances 2014, *30e éd., L'Argus de l'assurance 2013.*

► ***Traités, manuels :*** ASSELAIN et VERCOUTÈRE, Droit des assurances, *Rev. Banque 2013.* - BEIGNIER, Droit des assurances, Domat Droit privé, *Montchrestien 2011.* - BERR et GROUTEL, Droit des assurances, Mémentos, *12e, éd., Dalloz 2011.* - BIGOT (sous la dir. de), Traité de droit des assurances, t. 3, Le contrat d'assurance, *LGDJ 2002.* - BONNARD, Droit des assurances, *Litec 2012.* - CHAGNY et PERDRIX, Droit des assurances, *Manuel, 2e, éd., LGDJ 2013.* - COUILBAULT et ÉLIASHBERG, Les grands principes de l'assurance, *10e éd., L'Argus de l'assurance, 2011.* - KRAJESKI, Droit des assurances, *Focus du droit, 2e éd., Montchrestien 2008.* - LAMBERT-FAIVRE et LEVENEUR, Droit des assurances, *Précis, 13e éd., Dalloz 2011.* – Marly, Droit des assurances, Cours, *Dalloz 2013.* – Nicolas, Droit des contrats d'assurance, *Economica 2012.*

▶ **Articles :** Dossier, *RGDA 2010. 537 et 841* (l'intégration du procès par l'assureur).

*Sur la **compétence territoriale** spéciale en la matière, V. C. assur., art. R.* 114-1, reproduit ss. C. pr. civ., art. 46.*

*Sur la **prescription** en la matière, V. C. assur., art. L. 114-1 s. — **C. assur.** ou **C. civ.**, ss. art. 2225.*

*Sur la règle de **subrogation légale spéciale**, V. C. assur., art. L. 121-12. — **C. assur.***

*Sur les **clauses portant sur la transaction**, V. C. assur., art. L. 124-2. — **C. assur.** ou **C. civ.**, ss. art. 1384.*

*Sur la clause **« défense-recours »**, V. note ss. C. assur., art. L. 127-1, reproduit ci-dessous.*

*Sur la clause de **transmission de pièces à l'assureur**, V. C. assur., art. L. 113-11, al. 2. — **C. assur.***

I CLAUSE DE DIRECTION DU PROCÈS

Code des assurances

Art. L. 113-17 *(L. no 89-1014 du 31 déc. 1989)* **L'assureur qui prend la direction d'un procès intenté à l'assuré est censé aussi renoncer à toutes les exceptions dont il avait connaissance lorsqu'il a pris la direction du procès.**

L'assuré n'encourt aucune déchéance ni aucune autre sanction du fait de son immixtion dans la direction du procès s'il avait intérêt à le faire.

BIBL. ▶ **L. du 31 déc. 1989 :** Bigot, *JCP 1990. I. 3437.* – Groutel, *RCA 1990. Chron. 1 ; ibid. 1997. Chron. 24.*

▶ Beauchard, *RGDA 2010. 542* (l'assureur dans le procès civil). – Bloch, *RCA 2012. Formule 4* (clause de direction du procès dans une police d'assurance de responsabilité civile). – Freyria, *JCP 1954. I. 1196* (la direction du procès en responsabilité par l'assureur).

Plan des annotations

1. Champ d'application. Les dispositions de l'art. L. 113-17 ne sont pas limitées à la défense au fond de l'assuré mais concernent tout procès qui lui est intenté, fût-ce en référé. • Civ. 1re, 10 mai 2000, no 97-22.495 P : *RCA 2000, no 283, obs. Groutel ; RGDA 2000. 589, note Kullmann.* ♦ V. aussi : • Civ. 1re, 16 janv. 2001 : *cité note 7.*

I. QUALIFICATION

2. Clause de défense-recours. Critère de distinction. Renvoi. V. note 3 ss. art. L. 127-1, reproduit ci-dessous, II, *Assurance de protection juridique.*

3. Prise de direction du procès. Notion. V. sur l'admission de la notion dans l'hypothèse où l'assureur participe à une expertise en adressant des dires, le tout sous réserve : • Civ. 3e, 13 juill. 2010 : *Dalloz jurisprudence.* ♦ ...Où l'assureur, en défense, choisit le même avocat que son assuré et oppose les mêmes moyens de défense que ce dernier. • Civ. 1re, 16 janv. 2001 : *RCA 2001, no 130.* ♦ V., au contraire, jugeant que ne donne pas de base légale à sa décision, la cour d'appel qui retient que l'assureur en prenant la direction du procès renonçait à invoquer la prescription de l'action jusqu'à l'issue du procès qui s'était poursuivi devant le juge du fond, dès lors que ces motifs ne suffisent pas à caractériser la direction du procès par l'assureur, l'assureur s'étant borné en l'espèce à missionner son avocat pour assister l'assuré au cours des opérations d'expertises ordonnées en référé, tout en multipliant à l'adresse de son assuré les plus expresses réserves de garantie et de responsabilité. • Civ. 3e, 12 juin 2013 : *RCA 2013, no 320, obs. Groutel ; Procédures 2014. Chron. 2, no 11, obs. Bléry.*

II. EFFETS

A. À L'ÉGARD DE L'ASSURÉ

4. Déchéance pour cause d'immixtion. Sur le fait que l'assuré ne peut être déchu de la garantie due par l'assureur du fait de l'immixtion qu'il avait commise, dès lors que le contrat d'assurance ne stipule pas une telle sanction, V. : • Civ. 1re, 30 oct. 1995 : *RGAT 1996. 439, note Beauchard.*

B. À L'ÉGARD DE L'ASSUREUR

5. Renonciation aux exceptions connues avant la prise de direction. Principe. Dès lors qu'il a pris la direction du procès, l'assureur est censé avoir renoncé à toutes les exceptions dont il avait connaissance avant sa prise de direction. • Civ. 2e, 8 sept. 2005 : *Dalloz jurisprudence* • Civ. 2e, 10 avr. 2008 : *Dalloz jurisprudence.*

6. Exceptions. Notion. Bibl. Durin, *RCA 2005. Étude 17.* ♦ Les exceptions visées par l'art. 113-17, en ce qu'elles se rapportent aux garanties souscrites, ne concernent ni la nature des risques garantis, ni le montant de cette garantie. • Civ. 1re, 8 juill. 1997, n° 95-13.484 P : *Gaz. Pal. 1997. 2. Somm. 530, note Favre-Rochex ; RCA 1997, n° 316 (4e esp.) ; ibid. Chron. 24 (arrêt n° 4), note Groutel ; RGAT 19997. 1075, note Kullman* • 29 févr. 2000, n° 97-19.068 P • Civ. 1re, 18 juill. 2000 : *RGDA 2000. 903, note Mayaux.* • Civ. 1re, 10 mai 2007 : *Dalloz jurisprudence* • Civ. 2e, 17 avr. 2008 : *RCA 2008, nos 241 et 245, obs. Groutel* • Civ. 3e, 20 oct. 2010 : *Dalloz jurisprudence* • Civ. 3e, 29 janv. 2014 : *RGDA 2014. 172, note Kullmann* (l'assureur de responsabilité décennale ne renonce pas à se prévaloir du caractère non-décennal des désordres). • Civ. 3e, 27 oct. 2016, n° 15-25.143 P : *D. 2016. Actu. 2213 ; RCA 2017, n° 25, note Groutel ; Constr. urb. 2016, n° 160, note Pagès-de Varenne ; Gaz. Pal. 17 janv. 2017, p. 72, obs. Cerveau ; RGDA 2016. 615, note Karilla ; Procédures 2017. Chron. 3, n° 8, obs. Bléry* (indifférence de la question de la direction du procès pour contester le fait qu'un assureur aurait opposé à son assuré une absence de garantie résultant de ce que le contrat souscrit ne couvrirait que sa responsabilité décennale alors que les désordres relèveraient de la seule responsabilité contractuelle). ♦ Comp. antérieurement sur ce dernier point : • Civ. 3e, 6 déc. 2006 : *RGDA 2007. 411, note Karilla.* ♦ V. cependant, sur la nature du risque garanti : • Civ. 2e, 19 nov. 2009, n° 08-19.477 P : *RCA 2010, n° 54, note Groutel.*

7. Conditions de la renonciation. Il résulte de l'art. L. 113-17 que l'assureur n'est censé avoir renoncé à se prévaloir des exceptions qu'il pouvait invoquer qu'à la double condition qu'il ait dirigé le procès fait à son assuré en connaissance de ces exceptions et qu'il n'ait émis aucune réserve. • Civ. 1re, 23 sept. 2003, n° 00-15.201 P : *Gaz. Pal. 2004. 500, note Favre-Rochex ; RCA 2003, n° 329, obs. Groutel ; RGDA 2003. 785, note Kullmann* • Civ. 2e, 8 sept. 2005 : *RCA 2006, n° 35, obs. Groutel ; RGDA 2005. 1022, note Bruschi* • Civ. 3e, 6 déc. 2006 : *RGDA 2007. 411, note Karila.*

8. Connaissance des exceptions. Il résulte de l'art. L. 113-17 que l'assureur qui prend la direction d'un procès n'est censé renoncer aux exceptions qu'il aurait pu invoquer qu'à la condition d'en avoir eu connaissance lorsqu'il a pris cette direction. • Civ. 1re, 21 oct. 2003 : *RCA 2004, n° 21 ; RGDA 2004. 174, note Bruschi.* ♦ Il peut présenter des exceptions en appel dès lors qu'il est resté dans l'ignorance du jugement de première instance. • Civ. 1re, 6 déc. 1994 : *RGAT 1995. 155, note Vincent.* ♦ V. aussi cassation de l'arrêt qui retient que l'assureur n'avait pas connaissance de l'exception invoquée au moment de la prise en charge du procès, sans préciser les éléments de fait et de preuve lui permettant de conclure que l'assureur n'aurait eu connaissance de l'absence de réception des travaux ayant donné lieu au second sinistre et de l'intervention d'un sous-traitant qu'après le dépôt du rapport d'expertise. • Civ. 3e, 20 juin 2012 : *RGDA 2012. 1114, obs. Pélissier.*

9. Dès lors que l'assureur prend la direction du procès sans réserve, en toute connaissance des exceptions qu'il peut invoquer, que lui-même et son assuré ont été représentés par le même avocat au cours de l'instance en référé et qu'ils ont, en première instance, opposé des moyens de défense identiques, la cour d'appel a pu déduire de ces circonstances la renonciation de l'assureur à se prévaloir d'une exclusion de garantie. • Civ. 1re, 16 janv. 2001 : *D. 2001. Somm. 3320, obs. Groutel ; RCA 2001, n° 130 ; RGDA 2001. 106, note Kullmann.* ♦ Comp. : • Bordeaux, 12 nov. 2001 : *RCA 2002, n° 79, note Grynbaum.* ♦ V., lorsqu'une exclusion n'est invoquée qu'après un premier jugement : • Civ. 2e, 10 avr. 2008 : *RCA 2008, n° 204.* ♦ En sens contraire, lorsque la renonciation n'est pas caractérisée : • Civ. 1re, 18 févr. 2003 : *RCA 2003, n° 152 ; ibid. Chron. 10, note Groutel ; RGDA 2003. 349, note Favre-Rochex* • Civ. 3e, 13 avr. 2005 : *RCA 2005, n° 200.* ♦ V., invitant les juridictions du fond à rechercher si en prenant la direction du procès, l'assureur n'a pas souhaité renoncer à toutes les exceptions : • Civ. 2e, 25 févr. 2010 : *RCA 2010, n° 131.* ♦ Tout moyen invoqué par l'assureur pour contester sa garantie constituant une exception de non-garantie, ne peut être rejetée une demande de garantie contre l'assureur d'un sous-traitant au motif que le sinistre n'entre pas dans les stipulations de la police, sans qu'il soit recherché si cet assureur, qui avait pris la direction du procès, n'avait pas renoncé tacitement à s'en prévaloir. • Civ. 1re, 3 mars 1998 : *RGDA 1998. 322, note Rémy.* ♦ Sur la caractérisation des éléments permettant de retenir la prise de direction du procès : • Civ. 1re, 27 janv. 2004 : *RGDA 2004. 636, note Bruschi* • 18 mai 2004 : *RGDA 2004. 638, note Mayaux.*

10. Coassurance. En prenant en toute

connaissance de cause la direction des procès intentés contre son assuré, un assureur a, tant pour lui-même que pour les autres assureurs dont il était le mandataire en tant qu'apériteur, manifesté sans équivoque son intention de renoncer à opposer la nullité de la police. • Civ. 1re, 18 mars 1997, n° 95-15.119 P : *RCA 1997, n° 245 ; RGDA 1997. 726, note Favre-Rochex.* ♦ L'assureur, en prenant la direction du procès, ne renonce pas à se prévaloir de la répartition des risques entre coassureurs. • Civ. 2e, 10 mai 2007 : *RGDA 2007. 708, note Kullmann.*

11. Opposabilité de la décision. On ne saurait faire grief aux juges du fond d'avoir, en l'absence d'écrit, pour déclarer opposable à un assureur une précédente décision intervenue entre la victime d'un accident et l'assuré auteur du dommage, admis que la compagnie s'était réservée la direction du procès sous le nom de l'assuré, dès lors qu'ils relèvent que cette compagnie s'était abstenue de leur communiquer la police d'assurance malgré la demande qui lui avait été faite et constatent qu'elle avait suivi les opérations d'expertise. • Civ. 1re, 12 juin 1968 : *Bull. civ. I, n° 170 ; D. 1969. 249, note Besson.* ♦ La décision judiciaire, condamnant l'assuré à raison de sa responsabilité, constitue pour l'assureur qui a garanti celle-ci dans ses rapports avec la victime, la réalisation, tant dans son principe que dans son étendue, du risque couvert et lui est, dès lors à ce titre, opposable lorsque ladite victime exerce son action directe, sauf quand il y a eu fraude de la part de l'assuré ou quand l'assureur établit que l'instance suivie contre celui-ci lui est demeurée inconnue. • Civ. 1re, 12 juin 1968 : *préc.* • 10 oct. 1972 : *Bull. civ. I, n° 198.* ♦ Sur l'exception de la fraude, V. : • Civ. 1re, 27 avr. 1994 : *RGAT 1994. 867.*

II ASSURANCE DE PROTECTION JURIDIQUE

RÉP. CIV. v° *Assurance de protection juridique,* par CERVEAU.

DP ASSUR. v° *Protection juridique.*

DALLOZ ACTION *Règles de la profession d'avocat 2022/2023, nos 49.00 s.,* par ADER et DAMIEN.

BIBL. GÉN. ▸ **Monographies, dictionnaires et rapports :** BEIGNIER, BLANCHARD et VILLACÈQUE (ss. dir.), Droit et déontologie de la profession d'avocat, par Cottin et Krajeski, *PUF 2008, p. 370 s.* – BOUQUIN, L'assurance de protection juridique des particuliers, *Rapport avr. 2004, http://www.ffsa.fr.* – COLLE et FAGNART (ss. dir.), Aspects particuliers de l'assurance de protection juridique, *Bruylant 1999.* – CERVEAU, L'assurance de protection juridique : marchés, garanties et perspectives, *2e éd., L'Argus de l'assurance 2006, préf. de B. Vatier.* – CERVEAU et TRIBONDEAU, L'assurance de protection juridique, un moyen moderne d'accès au droit et à la justice, *L'Argus de l'assurance 1991.* – COLLECTIF, Dictionnaire permanent, Honoraires de l'avocat, *Ordre des avocats de Paris/éd. Législatives 2011, spéc. p. 30 s.* – COUILBAULT et ÉLIASHBERG, Les grands principes de l'assurance, *10e éd., L'Argus de l'assurance, 2011, p. 295 s.* – GRYNBAUM (ss. dir.), Assurances 2011-2012, Droit et pratique, *L'argus de l'assurance 2011, p. 882 s.* – PARIS, Le régime de l'assurance de protection juridique, *Coll. des Thèses, Larcier 2004, préf. de Vieujean.*

▸ **Articles :** BENICHOU, *Gaz. Pal. 12-13 sept. 2014, p. 9* (l'accès à la justice, un droit menacé). – CNB, La réforme de la protection juridique, *Vade-mecum, 2007, http://cnb.avocat.fr.* – Colloque AIDA Lyon 1984, *RGAT 1984. 535.* – COLLECTIF, *Gaz. Pal. 19-21 mars 2006* (l'assurance dans le marché du droit). – Conférence des bâtonniers, *Gaz. Pal. 18-20 févr. 2001, n° spécial, p. 45* (état des relations entre la profession d'avocat et les compagnies d'assurance de protection juridique) ; *Gaz. Pal. 2001. Doctr. 1916* (propositions pour l'amélioration de la pratique de la protection juridique en France). – BENECH (entretien avec), *Gaz. Pal. 20 août 2011, p. 7* (l'assistance de protection juridique en droit immobilier). – BOCQUILLON, CAYOL et CERVEAU, *Gaz. Pal. 19 janv. 2010, p. 13* (une avancée démocratique). – CAYOL, *Gaz. Pal. 6 oct. 2001, p. 47* (accès au droit et protection juridique). – CERVEAU, *Gaz. Pal. 1992. Doctr. 622* (l'assurance au secours de l'État) ; *ibid. 1996. Doctr. 398* (la responsabilité encourue par l'assureur de protection juridique) ; *Experts juin 2002, n° 55, p. 5* (une contribution importante à l'accès au droit et à la justice) ; *L'Argus 2009, n° 7114* (les arguments de la protection juridique) ; *Gaz. Pal. 27-29 avr. 2014, p. 7* (les assureurs face au contentieux : un remarquable exemple de judiciarisation). – CHARRIÈRE-BOURNAZEL, *Gaz. Pal. 2006. Doctr. 3578* (l'avocat et la protection juridique). – COURROUY, *D. 1992. Chron. 169* (réflexions sur quelques aspects de l'assurance de protection juridique). – COURTIEU, *Ass. fr. 1991. 1149* (la protection juridique est-elle mal partie ?). – DE LAUNOIS et BRUNEL, *RGDA 2016. 120* (l'assurance de protection juridique à l'épreuve de Solvabilité II). – DELZANNO, *Gaz. Pal. mars 2010, p. 6* (protection juridique : un substitut au financement de l'aide juridictionnelle ?). – DUFOUR, *Gaz. Pal. 3 juill. 2018, p. 10* (l'assurance de protection juridique refait parler d'elle). – DUPOIRON, *Gaz. Pal. 1989. 1. 18* (réflexions sur la garantie « défense et recours » des contrats d'assurance). – FRADY, *Risques avr./juin 1998, p. 131* (les apports de la jurisprudence). – GAGNON et BRUNEL, *Gaz. Pal. 13-14 déc. 2013, p. 11* (assurance juridique ou de protection juridique : regards croisés sur les perspectives d'évolution en France et au Québec). – HOMONT et NAMIN, *Ass. fr. 10/1995. 18* (protection juridique : une assurance en mutation). – HOMONT, *Trib. ass. mai 1997, p. 50* (la confusion des genres) ; Les mélanges de la protection juridique, *Gaz. Pal. 1998*. – IWEINS, *D. 2002. 6* (l'accès au droit). – LAMBERT-FAIVRE, *RGAT 1984. 535* (le contrat d'assurance de protection juridique). – MARGEAT, *Gaz. Pal. 1982. Doctr. 173* (la protection juridique). – MONTIGNY, *AJ fam. 2004. 317* (à propos de l'utilité de la protection juridique de la famille et des accidents de la vie : de l'utilité de l'avocat). – NAMIN et RAVAYROL, *Ass. fr. 1995. 51* (la défense-recours et la protection juridique : un petit air de famille). – NICOLAS, *in* Mél. Héron, *LGDJ-Lextenso 2008, p. 391* (l'accès à la justice perturbé par le droit des assurances ?) ; *RGDA 2010. 895* (le procès, risque assurable ?). – NIOR, *Gaz. Pal. 30 mars 2007, p. 2* (non à une défense en haillons). – REPIQUET et BOCQUILLON, *Gaz. Pal. 2004. Doctr. 3467* (un défi pour la profession d'avocat). – ROUX, *Gaz. Pal. 26-27 juill. 2002, p. 28* (rôle de l'assurance de protection juridique dans l'accès au droit et à la justice). – VIRET, Mél. Assista, *Genève 1989* (de quelques aspects de l'assurance de protection juridique). – *Add.* sur la promotion de l'assurance de protection juridique, V. Ministère de la Justice, FFSA et GELMA, communiqué du 5 avr. 2011 : *D. 2011. Actu. 1012* ; *http://www.justice.gouv.fr.*

▸ **Propositions de réforme :** BRUNEL, *Gaz. Pal. 14-15 nov. 2014, p. 9* (une augmentation de la taxe sur les contrats d'assurance de protection juridique dédiée au financement de l'aide juridictionnelle ?). – CNB, *D. avocats 2013. 216* (lignes directrices d'une réforme globale de l'accès au droit et à la justice). – *Add.* Bibl. ss. L. n° 91-647 du 10 juill. 1991, App., v° *Aide juridique.*

V. s'agissant de la ***protection juridique du salarié****, jugeant que l'employeur est tenu de garantir ses salariés à raison des actes ou faits qu'ils passent ou accomplissent en exécution du contrat de travail et en déduisant que le salarié poursuivi pénalement par un client de son employeur pour des faits relatifs à l'exercice de ses fonctions est ainsi en droit de prétendre pouvoir bénéficier d'une protection juridique sous la forme de la prise en charge des frais engagés pour sa défense, de la part de son employeur : * Soc. 18 oct. 2006, n° 04-48.612 P : R., p. 265 ; D. 2006. IR 2690 ; ibid. 2007. 695, note Mouly ; ibid. Pan. 691, obs. F. Guiomard ; JCP 2007. I. 139, n° 2, obs. Serinet ; ibid. E 2006. 2679, note Puigelier ; LPA 28 févr. 2007, note Quentin et Robert ; RDC 2007. 714, obs. Laithier ; RDT 2006. 282, obs. Moulinier ; RJS 2006. 921, obs. Mazars ; Dr. soc. 2007.103, obs. Savatier (visa des art. 1135 C. civ. et L. 121-1 C. trav. [L. 1221-1 nouv.]).*

A Dispositif national

Code des assurances

PREMIÈRE PARTIE : ***LÉGISLATIVE***

LIVRE PREMIER **Le contrat**

TITRE PREMIER **Règles communes aux assurances de dommages non maritimes et aux assurances de personnes** *(Ord. n° 2011-839 du 15 juill. 2011, art. 1er-1°).*

CHAPITRE PREMIER ***Dispositions générales***

Art. L. 111-1 Les titres Ier *[art. L. 111-1 s. ; règles communes aux assurances de dommages et aux assurances de personnes]*, II *[art. L. 121-1 s.; règles relatives aux assurances de dommages au nombre desquelles figurent notamment les art. L. 127-1 s. relatifs à l'assurance de protection juridique]* et III *[art. L. 131-1 s. ; règles relatives aux assurances de personnes et aux opérations de capitalisation]* **du présent livre ne concernent que les assurances terrestres.** *(L. n° 94-5 du 4 janv. 1994, art. 34-I, en vigueur le 1er juill. 1994)* **« A l'exception des articles L. 111-6, L. 112-2, L. 112-4** *(L. n° 2009-1255 du 19 oct. 2009, art. 6-I)* **« , L. 112-7 et L. 113-4-1 », ils ne sont applicables ni** *(Ord. n° 2011-839 du 15 juill. 2011, art. 1er-2°)* **« aux contrats d'assurance régis par le titre VII du *présent livre*** *[contrats d'assurance maritime, aérienne et aéronautique, fluviale et lacustre, sur marchandises transportées par tous modes et de responsabilité civile spatiale]* **» ni aux opérations d'assurance crédit ; les opérations de réassurance conclues entre assureurs et réassureurs sont exclues de leur champ d'application. »** – *V. C. assur., art. L. 127-1 s., et notamment art. L. 127-6 relatif au champ d'application de la réglementation de l'assurance de protection juridique, reproduits ci-dessous.*

Il n'est pas dérogé aux dispositions des lois et règlements relatifs *(Abrogé par L. n° 92-665 du 16 juill. 1992, art. 6, al. 2)* ***« à la caisse nationale de prévoyance ; »*** **aux sociétés à forme**

tontinière ; aux assurances contractées par les chefs d'entreprise, à raison de la responsabilité des accidents de travail survenus à leurs ouvriers et employés ; aux sociétés ou caisses d'assurances et de réassurances mutuelles agricoles.

Dern. al. abrogé par L. n° 94-5 du 4 janv. 1994, art. 34-II, à compter du 1er juill. 1994.

L'Ord. n° 2011-839 du 15 juill. 2011 s'applique aux contrats conclus ou renouvelés, tacitement ou non, à compter du 1er juill. 2012 (Ord. préc., art. 11).

A. OPÉRATION D'ASSURANCE

1. Le contrat dit "de défense en justice" constitue bien une convention d'assurance dès lors qu'il comporte un risque, une prime et une prestation d'assurance. Il est alors soumis à la législation de l'assurance. • Civ. 31 janv. 1956 (4 arrêts) : *Bull. civ., n° 52 ; D. 1956. 589, note Hébraud ; JCP 1956. II. 9298, note A. B.*

2. Le contrat qui prévoit un risque constitué par les poursuites pénales éventuelles à l'encontre du souscripteur ou de ses préposés, une prestation de la société en cas de réalisation de ce risque, consistant dans la défense et la représentation en justice des personnes poursuivies ainsi que dans le remboursement des frais de procédure, et enfin une prime sous la forme d'une cotisation annuelle, est une convention d'assurance. • Civ. 1re, 24 avr. 1979 : *Bull. civ. I, n° 115 ; D. 1980. IR 517.*

B. CHAMP D'APPLICATION DES TITRES I, II ET III DU LIVRE Ier

3. Sauf convention contraire, les risques terrestres garantis par une police d'assurance maritime en considération du voyage de mer sont soumis aux règles de l'assurance maritime. • Civ. 12 nov. 1947 : *Bull. civ., n° 31 ; JCP 1948. II. 4475, note Veaux.* ♦ Comp. art. L. 173-19 C. assur. – C. assur.

4. Échappe aux règles de l'assurance maritime la navigation de plaisance, sous les réserves fixées par l'art. L. 171-5 C. assur. • Com. 17 oct. 1972 : *Bull. civ. IV, n° 254 ; RGAT 1973. 355* • Civ. 1re, 15 mai 1984 : *Bull. civ. I, n° 157 ; RGAT 1985. 39.*

Art. L. 111-2 Ne peuvent être modifiées par convention les prescriptions *[du titre]* II *[art. L. 121-1 s., règles relatives aux assurances de dommages au nombre desquelles figurent notamment les art. L. 127-1 s. relatifs à l'assurance de protection juridique] […]* **du présent livre » sauf celles qui donnent aux parties une simple faculté et qui sont contenues** *[…]* **dans** *[l'article]* **« L. 127-6** *[champ d'application de l'assurance de protection juridique]*, » *[…]. — V. C. assur., art. L. 127-1 s., et notamment art. L. 127-6, reproduits ci-dessous.*

TITRE II Règles relatives aux assurances de dommages *(Ord. n° 2011-839 du 15 juill. 2011, art. 1er).*

CHAPITRE VII *L'assurance de protection juridique*

(L. n° 89-1014 du 31 déc. 1989, art. 5, en vigueur le 1er juill. 1990)

BIBL. GÉN. ▸ L. du 31 déc. 1989 : Alexandre, *RRJ 1991. 4* (aspects méthodologiques). – Bigot, *JCP 1990. I. 3437.* – Cerveau, *RGAT 1990. 35.* – Durry, *Risques, janv. 1991, p. 215.* – Groutel, *RCA 02/1990, p. 3.*

▸ L. du 19 févr. 2007 : Cerveau, *RGDA 2007. 547 ; Gaz. Pal. 2007. Doctr. 1400.* – Dusseau et Vuillon, *Gaz. Pal. 2007. 161* (une réforme « tous gagnants »). – Groutel, *RCA 2007. Focus 7* (une affaire (trop) rondement menée !). – Grynbaum, *RDI 2007. 122*. – Jamin, *D. 2007. 565* (l'aide juridictionnelle des classes moyennes et des petites entreprises). – Krajeski, *JCP 2007. Actu. 103.* – Letu, *Gaz. Pal. 2007. 83* (une réforme tous perdants). – Martin, *JCP 2007. I. 174, n° 30.*

Les art. L. 127-1 s. reproduits ci-dessous devaient entrer en vigueur à une date fixée par décret et au plus tard le 1er juill. 1990 (L. n° 89-1014 du 31 déc. 1990, art. 60, al. 2). Aucun décret n'ayant été pris au 1er juill. 1990, ils sont entrés en vigueur à cette date. Ils s'appliquent par ailleurs dans les territoires d'outre-mer et à Mayotte (L. préc., art. 59).

Sur le caractère d'ordre public, au sens de l'art. L. 111-2 C. assur., des art. L. 127-1 s. reproduits ci-dessous, à l'exclusion de l'art. L. 127-6, V., art. L. 111-2 préc., App., v° Assurances, II, Assurance de protection juridique, A, Dispositif national.

Sur le principe de subsidiarité de l'aide juridictionnelle par rapport à l'assurance de protection juridique, V. L. n° 91-647 du 10 juill. 1991, art. 2, et Décr. n° 2020-1717 du 28 déc. 2020, art. 1er, al. 3, App., v° Aide juridique. — V. aussi Engagement à caractère déontologique des entreprises d'assurance, § 10, App., v° Assurances, II, Assurance de protection juridique, A, Dispositif national.

Art. L. 127-1 **Est une opération d'assurance de protection juridique toute opération consistant, moyennant le paiement d'une prime ou d'une cotisation préalablement convenue, à prendre en charge des frais de procédure ou à fournir des services découlant de la couverture d'assurance, en cas de différend ou de litige opposant l'assuré à un tiers, en vue notamment de défendre ou représenter en demande l'assuré dans une procédure civile, pénale, administrative ou autre ou contre une réclamation dont il est l'objet ou d'obtenir réparation à l'amiable du dommage subi.** — *V. C. mut., art. L. 224-1, App., v° Assurances, II, Assurance de protection juridique, A, Dispositif national* 🏛. — *Comp. Dir. n° 87/344/CEE du Conseil du 22 juin 1987, art. 2, § 1er, abrogé et remplacé, à compter du 1er nov. 2012, par Dir. 2009/138/CE du Parlement européen et du Conseil du 25 nov. 2009, art. 198, App., v° Assurances, II, Assurance de protection juridique, B, Dispositif communautaire* 🏛. — *Comp. également quant à la définition du risque assuré, C. assur., art. L. 127-4 (différend) et L. 127-5 (litige) reproduits ci-dessous. — S'agissant du champ d'application matériel des art. L. 127-1 s., V. C. assur., art. L. 127-6 et L. 111-1, reproduits respectivement ci-dessous et ci-dessus. — Sur les exclusions légales de garanties, V. C. assur., art. L. 121-8 et L. 113-1.* — **C. assur.** — *... Conventionnelles de garantie, V. C. assur., art. L. 112-4 et L. 113-1.* — **C. assur.** — *Sur le caractère abusif de clauses relatives au paiement de la prime, V. Recomm. n° 2002-03 du 21 févr. 2002, consid. 12, App., v° Assurances, II, Assurance de protection juridique, A, Dispositif national* 🏛. — *Sur la possibilité de souscrire plusieurs garanties de protection juridique et ses modalités de mise en œuvre, V. not. : C. assur., art. L. 121-1 (principe indemnitaire) et L. 121-4 (obligation d'information de l'assuré).* — **C. assur.** — *Sur les prestations d'information, de conseil et d'assistance, Add. Engagement à caractère déontologique des entreprises d'assurance, § 3 et 6, al. 2, App., v° Assurances, II, Assurance de protection juridique, A, Dispositif national* 🏛.

A la suite de la L. n° 2014-1654 du 29 déc. 2014, les assurances de protection juridique définies aux art. L. 127-1 C. assur. et L. 224-1 C. mut. sont désormais soumises, pour les primes et cotisations échues à compter du 1er janv. 2015, à un taux spécifique de 11,6 %. Conformément à la L. n° 2015-1785 du 29 déc. 2015, le taux est fixé à 12,5 % pour les primes ou cotisations échues à compter du 1er janv. 2016 et à 13,4 % pour les primes ou cotisations échues à compter du 1er janv. 2017 (CGI, art. 1001-5° ter). Restent cependant soumises au taux de 9 % de l'art. 1001-6° CGI les assurances de protection juridique qui ont pour objet exclusif ou principal de prendre en charge la défense pénale et le recours de droit commun en vue d'obtenir la réparation d'un préjudice personnel de l'assuré, suite à un accident.

BIBL. ▸ **Sur la notion de risque juridique :** CERVEAU, *Gaz. Pal. 2001. Doctr. 277* (le risque juridique : affaire de spécialistes ou de gestionnaires de risque ?). – NICOLAS, *RGDA 1998. 637* (contribution à l'étude du risque dans le contrat d'assurance).

▸ **Sur la prestation de conseil juridique :** DE MARGUERYE, *Argus 8 avr. 1994, p. 26* (médiation ou protection juridique). – *Add.* Bibl. ss. C. assur., art. L. 322-2-3, App., v° *Assurances, II, Assurance de protection juridique, A, Dispositif national.*

1. Qualification. Ne constitue pas un contrat d'assurance de protection juridique le contrat par lequel le mandat est donné à une société de recouvrer des créances et de fournir de la documentation juridique. • Civ. 1re, 24 janv. 1990 : *RCA 1990. 135 ; RGAT 1990. 80, note Kullmann.* ♦ La clause de sauvegarde des droits contenue dans un contrat d'assurance automobile obligatoire, qui organise la défense ou la représentation de l'assuré dans toute procédure judiciaire ou administrative née à l'occasion de l'implication du véhicule assuré, et spécifie que l'exercice des recours est assuré par la compagnie d'assurance sauf en cas de risque de conflit d'intérêts avec l'assuré, ne constitue pas une assurance de protection juridique au sens de l'art. L. 127-1 C. assur. Ainsi, en vertu de l'art. L. 127-6, 2°, *du même code, le régime* de l'assurance de protection juridique est exclu, et l'assuré qui ne démontre pas que le choix d'un avocat personnel résulte d'un risque de conflit avec l'assureur ne peut prétendre faire prendre en charge par celui-ci les honoraires dudit conseil. • Lyon, 15 juin 2000 : *Dalloz jurisprudence.* ♦ Viole les art. L. 127-1 et L. 127-6, 2°, C. assur. la cour d'appel qui pour dire que la clause intitulée « Sauvegarde de vos droits », insérée à une police d'assurance multirisques habitation – et aux termes de laquelle l'assureur s'engageait à exercer à ses frais toutes interventions amiables ou judiciaires en vue de réclamer à l'amiable ou devant toute juridiction la réparation du préjudice subi par l'assurée à la suite d'un dommage matériel ou corporel qui aurait été garantie par le contrat s'il avait engagé la responsabilité civile de l'assurée –, ne constituait pas une opération d'assurance de protection juridique prévue par les art. L. 127-1 s. C. assur., énonce que l'assurée n'avait pas souscrit de contrat distinct avec paiement d'une prime distincte et qu'elle ne pouvait se prévaloir des dispositions de l'art. L. 127-3 C. assur. qui prévoient la liberté pour l'assuré de choisir un avocat. • Civ. 2e, 18 mars 2010 : *Gaz. Pal. 17 août 2010, p. 36, note Cerveau ; RGDA 2010. 189, note Cerveau.* ♦ Il résulte des dispositions de l'art. L. 127-6 C. assur. que ne constitue pas une clause d'assurance de protection juridique la clause par laquelle l'assureur s'engage à prendre en charge la défense ou la représentation de son assuré dans toute procédure judiciaire ou administrative, lorsque cette prise en charge s'exerce en même temps dans son intérêt propre. Ainsi, une clause qui prévoit l'intervention de l'assureur uniquement en cas d'action mettant en cause une responsabilité garantie par le contrat ne constitue pas une garantie de protection juridique qui s'imposerait à l'assureur quelles que soient les circonstances du sinistre. L'activité prévue au titre de la garantie « recours » peut être regardée comme exercée aussi dans l'intérêt de l'assureur • CE 25 janv. 2019, n° 423159 : *Gaz. Pal. 18 Juin 2019, p. 50, note Cerveau.*

2. Caractère aléatoire. Nécessité et appréciation. BIBL. Bertalosa, *RGDA 2009. 431* (l'aléa en droit des assurances : état des lieux et perspectives). – Collectif, *RCA 2014. Dossiers 1 à 11* (aléa et contrat d'assurance). ♦ Le contrat d'assurance, par nature aléatoire, ne peut porter sur un risque que l'assuré sait déjà réalisé. • Civ. 1re, 11 oct. 1994, n° 93-11.295 P • Civ. 1re, 4 nov. 2003, n° 01-14.942 P : *D. 2003. Actu. 2867* ; *RGDA 2004. 337, note Kullmann* • Pau, 12 févr. 2008 : *Dalloz jurisprudence* • Civ. 1re, 14 janv. 2010 : *Dalloz jurisprudence* • Civ. 1re, 14 janv. 2010 : *Dalloz jurisprudence.* ♦ L'appréciation de l'aléa du contrat d'assurance relève du pouvoir du juge du fond. • Civ. 1re, 20 janv. 2000 : *RGDA 2000. 1050, note Kullmann.* ♦ Une cour d'appel ayant constaté que le contrat de protection juridique liant les parties avait été souscrit en date du 30 nov. 1999, à effet du 1er janv. 2000, et que la déclaration effectuée par le maire de la commune datait du 16 oct. 2002, tandis que les éléments de la situation litigieuse se sont révélés dès l'année 1996, en déduit souverainement que les faits à l'origine du litige principal étaient connus de la commune avant la souscription des garanties de protection juridique, de sorte que, faute d'aléa, l'assureur devait être mis hors de cause. • Civ. 2e, 28 mai 2009 : *RGDA 2009. 1261, note Cerveau.* ♦ En présence de conditions particulières qui stipulaient que le fait générateur de la mise en œuvre de la « protection exploitation » s'entendait de la remise d'un acte judiciaire ou extrajudiciaire, dénature les stipulations contractuelles la *décision qui dit n'y avoir lieu à garantie* au seul motif qu'existait un litige entre l'assuré et l'un de ses co-contractants avant la souscription du contrat, sans constater la date de survenance du fait générateur. • Civ. 2e, 7 déc. 2006, n° 05-19.306 P : *D. 2007. Actu. 372* ; *RGDA 2007. 205, note Cerveau.* – *Add.*, sur la notion de contrat aléatoire, C. civ., art. 1964. – **C. civ.**

3. Clause de direction du procès. Critère de distinction. Ne peut être assimilée à une clause de direction du procès la clause dite « assistance juridique, défense et recours » figurant dans un contrat d'assurance de responsabilité professionnelle, dès lors qu'elle a vocation à jouer même en dehors du cadre des garanties au fond de l'assureur. • Civ. 1re, 8 juill. 1997, n° 95-17.548 P : *RCA 1997, Étude 24, obs. Groutel ; RGDA 1997. 1075, note Kullmann.* ♦ Il s'ensuit que le fait pour l'assureur, en application de cette clause, d'assurer la défense initiale de son assuré, puis, après l'avoir informé que sa garantie au fond n'était pas due eu égard à la nature et à l'origine des dommages, de poursuivre cette défense, n'est de nature ni à suspendre le cours de la prescription, ni à caractériser sa volonté non-équivoque de renoncer à opposer une telle fin de non-recevoir. • Mêmes arrêts. ♦ V. aussi : • Reims, 5 janv. 2000 : *Dalloz jurisprudence.* ♦ Sur le devoir pour les juges d'opérer ce travail de qualification et de distinction, notamment lorsqu'ils y sont invités par les parties, V. : • Civ. 1re, 20 janv. 1998 : *RGDA 1998. 125, obs. Kullman.* – *Add.*, s'agissant de la clause de direction du procès, C. assur., art. L. 113-17, App., v° *Assurances, I, Clause de direction du procès.* – Et sur le caractère abusif d'une clause de direction du procès au sein d'un contrat de protection juridique, V. Recomm. n° 2002-03 du 21 févr. 2002, consid. 11, App., v° *Assurances, II, Assurance de protection juridique, A, Dispositif national.*

4. Assurance des frais de défense. Critère de distinction. BIBL. Bigot, *JCP 2011. 62* (clair-obscur sur l'assurance des frais de défense). ♦ Sur les difficultés de la distinction, V. • Civ. 2e, 14 juin 2012 : *Dalloz jurisprudence* • Bourges, 22 mars 2012 : *Dalloz jurisprudence.*

5. Fait générateur de la garantie. C'est par une interprétation souveraine, exclusive de dénaturation, qu'une cour d'appel estime que, s'agissant d'un contrat d'assistance devant les juridictions, l'expression « origine du litige », qui devait se situer à l'intérieur de la période assurée, pour entraîner la garantie, désignait non la cause du conflit mais le point de départ de la procédure juridictionnelle. • Civ. 1re, 24 nov. 1987 : *RGAT 1988. 122, note Cerveau ; Gaz. Pal. 1988. 2. 673, note Cerveau.* ♦ Sur la notion de fait générateur, V. également : • Civ. 1re, 7 déc. 2006 : *préc. note 2.*

6. Prescription biennale. En matière d'assurance de protection juridique, le point de départ du délai de la prescription biennale, édicté par l'art. L. 114-1 C. assur., est fixé au jour où l'assureur a refusé sa garantie ou l'a limitée à une certaine somme. • Civ. 1re, 10 mai 2000, n° 97-22.545 P • Civ. 2e, 3 juin 2004, n° 03-13.051 P : *D. 2004. IR 1708* ; *JCP 2005. I. 137, obs. Bigot et Mayaux ; Gaz. Pal. 29 janv. 2005, p. 10, note Périer ; RCA 2004, n° 278, obs. Groutel ; RLDA sept. 2004. 4643, note Marchand.* ♦ Lorsque l'assureur a accepté sa garantie dans les limites des prévisions contractuelles, le point de départ de la prescription de l'action de l'assuré court du jour où il a eu connaissance des éléments lui permettant de réclamer l'indemnité promise. • Civ. 2e,

6 mars 2014 : *RGDA 2014. 283, note Pélissier ; Gaz. Pal. 10-12 août 2014, p. 38, obs. Cerveau.* ♦ Les juges peuvent déduire d'un contrat, qui prévoit que l'assureur s'engage « à fournir à l'assuré, après examen de l'affaire, tout conseil sur l'étendue de ses droits et la façon d'organiser sa défense et de présenter sa demande », une devoir d'informer l'assuré sur la prescription de son action et lui conseiller l'accomplissement d'actes interruptifs. • Civ. 2e, 17 févr. 2011 : *RCA 2011, n° 192.*

7. Obligations de l'assureur. Nature. En faveur de la qualification d'obligation de moyen : • Poitiers, 17 oct. 1990 : *Gaz. Pal. 1991. 1. 220, note Margeat* (il appartient à l'assureur de procéder à toute intervention auprès de la partie adverse pour trouver la solution la plus favorable pour son assuré et d'informer ce dernier des progrès qu'il réalise afin d'éviter que son intervention ne devienne inutile parce que l'assuré avait finalement préféré confier ses intérêts à un avocat) • Paris, 15 nov. 2001 : *Dalloz jurisprudence* (nécessité pour l'assuré de suivre les conseils de son assureur et de le saisir à temps).

8. … Contenu. Sur l'obligation d'assistance de l'assureur lors d'opérations d'expertise, V. : • Paris, 10 sept. 2001 : *Dalloz jurisprudence* • Agen, 2 août 2011 : *Dalloz jurisprudence.* ♦ *Add.* note 7. ♦ V. jugeant que manque à ses devoirs de conseil et de diligence l'assureur qui laisse se prolonger pendant quatre ans des pourparlers infructueux : • Dijon, 29 juin 1993 : *Gaz. Pal. 5-6 août 1994, p. 14.* ♦ Sur le devoir d'information, V. not. : • Civ. 2e, 17 févr. 2011 : *préc. note 6* • Poitiers, 17 oct. 1990 : *Gaz. Pal. 1991. 1. 220, note Margeat.*

9. Indemnisation. Sur la nécessité de la démonstration d'un préjudice, V. : • Rennes, 10 févr. 2011 : *Dalloz jurisprudence.*

10. Recours de l'assureur. Modalités. Eu égard aux termes de l'art. L. 127-1 C. assur., un assureur au titre de la protection juridique peut présenter un recours administratif ou une réclamation préalable, au nom de son assuré, par l'intermédiaire de l'un de ses préposés, sans être tenu de produire un mandat exprès de l'assuré ni une délégation de signature à son préposé. • CE 7 juin 2018, n° 412744.

Art. L. 127-2 **L'assurance de protection juridique fait l'objet d'un contrat distinct de celui qui est établi pour les autres branches ou d'un chapitre distinct d'une police unique avec indication du contenu de l'assurance de protection juridique et de la prime correspondante.** — *V. s'agissant de la pratique de l'assurance de protection juridique par les mutuelles, C. mut., art. L. 224-2, App., v° Assurances, II, Assurance de protection juridique, A, Dispositif national.* — *Comp. Dir. n° 87/344/CEE du Conseil du 22 juin 1987, art. 3, abrogée et remplacée, à compter du 1er nov. 2012, par Dir. n° 2009/138/CE du Parlement et du Conseil du 25 nov. 2009, art. 199, App., v° Assurances, II, Assurance de protection juridique, B, Dispositif communautaire.* — *V. aussi Recomm. n° 89-01 du 19 mai 1989, App., v° Assurances, II, Assurance de protection juridique, A, Dispositif national.* — *Sur le contenu des documents contractuels relatifs à l'assurance de protection juridique, V. C. assur., art. R. 127-1, App., v° Assurances, II, Assurance de protection juridique, A, Dispositif national.* — *Sur la nécessité de clauses claires et intelligibles, V. Recomm. n° 2002-03 du 21 févr. 2002, consid. 8, App., v° Assurances, II, Assurance de protection juridique, A, Dispositif national.*

1. Caractère spécifique et individuel. L'art. L. 127-2 qui dispose que le contrat de protection juridique doit faire l'objet d'un contrat distinct ou d'un chapitre distinct d'une police lui confère un caractère spécifique et individuel. • Bordeaux, 10 janv. 2001 : *RCA 2001, n° 237, note Grynbaum.*

2. Illustration. L'exigence du caractère distinct est respectée lorsque le contrat de protection juridique constitue une annexe spécifique au contrat de responsabilité civile et que celle-ci précise qu'il s'agit d'une protection qui intervient par dérogation aux dispositions de la garantie défense et recours du contrat. • Bordeaux, 10 janv. 2001 : *préc. note 1.*

Art. L. 127-2-1 *(L. n° 2007-210 du 19 févr. 2007, art. 1er)* **Est considéré comme sinistre, au sens du présent chapitre, le refus qui est opposé à une réclamation dont l'assuré est l'auteur ou le destinataire.** — *V. s'agissant de la pratique de l'assurance de protection juridique par les mutuelles, C. mut., art. L. 224-2-1, App., v° Assurances, II, Assurance de protection juridique, A, Dispositif national.* — *Sur l'obligation pour l'assuré de déclarer le sinistre, ses modalités et sanctions, V. C. assur., art. L. 113-2.* — **C. assur.** — *S'agissant du caractère abusif de clauses relatives à la déclaration du sinistre, V. Recomm. n° 2002-03 du 21 févr. 2002, consid. 1 s., App., v° Assurances, II, Assurance de protection juridique, A, Dispositif national.*

Sinistre. Existence. V. jugeant qu'il n'y a pas de sinistre lorsque l'assuré a été satisfait dans toutes ses demandes à l'égard des tiers : • Montpellier, 2 févr. 2011 : *Dalloz jurisprudence.*

Art. L. 127-2-2 *(L. n° 2007-210 du 19 févr. 2007, art. 1er)* **Les consultations ou les actes de procédure réalisés avant la déclaration du sinistre ne peuvent justifier la déchéance de la garantie. Toute clause contraire est réputée non écrite.**

Cependant, ces consultations et ces actes ne sont pas pris en charge par l'assureur, sauf si l'assuré peut justifier d'une urgence à les avoir demandés. — *V. s'agissant de la pratique de l'assurance de protection juridique par les mutuelles, C. mut., art. L. 224-2-2, App., v° Assurances, II, Assurance de protection juridique, A, Dispositif national* 🏛. — *Adde : Engagement à caractère déontologique des entreprises d'assurance, § 2, App., v° Assurances, II, Assurance de protection juridique, A, Dispositif national* 🏛. — *Sur le caractère abusif de clauses relatives à la déclaration du sinistre, V. Recomm. n° 2002-03 du 21 févr. 2002, consid. 1 s., App., v° Assurances, II, Assurance de protection juridique, A, Dispositif national* 🏛.

JURISPRUDENCE ANTÉRIEURE À LA LOI DU 19 FÉVRIER 2007

1. Clause de priorité. Validité entre professionnels. La clause insérée dans les conditions générales du contrat d'assurance « protection juridique » et stipulant expressément d'une part, que l'assuré doit déclarer les litiges dont il a connaissance dans les meilleurs délais, que les déclarations tardives ou postérieures à la résiliation du contrat ne sont pas garanties et d'autre part, que l'assuré ne doit pas prendre l'initiative d'engager une action, de saisir son conseil ou de diligenter une mesure d'instruction sans avoir au préalable recueilli l'accord de l'assureur, ne saurait, dès lors qu'elle est acceptée en connaissance de cause par un professionnel, être réputée non écrite sur le fondement de recommandations émises par la Commission des clauses abusives, quelle que puisse être l'opportunité de cette clause au regard des principes garantissant le libre accès de chaque justiciable au droit et au juge. • Grenoble, 9 juin 2004 : *Dalloz jurisprudence.* ♦ *Contra*, antérieurement : • Paris, 1er juin 1993 : *Dalloz jurisprudence.*

2. L'assureur ne pourra pas se prévaloir de la déchéance, si resté vague dans ses conseils à l'assuré, il lui a laissé penser qu'il devait intenter une action. • Montpellier, 25 mars 1993 : *Dalloz jurisprudence.*

Art. L. 127-2-3 *(L. n° 2007-210 du 19 févr. 2007, art. 1er)* **L'assuré doit être assisté ou représenté par un avocat lorsque son assureur ou lui-même est informé de ce que la partie adverse est défendue dans les mêmes conditions.** — *V. s'agissant de la pratique de l'assurance de protection juridique par les mutuelles, C. mut., art. L. 224-2-3, App., v° Assurances, II, Assurance de protection juridique, A, Dispositif national.*

Art. L. 127-3 Tout contrat d'assurance de protection juridique stipule explicitement que, lorsqu'il est fait appel à un avocat ou à toute autre personne qualifiée par la législation ou la réglementation en vigueur pour défendre, représenter ou servir les intérêts de l'assuré, dans les circonstances prévues à l'article L. 127-1, l'assuré a la liberté de le choisir. — *V. C. assur., art. L. 322-2-3, al. 4, App., v° Assurances, II, Assurance de protection juridique, A, Dispositif national.*

Le contrat stipule également que l'assuré a la liberté de choisir un avocat ou, s'il le préfère, une personne qualifiée pour l'assister, chaque fois que survient un conflit d'intérêt*[s]* **entre lui-même et l'assureur.**

Aucune clause du contrat ne doit porter atteinte, dans les limites de la garantie, au libre choix ouvert à l'assuré par les deux alinéas précédents.

(L. n° 2007-210 du 19 févr. 2007, art. 2) **« L'assureur ne peut proposer le nom d'un avocat à l'assuré sans demande écrite de sa part. »** — *V. s'agissant de la pratique de l'assurance de protection juridique par les mutuelles, C. mut., art. L. 224-3, App., v° Assurances, II, Assurance de protection juridique, A, Dispositif national. — Adde Charte du 23 déc. 1995, art. 1er, al. 2, et Engagement à caractère déontologique des entreprises d'assurance, § 5, App., v° Assurances, II, Assurance de protection juridique, A, Dispositif national* 🏛. — *Comp. Dir. n° 87/344/CEE du Conseil du 22 juin 1987, art. 4, abrogée et remplacée, à compter du 1er nov. 2012, par Dir. n° 2009/138/CE du Parlement et du Conseil du 25 nov. 2009, art. 201, App., v° Assurances, II, Assurance de protection juridique, B, Dispositif communautaire. — Sur le caractère abusif de clauses relatives au choix de l'avocat, V. Recomm. n° 2002-03 du 21 févr. 2002, consid. 5 à 7, App., v° Assurances, II, Assurance de protection juridique, A, Dispositif national.*

BIBL. ▶ BONNARD, *D. 2000. 343* (portée du principe du libre choix de l'avocat par l'assuré). – CERVEAU, *Gaz. Pal. 1991. Doctr. 2* (la rémunération de l'avocat et l'assurance de protection juridique) ; *Gaz. Pal. 2000. Doctr. 1686* (libre choix de l'avocat) ; *ibid. 1988. Doctr. 680* (relations entre les assureurs protection juridique et les avocats). – RAJOT, *RCA 2011. Alerte 2* (la Commission confirme la liberté de choix de l'avocat par l'assuré). – RIBEYRE, *Dr. et patr. 5/2002, p. 6* (de la question du libre choix de l'avocat au débat sur les honoraires). – STUYCK, *D. 2010. 100* (assurance de protection juridique, action de groupe et libre choix de l'avocat).

1. Liberté de choix de l'avocat. Principe. L'art. 4, § 1er, ss. a), de la Dir. (CE) n° 87-344 du Conseil du 22 juin 1987 [abrogé et remplacé, à compter du 1er nov. 2012, par Dir. n° 2009/138/CE du Parlement et du Conseil du 25 nov. 2009, art. 201, § 1er, App., v° *Assurance de protection juridique*, II, Dispositif communautaire 🏛], portant coordination des dispositions législatives, réglementaires et administratives concernant l'assurance de protection juridique, doit être interprété en ce sens que l'assureur de la protection juridique ne peut pas se réserver le droit, lorsqu'un grand nombre de preneurs d'assurance sont lésés par un même événement, de choisir lui-même le représentant légal de tous les assurés concernés. • CJCE 10 sept. 2009, *Eschig c/ UNIQA*, n° C-199/08 : *JOUE C 267/19 du 7 nov. ; D. 2009. AJ 2344 ; ibid. 2010. 100, point de vue Stuyck ; JCP 2010. 546, n° 1, obs. Clay ; ibid. 270, n° 14, obs. Bortoluzzi ; RCA 2009. Focus 19, obs. Rajot ; Gaz. Pal. 2010. Somm. 3859, note Cerveau ; RGDA 2010. 154, note Cerveau.* ♦ V. aussi : • Aix-en-Provence, 29 juin 2000 : *Gaz. Pal. 15 mai 2001, p. 21 et la note ; JCP 2001. II. 10469, note Martin.* ♦ *Adde* sur la confirmation du principe du libre choix de l'avocat par la Commission européenne : *RCA 2011. Alerte 2.* ♦ L'art. 4, § 1er, sous a), de la Dir. (CE) n° 87-344/CEE du Conseil du 22 juin 1987 [abrogé et remplacé, à compter du 1er nov. 2012, par Dir. n° 2009/138/CE du Parlement et du Conseil du 25 nov. 2009, art. 201, § 1er, v° *Assurances, II, Assurance de protection juridique, B, Dispositif communautaire*], portant coordination des dispositions législatives, réglementaires et administratives concernant l'assurance de protection juridique, doit être interprété en ce sens qu'il s'oppose à ce qu'un assureur de la protection juridique, qui prévoit dans ses contrats d'assurance que l'assistance juridique est en principe assurée par ses collaborateurs, prévoie également que les coûts d'assistance juridique d'un avocat ou d'un représentant choisi librement par le preneur d'assurance ne sont susceptibles d'être pris en charge que si l'assureur estime que le traitement de l'affaire doit être délégué à un conseil externe. • CJUE 7 nov. 2013, n° C-442/12 : *D. actu. 20 nov. 2013, obs. Ravel d'Esclapon ; D. 2013. Actu. 2644 ; Gaz. Pal. 1er-3 déc. 2013, p. 35, note Cerveau.* ♦ Le caractère obligatoire ou non de l'assistance juridique en vertu du droit national dans la procédure judiciaire ou administrative en cause n'a pas d'incidence sur la réponse apportée à la première question. • Même décision. ♦ V. dans le sens qu'un assureur de protection juridique peut accorder des avantages aux assurés qui choisissent de mandater un avocat recommandé : • Bundesgerichtshof, 4 nov. 2013 : *D. actu. 31 mars 2014, obs. Portmann ; D. avocat 2014. 138, obs. Portmann.*

2. … Portée. L'art. 4, § 1er, de la Dir. (CE) n° 87/344/CEE du Conseil du 22 juin 1987 [abrogé et remplacé, à compter du 1er nov. 2012, par Dir. n° 2009/138/CE du Parlement et du Conseil du 25 nov. 2009, art. 201, § 1er, App., v° *Assurances, II, Assurance de protection juridique, B, Dispositif communautaire*] doit être interprété en ce sens qu'il ne s'oppose pas à une disposition nationale en vertu de laquelle il peut être convenu que l'assuré en protection juridique ne peut choisir, pour la représentation de ses intérêts dans les procédures administratives ou judiciaires, qu'une personne professionnellement habilitée à cet effet qui a son cabinet au lieu du siège de la juridiction ou de l'administration compétente en première instance, pour autant, afin de ne pas vider de sa substance la liberté du choix, par l'assuré, de la personne mandatée pour le représenter, que cette limitation ne concerne que l'étendue de la couverture, par l'assureur de la protection juridique, des frais liés à l'intervention d'un représentant et que l'indemnisation effectivement payée par cet assureur soit suffisante, ce qu'il revient à la juridiction de renvoi de vérifier. • CJUE 26 mai 2011, *Stark*, n° C-293/10 : *JOUE C 211/6 du 16 juill. ; Gaz. Pal. 29-30 juill. 2011, p. 35, note Cerveau ; JCP E 2011. Actu. 292 ; RCA 2011. Focus 16, obs. Rajot ; Europe 2011, n° 253, obs. Michel.*

3. … Limitations contractuelles. C'est dans les limites de la garantie que l'art. L. 127-3 C. assur. interdit toute clause portant atteinte au droit pour l'assuré de choisir son défenseur ; ne porte pas atteinte à la liberté de choix de l'assuré la clause qui fait, d'une part, bénéficier l'assuré d'une garantie illimitée s'il laisse l'assureur choisir l'avocat ou si l'assureur agrée l'avocat que son assuré propose et, d'autre part, stipule une garantie plafonnée en considération de la juridiction saisie si l'assuré choisit son avocat sans agrément de l'assureur. • Civ. 1re, 15 juill. 1999, n° 97-10.725 P : *D. 2000. Somm. 343, obs. Bonnard ; ibid. 2001. 1057, note Krajeski .* ♦ V. déjà une déclaration interprétative inscrite en annexe au procès-verbal du Conseil des Communautés (ann. 71-78/87) à propos de l'art. 4 de la Dir. (CE) n° 87-344 du Conseil du 22 juin 1987 [abrogé et remplacé, à compter du 1er nov. 2012, par Dir. n° 2009/138/CE du Parlement et du Conseil du 25 nov. 2009, art. 201, App., v° *Assurances, II, Assurance de protection juridique, B, Dispositif communautaire*] aux termes de laquelle : « Le conseil déclare que ces dispositions [art. 3-2, c) et 4] ne font pas obstacle à ce que les contrats d'assurance de protection juridique prévoient une limite maximale pour la prise en charge par l'entreprise d'assurance des frais d'honoraires de l'avocat, expert, ou toute autre personne dûment qualifiée, librement choisie par l'assuré au sens de ces articles ». L'assureur, lié par un contrat de protection juridique, est fondé à contester le choix d'un avocat dans la mesure où la notoriété ou l'éloignement géographique sont susceptibles d'entraîner un surcoût que la compagnie n'est pas obligée de prendre en charge. • Paris, 1er juin 1993 : *préc. note ss. C. assur., art. L. 127-2-2 reproduit ci-dessus.* ♦ V. cependant Recomm. CCA n° 2002-03 du 21 févr. 2002, point 7, s'agissant des critiques formulées par la Commission des clauses abusives, App., v° *Assurances, II, Assurance de protection juridique, A, Dispositif national*. – V. pour une illustration relative à l'interprétation d'une clause de plafonnement : • Civ. 1re, 6 oct. 2011 : *Dal-*

loz jurisprudence (une cour d'appel pouvait décider, par une interprétation rendue nécessaire par l'ambiguïté des stipulations, que les plafonds prévus pour une action devant le tribunal des affaires de la sécurité sociale étaient applicables devant le tribunal du contentieux de l'incapacité et qu'ils étaient valables aussi bien pour l'assistance que pour la représentation, le contrat faisant référence à la défense des intérêts de l'assuré).

4. ... Tempéraments aux limitations contractuelles. Dès lors que par lettre adressée à son assuré, l'assureur de protection juridique, après avoir indiqué la prise en charge des honoraires de l'avocat précédemment saisi, a indiqué la « prise en charge de l'intégralité des honoraires du nouvel avocat », sans faire aucune référence au barème inclus dans le contrat d'assurance, il ne peut prétendre que les termes de sa lettre visent l'intégralité des honoraires prévus par le barème et il n'est pas démontré que ce sont des exigences particulières de l'assuré qui expliquent le montant des honoraires de l'avocat, l'assuré étant ainsi fondé à obtenir de l'assureur la prise en charge intégrale des honoraires de l'avocat. • Paris, 19 oct. 2004 : *Dalloz jurisprudence.* ♦ *Adde* dans le même sens : • Paris, 1er juin 1993 : *préc. note ss. C. assur., art. L. 127-2-2 reproduit ci-dessus* • Aix-en-Provence, 4 févr. 2004 : *Dalloz jurisprudence.*

5. Révocation de l'avocat désigné par l'assureur. Portée. Au titre du contrat d'assurance de protection juridique, le droit pour l'assuré de révoquer le mandat de l'avocat qui lui a été proposé par l'assureur n'impose pas à ce dernier de lui en désigner un autre. • Civ. 2e, 18 mai 2017, no 16-17.528 : *Gaz. Pal. 17 oct. 2017, p. 76, obs. Cerveau.*

6. Conflit d'intérêts. Responsabilité de l'avocat. V., dans le cadre d'une garantie « défense-recours », concluant à l'absence de conflit d'intérêts entre l'assuré et l'assureur en raison de ce que le premier n'avait pas contesté l'absence de garantie que lui opposait le second et que dès lors l'avocat, désigné par l'assureur, n'avait pu commettre aucune faute en assurant à la fois la défense de ce dernier et celle de l'assuré. • Civ. 1re, 29 avr. 1997 : *RGDA 2007. 839, note L. Mayaux.* ♦ *Adde* Sur la gestion des conflits d'intérêts par l'avocat, V. Décr. no 2005-790 du 12 juill. 2005, art. 7 et RIN, art. 4, C. avocats, Partie I, I, Profession d'avocat. – **C. avocat**.

7. Frais d'expertise. Conditions de prises en charge. V. rejetant la demande de la victime du sinistre tendant à obtenir le paiement des frais de son expert personnel alors que le contrat responsabilité civile par elle souscrit prévoyait une assurance de protection juridique et que l'expert désigné par son assureur assistait aux opérations d'expertise judiciaire. • Agen 20 févr. 2008 : *Dalloz jurisprudence.*

Art. L. 127-4 **Le contrat stipule qu'en cas de désaccord entre l'assureur et l'assuré au sujet de mesures à prendre pour régler un différend, cette difficulté peut être soumise à l'appréciation d'une tierce personne désignée d'un commun accord par les parties ou, à défaut, par le président du** *(Ord. no 2019-738 du 17 juill. 2019, art. 1er)* **« tribunal judiciaire statuant selon la procédure accélérée au fond ». Les frais exposés pour la mise en œuvre de cette faculté sont à la charge de l'assureur. Toutefois, le président du** *(Ord. no 2019-738 du 17 juill. 2019, art. 1er)* **« tribunal judiciaire statuant selon la procédure accélérée au fond » peut en décider autrement lorsque l'assuré a mis en œuvre cette faculté dans des conditions abusives.**

Si l'assuré a engagé à ses frais une procédure contentieuse et obtient une solution plus favorable que celle qui lui avait été proposée par l'assureur ou par la tierce personne mentionnée à l'alinéa précédent, l'assureur l'indemnise des frais exposés pour l'exercice de cette action, dans la limite du montant de la garantie.

Lorsque la procédure visée au premier alinéa de cet article est mise en œuvre, le délai de recours contentieux est suspendu pour toutes les instances juridictionnelles qui sont couvertes par la garantie d'assurance et que l'assuré est susceptible d'engager en demande, jusqu'à ce que la tierce personne chargée de proposer une solution en ait fait connaître la teneur. – *V. s'agissant de la pratique de l'assurance de protection juridique par les mutuelles, C. mut., art. L. 224-4. – Adde Charte du 23 déc. 1995, art. 2, al. 3 et Engagement à caractère déontologique des entreprises d'assurance, § 4, App., vo Assurances, II, Assurance de protection juridique, A, Dispositif national, l'al. 2 de cette dernière disposition posant des mesures de simplification de la gestion du désaccord. – Comp. Dir. no 87/344/CEE du Conseil du 22 juin 1987, art. 6, abrogée et remplacée, à compter du 1er nov. 2012, par Dir. no 2009/138/CE du Parlement et du Conseil du 25 nov. 2009, art. 203, § 1er, Partie II, II, App., vo Assurances, II, Assurance de protection juridique, B, Dispositif communautaire. Les dispositions de l'Ord. no 2019-738 du 17 juill. 2019 s'appliquent aux demandes introduites à compter du 1er janv. 2020 (Ord. préc., art. 30).*

BIBL. ▶ Cerveau, *Gaz. Pal. 1997. Doctr. 127 ; RGDA 1997. 253* (le règlement des cas de désaccord en assurance de protection juridique). – Giverdon et Lecharny, *JCP 1991. I. 3482* (délai de recours contentieux et souscription d'une assurance de protection juridique).

1. Champ d'application. La procédure prévue par l'art. L. 127-4 C. assur. ne s'applique qu'en cas de désaccord sur les mesures à prendre pour régler le différend ou le litige opposant l'assuré à un tiers. • Civ. 2e, 10 nov. 2009 : *RCA 2010, n° 25.* ♦ Ainsi doivent être exclus de son champ d'application les différends qui opposent l'assuré à son assureur portant sur des refus de garantie. • Même arrêt.

2. *Clauses d'opportunité. Validité.* Constitue une condition purement potestative la clause contractuelle autorisant l'assureur, seul, à apprécier les chances de succès ou d'échec d'un recours de l'assuré. • Lyon, 26 oct. 1950 : *RGAT 1951. 56, note Besson.*

3. *Obligations de l'assureur.* Dès lors que l'assuré exprime formellement son refus d'accepter le partage de responsabilité qui lui opposait l'assureur, il appartient à ce dernier d'exercer un recours ou de mettre en mouvement la procédure d'arbitrage prévue au contrat en cas de désaccord entre l'assureur et l'assuré. • Civ. 1re, 27 févr. 1980 : *RGAT 1981. 57, note Bigot* (clause défense-recours dans une police d'assurance automobile).

4. *Sanction du non-respect de la procédure de règlement.* V., jugeant que l'assuré qui n'a pas respecté les obligations légales et contractuelles mises à sa charge dans le cadre de la clause de « défense-recours » accessoire d'un contrat d'assurance responsabilité civile-vie privée, en prenant l'initiative d'engager une procédure contentieuse pour la réparation de son préjudice corporel, et en faisant obstacle à la procédure de règlement amiable en cours, notamment à la contre-expertise médicale demandée par l'assureur, n'est pas fondé à réclamer la garantie de l'assureur pour la prise en charge des frais exposés pour l'exercice de l'action en justice. • Lyon, 20 janv. 2000 : *JCP 2001. IV. 1080.* ♦ *Adde*, jugeant qu'en cas de désaccord entre l'assureur et l'assuré quant aux responsabilités encourues à l'occasion d'un accident, l'assuré ne peut assigner son assureur à l'effet de le voir condamner à saisir l'autorité judiciaire du litige l'opposant à la compagnie adverse, alors qu'il lui appartenait, conformément à l'art. 12 des conditions générales du contrat, soit de demander que le différend soit soumis à deux arbitres, soit d'exercer une action judiciaire à son compte, à l'encontre du tiers qu'il estimait être responsable de la collision. • Paris, 3 sept. 1996 : *Gaz. Pal. 1996. Jurisp. 580 et la note ; ibid. 1997. Doctr. 127 ; RGDA 1997. 253, note Cerveau.* ♦ Viole l'art. L. 127-4 C. assur. la cour d'appel qui retient que faute par l'assureur de caractériser et de démontrer le principe, la nature et l'étendue du préjudice dont il réclame réparation, sa demande de dommages-intérêts pour procédure abusive doit être rejetée, sans constater que l'assuré avait commis un abus dans la mise en œuvre de la procédure prévue à l'art. L. 127-4 C. assur. • Civ. 2e, 10 nov. 2009 : *préc. note 1.*

Art. L. 127-5 **En cas de conflit d'intérêt*[s]* entre l'assureur et l'assuré ou de désaccord quant au règlement du litige, l'assureur de protection juridique informe l'assuré du droit mentionné à l'article L. 127-3 et de la possibilité de recourir à la procédure mentionnée à l'article L. 127-4.** — *V. s'agissant de la pratique de l'assurance de protection juridique par les mutuelles, C. mut., art. L. 224-5, App., v° Assurances, II, Assurance de protection juridique, A, Dispositif national.* — *Comp. Dir. n° 87/344/CEE du Conseil du 22 juin 1987, art. 7, abrogée et remplacée, à compter du 1er nov. 2012, par Dir. n° 2009/138/CE du Parlement et du Conseil du 25 nov. 2009, art. 204, § 1er, App., v° Assurances, II, Assurance de protection juridique, B, Dispositif communautaire.* — *Sur le caractère abusif de clauses relatives au conflit d'intérêts entre l'assureur et l'assuré, V. Recomm. n° 2002-03 du 21 févr. 2002, consid. 9, App., v° Assurances, II, Assurance de protection juridique, A, Dispositif national.*

BIBL. ▶ CERVEAU, *Mél. J. Bigot, LGDJ 2010, p. 81* (conflits d'intérêts et assurance de protection juridique : principes et application).

1. V. aussi sur l'indemnisation de la perte de chance résultant pour l'assuré du manquement par l'assureur à son obligation d'information, • Nîmes, 23 mars 2010 : *Dalloz jurisprudence.*

2. Le fait pour un assureur de protection juridique de transmettre un dossier à un avocat, sans informer l'assuré que la garantie décennale, objet du recours, venait à expiration, constitue un manquement à son obligation de conseil et d'information. • Civ. 3e, 5 janv. 2017, n° 15-25.644 : *RGDA 2017. 211, note Cerveau.*

Art. L. 127-5-1 *(L. n° 2007-210 du 19 févr. 2007, art. 3)* **Les honoraires de l'avocat sont déterminés entre ce dernier et son client, sans pouvoir faire l'objet d'un accord avec l'assureur de protection juridique.** — *V. s'agissant de la pratique de l'assurance de protection juridique par les mutuelles, C. mut., art. L. 224-5-1, App., v° Assurances, II, Assurance de protection juridique, A, Dispositif national.* — *Adde sur la liberté de l'honoraire de l'avocat et le devoir d'information de ce dernier à l'égard de son client, Charte du 23 déc. 1995, art. 4, App., v° Assurances, II, Assurance de protection juridique, A, Dispositif national.* — *Sur la nécessité pour les avocats, lorsqu'ils interviennent pour le compte d'un client détenteur d'un contrat d'assurance de protection juridique, de lui proposer une convention d'honoraires, V. Décr. n° 2005-790 du 12 juill. 2005, art. 10, al. 2, dernière phrase, reproduit ci-dessous.* — *Sur la délé-*

gation d'honoraires et la possibilité d'un règlement direct de l'avocat, V. Charte préc., art. 6, et Engagement à caractère déontologique des entreprises d'assurances, § 8, App., v° Assurances, II, Assurance de protection juridique, A, Dispositif national. — *Sur la rémunération de l'avocat, Adde Engagement préc., § 7.* — *Pour un exemple de convention d'honoraires et des références indicatives à usage des avocats rédacteurs de la convention V. CNB, La réforme de la protection juridique, Vade-mecum, 2007, http://cnb.avocat.fr.*

1. Justification des honoraires. V. pour un rappel des moyens dont dispose le client d'avocat ayant une assurance de protection juridique de lui fournir le récapitulatif détaillé de ses honoraires et renvoyant aux art. 10 et 12 du Décr. n° 2005-790 du 12 juill. 2005 * Rép. min. n° 05626 : *JO Sénat Q, 13 nov. 2008, p. 2275.*

2. Paiement direct (non). Un avocat ne peut solliciter le versement de ses honoraires auprès de l'assureur sans l'accord de son client et sans l'en informer. * Rép. min. n° 5628 : *JO Sénat Q, 5 févr. 2009, p. 2.*

3. Incidence de l'existence d'un contrat d'assurance de protection juridique sur la détermination des honoraires. Il résulte de l'art. 10, al. 2, de la L. n° 71-1130 du 31 déc. 1971, dans sa version antérieure à la réforme du 6 août 2015 applicable au litige, qu'en l'absence de convention les honoraires de l'avocat sont fixés par référence aux seuls critères qu'il énumère, sans que l'existence d'un contrat d'assurance de protection juridique ait quelque effet sur la détermination des honoraires dus à l'avocat par le client. • Civ. 1re, 14 janv. 2016 : *D. 2015. Actu. 207 ; D. avocats 2016. 43, obs. Dargent ; JCP 2016. 107, obs. S. Bortoluzzi ; RGDA 2016. 151, obs. Cerveau.*

4. Renvois. Sur la prise en charge des honoraires, V. notes 3 et 4 ss. C. assur., art. L. 127-3, App., v° *Assurance de protection juridique, I, Dispositif national.*

Décret du 12 juillet 2005,

Relatif aux règles de déontologie de la profession d'avocat (JO 16 juill.).

Art. 10 *Al. 1er non reproduit.*

L'avocat informe son client, dès sa saisine, puis de manière régulière, des modalités de détermination des honoraires et de l'évolution prévisible de leur montant. Le cas échéant, ces informations figurent dans la convention d'honoraires. *(Décr. n° 2007-932 du 15 mai 2007, art. 25-2°)* « Sauf si l'avocat intervient en urgence devant une juridiction, une telle convention est obligatoire lorsque l'avocat est rémunéré, en tout ou partie, au titre d'un contrat d'assurance de protection juridique. »

Al. 3 non reproduit.

Justification des honoraires. Assurance de protection juridique. V., pour un rappel des règles en présence d'un contrat d'assurance de protection juridique : * Rép. min. n° 05626 : *cité ss. art. L. 127-5, Partie II, II, Assurance de protection juridique.*

Art. L. 127-6 **Les dispositions du présent chapitre ne s'appliquent pas :**

1° A l'assurance de protection juridique lorsque celle-ci concerne des litiges ou des risques qui résultent de l'utilisation de navires de mer ou sont en rapport avec cette utilisation ; — *V. également sur l'exclusion de l'assurance maritime, C. assur., art. L. 111-1, App., v° Assurances, II, Assurance de protection juridique, A, Dispositif national.* — *Comp., sur l'exclusion des risques de navigation de plaisance de l'assurance maritime, C. assur., art. L. 171-5, al. 1er.* — ***C. assur.***

2° A l'activité de l'assureur de responsabilité civile pour la défense ou la représentation de son assuré dans toute procédure judiciaire ou administrative, lorsqu'elle s'exerce en même temps dans l'intérêt de l'assureur. — *V. Dir. n° 87/344/CEE du Conseil du 22 juin 1987, art. 2, § 2, al. 1er et 2, abrogée et remplacée, à compter du 1er nov. 2012, par Dir. 2009/138/CE du Parlement et du Conseil du 25 nov. 2009, art. 198, App., v° Assurances, II, Assurance de protection juridique, B, Dispositif communautaire.*

Sur l'absence de caractère d'ordre public de l'art. L. 127-6, V. C. assur., art. L. 111-2, App., v° Assurances, II, Assurance de protection juridique, A, Dispositif national.

Une troisième exclusion était prévue dans l'art. 2, § 2, al. 3, de la Dir. n° 87/344/CEE du Conseil du 22 juin 1987, celle relative à la protection juridique exercée par les sociétés d'assistance lorsque cette garantie fait partie d'un contrat ne concernant que l'assistance pécuniaire aux personnes en difficulté en cours de déplacement. Toutefois, cette exclusion, laissée à l'option des États membres, n'a pas été retenue par le législateur français. Il en résulte que les garanties d'assistance relèvent des art. L. 127-1 s. C. assur. auxquels doivent se soumettre les sociétés d'assistance, lorsqu'elles intègrent dans leurs prestations des garanties de protection juridique. — *V. Dir. n° 87/344/CEE du Conseil du*

22 juin 1987, art. 2, § 2, al. 1er et 2, abrogé et remplacé, à compter du 1er nov. 2012, par Dir. no 2009/138/CE du Parlement et du Conseil du 25 nov. 2009, art. 198, App., vo Assurances, II, Assurance de protection juridique, B, Dispositif communautaire 🏛.

Qualification. Critère d'un conflit d'intérêts entre l'assureur et l'assuré. Renvoi. V. note 1 ss. C. assur., art. L. 127-1 reproduit ci-dessus.

Art. L. 127-7 **Les personnes qui ont à connaître des informations données par l'assuré pour les besoins de sa cause, dans le cadre d'un contrat d'assurance de protection juridique, sont tenues au secret professionnel, dans les conditions et sous les peines** *(L. no 92-1336 du 16 déc. 1992, art. 333, al. 2)* **« fixées par l'article 226-13 du code pénal ».** *— V. aussi, s'agissant de la pratique de l'assurance de protection juridique par les mutuelles, C. mut., art. L. 224-6, App., vo Assurances, II, Assurance de protection juridique, A, Dispositif national* 🏛. *— Adde Charte du 23 déc. 1995, art. 3, App., vo Assurances, II, Assurance de protection juridique, A, Dispositif national* 🏛. *— V. C. pén., art. 226-13, reproduit ss. L. no 71-1130 du 31 déc. 1971, art. 66-5. —* ***C. avocat.*** *— L'obligation de respecter le secret professionnel n'a pas d'équivalent dans la Dir. no 87/344/CEE du Conseil du 22 juin 1987, abrogée et remplacée à compter du 1er nov. 2012 par Dir. no 2009/138/CE du Parlement et du Conseil du 25 nov. 2009, art. 198, App., vo Assurances, II, Assurance de protection juridique, B, Dispositif communautaire* 🏛.

Art. L. 127-8 *(L. no 2007-210 du 19 févr. 2007, art. 4)* **Le contrat d'assurance de protection juridique stipule que toute somme obtenue en remboursement des frais et des honoraires exposés pour le règlement du litige bénéficie par priorité à l'assuré pour les dépenses restées à sa charge et, subsidiairement, à l'assureur, dans la limite des sommes qu'il a engagées.** *— V. s'agissant de la pratique de l'assurance de protection juridique par les mutuelles, C. mut., art. L. 224-7-1. — Adde Engagement à caractère déontologique des entreprises d'assurance, § 9, App., vo Assurances, II, Assurance de protection juridique, A, Dispositif national. — Sur le recours subrogatoire de l'assureur, V. C. assur., art. L. 121-12. —* ***C. assur.*** *— Sur le caractère abusif de clauses relatives à la subrogation de l'assureur au regard des sommes allouées au titre des frais et dépens, V. Recomm. no 2002-03 du 21 févr. 2002, consid. 10, App., vo Assurances, II, Assurance de protection juridique, A, Dispositif national* 🏛.

BIBL. ▶ CERVEAU, *Gaz. Pal. 1993. Doctr. 994* (position de l'assureur de protection juridique face à l'application des art. 700 NCPC, 475-1 C. pr. pén. et L. 8-1 C. trib. adm.). - COURROUY, *D. 1992. Chron. 169* (réflexions sur quelques aspects de l'assurance de protection juridique).

1. Recours subrogatoire. Objet. V. par exemple : • Dijon, 9 mars 2004 : *Dalloz jurisprudence.*

2. Subsidiarité de l'assureur. Sur la portée de la subsidiarité de l'assureur, V. : • Douai, 10 mai 2011 : *Dalloz jurisprudence* • Riom, 4 juin 2012 : *Dalloz jurisprudence.*

3. Secret professionnel. Les dispositions des art. L. 127-1 à L. 127-8 C. assur. prévoient tout d'abord que l'assuré a la liberté de choisir son avocat et que les honoraires de l'avocat sont déterminés entre ce dernier et son client, sans pouvoir faire l'objet d'un accord avec l'assureur de protection juridique, et sont de nature à garantir l'indépendance de l'avocat et le respect des règles déontologiques de sa profession au nombre desquelles se trouve le secret professionnel défini à l'art. 66-5 de la L. no 71-1130 du 31 déc. 1971. Le secret professionnel est ainsi opposable à l'assureur et l'avocat n'a aucun compte à lui rendre. Seul le client, en tant qu'assuré, peut être conduit à devoir informer l'assureur de l'évolution de l'affaire dans les conditions prévues par le contrat de protection juridique. Toute clause d'un contrat qui prévoirait que l'avocat lui-même est tenu de rendre des comptes à l'assureur serait illégale. * Rép. min. no 03993 : *JO Sénat 19 avr. 2018, p. 1937.*

LIVRE III Les entreprises

TITRE II Régime administratif

CHAPITRE II *Règles de constitution et de fonctionnement*

SECTION I *Dispositions communes*

Art. L. 322-2-3 *(L. no 89-1014 du 31 déc. 1989, art. 6 ; L. no 94-5 du 4 janv. 1994, art. 2-I)* **Les entreprises soumises au contrôle de l'État par l'article L. 310-1 qui pratiquent l'assurance de protection juridique optent pour l'une des modalités de gestion suivantes :**

— les membres du personnel chargés de la gestion des sinistres de la branche "protection juridique" ou de conseils juridiques relatifs à cette gestion ne peuvent exercer en même temps une activité semblable dans une autre branche pratiquée par l'entreprise qui les emploie, ni dans une autre entreprise ayant avec cette dernière des liens financiers, commerciaux ou administratifs ; *— V., s'agissant des conditions d'exercice de l'activité de conseil juridique, notamment L. n° 71-1130 du 31 déc. 1971, art. 54-1°, 55 et 59. —* **C. avocat**. *— Adde sur les conditions de l'agrément des consultants en assurances, Arr. du 6 févr. 2001 cité ss. L. n° 71-1130 du 31 déc. 1971, art. 54, préc.*

— les sinistres de la branche "protection juridique" sont confiés à une entreprise juridiquement distincte ;

— le contrat d'assurance de protection juridique prévoit le droit pour l'assuré de confier la défense de ses intérêts, dès qu'il est en droit de réclamer l'intervention de l'assurance au titre de la police, à un avocat ou à une personne qualifiée de son choix.

Les modalités d'application du présent article seront précisées par décret en Conseil d'État. *— V. aussi, s'agissant de la pratique de l'assurance de protection juridique par les mutuelles, C. mut., art. L. 224-7. — V. C. assur., art. R. 322-1, App., v° Assurances, II, Assurance de protection juridique, A, Dispositif national. — V. aussi C. assur., art. R. 127-1, App., v° Assurances, II, Assurance de protection juridique, A, Dispositif national.*

L'art. L. 322-2-3 C. assur. résulte de la renumérotation de l'ancien art. L. 321-6 du même code par la L. n° 94-5 du 4 janv. 1994, art. 2-I.

BIBL. ▸ CAE, *Gaz. Pal. 1994. Doctr. 17* (les assureurs face à la réforme des professions juridiques). - CERVEAU, *Gaz. Pal. 1994. Doctr. 956* (la prestation de conseil juridique effectuée par l'assureur de protection juridique). - DELVAUX, La protection des assurés dans l'assurance de protection juridique, *Rapport Faculté de droit de Louvain 1991*. - LEGRAND, *Assur. fr. 1989. 536* (protection juridique et conventions de règlement de sinistres : cohabitation nécessaire ou mariage forcé ?).

LIVRE IV **Organisations et régimes particuliers d'assurance**

TITRE II **Le fonds de garantie**

CHAPITRE PREMIER ***Le fonds de garantie des assurances obligatoires de dommages*** *(L. n° 2003-706 du 1er août 2003, art. 81-A-III).*

SECTION VI ***Intervention du fonds en cas de retrait d'agrément administratif d'entreprises d'assurances obligatoires*** *(L. n° 2003-706 du 1er août 2003, art. 81-A-III).*

Art. L. 421-9 *(L. n° 2003-706 du 1er août 2003, art. 81-A-VI)* **I. —** *Non reproduit.*

II. — Sont exclus de toute indemnisation au titre de la présente section les contrats d'assurance :

1° *Non reproduit.*

(Ord. n° 2017-1609 du 27 nov. 2017, art. 7-2°, **2°)** **Relatifs** *[...]* **à la protection juridique ;** *[...]*

[...]

DEUXIÈME PARTIE : ***RÉGLEMENTAIRE***

BIBL. ▸ **Décr. du 1er août et 14 sept. 1990 :** CERVEAU, *Gaz. Pal. 1991. Doctr. 75* (modalités de gestion des sinistres).

LIVRE PREMIER **Le contrat**

TITRE II **Règles relatives aux assurances de dommages non maritimes**

CHAPITRE VII ***L'assurance de protection juridique***

(Décr. n° 90-697 du 1er août 1990, art. 1er)

Le Décr. n° 90-697 du 1er août 1990 est applicable dans les territoires d'outre-mer et à Mayotte (Décr. préc., art. 3).

BIBL. GÉN. ▸ **Décr. du 1er août 1990 et 14 sept. 1990 :** CERVEAU, *RGAT 1991. 475 ; Gaz. Pal. 1991. Doctr. 75.* – COURROUY, *D. 1992. Chron. 169*. – GIVERDON et LECHARNY, *JCP 1991. I. 3482.*

Art. R. 127-1 *(Décr. nº 92-1356 du 22 déc. 1992, art. 3)* **Les documents contractuels relatifs à l'assurance de protection juridique, mentionnés à l'article L. 127-2, doivent indiquer la modalité de gestion, prévue à l'article L. 321-6** *[devenu art. L. 322-2-3]*, **pour laquelle l'entreprise a opté.** – *V. C. assur., art. L. 127-2 et L. 322-2-3, App., vº Assurances, II, Assurance de protection juridique, A, Dispositif national.*

Si l'entreprise a opté pour celle prévue au premier tiret du premier alinéa de l'article L. 321-6 *[devenu art. L. 322-2-3] [gestion par du personnel distinct]*, **l'assuré doit, dès la première demande de mise en jeu de la garantie de protection juridique, être informé sans délai, par l'entreprise d'assurance, de l'adresse du ou des services assurant le traitement des sinistres de la branche Protection juridique.** – *En faveur d'une indication, dès la souscription, des coordonnées du service distinct en charge de la gestion des litiges, V. Engagement à caractère déontologique des entreprises d'assurance, § 1er, point 4, App., vº Assurances, II, Assurance de protection juridique, A, Dispositif national.*

Lorsque l'entreprise d'assurance a opté pour la modalité de gestion prévue au deuxième tiret du premier alinéa du même article *[gestion par une entreprise juridiquement distincte]*, **les documents contractuels doivent indiquer la dénomination et le siège de l'entreprise juridiquement distincte à qui est confiée la gestion des sinistres de la branche Protection juridique.** – *En faveur d'une indication, dès la souscription, des coordonnées de la société spécialisée en charge de la gestion des litiges, V. Engagement à caractère déontologique des entreprises d'assurance, § 1er, pt 4, App., vº Assurances, II, Assurance de protection juridique, A, Dispositif national.*

Lorsque l'entreprise d'assurance a opté pour la modalité de gestion prévue au troisième tiret du premier alinéa du même article *[gestion par un avocat ou une personne qualifiée]*, **les documents contractuels indiquent, en caractères très apparents, que lorsque l'assuré est en droit de réclamer, au titre de la police, l'intervention de l'assurance de protection juridique, il a le droit de confier la défense de ses intérêts à un avocat ou à une personne qualifiée de son choix. Dès réception d'une déclaration de sinistre, l'assureur informe l'assuré qu'il bénéficie de ces mêmes dispositions législatives.** – *Sur la sanction de cette exigence de forme, V. C. assur., art. L. 112-4.* – ***C. assur.***

Le Décr. nº 92-1356 du 22 déc. 1992 est applicable dans les territoires d'outre-mer et à Mayotte (Décr. préc., art. 5).

Sur les nécessaires clarté et intelligibilité des clauses du contrat de protection juridique, V. Recomm. nº 2002-03 du 21 févr. 2002, consid. 8, App., vº Assurances, II, Assurance de protection juridique, A, Dispositif national.

....

LIVRE III Les entreprises

TITRE II Régime administratif

CHAPITRE PREMIER *Les agréments*

SECTION I *Agrément administratif des entreprises dont le siège social est en France* *(Décr. nº 2008-1154 du 7 nov. 2008, art. 2-1º).*

SOUS-SECTION 1 *Dispositions relatives aux entreprises d'assurance* *(Décr. nº 2008-1154 du 7 nov. 2008, art. 2-2º).*

Art. R.* 321-1 **L'agrément administratif prévu par l'article L. 321-1 est accordé par** *(Ord. nº 2010-76 du 21 janv. 2010, art. 18, ratifiée par L. nº 2010-1249 du 22 oct. 2010, art. 12 ; L. nº 2013-672 du 26 juill. 2013, art. 24-I)* **« l'Autorité de contrôle prudentiel et de résolution ». Pour l'octroi de cet agrément, les opérations d'assurance sont classées en branches et sous-branches de la manière suivante :** – *Sur la demande d'agrément administratif, V. C. assur., art. A. 321-1 s.* – ***C. assur.***

1 à 16. *Non reproduits.*

17. Protection juridique.

18 à 25 *Non reproduits.*

....

Art. R.* 321-3 Toute entreprise obtenant l'agrément administratif pour un risque principal appartenant à une branche mentionnée aux 1 à 18 *[dont la branche 17 relative à la protection juridique et la branche 18 relative à l'assistance aux personnes en difficulté, notamment au cours de déplacements]* de l'article R. 321-1 peut également garantir des risques compris dans une autre branche sans que l'agrément administratif soit exigé pour ces risques, lorsque ceux-ci sont liés au risque principal, concernent l'objet couvert contre le risque principal et sont garantis par le contrat qui couvre le risque principal. — *V. C. assur., art. R.* 321-1 reproduit ci-dessus.*

(Décr. n° 90-815 du 14 sept. 1990, art. 4-I) « Toutefois, les risques compris dans les branches mentionnées aux 14 *[crédit]*, 15 *[caution]* et 17 *[protection juridique]* de l'article R. 321-1 ne peuvent être considérés comme accessoires à d'autres branches. »

(Décr. n° 90-815 du 14 sept. 1990, art. 4-II) « Néanmoins, le risque compris dans la branche 17 *[protection juridique]* peut être considéré comme accessoire à la branche 18 *[assistance : assistance aux personnes en difficulté, notamment en cours de déplacement]* lorsque les conditions énoncées au premier alinéa sont remplies et que le risque principal ne concerne que l'assistance *(Décr. n° 2015-513 du 7 mai 2015, art. 3-I-2°)* « fournie aux personnes en difficulté au cours de déplacements, d'absences de leur domicile ou de leur résidence habituelle ».

« Ce même risque peut également être considéré comme accessoire dans les mêmes conditions lorsqu'il concerne des litiges ou des risques qui résultent de l'utilisation de navires de mer ou qui sont en rapport avec cette utilisation. » — *V. Dir. n° 87/344/CE du Conseil du 22 mai 1987, art. 9e abrogée et remplacée par Dir. n° 2009/138/CE du Parlement européen et du Conseil du 25 nov. 2009, art. 16, § 2, App., v° Assurances, II, Assurance de protection juridique, B, Dispositif communautaire.*

CHAPITRE II *Règles de constitution et de fonctionnement*

SECTION I *Dispositions communes*

SOUS-SECTION 1 *Dispositions relatives aux entreprises d'assurance (Décr. n° 2008-1154 du 7 nov. 2008, art. 3-1°).*

Art. R. 322-1 *(Décr. n° 90-697 du 1er août 1990, art. 2 ; Décr. n° 94-635 du 25 juill. 1994, art. 7-I)* Toute entreprise d'assurance doit, lorsqu'elle sollicite un agrément pour la branche de protection juridique conformément aux dispositions des articles L. 321-1, L. 321-7 *(Décr. n° 2015-513 du 7 mai 2015, art. 10-I-9°)* « et L. 329-1 », indiquer, lors de la présentation des documents prévus à ces quatre articles, la modalité de gestion adoptée, parmi celles qui sont énoncées à l'article L. 322-2-3. — *V. C. assur., art. L. 322-2-3, App., v° Assurances, II, Assurance de protection juridique, A, Dispositif national.*

Lorsque l'entreprise choisit de confier les sinistres de la branche de protection juridique à une entreprise juridiquement distincte, conformément aux dispositions du deuxième tiret du premier alinéa de l'article L. 322-2-3, elle doit adresser copie des statuts de cette entreprise *(Ord. n° 2010-76 du 21 janv. 2010, art. 18, ratifiée par L. n° 2010-1249 du 22 oct. 2010, art. 12-I ; L. n° 2013-672 du 26 juill. 2013, art. 24-I)* « à l'Autorité de contrôle prudentiel et de résolution ».

Si cette entreprise juridiquement distincte a des liens de la nature de ceux qui sont définis *(Décr. n° 2010-217 du 3 mars 2010, art. 3-II-22°)* « à l'article L. 612-26 du code monétaire et financier » avec une autre entreprise qui pratique l'assurance d'une ou plusieurs autres branches mentionnées à l'article R. 321-1, l'entreprise qui sollicite l'agrément doit s'assurer et, en outre, attester :

1° Que les membres de son personnel chargés de la gestion des sinistres ou des conseils juridiques relatifs à cette gestion n'exercent pas la même activité pour le compte de l'autre entreprise ;

2° Que ses dirigeants ne sont pas aussi des dirigeants de l'autre entreprise. — *V. C. mut., art. R. 211-19, App., v° Assurances, II, Assurance de protection juridique, A, Dispositif national.*

L'art. R. 322-1 C. assur. résulte de la renumérotation de l'ancien art. R. 321-22 du même code par le Décr. n° 94-635 du 25 juill. 1994, art. 7-I.

Art. R. 322-1-1 *(Décr. n° 90-697 du 1er août 1990, art. 2 ; Décr. n° 94-635 du 25 juill. 1994, art. 7-II)* Lorsqu'une entreprise agréée dans la branche de protection juridique désire opter pour une autre modalité de gestion que celle qu'elle a précédemment choisie, elle est tenue d'en informer *(Ord. n° 2010-76 du 21 janv. 2010, art. 18, ratifiée par L. n° 2010-1249 du 22 oct. 2010, art. 12-I ; L. n° 2013-672 du 26 juill. 2013, art. 24-I)* « l'Autorité de contrôle prudentiel et de résolution ».

La nouvelle modalité choisie prend effet un mois après sa notification *(Décr. n° 2017-1765 du 26 déc. 2017, art. 1er)* « à l'Autorité de contrôle prudentiel et de résolution », sauf opposition par *(Décr. n° 2017-1765 du 26 déc. 2017, art. 1er)* « cette dernière » dans le même délai pour un motif de nature à remettre en cause la décision d'agrément.

Les deuxième et troisième alinéas de l'article R. 322-1 sont applicables. — *V. s'agissant de la pratique de l'assurance de protection juridique par les mutuelles, C. mut., art. R.* 211-20, App., v° Assurances, II, Assurance de protection juridique, A, Dispositif national. — V. C. assur., art. R. 322-1 reproduit ci-dessus.*

L'art. R. 322-1-1 C. assur. résulte de la renumérotation de l'ancien art. R. 321-23 du même code par le Décr. n° 94-635 du 25 juill. 1994, art. 7-II.

Art. R. 322-1-2 *(Décr. n° 90-697 du 1er août 1990, art. 2 ; Décr. n° 94-635 du 25 juill. 1994, art. 7-III)* Pour l'application des dispositions du deuxième tiret du premier alinéa de l'article L. 322-2-3, l'entreprise juridiquement distincte à qui est confiée la gestion des sinistres de la branche de protection juridique est soit une entreprise régie par le code des assurances, soit une société civile, soit une société commerciale, soit un groupement d'intérêt économique.

L'art. R. 322-1-2 C. assur. résulte de la renumérotation de l'ancien art. R. 321-24 du même code par le Décr. n° 94-635 du 25 juill. 1994, art. 7-III.

Code de la mutualité 🏛

Art. L. 111-1 🏛.

Art. L. 224-1 *à* L. 224-8 🏛.

Art. R. 211-2 🏛.

Art. 211-19 *et* R.* 211-20 🏛.

Recommandation CCA n° 89-01 du 19 mai 1989,

Concernant les clauses relatives aux contrats d'assurance des véhicules automobiles de tourisme (BOCCRF 14 juill. 1989) 🏛.

Recommandation CCA n° 2002-03 du 21 février 2002,

Relative aux contrats d'assurance de protection juridique (BOCC 30 mai 2002).

BIBL. ▶ D'HAUTEVILLE, *RGDA 2004. 299.*

La Commission des clauses abusives,

Vu les dispositions du code de la consommation et notamment les articles L. 132-1 à L. 132-5 ;

Vu les dispositions du code des assurances et notamment les articles L. 127-1 à L. 127-7 ;

Vu les dispositions du code de la mutualité et notamment les articles L. 224-1 à L. 224-7 ;

Vu les dispositions du nouveau code de procédure civile et notamment les articles 42 et suivants ;

Entendu les représentants des assureurs concernés ;

Considérant que l'assurance de protection juridique est de plus en plus souscrite, d'autant qu'elle a vocation à répondre aux problèmes juridiques engendrés par la société moderne ; que le contenu de ces contrats a été étudié par le Conseil national de la consommation qui a souhaité, dans son avis du 21 décembre 2000 relatif à l'information du consommateur dans le secteur des honoraires des avocats *(BOCCRF du 1er janv. 2001)*, la saisine de la Commission des clauses abusives afin de vérifier si certains de ces contrats ne comportaient pas de clauses abusives au sens du code de la consommation ;

A. *Sur les obligations de l'assuré concernant la déclaration du sinistre :*

1. Considérant que certains contrats laissent à l'appréciation de l'assureur le délai pendant lequel l'assuré est tenu de faire sa déclaration de sinistre sous peine de déchéance de la garantie, alors que l'article L. 113-2 du code des assurances prévoit un délai minimum d'ordre public qui ne peut être inférieur à cinq jours ouvrés ; qu'une telle clause, qui laisse à l'appréciation de l'assureur le délai pendant lequel l'assuré est tenu de faire sa déclaration, est de nature à créer un déséquilibre significatif entre les droits et obligations des parties ; –

V., réputant non écrites les clauses de priorité à peine de déchéance, C. assur., art. L. 127-2-2, App., v° Assurances, II, Assurance de protection juridique, A, Dispositif national.

B. *Sur le point de départ du délai imposé à l'assuré pour déclarer le sinistre sous peine de déchéance :*

2. Considérant que, dans un contrat, le point de départ du délai imposé à l'assuré pour déclarer ce sinistre sous peine de déchéance de la garantie est « l'origine du sinistre » ; qu'une telle clause a pour effet de priver l'assuré du bénéfice de la garantie dans le cas où il n'aurait pas eu connaissance de la survenance du sinistre dès son origine ; qu'en outre, conformément à l'article L. 113-2 du code des assurances, la déchéance ne peut être prononcée que si l'assureur prouve que le retard lui a causé un préjudice et si l'assuré ne se prévaut pas de la force majeure ; qu'en conséquence, cette clause crée un déséquilibre significatif au détriment du consommateur ; – *V., réputant non écrites les clauses de priorité à peine de déchéance, C. assur., art. L. 127-2-2, App., v° Assurances, II, Assurance de protection juridique, A, Dispositif national.*

C. *Sur la déchéance de la garantie en cas de retard dans la déclaration de sinistre :*

3. Considérant que certains contrats qui stipulent, par exemple, que « vous devez respecter les obligations énumérées ci-après ; à défaut vous perdrez le bénéfice des garanties de votre contrat ; vous devez déclarer (à votre assureur) les litiges dont vous avez connaissance dans les meilleurs délais et par écrit. Les déclarations tardives ou postérieures à la date de résiliation du contrat ne sont pas garanties », laissent croire à l'assuré que la déchéance de la garantie est automatiquement encourue, même en l'absence de préjudice pour l'assureur et si l'assuré ne se prévaut pas de la force majeure, en contradiction avec les dispositions de l'article L. 113-2 du code des assurances ; que ces clauses sont abusives ; – *V., réputant non écrites les clauses de priorité à peine de déchéance, C. assur., art. L. 127-2-2, App., v° Assurances, II, Assurance de protection juridique, A, Dispositif national.*

4. Considérant qu'une majorité de contrats prévoient que l'assuré ne peut pas saisir d'avocat sans avoir préalablement soit déclaré le sinistre, soit consulté le spécialiste de l'assureur, à peine de déchéance de la garantie ; qu'une telle clause, qui stipule une déchéance de garantie automatique, sans que l'assureur ait à justifier d'un préjudice, crée un déséquilibre significatif au détriment du consommateur ;

D. *Sur le choix de l'avocat :*

5. Considérant que : deux contrats prévoient que le choix de l'avocat appartient à l'assureur dès lors que plusieurs assurés ont des intérêts identiques dans le même différend ;

un contrat prévoit que, si plusieurs assurés ont des intérêts identiques dans un même litige, l'assureur leur impose un avocat unique ;

que, par ailleurs, la liberté de choix de l'avocat par l'assuré est expressément prévue par l'article L. 127-3 du code des assurances ; que de telles clauses sont illicites, et que, maintenues dans les contrats, elles sont abusives ; – *V., C. assur., art. L. 127-3, App., v° Assurances, II, Assurance de protection juridique, A, Dispositif national.*

6. Considérant que : certains contrats prévoient que l'assuré ne peut pas choisir son avocat si les honoraires de celui-ci ne sont pas préalablement acceptés par l'assureur ;

que le montant susceptible d'être accepté par l'assureur n'est pas toujours connu par l'assuré lors de la souscription du contrat ;

que quelques contrats prévoient que la prise en charge par l'assureur des frais d'avocat est fondée sur une évaluation non connue par l'assuré lors de la formation du contrat ; qu'ainsi il est stipulé :

que « les honoraires seront pris en charge dans la limite d'un montant évalué par référence aux honoraires moyens pratiqués par les confrères de barreau de cet avocat pour des litiges similaires et requérant les mêmes diligences » ;

que « les frais d'avocat sont couverts dans la limite de ceux habituellement pratiqués dans les relations entre les sociétés d'assurance et les avocats en se référant, notamment, au barème établi annuellement par l'association des avocats des compagnies d'assurances » ;

ou que « l'assureur remboursera ou prendra en charge les honoraires d'avocat dans la limite du barème librement négocié, à la vue du dossier, entre l'avocat et celui de l'assureur » ;

7. Considérant que certains contrats prévoient que si l'assuré choisit son avocat, il doit faire l'avance des frais et honoraires alors que les modalités et délai du remboursement de l'assuré ne sont pas précisés dans ces contrats ; que ces clauses, qui sont susceptibles de por-

ter atteinte au libre choix de l'avocat, créent un déséquilibre significatif au détriment du consommateur ;

E. *Sur la portée des engagements de l'assureur :*

8. Considérant qu'une clause stipule : « Un ticket modérateur de 10 % des débours (porté à 20 % la première année du contrat et à 15 % la deuxième année du contrat) sans pouvoir être inférieur à la somme indiquée sur les conditions particulières à la rubrique « compléments éventuels : sinistre » (291 F au 1er janvier 1988), ni supérieur à dix fois la dernière cotisation annuelle du contrat. » ;

qu'une telle clause, qui n'est ni claire ni compréhensible, crée une ambiguïté sur la portée des engagements de l'assureur, notamment sur les conditions de prise en charge du sinistre et les frais qui resteront à la charge de l'assuré, si la garantie devait être mise en œuvre ; qu'une telle clause crée un déséquilibre significatif entre les droits et obligations des parties ;

F. *Sur le conflit d'intérêts :*

9. Considérant que certains contrats prévoient que les litiges et différends opposant l'assuré à l'assureur ne sont pas garantis ; que ces contrats obligent toutefois l'assuré à communiquer à l'assureur les documents du dossier émanant de son conseil ; qu'une telle clause crée un déséquilibre significatif au détriment du consommateur ;

G. *Sur la subrogation :*

10. Considérant que certains contrats prévoient que les sommes allouées au titre des frais et dépens (ex. : article 700 du nouveau code de procédure civile, 475-1 du code de procédure pénale) sont acquises à la société dans la mesure où elle a supporté les frais de procédure ; qu'ainsi la société d'assurance peut recevoir à ce titre plus que les frais qu'elle a exposés, alors même que l'assuré peut avoir engagé des frais non pris en charge par l'assureur, qu'il ait ou non librement choisi son avocat ; que ces clauses créent un déséquilibre significatif au détriment du consommateur ; *— V. C. assur., art. L. 127-8, App., v° Assurances, II, Assurance de protection juridique, A, Dispositif national.*

H. *Sur la direction du procès :*

11. Considérant qu'un contrat confère au seul assureur la direction du procès ; qu'une telle clause, qui ne réserve pas à l'assuré la possibilité d'intervenir pour faire valoir ses droits, s'il y a intérêt, est de nature à créer un déséquilibre significatif ;

I. *Sur le paiement de la prime :*

12. Considérant que quelques contrats prévoient que le paiement de la prime doit obligatoirement s'effectuer par prélèvement automatique ; que le retrait ou l'absence de cette autorisation rendrait la prime annuelle exigible immédiatement et en totalité, indépendamment du droit pour l'assureur de résilier le contrat ; que ces clauses, en ce qu'elles privent l'assuré de la faculté de se libérer par un autre moyen de paiement licite, créent un déséquilibre significatif entre les droits et obligations des parties ;

J. *Sur la faculté de résiliation, par l'assuré, des autres contrats d'assurance :*

13. Considérant que, conformément à l'article R. 113-10 du code des assurances, d'une part, l'assuré peut, dans le délai d'un mois de la notification par l'assureur de la résiliation du contrat après sinistre, résilier les autres contrats d'assurance qu'il peut avoir souscrits auprès de lui ; que, d'autre part, le contrat doit reconnaître ce droit ; que certains contrats ne prévoient aucune clause informant l'assuré de ce droit ; que d'autres contrats peuvent contenir des clauses rédigées de telle façon qu'elles n'informent pas l'assuré sur son droit de résiliation ; que de telles clauses sont illicites et que, maintenues dans les contrats, elles sont abusives ;

K. *Sur la durée des contrats :*

14. Considérant que dans un contrat, la résiliation ne peut intervenir avant l'expiration d'un délai de trois ans ; qu'une telle clause, qui ne permet pas à l'assuré de résilier le contrat à l'expiration du délai d'un an prévu par l'article L. 113-12 du code des assurances, est illicite, et que, maintenue dans les contrats, elle est abusive ;

L. *Sur la compétence territoriale des tribunaux :*

15. Considérant que quelques contrats font attribution de compétence au tribunal du siège de l'assureur ; que de telles clauses sont illicites ; que, maintenues dans les contrats, ces clauses sont abusives ;

Recommande que soient éliminées des contrats d'assurance de protection juridique les clauses ayant pour objet ou pour effet :

1. De laisser croire au consommateur qu'il doit, à peine de déchéance, déclarer son sinistre dans un délai inférieur à celui de cinq jours prévu par la loi ;
2. D'imposer, sous peine de déchéance automatique de la garantie, "l'origine du sinistre" comme point de départ du délai pour la déclaration de sinistre par l'assuré ;
3. De laisser croire au consommateur que la déchéance de la garantie peut être automatique, sans que l'assureur ait à justifier d'un préjudice ;
4. De déchoir de la garantie l'assuré qui a *[soit]* saisi un avocat, sans avoir préalablement déclaré le sinistre, soit consulté le spécialiste de l'assureur, sans que l'assureur ait à justifier d'un préjudice ;
5. De limiter, de quelque manière que ce soit, la liberté de choix de l'avocat par l'assuré ;
6. De refuser au consommateur le choix de son avocat :

si ses honoraires ne sont pas préalablement acceptés par l'assureur ;

en considération d'un plafond d'honoraires dont le montant n'est pas déterminé ;

7. De porter atteinte au libre choix de l'avocat en ne précisant pas les délais et modalités de remboursement de l'assuré qui fait l'avance des frais et honoraires ;
8. De créer une ambiguïté sur la portée des engagements de l'assureur, les conditions de prise en charge du sinistre et les frais qui resteront à la charge de l'assuré, si la garantie devait être mise en œuvre ;
9. D'obliger le consommateur à communiquer à l'assureur, auquel l'oppose un différend, les documents émanant de son propre conseil ;
10. De prévoir que les sommes allouées au titre des frais et dépens seront affectées au remboursement des seuls frais exposés par l'assureur, sans couvrir prioritairement le remboursement des frais exposés par l'assuré ;
11. D'empêcher l'assuré de participer à la direction du procès ;
12. D'imposer le prélèvement automatique sur compte bancaire comme unique moyen de paiement ;
13. De prévoir pour l'assureur une faculté de résiliation après sinistre, sans indiquer la faculté consécutive pour l'assuré de résilier, dans le délai d'un mois, les autres contrats qu'il peut avoir souscrits auprès de cet assureur ;
14. D'interdire au consommateur de résilier le contrat chaque année, conformément à l'article L. 113-12 du code des assurances ;
15. De déroger aux règles légales de compétence territoriale.

(Texte adopté le 21 févr. 2002 sur le rapport de Mme Corinne Solal).

Charte du 23 décembre 1995 entre l'ordre des avocats à la cour de Paris, la FFSA et le GSPJ,

Relative à l'assurance de protection juridique 🏛.

Engagement à caractère déontologique des entreprises d'assurance membres de la FFSA ou du GEMA,

Relatif à l'assurance de protection juridique 🏛.

B Dispositif communautaire

Directive du Conseil *[ABROGÉE]* n° 87/344/CEE du 22 juin 1987,

Portant coordination des dispositions législatives, réglementaires et administratives concernant l'assurance-protection juridique (JOCE L 185 du 4 juill.) 🏛 *(Abrogée par Dir. du Parlement et du Conseil n° 2009/138/CE du 25 nov. 2009, art. 310, à compter du 1er janv. 2014).*

Directive n° 2009/138/CE du Parlement européen et du Conseil du 25 novembre 2009,

Sur l'accès aux activités de l'assurance et de la réassurance et leur exercice (solvabilité II) (JOUE 17 déc., L. 335) 🏛.

AVOCATS

RÉP. PR. CIV. v° *Avocat*, par TAISNE.

DALLOZ ACTION *Règles de la profession d'avocat 2022/2023*, par ADER et DAMIEN.

Sur les réglementations générale et spéciale relatives à la profession d'avocat V. C. avocat. Sur l'ensemble de la réglementation applicable à la profession, V. ***C. avocat*** *et notamment :*

– Sur la réglementation générale de la profession, V. Partie I, I, Profession d'avocat.

– Sur la réglementation applicable en matière de formation, V. Partie II, VII, Formation.

– Sur la protection sociale applicable à la profession, V. Partie II, XI, Protection sociale.

– Sur la fiscalité spécifique applicable à la profession, V. Partie II, XII, Régime fiscal.

– Sur les structures d'exercice, V. Partie II, XIV, Structures d'exercice.

– Sur la responsabilité des avocats, V. Partie II, XIII, Responsabilité civile professionnelle.

Loi n° 71-1130 du 31 décembre 1971,

Portant réforme de certaines professions judiciaires et juridiques (JO 5 janv.).

V. ***C. avocat****, Partie I, I, Profession d'avocat.*

Sur l'art. 4, al. 1er et 3 de la présente loi, V. ss. C. pr. civ., art. 411.

Décret n° 91-1197 du 27 novembre 1991,

Organisant la profession d'avocat (JO 28 nov.).

V. ***C. avocat****, Partie I, I, Profession d'avocat.*

Décret n° 2005-790 du 12 juillet 2005,

Relatif aux règles de déontologie de la profession d'avocat (JO 16 juill.).

V. ***C. avocat****, Partie I, I, Profession d'avocat.*

Décision du Conseil national des barreaux à caractère normatif n° 2005-003,

Portant adoption du Règlement intérieur national (RIN) de la profession d'avocat.

V. ***C. avocat****, Partie I, I, Profession d'avocat.*

AVOCATS AU CONSEIL D'ÉTAT ET À LA COUR DE CASSATION

RÉP. PR. CIV. v° *Avocat au Conseil d'État et à la Cour de cassation*, par B. ODENT.

DALLOZ ACTION *La cassation en matière civile 2009/2010*, nos 15.11 s. et 92.11 s., par J. BORÉ et L. BORÉ.

Sur l'ensemble de la réglementation applicable aux avocats aux conseils, V. ***C. avocat*** *et notamment :*

– Sur la réglementation générale de la profession d'avocats aux conseils, V. Partie I, II, Profession d'avocat aux conseils.

– Sur les structures d'exercice, V. Partie II, XIV, Structures d'exercice.

– Sur la responsabilité civile professionnelle, V. Partie II, XIII, Responsabilité civile professionnelle.

Ordonnance du 10 septembre 1817,

Relative aux avocats aux Conseils et à la Cour de cassation (Bull. des lois, 7e S., B. 175, n° 2823).

V. C. avocat, Partie I, II, Profession d'avocat aux conseils. – ***C. avocat****.*

Décret n° 91-1125 du 28 octobre 1991,

Relatif aux conditions d'accès à la profession d'avocat au Conseil d'État et à la Cour de cassation (JO 30 oct.).

V. C. avocat, Partie I, II, Profession d'avocat aux conseils. — ***C. avocat.***

Décret n° 2002-76 du 11 janvier 2002,

Relatif à la discipline des avocats au Conseil d'État et à la Cour de cassation (JO 18 janv.).

V. C. avocat, Partie I, II, Profession d'avocat aux conseils. — ***C. avocat.***

CLAUSES ABUSIVES

RÉP. COM. v° *Clauses abusives*, par CHAZAL.

Code de la consommation

Notion

Art. L. 212-1 Dans les contrats conclus entre professionnels et consommateurs, sont abusives les clauses qui ont pour objet ou pour effet de créer, au détriment du consommateur, un déséquilibre significatif entre les droits et obligations des parties au contrat.

Sans préjudice des règles d'interprétation prévues aux *(Ord. n° 2016-131 du 10 févr. 2016, art. 6-IV, en vigueur le 1er oct. 2016)* « articles 1188, 1189, 1191 et 1192 *[ancienne rédaction : articles 1156 à 1161, 1163 et 1164]* » du code civil, le caractère abusif d'une clause s'apprécie en se référant, au moment de la conclusion du contrat, à toutes les circonstances qui entourent sa conclusion, de même qu'à toutes les autres clauses du contrat. Il s'apprécie également au regard de celles contenues dans un autre contrat lorsque les deux contrats sont juridiquement liés dans leur conclusion ou leur exécution.

L'appréciation du caractère abusif des clauses au sens du premier alinéa ne porte ni sur la définition de l'objet principal du contrat ni sur l'adéquation du prix ou de la rémunération au bien vendu ou au service offert pour autant que les clauses soient rédigées de façon claire et compréhensible.

Un décret en Conseil d'État, pris après avis de la commission des clauses abusives, détermine des types de clauses qui, eu égard à la gravité des atteintes qu'elles portent à l'équilibre du contrat, doivent être regardées, de manière irréfragable, comme abusives au sens du premier alinéa.

Un décret pris dans les mêmes conditions, détermine une liste de clauses présumées abusives ; en cas de litige concernant un contrat comportant une telle clause, le professionnel doit apporter la preuve du caractère non abusif de la clause litigieuse.

Ces dispositions sont applicables quels que soient la forme ou le support du contrat. Il en est ainsi notamment des bons de commande, factures, bons de garantie, bordereaux ou bons de livraison, billets ou tickets, contenant des stipulations négociées librement ou non ou des références à des conditions générales préétablies. — *[Anc. art. L. 132-1, al. 1er à 5 et 7.]*

1. Renvoi. Sur l'influence de la directive sur l'interprétation du droit antérieur, la compétence de la CJUE, le domaine de la protection contre les clauses abusives, la notion de clause abusive et le régime de l'action, V. plus généralement, notes ss. C. consom., art. L. 132-1. – **C. consom.** ♦ *Adde* plus spécialement sur les pouvoirs du juge, C. consom., art. L. 141-4, reproduit ss. art. 12 C. pr. civ. et les notes.

2. Conseils juridiques. Pour des clauses abusives figurant dans les offres de services d'un site internet ayant pour objet la défense des consommateurs au moyen de « class actions » : • TGI Paris, 6 déc. 2005 : *D. 2007. Pan. 834, obs. Blanchard ; D. 2006. AJ 141, obs. Avena-Robardet ; JCP 2006. II. 10019, note R. Martin ; CCC 2006, n° 38, note Raymond* (conf. par : • Paris, 17 oct. 2006 : *CCC 2007, n° 113, obs. Raymond ; CCE 2007, n° 27, obs. Stoffel-Munck ; RJDA 2007, n° 411* ; puis par : • Civ. 1re, 30 sept. 2008 : *JCP 2009. I. 120, n° 3, obs. Bortoluzzi ; CCC 2008, n° 284, obs. Raymond ; RJDA 2008, n° 1316 ; BJS 2009. 18, note Daigre ; Lettre distrib. 11/2008, p. 4.* ♦ Sur les sites de conseils juridiques, V. aussi Lesueur, *JCP 2010. 175* (avocat et publicité sur internet : une relation à définir).

3. Recours au juge. V. Recomm. CCA n° 79-02 sur les recours en justice, App., v° *Clauses abusives.* ♦ Absence de caractère abusif d'une clause imposant au copropriétaire un préalable obligatoire de conciliation avant toute poursuite en justice, dès lors qu'une telle clause est exempte d'un quelconque déséquilibre significatif au détriment du consommateur. • Civ. 1re, 1er févr. 2005 :

♔ *cité note 5*, cassant sur ce point • Paris, 4 sept. 2003 : *Loyers et copr. 2004, n° 59, obs. Vigneron.* – Pelletier, *JCP 2005. Actu. 133.* ♦ Comp., jugeant que la clause qui contraint le consommateur, en cas de litige, à recourir obligatoirement à une médiation avant la saisine du juge, est présumée abusive, sauf au professionnel à rapporter la preuve contraire : • Civ. 1re, 16 mai 2018, ♔ n° 17-16.197 : *cité note 5.*

4. Clause attributive de juridiction. Le juge national doit pouvoir soulever d'office le caractère abusif d'une clause, telle une clause attributive de juridiction, sur le fondement de la Dir. n° 93/13/CEE du 5 avr. 1993 concernant les clauses abusives dans les contrats conclus avec les consommateurs. • CJCE 27 juin 2000, ♔ n° C-240/98 : *JCP E 2001. 1281, note Carballo Fidalgo et Paisant ; LPA 24 juill. 2001, note Hourdeau ; RTD civ. 2000. 939, obs. Raynard* ; *ibid. 2001. 878, obs. Mestre et Fages* ; *Europe 2000, n° 280, note Idot.* ♦ V. aussi • Aix-en-Provence, 18 sept. 1995 : *CCC 1995, n° 190, obs. Raymond* • Toulouse, 6 déc. 1995 : *D. 1996. IR 87* ; *RJDA 1996, n° 840* • Rennes, 28 janv. 2005 : *JCP 2005. II. 10156, note Corgas-Bernard ; CCC 2005, n° 154, note Raymond* (conditions générales de vente d'un voyagiste). ♦ V. aussi sur les pouvoirs du juge, note 2 ss. art. R. 632-1 C. consom., reproduit ss. art. 12 C. pr. civ. ♦ Le juge national doit prendre d'office des mesures d'instruction afin d'établir si une clause attributive de compétence juridictionnelle territoriale exclusive figurant dans le contrat faisant l'objet du litige dont il est saisi, et qui a été conclu entre un professionnel et un consommateur, entre dans le champ d'application de la Dir. n° 93/13/CEE et, dans l'affirmative, apprécier d'office le caractère éventuellement abusif d'une telle clause. • CJUE 9 nov. 2010, n° C-137/08 : *BICC 1er mars 2011, n° 210 ; D. 2011. Pan. 974, obs. Poillot* ; *RTD eur. 2011. 173, chron. L. Coutron* ; *Europe 2011, n° 28, obs. Meister.* ♦ V. C. consom., art. L. 141-4, reproduit ss. art. 12 C. pr. civ. et les notes.

5. Clause de conciliation (droit antérieur à l'Ord. n° 2015-1033 du 20 août 2015). N'est pas abusive la clause d'un contrat-type de syndic de copropriété qui prévoit, en cas de litige, un préliminaire de conciliation, une telle clause étant exempte d'un quelconque déséquilibre significatif au détriment du consommateur. • Civ. 1re, 1er févr. 2005, ♔ n° 03-19.692 P : *D. 2005. AJ 565, obs. Avena-Robardet* ; *ibid. Pan. 2840, obs. Amrani Mekki* ; *JCP 2005. I. 141, nos 8 s., obs. Sauphanor-Brouillaud ; ibid. I. 181, n° 7, obs. Périnet-Marquet ; ibid. 183, n° 4, obs. Clay ; ibid. E 2005. Actu. 68, obs. Pelletier ; ibid. 1178, note Sauphanor-Brouillaud ; ibid. 1684, n° 8, obs. Béguin ; Defrénois 2005. 1178, obs. Atias ; CCC 2005, n° 97, note Raymond ; RTD civ. 2005. 393, obs. Mestre et Fages* ; *RTD com. 2005. 825, obs. B. Bouloc* ; *RDC 2005. 725, obs. Fenouillet ; ibid. 1141, obs. X. Lagarde ; Loyers et copr. 2005, nos 75 et 78, note Vigneron ; Constr.-Urb. 2005, n° 88, note Sizaire ; AJDI 2005. 742, obs. Capoulade* , cassant sur ce point • Paris, 4 sept. 2003 : *Loyers et copr. 2004, n° 59, obs. Vigneron.* ♦ V. cependant, jugeant que la clause qui contraint le consommateur, en cas de litige, à recourir obligatoirement à une médiation avant la saisine du juge, est présumée abusive, sauf au professionnel à rapporter la preuve contraire. • Civ. 1re, 16 mai 2018, ♔ n° 17-16.197 : *JCP 2018. 710, note Paisant ; Gaz. Pal. 11 sept. 2018, p. 39, note Piedelièvre ; Dr. et pr. nov. 2018, Suppl. p. 12, obs. Gorchs-Gelzer ; ibid. 2018. 117, note Grimand ; RDC 2018. 575, note Pelletier ; ibid. 583, note Julien.* ♦ La clause qui contraint le consommateur, en cas de litige avec un professionnel, à recourir obligatoirement à un mode alternatif de règlement des litiges avant la saisine du juge, est présumée abusive, sauf au professionnel à rapporter la preuve contraire, de sorte qu'il appartient au juge d'examiner d'office la régularité d'une telle clause. • Civ. 3e, 19 janv. 2022, ♔ n° 21-11.095 P : *D. actu. 15 févr. 2022, note Garci.*

6. Clause de conciliation (droit en vigueur depuis l'Ord. n° 2015-1033 du 20 août 2015). Renvoi. V. C. consom., art. L. 612-4, ss. art. 1528.

7. Clause compromissoire. Dès lors que le contrat met en cause des intérêts du commerce international, sans qu'il importe qu'il réalise un achat destiné à l'usage personnel de l'acheteur, la clause compromissoire qu'il comporte doit recevoir application en vertu de l'indépendance d'une telle clause en droit international sous la seule réserve des règles d'ordre public international, qu'il appartiendra à l'arbitre de mettre en œuvre, sous le contrôle du juge de l'annulation, pour vérifier sa propre compétence, spécialement en ce qui concerne l'arbitrabilité du litige. • Civ. 1re, 21 mai 1997, ♔ n° 95-11.427 P : *RTD com. 1998. 330, obs. Dubarry et Loquin* ; *Rev. crit. DIP 1998. 87, obs. Heuzé* ; *CCC 1997, n° 143, obs. Leveneur ; RJDA 1997, n° 1286 ; JDI 1998. 969, obs. Poillot-Peruzzetto.* ♦ La Dir. n° 93/13/CEE du Conseil du 5 avr. 1993, concernant les clauses abusives dans les contrats conclus avec les consommateurs, doit être interprétée en ce sens qu'elle implique qu'une juridiction nationale saisie d'un recours en annulation d'une sentence arbitrale apprécie la nullité de la convention d'arbitrage et annule cette sentence au motif que ladite convention contient une clause abusive, alors même que le consommateur a invoqué cette nullité non pas dans le cadre de la procédure arbitrale, mais uniquement dans celui du recours en annulation. • CJCE 26 oct. 2006, ♔ *Mostaza Claro*, n° C-168/05 : *D. 2006. AJ 2910, obs. Avena-Robardet* ; *ibid. Pan. 3027, obs. Clay* ; *ibid. 2007. Pan. 2571, obs. Bollée* ; *RTD civ. 2007. 633, obs. Théry* ; *JCP E 2007, n° 35, p. 26, obs. Seraglini ; LPA 20 sept. 2007, note Poissonnier et Tricoit ; LPA 31 juill. 2007, obs.*

Legros ; Gaz. Pal. 2007. 1972, obs. Train ; RLDA mars 2007. 55, note Nourissat ; Europe 2006, n° 378, obs. Idot ; JDI 2007. 581, note Mourre ; Rev. arb. 2007. 109, note Idot. ♦... Qu'une juridiction nationale saisie d'un recours en exécution forcée d'une sentence arbitrale ayant acquis la force de chose jugée, rendue sans comparution du consommateur, est tenue d'apprécier d'office le caractère abusif de la clause d'arbitrage contenue dans un contrat conclu entre un professionnel et un consommateur, dans la mesure où, selon les règles de procédure nationales, elle peut procéder à une telle appréciation dans le cadre de recours similaires de nature interne. Si tel est le cas, il incombe à cette juridiction de tirer toutes les conséquences qui en découlent selon le droit national afin de s'assurer que ce consommateur n'est pas lié par ladite clause. • CJCE 6 oct. 2009, n° C-40/08 : *D. 2009. Pan. 2960, obs. Clay ; ibid. AJ 2548 ; D. 2010. Pan. 797, obs. Poillot ; RTD civ. 2009. 684, obs. Rémy-Corlay ; RTD eur. 2010. 710, obs. Aubert de Vincelles ; JCP 2009, n° 51, p. 42, obs. Sauphanor-Brouillaud ; ibid. 2010, n° 644, spéc. n° 1, obs. Seraglini ; CCC 2010, n° 33, obs. G. R. ; Gaz. Pal. 10-11 févr. 2010, p. 23, obs. Piedelièvre ; ibid. 2010. 269, note Poissonnier et Tricoit ; Procédures 2009, n° 400, note Nourissat ; Europe 2009, n° 469, obs. Idot ; Rev. arb. 2009. 813, note Jarrosson ; RDC 2010. 59, obs. Deshayes ; ibid. 648, note Aubert de Vincelles.* ♦ La règle procédurale de priorité édictée par l'art. 1448 C. pr. civ. ne peut avoir pour effet de rendre impossible, ou excessivement difficile, l'exercice des droits conférés au consommateur par le droit communautaire que les juridictions nationales ont l'obligation de sauvegarder. Dès lors, la cour d'appel qui, après en avoir examiné l'applicabilité, en tenant compte de tous les éléments de droit et de fait nécessaires dont elle disposait, a écarté la clause compromissoire en raison de son caractère abusif, a, sans méconnaître les dispositions de l'art. 1448 C. pr. civ., accompli son office de juge étatique auquel il incombe d'assurer la pleine efficacité du droit communautaire de protection du consommateur. • Civ. 1re, 30 sept. 2020, n° 18-19.241 P : *D. 2020. 2501, note Mouralis ; AJ contrat 2020. 485, note Mainguy ; RTD civ. 2020. 845, obs. Usunier ; LPA 21 déc. 2020, note Akhouad-Barriga ; LPA 18 janv. 2021, note Lefebvre ; RLDA nov. 2020. 4, obs. Koulocheri ; RLDA déc. 2020. 14, note Clavel-Thoraval.*

8. Compromis. Le compromis d'arbitrage signé, hors toute clause compromissoire insérée à la police d'assurance, entre l'assureur et l'assuré après la naissance d'un litige, ne constitue pas une clause figurant dans un contrat conclu entre un professionnel et un non-professionnel ou un consommateur, et n'est donc pas susceptible de présenter un caractère abusif au sens de l'art. L. 132-1. • Civ. 1re, 25 févr. 2010, n° 09-12.126 P : *D. actu. 16 mars 2010, obs. Delpech ; D. 2010. AJ 651 ; RTD civ. 2010. 323, obs. Fages ; JCP 2010. 516, obs. Ghestin ; ibid. 644, obs. Seraglini ; ibid. 659, note A. Pélissier ; ibid. E 2010, n° 1818, note Helleringer ; Procédures 2011. Chron. 2, n° 9, obs. Mazeaud ; CCC 2010, n° 146, obs. G. R. ; RJDA 2010, n° 563 ; Dr. et patr. juill.-août 2010. 106, obs. Aynès ; RDC 2010. 886, note Sauphanor-Brouillaud ; RLDA avr. 2010. 47, obs. Anadon ; RLDC avr. 2010. 13, obs. Le Gallou ; Dr. et pr. oct. 2010, suppl. Droit de la consommation, p. 18, obs. Picod ; RCA 2010, n° 134.*

Art. L. 212-2 **Les dispositions de l'article L. 212-1 sont également applicables aux contrats conclus entre des professionnels et des non-professionnels.**

Art. L. 212-3 *(Abrogé par Ord. n° 2021-1247 du 29 sept. 2021, art. 7)* ***Les dispositions du présent chapitre sont d'ordre public.*** *— [Anc. art. L. 132-1, al. 9.]*

Les dispositions de l'Ord. n° 2021-1247 du 29 sept. 2021 s'appliquent aux contrats conclus à compter du 1er janv. 2022 (Ord. préc., art. 21).

Sanctions civiles

Art. L. 241-1 **Les clauses abusives sont réputées non écrites.**

Le contrat reste applicable dans toutes ses dispositions autres que celles jugées abusives s'il peut subsister sans ces clauses.

Les dispositions du présent article sont d'ordre public.

— [Anc. art. L. 132-1, al. 6, 8 et 9.]

Amende civile

Art. L. 241-1-1 *(Ord. n° 2021-1734 du 22 déc. 2021, art. 8-1°, en vigueur le 28 mai 2022)* **Sans préjudice de l'allocation de dommages et intérêts, une amende civile peut être prononcée à l'encontre d'un professionnel qui dans les contrats proposés ou conclus avec des consommateurs ou des non-professionnels continue de recourir, dans des contrats identiques, à des clauses contractuelles qui ont été jugées abusives, au sens de l'article L. 212-1 à l'exception de son quatrième alinéa, par une décision de justice devenue définitive à son égard.**

L'autorité administrative chargée de la concurrence et de la consommation, agissant sur le fondement de l'article L. 524-2 ou intervenant à l'instance, les associations de défense des consommateurs, agissant sur le fondement des articles L. 621-7, L. 621-9, L. 622-1 et L. 623-1, le ministère public ou le consommateur peuvent demander à la juridiction saisie de prononcer une amende civile, dont le montant ne peut excéder 15 000 euros pour une personne physique et 75 000 euros pour une personne morale.

Lorsque cette amende est prononcée à la suite d'une demande d'assistance mutuelle prévue par l'article L. 511-10 portant sur une infraction de grande ampleur ou de grande ampleur à l'échelle de l'Union européenne, en application de l'article 21 du règlement (UE) 2017/2394 du Parlement européen et du Conseil du 12 décembre 2017 sur la coopération entre les autorités nationales chargées de veiller à l'application de la législation en matière de protection des consommateurs, son montant peut être porté, de manière proportionnée aux avantages tirés des pratiques en cause, à 4 % du chiffre d'affaires moyen annuel, calculé sur les trois derniers chiffres d'affaires annuels connus à la date de la décision. A défaut d'information disponible pour calculer l'amende sur le fondement du chiffre d'affaires, son montant peut être porté à deux millions d'euros.

La juridiction peut ordonner la publication, la diffusion ou l'affichage de sa décision ou d'un extrait de celle-ci selon les modalités qu'elle précise. Elle peut ordonner l'insertion de la décision ou de l'extrait de celle-ci dans le rapport établi sur les opérations de l'exercice par les gérants, le conseil d'administration ou le directoire de l'entreprise. Les frais sont supportés par la personne condamnée.

Sanctions administratives

Art. L. 241-2 Dans les contrats mentionnés à l'article L. 212-1, la présence d'une ou de plusieurs clauses abusives relevant du décret pris en application du quatrième alinéa de l'article L. 212-1 est passible d'une amende administrative dont le montant ne peut excéder *(Ord. nº 2021-1734 du 22 déc. 2021, art. 8-2º, en vigueur le 28 mai 2022)* « 15 000 » euros pour une personne physique et *(Ord. nº 2021-1734 du 22 déc. 2021, art. 8-2º, en vigueur le 28 mai 2022)* « 75 000 » euros pour une personne morale.

(Ord. nº 2021-1734 du 22 déc. 2021, art. 8-2º, en vigueur le 28 mai 2022) « Lorsque l'amende est prononcée à la suite d'une demande d'assistance mutuelle prévue par l'article L. 511-10 portant sur une infraction de grande ampleur ou de grande ampleur à l'échelle de l'Union européenne, en application de l'article 21 du règlement (UE) 2017/2394 du Parlement européen et du Conseil du 12 décembre 2017 sur la coopération entre les autorités nationales chargées de veiller à l'application de la législation en matière de protection des consommateurs, son montant peut être porté à 4 % du chiffre d'affaires moyen annuel, calculé sur les trois derniers chiffres d'affaires annuels connus à la date des faits. A défaut d'information disponible pour calculer l'amende sur le fondement du chiffre d'affaires, son montant ne peut excéder deux millions d'euros. »

Cette amende est prononcée dans les conditions prévues au chapitre II du titre II du livre V.

— *[Anc. art. L. 132-1, al. 1er.]*

Contrôle

Art. L. 232-1 Nonobstant toute stipulation contraire, le consommateur ne peut être privé de la protection que lui assurent les dispositions prises par un État membre de l'Union européenne en application de la directive 93/13/CEE du Conseil, du 5 avril 1993 concernant les clauses abusives dans les contrats conclus avec les consommateurs, lorsque le contrat présente un lien étroit avec le territoire d'un État membre. — *[Anc. art. L. 135-1.]*

Contrôle du juge. L'art. 7, § 1er, de la Dir. 93/13/CEE du Conseil du 5 avr. 1993, doit être interprété en ce sens qu'il s'oppose à l'interprétation d'une disposition nationale qui empêcherait le juge saisi d'un recours, introduit par un professionnel contre un consommateur, et statuant par défaut en l'absence de comparution de ce consommateur à l'audience à laquelle il était convoqué, de prendre les mesures d'instruction nécessaires pour apprécier d'office le caractère abusif des clauses contractuelles sur lesquelles le professionnel a fondé sa demande, lorsque ce juge éprouve des doutes sur le caractère abusif de ces clauses. • CJUE, 4 juin 2020, nº C-495/19 : *D. 2020. 1228 ; Rev. prat. rec. 2020. 35, chron. De La Asuncion Planes.*

Art. L. 521-2 Les agents habilités peuvent, dans les mêmes conditions, enjoindre à tout professionnel de cesser tout agissement illicite ou de supprimer toute clause illicite ou interdite.

L'injonction mentionnée au premier alinéa peut faire l'objet d'une mesure de publicité, dans des conditions fixées par décret en Conseil d'État.

Dans ce cas, le professionnel est informé, lors de la procédure contradictoire préalable au prononcé de l'injonction, de la nature et des modalités de la publicité envisagée. La publicité est effectuée aux frais du professionnel qui fait l'objet de l'injonction.

– *[Anc. art. L. 141-1, VII, al. 1er partiel ; art. L. 132-1, al. 2 et 3.]*

BIBL. ▶ SERAGLINI, *Gaz. Pal. 2007. 3848* (les parties faibles face à l'arbitrage international : à la recherche de l'équilibre). – MATRAY, *Rev. arb. 2009. 455* (clauses abusives et modes alternatifs de règlement des litiges). – SAUPHANOR-BROUILLAUD, *LPA 20 juill. 2009* (la clause compromissoire abusive).

▶ **L. du 4 août 2008 :** CLAY, *D. 2008. Pan. 3113.*

LIVRE PREMIER Information des consommateurs et formation des contrats

TITRE III Conditions générales des contrats

CHAPITRE II *Clauses abusives*

SECTION I *Protection des consommateurs contre les clauses abusives*

BIBL. ▶ **Décr. du 18 mars 2009 :** ASTAIX, *D. 2009. AL 797.* – CARVAL, *RDC 2009. 1055* (la responsabilité contractuelle à l'épreuve des listes « noire » et « grise »). – DURAFFOUR, *RLDA mars 2009. 43* (est-il possible d'encadrer réglementairement l'appréciation judiciaire du caractère abusif d'une clause contractuelle ?). – MATRAY, *Rev. arb. 2009. 455* (clauses abusives et modes alternatifs de règlement des litiges). – NOTTÉ, *JCP E 2009, n° 13, p. 3* (liste de clauses abusives). – PAISANT, *JCP 2009, n° 28, p. 48* (le décret portant listes noire et grise de clauses abusives). – RAJOT, *RCA 2009. Alerte 7* (nouvelle classification des clauses réputées non écrites). – ROCHFELD, *RTD civ. 2009. 383* (listes réglementaires noire et grise). – SAUPHANOR-BROUILLAUD, *JCP 2009. Actu. 168* (les nouvelles clauses « noires » et « grises ») ; *LPA 20 juill. 2009* (la clause compromissoire abusive).

Art. R. 212-1 Dans les contrats conclus entre des professionnels et des consommateurs, sont de manière irréfragable présumées abusives, au sens des dispositions des premier et quatrième alinéas de l'article L. 212-1 et dès lors interdites, les clauses ayant pour objet ou pour effet de :

1° Constater l'adhésion du consommateur à des clauses qui ne figurent pas dans l'écrit qu'il accepte ou qui sont reprises dans un autre document auquel il n'est pas fait expressément référence lors de la conclusion du contrat et dont il n'a pas eu connaissance avant sa conclusion ;

2° Restreindre l'obligation pour le professionnel de respecter les engagements pris par ses préposés ou ses mandataires ;

3° Réserver au professionnel le droit de modifier unilatéralement les clauses du contrat relatives à sa durée, aux caractéristiques ou au prix du bien à livrer ou du service à rendre ;

4° Accorder au seul professionnel le droit de déterminer si la chose livrée ou les services fournis sont conformes ou non aux stipulations du contrat ou lui conférer le droit exclusif d'interpréter une quelconque clause du contrat ;

5° Contraindre le consommateur à exécuter ses obligations alors que, réciproquement, le professionnel n'exécuterait pas ses obligations de délivrance ou de garantie d'un bien ou son obligation de fourniture d'un service ;

6° Supprimer ou réduire le droit à réparation du préjudice subi par le consommateur en cas de manquement par le professionnel à l'une quelconque de ses obligations ;

7° Interdire au consommateur le droit de demander la résolution ou la résiliation du contrat en cas d'inexécution par le professionnel de ses obligations de délivrance ou de garantie d'un bien ou de son obligation de fourniture d'un service ;

8° Reconnaître au professionnel le droit de résilier discrétionnairement le contrat, sans reconnaître le même droit au consommateur ;

9° Permettre au professionnel de retenir les sommes versées au titre de prestations non réalisées par lui, lorsque celui-ci résilie lui-même discrétionnairement le contrat ;

10° Soumettre, dans les contrats à durée indéterminée, la résiliation à un délai de préavis plus long pour le consommateur que pour le professionnel ;

11° Subordonner, dans les contrats à durée indéterminée, la résiliation par le consommateur au versement d'une indemnité au profit du professionnel ;

12° Imposer au consommateur la charge de la preuve, qui, en application du droit applicable, devrait incomber normalement à l'autre partie au contrat. – *[C. consom., art. R. 132-1.]*

Art. R. 212-2 Dans les contrats conclus entre des professionnels et des consommateurs, sont présumées abusives au sens des dispositions des premier et cinquième alinéas de l'article L. 212-1, sauf au professionnel à rapporter la preuve contraire, les clauses ayant pour objet ou pour effet de :

1° Prévoir un engagement ferme du consommateur, alors que l'exécution des prestations du professionnel est assujettie à une condition dont la réalisation dépend de sa seule volonté ;

2° Autoriser le professionnel à conserver des sommes versées par le consommateur lorsque celui-ci renonce à conclure ou à exécuter le contrat, sans prévoir réciproquement le droit pour le consommateur de percevoir une indemnité d'un montant équivalent, ou égale au double en cas de versement d'arrhes au sens de l'article L. 214-1, si c'est le professionnel qui renonce ;

3° Imposer au consommateur qui n'exécute pas ses obligations une indemnité d'un montant manifestement disproportionné ;

4° Reconnaître au professionnel la faculté de résilier le contrat sans préavis d'une durée raisonnable ;

5° Permettre au professionnel de procéder à la cession de son contrat sans l'accord du consommateur et lorsque cette cession est susceptible d'engendrer une diminution des droits du consommateur ;

6° Réserver au professionnel le droit de modifier unilatéralement les clauses du contrat relatives aux droits et obligations des parties, autres que celles prévues au 3° de l'article R. 212-1 ;

7° Stipuler une date indicative d'exécution du contrat, hors les cas où la loi l'autorise ;

8° Soumettre la résolution ou la résiliation du contrat à des conditions ou modalités plus rigoureuses pour le consommateur que pour le professionnel ;

9° Limiter indûment les moyens de preuve à la disposition du consommateur ;

10° Supprimer ou entraver l'exercice d'actions en justice ou des voies de recours par le consommateur, notamment en obligeant le consommateur à saisir exclusivement une juridiction d'arbitrage non couverte par des dispositions légales ou à passer exclusivement par un mode alternatif de règlement des litiges. – *[C. consom., art. R. 132-2.]*

BIBL. ▶ MATRAY, *Rev. arb. 2009. 455* (clauses abusives et modes alternatifs de règlement des litiges). – SAUPHANOR-BROUILLAUD, *LPA 20 juill. 2009* (la clause compromissoire abusive). – BERNHEIM-DESVAUX, *CCC 2011. Formule 3* (clause de recours à la médiation ou à la conciliation) ; *ibid. 4* (clause compromissoire) ; *ibid. 5* (clause attributive de compétence) ; *CCC 2012. Formule 7* (clause résolutoire) ; *JCP E 2012, n° 1554* (clause pénale). – KENFACK, *D. 2015. 384* (reconnaissance des véritables clauses de médiation ou de conciliation obligatoire hors de toute instance). – NOBLOT, *CCC 2015. Formule 3* (clause de médiation préalable et obligatoire).

Recommandation CCA n° 79-02 du 30 janvier 1979,

Relative aux clauses concernant les recours en justice (BOCC 13 juin 1979).

La Commission des clauses abusives,

Considérant que des contrats habituellement proposés par des professionnels dans divers secteurs d'activités comportent, d'une part, des clauses qui suppriment ou réduisent le droit d'agir en justice dont bénéficie le contractant non professionnel ou consommateur, d'autre part, des clauses qui accordent des avantages injustifiés au contractant professionnel qui agit en justice ;

Considérant qu'il ne peut être renoncé, par avance, à aucune action en justice ; qu'ainsi, le non-professionnel ou consommateur ne peut s'obliger à recourir à la seule voie amiable pour régler un litige éventuel ;

Considérant qu'en vertu de l'article 2061 du code civil, le non-professionnel ou consommateur ne peut être tenu de soumettre le litige éventuel à un arbitrage ;

Considérant que le non-professionnel ou consommateur ne doit pas être privé de son droit d'agir en justice par le jeu de clauses qui, en lui imposant certaines démarches préalables, peuvent aboutir à la prescription de son action ;

Considérant qu'il ne peut être, par contrat, dérogé aux règles légales fixant des délais pour agir en justice ;

Considérant que, selon les dispositions des articles 42 et suivants du Nouveau code de procédure civile *[devenu code de procédure civile]*, sont compétents pour reconnaître les litiges nés d'un contrat, le tribunal du domicile du défendeur et celui du lieu de la livraison ou de la prestation ; qu'en particulier, le tribunal dont dépend le siège social du professionnel ne peut être déclaré seul compétent ;

Considérant que le professionnel ne peut être dispensé des formalités prévues par la loi ; qu'en particulier, le professionnel doit respecter l'obligation de mettre en demeure pour faire courir les intérêts ;

Considérant que les clauses dérogeant aux principes précédents sont, pour la plupart, frappées de nullité ; que cette nullité, souvent ignorée des non-professionnels ou consommateurs, ne constitue pas en elle-même une protection suffisante, et qu'il convient d'interdire, comme abusives, l'insertion de telles clauses dans les contrats ;

Considérant que, selon la jurisprudence, le commerçant demandeur doit assigner le non-commerçant devant le tribunal civil et que le non-commerçant peut engager son action soit devant le tribunal civil, soit devant le tribunal de commerce ; que certaines décisions judiciaires reconnaissent cependant la validité de la clause attribuant compétence, dans un acte mixte, au seul tribunal de commerce ; qu'une telle clause constitue, au regard des règles normales de compétence, une dérogation substantielle, dont le non-professionnel ou consommateur peut sous-estimer l'importance ;

Considérant que les frais de recouvrement sont parfois mis par le contrat à la charge seule du non-professionnel ou consommateur ; que si cette clause paraît, à la rigueur, justifiée lorsqu'elle concerne les frais réels de recouvrement non judiciaire, elle risque, en revanche, de pénaliser excessivement le contractant non-professionnel ou consommateur quand elle fixe forfaitairement les frais de recouvrement non judiciaire ou quand elle concerne les frais de recouvrement judiciaire, tels que frais de procédure, d'expertise, d'huissier, d'avocat ;

Considérant que les clauses précédentes, même si elles ne sont pas nulles dans l'état actuel du droit, sont abusives au sens de l'article 35 de la loi susvisée *[nº 78-23 du 10 janv. 1978 ; V. C. consom., art. L. 212-1, App., vº Clauses abusives]*.

Émet la recommandation :

Que soient éliminées des contrats conclus entre professionnels et non-professionnels ou consommateurs les clauses suivantes ayant pour objet ou pour effet :

1° D'interdire l'exercice des actions en justice ou des voies de recours ;

2° D'imposer le recours à l'arbitrage pour un litige qui n'est pas encore né (clause compromissoire) ;

3° De présenter le recours amiable comme le préalable obligatoire de l'action en justice ;

4° D'imposer un délai de prescription pour agir en justice, ou de réduire celui fixé par la loi ;

5° De déroger aux règles légales de compétence territoriale ou d'attribution ;

6° De dispenser le professionnel de formalités prévues par la loi ;

7° D'obliger le non-professionnel ou consommateur à rembourser les frais et honoraires exposés pour le recouvrement judiciaire ;

8° De prévoir un remboursement forfaitaire des frais exposés pour recouvrement non judiciaire.

CONCILIATEURS DE JUSTICE

BIBL. GÉN. ▶ V. aux art. 21 et 127 s. C. pr. civ.

Décret nº 78-381 du 20 mars 1978,

Relatif aux conciliateurs de justice (Décr. nº 96-1091 du 13 déc. 1996, art. 1er, JO 23 mars).

V. not., sur les conciliateurs qui ont pour mission de favoriser le redressement d'entreprises en difficulté : C. com., art. L. 611-3 à L. 611-6. — ***C. com.*** *— ... d'exploitations agricoles : C. rur., art. L. 351-2 s., R. 351-1 s. et R. 355-1. —* ***C. rur.*** *— V. également en matière d'accidents médicaux, d'affections iatrogènes ou d'infections nosocomiales : CSP, art. L. 1142-4 s. —* ***CSP***.

BIBL. GÉN. ▶ BARRIÈRE, *Gaz. Pal., 24-26 nov. 2002, p. 3* (juge de proximité et conciliateur). – FOURNIER, *Gaz. Pal. 4 oct. 1998, p. 29*. – FRICERO, *Dr. et pr. 2010. 167* (les conciliateurs de justice : une autre voie pour la justice civile ?). – Mollard-Courteau, *Gaz. Pal. 2011. 1994* (réflexions sur une refonte du statut des conciliateurs de justice ou les tribulations d'un conciliateur) ; *Gaz. Pal. 2011. 2773* (commission Guinchard, justice de proximité et conciliateur de justice : le rendez-vous manqué...) ; *Gaz. Pal. 25-26 avr. 2014, p. 13* (conciliateur de justice et conciliation, les piliers d'une justice de proximité citoyenne du 21e siècle) ; *LPA 20 juin 2017, p. 16* (la conciliation conduite par un conciliateur de justice : de quelques aspects pratiques, déontologiques et limites). – Ruellan, *JCP 1990. I. 3431* (le conciliateur civil, entre utopie et réalités).

▸ **Décr. du 20 mars 1978 :** Calfan, *JCP 1978. I. 2949.* – Faucher, *Gaz. Pal. 1978. Doctr. 631.*

▸ **Décr. du 18 mai 1981 :** Jestaz, *RTD civ. 1978. 711.*

▸ **Décr. du 25 févr. 1993 :** Lorieux, *Gaz. Pal. 22 mai 1993.*

▸ **Décr. du 13 déc. 1996 :** Cadiet, *JCP 1997. I. 4064, n° 4.* – Jamin, *RTD civ. 1997. 238* ✎. – Jarrosson, *RGDP 1998. 161.* – Pluyette, *Rev. arb. 1997. 505.* – Vivier, *LPA 28 févr. 1997.*

▸ **Décr. du 12 juin 2006 :** Douchy-Oudot, *D. 2006. Pan. 2430* ✎.

▸ **Décr. du 1er oct. 2010 :** Fricero, *Dr. et pr. 2011. 2* (une justice conciliatoire modernisée).

▸ **Décr. 29 oct. 2018 :** Dorange, *RLDC 11/2018. 8.*

Art. 1er *(Décr. n° 2012-66 du 20 janv. 2012, art. 43-1°)* **« Il est institué des conciliateurs de justice qui ont pour mission de rechercher le règlement amiable d'un différend dans les conditions et selon les modalités prévues au code de procédure civile. »**

Les fonctions de *(Décr. n° 96-1091 du 13 déc. 1996, art. 1er)* **« conciliateur de justice » sont exercées à titre bénévole.**

(Décr. n° 2006-687 du 12 juin 2006, art. 1er) **« Les conciliateurs de justice bénéficient d'une indemnité forfaitaire destinée à couvrir les menues dépenses** *(Décr. n° 2018-931 du 29 oct. 2018, art. 1er, en vigueur le 1er janv. 2019)* **« de secrétariat, de matériels informatiques et de télécommunications, de documentation et d'affranchissement » qu'ils exposent dans l'exercice de leurs fonctions. Cette indemnité est versée trimestriellement. Un arrêté conjoint du garde des Sceaux, ministre de la justice, et du ministre chargé du budget en fixe le montant. Le premier président de la cour d'appel et le procureur général près ladite cour peuvent autoriser, sur justificatifs, un dépassement de cette indemnité dans la limite fixée par ledit arrêté. »** — *Sur l'indemnité forfaitaire, V. Arr. du 4 nov. 2020 reproduit ci-dessous. — Sur le remboursement des frais de déplacement des conciliateurs, V. Arr. du 21 déc. 2016 reproduit ci-dessous.*

Le Décr. n° 2018-931 du 29 oct. 2018 est applicable dans les îles Wallis-et-Futuna (Décr. préc., art. 7).

Pour une présentation du Décr. n° 2018-931 du 29 oct. 2018, V. Note JUSB1902672N du 28 janv. 2019, App., v° Conciliateur de justice.

Arrêté du 21 décembre 2016,

Relatif aux conditions et modalités de remboursement des frais de déplacement des conciliateurs.

Art. 1er Les personnes désignées comme conciliateurs de justice sont remboursées des frais de déplacement occasionnés par les besoins de l'exercice de leurs fonctions dans les conditions prévues pour les personnels civils de l'État par le décret n° 2006-781 susvisé.

Art. 2 Pour l'application de ce décret, leur résidence administrative est assimilée à leur résidence familiale.

Art. 3 L'arrêté du 15 mai 1997 relatif aux conditions et modalités de remboursement des frais de déplacement des conciliateurs est abrogé.

Arrêté JUSB2026336A du 4 novembre 2020,

Relatif à l'indemnité forfaitaire destinée à couvrir les menues dépenses des conciliateurs de justice.

Art. 1er Le montant annuel de l'indemnité forfaitaire prévue au dernier alinéa de l'article 1er du décret du 20 mars 1978 susvisé est fixé à 650 euros. Cette indemnité ne peut dépasser, sur autorisation des chefs de cour et sur présentation de justificatifs, la somme annuelle de 928 euros.

Art. 2 L'arrêté du 21 décembre 2016 pris en application de l'article 1er du décret no 78-381 du 20 mars 1978 modifié relatif aux conciliateurs de justice est abrogé.

Art. 3 Les dispositions du présent arrêté entrent en vigueur le 1er janvier 2021.

Art. 2 *(Décr. no 96-1091 du 13 déc. 1996, art. 3)* **Le conciliateur de justice doit jouir de ses droits civils et politiques et n'être investi d'aucun mandat électif dans le ressort de la cour d'appel dans lequel il exerce ses fonctions.**

Peuvent être nommées conciliateurs de justice les personnes *(Décr. no 2019-913 du 30 août 2019, art. 29)* **« qui justifient d'une formation ou d'une expérience juridique et que leurs compétences qualifient particulièrement pour exercer ces fonctions. »**

Ne peuvent être chargés des fonctions de conciliateur de justice les officiers publics et ministériels et les personnes qui exercent, à quelque titre que ce soit, des activités judiciaires ou qui participent au fonctionnement du service de la justice. Toutefois, les fonctions de conciliateur de justice ne sont pas incompatibles avec *(Décr. no 2018-931 du 29 oct. 2018, art. 2, en vigueur le 1er janv. 2019)* **« l'exercice des fonctions administratives et la présidence de commissions administratives prévus à l'article R. 222-4 du code de l'organisation judiciaire ».**

Le Décr. no 2018-931 du 29 oct. 2018 est applicable dans les îles Wallis-et-Futuna (Décr. préc., art. 7).

Pour une présentation du Décr. no 2018-931 du 29 oct. 2018, V. Note JUSB1902672N du 28 janv. 2019, App., vo Conciliateur de justice.

Art. 3 *(Décr. no 81-583 du 18 mai 1981, art. 2)* **Le** *(Décr. no 96-1091 du 13 déc. 1996, art. 1er)* **« conciliateur de justice » est nommé, pour une première période d'un an par ordonnance du premier président de la cour d'appel,** *(Décr. no 96-1091 du 13 déc. 1996, art. 4-I)* **« après avis du procureur général, sur proposition du** *(Décr. no 2016-514 du 26 avr. 2016, art. 22-I)* **« magistrat coordonnateur »** *(Décr. no 2019-913 du 30 août 2019, art. 29-2o, en vigueur le 1er janv. 2020)* **« de la protection et de la conciliation de justice** *[ancienne rédaction : des tribunaux d'instance]* **». A l'issue de celle-ci, le** *(Décr. no 96-1091 du 13 déc. 1996, art. 1er)* **« conciliateur de justice » peut, dans les mêmes formes, être reconduit dans ses fonctions pour une période renouvelable de** *(Décr. no 2018-931 du 29 oct. 2018, art. 3-1o, en vigueur le 1er janv. 2019)* **« trois ans ».** *(Décr. no 96-1091 du 13 déc. 1996, art. 4-II)* **« Le** *(Décr. no 2000-344 du 19 avr. 2000, art. 12)* **« conseil départemental de l'accès au droit » est informé de ces nominations. »** *(Décr. no 2018-931 du 29 oct. 2018, art. 3-2o et 3o, en vigueur le 1er janv. 2019)* **« Chaque cour d'appel tient une liste des conciliateurs de justice exerçant dans son ressort. Elle actualise cette liste au 1er mars et au 1er septembre de chaque année et la met à la disposition du public par tous moyens, notamment par affichage au sein des locaux des juridictions du ressort et des conseils départementaux d'accès au droit.**

« Le premier président de la cour d'appel peut, après avis du procureur général et du magistrat coordonnateur *(Décr. no 2019-913 du 30 août 2019, art. 29-2o, en vigueur le 1er janv. 2020)* **« de la protection et de la conciliation de justice** *[ancienne rédaction : des tribunaux d'instance]* **», ne pas reconduire dans ses fonctions, à l'issue de la période de nomination, le conciliateur de justice qui n'a pas suivi la journée de formation initiale au cours de la première année de nomination ou la journée de formation continue au cours de la période de trois ans suivant chaque renouvellement prévues à l'article 3-1 du présent décret, l'intéressé ayant été préalablement entendu ; »**

Il peut être mis fin à ses fonctions avant l'expiration de leur terme par ordonnance motivée du premier président, après avis du procureur général *(Décr. no 96-1091 du 13 déc. 1996, art. 4-III)* **« et du** *(Décr. no 2016-514 du 26 avr. 2016, art. 22-I)* **« magistrat coordonnateur »** *(Décr. no 2019-913 du 30 août 2019, art. 29-2o, en vigueur le 1er janv. 2020)* **« de la protection et de la conciliation de justice** *[ancienne rédaction : des tribunaux d'instance]* **» », l'intéressé ayant été préalablement entendu.**

Al. 3 abrogé par Décr. no 96-1091 du 13 déc. 1996, art. 4-IV.

(Décr. no 96-1091 du 13 déc. 1996, art. 4-V) **« Sur proposition du** *(Décr. no 2016-514 du 26 avr. 2016, art. 22-I)* **« magistrat coordonnateur »** *(Décr. no 2019-913 du 30 août 2019, art. 29-2o, en vigueur le 1er janv. 2020)* **« de la protection et de la conciliation de justice** *[ancienne rédaction : des tribunaux d'instance]* **» le titre de** *(Décr. no 96-1091 du 13 déc. 1996,*

art. 1er) « conciliateur de justice » honoraire peut être conféré par le premier président, après avis du procureur général, au conciliateur qui a exercé ses fonctions pendant au moins cinq ans.

Les *(Décr. no 96-1091 du 3 déc. 1996, art. 1er)* « conciliateurs de justice » honoraires sont tenus à la réserve qui s'impose à leur condition. L'honorariat peut leur être retiré pour tout manquement à l'honneur, à la délicatesse ou à la dignité. La décision de retrait est prise par ordonnance motivée du premier président de la cour d'appel, après avis du procureur général *(Décr. no 96-1091 du 13 déc. 1996, art. 4-VI)* « et du *(Décr. no 2016-514 du 26 avr. 2016, art. 22-I)* « magistrat coordonnateur » *(Décr. no 2019-913 du 30 août 2019, art. 29-2o, en vigueur le 1er janv. 2020)* « de la protection et de la conciliation de justice *[ancienne rédaction : des tribunaux d'instance]* », l'intéressé ayant été préalablement entendu.

Les dispositions des 1o et 3o de l'art. 3 du Décr. no 2018-931 du 29 oct. 2018 sont applicables aux conciliateurs de justice nommés pour une première période d'un an ou reconduits dans leurs fonctions pour une période de trois ans après cette date (Décr. préc., art. 8). Le Décr. no 2018-931 du 29 oct. 2018 est applicable dans les îles Wallis-et-Futuna (Décr. préc., art. 7).

Pour une présentation du Décr. no 2018-931 du 29 oct. 2018, V. Note JUSB1902672N du 28 janv. 2019, App., vo Conciliateur de justice.

Art. 3-1 *(Décr. no 2018-931 du 29 oct. 2018, art. 4, en vigueur le 1er janv. 2019)* Le conciliateur de justice suit une journée de formation initiale au cours de la première année suivant sa nomination. Il suit une journée de formation continue au cours de la période de trois ans suivant chaque reconduction dans ses fonctions.

La formation initiale et la formation continue des conciliateurs de justice sont organisées par l'École nationale de la magistrature.

A l'issue de la journée de formation initiale ou continue, l'École nationale de la magistrature remet au conciliateur de justice une attestation individuelle de formation, sous réserve d'assiduité.

Cette attestation est transmise par le conciliateur de justice au premier président de la cour d'appel.

Les frais de déplacement et de séjour supportés par le conciliateur de justice pour le suivi de la formation initiale et de la formation continue lui sont remboursés selon la réglementation en vigueur relative aux conditions et modalités de remboursement des frais de déplacement des conciliateurs de justice.

Les dispositions de l'art. 4 du Décr. no 2018-931 du 29 oct. 2018 sont applicables aux conciliateurs de justice nommés pour une première période d'un an ou reconduits dans leurs fonctions pour une période de trois ans après cette date (Décr. préc., art. 8). Le Décr. no 2018-931 du 29 oct. 2018 est applicable dans les îles Wallis-et-Futuna (Décr. préc., art. 7).

Pour une présentation du Décr. no 2018-931 du 29 oct. 2018, V. Note JUSB1902672N du 28 janv. 2019, App., vo Conciliateur de justice.

Art. 4 L'ordonnance nommant le *(Décr. no 96-1091 du 13 déc. 1996, art. 1er)* « conciliateur de justice » indique *(Décr. no 2018-931 du 29 oct. 2018, art. 5, en vigueur le 1er janv. 2019)* « le ressort dans lequel » il exerce ses fonctions. *(Décr. no 93-254 du 25 févr. 1993, art. 3)* « Elle indique le tribunal *(Décr. no 2019-913 du 30 août 2019, art. 29-3o, en vigueur le 1er janv. 2020)* « judiciaire ou, le cas échéant, l'une de ses chambres de proximité, *[ancienne rédaction : d'instance]* » auprès duquel le *(Décr. no 96-1091 du 13 déc. 1996, art. 1er)* « conciliateur de justice » doit déposer les *(Décr. no 2012-66 du 20 janv. 2012, art. 43-2o)* « constats d'accord ». »

Les dispositions de l'art. 5 du Décr. no 2018-931 du 29 oct. 2018 sont applicables aux conciliateurs de justice nommés pour une première période d'un an ou reconduits dans leurs fonctions pour une période de trois ans après cette date (Décr. préc., art. 8). Le Décr. no 2018-931 du 29 oct. 2018 est applicable dans les îles Wallis-et-Futuna (Décr. préc., art. 7).

Pour une présentation du Décr. no 2018-931 du 29 oct. 2018, V. Note JUSB1902672N du 28 janv. 2019, App., vo Conciliateur de justice.

BIBL. ► BARRIÈRE, *Gaz. Pal. 10-11 sept. 2003, p. 3* (compétence territoriale) ; Gaz. Pal. 15-16 *sept. 2004, p. 7* (compétences territoriale et d'attribution). – JARROSSON, *RG proc. 1999. 767* (compétence du conciliateur).

Art. 5 *(Abrogé par Décr. no 2012-66 du 20 janv. 2012, art. 43-3o) (Décr. no 2010-1165 du 1er oct. 2010, art. 3-2o, en vigueur le 1er déc. 2010)* ***Le conciliateur de justice est saisi sans forme par toute personne physique ou morale.*** *— V. Circ. 24 janv. 2011, reproduite ss. C. pr. civ., art. 131.*

Art. 6 *(Abrogé par Décr. n° 2012-66 du 20 janv. 2012, art. 43-3°) (Décr. n° 81-583 du 18 mai 1981, art. 4) Le (Décr. n° 96-1091 du 13 déc. 1996, art. 1er) « conciliateur de justice » invite éventuellement les intéressés à se rendre devant lui.*

(Décr. n° 93-254 du 25 févr. 1993, art. 4) « Ceux-ci peuvent se faire accompagner d'une personne de leur choix. »

(Décr. n° 2010-1165 du 1er oct. 2010, art. 3-3°, en vigueur le 1er déc. 2010) « Le conciliateur de justice peut s'adjoindre, avec l'accord des parties, le concours d'un autre conciliateur de justice du ressort de la cour d'appel. Lors de la réunion des parties, les conciliateurs de justice peuvent échanger des informations sur les demandes dont ils sont saisis. L'acte constatant l'accord des parties est signé par les deux conciliateurs de justice. » — V. Circ. 24 janv. 2011, reproduite ss. C. pr. civ., art. 131.

Art. 7 *(Abrogé par Décr. n° 2012-66 du 20 janv. 2012, art. 43-3°) (Décr. n° 2010-1165 du 1er oct. 2010, art. 3-4°, en vigueur le 1er déc. 2010) Le conciliateur de justice peut, avec l'accord des intéressés, se rendre sur les lieux et entendre toutes personnes dont l'audition paraît utile, sous réserve de l'acceptation de celles-ci. — V. Circ. 24 janv. 2011, reproduite ss. C. pr. civ., art. 131.*

Art. 8 *(Abrogé par Décr. n° 2012-66 du 20 janv. 2012, art. 43-3°) « Le (Décr. n° 96-1091 du 13 déc. 1996, art. 1er) « conciliateur de justice » est tenu à l'obligation du secret. Les informations qu'il recueille ou les constatations auxquelles il procède ne peuvent être divulguées. »*

(Décr. n° 81-583 du 18 mai 1981, art. 5) « Lors de sa première nomination aux fonctions de *(Décr. n° 96-1091 du 13 déc. 1996, art. 1er)* « conciliateur de justice », celui-ci prête devant la cour d'appel le serment suivant : "Je jure de loyalement remplir mes fonctions avec exactitude et probité et d'observer en tout les devoirs qu'elles m'imposent." »

BIBL. ► BARRIÈRE, *Gaz. Pal. 21-22 août 2002, p. 2* (obligation du secret entre les juges d'instance et les conciliateurs de justice).

Art. 9 *(Abrogé par Décr. n° 2012-66 du 20 janv. 2012, art. 43-3°) (Décr. n° 2010-1165 du 1er oct. 2010, art. 3-5°, en vigueur le 1er déc. 2010) En cas de conciliation, même partielle, il peut être établi un constat d'accord signé par les intéressés et le conciliateur de justice. La conciliation peut également être consignée dans un constat signé par le conciliateur et un ou plusieurs des intéressés lorsqu'un ou plusieurs de ceux-ci ont formalisé les termes de l'accord auquel ils consentent dans un acte signé par eux et établi hors la présence du conciliateur de justice. Dans ce cas, il incombe au conciliateur de viser l'acte émanant des intéressés dans le constat et de l'annexer à celui-ci.*

La rédaction d'un constat est obligatoire lorsque la conciliation a pour effet la renonciation à un droit.

Un exemplaire du constat est remis à chaque intéressé. Un exemplaire est déposé par le conciliateur de justice, sans retard, au greffe du tribunal d'instance mentionné à l'article 4.

A moins qu'une partie ne s'y oppose dans l'acte constatant son accord, le juge d'instance, saisi sur requête, peut conférer force exécutoire au constat d'accord. — V. Circ. 24 janv. 2011, reproduite ss. C. pr. civ., art. 131.

1. Sur la portée du protocole de conciliation. • Civ. 1re, 16 avr. 1985 : *JCP 1985. II. 20504, concl. Gulphe.*

2. Le procès-verbal du conciliateur constatant un accord entre des parties et régulièrement homologué par le juge d'instance qui lui a donné force exécutoire par application des dispositions de l'art. 9 du décret du 20 mars 1978 ne s'analyse pas en un simple contrat mais constitue un titre incontestable comme l'est une décision de justice passée en force de chose jugée, même si son contenu est relatif à l'exécution (ou la non-exécution) d'une précédente décision judiciaire ; il s'ensuit qu'un tel accord, dès lors qu'il permet la détermination des droits immobiliers de deux voisins, ne peut donner lieu, même sous le prétexte d'interprétation, qu'à une action de nature possessoire fondée sur un titre certain et sur un trouble de jouissance. • Toulouse, 14 févr. 1994 : *BICC 15 avr. 1994, n° 450.*

Décret n° 96-1091 du 13 décembre 1996,

Modifiant le décret n° 78-381 du 20 mars 1978 relatif aux conciliateurs (JO 15 déc.).

Art. 9 A compter de la date d'entrée en vigueur du présent décret, les conciliateurs qui ont été exclusivement chargés du règlement des litiges entre professionnels et consommateurs en application des articles 1er et 2 du décret *[n° 93-254]* du 25 février 1993 susvisé disposent d'un délai de trois mois pour déposer au *(Décr. n° 2019-966 du 18 sept. 2019, art. 8, en* *vigueur le 1er janv. 2020)* « tribunal judiciaire *[ancienne rédaction : tribunal d'instance]* » le constat d'accord dans les différends dont ils sont saisis.

Art. 9 *bis* *(Décr. nº 2018-931 du 29 oct. 2018, art. 6, en vigueur le 1er janv. 2019)* **« Une fois par an, le conciliateur de justice adresse un rapport d'activité au magistrat coordonnateur** *(Décr. nº 2019-913 du 30 août 2019, art. 29-4º-a, en vigueur le 1er janv. 2020)* **« de la protection et de la conciliation de justice** *[ancienne rédaction : des tribunaux d'instance]* **», qui le transmet aux chefs de la cour d'appel** *(Abrogé par Décr. nº 2019-913 du 30 août 2019, art. 29-4º-b, à compter du 1er janv. 2020)* ***« ainsi qu'au juge d'instance visé à l'article 4 ».*** **»** *(Décr. nº 2016-514 du 26 avr. 2016, art. 22-II)* **« Ce rapport peut être rendu public par les chefs de cour. »**

Le Décr. nº 2018-931 du 29 oct. 2018 est applicable dans les îles Wallis-et-Futuna (Décr. préc., art. 7).

Pour une présentation du Décr. nº 2018-931 du 29 oct. 2018, V. Note JUSB1902672N du 28 janv. 2019, App., vº Conciliateur de justice.

Art. 9 *ter* *(Abrogé par Décr. nº 2012-66 du 20 janv. 2012, art. 43-3º) (Décr. nº 93-254 du 25 févr. 1993, art. 6)* ***Les conciliateurs en fonctions à la date d'entrée en vigueur du présent décret et ayant exercé leurs fonctions durant trois ans à la date de la demande de renouvellement de leur mandat n'ont pas à justifier*** *(Décr. nº 96-1091 du 13 déc. 1996, art. 8)* ***« de la seconde condition prévue au deuxième alinéa de l'article 2 ».***

Art. 9 *quater* *(Décr. nº 2010-1165 du 1er oct. 2010, art. 3-6º, en vigueur le 1er déc. 2010)* **Le présent décret est applicable dans les îles Wallis-et-Futuna** *(Décr. nº 2019-913 du 30 août 2019, art. 29-5º)* **« dans sa rédaction issue du décret nº 2019-913 du 30 août 2019 ».** – *V. Circ. 24 janv. 2011, reproduite ss. C. pr. civ., art. 131.*

Note JUSB1902672N du 28 janvier 2019,

De présentation du décret nº 2018-931 du 29 octobre 2018 modifiant le décret nº 78-381 du 20 mars 1978 relatif aux conciliateurs de justice.

DÉFENSEUR DES DROITS

Conformément à l'objet du présent code, seuls ont été reproduits les textes intéressant l'institution du Défenseur des droits au regard notamment de sa compétence, sa saisine, ses moyens d'information et ses pouvoirs, ainsi que certains aspects de son organisation relatifs aux entités remplaçant le défenseur des enfants et la HALDE.

Sur l'intégralité du dispositif, notamment quant à ses aspects institutionnels et organisationnels, V. ***C. const.****, Const., art. 71-1, ainsi que le commentaire et les textes qui y sont associés.*

BIBL. GÉN. ▶ AUMOND, *RFDA 2011. 913* (le Défenseur des droits : une peinture en clair-obscur). – BONNEAU, *Dr. Banc. fin. 2011. Repère 4* (naissance d'un nouveau pouvoir ?). – BRUGGEMAN, *Dr. fam. 2011. Alerte 42* (renforcement ou affaiblissement des droits de l'enfant ?). – DEZALLAI, *RFDA 2011. 925* (une action collective en matière de droits fondamentaux devant le juge administratif ou devant le Défenseur des droits ?). – DORD, *AJDA 2011. 958* (le Défenseur des droits ou la garantie rationnalisée des droits et libertés). – MATUTANO, *Dr. adm. 2011. 16* (une autorité constitutionnelle indépendante : le Défenseur des droits). – ROBLOT-TROIZIER et TUSSEAU, *RFDA 2011. 611* (le Défenseur des droits : une autorité administrative indépendante constitutionnelle). – VERPEAUX, *JCP Adm. 2011. 2178* (il est né le Défenseur des droits).

Constitution du 4 octobre 1958,

Art. 71-1 *(L. const. nº 2008-724 du 23 juill. 2008, art. 41)* **Le Défenseur des droits veille au respect des droits et libertés par les administrations de l'État, les collectivités territoriales, les établissements publics, ainsi que par tout organisme investi d'une mission de service public, ou à l'égard duquel la loi organique lui attribue des compétences.**

Il peut être saisi, dans les conditions prévues par la loi organique, par toute personne s'estimant lésée par le fonctionnement d'un service public ou d'un organisme visé au premier alinéa. Il peut se saisir d'office.

La loi organique définit les attributions et les modalités d'intervention du Défenseur des droits. Elle détermine les conditions dans lesquelles il peut être assisté par un collège pour l'exercice de certaines de ses attributions.

*Al. 4 (Nomination et incompatibilités) et 5 (Lien au pouvoir exécutif) Non reproduits. — V. ces al. in **C. const.**, ss. Const., art. 71-1. — V. ci-dessous L. org. n° 2011-333 du 29 mars 2011, L. n° 2011-334 du 29 mars 2011 et Décr. n° 2011-904 du 29 juill. 2011 (procédure applicable devant le Défenseur des droits).*

Loi organique n° 2011-333 du 29 mars 2011,

Relative au Défenseur des droits (JO 30 mars).

Sur l'entrée en vigueur de la présente loi, V. art. 44.

BIBL. GÉN. ▶ BROUSSOLLE, *LPA 18 mai 2011, p. 3.* – BUGADA, *Procédures 2011, n° 209.* – CADIET, *JCP 2011. 666, n° 1.* – CREUX-THOMAS, *JCP 2011. Actu. 947* (des droits, un défenseur). – DANIEL et BAILLY, *JCP S 2011. 1320.* – NDLR, *Procédures 2011. Veille 28.* – VERPEAUX, *JCP 2011. 502.* – ZARKA, *D. 2011. 1568* .

TITRE PREMIER Dispositions générales

Art. 1er *Nomination et inamovibilité du Défenseur des droits. — V. ce texte in **C. const.**, ss. Const., art. 71-1.*

Art. 2 **Le Défenseur des droits, autorité** *(L. org. n° 2017-54 du 20 janv. 2017, art. 5-1°-a)* **« administrative » indépendante, ne reçoit** *(L. org. n° 2017-54 du 20 janv. 2017, art. 5-1°-b)* **« et ne sollicite », dans l'exercice de ses attributions, aucune instruction.**

Le Défenseur des droits et ses adjoints ne peuvent être poursuivis, recherchés, arrêtés, détenus ou jugés à l'occasion des opinions qu'ils émettent ou des actes qu'ils accomplissent dans l'exercice de leurs fonctions.

1. Statut. En érigeant le Défenseur des droits en « autorité constitutionnelle indépendante », le premier al. de l'art. 2 rappelle qu'il constitue une autorité administrative dont l'indépendance trouve son fondement dans la Constitution ; cette disposition n'a pas pour effet de faire figurer le Défenseur des droits au nombre des pouvoirs publics constitutionnels. • Cons. const. 29 mars 2011, Consid. n° 5, n° 2011-626 DC : *JO 30 mars ; Rec. Cons. const. 165 ; D. actu. 17 mai 2011, obs. Lienhard ; D. 2011. 1027, chron. Zarka ; ibid. 2823, obs. Roujou de Boubée, Garé, Mirabail et Potaszkin ; AJDA 2011. 646 ; ibid. 817, note Delaunay ; ibid. 958, étude Dord ; RFDA 2011. 611, note Roblot-Troizier ; JCP 2011, 17, note Verpeaux ; ibid. 2012. 27, Chron. Mathieu et Verpeaux ; LPA 2012, n° 152, p. 20, note Cassard-Valembois.*

2. Immunité – Portée. L'immunité pénale reconnue au Défenseur des droits et à ses adjoints ne saurait s'appliquer qu'aux opinions qu'ils émettent et aux actes qu'ils accomplissent pour l'exercice de leurs fonctions ; elle ne saurait exonérer le Défenseur des droits et ses adjoints des sanctions encourues en cas de méconnaissance des règles prévues par les art. 20 et 29 de la loi organique, sur les secrets protégés par la loi, et par son art. 22, sur la protection des lieux privés. Sous ces réserves, les dispositions de l'art. 2 sont conformes à la Constitution. • Cons. const. 29 mars 2011, consid. n° 6 : *préc. note 1.*

Art. 3 *Incompatibilités concernant les fonctions de Défenseur des droits et de ses adjoints. — V. ce texte in **C. const.**, ss. Const., art. 71-1.*

TITRE II Dispositions relatives aux compétences et à la saisine du Défenseur des droits

Art. 4 **Le Défenseur des droits est chargé :**

1° De défendre les droits et libertés dans le cadre des relations avec les administrations de l'État, les collectivités territoriales, les établissements publics et les organismes investis d'une mission de service public ; *— V. Décr. n° 2011-904 du 29 juill. 2011, art. 1er, dernier al., App., v° Défenseur des droits.*

2° De défendre et de promouvoir l'intérêt supérieur et les droits de l'enfant consacrés par la loi ou par un engagement international régulièrement ratifié ou approuvé par la France ;

3° De lutter contre les discriminations, directes ou indirectes, prohibées par la loi ou par un engagement international régulièrement ratifié ou approuvé par la France ainsi que de promouvoir l'égalité ;

4° et 5° Non reproduits.

Discrimination. LA HALDE. Jurisprudence antérieure à la L. org. du 29 mars 2011. **BIBL.** Serverin et Grumbach, *RDT 2010. 457* (le statut procédural de La HALDE devant les juridictions après l'arrêt de la chambre sociale du 2 juin 2010). ♦ En donnant à La HALDE le droit de présenter des observations par elle-même ou par un représentant dont rien n'interdit que ce soit un avocat (L. n° 2004-1486 du 30 déc. 2004, art. 13, modifiée par la L. n° 2006-396 du 31 mars 2006), la loi ne lui a pas conféré la qualité de partie. Dès lors, viole ce texte par une fausse interprétation ainsi que les art. 31, 66 et 330 C. pr. civ. par une fausse application la cour d'appel qui déclare recevable l'intervention de La HALDE. • Soc. 2 juin 2010, n° 08-40.628 P : *R. 2010, p. 363 ; BICC 1er nov. 2010, n° 1578 et la note ; D. 2010. Actu. 1489 ; JCP 2010. 1241, note Loiseau ; ibid. 1191, n° 10, obs. Amrani Mekki ; Dr. soc. 2010. 992, note Mouly ; Procédures 2011, n° 138, note Bugada ; Gaz. Pal. 20-22 mars 2011, p. 16, obs. Amrani Mekki ; LPA 9 juin 2011. 15, obs. Gardin ; RDT 2010. 457, note Serverin et Grumbach*. ♦ *Adde* • Soc. 16 nov. 2010 : *D. 2011. Pan. 265, obs. Fricero ; JCP S 2011. 1070, note Rozec et Manigot.* ♦ Rappr. lorsque le Conseil de la concurrence formulait des observations en application de l'art. 9, al. 1er, du Décr. n° 87-849 du 19 oct. 1987 relatif aux recours exercés devant la cour d'appel de Paris contre les décisions dudit conseil. • Com. 13 juill. 2004, n° 03-11.430 P • Com. 29 juill. 2007 : *Bull. civ. IV, n° 163.* ♦ Sur le caractère conforme au principe d'égalité des armes, de la possibilité pour La Halde de présenter des observations sans avoir la qualité de partie dès lors que les parties sont en mesure de répliquer par écrit ou oralement à ces observations, et que les pièces, dont le juge apprécie souverainement la valeur probante, sont soumises à un débat contradictoire, V. : • Soc. 16 nov. 2010 : *préc.* ♦ Pour un refus de renvoyer au Conseil constitutionnel la QPC tendant à voir sanctionnée la méconnaissance par les art. 5 et 13 de la L. n° 2004-1486 du 30 déc. 2004 des droits de la défense et le droit à un procès équitable, ainsi que les prérogatives du ministère public et l'indépendance de l'autorité judiciaire, au motif notamment que les dispositions précitées, qui prévoient que la Halde, laquelle n'a pas la qualité de partie intervenante, a la faculté de présenter des observations portées à la connaissance des parties, ne méconnaissent pas en elles-mêmes les exigences du procès équitable et les droits de la défense non plus que l'indépendance de l'autorité judiciaire, envisagée aussi bien en la personne du ministère public qu'en celle du juge dès lors que les parties sont en mesure de répliquer par écrit et oralement à ses observations, que le ministère public reste défenseur de l'ordre public et que le juge apprécie la valeur probante des pièces qui lui sont fournies et qui ont été soumises au débat contradictoire, V. : • Cass., QPC, 2 févr. 2011 : *Procédures 2011, n° 138, note Bugada.*

Art. 5 Le Défenseur des droits peut être saisi :

1° Par toute personne physique ou morale qui s'estime lésée dans ses droits et libertés par le fonctionnement d'une administration de l'État, d'une collectivité territoriale, d'un établissement public ou d'un organisme investi d'une mission de service public ;

2° Par un enfant qui invoque la protection de ses droits ou une situation mettant en cause son intérêt, par ses représentants légaux, les membres de sa famille, les services médicaux ou sociaux ou toute association régulièrement déclarée depuis au moins cinq ans à la date des faits et se proposant par ses statuts de défendre les droits de l'enfant ; – *V. Décr. n° 2011-904 du 29 juill. 2011, art. 1er, al. 2, App., v° Défenseur des droits.*

3° Par toute personne qui s'estime victime d'une discrimination, directe ou indirecte, prohibée par la loi ou par un engagement international régulièrement ratifié ou approuvé par la France, ou par toute association régulièrement déclarée depuis au moins cinq ans à la date des faits se proposant par ses statuts de combattre les discriminations ou d'assister les victimes de discriminations, conjointement avec la personne s'estimant victime de discrimination ou avec son accord ; – *V. Décr. n° 2011-904 du 29 juill. 2011, art. 1er, al. 2, App., v° Défenseur des droits.*

4° Non reproduit.

Le Défenseur des droits peut être saisi des agissements de personnes publiques ou privées.

Il peut en outre se saisir d'office ou être saisi par les ayants droit de la personne dont les droits et libertés sont en cause.

Il est saisi des réclamations qui sont adressées à ses adjoints. – *V. Décr. n° 2011-904 du 29 juill. 2011, art. 1er, App., v° Défenseur des droits.*

Art. 6 La saisine du Défenseur des droits est gratuite.

Elle est précédée de démarches préalables auprès des personnes publiques ou des organismes mis en cause, sauf lorsqu'elle est présentée au titre des compétences mentionnées aux 2° à *(L. org. n° 2022-400 du 21 mars 2022, art. 1er-2°)* « 5° » de l'article 4. – *Adde Décr. n° 2011-904 du 29 juill. 2011, art. 1er, al. 2, App., v° Défenseur des droits.*

La saisine du Défenseur des droits n'interrompt ni ne suspend par elle-même les délais de prescription des actions en matière civile, administrative ou pénale, non plus que ceux relatifs à l'exercice de recours administratifs ou contentieux.

Art. 7 Une réclamation peut être adressée à un député, à un sénateur ou à un représentant français au Parlement européen, qui la transmet au Défenseur des droits s'il estime qu'elle appelle son intervention. Le Défenseur des droits informe le député, le sénateur ou le représentant français au Parlement européen des suites données à cette transmission.

Les membres du Parlement peuvent, de leur propre initiative, saisir le Défenseur des droits d'une question qui leur paraît appeler son intervention.

Sur la demande de l'une des commissions permanentes de son assemblée, le président de l'Assemblée nationale ou le président du Sénat peut transmettre au Défenseur des droits, dans les domaines de sa compétence, toute pétition dont l'assemblée a été saisie.

Le Défenseur des droits instruit également les réclamations qui lui sont transmises par le Médiateur européen ou un homologue étranger et qui lui paraissent relever de sa compétence et appeler son intervention.

Art. 8 Lorsqu'il se saisit d'office ou lorsqu'il est saisi autrement qu'à l'initiative de la personne s'estimant lésée ou, s'agissant d'un enfant, de ses représentants légaux, le Défenseur des droits ne peut intervenir qu'à la condition que cette personne ou, le cas échéant, ses ayants droit ait *[aient]* été avertie *[avertis]* et ne se soit *[soient]* pas opposée *[opposés]* à son intervention. Toutefois, il peut toujours se saisir des cas lui paraissant mettre en cause l'intérêt supérieur d'un enfant et des cas relatifs à des personnes qui ne sont pas identifiées ou dont il ne peut recueillir l'accord. — *V. Décr. n° 2011-904 du 29 juill. 2011, art. 2, App., v° Défenseur des droits.*

Art. 9 *Relations avec d'autres autorités indépendantes chargées de la protection des droits et libertés. — V. ce texte in* **C. const.**, *ss. Const., art. 71-1.*

Art. 10 Le Défenseur des droits ne peut être saisi ni ne peut se saisir des différends susceptibles de s'élever entre les personnes publiques et organismes mentionnés au 1° de l'article 4.

Il ne peut être saisi ni ne peut se saisir, sauf au titre de ses compétences mentionnées au 3° *(L. org. n° 2016-1690 du 9 déc. 2016, art. unique-2°-a)* « et au 5° » du même article 4, des différends susceptibles de s'élever entre, d'une part, ces personnes publiques et organismes et, d'autre part, leurs agents, à raison de l'exercice de leurs fonctions.

(L. org. n° 2016-1690 du 9 déc. 2016, art. unique-2°-b) « Il ne peut ni être saisi ni se saisir, au titre de ses compétences mentionnées au 5° du même article 4, des différends qui ne relèvent pas des situations prévues par la loi. »

TITRE III Dispositions relatives à l'intervention du Défenseur des droits

CHAPITRE PREMIER *Dispositions relatives aux collèges*

Art. 11 I. — Le Défenseur des droits préside les collèges qui l'assistent pour l'exercice de ses attributions en matière de défense et de promotion des droits de l'enfant, de lutte contre les discriminations et de promotion de l'égalité *[...]*.

Sur proposition du Défenseur des droits, le Premier ministre nomme les adjoints du Défenseur des droits, dont :

— un Défenseur des enfants, vice-président du collège chargé de la défense et de la promotion des droits de l'enfant, choisi pour ses connaissances ou son expérience dans ce domaine ;

— *[...]* ;

— un adjoint, vice-président du collège chargé de la lutte contre les discriminations et de la promotion de l'égalité, choisi pour ses connaissances ou son expérience dans ce domaine.

— *[...]*.

II. — Les adjoints sont placés auprès du Défenseur des droits et sous son autorité.

Le Défenseur des droits peut déléguer ses attributions à ses adjoints, dans leur domaine de compétence, à l'exception de celles mentionnées aux articles 19, 29, 31, 32, 36 et au dernier alinéa des articles 18 et 25.

Dernier al. Non reproduit (Suppléance du Défenseur des droits par ses adjoints).

Décret n° 2011-905 du 29 juillet 2011,

Relatif à l'organisation et au fonctionnement des services du Défenseur des droits (JO 30 juill.).

....

Art. 2 Le Défenseur des droits peut donner délégation à ses adjoints aux fins de signer tous les actes relatifs à leur domaine de compétence, dans les limites prévues au II de l'article 11 de la loi organique *[n° 2011-333]* du 29 mars 2011 susvisée. – *V. supra L. n° 2011-333 du 29 mars 2011, art. 11, App., v° Défenseur des droits.*

....

Art. 12 ***Réunion conjointe des collèges et des adjoints du Défenseur des droits sur des réclamations touchant à plusieurs domaines.*** – *V. ce texte in* ***C. const.****, ss. Const., art. 71-1.*

Art. 13 ***Déontologie de la sécurité.*** – *V. ce texte in* ***C. pr. pén.****, ss. art. préliminaire.*

Art. 14 Lorsqu'il intervient en matière de défense et de promotion des droits de l'enfant, le Défenseur des droits consulte, sur toute question nouvelle, un collège qu'il préside et qui comprend, outre son adjoint, vice-président :
– deux personnalités qualifiées désignées par le président du Sénat ;
– deux personnalités qualifiées désignées par le président de l'Assemblée nationale ;
– une personnalité qualifiée désignée par le président du Conseil économique, social et environnemental ;
– un membre ou ancien membre de la Cour de cassation désigné conjointement par le premier président de la Cour de cassation et par le procureur général près ladite cour.

Les membres du collège sont désignés en raison de leurs connaissances ou de leur expérience en matière de défense et de promotion des droits de l'enfant.

Les désignations du président du Sénat et du président de l'Assemblée nationale concourent, dans chaque cas, à une représentation équilibrée entre les femmes et les hommes.

Lorsque le Défenseur des droits préside les réunions du collège, son adjoint ne prend pas part au vote.

En cas de partage égal des voix, celle du président est prépondérante.

Collèges – Assistance – Portée. Dès lors que les collèges assistent le Défenseur des droits, pour certaines de ses attributions, cette consultation n'a ni pour objet ni pour effet de limiter les attributions du Défenseur des droits seul compétent pour convoquer les collèges, fixer leur ordre du jour et apprécier les questions nouvelles qu'il doit soumettre à leur avis. • Cons. const. 29 mars 2011, consid. n° 12 : *préc. note 1 ss. art. 2 de la présente loi.* ♦ Le Défenseur des droits n'est pas non plus lié par les délibérations des collèges ; dans ces conditions, ces dispositions ne méconnaissent pas la seconde phrase du troisième alinéa de l'art. 71-1 de la Const. selon laquelle le Défenseur des droits est assisté d'un collège pour l'exercice de certaines de ses attributions. • Même décision.

Art. 15 Lorsqu'il intervient en matière de lutte contre les discriminations et de promotion de l'égalité, le Défenseur des droits consulte, sur toute question nouvelle, un collège qu'il préside et qui comprend, outre son adjoint, vice-président :
– trois personnalités qualifiées désignées par le président du Sénat ;
– trois personnalités qualifiées désignées par le président de l'Assemblée nationale ;
– une personnalité qualifiée désignée par le vice-président du Conseil d'État ;
– une personnalité qualifiée désignée par le premier président de la Cour de cassation.

Les membres du collège sont désignés en raison de leurs connaissances ou de leur expérience dans le domaine de la lutte contre les discriminations et de la promotion de l'égalité.

Les désignations du président du Sénat et du président de l'Assemblée nationale concourent à une représentation équilibrée entre les femmes et les hommes.

Lorsque le Défenseur des droits préside les réunions du collège, son adjoint ne prend pas part au vote.

En cas de partage égal des voix, celle du président est prépondérante.

Renvoi. V. note ss. art. 14 de la présente loi.

Art. 16 ***Mandat des adjoints du Défenseur des droits et des membres des collèges.***

Art. 17 ***Règles de déport des membres d'un collège.***

CHAPITRE II *Dispositions relatives aux moyens d'information du Défenseur des droits*

Art. 18 Le Défenseur des droits peut demander des explications à toute personne physique ou morale mise en cause devant lui. A cet effet, il peut entendre toute personne dont le concours lui paraît utile.

Les personnes physiques ou morales mises en cause doivent faciliter l'accomplissement de sa mission.

Elles sont tenues d'autoriser leurs agents et préposés à répondre à ses demandes. Ceux-ci sont tenus de répondre aux demandes d'explications qu'il leur adresse et de déférer à ses convocations. Les convocations doivent mentionner l'objet de l'audition.

Lorsque le Défenseur des droits est saisi, les personnes auxquelles il demande des explications peuvent se faire assister du conseil de leur choix. Un procès-verbal contradictoire de l'audition est dressé et remis à la personne entendue.

Si le Défenseur des droits en fait la demande, les ministres donnent instruction aux corps de contrôle d'accomplir, dans le cadre de leur compétence, toutes vérifications ou enquêtes. Ils l'informent des suites données à ces demandes.

Art. 19 Le Défenseur des droits peut demander au vice-président du Conseil d'État ou au premier président de la Cour des comptes de faire procéder à toutes études.

Art. 20 Les personnes physiques ou morales mises en cause communiquent au Défenseur des droits, sur sa demande motivée, toutes informations et pièces utiles à l'exercice de sa mission.

Le Défenseur des droits peut recueillir sur les faits portés à sa connaissance toute information qui lui apparaît nécessaire sans que son caractère secret ou confidentiel puisse lui être opposé, sauf en matière de secret concernant la défense nationale, la sûreté de l'État ou la politique extérieure. Le secret de l'enquête et de l'instruction ne peut lui être opposé.

Les informations couvertes par le secret médical ou par le secret professionnel applicable aux relations entre un avocat et son client ne peuvent lui être communiquées qu'à la demande expresse de la personne concernée. Toutefois, les informations couvertes par le secret médical peuvent lui être communiquées sans le consentement de la personne concernée lorsqu'elles sont relatives à des privations, sévices et violences physiques, sexuelles ou psychiques commis sur un mineur ou une personne qui n'est pas en mesure de se protéger en raison de son âge ou de son incapacité physique ou psychique.

Les personnes astreintes au secret professionnel ne peuvent être poursuivies en application de l'article 226-13 du code pénal pour les informations à caractère secret qu'elles ont pu révéler au Défenseur des droits, dès lors que ces informations entrent dans le champ de compétence de ce dernier tel que prévu à l'article 4 de la présente loi organique.

(L. org. n° 2016-1690 du 9 déc. 2016, art. unique-4°) « Les personnes ayant saisi le Défenseur des droits ne peuvent faire l'objet, pour ce motif, de mesures de rétorsion ou de représailles. »

Art. 21 Lorsque ses demandes formulées en vertu de l'article 18, à l'exception du dernier alinéa, ou de l'article 20 ne sont pas suivies d'effet, le Défenseur des droits peut mettre en demeure les personnes intéressées de lui répondre dans un délai qu'il fixe.

Lorsque la mise en demeure n'est pas suivie d'effet, il peut saisir le juge des référés d'une demande motivée aux fins d'ordonner toute mesure que ce dernier juge utile. *— V. Décr. n° 2011-904 du 29 juill. 2011, art. 3, App., v° Défenseur des droits.*

Art. 22 I. — Le Défenseur des droits peut procéder à :

1° Des vérifications sur place dans les locaux administratifs ou privés des personnes mises en cause ;

2° Des vérifications sur place dans les lieux, locaux, moyens de transport accessibles au public et dans les locaux professionnels exclusivement consacrés à cet usage.

Lors de ses vérifications sur place, le Défenseur des droits peut entendre toute personne susceptible de fournir des informations.

II. — L'autorité compétente peut s'opposer à une vérification sur place, dans les locaux administratifs d'une personne publique, au titre de l'une des compétences prévues par les 1° à 3° *(L. org. n° 2016-1690 du 9 déc. 2016, art. unique-5°)* « et 5° » de l'article 4, pour des motifs graves et impérieux liés à la défense nationale ou à la sécurité publique.

L'autorité compétente doit alors fournir au Défenseur des droits les justifications de son opposition.

Le Défenseur des droits peut saisir le juge des référés d'une demande motivée afin qu'il autorise les vérifications sur place. Les vérifications s'effectuent alors sous l'autorité et le contrôle du juge qui les a autorisées. Celui-ci peut se rendre dans les locaux administratifs durant l'intervention. A tout moment, il peut décider l'arrêt ou la suspension des vérifications.

III. — Le responsable de locaux privés est préalablement informé de son droit d'opposition à la visite ou à la vérification sur place. Lorsqu'il exerce ce droit, la visite ou la vérification sur place ne peut se dérouler qu'après l'autorisation du juge des libertés et de la détention du tribunal *(L. org. n° 2019-221 du 23 mars 2019, art. 10-III, en vigueur le 1er janv. 2020)* « judiciaire *[ancienne rédaction : de grande instance]* » dans le ressort duquel sont situés les locaux à visiter, qui statue dans des conditions fixées par décret en Conseil d'État. Toutefois, lorsque l'urgence, la gravité des faits à l'origine du contrôle ou le risque de destruction ou de dissimulation de documents le justifient, la visite peut avoir lieu sans que le responsable des locaux en ait été informé, sur autorisation préalable du juge des libertés et de la détention. Dans ce cas, le responsable des lieux ne peut s'opposer à la visite.

La visite s'effectue sous l'autorité et le contrôle du juge des libertés et de la détention qui l'a autorisée, en présence de l'occupant des lieux ou de son représentant, qui peut se faire assister d'un conseil de son choix ou, à défaut, en présence de deux témoins qui ne sont pas placés sous l'autorité des personnes chargées de procéder au contrôle.

L'ordonnance ayant autorisé la visite est exécutoire au seul vu de la minute. Elle mentionne que le juge ayant autorisé la visite peut être saisi à tout moment d'une demande de suspension ou d'arrêt de cette visite. Elle indique le délai et la voie de recours. Elle peut faire l'objet, suivant les règles prévues par le code de procédure civile, d'un appel devant le premier président de la cour d'appel. Celui-ci connaît également des recours contre le déroulement des opérations de visite. — *V. Décr. nº 2011-904 du 29 juill. 2011, art. 4 s., App., vº Défenseur des droits.*

Art. 23 *Non reproduit. Conciliation des pouvoirs d'enquête du Défenseur des droits avec les procédures judiciaires en cours. — V. ce texte in* ***C. const.****, ss. Const., art. 71-1 et Décr. nº 2011-904 du 29 juill. 2011, art. 13 ss. la même référence.*

CHAPITRE III *Dispositions relatives aux pouvoirs du Défenseur des droits*

Art. 24 Le Défenseur des droits apprécie si les faits qui font l'objet d'une réclamation ou qui lui sont signalés appellent une intervention de sa part.

Il indique les motifs pour lesquels il décide de ne pas donner suite à une saisine.

Art. 25 Le Défenseur des droits peut faire toute recommandation qui lui apparaît de nature à garantir le respect des droits et libertés de la personne lésée et à régler les difficultés soulevées devant lui ou à en prévenir le renouvellement.

Il peut recommander de régler en équité la situation de la personne dont il est saisi.

Les autorités ou personnes intéressées informent le Défenseur des droits, dans le délai qu'il fixe, des suites données à ses recommandations.

A défaut d'information dans ce délai ou s'il estime, au vu des informations reçues, qu'une recommandation n'a pas été suivie d'effet, le Défenseur des droits peut enjoindre à la personne mise en cause de prendre, dans un délai déterminé, les mesures nécessaires.

Lorsqu'il n'a pas été donné suite à son injonction, le Défenseur des droits établit un rapport spécial, qui est communiqué à la personne mise en cause. Le Défenseur des droits rend publics ce rapport et, le cas échéant, la réponse de la personne mise en cause, selon des modalités qu'il détermine.

Lorsqu'il émet des recommandations, sans faire usage de la faculté dont il dispose de la rendre publique, le Défenseur des droits n'énonce pas des règles qui s'imposeraient aux personnes privées ou aux autorités publiques, mais recommande aux personnes concernées les mesures qui lui semblent de nature à remédier à tout fait ou à toute pratique qu'il estime être discriminatoire, ou à en prévenir le renouvellement. Par suite, ces recommandations, alors même qu'elles auraient une portée générale, ne constituent pas des décisions administratives susceptibles de faire l'objet d'un recours pour excès de pouvoir. Il en est de même du refus de faire usage des pouvoirs que le Défenseur des droits tient de ces dispositions. • CE 22 mai 2019, nº 414410 B : *AJDA 2019. 1134 ; JCP Adm. 2019. 372.*

Art. 26 Le Défenseur des droits peut procéder à la résolution amiable des différends portés à sa connaissance, par voie de médiation.

Les constatations effectuées et les déclarations recueillies au cours de la médiation ne peuvent être ni produites, ni invoquées ultérieurement dans les instances civiles ou administratives sans le consentement des personnes intéressées, sauf si la divulgation de l'accord est nécessaire à sa mise en œuvre ou si des raisons d'ordre public l'imposent.

Art. 27 Lorsque le Défenseur des droits estime, dans les conditions définies à l'article 24, *que la réclamation d'une personne* s'estimant victime d'une discrimination ou invoquant la protection des droits de l'enfant appelle une intervention de sa part, il l'assiste dans la constitution de son dossier et l'aide à identifier les procédures adaptées à son cas, y compris lorsque celles-ci incluent une dimension internationale.

Art. 28 *Transaction pénale. — V. ce texte au* ***C. pr. pén.*** *ss. art. préliminaire. — Adde, C. pr. pén., art. D. 1-1. —* ***C. pr. pén.***

Art. 29 Le Défenseur des droits peut saisir l'autorité investie du pouvoir d'engager les poursuites disciplinaires des faits dont il a connaissance et qui lui paraissent de nature à justifier une sanction.

Cette autorité informe le Défenseur des droits des suites réservées à sa saisine et, si elle n'a pas engagé de procédure disciplinaire, des motifs de sa décision.

A défaut d'information dans le délai qu'il a fixé ou s'il estime, au vu des informations reçues, que sa saisine n'a pas été suivie des mesures nécessaires, le Défenseur des droits peut établir un rapport spécial qui est communiqué à l'autorité mentionnée au premier alinéa. Il peut rendre publics ce rapport et, le cas échéant, la réponse de cette autorité selon des modalités qu'il détermine.

L'alinéa précédent ne s'applique pas à la personne susceptible de faire l'objet de la saisine du Conseil supérieur de la magistrature prévue à l'avant-dernier alinéa de l'article 65 de la Constitution. — *V. Décr. n° 2011-904 du 29 juill. 2011, art. 16 s., App., v° Défenseur des droits.*

Discipline. Les attributions du Défenseur des droits en matière disciplinaire ne sauraient le conduire à remettre en cause cette indépendance qui, dans ce domaine, est garantie par les procédures particulières qui leur sont propres. Dès lors que, notamment, les conditions dans lesquelles la responsabilité disciplinaire des magistrats de l'ordre judiciaire peut être engagée sont prévues par l'art. 65 de la Const., les dispositions de l'art. 29 ne sauraient autoriser le Défenseur des droits à donner suite aux réclamations des justiciables portant sur le comportement d'un magistrat dans l'exercice de ses fonctions ; elles ont pour seul effet de lui permettre d'aviser le ministre de la Justice de faits découverts à l'occasion de l'accomplissement de ses missions et susceptibles de conduire à la mise en œuvre d'une procédure disciplinaire à l'encontre d'un magistrat. • Cons. const. 29 mars 2011, ⛩ consid. n° 16 : *préc. note 1 ss. art. 2 de la présente loi.*

Art. 30 Le Défenseur des droits, lorsqu'il a constaté une discrimination directe ou indirecte mentionnée au 3° de l'article 4 dans l'activité professionnelle d'une personne physique ou morale soumise à agrément ou autorisation par une autorité publique, ou à l'encontre de laquelle une telle autorité dispose du pouvoir de prendre des mesures conservatoires ou des sanctions pour non-respect de la législation relative aux discriminations ou au titre de l'ordre et des libertés publics peut recommander à cette autorité publique de faire usage des pouvoirs de suspension ou de sanction dont elle dispose.

Le Défenseur des droits est tenu informé des suites données à sa recommandation.

Art. 31 *Consultation du Conseil d'État.* — *V. C. const. ss. art. 71-1 de la Constitution.* — ***C. const.*** — *Adde CJA, art. R. 123-3-1 et R. 123-24-2.* — ***CJA.***

Art. 32 *Recommandation dans l'élaboration des normes.* — *V. C. const. ss. art. 71-1 de la Constitution.* — ***C. const.***

Art. 33 Le Défenseur des droits ne peut remettre en cause une décision juridictionnelle.

Les juridictions civiles, administratives et pénales peuvent, d'office ou à la demande des parties, l'inviter à présenter des observations écrites ou orales. Le Défenseur des droits peut lui-même demander à présenter des observations écrites ou à être entendu par ces juridictions ; dans ce cas, son audition est de droit.

Sans préjudice de l'application du II de l'article 28, lorsqu'il apparaît au Défenseur des droits que les faits portés à sa connaissance sont constitutifs d'un crime ou d'un délit, il en informe le procureur de la République. Il lui fait savoir, le cas échéant, qu'une mission de médiation a été initiée en application de l'article 26.

Le procureur de la République informe le Défenseur des droits des suites données à ses transmissions.

Le Défenseur des droits porte à la connaissance de l'autorité judiciaire les affaires concernant un mineur susceptibles de donner lieu à des mesures d'assistance éducative prévues à l'article 375 du code civil ou toutes informations qu'il aurait recueillies à l'occasion de sa saisine par un mineur impliqué dans une procédure en cours.

La décision du Défenseur des droits de présenter des observations devant une juridiction est indissociable de la procédure juridictionnelle à laquelle elle se rapporte. Dès lors qu'il s'agit d'une procédure devant le juge judiciaire, la juridiction administrative n'est pas compétente pour en connaître. • CE 30 janv. 2019, ⛩ *Sté Exane,* n° 411132 B : *AJDA 2019. 257 ✎ ; Dr. adm. 2019. 30, note Eveillard.* ♦ S'il s'agit d'une procédure devant le juge administratif, une telle décision est insusceptible de recours. • CAA Paris, 6 avr. 2017, ⛩ *Sté Exane,* n° 15PA03145 : *AJDA 2017. 1186, concl. Romnicianu ✎.*

Art. 34 *Actions de communication et d'information. – V. ce texte in C. const., ss. Const., art. 71-1.* – ***C. const.***

Art. 35 Le Défenseur des droits saisit les autorités locales compétentes de tout élément susceptible de justifier une intervention du service en charge de l'aide sociale à l'enfance.

Art. 36 I. – Le Défenseur des droits peut, après en avoir informé la personne mise en cause, décider de rendre publics ses avis, recommandations ou décisions avec, le cas échéant, la réponse faite par la personne mise en cause, selon des modalités qu'il détermine.

II. – *Non reproduit. – Remise d'un rapport annuel au Président de la République et au Parlement sur son activité générale et d'un rapport consacré aux droits des enfants lors de la journée internationale de ces droits.*

III. – *Non reproduit. – Possibilité de présentation de tout autre rapport au Président de la République et au Parlement.*

TITRE IV Dispositions relatives à l'organisation et au fonctionnement du Défenseur des droits

Art. 37 *(Abrogé par L. org. n° 2017-55 du 20 janv. 2017, art. 49-II-1°-a) « Le Défenseur des droits dispose de services placés sous son autorité qui ne peuvent comprendre que des fonctionnaires civils et militaires, des fonctionnaires des assemblées parlementaires, des magistrats et des agents contractuels de droit public. »*

(L. org. n° 2017-55 du 20 janv. 2017, art. 49-II-1°-b) « Le Défenseur des droits » peut désigner, sur l'ensemble du territoire ainsi que pour les Français de l'étranger, des délégués, placés sous son autorité, qui peuvent, dans leur ressort géographique, instruire des réclamations et participer au règlement des difficultés signalées ainsi qu'aux actions mentionnées au premier alinéa de l'article 34. *[...]*

Il peut leur déléguer, ainsi qu'à ses agents, les attributions mentionnées à l'article 18, à l'exception de son dernier alinéa, et aux articles 20 et 22. Pour l'exercice des pouvoirs mentionnés au même article 22, ces délégués et agents sont spécialement habilités par le procureur général près la cour d'appel de leur domicile.

Les agents du Défenseur des droits assermentés et spécialement habilités par le procureur de la République peuvent constater par procès-verbal les délits de discrimination, en particulier dans le cas où il est fait application de l'article 225-3-1 du code pénal.

Les habilitations mentionnées aux troisième et quatrième alinéas du présent article sont délivrées dans des conditions et selon des modalités fixées par décret en Conseil d'État. – *V. Décr. n° 2011-904 du 29 juill. 2011, art. 11, App., v° Défenseur des droits et art. 12 in* ***C. const.***, *ss. art. 71-1.*

BIBL. ► COLIN, *Dr. adm. 2012. Étude 12 (amicus curiae* en devenir : le délégué du Défenseur des droits).

Art. 38 Le Défenseur des droits, ses adjoints, les autres membres des collèges, les délégués et l'ensemble des agents placés sous son autorité sont astreints au secret professionnel pour les faits, actes ou renseignements dont ils ont connaissance en raison de leurs fonctions, sous réserve des éléments nécessaires à l'établissement des avis, recommandations, injonctions et rapports prévus par la présente loi organique.

Le Défenseur des droits peut toutefois, lorsqu'il a été saisi par un enfant, informer ses représentants légaux ainsi que les autorités susceptibles d'intervenir dans l'intérêt de l'enfant.

Sauf accord des intéressés, aucune mention permettant l'identification de personnes physiques ne peut être faite dans les documents publiés sous l'autorité du Défenseur des droits.

Art. 39 *(Abrogé par L. org. n° 2017-55 du 20 janv. 2017, art. 49-II-2°) Le Défenseur des droits établit et rend publics un règlement intérieur et un code de déontologie qui lui sont applicables, ainsi qu'à ses adjoints, aux autres membres des collèges, à ses délégués et à l'ensemble des agents placés sous son autorité.*

TITRE V Dispositions finales

....

Art. 44 I. – La présente loi organique entre en vigueur le lendemain de sa publication. A compter de cette date, le Défenseur des droits exerce les missions visées au 1° de l'article 4 et succède au Médiateur de la République dans ses droits et obligations.

II. – Toutefois, entrent en vigueur au premier jour du deuxième mois suivant la date de promulgation de la présente loi organique, en tant qu'ils concernent les missions visées aux 2° à 4° de l'article 4 :

– au second alinéa de l'article 2, les mots : "et ses adjoints" ;
– aux premier et avant-dernier alinéas de l'article 3, les mots : "et celles de ses adjoints" ;
– au deuxième alinéa du même article 3, les mots : "ou adjoint" ;
– à la première phrase du dernier alinéa dudit article 3, les mots : "ou comme un de ses adjoints" ;
– les 2° à 4° des articles 4 et 5 ;
– le dernier alinéa de l'article 5 ;
– à la fin du deuxième alinéa de l'article 6, les mots : ", sauf lorsqu'elle est présentée au titre des compétences mentionnées aux 2° à 4° de l'article 4" ;
– à la dernière phrase de l'article 8, les mots : "des cas lui paraissant mettre en cause l'intérêt supérieur d'un enfant et" ;
– au second alinéa de l'article 10, les mots : ", sauf au titre de ses compétences mentionnées au 3° du même article 4," ;
– les articles 11 à 17 ;
– au premier alinéa du II de l'article 22, la référence : "à 3°" ;
– la dernière phrase du premier alinéa et les deux derniers alinéas de l'article 23 ;
– l'article 27, les II à V de l'article 28 et l'article 30 ;
– le dernier alinéa de l'article 33 ;
– les deux dernières phrases du second alinéa de l'article 34 ;
– l'article 35 ;
– le 2° du II de l'article 36 et, au dernier alinéa du même II, la référence : "et 2°" ;
– l'avant-dernier alinéa de l'article 37 et, au dernier alinéa du même article, les mots : "et quatrième" ;
– au premier alinéa de l'article 38, les mots : "ses adjoints, les autres membres des collèges," ;
– à l'article 39, les mots : "ses adjoints, aux autres membres des collèges, à" ;
– *Al. 22 à 28 Non reproduits.*

A compter du premier jour du deuxième mois suivant la promulgation de la présente loi organique, le Défenseur des droits succède au Défenseur des enfants *[...]* et à la Haute Autorité de lutte contre les discriminations et pour l'égalité dans leurs droits et obligations au titre de leurs activités respectives.

III. – Les détachements, les mises à disposition en cours et les contrats des agents contractuels de droit public auprès des autorités auxquelles succède le Défenseur des droits se poursuivent auprès de lui.

Les procédures ouvertes par le Médiateur de la République, le Défenseur des enfants *[...]* et la Haute Autorité de lutte contre les discriminations et pour l'égalité et non clôturées aux dates d'entrée en vigueur mentionnées au I et au premier alinéa du II se poursuivent devant le Défenseur des droits. A cette fin, les actes valablement accomplis par le Médiateur de la République, le Défenseur des enfants *[...]* et la Haute Autorité de lutte contre les discriminations et pour l'égalité sont réputés avoir été valablement accomplis par le Défenseur des droits.

La présente loi sera exécutée comme loi de l'État.

Loi n° 2011-334 du 29 mars 2011,

Relative au Défenseur des droits (JO 30 mars).

....

Art. 11 Est puni de six mois d'emprisonnement et de 7 500 € d'amende le fait d'avoir fait ou laissé figurer le nom du Défenseur des droits, suivi ou non de l'indication de sa qualité, dans tout document de propagande ou de publicité, quelle qu'en soit la nature.

Est puni des mêmes peines le fait de faire figurer ou laisser figurer l'indication de la qualité passée de Défenseur des droits dans tout document de propagande ou de publicité, quelle qu'en soit la nature.

Art. 12 Est puni d'un an d'emprisonnement et de 15 000 € d'amende le fait de ne pas déférer aux convocations du Défenseur des droits, de ne pas lui communiquer les informations et pièces utiles à l'exercice de sa mission ou de l'empêcher d'accéder à des locaux administratifs ou privés, dans des conditions contraires à la loi organique n° 2011-333 du 29 mars 2011 relative au Défenseur des droits.

Art. 13 Les personnes physiques coupables des infractions prévues aux articles 11 et 12 encourent également les peines complémentaires suivantes :

1° L'interdiction des droits civiques, civils et de famille, suivant les modalités prévues par l'article 131-26 du code pénal ;

2° L'interdiction, pour une durée de cinq ans au plus, d'exercer une fonction publique ou d'exercer l'activité professionnelle ou sociale dans l'exercice ou à l'occasion de l'exercice de laquelle l'infraction a été commise ;

3° La confiscation prévue par l'article 131-21 du même code ;

4° L'affichage ou la diffusion de la décision prononcée, dans les conditions prévues par l'article 131-35 dudit code.

Art. 14 Les personnes morales déclarées responsables pénalement, dans les conditions prévues par l'article 121-2 du code pénal, des infractions définies aux articles 11 et 12 de la présente loi encourent, outre l'amende suivant les modalités prévues par l'article 131-38 du même code :

1° Pour une durée de cinq ans au plus, les peines mentionnées aux 2° à 7° de l'article 131-39 du même code ;

2° La confiscation dans les conditions et suivant les modalités prévues à l'article 131-21 du même code ;

3° L'affichage ou la diffusion de la décision prononcée, dans les conditions prévues par l'article 131-35 du même code ;

4° L'exclusion des marchés publics, suivant les modalités prévues au 5° de l'article 131-39 du même code.

L'interdiction mentionnée au 2° du même article 131-39 porte sur l'activité dans l'exercice ou à l'occasion de l'exercice de laquelle l'infraction a été commise.

....

Art. 22 Sont abrogés :

1° La loi n° 73-6 du 3 janvier 1973 instituant un Médiateur de la République ;

2° La loi n° 2000-196 du 6 mars 2000 instituant un Défenseur des enfants ;

3° *Non reproduit* ;

4° La loi n° 2004-1486 du 30 décembre 2004 portant création de la Haute Autorité de lutte contre les discriminations et pour l'égalité ;

5° L'article L. 221-5 du code de l'action sociale et des familles.

Art. 23 La présente loi entre en vigueur à la date prévue au I de l'article 44 de la loi organique n° 2011-333 du 29 mars 2011 relative au Défenseur des droits.

Toutefois, entrent en vigueur à la date prévue au premier alinéa du II du même article :

Al. 3 à 6 Non reproduits.

— les 2° à 5° de l'article 22. — *V. L. org. n° 2011-333 du 29 mars 2011, art. 44, App., v° Défenseur des droits.*

Décret n° 2011-904 du 29 juillet 2011,

Relatif à la procédure applicable devant le Défenseur des droits (JO 30 juill.).

BIBL. GÉN. ▸ Buisson, *Procédures 2011, n° 311.* – Cadiet, *JCP 2011. 1397, n° 1.* – NDLR, *JCP 2011. 906 ; Procédures 2011. Alerte 47.* – Rémi, *AJDA 2011. 1590* ✎. – Roumier, *Dr. pénal 2011. Alerte 35.*

TITRE PREMIER Saisine du Défenseur des droits et examen des réclamations

Art. 1er Toute personne physique ou morale qui saisit le Défenseur des droits indique par écrit, en apportant toutes précisions utiles, les faits qu'elle invoque au soutien de sa réclamation.

Toute association qui saisit le Défenseur des droits sur le fondement du 2° ou du 3° de l'article 5 de la loi organique *[n° 2011-333]* du 29 mars 2011 susvisée lui adresse une copie de ses statuts. — *V. supra L. org. n° 2011-333 du 29 mars 2011, art. 5, App., v° Défenseur des droits.*

L'auteur d'une réclamation présentée au titre du 1° de l'article 4 de la loi organique *[n° 2011-333]* susvisée produit tous éléments de nature à justifier des démarches qu'il a préalablement accomplies auprès des personnes publiques ou des organismes mis en cause. — *V. supra L. org. n° 2011-333 du 29 mars 2011, art. 4, App., v° Défenseur des droits.*

Art. 2 Lorsque le Défenseur des droits n'est pas saisi par la personne dont les droits et libertés sont en cause, ou qu'il se saisit d'office, il informe cette personne ou, le cas échéant, ses ayants droit, par tout moyen.

En l'absence d'accord explicite de la personne ainsi informée, le Défenseur des droits ne peut faire usage des moyens d'information ni des pouvoirs dont il dispose avant l'expiration d'un délai de quinze jours à compter de l'information mentionnée à l'alinéa précédent.

La personne informée dans les conditions prévues au premier alinéa peut, à tout moment, s'opposer à l'intervention du Défenseur des droits. Celui-ci est alors tenu d'y mettre fin.

Le présent article ne s'applique pas aux cas prévus à la dernière phrase de l'article 8 de la loi organique *[nº 2011-333]* du 29 mars 2011 susvisée. — *V. supra L. org. nº 2011-333 du 29 mars 2011, art. 8, App., vº Défenseur des droits.*

TITRE II Mise en demeure

Art. 3 I. — La mise en demeure prévue à l'article 21 de la loi organique *[nº 2011-333]* du 29 mars 2011 susvisée est adressée par lettre recommandée avec demande d'avis de réception. — *V. supra L. org. nº 2011-333 du 29 mars 2011, art. 21, App., vº Défenseur des droits.*

Lorsque la mise en demeure n'est pas suivie d'effet, le Défenseur des droits peut saisir le juge des référés compétent, conformément aux dispositions des articles 484 et suivants du code de procédure civile et aux dispositions de l'article R. 557-1 du code de justice administrative.

II. — *Création de l'art. R. 557-1 CJA.*

TITRE III Vérifications sur place

CHAPITRE PREMIER *Dispositions communes*

Art. 4 Lorsque, en application de l'article 22 de la loi organique *[nº 2011-333]* du 29 mars 2011 susvisée, le Défenseur des droits procède à un contrôle sur place, il informe le responsable des lieux ou son représentant de l'objet des vérifications qu'il compte entreprendre ainsi que de l'identité et de la qualité des personnes chargées du contrôle.

Lors de leurs vérifications, les personnes chargées du contrôle présentent en réponse à toute demande en ce sens leur ordre de mission et, le cas échéant, leur habilitation à procéder aux contrôles. — *V. supra L. org. nº 2011-333 du 29 mars 2011, art. 22, App., vº Défenseur des droits.*

Art. 5 Les missions de contrôle sur place font l'objet d'un procès-verbal.

Le procès-verbal énonce la nature, le jour, l'heure et le lieu des vérifications ou des contrôles effectués. Il indique également l'objet de la mission, les membres de celle-ci présents, les personnes rencontrées, le cas échéant, leurs déclarations, les demandes formulées par les membres de la mission ainsi que les éventuelles difficultés rencontrées. L'inventaire des pièces et documents dont les personnes chargées du contrôle ont pris copie est annexé au procès-verbal.

Lorsque la visite n'a pu se dérouler, le procès-verbal mentionne les motifs qui ont empêché ou entravé son déroulement, ainsi que, le cas échéant, les motifs de l'opposition du responsable des lieux.

Le procès-verbal est signé par les personnes chargées du contrôle qui y ont procédé et par le responsable des lieux ou par toute personne désignée par celui-ci. En cas de refus ou d'absence de signature, mention en est portée au procès-verbal.

Le procès-verbal est notifié au responsable des lieux par lettre recommandée avec demande d'avis de réception.

Lorsque la visite a lieu avec l'autorisation et sous le contrôle du juge, copie du procès-verbal de la visite lui est adressée par le Défenseur des droits.

CHAPITRE II *Dispositions applicables aux vérifications sur place dans des locaux privés*

Art. 6 Le Défenseur des droits informe le responsable des lieux de son droit d'opposition à la vérification sur place au plus tard à son arrivée sur les lieux.

Art. 7 Lorsque le responsable des lieux exerce son droit d'opposition et que le Défenseur des droits saisit le juge des libertés et de la détention sur le fondement du III de l'article 22 de la loi organique *[nº 2011-333]* du 29 mars 2011 susvisée afin que celui-ci autorise les vérifications sur place, le juge statue dans les quarante-huit heures. — *V. supra L. org. nº 2011-333 du 29 mars 2011, art. 22, App., vº Défenseur des droits.*

L'ordonnance autorisant les vérifications sur place comporte l'adresse des lieux à visiter, le nom et la qualité du ou des agents habilités à procéder aux opérations de visite et de contrôle ainsi que les heures auxquelles ils sont autorisés à se présenter.

L'ordonnance, exécutoire au seul vu de la minute, est notifiée sur place, au moment de la visite, au responsable des lieux ou à son représentant qui en reçoit copie intégrale contre récépissé ou émargement au procès-verbal de visite.

L'acte de notification comporte mention des voies et délais de recours contre l'ordonnance ayant autorisé la visite et contre le déroulement des opérations de visite. Il mentionne également que le juge ayant autorisé la visite peut être saisi d'une demande de suspension ou d'arrêt de cette visite.

En l'absence du responsable des lieux ou de son représentant, l'ordonnance est notifiée, après la visite, par lettre recommandée avec demande d'avis de réception. A défaut de réception de la lettre recommandée, il est procédé à la signification de l'ordonnance par acte d'huissier de justice.

Le juge des libertés et de la détention peut, s'il l'estime utile, se rendre dans les locaux pendant l'intervention. A tout moment, il peut décider la suspension ou l'arrêt de la visite. La saisine du juge des libertés et de la détention aux fins de suspension ou d'arrêt des opérations de visite et de vérifications n'a pas d'effet suspensif.

Art. 8 L'ordonnance autorisant la visite peut faire l'objet d'un appel devant le premier président de la cour d'appel suivant les règles prévues par les articles 931 et suivants du code de procédure civile. – *V. supra C. pr. civ., art. 931 s.*

Cet appel est formé par déclaration remise ou adressée par lettre recommandée avec demande d'avis de réception au greffe de la cour dans un délai de quinze jours à compter de la notification de l'ordonnance. Cet appel n'est pas suspensif.

Le greffe du *(Décr. n° 2019-966 du 18 sept. 2019, art. 8, en vigueur le 1er janv. 2020)* « tribunal judiciaire *[ancienne rédaction : tribunal de grande instance]* » transmet sans délai le dossier de l'affaire au greffe de la cour d'appel où les parties peuvent le consulter.

L'ordonnance du premier président de la cour d'appel est susceptible d'un pourvoi en cassation selon les règles prévues par les articles 974 et suivants du code de procédure civile. – *V. supra C. pr. civ., art. 974 s.*

Art. 9 Le premier président de la cour d'appel connaît des recours contre le déroulement des opérations de visite autorisées par le juge des libertés et de la détention.

Le recours est formé par déclaration remise ou adressée par lettre recommandée avec demande d'avis de réception au greffe de la cour dans un délai de quinze jours à compter de la notification du procès-verbal de la visite. Ce recours n'est pas suspensif.

L'ordonnance du premier président de la cour d'appel est susceptible d'un pourvoi en cassation selon les règles prévues par les articles 974 et suivants du code de procédure civile. Le délai du pourvoi en cassation est de quinze jours. – *V. supra C. pr. civ., art. 974 s.*

CHAPITRE III ***Dispositions applicables aux vérifications sur place dans des locaux administratifs des personnes publiques***

Art. 10 *Création de l'art. R. 557-2 CJA. – V.* ***CJA***

TITRE IV **Habilitations à procéder aux vérifications sur place et à constater les délits de discrimination**

Art. 11 Pour autoriser un de ses délégués ou agents à procéder à des vérifications sur place, le Défenseur des droits adresse au procureur général près la cour d'appel du domicile de l'intéressé une demande d'habilitation comportant les nom, prénoms, date et lieu de naissance, nationalité, profession, domicile de la personne en cause. Le procureur général, après avoir procédé à toutes les diligences qu'il juge utiles, notifie au Défenseur des droits la décision d'habilitation, dont la durée ne peut excéder six ans. La décision refusant l'habilitation doit être motivée.

Pour l'habilitation des agents à constater les délits de discrimination par procès-verbal, la procédure décrite au premier alinéa s'effectue auprès du procureur de la République près le *(Décr. n° 2019-966 du 18 sept. 2019, art. 8, en vigueur le 1er janv. 2020)* « tribunal judiciaire *[ancienne rédaction : tribunal de grande instance]* » du domicile de l'intéressé.

Nul ne peut être habilité s'il a fait l'objet d'une condamnation, incapacité ou déchéance mentionnée au bulletin n° 2 du casier judiciaire.

L'habilitation peut être retirée en cas de manquement grave de l'agent ou du délégué à ses devoirs dans l'exercice ou à l'occasion de l'exercice de ses fonctions.

Lorsque le procureur général ou le procureur de la République envisage le retrait de l'habilitation, il doit convoquer l'intéressé quinze jours au moins avant la date de l'audition par lettre recommandée avec avis de réception indiquant les motifs pour lesquels il envisage ce retrait. L'agent peut prendre connaissance du dossier relatif aux faits qui lui sont reprochés. Lors de l'audition, il peut être assisté par toute personne de son choix.

La décision du procureur général ou du procureur de la République est notifiée à l'intéressé et au Défenseur des droits par lettre recommandée avec avis de réception. Elle peut faire l'objet d'un recours devant la cour d'appel.

....

TITRE VI Recommandation, injonction et rapport spécial

Art. 14 Le Défenseur des droits adresse les recommandations et injonctions prévues à l'article 25 de la loi organique *[nº 2011-333]* susvisée par lettre recommandée avec demande d'avis de réception, en indiquant le délai dans lequel les personnes intéressées sont tenues de justifier des suites données à ses recommandations ou à ses injonctions. Ce délai court à compter du jour de la réception de la lettre recommandée. – *V. supra L. org. nº 2011-333 du 29 mars 2011, art. 25, App., vº Défenseur des droits.*

Art. 15 Lorsqu'il établit un rapport spécial, le Défenseur des droits le communique aux personnes mises en cause et les invite à produire leurs observations dans un délai qui, sauf urgence, ne peut être inférieur à un mois avant de le rendre public.

TITRE VII Saisine de l'autorité compétente pour engager des poursuites disciplinaires

Art. 16 Le Défenseur des droits saisit l'autorité investie du pouvoir d'engager les poursuites disciplinaires, sur le fondement de l'article 29 de la loi organique *[nº 2011-333]* du 29 mars 2011 susvisée, par lettre recommandée avec demande d'avis de réception. L'autorité compétente en informe la personne mise en cause.

La lettre mentionnée au premier alinéa indique le délai dans lequel l'autorité compétente est tenue de justifier des suites données à sa saisine. Ce délai court à compter de la réception de la lettre. – *V. supra L. org. nº 2011-333 du 29 mars 2011, art. 29, App., vº Défenseur des droits.*

Art. 17 Lorsqu'il établit un rapport spécial sur le fondement de l'avant-dernier alinéa de l'article 29 de la loi organique *[nº 2011-333]* du 29 mars 2011 susvisée, le Défenseur des droits le communique à l'autorité visée à l'article 16 du présent décret, ainsi qu'à la personne mise en cause, par lettre recommandée avec demande d'avis de réception, et les invite à produire leurs observations dans un délai qui, sauf urgence, ne peut être inférieur à un mois avant de le rendre public. – *V. supra L. org. nº 2011-333 du 29 mars 2011, art. 29, App., vº Défenseur des droits.*

....

TITRE X Dispositions transitoires et finales

Art. 21 Les habilitations des personnes physiques délivrées avant l'entrée en vigueur du présent décret demeurent valables pendant un délai de six mois à compter de sa publication et tiennent lieu de l'habilitation prévue à l'article 37 de la loi organique *[nº 2011-333]* du 29 mars 2011 susvisée pour opérer les vérifications sur place prévues par l'article 22 de cette loi au titre des missions définies au 3° de son article 4. – *V. supra L. org. nº 2011-333 du 29 mars 2011, art. 22 et 37, App., vº Défenseur des droits.*

Art. 22 Le présent décret est applicable sur l'ensemble du territoire de la République.

DROIT EUROPÉEN ET INTERNATIONAL

BIBL. GÉN. ▶ Amrani-Mekki, Cadiet, Jeuland, *Droit processuel civil de l'Union européenne, LexisNexis 2011.* – Ben Hamida, *JDI 2007. 1128* (clause de la nation la plus favorisée et mécanismes de règlement des différends : que dit l'histoire ?). – Boiche, *AJ fam. 2011. 368* (tableau des règles de compétences juridictionnelle et législative applicables en matière de contentieux familial international). – Cadiet, *Mél. Gaudemet-Tallon, Dalloz 2008, p. 209* (les sources internationales de la procédure civile française). – A. Garde et M. Haravon, *D. 2006. Chron. 405* (circulation de l'information juridique en Europe). – P. Lagarde, *Mél. Gaudemet-Tallon, Dalloz 2008, p. 481* (la reconnaissance – mode d'emploi). – Legros, *JDI 2007. 1082* (conflits de normes juridictionnelles en matière de contrats de transport internationaux de marchandises). – Lemaire, *RGDA 2010. 570* (l'assureur dans le procès international).

Droit de l'Union européenne

DALLOZ ACTION *Droit de la famille 2016-2017*, par Murat (dir.) ; *Droit patrimonial de la famille 2018-2019*, par Grimaldi (dir.).

RÉP. PR. CIV. v° *Droit de l'Union européenne et procédure civile*, par Montagnier et Debard.

RÉP. DR. INT. *Compétence européenne, reconnaissance et exécution : matière civile et commerciale*, par Alexandre et Huet.

BIBL. GÉN. ▶ **Traités, manuels, cours, études :** M.-E. Ancel, Deumier et Laazouzi, Droit des contrats internationaux, *Université, 1re, éd., Sirey 2016.* – Audit, Bollée, Callé, Droit du commerce international et des investissements étrangers, *Précis Domat, Privé, 2e éd., LGDJ 2016.* – Barrière-Brousse et Douchy-Oudot, Les contentieux familiaux. Droit interne, international et européen, *LexisNexis 2013.* – Bergé Canivet, La pratique du droit de l'Union européenne par le juge judiciaire – Réflexions autour de cas, *Thèmes & commentaires, Actes, Dalloz 2016.* – D. Bureau, et H. Muir Watt, Droit international privé, *Tomes I et II, Thémis, Droit, 4e éd., PUF 2017.* – Cachard, Droit international privé, Paradigme, Manuels, 6e éd., *Bruylant 2017.* – Clavel, Droit international privé, *HyperCours, Cours & Travaux dirigés, 4e éd., Dalloz 2016.* – Clavel et Gallant, Les grands textes du droit international privé, 2e éd., Grands arrêts, *Dalloz 2016.* – Closset-Marchal, La compétence en droit judiciaire privé – Aspects de procédure, *2e éd., Précis, Larcier 2016.* – Corneloup, Delebecque et Jacquet, Droit du commerce international, *3e éd., Précis Droit privé, Dalloz 2014.* – Fabriés-Lecea, Droit international privé, *Paradigme – Métiers, 1re éd., Bruylant 2017.* – Fongaro et Peroz, Droit international privé patrimonial de la famille, Pratique professionnelle, Pratique notariale, 2e éd. *LexisNexis 2017, Préf. H. Gaudemet-Tallon.* – Heuzé, Les textes fondamentaux du droit international privé, Textes français et internationaux, 2e éd., *LGDJ 2016.* – Laborde, Sana-Chaille de Néré, Droit international privé, *Mémentos, Droit privé, 19e éd., Dalloz 2017.* – Lardeux, Droit international privé des obligations contractuelles, Paradigme, 1re éd., *Larcier 2016.* – Marmisse d'Abbadie d'Arrast, Droit international privé et droit notarial, Droit notarial, *Ellipses 2017.* – Melin, Droit international privé, Mémentos *LMD, 7e éd., Gualino 2016.* – Menjucq, Droit international et européen des sociétés, *Précis Domat, Privé, 4e éd., LGDJ 2016.* – P. Mayer et V. Heuze, Droit international privé, *Domat, 11e éd., LGDJ 2014.* – Monéger, *Droit international privé, 7e éd.*, Objectif droit, Cours, *LexisNexis, 2015.* – M.-L. Niboyet et de Geouffre de La Pradelle, Droit international privé, *6e éd., LGDJ 2017.* – Pataut, Bollée, Cadiet et Jeuland, Les nouvelles coordinations des justices étatiques, *IRJS Éditions 2013.* – Sauron, Guide pratique de procédure devant les juridictions de l'Union européenne, *1er éd., La Bibliothèque de l'avocat, LGDJ 2018.* – Vignal, Droit international privé, *4e éd., Sirey 2017.* – Viganotti, Pratique *du divorce international*, Guide pratique, *1re éd., Gaz. Pal. 2016.*

▶ **Articles :** Barrière-Brousse, *JDI 2010. 3* (le Traité de Lisbonne et le droit international privé). – Berge, *RTD eur. 2014. 361* (les rapports UE et Conv. EDH en matière de coopération judiciaire : entre rétrospective et prospective). – Biavati, *RTD eur. 2010. 563* (l'avenir du droit judiciaire privé d'origine européenne. De l'harmonisation des règles à l'harmonisation des effets). – Bonichot, *Just. et cass. 2008. 32* (l'accès au juge communautaire). – Borras, *Mél. Gaudemet-Tallon, Dalloz 2008, p. 31* (la fragmentation des sources de droit international privé communautaire – le cas de la responsabilité nucléaire). – Bourdelois, *Mél. J. Foyer, Economica 2008, p. 141* (le notaire et le droit international privé). – Caoimh, *Justice 2010. 141* (l'office du juge à la CJUE). – Charbonnier, Panorama des systèmes judiciaires dans l'Union européenne, *Bruylant 2008.* – Chekroun et Pataut, L'Europe de la justice, *Jean-Jaurès Fondation, Paris 2009.* – Clavel, L'espace judiciaire européen civil et pénal, *Thèmes et commentaires, Dalloz 2009, p. 45* (l'harmonisation des règles de compétence et des procédures de règlement des conflits – exception de litispendance). – Cochet, L'espace judiciaire européen civil et pénal, *Thèmes et commentaires, Dalloz 2009, p. 21* (la négociation à la majorité qualifiée dans l'espace judiciaire européen civil). – Coutron, *RLDC 01/2012. 4522* (la pratique de la motivation par la CJUE). – CREDA et UAE, Pour une justice économique efficiente en Europe – Enjeux et perspectives d'une harmonisation, *Bruylant 2009*. – De Vareilles-Sommières, *Mél. Gaudemet-Tallon, Dalloz 2008, p. 397* (la compétence internationale de l'espace judiciaire européen). – Devers, *Europe 2013. Étude 9* (les praticiens et le droit international privé de la famille). – Fauvarque-Cosson, *Mél. Gaudemet-Tallon, Dalloz 2008, p. 43* (droit international privé et droit comparé : brève histoire d'un couple à l'heure de l'Europe). – Gaudemet-Tallon, *Mél. J. Foyer, Economica 2008, p. 463* (de quelques sources internationales du droit international privé : ordre ou désordre ?) ; *Mél. S. Guinchard, Dalloz 2010, p. 465* (de quelques aspects de la concentration des contentieux en droit communautaire – les litiges impliquant des juridictions d'États tiers). – Guérin, *Just. et cass. 2008. 100* (le juge français et l'entraide judiciaire européenne). – Jault-Seseke et Lelieur, L'espace judiciaire européen civil et pénal, *Thèmes et commentaires, Dalloz 2009, p. 3* (les différences d'approche de l'espace judiciaire européen sur les plans civil et pénal). – Jourdan-Marques, *D. actu. 11 juin 2018* (tableau de bord 2018 de la justice dans l'Union européenne). – Lenaerts, *CDE 2009. 711* (le Traité de Lisbonne et la protection juridictionnelle des particuliers en droit de l'Union). – Lemaire, *RGDA 2010. 570* (l'intégration de l'assureur dans le procès – l'assureur et le procès arbitral). – Lequette, *Mél. Gaudemet-Tallon, Dalloz 2008, p. 503* (de Bruxelles à La Haye (Acte II) – réflexions critiques sur la compétence communautaire en matière de droit international privé). – Mbongo et Vauchez (ss. dir.), Dans la fabrique du droit européen – Scènes, acteurs et public de la CJCE, *Bruylant 2009*. – Nourissat, *Procédures 2007. Étude 20* (l'autorité de la chose jugée des décisions de la CJCE). – Paulino Pereira, *Rev. crit. DIP 2010. 1* (la coopération judiciaire en matière civile dans l'Union européenne). – Poillot-Peruzzetto, *Mél. Gaudemet-Tallon, Dalloz 2008, p. 581* (le défi de la construction de l'espace de liberté, de sécurité et de justice). – Ress, *Mél.J.-P.Costa, Dalloz 2011, p. 519* (l'adhésion de l'Union européenne à la Conv. EDH). – Revillard, Droit international privé et communautaire : pratique notariale, *7e éd., Defrénois 2010, préf. P. Lagarde*. – Struycken, *Mél. Gaudemet-Tallon, Dalloz 2008, p. 617* (l'ordre public de la Communauté européenne). – Vandekerckhove, L'espace judiciaire européen civil et pénal, *Thèmes et commentaires, Dalloz 2009, p. 45* (compétence juridictionnelle : les règles dérogatoires – *forum non conveniens* et coopération judiciaire).

Procédures devant les juridictions de l'Union européenne

Traités sur l'Union européenne

A. *Traité sur l'Union européenne*

B. *Traité sur le fonctionnement de l'Union européenne*

C. *Traité instituant la Communauté européenne de l'énergie atomique*

Statut de la Cour de justice de l'Union européenne,

Le présent texte contient la version consolidée du Protocole (n° 3) sur le statut de la CJUE, annexé aux traités, tel que modifié par le Règl. (UE, Euratom) n° 741/2012 du Parlement européen et du Conseil, du 11 août 2012 (JO L 228 du 23 août 2012, p. 1), par l'art. 9 de l'acte relatif aux conditions d'adhésion à l'UE de la République de Croatie et aux adaptations du traité sur l'UE, du traité sur le fonctionnement de l'UE et du traité instituant la Communauté européenne de l'énergie atomique (JO L 112 du 24 avr. 2012, p. 21), par le Règl. (UE, Euratom) 2015/2422 du Parlement européen et du Conseil du 16 déc. 2015 (*JO* L 341 du 24 déc. 2015, p. 14), par le Règl. (UE, Euratom) 2016/1192 du Parlement européen et du Conseil, du 6 juill. *2016, relatif au transfert au Tribunal* de la compétence pour statuer, en première instance, sur les litiges entre l'UE et ses agents (*JO* L 200 du 26 juill. 2016, p. 137), en vigueur le 1er août 2016 et applicable à partir du 1er sept. 2016, ainsi que par le Règl. (UE, Euratom) 2019/629 du Parlement européen et du Conseil, du 17 avr. 2019 (*JO* L 111 du 25 avr. 2019, p. 1).

PROTOCOLE (n° 3)

SUR LE STATUT DE LA COUR DE JUSTICE DE L'UNION EUROPÉENNE

LES HAUTES PARTIES CONTRACTANTES,

DÉSIRANT fixer le statut de la Cour de justice de l'Union européenne prévu à l'article 281 du traité sur le fonctionnement de l'Union européenne,

SONT CONVENUES des dispositions ci-après, qui sont annexées au traité sur l'Union européenne, au traité sur le fonctionnement de l'Union européenne et au traité instituant la Communauté européenne de l'énergie atomique :

Art. 1er La Cour de justice de l'Union européenne est constituée et exerce ses fonctions conformément aux dispositions des traités, du traité instituant la Communauté européenne de l'énergie atomique (traité CEEA) et du présent statut.

TITRE PREMIER Statut des juges et des avocats généraux

Art. 2 Tout juge doit, avant d'entrer en fonctions, devant la Cour de justice siégeant en séance publique, prêter serment d'exercer ses fonctions en pleine impartialité et en toute conscience et de ne rien divulguer du secret des délibérations.

Art. 3 Les juges jouissent de l'immunité de juridiction. En ce qui concerne les actes accomplis par eux, y compris leurs paroles et écrits, en leur qualité officielle, ils continuent à bénéficier de l'immunité après la cessation de leurs fonctions.

La Cour de justice, siégeant en assemblée plénière, peut lever l'immunité. Lorsque la décision concerne un membre du Tribunal ou d'un tribunal spécialisé, la Cour décide après consultation du tribunal concerné.

Au cas où, l'immunité ayant été levée, une action pénale est engagée contre un juge, celui-ci n'est justiciable, dans chacun des États membres, que de l'instance compétente pour juger les magistrats appartenant à la plus haute juridiction nationale.

Les articles 11 à 14 et l'article 17 du protocole sur les privilèges et immunités de l'Union européenne sont applicables aux juges, aux avocats généraux, au greffier et aux rapporteurs adjoints de la Cour de justice de l'Union européenne, sans préjudice des dispositions relatives à l'immunité de juridiction des juges qui figurent aux alinéas précédents.

Art. 4 Les juges ne peuvent exercer aucune fonction politique ou administrative.

Ils ne peuvent, sauf dérogation accordée à titre exceptionnel par le Conseil, statuant à la majorité simple, exercer aucune activité professionnelle, rémunérée ou non.

Ils prennent, lors de leur installation, l'engagement solennel de respecter, pendant la durée de leurs fonctions et après la cessation de celles-ci, les obligations découlant de leur charge, notamment les devoirs d'honnêteté et de délicatesse quant à l'acceptation, après cette cessation, de certaines fonctions ou de certains avantages.

En cas de doute, la Cour de justice décide. Lorsque la décision concerne un membre du Tribunal ou d'un tribunal spécialisé, la Cour décide après consultation du tribunal concerné.

Art. 5 En dehors des renouvellements réguliers et des décès, les fonctions de juge prennent fin individuellement par démission.

En cas de démission d'un juge, la lettre de démission est adressée au président de la Cour de justice pour être transmise au président du Conseil. Cette dernière notification emporte vacance de siège.

Sauf les cas où l'article 6 reçoit application, tout juge continue à siéger jusqu'à l'entrée en fonctions de son successeur.

Art. 6 Les juges ne peuvent être relevés de leurs fonctions ni déclarés déchus de leur droit *à pension ou* d'autres avantages en tenant lieu que si, au jugement unanime des juges et des avocats généraux de la Cour de justice, ils ont cessé de répondre aux conditions requises ou de satisfaire aux obligations découlant de leur charge. L'intéressé ne participe pas à ces délibérations. Lorsque l'intéressé est un membre du Tribunal ou d'un tribunal spécialisé, la Cour décide après consultation du tribunal concerné.

Le greffier porte la décision de la Cour à la connaissance des présidents du Parlement européen et de la Commission et la notifie au président du Conseil.

En cas de décision relevant un juge de ses fonctions, cette dernière notification emporte vacance de siège.

Art. 7 Les juges dont les fonctions prennent fin avant l'expiration de leur mandat sont remplacés pour la durée du mandat restant à courir.

Art. 8 Les dispositions des articles 2 à 7 sont applicables aux avocats généraux.

TITRE II **Organisation de la Cour de justice**

Art. 9 Le renouvellement partiel des juges, qui a lieu tous les trois ans, porte sur la moitié des juges. Si les juges sont en nombre impair, le nombre de juges à remplacer est alternativement le nombre entier supérieur le plus proche et le nombre entier inférieur le plus proche du nombre de juges divisé par deux.

Le premier alinéa s'applique également au renouvellement partiel des avocats généraux, qui a lieu tous les trois ans.

Art. 9 *bis* Les juges désignent parmi eux, pour trois ans, le président et le vice-président de la Cour de justice. Leur mandat est renouvelable.

Le vice-président assiste le président dans les conditions déterminées par le règlement de procédure. Il remplace le président en cas d'empêchement de ce dernier ou de vacance de la présidence.

Art. 10 Le greffier prête serment devant la Cour de justice d'exercer ses fonctions en pleine impartialité et en toute conscience et de ne rien divulguer du secret des délibérations.

Art. 11 La Cour de justice organise la suppléance du greffier pour le cas d'empêchement de celui-ci.

Art. 12 Des fonctionnaires et autres agents sont attachés à la Cour de justice pour permettre d'en assurer le fonctionnement. Ils relèvent du greffier sous l'autorité du président.

Art. 13 Sur demande de la Cour de justice, le Parlement européen et le Conseil, statuant conformément à la procédure législative ordinaire, peuvent prévoir la nomination de rapporteurs adjoints et en fixer le statut. Les rapporteurs adjoints peuvent être appelés, dans les conditions qui seront déterminées par le règlement de procédure, à participer à l'instruction des affaires dont la Cour est saisie et à collaborer avec le juge rapporteur.

Les rapporteurs adjoints, choisis parmi des personnes offrant toutes garanties d'indépendance et réunissant les titres juridiques nécessaires, sont nommés par le Conseil, statuant à la majorité simple. Ils prêtent serment devant la Cour d'exercer leurs fonctions en pleine impartialité et en toute conscience et de ne rien divulguer du secret des délibérations.

Art. 14 Les juges, les avocats généraux et le greffier sont tenus de résider au siège de la Cour de justice.

Art. 15 La Cour de justice demeure en fonctions d'une manière permanente. La durée des vacances judiciaires est fixée par la Cour, compte tenu des nécessités du service.

Art. 16 La Cour de justice constitue en son sein des chambres de trois et de cinq juges. Les juges élisent parmi eux les présidents des chambres. Les présidents des chambres à cinq juges sont élus pour trois ans. Leur mandat est renouvelable une fois.

La grande chambre comprend quinze juges. Elle est présidée par le président de la Cour. Font aussi partie de la grande chambre le vice-président de la Cour ainsi que, dans les conditions déterminées par le règlement de procédure, trois des présidents des chambres à cinq juges et d'autres juges.

La Cour siège en grande chambre lorsqu'un État membre ou une institution de l'Union qui est partie à l'instance le demande.

La Cour siège en assemblée plénière lorsqu'elle est saisie en application de l'article 228, paragraphe 2, de l'article 245, paragraphe 2, de l'article 247 ou de l'article 286, paragraphe 6, du traité sur le fonctionnement de l'Union européenne.

En outre, lorsqu'elle estime qu'une affaire dont elle est saisie revêt une importance exceptionnelle, la Cour peut décider, l'avocat général entendu, de renvoyer l'affaire devant l'assemblée plénière.

Art. 17 La Cour de justice ne peut valablement délibérer qu'en nombre impair.

Les délibérations des chambres composées de trois ou de cinq juges ne sont valables que si *elles sont prises par trois juges.*

Les délibérations de la grande chambre ne sont valables que si onze juges sont présents.

Les délibérations de la Cour siégeant en assemblée plénière ne sont valables que si dix-sept juges sont présents.

En cas d'empêchement de l'un des juges composant une chambre, il peut être fait appel à un juge faisant partie d'une autre chambre dans les conditions déterminées par le règlement de procédure.

Art. 18 Les juges et les avocats généraux ne peuvent participer au règlement d'aucune affaire dans laquelle ils sont antérieurement intervenus comme agent, conseil ou avocat de l'une des parties, ou sur laquelle ils ont été appelés à se prononcer comme membre d'un tribunal, d'une commission d'enquête ou à tout autre titre.

Si, pour une raison spéciale, un juge ou un avocat général estime ne pas pouvoir participer au jugement ou à l'examen d'une affaire déterminée, il en fait part au président. Au cas où le président estime qu'un juge ou un avocat général ne doit pas, pour une raison spéciale, siéger ou conclure dans une affaire déterminée, il en avertit l'intéressé.

En cas de difficulté sur l'application du présent article, la Cour de justice statue.

Une partie ne peut invoquer soit la nationalité d'un juge, soit l'absence, au sein de la Cour ou d'une de ses chambres, d'un juge de sa nationalité pour demander la modification de la composition de la Cour ou d'une de ses chambres.

TITRE III Procédure devant la Cour de justice

Art. 19 Les États membres ainsi que les institutions de l'Union sont représentés devant la Cour de justice par un agent nommé pour chaque affaire ; l'agent peut être assisté d'un conseil ou d'un avocat.

Les États parties à l'accord sur l'Espace économique européen, autres que les États membres, ainsi que l'Autorité de surveillance AELE visée par ledit accord, sont représentés de la même manière.

Les autres parties doivent être représentées par un avocat.

Seul un avocat habilité à exercer devant une juridiction d'un État membre ou d'un autre État partie à l'accord sur l'Espace économique européen peut représenter ou assister une partie devant la Cour.

Les agents, conseils et avocats comparaissant devant la Cour jouissent des droits et garanties nécessaires à l'exercice indépendant de leurs fonctions, dans les conditions qui seront déterminées par le règlement de procédure.

La Cour jouit à l'égard des conseils et avocats qui se présentent devant elle des pouvoirs normalement reconnus en la matière aux cours et tribunaux, dans les conditions qui seront déterminées par le même règlement.

Les professeurs ressortissants des États membres dont la législation leur reconnaît un droit de plaider jouissent devant la Cour des droits reconnus aux avocats par le présent article.

Art. 20 La procédure devant la Cour de justice comporte deux phases : l'une écrite, l'autre orale.

La procédure écrite comprend la communication aux parties, ainsi qu'aux institutions de l'Union dont les décisions sont en cause, des requêtes, mémoires, défenses et observations et, éventuellement, des répliques, ainsi que de toutes pièces et documents à l'appui ou de leurs copies certifiées conformes.

Les communications sont faites par les soins du greffier dans l'ordre et les délais déterminés par le règlement de procédure.

La procédure orale comprend l'audition par la Cour des agents, conseils et avocats et des conclusions de l'avocat général, ainsi que, s'il y a lieu, l'audition des témoins et experts.

Lorsqu'elle estime que l'affaire ne soulève aucune question de droit nouvelle, la Cour peut décider, l'avocat général entendu, que l'affaire sera jugée sans conclusions de l'avocat général.

Art. 21 La Cour de justice est saisie par une requête adressée au greffier. La requête doit contenir l'indication du nom et du domicile du requérant et de la qualité du signataire, l'indication de la partie ou des parties contre lesquelles la requête est formée, l'objet du litige, les conclusions et un exposé sommaire des moyens invoqués.

Elle doit être accompagnée, s'il y a lieu, de l'acte dont l'annulation est demandée ou, dans l'hypothèse visée à l'article 265 du traité sur le fonctionnement de l'Union européenne, d'une pièce justifiant de la date de l'invitation prévue audit article. Si ces pièces n'ont pas été jointes à la requête, le greffier invite l'intéressé à en effectuer la production dans un délai raisonnable, sans qu'aucune forclusion puisse être opposée au cas où la régularisation interviendrait après l'expiration du délai de recours.

Art. 22 Dans les cas visés à l'article 18 du traité CEEA, la Cour de justice est saisie par un recours adressé au greffier. Le recours doit contenir l'indication du nom et du domicile du requérant et de la qualité du signataire, l'indication de la décision contre laquelle le recours est formé, l'indication des parties adverses, l'objet du litige, les conclusions et un exposé sommaire des moyens invoqués.

Le recours doit être accompagné d'une copie conforme de la décision du comité d'arbitrage attaquée.

Si la Cour rejette le recours, la décision du comité d'arbitrage devient définitive.

Si la Cour annule la décision du comité d'arbitrage, la procédure peut être reprise, s'il y a lieu, à la diligence d'une des parties au procès, devant le comité d'arbitrage. Celui-ci doit se conformer aux points de droit arrêtés par la Cour.

Art. 23 Dans les cas visés à l'article 267 du traité sur le fonctionnement de l'Union européenne, la décision de la juridiction nationale qui suspend la procédure et saisit la Cour de justice est notifiée à celle-ci à la diligence de cette juridiction nationale. Cette décision est ensuite notifiée par les soins du greffier de la Cour aux parties en cause, aux États membres et à la Commission, ainsi qu'à l'institution, l'organe ou l'organisme de l'Union qui a adopté l'acte dont la validité ou l'interprétation est contestée.

Dans un délai de deux mois à compter de cette dernière notification, les parties, les États membres, la Commission et, le cas échéant, l'institution, l'organe ou l'organisme de l'Union qui a adopté l'acte dont la validité ou l'interprétation est contestée ont le droit de déposer devant la Cour des mémoires ou des observations écrites.

Dans les cas visés à l'article 267 du traité sur le fonctionnement de l'Union européenne, la décision de la juridiction nationale est, en outre, notifiée par les soins du greffier de la Cour aux États parties à l'accord sur l'Espace économique européen, autres que les États membres, ainsi qu'à l'Autorité de surveillance AELE visée par ledit accord qui, dans un délai de deux mois à compter de la notification, et lorsque l'un des domaines d'application de l'accord est concerné, peuvent déposer devant la Cour des mémoires ou des observations écrites.

Lorsqu'un accord portant sur un domaine déterminé conclu par le Conseil et un ou plusieurs États tiers prévoit que ces derniers ont la faculté de présenter des mémoires ou des observations écrites dans le cas où une juridiction d'un État membre saisit la Cour d'une question préjudicielle concernant le domaine d'application de l'accord, la décision de la juridiction nationale comportant une telle question est, également, notifiée aux États tiers concernés qui, dans un délai de deux mois à compter de la notification, peuvent déposer devant la Cour des mémoires ou des observations écrites.

Art. 23 *bis* Une procédure accélérée et, pour les renvois préjudiciels relatifs à l'espace de liberté, de sécurité et de justice, une procédure d'urgence peuvent être prévues par le règlement de procédure.

Ces procédures peuvent prévoir, pour le dépôt des mémoires ou observations écrites, un délai plus bref que celui prévu à l'article 23, et, par dérogation à l'article 20, quatrième alinéa, l'absence de conclusions de l'avocat général.

La procédure d'urgence peut prévoir, en outre, la limitation des parties et autres intéressés visés à l'article 23 autorisés à déposer des mémoires ou observations écrites, et, dans des cas d'extrême urgence, l'omission de la phase écrite de la procédure.

Art. 24 La Cour de justice peut demander aux parties de produire tous documents et de fournir toutes informations qu'elle estime désirables. En cas de refus, elle en prend acte.

La Cour peut également demander aux États membres et aux institutions, organes ou organismes qui ne sont pas parties au procès tous renseignements qu'elle estime nécessaires aux fins du procès.

Art. 25 A tout moment, la Cour de justice peut confier une expertise à toute personne, corps, bureau, commission ou organe de son choix.

Art. 26 Des témoins peuvent être entendus dans les conditions qui seront déterminées par le règlement de procédure.

Art. 27 La Cour de justice jouit à l'égard des témoins défaillants des pouvoirs généralement reconnus en la matière aux cours et tribunaux et peut infliger des sanctions pécuniaires, dans les conditions qui seront déterminées par le règlement de procédure.

Art. 28 Les témoins et experts peuvent être entendus sous la foi du serment selon la formule déterminée par le règlement de procédure ou suivant les modalités prévues par la législation nationale du témoin ou de l'expert.

Art. 29 La Cour de justice peut ordonner qu'un témoin ou un expert soit entendu par l'autorité judiciaire de son domicile.

Cette ordonnance est adressée aux fins d'exécution à l'autorité judiciaire compétente dans les conditions fixées par le règlement de procédure. Les pièces résultant de l'exécution de la commission rogatoire sont renvoyées à la Cour dans les mêmes conditions.

La Cour assume les frais, sous réserve de les mettre, le cas échéant, à la charge des parties.

Art. 30 Chaque État membre regarde toute violation des serments des témoins et des experts comme le délit correspondant commis devant un tribunal national statuant en matière civile. Sur dénonciation de la Cour de justice, il poursuit les auteurs de ce délit devant la juridiction nationale compétente.

Art. 31 L'audience est publique, à moins qu'il n'en soit décidé autrement par la Cour de justice, d'office ou sur demande des parties, pour des motifs graves.

Art. 32 Au cours des débats, la Cour de justice peut interroger les experts, les témoins ainsi que les parties elles-mêmes. Toutefois, ces dernières ne peuvent plaider que par l'organe de leur représentant.

Art. 33 Il est tenu de chaque audience un procès-verbal signé par le président et le greffier.

Art. 34 Le rôle des audiences est arrêté par le président.

Art. 35 Les délibérations de la Cour de justice sont et restent secrètes.

Art. 36 Les arrêts sont motivés. Ils mentionnent les noms des juges qui ont délibéré.

Art. 37 Les arrêts sont signés par le président et le greffier. Ils sont lus en séance publique.

Art. 38 La Cour de justice statue sur les dépens.

Art. 39 Le président de la Cour de justice peut statuer selon une procédure sommaire dérogeant, en tant que de besoin, à certaines des règles contenues dans le présent statut et qui sera fixée par le règlement de procédure, sur des conclusions tendant soit à l'obtention du sursis prévu à l'article 278 du traité sur le fonctionnement de l'Union européenne et à l'article 157 du traité CEEA, soit à l'application de mesures provisoires en vertu de l'article 279 du traité sur le fonctionnement de l'Union européenne, soit à la suspension de l'exécution forcée conformément à l'article 299, quatrième alinéa, du traité sur le fonctionnement de l'Union européenne ou à l'article 164, troisième alinéa, du traité CEEA.

Les pouvoirs visés au premier alinéa peuvent, dans les conditions déterminées par le règlement de procédure, être exercés par le vice-président de la Cour de justice.

En cas d'empêchement du président et du vice-président, un autre juge les remplace dans les conditions déterminées par le règlement de procédure.

L'ordonnance rendue par le président ou son remplaçant n'a qu'un caractère provisoire et ne préjuge en rien la décision de la Cour statuant au principal.

Art. 40 Les États membres et les institutions de l'Union peuvent intervenir aux litiges soumis à la Cour de justice.

Le même droit appartient aux organes et organismes de l'Union et à toute autre personne, s'ils peuvent justifier d'un intérêt à la solution du litige soumis à la Cour. Les personnes physiques ou morales ne peuvent pas intervenir dans les affaires entre États membres, entre institutions de l'Union ou entre États membres, d'une part, et institutions de l'Union, d'autre part.

Sans préjudice du deuxième alinéa, les États parties à l'accord sur l'Espace économique européen, autres que les États membres, ainsi que l'Autorité de surveillance AELE visée par ledit accord, peuvent intervenir aux litiges soumis à la Cour lorsque ceux-ci concernent un des domaines d'application de cet accord.

Les conclusions de la requête en intervention ne peuvent avoir d'autre objet que le soutien des conclusions de l'une des parties.

Art. 41 Lorsque la partie défenderesse, régulièrement mise en cause, s'abstient de déposer des conclusions écrites, l'arrêt est rendu par défaut à son égard. L'arrêt est susceptible d'opposition dans le délai d'un mois à compter de sa notification. Sauf décision contraire de la Cour de justice, l'opposition ne suspend pas l'exécution de l'arrêt rendu par défaut.

Art. 42 Les États membres, les institutions, organes ou organismes de l'Union et toutes autres personnes physiques ou morales peuvent, dans les cas et dans les conditions qui seront déterminés par le règlement de procédure, former tierce opposition contre les arrêts rendus sans qu'ils aient été appelés, si ces arrêts préjudicient à leurs droits.

Art. 43 En cas de difficulté sur le sens et la portée d'un arrêt, il appartient à la Cour de justice de l'interpréter, à la demande d'une partie ou d'une institution de l'Union justifiant d'un intérêt à cette fin.

Art. 44 La révision de l'arrêt ne peut être demandée à la Cour de justice qu'en raison de la découverte d'un fait de nature à exercer une influence décisive et qui, avant le prononcé de l'arrêt, était inconnu de la Cour et de la partie qui demande la révision.

La procédure de révision s'ouvre par un arrêt de la Cour constatant expressément l'existence d'un fait nouveau, lui reconnaissant les caractères qui donnent ouverture à la révision et déclarant de ce chef la demande recevable.

Aucune demande de révision ne pourra être formée après l'expiration d'un délai de dix ans à dater de l'arrêt.

Art. 45 Des délais de distance seront établis par le règlement de procédure.

Aucune déchéance tirée de l'expiration des délais ne peut être opposée lorsque l'intéressé établit l'existence d'un cas fortuit ou de force majeure.

Art. 46 Les actions contre l'Union en matière de responsabilité non contractuelle se prescrivent par cinq ans à compter de la survenance du fait qui y donne lieu. La prescription est interrompue soit par la requête formée devant la Cour de justice, soit par la demande préalable que la victime peut adresser à l'institution compétente de l'Union. Dans ce dernier cas, la requête doit être formée dans le délai de deux mois prévu à l'article 263 du traité sur le fonctionnement de l'Union européenne ; les dispositions de l'article 265, deuxième alinéa, du traité sur le fonctionnement de l'Union européenne sont, le cas échéant, applicables.

Le présent article est également applicable aux actions contre la Banque centrale européenne en matière de responsabilité non contractuelle.

TITRE IV Tribunal

Art. 47 L'article 9, premier alinéa, l'article 9 *bis*, les articles 14 et 15, l'article 17, premier, deuxième, quatrième et cinquième alinéas, et l'article 18 s'appliquent au Tribunal et à ses membres.

L'article 3, quatrième alinéa, les articles 10, 11 et 14 s'appliquent, mutatis mutandis, au greffier du Tribunal.

Art. 48 Le Tribunal est formé de :

a) quarante juges à partir du 25 décembre 2015 ;
b) quarante-sept juges à partir du 1er septembre 2016 ;
c) deux juges par État membre à partir du 1er septembre 2019.

Art. 49 Les membres du Tribunal peuvent être appelés à exercer les fonctions d'avocat général.

L'avocat général a pour rôle de présenter publiquement, en toute impartialité et en toute indépendance, des conclusions motivées sur certaines affaires soumises au Tribunal, en vue d'assister celui-ci dans l'accomplissement de sa mission.

Les critères de sélection des affaires, ainsi que les modalités de désignation des avocats généraux, sont fixés dans le règlement de procédure du Tribunal.

Un membre du Tribunal appelé à exercer la fonction d'avocat général dans une affaire ne peut pas prendre part au jugement de cette affaire.

Art. 50 Le Tribunal siège en chambres, composées de trois ou de cinq juges. Les juges élisent parmi eux les présidents des chambres. Les présidents des chambres à cinq juges sont élus pour trois ans. Leur mandat est renouvelable une fois.

Le règlement de procédure détermine la composition des chambres et l'attribution des affaires à ces dernières. Dans certains cas, déterminés par le règlement de procédure, le Tribunal peut siéger en formation plénière ou à juge unique.

Le règlement de procédure peut également prévoir que le Tribunal siège en grande chambre dans les cas et les conditions qu'il précise.

Art. 50 *bis* 1. Le Tribunal exerce en première instance la compétence pour statuer sur les litiges entre l'Union et ses agents conformément à l'article 270 du traité sur le fonctionnement de l'Union européenne, y compris les litiges entre toute institution, tout organe ou organisme, d'une part, et leurs agents, d'autre part, pour lesquels la compétence est attribuée à la Cour de justice de l'Union européenne.

2. A tout stade de la procédure, y compris dès le dépôt de la requête, le Tribunal peut examiner les possibilités d'un règlement amiable du litige et peut essayer de faciliter un tel règlement.

Art. 51 Par dérogation à la règle énoncée à l'article 256, paragraphe 1, du traité sur le fonctionnement de l'Union européenne, sont réservés à la Cour de justice :

a) les recours, visés aux articles 263 et 265 du traité sur le fonctionnement de l'Union européenne, qui sont formés par un État membre et dirigés :

i) contre un acte législatif, un acte du Parlement européen, du Conseil européen ou du Conseil, ou contre une abstention de statuer d'une ou plusieurs de ces institutions, à l'exclusion :

— des décisions prises par le Conseil au titre de l'article 108, paragraphe 2, troisième alinéa, du traité sur le fonctionnement de l'Union européenne ;

— des actes du Conseil adoptés en vertu d'un règlement du Conseil relatif aux mesures de défense commerciale au sens de l'article 207 du traité sur le fonctionnement de l'Union européenne ;

— des actes du Conseil par lesquels ce dernier exerce des compétences d'exécution conformément à l'article 291, paragraphe 2, du traité sur le fonctionnement de l'Union européenne.

ii) contre un acte ou une abstention de statuer de la Commission au titre de l'article 331, paragraphe 1, du traité sur le fonctionnement de l'Union européenne ;

b) les recours, visés aux articles 263 et 265 du traité sur le fonctionnement de l'Union européenne, qui sont formés par une institution de l'Union et dirigés contre un acte législatif, un acte du Parlement européen, du Conseil européen, du Conseil, de la Commission ou de la Banque centrale européenne, ou contre une abstention de statuer d'une ou plusieurs de ces institutions ;

c) les recours, visés à l'article 263 du traité sur le fonctionnement de l'Union européenne, qui sont formés par un État membre et dirigés contre un acte de la Commission relatif au défaut d'exécution d'un arrêt rendu par la Cour au titre de l'article 260, paragraphe 2, deuxième alinéa, ou de l'article 260, paragraphe 3, deuxième alinéa, du traité sur le fonctionnement de l'Union européenne.

Art. 52 Le président de la Cour de justice et le président du Tribunal fixent d'un commun accord les modalités selon lesquelles des fonctionnaires et autres agents attachés à la Cour prêtent leur service au Tribunal pour permettre d'en assurer le fonctionnement. Certains fonctionnaires ou autres agents relèvent du greffier du Tribunal sous l'autorité du président du Tribunal.

Art. 53 La procédure devant le Tribunal est régie par le titre III.

La procédure devant le Tribunal est précisée et complétée, en tant que de besoin, par son règlement de procédure. Le règlement de procédure peut déroger à l'article 40, quatrième alinéa, et à l'article 41 pour tenir compte des spécificités du contentieux relevant du domaine de la propriété intellectuelle.

Par dérogation à l'article 20, quatrième alinéa, l'avocat général peut présenter ses conclusions motivées par écrit.

Art. 54 Lorsqu'une requête ou un autre acte de procédure adressé au Tribunal est déposé par erreur auprès du greffier de la Cour de justice, il est immédiatement transmis par celui-ci au greffier du Tribunal ; de même, lorsqu'une requête ou un autre acte de procédure adressé à la Cour est déposé par erreur auprès du greffier du Tribunal, il est immédiatement transmis par celui-ci au greffier de la Cour.

Lorsque le Tribunal constate qu'il n'est pas compétent pour connaître d'un recours qui relève de la compétence de la Cour, il le renvoie à la Cour ; de même, lorsque la Cour constate qu'un recours relève de la compétence du Tribunal, elle le renvoie à ce dernier, qui ne peut alors décliner sa compétence.

Lorsque la Cour et le Tribunal sont saisis d'affaires ayant le même objet, soulevant la même question d'interprétation ou mettant en cause la validité du même acte, le Tribunal, après avoir entendu les parties, peut suspendre la procédure jusqu'au prononcé de l'arrêt de la Cour ou, s'il s'agit de recours introduits en vertu de l'article 263 du traité sur le fonctionnement de l'Union européenne, se dessaisir afin que la Cour puisse statuer sur ces recours. Dans les mêmes conditions, la Cour peut également décider de suspendre la procédure dont elle est saisie ; dans ce cas, la procédure devant le Tribunal se poursuit.

Lorsqu'un État membre et une institution de l'Union contestent le même acte, le Tribunal se dessaisit afin que la Cour puisse statuer sur ces recours.

Art. 55 Les décisions du Tribunal mettant fin à l'instance, tranchant partiellement le litige au fond ou mettant fin à un incident de procédure portant sur une exception d'incompétence ou d'irrecevabilité sont notifiées par le greffier du Tribunal à toutes les parties ainsi qu'à tous les États membres et aux institutions de l'Union, même s'ils ne sont pas intervenus au litige devant le Tribunal.

Art. 56 Un pourvoi peut être formé devant la Cour de justice, dans un délai de deux mois à compter de la notification de la décision attaquée, contre les décisions du Tribunal mettant fin à l'instance, ainsi que contre ses décisions qui tranchent partiellement le litige au fond ou qui mettent fin à un incident de procédure portant sur une exception d'incompétence ou d'irrecevabilité.

Ce pourvoi peut être formé par toute partie ayant partiellement ou totalement succombé en ses conclusions. Les parties intervenantes autres que les États membres et les institutions de l'Union ne peuvent toutefois former ce pourvoi que lorsque la décision du Tribunal les affecte directement.

Sauf dans les cas de litiges opposant l'Union à ses agents, ce pourvoi peut également être formé par les États membres et les institutions de l'Union qui ne sont pas intervenus au litige devant le Tribunal. Dans ce cas, les États membres et les institutions sont dans une position identique à celle d'États membres ou d'institutions qui seraient intervenus en première instance.

Art. 57 Un pourvoi peut être formé devant la Cour de justice contre les décisions du Tribunal rejetant une demande d'intervention, dans un délai de deux semaines à compter de la notification de la décision de rejet, par toute personne dont la demande a été rejetée.

Un pourvoi peut être formé devant la Cour par les parties à la procédure contre les décisions du Tribunal prises au titre de l'article 278 ou 279 ou de l'article 299, quatrième alinéa, du traité sur le fonctionnement de l'Union européenne, ou au titre de l'article 157 ou de l'article 164, troisième alinéa, du traité CEEA, dans un délai de deux mois à compter de leur notification.

Il est statué sur les pourvois visés aux premier et deuxième alinéas du présent article selon la procédure prévue à l'article 39.

Art. 58 Le pourvoi devant la Cour de justice est limité aux questions de droit. Il peut être fondé sur des moyens tirés de l'incompétence du Tribunal, d'irrégularités de procédure devant le Tribunal portant atteinte aux intérêts de la partie requérante ainsi que de la violation du droit de l'Union par le Tribunal.

Un pourvoi ne peut porter uniquement sur la charge et le montant des dépens.

Art. 58 *bis* L'examen des pourvois formés contre les décisions du Tribunal portant sur une décision d'une chambre de recours indépendante de l'un des offices et agences de l'Union mentionnés ci-après est subordonné à leur admission préalable par la Cour de justice :

a) l'Office de l'Union européenne pour la propriété intellectuelle ;

b) l'Office communautaire des variétés végétales ;

c) l'Agence européenne des produits chimiques ;

d) l'Agence de l'Union européenne pour la sécurité aérienne.

La procédure visée au premier alinéa s'applique également aux pourvois formés contre les décisions du Tribunal portant sur une décision d'une chambre de recours indépendante, instituée après le 1er mai 2019 au sein de tout autre office ou agence de l'Union, qui doit être saisie avant qu'une action puisse être portée devant le Tribunal.

Le pourvoi est admis, en tout ou en partie, selon les modalités précisées dans le règlement de procédure, lorsqu'il soulève une question importante pour l'unité, la cohérence ou le développement du droit de l'Union.

La décision relative à l'admission ou non du pourvoi est motivée et publiée.

Art. 59 En cas de pourvoi contre une décision du Tribunal, la procédure devant la Cour de justice comporte une phase écrite et une phase orale. Dans les conditions déterminées par le règlement de procédure, la Cour, l'avocat général et les parties entendus, peut statuer sans procédure orale.

Art. 60 Sans préjudice des articles 278 et 279 du traité sur le fonctionnement de l'Union européenne ou de l'article 157 du traité CEEA, le pourvoi n'a pas d'effet suspensif.

Par dérogation à l'article 280 du traité sur le fonctionnement de l'Union européenne, les *décisions du Tribunal annulant* un règlement ne prennent effet qu'à compter de l'expiration du délai visé à l'article 56, premier alinéa, du présent statut ou, si un pourvoi a été introduit dans ce délai, à compter du rejet de celui-ci, sans préjudice de la faculté pour une partie de saisir la Cour de justice, en vertu des articles 278 et 279 du traité sur le fonctionnement de l'Union européenne ou de l'article 157 du traité CEEA, d'une demande tendant à la suspension des effets du règlement annulé ou à la prescription de toute autre mesure provisoire.

Art. 61 Lorsque le pourvoi est fondé, la Cour de justice annule la décision du Tribunal. Elle peut alors soit statuer elle-même définitivement sur le litige, lorsque celui-ci est en état d'être jugé, soit renvoyer l'affaire devant le Tribunal pour qu'il statue.

En cas de renvoi, le Tribunal est lié par les points de droit tranchés par la décision de la Cour.

Lorsqu'un pourvoi formé par un État membre ou une institution de l'Union qui ne sont pas intervenus au litige devant le Tribunal est fondé, la Cour peut, si elle l'estime nécessaire, indiquer ceux des effets de la décision annulée du Tribunal qui doivent être considérés comme définitifs à l'égard des parties au litige.

Art. 62 Dans les cas prévus à l'article 256, paragraphes 2 et 3, du traité sur le fonctionnement de l'Union européenne, le premier avocat général peut, lorsqu'il estime qu'il existe un risque sérieux d'atteinte à l'unité ou à la cohérence du droit de l'Union, proposer à la Cour de justice de réexaminer la décision du Tribunal.

La proposition doit être faite dans un délai d'un mois à compter du prononcé de la décision du Tribunal. La Cour décide, dans un délai d'un mois à compter de la proposition qui lui a été faite par le premier avocat général, s'il y a lieu de réexaminer ou non la décision.

Art. 62 *bis* La Cour de justice statue sur les questions faisant l'objet du réexamen selon une procédure d'urgence sur la base du dossier qui lui est transmis par le Tribunal.

Les intéressés visés par l'article 23 du présent statut ainsi que, dans les cas prévus par l'article 256, paragraphe 2, du traité sur le fonctionnement de l'Union européenne, les parties à la procédure devant le Tribunal ont le droit de déposer devant la Cour des mémoires ou des observations écrites sur les questions faisant l'objet du réexamen dans un délai fixé à cet effet.

La Cour peut décider d'ouvrir la procédure orale avant de statuer.

Art. 62 *ter* Dans les cas prévus à l'article 256, paragraphe 2, du traité sur le fonctionnement de l'Union européenne, sans préjudice des articles 278 et 279 du traité sur le fonctionnement de l'Union européenne, la proposition de réexamen et la décision d'ouverture de la procédure de réexamen n'ont pas d'effet suspensif. Si la Cour de justice constate que la décision du Tribunal porte atteinte à l'unité ou à la cohérence du droit de l'Union, elle renvoie l'affaire devant le Tribunal qui est lié par les points de droit tranchés par la Cour ; la Cour peut indiquer les effets de la décision du Tribunal qui doivent être considérés comme définitifs à l'égard des parties au litige. Toutefois, si la solution du litige découle, compte tenu du résultat du réexamen, des constatations de fait sur lesquelles est fondée la décision du Tribunal, la Cour statue définitivement.

Dans les cas prévus à l'article 256, paragraphe 3, du traité sur le fonctionnement de l'Union européenne, à défaut de proposition de réexamen ou de décision d'ouverture de la procédure de réexamen, la ou les réponses apportées par le Tribunal aux questions qui lui étaient soumises prennent effet à l'expiration des délais prévus à cet effet à l'article 62, deuxième alinéa. En cas d'ouverture d'une procédure de réexamen, la ou les réponses qui font l'objet du réexamen prennent effet à l'issue de cette procédure, à moins que la Cour n'en décide autrement. Si la Cour constate que la décision du Tribunal porte atteinte à l'unité ou à la cohérence du droit de l'Union, la réponse apportée par la Cour aux questions faisant l'objet du réexamen se substitue à celle du Tribunal.

TITRE IV *BIS* Les tribunaux spécialisés

Art. 62 *quater* Les dispositions relatives aux compétences, à la composition, à l'organisation et à la procédure de tout tribunal spécialisé institué en vertu de l'article 257 du traité sur le fonctionnement de l'Union européenne figurent dans une annexe du présent statut.

Le Parlement européen et le Conseil, statuant conformément à l'article 257 du traité sur le fonctionnement de l'Union européenne, peuvent adjoindre des juges par intérim aux tribunaux spécialisés pour suppléer à l'absence de juges qui, sans pour autant se trouver dans une situation d'invalidité considérée comme totale, sont empêchés durablement de participer au règlement des affaires. Dans ce cas, le Parlement européen et le Conseil arrêtent les conditions dans lesquelles les juges par intérim sont nommés, les droits et les devoirs de ceux-ci, les modalités selon lesquelles ils exercent leurs fonctions et les circonstances mettant fin à celles-ci.

TITRE V Dispositions finales

Art. 63 Les règlements de procédure de la Cour de justice et du Tribunal contiennent toutes dispositions nécessaires en vue d'appliquer et de compléter le présent statut, en tant que de besoin.

Art. 64 Les règles relatives au régime linguistique applicable à la Cour de justice de l'Union européenne sont fixées par un règlement du Conseil statuant à l'unanimité. Ce règlement est adopté, soit sur demande de la Cour de justice et après consultation de la Commission et du Parlement européen, soit sur proposition de la Commission et après consultation de la Cour de justice et du Parlement européen.

Jusqu'à l'adoption de ces règles, les dispositions du règlement de procédure de la Cour de justice et du règlement de procédure du Tribunal relatives au régime linguistique demeurent applicables. Par dérogation aux articles 253 et 254 du traité sur le fonctionnement de l'Union européenne, toute modification ou abrogation de ces dispositions requiert l'approbation unanime du Conseil.

ANNEXE I

Le tribunal de la fonction publique de l'union européenne

Cette annexe a été abrogée par le Règl. (UE, Euratom) 2016/1192 du Parlement et du Conseil, du 6 juill. 2016. En vertu de l'art. 4 dudit règlement, les art. 9 à 12 de l'annexe I du protocole n° 3 demeurent toutefois applicables aux pourvois dont le Tribunal est saisi à la date du 31 août 2016 ou qui sont introduits après cette date contre les décisions du Tribunal de la fonction publique.

Art. 9 Un pourvoi peut être formé devant le Tribunal, dans un délai de deux mois à compter de la notification de la décision attaquée, contre les décisions du Tribunal de la fonction publique mettant fin à l'instance, ainsi que contre ses décisions qui tranchent partiellement le litige au fond ou qui mettent fin à un incident de procédure portant sur une exception d'incompétence ou d'irrecevabilité.

Ce pourvoi peut être formé par toute partie ayant partiellement ou totalement succombé en ses conclusions. Les parties intervenantes autres que les États membres et les institutions de l'Union ne peuvent toutefois former ce pourvoi que lorsque la décision du Tribunal de la fonction publique les affecte directement.

Art. 10 1. Un pourvoi peut être formé devant le Tribunal contre les décisions du Tribunal de la fonction publique rejetant une demande d'intervention, dans un délai de deux semaines à compter de la notification de la décision de rejet, par toute personne dont la demande a été rejetée.

2. Un pourvoi peut être formé devant le Tribunal par les parties à la procédure contre les décisions du Tribunal de la fonction publique prises au titre de l'article 278 ou 279 ou de l'article 299, quatrième alinéa, du traité sur le fonctionnement de l'Union européenne et de l'article 157 ou de l'article 164, troisième alinéa, du traité CEEA, dans un délai de deux mois à compter de leur notification.

3. Le président du Tribunal peut statuer sur les pourvois visés aux paragraphes 1 et 2 selon une procédure sommaire dérogeant, en tant que de besoin, à certaines des règles contenues dans la présente annexe et qui sera fixée par le règlement de procédure du Tribunal.

Art. 11 1. Le pourvoi devant le Tribunal est limité aux questions de droit. Il peut être fondé sur des moyens tirés de l'incompétence du Tribunal de la fonction publique, d'irrégularités de procédure devant ledit Tribunal portant atteinte aux intérêts de la partie concernée, ainsi que de la violation du droit de l'Union par le Tribunal de la fonction publique.

2. Un pourvoi ne peut porter uniquement sur la charge et le montant des dépens.

Art. 12 1. Sans préjudice des articles 278 et 279 du traité sur le fonctionnement de l'Union européenne et de l'article 157 du traité CEEA, le pourvoi devant le Tribunal n'a pas d'effet suspensif.

2. En cas de pourvoi contre une décision du Tribunal de la fonction publique, la procédure devant le Tribunal comporte une phase écrite et une phase orale. Dans les conditions déterminées par son règlement de procédure, le Tribunal peut, après avoir entendu les parties, statuer sans procédure orale.

Règlement de procédure du Tribunal du 4 mars 2015,

Publié au JOUE du 23 avr. 2015 (L. 105, p. 1), le présent Règlement de procédure a fait l'objet de modifications le 13 juill. 2016 (JOUE L. 217, p. 71, 72 et 73), le 11 juill. 2018 (JOUE L 240, p. 68) et le 31 juill. 2018 (JOUE L 240, p. 67).

LE TRIBUNAL,

vu le traité sur l'Union européenne et, notamment, son article 19,

vu le traité sur le fonctionnement de l'Union européenne et, notamment, son article 254, cinquième alinéa,

vu le traité instituant la Communauté européenne de l'énergie atomique et, notamment, son article 106 *bis*, paragraphe 1,

vu le protocole sur le statut de la Cour de justice de l'Union européenne et, notamment, son article 19, sixième alinéa, son article 63 et son article 64, deuxième alinéa,

considérant ce qui suit :

(1) Le règlement de procédure du 2 mai 1991 a été modifié à de nombreuses reprises pour doter la juridiction, par touches successives, de dispositions lui permettant de traiter dans les meilleures conditions les affaires de natures différentes et relevant de domaines de plus en plus variés.

(2) Une révision complète du texte est nécessaire pour donner une nouvelle cohérence à cet ensemble de règles, favoriser l'homogénéité des dispositifs procéduraux régissant les contentieux portés devant les juridictions de l'Union européenne, préserver la capacité de la juridiction de statuer dans un délai raisonnable, clarifier les droits reconnus aux parties, préciser les attentes de la juridiction à l'égard des représentants des parties et adapter un certain nombre de dispositions pour tenir compte de certaines évolutions, y compris technologiques, en ce qui concerne les dépôts et les significations d'actes de procédure, et de difficultés rencontrées lors de leur mise en œuvre.

(3) Les recours introduits dans le domaine de la propriété intellectuelle et les pourvois formés contre les décisions du Tribunal de la fonction publique de l'Union européenne doivent, en raison de leurs spécificités, être soumis à des règles procédurales particulières reprises dans des titres spéciaux, tout en étant régis, pour le reste, par les dispositions procédurales applicables aux recours directs. Les règles relatives aux recours directs, aux recours dans le domaine de la propriété intellectuelle et aux pourvois constituent donc la trame de ce règlement.

(4) A la lumière de l'expérience acquise, il apparaît par ailleurs nécessaire de compléter ou de clarifier, à l'attention des justiciables, les règles applicables à chacune des procédures. Celles-ci concernent, notamment, l'étendue des droits conférés aux parties principales et celle des droits reconnus aux intervenants ou, dans les affaires de propriété intellectuelle, l'acquisition du statut d'intervenant et l'étendue des droits de ce dernier. Le respect du principe du contradictoire et la nécessité, dans certaines situations, de préserver la confidentialité d'informations sensibles, qui sont pertinentes pour la solution du litige, font l'objet de dispositions spécifiques. S'agissant des pourvois formés contre les décisions du Tribunal de la fonction publique, une distinction plus nette doit en outre être opérée entre les pourvois formés à titre principal et les pourvois formés à titre incident, à la suite de la signification d'un pourvoi principal. Une même distinction doit être opérée, s'agissant des affaires relevant du domaine de la propriété intellectuelle, entre le recours initial et le recours incident formé par l'intervenant, à la suite de la signification de la requête introductive d'instance.

(5) La mise en œuvre de certaines procédures a révélé leur trop grande complexité. Il convient, dès lors, de les simplifier. A ce titre, les règles de détermination de la langue de procédure dans les affaires de propriété intellectuelle assurent une meilleure prévisibilité des situations en faveur des intéressés et un traitement allégé par la juridiction. Les règles relatives à la procédure par défaut visent à permettre un règlement plus prompt de l'affaire, dans l'intérêt du requérant, qui, lorsqu'il obtient gain de cause, est exposé au risque d'une opposition présentée par le défendeur défaillant.

(6) Dans un souci de lisibilité accrue, il convient également de regrouper dans le titre relatif aux recours directs l'ensemble des demandes relatives aux arrêts et ordonnances, *actuellement dispersées* dans plusieurs titres et chapitres distincts du règlement de procédure. De même, pour favoriser la lecture du texte, les procédures après renvoi par la Cour de justice, soit après une annulation, soit après un réexamen, sont présentées dans un seul et même titre.

(7) Bien qu'elle doive faire face à un contentieux de plus en plus abondant, la juridiction doit continuer de rendre ses jugements dans un délai raisonnable. Il est donc essentiel de poursuivre les efforts entrepris en vue de réduire la durée des procédures conduites devant elle, notamment en prévoyant que la phase écrite de la procédure dans les affaires de propriété intellectuelle est limitée à un seul échange de mémoires, en encadrant les demandes d'adaptation des conclusions figurant dans la requête, en abrégeant certains délais légaux, en simplifiant le régime de l'intervention par la suppression de la catégorie des interventions pouvant être admises après l'expiration du délai légal suivant la publication au *Journal officiel de l'Union européenne*, en prescrivant la faculté, pour le Tribunal, de statuer sans phase orale

de la procédure dans les recours directs lorsque aucune des parties principales n'a demandé la tenue d'une audience de plaidoiries et qu'il estime être suffisamment éclairé par les pièces du dossier de l'affaire ainsi que la faculté de statuer sans phase orale de la procédure dans les pourvois, en accroissant les compétences décisionnelles des présidents de chambre et, enfin, en augmentant le nombre de cas dans lesquels il est statué par voie de simple décision.

(8) Dans le même objectif, le titre relatif à l'organisation du Tribunal est enrichi de dispositions visant, notamment, à spécifier les cas dans lesquels une affaire peut faire l'objet d'une réattribution et à élargir les compétences du juge unique afin de lui permettre de connaître des affaires de propriété intellectuelle.

(9) La conduite du procès dans le respect du principe du contradictoire est confirmée par l'affirmation de ce principe dans un article spécifique ainsi que par un encadrement réglementaire strict des cas dans lesquels la préservation de la confidentialité de certaines informations fournies par une partie principale indispensables pour statuer sur le litige justifie, à titre exceptionnel, de ne pas communiquer ces dernières à l'autre partie principale. Des dispositions nouvelles dotent également la juridiction d'un cadre formel dans les hypothèses d'abstention ou de décharge d'un juge. La réforme vise aussi à élever au niveau réglementaire des dispositions qui existaient auparavant dans les instructions pratiques aux parties, comme celle relative à la longueur des mémoires, ou dans les instructions au greffier du Tribunal, telle que celle concernant l'anonymat et celle précisant les conditions dans lesquelles un tiers peut accéder au dossier de l'affaire.

(10) Enfin, la lecture du texte est facilitée par la suppression de certaines règles désuètes ou inappliquées, la numérotation de tous les alinéas des articles du présent règlement, l'ajout d'un titre spécifique pour chacun des articles et une harmonisation des termes,

avec l'accord de la Cour de justice,

avec l'approbation du Conseil donnée le 10 février 2015,

ARRÊTE LE PRÉSENT RÈGLEMENT :

Dispositions liminaires

Art. 1er *Définitions.* 1. Dans le présent règlement :

a) les dispositions du traité sur l'Union européenne sont désignées par le numéro de l'article concerné dudit traité suivi du sigle "TUE" ;

b) les dispositions du traité sur le fonctionnement de l'Union européenne sont désignées par le numéro de l'article concerné dudit traité suivi du sigle "TFUE" ;

c) les dispositions du traité instituant la Communauté européenne de l'énergie atomique sont désignées par le numéro de l'article concerné dudit traité suivi du sigle "TCEEA" ;

d) le protocole sur le statut de la Cour de justice de l'Union européenne est dénommé "statut" ;

e) l'accord sur l'Espace économique européen *[JO L 1 du 3.1.1994, p. 3]* est dénommé "accord EEE" ;

f) le règlement n° 1 du Conseil, du 15 avril 1958, portant fixation du régime linguistique de la Communauté économique européenne *[JO 17 du 6.10.1958, p. 385]* est dénommé "règlement n° 1 du Conseil".

2. Aux fins de l'application du présent règlement :

a) le terme "Tribunal" désigne, pour les affaires attribuées à ou renvoyées devant une chambre, cette chambre et, pour les affaires dévolues ou attribuées au juge unique, ce dernier ;

b) le terme "président", utilisé sans autre indication, désigne :

– pour les affaires non encore attribuées à une formation de jugement, le président du Tribunal ;

– pour les affaires attribuées aux chambres, le président de la chambre à laquelle l'affaire est attribuée ;

– pour les affaires dévolues ou attribuées au juge unique, ce dernier ;

c) les termes "partie" et "parties", utilisés sans autre indication, désignent toute partie à l'instance, y compris les intervenants ;

d) les expressions "partie principale" et "parties principales" désignent, selon le cas, le requérant ou le défendeur ou les deux ;

e) l'expression "représentants des parties" désigne les avocats et les agents, ces derniers assistés, le cas échéant, d'un conseil ou d'un avocat, qui représentent les parties devant le Tribunal conformément à l'article 19 du statut ;

f) les termes "institution" et "institutions" désignent les institutions de l'Union visées à l'article 13, paragraphe 1, TUE ainsi que les organes ou organismes créés par les traités ou par un acte pris pour leur exécution et qui peuvent être parties devant le Tribunal ;
g) le terme "Office" désigne, selon le cas, l'Office de l'Union européenne pour la propriété intellectuelle ou l'Office communautaire des variétés végétales ;
h) l'expression "Autorité de surveillance AELE" désigne l'autorité de surveillance de l'Association européenne de libre-échange, visée par l'accord EEE ;
i) l'expression "recours directs" désigne les recours introduits sur le fondement des articles 263 TFUE, 265 TFUE, 268 TFUE, 270 TFUE et 272 TFUE ;
j) l'expression "statut des fonctionnaires" désigne le règlement établissant le statut des fonctionnaires de l'Union européenne ainsi que le régime applicable aux autres agents de l'Union ;
k) le terme "e-Curia" désigne l'application informatique de la Cour de justice de l'Union européenne permettant le dépôt et la signification d'actes de procédure par la voie électronique.

Art. 2 *Portée du présent règlement.* Les dispositions du présent règlement mettent en œuvre et complètent, en tant que de besoin, les dispositions pertinentes des TUE, TFUE et TCEEA ainsi que le statut.

TITRE PREMIER De l'organisation du tribunal

CHAPITRE PREMIER *Des membres du tribunal*

Art. 3 *Fonctions de juge et d'avocat général.* 1. Tout membre du Tribunal exerce, en principe, les fonctions de juge.
2. Les membres du Tribunal sont ci-après dénommés "juges".
3. Tout juge, à l'exception du président et des présidents de chambre du Tribunal, peut exercer, dans une affaire déterminée, les fonctions d'avocat général dans les conditions définies aux articles 30 et 31.
4. Les références à l'avocat général dans le présent règlement ne s'appliquent qu'aux cas où un juge a été désigné comme avocat général.

Art. 4 *Début de la période de mandat des juges.* Le mandat d'un juge commence à courir à la date fixée à cet effet dans l'acte de nomination. Si cet acte ne fixe pas la date du début de la période du mandat, cette période commence à courir à la date de publication de cet acte au *Journal officiel de l'Union européenne.*

Art. 5 *Prestation de serment.* Avant leur entrée en fonctions, les juges prêtent devant la Cour de justice le serment suivant, prévu à l'article 2 du statut :
"Je jure d'exercer mes fonctions en pleine impartialité et en toute conscience ; je jure de ne rien divulguer du secret des délibérations."

Art. 6 *Engagement solennel.* Immédiatement après avoir prêté serment, les juges signent une déclaration par laquelle ils prennent l'engagement solennel prévu à l'article 4, troisième alinéa, du statut.

Art. 7 *Relèvement des fonctions d'un juge.* 1. Lorsque la Cour de justice est appelée, en vertu de l'article 6 du statut, à décider, après consultation du Tribunal, si un juge ne répond plus aux conditions requises ou ne satisfait plus aux obligations découlant de sa charge, le président du Tribunal invite l'intéressé à présenter ses observations, hors la présence du greffier.
2. L'avis du Tribunal est motivé.
3. L'avis constatant qu'un juge ne répond plus aux conditions requises ou ne satisfait plus aux obligations découlant de sa charge doit recueillir au moins les suffrages de la majorité des juges composant le Tribunal selon l'article 48 du statut. Dans ce cas, la décomposition des votes est communiquée à la Cour de justice.
4. Le vote a lieu au scrutin secret, hors la présence du greffier, l'intéressé ne participant pas à la délibération.

Art. 8 *Rang d'ancienneté.* 1. L'ancienneté des juges est calculée à partir de leur entrée en fonctions.
2. A ancienneté de fonctions égale, l'âge détermine le rang.
3. Les juges dont le mandat est renouvelé conservent leur rang antérieur.

CHAPITRE II *De la présidence du tribunal*

Art. 9 *Élection du président et du vice-président du Tribunal.* 1. Les juges élisent parmi eux, pour trois ans, le président du Tribunal immédiatement après le renouvellement partiel prévu à l'article 254, deuxième alinéa, TFUE.

2. En cas de cessation du mandat du président du Tribunal avant le terme normal de ses fonctions, il est procédé à son remplacement pour la période restant à courir.

3. Lors des élections visées au présent article, le vote a lieu au scrutin secret. Est élu le juge qui obtient les voix de plus de la moitié des juges composant le Tribunal selon l'article 48 du statut. Si aucun des juges ne réunit cette majorité, il est procédé à d'autres tours de scrutin jusqu'à ce qu'elle soit atteinte.

4. Les juges élisent ensuite parmi eux, pour trois ans, le vice-président du Tribunal, selon les modalités prévues au paragraphe 3. Le paragraphe 2 est applicable en cas de cessation de son mandat avant le terme normal de ses fonctions.

5. Les noms du président et du vice-président du Tribunal élus conformément au présent article sont publiés au *Journal officiel de l'Union européenne.*

Art. 10 *Attributions du président du Tribunal.* 1. Le président du Tribunal représente le Tribunal.

2. Le président du Tribunal dirige les travaux et les services du Tribunal.

3. Le président du Tribunal préside la conférence plénière, visée à l'article 42.

4. La grande chambre est présidée par le président du Tribunal. Dans ce cas, l'article 19 est applicable.

5. Si le président du Tribunal est affecté à une chambre, cette chambre est présidée par lui. Dans ce cas, l'article 19 est applicable.

6. Pour les affaires non encore attribuées à une formation de jugement, le président du Tribunal peut adopter les mesures d'organisation de la procédure prévues à l'article 89.

Art. 11 *Attributions du vice-président du Tribunal.* 1. Le vice-président du Tribunal assiste le président du Tribunal dans l'exercice de ses fonctions et le remplace en cas d'empêchement.

2. Il le remplace, à sa demande, dans l'exercice des fonctions visées à l'article 10, paragraphes 1 et 2.

3. Le Tribunal, par décision, précise les conditions dans lesquelles le vice-président du Tribunal remplace le président du Tribunal dans l'exercice de ses fonctions juridictionnelles. Cette décision est publiée au *Journal officiel de l'Union européenne.*

4. Sous réserve de l'article 10, paragraphe 5, si le vice-président du Tribunal est affecté à une chambre, cette chambre est présidée par lui. Dans ce cas, l'article 19 est applicable.

Art. 12 *Empêchement du président et du vice-président du Tribunal.* En cas d'empêchements simultanés du président et du vice-président du Tribunal, la présidence est assurée par un des présidents de chambre ou, à défaut, par un des autres juges, selon l'ordre établi à l'article 8.

CHAPITRE III *Des chambres et des formations de jugement*

SECTION I *De la constitution des chambres et de la composition des formations de jugement*

Art. 13 *Constitution des chambres.* 1. Le Tribunal constitue en son sein des chambres siégeant avec trois et avec cinq juges.

2. Le Tribunal décide, sur proposition du président du Tribunal, de l'affectation des juges aux chambres.

3. Les décisions prises conformément au présent article sont publiées au *Journal officiel de l'Union européenne.*

Art. 14 *Formation de jugement compétente.* 1. Les affaires dont est saisi le Tribunal sont jugées par les chambres siégeant avec trois ou avec cinq juges conformément à l'article 13.

2. Les affaires peuvent être jugées par la grande chambre dans les conditions déterminées par l'article 28.

3. Les affaires peuvent être jugées par le juge unique lorsqu'elles lui sont dévolues dans les conditions déterminées par l'article 29.

Art. 15 *Composition de la grande chambre.* 1. La grande chambre est composée de quinze juges.

2. Le Tribunal décide du mode de désignation des juges composant la grande chambre. Cette décision est publiée au *Journal officiel de l'Union européenne.*

Art. 16 *Abstention et décharge d'un juge.* 1. Lorsqu'un juge estime, conformément à l'article 18, premier et deuxième alinéas, du statut, ne pas pouvoir participer au règlement d'une affaire, il en fait part au président du Tribunal qui le dispense de siéger.

2. Lorsque le président du Tribunal estime qu'un juge ne peut pas, conformément à l'article 18, premier et deuxième alinéas, du statut, participer au règlement d'une affaire, il en avertit le juge concerné et l'entend en ses observations avant de statuer.

3. En cas de difficulté sur l'application du présent article, conformément à l'article 18, troisième alinéa, du statut, le président du Tribunal défère les questions visées aux paragraphes 1 et 2 à la conférence plénière. Dans ce cas, le vote a lieu au scrutin secret, hors la présence du greffier, le juge concerné ayant été entendu en ses observations et ne participant pas à la délibération.

Art. 17 *Empêchement d'un membre de la formation de jugement.* 1. Si, dans la grande chambre, à la suite de l'empêchement d'un juge intervenu avant que l'affaire soit mise en délibéré ou plaidée, le nombre de juges prévu à l'article 15 n'est pas atteint, cette chambre est complétée par un juge désigné par le président du Tribunal afin de rétablir le nombre prévu de juges.

2. Si, dans une chambre siégeant avec trois juges ou avec cinq juges, à la suite de l'empêchement d'un juge intervenu avant que l'affaire soit mise en délibéré ou plaidée, le nombre de juges prévu n'est pas atteint, le président de cette chambre désigne un autre juge faisant partie de la même chambre pour remplacer le juge empêché. S'il n'est pas possible de remplacer le juge empêché par un juge faisant partie de la même chambre, le président de la chambre concernée en avertit le président du Tribunal, qui désigne, selon les critères décidés par le Tribunal, un autre juge afin de rétablir le nombre prévu de juges. La décision comportant ces critères est publiée au *Journal officiel de l'Union européenne.*

3. En cas d'empêchement du juge auquel l'affaire est dévolue ou attribuée en tant que juge unique, le président du Tribunal désigne un autre juge pour le remplacer.

SECTION II *Des présidents de chambre*

Art. 18 *Élection des présidents de chambre.* 1. Les juges élisent parmi eux, en application de l'article 9, paragraphe 3, les présidents des chambres siégeant avec trois et avec cinq juges.

2. Les présidents des chambres siégeant avec cinq juges sont élus pour une période de trois ans. Leur mandat est renouvelable une fois.

3. Les présidents des chambres siégeant avec trois juges sont élus pour une période déterminée.

4. L'élection des présidents des chambres siégeant avec cinq juges a lieu immédiatement après les élections du président et du vice-président du Tribunal prévues à l'article 9.

5. En cas de cessation du mandat d'un président de chambre avant le terme normal de ses fonctions, il est procédé à son remplacement pour la période restant à courir.

6. Les noms des présidents de chambre élus conformément au présent article sont publiés au *Journal officiel de l'Union européenne.*

Art. 19 *Compétences du président de chambre.* 1. Le président de chambre exerce les compétences qui lui sont attribuées par le présent règlement après avoir entendu le juge rapporteur.

2. Le président de chambre peut déférer toute décision relevant de sa compétence à la chambre.

Art. 20 *Empêchement du président de chambre.* Sans préjudice de l'article 10, paragraphe 5, et de l'article 11, paragraphe 4, en cas d'empêchement du président d'une chambre, les fonctions de celui-ci sont assurées par un juge de la formation de jugement selon l'ordre établi à l'article 8.

SECTION III *Des délibérations*

Art. 21 *Modalités des délibérations.* 1. Les délibérations du Tribunal sont et restent secrètes.

2. Lorsqu'une audience de plaidoiries a eu lieu, seuls les juges ayant participé à celle-ci prennent part aux délibérations.

3. Chacun des juges participant aux délibérations exprime son opinion en la motivant.

4. Les conclusions adoptées après discussion finale par la majorité des juges déterminent la décision du Tribunal. Les votes sont émis dans l'ordre inverse de l'ordre établi à l'article 8, à l'exception du juge rapporteur qui vote en premier lieu et du président qui vote en dernier lieu.

Art. 22 *Nombre de juges participant aux délibérations.* Si, à la suite d'un empêchement, les juges sont en nombre pair, le juge le moins ancien au sens de l'article 8 s'abstient de participer aux délibérations, sauf s'il s'agit du président ou du juge rapporteur. Dans ce dernier cas, c'est le juge qui le précède immédiatement dans le rang d'ancienneté qui s'abstient de participer aux délibérations.

Art. 23 *Quorum de la grande chambre.* 1. Les délibérations de la grande chambre ne sont valables que si onze juges sont présents.

2. Si, à la suite d'un empêchement, ce quorum n'est pas atteint, le président du Tribunal désigne un autre juge pour atteindre le quorum de la grande chambre.

3. Si le quorum n'est plus atteint alors que l'audience de plaidoiries a eu lieu, il est procédé au remplacement dans les conditions visées au paragraphe 2 et une nouvelle audience est organisée à la demande d'une partie principale. Elle peut également être organisée d'office par le Tribunal. La tenue d'une nouvelle audience est obligatoire lorsqu'il a été procédé à des mesures d'instruction conformément à l'article 91, sous a) et d), et à l'article 96, paragraphe 2. Lorsqu'une nouvelle audience n'est pas organisée, l'article 21, paragraphe 2, n'est pas applicable.

Art. 24 *Quorum des chambres siégeant avec trois juges ou avec cinq juges.* 1. Les délibérations des chambres siégeant avec trois juges ou avec cinq juges ne sont valables que si trois juges sont présents.

2. Si, à la suite d'un empêchement, dans une des chambres siégeant avec trois ou avec cinq juges, le quorum n'est pas atteint, le président de cette chambre désigne un autre juge faisant partie de la même chambre pour remplacer le juge empêché. S'il n'est pas possible de remplacer le juge empêché par un juge faisant partie de la même chambre, le président de la chambre concernée en avertit le président du Tribunal, qui désigne, selon les critères décidés par le Tribunal, un autre juge pour atteindre le quorum de la chambre. La décision comportant ces critères est publiée au *Journal officiel de l'Union européenne.*

3. Si le quorum n'est plus atteint alors que l'audience de plaidoiries a eu lieu, il est procédé au remplacement dans les conditions visées au paragraphe 2 et une nouvelle audience est organisée à la demande d'une partie principale. Elle peut également être organisée d'office par le Tribunal. La tenue d'une nouvelle audience est obligatoire lorsqu'il a été procédé à des mesures d'instruction conformément à l'article 91, sous a) et d), et à l'article 96, paragraphe 2. La tenue d'une nouvelle audience est obligatoire lorsque plus d'un juge ayant participé à l'audience initiale doit être remplacé. Lorsqu'une nouvelle audience n'est pas organisée, l'article 21, paragraphe 2, n'est pas applicable.

CHAPITRE IV *De l'attribution et de la réattribution des affaires, de la désignation des juges rapporteurs, du renvoi devant les formations de jugement et de la dévolution au juge unique*

Art. 25 *Critères d'attribution.* 1. Le Tribunal fixe les critères selon lesquels les affaires sont réparties entre les chambres. Le Tribunal peut charger une ou plusieurs chambres de connaître des affaires dans des matières spécifiques.

2. Cette décision est publiée au *Journal officiel de l'Union européenne.*

Art. 26 *Attribution initiale d'une affaire et désignation du juge rapporteur.* 1. Dans les meilleurs délais suivant le dépôt de l'acte introductif d'instance, le président du Tribunal attribue les affaires à une chambre selon les critères fixés par le Tribunal conformément à l'article 25.

2. Le président de chambre propose au président du Tribunal, pour chaque affaire attribuée à la chambre, la désignation d'un juge rapporteur. Le président du Tribunal statue.

3. Si, dans l'une des chambres, siégeant avec trois ou avec cinq juges, le nombre de juges affectés à la chambre est supérieur respectivement à trois ou à cinq, le président de chambre détermine les juges qui seront appelés à participer au jugement de l'affaire.

Art. 27 *Désignation d'un nouveau juge rapporteur et réattribution d'une affaire.* 1. En cas d'empêchement du juge rapporteur, le président de la formation compétente en avertit le *président du Tribunal, qui désigne* un nouveau juge rapporteur. Si celui-ci n'est pas affecté à la chambre à laquelle l'affaire a été initialement attribuée, l'affaire est jugée par la chambre dans laquelle siège le nouveau juge rapporteur.

2. Pour tenir compte de la connexité d'objet de certaines affaires, le président du Tribunal peut, par décision motivée et après consultation des juges rapporteurs concernés, réattribuer les affaires pour permettre l'instruction par le même juge rapporteur de toutes les affaires concernées. Si le juge rapporteur auquel les affaires sont réattribuées n'appartient pas à la

chambre à laquelle les affaires ont été initialement attribuées, les affaires sont jugées par la chambre dans laquelle siège le nouveau juge rapporteur.

3. Dans l'intérêt de la bonne administration de la justice et à titre exceptionnel, le président du Tribunal peut, avant la présentation du rapport préalable, visé à l'article 87, par décision motivée et après consultation des juges concernés, désigner un autre juge rapporteur. Si celui-ci n'est pas affecté à la chambre à laquelle l'affaire a été initialement attribuée, l'affaire est jugée par la chambre dans laquelle siège le nouveau juge rapporteur.

4. Avant les désignations visées aux paragraphes 1 à 3, le président du Tribunal recueille les observations des présidents des chambres concernées.

5. En cas de recomposition des chambres, à la suite d'une décision du Tribunal relative à l'affectation des juges aux chambres, l'affaire est jugée par la chambre dans laquelle siège le juge rapporteur après cette décision si l'affaire n'a pas été mise en délibéré ou si la phase orale de la procédure n'a pas été ouverte.

Art. 28 *Renvoi devant une chambre siégeant avec un nombre différent de juges.* 1. Lorsque la difficulté en droit ou l'importance de l'affaire ou des circonstances particulières le justifient, une affaire peut être renvoyée devant la grande chambre ou devant une chambre siégeant avec un nombre différent de juges.

2. La chambre saisie de l'affaire, le vice-président du Tribunal ou le président du Tribunal peut à tout stade de la procédure, soit d'office soit à la demande d'une partie principale, proposer à la conférence plénière le renvoi visé au paragraphe 1.

3. La décision de renvoi d'une affaire devant une chambre siégeant avec un nombre plus important de juges est prise par la conférence plénière.

4. La décision de renvoi d'une affaire devant une chambre siégeant avec un nombre moins important de juges est prise par la conférence plénière, les parties principales entendues.

5. L'affaire doit être jugée par une chambre siégeant avec au moins cinq juges lorsqu'un État membre ou une institution de l'Union qui est partie à l'instance le demande.

Art. 29 *Dévolution au juge unique.* 1. Les affaires mentionnées ci-après, attribuées à une chambre siégeant avec trois juges, peuvent être jugées par le juge rapporteur statuant en tant que juge unique lorsqu'elles s'y prêtent compte tenu de l'absence de difficulté des questions de droit ou de fait soulevées, de l'importance limitée de l'affaire et de l'absence d'autres circonstances particulières et qu'elles ont été dévolues dans les conditions prévues au présent article :

a) les affaires visées à l'article 171 ci-après ;

b) les affaires introduites en vertu de l'article 263, quatrième alinéa, TFUE, de l'article 265, troisième alinéa, TFUE, de l'article 268 TFUE et de l'article 270 TFUE et qui ne soulèvent que des questions déjà clarifiées par une jurisprudence établie ou relèvent d'une série d'affaires ayant le même objet et dont l'une a déjà été décidée avec force de chose jugée ;

c) les affaires introduites en vertu de l'article 272 TFUE.

2. La dévolution au juge unique est exclue :

a) pour les recours en annulation contre un acte de portée générale ou pour les affaires dans lesquelles est explicitement soulevée une exception d'illégalité à l'encontre d'un acte de portée générale ;

b) pour les recours introduits en vertu de l'article 270 TFUE dans lesquels est explicitement soulevée une exception d'illégalité à l'encontre d'un acte de portée générale, sauf lorsque la Cour de justice ou le Tribunal a déjà statué sur les questions que soulève cette exception ;

c) pour les affaires concernant la mise en œuvre :

– des règles de concurrence et de contrôle des concentrations,

– des règles concernant les aides accordées par les États,

– des règles visant les mesures de défense commerciale,

– des règles relatives à l'organisation commune des marchés agricoles à l'exception des affaires relevant d'une série d'affaires ayant le même objet et dont l'une a déjà été décidée avec force de chose jugée.

3. La décision relative à la dévolution d'une affaire au juge unique est prise, les parties principales entendues, par la chambre siégeant avec trois juges devant laquelle l'affaire est pendante. Lorsqu'un État membre ou une institution de l'Union qui est partie à l'instance s'oppose à ce qu'une affaire soit jugée par le juge unique, celle-ci doit être maintenue devant la chambre dont fait partie le juge rapporteur.

4. Le juge unique renvoie l'affaire devant la chambre s'il constate que les conditions de la dévolution ne sont plus réunies.

CHAPITRE V *De la désignation des avocats généraux*

Art. 30 *Cas de désignation d'un avocat général.* Le Tribunal peut être assisté d'un avocat général, dans la mesure où il estime que la difficulté en droit ou la complexité en fait de l'affaire l'exigent.

Art. 31 *Modalités de la désignation d'un avocat général.* 1. La décision de procéder à la désignation d'un avocat général pour une affaire déterminée est prise par la conférence plénière à la demande de la chambre à laquelle l'affaire a été attribuée ou devant laquelle elle a été renvoyée.

2. Le président du Tribunal désigne le juge appelé à exercer les fonctions d'avocat général dans cette affaire.

3. Après cette désignation, l'avocat général est entendu en ses observations avant que les décisions prévues aux articles 16, 28, 45, 68, 70, 83, 87, 90, 92, 98, 103, 105, 106, 113, 126 à 132, 144, 151, 165, 168, 169 et 207 à 209 soient prises.

CHAPITRE VI *Du greffe*

SECTION 1 *Du greffier*

Art. 32 *Nomination du greffier.* 1. Le Tribunal nomme le greffier.

2. En cas de vacance du poste de greffier, une annonce est publiée au *Journal officiel de l'Union européenne.* Les personnes intéressées sont invitées à présenter leur candidature, dans un délai qui ne peut être inférieur à trois semaines, accompagnée de tous renseignements sur leur nationalité, leurs titres universitaires, leurs connaissances linguistiques, leurs activités professionnelles actuelles et antérieures, ainsi que sur l'expérience judiciaire et internationale éventuelle dont elles disposent.

3. Le vote a lieu selon la procédure prévue à l'article 9, paragraphe 3.

4. Le greffier est nommé pour une période de six ans. Son mandat est renouvelable. Le Tribunal peut décider de renouveler le mandat du greffier en fonctions sans faire usage de la procédure prévue au paragraphe 2. Dans ce cas, le paragraphe 3 est applicable.

5. Le greffier prête le serment prévu à l'article 5 et signe la déclaration prévue à l'article 6.

6. Le greffier ne peut être relevé de ses fonctions que s'il ne répond plus aux conditions requises ou ne satisfait plus aux obligations découlant de sa charge. Le Tribunal décide, hors la présence du greffier, après avoir mis ce dernier en mesure de présenter ses observations.

7. Si le greffier cesse ses fonctions avant l'expiration de son mandat, le Tribunal nomme un nouveau greffier pour une période de six ans.

8. Le nom du greffier élu conformément au présent article est publié au *Journal officiel de l'Union européenne.*

Art. 33 *Greffier adjoint.* Le Tribunal peut nommer, selon la procédure prévue pour le greffier, un ou plusieurs greffiers adjoints chargés d'assister le greffier et de le remplacer en cas d'empêchement.

Art. 34 *Empêchement du greffier et du greffier adjoint.* Le président du Tribunal désigne les fonctionnaires ou agents chargés de remplir les fonctions de greffier en cas d'empêchement de celui-ci et, le cas échéant, du greffier adjoint.

Art. 35 *Attributions du greffier.* 1. Sous l'autorité du président du Tribunal, le greffier est chargé de la réception, de la transmission et de la conservation de tous documents, ainsi que des significations que comporte l'application du présent règlement.

2. Le greffier assiste les membres du Tribunal dans tous les actes de leur ministère.

3. Le greffier a la garde des sceaux et la responsabilité des archives. Il prend soin des publications du Tribunal, notamment du recueil de la jurisprudence, et de la diffusion sur l'internet de documents concernant le Tribunal.

4. Le greffier assure l'administration, la gestion financière et la comptabilité du Tribunal sous l'autorité du président du Tribunal et avec le concours des services de la Cour de justice de l'Union européenne.

5. Sous réserve des dispositions contraires du présent règlement, le greffier assiste aux séances du Tribunal.

Art. 36 *Tenue du registre.* 1. Il est tenu au greffe sous la responsabilité du greffier un registre, sur lequel sont inscrits à la suite et dans l'ordre de leur présentation tous les actes de procédure.

2. Mention de l'inscription au registre est faite par le greffier sur les actes de procédure versés au dossier de l'affaire et, à la demande des parties, sur les copies qu'elles présentent à cet effet.

3. Les inscriptions au registre et les mentions prévues au paragraphe 2 constituent des actes authentiques.

Art. 37 *Consultation du registre.* Toute personne peut consulter le registre au greffe et en obtenir des copies ou des extraits selon le tarif du greffe établi par le Tribunal sur proposition du greffier.

Art. 38 *Accès au dossier de l'affaire.* 1. Sous réserve des dispositions de l'article 68, paragraphe 4, des articles 103 à 105 ainsi que de l'article 144, paragraphe 7, toute partie à l'instance peut accéder au dossier de l'affaire et obtenir, selon le tarif du greffe, visé à l'article 37, des copies des actes de procédure ainsi que des expéditions des ordonnances et arrêts.

2. Aucune tierce personne, privée ou publique, ne peut accéder au dossier d'une affaire sans autorisation expresse du président du Tribunal, les parties entendues. Cette autorisation ne peut être accordée, en tout ou en partie, que sur demande écrite, laquelle doit être accompagnée d'une justification détaillée de l'intérêt légitime à accéder audit dossier.

SECTION II *Des services*

Art. 39 *Fonctionnaires et autres agents.* 1. Les fonctionnaires et autres agents chargés d'assister directement le président, les juges et le greffier sont nommés dans les conditions prévues par le statut des fonctionnaires. Ils relèvent du greffier sous l'autorité du président du Tribunal.

2. Ils prêtent devant le président du Tribunal, en présence du greffier, l'un des deux serments suivants :

"Je jure d'exercer en toute loyauté, discrétion et conscience les fonctions qui me sont confiées par le Tribunal."

ou

"Je promets solennellement d'exercer en toute loyauté, discrétion et conscience les fonctions qui me sont confiées par le Tribunal."

CHAPITRE VII *Du fonctionnement du tribunal*

Art. 40 *Lieu des séances du Tribunal.* Le Tribunal peut, pour une ou plusieurs séances déterminées, choisir un lieu autre que celui où le Tribunal a son siège.

Art. 41 *Calendrier des travaux du Tribunal.* 1. L'année judiciaire commence le 1er septembre d'une année civile et se termine le 31 août de l'année suivante.

2. Les vacances judiciaires sont fixées par le Tribunal.

3. Pendant les vacances judiciaires, le président du Tribunal et les présidents de chambre peuvent, en cas d'urgence, convoquer les juges et, le cas échéant, l'avocat général.

4. Le Tribunal observe les jours fériés légaux du lieu où il a son siège.

5. Le Tribunal peut, pour de justes motifs, accorder des congés aux juges.

6. Les dates des vacances judiciaires sont publiées annuellement au *Journal officiel de l'Union européenne.*

Art. 42 *Conférence plénière.* 1. Les décisions portant sur des questions administratives et les décisions visées aux articles 7, 9, 11, 13, 15, 16, 18, 25, 28, 31 à 33, 41, 56 *bis* et 224 sont prises par le Tribunal lors de la conférence plénière, à laquelle participent, avec voix délibérative, l'ensemble des juges, sous réserve des dispositions contraires du présent règlement. Le greffier y assiste, sauf décision contraire du Tribunal.

2. Si, la conférence plénière étant convoquée, il est constaté que le quorum visé à l'article 17, quatrième alinéa, du statut n'est pas atteint, le président du Tribunal ajourne la séance jusqu'à ce que le quorum soit atteint.

Art. 43 *Établissement des procès-verbaux.* 1. Lorsque le Tribunal siège en présence du greffier, ce dernier établit, s'il y a lieu, un procès-verbal, qui est signé, selon le cas, par le président du Tribunal ou par le président de chambre et par le greffier.

2. Lorsque le Tribunal siège hors la présence du greffier, il charge le juge le moins ancien au sens de l'article 8 d'établir, s'il y a lieu, un procès-verbal, qui est signé, selon le cas, par le président du Tribunal ou par le président de chambre et par ce juge.

TITRE II **Du régime linguistique**

Art. 44 *Langues de procédure.* Les langues de procédure sont l'allemand, l'anglais, le bulgare, le croate, le danois, l'espagnol, l'estonien, le finnois, le français, le grec, le hongrois, l'irlandais, l'italien, le letton, le lituanien, le maltais, le néerlandais, le polonais, le portugais, le roumain, le slovaque, le slovène, le suédois et le tchèque.

Art. 45 *Détermination de la langue de procédure.* 1. Dans les recours directs au sens de l'article 1er, la langue de procédure est choisie par le requérant, sous réserve des dispositions ci-après :

a) si le défendeur est un État membre ou une personne physique ou morale ressortissant d'un État membre, la langue de procédure est la langue officielle de cet État ; dans le cas où il existe plusieurs langues officielles, le requérant a la faculté de choisir celle qui lui convient ;

b) à la demande conjointe des parties principales, l'emploi total ou partiel d'une autre des langues mentionnées à l'article 44 peut être autorisé ;

c) à la demande d'une partie, les autres parties entendues, l'emploi total ou partiel comme langue de procédure d'une autre des langues mentionnées à l'article 44 peut être autorisé par dérogation aux dispositions sous b) ; cette demande ne peut être introduite par l'une des institutions.

2. La décision sur les demandes ci-dessus mentionnées est prise par le président ; celui-ci, lorsqu'il veut y faire droit sans l'accord de toutes les parties, doit déférer la demande au Tribunal.

3. Sans préjudice des dispositions prévues au paragraphe 1, sous b) et c) :

a) dans le cas du pourvoi contre les décisions du Tribunal de la fonction publique, visé aux articles 9 et 10 de l'annexe I du statut, la langue de procédure est celle de la décision du Tribunal de la fonction publique qui fait l'objet du pourvoi ;

b) dans le cas de demandes de rectification, de demandes visant à remédier à une omission de statuer, d'opposition à un arrêt rendu par défaut, de tierce opposition ainsi que de demandes en interprétation et en révision ou dans le cas de contestations sur les dépens récupérables, la langue de procédure est celle de la décision à laquelle ces demandes ou contestations se rapportent.

4. Sans préjudice des dispositions prévues au paragraphe 1, sous b) et c), dans les recours dirigés contre les décisions des chambres de recours de l'Office, visé à l'article 1er, et portant sur l'application des règles relatives à un régime de propriété intellectuelle :

a) la langue de procédure est choisie par le requérant s'il était la seule partie à la procédure devant la chambre de recours de l'Office ;

b) la langue de la requête, choisie par le requérant parmi les langues visées à l'article 44, devient la langue de procédure si aucune autre partie à la procédure devant la chambre de recours de l'Office ne s'y oppose dans le délai fixé à cet effet par le greffier après le dépôt de la requête ;

c) en cas d'opposition à la langue de la requête d'une partie à la procédure devant la chambre de recours de l'Office autre que le requérant, la langue de la décision attaquée devant le Tribunal devient la langue de procédure ; dans un tel cas, le greffier veille à assurer la traduction de la requête dans la langue de procédure.

Art. 46 *Emploi de la langue de procédure.* 1. La langue de procédure est notamment employée dans les mémoires et plaidoiries des parties, y compris les pièces annexées, ainsi que les procès-verbaux et décisions du Tribunal.

2. Toute pièce produite ou annexée et rédigée dans une langue autre que la langue de procédure est accompagnée d'une traduction dans la langue de procédure.

3. Toutefois, dans le cas de pièces volumineuses, des traductions en extraits peuvent être présentées. A tout moment, le président peut exiger une traduction plus complète ou intégrale, soit d'office, soit à la demande d'une des parties.

4. Par dérogation à ce qui précède, les États membres sont autorisés à utiliser leur propre langue officielle lorsqu'ils interviennent à un litige pendant devant le Tribunal. Cette disposition s'applique tant aux documents écrits qu'aux déclarations orales. La traduction dans la langue de procédure est assurée dans chaque cas par les soins du greffier.

5. Les États parties à l'accord EEE, autres que les États membres, ainsi que l'Autorité de surveillance AELE peuvent être autorisés à utiliser une des langues mentionnées à l'article 44, autre que la langue de procédure, lorsqu'ils interviennent à un litige pendant devant le Tribunal. Cette disposition s'applique tant aux documents écrits qu'aux déclarations orales. La traduction dans la langue de procédure est assurée dans chaque cas par les soins du greffier.

6. Lorsque les témoins ou experts déclarent qu'ils ne peuvent s'exprimer convenablement dans une des langues mentionnées à l'article 44, le président les autorise à formuler leurs déclarations dans une autre langue. Le greffier assure la traduction dans la langue de procédure.

7. Le président, pour la direction des débats, les juges et, le cas échéant, l'avocat général, lorsqu'ils posent des questions, et ce dernier pour ses conclusions, peuvent employer une des langues mentionnées à l'article 44 autre que la langue de procédure. Le greffier assure la traduction dans la langue de procédure.

Art. 47 *Responsabilité du greffier en matière linguistique.* Le greffier veille à ce que soit effectuée, à la demande d'un des juges, de l'avocat général ou d'une partie, la traduction dans les langues de son choix mentionnées à l'article 44 de ce qui est dit ou écrit pendant la procédure devant le Tribunal.

Art. 48 *Régime linguistique des publications du Tribunal.* Les publications du Tribunal sont faites dans les langues visées à l'article 1er du règlement n° 1 du Conseil.

Art. 49 *Textes faisant foi.* Les textes rédigés dans la langue de procédure ou, le cas échéant, dans une autre langue autorisée en vertu des articles 45 et 46 font foi.

TITRE III **Des recours directs**

Art. 50 *Champ d'application.* Les dispositions du présent titre s'appliquent aux recours directs au sens de l'article 1er.

CHAPITRE PREMIER *Dispositions générales*

SECTION I *De la représentation des parties*

Art. 51 *Obligation de représentation.* 1. Les parties doivent être représentées par un agent ou un avocat dans les conditions prévues à l'article 19 du statut.

2. L'avocat représentant ou assistant une partie est tenu de déposer au greffe un document de légitimation certifiant qu'il est habilité à exercer devant une juridiction d'un État membre ou d'un autre État partie à l'accord EEE.

3. Les avocats sont tenus, lorsque la partie qu'ils représentent est une personne morale de droit privé, de déposer au greffe un mandat délivré par cette dernière.

4. Si les documents visés aux paragraphes 2 et 3 ne sont pas déposés, le greffier fixe à la partie concernée un délai raisonnable pour les produire. A défaut de cette production dans le délai imparti, le Tribunal décide si l'inobservation de cette formalité entraîne l'irrecevabilité formelle de la requête ou du mémoire.

SECTION II *Des droits et obligations des représentants des parties*

Art. 52 *Privilèges, immunités et facilités.* 1. Les agents, conseils et avocats qui se présentent devant le Tribunal ou devant une autorité judiciaire commise par lui en vertu d'une commission rogatoire jouissent de l'immunité pour les paroles prononcées et les écrits produits relatifs à la cause ou aux parties.

2. Les agents, conseils et avocats jouissent en outre des privilèges et facilités suivants :

a) tous papiers et documents relatifs à la procédure sont exempts de fouille et de saisie ; en cas de contestation, les préposés de la douane ou de la police peuvent sceller les papiers et documents en question, qui sont alors transmis sans délai au Tribunal pour qu'ils soient vérifiés en présence du greffier et de l'intéressé ;

b) les agents, conseils et avocats jouissent de la liberté de déplacement dans la mesure nécessaire à l'accomplissement de leur tâche.

Art. 53 *Qualité des représentants des parties.* 1. Pour bénéficier des privilèges, immunités et facilités mentionnés à l'article 52, justifient préalablement de leur qualité :

a) les agents, par un document officiel délivré par leur mandant, qui en signifie immédiatement copie au greffier ;

b) les avocats, par un document de légitimation certifiant qu'ils sont habilités à exercer devant une juridiction d'un État membre ou d'un autre État partie à l'accord EEE et, lorsque la partie qu'ils représentent est une personne morale de droit privé, par un mandat délivré par cette dernière ;

c) les conseils, par un mandat délivré par la partie qu'ils assistent.

2. Au besoin, le greffier leur délivre une pièce de légitimation. La validité de celle-ci est limitée à un délai fixe. Elle peut être étendue ou restreinte selon la durée de la procédure.

Art. 54 *Levée de l'immunité.* 1. Les privilèges, immunités et facilités mentionnés à l'article 52 sont accordés exclusivement dans l'intérêt de la procédure.

2. Le Tribunal peut lever l'immunité lorsqu'il estime que la levée de celle-ci n'est pas contraire à l'intérêt de la procédure.

Art. 55 *Exclusion de la procédure.* 1. Si le Tribunal estime que le comportement d'un agent, d'un conseil ou d'un avocat devant le Tribunal, le président, un juge ou le greffier est incompatible avec la dignité du Tribunal ou avec les exigences d'une bonne administration de la justice, ou que cet agent, ce conseil ou cet avocat use des droits qu'il tient de ses fonctions à des fins autres que celles pour lesquelles ces droits lui sont reconnus, il en informe l'intéressé. Le Tribunal peut en informer les autorités compétentes dont relève l'intéressé. Une copie de la lettre adressée à ces autorités est transmise à ce dernier.

2. Pour les mêmes motifs, le Tribunal peut, à tout moment, l'intéressé entendu, décider d'exclure, par ordonnance motivée, un agent, un conseil ou un avocat de la procédure. Cette ordonnance est immédiatement exécutoire.

3. Lorsqu'un agent, un conseil ou un avocat se trouve exclu de la procédure, celle-ci est suspendue jusqu'à l'expiration du délai fixé par le président pour permettre à la partie intéressée de désigner un autre agent, conseil ou avocat.

4. Les décisions prises en exécution des dispositions du présent article peuvent être rapportées.

Art. 56 *Professeurs.* Les dispositions de la présente section sont applicables aux professeurs visés à l'article 19, septième alinéa, du statut.

SECTION II *BIS* *De la communication par e-curia avec les representants des parties*

Art. 56 *bis* *e-Curia.* 1. Sans préjudice des cas visés à l'article 57, paragraphe 2, à l'article 72, paragraphe 4, à l'article 80, paragraphe 1, à l'article 105, paragraphes 1 et 2, à l'article 147, paragraphe 6, à l'article 148, paragraphe 9, et à l'article 178, paragraphes 2 et 3, tout acte de procédure est déposé et signifié par e-Curia.

2. Les conditions de dépôt et de signification d'un acte de procédure par e-Curia sont précisées dans une décision arrêtée par le Tribunal. Cette décision est publiée au *Journal officiel de l'Union européenne.*

3. L'utilisation d'e-Curia suppose l'ouverture d'un compte d'accès dans les conditions énoncées dans la décision visée au paragraphe 2.

4. Si un acte de procédure est déposé par e-Curia avant que les pièces justificatives requises pour valider le compte d'accès aient été produites, ces pièces doivent parvenir en format papier au greffe du Tribunal dans un délai de dix jours à compter du dépôt de l'acte. Ce délai ne peut pas être prorogé et l'article 60 n'est pas applicable. A défaut de réception des pièces justificatives dans le délai imparti, le Tribunal déclare irrecevable l'acte de procédure déposé par e-Curia.

5. Lorsque l'utilisation d'e-Curia s'avère techniquement impossible et sans préjudice de l'application de l'article 45, second alinéa, du statut, un acte de procédure peut être déposé ou signifié par tout moyen approprié disponible. Les démarches à accomplir dans un tel cas sont précisées dans la décision visée au paragraphe 2.

SECTION III *Des significations*

Art. 57 *Modes de signification.* 1. Sans préjudice de l'article 80, paragraphe 1, de l'article 148, paragraphe 9, et de l'article 178, paragraphes 2 et 3, les significations prévues par le statut et par le présent règlement sont faites par les soins du greffier par e-Curia.

2. Si, à cause de la nature de l'acte, la signification ne peut avoir lieu selon les modalités prévues au paragraphe 1, elle est faite à l'adresse du représentant de la partie concernée, *par envoi postal recommandé,* avec accusé de réception, d'une copie de l'acte à signifier, ou par remise de cette copie contre reçu. Le destinataire en est informé par e-Curia. Un envoi postal recommandé est alors réputé avoir été remis à son destinataire le dixième jour après le dépôt de cet envoi à la poste du lieu où le Tribunal a son siège, à moins qu'il soit établi par l'accusé de réception que la réception a eu lieu à une autre date ou que le destinataire informe le greffier, dans un délai de trois semaines à compter de l'information, par e-Curia, que la signification ne lui est pas parvenue.

3. Sans préjudice de l'article 72, paragraphe 4, les copies de l'original à signifier en application du paragraphe 2 sont dressées et certifiées conformes par le greffier.

SECTION IV *Des délais*

Art. 58 *Calcul des délais.* 1. Les délais de procédure prévus par les traités, le statut et le présent règlement sont calculés de la façon suivante :

a) si un délai exprimé en jours, en semaines, en mois ou en années est à compter à partir du moment où survient un événement ou s'effectue un acte, le jour au cours duquel survient cet événement ou se situe cet acte n'est pas compté dans le délai ;

b) un délai exprimé en semaines, en mois ou en années prend fin à l'expiration du jour qui, dans la dernière semaine, dans le dernier mois ou dans la dernière année, porte la même dénomination ou le même chiffre que le jour au cours duquel est survenu l'événement ou a été effectué l'acte à partir duquel le délai est à compter ; si, dans un délai exprimé en mois ou en années, le jour déterminé pour son expiration fait défaut dans le dernier mois, le délai prend fin à l'expiration du dernier jour de ce mois ;

c) lorsqu'un délai est exprimé en mois et en jours, il est d'abord tenu compte des mois entiers, puis des jours ;

d) les délais comprennent les samedis, les dimanches et les jours fériés légaux ;

e) les délais ne sont pas suspendus pendant les vacances judiciaires.

2. Si le délai prend fin un samedi, un dimanche ou un jour férié légal, l'expiration en est reportée à la fin du jour ouvrable suivant.

3. La liste des jours fériés légaux établie par la Cour de justice et publiée au *Journal officiel de l'Union européenne* est applicable au Tribunal.

Art. 59 *Recours contre un acte d'une institution publié au Journal officiel de l'Union européenne.* Lorsqu'un délai pour l'introduction d'un recours contre un acte d'une institution commence à courir à partir de la publication de cet acte au *Journal officiel de l'Union européenne,* le délai est à compter, au sens de l'article 58, paragraphe 1, sous a), à partir de la fin du quatorzième jour suivant la date de cette publication.

Art. 60 *Délai de distance.* Les délais de procédure sont augmentés d'un délai de distance forfaitaire de dix jours.

Art. 61 *Fixation et prorogation de délais.* 1. Les délais fixés en vertu du présent règlement peuvent être prorogés par l'autorité qui les a arrêtés.

2. Le président peut donner délégation de signature au greffier pour fixer certains délais qu'il lui appartient d'arrêter en vertu du présent règlement ou pour en accorder la prorogation.

Art. 62 *Actes de procédure déposés hors délai.* Un acte de procédure déposé au greffe après l'expiration du délai fixé par le président ou par le greffier en vertu du présent règlement ne peut être accepté qu'en vertu d'une décision en ce sens du président.

SECTION V *Du déroulement de la procédure et du traitement des affaires*

Art. 63 *Déroulement de la procédure.* Sans préjudice des dispositions particulières prévues par le statut ou le présent règlement, la procédure devant le Tribunal comporte une phase écrite et une phase orale.

Art. 64 *Caractère contradictoire de la procédure.* Sous réserve des dispositions de l'article 68, paragraphe 4, de l'article 104, de l'article 105, paragraphe 8, ainsi que de l'article 144, *paragraphe 7, le Tribunal ne prend* en considération que des actes de procédure et pièces dont les représentants des parties ont pu prendre connaissance et sur lesquels ils ont pu se prononcer.

Art. 65 *Signification des actes de procédure et des décisions prises en cours d'instance.* 1. Sous réserve des dispositions de l'article 68, paragraphe 4, des articles 103 à 105 ainsi que de l'article 144, paragraphe 7, les actes de procédure et pièces versés au dossier de l'affaire sont signifiés aux parties.

2. Les décisions prises en cours d'instance et versées au dossier de l'affaire sont portées à la connaissance des parties par les soins du greffier.

Art. 66 *Anonymat et omission de certaines données envers le public.* Saisi d'une demande motivée d'une partie présentée par acte séparé ou d'office, le Tribunal peut omettre le nom d'une partie au litige ou celui d'autres personnes mentionnées dans le cadre de la procédure, ou encore certaines données dans les documents afférents à l'affaire auxquels le public a accès, si des raisons légitimes justifient que l'identité d'une personne ou le contenu de ces données soient tenus confidentiels.

Art. 67 *Ordre de traitement des affaires.* 1. Le Tribunal connaît des affaires dont il est saisi selon l'ordre dans lequel elles se trouvent en état.

2. Le président peut, au vu de circonstances particulières, décider de faire juger une affaire par priorité.

Art. 68 *Jonction.* 1. Plusieurs affaires ayant le même objet peuvent, à tout moment, soit d'office soit à la demande d'une partie principale, être jointes pour cause de connexité aux fins, alternativement ou cumulativement, de la phase écrite ou de la phase orale de la procédure ou de la décision mettant fin à l'instance.

2. La jonction est décidée par le président. Avant cette décision, le président fixe un délai aux parties principales pour présenter leurs observations sur une éventuelle jonction, lorsqu'elles ne se sont pas encore prononcées à cet égard.

3. Des affaires jointes peuvent être disjointes, dans les conditions prévues au paragraphe 2.

4. Les actes de procédure versés aux dossiers des affaires jointes sont signifiés par e-Curia aux parties qui en font la demande. Le président peut cependant, à la demande d'une partie, exclure de cette signification, par voie d'ordonnance, certaines données du dossier de l'affaire dont le caractère confidentiel a été allégué.

Art. 69 *Cas de suspension.* Sans préjudice de l'article 163, une procédure pendante peut être suspendue :

a) dans les cas prévus à l'article 54, troisième alinéa, du statut ;

b) lorsqu'il est formé un pourvoi devant la Cour de justice contre une décision du Tribunal tranchant partiellement un litige au fond, mettant fin à un incident de procédure portant sur une exception d'incompétence ou d'irrecevabilité ou rejetant une intervention ;

c) à la demande d'une partie principale avec l'accord de l'autre partie principale ;

d) dans d'autres cas particuliers, lorsque la bonne administration de la justice l'exige.

Art. 70 *Décision de suspension et décision de reprise.* 1. La décision de suspendre la procédure est prise par le président. Avant cette décision, le président fixe un délai aux parties principales pour présenter leurs observations sur une éventuelle suspension de la procédure, lorsqu'elles ne se sont pas encore prononcées à cet égard.

2. La décision de reprise de la procédure avant le terme de la suspension ou visée à l'article 71, paragraphe 3, est prise selon les modalités prévues au paragraphe 1.

Art. 71 *Durée et effets de la suspension.* 1. La suspension de la procédure prend effet à la date indiquée dans la décision de suspension ou, à défaut d'une telle indication, à la date de cette décision.

2. Pendant la période de suspension, tous les délais de procédure sont interrompus, à l'exception du délai d'intervention prévu à l'article 143, paragraphe 1.

3. Lorsque la décision de suspension n'en a pas fixé le terme, la suspension prend fin à la date indiquée dans la décision de reprise de la procédure ou, à défaut d'une telle indication, à la date de cette décision.

4. A compter de la date de reprise de la procédure après une suspension, les délais de procédure interrompus sont remplacés par de nouveaux délais qui commencent à courir à la date de cette reprise.

CHAPITRE II *Des actes de procédure*

Art. 72 *Règles relatives au dépôt des actes de procédure par e-Curia.* 1. A l'exception des dépôts visés à l'article 105, paragraphes 1 et 2, et à l'article 147, paragraphe 6, tout acte de procédure est déposé au greffe par e-Curia.

2. Tout acte de procédure est daté. Au regard des délais de procédure, seules la date et l'heure du Grand-Duché de Luxembourg du dépôt au greffe sont prises en considération.

3. *A tout acte de procédure* sont annexées les pièces invoquées à l'appui et un bordereau de ces pièces.

4. Lorsqu'une annexe à un acte de procédure ne peut pas être déposée par e-Curia à cause de sa nature, l'annexe en cause est transmise séparément par la voie postale ou est remise au greffe. Cette annexe est présentée avec un exemplaire pour le Tribunal et autant d'exemplaires qu'il y a de parties en cause. Ces exemplaires sont certifiés identiques par la partie qui les dépose.

5. Si, en raison du volume d'une pièce, il n'en est annexé à l'acte de procédure que des extraits, la pièce entière ou une copie complète est déposée au greffe.

6. Les institutions produisent, dans les délais fixés par le président, les traductions de tout acte de procédure dans les autres langues visées à l'article 1er du règlement n° 1 du Conseil.

Art. 73 et 74 *Abrogés.*

Art. 75 *Longueur des mémoires.* 1. Le Tribunal fixe, conformément à l'article 224, la longueur maximale des mémoires déposés dans le cadre du présent titre.

2. Le dépassement de la longueur maximale des mémoires peut être autorisé par le président uniquement dans des cas particulièrement complexes en droit ou en fait.

CHAPITRE III *De la phase écrite de la procédure*

Art. 76 *Contenu de la requête.* La requête visée à l'article 21 du statut contient :

a) les nom et domicile du requérant ;
b) l'indication de la qualité et de l'adresse du représentant du requérant ;
c) la désignation de la partie principale contre laquelle le recours est formé ;
d) l'objet du litige, les moyens et arguments invoqués ainsi qu'un exposé sommaire desdits moyens ;
e) les conclusions du requérant ;
f) les preuves et offres de preuve, s'il y a lieu.

Art. 77 *Abrogé.*

Art. 78 *Annexes de la requête.* 1. La requête est accompagnée, s'il y a lieu, des pièces indiquées à l'article 21, second alinéa, du statut.

2. La requête présentée en vertu de l'article 270 TFUE doit être accompagnée, s'il y a lieu, de la réclamation au sens de l'article 90, paragraphe 2, du statut des fonctionnaires et de la décision portant réponse à la réclamation avec indication des dates d'introduction et de notification.

3. La requête présentée en vertu d'une clause compromissoire contenue dans un contrat de droit public ou de droit privé passé par l'Union ou pour son compte conformément à l'article 272 TFUE doit être accompagnée d'un exemplaire du contrat qui contient cette clause.

4. Si le requérant est une personne morale de droit privé, il joint à la requête une preuve récente de son existence juridique (extrait du registre du commerce, extrait du registre des associations ou tout autre document officiel).

5. La requête est accompagnée des documents visés à l'article 51, paragraphes 2 et 3.

6. Si la requête n'est pas conforme aux conditions énumérées aux paragraphes 1 à 5, le greffier fixe au requérant un délai raisonnable aux fins de la production des pièces mentionnées ci-dessus. A défaut de cette régularisation dans le délai imparti, le Tribunal décide si l'inobservation de ces conditions entraîne l'irrecevabilité formelle de la requête.

Art. 79 *Communication au Journal officiel de l'Union européenne.* Un avis est publié au *Journal officiel de l'Union européenne* indiquant la date du dépôt de la requête introductive d'instance, le nom des parties principales, les conclusions de la requête ainsi que l'indication des moyens et des principaux arguments invoqués.

Art. 80 *Signification de la requête.* 1. La requête est signifiée au défendeur par e-Curia lorsqu'il dispose d'un compte d'accès à e-Curia. A défaut, la requête est signifiée au défendeur par envoi postal recommandé, avec accusé de réception, d'une copie certifiée conforme de la requête, ou par remise de cette copie contre reçu.

2. Dans les cas prévus à l'article 78, paragraphe 6, la signification est faite dès la régularisation ou dès que le Tribunal a admis la recevabilité eu égard aux conditions énumérées dans cet article.

Art. 81 *Mémoire en défense.* 1. Dans les deux mois qui suivent la signification de la requête, le défendeur présente un mémoire en défense. Ce mémoire contient :

a) les nom et domicile du défendeur ;
b) l'indication de la qualité et de l'adresse du représentant du défendeur ;
c) les moyens et arguments invoqués ;
d) les conclusions du défendeur ;
e) les preuves et offres de preuve, s'il y a lieu.

2. L'article 78, paragraphes 4 à 6, est applicable au mémoire en défense.

3. Le délai prévu au paragraphe 1 peut, dans des circonstances exceptionnelles, être prorogé par le président à la demande motivée du défendeur.

Art. 82 *Transmission de documents.* Lorsque le Parlement européen, le Conseil ou la Commission européenne ne sont pas partie à une affaire, le Tribunal leur transmet une copie de la requête et du mémoire en défense, à l'exclusion des annexes de ces documents, pour leur permettre de constater si l'inapplicabilité d'un de leurs actes est invoquée au sens de l'article 277 TFUE.

Art. 83 *Réplique et duplique.* 1. La requête et le mémoire en défense peuvent être complétés par une réplique du requérant et par une duplique du défendeur à moins que le Tribunal décide qu'un deuxième échange de mémoires n'est pas nécessaire parce que le contenu du dossier de l'affaire est suffisamment complet.

2. Lorsque le Tribunal décide qu'un deuxième échange n'est pas nécessaire, il peut encore autoriser les parties principales à compléter le dossier de l'affaire si le requérant présente une demande motivée en ce sens dans un délai de deux semaines à compter de la signification de cette décision.

3. Le président fixe les dates auxquelles ces actes de procédure sont produits. Il peut préciser les points sur lesquels cette réplique ou cette duplique devrait porter.

CHAPITRE IV *Des moyens, des preuves et de l'adaptation de la requête*

Art. 84 *Moyens nouveaux.* 1. La production de moyens nouveaux en cours d'instance est interdite à moins que ces moyens ne se fondent sur des éléments de droit et de fait qui se sont révélés pendant la procédure.

2. S'il y a lieu, les moyens nouveaux sont produits lors du deuxième échange de mémoires et identifiés en tant que tels. Lorsque les éléments de droit et de fait qui justifient la production des moyens nouveaux sont connus après le deuxième échange de mémoires ou après qu'il a été décidé de ne pas autoriser un tel échange de mémoires, la partie principale concernée produit les moyens nouveaux dès qu'elle a connaissance de ces éléments.

3. Sans préjudice de la décision du Tribunal à intervenir sur la recevabilité des moyens nouveaux, le président met les autres parties en mesure de répondre à ces moyens.

Art. 85 *Preuves et offres de preuve.* 1. Les preuves et les offres de preuve sont présentées dans le cadre du premier échange de mémoires.

2. Les parties principales peuvent encore produire des preuves ou faire des offres de preuve dans la réplique et la duplique à l'appui de leur argumentation, à condition que le retard dans la présentation de celles-ci soit justifié.

3. A titre exceptionnel, les parties principales peuvent encore produire des preuves ou faire des offres de preuve avant la clôture de la phase orale de la procédure ou avant la décision du Tribunal de statuer sans phase orale de la procédure, à condition que le retard dans la présentation de celles-ci soit justifié.

4. Sans préjudice de la décision du Tribunal à intervenir sur la recevabilité des preuves produites ou des offres de preuve faites en vertu des paragraphes 2 et 3, le président met les autres parties en mesure de prendre position sur celles-ci.

Art. 86 *Adaptation de la requête.* 1. Lorsqu'un acte, dont l'annulation est demandée, est remplacé ou modifié par un autre acte ayant le même objet, le requérant peut, avant la clôture de la phase orale de la procédure ou avant la décision du Tribunal de statuer sans phase orale de la procédure, adapter la requête pour tenir compte de cet élément nouveau.

2. L'adaptation de la requête doit être effectuée par acte séparé et dans le délai prévu à l'article 263, sixième alinéa, TFUE dans lequel l'annulation de l'acte justifiant l'adaptation de la requête peut être demandée.

3. Dans les affaires introduites en vertu de l'article 270 TFUE, l'adaptation de la requête doit être effectuée par acte séparé et, par dérogation au paragraphe 2, dans le délai prévu à l'article 91, paragraphe 3, du statut des fonctionnaires dans lequel l'annulation de l'acte justifiant l'adaptation de la requête peut être demandée.

4. Le mémoire en adaptation contient :

a) les conclusions adaptées ;

b) s'il y a lieu, les moyens et arguments adaptés ;

c) s'il y a lieu, les preuves et offres de preuve liées à l'adaptation des conclusions.

5. Le mémoire en adaptation est accompagné de l'acte justifiant l'adaptation de la requête. Si cet acte n'est pas produit, le greffier fixe au requérant un délai raisonnable aux fins de sa production. A défaut de cette régularisation dans le délai imparti, le Tribunal décide si l'inobservation de cette exigence entraîne l'irrecevabilité du mémoire adaptant la requête.

6. Sans préjudice de la décision du Tribunal à intervenir sur la recevabilité du mémoire adaptant la requête, le président fixe un délai au défendeur pour répondre au mémoire en adaptation.

7. Le président fixe, le cas échéant, un délai aux intervenants afin de compléter leurs mémoires en intervention à la lumière du mémoire en adaptation de la requête et du mémoire en réponse. A cette fin, ces mémoires sont signifiés simultanément aux intervenants.

CHAPITRE V *Du rapport préalable*

Art. 87 *Rapport préalable.* 1. Lorsque la phase écrite de la procédure est close, le président fixe la date à laquelle le juge rapporteur présente au Tribunal un rapport préalable.

2. Le rapport préalable comporte une analyse des questions pertinentes de fait et de droit soulevées par le recours, des propositions sur la question de savoir si l'affaire appelle des mesures d'organisation de la procédure ou des mesures d'instruction, sur la tenue de la phase orale de la procédure ainsi que sur le renvoi éventuel de l'affaire devant la grande chambre ou devant une chambre siégeant avec un nombre différent de juges et sur la dévolution éventuelle de l'affaire au juge unique.

3. Le Tribunal décide des suites à réserver aux propositions du juge rapporteur et, le cas échéant, de l'ouverture de la phase orale de la procédure.

CHAPITRE VI *Des mesures d'organisation de la procédure et des mesures d'instruction*

Art. 88 *Généralités.* 1. Les mesures d'organisation de la procédure et les mesures d'instruction peuvent être prises ou modifiées à tout stade de la procédure, soit d'office, soit à la demande d'une partie principale.

2. La demande visée au paragraphe 1 doit indiquer avec précision l'objet des mesures sollicitées et les raisons de nature à les justifier. Lorsque cette demande est formulée après le premier échange de mémoires, la partie qui présente la demande doit exposer les raisons pour lesquelles elle n'a pas pu la présenter antérieurement.

3. En cas de demande de mesures d'organisation de la procédure ou de mesures d'instruction, le président met les autres parties en mesure de prendre position sur celle-ci.

SECTION I *Des mesures d'organisation de la procédure*

Art. 89 *Objet.* 1. Les mesures d'organisation de la procédure visent à assurer, dans les meilleures conditions, la mise en état des affaires, le déroulement des procédures et le règlement des litiges.

2. Les mesures d'organisation de la procédure ont, en particulier, pour objet :

a) d'assurer le bon déroulement de la phase écrite ou de la phase orale de la procédure et de faciliter l'administration des preuves ;

b) de déterminer les points sur lesquels les parties doivent compléter leur argumentation ou qui nécessitent une instruction ;

c) de préciser la portée des conclusions ainsi que des moyens et arguments des parties et de clarifier les points litigieux entre elles ;

d) de faciliter le règlement amiable des litiges.

3. Les mesures d'organisation de la procédure peuvent notamment consister à :

a) poser des questions aux parties ;

b) inviter les parties à se prononcer par écrit ou oralement sur certains aspects du litige ;

c) demander des renseignements aux parties ou à des tiers, visés à l'article 24, second alinéa, du statut ;

d) demander aux parties la production de toute pièce relative à l'affaire ;

e) convoquer les parties à des réunions.

4. Lorsqu'une audience de plaidoiries est organisée, le Tribunal, dans la mesure du possible, invite les parties à concentrer leurs plaidoiries sur une ou plusieurs questions déterminées.

Art. 90 *Procédure.* 1. Les mesures d'organisation de la procédure sont décidées par le Tribunal.

2. Si le Tribunal décide d'adopter des mesures d'organisation de la procédure et n'y procède pas lui-même, il en charge le juge rapporteur.

SECTION II *Des mesures d'instruction*

Art. 91 *Objet.* Sans préjudice des dispositions des articles 24 et 25 du statut, les mesures d'instruction comprennent :

a) la comparution personnelle des parties ;

b) la demande à une partie de renseignements ou de production de toute pièce relative à l'affaire ;

c) la demande de production de documents dont l'accès a été refusé par une institution dans le cadre d'un recours portant sur la légalité de ce refus ;

d) la preuve par témoins ;

e) l'expertise ;

f) la descente sur les lieux.

Art. 92 *Procédure.* 1. Le Tribunal fixe les mesures qu'il juge convenir par voie d'ordonnance articulant les faits à prouver.

2. Avant que le Tribunal décide des mesures d'instruction visées à l'article 91, sous d) à f), les parties sont entendues.

3. Une mesure d'instruction visée à l'article 91, sous b), ne peut être ordonnée que lorsque la partie concernée par la mesure n'a pas donné suite à une mesure d'organisation de la procédure préalablement adoptée à cette fin ou lorsque la partie concernée par la mesure le demande explicitement en justifiant la nécessité d'une telle mesure sous la forme d'une ordonnance d'instruction. L'ordonnance d'instruction peut prévoir que les représentants des parties ne peuvent consulter les renseignements et pièces obtenus par le Tribunal à la suite de cette ordonnance qu'au greffe, sans que des copies puissent être faites.

4. Si le Tribunal décide d'ouvrir une instruction et n'y procède pas lui-même, il en charge le juge rapporteur.

5. L'avocat général prend part aux mesures d'instruction.

6. Les parties peuvent assister aux mesures d'instruction.

7. La preuve contraire et l'ampliation des offres de preuve restent réservées.

Art. 93 *Citation des témoins.* 1. Les témoins dont l'audition est reconnue nécessaire sont cités en vertu d'une ordonnance, visée à l'article 92, paragraphe 1, qui contient :

a) les nom, qualité et domicile des témoins ;

b) la date et le lieu de l'audition ;

c) l'indication des faits à établir et des témoins qui doivent être entendus sur chacun de ces faits.

2. Les témoins sont cités par le Tribunal, le cas échéant après le dépôt de la provision visée à l'article 100, paragraphe 1.

Art. 94 *Audition des témoins.* 1. Après vérification de l'identité des témoins, le président les informe qu'ils auront à certifier leurs déclarations selon les modalités précisées au paragraphe 5 et à l'article 97.

2. Les témoins sont entendus par le Tribunal, les parties convoquées. Après la déposition, le président peut, à la demande des parties ou d'office, poser des questions aux témoins.

3. La même faculté appartient à chaque juge et à l'avocat général.

4. Sous l'autorité du président, des questions peuvent être posées aux témoins par les représentants des parties.

5. Sous réserve des dispositions de l'article 97, après sa déposition, le témoin prête le serment suivant :

"Je jure d'avoir dit la vérité, toute la vérité, rien que la vérité."

6. Le Tribunal peut, les parties principales entendues, dispenser le témoin de prêter serment.

Art. 95 *Obligations des témoins.* 1. Les témoins régulièrement cités sont tenus de déférer à la citation et de se présenter à l'audition.

2. Lorsque, sans motif légitime, un témoin régulièrement cité ne se présente pas devant le *Tribunal, celui-ci peut lui* infliger une sanction pécuniaire dont le montant maximal est de 5 000 EUR et ordonner une nouvelle citation du témoin aux frais de celui-ci.

3. La même sanction peut être infligée à un témoin qui, sans motif légitime, refuse de déposer ou de prêter serment.

Art. 96 *Expertise.* 1. L'ordonnance qui nomme l'expert précise la mission de celui-ci et lui fixe un délai pour la présentation de son rapport.

2. Après la présentation du rapport et sa signification aux parties, le Tribunal peut ordonner que l'expert soit entendu, les parties convoquées. A la demande d'une des parties ou d'office, le président peut poser des questions à l'expert.

3. La même faculté appartient à chaque juge et à l'avocat général.

4. Sous l'autorité du président, des questions peuvent être posées à l'expert par les représentants des parties.

5. Sous réserve des dispositions de l'article 97, après la présentation du rapport, l'expert prête le serment suivant :

"Je jure d'avoir rempli ma mission en conscience et en toute impartialité."

6. Le Tribunal peut, les parties principales entendues, dispenser l'expert de prêter serment.

Art. 97 *Serment des témoins et experts.* 1. Le président enjoint les personnes appelées à prêter serment devant le Tribunal en qualité de témoins ou d'experts de dire la vérité ou de remplir leur mission en conscience et en toute impartialité et attire leur attention sur les conséquences pénales prévues par leur législation nationale en cas de violation de ce devoir.

2. Les témoins et experts prêtent le serment prévu respectivement à l'article 94, paragraphe 5, et à l'article 96, paragraphe 5, ou dans les formes prévues par leur législation nationale.

Art. 98 *Violation du serment des témoins et experts.* 1. Le Tribunal peut décider de dénoncer à l'autorité compétente, mentionnée dans le règlement additionnel au règlement de procédure de la Cour de justice, de l'État membre dont les juridictions sont compétentes aux fins d'une poursuite répressive tout faux témoignage ou toute fausse déclaration d'expert commis sous serment devant lui.

2. La décision du Tribunal est transmise par les soins du greffier. Elle expose les faits et circonstances sur lesquels la dénonciation est fondée.

Art. 99 *Récusation d'un témoin ou d'un expert.* 1. Si une des parties récuse un témoin ou un expert pour incapacité, indignité ou toute autre cause ou si un témoin ou un expert refuse de déposer ou de prêter serment, le Tribunal statue.

2. La récusation d'un témoin ou d'un expert est opposée dans le délai de deux semaines à compter de la signification de l'ordonnance qui cite le témoin ou nomme l'expert, par acte contenant les causes de récusation et les offres de preuve.

Art. 100 *Frais des témoins et experts.* 1. Lorsque le Tribunal ordonne l'audition de témoins ou une expertise, il peut demander aux parties principales ou à l'une d'elles le dépôt d'une provision garantissant la couverture des frais des témoins ou des experts.

2. Les témoins et experts ont droit au remboursement de leurs frais de déplacement et de séjour. Une avance sur ces frais peut leur être accordée par la caisse du Tribunal.

3. Les témoins ont droit à une indemnité pour manque à gagner et les experts à des honoraires pour leurs travaux. Ces sommes sont payées par la caisse du Tribunal aux témoins et experts après l'accomplissement de leurs devoirs ou de leur mission.

Art. 101 *Commission rogatoire.* 1. Le Tribunal peut, à la demande des parties principales ou d'office, délivrer des commissions rogatoires pour l'audition de témoins ou d'experts.

2. La commission rogatoire est délivrée par voie d'ordonnance. Celle-ci contient les nom, qualité et domicile des témoins ou experts, indique les faits sur lesquels les témoins ou experts seront entendus, désigne les parties, leurs représentants ainsi que leur adresse et expose sommairement l'objet du litige.

3. Le greffier adresse l'ordonnance à l'autorité compétente, mentionnée dans le règlement additionnel au règlement de procédure de la Cour de justice, de l'État membre sur le territoire duquel l'audition des témoins ou des experts doit être faite. Le cas échéant, il assortit l'ordonnance d'une traduction dans la ou les langues officielles de l'État membre destinataire.

4. L'autorité désignée en application du paragraphe 3 transmet l'ordonnance à l'autorité judiciaire compétente selon son droit interne.

5. L'autorité judiciaire compétente exécute la commission rogatoire conformément aux dispositions de son droit interne. Après exécution, l'autorité judiciaire compétente transmet à l'autorité désignée en application du paragraphe 3 l'ordonnance portant commission rogatoire, les pièces de l'exécution et un bordereau des dépens. Ces documents sont adressés au greffier.

6. La traduction des pièces dans la langue de procédure est assurée par les soins du greffier.

7. Le Tribunal assume les frais de la commission rogatoire, sous réserve de les mettre, le cas échéant, à la charge des parties principales.

Art. 102 *Procès-verbal des audiences d'instruction.* 1. Le greffier établit un procès-verbal de chaque audience d'instruction. Ce procès-verbal est signé par le président et par le greffier. Il constitue un acte authentique.

2. Lorsqu'il s'agit d'une audience d'audition de témoins ou d'experts, le procès-verbal est signé par le président ou le juge rapporteur chargé de procéder à l'audition ainsi que par le greffier. Avant ces signatures, le témoin ou l'expert doit être mis en mesure de vérifier le contenu du procès-verbal et de le signer.

3. Le procès-verbal est signifié aux parties.

SECTION III *Traitement des renseignements, des pièces et des documents confidentiels produits dans le cadre des mesures d'instruction*

Art. 103 *Traitement des renseignements et des pièces confidentiels.* 1. Lorsque le Tribunal est appelé à examiner, sur la base des éléments de droit et de fait invoqués par une partie principale, le caractère confidentiel, à l'égard de l'autre partie principale, de certains renseignements ou pièces produits devant lui à la suite d'une mesure d'instruction, visée à l'article 91, sous b), et susceptibles d'être pertinents pour statuer sur le litige, ces renseignements ou pièces ne sont pas communiqués à cette autre partie au stade de cet examen.

2. Lorsque le Tribunal conclut, lors de l'examen prévu au paragraphe 1, que certains renseignements ou pièces produits devant lui sont pertinents pour statuer sur le litige et présentent, à l'égard de l'autre partie principale, un caractère confidentiel, il met en balance ce caractère confidentiel et les exigences liées au droit à une protection juridictionnelle effective, en particulier au respect du principe du contradictoire.

3. Au terme de la mise en balance visée au paragraphe 2, le Tribunal peut décider de porter à la connaissance de l'autre partie principale les renseignements ou pièces confidentiels, le cas échéant en subordonnant leur divulgation à la souscription d'engagements spécifiques, ou de ne pas les communiquer en précisant, par voie d'ordonnance motivée, les modalités permettant à cette autre partie principale dans la plus large mesure possible, de faire valoir ses observations, notamment en ordonnant la production d'une version non confidentielle ou d'un résumé non confidentiel des renseignements ou pièces, comportant leur contenu essentiel.

4. Le régime procédural du présent article n'est pas applicable aux cas visés à l'article 105.

Art. 104 *Documents dont l'accès a été refusé par une institution.* Lorsque, à la suite d'une mesure d'instruction, visée à l'article 91, sous c), un document dont l'accès a été refusé par une institution a été produit devant le Tribunal dans le cadre d'un recours portant sur la légalité de ce refus, ce document n'est pas communiqué aux autres parties.

CHAPITRE VII *Des renseignements ou pièces touchant à la sûreté de l'Union ou à celle d'un ou de plusieurs de ses États membres ou à la conduite de leurs relations internationales*

Art. 105 *Traitement des renseignements ou pièces touchant à la sûreté de l'Union ou à celle d'un ou de plusieurs de ses États membres ou à la conduite de leurs relations internationales.* 1. Lorsque, contrairement au principe du contradictoire énoncé à l'article 64 dont il ressort que l'ensemble des renseignements et pièces sont intégralement communiqués entre les parties, une partie principale entend fonder ses prétentions sur certains renseignements ou pièces tout en faisant valoir que leur communication porterait atteinte à la sûreté de l'Union ou à celle d'un ou de plusieurs de ses États membres ou à la conduite de leurs relations internationales, elle produit ces renseignements ou pièces par acte séparé. Cette production est accompagnée d'une demande de traitement confidentiel de ces renseignements ou pièces comportant les raisons impérieuses qui, dans la stricte mesure où la situation l'exige, justifient la préservation de leur caractère confidentiel et qui s'opposent à leur communication à l'autre partie principale. La demande de traitement confidentiel est également présentée par acte séparé et ne contient aucun élément confidentiel. Lorsque des renseignements ou pièces dont le traitement confidentiel est sollicité ont été transmis à la partie principale par un ou plusieurs États membres, les raisons impérieuses avancées par la partie principale pour justifier leur traitement confidentiel peuvent inclure celles fournies par le ou les États membres en question. — *V. Décis. (UE) n° 2016-2387 du Tribunal, App., v° Droit européen et international, Procédures devant les juridictions de l'Union européenne* 🏛.

2. La production de renseignements ou pièces dont le caractère confidentiel est fondé sur les considérations visées au paragraphe 1 peut être demandée par le Tribunal par la voie d'une mesure d'instruction. En cas de refus, le Tribunal en prend acte. Par dérogation aux dispositions de l'article 103, le régime procédural applicable à ces renseignements ou pièces

produits à la suite d'une mesure d'instruction est celui du présent article. – *V. Décis. (UE) n° 2016-2387 du Tribunal, App., v° Droit européen et international, Procédures devant les juridictions de l'Union européenne* 🏛.

3. Au stade de l'examen du caractère pertinent pour statuer sur le litige des renseignements ou pièces produits par une partie principale conformément au paragraphe 1 ou 2 et de leur caractère confidentiel à l'égard de l'autre partie principale, ces renseignements ou pièces ne sont pas communiqués à l'autre partie principale.

4. Lorsque le Tribunal décide, après l'examen prévu au paragraphe 3, que des renseignements ou pièces produits devant lui sont pertinents pour statuer sur le litige et ne présentent pas un caractère confidentiel aux fins de la procédure devant le Tribunal, il demande à la partie concernée l'autorisation de communiquer ces renseignements ou pièces à l'autre partie principale. Si la partie s'oppose à une telle communication dans un délai fixé par le président, ou en l'absence de réponse de sa part au terme de ce délai, ces renseignements ou pièces ne sont pas pris en considération pour le jugement de l'affaire et lui sont restitués.

5. Lorsque le Tribunal décide, après l'examen prévu au paragraphe 3, que certains renseignements ou pièces produits devant lui sont pertinents pour statuer sur le litige et présentent un caractère confidentiel à l'égard de l'autre partie principale, il ne les communique pas à cette partie principale. Il procède ensuite à une mise en balance des exigences liées au droit à une protection juridictionnelle effective, en particulier au respect du principe du contradictoire, et de celles découlant de la sûreté de l'Union ou d'un ou de plusieurs de ses États membres ou de la conduite de leurs relations internationales.

6. Au terme de la mise en balance visée au paragraphe 5, le Tribunal adopte une ordonnance motivée précisant les modalités selon lesquelles les exigences visées au même paragraphe peuvent être conciliées, telles que la production par la partie concernée, aux fins d'une communication ultérieure à l'autre partie principale, d'une version non confidentielle ou d'un résumé non confidentiel des renseignements ou pièces, comportant leur contenu essentiel et permettant à l'autre partie principale, dans la plus large mesure possible, de faire valoir ses observations.

7. Les renseignements ou pièces qui présentent un caractère confidentiel à l'égard de l'autre partie principale peuvent être retirés, en totalité ou en partie, par la partie principale qui les a produits conformément au paragraphe 1 ou 2 dans un délai de deux semaines à compter de la signification de la décision prise en vertu du paragraphe 5. Les renseignements ou pièces retirés ne sont pas pris en considération pour le jugement de l'affaire et sont restitués à la partie principale concernée.

8. Lorsque le Tribunal considère que des renseignements ou pièces, qui n'ont pas été, en raison de leur caractère confidentiel, communiqués à l'autre partie principale selon les modalités visées au paragraphe 6, sont indispensables pour statuer sur le litige, il peut, par dérogation à l'article 64 et en se limitant à ce qui est strictement nécessaire, fonder son jugement sur de tels renseignements ou pièces. Lors de l'appréciation de ces renseignements ou pièces, le Tribunal tient compte du fait qu'une partie principale n'a pas pu faire valoir ses observations sur ceux-ci.

9. Le Tribunal veille à ce que des informations confidentielles contenues dans des renseignements ou pièces produits par une partie principale conformément au paragraphe 1 ou 2 et qui n'ont pas été communiqués à l'autre partie principale ne soient divulguées ni dans l'ordonnance rendue en vertu du paragraphe 6 ni dans la décision mettant fin à l'instance.

10. Les renseignements ou pièces visés au paragraphe 5, qui n'ont pas été retirés en vertu du paragraphe 7 par la partie principale qui les a produits, sont restitués à la partie concernée dès l'expiration du délai visé à l'article 56, premier alinéa, du statut sauf si, dans ce délai, un pourvoi a été formé contre la décision du Tribunal. Lorsqu'un tel pourvoi est formé, les renseignements ou pièces susmentionnés sont mis à disposition de la Cour de justice dans les conditions prévues dans la décision visée au paragraphe 11.

11. Le Tribunal détermine, par décision, les règles de sécurité aux fins de la protection des renseignements ou pièces produits conformément, selon le cas, au paragraphe 1 ou au paragraphe 2. Cette décision est publiée au *Journal officiel de l'Union européenne.*

Décision (UE) 2016/2387 du Tribunal du 14 septembre 2016,

Concernant les règles de sécurité applicables aux renseignements ou pièces produits au titre de l'article 105, paragraphe 1 ou 2, du règlement de procédure 🏛.

Décision (UE) 2016/2386 de la Cour de justice du 20 septembre 2016,

Concernant les règles de sécurité applicables aux renseignements ou pièces produits devant le Tribunal au titre de l'article 105 de son règlement de procédure.

CHAPITRE VIII *De la phase orale de la procédure*

Art. 106 *Phase orale de la procédure.* 1. La procédure devant le Tribunal comporte, dans sa phase orale, une audience de plaidoiries organisée soit d'office soit à la demande d'une partie principale.

2. La demande d'audience de plaidoiries par une partie principale doit indiquer les motifs pour lesquels celle-ci souhaite être entendue. Elle doit être présentée dans un délai de trois semaines à compter de la signification aux parties de la clôture de la phase écrite de la procédure. Ce délai peut être prorogé par le président.

3. En l'absence de demande visée au paragraphe 2, le Tribunal peut, s'il s'estime suffisamment éclairé par les pièces du dossier de l'affaire, décider de statuer sur le recours sans phase orale de la procédure. Dans ce cas, il peut néanmoins décider ultérieurement d'ouvrir la phase orale de la procédure.

Art. 107 *Date de l'audience de plaidoiries.* 1. Si le Tribunal décide d'ouvrir la phase orale de la procédure, le président fixe la date de l'audience de plaidoiries.

2. Le président peut, dans des circonstances exceptionnelles, d'office ou à la demande motivée d'une partie principale, reporter la date de l'audience de plaidoiries.

Art. 108 *Absence des parties à l'audience de plaidoiries.* 1. Lorsqu'une partie informe le Tribunal qu'elle n'assistera pas à l'audience de plaidoiries ou lorsque le Tribunal constate à l'audience l'absence non justifiée d'une partie dûment convoquée, l'audience de plaidoiries se déroule en l'absence de la partie concernée.

2. Lorsque les parties principales indiquent au Tribunal qu'elles n'assisteront pas à l'audience de plaidoiries, le président décide si la phase orale de la procédure peut être close.

Art. 109 *Huis clos.* 1. Après avoir entendu les parties, le Tribunal peut, conformément à l'article 31 du statut, décider le huis clos.

2. La demande de huis clos présentée par une partie doit être motivée et indiquer si elle vise l'intégralité ou une partie des débats.

3. La décision de huis clos comporte défense de publication des débats.

Art. 110 *Déroulement de l'audience de plaidoiries.* 1. Les débats sont ouverts et dirigés par le président qui exerce la police d'audience.

2. Les parties ne peuvent plaider que par l'intermédiaire de leur représentant.

3. Les membres de la formation de jugement ainsi que l'avocat général peuvent, au cours de l'audience de plaidoiries, poser des questions aux représentants des parties.

4. Dans les affaires introduites en vertu de l'article 270 TFUE, les membres de la formation de jugement ainsi que l'avocat général peuvent, au cours de l'audience de plaidoiries, inviter les parties elles-mêmes à s'exprimer sur certains aspects du litige.

Art. 111 *Clôture de la phase orale de la procédure.* Lorsque, dans une affaire, un avocat général n'a pas été désigné, le président prononce la clôture de la phase orale de la procédure à la fin des débats.

Art. 112 *Présentation des conclusions de l'avocat général.* 1. Lorsque, dans une affaire, un avocat général a été désigné et lorsqu'il présente ses conclusions par écrit, il les dépose au greffe, qui les communique aux parties.

2. Le président prononce la clôture de la phase orale de la procédure après le prononcé ou *le dépôt des conclusions* de l'avocat général.

Art. 113 *Réouverture de la phase orale de la procédure.* 1. Le Tribunal ordonne la réouverture de la phase orale de la procédure lorsque les conditions énoncées à l'article 23, paragraphe 3, ou à l'article 24, paragraphe 3, sont réunies.

2. Le Tribunal peut ordonner la réouverture de la phase orale de la procédure :

a) s'il considère qu'il est insuffisamment éclairé ;

b) lorsque l'affaire doit être tranchée sur la base d'un argument qui n'a pas été débattu entre les parties ;

c) lorsqu'une partie principale le demande en se fondant sur des faits de nature à exercer une influence décisive sur la décision du Tribunal qu'elle n'avait pu faire valoir avant la clôture de la phase orale de la procédure.

Art. 114 *Procès-verbal d'audience.* 1. Le greffier établit un procès-verbal de chaque audience. Ce procès-verbal est signé par le président et par le greffier. Il constitue un acte authentique.

2. Le procès-verbal est signifié aux parties.

Art. 115 *Enregistrement de l'audience.* Le président du Tribunal peut, sur demande dûment justifiée, autoriser une partie ayant participé à la phase écrite ou à la phase orale de la procédure à écouter, dans les locaux du Tribunal, l'enregistrement sonore de l'audience de plaidoiries dans la langue utilisée par les orateurs au cours de celle-ci.

CHAPITRE IX *Des arrêts et des ordonnances*

Art. 116 *Date du prononcé de l'arrêt.* Les parties sont informées de la date du prononcé de l'arrêt.

Art. 117 *Contenu de l'arrêt.* L'arrêt contient :

a) l'indication qu'il est rendu par le Tribunal ;

b) l'indication de la formation de jugement ;

c) la date du prononcé ;

d) les noms du président et des juges qui ont pris part aux délibérations, avec l'indication du juge rapporteur ;

e) le nom de l'avocat général éventuellement désigné ;

f) le nom du greffier ;

g) l'indication des parties ;

h) les noms de leurs représentants ;

i) les conclusions des parties ;

j) le cas échéant, la date de l'audience de plaidoiries ;

k) la mention, s'il y a lieu, que l'avocat général a été entendu et, le cas échéant, la date de ses conclusions ;

l) l'exposé sommaire des faits ;

m) les motifs ;

n) le dispositif, y compris la décision relative aux dépens.

Art. 118 *Prononcé et signification de l'arrêt.* 1. L'arrêt est prononcé en audience publique.

2. La minute de l'arrêt, signée par le président, les juges ayant pris part aux délibérations et le greffier, est scellée et déposée au greffe. Une copie en est signifiée à chacune des parties.

Art. 119 *Contenu de l'ordonnance.* Toute ordonnance susceptible de faire l'objet d'un pourvoi en vertu de l'article 56 ou de l'article 57 du statut contient :

a) l'indication qu'elle est rendue, selon le cas, par le Tribunal, par le président ou par le juge des référés ;

b) le cas échéant, l'indication de la formation de jugement ;

c) la date de son adoption ;

d) l'indication de la base juridique sur laquelle elle est fondée ;

e) les noms du président et, le cas échéant, des juges qui ont pris part aux délibérations, avec l'indication du juge rapporteur ;

f) le nom de l'avocat général éventuellement désigné ;

g) le nom du greffier ;

h) l'indication des parties ;

i) les noms de leurs représentants ;

j) les conclusions des parties ;

k) la mention, s'il y a lieu, que l'avocat général a été entendu ;

l) l'exposé sommaire des faits ;

m) les motifs ;

n) le dispositif, y compris, le cas échéant, la décision relative aux dépens.

Art. 120 *Signature et signification de l'ordonnance.* La minute de chaque ordonnance, signée par le président et le greffier, est scellée et déposée au greffe. Une copie en est signifiée à chacune des parties et, le cas échéant, à la Cour de justice.

Art. 121 *Force obligatoire des arrêts et ordonnances.* 1. L'arrêt a force obligatoire à compter du jour de son prononcé, sous réserve des dispositions de l'article 60 du statut.

2. L'ordonnance a force obligatoire à compter du jour de sa signification, sous réserve des dispositions de l'article 60 du statut.

Art. 122 *Publication au Journal officiel de l'Union européenne.* Un avis contenant la date et le dispositif des arrêts et ordonnances du Tribunal mettant fin à l'instance est publié au *Journal officiel de l'Union européenne*, sauf dans le cas des décisions adoptées avant la signification de la requête au défendeur.

CHAPITRE X *Des arrêts par défaut*

Art. 123 *Arrêts par défaut.* 1. Lorsque le Tribunal constate que le défendeur, régulièrement mis en cause, n'a pas répondu à la requête dans les formes ou le délai prescrits à l'article 81, sans préjudice de l'application des dispositions de l'article 45, second alinéa, du statut, le requérant peut, dans un délai fixé par le président, demander au Tribunal de lui adjuger ses conclusions.

2. Le défendeur défaillant n'intervient pas dans la procédure par défaut et aucun acte de procédure ne lui est signifié, à l'exception de la décision mettant fin à l'instance.

3. Dans l'arrêt par défaut, le Tribunal adjuge au requérant ses conclusions, à moins qu'il ne soit manifestement incompétent pour connaître du recours ou que ce recours soit manifestement irrecevable ou manifestement dépourvu de tout fondement en droit.

4. L'arrêt par défaut est exécutoire. Toutefois, le Tribunal peut en suspendre l'exécution jusqu'à ce qu'il ait statué sur l'opposition présentée en vertu de l'article 166 ou bien en subordonner l'exécution à la constitution d'une caution dont le montant et les modalités sont fixés compte tenu des circonstances. Cette caution est libérée à défaut d'opposition ou en cas de rejet de cette dernière.

CHAPITRE XI *De l'accord amiable et des désistements*

Art. 124 *Accord amiable.* 1. Si, avant que le Tribunal ait statué, les parties principales s'accordent, en dehors du Tribunal, sur la solution à donner au litige et si elles informent le Tribunal qu'elles renoncent à toute prétention, le président ordonne la radiation de l'affaire du registre et statue sur les dépens, conformément aux articles 136 et 138, le cas échéant au vu des propositions faites en ce sens par les parties.

2. Cette disposition n'est pas applicable aux recours visés aux articles 263 TFUE et 265 TFUE.

Art. 125 *Désistement.* Si le requérant fait connaître au Tribunal, par écrit ou à l'audience, qu'il entend renoncer à l'instance, le président ordonne la radiation de l'affaire du registre et statue sur les dépens, conformément aux articles 136 et 138.

CHAPITRE XI *BIS* *De la procédure de règlement amiable initiée par le Tribunal dans les affaires introduites en vertu de l'article 270 TFUE*

Art. 125 *bis* *Modalités.* 1. Le Tribunal peut, à tout stade de la procédure, examiner les possibilités d'un règlement amiable de tout ou partie du litige entre les parties principales.

2. Le Tribunal charge le juge rapporteur, assisté du greffier, de rechercher le règlement amiable du litige.

3. Le juge rapporteur peut proposer une ou plusieurs solutions de nature à mettre fin au litige, prendre les mesures appropriées en vue de faciliter son règlement amiable et mettre en œuvre les mesures qu'il a décidées à cet effet. Il peut notamment :

a) inviter les parties principales à fournir des informations ou renseignements ;

b) inviter les parties principales à produire des documents ;

c) inviter à des réunions les représentants des parties principales, les parties principales elles-mêmes ou tout fonctionnaire ou agent de l'institution habilité à négocier un éventuel accord ;

d) avoir, à l'occasion des réunions visées sous c), des contacts séparés avec chacune des parties principales, si elles y consentent.

4. Les paragraphes 1 à 3 s'appliquent également dans le cadre d'une procédure en référé.

Art. 125 *ter* *Incidence de l'accord des parties principales.* 1. Lorsque les parties principales s'accordent, devant le juge rapporteur, sur la solution mettant fin au litige, elles peuvent demander que les termes de cet accord soient constatés dans un acte signé par le juge rapporteur, ainsi que par le greffier. Cet acte est signifié aux parties principales et constitue un acte authentique.

2. L'affaire est radiée du registre par ordonnance motivée du président. A la demande d'une partie principale avec l'accord de l'autre partie principale, les termes de l'accord auquel les parties principales sont parvenues sont consignés dans l'ordonnance de radiation.

3. Le président statue sur les dépens selon l'accord ou, à défaut, librement. Le cas échéant, il statue sur les dépens de l'intervenant conformément à l'article 138.

Art. 125 *quater* *Registre et dossier spécifiques.* 1. Les pièces produites dans le cadre de la procédure de règlement amiable au sens de l'article 125 *bis* :

– sont inscrites dans un registre spécifique qui n'est pas soumis au régime des articles 36 et 37,

– sont classées dans un dossier distinct du dossier de l'affaire.

2. Les pièces produites dans le cadre de la procédure de règlement amiable au sens de l'article 125 *bis* sont portées à la connaissance des parties principales, à l'exception de celles que chacune d'elles a communiquées au juge rapporteur lors des contacts séparés prévus à l'article 125 *bis*, paragraphe 3, sous d).

3. Les parties principales peuvent accéder aux pièces du dossier distinct du dossier de l'affaire, visé au paragraphe 1, à l'exception des pièces que chacune des parties principales a communiquées au juge rapporteur lors des contacts séparés prévus à l'article 125 *bis*, paragraphe 3, sous d).

4. L'intervenant ne peut pas accéder aux pièces du dossier distinct du dossier de l'affaire visé au paragraphe 1.

5. Les parties peuvent consulter au greffe le registre spécifique visé au paragraphe 1.

Art. 125 *quinquies* *Règlement amiable et procédure juridictionnelle.* Le Tribunal et les parties principales ne peuvent pas utiliser dans le cadre de la procédure juridictionnelle les avis exprimés, les suggestions formulées, les propositions présentées, les concessions faites ou les documents établis aux fins du règlement amiable.

CHAPITRE XII *Des recours et incidents réglés par voie d'ordonnance*

Art. 126 *Recours manifestement voué au rejet.* Lorsque le Tribunal est manifestement incompétent pour connaître d'un recours ou lorsque celui-ci est manifestement irrecevable ou manifestement dépourvu de tout fondement en droit, le Tribunal peut, sur proposition du juge rapporteur, à tout moment décider de statuer par voie d'ordonnance motivée, sans poursuivre la procédure.

Art. 127 *Renvoi d'une affaire à la Cour de justice.* Les décisions de renvoi, visées à l'article 54, deuxième alinéa, du statut sont prises par le Tribunal sur proposition du juge rapporteur par voie d'ordonnance motivée.

Art. 128 *Dessaisissement.* Les décisions de dessaisissement, visées à l'article 54, troisième alinéa, du statut, sont prises par le Tribunal sur proposition du juge rapporteur par voie d'ordonnance motivée.

Art. 129 *Fins de non-recevoir d'ordre public.* Sur proposition du juge rapporteur, le Tribunal peut, à tout moment, d'office, les parties principales entendues, décider de statuer par voie d'ordonnance motivée sur les fins de non-recevoir d'ordre public.

Art. 130 *Exceptions et incidents de procédure.* 1. Si le défendeur demande que le Tribunal statue sur l'irrecevabilité ou l'incompétence, sans engager le débat au fond, il présente sa demande par acte séparé dans le délai visé à l'article 81.

2. Si une partie demande que le Tribunal constate que le recours est devenu sans objet et qu'il n'y a plus lieu de statuer ou que le Tribunal statue sur un autre incident, elle présente sa demande par acte séparé.

3. Les demandes visées aux paragraphes 1 et 2 contiennent l'exposé des moyens et arguments sur lesquels elles sont fondées, les conclusions et, en annexe, les pièces invoquées à l'appui.

4. Dès la présentation de la demande visée au paragraphe 1, le président fixe un délai au requérant pour présenter par écrit ses moyens et conclusions.

5. Dès la présentation de la demande visée au paragraphe 2, le président fixe un délai aux autres parties pour présenter par écrit leurs observations sur cette demande.

6. Le Tribunal peut décider d'ouvrir la phase orale de la procédure sur les demandes visées aux paragraphes 1 et 2. L'article 106 n'est pas applicable.

7. Le Tribunal statue dans les meilleurs délais sur la demande ou, si des circonstances particulières le justifient, joint l'examen de celle-ci au fond. Il renvoie l'affaire à la Cour de justice si celle-ci relève de sa compétence.

8. Si le Tribunal rejette la demande ou la joint au fond, le président fixe de nouveaux délais pour la poursuite de l'instance.

Art. 131 *Non-lieu à statuer d'office.* 1. Si le Tribunal constate que le recours est devenu sans objet et qu'il n'y a plus lieu de statuer, il peut, à tout moment, d'office, sur proposition du juge rapporteur, les parties entendues, décider de statuer par voie d'ordonnance motivée.

2. Si le requérant cesse de répondre aux sollicitations du Tribunal, le Tribunal peut, sur proposition du juge rapporteur, les parties entendues, constater d'office par voie d'ordonnance motivée qu'il n'y a plus lieu de statuer.

Art. 132 *Recours manifestement fondé.* Lorsque la Cour de justice ou le Tribunal a déjà statué sur une ou plusieurs questions de droit identiques à celles soulevées par les moyens du recours et que le Tribunal constate que les faits sont établis, il peut, après la clôture de la phase écrite de la procédure et sur proposition du juge rapporteur, les parties entendues, décider de déclarer le recours manifestement fondé, par voie d'ordonnance motivée comportant référence à la jurisprudence pertinente.

CHAPITRE XIII *Des dépens et frais de procédure*

Art. 133 *Décision sur les dépens.* Il est statué sur les dépens dans l'arrêt ou l'ordonnance qui met fin à l'instance.

Art. 134 *Règles générales d'allocation des dépens.* 1. Toute partie qui succombe est condamnée aux dépens, s'il est conclu en ce sens.

2. Si plusieurs parties succombent, le Tribunal décide du partage des dépens.

3. Si les parties succombent respectivement sur un ou plusieurs chefs, chaque partie supporte ses propres dépens. Toutefois, si cela apparaît justifié au vu des circonstances de l'espèce, le Tribunal peut décider que, outre ses propres dépens, une partie supporte une fraction des dépens de l'autre partie.

Art. 135 *Équité et frais frustratoires ou vexatoires.* 1. Lorsque l'équité l'exige, le Tribunal peut décider qu'une partie qui succombe supporte, outre ses propres dépens, uniquement une fraction des dépens de l'autre partie, voire qu'elle ne doit pas être condamnée à ce titre.

2. Le Tribunal peut condamner une partie, même gagnante, partiellement ou totalement aux dépens, si cela apparaît justifié en raison de son attitude, y compris avant l'introduction de l'instance, en particulier si elle a fait exposer à l'autre partie des frais que le Tribunal reconnaît comme frustratoires ou vexatoires.

Art. 136 *Dépens en cas de désistement.* 1. La partie qui se désiste est condamnée aux dépens, s'il est conclu en ce sens par l'autre partie dans ses observations sur le désistement.

2. Toutefois, à la demande de la partie qui se désiste, les dépens sont supportés par l'autre partie, si cela apparaît justifié en vertu de l'attitude de cette dernière.

3. En cas d'accord des parties sur les dépens, il est statué selon l'accord.

4. A défaut de conclusions sur les dépens, chaque partie supporte ses propres dépens.

Art. 137 *Dépens en cas de non-lieu à statuer.* En cas de non-lieu à statuer, le Tribunal règle librement les dépens.

Art. 138 *Dépens des intervenants.* 1. Les États membres et les institutions qui sont intervenus au litige supportent leurs propres dépens.

2. Les États parties à l'accord EEE, autres que les États membres, ainsi que l'Autorité de surveillance AELE supportent de même leurs propres dépens lorsqu'ils sont intervenus au litige.

3. Le Tribunal peut décider qu'un intervenant autre que ceux mentionnés aux paragraphes 1 et 2 supportera ses propres dépens.

Art. 139 *Frais de procédure.* La procédure devant le Tribunal est gratuite, sous réserve des *dispositions suivantes :*

a) si le Tribunal a exposé des frais qui auraient pu être évités, notamment si le recours a un caractère manifestement abusif, il peut condamner la partie qui les a provoqués à les rembourser ;

b) les frais de tout travail de copie et de traduction effectué à la demande d'une partie, considérés par le greffier comme extraordinaires, sont remboursés par cette partie sur la base du tarif du greffe visé à l'article 37 ;

c) en cas de méconnaissances répétées des prescriptions du présent règlement ou des dispositions pratiques, visées à l'article 224, nécessitant de demander la régularisation, les frais liés au traitement requis par le Tribunal sont remboursés par la partie concernée à la demande du greffier sur la base du tarif du greffe visé à l'article 37.

Art. 140 *Dépens récupérables.* Sans préjudice des dispositions de l'article 139, sont considérés comme dépens récupérables :

a) les sommes dues aux témoins et experts en vertu de l'article 100 ;

b) les frais indispensables exposés par les parties aux fins de la procédure, notamment les frais de déplacement et de séjour et la rémunération d'un agent, conseil ou avocat.

Art. 141 *Modalités de paiement.* 1. La caisse du Tribunal et ses débiteurs effectuent leurs paiements en euros.

2. Lorsque les frais remboursables ont été exposés dans une autre monnaie que l'euro ou que les actes donnant lieu à l'indemnisation ont été effectués dans un pays dont l'euro n'est pas la monnaie, la conversion s'effectue selon le cours du change de référence de la Banque centrale européenne au jour du paiement.

CHAPITRE XIV *De l'intervention*

Art. 142 *Objet et effets de l'intervention.* 1. L'intervention ne peut avoir d'autre objet que le soutien, en tout ou en partie, des conclusions de l'une des parties principales. Elle ne confère pas les mêmes droits procéduraux que ceux conférés aux parties principales et, notamment, celui de demander la tenue d'une audience.

2. L'intervention est accessoire au litige principal. Elle perd son objet lorsque l'affaire est rayée du registre du Tribunal, à la suite d'un désistement ou d'un accord survenu entre les parties principales, ou lorsque la requête est déclarée irrecevable.

3. L'intervenant accepte le litige dans l'état où il se trouve lors de son intervention.

Art. 143 *Demande d'intervention.* 1. La demande d'intervention est présentée dans un délai de six semaines, qui prend cours à la publication visée à l'article 79.

2. La demande d'intervention contient :

a) l'indication de l'affaire ;

b) l'indication des parties principales ;

c) les nom et domicile du demandeur en intervention ;

d) l'indication de la qualité et de l'adresse du représentant du demandeur en intervention ;

e) les conclusions au soutien desquelles le demandeur en intervention demande à intervenir ;

f) l'exposé des circonstances établissant le droit d'intervenir lorsque la demande est présentée en vertu de l'article 40, deuxième ou troisième alinéa, du statut.

3. Le demandeur en intervention est représenté selon les dispositions de l'article 19 du statut.

4. L'article 78, paragraphes 4 à 6, et l'article 139 sont applicables à la demande d'intervention.

Art. 144 *Décision sur la demande d'intervention.* 1. La demande d'intervention est signifiée aux parties principales.

2. Le président met les parties principales en mesure de présenter leurs observations écrites ou orales sur la demande d'intervention et de demander, s'il y a lieu, que certaines données du dossier de l'affaire qui présentent un caractère confidentiel soient exclues de la communication à un intervenant.

3. Lorsque le défendeur dépose une exception d'irrecevabilité ou d'incompétence, visée à l'article 130, paragraphe 1, il n'est statué sur la demande d'intervention qu'après le rejet ou la jonction de l'exception au fond.

4. Lorsque la demande est présentée au titre de l'article 40, premier alinéa, du statut et les parties principales n'ont pas fait état de données du dossier de l'affaire présentant un caractère confidentiel, dont la communication à l'intervenant serait de nature à leur porter préjudice, l'intervention est admise par décision du président.

5. Dans les autres cas, le président statue dans les meilleurs délais par voie d'ordonnance sur la demande d'intervention et, le cas échéant, sur la communication de données à l'intervenant dont le caractère confidentiel a été allégué.

6. En cas de rejet de la demande d'intervention, l'ordonnance visée au paragraphe 5 doit être motivée et statuer sur les dépens afférents à la demande d'intervention, y compris les dépens du demandeur en intervention, en application des articles 134 et 135.

7. S'il est fait droit à la demande d'intervention, l'intervenant reçoit communication de tous les actes de procédure signifiés aux parties principales à l'exception, le cas échéant, des données confidentielles exclues de cette communication en vertu du paragraphe 5.

8. En cas de retrait de la demande d'intervention, le président ordonne la radiation du demandeur en intervention de l'affaire et statue sur les dépens, y compris les dépens du demandeur en intervention, en application de l'article 136.

9. En cas de retrait de l'intervention, le président ordonne la radiation de l'intervenant de l'affaire et statue sur les dépens en application des articles 136 et 138.

10. S'il est mis fin à l'instance dans l'affaire principale avant qu'il soit statué sur une demande d'intervention, le demandeur en intervention et les parties principales supportent chacun leurs propres dépens afférents à la demande d'intervention. Une copie de l'ordonnance mettant fin à l'instance est transmise au demandeur en intervention.

Art. 145 *Présentation des mémoires.* 1. L'intervenant peut présenter un mémoire en intervention dans le délai fixé par le président.

2. Le mémoire en intervention contient :

a) les conclusions de l'intervenant tendant au soutien, total ou partiel, des conclusions d'une des parties principales ;

b) les moyens et arguments invoqués par l'intervenant ;

c) les preuves et offres de preuve, s'il y a lieu.

3. Après le dépôt du mémoire en intervention, le président fixe le délai dans lequel les parties principales peuvent répondre à ce mémoire.

CHAPITRE XV *De l'aide juridictionnelle*

Art. 146 *Généralités.* 1. Toute personne qui, en raison de sa situation économique, est dans l'incapacité totale ou partielle de faire face aux frais de l'instance a le droit de bénéficier de l'aide juridictionnelle.

2. L'aide juridictionnelle est refusée si le Tribunal est manifestement incompétent pour connaître de l'action pour laquelle l'aide est demandée ou si cette action apparaît manifestement irrecevable ou manifestement dépourvue de tout fondement en droit.

Art. 147 *Demande d'aide juridictionnelle.* 1. L'aide juridictionnelle peut être demandée avant l'introduction du recours ou tant que celui-ci est pendant.

2. La demande d'aide juridictionnelle doit être rédigée sur un formulaire qui est publié au *Journal officiel de l'Union européenne* et disponible sur le site Internet de la Cour de justice de l'Union européenne. Une demande d'aide juridictionnelle présentée sans le formulaire n'est pas prise en considération.

3. La demande d'aide juridictionnelle doit être accompagnée de tous renseignements et pièces justificatives permettant d'évaluer la situation économique du demandeur, tels qu'un certificat d'une autorité nationale compétente attestant cette situation économique.

4. Si la demande d'aide juridictionnelle est présentée antérieurement à l'introduction du recours, le demandeur doit exposer sommairement l'objet du recours envisagé, les faits de l'espèce et l'argumentation au soutien du recours. La demande doit être accompagnée de pièces justificatives à cet égard.

5. S'il y a lieu, la demande d'aide juridictionnelle est accompagnée des documents visés à l'article 51, paragraphes 2 et 3, et à l'article 78, paragraphe 4. Dans un tel cas, l'article 51, paragraphe 4, et l'article 78, paragraphe 6, sont applicables.

6. Lorsque le demandeur n'est pas représenté par un avocat, le dépôt de l'original de la demande d'aide juridictionnelle est effectué au greffe en format papier. Cet original de la demande doit porter la signature manuscrite du demandeur.

7. L'introduction d'une demande d'aide juridictionnelle suspend, pour celui qui l'a formée, le délai prévu pour l'introduction du recours jusqu'à la date de la signification de l'ordonnance statuant sur cette demande ou, dans les cas visés à l'article 148, paragraphe 6, de l'ordonnance désignant l'avocat chargé de représenter le demandeur.

Art. 148 *Décision sur la demande d'aide juridictionnelle.* 1. Avant de statuer sur la demande d'aide juridictionnelle, le président fixe un délai à l'autre partie principale pour présenter ses observations écrites à moins qu'il n'apparaisse déjà au vu des éléments présentés que les conditions prévues à l'article 146, paragraphe 1, ne sont pas réunies ou que celles de l'article 146, paragraphe 2, sont réunies.

2. La décision sur la demande d'aide juridictionnelle est prise par le président par voie d'ordonnance.

3. L'ordonnance refusant l'aide juridictionnelle est motivée.

4. L'ordonnance accordant l'aide juridictionnelle peut désigner un avocat pour représenter l'intéressé si cet avocat a été proposé par le demandeur dans la demande d'aide juridictionnelle et a donné son consentement à la représentation du demandeur devant le Tribunal.

5. Si l'intéressé n'a pas proposé lui-même un avocat dans la demande d'aide juridictionnelle ou à la suite d'une ordonnance accordant l'aide juridictionnelle ou s'il n'y a pas lieu d'entériner son choix, le greffier adresse l'ordonnance accordant l'aide juridictionnelle et une copie de la demande à l'autorité compétente de l'État concerné mentionnée dans le règlement additionnel au règlement de procédure de la Cour de justice. Si l'intéressé n'est pas domicilié dans l'Union, le greffier adresse l'ordonnance accordant l'aide juridictionnelle et une copie de la demande à l'autorité compétente de l'État où la Cour de justice de l'Union européenne a son siège.

6. Sans préjudice du paragraphe 4, l'avocat chargé de représenter le demandeur est désigné par voie d'ordonnance, selon le cas, au vu des propositions de l'intéressé ou au vu des propositions transmises par l'autorité visée au paragraphe 5.

7. L'ordonnance accordant l'aide juridictionnelle peut déterminer le montant qui sera versé à l'avocat chargé de représenter l'intéressé ou fixer un plafond que les débours et honoraires de l'avocat ne pourront, en principe, pas dépasser. Elle peut prévoir une contribution de l'intéressé aux frais visés à l'article 149, paragraphe 1, en tenant compte de sa situation économique.

8. Les ordonnances rendues en vertu du présent article ne sont pas susceptibles de recours.

9. Lorsque le demandeur d'aide juridictionnelle n'est pas représenté par un avocat, les significations lui sont adressées par envoi postal recommandé, avec accusé de réception, d'une copie de l'acte à signifier, ou par remise de cette copie contre reçu. Les significations aux autres parties sont effectuées selon le mode prévu à l'article 80, paragraphe 1.

Art. 149 *Avances et prise en charge des dépens.* 1. En cas d'admission au bénéfice de l'aide juridictionnelle, la caisse du Tribunal prend en charge, le cas échéant dans les limites fixées, les frais liés à l'assistance et à la représentation du demandeur devant le Tribunal. Le président peut décider qu'une avance est versée à l'avocat désigné conformément à l'article 148, sur demande de ce dernier.

2. Lorsque, en vertu de la décision mettant fin à l'instance, le bénéficiaire de l'aide juridictionnelle doit supporter ses propres dépens, le président fixe les débours et honoraires de l'avocat qui sont à la charge de la caisse du Tribunal par voie d'ordonnance motivée non susceptible de recours.

3. Lorsque, dans la décision mettant fin à l'instance, le Tribunal a condamné une autre partie à supporter les dépens du bénéficiaire de l'aide juridictionnelle, cette autre partie est tenue de rembourser à la caisse du Tribunal les sommes avancées au titre de l'aide.

4. Les sommes visées au paragraphe 3 sont récupérées par les soins du greffier auprès de la partie qui a été condamnée à les payer.

5. Lorsque le bénéficiaire de l'aide juridictionnelle succombe, le Tribunal peut, si l'équité l'exige, en statuant sur les dépens dans la décision mettant fin à l'instance, décider qu'une ou plusieurs autres parties supportent leurs propres dépens ou que ceux-ci sont, totalement ou en partie, pris en charge par la caisse du Tribunal au titre de l'aide juridictionnelle.

Art. 150 *Retrait de l'aide juridictionnelle.* 1. Si les conditions qui ont fait admettre l'aide juridictionnelle se modifient en cours d'instance, le président peut en retirer le bénéfice, soit d'office, soit sur demande, l'intéressé entendu.

2. L'ordonnance retirant l'aide juridictionnelle est motivée et n'est pas susceptible de recours.

CHAPITRE XVI *Des procédures d'urgence*

SECTION I *De la procédure accélérée*

Art. 151 *Décision relative à la procédure accélérée.* 1. Le Tribunal peut, au vu de l'urgence particulière et des circonstances de l'affaire, sur demande soit du requérant soit du défendeur, l'autre partie principale entendue, décider de statuer selon une procédure accélérée. Cette décision est prise dans les meilleurs délais.

2. Sur proposition du juge rapporteur, le Tribunal peut, dans des circonstances exceptionnelles, d'office, les parties principales entendues, décider de statuer selon une procédure accélérée.

3. La décision du Tribunal de statuer selon une procédure accélérée peut être assortie de conditions relatives au volume et à la présentation des mémoires des parties principales, au

déroulement ultérieur de la procédure ou aux moyens et arguments sur lesquels le Tribunal sera appelé à se prononcer.

4. Si l'une des parties principales ne se conforme pas à l'une des conditions visées au paragraphe 3, la décision de statuer selon une procédure accélérée peut être rapportée. La procédure est alors poursuivie selon la procédure ordinaire.

Art. 152 *Demande de procédure accélérée.* 1. La demande de procédure accélérée doit être présentée par acte séparé lors du dépôt de la requête ou du mémoire en défense et contenir une motivation précisant l'urgence particulière de l'affaire et les autres circonstances pertinentes.

2. Il peut être indiqué dans la demande de procédure accélérée que certains moyens ou arguments ou certains passages de la requête ou du mémoire en défense ne sont présentés que pour le cas où il ne serait pas statué selon une procédure accélérée, notamment en joignant à la demande une version abrégée de la requête ainsi qu'un bordereau d'annexes et les annexes devant seules être prises en considération dans le cas où il serait statué selon une procédure accélérée.

Art. 153 *Traitement prioritaire.* Par dérogation à l'article 67, paragraphe 1, les affaires sur lesquelles le Tribunal a décidé de statuer selon une procédure accélérée sont jugées par priorité.

Art. 154 *Phase écrite de la procédure.* 1. Par dérogation à l'article 81, paragraphe 1, lorsque le requérant a demandé à ce qu'il soit statué selon une procédure accélérée, le délai pour le dépôt du mémoire en défense est d'un mois. Ce délai peut être prorogé en application de l'article 81, paragraphe 3.

2. Si le Tribunal décide de ne pas donner suite à une demande de procédure accélérée, un délai supplémentaire d'un mois pour présenter ou, selon les cas, compléter le mémoire en défense est imparti au défendeur.

3. Dans le cadre d'une procédure accélérée, les mémoires visés à l'article 83, paragraphe 1, et à l'article 145, paragraphes 1 et 3, ne peuvent être déposés que si le Tribunal l'autorise dans le cadre des mesures d'organisation de la procédure, adoptées conformément aux articles 88 à 90.

4. Dans le cadre d'une procédure accélérée, le président tient compte, lors de la fixation des délais prévus par le présent règlement, de l'urgence particulière pour statuer sur le recours.

Art. 155 *Phase orale de la procédure.* 1. Lorsque la procédure accélérée a été accordée, le Tribunal décide d'ouvrir la phase orale de la procédure dans les meilleurs délais après la présentation du rapport préalable par le juge rapporteur. Le Tribunal peut néanmoins décider de statuer sans phase orale lorsque les parties principales renoncent à participer à une audience et que le Tribunal s'estime suffisamment éclairé par les pièces du dossier de l'affaire.

2. Sans préjudice des articles 84 et 85, les parties principales peuvent compléter leur argumentation et faire des offres de preuve au cours de la phase orale de la procédure, à condition que le retard dans la présentation de celles-ci soit justifié.

SECTION II ***Du sursis et des autres mesures provisoires par voie de référé***

Art. 156 *Demande de sursis ou d'autres mesures provisoires.* 1. Toute demande de sursis à l'exécution d'un acte d'une institution aux termes des articles 278 TFUE et 157 TCEEA n'est recevable que si le demandeur a attaqué cet acte dans un recours devant le Tribunal.

2. Toute demande relative à l'une des autres mesures provisoires visées à l'article 279 TFUE n'est recevable que si elle émane d'une partie principale à une affaire dont le Tribunal est saisi et si elle se réfère à ladite affaire.

3. Dans les affaires introduites en vertu de l'article 270 TFUE, les demandes visées aux paragraphes 1 et 2 peuvent être présentées dès le dépôt de la réclamation prévue à l'article 90, paragraphe 2, du statut des fonctionnaires, dans les conditions fixées à l'article 91, paragraphe 4, dudit statut.

4. Les demandes visées aux paragraphes 1 et 2 spécifient l'objet du litige, les circonstances établissant l'urgence ainsi que les moyens de fait et de droit justifiant à première vue l'octroi de la mesure provisoire à laquelle elles concluent. Elles contiennent toutes les preuves et offres de preuve disponibles, destinées à justifier l'octroi des mesures provisoires.

5. La demande est présentée par acte séparé et dans les conditions prévues aux articles 76 et 78.

Art. 157 *Procédure.* 1. La demande est signifiée à l'autre partie, à laquelle le président du Tribunal fixe un bref délai pour la présentation d'observations écrites ou orales.

2. Le président du Tribunal peut faire droit à la demande avant même que l'autre partie ait présenté ses observations. Cette mesure peut être ultérieurement modifiée ou rapportée, même d'office.

3. Le président du Tribunal décide, le cas échéant, des mesures d'organisation de la procédure et des mesures d'instruction.

4. En cas d'empêchement du président du Tribunal, les articles 11 et 12 sont applicables.

Art. 158 *Décision sur la demande.* 1. Le président du Tribunal statue sur la demande par voie d'ordonnance motivée. Cette ordonnance est immédiatement signifiée aux parties.

2. L'exécution de l'ordonnance peut être subordonnée à la constitution par le demandeur d'une caution dont le montant et les modalités sont fixés compte tenu des circonstances.

3. L'ordonnance peut fixer une date à partir de laquelle la mesure cesse d'être applicable. Dans le cas contraire, la mesure cesse ses effets dès le prononcé de l'arrêt qui met fin à l'instance.

4. L'ordonnance n'a qu'un caractère provisoire et ne préjuge en rien la décision du Tribunal statuant sur le principal.

5. Dans l'ordonnance mettant fin à la procédure en référé, les dépens sont réservés jusqu'à la décision du Tribunal statuant sur le principal. Toutefois, si cela apparaît justifié au vu des circonstances de l'espèce, il est statué sur les dépens afférents à la procédure en référé dans l'ordonnance, en application des articles 134 à 138.

Art. 159 *Changement de circonstances.* A la demande d'une partie, l'ordonnance peut à tout moment être modifiée ou rapportée à la suite d'un changement de circonstances.

Art. 160 *Nouvelle demande.* Le rejet de la demande relative à une mesure provisoire n'empêche pas la partie principale qui l'avait introduite de présenter une autre demande fondée sur des faits nouveaux.

Art. 161 *Demande présentée en vertu des articles 280 TFUE, 299 TFUE et 164 TCEEA.* 1. La demande tendant à surseoir à l'exécution forcée d'une décision du Tribunal ou d'un acte du Conseil, de la Commission européenne ou de la Banque centrale européenne, présentée en vertu des articles 280 TFUE, 299 TFUE et 164 TCEEA, est régie par les dispositions de la présente section.

2. L'ordonnance qui fait droit à la demande fixe, le cas échéant, la date à laquelle la mesure provisoire cesse ses effets.

CHAPITRE XVII *Des demandes relatives aux arrêts et ordonnances*

Art. 162 *Attribution de la demande.* 1. Les demandes visées au présent chapitre sont attribuées à la formation de jugement qui a rendu la décision à laquelle la demande se rapporte.

2. S'il n'est plus possible d'atteindre le quorum, visé aux articles 23 et 24, la demande est attribuée à une autre formation de jugement siégeant avec le même nombre de juges. Si la décision a été rendue par un juge ayant statué en tant que juge unique et si celui-ci est empêché, la demande est attribuée à un autre juge.

Art. 163 *Suspension de la procédure.* Lorsqu'un pourvoi devant la Cour de justice et l'une des demandes visées au présent chapitre, à l'exception des demandes visées aux articles 164 et 165, concernent la même décision du Tribunal, le président, les parties entendues, peut décider de suspendre la procédure jusqu'à ce que la Cour de justice statue sur le pourvoi.

Art. 164 *Rectification des arrêts et ordonnances.* 1. Sans préjudice des dispositions relatives à l'interprétation des arrêts et ordonnances, les erreurs de plume ou de calcul ou des inexactitudes évidentes peuvent être rectifiées par le Tribunal, soit d'office, soit à la demande d'une partie.

2. La demande de rectification est présentée dans un délai de deux semaines à compter du prononcé de l'arrêt ou de la signification de l'ordonnance.

3. Lorsque la rectification porte sur le dispositif ou l'un des motifs qui constitue le soutien nécessaire du dispositif, les parties peuvent présenter des observations écrites dans le délai fixé par le président.

4. Le Tribunal décide par voie d'ordonnance.

5. La minute de l'ordonnance qui prescrit la rectification est annexée à la minute de la décision rectifiée. Mention de cette ordonnance est faite en marge de la minute de la décision rectifiée.

Art. 165 *Omission de statuer.* 1. Si le Tribunal a omis de statuer, soit sur un chef isolé des conclusions, soit sur les dépens, la partie qui entend s'en prévaloir le saisit par voie de demande.

2. La demande est présentée dans un délai d'un mois à compter du prononcé de l'arrêt ou de la signification de l'ordonnance.

3. La demande est signifiée aux autres parties, qui peuvent présenter des observations écrites dans le délai fixé par le président.

4. Après avoir mis les parties en mesure de présenter leurs observations, le Tribunal statue par voie d'ordonnance sur la recevabilité en même temps que sur le bien-fondé de la demande.

Art. 166 *Opposition à un arrêt par défaut.* 1. Conformément à l'article 41 du statut, l'arrêt prononcé par défaut est susceptible d'opposition.

2. L'opposition est formée par le défendeur défaillant dans le délai d'un mois à compter de la signification de l'arrêt prononcé par défaut. Elle est présentée dans les formes prescrites aux articles 76 et 78.

3. Après la signification de l'opposition, le président fixe à l'autre partie un délai pour la présentation de ses observations écrites.

4. La procédure est poursuivie conformément aux dispositions, selon le cas, du titre troisième ou du titre quatrième.

5. Le Tribunal statue par voie d'arrêt non susceptible d'opposition.

6. La minute de cet arrêt est annexée à la minute de l'arrêt par défaut. Mention de l'arrêt rendu sur l'opposition est faite en marge de la minute de l'arrêt par défaut.

Art. 167 *Tierce opposition.* 1. Les dispositions des articles 76 et 78 sont applicables à la demande en tierce opposition, formée en vertu de l'article 42 du statut. Celle-ci doit en outre :

a) spécifier l'arrêt ou l'ordonnance attaqué ;

b) indiquer en quoi l'arrêt ou l'ordonnance attaqué porte préjudice aux droits du tiers opposant ;

c) indiquer les raisons pour lesquelles le tiers opposant n'a pu participer au litige devant le Tribunal.

2. La demande en tierce opposition est présentée dans les deux mois qui suivent la publication visée à l'article 122.

3. Le sursis à l'exécution de l'arrêt ou de l'ordonnance attaqué peut être ordonné à la demande du tiers opposant. Les dispositions des articles 156 à 161 sont applicables.

4. La demande en tierce opposition est signifiée aux parties, qui peuvent présenter des observations écrites dans le délai fixé par le président.

5. Après avoir mis les parties en mesure de présenter leurs observations, le Tribunal statue.

6. L'arrêt ou l'ordonnance attaqué est modifié dans la mesure où il est fait droit à la tierce opposition.

7. La minute de la décision rendue sur tierce opposition est annexée à la minute de l'arrêt ou de l'ordonnance attaqué. Mention de la décision rendue est faite en marge de la minute de l'arrêt ou de l'ordonnance attaqué.

Art. 168 *Interprétation des arrêts et ordonnances.* 1. Conformément à l'article 43 du statut, en cas de difficulté sur le sens et la portée d'un arrêt ou d'une ordonnance, il appartient au Tribunal de l'interpréter, à la demande d'une partie ou d'une institution de l'Union justifiant d'un intérêt à cette fin.

2. La demande en interprétation est présentée dans un délai de deux ans à compter de la date du prononcé de l'arrêt ou de la signification de l'ordonnance.

3. La demande en interprétation est présentée dans les formes prescrites aux articles 76 et 78. Elle spécifie en outre :

a) l'arrêt ou l'ordonnance visé ;

b) les textes dont l'interprétation est demandée.

4. La demande en interprétation est signifiée aux autres parties, qui peuvent présenter des observations écrites dans le délai fixé par le président.

5. Après avoir mis les parties en mesure de présenter leurs observations, le Tribunal statue.

6. La minute de la décision interprétative est annexée à la minute de la décision interprétée. Mention de la décision interprétative est faite en marge de la minute de la décision interprétée.

Art. 169 *Révision.* 1. Conformément à l'article 44 du statut, la révision d'une décision du Tribunal ne peut être demandée qu'en raison de la découverte d'un fait de nature à exercer une influence décisive et qui, avant le prononcé de l'arrêt ou la signification de l'ordonnance, était inconnu du Tribunal et de la partie qui demande la révision.

2. Sans préjudice du délai de dix ans prévu à l'article 44, troisième alinéa, du statut, la révision est demandée au plus tard dans un délai de trois mois à compter du jour où le demandeur a eu connaissance du fait sur lequel la demande en révision est fondée.

3. Les dispositions des articles 76 et 78 sont applicables à la demande en révision. Elle doit en outre :

a) spécifier l'arrêt ou l'ordonnance attaqué ;

b) indiquer les points sur lesquels l'arrêt ou l'ordonnance est attaqué ;

c) articuler les faits sur lesquels la demande est fondée ;

d) indiquer les moyens de preuve tendant à démontrer qu'il existe des faits justifiant la révision et à établir que les délais prévus au paragraphe 2 ont été respectés.

4. La demande en révision est signifiée aux autres parties, qui peuvent présenter des observations écrites dans le délai fixé par le président.

5. Après avoir mis les parties en mesure de présenter leurs observations, sans préjuger le fond, le Tribunal statue par voie d'ordonnance sur la recevabilité de la demande.

6. Si le Tribunal déclare la demande recevable, il statue sur le fond de l'affaire, conformément aux dispositions du présent règlement.

7. La minute de la décision portant révision est annexée à la minute de la décision révisée. Mention de la décision portant révision est faite en marge de la minute de la décision révisée.

Art. 170 *Contestation sur les dépens récupérables.* 1. S'il y a contestation sur les dépens récupérables, la partie intéressée saisit le Tribunal par voie de demande. Cette demande est présentée dans les formes prescrites aux articles 76 et 78.

2. La demande est signifiée à la partie concernée par la demande, qui peut présenter des observations écrites dans le délai fixé par le président.

3. Après avoir mis la partie concernée par la demande en mesure de présenter ses observations, le Tribunal statue par voie d'ordonnance non susceptible de recours.

4. Les parties peuvent, aux fins d'exécution, demander une expédition de l'ordonnance.

TITRE IV **Du contentieux relatif aux droits de la propriété intellectuelle**

Art. 171 *Champ d'application.* Les dispositions du présent titre s'appliquent aux recours dirigés contre les décisions des chambres de recours de l'Office, visé à l'article 1er, et portant sur l'application des règles relatives à un régime de propriété intellectuelle.

CHAPITRE PREMIER *Des parties à la procédure*

Art. 172 *Défendeur.* La requête est formée contre l'Office auquel appartient la chambre de recours qui a adopté la décision attaquée, en qualité de défendeur.

Art. 173 *Statut devant le Tribunal des autres parties à la procédure devant la chambre de recours.* 1. Une partie à la procédure devant la chambre de recours autre que le requérant peut participer à la procédure devant le Tribunal en tant qu'intervenant en répondant à la requête dans les formes et délais prescrits.

2. Avant l'expiration du délai prévu pour le dépôt du mémoire en réponse, une partie à la procédure devant la chambre de recours autre que le requérant devient partie à la procédure devant le Tribunal en tant qu'intervenant avec le dépôt d'un acte de procédure. Il perd son statut d'intervenant devant le Tribunal lorsqu'il ne répond pas à la requête dans les formes et délais prescrits. Dans ce cas, l'intervenant supporte ses propres dépens afférents aux actes de procédure qu'il a déposés.

3. L'intervenant, visé aux paragraphes 1 et 2, dispose des mêmes droits procéduraux que les parties principales. Il peut soutenir les conclusions d'une partie principale ainsi que formuler des conclusions et des moyens autonomes par rapport à ceux des parties principales.

4. Une partie à la procédure devant la chambre de recours autre que le requérant, qui devient partie devant le Tribunal, conformément aux paragraphes 1 et 2, est représentée selon les dispositions de l'article 19 du statut.

5. L'article 78, paragraphes 4 à 6, est applicable à l'acte de procédure visé au paragraphe 2.

6. Par dérogation à l'article 123, la procédure par défaut ne s'applique pas lorsqu'un intervenant, visé aux paragraphes 1 et 2, a répondu à la requête dans les formes et délais prescrits.

Art. 174 *Substitution d'une partie.* Lorsqu'un droit de propriété intellectuelle concerné par le litige a été transféré d'une partie à la procédure devant la chambre de recours de l'Office à un tiers, l'ayant cause peut demander à se substituer à la partie initiale dans le cadre de la procédure devant le Tribunal.

Art. 175 *Demande de substitution.* 1. La demande de substitution est présentée par acte séparé. Elle peut être déposée à tout stade de la procédure.

2. Cette demande contient :

a) l'indication de l'affaire ;

b) l'indication des parties à l'affaire ainsi que de la partie à laquelle le demandeur entend se substituer ;

c) les nom et domicile du demandeur ;

d) l'indication de la qualité et de l'adresse du représentant du demandeur ;

e) l'exposé des circonstances justifiant la substitution, accompagné des preuves à l'appui.

3. Le demandeur en substitution est représenté selon les dispositions de l'article 19 du statut.

4. L'article 78, paragraphes 4 à 6, et l'article 139 sont applicables à la demande de substitution.

Art. 176 *Décision sur la demande de substitution.* 1. La demande de substitution est signifiée aux parties.

2. Le président met les parties en mesure de présenter leurs observations écrites ou orales sur la demande de substitution.

3. Il est statué sur la demande de substitution par voie d'ordonnance motivée du président ou dans la décision mettant fin à l'instance.

4. En cas de rejet de la demande de substitution, il est statué sur les dépens afférents à ladite demande, y compris les dépens du demandeur en substitution, en application des dispositions des articles 134 et 135.

5. S'il est fait droit à la demande de substitution, l'ayant cause accepte le litige dans l'état où il se trouve lors de la substitution. Il est lié par les actes de procédure déposés par la partie à laquelle il se substitue.

CHAPITRE II *De la requête et des mémoires en réponse*

Art. 177 *Requête.* 1. La requête contient :

a) les nom et domicile du requérant ;

b) l'indication de la qualité et de l'adresse du représentant du requérant ;

c) la désignation de l'Office contre lequel le recours est formé ;

d) l'objet du litige, les moyens et arguments invoqués ainsi qu'un exposé sommaire desdits moyens ;

e) les conclusions du requérant.

2. Lorsque le requérant n'était pas la seule partie à la procédure devant la chambre de recours de l'Office, la requête doit également contenir les noms de toutes les parties à cette procédure et les adresses que celles-ci avaient indiquées aux fins des notifications.

3. La décision attaquée de la chambre de recours doit être annexée à la requête. Mention doit être faite de la date à laquelle cette décision a été notifiée au requérant.

4. Si le requérant est une personne morale de droit privé, il joint à la requête une preuve récente de son existence juridique (extrait du registre du commerce, extrait du registre des associations ou tout autre document officiel).

5. La requête est accompagnée des documents visés à l'article 51, paragraphes 2 et 3.

6. Si la requête n'est pas conforme aux paragraphes 2 à 5, le greffier fixe au requérant un délai raisonnable aux fins de régularisation de la requête. À défaut de cette régularisation dans le délai imparti, le Tribunal décide si l'inobservation de cette formalité entraîne l'irrecevabilité formelle de la requête.

Art. 178 *Signification de la requête.* 1. Le greffier informe le défendeur et toutes les parties à la procédure devant la chambre de recours du dépôt de la requête selon le mode prévu à l'*article 80, paragraphe* 1. Il procède à la signification de la requête après la détermination de la langue de procédure, conformément à l'article 45, paragraphe 4, et, le cas échéant, à la signification de la traduction de la requête dans la langue de procédure.

2. La requête est signifiée au défendeur par e-Curia lorsqu'il dispose d'un compte d'accès à e-Curia. À défaut, la requête est signifiée au défendeur par envoi postal recommandé, avec accusé de réception, d'une copie certifiée conforme de la requête ou par remise de cette copie contre reçu.

3. La signification de la requête à une partie à la procédure devant la chambre de recours est effectuée par e-Curia lorsqu'elle est devenue partie à la procédure devant le Tribunal conformément à l'article 173, paragraphe 2. Si la partie à la procédure devant la chambre de recours est une institution disposant d'un compte d'accès à e-Curia, la signification de la requête est effectuée par e-Curia. A défaut, la requête est signifiée par envoi postal recommandé, avec accusé de réception, à l'adresse indiquée par la partie concernée aux fins des notifications à effectuer au cours de la procédure devant la chambre de recours.

4. Dans les cas prévus à l'article 177, paragraphe 6, la signification est faite dès la régularisation ou dès que le Tribunal a admis la recevabilité eu égard aux conditions énumérées dans cet article.

5. Dès la signification de la requête, le défendeur transmet au Tribunal le dossier de la procédure devant la chambre de recours.

Art. 179 *Parties autorisées à déposer un mémoire en réponse.* Le défendeur et les parties à la procédure devant la chambre de recours autres que le requérant présentent des mémoires en réponse à la requête dans un délai de deux mois à compter de la signification de celle-ci. Ce délai peut, dans des circonstances exceptionnelles, être prorogé par le président à la demande motivée de la partie concernée.

Art. 180 *Mémoire en réponse.* 1. Le mémoire en réponse contient :

a) les nom et domicile de la partie qui le dépose ;

b) l'indication de la qualité et de l'adresse du représentant de la partie ;

c) les moyens et arguments invoqués ;

d) les conclusions de la partie qui le dépose.

2. L'article 177, paragraphes 4 à 6, est applicable au mémoire en réponse.

Art. 181 *Clôture de la phase écrite de la procédure.* Sans préjudice des dispositions du chapitre troisième, la phase écrite de la procédure est close après la présentation du mémoire en réponse du défendeur et, le cas échéant, de l'intervenant au sens de l'article 173.

CHAPITRE III *Du recours incident*

Art. 182 *Recours incident.* 1. Les parties à la procédure devant la chambre de recours autres que le requérant peuvent présenter un recours incident dans le même délai que celui prévu pour la présentation du mémoire en réponse.

2. Le recours incident doit être présenté par acte séparé, distinct du mémoire en réponse.

Art. 183 *Contenu du recours incident.* Le recours incident contient :

a) les nom et domicile de la partie qui le dépose ;

b) l'indication de la qualité et de l'adresse du représentant de la partie ;

c) les moyens et arguments invoqués ;

d) les conclusions.

Art. 184 *Conclusions, moyens et arguments du recours incident.* 1. Les conclusions du recours incident tendent à l'annulation ou à la réformation de la décision de la chambre de recours sur un point non soulevé dans la requête.

2. Les moyens et arguments invoqués identifient avec précision les points de motifs de la décision attaquée qui sont contestés.

Art. 185 *Réponse au recours incident.* Lorsqu'un recours incident est déposé, les autres parties peuvent présenter un mémoire dont l'objet est limité à la réponse aux conclusions, moyens et arguments invoqués dans le recours incident, dans un délai de deux mois à compter de sa signification. Ce délai peut, dans des circonstances exceptionnelles, être prorogé par le président à la demande motivée de la partie concernée.

Art. 186 *Clôture de la phase écrite de la procédure.* Lorsqu'un recours incident a été déposé, la phase écrite de la procédure est close après la présentation du dernier mémoire en réponse à ce recours incident.

Art. 187 *Relation entre le recours principal et le recours incident.* Le recours incident est réputé dépourvu d'objet :

a) lorsque le requérant se désiste du recours principal ;

b) lorsque le recours principal est déclaré manifestement irrecevable.

CHAPITRE IV *Autres aspects de la procédure*

Art. 188 *Objet du litige devant le Tribunal.* Les mémoires déposés par les parties dans le cadre de la procédure devant le Tribunal ne peuvent modifier l'objet du litige devant la chambre de recours.

Art. 189 *Longueur des mémoires.* 1. Le Tribunal fixe, conformément à l'article 224, la longueur maximale des mémoires déposés dans le cadre du présent titre.

2. Le dépassement de la longueur maximale des mémoires peut être autorisé par le président uniquement dans des cas particulièrement complexes en droit ou en fait.

Art. 190 *Règlement des dépens.* 1. Lorsqu'il est fait droit à un recours contre une décision d'une chambre de recours, le Tribunal peut ordonner que le défendeur ne supporte que ses propres dépens.

2. Les frais indispensables exposés par les parties aux fins de la procédure devant la chambre de recours sont considérés comme dépens récupérables.

Art. 191 *Autres dispositions applicables.* Sous réserve des dispositions particulières du présent titre, les dispositions du titre troisième sont applicables aux procédures visées par le présent titre.

TITRE V Des pourvois contre les décisions du Tribunal de la fonction publique

Art. 192 *Champ d'application.* Les dispositions du présent titre s'appliquent aux pourvois contre les décisions du Tribunal de la fonction publique visés aux articles 9 et 10 de l'annexe I du statut.

CHAPITRE PREMIER *De la requête en pourvoi*

Art. 193 *Dépôt de la requête en pourvoi.* Le pourvoi est formé par le dépôt d'une requête au greffe du Tribunal.

Art. 194 *Contenu de la requête en pourvoi.* 1. Le pourvoi contient :

a) les nom et domicile de la partie qui forme le pourvoi, appelée requérant ;

b) l'indication de la qualité et de l'adresse du représentant du requérant ;

c) l'indication de la décision attaquée du Tribunal de la fonction publique ;

d) la désignation des autres parties à l'affaire en cause devant le Tribunal de la fonction publique ;

e) les moyens et arguments de droit invoqués ainsi qu'un exposé sommaire desdits moyens ;

f) les conclusions du requérant.

2. Mention doit être faite de la date à laquelle la décision attaquée a été signifiée au requérant.

3. Si le requérant est une personne morale de droit privé, il joint à la requête une preuve récente de son existence juridique (extrait du registre du commerce, extrait du registre des associations ou tout autre document officiel).

4. La requête est accompagnée des documents visés à l'article 51, paragraphes 2 et 3.

5. Si le pourvoi n'est pas conforme aux paragraphes 2 à 4, le greffier fixe au requérant un délai raisonnable aux fins de régularisation de la requête. À défaut de cette régularisation dans le délai imparti, le Tribunal décide si l'inobservation de cette formalité entraîne l'irrecevabilité formelle de la requête.

Art. 195 *Conclusions, moyens et arguments du pourvoi.* 1. Les conclusions du pourvoi tendent à l'annulation, totale ou partielle, de la décision du Tribunal de la fonction publique telle qu'elle figure au dispositif de cette décision.

2. Les moyens et arguments de droit invoqués identifient avec précision les points de motifs de la décision du Tribunal de la fonction publique qui sont contestés.

Art. 196 *Conclusions en cas d'accueil du pourvoi.* 1. Les conclusions du pourvoi tendent, si celui-ci est déclaré fondé, à ce qu'il soit fait droit, en tout ou en partie, aux conclusions présentées en première instance, à l'exclusion de toute conclusion nouvelle. Le pourvoi ne peut modifier l'objet du litige devant le Tribunal de la fonction publique.

2. Lorsque le requérant demande, en cas d'annulation de la décision attaquée, que l'affaire soit renvoyée devant le Tribunal statuant comme juge de première instance, il expose les rai-

sons pour lesquelles le litige n'est pas en état d'être jugé par le Tribunal statuant comme juge du pourvoi.

CHAPITRE II *Du mémoire en réponse, de la réplique et de la duplique*

Art. 197 *Signification du pourvoi.* 1. Le pourvoi est signifié aux autres parties à l'affaire en cause devant le Tribunal de la fonction publique. L'article 80, paragraphe 1, est applicable.

2. Dans le cas prévu à l'article 194, paragraphe 5, la signification est faite dès la régularisation ou dès que le Tribunal a admis la recevabilité eu égard aux conditions de forme prévues par cet article.

Art. 198 *Parties autorisées à déposer un mémoire en réponse.* Toute partie à l'affaire en cause devant le Tribunal de la fonction publique ayant un intérêt à l'accueil ou au rejet du pourvoi peut présenter un mémoire en réponse dans un délai de deux mois à compter de la signification du pourvoi. Aucune prorogation du délai de réponse n'est accordée.

Art. 199 *Contenu du mémoire en réponse.* 1. Le mémoire en réponse contient :

a) les nom et domicile de la partie qui le produit ;
b) l'indication de la qualité et de l'adresse du représentant de la partie ;
c) la date à laquelle le pourvoi lui a été signifié ;
d) les moyens et arguments de droit invoqués ;
e) les conclusions.

2. L'article 194, paragraphes 3 à 5, est applicable au mémoire en réponse.

Art. 200 *Conclusions du mémoire en réponse.* Les conclusions du mémoire en réponse tendent à l'accueil ou au rejet, total ou partiel, du pourvoi.

Art. 201 *Réplique et duplique.* 1. Le pourvoi et le mémoire en réponse ne peuvent être complétés par une réplique et une duplique que lorsque le président, à la suite d'une demande motivée présentée en ce sens par le requérant dans un délai de sept jours à compter de la signification du mémoire en réponse, le juge nécessaire, notamment afin de permettre au requérant de prendre position sur une exception d'irrecevabilité ou des éléments nouveaux invoqués dans le mémoire en réponse.

2. Le président fixe la date à laquelle la réplique est produite et, lors de la signification de ce mémoire, la date à laquelle la duplique est produite. Il peut limiter le nombre de pages et l'objet de ces mémoires.

CHAPITRE III *Du pourvoi incident*

Art. 202 *Pourvoi incident.* 1. Les parties visées à l'article 198 peuvent présenter un pourvoi incident dans le même délai que celui prévu pour la présentation du mémoire en réponse.

2. Le pourvoi incident doit être formé par acte séparé, distinct du mémoire en réponse.

Art. 203 *Contenu du pourvoi incident.* Le pourvoi incident contient :

a) les nom et domicile de la partie qui forme le pourvoi incident ;
b) l'indication de la qualité et de l'adresse du représentant de la partie ;
c) la date à laquelle le pourvoi lui a été signifié ;
d) les moyens et arguments de droit invoqués ;
e) les conclusions.

Art. 204 *Conclusions, moyens et arguments du pourvoi incident.* 1. Les conclusions du pourvoi incident tendent à l'annulation, totale ou partielle, de la décision du Tribunal de la fonction publique.

2. Elles peuvent également tendre à l'annulation d'une décision, explicite ou implicite, relative à la recevabilité du recours devant le Tribunal de la fonction publique.

3. Les moyens et arguments de droit invoqués identifient avec précision les points de motifs de la décision du Tribunal de la fonction publique qui sont contestés. Ils doivent être distincts des moyens et arguments invoqués dans le mémoire en réponse.

CHAPITRE IV *Des mémoires consécutifs au pourvoi incident*

Art. 205 *Réponse au pourvoi incident.* Lorsqu'un pourvoi incident est formé, le requérant ou toute autre partie à l'affaire en cause devant le Tribunal de la fonction publique ayant un intérêt à l'accueil ou au rejet du pourvoi incident peut présenter un mémoire en réponse, dont l'objet est limité aux moyens invoqués dans ce pourvoi incident, dans un délai de deux mois à compter de sa signification. Aucune prorogation de ce délai n'est accordée.

Art. 206 *Réplique et duplique à la suite d'un pourvoi incident.* 1. Le pourvoi incident et le mémoire en réponse à ce pourvoi ne peuvent être complétés par une réplique et une duplique que lorsque le président, à la suite d'une demande motivée présentée en ce sens par la partie ayant formé le pourvoi incident dans un délai de sept jours à compter de la signification du mémoire en réponse au pourvoi incident, le juge nécessaire, notamment afin de permettre à cette partie de prendre position sur une exception d'irrecevabilité ou des éléments nouveaux invoqués dans le mémoire en réponse au pourvoi incident.

2. Le président fixe la date à laquelle cette réplique est produite et, lors de la signification de ce mémoire, la date à laquelle la duplique est produite. Il peut limiter le nombre de pages et l'objet de ces mémoires.

CHAPITRE V *De la phase orale de la procédure*

Art. 207 *Phase orale de la procédure.* 1. Les parties à la procédure en pourvoi peuvent demander à être entendues dans le cadre d'une audience de plaidoiries. Une telle demande doit être motivée et présentée dans un délai de trois semaines à compter de la signification aux parties de la clôture de la phase écrite de la procédure. Ce délai peut être prorogé par le président.

2. Sur proposition du juge rapporteur, le Tribunal peut, s'il s'estime suffisamment éclairé par les pièces du dossier de l'affaire, décider de statuer sur le pourvoi sans phase orale de la procédure. Il peut néanmoins décider ultérieurement d'ouvrir la phase orale de la procédure.

CHAPITRE VI *Des pourvois réglés par voie d'ordonnance*

Art. 208 *Pourvoi manifestement irrecevable ou manifestement non fondé.* Lorsque le pourvoi, principal ou incident, est, en tout ou en partie, manifestement irrecevable ou manifestement non fondé, le Tribunal peut, à tout moment, sur proposition du juge rapporteur, décider de rejeter ce pourvoi totalement ou partiellement, par voie d'ordonnance motivée.

Art. 209 *Pourvoi manifestement fondé.* Lorsque la Cour de justice ou le Tribunal a déjà statué sur une ou plusieurs questions de droit identiques à celles soulevées par les moyens du pourvoi, principal ou incident, et que le Tribunal considère que le pourvoi est manifestement fondé, il peut, sur proposition du juge rapporteur, les parties entendues, décider de déclarer le pourvoi manifestement fondé par voie d'ordonnance motivée comportant référence à la jurisprudence pertinente.

CHAPITRE VII *Des conséquences de la radiation du pourvoi principal sur le pourvoi incident*

Art. 210 *Conséquences d'un désistement ou d'une irrecevabilité manifeste du pourvoi principal sur le pourvoi incident.* Le pourvoi incident est réputé dépourvu d'objet :

a) lorsque le requérant au pourvoi principal se désiste de celui-ci ;

b) lorsque le pourvoi principal est déclaré manifestement irrecevable pour non respect *[non-respect]* du délai de pourvoi ;

c) lorsque le pourvoi principal est déclaré manifestement irrecevable au seul motif qu'il n'est pas dirigé contre une décision du Tribunal de la fonction publique mettant fin à l'instance ou contre une décision qui tranche partiellement le litige au fond ou qui met fin à un incident de procédure portant sur une exception d'incompétence ou d'irrecevabilité, au sens de l'article 9, premier alinéa, de l'annexe I du statut.

CHAPITRE VIII *Des dépens et frais de procédure dans les pourvois*

Art. 211 *Règlement des dépens dans les pourvois.* 1. Sous réserve des dispositions qui suivent, les articles 133 à 141 sont applicables, *mutatis mutandis*, à la procédure devant le Tribunal ayant pour objet un pourvoi contre une décision du Tribunal de la fonction publique.

2. Lorsque le pourvoi n'est pas fondé ou lorsque le pourvoi est fondé et que le Tribunal juge lui-même le litige, il statue sur les dépens.

3. Dans les pourvois formés par les institutions, les frais exposés par celles-ci restent à leur charge, sans préjudice des dispositions de l'article 135, paragraphe 2.

4. Par dérogation à l'article 134, paragraphes 1 et 2, le Tribunal peut, dans les pourvois formés par les fonctionnaires ou autres agents d'une institution, décider de répartir les dépens entre les parties, dans la mesure où l'équité l'exige.

5. Lorsqu'il n'a pas, lui-même, formé le pourvoi, un intervenant en première instance ne peut être condamné aux dépens dans la procédure de pourvoi que s'il a participé à la phase écrite ou à la phase orale de la procédure devant le Tribunal. Lorsqu'une telle partie participe à la procédure, le Tribunal peut décider qu'elle supporte ses propres dépens.

CHAPITRE IX *Autres dispositions applicables aux pourvois*

Art. 212 *Longueur des mémoires.* 1. Le Tribunal fixe, conformément à l'article 224, la longueur maximale des mémoires déposés dans le cadre du présent titre.

2. Le dépassement de la longueur maximale des mémoires peut être autorisé par le président uniquement dans des cas particulièrement complexes.

Art. 213 *Autres dispositions applicables aux pourvois.* 1. Les articles 51 à 58, 60 à 72, 79, 84, 87, 89, 90, 107 à 122, 124, 125, 129, 131, 142 à 162, 164, 165 et 167 à 170 sont applicables à la procédure devant le Tribunal ayant pour objet un pourvoi contre une décision du Tribunal de la fonction publique.

2. Par dérogation à l'article 143, paragraphe 1, la demande d'intervention est présentée au plus tard avant l'expiration d'un délai d'un mois qui prend cours à la publication visée à l'article 79.

3. Les décisions rendues en vertu de l'article 256, paragraphe 2, TFUE sont communiquées à la Cour de justice.

CHAPITRE X *Du pourvoi contre les décisions rejetant une demande d'intervention et contre les décisions prises par voie de référé*

Art. 214 *Pourvoi contre les décisions rejetant une demande d'intervention et contre les décisions prises par voie de référé.* Par dérogation aux dispositions du présent titre, le président du Tribunal statue sur les pourvois visés à l'article 10, paragraphes 1 et 2, de l'annexe I du statut selon la procédure prévue à l'article 157, paragraphes 1 et 3, et à l'article 158, paragraphe 1.

TITRE VI Des procédures après renvoi

CHAPITRE PREMIER *Des décisions du tribunal rendues après annulation et renvoi*

Art. 215 *Annulation et renvoi par la Cour de justice.* Lorsque la Cour de justice annule un arrêt ou une ordonnance du Tribunal et décide de renvoyer à ce dernier le jugement de l'affaire, le Tribunal est saisi par la décision de renvoi.

Art. 216 *Attribution de l'affaire.* 1. Lorsque la Cour de justice annule un arrêt ou une ordonnance d'une chambre, le président du Tribunal peut attribuer l'affaire à une autre chambre siégeant avec le même nombre de juges.

2. Lorsque la Cour de justice annule un arrêt ou une ordonnance rendu par la grande chambre du Tribunal, l'affaire est attribuée à cette formation.

3. Lorsque la Cour de justice annule un arrêt ou une ordonnance rendu par un juge ayant statué en tant que juge unique, le président du Tribunal peut attribuer l'affaire au juge unique, sans préjudice du renvoi par ce dernier de l'affaire devant la chambre dans laquelle il siège.

Art. 217 *Déroulement de la procédure.* 1. Lorsque la décision ultérieurement annulée par la Cour de justice est intervenue après que la procédure écrite sur le fond avait été close devant le Tribunal, les parties à la procédure devant le Tribunal peuvent déposer leurs observations écrites sur les conclusions à tirer de la décision de la Cour de justice pour la solution du litige dans un délai de deux mois à compter de la signification de la décision de la Cour de justice. Ce délai ne peut pas être prorogé.

2. Lorsque la décision ultérieurement annulée par la Cour de justice est intervenue alors que la procédure écrite sur le fond n'avait pas encore été close devant le Tribunal, elle est reprise au stade où elle se trouvait.

3. Si les circonstances le justifient, le président peut autoriser le dépôt de mémoires complémentaires d'observations écrites.

Art. 218 *Règles applicables à la procédure.* Sous réserve des dispositions de l'article 217, la procédure se déroule conformément aux dispositions, selon le cas, du titre troisième ou du titre quatrième.

Art. 219 *Dépens.* Le Tribunal statue sur les dépens relatifs, d'une part, aux procédures engagées devant le Tribunal et, d'autre part, à la procédure de pourvoi devant la Cour de justice.

CHAPITRE II *Des décisions du tribunal rendues après réexamen et renvoi*

Art. 220 *Réexamen et renvoi par la Cour de justice.* Lorsque la Cour de justice réexamine un arrêt ou une ordonnance du Tribunal et décide de renvoyer à ce dernier le jugement de l'affaire, le Tribunal est saisi par l'arrêt de renvoi.

Art. 221 *Attribution de l'affaire.* 1. Lorsque la Cour de justice renvoie une affaire qui a été initialement jugée par une chambre, le président du Tribunal peut attribuer l'affaire à une autre chambre siégeant avec le même nombre de juges.

2. Lorsque la Cour de justice renvoie une affaire qui a été initialement jugée par la grande chambre du Tribunal, l'affaire est attribuée à cette formation.

Art. 222 *Déroulement de la procédure.* 1. Dans un délai d'un mois à compter de la signification de l'arrêt de la Cour de justice, les parties à la procédure devant le Tribunal peuvent déposer leurs observations écrites sur les conclusions à tirer de cet arrêt pour la solution du litige. Ce délai ne peut pas être prorogé.

2. Le Tribunal peut inviter les parties à la procédure devant lui à déposer des mémoires, au titre des mesures d'organisation de la procédure, et décider de les entendre lors d'une audience de plaidoiries.

Art. 223 *Dépens.* Le Tribunal statue sur les dépens relatifs à la procédure engagée devant lui après le réexamen.

Dispositions finales

Art. 224 *Dispositions d'exécution.* Le Tribunal arrête, par acte séparé, des dispositions pratiques d'exécution du présent règlement.

Art. 225 *Exécution forcée.* L'exécution forcée des sanctions ou mesures prononcées en vertu du présent règlement est poursuivie conformément aux dispositions des articles 280 TFUE, 299 TFUE et 164 TCEEA.

Art. 226 *Abrogation.* Le présent règlement remplace le règlement de procédure du Tribunal du 2 mai 1991, tel que modifié en dernier lieu le 19 juin 2013.

Art. 227 *Publication et entrée en vigueur du présent règlement.* 1. Le présent règlement, authentique dans les langues visées à l'article 44, est publié au *Journal officiel de l'Union européenne*.

2. Le présent règlement entre en vigueur le premier jour du troisième mois suivant sa publication.

3. Les dispositions de l'article 105 ne sont applicables qu'à compter de l'entrée en vigueur de la décision visée à l'article 105, paragraphe 11.

4. Les dispositions de l'article 45, paragraphe 4, de l'article 139, sous c), et de l'article 181 ne s'appliquent qu'aux recours introduits devant le Tribunal après l'entrée en vigueur du présent règlement.

5. Les dispositions des articles 106 et 207 ne s'appliquent qu'aux affaires dont la phase écrite de la procédure n'est pas encore close à la date de l'entrée en vigueur du présent règlement.

6. Les dispositions de l'article 115, paragraphe 1, de l'article 116, paragraphe 6, de l'article 131 et de l'article 135, paragraphe 2, du règlement de procédure du Tribunal du 2 mai 1991, tel que modifié en dernier lieu le 19 juin 2013, restent applicables aux recours introduits devant le Tribunal avant l'entrée en vigueur du présent règlement.

7. Les dispositions des articles 135 *bis* et 146 du règlement de procédure du Tribunal du 2 mai 1991, tel que modifié en dernier lieu le 19 juin 2013, restent applicables aux recours pendants devant le Tribunal dont la phase écrite de la procédure a été close avant l'entrée en vigueur du présent règlement.

Dispositions pratiques d'exécution du règlement de procédure du tribunal, du 20 mai 2015,

Formulaire d'aide juridictionnelle

Décision du Tribunal du 11 juillet 2018,

Relative au dépôt et à la signification d'actes de procédure par la voie de l'application e-Curia.

Conditions d'utilisation de l'application e-Curia

Règlement de procédure de la Cour de justice du 25 septembre 2012,

Règl. de procédure de la Cour de justice du 25 sept. 2012 (JO L 265 du 29 sept. 2012), tel que mod. le 18 juin 2013 (JO L 173 du 26 juin 2013, p. 65), le 19 juill. 2016 (JO L 217 du 12 août 2016, p. 69), le 9 avr. 2019 (JO L 111 du 25 avr. 2019, p. 73) et le 26 nov. 2019 (JO L 316 du 6 déc. 2019, p. 103).

DISPOSITIONS LIMINAIRES

Art. 1er *Définitions.* 1. Dans le présent règlement :

a) les dispositions du traité sur l'Union européenne sont désignées par le numéro de l'article concerné dudit traité suivi du sigle "TUE",

b) les dispositions du traité sur le fonctionnement de l'Union européenne sont désignées par le numéro de l'article concerné dudit traité suivi du sigle "TFUE",

c) les dispositions du traité instituant la Communauté européenne de l'énergie atomique sont désignées par le numéro de l'article concerné dudit traité suivi du sigle "TCEEA",

d) le protocole sur le statut de la Cour de justice de l'Union européenne est dénommé "statut",

e) l'accord sur l'Espace économique européen *[JO L 1 du 3.1.1994, p. 27]* est dénommé "accord EEE",

f) le règlement n° 1 du Conseil du 15 avril 1958 portant fixation du régime linguistique de la Communauté économique européenne *[JO, 17 du 6.10.1958, p. 385]* est dénommé "règlement n° 1 du Conseil".

2. Aux fins de l'application du présent règlement :

a) le terme "institutions" désigne les institutions de l'Union visées à l'article 13, paragraphe 1, TUE, et les organes ou organismes créés par les traités ou par un acte pris pour leur exécution et qui peuvent être parties devant la Cour,

b) le terme "Autorité de surveillance AELE" désigne l'autorité de surveillance visée par l'accord EEE,

c) le terme "intéressés visés à l'article 23 du statut" désigne l'ensemble des parties, États, institutions, organes et organismes autorisés, en vertu de cet article, à présenter des mémoires ou observations dans le cadre d'un renvoi préjudiciel.

Art. 2 *Portée du présent règlement.* Les dispositions du présent règlement mettent en œuvre et complètent, en tant que de besoin, les dispositions pertinentes des TUE, TFUE et TCEEA, ainsi que le statut.

TITRE PREMIER De l'organisation de la Cour

CHAPITRE PREMIER *Des juges et des avocats généraux*

Art. 3 *Début de la période de mandat des juges et des avocats généraux.* Le mandat d'un juge ou d'un avocat général commence à courir à la date fixée à cet effet dans l'acte de nomination. Si cet acte ne fixe pas la date du début de la période de mandat, cette période commence à courir à la date de publication de cet acte au *Journal officiel de l'Union européenne.*

Art. 4 *Prestation de serment.* Avant leur entrée en fonctions, les juges et les avocats généraux prêtent, à la première audience publique de la Cour à laquelle ils assistent après leur nomination, le serment suivant, prévu à l'article 2 du statut :

"Je jure d'exercer mes fonctions en pleine impartialité et en toute conscience ; je jure de ne rien divulguer du secret des délibérations."

Art. 5 *Engagement solennel.* Immédiatement après avoir prêté serment, les juges et les avocats généraux signent une déclaration par laquelle ils prennent l'engagement solennel prévu à l'article 4, troisième alinéa, du statut.

Art. 6 *Relèvement des fonctions d'un juge ou d'un avocat général.* 1. Lorsque la Cour est appelée, en vertu de l'article 6 du statut, à décider si un juge ou un avocat général ne répond plus aux conditions requises ou ne satisfait plus aux obligations découlant de sa charge, le président invite l'intéressé à présenter ses observations.

2. La Cour statue hors la présence du greffier.

Art. 7 *Rang d'ancienneté.* 1. L'ancienneté des juges et des avocats généraux est indistinctement calculée à partir de leur entrée en fonctions.

2. A ancienneté de fonctions égale, l'âge détermine le rang d'ancienneté.

3. Les juges et avocats généraux dont le mandat est renouvelé conservent leur rang antérieur.

CHAPITRE II *De la présidence de la Cour, de la constitution des chambres et de l'élection du premier avocat général*

Art. 8 *Élection du président et du vice-président de la Cour.* 1. Les juges élisent parmi eux, pour trois ans, le président de la Cour immédiatement après le renouvellement partiel prévu à l'article 253, deuxième alinéa, TFUE.

2. En cas de cessation du mandat du président avant le terme normal de ses fonctions, il est procédé à son remplacement pour la période restant à courir.

3. Aux élections visées au présent article, le vote a lieu au scrutin secret. Est élu le juge qui obtient les voix de plus de la moitié des juges de la Cour. Si aucun des juges ne réunit cette majorité, il est procédé à d'autres tours de scrutin jusqu'à ce qu'elle soit atteinte.

4. Les juges élisent ensuite parmi eux, pour trois ans, le vice-président de la Cour, selon les modalités prévues au paragraphe précédent. Le paragraphe 2 est applicable en cas de cessation de son mandat avant le terme normal de ses fonctions.

5. Les noms du président et du vice-président élus conformément au présent article sont publiés au *Journal officiel de l'Union européenne.*

Art. 9 *Attributions du président de la Cour.* 1. Le président représente la Cour.

2. Le président dirige les travaux de la Cour. Il préside les réunions générales des membres de la Cour ainsi que les audiences et les délibérations de l'assemblée plénière et de la grande chambre.

3. Le président veille au bon fonctionnement des services de l'institution.

Art. 10 *Attributions du vice-président de la Cour.* 1. Le vice-président assiste le président de la Cour dans l'exercice de ses fonctions et le remplace en cas d'empêchement.

2. Il le remplace, à sa demande, dans l'exercice des fonctions visées à l'article 9, paragraphes 1 et 3, du présent règlement.

3. La Cour, par décision, précise les conditions dans lesquelles le vice-président remplace le président de la Cour dans l'exercice de ses fonctions juridictionnelles. Cette décision est publiée au *Journal officiel de l'Union européenne.*

Art. 11 *Constitution des chambres.* 1. La Cour constitue en son sein des chambres à cinq et à trois juges, conformément à l'article 16 du statut, et décide de l'affectation des juges à celles-ci.

2. La Cour désigne les chambres à cinq juges qui, pour une période d'un an, sont chargées des affaires visées à l'article 107 ainsi qu'aux articles 193 et 194.

3. Pour les affaires renvoyées à une formation de jugement conformément à l'article 60, le terme "Cour" dans le présent règlement désigne cette formation.

4. Pour les affaires renvoyées devant une chambre à cinq ou à trois juges, les pouvoirs du président de la Cour sont exercés par le président de chambre.

5. L'affectation des juges aux chambres et la désignation des chambres chargées des affaires visées à l'article 107 ainsi qu'aux articles 193 et 194 sont publiées au *Journal officiel de l'Union européenne.*

Art. 12 *Élection des présidents de chambre.* 1. Les juges procèdent, immédiatement après l'élection du président et du vice-président de la Cour, à l'élection, pour trois ans, des présidents des chambres à cinq juges.

2. Les juges élisent ensuite, pour une année, les présidents des chambres à trois juges.

3. Les dispositions de l'article 8, paragraphes 2 et 3, sont applicables.

4. Les noms des présidents de chambre élus conformément au présent article sont publiés au *Journal officiel de l'Union européenne.*

Art. 13 *Empêchement du président et du vice-président de la Cour.* En cas d'empêchement du président et du vice-président de la Cour, la présidence est assurée par un des présidents de chambre à cinq juges ou, à défaut, par un des présidents de chambre à trois juges ou, à défaut, par un des autres juges, selon l'ordre établi à l'article 7.

Art. 14 *Élection du premier avocat général.* 1. Les avocats généraux élisent parmi eux, pour trois ans, le premier avocat général immédiatement après le renouvellement partiel prévu à l'article 253, deuxième alinéa, TFUE.

2. En cas de cessation du mandat du premier avocat général avant le terme normal de ses fonctions, il est procédé à son remplacement pour la période restant à courir.

3. Aux élections visées au présent article, le vote a lieu au scrutin secret. Est élu l'avocat général qui obtient les voix de plus de la moitié des avocats généraux de la Cour. Si aucun avocat général ne réunit cette majorité, il est procédé à d'autres tours de scrutin jusqu'à ce qu'elle soit atteinte.

4. Le nom du premier avocat général élu conformément au présent article est publié au *Journal officiel de l'Union européenne.*

CHAPITRE III *De l'attribution des affaires aux juges rapporteurs et aux avocats généraux*

Art. 15 *Désignation du juge rapporteur.* 1. Dans les meilleurs délais suivant le dépôt de l'acte introductif d'instance, le président de la Cour désigne le juge rapporteur chargé de l'affaire.

2. Pour les affaires visées à l'article 107 ainsi qu'aux articles 193 et 194, le juge rapporteur est choisi parmi les juges de la chambre désignée conformément à l'article 11, paragraphe 2, sur proposition du président de cette chambre. Si, en application de l'article 109, la chambre décide de ne pas soumettre le renvoi à la procédure d'urgence, le président de la Cour peut réattribuer l'affaire à un juge rapporteur affecté à une autre chambre.

3. Le président de la Cour prend les dispositions nécessaires en cas d'empêchement d'un juge rapporteur.

Art. 16 *Désignation de l'avocat général.* 1. Le premier avocat général décide de l'attribution des affaires aux avocats généraux.

2. Le premier avocat général prend les dispositions nécessaires en cas d'empêchement d'un avocat général.

CHAPITRE IV *Des rapporteurs adjoints*

Art. 17 *Rapporteurs adjoints.* 1. Au cas où elle l'estime nécessaire pour l'étude et l'instruction des affaires dont elle est saisie, la Cour propose, en application de l'article 13 du statut, la nomination de rapporteurs adjoints.

2. Les rapporteurs adjoints sont chargés notamment :

a) d'assister le président de la Cour dans la procédure de référé,

b) d'assister les juges rapporteurs dans leur tâche.

3. Dans l'exercice de leurs fonctions, les rapporteurs adjoints relèvent, selon le cas, du président de la Cour, du président d'une des chambres ou d'un juge rapporteur.

4. Avant leur entrée en fonctions, les rapporteurs adjoints prêtent, devant la Cour, le serment prévu à l'article 4 du présent règlement.

CHAPITRE V *Du greffe*

Art. 18 *Nomination du greffier.* 1. La Cour nomme le greffier.

2. En cas de vacance du poste de greffier, une annonce est publiée au *Journal officiel de l'Union européenne.* Les personnes intéressées sont invitées à présenter leur candidature, dans un délai qui ne peut être inférieur à trois semaines, accompagnée de tous renseignements sur leur nationalité, leurs titres universitaires, leurs connaissances linguistiques, leurs occupations actuelles et antérieures, ainsi que sur l'expérience judiciaire et internationale éventuelle dont elles disposent.

3. Le vote, auquel prennent part les juges et les avocats généraux, a lieu selon la procédure prévue à l'article 8, paragraphe 3, du présent règlement.

4. Le greffier est nommé pour une période de six ans. Son mandat est renouvelable. La Cour peut décider de renouveler le mandat du greffier en fonctions sans faire usage de la procédure prévue au paragraphe 2 du présent article.

5. Le greffier prête le serment prévu à l'article 4 et signe la déclaration prévue à l'article 5.

6. Le greffier ne peut être relevé de ses fonctions que s'il ne répond plus aux conditions requises ou ne satisfait plus aux obligations découlant de sa charge. La Cour décide, après avoir mis le greffier en mesure de présenter ses observations.

7. Si le greffier cesse ses fonctions avant l'expiration de son mandat, la Cour nomme un nouveau greffier pour une période de six ans.

8. Le nom du greffier élu conformément au présent article est publié au *Journal officiel de l'Union européenne.*

Art. 19 *Greffier adjoint.* La Cour peut nommer, suivant la procédure prévue pour le greffier, un greffier adjoint chargé d'assister le greffier et de le remplacer en cas d'empêchement.

Art. 20 *Attributions du greffier.* 1. Sous l'autorité du président de la Cour, le greffier est chargé de la réception, de la transmission et de la conservation de tous documents, ainsi que des significations que comporte l'application du présent règlement.

2. Le greffier assiste les membres de la Cour dans tous les actes de leur ministère.

3. Le greffier a la garde des sceaux et la responsabilité des archives. Il prend soin des publications de la Cour et, notamment, du recueil de la jurisprudence.

4. Le greffier dirige les services de l'institution sous l'autorité du président de la Cour. Il est responsable de la gestion du personnel et de l'administration, ainsi que de la préparation et de l'exécution du budget.

Art. 21 *Tenue du registre.* 1. Il est tenu au greffe sous la responsabilité du greffier un registre sur lequel sont inscrits à la suite et dans l'ordre de leur présentation tous les actes de procédure et les pièces et documents déposés à l'appui.

2. Mention de l'inscription au registre est faite par le greffier sur les originaux et, à la demande des parties, sur les copies qu'elles présentent à cet effet.

3. Les inscriptions au registre et les mentions prévues au paragraphe précédent constituent des actes authentiques.

4. Un avis est publié au *Journal officiel de l'Union européenne* indiquant la date de l'inscription de la requête introductive d'instance, le nom des parties ou, le cas échéant, les initiales qui le remplacent, les conclusions de la requête ainsi que l'indication des moyens et des principaux arguments invoqués.

5. Dans les cas visés au titre troisième du présent règlement, l'avis publié au *Journal officiel de l'Union européenne* indique la date du dépôt de la demande de décision préjudicielle, la juridiction de renvoi, le nom des parties au litige au principal ou, le cas échéant, les initiales qui le remplacent ainsi que les questions posées à la Cour.

Art. 22 *Consultation du registre, des arrêts et des ordonnances.* 1. Toute personne peut consulter le registre au greffe et en obtenir des copies ou des extraits suivant le tarif du greffe établi par la Cour sur proposition du greffier.

2. Toute partie à l'instance peut obtenir, suivant le tarif du greffe, des copies certifiées conformes des actes de procédure.

3. Toute personne peut en outre obtenir, suivant le tarif du greffe, des copies certifiées conformes des arrêts et des ordonnances.

CHAPITRE VI *Du fonctionnement de la Cour*

Art. 23 *Lieu des séances de la Cour.* La Cour peut, pour une ou plusieurs séances déterminées, choisir un lieu autre que celui où elle a son siège.

Art. 24 *Calendrier des travaux de la Cour.* 1. L'année judiciaire commence le 7 octobre d'une année civile et se termine le 6 octobre de l'année suivante.

2. Les vacances judiciaires sont fixées par la Cour.

3. Pendant les vacances judiciaires, le président peut, en cas d'urgence, convoquer les juges et les avocats généraux.

4. La Cour observe les jours fériés légaux du lieu où elle a son siège.

5. La Cour peut, pour de justes motifs, accorder des congés aux juges et aux avocats généraux.

6. Les dates des vacances judiciaires et la liste des jours fériés légaux sont publiées annuellement au *Journal officiel de l'Union européenne.*

Art. 25 *Réunion générale.* Les décisions portant sur des questions administratives ou sur les suites à réserver aux propositions contenues dans le rapport préalable visé à l'article 59 du présent règlement sont prises par la Cour lors de la réunion générale à laquelle participent, avec voix délibérative, l'ensemble des juges et avocats généraux. Le greffier y assiste, sauf décision contraire de la Cour.

Art. 26 *Établissement des procès-verbaux.* Lorsque la Cour siège hors la présence du greffier, elle charge le juge le moins ancien au sens de l'article 7 du présent règlement d'établir, s'il y a lieu, un procès-verbal qui est signé par le président et par ce juge.

CHAPITRE VII *Des formations de jugement*

SECTION I *De la composition des formations de jugement*

Art. 27 *Composition de la grande chambre.* 1. La grande chambre est, pour chaque affaire, composée du président et du vice-président de la Cour, de trois présidents de chambre à cinq juges, du juge rapporteur et du nombre de juges nécessaire pour atteindre quinze. Ces derniers juges et les trois présidents de chambre à cinq juges sont désignés à partir des listes visées aux paragraphes 3 et 4 du présent article, en suivant l'ordre de celles-ci. Le point de départ sur chacune de ces listes est, pour chaque affaire renvoyée devant la grande chambre, le nom du juge suivant immédiatement le dernier juge désigné à partir de la liste en cause pour l'affaire précédemment renvoyée devant cette formation de jugement.

2. Après l'élection du président et du vice-président de la Cour, puis des présidents des chambres à cinq juges, une liste des présidents de chambre à cinq juges et une liste des autres juges sont établies pour les besoins de la détermination de la composition de la grande chambre.

3. La liste des présidents de chambre à cinq juges est établie en suivant l'ordre établi à l'article 7 du présent règlement.

4. La liste des autres juges est établie en suivant, de façon alternée, l'ordre établi à l'article 7 du présent règlement et l'ordre inverse : le premier juge sur cette liste est le premier selon l'ordre établi audit article, le deuxième juge sur la liste le dernier selon cet ordre, le troisième juge le deuxième selon cet ordre, le quatrième juge l'avant dernier selon cet ordre, et ainsi de suite.

5. Les listes visées aux paragraphes 3 et 4 sont publiées au *Journal officiel de l'Union européenne.*

6. Dans les affaires qui, du début d'une année civile de renouvellement partiel des juges et jusqu'à ce que ce renouvellement ait eu lieu, sont renvoyées devant la grande chambre, deux juges suppléants peuvent être désignés pour compléter la formation de jugement aussi longtemps que persistent des incertitudes quant à la réunion du quorum visé à l'article 17, troisième alinéa, du statut. Font fonction de juges suppléants les deux juges qui figurent sur la liste visée au paragraphe 4 immédiatement après le dernier juge désigné pour la composition de la grande chambre dans l'affaire.

7. Les juges suppléants remplacent, dans l'ordre de la liste visée au paragraphe 4, les juges qui, le cas échéant, ne peuvent pas participer au règlement de l'affaire.

Art. 28 *Composition des chambres à cinq et à trois juges.* 1. Les chambres à cinq juges et à trois juges sont, pour chaque affaire, composées du président de la chambre, du juge rapporteur et du nombre de juges nécessaire pour atteindre respectivement cinq et trois juges. Ces derniers juges sont désignés à partir des listes visées aux paragraphes 2 et 3 en suivant l'ordre de celles-ci. Le point de départ sur ces listes est, pour chaque affaire renvoyée devant une chambre, le nom du juge suivant immédiatement le dernier juge désigné à partir de la liste pour l'affaire précédemment renvoyée devant la chambre en cause.

2. Pour la composition des chambres à cinq juges sont établies, après l'élection des présidents de ces chambres, des listes comprenant tous les juges affectés à la chambre concernée, à l'exception du président de celle-ci. Les listes sont établies de la même manière que la liste visée à l'article 27, paragraphe 4.

3. Pour la composition des chambres à trois juges, sont établies, après l'élection des présidents de ces chambres, des listes comprenant tous les juges affectés à la chambre concernée, à l'exception du président de celle-ci. Les listes sont établies en suivant l'ordre établi à l'article 7.

4. Les listes visées aux paragraphes 2 et 3 sont publiées au *Journal officiel de l'Union européenne.*

Art. 29 *Composition des chambres en cas de connexité ou de dessaisissement.* 1. Lorsque la Cour estime que plusieurs affaires doivent être jugées ensemble par une même formation de jugement, la composition de cette dernière est celle fixée pour l'affaire dont le rapport préalable a été examiné en premier lieu.

2. Lorsqu'une chambre devant laquelle une affaire a été renvoyée demande à la Cour, en vertu de l'article 60, paragraphe 3, du présent règlement, de renvoyer cette affaire à une formation de jugement plus importante, cette formation comprend les membres de la chambre qui s'est dessaisie.

Art. 30 *Empêchement d'un président de chambre.* 1. En cas d'empêchement du président d'une chambre à cinq juges, les fonctions de président de la chambre sont assurées par un président de chambre à trois juges, le cas échéant selon l'ordre établi à l'article 7 du présent règlement, ou, si aucun président de chambre à trois juges ne fait partie de la formation de jugement, par un des autres juges selon l'ordre établi audit article 7.

2. En cas d'empêchement du président d'une chambre à trois juges, les fonctions de président de la chambre sont assurées par un juge de la formation de jugement selon l'ordre établi à l'article 7.

Art. 31 *Empêchement d'un membre de la formation de jugement.* 1. En cas d'empêchement d'un membre de la grande chambre, il est remplacé par un autre juge en suivant l'ordre de la liste visée à l'article 27, paragraphe 4.

2. En cas d'empêchement d'un membre d'une chambre à cinq juges, il est remplacé par un autre juge faisant partie de la même chambre, en suivant l'ordre de la liste visée à l'article 28, paragraphe 2. S'il n'est pas possible de remplacer le juge empêché par un juge faisant partie de la même chambre, le président de cette chambre en informe le président de la Cour qui peut désigner un autre juge pour compléter la chambre.

3. En cas d'empêchement d'un membre d'une chambre à trois juges, il est remplacé par un autre juge faisant partie de la même chambre, en suivant l'ordre de la liste visée à l'article 28, paragraphe 3. S'il n'est pas possible de remplacer le juge empêché par un juge faisant partie de la même chambre, le président de cette chambre en informe le président de la Cour qui peut désigner un autre juge pour compléter la chambre.

SECTION II *Des délibérations*

Art. 32 *Modalités des délibérations.* 1. Les délibérations de la Cour sont et restent secrètes.

2. Lorsqu'une audience de plaidoiries a eu lieu, seuls les juges ayant participé à celle-ci et, éventuellement, le rapporteur adjoint chargé de l'étude de l'affaire prennent part aux délibérations.

3. Chacun des juges participant aux délibérations exprime son opinion en la motivant.

4. Les conclusions adoptées après discussion finale par la majorité des juges déterminent la décision de la Cour.

Art. 33 *Nombre de juges participant aux délibérations.* Si, par suite d'empêchement, les juges sont en nombre pair, le juge le moins ancien au sens de l'article 7 du présent règlement s'abstient de participer aux délibérations, sauf s'il s'agit du juge rapporteur. Dans ce cas, c'est le juge qui le précède immédiatement dans le rang d'ancienneté qui s'abstient de participer aux délibérations.

Art. 34 *Quorum de la grande chambre.* 1. Si, pour une affaire renvoyée devant la grande chambre, il n'est pas possible d'atteindre le quorum visé à l'article 17, troisième alinéa du statut, le président de la Cour désigne un ou plusieurs autres juges en suivant l'ordre de la liste visée à l'article 27, paragraphe 4, du présent règlement.

2. Si une audience de plaidoiries a eu lieu avant cette désignation, les parties sont à nouveau entendues en leurs plaidoiries, ainsi que l'avocat général en ses conclusions.

Art. 35 *Quorum des chambres à cinq et à trois juges.* 1. Si, pour une affaire renvoyée devant une chambre à cinq ou à trois juges, il n'est pas possible d'atteindre le quorum visé à l'article 17, deuxième alinéa, du statut, le président de la Cour désigne un ou plusieurs autres juges en suivant l'ordre de la liste visée à l'article 28, respectivement paragraphes 2 et 3, du présent règlement. S'il n'est pas possible de remplacer le juge empêché par un juge faisant partie de la même chambre, le président de cette chambre en informe aussitôt le président de la Cour qui désigne un autre juge pour compléter la chambre.

2. L'article 34, paragraphe 2, s'applique, mutatis mutandis, aux chambres à cinq et à trois juges.

CHAPITRE VIII *Du régime linguistique*

Art. 36 *Langues de procédure.* Les langues de procédure sont l'allemand, l'anglais, le bulgare, le croate, le danois, l'espagnol, l'estonien, le finnois, le français, le grec, le hongrois, l'irlandais, l'italien, le letton, le lituanien, le maltais, le néerlandais, le polonais, le portugais, le roumain, le slovaque, le slovène, le suédois et le tchèque.

Art. 37 *Détermination de la langue de procédure.* 1. Dans les recours directs, la langue de procédure est choisie par le requérant, sous réserve des dispositions ci-après :

a) si le défendeur est un État membre, la langue de procédure est la langue officielle de cet État ; dans le cas où il existe plusieurs langues officielles, le requérant a la faculté de choisir celle qui lui convient ;

b) à la demande conjointe des parties, l'emploi total ou partiel d'une autre des langues mentionnées à l'article 36 peut être autorisé ;

c) à la demande d'une partie, l'autre partie et l'avocat général entendus, l'emploi total ou partiel comme langue de procédure d'une autre des langues mentionnées à l'article 36 peut être autorisé par dérogation aux dispositions sous a) et b) ; cette demande ne peut être introduite par l'une des institutions de l'Union européenne.

2. Sans préjudice des dispositions prévues au paragraphe précédent, sous b) et c), ainsi qu'à l'article 38, paragraphes 4 et 5, du présent règlement,

a) dans le cas du pourvoi contre les décisions du Tribunal visé aux articles 56 et 57 du statut, la langue de procédure est celle de la décision du Tribunal qui fait l'objet du pourvoi ;

b) lorsque la Cour décide, conformément à l'article 62, second alinéa, du statut, de réexaminer une décision du Tribunal, la langue de procédure est celle de la décision du Tribunal qui fait l'objet du réexamen ;

c) dans le cas des contestations sur les dépens récupérables, de l'opposition à un arrêt rendu par défaut, de la tierce opposition ainsi que des demandes en interprétation, en révision ou visant à remédier à une omission de statuer, la langue de procédure est celle de la décision à laquelle ces demandes ou contestations se rapportent.

3. Dans les procédures préjudicielles, la langue de procédure est celle de la juridiction de renvoi. A la demande dûment justifiée d'une partie au litige au principal, l'autre partie au litige au principal et l'avocat général entendus, l'emploi d'une autre des langues mentionnées à l'article 36 peut être autorisé pour la phase orale de la procédure. Lorsqu'elle est octroyée, l'autorisation d'employer cette autre langue vaut pour l'ensemble des intéressés visés à l'article 23 du statut.

4. La décision sur les demandes ci-dessus mentionnées peut être prise par le président ; celui-ci peut et, lorsqu'il veut y faire droit sans l'accord de toutes les parties, doit déférer la demande à la Cour.

Art. 38 *Emploi de la langue de procédure.* 1. La langue de procédure est notamment employée dans les mémoires et plaidoiries des parties, y compris les pièces et documents produits ou annexés, ainsi que les procès-verbaux et décisions de la Cour.

2. Toute pièce et tout document produits ou annexés et rédigés dans une langue autre que la langue de procédure sont accompagnés d'une traduction dans la langue de procédure.

3. Toutefois, dans le cas de pièces et documents volumineux, des traductions en extraits peuvent être présentées. A tout moment, la Cour peut exiger une traduction plus complète ou intégrale, soit d'office, soit à la demande d'une des parties.

4. Par dérogation à ce qui précède, les États membres sont autorisés à utiliser leur propre langue officielle lorsqu'ils participent à une procédure préjudicielle, lorsqu'ils interviennent à un litige pendant devant la Cour ou lorsqu'ils saisissent cette dernière au titre de l'article 259 TFUE. Cette disposition s'applique tant aux documents écrits qu'aux déclarations orales. La traduction dans la langue de procédure est assurée dans chaque cas par les soins du greffier.

5. Les États parties à l'accord EEE, autres que les États membres, ainsi que l'Autorité de *surveillance AELE* sont autorisés à utiliser une des langues mentionnées à l'article 36, autre que la langue de procédure, lorsqu'ils participent à une procédure préjudicielle ou lorsqu'ils interviennent à un litige pendant devant la Cour. Cette disposition s'applique tant aux documents écrits qu'aux déclarations orales. La traduction dans la langue de procédure est assurée dans chaque cas par les soins du greffier.

6. Les États tiers qui participent à une procédure préjudicielle conformément à l'article 23, quatrième alinéa, du statut sont autorisés à utiliser une des langues mentionnées à l'article 36, autre que la langue de procédure. Cette disposition s'applique tant aux documents écrits qu'aux déclarations orales. La traduction dans la langue de procédure est assurée dans chaque cas par les soins du greffier.

7. Lorsque les témoins ou experts déclarent qu'ils ne peuvent s'exprimer convenablement dans une des langues mentionnées à l'article 36, la Cour les autorise à formuler leurs déclarations dans une autre langue. Le greffier assure la traduction dans la langue de procédure.

8. Le président et le vice-président de la Cour ainsi que les présidents de chambre pour la direction des débats, les juges et les avocats généraux lorsqu'ils posent des questions, et ces derniers pour leurs conclusions peuvent employer une des langues mentionnées à l'article 36, autre que la langue de procédure. Le greffier assure la traduction dans la langue de procédure.

Art. 39 *Responsabilité du greffier en matière linguistique.* 1. Le greffier veille à ce que soit effectuée la traduction, dans la langue de procédure et, le cas échéant, dans une autre langue mentionnée à l'article 36, des actes de procédure déposés pendant la phase écrite de la procédure.

2. Le greffier veille également à ce que soit garantie l'interprétation, dans la langue de procédure ainsi que dans les autres langues mentionnées à l'article 36 utilisées par les parties présentes à l'audience ou jugées nécessaires au bon déroulement de celle-ci, des propos tenus lors de l'audience de plaidoiries.

Art. 40 *Régime linguistique des publications de la Cour.* Les publications de la Cour sont faites dans les langues visées à l'article 1er du règlement n° 1 du Conseil.

Art. 41 *Textes faisant foi.* Les textes rédigés dans la langue de procédure ou, le cas échéant, dans une autre langue autorisée en vertu des articles 37 ou 38 du présent règlement font foi.

Art. 42 *Service linguistique de la Cour.* La Cour établit un service linguistique composé d'experts justifiant d'une culture juridique adéquate et d'une connaissance étendue de plusieurs langues officielles de l'Union.

TITRE II Dispositions procédurales communes

CHAPITRE PREMIER *Des droits et obligations des agents, conseils et avocats*

Art. 43 *Privilèges, immunités et facilités.* 1. Les agents, conseils et avocats qui se présentent devant la Cour ou devant une autorité judiciaire commise par elle en vertu d'une commission rogatoire, jouissent de l'immunité pour les paroles prononcées et les écrits produits relatifs à la cause ou aux parties.

2. Les agents, conseils et avocats jouissent en outre des privilèges et facilités suivants :

a) tous papiers et documents relatifs à la procédure sont exempts de fouille et de saisie. En cas de contestation, les préposés de la douane ou de la police peuvent sceller les papiers et documents en question qui sont alors transmis sans délai à la Cour pour qu'ils soient vérifiés en présence du greffier et de l'intéressé ;

b) les agents, conseils et avocats jouissent de la liberté de déplacement dans la mesure nécessaire à l'accomplissement de leur tâche.

Art. 44 *Qualité des représentants des parties.* 1. Pour bénéficier des privilèges, immunités et facilités mentionnés à l'article précédent, justifient préalablement de leur qualité :

a) les agents, par un document officiel délivré par leur mandant, qui en signifie immédiatement copie au greffier ;

b) les avocats, par un document de légitimation certifiant qu'ils sont habilités à exercer devant une juridiction d'un État membre ou d'un autre État partie à l'accord EEE et, lorsque la partie qu'ils représentent est une personne morale de droit privé, par un mandat délivré par cette dernière ;

c) les conseils, par un mandat délivré par la partie qu'ils assistent.

2. Au besoin, le greffier de la Cour leur délivre une pièce de légitimation. La validité de celle-ci est limitée à un délai fixe ; elle peut être étendue ou restreinte selon la durée de la procédure.

Art. 45 *Levée de l'immunité.* 1. Les privilèges, immunités et facilités mentionnés à l'article 43 du présent règlement sont accordés exclusivement dans l'intérêt de la procédure.

2. La Cour peut lever l'immunité lorsqu'elle estime que la levée de celle-ci n'est pas contraire à l'intérêt de la procédure.

Art. 46 *Exclusion de la procédure.* 1. Si la Cour estime que le comportement d'un agent, conseil ou avocat devant la Cour est incompatible avec la dignité de la Cour ou avec les exigences d'une bonne administration de la justice, ou que cet agent, conseil ou avocat use des droits qu'il tient de ses fonctions à des fins autres que celles pour lesquelles ces droits lui sont reconnus, elle en informe l'intéressé. Si la Cour en informe les autorités compétentes dont relève l'intéressé, une copie de la lettre adressée à ces autorités est transmise à ce dernier.

2. Pour les mêmes motifs, la Cour peut, à tout moment, l'intéressé et l'avocat général entendus, décider d'exclure, par ordonnance motivée, un agent, un conseil ou un avocat de la procédure. Cette ordonnance est immédiatement exécutoire.

3. Lorsqu'un agent, un conseil ou un avocat se trouve exclu de la procédure, celle-ci est suspendue jusqu'à l'expiration d'un délai fixé par le président pour permettre à la partie intéressée de désigner un autre agent, conseil ou avocat.

4. Les décisions prises en exécution du présent article peuvent être rapportées.

Art. 47 *Professeurs et parties au litige au principal.* 1. Les dispositions du présent chapitre sont applicables aux professeurs jouissant du droit de plaider devant la Cour conformément à l'article 19 du statut.

2. Elles s'appliquent également, dans le cadre des renvois préjudiciels, aux parties au litige au principal lorsque, en vertu des règles de procédure nationales applicables, celles-ci sont autorisées à ester en justice sans le concours d'un avocat, ainsi qu'aux personnes habilitées à les représenter en vertu de ces mêmes règles.

CHAPITRE II *Des significations*

Art. 48 *Modes de signification.* 1. Les significations prévues au présent règlement sont faites par les soins du greffier au domicile élu du destinataire, soit par envoi postal recommandé, avec accusé de réception, d'une copie de l'acte à signifier, soit par remise de cette copie contre reçu. Les copies de l'original à signifier sont dressées et certifiées conformes par le greffier, sauf dans le cas où elles émanent des parties elles-mêmes conformément à l'article 57, paragraphe 2, du présent règlement.

2. Lorsque le destinataire a consenti à ce que des significations lui soient adressées par télécopieur ou tout autre moyen technique de communication, la signification de tout acte de procédure, en ce compris les arrêts et ordonnances de la Cour, peut être effectuée par transmission d'une copie du document par ce moyen.

3. Si, pour des raisons techniques ou à cause de la nature ou du volume de l'acte, une telle transmission ne peut avoir lieu, l'acte est signifié, en l'absence d'une élection de domicile du destinataire, à l'adresse de celui-ci selon les modalités prévues au paragraphe 1. Le destinataire en est informé par télécopieur ou tout autre moyen technique de communication. Un envoi postal recommandé est alors réputé avoir été remis à son destinataire le dixième jour après le dépôt de cet envoi à la poste au lieu où la Cour a son siège, à moins qu'il ne soit établi par l'accusé de réception que la réception a eu lieu à une autre date ou que le destinataire informe le greffier, dans un délai de trois semaines à compter de l'information, par télécopieur ou tout autre moyen technique de communication, que la signification ne lui est pas parvenue.

4. La Cour peut, par décision, déterminer les conditions dans lesquelles un acte de procédure peut être signifié par voie électronique. Cette décision est publiée au *Journal officiel de l'Union européenne.*

CHAPITRE III *Des délais*

Art. 49 *Calcul des délais.* 1. Les délais de procédure prévus par les traités, le statut et le présent règlement sont calculés de la façon suivante :

a) si un délai exprimé en jours, en semaines, en mois ou en années est à compter à partir du moment où survient un événement ou s'effectue un acte, le jour au cours duquel survient cet événement ou se situe cet acte n'est pas compté dans le délai ;

b) un délai exprimé en semaines, en mois ou en années prend fin à l'expiration du jour qui, dans la dernière semaine, dans le dernier mois ou dans la dernière année, porte la même dénomination ou le même chiffre que le jour au cours duquel est survenu l'événement ou a été effectué l'acte à partir duquel le délai est à compter. Si, dans un délai exprimé en mois ou en années, le jour déterminé pour son expiration fait défaut dans le dernier mois, le délai prend fin à l'expiration du dernier jour de ce mois ;

c) lorsqu'un délai est exprimé en mois et en jours, il est d'abord tenu compte des mois entiers, puis des jours ;

d) les délais comprennent les samedis, les dimanches et les jours fériés légaux visés à l'article 24, paragraphe 6, du présent règlement ;

e) les délais ne sont pas suspendus pendant les vacances judiciaires.

2. Si le délai prend fin un samedi, un dimanche ou un jour férié légal, l'expiration en est reportée à la fin du jour ouvrable suivant.

Art. 50 *Recours contre un acte d'une institution.* Lorsqu'un délai pour l'introduction d'un recours contre un acte d'une institution commence à courir à partir de la publication de l'acte, le délai est à compter, au sens de l'article 49, paragraphe 1, sous a), à partir de la fin du quatorzième jour suivant la date de la publication de l'acte au *Journal officiel de l'Union européenne.*

Art. 51 *Délai de distance.* Les délais de procédure sont augmentés d'un délai de distance forfaitaire de dix jours.

Art. 52 *Fixation et prorogation de délais.* 1. Les délais fixés par la Cour en application du présent règlement peuvent être prorogés.

2. Le président et les présidents de chambre peuvent donner délégation de signature au greffier pour fixer certains délais qu'il leur appartient d'arrêter en vertu du présent règlement ou pour en accorder la prorogation.

CHAPITRE IV *Des différents modes de traitement des affaires*

Art. 53 *Modes de traitement des affaires.* 1. Sans préjudice des dispositions particulières prévues par le statut ou le présent règlement, la procédure devant la Cour comporte une phase écrite et une phase orale.

2. Lorsque la Cour est manifestement incompétente pour connaître d'une affaire ou lorsqu'une demande ou une requête est manifestement irrecevable, la Cour, l'avocat général entendu, peut à tout moment décider de statuer par voie d'ordonnance motivée, sans poursuivre la procédure.

3. Le président peut, au vu de circonstances particulières, décider de faire juger une affaire par priorité.

4. Une affaire peut être soumise à une procédure accélérée dans les conditions prévues au présent règlement.

5. Un renvoi préjudiciel peut être soumis à une procédure d'urgence dans les conditions prévues au présent règlement.

Art. 54 *Jonction.* 1. Plusieurs affaires de même nature ayant le même objet peuvent, à tout moment, être jointes pour cause de connexité aux fins de la phase écrite ou orale de la procédure ou de l'arrêt mettant fin à l'instance.

2. La jonction est décidée par le président, après avoir entendu le juge rapporteur et l'avocat général, si les affaires en cause ont déjà été attribuées, et, sauf pour les renvois préjudiciels, après avoir également entendu les parties. Le président peut déférer la décision sur cette question à la Cour.

3. Des affaires jointes peuvent être à nouveau disjointes, dans les conditions prévues au paragraphe 2.

Art. 55 *Suspension de la procédure.* 1. La procédure peut être suspendue :

a) dans les cas prévus à l'article 54, troisième alinéa, du statut, par ordonnance de la Cour, prise l'avocat général entendu ;

b) dans tous les autres cas, par décision du président, prise après avoir entendu le juge rapporteur et l'avocat général et, sauf pour les renvois préjudiciels, les parties.

2. La reprise de la procédure peut être ordonnée ou décidée selon les mêmes modalités.

3. Les ordonnances ou décisions visées aux paragraphes précédents sont signifiées aux parties ou intéressés visés à l'article 23 du statut.

4. La suspension de la procédure prend effet à la date indiquée dans l'ordonnance ou la décision de suspension ou, à défaut d'une telle indication, à la date de cette ordonnance ou décision.

5. Pendant la période de suspension, aucun délai de procédure n'expire à l'égard des parties ou intéressés visés à l'article 23 du statut.

6. Lorsque l'ordonnance ou la décision de suspension n'en a pas fixé le terme, la suspension prend fin à la date indiquée dans l'ordonnance ou la décision de reprise de procédure ou, à défaut d'une telle indication, à la date de cette ordonnance ou décision.

7. A compter de la date de reprise de la procédure après une suspension, les délais de procédure interrompus sont remplacés par de nouveaux délais qui commencent à courir à la date de cette reprise.

Art. 56 *Report du jugement d'une affaire.* Après avoir entendu le juge rapporteur, l'avocat général et les parties, le président peut, au vu de circonstances particulières, soit d'office, soit à la demande d'une partie, décider de faire reporter une affaire pour être jugée à une date ultérieure.

CHAPITRE V *De la phase écrite de la procédure*

Art. 57 *Dépôt des actes de procédure.* 1. L'original de tout acte de procédure doit porter la signature manuscrite de l'agent ou de l'avocat de la partie ou, s'agissant d'observations présentées dans le cadre d'une procédure préjudicielle, celle de la partie au litige au principal ou de son représentant lorsque les règles de procédure nationales applicables à ce litige le permettent.

2. Cet acte, accompagné de toutes les annexes qui y sont mentionnées, est présenté avec cinq copies pour la Cour et, s'agissant des procédures autres que les procédures préjudicielles, autant de copies qu'il y a de parties en cause. Ces copies sont certifiées conformes par la partie qui les dépose.

3. Les institutions produisent en outre, dans les délais fixés par la Cour, les traductions de tout acte de procédure dans les autres langues visées à l'article 1er du règlement n° 1 du Conseil. Le paragraphe précédent est applicable.

4. A tout acte de procédure est annexé un dossier, contenant les pièces et documents invoqués à l'appui et accompagné d'un bordereau de ces pièces et documents.

5. Si, en raison du volume d'une pièce ou d'un document, il n'en est annexé à l'acte que des extraits, la pièce ou le document entier ou une copie complète est déposé au greffe.

6. Tout acte de procédure est daté. Au regard des délais de procédure, seules la date et l'heure du dépôt de l'original au greffe seront prises en considération.

7. Sans préjudice des dispositions des paragraphes 1 à 6, la date et l'heure à laquelle une copie de l'original signé d'un acte de procédure, y compris le bordereau des pièces et documents visé au paragraphe 4, parvient au greffe par télécopieur ou tout autre moyen technique de communication dont dispose la Cour, sont prises en considération aux fins du respect des délais de procédure à condition que l'original signé de l'acte, accompagné des annexes et des copies visées au paragraphe 2, soit déposé au greffe au plus tard dix jours après. L'article 51 du présent règlement n'est pas applicable à ce dernier délai.

8. Sans préjudice des dispositions des paragraphes 3 à 6, la Cour peut, par décision, déterminer les conditions dans lesquelles un acte de procédure transmis au greffe par voie électronique est réputé être l'original de cet acte. Cette décision est publiée au *Journal officiel de l'Union européenne.*

Art. 58 *Longueur des actes de procédure.* Sans préjudice de dispositions particulières prévues par le présent règlement, la Cour peut, par décision, fixer la longueur maximale des mémoires ou observations déposés devant elle. Cette décision est publiée au *Journal officiel de l'Union européenne.*

CHAPITRE VI *Du rapport préalable et du renvoi aux formations de jugement*

Art. 59 *Rapport préalable.* 1. Lorsque la phase écrite de la procédure est clôturée, le président fixe la date à laquelle le juge rapporteur présente un rapport préalable à la réunion générale de la Cour.

2. Le rapport préalable comporte des propositions sur la question de savoir si l'affaire appelle des mesures particulières d'organisation de la procédure, des mesures d'instruction ou, le cas échéant, des demandes d'éclaircissements à la juridiction de renvoi, ainsi que sur la formation de jugement à laquelle il convient de renvoyer l'affaire. Le rapport comporte également la proposition du juge rapporteur sur l'éventuelle omission de l'audience de plaidoiries ainsi que sur l'éventuelle omission des conclusions de l'avocat général en application de l'article 20, cinquième alinéa, du statut.

3. La Cour, l'avocat général entendu, décide des suites à réserver aux propositions du juge rapporteur.

Art. 60 *Renvoi aux formations de jugement.* 1. La Cour renvoie devant les chambres à cinq ou à trois juges toute affaire dont elle est saisie dans la mesure où la difficulté ou l'importance de l'affaire ou des circonstances particulières ne requièrent pas le renvoi devant la grande chambre, à moins qu'un tel renvoi n'ait été demandé, en application de l'article 16, troisième alinéa, du statut, par un État membre ou une institution de l'Union participant à la procédure.

2. La Cour siège en assemblée plénière lorsqu'elle est saisie en application des dispositions visées à l'article 16, quatrième alinéa, du statut. Elle peut renvoyer une affaire devant

l'assemblée plénière lorsque, conformément à l'article 16, cinquième alinéa, du statut, elle estime que l'affaire revêt une importance exceptionnelle.

3. La formation de jugement devant laquelle l'affaire a été renvoyée peut, à tout stade de la procédure, demander à la Cour de renvoyer cette affaire à une formation de jugement plus importante.

4. Si la phase orale de la procédure est ouverte sans instruction, le président de la formation de jugement en fixe la date d'ouverture.

CHAPITRE VII *Des mesures d'organisation de la procédure et des mesures d'instruction*

SECTION I *Des mesures d'organisation de la procédure*

Art. 61 *Mesures d'organisation décidées par la Cour.* 1. Outre les mesures qui peuvent être décidées conformément à l'article 24 du statut, la Cour peut inviter les parties ou les intéressés visés à l'article 23 du statut à répondre à certaines questions par écrit, dans le délai qu'elle précise, ou lors de l'audience de plaidoiries. Les réponses écrites sont communiquées aux autres parties ou aux intéressés visés à l'article 23 du statut.

2. Lorsqu'une audience de plaidoiries est organisée, la Cour, dans la mesure du possible, invite les participants à cette audience à concentrer leurs plaidoiries sur une ou plusieurs questions déterminées.

Art. 62 *Mesures d'organisation décidées par le juge rapporteur ou l'avocat général.* 1. Le juge rapporteur ou l'avocat général peuvent demander aux parties ou aux intéressés visés à l'article 23 du statut de soumettre, dans un délai donné, tous renseignements relatifs aux faits, tous documents ou tous éléments qu'ils jugent pertinents. Les réponses et documents obtenus sont communiqués aux autres parties ou aux intéressés visés à l'article 23 du statut.

2. Le juge rapporteur ou l'avocat général peuvent également faire parvenir aux parties ou aux intéressés visés à l'article 23 du statut des questions en vue d'une réponse à l'audience.

SECTION II *Des mesures d'instruction*

Art. 63 *Décision sur les mesures d'instruction.* 1. La Cour, en réunion générale, décide s'il y a lieu de procéder à une mesure d'instruction.

2. Si l'affaire a déjà été renvoyée à une formation de jugement, la décision est prise par cette dernière.

Art. 64 *Détermination des mesures d'instruction.* 1. La Cour, l'avocat général entendu, fixe les mesures qu'elle juge convenir par voie d'ordonnance articulant les faits à prouver.

2. Sans préjudice des dispositions des articles 24 et 25 du statut, les mesures d'instruction comprennent :

a) la comparution personnelle des parties ;
b) la demande de renseignements et de production de documents ;
c) la preuve par témoins ;
d) l'expertise ;
e) la descente sur les lieux.

3. La preuve contraire et l'ampliation des offres de preuve restent réservées.

Art. 65 *Participation aux mesures d'instruction.* 1. Si la formation de jugement ne procède pas elle-même à l'instruction, elle en charge le juge rapporteur.

2. L'avocat général prend part aux mesures d'instruction.

3. Les parties peuvent assister aux mesures d'instruction.

Art. 66 *Preuve par témoins.* 1. La Cour ordonne la vérification de certains faits par témoins, soit d'office, soit à la demande d'une des parties, l'avocat général entendu.

2. La demande d'une partie tendant à l'audition d'un témoin indique avec précision les faits sur lesquels il y a lieu de l'entendre et les raisons de nature à justifier son audition.

3. La Cour statue par voie d'ordonnance motivée sur la demande visée au paragraphe précédent. S'il est fait droit à cette dernière, l'ordonnance énonce les faits à établir et indique les témoins qui doivent être entendus sur chacun de ces faits.

4. Les témoins sont cités par la Cour, le cas échéant après le dépôt de la provision visée à l'article 73, paragraphe 1, du présent règlement.

Art. 67 *Audition des témoins.* 1. Après vérification de l'identité des témoins, le président les informe qu'ils auront à certifier leurs déclarations de la manière déterminée par le présent règlement.

2. Les témoins sont entendus par la Cour, les parties convoquées. Après la déposition, le président peut, à la demande d'une des parties ou d'office, poser des questions aux témoins.
3. La même faculté appartient à chaque juge et à l'avocat général.
4. Sous l'autorité du président, des questions peuvent être posées aux témoins par les représentants des parties.

Art. 68 *Serment des témoins.*
1. Après sa déposition, le témoin prête le serment suivant :
"Je jure d'avoir dit la vérité, toute la vérité, rien que la vérité."
2. La Cour peut, les parties entendues, dispenser le témoin de prêter serment.

Art. 69 *Sanctions pécuniaires.* 1. Les témoins régulièrement cités sont tenus de déférer à la citation et de se présenter à l'audience.
2. Lorsque, sans motif légitime, un témoin régulièrement cité ne se présente pas devant la Cour, celle-ci peut lui infliger une sanction pécuniaire dont le montant maximal est de 5000 euros et ordonner une nouvelle citation du témoin aux frais de celui-ci.
3. La même sanction peut être infligée à un témoin qui, sans motif légitime, refuse de déposer ou de prêter serment.

Art. 70 *Expertise.* 1. La Cour peut ordonner une expertise. L'ordonnance qui nomme l'expert précise la mission de celui-ci et lui fixe un délai pour la présentation de son rapport.
2. Après la présentation du rapport et sa signification aux parties, la Cour peut ordonner que l'expert soit entendu, les parties convoquées. A la demande d'une des parties ou d'office, le président peut poser des questions à l'expert.
3. La même faculté appartient à chaque juge et à l'avocat général.
4. Sous l'autorité du président, des questions peuvent être posées à l'expert par les représentants des parties.

Art. 71 *Serment de l'expert.* 1. Après la présentation du rapport, l'expert prête le serment suivant :
"Je jure d'avoir rempli ma mission en conscience et en toute impartialité."
2. La Cour peut, les parties entendues, dispenser l'expert de prêter serment.

Art. 72 *Récusation d'un témoin ou d'un expert.* 1. Si une des parties récuse un témoin ou un expert pour incapacité, indignité ou toute autre cause ou si un témoin ou un expert refuse de déposer ou de prêter serment, la Cour statue.
2. La récusation d'un témoin ou d'un expert est opposée dans le délai de deux semaines à compter de la signification de l'ordonnance qui cite le témoin ou nomme l'expert, par acte contenant les causes de récusation et les offres de preuve.

Art. 73 *Frais des témoins et des experts.* 1. Lorsque la Cour ordonne l'audition de témoins ou une expertise, elle peut demander aux parties ou à l'une d'elles le dépôt d'une provision garantissant la couverture des frais des témoins ou des experts.
2. Les témoins et experts ont droit au remboursement de leurs frais de déplacement et de séjour. Une avance sur ces frais peut leur être accordée par la caisse de la Cour.
3. Les témoins ont droit à une indemnité pour manque à gagner et les experts à des honoraires pour leurs travaux. Ces sommes sont payées par la caisse de la Cour aux témoins et experts après l'accomplissement de leurs devoirs ou de leur mission.

Art. 74 *Procès-verbal des audiences d'instruction.* 1. Le greffier établit un procès-verbal de chaque audience d'instruction. Ce procès-verbal est signé par le président et par le greffier. Il constitue un acte authentique.
2. Lorsqu'il s'agit d'une audience d'audition de témoins ou d'experts, le procès-verbal est signé par le président ou le juge rapporteur chargé de procéder à l'audition ainsi que par le greffier. Avant ces signatures, le témoin ou l'expert doit être mis en mesure de vérifier le contenu du procès-verbal et de le signer.
3. Le procès-verbal est signifié aux parties.

Art. 75 *Ouverture de la phase orale de la procédure après instruction.* 1. A moins que la Cour ne décide d'impartir aux parties un délai pour présenter des observations écrites, le président fixe la date d'ouverture de la phase orale de la procédure après l'accomplissement des mesures d'instruction.
2. Si un délai a été imparti pour la présentation d'observations écrites, le président fixe la date d'ouverture de la phase orale de la procédure à l'expiration de ce délai.

CHAPITRE VIII *De la phase orale de la procédure*

Art. 76 *Audience de plaidoiries.* 1. Les éventuelles demandes motivées d'audience de plaidoiries sont présentées dans un délai de trois semaines à compter de la signification aux parties ou aux intéressés visés à l'article 23 du statut de la clôture de la phase écrite de la procédure. Ce délai peut être prorogé par le président.

2. Sur proposition du juge rapporteur, l'avocat général entendu, la Cour peut décider de ne pas tenir d'audience de plaidoiries si elle estime, à la lecture des mémoires ou observations déposés au cours de la phase écrite de la procédure, être suffisamment informée pour statuer.

3. Le paragraphe précédent n'est pas applicable lorsqu'une demande d'audience de plaidoiries a été présentée, de manière motivée, par un intéressé visé à l'article 23 du statut qui n'a pas participé à la phase écrite de la procédure.

Art. 77 *Audience commune de plaidoiries.* Si les similitudes existantes entre plusieurs affaires de même nature le permettent, la Cour peut décider d'organiser une audience de plaidoiries commune à ces affaires.

Art. 78 *Direction des débats.* Les débats sont ouverts et dirigés par le président, qui exerce la police de l'audience.

Art. 79 *Huis clos.* 1. Pour des motifs graves liés, notamment, à la sécurité des États membres ou à la protection d'enfants mineurs, la Cour peut décider le huis clos.

2. La décision de huis clos comporte défense de publication des débats.

Art. 80 *Questions.* Les membres de la formation de jugement ainsi que l'avocat général peuvent, au cours de l'audience de plaidoiries, poser des questions aux agents, conseils ou avocats des parties et, dans les circonstances visées à l'article 47, paragraphe 2, du présent règlement, aux parties au litige au principal ou à leurs représentants.

Art. 81 *Clôture de l'audience de plaidoiries.* Après avoir entendu les parties ou les intéressés visés à l'article 23 du statut en leurs plaidoiries, le président prononce la clôture de l'audience de plaidoiries.

Art. 82 *Présentation des conclusions de l'avocat général.* 1. Lorsqu'une audience de plaidoiries a lieu, les conclusions de l'avocat général sont présentées après la clôture de celle-ci.

2. Le président prononce la clôture de la phase orale de la procédure après la présentation des conclusions de l'avocat général.

Art. 83 *Ouverture ou réouverture de la phase orale.* La Cour peut, à tout moment, l'avocat général entendu, ordonner l'ouverture ou la réouverture de la phase orale de la procédure, notamment si elle considère qu'elle est insuffisamment éclairée, ou lorsqu'une partie a soumis, après la clôture de cette phase, un fait nouveau de nature à exercer une influence décisive sur la décision de la Cour, ou encore lorsque l'affaire doit être tranchée sur la base d'un argument qui n'a pas été débattu entre les parties ou les intéressés visés à l'article 23 du statut.

Art. 84 *Procès-verbal des audiences.* 1. Le greffier établit un procès-verbal de chaque audience. Ce procès-verbal est signé par le président et par le greffier. Il constitue un acte authentique.

2. Les parties et les intéressés visés à l'article 23 du statut peuvent prendre connaissance au greffe de tout procès-verbal et en obtenir copie.

Art. 85 *Enregistrement de l'audience.* Le président peut, sur demande dûment justifiée, autoriser une partie ou un intéressé visé à l'article 23 du statut et ayant participé à la phase écrite ou orale de la procédure à écouter, dans les locaux de la Cour, la bande sonore de l'audience de plaidoiries dans la langue utilisée par l'orateur au cours de celle-ci.

CHAPITRE IX *Des arrêts et des ordonnances*

Art. 86 *Date du prononcé de l'arrêt.* Les parties ou les intéressés visés à l'article 23 du statut sont informés de la date du prononcé de l'arrêt.

Art. 87 *Contenu de l'arrêt.* L'arrêt contient :

a) l'indication qu'il est rendu par la Cour,

b) l'indication de la formation de jugement,

c) la date du prononcé,

d) les noms du président et des juges qui ont pris part aux délibérations, avec l'indication du juge rapporteur,
e) le nom de l'avocat général,
f) le nom du greffier,
g) l'indication des parties ou des intéressés visés à l'article 23 du statut ayant participé à la procédure,
h) les noms de leurs représentants,
i) s'agissant des recours directs et des pourvois, les conclusions des parties,
j) le cas échéant, la date de l'audience de plaidoiries,
k) la mention que l'avocat général a été entendu et, le cas échéant, la date de ses conclusions,
l) l'exposé sommaire des faits,
m) les motifs,
n) le dispositif, y compris, le cas échéant, la décision relative aux dépens.

Art. 88 *Prononcé et signification de l'arrêt.* 1. L'arrêt est prononcé en audience publique.
2. La minute de l'arrêt, signée par le président, les juges ayant pris part aux délibérations et le greffier, est scellée et déposée au greffe ; copie certifiée conforme en est signifiée à chacune des parties et, le cas échéant, à la juridiction de renvoi, aux intéressés visés à l'article 23 du statut et au Tribunal.

Art. 89 *Contenu de l'ordonnance.* 1. L'ordonnance contient :
a) l'indication qu'elle est rendue par la Cour,
b) l'indication de la formation de jugement,
c) la date de son adoption,
d) l'indication de la base juridique sur laquelle elle est fondée,
e) le nom du président et, le cas échéant, des juges qui ont pris part aux délibérations, avec l'indication du juge rapporteur,
f) le nom de l'avocat général,
g) le nom du greffier,
h) l'indication des parties ou des intéressés visés à l'article 23 du statut ayant participé à la procédure,
i) les noms de leurs représentants,
j) la mention que l'avocat général a été entendu,
k) le dispositif, y compris, le cas échéant, la décision relative aux dépens.
2. Lorsque le présent règlement prévoit qu'une ordonnance doit être motivée, elle contient, en outre :
a) s'agissant des recours directs et des pourvois, les conclusions des parties,
b) l'exposé sommaire des faits,
c) les motifs.

Art. 90 *Signature et signification de l'ordonnance.* La minute de l'ordonnance, signée par le président et le greffier, est scellée et déposée au greffe ; copie certifiée conforme en est signifiée à chacune des parties et, le cas échéant, à la juridiction de renvoi, aux intéressés visés à l'article 23 du statut et au Tribunal.

Art. 91 *Force obligatoire des arrêts et ordonnances.* 1. L'arrêt a force obligatoire à compter du jour de son prononcé.
2. L'ordonnance a force obligatoire à compter du jour de sa signification.

Art. 92 *Publication au Journal officiel de l'Union européenne.* Un avis contenant la date et le dispositif des arrêts et ordonnances de la Cour mettant fin à l'instance est publié au *Journal officiel de l'Union européenne.*

TITRE III Des renvois préjudiciels

CHAPITRE PREMIER *Dispositions générales*

Art. 93 *Champ d'application.* La procédure est régie par les dispositions du présent titre :
a) dans les cas visés à l'article 23 du statut,
b) en ce qui concerne les renvois qui peuvent être prévus par des accords auxquels l'Union ou des États membres sont parties.

Art. 94 *Contenu de la demande de décision préjudicielle.* Outre le texte des questions posées à la Cour à titre préjudiciel, la demande de décision préjudicielle contient :

a) un exposé sommaire de l'objet du litige ainsi que des faits pertinents, tels qu'ils ont été constatés par la juridiction de renvoi ou, à tout le moins, un exposé des données factuelles sur lesquelles les questions sont fondées ;

b) la teneur des dispositions nationales susceptibles de s'appliquer en l'espèce et, le cas échéant, la jurisprudence nationale pertinente ;

c) l'exposé des raisons qui ont conduit la juridiction de renvoi à s'interroger sur l'interprétation ou la validité de certaines dispositions du droit de l'Union, ainsi que le lien qu'elle établit entre ces dispositions et la législation nationale applicable au litige au principal.

Art. 95 *Anonymat.* 1. Lorsque l'anonymat a été accordé par la juridiction de renvoi, la Cour respecte cet anonymat dans le cadre de la procédure pendante devant elle.

2. A la demande de la juridiction de renvoi, d'une partie au litige au principal ou d'office, la Cour peut en outre procéder à l'anonymisation d'une ou de plusieurs personnes ou entités concernées par le litige.

Art. 96 *Participation à la procédure préjudicielle.* 1. Conformément à l'article 23 du statut, sont autorisés à présenter des observations devant la Cour :

a) les parties au litige au principal,

b) les États membres,

c) la Commission européenne,

d) l'institution qui a adopté l'acte dont la validité ou l'interprétation est contestée,

e) les États parties à l'accord EEE, autres que les États membres, ainsi que l'Autorité de surveillance AELE, lorsque la Cour est saisie d'une question préjudicielle concernant l'un des domaines d'application de cet accord,

f) les États tiers parties à un accord portant sur un domaine déterminé conclu par le Conseil, lorsque l'accord le prévoit et qu'une juridiction d'un État membre saisit la Cour d'une question préjudicielle concernant le domaine d'application de cet accord.

2. L'absence de participation à la phase écrite de la procédure ne fait pas obstacle à une participation à la phase orale de la procédure.

Art. 97 *Parties au litige au principal.* 1. Les parties au litige au principal sont celles qui sont déterminées comme telles par la juridiction de renvoi, conformément aux règles de procédure nationales.

2. Lorsque cette juridiction fait part à la Cour de l'admission d'une nouvelle partie au litige au principal, alors que la procédure devant la Cour est déjà pendante, cette partie accepte la procédure dans l'état où elle se trouve au moment de cette information. Elle reçoit communication de tous les actes de procédure déjà signifiés aux intéressés visés à l'article 23 du statut.

3. En ce qui concerne la représentation et la comparution des parties au litige au principal, la Cour tient compte des règles de procédure en vigueur devant la juridiction qui l'a saisie. En cas de doute quant à la possibilité, pour une personne, de représenter une partie au principal selon le droit national, la Cour peut s'informer auprès de la juridiction de renvoi sur les règles de procédure applicables.

Art. 98 *Traduction et signification de la demande de décision préjudicielle.* 1. Les demandes de décision préjudicielle visées au présent titre sont signifiées aux États membres dans la version originale, accompagnées d'une traduction dans la langue officielle de l'État destinataire. Si cela est approprié en raison de la longueur de la demande, cette traduction est remplacée par la traduction dans la langue officielle de l'État destinataire d'un résumé de cette demande, lequel servira de base à la prise de position de cet État. Le résumé inclut le texte intégral de la ou des questions posées à titre préjudiciel. Ce résumé comporte notamment, pour autant que ces éléments figurent dans la demande de décision préjudicielle, l'objet du litige au principal, les arguments essentiels des parties à ce litige, une présentation succincte de la motivation du renvoi, ainsi que la jurisprudence et les dispositions du droit national et du droit de l'Union invoquées.

2. Dans les cas visés à l'article 23, troisième alinéa, du statut, les demandes de décision préjudicielle sont signifiées aux États parties à l'accord EEE, autres que les États membres, ainsi qu'à l'Autorité de surveillance AELE dans la version originale, accompagnées d'une traduction de la demande, le cas échéant d'un résumé, dans l'une des langues mentionnées à l'article 36, à choisir par le destinataire.

3. Lorsqu'un État tiers a le droit de participer à une procédure préjudicielle conformément à l'article 23, quatrième alinéa, du statut, la demande de décision préjudicielle lui est signifiée dans la version originale accompagnée d'une traduction de la demande, le cas échéant d'un résumé, dans l'une des langues mentionnées à l'article 36, à choisir par l'État tiers concerné.

Art. 99 *Réponse par ordonnance motivée.* Lorsqu'une question posée à titre préjudiciel est identique à une question sur laquelle la Cour a déjà statué, lorsque la réponse à une telle question peut être clairement déduite de la jurisprudence ou lorsque la réponse à la question posée à titre préjudiciel ne laisse place à aucun doute raisonnable, la Cour peut à tout moment, sur proposition du juge rapporteur, l'avocat général entendu, décider de statuer par voie d'ordonnance motivée.

Art. 100 *Saisine de la Cour.* 1. La Cour reste saisie d'une demande de décision préjudicielle tant que la juridiction qui a saisi la Cour de cette demande ne l'a pas retirée. Le retrait d'une demande peut être pris en compte jusqu'à la signification de la date du prononcé de l'arrêt aux intéressés visés à l'article 23 du statut.

2. Toutefois, la Cour peut, à tout moment, constater que les conditions de sa compétence ne sont plus remplies.

Art. 101 *Demande d'éclaircissements.* 1. Sans préjudice des mesures d'organisation de la procédure et des mesures d'instruction prévues par le présent règlement, la Cour peut, l'avocat général entendu, demander des éclaircissements à la juridiction de renvoi dans le délai qu'elle fixe.

2. La réponse de la juridiction de renvoi à cette demande est signifiée aux intéressés visés à l'article 23 du statut.

Art. 102 *Dépens de la procédure préjudicielle.* Il appartient à la juridiction de renvoi de statuer sur les dépens de la procédure préjudicielle.

Art. 103 *Rectification des arrêts et ordonnances.* 1. Les erreurs de plume ou de calcul ou des inexactitudes évidentes affectant les arrêts et ordonnances peuvent être rectifiées par la Cour, soit d'office, soit à la demande d'un intéressé visé à l'article 23 du statut, à condition que cette demande soit présentée dans un délai de deux semaines à compter du prononcé de l'arrêt ou de la signification de l'ordonnance.

2. La Cour décide, l'avocat général entendu.

3. La minute de l'ordonnance qui prescrit la rectification est annexée à la minute de la décision rectifiée. Mention de cette ordonnance est faite en marge de la minute de la décision rectifiée.

Art. 104 *Interprétation des décisions préjudicielles.* 1. L'article 158 du présent règlement, relatif à l'interprétation des arrêts et ordonnances, n'est pas applicable aux décisions rendues en réponse à une demande de décision préjudicielle.

2. Il appartient aux juridictions nationales d'apprécier si elles s'estiment suffisamment éclairées par une décision préjudicielle, ou s'il leur apparaît nécessaire de saisir à nouveau la Cour.

CHAPITRE II *De la procédure préjudicielle accélérée*

Art. 105 *Procédure accélérée.* 1. A la demande de la juridiction de renvoi ou, à titre exceptionnel, d'office, le président de la Cour peut, lorsque la nature de l'affaire exige son traitement dans de brefs délais, le juge rapporteur et l'avocat général entendus, décider de soumettre un renvoi préjudiciel à une procédure accélérée dérogeant aux dispositions du présent règlement.

2. Dans ce cas, le président fixe immédiatement la date de l'audience qui sera communiquée aux intéressés visés à l'article 23 du statut avec la signification de la demande de décision préjudicielle.

3. Les intéressés mentionnés au paragraphe précédent peuvent, dans un délai fixé par le président, qui ne peut être inférieur à 15 jours, déposer des mémoires ou observations écrites. Le président peut inviter ces intéressés à limiter leurs mémoires ou observations écrites aux points de droit essentiels soulevés par la demande de décision préjudicielle.

4. Les mémoires ou observations écrites éventuels sont communiqués à l'ensemble des intéressés visés à l'article 23 du statut avant l'audience.

5. La Cour statue, l'avocat général entendu.

Art. 106 *Transmission des actes de procédure.* 1. Les actes de procédure prévus à l'article précédent sont réputés déposés avec la transmission au greffe, par télécopieur ou tout autre moyen technique de communication dont dispose la Cour, d'une copie de l'original signé et des pièces et documents invoqués à l'appui avec le bordereau visé à l'article 57, paragraphe 4. L'original de l'acte et les annexes mentionnées ci-dessus sont transmis au greffe sans délai.

2. Les significations et communications prévues à l'article précédent peuvent être effectuées par transmission d'une copie du document par télécopieur ou tout autre moyen technique de communication dont disposent la Cour et le destinataire.

CHAPITRE III *De la procédure préjudicielle d'urgence*

Art. 107 *Champ d'application de la procédure préjudicielle d'urgence.* 1. Un renvoi préjudiciel qui soulève une ou plusieurs questions concernant les domaines visés au titre V de la troisième partie du traité sur le fonctionnement de l'Union européenne peut, à la demande de la juridiction de renvoi ou, à titre exceptionnel, d'office, être soumis à une procédure d'urgence dérogeant aux dispositions du présent règlement.

2. La juridiction de renvoi expose les circonstances de droit et de fait qui établissent l'urgence et justifient l'application de cette procédure dérogatoire, et elle indique, dans la mesure du possible, la réponse qu'elle propose aux questions préjudicielles.

3. Si la juridiction de renvoi n'a pas présenté de demande visant à la mise en œuvre de la procédure d'urgence, le président de la Cour peut, si l'application de cette procédure semble, à première vue, s'imposer, demander à la chambre visée à l'article 108 d'examiner la nécessité de soumettre le renvoi à ladite procédure.

Art. 108 *Décision sur l'urgence.* 1. La décision de soumettre un renvoi à la procédure d'urgence est prise par la chambre désignée, sur proposition du juge rapporteur, l'avocat général entendu. La composition de la chambre est déterminée conformément à l'article 28, paragraphe 2, le jour de l'attribution de l'affaire au juge rapporteur si l'application de la procédure d'urgence est demandée par la juridiction de renvoi ou, si l'application de cette procédure est examinée à la demande du président de la Cour, le jour où cette demande est présentée.

2. Si l'affaire présente un lien de connexité avec une affaire pendante attribuée à un juge rapporteur qui ne fait pas partie de la chambre désignée, cette dernière peut proposer au président de la Cour d'attribuer l'affaire à ce juge rapporteur. Dans le cas d'une réattribution de l'affaire à ce juge rapporteur, la chambre à cinq juges dont il fait partie remplira, pour cette affaire, les fonctions de la chambre désignée. L'article 29, paragraphe 1, est applicable.

Art. 109 *Phase écrite de la procédure d'urgence.* 1. Une demande de décision préjudicielle est, lorsque la juridiction de renvoi a demandé l'application de la procédure d'urgence ou lorsque le président a demandé à la chambre désignée d'examiner la nécessité de soumettre le renvoi à cette procédure, aussitôt signifiée par les soins du greffier aux parties au litige au principal, à l'État membre dont relève la juridiction de renvoi, à la Commission européenne ainsi qu'à l'institution qui a adopté l'acte dont la validité ou l'interprétation est contestée.

2. La décision de soumettre ou de ne pas soumettre le renvoi préjudiciel à la procédure d'urgence est immédiatement signifiée à la juridiction de renvoi ainsi qu'aux parties, à l'État membre et aux institutions visés au paragraphe précédent. La décision de soumettre le renvoi à la procédure d'urgence fixe le délai dans lequel ces derniers peuvent déposer des mémoires ou observations écrites. La décision peut préciser les points de droit sur lesquels ces mémoires ou observations écrites doivent porter et peut fixer la longueur maximale de ces écrits.

3. Lorsqu'une demande de décision préjudicielle fait état d'une procédure administrative ou judiciaire qui s'est déroulée dans un autre État membre que celui dont relève la juridiction de renvoi, la Cour peut inviter cet État membre à apporter par écrit ou lors de l'audience de plaidoiries toutes précisions utiles.

4. Dès la signification visée au paragraphe 1, la demande de décision préjudicielle est en outre communiquée aux intéressés visés à l'article 23 du statut, autres que les destinataires de ladite signification, et la décision de soumettre ou de ne pas soumettre le renvoi à la procédure d'urgence est communiquée à ces mêmes intéressés dès la signification visée au paragraphe 2.

5. Les intéressés visés à l'article 23 du statut sont informés dès que possible de la date prévisible de l'audience.

6. Lorsque le renvoi n'est pas soumis à la procédure d'urgence, la procédure se poursuit conformément aux dispositions de l'article 23 du statut et aux dispositions applicables du présent règlement.

Art. 110 *Significations et informations consécutives à la clôture de la phase écrite de la procédure.* 1. Lorsqu'un renvoi préjudiciel est soumis à la procédure d'urgence, la demande de décision préjudicielle ainsi que les mémoires ou observations écrites déposés sont signifiés aux intéressés visés à l'article 23 du statut, autres que les parties et intéressés visés à l'article 109, paragraphe 1. La demande de décision préjudicielle est accompagnée d'une traduction, le cas échéant d'un résumé, dans les conditions fixées à l'article 98.

2. Les mémoires ou observations écrites déposés sont, en outre, signifiés aux parties et autres intéressés visés à l'article 109, paragraphe 1.

3. La date de l'audience est communiquée aux intéressés visés à l'article 23 du statut avec les significations visées aux paragraphes précédents.

Art. 111 *Omission de la phase écrite de la procédure.* La chambre désignée peut, dans des cas d'extrême urgence, décider d'omettre la phase écrite de la procédure visée à l'article 109, paragraphe 2.

Art. 112 *Décision au fond.* La chambre désignée statue, l'avocat général entendu.

Art. 113 *Formation de jugement.* 1. La chambre désignée peut décider de siéger à trois juges. Elle est, dans ce cas, composée du président de la chambre désignée, du juge rapporteur et du premier ou, le cas échéant, des deux premiers juges désignés à partir de la liste visée à l'article 28, paragraphe 2, lors de la détermination de la composition de la chambre désignée, conformément à l'article 108, paragraphe 1.

2. La chambre désignée peut également demander à la Cour de renvoyer l'affaire à une formation de jugement plus importante. La procédure d'urgence se poursuit devant la nouvelle formation de jugement, le cas échéant après réouverture de la phase orale de la procédure.

Art. 114 *Transmission des actes de procédure.* Les actes de procédure sont transmis conformément à l'article 106.

CHAPITRE IV *De l'aide juridictionnelle*

Art. 115 *Demande d'aide juridictionnelle.* 1. Si une partie au litige au principal se trouve dans l'impossibilité de faire face, en totalité ou en partie, aux frais de l'instance, elle peut à tout moment demander le bénéfice de l'aide juridictionnelle.

2. La demande est accompagnée de tous renseignements et pièces justificatives permettant d'évaluer la situation économique du demandeur, tel qu'un certificat d'une autorité nationale compétente attestant de cette situation économique.

3. Si le demandeur a déjà bénéficié d'une aide juridictionnelle devant la juridiction de renvoi, il produit la décision de cette juridiction et précise ce que couvrent les montants déjà octroyés.

Art. 116 *Décision sur la demande d'aide juridictionnelle.* 1. La demande d'aide juridictionnelle est, dès son dépôt, attribuée par le président au juge rapporteur en charge de l'affaire dans le cadre de laquelle cette demande a été présentée.

2. La décision d'admission, totale ou partielle, au bénéfice de l'aide juridictionnelle ou de refus de cette dernière est prise, sur proposition du juge rapporteur, l'avocat général entendu, par la chambre à trois juges à laquelle le juge rapporteur est affecté. La formation de jugement est, dans ce cas, composée du président de cette chambre, du juge rapporteur et du premier ou, le cas échéant, des deux premiers juges désignés à partir de la liste visée à l'article 28, paragraphe 3, à la date à laquelle la chambre est saisie de la demande d'aide juridictionnelle par le juge rapporteur.

3. Si le juge rapporteur ne fait pas partie d'une chambre à trois juges, la décision est prise, dans les mêmes conditions, par la chambre à cinq juges à laquelle il est affecté. Outre le juge rapporteur, la formation de jugement est composée de quatre juges désignés à partir de la liste visée à l'article 28, paragraphe 2, à la date à laquelle la chambre est saisie de la demande d'aide juridictionnelle par le juge rapporteur.

4. La formation de jugement décide par voie d'ordonnance. En cas de refus total ou partiel à l'admission au bénéfice de l'aide juridictionnelle, l'ordonnance motive le refus.

Art. 117 *Sommes à verser au titre de l'aide juridictionnelle.* En cas d'admission au bénéfice de l'aide juridictionnelle, la caisse de la Cour prend en charge, le cas échéant dans les limites fixées par la formation de jugement, les frais liés à l'assistance et à la représentation du demandeur devant la Cour. Sur demande de ce dernier ou de son représentant, une avance sur ces frais peut être versée.

Art. 118 *Retrait de l'aide juridictionnelle.* La formation de jugement ayant statué sur la demande d'aide juridictionnelle peut à tout moment, soit d'office, soit sur demande, retirer le bénéfice de cette aide si les conditions qui l'ont fait admettre se modifient en cours d'instance.

TITRE IV Des recours directs

CHAPITRE PREMIER *De la représentation des parties*

Art. 119 *Obligation de représentation.* 1. Les parties ne peuvent être représentées que par leur agent ou avocat.

2. Les agents et avocats sont tenus de déposer au greffe un document officiel ou un mandat délivré par la partie qu'ils représentent.

3. L'avocat assistant ou représentant une partie est en outre tenu de déposer au greffe un document de légitimation certifiant qu'il est habilité à exercer devant une juridiction d'un État membre ou d'un autre État partie à l'accord EEE.

4. Si ces documents ne sont pas déposés, le greffier fixe à la partie concernée un délai raisonnable pour les produire. A défaut de cette production dans le délai imparti, le président décide, le juge rapporteur et l'avocat général entendus, si l'inobservation de cette formalité entraîne l'irrecevabilité formelle de la requête ou du mémoire. S'il l'estime nécessaire, le président peut déférer cette question à la Cour.

CHAPITRE II *De la phase écrite de la procédure*

Art. 120 *Contenu de la requête.* La requête visée à l'article 21 du statut contient :

a) les nom et domicile du requérant ;

b) la désignation de la partie contre laquelle la requête est formée ;

c) l'objet du litige, les moyens et arguments invoqués ainsi qu'un exposé sommaire desdits moyens ;

d) les conclusions du requérant ;

e) les preuves et offres de preuve s'il y a lieu.

Art. 121 *Informations relatives aux significations.* 1. Aux fins de la procédure, la requête contient élection de domicile. Elle indique le nom de la personne qui est autorisée et qui a consenti à recevoir toutes significations.

2. En plus ou au lieu de l'élection de domicile visée au paragraphe 1, la requête peut indiquer que l'avocat ou l'agent consent à ce que des significations lui soient adressées par télécopieur ou tout autre moyen technique de communication.

3. Si la requête n'est pas conforme aux conditions visées au paragraphe 1 ou 2, toutes les significations aux fins de la procédure à la partie concernée, tant que ce défaut n'a pas été régularisé, sont faites par envoi postal recommandé adressé à l'agent ou à l'avocat de la partie. Par dérogation à l'article 48, la signification régulière est alors réputée avoir lieu par le dépôt de l'envoi recommandé à la poste au lieu où la Cour a son siège.

Art. 122 *Annexes à la requête.* 1. La requête est accompagnée, s'il y a lieu, des pièces indiquées à l'article 21, deuxième alinéa, du statut.

2. La requête présentée en vertu de l'article 273 TFUE est accompagnée d'un exemplaire du compromis intervenu entre les États membres intéressés.

3. Si la requête n'est pas conforme aux conditions énumérées au paragraphe 1 ou 2 du présent article, le greffier fixe au requérant un délai raisonnable aux fins de production des pièces mentionnées ci-dessus. A défaut de cette régularisation, le président décide, le juge rapporteur et l'avocat général entendus, si l'inobservation de ces conditions entraîne l'irrecevabilité formelle de la requête. S'il l'estime nécessaire, le président peut déférer cette question à la Cour.

Art. 123 *Signification de la requête.* La requête est signifiée au défendeur. Dans les cas prévus aux articles 119, paragraphe 4, et 122, paragraphe 3, la signification est faite dès la régularisation ou dès que le président ou la Cour aura admis la recevabilité eu égard aux conditions énumérées dans ces deux articles.

Art. 124 *Contenu du mémoire en défense.* 1. Dans les deux mois qui suivent la signification de la requête, le défendeur présente un mémoire en défense. Ce mémoire contient :

a) les nom et domicile du défendeur ;

b) les moyens et arguments invoqués ;

c) les conclusions du défendeur ;

d) les preuves et offres de preuve, s'il y a lieu.

2. L'article 121 est applicable au mémoire en défense.

3. A titre exceptionnel, le délai prévu au paragraphe 1 peut être prorogé par le président à la demande dûment motivée du défendeur.

Art. 125 *Transmission de documents.* Lorsque le Parlement européen, le Conseil ou la Commission européenne ne sont pas partie à une affaire, la Cour leur transmet une copie de la requête et du mémoire en défense, à l'exclusion des annexes à ces documents, pour leur permettre de constater si l'inapplicabilité d'un de leurs actes est invoquée au sens de l'article 277 TFUE.

Art. 126 *Réplique et duplique.* 1. La requête et le mémoire en défense peuvent être complétés par une réplique du requérant et par une duplique du défendeur.

2. Le président fixe les délais dans lesquels ces actes de procédure sont produits. Il peut préciser les points sur lesquels cette réplique ou cette duplique devrait porter.

CHAPITRE III *Des moyens et des preuves*

Art. 127 *Moyens nouveaux.* 1. La production de moyens nouveaux en cours d'instance est interdite, à moins que ces moyens ne se fondent sur des éléments de droit et de fait qui se sont révélés pendant la procédure.

2. Sans préjudice de la décision à intervenir sur la recevabilité du moyen, le président peut, sur proposition du juge rapporteur, l'avocat général entendu, impartir à l'autre partie un délai pour répondre à ce moyen.

Art. 128 *Preuves et offres de preuve.* 1. Les parties peuvent encore produire des preuves ou faire des offres de preuve dans la réplique et la duplique à l'appui de leur argumentation. Elles motivent le retard apporté à la présentation de ces éléments.

2. A titre exceptionnel, les parties peuvent encore produire des preuves ou faire des offres de preuve après la clôture de la phase écrite de la procédure. Elles motivent le retard apporté à la présentation de ces éléments. Le président peut, sur proposition du juge rapporteur, l'avocat général entendu, impartir à l'autre partie un délai pour prendre position sur ces éléments de preuve.

CHAPITRE IV *De l'intervention*

Art. 129 *Objet et effets de l'intervention.* 1. L'intervention ne peut avoir d'autre objet que le soutien, en tout ou en partie, des conclusions de l'une des parties. Elle ne confère pas les mêmes droits procéduraux que ceux conférés aux parties et, notamment, celui de demander la tenue d'une audience.

2. L'intervention est accessoire au litige principal. Elle perd son objet lorsque l'affaire est rayée du registre de la Cour, à la suite d'un désistement ou d'un accord survenu entre les parties, ou lorsque la requête est déclarée irrecevable.

3. L'intervenant accepte le litige dans l'état où il se trouve lors de son intervention.

4. Une demande d'intervention qui est présentée après l'expiration du délai visé à l'article 130 mais avant la décision d'ouvrir la phase orale de la procédure prévue à l'article 60, paragraphe 4, peut être prise en considération. Dans ce cas, si le président admet l'intervention, l'intervenant peut présenter ses observations lors de l'audience de plaidoiries, si celle-ci a lieu.

Art. 130 *Demande d'intervention.* 1. La demande d'intervention est présentée dans un délai de six semaines qui prend cours à la publication visée à l'article 21, paragraphe 4.

2. La demande d'intervention contient :

a) l'indication de l'affaire ;

b) l'indication des parties principales ;

c) les nom et domicile de l'intervenant ;

d) les conclusions au soutien desquelles l'intervenant demande à intervenir ;

e) l'exposé des circonstances établissant le droit d'intervenir lorsque la demande est présentée en vertu de l'article 40, deuxième ou troisième alinéa, du statut.

3. L'intervenant est représenté selon les dispositions de l'article 19 du statut.

4. Les articles 119, 121 et 122 du présent règlement sont applicables.

Art. 131 *Décision sur la demande d'intervention.* 1. La demande d'intervention est signifiée aux parties aux fins de recueillir leurs observations écrites ou orales éventuelles sur cette demande.

2. Lorsque la demande est présentée au titre de l'article 40, premier alinéa, du statut, l'intervention est admise par décision du président et l'intervenant reçoit communication de tous les actes de procédure signifiés aux parties sauf si celles-ci ont fait état, dans les dix jours qui suivent la signification visée au paragraphe 1, de pièces ou de documents secrets ou confidentiels dont la communication à l'intervenant serait de nature à leur porter préjudice. Dans ce cas, le président statue sur la demande d'intervention par voie d'ordonnance, le juge rapporteur et l'avocat général entendus, et l'intervenant reçoit communication de tous les actes de procédure signifiés aux parties à l'exception, le cas échéant, des pièces ou des documents secrets ou confidentiels exclus de cette communication.

3. Lorsque la demande est présentée au titre de l'article 40, deuxième alinéa, du statut, le président statue sur la demande d'intervention par voie d'ordonnance, le juge rapporteur et l'avocat général entendus, ou défère la demande à la Cour. S'il est fait droit à la demande d'intervention, l'intervenant reçoit communication de tous les actes de procédure signifiés aux parties à l'exception, le cas échéant, des pièces ou des documents secrets ou confidentiels exclus de cette communication.

4. Lorsque la demande est présentée au titre de l'article 40, troisième alinéa, du statut, l'intervention est admise par décision du président et l'intervenant reçoit communication de tous les actes de procédure signifiés aux parties sauf si celles-ci ont formulé des observations sur la demande d'intervention dans les dix jours qui suivent la signification visée au paragraphe 1, ou fait état, dans ce même délai, de pièces ou de documents secrets ou confidentiels dont la communication à l'intervenant serait de nature à leur porter préjudice. Dans ces cas, le président statue sur la demande d'intervention par voie d'ordonnance, le juge rapporteur et l'avocat général entendus, et l'intervenant reçoit communication de tous les actes de procédure signifiés aux parties à l'exception, le cas échéant, des pièces ou des documents secrets ou confidentiels exclus de cette communication.

Art. 132 *Présentation des mémoires.* 1. L'intervenant peut présenter un mémoire en intervention dans un délai d'un mois suivant la communication des actes de procédure visés à l'article précédent. Ce délai peut être prorogé par le président sur demande dûment motivée de l'intervenant.

2. Le mémoire en intervention contient :

a) les conclusions de l'intervenant tendant au soutien, total ou partiel, des conclusions d'une des parties ;

b) les moyens et arguments invoqués par l'intervenant ;

c) les preuves et offres de preuve s'il y a lieu.

3. Après le dépôt du mémoire en intervention, le président fixe, le cas échéant, un délai dans lequel les parties peuvent répondre à ce mémoire.

CHAPITRE V *De la procédure accélérée*

Art. 133 *Décision relative à la procédure accélérée.* 1. A la demande soit de la partie requérante, soit de la partie défenderesse, le président de la Cour peut, lorsque la nature de l'affaire exige son traitement dans de brefs délais, l'autre partie, le juge rapporteur et l'avocat général entendus, décider de soumettre une affaire à une procédure accélérée dérogeant aux dispositions du présent règlement.

2. La demande de soumettre une affaire à une procédure accélérée doit être présentée par acte séparé lors du dépôt respectivement de la requête ou du mémoire en défense.

3. A titre exceptionnel, le président peut également prendre une telle décision d'office, les parties, le juge rapporteur et l'avocat général entendus.

Art. 134 *Phase écrite de la procédure.* 1. En cas d'application d'une procédure accélérée, la requête et le mémoire en défense ne peuvent être complétés par une réplique et une duplique que si le président le juge nécessaire, le juge rapporteur et l'avocat général entendus.

2. L'intervenant ne peut présenter un mémoire en intervention que si le président le juge nécessaire, le juge rapporteur et l'avocat général entendus.

Art. 135 *Phase orale de la procédure.* 1. Dès la présentation du mémoire en défense ou, si la décision de soumettre l'affaire à une procédure accélérée n'intervient qu'après la présentation de ce mémoire, dès *que cette décision* est prise, le président fixe la date de l'audience qui est aussitôt communiquée aux parties. Il peut reporter la date de l'audience lorsqu'il y a lieu de procéder à des mesures d'instruction ou que des mesures d'organisation de la procédure l'imposent.

2. Sans préjudice des articles 127 et 128, les parties peuvent compléter leur argumentation et produire des preuves ou faire des offres de preuve au cours de la phase orale de la procédure. Elles motivent le retard apporté à la présentation de ces éléments.

Art. 136 *Décision au fond.* La Cour statue, l'avocat général entendu.

CHAPITRE VI *Des dépens*

Art. 137 *Décision sur les dépens.* Il est statué sur les dépens dans l'arrêt ou l'ordonnance qui met fin à l'instance.

Art. 138 *Règles générales d'allocation des dépens.* 1. Toute partie qui succombe est condamnée aux dépens, s'il est conclu en ce sens.

2. Si plusieurs parties succombent, la Cour décide du partage des dépens.

3. Si les parties succombent respectivement sur un ou plusieurs chefs, chaque partie supporte ses propres dépens. Toutefois, si cela apparaît justifié au vu des circonstances de l'espèce, la Cour peut décider que, outre ses propres dépens, une partie supporte une fraction des dépens de l'autre partie.

Art. 139 *Frais frustratoires ou vexatoires.* La Cour peut condamner une partie, même gagnante, à rembourser à l'autre partie les frais qu'elle lui a fait exposer et que la Cour reconnaît comme frustratoires ou vexatoires.

Art. 140 *Dépens des parties intervenantes.* 1. Les États membres et les institutions qui sont intervenus au litige supportent leurs propres dépens.

2. Les États parties à l'accord EEE, autres que les États membres, ainsi que l'Autorité de surveillance AELE supportent de même leurs propres dépens lorsqu'ils sont intervenus au litige.

3. La Cour peut décider qu'une partie intervenante autre que celles mentionnées aux paragraphes précédents supportera ses propres dépens.

Art. 141 *Dépens en cas de désistement.* 1. La partie qui se désiste est condamnée aux dépens, s'il est conclu en ce sens par l'autre partie dans ses observations sur le désistement.

2. Toutefois, à la demande de la partie qui se désiste, les dépens sont supportés par l'autre partie, si cela apparaît justifié en vertu de l'attitude de cette dernière.

3. En cas d'accord des parties sur les dépens, il est statué selon l'accord.

4. A défaut de conclusion sur les dépens, chaque partie supporte ses propres dépens.

Art. 142 *Dépens en cas de non-lieu à statuer.* En cas de non-lieu à statuer, la Cour règle librement les dépens.

Art. 143 *Frais de procédure.* La procédure devant la Cour est gratuite, sous réserve des dispositions suivantes :

a) si la Cour a exposé des frais qui auraient pu être évités, elle peut, l'avocat général entendu, condamner la partie qui les a provoqués à les rembourser ;

b) les frais de tout travail de copie et de traduction effectué à la demande d'une partie, considérés par le greffier comme extraordinaires, sont remboursés par cette partie sur la base du tarif du greffe visé à l'article 22.

Art. 144 *Dépens récupérables.* Sans préjudice des dispositions de l'article précédent, sont considérés comme dépens récupérables :

a) les sommes dues aux témoins et aux experts en vertu de l'article 73 du présent règlement ;

b) les frais indispensables exposés par les parties aux fins de la procédure, notamment les frais de déplacement et de séjour et la rémunération d'un agent, conseil ou avocat.

Art. 145 *Contestation sur les dépens récupérables.* 1. S'il y a contestation sur les dépens récupérables, la chambre à trois juges à laquelle est affecté le juge rapporteur qui a traité l'affaire statue par voie d'ordonnance à la demande de la partie intéressée, l'autre partie entendue en ses observations et l'avocat général entendu. La formation de jugement est, dans ce cas, composée du président de cette chambre, du juge rapporteur et du premier ou, le cas échéant, des deux premiers juges désignés à partir de la liste visée à l'article 28, paragraphe 3, à la date à laquelle la chambre est saisie de la contestation par le juge rapporteur.

2. Si le juge rapporteur ne fait pas partie d'une chambre à trois juges, la décision est prise, dans les mêmes conditions, par la chambre à cinq juges à laquelle il est affecté. Outre le juge rapporteur, la formation de jugement est composée de quatre juges désignés à partir de la liste visée à l'article 28, paragraphe 2, à la date à laquelle la chambre est saisie de la contestation par le juge rapporteur.

3. Les parties peuvent, aux fins d'exécution, demander une expédition de l'ordonnance.

Art. 146 *Modalités de paiement.* 1. La caisse de la Cour et ses débiteurs effectuent leurs paiements en euros.

2. Lorsque les frais remboursables ont été exposés dans une autre monnaie que l'euro ou que les actes donnant lieu à indemnisation ont été effectués dans un pays dont l'euro n'est pas la monnaie, la conversion s'effectue suivant le cours de change de référence de la Banque centrale européenne au jour du paiement.

CHAPITRE VII *De l'accord amiable, des désistements, des non-lieux à statuer et des incidents de procédure*

Art. 147 *Accord amiable.* 1. Si, avant que la Cour ait statué, les parties s'accordent sur la solution à donner au litige et si elles informent la Cour qu'elles renoncent à toute prétention, le président ordonne la radiation de l'affaire du registre et statue sur les dépens conformément aux dispositions de l'article 141, le cas échéant au vu des propositions faites en ce sens par les parties.

2. Cette disposition n'est pas applicable aux recours visés aux articles 263 et 265 TFUE.

Art. 148 *Désistement.* Si le requérant fait connaître à la Cour, par écrit ou à l'audience, qu'il entend renoncer à l'instance, le président ordonne la radiation de l'affaire du registre et statue sur les dépens conformément aux dispositions de l'article 141.

Art. 149 *Non-lieu à statuer.* Si la Cour constate que le recours est devenu sans objet et qu'il n'y a plus lieu de statuer, elle peut, à tout moment, d'office, sur proposition du juge rapporteur, les parties et l'avocat général entendus, décider de statuer par voie d'ordonnance motivée. Elle statue sur les dépens.

Art. 150 *Fins de non-recevoir d'ordre public.* Sur proposition du juge rapporteur, la Cour peut, à tout moment, d'office, les parties et l'avocat général entendus, décider de statuer par voie d'ordonnance motivée sur les fins de non-recevoir d'ordre public.

Art. 151 *Exceptions et incidents de procédure.* 1. Si une partie demande que la Cour statue sur une exception ou un incident sans engager le débat au fond, elle présente sa demande par acte séparé.

2. La demande contient l'exposé des moyens et arguments sur lesquels elle est fondée, les conclusions et, en annexe, les pièces et documents invoqués à l'appui.

3. Dès la présentation de l'acte introduisant la demande, le président fixe un délai à l'autre partie pour présenter par écrit ses moyens et conclusions.

4. Sauf décision contraire de la Cour, la suite de la procédure sur la demande est orale.

5. La Cour, l'avocat général entendu, statue dans les meilleurs délais sur la demande ou, si des circonstances particulières le justifient, joint l'examen de celle-ci au fond.

6. Si la Cour rejette la demande ou la joint au fond, le président fixe de nouveaux délais pour la poursuite de l'instance.

CHAPITRE VIII *Des arrêts par défaut*

Art. 152 *Arrêts par défaut.* 1. Si le défendeur, régulièrement mis en cause, ne répond pas à la requête dans les formes et le délai prescrits, le requérant peut demander à la Cour de lui adjuger ses conclusions.

2. Cette demande est signifiée au défendeur. La Cour peut décider d'ouvrir la phase orale de la procédure sur la demande.

3. Avant de rendre l'arrêt par défaut, la Cour, l'avocat général entendu, examine la recevabilité de la requête et vérifie si les formalités ont été régulièrement accomplies et si les conclusions du requérant paraissent fondées. Elle peut prendre des mesures d'organisation de la procédure ou ordonner des mesures d'instruction.

4. L'arrêt par défaut est exécutoire. Toutefois, la Cour peut en suspendre l'exécution jusqu'à ce qu'elle ait statué sur l'opposition présentée en vertu de l'article 156 ou bien en subordonner l'exécution à la constitution d'une caution dont le montant et les modalités sont fixés compte tenu des circonstances ; cette caution est libérée à défaut d'opposition ou en cas de rejet de cette dernière.

CHAPITRE IX *Des demandes et recours relatifs aux arrêts et ordonnances*

Art. 153 *Formation de jugement compétente.* 1. Les demandes et recours visés au présent chapitre, à l'exception des demandes visées à l'article 159, sont attribués au juge rapporteur qui était en charge de l'affaire à laquelle la demande ou le recours se rapporte et sont renvoyées devant la formation de jugement ayant statué sur ladite affaire.

2. En cas d'empêchement du juge rapporteur, le président de la Cour attribue la demande ou le recours visé au présent chapitre à un juge qui faisait partie de la formation de jugement ayant statué sur l'affaire concernée par ladite demande ou ledit recours.

3. S'il n'est plus possible de réunir le quorum visé à l'article 17 du statut, la demande ou le recours est, sur proposition du juge rapporteur, l'avocat général entendu, renvoyée par la Cour à une nouvelle formation de jugement.

Art. 154 *Rectification.* 1. Sans préjudice des dispositions relatives à l'interprétation des arrêts et ordonnances, les erreurs de plume ou de calcul ou des inexactitudes évidentes peuvent être rectifiées par la Cour, soit d'office, soit à la demande d'une partie, à condition que cette demande soit présentée dans un délai de deux semaines à compter du prononcé de l'arrêt ou de la signification de l'ordonnance.

2. Lorsque la demande de rectification porte sur le dispositif ou l'un des motifs qui constitue le soutien nécessaire du dispositif, les parties, dûment informées par le greffier, peuvent présenter des observations écrites dans un délai fixé par le président.

3. La Cour décide, l'avocat général entendu.

4. La minute de l'ordonnance qui prescrit la rectification est annexée à la minute de la décision rectifiée. Mention de cette ordonnance est faite en marge de la minute de la décision rectifiée.

Art. 155 *Omission de statuer.* 1. Si la Cour a omis de statuer, soit sur un chef isolé des conclusions, soit sur les dépens, la partie qui entend s'en prévaloir saisit la Cour par voie de requête dans le mois de la signification de la décision.

2. La requête est signifiée à l'autre partie à laquelle le président fixe un délai pour la présentation de ses observations écrites.

3. Après la présentation de ces observations, la Cour, l'avocat général entendu, statue sur la recevabilité en même temps que sur le bien-fondé de la demande.

Art. 156 *Opposition.* 1. Conformément à l'article 41 du statut, l'arrêt prononcé par défaut est susceptible d'opposition.

2. L'opposition est formée dans le délai d'un mois à compter de la signification de l'arrêt ; elle est présentée dans les formes prescrites aux articles 120 à 122 du présent règlement.

3. Après la signification de l'opposition, le président fixe à l'autre partie un délai pour la présentation de ses observations écrites.

4. La procédure est poursuivie selon les dispositions des articles 59 à 92 du présent règlement.

5. La Cour statue par voie d'arrêt non susceptible d'opposition.

6. La minute de cet arrêt est annexée à la minute de l'arrêt par défaut. Mention de l'arrêt rendu sur l'opposition est faite en marge de la minute de l'arrêt par défaut.

Art. 157 *Tierce opposition.* 1. Les dispositions des articles 120 à 122 du présent règlement sont applicables à la demande en tierce opposition formée en vertu de l'article 42 du statut. Celle-ci doit en outre :

a) spécifier l'arrêt ou l'ordonnance attaqué ;

b) indiquer en quoi la décision attaquée porte préjudice aux droits du tiers opposant ;

c) indiquer les raisons pour lesquelles le tiers opposant n'a pu participer au litige.

2. La demande est formée contre toutes les parties au litige.

3. La demande est présentée dans les deux mois qui suivent la publication de la décision au *Journal officiel de l'Union européenne*.

4. Le sursis à l'exécution de la décision attaquée peut être ordonné à la demande du tiers opposant. Les dispositions du chapitre dixième du présent titre sont applicables.

5. La décision attaquée est modifiée dans la mesure où il est fait droit à la tierce opposition.

6. La minute de l'arrêt rendu sur tierce opposition est annexée à la minute de la décision attaquée. Mention de l'arrêt rendu sur tierce opposition est faite en marge de la minute de la décision attaquée.

Art. 158 *Interprétation.* 1. Conformément à l'article 43 du statut, en cas de difficulté sur le sens et la portée d'un arrêt ou d'une ordonnance, il appartient à la Cour de l'interpréter, à la demande d'une partie ou d'une institution de l'Union justifiant d'un intérêt à cette fin.

2. La demande en interprétation doit être formée dans un délai de deux ans à compter de la date du prononcé de l'arrêt ou de la signification de l'ordonnance.

3. La demande en interprétation est présentée conformément aux dispositions des articles 120 à 122 du présent règlement. Elle spécifie en outre :
a) la décision visée ;
b) les textes dont l'interprétation est demandée.

4. Elle est formée contre toutes les parties en cause à la décision dont l'interprétation est demandée.

5. La Cour statue après avoir mis les parties en mesure de présenter leurs observations, l'avocat général entendu.

6. La minute de la décision interprétative est annexée à la minute de la décision interprétée. Mention de la décision interprétative est faite en marge de la minute de la décision interprétée.

Art. 159 *Révision.* 1. La révision d'une décision de la Cour ne peut être demandée, conformément à l'article 44 du statut, qu'en raison de la découverte d'un fait de nature à exercer une influence décisive et qui, avant le prononcé de l'arrêt ou la signification de l'ordonnance, était inconnu de la Cour et de la partie qui demande la révision.

2. Sans préjudice du délai de dix ans prévu à l'article 44, troisième alinéa, du statut, la révision est demandée au plus tard dans un délai de trois mois à compter du jour où le demandeur a eu connaissance du fait sur lequel la demande en révision est fondée.

3. Les dispositions des articles 120 à 122 du présent règlement sont applicables à la demande en révision. Celle-ci doit en outre :
a) spécifier l'arrêt ou l'ordonnance attaqué ;
b) indiquer les points sur lesquels la décision est attaquée ;
c) articuler les faits sur lesquels la demande est fondée ;
d) indiquer les moyens de preuve tendant à démontrer qu'il existe des faits justifiant la révision et à établir que les délais prévus au paragraphe 2 ont été respectés.

4. La demande en révision est formée contre toutes les parties à la décision dont la révision est demandée.

5. Sans préjuger le fond, la Cour, l'avocat général entendu, statue par voie d'ordonnance sur la recevabilité de la demande, au vu des observations écrites des parties.

6. Si la Cour déclare la demande recevable, elle poursuit l'examen au fond et statue par voie d'arrêt, conformément aux dispositions du présent règlement.

7. La minute de l'arrêt portant révision est annexée à la minute de la décision révisée. Mention de l'arrêt portant révision est faite en marge de la minute de la décision révisée.

Art. 159 *bis* *Demandes et recours manifestement irrecevables ou manifestement non fondés.* Lorsqu'une demande ou un recours visé au présent chapitre est, en tout ou en partie, manifestement irrecevable ou manifestement non fondé, la Cour, le juge rapporteur et l'avocat général entendus, peut, à tout moment, décider de le rejeter, totalement ou partiellement, par voie d'ordonnance motivée.

CHAPITRE X *Du sursis et des autres mesures provisoires par voie de référé*

Art. 160 *Demande de sursis ou de mesures provisoires.* 1. Toute demande de sursis à l'exécution d'un acte d'une institution aux termes des articles 278 TFUE et 157 TCEEA n'est recevable que si le demandeur a attaqué cet acte dans un recours devant la Cour.

2. Toute demande relative à l'une des autres mesures provisoires visées à l'article 279 TFUE n'est recevable que si elle émane d'une partie à une affaire dont la Cour est saisie et si elle se réfère à ladite affaire.

3. Les demandes visées aux paragraphes précédents spécifient l'objet du litige, les circonstances établissant l'urgence, ainsi que les moyens de fait et de droit justifiant à première vue l'octroi de la mesure provisoire à laquelle elles concluent.

4. La demande est présentée par acte séparé et dans les conditions prévues aux articles 120 à 122 du présent règlement.

5. La demande est signifiée à l'autre partie, à laquelle le président fixe un bref délai pour la présentation d'observations écrites ou orales.

6. Le président apprécie s'il y a lieu d'ordonner l'ouverture d'une instruction.

7. Le président peut faire droit à la demande avant même que l'autre partie ait présenté ses observations. Cette mesure peut être ultérieurement modifiée ou rapportée, même d'office.

Art. 161 *Décision sur la demande.* 1. Le président statue lui-même ou défère sans délai la demande à la Cour.

2. En cas d'empêchement du président, les articles 10 et 13 du présent règlement sont applicables.

3. Si la demande est déférée à la Cour, celle-ci statue sans délai, l'avocat général entendu.

Art. 162 *Ordonnance de sursis à l'exécution ou de mesures provisoires.* 1. Il est statué sur la demande par voie d'ordonnance motivée et non susceptible de recours. Cette ordonnance est immédiatement signifiée aux parties.

2. L'exécution de l'ordonnance peut être subordonnée à la constitution par le demandeur d'une caution dont le montant et les modalités sont fixés compte tenu des circonstances.

3. L'ordonnance peut fixer une date à partir de laquelle la mesure cesse d'être applicable. Dans le cas contraire, la mesure cesse ses effets dès le prononcé de l'arrêt qui met fin à l'instance.

4. L'ordonnance n'a qu'un caractère provisoire et ne préjuge en rien la décision de la Cour statuant sur le principal.

Art. 163 *Changement de circonstances.* A la demande d'une partie, l'ordonnance peut à tout moment être modifiée ou rapportée par suite d'un changement de circonstances.

Art. 164 *Nouvelle demande.* Le rejet de la demande relative à une mesure provisoire n'empêche pas la partie qui l'avait introduite de présenter une autre demande fondée sur des faits nouveaux.

Art. 165 *Demande présentée en vertu des articles 280 et 299 TFUE et 164 TCEEA.* 1. La demande tendant à surseoir à l'exécution forcée d'une décision de la Cour ou d'un acte du Conseil, de la Commission européenne ou de la Banque centrale européenne, présentée en vertu des articles 280 et 299 TFUE et 164 TCEEA, est régie par les dispositions du présent chapitre.

2. L'ordonnance qui fait droit à la demande fixe, le cas échéant, la date à laquelle la mesure provisoire cesse ses effets.

Art. 166 *Demande présentée en vertu de l'article 81 TCEEA.* 1. La demande visée à l'article 81, troisième et quatrième alinéas, TCEEA contient :

a) les nom et domicile des personnes ou entreprises soumises au contrôle ;

b) l'indication de l'objet et du but du contrôle.

2. Le président statue par voie d'ordonnance. Les dispositions de l'article 162 du présent règlement sont applicables.

3. En cas d'empêchement du président, les articles 10 et 13 du présent règlement sont applicables.

TITRE V **Des pourvois contre les décisions du tribunal**

CHAPITRE PREMIER *De la forme, du contenu et des conclusions de la requête en pourvoi*

Art. 167 *Dépôt de la requête en pourvoi.* 1. Le pourvoi est formé par le dépôt d'une requête au greffe de la Cour ou du Tribunal. Lorsqu'elle est déposée au greffe du Tribunal, la requête en pourvoi est aussitôt transmise au greffe de la Cour.

2. Dès qu'il est informé de l'existence d'un pourvoi, le greffe du Tribunal transmet aussitôt au greffe de la Cour le dossier de première instance et, le cas échéant, le dossier de procédure de la chambre de recours transmis au Tribunal en application des dispositions du règlement de procédure de ce dernier concernant le contentieux relatif aux droits de la propriété intellectuelle.

Art. 168 *Contenu de la requête en pourvoi.* 1. Le pourvoi contient :

a) les nom et domicile de la partie qui forme le pourvoi, appelée partie requérante ;

b) l'indication de la décision attaquée du Tribunal ;

c) la désignation des autres parties à l'affaire en cause devant le Tribunal ;

d) les moyens et arguments de droit invoqués ainsi qu'un exposé sommaire desdits moyens ;

e) les conclusions de la partie requérante.

2. Les articles 119, 121 et 122, paragraphe 1, du présent règlement sont applicables au pourvoi.

3. Mention doit être faite de la date à laquelle la décision attaquée a été signifiée à la partie requérante.

4. Si le pourvoi n'est pas conforme aux paragraphes 1 à 3 du présent article, le greffier fixe au requérant un délai raisonnable aux fins de régularisation de la requête. A défaut de cette régularisation dans le délai imparti, le président décide, le juge rapporteur et l'avocat général entendus, si l'inobservation de cette formalité entraîne l'irrecevabilité formelle de la requête. S'il l'estime nécessaire, le président peut déférer cette question à la Cour.

Art. 169 *Conclusions, moyens et arguments du pourvoi.* 1. Les conclusions du pourvoi tendent à l'annulation, totale ou partielle, de la décision du Tribunal telle qu'elle figure au dispositif de cette décision.

2. Les moyens et arguments de droit invoqués identifient avec précision les points de motifs de la décision du Tribunal qui sont contestés.

Art. 170 *Conclusions en cas d'accueil du pourvoi.* 1. Les conclusions du pourvoi tendent, si celui-ci est déclaré fondé, à ce qu'il soit fait droit, en tout ou en partie, aux conclusions présentées en première instance, à l'exclusion de toute conclusion nouvelle. Le pourvoi ne peut modifier l'objet du litige devant le Tribunal.

2. Lorsque le requérant demande, en cas d'annulation de la décision attaquée, que l'affaire soit renvoyée devant le Tribunal, il expose les raisons pour lesquelles le litige n'est pas en état d'être jugé par la Cour.

CHAPITRE PREMIER *BIS* *De l'admission préalable des pourvois visés à l'article 58 bis du statut*

Art. 170 *bis* *Demande d'admission du pourvoi.* 1. Dans les situations visées à l'article 58 *bis*, premier et deuxième alinéas, du statut, la partie requérante annexe à sa requête une demande d'admission du pourvoi dans laquelle elle expose la question importante que soulève le pourvoi pour l'unité, la cohérence ou le développement du droit de l'Union et qui contient tous les éléments nécessaires pour permettre à la Cour de statuer sur cette demande. En l'absence d'une telle demande, le vice-président de la Cour déclare le pourvoi irrecevable.

2. La demande d'admission du pourvoi n'excède pas sept pages, rédigées en tenant compte de l'ensemble des prescriptions formelles contenues dans les instructions pratiques aux parties, relatives aux affaires portées devant la Cour, adoptées sur le fondement du présent règlement.

3. Si la demande d'admission du pourvoi n'est pas conforme aux exigences énoncées au paragraphe précédent, le greffier fixe au requérant un bref délai aux fins de régularisation de celle-ci. A défaut de régularisation dans le délai imparti, le vice-président de la Cour décide, sur proposition du juge rapporteur, l'avocat général entendu, si l'inobservation de cette formalité entraîne l'irrecevabilité formelle du pourvoi.

Art. 170 *ter* *Décision sur la demande d'admission du pourvoi.* 1. La Cour statue sur la demande d'admission du pourvoi dans les meilleurs délais.

2. La décision sur cette demande est prise, sur proposition du juge rapporteur, l'avocat général entendu, par une chambre spécialement instituée à cet effet, présidée par le vice-président de la Cour et comprenant, en outre, le juge rapporteur et le président de la chambre à trois juges à laquelle le juge rapporteur est affecté à la date d'introduction de la demande.

3. Il est statué sur la demande d'admission du pourvoi par voie d'ordonnance motivée.

4. Lorsque le pourvoi est admis, en tout ou en partie, au regard des critères énoncés à l'article 58 *bis*, troisième alinéa, du statut, la procédure se poursuit conformément aux articles 171 à 190 *bis* du présent règlement. L'ordonnance visée au paragraphe précédent est signifiée, avec le pourvoi, aux parties à l'affaire en cause devant le Tribunal et précise, lorsque le pourvoi est admis en partie, les moyens ou branches du pourvoi sur lesquels le mémoire en réponse doit porter.

5. Le Tribunal et, lorsqu'ils n'étaient pas partie à l'affaire en cause devant celui-ci, les États membres, le Parlement européen, le Conseil et la Commission européenne sont aussitôt informés par le greffier de la décision d'admission du pourvoi.

CHAPITRE II *Des mémoires en réponse, en réplique et en duplique*

Art. 171 *Signification du pourvoi.* 1. Le pourvoi est signifié aux autres parties à l'affaire en cause devant le Tribunal.

2. Dans le cas prévu à l'article 168, paragraphe 4, du présent règlement, la signification est faite dès la régularisation ou dès que le président ou la Cour aura admis la recevabilité eu égard aux conditions de forme prévues par cet article.

Art. 172 *Parties autorisées à déposer un mémoire en réponse.* Toute partie à l'affaire en cause devant le Tribunal ayant un intérêt à l'accueil ou au rejet du pourvoi peut présenter un mémoire en réponse dans un délai de deux mois à compter de la signification du pourvoi. Aucune prorogation du délai de réponse n'est accordée.

Art. 173 *Contenu du mémoire en réponse.* 1. Le mémoire en réponse contient :
a) les nom et domicile de la partie qui le produit ;
b) la date à laquelle le pourvoi lui a été signifié ;
c) les moyens et arguments de droit invoqués ;
d) les conclusions.
2. Les articles 119 et 121 du présent règlement sont applicables au mémoire en réponse.

Art. 174 *Conclusions du mémoire en réponse.* Les conclusions du mémoire en réponse tendent à l'accueil ou au rejet, total ou partiel, du pourvoi.

Art. 175 *Mémoires en réplique et en duplique.* 1. Le pourvoi et le mémoire en réponse ne peuvent être complétés par un mémoire en réplique et un mémoire en duplique que lorsque le président, à la suite d'une demande dûment motivée présentée en ce sens par la partie requérante dans un délai de sept jours à compter de la signification du mémoire en réponse, le juge nécessaire, le juge rapporteur et l'avocat général entendus, notamment afin de permettre à la partie requérante de prendre position sur une exception d'irrecevabilité ou des éléments nouveaux invoqués dans le mémoire en réponse.
2. Le président fixe la date à laquelle le mémoire en réplique est produit et, lors de la signification de ce mémoire, la date à laquelle le mémoire en duplique est produit. Il peut limiter le nombre de pages et l'objet de ces mémoires.

CHAPITRE III *De la forme, du contenu et des conclusions du pourvoi incident*

Art. 176 *Pourvoi incident.* 1. Les parties visées à l'article 172 du présent règlement peuvent présenter un pourvoi incident dans le même délai que celui prévu pour la présentation du mémoire en réponse.
2. Le pourvoi incident doit être formé par acte séparé, distinct du mémoire en réponse.

Art. 177 *Contenu du pourvoi incident.* 1. Le pourvoi incident contient :
a) les nom et domicile de la partie qui forme le pourvoi incident ;
b) la date à laquelle le pourvoi lui a été signifié ;
c) les moyens et arguments de droit invoqués ;
d) les conclusions.
2. Les articles 119, 121 et 122, paragraphes 1 et 3, du présent règlement sont applicables au pourvoi incident.

Art. 178 *Conclusions, moyens et arguments du pourvoi incident.* 1. Les conclusions du pourvoi incident tendent à l'annulation, totale ou partielle, de la décision du Tribunal.
2. Elles peuvent également tendre à l'annulation d'une décision, explicite ou implicite, relative à la recevabilité du recours devant le Tribunal.
3. Les moyens et arguments de droit invoqués identifient avec précision les points de motifs de la décision du Tribunal qui sont contestés. Ils doivent être distincts des moyens et arguments invoqués dans le mémoire en réponse.

CHAPITRE IV *Des mémoires consécutifs au pourvoi incident*

Art. 179 *Réponse au pourvoi incident.* Lorsqu'un pourvoi incident est formé, la partie requérante ou toute autre partie à l'affaire en cause devant le Tribunal ayant un intérêt à l'accueil ou au rejet du pourvoi incident peut présenter un mémoire en réponse dont l'objet est limité aux moyens invoqués dans ce pourvoi incident, dans un délai de deux mois à compter de sa signification. Aucune prorogation de ce délai n'est accordée.

Art. 180 *Mémoires en réplique et en duplique suite à un pourvoi incident.* 1. Le pourvoi incident et le mémoire en réponse à ce pourvoi ne peuvent être complétés par un mémoire en réplique et un mémoire en duplique que lorsque le président, à la suite d'une demande dûment motivée présentée en ce sens par la partie ayant formé le pourvoi incident dans un délai de sept jours à compter de la signification du mémoire en réponse au pourvoi incident, le juge nécessaire, le juge rapporteur et l'avocat général entendus, notamment afin de permettre à cette partie de prendre position sur une exception d'irrecevabilité ou des éléments nouveaux invoqués dans le mémoire en réponse au pourvoi incident.

2. Le président fixe la date à laquelle ce mémoire en réplique est produit et, lors de la signification de ce mémoire, la date à laquelle le mémoire en duplique est produit. Il peut limiter le nombre de pages et l'objet de ces mémoires.

CHAPITRE V *Des pourvois réglés par voie d'ordonnance*

Art. 181 *Pourvoi manifestement irrecevable ou manifestement non fondé.* Lorsque le pourvoi, principal ou incident, est, en tout ou en partie, manifestement irrecevable ou manifestement non fondé, la Cour peut, à tout moment, sur proposition du juge rapporteur, l'avocat général entendu, décider de rejeter ce pourvoi totalement ou partiellement, par voie d'ordonnance motivée.

Art. 182 *Pourvoi manifestement fondé.* Lorsque la Cour a déjà statué sur une ou plusieurs questions de droit identiques à celles soulevées par les moyens du pourvoi, principal ou incident, et qu'elle considère que le pourvoi est manifestement fondé, elle peut, sur proposition du juge rapporteur, les parties et l'avocat général entendus, décider de déclarer le pourvoi manifestement fondé par voie d'ordonnance motivée comportant référence à la jurisprudence pertinente.

CHAPITRE VI *Des conséquences de la radiation du pourvoi principal pour le pourvoi incident*

Art. 183 *Conséquences d'un désistement ou d'une irrecevabilité manifeste du pourvoi principal pour le pourvoi incident.* Le pourvoi incident est réputé dépourvu d'objet :

a) lorsque le requérant au pourvoi principal se désiste de celui-ci ;

b) lorsque le pourvoi principal est déclaré manifestement irrecevable pour non respect du délai de pourvoi ;

c) lorsque le pourvoi principal est déclaré manifestement irrecevable au seul motif qu'il n'est pas dirigé contre une décision du Tribunal mettant fin à l'instance ou contre une décision qui tranche partiellement le litige au fond ou qui met fin à un incident de procédure portant sur une exception d'incompétence ou d'irrecevabilité, au sens de l'article 56, premier alinéa, du statut.

CHAPITRE VII *Des dépens et de l'aide juridictionnelle dans les pourvois*

Art. 184 *Règlement des dépens dans les pourvois.* 1. Sous réserve des dispositions qui suivent, les articles 137 à 146 du présent règlement sont applicables, mutatis mutandis, à la procédure devant la Cour ayant pour objet un pourvoi contre une décision du Tribunal.

2. Lorsque le pourvoi n'est pas fondé ou lorsque le pourvoi est fondé et que la Cour juge elle-même définitivement le litige, elle statue sur les dépens.

3. Lorsqu'un pourvoi formé par un État membre ou une institution de l'Union qui n'est pas intervenu au litige devant le Tribunal est fondé, la Cour peut décider que les dépens seront répartis entre les parties ou que la partie requérante gagnante doit rembourser à une partie qui succombe les frais qu'elle lui a fait exposer du fait de son pourvoi.

4. Lorsqu'elle n'a pas, elle-même, formé le pourvoi, une partie intervenante en première instance ne peut être condamnée aux dépens dans la procédure de pourvoi que si elle a participé à la phase écrite ou orale de la procédure devant la Cour. Lorsqu'une telle partie participe à la procédure, la Cour peut décider qu'elle supporte ses propres dépens.

Art. 185 *Aide juridictionnelle.* 1. Si une partie se trouve dans l'impossibilité de faire face, en totalité ou en partie, aux frais de l'instance, elle peut à tout moment demander le bénéfice de l'aide juridictionnelle.

2. La demande est accompagnée de tous renseignements et pièces justificatives permettant d'évaluer la situation économique du demandeur, tel qu'un certificat d'une autorité nationale compétente attestant de cette situation économique.

Art. 186 *Demande préalable d'aide juridictionnelle.* 1. Si la demande est présentée antérieurement au pourvoi que le demandeur se propose d'intenter, elle expose sommairement l'*objet du pourvoi*.

2. Cette demande est dispensée du ministère d'avocat.

3. L'introduction d'une demande d'aide juridictionnelle suspend, pour celui qui l'a formée, le délai prévu pour l'introduction du pourvoi jusqu'à la date de la signification de l'ordonnance statuant sur cette demande.

4. Le président attribue la demande, dès son dépôt, à un juge rapporteur qui formule, à bref délai, une proposition quant aux suites à réserver à celle-ci.

Art. 187 *Décision sur la demande d'aide juridictionnelle.* 1. La décision d'admission, totale ou partielle, au bénéfice de l'aide juridictionnelle ou de refus de cette dernière est prise, sur proposition du juge rapporteur, l'avocat général entendu, par la chambre à trois juges à laquelle le juge rapporteur est affecté. La formation de jugement est, dans ce cas, composée du président de cette chambre, du juge rapporteur et du premier ou, le cas échéant, des deux premiers juges désignés à partir de la liste visée à l'article 28, paragraphe 3, à la date à laquelle la chambre est saisie de la demande d'aide juridictionnelle par le juge rapporteur. Elle examine, le cas échéant, si le pourvoi n'est pas manifestement mal fondé.

2. Si le juge rapporteur ne fait pas partie d'une chambre à trois juges, la décision est prise, dans les mêmes conditions, par la chambre à cinq juges à laquelle il est affecté. Outre le juge rapporteur, la formation de jugement est composée de quatre juges désignés à partir de la liste visée à l'article 28, paragraphe 2, à la date à laquelle la chambre est saisie de la demande d'aide juridictionnelle par le juge rapporteur.

3. La formation de jugement décide par voie d'ordonnance. En cas de refus, total ou partiel, à l'admission au bénéfice de l'aide juridictionnelle, l'ordonnance motive le refus.

Art. 188 *Sommes à verser au titre de l'aide juridictionnelle.* 1. En cas d'admission au bénéfice de l'aide juridictionnelle, la caisse de la Cour prend en charge, le cas échéant dans les limites fixées par la formation de jugement, les frais liés à l'assistance et à la représentation du demandeur devant la Cour. Sur demande de ce dernier ou de son représentant, une avance sur ces frais peut être versée.

2. La décision qui statue sur les dépens peut prononcer la distraction au profit de la caisse de la Cour de sommes versées au titre de l'aide juridictionnelle.

3. Ces sommes sont récupérées par les soins du greffier contre la partie qui a été condamnée à les payer.

Art. 189 *Retrait de l'aide juridictionnelle.* La formation de jugement ayant statué sur la demande d'aide juridictionnelle peut à tout moment, soit d'office, soit sur demande, retirer le bénéfice de cette aide si les conditions qui l'ont fait admettre se modifient en cours d'instance.

CHAPITRE VIII *Autres dispositions applicables aux pourvois*

Art. 190 *Autres dispositions applicables aux pourvois.* 1. Les articles 127, 129 à 136, 147 à 150, 153 à 155, 157 à 166 du présent règlement sont applicables à la procédure devant la Cour ayant pour objet un pourvoi contre les décisions du Tribunal.

2. Par dérogation à l'article 130, paragraphe 1, la demande d'intervention est toutefois présentée au plus tard avant l'expiration d'un délai d'un mois qui prend cours à la publication visée à l'article 21, paragraphe 4.

3. L'article 95 est applicable, mutatis mutandis, à la procédure devant la Cour ayant pour objet un pourvoi contre les décisions du Tribunal.

Art. 190 *bis* *Traitement des renseignements ou pièces produits devant le Tribunal au titre de l'article 105 de son règlement de procédure.* 1. Lorsqu'un pourvoi est formé contre une décision du Tribunal adoptée dans le cadre d'une procédure au cours de laquelle des renseignements ou des pièces ont été produits par une partie principale au titre de l'article 105 du règlement de procédure du Tribunal et n'ont pas été communiqués à l'autre partie principale, le greffe du Tribunal met ces renseignements ou pièces à la disposition de la Cour, dans les conditions prévues dans la décision visée au paragraphe 11 dudit article.

2. Les renseignements ou pièces visés au paragraphe 1 ne sont pas communiqués aux parties à la procédure devant la Cour.

3. La Cour veille à ce que les informations confidentielles contenues dans les renseignements ou pièces visés au paragraphe 1 ne soient divulguées ni dans la décision mettant fin à l'instance, ni, le cas échéant, dans les conclusions de l'avocat général.

4. Les renseignements ou pièces visés au paragraphe 1 sont restitués à la partie qui les a produits devant le Tribunal dès la signification de la décision mettant fin à l'instance devant la Cour, sauf en cas de renvoi de l'affaire devant le Tribunal. Dans ce dernier cas, les renseignements ou pièces concernés sont remis à la disposition du Tribunal, dans les conditions prévues dans la décision visée au paragraphe 5.

5. La Cour arrête, par décision, les règles de sécurité aux fins de la protection des renseignements ou pièces visés au paragraphe 1. Cette décision est publiée au *Journal officiel de l'Union européenne.*

TITRE VI **Du réexamen des décisions du tribunal**

Art. 191 *Chambre de réexamen.* Une chambre à cinq juges est désignée pour une période d'un an aux fins de décider, dans les conditions fixées aux articles 193 et 194 du présent règlement, s'il y a lieu de réexaminer une décision du Tribunal conformément à l'article 62 du statut.

Art. 192 *Information et communication des décisions susceptibles de réexamen.* 1. Aussitôt qu'est fixée la date pour le prononcé ou la signature d'une décision à rendre en vertu de l'article 256, paragraphe 2 ou 3, TFUE, le greffe du Tribunal en informe le greffe de la Cour.

2. Il lui communique cette décision dès son prononcé ou sa signature, de même que le dossier de procédure qui est aussitôt mis à la disposition du premier avocat général.

Art. 193 *Réexamen des décisions sur pourvoi.* 1. La proposition du premier avocat général de réexaminer une décision du Tribunal rendue en vertu de l'article 256, paragraphe 2, TFUE est transmise au président de la Cour et au président de la chambre de réexamen. Simultanément, le greffier est informé de cette transmission.

2. Dès qu'il est informé de l'existence d'une proposition, le greffier communique le dossier de la procédure devant le Tribunal aux membres de la chambre de réexamen.

3. Dès la réception de la proposition de réexamen, le président de la Cour désigne le juge rapporteur parmi les juges de la chambre de réexamen, sur proposition du président de cette chambre. La composition de la formation de jugement est déterminée, conformément à l'article 28, paragraphe 2, du présent règlement, le jour de l'attribution de l'affaire au juge rapporteur.

4. Cette chambre décide, sur proposition du juge rapporteur, s'il y a lieu de réexaminer la décision du Tribunal. La décision de réexaminer la décision du Tribunal n'indique que les questions faisant l'objet du réexamen.

5. Le Tribunal, les parties à la procédure devant celui-ci ainsi que les autres intéressés visés à l'article 62 *bis*, deuxième alinéa, du statut, sont aussitôt informés par le greffier de la décision de la Cour de réexaminer la décision du Tribunal.

6. Un avis indiquant la date de la décision de réexaminer la décision du Tribunal et les questions faisant l'objet du réexamen est publié au *Journal officiel de l'Union européenne.*

Art. 194 *Réexamen des décisions préjudicielles.* 1. La proposition du premier avocat général de réexaminer une décision du Tribunal rendue en vertu de l'article 256, paragraphe 3, TFUE est transmise au président de la Cour et au président de la chambre de réexamen. Simultanément, le greffier est informé de cette transmission.

2. Dès qu'il est informé de l'existence d'une proposition, le greffier communique le dossier de la procédure devant le Tribunal aux membres de la chambre de réexamen.

3. Le greffier informe également le Tribunal, la juridiction de renvoi, les parties au litige au principal, ainsi que les autres intéressés visés à l'article 62 *bis*, deuxième alinéa, du statut, de l'existence d'une proposition de réexamen.

4. Dès la réception de la proposition de réexamen, le président de la Cour désigne le juge rapporteur parmi les juges de la chambre de réexamen, sur proposition du président de cette chambre. La composition de la formation de jugement est déterminée, conformément à l'article 28, paragraphe 2, du présent règlement, le jour de l'attribution de l'affaire au juge rapporteur.

5. Cette chambre décide, sur proposition du juge rapporteur, s'il y a lieu de réexaminer la décision du Tribunal. La décision de réexaminer la décision du Tribunal n'indique que les questions faisant l'objet du réexamen.

6. Le Tribunal et la juridiction de renvoi, les parties au litige au principal ainsi que les autres intéressés visés à l'article 62 *bis*, deuxième alinéa, du statut, sont aussitôt informés par le greffier de la décision de la Cour de réexaminer ou de ne pas réexaminer la décision du Tribunal.

7. Un avis indiquant la date de la décision de réexaminer la décision du Tribunal et les questions faisant l'objet du réexamen est publié au *Journal officiel de l'Union européenne.*

Art. 195 *Arrêt au fond après décision de réexamen.* 1. La décision de réexaminer une décision du Tribunal est signifiée aux parties et autres intéressés visés à l'article 62 *bis*, deuxième alinéa, du statut. La signification aux États membres et aux États parties à l'accord EEE autres que les États membres, ainsi qu'à l'Autorité de surveillance AELE, est accompagnée d'une traduction de la décision de la Cour dans les conditions prévues à l'article 98 du présent règlement. La décision de la Cour est, en outre, communiquée au Tribunal et, le cas échéant, à la juridiction de renvoi.

2. Dans un délai d'un mois à compter de la signification visée au paragraphe 1, les parties et autres intéressés auxquels la décision de la Cour a été signifiée peuvent déposer des mémoires ou observations écrites sur les questions faisant l'objet du réexamen.

3. Dès la décision de réexaminer une décision du Tribunal, le premier avocat général attribue le réexamen à un avocat général.

4. La chambre de réexamen statue au fond, l'avocat général entendu.

5. Elle peut toutefois demander à la Cour de renvoyer l'affaire à une formation de jugement plus importante.

6. Lorsque la décision du Tribunal faisant l'objet du réexamen a été rendue en vertu de l'article 256, paragraphe 2, TFUE, la Cour statue sur les dépens.

TITRE VII Des demandes d'avis

Art. 196 *Phase écrite de la procédure.* 1. Conformément à l'article 218, paragraphe 11, TFUE, la demande d'avis peut être présentée par un État membre, par le Parlement européen, par le Conseil ou par la Commission européenne.

2. Une demande d'avis peut porter tant sur la compatibilité de l'accord envisagé avec les dispositions des traités que sur la compétence de l'Union ou de l'une de ses institutions pour conclure cet accord.

3. Elle est signifiée aux États membres et aux institutions visées au paragraphe 1, auxquels le président fixe un délai pour la présentation d'observations écrites.

Art. 197 *Désignation du juge rapporteur et de l'avocat général.* Dès la présentation de la demande d'avis, le président désigne le juge rapporteur et le premier avocat général attribue l'affaire à un avocat général.

Art. 198 *Audience de plaidoiries.* La Cour peut décider que la procédure devant elle comporte également une audience de plaidoiries.

Art. 199 *Délai pour rendre l'avis.* La Cour rend son avis dans les meilleurs délais, l'avocat général entendu.

Art. 200 *Prononcé de l'avis.* 1. L'avis, signé par le président, les juges ayant pris part aux délibérations et le greffier, est prononcé en audience publique.

2. Il est signifié à tous les États membres ainsi qu'aux institutions visées à l'article 196, paragraphe 1.

TITRE VIII Procédures particulières

Art. 201 *Recours contre les décisions du comité d'arbitrage.* 1. La requête introduisant le recours visé à l'article 18, deuxième alinéa, TCEEA contient :

a) les nom et domicile du requérant ;
b) la qualité du signataire ;
c) l'indication de la décision du comité d'arbitrage attaquée ;
d) l'indication des parties adverses ;
e) l'exposé sommaire des faits ;
f) les moyens et arguments invoqués ainsi qu'un exposé sommaire desdits moyens ;
g) les conclusions du requérant.

2. Les dispositions des articles 119 et 121 du présent règlement sont applicables à la requête.

3. En outre, copie certifiée conforme de la décision attaquée est annexée au recours.

4. Dès le dépôt de la requête, le greffier de la Cour invite le greffe du comité d'arbitrage à *transmettre* à la Cour le dossier de l'affaire.

5. La procédure est poursuivie en application des articles 123 et 124 du présent règlement. La Cour peut décider que la procédure devant elle comporte également une audience de plaidoiries.

6. La Cour statue par voie d'arrêt. En cas d'annulation de la décision du comité, elle renvoie, s'il y a lieu, l'affaire devant le comité.

Art. 202 *Procédure visée à l'article 103 TCEEA.* 1. Dans le cas visé à l'article 103, troisième alinéa, TCEEA, la requête est présentée en quatre exemplaires certifiés conformes. Elle est accompagnée du projet d'accord ou de convention concerné, des observations adressées par la Commission européenne à l'État intéressé, ainsi que de toute autre pièce à l'appui.

2. La requête et ses annexes sont signifiées à la Commission européenne, qui dispose d'un délai de dix jours à compter de cette signification pour présenter ses observations écrites. Ce délai peut être prorogé par le président, l'État intéressé entendu.

3. Après le dépôt de ces observations, qui sont signifiées à l'État intéressé, la Cour statue à bref délai, après avoir entendu l'avocat général et, s'ils en font la demande, l'État intéressé et la Commission européenne.

Art. 203 *Procédures visées aux articles 104 et 105 TCEEA.* Les requêtes visées aux articles 104, troisième alinéa, et 105, deuxième alinéa, TCEEA sont régies par les dispositions des titres II et IV du présent règlement. Elles sont également signifiées à l'État dont ressortit la personne ou l'entreprise contre laquelle la requête est dirigée.

Art. 204 *Procédure prévue à l'article 111, paragraphe 3, de l'accord EEE.* 1. Dans le cas visé à l'article 111, paragraphe 3, de l'accord EEE, la Cour est saisie par une demande introduite par les parties contractantes parties au différend. La demande est signifiée aux autres parties contractantes, à la Commission européenne, à l'Autorité de surveillance AELE et, le cas échéant, aux autres intéressés auxquels une demande de décision préjudicielle soulevant la même question d'interprétation de la législation de l'Union serait signifiée.

2. Le président fixe un délai aux parties contractantes et autres intéressés auxquels la demande est signifiée pour la présentation d'observations écrites.

3. La demande est introduite dans l'une des langues mentionnées à l'article 36 du présent règlement. L'article 38 est applicable. Les dispositions de l'article 98 s'appliquent *mutatis mutandis*.

4. Dès la présentation de la demande visée au paragraphe 1, le président désigne le juge rapporteur. Aussitôt après, le premier avocat général attribue la demande à un avocat général.

5. La Cour rend une décision motivée sur la demande, l'avocat général entendu.

6. La décision de la Cour, signée par le président, les juges ayant pris part aux délibérations et le greffier, est signifiée aux parties contractantes et autres intéressés visés aux paragraphes 1 et 2.

Art. 205 *Règlement des différends visés à l'article 35 TUE, dans sa version en vigueur avant l'entrée en vigueur du traité de Lisbonne.* [*Abrogé*]

Art. 206 *Demandes visées à l'article 269 TFUE.* 1. Dans le cas visé à l'article 269 TFUE, la demande est présentée en quatre exemplaires certifiés conformes. Elle est accompagnée de tout document pertinent et, notamment, le cas échéant, des observations et recommandations formulées en application de l'article 7 TUE.

2. La demande et ses annexes sont signifiées, selon le cas, au Conseil européen ou au Conseil, qui dispose d'un délai non prorogeable de dix jours à compter de cette signification pour présenter ses observations écrites. L'article 51 n'est pas applicable à ce délai.

3. La demande et ses annexes sont également communiquées aux États membres autres que l'État en question ainsi qu'au Parlement européen et à la Commission européenne.

4. Après le dépôt des observations visées au paragraphe 2, qui sont signifiées à l'État membre intéressé ainsi qu'aux États et institutions visés au paragraphe 3, la Cour statue dans un délai d'un mois à compter du dépôt de la demande, l'avocat général entendu. A la demande de l'État membre intéressé, du Conseil européen ou du Conseil, ou d'office, la Cour peut décider que la procédure devant elle comporte également une audience de plaidoiries à laquelle sont convoqués l'ensemble des États et institutions visés au présent article.

DISPOSITIONS FINALES

Art. 207 *Règlement additionnel.* Sous réserve de l'application de l'article 253 TFUE, la Cour, après consultation des gouvernements intéressés, établit, en ce qui la concerne, un règlement additionnel énonçant les règles relatives :

a) aux commissions rogatoires ;
b) aux demandes d'aide juridictionnelle ;
c) à la dénonciation par la Cour des violations des serments des témoins et des experts conformément à l'article 30 du statut.

Art. 208 *Dispositions d'exécution.* La Cour peut arrêter, par acte séparé, des dispositions pratiques d'exécution du présent règlement.

Art. 209 *Abrogation.* Le présent règlement remplace le règlement de procédure de la Cour de justice des Communautés européennes arrêté le 19 juin 1991, tel que modifié en dernier lieu le 24 mai 2011 (*Journal officiel de l'Union européenne,* L 162 du 22 juin 2011, page 17).

Art. 210 *Publication et entrée en vigueur du présent règlement.* Le présent règlement, authentique dans les langues visées à l'article 36 de ce règlement est publié au *Journal officiel de* *l'Union européenne* et entre en vigueur le premier jour du deuxième mois suivant sa publication.

*****

Règlement additionnel de la Cour de justice du 14 janvier 2014,

LA COUR DE JUSTICE,

vu l'article 207 du règlement de procédure *[JO L 265 du 29.9.2012, p. 1, tel que modifié le 18 juin 2013 (JO L 173 du 26.6.2013, p. 65)]*,

vu l'article 46, paragraphe 3, de l'acte relatif aux conditions d'adhésion à l'Union européenne de la République de Bulgarie et de la Roumanie et aux adaptations des traités sur lesquels est fondée l'Union européenne *[JO L 157 du 21.6.2005, p. 203.]*,

vu l'article 45 de l'acte relatif aux conditions d'adhésion à l'Union européenne de la République de Croatie et aux adaptations du traité sur l'Union européenne, du traité sur le fonctionnement de l'Union européenne et du traité instituant la Communauté européenne de l'énergie atomique *[JO L 112 du 24.4.2012, p. 21]*,

considérant ce qui suit :

(1) La Cour a arrêté, le 25 septembre 2012, un nouveau règlement de procédure qui comporte, sur le fond comme sur la forme, plusieurs modifications par rapport au règlement antérieur, qu'il abroge. Ces modifications concernent, notamment, la terminologie employée dans le nouveau règlement de procédure et la procédure suivie en cas d'octroi d'une aide juridictionnelle. Il convient, dès lors, de refléter ces modifications dans le texte du règlement additionnel.

(2) Suite à la désignation, par plusieurs États membres, de nouvelles autorités en charge du traitement des questions visées aux articles 2, 4 et 6 du règlement additionnel et à l'adhésion à l'Union européenne de la République de Bulgarie et de la Roumanie, le 1er janvier 2007, et de la République de Croatie, le 1er juillet 2013, il apparaît par ailleurs nécessaire d'actualiser les listes visées dans les trois annexes dudit règlement.

Avec l'approbation du Conseil donnée le 17 décembre 2013,

ARRÊTE LE PRÉSENT RÈGLEMENT ADDITIONNEL :

CHAPITRE PREMIER *Des commissions rogatoires*

Art. 1er 1. La commission rogatoire est délivrée par voie d'ordonnance ; celle-ci contient les nom, prénom, qualité et adresse des témoins ou experts, indique les faits sur lesquels les témoins ou experts seront entendus, désigne les parties, leurs agents, avocats ou conseils ainsi que leur domicile élu et expose sommairement l'objet du litige.

2. Signification de l'ordonnance est faite aux parties par le greffier.

Art. 2 1. Le greffier adresse l'ordonnance à l'autorité compétente, mentionnée à l'annexe I, de l'État membre sur le territoire duquel l'audition des témoins ou des experts doit être faite. Le cas échéant, il assortit l'ordonnance d'une traduction dans la ou les langues officielles de l'État membre destinataire.

2. L'autorité désignée en application du premier paragraphe transmet l'ordonnance à l'autorité judiciaire compétente selon son droit interne.

3. L'autorité judiciaire compétente exécute la commission rogatoire conformément aux dispositions de son droit interne. Après exécution, l'autorité judiciaire compétente transmet à l'autorité désignée en application du premier paragraphe l'ordonnance portant commission rogatoire, les pièces de l'exécution et un bordereau des dépens. Ces documents sont adressés au greffier de la Cour.

4. La traduction des pièces dans la langue de procédure est assurée par les soins du greffier.

Art. 3 La Cour assume les frais de la commission rogatoire, sous réserve de les mettre, le cas échéant, à la charge des parties.

CHAPITRE II *De l'aide juridictionnelle*

Art. 4 1. La Cour, dans l'ordonnance par laquelle elle décide l'admission au bénéfice de l'aide juridictionnelle, ordonne qu'un avocat sera désigné pour assister l'intéressé.

2. Si celui-ci ne propose pas lui-même un avocat ou si la Cour estime qu'il n'y a pas lieu d'entériner son choix, le greffier adresse une expédition de l'ordonnance et une copie de la demande d'aide juridictionnelle à l'autorité compétente de l'État intéressé mentionnée à l'annexe II.

3. Au vu des propositions transmises par cette autorité, la Cour procède à la désignation d'office de l'avocat chargé d'assister l'intéressé.

Art. 5 La Cour statue sur les frais et honoraires de l'avocat ; sur demande, une avance sur ces frais et honoraires peut être versée.

CHAPITRE III *De la dénonciation des violations de serment des témoins et experts*

Art. 6 La Cour, l'avocat général entendu, peut décider de dénoncer à l'autorité compétente, mentionnée à l'annexe III, de l'État membre dont les juridictions sont compétentes aux fins d'une poursuite répressive, tout faux témoignage ou toute fausse déclaration d'expert commis sous serment devant elle.

Art. 7 La décision de la Cour est transmise par les soins du greffier. Elle expose les faits et circonstances sur lesquels la dénonciation est fondée.

Dispositions finales

Art. 8 Le présent règlement additionnel remplace le règlement additionnel du 4 décembre 1974 (JO L 350 du 28.12.1974, p. 29), tel que modifié, en dernier lieu, le 21 février 2006 (JO L 72 du 11.3.2006, p. 1).

Art. 9 1. Le présent règlement, authentique dans les langues visées à l'article 36 du règlement de procédure, est publié au *Journal officiel de l'Union européenne*.

2. Il entre en vigueur à compter de la date de sa publication.

ANNEXE I

LISTE VISÉE À L'ARTICLE 2, PARAGRAPHE 1

Belgique
Service public fédéral Justice – Federale Overheidsdienst Justitie
Bulgarie
Министър на правосъдието
République tchèque
Ministr spravedlnosti
Danemark
Justitsministeriet
Allemagne
Bundesministerium der Justiz
Estonie
Justiitsministeerium
Irlande
Minister for Justice and Equality
Grèce
Υπουργείο Δικαιοσύνης, Διαφάνειας και Ανθρωπίνων Δικαιωμάτων
Espagne
Ministerio de Justicia
France
Ministère de la justice
Croatie
Ministarstvo pravosuđa
Italie
Ministero della Giustizia
Chypre
Υπουργός Δικαιοσύνης και Δημόσιας Τάξεως
Lettonie
Latvijas Republikas Tieslietu ministrija
Lituanie

Lietuvos Respublikos teisingumo ministerija
Luxembourg
Parquet général
Hongrie
Közigazgatási és Igazságügyi Minisztérium
Malte
Avukat Ġenerali
Pays-Bas
Minister van Veiligheid en Justitie
Autriche
Bundesministerium für Justiz
Pologne
Ministerstwo Sprawiedliwości
Portugal
O Ministro da Justiça
Roumanie
Ministerul Justiţiei
Slovénie
Ministrstvo za pravosodje
Slovaquie
Minister spravodlivosti
Finlande
Oikeusministeriö
Suède
Regeringskansliet Justitiedepartementet
Royaume-Uni
Secretary of State for the Home Department

ANNEXE II

LISTE VISÉE À L'ARTICLE 4, PARAGRAPHE 2

Belgique
Service public fédéral Justice – Federale Overheidsdienst Justitie
Bulgarie
Министър на правосъдието
République tchèque
Česká advokátní komora
Danemark
Justitsministeriet
Allemagne
Bundesrechtsanwaltskammer
Estonie
Justiitsministeerium
Irlande
Minister for Justice and Equality
Grèce
Υπουργείο Δικαιοσύνης, Διαφάνειας και Ανθρωπίνων Δικαιωμάτων
Espagne
Consejo General de la Abogacía Española
France
Ministère de la Justice
Croatie
Ministarstvo pravosuđa
Italie
Ministero della Giustizia
Chypre
Υπουργός Δικαιοσύνης και Δημόσιας Τάξεως
Lettonie
Latvijas Republikas Tieslietu ministrija

Lituanie
Lietuvos Respublikos teisingumo ministerija
Luxembourg
Ministère de la justice
Hongrie
Közigazgatási és Igazságügyi Minisztérium
Malte
Segretarju Parlamentari għall-Gustizzja
Pays-Bas
Algemene Raad van de Nederlandse Orde van Advocaten
Autriche
Bundesministerium für Justiz
Pologne
Ministerstwo Sprawiedliwości
Portugal
O Ministro da Justiça
Roumanie
Uniunea Naţională a Barourilor din România
Slovénie
Ministrstvo za pravosodje
Slovaquie
Slovenská advokátska komora
Finlande
Oikeusministeriö
Suède
Sveriges advokatsamfund
Royaume-Uni
The Law Society, London (for applicants residing in England or Wales)
The Law Society of Scotland, Edinburgh (for applicants residing in Scotland)
The Law Society of Northern Ireland, Belfast (for applicants residing in Northern Ireland)

ANNEXE III

LISTE VISÉE À L'ARTICLE 6

Belgique
Service public fédéral Justice – Federale Overheidsdienst Justitie
Bulgarie
Върховна касационна прокуратура на Република България
République tchèque
Nejvyšší státní zastupitelství
Danemark
Justitsministeriet
Allemagne
Bundesministerium der Justiz
Estonie
Riigiprokuratuur
Irlande
The Office of the Attorney General
Grèce
Υπουργείο Δικαιοσύνης, Διαφάνειας και Ανθρωπίνων Δικαιωμάτων
Espagne
Consejo General del Poder Judicial
France
Ministère de la Justice
Croatie
Zamjenik Glavnog državnog odvjetnika
Italie
Ministero della Giustizia
Chypre
Γενικός Εισαγγελέας της Δημοκρατίας

Lettonie
Latvijas Republikas Ģenerālprokuratūra

Lituanie
Lietuvos Respublikos generalinė prokuratūra

Luxembourg
Parquet général

Hongrie
Közigazgatási és Igazságügyi Minisztérium

Malte
Avukat Ġenerali

Pays-Bas
Minister van Veiligheid en Justitie

Autriche
Bundesministerium für Justiz

Pologne
Ministerstwo Sprawiedliwości

Portugal
O Ministro da Justiça

Roumanie
Parchetul de pe lângă Înalta Curte de Casaţie şi Justiţie

Slovénie
Ministrstvo za pravosodje

Slovaquie
Minister spravodlivosti

Finlande
Keskusrikospoliisi

Suède
Åklagarmyndigheten

Royaume-Uni
Her Majesty's Attorney General (for witnesses or experts residing in England or Wales)
Her Majesty's Advocate General (for witnesses or experts residing in Scotland)
Her Majesty's Attorney General (for witnesses or experts residing in Northern Ireland)

Recommandations,

A l'attention des juridictions nationales, relatives à l'introduction de procédures préjudicielles (2019/C 380/01) 🏛.

Instructions pratiques aux parties du 25 novembre 2013,

Relatives aux affaires portées devant la Cour 🏛.

Décision de la Cour de justice du 16 octobre 2018,

Relative au dépôt et à la signification d'actes de procédure par la voie de l'application e-Curia 🏛.

Droit judiciaire de l'Union européenne

Convention de Bruxelles du 25 mai 1987,

Relative à la suppression de la législation d'actes dans les États membres des Communautés européennes. — Publiée par Décr. n° 92-383 du 1er avr. 1992 (D. et ALD 1992. 278). — Cette Convention remplace, dans certaines conditions, entre les États contractants les dispositions des autres Traités, Conventions ou Accords qui sont relatifs à la simplification ou à la suppression de la législation des actes (art. 10 de la Convention).

Convention de Lugano du 16 septembre 1988,

Concernant la compétence judiciaire et l'exécution des décisions en matière civile et commerciale (JO 5 févr.) 🏛.

Règlement (CE) du Conseil n° 1346/2000 du 29 mai 2000,

Relatif aux procédures d'insolvabilité (JOCE n° 1160 du 30 juin).

V. C. pr. coll., Deuxième partie, v° Droit européen. — ***C. pr. coll.***

Règlement (CE) du Conseil n° 44/2001 du 22 décembre 2000,

Concernant la compétence judiciaire, la reconnaissance et l'exécution des décisions en matière civile et commerciale (JOCE n° L 12 du 16 janv. 2001).

Ce règlement a remplacé, à compter du 1er mars 2002, la Conv. de Bruxelles du 27 sept. 1968, sauf entre le Danemark et les autres États membres (V. cette Conv., App., v° Droit européen et international). Un accord étendant les dispositions du règlement a été signé avec le Danemark le 19 oct. 2005 (Décis. du Conseil, 27 avr. 2006, JOUE 5 mai 2006, p. 22).

Ce règlement a été remplacé, à compter du 10 janv. 2015, par le Règl. n° 1215/2012 du 12 déc. 2012 (Règl. préc., art. 80).

RÉP. PR. CIV. v° *Bruxelles (Règlement de)*, par D. ALEXANDRE et A. HUET.

DALLOZ ACTION *Droit et pratique de la procédure civile 2022/2023*, nos 441.00 s.

BIBL. ▸ BÉRAUD, *JDI 2001. 1067.* – BRUNEAU, *JCP 2001. I. 304.* – CALLÉ, *Enforcing contracts.* Aspects procéduraux de l'exécution des contrats transfrontaliers en droit européen et international, *Larcier, 2008, p. 91* (l'exécution transfrontalière des titres exécutoires en Europe). – COCHET, L'espace judiciaire européen civil et pénal, Thèmes et commentaires, *Dalloz 2009, p. 109* (la force exécutoire en l'absence de procédure harmonisée). – CROZE, *Procédures 2001. Chron. 7.* – DELGRANGE, *Gaz. Pal. 14-16 juill. 2002, p. 3.* – DOUCHY-OUDOT, *Mél. Julien, Edilaix 2003, p. 161* (procès civil et affaires transfrontalières). – DROZ et GAUDEMET-TALLON, *Rev. crit. DIP 2001. 601*. – DUTOIT, *Mél. Sortais, Bruylant, 2002, p. 115* (contrats conclus sur internet). – FRICERO, *Mél. Normand, Litec, 2003, p. 173* (libre exécution des jugements dans l'Espace judiciaire européen). – GAUDEMET-TALLON, *LGDJ, 4e éd., 2010* (compétence judiciaire et exécution des jugements en Europe). – HAFTEL, *JDI 2010. 761* (entre "Rome II" et "Bruxelles I" : l'interprétation communautaire uniforme du Règlement "Rome I"). – ISNARD, *Dr. et pr. 2002. 264* (assignation). – KERAMEUS, *Mél. Normand, Litec, 2003, p. 253* (procédure civile nationale et exigences communautaires) ; *Mél. Gaudemet-Tallon, Dalloz 2008, p. 335* (la Convention de Bruxelles et l'harmonisation par la jurisprudence en Europe – Libres propos sur la Conv. de Bruxelles). – MARMISSE, *LPA 12 déc. 2002, p. 6.* – MEININGER-BOTHOREL, *Gaz. Pal. 10-13 nov. 2004, p. 5* (reconnaissance des jugements européens). – PATAUT, *Mél. Gaudemet-Tallon, Dalloz 2008, p. 377* (notifications internationales et Règlement "Bruxelles I"). – ROUCOUX, *Gaz. Pal. 10-13 nov. 2004, p. 15* (exécution en France des décisions étrangères exequaturées). – VERBIEST, *CCE 2003. Chron. 26* (nouvelles technologies de la communication). – Dossier : La coopération dans l'espace judiciaire européen, *Dr. et patr., nov. 2004, p. 43.*

LE CONSEIL DE L'UNION EUROPÉENNE,

vu le traité instituant la Communauté européenne, et notamment son article 61, point c), et son article 67, paragraphe 1,

vu la proposition de la Commission *[JO C 376 du 28 déc. 1999, p. 1]*,

vu l'avis du Parlement européen *[Avis rendu le 21 sept. 2000]*,

vu l'avis du Comité économique et social *[JO C 117 du 26 avr. 2000, p. 6.]*,

considérant ce qui suit :

(1) La Communauté s'est donné pour objectif de maintenir et de développer un espace de liberté, de sécurité et de justice au sein duquel la libre circulation des personnes est assurée. Pour mettre en place progressivement un tel espace, il convient que la Communauté adopte, entre autres, les mesures dans le domaine de la coopération judiciaire en matière civile qui sont nécessaires au bon fonctionnement du marché intérieur.

(2) Certaines différences entre les règles nationales en matière de compétence judiciaire et de reconnaissance des décisions rendent plus difficile le bon fonctionnement du marché intérieur. Des dispositions permettant d'unifier les règles de conflit de juridictions en matière civile et commerciale ainsi que de simplifier les formalités en vue de la reconnaissance et de l'exécution rapides et simples des décisions émanant des États membres liés par le présent règlement sont indispensables.

(3) Cette matière relève du domaine de la coopération judiciaire en matière civile au sens de l'article 65 du traité.

(4) Conformément au principe de subsidiarité et au principe de proportionnalité tels qu'énoncés à l'article 5 du traité, les objectifs du présent règlement ne peuvent pas être réalisés de manière suffisante par les États membres et peuvent donc être mieux réalisés au niveau communautaire. Le présent règlement se limite au minimum requis pour atteindre ces objectifs et n'excède pas ce qui est nécessaire à cette fin.

(5) Les États membres ont conclu le 27 septembre 1968, dans le cadre de l'article 293, quatrième tiret, du traité, la convention de Bruxelles concernant la compétence judiciaire et l'exécution des décisions en matière civile et commerciale, qui a été modifiée par les conventions relatives à l'adhésion des nouveaux États membres à cette convention *[JO L 299 du 31.12.1972, p. 32. JO L 304 du 30.10.1978, p. 1. JO L 388 du 31.12.1982, p. 1. JO L 285 du 3.10.1989, p. 1. JO C 15 du 15.1.1997, p. 1. Pour le texte consolidé, voir JO C 27 du 26.1.1998, p. 1.]* (ci-après dénommée "convention de Bruxelles"). Les États membres et les États de l'AELE ont conclu le 16 septembre 1988 la convention de Lugano concernant la compétence judiciaire et l'exécution des décisions en matière civile et commerciale, qui est une convention parallèle à la convention de Bruxelles de 1968. Ces conventions ont fait l'objet de travaux de révision et le Conseil a marqué son accord sur le contenu du texte révisé. Il y a lieu d'assurer la continuité des résultats obtenus dans le cadre de cette révision.

(6) Pour atteindre l'objectif de la libre circulation des décisions en matière civile et commerciale, il est nécessaire et approprié que les règles relatives à la compétence judiciaire, à la reconnaissance et à l'exécution des décisions soient déterminées par un instrument juridique communautaire contraignant et directement applicable.

(7) Il est important d'inclure dans le champ d'application matériel du présent règlement l'essentiel de la matière civile et commerciale, à l'exception de certaines matières bien définies.

(8) Il doit exister un lien entre les litiges couverts par le présent règlement et le territoire des États membres qu'il lie. Les règles communes en matière de compétence doivent donc s'appliquer en principe lorsque le défendeur est domicilié dans un de ces États membres.

(9) Les défendeurs non domiciliés dans un État membre sont généralement soumis aux règles nationales de compétence applicables sur le territoire de l'État membre de la juridiction saisie et les défendeurs domiciliés dans un État membre non lié par le présent règlement doivent continuer à être soumis à la convention de Bruxelles.

(10) Aux fins de la libre circulation des jugements, les décisions rendues dans un État membre lié par le présent règlement doivent être reconnues et exécutées dans un autre État membre lié par le présent règlement, même si le débiteur condamné est domicilié dans un État tiers.

(11) Les règles de compétence doivent présenter un haut degré de prévisibilité et s'articuler autour de la compétence de principe du domicile du défendeur et cette compétence doit toujours être disponible, sauf dans quelques cas bien déterminés où la matière en litige ou l'autonomie des parties justifie un autre critère de rattachement. S'agissant des personnes morales, le domicile doit être défini de façon autonome de manière à accroître la transparence des règles communes et à éviter les conflits de juridictions.

(12) Le for du domicile du défendeur doit être complété par d'autres fors autorisés en raison du lien étroit entre la juridiction et le litige ou en vue de faciliter une bonne administration de la justice.

(13) S'agissant des contrats d'assurance, de consommation et de travail, il est opportun de protéger la partie la plus faible au moyen de règles de compétence plus favorables à ses intérêts que ne le sont les règles générales.

(14) L'autonomie des parties à un contrat autre qu'un contrat d'assurance, de consommation et de travail pour lequel n'est prévue qu'une autonomie limitée quant à la détermination de la juridiction compétente doit être respectée sous réserve des fors de compétence exclusifs prévus dans le présent règlement.

(15) Le fonctionnement harmonieux de la justice commande de réduire au maximum la possibilité de procédures concurrentes et d'éviter que des décisions inconciliables ne soient rendues dans deux États membres. Il importe de prévoir un mécanisme clair et efficace pour résoudre les cas de litispendance et de connexité et pour parer aux problèmes résultant des divergences nationales quant à la date à laquelle une affaire est considérée comme pendante. Aux fins du présent règlement, il convient de définir cette date de manière autonome.

(16) La confiance réciproque dans la justice au sein de la Communauté justifie que les décisions rendues dans un État membre soient reconnues de plein droit, sans qu'il soit nécessaire, sauf en cas de contestation, de recourir à aucune procédure.

(17) Cette même confiance réciproque justifie que la procédure visant à rendre exécutoire, dans un État membre, une décision rendue dans un autre État membre soit efficace et rapide. A cette fin, la déclaration relative à la force exécutoire d'une décision devrait être délivrée de manière quasi automatique, après un simple contrôle formel des documents fournis, sans qu'il soit possible pour la juridiction de soulever d'office un des motifs de non-exécution prévus par le présent règlement.

(18) Le respect des droits de la défense impose toutefois que le défendeur puisse, le cas échéant, former un recours, examiné de façon contradictoire, contre la déclaration constatant la force exécutoire, s'il considère qu'un des motifs de non-exécution est établi. Une faculté de recours doit également être reconnue au requérant si la déclaration constatant la force exécutoire a été refusée.

(19) Pour assurer la continuité nécessaire entre la convention de Bruxelles et le présent règlement, il convient de prévoir des dispositions transitoires. La même continuité doit être assurée en ce qui concerne l'interprétation des dispositions de la convention de Bruxelles par la Cour de justice des Communautés européennes et le protocole de 1971 *[JO L 204 du 2.8.1975, p. 28. JO L 304 du 30.10.1978, p. 1. JO L 388 du 31.12.1982, p. 1. JO L 285 du 3.10.1989, p. 1. JO C 15 du 15.1.1997, p. 1. Pour le texte consolidé, voir JO C 27 du 26.1.1998, p. 28.]* doit continuer à s'appliquer également aux procédures déjà pendantes à la date d'entrée en vigueur du présent règlement.

(20) Le Royaume-Uni et l'Irlande, conformément à l'article 3 du protocole sur la position du Royaume-Uni et de l'Irlande annexé au traité sur l'Union européenne et au traité instituant la Communauté européenne, ont notifié leur souhait de participer à l'adoption et à l'application du présent règlement.

(21) Le Danemark, conformément aux articles 1er et 2 du protocole sur la position du Danemark annexé au traité sur l'Union européenne et au traité instituant la Communauté européenne, ne participe pas à l'adoption du présent règlement, lequel ne lie donc pas le Danemark et n'est pas applicable à son égard.

(22) Étant donné que la convention de Bruxelles est en vigueur dans les relations entre le Danemark et les États membres liés par le présent règlement, cette Convention ainsi que le protocole de 1971 continuent à s'appliquer entre le Danemark et les États membres liés par le présent règlement.

(23) La Convention de Bruxelles continue également à s'appliquer en ce qui concerne les territoires des États membres qui entrent dans le champ d'application territorial de cette convention et qui sont exclus du présent règlement en vertu de l'article 299 du traité.

(24) Le même souci de cohérence commande que le présent règlement n'affecte pas les règles sur la compétence et la reconnaissance des décisions contenues dans des instruments communautaires spécifiques.

(25) Le respect des engagements internationaux souscrits par les États membres justifie que le présent règlement n'affecte pas les conventions auxquelles les États membres sont parties et qui portent sur des matières spéciales.

(26) Il convient d'apporter les assouplissements nécessaires aux règles de principe prévues par le présent règlement, pour tenir compte des particularités procédurales de certains États membres. A cette fin, il convient d'introduire dans le règlement certaines dispositions prévues par le protocole annexé à la convention de Bruxelles.

(27) Afin de permettre une transition harmonieuse dans certains domaines qui faisaient l'objet de dispositions particulières dans le protocole annexé à la convention de Bruxelles, le présent règlement prévoit, pendant une période transitoire, des dispositions prenant en considération la situation spécifique dans certains États membres.

(28) Au plus tard cinq ans après l'entrée en vigueur du présent règlement, la Commission présentera un rapport sur son application et proposera éventuellement, s'il en est besoin, des propositions d'adaptation.

(29) La Commission devra modifier les annexes I à IV relatives aux règles de compétence nationales, aux juridictions ou autorités compétentes et aux voies de recours en se fondant sur les amendements transmis par l'État membre concerné. Les modifications apportées aux annexes V et VI devront être adoptées conformément à la décision 1999/468/CE du Conseil

du 28 juin 1999 fixant les modalités de l'exercice des compétences d'exécution conférées à la Commission *[JO L 184 du 17 juill. 1999, p. 23.]*,

A ARRÊTÉ LE PRÉSENT RÈGLEMENT :

CHAPITRE PREMIER *Champ d'application*

Art. 1er 1. Le présent règlement s'applique en matière civile et commerciale et quelle que soit la nature de la juridiction. Il ne recouvre notamment pas les matières fiscales, douanières ou administratives.

2. Sont exclus de son application :

a) l'état et la capacité des personnes physiques, les régimes matrimoniaux, les testaments et les successions ;

b) les faillites, concordats et autres procédures analogues ;

c) la sécurité sociale ;

d) l'arbitrage.

3. Dans le présent règlement, on entend par "État membre" tous les États membres à l'exception du Danemark. — *Comp. art. 1er, Conv. 27 sept. 1968.*

1. Danemark. Selon l'accord signé le 19 oct. 2005 entre la CE et le Danemark sur la compétence judiciaire, la reconnaissance et l'exécution des décisions en matière civile et commerciale, entré en vigueur le 1er juill. 2007, le Règl. n° 44/2001 est applicable dans les relations entre le Danemark et les États de l'UE. ♦ V. • Civ. 1re, 6 janv. 2010, n° 08-19.066 P : *D. actu. 21 janv. 2010, obs. Gallmeister ; D. 2010. Actu. 213 ; RLDI 2010. 1894, obs. Costes ; Rev. crit. DIP 2010. 404, note Ancel ; Gaz. Pal. 28-29 mai 2010, p. 50 ; LPA 21 juin 2010, p. 11, note Peltier.*

2. Principe de perpétuation. En application du principe de perpétuation de la compétence, l'acte introductif d'instance fixe la saisine du tribunal et détermine la compétence pendant la durée de l'instance. Dès lors, une demande principale en annulation d'une procuration de vendre en viager un bien immobilier, dirigée contre des défendeurs domiciliés dans un autre État membre, qui relève du champ matériel du Règl. n° 44/2001, fixe la compétence dès l'introduction de l'instance, nonobstant une demande subsidiaire tendant à la requalification de l'acte de cession subséquent. • Civ. 1re, 13 mai 2020, n° 19-10.448 : *D. actu. 12 juin 2020, note Mélin ; D. 2020. 1113 ; ibid. 2020. 1485, obs. Lemouland et Noguéro ; AJDI 2020. 697 ; AJ contrat 2020. 381, obs. Pailler ; Rev. crit. DIP 2020. 794, note Gaudemet-Tallon ; JCP 2020. 754, note Beraudo ; Defrénois 2020, n° 36, p. 36, obs. Nourissat ; ibid., n° 39, p. 30 note Combert. ; Gaz. Pal. 6 oct. 2020, p. 83, note Robbe et Schlemmer.*

CHAPITRE II *Compétence*

SECTION I *Dispositions générales*

Art. 2 1. Sous réserve des dispositions du présent règlement, les personnes domiciliées sur le territoire d'un État membre sont attraites, quelle que soit leur nationalité, devant les juridictions de cet État membre.

2. Les personnes qui ne possèdent pas la nationalité de l'État membre dans lequel elles sont domiciliées y sont soumises aux règles de compétence applicables aux nationaux. — *Comp. art. 2, Conv. 27 sept. 1968.*

Art. 3 1. Les personnes domiciliées sur le territoire d'un État membre ne peuvent être attraites devant les tribunaux d'un autre État membre qu'en vertu des règles énoncées aux sections 2 à 7 du présent chapitre.

2. Ne peuvent être invoquées contre elles notamment les règles de compétence nationales figurant à l'annexe I. — *Comp. art. 3, Conv. 27 sept. 1968.*

Art. 4 1. Si le défendeur n'est pas domicilié sur le territoire d'un État membre, la compétence est, dans chaque État membre, réglée par la loi de cet État membre, sous réserve de l'application des dispositions des articles 22 et 23.

2. Toute personne, quelle que soit sa nationalité, domiciliée sur le territoire d'un État membre, peut, comme les nationaux, y invoquer contre ce défendeur les règles de compétence qui y sont en vigueur et notamment celles prévues à l'annexe I. — *Comp. art. 4, Conv. 27 sept. 1968.*

SECTION II *Compétences spéciales*

Art. 5 Une personne domiciliée sur le territoire d'un État membre peut être attraite, dans un autre État membre :

1) *a)* en matière contractuelle, devant le tribunal du lieu où l'obligation qui sert de base à la demande a été ou doit être exécutée ;

b) aux fins de l'application de la présente disposition, et sauf convention contraire, le lieu d'exécution de l'obligation qui sert de base à la demande est :

– pour la vente de marchandises, le lieu d'un État membre où, en vertu du contrat, les marchandises ont été ou auraient dû être livrées,

– pour la fourniture de services, le lieu d'un État membre où, en vertu du contrat, les services ont été ou auraient dû être fournis ;

c) le point *a)* s'applique si le point *b)* ne s'applique pas ;

2) en matière d'obligation alimentaire, devant le tribunal du lieu où le créancier d'aliments a son domicile ou sa résidence habituelle ou, s'il s'agit d'une demande accessoire à une action relative à l'état des personnes, devant le tribunal compétent selon la loi du for pour en connaître, sauf si cette compétence est uniquement fondée sur la nationalité d'une des parties ;

3) en matière délictuelle ou quasi délictuelle, devant le tribunal du lieu où le fait dommageable s'est produit ou risque de se produire ;

4) s'il s'agit d'une action en réparation de dommage ou d'une action en restitution fondées sur une infraction, devant le tribunal saisi de l'action publique, dans la mesure où, selon sa loi, ce tribunal peut connaître de l'action civile ;

5) s'il s'agit d'une contestation relative à l'exploitation d'une succursale, d'une agence ou de tout autre établissement, devant le tribunal du lieu de leur situation ;

6) en sa qualité de fondateur, de *trustee* ou de bénéficiaire d'un *trust* constitué soit en application de la loi, soit par écrit ou par une convention verbale, confirmée par écrit, devant les tribunaux de l'État membre sur le territoire duquel le *trust* a son domicile ;

7) s'il s'agit d'une contestation relative au paiement de la rémunération réclamé en raison de l'assistance ou du sauvetage dont a bénéficié une cargaison ou un fret, devant le tribunal dans le ressort duquel cette cargaison ou le fret s'y rapportant :

a) a été saisi pour garantir ce paiement, ou

b) aurait pu être saisi à cet effet, mais une caution ou une autre sûreté a été donnée,

cette disposition ne s'applique que s'il est prétendu que le défendeur a un droit sur la cargaison ou sur le fret ou qu'il avait un tel droit au moment de cette assistance ou de ce sauvetage. – *Comp. art. 5, Conv. 27 sept. 1968.*

Obligation alimentaire. V. désormais Règl. n° 4/2009 du Conseil du 18 déc. 2008, App., v° *Droit européen et international.*

Art. 6 Cette même personne peut aussi être attraite :

1) s'il y a plusieurs défendeurs, devant le tribunal du domicile de l'un d'eux, à condition que les demandes soient liées entre elles par un rapport si étroit qu'il y a intérêt à les instruire et à les juger en même temps afin d'éviter des solutions qui pourraient être inconciliables si les causes étaient jugées séparément ;

2) s'il s'agit d'une demande en garantie ou d'une demande en intervention, devant le tribunal saisi de la demande originaire, à moins qu'elle n'ait été formée que pour traduire hors de son tribunal celui qui a été appelé ;

3) s'il s'agit d'une demande reconventionnelle qui dérive du contrat ou du fait sur lequel est fondée la demande originaire, devant le tribunal saisi de celle-ci ;

4) en matière contractuelle, si l'action peut être jointe à une action en matière de droits réels immobiliers dirigée contre le même défendeur, devant le tribunal de l'État membre sur le territoire duquel l'immeuble est situé. – *Comp. art. 6, Conv. 27 sept. 1968.*

Contrats individuels de travail. La règle spéciale de compétence de l'art. 6, § 1er, ne peut pas trouver à s'appliquer à un litige relevant de la section V du chapitre II du règlement relatif aux règles de compétence applicables en matière de contrats individuels de travail : salarié français *ayant travaillé successivement* pour le compte de deux sociétés appartenant au même groupe, l'une ayant son siège en France, l'autre au Royaume-Uni, et ayant saisi un conseil de prud'hommes contre ses anciens employeurs, soutenant qu'ils étaient ses co-employeurs (Règl. n° 44/2201). ♦ • CJCE 22 mai 2008, n° C-462/06 : *D. 2008. Actu. 1699, et les obs. ; ibid. 2009. Pan. 1557, obs. Courbe et Jault-Seseke ; RDT 2008. 767, obs. Pataut ; JCP E 2008. Actu. 272 ; Rev. crit. DIP 2008. 847, note Jault-Seseke ; RJ com. 2008. 310, obs. Raynouard ; LPA 31 mars 2009, note Archer ; RDC 01/2009. 221*, obs. Deumier ♦ V. égal. le renvoi préjudiciel (Règl. n° 44/2201). • Soc. 7 nov. 2006, n° 04-44.713 P : *Dr. soc. 2007. 123, obs. Lhernoud ; D. 2007. Pan. 1756, obs. Jault-Seseke.* ♦ Comp. auj. Règl. n° 1215/2012, art. 20, § 1er, App., v° *Droit européen et international.*

Art. 7 Lorsque, en vertu du présent règlement, un tribunal d'un État membre est compétent pour connaître des actions en responsabilité du fait de l'utilisation ou de l'exploitation d'un navire, ce tribunal ou tout autre que lui substitue la loi interne de cet État membre connaît aussi des demandes relatives à la limitation de cette responsabilité. — *Comp. art. 6 bis, Conv. 27 sept. 1968.*

SECTION III *Compétence en matière d'assurances*

Art. 8 En matière d'assurances, la compétence est déterminée par la présente section, sans préjudice des dispositions de l'article 4 et de l'article 5, point 5. — *Comp. art. 7, Conv. 27 sept. 1968.*

Art. 9 1. L'assureur domicilié sur le territoire d'un État membre peut être attrait :

a) devant les tribunaux de l'État membre où il a son domicile, ou

b) dans un autre État membre, en cas d'actions intentées par le preneur d'assurance, l'assuré ou un bénéficiaire, devant le tribunal du lieu où le demandeur a son domicile, ou

c) s'il s'agit d'un coassureur, devant le tribunal d'un État membre saisi de l'action formée contre l'apériteur de la coassurance.

2. Lorsque l'assureur n'est pas domicilié sur le territoire d'un État membre, mais possède une succursale, une agence ou tout autre établissement dans un État membre, il est considéré pour les contestations relatives à leur exploitation comme ayant son domicile sur le territoire de cet État membre. — *Comp. art. 8, Conv. 27 sept. 1968.*

Art. 10 L'assureur peut, en outre, être attrait devant le tribunal du lieu où le fait dommageable s'est produit s'il s'agit d'assurance de responsabilité ou d'assurance portant sur des immeubles. Il en est de même si l'assurance porte à la fois sur des immeubles et des meubles couverts par une même police et atteints par le même sinistre. — *Comp. art. 9, Conv. 27 sept. 1968.*

Art. 11 1. En matière d'assurance de responsabilité, l'assureur peut également être appelé devant le tribunal saisi de l'action de la personne lésée contre l'assuré, si la loi de ce tribunal le permet.

2. Les dispositions des articles 8, 9 et 10 sont applicables en cas d'action directe intentée par la victime contre l'assureur, lorsque l'action directe est possible.

3. Si la loi relative à cette action directe prévoit la mise en cause du preneur d'assurance ou de l'assuré, le même tribunal sera aussi compétent à leur égard. — *Comp. art. 10, Conv. 27 sept. 1968.*

Art. 12 1. Sous réserve des dispositions de l'article 11, paragraphe 3, l'action de l'assureur ne peut être portée que devant les tribunaux de l'État membre sur le territoire duquel est domicilié le défendeur, qu'il soit preneur d'assurance, assuré ou bénéficiaire.

2. Les dispositions de la présente section ne portent pas atteinte au droit d'introduire une demande reconventionnelle devant le tribunal saisi d'une demande originaire conformément à la présente section. — *Comp. art. 11, Conv. 27 sept. 1968.*

Art. 13 Il ne peut être dérogé aux dispositions de la présente section que par des conventions :

1) postérieures à la naissance du différend, ou

2) qui permettent au preneur d'assurance, à l'assuré ou au bénéficiaire de saisir d'autres tribunaux que ceux indiqués à la présente section, ou

3) qui, passées entre un preneur d'assurance et un assureur ayant, au moment de la conclusion du contrat, leur domicile ou leur résidence habituelle dans un même État membre, ont pour effet, alors même que le fait dommageable se produirait à l'étranger, d'attribuer compétence aux tribunaux de cet État sauf si la loi de celui-ci interdit de telles conventions, ou

4) conclues par un preneur d'assurance n'ayant pas son domicile dans un État membre, sauf s'il s'agit d'une assurance obligatoire ou qui porte sur un immeuble situé dans un État membre, ou

5) qui concernent un contrat d'assurance en tant que celui-ci couvre un ou plusieurs des risques énumérés à l'article 14. — *Comp. art. 12, Conv. 27 sept. 1968.*

Art. 14 Les risques visés à l'article 13, point 5, sont les suivants :

1) tout dommage :

a) aux navires de mer, aux installations au large des côtes et en haute mer ou aux aéronefs, causé par des événements survenant en relation avec leur utilisation à des fins commerciales ;

b) aux marchandises autres que les bagages des passagers, durant un transport réalisé par ces navires ou aéronefs soit en totalité, soit en combinaison avec d'autres modes de transport ;

2) toute responsabilité, à l'exception de celle des dommages corporels aux passagers ou des dommages à leurs bagages,

a) résultant de l'utilisation ou de l'exploitation des navires, installations ou aéronefs, conformément au point 1 *a)* visé ci-dessus, pour autant que, en ce qui concerne les derniers, la loi de l'État membre d'immatriculation de l'aéronef n'interdise pas les clauses attributives de juridiction dans l'assurance de tels risques ;

b) du fait de marchandises durant un transport visé au point 1 *b)* énoncé ci-dessus ;

3) toute perte pécuniaire liée à l'utilisation ou à l'exploitation des navires, installations ou aéronefs conformément au point 1 *a)* visé ci-dessus, notamment celle du fret ou du bénéfice d'affrètement ;

4) tout risque lié accessoirement à l'un de ceux visés aux points 1 à 3 énoncés ci-dessus ;

5) sans préjudice des points 1 à 4, tous les "grands risques" au sens de la directive 73/239/CEE du Conseil, modifiée par les directives 88/357/CEE et 90/618/CEE, dans leur dernière version en vigueur. – *Comp. art. 12 bis, Conv. 27 sept. 1968.*

SECTION IV *Compétence en matière de contrats conclus par les consommateurs*

Art. 15 1. En matière de contrat conclu par une personne, le consommateur, pour un usage pouvant être considéré comme étranger à son activité professionnelle, la compétence est déterminée par la présente section, sans préjudice des dispositions de l'article 4 et de l'article 5, point 5 :

a) lorsqu'il s'agit d'une vente à tempérament d'objets mobiliers corporels ;

b) lorsqu'il s'agit d'un prêt à tempérament ou d'une autre opération de crédit liés au financement d'une vente de tels objets ;

c) lorsque, dans tous les autres cas, le contrat a été conclu avec une personne qui exerce des activités commerciales ou professionnelles dans l'État membre sur le territoire duquel le consommateur a son domicile ou qui, par tout moyen, dirige ces activités vers cet État membre ou vers plusieurs États, dont cet État membre, et que le contrat entre dans le cadre de ces activités.

2. Lorsque le cocontractant du consommateur n'est pas domicilié sur le territoire d'un État membre, mais possède une succursale, une agence ou tout autre établissement dans un État membre, il est considéré pour les contestations relatives à leur exploitation comme ayant son domicile sur le territoire de cet État.

3. La présente section ne s'applique pas aux contrats de transport autres que ceux qui, pour un prix forfaitaire, combinent voyage et hébergement. – *Comp. art. 13, Conv. 27 sept. 1968.*

Art. 16 1. L'action intentée par un consommateur contre l'autre partie au contrat peut être portée soit devant les tribunaux de l'État membre sur le territoire duquel est domiciliée cette partie, soit devant le tribunal du lieu où le consommateur est domicilié.

2. L'action intentée contre le consommateur par l'autre partie au contrat ne peut être portée que devant les tribunaux de l'État membre sur le territoire duquel est domicilié le consommateur.

3. Les dispositions du présent article ne portent pas atteinte au droit d'introduire une demande reconventionnelle devant le tribunal saisi d'une demande originaire conformément à la présente section. – *Comp. art. 14, Conv. 27 sept. 1968.*

Art. 17 Il ne peut être dérogé aux dispositions de la présente section que par des conventions :

1) postérieures à la naissance du différend, ou

2) qui permettent au consommateur de saisir d'autres tribunaux que ceux indiqués à la présente section, ou

3) qui, passées entre le consommateur et son cocontractant ayant, au moment de la conclusion du contrat, leur domicile ou leur résidence habituelle dans un même État membre, attribuent compétence aux tribunaux de cet État membre, sauf si la loi de celui-ci interdit de telles conventions. – *Comp. art. 15, Conv. 27 sept. 1968.*

SECTION V *Compétence en matière de contrats individuels de travail*

Art. 18 1. En matière de contrats individuels de travail, la compétence est déterminée par la présente section, sans préjudice de l'article 4 et de l'article 5, point 5.

2. Lorsqu'un travailleur conclut un contrat individuel de travail avec un employeur qui n'est pas domicilié dans un État membre mais possède une succursale, une agence ou tout autre établissement dans un État membre, l'employeur est considéré, pour les contestations relatives à leur exploitation comme ayant son domicile dans cet État membre.

Notion de contrat de travail. Un contrat liant une société à une personne physique exerçant les fonctions de dirigeant de celle-ci ne crée pas un lien de subordination entre ceux-ci et ne peut, dès lors, être qualifié de « contrat individuel de travail », lorsque, même si l'actionnaire ou les actionnaires de cette société ont le pouvoir de mettre fin à ce contrat, cette personne est en mesure de décider ou décide effectivement des termes dudit contrat et dispose d'un pouvoir de contrôle autonome sur la gestion quotidienne des affaires de ladite société ainsi que sur l'exercice de ses propres fonctions. • CJUE 11 avr. 2019, ☎ n° C-603/17.

Art. 19 Un employeur ayant son domicile sur le territoire d'un État membre peut être attrait :

1) devant les tribunaux de l'État membre où il a son domicile, ou

2) dans un autre État membre :

a) devant le tribunal du lieu où le travailleur accomplit habituellement son travail ou devant le tribunal du dernier lieu où il a accompli habituellement son travail, ou

b) lorsque le travailleur n'accomplit pas ou n'a pas accompli habituellement son travail dans un même pays, devant le tribunal du lieu où se trouve ou se trouvait l'établissement qui a embauché le travailleur.

Art. 20 1. L'action de l'employeur ne peut être portée que devant les tribunaux de l'État membre sur le territoire duquel le travailleur a son domicile.

2. Les dispositions de la présente section ne portent pas atteinte au droit d'introduire une demande reconventionnelle devant le tribunal saisi de la demande originaire conformément à la présente section.

Art. 21 Il ne peut être dérogé aux dispositions de la présente section que par des conventions attributives de juridiction :

1) postérieures à la naissance du différend, ou

2) qui permettent au travailleur de saisir d'autres tribunaux que ceux indiqués à la présente section.

SECTION VI *Compétences exclusives*

Art. 22 Sont seuls compétents, sans considération de domicile :

1) en matière de droits réels immobiliers et de baux d'immeubles, les tribunaux de l'État membre où l'immeuble est situé.

Toutefois, en matière de baux d'immeubles conclus en vue d'un usage personnel temporaire pour une période maximale de six mois consécutifs, sont également compétents les tribunaux de l'État membre dans lequel le défendeur est domicilié, à condition que le locataire soit une personne physique et que le propriétaire et le locataire soient domiciliés dans le même État membre ;

2) en matière de validité, de nullité ou de dissolution des sociétés ou personnes morales ayant leur siège sur le territoire d'un État membre, ou de validité des décisions de leurs organes, les tribunaux de cet État membre. Pour déterminer le siège, le juge applique les règles de son droit international privé ;

3) *en matière de validité* des inscriptions sur les registres publics, les tribunaux de l'État membre sur le territoire duquel ces registres sont tenus ;

4) en matière d'inscription ou de validité des brevets, marques, dessins et modèles, et autres droits analogues donnant lieu à dépôt ou à un enregistrement, les juridictions de l'État membre sur le territoire duquel le dépôt ou l'enregistrement a été demandé, a été effectué ou est réputé avoir été effectué aux termes d'un instrument communautaire ou d'une convention internationale.

Sans préjudice de la compétence de l'Office européen des brevets selon la convention sur la délivrance des brevets européens, signée à Munich le 5 octobre 1973, les juridictions de chaque État membre sont seules compétentes, sans considération de domicile, en matière d'inscription ou de validité d'un brevet européen délivré pour cet État ;

5) en matière d'exécution des décisions, les tribunaux de l'État membre du lieu de l'exécution. – *Comp. art. 16, Conv. 27 sept. 1968.*

SECTION VII *Prorogation de compétence*

Art. 23 1. Si les parties, dont l'une au moins a son domicile sur le territoire d'un État membre, sont convenues d'un tribunal ou de tribunaux d'un État membre pour connaître des différends nés ou à naître à l'occasion d'un rapport de droit déterminé, ce tribunal ou les tribunaux de cet État membre sont compétents. Cette compétence est exclusive, sauf convention contraire des parties. Cette convention attributive de juridiction est conclue :

a) par écrit ou verbalement avec confirmation écrite, ou

b) sous une forme qui soit conforme aux habitudes que les parties ont établies entre elles, ou

c) dans le commerce international, sous une forme qui soit conforme à un usage dont les parties avaient connaissance ou étaient censées avoir connaissance et qui est largement connu et régulièrement observé dans ce type de commerce par les parties à des contrats du même type dans la branche commerciale considérée.

2. Toute transmission par voie électronique qui permet de consigner durablement la convention est considérée comme revêtant une forme écrite.

3. Lorsqu'une telle convention est conclue par des parties dont aucune n'a son domicile sur le territoire d'un État membre, les tribunaux des autres États membres ne peuvent connaître du différend tant que le tribunal ou les tribunaux désignés n'ont pas décliné leur compétence.

4. Le tribunal ou les tribunaux d'un État membre auxquels l'acte constitutif d'un *trust* attribue compétence sont exclusivement compétents pour connaître d'une action contre un fondateur, un *trustee* ou un bénéficiaire d'un *trust*, s'il s'agit des relations entre ces personnes ou de leurs droits ou obligations dans le cadre du *trust* ;

5. Les conventions attributives de juridiction ainsi que les stipulations similaires d'actes constitutifs de *trust* sont sans effet si elles sont contraires aux dispositions des articles 13, 17 et 21 ou si les tribunaux à la compétence desquels elles dérogent sont exclusivement compétents en vertu de l'article 22. – *Comp. art. 17, Conv. 27 sept. 1968.*

Art. 24 Outre les cas où sa compétence résulte d'autres dispositions du présent règlement, le juge d'un État membre devant lequel le défendeur comparaît est compétent. Cette règle n'est pas applicable si la comparution a pour objet de contester la compétence ou s'il existe une autre juridiction exclusivement compétente en vertu de l'article 22. – *Comp. art. 18, Conv. 27 sept. 1968.*

Comparution volontaire et assurance. Le juge saisi, sans que les dispositions contenues dans la section III du chapitre II de ce règlement portant sur les règles de compétences spéciales en matière d'assurance aient été respectées, doit se déclarer compétent lorsque le défendeur comparaît et ne soulève pas d'exception d'incompétence, une telle comparution constituant une prorogation tacite de compétence. En effet, la seconde phrase de l'art. 24 du Règl. délimite le champ d'application de la règle générale et, partant, énonçant les exceptions à la règle générale sur la prorogation tacite de compétence, doit être interprétée restrictivement. Il s'ensuit que cette seconde phrase ne peut pas être entendue comme permettant d'exclure l'application de la règle générale énoncée dans la première phrase du même article pour des litiges autres que ceux auxquels elle se réfère expressément, à savoir ceux qui relèvent des règles de compétence exclusive (Règl. n° 44/2201). • CJUE 20 mai 2010, n° C-111/09 : *D. 2010. Actu. 1492 ; Rev. crit. DIP 2010. 575, note Pataut ; RTD eur. 2010. 927, obs. Douchy-Oudot* et *Guinchard ; Procédures 2010, n° 341, note Nourrissat ; ibid. 2011. Chron. 2 , n° 3, obs. Raschel ; Europe 2011, n° 261, note Idot.* ♦ V. désormais Règl. n° 1215/212, art. 26, § 2, App., v° *Droit européen et international.*

SECTION VIII *Vérification de la compétence et de la recevabilité*

Art. 25 Le juge d'un État membre, saisi à titre principal d'un litige pour lequel une juridiction d'un autre État membre est exclusivement compétente en vertu de l'article 22, se déclare d'office incompétent. – *Comp. art. 19, Conv. 27 sept. 1968.*

Art. 26 1. Lorsque le défendeur domicilié sur le territoire d'un État membre est attrait devant une juridiction d'un autre État membre et ne comparaît pas, le juge se déclare d'office incompétent si sa compétence n'est pas fondée aux termes du présent règlement.

2. Le juge est tenu de surseoir à statuer aussi longtemps qu'il n'est pas établi que ce défendeur a été mis à même de recevoir l'acte introductif d'instance ou un acte équivalent en temps utile pour se défendre ou que toute diligence a été faite à cette fin.

3. L'article 19 du règlement (CE) n° 1348/2000 du Conseil du 29 mai 2000 relatif à la signification et à la notification dans les États membres des actes judiciaires et extrajudi-

ciaires en matière civile ou commerciale s'applique en lieu et place des dispositions du paragraphe 2 si l'acte introductif d'instance ou un acte équivalent a dû être transmis d'un État membre à un autre en exécution de ce règlement.

4. Lorsque les dispositions du règlement (CE) n° 1348/2000 ne sont pas applicables, l'article 15 de la convention de La Haye du 15 novembre 1965 relative à la signification et à la notification à l'étranger des actes judiciaires et extrajudiciaires en matière civile ou commerciale s'applique si l'acte introductif d'instance ou un acte équivalent a dû être transmis en exécution de cette convention. – *Comp. art. 20, Conv. 27 sept. 1968.*

SECTION IX *Litispendance et connexité*

BIBL. ▶ Clavel, L'espace judiciaire européen civil et pénal, *Thèmes et commentaires, Dalloz 2009, p. 45* (l'harmonisation des règles de compétence et des procédures de règlement des conflits – exception de litispendance). – Pluyette et Monéger, *Mél. Gaudemet-Tallon, Dalloz 2008, p. 565.*

Art. 27 1. Lorsque des demandes ayant le même objet et la même cause sont formées entre les mêmes parties devant des juridictions d'États membres différents, la juridiction saisie en second lieu sursoit d'office à statuer jusqu'à ce que la compétence du tribunal premier saisi soit établie.

2. Lorsque la compétence du tribunal premier saisi est établie, le tribunal saisi en second lieu se dessaisit en faveur de celui-ci. – *Comp. art. 21, Conv. 27 sept. 1968.*

1. Champ d'application. Les art. 21, 22 et 23 (27, 28 et 29, Règl. n° 44/2001) ne s'appliquent pas aux procédures ni à des problèmes qui se posent dans le cadre de procédures survenant dans des États contractants (États membres) au sujet de la reconnaissance et de l'exécution de jugements rendus en matière civile et commerciale dans des États tiers (Conv. 27 sept. 1968). • CJUE 20 janv. 1994, n° C-129/92 : *D. 1994. 48* ; *Rev. crit. DIP 1994. 377, note Gaudemet-Tallon* .

2. Office du juge second saisi. Sous réserve de l'hypothèse où le juge saisi en second lieu disposerait d'une compétence exclusive, lorsque la compétence du juge saisi en premier lieu est contestée, le juge saisi en second lieu ne peut que surseoir à statuer, au cas où il ne se dessaisirait pas, sans pouvoir examiner lui-même la compétence du juge saisi en premier lieu. Les dispositions du texte s'appliquent quel que soit le domicile des parties aux deux instances (Conv. 27 sept. 1968). • CJCE 27 juin 1991, *Overseas*, n° C-351/89 : *D. 1991. 212* ; *Rev. crit. DIP 1991. 764, note Gaudemet-Tallon* ; *JDI 1992. 493, obs. Huet.* ♦ Le juge saisi en second ne peut statuer sur la compétence du premier juge saisi devant lequel le défendeur n'a pas comparu et qui seul a vocation à apprécier sa propre compétence (Conv. 27 sept. 1968). • Civ. 1re, 10 janv. 1990, n° 87-15.584 P : *Rev. crit. DIP 1990. 558, note Gaudemet-Tallon* .

3. Avant de surseoir à statuer en application de l'art. 27, § 1er, la juridiction saisie en second lieu est tenue d'examiner si, en raison d'une méconnaissance de la compétence exclusive prévue à l'art. 22, § 1er, de ce règlement, une décision éventuelle au fond de la juridiction saisie en premier lieu ne sera pas reconnue dans les autres États membres, conformément à l'art. 35, § 1er, dudit règlement. • CJUE 3 avr. 2014, n° C-438/1 : *D. 2014. 876* ; *ibid. 2015. 1056, obs. Gaudemet-Tallon et Jault-Seseke* ; *Rev. crit. DIP 2014. 704, note d'Avout* .

4. Le juge saisi en second lieu et dont la compétence a été revendiquée en vertu d'une clause attributive de juridiction doit néanmoins surseoir à statuer jusqu'à ce que le juge saisi en premier lieu se soit déclaré incompétent (Conv. 27 sept. 1968). • CJCE 9 déc. 2003, *Gasser*, n° C-116/02 : *D. 2004. 1046, et les obs., note Bruneau* ; *Rev. crit. DIP 2004. 444, note. Muir Watt* .

Art. 28 1. Lorsque des demandes connexes sont pendantes devant des juridictions d'États *membres différents*, la juridiction saisie en second lieu peut surseoir à statuer.

2. Lorsque ces demandes sont pendantes au premier degré, la juridiction saisie en second lieu peut également se dessaisir, à la demande de l'une des parties, à condition que le tribunal premier saisi soit compétent pour connaître des demandes en question et que sa loi permette leur jonction.

3. Sont connexes, au sens du présent article, les demandes liées entre elles par un rapport si étroit qu'il y a intérêt à les instruire et à les juger en même temps afin d'éviter des solutions qui pourraient être inconciliables si les causes étaient jugées séparément. – *Comp. art. 22, Conv. 27 sept. 1968.*

Art. 29 Lorsque les demandes relèvent de la compétence exclusive de plusieurs juridictions, le dessaisissement a lieu en faveur de la juridiction première saisie. – *Comp. art. 23, Conv. 27 sept. 1968.*

Art. 30 Aux fins de la présente section, une juridiction est réputée saisie :

1) à la date à laquelle l'acte introductif d'instance ou un acte équivalent est déposé auprès de la juridiction, à condition que le demandeur n'ait pas négligé par la suite de prendre les mesures qu'il était tenu de prendre pour que l'acte soit notifié ou signifié au défendeur, ou

2) si l'acte doit être notifié ou signifié avant d'être déposé auprès de la juridiction, à la date à laquelle il est reçu par l'autorité chargée de la notification ou de la signification, à condition que le demandeur n'ait pas négligé par la suite de prendre les mesures qu'il était tenu de prendre pour que l'acte soit déposé auprès de la juridiction.

SECTION X *Mesures provisoires et conservatoires*

Art. 31 Les mesures provisoires ou conservatoires prévues par la loi d'un État membre peuvent être demandées aux autorités judiciaires de cet État, même si, en vertu du présent règlement, une juridiction d'un autre État membre est compétente pour connaître du fond. *– Comp. art. 24, Conv. 27 sept. 1968.*

CHAPITRE III *Reconnaissance et exécution*

Art. 32 On entend par décision, au sens du présent règlement, toute décision rendue par une juridiction d'un État membre quelle que soit la dénomination qui lui est donnée, telle qu'arrêt, jugement, ordonnance ou mandat d'exécution, ainsi que la fixation par le greffier du montant des frais du procès. *– Comp. art. 25, Conv. 27 sept. 1968.*

SECTION I *Reconnaissance*

Art. 33 1. Les décisions rendues dans un État membre sont reconnues dans les autres États membres, sans qu'il soit nécessaire de recourir à aucune procédure.

2. En cas de contestation, toute partie intéressée qui invoque la reconnaissance à titre principal peut faire constater, selon les procédures prévues aux sections 2 et 3 du présent chapitre, que la décision doit être reconnue.

3. Si la reconnaissance est invoquée de façon incidente devant une juridiction d'un État membre, celle-ci est compétente pour en connaître. *– Comp. art. 26, Conv. 27 sept. 1968.*

Art. 34 Une décision n'est pas reconnue si :

1) la reconnaissance est manifestement contraire à l'ordre public de l'État membre requis ;

2) l'acte introductif d'instance ou un acte équivalent n'a pas été signifié ou notifié au défendeur défaillant en temps utile et de telle manière qu'il puisse se défendre, à moins qu'il n'ait pas exercé de recours à l'encontre de la décision alors qu'il était en mesure de le faire ;

3) elle est inconciliable avec une décision rendue entre les mêmes parties dans l'État membre requis ;

4) elle est inconciliable avec une décision rendue antérieurement dans un autre État membre ou dans un État tiers entre les mêmes parties dans un litige ayant le même objet et la même cause, lorsque la décision rendue antérieurement réunit les conditions nécessaires à sa reconnaissance dans l'État membre requis.*– Comp. art. 27, Conv. 27 sept. 1968.*

Art. 35 1. De même, les décisions ne sont pas reconnues si les dispositions des sections 3, 4 et 6 du chapitre II ont été méconnues, ainsi que dans le cas prévu à l'article 72.

2. Lors de l'appréciation des compétences mentionnées au paragraphe précédent, l'autorité requise est liée par les constatations de fait sur lesquelles la juridiction de l'État membre d'origine a fondé sa compétence.

3. Sans préjudice des dispositions du paragraphe 1, il ne peut être procédé au contrôle de la compétence des juridictions de l'État membre d'origine. Le critère de l'ordre public visé à l'article 34, point 1, ne peut être appliqué aux règles de compétence. *– Comp. art. 28, Conv. 27 sept. 1968.*

Art. 36 En aucun cas, la décision étrangère ne peut faire l'objet d'une révision au fond. *– Comp. art. 29, Conv. 27 sept. 1968.*

Art. 37 1. *L'autorité judiciaire* d'un État membre devant laquelle est invoquée la reconnaissance d'une décision rendue dans un autre État membre peut surseoir à statuer si cette décision fait l'objet d'un recours ordinaire.

2. L'autorité judiciaire d'un État membre devant laquelle est invoquée la reconnaissance d'une décision rendue en Irlande ou au Royaume-Uni et dont l'exécution est suspendue dans l'État membre d'origine du fait de l'exercice d'un recours, peut surseoir à statuer. *– Comp. art. 30, Conv. 27 sept. 1968.*

SECTION II *Exécution*

Art. 38 1. Les décisions rendues dans un État membre et qui y sont exécutoires sont mises à exécution dans un autre État membre après y avoir été déclarées exécutoires sur requête de toute partie intéressée.

2. Toutefois, au Royaume-Uni, ces décisions sont mises à exécution en Angleterre et au pays de Galles, en Écosse ou en Irlande du Nord, après avoir été enregistrées en vue de leur exécution, sur requête de toute partie intéressée, dans l'une ou l'autre de ces parties du Royaume-Uni, suivant le cas. — *Comp. art. 31, Conv. 27 sept. 1968.*

BIBL. ▶ NIBOYET et SINOPOLI, *Gaz. Pal. 16-17 juin 2004* (l'*exequatur* des jugements étrangers en France).

1. Procédure autonome et complète. La procédure d'*exequatur* prévue par la Convention constitue un système autonome et complet auquel l'État requis ne peut ajouter d'autres conditions qui feraient obstacle à l'exécution (Conv. 27 sept. 1968). • CJCE 2 juill. 1985, n° 148/84 : *JDI 1986. 469, obs. Huet ; Rev. crit. DIP 1986. 341, note Gaudemet-Tallon.*

2. Absence de signification. Des décisions étrangères, rendues exécutoires par une ordonnance d'*exequatur* prise conformément à l'art. 31 (Règl. n° 44/2001, art. 38), ne peuvent être déclarées inopposables à défaut d'avoir été signifiées (Conv. 27 sept. 1968). • Civ. 1re, 25 févr. 1997, n° 95-13.326 : *D. 1997. 92.*

3. Décision partiellement hors champ d'application. En application du règlement Bruxelles I, un jugement prononcé dans un État de l'Union européenne qui reconnaît un lien de filiation et condamne le père à verser certaines sommes peut être déclaré exécutoire en France pour ce qui concerne les seules condamnations pécuniaires, la question de la filiation ne relevant pas du champ d'application dudit règlement. • Civ. 1re, 3 déc. 2014, n° 13-22.672 P : *D. actu. 17 déc. 2014, obs. Mélin ; D. 2014. 2532 ; ibid. 2015. 1056, obs. Gaudemet-Tallon et Jault-Seseke.* ♦ V. désormais : Règl. n° 4/2009 du Conseil du 18 déc. 2018, App., v° *Droit européen et international.*

4. Décisions liées. Le lien existant entre deux décisions étrangères n'implique pas que la première, statuant sur la paternité naturelle d'un enfant et décidant du principe d'une pension alimentaire à la charge du père, ait à être déclarée exécutoire pour que la seconde, fixant la pension sur la base d'un barème légal, seule susceptible d'exécution matérielle, le soit sur le fondement de la Convention, applicable aux obligations alimentaires (V. désormais : Règl. n° 4/2009 du 18 déc. 2018, App., v° *Droit européen et international*), qui, en son art. 3, interdit d'invoquer les art. 14 et 15 C. civ. La seconde décision, rendue aux conditions de la loi allemande et qui pouvait faire l'objet d'une voie de recours, n'est que l'application de la première, ayant force de chose jugée et prononcée après une audience pour laquelle l'intéressé avait été régulièrement assigné (Conv. 27 sept. 1968). • Civ. 1re, 9 déc. 2003, n° 01-17.136 P : *Rev. crit. DIP 2004. 440, note Ancel.*

5. Conv. EDH. Les dispositions de la Convention instituant une procédure sur requête non contradictoire pour obtenir l'*exequatur* en France d'une décision rendue dans un autre État contractant ne sont pas contraires à l'art. 6 conv. EDH, dès lors que l'exercice des voies de recours accorde à l'autre partie les garanties du procès équitable (Conv. 27 sept. 1968). • Civ. 1re, 6 mars 2007, n° 05-20.869 P : *RJ com. 2007. 338, obs. Attal.*

6. Mise à exécution. L'art. 31 (Règl. n° 44/2001, art. 38) vise uniquement le caractère exécutoire, du point de vue formel, des décisions étrangères et non des conditions dans lesquelles ces décisions peuvent être exécutées dans l'État d'origine (Conv. 27 sept. 1968). • CJCE 29 avr. 1999, n° C-267/97 : *D. 1999. IR 179 ; Rev. crit. DIP 2000. 236, note Droz.* ♦ L'art. 38 du Règl. n° 44/2001 ne s'oppose pas à ce qu'une réglementation d'un État membre prévoyant l'application d'un délai pour l'exécution d'une ordonnance de saisie conservatoire soit appliquée en présence d'une telle ordonnance adoptée dans un autre État membre et revêtue du caractère exécutoire dans l'État membre requis. • CJUE 4 oct. 2018, n° C-379/17 : *D. actu. 26 oct. 2018, obs. Mélin ; D. 2018. 1973.*

Art. 39 1. La requête est présentée à la juridiction ou à l'autorité compétente indiquée sur la liste figurant à l'annexe II.

2. La compétence territoriale est déterminée par le domicile de la partie contre laquelle l'exécution est demandée, ou par le lieu de l'exécution. — *Comp. art. 32, Conv. 27 sept. 1968.*

Compétence. Les règles de compétence juridictionnelle internationale de droit commun sont inapplicables à une demande d'*exequatur* introduite sur le fondement de la Conv. de Bruxelles du 27 sept. 1968. • Civ. 1re, 3 avr. 1990, n° 87-19.296 P : *D. 1990. Somm. 267, obs. Audit.*

Art. 40 1. Les modalités du dépôt de la requête sont déterminées par la loi de l'État membre requis.

2. Le requérant doit faire élection de domicile dans le ressort de la juridiction saisie. Toutefois, si la loi de l'État membre requis ne connaît pas l'élection de domicile, le requérant désigne un mandataire *ad litem.*

3. Les documents mentionnés à l'article 53 sont joints à la requête. – *Comp. art. 33, Conv. 27 sept. 1968.*

Élection de domicile. L'obligation prévue par l'al. 2 de l'art. 33 (Règl. n° 44/200, art. 40) est soumise aux règles de procédure de l'État requis, et dans le silence de cette loi quant au moment où cette formalité doit être accomplie, elle doit l'être au plus tard lors de la signification du jugement accordant l'*exequatur* (Conv. 27 sept. 1968). • CJCE 10 juill. 1986, n° 198/85 : *JDI 1987. 475, obs. Huet ; Rev. crit. DIP 1987. 144, note Gaudemet-Tallon ; Gaz. Pal. 1987. 2. Somm. 286* • Civ. 1re, 18 avr. 1989, n° 87-10.174 P : *D. 1990. 146, note Rémery ; JDI 1990. 163, obs. Huet.*

Art. 41 La décision est déclarée exécutoire dès l'achèvement des formalités prévues à l'article 53, sans examen au titre des articles 34 et 35. La partie contre laquelle l'exécution est demandée ne peut, en cet état de la procédure, présenter d'observations.

Art. 42 1. La décision relative à la demande de déclaration constatant la force exécutoire est aussitôt portée à la connaissance du requérant suivant les modalités déterminées par la loi de l'État membre requis.

2. La déclaration constatant la force exécutoire est signifiée ou notifiée à la partie contre laquelle l'exécution est demandée, accompagnée de la décision si celle-ci n'a pas encore été signifiée ou notifiée à cette partie. – *Comp. art. 35, Conv. 27 sept. 1968.*

Art. 43 1. L'une ou l'autre partie peut former un recours contre la décision relative à la demande de déclaration constatant la force exécutoire.

2. Le recours est porté devant la juridiction indiquée sur la liste figurant à l'annexe III.

3. Le recours est examiné selon les règles de la procédure contradictoire.

4. Si la partie contre laquelle l'exécution est demandée ne comparaît pas devant la juridiction saisie du recours formé par le requérant, les dispositions de l'article 26, paragraphes 2 à 4, sont d'application, même si la partie contre laquelle l'exécution est demandée n'est pas domiciliée sur le territoire de l'un des États membres.

5. Le recours contre la déclaration constatant la force exécutoire doit être formé dans un délai d'un mois à compter de sa signification. Si la partie contre laquelle l'exécution est demandée est domiciliée sur le territoire d'un autre État membre que celui dans lequel la déclaration constatant la force exécutoire a été délivrée, le délai est de deux mois et court à compter du jour où la signification a été faite à personne ou à domicile. Ce délai ne comporte pas de prorogation à raison de la distance. – *Comp. art. 36, Conv. 27 sept. 1968.*

1. Recours ouvert : appel. Les art. 36 et 37 (art. 43 et 44 Règl. n° 44/2001), prévoyant comme seul recours en France l'appel interjeté par une partie, excluent par là même les recours que le droit interne ouvre aux tiers à l'encontre d'une décision d'*exequatur* (Conv. 27 sept. 1968). • CJCE 2 juill. 1985, n° 148/84 : *JDI 1986. 469, obs. Huet ; Rev. crit. DIP 1986. 341, note Gaudemet-Tallon ; Gaz. Pal. 1986. 1. Somm. 106, obs. Mauro* • 21 avr. 1993, n° C-172/91 : *D. 1993. IR 151* .

2. Signification obligatoire. La décision qui autorise l'exécution doit avoir été signifiée de façon régulière au regard des règles procédurales de l'État contractant dans lequel l'exécution est demandée ; en cas de signification inexistante ou irrégulière, la simple prise de connaissance de cette décision par la personne contre laquelle l'exécution est demandée ne suffit pas pour faire courir le délai (Conv. 27 sept. 1968). • CJCE 16 févr. 2006, n° C-3/05 : *D. 2006. 672 ; Rev. crit. DIP 2006. 691, note Pataut ; Procédures 2006, n° 272, obs. Nourissat.*

3. Compatibilité d'une autorisation préalable à l'instance. L'art. 43, §1er ne s'oppose pas à une procédure d'autorisation de poursuivre l'instance dans laquelle une juridiction d'appel statue sur l'octroi de ladite autorisation sur le fondement de la décision rendue en première instance, du recours dont elle est saisie, des observations éventuelles de la partie défenderesse et, si nécessaire, sur le fondement d'autres éléments du dossier et alors que cette autorisation de poursuivre l'instance doit être accordée, notamment, s'il y a des doutes sur l'exactitude de la décision en cause, s'il n'est pas possible d'évaluer l'exactitude de cette décision sans autoriser la poursuite de l'instance ou s'il existe une autre raison importante d'accorder une autorisation de poursuivre l'instance. • CJUE 19 déc. 2019, n° C-433/18 : *D. actu. 10 janv. 2020, note Mélin.*

4. ... Respect du contradictoire. L'art. 43, § 3 ne s'oppose pas à une procédure d'examen d'un recours contre une décision relative à la demande de déclaration constatant la force exécutoire qui n'exige pas que la partie défenderesse soit entendue au préalable lorsqu'une décision favorable à cette dernière est rendue. • CJUE 19 déc. 2019, n° C-433/18.

5. Demandeur au recours. Le créancier d'un

débiteur ne peut pas introduire un recours contre une décision sur une demande de déclaration de force exécutoire s'il n'est pas formellement intervenu comme partie au procès dans le litige dans le cadre duquel un autre créancier de ce débiteur a demandé cette déclaration de force exécutoire. • CJCE 23 avr. 2009, n° C-167/08 : *Rev. crit. DIP 2009. 569, note Pataut ; JCP 2009. 228, obs. Loiseau ; ibid. 368, note Martel ; ibid. 369, n° 22, obs. Jeuland ; Gaz. Pal. sept. 2009, p. 9, note Saleh et Spinelli ; Europe 2009, n° 264, note Idot.*

6. Défendeur au recours. La partie contre laquelle l'exécution doit avoir lieu doit être appelée même lorsque la demande d'apposition de la formule exécutoire a été rejetée en première instance, quel que soit le motif du rejet (insuffisance des documents produits) (Conv. 27 sept. 1968). • CJCE 12 juill. 1984, n° 178/83 : *D. 1985. IR 114 ; JDI 1985. 178, obs. Huet ; Rev. crit. DIP 1985. 566, note Lagarde.*

7. Office du juge. En cas de recours exercé en vertu de l'art. 36 (Règl. n° 44/2001, art. 43), les juges ne sont pas tenus de préciser dans leur décision qu'aucun des cas de refus d'exécution prévus par les art. 27 et 28 (Règl. n° 44/2001, art. 34 et 35) ne se rencontre en l'espèce (Conv. 27 sept. 1968). • Civ. 1re, 12 janv. 1994, n° 91-14.565 P : *Gaz. Pal. 1994. 1. Pan. 127.* ♦ Le moyen tiré de la contrariété de la reconnaissance des décisions à l'ordre public français n'ayant pas été invoqué devant la cour d'appel, cette juridiction n'avait pas à contrôler d'office la condition prévue à l'art. 27-1° (Règl. n° 44/2001, art. 34, § 1er) (Conv. 27 sept. 1968). • Civ. 1re, 17 nov. 1999, n° 98-10.200 : *Rev. crit. DIP 1999. 52, note Ancel .*

8. Renonciation à un moyen. Une partie n'est plus recevable à soulever au moment de l'exécution le moyen qu'elle aurait pu faire valoir en intentant le recours contre l'*exequatur* prévu par le texte (Conv. 27 sept. 1968). • CJCE 4 févr. 1988, *Hoffmann*, n° 145/86 : *Rev. crit. DIP 1988. 598, note Gaudemet-Tallon ; JDI 1989. 449, obs. Huet ; Gaz. Pal. 1988. 2. Somm. 265.*

Art. 44 La décision rendue sur le recours ne peut faire l'objet que du recours visé à l'annexe IV. — *Comp. art. 37, Conv. 27 sept. 1968.*

1. Pourvoi en cassation. L'art. 37, al. 2, (Règl. n° 44/2001, art. 44) n'ouvre le pourvoi en cassation que contre la décision rendue sur le recours (Conv. 27 sept. 1968). • CJCE 27 nov. 1984, n° 258/83 : *Gaz. Pal. 1985. 2. Somm. 211 ; JDI 1985. 173, obs. Huet.*

2. N'est pas recevable le pourvoi en cassation contre une décision prise au titre de l'art. 38 (décision de sursis à statuer – Règl. n° 44/2001, art. 46), celle-ci ne constituant pas une décision sur le recours au sens de l'art. 37, al. 2 (Règl. n° 44/2001, art. 44) (Conv. 27 sept. 1968). • CJCE 4 oct. 1991, n° C-183/90 : *JDI 1992. 499, obs. Huet ; Rev. crit. DIP 1992. 129, note Gaudemet-Tallon .*

Art. 45 1. La juridiction saisie d'un recours prévu à l'article *[aux articles]* **43 ou 44 ne peut refuser ou révoquer une déclaration constatant la force exécutoire que pour l'un des motifs prévus aux articles 34 et 35. Elle statue à bref délai.**

2. En aucun cas la décision étrangère ne peut faire l'objet d'une révision au fond. — *Comp. art. 34, Conv. 27 sept. 1968.*

1. Caractère limitatif des motifs de recours. L'art. 45 s'oppose à ce que le juge saisi d'un recours prévu aux art. 43 ou 44 de ce règlement refuse ou révoque une déclaration constatant la force exécutoire d'une décision pour un motif autre que ceux indiqués aux art. 34 et 35 de celui-ci, tels que l'exécution de celle-ci dans l'État membre d'origine. • CJUE 13 oct. 2011, n° C-139/10 : *D. 2012. 1228, obs. Gaudemet-Tallon et Jault-Seseke ; Europe 2011, n° 500, note Idot.*

2. Condition de l'art. 34, § 2. Conformément aux art. 34, § 2, 38 et 45, une décision intitulée « *ricorso per decreto ingiuntivo* » rendue par un tribunal italien sur requête unilatérale du créancier, exécutoire en Italie pour avoir été notifiée au débiteur par lettre recommandée avec demande d'avis de réception et n'avoir fait l'objet d'aucun recours de celui-ci, ne peut être déclarée exécutoire en France sans qu'il soit recherché, comme ce dernier le demandait, si cette décision lui avait été notifiée en un temps et selon des modalités propres à lui permettre d'exercer effectivement un recours contre celle-ci. • Civ. 1re, 12 avr. 2012, n° 10-23.023 P : *D. 2012. 1132 ; ibid. 2013. 1503, obs. Jault-Seseke ; Rev. crit. DIP 2012. 931, note Lopez de Tejada ; JCP G 2012. 539, obs. Cornut.*

3. Lorsque le défendeur forme un recours contre la déclaration constatant la force exécutoire d'une décision rendue par défaut dans l'État membre d'origine et accompagnée du certificat rédigé conformément à l'art. 54 du même règlement, en faisant valoir qu'il n'avait pas reçu notification de l'acte introductif d'instance, le juge de l'État membre requis, saisi dudit recours, est compétent pour vérifier la concordance entre les informations figurant dans ledit certificat et les preuves. • CJUE 6 sept. 2012, n° C-619/10 : *D. 2012. 2181 ; ibid. 2013. 1503, obs. Jault-Seseke ; RTD com. 2012. 870, obs. Marmisse-d'Abbadie d'Arrast ; RTD eur. 2013. 686, obs. Benoît-Rohmer .*

4. Condition de l'art. 35. En application des dispositions des art. 15, 16, 35 et 45, si le juge saisi d'un recours contre la déclaration constatant la force exécutoire, en France, d'une décision rendue dans un État membre ne peut, en principe, contrôler la compétence de la juridiction de l'État membre d'origine, il doit toutefois la contrôler et ne peut déclarer une telle décision exécutoire en France lorsqu'elle méconnaît la compétence en matière d'assurance et de contrats conclus par les consommateurs ou lorsqu'elle méconnaît les compétences exclusives prévues à l'art. 22. Par suite, ne donne pas de base légale à sa décision au regard de ces dispositions une cour d'appel qui, pour refuser de contrôler la compétence indirecte du juge d'origine, retient qu'il ne lui appartient pas de contrôler la compétence du juge italien s'agissant d'un contrat portant sur la réalisation de travaux de rénovation immobilière et se détermine ainsi par des motifs qui ne suffisent pas à expliquer en quoi la réalisation de ces travaux est exclusive de la reconnaissance de la qualité de consommateur à leur bénéficiaire. • Civ. 1re, 12 avr. 2012, n° 10-23.023 P : *préc. note 2.*

Art. 46 **1. La juridiction saisie d'un recours prévu à l'article** *[aux articles]* **43 ou 44 peut, à la requête de la partie contre laquelle l'exécution est demandée, surseoir à statuer, si la décision étrangère fait, dans l'État membre d'origine, l'objet d'un recours ordinaire ou si le délai pour le former n'est pas expiré ; dans ce dernier cas, la juridiction peut impartir un délai pour former ce recours.**

2. Lorsque la décision a été rendue en Irlande ou au Royaume-Uni, toute voie de recours prévue dans l'État membre d'origine est considérée comme un recours ordinaire pour l'application du paragraphe 1.

3. Cette juridiction peut également subordonner l'exécution à la constitution d'une garantie qu'elle détermine. — *Comp. art. 38, Conv. 27 sept. 1968.*

1. Moyens fondant la requête. La requête formée contre l'autorisation d'exécution doit être fondée sur des moyens que le requérant n'a pas été en mesure de faire valoir devant le juge de l'État d'origine (Conv. 27 sept. 1968). • CJCE 4 oct. 1991, n° C-183/90 : *JDI 1992. 499, obs. A. Huet ; Rev. crit. DIP 1992. 117, note Gaudemet-Tallon*. ♦ La demande de sursis à statuer doit être rejetée dès lors que le requérant, s'il indique avoir saisi la juridiction compétente d'un appel à l'encontre du jugement étranger, n'allègue ni ne soutient invoquer en appel des moyens nouveaux qu'il n'aurait pas été en mesure de faire valoir devant le premier juge de l'État d'origine (Conv. 27 sept. 1968). • Paris, 6 déc. 2001 : *D. 2002. IR 620 ; Rev. crit. DIP 2002. 362, note Pataut*.

2. Constitution de garantie. La constitution de la garantie prévue par l'al. 3 ne peut être imposée que par la décision rejetant le recours de l'art. 36 (Règl. n° 44/2001, art. 43) et non par une décision intervenue pendant la procédure de ce recours (Conv. 27 sept. 1968). • CJCE 27 nov. 1984, n° 258/83 : *Rec. CJCE, p. 3971, concl. Slynn ; Gaz. Pal. 1985. 2. Somm. 211.* ♦ Il appartient à la partie recourante d'établir en quoi l'éventuelle impossibilité du créancier de restituer les sommes à lui versées aurait pour elle une conséquence dommageable irréparable, spécialement lorsque la juridiction d'appel étrangère a refusé la suspension des effets du jugement étranger sur la constatation de la solvabilité du créancier (Conv. 27 sept. 1968). • Paris, 6 déc. 2001 : *préc. note 1.*

Art. 47 **1. Lorsqu'une décision doit être reconnue en application du présent règlement, rien n'empêche le requérant de demander qu'il soit procédé à des mesures provisoires, ou conservatoires, prévues par la loi de l'État membre requis, sans qu'il soit nécessaire que cette décision soit déclarée exécutoire au sens de l'article 41.**

2. La déclaration constatant la force exécutoire emporte l'autorisation de procéder à des mesures conservatoires.

3. Pendant le délai du recours prévu à l'article 43, paragraphe 5, contre la déclaration constatant la force exécutoire et jusqu'à ce qu'il ait été statué sur celui-ci, il ne peut être procédé qu'à des mesures conservatoires sur les biens de la partie contre laquelle l'exécution est demandée. — *Comp. art. 39, Conv. 27 sept. 1968.*

Mesures provisoires ou conservatoires. Aux termes de l'art. 39 de la Conv. (Règl. n° 44/2001, art. 47), la partie qui a demandé et obtenu l'autorisation d'exécution peut, pendant le délai indiqué dans cet art., faire procéder *directement à des mesures conservatoires* sur les biens de la partie contre laquelle l'exécution est demandée, sans être tenue d'obtenir une autorisation spécifique. La partie ayant obtenu l'exécution peut procéder aux mesures conservatoires visées par l'art. 39 (Règl. n° 44/2001, art. 47) jusqu'à l'échéance du délai de recours prévu à l'art. 36 (Règl. n° 44/2001, art. 43) et, si un tel recours est formé, jusqu'à ce qu'il ait été statué sur celui-ci. La partie ayant procédé aux mesures conservatoires visées par l'art. 39 de la Conv. (Règl. n° 44/2001, art. 47) ne doit pas obtenir, pour les mesures en question, un jugement de validation, tel que prévu par le droit national du juge saisi (Conv. 27 sept. 1968). • CJCE 3 oct. 1985, n° 119/84 : *JDI 1986. 471, obs. A. Huet ; Rev. crit. DIP 1977. 123, note Gaudemet-Tallon ; Gaz. Pal. 1986. 2. Somm. 204.*

Art. 48 1. Lorsque la décision étrangère a statué sur plusieurs chefs de la demande et que la déclaration constatant la force exécutoire ne peut être délivrée pour le tout, la juridiction ou l'autorité compétente la délivre pour un ou plusieurs d'entre eux.

2. Le requérant peut demander que la déclaration constatant la force exécutoire soit limitée à certaines parties d'une décision. — *Comp. art. 42, Conv. 27 sept. 1968.*

Art. 49 Les décisions étrangères condamnant à une astreinte ne sont exécutoires dans l'État membre requis que si le montant en a été définitivement fixé par les tribunaux de l'État membre d'origine. — *Comp. art. 43, Conv. 27 sept. 1968.*

Art. 50 Le requérant qui, dans l'État membre d'origine, a bénéficié en tout ou en partie de l'assistance judiciaire ou d'une exemption de frais et dépens bénéficie, dans la procédure prévue à la présente section, de l'assistance la plus favorable ou de l'exemption la plus large prévue par le droit de l'État membre requis. — *Comp. art. 44, Conv. 27 sept. 1968.*

Art. 51 Aucune caution ni aucun dépôt, sous quelque dénomination que ce soit, ne peuvent être imposés en raison, soit de la qualité d'étranger, soit du défaut de domicile ou de résidence dans le pays, à la partie qui demande l'exécution dans un État membre d'une décision rendue dans un autre État membre. — *Comp. art. 45, Conv. 27 sept. 1968.*

Art. 52 Aucun impôt, droit ou taxe proportionnel à la valeur du litige n'est perçu dans l'État membre requis à l'occasion de la procédure tendant à la délivrance d'une déclaration constatant la force exécutoire.

SECTION III *Dispositions communes*

Art. 53 1. La partie qui invoque la reconnaissance d'une décision ou sollicite la délivrance d'une déclaration constatant sa force exécutoire doit produire une expédition de celle-ci réunissant les conditions nécessaires à son authenticité.

2. La partie qui sollicite la délivrance d'une déclaration constatant la force exécutoire d'une décision doit aussi produire le certificat visé à l'article 54, sans préjudice de l'article 55. — *Comp. art. 46, Conv. 27 sept. 1968.*

1. Caractère exécutoire. Le caractère exécutoire d'une décision étrangère doit s'apprécier d'un point de vue purement formel et non au regard de conditions dans lesquelles les décisions peuvent être exécutées dans l'État d'origine (Conv. 27 sept. 1968). • Civ. 1re, 28 mars 2006, n° 03-17.045 P : *D. 2006. 1130*.

2. Signification de la décision. Est insuffisante la production par la partie qui sollicite l'*exequatur* d'un exploit signé par un avocat étranger, sans que la pièce ne soit intégralement traduite et sans justifier que cela corresponde à une signification régulière de l'acte introductif d'instance au regard du droit étranger (Conv. 27 sept. 1968). • Paris, 25 oct. 2001 : *D. 2001. IR 3491*.

Art. 54 La juridiction ou l'autorité compétente d'un État membre dans lequel une décision a été rendue délivre, à la requête de toute partie intéressée, un certificat en utilisant le formulaire dont le modèle figure à l'annexe V du présent règlement.

Art. 55 1. A défaut de production du certificat visé à l'article 54, la juridiction ou l'autorité compétente peut impartir un délai pour le produire ou accepter un document équivalent ou, si elle s'estime suffisamment éclairée, en dispenser.

2. Il est produit une traduction des documents si la juridiction ou l'autorité compétente l'exige. La traduction est certifiée par une personne habilitée à cet effet dans l'un des États membres.

Art. 56 Aucune légalisation ni formalité analogue n'est exigée en ce qui concerne les documents mentionnés à l'article 53, ou à l'article 55, paragraphe 2, ou, le cas échéant, la procuration *ad litem*.

CHAPITRE IV *Actes authentiques et transactions judiciaires*

BIBL. ▶ CALLÉ, *Rev. crit. DIP 2005. 377* (acte authentique établi à l'étranger). – CALLÉ, NOURISSAT, PASQUALIS et WAUTELET, *LPA 4 avr. 2012, p. 6* (pour la reconnaissance des actes authentiques au sein de l'espace de liberté, de sécurité et de justice). – LABORDE, *Dr. et pr. 1999. 240* (l'*exequatur* d'un certificat de non-paiement en Allemagne établi par un huissier français).

Art. 57 1. Les actes authentiques reçus et exécutoires dans un État membre sont, sur requête, déclarés exécutoires dans un autre État membre, conformément à la procédure prévue aux articles 38 et suivants. La juridiction auprès de laquelle un recours est formé en vertu des articles 43 ou 44 ne refuse ou révoque une déclaration constatant la force exécutoire que si l'exécution de l'acte authentique est manifestement contraire à l'ordre public de l'État membre requis.

2. Sont également considérées comme des actes authentiques au sens du paragraphe 1, les conventions en matière d'obligations alimentaires conclues devant des autorités administratives ou authentifiées par elles.

3. L'acte produit doit réunir les conditions nécessaires à son authenticité dans l'État membre d'origine.

4. Les dispositions de la section 3 du chapitre III sont applicables, en tant que de besoin. L'autorité compétente de l'État membre dans lequel un acte authentique a été reçu établit, à la requête de toute partie intéressée, un certificat en utilisant le formulaire dont le modèle figure à l'annexe VI du présent règlement. – *Comp. art. 50, Conv. 27 sept. 1968. – V., pour la France, art. 509-3 C. pr. civ.*

Art. 58 Les transactions conclues devant le juge au cours d'un procès et exécutoires dans l'État membre d'origine sont exécutoires dans l'État membre requis aux mêmes conditions que les actes authentiques. La juridiction ou l'autorité compétente d'un État membre dans lequel une transaction a été conclue délivre, à la requête de toute partie intéressée, un certificat en utilisant le formulaire dont le modèle figure à l'annexe V du présent règlement. – *Comp. art. 51, Conv. 27 sept. 1968.*

CHAPITRE V *Dispositions générales*

Art. 59 1. Pour déterminer si une partie a un domicile sur le territoire de l'État membre dont les tribunaux sont saisis, le juge applique sa loi interne.

2. Lorsqu'une partie n'a pas de domicile dans l'État membre dont les tribunaux sont saisis, le juge, pour déterminer si elle a un domicile dans un autre État membre, applique la loi de cet État membre. – *Comp. art. 52, Conv. 27 sept. 1968.*

Art. 60 1. Pour l'application du présent règlement, les sociétés et les personnes morales sont domiciliées là ou est situé :

a) leur siège statutaire ;
b) leur administration centrale, ou
c) leur principal établissement.

2. Pour le Royaume-Uni et l'Irlande, on entend par "siège statutaire" le registered office ou, s'il n'existe nulle part de registered office, le place of incorporation (le lieu d'acquisition de la personnalité morale) ou, s'il n'existe nulle part de lieu d'acquisition de la personnalité morale, le lieu selon la loi duquel la formation (la constitution) a été effectuée.

3. Pour déterminer si un *trust* a son domicile sur le territoire d'un État membre dont les tribunaux sont saisis, le juge applique les règles de son droit international privé. – *Comp. art. 53, Conv. 27 sept. 1968.*

Art. 61 Sans préjudice de dispositions nationales plus favorables, les personnes domiciliées sur le territoire d'un État membre et poursuivies pour une infraction involontaire devant les juridictions répressives d'un autre État membre dont elles ne sont pas les nationaux peuvent se faire défendre par les personnes habilitées à cette fin, même si elles ne comparaissent pas personnellement. Toutefois, la juridiction saisie peut ordonner la comparution personnelle ; si celle-ci n'a pas eu lieu, la décision rendue sur l'action civile sans que la personne en cause ait eu la possibilité de se défendre pourra ne pas être reconnue ni exécutée dans les autres États membres.

Art. 62 En Suède, dans les procédures sommaires concernant les injonctions de payer (betalningsföreläggande) et l'assistance (handräckning), les termes "juge", "tribunal" et "juridiction" comprennent le service public suédois de recouvrement forcé (kronofogdemyndighet).

Art. 63 1. Une personne domiciliée sur le territoire du Luxembourg et attraite devant le *tribunal d'un autre État membre* en application de l'article 5, point 1, a la faculté de décliner la compétence de ce tribunal lorsque le lieu final de livraison de la marchandise ou de la prestation de service se situe au Luxembourg.

2. Lorsqu'en application du paragraphe 1, le lieu final de livraison de la marchandise ou de la prestation de service se situe au Luxembourg, toute convention attributive de juridiction, pour être valable, doit être acceptée par écrit ou verbalement avec confirmation écrite, au sens de l'article 23, paragraphe 1, point *a)*.

3. Les dispositions du présent article ne sont pas applicables aux contrats de prestation de services financiers.

4. Les dispositions du présent article sont applicables pour une durée de six ans à compter de l'entrée en vigueur du présent règlement.

Art. 64 1. Dans les litiges entre le capitaine et un membre d'équipage d'un navire de mer immatriculé en Grèce ou au Portugal, relatif aux rémunérations ou autres conditions de service, les juridictions d'un État membre doivent contrôler si l'agent diplomatique ou consulaire dont relève le navire a été informé du litige. Elles peuvent statuer dès que cet agent a été informé.

2. Les dispositions du présent article sont applicables pour une durée de six ans à compter de l'entrée en vigueur du présent règlement.

Art. 65 *(Acte d'adhésion de 2003)* 1. La compétence judiciaire prévue à l'article 6, point 2, et à l'article 11 pour la demande en garantie ou la demande en intervention ne peut être invoquée ni en Allemagne ni en Autriche ni en Hongrie. Toute personne domiciliée sur le territoire d'un autre État membre peut être appelée devant les tribunaux :

a) d'Allemagne, en application de l'article 68 et des articles 72 à 74 du Code de procédure civile (Zivilprozessordnung) concernant la *litis denuntiatio* ;

b) d'Autriche, conformément à l'article 21 du Code de procédure civile (Zivilprozessordnung) concernant la *litis denuntiatio* ;

c) de Hongrie, en vertu des articles 58 à 60 du Code de procédure civile (Polgári perrendtartás) concernant la *litis denuntiatio*.

2. Les décisions rendues dans les autres États membres en vertu de l'article 6, point 2, et de l'article 11 sont reconnues et exécutées en Allemagne, en Autriche et en Hongrie conformément au chapitre III. Les effets produits à l'égard des tiers, en application du paragraphe 1, par des jugements rendus dans ces États sont également reconnus dans les autres États membres.

CHAPITRE VI *Dispositions transitoires*

Art. 66 1. Les dispositions du présent règlement ne sont applicables qu'aux actions judiciaires intentées et aux actes authentiques reçus postérieurement à son entrée en vigueur.

2. Toutefois, si l'action dans l'État membre d'origine a été intentée avant la date d'entrée en vigueur du présent règlement, les décisions rendues après cette date sont reconnues et exécutées conformément aux dispositions du chapitre III :

a) dès lors que l'action dans l'État membre d'origine a été intentée après l'entrée en vigueur de la convention de Bruxelles ou de la convention de Lugano à la fois dans l'État membre d'origine et dans l'État membre requis ;

b) dans tous les autres cas, dès lors que les règles de compétence appliquées sont conformes à celles prévues soit par le chapitre II, soit par une convention qui était en vigueur entre l'État membre d'origine et l'État membre requis au moment où l'action a été intentée.

Les dispositions du Règl. n° 44/2001 du 22 déc. 2000 sont applicables aux actions intentées postérieurement à son entrée en vigueur le 1er mars 2002 et il appartient à la juridiction saisie de le mettre en œuvre même d'office. • Civ. 1re, 3 oct. 2006, n° 04-19.466 P : *RJ com. 2007. 203, obs. Marmisse-d'Abbadie d'Arrast.* ♦ L'art. 66, § 2, du Règl. du 22 déc. 2000 doit être interprété en ce sens que, pour fonder l'applicabilité de ce règlement aux fins de la reconnaissance et de l'exécution d'une décision juridictionnelle, il est nécessaire que, au moment du prononcé de cette décision, ledit règlement ait été en vigueur tant dans l'État membre d'origine que dans l'État membre requis. • CJUE 21 juin 2012, n° 514/10 : *Europe 2012, n° 360, note Idot.*

CHAPITRE VII *Relations avec les autres instruments*

Art. 67 Le présent règlement ne préjuge pas de l'application des dispositions qui, dans des matières particulières, règlent la compétence judiciaire, la reconnaissance et l'exécution des décisions et qui sont contenues dans les actes communautaires ou dans les législations nationales harmonisées en exécution de ces actes.

Art. 68 1. Le présent règlement remplace, entre les États membres, la convention de Bruxelles, sauf en ce qui concerne les territoires des États membres qui entrent dans le champ d'application territorial de cette convention et qui sont exclus du présent règlement en vertu de l'article 299 du traité.

2. Dans la mesure où le présent règlement remplace entre les États membres les dispositions de la convention de Bruxelles, toute référence faite à celle-ci s'entend comme faite au présent règlement.

Polynésie française. Pour une application de la Conv. de Bruxelles du 27 sept. 1968. • Civ. 1re, 19 nov. 2014, ☎ n° 13-16.689.

Art. 69 *(Acte d'adhésion de 2003)* Sans préjudice des dispositions de l'article 66, paragraphe 2, et de l'article 70, le présent règlement remplace entre les États membres les conventions et le traité suivants :

– la convention entre la Belgique et la France sur la compétence judiciaire, sur l'autorité et l'exécution des décisions judiciaires, des sentences arbitrales et des actes authentiques, signée à Paris le 8 juillet 1899,

– la convention entre la Belgique et les Pays-Bas sur la compétence judiciaire territoriale, sur la faillite, ainsi que sur l'autorité et l'exécution des décisions judiciaires, des sentences arbitrales et des actes authentiques, signée à Bruxelles le 28 mars 1925,

– la convention entre la France et l'Italie sur l'exécution des jugements en matière civile et commerciale, signée à Rome le 3 juin 1930,

– la convention entre le Royaume-Uni et la France sur l'exécution réciproque des jugements en matière civile et commerciale, accompagnée d'un protocole, signée à Paris le 18 janvier 1934,

– la convention entre le Royaume-Uni et la Belgique sur l'exécution réciproque des jugements en matière civile et commerciale, accompagnée d'un protocole, signée à Bruxelles le 2 mai 1934,

– la convention entre l'Allemagne et l'Italie sur la reconnaissance et l'exécution des décisions judiciaires en matière civile et commerciale, signée à Rome le 9 mars 1936,

– la convention entre la Belgique et l'Autriche sur la reconnaissance et l'exécution réciproques des décisions judiciaires et des actes authentiques en matière d'obligations alimentaires, signée à Vienne le 25 octobre 1957,

– la convention entre l'Allemagne et la Belgique concernant la reconnaissance et l'exécution réciproques en matière civile et commerciale des décisions judiciaires, sentences arbitrales et actes authentiques, signée à Bonn le 30 juin 1958,

– la convention entre les Pays-Bas et l'Italie sur la reconnaissance et l'exécution des décisions judiciaires en matière civile et commerciale, signée à Rome le 17 avril 1959,

– la convention entre l'Allemagne et l'Autriche sur la reconnaissance et l'exécution réciproques des décisions et transactions judiciaires et des actes authentiques en matière civile et commerciale, signée à Vienne le 6 juin 1959,

– la convention entre la Belgique et l'Autriche sur la reconnaissance et l'exécution réciproques des décisions judiciaires, sentences arbitrales et actes authentiques en matière civile et commerciale, signée à Vienne le 16 juin 1959,

– la convention entre le Royaume-Uni et la République fédérale d'Allemagne sur la reconnaissance et l'exécution réciproques des jugements en matière civile et commerciale, signée à Bonn le 14 juillet 1960,

– la convention entre le Royaume-Uni et l'Autriche sur la reconnaissance et l'exécution réciproques des décisions judiciaires en matière civile et commerciale, signée à Vienne le 14 juillet 1961, ainsi que le protocole de modification signé à Londres le 6 mars 1970,

– la convention entre la Grèce et l'Allemagne sur la reconnaissance et l'exécution réciproques des jugements, transactions et actes authentiques en matière civile et commerciale, signée à Athènes le 4 novembre 1961,

– la convention entre la Belgique et l'Italie concernant la reconnaissance et l'exécution des décisions judiciaires et d'autres titres exécutoires en matière civile et commerciale, signée à Rome le 6 avril 1962,

– la convention entre les Pays-Bas et l'Allemagne sur la reconnaissance et l'exécution mutuelles des décisions judiciaires et autres titres exécutoires en matière civile et commerciale, signée à La Haye le 30 août 1962,

– la convention entre les Pays-Bas et l'Autriche sur la reconnaissance et l'exécution réciproques des décisions judiciaires et des actes authentiques en matière civile et commerciale, signée à La Haye le 6 février 1963,

– la convention entre le Royaume-Uni et la République italienne sur la reconnaissance et l'exécution réciproques des jugements en matière civile et commerciale, signée à Rome le 7 février 1964, accompagnée d'un protocole signé à Rome le 14 juillet 1970,

— la convention entre la France et l'Autriche sur la reconnaissance et l'exécution des décisions judiciaires et des actes authentiques en matière civile et commerciale, signée à Vienne le 15 juillet 1966,

— la convention entre le Royaume-Uni et le Royaume des Pays-Bas sur la reconnaissance et l'exécution réciproques des jugements en matière civile, signée à La Haye le 17 novembre 1967,

— la convention entre l'Espagne et la France sur la reconnaissance et l'exécution de jugements et de sentences arbitrales en matière civile et commerciale, signée à Paris le 28 mai 1969,

— la convention entre le Luxembourg et l'Autriche sur la reconnaissance et l'exécution des décisions judiciaires et des actes authentiques en matière civile et commerciale, signée à Luxembourg le 29 juillet 1971,

— la convention entre l'Italie et l'Autriche sur la reconnaissance et l'exécution des décisions judiciaires en matière civile et commerciale, des transactions judiciaires et des actes notariés, signée à Rome le 16 novembre 1971,

— la convention entre l'Espagne et l'Italie en matière d'assistance judiciaire et de reconnaissance et d'exécution des jugements en matière civile et commerciale, signée à Madrid le 22 mai 1973,

— la convention entre la Finlande, l'Islande, la Norvège, la Suède et le Danemark sur la reconnaissance et l'exécution des décisions en matière civile, signée à Copenhague le 11 octobre 1977,

— la convention entre l'Autriche et la Suède sur la reconnaissance et l'exécution des jugements en matière civile, signée à Stockholm le 16 septembre 1982,

— la convention entre l'Espagne et l'Allemagne sur la reconnaissance et l'exécution de décisions et transactions judiciaires, et d'actes authentiques exécutoires en matière civile et commerciale, signée à Bonn le 14 novembre 1983,

— la convention entre l'Autriche et l'Espagne sur la reconnaissance et l'exécution des décisions et transactions judiciaires et des actes authentiques exécutoires en matière civile et commerciale, signée à Vienne le 17 février 1984,

— la convention entre la Finlande et l'Autriche sur la reconnaissance et l'exécution des jugements en matière civile, signée à Vienne le 17 novembre 1986,

— le traité entre la Belgique, les Pays-Bas et le Luxembourg sur la compétence judiciaire, sur la faillite, sur l'autorité et l'exécution des décisions judiciaires, des sentences arbitrales et des actes authentiques, signé à Bruxelles le 24 novembre 1961, pour autant qu'il est en vigueur,

— la convention entre la République tchécoslovaque et le Portugal relative à la reconnaissance et à l'exécution des décisions de justice, signée à Lisbonne le 23 novembre 1927, toujours en vigueur entre la République tchèque et le Portugal,

— la convention entre la République fédérative socialiste de Yougoslavie et la République d'Autriche relative à l'entraide judiciaire, signée à Vienne le 16 décembre 1954,

— la convention entre la République populaire de Pologne et la République populaire de Hongrie relative à l'entraide judiciaire en matière civile, familiale et pénale, signée à Budapest le 6 mars 1959,

— la convention entre la République fédérative socialiste de Yougoslavie et le Royaume de Grèce relative à la reconnaissance et à l'exécution des décisions, signée à Athènes le 18 juin 1959,

— la convention entre la République populaire de Pologne et la République fédérale socialiste de Yougoslavie relative à l'entraide judiciaire en matière civile et pénale, signé à Varsovie le 6 février 1960, actuellement en vigueur entre la Pologne et la Slovénie,

— l'accord entre la République fédérative socialiste de Yougoslavie et la République d'Autriche relatif à la reconnaissance et à l'exécution réciproques des décisions et sentences arbitrales en matière commerciale, signé à Belgrade le 18 mars 1960,

— l'accord entre la République fédérative socialiste de Yougoslavie et la République d'Autriche relatif à la reconnaissance et à l'exécution réciproques des décisions en matière d'obligations alimentaires, signé à Vienne le 10 octobre 1961,

— la convention entre la Pologne et l'Autriche relative aux relations mutuelles en matière civile et aux documents, signée à Vienne le 11 décembre 1963,

— le traité entre la République socialiste tchécoslovaque et la République fédérative socialiste de Yougoslavie relatif à l'établissement de relations judiciaires en matière civile, familiale et pénale, signé à Belgrade le 20 janvier 1964, toujours en vigueur entre la République tchèque, la Slovaquie et la Slovénie,

– la convention entre la Pologne et la France relative au droit applicable, à la juridiction et à l'exécution des décisions dans le domaine du droit personnel et familial, conclue à Varsovie le 5 avril 1967,

– la convention entre le gouvernement de la Yougoslavie et le gouvernement de la France relative à la reconnaissance et à l'exécution des décisions en matière civile et commerciale, signée à Paris le 18 mai 1971,

– la convention entre la République fédérative socialiste de Yougoslavie et le Royaume de Belgique relative à la reconnaissance et à l'exécution des décisions judiciaires en matière d'obligations alimentaires, signée à Belgrade le 12 décembre 1973,

– la convention entre la Hongrie et la Grèce relative à l'entraide judiciaire en matière civile et pénale, signée à Budapest le 8 octobre 1979,

– la convention entre la Pologne et la Grèce relative à l'entraide judiciaire en matière civile et pénale, signée à Athènes le 24 octobre 1979,

– la convention entre la Hongrie et la France relative à l'entraide judiciaire en matière civile et familiale, à la reconnaissance et à l'exécution des décisions ainsi qu'à l'entraide judiciaire en matière pénale et à l'extradition, signée à Budapest le 31 juillet 1980,

– le traité entre la République socialiste tchécoslovaque et la République hellénique relatif à l'entraide judiciaire en matière civile et pénale, signé à Athènes le 22 octobre 1980, toujours en vigueur entre la République tchèque, la Slovaquie et la Grèce,

– la convention entre la République de Chypre et la République populaire hongroise relative à l'entraide judiciaire en matière civile et pénale, signée à Nicosie le 30 novembre 1981,

– le traité entre la République socialiste tchécoslovaque et la République de Chypre relatif à l'entraide judiciaire en matière civile et pénale, signé à Nicosie le 23 avril 1982, toujours en vigueur entre la République tchèque, la Slovaquie et Chypre,

– l'accord entre la République de Chypre et la République de Grèce relatif à la coopération judiciaire en matière civile, familiale, commerciale et pénale, signé à Nicosie le 5 mars 1984,

– le traité entre le gouvernement de la République socialiste tchécoslovaque et le gouvernement de la République française relatif à l'entraide judiciaire, à la reconnaissance et à l'exécution des décisions, en matière civile, familiale et commerciale, signé à Paris le 10 mai 1984, toujours en vigueur entre la République tchèque, la Slovaquie et la France,

– l'accord entre la République de Chypre et la République fédérative socialiste de Yougoslavie relatif à l'entraide judiciaire en matière civile et pénale, signé à Nicosie le 19 septembre 1984, actuellement en vigueur entre Chypre et la Slovénie,

– le traité entre la République socialiste tchécoslovaque et la République italienne relatif à l'entraide judiciaire en matière civile et pénale, signé à Prague le 6 décembre 1985, toujours en vigueur entre la République tchèque, la Slovaquie et l'Italie,

– le traité entre la République socialiste tchécoslovaque et le Royaume d'Espagne relatif à l'entraide judiciaire, à la reconnaissance et à l'exécution des décisions judiciaires en matière civile, signé à Madrid le 4 mai 1987, toujours en vigueur entre la République tchèque, la Slovaquie et l'Espagne,

– le traité entre la République socialiste tchécoslovaque et la République populaire de Pologne relatif à l'entraide judiciaire et à l'établissement de relations judiciaires en matière civile, familiale, pénale et du travail, signé à Varsovie le 21 décembre 1987, toujours en vigueur entre la République tchèque, la Slovaquie et la Pologne,

– le traité entre la République socialiste tchécoslovaque et la République populaire de Hongrie relatif à l'entraide judiciaire et à l'établissement de relations judiciaires en matière civile, familiale et pénale, signé à Bratislava le 28 mars 1989, toujours en vigueur entre la République tchèque, la Slovaquie et la Hongrie,

– la convention entre la Pologne et l'Italie relative à l'entraide judiciaire, à la reconnaissance et à l'exécution des décisions en matière civile, signée à Varsovie le 28 avril 1989,

– le traité entre la République tchèque et la République slovaque relatif à l'assistance fournie par les instances judiciaires et à l'établissement de certaines relations judiciaires en matière civile et pénale, signé à Prague le 29 octobre 1992,

– l'accord entre la République de Lettonie, la République d'Estonie et la République de Lituanie relatif à l'entraide judiciaire et aux relations judiciaires, signé à Tallin le 11 novembre 1992,

– l'accord entre la République de Pologne et la République de Lituanie relatif à l'entraide judiciaire et aux relations judiciaires en matière civile, familiale, pénale et du travail, signé à Varsovie le 26 janvier 1993,

– l'accord entre la République de Lettonie et la République de Pologne relatif à l'entraide judiciaire et aux relations judiciaires en matière civile, familiale, pénale et du travail, signé à Riga le 23 février 1994,

– l'accord entre la République de Chypre et la République de Pologne relatif à la coopération judiciaire en matière civile et pénale, signé à Nicosie le 14 novembre 1996, et

– l'accord entre l'Estonie et la Pologne relatif à l'entraide judiciaire et l'établissement de relations judiciaires en matière civile, pénale et du travail, signé à Tallin le 27 novembre 1998.

Art. 70 1. Les conventions et le traité mentionnés à l'article 69 continuent à produire leurs effets dans les matières auxquelles le présent règlement n'est pas applicable.

2. Ils continuent à produire leurs effets en ce qui concerne les décisions rendues et les actes authentiques reçus avant l'entrée en vigueur du présent règlement.

Art. 71 1. Le présent règlement n'affecte pas les conventions auxquelles les États membres sont parties et qui, dans des matières particulières, règlent la compétence judiciaire, la reconnaissance ou l'exécution des décisions.

2. En vue d'assurer son interprétation uniforme, le paragraphe 1 est appliqué de la manière suivante :

a) le présent règlement ne fait pas obstacle à ce qu'un tribunal d'un État membre, partie à une convention relative à une matière particulière, puisse fonder sa compétence sur une telle convention, même si le défendeur est domicilié sur le territoire d'un État membre non partie à une telle convention. Le tribunal saisi applique, en tout cas, l'article 26 du présent règlement ;

b) les décisions rendues dans un État membre par un tribunal ayant fondé sa compétence sur une convention relative à une matière particulière sont reconnues et exécutées dans les autres États membres conformément au présent règlement.

Si une convention relative à une matière particulière et à laquelle sont parties l'État membre d'origine et l'État membre requis détermine les conditions de reconnaissance et d'exécution des décisions, il est fait application de ces conditions. Il peut, en tout cas, être fait application des dispositions du présent règlement qui concernent la procédure relative à la reconnaissance et à l'exécution des décisions. – *Comp. art. 57, Conv. 27 sept. 1968.*

Art. 72 Le présent règlement n'affecte pas les accords par lesquels les États membres se sont engagés, avant l'entrée en vigueur du présent règlement, en vertu de l'article 59 de la convention de Bruxelles, à ne pas reconnaître une décision rendue, notamment dans un autre État contractant à ladite convention, contre un défendeur qui a son domicile ou sa résidence habituelle dans un pays tiers lorsque, dans un cas prévu à l'article 4 de cette convention, la décision n'a pu être fondée que sur une compétence visée à l'article 3, deuxième alinéa, de cette même convention. – *Comp. art. 59, Conv. 27 sept. 1968.*

CHAPITRE VIII *Dispositions finales*

Art. 73 Au plus tard cinq ans après l'entrée en vigueur du présent règlement, la Commission présente au Parlement européen, au Conseil et au Comité économique et social un rapport relatif à l'application du présent règlement. Ce rapport est accompagné, le cas échéant, de propositions visant à adapter le règlement. – *V. Rapport de la Commission sur l'application du Règlement, COM (2009) 174 final.*

Art. 74 1. Les États membres notifient à la Commission les textes modifiant les listes figurant dans les annexes I à IV. La Commission adapte les annexes concernées en conséquence.

(Règl. (CE) n° 1103/2008 du 22 oct. 2008, art. 2) « 2. La mise à jour ou l'adaptation technique des formulaires, dont les modèles figurent dans les annexes V et VI, sont adoptées par la Commission. Ces mesures, qui visent à modifier des éléments non essentiels du présent règlement, sont arrêtées en conformité avec la procédure de réglementation avec contrôle visée à l'article 75, paragraphe 2. »

Le Règl. (CE) n° 1103/2008 du 22 oct. 2008 entre en vigueur le vingtième jour suivant celui de sa publication au Journal officiel de l'Union européenne, soit le 4 déc. 2008. Il est obligatoire dans tous ses éléments et directement applicable dans les États membres conformément au traité instituant la Communauté européenne (Règl. préc., art. 4).

Art. 75 *(Règl. (CE) n° 1103/2008 du 22 oct. 2008, art. 2)* 1. La Commission est assistée d'un comité.

2. Dans le cas où il est fait référence au présent paragraphe, l'article 5 *bis*, paragraphes 1 à 4, et l'article 7 de la décision 1999/468/CE s'appliquent, dans le respect des dispositions de l'article 8 de celle-ci.

V. note ss. art. 74.

Art. 76 Le présent règlement entre en vigueur le 1er mars 2002.

ANNEXE I

Règles de compétence nationales visées à l'article 3, paragraphe 2, et à l'article 4, paragraphe 2

(mod. par Règl. CE n° 1496/2002 du 21 août 2002 ; Acte d'adhésion de 2003 ; Règl. CE n° 1937/2004 du 9 nov. 2004 ; Règl. CE n° 2245/2004 du 27 déc. 2004 ; Règl. CE n° 280/2009 du 6 avr. 2009 ; Règl. (CE) n° 416/2010 du 12 mai 2010)

— en Belgique: les articles 5 à 14 de la loi du 16 juillet 2004 portant le code de droit international privé,

— en Bulgarie: l'article 4, paragraphe 1, point 2, du code de droit international privé,

— en République tchèque: l'article 86 de la loi n° 99/1963 Coll. portant code de procédure civile (*občanský soudní řád*), telle que modifiée,

— en Allemagne: l'article 23 du code de procédure civile (*Zivilprozessordnung*),

— en Estonie: l'article 86 du code de procédure civile (*tsiviilkohtumenetluse seadustik*),

— en Grèce: l'article 40 du code de procédure civile (*Κώδικας Πολιτικής Δικονομίας*),

— en France: les articles 14 et 15 du code civil,

— en Irlande: les dispositions relatives à la compétence fondée sur un acte introductif d'instance signifié ou notifié au défendeur qui se trouve temporairement en Irlande,

— en Italie: les articles 3 et 4 de la loi n° 218 du 31 mai 1995,

— à Chypre: l'article 21, paragraphe 2, de la loi n° 14 de 1960 relative aux cours et tribunaux, telle que modifiée,

— en Lettonie: l'article 27 et l'article 28, paragraphes 3, 5, 6 et 9, du code de procédure civile (*Civilprocesa likums*),

— en Lituanie: l'article 31 du code de procédure civile (*Civilinis kodeksas*),

— au Luxembourg: les articles 14 et 15 du code civil,

— en Hongrie: l'article 57 du décret-loi n° 13 de 1979 relatif au droit international privé (*a nemzetközi magánjogról szóló 1979. évi 13. törvényerejű rendelet*),

— à Malte: les articles 742, 743 et 744 du code d'organisation et de procédure civile - chap. 12 (*Kodiċi ta' Organizzazzjoni u Proċedura Ċivili - Kap. 12*) et l'article 549 du code de commerce - chap. 13 (*Kodiċi tal-kummerċ - Kap. 13*),

— en Autriche: l'article 99 de la loi sur la compétence judiciaire (*Jurisdiktionsnorm*),

— en Pologne: l'article 1103, paragraphe 4, du code de procédure civile (*Kodeks postępowania cywilnego*),

- au Portugal: l'article 65, paragraphe 1 *bis*, du code de procédure civile (*Código de Processo Civil*), dans la mesure où il peut comprendre des règles de compétence exorbitantes, telles que celle des juridictions du lieu où se trouve la succursale, l'agence ou un autre établissement [situé(e) au Portugal] lorsque l'administration centrale (située à l'étranger) est la partie assignée, et l'article 10 du code de procédure du travail (*Código de Processo do Trabalho*), dans la mesure où il peut comprendre des règles de compétence exorbitantes, telles que celle des juridictions du lieu de domicile du demandeur dans les actions relatives à un contrat de travail intentées par le salarié contre l'employeur,

- en Roumanie: les articles 148 à 157 de la loi n° 105/1992 sur les relations de droit international privé,

- en Slovénie: l'article 48, paragraphe 2, de la loi relative au droit international privé et à la procédure y afférente (*Zakon o medarodnem zasebnem pravu in postopku*) en combinaison avec l'article 47, paragraphe 2, du code de procédure civile (*Zakon o pravdnem postopku*), et l'article 58 de la loi relative au droit international privé et à la procédure y afférente (*Zakon o medarodnem zasebnem pravu in postopku*) en combinaison avec l'article 59 du code de procédure civile (*Zakon o pravdnem postopku*),

- en Slovaquie: les articles 37 à 37e de la loi n° 97/1963 sur le droit international privé et les règles de procédure y afférentes,
- en Finlande: le chapitre 10, article 18, paragraphe 1, premier et deuxième alinéas, du code de procédure judiciaire (*oikeudenkäymiskaari/rättegångsbalken*),
- en Suède: le chapitre 10, article 3, premier alinéa, première phrase, du code de procédure judiciaire (*rättegångsbalken*),
- au Royaume-Uni: les dispositions relatives à la compétence fondée sur:

  a) l'acte introductif d'instance signifié ou notifié au défendeur durant sa présence temporaire au Royaume-Uni; ou

  b) l'existence au Royaume-Uni de biens appartenant au défendeur; ou

  c) la saisie par le demandeur de biens situés au Royaume-Uni.

ANNEXE II

(mod. par Acte d'adhésion de 2003 ; Règl. CE n° 1937/2004 du 9 nov. 2004 ; Règl. CE n° 2245/2004 du 27 déc. 2004 ; Règl. CE n° 280/2009 du 6 avr. 2009 ; Règl. (CE) n° 416/2010 du 12 mai 2010)

Les juridictions ou autorités compétentes auprès desquelles les requêtes visées à l'article 39 sont présentées sont les suivantes:

— en Belgique, le tribunal de première instance ou *rechtbank van eerste aanleg* ou *erstinstanzliches Gericht,*

— en Bulgarie, le *окръжния съд,*

— en République tchèque, le *okresní soud* ou *soudní exekutor,*

— en Allemagne:

a) le président d'une chambre du *Landgericht;*

b) un notaire, dans le cadre d'une procédure de déclaration constatant la force exécutoire d'un acte authentique;

— en Estonie, le *maakohus,*

— en Grèce, le *Μονομελές Πρωτοδικείο,*

— en Espagne, le *Juzgado de Primera Instancia,*

— en France:

a) le greffier en chef du tribunal de grande instance;

b) le président de la chambre départementale des notaires, en cas de demande de déclaration constatant la force exécutoire d'un acte authentique notarié;

— en Irlande, la *High Court,*

— en Italie, la *corte d'appello,*

— à Chypre, le *Επαρχιακό Δικαστήριο* ou, dans le cas d'une décision en matière d'obligation alimentaire, le *Οικογενειακό Δικαστήριο,*

— en Lettonie, la *rajona (pilsētas) tiesa,*

— en Lituanie, le *Lietuvos apeliacinis teismas,*

— au Luxembourg, le président du tribunal d'arrondissement,

— en Hongrie, le *megyei bíróság székhelyén működő helyi bíróság* et, à Budapest, le *Budai Központi Kerületi Bíróság,*

— à Malte, le *Prim' Awla tal-Qorti Ċivili* ou *Qorti tal-Maġistrati ta' Għawdex fil- ġurisdizzjoni superjuri tagħha* ou, s'il s'agit d'une décision en matière d'obligation alimentaire, le *Reġistratur tal-Qorti* saisi par le *Ministru responsabbli għall-Ġustizzja,*

— aux Pays-Bas, le *voorzieningenrechter van de rechtbank,*

— en Autriche, le *Bezirksgericht*,

— en Pologne, le *Sąd Okręgowy*,

— au Portugal, le *Tribunal de Comarca*,

— en Roumanie, le *Tribunal*,

— en Slovénie, le *okrožno sodišče*,

— en Slovaquie, le *okresný súd*,

— en Finlande, le *käräjäoikeus/tingsrätt*,

— en Suède, le *Svea hovrätt*,

— au Royaume-Uni:

— en Slovaquie, le *okresný súd*,

— en Finlande, le *käräjäoikeus/tingsrätt*,

— en Suède, le *Svea hovrätt*,

— au Royaume-Uni:

a) en Angleterre et au Pays de Galles, la *High Court of Justice* ou, s'il s'agit d'une décision en matière d'obligation alimentaire, la *Magistrates' Court* saisie par le Secretary of Stat;

b) en Écosse, la *Court of Session* ou, s'il s'agit d'une décision en matière d'obligation alimentaire, la *Sheriff Court*, saisie par les Scottish Ministers;

c) en Irlande du Nord, la *High Court of Justice* ou, s'il s'agit d'une décision en matière d'obligation alimentaire, la *Magistrates' Court* saisie par le Secretary of State;

d) à Gibraltar, la *Supreme Court* de Gibraltar ou, s'il s'agit d'une décision en matière d'obligation alimentaire, la *Magistrates' Court* saisie par l'*Attorney General* de Gibraltar.

ANNEXE III

(mod. par Acte d'adhésion de 2003 ; Règl. CE n° 1937/2004 du 9 nov. 2004 ; Règl. CE n° 2245/2004 du 27 déc. 2004 ; Règl. CE n° 280/2009 du 6 avr. 2009 ; Règl. (CE) n° 416/2010 du 12 mai 2010)

Les juridictions des États membres devant lesquelles les recours visés à l'article 43, paragraphe 2, sont portés sont les suivantes:

— en Belgique:

a) en ce qui concerne le recours du défendeur: le tribunal de première instance ou *rechtbank van eerste aanleg* ou *erstinstanzliches Gericht*;

b) en ce qui concerne le recours du demandeur: la cour d'appel ou *hof van beroep*;

— en Bulgarie: la *Апелативен съд — София*,

— en République tchèque: la cour d'appel, par l'intermédiaire du tribunal d'arrondissement,

— en Allemagne: le *Oberlandesgericht*,

— en Estonie: le *ringkonnakohus*,

— en Grèce: le *Εφετείο*,

— en Espagne: le *Juzgado de Primera Instancia* qui a rendu la décision contestée, la *Audiencia Provincial* statuant sur le recours,

— en France:

a) la cour d'appel, pour les décisions accueillant la requête;

b) le président du tribunal de grande instance, pour les décisions rejetant la requête;

— en Irlande: la *High Court*,

— en Islande: le *heradsdomur*,

— en Italie: la *corte d'appello*,

— à Chypre: le *Επαρχιακό Δικαστήριο* ou, dans le cas d'une décision en matière d'obligation alimentaire, le *Οικογενειακό Δικαστήριο*,

— en Lettonie: la *apgabaltiesa* par l'intermédiaire de la *rajona (pilsētas) tiesa*,

— en Lituania: le *Lietuvos apeliacinis teismas*,

— au Luxembourg: la Cour supérieure de justice siégeant en matière d'appel civil,

— en Hongrie: le tribunal local situé au siège de la juridiction supérieure (à Budapest, le *Budai Központi Kerületi Bíróság*); la décision sur le recours est prise par la juridiction supérieure (à Budapest, le *Fővárosi Bíróság*),

— à Malte: la *Qorti ta' l-Appell*, conformément à la procédure fixée pour les recours dans le *Kodiċi ta' Organizzazzjoni u Proċedura Ċivili – Kap.12* ou, s'il s'agit d'une décision en matière d'obligation alimentaire, par *ċitazzjoni* devant la *Prim' Awla tal-Qorti ivili jew il-Qorti tal-Maġistrati ta' Għawdex fil-ġurisdizzjoni superjuri tagħha'*,

— aux Pays-Bas: le *rechtbank*,

- en Autriche: le *Landesgericht* par l'intermédiaire du *Bezirksgericht*,
- en Pologne: le *sąd apelacyjny* par l'intermédiaire du *sąd okręgowy*,
- au Portugal: le *Tribunal da Relação* est compétent. Les recours sont formés, conformément à la législation nationale en vigueur, par requête adressée à la juridiction qui a rendu la décision contestée,
- en Roumanie: la *Curte de Appel*,
- en Slovénie: le *okrožno sodišče*,
- en Slovaquie: la cour d'appel, par l'intermédiaire du tribunal d'arrondissement dont la décision fait l'objet du recours,
- en Finlande: le *hovioikeus/hovrätt*,
- en Suède: le *Svea hovrätt*,
- au Royaume-Uni:
  a) en Angleterre et au Pays de Galles, la *High Court of Justice* ou, s'il s'agit d'une décision en matière d'obligation alimentaire, la *Magistrates' Court*,
  b) en Écosse, la *Court of Session* ou, s'il s'agit d'une décision en matière d'obligation alimentaire, la *Sheriff Court*,
  c) en Irlande du Nord, la *High Court of Justice* ou, s'il s'agit d'une décision en matière d'obligation alimentaire, la *Magistrates' Court*,
  d) à Gibraltar: la *Supreme Court* de Gibraltar ou, s'il s'agit d'une décision en matière d'obligation alimentaire, la *Magistrates' Court*.

ANNEXE IV

(mod. par Acte d'adhésion de 2003 ; Règl. CE n° 1937/2004 du 9 nov. 2004 ; Règl. CE n° 2245/2004 du 27 déc. 2004 ; Règl. CE n° 280/2009 du 6 avr. 2009)

Les recours qui peuvent être formés en vertu de l'article 44 sont les suivants:

— en Belgique, en Grèce, en Espagne, en France, en Italie, au Luxembourg et aux Pays-Bas, le pourvoi en cassation,

— en Bulgarie, *обжалване пред Върховния касационен съд*,

— en République tchèque, un *dovolání* et un *žaloba pro zmatečnost*,

— en Allemagne, un *Rechtsbeschwerde*,

— en Estonie, un *kassatsioonkaebus*,

— en Irlande, un recours sur un point de droit devant la *Supreme Court*,

— en Islande, un recours devant le *Hæstiréttur*,

— à Chypre, un recours devant la *Supreme Court*,

— en Lettonie, un recours devant le *Augstākās tiesas Senāts* par l'intermédiaire de la *Apgabaltiesa*,

— en Lituanie, un recours devant le *Lietuvos Aukščiausiasis Teismas*,

— en Hongrie, un *felülvizsgálati kérelem*,

— à Malte, aucun recours n'est possible devant une autre juridiction; s'il s'agit d'une décision en matière d'obligation alimentaire, le *Qorti ta' l-Appell* conformément à la procédure prévue pour les recours dans le *kodiċi ta' Organizzazzjoni u Procedura Ċivili - Kap. 12*,

— en Autriche, un *Revisionsrekurs*,

— en Pologne, le *skarga kasacyjna*,

— au Portugal, un recours sur un point de droit,

— en Roumanie, une *contestatie in anulare* ou un *revizuire*,

— en Slovénie, un recours devant le *Vrhovno sodišče Republike Slovenije*,

— en Slovaquie, le *dovolanie*,

— en Finlande, un recours devant le *Korkein oikeus/högsta domstolen*,

— en Suède, un recours devant le *Högsta domstolen*,

— au Royaume-Uni, un seul recours sur un point de droit.

ANNEXE V

Certificat visé aux articles 54 et 58 du règlement concernant les décisions et transactions judiciaires

(Français, *francés, French, francese*...)

1. État membre d'origine :
2. Juridiction ou autorité compétente délivrant le certificat

2.1. Nom :
2.2. Adresse :
2.3. Tél./fax/e-mail :
3. Juridiction ayant prononcé la décision/approuvé la transaction judiciaire
3.1. Type de juridiction :
3.2. Lieu de la juridiction :
4. Décision/transaction judiciaire
4.1. Date :
4.2. Numéro de référence :
4.3. Les parties en cause :
4.3.1. Nom(s) du (des) demandeur(s) :
4.3.2. Nom(s) du (des) défendeur(s) :
4.3.3. Nom(s) de l'autre (des autres) partie(s), le cas échéant :
4.4. Date de la signification ou notification de l'acte introductif d'instance au cas où la décision a été rendue par défaut :
4.5. Texte de la décision/transaction judiciaire annexé au présent certificat
5. Nom des parties ayant bénéficié de l'assistance judiciaire.
La décision/transaction judiciaire est exécutoire dans l'État membre d'origine (articles 38 et 58 du règlement) contre :
Nom :
Fait à ....,
date ....
Signature et/ou cachet ....

ANNEXE VI

Certificat visé à l'article 57, paragraphe 4, du règlement concernant les actes authentiques

(Français, *francés, French, francese*, ...)

1. État membre d'origine :
2. Autorité compétente délivrant le certificat
2.1. Nom :
2.2. Adresse :
2.3. Tél./fax/e-mail :
3. Autorité ayant conféré à l'acte son authenticité
3.1. Autorité intervenue dans l'établissement de l'acte authentique (s'il y a lieu) :
3.1.1. Nom et désignation de l'autorité :
3.1.2. Lieu de l'autorité :
3.2. Autorité ayant enregistré l'acte authentique (s'il y a lieu) :
3.2.1. Type d'autorité :
3.2.2. Lieu de l'autorité :
4. Acte authentique
4.1. Description de l'acte :
4.2. Date :
4.2.1. à laquelle l'acte a été établi :
4.2.2. si elle est différente : à laquelle l'acte a été enregistré :
4.3. Numéro de référence :
4.4. Les parties en cause :
4.4.1. Nom du créancier :
4.4.2. Nom du débiteur :
5. Texte de l'obligation exécutoire en annexe au présent certificat.
L'acte authentique est exécutoire contre le débiteur dans l'État membre d'origine (article 57, paragraphe 1, du règlement)
Fait à ...., date ....
Signature et/ou cachet ....

Règlement (CE) du Conseil n° 1206/2001 du 28 mai 2001,

Relatif à la coopération entre les juridictions des États membres dans le domaine de l'obtention des preuves en matière civile ou commerciale (JOCE n° L 174 du 27 juin 2001).

BIBL. ▶ Boiché, *AJ fam. 2008. 17* . – Chaveau, L'espace judiciaire européen civil et pénal, *Thèmes et commentaires, Dalloz 2009, p. 145* (à la recherche de son efficacité). – Lebeau et M.-L. Niboyet, *Gaz. Pal. 19-20 févr. 2003, p. 6*. – Nourissat, *Procédures 2008, n° 109* (rapport de la

Commission sur l'application du Règlement). – Olivier, *Gaz. Pal. 11-12 sept. 2002* (exécution des mesures d'instruction ordonnées par le juge français). – Dossier : La coopération dans l'espace judiciaire européen, *Dr. et patr., nov. 2004, p. 43.* – Nuyts, *Rev. crit. DIP 2007. 53* (un instrument exclusif ?).

LE CONSEIL DE L'UNION EUROPÉENNE,

vu le traité instituant la Communauté européenne, et notamment son article 61, point c), et son article 67, paragraphe 1,

vu l'initiative de la République fédérale d'Allemagne *[JO C 314 du 3.11.2000, p. 1]*,

vu l'avis du Parlement européen *[Avis rendu le 14 mars 2001 (non encore paru au Journal officiel)]*,

vu l'avis du Comité économique et social *[Avis rendu le 28 février 2001 (non encore paru au Journal officiel)]*,

considérant ce qui suit :

(1) L'Union européenne s'est fixé pour objectif de maintenir et de développer un espace de liberté, de sécurité et de justice au sein duquel est assurée la libre circulation des personnes. Pour mettre progressivement en place un tel espace, la Communauté adopte, entre autres, les mesures dans le domaine de la coopération judiciaire en matière civile nécessaires au bon fonctionnement du marché intérieur.

(2) Le bon fonctionnement du marché intérieur exige d'améliorer, et en particulier de simplifier et d'accélérer, la coopération entre les juridictions des États membres dans le domaine de l'obtention de preuves.

(3) Le Conseil européen, réuni à Tampere les 15 et 16 octobre 1999, a rappelé la nécessité d'élaborer de nouvelles dispositions de droit procédural dans les affaires transfrontières, et notamment en matière d'obtention de preuves.

(4) Cette matière relève de l'article 65 du traité.

(5) Étant donné que les objectifs du présent règlement ne peuvent pas être réalisés de manière suffisante par les États membres et peuvent donc mieux être réalisés au niveau communautaire, la Communauté peut prendre des mesures, conformément au principe de subsidiarité consacré à l'article 5 du traité. Conformément au principe de proportionnalité tel qu'énoncé audit article du traité, le présent règlement n'excède pas ce qui est nécessaire pour atteindre ces objectifs.

(6) Jusqu'à présent, aucun acte juridique contraignant n'est en vigueur entre tous les États membres dans le domaine de l'obtention de preuves. La convention de La Haye du 18 mars 1970, sur l'obtention des preuves à l'étranger en matière civile ou commerciale n'est en vigueur qu'entre onze États membres de l'Union européenne.

(7) Étant donné que, en matière civile et commerciale, pour statuer sur une affaire engagée devant une juridiction d'un État membre, il est souvent nécessaire de procéder à des actes d'instruction dans un autre État membre, l'action de la Communauté ne peut se limiter au domaine de la transmission des actes judiciaires et extrajudiciaires, couvert par le règlement (CE) n° 1348/2000 du Conseil du 29 mai 2000 relatif à la signification et à la notification dans les États membres des actes judiciaires et extrajudiciaires en matière civile et commerciale *[JO L 160 du 30.6.2000, p. 37]*. **Il est donc nécessaire de continuer à améliorer la coopération entre les juridictions des États membres dans le domaine de l'obtention de preuves.**

(8) Pour qu'une procédure judiciaire en matière civile ou commerciale soit utile, il faut que la transmission et le traitement des demandes visant à faire procéder à un acte d'instruction se fassent de manière directe et par les moyens les plus rapides entre les juridictions des États membres.

(9) La rapidité de la transmission des demandes visant à faire procéder à un acte d'instruction justifie l'utilisation de tout moyen approprié, tout en respectant certaines conditions quant à la lisibilité et à la fidélité du document reçu. Pour garantir un degré maximal de clarté et de sécurité juridique, les demandes visant à faire procéder à un acte d'instruction doivent être transmises au moyen d'un formulaire à remplir dans la langue de l'État membre de la juridiction requise ou dans une autre langue acceptée par cet État membre. Pour les mêmes raisons, il convient, dans la mesure du possible, d'utiliser des formulaires également pour les autres communications entre les juridictions concernées.

(10) Il est nécessaire qu'une demande visant à faire procéder à un acte d'instruction soit exécutée rapidement. Si elle ne peut pas être exécutée dans un délai de quatre-vingt-dix jours après sa réception par la juridiction requise, celle-ci est tenue d'en informer la juridiction requérante en précisant les raisons qui empêchent une exécution rapide de la demande.

(11) Afin d'assurer l'efficacité du présent règlement, la possibilité de refuser l'exécution d'une demande visant à faire procéder à un acte d'instruction doit être limitée à des situations exceptionnelles étroitement définies.

(12) Il y a lieu que la juridiction requise exécute la demande conformément au droit de l'État membre dont elle relève.

(13) Il y a lieu que les parties et, le cas échéant, leurs représentants puissent être présents lors de l'exécution de l'acte d'instruction, si cela est prévu par le droit de l'État membre dont relève la juridiction requérante, afin de pouvoir suivre la procédure dans des conditions analogues à celles qui existeraient si l'exécution de l'acte avait lieu dans l'État membre dont relève la juridiction requérante. Il convient également qu'ils aient le droit de demander à participer à l'exécution de l'acte, de manière à avoir un rôle plus actif dans le processus d'obtention des preuves. Néanmoins, il importe que les conditions de leur participation soient fixées par la juridiction requise conformément au droit de l'État membre dont elle relève.

(14) Il y a lieu que les représentants de la juridiction requérante puissent être présents lors de l'exécution de l'acte d'instruction, si cela est compatible avec le droit de l'État membre dont relève la juridiction requérante, afin de mieux pouvoir évaluer les preuves. Il convient également qu'ils aient le droit de demander à participer à l'exécution de l'acte, dans les conditions fixées par la juridiction requise, conformément au droit de l'État membre dont elle relève, de manière à avoir un rôle plus actif dans le processus d'obtention des preuves.

(15) Afin de faciliter l'obtention des preuves, il importe qu'une juridiction d'un État membre puisse, conformément au droit de l'État membre dont elle relève, procéder directement à un acte d'instruction dans un autre État membre, si ce dernier l'accepte, et dans les conditions définies par l'organisme central ou l'autorité compétents de l'État membre requis.

(16) Conformément à l'article 10, l'exécution de la demande ne devrait donner lieu à aucune demande de remboursement des taxes de frais. Toutefois, si la juridiction requise demande le remboursement, il n'y a pas lieu que les honoraires versés aux experts et aux interprètes, tout comme les frais résultant de l'application de l'article 10, paragraphes 3 et 4, soient supportés par cette juridiction. Dans un tel cas, la juridiction requérante doit prendre les mesures nécessaires afin d'assurer le remboursement sans délai. Lorsque l'avis d'un expert est requis, la juridiction requise peut, avant d'exécuter la demande, demander à la juridiction requérante une consignation ou avance adéquate par rapport aux frais nécessaires.

(17) Il y a lieu que le présent règlement prévale sur les dispositions visant la matière qu'il couvre contenues dans des conventions internationales conclues par les États membres. Il ne fait pas obstacle à la conclusion entre États membres d'accords ou d'arrangements visant à améliorer davantage la coopération dans le domaine de l'obtention de preuves.

(18) Il importe que les données transmises en application du présent règlement bénéficient d'un régime de protection. Étant donné que la directive 95/46/CE du Parlement européen et du Conseil du 24 octobre 1995 relative à la protection des personnes physiques à l'égard du traitement des données à caractère personnel et à la libre circulation de ces données *[JO L 281 du 23.11.1995, p. 31]*et la directive 97/66/CE du Parlement européen et du *Conseil du 15 décembre 1997* concernant le traitement des données à caractère personnel et la protection de la vie privée dans le secteur des télécommunications *[JO L 24 du 30.1.1998, p. 1]* sont applicables, il n'est pas nécessaire de prévoir des dispositions spécifiques dans le présent règlement.

(19) Les mesures nécessaires pour la mise en œuvre du présent règlement sont arrêtées en conformité avec la décision 1999/468/CE du Conseil du 28 juin 1999 fixant les modalités de l'exercice des compétences d'exécution conférées à la Commission *[JO L 184 du 17.7.1999, p. 23]*.

(20) Il importe, en vue du bon fonctionnement du présent règlement, que la Commission en examine l'application en vue de proposer, le cas échéant, les modifications nécessaires.

(21) En conformité avec l'article 3 du protocole sur la position du Royaume-Uni et de l'Irlande annexé au traité sur l'Union européenne et au traité instituant la Communauté

européenne, le Royaume-Uni et l'Irlande ont notifié leur souhait de participer à l'adoption et à l'application du présent règlement.

(22) Le Danemark, conformément aux articles 1er et 2 du protocole sur la position du Danemark annexé au traité sur l'Union européenne et au traité instituant la Communauté européenne, ne participe pas à l'adoption du présent règlement, lequel ne lie donc pas le Danemark et n'est pas applicable à son égard,

A ARRÊTÉ LE PRÉSENT RÈGLEMENT :

CHAPITRE PREMIER *Dispositions générales*

Art. 1er *Champ d'application.* 1. Le présent règlement est applicable en matière civile ou commerciale, lorsqu'une juridiction d'un État membre, conformément aux dispositions de sa législation, demande :

a) à la juridiction compétente d'un autre État membre de procéder à un acte d'instruction ou

b) à procéder directement à un acte d'instruction dans un autre État membre.

2. La demande ne doit pas viser à obtenir des moyens de preuve qui ne sont pas destinés à être utilisés dans une procédure judiciaire qui est engagée ou envisagée.

3. Dans le présent règlement, les termes "État membre" désignent les États membres à l'exception du Danemark.

1. Non-exclusivité du Règl. Les art. 1er, § 1er, sous *b)*, et 17 du Règl. du 28 mai 2001 doivent être interprétés en ce sens que la juridiction d'un État membre, qui souhaite qu'un acte d'instruction confié à un expert soit effectué sur le territoire d'un autre État membre, n'est pas nécessairement tenue de recourir au moyen d'obtention des preuves prévu par ces dispositions afin de pouvoir ordonner cet acte d'instruction. • CJUE 21 févr. 2013, n° C-332/11 : *AJDI 2013. 690, obs. Heugas-Darraspen ; Gaz. Pal. 14-16 avr. 2013, p. 20, note Cholet ; Procédures 2013, n° 148, note Nourissat ; JCP 2013. 1225, n° 12, obs. Jeuland ; Europe 2013, n° 195, note Idot.*

2. Audition d'un témoin. Les dispositions du Règl. du 28 mai 2001, notamment l'art. 1er, § 1er, de celui-ci, doivent être interprétées en ce sens que la juridiction compétente d'un État membre qui souhaite entendre, en tant que témoin, une partie résidant dans un autre État membre a la faculté, afin de procéder à une telle audition, de citer cette partie devant elle et de l'entendre conformément au droit de l'État membre dont cette juridiction relève. • CJUE 6 sept. 2012, n° C-170/11 : *D. 2013. Pan. 1503, obs. Jault-Seseke ; Procédures 2012, n° 352, note Nourissat ; Europe 2012, n° 470, note Idot.*

3. Signification. L'art. 1er, § 1, ss. a), doit être interprété en ce sens qu'il ne s'applique pas à une situation dans laquelle une juridiction d'un État membre recherche l'adresse, dans un autre État membre, d'une personne à laquelle une décision de justice doit être signifiée. • CJUE, 9 sept. 2021, nos C-208/20 et C-256/20 : *cité note 2 ss. art. 5 du Règl. 1215/2012.*

Art. 2 *Communication directe entre les juridictions.* 1. Les demandes visées à l'article 1er, paragraphe 1, point a), ci-après dénommées "demandes", sont transmises directement par la juridiction devant laquelle la procédure est engagée ou devant laquelle il est envisagé de l'engager, ci-après dénommée "juridiction requérante", à la juridiction compétente d'un autre État membre, ci-après dénommée "juridiction requise", en vue de faire procéder à l'acte d'instruction demandé.

2. Chaque État membre établit une liste des juridictions compétentes pour procéder à des actes d'instruction conformément au présent règlement. Cette liste indique également la compétence territoriale et, le cas échéant, la compétence spéciale desdites juridictions.

Art. 3 *Organisme central.* 1. Chaque État membre désigne un organisme central chargé :

a) de fournir des informations aux juridictions ;

b) de rechercher des solutions aux difficultés qui peuvent se présenter à l'occasion d'une demande ;

c) de faire parvenir, dans des cas exceptionnels, à la requête d'une juridiction requérante, une demande à la juridiction compétente.

2. Les États fédéraux, les États dans lesquels plusieurs systèmes juridiques sont en vigueur et les États ayant des unités territoriales autonomes ont la faculté de désigner plusieurs organismes centraux.

3. Chaque État membre charge également l'organisme central visé au paragraphe 1 de statuer sur les demandes relevant de l'article 17, ou désigne à cette fin une ou plusieurs autorités compétentes.

CHAPITRE II *Transmission et exécution des demandes*

SECTION I *Transmission de la demande*

Art. 4 *Forme et contenu de la demande.* 1. La demande est établie au moyen du formulaire type A ou, le cas échéant, du formulaire type I figurant en annexe. Elle contient les indications suivantes :

a) la juridiction requérante et, le cas échéant, la juridiction requise ;
b) les nom et adresse des parties et, le cas échéant, de leurs représentants ;
c) la nature et l'objet de l'instance et un exposé sommaire des faits ;
d) l'acte d'instruction demandé ;
e) s'il s'agit d'une demande visant à l'audition d'une personne :
– les nom et adresse des personnes à entendre,
– les questions à poser aux personnes à entendre ou les faits sur lesquels elles doivent être entendues,
– le cas échéant, la mention d'un droit de refus de témoigner prévu par la législation de l'État membre dont relève la juridiction requérante,
– le cas échéant, la demande de déposition sous serment ou de déclaration sur l'honneur et, le cas échéant, l'indication de la forme spéciale à utiliser,
– le cas échéant, toute autre information jugée nécessaire par la juridiction requérante ;
f) s'il s'agit d'une demande relative à un autre acte d'instruction, les pièces ou autres objets à examiner le cas échéant ;
g) le cas échéant, la demande visée à l'article 10, paragraphes 3 et 4, et aux articles 11 et 12 ainsi que les renseignements nécessaires à l'application de ces dispositions ;

2. La demande ainsi que toutes les pièces jointes à celle-ci sont dispensées de légalisation et de toute formalité équivalente.

3. Les pièces que la juridiction requérante estime nécessaire de joindre à la demande pour l'exécution de celle-ci doivent être accompagnées d'une traduction dans la langue dans laquelle la demande a été formulée.

Art. 5 *Langues.* La demande et les communications visées dans le présent règlement sont formulées dans la langue officielle de l'État membre requis ou, s'il existe plusieurs langues officielles dans cet État membre, dans la langue officielle ou dans une des langues officielles du lieu où il doit être procédé à l'acte d'instruction demandé ou dans toute autre langue que l'État membre requis aura indiqué pouvoir accepter. Chaque État membre indique la ou les langues officielles des institutions de la Communauté européenne, autres que la sienne ou les siennes, dans laquelle ou lesquelles il accepte que le formulaire soit complété.

Art. 6 *Transmission des demandes et des autres communications.* Les demandes ainsi que les communications visées dans le présent règlement sont transmises par le moyen le plus rapide que l'État membre requis a déclaré pouvoir accepter. Il peut être fait usage de tout moyen approprié, sous réserve que le contenu du document reçu reflète fidèlement celui du document expédié et que toutes les mentions qu'il comporte soient lisibles.

SECTION II *Réception de la demande*

Art. 7 *Réception de la demande.* 1. La juridiction requise compétente adresse, au moyen du formulaire type B figurant en annexe, un accusé de réception à la juridiction requérante dans les sept jours qui suivent la réception de la demande. Si celle-ci ne remplit pas les conditions prévues à l'article 5 et à l'article 6, la juridiction requise en fait mention dans l'accusé de réception.

2. Si l'exécution d'une demande établie au moyen du formulaire type A figurant en annexe et remplissant les conditions visées à l'article 5 ne relève pas de la compétence de la juridiction à laquelle elle a été transmise, celle-ci transmet la demande à la juridiction compétente de l'État membre dont elle relève et en informe la juridiction requérante au moyen du formulaire type A figurant en annexe.

Art. 8 *Demande incomplète.* 1. Si la demande ne peut être exécutée parce qu'elle ne contient pas toutes les indications nécessaires visées à l'article 4, la juridiction requise en informe la juridiction requérante sans tarder et, au plus tard, dans les trente jours suivant la réception de la demande au moyen du formulaire type C figurant en annexe et lui demande de lui transmettre les indications manquantes, en les mentionnant de manière aussi précise que possible.

2. Si la demande ne peut être exécutée parce qu'une consignation ou une avance est nécessaire, conformément à l'article 18, paragraphe 3, la juridiction requise en informe la

juridiction requérante sans tarder et, au plus tard dans les trente jours suivant la réception de la demande au moyen du formulaire type C figurant en annexe, informe la juridiction requérante de la manière de procéder à la consignation ou à l'avance ; la juridiction requise accuse réception de la consignation ou de l'avance sans tarder, au plus tard dans les dix jours suivant la réception de la consignation ou de l'avance en utilisant le formulaire type D.

Art. 9 *Demande complétée.* 1. Lorsque, conformément à l'article 7, paragraphe 1, la juridiction requise a mentionné, dans l'accusé de réception, que la demande ne remplit pas les conditions visées à l'article 5 et à l'article 6, ou lorsqu'elle a informé la juridiction requérante, conformément à l'article 8, que la demande ne peut être exécutée parce qu'elle ne contient pas toutes les indications nécessaires visées à l'article 4, le délai visé à l'article 10, paragraphe 1, commence à courir à compter de la réception, par la juridiction requise, de la demande dûment complétée.

2. Lorsque la juridiction requise a demandé une consignation ou une avance conformément à l'article 18, paragraphe 3, ledit délai commence à courir à compter du moment où la consignation ou l'avance est effectuée.

SECTION III *Exécution de l'acte d'instruction par la juridiction requise*

Art. 10 *Dispositions générales relatives à l'exécution de la demande.* 1. La juridiction requise exécute la demande sans tarder et, au plus tard, dans les quatre-vingt-dix jours suivant la réception de la demande.

2. La juridiction requise exécute la demande conformément au droit de l'État membre dont cette juridiction relève.

3. La juridiction requérante peut demander que la demande soit exécutée selon une forme spéciale prévue par le droit de l'État membre dont elle relève, au moyen du formulaire type A figurant en annexe. La juridiction requise défère à cette demande, à moins que la forme demandée ne soit pas compatible avec le droit de l'État membre dont elle relève ou en raison de difficultés pratiques majeures. Si la juridiction requise, pour l'une des raisons susmentionnées, ne défère pas à la demande, elle en informe la juridiction requérante au moyen du formulaire type D figurant en annexe.

4. La juridiction requérante peut demander à la juridiction requise de recourir aux technologies de communication modernes pour procéder à l'acte d'instruction, en particulier à la vidéoconférence et à la téléconférence.

La juridiction requise défère à cette demande, à moins que cela ne soit incompatible avec le droit de l'État membre dont elle relève ou en raison de difficultés pratiques majeures.

Si la juridiction requise, pour l'une des raisons susmentionnées, ne défère pas à cette demande, elle en informe la juridiction requérante au moyen du formulaire type D figurant en annexe.

Si les moyens techniques visés ci-dessus ne sont pas accessibles dans la juridiction requérante ou dans la juridiction requise, les juridictions peuvent d'un commun accord les rendre disponibles.

Art. 11 *Exécution en présence et avec la participation des parties.* 1. Si cela est prévu par le droit de l'État membre dont relève la juridiction requérante, les parties et, le cas échéant, leurs représentants ont le droit d'être présents lorsque la juridiction requise procède à l'acte d'instruction.

2. Dans sa demande, la juridiction requérante informe la juridiction requise de la présence des parties et, le cas échéant, de leurs représentants ainsi que, s'il y a lieu, du fait que leur participation est demandée, au moyen du formulaire type A figurant en annexe. Cette information peut également être fournie à tout autre moment opportun.

3. Si la participation des parties et, le cas échéant, de leurs représentants à l'exécution de l'acte d'instruction est demandée, la juridiction requise détermine, en conformité avec l'article 10, les conditions de leur participation.

4. La juridiction requise informe les parties et, le cas échéant, leurs représentants du moment et du lieu où aura lieu la procédure et, s'il y a lieu, des conditions de leur participation, en utilisant le formulaire type E figurant en annexe.

5. Les paragraphes 1 à 4 ne font pas obstacle à ce que la juridiction requise puisse demander aux parties et, le cas échéant, à leurs représentants d'être présents ou de participer à l'exécution de l'acte d'instruction, si cette possibilité est prévue par le droit de l'État membre dont elle relève.

Art. 12 *Exécution en présence et avec la participation de représentants de la juridiction requérante.* 1. Si cela est compatible avec le droit de l'État membre dont relève la juridiction requérante, des représentants de cette dernière ont le droit d'être présents lorsque la juridiction requise procède à l'acte d'instruction.

2. Aux fins du présent article, le terme "représentants" englobe les magistrats désignés par la juridiction requérante, conformément au droit de l'État membre dont elle relève. La juridiction requérante peut aussi désigner, conformément au droit de l'État membre dont elle relève, toute autre personne, par exemple un expert.

3. Dans sa demande, la juridiction requérante informe la juridiction requise de la présence de ses représentants et, s'il y a lieu, du fait que leur participation est demandée, au moyen du formulaire type A figurant en annexe. Cette information peut également être fournie à tout autre moment opportun.

4. Si la participation des représentants de la juridiction requérante à l'exécution de l'acte d'instruction est demandée, la juridiction requise détermine, en conformité avec l'article 10, les conditions de leur participation.

5. La juridiction requise informe la juridiction requérante, au moyen du formulaire type F figurant en annexe, du moment et du lieu où aura lieu l'acte d'instruction et, s'il y a lieu, des conditions de la participation.

Art. 13 *Mesures coercitives.* Si nécessaire, la juridiction requise applique les mesures coercitives requises pour l'exécution de la demande dans les cas et dans la mesure où le droit de l'État membre dont relève la juridiction requise le prévoit pour l'exécution d'une demande aux mêmes fins émanant d'une autorité nationale ou d'une des parties concernées.

Art. 14 *Cas de refus d'exécution.* 1. Une demande visant à l'audition d'une personne n'est pas exécutée si la personne invoque le droit de refuser de déposer ou une interdiction de déposer :

a) en vertu du droit de l'État membre dont relève la juridiction requise ou

b) en vertu du droit de l'État membre dont relève la juridiction requérante, lorsque cela a été indiqué dans la demande ou, le cas échéant, confirmé par la juridiction requérante à la demande de la juridiction requise.

2. Outre les motifs prévus au paragraphe 1, l'exécution d'une demande ne peut être refusée que si :

a) la demande sort du champ d'application du présent règlement défini à l'article 1er, ou

b) l'exécution de la demande, selon le droit de l'État membre dont relève la juridiction requise, n'entre pas dans les attributions du pouvoir judiciaire, ou

c) la juridiction requérante n'a pas déféré à la requête de la juridiction requise de compléter sa demande conformément à l'article 8 dans les trente jours suivant la requête, ou

d) une consignation ou une avance demandée conformément à l'article 18, paragraphe 3, n'a pas été effectuée dans les soixante jours suivant la demande, par la juridiction requise, de consignation ou de versement d'avance.

3. L'exécution ne peut être refusée au seul motif que la juridiction requise oppose, en vertu du droit de l'État membre dont elle relève, la compétence exclusive d'une juridiction dudit État dans l'affaire en cause ou soutient que sa législation n'admet pas le droit d'action visée par la demande.

4. Si l'exécution de la demande est refusée pour l'un des motifs visés au paragraphe 2, la juridiction requise en informe la juridiction requérante, au moyen du formulaire type H figurant en annexe, dans les soixante jours suivant la réception de la demande par la juridiction requise.

Charge des frais exposés par un témoin. Les art. 14 et 18 du Règl. (CE) du 28 mai 2001 doivent être interprétés en ce sens qu'une *juridiction requérante n'est pas tenue* de verser à la juridiction requise une avance à valoir sur l'indemnité ou de rembourser l'indemnité due au témoin interrogé. • CJUE 17 févr. 2011, nº C-283/09 : *D. actu. 15 mars 2011, obs. Dargent ; D. 2011. Pan. 1374, obs. Jault-Seseke ; RTD eur. 2011. 173, obs. Coutron ; ibid. 476, obs. E. Guinchard ; ibid. 814, obs. L. Coutron ; Procédures 2011, nº 137, note Nourissat ; Europe 2011, nº 122, note Simon ; ibid. 144, note Idot.*

Art. 15 *Avis de retard.* Si la juridiction requise n'est pas en mesure d'exécuter la demande dans les quatre-vingt-dix jours suivant sa réception, elle en informe la juridiction requérante au moyen du formulaire type G figurant en annexe, en précisant les raisons du retard et en indiquant le délai nécessaire, selon ses estimations, pour exécuter la demande.

Art. 16 *Procédure suivant l'exécution de la demande.* La juridiction requise transmet sans tarder les pièces attestant l'exécution de la demande à la juridiction requérante et lui renvoie, le cas échéant, les pièces qu'elle lui a envoyées. Les pièces sont accompagnées d'une confirmation d'exécution, établie au moyen du formulaire type H figurant en annexe.

SECTION IV *Exécution directe de l'acte d'instruction par la juridiction requérante*

Art. 17 1. Lorsqu'une juridiction souhaite procéder directement à un acte d'instruction dans un autre État membre, elle présente une demande à l'organisme central ou à l'autorité compétente de cet État, visés à l'article 3, paragraphe 3, au moyen du formulaire type I figurant en annexe.

2. L'exécution directe de l'acte d'instruction n'est possible que si elle peut avoir lieu sur une base volontaire, sans qu'il soit nécessaire de recourir à des mesures coercitives.

Lorsque, dans le cadre de l'exécution directe d'un acte d'instruction, une personne est entendue, la juridiction requérante informe cette personne que l'acte sera exécuté sur une base volontaire.

3. L'acte d'instruction est exécuté par un magistrat ou par toute autre personne, par exemple un expert, désignés conformément au droit de l'État membre dont relève la juridiction requérante.

4. Dans un délai de trente jours à compter de la réception de la demande, l'organisme central ou l'autorité compétente de l'État membre requis indiquent à la juridiction requérante, au moyen du formulaire type J, s'il est déféré à cette demande et, le cas échéant, dans quelles conditions, conformément à la loi de l'État membre dont ils relèvent, l'acte doit être exécuté.

En particulier, l'organisme central ou l'autorité compétente peuvent charger une juridiction de l'État membre dont ils relèvent de participer à l'exécution de l'acte d'instruction afin de veiller à la bonne application du présent article et des conditions qui ont été fixées.

L'organisme central ou l'autorité compétente encouragent le recours aux technologies de communication, telles que la vidéoconférence et la téléconférence.

5. L'organisme central ou l'autorité compétente ne peuvent refuser l'exécution directe de la mesure d'instruction que si :

a) la demande sort du champ d'application du présent règlement tel que défini à l'article 1er, ou

b) la demande ne contient pas toutes les informations nécessaires en vertu de l'article 4, ou

c) l'exécution directe demandée est contraire aux principes fondamentaux du droit de l'État membre dont ils relèvent.

6. Sous réserve des conditions fixées conformément au paragraphe 4, la juridiction requérante exécute la demande conformément au droit de l'État membre dont elle relève.

Caractère impératif des moyens d'obtention de preuves du règlement. Renvoi. V. note 1 ss. art. 1er du présent règlement.

SECTION V *Frais*

Art. 18 1. L'exécution d'une demande conformément à l'article 10 ne peut donner lieu au remboursement de taxes ou de frais.

2. Toutefois, si la juridiction requise en fait la demande conformément au droit de l'État membre dont elle relève, la juridiction requérante, sous réserve de l'obligation des parties de supporter les frais conformément au droit de l'État membre dont elle relève, s'assure sans délai du remboursement :

— des honoraires versés aux experts et aux interprètes et

— des frais résultant de l'application de l'article 10, paragraphes 3 et 4.

L'obligation, pour les parties, de supporter ces honoraires ou frais est régie par le choix de l'État membre de la juridiction requérante.

3. Lorsque l'avis d'un expert est requis, la juridiction requise peut, avant d'exécuter la demande, demander à la juridiction requérante une consignation ou avance adéquate par rapport aux frais nécessaires. Dans tous les autres cas, la consignation ou l'avance n'est pas une condition de l'exécution de la demande.

La consignation ou l'avance est effectuée par les parties si cela est prévu par la législation de l'État membre de la juridiction requérante. — *V., pour la France, art. 178-1 et 178-2, issus du Décr. n° 2004-836 du 20 août 2004.*

Charge des frais exposés par un témoin. Renvoi. Sur la question du remboursement par la juridiction requérante des indemnités allouées aux témoins, V. note ss. art. 14 du présent Règl.

CHAPITRE III *Dispositions finales*

Art. 19 *Modalités d'application.* 1. La Commission établit et met régulièrement à jour un manuel, également disponible sous forme électronique, contenant les informations communiquées par les États membres conformément à l'article 22 ainsi que la liste des accords ou arrangements en vigueur, conformément à l'article 21.

(Règl. (CE) n° 1103-2008 du 22 oct. 2008, art. 2) « 2. La mise à jour ou la modification technique des formulaires types figurant en annexe sont effectuées par la Commission. Ces mesures, qui visent à modifier des éléments non essentiels du présent règlement, sont arrêtées en conformité avec la procédure de réglementation avec contrôle visée à l'article 20, paragraphe 2. »

Le Règl. (CE) n° 1103/2008 du 22 oct. 2008 entre en vigueur le vingtième jour suivant celui de sa publication au Journal officiel de l'Union européenne, soit le 4 déc. 2008. Il est obligatoire dans tous ses éléments et directement applicable dans les États membres conformément au traité instituant la Communauté européenne (Règl. préc., art. 4).

Art. 20 *(Règl. (CE) n° 1103-2008 du 22 oct. 2008, art. 2)* 1. La Commission est assistée par un comité.

2. Dans le cas où il est fait référence au présent paragraphe, l'article 5 *bis*, paragraphes 1 à 4, et l'article 7 de la décision 1999/468/CE s'appliquent, dans le respect des dispositions de l'article 8 de celle-ci.

Art. 21 *Relation avec des accords ou arrangements auxquels les États membres sont ou seront parties.* 1. Pour la matière couverte par son champ d'application, le présent règlement prévaut, dans les rapports entre les États membres qui y sont parties, sur les dispositions contenues dans des accords ou arrangements bilatéraux ou multilatéraux conclus par les États membres, et en particulier la convention de La Haye du 1er mars 1954 relative à la procédure civile et la convention de La Haye du 18 mars 1970 sur l'obtention des preuves à l'étranger en matière civile ou commerciale.

2. Le présent règlement ne fait pas obstacle au maintien ou à la conclusion par les États membres d'accords ou d'arrangements entre deux ou plusieurs d'entre eux visant à faciliter davantage l'obtention de preuves, pour autant qu'ils soient compatibles avec le présent règlement.

3. Les États membres transmettent à la Commission :

a) au plus tard le 1er juillet 2003, une copie des accords ou arrangements maintenus entre les États membres dont il est question au paragraphe 2 ;

b) une copie des accords ou arrangements, visés au paragraphe 2, conclus entre les États membres ainsi que les projets d'accords ou d'arrangements qu'ils ont l'intention d'arrêter, et

c) toute dénonciation ou modification de ces accords ou arrangements.

Art. 22 *Communication.* Chaque État membre communique à la Commission au plus tard le 1er juillet 2003 :

1) la liste visée à l'article 2, paragraphe 2, comportant l'indication de la compétence territoriale et, le cas échéant, de la compétence spéciale des juridictions ;

2) les noms et adresses des organismes centraux et des autorités compétentes visés à l'article 3 ainsi qu'une indication de leur compétence territoriale ;

3) les moyens techniques dont les juridictions figurant sur la liste visée à l'article 2, paragraphe 2, disposent pour assurer la réception des demandes ;

4) les langues qui peuvent être utilisées pour la demande visée à l'article 5.

Les États membres communiquent à la Commission toute modification ultérieure de ces informations.

Art. 23 *Réexamen.* Au plus tard le 1er janvier 2007, et ensuite tous les cinq ans, la Commission présente au Parlement européen, au Conseil et au Comité économique et social un rapport relatif à l'application du présent règlement, portant notamment sur l'application pratique de l'article 3, paragraphe 1, point *c*), et paragraphe 3, ainsi que sur les articles 17 et 18.

Art. 24 *Entrée en vigueur.* 1. Le présent règlement entre en vigueur le 1er juillet 2001.

2. Le présent règlement s'applique à dater du 1er janvier 2004, à l'exception des articles 19, 21 et 22, qui s'appliquent à dater du 1er juillet 2001.

Règlement du Conseil n° 2201/2003 du 27 novembre 2003,

Relatif à la compétence, la reconnaissance et l'exécution des décisions en matière matrimoniale et en matière de responsabilité parentale abrogeant le Règlement (CE) n° 1347/2000 (JOUE n° L 338 du 23 déc. 2003). — Le présent Règlement remplace le Règlement (CE) n° 1347/2000 du 29 mai 2000, à compter du 1er mars 2005. — V. art. 71 et 72.

Sur l'entrée en vigueur, V. art. 72.

DALLOZ ACTION *Droit et pratique de la procédure civile 2022/2023,* n°s 442.00 s. ; *Droit de la famille 2010/2011,* n°s 41.00 s.

BIBL. GÉN. ▸ ANCEL et MUIR WATT, *Rev. crit. DIP 2005. 569* ✎. – ALUFFI, ANREDI, BORSAN, LAMARCHEET SAGOT-DUVAUROUX, *Dr. fam. 2017. Étude 16* (points de vue des magistrats face au règlement Bruxelles II *bis*). – ATTAL, *JCP 2004. I. 159, n° 11.* – ARMSTRONG, *Dr. et patr. 7/2005, p. 46* (articulation avec les conventions de La Haye). – BARRIÈRE-BROUSSE, *D. 2008. 625* ✎ (révision du Règlement Bruxelles II « *bis* » : perspectives communautaires sur les désunions internationales). – BOICHÉ, *Gaz. Pal. 27-28 mai 2005, p. 28* (articulation des règles du nouveau droit communautaire du divorce avec les règles nationales de compétence directe) ; *AJ fam. 2008. 270* ✎ (le divorce en droit international privé) ; *ibid. 284* ✎ (tableau des règles de compétence juridictionnelle et législative applicables en matière de contentieux familial international) ; *ibid. 2014. 481* (droit international et stratégie procédurale du divorce). – BORRAS, *LPA 12 déc. 2002, p. 12.* – BOUZIDI, *Just. et cass. 2009. 27* (les nouvelles règles de compétence en matière de désunion). – BRUNEAU, *JCP 2000. I. 266* (traité d'Amsterdam et coopération judiciaire en matière civile) ; *JCP 2001. I. 314* (reconnaissance et exécution des décisions rendues dans l'Union européenne). – CELEYRON-BOUILLOT, *AJ fam. 2008. 279* ✎ (le litige international d'autorité parentale : recherche de solutions communes). – CHAUVEAU, CORNEC et BOICHE, *AJ fam. 2001. 52* ✎. – CHAUVEAU *et alii*, *Gaz. Pal. 7-8 juill. 2006. 21* (famille et Europe : un espace judiciaire et familial en construction). – COURBE, *LPA 3 déc. 2002, p. 7 ; ibid. 14 oct. 2003, p. 5.* – DEFLERS et BUTRUILLE-CARDEW, *Gaz. Pal. 25-27 sept. 2005, p. 7.* – DEVERS, *Dr. fam. 2012. Étude 1* (l'articulation des règlements européens [Bruxelles II *bis* et Rome III] et des conventions franco-marocaines [de 1957 et 1981]). – DJEMNI-WAGNER, *Gaz. Pal. 3-4 sept. 2004, p. 18.* – FARGE, *Dr. fam. 2003. Étude 32* (contribution à l'apprentissage des règles européennes de conflits de juridictions en matière de divorce). – FULCHIRON, *Dr. et patr. 4/2005, p. 34.* – E. GUINCHARD, *AJF 2006. 99.* – HAMOU, *Gaz. Pal. 4-6 oct. 2015, p. 11* (la notion de résidence habituelle en droit international privé). – LAMARCHE, *Dr. fam. 2017. Étude 1* (pratiques judiciaires variables de l'application du règlement « Bruxelles II *bis* »). – LECHARNY, *Dr. fam. 2008. Étude 25* (caractère obligatoire de la règle de conflit : l'office du juge aux affaires familiales). – POCARD, *Mél. Revillard, Défrénois 2007, p. 245* (quelques remarques sur la modification du règlement communautaire). – REVILLARD, *Mél. Gaudemet-Tallon, Dalloz 2008, p. 789* (l'harmonisation du droit international privé de la famille dans la pratique notariale). – RICHEZ-PONS, *AJ fam. 2005. 256* ✎ ; *Dr. fam. 2006. Chron. 32 (parole de l'enfant).* – ROUCHAUD, *ibid. 12 déc. 2002, p. 206* (projets et perspectives de mise en œuvre du programme de reconnaissance mutuelle). – Dossier : La coopération dans l'espace judiciaire européen, *Dr. et patr. 11/2004, p. 43.* – Dossier : Divorce et responsabilité parentale version Bruxelles II *bis*, *Dr. et patr. 6/2005, p. 46.*

▸ **Projet de révision :** MONÉGER, *AJ fam. 2018. 538* ✎ (les enlèvements d'enfants dans le projet de révision du Règlement Bruxelles II *bis*).

Le Conseil de l'Union européenne,

vu le traité instituant la Communauté européenne, et notamment son article 61, point c), et son article 67, paragraphe 1,

vu la proposition de la Commission *[JO C 203 E du 27 août 2002, p. 155]*,

vu l'avis du Parlement européen *[Avis rendu le 20 sept. 2002 (non encore paru au Journal officiel)]*,

vu l'avis du Comité économique et social européen *[JO C 61 du 14 mars 2003, p. 76]*,

considérant ce qui suit :

(1) La Communauté européenne s'est donné pour objectif de créer un espace de liberté, de sécurité et de justice au sein duquel est assurée la libre circulation des personnes. A cette fin, la Communauté adopte, notamment, les mesures dans le domaine de la coopération judiciaire en matière civile nécessaires au bon fonctionnement du marché intérieur.

(2) Le Conseil européen de Tampere a approuvé le principe de la reconnaissance mutuelle des décisions judiciaires comme pierre angulaire de la création d'un véritable espace judiciaire, et a identifié le droit de visite comme une priorité.

(3) Le règlement (CE) n° 1347/2000 du Conseil du 29 mai 2000 établit les règles régissant la compétence, la reconnaissance et l'exécution des décisions en matière matrimoniale et en matière de responsabilité parentale des enfants communs, rendues à l'occasion d'actions matrimoniales. Le contenu dudit règlement était largement repris de la convention du 28 mai 1998 ayant le même objet. – *V. Règl. (CE) n° 1347/2000 du Conseil du 29 mai 2000, JO L 160 du 30 juin 2000, p. 19. – Conv. du 28 mai 1998 : lors de l'adoption du Règl. (CE) n° 1347/2000, le Conseil avait pris acte du rapport explicatif relatif à la convention élaboré par madame le professeur Alegria Borras (JO C 221 du 16.7.1998, p. 27).*

(4) Le 3 juillet 2000, la France a présenté une initiative en vue de l'adoption d'un règlement du Conseil relatif à l'exécution mutuelle des décisions concernant le droit de visite des enfants. – *V. Initiative du 3 juill. 2000 de la France, JO C 234 du 15 août 2000, p. 7.*

(5) En vue de garantir l'égalité de tous enfants, le présent règlement couvre toutes les décisions en matière de responsabilité parentale, y compris les mesures de protection de l'enfant, indépendamment de tout lien avec une procédure matrimoniale.

(6) Dès lors que l'application des règles en matière de responsabilité parentale intervient souvent dans le cadre d'actions matrimoniales, il est plus approprié d'avoir un seul instrument en matière de divorce et en matière de responsabilité parentale.

(7) Le champ d'application du présent règlement couvre les matières civiles, quelle que soit la nature de la juridiction.

(8) En ce qui concerne les décisions de divorce, de séparation de corps ou d'annulation du mariage, le présent règlement ne devrait s'appliquer qu'à la dissolution du lien matrimonial et ne devrait pas concerner des questions telles que les causes de divorce, les effets patrimoniaux du mariage ou autres mesures accessoires éventuelles.

(9) En ce qui concerne les biens de l'enfant, le présent règlement ne devrait s'appliquer qu'aux mesures de protection de l'enfant, c'est-à-dire : i) à la désignation et aux fonctions d'une personne ou d'un organisme chargé de gérer les biens de l'enfant, de le représenter et de l'assister et ii) aux mesures relatives à l'administration, à la conservation ou à la disposition des biens de l'enfant. Dans ce contexte et à titre d'exemple, le présent règlement devrait s'appliquer aux cas dans lesquels les parents sont en litige au sujet de l'administration des biens de l'enfant. Les mesures relatives aux biens de l'enfant qui ne concernent pas la protection de l'enfant devraient continuer à être régies par règlement (CE) n° 44/2001 du Conseil du 22 décembre 2000 concernant la compétence judiciaire, la reconnaissance et l'exécution des décisions en matière civile et commerciale. – *V. Règl. (CE) n° 44/2001 du Conseil du 22 déc. 2000.*

(10) Le présent règlement n'a pas vocation à s'appliquer à des matières telles que celles relatives à la sécurité sociale, aux mesures de droit public à caractère général en matière d'éducation et de santé, ni aux décisions relatives au droit d'asile et à l'immigration. En outre, il ne s'applique ni à l'établissement de la filiation qui est une question distincte de l'attribution de la responsabilité parentale, ni aux autres questions liées à l'état des personnes. Il ne s'applique pas non plus aux mesures prises à la suite d'infractions pénales commises par des enfants.

(11) Les obligations alimentaires sont exclues du champ d'application du présent règlement car elles sont déjà régies par le règlement (CE) n° 44/2001. Les juridictions compétentes en vertu du présent règlement seront généralement compétentes pour statuer en matière d'obligations alimentaires par application de l'article 5, paragraphe 2, du règlement (CE) n° 44/2001. – *V. Règl. (CE) n° 44/2001 du Conseil du 22 déc. 2000.*

(12) Les règles de compétence établies par le présent règlement en matière de responsabilité parentale sont conçues en fonction de l'intérêt supérieur de l'enfant et en particulier du critère de proximité. Ce sont donc en premier lieu les juridictions de l'État membre dans lequel l'enfant a sa résidence habituelle qui devraient être compétentes, sauf dans certains cas de changement de résidence de l'enfant ou suite à un accord conclu entre les titulaires de la responsabilité parentale.

(13) Dans l'intérêt de l'enfant, le présent règlement permet à la juridiction compétente, à titre exceptionnel et dans certaines conditions, de renvoyer l'affaire à la juridiction d'un autre État membre si celle-ci est mieux placée pour connaître de l'affaire. Toutefois, dans ce cas, la juridiction deuxième saisie ne devrait pas être autorisée à renvoyer l'affaire à une troisième juridiction.

(14) Les effets du présent règlement ne devraient pas porter préjudice à l'application du droit international public en matière d'immunités diplomatiques. Si la juridiction compétente

sur base du présent règlement ne peut exercer sa compétence en raison de l'existence d'une immunité diplomatique conforme au droit international, la compétence devrait être déterminée dans l'État membre dans lequel la personne concernée ne bénéficie d'aucune immunité, conformément à la loi de cet État.

(15) Le règlement (CE) n° 1348/2000 du Conseil du 29 mai 2000 relatif à la signification et à la notification dans les États membres des actes judiciaires et extrajudiciaires en matière civile et commerciale est d'application pour la signification et la notification des actes dans le cadre d'une action judiciaire intentée en vertu du présent règlement.

(16) Le présent règlement ne fait pas obstacle à ce que les juridictions d'un État membre adoptent, en cas d'urgence, des mesures provisoires ou conservatoires relatives aux personnes ou aux biens présents dans cet État.

(17) En cas de déplacement ou de non-retour illicite d'un enfant, son retour devrait être obtenu sans délai et à ces fins la convention de La Haye du 25 octobre 1980 devrait continuer à s'appliquer telle que complétée par les dispositions de ce règlement et en particulier de l'article 11. Les juridictions de l'État membre dans lequel l'enfant a été déplacé ou retenu illicitement devraient être en mesure de s'opposer à son retour dans des cas précis, dûment justifiés. Toutefois, une telle décision devrait pouvoir être remplacée par une décision ultérieure de la juridiction de l'État membre de la résidence habituelle de l'enfant avant son déplacement ou non-retour illicites. Si cette décision implique le retour de l'enfant, le retour devrait être effectué sans qu'il soit nécessaire de recourir à aucune procédure pour la reconnaissance et l'exécution de ladite décision dans l'État membre où se trouve l'enfant enlevé.

(18) En cas de décision de non-retour rendue en vertu de l'article 13, de la convention de La Haye de 1980, la juridiction devrait en informer la juridiction compétente ou l'autorité centrale de l'État membre dans lequel l'enfant avait sa résidence habituelle avant son déplacement ou son non-retour illicites. Cette juridiction, si elle n'a pas encore été saisie, ou l'autorité centrale, devrait adresser une notification aux parties. Cette obligation ne devrait pas empêcher l'autorité centrale d'adresser également une notification aux autorités publiques concernées conformément au droit national.

(19) L'audition de l'enfant joue un rôle important dans l'application du présent règlement sans que cet instrument ait pour objet de modifier les procédures nationales applicables en la matière.

(20) L'audition d'un enfant dans un autre État membre peut être effectuée selon les modalités prévues par le règlement (CE) n° 1206/2001 du Conseil du 28 mai 2001 relatif à la coopération entre les juridictions des États membres dans le domaine de l'obtention des preuves en matière civile ou commerciale. – *V. Règl. (CE) n° 1206/2001 du Conseil du 28 mai 2001, JO L 174 du 27 juin 2001, p. 1.*

(21) La reconnaissance et l'exécution des décisions rendues dans un État membre devraient reposer sur le principe de la confiance mutuelle et les motifs de non-reconnaissance devraient être réduits au minimum nécessaire.

(22) Les actes authentiques et les accords entre parties qui sont exécutoires dans un État membre devraient être assimilés à des "décisions" aux fins de l'application des règles de reconnaissance et d'exécution.

(23) Le Conseil européen de Tampere a estimé en ses conclusions (point 34) que les décisions rendues dans les litiges relevant du droit familial devaient être « automatiquement reconnues dans l'ensemble de l'Union sans procédure intermédiaire ni motifs de refus d'exécution ». C'est pourquoi les décisions concernant le droit de visite et celles concernant le retour de l'enfant, qui ont été certifiées dans l'État membre d'origine conformément aux dispositions du présent règlement, devraient être reconnues et jouissent de la force exécutoire dans tous les autres États membres sans qu'aucune autre procédure ne soit requise. Les modalités relatives à l'exécution de ces décisions restent régies par le droit national.

(24) Le certificat délivré aux fins de faciliter l'exécution de la décision ne devrait être susceptible d'aucun recours. Il ne devrait donner lieu à une action en rectification qu'en cas d'erreur matérielle, c'est-à-dire si le certificat ne reflète pas correctement le contenu de la décision.

(25) Les autorités centrales devraient coopérer tant de manière générale que dans les cas particuliers, y compris en vue de favoriser le règlement à l'amiable des conflits familiaux en matière de responsabilité parentale. A cet effet, les autorités centrales participent au réseau judiciaire européen en matière civile et commerciale créé par la décision 2001/470/CE du

Conseil du 28 mai 2001 relative à la création d'un réseau judiciaire européen en matière civile et commerciale. — *V. Décis. 2001/470/CE du Conseil du 28 mai 2001, JO L 174 du 27 juin 2001, p. 25.*

(26) La Commission devrait rendre publiques et mettre à jour les listes de juridictions et de voies de recours transmises par les États membres.

(27) Il y a lieu d'arrêter les mesures nécessaires à la mise en œuvre du présent règlement en conformité avec la décision 1999/468/CE du Conseil du 28 juin 1999 fixant les modalités de l'exercice des compétences d'exécution conférées à la Commission. — *V. Décis. 1999/468/CE du Conseil du 28 juin 1999, JO L 184 du 17 juill. 1999, p. 23.*

(28) Le présent règlement remplace le règlement (CE) nº 1347/2000 qui est par conséquent abrogé. — *V. Règl. (CE) nº 1347/2000 du Conseil du 29 mai 2000, JO L 160 du 30 juin 2000, p. 19.*

(29) Il importe, en vue du bon fonctionnement du présent règlement, que la Commission en examine l'application en vue de proposer, le cas échéant, les modifications nécessaires.

(30) Le Royaume-Uni et l'Irlande, en vertu de l'article 3 du protocole sur la position du Royaume-Uni et de l'Irlande annexé au traité sur l'Union européenne et au traité instituant la Communauté européenne, ont notifié leur souhait de participer à l'adoption et à l'application du présent règlement.

(31) Le Danemark, conformément aux articles 1er et 2 du protocole sur la position du Danemark annexé au traité sur l'Union européenne et au traité instituant la Communauté européenne, ne participe pas à l'adoption du présent règlement et n'est donc pas lié par celui-ci ni soumis à son application.

(32) Étant entendu que les objectifs du présent règlement ne peuvent pas être réalisés de manière suffisante par les États membres et peuvent donc être mieux réalisés au niveau communautaire, la Communauté peut prendre des mesures conformément au principe de subsidiarité consacré à l'article 5 du traité. Conformément au principe de proportionnalité, tel qu'énoncé audit article, le présent règlement n'excède pas ce qui est nécessaire pour atteindre ces objectifs.

(33) Le présent règlement reconnaît les droits fondamentaux et observe les principes consacrés par la charte des droits fondamentaux de l'Union européenne. Il veille notamment à assurer le respect des droits fondamentaux de l'enfant tels qu'énoncés à l'article 24 de la charte des droits fondamentaux de l'Union européenne,

A ARRÊTÉ LE PRÉSENT RÈGLEMENT :

CHAPITRE PREMIER *Champ d'application et définitions*

Art. 1er *Champ d'application.* **1. Le présent règlement s'applique, quelle que soit la nature de la juridiction, aux matières civiles relatives :**

***a)* au divorce, à la séparation de corps et à l'annulation du mariage des époux ;**

***b)* à l'attribution, à l'exercice, à la délégation, au retrait total ou partiel de la responsabilité parentale.**

2. Les matières visées au paragraphe 1, point b, concernent notamment :

***a)* le droit de garde et le droit de visite ;**

***b)* la tutelle, la curatelle, et les institutions analogues ;**

***c)* la désignation et les fonctions de toute personne ou organisme chargé de s'occuper de la personne ou des biens de l'enfant, de le représenter ou de l'assister ;**

***d)* le placement de l'enfant dans une famille d'accueil ou dans un établissement ;**

***e)* les mesures de protection de l'enfant liées à l'administration, à la conservation ou à la disposition de ses biens.**

3. Le présent règlement ne s'applique pas :

***a)* à l'établissement et la contestation de la filiation ;**

***b)* à la décision sur l'adoption et les mesures qui la préparent, ainsi que l'annulation et la révocation de l'adoption ;**

***c)* aux noms et prénoms de l'enfant ;**

***d)* à l'émancipation ;**

***e)* aux obligations alimentaires ;**

***f)* aux trusts et successions ;**

***g)* aux mesures prises à la suite d'infractions pénales commises par des enfants.**

1. Matière civile. Notion. Relève de la notion de « matières civiles », au sens de l'art. 1er, § 1er, une décision unique qui ordonne la prise en charge immédiate et le placement d'un enfant en dehors de son foyer d'origine, dans une famille d'accueil, lorsque cette décision a été adoptée dans le cadre des règles d'ordre public relatives à la protection de l'enfance. • CJCE 27 nov. 2007, no C-435-06 : *Dr. et patr. 2/2008, p. 106, obs. M.-L. Niboyet ; AJ fam. 2008. 82, obs.* Boiché ; *Procédures 2008, no 45, obs. Nourrissat ; RJ com. 2008. 124, obs. Raynouard ; Europe 2008. Comm. 28, obs. Idot* • CJCE 2 avr. 2009, no C-523/07 : *D. 2009. AJ 1149 ; ibid. 2010. Pan. 1585, obs. Jault-Seseke ; Rev. crit. DIP 2009. 685, obs. Cuniberti ; JCP 2009. 316, note Boulanger ; Europe 2009. Comm. 265, obs. Idot ; Procédures 2009, no 277, note Nourissat ; Gaz. Pal. 2009. Jurisp. 3793, note Guez.* ♦ *Adde.* Boiché, *AJ fam. 2009. 294* (mise en œuvre pratique).

2. Placement d'un enfant dans un établissement fermé dans un autre État membre pour des fins thérapeutiques. Renvoi. V. note ss. art. 56.

3. Responsabilité parentale. L'approbation d'un accord de partage successoral conclu par le tuteur d'enfants mineurs pour le compte de ceux-ci constitue une mesure relative à l'exercice de la responsabilité parentale, au sens de l'art. 1er, § 1er, ss. b), du Règl. du 27 nov. 2003, relevant dès lors du champ d'application de ce dernier, et non une mesure relative aux successions, au sens de l'art. 1er, § 3, ss. f), dudit règlement, exclue du champ d'application de celui-ci. • CJUE 6 oct. 2015, no C-404/14 : *Gaz. Pal. 5 janv. 2016, p. 86, obs. Darmois.*

4. Annulation du mariage. L'art. 1er, § 1er, ss. a) doit être interprété en ce sens qu'une action en annulation de mariage introduite par un tiers postérieurement au décès de l'un des époux relève du champ d'application du Règl. no 2201/2003 du 27 nov. 2003. • CJUE 13 oct. 2016, no C-294/15 : *Gaz. Pal. 4 avr. 2017, p. 43, obs. Anger.*

5. Défaut de consentement de l'autre parent. L'action par laquelle l'un des parents demande au juge de pallier le défaut de consentement de l'autre parent au voyage de leur enfant en dehors de l'État membre de résidence de celui-ci et à la délivrance d'un passeport au nom de cet enfant relève du champ d'application matériel du Règl. du 27 nov. 2003, et ce alors même que la décision prononcée à l'issue de cette action devra être prise en compte par les autorités de l'État membre dont ledit enfant est ressortissant dans le cadre de la procédure administrative concernant la délivrance de ce passeport. • CJUE 21 oct. 2015, no C-215/15 : *AJ fam. 2016. 46, obs. Cassagnes et Eskenazi.*

6. Droit de visite. Notion. La notion de « droit de visite », visée à l'art. 1er, § 2, ss. a), ainsi qu'à l'art. 2, § 7 et 10 doit être interprétée en ce sens qu'elle comprend le droit de visite des grands-parents à l'égard de leurs petits-enfants. • CJUE 31 mai 2018, no C-335/17 : *D. actu. 7 juin 2018, obs. Mélin ; D. 2018. Actu. 1212 ; JCP 2018. 811, note Péroz ; Europe 2018, no 296, note Idot.*

7. Le Règl. no 2201/2003 doit être interprété en ce sens qu'il ne s'oppose pas à ce qu'une juridiction d'un État membre adopte des mesures conservatoires sous la forme d'une injonction à l'encontre d'un organisme public d'un autre État membre interdisant à cet organisme d'entamer ou de poursuivre, devant les juridictions de cet autre État membre, une procédure d'adoption d'enfants qui y séjournent. • CJUE 19 sept. 2018, nos C-325/18 et C-375/18 : *cité note ss. art. 21 du présent Règl.*

Art. 2 *Définitions.* Aux fins du présent règlement en entend par :

1) "juridiction" toutes les autorités compétentes des États membres dans les matières relevant du champ d'application du présent règlement en vertu de l'article 1er ;

2) "juge" le juge ou le titulaire de compétences équivalentes à celles du juge dans les matières relevant du champ d'application du présent règlement ;

3) "État membre" tous les États membres à l'exception du Danemark ;

4) "décision" toute décision de divorce, de séparation de corps ou d'annulation d'un mariage, ainsi que toute décision concernant la responsabilité parentale rendue par une juridiction d'un État membre, quelle que soit la dénomination de la décision, y compris les termes "arrêt", "jugement" ou "ordonnance" ;

5) "État membre d'origine" l'État membre dans lequel a été rendue la décision à exécuter ;

6) "État membre d'exécution" l'État membre dans lequel est demandée l'exécution de la décision ;

7) "responsabilité parentale" l'ensemble des droits et obligations conférés à une personne *physique ou une personne* morale sur la base d'une décision judiciaire, d'une attribution de plein droit ou d'un accord en vigueur, à l'égard de la personne ou des biens d'un enfant. Il comprend notamment le droit de garde et le droit de visite ;

8) "titulaire de la responsabilité parentale" toute personne exerçant la responsabilité parentale à l'égard d'un enfant ;

9) "droit de garde" les droits et obligations portant sur les soins de la personne d'un enfant, et en particulier le droit de décider de son lieu de résidence ;

10) "droit de visite" notamment le droit d'emmener l'enfant pour une période limitée dans un lieu autre que celui de sa résidence habituelle ;

11) "déplacement ou non-retour illicites d'un enfant" le déplacement ou le non-retour d'un enfant lorsque :

***a)* il a eu lieu en violation d'un droit de garde résultant d'une décision judiciaire, d'une attribution de plein droit ou d'un accord en vigueur en vertu du droit de l'État membre dans lequel l'enfant avait sa résidence habituelle immédiatement avant son déplacement ou son non-retour**

et

***b)* sous réserve que le droit de garde était exercé effectivement, seul ou conjointement, au moment du déplacement ou du non-retour, ou l'eût été si de tels événements n'étaient survenus. La garde est considérée comme étant exercée conjointement lorsque l'un des titulaires de la responsabilité parentale ne peut, conformément à une décision ou par attribution de plein droit, décider du lieu de résidence de l'enfant sans le consentement d'un autre titulaire de la responsabilité parentale.**

1. Déplacement illicite. C'est à bon droit qu'une cour d'appel retient d'abord qu'il n'appartient pas au juge de l'État requis, saisi d'une demande de retour immédiat, de statuer au fond sur la garde de l'enfant ; puis, relevant que l'enfant est né aux Pays-Bas d'un père néerlandais et y a principalement résidé, hormis quelques séjours en France dans sa famille maternelle, décide que l'autorité parentale commune, au sens de l'art. 251 C. civ. néerlandais, survit au divorce, de sorte que la résidence de l'enfant ne peut être modifiée unilatéralement par la mère avant qu'il ne soit statué au fond ; enfin, constatant que la décision marocaine invoquée ne comporte aucune disposition spécifique relative à une garde exclusive confiée à la mère, une cour d'appel en déduit justement que le déplacement est illicite au sens de l'art. 2, 11°. • Civ. 1re, 17 déc. 2008, n° 07-15.393 P.

2. Le Règl. (CE) n° 2201/2003 du Conseil du 27 nov. 2003 doit être interprété en ce sens qu'il ne s'oppose pas à ce que le droit d'un État membre subordonne l'acquisition du droit de garde par le père d'un enfant, non marié avec la mère de ce dernier, à l'obtention par le père d'une décision de la juridiction nationale compétente lui conférant un tel droit, qui est susceptible de rendre illicite, au sens de l'art. 2, point 11, de ce règlement, le déplacement de l'enfant par sa mère ou le non-retour de celui-ci. • CJUE 5 oct. 2010, n° C-400/10 : *D. actu. 20 oct. 2010, obs. Gallmeister ; D. 2010. AJ 2516, obs. Gallmeister ; RTD civ. 2010. 748, obs. Rémy-Corlay ; ibid. 115, obs. Hauser ; RTD eur. 2010. 927, obs. Douchy-Oudot et Guinchard ; JCP 2010. 1327, note Boulanger ; RJPF janv. 2011, p. 27, obs. Eudier ; Procédures 2010, n° 405, note Nourrissat ; AJ fam. 2011. 482, note Boiché ; Dr. fam. 2011, n° 50, note Fabre ; Europe 2010, n° 447, note Idot.*

3. Droit de visite. Notion. Renvoi. V. note 6 ss. art. 1er du présent Règl.

CHAPITRE II *Compétence*

BIBL. ▶ Devers, *Dr. fam. 2008. Étude 9* (la résidence alternée en droit international privé).

SECTION I *Divorce, séparation de corps et annulation du mariage*

Art. 3 *Compétence générale.* **1. Sont compétentes pour statuer sur les questions relatives au divorce, à la séparation de corps et à l'annulation du mariage des époux, les juridictions de l'État membre :**

***a)* sur le territoire duquel se trouve :**

– la résidence habituelle des époux, ou

– la dernière résidence habituelle des époux dans la mesure où l'un d'eux y réside encore, ou

***– la résidence habituelle du défendeur,* ou**

– en cas de demande conjointe, la résidence habituelle de l'un ou l'autre époux, ou

– la résidence habituelle du demandeur s'il y a résidé depuis au moins une année immédiatement avant l'introduction de la demande, ou

– la résidence habituelle du demandeur s'il y a résidé depuis au moins six mois immédiatement avant l'introduction de la demande et s'il est soit ressortissant de l'État membre en question, soit, dans le cas du Royaume-Uni et de l'Irlande, s'il y a son "domicile" ;

***b)* de la nationalité des deux époux ou, dans le cas du Royaume-Uni et de l'Irlande, du "domicile" commun.**

2. Aux fins du présent règlement, le terme "domicile" s'entend au sens des systèmes juridiques du Royaume-Uni et de l'Irlande.

BIBL. ▶ Boiché, *AJ fam. 2011. 585* (résidence alternée en droit international privé). – Richer-Powz, *Dr. et patr. 6/2005, p. 53* (notion de résidence). – Viganotti, *Dr. fam. 2012. Formule 1* (désunion du couple et compétence juridictionnelle internationale. Cas des époux de même nationalité étrangère).

1. Primauté du droit communautaire. BIBL. Pluyette et Monéger, *Mél. Gaudemet-Tallon, Dalloz 2008, p. 559.* – Les règles de compétence de l'art. 2 *[du Règl. 1347/2000, correspondant à l'art. 3]* doivent être d'office mises en œuvre pour déterminer la compétence des juridictions françaises saisies d'une procédure de désunion, avant même d'appliquer les règles de compétence nationales internes. • Civ. 1re, 12 déc. 2006, nº 04-11.088 P : *D. 2007. 780, note Mahinga ; ibid. 1755, obs. Jaul-Seseke ; AJ fam. 2007. 226, obs. Boiché ; JCP 2007. II. 10048, note Devers* • 25 avr. 2007, nº 06-15.381 P : *D. 2007. AJ 1431, obs. Avena-Robardet ; AJ fam. 2007. 397, obs. Boiché ; Gaz. Pal. 23 nov. 2007, p. 26, obs. Massip* • 28 nov. 2007, nº 06-16.443 P : *D. 2008. AJ 28 ; ibid. Pan. 809, obs. Williatte-Pellitteri ; AJ fam. 2008. 212, obs. Boiché ; Dr. fam. 2008. Comm. 4, obs. Larribau-Terneyre ; Rev. crit. DIP 2008. 844, note Gallant* • Civ. 1re, 12 juill. 2017, nº 16-18.821 : *Dr. fam. 2017, nº 192, note Farge.* ♦ Rappr. • Civ. 1re, 22 févr. 2005, nº 02-14.758 P : *D. 2005. 1459, note Sana-Chaillé de Néré ; ibid. 2006. Pan. 1500, obs. Courbe et Jault-Seseke ; Rev. crit. DIP 2005. 515, note Pataut ; JCP 2006. I. 107, obs. Fabries ; Procédures 2005, nº 281, note Nourrissat ; Dr. et Patr. 2006, nº 145, p. 114, obs. Niboyet ; RLDA 05/2005. 5161, obs. Mendak.* ♦ V. aussi • Civ. 1re, 23 janv. 2008, nº 06-21.898 P : *D. 2008. AJ 490 ; ibid. Pan. 2567, obs. Bollée ; JCP 2008. II. 10092, note Boismain ; RDC 2008. 900, note Deumier* • 30 sept. 2009 : *cité note 2 ss. Règl. (CE) 2201–2003 du nov. 2003, art. 7.*

2. Articulation des critères. Les critères de compétence prévus par l'art. 2 *[du Règl. 1347/2000, correspondant à l'art. 3]* doivent être appliqués de manière non cumulative et non hiérarchisée. • Colmar, 2 sept. 2002 : *D. 2003. Chron. 2450, nº 15, obs. Nourissat ; AJ fam. 2002. 415, obs. S. D.-B . ; Procédures 2003, nº 137, note Nourissat.* ♦ Ainsi, en vertu de l'art. 2 *[3]* (§ 1, *b*), le juge français est compétent pour connaître de la requête de deux époux de nationalité française même si l'un réside dans un autre État membre. • Même arrêt. • Civ. 1re, 24 sept. 2008, nº 07-20.248 P : *D. 2008. AJ 2438 ; AJ fam. 2008. 432, note Boiché ; Gaz. Pal. 7-9 juin 2009, p. 36, note Eppler ; RJPF 2008/12, p. 22, obs. Garé ; Dr. fam. 2009. Comm. 20, note Farge.*

3. Compétence facultative de la juridiction française. L'art. 2, § 1er, b) du Règl. (CE) nº 1347/2000 du 29 mai 2000 [correspondant à l'art. 3] ne consacre qu'une compétence facultative de la juridiction française, impropre à exclure la compétence d'un juge étranger. • Civ. 1re, 17 juin 2009 : *cité note 4 ss. art. 19 du présent Règl.*

4. Résidence habituelle. La résidence habituelle, notion autonome du droit communautaire, se définit comme le lieu où l'intéressé a fixé, avec la volonté de lui conférer un caractère stable, le centre permanent ou habituel de ses intérêts ; tel n'est pas le cas d'un séjour de l'épouse dans la résidence secondaire de la famille de l'époux, temporaire et ayant pour but principal d'aider l'enfant commun à poursuivre momentanément sa scolarité en France, l'épouse n'ayant pas eu la volonté de transférer en France le centre habituel et permanent de ses intérêts. • Civ. 1re, 14 déc. 2005, nº 05-10.951 P : *D. 2006. Pan. 1503, obs. Jault-Seseke ; JCP 2006. I. 133, nº 17, obs. Jeuland ; Dr. et pr. mars-avr. 2006. suppl. 11, obs. Mecarelli ; Gaz. Pal. 24-25 févr. 2006, p. 8, obs. Guez ; AJ fam. 2006. 161, note David ; Dr. fam. 2006, nº 17, note Farge ; RLDC 2006/30, nº 2193, Étude Pomart ; Dr. et patr. 2006, nº 145, p. 115, obs. Niboyet.* – V. arrêt confirmé, • Aix-en-Provence, 18 nov. 2004 : *Gaz. Pal. 14-15 janv. 2005, p. 21, note Guez.* ♦ *Adde* • Rennes, 21 févr. 2006 : *JCP 2006. IV. 3462* • CJCE 2 avr. 2009 : *préc. note ss. art. 1er du présent règlement.* ♦ L'art. 3, § 1er, ss. a), du Règl. doit être interprété en ce sens qu'un époux qui partage sa vie entre deux États membres ne peut avoir sa résidence habituelle que dans un seul de ces États membres, de sorte que seules les juridictions de l'État membre sur le territoire duquel se situe cette résidence habituelle sont compétentes pour statuer sur la demande de dissolution du lien matrimonial. • CJUE, 25 nov. 2021, nº C-289/20 : *D. actu. 9 déc. 2021, note Callé ; Gaz. Pal. 18 janv. 2022, p. 23, note Viganotti ; Europe 2022, nº 34, note Idot.*

5. Nationalité. Lorsque la juridiction de l'État membre requis doit vérifier, en application de l'art. 64, § 4, si la juridiction de l'État membre d'origine d'une décision juridictionnelle aurait été compétente en vertu de l'art. 3, § 1, ss. b), de ce même règlement, cette dernière disposition s'oppose à ce que la juridiction de l'État membre requis considère les époux qui possèdent tous deux la nationalité tant de cet État que de l'État membre d'origine uniquement comme des ressortissants de l'État membre requis. Cette juridiction doit, au contraire, tenir compte du fait que les époux possèdent également la nationalité de l'État membre d'origine et que, partant, les juridictions de ce dernier auraient pu être compétentes pour connaître du litige. • CJCE 16 juill. 2009, nº C-168/08 : *D. 2010. Pan. 1243, obs. Serra et Williatte-Pelliteri ; AJ fam. 2009. 348, note Boiché ; Gaz. Pal. 22-23 janv. 2010, p. 34, obs.* Khenkine-Sonigo ; Europe 2009, nº 389, note *Idot ; Procédures 2010, nº 361, note Nourissat ; Rev. crit. DIP 2010. 184, note Brière ; RTD eur. 2010. 769, note P. Lagarde .* ♦ Lorsque les époux possèdent chacun la nationalité de deux mêmes États membres, l'art. 3, § 1, sous b) s'oppose à ce que la compétence des juridictions de l'un de ces États membres soit écartée au motif que le demandeur ne présente pas d'autres liens de rattachement avec cet État. Au contraire, les juridictions des États membres dont les époux possèdent la nationalité sont compétentes en vertu de cette disposition, ces derniers pouvant saisir, selon leur choix, la juridiction de l'État membre devant laquelle le litige sera porté. • Même arrêt. ♦ *Add.* • Civ. 1re, 16 avr. 2008, n° 07-11.648 P : *D. 2008. AJ 1355, obs. Gallmeister ; ibid. 2009. Pan. 832, obs. Serra et Williatte-Pelliteri ; JCP 2008. II. 10092, note Boismain ; Procédures 2008, n° 172, note Nourissat.* ♦ Viole en conséquence l'art. 3, § 1er, b) la cour d'appel qui pour déclarer recevable en France la demande en divorce formée par l'épouse et dire inopposable le jugement de divorce du tribunal de Pest (Hongrie), relève que la compétence du tribunal de Pest est en réalité très fragile et que le litige ne présente pas de lien suffisant avec la juridiction hongroise, alors qu'elle ne pouvait écarter la décision étrangère pour un tel motif et qu'elle devait contrôler les autres conditions de régularité internationale du jugement du tribunal de Pest. • Civ. 1re, 17 févr. 2010 : *D. 2010. Actu. 832, obs. Gallmeister ; Gaz. Pal. 21-22 mai 2010, p. 34, note Eppler ; Procédures 2010, n° 118, note Nourissat ; JCP 2010. 245, obs. Devers ; RJPF 2010. 20, obs. Garé.*

6. Ressortissant d'un État non membre. Viole l'art. 3, la cour d'appel qui, pour déclarer la juridiction française incompétente, écarte l'application du règl. au motif erroné qu'il n'aurait vocation à réglementer que les rapports entre ressortissants d'États membres de l'UE, alors qu'elle devait examiner sa compétence au regard des critères énumérés à son art. 3. • Civ. 1re, 24 juin 2020, n° 19-11.714 P : *D. actu. 24 juill. 2020, note Mélin : D. 2020. 1409 ; AJ fam. 2020. 533, obs. Boiché ; Rev. crit. DIP 2021. 146, note Legendre ; JCP 2020. 850, note Farge ; ibid. 1189, obs. Farge ; Gaz. Pal. 6 oct. 2020, p. 73, note Cordeiro ; Defrénois 2020 n° 41, p. 27, note Callé.*

7. Compétence indirecte d'un tribunal étranger. Conditions. Une juridiction malienne étant compétente pour connaître de la procédure de divorce au regard de la résidence des époux, en application de l'art. 3 a du Règl. (CE) du 27 nov. 2003 (Bruxelles II *bis*), et la saisine initiale de la juridiction malienne ne révélant aucune fraude, une cour d'appel a pu retenir l'état de litispendance internationale, de sorte que l'absence de renonciation au bénéfice de l'art. 15 C. civ. invoquée par l'une des parties est sans effet. • Civ. 1re, 1er déc. 2010 : *BICC 15 juin 2011, n° 645 ; D. 2011. 647, note Laazouzi ; ibid. 1374, obs. Jault-Seseke ; AJ fam. 2011. 50, obs. Boiché ; Dr. fam. 2011, n° 65, note Abadie.*

8. Incompétence. Dans le cas où une juridiction d'un État membre n'a aucune compétence, elle doit se déclarer d'office incompétente, sans être tenue de déférer l'affaire à une autre juridiction. Toutefois, pour autant que la protection de l'intérêt supérieur de l'enfant l'exige, la juridiction nationale qui s'est déclarée d'office incompétente doit en informer, directement ou par l'intermédiaire de l'autorité centrale désignée au titre de l'art. 53, la juridiction compétente d'un autre État membre. • CJCE 2 avr. 2009 : *préc. note ss. art. 1er.*

9. L'art. 3, § 1er, ss. a), cinquième et sixième tirets, du Règl. n° 2201/2003 doit être interprété en ce sens qu'une personne autre que l'un des époux qui introduit une action en annulation de mariage ne peut se prévaloir des chefs de compétence prévus à ces dispositions. • CJUE 13 oct. 2016, n° C-194/15 : *cité note 3 bis ss. art. 1er du présent règlement.*

10. Responsabilité parentale dans le cas où l'enfant ne réside pas sur le territoire de cet État. Compétence en matière d'obligation alimentaire. Le Règl. (CE) n° 2201/2003 du Conseil, du 27 nov. 2003 doit être interprété en ce sens qu'une juridiction d'un État membre compétente pour statuer, en vertu de l'art. 3, § 1er, ss. b), de ce règlement, sur une demande en divorce entre deux époux ayant la nationalité de cet État membre n'est pas compétente pour se prononcer sur le droit de garde et le droit de visite à l'égard de l'enfant des époux lorsque celui-ci a, au moment où cette juridiction est saisie, sa résidence habituelle dans un autre État membre et que les conditions requises pour conférer cette compétence à ladite juridiction en vertu de l'art. 12 dudit règlement ne sont pas remplies, compte tenu en outre du fait qu'il ne résulte pas non plus des circonstances de l'affaire au principal que cette compétence pourrait être fondée sur les art. 9, 10 ou 15 du même règlement. Par ailleurs, cette juridiction ne satisfait pas aux conditions prévues à l'art. 3, ss. d), du Règl. (CE) n° 4/2009 du Conseil, du 18 déc. 2008, relatif à la compétence, la loi applicable, la reconnaissance et l'exécution des décisions et la coopération en matière d'obligations alimentaires pour statuer sur la demande relative à la pension alimentaire. • CJUE, ord., 26 janv. 2018, n° C-604/7 : *Procédures 2018, n° 81, note Nourissat.*

Art. 4 *Demande reconventionnelle.* **La juridiction devant laquelle la procédure est pendante en vertu de l'article 3 est également compétente pour examiner la demande reconventionnelle, dans la mesure où celle-ci entre dans le champ d'application du présent règlement.**

Art. 5 *Conversion de la séparation de corps en divorce.* **Sans préjudice de l'article 3, la juridiction de l'État membre qui a rendu une décision sur la séparation de corps est également compétente pour convertir cette décision en divorce, si la loi de cet État membre le prévoit.**

Art. 6 *Caractère exclusif des compétences définies aux articles 3, 4 et 5.* Un époux qui :
a) a sa résidence habituelle sur le territoire d'un État membre,
ou
b) est ressortissant d'un État membre ou, dans le cas du Royaume-Uni et de l'Irlande, a son "domicile" sur le territoire de l'un de ces États membres,
ne peut être attrait devant les juridictions d'un autre État membre qu'en vertu des articles 3, 4 et 5.

1. Caractère exclusif. Les art. 6 et 7 du règlement doivent être interprétés en ce sens que, dans le cadre d'une procédure de divorce, lorsqu'un défendeur n'a pas sa résidence habituelle dans un État membre et qu'il n'est pas ressortissant d'un État membre, les juridictions d'un État membre ne peuvent pas, pour statuer sur cette demande, fonder la compétence sur le droit national, si les juridictions d'un autre État membre sont compétentes au titre de l'art. 3 dudit règlement. • CJCE 29 nov. 2007, n° C-68-07 : *D. 2008. Pan. 1514, obs. Jault-Seseke ; Dr. et patr. 2/2008, p. 107, obs. M.-L. Niboyet ; AJ fam. 2008. 34, obs. Boiché ; RJ com. 2008. 123, obs. Raynouard ; JCP 2008. II. 10042, note Devers ; Procédures 2008, n° 42, note Nourrissat ; Europe 2008. Comm. 27, obs. Idot ; Rev. crit. DIP 2008. 343, obs. Gallant.*

2. Articulation avec l'art. 7, § 1er. Un époux qui a sa résidence habituelle sur le territoire d'un État membre ou est ressortissant d'un État membre ne peut être attrait devant les juridictions d'un autre État membre qu'en vertu des art. 3 à 5 du Règl. du 27 nov. 2003, sans qu'il soit possible à ce demandeur de rechercher un tribunal compétent sur le fondement de l'art. 1070 C. pr. civ. ou des art. 14 et 15 C. civ. • Civ. 1re, 15 nov. 2017, n° 15-16.265 P : *D. actu. 24 nov. 2017, obs. Mélin ; D. 2017. Actu. 2302 ; ibid. Pan. 2018. 979, obs. Jault-Seseke ; AJ fam. 2017. 649, obs. Boiché ; JCP 2017. 1275, obs. Gallant ; ibid. 2018. 228, n° 8, obs. Farge ; Dr. fam. 2018, n° 22, note Devers ; ibid. Chron. 1, n° 2, obs. Égéa.*

Art. 7 *Compétences résiduelles.* 1. Lorsque aucune juridiction d'un État membre n'est compétente en vertu des articles 3, 4 et 5, la compétence est, dans chaque État membre, réglée par la loi de cet État.

2. Tout ressortissant d'un État membre qui a sa résidence habituelle sur le territoire d'un autre État membre peut, comme les nationaux de cet État, y invoquer les règles de compétence applicables dans cet État contre un défendeur qui n'a pas sa résidence habituelle dans un État membre et qui ou bien n'a pas la nationalité d'un État membre ou, dans le cas du Royaume-Uni et de l'Irlande, n'a pas son « domicile » sur le territoire de l'un de ces États membres.

1. Caractère exclusif. V. note ss. art. 6.

2. Privilège de nationalité. Lorsqu'aucune juridiction d'un État membre n'est compétente en vertu des art. 3, 4 et 5 du règlement Bruxelles II *bis*, cette compétence est, en droit français, énoncée aux art. 1070 C. pr. civ. et 14 C. civ., ce dernier texte devant s'appliquer lorsqu'aucun critère ordinaire de compétence n'est réalisé en France. • Civ. 1re, 30 sept. 2009 : *cité note 13 ss. art. 1070 C. pr. civ.* • 12 janv. 2011 : *BICC 15 juin 2011, n° 642 ; D. 2011. 248 ; AJ fam. 2011. 151, obs. Boiché ; Rev. crit. DIP 2011. 438, note Gallant ; Dr. fam. 2011, n° 63, note Abadie.* ♦ Viole ces textes la cour d'appel qui écarte la compétence de la juridiction française pour statuer sur une demande en divorce, alors que celle-ci, saisie par une demanderesse de nationalité française, était compétente en application de l'art. 14 C. civ., qui s'applique lorsque aucun critère ordinaire n'est réalisé en France. • Civ. 1re, 30 sept. 2009 : *préc.* • 12 janv. 2011 : *préc.* ♦ En l'absence de convention internationale applicable et de réalisation des critères de compétence résultant du Règl. Bruxelles II *bis* et, à défaut, de l'art. 1070 C. pr. civ., la nationalité française du défendeur suffit, selon l'art. 15 C. civ., à fonder la compétence des juridictions françaises quant à une requête en divorce. • Civ. 1re, 25 mars 2015 : *D. actu. 8 avr. 2015, obs. Mélin ; JCP 2015. 431, obs. Heymann ; LPA 12 juin 2015, p. 13, note Mahinga.* ♦ S'agissant cependant des défendeurs qui résident habituellement dans un autre État membre ou qui sont ressortissants d'un autre État membre, V. note 2 ss. art. 6 du présent règlement.

SECTION II ***Responsabilité parentale***

BIBL. ► JAULT, *Dr. et patr. 6/2005, p. 58.*

Art. 8 *Compétence générale.* 1. Les juridictions d'un État membre sont compétentes en matière de responsabilité parentale à l'égard d'un enfant qui réside habituellement dans cet État membre au moment où la juridiction est saisie.

2. Le paragraphe 1 s'applique sous réserve des dispositions des articles 9, 10 et 12.

BIBL. ► BOICHÉ, *AJ fam. 2011. 585* (résidence alternée en droit international privé).

1. La notion de « résidence habituelle » au titre de l'art. 8.1 doit être interprétée en ce sens que cette résidence correspond au lieu qui traduit une certaine intégration de l'enfant dans son environnement social et familial. A cette fin, doivent notamment être prises en considération la durée, la régularité, les conditions et les raisons du séjour sur le territoire d'un État membre et du déménagement de la famille dans cet État, la nationalité de l'enfant, le lieu et les conditions de scolarisation, les connaissances linguistiques ainsi que les rapports familiaux et sociaux entretenus par l'enfant dans ledit État. Il appartient à la juridiction nationale d'établir la résidence habituelle de l'enfant en tenant compte de l'ensemble des circonstances de fait particulières à chaque espèce. • CJCE 2 avr. 2009 : *préc. note 8 ss. art. 1er du présent règlement.* ♦ L'art. 8, § 1er, doit être interprété en ce sens que la résidence habituelle de l'enfant, au sens de ce règlement, correspond au lieu où se situe, dans les faits, le centre de sa vie. Il appartient à la juridiction nationale de déterminer où se situait ce centre au moment de l'introduction de la demande concernant la responsabilité parentale à l'égard de l'enfant, sur la base d'un faisceau d'éléments de fait concordants. A cet égard, constituent, ensemble, des circonstances déterminantes : le fait pour l'enfant d'avoir habité, depuis sa naissance jusqu'à la séparation de ses parents, généralement avec eux en un lieu donné ; la circonstance selon laquelle le parent exerçant, depuis la séparation du couple, la garde de l'enfant dans les faits séjourne toujours au quotidien avec lui en ce lieu et y exerce son activité professionnelle, laquelle s'inscrit dans le cadre d'une relation de travail à durée indéterminée, et le fait pour l'enfant d'avoir, dans ledit lieu, des contacts réguliers avec son autre parent, qui réside toujours en ce même lieu. En revanche, dans une affaire telle que celle au principal, ne sauraient être considérés comme étant des circonstances déterminantes : les séjours que le parent exerçant, dans les faits, la garde de l'enfant a effectués, par le passé, avec celui-ci, sur le territoire de l'État membre dont ce parent est originaire dans le cadre de ses congés ou de périodes de fêtes ; les origines du parent en question, les attaches d'ordre culturel de l'enfant à l'égard de cet État membre qui en découlent et ses relations avec sa *famille* résidant dans ledit État membre, et l'éventuelle intention dudit parent de s'établir avec l'enfant, à l'avenir, dans ce même État membre. • CJUE 28 juin 2018, nº C-512/17 : *D. 2018. Actu. 1391 ; AJ fam. 2018. 465, note Boiché ; Europe 2018, nº 345, note Idot.* ♦ ... A cette fin, et lorsque est en cause la situation d'un nourrisson qui séjourne avec sa mère depuis quelques jours seulement dans un État membre autre que celui de sa résidence habituelle, vers lequel il a été déplacé, doivent notamment être pris en considération, d'une part, la durée, la régularité, les conditions et les raisons du séjour sur le territoire de cet État membre et du déménagement de la mère dans ledit État, et, d'autre part, en raison notamment de l'âge de l'enfant, les origines géographiques et familiales de la mère ainsi que les rapports familiaux et sociaux entretenus par celle-ci et l'enfant dans le même État membre. Il appartient à la juridiction nationale d'établir la résidence habituelle de l'enfant en tenant compte de l'ensemble des circonstances de fait particulières de chaque cas d'espèce. Et dans l'hypothèse où l'application des critères susmentionnés conduirait à conclure que la résidence habituelle de l'enfant ne peut être établie, la détermination de la juridiction compétente devrait être effectuée sur la base du critère de la « présence de l'enfant » au sens de l'art. 13 du Règl. du 27 nov. 2003. • CJUE 22 déc. 2010, nº C-497/10 : *D. 2011. Actu. 248 ; ibid. Pan. 1374, obs. Jault-Seseke ; Procédures 2010, nº 60, note Nourrissat ; Europe 2011, nº 117, note Idot.* ♦ Justifie légalement sa décision la cour d'appel qui retient, en application de l'art. 8, que la résidence des enfants se trouve en Allemagne, les enfants étant nés en Allemagne de parents de nationalité allemande, leur résidence ayant été fixée au domicile de la mère, pouvant être en Allemagne, eu égard à l'intérêt supérieur des enfants, et la mère ayant déménagé en Allemagne où les enfants y sont scolarisés depuis la rentrée, cette résidence ne se limitant pas, au moment de la saisine de la juridiction concomitante au déménagement, à une simple présence à caractère temporaire ou occasionnel, mais s'inscrivant dans la durée et traduisant une certaine intégration dans un environnement social et familial. • Civ. 1re, 25 mars 2015 : *D. actu. 23 avr. 2015, obs. Mélin.*

2. Aucune disposition du droit français n'imposant au juge français, saisi du divorce, de statuer en matière d'autorité parentale, il peut être décidé que c'est le juge belge de l'État de résidence habituelle des enfants qui est le mieux placé pour statuer sur cette question. • Civ. 1re, 3 déc. 2008, nº 07-19.657 P : *D. 2009. AJ 21, obs. Gallmeister ; ibid. Pan. 1563, obs. Jault-Seseke ; AJ fam. 2008. 78, note Boiché ; Gaz. Pal. 11 juin 2009, p. 25, note Eppler ; RJPF 2/2009. 23, note Meyzeaud-Garaud ; Dr. fam. 2009. Comm. 71, note Larribau-Terneyre.*

3. L'art. 8 du Règl. (CE) nº 2201/2003 du Conseil du 27 nov. 2003 et l'art. 3 du Règl. (CE) nº 4/2009 du Conseil du 18 déc. 2008, doivent être interprétés en ce sens que, dans une affaire telle que celle en cause au principal, les juridictions de l'État membre qui ont adopté une décision passée en force de chose jugée en matière de responsabilité parentale et d'obligations alimentaires concernant un enfant mineur ne sont plus compétentes pour statuer sur une demande de modification des dispositions arrêtées par cette décision, dans la mesure où la résidence habituelle de cet enfant est située sur le territoire d'un autre État membre. Ce sont les juridictions de ce dernier État membre qui sont compétentes pour statuer sur cette demande. • CJUE 15 févr. 2017, n° C-499/15 : *LPA 12-13 sept. 2017, p. 18, obs. Brière ; Procédures 2017, n° 65, note Nourissat ; Europe 2017, n° 164, obs. Idot.*

4. Lorsque la résidence habituelle d'un enfant est située en France, les juridictions françaises, même dans le cas où elles ne seraient pas compétentes pour statuer sur le divorce du couple, sont compétentes pour statuer sur la responsabilité parentale et les demandes alimentaires qui en sont l'accessoire. • Civ. 1re, 3 nov. 2021, n° 20-12.006 P : *D. actu. 19 nov. 2021, note Callé ; D. 2021. 2052 ; JCP 2022. 296, note Farge.*

5. L'art. 8, § 1er, du Règl. du 27 nov. 2003 doit être interprété en ce sens qu'un enfant doit avoir été physiquement présent dans un État membre pour pouvoir être considéré comme résidant habituellement dans cet État membre, au sens de cette disposition. Des circonstances telles que celles en cause au principal, à les supposer établies, à savoir, d'une part, la contrainte exercée par le père sur la mère ayant pour conséquence que la mère a accouché de leur enfant dans un État tiers et y réside avec cette enfant depuis la naissance de celle-ci et, d'autre part, l'atteinte aux droits fondamentaux de la mère ou de l'enfant, n'ont pas d'incidence à cet égard. • CJUE 17 oct. 2018, n° C-393/18 : *AJ fam. 2018. 680, note Roth ; Europe 2018, n° 498, note Idot.*

6. L'art. 8, § 1er, du Règl. du 27 nov. 2003, prime sur les dispositions de la Conv. de La Haye du 19 oct. 1996, en particulier l'art. 5, dans les seules relations entre les États membres de l'UE. Encourt la cassation, l'arrêt qui, après avoir énoncé que l'art. 8, § 1er, s'applique à des litiges impliquant des rapports entre les juridictions d'un État membre et celles d'un pays tiers, a retenu qu'à la date de l'introduction de la requête en divorce, la résidence habituelle des enfants était fixée en France. Or, la résidence habituelle des enfants avait été licitement transférée en cours d'instance en Suisse, État partie à la Conv. du 19 oct. 1996 mais non membre de l'UE, de sorte que seule cette Conv. était applicable. • Civ. 1re 30 sept. 2020, n° 19-14.761 : *D. actu. 16 nov. 2020, note Panet, D. 2020. 1960 ; AJ fam. 2020. 668, obs. Boiché ; Gaz. Pal. 5 janv. 2021, p. 74 obs. Escudey ; JCP 2021. 202, obs. Farge.*

Art. 9 *Maintien de la compétence de l'ancienne résidence habituelle de l'enfant.* 1. Lorsqu'un enfant déménage légalement d'un État membre dans un autre et y acquiert une nouvelle résidence habituelle, les juridictions de l'État membre de l'ancienne résidence habituelle de l'enfant gardent leur compétence, par dérogation à l'article 8, durant une période de trois mois suivant le déménagement, pour modifier une décision concernant le droit de visite rendue dans cet État membre avant que l'enfant ait déménagé, lorsque le titulaire du droit de visite en vertu de la décision concernant le droit de visite continue à résider habituellement dans l'État membre de l'ancienne résidence habituelle de l'enfant.

2. Le paragraphe 1 ne s'applique pas si le titulaire du droit de visite visé au paragraphe 1 a accepté la compétence des juridictions de l'État membre de la nouvelle résidence habituelle de l'enfant en participant à une procédure devant ces juridictions sans en contester la compétence.

Art. 10 *Compétence en cas d'enlèvement d'enfant.* En cas de déplacement ou de non-retour illicites d'un enfant, les juridictions de l'État membre dans lequel l'enfant avait sa résidence habituelle immédiatement avant son déplacement ou son non-retour illicites conservent leur compétence jusqu'au moment où l'enfant a acquis une résidence habituelle dans un autre État membre et que

a) toute personne, institution ou autre organisme ayant le droit de garde a acquiescé au déplacement ou au non-retour

ou

b) l'enfant a résidé dans cet autre État membre pendant une période d'au moins un an après que la personne, l'institution ou tout autre organisme ayant le droit de garde a eu ou aurait dû avoir connaissance du lieu où se trouvait l'enfant, que l'enfant s'est intégré dans son nouvel environnement et que l'une au moins des conditions suivantes est remplie :

i) dans un délai d'un an après que le titulaire d'un droit de garde a eu ou aurait dû avoir connaissance du lieu où se trouvait l'enfant, aucune demande de retour n'a été faite auprès des autorités compétentes de l'État membre où l'enfant a été déplacé ou est retenu ;

ii) une demande de retour présentée par le titulaire d'un droit de garde a été retirée et *aucune nouvelle demande* n'a été présentée dans le délai fixé au point i) ;

iii) une affaire portée devant une juridiction de l'État membre dans lequel l'enfant avait sa résidence habituelle immédiatement avant son déplacement ou son non-retour illicites a été close en application de l'article 11, paragraphe 7 ;

iv) une décision de garde n'impliquant pas le retour de l'enfant a été rendue par les juridictions de l'État membre dans lequel l'enfant avait sa résidence habituelle immédiatement avant son déplacement ou son non-retour illicites.

BIBL. ▶ DEFLERS et BUTRUILLE-CARDEW, *Gaz. Pal. 25-27 sept. 2005, p. 7* – Dossier, *15 fam., mai 2006* (enlèvements internationaux d'enfants).

1. L'art. 10, sous b), IV), du Règl. Bruxelles II *bis* doit être interprété en ce sens qu'une mesure provisoire ne constitue pas une « décision de garde n'impliquant pas le retour de l'enfant », au sens de cette disposition, et ne saurait fonder un transfert de compétence aux juridictions de l'État membre vers lequel l'enfant a été illicitement déplacé. • CJUE 1er juill. 2010, n° C-221/10 : *D. 2010. Actu. 1798* ✎ *; ibid. Pan. 1374, obs. Jault-Seseke* ✎ *; AJ fam. 2010. 482, obs. Boiché* ✎ *; RTD civ. 2010. 748, obs. Rémy-Corlay* ✎ *; RTD eur. 2010. 927, obs. Douchy-Oudot* ✎ *; Procédures 2010, n° 344, note Nourrissat.*

2. L'existence d'un accord entre les parents portant sur le droit de garde de l'enfant, qui permet de déterminer la nature licite ou illicite d'un déplacement et déclencher, le cas échéant, la procédure de retour prévue aux articles 10 et suivant du règlement, est appréciée souverainement par le juge du fond. • Civ. 1re, 23 mars 2017, ☎ n° 16-28.730 : *Gaz. Pal. 4 juill. 2017 jur. p. 73, note Dufloux ; Europe 2017. Étude 1, n° 24, obs. S. C.*

3. Droit de visite. Notion. Renvoi. V. note 6 ss. art. 1er du présent Règl.

4. Notion de « résidence habituelle » de l'enfant – Compétence en cas d'enlèvement de l'enfant. L'art. 10 du Règl. (CE) n° 2201/2003, et l'art. 3 du Règl. (CE) n° 4/2009 doivent être interprétés en ce sens que dans une affaire dans laquelle un enfant qui avait sa résidence habituelle dans un État membre a été déplacé par l'un de ses parents de manière illicite dans un autre État membre, les juridictions de cet autre État membre ne sont pas compétentes pour statuer sur une demande relative au droit de garde ou à la fixation d'une pension alimentaire à l'égard dudit enfant, en l'absence de toute indication selon laquelle l'autre parent aurait acquiescé à son déplacement ou n'aurait pas présenté de demande de retour de celui-ci. • CJUE, ord., 10 avr. 2018, n° C-85/18 : *cité note ss. Règl. (CE) n° 4/2009, art. 3, App., v° Droit européen et international.*

5. L'art. 10 du Règl. (CE) n° 2201/2003 du Conseil du 27 nov. 2003 doit être interprété en ce sens qu'il ne s'applique pas au cas où il est constaté qu'un enfant a acquis, à la date d'introduction de la demande relative à la responsabilité parentale, sa résidence habituelle dans un État tiers à la suite d'un enlèvement vers cet État. Dans un tel cas, la compétence de la juridiction saisie devra être déterminée conformément aux conventions internationales applicables, ou, à défaut d'une telle convention internationale, conformément à l'art. 14 de ce Règl. • CJUE 24 mars 2021, n° C-603/20 PPU.

Art. 11 *Retour de l'enfant.* 1. Lorsqu'une personne, institution ou tout autre organisme ayant le droit de garde demande aux autorités compétentes d'un État membre de rendre une décision sur la base de la convention de La Haye du 25 octobre 1980 sur les aspects civils de l'enlèvement international d'enfants (ci-après « la convention de La Haye de 1980 ») en vue d'obtenir le retour d'un enfant qui a été déplacé ou retenu illicitement dans un État membre autre que l'État membre dans lequel l'enfant avait sa résidence habituelle immédiatement avant son déplacement ou son non-retour illicites, les paragraphes 2 à 8 sont d'application.

2. Lors de l'application des articles 12 et 13 de la convention de La Haye de 1980, il y a lieu de veiller à ce que l'enfant ait la possibilité d'être entendu au cours de la procédure, à moins que cela n'apparaisse inapproprié eu égard à son âge ou à son degré de maturité.

3. Une juridiction saisie d'une demande de retour d'un enfant visée au paragraphe 1 agit rapidement dans le cadre de la procédure relative à la demande, en utilisant les procédures les plus rapides prévues par le droit national.

Sans préjudice du premier alinéa, la juridiction rend sa décision, sauf si cela s'avère impossible en raison de circonstances exceptionnelles, six semaines au plus tard après sa saisine.

4. Une juridiction ne peut pas refuser le retour de l'enfant en vertu de l'article 13, point *b), de la convention de La Haye de 1980* s'il est établi que des dispositions adéquates ont été prises pour assurer la protection de l'enfant après son retour.

5. Une juridiction ne peut refuser le retour de l'enfant si la personne qui a demandé le retour de l'enfant n'a pas eu la possibilité d'être entendue.

6. Si une juridiction a rendu une décision de non-retour en vertu de l'article 13 de la convention de La Haye de 1980, cette juridiction doit immédiatement, soit directement soit par l'intermédiaire de son autorité centrale, transmettre une copie de la décision judiciaire de non-retour et des documents pertinents, en particulier un compte rendu des audiences, à la juridiction compétente ou à l'autorité centrale de l'État membre dans lequel l'enfant avait sa résidence habituelle immédiatement avant son déplacement ou son non-retour illicites, conformément à ce que prévoit le droit national. La juridiction doit recevoir tous les documents mentionnés dans un délai d'un mois à compter de la date de la décision de non-retour. — *V. art. 1210-6 C. pr. civ.*

7. A moins que les juridictions de l'État membre dans lequel l'enfant avait sa résidence habituelle immédiatement avant son déplacement ou son non-retour illicites aient déjà été saisies par l'une des parties, la juridiction ou l'autorité centrale qui reçoit l'information visée au paragraphe 6 doit la notifier aux parties et les inviter à présenter des observations à la juridiction, conformément aux dispositions du droit national, dans un délai de trois mois à compter de la date de la notification, afin que la juridiction examine la question de la garde de l'enfant.

Sans préjudice des règles en matière de compétence prévues dans le présent règlement, la juridiction clôt l'affaire si elle n'a reçu dans le délai prévu aucune observation.

8. Nonobstant une décision de non-retour rendue en application de l'article 13 de la convention de La Haye de 1980, toute décision ultérieure ordonnant le retour de l'enfant rendue par une juridiction compétente en vertu du présent règlement est exécutoire conformément au chapitre III, section 4, en vue d'assurer le retour de l'enfant.

BIBL. ► ESKENAZI, *AJ fam. 2018. 533* ✐ (la parole de l'enfant déplacé en matière d'enlèvement international et de déplacement illicite). – HILPERT, *AJ fam. 2018. 523* ✐ (enlèvement international d'enfants : la procédure de retour, évolutions procédurales). – LE COTTY, *AJ fam. 2018. 529* ✐ (situation de l'enfant déplacé : les exceptions au retour).

1. Une fois une décision de non-retour prise et portée à la connaissance de la juridiction d'origine, il est sans incidence, aux fins de la délivrance du certificat prévu à l'art. 41 du règlement, que cette décision ait été suspendue, réformée, annulée ou, en tout état de cause, ne soit pas passée en force de chose jugée ou ait été remplacée par une décision de retour, pour autant que le retour de l'enfant n'a pas effectivement eu lieu. Dès lors qu'aucun doute n'a été émis en ce qui concerne l'authenticité de ce certificat et celui-ci ayant été établi conformément au formulaire dont le modèle figure à l'annexe IV du règlement, l'opposition à la reconnaissance de la décision de retour est interdite et il n'incombe à la juridiction requise que de constater la force exécutoire de la décision certifiée et de faire droit au retour immédiat de l'enfant. • CJCE 11 juill. 2008, n° C-195.08 : *AJDA 2008. 2327, obs. Broussy, Donnat et Lambert* ✐ *; D. 2008. 2154* ✐ *; ibid. 2009. 1557, obs. Courbe et Jault-Seseke* ✐ *; AJ fam. 2008. 350, note Boiché* ✐ *; Rev. crit. DIP 2008. 871, note Muir Watt* ✐ *; JCP 2008. II. 10207, note Devers ; Europe 2008. Comm. 351, obs. Idot.*

2. Hormis les cas où la procédure vise une décision certifiée en application des art. 11, paragraphe 8, et 40 à 42 du règlement, toute partie intéressée peut demander la non-reconnaissance d'une décision juridictionnelle, même si une demande de reconnaissance de la décision n'a pas été déposée préalablement. • CJCE 11 juill. 2008 : *préc. note 1.*

3. L'art. 31, paragraphe 1, du règlement, en ce qu'il prévoit que ni la personne contre laquelle l'exécution est demandée ni l'enfant ne peuvent, à ce stade de la procédure, présenter d'observations, n'est pas applicable à une procédure de non-reconnaissance d'une décision juridictionnelle, formée sans qu'une demande de reconnaissance ait été préalablement introduite à l'égard de la même décision. Dans une telle situation, la partie défenderesse, prétendant à la reconnaissance, peut présenter des observations. • CJCE 11 juill. 2008 : *préc. note 1.*

4. C'est en faisant application à bon droit de l'art. 11-4° du Règl. (CE) n° 2201/2003 du 27 nov. 2003 et en se fondant sur la réponse donnée par le ministère de la justice italien, autorité centrale désignée au titre de la Conv. de La Haye du 25 oct. 1980 sur les aspects civils de l'enlèvement international d'enfants, l'informant de la prise des dispositions adéquates auprès des autorités judiciaires et des services sociaux locaux pour assurer la protection des enfants à leur retour en Italie, qu'une cour d'appel a pu ordonner le retour des enfants dans l'État de leur résidence habituelle, le père n'ayant présenté, pour s'opposer à leur retour, aucun élément de preuve autre que les déclarations de ses plus jeunes filles, entendues d'office par le premier juge et dont l'intérêt a été pris en compte. • Civ. 1re, 20 oct. 2010, ☎ n° 08-21.161 P : *AJ fam. 2010. 546, obs. A. Boiché* ✐ *; RTD eur. 2010. 927, chron. M. Douchy-Oudot et E. Guinchard* ✐.

5. L'art. 11, § 8, du Règl. Bruxelles II *bis* doit être interprété en ce sens qu'une décision de la juridiction compétente ordonnant le retour de l'enfant relève du champ d'application de cette disposition, même si elle n'est pas précédée d'une décision définitive de la même juridiction relative au droit de garde de l'enfant. • CJUE 1er juill. 2010 : *préc. ss. art. 11 du présent règlement.*

6. Les juridictions de l'État membre d'origine conservent leur compétence lorsque l'enfant, après avoir été enlevé illicitement, a été ramené sur le territoire de ce pays par le parent en fraude des droits duquel cet enlèvement a eu lieu. Dès lors, c'est à bon droit, en l'absence de caractérisation des circonstances particulières susvisées, lesquelles n'étaient même pas alléguées, que la cour d'appel, après avoir constaté l'existence d'un déplacement illicite de l'enfant en Belgique, a retenu sa compétence en tant que juridiction de l'État membre d'origine. • Civ. 1re, 5 mars 2014, ☎ n° 12-24.780 P : *D. 2014. Actu. 667* ✐ *; AJ fam. 2014. 319, obs. Boiché* ✐ *; JCP 2014. 331, obs.*

Devers ; ibid. 555, note Farge ; Dr. fam. 2014. 105, note Farge ; Gaz. Pal. 15 avr. 2014, p. 32, note Eppler.

7. Les art. 2, point 11, et 11 du Règl. (CE) n° 2201/2003 du Conseil du 27 nov. 2003 doivent être interprétés en ce sens que, dans la circonstance où le déplacement de l'enfant a eu lieu conformément à une décision judiciaire exécutoire provisoirement qui a ensuite été infirmée par une décision judiciaire fixant la résidence de l'enfant au domicile du parent demeurant dans l'État membre d'origine, la juridiction de l'État membre où l'enfant a été déplacé, saisie d'une demande de retour de l'enfant, doit vérifier, en procédant à une évaluation de l'ensemble des circonstances particulières du cas d'espèce, si l'enfant avait encore sa résidence habituelle dans l'État membre d'origine immédiatement avant le non-retour illicite allégué. Dans le cadre de cette évaluation, il importe de tenir compte du fait que la décision judiciaire autorisant le déplacement pouvait être exécutée provisoirement et qu'elle était frappée d'appel. • CJUE 9 oct. 2014, n° C-376/14 : *Procédures 2015, n° 15, note Nourissat.* ♦ ... Le non-retour de l'enfant dans cet État membre à la suite de cette seconde décision est illicite et l'art. 11 de ce règlement trouve à s'appliquer s'il est considéré que l'enfant avait encore sa résidence habituelle dans ledit État membre immédiatement avant ce non-retour. S'il est considéré, au contraire, que l'enfant n'avait plus à ce moment sa résidence habituelle dans l'État membre d'origine, la décision rejetant la demande de retour fondée sur cette disposition est prise sans préjudice de l'application des règles relatives à la reconnaissance et à l'exécution des décisions rendues dans un État membre établies au chapitre III du même règlement. • Même décision. ♦ Ne justifie pas légalement sa décision la cour d'appel qui se prononce en considération de la seule durée de séjour de la mère et de sa fille, alors que la résidence de l'enfant doit être déterminée à la lumière de l'ensemble des circonstances de fait particulières dont la commune intention des parents de transférer cette résidence ainsi que les décisions prises en vue de l'intégration de l'enfant. • Civ. 1re, 4 mars 2015, n° 14-19.015 P : *D. 2015. Actu. 625 ; ibid. Chron. C. cass. 1785, obs. Guyon-Renard ; Gaz. Pal. 19 mars 2015, p. 23, note Berlaud ; ibid. 23 juin 2015, p. 31, note Hamou ; JCP 2015. 982, n° 11, obs. Farge.*

8. L'art. 11, § 7 et 8, doit être interprété en ce sens qu'il ne s'oppose pas, en principe, à ce qu'un État membre attribue à une juridiction spécialisée la compétence pour examiner les questions du retour ou de la garde de l'enfant dans le cadre de la procédure prévue par ces dispositions, même lorsqu'une cour ou un tribunal est déjà, par ailleurs, saisi d'une procédure au fond relative à la responsabilité parentale à l'égard de l'enfant. • CJUE 9 janv. 2015, n° C-498/14 : *D. actu. 23 janv. 2015, obs. Mélin.*

9. L'art. 11, § 1er doit être interprété en ce sens que, dans une situation dans laquelle un enfant est né et a séjourné de manière ininterrompue avec sa mère pendant plusieurs mois, conformément à la volonté commune de ses parents, dans un État membre autre que celui où ces derniers avaient leur résidence habituelle avant sa naissance, l'intention initiale des parents quant au retour de la mère, accompagnée de l'enfant, dans ce dernier État membre ne saurait permettre de considérer que cet enfant y a sa « résidence habituelle », au sens de ce règlement. En conséquence, dans une telle situation, le refus de la mère de retourner dans ce même État membre accompagnée de l'enfant ne saurait être considéré comme un « déplacement ou non-retour illicites » de l'enfant, au sens dudit art. 11, § 1er. • CJUE 8 juin 2017, n° C-111/17 : *Dr. fam. 2017, n° 219, note Devers ; Europe 2017, n° 336, obs. Idot.*

Art. 12 *Prorogation de compétence.* **1. Les juridictions de l'État membre où la compétence est exercée en vertu de l'article 3 pour statuer sur une demande en divorce, en séparation de corps ou en annulation du mariage des époux sont compétentes pour toute question relative à la responsabilité parentale liée à cette demande lorsque**

a) **au moins l'un des époux exerce la responsabilité parentale à l'égard de l'enfant et**

b) **la compétence de ces juridictions a été acceptée expressément ou de toute autre manière non équivoque par les époux et par les titulaires de la responsabilité parentale, à la date à laquelle la juridiction est saisie, et qu'elle est dans l'intérêt supérieur de l'enfant.**

2. La compétence exercée conformément au paragraphe 1 prend fin dès que

a) **soit la décision faisant droit à la demande en divorce, en séparation de corps ou en annulation du mariage ou la rejetant est passée en force de chose jugée ;**

b) **soit, dans le cas où une procédure relative à la responsabilité parentale est encore en instance à la date visée au point *a)*, dès qu'une décision relative à la responsabilité parentale est passée en force de chose jugée ;**

c) **soit, dans les cas visés aux points *a)* et *b)*, dès qu'il a été mis fin à la procédure pour une autre raison.**

3. Les juridictions d'un État membre sont également compétentes en matière de responsabilité parentale dans des procédures autres que celles visées au paragraphe 1 lorsque

a) l'enfant a un lien étroit avec cet État membre du fait, en particulier, que l'un des titulaires de la responsabilité parentale y a sa résidence habituelle ou que l'enfant est ressortissant de cet État membre

et

b) leur compétence a été acceptée expressément ou de toute autre manière non équivoque par toutes les parties à la procédure à la date à laquelle la juridiction est saisie et la compétence est dans l'intérêt supérieur de l'enfant.

4. Lorsque l'enfant a sa résidence habituelle sur le territoire d'un État tiers, qui n'est pas partie contractante à la convention de La Haye du 19 octobre 1996 concernant la compétence, la loi applicable, la reconnaissance, l'exécution et la coopération en matière de responsabilité parentale et de mesures de protection des enfants, la compétence fondée sur le présent article est présumée être dans l'intérêt de l'enfant notamment lorsqu'une procédure s'avère impossible dans l'État tiers concerné.

1. L'art. 12, § 3, doit être interprété en ce sens qu'il permet, aux fins d'une procédure en matière de responsabilité parentale, de fonder la compétence d'une juridiction d'un État membre qui n'est pas celui de la résidence habituelle de l'enfant, alors même qu'aucune autre procédure n'est pendante devant la juridiction choisie. • CJUE 12 nov. 2014, n° C-656/13 : *Procédures 2015, n° 13, note Nourissat.*

2. La compétence en matière de responsabilité parentale, prorogée, en vertu de l'art. 12, § 3, en faveur d'une juridiction d'un État membre saisie d'un commun accord d'une procédure par les titulaires de la responsabilité parentale, disparaît avec le prononcé d'une décision passée en force de chose jugée dans le cadre de cette procédure. • CJUE 1er oct. 2014, n° C-436/13 : *Gaz. Pal. 29-30 oct. 2014, p. 13, obs. Viganotti ; Procédures 2015, n° 12, note Nourissat.*

3. L'art. 12, § 3, doit être interprété en ce sens qu'il permet, aux fins d'une procédure en matière de responsabilité parentale, de fonder la compétence d'une juridiction d'un État membre qui n'est pas celui de la résidence habituelle de l'enfant alors même qu'aucune autre procédure n'est pendante devant la juridiction choisie. • CJUE 12 nov. 2014, n° C-656/13 : *AJ fam. 2015. 49, note Viganotti.*

4. L'art. 12, § 3, ss. b), doit être interprété en ce sens qu'il ne peut pas être considéré que la compétence de la juridiction saisie par une partie pour connaître d'une procédure en matière de responsabilité parentale a été « acceptée expressément ou de toute autre manière non équivoque par toutes les parties à la procédure » ; au sens de cette disposition, lorsque la partie défenderesse dans cette première procédure engage, ultérieurement, une seconde procédure devant la même juridiction et soulève, dans le cadre du premier acte qui lui incombe dans la première procédure, l'incompétence de cette juridiction, • CJUE 12 nov. 2014 : *préc. note 3.*

5. Acceptation de la compétence. Notion. L'art. 12, § 3, ss. b) doit être interprété en ce sens que la compétence des juridictions saisies pour connaître d'une demande en matière de responsabilité parentale ne saurait être considérée comme ayant été « acceptée expressément ou de toute autre manière non équivoque par toutes les parties à la procédure », au sens de cette disposition, au seul motif que le mandataire *ad litem* représentant le défendeur, désigné d'office par ces juridictions au regard de l'impossibilité de notifier à ce dernier la requête introductive d'instance, n'a pas soulevé l'incompétence desdites juridictions. • CJUE 22 oct. 2015, n° C-215/15 : *cité note ss. art. 1er du présent Régl.*

6. Juridiction d'un État membre saisie d'une demande d'autorisation judiciaire de renonciation à une succession pour le compte d'un enfant mineur. Dans une situation où les parents d'un enfant mineur, qui résident de manière habituelle avec ce dernier dans un État membre, ont déposé, au nom de cet enfant, une demande d'autorisation tendant à renoncer à une succession devant la juridiction d'un autre État membre, l'art. 12, § 3, ss. b), doit être interprété en ce sens que :

– le dépôt effectué conjointement par les parents de l'enfant devant la juridiction de leur choix constitue une acceptation non équivoque par ceux-ci de cette juridiction ;

– un procureur qui, selon le droit national, est de plein droit partie à la procédure introduite par les parents constitue une partie à la procédure, au sens de l'art. 12, § 3, ss. b). L'opposition, marquée par cette partie à l'égard du choix de juridiction effectué par les parents de l'enfant après la date à laquelle cette juridiction a été saisie, fait obstacle à la reconnaissance de l'acceptation de la prorogation de compétence par toutes les parties à la procédure à cette date. En l'absence d'une telle opposition, l'accord de cette partie peut être considéré comme étant implicite et la condition d'acceptation de la prorogation de compétence, de manière non équivoque par toutes les parties à la procédure à la date à laquelle ladite juridiction est saisie, peut être considérée comme étant remplie, et

– la circonstance que la résidence du défunt à la date de son décès, son patrimoine, objet de la succession, et le passif de la succession étaient situés dans l'État membre dont relève la juridiction choisie permet, en l'absence d'éléments tendant à démontrer que la prorogation de compétence risquerait d'avoir une incidence préjudiciable sur la situation de l'enfant, de considérer qu'une telle prorogation de compétence est dans l'intérêt supérieur de l'enfant. • CJUE 19 avr. 2018, n° C-565/16 : *D. actu. 17 mai 2018, obs. Mélin ; D. 2018. Actu. 897 ; AJ fam. 2018. 345, note Roth ; Gaz. Pal. 4 sept. 2018, p. 48, obs. Lerond et Dupire ; JCP N 2018. 1278, note Péroz ; Europe 2018, n° 253, note Idot.*

Art. 13 *Compétence fondée sur la présence de l'enfant.* 1. Lorsque la résidence habituelle de l'enfant ne peut être établie et que la compétence ne peut être déterminée sur *[la]* base de l'article 12, les juridictions de l'État membre dans lequel l'enfant est présent sont compétentes.

2. Le paragraphe 1 s'applique également aux enfants réfugiés ainsi qu'aux enfants qui, par suite de troubles prévalant dans leur pays, sont internationalement déplacés.

V. jugeant que, à défaut de pouvoir appliquer les art. 8 et 12 du règlement Bruxelles II *bis*, la présence des enfants en France suffit à fonder la compétence des juridictions françaises. • TGI Strasbourg, 18 août 2009 : *AJ fam. 2010. 82, note Hilt .*

Art. 14 *Compétences résiduelles.* Lorsqu'aucune juridiction d'un État membre n'est compétente en vertu des articles 8 à 13, la compétence est, dans chaque État membre, réglée par la loi de cet État.

Compétence résiduelle. Privilège de l'art. 14 C. civ. Lorsqu'aucune juridiction d'un État membre n'est compétente en vertu des art. 8 à 13 du Règlement, la compétence est, dans chaque État, réglée par la loi de cet État. Cette compétence est régie, en droit français, par les art. 1070 C. pr. civ. et 14 C. civ. • Civ. 1re, 12 janv. 2011 : *préc. note 2 ss. art. 7 du présent Règl.*

♦ Viole ces textes la cour d'appel qui écarte la compétence de la juridiction française pour statuer en matière d'autorité parentale alors que celle-ci, saisie par un demandeur de nationalité française, était compétente en application de l'art. 14 C. civ., qui s'applique à défaut de l'un des chefs de compétence énumérés à l'art. 1070. • Même arrêt.

Art. 15 *Renvoi à une juridiction mieux placée pour connaître de l'affaire.* 1. A titre d'exception, les juridictions d'un État membre compétentes pour connaître du fond peuvent, si elles estiment qu'une juridiction d'un autre État membre avec lequel l'enfant a un lien particulier est mieux placée pour connaître de l'affaire, ou une partie spécifique de l'affaire, et lorsque cela sert l'intérêt supérieur de l'enfant :

a) surseoir à statuer sur l'affaire ou sur la partie en question et inviter les parties à saisir d'une demande la juridiction de cet autre État membre conformément au paragraphe 4,

ou

b) demander à la juridiction d'un autre État membre d'exercer sa compétence conformément au paragraphe 5.

2. Le paragraphe 1 est applicable

a) sur requête de l'une des parties ou

b) à l'initiative de la juridiction ou

c) à la demande de la juridiction d'un autre État membre avec lequel l'enfant a un lien particulier, conformément au paragraphe 3.

Le renvoi ne peut cependant être effectué à l'initiative de la juridiction ou à la demande de la juridiction d'un autre État membre que s'il est accepté par l'une des parties au moins.

3. Il est considéré que l'enfant a un lien particulier avec un État membre, au sens du paragraphe 1, si

a) après la saisine de la juridiction visée au paragraphe 1, l'enfant a acquis sa résidence habituelle dans cet État membre,

ou

b) l'enfant a résidé de manière habituelle dans cet État membre, ou

c) l'enfant est ressortissant de cet État membre, ou

d) l'un des titulaires de la responsabilité parentale a sa résidence habituelle dans cet État membre, ou

e) le litige porte sur les mesures de protection de l'enfant liées à l'administration, à la conservation ou à la disposition de biens détenus par l'enfant et qui se trouvent sur le territoire de cet État membre.

4. La juridiction de l'État membre compétente pour connaître du fond impartit un délai durant lequel les juridictions de l'autre État membre doivent être saisies conformément au paragraphe 1.

Si les juridictions ne sont pas saisies durant ce délai, la juridiction saisie continue d'exercer sa compétence conformément aux articles 8 à 14.

5. Les juridictions de cet autre État membre peuvent, lorsque, en raison des circonstances spécifiques de l'affaire, cela est dans l'intérêt supérieur de l'enfant, se déclarer compétentes dans un délai de six semaines à compter de la date à laquelle elles ont été saisies sur base du paragraphe 1, point a) ou b). Dans ce cas, la juridiction première saisie décline sa compétence. Dans le cas contraire, la juridiction première saisie continue d'exercer sa compétence conformément aux articles 8 à 14.

6. Les juridictions coopèrent aux fins du présent article, par voie directe ou par l'intermédiaire des autorités centrales désignées conformément à l'article 53.

1. Forum non conveniens. Pour un renvoi à un juge étranger, mieux placé pour trancher une question relative à la garde d'un enfant, dans la mesure où il statue sur la garde de son frère, V. • TGI Bernay, 26 janv. 2006 : *Procédures 2006, n° 275, obs. Nourissat.*

2. L'art. 15 du Règl. du Conseil du 27 nov. 2003 doit être interprété en ce sens qu'il n'est pas applicable dans une situation dans laquelle les deux juridictions saisies sont compétentes au fond en vertu, respectivement, des art. 12 et 8 de ce Règl. • CJUE 4 oct. 2018, n° C-478/17 : *Gaz. Pal. 8 janv. 2019, p. 66, obs. Bloquel ; Europe 2018, n° 499, note Idot.*

SECTION III ***Dispositions communes***

Art. 16 *Saisine d'une juridiction.* 1. Une juridiction est réputée saisie :

a) à la date à laquelle l'acte introductif d'instance ou un acte équivalent est déposé auprès de la juridiction, à condition que le demandeur n'ait pas négligé par la suite de prendre les mesures qu'il était tenu de prendre pour que l'acte soit notifié ou signifié au défendeur ; ou

b) si l'acte doit être notifié ou signifié avant d'être déposé auprès de la juridiction, à la date à laquelle il est reçu par l'autorité chargée de la notification ou de la signification, à condition que le demandeur n'ait pas négligé par la suite de prendre les mesures qu'il était tenu de prendre pour que l'acte soit déposé auprès de la juridiction.

BIBL. ▶ Rey, *Dr. et patr. 6/2005, p. 70* (notion de saisine).

1. Notion de saisine. V. • Aix-en-Provence, 21 oct. 2004 : *Procédures 2005, n° 102, obs. Nourrissat* (art. 11, Règl. (CE) n° 1347/2000 du 20 mai 2000).

C'est à bon droit, après avoir relevé, d'abord, qu'en dépit de la caducité des mesures provisoires, l'autorisation de citer restait valable et que la décision britannique faisait l'objet d'un recours, ensuite, que le JAF français était compétent en raison de la résidence habituelle de la défenderesse et des enfants, qu'une cour d'appel décide que le JAF français est le premier saisi, dès lors que la tentative de conciliation est en France une étape obligatoire et préalable à l'assignation intervenue le 7 mai 2004, et que la juridiction française a été saisie par le dépôt de la requête en divorce du 10 janv. 2003, de sorte que ce dépôt, pour avoir été suivi d'une assignation en divorce, constitue la première formalité, au sens de l'art. 11-4 du Règl. (CE) n° 1347 du 29 mai 2000 [devenu art. 16 du présent règlement] alors applicable et selon lequel une juridiction est réputée saisie, soit à la date à laquelle l'acte introductif d'instance ou un acte équivalent est déposé auprès de la juridiction, soit, si l'acte doit être notifié ou signifié avant d'être déposé auprès de la juridiction, à la date à laquelle il est *reçu par l'autorité chargée de la notification* ou de la signification, et, ceci, à condition que le demandeur n'ait pas négligé par la suite de prendre les mesures qu'il était tenu de prendre pour que l'acte soit notifié ou signifié au défendeur ou bien soit déposé auprès de la juridiction ; que cet article donne une définition matérielle et autonome de la saisine prenant en considération les premières formalités exigées par la loi de procédure interne ; qu'en matière de divorce, cette formalité est, en droit français, le dépôt de la requête. • Civ. 1re, 11 juill. 2006, n° 04-20.405 P : *D. 2007. Pan. 610, obs. Walliate-Pellitteri ; ibid. Pan. 1757, obs. Jault-Seseke ; AJ fam. 2006. 460, obs. Boiché ; Dr. et patr. 2/2007, p. 108, obs. M.-L. Niboyet ; Procédures 2007, n° 190, note Nourrissat.*

2. Date de l'introduction d'instance. L'art. 16, § 1er, ss. a) doit être interprété en ce sens qu'une juridiction est réputée saisie à la date à laquelle l'acte introductif d'instance ou un acte équivalent est déposé auprès de cette juridiction, même lorsque la procédure a entre-temps été suspendue à l'initiative du demandeur l'ayant introduite, sans que ladite procédure ait été notifiée à la partie défenderesse ni que cette dernière en ait eu connaissance ou y soit intervenue d'aucune manière, pour autant que le demandeur n'a pas négligé par la suite de prendre les mesures qu'il était tenu de prendre pour que l'acte soit notifié ou signifié à la partie défenderesse. • CJUE 16 juill. 2015, n° C-507/14 : *Europe 2015, n° 399, note Idot.*

Art. 17 *Vérification de la compétence.* La juridiction d'un État membre saisie d'une affaire pour laquelle sa compétence n'est pas fondée aux termes du présent règlement et pour

laquelle une juridiction d'un autre État membre est compétente en vertu du présent règlement se déclare d'office incompétente.

BIBL. ▶ Niboyet, *Dr. et patr. 6/2005, p. 75.*

Art. 18 *Vérification de la recevabilité.* **1. Lorsque le défendeur qui a sa résidence habituelle dans un État autre que l'État membre où l'action a été intentée ne comparaît pas, la juridiction compétente est tenue de surseoir à statuer aussi longtemps qu'il n'est pas établi que ce défendeur a été mis à même de recevoir l'acte introductif d'instance ou un acte équivalent en temps utile afin de pourvoir à sa défense ou que toute diligence a été faite à cette fin.**

2. L'article 19 du règlement (CE) n° 1348/2000 s'applique en lieu et place des dispositions du paragraphe 1 du présent article si l'acte introductif d'instance ou un acte équivalent a dû être transmis d'un État membre à un autre en exécution dudit règlement.

3. Lorsque les dispositions du règlement (CE) n° 1348/2000 ne sont pas applicables, l'article 15 de la convention de La Haye du 15 novembre 1965 relative à la signification et à la notification à l'étranger des actes judiciaires et extrajudiciaires en matière civile ou commerciale s'applique si l'acte introductif d'instance ou un acte équivalent a dû être transmis à l'étranger en exécution de ladite convention.

Art. 19 *Litispendance et actions dépendantes.* **1. Lorsque des demandes en divorce, en séparation de corps ou en annulation du mariage sont formées entre les mêmes parties devant des juridictions d'États membres différents, la juridiction saisie en second lieu sursoit d'office à statuer jusqu'à ce que la compétence de la juridiction première saisie soit établie.**

2. Lorsque des actions relatives à la responsabilité parentale à l'égard d'un enfant, ayant le même objet et la même cause, sont introduites auprès de juridictions d'États membres différents, la juridiction saisie en second lieu sursoit d'office à statuer jusqu'à ce que la compétence de la juridiction première saisie soit établie.

3. Lorsque la compétence de la juridiction première saisie est établie, la juridiction saisie en second lieu se dessaisit en faveur de celle-ci.

Dans ce cas, la partie ayant introduit l'action auprès de la juridiction saisie en second lieu peut porter cette action devant la juridiction première saisie.

BIBL. ▶ Bottiau, *RLDC 12/2008. 41* (divorce et litispendance communautaire : quand la réalité dépasse la fiction). – Dittrich, *Dr. et pr. 2007, suppl. Droit et procédures internationales, p. 1.* – Douchy-Oudot, *Dr. et patr. 6/2005, p. 80.*

1. Litispendance et « action dépendante ». V. • Reims, 26 sept. 2002 : *Procédures 2003, n° 257, note Nourissat* • Paris, 19 déc. 2002 : *ibid.*

2. Date de saisine de la juridiction française. Pour la mise en œuvre de l'exception de litispendance de l'art. 19, la juridiction française est réputée saisie à la date du dépôt de la requête en divorce, laquelle fait l'objet d'une preuve par tous moyens. • Paris, 14 sept. 2006 : *AJ fam. 2006. 462, obs. Hilt* ; *Dr. fam. 2007. Comm. 136, note M. Farge* • Civ. 1re, 12 déc. 2006 : *ibid.*

3. Heure de saisine de la juridiction française. Lorsque deux juridictions ont été saisies à la même date et que la partie invoquant l'exception de litispendance prouve l'heure à laquelle elle a saisi la juridiction dont elle revendique la compétence, il incombe à l'autre partie, pour écarter cette exception, d'établir une saisine antérieure. • Civ. 1re, 11 juin 2008, n° 06-20.042 P : *D. 2008. Chron. C. cass. 2367, obs. Chauvin* ; *ibid. 2009. Pan. 1566, obs. Jault-Seseke* ; *AJ fam. 2008. 295, note Hilt* ; *Rev. crit. DIP 2008. 859, note B. Ancel* ; *Gaz. Pal. 20-21 févr. 2009, p. 53, note M.-L. Niboyet* ; *ibid. 7-9 juin 2009, p. 38, obs. Eppler* ; *Dr. et pr. 2009. 27, note Cuniberti* ; *RJPF 10/2008. 18, obs. Garé* ; *Procédures 2008, n° 297, note Nourrissat.*

4. Critères d'antériorité. V. • TGI Paris, 5 sept. 2005 : *Procédures 2006, n° 107, obs. Nourissat.* ♦ Doit être approuvé l'arrêt qui, pour accueillir l'exception de litispendance internationale soulevée au profit des juridictions islandaises, relève que celles-ci avaient été saisies de la procédure de divorce dans son ensemble, antérieurement à la procédure en France. • Civ. 1re, 17 juin 2009, n° 08-12.456 P : *D. 2010. 121, note Sana-Chaillé de Néré* ; *ibid. 1585, obs. Courbe et Jault-Seseke* ; *AJ fam. 2009. 401, obs. Boiché* ; *JCP 2009. 369, n° 22, note Jeuland* ; *Dr. fam. 2009. Comm. 134, note Abadie* ; *Defrénois 2009. 1722, note Crône* ; *RJPF 10/2009. 20, obs. Garé* ; *Gaz. Pal. 7 nov. 2009, p. 24, note Khenkine-Sonigo* ; *Rev. crit. DIP 2010. 170, note Pataut* ; *JDI 2010. 825, note Sinopoli.*

5. Extinction de la première procédure et introduction d'une nouvelle procédure de divorce dans le premier État membre. S'agissant de procédures de séparation de corps et de divorce engagées entre les mêmes parties devant des juridictions de deux États membres, l'art. 19, § 1er et 3, doit être interprété en ce sens que, dans une situation où la procédure devant la juridiction première saisie dans le premier État membre s'est éteinte après la saisine de la seconde juridiction dans le second État membre, les critères de la litispendance ne sont plus remplis et, par conséquent, la compétence de la juridiction première saisie doit être considérée comme n'étant pas établie. • CJUE 6 oct. 2015, n° C-489/14 : *Gaz. Pal. 5 janv. 2016, p. 68, obs. Rein-Lescateyres.*

6. Mesures provisoires. Les dispositions de l'art. 19, § 2, du Règl. n° 2201/2003, relatif à la compétence, la reconnaissance et l'exécution des décisions en matière matrimoniale et en matière de responsabilité parentale abrogeant le règlement n° 1347/2000, ne sont pas applicables lorsqu'une juridiction d'un État membre première saisie en vue de l'obtention de mesures en matière de responsabilité parentale n'est saisie qu'en vue de prononcer des mesures provisoires au sens de l'art. 20 de ce règlement et qu'une juridiction d'un autre État membre compétente pour connaître du fond au sens du même règlement est saisie en second lieu d'une demande visant à l'obtention des mêmes mesures, que ce soit à titre provisoire ou à titre définitif. En effet, l'art. 20 du Règl. n° 2201/2003 ne saurait être considéré comme une disposition attributive de compétence pour connaître du fond. En outre, l'application de ladite disposition n'empêche pas la saisine de la juridiction compétente pour connaître du fond. L'art. 20, § 2, dudit règlement prévient tout risque de contradiction de décisions entre une décision octroyant des mesures provisoires au sens de l'art. 20 et une décision adoptée par la juridiction compétente pour connaître du fond puisqu'il prévoit que les mesures provisoires au sens de cet art. 20, paragraphe 1, cessent d'avoir effet lorsque la juridiction compétente pour connaître du fond a pris les mesures qu'elle estime appropriées. • CJUE 9 nov. 2010, n° C-296/10 : *D. 2011. Pan. 1385, obs. Jault-Seseke ; CCC 2011, n° 21, note Raymond ; Dr. pén. 2011. Chron. 4, n° 7, note Bazin ; Procédures 2011, n° 11, note Nourrissat ; Europe 2011, n° 35, note Idot.*

7. Référé. Le fait qu'une juridiction d'un État membre soit saisie dans le cadre d'une procédure de référé, aux fins notamment du droit de garde d'enfants, ou qu'une décision soit prise dans le cadre d'une telle procédure et qu'il ne ressort d'aucun élément de la demande introduite ou de la décision adoptée que la juridiction saisie en référé soit compétente au sens du règlement n° 2201/2003, relatif à la compétence, la reconnaissance et l'exécution des décisions en matière matrimoniale et en matière de responsabilité parentale abrogeant le règlement n° 1347/2000, n'a pas nécessairement pour conséquence d'exclure qu'il existe, ainsi que l'autorise éventuellement le droit national de cet État membre, une demande au fond liée à la demande en référé et contenant des éléments visant à démontrer que la juridiction saisie est compétente au sens de ce règlement. Dans un tel contexte, la juridiction saisie en second lieu doit vérifier d'elle-même si, en ce qu'elle octroie des mesures provisoires, la décision de la juridiction saisie en premier lieu n'était qu'un préalable à une décision ultérieure adoptée en meilleure connaissance de cause et dans des conditions qui ne seraient plus caractérisées par l'urgence à statuer. La juridiction saisie en second lieu devrait par ailleurs vérifier s'il existe une unité procédurale entre la prétention faisant l'objet des mesures provisoires et une prétention au fond introduite ultérieurement. • CJUE 9 nov. 2010 : *préc. note 6.*

Art. 20 ***Mesures provisoires et conservatoires.*** **1. En cas d'urgence, les dispositions du présent règlement n'empêchent pas les juridictions d'un État membre de prendre des mesures provisoires ou conservatoires relatives aux personnes ou aux biens présents dans cet État, prévues par la loi de cet État membre même si, en vertu du présent règlement, une juridiction d'un autre État membre est compétente pour connaître du fond.**

2. Les mesures prises en exécution du paragraphe 1 cessent d'avoir effet lorsque la juridiction de l'État membre compétente en vertu du présent règlement pour connaître du fond a pris les mesures qu'elle estime appropriées.

1. Conditions. Une mesure conservatoire, telle que la prise en charge d'enfants, peut être décidée par une juridiction nationale au titre de l'art. 20 dès que les conditions suivantes sont remplies : cette mesure doit être urgente ; elle doit être prise à l'égard des personnes présentes dans l'État membre concerné, et elle doit être de nature provisoire. La mise en œuvre de ladite mesure ainsi que le caractère contraignant de cette dernière sont fixés conformément au droit national. Après la mise en œuvre de la mesure conservatoire, la juridiction nationale n'est pas tenue de déférer l'affaire à la juridiction compétente d'un autre État membre. Toutefois, pour autant que la protection de l'intérêt supérieur de l'enfant l'exige, la juridiction nationale qui a mis en œuvre des mesures provisoires ou conservatoires doit en informer, directement ou par l'intermédiaire de l'autorité centrale désignée au titre de l'art. 53, la juridiction d'un autre État membre. • CJCE 2 avr. 2009 : *préc. note ss. art. 1er du présent règlement.*

2. Décision provisoire antérieure. L'art. 20 doit être interprété en ce sens que, dans des circonstances telles que celles de l'affaire au principal, il ne permet pas à une juridiction d'un État membre d'adopter une mesure provisoire en matière de responsabilité parentale visant à octroyer la garde d'un enfant qui se trouve sur le territoire de cet État membre à l'un de ses parents lorsqu'une juridiction d'un autre État membre, qui est compétente en vertu dudit règlement pour connaître du fond du litige relatif à la garde de l'enfant, a déjà rendu une décision confiant provisoirement la garde de cet enfant à l'autre parent et que cette décision a été déclarée exécutoire sur le territoire du premier État membre. • CJUE 23 déc. 2009, nº C-403/09 : *D. actu. 21 janv. 2010, obs. Egéa ; D. 2010. Actu. 99 ; ibid. 1055, note Brière ; ibid. 1585, obs. Courbe et Jault-Seseke ; RTD civ. 2010. 549, obs. J. Hauser ; ibid. 748, obs. P. Rémy-Corlay ; RTD eur. 2010. 113, obs. Coutron ; ibid. 421, obs. Douchy-Oudot et Guinchard ; AJ fam. 2010. 131, obs. Boiché ; Dr. fam. 2010. Alertes 7, obs. Bruggeman ; Europe 2010, nº 57, obs. Idot ; Gaz. Pal. 28-29 mai 2009, p. 47, note Guez ; Procédures 2010, nº 73, note Nourissat ; RLDC 2010. 3722, obs. Pouliquen.*

3. C'est à bon droit qu'une cour d'appel retient que si, aux termes de l'art. 20 du Règl. (CE) nº 2201/2003 du 27 nov. 2003 (Bruxelles II *bis*), qui vise les mesures provisoires nécessaires à la préservation de l'intérêt de l'enfant prises conformément au droit national, le juge des enfants peut, en cas d'urgence, prendre les mesures provisoires ou conservatoires nécessaires à l'égard des enfants qui se trouvent en France, la mesure de placement provisoire qu'il a prise cesse de produire effet dès lors que la juridiction étrangère, compétente pour statuer au fond sur l'exercice de l'autorité parentale, a pris les mesures appropriées. • Civ. 1re, 8 juill. 2010, nº 09-66.406 P : *D. 2010. Actu. 1798 ; ibid. 2011. Pan. 1374, obs. Jault-Seseke ; AJ fam. 2010. Pratique 482, note Boiché ; Dr. fam. 2010, nº 158, note Galichet ; ibid. nº 159, note Abadie ; RJPF nov. 2010, p. 27, obs. Eudier.*

4. Les dispositions des art. 21 s. du Règl. (CE) nº 2201/2003 du Conseil, du 27 nov. 2003 ne s'appliquent pas à des mesures provisoires, en matière de droit de garde, relevant de l'art. 20 dudit règlement. • CJUE 15 juill. 2010, nº C-256/09 : *D. 2011. Pan. 1374, obs. Jault-Seseke ; AJ fam. 2010. 539, obs. Boiché ; RTD civ. 2011. 115, obs. Hauser ; RJPF déc. 2010, p. 29, obs. Eudier ; Procédures 2010, nº 343, note Nourissat.*

CHAPITRE III *Reconnaissance et exécution*

SECTION I *Reconnaissance*

Art. 21 *Reconnaissance d'une décision.* **1. Les décisions rendues dans un État membre sont reconnues dans les autres États membres sans qu'il soit nécessaire de recourir à aucune procédure.**

2. En particulier, et sans préjudice du paragraphe 3, aucune procédure n'est requise pour la mise à jour des actes d'état civil d'un État membre sur la base d'une décision rendue dans un autre État membre en matière de divorce, de séparation de corps ou d'annulation du mariage, qui n'est plus susceptible de recours selon la loi de cet État membre.

3. Sans préjudice de la section IV, toute partie intéressée peut demander, selon les procédures prévues à la section II, que soit prise une décision de reconnaissance ou de non-reconnaissance de la décision.

La compétence territoriale de la juridiction indiquée dans la liste communiquée par chaque État membre à la Commission conformément à l'article 68 est déterminée par la loi de l'État membre dans lequel la demande de reconnaissance ou de non-reconnaissance est présentée.

4. Si la reconnaissance d'une décision est invoquée de façon incidente devant une juridiction d'un État membre, celle-ci peut statuer en la matière.

BIBL. ► E. GUINCHARD, *AJ fam. 2006. 99* (droit international privé européen de l'exécution en matière extrapatrimoniale).

Les dispositions générales du chap. III du Règl. nº 2201/2003 doivent être interprétées en ce sens *que, lorsqu'il est allégué que des enfants ont été* déplacés de manière illicite, la décision d'une juridiction de l'État membre dans lequel ces enfants avaient leur résidence habituelle, ordonnant le retour desdits enfants et consécutive à une décision concernant la responsabilité parentale, peut être déclarée exécutoire dans l'État membre d'accueil conformément à ces dispositions générales. • CJUE 19 sept. 2018, nos C-325/18 et C-375/18 : *Europe 2018, nº 450, note Idot.*

Art. 22 *Motifs de non-reconnaissance des décisions de divorce, de séparation de corps ou d'annulation du mariage.* **Une décision rendue en matière de divorce, de séparation de corps ou d'annulation du mariage n'est pas reconnue :**

a) **si la reconnaissance est manifestement contraire à l'ordre public de l'État membre requis ;**

b) **si l'acte introductif d'instance ou un acte équivalent n'a pas été signifié ou notifié au défendeur défaillant en temps utile et de telle manière qu'il puisse pourvoir à sa défense, à moins qu'il ne soit établi que le défendeur a accepté la décision de manière non équivoque ;**

c) si elle est inconciliable avec une décision rendue dans une instance opposant les mêmes parties dans l'État membre requis ; ou

d) si elle est inconciliable avec une décision rendue antérieurement dans un autre État membre ou dans un État tiers dans une affaire opposant les mêmes parties, dès lors que cette première décision réunit les conditions nécessaires à sa reconnaissance dans l'État membre requis.

Art. 23 *Motifs de non-reconnaissance des décisions en matière de responsabilité parentale.* Une décision rendue en matière de responsabilité parentale n'est pas reconnue :

a) si la reconnaissance est manifestement contraire à l'ordre public de l'État membre requis eu égard aux intérêts supérieurs de l'enfant ;

b) si, sauf en cas d'urgence, elle a été rendue sans que l'enfant, en violation des règles fondamentales de procédure de l'État membre requis, ait eu la possibilité d'être entendu ;

c) si l'acte introductif d'instance ou un acte équivalent n'a pas été signifié ou notifié à la personne défaillante en temps utile et de telle manière que celle-ci puisse pourvoir à sa défense, à moins qu'il ne soit établi que cette personne a accepté la décision de manière non équivoque ;

d) à la demande de toute personne faisant valoir que la décision fait obstacle à l'exercice de sa responsabilité parentale, si la décision a été rendue sans que cette personne ait eu la possibilité d'être entendue ;

e) si elle est inconciliable avec une décision rendue ultérieurement en matière de responsabilité parentale dans l'État membre requis ;

f) si elle est inconciliable avec une décision rendue ultérieurement en matière de responsabilité parentale dans un autre État membre ou dans l'État tiers où l'enfant réside habituellement, dès lors que la décision ultérieure réunit les conditions nécessaires à sa reconnaissance dans l'État requis ;

ou

g) si la procédure prévue à l'article 56 n'a pas été respectée.

L'art. 23, ss. a), du Règl. (CE) n° 2201/2003 du Conseil, du 27 nov. 2003, relatif à la compétence, la reconnaissance et l'exécution des décisions en matière matrimoniale et en matière de responsabilité parentale abrogeant le Règl. (CE) n° 1347/2000, doit être interprété en ce sens que, en l'absence d'une violation manifeste, eu égard aux intérêts supérieurs de l'enfant, d'une règle de droit considérée comme essentielle dans l'ordre juridique d'un État membre ou d'un droit reconnu comme fondamental dans cet ordre juridique, cette disposition ne permet pas à la juridiction de cet État membre, qui se considère compétente pour statuer sur la garde d'un enfant, de refuser de reconnaître la décision d'une juridiction d'un autre État membre qui a statué sur la garde de cet enfant. • CJUE 19 nov. 2015, n° C-455-15 : *AJ fam. 2016. 48, note Viganotti*.

Art. 24 *Interdiction du contrôle de la compétence de la juridiction d'origine.* Il ne peut être procédé au contrôle de la compétence de la juridiction de l'État membre d'origine. Le critère de l'ordre public visé à l'article 22, point a), et à l'article 23, point a), ne peut être appliqué aux règles de compétence visées aux articles 3 à 14.

Art. 25 *Disparités entre les lois applicables.* La reconnaissance d'une décision ne peut être refusée au motif que la loi de l'État membre requis ne permet pas le divorce, la séparation de corps ou l'annulation du mariage sur la base de faits identiques.

Art. 26 *Interdiction de la révision au fond.* En aucun cas, une décision ne peut faire l'objet d'une révision au fond.

Art. 27 *Sursis à statuer.* 1. La juridiction d'un État membre saisie d'une demande de reconnaissance d'une décision rendue dans un autre État membre peut surseoir à statuer si cette décision fait l'objet d'un recours ordinaire.

2. La juridiction d'un État membre saisie d'une demande de reconnaissance d'une décision rendue en Irlande ou au Royaume-Uni et dont l'exécution est suspendue dans l'État membre d'origine du fait de l'exercice d'un recours peut surseoir à statuer.

SECTION II *Requête en déclaration de la force exécutoire*

Art. 28 *Décisions exécutoires.* 1. Les décisions rendues dans un État membre sur l'exercice de la responsabilité parentale à l'égard d'un enfant, qui y sont exécutoires et qui ont été signifiées ou notifiées, sont mises en exécution dans un autre État membre après y avoir été déclarées exécutoires sur requête de toute partie intéressée.

2. Toutefois, au Royaume-Uni, ces décisions ne sont mises à exécution en Angleterre et au pays de Galles, en Écosse ou en Irlande du Nord qu'après avoir été enregistrées en vue de

leur exécution, sur requête de toute partie intéressée, dans l'une ou l'autre de ces parties du Royaume-Uni, suivant le cas.

Le présent règlement doit être interprété en ce sens qu'une décision d'une juridiction d'un État membre qui ordonne le placement forcé d'un enfant dans un établissement fermé situé dans un autre État membre doit, avant sa mise en exécution dans l'État membre requis, être déclarée exécutoire dans cet État membre. Afin de ne pas priver ce règlement de son effet utile, la décision de la juridiction de l'État membre requis relative à la requête en déclaration de la force exécutoire doit être prise avec une célérité particulière sans que les recours portés contre une telle décision de la juridiction de l'État membre requis puissent avoir un effet suspensif. • CJUE 26 avr. 2012 : *cité note 2 ss. art. 1er*.

Art. 29 *Juridiction territorialement compétente.* 1. La requête en déclaration de constatation de la force exécutoire est présentée à la juridiction indiquée dans la liste communiquée par chaque État membre à la Commission conformément à l'article 68.

2. La compétence territoriale est déterminée par la résidence habituelle de la personne contre laquelle l'exécution est demandée ou par la résidence habituelle de tout enfant concerné par la requête.

Lorsqu'aucune des résidences visées au premier alinéa ne se trouve dans l'État membre d'exécution, la compétence territoriale est déterminée par le lieu d'exécution.

Art. 30 *Procédure.* 1. Les modalités de dépôt de la requête sont déterminées par la loi de l'État membre d'exécution.

2. Le requérant doit faire élection de domicile dans le ressort de la juridiction saisie. Toutefois, si la loi de l'État membre d'exécution ne connaît pas l'élection de domicile, le requérant désigne un mandataire *ad litem*.

3. Les documents mentionnés aux articles 37 et 39 sont joints à la requête.

Art. 31 *Décision rendue par la juridiction.* 1. La juridiction saisie de la requête statue à bref délai, sans que ni la personne contre laquelle l'exécution est demandée ni l'enfant ne puissent, à ce stade de la procédure, présenter d'observations.

2. La requête ne peut être rejetée que pour l'un des motifs prévus aux articles 22, 23 et 24.

3. En aucun cas, la décision ne peut faire l'objet d'une révision au fond.

Art. 32 *Notification de la décision.* La décision rendue sur requête est aussitôt portée à la connaissance du requérant, à la diligence du greffier, suivant les modalités déterminées par la loi de l'État membre d'exécution.

Art. 33 *Recours.* 1. L'une ou l'autre partie peut former un recours contre la décision relative à la demande de déclaration constatant la force exécutoire.

2. Le recours est porté devant la juridiction indiquée dans la liste communiquée par chaque État membre à la Commission conformément à l'article 68.

3. Le recours est examiné selon les règles de la procédure contradictoire.

4. Si le recours est formé par la personne qui a demandé la déclaration constatant la force exécutoire, la partie contre laquelle l'exécution est demandée est appelée à comparaître devant la juridiction saisie du recours. En cas de défaut, les dispositions de l'article 18 s'appliquent.

5. Le recours contre la déclaration constatant la force exécutoire doit être formé dans un délai d'un mois à compter de sa signification. Si la partie contre laquelle l'exécution est demandée a sa résidence habituelle dans un État membre autre que celui dans lequel la déclaration constatant la force exécutoire a été délivrée, le délai est de deux mois et court à compter du jour où la signification a été faite à personne ou à domicile. Ce délai ne comporte pas de prorogation à raison de la distance.

Ordonnance d'exequatur – Exécution avant sa signification. L'art. 33, § 1er, Règl. n° 2201/2003, lu à la lumière de l'art. 47 de la Charte des droits fondamentaux de l'Union européenne, doit être interprété en ce sens qu'il s'oppose à l'exécution d'une décision d'une juridiction d'un État membre qui ordonne la mise sous tutelle et le retour d'enfants et qui est déclarée exécutoire dans l'État membre requis, avant qu'il ne soit procédé à la signification de la déclaration constatant la force exécutoire de cette décision aux parents concernés. L'art. 33, § 5, du Règl. n° 2201/2003 doit être interprété en ce sens que le délai de recours prévu à cette disposition ne peut pas être prorogé par la juridiction saisie. • CJUE 19 sept. 2018, nos C-325/18 et C-375/18 : *cité note ss. art. 21*.

Art. 34 *Juridictions de recours et voies de recours.* La décision rendue sur le recours ne peut faire l'objet que du recours visé à la liste communiquée par chaque État membre à la Commission conformément à l'article 68.

Art. 35 *Sursis à statuer.* 1. La juridiction saisie du recours formé au titre de l'article 33 ou 34 peut, à la requête de la partie contre laquelle l'exécution est demandée, surseoir à statuer si la décision fait, dans l'État membre d'origine, l'objet d'un recours ordinaire, ou si le délai pour le former n'est pas expiré. Dans ce dernier cas, la juridiction peut impartir un délai pour former ce recours.

2. Lorsque la décision a été rendue en Irlande ou au Royaume-Uni, toute voie de recours prévue dans l'État membre d'origine est considérée comme un recours ordinaire aux fins de l'application du paragraphe 1.

Art. 36 *Exécution partielle.* 1. Lorsque la décision a statué sur plusieurs chefs de la demande et que l'exécution ne peut être autorisée pour le tout, la juridiction accorde l'exécution pour un ou plusieurs d'entre eux.

2. Le requérant peut demander une exécution partielle.

SECTION III *Dispositions communes aux sections I et II*

Art. 37 *Documents.* 1. La partie qui invoque ou conteste la reconnaissance d'une décision ou sollicite la délivrance d'une déclaration constatant sa force exécutoire doit produire :

a) une expédition de celle-ci réunissant les conditions nécessaires à son authenticité ;

et

b) le certificat visé à l'article 39.

2. En outre, s'il s'agit d'une décision par défaut, la partie qui invoque la reconnaissance ou sollicite la délivrance d'une déclaration constatant sa force exécutoire doit produire :

a) l'original ou une copie certifiée conforme du document établissant que l'acte introductif d'instance ou un acte équivalent a été signifié ou notifié à la partie défaillante ;

ou

b) tout document indiquant que le défendeur a accepté la décision de manière non équivoque.

Art. 38 *Absence de documents.* 1. A défaut de production des documents mentionnés à l'article 37, paragraphe 1, point b), ou paragraphe 2, la juridiction peut impartir un délai pour les produire ou accepter des documents équivalents ou, si elle s'estime suffisamment éclairée, en dispenser.

2. Il est produit une traduction des documents si la juridiction l'exige. La traduction est certifiée par une personne habilitée à cet effet dans l'un des États membres.

Art. 39 *Certificat concernant les décisions en matière matrimoniale et certificat concernant les décisions en matière de responsabilité parentale.* La juridiction ou l'autorité compétente de l'État membre d'origine délivre, à la requête de toute partie intéressée, un certificat en utilisant le formulaire dont le modèle figure à l'annexe I (décisions en matière matrimoniale) ou à l'annexe II (décisions en matière de responsabilité parentale). — *V. JOUE 23 déc. 2003.*

SECTION IV *Force exécutoire de certaines décisions relatives au droit de visite et de certaines décisions ordonnant le retour de l'enfant*

Art. 40 *Champ d'application.* 1. La présente section s'applique :

a) au droit de visite

et

b) au retour d'un enfant consécutif à une décision ordonnant le retour de l'enfant visée à l'article 11, paragraphe 8.

2. Les dispositions de la présente section n'empêchent pas un titulaire de la responsabilité parentale d'invoquer la reconnaissance et l'exécution d'une décision, conformément aux dispositions contenues dans les sections I et II du présent chapitre.

Art. 41 *Droit de visite.* 1. Le droit de visite visé à l'article 40, paragraphe 1, point a), accordé par une décision exécutoire rendue dans un État membre, est reconnu et jouit de la force exécutoire dans un autre État membre sans qu'aucune déclaration lui reconnaissant force exécutoire ne soit requise et sans qu'il soit possible de s'opposer à sa reconnaissance si la décision a été certifiée dans l'État membre d'origine conformément au paragraphe 2.

2. Le juge d'origine ne délivre le certificat visé au paragraphe 1, en utilisant le formulaire dont le modèle figure à l'annexe III (certificat concernant le droit de visite), que si :

Même si le droit national ne prévoit pas la force exécutoire de plein droit, nonobstant un éventuel recours, d'une décision accordant un droit de visite, la juridiction d'origine peut déclarer la décision exécutoire.

a) en cas de procédure par défaut, l'acte introductif d'instance ou un acte équivalent a été signifié ou notifié à la personne défaillante en temps utile et de telle manière que cette personne puisse pourvoir à sa défense, ou, s'il a été signifié ou notifié sans le respect de ces conditions, il est néanmoins établi qu'elle a accepté la décision de manière non équivoque ; *– V. JOUE 23 déc. 2003.*

b) toutes les parties concernées ont eu la possibilité d'être entendues ; et

c) l'enfant a eu la possibilité d'être entendu, à moins qu'une audition n'ait été jugée inappropriée eu égard à son âge ou à son degré de maturité.

Le certificat est rempli dans la langue de la décision.

3. Si le droit de visite concerne une situation ayant dès le prononcé de la décision un caractère transfrontière, le certificat est délivré d'office lorsque la décision devient exécutoire, y compris par provision. Si la situation n'acquiert un caractère transfrontière qu'ultérieurement, le certificat est délivré à la demande de l'une des parties.

Art. 42 *Retour de l'enfant.* Le retour de l'enfant visé à l'article 40, paragraphe 1, point b), résultant d'une décision exécutoire rendue dans un État membre est reconnu et jouit de la force exécutoire dans un autre État membre sans qu'aucune déclaration lui reconnaissant force exécutoire ne soit requise et sans qu'il ne soit possible de s'opposer à sa reconnaissance si la décision a été certifiée dans l'État membre d'origine conformément au paragraphe 2.

Même si le droit national ne prévoit pas la force exécutoire de plein droit, nonobstant un éventuel recours, d'une décision ordonnant le retour de l'enfant visée à l'article 11, paragraphe 8, la juridiction d'origine peut déclarer la décision exécutoire.

2. Le juge d'origine qui a rendu la décision visée à l'article 40, paragraphe 1, point b), ne délivre le certificat visé au paragraphe 1 que si :

a) l'enfant a eu la possibilité d'être entendu, à moins qu'une audition n'ait été jugée inappropriée eu égard à son âge ou à son degré de maturité,

b) les parties ont eu la possibilité d'être entendues, et que

c) la juridiction a rendu sa décision en tenant compte des motifs et des éléments de preuve sur la base desquels avait été rendue la décision prise en application de l'article 13 de la convention de La Haye de 1980.

Au cas où la juridiction ou toute autre autorité prend des mesures en vue d'assurer la protection de l'enfant après son retour dans l'État de sa résidence habituelle, le certificat précise les modalités de ces mesures.

Le juge d'origine délivre de sa propre initiative ledit certificat, en utilisant le formulaire dont le modèle figure à l'annexe IV (certificat concernant le retour de l'enfant). *– V. JOUE 23 déc. 2003.*

Le certificat est rempli dans la langue de la décision.

BIBL. ▸ ESKENAZI, *AJ fam. 2018. 533* (la parole de l'enfant déplacé en matière d'enlèvement international et de déplacement illicite).

Exécution d'une décision certifiée de retour d'un enfant. Violation grave des droits de l'enfant. Compétence. V. jugeant que la juridiction compétente de l'État membre d'exécution ne peut pas s'opposer à l'exécution d'une décision certifiée ordonnant le retour d'un enfant illicitement retenu au motif que la juridiction de l'État membre d'origine qui a rendu cette décision aurait violé l'art. 42 du Règl. du 27 nov. 2003, interprété conformément à l'art. 24 de la Charte des droits fondamentaux de l'Union européenne, l'appréciation de l'existence d'une telle violation relevant exclusivement de la compétence des juridictions de l'État membre d'origine. • CJCE 22 déc. 2010, n° C-491/10 : *BICC 1er mars 2010, n° 207 ; D. 2011. Actu. 248 ; ibid. Pan. 1374, obs. Jault-Seseke ; RTD eur. 2011. 482, obs. M. Douchy-Oudot ; Procédures 2011, n° 9, note Nourrissat ; Europe 2011, n° 118, note Idot ; Dr. fam. 2011, n° 66, note Abadie.*

Art. 43 *Action en rectification.* 1. Le droit de l'État membre d'origine est applicable à toute rectification du certificat.

2. La délivrance d'un certificat au titre de l'article 41, paragraphe 1, ou de l'article 42, paragraphe 1, n'est par ailleurs susceptible d'aucun recours.

Art. 44 *Effets du certificat.* Le certificat ne produit ses effets que dans les limites du caractère exécutoire du jugement.

Art. 45 *Documents.* 1. La partie qui demande l'exécution d'une décision doit produire :
a) une expédition de celle-ci réunissant les conditions nécessaires à son authenticité ; et
b) le certificat visé à l'article 41, paragraphe 1, ou à l'article 42, paragraphe 1.
2. Aux fins du présent article,
– le certificat visé à l'article 41, paragraphe 1, s'accompagne d'une traduction du point 12 relatif aux modalités d'exercice du droit de visite,
– le certificat visé à l'article 42, paragraphe 1, s'accompagne d'une traduction du point 14 relatif aux modalités des mesures prises en vue d'assurer le retour de l'enfant.
La traduction est effectuée dans la langue officielle ou l'une des langues officielles de l'État membre d'exécution ou dans toute autre langue que ce dernier a indiqué d'accepter. La traduction est certifiée par une personne habilitée à cet effet dans l'un des États membres.

SECTION V *Actes authentiques et accords*

Art. 46 Les actes authentiques reçus et exécutoires dans un État membre ainsi que les accords entre parties exécutoires dans l'État membre d'origine sont reconnus et rendus exécutoires dans les mêmes conditions que des décisions.

SECTION VI *Autres dispositions*

Art. 47 *Procédure d'exécution.* 1. La procédure d'exécution est déterminée par le droit de l'État membre d'exécution.
2. Toute décision rendue par la juridiction d'un autre État membre et déclarée exécutoire conformément à la section II ou certifiée conformément à l'article 41, paragraphe 1, ou à l'article 42, paragraphe 1, est exécutée dans l'État membre d'exécution dans les mêmes conditions que si elle avait été rendue dans cet État membre.
En particulier, une décision certifiée conformément à l'article 41, paragraphe 1, ou à l'article 42, paragraphe 1, ne peut être exécutée si elle est inconciliable avec une décision exécutoire rendue ultérieurement.

1. L'art. 47, §2, al. 2, du Règl. Bruxelles II *bis* doit être interprété en ce sens qu'une décision rendue ultérieurement par une juridiction de l'État membre d'exécution, qui accorde un droit de garde provisoire et est considérée comme exécutoire selon le droit de cet État, ne peut pas être opposée à l'exécution d'une décision certifiée, rendue antérieurement par la juridiction compétente de l'État membre d'origine et ordonnant le retour de l'enfant. • CJUE 1er juill. 2010 : *préc. note ss. art. 11 du présent règlement.*

2. L'exécution d'une décision certifiée ne peut être refusée, dans l'État membre d'exécution, au motif que, en raison d'une modification des circonstances survenue après son adoption, elle serait susceptible de porter gravement atteinte à l'intérêt supérieur de l'enfant. Une telle modification doit être invoquée devant la juridiction compétente de l'État membre d'origine, laquelle devrait être également saisie d'une demande éventuelle de sursis à l'exécution de sa décision. Rapp. Sur ce point de • 22 déc. 2010 : *préc. note ss. art. 42 du présent règlement.*

3. Dans le cadre du Règl. n° 2201/2003, les décisions étrangères condamnant à une astreinte ne sont exécutoires dans l'État membre requis que si le montant en a été définitivement fixé par les tribunaux de l'État membre d'origine. • CJUE 9 sept. 2015, n° C-4/14 : *cité note 19 ss. Règl. n° 1215/2012 du 12 déc. 2012, art. 1er, App., v° Droit européen et international.*

Art. 48 *Modalités pratiques de l'exercice du droit de visite.* 1. Les juridictions de l'État membre d'exécution peuvent arrêter les modalités pratiques pour organiser l'exercice du droit de visite, si les modalités nécessaires n'ont pas été prévues ou ne l'ont pas été suffisamment dans la décision rendue par les juridictions de l'État membre compétentes pour connaître du fond, et pour autant que les éléments essentiels de ladite décision soient respectés.
2. Les modalités pratiques arrêtées conformément au paragraphe 1 cessent d'être applicables en exécution de la décision ultérieure rendue par les juridictions de l'État membre compétentes pour connaître du fond.

Le *recouvrement* d'une astreinte ordonnée par le juge de l'État membre d'origine qui a statué au fond sur le droit de visite aux fins d'assurer l'effectivité de ce droit relève du même régime d'exécution que la décision sur le droit de visite que garantit ladite astreinte, et cette dernière doit, à ce titre, être déclarée exécutoire selon les règles définies par le Règl. (CE) n° 2201/2003 du Conseil, du 27 nov. 2003. • CJUE 9 sept. 2015, n° C-4/14 : *cité note 19 ss. Règl. n° 1215/2012 du 12 déc. 2012, art. 1er, App., v° Droit européen et international.*

Art. 49 *Coûts.* Les dispositions du présent chapitre, à l'exception de celles prévues à la section IV, sont aussi d'application pour la fixation du montant des frais du procès au titre des procédures engagées en vertu du présent règlement et pour l'exécution de tout jugement concernant de tels frais.

Art. 50 *Assistance judiciaire.* Le requérant qui, dans l'État membre d'origine, a bénéficié en tout ou en partie de l'assistance judiciaire ou d'une exemption de frais et dépens bénéficie, dans la procédure prévue aux articles 21, 28, 41, 42 et 48, de l'assistance la plus favorable ou de l'exemption la plus large prévue par le droit de l'État membre d'exécution.

Art. 51 *Caution, dépôt.* Aucune caution ni aucun dépôt, sous quelque dénomination que ce soit, ne peuvent être imposés à la partie qui demande l'exécution dans un État membre d'une décision rendue dans un autre État membre en raison :

a) du défaut de résidence habituelle dans l'État membre requis ; et

b) soit de sa qualité d'étranger, soit, lorsque l'exécution est demandée au Royaume-Uni ou en Irlande, du défaut de « domicile » dans l'un de ces États membres.

Art. 52 *Légalisation ou formalité analogue.* Aucune légalisation ni formalité analogue n'est exigée en ce qui concerne les documents visés aux articles 37, 38 et 45 ou, le cas échéant, la procuration *ad litem.*

CHAPITRE IV ***Coopération entre les autorités centrales en matière de responsabilité parentale***

Art. 53 *Désignation.* Chaque État membre désigne une ou plusieurs autorités centrales chargées de l'assister dans l'application du présent règlement et en précise les attributions territoriales ou matérielles. Lorsqu'un État membre a désigné plusieurs autorités centrales, les communications sont en principe adressées directement à l'autorité centrale compétente. Si une communication est adressée à une autorité centrale non compétente, celle-ci est chargée de la transmettre à l'autorité centrale compétente et d'en informer l'expéditeur.

Art. 54 *Fonctions générales.* Les autorités centrales communiquent des informations sur les législations et procédures nationales et prennent des mesures pour améliorer l'application du présent règlement et renforcer leur coopération. A cette fin, il est fait usage du réseau judiciaire européen en matière civile et commerciale créé par la décision 2001/470/CE.

Art. 55 *Coopération dans le cadre d'affaires spécifiques à la responsabilité parentale.* Les autorités centrales, à la demande d'une autorité centrale d'un autre État membre ou du titulaire de la responsabilité parentale, coopèrent dans des affaires déterminées pour réaliser les objectifs visés par le présent règlement. A cet effet, elles prennent, elles-mêmes ou par l'intermédiaire des pouvoirs publics ou autres organismes, toute mesure appropriée, conformément à la législation de cet État membre en matière de protection des données à caractère personnel, pour :

a) recueillir et échanger des informations :

i) sur la situation de l'enfant,

ii) sur toute procédure en cours, ou

iii) sur toute décision rendue concernant l'enfant ;

b) fournir des informations et une assistance aux titulaires de la responsabilité parentale qui demandent la reconnaissance et l'exécution d'une décision sur leur territoire, en particulier en matière de droit de visite et de retour de l'enfant ;

c) faciliter les communications entre les juridictions notamment pour l'application de l'article 11, paragraphes 6 et 7, et de l'article 15 ;

d) fournir toute information et aide utiles pour l'application par les juridictions de l'article 56 ;

e) faciliter la conclusion d'accords entre les titulaires de la responsabilité parentale en recourant à la médiation ou à d'autres moyens, et faciliter à cette fin la coopération transfrontalière.

Art. 56 *Placement de l'enfant dans un autre État membre.* 1. Lorsque la juridiction compétente en vertu des articles 8 à 15 envisage le placement de l'enfant dans un établissement ou dans une famille d'accueil et que ce placement aura lieu dans un autre État membre, elle consulte au préalable l'autorité centrale ou une autre autorité compétente de ce dernier État membre si l'intervention d'une autorité publique est prévue dans cet État membre pour les cas internes de placements d'enfants.

2. La décision sur le placement visé au paragraphe 1 ne peut être prise dans l'État membre requérant que si l'autorité compétente de l'État requis a approuvé ce placement.

3. Les modalités relatives à la consultation ou à l'approbation visées aux paragraphes 1 et 2 sont régies par le droit national de l'État membre requis.

4. Lorsque la juridiction compétente en vertu des articles 8 à 15 décide le placement de l'enfant dans une famille d'accueil, que ce placement aura lieu dans un autre État membre, et que l'intervention d'une autorité publique n'est pas prévue dans ce dernier État membre pour les cas internes de placement d'enfants, elle en avise l'autorité centrale ou une autorité compétente de cet État membre.

1. Placement d'un enfant dans un établissement fermé dans un autre État membre pour des fins thérapeutiques. Une décision d'une juridiction d'un État membre qui prévoit le placement d'un enfant dans un établissement de soins thérapeutiques et éducatifs fermé situé dans un autre État membre impliquant, à des fins protectrices, une privation de liberté pendant une période déterminée relève du champ d'application matériel du présent Règl. • CJUE 26 avr. 2012, n° C-912/12 : *RTDE 2012. 689, n° 3, obs. Douchy-Oudot ; Europe 2012, n° 264, note Idot.*

2. L'approbation visée à l'art. 56, § 2, doit être donnée, préalablement à l'adoption de la décision sur le placement d'un enfant, par une autorité compétente relevant du droit public. Il ne suffit pas que l'établissement dans lequel l'enfant doit être placé donne son approbation. Dans des circonstances telles que celles de l'affaire au principal, dans lesquelles la juridiction de l'État membre qui a décidé le placement a des incertitudes sur le point de savoir si une approbation a été valablement donnée dans l'État membre requis, car il n'a pas été possible d'établir avec certitude quelle était l'autorité compétente dans ce dernier État, une régularisation est possible afin de s'assurer que l'exigence d'une approbation par l'art. 56 a été pleinement respectée. • CJUE 26 avr. 2012 : *préc.*

3. Le présent règlement doit être interprété en ce sens qu'une décision d'une juridiction d'un État membre qui ordonne le placement forcé d'un enfant dans un établissement fermé situé dans un autre État membre doit, avant sa mise en exécution dans l'État membre requis, être déclarée exécutoire dans cet État membre. Afin de ne pas priver ce règlement de son effet utile, la décision de la juridiction de l'État membre requis relative à la requête en déclaration de la force exécutoire doit être prise avec une célérité particulière sans que les recours portés contre une telle décision de la juridiction de l'État membre requis puissent avoir un effet suspensif. • CJUE 26 avr. 2012 : *préc.*

4. Lorsqu'elle a été donnée pour une durée déterminée, l'approbation d'un placement au titre de l'art. 56, § 2, ne s'applique pas aux décisions ayant pour objet de prolonger la durée du placement. Dans de telles circonstances, une nouvelle approbation doit être sollicitée. Une décision de placement prise dans un État membre déclarée exécutoire dans un autre État membre ne peut être mise en exécution dans ce dernier État membre que pour la période indiquée dans la décision de placement. • CJUE 26 avr. 2012 : *préc.*

Art. 57 *Méthode de travail.* 1. Tout titulaire de la responsabilité parentale peut adresser à l'autorité centrale de l'État membre dans lequel il réside habituellement ou à l'autorité centrale de l'État membre dans lequel l'enfant a sa résidence habituelle ou est présent, une demande d'assistance conformément à l'article 55. D'une manière générale, la demande est accompagnée de toutes les informations disponibles pouvant en faciliter l'exécution. Si la demande d'assistance concerne la reconnaissance ou l'exécution d'une décision relative à la responsabilité parentale couverte par le champ d'application du présent règlement, le titulaire de la responsabilité parentale est tenu d'y joindre les certificats correspondants figurant aux articles 39, 41, paragraphe 1, ou 42, paragraphe 1.

2. Les États membres notifient à la Commission la ou les langues officielles des institutions de la Communauté autres que leur(s) propre(s) langue(s) dans lesquelles les communications peuvent être adressées aux autorités centrales.

3. L'assistance dispensée par les autorités centrales en vertu de l'article 55 est gratuite.

4. Chaque autorité centrale supporte ses propres frais.

Art. 58 *Réunions.* 1. Les autorités centrales, pour faciliter l'application du présent règlement, sont réunies régulièrement.

2. La convocation de ces réunions s'effectue conformément à la décision 2001/470/CE relative à la création d'un réseau judiciaire européen en matière civile et commerciale.

CHAPITRE V *Relations avec d'autres instruments*

Art. 59 *Relation avec d'autres instruments.* 1. Sans préjudice des articles 60, 63, 64 et du paragraphe 2 du présent article, le présent règlement remplace, pour les États membres, les conventions existant au moment de l'entrée en vigueur du présent règlement, qui ont été conclues entre deux ou plusieurs États membres et qui portent sur des matières réglées par le présent règlement.

2. *a)* La Finlande et la Suède ont la faculté de déclarer que la convention du 6 février 1931 entre le Danemark, la Finlande, l'Islande, la Norvège et la Suède comprenant des dispositions de droit international privé sur le mariage, l'adoption et la garde des enfants ainsi que son protocole final s'appliquent en tout ou en partie, dans leurs relations mutuelles, en lieu et place des règles du présent règlement. Ces déclarations sont publiées au *Journal officiel de l'Union européenne* en annexe du présent règlement *[V. JOUE 23 déc. 2003]*. Lesdits États membres peuvent y renoncer, en tout ou en partie, à tout moment.

b) Le principe de la non-discrimination en raison de la nationalité entre citoyens de l'Union européenne est respecté.

c) Dans tout accord à conclure entre les États membres visés au point *a)*, portant sur des matières réglées par le présent règlement, les règles de compétence sont alignées sur celles prévues par le présent règlement.

d) Les décisions rendues dans l'un des États nordiques qui a fait la déclaration visée au point *a)* en vertu d'un chef de compétence qui correspond à l'un de ceux prévus au chapitre II du présent règlement sont reconnues et exécutées dans les autres États membres conformément aux règles prévues au chapitre III du présent règlement.

3. Les États membres communiquent à la Commission :

a) une copie des accords et des lois uniformes les mettant en œuvre visés au paragraphe 2, points *a)* et *c)* ;

b) toute dénonciation ou modification de ces accords ou de ces lois uniformes.

Coopération nordique. Le règlement doit être interprété en ce sens qu'une réglementation nationale harmonisée relative à la reconnaissance et à l'exécution de décisions administratives de prise en charge et de placement des personnes, adoptée dans le cadre de la coopération nordique, ne peut être appliquée à une décision de prise en charge d'un enfant relevant du champ d'application du règlement. • CJCE 27 nov. 2007, nº C-435-06 : *AJ fam. 2008. 82, obs. Boiché* ✎.

Art. 60 *Relations avec certaines conventions multilatérales.* Dans les relations entre les États membres, le présent règlement prévaut sur les conventions suivantes dans la mesure où elles concernent des matières réglées par le présent règlement :

a) convention de La Haye du 5 octobre 1961 concernant la compétence des autorités et la loi applicable en matière de protection des mineurs ;

b) convention de Luxembourg du 8 septembre 1967 sur la reconnaissance des décisions relatives au lien conjugal ;

c) convention de La Haye du 1er juin 1970 sur la reconnaissance des divorces et des séparations de corps ;

d) convention européenne du 20 mai 1980 sur la reconnaissance et l'exécution des décisions en matière de garde des enfants et le rétablissement de la garde des enfants ;

et

e) convention de La Haye du 25 octobre 1980 sur les aspects civils de l'enlèvement international d'enfants.

Art. 61 *Relations avec la convention de La Haye du 19 octobre 1996 concernant la compétence, la loi applicable, la reconnaissance, l'exécution et la coopération en matière de responsabilité parentale et de mesures de protection des enfants.* Dans les relations avec la convention de La Haye du 19 octobre 1996 concernant la compétence, la loi applicable, la reconnaissance, l'exécution et la coopération en matière de responsabilité parentale et de mesures de protection des enfants, le présent règlement s'applique

a) lorsque l'enfant concerné a sa résidence habituelle sur le territoire d'un État membre ;

b) en ce qui concerne la reconnaissance et l'exécution d'une décision rendue par la juridiction compétente d'un État membre sur le territoire d'un autre État membre, même si l'enfant concerné a sa résidence habituelle sur le territoire d'un État non membre qui est partie contractante à ladite convention.

Art. 62 *Étendue des effets.* 1. Les accords et conventions visés à l'article 59, paragraphe 1, et aux articles 60 et 61 continuent à produire leurs effets dans les matières non réglées par le présent règlement.

2. Les conventions mentionnées à l'article 60, notamment la convention de La Haye de 1980, continuent à produire leurs effets entre les États membres qui en sont parties contractantes, dans le respect de l'article 60.

Art. 63 *Traités conclus avec le Saint-Siège.* 1. Le présent règlement est applicable sans préjudice du traité international (concordat) conclu entre le Saint-Siège et le Portugal, signé au Vatican le 7 mai 1940.

2. Toute décision relative à l'invalidité d'un mariage rendue en vertu du traité visé au paragraphe 1 est reconnue dans les États membres dans les conditions prévues au chapitre III, section I.

3. Les dispositions des paragraphes 1 et 2 s'appliquent également aux traités internationaux (concordats) ci-après conclus avec le Saint-Siège :

a) "Concordato lateranense" du 11 février 1929 entre l'Italie et le Saint-Siège, modifié par l'accord, et son protocole additionnel, signé à Rome le 18 février 1984 ;

b) accord du 3 janvier 1979 entre le Saint-Siège et l'Espagne sur des questions juridiques. *(Règl. nº 2116/2004 du 2 déc. 2004, art. 1er)* « *c)* Accord entre le Saint-Siège et Malte sur la reconnaissance d'effets civils aux mariages canoniques et aux décisions rendues par les autorités et juridictions ecclésiastiques sur lesdits mariages du 3 février 1993, y compris le protocole d'application de la même date, et son deuxième protocole additionnel du 6 janvier 1995. » – *Le Règl. nº 2116/2004 du 2 déc. 2004 s'applique à partir du 1er mars 2005 (art. 2 dudit règlement).*

4. *(Règl. nº 2116/2004 du 2 déc. 2004, art. 1er)* « En Espagne, en Italie ou à Malte, la reconnaissance des décisions prévue au paragraphe 2 peut être soumise aux mêmes procédures et contrôles que ceux qui sont applicables aux décisions rendues par les juridictions ecclésiastiques conformément aux traités internationaux conclus avec le Saint-Siège et visés au paragraphe 3. » – *Le Règlement nº 2116/2004 du 2 déc. 2004 s'applique à partir du 1er mars 2005 (art. 2 dudit règlement).*

5. Les États membres communiquent à la Commission :

a) une copie des traités visés aux paragraphes 1 et 3 ;

b) toute dénonciation ou modification de ces traités.

BIBL. ▶ Nourrissat, *Procédures 2005, nº 103.*

CHAPITRE VI *Dispositions transitoires*

Art. 64 1. Les dispositions du présent règlement ne sont applicables qu'aux actions judiciaires intentées, aux actes authentiques reçus et aux accords entre parties conclus postérieurement à la date de sa mise en application telle que prévue à l'article 72.

2. Les décisions rendues après la date de mise en application du présent règlement à la suite d'actions intentées avant cette date, mais après la date d'entrée en vigueur du règlement (CE) nº 1347/2000, sont reconnues et exécutées conformément aux dispositions du chapitre III du présent règlement, si les règles de compétence appliquées sont conformes à celles prévues soit par le chapitre II du présent règlement ou du règlement (CE) nº 1347/2000, soit par une convention qui était en vigueur entre l'État membre d'origine et l'État membre requis lorsque l'action a été intentée.

3. Les décisions rendues avant la date de mise en application du présent règlement à la suite d'actions intentées après la date d'entrée en vigueur du règlement (CE) nº 1347/2000 sont reconnues et exécutées conformément aux dispositions du chapitre III du présent règlement pour autant qu'il s'agisse d'une décision de divorce, de séparation de corps ou d'annulation du mariage, ou d'une décision relative à la responsabilité parentale des enfants communs rendue à l'occasion d'une telle action matrimoniale.

4. Les décisions rendues avant la date de mise en application du présent règlement, mais après la date d'entrée en vigueur du règlement (CE) nº 1347/2000, à la suite d'actions intentées avant la date d'entrée en vigueur du règlement (CE) nº 1347/2000 sont reconnues et exécutées conformément aux dispositions du chapitre III du présent règlement pour autant qu'il s'agisse d'une décision de divorce, de séparation de corps ou d'annulation du mariage, ou d'une décision relative à la responsabilité parentale des enfants communs rendue à l'occasion d'une telle action matrimoniale, et que les règles de compétence appliquées sont conformes à celles prévues soit par le chapitre II du présent règlement ou du règlement (CE) nº 1347/2000, soit par une convention qui était en vigueur entre l'État membre d'origine et l'État membre requis lorsque l'action a été intentée.

1. Alinéa 2. Pour une application des conditions prévues pour l'application *ratione temporis* du règlement, V : • CJCE 27 nov. 2007, nº C-435-06 : *AJ fam. 2008. 82, obs. Boiché* (décision du 3 mars 2005 – après le 1er mars 2005 –, pour une procédure introduite à l'automne 2004 – après le 1er mars 2001 – et compétence des juridictions suédoises en tant que juridictions de la résidence habituelle des enfants au vu de l'art. 8 du règlement).

2. Alinéa 4. V. note 5 ss. art. 3 du présent règlement.

CHAPITRE VII *Dispositions finales*

Art. 65 *Réexamen.* Au plus tard le 1er janvier 2012, et ensuite tous les cinq ans, la Commission présente au Parlement européen, au Conseil et au Comité économique et social européen, sur la base des informations fournies par les États membres, un rapport relatif à l'application du présent règlement, accompagné le cas échéant de propositions visant à l'adapter.

Art. 66 *États membres ayant deux ou plusieurs systèmes juridiques.* Au regard d'un État membre dans lequel deux ou plusieurs systèmes de droit ou ensembles de règles ayant trait aux questions régies par le présent règlement s'appliquent dans des unités territoriales différentes :

a) toute référence à la résidence habituelle dans cet État membre vise la résidence habituelle dans une unité territoriale ;

b) toute référence à la nationalité ou, dans le cas du Royaume-Uni, au "domicile", vise l'unité territoriale désignée par la loi de cet État ;

c) toute référence à l'autorité d'un État membre vise l'autorité de l'unité territoriale concernée au sein de cet État ;

d) toute référence aux règles de l'État membre requis vise les règles de l'unité territoriale dans laquelle la compétence, la reconnaissance ou l'exécution sont invoquées.

Art. 67 *Informations relatives aux autorités centrales et aux langues acceptées.* Les États membres notifient à la Commission dans un délai de trois mois à compter de l'entrée en vigueur du présent règlement :

a) les noms, adresses et moyens de communication des autorités centrales désignées conformément à l'article 53 ;

b) les langues acceptées pour les communications adressées aux autorités centrales conformément à l'article 57, paragraphe 2 ;

et

c) les langues acceptées pour le certificat concernant le droit de visite conformément à l'article 45, paragraphe 2.

Les États membres communiquent à la Commission toute modification apportée à ces informations.

La Commission met ces informations à la disposition du public.

Art. 68 *Informations relatives aux juridictions et aux voies de recours.* Les États membres communiquent à la Commission les listes des juridictions et des voies de recours visées aux articles 21, 29, 33 et 34, ainsi que les modifications qui y sont apportées.

La Commission met ces informations à jour et les met à la disposition du public par voie de publication au *Journal officiel de l'Union européenne* et par tout autre moyen approprié.

Art. 69 *Modification des annexes.* Toute modification apportée aux formulaires dont les modèles figurent aux annexes I à IV est adoptée selon la procédure visée à l'article 70, paragraphe 2.

Art. 70 *Comité.* 1. La Commission est assistée par un comité (ci-après, "le comité").

2. Lorsqu'il est fait référence au présent paragraphe, les articles 3 et 7 de la décision 1999/468/CE s'appliquent.

3. Le comité adopte son règlement intérieur.

Art. 71 *Abrogation du règlement (CE) n° 1347/2000.* 1. Le règlement (CE) n° 1347/2000 est abrogé à compter de la date de mise en application du présent règlement.

2. Toute référence au règlement (CE) n° 1347/2000 s'entend comme faite au présent règlement conformément à la table de correspondance figurant à l'annexe V. – *V. JOUE 23 déc. 2003.*

Art. 72 *Entrée en vigueur.* Le présent règlement entre en vigueur le 1er août 2004.

Le présent règlement s'applique à compter du 1er mars 2005 à l'exception des articles 67, 68, 69 et 70, qui s'appliquent à compter du 1er août 2004.

Le présent règlement est obligatoire dans tous ses éléments et directement applicable dans les États membres conformément au traité instituant la Communauté européenne.

Règlement (CE) du Parlement européen et du Conseil n° 805/2004 du 21 avril 2004,

Portant création d'un titre exécutoire européen pour les créances incontestées (JOUE n° L 143 du 30 avr. 2004, p. 15).

Sur l'entrée en vigueur, V. art. 33.

RÉP. PR. CIV. v° *Titre exécutoire européen,* par A. Huet.

DALLOZ ACTION *Droit et pratique de la procédure civile 2022/2023,* n° 443.00 s.

BIBL. GÉN. ▶ Attal, *JCP 2004. I. 159, n° 12.* – Baker, *JCP 2003. I. 137* (une avancées pour la libre circulation des décisions ?). – Bédaride, *Dr. et patr. 10/2008, p. 24* (le caractère exécutoire de l'acte notarié en droit interne et européen). – Beltz, *D. 2005. Chron. 2707* . – Cagniart et Sagaut, *Defrénois 2010. 307* (délivrance du certificat de titre exécutoire européen). – Chardon, *Dr. et pr. 2006. 4* (une mise en abîme européenne). – Cochet, L'espace judiciaire européen civil et pénal, *Thèmes et commentaires, Dalloz 2009, p. 109* (la force exécutoire en l'absence de procédure harmonisée). – Correa del Casso, *RID comp. 2000. 61* (le titre exécutoire européen et l'inversion du contentieux). – Crône et Gelot, *Defrénois 2008. 1566* (la certification en France des actes notariés exécutoires). – d'Avout, *Rev. crit. DIP 2006. 1* . – Douchy-Oudot, *Dr. et pr. mars-avr. 2006. suppl. 8 ; Procécures 2008. Étude 4* (la force exécutoire à dimension européenne). – Ferrand, *Dr. et patr., oct. 2004, p. 70 ; Mél. Revillard, éd. Defrénois 2007. 107* (des possibles tensions entre jugement sans frontières et procès équitable). – Fricero, *Mél. Normand, Litec 2003, p. 173* (la libre exécution des jugements dans l'espace judiciaire européen : un principe émergent ?). – Huet, *Mél. M. Revillard, Defrénois 2007, p. 183* (un titre exécutoire européen parmi d'autres : l'acte authentique). – Idot, *Europe 2004, n° 265.* – Isnard et Chardon, *Juris-Union nov. 2007.* – Isnars et Hector, *Dr. et pr. 2001. 11* (les deux visages de l'esquisse d'un droit de l'exécution dans l'Union européenne : l'*exequatur* simplifié et le titre exécutoire européen). – Jeuland, *Gaz. Pal. 2003, Doctr. 3415* (un jalon perfectible) ; *Gaz. Pal. 27-28 mai 2005, p. 15* (un château en Espagne ?). – Marmisse, *RTD com. 2004. 635* . – Menut, *Dr. et pr. 2004, 66.* – Niboyet, *Dr. et patr. 11/2004, p. 53* (les nouvelles figures de la coopération judiciaire civile européenne). – Normand, *Dr. et pr. 2002. 331.* – Dossier : La coopération dans l'espace judiciaire européen, *Dr. et patr., nov. 2004, p. 43.* – Nourissat, *Procédures 2005. 2004, Étude 106 ; ibid. 2005. Étude 10 ; D. 2005. Somm. 613* ; *Europe 2005, Étude 8.* – Péroz, *JDI 2005. 640 ; JCP N 2008. Actu. 505* (le notaire, nouvel acteur du titre exécutoire européen). – Sagaut et Cagniart, *JCP N 2005. 1441* (regard notarial) ; *Defrénois 2005, art. 38106* (la circulation de l'acte notarié français et le droit communautaire) ; *ibid. 2008. 1293* (passeport pour l'Europe). – Schretter, *RED consom., janv. 2004* (vers une libre circulation des décisions de justice).

LE PARLEMENT EUROPÉEN ET LE CONSEIL DE L'UNION EUROPÉENNE

vu le traité instituant la Communauté européenne, et notamment son article 61, point c), et son article 67, paragraphe 5, deuxième tiret,

vu la proposition de la Commission ***[JO C 203 E du 27.8.2002, p. 86]*****,**

vu l'avis du Comité économique et social européen ***[JO C 85 du 8.4.2003, p. 1]*****, statuant conformément à la procédure visée à l'article 251 du traité** *[V. Avis du Parlement européen du 8 avr. 2003 (JO C 64 E du 12 mars 2004, p. 79). – Position commune du Conseil du 6 févr. 2004 (non encore parue au Journal officiel). – Position du Parlement européen du 30 mars 2004 (non encore parue au Journal officiel)]*,

considérant ce qui suit :

(1) La Communauté s'est donné pour objectif de maintenir et de développer un espace de liberté, de sécurité et de justice, au sein duquel la libre circulation des personnes est assurée. A cette fin, la Communauté doit notamment adopter, dans le domaine de la coopération judiciaire en matière civile, les mesures qui sont nécessaires au bon fonctionnement du marché intérieur.

(2) Le 3 décembre 1998, le Conseil a adopté un plan d'action du Conseil et de la Commission concernant les modalités optimales de mise en œuvre des dispositions du traité d'Amsterdam relatives à l'établissement d'un espace de liberté, de sécurité et de justice (plan d'action de Vienne). *– V. Plan d'action du Conseil et de la Commission du 3 déc. 1998, JO C 19 du 23.1.1999, p. 1.*

(3) Lors de sa réunion de Tampere des 15 et 16 octobre 1999, le Conseil européen a approuvé le principe de la reconnaissance mutuelle des décisions judiciaires en tant que pierre angulaire de la création d'un véritable espace judiciaire.

(4) Le 30 novembre 2000, le Conseil a adopté un programme relatif à des mesures de mise en œuvre du principe de reconnaissance mutuelle des décisions en matière civile et commerciale. Ce programme prévoit dans une première phase la suppression de l'*exequatur*, c'est-à-dire la création d'un titre exécutoire européen, pour les créances incontestées. – *V. Programme du Conseil du 30 nov. 2000, JO C 12 du 15.1.2001, p. 1.*

(5) La notion de "créances incontestées" devrait recouvrir toutes les situations dans lesquelles un créancier, en l'absence établie de toute contestation du débiteur quant à la nature et au montant d'une créance pécuniaire, a obtenu soit une décision judiciaire contre ce débiteur soit un acte exécutoire nécessitant une acceptation expresse du débiteur, qu'il s'agisse d'une transaction judiciaire ou d'un acte authentique.

(6) L'absence d'objections de la part du débiteur telle qu'elle est prévue à l'article 3, paragraphe 1, point b), peut prendre la forme d'un défaut de comparution à une audience ou d'une suite non donnée à l'invitation faite par la juridiction de notifier par écrit l'intention de défendre l'affaire.

(7) Le présent règlement devrait s'appliquer aux décisions, aux transactions judiciaires et aux actes authentiques portant sur des créances incontestées et aux décisions rendues à la suite de recours formés contre des décisions, des transactions judiciaires et des actes authentiques certifiés comme étant des titres exécutoires européens.

(8) Dans les conclusions de sa réunion de Tampere, le Conseil européen a estimé qu'il convenait d'accélérer et de simplifier l'exécution dans un État membre autre que celui dans lequel la décision a été rendue en supprimant toutes les mesures intermédiaires à prendre avant l'exécution dans l'État membre où elle est demandée. Une décision qui a été certifiée en tant que titre exécutoire européen par la juridiction d'origine devrait être traitée, aux fins de l'exécution, comme si elle avait été rendue dans l'État membre dans lequel l'exécution est demandée. Par exemple, au Royaume-Uni, l'inscription d'une décision étrangère certifiée se fera donc selon les mêmes règles que celles qui régissent l'inscription d'une décision rendue dans une autre partie du Royaume-Uni et ne devra pas comporter de réexamen au fond de la décision étrangère. Les modalités relatives à l'exécution de ces décisions devraient rester régies par le droit national.

(9) Une telle procédure devrait présenter des avantages importants par rapport à la procédure d'*exequatur* prévue par le règlement (CE) n° 44/2001 du Conseil du 22 décembre 2000 concernant la compétence judiciaire, la reconnaissance et l'exécution des décisions en matière civile et commerciale, car elle permettra de se dispenser de l'assentiment des autorités judiciaires d'un deuxième État membre avec les retards et les frais qui en résultent. – *V. Règl. (CE) n° 44/2001 du Conseil du 22 déc. 2000.*

(10) Lorsqu'une juridiction d'un État membre a rendu une décision au sujet d'une créance incontestée en l'absence de participation du débiteur à la procédure, la suppression de tout contrôle dans l'État membre d'exécution es indissolublement liée et subordonnée à la garantie suffisante du respect des droits de la défense.

(11) Le présent règlement vise à promouvoir les droits fondamentaux et tient compte des principes qui sont reconnus notamment par la Charte des droits fondamentaux de l'Union européenne. En particulier, il vise à assurer le plein respect du droit à accéder à un tribunal impartial, reconnu par l'article 47 de la Charte.

(12) Il convient d'établir les normes minimales auxquelles doit satisfaire la procédure conduisant à la décision, afin de garantir que le débiteur soit informé, en temps utile et de telle manière qu'il puisse organiser sa défense, de l'action en justice intentée contre lui, des conditions de sa participation active à la procédure pour contester la créance en cause et des conséquences d'une absence de participation.

(13) Eu égard aux différences entre les États membres en ce qui concerne les règles de procédure civile, notamment celles qui régissent la signification et la notification des actes, il y a lieu de donner une définition précise et détaillée de ces normes minimales. En particulier, un mode de signification ou de notification fondé sur une fiction juridique en ce qui concerne le respect de ces normes minimales ne peut être jugé suffisant aux fins de la certification d'une décision en tant que titre exécutoire européen.

(14) Tous les modes de signification et notification visés aux articles 13 et 14 se caractérisent soit par une certitude absolue (article 13) soit par un très haut degré de probabilité (article 14) que l'acte signifié ou notifié est parvenu à son destinataire. Dans le second cas, une décision ne devrait être certifiée en tant que titre exécutoire européen que si l'État membre d'origine dispose d'un mécanisme approprié permettant au débiteur de demander

un réexamen complet de la décision dans les conditions prévues à l'article 19, dans les cas exceptionnels où, bien que les dispositions de l'article 14 aient été respectées, l'acte n'est pas parvenu au destinataire.

(15) La notification ou signification à personne à des personnes autres que le débiteur, conformément à l'article 14, paragraphe 1, points a) et b), ne devrait être réputée conforme aux exigences de ces dispositions que si lesdites personnes ont effectivement accepté/reçu l'acte en question.

(16) L'article 15 ne devrait s'appliquer qu'aux situations dans lesquelles le débiteur ne peut pas se représenter lui-même en justice, par exemple dans le cas d'une personne morale, et une personne physique appelée à le représenter est désignée par la loi, ainsi qu'aux situations dans lesquelles le débiteur a autorisé une autre personne, notamment un avocat, à le représenter dans la procédure judiciaire proprement dite.

(17) Les juridictions compétentes pour l'examen du plein respect des normes minimales de procédure devraient, si elles sont respectées, délivrer un certificat de titre exécutoire européen normalisé rendant cet examen et ses résultats transparents.

(18) La confiance mutuelle dans l'administration de la justice dans les États membres fait en sorte qu'une juridiction d'un État membre peut considérer que toutes les conditions de la certification en tant que titre exécutoire européen sont remplies pour permettre l'exécution d'une décision dans tous les autres États membres, sans contrôle juridictionnel de l'application correcte des normes minimales de procédure dans l'État membre où la décision doit être exécutée.

(19) Le présent règlement n'impose pas aux États membres l'obligation d'adapter leur législation nationale aux normes minimales de procédure qu'il prévoit. Il les y incite en ne permettant une exécution plus efficace et plus rapide des décisions dans les autres États membres que si ces normes minimales sont respectées.

(20) La demande de certification en tant que titre exécutoire européen pour les créances incontestées devrait être facultative pour le créancier, qui peut également opter pour le système de reconnaissance et d'exécution prévu par le règlement (CE) n° 44/2001 ou par d'autres instruments communautaires. – *V. Règl. (CE) n° 44/2001 du Conseil du 22 déc. 2000.*

(21) Lorsqu'un acte doit être transmis d'un État membre à un autre pour que ce dernier procède à la signification ou à la notification, le présent règlement et notamment les règles relatives à la signification et à la notification qui y sont contenues devraient s'appliquer de même que le règlement (CE) n° 1348/2000 du Conseil du 29 mai 2000 relatif à la signification et à la notification dans les États membres des actes judiciaires et extrajudiciaires en matière civile et commerciale (1) et, notamment, son article 14 en liaison avec les communications faites par les États membres en vertu de son article 23.

(22) Étant donné que les objectifs de l'action envisagée ne peuvent pas être réalisés de manière suffisante par les États membres et peuvent donc, en raison des dimensions ou effets de l'action, être mieux réalisés au niveau communautaire, la Communauté peut prendre des mesures, conformément au principe de subsidiarité consacré à l'article 5 du traité. Conformément au principe de proportionnalité tel qu'énoncé audit article, le présent règlement n'excède pas ce qui est nécessaire pour atteindre ces objectifs.

(23) Il y a lieu d'arrêter les mesures nécessaires pour la mise en œuvre du présent règlement en conformité avec la décision 1999/468/CE du Conseil du 28 juin 1999 fixant les modalités de l'exercice des compétences d'exécution conférées à la Commission. – *V. Décis. 1999/468/CE du Conseil du 28 juin 1999, JO L 184 du 17.7.1999, p. 23.*

(24) Conformément à l'article 3 du protocole sur la position du Royaume-Uni et de l'Irlande annexé au traité sur l'Union européenne et au traité instituant la Communauté européenne, le Royaume-Uni et l'Irlande ont notifié leur souhait de participer à l'adoption et à l'application du présent règlement.

(25) Conformément aux articles 1er et 2 du protocole sur la position du Danemark annexé au traité sur l'Union européenne et au traité instituant la Communauté européenne, le Danemark ne participe pas à l'adoption du présent règlement et n'est pas lié par celui-ci ni soumis à son application.

(26) En vertu de l'article 67, paragraphe 5, deuxième tiret, du traité, la procédure de codécision s'applique à compter du 1er février 2003 aux mesures prévues par le présent règlement,

ONT ARRÊTÉ LE PRÉSENT RÈGLEMENT :

CHAPITRE PREMIER *Objet, champ d'application et définitions*

Art. 1er *Objet.* Le présent règlement a pour objet de créer un titre exécutoire européen pour les créances incontestées en vue, grâce à l'établissement de normes minimales, d'assurer la libre circulation des décisions, des transactions judiciaires et des actes authentiques dans tous les États membres, sans qu'il soit nécessaire de recourir à une procédure intermédiaire dans l'État membre d'exécution préalablement à la reconnaissance et à l'exécution.

Art. 2 *Champ d'application.* 1. Le présent règlement s'applique en matière civile et commerciale et quelle que soit la nature de la juridiction. Il ne recouvre notamment pas les matières fiscales, douanières ou administratives, ni la responsabilité de l'État pour des actes ou des omissions commis dans l'exercice de la puissance publique (« *acta jure imperii* »).

2. Sont exclus de l'application du présent règlement :

a) l'état et la capacité des personnes physiques, les régimes matrimoniaux, les testaments et les successions ;

b) les faillites, concordats et autres procédures analogues ;

c) la sécurité sociale ;

d) l'arbitrage.

3. Dans le présent règlement, on entend par « État membre », tous les États membres à l'exception du Danemark.

Art. 3 *Titres exécutoires devant être certifiés en tant que titre[s] exécutoire[s] européen[s].* 1. Le présent règlement s'applique aux décisions, transactions judiciaires et actes authentiques portant sur des créances incontestées.

Une créance est réputée incontestée :

a) si le débiteur l'a expressément reconnue en l'acceptant ou en recourant à une transaction qui a été approuvée par une juridiction ou conclue devant une juridiction au cours d'une procédure judiciaire ; ou

b) si le débiteur ne s'y est jamais opposé, conformément aux règles de procédure de l'État membre d'origine, au cours de la procédure judiciaire ; ou

c) si le débiteur n'a pas comparu ou ne s'est pas fait représenter lors d'une audience relative à cette créance après l'avoir initialement contestée au cours de la procédure judiciaire, pour autant que sa conduite soit assimilable à une reconnaissance tacite de la créance ou des faits invoqués par le créancier en vertu du droit de l'État membre d'origine ; ou

d) si le débiteur l'a expressément reconnue dans un acte authentique.

2. Le présent règlement s'applique également aux décisions rendues à la suite de recours formés contre des décisions, des transactions judiciaires ou des actes authentiques certifiés comme étant des titres exécutoires européens.

Art. 4 *Définitions.* Aux fins du présent règlement, les définitions suivantes s'appliquent :

1. "décision" : toute décision rendue par une juridiction d'un État membre, quelle que soit la dénomination qui lui est donnée, telle qu'arrêt, jugement, ordonnance ou mandat d'exécution, ainsi que la fixation par le greffier du montant des frais du procès ;

2. "créance" : un droit à une somme d'argent déterminée qui est devenue exigible ou dont la date d'échéance a été indiquée dans la décision, la transaction judiciaire ou l'acte authentique ;

3. "acte authentique" :

a) un acte dressé ou enregistré formellement en tant qu'acte authentique et dont *l'authenticité* :

i) porte sur la signature et le contenu de l'acte authentique, et

ii) a été établie par une autorité publique ou toute autre autorité habilitée à ce faire par l'État membre d'origine ;

ou

b) une convention en matière d'obligations alimentaires conclue avec des autorités administratives ou authentifiée par celles-ci ;

4. "État membre d'origine" : l'État membre dans lequel la décision, la transaction judiciaire ou l'acte authentique à certifier en tant que titre exécutoire européen a été respectivement rendue, approuvée ou conclue, ou dressé ou enregistré ;

5. "État membre d'exécution" : l'État membre dans lequel l'exécution de la décision, de la transaction judiciaire ou de l'acte authentique à certifier en tant que titre exécutoire européen est demandée ;

6. "juridiction d'origine" : la juridiction saisie de l'action au moment où les conditions visées à l'article 3, paragraphe 1, points a), b) ou c) ont été remplies ;

7. en Suède, dans les procédures sommaires concernant les injonctions de payer (betalningsföreläggande), les termes "juge", "tribunal" et "juridiction" comprennent le service public suédois de recouvrement forcé (kronofogdemyndighet).

CHAPITRE II *Titre exécutoire européen*

Art. 5 *Suppression de l'exequatur.* Une décision qui a été certifiée en tant que titre exécutoire européen dans l'État membre d'origine est reconnue et exécutée dans les autres États membres, sans qu'une déclaration constatant la force exécutoire soit nécessaire et sans qu'il soit possible de contester sa reconnaissance.

Lorsqu'une mesure d'exécution est engagée sur le fondement d'une décision certifiée en tant que titre exécutoire européen, en application du Règl. (CE) n° 805/2004 du parlement et du Conseil, du 21 avr. 2004, portant création d'un titre exécutoire européen pour les créances incontestées, le débiteur est irrecevable à contester, devant le juge de l'exécution, les conditions dans lesquelles la décision étrangère lui avait été signifiée avant d'être certifiée en tant que titre exécutoire européen. • Civ. 2e, 22 févr. 2012 : *BICC 1er juin 2012, n° 744 ; D. actu. 4 avr. 2012, obs. Tahri ; D. 2012. Actu. 690 ; ibid. Pan. 1512, obs. Leborgne ; Dr. et pr. 2012. 166 ; Europe 2012. Chron. 3, obs. S. C.*

Art. 6 *Conditions de la certification en tant que titre exécutoire européen.* 1. Une décision relative à une créance incontestée rendue dans un État membre est, sur demande adressée à tout moment à la juridiction d'origine, certifiée en tant que titre exécutoire européen si les conditions suivantes sont remplies :

a) la décision est exécutoire dans l'État membre d'origine ;

b) la décision n'est pas incompatible avec les dispositions en matière de compétence figurant dans les sections 3 et 6 du chapitre II du règlement (CE) n° 44/2001 ;

c) la procédure judiciaire dans l'État membre d'origine a satisfait aux exigences énoncées au chapitre III dans le cas d'une créance incontestée au sens de l'article 3, paragraphe 1, point b) ou c) ; et

d) la décision a été rendue dans l'État membre où le débiteur a son domicile au sens de l'article 59 du règlement (CE) n° 44/2001, dans le cas :

– où il s'agit d'une créance incontestée au sens de l'article 3, paragraphe 1, point b) ou c) du présent règlement ; et

– où elle se rapporte à un contrat conclu par une personne, le consommateur, pour un usage pouvant être considéré comme étranger à son activité professionnelle ; et

– où le débiteur est le consommateur.

2. Lorsqu'une décision certifiée en tant que titre exécutoire européen a cessé d'être exécutoire ou que son caractère exécutoire a été suspendu ou limité, un certificat indiquant la suspension ou la limitation de la force exécutoire est délivré, sur demande adressée à tout moment à la juridiction d'origine, au moyen du formulaire type figurant à l'annexe IV. – *V. Annexe IV, mod. par Règl. (CE) n° 1869/2005 du 16 nov. 2005, JOUE 17 nov. 2005.*

3. Sans préjudice de l'article 12, paragraphe 2, lorsqu'il a été statué à la suite d'un recours formé contre une décision certifiée en tant que titre exécutoire européen conformément au paragraphe 1 du présent article, un certificat de remplacement est délivré, sur demande adressée à tout moment, au moyen du formulaire type figurant à l'annexe V, si ladite décision rendue sur le recours est exécutoire dans l'État membre d'origine. – *V. JOUE 30 avr. 2004.*

1. La juridiction d'origine n'a pas à certifier la suspension ou le retrait du titre exécutoire européen lorsque la décision qui lui sert de fondement a été annulée. • Civ. 2e, 6 janv. 2012 : *cité note ss. art. 11 du présent Règl.*

2. Décision rendue dans l'État membre du créancier dans un litige opposant deux personnes non engagées dans des activités commerciales ou professionnelles. L'art. 6, § 1er *d)*, doit être interprété en ce sens qu'il ne s'applique pas aux contrats conclus entre deux personnes non engagées dans des activités commerciales ou professionnelles. • CJUE 5 déc. 2013, n° C-508/12 : *JCP 2014. 436, n° 12, obs. Jeuland ; Procédures 2014, n° 46, note Nourissat ; Dr. et pr. 2014. 59, note Cuniberti ; Europe 2014, n° 111, note Idot.*

3. Jugement par défaut. Le droit de l'Union doit être interprété en ce sens qu'il s'oppose à la certification, en tant que titre exécutoire européen au sens du Règl. du 21 avr. 2004, portant création d'un titre exécutoire européen pour les créances incontestées, d'un jugement par défaut prononcé à l'encontre d'un défendeur dont l'adresse n'est pas connue. • CJUE 15 mars 2012, n° 292/10 : *Europe 2012, n° 173, note Idot.*

Art. 7 *Frais de justice.* Lorsqu'une décision comprend une décision exécutoire sur le montant des frais de justice, y compris les taux d'intérêts, elle est certifiée en tant que titre exécutoire européen également en ce qui concerne les frais à moins que, durant la procédure en justice, le débiteur ne se soit spécifiquement opposé à son obligation d'assumer lesdits frais, conformément à la législation de l'État membre d'origine.

Art. 8 *Certificat de titre exécutoire européen partiel.* Si seules certaines parties de la décision sont conformes aux exigences du présent règlement, un certificat de titre exécutoire européen partiel est délivré pour ces parties.

Art. 9 *Délivrance du certificat de titre exécutoire européen.* 1. Le certificat de titre exécutoire européen est délivré au moyen du formulaire type figurant à l'annexe I. — *V. Annexe I, mod. par Règl. (CE) n° 1869/2005 du 16 nov. 2005, JOUE 17 nov. 2005.*

2. Le certificat de titre exécutoire européen est rempli dans la langue de la décision.

Art. 10 *Rectification ou retrait du certificat de titre exécutoire européen.* 1. Le certificat de titre exécutoire européen donne lieu, sur demande adressée à la juridiction d'origine,

a) à rectification dans les cas où, suite à une erreur matérielle, il existe une divergence entre la décision et le certificat ;

b) à retrait s'il est clair que le certificat a été délivré indûment, eu égard aux conditions prévues dans le présent règlement.

2. Le droit de l'État membre d'origine est applicable à la rectification et au retrait du certificat de titre exécutoire européen.

3. La rectification ou le retrait d'un certificat de titre exécutoire européen peut être demandé au moyen du formulaire type figurant à l'annexe VI. — *V. Annexe VI, mod. par Règl. (CE) n° 1869/2005 du 16 nov. 2005, JOUE 17 nov. 2005.*

4. La délivrance d'un certificat de titre exécutoire européen n'est par ailleurs pas susceptible de recours.

Art. 11 *Effets du certificat de titre exécutoire européen.* Le certificat de titre exécutoire européen ne produit ses effets que dans les limites de la force exécutoire de la décision.

Le certificat de titre exécutoire européen ne produit ses effets que dans la limite de la force exécutoire de la décision d'origine. Dès lors, son annulation par la juridiction d'origine invalide la saisie-attribution diligentée antérieurement. • Civ. 2e, 6 janv. 2012 : *BICC 15 avr. 2012, n° 517 ; D. actu. 23 janv. 2012, obs. Khébir ; D. 2012. Pan. 1512, obs. Leborgne ; JCP 2012. 690, obs. Jeuland ; RDBF 2012, n° 65, note Piedelièvre ; Dr. et pr. 2012. 137, note Cuniberti.*

CHAPITRE III *Normes minimales applicables aux procédures relatives aux créances incontestées*

Art. 12 *Champ d'application des normes minimales.* 1. Une décision relative à une créance incontestée au sens de l'article 3, paragraphe 1, point b) ou c), ne peut être certifiée en tant que titre exécutoire européen que si la procédure judiciaire dans l'État membre d'origine a satisfait aux conditions de procédure visées dans le présent chapitre.

2. Les mêmes conditions s'appliquent à la délivrance du certificat de titre exécutoire européen ou du certificat de remplacement au sens de l'article 6, paragraphe 3, d'une décision rendue à la suite d'un recours formé contre une autre décision dans le cas où, au moment où la décision sur recours a été prise, les conditions énoncées à l'article 3, paragraphe 1, point b) ou c), étaient remplies.

Art. 13 *Signification ou notification assortie de la preuve de sa réception par le débiteur.* 1. L'acte introductif d'instance ou un acte équivalent peut avoir été signifié ou notifié au débiteur par l'un des modes suivants :

a) signification ou notification à personne, le débiteur ayant signé un accusé de réception portant la date de réception ;

b) signification ou notification à personne au moyen d'un document signé par la personne compétente qui a procédé à la signification ou à la notification, spécifiant que le débiteur a reçu l'acte ou qu'il a refusé de le recevoir sans aucun motif légitime, ainsi que la date à laquelle l'acte a été signifié ou notifié ;

c) signification ou notification par voie postale, le débiteur ayant signé et renvoyé un accusé de réception portant la date de réception ;

d) signification ou notification par des moyens électroniques comme la télécopie ou le courrier électronique, le débiteur ayant signé et renvoyé un accusé de réception portant la date de réception.

2. Toute citation à comparaître peut avoir été signifiée ou notifiée au débiteur conformément au paragraphe 1 ou oralement au cours d'une audience précédente concernant la même créance et consignée dans le procès-verbal de cette audience.

Art. 14 *Signification ou notification non assortie de la preuve de sa réception par le débiteur.* 1. L'acte introductif d'instance ou d'un acte équivalent ainsi que de toute citation à comparaître peut également avoir été signifié ou notifié au débiteur par l'un des modes suivants :

a) notification ou signification à personne, à l'adresse personnelle du débiteur, à des personnes vivant à la même adresse que celui-ci ou employées à cette adresse ;

b) si le débiteur est un indépendant ou une personne morale, signification ou notification à personne, dans les locaux commerciaux du débiteur, à des personnes employées par le débiteur ;

c) dépôt de l'acte dans la boîte aux lettres du débiteur ;

d) dépôt de l'acte dans un bureau de poste ou auprès d'une autorité publique compétente et communication écrite de ce dépôt dans la boîte aux lettres du débiteur, à condition que la communication écrite mentionne clairement la nature judiciaire de l'acte ou le fait qu'elle vaut notification ou signification et a pour effet de faire courir les délais ;

e) par voie postale non assortie de l'attestation visée au paragraphe 3, lorsque le débiteur a une adresse dans l'État membre d'origine ;

f) par des moyens électroniques avec accusé de réception automatique, à condition que le débiteur ait expressément accepté à l'avance ce mode de signification ou de notification.

2. Aux fins du présent règlement, la signification ou la notification au titre du paragraphe 1 n'est pas admise si l'adresse du débiteur n'est pas connue avec certitude.

3. La signification ou la notification d'un acte en application du paragraphe 1, points *a)* à *d)*, est attestée par :

a) un acte signé par la personne compétente ayant procédé à la signification ou à la notification mentionnant les éléments suivants :

i) le mode de signification ou de notification utilisé ;

ii) la date de la signification ou de la notification, et

iii) lorsque l'acte a été signifié ou notifié à une personne autre que le débiteur, le nom de cette personne et son lien avec le débiteur,

ou

b) un accusé de réception émanant de la personne qui a reçu la signification ou la notification, pour l'application du paragraphe 1, points a) et b).

Art. 15 *Signification ou notification aux représentants du débiteur.* La signification ou notification en application de l'article 13 ou de l'article 14 peut aussi avoir été faite à un représentant du débiteur.

Le Règl. du 21 avr. 2004, portant création d'un titre exécutoire européen pour les créances incontestées, doit être interprété en ce sens que, en cas d'impossibilité pour une juridiction de se procurer l'adresse de la défenderesse, il ne permet pas de certifier en tant que titre exécutoire européen une décision judiciaire relative à une créance, rendue à la suite d'une audience à laquelle n'ont comparu ni la défenderesse ni le tuteur désigné pour les besoins de la procédure. • CJUE 27 juin 2019, ☎ n° C-518/18 : *D. actu. 24 juill. 2019, note Payan ; D. 2019. 1399* ✎ *; RTD eur. 2019. 766, obs. Payan* ✎.

Art. 16 *Information en bonne et due forme du débiteur sur la créance.* Afin de garantir que le débiteur est dûment informé de la créance, l'acte introductif d'instance ou l'acte équivalent doit contenir les indications suivantes :

a) les noms et les adresses des parties ;

b) le montant de la créance ;

c) si des intérêts sont exigés, le taux d'intérêt et la période pour laquelle ces intérêts sont exigés, sauf si des intérêts légaux sont automatiquement ajoutés au principal en vertu du droit de l'État membre d'origine ;

d) une indication de la cause de la demande.

Art. 17 *Information en bonne et due forme du débiteur sur les formalités procédurales à accomplir pour contester la créance.* Les éléments suivants doivent ressortir clairement de l'acte introductif d'instance, de l'acte équivalent, de toute citation à comparaître ou des documents les accompagnant :

a) les exigences de procédure à respecter pour contester la créance, y compris les délais prévus pour la contester par écrit ou, le cas échéant, la date de l'audience, le nom et l'adresse de l'institution à laquelle il convient d'adresser la réponse ou, le cas échéant, devant laquelle comparaître, ainsi que la nécessité d'être représenté par un avocat lorsque cela est obligatoire ;

b) les conséquences de l'absence d'objection ou de la non-comparution, notamment, le cas échéant, la possibilité d'une décision ou d'une procédure d'exécution de celle-ci contre le débiteur et la charge des frais de justice.

Art. 18 *Moyens de remédier au non-respect des normes minimales.* 1. Si la procédure dans l'État membre d'origine n'a pas satisfait aux exigences énoncées aux articles 13 à 17, il est remédié au non-respect de ces exigences et une décision peut être certifiée en tant que titre exécutoire européen si les conditions suivantes sont remplies :

a) la décision a été signifiée ou notifiée au débiteur dans le respect de l'article 13 ou de l'article 14 ;

b) le débiteur a eu la possibilité de contester la décision par un recours prévoyant un réexamen complet et il a été dûment informé dans la décision ou dans un document l'accompagnant des exigences de procédure relatives au recours, y compris les nom et adresse de l'institution auprès de laquelle le recours doit être formé et, le cas échéant, les délais ; et

c) le débiteur a omis de former un recours à l'encontre de la décision conformément aux règles de procédure pertinentes.

2. Si la procédure dans l'État membre d'origine n'a pas satisfait aux exigences énoncées à l'article 13 ou à l'article 14, il est remédié au non-respect de ces exigences s'il est prouvé par le comportement du débiteur au cours de la procédure judiciaire qu'il a reçu personnellement l'acte devant être signifié ou notifié, en temps utile pour pouvoir préparer sa défense.

Art. 19 *Normes minimales pour un réexamen dans des cas exceptionnels.* 1. Sans préjudice des articles 13 à 18, une décision ne peut être certifiée en tant que titre exécutoire européen que si le débiteur a droit, en vertu de la loi de l'État membre d'origine, de demander un réexamen de la décision en question, lorsque les conditions suivantes sont remplies :

a) i) l'acte introductif d'instance ou un acte équivalent ou, le cas échéant, la citation à comparaître a été signifié ou notifié par l'un des modes prévus à l'article 14, et

ii) la signification ou la notification n'est pas intervenue en temps utile pour lui permettre de préparer sa défense sans qu'il y ait eu faute de sa part ;

ou

b) le débiteur a été empêché de contester la créance pour des raisons de force majeure ou par suite de circonstances extraordinaires, sans qu'il y ait eu faute de sa part,

à condition qu'il agisse rapidement dans les deux cas.

2. Le présent article ne porte pas atteinte à la possibilité qu'ont les États membres d'autoriser un réexamen de la décision dans des conditions plus favorables que celles visées au paragraphe 1.

CHAPITRE IV *Exécution*

Art. 20 *Procédure d'exécution.* 1. Sans préjudice des dispositions du présent chapitre, les procédures d'exécution sont régies par la loi de l'État membre d'exécution.

Une décision certifiée en tant que titre exécutoire européen est exécutée dans les mêmes conditions qu'une décision rendue dans l'État membre d'exécution.

2. Le créancier est tenu de fournir aux autorités chargées de l'exécution dans l'État membre d'exécution :

a) une expédition de la décision, réunissant les conditions nécessaires pour en établir l'authenticité ;

b) une expédition du certificat de titre exécutoire européen, réunissant les conditions nécessaires pour en établir l'authenticité ; et

c) au besoin, une transcription du certificat de titre exécutoire européen ou une traduction de celui-ci dans la langue officielle de l'État membre d'exécution ou, si ledit État membre a plusieurs langues officielles, dans la langue officielle ou dans l'une des langues officielles de la procédure judiciaire du lieu où l'exécution est demandée, conformément à la législation de cet État membre, ou dans une autre langue que l'État membre d'exécution aura déclaré pouvoir accepter. Chaque État membre peut indiquer la ou les langue(s) officielle(s) des institutions de la Communauté européenne, autres que la ou les sienne(s), dans lesquelles il accepte que le certificat soit rempli. La traduction est certifiée conforme par une personne habilitée à cet effet dans l'un des États membres.

3. Aucune caution ni aucun dépôt, sous quelque dénomination que ce soit, ne peuvent être imposés en raison, soit de la qualité de ressortissant d'un État tiers, soit du défaut de domicile ou de résidence dans l'État membre d'exécution, à la partie qui demande l'exécution

dans un État membre d'une décision certifiée en tant que titre exécutoire européen dans un autre État membre.

Art. 21 *Refus d'exécution.* 1. Sur demande du débiteur, l'exécution est refusée par la juridiction compétente dans l'État membre d'exécution si la décision certifiée en tant que titre exécutoire européen est incompatible avec une décision rendue antérieurement dans tout État membre ou dans un pays tiers lorsque :

a) la décision antérieure a été rendue entre les mêmes parties dans un litige ayant la même cause ; et que

b) la décision antérieure a été rendue dans l'État membre d'exécution ou réunit les conditions nécessaires à sa reconnaissance dans l'État membre d'exécution ; et que

c) l'incompatibilité des décisions n'a pas été et n'aurait pas pu être invoquée au cours de la procédure judiciaire dans l'État membre d'origine.

2. La décision ou sa certification en tant que titre exécutoire européen ne peut en aucun cas faire l'objet d'un réexamen au fond dans l'État membre d'exécution.

La suspension de l'exécution d'un TEE ne peut être accordée que si le débiteur a formé un recours à l'encontre de la décision certifiée en tant que titre exécutoire européen ou demandé la rectification ou le retrait du certificat de titre exécutoire européen devant la juridiction de l'État membre d'origine. • Lyon, 14 oct. 2010 : *D. 2011. Pan. 1509, obs. Leborgne* ; *Procédures 2010, n° 406, note Nourrissat.*

Art. 22 *Accords avec les pays tiers.* Le présent règlement n'affecte pas les accords par lesquels les États membres se sont engagés, avant l'entrée en vigueur du règlement (CE) n° 44/2001, en vertu de l'article 59 de la convention de Bruxelles concernant la compétence judiciaire et l'exécution des décisions en matières civile et commerciale, à ne pas reconnaître une décision rendue, notamment dans un autre État contractant à ladite convention, contre un défendeur qui a son domicile ou sa résidence habituelle dans un pays tiers lorsque, dans un cas prévu à l'article 4 de cette convention, la décision n'a pu être fondée que sur une compétence visée à l'article 3, deuxième alinéa, de cette même convention.

Art. 23 *Suspension ou limitation de l'exécution.* Lorsque le débiteur a :

— formé un recours à l'encontre d'une décision certifiée en tant que titre exécutoire européen, y compris une demande de réexamen au sens de l'article 19, ou

— demandé la rectification ou le retrait d'un certificat de titre exécutoire européen conformément à l'article 10,

la juridiction ou l'autorité compétente dans l'État membre d'exécution peut, à la demande du débiteur :

a) limiter la procédure d'exécution à des mesures conservatoires ; ou

b) subordonner l'exécution à la constitution d'une sûreté qu'elle détermine ; ou

c) dans des circonstances exceptionnelles, suspendre la procédure d'exécution.

CHAPITRE V *Transactions judiciaires et actes authentiques*

Art. 24 *Transactions judiciaires.* 1. Une transaction relative à une créance au sens de l'article 4, paragraphe 2, approuvée par une juridiction ou conclue devant une juridiction au cours d'une procédure judiciaire et exécutoire dans l'État membre dans lequel elle a été approuvée ou conclue, est, sur demande adressée à la juridiction par laquelle elle a été approuvée ou devant laquelle elle a été conclue, certifiée en tant que titre exécutoire européen au moyen du formulaire type figurant à l'annexe II. — *V. Annexe II, mod. par Règl. (CE) n° 1869/2005 du 16 nov. 2005, JOUE 17 nov. 2005.*

2. Une transaction certifiée en tant que titre exécutoire européen dans l'État membre d'origine est exécutée dans les autres États membres sans qu'une déclaration constatant la force exécutoire soit nécessaire et sans qu'il soit possible de s'opposer à sa force exécutoire.

3. Les dispositions du chapitre II, à l'exception de l'article 5, de l'article 6, paragraphe 1, et de l'article 9, paragraphe 1, de l'article 7, paragraphe 1, et du chapitre IV, à l'exception de l'article 21, paragraphe 1, et de l'article 22, s'appliquent en tant que de besoin.

Art. 25 *Actes authentiques.* 1. Un acte authentique relatif à une créance au sens de l'article 4, paragraphe 2, exécutoire dans un État membre, est, sur demande adressée à l'autorité désignée par l'État membre d'origine, certifié en tant que titre exécutoire européen en utilisant le formulaire type figurant à l'annexe III. — *V. Annexe III, mod. par Règl. (CE) n° 1869/2005 du 16 nov. 2005, JOUE 17 nov. 2005.*

2. Un acte authentique certifié en tant que titre exécutoire européen dans l'État membre d'origine est exécuté dans les autres États membres sans qu'une déclaration constatant la force exécutoire soit nécessaire et sans qu'il soit possible de s'opposer à son exécution.

3. Les dispositions du chapitre II, à l'exception de l'article 5, de l'article 6, paragraphe 1, et de l'article 9, paragraphe 1, et du chapitre IV, à l'exception de l'article 21, paragraphe 1, et de l'article 22, s'appliquent en tant que de besoin.

CHAPITRE VI *Disposition transitoire*

Art. 26 *Disposition transitoire.* Le présent règlement n'est applicable qu'aux décisions rendues, aux transactions judiciaires approuvées ou conclues et aux actes authentiques dressés ou enregistrés postérieurement à l'entrée en vigueur du présent règlement.

CHAPITRE VII *Relations avec d'autres instruments communautaires*

Art. 27 *Relation avec le règlement (CE) n° 44/2001.* Le présent règlement n'affecte pas la possibilité de demander la reconnaissance et l'exécution, conformément au règlement (CE) n° 44/2001, d'une décision, d'une transaction judiciaire ou d'un acte authentique portant sur une créance incontestée.

Art. 28 *Relation avec le règlement (CE) n° 1348/2000.* Le présent règlement ne porte pas atteinte à l'application du règlement (CE) n° 1348/2000.

CHAPITRE VIII *Dispositions finales et générales*

Art. 29 *Informations relatives aux procédures d'exécution et aux autorités.* Les États membres collaborent en vue d'assurer l'information du public et des milieux professionnels concernant :

a) les modes et procédures d'exécution dans les États membres ; et

b) les autorités compétentes en matière d'exécution dans les États membres,

notamment via le réseau judiciaire européen en matière civile et commerciale établi conformément à la décision 2001/470/CE.

Art. 30 *Informations relatives aux procédures de recours, aux langues et aux autorités.* 1. Les États membres notifient à la Commission :

a) les procédures de rectification et de retrait prévues à l'article 10, paragraphe 2, et la procédure de réexamen prévue à l'article 19, paragraphe 1 ;

b) les langues acceptées en vertu de l'article 20, paragraphe 2, point *c)* ;

c) les listes des autorités visées à l'article 25 ;

et toutes modifications ultérieures de celles-ci.

2. La Commission tient les informations notifiées conformément au paragraphe 1 à la disposition du public par voie de publication au *Journal officiel de l'Union européenne* et par tout autre moyen approprié.

Art. 31 *Modifications des annexes.* Toute modification des formulaires types figurant dans les annexes est adoptée suivant la procédure de consultation visée à l'article 32, paragraphe 2. — *Les annexes issues du Règl. (CE) n° 805-2004 ont été remplacées par les annexes correspondantes du Règl. (CE) n° 1869/2005 du 16 nov. 2005 (JOUE 17 nov. 2005 ; p. 6), entré en vigueur le 24 nov. 2005 (Règl. préc., art. 2).*

Art. 32 *Comité.* 1. La Commission est assistée par le comité institué par l'article 75 du règlement (CE) n° 44/2001. — *V. Règl. (CE) n° 44/2001.*

2. Dans le cas où il est fait référence au présent paragraphe, l'article 3 et l'article 7 de la décision 1999/468/CE s'appliquent, dans le respect des dispositions de l'article 8 de celle-ci. — *V. Décis. 1999/468/CE.*

3. Le comité adopte son règlement intérieur.

Art. 33 *Entrée en vigueur.* Le présent règlement entre en vigueur le 21 janvier 2005.

Il est applicable à partir du 21 octobre 2005, à l'exception des articles 30, 31 et 32, qui sont applicables à partir du 21 janvier 2005.

Le présent règlement est obligatoire dans tous ses éléments et directement applicable dans les États membres conformément au traité instituant la Communauté européenne.

ANNEXES I À VI

TELLES QUE MOD. PAR LE RÈGL. (CE) N° 1869/2005 DU 16 NOV. 2005 REMPLAÇANT LES ANNEXES DU RÈGLEMENT (CE) N° 805/2004 DU PARLEMENT EUROPÉEN ET DU CONSEIL PORTANT CRÉATION D'UN TITRE EXÉCUTOIRE EUROPÉEN POUR LES CRÉANCES INCONTESTÉES (JOUE 17 NOV. 2005, P. 6), ENTRÉ EN VIGUEUR LE 24 NOV. 2005 (ART. 2)

Les annexes I à VI sont consultables sur le code de procédure civile Dalloz Expert et sur le site dalloz.fr.

Règlement (CE) du Parlement européen et du Conseil n° 1896/2006 du 12 décembre 2006,

Instituant une procédure européenne d'injonction de payer (JOUE L 399 du 30 déc. 2006, p. 1).

Sur l'entrée en vigueur, V. art. 33.

V. art. 1424-1 s. et 1425, al. 3, C. pr. civ.

V. Circ. de la DACS C3 06-09 du 26 mai 2009, relative à l'application du Règl. (CE) n° 1896/2006 du Parlement européen et du Conseil du 12 déc. 2006 instituant une procédure européenne d'injonction de payer.

RÉP. PR. CIV. v° *Injonction de payer,* par D. Mas.

DALLOZ ACTION *Droit et pratique de la procédure civile 2022/2023,* n°s 338.00 s.

BIBL. GÉN. ▸ **Sur la première proposition (COM (2004) 173 final/3 du 25 mai 2004) :** Correa Delcasso, *RID comp. 2005. 143.* – Ferrand, *Dr. et pr. 2004. 319.* – E. Guinchard, *LPA 17 mai 2006.* – Nourrissat, *D. 2006. Chron. 1265.* – Payan, *LPA 29 mars 2006* (faut-il encore payer ses dettes ? Réponses en droit international privé communautaire).

▸ **Sur la deuxième proposition (COM (2006) 57 final du 7 févr. 2006) :** S. Guinchard et Ferrand, *Procédure civile – Droit interne et communautaire, Dalloz 2006, n° 1079.*

▸ **Sur le règlement dans sa version définitive :** Amri-Touchent, *LPA 22 août 2007.* – Beltz et Poess, *Gaz. Pal. 27-28 mars 2009, p. 21.* – Chailloux, *JCP 2007. Actu. 23.* – David, L'espace judiciaire européen civil et pénal, *Thèmes et commentaires, Dalloz 2009, p. 119* (la force exécutoire dans les procédures harmonisées). – Douchy-Oudot, *Procédures 2008. Étude 4* (la force exécutoire à dimension européenne). – Ferrand, *Dr. et pr. 2007. 66.* – E. Guinchard, *RTD com. 2008. 465* (l'Europe, la procédure civile et le créancier : l'injonction de payer européenne et la procédure européenne de règlement des petits litiges). – Jault-Seseke, *D. 2008. Pan. 1513.* – Legros, *LPA 30 juill. 2007.* – Lopez de Tejada et d'Avout, *Rev. crit. DIP 2007. 717* (les non-dits de la procédure européenne d'injonction de payer). – Luby et Poillot-Peruzzeto, *JCP 2007. I. 172, n° 12.* – Marmisse d'Abbadie d'Arrast, *JCP 2007. I. 172.* – Mélè, Le droit en tableaux, *Delmas 2009, p. 188.* – Niboyet, *Dr. et patr. 2008. 102.* – Nourissat, *Europe 2007. Étude 5 ; Procédures 2007. Étude 10 ; D. 2008. Pan. 45.* – Piedelièvre, *RDBF 2007, n° 116.*

▸ **Sur la Proposition de règlement du Parlement européen et du Conseil COM (2013) du 19 nov. 2013 :** E. Guinchard, *RTDE 2014. 479.*

LE PARLEMENT EUROPÉEN ET LE CONSEIL DE L'UNION EUROPÉENNE,

vu le traité instituant la Communauté européenne, et notamment son article 61, point c),

vu la proposition de la Commission,

vu l'avis du Comité économique et social européen *[JO C 221 du 8 sept. 2005, p. 77]*, **statuant conformément à la procédure visée à l'article 251 du traité** *[V. Avis du Parlement européen du 13 déc. 2005 (non encore paru au Journal officiel). — Position commune du Conseil du 30 juin 2006 (non encore parue au Journal officiel). — Position du Parlement européen du 25 oct. 2006. — Décision du Conseil du 11 déc. 2006]*,

considérant ce qui suit :

(1) La Communauté s'est donné pour objectif de maintenir et de développer un espace de liberté, de sécurité et de justice au sein duquel la libre circulation des personnes est assurée. Pour la mise en place progressive de cet espace, la Communauté doit adopter, entre autres, des mesures relevant du domaine de la coopération judiciaire dans les matières civiles ayant une incidence transfrontalière et qui sont nécessaires au bon fonctionnement du marché intérieur.

(2) Selon l'article 65, point c), du traité, ces mesures doivent viser à éliminer les obstacles au bon déroulement des procédures civiles, au besoin en favorisant la compatibilité des règles de procédure civile applicables dans les États membres.

(3) Le Conseil européen réuni à Tampere les 15 et 16 octobre 1999 a invité le Conseil et la Commission à élaborer de nouvelles dispositions législatives concernant les éléments qui contribuent à faciliter la coopération judiciaire et à améliorer l'accès au droit et, dans ce contexte, a expressément fait mention des injonctions de payer.

(4) Le 30 novembre 2000, le Conseil a adopté, en commun avec la Commission, un programme de mesures sur la mise en œuvre du principe de reconnaissance mutuelle des décisions en matière civile et commerciale. Dans certains domaines, notamment celui des créances incontestées, ce programme prévoit la possibilité d'instaurer dans la Communauté une procédure spécifique, uniforme ou harmonisée, en vue d'obtenir une décision judiciaire. Il y a été donné suite avec le programme de La Haye, adopté par le Conseil européen le 5 novembre 2004, qui préconise que les travaux sur la procédure européenne d'injonction de payer soient poursuivis avec détermination. – *V. Programme du 30 nov. 2000, JO C 12 du 15.1.2001, p. 1.*

(5) Le 20 décembre 2002, la Commission a adopté un Livre vert sur une procédure européenne d'injonction de payer et sur des mesures visant à simplifier et à accélérer le règlement des litiges portant sur des montants de faible importance. La publication de ce Livre vert a marqué le lancement d'une consultation sur les objectifs et caractéristiques que devrait avoir une procédure européenne uniforme ou harmonisée de recouvrement des créances incontestées.

(6) Le recouvrement rapide et efficace des créances qui ne font l'objet d'aucune contestation juridique revêt une importance primordiale pour les opérateurs économiques de l'Union européenne, car les retards de paiement sont une des principales causes d'insolvabilité, qui menace la pérennité des entreprises, en particulier les petites et moyennes entreprises, et qui provoque de nombreuses pertes d'emplois.

(7) Tous les États membres cherchent à résoudre le problème des multiples recouvrements de créances incontestées, la plupart en élaborant une procédure simplifiée d'injonction de payer, mais le contenu de la législation interne et l'efficacité des procédures nationales varient considérablement d'un État membre à l'autre. De surcroît, les procédures actuelles sont souvent soit irrecevables, soit impraticables dans des litiges transfrontaliers.

(8) Les entraves à l'accès à une justice efficace qui en résultent dans les litiges transfrontaliers, ainsi que les distorsions de concurrence au sein du marché intérieur causées par l'inégale efficacité des outils procéduraux mis à la disposition des créanciers dans les différents États membres, rendent nécessaire la mise en place d'une législation communautaire garantissant des conditions identiques aux créanciers et débiteurs dans l'ensemble de l'Union européenne.

(9) Le présent règlement a pour objet de simplifier, d'accélérer et de réduire les coûts de procédure dans les litiges transfrontaliers concernant des créances pécuniaires incontestées en instituant une procédure européenne d'injonction de payer, et d'assurer la libre circulation des injonctions de payer européennes au sein de l'ensemble des États membres en établissant des normes minimales dont le respect rend inutile toute procédure intermédiaire dans l'État membre d'exécution préalablement à la reconnaissance et à l'exécution.

(10) La procédure instituée par le présent règlement devrait constituer un instrument complémentaire et facultatif pour le demandeur, qui demeure libre de recourir à une procédure prévue par le droit national. En conséquence, le présent règlement ne remplace ni n'harmonise les mécanismes de recouvrement de créances incontestées prévus par le droit national.

(11) La procédure devrait se fonder, dans toute la mesure du possible, sur l'utilisation de formulaires types pour toute communication entre la juridiction et les parties afin d'en faciliter le déroulement et de permettre l'utilisation de l'informatique.

(12) Lorsqu'ils décident des juridictions compétentes pour délivrer une injonction de payer européenne, les États membres devraient tenir dûment compte de la nécessité de garantir l'accès à la justice.

(13) Le demandeur devrait être tenu de fournir, dans la demande d'injonction de payer européenne, des informations suffisamment précises pour identifier et justifier clairement la créance afin de permettre au défendeur de décider en connaissance de cause soit de s'y opposer, soit de ne pas la contester.

(14) Dans ce cadre, le demandeur devrait être tenu de fournir une description des éléments de preuve à l'appui de la créance. A cet effet, le formulaire de demande devrait com-

porter une liste aussi exhaustive que possible des éléments de preuve habituellement produits à l'appui de créances pécuniaires.

(15) L'introduction d'une demande d'injonction de payer européenne devrait entraîner le paiement de tous les frais de justice applicables.

(16) La juridiction devrait examiner la demande, y compris la question de la compétence et la description des éléments de preuve, sur la base des informations fournies dans le formulaire de demande. Elle devrait ainsi être en mesure d'examiner *prima facie* le bien-fondé de la demande et notamment de rejeter les demandes manifestement non fondées ou irrecevables. Cet examen ne devrait pas nécessairement être effectué par un juge.

(17) Le rejet de la demande n'est pas susceptible de recours. Cela n'exclut toutefois pas un éventuel réexamen de la décision rejetant la demande au même degré de juridiction conformément au droit national.

(18) L'injonction de payer européenne devrait informer le défendeur qu'il peut payer au demandeur le montant fixé, ou former opposition dans un délai de trente jours s'il entend contester la créance. Outre qu'il devrait recevoir des informations complètes relatives à la créance fournies par le demandeur, le défendeur devrait être averti de l'importance en droit de l'injonction de payer européenne et, notamment, des conséquences qu'aurait le fait de ne pas contester la créance.

(19) Eu égard aux différences entre les règles de procédure civile des États membres et notamment celles qui régissent la signification et la notification des actes, il y a lieu de donner une définition précise et détaillée des normes minimales qui devraient s'appliquer dans le cadre de la procédure européenne d'injonction de payer. En particulier, en ce qui concerne le respect de ces normes, un mode de signification ou de notification de l'injonction de payer européenne qui serait fondé sur une fiction juridique ne devrait pas pouvoir être jugé suffisant.

(20) Tous les modes de signification et notification visés aux articles 13 et 14 se caractérisent soit par une certitude absolue (article 13) soit par un très haut degré de probabilité (article 14) que l'acte signifié ou notifié est parvenu à son destinataire.

(21) La notification ou signification à personne adressée à des personnes autres que le défendeur, conformément à l'article 14, paragraphe 1, points a) et b), ne devrait être réputée conforme aux exigences de ces dispositions que si lesdites personnes ont effectivement accepté/reçu l'injonction de payer européenne.

(22) L'article 15 devrait s'appliquer aux situations dans lesquelles le défendeur ne peut pas se représenter lui-même en justice, par exemple dans le cas d'une personne morale, et dans lesquelles une personne habilitée à le représenter est désignée par la loi, ainsi qu'aux situations dans lesquelles le défendeur a autorisé une autre personne, notamment un avocat, à le représenter dans la procédure judiciaire en question.

(23) Pour former opposition, le défendeur peut utiliser le formulaire type établi par le présent règlement. Toutefois, les juridictions devraient tenir compte de toute autre forme écrite d'opposition si celle-ci est clairement exprimée.

(24) Une opposition formée dans le délai imparti devrait mettre un terme à la procédure européenne d'injonction de payer et entraîner le passage automatique du litige à la procédure civile ordinaire, sauf si le demandeur a expressément demandé l'arrêt de la procédure dans cette éventualité. Aux fins du présent règlement, le concept de "procédure civile ordinaire" ne devrait pas nécessairement être interprété au sens du droit national.

(25) Après l'expiration du délai prévu pour former opposition, le défendeur devrait avoir le droit, dans certains cas exceptionnels, de demander un réexamen de l'injonction de payer européenne. Le droit de demander un réexamen dans des circonstances exceptionnelles ne devrait pas signifier que le défendeur dispose d'une deuxième possibilité de s'opposer à la créance. Au cours de la procédure de réexamen, l'évaluation du bien-fondé de la créance devrait se limiter à l'examen des moyens découlant des circonstances exceptionnelles invoquées par le défendeur. Les autres circonstances exceptionnelles pourraient notamment désigner le cas où l'injonction de payer européenne était fondée sur de fausses informations fournies dans le formulaire de demande.

(26) Les frais de justice visés à l'article 25 ne devraient pas comprendre, par exemple, les honoraires d'avocat ou les frais de signification ou de notification des documents lorsque celle-ci est effectuée par une entité autre qu'une juridiction.

(27) Une injonction de payer européenne délivrée dans un État membre et devenue exécutoire devrait être traitée, aux fins de l'exécution, comme si elle avait été délivrée dans

l'État membre dans lequel l'exécution est demandée. La confiance mutuelle dans l'administration de la justice dans les États membres fait qu'une juridiction d'un État membre peut considérer que toutes les conditions de délivrance d'une injonction de payer européenne sont remplies pour permettre l'exécution de l'injonction dans tous les autres États membres, sans contrôle juridictionnel de l'application correcte des normes minimales de procédure dans l'État membre où l'injonction doit être exécutée. Sans préjudice des dispositions du présent règlement, en particulier des normes minimales établies à l'article 22, paragraphes 1 et 2, et à l'article 23, les procédures d'exécution de l'injonction de payer européenne devraient continuer à être régies par le droit national.

(28) Aux fins du calcul des délais, le règlement (CEE, Euratom) n° 1182/71 du Conseil du 3 juin 1971 portant détermination des règles applicables aux délais, aux dates et aux termes devrait être applicable. Il conviendrait d'en informer le défendeur et de ce qu'il sera tenu compte des jours fériés dans l'État membre dans lequel la juridiction qui délivre l'injonction de payer européenne est située. – *V. Règl. (CEE, Euratom) n° 1182/71 du Conseil du 3 juin 1971, JO L 124 du 8.6.1971, p. 1.*

(29) Étant donné que l'objectif du présent règlement, à savoir l'instauration d'un mécanisme rapide et uniforme de recouvrement des créances pécuniaires incontestées dans l'ensemble de l'Union européenne, ne peut pas être réalisé de manière suffisante par les États membres et peut donc, en raison des dimensions ou des effets du règlement, être mieux réalisé au niveau communautaire, la Communauté peut prendre des mesures, conformément au principe de subsidiarité consacré à l'article 5 du traité. Conformément au principe de proportionnalité tel qu'énoncé audit article, le présent règlement n'excède pas ce qui est nécessaire pour atteindre cet objectif.

(30) Les mesures nécessaires pour la mise en œuvre du présent règlement devraient être arrêtées en conformité avec la décision 1999/468/CE du Conseil du 28 juin 1999 fixant les modalités de l'exercice des compétences d'exécution conférées à la Commission. – *V. Décis. 1999/468/CE du Conseil du 28 juin 1999, JO L 184 du 17.7.1999, p. 23 ; mod. par la Décis. 2006/512/CE (JO L 200 du 22.7.2006, p. 11).*

(31) Conformément à l'article 3 du protocole sur la position du Royaume-Uni et de l'Irlande annexé au traité sur l'Union européenne et au traité instituant la Communauté européenne, le Royaume-Uni et l'Irlande ont notifié leur souhait de participer à l'adoption et à l'application du présent règlement.

(32) Conformément aux articles 1er et 2 du protocole sur la position du Danemark annexé au traité sur l'Union européenne et au traité instituant la Communauté européenne, le Danemark ne participe pas à l'adoption du présent règlement et n'est pas lié par celui-ci ni soumis à son application,

Art. 1er *Objet.* 1. Le présent règlement a pour objet :

a) de simplifier, d'accélérer et de réduire les coûts de règlement dans les litiges transfrontaliers concernant des créances pécuniaires incontestées en instituant une procédure européenne d'injonction de payer ;

et

b) d'assurer la libre circulation des injonctions de payer européennes au sein de l'ensemble des États membres en établissant des normes minimales dont le respect rend inutile toute procédure intermédiaire dans l'État membre d'exécution préalablement à la reconnaissance et à l'exécution.

2. Le présent règlement n'empêche pas le demandeur de faire valoir une créance au sens de l'article 4 en recourant à une autre procédure prévue par le droit d'un État membre ou par le droit communautaire.

Art. 2 *Champ d'application.* 1. Le présent règlement s'applique en matière civile et commerciale dans les litiges transfrontaliers, quelle que soit la nature de la juridiction. Il ne recouvre notamment pas les matières fiscales, douanières ou administratives, ni la responsabilité de l'État pour des actes ou des omissions commis dans l'exercice de la puissance publique (*"acta jure imperii"*).

2. Sont exclus de l'application du présent règlement :

a) les régimes matrimoniaux, les testaments et les successions ;

b) les faillites, concordats et autres procédures analogues ;

c) la sécurité sociale ;

d) les créances découlant d'obligations non contractuelles, à moins

i) qu'elles aient fait l'objet d'un accord entre les parties ou qu'il y ait eu une reconnaissance de dette ;

ou

ii) qu'elles concernent des dettes liquides découlant de la propriété conjointe d'un bien.

3. Dans le présent règlement, on entend par "État membre" tous les États membres à l'exception du Danemark.

Art. 3 *Litiges transfrontaliers.* 1. Aux fins du présent règlement, un litige transfrontalier est un litige dans lequel au moins une des parties a son domicile ou sa résidence habituelle dans un État membre autre que l'État membre de la juridiction saisie.

2. Le domicile est déterminé conformément aux articles 59 et 60 du règlement (CE) n° 44/2001 du Conseil du 22 décembre 2000 concernant la compétence judiciaire, la reconnaissance et l'exécution des décisions en matière civile et commerciale. – *V. ci-dessus.*

3. Le moment auquel s'apprécie le caractère transfrontalier d'un litige est celui où la demande d'injonction de payer européenne est introduite conformément au présent règlement.

Art. 4 *Procédure européenne d'injonction de payer.* Il est créé une procédure européenne d'injonction de payer pour le recouvrement de créances pécuniaires liquides et exigibles à la date à laquelle la demande d'injonction de payer européenne est introduite.

Intérêts. Les art. 4 et 7, § 2, ss. c), doivent être interprétés en ce sens qu'ils ne s'opposent pas à ce que le demandeur réclame, dans le cadre de la demande d'injonction de payer européenne, les intérêts pour la période allant de la date de leur exigibilité à la date du paiement du principal. • CJUE 13 déc. 2012, n° C-215/11 : *BICC. 15 avr. 2013, n° 564 ; D. actu. 15 janv. 2013, obs. Avena-Robardet ; D. 2013. Actu. 23 ; Procédures 2013, n° 73, note Nourissat ; RTD eur. 2013. 335, obs. Douchy-Oudot ; Europe 2013, n° 108, note Idot.*

Art. 5 *Définitions.* Aux fins du présent règlement, on entend par :

1) "État membre d'origine", l'État membre dans lequel une injonction de payer européenne est délivrée ;

2) "État membre d'exécution", l'État membre dans lequel l'exécution d'une injonction de payer européenne est demandée ;

3) "juridiction", toute autorité d'un État membre ayant compétence en ce qui concerne les injonctions de payer européennes ou dans toute autre matière connexe ;

4) "juridiction d'origine", la juridiction qui délivre une injonction de payer européenne.

Art. 6 *Compétence.* 1. Aux fins de l'application du présent règlement, la compétence est déterminée conformément aux règles de droit communautaire applicables en la matière, notamment au règlement (CE) n° 44/2001.

2. Toutefois, si la créance se rapporte à un contrat conclu par une personne, le consommateur, pour un usage pouvant être considéré comme étranger à son activité professionnelle et si le défendeur est le consommateur, la compétence appartient aux seules juridictions de l'État membre où le défendeur a son domicile, au sens de l'article 59 du règlement (CE) n° 44/2001.

L'art. 6, lu en combinaison avec l'art. 17, doit être interprété en ce sens qu'une opposition à l'injonction de payer européenne ne contenant pas une contestation de la compétence de la juridiction de l'État membre d'origine ne saurait être considérée comme une comparution, au sens de l'art. 24 du Règl. (CE) n° 44/2001 du Conseil, du 22 déc. 2000, et que la circonstance que le défendeur a présenté, dans le cadre de l'opposition qu'il a formée, des moyens relatifs au fond de l'affaire est dénuée de pertinence à cet égard. • CJUE 13 juin 2013, n° C-144/12 : *D. 2013. Actu. 1557 ; ibid. 2014. Pan. 1059, obs. Gaudemet-Tallon et Jault-Seseke ; Procédures 2013, n° 240, obs. Nourissat ; JCP 2013. Actu. 776, obs. Berlin ; ibid. 1225, n° 14, obs. Jeuland ; Dr. et pr. 2013. 245, note Cuniberti ; Europe 2013, n° 388, note Idot.*

Art. 7 *Demande d'injonction de payer européenne.* 1. Une demande d'injonction de payer européenne est introduite au moyen du formulaire type A figurant à l'annexe I. – *V. JOUE L 399 du 30 déc. 2006, p. 11.*

2. La demande comprend les éléments suivants :

a) le nom et l'adresse des parties, et le cas échéant de leurs représentants, ainsi que de la juridiction saisie de la demande ;

b) le montant de la créance, notamment le principal et, le cas échéant, les intérêts, les pénalités contractuelles et les frais ;

c) si des intérêts sont réclamés sur la créance, le taux d'intérêt et la période pour laquelle ces intérêts sont réclamés, sauf si des intérêts légaux sont automatiquement ajoutés au principal en vertu du droit de l'État membre d'origine ;

d) la cause de l'action, y compris une description des circonstances invoquées en tant que fondement de la créance et, le cas échéant, des intérêts réclamés ;
e) une description des éléments de preuve à l'appui de la créance ;
f) les chefs de compétence ;
et
g) le caractère transfrontalier du litige au sens de l'article 3.
3. Dans la demande, le demandeur déclare qu'à sa connaissance les informations fournies sont exactes et reconnaît que toute fausse déclaration intentionnelle risque d'entraîner les sanctions prévues par le droit de l'État membre d'origine.
4. Le demandeur peut informer la juridiction, dans un appendice joint à la demande, qu'il s'oppose au passage à la procédure civile ordinaire au sens de l'article 17 en cas d'opposition formée par le défendeur. Le demandeur garde la possibilité d'en informer la juridiction ultérieurement, mais en tout état de cause avant la délivrance de l'injonction de payer.
5. La demande est introduite sur support papier ou par tout autre moyen de communication accepté par l'État membre d'origine et utilisable par la juridiction d'origine, y compris par voie électronique.
6. La demande est signée par le demandeur ou, le cas échéant, par son représentant. Lorsque la demande est introduite par voie électronique conformément au paragraphe 5, elle est signée conformément à l'article 2, paragraphe 2, de la directive 1999/93/CE du Parlement européen et du Conseil du 13 décembre 1999 sur un cadre communautaire pour les signatures électroniques *[JOUE L 13 du 19 janv. 2000, p. 12]*. Cette signature est reconnue dans l'État membre d'origine sans qu'il soit possible de la soumettre à des conditions supplémentaires.
Néanmoins, cette signature électronique n'est pas nécessaire si et dans la mesure où les juridictions de l'État membre d'origine sont dotées d'un autre système de communication électronique accessible à un groupe donné d'utilisateurs certifiés préalablement inscrits et permettant une identification sûre de ces utilisateurs. Les États membres informent la Commission de l'existence de tels systèmes.

1. Conditions. Exhaustivité. L'art. 7 doit être interprété en ce sens qu'il règle de manière exhaustive les conditions que doit remplir la demande d'injonction de payer européenne. • CJUE 13 déc. 2012 : *cité note ss. art. 4 du présent Règl.*

2. Clauses abusives dans les contrats conclus avec les consommateurs. L'art. 7, § 2, ss. d) et e), du Règl. (CE) n° 1896/2006 du 12 déc.2006, ainsi que l'art. 6, § 1er, et l'art. 7, § 1er, de la Dir. 93/13/CEE du Conseil, du 5 avr. 1993, concernant les clauses abusives dans les contrats conclus avec les consommateurs, tels qu'interprétés par la Cour et lus à la lumière de l'art. 38 de la charte des droits fondamentaux de l'Union européenne, doivent être interprétés en ce sens qu'ils permettent à une « juridiction », au sens dudit règlement, saisie dans le cadre d'une procédure européenne d'injonction de payer, de demander au créancier des informations complémentaires relatives aux clauses du contrat invoquées à l'appui de la créance en question, afin d'effectuer le contrôle d'office du caractère éventuellement abusif de ces clauses et, en conséquence, qu'ils s'opposent à une législation nationale qui déclare comme étant irrecevables des documents complémentaires fournis à cet effet. • CJUE 19 déc. 2019, nos C-453/18 et C-494/18 : *D. actu. 30 janv. 2020, note Mélin ; D. 2020. 23*

3. Intérêts. Renvoi. V. note ss. art. 4 du présent Règl.

Art. 8 *Examen de la demande.* La juridiction saisie d'une demande d'injonction de payer européenne examine, dans les meilleurs délais et en se fondant sur le formulaire de demande, si les conditions énoncées aux articles 2, 3, 4, 6 et 7 sont réunies et si la demande semble fondée. Cet examen peut être effectué au moyen d'une procédure automatisée.

Art. 9 *Compléments et rectifications.* 1. Si les conditions énoncées à l'article 7 ne sont pas réunies, la juridiction met le demandeur en mesure de compléter ou de rectifier la demande, à moins que celle-ci soit manifestement non fondée ou irrecevable. La juridiction utilise à cet effet le formulaire type B figurant dans l'annexe II. *— V. JOUE L 399 du 30 déc. 2006, p. 20.*
2. Lorsque la juridiction demande au demandeur de compléter ou de rectifier la demande, elle fixe un délai qu'elle estime approprié au vu des circonstances. La juridiction peut proroger ce délai si elle le juge utile.

Art. 10 *Modification de la demande.* 1. Si les conditions visées à l'article 8 ne sont réunies que pour une partie de la demande, la juridiction en informe le demandeur au moyen du formulaire type C figurant dans l'annexe III *[V. JOUE L 399 du 30 déc. 2006, p. 22]*. Le demandeur est invité à accepter ou à refuser une proposition d'injonction de payer européenne portant sur le montant que la juridiction a fixé et est informé des conséquences de sa décision. Le demandeur répond en renvoyant le formulaire type C que lui a adressé la juridiction dans un délai fixé par celle-ci conformément à l'article 9, paragraphe 2.

2. Si le demandeur accepte la proposition de la juridiction, la juridiction délivre une injonction de payer européenne, conformément à l'article 12, pour la partie de la demande qui a été acceptée par le demandeur. Les conséquences qui en résultent pour le reliquat de la demande initiale sont régies par le droit national.

3. Si le demandeur n'envoie pas sa réponse dans le délai fixé par la juridiction ou s'il refuse la proposition faite par celle-ci, la juridiction rejette l'intégralité de la demande d'injonction de payer européenne.

Art. 11 *Rejet de la demande.* 1. La juridiction rejette la demande si :

a) les conditions énoncées aux articles 2, 3, 4, 6 et 7 ne sont pas réunies ;

ou

b) la demande est manifestement non fondée ;

ou

c) le demandeur omet d'envoyer sa réponse dans le délai fixé par la juridiction en vertu de l'article 9, paragraphe 2 ;

ou

d) le demandeur omet d'envoyer sa réponse dans le délai fixé par la juridiction ou s'il refuse la proposition de la juridiction, conformément à l'article 10.

Le demandeur est informé des motifs du rejet au moyen du formulaire type D figurant dans l'annexe IV. – *V. JOUE L 399 du 30 déc. 2006, p. 24.*

2. Le rejet de la demande n'est pas susceptible de recours.

3. Le rejet de la demande n'empêche pas le demandeur de faire valoir la créance au moyen d'une nouvelle demande d'injonction de payer européenne ou de toute autre procédure prévue par le droit d'un État membre.

Art. 12 *Délivrance d'une injonction de payer européenne.* 1. Si les conditions visées à l'article 8 sont réunies, la juridiction délivre l'injonction de payer européenne dans les meilleurs délais et en principe dans un délai de trente jours à compter de l'introduction de la demande, au moyen du formulaire type E figurant dans l'annexe V. – *V. JOUE L 399 du 30 déc. 2006, p. 26.*

Le calcul du délai de trente jours ne comprend pas le délai nécessaire au demandeur pour compléter, rectifier ou modifier la demande.

2. L'injonction de payer européenne est délivrée conjointement avec une copie du formulaire de demande. Elle ne comporte pas les informations fournies par le demandeur dans les appendices 1 et 2 du formulaire type A.

3. Dans l'injonction de payer européenne, le défendeur est informé de ce qu'il a la possibilité :

a) de payer au demandeur le montant figurant dans l'injonction de payer ;

ou

b) de s'opposer à l'injonction de payer en formant opposition auprès de la juridiction d'origine, qui doit être envoyée dans un délai de trente jours à compter de la signification ou de la notification de l'injonction qui lui aura été faite.

4. Aux termes de l'injonction de payer européenne, le défendeur est informé que :

a) l'injonction a été délivrée sur le seul fondement des informations fournies par le demandeur et n'a pas été vérifiée par la juridiction ;

b) l'injonction deviendra exécutoire à moins qu'il ait été formé opposition auprès de la juridiction conformément à l'article 16 ;

c) lorsqu'il a été formé opposition, la procédure se poursuit devant les juridictions compétentes de l'État membre d'origine conformément aux règles de la procédure civile ordinaire, sauf si le demandeur a expressément demandé qu'il soit mis un terme à la procédure dans ce cas.

5. La juridiction veille à ce que l'injonction de payer soit signifiée ou notifiée au défendeur conformément au droit national, selon des modalités conformes aux normes minimales établies aux articles 13, 14 et 15.

Lorsqu'il est enjoint au défendeur de payer au demandeur les intérêts ayant couru jusqu'à la date du paiement du principal, la juridiction nationale demeure libre de choisir les modalités concrètes pour compléter le formulaire d'injonction de payer européenne, figurant à l'annexe V du présent Règl., pour autant que le formulaire ainsi rempli permette au défendeur, d'une part, de discerner sans aucun doute la décision selon laquelle il doit payer les intérêts ayant couru jusqu'à la date du paiement du principal et, d'autre part, d'identifier clairement le taux d'intérêt ainsi que la date à partir de laquelle ces intérêts sont réclamés. • CJUE 13 déc. 2012 : *cité note ss. art. 4 du présent Règl.*

Art. 13 *Signification ou notification assortie de la preuve de sa réception par le défendeur.* L'injonction de payer européenne peut être signifiée ou notifiée au défendeur, conformément au droit national de l'État dans lequel la signification ou la notification doit être effectuée, par l'un des modes suivants :

a) signification ou notification à personne, le défendeur ayant signé un accusé de réception portant la date de réception ;

b) signification ou notification à personne au moyen d'un document signé par la personne compétente qui a procédé à la signification ou à la notification, spécifiant que le défendeur a reçu l'acte ou qu'il a refusé de le recevoir sans aucun motif légitime, ainsi que la date à laquelle l'acte a été signifié ou notifié ;

c) signification ou notification par voie postale, le défendeur ayant signé et renvoyé un accusé de réception portant la date de réception ;

d) signification ou notification par des moyens électroniques, comme la télécopie ou le courrier électronique, le défendeur ayant signé et renvoyé un accusé de réception portant la date de réception.

Art. 14 *Signification ou notification non assortie de la preuve de sa réception par le défendeur.* 1. L'injonction de payer européenne peut également être signifiée ou notifiée au défendeur conformément au droit national de l'État dans lequel la signification ou la notification doit être effectuée, par l'un des modes suivants :

a) signification ou notification à personne, à l'adresse personnelle du défendeur, à des personnes vivant à la même adresse que celui-ci ou employées à cette adresse ;

b) si le défendeur est un indépendant ou une personne morale, signification ou notification à personne, dans les locaux commerciaux du défendeur, à des personnes employées par le défendeur ;

c) dépôt de l'injonction dans la boîte aux lettres du défendeur ;

d) dépôt de l'injonction dans un bureau de poste ou auprès d'une autorité publique compétente et communication écrite de ce dépôt dans la boîte aux lettres du défendeur, à condition que la communication écrite mentionne clairement la nature judiciaire de l'acte ou le fait qu'elle vaut notification ou signification et a pour effet de faire courir les délais ;

e) par voie postale non assortie de l'attestation visée au paragraphe 3, lorsque le défendeur a son adresse dans l'État membre d'origine ;

f) par des moyens électroniques avec accusé de réception automatique, à condition que le défendeur ait expressément accepté à l'avance ce mode de signification ou de notification.

2. Aux fins du présent règlement, la signification ou la notification au titre du paragraphe 1 n'est pas admise si l'adresse du défendeur n'est pas connue avec certitude.

3. La signification ou la notification en application du paragraphe 1, points a), b), c) et d), est attestée par :

a) un acte signé par la personne compétente ayant procédé à la signification ou à la notification mentionnant les éléments suivants :

i) le mode de signification ou de notification utilisé,

et

ii) la date de la signification ou de la notification,

et

iii) lorsque l'injonction de payer a été signifiée ou notifiée à une personne autre que le défendeur, le nom de cette personne et son lien avec le défendeur,

ou

b) un accusé de réception émanant de la personne qui a reçu la signification ou la notification, pour l'application du paragraphe 1, points a) et b).

Art. 15 *Signification ou notification à un représentant.* La signification ou la notification en application des articles 13 ou 14 peut aussi être faite à un représentant du défendeur.

Art. 16 *Opposition à l'injonction de payer européenne.* 1. Le défendeur peut former opposition à l'injonction de payer européenne auprès de la juridiction d'origine au moyen du formulaire type F figurant dans l'annexe VI *[V. JOUE L 399 du 30 déc. 2006, p. 29]*, qui lui est transmis en même temps que l'injonction de payer européenne.

2. L'opposition est envoyée dans un délai de trente jours à compter de la signification ou de la notification de l'injonction au défendeur.

3. Le défendeur indique dans l'opposition qu'il conteste la créance, sans être tenu de préciser les motifs de contestation.

4. L'opposition est introduite sur support papier ou par tout autre moyen de communication accepté par l'État membre d'origine et utilisable par la juridiction d'origine, y compris par voie électronique.

5. L'opposition est signée par le défendeur ou, le cas échéant, par son représentant. Lorsque l'opposition est introduite par voie électronique conformément au paragraphe 4, elle est signée conformément à l'article 2, paragraphe 2, de la directive 1999/93/CE. La signature est reconnue dans l'État membre d'origine sans qu'il soit possible de la soumettre à des conditions supplémentaires.

Néanmoins, cette signature électronique n'est pas nécessaire si et dans la mesure où les juridictions de l'État membre d'origine sont dotées d'un autre système de communication électronique accessible à un groupe donné d'utilisateurs certifiés préalablement inscrits et permettant une identification sûre de ces utilisateurs. Les États membres informent la Commission de l'existence de tels systèmes.

Applicabilité. Le Règl. doit être interprété en ce sens que les procédures visées aux art. 16 à 20 ne sont pas applicables lorsqu'il s'avère qu'une injonction de payer européenne n'a pas été signifiée ou notifiée de manière conforme aux normes minimales établies aux art. 13 à 15. Lorsque ce n'est qu'après la déclaration de force exécutoire d'une injonction de payer européenne qu'une telle irrégularité est révélée, le défendeur doit avoir la possibilité de dénoncer cette irrégularité, laquelle doit, si elle est dûment démontrée, entraîner l'invalidité de cette déclaration de force exécutoire. • CJUE 4 sept. 2014, ☎ n° C-119/13 : *Procédures 2014, n° 297, note Nourissat ; JCP 2014. 1232, n° 12, obs. Jeuland.*

Art. 17 *Effets de l'opposition.* 1. Si une opposition est formée dans le délai prévu à l'article 16, paragraphe 2, la procédure se poursuit devant les juridictions compétentes de l'État membre d'origine conformément aux règles de la procédure civile ordinaire, sauf si le demandeur a expressément demandé qu'il soit mis un terme à la procédure dans ce cas.

Lorsque le demandeur a fait valoir sa créance en recourant à la procédure européenne d'injonction de payer, aucune disposition du droit national ne porte atteinte à sa position lors de la procédure civile ordinaire ultérieure.

2. Le passage à la procédure civile ordinaire au sens du paragraphe 1 est régi par le droit de l'État membre d'origine.

3. Le demandeur est informé de toute opposition formée par le défendeur et de tout passage à la procédure civile ordinaire.

Applicabilité. Renvoi. V. note ss. art. 16 du présent Règl.

Art. 18 *Force exécutoire.* 1. Si, dans le délai prévu à l'article 16, paragraphe 2, compte tenu d'un délai supplémentaire nécessaire à l'acheminement de l'opposition, aucune opposition n'a été formée auprès de la juridiction d'origine, la juridiction d'origine déclare sans tarder l'injonction de payer européenne exécutoire, au moyen du formulaire type G figurant dans l'annexe VII *[V. JOUE L 399 du 30 déc. 2006, p. 31]*. La juridiction vérifie la date à laquelle l'injonction de payer a été signifiée ou notifiée.

2. Sans préjudice du paragraphe 1, les conditions formelles d'acquisition de la force exécutoire sont régies par le droit de l'État membre d'origine.

3. La juridiction envoie l'injonction de payer européenne exécutoire au demandeur.

Applicabilité. Renvoi. V. note ss. art. 16 du présent Règl.

Art. 19 *Suppression de l'exequatur.* Une injonction de payer européenne devenue exécutoire dans l'État membre d'origine est reconnue et exécutée dans les autres États membres sans qu'une déclaration constatant la force exécutoire soit nécessaire et sans qu'il soit possible de contester sa reconnaissance.

1. Applicabilité. Renvoi. V. note ss. art. 16 du présent Règl.

2. Compétence du JEX. Il résulte de l'art. 19 du Règl. (CE) n° 1896/2006 que le JEX n'est pas compétent pour connaître d'une demande de nullité d'un acte de signification d'une injonction de payer européenne déclarée exécutoire par une juridiction de l'État membre d'origine. • Civ. 2ᵉ, 27 juin 2019, ☎ n° 18-14.198 P : *D. actu. 18 juill. 2019, obs. Payan ; D. 2019. 1398* ; *RTD civ. 2019. 925, obs. Théry* ; *Gaz. Pal. 5 nov. 2019, p. 54, note Herman ; JCP 2019. 759, note Richard ; ibid. 1386, obs. Jeuland.*

Art. 20 *Réexamen dans des cas exceptionnels.* 1. Après expiration du délai prévu à l'article 16, paragraphe 2, le défendeur a le droit de demander le réexamen de l'injonction de payer européenne devant la juridiction compétente de l'État membre d'origine si :

a) i) l'injonction de payer a été signifiée ou notifiée selon l'un des modes prévus à l'article 14 ;

et

ii) la signification ou la notification n'est pas intervenue en temps utile pour lui permettre de préparer sa défense, sans qu'il y ait faute de sa part,

ou

b) le défendeur a été empêché de contester la créance pour cause de force majeure ou en raison de circonstances extraordinaires, sans qu'il y ait faute de sa part,

pour autant que, dans un cas comme dans l'autre, il agisse promptement.

2. Après expiration du délai prévu à l'article 16, paragraphe 2, le défendeur a également le droit de demander le réexamen de l'injonction de payer européenne devant la juridiction compétente de l'État membre d'origine lorsqu'il est manifeste que l'injonction de payer a été délivrée à tort, au vu des exigences fixées par le présent règlement, ou en raison d'autres circonstances exceptionnelles.

3. Si la juridiction rejette la demande du défendeur au motif qu'aucune des conditions de réexamen énoncées aux paragraphes 1 et 2 n'est remplie, l'injonction de payer européenne reste valable.

Si la juridiction décide que le réexamen est justifié au motif que l'une des conditions énoncées aux paragraphes 1 et 2 est remplie, l'injonction de payer européenne est nulle et non avenue.

1. Le non-respect du délai pour faire opposition à une injonction de payer européenne du fait d'une erreur de computation de l'avocat ne saurait constituer une circonstance extraordinaire ou exceptionnelle de nature à justifier le réexamen de cette injonction au sens de l'art. 20, § 1er, ss. *b)*. • CJUE 21 mars 2013, ☏ no C-324/12 : *RTD eur. 2013. 335, obs. Guinchard* ✎ *; Procédures 2013, no 184, note Nourissat ; JCP 2013. 1225, no 14, obs. Jeuland ; Europe 2013, no 247, note Idot.*

2. Applicabilité. Renvoi. V. note ss. art. 16 du présent Règl.

3. Réexamen de l'injonction refusée (non). L'art. 20, § 2, doit être interprété en ce sens qu'il s'oppose à ce qu'un défendeur qui s'est vu notifier, conformément à ce règlement, une injonction de payer européenne soit fondé à demander le réexamen de cette injonction en faisant valoir que la juridiction d'origine s'est déclarée à tort compétente en se fondant sur des informations prétendument fausses fournies par le demandeur dans le formulaire de demande de cette injonction de payer. • CJUE 22 oct. 2015, ☏ no C-245/14.

Art. 21 *Exécution.* 1. Sans préjudice des dispositions du présent règlement, les procédures d'exécution sont régies par le droit de l'État membre d'exécution.

L'injonction de payer européenne devenue exécutoire est exécutée dans les mêmes conditions qu'une décision exécutoire rendue dans l'État membre d'exécution.

2. Aux fins de l'exécution dans un autre État membre, le demandeur fournit aux autorités compétentes de cet État membre chargées de l'exécution :

a) une copie de l'injonction de payer européenne, telle que déclarée exécutoire par la juridiction d'origine, et réunissant les conditions nécessaires pour en établir l'authenticité ;

et

b) le cas échéant, la traduction de l'injonction de payer européenne dans la langue officielle de l'État membre d'exécution ou, si cet État membre a plusieurs langues officielles, dans la langue officielle ou dans l'une des langues officielles de la procédure judiciaire du lieu où l'exécution est demandée, conformément au droit de cet État membre, ou dans une autre langue que l'État membre d'exécution aura déclaré pouvoir accepter. Chaque État membre peut indiquer la ou les langues officielles des institutions de l'Union européenne, autres que la sienne, qu'il peut accepter pour une injonction de payer européenne. La traduction est certifiée par une personne habilitée à cet effet dans l'un des États membres.

3. Aucune caution ni aucun dépôt, sous quelque dénomination que ce soit, ne peuvent être imposés en raison, soit de la qualité de ressortissant étranger, soit du défaut de domicile ou de résidence dans l'État membre d'exécution, au demandeur qui, dans un État membre, demande l'exécution d'une injonction de payer européenne délivrée dans un autre État membre.

Art. 22 *Refus d'exécution.* 1. Sur demande du défendeur, l'exécution est refusée par la juridiction compétente dans l'État membre d'exécution si l'injonction de payer européenne est incompatible avec une décision rendue ou une injonction délivrée antérieurement dans tout État membre ou dans un pays tiers lorsque :

a) la décision rendue ou l'injonction délivrée antérieurement l'a été entre les mêmes parties dans un litige ayant la même cause ;

et que

b) la décision rendue ou l'injonction délivrée antérieurement réunit les conditions nécessaires à sa reconnaissance dans l'État membre d'exécution ;

et que

c) l'incompatibilité n'aurait pas pu être invoquée au cours de la procédure judiciaire dans l'État membre d'origine.

2. L'exécution est également refusée, sur demande, si et dans la mesure où le défendeur a payé au demandeur le montant fixé dans l'injonction de payer européenne.

3. Une injonction de payer européenne ne peut en aucun cas faire l'objet d'un réexamen au fond dans l'État membre d'exécution.

Art. 23 *Suspension ou limitation de l'exécution.* Lorsque le défendeur a demandé le réexamen conformément à l'article 20, la juridiction compétente dans l'État membre d'exécution peut, à la demande du défendeur :

a) limiter la procédure d'exécution à des mesures conservatoires ;

ou

b) subordonner l'exécution à la constitution d'une sûreté qu'elle détermine ;

ou

c) dans des circonstances exceptionnelles, suspendre la procédure d'exécution.

Art. 24 *Représentation en justice.* La représentation par un avocat ou un autre professionnel du droit n'est obligatoire :

a) ni pour le demandeur en ce qui concerne la demande d'injonction de payer européenne ;

b) ni pour le défendeur en ce qui concerne l'opposition à une injonction de payer européenne.

Art. 25 *Frais de justice.* 1. La somme des frais de justice afférents à une procédure européenne d'injonction de payer et à la procédure civile ordinaire qui y fait suite en cas d'opposition à l'injonction de payer européenne dans un État membre n'excède pas les frais de justice induits par une procédure civile ordinaire non précédée d'une procédure européenne d'injonction de payer dans ledit État membre.

2. Aux fins du présent règlement, les frais de justice comprennent les frais et les droits à verser à la juridiction, dont le montant est fixé conformément au droit national.

La juridiction nationale demeure, en vertu de l'art. 25 et sous réserve des conditions énoncées à cet article, libre de déterminer le montant des frais de justice selon les modalités prévues par son droit national, pourvu que ces modalités ne soient pas moins favorables que celles régissant des situations similaires soumises au droit interne et qu'elles ne rendent pas impossible en pratique ou excessivement difficile l'exercice des droits conférés par le droit de l'Union. • CJUE 13 déc. 2012 : *cité ss. art. 4 du présent Règl.*

Art. 26 *Relation avec le droit procédural national.* Toute question procédurale non expressément réglée par le présent règlement est régie par le droit national.

Art. 27 *Relation avec le règlement (CE) nº 1348/2000.* Le présent règlement ne porte pas atteinte à l'application du règlement (CE) nº 1348/2000 du Conseil du 29 mai 2000 relatif à la signification et à la notification dans les États membres des actes judiciaires et extrajudiciaires en matière civile et commerciale. – *JOUE L 160 du 30 juin 2000, p. 37.*

Art. 28 *Informations relatives aux frais de signification ou de notification et à l'exécution.* Les États membres collaborent en vue d'assurer l'information du public et des milieux professionnels concernant :

a) les frais de signification ou de notification des documents ;

et

b) les autorités compétentes pour l'exécution aux fins de l'application des articles 21, 22 et 23,

notamment via le réseau judiciaire européen en matière civile et commerciale établi conformément à la décision 2001/470/CE du Conseil du 28 mai 2001. – *JOUE L 174 du 27 juin 2001, p. 25.*

Art. 29 *Informations relatives à la compétence, aux procédures de réexamen, aux moyens de communication et aux langues.* 1. Le 12 juin 2008 au plus tard, les États membres informent la Commission :

a) des juridictions compétentes pour délivrer une injonction de payer européenne ;

b) de la procédure de réexamen et des juridictions compétentes aux fins de l'application de l'article 20 ;

c) des moyens de communication acceptés aux fins de la procédure européenne d'injonction de payer et utilisables par les juridictions ;

d) des langues acceptées aux termes de l'article 21, paragraphe 2, point b).

Les États membres communiquent à la Commission toute modification ultérieure de ces informations.

2. La Commission met les informations notifiées conformément au paragraphe 1 à la disposition du public par voie de publication au *Journal officiel de l'Union européenne* et par tout autre moyen approprié.

Art. 30 *Modifications apportées aux annexes.* Les formulaires types qui figurent dans les annexes sont mis à jour ou font l'objet d'une adaptation technique, dans le respect des dispositions du présent règlement, conformément à la procédure prévue à l'article 31, paragraphe 2.

Art. 31 *Comité.* 1. La Commission est assistée par le comité institué par l'article 75 du règlement (CE) n° 44/2001.

2. Dans le cas où il est fait référence au présent paragraphe, l'article 5 *bis*, paragraphes 1 à 4, et l'article 7 de la décision 1999/468/CE s'appliquent, dans le respect des dispositions de l'article 8 de celle-ci.

3. Le comité adopte son règlement intérieur.

Art. 32 *Réexamen.* Le 12 décembre 2013 au plus tard, la Commission présente au Parlement européen, au Conseil et au Comité économique et social européen un rapport détaillé réexaminant l'application de la procédure européenne d'injonction de payer. Ce rapport comporte une évaluation de l'application de la procédure et une étude d'impact élargie pour chaque État membre.

A cette fin et afin de veiller à ce que les meilleures pratiques au sein de l'Union européenne soient dûment prises en compte et soient conformes aux principes de l'amélioration de la législation, les États membres informent la Commission de l'application de la procédure européenne d'injonction de payer au niveau transfrontalier. Ces informations portent sur les frais de justice, la rapidité de la procédure, l'efficacité, la facilité d'utilisation et les procédures internes d'injonction de payer des États membres.

Le rapport de la Commission est accompagné, le cas échéant, de propositions d'adaptation.

Art. 33 *Entrée en vigueur.* Le présent règlement entre en vigueur le jour suivant celui de sa publication au *Journal officiel de l'Union européenne.*

Il est applicable à partir du 12 décembre 2008, à l'exception des articles 28, 29, 30 et 31, qui sont applicables à partir du 12 juin 2008.

Le présent règlement est obligatoire dans tous ses éléments et directement applicable dans les États membres conformément au traité instituant la Communauté européenne.

ANNEXES I À VII

Les annexes I à VII sont consultables sur le code de procédure civile Dalloz Expert et sur le site dalloz.fr.

Circulaire de la DACS JUSC0911132C C3 06-09 du 26 mai 2009,

Relative à l'application du règlement (CE) n° 1896/2006 du Parlement européen et du Conseil du 12 décembre 2006 instituant une procédure européenne d'injonction de payer (BOMJ 30 août).

Règlement (CE) du Parlement européen et du Conseil n° 861/2007 du 11 juillet 2007,

Instituant une procédure européenne de règlement des petits litiges (JOUE L 199 du 31 juill. 2007, p. 1).

Sur l'entrée en vigueur, V. art. 29.

V. C. pr. civ., art. 1382 s.

V. Circ. de la DACS C3 07-09 du 26 mai 2009, relative à l'application du Régl. (CE) n° 861/2007 du Parlement européen et du Conseil du 11 juill. 2007 instituant une procédure européenne de règlement des petits litiges.

BIBL. ▶ ATTAL, *RJ com. janv.-févr. 2008, p. 35.* – DAVID, L'espace judiciaire européen civil et pénal, *Thèmes et commentaires, Dalloz 2009, p. 119* (la force exécutoire dans les procédures harmonisées). – DOUCHY-OUDOT, *Procédures 2008. Étude 4* (la force exécutoire à dimension européenne). – FERRAND, *Mél. J. Isnard, EJT 2009, p. 133* (comparaison avec les procédures civiles françaises et allemandes). – E. GUINCHARD, *RTD com. 2008. 465* (l'Europe, la procédure civile et le créancier : l'injonction de payer européenne et la procédure européenne de règlement des petits litiges). – MECARELLI, *Dr. et pr. 2007, suppl. (Droit et procédures internationales), p. 22.* – MÉLÈ, Le droit en tableaux, *Delmas 2009, p. 195.* – NDLR, *JCP 2007. Actu. 376.* – NIBOYET, *Dr. et patr. 2008. 104.* – PIEDELIÈVRE, *RDBF 2007, n° 190.*

► **Bilan :** Commission européenne, *Communiqué IP/12/985, 21 sept. 2012, CCC 2012. Alerte 63.*

► **Sur la Proposition de règlement du Parlement européen et du Conseil COM (2013) du 19 nov. 2013 :** CORNETTE, *LPA 17 nov. 2014, p. 11.* – E. GUINCHARD, *RTDE 2014. 479.*

LE PARLEMENT EUROPÉEN ET LE CONSEIL DE L'UNION EUROPÉENNE,

vu le traité instituant la Communauté européenne, et notamment son article 61, point c), et son article 67,

vu la proposition de la Commission,

vu l'avis du Comité économique et social européen *[JO C 88 du 11 avr. 2006, p. 61]*, statuant conformément à la procédure visée à l'article 251 du traité *[V. avis du Parlement européen du 14 déc. 2006 et décision du Conseil du 13 juin 2007]*,

considérant ce qui suit :

(1) La Communauté s'est donné pour objectif de maintenir et de développer un espace de liberté, de sécurité et de justice au sein duquel la libre circulation des personnes est assurée. Pour la mise en place progressive de cet espace, la Communauté doit adopter, entre autres, des mesures relevant du domaine de la coopération judiciaire dans les matières civiles ayant une incidence transfrontalière et qui sont nécessaires au bon fonctionnement du marché intérieur.

(2) Selon l'article 65, point c), du traité, ces mesures doivent viser à éliminer les obstacles au bon déroulement des procédures civiles, au besoin en favorisant la compatibilité des règles de procédure civile applicables dans les États membres.

(3) A cet égard, la Communauté a déjà, parmi d'autre *[autres]* mesures, adopté le règlement (CE) n° 1348/2000 du Conseil du 29 mai 2000 relatif à la signification et à la notification dans les États membres des actes judiciaires et extrajudiciaires en matière civile et commerciale, le règlement (CE) n° 44/2001 du Conseil du 22 décembre 2000 concernant la compétence judiciaire, la reconnaissance et l'exécution des décisions en matière civile et commerciale, la décision 2001/470/CE du Conseil du 28 mai 2001 relative à la création d'un réseau judiciaire européen en matière civile et commerciale, le règlement (CE) n° 805/2004 du Parlement européen et du Conseil du 21 avril 2004 portant création d'un titre exécutoire européen pour les créances incontestées et le règlement (CE) n° 1896/2006 du Parlement européen et du Conseil du 12 décembre 2006 instituant une procédure européenne d'injonction de payer. – *V. supra Règl. (CE) n° 44/2001 du Conseil du 22 déc. 2000. – Décis. 2001/470/CE du Conseil du 28 mai 2001, JOUE L 174 du 27 juin 2001, p. 25. – Règl. (CE) n° 805/2004 du Parlement européen et du Conseil du 21 avril 2004. – Règl. (CE) n° 1896/2006 du Parlement européen et du Conseil du 12 déc. 2006.*

(4) Le Conseil européen, réuni à Tampere les 15 et 16 octobre 1999, a invité le Conseil et la Commission à établir des règles de procédure communes en vue de simplifier et d'accélérer le règlement des litiges transfrontaliers concernant les demandes de faible importance en matière de droits des consommateurs et en matière commerciale.

(5) Le 30 novembre 2000, le Conseil a adopté un programme de mesures – élaboré conjointement par le Conseil et la Commission – sur la mise en œuvre du principe de reconnaissance mutuelle des décisions en matière civile et commerciale. Ce programme prévoit de simplifier et d'accélérer le règlement des litiges transfrontaliers de faible importance. Il y a été donné suite avec le programme de La Haye, adopté par le Conseil européen le 5 novembre 2004, qui préconise que les travaux sur les petites créances soient poursuivis avec détermination. – *V. Programme adopté le 30 nov. 2000, JOUE C 12 du 15 janv. 2001, p. 1. – Programme adopté le 5 nov. 2004, JOUE, 3 mars 2005, p. 1.*

(6) Le 20 décembre 2002, la Commission a adopté un Livre vert sur une procédure européenne d'injonction de payer et sur des mesures visant à simplifier et à accélérer le règlement des litiges portant sur des montants de faible importance. La publication de ce livre vert a marqué le lancement d'une consultation sur les mesures relatives à la simplification et à l'accélération du règlement des litiges portant sur des montants de faible importance.

(7) De nombreux États membres ont introduit des procédures civiles simplifiées de règlement des petits litiges, eu égard au fait que les frais, les retards et la complexité liés aux liti-

ges ne diminuent pas toujours proportionnellement au montant de la demande. Les obstacles à l'obtention d'une décision rapide et peu coûteuse augmentent dans les litiges transfrontaliers. Il est par conséquent nécessaire d'instituer une procédure européenne visant à régler les petits litiges, ci-après dénommée "procédure européenne de règlement des petits litiges". Celle-ci devrait avoir pour objectif de faciliter l'accès à la justice. En raison des distorsions de concurrence créées au sein du marché intérieur par les déséquilibres en termes d'efficacité des outils procéduraux mis à la disposition des créanciers dans les différents États membres, il est nécessaire de disposer d'une législation communautaire garantissant des conditions identiques aux créanciers et aux débiteurs dans l'ensemble de l'Union européenne. Il convient de tenir compte des principes de simplicité, de rapidité et de proportionnalité lors de la fixation des frais de gestion d'une demande relevant de la procédure européenne de règlement des petits litiges. Les détails relatifs aux frais exigibles devraient être rendus publics, et les modalités de fixation de ces frais devraient être transparentes.

(8) La procédure européenne de règlement des petits litiges devrait simplifier et accélérer le règlement des petits litiges transfrontaliers et en réduire les coûts, en proposant un instrument facultatif venant s'ajouter aux possibilités offertes par les législations des États membres, qui ne seront pas affectées. Le présent règlement devrait aussi faciliter la reconnaissance et l'exécution dans un État membre des jugements rendus dans le cadre de la procédure européenne de règlement des petits litiges dans un autre État membre.

(9) Le présent règlement vise à promouvoir les droits fondamentaux et tient compte, notamment, des principes reconnus par la Charte des droits fondamentaux de l'Union européenne. La juridiction devrait respecter le droit à un procès équitable et le principe du contradictoire, notamment lorsqu'elle se prononce sur la nécessité d'une audience, sur les moyens d'obtention des preuves et sur l'étendue de l'obtention des preuves.

(10) Afin de faciliter le calcul du montant d'une demande, il ne devrait être tenu compte d'aucun intérêt, frais ni débours. Cela ne devrait pas porter atteinte à la faculté qu'a la juridiction d'accorder ceux-ci dans la décision qu'elle rendra, ni aux règles nationales relatives au calcul des intérêts.

(11) Afin de faciliter le déclenchement de la procédure européenne de règlement des petits litiges, il convient que le demandeur introduise une demande en complétant un formulaire de demande et l'adresse à la juridiction. Un formulaire de demande ne devrait être adressé qu'à une juridiction compétente.

(12) Le formulaire de demande devrait être accompagné, le cas échéant, de toutes les pièces justificatives utiles. Cependant, cela n'empêche pas le demandeur de présenter, le cas échéant, des éléments de preuve complémentaires au cours de la procédure. Le même principe devrait s'appliquer à la réponse du défendeur.

(13) Les notions de "manifestement non fondée" et "irrecevable", en ce qui concerne le rejet de la demande, devraient être déterminées conformément au droit national.

(14) La procédure européenne de règlement des petits litiges devrait être écrite, sauf si la juridiction estime qu'une audience est nécessaire ou si l'une des parties en fait la demande. La juridiction peut rejeter une telle demande. Ce rejet ne peut être contesté séparément.

(15) Les parties ne devraient pas être obligées d'être représentées par un avocat ou un autre professionnel du droit.

(16) La notion de "demande reconventionnelle" devrait s'entendre au sens de l'article 6, paragraphe 3, du règlement (CE) n° 44/2001, à savoir une demande dérivant du contrat ou du fait sur lequel est fondée la demande initiale. Il y a lieu d'appliquer les articles 2 et 4, l'article 5, paragraphes 3, 4 et 5, *mutatis mutandis* aux demandes reconventionnelles. — *V. Règl. (CE) n° 44/2001 du Conseil du 22 déc. 2000.*

(17) Lorsque le défendeur argue d'un droit de compensation au cours de la procédure, cette demande ne devrait pas constituer une demande reconventionnelle aux fins du présent règlement. Par conséquent, le défendeur ne devrait pas être tenu d'utiliser le formulaire type A figurant à l'annexe I pour invoquer ce droit.

(18) Aux fins de l'application de l'article 6, l'État requis est l'État membre dans lequel il doit être procédé à la signification, à la notification, ou à la transmission d'une pièce. En vue de réduire les frais et retards, les actes devraient être principalement signifiés ou notifiés aux parties par voie postale avec accusé de réception indiquant également la date de réception.

(19) Une partie peut refuser d'accepter une pièce au moment de sa signification ou de sa notification, ou en retournant la pièce dans un délai d'une semaine si elle n'est pas rédigée,

ou accompagnée d'une traduction, dans la langue officielle de l'État membre requis (ou, s'il existe plusieurs langues officielles dans cet État membre, dans la langue officielle ou l'une des langues officielles du lieu où il doit être procédé à la signification, à la notification, ou à la transmission de la pièce), ou dans une langue que le destinataire comprend.

(20) En ce qui concerne les auditions et l'obtention des preuves, les États membres devraient encourager l'utilisation des technologies modernes de communication, en application du droit national de l'État membre du for. La juridiction devrait retenir le moyen d'obtention des preuves le plus simple et le moins onéreux.

(21) L'assistance pratique qui doit être mise à la disposition des parties devrait comprendre des informations techniques relatives à la disponibilité des formulaires et à la manière de les remplir.

(22) Les informations concernant des questions de procédure peuvent également être données par le personnel de la juridiction, conformément au droit national.

(23) L'objectif du présent règlement étant de simplifier et d'accélérer le règlement des petits litiges transfrontaliers, la juridiction devrait agir dès que possible, même lorsque le présent règlement ne fixe pas de délai à une étape spécifique de la procédure.

(24) Aux fins du calcul des délais dans le présent règlement, le règlement (CEE, Euratom) n° 1182/71 du Conseil du 3 juin 1971 portant détermination des règles applicables aux délais, aux dates et aux termes devrait être applicable. – *V. Règl. (CEE, Euratom) n° 1182/71 du Conseil du 3 juin 1971, JOCEE L 124 du 8 juin 1971, p. 1.*

(25) Afin d'accélérer le recouvrement de créances de faible montant, la décision devrait être immédiatement exécutoire, nonobstant tout recours éventuel et sans qu'il y ait obligation de constituer une sûreté, sauf exceptions prévues par le présent règlement.

(26) Toute référence à un recours faite dans le présent règlement devrait s'entendre comme renvoyant à toutes les voies de recours possibles prévues par le droit national.

(27) La juridiction doit comprendre une personne apte à exercer des fonctions de juge selon les règles du droit national.

(28) Lorsque la juridiction est tenue de fixer un délai, la partie concernée devrait être informée des conséquences du non-respect de ce délai.

(29) La partie qui succombe devrait supporter les frais de procédure. Les frais de procédure devraient être fixés conformément au droit national. Eu égard aux objectifs de simplicité et d'efficacité par rapport au coût, la juridiction ne devrait condamner la partie qui succombe qu'au paiement des frais de procédure. Ceci comprend, par exemple, les frais de représentation de la partie adverse par un avocat ou un autre professionnel du droit, ou les frais de signification ou de notification ou de traduction des pièces, qui sont proportionnés au montant de la demande ou dont l'engagement a été indispensable.

(30) Afin de faciliter la reconnaissance et l'exécution des décisions, une décision rendue dans un État membre dans le cadre de la procédure européenne de règlement des petits litiges devrait être reconnue et exécutoire dans un autre État membre sans qu'une déclaration constatant la force exécutoire soit nécessaire et sans qu'il soit possible de s'opposer à sa reconnaissance.

(31) Il convient de prévoir des normes minimales pour le réexamen d'une décision dans les cas où le défendeur n'a pas pu contester la demande.

(32) Eu égard aux objectifs de simplicité et d'efficacité par rapport au coût, la partie qui demande l'exécution d'une décision ne devrait pas être tenue d'avoir un représentant autorisé ou une adresse postale dans l'État membre d'exécution, en dehors des agents compétents pour la procédure d'exécution conformément au droit national dudit État membre.

(33) Il y a lieu également d'appliquer le chapitre III du présent règlement à la fixation des frais et des dépenses engagés par les agents compétents pour la procédure d'exécution du fait d'une décision rendue conformément à la procédure prévue par le présent règlement.

(34) Il y a lieu d'arrêter les mesures nécessaires pour la mise en œuvre du présent règlement en conformité avec la décision 1999/468/CE du Conseil du 28 juin 1999 fixant les modalités de l'exercice des compétences d'exécution conférées à la Commission. – *V. Décis. 1999/468/CE du Conseil du 28 juin 1999, JOUE L 184 du 17 juill. 1999 ; mod. par la Décis. 2006-512-CE, JO L. 200 du 22 juill. 2006, p. 11.*

(35) Il convient en particulier d'habiliter la Commission à adopter les mesures nécessaires à la mise à jour et aux modifications techniques à apporter aux formulaires qui figurent aux

annexes. Ces mesures ayant une portée générale et ayant pour objet de modifier des éléments non essentiels du présent règlement, elles doivent être arrêtées selon la procédure de réglementation avec contrôle prévue à l'article 5 *bis* de la décision 1999/468/CE. – *V. Décis. 1999/468/CE du Conseil du 28 juin 1999, JOUE L 184 du 17 juill. 1999 ; mod. par la Décis. 2006-512-CE, JO L 200 du 22 juill. 2006, p. 11.*

(36) Étant donné que les objectifs du présent règlement, à savoir l'institution d'une procédure permettant de simplifier et d'accélérer le règlement des petits litiges transfrontaliers et d'en réduire les coûts, ne peuvent pas être réalisés de manière suffisante par les États membres et peuvent donc, en raison des dimensions ou des effets du présent règlement, être mieux réalisés au niveau communautaire, la Communauté peut prendre des mesures, conformément au principe de subsidiarité consacré à l'article 5 du traité. Conformément au principe de proportionnalité, tel qu'énoncé audit article, le présent règlement n'excède pas ce qui est nécessaire pour atteindre ces objectifs.

(37) Conformément à l'article 3 du protocole sur la position du Royaume-Uni et de l'Irlande annexé au traité sur l'Union européenne et au traité instituant la Communauté européenne, le Royaume-Uni et l'Irlande ont notifié leur souhait de participer à l'adoption et à l'application du présent règlement.

(38) Conformément aux articles 1er et 2 du protocole sur la position du Danemark annexé au traité sur l'Union européenne et au traité instituant la Communauté européenne, le Danemark ne participe pas à l'adoption du présent règlement et n'est pas lié par celui-ci ni soumis à son application,

ONT ARRÊTÉ LE PRÉSENT RÈGLEMENT :

CHAPITRE PREMIER *Objet et champ d'application*

Art. 1er *Objet.* **Le présent règlement établit une procédure européenne visant à régler les petits litiges, ci-après dénommée "procédure européenne de règlement des petits litiges", en vue de simplifier et d'accélérer le règlement des petits litiges transfrontaliers et d'en réduire les coûts. La procédure européenne de règlement des petits litiges est à la disposition des justiciables parallèlement aux procédures prévues par les législations des États membres.**

Le présent règlement supprime par ailleurs les procédures intermédiaires nécessaires pour qu'une décision rendue dans un État membre dans le cadre de la procédure européenne de règlement des petits litiges soit reconnue et exécutée dans un autre État membre.

Art. 2 *Champ d'application.* **1. Le présent règlement s'applique en matière civile et commerciale dans les litiges transfrontaliers, quelle que soit la nature de la juridiction, lorsque le montant d'une demande ne dépasse pas 2000 € au moment de la réception du formulaire de demande par la juridiction compétente, hors intérêts, frais et débours. Il ne recouvre notamment pas les matières fiscales, douanières ou administratives ni la responsabilité de l'État pour des actes ou des omissions commis dans l'exercice de la puissance publique ("*acta jure imperii*").**

2. Sont exclus de l'application du présent règlement :

a) l'état et la capacité des personnes physiques ;

b) les régimes matrimoniaux, obligations alimentaires, testaments et successions ;

c) les faillites, concordats et autres procédures analogues ;

d) la sécurité sociale ;

e) l'arbitrage ;

f) le droit du travail ;

***g) les baux d'immeubles*, exception faite des procédures relatives à des demandes pécuniaires ;**

h) les atteintes à la vie privée et aux droits de la personnalité, y compris la diffamation.

3. Dans le présent règlement, on entend par "État membre" tous les États membres, à l'exception du Danemark.

Art. 3 *Litiges transfrontaliers.* **1. Aux fins du présent règlement, un litige transfrontalier est un litige dans lequel au moins une des parties a son domicile ou sa résidence habituelle dans un État membre autre que l'État membre de la juridiction saisie.**

2. Le domicile est déterminé conformément aux articles 59 et 60 du règlement (CE) n° 44/2001. – *V. Règl. (CE) n° 44-2001 du Conseil du 22 déc. 2000.*

3. Le moment auquel s'apprécie le caractère transfrontalier d'un litige est celui de la date de réception du formulaire de demande par la juridiction compétente.

CHAPITRE II *La procédure européenne de règlement des petits litiges*

Art. 4 *Engagement de la procédure.* 1. Le demandeur introduit la procédure européenne de règlement des petits litiges en remplissant le formulaire type A figurant à l'annexe I, et en l'adressant directement à la juridiction compétente par voie postale ou par tout autre moyen de communication, comme la télécopie ou le courrier électronique, admis par l'État membre dans lequel la procédure est engagée. Le formulaire de demande comporte une description des éléments de preuve à l'appui de la demande et est accompagné, le cas échéant, de toute pièce justificative utile. – *V. Annexe I, JOUE L 199 du 31 juill. 2007, p. 10.*

2. Les États membres informent la Commission des moyens de communication qu'ils acceptent. La Commission met ces informations à la disposition du public.

3. Lorsqu'une demande ne relève pas du champ d'application du présent règlement, la juridiction en informe le demandeur. A moins que le demandeur ne retire sa demande, la juridiction donne suite à celle-ci conformément au droit procédural applicable dans l'État membre où la procédure se déroule.

4. Lorsque la juridiction estime que les informations fournies par le demandeur manquent de clarté, ou sont insuffisantes, ou que le formulaire de demande n'a pas été dûment rempli, et sauf si la demande apparaît manifestement non fondée ou irrecevable, la juridiction met le demandeur en mesure de compléter ou de rectifier le formulaire de demande ou de fournir toutes informations ou pièces complémentaires ou de retirer la demande, dans le délai qu'elle précise. La juridiction utilise à cet effet le formulaire type B figurant à l'annexe II. – *V. Annexe II, JOUE L 199 du 31 juill. 2007, p. 17.*

Lorsque la demande apparaît manifestement non fondée ou irrecevable, ou lorsque le demandeur ne complète pas ni ne rectifie le formulaire de demande dans le délai indiqué, la demande est rejetée.

5. Les États membres veillent à ce que le formulaire de demande puisse être obtenu auprès de toutes les juridictions devant lesquelles la procédure européenne de règlement des petits litiges peut être engagée.

Art. 5 *Déroulement de la procédure.* 1. La procédure européenne de règlement des petits litiges est une procédure écrite. La juridiction tient une audience si elle le juge nécessaire ou si l'une des parties le demande. Elle peut rejeter cette demande si elle estime que, compte tenu des particularités de l'espèce, une audience est manifestement inutile pour garantir le déroulement équitable de la procédure. Ce refus est motivé par écrit. Le refus ne peut pas être contesté séparément.

2. Après réception du formulaire de demande dûment rempli, la juridiction complète la partie I du formulaire type de réponse C figurant à l'annexe III. – *V. Annexe III, JOUE L 199 du 31 juill. 2007, p. 19.*

Une copie du formulaire de demande et, le cas échéant, des pièces justificatives, accompagnée du formulaire de réponse ainsi complété, est signifiée ou notifiée au défendeur conformément à l'article 13. L'expédition de ces pièces doit intervenir dans un délai de quatorze jours à compter de la réception du formulaire de demande dûment rempli.

3. Le défendeur répond dans un délai de trente jours à compter de la date à laquelle les formulaires de demande et de réponse lui ont été signifiés ou notifiés en remplissant la partie II du formulaire type de réponse C, accompagné, le cas échéant, de toutes pièces justificatives utiles, et en le renvoyant à la juridiction, ou par tout autre moyen adapté n'impliquant pas l'utilisation du formulaire de réponse. – *V. Annexe III, JOUE L 199 du 31 juill. 2007, p. 19.*

4. Dans un délai de quatorze jours à compter de la réception de la réponse du défendeur, la juridiction transmet au demandeur une copie de la réponse accompagnée de toute pièce justificative utile.

5. Si un défendeur estime, dans sa réponse, que le montant d'une demande non pécuniaire dépasse la limite fixée à l'article 2, paragraphe 1, la juridiction décide, dans un délai de trente jours à compter de la transmission de la réponse au demandeur, si la demande relève du champ d'application du présent règlement. Cette décision ne peut être contestée séparément.

6. Toute demande reconventionnelle, qui est présentée au moyen du formulaire type A, et toute pièce justificative éventuelle sont signifiées ou notifiées au demandeur conformément à l'article 13. Ces pièces sont transmises dans un délai de quatorze jours à compter de leur réception. – *V. Annexe III, JOUE L 199 du 31 juill. 2007, p. 19.*

Le demandeur dispose d'un délai de trente jours pour répondre à toute demande reconventionnelle, à compter de sa signification ou de sa notification.

7. Si la demande reconventionnelle dépasse la limite fixée à l'article 2, paragraphe 1, la demande et la demande reconventionnelle ne relèvent pas de la procédure européenne de règlement des petits litiges mais sont traitées conformément au droit procédural applicable dans l'État membre où la procédure se déroule.

Les articles 2 et 4 et les paragraphes 3, 4 et 5 du présent article s'appliquent, *mutatis mutandis,* aux demandes reconventionnelles.

Art. 6 *Langues.* 1. Le formulaire de demande, la réponse, toute demande reconventionnelle, toute réponse à une demande reconventionnelle et tout descriptif des pièces justificatives sont présentés dans la ou l'une des langues de la juridiction.

2. Si l'une des autres pièces reçues par la juridiction est rédigée dans une langue autre que la langue de procédure, la juridiction ne peut en demander une traduction que si elle semble nécessaire pour lui permettre de rendre sa décision.

3. Lorsqu'une partie a refusé d'admettre une pièce parce qu'elle n'est pas rédigée :

a) dans la langue officielle de l'État membre requis ou, s'il existe plusieurs langues officielles dans cet État membre, la langue officielle ou l'une des langues officielles du lieu où il doit être procédé à la signification, à la notification, ou à la transmission de la pièce ; ou

b) dans une langue que le destinataire comprend, la juridiction en informe l'autre partie afin que cette partie fournisse une traduction de la pièce.

Art. 7 *Conclusion de la procédure.* 1. Dans un délai de trente jours à compter de la réception par la juridiction des réponses du défendeur ou du demandeur dans les délais fixés à l'article 5, paragraphes 3 ou 6, la juridiction rend une décision, ou :

a) demande aux parties de fournir des renseignements complémentaires au sujet de la demande dans un certain délai, qui n'est pas supérieur à trente jours ;

b) obtient des preuves conformément à l'article 9 ; ou

c) convoque les parties à comparaître à une audience, qui doit se tenir dans un délai de trente jours à compter de la convocation.

2. La juridiction rend sa décision dans un délai de trente jours après une audience ou après réception de toutes les informations nécessaires pour statuer. La décision est signifiée ou notifiée aux parties conformément à l'article 13.

3. Si la juridiction n'a pas reçu de réponse de la partie concernée dans les délais fixés à l'article 5, paragraphes 3 ou 6, elle rend une décision sur la demande ou sur la demande reconventionnelle.

Art. 8 *Audience.* La juridiction peut tenir une audience par vidéoconférence ou par toute autre technologie de communication si les moyens techniques sont disponibles.

Art. 9 *Obtention des preuves.* 1. La juridiction détermine les moyens d'obtention des preuves et l'étendue des preuves indispensables à sa décision dans le cadre des règles applicables à l'admissibilité de la preuve. Elle peut admettre l'obtention de preuves par déclarations écrites de témoins, d'experts ou de parties. Elle peut également l'admettre par vidéoconférence ou par toute autre technologie de communication si les moyens techniques sont disponibles.

2. La juridiction ne peut obtenir des preuves par expertise ou témoignage oral que si elles sont nécessaires à sa décision. La juridiction tient compte des coûts lorsqu'elle en décide.

3. La juridiction opte pour le moyen d'obtention des preuves le plus simple et le moins contraignant.

Art. 10 *Représentation des parties.* La représentation par un avocat ou un autre professionnel du droit n'est pas obligatoire.

Art. 11 *Assistance des parties.* Les États membres veillent à ce que les parties puissent bénéficier d'une aide pratique pour remplir les formulaires.

Art. 12 *Rôle de la juridiction.* 1. La juridiction n'oblige pas les parties à assortir la demande d'une qualification juridique.

2. En cas de besoin, la juridiction informe les parties sur les questions de procédure.

3. Le cas échéant, la juridiction cherche à amener les parties à un accord amiable.

Art. 13 *Signification ou notification des actes.* 1. Les actes sont signifiés ou notifiés par service postal avec accusé de réception indiquant la date de réception.

2. Si la signification ou la notification n'est pas possible conformément au paragraphe 1, celle-ci peut se faire par toute autre méthode prévue aux articles 13 et 14 du règlement (CE) n° 805/2004. — *V. Règl. (CE) n° 805/2004 du Parlement européen et du Conseil du 21 avr. 2004.*

Art. 14 *Délais.* 1. Dans les cas où la juridiction fixe un délai, la partie concernée est informée des conséquences du non-respect de ce délai.

2. Dans des circonstances exceptionnelles, la juridiction peut proroger les délais prévus à l'article 4, paragraphe 4, à l'article 5, paragraphes 3 et 6, et à l'article 7, paragraphe 1, si cela se révèle nécessaire pour préserver les droits des parties.

3. Si, dans des circonstances exceptionnelles, la juridiction se trouve dans l'impossibilité de respecter les délais prévus à l'article 5, paragraphes 2 à 6, et à l'article 7, elle prend les mesures exigées par ces dispositions dès que possible.

Art. 15 *Force exécutoire de la décision.* 1. La décision est exécutoire nonobstant tout recours éventuel. La constitution d'une sûreté n'est pas obligatoire.

2. L'article 23 s'applique également lorsque la décision doit être exécutée dans l'État membre dans lequel elle a été rendue.

Art. 16 *Frais.* La partie qui succombe supporte les frais de la procédure. Toutefois, la juridiction n'accorde pas à la partie qui a eu gain de cause le remboursement des dépens qui n'étaient pas indispensables ou qui étaient disproportionnés au regard du litige.

L'art. 16 du Règl. du 11 juill. 2007 doit être interprété en ce sens qu'il ne s'oppose pas à une réglementation nationale en vertu de laquelle, lorsqu'une partie n'obtient que partiellement gain de cause, la juridiction nationale peut ordonner que chacune des parties à la procédure supporte la charge de ses propres frais de procédure ou peut répartir ces frais entre ces parties. Dans une telle hypothèse, la juridiction nationale demeure, en principe, libre de répartir le montant desdits frais, pourvu que les règles procédurales nationales de répartition des frais de procédure dans les petits litiges transfrontaliers ne soient pas moins favorables que les règles procédurales régissant des situations similaires soumises au droit interne et que les exigences procédurales liées à la répartition de ces frais de procédure ne conduisent pas les personnes intéressées à renoncer à faire usage de cette procédure européenne de règlement des petits litiges en imposant au demandeur, lorsqu'il a largement eu gain de cause, de supporter tout de même ses frais de procédure ou une partie substantielle de ceux-ci. • CJUE 14 févr. 2019, n° C-554/17.

Art. 17 *Recours.* 1. Les États membres font savoir à la Commission si leur droit procédural prévoit une voie de recours contre une décision rendue dans le cadre de la procédure européenne de règlement des petits litiges et dans quel délai le recours doit être formé. La Commission met ces informations à la disposition du public.

2. L'article 16 est applicable à tout recours.

Art. 18 *Normes minimales pour le réexamen de la décision.* 1. Le défendeur peut demander un réexamen de la décision rendue dans le cadre de la procédure européenne de règlement des petits litiges à la juridiction compétente de l'État membre dans lequel la décision a été rendue lorsque :

a) i) le mode de signification ou de notification du formulaire de demande ou de la citation à comparaître à une audience n'est pas assorti de la preuve de la réception par le défendeur en personne, prévue à l'article 14 du règlement (CE) n° 805/2004 ; *[V. supra]* et

ii) la signification ou la notification n'a pas été effectuée en temps utile pour lui permettre de préparer sa défense, sans qu'il y ait eu faute de sa part ;

ou

b) le défendeur s'est trouvé dans l'impossibilité de contester la demande pour des raisons de force majeure ou par suite de circonstances extraordinaires, sans qu'il y ait eu faute de sa part, pour autant que, dans un cas comme dans l'autre, il agisse promptement.

2. Si la juridiction refuse le réexamen au motif qu'aucun des motifs visés au paragraphe 1 ne s'applique, la décision reste exécutoire.

Si la juridiction décide que le réexamen est justifié pour l'un des motifs énoncés au paragraphe 1, la décision rendue dans le cadre de la procédure européenne de règlement des petits litiges est nulle et non avenue.

Art. 19 *Droit de la procédure applicable.* Sous réserve des dispositions du présent règlement, la procédure européenne de règlement des petits litiges est régie par le droit procédural de l'État membre dans lequel la procédure se déroule.

CHAPITRE III *Reconnaissance et exécution dans un autre État membre*

Art. 20 *Reconnaissance et exécution.* 1. Une décision rendue dans un État membre dans le cadre de la procédure européenne de règlement des petits litiges est reconnue et exécutée dans un autre État membre sans qu'une déclaration constatant sa force exécutoire soit nécessaire et sans qu'il soit possible de s'opposer à sa reconnaissance.

2. A la demande d'une des parties, la juridiction délivre, sans frais supplémentaires, le certificat relatif à une décision rendue dans le cadre de la procédure européenne de règlement des petits litiges, au moyen du formulaire type D figurant à l'annexe IV. – *V. annexe IV*, *JOUE L 199 du 31 juill. 2007, p. 21.*

Art. 21 *Procédure d'exécution.* 1. Sans préjudice des dispositions du présent chapitre, les procédures d'exécution sont régies par le droit de l'État membre d'exécution.

Une décision rendue dans le cadre de la procédure européenne de règlement des petits litiges est exécutée dans les mêmes conditions qu'une décision rendue dans l'État membre d'exécution.

2. La partie qui demande l'exécution produit :

a) une copie de la décision, réunissant les conditions nécessaires pour en établir l'authenticité ; et

b) une copie du certificat visé à l'article 20, paragraphe 2, et, au besoin, une traduction de celui-ci dans la langue officielle de l'État membre d'exécution ou, si ledit État membre a plusieurs langues officielles, dans la langue officielle ou dans l'une des langues officielles de la procédure judiciaire du lieu où l'exécution est demandée, conformément au droit de cet État membre, ou dans une autre langue que l'État membre d'exécution aura déclaré pouvoir accepter. Chaque État membre peut indiquer la ou les langue(s) officielle(s) des institutions de l'Union européenne, autres que la ou les sienne(s), qu'il peut accepter pour la procédure européenne de règlement des petits litiges. Le contenu du formulaire D, figurant à l'annexe IV, doit être traduit par une personne habilitée à effectuer des traductions dans l'un des États membres. – *V. Annexe IV*, *JOUE L 199 du 31 juill. 2007, p. 21.*

3. La partie qui demande l'exécution d'une décision rendue dans le cadre de la procédure européenne de règlement des petits litiges dans un autre État membre n'est pas tenue d'avoir :

a) un représentant autorisé ; ou

b) une adresse postale

dans l'État membre d'exécution, en dehors des agents compétents pour la procédure d'exécution.

4. Aucune garantie, ni aucune caution ni aucun dépôt, sous quelque dénomination que ce soit, ne peut être exigé, en raison soit de la qualité de ressortissant étranger, soit du défaut de domicile ou de résidence dans l'État membre d'exécution, de la partie qui demande l'exécution dans un État membre d'une décision rendue dans le cadre de la procédure européenne de règlement des petits litiges dans un autre État membre.

Art. 22 *Refus d'exécution.* 1. Sur demande de la personne à l'encontre de laquelle l'exécution est demandée, la juridiction compétente dans l'État membre d'exécution refuse l'exécution d'une décision rendue dans le cadre de la procédure européenne de règlement des petits litiges qui est incompatible avec une décision rendue antérieurement dans tout État membre ou dans un pays tiers, lorsque :

a) la décision antérieure a été rendue entre les mêmes parties dans un litige ayant la même cause ;

b) la décision antérieure a été rendue dans l'État membre d'exécution ou réunit les conditions nécessaires à sa reconnaissance dans l'État membre d'exécution ; et que

c) l'incompatibilité des décisions n'a pas été et n'aurait pas pu être invoquée au cours de la procédure judiciaire dans l'État membre dans lequel la décision dans le cadre de la procédure européenne de règlement des petits litiges a été rendue.

2. La décision rendue dans le cadre de la procédure européenne de règlement des petits litiges ne peut en aucun cas faire l'objet d'un réexamen au fond dans l'État membre d'exécution.

Art. 23 *Suspension ou limitation de l'exécution.* Lorsqu'une partie a formé un recours à l'encontre d'une décision rendue dans le cadre de la procédure européenne de règlement des petits litiges, ou lorsqu'un tel recours est encore possible, ou lorsqu'une partie a demandé le réexamen au sens de l'article 18, la juridiction ou l'autorité compétente dans l'État membre d'exécution peut, à la demande de la partie à l'encontre de laquelle l'exécution a été demandée :

a) limiter la procédure d'exécution à des mesures conservatoires ;

b) subordonner l'exécution à la constitution d'une sûreté qu'elle détermine ; ou

c) dans des circonstances exceptionnelles, suspendre la procédure d'exécution.

CHAPITRE IV *Dispositions finales*

Art. 24 *Information.* Les États membres collaborent pour faire en sorte que le grand public et les professionnels soient informés de la procédure européenne de règlement des petits litiges, y compris des frais y afférents, notamment par l'intermédiaire du réseau judiciaire européen en matière civile et commerciale créé conformément à la décision 2001/470/CE. – *V. Décis. 2001/470/CE, JOUE L 174 du 27 juin 2001, p. 25.*

Art. 25 *Informations relatives à la compétence, aux moyens de communication et aux recours.* 1. Le 1er janvier 2008 au plus tard, les États membres communiquent à la Commission :

a) quelles sont les juridictions compétentes pour rendre une décision dans le cadre de la procédure européenne de règlement des petits litiges ;

b) quels sont les moyens de communication acceptés aux fins de la procédure européenne de règlement des petits litiges et dont les juridictions disposent conformément à l'article 4, paragraphe 1 ;

c) s'il est possible d'exercer un recours dans le cadre de leur droit procédural conformément à l'article 17 et auprès de quelle juridiction il peut être formé ;

d) quelles sont les langues acceptées en vertu de l'article 21, paragraphe 2, point *b)* ; et

e) quelles sont les autorités compétentes en ce qui concerne l'exécution et quelles sont les autorités compétentes aux fins de l'application de l'article 23.

Les États membres communiquent à la Commission toute modification ultérieure de ces informations.

2. La Commission met les informations notifiées à la disposition du public, conformément au paragraphe 1, par voie de publication au *Journal officiel de l'Union européenne* et par tout autre moyen approprié.

Art. 26 *Mesures d'exécution.* Les mesures visant à modifier des éléments non essentiels du présent règlement, notamment en le complétant, concernant la mise à jour ou la modification technique des formulaires figurant aux annexes, sont arrêtées conformément à la procédure de réglementation avec contrôle visée à l'article 27, paragraphe 2.

Art. 27 *Comité.* 1. La Commission est assistée par un comité.

2. Dans le cas où il est fait référence au présent paragraphe, l'article 5 *bis*, paragraphes 1 à 4, et l'article 7 de la décision 1999/468/CE s'appliquent, dans le respect des dispositions de l'article 8 de celle-ci. – *V. Décis. 1999/468/CE, JOCE L 184 du 17 juill. 1999, p. 23.*

Art. 28 *Réexamen.* Le 1er janvier 2014 au plus tard, la Commission présente au Parlement européen, au Conseil et au Comité économique et social européen un rapport détaillé réexaminant l'application de la procédure européenne de règlement des petits litiges, y compris concernant la limite du montant du litige visée à l'article 2, paragraphe 1. Ce rapport comporte une évaluation de l'application de la procédure et une étude d'impact élargie pour chaque État membre.

A cette fin et afin de veiller à ce que les meilleures pratiques au sein de l'Union européenne soient dûment prises en compte et soient conformes aux principes de l'amélioration de la législation, les États membres donnent à la Commission des informations sur l'application transfrontalière de la procédure européenne de règlement des petits litiges. Ces informations portent sur les frais de justice, la rapidité de la procédure, l'efficacité, la facilité d'utilisation et les procédures internes des États membres de règlement des petits litiges.

Le rapport de la Commission est accompagné, le cas échéant, de propositions d'adaptation.

Art. 29 *Entrée en vigueur.* Le présent règlement entre en vigueur le jour suivant celui de sa publication au *Journal officiel de l'Union européenne.*

Il est applicable à partir du 1er janvier 2009, à l'exception de l'article 25, qui est applicable à partir du 1er janvier 2008.

Le présent règlement est obligatoire dans tous ses éléments et directement applicable dans les États membres conformément au traité instituant la Communauté européenne.

ANNEXES I À IV

Les annexes I à IV sont consultables sur le code de procédure civile Dalloz Expert et sur le site dalloz.fr. 🏛

Circulaire de la DACS JUSC0911133C C3 07-09 du 26 mai 2009,

Relative à l'application du règlement (CE) n° 861/2007 du Parlement européen et du Conseil du 11 juillet 2007 instituant une procédure européenne de règlement des petits litiges (BOMJ 30 août) 🏛.

Convention de Lugano du 30 octobre 2007,

Concernant la compétence judiciaire, la reconnaissance et l'exécution des décisions en matière civile et commerciale (JOUE L 339 du 21 déc. 2007).

Signée le 30 oct. 2007 par la Communauté européenne, le Danemark, l'Islande, la Norvège et la Suisse, la présente convention remplacera, à la date de son entrée en vigueur, la Conv. de Lugano du 16 sept. 1988 portant sur la compétence judiciaire et l'exécution des décisions en matière civile et commerciale, reproduite supra. — Sur la date et les modalités d'entrée en vigueur, V. art. 69.

Sur la compétence exclusive de la Communauté européenne s'agissant de la conclusion de cette nouvelle Conv. de Lugano, V. CJCE, Avis 1/03 du 7 févr. 2006 : D. 2006. 1259, obs. Nourissat.

Sur l'approbation de cette convention au nom de la Communauté européenne, V. Décis. n° 2007/712/CE du Conseil du 15 oct. 2007 relative à la signature, au nom de la Communauté, de la convention sur la compétence judiciaire, la reconnaissance et l'exécution des décisions en matière civile et commerciale (JOUE L 339 du 21 déc. 2007) et Décis. n° 2009/430/CE du conseil du 27 nov. 2008 relative à la conclusion de la convention sur la compétence judiciaire, la reconnaissance et l'exécution des décisions en matière civile et commerciale (JOUE L 147 du 10 juin 2009).

La convention est entrée en vigueur entre l'Union européenne, la Norvège et le Danemark le 1er janv. 2010 (JOUE L. 140, 8 juin 2010), entre l'Union européenne et la Confédération suisse le 1er janv. 2011 et entre l'Union européenne et l'Islande le 1er mai 2011 (JOUE L. 138, 26 mai 2011).

BIBL. GÉN. ► DROZ, *Rev. crit. 1989. 1.* – JEULAND, *JCP 2008. I. 138, n° 24.* – MEIER, *Justices 1997, n° 7, 51* (premières applications de la convention de Lugano en Suisse) – NIBOYET, *Dr. et patr. 2008. 102.* – POCAR, *JOUE n° C 319, 23 déc. 2009* (rapport explicatif de la convention). – TENENBAUM, *Rev. crit. 2012. 45* (retombées de l'affaire Madoff sur la convention de Lugano. La localisation du dommage financier).

LES HAUTES PARTIES CONTRACTANTES À LA PRÉSENTE CONVENTION

DÉTERMINÉES à renforcer sur leur territoire la protection juridique des personnes qui y sont établies,

ESTIMANT qu'il importe à cette fin de déterminer la compétence de leurs juridictions dans l'ordre international, de faciliter la reconnaissance et d'instaurer une procédure rapide afin d'assurer l'exécution des décisions, des actes authentiques et des transactions judiciaires,

CONSCIENTES des liens qui existent entre elles et qui ont été consacrés dans le domaine économique par les accords de libre-échange conclus entre la Communauté européenne et certains États membres de l'Association européenne de libre-échange,

PRENANT EN CONSIDÉRATION :

— la convention de Bruxelles du 27 septembre 1968 concernant la compétence judiciaire et l'exécution des décisions en matière civile et commerciale, telle qu'adaptée par les conventions d'adhésion lors des élargissements successifs de l'Union européenne,

— la convention de Lugano du 16 septembre 1988 concernant la compétence judiciaire et l'exécution des décisions en matière civile et commerciale, qui étend l'application des dispositions de la convention de Bruxelles de 1968 à certains États membres de l'Association européenne de libre-échange,

— le règlement (CE) n° 44/2001 du Conseil du 22 décembre 2000 concernant la compétence judiciaire, la reconnaissance et l'exécution des décisions en matière civile et commerciale, qui a remplacé la convention de Bruxelles précitée, *[V. supra]*

— l'accord entre la Communauté européenne et le Royaume du Danemark sur la compétence judiciaire, la reconnaissance et l'exécution des décisions en matière civile et commerciale, signé à Bruxelles le 19 octobre 2005 *[JOUE L 299 du 16 nov. 2005. — V. également la décision d'approbation du Conseil du 27 avr. 2006, JOUE L 120 du 5 mai 2006]*

PERSUADÉES que l'extension des principes énoncés dans le règlement (CE) n° 44/2001 *[V. supra]* aux parties contractantes au présent instrument renforcera la coopération juridique et économique,

DÉSIREUSES d'assurer une interprétation aussi uniforme que possible de celui-ci,

ONT DÉCIDÉ, dans cet esprit, de conclure la présente convention, et

SONT CONVENUES DE CE QUI SUIT :

TITRE PREMIER Champ d'application

Art. 1er 1. La présente convention s'applique en matière civile et commerciale et quelle que soit la nature de la juridiction. Elle ne recouvre notamment pas les matières fiscales, douanières ou administratives.

2. Sont exclus de son application :

a) l'état et la capacité des personnes physiques, les régimes matrimoniaux, les testaments et les successions ;

b) les faillites, concordats et autres procédures analogues ;

c) la sécurité sociale ;

d) l'arbitrage.

3. Dans la présente convention, on entend par "État lié par la présente convention" tout État qui est partie contractante à la présente convention ou tout État membre de la Communauté européenne. Ce terme peut également désigner la Communauté européenne.

1. Indifférence de la nature de la juridiction. La condamnation au paiement d'une indemnité au titre des honoraires de conseil exposés par la victime devant la juridiction pénale saisie d'une demande civile relève du champ d'application de la Conv. • Civ. 1re, 30 janv. 2019, n° 17-28.555 P : *D. 2019. 261*.

2. Compétence de la juridiction administrative. Pour la compétence de la juridiction administrative pour se prononcer sur le fondement de la Conv. de Lugano. • CE 27 oct. 2000, n° 072350.

3. Inapplicabilité de la convention aux rapports de droit interne. La convention est inapplicable dans les rapports de droit interne. • Civ. 1re 22 nov. 2005, n° 04-12.366 P.

4. Exclusion de l'arbitrage. L'art. 1er de la Conv. de Lugano du 16 sept. 1988 exclut de son champ d'application l'arbitrage en tant que matière dans son ensemble, de sorte qu'en sont écartées non seulement les sentences arbitrales, mais aussi les décisions des tribunaux étatiques statuant sur des recours contre la sentence ou sur une demande en *exequatur*. • Civ. 1re, 9 déc. 2003, n° 01-13.341 P : *D. 2004. 1055, et les obs., note Weiszberg ; ibid. 3186, obs. Clay ; RTD civ. 2004. 547, obs. Théry ; RTD com. 2004. 256, obs. Loquin*. ♦ Les décisions rendues en matière d'arbitrage sont exclues du champ d'application de la convention de Lugano et ne sont donc susceptibles ni de bénéficier du système de reconnaissance simplifié mis en place par la convention, ni de faire obstacle à la reconnaissance de décisions rendues dans un autre État membre. • Civ. 1re, 4 juill. 2007, nos 05-14.918, 05-16.585 et 05-17.433 P : *D. 2008. 451, note Clay ; ibid. 2007. 2025, obs. Delpech ; Rev. crit. DIP 2007. 822, note Usunier*.

5. Exclusion des faillites. L'exclusion des faillites, concordats et autres procédures analogues ne concerne que les actions qui dérivent directement de la faillite et s'insèrent étroitement dans le cadre de la procédure collective. L'action en recouvrement d'une créance admise au passif de la procédure collective du débiteur, introduite par le créancier après la clôture de cette procédure, ne dérive pas directement de la faillite et ne s'insère pas étroitement dans le cadre de la procédure collective, de sorte que cette action n'est pas exclue du champ d'application de la Conv. de Lugano du 16 sept. 1988. • Com. 18 déc. 2007, n° 06-17.610 P : *D. 2008. 158, et les obs. ; Rev. crit. DIP 2008. 338, note Bureau ; RJ com. 2008. 215, obs. Sortais.*

TITRE II Compétence

SECTION I *Dispositions générales*

Art. 2 1. Sous réserve des dispositions de la présente convention, les personnes domiciliées sur le territoire d'un État lié par la présente convention sont attraites, quelle que soit leur nationalité, devant les juridictions de cet État.

2. Les personnes qui ne possèdent pas la nationalité de l'État lié par la présente convention dans lequel elles sont domiciliées y sont soumises aux règles de compétence applicables aux nationaux.

Art. 3 1. Les personnes domiciliées sur le territoire d'un État lié par la présente convention ne peuvent être attraites devant les tribunaux d'un autre État lié par la présente convention *qu'en vertu des règles énoncées* aux sections 2 à 7 du présent titre.

2. Ne peuvent être invoquées contre elles notamment les règles de compétence nationales figurant à l'annexe I. — *V. Annexe I, JOUE L 339 du 21 déc. 2007, p. 31.*

Art. 4 1. Si le défendeur n'est pas domicilié dans un État lié par la présente convention, la compétence est, dans chaque État lié par la présente convention, réglée par la loi de cet État, sous réserve de l'application des dispositions des articles 22 et 23.

2. Toute personne, quelle que soit sa nationalité, domiciliée sur le territoire d'un État lié par la présente convention, peut, comme les nationaux, y invoquer contre ce défendeur les règles de compétence qui y sont en vigueur et notamment celles prévues à l'annexe I. – *V. Annexe I, JOUE L 339 du 21 déc. 2007, p. 31.*

SECTION II *Compétences spéciales*

Art. 5 Une personne domiciliée sur le territoire d'un État lié par la présente convention peut être attraite, dans un autre État lié par la présente convention :

1. a) en matière contractuelle, devant le tribunal du lieu où l'obligation qui sert de base à la demande a été ou doit être exécutée ;

b) aux fins de l'application de la présente disposition, et sauf convention contraire, le lieu d'exécution de l'obligation qui sert de base à la demande est :

– pour la vente de marchandises, le lieu d'un État lié par la présente convention où, en vertu du contrat, les marchandises ont été ou auraient dû être livrées,

– pour la fourniture de services, le lieu d'un État lié par la présente convention où, en vertu du contrat, les services ont été ou auraient dû être fournis ;

c) le point a) s'applique si le point b) ne s'applique pas ;

2. en matière d'obligation alimentaire,

a) devant le tribunal du lieu où le créancier d'aliments a son domicile ou sa résidence habituelle ; ou

b) devant le tribunal compétent selon la loi du for pour connaître d'une demande accessoire à une action relative à l'état des personnes, sauf si cette compétence est uniquement fondée sur la nationalité d'une des parties ; ou

c) devant le tribunal compétent selon la loi du for pour connaître d'une demande accessoire à une action relative à la responsabilité parentale, sauf si cette compétence est uniquement fondée sur la nationalité d'une des parties ;

3. en matière délictuelle ou quasi délictuelle, devant le tribunal du lieu où le fait dommageable s'est produit ou risque de se produire ;

4. s'il s'agit d'une action en réparation de dommage ou d'une action en restitution fondées sur une infraction, devant le tribunal saisi de l'action publique, dans la mesure où, selon sa loi, ce tribunal peut connaître de l'action civile ;

5. s'il s'agit d'une contestation relative à l'exploitation d'une succursale, d'une agence ou de tout autre établissement, devant le tribunal du lieu de leur situation ;

6. en sa qualité de fondateur, de *trustee* ou de bénéficiaire d'un *trust* constitué soit en application de la loi, soit par écrit ou par une convention verbale, confirmée par écrit, devant les tribunaux de l'État lié par la présente convention sur le territoire duquel le *trust* a son domicile ;

7. s'il s'agit d'une contestation relative au paiement de la rémunération réclamé en raison de l'assistance ou du sauvetage dont a bénéficié une cargaison ou un fret, devant le tribunal dans le ressort duquel cette cargaison ou le fret s'y rapportant :

a) a été saisi pour garantir ce paiement ; ou

b) aurait pu être saisi à cet effet, mais une caution ou une autre sûreté a été donnée ;

cette disposition ne s'applique que s'il est prétendu que le défendeur a un droit sur la cargaison ou sur le fret ou qu'il avait un tel droit au moment de cette assistance ou de ce sauvetage.

1. Matière contractuelle. Aux termes de l'art. 5, § 1er, de la Conv. de Lugano, en matière contractuelle, le défendeur domicilié sur le territoire d'un État contractant peut être attrait dans *un autre État contractant devant le tribunal* du lieu où l'obligation qui sert de base à la demande a été ou doit être exécutée. Selon le préambule du protocole n° 2 sur l'interprétation uniforme de cette convention, il y a lieu de prendre en considération l'interprétation donnée par la Cour de justice des Communautés européennes (auj. CJUE) à la disposition identique de la Conv. de Bruxelles modifiée du 25 sept. 1968 (auj. Règl. Bruxelles I) et selon laquelle le lieu de l'exécution doit être déterminé conformément à la loi qui régit l'obligation litigieuse selon les règles de conflit de la juridiction saisie. • Civ. 1re, 30 mai 2000, n° 98-18.391 P : *D. 2000. 168 ; Rev. crit. DIP 2001. 148, note Ancel* • 2 mars 2004, n° 01-15.520 P • 26 sept. 2017, n° 06-19.709 P : *Rev. crit. DIP 2008. 561, étude Ancel*. ♦ Sur l'obligation pour déterminer la compétence internationale de rechercher la loi applicable à l'obligation litigieuse • Civ. 1re, 22 nov. 2005, n° 04-12.366 P : *Rev. crit. DIP 2007. 618, note Ancel*. ♦ Rappr. • Com, 5 oct. 2004, n° 03-17.757 P : *D. 2004. 3036, et les obs.*

2. Obligations alimentaires. La règle prévue à l'art. 5, § 2-b), ayant pour finalité la concentration des compétences juridictionnelles, le demandeur en divorce est en droit de s'en prévaloir, que celui-ci soit créancier ou débiteur d'aliments. • Civ. 1re, 25 mars 2015, n° 13-23.377 P : *D.*

actu. 17 avr. 2015, obs. Mélin ; LPA 12 juin 2015, p. 13, note Mahinga.

3. Matière délictuelle. – Qualification. La responsabilité des sociétés étant recherchée en raison de faits pour lesquels il n'existait aucun lien contractuel librement assumé entre les parties, les demandes relevaient de la matière délictuelle au sens de la Conv. de Lugano du 16 sept. 1988. • Civ. 1re, 21 nov. 2006, no 04-16.612 P. ♦ En faveur de la nature délictuelle de la responsabilité de l'auteur d'une rupture brutale des relations commerciales et de l'application de l'art. 5, § 3, audit contentieux, V. : • Com. 13 déc. 2011, no 11-12.024 : *D. 2012. Pan. 1228, obs. Jault-Seseke ; CCC 2012, no 44, note Mathey ; Europe 2012. Chron. 3, obs. Azoulai.*

4. Matière délictuelle. – Lieu du fait dommageable. Pour un rappel de l'option de compétence dont dispose la victime d'actes de concurrence déloyale entre le for du fait générateur et celui du lieu où le dommage est ressenti. • Civ. 1re, 1er févr. 2012, no 10-24.843 P : *D. 2012. 447 ; ibid. 1228, obs. Gaudemet-Tallon et Jault-Seseke ; Rev. crit. DIP 2013. 464, note Pironon ; JCP 2012. 161, obs. Cornut ; ibid. 480, note Boffa et Haftel ; ibid. 779, obs. Haftel* • 31 janv. 2006, no 03-16.980 P : *D. 2006. 2923, obs. Picod, Auguet, Dorandeu, Gomy, Robinne et Valette*. ♦ Sur la détermination du lieu du fait dommageable pour un préjudice financier (perte d'avoirs dans une SICAV luxembourgeoise). • Civ. 1re, 12 juill. 2011, no 10-24.006 P : *Rev. crit. DIP 2012. 45, note Tenenbaum* • 3 juin 2014, no 12-18.012 P : *D. 2014. 1283 ; ibid. 2015. 1056, obs. Gaudemet-Tallon et Jault-Seseke*. ♦ Les faits incriminés consistant en l'atteinte portée aux droits patrimoniaux et moraux des demandeurs par la diffusion d'un ouvrage contrefaisant, aucun acte litigieux n'ayant été commis en France avant l'assignation, et aucun des défendeurs n'étant domicilié en France, la juridiction française saisie n'était ni celle du lieu où le fait dommageable s'était produit, ni celle du domicile des défendeurs. • Civ. 1re, 25 janv. 2005, no 02-20.717 P ♦ Le site ebay.fr ayant incité à plusieurs reprises les internautes français à consulter le site ebay.uk pour élargir leurs recherches et profiter d'opérations commerciales pour réaliser des achats et au regard de la complémentarité entre ces deux sites, la cour d'appel, qui a fait ressortir que le site ebay.uk s'adressait directement aux internautes français, a légalement justifié sa décision de retenir la compétence des juridictions françaises pour connaître de l'activité de ce site. • Com. 3 mai 2012, nos 11-10.505, 11-10.507 et 11-10.508 : *D. 2012. 2331, obs. d'Avout et Bollée ; ibid. 2343, obs. Larrieu, Le Stanc et Tréfigny ; ibid. 2836, obs. Sirinelli ; ibid. 2013. 1503, obs. Jault-Seseke*. ♦ V. déjà pour une application de la théorie de la focalisation • Com. 7 déc. 2010, no 09-16.811 P : *D. 2011. 6 ; ibid. 908, obs. Durrande ; ibid. 2434, obs. d'Avout et Bollée ; RTD com. 2011. 329, obs. Azéma ; ibid. 404, obs. Bouloc*.

5. Demandes ayant un fondement contractuel et un fondement délictuel. Les demandes ayant l'une un fondement contractuel et l'autre un fondement délictuel, la juridiction compétente pour statuer sur le fondement de l'art. 5, § 3, de la Conv. de Lugano du 16 sept. 1988 ne l'est pas pour connaître des demandes faites sur un fondement contractuel. • Civ. 1re, 30 mars 2004, no 01-12.939 P : *Rev. crit. DIP 2004. 652, note Ancel*.

Art. 6 **Cette même personne peut aussi être attraite :**

1. s'il y a plusieurs défendeurs, devant le tribunal du domicile de l'un d'eux, à condition que les demandes soient liées entre elles par un rapport si étroit qu'il y a intérêt à les instruire et à les juger en même temps afin d'éviter des solutions qui pourraient être inconciliables si les causes étaient jugées séparément ;

2. s'il s'agit d'une demande en garantie ou d'une demande en intervention, devant le tribunal saisi de la demande originaire, à moins qu'elle n'ait été formée que pour traduire hors de son tribunal celui qui a été appelé ;

3. s'il s'agit d'une demande reconventionnelle qui dérive du contrat ou du fait sur lequel est fondée la demande originaire, devant le tribunal saisi de celle-ci ;

4. en matière contractuelle, si l'action peut être jointe à une action en matière de droits réels immobiliers dirigée contre le même défendeur, devant le tribunal de l'État lié par la présente convention où l'immeuble est situé.

Pluralité de défendeurs dans des procédures distinctes. Le salarié ayant engagé des procédures distinctes contre ses employeurs successifs, *sur des fondements différents*, en a déduit à bon droit que la pluralité de défendeurs exigée par l'art. 6 de la Conv. de Lugano, tant dans sa rédaction de 1988 que dans celle de 2007, n'était pas réalisée dans l'instance dont elle était saisie et qui était dirigée uniquement contre le second employeur. • Soc. 19 juin 2013, no 11-23.491.

Art. 7 **Lorsque, en vertu de la présente convention, un tribunal d'un État lié par la présente convention est compétent pour connaître des actions en responsabilité du fait de l'utilisation ou de l'exploitation d'un navire, ce tribunal ou tout autre que lui substitue la loi**

interne de cet État connaît aussi des demandes relatives à la limitation de cette responsabilité.

SECTION III *Compétence en matière d'assurances*

Art. 8 En matière d'assurances, la compétence est déterminée par la présente section, sans préjudice des dispositions de l'article 4 et de l'article 5, paragraphe 5.

Art. 9 1. L'assureur domicilié sur le territoire d'un État lié par la présente convention peut être attrait :

a) devant les tribunaux de l'État où il a son domicile ; ou

b) dans un autre État lié par la présente convention, en cas d'actions intentées par le preneur d'assurance, l'assuré ou un bénéficiaire, devant le tribunal du lieu où le demandeur a son domicile ; ou

c) s'il s'agit d'un coassureur, devant le tribunal d'un État lié par la présente convention saisi de l'action formée contre l'apériteur de la coassurance.

2. Lorsque l'assureur n'est pas domicilié sur le territoire d'un État lié par la présente convention, mais possède une succursale, une agence ou tout autre établissement dans un État lié par la présente convention, il est considéré pour les contestations relatives à leur exploitation comme ayant son domicile sur le territoire de cet État.

Héritiers de l'assuré. L'art. 8, al. 1er, pt 2, de la Conv. de Lugano du 16 sept. 1988 ne donne compétence au tribunal du lieu où le preneur d'assurance a son domicile qu'au bénéfice de celui qui a contracté avec l'assureur. Si ses héritiers ont qualité pour exercer les actions qui appartenaient au défunt, ils ne sont pas preneurs d'assurance au sens du texte. • Civ. 1re, 22 févr. 2000, n° 98-12.235 P : *D. 2000. 105*.

Art. 10 L'assureur peut, en outre, être attrait devant le tribunal du lieu où le fait dommageable s'est produit s'il s'agit d'assurance de responsabilité ou d'assurance portant sur des immeubles. Il en est de même si l'assurance porte à la fois sur des immeubles et des meubles couverts par une même police et atteints par le même sinistre.

Art. 11 1. En matière d'assurance de responsabilité, l'assureur peut également être appelé devant le tribunal saisi de l'action de la personne lésée contre l'assuré, si la loi de ce tribunal le permet.

2. Les dispositions des articles 8, 9 et 10 sont applicables en cas d'action directe intentée par la victime contre l'assureur, lorsque l'action directe est possible.

3. Si la loi relative à cette action directe prévoit la mise en cause du preneur d'assurance ou de l'assuré, le même tribunal sera aussi compétent à leur égard.

Art. 12 1. Sous réserve des dispositions de l'article 11, paragraphe 3, l'action de l'assureur ne peut être portée que devant les tribunaux de l'État lié par la présente convention sur le territoire duquel est domicilié le défendeur, qu'il soit preneur d'assurance, assuré ou bénéficiaire.

2. Les dispositions de la présente section ne portent pas atteinte au droit d'introduire une demande reconventionnelle devant le tribunal saisi de la demande originaire conformément à la présente section.

Art. 13 Il ne peut être dérogé aux dispositions de la présente section que par des conventions :

1. postérieures à la naissance du différend ; ou

2. qui permettent au preneur d'assurance, à l'assuré ou au bénéficiaire de saisir d'autres tribunaux que ceux indiqués à la présente section ; ou

3. qui, passées entre un preneur d'assurance et un assureur ayant, au moment de la conclusion du contrat, leur domicile ou leur résidence habituelle dans un même État lié par la présente convention, ont pour effet, alors même que le fait dommageable se produirait à l'étranger, d'attribuer compétence aux tribunaux de cet État sauf si la loi de celui-ci interdit de telles conventions, ou

4. conclues par un preneur d'assurance n'ayant pas son domicile dans un État lié par la présente convention, sauf s'il s'agit d'une assurance obligatoire ou qui porte sur un immeuble situé dans un État lié par la présente convention ; ou

5. qui concernent un contrat d'assurance en tant que celui-ci couvre un ou plusieurs des risques énumérés à l'article 14.

Art. 14 Les risques visés à l'article 13, paragraphe 5, sont les suivants :

1. tout dommage :

a) aux navires de mer, aux installations au large des côtes et en haute mer ou aux aéronefs, causé par des événements survenant en relation avec leur utilisation à des fins commerciales ;

b) aux marchandises autres que les bagages des passagers, durant un transport réalisé par ces navires ou aéronefs soit en totalité, soit en combinaison avec d'autres modes de transport ;

2. toute responsabilité, à l'exception de celle des dommages corporels aux passagers ou des dommages à leurs bagages :

a) résultant de l'utilisation ou de l'exploitation des navires, installations ou aéronefs, visés au paragraphe 1, point a), pour autant que, en ce qui concerne les derniers, la loi de l'État lié par la présente convention où l'aéronef a été immatriculé n'interdise pas les clauses attributives de juridiction dans l'assurance de tels risques ;

b) du fait de marchandises durant un transport visé au paragraphe 1, point b) ;

3. toute perte pécuniaire liée à l'utilisation ou à l'exploitation des navires, installations ou aéronefs visés au paragraphe 1, point a), notamment celle du fret ou du bénéfice d'affrètement ;

4. tout risque lié accessoirement à l'un de ceux visés aux paragraphes 1 à 3 énoncés ci-dessus ;

5. sans préjudice des paragraphes 1 à 4, tous les "grands risques".

SECTION IV *Compétence en matière de contrats conclus par les consommateurs*

Art. 15 1. En matière de contrat conclu par une personne, le consommateur, pour un usage pouvant être considéré comme étranger à son activité professionnelle, la compétence est déterminée par la présente section, sans préjudice des dispositions de l'article 4 et de l'article 5, paragraphe 5 :

a) lorsqu'il s'agit d'une vente à tempérament d'objets mobiliers corporels ;

b) lorsqu'il s'agit d'un prêt à tempérament ou d'une autre opération de crédit liés au financement d'une vente de tels objets ;

c) lorsque, dans tous les autres cas, le contrat a été conclu avec une personne qui exerce des activités commerciales ou professionnelles dans l'État lié par la présente convention sur le territoire duquel le consommateur a son domicile ou qui, par tout moyen, dirige ces activités vers cet État ou vers plusieurs États, dont cet État, et que le contrat entre dans le cadre de ces activités.

2. Lorsque le cocontractant du consommateur n'est pas domicilié sur le territoire d'un État lié par la présente convention, mais possède une succursale, une agence ou tout autre établissement dans un État lié par la présente convention, il est considéré pour les contestations relatives à leur exploitation comme ayant son domicile sur le territoire de cet État.

3. La présente section ne s'applique pas aux contrats de transport autres que ceux qui, pour un prix forfaitaire, combinent voyage et hébergement.

Art. 16 1. L'action intentée par un consommateur contre l'autre partie au contrat peut être portée soit devant les tribunaux de l'État lié par la présente convention sur le territoire duquel est domiciliée cette partie, soit devant le tribunal du lieu où le consommateur est domicilié.

2. L'action intentée contre le consommateur par l'autre partie au contrat ne peut être portée que devant les tribunaux de l'État lié par la présente convention sur le territoire duquel est domicilié le consommateur.

3. Les dispositions du présent article ne portent pas atteinte au droit d'introduire une demande reconventionnelle devant le tribunal saisi d'une demande originaire conformément à la présente section.

Art. 17 Il ne peut être dérogé aux dispositions de la présente section que par des conventions :

1. postérieures à la naissance du différend ; ou

2. qui permettent au consommateur de saisir d'autres tribunaux que ceux indiqués dans la présente section ; ou

3. qui, passées entre le consommateur et son cocontractant ayant, au moment de la conclusion du contrat, leur domicile ou leur résidence habituelle dans un même État lié par la présente convention, attribuent compétence aux tribunaux de cet État sauf si la loi de celui-ci interdit de telles conventions.

SECTION V *Compétence en matière de contrats individuels de travail*

Art. 18 1. En matière de contrat individuel de travail, la compétence est déterminée par la présente section, sans préjudice de l'article 4 et de l'article 5, paragraphe 5.

2. Lorsqu'un travailleur conclut un contrat individuel de travail avec un employeur qui n'est pas domicilié dans un État lié par la présente convention mais possède une succursale, une agence ou tout autre établissement dans un État lié par la présente convention, l'employeur est considéré, pour les contestations relatives à leur exploitation, comme ayant son domicile dans cet État.

Art. 19 Un employeur ayant son domicile sur le territoire d'un État lié par la présente convention peut être attrait :

1. devant les tribunaux de l'État où il a son domicile ; ou
2. dans un autre État lié par la présente convention :

a) devant le tribunal du lieu où le travailleur accomplit habituellement son travail ou devant le tribunal du dernier lieu où il a accompli habituellement son travail ; ou

b) lorsque le travailleur n'accomplit pas ou n'a pas accompli habituellement son travail dans un même pays, devant le tribunal du lieu où se trouve ou se trouvait l'établissement qui a embauché le travailleur.

1. Détermination du lieu d'accomplissement habituel du travail. Ayant constaté que le salarié affecté à une activité mobile internationale recevait ses ordres de mission et ses instructions de voyage à son domicile en France, lequel était la base à partir de laquelle il commençait et terminait ses prestations de travail et où les bulletins de salaire, libellés en euros, lui étaient adressés par l'employeur qui lui avait proposé par ailleurs l'adhésion à une assurance privée de groupe pour la prévoyance santé, invalidité et décès auprès d'une société d'assurance de droit français, la cour d'appel a pu décider que le lieu d'accomplissement habituel de son travail se situait en France. • Soc. 2 juin 2016, n° 14-14.019.

2. Ayant constaté que la salariée ne justifiait pas avoir exercé habituellement ses activités dans un seul pays et ne démontrait pas par les documents produits la réalité des mentions figurant dans les tableaux qu'elle a établis, selon lesquels c'était en France qu'elle exerçait la majorité de son activité, que la plus grande partie des courriers électroniques ne prouvait pas qu'ils ont été établis en France, que sur beaucoup d'entre eux l'adresse de la salariée était d'ailleurs celle des bureaux de Genève où se concentrait la partie administrative de son activité, que les propos de deux attestants selon lesquels elle travaillait de son domicile de France lorsqu'elle n'était pas à Genève ou en Afrique n'apportaient aucune précision sur la proportion dans laquelle cette activité avait lieu en France, les sociétés défenderesses reconnaissant qu'elle était amenée à effectuer une infime partie de son travail depuis son domicile en France où elle pouvait aussi se rendre à des salons, la cour d'appel a pu en déduire que la salariée n'accomplissait pas habituellement son activité en France. • Soc. 23 sept. 2015, n° 14-16.017.

3. Pour rechercher le lieu où le travailleur accomplit habituellement son travail, il convient de prendre en compte l'intégralité de la période d'activité. • Soc. 5 juill. 2018, n° 17-10.390.

Art. 20 1. L'action de l'employeur ne peut être portée que devant les tribunaux de l'État lié par la présente convention sur le territoire duquel le travailleur a son domicile.

2. Les dispositions de la présente section ne portent pas atteinte au droit d'introduire une demande reconventionnelle devant le tribunal saisi de la demande originaire conformément à la présente section.

Art. 21 Il ne peut être dérogé aux dispositions de la présente section que par des conventions attributives de juridiction :

1. postérieures à la naissance du différend ; ou
2. qui permettent au travailleur de saisir d'autres tribunaux que ceux indiqués dans la présente section.

SECTION VI *Compétences exclusives*

Art. 22 Sont seuls compétents, sans considération de domicile :

1. en matière de droits réels immobiliers et de baux d'immeubles, les tribunaux de l'État lié par la présente convention où l'immeuble est situé.

Toutefois, en matière de baux d'immeubles conclus en vue d'un usage personnel temporaire pour une période maximale de six mois consécutifs, sont également compétents les tribunaux de l'État lié par la présente convention dans lequel le défendeur est domicilié, à condition que le locataire soit une personne physique et que le propriétaire et le locataire soient domiciliés dans le même État lié par la présente convention ;

2. en matière de validité, de nullité ou de dissolution des sociétés ou personnes morales ayant leur siège sur le territoire d'un État lié par la présente convention, ou de validité des décisions de leurs organes, les tribunaux de cet État. Pour déterminer le siège, le juge applique les règles de son droit international privé ;

3. en matière de validité des inscriptions sur les registres publics, les tribunaux de l'État lié par la présente convention sur le territoire duquel ces registres sont tenus ;

4. en matière d'inscription ou de validité des brevets, marques, dessins et modèles, et autres droits analogues donnant lieu à dépôt ou à un enregistrement, que la question soit soulevée par voie d'action ou d'exception, les juridictions de l'État lié par la présente convention sur le territoire duquel le dépôt ou l'enregistrement a été demandé, a été effectué ou est réputé avoir été effectué aux termes d'un instrument communautaire ou d'une convention internationale.

Sans préjudice de la compétence de l'Office européen des brevets selon la convention sur la délivrance des brevets européens, signée à Munich le 5 octobre 1973, les juridictions de chaque État lié par la présente convention sont seules compétentes, sans considération de domicile, en matière d'inscription ou de validité d'un brevet européen délivré pour cet État, que la question soit soulevée par voie d'action ou d'exception ; – *V. Conv. de Munich du 5 oct. 1973. – **CPI**.*

5. en matière d'exécution des décisions, les tribunaux de l'État lié par la présente convention du lieu de l'exécution.

Une action visant à déterminer le propriétaire d'un immeuble situé en France est une action réelle immobilière au sens de la Convention, qui relève des juridictions françaises, auxquelles il incombe d'examiner les moyens de défense relevant ou non de la compétence exclusive d'autres juridictions. Une cour d'appel en déduit exactement qu'une juridiction française est compétente pour se prononcer sur la qualité de propriétaire de la société suisse, ce qui n'implique pas nécessairement l'appréciation de la fictivité de celle-ci. • Civ. 1re, 11 avr. 2018, n° 16-24.653 P : *D. actu. 4 mai 2018, obs. Mélin ; D. 2018. Actu. 855 ; BJS 2018. 330, note Mastrullo.*

SECTION VII *Prorogation de compétence*

Art. 23 1. Si les parties, dont l'une au moins a son domicile sur le territoire d'un État lié par la présente convention, sont convenues d'un tribunal ou de tribunaux d'un État lié par la présente convention pour connaître des différends nés ou à naître à l'occasion d'un rapport de droit déterminé, ce tribunal ou les tribunaux de cet État sont compétents. Cette compétence est exclusive, sauf convention contraire des parties. Cette convention attributive de juridiction est conclue :

a) par écrit ou verbalement avec confirmation écrite ; ou

b) sous une forme qui soit conforme aux habitudes que les parties ont établies entre elles ; ou

c) dans le commerce international, sous une forme qui soit conforme à un usage dont les parties avaient connaissance ou étaient censées avoir connaissance et qui est largement connu et régulièrement observé dans ce type de commerce par les parties à des contrats du même type dans la branche commerciale considérée.

2. Toute transmission par voie électronique qui permet de consigner durablement la convention est considérée comme revêtant une forme écrite.

3. Lorsqu'une telle convention est conclue par des parties dont aucune n'a son domicile sur le territoire d'un État lié par la présente convention, les tribunaux des autres États liés par la présente convention ne peuvent connaître du différend tant que le tribunal ou les tribunaux désignés n'ont pas décliné leur compétence.

4. Le tribunal ou les tribunaux d'un État lié par la présente convention auxquels l'acte constitutif d'un *trust* attribue compétence sont exclusivement compétents pour connaître d'une action contre un fondateur, un *trustee* ou un bénéficiaire d'un *trust*, s'il s'agit des relations entre ces personnes ou de leurs droits ou obligations dans le cadre du *trust*.

5. Les conventions attributives de juridiction ainsi que les stipulations similaires d'actes constitutifs de *trust* sont sans effet si elles sont contraires aux dispositions des articles 13, 17 et 21 ou si les tribunaux à la compétence desquels elles dérogent sont exclusivement compétents en vertu de l'article 22.

BIBL. ▸ FOHRER-DEDEUWAERDER, *RTD com. 2018. 1083* (les clauses attributives de juridiction dans les relations commerciales établies).

1. Applicabilité de l'article et validité de la clause. Le seul domicile de l'une des parties à l'étranger suffit à rendre applicable l'art. 17 de la Conv. de Lugano du 16 sept. 1988 même pour une clause attributive de juridiction conclue entre non-commerçants par deux parties françaises. • Civ. 1re, 30 janv. 2013, n° 11-24.723 P : *D. 2013. 372*. ♦ L'art. 17 de la Conv. de Lugano reconnaît la validité d'une clause attributive de juridiction aux seules conditions que l'une des parties au moins soit domiciliée dans un État signataire et que la juridiction désignée soit celle d'un État contractant. • Civ. 1re, 28 mai 2015, n° 14-12.363.

2. Clause asymétrique : office du juge et précision de la clause. Il incombe au juge français saisi d'une action contre une banque suisse de rechercher si le déséquilibre dénoncé par l'emprunteur, en ce que la clause attributive de juridiction donnait compétence aux tribunaux de Zurich, mais réservait à la banque le droit d'agir contre l'emprunteur devant tout autre tribunal compétent et ne précisait pas sur quels éléments objectifs cette compétence alternative était fondée, n'est pas contraire à l'objectif de prévisibilité et de sécurité juridique poursuivi par l'art. 23 de la conv. de Lugano du 30 oct. 2007. • Civ. 1re, 25 mars 2015, n° 13-27.264 P : *D. 2015. 811 ; ibid. 2031, obs. d'Avout et Bollée ; RTD civ. 2015. 607, obs. Barbier ; ibid. 844, obs. Usunier ; RTD com. 2015. 623, obs. Delebecque ; JCP 2015. 600, note d'Avout ; ibid. 1004, n° 7, obs. Nourissat ; ibid. E 2015. 1296, obs. Loir ; Gaz. Pal. 31 juill. 2015, p. 29, note Morel-Maroger ; Banque et Dr. 9-10/2015, p. 4, note Ancel ; RLDA 2015. 5673, note Reydellet ; LPA 16 juin 2015, p. 7, note Mahinga* (1re esp.). ♦ Si, aux termes de l'art. 23 de la Conv. de Lugano, les parties, dont l'une au moins a son domicile sur le territoire d'un État lié par la convention, peuvent convenir d'un tribunal ou de tribunaux pour connaître des différends nés ou à naître à l'occasion de leurs rapports de droit, la validité d'une telle clause attributive de juridiction est subordonnée à une exigence de précision afin de satisfaire à l'objectif de prévisibilité et de sécurité juridique poursuivi par ce texte. Une clause attributive de juridiction qui impose à une partie d'agir devant les juridictions zurichoises tandis que l'autre peut agir devant tout autre tribunal compétent, ne contient aucun élément objectif d'identification de ces autres juridictions, dès lors qu'elle ne renvoie à aucune règle déterminée de droit interne ou international susceptible de fonder cette compétence alternative. • Civ. 1re, 7 févr. 2018, n° 16-24.497 : *D. 2018. 1934, obs. d'Avout et Bollée ; Rev. crit. DIP 2018. 630 , et la note.*

3. Articulation avec l'art. 6, § 1er. Une clause attributive de juridiction conforme à l'art. 23 de la Conv. de Lugano crée, au profit de la juridiction désignée, une compétence exclusive qui prime la compétence spéciale de l'art. 6, § 1er, du même texte concernant la pluralité de défendeurs. • Civ. 1re, 13 déc. 2017, n° 16-22.412 P : *D. actu, 5 janv. 2018, obs. Mélin ; D. 2018. 18 ; ibid. 966, obs. Clavel et Jault-Seseke ; ibid. 1934, obs. d'Avout et Bollée ; ibid. 2019. 279, obs. Mekki .*

4. Autonomie de la clause. Une clause attributive de juridiction demeure valable même si le contrat a cessé de produire ses effets. • Civ. 1re, 13 déc. 2017, n° 16-22.412 P : *préc. note 3.*

5. Circulation de la clause. Une clause attributive de juridiction convenue entre un transporteur et un chargeur et insérée dans un connaissement produit ses effets à l'égard du tiers porteur du connaissement pour autant que, en l'acquérant, il ait succédé aux droits et obligations du chargeur en vertu du droit national applicable ; dans le cas contraire, il convient de vérifier son consentement à la clause, au regard des exigences de l'art. 17 de la Conv. de Lugano du 16 sept. 1988. • Civ. 1re, 16 déc. 2008, n° 07-18.834 P : *D. 2009. 89, obs. Delpech ; ibid. 972, obs. Kenfack ; ibid. 1557, obs. Courbe et Jault-Seseke ; Rev. crit. DIP 2009. 524, note Jault-Seseke ; RTD com. 2009. 643, obs. Delebecque .*

Art. 24 Outre les cas où sa compétence résulte d'autres dispositions de la présente convention, le juge d'un État lié par la présente convention devant lequel le défendeur comparaît est compétent. Cette règle n'est pas applicable si la comparution a pour objet de contester la compétence ou s'il existe une autre juridiction exclusivement compétente en vertu de l'article 22.

SECTION VIII *Vérification de la compétence et de la recevabilité*

Art. 25 Le juge d'un État lié par la présente convention, saisi à titre principal d'un litige pour lequel une juridiction d'un autre État lié par la présente convention est exclusivement compétente en vertu de l'article 22, se déclare d'office incompétent.

Art. 26 1. Lorsque le défendeur domicilié sur le territoire d'un État lié par la présente convention est attrait devant une juridiction d'un autre État lié par la présente convention et ne comparaît pas, le juge se déclare d'office incompétent si sa compétence n'est pas fondée aux termes de la présente convention.

2. Le juge est tenu de surseoir à statuer aussi longtemps qu'il n'est pas établi que ce défendeur a été mis à même de recevoir l'acte introductif d'instance ou un acte équivalent en temps utile pour se défendre ou que toute diligence a été faite à cette fin.

3. En lieu et place des dispositions du paragraphe 2, l'article 15 de la convention de La Haye du 15 novembre 1965 relative à la signification et à la notification à l'étranger des actes judiciaires et extrajudiciaires en matière civile et commerciale s'applique si l'acte introductif d'instance ou un acte équivalent a dû être transmis en exécution de cette convention. *– V. Conv. de La Haye du 15 nov. 1965, publiée par Décr. n° 72-1019 du 9 nov. 1972 (D. 1972. 569).*

4. Les États membres de la Communauté européenne liés par le règlement (CE) n° 1348/2000 du Conseil du 29 mai 2000 ou par l'accord entre la Communauté européenne et le Royaume du Danemark relatif à la signification et à la notification des actes judiciaires et extrajudiciaires en matière civile et commerciale, signé à Bruxelles le 19 octobre 2005, appliquent, dans le cadre de leurs relations mutuelles, les dispositions de l'article 19 de ce règlement si l'acte introductif d'instance ou un acte équivalent a dû être transmis en exécution de ce règlement ou de cet accord. — *V. Accord du 19 oct. 2005, JOUE L 299 du 16 nov. 2005. — V. également la Décis. d'approbation du Conseil du 27 avr. 2006, JOUE L 120 du 5 mai 2006.*

SECTION IX *Litispendance et connexité*

Art. 27 1. Lorsque des demandes ayant le même objet et la même cause sont formées entre les mêmes parties devant des juridictions de différents États liés par la présente convention, la juridiction saisie en second lieu sursoit d'office à statuer jusqu'à ce que la compétence du tribunal premier saisi soit établie.

2. Lorsque la compétence du tribunal premier saisi est établie, le tribunal saisi en second lieu se dessaisit en faveur de celui-ci.

1. Procédure obligatoire de conciliation. Les art. 27 et 30 doivent être interprétés en ce sens que, en cas de litispendance, la date à laquelle a été engagée une procédure obligatoire de conciliation devant une autorité de conciliation de droit suisse constitue la date à laquelle une « juridiction » est réputée saisie. • CJUE 20 déc. 2017, n° C-467/16 : *D. 2018. Pan. 980, obs. Jault-Seseke ; Rev. crit. DIP 2018. 306, note Théry : Procédures 2018, n° 46, note Nourissat ; Europe 2018, n° 100, note Idot.*

2. Appréciation des conditions de litispendance. Pour apprécier si les conditions d'une situation de litispendance au sens de l'art. 21 de la Conv. de Lugano du 16 sept. 1988 étaient réunies, il convient de se référer aux prétentions formulées dans l'acte introductif d'instance devant la juridiction saisie en second lieu. • Civ. 1re, 3 juin 2014, n° 12-18.012 P : *D. 2014. 1283 ; ibid. 2015. 1056, obs. Gaudemet-Tallon et Jault-Seseke .*

Art. 28 1. Lorsque des demandes connexes sont pendantes devant des juridictions de différents États liés par la présente convention, la juridiction saisie en second lieu peut surseoir à statuer.

2. Lorsque ces demandes sont pendantes au premier degré, la juridiction saisie en second lieu peut également se dessaisir, à la demande de l'une des parties, à condition que le tribunal premier saisi soit compétent pour connaître des demandes en question et que sa loi permette leur jonction.

3. Aux fins du présent article, sont connexes les demandes liées entre elles par un rapport si étroit qu'il y a intérêt à les instruire et à les juger en même temps afin d'éviter des solutions qui pourraient être inconciliables si les causes étaient jugées séparément.

1. Date à laquelle la connexité doit être constatée. Les dispositions identiques des art. 22 des Conv. de Bruxelles et de Lugano ayant pour objet d'assurer une meilleure coordination de l'exercice de la fonction juridictionnelle à l'intérieur de l'espace européen, le juge devant lequel est soulevée une exception de connexité, sur le fondement de ces dispositions, doit se placer à la date à laquelle il statue sur cette exception, et non à la date de l'introduction de la demande qui lui est soumise, pour examiner si une demande connexe est pendante devant une juridiction d'un autre État contractant. • Civ. 1re, 19 déc. 2012, n° 09-17.440 P : *D. 2013. 94 .*

2. Décisions sur la recevabilité et le fond. Les dispositions relatives à la connexité qui ont pour objet d'assurer une meilleure coordination de l'exercice de la fonction juridictionnelle à l'intérieur de l'espace européen ne se limitent pas à des décisions sur le fond du litige, mais peuvent affecter des décisions sur la recevabilité et sur le fond, dès lors qu'elles seraient inconciliables. • Civ. 1re, 27 avr. 2004, nos 01-13.831 et 01-15.975 P : *Rev. crit. DIP 2004. 808, note Moissinac Massénat ; RTD civ. 2004. 770, obs. Théry ; RTD com. 2005. 486, obs. Loquin .*

Art. 29 Lorsque les demandes relèvent de la compétence exclusive de plusieurs juridictions, le dessaisissement a lieu en faveur de la juridiction première saisie.

Art. 30 Aux fins de la présente section, une juridiction est réputée saisie :

1. à la date à laquelle l'acte introductif d'instance ou un acte équivalent est déposé auprès de la juridiction, à condition que le demandeur n'ait pas négligé par la suite de prendre des mesures qu'il était tenu de prendre pour que l'acte soit notifié ou signifié au défendeur ; ou

2. si l'acte doit être notifié ou signifié avant d'être déposé auprès de la juridiction, à la date à laquelle il est reçu par l'autorité chargée de la notification ou de la signification, à condition que le demandeur n'ait pas négligé par la suite de prendre les mesures qu'il était tenu de prendre pour que l'acte soit déposé auprès de la juridiction.

SECTION X *Mesures provisoires et conservatoires*

Art. 31 Les mesures provisoires ou conservatoires prévues par la loi d'un État lié par la présente convention peuvent être demandées aux autorités judiciaires de cet État, même si, en vertu de la présente convention, une juridiction d'un autre État lié par la présente convention est compétente pour connaître du fond.

Mesure d'instruction in futurum. Une mesure d'expertise destinée à conserver ou établir la preuve de faits dont pourrait dépendre la solution du litige, ordonnée en référé avant tout procès sur le fondement de l'art. 145 C. pr. civ., constitue une mesure provisoire au sens de l'art. 31 de la Conv. de Lugano du 30 oct. 2007 concernant la compétence judiciaire, la reconnaissance et l'exécution des décisions en matière civile et commerciale, qui peut être demandée même si, en vertu de cette Convention, une juridiction d'un autre État lié par celle-ci est compétente pour connaître du fond. Le président du tribunal dans le ressort duquel elle doit, même partiellement, être exécutée est compétent pour l'ordonner. • Civ. 1re, 14 mars 2018, nº 16-27.913 P : *D. actu. 6 avr. 2018, obs. Mélin ; D. 2018. 623 ; ibid. 2019. 157, obs. Bretzner et Aynès ; JCP 2018. 702, note Mailhé.*

TITRE III **Reconnaissance et exécution**

Art. 32 Aux fins de la présente convention, on entend par "décision" toute décision rendue par une juridiction d'un État lié par la présente convention quelle que soit la dénomination qui lui est donnée, telle qu'arrêt, jugement, ordonnance ou mandat d'exécution, ainsi que la fixation par le greffier du montant des frais du procès.

SECTION I *Reconnaissance*

Art. 33 1. Les décisions rendues dans un État lié par la présente convention sont reconnues dans les autres États liés par la présente convention, sans qu'il soit nécessaire de recourir à aucune procédure.

2. En cas de contestation, toute partie intéressée qui invoque la reconnaissance à titre principal peut faire constater, selon les procédures prévues aux sections 2 et 3 du présent titre, que la décision doit être reconnue.

3. Si la reconnaissance est invoquée de façon incidente devant une juridiction d'un État lié par la présente convention, celle-ci est compétente pour en connaître.

Art. 34 Une décision n'est pas reconnue si :

1. la reconnaissance est manifestement contraire à l'ordre public de l'État requis ;

2. l'acte introductif d'instance ou un acte équivalent n'a pas été notifié ou signifié au défendeur défaillant en temps utile et de telle manière qu'il puisse se défendre, à moins qu'il n'ait pas exercé de recours à l'encontre de la décision alors qu'il était en mesure de le faire ;

3. elle est inconciliable avec une décision rendue entre les mêmes parties dans l'État requis ;

4. elle est inconciliable avec une décision rendue antérieurement dans un autre État lié par la présente convention ou dans un État tiers entre les mêmes parties dans un litige ayant le même objet et la même cause, lorsque la décision rendue antérieurement réunit les conditions nécessaires à sa reconnaissance dans l'État requis.

1. Absence de motivation. L'exigence de motivation des jugements en droit procédural français n'est pas d'ordre public international. Le défaut de motivation constitue seulement un obstacle à l'efficacité en France d'une décision étrangère lorsque ne sont pas produits des documents de nature à servir d'équivalent à la motivation défaillante. • Civ. 1re, 20 sept. 2006, nos 04-11.635 et 04-11.636 P.

2. Jugement en équité. L'exercice par le juge étranger de son office en équité ne fait pas, par principe, obstacle au contrôle par le juge de l'*exequatur* de l'éventuelle atteinte à l'ordre public international. • Civ. 1re, 30 janv. 2019, nº 17-28.555 P : *D. 2019. 261*.

3. Inconciliabilité. Les deux décisions n'ayant pas de conséquences juridiques s'excluant mutuellement, dès lors que l'illégalité de l'acte détachable de passation du contrat n'impose pas au juge du contrat d'en prononcer la nullité, elles n'étaient donc pas inconciliables. • Civ. 1re, 28 févr. 2006, nº 04-19.148 P : *D. 2006. 1586, note Bouche ; Rev. crit. DIP 2006. 848, note Audit*.

Art. 35 1. En outre, les décisions ne sont pas reconnues si les dispositions des sections 3, 4 et 6 du titre II ont été méconnues, ainsi que dans le cas prévu à l'article 68. Une décision peut en outre faire l'objet d'un refus de reconnaissance dans tous les cas prévus à l'article 64, paragraphe 3, ou à l'article 67, paragraphe 4.

2. Lors de l'appréciation des compétences mentionnées au paragraphe précédent, l'autorité requise est liée par les constatations de fait sur lesquelles la juridiction de l'État d'origine a fondé sa compétence.

3. Sans préjudice des dispositions du paragraphe 1, il ne peut être procédé au contrôle de la compétence des juridictions de l'État d'origine. Le critère de l'ordre public visé à l'article 34, paragraphe 1, ne peut être appliqué aux règles de compétence.

Art. 36 En aucun cas, la décision étrangère ne peut faire l'objet d'une révision au fond.

Art. 37 1. L'autorité judiciaire d'un État lié par la présente convention devant laquelle est invoquée la reconnaissance d'une décision rendue dans un autre État lié par la présente convention peut surseoir à statuer si cette décision fait l'objet d'un recours ordinaire.

2. L'autorité judiciaire d'un État lié par la présente convention devant laquelle est invoquée la reconnaissance d'une décision rendue en Irlande ou au Royaume-Uni et dont l'exécution est suspendue dans l'État d'origine du fait de l'exercice d'un recours, peut surseoir à statuer.

SECTION II *Exécution*

Art. 38 1. Les décisions rendues dans un État lié par la présente convention et qui y sont exécutoires sont mises à exécution dans un autre État lié par la présente convention après y avoir été déclarées exécutoires sur requête de toute partie intéressée.

2. Toutefois, au Royaume-Uni, ces décisions sont mises à exécution en Angleterre et au pays de Galles, en Écosse ou en Irlande du Nord, après avoir été enregistrées en vue de leur exécution, sur requête de toute partie intéressée, dans l'une ou l'autre de ces parties du Royaume-Uni, suivant le cas.

Procédure sur requête. Aux termes de l'art. 37 de la Conv. de Lugano du 16 sept. 1988, la décision d'*exequatur* est rendue, en première instance, sur requête sans que la partie contre laquelle l'exécution est demandée puisse présenter d'observation, de sorte qu'elle n'a à être ni entendue, ni appelée à la procédure. • Civ. 1re, 25 nov. 2003, n° 01-11.297 P : *D. 2004. IR 32*.

Art. 39 1. La requête est présentée à la juridiction ou à l'autorité compétente indiquée sur la liste figurant à l'annexe II. — *V. Annexe II, JOUE L 339 du 21 déc. 2007, p. 33.*

2. La compétence territoriale est déterminée par le domicile de la partie contre laquelle l'exécution est demandée, ou par le lieu de l'exécution.

Art. 40 1. Les modalités du dépôt de la requête sont déterminées par la loi de l'État requis.

2. Le requérant doit faire élection de domicile dans le ressort de la juridiction saisie. Toutefois, si la loi de l'État requis ne connaît pas l'élection de domicile, le requérant désigne un mandataire *ad litem*.

3. Les documents visés à l'article 53 sont joints à la requête.

Art. 41 La décision est déclarée exécutoire dès l'achèvement des formalités prévues à l'article 53, sans examen au titre des articles 34 et 35. La partie contre laquelle l'exécution est demandée ne peut, en cet état de la procédure, présenter d'observations.

Art. 42 1. La décision relative à la demande de déclaration constatant la force exécutoire est aussitôt portée à la connaissance du requérant suivant les modalités déterminées par la loi de l'État requis.

2. La déclaration constatant la force exécutoire est signifiée ou notifiée à la partie contre laquelle l'exécution est demandée, accompagnée de la décision si celle-ci n'a pas encore été signifiée ou notifiée à cette partie.

Art. 43 1. L'une ou l'autre partie peut former un recours contre la décision relative à la demande de déclaration constatant la force exécutoire.

2. *Le recours doit être porté* devant la juridiction indiquée sur la liste figurant à l'annexe III. — *V. Annexe III, JOUE L 339 du 21 déc. 2007, p. 35.*

3. Le recours est examiné selon les règles de la procédure contradictoire.

4. Si la partie contre laquelle l'exécution est demandée ne comparaît pas devant la juridiction saisie du recours formé par le requérant, les dispositions de l'article 26, paragraphes 2 à 4, sont d'application, même si la partie contre laquelle l'exécution est demandée n'est pas domiciliée sur le territoire de l'un des États liés par la présente convention.

5. Le recours contre la déclaration constatant la force exécutoire doit être formé dans un délai d'un mois à compter de sa signification. Si la partie contre laquelle l'exécution est demandée est domiciliée sur le territoire d'un autre État lié par la présente convention que celui dans lequel la déclaration constatant la force exécutoire a été délivrée, le délai est de deux mois et court à compter du jour où la signification a été faite à personne ou à domicile. Ce délai ne comporte pas de prorogation à raison de la distance.

Art. 44 La décision rendue sur le recours ne peut faire l'objet que du recours visé à l'annexe IV. – *V. Annexe IV* 🏛, *JOUE L 339 du 21 déc. 2007, p. 37.*

Art. 45 1. La juridiction saisie d'un recours prévu à l'article 43 ou 44 ne peut refuser ou révoquer une déclaration constatant la force exécutoire que pour l'un des motifs prévus aux articles 34 et 35. Elle statue à bref délai.

2. En aucun cas la décision étrangère ne peut faire l'objet d'une révision au fond.

Art. 46 1. La juridiction saisie du recours prévu à l'article 43 ou 44 peut, à la requête de la partie contre laquelle l'exécution est demandée, surseoir à statuer, si la décision étrangère fait, dans l'État d'origine, l'objet d'un recours ordinaire ou si le délai pour le former n'est pas expiré ; dans ce dernier cas, la juridiction peut impartir un délai pour former ce recours.

2. Lorsque la décision a été rendue en Irlande ou au Royaume-Uni, toute voie de recours prévue dans l'État d'origine est considérée comme un recours ordinaire pour l'application du paragraphe 1.

3. Cette juridiction peut également subordonner l'exécution à la constitution d'une garantie qu'elle détermine.

Art. 47 1. Lorsqu'une décision doit être reconnue en application de la présente convention, rien n'empêche le requérant de demander qu'il soit procédé à des mesures provisoires, ou conservatoires, prévues par la loi de l'État requis, sans qu'il soit nécessaire que cette décision soit déclarée exécutoire au sens de l'article 41.

2. La déclaration constatant la force exécutoire emporte l'autorisation de procéder à des mesures conservatoires.

3. Pendant le délai du recours prévu à l'article 43, paragraphe 5, contre la déclaration constatant la force exécutoire et jusqu'à ce qu'il ait été statué sur celui-ci, il ne peut être procédé qu'à des mesures conservatoires sur les biens de la partie contre laquelle l'exécution est demandée.

Art. 48 1. Lorsque la décision étrangère a statué sur plusieurs chefs de la demande et que la déclaration constatant la force exécutoire ne peut être délivrée pour le tout, la juridiction ou l'autorité compétente la délivre pour un ou plusieurs d'entre eux.

2. Le requérant peut demander que la déclaration constatant la force exécutoire soit limitée à certaines parties d'une décision.

Art. 49 Les décisions étrangères condamnant à une astreinte ne sont exécutoires dans l'État requis que si le montant en a été définitivement fixé par les tribunaux de l'État d'origine.

Art. 50 1. Le requérant qui, dans l'État d'origine, a bénéficié en tout ou en partie de l'assistance judiciaire ou d'une exemption de frais et dépens bénéficie, dans la procédure prévue à la présente section, de l'assistance la plus favorable ou de l'exemption la plus large prévue par le droit de l'État requis.

2. Cependant, le requérant qui demande l'exécution d'une décision rendue par une autorité administrative au Danemark, en Islande ou en Norvège en matière d'obligations alimentaires peut, dans l'État requis, prétendre aux avantages visés au paragraphe 1 s'il produit un document établi par le ministère danois, islandais ou norvégien de la justice attestant qu'il remplit les critères économiques pour pouvoir bénéficier en tout ou en partie de l'assistance judiciaire ou d'une exemption de frais et dépens.

Art. 51 Aucune caution ni aucun dépôt, sous quelque dénomination que ce soit, ne peuvent être imposés en raison, soit de la qualité d'étranger, soit du défaut de domicile ou de résidence dans le pays, à la partie qui demande l'exécution dans un État lié par la présente convention d'une décision rendue dans un autre État lié par la présente convention.

Art. 52 Aucun impôt, droit ou taxe proportionnel à la valeur du litige n'est perçu dans l'État requis à l'occasion de la procédure tendant à la délivrance d'une déclaration constatant la force exécutoire.

SECTION III *Dispositions communes*

Art. 53 1. La partie qui invoque la reconnaissance d'une décision ou sollicite la délivrance d'une déclaration constatant sa force exécutoire doit produire une expédition de celle-ci réunissant les conditions nécessaires à son authenticité.

2. La partie qui sollicite la délivrance d'une déclaration constatant la force exécutoire d'une décision doit aussi produire le certificat visé à l'article 54, sans préjudice de l'article 55.

Art. 54 La juridiction ou l'autorité compétente d'un État lié par la présente convention dans lequel une décision a été rendue délivre, à la requête de toute partie intéressée, un certificat en utilisant le formulaire dont le modèle figure à l'annexe V de la présente convention. — *V. Annexe V* 🏛, *JOUE L 339 du 21 déc. 2007, p. 38.*

Art. 55 1. A défaut de production du certificat visé à l'article 54, la juridiction ou l'autorité compétente peut impartir un délai pour le produire ou accepter un document équivalent ou, si elle s'estime suffisamment éclairée, en dispenser.

2. Il est produit une traduction des documents si la juridiction ou l'autorité compétente l'exige. La traduction est certifiée conforme par une personne habilitée à cet effet dans l'un des États liés par la présente convention.

Art. 56 Aucune légalisation ni formalité analogue n'est exigée en ce qui concerne les documents visés à l'article 53, ou à l'article 55, paragraphe 2, ou, le cas échéant, la procuration *ad litem*.

TITRE IV **Actes authentiques et transactions judiciaires**

Art. 57 1. Les actes authentiques reçus et exécutoires dans un État lié par la présente convention sont, sur requête, déclarés exécutoires dans un autre État lié par la présente convention, conformément à la procédure prévue aux articles 38 et suivants. La juridiction auprès de laquelle un recours est formé en vertu des articles 43 ou 44 ne refuse ou révoque une déclaration constatant la force exécutoire que si l'exécution de l'acte authentique est manifestement contraire à l'ordre public de l'État requis.

2. Sont également considérées comme des actes authentiques au sens du paragraphe 1, les conventions en matière d'obligations alimentaires conclues devant des autorités administratives ou authentifiées par elles.

3. L'acte produit doit réunir les conditions nécessaires à son authenticité dans l'État d'origine.

4. Les dispositions de la section III du titre III sont applicables, en tant que de besoin. L'autorité compétente de l'État lié par la présente convention dans lequel un acte authentique a été reçu établit, à la requête de toute partie intéressée, un certificat en utilisant le formulaire dont le modèle figure à l'annexe VI de la présente convention. — *V. Annexe VI* 🏛, *JOUE L 339 du 21 déc. 2007, p. 37.*

Art. 58 Les transactions conclues devant le juge au cours d'un procès et exécutoires dans l'État d'origine lié par la présente convention sont exécutoires dans l'État requis aux mêmes conditions que les actes authentiques. La juridiction ou l'autorité compétente d'un État lié par la présente convention dans lequel une transaction a été conclue délivre, à la requête de toute partie intéressée, un certificat en utilisant le formulaire dont le modèle figure à l'annexe V de la présente convention. — *V. Annexe V* 🏛, *JOUE L 339 du 21 déc. 2007, p. 31.*

TITRE V **Dispositions générales**

Art. 59 1. Pour déterminer si une partie a un domicile sur le territoire de l'État lié par la présente convention dont les tribunaux sont saisis, le juge applique sa loi interne.

2. Lorsqu'une partie n'a pas de domicile dans l'État dont les tribunaux sont saisis, le juge, pour déterminer si elle a un domicile dans un autre État lié par la présente convention, *applique la loi de cet État.*

Art. 60 1. Pour l'application de la présente convention, les sociétés et les personnes morales sont domiciliées là ou est situé :

a) leur siège statutaire ;
b) leur administration centrale ; ou
c) leur principal établissement.

2. Pour le Royaume-Uni et l'Irlande, on entend par "siège statutaire" le *registered office* ou, s'il n'existe nulle part de *registered office*, le *place of incorporation* (le lieu d'acquisition de la personnalité morale) ou, s'il n'existe nulle part de lieu d'acquisition de la personnalité morale, le lieu selon la loi duquel la *formation* (la constitution) a été effectuée.

3. Pour déterminer si un *trust* a son domicile sur le territoire d'un État lié par la présente convention dont les tribunaux sont saisis, le juge applique les règles de son droit international privé.

Art. 61 Sans préjudice de dispositions nationales plus favorables, les personnes domiciliées sur le territoire d'un État lié par la présente convention et poursuivies pour une infraction involontaire devant les juridictions répressives d'un autre État lié par la présente convention dont elles ne sont pas les nationaux peuvent se faire défendre par les personnes habilitées à cette fin, même si elles ne comparaissent pas personnellement. Toutefois, la juridiction saisie peut ordonner la comparution personnelle ; si celle-ci n'a pas eu lieu, la décision rendue sur l'action civile sans que la personne en cause ait eu la possibilité de se défendre pourra ne pas être reconnue ni exécutée dans les autres États liés par la présente convention.

Art. 62 Aux fins de la présente convention, l'expression "juridiction" inclut toute autorité désignée par un État lié par la présente convention comme étant compétente dans les matières relevant du champ d'application de celle-ci.

TITRE VI Dispositions transitoires

Art. 63 1. Les dispositions de la présente convention ne sont applicables qu'aux actions judiciaires intentées et aux actes authentiques reçus postérieurement à son entrée en vigueur dans l'État d'origine et, s'il s'agit d'une requête en reconnaissance ou en exécution d'une décision ou d'un acte authentique, dans l'État requis.

2. Toutefois, si l'action dans l'État d'origine a été intentée avant la date d'entrée en vigueur de la présente convention, les décisions rendues après cette date sont reconnues et exécutées conformément aux dispositions du titre III :

a) dès lors que l'action dans l'État d'origine a été intentée après l'entrée en vigueur de la convention de Lugano du 16 septembre 1988 à la fois dans l'État d'origine et dans l'État requis ; — *V. Conv. de Lugano du 16 sept. 1988.*

b) dans tous les autres cas, dès lors que les règles de compétence appliquées sont conformes à celles prévues soit par le titre II, soit par une convention qui était en vigueur entre l'État d'origine et l'État requis au moment où l'action a été intentée.

Jugement antérieur à l'entrée en vigueur de la convention. Les dispositions de la convention, en ce qui concerne la reconnaissance et l'exécution, doivent être applicables dans l'État requis et dans l'État d'origine lors du prononcé de la décision. Elle est donc inapplicable à une requête en exécution d'un jugement rendu en Suisse le 9 mai 1996. • Civ. 1re, 19 déc. 2018, n° 17-25.941.

TITRE VII Relations avec le règlement (CE) n° 44/2001 du Conseil et les autres instruments

Art. 64 1. La présente convention ne préjuge pas de l'application par les États membres de la Communauté européenne du règlement (CE) n° 44/2001 du Conseil concernant la compétence judiciaire, la reconnaissance et l'exécution des décisions en matière civile et commerciale, et de toute modification apportée à celui-ci, de la convention concernant la *compétence judiciaire et l'exécution des décisions en matière civile et commerciale*, signée à Bruxelles le 27 septembre 1968, et du protocole concernant l'interprétation de cette convention par la Cour de justice des Communautés européennes, signé à Luxembourg le 3 juin 1971, tels qu'ils ont été modifiés par les conventions d'adhésion à ladite convention et audit protocole par les États adhérant aux Communautés européennes, ainsi que de l'accord entre la Communauté européenne et le Royaume du Danemark sur la compétence judiciaire, la reconnaissance et l'exécution des décisions en matière civile et commerciale, signé à Bruxelles le 19 octobre 2005. — *V. Règl. (CE) n° 44/2001 du Conseil du 22 déc. 2000 ; Conv. de Bruxelles du 27 sept. 1968. — Accord du 19 oct. 2005, JOUE L 299 du 16 nov. 2005. — V. également la Décis. d'approbation du Conseil du 27 avr. 2006, JOUE L 120 du 5 mai 2006.*

2. Toutefois, la présente convention s'applique en tout état de cause :

a) en matière de compétence, lorsque le défendeur est domicilié sur le territoire d'un État où s'applique la présente convention, à l'exclusion des instruments visés au paragraphe 1, ou lorsque les articles 22 ou 23 de la présente convention confèrent une compétence aux tribunaux d'un tel État ;

b) en matière de litispendance ou de connexité telles que prévues aux articles 27 et 28 de la présente convention, lorsque les demandes sont formées dans un État où s'applique la présente convention, à l'exclusion des instruments visés au paragraphe 1, et dans un État où s'appliquent la présente convention ainsi que l'un des instruments visés au paragraphe 1 ;

c) en matière de reconnaissance et d'exécution, lorsque soit l'État d'origine, soit l'État requis, n'applique aucun des instruments visés au paragraphe 1.

3. Outre les motifs faisant l'objet du titre III, la reconnaissance ou l'exécution peut être refusée si la règle de compétence sur la base de laquelle la décision a été rendue diffère de celle résultant de la présente convention et si la reconnaissance ou l'exécution est demandée contre une partie qui est domiciliée sur le territoire d'un État où s'applique la présente convention, à l'exclusion des instruments visés au paragraphe 1, à moins que la décision puisse par ailleurs être reconnue ou exécutée selon le droit de l'État requis.

Art. 65 Sans préjudice des dispositions de l'article 63, paragraphe 2, et des articles 66 et 67, la présente convention remplace, entre les États qui sont liés par elle, les conventions conclues, dans ces mêmes matières, entre plusieurs d'entre eux. Elle remplace, en particulier, les conventions énumérées à l'annexe VII. — *V. Annexe VII* 🏛, *JOUE L 339 du 21 déc. 2007, p. 40.*

Art. 66 1. Les conventions visées à l'article 65 continuent à produire leurs effets dans les matières auxquelles la présente convention n'est pas applicable.

2. Elles continuent à produire leurs effets en ce qui concerne les décisions rendues et les actes authentiques reçus avant l'entrée en vigueur de la présente convention.

Art. 67 1. La présente convention n'affecte pas les conventions qui lient les parties contractantes et/ou les États liés par la présente convention et qui, dans des matières particulières, règlent la compétence judiciaire, la reconnaissance ou l'exécution des décisions. Sans préjudice des obligations découlant d'autres accords conclus entre certaines parties contractantes, la présente convention ne fait pas obstacle à ce que des parties contractantes puissent conclure de telles conventions.

2. La présente convention ne fait pas obstacle à ce que le tribunal d'un État lié par la présente convention et par une convention relative à une matière particulière, puisse fonder sa compétence sur cette autre convention, même si le défendeur est domicilié sur le territoire d'un autre État lié par la présente convention qui n'est pas partie à cette autre convention. Le tribunal saisi applique, en tout cas, l'article 26 de la présente convention.

3. Les décisions rendues dans un État lié par la présente convention par un tribunal ayant fondé sa compétence sur une convention relative à une matière particulière sont reconnues et exécutées dans les autres États liés par la présente convention conformément à son titre III.

4. Outre les motifs prévus au titre III, la reconnaissance ou l'exécution peut être refusée si l'État requis n'est pas lié par la convention relative à une matière particulière et si la personne contre laquelle la reconnaissance ou l'exécution est demandée est domiciliée dans cet État, ou, si l'État requis est un État membre de la Communauté européenne et s'il s'agit de conventions à conclure par la Communauté européenne, dans l'un de ses États membres, sauf si la décision peut être reconnue ou exécutée au titre de toute autre règle de droit de l'État requis.

5. Si une convention relative à une matière particulière et à laquelle sont parties l'État d'origine et l'État requis détermine les conditions de reconnaissance et d'exécution des décisions, il est fait application de ces conditions. Il peut, en tout cas, être fait application des dispositions de la présente convention qui concernent les procédures relatives à la reconnaissance et à l'exécution des décisions.

Art. 68 1. La présente convention n'affecte pas les accords par lesquels les États liés par la présente convention se sont engagés, avant l'entrée en vigueur de celle-ci, à ne pas reconnaître une décision rendue dans un autre État lié par la présente convention contre un défendeur qui a son domicile ou sa résidence habituelle dans un pays tiers lorsque, dans un cas prévu à l'article 4, la décision n'a pu être fondée que sur une compétence visée à l'article 3, paragraphe 2. Sans préjudice des obligations découlant d'autres accords conclus entre certaines parties contractantes, la présente convention ne fait pas obstacle à ce que des parties contractantes puissent conclure de telles conventions.

2. Toutefois, aucune partie contractante ne peut s'engager envers un État tiers à ne pas reconnaître une décision rendue dans un autre État lié par la présente convention par une

juridiction dont la compétence est fondée sur l'existence dans cet État de biens appartenant au défendeur ou sur la saisie par le demandeur de biens qui y existent :

a) si la demande porte sur la propriété ou la possession desdits biens, vise à obtenir l'autorisation d'en disposer ou est relative à un autre litige les concernant ; ou

b) si les biens constituent la garantie d'une créance qui fait l'objet de la demande.

TITRE VIII Dispositions finales

Art. 69 1. La convention est ouverte à la signature de la Communauté européenne, du Danemark et des États qui, à la date de l'ouverture à la signature, sont membres de l'Association européenne de libre-échange.

2. La présente convention sera soumise à la ratification des signataires. Les instruments de ratification seront déposés auprès du Conseil fédéral suisse, qui fera office de dépositaire de la présente convention.

3. A la date de la ratification, les parties contractantes peuvent présenter des déclarations conformément aux articles I, II et III du protocole n° 1. – *V. Protocole n° 1, JOUE L 339 du 21 déc. 2007, p. 25.*

4. La convention entrera en vigueur le premier jour du sixième mois après la date à laquelle la Communauté européenne et un membre de l'Association européenne de libre-échange auront déposé leurs instruments de ratification.

5. A l'égard de toute autre partie, la convention entrera en vigueur le premier jour du troisième mois qui suivra le dépôt de son instrument de ratification.

6. Sans préjudice de l'article 3, paragraphe 3, du protocole n° 2, la présente convention remplace, à la date de son entrée en vigueur conformément aux paragraphes 4 et 5, la convention concernant la compétence judiciaire et l'exécution des décisions en matière civile et commerciale, faite à Lugano le 16 septembre 1988. Toute référence, dans d'autres instruments, à la convention de Lugano de 1988 s'entend comme une référence à la présente convention. – *V. Protocole n° 2, JOUE L 339 du 21 déc. 2007, p. 27. – V. Conv. de Lugano du 16 sept. 1988.*

7. Dans la mesure où les relations entre les États membres de la Communauté européenne et les territoires non européens visés à l'article 70, paragraphe 1, point b), sont concernées, la présente convention remplace la convention concernant la compétence judiciaire et l'exécution des décisions en matière civile et commerciale, signée à Bruxelles le 27 septembre 1968, et le protocole concernant l'interprétation de cette convention par la Cour de justice des Communautés européennes, signé à Luxembourg le 3 juin 1971, tels qu'ils ont été modifiés par les conventions d'adhésion à ladite convention et audit protocole par les États adhérant aux Communautés européennes, à la date de l'entrée en vigueur de la présente convention à l'égard de ces territoires conformément à l'article 73, paragraphe 2. – *V. Conv. de Bruxelles du 27 sept. 1968 et Protocole de Luxembourg du 3 juin 1971.*

Relations franco-suisses. Il résulte de l'art. 69, § 5, que la Convention de Lugano du 30 oct. 2007 n'est applicable, dans les relations entre la France et la Suisse, qu'aux actions intentées postérieurement au 1er janv. 2011, date de son entrée en vigueur entre l'Union européenne et la Suisse. • Civ. 1re, 25 mars 2015 : *D. actu. 20 avr. 2015, obs. Mélin ; D. 2015. 810.*

Art. 70 1. Peuvent adhérer à la présente convention, après son entrée en vigueur :

a) les États qui, après l'ouverture de la présente convention à la signature, deviennent membres de l'Association européenne de libre-échange, dans les conditions fixées à l'article 71 ;

b) les États membres de la Communauté européenne agissant pour le compte de certains territoires non européens faisant partie de leur territoire ou dont les relations extérieures relèvent de leur responsabilité, dans les conditions fixées à l'article 71 ;

c) tout autre État, dans les conditions fixées à l'article 72.

2. Les États visés au paragraphe 1 souhaitant devenir partie contractante à la présente convention adressent leur demande au dépositaire. La demande, y compris les informations visées aux articles 71 et 72, est accompagnée d'une traduction en anglais et en français.

Art. 71 1. Tout État visé à l'article 70, paragraphe 1, points a) et b), souhaitant devenir partie contractante à la présente convention :

a) communique les informations requises pour l'application de la présente convention ;

b) peut présenter des déclarations conformément aux articles I et III du protocole n° 1. – *V. Protocole n° 1, JOUE L 339 du 21 déc. 2007, p. 25.*

2. Le dépositaire transmet toutes les informations reçues en application du paragraphe 1 aux autres parties contractantes, préalablement au dépôt de son instrument d'adhésion par l'État concerné.

Art. 72 1. Tout État visé à l'article 70, paragraphe 1, point c), souhaitant devenir partie contractante à la présente convention :

a) communique les informations requises pour l'application de la présente convention ;

b) peut présenter des déclarations conformément aux articles I et III du protocole n° 1 *[JOUE L 339 du 21 déc. 2007, p. 25]* ; et

c) fournit au dépositaire des informations concernant notamment :

1) son système judiciaire, y compris les informations relatives à la nomination et à l'indépendance des juges ;

2) les dispositions de son droit interne relatives à la procédure civile et à l'exécution des décisions ; et

3) ses dispositions de droit international privé relatives à la procédure civile.

2. Le dépositaire transmet toutes les informations reçues en application du paragraphe 1 aux autres parties contractantes, avant d'inviter l'État concerné à adhérer à la présente convention conformément au paragraphe 3.

3. Sans préjudice du paragraphe 4, le dépositaire n'invite l'État concerné à adhérer à la présente convention qu'à la condition d'avoir obtenu l'accord unanime des parties contractantes. Les parties contractantes font en sorte de donner leur accord au plus tard dans un délai d'un an à compter de l'invitation adressée par le dépositaire.

4. La présente convention n'entre en vigueur qu'entre l'État adhérent et les parties contractantes qui ne se sont pas opposées à son adhésion avant le premier jour du troisième mois suivant le dépôt de son instrument d'adhésion.

Art. 73 1. Les instruments d'adhésion sont déposés auprès du dépositaire.

2. A l'égard d'un État adhérent visé à l'article 70, la présente convention entre en vigueur le premier jour du troisième mois suivant le dépôt de son instrument d'adhésion. L'État adhérent est dès lors considéré comme partie contractante à la présente convention.

3. Toute partie contractante peut présenter au dépositaire un texte de la présente convention établi dans sa ou ses langues, qui ne fait foi qu'après accord des parties contractantes conformément à l'article 4 du protocole n° 2. – *V. Protocole n° 2, JOUE L 339 du 21 déc. 2007, p. 27.*

Art. 74 1. La présente convention est conclue pour une durée illimitée.

2. Toute partie contractante peut, à tout moment, dénoncer la présente convention en adressant une notification au dépositaire.

3. La dénonciation prend effet à la fin de l'année civile qui suit l'expiration d'une période de six mois à compter de la date de réception de la notification de la dénonciation par le dépositaire.

Art. 75 Sont annexés à la présente convention :

– le protocole n° 1 relatif à certains problèmes de compétence, de procédure et d'exécution *[JOUE L 339 du 21 déc. 2007, p. 25]*,

– le protocole n° 2 sur l'interprétation uniforme de la convention et sur le comité permanent *[JOUE L 339 du 21 déc. 2007, p. 27]*,

– le protocole n° 3 relatif à l'application de l'article 67 de la convention *[JOUE L 339 du 21 déc. 2007, p. 30]*,

– les annexes I à IV et l'annexe VII, contenant des informations relatives à l'application de la présente convention *[JOUE L 339 du 21 déc. 2007, p. 31, 37 et 40]*,

– les annexes V et VI, contenant les certificats visés aux articles 54, 58 et 57 de la présente convention *[JOUE L 339 du 21 déc. 2007, p. 38 et 39]*,

– l'annexe VIII, énumérant les langues faisant foi visées à l'article 79 de la présente convention *[JOUE L 339 du 21 déc. 2007, p. 41]*, et

– l'annexe IX, concernant l'application de l'article II du protocole n° 1 *[JOUE L 339 du 21 déc. 2007, p. 41]*.

Ces protocoles et annexes font partie intégrante de la présente convention.

Art. 76 Sans préjudice de l'article 77, toute partie contractante peut demander la révision de la présente convention. A cette fin, le dépositaire convoque le comité permanent, tel que prévu à l'article 4 du protocole n° 2. – *V. Protocole n° 2, JOUE L 339 du 21 déc. 2007, p. 27.*

Art. 77 1. Les parties contractantes communiquent au dépositaire le texte de toute disposition légale modifiant les listes qui figurent aux annexes I à IV de même que toute suppres-

sion de la liste figurant à l'annexe VII ou tout ajout à cette dernière, ainsi que la date de leur entrée en vigueur. Cette communication est effectuée dans un délai raisonnable avant l'entrée en vigueur de la modification et est accompagnée d'une traduction en anglais et en français. Le dépositaire adapte les annexes concernées en conséquence, après avoir consulté le comité permanent conformément à l'article 4 du protocole n° 2. A cette fin, les parties contractantes fournissent une traduction des adaptations dans leurs langues respectives. – *V. Annexes I à IV et VII, JOUE L 339 du 21 déc. 2007, p. 31 à 37 et 40. – V. Protocole n° 2, JOUE L 339 du 21 déc. 2007, p. 27.*

2. Toute modification des annexes V, VI, VIII et IX de la présente convention est adoptée par le comité permanent conformément à l'article 4 du protocole n° 2. – *V. Annexe V, VI, VIII et IX, JOUE L 339 du 21 déc. 2007, p. 38, 39 et 41. – V. Protocole n° 2, JOUE L 339 du 21 déc. 2007, p. 27.*

Art. 78 **1. Le dépositaire notifie aux parties contractantes :**

a) le dépôt de tout instrument de ratification ou d'adhésion ;

b) les dates d'entrée en vigueur de la présente convention à l'égard des parties contractantes ;

c) toute déclaration reçue en application des articles I à IV du protocole n° 1 ; – *V. Protocole n° 1, JOUE L. 339 du 21 déc. 2007, p. 25.*

d) toute communication effectuée en application de l'article 74, paragraphe 2, de l'article 77, paragraphe 1, et du point 4 du protocole n° 3. – *V. Protocole n° 3, JOUE L. 339 du 21 déc. 2007, p. 30.*

2. Ces notifications seront accompagnées d'une traduction en anglais et en français.

Art. 79 **La présente convention, rédigée en un exemplaire unique dans les langues énumérées à l'annexe VIII, tous les textes faisant également foi, est déposée dans les Archives fédérales suisses. Le Conseil fédéral suisse en remet une copie certifiée conforme à chaque partie contractante.** – *V. Annexe VIII, JOUE L 339 du 21 déc. 2007, p. 41.*

PROTOCOLES N°s 1 À 3

Les protocoles n°s 1 à 3 sont consultables sur le code de procédure civile Dalloz Expert et sur le site dalloz.fr.

ANNEXES I À IX

Les annexes I à IX sont consultables sur le code de procédure civile Dalloz Expert et sur le site dalloz.fr.

Directive du Parlement européen et du Conseil n° 2008/52/CE du 21 mai 2008,

Sur certains aspects de la médiation en matière civile et commerciale.

Sur l'entrée en vigueur, V. art. 13.

Règlement (CE) du Conseil n° 4/2009 du 18 décembre 2008,

Relatif à la compétence, la loi applicable, la reconnaissance et l'exécution des décisions et la coopération en matière d'obligations alimentaires (JOUE 10 janv. 2009, L 7, p. 1).

Sur l'entrée en vigueur, V. art. 76.

BIBL. ▶ Dossier, *AJ fam. 2009. 100* ; *ibid. 2011. 236* (recouvrement des pensions alimentaires dans l'Union européenne). – ANCEL et MUIR WATT, *Rev. crit. DIP 2010. 457.* – DOUCHY-OUDOT, *Mél. J. Isnard, EJT 2009, p. 51.* – FARGE, *Dr. fam.* 2011. Études 18 et 20 (promotion transfrontière du droit à obtenir des aliments). – HAMOU, *Gaz. Pal. 4-6 oct. 2015, p. 11* (la notion de résidence habituelle en droit international privé). – IDOT, *Europe 2009. Comm. 141.* – JAULT-SESEKE, *D. 2009. Pan. 1562*. – JEULAND, *JCP 2009. I. 142, n° 18.* – JOUBERT, *Dr. fam. 2018. Dossier 3* (la mise en œuvre de l'obligation alimentaire en présence d'un élément d'extranéité dans les relations entre parents et enfants). – LAVRIC, *D. 2009. AL 156*. – MECARELLI, *Dr. et pr. févr. 2009, suppl. Droit des procédures internationales.* – NOURISSAT, *Procédures 2009. Étude 5.* – OUDIN, *RJPF 06/2009. 8.* – SALORD, *AJ fam. 2009. 29*.

LE CONSEIL DE L'UNION EUROPÉENNE,

vu le traité instituant la Communauté européenne, et notamment son article 61, point c) et son article 67, paragraphe 2,

Vu la proposition de la Commission,

Vu l'avis du Parlement européen, – *Avis rendu le 13 déc. 2007 (non encore paru au JO) et avis rendu le 4 déc. 2008 à la suite d'une nouvelle consultation (non encore paru au JO).*

Vu l'avis du Comité économique et social européen, – *Avis rendu à la suite d'une consultation non obligatoire (JO C 185 du 8 août 2006, p. 35).*

Considérant ce qui suit :

(1) La Communauté s'est donné pour objectif de maintenir et de développer un espace de liberté, de sécurité et de justice au sein duquel est assurée la libre circulation des personnes. Pour la mise en place progressive de cet espace, la Communauté doit adopter, entre autres, des mesures relevant du domaine de la coopération judiciaire dans les matières civiles ayant des incidences transfrontalières, dans la mesure nécessaire au bon fonctionnement du marché intérieur.

(2) Conformément à l'article 65, point b), du traité, ces mesures doivent viser, entre autres, à favoriser la compatibilité des règles applicables dans les États membres en matière de conflits de lois et de compétence.

(3) A cet égard, la Communauté a déjà adopté, entre autres mesures, le règlement (CE) n° 44/2001 du Conseil du 22 décembre 2000 concernant la compétence judiciaire, la reconnaissance et l'exécution des décisions en matière civile et commerciale *[JO L 12 du 16.1.2001, p. 1]*, la décision 2001/470/CE du Conseil du 28 mai 2001 relative à la création d'un réseau judiciaire européen en matière civile et commerciale *[JO L 174 du 27.6.2001, p. 25]*, le règlement (CE) n° 1206/2001 du Conseil du 28 mai 2001 relatif à la coopération entre les juridictions des États membres dans le domaine de l'obtention des preuves en matière civile et commerciale *[JO L 174 du 27.6.2001, p. 1]*, la directive 2003/8/CE du Conseil du 27 janvier 2003 visant à améliorer l'accès à la justice dans les affaires transfrontalières par l'établissement de règles minimales communes relatives à l'aide judiciaire accordée dans le cadre de telles affaires *[JO L 26 du 31.1.2003, p. 41]*, le règlement (CE) n° 2201/2003 du Conseil du 27 novembre 2003 relatif à la compétence, la reconnaissance et l'exécution des décisions en matière matrimoniale et en matière de responsabilité parentale *[JO L 338 du 23.12.2003, p. 1]*, le règlement (CE) n° 805/2004 du Parlement européen et du Conseil du 21 avril 2004 portant création d'un titre exécutoire européen pour les créances incontestées *[JO L 143 du 30.4.2004, p. 15]* et le règlement (CE) n° 1393/2007 du Parlement européen et du Conseil du 13 novembre 2007 relatif à la signification et à la notification dans les États membres des actes judiciaires et extrajudiciaires en matière civile ou commerciale ("signification ou notification des actes") *[JO L 324 du 10.12.2007, p. 79]*.

(4) Le Conseil européen, réuni à Tampere les 15 et 16 octobre 1999, a invité le Conseil et la Commission à établir des règles de procédure communes spéciales en vue de simplifier et d'accélérer le règlement des litiges transfrontaliers concernant entre autres les créances alimentaires. Il a aussi appelé à la suppression des mesures intermédiaires requises pour permettre la reconnaissance et l'exécution dans l'État requis d'une décision rendue dans un autre État membre, notamment d'une décision concernant une créance alimentaire.

(5) Un programme de mesures sur la mise en œuvre du principe de reconnaissance mutuelle des décisions en matière civile et commerciale *[JO C 12 du 15.1.2001, p. 1.]*, commun à la Commission et au Conseil, a été adopté le 30 novembre 2000. Ce programme prévoit la suppression de la procédure d'exequatur pour les créances alimentaires dans le but de rendre plus efficaces les moyens dont les créanciers d'aliments disposent pour faire respecter leurs droits.

(6) Le Conseil européen, réuni à Bruxelles les 4 et 5 novembre 2004, a adopté un nouveau programme, intitulé "Le programme de La Haye : renforcer la liberté, la sécurité et la justice dans l'Union européenne" (ci-après dénommé "le programme de La Haye") *[JO C 53 du 3.3.2005, p. 1.]*

(7) Le Conseil a adopté, lors de sa session des 2 et 3 juin 2005, un plan d'action du Conseil et de la Commission *[JO C 198 du 12.8.2005, p. 1.]* qui traduit le programme de La Haye en actions concrètes et qui mentionne la nécessité d'adopter des propositions sur les obligations alimentaires.

(8) Dans le cadre de la Conférence de La Haye de droit international privé, la Communauté et ses États membres ont participé à des négociations qui ont abouti le 23 novembre 2007 à l'adoption de la convention sur le recouvrement international des aliments destinés aux enfants et à d'autres membres de la famille (ci-après dénommée "la convention de La Haye de 2007") et du protocole sur la loi applicable aux obligations alimentaires (ci-après dénommé "le protocole de La Haye de 2007"). Il convient, dès lors, de tenir compte de ces deux instruments dans le cadre du présent règlement. – *V. JO L 281 du 23.11.1995, p. 31.*

(9) Un créancier d'aliments devrait être à même d'obtenir facilement, dans un État membre, une décision qui sera automatiquement exécutoire dans un autre État membre sans aucune autre formalité.

(10) Afin d'atteindre cet objectif, il est opportun de créer un instrument communautaire en matière d'obligations alimentaires regroupant les dispositions sur les conflits de juridictions, les conflits de lois, la reconnaissance et la force exécutoire, l'exécution, l'aide judiciaire et la coopération entre autorités centrales.

(11) Le champ d'application du présent règlement devrait s'étendre à toutes les obligations alimentaires découlant de relations de famille, de parenté, de mariage ou d'alliance, et ce afin de garantir une égalité de traitement entre tous les créanciers d'aliments. Aux fins du présent règlement, la notion d'"obligation alimentaire" devrait être interprétée de manière autonome.

(12) Afin de prendre en compte les différentes façons de régler les questions relatives aux obligations alimentaires dans les États membres, le présent règlement devrait s'appliquer tant aux décisions juridictionnelles qu'aux décisions rendues par des autorités administratives, pour autant que ces autorités offrent des garanties notamment en ce qui concerne leur impartialité et le droit des parties à être entendues. Ces autorités devraient dès lors appliquer toutes les règles du présent règlement.

(13) Pour les raisons énoncées ci-dessus, il convient également dans le présent règlement d'assurer la reconnaissance et l'exécution des transactions judiciaires et des actes authentiques, sans que cela n'affecte le droit de l'une ou l'autre partie à une telle transaction ou à un tel acte à contester de tels instruments devant une juridiction de l'État membre d'origine.

(14) Il convient de prévoir dans le présent règlement que le terme "créancier" inclut, aux fins d'une demande de reconnaissance et d'exécution d'une décision en matière d'obligations alimentaires, les organismes publics qui ont le droit d'agir en lieu et place d'une personne à laquelle des aliments sont dus ou de demander le remboursement de prestations fournies au créancier à titre d'aliments. Lorsqu'un organisme public agit en cette qualité, il devrait avoir droit aux mêmes services et à la même aide judiciaire qu'un créancier.

(15) Afin de préserver les intérêts des créanciers d'aliments et de favoriser une bonne administration de la justice au sein de l'Union européenne, les règles relatives à la compétence telles qu'elles résultent du règlement (CE) n° 44/2001 devraient être adaptées. La circonstance qu'un défendeur a sa résidence habituelle dans un État tiers ne devrait plus être de nature à exclure l'application des règles communautaires de compétence, et plus aucun renvoi aux règles de compétence du droit national ne devrait désormais être envisagé. Il y a donc lieu de déterminer dans le présent règlement les cas dans lesquels une juridiction d'un État membre peut exercer une compétence subsidiaire.

(16) Afin de remédier tout particulièrement à des situations de déni de justice, il y a lieu de prévoir dans le présent règlement un forum necessitatis permettant à une juridiction d'un État membre, dans des cas exceptionnels, de connaître d'un litige qui présente un lien étroit avec un État tiers. Un tel cas exceptionnel pourrait être constitué lorsqu'une procédure se révèle impossible dans l'État tiers concerné, par exemple en raison d'une guerre civile, ou lorsqu'on ne peut raisonnablement attendre du demandeur qu'il introduise ou conduise une procédure dans cet État. La compétence fondée sur le forum necessitatis ne pourrait cependant être exercée que si le litige présente un lien suffisant avec l'État membre de la juridiction saisie, comme par exemple la nationalité d'une des parties.

(17) Une règle de compétence supplémentaire devrait prévoir que, sauf conditions particulières, une procédure pour modifier une décision alimentaire existante ou obtenir une nouvelle décision ne peut être introduite par le débiteur que dans l'État dans lequel le créancier avait sa résidence habituelle lorsque la décision a été rendue et dans lequel il continue à résider habituellement. Afin d'assurer une bonne articulation entre la convention de La Haye de 2007 et le présent règlement, il convient d'appliquer aussi cette règle aux décisions d'un État tiers partie à ladite convention, dans la mesure où celle-ci est en vigueur entre l'État concerné et la Communauté, et couvre les mêmes obligations alimentaires dans l'État concerné et dans la Communauté.

(18) Aux fins de l'application du présent règlement, il convient de prévoir qu'en Irlande, la notion de "nationalité" est remplacée par la notion de "domicile", de même qu'au Royaume-Uni, pour autant que le présent règlement soit applicable dans cet État membre en vertu de l'article 4 du protocole sur la position du Royaume-Uni et de l'Irlande annexé au traité sur l'Union européenne et au traité instituant la Communauté européenne.

(19) Afin d'accroître la sécurité juridique, la prévisibilité et l'autonomie des parties, le présent règlement devrait permettre aux parties de choisir d'un commun accord la juridiction compétente en fonction de facteurs de rattachement déterminés. Pour assurer la protection de la partie faible, une telle élection de for devrait être exclue pour les obligations alimentaires à l'égard d'un enfant de moins de dix-huit ans.

(20) Il convient de prévoir dans le présent règlement que, pour les États membres liés par le protocole de La Haye de 2007, les dispositions en matière de règles de conflit de lois applicables sont celles prévues par ledit protocole. A cet effet, une disposition qui renvoie audit protocole devrait être insérée. Le protocole de La Haye de 2007 sera conclu par la Communauté en temps utile pour permettre l'application du présent règlement. Pour tenir compte de l'hypothèse dans laquelle le protocole de La Haye de 2007 ne s'appliquerait pas à tous les États membres, il convient de distinguer aux fins de la reconnaissance, de la force exécutoire et de l'exécution de décisions, les États membres qui sont liés par le protocole de La Haye de 2007 de ceux qui ne le sont pas.

(21) Il convient de préciser dans le cadre du présent règlement que ces règles de conflit de lois ne déterminent que la loi applicable aux obligations alimentaires et ne déterminent pas la loi applicable à l'établissement des relations de famille sur lesquelles se fondent les obligations alimentaires. L'établissement des relations de famille continue à relever du droit national des États membres, en ce compris leurs règles de droit international privé.

(22) Afin d'assurer le recouvrement rapide et efficace d'une créance alimentaire et de prévenir les recours dilatoires, les décisions en matière d'obligations alimentaires rendues dans un État membre devraient, en principe, être assorties de la force exécutoire par provision. Il convient dès lors de prévoir dans le présent règlement que la juridiction d'origine devrait pouvoir déclarer la décision exécutoire par provision même si le droit national ne prévoit pas la force exécutoire de plein droit et même si un recours a été ou pourrait encore être formé contre la décision selon le droit national.

(23) Pour limiter les coûts liés aux procédures régies par le présent règlement, il serait utile d'avoir recours autant que possible aux technologies modernes de communication, notamment lors de l'audition des parties.

(24) Les garanties apportées par l'application des règles de conflit de lois devraient justifier que les décisions en matière d'obligations alimentaires rendues dans un État membre lié par le protocole de La Haye de 2007 soient reconnues et jouissent de la force exécutoire dans tous les autres États membres sans qu'aucune procédure ne soit requise et sans qu'aucune forme de contrôle sur le fond ne soit effectuée dans l'État membre d'exécution.

(25) La reconnaissance dans un État membre d'une décision en matière d'obligations alimentaires a pour seul objet de permettre le recouvrement de la créance alimentaire déterminée dans la décision. Elle n'implique pas la reconnaissance par cet État membre des relations de famille, de parenté, de mariage ou d'alliance qui sont à l'origine des obligations alimentaires ayant donné lieu à la décision.

(26) Pour les décisions rendues dans un État membre non lié par le protocole de La Haye de 2007, il y a lieu de prévoir dans le présent règlement une procédure de reconnaissance et de déclaration constatant la force exécutoire. Cette procédure devrait s'inspirer de la procédure et des motifs de refus de reconnaissance prévus par le règlement (CE) n° 44/2001. Afin d'accélérer la procédure et de permettre au créancier de recouvrer rapidement sa créance, il convient de prévoir que la juridiction saisie devrait rendre sa décision dans des délais déterminés, sauf circonstances exceptionnelles.

(27) Il convient également de limiter le plus possible les formalités d'exécution de nature à alourdir les frais à la charge du créancier d'aliments. A cet effet, le présent règlement devrait prévoir que le créancier d'aliments n'est pas tenu d'avoir une adresse postale ni un représentant autorisé dans l'État membre d'exécution, sans qu'il soit par ailleurs porté atteinte à l'organisation interne des États membres en matière de procédures d'exécution.

(28) Afin de limiter les frais liés aux procédures d'exécution, aucune traduction ne devrait être requise, sauf si l'exécution est contestée et sans préjudice des règles applicables à la signification et à la notification des actes.

(29) Afin de garantir le respect des exigences du procès équitable, il y a lieu de prévoir dans le présent règlement le droit pour un défendeur qui n'aurait pas comparu devant la juridiction d'origine d'un État membre lié par le protocole de La Haye de 2007 de demander, au stade de l'exécution de la décision rendue contre lui, le réexamen de celle-ci. Toutefois, le défendeur devrait demander ce réexamen dans un délai déterminé qui devrait courir

au plus tard à compter du jour où, au stade de la procédure d'exécution, ses biens sont rendus indisponibles pour la première fois en tout ou partie. Ce droit au réexamen devrait être un recours extraordinaire octroyé au défendeur défaillant, n'affectant pas l'exercice d'autres voies de recours extraordinaires prévues par le droit de l'État membre d'origine, pour autant que lesdites voies de recours ne soient pas incompatibles avec le droit au réexamen prévu par le présent règlement.

(30) Afin d'accélérer l'exécution d'une décision rendue dans un État membre lié par le protocole de La Haye de 2007 dans un autre État membre, il y a lieu de limiter les motifs de refus ou de suspension de l'exécution qui pourront être invoqués par le débiteur en raison du caractère transfrontalier de la créance alimentaire. Cette limitation ne devrait pas porter atteinte aux motifs de refus ou de suspension prévus par le droit national qui ne sont pas incompatibles avec ceux énumérés dans le présent règlement, tels que l'acquittement de la dette par le débiteur au moment de l'exécution ou la nature insaisissable de certains biens.

(31) Afin de faciliter le recouvrement transfrontalier de créances alimentaires, il convient de mettre en place un régime de coopération entre les autorités centrales désignées par les États membres. Ces autorités devraient prêter assistance aux créanciers et aux débiteurs d'aliments pour faire valoir leurs droits dans un autre État membre par la présentation de demandes de reconnaissance, de constatation de la force exécutoire et d'exécution de décisions existantes, de modification de telles décisions ou d'obtention d'une décision. Elles devraient également échanger des informations aux fins de localiser les débiteurs et les créanciers et d'identifier leurs revenus et patrimoine en tant que de besoin. Elles devraient enfin coopérer entre elles en échangeant des informations d'ordre général et promouvoir la coopération entre les autorités compétentes de leur État membre.

(32) Une autorité centrale désignée en vertu du présent règlement devrait prendre en charge ses propres frais, sauf exceptions spécifiquement déterminées, et prêter assistance à tout demandeur ayant sa résidence dans son État membre. Le critère pour déterminer le droit d'une personne à demander assistance auprès d'une autorité centrale devrait être moins strict que le critère de rattachement de "résidence habituelle" utilisé ailleurs dans le présent règlement. Cependant, le critère de "résidence" devrait exclure la simple présence.

(33) Afin de pouvoir prêter pleinement assistance aux créanciers et aux débiteurs d'aliments et faciliter de façon optimale le recouvrement transfrontalier des aliments, les autorités centrales devraient pouvoir obtenir un certain nombre d'informations à caractère personnel. Le présent règlement devrait par conséquent obliger les États membres à veiller à ce que leurs autorités centrales aient accès à de telles informations auprès des autorités publiques ou administrations qui détiennent les informations concernées dans le cadre de leurs activités habituelles. Il convient cependant de laisser à chaque État membre le soin de déterminer les modalités de cet accès. Ainsi, un État membre devrait pouvoir désigner les autorités publiques ou administrations qui seront tenues de fournir les informations à l'autorité centrale conformément au présent règlement, y compris, le cas échéant, des autorités publiques ou des administrations déjà désignées dans le cadre d'autres régimes d'accès aux informations. Lorsqu'un État membre désigne des autorités publiques ou des administrations, il devrait veiller à ce que son autorité centrale soit en mesure d'accéder aux informations requises conformément au présent règlement détenues par celles-ci. Un État membre devrait aussi pouvoir permettre à son autorité centrale d'accéder aux informations requises auprès de toute autre personne morale qui les détient et qui est responsable de leur traitement.

(34) Dans le cadre de l'accès aux données à caractère personnel, de l'utilisation et de la transmission de celles-ci, il convient de respecter les exigences de la directive 95/46/CE du Parlement européen et du Conseil du 24 octobre 1995 relative à la protection des personnes physiques à l'égard du traitement des données à caractère personnel et à la libre circulation de ces données, telle que transposée dans le droit national des États membres. — *V. JO L 281 du 23.11.1995, p. 31.*

(35) Il y a cependant lieu de définir les conditions spécifiques d'accès aux données à caractère personnel, de l'utilisation et de la transmission de celles-ci aux fins de l'application du présent règlement. Dans ce contexte, l'avis du Contrôleur européen de la protection des données *[JO C 242 du 7.10.2006, p. 20.]* a été pris en considération. L'avis à la personne visée par la collecte des informations devrait être effectué conformément au droit national. Il convient cependant de prévoir la possibilité de différer cet avis pour empêcher le débiteur de transférer ses biens et de compromettre ainsi le recouvrement de la créance alimentaire.

(36) Compte tenu des frais de procédures, il convient de prévoir un régime d'aide judiciaire très favorable, à savoir la prise en charge totale des coûts liés aux procédures concer-

nant des obligations alimentaires à l'égard des enfants âgés de moins de 21 ans engagées par l'intermédiaire des autorités centrales. Les règles existantes en matière d'aide judiciaire au sein de l'Union européenne en vertu de la directive 2003/8/CE devraient par conséquent être complétées par des règles spécifiques créant ainsi un régime particulier d'aide judiciaire en matière d'obligations alimentaires. Dans ce cadre, l'autorité compétente de l'État membre requis devrait pouvoir, à titre exceptionnel, recouvrer les frais auprès d'un demandeur bénéficiaire de l'aide judiciaire gratuite qui succombe, pour autant que sa situation financière le permette. Cela serait notamment le cas d'une personne fortunée qui aurait agi de mauvaise foi.

(37) En outre, pour les obligations alimentaires autres que celles visées au précédent considérant, il y a lieu de garantir à toutes les parties le même traitement en termes d'aide judiciaire au moment de l'exécution d'une décision dans un autre État membre. Ainsi, les dispositions sur la continuité de l'aide judiciaire du présent règlement devraient être entendues comme octroyant également une telle aide à une partie qui, n'ayant pas bénéficié de l'aide judiciaire lors de la procédure visant à l'obtention ou la modification d'une décision dans l'État membre d'origine, en a ensuite bénéficié dans ce même État dans le cadre d'une demande visant à l'exécution de la décision. De même, une partie qui a bénéficié d'une procédure gratuite devant une autorité administrative énumérée à l'annexe X devrait, dans l'État membre d'exécution, se voir accorder le bénéfice de l'aide judiciaire la plus favorable ou de l'exemption de frais et dépens la plus large à condition de justifier qu'elle en aurait bénéficié dans l'État membre d'origine.

(38) Afin de réduire les frais de traduction de pièces justificatives, la juridiction saisie ne devrait exiger la traduction de ces pièces que lorsqu'une traduction est nécessaire, sans préjudice des droits de la défense et des règles applicables à la signification et à la notification des actes.

(39) Afin de faciliter l'application du présent règlement, il convient de prévoir une obligation pour les États membres de communiquer les noms et coordonnées de leurs autorités centrales ainsi que d'autres informations à la Commission. Ces informations devraient être mises à la disposition des praticiens et du public par voie de publication au *Journal officiel de l'Union européenne* ou d'accès électronique au moyen du réseau judiciaire européen en matière civile et commerciale créé par la décision 2001/470/CE. Par ailleurs, l'utilisation des formulaires prévus au présent règlement devrait faciliter et accélérer la communication entre autorités centrales et permettre la présentation de demandes par voie électronique.

(40) Il convient de régler la relation entre le présent règlement et les conventions et accords bilatéraux ou multilatéraux en matière d'obligations alimentaires auxquelles les États membres sont parties. Dans ce contexte, il y a lieu de prévoir que les États membres parties à la convention du 23 mars 1962 entre la Suède, le Danemark, la Finlande, l'Islande et la Norvège sur le recouvrement des créances alimentaires pourront continuer à appliquer celle-ci compte tenu du fait qu'elle contient des règles en matière de reconnaissance et d'exécution plus favorables que celles prévues par le présent règlement. S'agissant des accords bilatéraux futurs en matière d'obligations alimentaires avec des États tiers, les procédures et conditions dans lesquelles les États membres seraient autorisés à négocier et à conclure en leur propre nom de tels accords devraient être déterminées dans le cadre des discussions relatives à une proposition de la Commission sur ce sujet.

(41) Pour le calcul des périodes et délais prévus par le présent règlement, le règlement (CEE, Euratom) n° 1182/71 du Conseil du 3 juin 1971 portant détermination des règles applicables aux délais, aux dates et aux termes devrait s'appliquer. – *V. JO L 124 du 8.6.1971, p. 1.*

(42) Il y a lieu d'arrêter les mesures nécessaires pour la mise en œuvre du présent règlement en conformité avec la décision 1999/468/CE du Conseil du 28 juin 1999 fixant les modalités de l'exercice des compétences d'exécution conférées à la Commission. – *V. JO L 184 du 17.7.1999, p. 23.*

(43) Il convient en particulier d'habiliter la Commission à adopter toute modification des formulaires prévus au présent règlement selon la procédure consultative prévue à l'article 3 de la décision 1999/468/CE. Pour l'établissement de la liste des autorités administratives entrant dans le champ d'application du présent règlement, ainsi que la liste des autorités compétentes en matière d'attestation du droit à l'aide judiciaire, il convient d'habiliter la Commission à agir selon la procédure de gestion prévue à l'article 4 de ladite décision.

(44) Le présent règlement devrait modifier le règlement (CE) n° 44/2001 en remplaçant les dispositions de celui-ci applicables en matière d'obligations alimentaires. Sous réserve des

dispositions transitoires du présent règlement, les États membres devraient, en matière d'obligations alimentaires, appliquer les dispositions du présent règlement sur la compétence, sur la reconnaissance, la force exécutoire et l'exécution des décisions et sur l'aide judiciaire à la place de celles du règlement (CE) n° 44/2001 à compter de la date d'application du présent règlement.

(45) Étant donné que les objectifs du présent règlement, à savoir la mise en place d'une série de mesures permettant d'assurer le recouvrement effectif des créances alimentaires dans des situations transfrontalières et dès lors de faciliter la libre circulation des personnes au sein de l'Union européenne, ne peuvent pas être réalisés de manière suffisante par les États membres et peuvent donc, en raison des dimensions et des effets du présent règlement, être mieux réalisés au niveau communautaire, la Communauté peut prendre des mesures, conformément au principe de subsidiarité consacré à l'article 5 du traité. Conformément au principe de proportionnalité tel qu'énoncé audit article, le présent règlement n'excède pas ce qui est nécessaire pour atteindre ces objectifs.

(46) Conformément à l'article 3 du protocole sur la position du Royaume-Uni et de l'Irlande annexé au traité sur l'Union européenne et au traité instituant la Communauté européenne, l'Irlande a notifié son souhait de participer à l'adoption et à l'application du présent règlement.

(47) Conformément aux articles 1er et 2 du protocole sur la position du Royaume-Uni et de l'Irlande annexé au traité sur l'Union européenne et au traité instituant la Communauté européenne, le Royaume-Uni ne participe pas à l'adoption du présent règlement et n'est pas lié par celui-ci ni soumis à son application. Cela est toutefois sans préjudice de la possibilité pour le Royaume-Uni de notifier son intention d'accepter le présent règlement après son adoption conformément à l'article 4 dudit protocole.

(48) Conformément aux articles 1er et 2 du protocole sur la position du Danemark annexé au traité sur l'Union européenne et au traité instituant la Communauté européenne, le Danemark ne participe pas à l'adoption du présent règlement et n'est pas lié par celui-ci ni soumis à son application, sans préjudice de la possibilité pour le Danemark d'appliquer le contenu des modifications apportées au règlement (CE) n° 44/2001 en vertu de l'article 3 de l'accord du 19 octobre 2005 entre la Communauté européenne et le Royaume du Danemark sur la compétence judiciaire, la reconnaissance et l'exécution des décisions en matière civile et commerciale *[JO L 299 du 16.11.2005, p. 62]*.

A ARRÊTÉ LE PRÉSENT RÈGLEMENT :

CHAPITRE PREMIER *Champ d'application et définitions*

Art. 1er *Champ d'application.* 1. Le présent règlement s'applique aux obligations alimentaires découlant de relations de famille, de parenté, de mariage ou d'alliance.

2. Dans le présent règlement, on entend par "État membre" tous les États membres auxquels le présent règlement s'applique.

Art. 2 *Définitions.* 1. Aux fins du présent règlement on entend par :

1) "décision" : une décision en matière d'obligations alimentaires rendue par une juridiction d'un État membre, quelle que soit la dénomination qui lui est donnée, telle qu'arrêt, jugement, ordonnance ou mandat d'exécution, ainsi qu'une décision du greffier fixant le montant des frais du procès. Aux fins des chapitres VII et VIII, on entend par "décision" également une décision en matière d'obligations alimentaires rendue dans un État tiers ;

2) "transaction judiciaire" : une transaction en matière d'obligations alimentaires approuvée par une juridiction ou conclue devant une juridiction au cours d'une procédure ;

3) "acte authentique" :

a) un acte en matière d'obligations alimentaires dressé ou enregistré formellement en tant qu'acte authentique dans l'État membre d'origine et dont l'authenticité :

i) porte sur la signature et le contenu de l'acte authentique, et

ii) a été établie par une autorité publique ou toute autre autorité habilitée à ce faire ; ou

b) une convention en matière d'obligations alimentaires conclue avec des autorités administratives de l'État membre d'origine ou authentifiée par celles-ci ;

4) "État membre d'origine" : l'État membre dans lequel, selon le cas, la décision a été rendue, la transaction judiciaire approuvée ou conclue et l'acte authentique établi ;

5) "État membre d'exécution" : l'État membre dans lequel est demandée l'exécution de la décision, de la transaction judiciaire ou de l'acte authentique ;

6) "État membre requérant" : l'État membre dont l'autorité centrale transmet une demande en vertu du chapitre VII ;

7) "État membre requis" : l'État membre dont l'autorité centrale reçoit une demande en vertu du chapitre VII ;

8) "État partie à la convention de La Haye de 2007" : un État partie à la Convention de La Haye du 23 novembre 2007 sur le recouvrement international des aliments destinés aux enfants et à d'autres membres de la famille (ci-après dénommée "la convention de La Haye de 2007"), dans la mesure où ladite convention s'applique entre la Communauté et cet État ;

9) "juridiction d'origine" : la juridiction qui a rendu la décision à exécuter ;

10) "créancier" : toute personne physique à qui des aliments sont dus ou sont allégués être dus ;

11) "débiteur" : toute personne physique qui doit des aliments ou dont il est allégué qu'elle doit des aliments.

2. Aux fins du présent règlement, la notion de "juridiction" inclut les autorités administratives des États membres compétentes en matière d'obligations alimentaires, pour autant que ces autorités offrent des garanties en ce qui concerne leur impartialité et le droit des parties à être entendues, et que les décisions qu'elles rendent conformément à la législation de l'État membre dans lequel elles sont établies

i) puissent faire l'objet d'un recours devant une autorité judiciaire ou d'un contrôle par une telle autorité, et

ii) aient une force et un effet équivalent à une décision d'une autorité judiciaire dans la même matière. – *JOUE L 299 du 16 nov. 2005, p. 62.*

Ces autorités administratives sont énumérées à l'annexe X. Cette annexe est établie et modifiée selon la procédure de gestion visée à l'article 73, paragraphe 2, à la demande de l'État membre dans lequel est établie l'autorité administrative concernée.

3. Aux fins des articles 3, 4 et 6, la notion de "domicile" remplace celle de « nationalité » dans les États membres qui utilisent cette notion en tant que facteur de rattachement en matière familiale.

Aux fins de l'article 6, les parties qui ont leur "domicile" dans différentes unités territoriales d'un même État membre sont considérées comme ayant leur "domicile" commun dans cet État membre.

Relève du champ d'application du Règl. CE 4/2009 du 18 déc. 2008, ainsi que de la compétence internationale des juridictions de l'État membre d'exécution, une action en opposition à exécution introduite par le débiteur d'une créance d'aliments, qui est dirigée contre l'exécution d'une décision rendue par une juridiction de l'État membre d'origine ayant constaté cette créance. • CJUE, 4 juin 2020, n° C-41/19 : *D. actu. 18 juin 2020, obs. Payan ; D. 2020. 1827, note Foussard ; AJ fam. 2020. 530, obs. Boiché ; RTD eur. 2020. 940, obs. Payan.*

CHAPITRE II *Compétence*

Art. 3 *Dispositions générales.* Sont compétentes pour statuer en matière d'obligations alimentaires dans les États membres :

a) la juridiction du lieu où le défendeur a sa résidence habituelle, ou

b) la juridiction du lieu où le créancier a sa résidence habituelle, ou

c) la juridiction qui est compétente selon la loi du for pour connaître d'une action relative à l'état des personnes lorsque la demande relative à une obligation alimentaire est accessoire à cette action, sauf si cette compétence est fondée uniquement sur la nationalité d'une des parties, ou

d) la juridiction qui est compétente selon la loi du for pour connaître d'une action relative à la responsabilité parentale lorsque la demande relative à une obligation alimentaire est accessoire à cette action, sauf si cette compétence est fondée uniquement sur la nationalité d'une des parties.

1. Notion de « résidence habituelle » de l'enfant – Compétence en cas d'enlèvement de l'enfant. L'art. 10 du Règl. (CE) n° 2201/2003, et l'art. 3 du Règl. (CE) n° 4/2009 doivent être interprétés en ce sens que dans une affaire dans laquelle un enfant qui avait sa résidence habituelle dans un État membre a été déplacé par l'un de ses parents de manière illicite dans un autre État membre, les juridictions de cet autre État membre ne sont pas compétentes pour statuer sur une demande relative au droit de garde ou à la fixation d'une pension alimentaire à l'égard dudit enfant, en l'absence de toute indication selon laquelle l'autre parent aurait acquiescé à son déplacement ou n'aurait pas présenté de demande de retour de celui-ci. • CJUE, ord., 10 avr. 2018, n° C-85/18 : *Europe 2018, n° 254, note Idot.*

2. Compétence de la juridiction statuant sur le divorce pour connaître de la demande d'obligation alimentaire. Juridiction du lieu où le défendeur a sa résidence habituelle et devant laquelle il comparaît. L'art. 3, ss. a) et d), et l'art. 5 du Règl. (CE) nº 4/2009 du Conseil, du 18 déc. 2008 doivent être interprétés en ce sens que, lorsqu'une juridiction d'un État membre est saisie d'un recours comprenant trois demandes portant respectivement sur le divorce des parents d'un enfant mineur, la responsabilité parentale à l'égard de cet enfant et l'obligation alimentaire envers celui-ci, la juridiction statuant sur le divorce qui s'est déclarée incompétente pour statuer sur la demande relative à la responsabilité parentale dispose néanmoins d'une compétence pour statuer sur la demande relative à l'obligation alimentaire concernant ledit enfant lorsqu'elle est également la juridiction du lieu de résidence habituelle du défendeur ou la juridiction devant laquelle celui-ci a comparu, sans en contester la compétence. • CJUE 5 sept. 2019, nº C-468/18 : *D. actu, 11 oct. 2019, note Mélin ; AJ fam. 2020. 63, obs. Boiché*.

Art. 4 *Élection de for.* 1. Les parties peuvent convenir que la juridiction ou les juridictions ci-après d'un État membre sont compétentes pour régler les différends en matière d'obligations alimentaires nés ou à naître entre elles :

a) une juridiction ou les juridictions d'un État membre dans lequel l'une des parties a sa résidence habituelle ;

b) une juridiction ou les juridictions de l'État membre dont l'une des parties a la nationalité ;

c) en ce qui concerne les obligations alimentaires entre époux ou ex-époux :

i) la juridiction compétente pour connaître de leurs différends en matière matrimoniale, ou

ii) une juridiction ou les juridictions de l'État membre qui a été celui de leur dernière résidence habituelle commune pendant au moins un an.

Les conditions visées aux points a), b) ou c) doivent être réunies au moment de la conclusion de la convention relative à l'élection de for ou au moment de l'introduction de l'instance.

La compétence attribuée par convention est exclusive, sauf si les parties en disposent autrement.

2. Une convention relative à l'élection de for est conclue par écrit. Toute transmission par voie électronique qui permet de consigner durablement la convention est considérée comme revêtant une forme écrite.

3. Le présent article n'est pas applicable dans un litige portant sur une obligation alimentaire à l'égard d'un enfant de moins de dix-huit ans.

4. Si les parties sont convenues d'attribuer une compétence exclusive à une juridiction ou aux juridictions d'un État partie à la convention concernant la compétence judiciaire, la reconnaissance et l'exécution des décisions en matière civile et commerciale *(JOUE L 339 du 21 déc. 2007, p. 3)* signée le 30 octobre 2007 à Lugano (ci-après dénommée « la convention de Lugano »), dès lors que celui-ci n'est pas un État membre, ladite convention s'applique sauf en ce qui concerne les litiges visés au paragraphe 3. — *V. Conv. de Lugano du 30 oct. 2007, App., vº Droit européen et international.*

Art. 5 *Compétence fondée par la comparution du défendeur.* Outre les cas où sa compétence résulte d'autres dispositions du présent règlement, la juridiction d'un État membre devant laquelle le défendeur comparaît est compétente. Cette règle n'est pas applicable si la comparution a pour objet de contester la compétence.

1. L'art. 4, § 3, du protocole de La Haye du 23 nov. 2007, sur la loi applicable aux obligations alimentaires, approuvé, au nom de la Communauté européenne, par la Décis. 2009/941/CE du Conseil du 30 nov. 2009, doit être interprété en ce sens que le créancier ne « saisi*[t]* » pas, au sens de cet article, l'autorité compétente de l'État où le débiteur a sa résidence habituelle lorsque, dans le cadre d'une procédure engagée par ce dernier devant cette autorité, le créancier comparaît, au sens de l'art. 5 du Règl. (CE) nº 4/2009 du Conseil du 18 déc. 2008, en concluant au rejet de la demande au fond. • CJUE 20 sept. 2017, nº C-214/17 : *Europe 2018, nº 451, note Idot.*

2. Renvoi. V. note 2 ss. art. 3 du présent règlement.

Art. 6 *Compétence subsidiaire.* Lorsque aucune juridiction d'un État membre n'est compétente en vertu des articles 3, 4 et 5, et qu'aucune juridiction d'un État partie à la convention de Lugano qui n'est pas un État membre n'est compétente en vertu des dispositions de ladite convention, les juridictions de l'État membre de la nationalité commune des parties sont compétentes.

Art. 7 *Forum necessitatis.* Lorsque aucune juridiction d'un État membre n'est compétente en vertu des articles 3, 4, 5 et 6, les juridictions d'un État membre peuvent, dans des cas exceptionnels, connaître du litige si une procédure ne peut raisonnablement être introduite ou conduite, ou se révèle impossible dans un État tiers avec lequel le litige a un lien étroit.

Le litige doit présenter un lien suffisant avec l'État membre de la juridiction saisie.

Art. 8 *Limite aux procédures.* 1. Lorsqu'une décision a été rendue dans un État membre ou dans un État partie à la convention de La Haye de 2007 où le créancier a sa résidence habituelle, le débiteur ne peut introduire une procédure pour modifier la décision ou obtenir une nouvelle décision dans un autre État membre tant que le créancier continue à résider habituellement dans l'État dans lequel la décision a été rendue.

2. Le paragraphe 1 ne s'applique pas :

a) lorsque les parties sont convenues, conformément à l'article 4, que les juridictions de cet autre État membre sont compétentes ;

b) lorsque le créancier se soumet à la compétence des juridictions de cet autre État membre en vertu de l'article 5 ;

c) lorsque l'autorité compétente de l'État d'origine partie à la convention de La Haye de 2007 ne peut ou refuse d'exercer sa compétence pour modifier la décision ou rendre une nouvelle décision, ou

d) lorsque la décision rendue dans l'État d'origine partie à la convention de La Haye de 2007 ne peut être reconnue ou déclarée exécutoire dans l'État membre dans lequel des procédures tendant à la modification de la décision ou à l'obtention d'une nouvelle décision sont envisagées.

Art. 9 *Saisine d'une juridiction.* Aux fins du présent chapitre, une juridiction est réputée saisie :

a) à la date à laquelle l'acte introductif d'instance ou un acte équivalent est déposé auprès de la juridiction, à condition que le demandeur n'ait pas négligé par la suite de prendre les mesures qu'il était tenu de prendre pour que l'acte soit notifié ou signifié au défendeur, ou

b) si l'acte doit être notifié ou signifié avant d'être déposé auprès de la juridiction, à la date à laquelle il est reçu par l'autorité chargée de la notification ou de la signification, à condition que le demandeur n'ait pas négligé par la suite de prendre les mesures qu'il était tenu de prendre pour que l'acte soit déposé auprès de la juridiction.

Art. 10 *Vérification de la compétence.* La juridiction d'un État membre saisie d'une affaire pour laquelle elle n'est pas compétente en vertu du présent règlement se déclare d'office incompétente.

Art. 11 *Vérification de la recevabilité.* 1. Lorsque le défendeur qui a sa résidence habituelle sur le territoire d'un État autre que l'État membre où l'action a été intentée ne comparaît pas, la juridiction compétente sursoit à statuer aussi longtemps qu'il n'est pas établi que le défendeur a été mis à même de recevoir l'acte introductif d'instance ou un acte équivalent en temps utile pour qu'il ait pu se défendre ou que toute diligence a été faite à cette fin.

2. L'article 19 du règlement (CE) n° 1393/2007 s'applique en lieu et place des dispositions du paragraphe 1 du présent article si l'acte introductif d'instance ou un acte équivalent a dû être transmis d'un État membre à un autre en exécution dudit règlement.

3. Lorsque les dispositions du règlement (CE) n° 1393/2007 ne sont pas applicables, l'article 15 de la convention de La Haye du 15 novembre 1965 relative à la signification et à la notification à l'étranger des actes judiciaires et extrajudiciaires en matière civile ou commerciale s'applique si l'acte introductif d'instance ou un acte équivalent a dû être transmis à l'étranger en exécution de cette convention.

Art. 12 *Litispendance.* 1. Lorsque des demandes ayant le même objet et la même cause sont formées entre les mêmes parties devant des juridictions d'États membres différents, la juridiction saisie en second lieu sursoit d'office à statuer jusqu'à ce que la compétence du tribunal premier saisi soit établie.

2. Lorsque la compétence du tribunal premier saisi est établie, le tribunal saisi en second lieu se dessaisit en faveur de celui-ci.

Art. 13 *Connexité.* 1. Lorsque des demandes connexes sont pendantes devant des juridictions d'États membres différents, la juridiction saisie en second lieu peut surseoir à statuer.

2. Lorsque ces demandes sont pendantes au premier degré, la juridiction saisie en second lieu peut également se dessaisir, à la demande de l'une des parties, à condition que le tribunal premier saisi soit compétent pour connaître des demandes en question et que sa loi permette leur jonction.

3. Sont connexes, au sens du présent article, les demandes liées entre elles par un rapport si étroit qu'il y a intérêt à les instruire et à les juger en même temps afin d'éviter des solutions qui pourraient être inconciliables si les causes étaient jugées séparément.

Art. 14 *Mesures provisoires et conservatoires.* Les mesures provisoires ou conservatoires prévues par la loi d'un État membre peuvent être demandées aux autorités judiciaires de cet État, même si, en vertu du présent règlement, une juridiction d'un autre État membre est compétente pour connaître du fond.

CHAPITRE III *Loi applicable*

Art. 15 *Détermination de la loi applicable.* La loi applicable en matière d'obligations alimentaires est déterminée conformément au protocole de La Haye du 23 novembre 2007 sur la loi applicable aux obligations alimentaires (ci-après dénommé "le protocole de La Haye de 2007") pour les États membres liés par cet instrument.

CHAPITRE IV *Reconnaissance, force exécutoire et exécution des décisions*

Art. 16 *Champ d'application du présent chapitre.* 1. Le présent chapitre régit la reconnaissance, la force exécutoire et l'exécution des décisions visées par le présent règlement.

2. La section I s'applique aux décisions rendues dans un État membre lié par le protocole de La Haye de 2007.

3. La section II s'applique aux décisions rendues dans un État membre non lié par le protocole de La Haye de 2007.

4. La section III s'applique à toutes les décisions.

SECTION I *Décisions rendues dans un État membre lié par le protocole de La Haye de 2007*

Art. 17 *Suppression de l'exequatur.* 1. Une décision rendue dans un État membre lié par le protocole de La Haye de 2007 est reconnue dans un autre État membre sans qu'il soit nécessaire de recourir à aucune procédure et sans qu'il soit possible de s'opposer à sa reconnaissance.

2. Une décision rendue dans un État membre lié par le protocole de La Haye de 2007 qui est exécutoire dans cet État jouit de la force exécutoire dans un autre État membre sans qu'une déclaration constatant la force exécutoire soit nécessaire.

Art. 18 *Mesures conservatoires.* Une décision exécutoire emporte de plein droit l'autorisation de procéder aux mesures conservatoires prévues par la loi de l'État membre d'exécution.

Art. 19 *Droit de demander un réexamen.* 1. Un défendeur qui n'a pas comparu dans l'État membre d'origine a le droit de demander le réexamen de la décision devant la juridiction compétente dudit État membre lorsque :

a) l'acte introductif d'instance ou un acte équivalent ne lui a pas été signifié ou notifié en temps utile et de telle manière qu'il ait pu se défendre, ou

b) il s'est trouvé dans l'impossibilité de contester la créance alimentaire pour cause de force majeure ou en raison de circonstances extraordinaires sans qu'il y ait eu faute de sa part, à moins qu'il n'ait pas exercé de recours à l'encontre de la décision alors qu'il était en mesure de le faire. — *V. C. pr. civ., art. 540.*

2. Le délai pour demander le réexamen court à compter du jour où le défendeur a eu effectivement connaissance du contenu de la décision et où il a été en mesure d'agir, au plus tard à compter du jour de la première mesure d'exécution ayant pour effet de rendre ses biens indisponibles en tout ou partie. Le défendeur agit sans tarder et en tout état de cause dans un délai de 45 jours. Ce délai ne comporte pas de prorogation à raison de la distance.

3. Si la juridiction rejette la demande de réexamen visée au paragraphe 1 au motif qu'aucune des conditions de réexamen énoncées audit paragraphe n'est remplie, la décision reste valable.

Si la juridiction décide que le réexamen est justifié au motif que l'une des conditions énoncées au paragraphe 1 est remplie, la décision est nulle et non avenue. Toutefois, le créancier ne perd pas les avantages résultant de l'interruption des délais de prescription ou de déchéance ni le droit de demander rétroactivement des aliments qu'il aurait acquis par l'action initiale.

Art. 20 *Documents aux fins de l'exécution.* 1. Aux fins de l'exécution d'une décision dans un autre État membre, le demandeur fournit aux autorités compétentes chargées de l'exécution :

a) une copie de la décision réunissant les conditions nécessaires pour en établir l'authenticité ;

b) l'extrait de la décision délivré par la juridiction d'origine au moyen du formulaire dont le modèle figure à l'annexe I ;

c) le cas échéant un document établissant l'état des arrérages et indiquant la date à laquelle le calcul a été effectué ;

d) le cas échéant, la translittération ou la traduction du contenu du formulaire visé au point b) dans la langue officielle de l'État membre d'exécution ou, si cet État membre a plusieurs langues officielles, dans la ou l'une des langues officielles de la procédure judiciaire du lieu où l'exécution est demandée, conformément au droit de cet État membre, ou dans une autre langue que l'État membre d'exécution aura déclaré pouvoir accepter. Chaque État membre peut indiquer la ou les langues officielles des institutions de l'Union européenne, autres que la ou les siennes, dans laquelle ou lesquelles il accepte que le formulaire soit rempli.

2. Les autorités compétentes de l'État membre d'exécution ne peuvent exiger du demandeur qu'il fournisse une traduction de la décision. Une traduction peut cependant être exigée si l'exécution de la décision est contestée.

3. Une traduction au titre du présent article doit être faite par une personne habilitée à effectuer des traductions dans l'un des États membres.

Art. 21 *Refus ou suspension de l'exécution.* 1. Les motifs de refus ou de suspension de l'exécution prévus par la loi de l'État membre d'exécution s'appliquent pour autant qu'ils ne soient pas incompatibles avec l'application des paragraphes 2 et 3.

2. A la demande du débiteur, l'autorité compétente de l'État membre d'exécution refuse, intégralement ou partiellement, l'exécution de la décision de la juridiction d'origine lorsque le droit d'obtenir l'exécution de la décision de la juridiction d'origine est prescrit, aux termes de la loi de l'État membre d'origine ou de l'État membre d'exécution, le plus long délai de prescription étant retenu.

De plus, l'autorité compétente de l'État membre d'exécution peut, à la demande du débiteur, refuser, intégralement ou partiellement, l'exécution de la décision de la juridiction d'origine si celle-ci est inconciliable avec une décision rendue dans l'État membre d'exécution ou avec une décision rendue dans un autre État membre ou dans un État tiers, laquelle réunit les conditions nécessaires à sa reconnaissance dans l'État membre d'exécution.

Une décision ayant pour effet de modifier, en raison d'un changement de circonstances, une décision antérieure relative à des aliments n'est pas considérée comme une décision inconciliable au sens du deuxième alinéa.

3. A la demande du débiteur, l'autorité compétente de l'État membre d'exécution peut suspendre, intégralement ou partiellement, l'exécution de la décision de la juridiction d'origine lorsque la juridiction compétente de l'État membre d'origine est saisie d'une demande de réexamen de la décision de la juridiction d'origine conformément à l'article 19.

En outre, l'autorité compétente de l'État membre d'exécution suspend, à la demande du débiteur, l'exécution de la décision de la juridiction d'origine si la force exécutoire est suspendue dans l'État membre d'origine.

Art. 22 *Absence d'effet sur l'existence des relations de famille.* La reconnaissance et l'exécution d'une décision en matière d'obligations alimentaires en vertu du présent règlement n'impliquent en aucune manière la reconnaissance des relations de famille, de parenté, de mariage ou d'alliance qui sont à l'origine des obligations alimentaires ayant donné lieu à la décision.

SECTION II *Décisions rendues dans un État membre non lié par le protocole de La Haye de 2007*

Art. 23 *Reconnaissance.* 1. Les décisions rendues dans un État membre non lié par le protocole de La Haye de 2007 sont reconnues dans les autres États membres, sans qu'il soit nécessaire de recourir à aucune procédure.

2. En cas de contestation, toute partie intéressée qui invoque à titre principal la reconnaissance d'une décision peut faire constater, selon les procédures prévues dans la présente section, que la décision doit être reconnue.

3. Si la reconnaissance est invoquée de façon incidente devant une juridiction d'un État membre, celle-ci est compétente pour en connaître.

Art. 24 *Motifs de refus de reconnaissance.* Une décision n'est pas reconnue si :

a) la reconnaissance est manifestement contraire à l'ordre public de l'État membre dans lequel la reconnaissance est demandée.

Le critère de l'ordre public ne peut être appliqué aux règles de compétence ;

b) l'acte introductif d'instance ou un acte équivalent n'a pas été signifié ou notifié au défendeur défaillant en temps utile et de telle manière qu'il ait pu se défendre, à moins qu'il n'ait pas exercé de recours à l'encontre de la décision alors qu'il était en mesure de le faire ;

c) elle est inconciliable avec une décision rendue entre les mêmes parties dans l'État membre dans lequel la reconnaissance est demandée ;

d) elle est inconciliable avec une décision rendue antérieurement dans un autre État membre ou dans un État tiers entre les mêmes parties dans un litige ayant le même objet et la même cause, lorsque la décision rendue antérieurement réunit les conditions nécessaires à sa reconnaissance dans l'État membre dans lequel la reconnaissance est demandée.

Une décision ayant pour effet de modifier, en raison d'un changement de circonstances, une décision antérieure relative à des aliments n'est pas considérée comme une décision inconciliable au sens des points c) ou d).

Art. 25 *Sursis à statuer.* La juridiction d'un État membre devant laquelle est invoquée la reconnaissance d'une décision rendue dans un État membre non lié par le protocole de La Haye de 2007 sursoit à statuer si la force exécutoire de la décision est suspendue dans l'État membre d'origine du fait de l'exercice d'un recours.

Art. 26 *Force exécutoire.* Une décision rendue dans un État membre non lié par le protocole de La Haye de 2007 et qui y est exécutoire est mise à exécution dans un autre État membre après y avoir été déclarée exécutoire sur demande de toute partie intéressée.

Art. 27 *Compétence territoriale.* 1. La demande de déclaration constatant la force exécutoire est présentée à la juridiction ou à l'autorité compétente de l'État membre d'exécution dont cet État membre a transmis le nom à la Commission conformément à l'article 71.

2. La compétence territoriale est déterminée par la résidence habituelle de la partie contre laquelle l'exécution est demandée, ou par le lieu de l'exécution.

Art. 28 *Procédure.* 1. La demande de déclaration constatant la force exécutoire est accompagnée des documents suivants :

a) une copie de la décision réunissant les conditions nécessaires pour en établir l'authenticité ;

b) un extrait de la décision délivré par la juridiction d'origine au moyen du formulaire dont le modèle figure à l'annexe II, sans préjudice de l'article 29 ;

c) le cas échéant, la translittération ou la traduction du contenu du formulaire visé au point b) dans la langue officielle de l'État membre d'exécution ou, si cet État membre a plusieurs langues officielles, dans la ou l'une des langues officielles de la procédure judiciaire du lieu où la demande est présentée, conformément au droit de cet État membre, ou dans une autre langue que l'État membre d'exécution aura déclaré pouvoir accepter. Chaque État membre peut indiquer la ou les langues officielles des institutions de l'Union européenne, autres que la ou les siennes, dans laquelle ou lesquelles il accepte que le formulaire soit rempli.

2. La juridiction ou l'autorité compétente saisie de la demande ne peut exiger du demandeur qu'il fournisse une traduction de la décision. Une traduction peut cependant être exigée dans le cadre du recours prévu aux articles 32 ou 33.

3. Une traduction au titre du présent article doit être faite par une personne habilitée à effectuer des traductions dans l'un des États membres.

Art. 29 *Défaut de production de l'extrait.* 1. A défaut de production de l'extrait visé à l'article 28, paragraphe 1, point b), la juridiction ou l'autorité compétente peut impartir un délai pour le produire ou accepter un document équivalent ou, si elle s'estime suffisamment éclairée, en dispenser.

2. Dans le cas visé au paragraphe 1, il est produit une traduction des documents si la juridiction ou l'autorité compétente l'exige. La traduction est faite par une personne habilitée à effectuer des traductions dans l'un des États membres.

Art. 30 *Déclaration constatant la force exécutoire.* La décision est déclarée exécutoire sans examen au titre de l'article 24, dès l'achèvement des formalités prévues à l'article 28 et au plus tard dans les 30 jours suivant l'achèvement de ces formalités, sauf impossibilité due à des circonstances exceptionnelles. La partie contre laquelle l'exécution est demandée ne peut, à ce stade de la procédure, présenter d'observations.

Art. 31 *Communication de la décision relative à la demande de déclaration.* 1. La décision relative à la demande de déclaration constatant la force exécutoire est aussitôt portée à la connaissance du demandeur suivant les modalités déterminées par la loi de l'État membre d'exécution.

2. La déclaration constatant la force exécutoire est signifiée ou notifiée à la partie contre laquelle l'exécution est demandée, accompagnée de la décision si celle-ci n'a pas encore été signifiée ou notifiée à cette partie.

Art. 32 *Recours contre la décision relative à la demande de déclaration.* 1. L'une ou l'autre partie peut former un recours contre la décision relative à la demande de déclaration constatant la force exécutoire.

2. Le recours est porté devant la juridiction dont l'État membre concerné a transmis le nom à la Commission conformément à l'article 71.

3. Le recours est examiné selon les règles de la procédure contradictoire.

4. Si la partie contre laquelle l'exécution est demandée ne comparaît pas devant la juridiction saisie du recours formé par le demandeur, les dispositions de l'article 11 sont applicables, même si la partie contre laquelle l'exécution est demandée n'a pas sa résidence habituelle dans l'un des États membres.

5. Le recours contre la déclaration constatant la force exécutoire est formé dans un délai de 30 jours à compter de sa signification ou de sa notification. Si la partie contre laquelle l'exécution est demandée a sa résidence habituelle dans un autre État membre que celui dans lequel la déclaration constatant la force exécutoire a été délivrée, le délai est de 45 jours et court à compter du jour où la signification ou la notification a été faite à personne ou à domicile. Ce délai ne comporte pas de prorogation à raison de la distance.

Art. 33 *Pourvoi contre la décision rendue sur le recours.* La décision rendue sur le recours ne peut faire l'objet d'un pourvoi qu'au moyen de la procédure que l'État membre concerné a communiquée à la Commission conformément à l'article 71.

Art. 34 *Refus ou révocation d'une déclaration constatant la force exécutoire.* 1. La juridiction saisie d'un recours prévu aux articles 32 ou 33 ne peut refuser ou révoquer une déclaration constatant la force exécutoire de la décision que pour l'un des motifs prévus à l'article 24.

2. Sous réserve de l'article 32, paragraphe 4, la juridiction saisie d'un recours prévu à l'article 32 statue dans un délai de 90 jours à compter de sa saisine, sauf impossibilité due à des circonstances exceptionnelles.

3. La juridiction saisie d'un recours prévu à l'article 33 statue à bref délai.

Art. 35 *Sursis à statuer.* La juridiction saisie d'un recours prévu aux articles 32 ou 33 sursoit à statuer, à la demande de la partie contre laquelle l'exécution est demandée, si l'exécution de la décision est suspendue dans l'État membre d'origine du fait de l'exercice d'un recours.

Art. 36 *Mesures provisoires et conservatoires.* 1. Lorsqu'une décision doit être reconnue en application de la présente section, rien n'empêche le demandeur de demander qu'il soit procédé à des mesures provisoires, ou conservatoires, prévues par la loi de l'État membre d'exécution, sans qu'il soit nécessaire que cette décision soit déclarée exécutoire au sens de l'article 30.

2. La déclaration constatant la force exécutoire emporte de plein droit l'autorisation de procéder à des mesures conservatoires.

3. Pendant le délai prévu à l'article 32, paragraphe 5, pour former un recours contre la déclaration constatant la force exécutoire et jusqu'à ce qu'il ait été statué sur celui-ci, il ne peut être procédé qu'à des mesures conservatoires sur les biens de la partie contre laquelle l'exécution est demandée.

Art. 37 *Force exécutoire partielle.* 1. Lorsque la décision a statué sur plusieurs chefs de la demande et que la déclaration constatant la force exécutoire ne peut être délivrée pour le tout, la juridiction ou l'autorité compétente la délivre pour un ou plusieurs d'entre eux.

2. Le demandeur peut demander que la déclaration constatant la force exécutoire soit limitée à certaines parties d'une décision.

Art. 38 *Absence d'impôt, de droit ou de taxe.* Aucun impôt, droit ou taxe proportionnel à la valeur du litige n'est perçu dans l'État membre d'exécution à l'occasion de la procédure tendant à la délivrance d'une déclaration constatant la force exécutoire.

SECTION III *Dispositions communes*

Art. 39 *Force exécutoire par provision.* La juridiction d'origine peut déclarer la décision exécutoire par provision, nonobstant un éventuel recours, même si le droit national ne prévoit pas la force exécutoire de plein droit.

Art. 40 *Invocation d'une décision reconnue.* 1. Une partie qui souhaite faire valoir dans un autre État membre une décision reconnue au sens de l'article 17, paragraphe 1, ou en vertu de la section II, doit produire une copie de celle-ci réunissant les conditions nécessaires pour en établir l'authenticité.

2. Le cas échéant, la juridiction devant laquelle la décision reconnue est invoquée peut demander à la partie qui souhaite la faire valoir de produire un extrait délivré par la juridiction d'origine en utilisant le formulaire dont le modèle figure, selon le cas, à l'annexe I ou à l'annexe II.

La juridiction d'origine délivre cet extrait également à la demande de toute partie intéressée.

3. Le cas échéant, la partie invoquant la décision reconnue fournit une translittération ou une traduction du contenu du formulaire visé au paragraphe 2 dans la langue officielle de l'État membre concerné ou, si cet État membre a plusieurs langues officielles, dans la ou l'une des langues officielles de la procédure judiciaire du lieu où la décision reconnue est invoquée, conformément au droit de cet État membre, ou dans une autre langue que l'État membre concerné aura déclaré pouvoir accepter. Chaque État membre peut indiquer la ou les langues officielles des institutions de l'Union européenne, autres que la ou les siennes, dans laquelle ou lesquelles il accepte que le formulaire soit rempli.

4. Une traduction au titre du présent article doit être faite par une personne habilitée à effectuer des traductions dans l'un des États membres.

Art. 41 *Procédure et conditions d'exécution.* 1. Sous réserve des dispositions du présent règlement, la procédure d'exécution des décisions rendues dans un autre État membre est régie par le droit de l'État membre d'exécution. Une décision rendue dans un État membre qui est exécutoire dans l'État membre d'exécution y est exécutée dans les mêmes conditions qu'une décision rendue dans cet État membre d'exécution.

2. La partie qui demande l'exécution d'une décision rendue dans un autre État membre n'est pas tenue d'avoir, dans l'État membre d'exécution, une adresse postale ni un représentant autorisé, sans préjudice des personnes compétentes en matière de procédure d'exécution.

Art. 42 *Absence de révision quant au fond.* En aucun cas une décision rendue dans un État membre ne peut faire l'objet d'une révision quant au fond dans l'État membre dans lequel la reconnaissance, la force exécutoire ou l'exécution est demandée.

Art. 43 *Recouvrement non prioritaire des frais.* Le recouvrement de tous frais encourus pour l'application du présent règlement n'a pas priorité sur le recouvrement des aliments.

CHAPITRE V *Accès à la justice*

Art. 44 *Droit à l'aide judiciaire.* 1. Les parties à un litige relevant du présent règlement bénéficient d'un accès effectif à la justice dans un autre État membre, y compris dans le cadre des procédures d'exécution et des recours, selon les conditions définies dans le présent chapitre.

Dans les cas couverts par le chapitre VII, cet accès effectif est assuré par l'État membre requis à tout demandeur ayant sa résidence dans l'État membre requérant.

2. Pour assurer un tel accès effectif, les États membres fournissent une aide judiciaire conformément au présent chapitre, à moins que le paragraphe 3 ne s'applique.

3. Dans les cas couverts par le chapitre VII, un État membre n'est pas tenu de fournir une telle aide judiciaire si et dans la mesure où les procédures de cet État permettent aux parties d'agir sans avoir besoin d'aide judiciaire et que l'autorité centrale fournit gratuitement les services nécessaires.

4. Les conditions d'accès à l'aide judiciaire ne sont pas plus restrictives que celles fixées dans les affaires internes équivalentes.

5. Aucune caution ni aucun dépôt, sous quelque dénomination que ce soit, n'est imposé pour garantir le paiement des frais et dépens dans les procédures en matière d'obligations alimentaires.

Art. 45 *Contenu de l'aide judiciaire.* L'aide judiciaire accordée au titre du présent chapitre désigne l'assistance nécessaire pour permettre aux parties de connaître et de faire valoir leurs droits et pour garantir que leurs demandes, présentées par l'intermédiaire des autorités centrales ou directement aux autorités compétentes, seront traitées de façon complète et efficace. Elle inclut le cas échéant les aspects suivants :

a) des conseils précontentieux en vue d'arriver à un règlement avant d'intenter une procédure judiciaire ;

b) l'assistance juridique en vue de saisir une autorité ou une juridiction, et la représentation en justice ;

c) l'exonération ou la prise en charge des frais de justice, et les honoraires des mandataires désignés pour accomplir des actes durant la procédure ;

d) dans les États membres où la partie qui succombe est condamnée à régler les frais de la partie adverse, si le bénéficiaire de l'aide judiciaire succombe, les frais de la partie adverse dès lors qu'elle aurait couvert ces frais si le bénéficiaire avait eu sa résidence habituelle dans l'État membre de la juridiction saisie ;

e) l'interprétation ;

f) la traduction des documents exigés par la juridiction ou l'autorité compétente et soumis par le bénéficiaire de l'aide judiciaire, qui sont nécessaires au règlement du litige ;

g) les frais de déplacement que le bénéficiaire de l'aide judiciaire doit exposer lorsque la loi ou la juridiction de l'État membre concerné exige la présence physique à l'audience des personnes concernées par l'introduction de la demande et lorsque la juridiction décide que les personnes concernées ne peuvent être entendues à sa satisfaction par aucun autre moyen.

Art. 46 *Aide judiciaire gratuite pour les demandes d'aliments destinés aux enfants introduites par l'intermédiaire des autorités centrales.* 1. L'État membre requis fournit une aide judiciaire gratuite pour toutes les demandes relatives aux obligations alimentaires découlant d'une relation parent-enfant envers une personne âgée de moins de 21 ans présentée par un créancier en vertu de l'article 56.

2. Nonobstant le paragraphe 1, l'autorité compétente de l'État membre requis peut, en ce qui a trait aux demandes autres que celles prévues à l'article 56, paragraphe 1, points a) et b), refuser l'octroi d'une aide judiciaire gratuite si elle considère que la demande ou quelque recours que ce soit est manifestement dépourvu de fondement.

Art. 47 *Cas ne relevant pas de l'article 46.* 1. Dans les cas ne relevant pas de l'article 46 et sous réserve des articles 44 et 45, l'aide judiciaire peut être accordée conformément au droit national, en particulier quant aux conditions de l'évaluation des ressources du demandeur ou du bien-fondé de la demande.

2. Nonobstant le paragraphe 1, une partie qui, dans l'État membre d'origine, a bénéficié en tout ou en partie de l'aide judiciaire ou d'une exemption de frais et dépens a droit, dans le cadre de toute procédure de reconnaissance, de force exécutoire ou d'exécution, à l'aide judiciaire la plus favorable ou à l'exemption la plus large prévue par le droit de l'État membre d'exécution.

3. Nonobstant le paragraphe 1, une partie qui, dans l'État membre d'origine, a bénéficié d'une procédure gratuite devant une autorité administrative énumérée à l'annexe X a droit, dans le cadre de toute procédure de reconnaissance, de force exécutoire ou d'exécution, à l'aide judiciaire conformément au paragraphe 2.

A cet effet, elle produit un document établi par l'autorité compétente de l'État membre d'origine attestant qu'elle remplit les conditions économiques pour pouvoir bénéficier en tout ou en partie de l'aide judiciaire ou d'une exemption de frais et dépens.

Les autorités compétentes aux fins du présent paragraphe sont énumérées à l'annexe XI. Cette annexe est établie et modifiée selon la procédure de gestion visée à l'article 73, paragraphe 2.

CHAPITRE VI *Transactions judiciaires et actes authentiques*

Art. 48 *Application du présent règlement aux transactions judiciaires et aux actes authentiques.* 1. Les transactions judiciaires et les actes authentiques exécutoires dans l'État membre d'origine sont reconnus dans un autre État membre et y jouissent de la même force exécutoire que les décisions, conformément au chapitre IV.

2. Les dispositions du présent règlement sont applicables, en tant que de besoin, aux transactions judiciaires et aux actes authentiques.

3. L'autorité compétente de l'État membre d'origine délivre, à la demande de toute partie intéressée, un extrait de la transaction judiciaire ou de l'acte authentique au moyen du formulaire dont le modèle figure, selon le cas, aux annexes I et II ou aux annexes III et IV.

CHAPITRE VII *Coopération entre autorités centrales*

Art. 49 *Désignation des autorités centrales.* 1. Chaque État membre désigne une autorité centrale chargée de satisfaire aux obligations qui lui sont imposées par le présent règlement.

2. Un État membre fédéral, un État membre dans lequel plusieurs systèmes de droit sont en vigueur ou un État membre ayant des unités territoriales autonomes est libre de désigner plus d'une autorité centrale et spécifie l'étendue territoriale ou personnelle de leurs fonctions. L'État membre qui fait usage de cette faculté désigne l'autorité centrale à laquelle toute communication peut être adressée en vue de sa transmission à l'autorité centrale com-

pétente au sein de cet État. Si une communication est envoyée à une autorité centrale qui n'est pas compétente, cette dernière est tenue de la transmettre à l'autorité centrale compétente et d'en informer l'expéditeur.

3. Chaque État membre informe la Commission, conformément à l'article 71, de la désignation de l'autorité centrale ou des autorités centrales ainsi que de leurs coordonnées et, le cas échéant, de l'étendue de leurs fonctions visées au paragraphe 2.

Art. 50 *Fonctions générales des autorités centrales.* 1. Les autorités centrales :

a) coopèrent entre elles, notamment en échangeant des informations, et promeuvent la coopération entre les autorités compétentes de leur État membre pour réaliser les objectifs du présent règlement ;

b) recherchent, dans toute la mesure du possible, des solutions aux difficultés pouvant survenir dans le cadre de l'application du présent règlement.

2. Les autorités centrales prennent des mesures pour faciliter l'application du présent règlement et renforcer leur coopération.

A cette fin, il est fait usage du réseau judiciaire européen en matière civile et commerciale créé par la décision 2001/470/CE.

Art. 51 *Fonctions spécifiques des autorités centrales.* 1. Les autorités centrales fournissent une assistance relative aux demandes prévues à l'article 56, notamment en :

a) transmettant et recevant ces demandes ;

b) introduisant ou facilitant l'introduction de procédures relatives à ces demandes.

2. Concernant ces demandes, les autorités centrales prennent toutes les mesures appropriées pour :

a) accorder ou faciliter l'octroi d'une aide judiciaire, lorsque les circonstances l'exigent ;

b) aider à localiser le débiteur ou le créancier, notamment en application des articles 61, 62 et 63 ;

c) faciliter la recherche des informations pertinentes relatives aux revenus et, si nécessaire, au patrimoine du débiteur ou du créancier, y compris la localisation des biens, notamment en application des articles 61, 62 et 63 ;

d) encourager les règlements amiables afin d'obtenir un paiement volontaire des aliments, lorsque cela s'avère approprié par le recours à la médiation, à la conciliation ou à d'autres modes analogues ;

e) faciliter l'exécution continue des décisions en matière d'aliments, y compris les arrérages ;

f) faciliter le recouvrement et le virement rapide des paiements d'aliments ;

g) faciliter l'obtention d'éléments de preuve documentaire ou autre, sans préjudice du règlement (CE) n° 1206/2001 ;

h) fournir une assistance pour établir la filiation lorsque cela est nécessaire pour le recouvrement d'aliments ;

i) introduire ou faciliter l'introduction de procédures afin d'obtenir toute mesure nécessaire et provisoire à caractère territorial et ayant pour but de garantir l'aboutissement d'une demande pendante d'aliments ;

j) faciliter la signification et la notification des actes, sans préjudice du règlement (CE) n° 1393/2007.

3. Les fonctions conférées à l'autorité centrale en vertu du présent article peuvent être exercées, dans la mesure prévue par la loi de l'État membre concerné, par des organismes publics ou d'autres organismes soumis au contrôle des autorités compétentes de cet État membre. La désignation de tout organisme, public ou autre, ainsi que ses coordonnées et l'étendue de ses fonctions sont communiquées par l'État membre à la Commission conformément à l'article 71.

4. Le présent article et l'article 53 n'imposent en aucun cas à une autorité centrale l'obligation d'exercer des attributions qui relèvent exclusivement des autorités judiciaires selon la loi de l'État membre requis.

Art. 52 *Procuration.* L'autorité centrale de l'État membre requis ne peut exiger une procuration du demandeur que si elle agit en son nom dans des procédures judiciaires ou dans des procédures engagées devant d'autres autorités ou afin de désigner un représentant à ces fins.

Art. 53 *Requêtes en vue de mesures spécifiques.* 1. Une autorité centrale peut, sur requête motivée, demander à une autre autorité centrale de prendre les mesures spécifiques appropriées prévues à l'article 51, paragraphe 2, points b), c), g), h), i) et j), lorsque aucune demande prévue à l'article 56 n'est pendante. L'autorité centrale requise prend les mesures s'avérant appropriées si elle considère qu'elles sont nécessaires pour aider un demandeur potentiel à présenter une demande prévue à l'article 56 ou à déterminer si une telle demande doit être introduite.

2. Lorsqu'une requête en vue de mesures prévues à l'article 51, paragraphe 2, points b) et c), est présentée, l'autorité centrale requise recherche les informations demandées, si nécessaire en application de l'article 61. Toutefois, les informations visées à l'article 61, paragraphe 2, points b), c) et d), ne peuvent être recherchées que si le créancier produit une copie d'une décision, d'une transaction judiciaire ou d'un acte authentique à exécuter, le cas échéant accompagnée de l'extrait prévu aux articles 20, 28 ou 48.

L'autorité centrale requise communique les informations obtenues à l'autorité centrale requérante. Lorsque ces informations ont été obtenues en application de l'article 61, cette communication ne porte que sur l'adresse du défendeur potentiel dans l'État membre requis. Dans le cadre d'une requête en vue d'une reconnaissance, d'une déclaration constatant la force exécutoire ou d'une exécution, la communication porte en outre sur la seule existence de revenus ou d'un patrimoine du débiteur dans cet État.

Si l'autorité centrale requise n'est pas en mesure de fournir les informations demandées, elle en informe sans délai l'autorité centrale requérante, en lui précisant les raisons de cette impossibilité.

3. Une autorité centrale peut également prendre des mesures spécifiques, à la requête d'une autre autorité centrale, dans une affaire de recouvrement d'aliments pendante dans l'État membre requérant et comportant un élément d'extranéité.

4. Pour les requêtes présentées en application du présent article, les autorités centrales utilisent le formulaire dont le modèle figure à l'annexe V.

Art. 54 *Frais de l'autorité centrale.* 1. Chaque autorité centrale prend en charge ses propres frais découlant de l'application du présent règlement.

2. Les autorités centrales ne peuvent mettre aucun *[aucuns]* frais à la charge du demandeur pour les services qu'elles fournissent en vertu du présent règlement, sauf s'il s'agit de frais exceptionnels découlant d'une requête de mesures spécifiques prévue à l'article 53. Aux fins du présent paragraphe, les frais liés à la localisation du débiteur ne sont pas considérés comme exceptionnels.

3. L'autorité centrale requise ne peut pas recouvrer les frais exceptionnels mentionnés au paragraphe 2 sans avoir obtenu l'accord préalable du demandeur sur la fourniture de ces services à un tel coût.

Art. 55 *Demandes par l'intermédiaire des autorités centrales.* Toute demande prévue au titre du présent chapitre est transmise à l'autorité centrale de l'État membre requis par l'intermédiaire de l'autorité centrale de l'État membre dans lequel le demandeur a sa résidence.

Art. 56 *Demandes disponibles.* 1. Un créancier qui poursuit le recouvrement d'aliments en vertu du présent règlement peut présenter les demandes suivantes :

a) la reconnaissance ou la reconnaissance et la déclaration constatant la force exécutoire d'une décision ;

b) l'exécution d'une décision rendue ou reconnue dans l'État membre requis ;

c) l'obtention d'une décision dans l'État membre requis lorsqu'il n'existe aucune décision, y compris l'établissement de la filiation si nécessaire ;

d) l'obtention d'une décision dans l'État membre requis lorsque la reconnaissance et la déclaration constatant la force exécutoire d'une décision rendue dans un État autre que l'État membre requis n'est pas possible ;

e) la modification d'une décision rendue dans l'État membre requis ;

f) la modification d'une décision rendue dans un État autre que l'État membre requis.

2. Un débiteur à l'encontre duquel existe une décision en matière d'aliments peut présenter les demandes suivantes :

a) la reconnaissance d'une décision ayant pour effet de suspendre ou de restreindre l'exécution d'une décision antérieure dans l'État membre requis ;

b) la modification d'une décision rendue dans l'État membre requis ;

c) la modification d'une décision rendue dans un État autre que l'État membre requis.

3. Pour les demandes relevant du présent article, l'assistance et la représentation visées à l'article 45, point b) sont fournies par l'autorité centrale de l'État membre requis directe*ment ou par l'intermédiaire* d'autorités publiques ou d'autres organes ou personnes.

4. Sauf disposition contraire du présent règlement, les demandes visées aux paragraphes 1 et 2 sont traitées conformément au droit de l'État membre requis et sont soumises aux règles de compétence applicables dans cet État membre.

Art. 57 *Contenu de la demande.* 1. Toute demande prévue à l'article 56 est présentée au moyen du formulaire dont le modèle figure à l'annexe VI ou à l'annexe VII.

2. Toute demande prévue à l'article 56 comporte au moins :

a) une déclaration relative à la nature de la demande ou des demandes ;

b) le nom et les coordonnées du demandeur, y compris son adresse et sa date de naissance ;

c) le nom du défendeur et, lorsqu'elles sont connues, son adresse et sa date de naissance ;

d) le nom et la date de naissance des personnes pour lesquelles des aliments sont demandés ;

e) les motifs sur lesquels la demande est fondée ;

f) lorsque la demande est formée par le créancier, les informations relatives au lieu où les paiements doivent être effectués ou transmis électroniquement ;

g) les noms et coordonnées de la personne ou du service de l'autorité centrale de l'État membre requérant responsable du traitement de la demande.

3. Aux fins du paragraphe 2, point b), l'adresse personnelle du demandeur peut être remplacée par une autre adresse dans les cas de violences familiales, si le droit national de l'État membre requis n'exige pas, aux fins des procédures à engager, que le demandeur fournisse son adresse personnelle.

4. Au besoin, la demande comporte également les informations suivantes lorsqu'elles sont connues :

a) la situation financière du créancier ;

b) la situation financière du débiteur, y compris le nom et l'adresse de l'employeur du débiteur, ainsi que la localisation et la nature des biens du débiteur ;

c) toute autre information permettant de localiser le défendeur.

5. La demande est accompagnée de toute information ou tout document justificatif nécessaire, y compris, le cas échéant, pour établir le droit du demandeur à l'aide judiciaire. Les demandes prévues à l'article 56, paragraphe 1, points a) et b), et paragraphe 2, point a), ne sont accompagnées, selon le cas, que des documents énumérés aux articles 20, 28 ou 48 ou à l'article 25 de la convention de La Haye de 2007.

Art. 58 *Transmission, réception et traitement des demandes et des affaires par l'intermédiaire des autorités centrales.* 1. L'autorité centrale de l'État membre requérant assiste le demandeur afin que soient joints tous les documents et informations qui, à la connaissance de cette autorité, sont nécessaires à l'examen de la demande.

2. Après s'être assurée que la demande satisfait aux exigences du présent règlement, l'autorité centrale de l'État membre requérant la transmet à l'autorité centrale de l'État membre requis.

3. Dans un délai de 30 jours à compter de la date de réception de la demande, l'autorité centrale requise en accuse réception au moyen du formulaire dont le modèle figure à l'annexe VIII, avise l'autorité centrale de l'État membre requérant des premières démarches qui ont été ou qui seront entreprises pour traiter la demande et peut solliciter tout document ou toute information supplémentaire qu'elle estime nécessaire. Dans ce même délai de 30 jours, l'autorité centrale requise informe l'autorité centrale requérante des nom et coordonnées de la personne ou du service chargé de répondre aux questions relatives à l'état d'avancement de la demande.

4. Dans un délai de 60 jours suivant l'accusé de réception, l'autorité centrale requise informe l'autorité centrale requérante de l'état de la demande.

5. Les autorités centrales requérante et requise s'informent mutuellement :

a) de l'identité de la personne ou du service responsable d'une affaire particulière ;

b) de l'état d'avancement de l'affaire,

et répondent en temps utile aux demandes de renseignements.

6. Les autorités centrales traitent une affaire aussi rapidement qu'un examen adéquat de son contenu le permet.

7. Les autorités centrales utilisent entre elles les moyens de communication les plus rapides et efficaces dont elles disposent.

8. Une autorité centrale requise ne peut refuser de traiter une demande que s'il est manifeste que les conditions requises par le présent règlement ne sont pas remplies. Dans ce cas, cette autorité centrale informe aussitôt l'autorité centrale requérante des motifs de son refus au moyen du formulaire dont le modèle figure à l'annexe IX.

9. L'autorité centrale requise ne peut rejeter une demande au seul motif que des documents ou des informations supplémentaires sont nécessaires. Elle peut toutefois demander à l'autorité centrale requérante de fournir ces documents ou ces informations supplémentaires. Si l'autorité centrale requérante ne les fournit pas dans un délai de 90 jours ou dans un délai plus long spécifié par l'autorité centrale requise, cette dernière peut décider de ces-

ser de traiter la demande. Dans ce cas, elle informe aussitôt l'autorité centrale requérante au moyen du formulaire dont le modèle figure à l'annexe IX.

Art. 59 *Langues.* 1. Le formulaire de requête ou de demande est rempli dans la langue officielle de l'État membre requis ou, s'il existe plusieurs langues officielles dans cet État membre, dans la langue officielle ou l'une des langues officielles du lieu où est établie l'autorité centrale concernée, ou dans toute autre langue officielle des institutions de l'Union européenne que l'État membre requis aura indiqué pouvoir accepter, sauf dispense de traduction de l'autorité centrale de cet État membre.

2. Les documents accompagnant le formulaire de requête ou de demande ne sont traduits dans la langue déterminée conformément au paragraphe 1 que si une traduction est nécessaire pour fournir l'assistance demandée, sans préjudice des articles 20, 28, 40 et 66.

3. Toute autre communication entre les autorités centrales se fait dans la langue déterminée conformément au paragraphe 1, sauf si les autorités centrales en conviennent autrement.

Art. 60 *Réunions.* 1. Afin de faciliter l'application du présent règlement, les autorités centrales se réunissent régulièrement.

2. La convocation de ces réunions s'effectue conformément à la décision 2001/470/CE.

Art. 61 *Accès des autorités centrales aux informations.* 1. Dans les conditions prévues au présent chapitre et par exception à l'article 51, paragraphe 4, l'autorité centrale requise met en œuvre tous les moyens appropriés et raisonnables pour obtenir les informations visées au paragraphe 2 nécessaires pour faciliter, dans une affaire déterminée, l'obtention, la modification, la reconnaissance, la constatation de la force exécutoire ou l'exécution d'une décision.

Les autorités publiques ou les administrations qui, dans le cadre de leurs activités habituelles, détiennent, au sein de l'État membre requis, les informations visées au paragraphe 2 et qui sont responsables de leur traitement au sens de la directive 95/46/CE fournissent, sous réserve des limitations justifiées par des raisons de sécurité nationale ou de sûreté publique, celles-ci à l'autorité centrale requise à sa demande dans les cas où cette dernière n'a pas accès directement à ces informations.

Les États membres peuvent désigner les autorités publiques ou les administrations à même de fournir à l'autorité centrale requise les informations visées au paragraphe 2. Lorsqu'un État membre procède à une telle désignation, il veille à ce que son choix des autorités et des administrations permette à son autorité centrale d'avoir accès, conformément au présent article, aux informations requises.

Toute autre personne morale qui détient, au sein de l'État membre requis, les informations visées au paragraphe 2 et qui est responsable de leur traitement au sens de la directive 95/46/CE fournit celles-ci à l'autorité centrale requise à sa demande si elle y est autorisée par le droit de l'État membre requis.

L'autorité centrale requise transmet, en tant que de besoin, les informations ainsi obtenues à l'autorité centrale requérante.

2. Les informations visées au présent article sont celles déjà détenues par les autorités, administrations ou personnes visées au paragraphe 1. Elles sont adéquates, pertinentes et non excessives, et concernent :

a) l'adresse du débiteur ou du créancier ;

b) les revenus du débiteur ;

c) l'identification de l'employeur du débiteur et/ou du/des compte(s) bancaire(s) dont le débiteur est titulaire ;

d) le patrimoine du débiteur.

Pour obtenir ou modifier une décision, seules les informations visées au point a) peuvent être demandées par l'autorité centrale requise.

Pour faire reconnaître, déclarer exécutoire ou exécuter une décision, toutes les informations visées au premier alinéa peuvent être demandées par l'autorité centrale requise. Toutefois, les informations visées au point d) ne peuvent être demandées que si les informations visées aux points b) et c) sont insuffisantes pour permettre l'exécution de la décision.

Art. 62 *Transmission et utilisation des informations.* 1. Les autorités centrales transmettent au sein de leur État membre, selon le cas, les informations visées à l'article 61, paragraphe 2, aux juridictions compétentes, aux autorités compétentes chargées de signifier ou de notifier des actes et aux autorités compétentes chargées de l'exécution d'une décision.

2. Toute autorité ou juridiction à laquelle des informations ont été transmises en application de l'article 61 ne peut utiliser celles-ci que pour faciliter le recouvrement de créances alimentaires.

A l'exception des informations portant sur l'existence même d'une adresse, de revenus ou d'un patrimoine dans l'État membre requis, les informations visées à l'article 61, paragraphe 2 ne peuvent être divulguées à la personne qui a saisi l'autorité centrale requérante, sous réserve de l'application des règles de procédure devant une juridiction.

3. Toute autorité qui traite une information qui lui a été transmise en application de l'article 61 ne peut conserver cette information au-delà de la période nécessaire aux fins pour lesquelles elle a été transmise.

4. Toute autorité traitant des informations qui lui ont été communiquées en application de l'article 61 assure la confidentialité de ces informations, conformément au droit national.

Art. 63 *Avis à la personne visée par la collecte des informations.* 1. L'avis à la personne visée par la collecte des informations de la communication de tout ou partie de celles-ci est effectué conformément au droit national de l'État membre requis.

2. Lorsque cet avis risque de porter préjudice au recouvrement effectif de la créance alimentaire, il peut être différé pour une durée qui ne saurait excéder 90 jours à compter de la date à laquelle les informations ont été fournies à l'autorité centrale requise.

CHAPITRE VIII *Organismes publics*

Art. 64 *Organismes publics en qualité de demandeurs.* 1. Aux fins d'une demande de reconnaissance et de déclaration constatant la force exécutoire de décisions ou aux fins de l'exécution de décisions, le terme "créancier" inclut un organisme public agissant à la place d'une personne à laquelle des aliments sont dus ou un organisme auquel est dû le remboursement de prestations fournies à titre d'aliments.

2. Le droit d'un organisme public d'agir à la place d'une personne à laquelle des aliments sont dus ou de demander le remboursement de prestations fournies au créancier à titre d'aliments est soumis à la loi qui régit l'organisme.

3. Un organisme public peut demander la reconnaissance et la déclaration constatant la force exécutoire ou demander l'exécution :

a) d'une décision rendue contre un débiteur à la demande d'un organisme public qui poursuit le paiement de prestations fournies à titre d'aliments ;

b) d'une décision rendue entre un créancier et un débiteur, à concurrence des prestations fournies au créancier à titre d'aliments.

4. L'organisme public qui demande la reconnaissance et la déclaration constatant la force exécutoire ou qui sollicite l'exécution d'une décision produit, sur demande, tout document de nature à établir son droit en application du paragraphe 2 et le paiement des prestations au créancier.

CHAPITRE IX *Dispositions générales et finales*

Art. 65 *Légalisation ou formalité analogue.* Aucune légalisation ni formalité analogue n'est exigée dans le contexte du présent règlement.

Art. 66 *Traduction de pièces justificatives.* Sans préjudice des articles 20, 28 et 40, la juridiction saisie ne peut demander aux parties de fournir une traduction des pièces justificatives établies dans une langue autre que la langue de procédure que si elle estime cette traduction nécessaire pour rendre sa décision ou pour respecter les droits de la défense.

Art. 67 *Recouvrement des frais.* Sans préjudice de l'article 54, l'autorité compétente de l'État membre requis peut recouvrer les frais auprès de la partie perdante bénéficiaire de l'aide judiciaire gratuite en vertu de l'article 46, à titre exceptionnel et si la situation financière de cette dernière le permet.

Art. 68 *Relations avec d'autres instruments communautaires.* 1. Sous réserve de l'article 75, paragraphe 2, le présent règlement modifie le règlement (CE) n° 44/2001 en remplaçant les dispositions dudit règlement applicables en matière d'obligations alimentaires.

2. Le présent règlement remplace, en matière d'obligations alimentaires, le règlement (CE) n° 805/2004, sauf pour les titres exécutoires européens portant sur des obligations alimentaires délivrés dans un État membre non lié par le protocole de La Haye de 2007.

3. En matière d'obligations alimentaires, le présent règlement ne porte pas préjudice à l'application de la directive 2003/8/CE, sous réserve du chapitre V.

4. Le présent règlement ne porte pas préjudice à l'application de la directive 95/46/CE.

Art. 69 *Relations avec les conventions et accords internationaux existants.* 1. Le présent règlement n'affecte pas l'application des conventions et accords bilatéraux ou multilatéraux auxquels un ou plusieurs États membres sont parties lors de l'adoption du présent règlement et qui portent sur des matières régies par le présent règlement, sans préjudice des obligations des États membres en vertu de l'article 307 du traité.

2. Nonobstant le paragraphe 1 et sans préjudice du paragraphe 3, le présent règlement prévaut, entre les États membres, sur les conventions et accords qui portent sur des matières régies par le présent règlement et auxquels des États membres sont parties.

3. Le présent règlement ne fait pas obstacle à l'application de la convention du 23 mars 1962 entre la Suède, le Danemark, la Finlande, l'Islande et la Norvège sur le recouvrement des créances alimentaires par les États membres qui y sont parties compte tenu du fait que ladite convention prévoit en ce qui concerne la reconnaissance, la force exécutoire et l'exécution de décisions :

a) des procédures simplifiées et accélérées pour l'exécution de décisions en matière d'aliments, et

b) une aide judiciaire plus favorable que celle prévue au chapitre V du présent règlement.

Toutefois, l'application de ladite convention ne saurait priver le défendeur de la protection que lui offrent les articles 19 et 21 du présent règlement.

Art. 70 *Informations mises à disposition du public.* Les États membres fournissent dans le cadre du réseau judiciaire européen en matière civile et commerciale créé par la décision 2001/470/CE les informations suivantes en vue de leur mise à disposition du public :

a) une description des législations et procédures nationales concernant les obligations alimentaires ;

b) une description des mesures prises pour satisfaire aux obligations prévues à l'article 51 ;

c) une description de la manière dont l'accès effectif à la justice est assuré, comme l'exige l'article 44 ;

d) une description des règles et procédures nationales d'exécution, y compris des informations sur toutes les limites imposées dans ce domaine, en particulier les règles sur la protection du débiteur et sur les délais ou prescriptions.

Les États membres tiennent en permanence ces informations à jour.

Art. 71 *Informations concernant les coordonnées et les langues.* 1. Le 18 septembre 2010 au plus tard, les États membres communiquent à la Commission :

a) le nom et les coordonnées des juridictions ou autorités compétentes pour statuer sur les demandes de déclaration constatant la force exécutoire, conformément à l'article 27, paragraphe 1, et sur les recours formés contre les décisions rendues sur ces demandes, conformément à l'article 32, paragraphe 2 ;

b) les procédures de pourvoi visées à l'article 33 ;

c) la procédure de réexamen aux fins de l'application de l'article 19 ainsi que le nom et les coordonnées des juridictions compétentes ;

d) le nom et les coordonnées de leurs autorités centrales et, le cas échéant, de l'étendue de leurs fonctions, conformément à l'article 49, paragraphe 3 ;

e) le nom et les coordonnées de leurs organismes publics ou autres et, le cas échéant, l'étendue de leurs fonctions, conformément à l'article 51, paragraphe 3 ;

f) le nom et les coordonnées des autorités compétentes en matière d'exécution aux fins de l'article 21 ;

g) les langues acceptées pour la traduction des documents visés aux articles 20, 28 et 40 ;

h) les langues acceptées par leurs autorités centrales pour les communications, visées à l'article 59, avec les autres autorités centrales.

Les États membres communiquent à la Commission toute modification ultérieure de ces informations.

2. La Commission publie au *Journal officiel de l'Union européenne* les informations communiquées conformément au paragraphe 1, à l'exception des adresses et autres coordonnées des juridictions et autorités visées aux points a), c) et f).

3. La Commission tient toutes les informations communiquées conformément au paragraphe 1 à la disposition du public par tout autre moyen approprié, notamment par le biais du réseau judiciaire européen en matière civile et commerciale créé par la décision 2001/470/CE.

Art. 72 *Modification des formulaires.* Toute modification des formulaires prévus au présent règlement est adoptée suivant la procédure consultative visée à l'article 73, paragraphe 3.

Art. 73 *Comité.* 1. La Commission est assistée par le comité institué par l'article 70 du règlement (CE) n° 2201/2003. – *V. Règl. (CE) n° 2201/2003 du 27 nov. 2003, App., v° Droit européen et international.*

2. Dans le cas où il est fait référence au présent paragraphe, les articles 4 et 7 de la décision 1999/468/CE s'appliquent. La période prévue à l'article 4, paragraphe 3, de la décision 1999/468/CE est fixée à trois mois.

3. Dans le cas où il est fait référence au présent paragraphe, les articles 3 et 7 de la décision 1999/468/CE s'appliquent. – *V. Décis. n° 1999/468/CE (JO L 184 du 17 juill. 1999).*

Art. 74 *Clause de réexamen.* Au plus tard cinq ans à compter de la date d'application déterminée conformément à l'article 76, troisième alinéa, la Commission présente au Parlement européen, au Conseil et au Comité économique et social européen un rapport sur l'application du présent règlement, y compris une évaluation des expériences pratiques en matière de coopération entre autorités centrales, notamment concernant l'accès de celles-ci aux informations détenues par les autorités publiques et les administrations, et une évaluation du fonctionnement de la procédure de reconnaissance, de déclaration de la force exécutoire et d'exécution applicable aux décisions rendues dans un État membre non lié par le protocole de La Haye de 2007. Le rapport est accompagné, le cas échéant, de propositions d'adaptation.

Art. 75 *Dispositions transitoires.* 1. Le présent règlement ne s'applique qu'aux procédures engagées, aux transactions judiciaires approuvées ou conclues et aux actes authentiques établis postérieurement à sa date d'application, sous réserve des paragraphes 2 et 3.

2. Les sections II et III du chapitre IV s'appliquent :

a) aux décisions rendues dans les États membres avant la date d'application du présent règlement pour lesquelles la reconnaissance et la déclaration constatant la force exécutoire sont demandées après cette date ;

b) aux décisions rendues après la date d'application du présent règlement à la suite de procédures engagées avant cette date, dans la mesure où ces décisions relèvent, aux fins de la reconnaissance et de l'exécution, du champ d'application du règlement (CE) n° 44/2001. – *V. Règl. (CE) n° 44-2001 du 22 déc. 2000, App., v° Droit européen et international.*

Le règlement (CE) n° 44/2001 reste d'application aux procédures de reconnaissance et d'exécution en cours à la date d'application du présent règlement. – *V. Règl. (CE) n° 44-2001 du 22 déc. 2000, App., v° Droit européen et international.*

Le premier et le deuxième alinéa s'appliquent *mutatis mutandis* aux transactions judiciaires approuvées ou conclues et aux actes authentiques établis dans les États membres.

3. Le chapitre VII concernant la coopération entre autorités centrales s'applique aux requêtes et demandes reçues par l'autorité centrale à compter de la date d'application du présent règlement.

Art. 76 *Entrée en vigueur.* Le présent règlement entre en vigueur le vingtième jour suivant celui de sa publication au *Journal officiel de l'Union européenne.*

L'article 2, paragraphe 2, l'article 47, paragraphe 3, et les articles 71, 72 et 73 s'appliquent à compter du 18 septembre 2010.

Le présent règlement s'applique, à l'exception des dispositions visées au deuxième alinéa, à compter du 18 juin 2011, sous réserve que le protocole de La Haye de 2007 soit applicable dans la Communauté à cette date. A défaut, le présent règlement s'applique à compter de la date d'application dudit protocole dans la Communauté.

ANNEXES I À XI

Les annexes I à XI sont consultables sur le C. pr. civ. Dalloz expert et sur le site dalloz.fr.

Règlement (UE) n° 650/2012 du Parlement européen et du Conseil du 4 juillet 2012,

Relatif à la compétence, la loi applicable, la reconnaissance et l'exécution des décisions, et l'acceptation et l'exécution des actes authentiques en matière de successions et à la création d'un certificat successoral européen (JOUE 27 juill., L 201/107, rect. JOUE n° L 60, 2 mars 2013).

Sur l'entrée en vigueur du présent Règl., V. son art. 84.

BIBL. ▶ **Ouvrages :** BERGQUIST, FRIMSTON, ODERSKY, DAMASCELLI, LAGARDE, REINHARTZ, Commentaire du règlement sur les successions, *Commentaire Dalloz 2015.* – BONOMI et WAUTELET, Le Droit européen des successions. Commentaire du règlement n° 650/2012 du 4 juillet 2012, 2e éd., *Bruylant 2016.* – KAIRALLAH et REVILLARD (dir.), Droit européen des successions internationales, *Defrénois 2013.*

▶ **Articles : Proposition de règlement du 14 oct. 2009 :** BONOMI et SCHMIDT, Successions européennes et internationales. Réflexions autour du futur règlement européen et de son impact en Suisse, Genève, *Schultness 2010*. – Kairallah et Revillard, Perspectives du droit des successions internationales, Étude de la proposition de règlement du 14 octobre 2009, *Defrénois 2010*. – Nourissat, *Defrénois 2010. 394*. – Revillard, *Defrénois 2010. 176*.

▸ **Règlement :** Dossier, *Dr. et patr. 6/2013. 41 ; ibid. mai 2014, p. 51* (les zones d'ombre) ; *Dr. fam. 2013. 35 ; JCP N 2013. 1078* (vers un droit patrimonial européen de la famille ?). – Boulanger, *JCP 2012. 1903* (révolution juridique ou compromis en trompe l'œil ? A propos du nouveau règlement européen des successions) ; *JCP N 2013. 1180* (le renouvellement du traitement de l'anticipation successorale). – Cuniberti, *Dr. et pr. 2013. 34*. – Crône, *Solution Notaires 2012, nº 8-9, p. 29* (successions internationales, la révolution en marche). – Devers, *JCP N 2015. 1145* (le contentieux des successions internationales). – Ducamp-Monod, *Dr. fam. 2015. Étude 10* (de quelques difficultés prévisibles liées à l'application du règlement européen des successions). – Godechot-Patris, *D. 2012. 2462* ✎ (le nouveau droit des successions internationales : entre satisfactions et craintes). – Goré, *Dr. et patr. 4/2013, p. 34* (les silences du règlement). – Idot, *Europe 2012. Focus 46*. – Jacoby, *JCP N 2012. 777* (le compte à rebours a commencé !). – Galliez, *JCP N 2013. 1110* (application immédiate). – Garducci, *JCP 2013. 550*. – Nourissat, *Procédures 2012, nº 283 ; JCP 2015. 935* (une révolution copernicienne pour successions internationales...). – Nourissat et Revillard, *Defrénois 2015. 985* (le notaire français et le règlement « successions »). – P. Lagarde, *Rev. crit. DIP 2012. 691* ✎ (principes de base). – Legrand, *LPA 19 mai 2015, p. 6* (le nouveau droit international privé des successions). – Revillard, *Defrénois 2012. 743*. – de Vareilles-Sommières, *D. 2012. 2462* ✎ (pour une meilleure consolidation européenne des dispositions de planification successorale prises avant le 17 août 2015 relativement à une succession internationale).

LE PARLEMENT EUROPÉEN ET LE CONSEIL DE L'UNION EUROPÉENNE,

vu le traité sur le fonctionnement de l'Union européenne, et notamment son article 81, paragraphe 2,

vu la proposition de la Commission européenne,

vu l'avis du Comité économique et social européen *[JO C 44 du 11.2.2011, p. 148.]*,

statuant conformément à la procédure législative ordinaire *[Position du Parlement européen du 13 mars 2012 et décision du Conseil du 7 juin 2012.]*,

considérant ce qui suit :

(1) L'Union s'est donné pour objectif de maintenir et de développer un espace de liberté, de sécurité et de justice au sein duquel est assurée la libre circulation des personnes. En vue de l'établissement progressif de cet espace, l'Union doit adopter des mesures relevant du domaine de la coopération judiciaire dans les matières civiles ayant une incidence transfrontière, notamment lorsque cela est nécessaire au bon fonctionnement du marché intérieur.

(2) Conformément à l'article 81, paragraphe 2, point c), du traité sur le fonctionnement de l'Union européenne, ces mesures peuvent comprendre des mesures visant à assurer la compatibilité des règles applicables dans les États membres en matière de conflits de lois et de compétence.

(3) Le Conseil européen, réuni à Tampere les 15 et 16 octobre 1999, a approuvé le principe de reconnaissance mutuelle des jugements et des autres décisions émanant des autorités judiciaires en tant que pierre angulaire de la coopération judiciaire en matière civile et a invité le Conseil et la Commission à adopter un programme de mesures destinées à mettre en œuvre ce principe.

(4) Un programme de mesures sur la mise en œuvre du principe de reconnaissance mutuelle des décisions en matière civile et commerciale *[JO C 12 du 15.1.2001, p. 1.]*, **commun à la Commission et au Conseil, a été adopté le 30 novembre 2000.**

Ce programme décrit les mesures relatives à l'harmonisation des règles de conflits de lois comme des mesures destinées à faciliter la reconnaissance mutuelle des décisions et prévoit l'élaboration d'un instrument en matière de testaments et successions.

(5) Le Conseil européen, réuni à Bruxelles les 4 et 5 novembre 2004, a adopté un nouveau programme, intitulé "Le programme de La Haye : renforcer la liberté, la sécurité et la justice dans l'Union européenne" *[JO C 53 du 3.3.2005, p. 1.]*. **Ce programme souligne la nécessité d'adopter un instrument en matière de successions, traitant notamment des questions de conflits de lois, de la compétence, de la reconnaissance mutuelle et de l'exécution des décisions dans le domaine des successions ainsi que d'un certificat successoral européen.**

(6) Réuni à Bruxelles les 10 et 11 décembre 2009, le Conseil européen a adopté un nouveau programme pluriannuel intitulé "Le programme de Stockholm – une Europe ouverte et

sûre qui sert et protège les citoyens" *[JO C 115 du 4.5.2010, p. 1.]*. Dans ce programme, le Conseil européen estimait que la reconnaissance mutuelle devrait être étendue à des domaines encore non couverts mais essentiels pour la vie quotidienne, tels que les successions et les testaments, tout en tenant compte des systèmes juridiques des États membres, y compris en matière d'ordre public, et des traditions nationales dans ce domaine.

(7) Il y a lieu de faciliter le bon fonctionnement du marché intérieur en supprimant les entraves à la libre circulation de personnes confrontées aujourd'hui à des difficultés pour faire valoir leurs droits dans le contexte d'une succession ayant des incidences transfrontières. Dans l'espace européen de justice, les citoyens doivent être en mesure d'organiser à l'avance leur succession. Les droits des héritiers et légataires, des autres personnes proches du défunt ainsi que des créanciers de la succession doivent être garantis de manière effective.

(8) Afin d'atteindre ces objectifs, le présent règlement devrait regrouper les dispositions sur la compétence, la loi applicable, la reconnaissance – ou, le cas échéant, l'acceptation –, la force exécutoire et l'exécution des décisions, des actes authentiques et des transactions judiciaires ainsi que sur la création d'un certificat successoral européen.

(9) Le champ d'application du présent règlement devrait s'étendre à tous les aspects de droit civil d'une succession à cause de mort, à savoir tout mode de transfert de biens, de droits et d'obligations à cause de mort, qu'il s'agisse d'un acte volontaire de transfert en vertu d'une disposition à cause de mort ou d'un transfert dans le cadre d'une succession *ab intestat*.

(10) Le présent règlement ne devrait pas s'appliquer aux questions fiscales ni aux questions administratives relevant du droit public. Il appartient dès lors au droit national de déterminer, par exemple, comment sont calculés et payés les impôts et autres taxes, qu'il s'agisse d'impôts dus par la personne décédée au moment de son décès ou de tout type d'impôt lié à la succession dont doivent s'acquitter la succession ou les bénéficiaires. Il appartient également au droit national de déterminer si le transfert d'un bien successoral aux bénéficiaires en vertu du présent règlement ou l'inscription d'un bien successoral dans un registre peut, ou non, faire l'objet de paiement d'impôts.

(11) Le présent règlement ne devrait pas s'appliquer aux domaines du droit civil autres que les successions. Pour des raisons de clarté, le champ d'application du présent règlement devrait explicitement exclure une série de questions dont il pourrait être estimé qu'elles ont un lien avec les questions de succession.

(12) Ainsi, le présent règlement ne devrait pas s'appliquer aux questions ayant trait aux régimes matrimoniaux, y compris les conventions matrimoniales que connaissent certains systèmes juridiques, dès lors que celles-ci ne traitent pas de questions successorales, ni aux régimes patrimoniaux applicables aux relations réputées avoir des effets comparables à ceux du mariage. Les autorités chargées d'une succession donnée en vertu du présent règlement devraient néanmoins, en fonction de la situation, prendre en compte la liquidation du régime matrimonial ou d'un régime patrimonial similaire du défunt lors du calcul de la masse successorale et des parts respectives des différents bénéficiaires.

(13) Il convient également d'exclure du champ d'application du présent règlement les questions liées à la constitution, au fonctionnement et à la dissolution de trusts. Cela ne devrait pas s'entendre comme une exclusion générale des trusts. Dans le cas où un trust est constitué en vertu d'un testament ou de la loi en lien avec une succession *ab intestat*, la loi applicable à la succession en vertu du présent règlement devrait s'appliquer s'agissant de la dévolution des biens et de la vocation successorale des bénéficiaires.

(14) Les droits et biens créés ou transférés autrement que par succession, par exemple au moyen de libéralités, devraient également être exclus du champ d'application du présent règlement. Néanmoins, c'est la loi désignée par le présent règlement comme étant la loi applicable à la succession qui précise s'il convient que les libéralités ou autres formes de dispositions entre vifs qui donnent naissance à un droit réel avant le décès fassent l'objet d'un rapport ou d'une réduction aux fins du calcul des parts des bénéficiaires conformément à la loi applicable à la succession.

(15) Le présent règlement devrait permettre la création ou le transfert par succession d'un droit mobilier ou immobilier tel que prévu par la loi applicable à la succession. Il ne devrait toutefois pas porter atteinte au nombre limité ("*numerus clausus*") de droits réels que connaît le droit national de certains États membres. Un État membre ne devrait pas être tenu de reconnaître un droit réel en rapport avec des biens situés dans cet État membre, s'il ne connaît pas un tel droit réel dans son droit.

(16) Afin de permettre toutefois aux bénéficiaires de jouir, dans un autre État membre, des droits qui ont été créés ou leur ont été transférés par succession, il convient que le présent règlement prévoie l'adaptation d'un droit réel inconnu à son équivalent le plus proche en vertu du droit de cet autre État membre. Dans le cadre de cette adaptation, il y a lieu de tenir compte des objectifs et des intérêts poursuivis par le droit réel en question et des effets qui y sont liés. Pour déterminer l'équivalent le plus proche du droit réel dans le droit national, les autorités ou les personnes compétentes de l'État dont la loi s'applique à la succession peuvent être contactées afin d'obtenir des informations complémentaires sur la nature et les effets de ce droit. A cette fin, il serait possible d'avoir recours aux réseaux existants dans le domaine de la coopération judiciaire en matière civile et commerciale, ainsi qu'à tout autre moyen disponible permettant de comprendre plus facilement la loi étrangère.

(17) L'adaptation d'un droit réel inconnu, expressément prévu par le présent règlement, ne devrait pas empêcher d'autres formes d'adaptation dans le cadre de l'application de ce règlement.

(18) Les exigences relatives à l'inscription dans un registre d'un droit immobilier ou mobilier devraient être exclues du champ d'application du présent règlement. Par conséquent, c'est la loi de l'État membre dans lequel le registre est tenu (pour les biens immeubles, la *lex rei sitae*) qui devrait définir les conditions légales et les modalités de l'inscription, et déterminer quelles sont les autorités, telles que les responsables des cadastres ou les notaires, chargées de vérifier que toutes les exigences sont respectées et que les documents présentés ou établis sont suffisants ou contiennent les informations nécessaires. En particulier, les autorités peuvent vérifier que le droit du défunt sur les biens successoraux mentionnés dans le document présenté pour inscription est un droit qui est inscrit en tant que tel dans le registre ou qui a été attesté d'une autre manière conformément au droit de l'État membre dans lequel le registre est tenu. Afin d'éviter la duplication des documents, les autorités chargées de l'inscription devraient accepter les documents rédigés par les autorités compétentes d'un autre État membre, dont la circulation est prévue par le présent règlement. En particulier, le certificat successoral européen délivré en vertu du présent règlement devrait constituer un document valable pour l'inscription de biens successoraux dans le registre d'un État membre. Cela ne devrait pas empêcher les autorités chargées de l'inscription de solliciter de la personne qui demande l'inscription de fournir les informations supplémentaires ou présenter les documents complémentaires exigés en vertu du droit de l'État membre dans lequel le registre est tenu, par exemple les informations ou les documents concernant le paiement d'impôts. L'autorité compétente peut indiquer à la personne demandant l'inscription la manière dont elle peut se procurer les informations ou les documents manquants.

(19) Les effets de l'inscription d'un droit dans un registre devraient également être exclus du champ d'application du présent règlement. Par conséquent, c'est la loi de l'État membre dans lequel le registre est tenu qui devrait déterminer si l'inscription a un effet, par exemple, déclaratoire ou constitutif. Donc, dans le cas où, par exemple, l'acquisition d'un droit immobilier exige une inscription dans un registre en vertu du droit de l'État membre dans lequel le registre est tenu afin d'assurer l'effet *erga omnes* des registres ou de protéger les transactions juridiques, le moment de cette acquisition devrait être régi par le droit de cet État membre.

(20) Le présent règlement devrait respecter les différents systèmes de règlement des successions applicables dans les États membres. Aux fins du présent règlement, il convient dès lors de donner au terme "juridiction" un sens large permettant de couvrir, non seulement les juridictions au sens strict qui exercent des fonctions juridictionnelles, mais également les notaires ou les services de l'état civil dans certains États membres qui, pour certaines questions successorales, exercent des fonctions juridictionnelles au même titre que les juridictions, et les notaires et les professionnels du droit qui, dans certains États membres, exercent des fonctions juridictionnelles dans le cadre d'une succession donnée en vertu d'une délégation de pouvoirs accordée par une juridiction. Toutes les juridictions au sens du présent règlement devraient être liées par les règles de compétence prévues dans le présent règlement. Inversement, le terme "juridiction" ne devrait pas viser les autorités non judiciaires d'un État membre qui, en vertu du droit national, sont habilitées à régler les successions, telles que les notaires dans la plupart des États membres, lorsque, comme c'est généralement le cas, ils n'exercent pas de fonctions juridictionnelles.

(21) Le présent règlement devrait permettre à tous les notaires qui sont compétents en matière de successions dans les États membres d'exercer cette compétence. La question de savoir si les notaires d'un État membre donné sont ou non liés par les règles de compétence

prévues dans le présent règlement devrait dépendre de la question de savoir s'ils relèvent ou non de la définition du terme "juridiction" aux fins du présent règlement.

(22) Les actes dressés par des notaires en matière de successions dans les États membres devraient circuler dans le cadre du présent règlement. Lorsque les notaires exercent des fonctions juridictionnelles, ils sont liés par les règles de compétence, et les décisions qu'ils rendent devraient circuler conformément aux dispositions relatives à la reconnaissance, à la force exécutoire et à l'exécution des décisions. Lorsque les notaires n'exercent pas des fonctions juridictionnelles, ils ne sont pas liés par les règles de compétence juridictionnelle et les actes authentiques qu'ils dressent devraient circuler conformément aux dispositions relatives aux actes authentiques.

(23) Compte tenu de la mobilité croissante des citoyens et afin d'assurer une bonne administration de la justice au sein de l'Union et de veiller à ce qu'un lien de rattachement réel existe entre la succession et l'État membre dans lequel la compétence est exercée, le présent règlement devrait prévoir que le facteur général de rattachement aux fins de la détermination, tant de la compétence que de la loi applicable, est la résidence habituelle du défunt au moment du décès. Afin de déterminer la résidence habituelle, l'autorité chargée de la succession devrait procéder à une évaluation d'ensemble des circonstances de la vie du défunt au cours des années précédant son décès et au moment de son décès, prenant en compte tous les éléments de fait pertinents, notamment la durée et la régularité de la présence du défunt dans l'État concerné ainsi que les conditions et les raisons de cette présence. La résidence habituelle ainsi déterminée devrait révéler un lien étroit et stable avec l'État concerné, compte tenu des objectifs spécifiques du présent règlement.

(24) Dans certains cas, il peut s'avérer complexe de déterminer la résidence habituelle du défunt. Un tel cas peut se présenter, en particulier, lorsque, pour des raisons professionnelles ou économiques, le défunt était parti vivre dans un autre État pour y travailler, parfois pendant une longue période, tout en ayant conservé un lien étroit et stable avec son État d'origine. Dans un tel cas, le défunt pourrait, en fonction des circonstances de l'espèce, être considéré comme ayant toujours sa résidence habituelle dans son État d'origine, dans lequel se trouvait le centre des intérêts de sa vie familiale et sociale. D'autres cas complexes peuvent se présenter lorsque le défunt vivait de façon alternée dans plusieurs États ou voyageait d'un État à un autre sans s'être installé de façon permanente dans un État. Si le défunt était ressortissant de l'un de ces États ou y avait l'ensemble de ses principaux biens, sa nationalité ou le lieu de situation de ces biens pourrait constituer un critère particulier pour l'appréciation globale de toutes les circonstances de fait.

(25) En vue de déterminer la loi applicable à la succession, l'autorité chargée de la succession peut, dans des cas exceptionnels où, par exemple, le défunt s'était établi dans l'État de sa résidence habituelle relativement peu de temps avant son décès et que toutes les circonstances de la cause indiquent qu'il entretenait manifestement des liens plus étroits avec un autre État, parvenir à la conclusion que la loi applicable à la succession ne devrait pas être la loi de l'État de résidence habituelle du défunt mais plutôt celle de l'État avec lequel le défunt entretenait manifestement des liens plus étroits. Les liens manifestement les plus étroits ne devraient toutefois pas être invoqués comme facteur de rattachement subsidiaire dès que la détermination de la résidence habituelle du défunt au moment de son décès s'avère complexe.

(26) Aucune disposition du présent règlement ne devrait empêcher une juridiction d'appliquer les mécanismes destinés à lutter contre la fraude à la loi, par exemple dans le cadre du droit international privé.

(27) Les dispositions du présent règlement sont conçues pour assurer que l'autorité chargée de la succession en vienne, dans la plupart des cas, à appliquer son droit national. Le présent règlement prévoit dès lors une série de mécanismes qui entreraient en action dans les cas où le défunt avait choisi pour régir sa succession le droit d'un État membre dont il était un ressortissant.

(28) Parmi ces mécanismes devrait figurer celui permettant aux parties concernées de conclure un accord d'élection de for en faveur des juridictions de l'État membre de la loi choisie. Il faudrait préciser au cas par cas, en fonction notamment de la question couverte par l'accord d'élection de for, si l'accord devrait être conclu entre toutes les parties concernées par la succession ou si certaines d'entre elles pourraient accepter de soumettre une question spécifique à la juridiction choisie au cas où la décision de ladite juridiction sur ladite question n'affecterait pas les droits des autres parties à la succession.

(29) Si une procédure en matière de succession est engagée d'office par une juridiction, comme cela se produit dans certains États membres, cette juridiction devrait clore la procédure si les parties conviennent de régler la succession à l'amiable par voie extrajudiciaire dans l'État membre dont la loi avait été choisie. Lorsqu'une procédure en matière de succession n'est pas engagée d'office par une juridiction, le présent règlement ne devrait pas empêcher les parties de régler la succession à l'amiable par voie extrajudiciaire, par exemple devant un notaire, dans un État membre de leur choix, dans le cas où le droit de cet État membre le permet. Ce devrait être le cas même si la loi applicable à la succession n'est pas la loi de cet État membre.

(30) Afin de veiller à ce que les juridictions de tous les États membres puissent s'appuyer sur les mêmes motifs pour exercer leur compétence à l'égard de la succession de personnes n'ayant pas leur résidence habituelle sur le territoire d'un État membre au moment du décès, le présent règlement devrait dresser la liste exhaustive, dans l'ordre hiérarchique, des motifs pour lesquels cette compétence subsidiaire peut s'exercer.

(31) Afin de remédier tout particulièrement à des situations de déni de justice, il y a lieu de prévoir dans le présent règlement un *forum necessitatis* permettant à une juridiction d'un État membre, dans des cas exceptionnels, de statuer sur une succession qui présente un lien étroit avec un État tiers. Un tel cas exceptionnel pourrait exister lorsqu'une procédure se révèle impossible dans l'État tiers concerné, par exemple en raison d'une guerre civile, ou lorsqu'on ne peut raisonnablement attendre d'un bénéficiaire qu'il introduise ou conduise une procédure dans cet État. La compétence fondée sur le *forum necessitatis* ne pourrait cependant être exercée que si l'affaire présente un lien suffisant avec l'État membre de la juridiction saisie.

(32) Afin de faciliter la vie des héritiers et légataires résidant habituellement dans un autre État membre que celui dans lequel la succession est ou sera réglée, le présent règlement devrait permettre à toute personne ayant le droit, en vertu de la loi applicable à la succession, de faire des déclarations relatives à l'acceptation de la succession, d'un legs ou d'une réserve héréditaire ou à la renonciation à ceux-ci, ou une déclaration visant à limiter sa responsabilité à l'égard des dettes de la succession, de faire ces déclarations sous la forme prévue par la loi de l'État membre de sa résidence habituelle devant les juridictions dudit État membre. Cette disposition ne devrait pas empêcher de faire de telles déclarations devant d'autres autorités de cet État membre qui sont compétentes pour recevoir les déclarations en vertu du droit national. Les personnes qui choisissent de se prévaloir de la possibilité de faire une déclaration dans l'État membre de leur résidence habituelle devraient informer elles-mêmes la juridiction ou l'autorité qui est ou sera chargée de la succession de l'existence de telles déclarations dans le délai éventuellement fixé par la loi applicable à la succession.

(33) Une personne qui souhaite limiter sa responsabilité à l'égard des dettes de la succession ne devrait pas avoir la possibilité de le faire par une simple déclaration à cet effet devant les juridictions ou d'autres autorités compétentes de l'État membre de sa résidence habituelle lorsque la loi applicable à la succession exige qu'elle engage une procédure judiciaire spécifique, par exemple une procédure d'inventaire, devant la juridiction compétente. Une déclaration faite dans de telles circonstances par une personne dans l'État membre de sa résidence habituelle, sous la forme prévue par le droit de cet État membre, ne devrait dès lors pas être valable en la forme aux fins du présent règlement. De même, les actes introductifs d'instance ne devraient pas être considérés comme des déclarations aux fins du présent règlement.

(34) Dans l'intérêt du fonctionnement harmonieux de la justice, il conviendrait d'éviter que des décisions inconciliables soient rendues dans différents États membres. A cette fin, le présent règlement devrait prévoir des règles générales de procédure semblables à celles d'autres instruments de l'Union dans le domaine de la coopération judiciaire en matière civile.

(35) Parmi ces règles de procédure figure la règle de la litispendance qui entrera en jeu si la même affaire de succession est portée devant différentes juridictions de différents États membres. Cette règle déterminera alors la juridiction appelée à poursuivre le règlement de la succession.

(36) Étant donné que, dans certains États membres, les successions peuvent être réglées par des autorités non judiciaires telles que des notaires, qui ne sont pas liées par les règles de compétence en vertu du présent règlement, on ne peut exclure qu'une transaction extrajudiciaire à l'amiable et une procédure judiciaire ayant trait à la même succession ou deux transactions extrajudiciaires à l'amiable ayant trait à la même succession puissent être enga-

gées parallèlement dans différents États membres. En pareil cas, il devrait appartenir aux parties impliquées, une fois qu'elles connaissent l'existence de procédures parallèles, de convenir entre elles de la manière de procéder. A défaut d'accord entre elles, il appartiendra aux juridictions compétentes en vertu du présent règlement de régler et de statuer sur la succession.

(37) Afin de permettre aux citoyens de profiter, en toute sécurité juridique, des avantages offerts par le marché intérieur, le présent règlement devrait leur permettre de connaître à l'avance la loi applicable à leur succession. Des règles harmonisées de conflits de lois devraient être introduites pour éviter des résultats contradictoires. La règle principale devrait assurer que la succession est régie par une loi prévisible, avec laquelle elle présente des liens étroits. Pour des raisons de sécurité juridique et afin d'éviter le morcellement de la succession, cette loi devrait régir l'ensemble de la succession, c'est-à-dire l'intégralité du patrimoine composant la succession, quelle que soit la nature des biens et indépendamment du fait que ceux-ci sont situés dans un autre État membre ou dans un État tiers.

(38) Le présent règlement devrait permettre aux citoyens d'organiser à l'avance leur succession en choisissant la loi applicable à leur succession. Ce choix devrait être limité à la loi d'un État dont ils possèdent la nationalité afin d'assurer qu'il existe un lien entre le défunt et la loi choisie et d'éviter que le choix d'une loi ne soit effectué avec l'intention de frustrer les attentes légitimes des héritiers réservataires.

(39) Le choix de la loi devrait être formulé de manière expresse dans une déclaration revêtant la forme d'une disposition à cause de mort ou résulter des termes d'une telle disposition. Le choix de la loi pourrait être considéré comme résultant d'une disposition à cause de mort dans le cas où, par exemple, dans sa disposition, le défunt avait fait référence à des dispositions spécifiques de la loi de l'État de sa nationalité ou dans le cas où il avait mentionné cette loi d'une autre manière.

(40) Le choix de la loi en vertu du présent règlement devrait être valable même si la loi choisie ne prévoit pas de choix de la loi en matière de succession. Il devrait toutefois appartenir à la loi choisie de déterminer la validité au fond de l'acte d'élection de la loi, c'est-à-dire si l'on peut considérer que la personne qui a choisi la loi savait ce qu'elle faisait en faisant ce choix et qu'elle avait consenti à le faire. Il devrait en aller de même pour l'acte visant à modifier ou à révoquer un choix de loi.

(41) Aux fins de l'application du présent règlement, la détermination de la nationalité ou des différentes nationalités d'une personne devrait être réglée comme une question préliminaire. La question de savoir si une personne doit être considérée comme ressortissant d'un État n'entre pas dans le champ d'application du présent règlement et relève du droit national, y compris, le cas échéant, de conventions internationales, dans le plein respect des principes généraux de l'Union européenne.

(42) La loi désignée comme la loi applicable à la succession devrait régir la succession depuis son ouverture jusqu'au transfert de la propriété des biens composant la succession aux bénéficiaires, tel que déterminé par ladite loi. Elle devrait inclure les questions liées à l'administration de la succession et à la responsabilité à l'égard des dettes de la succession. L'apurement des dettes de la succession peut, en fonction notamment de la loi applicable à la succession, prévoir la prise en compte du rang spécifique des créanciers.

(43) Les règles de compétence établies par le présent règlement peuvent, dans certains cas, conduire à une situation où la juridiction compétente pour statuer sur la succession n'appliquera pas sa propre loi. Lorsqu'une telle situation survient dans un État membre dont la loi prévoit la nomination obligatoire d'un administrateur de la succession, le présent règlement devrait autoriser les juridictions de cet État membre, lorsqu'elles sont saisies, à nommer un *ou plusieurs administrateurs* en vertu de leur propre loi. Ceci est sans préjudice du choix fait par les parties de régler la succession à l'amiable par la voie extrajudiciaire dans un autre État membre lorsque cette option est possible en vertu de la loi de cet État membre. Afin d'assurer une bonne coordination entre la loi applicable à la succession et la loi de l'État membre de la juridiction de nomination, il convient que cette juridiction nomme la ou les personnes habilitées à administrer la succession en vertu de la loi applicable à la succession, comme, par exemple, l'exécuteur du testament du défunt ou les héritiers eux-mêmes ou, si la loi applicable à la succession le requiert, un tiers administrateur. Dans des cas particuliers où leur loi l'exige, les juridictions peuvent cependant nommer un tiers en qualité d'administrateur même si la loi applicable à la succession ne le prévoit pas. En cas de nomination d'un exécuteur testamentaire par le défunt, cette personne ne peut être dépossédée de ses pouvoirs, à moins que la loi applicable à la succession n'autorise qu'il soit mis fin à son mandat.

(44) Les pouvoirs exercés par les administrateurs nommés dans l'État membre de la juridiction saisie devraient être les pouvoirs d'administration qu'ils sont habilités à exercer en vertu de la loi applicable à la succession. Ainsi, par exemple, si l'héritier est nommé administrateur, il devrait avoir, pour administrer la succession, les pouvoirs que conférerait ladite loi à un héritier. Lorsque les pouvoirs d'administration susceptibles d'être exercés en vertu de la loi applicable à la succession ne suffisent pas à préserver les biens successoraux ou à protéger les droits des créanciers ou d'autres personnes ayant garanti les dettes du défunt, le ou les administrateurs nommés dans l'État membre de la juridiction saisie peuvent, sur une base résiduelle, exercer les pouvoirs d'administration prévus à cette fin par la loi de cet État membre. Ces pouvoirs résiduels pourraient consister, par exemple, à établir la liste de l'actif et du passif de la succession, à informer les créanciers de l'ouverture de la succession et à les inviter à faire connaître leurs créances, ainsi qu'à prendre toutes les mesures provisoires ou conservatoires visant à préserver les biens successoraux. Les actes accomplis par un administrateur en vertu de ces pouvoirs résiduels devraient respecter la loi applicable à la succession en ce qui concerne le transfert de la propriété d'un bien successoral, y compris toute transaction conclue par les bénéficiaires avant la désignation de l'administrateur, la responsabilité à l'égard des dettes de la succession et les droits des bénéficiaires, y compris, le cas échéant, le droit d'accepter la succession ou d'y renoncer. Ces actes pourraient, par exemple, concerner uniquement l'aliénation des biens ou le paiement des dettes lorsque ces mesures sont autorisées en vertu de la loi applicable à la succession. Lorsqu'en *[Lorsque en]* vertu de la loi applicable à la succession, la nomination d'un tiers administrateur modifie la responsabilité des héritiers, il convient de respecter cette modification de responsabilité.

(45) Le présent règlement ne devrait pas empêcher les créanciers, par exemple par l'intermédiaire d'un représentant, d'entreprendre des démarches complémentaires comme pourrait le prévoir le droit national, le cas échéant, conformément aux instruments de l'Union applicables en la matière, afin de protéger leurs droits.

(46) Le présent règlement devrait permettre la communication d'informations sur l'ouverture de la succession aux créanciers potentiels se trouvant dans d'autres États membres où se situent des biens. Dans le cadre de l'application du présent règlement, il convient dès lors d'envisager la possibilité d'instaurer un mécanisme, le cas échéant via le portail "e-Justice" pour permettre aux créanciers se trouvant dans d'autres États membres d'avoir accès aux informations pertinentes de manière à leur permettre de déclarer leurs créances.

(47) La loi applicable à la succession devrait déterminer qui sont les bénéficiaires d'une succession donnée. Dans la plupart des ordres juridiques, le terme "bénéficiaires" tend à englober les héritiers et les légataires ainsi que les héritiers réservataires, bien que, par exemple, la situation juridique des légataires ne soit pas la même selon les ordres juridiques. En vertu de certains ordres juridiques, le légataire peut recevoir une part directe dans la succession, alors que *[,]* selon d'autres ordres juridiques, le légataire ne peut acquérir qu'un droit à faire valoir à l'encontre des héritiers.

(48) Afin de garantir la sécurité juridique pour les personnes souhaitant planifier leur succession à l'avance, le présent règlement devrait fixer une règle spécifique de conflit de lois concernant la recevabilité et la validité au fond des dispositions à cause de mort. Pour assurer une application uniforme de cette règle, il convient que le présent règlement énumère les éléments à prendre en compte comme relevant de la validité au fond. L'examen de la validité au fond d'une disposition à cause de mort peut aboutir à la conclusion que cette disposition à cause de mort n'a pas d'existence juridique.

(49) Un pacte successoral est un type de disposition à cause de mort dont la recevabilité et l'acceptation varient d'un État membre à l'autre. En vue de faciliter l'acceptation dans les États membres de droits successoraux acquis du fait d'un pacte successoral, il convient que le présent règlement détermine quelle loi doit régir la recevabilité de tels pactes, leur validité au fond et leurs effets contraignants entre les parties, y compris les conditions de leur dissolution.

(50) La loi qui, en vertu du présent règlement, régira la recevabilité et la validité au fond d'une disposition à cause de mort ainsi que, en ce qui concerne les pactes successoraux, les effets contraignants d'un tel pacte entre les parties, devrait être sans préjudice des droits de toute personne qui, en vertu de la loi applicable à la succession, peut prétendre à une réserve héréditaire ou jouit d'un autre droit dont elle ne peut être privée par la personne dont la succession est concernée.

(51) Dans le cas où il est fait référence, dans le présent règlement, à la loi qui aurait été applicable à la succession de la personne qui dispose, si elle était décédée le jour, selon le

cas, de l'établissement de la disposition à cause de mort, de la modification ou de la révocation de la disposition, cette référence doit s'entendre comme étant une référence soit à la loi de l'État de la résidence habituelle de la personne concernée ce jour-là, soit, si la personne avait fait un choix de loi en vertu du présent règlement, à la loi de l'État de sa nationalité ce jour-là.

(52) La validité quant à la forme de toutes les dispositions à cause de mort établies par écrit devrait être réglementée par le présent règlement au moyen de règles qui soient compatibles avec celles de la convention de La Haye du 5 octobre 1961 sur les conflits de lois en matière de forme des dispositions testamentaires. Lorsqu'elle détermine si une disposition à cause de mort est valable en la forme en vertu du présent règlement, l'autorité compétente ne devrait pas prendre en considération la création frauduleuse d'un élément international en vue de contourner les règles relatives à la validité quant à la forme.

(53) Aux fins du présent règlement, toute disposition légale limitant les formes admises pour les dispositions à cause de mort en faisant référence à certaines qualités personnelles de la personne qui dispose telles que son âge, par exemple, devrait être considérée comme relevant du domaine de la forme. Cela ne devrait pas s'interpréter comme signifiant que la loi applicable à la validité quant à la forme d'une disposition à cause de mort au titre du présent règlement devrait déterminer si un mineur a ou non la capacité de disposer à cause de mort. Cette loi devrait uniquement déterminer si une qualité personnelle telle que, par exemple, la minorité devrait empêcher une personne d'effectuer une disposition à cause de mort sous une forme donnée.

(54) En raison de leur destination économique, familiale ou sociale, certains biens immobiliers, certaines entreprises et d'autres catégories particulières de biens font l'objet, dans l'État membre de leur situation, de règles spéciales imposant des restrictions concernant la succession portant sur ces biens ou ayant une incidence sur celle-ci. Le présent règlement devrait assurer l'application de ces règles spéciales. Toutefois, cette exception à l'application de la loi applicable à la succession requiert une interprétation stricte afin de rester compatible avec l'objectif général du présent règlement. Dès lors, ne peuvent être considérées comme des dispositions spéciales imposant des restrictions concernant la succession portant sur certains biens ou ayant une incidence sur celle-ci ni les règles de conflits de lois soumettant les biens immobiliers à une loi différente de celle applicable aux biens mobiliers, ni les dispositions prévoyant une réserve héréditaire plus importante que celle prévue par la loi applicable à la succession en vertu du présent règlement.

(55) En vue d'assurer un traitement uniforme de la situation dans laquelle l'ordre de décès de deux ou plusieurs personnes dont la succession serait régie par des lois différentes n'est pas connu, le présent règlement devrait prévoir une règle prévoyant qu'aucune de ces personnes défuntes ne devrait avoir de droits dans la succession de l'autre ou des autres.

(56) Dans certains cas, une succession peut se retrouver en déshérence. Ces cas sont réglés différemment selon les ordres juridiques. Certains de ceux-ci prévoient que l'État pourra revendiquer la qualité d'héritier à la succession en déshérence, indépendamment du lieu où les biens sont situés. Dans d'autres ordres juridiques, l'État ne pourra appréhender que les biens situés sur son territoire. Il convient dès lors que le présent règlement fixe une règle prévoyant que l'application de la loi applicable à la succession ne devrait pas empêcher un État membre d'appréhender, conformément à son propre droit, les biens situés sur son territoire. Cependant, pour éviter que cette règle ne soit préjudiciable aux créanciers de la succession, il y a lieu de l'assortir d'une réserve donnant la possibilité aux créanciers de faire valoir leurs créances sur l'ensemble des biens successoraux, indépendamment du lieu où ils se situent.

(57) Les règles de conflit de lois énoncées dans le présent règlement peuvent conduire à l'application de la loi d'un État tiers. Dans un tel cas, il convient de tenir compte des règles de droit international privé dudit État. Si ces règles prévoient le renvoi à la loi d'un État membre ou à la loi d'un État tiers qui appliquerait sa propre loi à la succession, il y a lieu d'accepter ce renvoi afin de garantir une cohérence au niveau international. Il convient toutefois d'exclure le renvoi lorsque le défunt avait fait un choix de loi en faveur de la loi d'un État tiers.

(58) Dans des circonstances exceptionnelles, des considérations d'intérêt public devraient donner aux juridictions et aux autres autorités compétentes des États membres chargées du règlement des successions la possibilité d'écarter certaines dispositions d'une loi étrangère lorsque, dans un cas précis, l'application de ces dispositions serait manifestement incompatible avec l'ordre public de l'État membre concerné. Néanmoins, les juridictions ou autres

autorités compétentes ne devraient pas pouvoir appliquer l'exception d'ordre public en vue d'écarter la loi d'un autre État membre ou refuser de reconnaître – ou, le cas échéant, d'accepter –, ou d'exécuter une décision rendue, un acte authentique ou une transaction judiciaire d'un autre État membre, lorsque ce refus serait contraire à la Charte des droits fondamentaux de l'Union européenne, en particulier à son article 21 qui interdit toute forme de discrimination.

(59) A la lumière de l'objectif général du présent règlement qui est la reconnaissance mutuelle des décisions rendues dans les États membres en matière de successions, indépendamment du fait que de telles décisions aient été rendues dans le cadre d'une procédure contentieuse ou gracieuse, le présent règlement devrait fixer des règles relatives à la reconnaissance, à la force exécutoire et à l'exécution des décisions qui soient semblables à celles d'autres instruments de l'Union adoptés dans le domaine de la coopération judiciaire en matière civile.

(60) Afin de prendre en compte les différents systèmes de règlement des successions dans les États membres, le présent règlement devrait assurer l'acceptation et la force exécutoire dans tous les États membres des actes authentiques en matière de succession.

(61) Les actes authentiques devraient avoir la même force probante dans un autre État membre que dans l'État membre d'origine ou les effets les plus comparables. Lors de la détermination de la force probante d'un acte authentique donné dans un autre État membre ou des effets les plus comparables, il convient de faire référence à la nature et à la portée de la force probante de l'acte authentique dans l'État membre d'origine. La force probante qu'un acte authentique donné devrait avoir dans un autre État membre dépendra dès lors de la loi de l'État membre d'origine.

(62) L'"authenticité" d'un acte authentique devrait être un concept autonome recouvrant des éléments tels que la véracité de l'acte, les exigences de forme qui lui sont applicables, les pouvoirs de l'autorité qui le dresse et la procédure suivie pour le dresser. Elle devrait également recouvrir les éléments factuels consignés dans l'acte authentique par l'autorité concernée, tels que le fait que les parties indiquées ont comparu devant ladite autorité à la date indiquée et qu'elles ont fait les déclarations qui y sont mentionnées. Une partie souhaitant contester l'authenticité d'un acte authentique devrait le faire devant la juridiction compétente de l'État membre d'origine de l'acte authentique en vertu de la loi dudit État membre.

(63) Les termes "actes juridiques ou relations juridiques consignés dans un acte authentique" devraient être interprétés comme faisant référence au contenu quant au fond consigné dans l'acte authentique. Les actes juridiques consignés dans un acte authentique pourraient être, par exemple, l'accord conclu entre les parties quant au partage ou à la répartition de la masse successorale, un testament, un pacte successoral ou toute autre déclaration de volonté. Les relations juridiques pourraient être, par exemple, la vocation successorale des héritiers et autres bénéficiaires établie au titre de la loi applicable à la succession, la détermination de leurs parts respectives, l'existence d'une réserve héréditaire ou tout autre élément établi au titre de la loi applicable à la succession. Une partie souhaitant contester les actes juridiques ou relations juridiques consignés dans un acte authentique devrait le faire devant les juridictions compétentes en vertu du présent règlement, qui devraient statuer sur cette contestation conformément à la loi applicable à la succession.

(64) Si une question relative aux actes juridiques ou relations juridiques consignés dans un acte authentique est soulevée de manière incidente dans le cadre d'une procédure devant une juridiction d'un État membre, celle-ci est compétente pour en connaître.

(65) Un acte authentique contesté ne devrait pas avoir de force probante dans un autre État membre que l'État membre d'origine tant que le recours est pendant. Si le recours ne concerne qu'un élément spécifique lié aux actes juridiques ou relations juridiques consignés dans l'acte authentique, l'acte authentique en question ne devrait pas avoir de force probante dans un autre État membre que l'État membre d'origine en ce qui concerne l'élément de la contestation, tant que le recours est pendant. Un acte authentique déclaré non valable à la suite d'un recours devrait cesser de produire toute force probante.

(66) Une autorité à laquelle seraient soumis deux actes authentiques incompatibles dans le cadre de l'application du présent règlement devrait examiner la question de savoir auquel, le cas échéant, il convient de donner la priorité, compte tenu des circonstances de l'espèce. Dans le cas où les circonstances ne permettent pas de déterminer à quel acte authentique il convient, le cas échéant, de donner la priorité, la question devrait être tranchée par les juridictions compétentes en vertu du présent règlement ou, lorsque la question est soulevée de manière incidente au cours d'une procédure, par la juridiction saisie de ladite procédure. En

cas d'incompatibilité entre un acte authentique et une décision, il convient de tenir compte des motifs de non-reconnaissance des décisions prévus par le présent règlement.

(67) Afin de régler de manière rapide, aisée et efficace une succession ayant une incidence transfrontière au sein de l'Union, les héritiers, les légataires, les exécuteurs testamentaires ou les administrateurs de la succession devraient être à même de prouver facilement leur statut et/ou leurs droits et pouvoirs dans un autre État membre, par exemple dans un État membre où se trouvent des biens successoraux. A cette fin, le présent règlement devrait prévoir la création d'un certificat uniforme, le certificat successoral européen (ci-après dénommé "certificat") qui serait délivré en vue d'être utilisé dans un autre État membre. Afin de respecter le principe de subsidiarité, ce certificat ne devrait pas se substituer aux documents internes qui peuvent exister à des fins similaires dans les États membres.

(68) L'autorité qui délivre le certificat devrait tenir compte des formalités requises pour l'inscription des biens immobiliers dans l'État membre qui tient le registre. A cette fin, le présent règlement devrait prévoir un échange d'informations sur ces formalités entre les États membres.

(69) Le recours au certificat ne devrait pas être obligatoire. Cela signifie que les personnes en droit de déposer une demande de certificat ne devraient pas avoir l'obligation de le faire, mais devraient être libres de recourir aux autres instruments mis à disposition dans le présent règlement (décisions, actes authentiques ou transactions judiciaires). Cependant, aucune autorité ou personne devant laquelle serait produit un certificat délivré dans un autre État membre ne devrait être en droit de demander la production d'une décision, d'un acte authentique ou d'une transaction judiciaire en lieu et place du certificat.

(70) Le certificat devrait être délivré dans l'État membre dont les juridictions sont compétentes en vertu du présent règlement. Il devrait appartenir à chaque État membre de déterminer, dans son droit interne, quelles sont les autorités compétentes pour délivrer le certificat, qu'il s'agisse de juridictions telles que définies aux fins du présent règlement ou bien d'autres autorités compétentes en matière de succession telles que, par exemple, les notaires. Il devrait également appartenir à chaque État membre de déterminer, dans son droit interne, si l'autorité émettrice peut faire appel, durant le processus de délivrance, à d'autres services compétents, par exemple des services compétents pour recueillir des déclarations solennelles en lieu et place d'un serment. Les États membres devraient communiquer à la Commission les informations pertinentes relatives à leurs autorités émettrices, de manière que ces informations soient rendues publiques.

(71) Le certificat devrait produire les mêmes effets dans tous les États membres. Il ne devrait pas être, en tant que tel, un titre exécutoire mais devrait avoir une force probante et il devrait être présumé attester fidèlement de l'existence d'éléments qui ont été établis en vertu de la loi applicable à la succession ou en vertu de toute autre loi applicable à des éléments spécifiques, tels que la validité au fond des dispositions à cause de mort. La force probante du certificat ne devrait pas s'étendre aux éléments qui ne sont pas régis par le présent règlement comme la question de l'affiliation ou la question de l'appartenance d'un actif donné au défunt. Toute personne effectuant un paiement ou remettant un bien successoral à une personne indiquée dans le certificat comme étant en droit d'accepter ce paiement ou ce bien en qualité d'héritier ou de légataire devrait bénéficier d'une protection adéquate si elle a agi de bonne foi, en se fiant à l'exactitude des informations certifiées dans le certificat. La même protection devrait être accordée à toute personne qui, en se fiant à l'exactitude des informations certifiées dans le certificat, achète ou reçoit un bien successoral d'une personne indiquée dans le certificat comme étant en droit de disposer de ce bien. La protection devrait être assurée si des copies certifiées conformes toujours valables sont présentées. Il n'appartient pas au présent règlement de déterminer si l'acquisition de ce bien par un tiers est effective ou non.

(72) L'autorité compétente devrait délivrer le certificat sur demande. L'original du certificat devrait demeurer auprès de l'autorité émettrice, qui devrait en délivrer une ou plusieurs copies certifiées conformes au demandeur ou à toute autre personne justifiant d'un intérêt légitime. Cela ne devrait pas empêcher un État membre, en vertu de sa réglementation nationale en matière d'accès du public aux documents, d'autoriser la délivrance au public de copies du certificat. Le présent règlement devrait prévoir des voies de recours contre les décisions de l'autorité de délivrance, y compris les décisions de refus de délivrance d'un certificat. Lorsque le certificat est rectifié, modifié ou retiré, l'autorité émettrice devrait informer les personnes auxquelles des copies certifiées conformes ont été délivrées de manière à éviter une utilisation abusive de ces copies.

(73) Le respect des engagements internationaux souscrits par les États membres justifie que le présent règlement n'affecte pas l'application des conventions internationales auxquelles un ou plusieurs États membres sont parties au moment de l'adoption du présent règlement. En particulier, les États membres qui sont parties à la convention de La Haye du 5 octobre 1961 sur les conflits de lois en matière de forme des dispositions testamentaires devraient pouvoir continuer à appliquer les dispositions de cette convention au lieu de celles du présent règlement pour ce qui est de la validité quant à la forme des testaments et des testaments conjonctifs. La cohérence avec les objectifs généraux du présent règlement commande toutefois que le règlement prévale entre États membres sur les conventions conclues exclusivement entre deux États membres ou plus, dans la mesure où ces conventions concernent des matières régies par le présent règlement.

(74) Le présent règlement ne devrait pas empêcher les États membres qui sont parties à la convention du 19 novembre 1934 conclue entre le Danemark, la Finlande, l'Islande, la Norvège et la Suède, qui comporte des dispositions de droit international privé relatives aux successions, aux testaments et à l'administration des successions, de continuer à appliquer certaines dispositions de ladite convention telle que révisée par l'accord intergouvernemental conclu entre les États parties à celle-ci.

(75) Afin de faciliter l'application du présent règlement, il convient de prévoir une obligation pour les États membres de communiquer certaines informations sur leur législation et leurs procédures concernant les successions dans le cadre du réseau judiciaire européen en matière civile et commerciale établi par la décision 2001/470/CE du Conseil *[JO L 174 du 27.6.2001, p. 25.]*. Pour permettre la publication au *Journal officiel de l'Union européenne*, dans les délais impartis, de toutes les informations pertinentes pour l'application concrète du présent règlement, les États membres devraient également communiquer ces informations à la Commission avant que le règlement ne commence à s'appliquer.

(76) De la même manière, afin de faciliter l'application du présent règlement et pour permettre le recours aux technologies modernes de communication, il convient de prévoir des formulaires types pour les attestations à fournir en lien avec la demande de déclaration constatant la force exécutoire d'une décision, d'un acte authentique ou d'une transaction judiciaire et pour la demande d'un certificat successoral européen, ainsi que pour le certificat lui-même.

(77) Pour le calcul des périodes et délais prévus par le présent règlement, le règlement (CEE, Euratom) n° 1182/71 du Conseil du 3 juin 1971 portant détermination des règles applicables aux délais, aux dates et aux termes *[JO L 124 du 8.6.1971, p. 1.]* devrait s'appliquer.

(78) Afin d'assurer des conditions uniformes d'exécution du présent règlement, il convient de conférer des compétences d'exécution à la Commission en ce qui concerne l'établissement et la modification ultérieure des attestations et des formulaires relatifs à la déclaration constatant la force exécutoire des décisions, des transactions judiciaires et des actes authentiques, ainsi qu'au certificat successoral européen. Ces compétences devraient être exercées en conformité avec le règlement (UE) n° 182/2011 du Parlement européen et du Conseil du 16 février 2011 établissant les règles et principes généraux relatifs aux modalités de contrôle par les États membres de l'exercice des compétences d'exécution par la Commission *[JO L 55 du 28.2.2011, p. 13.]*.

(79) Il convient d'avoir recours à la procédure consultative pour l'adoption d'actes d'exécution visant à établir et ensuite à modifier les attestations et les formulaires prévus au présent règlement conformément à la procédure prévue à l'article 4 du règlement (UE) n° 182/2011.

(80) Étant donné que les objectifs du présent règlement, à savoir la libre circulation des personnes, l'organisation à l'avance par les citoyens de leur succession dans le cadre de l'Union et la protection des droits des héritiers, des légataires et des autres personnes proches du défunt, ainsi que des créanciers de la succession, ne peuvent pas être atteints de manière suffisante par les États membres et peuvent donc, en raison des dimensions et des *effets du présent règlement*, être mieux atteints au niveau de l'Union, celle-ci peut prendre des mesures conformément au principe de subsidiarité consacré à l'article 5 du traité sur l'Union européenne. Conformément au principe de proportionnalité tel qu'énoncé audit article, le présent règlement n'excède pas ce qui est nécessaire pour atteindre ces objectifs.

(81) Le présent règlement respecte les droits fondamentaux et observe les principes consacrés par la Charte des droits fondamentaux de l'Union européenne. Ce règlement doit être

appliqué par les juridictions et autres autorités compétentes des États membres dans le respect de ces droits et principes.

(82) Conformément aux articles 1er et 2 du protocole n° 21 sur la position du Royaume-Uni et de l'Irlande à l'égard de l'espace de liberté, de sécurité et de justice, annexé au traité sur l'Union européenne et au traité sur le fonctionnement de l'Union européenne, ces États membres ne participent pas à l'adoption du présent règlement et ne sont pas liés par celui-ci ni soumis à son application. Cela s'entend toutefois sans préjudice de la possibilité, pour le Royaume-Uni et l'Irlande, de notifier leur intention d'accepter le présent règlement après son adoption conformément à l'article 4 dudit protocole.

(83) Conformément aux articles 1er et 2 du protocole n° 22 sur la position du Danemark, annexé au traité sur l'Union européenne et au traité sur le fonctionnement de l'Union européenne, le Danemark ne participe pas à l'adoption du présent règlement et n'est pas lié par celui-ci ni soumis à son application,

ONT ADOPTÉ LE PRÉSENT RÈGLEMENT :

CHAPITRE PREMIER *Champ d'application et définitions*

BIBL. ▶ Alma-Delettre, *Dr. fam. 2013. Dossier 36* (champ d'application du règlement). – Frimston, Commentaire du règlement européen sur les successions, *Commentaire Dalloz 2015, p. 33.* – Laborde, *JCP N 2013. 1080* (champ d'application du règlement).

Art. 1er *Champ d'application.* **1. Le présent règlement s'applique aux successions à cause de mort. Il ne s'applique pas aux matières fiscales, douanières et administratives.**

2. Sont exclus du champ d'application du présent règlement :

a) l'état des personnes physiques ainsi que les relations de famille et les relations réputées avoir des effets comparables en vertu de la loi applicable ;

b) la capacité juridique des personnes physiques, sans préjudice de l'article 23, paragraphe 2, point c), et de l'article 26 ;

c) les questions relatives à la disparition, à l'absence ou à la mort présumée d'une personne physique ;

d) les questions liées aux régimes matrimoniaux et aux régimes patrimoniaux relatifs aux relations qui, selon la loi qui leur est applicable, sont réputées avoir des effets comparables au mariage ;

e) les obligations alimentaires autres que celles résultant du décès ;

f) la validité quant à la forme des dispositions à cause de mort formulées oralement ;

g) les droits et biens créés ou transférés autrement que par succession, par exemple au moyen de libéralités, de la propriété conjointe avec réversibilité au profit du survivant, de plans de retraite, de contrats d'assurance et d'arrangements analogues, sans préjudice de l'article 23, paragraphe 2, point i ;

h) les questions régies par le droit des sociétés, associations et personnes morales telles que les clauses contenues dans les actes constitutifs et dans les statuts de sociétés, d'associations et de personnes morales qui fixent le sort des parts à la mort de leurs membres ;

i) la dissolution, l'extinction et la fusion de sociétés, d'associations et de personnes morales ;

j) la constitution, le fonctionnement et la dissolution des trusts ;

k) la nature des droits réels ; et

l) toute inscription dans un registre de droits immobiliers ou mobiliers, y compris les exigences légales applicables à une telle inscription, ainsi que les effets de l'inscription ou de l'absence d'inscription de ces droits dans un registre.

1. Transfert de propriété du bien légué. L'art. 1er, § 2, ss. k) et l), ainsi que l'art. 31 du Règl. du 4 juill. 2012 doivent être interprétés en ce sens qu'ils s'opposent au refus de la reconnaissance, par une autorité d'un État membre, des effets réels du legs « par revendication », connu par le droit applicable à la succession, pour lequel un testateur a opté conformément à l'art. 22, § 1er, de ce règlement, dès lors que ce refus repose sur le motif que ce legs porte sur le droit de propriété d'un immeuble situé dans cet État membre, dont la législation ne connaît pas l'institution du legs avec effet réel direct à la date d'ouverture de la succession. • CJUE 12 oct. 2017, n° C-21816 : *JCP N 2017. 902, obs. Boulanger ; Defrénois 21 juin 2018, p. 46, obs. Nourissat ; Europe 2017, n° 495, obs. Idot.*

2. Mention de la part du conjoint survivant. L'art. 1er, § 1er, doit être interprété en ce sens que relève du champ d'application dudit règlement une disposition nationale qui prévoit, lors du décès de l'un des époux, une répartition des acquêts forfaitaire par majoration de la part successorale du conjoint survivant. • CJUE 1er mars 2018, n° C-558/16 : *D. actu. 12 mars*

2018, obs. Mélin ; AJ fam. 2018. 247, note Boiché ; Dr. fam. 2018, n° 144, note Farge ; Gaz. Pal. 4 sept. 2018, p. 47, obs. Lerond et Dupire ; Defrénois sept. 2018, p. 37, obs. Callé ; Europe 2018, n° 215, note Idot.

3. Succession ayant une incidence transfrontière. Le Règl. UE 650/2012 du 4 juill. 2012 doit être interprété en ce sens que relève de la notion de « succession ayant une incidence transfrontière » une situation dans laquelle le défunt, ressortissant d'un État membre, résidait dans un autre État membre à la date de son décès, mais n'avait pas rompu ses liens avec le premier de ces États membres, dans lequel se trouvent les biens composant sa succession, tandis que ses successibles ont leur résidence dans ces deux États membres. La dernière résidence habituelle du défunt, au sens de ce Règl., doit être fixée par l'autorité saisie de la succession dans un seul desdits États membres. • CJUE, 16 juill. 2020, n° C-80/19 : *D. actu. 4 sept. 2020, note Mélin ; D. 2020. 1521 ; ibid. 2206, obs. Godechot-Patris et Grare-Didier ; AJ fam. 2020. 491, obs. Guichard ; RTD eur. 2020. 937, obs. Egéa .*

Art. 2 *Compétences en matière de successions dans les États membres.* Le présent règlement ne porte pas atteinte aux compétences des autorités des États membres en matière de règlement des successions.

Art. 3 *Définitions.* 1. Aux fins du présent règlement, on entend par :

a) "succession", la succession à cause de mort, ce terme recouvrant toute forme de transfert de biens, de droits et d'obligations à cause de mort, qu'il s'agisse d'un acte volontaire de transfert en vertu d'une disposition à cause de mort ou d'un transfert dans le cadre d'une succession *ab intestat* ;

b) "pacte successoral", un accord, y compris un accord résultant de testaments mutuels, qui confère, modifie ou retire, avec ou sans contre-prestation, des droits dans la succession future d'une ou de plusieurs personnes parties au pacte ;

c) "testament conjonctif", un testament établi par deux ou plusieurs personnes dans le même acte ;

d) "disposition à cause de mort", un testament, un testament conjonctif ou un pacte successoral ;

e) "État membre d'origine", l'État membre dans lequel, selon le cas, la décision a été rendue, la transaction judiciaire approuvée ou conclue, l'acte authentique établi ou le certificat successoral européen délivré ;

f) "État membre d'exécution", l'État membre dans lequel est demandée la déclaration constatant la force exécutoire ou l'exécution de la décision, de la transaction judiciaire ou de l'acte authentique ;

g) "décision", toute décision en matière de successions rendue par une juridiction d'un État membre, quelle que soit la dénomination qui lui est donnée, y compris une décision concernant la fixation par le greffier du montant des frais du procès ;

h) "transaction judiciaire", une transaction en matière de successions approuvée par une juridiction ou conclue devant une juridiction au cours d'une procédure ;

i) "acte authentique", un acte en matière de succession dressé ou enregistré formellement en tant qu'acte authentique dans un État membre et dont l'authenticité :

i) porte sur la signature et le contenu de l'acte authentique ; et

ii) a été établie par une autorité publique ou toute autre autorité habilitée à le faire par l'État membre d'origine.

2. Aux fins du présent règlement, le terme "juridiction" désigne toute autorité judiciaire, ainsi que toute autre autorité et tout professionnel du droit compétents en matière de successions qui exercent des fonctions juridictionnelles ou agissent en vertu d'une délégation de pouvoirs d'une autorité judiciaire ou sous le contrôle d'une autorité judiciaire, pour autant que ces autres autorités et professionnels du droit offrent des garanties en ce qui concerne leur impartialité et le droit de toutes les parties à être entendues, et que les décisions qu'ils rendent en vertu du droit de l'État membre dans lequel ils exercent leurs fonctions :

a) puissent faire l'objet d'un recours devant une autorité judiciaire ou d'un contrôle par une telle autorité ; et

b) aient une force et un effet équivalents à une décision rendue par une autorité judiciaire dans la même matière.

Les États membres notifient à la Commission les autres autorités et professionnels du droit visés au premier alinéa conformément à l'article 79.

1. Pacte successoral. Notion. L'art. 3, § 1er, ss. b), doit être interprété en ce sens qu'un contrat en vertu duquel une personne prévoit le transfert futur, lors de son décès, de la propriété d'un bien immobilier lui appartenant, à d'autres parties contractantes constitue un pacte successoral, au sens de cette disposition. • CJUE, 9 sept. 2021, n° C 277/20 : *D. actu. 9 déc. 2021, note*

Callé ; D. 202. Pan. 2073, obs. Godechot-Patris ; Europe 2021, n° 421, note idot ; Gaz. Pal. 30 nov. 2021, p. 64 note Dumont ; ibid. 11 janv. 2022, p. 48, note Bonboire-Barthélémy ; Defrénois 2022 n° 4 p. 37, note P. Callé ; ibid. n° 8, p. 33, note Nourissat.

2. L'art. 3, § 2, second al., du Règl. (UE) n° 650/2012, doit être interprété en ce sens que l'absence de notification relative à l'exercice par les notaires de fonctions juridictionnelles, prévue à cette disposition, par un État membre n'est pas déterminante quant à la qualification de « juridiction » de ces notaires. • CJUE 23 mai 2019, n° C-658/17 : *D. 2019. 1174 ; Gaz. Pal. 1er oct. 2019, p. 86, note O'Neil ; Europe 2019, n° 310, note Idot ; Defrénois 5 sept. 2019, p. 34, note Nourissat ; ibid. 26 sept. 2019, p. 33, obs. Callé ; JCP N 2019. 580, note Berlin.*

3. L'art. 3, § 2, premier al., du Règl. n° 650/2012 doit être interprété en ce sens qu'un notaire qui dresse un acte à la demande concordante de toutes les parties à la procédure notariale, tel que celui en cause au principal, ne constitue pas une « juridiction » au sens de cette disposition et, par conséquent, l'art. 3, § 1er, ss. g), de ce règlement doit être interprété en ce sens qu'un tel acte ne constitue pas une « décision » au sens de cette disposition. • CJUE 23 mai 2019, n° C-658/17 : *préc. note 2.*

4. L'art. 3, § 1er, ss. i), du Règl. n° 650/2012 doit être interprété en ce sens que le certificat d'hérédité, tel que celui en cause au principal, dressé par le notaire à la demande concordante de toutes les parties à la procédure notariale, constitue un « acte authentique » au sens de cette disposition, dont la délivrance peut être accompagnée du formulaire visé à l'art. 59, § 1er, second al., de ce règlement, correspondant à celui qui figure à l'annexe 2 du Régl. d'exécution (UE) n° 1329/2014 de la Commission du 9 déc. 2014, établissant les formulaires mentionnés dans le Régl. n° 650/2012. • CJUE 23 mai 2019, n° C-658/17 : *préc. note 2.*

5. L'art. 3, § 2, du Règl. n° 650/2012, doit être interprété en ce sens que, sous réserve d'une vérification par la juridiction de renvoi, les notaires lituaniens n'exercent pas des fonctions juridictionnelles lors de la délivrance d'un certificat national d'hérédité. Toutefois, il appartient à la juridiction de renvoi de déterminer si ces notaires agissent par délégation ou sous le contrôle d'une autorité judiciaire et, en conséquence, peuvent être qualifiés de « juridictions », au sens de cette disposition. En outre, l'art. 3, § 1, ss. g), dudit Règl. doit également être interprété en ce sens que, dans le cas où la juridiction de renvoi considérerait que les notaires lituaniens peuvent être qualifiés de « juridictions », le certificat d'hérédité qu'ils délivrent peut être considéré comme étant une « décision », au sens de cette disposition, de telle sorte que, aux fins de le délivrer, ces notaires peuvent appliquer les règles de compétence prévues au ch. II dudit Règl. • CJUE, 16 juill. 2020, n° C-80/19 : *cité note 3 ss. art. 1er du présent Règl.*

CHAPITRE II ***Compétence***

BIBL. ▶ SAGOT-DUVAUROUX, *JCP N 2013. 1081* (règles de compétence directe). – ODERSKY, Commentaire du règlement européen sur les successions, *Commentaire Dalloz 2015, p. 57.*

Art. 4 ***Compétence générale.*** **Sont compétentes pour statuer sur l'ensemble d'une succession les juridictions de l'État membre dans lequel le défunt avait sa résidence habituelle au moment de son décès.**

1. L'art. 4 doit être interprété en ce sens qu'il s'oppose à une réglementation d'un État membre, telle que celle en cause au principal, qui prévoit que, bien que le défunt n'eût pas, au moment de son décès, sa résidence habituelle dans cet État membre, les juridictions de ce dernier demeurent compétentes pour la délivrance des *certificats successoraux nationaux*, dans le cadre d'une succession ayant une incidence transfrontalière, lorsque des biens successoraux sont situés sur le territoire dudit État membre ou si le défunt avait la nationalité du même État membre. • CJUE 21 juin 2018, n° C-20/17 : *AJ fam. 2018. 554, note Gossart ; JCP N 2018. 714, obs. Barrière Brousse ; Dr. fam. 2018, n° 228, note Devers ; Europe 2018, n° 347, note Idot ; Defrénois 10 janv. 2019, p. 45, obs. Nourissat.*

2. Aux termes de l'art. 4 du Règl (UE) n° 650/2012 du 4 juill. 2012, sont compétentes pour statuer sur l'ensemble d'une succession les juridictions de l'État membre dans lequel le défunt avait sa résidence habituelle au moment de son décès. Selon les considérants 23 et 24 du préambule de ce règlement, l'autorité chargée de la succession doit, pour déterminer cette résidence habituelle, procéder à une évaluation d'ensemble des circonstances de la vie du défunt au cours des années précédant son décès et au moment de son décès, prenant en compte tous les éléments de fait pertinents, notamment la durée et la régularité de la présence du défunt dans l'État concerné ainsi que les conditions et les raisons de cette présence, révélant un lien étroit et stable avec l'État concerné. Dans certains cas complexes, la nationalité du défunt ou le lieu de situation de ses principaux biens peuvent constituer un critère particulier pour l'appréciation globale de toutes les circonstances de fait. La cour d'appel ayant, par une appréciation souveraine des éléments de preuve soumis à son examen, estimé que la résidence habituelle du défunt était située à New York, en déduit exactement que la juridiction française n'était pas compétente pour statuer sur sa succession. • Civ. 1re, 29 mai 2019, n° 18-13.383 P : *D. actu. 13 juin 2019, obs. F. Mélin ; D. 2019. 1376, note Guillaumé ; Gaz. Pal. 18 juin 2019, p. 41, note Berlaud ; ibid. 23 juill. 2019, p. 42, note Egéa ; ibid. 1er oct. 2019, p. 87, note Rein-Lescastéreyres ; AJ fam. 2019. 476, note Boiché ; JCP 2019. 926, note Perrau-Saussine ; JCP N 2019. 352, obs Péroz ; Defrénois 26 sept. 2019, p. 31, note Callé ; Dr. fam. 2019, n° 161, note Devers ; RJPF juill. 2019, note Godechot-Patris ; Rev. fiscale du patrimoine sept. 2019, n° 11, obs. Hepp de Sevelinges Xavier-Bender et Savouré ; Defrénois 5 sept 2019, p. 34, note Nourissat ; RLDC oct. 2019, note Sagot-Duvauroux.*

3. Les art. 4, 5, 7 et 22 ainsi que l'art. 83, § 2 et 4, du Règl. n° 650/2012 doivent être interprétés en ce sens que la volonté du *de cujus* ainsi que l'accord entre ses successibles peuvent conduire à la détermination d'une juridiction compétente en matière de successions et à l'application d'une loi successorale d'un État membre autre que celles qui résulteraient de l'application des critères dégagés par ce Règl. • CJUE, 16 juill. 2020, n° C-80/19 : *cité note 3 ss. art. 1er du présent Règl.*

Art. 5 *Accord d'élection de for.* 1. Lorsque la loi choisie par le défunt pour régir sa succession en vertu de l'article 22 est la loi d'un État membre, les parties concernées peuvent convenir que la ou les juridictions de cet État membre ont compétence exclusive pour statuer sur toute succession.

2. Cet accord d'élection de for est conclu par écrit, daté et signé par les parties concernées. Toute transmission par voie électronique qui permet de consigner durablement la convention est considérée comme revêtant une forme écrite.

Art. 6 *Déclinatoire de compétence en cas de choix de loi.* Lorsque la loi choisie par le défunt pour régir sa succession en vertu de l'article 22 est la loi d'un État membre, la juridiction saisie en vertu de l'article 4 ou 10 :

a) peut, à la demande de l'une des parties à la procédure, décliner sa compétence si elle considère que les juridictions de l'État membre dont la loi a été choisie sont mieux placées pour statuer sur la succession compte tenu des circonstances pratiques de celle-ci, telles que la résidence habituelle des parties et la localisation des biens ; ou

b) décline sa compétence si les parties à la procédure sont convenues, conformément à l'article 5, de conférer la compétence à la ou aux juridictions de l'État membre dont la loi a été choisie.

Renvoi. V. notes ss. art. 7 du présent Règl.

Art. 7 *Compétence en cas de choix de loi.* Les juridictions d'un État membre dont la loi avait été choisie par le défunt en vertu de l'article 22 sont compétentes pour statuer sur la succession, à condition :

a) qu'une juridiction préalablement saisie ait décliné sa compétence dans la même affaire, en vertu de l'article 6 ;

b) que les parties à la procédure soient convenues, conformément à l'article 5, de conférer la compétence à la ou aux juridictions de cet État membre ; ou

c) que les parties à la procédure aient expressément accepté la compétence de la juridiction saisie.

1. Déclinatoire de compétence. Champ d'application. L'art. 6, ss. a), et l'art. 7, ss. a) doivent être interprétés en ce sens que les règles de compétence prévues à ces dispositions trouvent à s'appliquer également dans le cas où, dans son testament établi avant le 17 août 2015, le défunt n'avait pas choisi la loi applicable à la succession et où la désignation de cette loi résulte du seul art. 83, § 4, de ce Règl. • CJUE, 9 sept. 2021, n° C-422/20 : *D. actu. 5 oct. 2021, note Callé ; D. 2021. 1671 ; ibid. 2073, obs. Godechot-Patris ; Europe 2021, n° 422, note idot ; Gaz. Pal. 30 nov. 2021 chron. p. 66, note Dumont ; ibid. 11 janv. 2022, p. 48, note Bonboire-Barthélémy ; Defrénois 2022, n° 4, p. 36, note Callé, n° 8, p. 34, note Nourissat.*

2. ... Modalités. L'art. 7, ss. a) doit être interprété en ce sens que, pour qu'il y ait déclinatoire de compétence, au sens de l'art. 6, ss. a), de ce règlement, en faveur des juridictions de l'État membre dont la loi a été choisie par le défunt, il n'est pas nécessaire que la juridiction préalablement saisie ait décliné sa compétence de manière expresse, mais il faut que cette intention ressorte sans équivoque de la décision qu'elle a rendue à cet égard. • CJUE, 9 sept. 2021, n° C 422/20 : *préc. note 1.*

3. ... Office du juge. L'art. 6, ss. a), l'art. 7, ss. a), et l'art. 39 doivent être interprétés en ce sens que la juridiction de l'État membre saisie à la suite d'un déclinatoire de compétence n'est pas habilitée à contrôler si les conditions établies à ces dispositions étaient réunies pour que la juridiction préalablement saisie puisse décliner sa compétence. • CJUE, 9 sept. 2021, n° C-422/20 : *préc. note 1.*

Art. 8 *Clôture de la procédure devant la juridiction saisie d'office en cas de choix de loi.* Une juridiction qui a engagé d'office une procédure en matière de succession en vertu de l'article 4 ou 10 clôt la procédure si les parties à la procédure sont convenues de régler la succession à l'amiable par voie extrajudiciaire dans l'État membre dont la loi avait été choisie par le défunt en vertu de l'article 22.

Art. 9 *Compétence fondée sur la comparution.* 1. Lorsque, au cours de la procédure devant une juridiction d'un État membre exerçant la compétence en vertu de l'article 7, il apparaît que toutes les parties à ladite procédure n'étaient pas parties à l'accord d'élection de for, la juridiction continue d'exercer sa compétence si les parties à la procédure qui n'étaient pas parties à l'accord comparaissent sans contester la compétence de la juridiction.

2. Si la compétence de la juridiction visée au paragraphe 1 est contestée par des parties à la procédure qui n'étaient pas parties à l'accord, la juridiction décline sa compétence.

Dans ce cas, la compétence pour statuer sur la succession appartient aux juridictions compétentes en vertu de l'article 4 ou 10.

Art. 10 *Compétences subsidiaires.* 1. Lorsque la résidence habituelle du défunt au moment du décès n'est pas située dans un État membre, les juridictions de l'État membre dans lequel sont situés des biens successoraux sont néanmoins compétentes pour statuer sur l'ensemble de la succession dans la mesure où :

a) le défunt possédait la nationalité de cet État membre au moment du décès ; ou, à défaut,

b) le défunt avait sa résidence habituelle antérieure dans cet État membre, pour autant que, au moment de la saisine de la juridiction, il ne se soit pas écoulé plus de cinq ans depuis le changement de cette résidence habituelle.

2. Lorsque aucune juridiction d'un État membre n'est compétente en vertu du paragraphe 1, les juridictions de l'État membre dans lequel sont situés des biens successoraux sont néanmoins compétentes pour statuer sur ces biens.

1. L'art. 10, § 1, ss. a) doit être interprété en ce sens qu'une juridiction d'un État membre doit relever d'office sa compétence au titre de la règle de compétence subsidiaire prévue à cette disposition lorsque, ayant été saisie sur le fondement de la règle de compétence générale établie à l'art. 4 de ce Règl., elle constate qu'elle n'est pas compétente au titre de cette dernière disposition. • CJUE 7 avr. 2022, n° C-645/20 : *D. actu. 14 avr. 2022, note Mélin.*

2. Aux termes de l'art. 10, § 2, du Règl. UE n° 650/2012, lorsque la résidence habituelle du défunt au moment du décès n'est pas située dans un État membre et qu'aucune juridiction d'un État membre n'est compétente en vertu du § 1er, les juridictions de l'État membre dans lequel sont situés des biens successoraux sont néanmoins compétentes pour statuer sur ces biens. Une cour d'appel, qui retient qu'en l'état actuel de la procédure, aucun bien immobilier appartenant au défunt n'est situé sur le territoire français justifie légalement sa décision d'écarter la compétence subsidiaire d'un tribunal français. • Civ. 1re, 29 mai 2019, n° 18-13.383 P : *cité note 2 ss. art. 4 du présent Règl.*

Art. 11 *Forum necessitatis.* Lorsque aucune juridiction d'un État membre n'est compétente en vertu d'autres dispositions du présent règlement, les juridictions d'un État membre peuvent, dans des cas exceptionnels, statuer sur la succession si une procédure ne peut raisonnablement être introduite ou conduite, ou se révèle impossible dans un État tiers avec lequel l'affaire a un lien étroit.

L'affaire doit présenter un lien suffisant avec l'État membre dont relève la juridiction saisie.

Art. 12 *Limitation de la procédure.* 1. Lorsque la masse successorale comprend des biens situés dans un État tiers, la juridiction saisie pour statuer sur la succession peut, à la demande d'une des parties, décider de ne pas statuer sur l'un ou plusieurs de ces biens si l'on peut s'attendre à ce que la décision qu'elle rendrait sur les biens en question ne soit pas reconnue ou, le cas échéant, ne soit pas déclarée exécutoire dans ledit État tiers.

2. Le paragraphe 1 ne porte pas atteinte au droit des parties de limiter la portée de la procédure en vertu du droit de l'État membre dont la juridiction est saisie.

Art. 13 *Acceptation de la succession, d'un legs ou d'une réserve héréditaire, ou renonciation à ceux-ci.* Outre la juridiction compétente pour statuer sur la succession au titre du présent règlement, les juridictions de l'État membre de la résidence habituelle de toute personne qui, en vertu de la loi applicable à la succession, peut faire une déclaration devant une juridiction concernant l'acceptation de la succession, d'un legs ou d'une réserve héréditaire ou la renonciation à ceux-ci, ou une déclaration visant à limiter la responsabilité de la personne concernée à l'égard des dettes de la succession, sont compétentes pour recevoir ce type de déclarations lorsque, en vertu de la loi de cet État membre, ces déclarations peuvent être faites devant une juridiction.

Art. 14 *Saisine d'une juridiction.* Aux fins du présent chapitre, une juridiction est réputée saisie :

a) à la date à laquelle l'acte introductif d'instance ou un acte équivalent est déposé auprès de la juridiction, à condition que le demandeur n'ait pas négligé par la suite de prendre les mesures qu'il était tenu de prendre pour que l'acte soit notifié ou signifié au défendeur ;

b) si l'acte doit être notifié ou signifié avant d'être déposé auprès de la juridiction, à la date à laquelle il est reçu par l'autorité chargée de la notification ou de la signification, à condition que le demandeur n'ait pas négligé par la suite de prendre les mesures qu'il était tenu de prendre pour que l'acte soit déposé auprès de la juridiction ; ou

c) si la procédure est engagée d'office, à la date à laquelle la décision d'engager la procédure est prise par la juridiction, ou, si une telle décision n'est pas requise, à la date à laquelle l'affaire est enregistrée par la juridiction.

Art. 15 *Vérification de la compétence.* La juridiction d'un État membre saisie d'une affaire de succession pour laquelle elle n'est pas compétente en vertu du présent règlement se déclare d'office incompétente.

Art. 16 *Vérification de la recevabilité.* 1. Lorsque le défendeur qui a sa résidence habituelle dans un État autre que l'État membre où l'action a été intentée ne comparaît pas, la juridiction compétente sursoit à statuer aussi longtemps qu'il n'est pas établi que le défendeur a été mis à même de recevoir l'acte introductif d'instance ou un acte équivalent en temps utile pour pouvoir se défendre ou que toute diligence a été faite à cette fin.

2. L'article 19 du règlement (CE) n° 1393/2007 du Parlement et du Conseil du 13 novembre 2007 relatif à la signification et à la notification dans les États membres des actes judiciaires et extrajudiciaires en matière civile et commerciale (signification ou notification des actes) *[JO L 324 du 10.12.2007, p.79.]* s'applique en lieu et place du paragraphe 1 du présent article si l'acte introductif d'instance ou un acte équivalent a dû être transmis d'un État membre à un autre en exécution dudit règlement.

3. Lorsque le règlement (CE) n° 1393/2007 n'est pas applicable, l'article 15 de la convention de La Haye du 15 novembre 1965 relative à la signification et à la notification à l'étranger des actes judiciaires et extrajudiciaires en matière civile ou commerciale s'applique si l'acte introductif d'instance ou un acte équivalent a dû être transmis à l'étranger en vertu de cette convention.

Art. 17 *Litispendance.* 1. Lorsque des demandes ayant le même objet et la même cause sont formées entre les mêmes parties devant des juridictions d'États membres différents, toute juridiction saisie en second lieu sursoit d'office à statuer jusqu'à ce que la compétence de la juridiction première saisie soit établie.

2. Lorsque la compétence de la juridiction première saisie est établie, la juridiction saisie en second lieu se dessaisit en faveur de celle-ci.

Art. 18 *Connexité.* 1. Lorsque des demandes connexes sont pendantes devant des juridictions d'États membres différents, la juridiction saisie en second lieu peut surseoir à statuer.

2. Lorsque ces demandes sont pendantes au premier degré, la juridiction saisie en second lieu peut également se dessaisir, à la demande de l'une des parties, à condition que la juridiction première saisie soit compétente pour connaître des demandes en question et que sa loi permette leur jonction.

3. Sont connexes, aux fins du présent article, les demandes liées entre elles par un rapport si étroit qu'il y a intérêt à les instruire et à les juger en même temps afin d'éviter des décisions qui pourraient être inconciliables si les causes étaient jugées séparément.

Art. 19 *Mesures provisoires et conservatoires.* Les mesures provisoires et conservatoires prévues par la loi d'un État membre peuvent être demandées aux juridictions de cet État, même si, en vertu du présent règlement, les juridictions d'un autre État membre sont compétentes pour connaître du fond.

CHAPITRE III *Loi applicable*

Art. 20 à 38 🏛.

CHAPITRE IV *Reconnaissance, force exécutoire et exécution des décisions*

BIBL. ▶ Boiché, *JCP N 2013. 1084* (reconnaissance et exécution des décisions de justice). – Bergquist, Commentaire du règlement européen sur les successions, *Commentaire Dalloz 2015, p. 161.*

Art. 39 *Reconnaissance.* 1. Les décisions rendues dans un État membre sont reconnues dans les autres États membres, sans qu'il soit nécessaire de recourir à aucune procédure.

2. En cas de contestation, toute partie intéressée qui invoque à titre principal la reconnaissance d'une décision peut demander, conformément à la procédure prévue aux articles 45 à 58, que la décision soit reconnue.

3. Si la reconnaissance est invoquée de façon incidente devant une juridiction d'un État membre, celle-ci est compétente pour en connaître.

Art. 40 *Motifs de non-reconnaissance.* Une décision rendue n'est pas reconnue :

a) si la reconnaissance est manifestement contraire à l'ordre public de l'État membre dans lequel la reconnaissance est demandée ;

b) dans le cas où elle a été rendue par défaut, si l'acte introductif d'instance ou un acte équivalent n'a pas été signifié ou notifié au défendeur en temps utile et de telle manière qu'il puisse se défendre, à moins qu'il n'ait pas exercé de recours à l'encontre de la décision alors qu'il était en mesure de le faire ;

c) si elle est inconciliable avec une décision rendue dans une procédure entre les mêmes parties dans l'État membre dans lequel la reconnaissance est demandée ;

d) si elle est inconciliable avec une décision, rendue antérieurement dans un autre État membre ou dans un État tiers entre les mêmes parties dans une procédure ayant le même objet et la même cause, lorsque la décision rendue antérieurement réunit les conditions nécessaires à sa reconnaissance dans l'État membre dans lequel la reconnaissance est demandée.

BIBL. ▶ Azavant, *Dr. fam. 2013. Dossier 38* (l'ordre public successoral).

Art. 41 *Absence de révision quant au fond.* En aucun cas, la décision rendue dans un État membre ne peut faire l'objet d'une révision quant au fond.

Art. 42 *Sursis à statuer.* La juridiction d'un État membre saisie d'une demande de reconnaissance d'une décision rendue dans un autre État membre peut surseoir à statuer si cette décision fait l'objet d'un recours ordinaire dans l'État membre d'origine.

Art. 43 *Force exécutoire.* Les décisions rendues dans un État membre qui sont exécutoires dans cet État sont exécutoires dans un autre État membre lorsque, à la demande de toute partie intéressée, elles y ont été déclarées exécutoires conformément à la procédure prévue aux articles 45 à 58.

Art. 44 *Détermination du domicile.* Pour déterminer, aux fins de la procédure prévue aux articles 45 à 58, si une partie a un domicile dans l'État membre d'exécution, la juridiction saisie applique la loi interne de cet État membre.

Art. 45 *Compétence territoriale.* 1. La demande de déclaration constatant la force exécutoire est portée devant la juridiction ou à l'autorité compétente de l'État membre d'exécution dont cet État membre a communiqué le nom à la Commission conformément à l'article 78.

2. La compétence territoriale est déterminée par le domicile de la partie contre laquelle l'exécution est demandée, ou par le lieu de l'exécution.

Art. 46 *Procédure.* 1. La procédure de dépôt de la demande est régie par la loi de l'État membre d'exécution.

2. Le demandeur n'est pas tenu d'avoir, dans l'État membre d'exécution, une adresse postale ni un représentant autorisé.

3. La demande est accompagnée des documents suivants :

a) une copie de la décision réunissant les conditions nécessaires pour en établir l'authenticité ;

b) l'attestation délivrée par la juridiction ou l'autorité compétente de l'État membre d'origine sous la forme du formulaire établi conformément à la procédure consultative visée à l'article 81, paragraphe 2, sans préjudice de l'article 47. — *V. Règl. d'exécution n° 1329/2014 du 9 déc. 2014, Formulaire 1, reproduit ss. art. 84 du présent Règl.*

Art. 47 *Défaut de production de l'attestation.* 1. A défaut de production de l'attestation visée à l'article 46, paragraphe 3, point b), la juridiction ou l'autorité compétente peut impartir un délai pour la produire ou accepter un document équivalent ou, si elle s'estime suffisamment éclairée, en dispenser.

2. Il est produit une traduction des documents si la juridiction ou l'autorité compétente l'exige. La traduction est faite par une personne habilitée à effectuer des traductions dans l'un des États membres.

Art. 48 *Déclaration constatant la force exécutoire.* La décision est déclarée exécutoire dès l'achèvement des formalités de l'article 46, sans examen au titre de l'article 40. La partie contre laquelle l'exécution est demandée ne peut, à ce stade de la procédure, présenter d'observations concernant la demande.

Art. 49 *Communication de la décision relative à la demande de déclaration constatant la force exécutoire.* 1. La décision relative à la demande de déclaration constatant la force exécutoire est aussitôt portée à la connaissance du demandeur conformément à la procédure fixée par la loi de l'État membre d'exécution.

2. La déclaration constatant la force exécutoire est signifiée ou notifiée à la partie contre laquelle l'exécution est demandée, accompagnée de la décision si celle-ci n'a pas encore été signifiée ou notifiée à cette partie.

Art. 50 *Recours contre la décision relative à la demande de déclaration constatant la force exécutoire.* 1. L'une ou l'autre partie peut former un recours contre la décision relative à la demande de déclaration constatant la force exécutoire.

2. Le recours est porté devant la juridiction dont l'État membre concerné a communiqué le nom à la Commission conformément à l'article 78.

3. Le recours est examiné selon les règles de la procédure contradictoire.

4. Si la partie contre laquelle l'exécution est demandée ne comparaît pas devant la juridiction saisie du recours formé par le demandeur, l'article 16 s'applique, même si la partie contre laquelle l'exécution est demandée n'est pas domiciliée dans l'un des États membres.

5. Le recours contre la déclaration constatant la force exécutoire est formé dans un délai de trente jours à compter de sa signification ou de sa notification. Si la partie contre laquelle l'exécution est demandée est domiciliée dans un autre État membre que celui dans lequel la déclaration constatant la force exécutoire a été délivrée, le délai de recours est de soixante jours et court à compter du jour où la signification ou la notification a été faite à personne ou à domicile. Ce délai ne comporte pas de prorogation à raison de la distance.

Art. 51 *Pourvoi contre la décision rendue sur le recours.* La décision rendue sur le recours ne peut faire l'objet d'un pourvoi qu'au moyen de la procédure que l'État membre concerné a communiquée à la Commission conformément à l'article 78.

Art. 52 *Refus ou révocation d'une déclaration constatant la force exécutoire.* La juridiction saisie d'un recours au titre de l'article 50 ou 51 ne peut refuser ou révoquer une déclaration constatant la force exécutoire que pour l'un des motifs prévus à l'article 40. Elle statue sans délai.

Art. 53 *Sursis à statuer.* La juridiction saisie d'un recours prévu au titre de l'article 50 ou 51 sursoit à statuer, à la demande de la partie contre laquelle l'exécution est demandée, si la force exécutoire de la décision est suspendue dans l'État membre d'origine, du fait de l'exercice d'un recours.

Art. 54 *Mesures provisoires et conservatoires.* 1. Lorsqu'une décision doit être reconnue conformément au présent chapitre, rien n'empêche le demandeur de solliciter qu'il soit procédé à des mesures provisoires ou conservatoires, conformément au droit de l'État membre d'exécution, sans qu'il soit nécessaire qu'une déclaration constatant la force exécutoire de cette décision soit requise au titre de l'article 48.

2. La déclaration constatant la force exécutoire emporte de plein droit l'autorisation de procéder à des mesures conservatoires.

3. Pendant le délai du recours prévu à l'article 50, paragraphe 5, contre la déclaration constatant la force exécutoire et jusqu'à ce qu'il ait été statué sur celui-ci, il ne peut être procédé à aucune mesure d'exécution sur les biens de la partie contre laquelle l'exécution est demandée, hormis des mesures conservatoires.

Art. 55 *Force exécutoire partielle.* 1. Lorsque la décision rendue porte sur plusieurs chefs de la demande et que la déclaration constatant la force exécutoire ne peut être délivrée pour le tout, la juridiction ou l'autorité compétente la délivre pour un ou plusieurs d'entre eux.

2. Le demandeur peut demander que la déclaration constatant la force exécutoire soit limitée à certaines parties d'une décision.

Art. 56 *Aide judiciaire.* Le demandeur qui, dans l'État membre d'origine, a bénéficié en tout ou en partie de l'aide judiciaire ou d'une exemption de frais et dépens a droit, dans le cadre de toute procédure visant à obtenir une déclaration constatant la force exécutoire, à l'aide judiciaire la plus favorable ou à l'exemption de frais et dépens la plus large prévue par le droit de l'État membre d'exécution.

Art. 57 *Caution ou dépôt.* Aucune caution ni aucun dépôt, sous quelque dénomination que ce soit, n'est imposé à la partie qui demande dans un État membre la reconnaissance, la force exécutoire ou l'exécution d'une décision rendue dans un autre État membre en raison, soit de la qualité d'étranger, soit du défaut de domicile ou de résidence dans l'État membre d'exécution.

Art. 58 *Impôt, droit ou taxe.* Aucun impôt, droit ou taxe proportionnel à la valeur de l'affaire n'est perçu dans l'État membre d'exécution à l'occasion de la procédure visant à obtenir une déclaration constatant la force exécutoire.

CHAPITRE V *Actes authentiques et transactions judiciaires*

BIBL. ▶ CALLE, *JCP N 2013. 1085* (l'acceptation et l'exécution des actes authentiques). – DAMASCELLI, Commentaire du règlement européen sur les successions, *Commentaire Dalloz 2015, p. 205.*

Art. 59 *Acceptation des actes authentiques.* 1. Les actes authentiques établis dans un État membre ont la même force probante dans un autre État membre que dans l'État membre d'origine ou y produisent les effets les plus comparables, sous réserve que ceci ne soit pas manifestement contraire à l'ordre public de l'État membre concerné.

Une personne souhaitant utiliser un acte authentique dans un autre État membre peut demander à l'autorité établissant l'acte authentique dans l'État membre d'origine de remplir le formulaire établi conformément à la procédure consultative visée à l'article 81, paragraphe 2, en décrivant la force probante de l'acte authentique dans l'État membre d'origine. *– V. Règl. d'exécution n° 1329/2014 du 9 déc. 2014, Formulaire 2, reproduit ss. art. 84 du présent Règl.*

2. Les juridictions de l'État membre d'origine sont saisies de toute contestation portant sur l'authenticité d'un acte authentique et statuent sur celle-ci en vertu de la loi de cet État. L'acte authentique contesté ne produit aucune force probante dans un autre État membre tant que le recours est pendant devant la juridiction compétente.

3. Les juridictions compétentes en vertu du présent règlement sont saisies de toute contestation relative aux actes juridiques ou relations juridiques consignés dans un acte authentique et statuent sur celle-ci en vertu de la loi applicable au titre du chapitre III. L'acte authentique contesté ne produit aucune force probante dans un autre État membre que l'État membre d'origine en ce qui concerne la question contestée tant que le recours est pendant devant la juridiction compétente.

4. Si un point relatif aux actes juridiques ou aux relations juridiques consignés dans un acte authentique en matière de successions est soulevé de façon incidente devant une juridiction d'un État membre, celle-ci est compétente pour en connaître.

Art. 60 *Force exécutoire des actes authentiques.* 1. Un acte authentique qui est exécutoire dans l'État membre d'origine est déclaré exécutoire dans un autre État membre, à la demande de toute partie intéressée, conformément à la procédure prévue aux articles 45 à 58.

2. Aux fins de l'article 46, paragraphe 3, point b), l'autorité ayant établi l'acte authentique délivre, à la demande de toute partie intéressée, une attestation sous la forme du formulaire établi conformément à la procédure consultative visée à l'article 81, paragraphe 2. *– V. Règl. d'exécution n° 1329/2014 du 9 déc. 2014, Formulaire 2, reproduit ss. art. 84 du présent Règl.*

3. La juridiction auprès de laquelle un recours est formé en vertu de l'article 50 ou 51 ne refuse ou ne révoque une déclaration constatant la force exécutoire que si l'exécution de l'acte authentique est manifestement contraire à l'ordre public de l'État membre d'exécution.

Art. 61 *Force exécutoire des transactions judiciaires.* 1. Les transactions judiciaires qui sont exécutoires dans l'État membre d'origine sont déclarées exécutoires dans un autre État membre à la demande de toute partie intéressée, conformément à la procédure prévue aux articles 45 à 58.

2. Aux fins de l'article 46, paragraphe 3, point b), la juridiction qui a approuvé la transaction ou devant laquelle la transaction a été conclue délivre, à la demande de toute partie intéressée, une attestation sous la forme du formulaire établi conformément à la procédure consultative visée à l'article 81, paragraphe 2. *– V. Règl. d'exécution n° 1329/2014 du 9 déc. 2014, Formulaire 3, reproduit ss. art. 84 du présent Règlement.*

3. La juridiction auprès de laquelle un recours est formé en vertu de l'article 50 ou 51 ne refuse ou ne révoque une déclaration constatant la force exécutoire que si l'exécution de la

transaction judiciaire est manifestement contraire à l'ordre public de l'État membre d'exécution.

CHAPITRE VI *Certificat successoral européen*

BIBL. ▶ CHALIGNAC, *Dr. fam. 2013. Dossier 39*. – CRONE, *JCP N 2018. 1359* (certificat successoral européen : question d'actualité). – JACOBY, *JCP N 2013. 343* (le certificat successoral européen et les registres fonciers) ; *ibid. 2018. 1330* (les droits du conjoint survivant et le certificat successoral européen dans les relations franco-allemandes). – SAGAUT, *JCP N 2013. 1086* (un acte en quête de notoriété). – REINHARTZ, Commentaire du règlement européen sur les successions, *Commentaire Dalloz 2015, p. 217*.

Art. 62 *Création d'un certificat successoral européen.* 1. Le présent règlement crée un certificat successoral européen (ci-après dénommé "certificat"), qui est délivré en vue d'être utilisé dans un autre État membre et produit les effets énumérés à l'article 69.

2. Le recours au certificat n'est pas obligatoire.

3. Le certificat ne se substitue pas aux documents internes utilisés à des fins similaires dans les États membres. Toutefois, dès lors qu'il est délivré en vue d'être utilisé dans un autre État membre, le certificat produit également les effets énumérés à l'article 69 dans l'État membre dont les autorités l'ont délivré en vertu du présent chapitre.

Art. 63 *Finalité du certificat.* 1. Le certificat est destiné à être utilisé par les héritiers, les légataires ayant des droits directs à la succession et les exécuteurs testamentaires ou les administrateurs de la succession qui, dans un autre État membre, doivent respectivement invoquer leur qualité ou exercer leurs droits en tant qu'héritiers ou légataires, et/ou leurs pouvoirs en tant qu'exécuteurs testamentaires ou administrateurs de la succession.

2. Le certificat peut être utilisé, en particulier, pour prouver un ou plusieurs des éléments suivants :

a) la qualité et/ou les droits de chaque héritier ou, selon le cas, de chaque légataire mentionné dans le certificat et la quote-part respective leur revenant dans la succession ;

b) l'attribution d'un bien déterminé ou de plusieurs biens déterminés faisant partie de la succession à l'héritier/aux héritiers ou, selon le cas, au(x) légataire(s) mentionné(s) dans le certificat ;

c) les pouvoirs de l'exécuteur testamentaire ou de l'administrateur de la succession mentionné dans le certificat.

Art. 64 *Compétence pour délivrer le certificat.* Le certificat est délivré dans l'État membre dont les juridictions sont compétentes en vertu de l'article 4, 7, 10 ou 11. L'autorité émettrice est :

a) une juridiction telle que définie à l'article 3, paragraphe 2 ; ou

b) une autre autorité qui, en vertu du droit national, est compétente pour régler les successions.

Art. 65 *Demande de certificat.* 1. Le certificat est délivré à la demande de toute personne visée à l'article 63, paragraphe 1 (ci-après dénommée "demandeur").

2. Pour déposer une demande, le demandeur peut utiliser le formulaire établi conformément à la procédure consultative visée à l'article 81, paragraphe 2. – *V. Règl. d'exécution n° 1329/2014 du 9 déc. 2014, Formulaire 4, reproduit ss. art. 84 du présent Règl.*

3. La demande contient les informations énumérées ci-après, pour autant que le demandeur en ait connaissance et que ces informations soient nécessaires pour que l'autorité émettrice puisse certifier les éléments que le demandeur souhaite voir certifier et est accompagnée, soit de l'original de tous les documents pertinents, soit de copies répondant aux conditions requises pour en établir l'authenticité, sans préjudice de l'article 66, paragraphe 2 :

a) les renseignements concernant le défunt : nom (le cas échéant, nom à la naissance), prénom(s), sexe, date et lieu de naissance, état civil, nationalité, numéro d'identification (le cas échéant), adresse au moment du décès, date et lieu du décès ;

b) les renseignements concernant le demandeur : nom (le cas échéant, nom à la naissance), prénom(s), sexe, date et lieu de naissance, état civil, nationalité, numéro d'identification (le cas échéant), adresse et lien éventuel avec le défunt ;

c) les renseignements concernant le représentant éventuel du demandeur : nom (le cas échéant, nom à la naissance), prénom(s), adresse et qualité de représentant ;

d) les renseignements concernant le conjoint ou le partenaire du défunt et, le cas échéant, concernant le ou les ex-conjoints ou le ou les anciens partenaires : nom (le cas échéant,

nom à la naissance), prénom(s), sexe, date et lieu de naissance, état civil, nationalité, numéro d'identification (le cas échéant) et adresse ;

e) les renseignements concernant d'autres bénéficiaires éventuels en vertu d'une disposition à cause de mort et/ou en vertu de la loi : nom et prénom(s) ou raison sociale, numéro d'identification (le cas échéant) et adresse ;

f) la finalité à laquelle est destiné le certificat conformément à l'article 63 ;

g) les coordonnées de la juridiction ou de l'autorité compétente qui règle ou a réglé la succession en tant que telle, le cas échéant ;

h) les éléments sur lesquels le demandeur se fonde pour faire valoir, selon le cas, ses droits sur les biens successoraux en tant que bénéficiaire et/ou son droit d'exécuter le testament du défunt et/ou d'administrer la succession du défunt ;

i) une indication concernant l'établissement ou non, par le défunt, d'une disposition à cause de mort ; si ni l'original ni une copie ne sont joints, l'indication de la localisation de l'original ;

j) une indication concernant la conclusion ou non, par le défunt, d'un contrat de mariage ou d'un contrat relatif à une relation pouvant avoir des effets comparables au mariage ; lorsque ni l'original ni une copie du contrat ne sont joints, l'indication de la localisation de l'original ;

k) une indication quant à la déclaration faite ou non par l'un des bénéficiaires concernant l'acceptation de la succession ou la renonciation à celle-ci ;

l) une déclaration établissant que, à la connaissance du demandeur, aucun litige portant sur les éléments à certifier n'est pendant ;

m) toute autre information que le demandeur considère utile aux fins de la délivrance du certificat.

V. C. pr. civ., art. 1381-1.

BIBL. ▶ NOURRISSAT, *JCP 2014. 61* (premières observations).

L'art. 65, § 2, du Règl. n° 650/2012 et l'art. 1er, § 4, du Règl. d'exécution (UE) n° 1329/2014 de la Commission du 9 déc. 2014, établissant les formulaires mentionnés dans le Règl. n° 650/2012, doivent être interprétés en ce sens que, pour la demande d'un certificat successoral européen, au sens de l'art. 65, § 2, l'utilisation du formulaire IV, figurant à l'annexe 4 du Règl. d'exécution n° 1329/2014, est facultative. • CJUE 17 janv. 2019, n° C-102/18 : *D. actu. 8 févr. 2019, obs. Mélin ; D. 2019. Pan. 1022, obs. S. Clavel ; Defrénois 26 sept. 2019, p. 33, obs. Callé.*

Art. 66 *Examen de la demande.* **1. Dès réception de la demande, l'autorité émettrice vérifie les informations et les déclarations fournies par le demandeur ainsi que les documents et les autres moyens de preuve présentés par celui-ci. Elle mène les enquêtes nécessaires à cette vérification d'office, lorsque son droit national le prévoit ou l'autorise, ou invite le demandeur à fournir tout élément de preuve complémentaire qu'elle estime nécessaire.**

2. Si le demandeur n'a pas pu produire des copies des documents pertinents répondant aux conditions requises pour en établir l'authenticité, l'autorité émettrice peut décider d'accepter d'autres moyens de preuve.

3. Si son droit national le prévoit et sous réserve des conditions qui y sont fixées, l'autorité émettrice peut demander que des déclarations soient faites sous serment ou sous forme d'une déclaration solennelle en lieu et place d'un serment.

4. L'autorité émettrice prend toutes les mesures nécessaires pour informer les bénéficiaires de la demande de certificat. Si cela est nécessaire aux fins de l'établissement des éléments à certifier, elle entend toute personne intéressée, ainsi que tout exécuteur ou administrateur, et procède à des annonces publiques visant à donner à d'autres bénéficiaires éventuels la possibilité de faire valoir leurs droits.

5. Aux fins du présent article, l'autorité compétente d'un État membre fournit, sur demande, à l'autorité émettrice d'un autre État membre les informations détenues, notamment, dans les registres fonciers, les registres de l'état civil et les registres consignant les documents et les faits pertinents pour la succession ou pour le régime matrimonial ou un régime patrimonial équivalent du défunt, dès lors que cette autorité compétente est autorisée, en vertu du droit national, à fournir ces informations à une autre autorité nationale.

V. C. pr. civ., art. 1381-1.

Art. 67 *Délivrance du certificat.* **1. L'autorité émettrice délivre sans délai le certificat conformément à la procédure fixée dans le présent chapitre lorsque les éléments à certifier ont été établis en vertu de la loi applicable à la succession ou de toute autre loi applicable à des éléments spécifiques. Elle utilise le formulaire établi conformément à la procédure consultative**

visée à l'article 81, paragraphe 2. – *V. Règl. d'exécution n° 1329/2014 du 9 déc. 2014, Formulaire 5, reproduit ss. art. 84 du présent Règl.*

L'autorité émettrice ne délivre pas le certificat en particulier :

a) si les éléments à certifier sont contestés ; ou

b) si le certificat s'avère ne pas être conforme à une décision portant sur les mêmes éléments.

2. L'autorité émettrice prend toutes les mesures nécessaires pour informer les bénéficiaires de la délivrance du certificat.

V. C. pr. civ., art. 1381-1.

BIBL. ▸ NOURRISSAT, *JCP 2014. 61* (premières observations).

Art. 68 *Contenu du certificat.* Le certificat comporte les informations suivantes dans la mesure où elles sont nécessaires à la finalité pour laquelle il est délivré :

a) le nom et l'adresse de l'autorité émettrice ;

b) le numéro de référence du dossier ;

c) les éléments sur la base desquels l'autorité émettrice s'estime compétente pour délivrer le certificat ;

d) la date de délivrance ;

e) les renseignements concernant le demandeur : nom (le cas échéant, nom à la naissance), prénom(s), sexe, date et lieu de naissance, état civil, nationalité, numéro d'identification (le cas échéant), adresse et lien éventuel avec le défunt ;

f) les renseignements concernant le défunt : nom (le cas échéant, nom à la naissance), prénom(s), sexe, date et lieu de naissance, état civil, nationalité, numéro d'identification (le cas échéant), adresse au moment du décès, date et lieu du décès ;

g) les renseignements concernant les bénéficiaires : nom (le cas échéant, nom à la naissance), prénom(s) et numéro d'identification (le cas échéant) ;

h) les renseignements concernant un contrat de mariage conclu par le défunt ou, le cas échéant, un contrat passé par le défunt dans le cadre d'une relation qui, selon la loi qui lui est applicable, est réputée avoir des effets comparables au mariage et les renseignements concernant le régime matrimonial ou un régime patrimonial équivalent ;

i) la loi applicable à la succession et les éléments sur la base desquels cette loi a été déterminée ;

j) les renseignements permettant d'établir si la succession s'ouvre *ab intestat* ou en vertu d'une disposition à cause de mort, y compris les informations concernant les éléments donnant naissance aux droits et/ou pouvoirs des héritiers, légataires, exécuteurs testamentaires ou administrateurs de la succession ;

k) le cas échéant, la mention pour chaque bénéficiaire de la nature de l'acceptation de la succession ou de la renonciation à celle-ci ;

l) la part revenant à chaque héritier et, le cas échéant, la liste des droits et/ou des biens revenant à un héritier déterminé ;

m) la liste des droits et/ou des biens revenant à un légataire déterminé ;

n) les restrictions portant sur les droits de l'héritier ou des héritiers et, selon le cas, du ou des légataires en vertu de la loi applicable à la succession et/ou en vertu de la disposition à cause de mort ;

o) les pouvoirs de l'exécuteur testamentaire et/ou de l'administrateur de la succession et les restrictions portant sur ces pouvoirs en vertu de la loi applicable à la succession et/ou en vertu de la disposition à cause de mort.

Art. 69 *Effets du certificat.* 1. Le certificat produit ses effets dans tous les États membres, sans qu'il soit nécessaire de recourir à aucune procédure.

2. Le certificat est présumé attester fidèlement l'existence d'éléments qui ont été établis en vertu de la loi applicable à la succession ou en vertu de toute autre loi applicable à des éléments spécifiques. La personne désignée dans le certificat comme étant l'héritier, le légataire, l'exécuteur testamentaire ou l'administrateur de la succession est réputée avoir la qualité mentionnée dans ledit certificat et/ou les droits ou les pouvoirs énoncés dans ledit certificat sans que soient attachées à ces droits ou à ces pouvoirs d'autres conditions et/ou restrictions que celles qui sont énoncées dans le certificat.

3. Toute personne qui, agissant sur la base des informations certifiées dans un certificat, effectue des paiements ou remet des biens à une personne désignée dans le certificat comme étant habilitée à accepter des paiements ou des biens est réputée avoir conclu une transaction avec une personne ayant le pouvoir d'accepter des paiements ou des biens, sauf si elle sait que le contenu du certificat ne correspond pas à la réalité ou si elle l'ignore en raison d'une négligence grave.

4. Lorsqu'une personne désignée dans le certificat comme étant habilitée à disposer de biens successoraux dispose de ces biens en faveur d'une autre personne, cette autre personne, si elle agit sur la base des informations certifiées dans le certificat, est réputée avoir conclu une transaction avec une personne ayant le pouvoir de disposer des biens concernés, sauf si elle sait que le contenu du certificat ne correspond pas à la réalité ou si elle l'ignore en raison d'une négligence grave.

5. Le certificat constitue un document valable pour l'inscription d'un bien successoral dans le registre pertinent d'un État membre, sans préjudice de l'article 1er, paragraphe 2, points k) et l).

Art. 70 *Copies certifiées conformes du certificat.* 1. L'autorité émettrice conserve l'original du certificat et délivre une ou plusieurs copies certifiées conformes au demandeur et à toute personne justifiant d'un intérêt légitime.

2. L'autorité émettrice tient, aux fins de l'article 71, paragraphe 3, et de l'article 73, paragraphe 2, une liste des personnes qui se sont vu délivrer des copies certifiées conformes en application du paragraphe 1.

3. Les copies certifiées conformes délivrées ont une durée de validité limitée à six mois, qui doit être indiquée sur la copie concernée sous la forme d'une date d'expiration. Dans des cas exceptionnels dûment justifiés, l'autorité émettrice peut, à titre dérogatoire, décider d'allonger la durée de validité. Une fois ce délai expiré, toute personne en possession d'une copie certifiée conforme doit, afin de pouvoir utiliser le certificat aux fins énoncées à l'article 63, demander une prorogation de la durée de validité de la copie certifiée conforme ou demander à l'autorité émettrice une nouvelle copie certifiée conforme.

V. C. pr. civ., art. 1381-2.

Art. 71 *Rectification, modification ou retrait du certificat.* 1. A la demande de toute personne justifiant d'un intérêt légitime ou d'office, l'autorité émettrice rectifie le certificat en cas d'erreur matérielle.

2. A la demande de toute personne justifiant d'un intérêt légitime ou, lorsque le droit national le permet, d'office, l'autorité émettrice modifie le certificat ou procède à son retrait lorsqu'il a été établi que ledit certificat ou certains de ses éléments ne correspondent pas à la réalité.

3. L'autorité émettrice informe sans délai toutes les personnes qui se sont vu délivrer des copies certifiées conformes en application de l'article 70, paragraphe 1, de toute rectification, modification, ou de tout retrait du certificat.

V. C. pr. civ., art. 1381-2.

Art. 72 *Voies de recours.* 1. Toute personne habilitée à présenter une demande de certificat peut former un recours contre toute décision rendue par l'autorité émettrice en application de l'article 67.

Toute personne justifiant d'un intérêt légitime peut former un recours contre toute décision prise par l'autorité émettrice en application de l'article 71 et de l'article 73, paragraphe 1, point a).

Le recours est formé devant une autorité judiciaire de l'État membre dont relève l'autorité émettrice conformément au droit de cet État.

2. Si, à la suite du recours visé au paragraphe 1, il est établi que le certificat délivré ne correspond pas à la réalité, l'autorité judiciaire compétente rectifie ou modifie le certificat, procède à son retrait ou veille à ce qu'il soit rectifié, modifié ou retiré par l'autorité émettrice.

Si, à la suite du recours visé au paragraphe 1, il est établi que le refus de délivrance du certificat est infondé, l'autorité judiciaire compétente délivre le certificat ou veille à ce que l'autorité émettrice réexamine le dossier et prenne une nouvelle décision.

V. C. pr. civ., art. 1381-3 et 1381-4.

Art. 73 *Suspension des effets du certificat.* 1. Les effets du certificat peuvent être suspendus par :

a) l'autorité émettrice, à la demande de toute personne justifiant d'un intérêt légitime, dans l'attente d'une modification ou d'un retrait du certificat en application de l'article 71 ; ou

b) l'autorité judiciaire, à la demande de toute personne habilitée à former un recours contre une décision prise par l'autorité émettrice en application de l'article 72, pendant l'exercice d'un tel recours.

2. L'autorité émettrice ou, le cas échéant, l'autorité judiciaire informe sans délai toutes les personnes qui se sont vu délivrer des copies certifiées conformes, en application de l'article 70, paragraphe 1, de toute suspension des effets du certificat.

Pendant la période de suspension des effets du certificat, aucune nouvelle copie certifiée conforme du certificat ne peut être délivrée.

V. C. pr. civ., art. 1381-4.

CHAPITRE VII *Dispositions générales et finales*

BIBL. ▶ REINHARTZ, Commentaire du règlement européen sur les successions, *Commentaire Dalloz 2015, p. 267.*

Art. 74 *Légalisation ou formalité analogue.* Aucune légalisation ni autre formalité analogue n'est exigée pour les documents délivrés dans un État membre dans le contexte du présent règlement.

Art. 75 *Relations avec les conventions internationales existantes.* 1. Le présent règlement n'affecte pas l'application des conventions internationales auxquelles un ou plusieurs États membres sont parties lors de l'adoption du présent règlement et qui portent sur des matières régies par le présent règlement.

En particulier, les États membres qui sont parties à la convention de La Haye du 5 octobre 1961 sur les conflits de lois en matière de forme des dispositions testamentaires continuent à appliquer les dispositions de cette convention au lieu de l'article 27 du présent règlement pour ce qui est de la validité quant à la forme des testaments et des testaments conjonctifs.

2. Nonobstant le paragraphe 1, le présent règlement prévaut, entre les États membres, sur les conventions conclues exclusivement entre deux ou plusieurs d'entre eux dans la mesure où ces conventions concernent des matières régies par le présent règlement.

3. Le présent règlement ne fait pas obstacle à l'application de la convention du 19 novembre 1934 conclue entre le Danemark, la Finlande, l'Islande, la Norvège et la Suède, qui comporte des dispositions de droit international privé relatives aux successions, aux testaments et à l'administration des successions, telle que révisée par l'accord intergouvernemental conclu entre lesdits États le 1er juin 2012, par les États membres qui y sont parties, dans la mesure où elle prévoit :

a) des règles relatives aux aspects procéduraux de l'administration des successions définies par la convention et une assistance en cette matière de la part des autorités des États qui sont parties contractantes à la convention ; et

b) une simplification et une accélération des procédures de reconnaissance et d'exécution des décisions en matière de successions.

Art. 76 *Relation avec le règlement (CE) n° 1346/2000 du Conseil.* Le présent règlement ne fait pas obstacle à l'application du règlement (CE) n° 1346/2000 du Conseil du 29 mai 2000 relatif aux procédures d'insolvabilité *[JO L 160 du 30.6.2000, p. 1.]*.

Art. 77 *Informations mises à la disposition du public.* Les États membres fournissent à la Commission, en vue de la mise à la disposition de ces informations au public dans le cadre du réseau judiciaire européen en matière civile et commerciale, un résumé succinct de leur législation et de leurs procédures nationales relatives aux successions, y compris des informations concernant le type d'autorité compétente en matière de succession et des informations relatives au type d'autorité compétente pour recevoir les déclarations d'acceptation de la succession, d'un legs ou d'une réserve héréditaire ou de renonciation à ceux-ci.

Les États membres fournissent également des fiches descriptives énumérant tous les documents et/ou informations habituellement exigés aux fins de l'inscription de biens immobiliers situés sur leur territoire.

Les États membres tiennent en permanence ces informations à jour.

Art. 78 *Informations concernant les coordonnées et les procédures.* 1. Au plus tard le 16 janvier 2014, les États membres communiquent à la Commission :

a) le nom et les coordonnées des juridictions ou autorités compétentes pour statuer sur les demandes de déclaration constatant la force exécutoire, conformément à l'article 45, paragraphe 1, et sur les recours formés contre les décisions rendues sur ces demandes, conformément à l'article 50, paragraphe 2 ;

b) les procédures de pourvoi contre la décision rendue sur le recours visées à l'article 51 ;

c) les informations pertinentes relatives aux autorités compétentes aux fins de la délivrance du certificat en vertu de l'article 64 ; et

d) les procédures de recours visées à l'article 72.

Les États membres communiquent à la Commission toute modification ultérieure de ces informations.

2. La Commission publie au *Journal officiel de l'Union européenne* les informations communiquées conformément au paragraphe 1, à l'exception des adresses et autres coordonnées des juridictions et autorités visées au paragraphe 1, point a).

3. La Commission tient toutes les informations communiquées conformément au paragraphe 1 à la disposition du public par tout autre moyen approprié, notamment par le biais du réseau judiciaire européen en matière civile et commerciale.

Art. 79 *Établissement et modification ultérieure de la liste contenant les informations visées à l'article 3, paragraphe 2.* 1. Sur la base des informations communiquées par les États membres, la Commission établit la liste des autres autorités et professionnels du droit visée à l'article 3, paragraphe 2.

2. Les États membres notifient à la Commission toute modification ultérieure à apporter aux informations contenues dans ladite liste. La Commission modifie la liste en conséquence.

3. La Commission publie la liste et toute modification ultérieure au *Journal officiel de l' Union européenne.*

4. La Commission tient toutes les informations notifiées conformément aux paragraphes 1 et 2 à la disposition du public par tout autre moyen approprié, notamment par le biais du réseau judiciaire européen en matière civile et commerciale.

Art. 80 *Établissement et modification ultérieure des attestations et des formulaires visés aux articles 46, 59, 60, 61, 65 et 67.* La Commission adopte des actes d'exécution établissant et modifiant ultérieurement les attestations et les formulaires visés aux articles 46, 59, 60, 61, 65 et 67. Ces actes d'exécution sont adoptés en conformité avec la procédure consultative visée à l'article 81, paragraphe 2.

Art. 81 *Comité.* 1. La Commission est assistée par un comité. Ledit comité est un comité au sens du règlement (UE) n° 182/2011.

2. Lorsqu'il est fait référence au présent paragraphe, l'article 4 du règlement (UE) n° 182/2011 s'applique.

Art. 82 *Réexamen.* Au plus tard le 18 août 2025 la Commission présente au Parlement européen, au Conseil et au Comité économique et social européen un rapport relatif à l'application du présent règlement comprenant une évaluation de tout problème pratique rencontré dans le cadre de transactions extrajudiciaires en matière de successions intervenues parallèlement dans différents États membres ou d'une transaction extrajudiciaire intervenue dans un État membre parallèlement à une transaction conclue devant une juridiction d'un autre État membre. Ce rapport est accompagné, le cas échéant, de propositions de modifications.

Art. 83 *Dispositions transitoires.* 1. Le présent règlement s'applique aux successions des personnes qui décèdent le 17 août 2015 ou après le 17 août 2015.

2. Lorsque le défunt avait, avant le 17 août 2015, choisi la loi applicable à sa succession, ce choix est valable s'il remplit les conditions fixées au chapitre III ou s'il est valable en application des règles de droit international privé qui étaient en vigueur, au moment où le choix a été fait, dans l'État dans lequel le défunt avait sa résidence habituelle ou dans tout État dont il possédait la nationalité.

3. Une disposition à cause de mort prise avant le 17 août 2015 est recevable et valable quant au fond et à la forme si elle remplit les conditions prévues au chapitre III ou si elle est recevable et valable sur le fond et en la forme en application des règles de droit international privé qui étaient en vigueur, au moment où la disposition a été prise, dans l'État dans lequel le défunt avait sa résidence habituelle, dans tout État dont il possédait la nationalité ou dans l'État membre de l'autorité chargée de régler la succession.

4. Si une disposition à cause de mort, prise avant le 17 août 2015, est rédigée conformément à la loi que le défunt aurait pu choisir en vertu du présent règlement, cette loi est réputée avoir été choisie comme loi applicable à la succession.

1. § 2. L'art. 83, § 2, du Règl. n° 650/2012 doit être interprété en ce sens qu'il n'est pas applicable à l'examen de la validité du choix de la loi applicable, effectué avant le 17 août 2015, pour régir uniquement un pacte successoral, au sens de l'art. 3, § 1er, ss. b), de ce règlement, portant sur un bien particulier du *de cujus*, et non la succession de ce dernier dans son ensemble. • CJUE, 9 sept. 2021, ☎ n° C 277/20 : *préc. note 1 ss. art. 3 du présent Règl.*

2. § 4. Renvoi. V. notes 1, ss. art. 7 du présent Règl.

Art. 84 *Entrée en vigueur.* Le présent règlement entre en vigueur le vingtième jour suivant celui de sa publication au *Journal officiel de l'Union européenne.*

Il est applicable à partir du 17 août 2015, à l'exception des articles 77 et 78 qui sont applicables à partir du 16 janvier 2014 et des articles 79, 80 et 81 qui sont applicables à partir du 5 juillet 2012.

Le présent règlement est obligatoire dans tous ses éléments et directement applicable dans les États membres conformément aux traités.

Règlement d'exécution (UE) n° 1329/2014 de la Commission du 9 décembre 2014,

Établissant les formulaires mentionnés dans le règlement (UE) n° 650/2012 du Parlement européen et du Conseil relatif à la compétence, la loi applicable, la reconnaissance et l'exécution des décisions, et l'acceptation et l'exécution des actes authentiques en matière de successions et à la création d'un certificat successoral européen (JOUE 16 déc., L 359/30).

Règlement (UE) n° 1215/2012 du Parlement européen et du Conseil du 12 décembre 2012,

Concernant la compétence judiciaire, la reconnaissance et l'exécution des décisions en matière civile et commerciale.

BIBL. GÉN. ▶ D'Avout, *D. 2013. 1014* (la refonte du règlement Bruxelles I). – Boillot, *LPA 7 oct. 2013, p. 9* (clause de juridiction). – Brebion-Guerrin et Kieffer, *Rev. huiss. oct. 2016. Suppl., p. 2* (les nouveaux défis du praticien face à la mise en œuvre de l'exécution). – Cadet, *JDI 2013. 765* (le nouveau règlement Bruxelles I). – Cuniberti, *Rev. huissiers 2013. 26* (la réforme du règlement Bruxelles I). – Deumier, Laazouzi et Treppoz, *RDC 2013.1037* (le règlement Bruxelles I *bis*). – Douchy-Oudot, *RTD eur. 2013. 329*. – Gaudemet-Tallon et Kessedjian, *RTD eur. 2013. 435* (la refonte du règlement Bruxelles I) ; *LGDJ, 6e éd., 2018* (compétence judiciaire et exécution des jugements en Europe). – Guinchard (ss. dir.), Le nouveau Règlement Bruxelles I bis, *Bruylant 2014.* – Kessedjian, *Europe 2013. Étude 3* (le règlement « Bruxelles I » révisé : *much ado about... what* ?). – Legrand, *LPA 6 janv. 2015, p. 7* (quels changements ?) ; *JCP N 2015. 1082* (justice, notariat : quel est l'impact du règlement Bruxelles I ?). – Nourissat, *Procédures 2013. Focus 26* (refonte du règlement « Bruxelles I » : *much ado about nothing*). – Nuyts, *Rev. crit. DIP 2013. 1* (la refonte du règlement Bruxelles I). – Parisot, Jault-Seseke et Cornette, *LPA 2013, n° 210, p. 9 ; ibid., n° 211, p. 12* (le Règl. n° 125/2012 : les espoirs déçus).

Le Parlement européen et le Conseil de l'Union européenne,

vu le traité sur le fonctionnement de l'Union européenne, et notamment son article 67, paragraphe 4, et son article 81, paragraphe 2, points a), c) et e),

vu la proposition de la Commission européenne,

après transmission du projet d'acte législatif aux parlements nationaux,

vu l'avis du Comité économique et social européen *[JO C 218 du 23.7.2011, p. 78]*,

statuant conformément à la procédure législative ordinaire *[Position du Parlement européen du 20 novembre 2012 et décision du Conseil du 6 décembre 2012]*,

considérant ce qui suit :

(1) Le 21 avril 2009, la Commission a adopté un rapport sur l'application du règlement (CE) n° 44/2001 du Conseil du 22 décembre 2000 concernant la compétence judiciaire, la reconnaissance et l'exécution des décisions en matière civile et commerciale *[JO L 12 du 16.1.2001, p. 1]*. Selon les conclusions de ce rapport, le fonctionnement dudit règlement est satisfaisant d'une manière générale, mais il convient d'améliorer l'application de certaines de ses dispositions, de faciliter davantage la libre circulation des décisions et de favoriser encore l'accès à la justice. Ledit règlement doit faire l'objet de plusieurs modifications substantielles. Dans un souci de clarté, il convient de procéder à la refonte dudit règlement.

(2) Réuni à Bruxelles les 10 et 11 décembre 2009, le Conseil européen a adopté un nouveau programme pluriannuel intitulé "Le programme de Stockholm – Une Europe ouverte et sûre qui sert et protège les citoyens" *[JO C 115 du 4.5.2010, p. 1]*. Dans le programme de Stockholm, le Conseil européen estimait que le processus de suppression de toutes les mesu-

res intermédiaires (l'*exequatur*) devrait se poursuivre pendant la période couverte par ledit programme. Dans le même temps, la suppression de l'*exequatur* devrait également être assortie d'une série de garanties.

(3) L'Union s'est donné pour objectif de maintenir et de développer un espace de liberté, de sécurité et de justice, entre autres en facilitant l'accès à la justice, notamment par le principe de reconnaissance mutuelle des décisions judiciaires et extrajudiciaires en matière civile. En vue de l'établissement progressif de cet espace, l'Union doit adopter des mesures relevant du domaine de la coopération judiciaire dans les matières civiles ayant une incidence transfrontière, notamment lorsque cela est nécessaire au bon fonctionnement du marché intérieur.

(4) Certaines différences entre les règles nationales en matière de compétence judiciaire et de reconnaissance des décisions rendent plus difficile le bon fonctionnement du marché intérieur. Des dispositions permettant d'unifier les règles de conflit de juridictions en matière civile et commerciale ainsi que de garantir la reconnaissance et l'exécution rapides et simples des décisions rendues dans un État membre sont indispensables.

(5) De telles dispositions relèvent du domaine de la coopération judiciaire en matière civile au sens de l'article 81 du traité sur le fonctionnement de l'Union européenne (TFUE).

(6) Pour atteindre l'objectif de la libre circulation des décisions en matière civile et commerciale, il est nécessaire et approprié que les règles relatives à la compétence judiciaire, à la reconnaissance et à l'exécution des décisions soient déterminées par un instrument juridique de l'Union contraignant et directement applicable.

(7) Les États membres à l'époque des Communautés européennes ont conclu le 27 septembre 1968, dans le cadre de l'article 220, quatrième tiret, du traité instituant la Communauté économique européenne, la convention de Bruxelles concernant la compétence judiciaire et l'exécution des décisions en matière civile et commerciale, qui a été ensuite modifiée par les conventions relatives à l'adhésion de nouveaux États membres à cette convention *[JO L 299 du 31.12.1972, p. 32. JO L 304 du 30.10.1978, p. 1. JO L 388 du 31.12.1982, p. 1. JO L 285 du 3.10.1989, p. 1. JO C 15 du 15.1.1997, p. 1. Pour le texte consolidé, V. JO C 27 du 26.1.1998, p. 1]* (ci-après dénommée "convention de Bruxelles de 1968"). Les États membres à l'époque des Communautés européennes et certains États de l'AELE ont conclu, le 16 septembre 1988, la convention de Lugano concernant la compétence judiciaire et l'exécution des décisions en matières *[matière]* civile et commerciale *[JO L 319 du 25.11.1988, p. 9]* (ci[-]après dénommée "convention de Lugano de 1988"), qui est une convention parallèle à la convention de Bruxelles de 1968. La convention de Lugano de 1988 est devenue applicable à la Pologne le 1er février 2000.

(8) Le 22 décembre 2000, le Conseil a adopté le règlement (CE) n° 44/2001 qui remplace la convention de Bruxelles de 1968 en ce qui concerne les territoires des États membres couverts par le traité sur le fonctionnement de l'Union européenne, entre les États membres à l'exception du Danemark. Par la décision 2006/325/CE du Conseil *[JO L 120 du 5.5.2006, p. 22]*, la Communauté a conclu avec le Danemark un accord garantissant l'application des dispositions du règlement (CE) n° 44/2001 à ce pays. La convention de Lugano de 1988 a été révisée par la convention concernant la compétence judiciaire, la reconnaissance et l'exécution des décisions en matière civile et commerciale *[JO L 147 du 10.6.2009, p. 5]*, signée à Lugano le 30 octobre 2007 par la Communauté, le Danemark, l'Islande, la Norvège et la Suisse (ci-après dénommée "la convention de Lugano de 2007").

(9) La convention de Bruxelles de 1968 continue à s'appliquer en ce qui concerne les territoires des États membres qui entrent dans le champ d'application territorial de cette convention et qui sont exclus du présent règlement en vertu de l'article 355 du traité sur le fonctionnement de l'Union européenne.

(10) Il est important d'inclure dans le champ d'application matériel du présent règlement l'essentiel de la matière civile et commerciale, à l'exception de certaines matières bien définies, en particulier les obligations alimentaires, qui devraient être exclues du champ d'application du présent règlement à la suite de l'adoption du règlement (CE) n° 4/2009 du Conseil du 18 décembre 2008 relatif à la compétence, la loi applicable, la reconnaissance et l'exécution des décisions et la coopération en matière d'obligations alimentaires *[JO L 7 du 10.1.2009, p. 1]*.

(11) Aux fins du présent règlement, les juridictions d'un État membre devraient comprendre les juridictions communes à plusieurs États membres, telles que la Cour de justice Benelux lorsqu'elle exerce sa compétence sur des questions qui entrent dans le champ

d'application du présent règlement. Les décisions rendues par ces juridictions devraient donc être reconnues et exécutées conformément au présent règlement.

(12) Le présent règlement ne devrait pas s'appliquer à l'arbitrage. Rien dans le présent règlement ne devrait empêcher la juridiction d'un État membre, lorsqu'elle est saisie d'une demande faisant l'objet d'une convention d'arbitrage passée entre les parties, de renvoyer les parties à l'arbitrage, de surseoir à statuer, de mettre fin à l'instance ou d'examiner si la convention d'arbitrage est caduque, inopérante ou non susceptible d'être appliquée, conformément à son droit national.

Une décision rendue par une juridiction d'un État membre concernant la question de savoir si une convention d'arbitrage est caduque, inopérante ou non susceptible d'être appliquée ne devrait pas être soumise aux règles de reconnaissance et d'exécution inscrites dans le présent règlement, que la juridiction se soit prononcée sur cette question à titre principal ou incident.

Par ailleurs, si une juridiction d'un État membre, dans le cadre de l'exercice de sa compétence en vertu du présent règlement ou de son droit national, a constaté qu'une convention d'arbitrage est caduque, inopérante ou non susceptible d'être appliquée, cela ne devrait pas empêcher que sa décision au fond soit reconnue ou, le cas échéant, exécutée conformément au présent règlement. Cette règle devrait être sans préjudice du pouvoir des juridictions des États membres de statuer sur la reconnaissance et l'exécution des sentences arbitrales conformément à la convention pour la reconnaissance et l'exécution des sentences arbitrales étrangères signée à New York le 10 juin 1958 (ci-après dénommée "convention de New York de 1958"), qui prime sur le présent règlement.

Le présent règlement ne devrait pas s'appliquer à une action ou demande accessoire portant, en particulier, sur la constitution d'un tribunal arbitral, les compétences des arbitres, le déroulement d'une procédure arbitrale ou tout autre aspect de cette procédure ni à une action ou une décision concernant l'annulation, la révision, la reconnaissance ou l'exécution d'une sentence arbitrale, ou l'appel formé contre celle-ci.

(13) Il doit y avoir un lien entre les procédures relevant du présent règlement et le territoire des États membres. Des règles communes en matière de compétence devraient donc s'appliquer en principe lorsque le défendeur est domicilié dans un État membre.

(14) D'une manière générale, le défendeur non domicilié dans un État membre devrait être soumis aux règles de compétence nationales applicables sur le territoire de l'État membre de la juridiction saisie.

Cependant, pour assurer la protection des consommateurs et des travailleurs, pour préserver la compétence des juridictions des États membres dans les cas où elles ont une compétence exclusive et pour respecter l'autonomie des parties, certaines règles de compétence inscrites dans le présent règlement devraient s'appliquer sans considération de domicile du défendeur.

(15) Les règles de compétence devraient présenter un haut degré de prévisibilité et s'articuler autour de la compétence de principe du domicile du défendeur. Cette compétence devrait toujours être disponible, sauf dans quelques cas bien déterminés où la matière en litige ou l'autonomie des parties justifie un autre critère de rattachement. S'agissant des personnes morales, le domicile doit être défini de façon autonome de manière à accroître la transparence des règles communes et à éviter les conflits de compétence.

(16) Le for du domicile du défendeur devrait être complété par d'autres fors autorisés en raison du lien étroit entre la juridiction et le litige ou en vue de faciliter la bonne administration de la justice. L'existence d'un lien étroit devrait garantir la sécurité juridique et éviter la possibilité que le défendeur soit attrait devant une juridiction d'un État membre qu'il ne pouvait pas raisonnablement prévoir. Cet aspect est important, en particulier dans les litiges concernant les obligations non contractuelles résultant d'atteintes à la vie privée et aux droits de la personnalité, notamment la diffamation.

(17) Le propriétaire d'un bien culturel au sens de l'article 1er, paragraphe 1, de la directive 93/7/CEE du Conseil du 15 mars 1993 relative à la restitution de biens culturels ayant quitté illicitement le territoire d'un État membre *[JO L 74 du 27.3.1993, p. 74]* devrait avoir la faculté, au titre du présent règlement, d'engager une procédure civile en récupération dudit bien culturel, fondée sur le droit de propriété, devant les juridictions du lieu où le bien culturel est situé au moment de la saisine. Une telle procédure devrait être sans préjudice d'une procédure engagée au titre de la directive 93/7/CEE.

(18) S'agissant des contrats d'assurance, de consommation et de travail, il est opportun de protéger la partie la plus faible au moyen de règles de compétence plus favorables à ses intérêts que ne le sont les règles générales.

(19) L'autonomie des parties à un contrat autre qu'un contrat d'assurance, de consommation et de travail pour lequel n'est prévue qu'une autonomie limitée quant à la détermination de la juridiction compétente devrait être respectée sous réserve des fors de compétence exclusifs prévus dans le présent règlement.

(20) Lorsque la question se pose de savoir si un accord d'élection de for en faveur d'une ou des juridictions d'un État membre est entaché de nullité quant à sa validité au fond, cette question devrait être tranchée conformément au droit de l'État membre de la ou des juridictions désignées dans l'accord, y compris conformément aux règles de conflit de lois de cet État membre.

(21) Le fonctionnement harmonieux de la justice commande de réduire au minimum la possibilité de procédures concurrentes et d'éviter que des décisions inconciliables ne soient rendues dans différents États membres. Il importe de prévoir un mécanisme clair et efficace pour résoudre les cas de litispendance et de connexité et pour parer aux problèmes résultant des divergences nationales quant à la date à laquelle une affaire est considérée comme pendante. Aux fins du présent règlement, il convient de définir cette date de manière autonome.

(22) Cependant, pour renforcer l'efficacité des accords exclusifs d'élection de for et éviter les manœuvres judiciaires, il est nécessaire de prévoir une exception à la règle générale de la litispendance de manière à traiter de manière satisfaisante une situation particulière pouvant donner lieu à des procédures concurrentes. Une telle situation voit le jour lorsqu'une juridiction non désignée dans un accord exclusif d'élection de for a été saisie d'une procédure et que la juridiction désignée est saisie en second lieu d'une procédure ayant le même objet et la même cause entre les mêmes parties. Dans un tel cas de figure, la juridiction saisie en premier lieu devrait être tenue de surseoir à statuer dès que la juridiction désignée est saisie et jusqu'à ce que cette dernière juridiction déclare qu'elle n'est pas compétente en vertu de l'accord exclusif d'élection de for. Cela vise à faire en sorte que, dans une telle situation, la juridiction désignée ait priorité pour décider de la validité de l'accord et de la mesure dans laquelle celui-ci s'applique au litige pendant devant elle. La juridiction désignée devrait être en mesure de poursuivre la procédure, que la juridiction non désignée ait déjà décidé ou non de surseoir à statuer.

Cette exception ne devrait pas s'appliquer aux situations dans lesquelles les parties ont conclu des accords exclusifs d'élection de for incompatibles ou lorsqu'une juridiction désignée dans un accord exclusif d'élection de for a été saisie en premier lieu. Dans de tels cas de figure, la règle générale de la litispendance prévue par le présent règlement devrait s'appliquer.

(23) Le présent règlement devrait prévoir un mécanisme souple permettant aux juridictions des États membres de tenir compte des procédures pendantes devant les juridictions d'États tiers, en prenant notamment en considération le fait qu'une décision d'un État tiers puisse ou non être reconnue et exécutée dans l'État membre concerné au titre du droit de cet État membre et de la bonne administration de la justice.

(24) Lorsqu'elle tient compte de la bonne administration de la justice, il convient que la juridiction de l'État membre concerné évalue l'ensemble des circonstances du cas d'espèce. Ces circonstances peuvent inclure les liens entre les faits du cas d'espèce, les parties et l'État tiers concerné, l'état d'avancement de la procédure dans l'État tiers au moment où la procédure est engagée devant la juridiction de l'État membre et la probabilité que la juridiction de l'État tiers rende une décision dans un délai raisonnable.

Cette évaluation peut également porter sur la question de savoir si la juridiction de l'État tiers a une compétence exclusive dans le cas d'espèce dans des circonstances où la juridiction d'un État membre aurait une compétence exclusive.

(25) La notion de mesures provisoires et conservatoires devrait englober, par exemple, les mesures conservatoires visant à obtenir des informations ou à conserver des éléments de preuve, visées aux articles 6 et 7 de la directive 2004/48/CE du Parlement européen et du Conseil du 29 avril 2004 relative au respect des droits de propriété intellectuelle *[JO L 157 du 30.4.2004, p. 45]*. Elle ne devrait pas inclure de mesures ne revêtant pas un caractère conservatoire, telles que des mesures ordonnant l'audition d'un témoin. Ceci devrait s'entendre sans préjudice de l'application du règlement (CE) n° 1206/2001 du Conseil du 28 mai 2001 relatif à la coopération entre les juridictions des États membres dans le domaine de l'obtention des preuves en matière civile et commerciale *[JO L 174 du 27.6.2001, p. 1]*.

(26) La confiance réciproque dans l'administration de la justice au sein de l'Union justifie le principe selon lequel les décisions rendues dans un État membre devraient être reconnues dans tous les États membres sans qu'une procédure spéciale ne soit nécessaire. En outre, la volonté de réduire la durée et les coûts des litiges transfrontières justifie la suppression de la déclaration constatant la force exécutoire préalable à l'exécution dans l'État membre requis. En conséquence, toute décision rendue par les juridictions d'un État membre devrait être traitée comme si elle avait été rendue dans l'État membre requis.

(27) Aux fins de la libre circulation des décisions, une décision rendue dans un État membre devrait être reconnue et exécutée dans un autre État membre même si elle est rendue à l'encontre d'une personne qui n'est pas domiciliée dans un État membre.

(28) Si une décision comporte une mesure ou une injonction qui est inconnue dans le droit de l'État membre requis, cette mesure ou injonction, y compris tout droit y figurant, devrait être adaptée autant que possible pour la rapprocher d'une mesure ou d'une injonction qui, dans le droit interne dudit État membre, a des effets équivalents et poursuit des objectifs similaires. Il devrait appar-tenir à chaque État membre de déterminer selon quelles modalités l'adaptation doit avoir lieu, et qui doit y procéder.

(29) L'exécution directe, dans l'État membre requis, d'une décision rendue dans un autre État membre sans déclaration constatant la force exécutoire ne devrait pas compromettre le respect des droits de la défense. Dès lors, la personne contre laquelle l'exécution est demandée devrait avoir la faculté de demander le refus de reconnaissance ou d'exécution d'une décision si elle estime que l'un des motifs de refus de reconnaissance est présent. Parmi ces motifs devrait figurer le fait qu'elle n'a pas eu la possibilité de se défendre lorsque la décision a été rendue par défaut dans une action civile liée à une procédure pénale. Les motifs de refus de reconnaissance devraient également inclure ceux qui pourraient être invoqués sur le fondement d'une convention entre l'État membre requis et un État tiers conclue en vertu de l'article 59 de la convention de Bruxelles de 1968.

(30) Une partie s'opposant à l'exécution d'une décision rendue dans un autre État membre devrait, dans la mesure du possible et conformément au système juridique de l'État membre requis, pouvoir invoquer, dans la même procédure, outre les motifs de refus prévus par le présent règlement, ceux prévus par le droit national, dans les délais fixés par celui-ci.

Toutefois, la reconnaissance d'une décision ne devrait être refusée qu'en présence d'un ou de plusieurs des motifs de refus prévus par le présent règlement.

(31) En cas d'opposition à l'exécution d'une décision, les juridictions de l'État membre requis devraient avoir la faculté, pendant toute la procédure relative à cette opposition, y compris un éventuel appel, de permettre qu'il soit procédé à l'exécution mais en restreignant celle-ci ou en imposant la constitution d'une garantie.

(32) Pour informer la personne contre laquelle l'exécution est demandée de l'exécution d'une décision rendue dans un autre État membre, le certificat établi au titre du présent règlement, accompagné si nécessaire de la décision, devrait lui être signifié ou notifié dans un délai raisonnable avant la première mesure d'exécution. Dans ce contexte, il convient d'entendre, par première mesure d'exécution, la première mesure d'exécution qui suit la signification ou la notification.

(33) Lorsque des mesures provisoires ou conservatoires sont ordonnées par une juridiction compétente au fond, leur libre circulation devrait être assurée au titre du présent règlement. Cependant, les mesures provisoires ou conservatoires qui ont été ordonnées par une telle juridiction sans que le défendeur n'ait été cité à comparaître ne devraient pas être reconnues et exécutées au titre du présent règlement à moins que la décision contenant la mesure n'ait été signifiée ou notifiée au défendeur avant l'exécution. Ceci ne devrait pas empêcher la reconnaissance et l'exécution de telles mesures au titre du droit national. Lorsque des mesures provisoires ou conservatoires sont ordonnées par une juridiction d'un État membre non compétente au fond, leur effet devrait être limité, au titre du présent règlement, au territoire de cet État membre*[.]*

(34) Pour assurer la continuité nécessaire entre la convention de Bruxelles de 1968, le règlement (CE) n° 44/2001 et le présent règlement, il convient de prévoir des dispositions transitoires. La même continuité doit être assurée en ce qui concerne l'interprétation par la Cour de justice de l'Union européenne de la convention de Bruxelles de 1968 et des règlements qui la remplacent.

(35) Le respect des engagements internationaux souscrits par les États membres justifie que le présent règlement n'affecte pas les conventions auxquelles les États membres sont parties et qui portent sur des matières spéciales.

(36) Sans préjudice des obligations des États membres au titre des traités, le présent règlement devrait être sans incidence sur l'application des conventions et accords bilatéraux conclus entre un État tiers et un État membre avant la date d'entrée en vigueur du règlement (CE) n° 44/2001 qui portent sur des matières régies par le présent règlement.

(37) Pour garantir la tenue à jour des certificats à utiliser dans le cadre de la reconnaissance ou de l'exécution des décisions, des actes authentiques et des transactions judiciaires au titre du présent règlement, il convient de déléguer à la Commission le pouvoir d'adopter des actes conformément à l'article 290 du traité sur le fonctionnement de l'Union européenne en ce qui concerne les modifications à apporter aux annexes I et II du présent règlement. Il importe particulièrement que la Commission procède aux consultations appropriées durant son travail préparatoire, y compris au niveau des experts. Il convient que, lorsqu'elle prépare et élabore des actes délégués, la Commission veille à ce que les documents pertinents soient transmis simultanément, en temps utile et de façon appropriée, au Parlement européen et au Conseil.

(38) Le présent règlement respecte les droits fondamentaux et observe les principes reconnus dans la charte des droits fondamentaux de l'Union européenne, en particulier le droit à un recours effectif et à accéder à un tribunal impartial garanti à l'article 47 de la charte.

(39) Étant donné que l'objectif du présent règlement ne peut pas être atteint de manière suffisante par les États membres et peut l'être mieux au niveau de l'Union, celle-ci peut adopter des mesures conformément au principe de subsidiarité consacré à l'article 5 du traité sur l'Union européenne. Conformément au principe de proportionnalité tel qu'énoncé audit article, le présent règlement n'excède pas ce qui est nécessaire pour atteindre cet objectif.

(40) Conformément à l'article 3 du protocole sur la position du Royaume-Uni et de l'Irlande annexé au traité sur l'Union européenne et à l'époque au traité instituant la Communauté européenne, le Royaume-Uni et l'Irlande ont participé à l'adoption et à l'application du règlement (CE) n° 44/2001. Conformément à l'article 3 du protocole n° 21 sur la position du Royaume-Uni et de l'Irlande à l'égard de l'espace de liberté, de sécurité et de justice, annexé au traité sur l'Union européenne et au traité sur le fonctionnement de l'Union européenne, ces États membres ont notifié leur souhait de participer à l'adoption et à l'application du présent règlement.

(41) Conformément aux articles 1er et 2 du protocole n° 22 sur la position du Danemark annexé au traité sur l'Union européenne et au traité sur le fonctionnement de l'Union européenne, le Danemark ne participe pas à l'adoption du présent règlement et n'est pas lié par celui-ci ni soumis à son application, sans préjudice de la possibilité pour le Danemark d'appliquer le contenu des modifications apportées au règlement (CE) n° 44/2001 en vertu de l'article 3 de l'accord du 19 octobre 2005 entre la Communauté européenne et le Royaume de Danemark sur la compétence judiciaire, la reconnaissance et l'exécution des décisions en matière civile et commerciale *[JO L 299 du 16.11.2005, p. 62]*,

ONT ADOPTÉ LE PRÉSENT RÈGLEMENT :

CHAPITRE PREMIER *Portée et définitions*

Art. 1er 1. Le présent règlement s'applique en matière civile et commerciale et quelle que soit la nature de la juridiction. Il ne s'applique notamment ni aux matières fiscales, douanières ou administratives, ni à la responsabilité de l'État pour des actes ou des omissions commis dans l'exercice de la puissance publique *(acta jure imperii)*.

2. Sont exclus de son application :

a) l'état et la capacité des personnes physiques, les régimes matrimoniaux ou les régimes patrimoniaux relatifs aux relations qui, selon la loi qui leur est applicable, sont réputés avoir des effets comparables au mariage ;

b) les faillites, concordats et autres procédures analogues ;

c) la sécurité sociale ;

d) l'arbitrage ;

e) les obligations alimentaires découlant de relations de famille, de parenté, de mariage ou d'alliance ;

f) les testaments et les successions, y compris les obligations alimentaires résultant du décès.

BIBL. ▶ KESSEDJIAN, *Rev. arb. 2009. 699* (le Règl. n° 44/2001 et l'arbitrage). – MUIR WATT et PATAUT, *Rev. crit. 2008. 61* (les actes *jure imperii* et le Règlement Bruxelles I).

A. MATIÈRE CIVILE ET COMMERCIALE

1. Notion autonome. La notion de matière civile et commerciale doit être interprétée non selon le droit d'un quelconque des États concernés, mais par référence aux objectifs et au système de la Convention, ainsi qu'aux principes généraux qui se dégagent de l'ensemble des systèmes de droit nationaux (Conv. 27 sept. 1968). • CJCE 14 oct. 1976, *Eurocontrol*, n° 29-76 : *JDI 1977. 707, obs. Huet ; Rev. crit. DIP 1977. 772, note Droz ; Cah. dr. eur. 1977. 146, chron. Leleux.* ♦ V. aussi • CJCE 22 févr. 1979, *Gourdain*, n° 133/78 : *Gaz. Pal. 1979. 1. 207, note Georges-Étienne ; Rev. sociétés 1980. 526, note Bismuth ; Rev. crit. DIP 1979. 657, note Lemontey.* ♦ De même, l'interprétation des autres notions visées par la Convention est propre à l'application de celle-ci (Conv. 27 sept. 1968). • CJCE 14 juill. 1977, *Eurocontrol*, n° C-9/77 : *JDI 1978. 393, obs. Huet.* ♦ ... Sauf lorsqu'il est renvoyé aux dispositions de droit interne (Conv. 27 sept. 1968). • CJCE 6 oct. 1976, *Tessili*, n° 12/76 : *Rev. crit. DIP 1977. 751, note Gothot et Holleaux ; JDI 1977. 714, obs. Huet.*

2. Un litige qualifié de droit public au sens de l'art. 1er peut être qualifié de civil ou de commercial dans l'application d'un autre traité (Conv. 27 sept. 1968). • CJCE 14 juill. 1977, n° 10-77.

3. Amende civile. Une condamnation à une amende civile pour faire respecter une décision judiciaire rendue en matière civile et commerciale relève elle-même de la matière civile et commerciale (Règl. n° 44/2201). • CJUE 18 oct. 2011, n° C-406/09 : *D. 2011. Actu. 2662 ; Europe 2011, n° 498, note Idot.*

4. Concurrence. Une action visant à obtenir la réparation du préjudice résultant de violations alléguées du droit de la concurrence de l'Union relève de la notion de « matière civile et commerciale » au sens de l'art. 1er du Règl. du 22 déc. 2000 (Règl. n° 44/2201). • CJUE 23 oct. 2014, n° C-309/13 : *D. actu. 12 nov. 2014, obs. Mélin ; Procédures 2015, n° 14, note Nourissat.* ♦ En revanche, une action en répétition de l'indu fondée sur l'enrichissement sans cause, ayant pour origine le remboursement d'une amende infligée dans le cadre d'une procédure en droit de la concurrence, ne relève pas de la « matière civile et commerciale » au sens de l'art. 1er du Règl. du 22 déc. 2000 (Règl. n° 44/2201). • CJUE 28 juill. 2016, n° C-102/15 : *D. 2016. 1710 ; D. 2017. 1011, obs. Gaudemet-Tallon et Jault-Seseke.*

5. Pratiques commerciales déloyales. Relève de la notion de « matière civile et commerciale », une action opposant les autorités d'un État membre à des professionnels établis dans un autre État membre dans le cadre de laquelle ces autorités demandent, à titre principal, à ce que soit constatée l'existence d'infractions constituant des pratiques commerciales déloyales prétendument illégales et que soit ordonnée la cessation de celles-ci, ainsi que, à titre accessoire, à ce que soient ordonnées des mesures de publicité et à ce que soit imposée une astreinte. • CJUE, 16 juill. 2020, n° C-73/19 : *D. actu. 8 sept. 2020, obs. Mélin ; D. 2020. 1472 ; ibid. 2020. 1970, obs. d'Avout, S. Bollée et Farnoux ; RTD eur. 2020. 934, obs. Ancel ; Europe 2020, n° 322, note Idot.*

6. Demandes accessoires. Aucune disposition de la convention ne lie, en ce qui concerne son champ d'application, le sort des demandes accessoires au sort des demandes principales ; les demandes accessoires relèvent du champ d'application de la convention suivant la matière qu'elles concernent et non selon celle dont relève la demande principale (Conv. 27 sept. 1968). • CJCE 6 mars 1980, *De Cavel II*, n° 120/79 : *JDI 1980. 442, obs. Huet ; Rev. crit. DIP 1980. 614, note Droz.* ♦ Comp. (Conv. 27 sept. 1968) : • CJCE 27 mars 1979, *De Cavel I*, n° 143/78 : *D. 1979. IR 457, obs. Audit ; JDI 1979. 681, obs. Huet ; Rev. crit. DIP 1980. 614.*

7. Demande d'indemnisation. Activités des sociétés de classification et de certification des navires. Un recours en indemnité, introduit contre des personnes morales de droit privé, exerçant une activité de classification et de certification de navires pour le compte et sur délégation d'un État tiers, relève de la notion de « matière civile et commerciale », dès lors que cette activité n'est pas exercée en vertu de prérogatives de puissance publique, au sens du droit de l'Union, ce qu'il appartient à la juridiction de renvoi d'apprécier. Le principe de droit international coutumier sur l'immunité juridictionnelle ne s'oppose pas à l'exercice, par la juridiction nationale saisie, de la compétence juridictionnelle prévue par ledit règlement dans un litige relatif à un tel recours, lorsque cette juridiction constate que de tels organismes n'ont pas eu recours aux prérogatives de puissance publique au sens du droit international. • CJUE 7 mai 2020, n° C-641/18.

8. Litige entre une personne privée et l'autorité publique. Est exclu du champ d'application de la convention le litige opposant une personne privée à l'autorité publique lorsque celle-ci a agi dans l'exercice de la puissance publique (Conv. 27 sept. 1968). • CJCE 16 déc. 1980, n° 814/79 : *JDI 1982. 463, obs. Bischoff.* ♦ Ne relève pas de la « matière civile » une action juridictionnelle intentée par des personnes physiques dans un État contractant (État membre) à l'encontre d'un autre État contractant (État membre) et visant à obtenir réparation du préjudice subi par les ayants droit des victimes des agissements de forces armées dans le cadre d'opérations de guerre sur le territoire du premier État (Conv. 27 sept. 1968). • CJCE 15 févr. 2007, n° C-292/05 : *Rev. crit. DIP 2008. 61,* *étude Muir Watt et Pataut ; Rev. crit. DIP 2008. 131 ; RJ com 2007. 167, obs. Raynouard.*

9. Un litige relatif à une action introduite, par une personne physique ayant acquis des obligations émises par un État membre, à l'encontre de celui-ci et tendant à contester l'échange desdites obligations contre des obligations de valeur moindre, imposé à cette personne physique par l'effet d'une loi, adoptée dans des circonstances exceptionnelles par le législateur national, en vertu de laquelle ces conditions ont été unilatéralement et rétroactivement modifiées par l'introduction d'une clause d'action collective permettant à une majorité de détenteurs des obligations concernées d'imposer cet échange à la minorité, ne relève pas de la « matière civile et commerciale ». • CJUE 15 nov. 2018, n° C-308/17 : *D. actu. 29 nov. 2018, obs. Mélin ; D. 2019. 572, note Giansetto ; Banque et Dr. 1-2/2019. 54, note Chacornac ; Europe 2019, n° 60, note Idot.*

10. Une action visant à obtenir le paiement d'une créance constituée de suppléments pour l'indemnité de congés payés, détenue par un organisme collectif de droit public contre un employeur, au titre du détachement, dans un État membre, de travailleurs qui n'y ont pas leur lieu de travail habituel, ou dans le cadre de la mise à disposition, dans cet État membre, de main-d'œuvre, ou contre un employeur dont le siège se situe hors du territoire dudit État membre au titre de l'emploi de travailleurs ayant leur lieu de travail habituel dans le même État membre, relève du champ d'application de ce règlement, pour autant que les modalités d'exercice d'une telle action ne dérogent pas aux règles de droit commun et, notamment, n'écartent pas la possibilité pour le juge saisi de contrôler le bien-fondé des données sur lesquelles repose la constatation de ladite créance. • CJUE 28 févr. 2019, n° C-579/17 : *D. 2019. 487 .*

11. Relève de la notion de « matière civile et commerciale » une action par laquelle un État contractant (État membre) poursuit, auprès d'une personne de droit privé, l'exécution d'un contrat de droit privé de cautionnement qui a été conclu en vue de permettre à une autre personne de fournir une garantie exigée et définie par cet État, pour autant que le rapport juridique entre le créancier et la caution, tel qu'il résulte du contrat de cautionnement, ne correspond pas à l'exercice par cet État de pouvoirs exorbitants par rapport aux règles applicables dans les relations entre particuliers (Conv. 27 sept. 1968). • CJCE 15 mai 2003, n° C-266/01 : *BICC 2003, n° 838 ; D. 2003. IR 1602 ; RTD com. 2003. 608, obs. Marmisse ; Procédures 2003, n° 172, note Nourissat.* ♦ Ne relève pas de la notion de « matières douanières » une action par laquelle un État contractant (État membre) poursuit l'exécution d'un contrat de cautionnement destiné à garantir le paiement d'une dette douanière, lorsque le rapport juridique entre l'État et la caution, résultant de ce contrat, ne correspond pas à l'exercice par cet État de pouvoirs exorbitants par rapport aux règles applicables dans les relations entre particuliers, et ce, même si la caution peut soulever des moyens de défense qui imposent d'examiner l'existence et le contenu de la dette douanière (Conv. 27 sept. 1968). • Même arrêt.

12. La notion de matière civile et commerciale comprend une action par laquelle une autorité publique d'un État membre réclame, à des personnes physiques et morales résidant dans un autre État membre, des dommages-intérêts en réparation d'un préjudice causé par une association de malfaiteurs ayant pour but une fraude à la taxe sur la valeur ajoutée due dans le premier État membre (Règl. n° 44/2201). • CJUE 12 sept. 2013, n° C-49/12 : *Europe 2013, n° 492, note Idot.*

13. La notion de « matière civile » englobe une action récursoire par laquelle un organisme public poursuit auprès d'une personne de droit privé le recouvrement de sommes qu'il a versées à titre d'aide sociale au conjoint divorcé et à l'enfant de cette personne, pour autant que le fondement et les modalités d'exercice de cette action sont régis par les règles du droit commun en matière d'obligation alimentaire (Conv. 27 sept. 1968). • CJCE 14 nov. 2002, n° C-271/00 : *D. 2002. IR 3243 ; RTD eur. 2003. 529, chron. Rodière ; Procédures 2003, n° 13, note Nourissat.* ♦ Dès lors que l'action récursoire est fondée sur des dispositions par lesquelles le législateur a conféré à l'organisme public une prérogative propre, ladite action ne peut pas être considérée comme relevant de la « matière civile » (Conv. 27 sept. 1968). • Même arrêt.

14. La notion de « matière civile et commerciale » englobe une action en répétition de l'indu dans le cas où un organisme public, s'étant vu enjoindre, par une autorité créée par une loi réparatrice des persécutions exercées par un régime totalitaire, de reverser à une personne lésée, à titre de réparation, une partie du produit provenant de la vente d'un immeuble, a versé à cette personne, à la suite d'une erreur non intentionnelle, la totalité du montant du prix de vente et demande ensuite en justice la répétition de l'indu (Règl. n° 44/2201). • CJUE 11 avr. 2013, n° C-645/11 : *D. actu. 25 avr. 2013, obs. Ménetrey ; D. 2013. Actu. 1010 ; ibid. 2014. 1059, obs. Gaudemet-Tallon et Jault-Seseke ; Procédures 2013, n° 183, note Nourissat ; Europe 2014, n° 290, note Idot.*

15. Procédure d'exécution forcée. Une procédure d'exécution forcée diligentée par une société détenue par une collectivité territoriale contre une personne physique domiciliée dans un autre État membre, aux fins du recouvrement d'une créance impayée de stationnement dans un parking public, dont l'exploitation a été déléguée à cette société par ladite collectivité, ne présentant aucun caractère punitif mais constituant la simple contrepartie d'un service fourni, relève du champ d'application de ce règlement. • CJUE 9 mars 2017, n° C-551/15 : *D. actu. 24 mars 2017, obs. Mélin ; Rev. crit. DIP 2017. 472, note Pailler ; Europe 2017, n° 216, note Idot.*

16. Action en référé. Une action en référé, introduite devant une juridiction d'un État membre, dans le cadre de laquelle une organisation internationale invoque son immunité d'exécution afin d'obtenir tant la mainlevée d'une saisie-arrêt conservatoire, exécutée dans un État membre autre que celui du for, que l'interdiction de pratiquer de nouveau une telle saisie sur le fondement de mêmes faits, et engagée parallèlement à une procédure au fond portant sur une créance résultant du non-paiement allégué de carburants fournis pour les besoins d'une opération de maintien de la paix assurée par cette organisation, relève de la notion de « matière civile ou commerciale », pour autant que cette action n'est pas exercée en vertu de prérogatives de puissance publique, au sens du droit de l'Union, ce qu'il appartient à la juridiction de renvoi d'apprécier. • CJUE 3 sept. 2020, n° C-186/19 : *D. 2021. 226, note Foussard ; ibid.. 2020. 1684 ; D. actu. 23 sept. 2020, obs. Mélin ; RTD eur. 2020. 934, obs. Ancel.*

17. Action portée devant une juridiction pénale. La matière civile recouvre l'action en réparation des dommages portés devant une juridiction pénale contre un agent public, et celà même en cas de garantie par un régime d'assurance sociale de droit public (Conv. 27 sept. 1968). • CJCE 21 avr. 1993, n° C-172/91 : *AJDA 1994. 286, chron. Chavrier, Honorat et Pouzoulet ; D. 1993. 151 ; Rev. crit. DIP 1994. 96, note Gaudemet-Tallon ; JDI 1994. 528, obs. Bischoff.* ♦ Une plainte avec constitution de partie civile déposée auprès d'une juridiction d'instruction relève du champ d'application de ce règlement dans la mesure où elle a pour objet l'indemnisation pécuniaire du préjudice allégué par le plaignant (Règl. n° 44/2201). • CJUE 22 oct. 2015, n° C-523/14 : *D. 2015. 2187 ; ibid. 2016. 1045, obs. Gaudemet-Tallon et Jault-Seseke ; ibid. Pan. 1053, obs. Jault-Seseke ; RTD com. 2015. 781, obs. Marmisse-d'Abbadie d'Arrast ; Europe 2015, n° 533, note Idot.* ♦ Mais le règlement est inapplicable pour déterminer la compétence des juridictions pénales (Règl. n° 44/2001). • Crim. 6 mars 2018, n° 16-87.533 : *Gaz. Pal. 22 mai 2018, p. 38, note Fourment (2e arrêt) ; CCE 2019. Chron. 1, p. 18, obs. M.-E. Ancel ; ibid. p. 23, obs. M.-E. Ancel ; Dr. pén. 2018, n° 105, note Conte.*

B. EXCLUSIONS

a. État et capacité des personnes, régimes matrimoniaux, régimes patrimoniaux

18. État et capacité des personnes. Le Règl. du 22 déc. 2000 ne s'applique pas à une procédure gracieuse engagée par un ressortissant d'un État membre, déclaré partiellement incapable à la suite de son placement sous le régime de la curatelle conformément à la législation de cet État, devant une juridiction d'un autre État membre en vue d'obtenir l'autorisation de vendre la partie dont il est propriétaire d'un bien immobilier, qui est situé sur le territoire de cet autre État membre, dès lors qu'une telle procédure relève de « la capacité des personnes physiques » au sens de l'art. 1er, § 2, ss. a), de ce règlement, laquelle est exclue du champ d'application matériel de celui-ci (Règl. n° 44/2201). • CJUE 3 oct. 2013, n° C-386/12 : *D. 2013. Actu. 2407 ; ibid. 2014. Pan. 1059, obs. Gaudemet-Tallon et Jault-Seseke ; AJ fam. 2013. 720, obs. Raoul-Cormeil ; Rev. crit. DIP 2014. 182, note Corneloup ; RTD com. 2013. 831, obs. Marmisse-d'Abbadie d'Arrast ; Europe 2013, n° 556, note Idot.*

19. Le règlement ne s'applique pas à l'exécution dans un État membre d'une astreinte ordonnée dans une décision, rendue dans un autre État membre, relative au droit de garde et au droit de visite aux fins d'assurer le respect de ce droit de visite par le titulaire du droit de garde (Règl. n° 44/2201). • CJUE 9 sept. 2015, n° C-4/14 : *D. actu. 1er oct. 2015, obs. Mélin ; D. 2015. Actu. 1846 ; ibid. 2016. 1045, obs. Gaudemet-Tallon et Jault-Seseke ; AJ fam. 2016. 46, obs. Cassagnes ; Rev. crit. DIP 2016. 195, note Payan ; AJ fam. 2016. 46, note Cassagnes et Eskenazi ; Procédures 2015, n° 326, note Nourissat.*

20. Régimes matrimoniaux. La notion de « régimes matrimoniaux » comprend non seulement les régimes de biens spécifiquement et exclusivement conçus par des législations nationales en vue du mariage, mais également tous les rapports patrimoniaux résultant directement du lien conjugal ou de la dissolution de celui-ci (Conv. 27 sept. 1968). • CJCE 27 mars 1979, *De Cavel I*, n° 143/78 : *D. 1979. IR 457, obs. Audit ; JDI 1979. 681, obs. Huet ; Rev. crit. DIP 1980. 614, note Droz.* ♦ Une demande de mesures provisoires tendant à obtenir la remise d'un document afin d'empêcher son utilisation comme preuve dans un litige concernant la gestion des biens de la femme par le mari ne relève pas du champ d'application de la Conv. du 27 sept. 1968 (...) si cette gestion se rattache étroitement aux rapports patrimoniaux qui résultent directement du lien conjugal (Conv. 27 sept. 1968). • CJCE 31 mars 1982, n° 25/81 : *JDI 1982. 942, obs. Huet ; Rev. crit. DIP 1984. 350, note Droz.*

21. Partenariat de fait. Dissolution des rapports patrimoniaux. L'art. 1er, § 1er et § 2, ss. a), du Règl. n° 44/2001 doit être interprété en ce sens qu'une action, telle que celle en cause au principal, ayant pour objet une demande de dissolution des rapports patrimoniaux découlant d'une relation de partenariat de fait relève de la notion de « matière civile et commerciale », au sens de ce § 1er, et entre, dès lors, dans le champ d'application matériel de ce règlement. • CJUE 6 juin 2019, n° C 361/18 : *D. actu. 15 juill. 2019, note Mélin ; D. 2019. 1232* .

22. Un litige relatif à la liquidation, à l'issue du prononcé d'un divorce, d'un bien meuble acquis au cours du mariage par des époux ressortissants d'un État membre, mais domiciliés dans un autre État membre, relève non pas du champ d'application de ce règlement mais du domaine des régimes matrimoniaux et, partant, des exclusions figurant audit art. 1er, § 2, ss. a). • CJUE, ord., 14 juin 2017, n° C-67/17 : *D. 2018. 966, obs. Clavel et Jault-Seseke ; ibid. Pan. 975, obs. Jault-Seseke ; RTD com. 2017. 742, obs. Marmisse-d'Abbadie d'Arrast ; Dr. fam. 2017, n° 218, note Devers.*

23. L'action en nullité d'une cession de parts sociales relève de l'exclusion relative aux régimes matrimoniaux prévue par l'art. 1er, dès lors que la vente de parts sociales, même à des conditions différentes de celles initialement envisagées, constitue l'exécution d'un accord passé dix-huit jours auparavant pour définir les modalités de séparation conjugale des époux, de sorte que l'action engagée par l'épouse a un lien direct avec la convention relative à la rupture du lien conjugal (Conv. 27 sept. 1968). • Civ. 1re, 8 juin 2004, n° 02-13.632 P : *D. 2004. 2475 ; ibid. 2005. 1192, obs. Courbe et Chanteloup ; Rev. crit. DIP 2005. 111, note de Vareilles-Sommières ; RLDA 2004/76, n° 4789, obs. Costes.*

24. Prive sa décision de base légale la cour d'appel qui retient qu'un litige n'entre pas dans la catégorie des régimes matrimoniaux et que, dès lors, le Règl. n° 44/2001 est applicable sans explication, alors qu'il résulte de la motivation de la décision étrangère que ce litige n'est pas dénué de tout lien avec le mariage et la dissolution (Règl. n° 44/2201). • Civ. 1re, 5 nov. 2014, n° 13-19.812 P : *D. actu. 20 nov. 2014, obs. Mélin ; D. 2015. 1056, obs. Gaudemet-Tallon et Jault-Seseke ; ibid. Pan. 1069, obs. Jault-Seseke ; AJ fam. 2014. 699, obs. Boiché ; Gaz. Pal. 2015, 347, note Hamou ; Dr. fam. 2015, n° 23, note Abadie.*

25. Renvoi. V. Règl. n° 2016/1103 du 24 juin 2016 et n° 2016/1104 du 24 juin 2016, App., v° *Droit européen et international*.

b. Faillites

26. Lien avec le Règl. n° 1346/2000. Le Règl. n° 44/2001 et le Règl. n° 1346/2000 doivent être interprétés de façon à éviter tout chevauchement entre les règles de droit que ces textes énoncent et tout vide juridique. Ainsi, les actions exclues, au titre de l'art. 1er, § 2, ss. b), du Règl. n° 44/2001, du champ d'application de ce dernier, en tant qu'elles relèvent des « faillites, concordats et autres procédures analogues », relèvent du champ d'application du Règl. n° 1346/2000. Symétriquement, les actions qui n'entrent pas dans le champ d'application de l'art. 3, § 1er, du Règl. n° 1346/2000 relèvent du champ d'application du Règl. n° 44/2001 (Règl. n° 44/2001). • CJUE 4 sept. 2014, n° C-157/13 : *D. 2014. 1822 ; ibid. 2015. 2031, obs. d'Avout et Bollée ; Rev. crit. DIP 2015. 207, note Legros ; RTD com. 2015. 180, obs. Marmisse-d'Abbadie d'Arrast* • 6 févr. 2019, n° C-535/17 : *D. actu. 22 févr. 2019, obs. Mélin ; D. 2019. 262* .

27. Notion de faillite. Les notions visées au 2° de l'al. 2 s'entendent « des procédures fondées sur l'état de cessation des paiements, l'insolvabilité ou l'ébranlement du crédit du débiteur impliquant une intervention de l'autorité judiciaire aboutissant à une liquidation forcée et collective des biens ou, à tout le moins, un contrôle de cette autorité » ; il y a lieu de considérer comme rendue dans le cadre de la faillite ou d'une procédure analogue, et donc comme exclue du champ de la Convention, la décision d'une juridiction civile française condamnant le dirigeant de fait d'une personne morale à verser une somme d'argent à la masse (Conv. 27 sept. 1968). • CJCE 22 févr. 1979, *Gourdain*, n° 133/78 : *Gaz. Pal. 1979. 1. 207, note Georges-Étienne ; Rev. sociétés 1980. 526, note Bismuth ; Rev. crit. DIP 1979. 657, note Lemontey.*

28. Action qui dérive directement de la faillite et s'y insère étroitement. L'art. 1er, § 2, ss. b), du Règl. (UE) n° 1215/2012 doit être interprété en ce sens qu'une action en constatation de l'existence de créances aux fins de leur enregistrement dans le cadre d'une procédure d'insolvabilité, telle que celle en cause au principal, est exclue du champ d'application de ce règlement. • CJUE 18 sept. 2019, n° C-47/18 : *D. actu. 9 oct. 2019, note Mélin ; D. 2019. 2277, note Vallens* . ♦ L'art. 1er, § 2, ss. b) s'applique à une action en responsabilité délictuelle, formée contre les membres d'un comité des créanciers en raison de leur comportement lors d'un vote portant sur un plan de redressement dans le cadre d'une procédure d'insolvabilité, et, dès lors, une telle action est exclue du champ d'application matériel de ce règlement. • CJUE 20 déc. 2017, n° C-649/16 : D. 2018. 18 ; *ibid. 966, obs. Clavel et Jault-Seseke ; ibid. 975, obs. Jault-Seseke ; ibid. 1934, obs. d'Avout et Bollée ; ibid. 1946, obs. d'Avout ; Procédures 2018, n° 45, note Nourissat ; RPC 2018, n° 105, note Mastrullo (2e arrêt) ; Europe 2018, n° 99, note Idot.* ♦ L'action en comblement du passif social, prévue par l'art. L. 624-3 C. com., trouve son fondement dans l'existence de fautes de gestion imputables au dirigeant et est indissociable de la procédure collective de la personne morale dès lors que la part du passif social mis à la charge du dirigeant trouve son origine dans les agissements incriminés ; elle relève donc de la compétence du tribunal qui a ouvert la procédure collective, même à l'égard du dirigeant de nationalité étrangère et dont le domicile est à l'étranger (Conv. 27 sept. 1968). • Com. 5 mai 2004, n° 01-02.041 P : *D. 2004. 1796, note Vallens ; ibid. 2145, obs. Henry ; Rev. sociétés 2004. 715, note Le Corre ; Rev. crit. DIP 2005. 104, note Bureau ; RTD com. 2004. 601, obs. Mascala ; APC 2004-12, n° 156, obs. Dom ; BJS 2004. 1349, note Monsèrié-Bon ; Dr. sociétés 2004, n° 211, note Legros ; JCP E 2004. 1249, note Reifergerste ; JCP 2005. I. 110 (§ 10), obs. Fabries ; LPA 8 juill. 2005, p. 14, note Henry ; RLDA 2004, n° 4634, note Chemin ; RJ com. 2005, p. 253, obs. Attal.*

29. L'exclusion du champ d'application de la convention de Bruxelles des faillites, concordats et autres procédures analogues ne concerne que les actions qui dérivent directement de la faillite et s'insèrent étroitement dans le cadre de la procédure collective ; elle ne s'applique pas à l'action en recouvrement d'une créance de la société en liquidation judiciaire (Conv. 27 sept. 1968). • Com. 24 mai 2005, n° 03-14.099 P : *D. 2005. 2394, note Kessler ; ibid. 1553, obs. Lienhard ; ibid. 2006. 1495, obs. Courbe et Jault-Seseke ; Rev. crit. DIP 2005. 489, note Bureau ; JCP G 2005 I n° 183 (§ 18) obs. Jeuland ; JDI 2006 p. 191, note Roussel Galle ; Gaz. Pal. 5 nov. 2005, jur. p. 10, obs. Mélin ; JCP E 2005. 157 ; ibid. 1274 (§ 4), obs. Pétel ; ibid. 1097, note Mélin ; DP diff. entrepr. bull., n° 261, p. 5081 ; Dr. sociétés 2005, n° 155, note Legros.* ♦ Le recouvrement des créances ou dettes de fournitures de l'entreprise en redressement judiciaire et poursuivant son exploitation relève du champ d'application de la Convention (Conv. 27 sept. 1968). • Civ. 1re, 13 avr. 1992, n° 90-17.497 P : *Rev. crit. DIP 1993. 67, note Rémery .* ♦ Relèvent de la Convention les actions de droit commun exercées à l'occasion d'une procédure collective, mais non substantiellement affectées par celle-ci (Conv. 27 sept. 1968). • Paris, 16 mars 1979 : *Rev. crit. DIP 1980. 121, note Mezger*, et, sur pourvoi, • Civ. 1re, 10 mars 1981, n° 79-14.220 P : *Rev. crit. DIP 1981. 553, note E. M.* • Paris, 14 juin 1979 : *Rev. sociétés 1980. 555, note De Bottin* • 9 févr. 1983 : *Gaz. Pal. 1983. 1. 217, note Tandeau de Marsac.*

30. L'action du vendeur, fondée sur une clause de réserve de propriété, contre un acheteur en situation de faillite relève du champ matériel du Règl. Bruxelles I (Règl. n° 44/2201). • CJCE 10 sept. 2009, n° C-292/08 : *D. actu. 29 sept. 2009, obs. Lienhard ; D. 2009. Actu. 2782, et les obs., note Vallens ; ibid. 2010. Pan. 1585, obs. Courbe et Jault-Seseke ; ibid. Pan. 2323, obs. d'Avout et Bollée ; RTD com. 2010. 211, obs. Vallens ; ibid. 212, obs. Vallens ; RTD eur. 2010. 421, obs. Douchy-Oudot et Guinchard ; Procédures 2010, n° 360, note Nourissat.* ♦ L'action introduite à l'encontre d'un tiers par un demandeur agissant sur le fondement d'une cession de créance consentie par le syndic dans le cadre d'une procédure d'insolvabilité, ayant pour objet le droit de révocation que ce syndic tire de la loi nationale applicable à cette procédure, relève de la notion de matière civile et commerciale (Règl. n° 44/2201). • CJUE 19 avr. 2012, n° C-213/10 : *D. 2012. Actu. 1185 ; ibid. 2013. 62, note Jault-Seseke et Robine ; ibid. 2331, obs. d'Avout et Bollée ; ibid. Pan. 1503, obs. Jault-Seseke ; ibid. 2293, obs. d'Avout et Bollée ; Rev. crit. DIP 2013. 201, note Bureau ; RTD com. 2013. 149, obs. Martin-Serf .* ♦ Relève de la notion de « matière civile et commerciale » l'action en paiement d'une créance fondée sur la fourniture de services de transport, exercée par le syndic d'une entreprise en faillite, désigné dans le cadre d'une procédure d'insolvabilité ouverte dans un État membre, et dirigée contre le bénéficiaire de ces services, établi dans un autre État membre (Règl. n° 44/2201). • CJUE 4 sept. 2014, n° C-157/13 : *D. 2014. 1822 ; ibid. 2015. 2031, obs. d'Avout et Bollée ; Rev. crit. DIP 2015. 207, note Legros ; RTD com. 2015. 180, obs. Marmisse-d'Abbadie d'Arrast ; Procédures 2014, n° 295, note Nourissat.* ♦ L'action ayant pour objet une demande de dommages et intérêts pour responsabilité délictuelle exercée par le syndic dans le cadre d'une procédure d'insolvabilité et dont le produit revient, en cas de succès, à la masse des créanciers relève de la notion de matière civile et commerciale (Règl. n° 44/2201). • CJUE 6 févr. 2019, n° C-535/17 : *D. actu. 22 févr. 2019, obs. Mélin ; D. 2019. 262 .*

c. Sécurité sociale

31. Notion. La notion de « sécurité sociale » n'englobe pas l'action récursoire par laquelle un organisme public poursuit, selon les règles du droit commun, auprès d'une personne de droit privé le recouvrement de sommes qu'il a versées à titre d'aide sociale au conjoint divorcé et à l'enfant de cette personne (Conv. 27 sept. 1968). • CJCE 14 nov. 2002, n° C-271/00 : *D. 2002. 3243 ; RTD eur. 2003. 529, chron. Rodière .*

d. Arbitrage

32. Exclusion en tant que matière. L'art. 1er exclut du champ d'application de la Convention l'arbitrage en tant que matière dans son ensemble ; en sont écartées non seulement les sentences arbitrales mais aussi les décisions des tribunaux étatiques statuant sur des recours contre la sentence ou sur une demande en *exequatur* (Conv. 27 sept. 1968). • Civ. 1re, 9 déc. 2003, n° 01-13.341 P : *D. 2004. 1055, et les obs., note Weiszberg ; ibid. 3186, obs. Clay ; RTD civ. 2004. 547, obs. Théry ; RTD com. 2004. 256, obs. Loquin ; JCP 2004. I. 119, chron. Béguin ; ibid. 133 (§ 11), chron. Cadiet ; ibid. II.*

10029, note Mahinga ; JCP E 2004. 693 (§ 2), obs. Béguin ; Gaz. Pal. 22 mai 2004. Somm. 19. ♦ L'arbitrage est exclu du champ de la Convention, même lorsqu'une question préalable porte sur l'existence ou la validité de la convention d'arbitrage, alors que l'objet du litige est la désignation d'un arbitre (Conv. 27 sept. 1968). • CJCE 25 juill. 1991, *Marc Rich*, n° C-190/89 : *Rev. crit. DIP 1993. 310, note Mayer ; JDI 1992. 488, obs. Huet.* ♦ Mais les règles de reconnaissance et d'exécution de la Convention de Bruxelles ont vocation à s'appliquer lorsque les parties n'ont pas demandé la mise en œuvre de la clause compromissoire potentiellement applicable au litige (Conv. 27 sept. 1968). • Civ. 1re, 14 nov. 2000, n° 98-21.627 : *Rev. crit. DIP 2001. 172, note Muir Watt ; RTD com. 2002. 47, obs. Loquin ; JCP 2001. II. 10598, note Kaplan et Cunibert ; Rev. arb. 2001. 507, note Idot.* ♦ La Conv. de Bruxelles n'est pas applicable à la reconnaissance d'une décision italienne constatant l'invalidité de l'arbitrage sans se prononcer sur le fond de l'affaire (Conv. 27 sept. 1968). • Paris, 15 juin 2006 : *JDI 2007. 87, note Bollée.*

33. Anti-suit injonction prononcée par un tribunal arbitral. V. *infra.*

e. Obligations alimentaires

34. Renvoi. V. Règl. n° 4/2009 du 18 déc. 2018, App., v° *Droit européen et international.*

f. Testaments et successions

35. Renvoi. V. Règl. n° 650/2012 du 4 juill. 2012, App., v° *Droit européen et international.*

g. Cotisations annuelles dues par un avocat à son ordre

36. L'art. 1er, § 1, doit être interprété en ce sens qu'un litige portant sur l'obligation pour un avocat d'acquitter des cotisations professionnelles annuelles dont celui-ci est redevable à l'ordre des avocats auquel il appartient ne relève du champ d'application de ce règlement qu'à la condition que, en demandant à cet avocat d'exécuter cette obligation, cet ordre n'agisse pas, en vertu du droit national applicable, dans l'exercice d'une prérogative de puissance publique, ce qu'il incombe à la juridiction de renvoi de vérifier. • CJUE 5 déc. 2019, n° C 421/18 : *D. actu. 20 déc. 2019, note Mélin ; D. 2019. 2422 .*

C. CHAMP D'APPLICATION SPATIAL

37. Chypre. Un jugement rendu par une juridiction chypriote à propos d'un immeuble situé dans la zone nord relève du Règl. n° 44/2001 et doit être reconnu et exécuté en l'absence de violation de l'ordre public et des droits de la défense (Règl. n° 44/2201). • CJCE 28 avr. 2009, n° C-420/07 : *Rev. crit. DIP 2010. 377, note Pataut ; Europe 2009, n° 262, note Idot.*

38. Danemark. V. accord entre l'Union européenne et le Royaume du Danemark, *JOUE n° L. 79/4 du 21 mars 2013, n° L. 299 240 du 13 août 2014, puis n° L. 182 du 10 juill. 2015.*

39. Règles de compétence. Les règles de compétence édictées par la Convention concernent les seules juridictions des États qui y sont parties (Conv. 27 sept. 1968). • Civ. 1re, 16 mars 1999, n° 96-22.016 P : *D. 1999. 100 ; Rev. crit. DIP 1999. 759, note Ancel .*

D. ANTI-SUIT INJUNCTIONS

BIBL. Salvini, *Gaz. Pal. 28-29 mai 2010, p. 8* (quelle sanction pour les accords sur la compétence après les arrêts Turner et West Tankers ?).

40. Prononcée par une juridiction d'un État membre. La Convention s'oppose au prononcé d'une injonction par laquelle une juridiction d'un État contractant (État membre) interdit à une partie à la procédure pendante devant elle d'introduire ou de poursuivre une action en justice devant une juridiction d'un autre État contractant (État membre), quand bien même cette partie agit de mauvaise foi dans le but d'entraver la procédure déjà pendante (Conv. 27 sept. 1968). • CJCE 27 avr. 2004, *Turner*, n° C-159/02 : *D. 2005. 2712, chron. Carrier ; D. 2004. 1919, note Carrier ; Rev. crit. DIP 2004. 654, note Muir Watt ; RTD civ. 2004. 549, obs. Théry ; RTD com. 2004. 637, obs. Marmisse ; Procédures 2004, n° 156, note Nourissat ; JCP 2004. I. 159, n° 13, obs. Attal ; RLDA juill 2004, n° 4592 ; RJ com. 2005. 251, obs. Attal.* ♦ Le prononcé par une juridiction d'un État membre d'une injonction *anti-suit* interdisant à une personne de poursuivre une procédure devant une juridiction d'un autre État membre, au motif de l'existence d'une convention d'arbitrage, est incompatible avec le Règl. Bruxelles I (Règl. n° 44/2201). • CJCE 10 févr. 2009, *West Tankers*, n° C-185/07 : *D. 2009. 981, note Kessedjian ; ibid. Pan. 2384, obs. d'Avout et Bollée ; ibid. 2959, obs. Clay ; ibid. 1585, obs. Courbe et Jault-Seseke ; Rev. crit. DIP 2009. 373, note Muir Watt ; RTD civ. 2009. 357, obs. Théry ; RTD com. 2009. 482, obs. Marmisse-d'Abbadie d'Arrast ; ibid. 644, obs. Delebecque ; ibid. 2010. 529, obs. Loquin ; JCP 2009. 181, obs. Riem ; ibid. 227, note Callé ; ibid. 462, n° 4, obs. Béguin ; ibid. 2009. I. 148 ; ibid. N 2009. 1781, note Seraglini ; ibid. E 2009. 1973, obs. Legros ; Gaz. Pal. 2009. Doctr. 2329, obs. Mourre et Vagenheim ; ibid. 2010. 21, note Nicollela ; Procédures 2009, n° 114, note (crit.) Nourissat ; Europe 2009, n° 176, note Idot ; Rev. arb. 2009. 407, note Bollée ; Rev. crit. DIP 2009. 373, note Muir Watt ; AJDI 2009. 1281, note Audit.*

41. Prononcée par un tribunal arbitral. Le Règl. (CE) n° 44/2001 du 22 déc. 2000 ne s'oppose pas à ce qu'une juridiction d'un État membre reconnaisse et exécute, ni à ce qu'elle refuse de reconnaître et d'exécuter, une sentence arbitrale interdisant à une partie de présenter certaines demandes devant une juridiction de cet État membre, dans la mesure où ce règlement ne régit pas la reconnaissance et l'exécution, dans un État membre, d'une sentence arbitrale prononcée par un tribunal arbitral dans un autre État membre (Règl. n° 44/2201). • CJUE 13 mai 2015, n° C-536/13 : *D. actu. 8 juin 2015, obs. Mélin ; AJDA 2015. 1585, obs. Broussy, Cassagnabère et Gänser ; D. 2015. 1106 ; ibid. 2031, obs. d'Avout et Bollée ; ibid. 2588, obs. Clay ; ibid. 2016. 1045, obs. Gaudemet-Tallon et Jault-Seseke ; RTD civ. 2015. 837, obs. Usunier ; JCP 2015. 804, note Nourissat ; RLDA 2015, n° 106, p. 46, note Barba.*

Art. 2 Aux fins du présent règlement, on entend par :

a) "décision", toute décision rendue par une juridiction d'un État membre, quelle que soit la dénomination qui lui est donnée telle qu'arrêt, jugement, ordonnance ou mandat d'exécution, ainsi qu'une décision concernant la fixation par le greffier du montant des frais du procès.

Aux fins du chapitre III, le terme "décision" englobe les mesures provisoires ou les mesures conservatoires ordonnées par une juridiction qui, en vertu du présent règlement, est compétente au fond. Il ne vise pas une mesure provisoire ou conservatoire ordonnée par une telle juridiction sans que le défendeur soit cité à comparaître, à moins que la décision contenant la mesure n'ait été signifiée ou notifiée au défendeur avant l'exécution ;

b) "transaction judiciaire", une transaction approuvée par une juridiction d'un État membre ou conclue devant une juridiction d'un État membre en cours de procédure ;

c) "acte authentique", un acte dressé ou enregistré formellement en tant qu'acte authentique dans l'État membre d'origine et dont l'authenticité :

i) porte sur la signature et le contenu de l'acte, et

ii) a été établie par une autorité publique ou toute autre autorité habilitée à le faire ;

d) "État membre d'origine", l'État membre dans lequel, selon le cas, la décision a été rendue, la transaction judiciaire a été approuvée ou conclue, ou l'acte authentique a été dressé ou enregistré formellement ;

e) "État membre requis", l'État membre dans lequel la reconnaissance de la décision est invoquée ou dans lequel l'exécution de la décision, de la transaction judiciaire ou de l'acte authentique est demandée ;

f) "juridiction d'origine", la juridiction qui a rendu la décision dont la reconnaissance est invoquée ou l'exécution est demandée.

a. Notion de décision

1. Renvoi. V. art. 36 du présent Règl.

b. Notion de juridiction

2. Notaires (non). En Croatie, les notaires, agissant dans le cadre des compétences qui leur sont dévolues par le droit national dans les procédures d'exécution forcée sur le fondement d'un « document faisant foi », ne relèvent pas de la notion de « juridiction » au sens dudit règlement. • CJUE 9 mars 2017, n° C-551/15 : *D. actu. 24 mars 2017, obs. Mélin ; Rev. crit. DIP 2017. 472, note Pailler.* ♦ L'art. 18 TFUE et l'art. 47 Charte UE doivent être interprétés en ce sens qu'ils ne s'opposent pas à une réglementation nationale habilitant les notaires, agissant dans le cadre des compétences qui leur sont dévolues dans les procédures d'exécution forcée sur le fondement d'un document faisant foi, à rendre des ordonnances d'exécution qui, ainsi qu'il ressort de l'arrêt du 9 mars 2017, *Pula Parking* (n° C-551/15, EU :C :2017 :193), ne peuvent pas être reconnues et exécutées dans un autre État membre. • CJUE 7 mai 2020, n^{os} C-267/19 et C-323/19.

c. Notion d'acte authentique

3. Un titre exécutoire, en vertu du droit de l'État d'origine, dont l'authenticité n'a pas été établie par une autorité publique ou toute autre autorité habilitée à le faire par cet État, ne constitue pas un acte authentique au sens de l'art. 50 (Conv. 27 sept. 1968). • CJCE 17 juin 1999, *Unibank*, n° C-260/97 : *D. 1999. 192 ; Rev. crit. DIP 1999. 245, note Droz ; Defrénois 1999, art. 37078, p. 1315, obs. Crône.*

Art. 3 Aux fins du présent règlement, le terme "juridiction" comprend les autorités suivantes, dans la mesure où elles sont compétentes pour connaître des matières entrant dans le champ d'application du présent règlement :

a) en Hongrie, dans les procédures sommaires concernant les injonctions de payer (*fizetési meghagyásos eljárás*), le notaire (*közjegyző*) ;

b) en Suède, dans les procédures sommaires concernant les injonctions de payer (*betalningsföreläggande*) et l'assistance (*handräckning*), l'autorité chargée du recouvrement forcé (*Kronofogdemyndigheten*).

1. *Exclusion des règles de droit interne.* Les règles de droit interne ne sont pas applicables pour la détermination de la compétence internationale du juge saisi d'un litige d'ordre international intra-communautaire, soumis aux dispositions de la Conv. de Bruxelles (Conv. 27 sept. 1968). • Cass., ch. mixte, 11 mars 2005, n° 02-41.371 P : *RDC 2005. 1186, obs. Deumier ; LPA 6 juin 2005, p. 5, note Picca et Sauret ; Gaz. Pal. 28 mai 2005, p. 28, avis Foerst.*

2. Lorsque le défendeur a son domicile dans un État membre autre que celui dans lequel siège la juridiction saisie du litige, l'art. 2 (Règl. n° 1215/2012, art. 4) s'oppose à l'application d'une règle de compétence nationale telle que celle prévue à l'art. 4 de la loi belge du 27 juill. 1961 relative à la résiliation unilatérale des concessions de vente exclusive à durée indéterminée, telle que modifiée par la loi belge du 13 avr. 1971 relative à la résiliation unilatérale des concessions de vente (Règl. n° 44/2201). • CJUE 19 déc. 2013, n° C-9/12 : *D. actu. 20 janv. 2014, obs. Mélin ; D. 2014. 1059, obs. Gaudemet-Tallon et Jault-Seseke ; ibid. 1967, obs. d'Avout et Bollée ; AJCA 2014. 28, note Parleani ; Rev. crit. DIP 2014. 660, note Bureau ; RTD civ. 2014. 848, obs. Usunier ; RTD com. 2014. 443, obs. Marmisse-d'Abbadie d'Arrast ; ibid. 457, obs. Delebecque ; JCP 2014. 256, note Nourissat ; ibid. 180. 271, note Berlioz ; JCP E 2014. 1211, obs. Nourissat ; Europe 2014, n° 109, note Idot ; RDC 2014. 246, note Laazouzi ; Gaz. Pal. 2014, p. 1733, note Nioche.*

3. *Compétence du domicile du défendeur.* Il résulte de l'art. 2, § 1er (Règl. n° 1215/2012, art. 4, § 1er), que les personnes domiciliées sur le territoire d'un État membre sont attraites, quelle que soit leur nationalité, devant les juridictions de cet État membre. Les juridictions françaises sont compétentes dès lors que l'instance est engagée par les demandeurs, ayant leur domicile dans un État tiers (Gabon), à l'encontre de sociétés de droit français ayant leur siège social en France (Règl. n° 44/2201). • Soc. 28 janv. 2015, n° 13-22.994 P : *D. actu. 17 févr. 2015, obs. Ines ; ibid. 27 févr. 2015, obs. Mélin ; D. 2015. Actu. 328 ; Rev. sociétés 2015. 753, note Mastrullo ; RDT 2015. 203, note Ines ; JCP S 2015. 1162, note Tricoit ; BJS 2015. 222, note Jault-Seseke ; Procédures 2015, n° 124, note Bugada.*

4. *Lien avec l'art. 7.* Les dispositions de l'art. 2 (Règl. n° 1215/2012, art. 4) ne s'appliquent que sous réserve des règles de l'art. 5-1 de la Conv. du 27 sept. 1968 (Règl. n° 1215/2012, art. 7) (Conv. 27 sept. 1968). • Civ. 1re, 19 mars 1991, n° 89-19.294 : *Rev. crit. DIP 1992. 708, note Muir Watt .* ♦ Le défendeur, assigné devant une juridiction de l'État de son domicile, n'est pas en droit, pour écarter la compétence internationale de ce juge, de se prévaloir notamment de l'art. 5-1° (Règl. n° 1215/2012, art. 7, § 1er) qui permet au seul demandeur de l'attraire, dans un autre État contractant (État membre), devant le tribunal du lieu d'exécution de l'obligation (Conv. 27 sept. 1968). • Cass., ch. mixte, 11 mars 2005, n° 02-41.371 P : *RDC 2005. 1186, obs. Deumier ; LPA 6 juin 2005, p. 5, note Picca et Sauret ; Gaz. Pal. 28 mai 2005, p. 28, avis Foerst.* ♦ V. aussi notes ss. art. 7.

5. *Domaine.* Les art. 2 s. (Règl. n° 1215/2012, art. 4 s.) ne régissent que la question de la compétence ; la procédure de l'exception d'incompétence est régie par la loi interne de la juridiction saisie, dans la mesure où celle-ci ne fait pas obstacle à l'application de la Conv. (Conv. 27 sept. 1968). • Paris, 3 oct. 1974 : *D. 1975. 396, note Droz ; Gaz. Pal. 1975. 1. 53, concl. Franck ; Journ. not. 1975. 333, obs. Boyer* • 14 juin 1975 : *Rev. crit. DIP 1976. 117, note Droz.* ♦ Il en va de même en ce qui concerne la détermination des voies de recours ouvertes contre la décision relative à la compétence (Conv. 27 sept. 1968). • Civ. 1re, 18 janv. 1983, n° 81-16.240 P.

6. *Forum non conveniens.* La Conv. de Bruxelles s'oppose à ce qu'une juridiction d'un État contractant (État membre) décline la compétence qu'elle tire de l'art. 2 (Règl. n° 1215/2012, art. 4) au motif qu'une juridiction d'un État non contractant (État non membre) serait un for plus adapté pour connaître du litige, même si la question de la compétence d'une juridiction d'un autre État contractant (État membre) ne se pose pas ou que ce litige n'a aucun autre lien de rattachement avec un autre État contractant (État membre) (Conv. 27 sept. 1968). • CJCE 1er mars 2005, *Owusu*, n° C-281/02 : *D. 2006. 1259, obs. Nourissat ; ibid. 1495, obs. Courbe et Jault-Seseke ; Rev. crit. DIP 2005. 698, note Chalas .*

7. *Loi de police.* Seules les règles de conflit de juridictions doivent être mises en œuvre pour déterminer la juridiction compétente, des dispositions impératives constitutives de lois de police seraient-elles applicables au fond du litige. • Com., 24 nov. 2015, n° 14-14.924 P : *D. actu. 11 déc. 2015, obs. Delpech ; D. 2015. 2509 ; ibid. 2016. 574, obs. Mekki ; ibid. 1045, obs. Gaudemet-Tallon et Jault-Seseke ; ibid. 2025, obs. d'Avout et Bollée ; Rev. crit. DIP 2017. 269, note Bureau et Muir Watt ; RTD civ. 2016. 98, obs. Barbier ; RDC 2016, p. 269, note Grimaldi ; JCP E 2015. 931 ; JCP N 2016. 241, obs. Nourissat ; CCC 2016, n° 40, note Mathey.*

CHAPITRE II *Compétence*

SECTION I *Dispositions générales*

Art. 4 1. Sous réserve du présent règlement, les personnes domiciliées sur le territoire d'un État membre sont attraites, quelle que soit leur nationalité, devant les juridictions de cet État membre.

2. Les personnes qui ne possèdent pas la nationalité de l'État membre dans lequel elles sont domiciliées sont soumises aux règles de compétence applicables aux ressortissants de cet État membre.

Art. 5 1. Les personnes domiciliées sur le territoire d'un État membre ne peuvent être attraites devant les juridictions d'un autre État membre qu'en vertu des règles énoncées aux sections II à VII du présent chapitre.

2. Ne peuvent être invoquées contre les personnes visées au paragraphe 1 notamment les règles de compétence nationales que les États membres doivent notifier à la Commission en vertu de l'article 76, paragraphe 1, point a).

1. Condition d'internationalité. L'art. 3 (Règl. n° 1215/2012, art. 5) n'a pas pour objet de régler le conflit de compétences entre deux juridictions françaises, alors que toutes les parties sont domiciliées en France ; le problème ne relève alors que du C. pr. civ. (Conv. 27 sept. 1968). • Paris, 27 mars 1987 : *D. 1987. Somm. 361, obs. Julien.*

2. L'art. 5, § 1, du Règl. (UE) n° 1215/2012 doit être interprété en ce sens qu'il ne s'oppose pas à ce qu'une injonction de faire à l'égard d'un débiteur acquière force exécutoire et qu'il n'impose pas d'invalider une telle injonction. • CJUE, 9 sept. 2021, n^{os} C-208/20 et C-256/20 : *D. actu. 23 sept. 2021, note Mélin.*

Art. 6 1. Si le défendeur n'est pas domicilié sur le territoire d'un État membre, la compétence est, dans chaque État membre, réglée par la loi de cet État membre, sous réserve de l'application de l'article 18, paragraphe 1, de l'article 21, paragraphe 2, et des articles 24 et 25.

2. Toute personne, quelle que soit sa nationalité, qui est domicilié *[domiciliée]* sur le territoire d'un État membre, peut, comme les ressortissants de cet État membre, invoquer dans cet État membre contre ce défendeur les règles de compétence qui y sont en vigueur et notamment celles que les États membres doivent notifier à la Commission en vertu de l'article 76, paragraphe 1, point a).

BIBL. ▸ PATAUT, *Mél. Normand, Litec, 2003, p. 365* (litige « intracommunautaire »). – POCAR, *Mél. Gaudemet-Tallon, Dalloz 2008, p. 571* (faut-il remplacer le renvoi au droit national par des règles uniformes dans l'art. 4 du Règl. n° 44/2001 ?).

Domicile inconnu. L'art. 4, § 1er, du Règl. du 22 déc. 2000 (art. 6, Règl. n° 1215/2012) ne fait pas obstacle à l'application de l'art. 5, § 3, du même Règl. (Règl. n° 1215/2012, art. 7, § 2) à une action en responsabilité du fait de la gestion d'un site internet à l'encontre d'un défendeur qui est probablement citoyen de l'Union, mais qui se trouve en un lieu inconnu, si la juridiction saisie ne dispose pas d'indices probants lui permettant de conclure que ledit défendeur est effectivement domicilié en dehors du territoire de l'Union européenne (Règl. n° 44/2201). • CJUE 15 mars 2012, n° C-292/10 : *D. 2012. Actu. 952 ; ibid. 2013. 1503, obs. Jault-Seseke ; RTD eur. 2013. 683, obs. Benoit-Rohmer ; Europe 2012, n° 173, note Idot.* ♦ Le droit de l'Union ne s'oppose pas au prononcé d'un jugement par défaut à l'encontre d'un défendeur auquel, dans l'impossibilité de le localiser, l'acte introductif d'instance a été signifié par voie de publication selon le droit national, à condition que la juridiction saisie se soit auparavant assurée que toutes les recherches requises par les principes de diligence et de bonne foi ont été entreprises pour retrouver ce défendeur (Règl. n° 44/2201). • Même arrêt.

SECTION II *Compétences spéciales*

Art. 7 Une personne domiciliée sur le territoire d'un État membre peut être attraite dans un autre État membre :

1) a) en matière contractuelle, devant la juridiction du lieu d'exécution de l'obligation qui sert de base à la demande ;

b) aux fins de l'application de la présente disposition, et sauf convention contraire, le lieu d'exécution de l'obligation qui sert de base à la demande est :

– pour la vente de marchandises, le lieu d'un État membre où, en vertu du contrat, les marchandises ont été ou auraient dû être livrées,

— pour la fourniture de services, le lieu d'un État membre où, en vertu du contrat, les services ont été ou auraient dû être fournis ;

c) le point a) s'applique si le point b) ne s'applique pas ;

2) en matière délictuelle ou quasi délictuelle, devant la juridiction du lieu où le fait dommageable s'est produit ou risque de se produire ;

3) s'il s'agit d'une action en réparation de dommage ou d'une action en restitution fondées sur une infraction, devant la juridiction saisie de l'action publique, dans la mesure où, selon sa loi, cette juridiction peut connaître de l'action civile ;

4) s'il s'agit d'une action civile, fondée sur le droit de propriété, en restitution d'un bien culturel au sens de l'article 1er, point 1), de la directive 93/7/CEE, engagée par la personne revendiquant le droit de récupérer un tel bien, devant la juridiction du lieu où le bien culturel est situé au moment de la saisine ;

5) s'il s'agit d'une contestation relative à l'exploitation d'une succursale, d'une agence ou de tout autre établissement, devant la juridiction du lieu de leur situation ;

6) s'il s'agit d'une action engagée à l'encontre d'un fondateur, d'un *trustee* ou d'un bénéficiaire d'un trust constitué soit en application de la loi, soit par écrit ou par une convention verbale, confirmée par écrit, devant les juridictions de l'État membre sur le territoire duquel le trust a son domicile ;

7) s'il s'agit d'une contestation relative au paiement de la rémunération réclamée en raison de l'assistance ou du sauvetage dont a bénéficié une cargaison ou un fret, devant la juridiction dans le ressort duquel cette cargaison ou le fret s'y rapportant :

a) a été saisi pour garantir ce paiement ; ou

b) aurait pu être saisi à cet effet, mais une caution ou une autre sûreté a été donnée, cette disposition ne s'applique que s'il est prétendu que le défendeur a un droit sur la cargaison ou sur le fret ou qu'il avait un tel droit au moment de cette assistance ou de ce sauvetage.

BIBL. ▶ MALAN, *LPA 17 avr. 2003, p. 6.* – MITTMAN, *D. 2011. Doctr. 834* (compétence internationale en matière contractuelle, quelques éclaircissements récents dans l'obscurité de l'art. 5, § 1er, du règlement de Bruxelles I). – PITTON, *JDI 2009. 853* [l'art. 5, 1, b dans la jurisprudence franco-britannique, ou le droit comparé au secours des compétences spéciales du règlement (CEE) n° 44/2001]. – SINDRES, *JDI 2010. 411* (la violation du contrat au préjudice des tiers en droit international privé). – TENENBAUM, *RDC 2018. 114* (le droit européen des contrats et la compétence en matière contractuelle).

▶ BÉRAUDO, *JCP 2001. I. 299* (bon usage des règles de compétence). – BOSQUET-DENIS, *D. 1991. Chron. 21* (localisation du refus de vente et compétence des juridictions). – MOURÉ, *Gaz. Pal. 1992. 2. Doctr. 920* (rupture des contrats de concession exclusive). – DROZ, *D. 1997. 351* (art. 5-1). – HEUJO, *Rev. crit. DIP 2000. 595* (art. 5-1).

1. Office du juge. Avant d'appliquer le 1° ou le 3° de l'art. 5 (Règl. n° 1215/2012, art. 7), les juges du fond doivent qualifier le litige comme étant de nature contractuelle, délictuelle ou quasi délictuelle (Conv. 27 sept. 1968). • Civ. 1re, 16 mai 1977, n° 76-11.930 P.

A. MATIÈRE CONTRACTUELLE

2. Articulation des paragraphes de l'art. 7. En matière contractuelle, lorsque le demandeur choisit de ne pas attraire le défendeur devant les juridictions de l'État membre où ce dernier est domicilié, ce n'est qu'en l'absence de contrat de vente de marchandises ou de fourniture de services au sens de l'art. 5, § 1er b) (Règl. n° 1215/2012, art. 7 § 1er b), qu'il y a lieu de se référer aux dispositions de l'art. 5, § 1er a) (Règl. n° 1215/2012, art. 7 § 1er a), pour désigner le tribunal territorialement compétent. Viole l'art. 5, § 1er b) (Règl. n° 1215/2012, art. 7 §1er b), la cour d'appel qui, pour déclarer incompétent le tribunal du lieu de survenance des avaries subies par la marchandise transportée par un navire, retient que l'art. 5, § 1er a), du Règl. Bruxelles I (Règl. n° 1215/2012, art. 7, § 1er a) prévoit qu'en matière contractuelle, le demandeur peut attraire une personne domiciliée sur le territoire d'un État membre dans un autre État membre devant le tribunal du lieu où l'obligation qui sert de fondement à la demande a été ou doit être exécutée, et que l'obligation, qui sert de base à la demande de l'expéditeur et de son assureur, est celle du transporteur qui s'oblige à transporter et à livrer les marchandises qu'il a prises en charge au lieu de destination prévu au contrat de transport, alors qu'il lui appartenait au préalable de rechercher si les parties au contrat de transport étaient liées par un contrat de fourniture de services, au sens de l'art. 5, § 1er b), du Règl. Bruxelles I (Règl. n° 1215/2012, art. 7, § 1er b) (Règl. n° 44/2201). • Com. 16 nov. 2010, n° 09-66.955 P : *D. actu. 1er déc. 2010, obs. Delpech ; D. 2010. Actu. 2197, obs. Delpech ; ibid. 2011. Pan. 1374, obs. Jault-Seseke ; ibid. 1445, obs. Kenfack ; ibid. Pan. 2434, obs. d'Avout et Bollée ; Rev. crit. DIP 2011. 139, obs. Potocki ; RTD com. 2011. 669, obs. Delebecque* (moyen relevé d'office).

3. Validité du contrat. L'art. 5-1° (Règl. n° 1215/2012, art. 7, § 1er) s'applique même si la validité du contrat est contestée, mais le tribunal saisi par application de ce texte doit se déclarer incompétent au cas où il estime que le contrat n'existe pas ou est nul (Conv. 27 sept. 1968). • CJCE 4 mars 1982, Effer, nº C-38/81 : *JDI 1982. 473, obs. Huet ; Rev. crit. DIP 1982. 570, note Gaudemet-Tallon.* ♦ Le juge français peut, au titre de l'art. 5-1º (Règl. nº 1215/2012, art. 7, § 1er), connaître de l'action en annulation d'un contrat, du moment que l'obligation dont l'illicéité sert de fondement à la demande aurait dû être exécutée sur le territoire français (Conv. 27 sept. 1968). • Civ. 1re, 25 janv. 1983, nº 81-16.415 P : *Rev. crit. DIP 1983. 516, note Gaudemet-Tallon.* ♦ Inversement pour une prestation de services devant s'exécuter en Angleterre (Conv. 27 sept. 1968). • Civ. 1re, 14 mars 2006, nº 04-13.023 P. ♦ Sur l'appréciation de l'existence d'un contrat (Règl. nº 44/2201), V. • Civ. 1re, 23 mai 2006, nº 05-16.133 P : *Rev. huiss. 2006, suppl., sept.-oct. p. 25 ; Procédures 2007, nº 62, obs. Nourissat.*

4. Mesures provisoires ou conservatoires. La juridiction compétente en matière contractuelle reste également compétente pour ordonner des mesures provisoires ou conservatoires, sans que cette dernière compétence soit subordonnée à d'autres conditions (Conv. 27 sept. 1968). • CJCE 17 nov. 1998, *Van Uden*, nº C-391/95 : *D. 2000. IR 378, note Cuniberti ; Rev. crit. DIP 1999. 340, note Normand ; ibid. 669, étude Marmisse et Wilderspin ; RTD civ. 1999. 177, obs. Normand ; RTD com. 2000. 340, obs. Loquin.*

1º NOTION

5. Autonomie de la notion. L'expression « matière contractuelle » doit être interprétée non par simple renvoi au droit interne de l'un ou de l'autre des États concernés, mais comme une notion autonome, en se référant principalement au système et aux objectifs de la Conv., en vue d'assurer à celle-ci sa pleine efficacité (Conv. 27 sept. 1968). • CJCE 22 mars 1983, nº 34/82 : *JDI 1983. 834, obs. Huet ; Rev. crit. DIP 1983. 663, note Gaudemet-Tallon* • 5 févr. 2004, *Frahuil*, nº C-265/02 : *D. 2004. 2709, obs. Aynès ; RTD com. 2004. 639, obs. Delebecque.* ♦ La notion de matière contractuelle au sens de l'art. 5-1 (Règl. nº 1215/2012, art. 7, § 1er) est une notion autonome qui ne se confond pas avec la qualification que la loi nationale applicable donne au rapport juridique en cause devant la juridiction saisie (Conv. 27 sept. 1968). • Civ. 1re, 17 janv. 2006, *nº 02-12.745 P : D. 2006. IR 322 ; RTD com. 2007. 632, obs. Delebecque ; JCP 2006. II. 10151, note Bruneau ; Procédures 2006, nº 211, obs. Nourissat ; LPA 31 juill. 2007, note Brière.* ♦ Des actions en responsabilité civile de nature délictuelle en droit national doivent, néanmoins, être considérées comme relevant de la « matière contractuelle », au sens de l'art. 5, § 1er, ss. a) (Règl. nº 1215/2012, art. 7, § 1er a), si le comportement reproché peut être considéré comme un manquement aux obligations contractuelles, telles qu'elles peuvent être déterminées compte tenu de l'objet du contrat (Règl. nº 44/2201). • CJUE 13 mars 2014, nº C-548/12 : *D. actu. 25 mars 2014, obs. Kebir ; D. 2014. 1059, obs. Gaudemet-Tallon et Jault-Seseke ; ibid. 1967, obs. d'Avout et Bollée ; Rev. crit. DIP 2014. 863, note Haftel ; RTD com. 2014. 446, obs. Marmisse-d'Abbadie d'Arrast ; Procédures 2014, nº 141, note Nourissat.*

6. Engagement librement assumé d'une partie vers l'autre. La notion de matière contractuelle au sens de l'art. 5-1º (Règl. nº 1215/2012, art. 7, § 1er) ne saurait être comprise comme visant une situation dans laquelle il n'existe aucun engagement librement assumé d'une partie envers l'autre (Conv. 27 sept. 1968). • CJCE 17 juin 1992, *Jakob Handte*, nº C-26/91 : *D. 1993. 214, obs. Kullmann ; Rev. crit. DIP 1992. 726, note Gaudemet-Tallon ; RTD civ. 1993. 131, obs. Jourdain ; RTD eur. 1992. 709, note de Vareilles-Sommières ; JCP 1992. II. 21927, note Larroumet ; JCP E 1992. II. 363, note Jourdain* • 5 févr. 2004, *Frahuil*, nº C-265/02 : *D. 2004. 606 ; ibid. 2709, obs. Aynès ; RTD com. 2004. 639, obs. Delebecque ; RJ com. 2004, p. 87, obs. Raynouard ; ibid. 2005, p. 252, obs. M. Attal* • Civ. 1re, 6 juill. 1999, nº 97-18.722 P : *D. 1999. 203 ; Rev. crit. DIP 2000. 67, note Pataut ; D. actu. 176/1999, p. 1399, obs. Avena-Robardet ; RLDA 1999/21, nº 1341.*

a. Exemples

7. Action paulienne. Une action paulienne, par laquelle le titulaire d'un droit de créance issu d'un contrat demande de faire déclarer inopposable à son égard l'acte, prétendument préjudiciable à ses droits, par lequel son débiteur a cédé un bien à un tiers, relève de la règle de compétence internationale prévue à l'art. 7, pt 1, ss. a), du Règl. nº 1215/2012. • CJUE 4 oct. 2018, nº C-337/17 : *D. actu. 17 oct. 2018, obs. Mélin ; D. 2019. 516, note Jault-Seseke ; AJ contrat 2018. 537, obs. Nourissat.*

8. Action récursoire entre les codébiteurs solidaires d'un contrat de crédit. Une action récursoire entre les codébiteurs solidaires d'un contrat de crédit relève de la « matière contractuelle », visée à cette disposition. • CJUE 15 juin 2017, nº C-249/16 : *D. actu. 22 juin 2017, obs. Mélin ; D. 2017. Actu. 1306 ; ibid. Pan. 2054, obs. Bollée ; ibid. 2018. Pan. 976, obs. Jault-Seseke ; RTD com. 2017. 743, obs. Marmisse-d'Abbadie d'Arrast ; Europe 2017, nº 334, obs. Idot ; AJC 2017. 306.*

9. Billet à ordre. L'art. 5, pt 1, ss. a), (Règl. nº 1215/2012, art. 7, pt 1, ss. a) trouve à s'appliquer aux fins de déterminer la juridiction compétente pour connaître d'une action judiciaire par laquelle le bénéficiaire d'un billet à ordre, établi dans un État membre, fait valoir les droits découlant de ce billet à ordre, incomplet à la date de sa signature et complété ultérieurement par le bénéficiaire, à l'encontre de l'avaliste domicilié dans un autre État membre (Règl. n° 44/2201). • CJUE 14 mars 2013, n° C-419/11 : *D. actu. 27 mars 2003, obs. Menétrey ; D. 2013. 779 ; ibid. 2293, obs. d'Avout et Bollée ; ibid. 2014. 1059, obs. Gaudemet-Tallon et Jault-Seseke ; Rev. sociétés 2014. 243, note Mastrullo ; RTD civ. 2013. 341, obs. Rémy-Corlay ; RTD com. 2013. 379, obs. Marmisse-d'Abbadie d'Arrast ; Gaz. Pal. 6 juill. 2013, p. 31, note Morel-Maroger ; ibid. 3 sept. 2013, p. 29, note Nioche ; Procédures 2013, n° 147, note Nourissat ; Europe 2013, n° 246, note Idot.*

10. Contrat de distribution. Une société ayant formé une seule demande en dommages-intérêts qui tendait à la reconnaissance du caractère abusif de la rupture contractuelle, les actes de concurrence déloyale reprochés n'apparaissant que comme des conséquences postérieures à la rupture des relations contractuelles imputée à faute, ne peut invoquer que les dispositions spéciales de l'art. 5-1° de la Conv. (Règl. n° 1215/2012, art. 7, § 1er) (Conv. 27 sept. 1968). • Civ. 1re, 15 mai 2001, n° 99-17.132 P : *D. 2002. 198, note Diloy ; ibid. 1397, obs. Audit ; Rev. crit. DIP 2002. 86, note P. Lagarde ; RTD com. 2001. 966, obs. Bouloc ; JCP 2001. II. 10634, note Raynard ; JDI 2001, p. 1121, note Huet ; RLDA 2002/46, n° 2898, chron. Kenfack ; Gaz. Pal. 2001. Somm. 2127, note Niboyet ; RJ com. 2003, p. 249, obs. Leloup.*

11. Agent commercial. Un litige relatif à la rupture abusive d'un contrat d'agence commerciale autonome et au paiement de commissions dues en exécution de ce contrat est un litige en matière contractuelle (Conv. 27 sept. 1968). • CJCE 8 mars 1988, n° 9/87. ♦ V. encore (Conv. 27 sept. 1968). • Civ. 1re, 8 févr. 2000, n° 97-17.388 P : *D. 2002. Somm. 1401, obs. Audit ; Rev. crit. DIP 2001. 148, note M.-E. Ancel ; Gaz. Pal. 2000. Somm. 2265, note Niboyet ; RLDA 2001/35, n° 2189, chron. Kenfack ; JDI 2001, p. 133, chron. Huet* • 8 févr. 2000, n° 96-21.690 P : *Rev. crit. DIP 2000. 473, note Muir Watt ; RLDA 2000/28, n° 1779 ; ibid. 2001/35, n° 2189, chron. Kenfack ; Gaz. Pal. 2000. Somm. 2266, note Niboyet ; JDI 2001, p. 133, chron. Huet* • 17 juin 2003, n° 00-17.316 P : *RTD com. 2004. 396, obs. Delebecque.*

12. Contrat de transport. La notion de « matière contractuelle », au sens de l'art. 5, § 1er, ss. a) (Règl. n° 1215/2012, art. 7, § 1 a), couvre l'action des passagers aériens en indemnisation pour le retard important d'un vol avec correspondance, dirigée sur le fondement du Règl. (CE) n° 261/2004 du Parlement européen et du Conseil, du 11 févr. 2004, établissant des règles communes en matière d'indemnisation et d'assistance des passagers en cas de refus d'embarquement et d'annulation ou de retard important d'un vol, et abrogeant le Règl. (CEE) n° 295/91, contre un transporteur aérien effectif qui n'est pas le cocontractant du passager concerné (Règl. n° 44/2201). • CJUE 7 mars 2018, n° C-274/16 : *D. actu. 23 mars 2018, obs. Mélin ; D. 2018. 1366, note Dupont et Poissonnier ; ibid. 1934, obs. d'Avout et Bollée ; RTD com. 2018. 518, obs. Marmisse-d'Abbadie d'Arrast ; Gaz. Pal. 17 avr. 2018, p. 22, note Augros ; JCP G 2018. 363, note Berlin ; JCP E 2018. 1514, obs. Heymann ; Europe 2018, n° 213, note Idot ; RDC 2019, p. 85, obs. Haftel ; ibid. p. 90, obs. Haftel ; LPA 23 mai 2018, p. 8, étude Legrand.*

13. Droit des sociétés. L'action d'une société contre son ancien gérant en raison d'un prétendu manquement aux obligations lui incombant en droit des sociétés relève de la notion de « matière contractuelle ». En l'absence de toute précision dérogatoire dans les statuts de la société ou dans tout autre document, il appartient à la juridiction de renvoi de déterminer le lieu dans lequel le gérant a effectivement déployé, de manière prépondérante, ses activités en exécution du contrat, à condition que la fourniture des services sur le lieu considéré ne soit pas contraire à la volonté des parties telle qu'elle ressort de ce qui a été convenu entre elles (Règl. n° 44/2201). • CJUE 10 sept. 2015, n° C-47/14 : *D. 2016. 1045, obs. Gaudemet-Tallon et Jault-Seseke ; ibid. 2025, obs. d'Avout et Bollée ; RTD com. 2015. 779, obs. Marmisse-d'Abbadie d'Arrast ; Procédures 2015, n° 328, note Nourissat.*

14. Association. Les obligations ayant pour objet le versement d'une somme d'argent et trouvant leur fondement dans le lien d'affiliation existant entre une association et ses adhérents relèvent de la matière contractuelle au sens de l'art. 5, al. 1er, de la Conv. du 27 sept. 1968 (Règl. n° 1215/2012, art. 7, § 1er). Il est indifférent, à cet égard, que les obligations en question découlent directement de l'adhésion ou résultent tout à la fois de celle-ci et d'une ou de plusieurs décisions arrêtées par des organes de l'association (Conv. 27 sept. 1968). • CJCE 22 mars 1983, n° 34/82 : *Rev. crit. DIP 1983. 633, note Gaudemet-Tallon.*

15. Loteries publicitaires. L'action juridictionnelle par laquelle un consommateur vise à faire condamner, en application de la législation de l'État contractant (État membre) sur le territoire duquel il est domicilié, une société de vente par correspondance, établie dans un autre État contractant (État membre), à la remise d'un prix apparemment gagné par lui est de nature contractuelle, au sens de l'art. 5, pt 1, de ladite convention (Règl. n° 1215/2012, art. 7, § 1er), à condition que, d'une part, cette société, dans le but d'inciter le consommateur à contracter, ait adressé à ce dernier nominativement désigné un envoi de nature à donner l'impression qu'un prix lui sera attribué dès lors que le « bon de paiement » joint à cet envoi est retourné par l'intéressé et que, d'autre part, le consommateur accepte les conditions stipulées par le vendeur et réclame effectivement le versement du gain promis. • CJCE 20 janv. 2005, n° C-27/02 : *RTD civ. 2005. 350, obs. Rémy-Corlay ; RTD com. 2005. 636, obs. Marmisse-d'Abbadie d'Arrast ; Procédures 2005, n° 210, obs. Nourissat.* ♦ Dès lors que l'action intentée par un particulier domicilié en France tend à obtenir l'exécution d'une obligation de payer un prix à la charge d'une société organisatrice de la loterie publicitaire, une cour d'appel fait application, à bon droit, de l'art. 5-1 du Règl. (Bruxelles I) (Règl. n° 1215/2012, art. 7, §1er), aux termes duquel, en matière contractuelle, l'action peut être intentée devant le tribunal du lieu où l'obligation qui sert de base à la demande a été ou doit être exécutée (Règl. n° 44/2201). • Civ. 1re, 7 mai 2010, n° 09-14.324 P : *R. 2011, p. 466 ; D. actu. 17 mai 2010, obs. Gallmeister ; D. 2010. Actu. 1292, obs. Gallmeister ; ibid. 2196, note Bolze et Perreau-Saussine ; ibid. Pan. 2011. 1374, obs. Jault-Seseke ; Rev. crit. DIP 2010. 558, note Gaudemet-Tallon ; RTD civ. 2010. 617, obs. R. Perrot ; ibid. 808, obs. Théry ; Gaz. Pal. 2-3 juin 2010, p. 23, note S. Piedelièvre ; JCP 2010. 753, p. 1394, note Devers ; JCP E 2010, n° 1558 ; JDI 2011. 141, note Brière.* ♦ Ayant relevé que cette société s'était engagée à exécuter son obligation de paiement au domicile du « grand gagnant », une cour d'appel en déduit justement que le demandeur à l'action revendiquant cette qualité pouvait assigner la société devant le tribunal de son domicile (Règl. n° 44/2201). • Civ. 1re, 7 mai 2010, n° 09-14.324 P : *préc.* ♦ Comp., lorsqu'une commande a été passée par le particulier, note ss. art. 17 du Règl. n° 1215/2012.

16. Donation d'un bien immobilier. Action en annulation. Une action en annulation d'un acte de donation d'un immeuble pour incapacité de contracter du donateur relève non pas de la compétence exclusive de la juridiction de l'État membre où l'immeuble est situé, prévue à l'art. 24, pt 1, de ce règlement, mais de la compétence spéciale prévue à l'art. 7, pt 1, ss. a), dudit règlement. Une action en radiation du registre foncier des mentions relatives au droit de propriété du donataire relève de la compétence exclusive prévue à l'art. 24, pt 1, du même règlement. • CJUE 16 nov. 2016, n° C-417/15 : *D. 2016. 2412 ; ibid. 2017. 1011, obs. Gaudemet-Tallon et Jault-Seseke ; RTD com. 2017. 236, obs. Marmisse-d'Abbadie d'Arrast ; Defrénois 7 sept. 2017, p. 53, obs. Callé ; Europe 2017, n° 45, obs. Idot.*

17. Contrat de copropriété. Dans l'hypothèse où l'affectation d'un bien immeuble en copropriété prévue par un contrat de copropriété n'est pas opposable à tous, une action par laquelle un copropriétaire d'un immeuble tend à faire interdire à un autre copropriétaire de cet immeuble de modifier, arbitrairement et sans l'accord des autres copropriétaires, cette affectation doit être regardée comme constituant une action « en matière contractuelle », au sens de l'art. 7, pt 1, ss. a), du Règl. n° 1215/2012. Sous réserve de vérification par la juridiction de renvoi, le lieu d'exécution de l'obligation servant de base à cette action est celui où ledit bien est situé. • CJUE 11 nov. 2020, n° C-433/19 : *D. actu. 2 déc. 2020, obs. Mélin ; D. 2020. 2244 ; Europe 2021, n° 38, note Idot.*

b. Contre-exemples

18. Crédit-bail. Faute de lien contractuel direct entre le demandeur, ayant pris du matériel en crédit-bail, et le fabricant, faute également d'engagement librement consenti par ce dernier, le mandat d'ester en justice donné par les crédit-bailleurs au preneur ne pouvait conférer à cette action une nature contractuelle au sens de la Conv. (Conv. 27 sept. 1968). • Civ. 1re, 17 janv. 2006, n° 02-12.745 P : *préc. note 5.*

19. Action du sous-acquéreur. L'art. 5-1° (art. 7, § 1er, Règl. n° 1215/2012) ne s'applique pas à un litige opposant le sous-acquéreur d'une chose au fabricant, qui n'est pas le vendeur, en raison de défauts de la chose ou de l'impropriété de celle-ci à l'usage auquel elle était destinée (Conv. 27 sept. 1968). • CJCE 17 juin 1992, *Jakob Handte*, n° C-26/91 : *préc. note 6* • Civ. 1re, 27 janv. 1993, n° 89-14.179 P : *Rev. crit. DIP 1993. 485, note Gaudemet-Tallon .*

20. Action du maître de l'ouvrage contre le fabricant. Ne relève pas de la « matière contractuelle » l'action du maître de l'ouvrage contre le fabricant d'un matériel défectueux dès lors qu'il n'existait aucun engagement librement consenti par le second à l'égard du premier (Conv. 27 sept. 1968). • Civ. 1re, 4 juill. 2006, n° 05-10.006 P : *D. 2007. Pan. 1756, obs. Courbe et Jault-Seseke ; Rev. crit. DIP 2007. 618, note Gaudemet-Tallon ; ibid. 622, obs. M.-E. Ancel ; RJ com. 2007. 202, obs. Marmisse-d'Abbadie d'Arrast.*

21. Caution subrogée. Ne relève pas de la « matière contractuelle » l'obligation dont la caution, qui a acquitté les droits de douane en vertu d'un contrat de cautionnement conclu avec l'entreprise de transports, demande l'exécution, en tant que subrogée dans les droits de l'administration douanière, dans le cadre d'une action récursoire exercée à l'encontre du propriétaire des marchandises, si ce dernier, qui n'est pas partie au contrat de cautionnement, n'a pas autorisé la conclusion dudit contrat (Conv. 27 sept. 1968). • CJCE 5 févr. 2004, *Frahuil*, n° C-265/02 : *D. 2004. IR 2709, obs. Aynès ; RTD com. 2004. 639, obs. Delebecque ; Procédures 2004,* *n° 104, note Nourissat ; RJ com. 2004. 87, obs. Raynouard : ibid. 252, obs. Attal* .

22. Crédit documentaire. En matière de crédit documentaire, la banque intermédiaire qui n'a pas confirmé le crédit et n'est intervenue qu'à titre de mandataire de la banque qui avait ouvert le crédit ne peut se prévaloir de l'art. 5-1° (Règl. n° 1215/2012, art. 7, § 1er) contre le débiteur (Conv. 27 sept. 1968). • Paris, 28 juin 1978 : *Rev. crit. DIP 1979. 444, note Santa-Croce.*

23. Droit des sociétés. Ne saurait être regardé comme relevant de la « matière contractuelle » au sens de l'art. 5, § 1er, a) (Règl. n° 1215/2012, art. 7, § 1er), un litige dans lequel la législation nationale impose à une personne de répondre des dettes d'une société qu'elle contrôle, faute pour cette personne d'avoir satisfait aux obligations de déclaration consécutives à la prise de contrôle de cette société (Règl. n° 44/2201). • CJUE 17 oct. 2013, n° C-519/12 : *D. actu. 4 nov. 2013, obs. Kébir ; D. 2014. 1967, obs. d'Avout et Bollée ; Europe 2014, n° 557, note Idot ; Procédures 2013, n° 343, note Nourissat.*

24. Cotisations ordinales dues par un avocat. L'art. 7, pt 1, ss. a), doit être interprété en ce sens qu'une action par laquelle un ordre d'avocats tend à obtenir la condamnation d'un de ses membres au paiement des cotisations professionnelles annuelles dont celui-ci lui est redevable et qui ont essentiellement pour objet de financer des services, tels que des services d'assurance, doit être regardée comme constituant une action es « matière contractuelle », au sens de cette disposition, pour autant que ces cotisations constituent la contrepartie de prestations fournies par cet ordre à ses membres et que ces prestations sont librement consenties par le membre concerné, ce qu'il appartient à la juridiction de renvoi de vérifier. • CJUE 5 déc. 2019, n° C 421/18 : *cité note 31 bis ss. art. 1er du présent Règl.*

2° LIEU DE L'OBLIGATION QUI SERT DE BASE À LA DEMANDE

a. En présence d'une désignation conventionnelle

25. Désignation conventionnelle du lieu d'exécution. Si le lieu d'exécution d'une obligation contractuelle a été désigné par les parties par une clause valide selon le droit national applicable au contrat, le tribunal de ce lieu est compétent pour connaître des litiges relatifs à cette même obligation en vertu de l'art. 5-1° de la Conv. de Bruxelles du 27 sept. 1968 (Règl. n° 1215/2012, art. 7, § 1er), indépendamment du respect des conditions de forme prévues par l'art. 17 (art. 25, Règl. n° 1215/2012) (Conv. 27 sept. 1968). • CJCE 17 janv. 1980, n° 56/79 : *JDI 1980. 435, obs. Huet.*

b. En l'absence d'une désignation conventionnelle

26. Obligation qui sert de fondement à l'action judiciaire. L'obligation dont le lieu d'exécution fonde la compétence est celle qui sert de fondement à l'action judiciaire (Conv. 27 sept. 1968). • CJCE 6 oct. 1976, *de Bloos*, n° 14/76 : *JDI 1977. 719, obs. Bischoff ; D. 1977. 616, note Droz ; ibid. Chron. 287 ; Rev. crit. DIP 1977. 756, note Gothot et Holleaux* • Civ. 1re, 2 déc. 1997, n° 95-20.809 P : *D. 1998. IR 20* ; *D. actu. 1998. 202, obs. Faddoul ; JDI 1999. 185, chron. Huet* • 12 déc. 1978, n° 77-14.296 P : *JDI 1980. 351.* ♦ ... Ou qui est l'obligation litigieuse (Conv. 27 sept. 1968). • CJCE 6 oct. 1976, *Tessili*, n° 12/76 : *JDI 1977. 714, obs. Huet ; D. 1977. 614 ; Rev. crit. DIP 1977. 751.* ♦ V. cep. dans un litige portant sur les conséquences de la violation par le concédant d'un contrat de concession exclusive, et notamment de la rupture unilatérale et sans préavis de ce contrat, conséquences telles que le paiement de dommages-intérêts ou la résolution du contrat, l'obligation à laquelle il faut se référer est celle qui découle du contrat à la charge du concédant et dont l'inexécution est invoquée pour justifier la demande de dommages-intérêts ou de résolution du contrat de la part du concessionnaire (Conv. 27 sept. 1968). • Civ. 1re, 23 janv. 1979, n° 77-14.850 P : *D. 1979. IR 338, obs. Audit ; Rev. crit. DIP 1979. 816, obs. Gaudemet-Tallon ; JDI 1980. 333 (1re esp.), note Holleaux* • 27 nov. 1979, n° 78-14.758 P : *D. 1980. IR 329, obs. Audit ; JDI 1980. 333 (2e esp.)* • Com. 13 nov. 1980, n° 78-10.386 P : *JDI 1981. 851* • 25 janv. 1984, n° 81-16.562 P [refus de décomposer le contrat en obligations multiples, s'agissant de concession exclusive, de mandat... (Conv. 27 sept. 1968)].

27. Pluralité d'obligations litigieuses. Si plusieurs obligations sont litigieuses, c'est l'obligation litigieuse principale qui détermine la compétence (Conv. 27 sept. 1968). • CJCE 15 janv. 1987, *Shenevai*, n° 266/85 : *JDI 1987. 465, obs. Bischoff et Huet ; Rev. crit. DIP 1987. 793, note Droz ; Gaz. Pal. 1987. 2. Somm. 283, obs. Mauro.* ♦ Le même juge n'est pas compétent pour connaître de l'ensemble d'une demande fondée sur deux obligations équivalentes découlant d'un même contrat lorsque, selon les règles de conflit de l'État de ce juge, ces obligations doivent être exécutées l'une dans cet État et l'autre dans un autre État contractant (État membre) (Conv. 27 sept. 1968). • CJCE 5 oct. 1999, n° C-420/97 : *D. 1999. 270* ; *Rev. crit. DIP 2000. 76, note Gaudemet-Tallon* ; *JCP 2000. II. 10354, note Bruneau ; RLDA 1999/22, n° 1400 ; JDI 2000. 540, obs. Leclerc.* ♦ Sur la compétence en présence d'un contrat prévoyant une prestation de conseil en communication et la fourniture des documents correspondants (Règl. n° 44/2201), V. • Civ. 1re, 27 mars 2007, n° 06-14.402 P :

D. 2007. AJ 1085, obs. Gallmeister ; ibid. Pan. 2572, obs. Bollée ; ibid. 2008. 1507, obs. Courbe et Jault-Seseke ; RTD com. 2007. 629, obs. Delebecque ; Gaz. Pal. 3 mai 2007, p. 24, note Niboyet ; JCP 2008. I. 112, § 15, obs. Nadaud ; JCP E 2008. 1638, § 3, note Mainguy ; RDC 2007. 887, obs. Deumier ; Dr. et patr. 2/2008, p. 108, obs. Niboyet ; RJ com. 2007. 337, obs. Attal.

28. Détermination du lieu d'exécution. Après quelques flottements entre la première chambre civile et la chambre commerciale à partir de 1997 et l'intervention sur question préjudicielle de la CJCE, toutes les formations de la Cour de cassation sont revenues en 1999, et surtout en 2000, à la jurisprudence « orthodoxe » tracée par l'arrêt *Tessili* du 6 oct. 1976 (préc. note 26), selon laquelle le lieu où l'obligation a été ou doit être exécutée doit être déterminé conformément à la loi qui régit l'obligation litigieuse selon les règles de conflit de la juridiction saisie (Conv. 27 sept. 1968). • CJCE 28 sept. 1999, *GIE Groupe Concorde*, n° C-440/97 : *D. 1999. 242 ; Rev. crit. DIP 2000. 253, note B. Ancel ; JCP 2000. II. 10534, note Bruneau ; RLDA 1999/22, n° 1401 ; JDI 2000. 547, obs. Bischoff.* ♦ V. not. • Com. 14 déc. 1999, n° 95-21.374 P : *JDI 2001. 133, chron. Huet* • 20 juin 2000, n° 95-17.619 P : *Rev. crit. DIP 2001. 148, note M.-E. Ancel ; RLDA 2000/30, n° 1927* • Civ. 1re, 8 févr. 2000 *(3 arrêts)*, n° 97-21.542 P : *D. 2000. 72 ; Rev. crit. DIP 2001. 148, note M.-E. Ancel ; RLDA 2000/26, n° 1658 ; ibid. 2001/35, n° 2189, chron. Kenfack ; Gaz. Pal. 2000. Somm. 2266, note Niboyet ; JDI 2001. 133, chron. Huet* • 2 mars 2004, n° 01-15.520 P : *RDC 2004. 1062, obs. Bureau ; Procédures 2004, n° 105, note Nourissat ; RJ com. 2005. 252, obs. Attal ; CCC 2004, n° 74, note Leveneur* • Com. 5 oct. 2004, n° 03-17.757 P : *D. 2004. IR 3036* . ♦ Pour l'arrêt « dissident » de 1997 (Conv. 27 sept. 1968), V. • Civ. 1re, 11 mars 1997, n° 95-15.591 P : *D. 1997. 562 ; Rev. crit. DIP 1997. 585, note Gaudemet-Tallon* (définition du lieu d'exécution en fonction des circonstances de l'espèce). ♦ De même, jugeant que lorsqu'il ne s'agit ni d'un contrat de vente, ni d'un contrat de fourniture de services, le lieu de l'obligation qui sert de base à la demande, pour la détermination de la compétence juridictionnelle, doit être fixé conformément à la loi qui régit l'obligation litigieuse selon les règles de conflit de la juridiction saisie (Règl. n° 44/2201). • Civ. 1re, 9 juill. 2008, n° 07-17.295 P : *D. 2008. AJ 2154 ; Rev. crit. DIP 2008. 863, note Sindres ; RTD com. 2009. 646, obs. Delebecque ; CCC 2008, n° 228, note Malaurie-Vignal ; Dr. et patr. 12/2008, p. 92, obs. M.-E. Ancel* • 14 mars 2018, n° 17-11.722.

29. Lieu d'exécution indéterminable. La règle de compétence spéciale en matière contractuelle, énoncée à l'art. 5-1° (Règl. n° 1215/2012, art. 7, § 1er) ne trouve pas à s'appliquer dans l'hypothèse où le lieu d'exécution de l'obligation qui sert de base à la demande en justice ne peut être déterminé, en raison du fait que l'obligation contractuelle litigieuse consiste en un engagement de faire qui ne comporte pas de limitation géographique et se caractérise, dès lors, par une multiplicité des endroits où elle a été ou devait être exécutée et, dans un tel cas, la compétence ne peut être déterminée que par application du critère général de compétence prévu à l'art. 2, al. 1er (Règl. n° 1215/2012, art. 4) (Conv. 27 sept. 1968). • CJCE 19 févr. 2002, *Besix*, n° C-256/00 : *Rev. crit. DIP 2002. 577, note Gaudemet-Tallon ; RTD com. 2002. 591, obs. Marmisse ; JCP 2003. I. 107, n° 17, obs. Marmisse ; RLDA 2002/50, n° 3225, obs. Costes.*

30. Lettre d'intention. Sur le lieu d'exécution d'une lettre d'intention souscrite par une société mère étrangère en garantie de prêts contractés par deux filiales françaises auprès d'établissements de crédit français (Conv. 27 sept. 1968), V. • Com. 3 mars 1992, n° 89-13.837 P : *D. 1993. Somm. 61, obs. Vasseur ; Rev. crit. DIP 1993. 692, note Sinay-Citermann ; Dr. sociétés 1992, n° 126, note Bonneau ; Banque et Dr. 1993, p. 24, note Guillot.* – V. aussi : • Com. 30 janv. 2001, n° 98-23.376 : *D. 2002. 1392 ; Rev. crit. DIP 2001. 539, note Poillot-Peruzzetto ; RLDA 2001/36, n° 2297, obs. Costes ; JCP 2001. I. 356, obs. Simler ; RDBF 2001, p. 162, obs. Cerles.*

3° VENTE DE MARCHANDISES

31. Notion de contrat de vente. Des relations commerciales établies de longue date doivent être qualifiées de « contrat de vente de marchandises » si l'obligation caractéristique du contrat en cause est la livraison d'un bien, ou de « contrat de fourniture de services » si cette obligation est une prestation de services (Règl. n° 44/2201). • CJUE 14 juill. 2016, n° C-196/15 : *D. actu. 1er sept. 2016, obs. Mélin ; D. 2016. 1575 ; ibid. 2025, obs. d'Avout et Bollée ; ibid. 2223, obs. Buy ; ibid. 2017. 881, obs. Ferrier ; ibid. 1011, obs. Gaudemet-Tallon et Jault-Seseke ; AJ Contrat 2016. 442, obs. Luc ; Rev. crit. DIP 2016. 703, note Licari ; RTD civ. 2016. 814, obs. Usunier ; ibid. 837, obs. Barbier ; RTD com. 2017. 231, obs. Marmisse-d'Abbadie d'Arrast ; JCP 2016, n° 1017, note Beltz ; ibid. n° 1020, obs. Nourissat ; JCP E 2016. 1507, note de Lammerville et Marion ; RLDA 2016, n° 6053, note Beaumont et Di Benedetto ; Europe 2016, n° 375, note Idot ; CCC. 2016, n° 235, note Mathey ; AJC 2016. 442, note Luc.*

32. Détermination du lieu de livraison. Dans l'hypothèse d'un contrat de vente de marchandises, qualification qui englobe les « contrats à façon », en l'absence de stipulation dans le contrat, le lieu de livraison est censé être celui de la remise matérielle du bien à l'acheteur (Règl. n° 44/2201). • CJUE 25 févr. 2010, n° C-381/08 : *D. 2010. 1837, note Azzi ; ibid. Pan. 1585, obs.*

Courbe et Jault-Seseke ; ibid. 2323, obs. d'Avout et Bollée ; ibid. 2012. 1144, obs. Witz ; RTD eur. 2010. 421, obs. Douchy-Oudot et Guinchard ; Gaz. Pal. 28-29 avr. 2010, p. 6, note Mittman ; ibid. 29 mai 2010, p. 50 ; Procédures 2010, n° 178, note Nourissat ; Europe 2010, n° 148, obs. Idot ; RJ com. 2010. 250, note M.-E. Ancel ; RD aff. int. 2011. 629, obs. Lahlou et Matousekouva ; RDC 2010. 976, obs. Treppoz ; ibid. 2011, p. 955, note Tenenbaum. ♦ En cas de vente à distance, le lieu où les marchandises ont été ou auraient dû être livrées en vertu du contrat doit être déterminé sur la base des dispositions de ce contrat. Afin de vérifier si le lieu de livraison est déterminé « en vertu du contrat », la juridiction nationale saisie doit prendre en compte tous les termes et toutes les clauses pertinents de ce contrat qui sont de nature à désigner de manière claire ce lieu, y compris les termes et les clauses généralement reconnus et consacrés par les usages du commerce international, tels que les *incoterms* (« *international commercial terms* »), élaborés par la Chambre de commerce internationale, dans leur version publiée en 2000. S'il est impossible de déterminer le lieu de livraison sur cette base sans se référer au droit matériel applicable au contrat, ce lieu est celui de la remise matérielle des marchandises par laquelle l'acheteur a acquis ou aurait dû acquérir le pouvoir de disposer effectivement de ces marchandises à la destination finale de l'opération de vente (Règl. n° 44/2201). • CJUE 9 juin 2011, n° C-87/10 : *D. 2011. 1694, obs. Delpech ; ibid. 2434, obs. d'Avout et Bollée ; ibid. 2012. Pan. 1144, obs. Witz ; ibid. 1228, obs. Gaudemet-Tallon et Jault-Seseke ; RTD com. 2011. 813, obs. Marmisse-d'Abbadie d'Arrast ; ibid. 2012. 213, obs. Delebecque ; Europe 2011, n° 335, note Idot ; JCP 2011. 1702, note Martel ; ibid. 1174, n° 7, obs. Nourissat ; JCP E 2011. 1745, § 7, obs. Nourissat ; RDC 2012. 173, obs. Treppoz ; RJ com. 2011. 566, obs. Berlioz.*

33. Pluralité de lieux de livraison. L'art. 5-1°-b), premier tiret, (art. 7, § 1er, b, Règl. n° 1215/2012), est applicable en cas de pluralité de lieux de livraison dans un même État membre (Règl. n° 44/2201). • CJCE 3 mai 2007, n° C-386-05 : *D. 2007. AJ 1604, obs. Gallmeister ; ibid. Pan. 2572, obs. Bollée ; ibid. 2008. 46, obs. Nourissat ; JCP G 2008. I, n° 112, § 15, obs. Nadaud ; RJ com. 444, obs. Raynouard.* ♦ Dans un tel cas, le tribunal compétent pour connaître de toutes les demandes fondées sur le contrat de vente de marchandises est celui dans le ressort duquel se trouve le lieu de la livraison principale, laquelle doit être déterminée en fonction de critères économiques (Règl. n° 44/2201). • Même arrêt. ♦ A défaut de facteurs déterminants pour établir le lieu de la livraison principale, le demandeur peut attraire le défendeur devant le tribunal du lieu de livraison de son choix (Règl. n° 44/2201). • Même arrêt.

4° FOURNITURE DE SERVICES

BIBL. Berlioz, *JDI 2008, n° 3, p. 6* (la notion de fourniture de services).

34. Notion de contrat de fourniture de services. Un contrat par lequel le titulaire d'un droit de propriété intellectuelle concède à son cocontractant le droit d'exploiter, en contrepartie du versement d'une rémunération, n'est pas un contrat de fourniture de services (Règl. n° 44/2201). • CJCE 23 avr. 2009, *Falco*, n° C-533/07 : *D. 2009. AJ 1489 ; ibid. Pan. 2384, obs. Bollée ; ibid. 2010. 1585, obs. Courbe et Jault-Seseke ; JCP 2009. 228, chron. Loiseau ; ibid. 368, note Martel ; ibid. 369, n° 22, obs. Jeuland ; RLDA juin 2009. 57, note Cavalier ; Procédures 2009, n° 276, note Nourissat ; Gaz. Pal. 2009. Jurisp. 3177, note Saleh et Spinelli ; RDC 2009. 1558, obs. Treppoz ; ibid. 1566, obs. Bergé ; Europe 2009, n° 263, note Idot ; RJ com. 2010, p. 245, obs. M.-E. Ancel.* ♦ Un contrat de crédit conclu entre un établissement de crédit et deux codébiteurs solidaires doit être qualifié de « contrat de fourniture de services ». • CJUE 15 juin 2017, n° C-249/16 : *préc. note 8.*

35. Défendeur domicilié dans un État tiers. L'art. 5, § 1er, ss. b), second tiret (Règl. n° 1215/2012, art. 7, § 1er b), ne s'applique pas à un défendeur domicilié dans un État tiers (Règl. n° 44/2201). • CJUE 7 mars 2018, n° C-274/16 : *préc. note 12.*

36. Difficulté de détermination du lieu de fourniture. La difficulté de déterminer le lieu de fourniture de services ne conduit pas à réputer que le service est fourni au siège du bénéficiaire de la prestation, à défaut d'impossibilité caractérisée (Règl. n° 44/2201). • Civ. 1re, 7 déc. 2011, n° 10-26.557 : *D. 2012. 1228, obs. Gaudemet-Tallon et Jault-Seseke ; Rev. crit. DIP 2012. 430, note Corneloup ; CCC. 2012, n° 89, note Malaurie-Vignal.*

37. Contrat exécuté dans plusieurs États membres. Dans le cas d'un contrat de fourniture de services exécuté dans plusieurs États membres, la règle de la compétence spéciale de l'art. 5, § 1er, b), second tiret (Règl. n° 1215/2012, art. 7, § 1er, b), est applicable (Règl. n° 44/2201). • CJUE 11 mars 2010, n° C-19/09, *Wood Floor : D. 2010. Actu. 834 ; ibid. Pan. 2323, obs. d'Avout et Bollée ; ibid. Pan. 2011. 1374, obs. Jault-Seseke ; RTD com. 2010. 451, obs. Marmisse-d'Abbadie d'Arrast ; RTD eur. 2010. 421, obs. Douchy-Oudot et Guinchard ; Europe 2010, n° 149, obs. Idot ; Procédures 2010, n° 270, note Nourrissat ; JCP E 2010. 1579, note Fernet ; RTD com. 2010. 451, obs. Marmisse-d'Abbadie d'Arrast ; RLDA 2010, n° 51, p. 72, obs. Percheron ; RDC 2010/4. 1395, obs. Treppoz ; RJ com. 2010, p. 252, obs. M.-E. Ancel.* ♦ Est compétent le tribunal du lieu de la fourniture principale des services, lequel est déterminé à partir des stipulations du contrat ou, à défaut, du lieu de l'exécution effective (Règl. n° 44/2201). • CJUE 11 mars 2010, *Wood Floor,* n° C-19/09.

38. Contrat de crédit. Lorsqu'un établissement de crédit a consenti un crédit à deux codébiteurs solidaires, le « lieu d'un État membre où, en vertu du contrat, les services ont été ou auraient dû être fournis », au sens de l'art. 7, § 1er, ss. b), second tiret, est, sauf convention contraire, celui du siège de cet établissement, y compris en vue de déterminer la compétence territoriale du juge amené à connaître de l'action récursoire entre ces codébiteurs. • CJUE 15 juin 2017, n° C-249/16 : *préc. note 8.*

39. Contrat de transport. Dans le cas d'un vol avec correspondance, constitue le « lieu d'exécution » de ce vol le lieu d'arrivée du second vol, lorsque le transport sur les deux vols est effectué par deux transporteurs aériens différents et que le recours en indemnisation pour le retard important de ce vol avec correspondance en vertu du Règl. n° 261/2004 est fondé sur un incident ayant eu lieu sur le premier desdits vols, effectué par le transporteur aérien qui n'est pas le cocontractant des passagers concernés. • CJUE 7 mars 2018, n° C-274/16 : *préc. note 12.* ♦ En cas de transport aérien de personnes d'un État membre à destination d'un autre État membre, effectué sur le fondement d'un contrat conclu avec une seule compagnie aérienne qui est le transporteur effectif, le tribunal compétent pour connaître d'une demande d'indemnisation fondée sur ce contrat de transport et sur le Règl. (CE) n° 261/2004 du Parlement européen et du Conseil du 11 févr. 2004 établissant des règles communes en matière d'indemnisation et d'assistance des passagers en cas de refus d'embarquement et d'annulation ou de retard important d'un vol, et abrogeant le Règl. (CEE) n° 295/91, est celui, au choix du demandeur, dans le ressort duquel se trouve le lieu de départ ou le lieu d'arrivée de l'avion, tel que ces lieux sont convenus dans ledit contrat (Règl. n° 44/2201). • CJCE 9 juill. 2009, n° C-204/08 : *BICC 1er nov. 2009, n° 1333 ; D. 2009. AJ 1904 ; ibid. Pan. 2010. 1585, obs. Courbe et Jault-Seseke ; ibid. Pan. 2011. 1445, obs. Kenfack ; RTD com. 2009. 825, obs. Marmisse-d'Abbadie d'Arrast ; RTD eur. 2010. 195, obs. Grard ; JCP 2010, n° 5, 135, p. 243 (§ 1), obs. Lawnika ; Gaz. Pal. 8 juill. 2010, jur. p. 23 ; Procédures 2009, n° 312, note Nourissat ; RLDA oct. 2009. 67, obs. Combet ; Europe 2009, n° 385, note Idot ; RDC 2010. 195, note Treppoz ; ibid. 213, note Tenenbaum ; RJ com. 2010. 248, obs. M.-E. Ancel.* ♦ L'art. 7, pt 1, l'art. 67 et l'art. 71, §1er, du Règl. (UE) n° 1215/2012 du 12 déc. 2012, ainsi que l'art. 33 de la Conv. pour l'unification de certaines règles relatives au transport aérien international, conclue à Montréal le 28 mai 1999 et approuvée au nom de la Communauté européenne par la Décis. 2001/539/CE du Conseil, du 5 avr. 2001, doivent être interprétés en ce sens que la juridiction d'un État membre saisie d'une action visant à obtenir, à la fois, le respect des droits forfaitaires et uniformisés prévus par le Règl. (CE) n° 261/2004 du Parlement européen et du Conseil, du 11 févr. 2004, établissant des règles communes en matière d'indemnisation et d'assistance des passagers en cas de refus d'embarquement et d'annulation ou de retard important d'un vol, et la réparation d'un préjudice complémentaire relevant du champ d'application de cette convention doit apprécier sa compétence, pour le premier chef de demande, au regard de l'art. 7, pt 1, du Règl. n° 1215/2012 et, pour le second chef de demande, au regard de l'art. 33 de ladite convention. • CJUE 7 nov. 2019, n° C 213/18 : *D. actu. 28 nov. 2019, note Mélin ; D. 2019. 2180 ; JT 2020, n° 227, p. 12, obs. Delpech .* ♦ L'art. 5, § 1er, du Règl. n° 44/2001 doit être interprété en ce sens qu'un recours en indemnisation introduit en vertu du règlement n° 261/2004 par un passager contre le transporteur aérien effectif relève de la notion de « matière contractuelle », au sens de cette disposition, même si aucun contrat n'a été conclu entre ces parties et que le vol opéré par ce transporteur aérien était prévu par un contrat de voyage à forfait, incluant également un hébergement, conclu avec un tiers. • CJUE 26 mars 2020, n° C 215/18. ♦ L'art. 7, pt 1, ss. b), second tiret, doit être interprété en ce sens que, dans le cas d'un vol caractérisé par une réservation unique, confirmée pour l'ensemble du trajet, et divisé en deux ou plusieurs segments de vol sur lesquels le transport est effectué par des transporteurs aériens distincts, lorsqu'un recours en indemnisation, introduit sur le fondement du Règl. (CE) n° 261/2004 du 11 févr. 2004, établissant des règles communes en matière d'indemnisation et d'assistance des passagers en cas de refus d'embarquement et d'annulation ou de retard important d'un vol, et abrogeant le Règl. (CEE) n° 295/91, a pour seule origine un retard sur le premier segment de vol causé par un décollage tardif et est dirigé contre le transporteur aérien chargé d'effectuer ce premier segment de vol, le lieu d'arrivée de celui-ci ne peut pas être qualifié de « lieu d'exécution », au sens de cette disposition. • CJUE, 3 févr. 2022, n° C-20/21 : *D. actu. 15 févr. 2022, note Mélin ; D. 2022. 284 .*

40. Dans le cadre d'un contrat portant sur le transport d'une marchandise entre États membres en plusieurs étapes, avec escales, et au moyen de différents modes de transport, tant le lieu d'expédition que le lieu de livraison de la marchandise constituent des lieux de fourniture du service de transport (Règl. n° 44/2201). • CJUE 11 juill. 2018, n° C-88/17 : *D. 2018. 1501 ; ibid. 1944, obs. Bollée ; Europe 2018. Comm. n° 404, note Idot ; JCP E 2018, act. n° 600 ; RDC 2019, p. 90 (2e esp.), obs. Haftel.*

41. Contrat de concession. La règle de compétence édictée au second tiret de l'art. 5, § 1er, ss. b), pour les litiges relatifs aux contrats de fourniture de services (Règl. n° 1215/2012, art. 7, § 1er b) trouve à s'appliquer dans le cas d'une action judiciaire par laquelle un demandeur établi dans un État membre fait valoir, à l'encontre d'un défendeur établi dans un autre État membre, des droits tirés d'un contrat de concession, ce qui requiert que le contrat liant les parties comporte des stipulations particulières concernant la distribution par le concessionnaire des marchandises vendues par le concédant (Règl. n° 44/2201). • CJUE 19 déc. 2013, n° C-9/12 : *D. actu. 20 janv. 2014, obs. Mélin ; D. 2014. 1059, obs. Gaudemet-Tallon et Jault-Seseke ; ibid. 1967, obs. d'Avout et Bollée ; AJCA 2014. 28, note Parléani ; Rev. crit. DIP 2014. 660, note Bureau ; RTD civ. 2014. 848, obs. Usunier ; RTD com. 2014. 443, obs. Marmisse-d'Abbadie d'Arrast ; ibid. 457, obs. Delebecque ; JCP 2014. 256, obs. Nourissat ; ibid. 271, note Berlioz ; JCP E 2014. 1211, obs. Nourissat ; Procédures 2014, n° 45, note Nourissat ; Europe 2014, n° 109, note Idot ; Gaz. Pal. 25-27 mai 2014, p. 36, obs. Nioche ; RDC 2014. 246, note Laazouzi.* ♦ V., prenant acte de cette jurisprudence et jugeant que la prestation caractéristique fournie par le concessionnaire consiste à assurer la distribution des produits du concédant et, partant, à participer au développement de leur diffusion (Règl. n° 44/2201). • Civ. 1re, 19 nov. 2014, n° 13-13.405 P : *D. actu. 12 déc. 2014, obs. Mélin ; D. 2015. 51, note Lardeux ; ibid. 943, obs. Ferrier ; ibid. 1056, obs. Gaudemet-Tallon et Jault-Seseke ; ibid. 2031, obs. d'Avout et Bollée ; AJCA 2015. 45, obs. Parléani ; RTD com. 2015. 621, obs. Delebecque ; JCP 2014. 1243, note Berlioz ; ibid. 2015. 11, note Sindres ; ibid. 424, obs. Jeuland ; ibid. 1166, obs. Menjucq ; LPA 6 févr. 2015, p. 7, note Mahinga ; RLDA mars 2015, n° 5508 ; ibid., avr. 2015 n° 5547, note Reydellet.* ♦ *Contra* antérieurement, jugeant qu'un contrat de concession exclusive n'est ni un contrat de vente, ni une fourniture de services au sens de l'art. 5, § 1er-b) (art. 7, § 1er-b, Règl. n° 1215/2012) et que, dès lors, seul l'art. 5, § 1er, a) (art. 7, § 1er-a, Règl. n° 1215/2012) de ce règlement est applicable et qu'il appartient donc au juge français de rechercher la loi compétente selon l'art. 4 de la Conv. de Rome du 19 juin 1980 sur la loi applicable aux obligations contractuelles (Règl. n° 44/2201). • Civ. 1re, 23 janv. 2007, n° 05-12.166 P : *D. actu. 5 févr. 2007, obs. Chevrier ; D. 2007. 1575, obs. Chevrier, note Kenfack ; ibid. 2562, obs. d'Avout et Bollée ; ibid. 2008. 1507, obs. Courbe et Jault-Seseke ; Rev. crit. DIP 2008. 561, étude M.-E. Ancel ; RTD com. 2007. 588, obs. Bouloc ; ibid. 630, obs. Delebecque ; JCP 2007. I. 172, n° 1, obs. Naudaud ; ibid. II. 10074, note Azzi ; JCP E 2007. 1601, note Azzi ; ibid. 2008. 1638, note. Mainguy ; Gaz. Pal. 3 mai 2007, p. 23 ; CCC. 2007, n° 119, note Malaurie-Vignal ; RJ com. 2007, p. 336, obs. Attal ; RDC 2007. 842, obs. Béhar-Touchais ; ibid. 887, obs. Deumier ; Dr. et patr. 2/2008, p. 108, obs. Niboyet ; JDI 2008. 521, note Jacquet ; RJ com. 2007. 588, obs. Attal* • 5 mars 2008, n° 06-21.949 P : *D. actu. 21 mars 2008, obs. Delpech ; D. 2008. 1729, obs. Delpech, note Kenfack ; Just. & cass. 2009. 359, rapp. Monéger ; ibid. 365 , avis Domingo ; Rev. crit. DIP 2008. 561, étude M.-E. Ancel ; RTD com. 2008. 455, obs. Delebecque ; ibid. 838, obs. Bouloc ; JCP E 2009. 1479, n° 4, obs. Mainguy, Respaud et Destours ; Procédures 2008, n° 143, note Nourissat ; CCC 2008. n° 128, obs. Malaurie-Vignal ; RJ com. 2008. 290, obs. Lebreton-Derrien ; RDC 2008. 785, note Bénabent.*

42. La juridiction compétente, en vertu de l'art. 7, § 1, pour connaître d'une demande indemnitaire relative à la résiliation d'un contrat de concession commerciale, conclu entre deux sociétés établies et opérant dans deux États membres différents, pour la commercialisation de produits sur le marché national d'un troisième État membre, sur le territoire duquel aucune de ces sociétés ne dispose de succursale ou d'établissement, est celle de l'État membre où se trouve le lieu de la fourniture principale des services, tel qu'il découle des dispositions du contrat ainsi que, à défaut de telles dispositions, de l'exécution effective de ce contrat et, en cas d'impossibilité de le déterminer sur cette base, celui du domicile du prestataire. • CJUE 8 mars 2018, n° C-64/17 : *D. actu. 19 mars 2018, obs. Mélin ; D. 2018. 565 ; ibid. 1934, obs. d'Avout et Bollée ; AJ contrat 2018. 240, obs. Luc .*

43. Agent commercial. Pour un contrat d'agence commerciale, le lieu de fourniture des services est celui de la fourniture principale des services de l'agent, tel qu'il découle des dispositions du contrat ainsi que, à défaut de telles dispositions, de l'exécution effective de ce contrat et, en cas d'impossibilité de le déterminer sur cette base, celui où l'agent est domicilié. • CJUE 11 mars 2010, *Wood Floor,* n° C-19/09 : *préc. note 37.* ♦ Le juge français est compétent au titre de l'art. 5-1° (Règl. n° 1215/2012, art. 7, § 1er) dès lors que la relation contractuelle entre les parties s'analyse comme la fourniture d'une prestation de service localisée en France (Règl. n° 44/2201). • Civ. 1re, 3 oct. 2006, n° 04-14.233 P : *D. 2006. IR 2549 ; ibid. 2007. Pan. 1915, obs. Ferrier ; RTD com. 2007. 267, obs. Delebecque ; ibid. 435, obs. B. Bouloc ; JCP 2007. II. 10028, note Asfar ; RLDA 2006, n° 589, obs. Quéguiner ; RDC 2007. 474, obs. Deumier ; Dr. et patr. 2/2008, p. 108, obs. Niboyet ; JDI 2007. 132, note Martel et Égéa ; RJ com. 2007. 48, note Poillot-Peruzzeto ; ibid. 200, chron. Marmisse-d'Abbadie d'Arrast* (engagement de verser une indemnité de clientèle demandée par un agent commercial exerçant en France pour une société étrangère) • 11 juill. 2006, n° 05-18.021 P : *D. 2007. 1756 ; RTD com. 2007. 435, obs.*

Bouloc ; *Gaz. Pal. 3 mai 2007, p. 24* ; *Procédures 2007, n° 192, note Nourissat* ; *Dr. et patr. 2/2008, p. 108, obs. Niboyet* (engagement à verser une commission à des intermédiaires en vue de la vente de machines en France) (Règl. n° 44/2201). ♦ Ayant fait ressortir que le lieu de la fourniture principale des services d'un agent commercial, à défaut de stipulation le déterminant, résultant de l'exécution effective du contrat, comme du lieu où il était domicilié, ne pouvait être localisé en France, c'est à bon droit qu'une cour d'appel retient qu'aucun tribunal français n'est compétent pour connaître des demandes de cet agent (Règl. n° 44/2201). • Com. 14 mai 2013, n° 11-26.631 P : *D. actu. 28 mai. 2013, obs. Delpech* ; *D. 2014. 893, obs. Ferrier* ; *ibid. 1059, obs. Gaudemet-Tallon et Jault-Seseke* ; *RTD com. 2014. 457, obs. Delebecque* ; *RTD eur. 2014. 444, obs. Moille* ; *RLDC juill.-août 2013, n° 5146, p. 12, note Pouliquen* ; *CCC août-sept. 2013, n° 180, note Mathey* ; *RDC 2013. 1497, note Treppoz.*

44. Autres applications. Viole l'art. 5, § 1er-b) (art. 7 § 1er-b, Règl. n° 1215/2012), l'arrêt qui, pour juger les tribunaux français compétents, énonce que les services ont consisté dans la création de maquettes réalisées en France, peu important qu'elles aient été destinées à un client domicilié en Allemagne, alors que les services avaient été fournis dans ce dernier pays (Règl. n° 44/2201). • Civ. 1re, 14 nov. 2007, n° 06-21.372 P : *D. actu. 26 nov. 2007, obs. Gallmeister* ; *Rev. crit. DIP 2008. 139, note Muir Watt* ; *JCP 2008. II. 10035, note Attal* ; *RJ com. janv.-févr. 2008, p. 32, obs. Attal* ; *Rev. huiss. 2008. 52.*

B. MATIÈRE DÉLICTUELLE OU QUASI DÉLICTUELLE

45. Office du juge. Une cour d'appel n'a pas à rechercher d'office si la compétence d'un tribunal est fondée au regard de l'art. 5-3 (Règl. n° 1215/2012, art. 7, § 2) qui offre au seul demandeur, qui ne s'en était pas prévalu, une option de compétence en matière délictuelle (Conv. 27 sept. 1968). • Civ. 1re, 17 janv. 2006, n° 02-12.745 P : *préc. note 5.*

1° NOTION

46. Notion autonome. La notion de « matière délictuelle ou quasi délictuelle » doit être interprétée de manière autonome et non selon un *quelconque droit national comme comprenant* toute demande qui vise à mettre en jeu la responsabilité d'un défendeur et qui ne se rattache pas à la matière contractuelle (Conv. 27 sept. 1968). • CJCE 27 sept. 1988, *Kalfelis*, n° C-189/87 : *Rev. crit. DIP 1989. 112, note Gaudemet-Tallon* ; *JDI 1989. 457, obs. Huet.*

a. Exemples

47. Action en responsabilité négative. Une action en constatation négative visant à faire établir l'absence de responsabilité délictuelle ou quasi délictuelle relève du champ d'application de l'art. 5, § 3 (art. 7, § 2, Règl. n° 1215/2012) (Règl. n° 44/2201). • CJUE 25 oct. 2012, n° C-133/11 : *D. 2012. Actu. 2746* ; *ibid. 2013. 1503, obs. Jault-Seseke* ; *ibid. Pan. 2293, obs. Bollée* ; *Rev. crit. DIP 2013. 501, note Muir Watt* ; *RTD civ. 2013. 166, obs. Théry* ; *Procédures 2013, n° 13, note Nourissat* ; *Europe 2012, n° 519, note Idot.*

48. Action préventive. Une action juridictionnelle préventive, introduite par une association de protection des consommateurs en vue de faire interdire l'utilisation par un commerçant de clauses jugées abusives dans des contrats avec les particuliers, est de nature délictuelle ou quasi délictuelle (Conv. 27 sept. 1968). • CJCE 1er oct. 2002, *Henkel*, n° C-167/00 : *D. 2002. 3200, note Gaba* ; *Rev. crit. DIP 2003. 682, note Rémy-Corlay* ; *RTD com. 2003. 204, obs. Marmisse* ; *LPA 4 déc. 2002, obs. C.L.* ; *Procédures 2002, n° 228, note Nourissat* ; *JCP 2003. I. 107, chron. Jazottes* ; *ibid. 128, n° 14, obs. Cadiet* ; *RLDA 2002/55, n° 3510, obs. Costes.*

49. Légalité d'une action collective. Relève de la notion de « matière délictuelle ou quasi délictuelle » une action juridictionnelle relative à la légalité d'une action collective dont la compétence exclusive appartient, conformément au droit de l'État contractant (État membre) concerné, à une juridiction autre que celle qui est compétente pour juger les demandes d'indemnisation du préjudice causé par cette action collective (Conv. 27 sept. 1968). • CJCE 5 févr. 2004, n° C-18/02 : *D. 2004. IR 538* ; *Dr. soc. 2005. 295, note Chaumette* ; *Rev. crit. DIP 2004. 791, note Pataut* ; *Procédures 2004, n° 103, note Nourissat* ; *RJ com. 2004, p. 87, obs. Raynourd.* ♦ Il suffit que l'action collective soit une condition nécessaire d'actions de solidarité susceptibles d'engendrer des dommages. • Même arrêt. ♦ L'application de l'art. 5-3° (Règl. n° 1215/2012, art. 7, § 2) n'est pas affectée par le fait que la mise en œuvre de l'action collective a été suspendue par la partie ayant déposé le préavis dans l'attente de la décision se prononçant sur la légalité de cette action (Conv. 27 sept. 1968). • Même arrêt. ♦ Les dommages résultant d'une action collective mise en œuvre par un syndicat dans un État contractant (État membre) où navigue un navire enregistré dans un autre État contractant (État membre) ne doivent pas nécessairement être considérés comme intervenus dans l'État du pavillon, de telle sorte que l'armateur puisse y former une action en indemnisation contre ce syndicat (Conv. 27 sept. 1968). • Même arrêt.

50. Responsabilité précontractuelle. L'action par laquelle la responsabilité précontractuelle du défendeur est invoquée relève de la matière délictuelle ou quasi délictuelle au sens de l'art. 5-3° (Règl. n° 1215/2012, art. 7, § 2) (Conv. 27 sept. 1968). • CJCE 17 sept. 2002, *Tacconi*, n° C-334/00 : *D. 2002. IR 2774 ; Rev. crit. DIP 2003. 668, note Rémy-Corlay ; RTD com. 2003. 207, obs. Marmisse ; Procédures 2002, n° 298, note Nourissat ; JCP G 2003 I n° 152 (§ 2), obs. Viney ; ibid. n° 166 (§ 5), obs. Rueda ; JCP E 2002, n° 1399 ; Defrénois 2003, art. 37676, p. 254 (§ 13), obs. Libchaber ; RLDA 2002/45, n° 3456, obs. Costes.*

51. Assurance et cession de créance d'indemnisation. L'art. 7, pt 2, doit être interprété en ce sens qu'il est susceptible d'être invoqué par un professionnel qui a acquis, en vertu d'un contrat de cession, la créance de la victime d'un accident de la circulation routière, dans le but d'intenter, devant les juridictions de l'État membre du lieu où le fait dommageable s'est produit, une action délictuelle ou quasi délictuelle contre l'assureur de l'auteur de cet accident, qui a son siège social sur le territoire d'un État membre autre que celui du lieu où le fait dommageable s'est produit, sous réserve que les conditions d'application de cette disposition soient satisfaites, ce qu'il appartient à la juridiction de renvoi de vérifier. • CJUE, 21 oct. 2021, n° C-393/20 : *D. actu. 15 nov. 2021, note Mélin ; Europe 2022, n° 36, note Idot.*

52. Sociétés. L'action d'une société contre son ancien gérant en raison d'un prétendu comportement illicite relève de la matière délictuelle lorsque le comportement reproché ne peut pas être considéré comme un manquement aux obligations incombant au gérant en droit des sociétés. Il appartient d'identifier, sur la base des circonstances factuelles de l'affaire, le point de rattachement le plus étroit avec le lieu de l'événement causal qui est à l'origine du dommage et avec le lieu de la matérialisation de celui-ci (Règl. n° 44/2201). • CJUE 10 sept. 2015, n° C-47/14 : *préc. note 13.*

53. La notion de « matière délictuelle ou quasi délictuelle », figurant à l'art. 5, § 3 (Règl. n° 1215/2012, art. 7, § 2), recouvre des actions telles que celles intentées par un créancier d'une société par actions visant à rendre responsables des dettes de cette société, d'une part, un membre du conseil d'administration de celle-ci et, d'autre part, un actionnaire de cette dernière, étant donné qu'ils ont permis à ladite société de continuer à fonctionner alors qu'elle était sous-capitalisée et tenue d'être mise en liquidation (Règl. n° 44/2201). • CJUE 18 juill. 2013, n° C-147/12 : *D. 2013. 2293, obs. d'Avout et Bollée ; ibid. 2014. 1059, obs. Gaudemet-Tallon et Jault-Seseke ; Procédures 2013, n° 280, note Nourissat ; Europe 2013, n° 431, note Idot.*

54. Une cour d'appel, ayant relevé que l'action introduite contre les deux sociétés mères d'une filiale a pour fondement les dispositions de l'art. 1382 C. civ. du fait de l'immixtion supposée de ces deux sociétés dans la gestion de cette dernière, en déduit exactement que l'action est de nature délictuelle ou quasi délictuelle au sens de l'art. 5, § 3 (Règl. n° 1215/2012, art. 7, § 2) (Règl. n° 44/2201). • Civ. 1re, 26 oct. 2011, n° 10-17.026 P : *D. actu. 14 nov. 2011, obs. Delpech ; D. 2011. Actu. 2736 ; ibid. 2012. 1228, obs. Gaudemet-Tallon et Jault-Seseke ; ibid. 2331, obs. d'Avout et Bollée ; Rev. crit. DIP 2012. 639, note Usunier ; LPA 26 juin 2012, p. 11, obs. Messaï-Bhari ; BJS 2012. 70, note Menjucq ; RJ com. 2012. 34, note Ancel.*

55. Connaissement. L'action par laquelle le destinataire de marchandises reconnues avariées à l'issue d'un transport maritime puis terrestre, ou son assureur subrogé dans ses droits pour l'avoir indemnisé réclame réparation de son préjudice, en se fondant sur le connaissement couvrant le transport maritime non pas à l'encontre de celui qui a émis ce document à son en-tête, mais à l'encontre de la personne que le demandeur tient pour être le transporteur maritime réel, ne relève pas de la matière contractuelle au sens de l'art. 5, pt 1, de la Conv. du 27 sept. 1968 (Règl. n° 1215/2012, art. 7, § 1er), mais de la matière délictuelle ou quasi délictuelle au sens de l'art. 5, pt 3, de ladite convention (art. 7, § 2, Règl. n° 1215/2012). • CJCE 27 oct. 1998, *La réunion européenne*, n° C-51/97 : *D. 1998. 253 ; Rev. crit. DIP 1999. 322, note Gaudemet-Tallon ; JDI 1999, p. 625, obs. Leclerc* • Com. 16 mars 1999, n° 95-12.136 P : *D. 1999. 108* (Conv. 27 sept. 1968).

56. Droits d'auteur. Une demande tendant à obtenir le paiement d'une rémunération due en vertu d'une réglementation nationale, mettant en œuvre le système de « compensation équitable » prévu à l'art. 5, § 2, ss. b), de la Dir. 2001/29/CE du 22 mai 2001, sur l'harmonisation de certains aspects du droit d'auteur et des droits voisins dans la société de l'information, relève de la « matière délictuelle ou quasi délictuelle », au sens de l'art. 5, pt 3 du Règl. n° 44/2001. • CJUE 21 avr. 2016, n° C-572/4 : *D. 2016. 1079 ; ibid 2017. 1021, obs. Jault-Seseke ; JCP G 2017. 425, obs. Binctin ; CCE 2017. Chron. 1, obs. M.-E. Ancel ; ibid., n° 49, note Caron ; Propr. ind. nov. 2017. Chron. 10, obs. Carré.*

b. Contre-exemples

57. Action en constatation de non-contrefaçon. La règle de compétence énoncée à l'art. 5, § 3 (art. 7, § 2, Règl. n° 1215/2012), ne s'applique pas aux actions en constatation de non-contrefaçon visées à l'art. 81, ss. b), du Règl. n° 6/2002 du 12 déc. 2001 sur les dessins ou modèles communautaires en raison de l'exclusion de l'art. 79, § 3, a), du Règl. n° 6/2002 (Règl. n° 44/2201). • CJUE 13 juill. 2017, n° C-433/16 : *D. actu. 7 sept. 2017, obs. Mélin ; D. 2017. Actu.*

1537 ; *ibid. Pan. 2054, obs. d'Avout et Bollée* ; *ibid. 2018. 966, obs. Clavel et Jault-Seseke* ; *ibid. 1566, obs. Galloux et Kamina* ; *Procédures 2017, n° 237, note Nourissat ; Europe 2017, n° 392, obs. Idot ; Propr. ind. avr. 2018, chron. 4, obs. Bouche.*

58. Rupture d'une relation commerciale établie. Aux termes de l'art. 7, § 2, du Règl. du 12 déc. 2012, tel qu'interprété par la CJUE (14 juill. 2016, C-196/15), une action indemnitaire fondée sur une rupture brutale de relations commerciales établies de longue date ne relève pas de la matière délictuelle ou quasi délictuelle, au sens de ce règlement, s'il existait, entre les parties, une relation contractuelle tacite reposant sur un faisceau d'éléments concordants, parmi lesquels sont susceptibles de figurer, notamment, l'existence de relations commerciales établies de longue date, la bonne foi entre les parties, la régularité des transactions et leur évolution dans le temps exprimée en quantité et en valeur, les éventuels accords sur les prix facturés et/ou sur les rabais accordés, ainsi que la correspondance échangée. Ainsi, en présence d'une relation contractuelle tacite, une cour d'appel a pu retenir qu'elle était incompétente pour connaître d'une action en responsabilité pour rupture d'une relation commerciale établie engagée par une société française contre son fournisseur belge, dès lors que les marchandises étaient livrées en Belgique. • Com. 20 sept. 2017, n° 16-14.812 P : *D. actu. 3 oct. 2017, obs. Mélin ; D. 2017. Actu. 1841* ; *ibid. 2444, obs. Centre de droit de la concurrence Yves Serra* ; *ibid. 2452, obs. Auguet* ; *ibid. 2018. 371, obs. Mekki* ; *ibid. 1934, obs. d'Avout et Bollée* ; *Rev. crit. DIP 2018. 126, note Bureau* ; *Europe 2017. Étude 2, n° 28, obs. S. C. et J. H. ; AJC 2017, n° 493, note Pihéry ; JCP E 2017, n° 700 ; ibid. 2018, n° 1131, obs. Mainguy, ibid. n° 1190, note de Lammerville et Marion ; Lettre distrib. 10/2017, p. 4 ; CCC 2017. Comm. n° 246, note Mathey ; RDC 2018. 114, note Tenenbaum (2e arrêt)* • CJUE 14 juill. 2016, n° C-196/15 : *D. 2017. Actu. 1841* (Règl. n° 44/2001) ; *préc. note 31.* ♦ Comp. auparavant, le fait, pour tout producteur, commerçant, industriel ou personne immatriculée au répertoire des métiers, de rompre brutalement, même partiellement, une relation commerciale établie, sans préavis écrit tenant compte de la durée de la relation commerciale et respectant la durée minimale de préavis déterminée, en référence aux usages du commerce par des accords interprofessionnels, engage, en vertu de l'art. L. 442-6-I, 5° C. com., la responsabilité délictuelle de son auteur (Règl. n° 44/2201). • Com. 18 janv. 2011, n° 10-11.885 P : *D. actu. 27 janv. 2011, obs. Delpech ; D. 2011. Actu. 366, obs. Delpech* ; *ibid. Pan. 2961, obs. Centre de droit de la concurrence Yves-Serra* ; *RTD com. 2011. 406, obs. Bouloc* ; *RTD eur. 2012. 510, obs. Helleringer* ; *CCC 2011, n° 64, note Mathey ; JCP E 2011. Pan. 1179, note de Lammerville et Aynès ; RJ com. 2011, p. 277, obs. M.-E. Ancel ; RDC 2011. 941, note Treppoz ; LPA 19 déc. 2011, p. 7, note Boillot.* ♦ Dès lors, encourt la cassation pour violation de ce texte, ensemble l'art. 5, § 3, du Règl. Bruxelles I (art. 7, § 2, Règl. n° 1215/2012), un arrêt d'une cour d'appel, statuant sur contredit, qui a retenu qu'une demande d'indemnisation du préjudice résultant de la rupture brutale de relations commerciales établies relève de la matière contractuelle (Règl. n° 44/2201). • Même arrêt.

59. Action paulienne. L'action paulienne formée à l'encontre de l'aliénation d'un immeuble qu'un créancier estime être en fraude de ses droits ne relève pas du champ d'application de l'art. 5, § 3 (art. 7, § 2, Règl. n° 1215/2012) (Conv. 27 sept. 1968). • CJCE 10 janv. 1990, *Reichert,* n° C-115/88 : *D. 1990. 45* ; *Rev. crit. DIP 1991. 151, note Ancel* ; *JDI 1990. 503, obs. Bischoff ; Gaz. Pal. 1990. 1. Somm. 131* • 26 mars 1992, *Reichert,* n° C-261/90 : *D. 1992. 131* ; *Rev. crit. DIP 1992. 714, note Ancel* ; *JCP N 1992. II. 393, note Kerckhove.*

60. Pluralité de demandes. L'art. 5-3° (art. 7, § 2, Règl. n° 1215/2012) ne peut s'appliquer en présence de deux demandes (en matière de concurrence déloyale), l'une ayant un fondement contractuel, l'autre un fondement délictuel, la juridiction compétente pour statuer sur le fondement de l'art. 5-3° (Règl. n° 1215/2012, art. 7, § 2) ne l'étant pas pour connaître des demandes faites sur un fondement contractuel (Conv. 27 sept. 1968). • Civ. 1re, 30 mars 2004, n° 01-12.939 P : *Rev. crit. DIP 2004. 652, note Ancel* ; *RLDA 2004/71, n° 4459, obs. Costes ; Propr. intell. juill. 2004, p. 803, obs. Passa.*

61. Action en restitution fondée sur un enrichissement sans cause. L'art. 5, pt 3, du Règl. n° 44/2001 (Règl. n° 1215/2012, art. 7, pt 2) doit être interprété en ce sens qu'une action en restitution fondée sur un enrichissement sans cause ne relève pas du chef de compétence prévu par cette disposition. • CJUE, 9 déc. 2021, n° C-242/20 : *cité note 23 ss. art. 24 du présent Règl.*

2° DÉLIT COMPLEXE

62. Principe. Le lieu où le fait dommageable s'est produit est indifféremment le lieu où le dommage est survenu ou le lieu de l'événement causal ; si ces lieux sont distincts, le demandeur bénéficie d'une option de compétence (Conv. 27 sept. 1968). • CJCE 30 nov. 1976, *Mines de potasse d'Alsace,* n° 21/76 : *D. 1977. 613, note Droz ; Rev. crit. DIP 1977.* 563, note Bourel ; *JDI 1977. 728, obs. Huet ; Rev. jur. envir. 1977. 323, note Kiss.* ♦ Lorsque le lieu où le dommage est survenu et le lieu de l'événement causal ne sont pas identiques, le défendeur peut être attrait au choix du demandeur devant le tribunal de l'un de ces lieux (Conv. 27 sept. 1968). • Civ. 1re, 31 janv.

2006, n° 03-16.980 P : *D. 2006. 2923, obs. Picod, Auguet, Norandeu, Gomy, Robinne et Valette ; ibid. 2007. Pan. 342, obs. Raynard ; JCP 2006. I, n° 162 (§ 23), obs. Caron ; JCP E 2006, n° 1397 ; ibid. 2007, n° 1039, note Hovasse ; LPA 31 juill. 2007, p. 15, note Brière ; Propr. ind. oct. 2006, étude n° 28, note Chiariny-Daudet ; Propr. intell. oct. 2006, p. 468, note de Candé* • 30 oct. 2006, n° 04-19.859 P : *D. actu. 5 déc. 2006, obs. Guiomard ; JCP 2007. I. 139, n° 27, obs. Jeuland ; LPA 31 juill. 2007, note Brière.* ♦ V. aussi (Conv. 27 sept. 1968). • Civ. 2e, 3 avr. 1978, n° 77-11.933 P : *D. 1978. IR 367, obs. Audit ; Rev. jur. envir. 1979. 20, note Rémond-Gouilloud ; RTD com. 1978. 656, obs. Loussouarn et Bourel.*

63. Diffamation par voie de presse. En cas de diffamation au moyen d'un article de presse diffusé dans plusieurs États contractants (États membres), la victime peut intenter contre l'éditeur une action en réparation soit devant les juridictions de l'État contractant (État membre) du lieu d'établissement de l'éditeur de la publication diffamatoire, compétentes pour réparer l'intégralité des dommages résultant de la diffamation, soit devant les juridictions de chaque État contractant (État membre) dans lequel la publication a été diffusée et où la victime prétend avoir subi une atteinte à sa réputation, compétentes pour connaître des seuls dommages causés dans l'État de la juridiction saisie (Conv. 27 sept. 1968). • CJCE 7 mars 1995, *Fiona Shevill*, n° C-68/93 : *D. 1996. 61, note Parléani ; Rev. crit. DIP 1996. 487, note Lagarde ; RTD eur. 1995. 605, note Gardeñes Santiago .*

64. Contrefaçon. La victime peut exercer l'action en indemnisation soit devant la juridiction de l'État du lieu d'établissement de l'auteur de la contrefaçon, compétente pour réparer l'intégralité du préjudice qui en résulte, soit devant la juridiction de l'État contractant (État membre) dans lequel l'objet de la contrefaçon est diffusé, compétente pour connaître seulement des dommages subis dans cet État (Conv. 27 sept. 1968). • Civ. 1re, 16 juill. 1997, n° 95-17.163 P : *D. 1997. 179 ; JCP E 1999, p. 370, chron. Audouin-Tessier et Grégoire ; D. actu. 32/1997 p. 1040 ; JDI 1998. 136, obs. Huet.* – V. aussi (Conv. 27 sept. 1968) : • Civ. 1re, 9 déc. 2003, n° 01-03.225 P : *D. 2004. AJ 276, obs. Manara ; Rev. crit. DIP 2004. 632, note Cachar ; RTD com. 2004. 281, obs. Pollaud-Dulian ; JCP 2004. II. 10055, note Chabert ; ibid. 2004. I. 159, n° 14, obs. Delpy ; Procédures 2004, n° 52, note Nourissat ; Gaz. Pal. 23-25 mai 2004, p. 7, note Challamel ; ibid. 18-20 juill. 2004, p. 40, obs. Barbry et N. Martin ; LPA 2005, n° 38, p. 5, note Brière ; RLDA 2004/68, n° 4262, obs. Costes ; CCE 2004. Comm. n° 40, note Caron ; Propr. intell. avr. 2004, p. 672, obs. Buffet-Delmas* • 31 janv. 2006, n° 03-16.980 P : *LPA 31 juill. 2007, note Brière* • 21 nov. 2006, n° 04-16.612 P : *RTD com. 2007. 536, obs. Pollaud-Dulian ; LPA 31 juill. 2007, note Brière ; JCP E 2007, n° 2065, § 12, obs. Lucas ; Propr. intell. janv. 2007, p. 84, obs. Lucas.* ♦ Une cour d'appel déduit exactement la compétence des juridictions françaises, en application de l'art. 5-3° (Règl. n° 1215/2012, art. 7, § 2), du constat que la demanderesse avait été sollicitée par des voies qu'elle n'avait aucunement tenues pour anormales et que les ventes réalisées, qui portaient sur plus de cent articles, avaient été opérées sans difficulté particulière ni quelconque réticence de la part de cette société dans un laps de temps bref et qu'elles avaient abouti à des livraisons à Paris, où le fait dommageable invoqué s'était produit (Conv. 27 sept. 1968). • Civ. 1re, 25 mars 2009, n° 08-14.119 P : *D. actu. 1er avr. 2009, obs. Delpech ; D. 2009. AJ 1014, obs. Delpech ; ibid. Pan. 1441, obs. Auguet ; ibid. Pan. 2384, obs. Bollée ; ibid. 2010. 1585, obs. Courbe et Jault-Seseke ; Rev. crit. DIP 2009. 580, note Treppoz ; JCP 2009. Actu. 194, obs. Cornut ; Procédures 2009, n° 151, note Nourissat ; JCP E 2009, n° 2143, § 3 ; ibid. 2010, n° 1070, § 8, obs. Rémy ; CCE 2009. Comm. n° 77, note Caron.*

3° LIEU DU FAIT DOMMAGEABLE

a. Principe

65. Préjudice financier. La notion de « lieu où le fait dommageable s'est produit » ne vise pas le lieu où la victime prétend avoir subi un préjudice patrimonial consécutif à un dommage initial survenu et subi par elle dans un autre État contractant (État membre) (Conv. 27 sept. 1968). • CJCE 19 sept. 1995, n° C-364/93 : *D. 1995. IR 219 .* ♦ L'expression « lieu où le fait dommageable s'est produit » ne vise pas le lieu du domicile du demandeur où serait localisé « le centre de son patrimoine », au seul motif qu'il y aurait subi un préjudice financier résultant de la perte d'éléments de son patrimoine intervenue et subie dans un autre État contractant (État membre) (Conv. 27 sept. 1968). • CJCE 10 juin 2004, n° C-168/02 : *D. 2004. IR 1934 ; ibid. 2005. 1192, obs. Courbe et Chanteloup ; Rev. crit. DIP 2005. 326, note Muir Watt ; Procédures 2004, n° 236, note Nourissat ; JCP 2005. I. 110, n° 11, obs. Raynouard ; RJ com. 2004, p. 478, obs. Raynouard.*

66. Dans une situation dans laquelle un investisseur introduit une action en responsabilité délictuelle dirigée contre une banque ayant émis un certificat dans lequel celui-ci a investi, du fait du prospectus relatif à ce certificat, les juridictions du domicile de cet investisseur sont, en tant que juridictions du lieu où le fait dommageable s'est produit, compétentes pour connaître de cette action, lorsque le dommage allégué consiste en un préjudice financier se réalisant directement sur un compte bancaire dudit investisseur auprès d'une banque établie dans le ressort de ces juridictions et que les autres circonstances particulières de cette situation concourent également à attribuer une compétence auxdites juridictions (Règl. n° 44/2001). • CJUE 12 sept. 2018, n° C-304/17 : *D. actu. 2 oct. 2018, obs. Mélin ; D. 2018. 1761 ; Gaz. Pal. 23 oct. 2018, p. 77, note Kleiner ; RDBF 2019, n° 36, note Bonneau ; Europe 2018, n° 449, note Idot ; Banque et Dr. 11-12/2018. 48, note Morel-Maroger.*

67. L'option de compétence fondée sur l'art. 5, § 3 (Règl. n° 1215/2012, art. 7, § 2), entre le tribunal du lieu de matérialisation du dommage et celui du lieu de réalisation de l'événement causal, n'a vocation à jouer que lorsque le dommage allégué découle immédiatement et directement du prétendu fait générateur. Dès lors, c'est à juste titre que, dans un litige opposant des investisseurs demeurant en France à une banque établie au Royaume-Uni, à la suite de l'absence de réalisation des opérations prévues dans les contrats de placements financiers que ces investisseurs avaient conclu avec une société, dont l'ancien dirigeant a été condamné à ce titre pour escroquerie, une cour d'appel a retenu que la juridiction française saisie, comme étant celle du lieu où le dommage serait survenu, c'est-à-dire lors de la remise des fonds des investisseurs à cette société, n'était pas compétente sur le fondement de l'art. 5, § 3 (Règl. n° 1215/2012, art. 7, § 2) dès lors que le dommage allégué (tenant à la perte de ces fonds, versés sur les comptes de cette banque, et à la perte de chance de percevoir la rémunération des investissements), qui était susceptible de découler directement et immédiatement du prétendu manquement de la banque à son obligation de vigilance (lors de l'ouverture et du fonctionnement des comptes en faveur de la société en cause), était localisé à Londres, comme le prétendu fait générateur, c'est-à-dire au lieu où étaient tenus les comptes de la société et où les fonds des investisseurs avaient été perdus et non placés (Règl. n° 44/2201). • Civ. 1re, 19 nov. 2014, n° 13-16.689 P : *D. actu. 8 déc. 2014, obs. Mélin ; D. 2015. 2031, obs. d'Avout et Bollée ; Rev. crit. DIP 2015. 921, note Boskovic ; Gaz. Pal. 17 mars 2015, p. 35, note Morel-Maroger ; JCP E 2015. 1254, obs. Routier ; RCA 2015, n° 50, note Ciron ; RLDA nov. 2015, n° 5766, note Mestre et Mestre-Chami.*

68. En cas de perte de valeur de titres souscrits auprès d'une société placée en liquidation judiciaire au Luxembourg, le lieu où s'est produit le dommage de l'investisseur est le lieu de la perte des actifs de cette société. Le lieu où s'est produit le fait dommageable ne saurait se confondre avec le lieu du domicile où est localisé le *patrimoine de la demanderesse* (Règl. n° 44/2201). • Com. 7 janv. 2014, n° 11-24.157 P : *D. actu. 23 janv. 2014, obs. Mélin ; D. 2014. Actu. 151 ; ibid. Pan. 1059, obs. Gaudemet-Tallon et Jault-Seseke ; ibid. 1967, obs. d'Avout et Bollée ; Rev. crit. DIP 2014. 432, note Corneloup ; Gaz. Pal. 16-18 mars 2014, p. 29, obs. Rousille ; ibid. 18 mars 2014, p. 29, note Morel-Maroger ; BJB 2014. 145, note Tenenbaum ; JCP 2014. 436, note Amrani-Mekki ; LPA 18 nov. 2014, p. 18, obs. Brière ; Rev. huiss. 2014, p. 50, obs. Meccarelli.* ♦ Ne saurait être considéré comme « lieu où le fait dommageable s'est produit », en l'absence d'autres points de rattachement, le lieu situé dans un État membre où un préjudice est survenu, lorsque ce préjudice consiste exclusivement en une perte financière qui se matérialise directement sur le compte bancaire du demandeur et qui résulte directement d'un acte illicite commis dans un autre État membre (Règl. n° 44/2001). • CJUE 16 juin 2016, *Universal Music,* n° C-12/15 : *D. actu. 6 juill. 2016, obs. Mélin ; D. 2016. 2156, note Boskovic ; ibid. 2025, obs. d'Avout et Bollée ; RTD com. 2017. 233, obs. Marmisse-d'Abbadie d'Arrast ; RTD eur. 2016. 805, obs. Guinchard .*

69. Le lieu où les sommes virées pour un montant inférieur à celui attendu par la société demanderesse avaient été inscrites dans ses comptes bancaires et sociaux ne constitue pas le lieu où ont été enregistrées les conséquences financières d'un fait ayant déjà causé un préjudice effectivement survenu aux Pays-Bas (Règl. n° 44/2201). • Com. 8 juin 2010, n° 09-13.381 P : *D. actu. 21 juin 2010, obs. Delpech ; D. 2010. AJ 1566 .*

70. L'art. 5, pt 3, du règlement n° 44/2001 (Règl. n° 1215/2012, art. 7, § 2) s'applique à une action visant à mettre en cause la responsabilité de l'émetteur d'un certificat du fait du prospectus afférent à celui-ci ainsi que de la violation d'autres obligations d'information incombant à cet émetteur, pour autant que cette responsabilité ne relève pas de la matière contractuelle. En vertu du pt 3 du même art. 5, les juridictions du domicile du demandeur sont compétentes, au titre de la matérialisation du dommage, pour connaître d'une telle action, notamment lorsque le dommage allégué se réalise directement sur un compte bancaire du demandeur auprès d'une banque établie dans le ressort de ces juridictions (Règl. n° 44/2001). • CJUE 28 janv. 2015, *Harald Kolassa,* n° C-375/13 : *D. actu. 19 févr. 2015, obs. Mélin ; D. 2015. 770, note d'Avout ; ibid. 1056, obs. Gaudemet-Tallon et Jault-Seseke ; ibid. 2031, obs. d'Avout et Bollée ; Rev. crit. DIP 2015. 921, note Boskovic ; RTD eur. 2015. 374, obs. Guinchard .*

71. Détournement et falsification d'une lettre de change. Le lieu où le dommage se produit lorsqu'une société française émet une lettre de change, qui est par la suite détournée et falsifiée, puis remise et encaissée auprès d'une banque allemande, est en Allemagne, le dommage initial étant constitué par la remise de la lettre de change et son paiement dans cet État, le débit de l'effet litigieux sur le compte en France n'en étant que la conséquence (Règl. n° 44/2201). • Civ. 1re, 18 janv. 2017, n° 15-

25.661 : *D. 2017. 1011, obs. Gaudemet-Tallon et Jault-Seseke ; ibid. 2054, obs. d'Avout et Bollée ; Gaz. Pal. 13 juin 2017, p. 84, note Morel-Maroger ; Europe 2017. Étude 1, n° 21, obs. S. C.*

72. Produits défectueux. En matière de responsabilité du fait des produits défectueux, le lieu où le fait dommageable s'est produit désigne le lieu où le dommage initial est survenu du fait de l'utilisation normale du produit aux fins auxquelles il est destiné (Règl. n° 44/2201). • CJCE 16 juill. 2009, n° C-189/08 : *D. 2009. Pan. 2384, obs. d'Avout et Bollée ; Europe 2009, n° 386, note Idot ; Procédures 2010, n° 362, note Nourrissat ; JCP 2010. 135, § 3, p. 244, obs. Lawnika ; Gaz. Pal. 8 juill. 2010, p. 23* • Civ. 1re, 19 déc. 2018, n° 17-25.803. ♦ En cas de mise en cause de la responsabilité d'un fabricant du fait d'un produit défectueux, le lieu de l'événement causal à l'origine du dommage est le lieu de fabrication du produit en cause (Règl. n° 44/2201). • CJUE 16 janv. 2014, n° C-45/13 : *D. actu. 22 janv. 2014, obs. Kilgus ; D. 2014. 287 ; ibid. 1059, obs. Gaudemet-Tallon et Jault-Seseke ; ibid. 1967, obs. d'Avout et Bollée ; RTD com. 2014. 447, obs. Marmisse-d'Abbadie d'Arrast ; Procédures 2014, n° 69, note Nourissat ; Europe 2014, n° 142, note Idot ; JCP E 2014. act. n° 52 ; ibid. n° 57 ; LPA 18 nov. 2014, p. 18, note Brière ; RLDA avr. 2014 n° 5073, note de Clavière.*

73. Droit des sociétés. En ce qui concerne des actions visant à rendre un membre du conseil d'administration ainsi qu'un actionnaire d'une société par actions responsables des dettes de cette société, le lieu où le fait dommageable s'est produit ou risque de se produire se situe au lieu auquel s'attachent les activités déployées par ladite société ainsi que la situation financière liée à ces activités. La circonstance que la créance en cause a été cédée par le créancier initial à un autre n'a pas d'incidence sur la détermination de la juridiction compétente en vertu de l'art. 5, § 3 (Règl. n° 1215/2012, art. 7, § 2) (Règl. n° 44/2201). • CJUE 18 juill. 2013, n° C-147/12 : *préc. note 53.*

74. Droit de la concurrence. Lorsque des défendeurs établis dans différents États membres se voient réclamer en justice des dommages et intérêts en raison d'une infraction unique et continue à laquelle ils ont participé dans plusieurs États membres à des dates et à des endroits différents, cette infraction à l'art. 101 TFUE et à l'art. 53 de l'Accord sur l'Espace économique européen, du 2 mai 1992, ayant été constatée par la Commission européenne, le fait dommageable s'est produit à l'égard de chaque prétendue victime prise individuellement, chacune d'entre elles pouvant, en vertu dudit art. 5, § 3 (Règl. n° 1215/2012, art. 7, § 2), choisir d'introduire son action soit devant la juridiction du lieu où l'entente concernée a été définitivement conclue ou, le cas échéant, du lieu où un arrangement spécifique et identifiable comme étant à lui seul l'événement causal du dommage allégué a été pris, soit devant la juridiction du lieu de son propre siège social (Règl. n° 44/2201). • CJUE 21 mai 2015, n° C-352/13 : *D. actu. 15 juin. 2015, obs. Mélin ; D. 2015. Pan. 2031, obs. d'Avout et Bollé ; ibid. 2016. 964, obs. Ferrier ; ibid. 1045, obs. Gaudemet-Tallon et Jault-Seseke ; AJCA 2015. 382, obs. Luciani ; RTD eur. 2015. 807, obs. Idot ; JCP 2015. 665, obs. Berlin ; LPA 21 déc. 2015, p. 10, note Arhel ; RLDA janv. 2018, n° 6380, note Nourissat (1er arrêt).*

75. Dans le cadre d'une action en réparation d'un préjudice causé par des comportements anticoncurrentiels, le « lieu où le fait dommageable s'est produit » vise notamment le lieu de la matérialisation d'un manque à gagner consistant en une perte de ventes, c'est-à-dire le lieu du marché affecté par lesdits comportements au sein duquel la victime prétend avoir subi ces pertes (Règl. n° 44/2201). • CJUE 5 juill. 2018, n° C-27/17 : *D. actu. 7 sept. 2018, obs. Mélin ; D. 2018. 1500 ; ibid. 1934, obs. d'Avout et Bollée ; RTD eur. 2018. 817, obs. Idot .* ♦ Dans le cadre d'une action en réparation d'un préjudice causé par des comportements anticoncurrentiels, la notion de « lieu où le fait dommageable s'est produit » peut être comprise comme étant soit le lieu de la conclusion d'un accord anticoncurrentiel contraire à l'art. 101 TFUE, soit le lieu où les prix prédateurs ont été proposés et appliqués, si ces pratiques étaient constitutives d'une infraction au titre de l'art. 102 TFUE (Règl. n° 44/2201). • Même arrêt. ♦ La règle de compétence énoncée à l'art. 5, § 3 (Règl. n° 1215/2012, art. 7, § 2) ne s'applique pas à des demandes de constatation d'abus de position dominante et de concurrence déloyale qui sont connexes à une action en constatation de non-contrefaçon d'un dessin ou modèle communautaire dans la mesure où faire droit à ces demandes présuppose d'accueillir cette action en constatation de non-contrefaçon (Règl. n° 44/2201). • CJUE 13 juill. 2017, n° C-433/16 : *préc. note 57.* ♦ Comp. L'action visant à faire cesser certains agissements mis en œuvre dans le cadre de la relation contractuelle liant le demandeur au défendeur et fondée sur une allégation d'abus de position dominante commis par ce dernier en violation du droit de la concurrence relève de l'art. 7, pt 2, du Règl. n° 1215/2012. • CJUE 24 nov. 2020, n° C-59/19 : *D. actu. 15 déc. 2020, obs. Mélin ; D. 2020. 2350 ; JT 2021, n° 238, p. 11, obs. Delpech .*

76. Dans le cas d'une allégation de publicité comparative illicite ou d'imitation déloyale d'un signe protégé par une marque communautaire, interdites par la loi relative à la répression de la concurrence déloyale *(Gesetz gegen den unlauteren Wettbewerb)* de l'État membre dont relève la juridiction saisie, l'art. 5, § 3 (Règl. n° 1215/2012, art. 7, § 2) ne permet pas d'établir, au titre du lieu de l'événement causal d'un dommage résultant de la violation de cette loi, la compétence d'une juridiction dudit État membre dès lors que celui des auteurs supposés qui y est attrait n'y a pas agi lui-même. En revanche, dans un tel cas, ladite disposition permet d'établir, au titre du lieu de la matérialisation du dommage, la compétence juridictionnelle pour connaître d'une action en responsabilité fondée sur ladite loi nationale introduite contre une personne établie dans un autre État membre et dont il est allégué qu'elle a commis, dans celui-ci, un acte qui a entraîné ou risque d'entraîner, dans le ressort de la juridiction saisie, un dommage (Règl. n° 44/2201). • CJUE 5 juin 2014, n° C-360/12 : *D. actu. 8 juill. 2014, obs. Constantin ; D. 2015. 230, obs. Clavier, Martial-Braz et Zolynski ; ibid. 1056, obs. Gaudemet-Tallon et Jault-Seseke ; Rev. crit. DIP 2015. 190, note Laurichesse ; RTD eur. 2014. 953, obs. Treppoz ; ibid. 960, obs. Treppoz ; Procédures 2014, n° 266, note Nourissat ; CCE 2015. Chron. 1, obs. M.-E. Ancel ; RD propr. ind. 2015. Chron. 2, obs. Bouche.*

77. Violation d'un réseau de distribution. La présence des marchandises en France, à l'occasion de leur acheminement, n'étant pas liée à leur mise sur le marché, aucun fait dommageable ne peut fonder la compétence de la juridiction française dans le ressort de laquelle n'a eu lieu aucun acte en relation avec le dommage (distribution de parfum en dehors du réseau du fabricant) (Règl. n° 44/2201). • Com. 28 févr. 2006, n° 04-12.334 : *Rev. huiss. 2006, suppl., sept.-oct. 2006, p. 25.*

78. Certification et surveillance qualité. La responsabilité d'une société allemande étant recherchée en raison de manquements tant dans la conduite de la procédure de certification que dans la mise en œuvre des opérations de surveillance de la qualité effectuée dans les locaux d'une société située en France, le fait générateur du dommage était localisé en France (Règl. n° 44/2001). • Civ. 1re, 10 oct. 2018, nos 15-26.115 et 15-26.388 • 10 oct. 2018, n° 15-28.531.

79. Pluralité d'auteurs. L'art. 5, § 3 (Règl. n° 1215/2012, art. 7, § 2), ne permet pas d'établir, au titre du lieu du fait générateur imputé à l'un des auteurs supposés d'un dommage, qui n'est pas partie au litige, une compétence juridictionnelle à l'encontre d'un autre auteur supposé dudit dommage qui n'a pas agi dans le ressort de la juridiction saisie (Règl. n° 44/2201). • CJUE 16 mai 2013, n° C-228/11 : *D. actu. 10 juin 2013, obs. Menétrey ; D. 2013. Actu. 1356 ; ibid. Pan. 2293, obs. d'Avout et Bollée ; ibid. 2014. Pan. 1059, obs. Gaudemet-Tallon et Jault-Seseke ; Rev. crit. DIP 2013. 933, note Chacornac ; Europe 2013, n° 329, note Idot.*

80. En cas de pluralité d'auteurs supposés d'un dommage allégué aux droits patrimoniaux d'auteur protégés dans l'État membre dont relève la juridiction saisie, l'art. 5 § 3 (art. 7, § 2, Règl. n° 1215/2012) ne permet pas d'établir, au titre du lieu de l'événement causal de ce dommage, la compétence d'une juridiction dans le ressort de laquelle celui des auteurs supposés qui est attrait n'a pas agi, mais elle permet d'établir la compétence de cette juridiction au titre du lieu de matérialisation du dommage allégué à condition que celui-ci risque de se matérialiser dans le ressort de la juridiction saisie. Dans cette dernière hypothèse, cette juridiction n'est compétente que pour connaître du seul dommage causé sur le territoire de l'État membre dont elle relève (Règl. n° 44/2201). • CJUE 3 avr. 2014, n° C-387/12 : *D. actu. 15 avr. 2014, obs. Kilgus ; D. 2014. Actu. 982 ; JAC 2014, n° 15, p. 11, obs. Scaramozzino ; RTD eur. 2014. 953, obs. Treppoz ; Procédures 2014, n° 171, note Nourissat.*

81. Fraude au gaz d'échappement. L'art. 7, § 2, Règl. UE n° 1215/2012 doit être interprété en ce sens que, lorsque des véhicules ont été illégalement équipés dans un État membre par leur constructeur d'un logiciel manipulant les données relatives aux rejets des gaz d'échappement avant d'être acquis auprès d'un tiers dans un autre État membre, le lieu de la matérialisation du dommage se situe dans ce dernier État membre. • CJUE, 9 juill. 2020, n° C-343/19 : *D. actu. 3 sept. 2020, obs. Mélin ; D. 2020. 1472 ; ibid. Pan. 1983, obs. Bollée ; ibid. 2388, note Pons ; ibid. 2421, obs. de droit de la concurrence Yves Serra (CDED Y. S.EA n° 4216) ; RTD com. 2020. 737, obs. Marmisse-d'Abbadie d'Arrast ; Europe 2020, n° 323, note Idot.*

b. Délit commis par internet

BIBL. M.-E. Ancel, *Mél. Linant de Bellefonds, Litec 2007, p. 1* (contrefaçon de marque sur un site web : quelle compétence intracommunautaire pour les tribunaux français ?). – Gaudemet-Tallon, *D. 2008. 735* (droit international privé et contrefaçon). – Lardeux, *D. 2010. 1183* (la compétence internationale des tribunaux français en matière de cyber-délits). – Passa, *RLDI août-sept. 2010, n° 2099* (compétence juridictionnelle et loi applicable en matière de protection de la propriété intellectuelle sur internet). – Pironon, *Gaz. Pal. 2007. Doctr. 3548* (l'internet et la mondialisation). – Pollaud-Dulian, *Gaz. Pal. 5-6 nov. 2008, Doctr., p. 5* (conflit de juridictions en matière de contrefaçon par internet).

82. Accessibilité du site. Admettant la compétence des juridictions française en retenant l'accessibilité du site (Règl. n° 44/2201) : • Civ. 1re, 9 déc. 2003, n° 01-03.225 P : *D. 2004. 276, obs. Manara ; Rev. crit. DIP 2004. 632, note Cachard ; RTD com. 2004. 281, obs. Pollaud-Dulian ; JCP 2004. 159, obs. Delpy ; ibid. II. 10055, note Chabert ; Gaz. Pal. 25 mai 2004. Somm. 7, note Challamel ; CCE 2004.*

Comm. n° 40, note Caron ; Propr. intell. avr. 2004, p. 672, obs. Buffet-Delmas ; CCC 2004, n° 40, obs. Caron ; JDI 2004. 872, note Huet. ♦ V. aussi (Règl. n° 44/2201) • Com. 20 mars 2007, n° 04-19.679 P : *D. 2008. Pan. 1507, obs. Courbe et Jault-Seseke ; Rev. crit. DIP 2008. 322, note Treppoz ; JCP 2007. II. 10088, note M.-E. Ancel ; CCC 2007, n° 150, obs. Malaurie-Vignal ; CCE 2007, n° 119, note Caron ; Rev. crit. DIP 2008. 322, note Treppoz ; Propr. intell. juill. 2007, p. 349, note Passa ; JCP E 2008. 1638, n° 5, obs. Mainguy ; ibid. 2303, § 2, obs. Caron* • Com. 10 juill. 2007, n° 05-18.571 P : *D. 2007. Actu. 2112, obs. Daleau ; ibid. 2009. Pan. 691, obs. Durrande ; Rev. crit. DIP 2008. 322, note Treppoz ; RTD com. 2007. 712, obs. Azéma ; JCP 2007. II. 10161, note Chabert ; ibid. E. 2007. 2269, note Passa ; ibid. 2008. 1638, n° 5, obs. Mainguy ; CCE 2007, n° 119, note Caron ; CCC 2007, n° 275, note Malaurie-Vignal ; Propr. ind. nov. 2007. Étude 24, obs. Schaffner et Georges* (Règl. n° 44/2201). ♦ Comp., retenant, en matière de concurrence déloyale, outre l'accessibilité depuis la France, la disponibilité en France des produits litigieux (Règl. n° 44/2201). • Com. 9 mars 2010, n° 08-16.752 P : *D. 2010. Actu. 834 ; ibid. 1183, note Lardeux ; ibid. Pan. 2323, obs. Bollée ; ibid. Pan. 2540, obs. Auquet ; ibid. 2011. Pan. 1374, obs. Jault-Seseke ; JCP E. 2011. 1184, n° 7, obs. Boudour ; Gaz. Pal. 24-25 mars 2010, p. 26 ; CCE 2010, n° 47, note Caron ; Propr. ind., juin 2010, n° 44, note Larrieu ; JDI 2010. 870, note Usunier ; CCE 2010, n° 47, note Caron ; ibid. n° 204, note Malaurie-Vignal ; ibid. n° 11, obs. Dreyfus.*

83. Focalisation. Saisie d'une action en contrefaçon et concurrence déloyale à raison d'une prestation publicitaire sur internet, la compétence des juridictions françaises pour statuer sur les faits constatés sur l'ensemble des sites en cause ne peut être retenue au motif qu'ils sont accessibles et visibles depuis le territoire national, sans rechercher si les annonces publicitaires litigieuses sont destinées au public de France (Règl. n° 44/2201). • Com. 13 juill. 2010, n° 06-20.230 P : *D. 2010. 1862 , et les obs. ; ibid. 1966, obs. Larrieu, Le Stanc et Tréfigny-Goy ; ibid. 2540, obs. Centre de droit de la concurrence Yves-Serra ; ibid. 2011. 908, obs. Durrande ; ibid. 2363, obs. Larrieu, Le Stanc et Tréfigny-Goy ; CCC 2010, n° 231, note Malaurie-Vignal ; ibid. 2010, n° 93, note Caron ; CCE 2011. Chron. 1, obs. M.-E. Ancel ; Propr. ind. oct. 2010, n° 66, note Tréfigny-Goy ; Gaz. Pal. 28 oct. 2010, p. 21, note Marino ; Propr. ind. sept. 2011. Chron. 8, obs. Larrieu ; RJ com. 2011. 270, obs. M.-E. Ancel* • Com. 23 nov. 2010, n° 07-19.543 : *D. 2011. 908, note Durrande ; ibid. 2434, obs. d'Avout et Bollée ; Dr. et patr. 10/2011, p. 90, obs. Velardocchio ; CCC 2011, n° 59, note Malaurie-Vignal ; CCE 2011, n° 11, note Caron ; ibid. 2012. Chron. 18, obs. M.-E. Ancel ; JCP E 2011. 1818.*

84. Renvoi. Sur le débat entre théorie de l'accessibilité et théorie de la focalisation, V. *infra* notes ss. art. 15.

85. Violation d'un réseau de distribution. Aux fins d'attribuer la compétence judiciaire pour connaître d'une action en responsabilité pour violation de l'interdiction de vente en dehors d'un réseau de distribution sélective résultant de l'offre, sur des sites internet opérant dans différents États membres, de produits faisant l'objet dudit réseau, le lieu où le dommage s'est produit doit être considéré comme étant le territoire de l'État membre qui protège ladite interdiction de vente au moyen de l'action en question, territoire sur lequel le demandeur prétend avoir subi une réduction de ses ventes (Règl. n° 44/2201). • CJUE 21 déc. 2016, n° C-618/15 : *D. 2017. 15 ; ibid. 881, obs. Ferrier ; ibid. 1011, obs. Gaudemet-Tallon et Jault-Seseke ; ibid. 2054, obs. d'Avout et Bollée ; Rev. crit. DIP 2018. 105, note Azzi ; Europe 2017, n° 94, obs. Idot ; JCP E 2018 n° 1050, obs. Martin ; ibid. n° 1131, obs. Mainguy ; Propr. ind. juin 2018. Chron. n° 7, p. 55, obs. Haas ; CCE 2018. Chron. n° 5.* ♦ Viole en conséquence l'art. 5, § 3 (Règl. n° 1215/2012, art. 7, § 2), la cour d'appel qui écarte la compétence des juridictions françaises aux motifs que le juge français n'est compétent pour connaître des litiges liés à la vente sur internet que si le site sur lequel la distribution est assurée vise le public de France (Règl. n° 44/2201). • Civ. 1re, 5 juill. 2017, n° 14-16.737 P : *D. actu. 31 juill. 2017, obs. Daleau ; D. 2017. 1478 ; ibid. 2328, chron. Le Bras, Jollec, Gauthier, Barbot et Tréard ; ibid. 2444, obs. Centre de droit de la concurrence Yves-Serra ; ibid. 2018. 966, obs. Clavel et Jault-Seseke ; AJ contrat 2017. 488, obs. Pironon ; Dalloz IP/IT 2018. 140, obs. Minois ; Rev. crit. DIP 2018. 105, note Azzi ; CCE 2017, n° 72, obs. Loiseau ; CCC 2017, n° 196, obs. Malaurie-Vignal ; Europe 2017. Étude 2, n° 24, obs. J. H.*

86. Violation d'une marque. Dans l'hypothèse d'un comportement au moyen d'internet susceptible de porter atteinte à une marque nationale enregistrée dans un État membre, l'art. 5, § 3 (art. 7, § 2, Règl. n° 1215/2012), confère la compétence judiciaire aux tribunaux de l'État membre dans lequel la marque est enregistrée et aux tribunaux de l'État membre dans lequel sont utilisés les moyens nécessaires à la réalisation de l'atteinte effective à la marque enregistrée dans un autre État membre (Règl. n° 44/2201). • CJUE 19 avr. 2012, n° C-523/10 : *D. 2012. 1926, note Azzi ; ibid. 2331, obs. d'Avout et Bollée ; ibid. 2013. 1503, obs. Jault-Seseke ; ibid. 2014. 326, obs. Clavier, Martial-Braz et Zolynski ; RTD com. 2012. 554, obs. Pollaud-Dulian ; Europe 2012, n° 263, note Idot.*

87. Violation d'un droit d'auteur. En cas d'atteinte alléguée aux droits patrimoniaux d'auteur garantis par l'État membre de la juridiction saisie, celle-ci est compétente pour connaître d'une action en responsabilité introduite par l'auteur d'une œuvre à l'encontre d'une société établie dans un autre État membre et ayant, dans celui-ci, reproduit ladite œuvre sur un support matériel qui est ensuite vendu par des sociétés établies dans un troisième État membre, par l'intermédiaire d'un site internet accessible également dans le ressort de la juridiction saisie. Cette juridiction n'est compétente que pour connaître du seul dommage causé sur le territoire de l'État membre dont elle relève (Règl. n° 44/2201). • CJUE 3 oct. 2013, n° C-170/12 : *D. 2014. 411, note Azzi ; ibid. 1059, obs. Gaudemet-Tallon et Jault-Seseke ; ibid. 1967, obs. d'Avout et Bollée ; ibid. 2078, obs. Sirinelli ; ibid. 2317, obs. Larrieu, Le Stanc et Tréfigny ; JAC 2013, n° 7, p. 6, obs. Treppoz ; Rev. crit. DIP 2014. 189, note Usunier ; RTD com. 2013. 731, obs. Pollaud-Dulian ; RTD eur. 2013. 897, obs. Treppoz ; ibid. 2014. 453, obs. Quiquerez ; CCC 2014. Chron. 1, obs. Ancel ; CCE 2014, n° 33, note Caron ; Rev. huiss. 2013. 273, note. Cuniberti ; Gaz. Pal. 6 mars 2014, p. 21, obs. Marino ; Légipresse févr. 2014, p. 88, note Bergé ; JCP 2014. 364, n° 7, obs. Caron ; Europe 2013, n° 558, note Idot ; Procédures 2013, n° 340, note Nourissat.* ♦ V. aussi (Règl. n° 44/2201) : • Civ. 1re, 22 janv. 2014, n° 10-15.890 P : *D. actu. 6 févr. 2014, obs. Mélin ; D. 2014. 272 ; ibid. 2078, obs. Sirinelli ; ibid. 2317, obs. Larrieu, Le Stanc et Tréfigny ; JAC 2014, n° 11, p. 13, obs. Berbérian ; RTD eur. 2014. 453, obs. Quiquerez ; JCP 2014. 123, obs. M.-E. Ancel ; Gaz. Pal. 26-27 févr. 2014, p. 13, note Prieur ; JCP 2014. 364, n° 7, obs. Caron ; Rev. huiss. 2014. 88, note Cuniberti ; CCE 2013. Chron. 1, note M.-E. Ancel.* ♦ En cas d'atteinte alléguée aux droits d'auteur et aux droits voisins du droit d'auteur garantis par l'État membre de la juridiction saisie, celle-ci est compétente, au titre du lieu de la matérialisation du dommage, pour connaître d'une action en responsabilité pour l'atteinte à ces droits du fait de la mise en ligne de photographies protégées sur un site internet accessible dans son ressort. Cette juridiction n'est compétente que pour connaître du seul dommage causé sur le territoire de l'État membre dont elle relève (Règl. n° 44/2001). • CJCE 22 janv. 2015, *Pez Hejduk*, n° C-441/13 : *D. actu. 5 févr. 2015, obs. Mélin ; D. 2015. 1056, obs. Gaudemet-Tallon et Jault-Seseke ; ibid. 2031, obs. d'Avout et Bollée ; ibid. 2214, obs. Larrieu, Le Stanc et Tréfigny ; JAC 2015, n° 23, p. 10, obs. Pastor ; Rev. crit. DIP 2015. 656, note Usunier ; RTD com. 2015. 179, obs. Marmisse-d'Abbadie d'Arrast ; RTD eur. 2015. 875, obs. Treppoz .*

88. Atteinte aux droits de la personnalité d'une personne morale sur internet. Une personne morale, qui prétend que ses droits de la personnalité ont été violés par la publication de données inexactes la concernant sur internet et par la non-suppression de commentaires à son égard, peut former un recours tendant à la rectification de ces données, à la suppression de ces commentaires et à la réparation de l'intégralité du préjudice subi devant les juridictions de l'État membre dans lequel se trouve le centre de ses intérêts. Lorsque la personne morale concernée exerce la majeure partie de ses activités dans un État membre autre que celui de son siège statutaire, cette personne peut attraire l'auteur présumé de l'atteinte au titre du lieu de la matérialisation du dommage dans cet autre État membre. • CJUE 17 oct. 2017, n° C-194/16 : *D. actu. 8 nov. 2017, obs. Mélin ; D. 2018. 276, note Jault-Seseke ; ibid. 966, obs. Clavel et Jault-Seseke ; ibid. 1934, obs. d'Avout et Bollée ; Rev. crit. DIP 2018. 290, note Corneloup et Muir Watt ; RTD com. 2018. 520, obs. Marmisse-d'Abbadie d'Arrast ; JCP 2017. 1293, note Laazouzi ; ibid. 2018. 157, n° 2, obs. Nourissat ; Procédures 2017, n° 306, note Nourissat ; Europe 2017, n° 494, obs. Idot ; CCE 2018. Chron. n° 4, obs. Bigot.* ♦ En cas d'atteinte alléguée aux droits de la personnalité au moyen de contenus mis en ligne sur un site internet, la personne qui s'estime lésée a la faculté de saisir d'une action en responsabilité, au titre de l'intégralité du dommage causé, soit les juridictions de l'État membre du lieu d'établissement de l'émetteur de ces contenus, soit les juridictions de l'État membre dans lequel se trouve le centre de ses intérêts. Cette personne peut également, en lieu et place d'une action en responsabilité au titre de l'intégralité du dommage causé, introduire son action devant les juridictions de chaque État membre sur le territoire duquel un contenu mis en ligne est accessible ou l'a été. Celles-ci sont compétentes pour connaître du seul dommage causé sur le territoire de l'État membre de la juridiction saisie (Règl. n° 44/2201). • CJUE 25 oct. 2011, n° C-509/09, *eDate Adversiting : D. actu. 7 nov. 2011, obs. Lavric ; D. 2011. 2662 ; ibid. 2012. 1228, obs. Gaudemet-Tallon et Jault-Seseke ; ibid. 1279, chron. Azzi ; ibid. 1285, chron. Bollée et Haftel ; ibid. 2331, obs. d'Avout et Bollée ; Rev. crit. DIP 2012. 389, note Muir Watt ; RTD com. 2012. 423, obs. Marmisse-d'Abbadie d'Arrast ; ibid. 554, obs. Pollaud-Dulian ; RTD eur. 2011. 847, obs. Treppoz ; Europe 2011, n° 499, note Idot ; CCE 2012. Chron. n° 3, note Bigot ; ibid. Chron. n° 18, obs. M.-E. Ancel ; JCP 2012. 264, obs. Nourissat ; JCP E 201. 1174, § 9 ; JDI 2012. 197, note Guiziou ; JCP 2012. 28, note Francq ; RJ com. 2012, p. 29, note M.-E. Ancel ; RLDA mai 2012, n° 4036, note Bergé.* ♦ L'art. 7, pt 2, doit être interprété en ce sens qu'une personne qui, estimant qu'une atteinte a été portée à ses droits par la diffusion de propos dénigrants à son égard sur Internet, agit simultanément aux fins, d'une part, de rectification et de suppression des contenus mis en ligne la concernant et, d'autre part, de réparation du préjudice qui aurait résulté de cette mise en ligne peut demander, devant les juridictions de chaque État membre sur le territoire duquel ces propos sont ou étaient accessibles, la réparation du préjudice qui lui aurait été causé dans l'État membre de la juridiction saisie, bien que ces juridictions ne soient pas compétentes pour connaître de la demande de rectification et de suppression. • CJUE, 21 déc. 2021, n° C-251/20 : *D. actu. 25 janv. 2022, note Callé ; D. 2022. 21 ; Gaz. Pal. 22 févr. 2022, p. 27, note Morales ; Europe 2022, n° 67, note Idot.*

89. Une personne qui prétend que ses droits de la personnalité ont été violés par la publication de données inexactes la concernant sur internet et par la non-suppression de commentaires à son égard ne peut pas, devant les juridictions de chaque État membre sur le territoire duquel les informations publiées sur internet sont ou étaient accessibles, former un recours tendant à la rectification de ces données et à la suppression de ces commentaires. • CJUE 17 oct. 2017, n° C-194/16 : *préc. note 88.*

90. La jurisprudence rendue en matière d'atteinte alléguée aux droits de la personnalité au moyen de contenus mis en ligne sur un site internet (préc. notes 86 et 87) est transposable aux actes de concurrence déloyale résultant de la diffusion sur des forums internet de propos prétendument dénigrants. Il en résulte que les juridictions françaises ne sont pas compétentes pour ordonner le retrait ainsi que la rectification par publication d'un communiqué de commentaires prétendument dénigrants imputés à une personne domiciliée dans un autre État membre par une personne morale dont le centre des intérêts est établi en un troisième État membre, seules les juridictions de ce dernier État, compétentes pour connaître de l'intégralité d'une demande de réparation du dommage en vertu de la jurisprudence préc., ou celles de celui dans lequel le défendeur est domicilié étaient compétentes pour statuer sur ces demandes. En revanche, la Cour de cassation renvoie à la Cour de justice une question concernant la compétence dans l'Union en cas de demande d'indemnisation. • Civ. 1re, 13 mai 2020, n° 18-24.850 : *D. actu. 7 juill. 2020, obs. Mélin ; D. 2020. 1114 ; ibid. Pan. 1984 obs. Bollée ; Légipresse 2020. 399 ; Rev. crit. DIP 2020. 695, étude Azzi ; JCP E 2021. 1007, obs. Bories ; CCE 2021, Chron. n° 1, obs. Ancel ; CCC 2020, n° 137, note Malaurie-Vignal ; BJS sept. 2020. 13, note Mastrullo.*

C. EXPLOITATION D'UNE SUCCURSALE, D'UNE AGENCE OU D'UN ÉTABLISSEMENT

91. Notion de succursale, d'agence ou de tout autre établissement. La notion de succursale, d'agence ou de tout autre établissement implique un centre d'opérations qui se manifeste d'une façon durable vers l'extérieur comme le prolongement d'une maison mère, pourvu d'une direction et matériellement équipé de façon à pouvoir négocier des affaires avec des tiers, de telle façon que ceux-ci, tout en sachant qu'un lien de droit éventuel s'établira avec la maison mère dont le siège est à l'étranger, sont dispensés de s'adresser directement à celle-ci, et peuvent conclure des affaires au centre d'opérations qui en constitue le prolongement (Conv. 27 sept. 1968). • CJCE 22 nov. 1978, *Somafer*, n° 33/78 : *D. 1979. IR 458, obs. Audit ; JDI 1979. 672, obs. Huet.* ♦ V. aussi : • Com. 25 janv. 2000, n° 97-19.638 P : *D. 2002. Somm. 1392, obs. Audit .*

92. Un des éléments essentiels qui caractérisent les notions de succursale, d'agence ou d'établissement est la soumission à la direction et au contrôle de la maison mère ; un concessionnaire exclusif ne peut donc être considéré comme une succursale, une agence ou un établissement de son concédant (Conv. 27 sept. 1968). • CJCE 6 oct. 1976, *de Bloos*, n° 14/76 : *JDI 1977. 779, obs. Bischoff ; D. 1977. 616, note Droz ; Rev. crit. DIP 1977. 756, note Gothot et Holleaux.* ♦ Un agent commercial indépendant, en ce sens qu' il est, en vertu de son statut légal, libre d'organiser l'essentiel de son activité et de déterminer le temps de travail qu'il consacre à une entreprise qu'il accepte de représenter, à qui l'entreprise qu'il représente ne peut interdire de représenter en même temps plusieurs firmes concurrentes dans le même secteur de production ou de commercialisation, et qui, en outre, se borne à transmettre des commandes à la maison mère, sans participer ni à leur règlement ni à leur exécution, ne réunit pas les caractéristiques d'une succursale, agence ou autre établissement. • CJCE 18 mars 1981, n° 139/80 : *JDI 1982. 479, obs. Bischoff.*

93. Société indépendante portant le même nom et ayant la même direction. L'art. 5-5° (Règl. n° 1215/2012, art. 7, § 5) s'applique à un cas où une personne morale établie dans un État contractant (État membre) tout en n'exploitant pas une succursale, agence ou établissement dépourvu d'autonomie dans un autre État contractant (État membre), y exerce néanmoins ses activités au moyen d'une société indépendante portant le même nom et ayant la même direction, qui agit et conclut des affaires en son nom et dont elle se sert comme d'un prolongement (Conv. 27 sept. 1968). • CJCE 9 déc. 1987, n° 218/86 : *JDI 1988. 544, obs. Bischoff ; Rev. crit. DIP 1983. 733, note Droz.*

94. Notion de contestation relative à l'exploitation. La notion de contestation relative à l'exploitation de la succursale comprend les litiges portant sur les droits et obligations relatifs à la gestion proprement dite de la succursale et les litiges relatifs aux engagements pris par elle au nom de la maison mère, ainsi que les litiges relatifs aux obligations non contractuelles qui trouveraient leur origine dans les activités de la succursale (Conv. 27 sept. 1968). • Com. 11 juill. 2000, n° 97-11.365 : *Rev. crit DIP 2001. 148, note M.-E. Ancel ; RLDA 2000/31, n° 1992.* ♦ La notion de « contestation relative à l'exploitation d'une succursale » couvre l'action visant à l'indemnisation d'un dommage prétendument causé par un abus de position dominante consistant en l'application de prix prédateurs, lorsqu'une succursale de l'entreprise détenant la position dominante a, d'une manière effective et significative, participé à cette pratique abusive (Règl. n° 44/2201). • CJUE 5 juill. 2018, n° C-27/17 : *préc. note 75.* ♦ Une juridiction d'un État membre n'est pas compétente pour connaître d'un litige relatif à un recours indemnitaire formé en vertu de l'art. 7 du Règl. (CE) n° 261/2004 du 11 févr. 2004, établissant des règles communes en matière d'indemnisation et d'assistance des passagers en cas de refus d'embarquement et d'annulation ou de retard important d'un vol, et abrogeant le Règl. (CEE) n° 295/91, et dirigé contre une compagnie aérienne, établie sur le territoire d'un autre État membre, au motif que cette compagnie dispose, dans le ressort de la juridiction saisie, d'une succursale, sans que celle-ci ait pris part à la relation juridique entre la compagnie et le passager concerné. • CJUE 11 avr. 2019, n° C-464/18.

95. L'action en paiement de marchandises intentée par une société à l'encontre de la société mère ne constitue pas une contestation relative à l'exploitation d'une succursale (Conv. 27 sept. 1968). • Com. 25 janv. 2000, n° 97-19.638 P : *D. 2002. Somm. 1393, obs. Audit ; Rev. crit. DIP 2000. 462, note M.-E. Ancel ; RLDA 2000/27, n° 1722 ; Dr. sociétés 2000, n° 94, note Vidal.*

96. Indifférence du lieu d'exécution des engagements. L'application de l'art. 5-5°, (Règl. n° 1215/2012, art. 7, § 5) ne suppose pas que les engagements litigieux pris par la succursale, au nom de la maison mère, doivent être exécutés dans l'État contractant (État membre) où la succursale est établie (Conv. 27 sept. 1968). • CJCE 6 avr. 1995, n° C-439/93 : *D. 1995. IR 118 ; Rev. crit. DIP 1995. 770, note Droz ; JDI 1996. 564, note Bischoff.*

D. AUTRES MATIÈRES

97. L'action en revendication de propriété mobilière n'entre pas dans les options de compétence de l'art. 5 (Règl. n° 1215/2012, art. 7) (Conv. 27 sept. 1968). • Civ. 1re, 6 déc. 2005, n° 01-02.515 P.

Art. 8 Une personne domiciliée sur le territoire d'un État membre peut aussi être attraite :

1) s'il y a plusieurs défendeurs, devant la juridiction du domicile de l'un d'eux, à condition que les demandes soient liées entre elles par un rapport si étroit qu'il y a intérêt à les instruire et à les juger en même temps afin d'éviter des solutions qui pourraient être inconciliables si les causes étaient jugées séparément ;

2) s'il s'agit d'une demande en garantie ou d'une demande en intervention, devant la juridiction saisie de la demande originaire, à moins qu'elle n'ait été formée que pour traduire celui qui a été appelé hors du ressort de la juridiction compétente ;

3) s'il s'agit d'une demande reconventionnelle qui dérive du contrat ou du fait sur lequel est fondée la demande originaire, devant la juridiction saisie de celle-ci ;

4) en matière contractuelle, si l'action peut être jointe à une action en matière de droits réels immobiliers dirigée contre le même défendeur, devant la juridiction de l'État membre sur le territoire duquel l'immeuble est situé.

A. PLURALITÉ DE DÉFENDEURS

a. Domaine de l'art. 8, § 1er

1. Fondements juridiques différents. Le fait que les demandes introduites contre plusieurs défendeurs ont des fondements juridiques différents ne fait pas obstacle à l'application de l'art. 6, § 1er (Règl. n° 1215/2012, art. 8, § 1er) (Règl. n° 44/2201). • CJCE 11 oct. 2007, n° C-98/06 : *RTD com. 2008. 451, obs. Marmisse-d'Abbadie d'Arrast ; LPA 16 janv. 2008, p. 3, note Archer ; RJ com. 2007. 442, obs. Raynouard.* ♦ Le seul fait que des demandes introduites à l'encontre de plusieurs défendeurs, en raison d'atteintes au droit d'auteur matériellement identiques, reposent sur des bases juridiques nationales qui diffèrent selon les États membres ne s'oppose pas à l'application de l'art. 6, § 1er (Règl. n° 1215/2012, art. 8, § 1er). Il incombe à la juridiction nationale, au regard de tous les éléments du dossier, d'apprécier l'existence d'un risque de décisions inconciliables si les demandes étaient jugées séparément (Règl. n° 44/2201). • CJUE 1er déc. 2011, n° C-145/10 : *D. actu. 5 déc. 2011, obs. Daleau ; D. 2012. 471, obs. Daleau, note Martial-Braz ; ibid. 1228, obs. Gaudemet-Tallon et Jault-Seseke ; ibid. 2836, obs. Sirinelli ; RTD com. 2012. 109, obs. Pollaud-Dulian ; ibid. 118, obs. Pollaud-Dulian ; ibid. 120, obs. Pollaud-Dulian ; Europe 2012, n° 112, note Idot.* ♦ Relevant que les actions en responsabilité dirigées contre une société financière et une banque ont le même objet et posent la même question, une cour d'appel en déduit justement, en application de l'art. 6, § 1er (Règl. n° 1215/2012, art. 8, § 1er), qu'il y a intérêt, afin d'éviter des solutions qui pourraient être inconciliables, à les instruire et à les juger en même temps, peu important que les demandes soient éventuellement fondées sur des lois différentes (Règl. n° 44/2201). • Civ. 1re, 26 sept. 2012, n° 11-26.022 P : *D. actu. 15 oct. 2012, obs. Tahri ; D. 2012. 2876, note Martel ; ibid. 2013. 1503, obs. Jault-Seseke ; ibid. 2293, obs. d'Avout et Bollée ; Rev. crit. DIP 2013. 256, note Bureau ; RTD com. 2013. 383, obs. Delebecque ; RTD eur. 2013. 292, obs. Lonchamp et Reydellet ; JCP 2012. 1065, obs. Cornut ; ibid. 2013. 105, note Degos et Akchoti ; ibid. 221, note Nourissat ; ibid. 519, obs. Jeuland ; JCP E 2013, n° 1003, note Grignon ; ibid. chron. n° 1134, note Nourissat ; Gaz. Pal. 2012, jur. p. 3503, note Nioche ; Gaz. Pal. 2013, jur. p. 1174, note Morel-Maroger ; RJ com. nov.-déc. 2012, p. 21, note Berlioz ; Banque et dr. 148/2013. 3, note M.-E. Ancel, Marion et Wynaendts ; RDC 2013. 565, note Klein ; ibid. p. 661, note Racine ; Rev. huiss. 2012, p. 290, obs. Cuniberti ; LPA 14 nov. 2012, p. 7, note Mahinga ; ibid. 6 mai 2013, p. 13, note Boillot.*

2. *Détournement de for (non).* L'art. 6, § 1er (Règl. n° 1215/2012, art. 8, § 1er), s'applique lorsque les demandes formées contre les différents défendeurs sont connexes lors de leur introduction, c'est-à-dire lorsqu'il y a intérêt à les instruire et à les juger ensemble afin d'éviter des solutions qui pourraient être inconciliables si les causes étaient jugées séparément, sans qu'il soit en outre nécessaire d'établir de manière distincte que les demandes n'ont pas été formées à la seule fin de soustraire l'un des défendeurs aux tribunaux de l'État membre où il est domicilié (Règl. n° 44/2201). • CJCE 11 oct. 2007, n° C-98/06 : *préc. note 1* • Civ. 1re, 26 mars 2013, n° 11-27.139 P : *D. 2013. Pan. 1503, obs. Jault-Seseke ; Just. & cass. 2013. 166, rapp. Mandel ; ibid. 173 , avis ; Rev. crit. DIP 2013. 922, note Azzi ; RTD com. 2013. 295, obs. Pollaud-Dulian* (Règl. n° 44/2201).

3. La règle de concentration des compétences en cas de pluralité de défendeurs que l'art. 6, § 1er (Règl. n° 1215/2012, art. 8, § 1er), établit peut s'appliquer à l'égard d'une action visant à la condamnation à titre solidaire à des dommages et intérêts et, dans le cadre de celle-ci, à la production de renseignement, d'entreprises qui ont participé de façon différente, sur les plans géographique et temporel, à une infraction unique et continue à l'interdiction des ententes prévue par le droit de l'Union constatée par une décision de la Commission européenne, et cela même lorsque le demandeur s'est désisté de son action à l'égard du seul des codéfendeurs qui est domicilié dans l'État membre du siège de la juridiction saisie, à moins que ne soit établie l'existence d'une collusion entre le demandeur et ledit codéfendeur en vue de créer ou de maintenir, de manière artificielle, les conditions d'application de ladite disposition à la date de l'introduction de cette action (Règl. n° 44/2201). • CJUE 21 mai 2015, n° C-352/13 : *préc. art. 7, note 74 du présent Règl.*

4. *Irrecevabilité de l'action.* En l'absence de renvoi exprès au droit interne des États membres, l'application de l'art. 6, § 1er (art. 8, § 1er, Règl. n° 1215/2012), ne dépend pas des effets des règles internes. En conséquence, l'art. 6, § 1er (art. 8, § 1er, Règl. n° 1215/2012), peut être invoqué dans le cadre d'une action intentée dans un État membre contre un défendeur domicilié dans cet État et un codéfendeur domicilié dans un autre État membre, même lorsque cette action est considérée comme étant, dès son introduction, irrecevable en vertu d'une réglementation nationale envers le premier défendeur (Règl. n° 44/2201). • CJCE 13 juill. 2006, n° C-103/05, *Roche Nederland BV : D. 2006. IR 2209 ; Rev. crit. DIP 2007. 175, note Pataut ; Procédures 2007, n° 189, note Nourissat.*

5. *Défendeur non domicilié dans un État membre.* L'art. 6, § 1er (Règl. n° 1215/2012, art. 8, § 1er), n'a pas vocation à s'appliquer à des défendeurs qui ne sont pas domiciliés sur le territoire d'un État membre lorsque ceux-ci sont assignés dans le cadre d'une action intentée contre plusieurs défendeurs parmi lesquels se trouvent également des personnes domiciliées dans l'Union européenne (Règl. n° 44/2201). • CJUE 11 avr. 2013, n° C-645/11 : *cité note 12, art. 1er du présent Règl.* ♦ V. déjà un défendeur domicilié sur le territoire d'un État contractant (État membre) ne peut être attrait dans un autre État contractant (État membre) devant la juridiction saisie d'une demande dirigée à l'encontre d'un codéfendeur domicilié en dehors du territoire de tout État contractant (État membre), au motif que le litige présenterait un caractère indivisible, et pas seulement connexe (Conv. 27 sept. 1968). • CJCE 27 oct. 1998, *La réunion européenne*, n° C-51/97 : *D. 1998. 253 ; Rev. crit. DIP 1999. 322, note Gaudemet-Tallon ; Rec, I-6511 ; JDI 1999. 625, obs. Leclerc.*

6. *Clause attributive de juridiction.* Une clause attributive de compétence conforme aux dispositions de l'art. 25 du Règl. Bruxelles I *bis* crée une compétence exclusive au profit de la juridiction désignée et prime la compétence spéciale de l'art. 8, § 1er, concernant la pluralité de défendeurs. • Civ. 1re, 14 mars 2018, n° 16-28.302 P : *D. actu. 23 mars 2018, obs. Mélin ; D. 2018. 623 ; ibid. 1934, obs. d'Avout et Bollée* ; AJC 2018. 150. ♦ Une clause attributive de juridiction valable au regard de l'art. 23 (Règl. n° 1215/2012, art. 25) et qui désigne un tribunal d'un État contractant (État membre) prime la compétence spéciale prévue à l'art. 6, § 1er (Règl. n° 1215/2012, art. 8, § 1er) (Règl. n° 44/2201). • Civ. 1re, 20 juin 2006, n° 05-16.706 P : *D. 2006. 1841, obs. Delpech ; Rev. huiss. 2006, suppl., sept.-oct. 2006, p. 25 ; Procédures 2007, n° 137, note Nourissat ; JCP 2006. I. 183, note Jeuland ; Gaz. Pal. 3 mai 2007, p. 27, note Niboyet.* ♦ L'exclusivité attachée par l'art. 17 (Règl. n° 1215/2012, art. 25) à la compétence de la juridiction élue et qui a pour objet et pour effet l'application d'un droit national ainsi prédéterminé ne fait pas obstacle, en toute hypothèse, à la compétence du for des codéfendeurs prévue par l'art. 6, § 1er, de la convention (Règl. n° 1215/2012, art. 8, § 1er), notamment au cas où les deux juridictions appartiennent au même ordre juridique et où le litige apparaît indivisible entre les codéfendeurs (Conv. 27 sept. 1968). • Civ. 1re, 2 mars 1999, n° 96-20.497 P : *D. 1999. 86 ; RDI 1999. 258, obs. Malinvaud ; JCP E 2000, p. 265, chron. Raynard ; JDI 2000. 75, obs. Huet.* ♦ La pluralité de défendeurs n'a pas pour effet d'étendre à des parties qui ne l'ont pas souscrite la clause attributive de juridiction, V. • Civ. 1re, 5 janv. 1999, n° 96-19.895 P : *D. 1999. 32 .* ♦ V. notes ss. art. 25.

7. Assurance. L'art. 6, § 1er (Règl. n° 1215/2012, art. 8, § 1er), n'est pas applicable en matière d'assurances (Conv. 27 sept. 1968). • Civ. 1re, 27 avr. 1994, n° 92-13.262 P : *D. 1994. 127 ; RGAT 1995. 720, note Goré.*

8. Pouvoir du juge. – Règl. n° 6/2002. Dans des circonstances où la compétence internationale d'un tribunal des dessins ou modèles communautaires saisi d'une action en contrefaçon est fondée, à l'égard d'un premier défendeur, sur l'art. 82, § 1er, du Règl. n° 6/2002, et, à l'égard d'un second défendeur établi dans un autre État membre, sur cet art. 6, § 1er, du Règl. n° 44/2001 (Règl. n° 1215/2012, art. 8, § 1er) lu en combinaison avec l'art. 79, § 1er, du Règl. n° 6/2002 du 12 déc. 2001, sur les dessins ou modèles communautaires, au motif que ce second défendeur fabrique et livre au premier les produits que ce dernier commercialise, ce tribunal peut, sur demande de la partie requérante, adopter des ordonnances à l'égard du second défendeur portant sur les mesures relevant de l'art. 89, § 1er, et de l'art. 88, § 2, du Règl. n° 6/2002, couvrant également des comportements de ce second défendeur autres que ceux liés à la chaîne de livraison susmentionnée et ayant une portée qui s'étend à l'ensemble du territoire de l'Union européenne (Règl. n° 44/2201). • CJUE 27 sept. 2017, n[os] C-24/16 et C-25/16 : *D. 2017. 1977 ; ibid. 2018. 966, obs. Clavel et Jault-Seseke ; ibid. 1566, obs. Galloux et Kamina ; ibid. 1934, obs. d'Avout et Bollée ; Dalloz IP/IT 2018. 190, obs. Kahn ; Rev. crit. DIP 2018. 835, note Azzi ; RTD eur. 2018. 851, obs. Treppoz ; Procédures 2017, n° 266, note Nourissat.*

b. Notion de connexité

9. Risque de solutions inconciliables. Pour *l'application de l'art. 6-1° (art. 8, § 1, Règl.* n° 1215/2012), il doit exister, entre les demandes formées contre les différents défendeurs, un lien de connexité tel que si les affaires étaient jugées séparément, il y aurait risque de solutions inconciliables (Conv. 27 sept. 1968). • CJCE 27 sept. 1988, *Kalfelis*, n° 189/87 : *D. 1989. IR 254, obs. Audit ; Rev. crit. DIP 1989. 112, note Gaudemet-Tallon ; JDI 1989. 457, obs. Huet* • Com. 31 janv. 1995, n° 92-20.375 P : *D. 1995. IR 54 ; Quot. jur. 11 juill. 1995, p. 12, note P.M.* • Civ. 1re, 6 mars 2007, n° 04-18.696 P : *D. 2007. 1147 ; ibid. 2008. 1507, obs. Courbe et Jault-Seseke ; Rev. crit. DIP 2007. 618, note M.-E. Ancel .*

10. Dès lors que l'un des codéfendeurs est assigné, en réparation du préjudice résultant de désordres de construction imputés *in solidum*, en tant que signataire d'un contrat de construction « clé en main », et que le demandeur réclame l'indemnisation d'un même préjudice à divers défendeurs dont les responsabilités sont étroitement imbriquées, doivent être reconnus la qualité de défendeur de cette société dont le siège social peut être retenu pour déterminer la compétence du tribunal ainsi que le lien de connexité de nature à justifier cette compétence en application de l'art. 6, § 1er (Règl. n° 1215/2012, art. 8, § 1er) (Conv. 27 sept. 1968). • Civ. 1re, 8 janv. 2002, n° 00-12.993 P : *Rev. crit. DIP 2003. 126, note Gaudemet-Tallon ; JCP 2003. I. 166, § 24, obs. Marmisse ; Gaz. Pal. 21-23 juill. 2002, p. 24, obs. M.-L. Niboyet ; RLDA 2002/47, n° 3022, obs. Costes.* ♦ Il existe un lien étroit, au sens de l'art. 6, § 1er (Règl. n° 1215/2012, art. 8, § 1er), entre les demandes introduites à l'encontre de plusieurs défendeurs domiciliés sur le territoire d'autres États membres dans le cas où ces derniers opposent des droits à réparation supplémentaires sur lesquels il est nécessaire de statuer de manière uniforme (Règl. n° 44/2201). • CJUE 11 avr. 2013, n° C-645/11 : *cité note 12, art. 1er du présent Règl.* ♦ V. aussi pour une application de l'art. 8, § 1er : • Civ. 1re, 4 juill. 2018, n° 17-19.384 : *Banque et Dr. 1-2/2019. 53, note Morel-Maroger.*

11. Sur l'application de l'art. 6, § 1er (Règl. n° 1215/2012, art. 8, § 1er), et la qualification des actions intentées respectivement contre les codéfendeurs (Conv. 27 sept. 1968), V. • Paris, 11 oct. 2000 : *D. 2002. Somm. 1398, obs. Audit* , conf. par • Civ. 1re, 6 mai 2003, n° 01-01.774 P : *RTD com. 2004. 281, obs. Pollaud-Dulian ; Gaz. Pal. 16-18 nov. 2003, p. 22, obs. Niboyet ; ibid. 4-6 janv. 2004, p. 7, concl. Sainte-Rose ; LPA 7 juin 2004, p. 3, note Brière.*

12. Une situation dans laquelle deux ou plusieurs sociétés établies dans différents États membres sont accusées, chacune séparément, dans une procédure pendante devant une juridiction d'un de ces États membres, de contrefaçon à la même partie nationale d'un brevet européen, tel qu'en vigueur dans un autre État membre, en raison d'actes réservés concernant le même produit, est susceptible de conduire à des solutions inconciliables si les causes étaient jugées séparément (Règl. n° 44/2201). • CJUE 12 juill. 2012, n° C-616/10 : *D. 2013. Pan. 1503, obs. Jault-Seseke ; Rev. crit. DIP 2013. 472, note Treppoz ; RTD eur. 2012. 957, obs. Treppoz ;*

Procédures 2012, n° 281, note Nourissat ; Europe 2012, n° 413, note Idot.

13. Absence de risque de solutions inconciliables. L'exécution du crédit bancaire étant indépendante de celle du contrat de base, l'existence d'un lien de connexité suppose de démontrer l'existence d'un risque de solution inconciliable entre la demande en résolution de la vente et celle du remboursement de la vente (Règl. n° 44/2201). • Com. 2 nov. 2016, n° 14-25.410 : *D. 2017. 1011, obs. Gaudemet-Tallon et Jault-Seseke ; ibid. 2054, obs. d'Avout et Bollée ; Gaz. Pal. 21 févr. 2017, p. 77, note Morel-Maroger ; Europe 2017. Étude 23, obs. S. C.* ♦ Les actions dirigées contre le vendeur et contre le fabricant d'un matériel étant de nature différente, le droit applicable n'étant pas le même, il n'existe pas de risque de solutions inconciliables (Conv. 27 sept. 1968). • Civ. 1re, 4 juill. 2006, n° 05-10.006 P : *D. 2007. Pan. 1756, obs. Courbe et Jault-Seseke ; Rev. crit. DIP 2007. 618, note Gaudemet-Tallon ; RJ com. 2007. 202, chron. Marmisse-d'Abbadie d'Arrast.* ♦ V. aussi (Conv. 27 sept. 1968). • Civ. 1re, 27 juin 2000, n° 98-18.597 P : *D. 2000. 215* (absence de lien suffisant entre des demandes fondées sur un contrat de prêt et sur une garantie à première demande). ♦ V. aussi (Règl. n° 44/2201). • Com. 7 janv. 2014, n° 11-24.157 P : *cité art. 7, note 68 du présent Règl.*

14. Deux demandes d'une même action en réparation, dirigées contre des défendeurs différents et fondées, l'une sur la responsabilité contractuelle et l'autre sur la responsabilité délictuelle, ne peuvent être considérées comme présentant un lien de connexité (Conv. 27 sept. 1968). • Com. 19 nov. 2002, n° 01-12.591 P : *Rev. crit. DIP 2003. 126, note Gaudemet-Tallon ; Gaz. Pal. 25-26 juin 2003, p. 31, obs. Niboyet ; JCP 2003. I. 166, § 24, obs. Marmisse ; RLDA. 2003/58, n° 3683, obs. Mendak.*

15. L'art. 6-1° (art. 8, § 1er, Règl. n° 1215/2012) ne permet pas une concentration des demandes portant sur des actes de contrefaçon d'un brevet européen commis par plusieurs défendeurs établis dans différents États membres, faute de risque de décisions inconciliables (Conv. 27 sept. 1968). • CJCE 13 juill. 2006, n° C-539/03 : *D. 2007. 336, obs. Raynard ; Rev. crit. DIP 2006. 777, étude Wilderspin ; RTD eur. 2007. 679, obs. Schmidt-Szalewski ; Procédures 2007, n° 189, note Nourissat.*

B. DEMANDE EN GARANTIE OU EN INTERVENTION

16. Notion de demande en intervention. La demande en intervention est celle dont l'objet est de rendre un tiers partie au procès engagé entre les parties originaires. Tel n'est pas le cas d'une demande qui a pour but la réparation du préjudice personnel subi par le demandeur et qui ne tend pas à rendre les appelés en cause parties au procès opposant un conducteur à sa passagère bénévole (Conv. 27 sept. 1968). • Civ. 1re, 24 mars 1987, n° 85-13.961 P.

17. Champ d'application. Le champ d'application de l'art. 6, § 2 (Règl. n° 1215/2012, art. 8, § 2), s'étend à une action qu'un tiers a introduite, conformément aux dispositions de la législation nationale, contre le défendeur à la procédure originaire et ayant pour objet une demande étroitement liée à cette demande originaire, visant à obtenir le remboursement d'indemnités versées par ce tiers au demandeur à ladite procédure originaire, à la condition que cette action n'ait pas été formée que pour traduire ledit défendeur hors de son tribunal (Règl. n° 44/2001). • CJUE 21 janv. 2016, *SOVAG*, n° C-521/14 : *D. actu. 3 févr. 2016, obs. Mélin ; D. 2016. 1045, obs. Gaudemet-Tallon et Jault-Seseke ; Rev. crit. DIP 2017. 98, note Heymann .*

18. Indifférence du chef de compétence. Les dispositions de l'art. 6 (Règl. n° 1215/2012, art. 8) s'appliquent quel que soit le chef de compétence au titre duquel la juridiction est saisie. Dans l'hypothèse où un défendeur, qui est domicilié sur le territoire d'un État contractant (État membre), a été, au titre de l'art. 5, *initio* et pt 1, de la Conv. Bruxelles (Règl. n° 1215/2012, art. 7, § 1er), attrait devant le juge d'un autre État contractant (État membre), ce juge est également compétent, en vertu de l'art. 6, *initio* et pt 2, de la Conv. (Règl. n° 1215/2012, art. 8, § 2,), pour connaître d'une demande en garantie formée contre une personne domiciliée sur le territoire d'un État contractant (État membre) autre que celui du juge saisi de la demande originaire (Conv. 27 sept. 1968). • CJCE 15 mai 1990, n° C-365/88 : *Rev. crit. DIP 1990. 564, note Gaudemet-Tallon ; JDI 1991. 499, obs. Huet.* ♦ ... Au cas où le tribunal saisi de la demande principale l'a été en application de l'art. 14 C. civ. (Conv. 27 sept. 1968), V. • Paris, 22 févr. 1990 : *JDI 1991. 152, obs. Huet,* et sur pourvoi • Civ. 1re, 14 mai 1992, n° 90-16.295 P : *D. 1993. Somm. 348, obs. Audit ; JDI 1993. 151, obs. Huet.*

19. Obligation de faire droit à la demande en garantie (non). L'art. 6, § 2 (Règl. n° 1215/2012, art. 8, § 2), n'oblige pas le juge national à consentir à la demande d'appel en garantie et celui-ci peut appliquer les règles procédurales de son droit national pour apprécier la recevabilité de la demande, sous réserve de ne pas porter atteinte à l'effet utile de la convention en la matière et, en particulier, de ne pas fonder le rejet de la demande en garantie sur le fait que le garant réside ou est domicilié sur le territoire d'un État contractant (État membre) autre que celui du tribunal saisi de la demande originaire (Conv. 27 sept. 1968). • CJCE 15 mai 1990, n° C-365/88.

20. Détournement de for. Le détournement de for permettant seul de déclarer incompétente la juridiction saisie d'une demande en intervention n'est caractérisé qu'en l'absence de lien suffisant entre cette demande et la demande originaire (Conv. 27 sept. 1968). • Civ. 1re, 19 juin 2007, n° 04-14.862 P : *D. 2007. AJ 1882, obs. Gallmeister ; JCP 2007. Actu. 313, obs. Attal ; Rev. crit. DIP 2007. 847, note Pataut*.

21. Clause attributive de juridiction. Une clause attributive de juridiction valable au regard de l'art. 17 (Règl. n° 1215/2012, art. 25), et qui désigne un tribunal d'un État contractant (État membre), prime la compétence spéciale prévue à l'art. 6-2° (art. 8, § 2, Règl. n° 1215/2012) (Conv. 27 sept. 1968). • Civ. 1re, 6 janv. 2004, n° 01-12.171 P : *D. 2004. IR 606 ; RTD civ. 2004. 553, obs. Perrot ; Procédures 2004, n° 75, note Perrot ; LPA 29 oct. 2004, p. 18, note Boizel ; RJ. com. 2005. 251, obs. Attal.* – V. déjà (Conv. 27 sept. 1968). • Civ. 1re, 12 juill. 1982, n° 81-13.035 P : *D. 1983. IR 145, obs. Audit ; JCP 1983. II. 20015, note Bourel ; JDI 1983. 405, obs. Holleaux ; Rev. crit. DIP 1983. 658, note P. L.* • 18 oct. 1989, n° 88-14.432 P : *JDI 1991. 155, obs. Huet* • Com. 12 mai 1992, n° 89-19.518 P : *D. 1993. Somm. 348, obs. Audit ; JDI 1993. 151, obs. Huet.*

C. DEMANDE RECONVENTIONNELLE

22. L'art. 8, § 3, s'applique, à titre non exclusif, dans une situation dans laquelle la juridiction compétente pour connaître d'une allégation de violation des droits de la personnalité du demandeur au motif que des photos et des enregistrements vidéos ont été réalisés à son insu est saisie, par le défendeur, d'une demande reconventionnelle en réparation au titre de la responsabilité délictuelle ou quasi délictuelle du demandeur, notamment, pour la restriction de sa création intellectuelle objet de la demande originaire, lorsque l'examen de cette demande reconventionnelle exige que cette juridiction apprécie la licéité ou non des faits sur lesquels le demandeur fonde ses propres prétentions. • CJUE 31 mai 2018, n° C-306/17 : *D. 2018. Actu. 1212 ; Europe 2018, n° 295, note Idot ; CCE 2019. Chron. 1, p. 19, obs. M.-E. Ancel.*

23. Le for désigné par l'art. 6, § 3 (Règl. n° 1215/2012, art. 8, § 3), en matière de demande reconventionnelle est compétent pour connaître d'une telle demande, tendant au remboursement, au titre d'un enrichissement sans cause, d'une somme correspondant au montant convenu dans le cadre d'un règlement extrajudiciaire, lorsque cette demande est formée lors d'une nouvelle action judiciaire entre les mêmes parties, faisant suite à l'annulation de la décision à laquelle l'action initiale entre celles-ci avait abouti et dont l'exécution avait donné lieu à ce règlement extrajudiciaire (Règl. n° 44/2001). • CJUE 12 oct. 2016, *Marjan Kostanjevec*, n° C-185/15 : *D. actu. 21 oct. 2016, obs. Mélin ; D. 2017. 1011, obs. Gaudemet-Tallon et Jault-Seseke ; AJ contrat 2016. 546, obs. Nourissat.*

24. L'art. 6, pt 3, de la Conv. du 27 sept. 1968 (art. 8, § 3, Règl. n° 1215/2012) ne vise que les demandes présentées par les défendeurs tendant au prononcé d'une condamnation distincte. Il ne vise pas la situation dans laquelle un défendeur invoque comme simple moyen de défense une créance dont il serait titulaire à l'encontre du demandeur. Les moyens de défense susceptibles d'être invoqués et les conditions dans lesquelles ils peuvent l'être sont régis par le droit national (Conv. 27 sept. 1968). • CJCE 13 juill. 1995, n° C-341/99.

Art. 9 **Lorsque, en vertu du présent règlement, une juridiction d'un État membre est compétente pour connaître des actions en responsabilité du fait de l'utilisation ou de l'exploitation d'un navire, cette juridiction ou toute autre que lui substitue la loi interne de cet État membre connaît aussi des demandes relatives à la limitation de cette responsabilité.**

SECTION III *Compétence en matière d'assurances*

Art. 10 **En matière d'assurances, la compétence est déterminée par la présente section, sans préjudice de l'article 6 et de l'article 7, point 5).**

1. Assistance. Selon la Dir. européenne n° 84/641 du 10 déc. 1984, l'activité d'assistance est soumise à la réglementation concernant les assureurs, de sorte que sont applicables à la détermination de la compétence internationale les règles de compétence en matière d'assurances prévues par les art. 8 s. du Règl. n° 44/2001 (art. 10 s., Règl. n° 1215/2012) (Règl. n° 44/2201). • Civ. 1re, 14 nov. 2006, n° 04-15.276 P : *RGDA 2007. 249, obs. Beauchard.*

2. Appel en garantie entre assureurs. Un appel en garantie entre assureurs, fondé sur un cumul d'assurances, n'est pas soumis aux dispositions de la sect. III du titre II (art. 7 s.) (art. 10 s., Règl. n° 1215/2012) ; ces dispositions, fondées sur le souci de protéger l'assuré, réputé être la partie la plus faible économiquement et juridiquement, ne doivent pas être étendues à des personnes pour lesquelles cette protection ne se justifierait pas, comme c'est le cas des assureurs dans leurs rapports entre professionnels (Conv. 27 sept. 1968). • Civ. 1re, 10 mai 2006, n° 01-11.229 P : *D. 2006. 1480, obs. Gallmeister ; ibid. 2007. 1751, obs. Courbe et Jault-Seseke ; Rev.*

crit. DIP 2006. 899, note Sinay-Cytermann ; Gaz. Pal. 2007. 4019, note Perrier.

3. Réassurance. Les règles de compétence spéciale en matière d'assurances figurant aux art. 7 à 12 *bis* de la Conv. de Bruxelles (Règl. n° 1215/2012, art. 10 s.) ne couvrent pas les litiges entre un réassureur et un réassuré dans le cadre d'un traité de réassurance (Conv. 27 sept. 1968). • CJUE 13 juill. 2000, *Group Josi*, n° C-412/98 : *D. 2000. 236* .

4. Inapplicabilité de l'art. 8, § 1er, du Règl. n° 1215/2012. L'art. 7 (Règl. n° 1215/2012, art. 10) réservant seulement l'application des art. 4 et 5-5° (Règl. n° 1215/2012, art. 6 et 7, § 5), l'art. 6, § 1er (art. 8, § 1er, Règl. n° 1215/2012), n'est pas applicable en matière d'assurances (Conv. 27 sept. 1968). • Civ. 1re, 27 avr. 1994, n° 92-13.262 P : *D. 1994. 127 ; RGAT 1995. 720, note Goré.*

Art. 11 1. L'assureur domicilié sur le territoire d'un État membre peut être attrait :

a) devant les juridictions de l'État membre où il a son domicile ;

b) dans un autre État membre, en cas d'actions intentées par le preneur d'assurance, l'assuré ou un bénéficiaire, devant la juridiction du lieu où le demandeur a son domicile ; ou

c) s'il s'agit d'un coassureur, devant la juridiction d'un État membre saisie de l'action formée contre l'apériteur de la coassurance.

2. Lorsque l'assureur n'est pas domicilié sur le territoire d'un État membre, mais possède une succursale, une agence ou tout autre établissement dans un État membre, il est considéré pour les contestations relatives à leur exploitation comme ayant son domicile sur le territoire de cet État membre.

1. Renonciation à l'option de compétence. Dans un litige international en matière d'assurances, la saisine d'une juridiction différente de celles désignées par les dispositions impératives de l'art. 9, § 1er (Règl. n° 1215/2012, art. 11, § 1er), vaut renonciation du demandeur à se prévaloir de l'option de compétence instituée par ce texte (Règl. n° 44/2201). • Civ. 2e, 16 mai 2012, n° 11-16.942 P.

2. Action directe. V. notes ss. art. 13.

Art. 12 L'assureur peut, en outre, être attrait devant la juridiction du lieu où le fait dommageable s'est produit s'il s'agit d'assurance de responsabilité ou d'assurance portant sur des immeubles. Il en est de même si l'assurance porte à la fois sur des immeubles et des meubles couverts par une même police et atteints par le même sinistre.

Responsabilité contractuelle. L'art. 9 (Règl. n° 1215/2012, art. 12) ne se limite pas à la seule responsabilité de nature délictuelle ou quasi délictuelle (Conv. 27 sept. 1968). • Civ. 1re, 10 mai 2006, n° 02-20.272 P : *Rev. crit. DIP 2007. 157, note Sinay-Cytermann ; Gaz. Pal. 6 nov. 2007, p. 9, note Périer.*

Art. 13 1. En matière d'assurance de responsabilité, l'assureur peut également être appelé devant la juridiction saisie de l'action de la victime contre l'assuré, si la loi de cette juridiction le permet.

2. Les articles 10, 11 et 12 sont applicables en cas d'action directe intentée par la personne lésée contre l'assureur, lorsque l'action directe est possible.

3. Si la loi relative à cette action directe prévoit la mise en cause du preneur d'assurance ou de l'assuré, la même juridiction sera aussi compétente à leur égard.

1. Action directe. Le renvoi effectué par l'art. 11, § 2, du Règl. 44/2001 (art. 13 § 2, Règl. n° 1215/2012), à l'art. 9, § 1, ss. b, (art. 11 § 1 b, Règl. n° 1215/2012), de celui-ci doit être interprété en ce sens que la personne lésée peut intenter une action directement contre l'assureur devant le tribunal du lieu où elle est domiciliée dans un État membre, lorsqu'une telle action directe est possible et que l'assureur est domicilié sur le territoire d'un État membre (Règl. n° 44/2201). • CJCE 13 déc. 2007, n° C-463/06 : *D. actu. 21 déc. 2007, obs. Bruguière-Fontenille ; Rev. crit. DIP 2009. 360, note Pataut ; RJ com. 2008. 121, obs. Raynouard* • CJCE 17 sept. 2009, n° C-347/08 : *RTD eur. 2010. 421, chron. Douchy-Oudot et Guinchard ; Europe 2009, n° 387, obs. Idot ; Procédures 2010, n° 359, note Nourissat ; JCP E 2010. 1249, obs. Meier et Torlet ; LPA 1er févr. 2010, p. 4, étude Perrotin ; Gaz. Pal. 8 juill. 2010, p. 33.* ♦ Un employeur, établi dans un premier État membre, qui a maintenu la rémunération de son employé absent à la suite d'un accident de la circulation et qui est subrogé dans les droits de celui-ci à l'égard de la société assurant la responsabilité civile résultant du véhicule impliqué dans cet accident, qui est établie dans un second État membre, peut, en qualité de « victime », au sens de cette dernière disposition, attraire cette société d'assurances devant les tribunaux du premier État membre, lorsqu'une action directe est possible (Règl. n° 44/2201). • CJUE 20 juill. 2017, n° C-340/16 : *D. 2017. 1606 ; ibid. 2018. 966, obs. Clavel et Jault-Seseke ; Procédures 2017, n° 238, note Nourissat.*

2. En matière de responsabilité contractuelle, la personne lésée peut agir directement contre l'assureur de la personne devant réparation si la loi applicable à l'obligation contractuelle ou la loi applicable au contrat d'assurance le prévoit (Règl. n° 44/2201). • Civ. 1re, 9 sept. 2015, n° 14-22.794 P : *D. actu. 21 sept. 2015, obs. Mélin ; D. 2015. 1846 ; ibid. 2016. 1045, obs. Gaudemet-Tallon et Jault-Seseke ; ibid. 1161, obs. Bacache, Noguéro, Grynbaum et Pierre ; ibid. 2025, obs. d'Avout et Bollée ; AJCA 2015. 472, obs. Perdrix ; Rev. crit. DIP 2016. 119, note Corneloup ; RTD com. 2016. 590, obs. Delebecque ; JCP 2015. 991 ; AJCA 2015. 472, note Perdrix ; JCP 2015. 1163, note Heuzé ; RDC 2016. 132, note Tenenbaum ; ibid. 71, note Haftel.*

3. Le § 2 de l'art. 11 (Règl. n° 1215/2012, art. 13, § 2) est applicable à une assurance sur corps. La victime exerçant contre l'assureur une action directe, lorsque celle-ci est possible, peut l'attraire devant le for de son propre domicile. Prive de base légale la cour d'appel qui, pour rejeter l'exception d'incompétence soulevée par un assureur, retient que la victime peut invoquer le bénéfice de l'action directe prévue à l'art. L. 173-8 C. assur., sans rechercher quelle était la loi applicable et si l'action directe était possible selon cette loi (Règl. n° 44/2201). • Civ. 1re, 17 mai 2017, n° 16-17.327 P : *D. actu. 30 mai 2017, obs. Mélin ; D. 2018. 966, obs. Clavel et Jault-Seseke ; JCP 2017. 731, note Heuzé ; Europe 2017. Étude 2, n° 26, obs. S. C.*

4. L'art. 13, § 2, lu en combinaison avec l'art. 11, § 1er, ss. b), ne peut pas être invoqué par une personne physique, dont l'activité professionnelle consiste, notamment, à recouvrer des créances d'indemnisation auprès des assureurs et qui se prévaut d'un contrat de cession de créance conclu avec la victime d'un accident de circulation pour assigner l'assureur en responsabilité civile de l'auteur de cet accident, qui a son siège dans un État membre autre que l'État membre du domicile de la personne lésée, devant une juridiction de ce dernier État membre. • CJUE 31 janv. 2018, n° C-106/17 : *D. actu. 12 févr. 2018, obs. Mélin ; D. 2018. 247 ; ibid. 966, obs. Clavel et Jault-Seseke ; ibid. 1934, obs. d'Avout et Bollée ; Rev. crit. DIP 2018. 609, note Corneloup ; Procédures 2018, n° 108, note Nourissat ; Europe 2018, n° 126, obs. Idot ; RDC 2018. 458, note Tenenbaum (2e arrêt).*

5. L'art. 13, § 2, lu en combinaison avec l'art. 11, § 1, ss. b), doit être interprété en ce sens qu'il ne peut pas être invoqué par une société qui, en contrepartie de services qu'elle fournit à la victime directe d'un accident de la circulation routière en lien avec le dommage résultant de cet accident, a acquis de celle-ci la créance d'indemnités d'assurance, aux fins d'en réclamer le paiement auprès de l'assureur de l'auteur dudit accident, sans cependant exercer une activité professionnelle dans le domaine du recouvrement de telles créances. • CJUE, 21 oct. 2021, n° C-393/20 : *cité note 51 ss. art. 7 du présent Règl.*

6. Action intentée par la personne lésée contre, d'une part, l'assureur et, d'autre part, l'assuré, propriétaire de ce logement. L'art. 13, § 3 doit être interprété en ce sens que, en cas d'action directe intentée par la personne lésée contre un assureur, conformément à cet art. 13, § 2, la juridiction de l'État membre dans lequel cette personne est domiciliée ne saurait se déclarer aussi compétente, sur le fondement dudit art. 13, § 3, pour statuer sur une demande de réparation introduite concomitamment par ladite personne contre le preneur d'assurance ou l'assuré qui est domicilié dans un autre État membre et qui n'a pas été mis en cause par l'assureur. • CJUE, 9 déc. 2021, n° C-708/20 : *D. actu. 10 janv. 2022, note Callé ; Europe 2022, n° 68, note Idot.*

Art. 14 1. Sous réserve des dispositions de l'article 13, paragraphe 3, l'action de l'assureur ne peut être portée que devant les juridictions de l'État membre sur le territoire duquel est domicilié le défendeur, qu'il soit preneur d'assurance, assuré ou bénéficiaire.

2. Les dispositions de la présente section ne portent pas atteinte au droit d'introduire une demande reconventionnelle devant la juridiction saisie de la demande originaire conformément à la présente section.

Caractère impératif. En vertu de l'art. 12, § 1er, du Règl. n° 44/2011 (Règl. n° 1215/2012, art. 14, § 1er), l'action de l'assureur ne peut être portée que devant les tribunaux de l'État membre sur le territoire duquel est domicilié le défendeur, qu'il soit preneur d'assurances, assuré ou bénéficiaire. Cette règle impérative s'impose à l'assureur qui agit contre la victime d'un dommage causé par l'assuré, peu important que celui-ci se joigne à l'action (Règl. n° 44/2201). • Civ. 1re, 27 févr. 2013, n° 11-23.228 P : *D. actu. 9 avr. 2013, obs. Menétrey ; D. 2013. 646 ; ibid. 1503, obs. Jault-Seseke ; Rev. crit. DIP 2013. 731, note Corneloup ; LPA 1er-2 mai 2013, p. 11, note Legrand ; JCP 2013. 289, obs. Hudina ; JCP E 2013. 1201,* note Bruneau.

Art. 15 Il ne peut être dérogé aux dispositions de la présente section que par des conventions :

1) postérieures à la naissance du différend ;

2) qui permettent au preneur d'assurance, à l'assuré ou au bénéficiaire de saisir d'autres juridictions que celles indiquées à la présente section ;

3) qui, passées entre un preneur d'assurance et un assureur ayant, au moment de la conclusion du contrat, leur domicile ou leur résidence habituelle dans un même État membre, ont pour effet, alors même que le fait dommageable se produirait à l'étranger, d'attribuer compétence aux juridictions de cet État membre sauf si la loi de celui-ci interdit de telles conventions ;

4) conclues par un preneur d'assurance n'ayant pas son domicile dans un État membre, sauf s'il s'agit d'une assurance obligatoire ou qui porte sur un immeuble situé dans un État membre ; ou

5) qui concernent un contrat d'assurance en tant que celui-ci couvre un ou plusieurs des risques énumérés à l'article 16.

Assurance de « grands risques ». Clause attributive de juridiction (opposabilité). L'art. 15, pt 5, et l'art. 16, pt 5, du Règl. n° 1215/12 du 12 déc. 2012 doivent être interprétés en ce sens que la clause attributive de juridiction prévue dans un contrat d'assurance couvrant un « grand risque », au sens de cette dernière disposition, conclu par le preneur d'assurance et l'assureur, ne peut être opposée à la personne assurée par ce contrat, qui n'est pas un professionnel du secteur des assurances, qui n'a pas consenti à cette clause et qui est domicilié dans un État membre autre que celui du domicile du preneur d'assurance et de l'assureur. • CJUE 27 févr. 2020, n° C-803/18 : *D. 2020. 441*.

Art. 16 Les risques visés à l'article 15, point 5), sont les suivants :

1) tout dommage :

a) aux navires de mer, aux installations au large des côtes et en haute mer ou aux aéronefs, causé par des événements survenant en relation avec leur utilisation à des fins commerciales,

b) aux marchandises autres que les bagages des passagers, durant un transport réalisé par ces navires ou aéronefs soit en totalité, soit en combinaison avec d'autres modes de transport ;

2) toute responsabilité, à l'exception de celle des dommages corporels aux passagers ou des dommages à leurs bagages,

a) résultant de l'utilisation ou de l'exploitation des navires, installations ou aéronefs, conformément au point 1 a), pour autant que, en ce qui concerne ces derniers, la loi de l'État membre d'immatriculation de l'aéronef n'interdise pas les clauses attributives de compétence pour l'assurance de tels risques ;

b) du fait de marchandises durant un transport visé au point 1 b) ;

3) toute perte pécuniaire liée à l'utilisation ou à l'exploitation des navires, installations ou aéronefs conformément au point 1 a), notamment celle du fret ou du bénéfice d'affrètement ;

4) tout risque lié accessoirement à l'un de ceux visés aux points 1) à 3) ;

5) sans préjudice des points 1) à 4), tous les "grands risques" au sens de la directive 2009/138/CE du Parlement européen et du Conseil du 25 novembre 2009 sur l'accès aux activités de l'assurance et de la réassurance et leur exercice (solvabilité II) *[JO L 335 du 17.12.2009, p. 1]*.

1. Clause inopposable à l'assuré bénéficiaire. Une clause attributive de juridiction stipulée conformément à l'art. 12, § 3 (art. 15, § 3, Règl. n° 1215/2012), n'est pas opposable à l'assuré bénéficiaire de ce contrat qui n'a pas expressément souscrit à ladite clause et a son domicile *dans un* État contractant (État membre) autre que celui du preneur d'assurance et de l'assureur (Conv. 27 sept. 1968). • CJCE 12 mai 2005, n° C-112/03 : *D. 2005. 1586 ; Rev. crit. DIP 2005. 753, note Heuzé ; JCP 2005. IV. 2442, note Rouault.*

2. Clause inapplicable en cas d'action directe. L'art. 13, § 5 (Règl. n° 1215/2012, art. 15, § 5), considéré conjointement avec l'art. 14, § 2, ss. a) (art. 16, § 2 a, Règl. n° 1215/2012), doit être interprété en ce sens qu'une victime disposant d'une action directe contre l'assureur de l'auteur du dommage qu'elle a subi n'est pas liée par une clause attributive de juridiction conclue entre cet assureur et cet auteur (Règl. n° 44/2201). • CJUE 13 juill. 2017, n° C-368/16 : *D. actu. 19 sept. 2017, obs. Mélin ; D. 2017. 1536 ; ibid. 2054, obs. d'Avout et Bollée ; ibid. 2018. 966, obs. Clavel et Jault-Seseke ; RTD com. 2017. 741, obs. Marmisse-d'Abbadie d'Arrast ; Rev. UE 2018. 301, chron. Cudennec, Boillet, Curtil, De Cet-Bertin, Guéguen-Hallouët et Taillens ; Procédures 2017, n° 235, note Nourissat ; Europe 2017, n° 391, note Idot.*

SECTION IV *Compétence en matière de contrats conclus par les consommateurs*

BIBL. GÉN. ▶ CHALAS, *Rev. crit. DIP 2016. 485* (compétence en matière de contrats conclus par les consommateurs).

Art. 17 1. En matière de contrat conclu par une personne, le consommateur, pour un usage pouvant être considéré comme étranger à son activité professionnelle, la compétence est déterminée par la présente section, sans préjudice de l'article 6 et de l'article 7, point 5) :

a) lorsqu'il s'agit d'une vente à tempérament d'objets mobiliers corporels ;

b) lorsqu'il s'agit d'un prêt à tempérament ou d'une autre opération de crédit liés au financement d'une vente de tels objets ; ou

c) lorsque, dans tous les autres cas, le contrat a été conclu avec une personne qui exerce des activités commerciales ou professionnelles dans l'État membre sur le territoire duquel le consommateur a son domicile ou qui, par tout moyen, dirige ces activités vers cet État membre ou vers plusieurs États, dont cet État membre, et que le contrat entre dans le cadre de ces activités.

2. Lorsque le cocontractant du consommateur n'est pas domicilié sur le territoire d'un État membre mais possède une succursale, une agence ou tout autre établissement dans un État membre, il est considéré pour les contestations relatives à leur exploitation comme ayant son domicile sur le territoire de cet État membre.

3. La présente section ne s'applique pas aux contrats de transport autres que ceux qui, pour un prix forfaitaire, combinent voyage et hébergement.

a. Notion de consommateur

1. Notion. Le bénéfice des dispositions des art. 13 s. (Règl. n° 1215/2012, art. 17 s.) est réservé aux acheteurs ayant besoin de protection, c'est-à-dire à des consommateurs finals (sic) à caractère privé, non engagés par l'achat du produit acquis à tempérament, dans des activités commerciales ou professionnelles (Conv. 27 sept. 1968). • CJCE 21 juin 1978, n° 150/77 : *JCP 1979. II. 19051, note Jeantet ; Rev. crit. DIP 1979. 119, note Mezger ; RTD eur. 1979. 128 ; RTD com. 1979. 170, obs. Loussouarn et Bourel,* et, dans la même affaire (Conv. 27 sept. 1968) : • Civ. 1re, 23 janv. 1979, n° 76-13.547 P : *JDI 1979. 373, note Fadlallah ; RTD eur. 1979. 180, obs. Gulphe.*

2. Le demandeur, qui agit dans l'exercice de son activité professionnelle et qui n'est, dès lors, pas lui-même le consommateur, partie à l'un des contrats énumérés par l'al. 1er de l'art. 13 (Règl. n° 1215/2012, art. 17), ne peut pas bénéficier des règles de compétence spéciales prévues par la convention en matière de contrats conclus par les consommateurs (Conv. 27 sept. 1968). • CJCE 19 janv. 1993, n° C-89/91 : *D. 1993. 214, obs. Kullmann ; Rev. crit. DIP 1993. 320, note Gaudemet-Tallon ; JDI 1993. 466, obs. Huet.*

3. Une personne physique ayant des liens professionnels étroits avec une société, tels que la gérance ou une participation majoritaire dans celle-ci, ne saurait être considérée comme un consommateur lorsqu'elle avalise un billet à ordre émis pour garantir les obligations qui incombent à cette société au titre d'un contrat relatif à l'octroi d'un crédit. Dès lors, cette disposition ne trouve pas à s'appliquer aux fins de déterminer la juridiction compétente pour connaître d'une action judiciaire par laquelle le bénéficiaire d'un billet à ordre, établi dans un État membre, fait valoir les droits découlant de ce billet à ordre, incomplet à la date de sa signature et complété ultérieurement par le bénéficiaire, à l'encontre de l'avaliste domicilié dans un autre État membre (Règl. n° 44/2201). • CJUE 14 mars 2013, n° C-419/11 : *cité art. 7, note 9, du présent Règl.* ♦ Dès lors qu'elle constatait qu'un prêt consenti par une société de droit allemand à deux avocats et une société civile immobilière était destiné au refinancement de leurs engagements financiers pris notamment dans le cadre de leur activité professionnelle, une cour d'appel en a justement déduit que ce contrat de prêt était exclu du champ d'application des art. 13 s. de la Conv. de Bruxelles de 1968 (Règl. n° 1215/2012, art. 17 s.) et que la clause attributive de juridiction au profit des tribunaux allemands qu'il contenait devait s'appliquer (Conv. 27 sept. 1968) • Civ. 1re, 28 janv. 2009, n° 07-21.857 P : *D. 2009. AJ 504 ; CCC 2009, n° 149, note Raymond ; JCP E 2009, n° 1234.* ♦ V. encore pour une opération de crédit destinée à concurrence de 46 % au remboursement d'un emprunt contracté pour l'acquisition de biens immobiliers (Conv. 27 sept. 1968). • Civ. 1re, 18 juill. 2000, n° 98-18.743 P : *D. 2000. AJ 374, obs. Rondey ; Rev. crit. DIP 2001. 135, note Gaudemet-Tallon ; RTD com. 2001. 206, obs. Bouloc ; JDI 2001. 140, obs. Huet ; CCC 2000, n° 182, obs. Raymond ; Gaz. Pal. 2001. 398, concl. Sainte-Rose.*

4. Un utilisateur d'un compte Facebook privé ne perd pas la qualité de « consommateur », lorsqu'il publie des livres, donne des conférences, exploite des sites internet, collecte des dons et se fait céder les droits de nombreux consommateurs afin de faire valoir ces droits en justice. • CJUE 25 janv. 2018, n° C-498/16 : *D. actu. 5 févr. 2018, obs. Mélin ; D. 2018. 2000, note Jault-Seseke et Zolynski ; ibid. 966, obs. Clavel et Jault-Seseke ; ibid. 1033, obs. Fauvarque-Cosson et Maxwell ; ibid. 1934, obs. d'Avout et Bollée ; ibid. 2270, obs. Larrieu, Le Stanc et Tréfigny ; ibid. 2019. 607, obs. Aubry, Poillot et Sauphanor-Brouillaud ; AJ contrat 2018. 124, obs. Pironon ; Dalloz IP/IT 2018. 371, obs. Combet ; Rev. crit. DIP 2018. 595, note Muir Watt ; Procédures 2018, n° 80, note Nourissat ; Europe 2018, n° 125, note Idot ; JCP 2018. 530, n° 12, obs. Jeuland.*

5. Un demandeur qui, en tant que consommateur, a acquis une obligation au porteur auprès d'un tiers professionnel, sans qu'un contrat soit conclu entre ledit consommateur et l'émetteur de cette obligation, ne peut pas se prévaloir de la compétence prévue à l'art. 15 (Règl. n° 1215/2012, art. 17) aux fins de l'action introduite contre ledit émetteur et fondée sur les conditions d'emprunt, la violation des obligations d'information et de contrôle ainsi que la responsabilité concernant le prospectus (Règl. n° 44/2001). • CJUE 28 janv. 2015, *Harald Kolassa*, n° C-375/13 : *cité art. 7, note 70 du présent Règl.*

6. Usage mixte. Une personne qui a conclu un contrat portant sur un bien destiné à un usage en partie professionnel et en partie étranger à son activité professionnelle n'est pas en droit de se prévaloir du bénéfice des règles de compétence spécifiques prévues aux art. 13 à 15 (Règl. n° 1215/2012, art. 17 à 19), sauf si l'usage professionnel est marginal au point d'avoir un rôle négligeable dans le contexte global de l'opération en cause, le fait que l'aspect extraprofessionnel prédomine étant sans incidence à cet égard ; il appartient à la juridiction saisie de décider si le contrat en cause a été conclu pour couvrir, dans une mesure non négligeable, des besoins relevant de l'activité professionnelle de la personne concernée ou si, au contraire, l'usage professionnel ne revêtait qu'un rôle insignifiant, en prenant en considération l'ensemble des éléments de fait pertinents résultant objectivement du dossier ; en revanche, il ne convient pas de tenir compte de circonstances ou d'éléments dont le cocontractant aurait pu avoir connaissance lors de la conclusion du contrat, sauf si la personne qui invoque la qualité de consommateur s'est comportée de manière telle qu'elle a légitimement pu faire naître l'impression, dans le chef de l'autre partie au contrat, qu'elle agissait à des fins professionnelles (Conv. 27 sept. 1968). • CJCE 20 janv. 2005, *Gruber*, n° C-464/01 : *D. 2005. 458 ; ibid. 2006. 1495, obs. Courbe et Jault-Seseke ; Rev. crit. DIP 2005. 493, note Jude ; RTD com. 2005. 636, obs. Marmisse-d'Abbadie d'Arrast ; Procédures 2005, n° 209, obs. Nourissat.*

7. Un débiteur ayant conclu un contrat de crédit afin d'effectuer des travaux de rénovation dans un bien immeuble qui est son domicile, dans le but, notamment, d'y fournir des services d'hébergement touristique, ne peut pas être qualifié de « consommateur », à moins que, eu égard au contexte de l'opération, considérée dans sa globalité, pour laquelle ce contrat a été conclu, ce dernier présente un lien à ce point ténu avec cette activité professionnelle qu'il apparaît à l'évidence que ledit contrat poursuit essentiellement des fins privées. • CJUE 14 févr. 2019, n° C-630/17 : *D. actu. 8 mars, obs. Mélin.*

8. Personne physique effectuant des opérations sur le marché international des changes par l'intermédiaire d'une société de courtage. Une personne physique qui, en vertu d'un contrat tel qu'un contrat financier pour différences conclu avec une société de courtage, effectue des opérations sur le marché international des changes FOREX (Foreign Exchange) par l'intermédiaire de cette société doit être qualifiée de « consommateur », au sens de cette disposition, si la conclusion de ce contrat ne relève pas de l'activité professionnelle de cette personne, ce qu'il appartient à la juridiction de renvoi de vérifier. Aux fins de cette qualification, d'une part, des facteurs tels que la valeur des opérations effectuées en vertu de contrats tels que les contrats financiers pour différences, l'importance des risques de pertes financières liés à la conclusion de tels contrats, les connaissances ou l'expertise éventuelles de ladite personne dans le domaine des instruments financiers ou son comportement actif dans le cadre de telles opérations sont, en tant que tels, en principe sans pertinence et, d'autre part, le fait que les instruments financiers ne relèvent pas de l'art. 6 du Règl. (CE) n° 593/2008 du Parlement européen et du Conseil, du 17 juin 2008, sur la loi applicable aux obligations contractuelles (Rome I), ou que cette personne soit un « client de détail », au sens de l'art. 4, §1er, pt 12, de la Dir. 2004/39/CE du Parlement européen et du Conseil, du 21 avr. 2004, concernant les marchés d'instruments financiers, modifiant les Dir. 85/611/CEE et 93/6/CEE du Conseil et la directive 2000/12/CE du Parlement européen et du Conseil et abrogeant la Dir. 93/22/CEE du Conseil, est, en tant que tel, en principe sans incidence. • CJUE 3 oct. 2019, n° C-208/18 : *D. actu. 22 oct. 2019, note Mélin ; D. 2019. 1943 ; ibid. 2020. 624, obs. Aubry, Poillot et Sauphanor-Brouillaud .*

b. Contrats protégés

9. Vente à tempérament. La notion de vente à tempérament d'objets mobiliers corporels, au sens de l'art. 13 de la Conv. de Bruxelles du 27 sept. 1968 (Règl. n° 1215/2012, art. 17), ne peut pas être comprise comme s'étendant à la vente d'une machine consentie par une société à une autre société, moyennant un prix payable par traites échelonnées (Conv. 27 sept. 1968). • CJCE 21 juin 1978, n° 150/77 : *JCP 1979. II. 19051, note Jeantet ; Rev. crit. DIP 1979. 119, note Mezger ; RTD eur. 1979. 128 ; RTD com. 1979. 170, obs. Loussouarn et Bourel,* et dans la même affaire (Conv. 27 sept. 1968) : • Civ. 1re, 23 janv. 1979, n° 76-13.547 P : *JDI 1979. 373, note Fadlallah ; RTD eur. 1979. 180, obs. Gulphe.* ♦ Ne constitue pas une vente à tempérament un contrat portant sur la fabrication par le premier cocontractant d'un objet mobilier corporel conforme à un modèle type, auquel certaines modifications ont été apportées, par lequel le premier cocontractant s'est engagé à transférer la propriété dudit objet à l'autre cocontractant qui s'est engagé, en contrepartie, à en payer le prix moyennant plusieurs versements, et dans lequel il est prévu que le dernier versement sera effectué avant que la possession dudit objet ne soit définitivement transférée au second cocontractant. • CJCE 27 avr. 1999, n° C-99/96 : *D. 1999. 169 ; Rev. crit. DIP 1999. 669, étude Marmisse et Wilderspin* .

10. Activité dirigée. Afin de déterminer si un commerçant, dont l'activité est présentée sur son site internet ou sur celui d'un intermédiaire, peut être considéré comme « dirigeant » son activité vers l'État membre sur le territoire duquel le consommateur a son domicile, au sens de l'art. 15, § 1er, ss. c), du Règl. (CE) 22 déc. 2000 (Règl. n° 1215/2012, art. 17, § 1er c), il convient de vérifier si, avant la conclusion éventuelle d'un contrat avec le consommateur, il ressort de ces sites internet et de l'activité globale du commerçant que ce dernier envisageait de commercer avec des consommateurs domiciliés dans un ou plusieurs États membres, dont celui dans lequel ce consommateur a son domicile, en ce sens qu'il était disposé à conclure un contrat avec eux. Les éléments suivants, dont la liste n'est pas exhaustive, sont susceptibles de constituer des indices permettant de considérer que l'activité du commerçant est dirigée vers l'État membre du domicile du consommateur, à savoir la nature internationale de l'activité, la mention d'itinéraires à partir d'autres États membres pour se rendre au lieu où le commerçant est établi, l'utilisation d'une langue ou d'une monnaie autres que la langue ou la monnaie habituellement utilisées dans l'État membre dans lequel est établi le commerçant avec la possibilité de réserver et de confirmer la réservation dans cette autre langue, la mention de coordonnées téléphoniques avec l'indication d'un préfixe international, l'engagement de dépenses dans un service de référencement sur internet afin de faciliter aux consommateurs domiciliés dans d'autres États membres l'accès au site du commerçant ou à celui de son intermédiaire, l'utilisation d'un nom de domaine de premier niveau autre que celui de l'État membre où le commerçant est établi et la mention d'une clientèle internationale composée de clients domiciliés dans différents États membres. Il appartient au juge national de vérifier l'existence de tels indices. En revanche, la simple accessibilité du site internet du commerçant ou de celui de l'intermédiaire dans l'État membre sur le territoire duquel le consommateur est domicilié est insuffisante. Il en va de même de la mention d'une adresse électronique ainsi que d'autres *coordonnées ou de l'emploi* d'une langue ou d'une monnaie qui sont la langue et/ou la monnaie habituellement utilisées dans l'État membre dans lequel le commerçant est établi (Règl. n° 44/2201). • CJUE 7 déc. 2010, *Pammer & Hotel Alpenhof GesmbH c/ Heller*, n° C-585/08 : *D. 2011. 990, obs. Manara, note Pancrazi ; ibid. 908, obs. Durrande ; ibid. 974, obs. Aubry, Poillot et Sauphanor-Brouillaud ; ibid. 1374, obs. Jault-Seseke ; ibid. 2363, obs. Larrieu, Le Stanc et Tréfigny-Goy ; ibid. 2434, obs. d'Avout et Bollée ; JT 2011, n° 128, p. 11, obs. X.D . ; Rev. crit. DIP 2011. 414, note Cachard ; RTD com. 2011. 663, obs. Marmisse-d'Abbadie d'Arrast ; RTD eur. 2011. 475, obs. Guinchard ; JCP 2011. 129, note d'Avout ; CCC 2011, n° 103, note Raymond ; ibid. 2012, Focus n° 53 ; Procédures 2011, n° 585, note Nourrissat ; Europe 2011, n° 96, note Idot ; RJ com. 2011. 274, obs. M.-E. Ancel ; RDC 2011. 511, note Aubert de Vincelles ; RDC 2011. 567, note Treppoz (1re esp.).*

11. Absence de lien de causalité entre l'activité dirigée et la conclusion du contrat. L'art. 15, § 1er, c) (Règl. n° 1215/2012, art. 17, § 1er, c), n'exige pas l'existence d'un lien de causalité entre le moyen employé pour diriger l'activité commerciale ou professionnelle vers l'État membre du domicile du consommateur, à savoir un site internet, et la conclusion du contrat avec ce consommateur. Toutefois, l'existence d'un tel lien de causalité constitue un indice de rattachement du contrat à une telle activité (Règl. n° 44/2201). • CJUE 17 oct. 2013, n° C-218/12 : *D. actu. 29 oct. 2013, obs. Poillot ; D. 2013. 2472 ; ibid. 2014. 1059, obs. Gaudemet-Tallon et Jault-Seseke ; ibid. 1967, obs. d'Avout et Bollée ; Rev. crit. DIP 2014. 630, note Boskovic ; RTD com. 2013. 832, obs. Marmisse-d'Abbadie d'Arrast ; LPA 29 nov. 2013, p. 16, note Legrand ; CCE 2013, n° 126, note Loiseau ; ibid. 2014. Chron. 1, obs. M.-E. Ancel : Gaz. Pal. 20 févr. 2014, p. 22, note Piedelièvre ; ibid. 11 mars 2014, p. 34, note Nioche ; CCC 2014, n° 77, note Raymond ; Europe 2013, n° 559, note Idot ; RLDA janv. 2014. 4936, note de Clavière ; Procédures 2013, n° 341, note Nourissat.*

12. Condition de distance (non). L'art. 15, § 1er (Règl. n° 1215/2012, art. 17, § 1er), n'exige pas que le contrat entre le consommateur et le professionnel ait été conclu à distance (Règl. n° 44/2201). • CJUE 6 sept. 2012, n° C-190/11 : *D. actu. 5 oct. 2012, obs. Kilgus ; D. 2012. 2181 ; ibid. 2013. 1503, obs. Jault-Seseke ; Rev. crit. DIP 2013. 487, note Sinay-Cytermann ; RTD com. 2012. 869, obs. Marmisse-d'Abbadie d'Arrast ; Gaz. Pal. 2012. 3502, note Nioche ; RLDA 12/2012. 4371, obs. de Clavière ; Procédures 2012, n° 351, note Nourissat ; Europe 2012, n° 468, note Idot.*

13. Pluralité de contrats. L'art. 15, § 1, ss. c), du Règl. n° 44/2001 (art. 17, § 1, Règl. n° 1215/2012) peut trouver à s'appliquer à un contrat, conclu entre un consommateur et un professionnel, qui n'entre pas en tant que tel dans le domaine de l'activité commerciale ou professionnelle « dirigée » par ce professionnel « vers » l'État membre du domicile du consommateur, mais qui présente un lien étroit avec un contrat conclu auparavant entre les mêmes parties dans le cadre d'une telle activité dès lors qu'il existe une identité, de droit ou de fait, des parties à ces deux contrats, une identité de l'objectif économique poursuivi au moyen de ceux-ci portant sur le même objet concret et une complémentarité du second contrat au premier contrat en ce qu'il vise à permettre que soit atteint l'objectif économique poursuivi au moyen de ce dernier contrat (Règl. n° 44/2001). • CJUE 23 déc. 2015, *Rüdiger Hobohm,* n° C-297/14 : *D. 2016. 83 ; ibid. 1045, obs. Gaudemet-Tallon et Jault-Seseke ; ibid. 2025, obs. d'Avout et Bollée ; Rev. crit. DIP 2016. 485, note Chalas ; RTD com. 2016. 361, obs. Marmisse-d'Abbadie d'Arrast .*

14. Loterie publicitaire. L'action en justice introduite par le consommateur aux fins de remise du prix apparemment gagné par lui relève de l'art. 15, § 1er, ss. c) (Règl. n° 1215/2012, art. 17, § 1er c), à la condition que le vendeur professionnel se soit juridiquement engagé à payer ce prix au consommateur ; lorsque cette condition n'est pas remplie, une telle action ne relève de la même disposition du Règl. n° 44/2001 que dans l'hypothèse où le consommateur a effectivement passé une commande à ce vendeur professionnel (Règl. n° 44/2201). • CJCE 14 mai 2009, *Renate Ilsinger,* n° C-180/06 : *D. 2009. AJ 1546 ; ibid. 2196, note Bolze et Perreau-Saussine ; ibid. Pan. 1374, obs. Jault-Seseke ; Rev. crit. DIP 2010. 558, note Gaudemet-Tallon ; RTD civ. 2010. 808, obs. Théry ; RTD com. 2009. 825, obs. Marmisse-d'Abbadie d'Arrast ; RJDA 2010, n° 196 ; RLDA oct. 2009. 63, note Quéguiner ; Europe 2009, n° 290, obs. Idot.* ♦ V. également, approuvant la qualification de contrat de consommation au sens de l'art. 15 du Règl. (CE) Bruxelles I (Règl. n° 1215/2012, art. 17) et, par suite, la saisine du tribunal du domicile du consommateur en application de l'art. 16 du même Règl. (Règl. n° 1215/2012, art. 18) pour l'obtention des sommes d'argent promises et non versées par une société organisatrice de loteries, dès lors que le demandeur à l'action passe commande auprès de cette dernière (Règl. n° 44/2201). • Civ. 1re, 7 mai 2010, n° 09-11.177 P : *R., p. 466 ; D. 2010. Actu. 1292, obs. Gallmeister ; D. 2010. Pan. 2196, note Bolze et Perreau-Saussine ; ibid. 2011. Pan. 1374, obs. Jault-Seseke ; Rev. crit. DIP 2010. 558, note Gaudemet-Tallon ; RTD civ. 2010. 808, obs. Théry ; Gaz. Pal. 2-3 juin 2010, p. 23, note Piedelièvre ; ibid. 5 oct. 2010, p. 12, obs. Domingo ; JCP 2010. 753, note Devers ; JDI 2011, p. 140, note Brière* • 7 mai 2010, n° 08-16.071 P : *ibid.* (Règl. n° 44/2201). ♦ Comp. lorsque aucune commande n'a été effectuée (Règl. n° 44/2201), • Civ. 1re, 7 mai 2010, n° 09-14.324 P. ♦ V. égal. notes ss. art. 7.

15. L'action juridictionnelle, par laquelle un consommateur vise à faire condamner, dans l'État contractant (État membre) sur le territoire duquel il est domicilié et en application de la législation de cet État, une société de vente par correspondance, établie dans un autre État contractant (État membre), à la remise d'un gain, lorsque celle-ci lui avait adressé personnellement un envoi de nature à donner l'impression qu'un prix lui sera attribué à la condition qu'il commande des marchandises pour un montant déterminé et que le consommateur passe effectivement une telle commande sans cependant obtenir le versement dudit gain, est de nature contractuelle au sens de l'art. 13-3° (Règl. n° 1215/2012, art. 17, § 1 c) (Conv. 27 sept. 1968). • CJCE 11 juill. 2002, n° C-96/00 : *D. 2002. IR 2579 ; Rev. crit. DIP 2003. 482, note Rémy-Corlay ; RTD com. 2003. 206, obs. Marmisse ; JCP 2003. II. 10055, note Claret ; Gaz. Pal. 19-20 févr. 2003, p. 30, note Niboyet ; LPA 30 oct. 2003, p. 10, note C. L. ; JDI 2003, p. 651, obs. Huet et Leclerc.* ♦ Comp., pour la position de la Cour de cassation, en faveur d'un fondement quasi contractuel (Conv. 27 sept. 1968). • Cass., ch. mixte, 6 sept. 2002, n° 98-22.981 P : *D. 2002. 2963, note Mazeaud ; ibid. 2531, obs. Lienhard ; RTD civ. 2003. 94, obs. Mestre et Fages ; RTD com. 2003. 355, obs. Bouloc ; JCP 2002. I, n° 186, § 1er, obs. Viney ; ibid. II, n° 10173, note Reifegerste ; JCP E 2002, cah. dr. ent. n° 5, p. 38, obs. Mainguy ; ibid. n° 1687, note Viney ; Gaz. Pal. 2002, jur. p. 1725, concl. de Gouttes ; CCE 2002, n° 156, note Stoffel-Munck ; CCC 2002, n° 151, note Raymond ; RLDA 2002/54, n° 3427, chron. Fages.*

c. Exclusion des contrats de transport

16. Contrat de voyage. Aux termes de l'art. 16, § 1er, du Règl. n° 44/2001 (Règl. n° 1215/2012, art. 18, § 1er), le consommateur peut porter son action devant le tribunal du lieu où il a son domicile, ce principe s'appliquant, selon l'art. 15, § 3 (Règl. n° 1215/2012, art. 17, § 3), aux contrats qui combinent voyage et hébergement (Règl. n° 44/2201). • Civ. 1re, 5 avr. 2008, n° 07-18.064 : *CCC 2009, n° 31, note Raymond.* ♦ V. sur la qualification de contrat de transport au sens de l'art. 15, § 3, du Règl. Bruxelles I (Règl. n° 1215/2012, art. 17, § 3), un contrat ayant pour objet un voyage en cargo qui, pour un prix forfaitaire, combine voyage et hébergement (Règl. n° 44/2201) : • CJUE 7 déc. 2010, *Pammer & Hotel Alpenhof GesmbH c/ Heller,* n° C-585/08 : *préc. note 10.* ♦ En vertu de l'art. 15, § 3, du Règl. (CE) n° 44/2001 du 22 déc. 2000 (Règl. n° 1215/2012, art. 17, § 3), les règles de compétence en matière de contrats conclus par les consommateurs ne s'appliquent pas aux contrats de transport autres que ceux qui, pour un prix forfaitaire, combinent voyage et hébergement. Pour déclarer compétente la juridiction de proximité du domicile du passager, l'arrêt retient que les deux parties étant domiciliées en France, les règles de compétence françaises sont applicables, notamment l'art. L. 141-5, devenu art. R. 631-3 C. consom. En statuant ainsi, alors qu'il ressortait de ces constatations que le passager avait conclu un contrat de transport sans hébergement, la cour d'appel a violé les art. 2, 15, § 3, et 16, § 1er, du Règl. préc. (Règl. n° 1215/2012, art. 4, 17, § 3, et 18, § 1er) (Règl. n° 44/2201). • Civ. 1re, 22 févr. 2017, n° 15-27.809 P : *D. actu. 1er mars 2017, obs. Delpech ; D. 2017. 516 ; ibid. 1011, obs. Gaudemet-Tallon et Jault-Seseke ; ibid. 1441, obs. Kenfack ; Rev. crit. DIP 2018. 257, note Heymann ; JCP E 2017. 1479, obs. Heymann ; ibid. n° 1266, note Poissonnier et Dupont (1er arrêt) ; Gaz. Pal. 4 avr. 2017, p. 14, note Paulin (2e arrêt) ; CCC 2017, n° 114, obs. Bernheim-Desvaux ; LPA 4 mai 2017, note Legrand.* ♦ Un recours en indemnisation introduit par un passager contre le transporteur aérien effectif, avec lequel ce passager n'a pas conclu de contrat, ne relève pas du champ d'application de ces articles relatifs à la compétence spéciale en matière de contrats conclus par les consommateurs (Règl. n° 44/2001, art. 15 et 17). • CJUE 26 mars 2020, n° C 215/18 : *cité note 37 ss. art. 7 du présent Règl.*

17. Contrat de déménagement. Si le contrat de déménagement inclut certes le transport des marchandises, son objet n'est cependant pas limité au transport, puisque englobant la manutention, voire le rangement du mobilier, de sorte qu'il peut être qualifié à ce titre de contrat d'entreprise. L'action en paiement dérivant du contrat de déménagement doit donc être portée devant la juridiction du domicile de la cliente, consommateur (Règl. n° 44/2201). • Civ. 1re, 4 nov. 2015, n° 14-19.981 P : *D. actu. 20 nov. 2015, obs. Delpech ; D. 2015. 2325 ; ibid. 2016. 1045, obs. Gaudemet-Tallon et Jault-Seseke ; ibid. 2025, obs. d'Avout et Bollée ; Rev. crit. DIP 2016. 485, note Chalas ; JCP E 2016. 1494, obs. Bon-Garcin ; CCC 2016, n° 23, note Berheim-Desvaux.*

d. Détermination du domicile

18. Domicile du consommateur. Transfert du domicile du consommateur. L'art. 15, § 1er, ss. c), de la Conv. concernant la compétence judiciaire, la reconnaissance et l'exécution des décisions en matière civile et commerciale, signée le 30 oct. 2007 (Règl. n° 1215/2012, art. 17, § 1er, ss. c), dont la conclusion a été approuvée au nom de la CE par la Décis. 2009/430/CE du Conseil du 27 nov. 2008, doit être interprété en ce sens que cette disposition détermine la compétence dans le cas où le professionnel et le consommateur, parties à un contrat de consommation, étaient, à la date de la conclusion de ce contrat, domiciliés dans le même État lié par cette convention, et où un élément d'extranéité du rapport juridique n'est apparu que postérieurement à ladite conclusion, en raison du transfert ultérieur du domicile du consommateur dans un autre État lié par ladite convention. • CJUE, 30 sept. 2021, n° C-296/20 : *D. actu. 12 oct. 2021, note Mélin ; D. 2021. 1819 ; Gaz. Pal. 23 nov. 2021, p. 34, note S. Piédelièvre ; ibid. 8 févr. 2022, p. 63, note Clavel-Thoraval ; Europe 2021, n° 420, note Idot ; Banque et Dr. 1-2/2022, p. 80, note Morel-Maroger.* ♦ Rappr. note 5 ss. art. 18 du présent Règl.

Art. 18 **1. L'action intentée par un consommateur contre l'autre partie au contrat peut être portée soit devant les juridictions de l'État membre sur le territoire duquel est domiciliée cette partie, soit, quel que soit le domicile de l'autre partie, devant la juridiction du lieu où le consommateur est domicilié.**

2. L'action intentée contre le consommateur par l'autre partie au contrat ne peut être portée que devant les juridictions de l'État membre sur le territoire duquel est domicilié le consommateur.

3. Le présent article ne porte pas atteinte au droit d'introduire une demande reconventionnelle devant la juridiction saisie de la demande originaire conformément à la présente section.

a. Consommateur demandeur

1. Un consommateur peut, par application de l'art. 16, § 1er (Règl. n° 1215/2012, art. 18, § 1er), attraire une agence de voyage devant la juridiction du lieu de son domicile, ce principe s'appliquant aux contrats qui combinent voyage et hébergement (Règl. n° 44/2201). • Civ. 1re, 5 avr. 2008, n° 07-18.064 : *CCC 2009, n° 31, note Raymond (non-application de l'art. 46 C. pr. civ. à un contrat conclu en France entre Français – moyen soulevé d'office).*

2. La notion d'« autre partie au contrat » prévue à l'art. 16, § 1er, du Règl. n° 44/2001 (Règl. n° 1215/2012, art. 18, § 1er) désigne également le cocontractant de l'opérateur auprès duquel le consommateur a conclu ce contrat et qui a son siège sur le territoire de l'État membre du domicile de ce consommateur (Règl. n° 44/2201). • CJUE 14 nov. 2013, n° C-478/12 : *D. actu. 25 nov. 2013, obs. Mélin ; D. 2013. 2784 ; ibid. 2014. 1059, obs. Gaudemet-Tallon et Jault-Seseke ; JT 2014, n° 160, p. 11, obs. Delpech ; Rev. crit. DIP 2014. 639, note Chalas ; Gaz. Pal. 8-9 janv. 2013, p. 9, note Prieur ; ibid. 19-20 févr. 2014, p. 23, note Piedelièvre ; Europe 2014, n° 49, note Idot.*

3. L'art. 16, § 1er (Règl. n° 1215/2012, art. 18, § 1er), ne s'applique pas à l'action d'un consommateur visant à faire valoir, devant le tribunal du lieu où il est domicilié, non seulement ses propres droits, mais également des droits cédés par d'autres consommateurs domiciliés dans le même État membre, dans d'autres États membres ou dans des États tiers (Règl. n° 44/2201). • CJUE 25 janv. 2018, n° C-498/16 : *cité note 4 ss. art. 17, du présent règl.*

b. Consommateur défendeur

4. Domicile inconnu. Dans une situation dans laquelle un consommateur partie à un contrat de prêt immobilier de longue durée, assorti d'une obligation d'informer le cocontractant de tout changement d'adresse, renonce à son domicile avant l'introduction d'une action à son encontre pour violation de ses obligations contractuelles, les tribunaux de l'État membre sur le territoire duquel se trouve le dernier domicile connu du consommateur sont compétents, au titre de l'art. 16, § 2, dudit Règl. (Règl. n° 1215/2012, art. 18, § 2), pour connaître de cette action lorsqu'ils ne parviennent pas à déterminer, en application de l'art. 59 du même Règl. (Règl. n° 1215/2012, art. 62), le domicile actuel du défendeur et qu'ils ne disposent pas non plus d'indices probants leur permettant de conclure que celui-ci est effectivement domicilié en dehors du territoire de l'Union européenne (Règl. n° 44/2201). • CJUE 17 nov. 2011, n° C-327/10 : *D. actu. 24 nov. 2011, obs. Delpech ; D. 2011. 2876 ; ibid. 2012. 1228, obs. Gaudemet-Tallon et Jault-Seseke ; Rev. crit. DIP 2012. 411, note Requejo et Cuniberti ; Europe 2012, n° 53, note Idot.* ♦ Le règlement ne s'oppose pas à l'application d'une disposition du droit procédural interne d'un État membre qui, dans un souci d'éviter une situation de déni de justice, permet de mener une procédure à l'encontre et en l'absence d'une personne dont le domicile n'est pas connu, si la juridiction saisie du litige s'est assurée, avant de statuer sur celui-ci, que toutes les recherches requises par les principes de diligence et de bonne foi ont été entreprises pour retrouver le défendeur (Règl. n° 44/2201). • Même arrêt.

5. Moment pertinent pour déterminer le domicile du consommateur. La notion de « domicile du consommateur » visée à l'art. 18, § 2, doit être interprétée comme désignant le domicile du consommateur à la date de l'introduction du recours juridictionnel. • CJUE, ord., 3 sept. 2020, n° C-98/20 : *RTD com. 2021. 227, obs. A. Marmisse-d'Abbadie d'Arrast .*

Art. 19 Il ne peut être dérogé aux dispositions de la présente section que par des conventions :

1) postérieures à la naissance du différend ;

2) qui permettent au consommateur de saisir d'autres juridictions que celles indiquées à la présente section ; ou

3) qui, passées entre le consommateur et son cocontractant ayant, au moment de la conclusion du contrat, leur domicile ou leur résidence habituelle dans un même État membre, attribuent compétence aux juridictions de cet État membre, sauf si la loi de celui-ci interdit de telles conventions.

SECTION V *Compétence en matière de contrats individuels de travail*

Art. 20 1. En matière de contrats individuels de travail, la compétence est déterminée par la présente section, sans préjudice de l'article 6, de l'article 7, point 5), et, dans le cas d'une action intentée à l'encontre d'un employeur, de l'article 8, point 1).

2. Lorsqu'un travailleur conclut un contrat individuel de travail avec un employeur qui n'est pas domicilié dans un État membre mais possède une succursale, une agence ou tout autre établissement dans un État membre, l'employeur est considéré, pour les contestations relatives à leur exploitation, comme ayant son domicile dans cet État membre.

BIBL. ▸ JAULT, *LPA 15 oct. 2003, p. 5* (action du salarié dans les rapports internationaux de travail).

1. Pluralité de défendeurs. Pour une application de l'art. 8, § 1er, par renvoi de l'art. 20, § 1er : • Soc. 12 avr. 2018, n° 16-24.866.

2. Exclusion des art. 7, § 1er, et 7, § 2. Dans une situation dans laquelle une société assigne en justice une personne ayant exercé les fonctions de directeur et de gérant de cette société afin de faire constater des fautes commises par cette personne dans l'exercice de ses fonctions et d'en obtenir réparation, les art. 18 à 21 (Règl. n° 1215/2012, art. 20 à 23) font obstacle à l'application de l'art. 5, § 1er et 3 (Règl. n° 1215/2012, art. 7, § 1er et 7, § 2), à condition que ladite personne ait, en sa qualité de directeur et de gérant, accompli pendant un certain temps en faveur de cette société et sous la direction de celle-ci des prestations en contrepartie desquelles elle percevait une rémunération (Règl. n° 44/2201). • CJUE 10 sept. 2015, n° C-47/14 : *cité note 13 ss. art. 7, du présent Règl.*

3. Ambassade d'un État tiers. Une ambassade d'un État tiers située sur le territoire d'un État membre constitue un « établissement » au sens de l'art. 18, § 2 (Règl. n° 1215/2012, art. 20, § 2), dans un litige relatif à un contrat de travail conclu par celle-ci au nom de l'État accréditant, lorsque les fonctions accomplies par le travailleur ne relèvent pas de l'exercice de la puissance publique (Règl. n° 44/2201). • CJUE 19 juill. 2012, n° C-154/11 : *D. 2013. 1503, obs. Jault-Seseke ; RDT 2012. 588, obs. Jault-Seseke ; Rev. crit. DIP 2013. 217, note Pataut ; Procédures 2012, n° 282, note Nourissat ; Europe 2012, n° 412, note Idot.*

Art. 21 1. Un employeur domicilié sur le territoire d'un État membre peut être attrait :

a) devant les juridictions de l'État membre où il a son domicile ; ou

b) dans un autre État membre :

i) devant la juridiction du lieu où ou à partir duquel le travailleur accomplit habituellement son travail ou devant la juridiction du dernier lieu où il a accompli habituellement son travail ; ou

ii) lorsque le travailleur n'accomplit pas ou n'a pas accompli habituellement son travail dans un même pays, devant la juridiction du lieu où se trouve ou se trouvait l'établissement qui a embauché le travailleur.

2. Un employeur qui n'est pas domicilié sur le territoire d'un État membre peut être attrait devant les juridictions d'un État membre conformément au paragraphe 1, point b).

a. Employeur domicilié sur le territoire d'un État membre

1. Exclusion des règles de compétence interne. L'art. 19, § 2, a) (Règl. n° 1215/2012, art. 21, § 2 a), instaure des règles de compétence spéciales qui interdisent au juge de l'État membre, saisi par un salarié d'une demande dirigée contre un employeur domicilié dans un autre État membre, de se référer à ses propres règles de compétence pour déterminer quelle est la juridiction compétente (Règl. n° 44/2201). • Soc. 20 sept. 2006, n° 04-45.717 P : *D. 2006. 2344 ; Dr. soc. 2006. 1200, obs. J.-P. Lhernould .*

2. Co-emploi. Dès lors qu'un salarié a accompli son travail sous la direction et au profit d'une société de droit finlandais et de sa filiale, dont les intérêts, les activités et la direction étaient confondus, la juridiction saisie du lieu d'exécution en France du travail est compétente (Règl. n° 44/2201). • Soc. 19 juin 2007, n° 05-42.551 P : *D. 2007. AJ 1973 ; RDT 2007. 543, note Jault-Seseke ; JCP S 2007. 1618, note Coursier.* ♦ Doit ainsi être rejeté le pourvoi formé contre un arrêt qui retient la compétence du juge prud'homal pour connaître d'une demande indemnitaire de salariés travaillant en France dirigée contre une société ayant son siège en Allemagne et qui condamne celle-ci en qualité de co-employeur, dès lors qu'il constate qu'en raison d'une confusion d'intérêts, d'activités et de direction entre cette société mère de droit allemand et sa filiale française, la société mère assurait la gestion des ressources humaines de cette filiale, à laquelle elle avait imposé de cesser son activité en organisant alors le licenciement de son personnel, et que le dirigeant de la filiale ne disposait plus d'aucun pouvoir effectif, étant entièrement soumis aux instructions et directives de la *direction du groupe, au seul profit de celui-ci,* du fait de son immixtion dans la gestion du personnel travaillant en France (Règl. n° 44/2201). • Soc. 30 nov. 2011, n° 10-22.964 P : *D. actu. 2 janv. 2010, obs. Perrin ; D. 2011. 3004 ; ibid. 2012. 1228, obs. Gaudemet-Tallon et Jault-Seseke ; ibid. 2331, obs. d'Avout et Bollée ; Dr. soc. 2012. 140, note Devers ; JCP 2012 110, note Dedessus-Le-Moutier JCP E 2012. 1279, obs. Morvan ; Gaz. Pal. 17 déc. 2011, p. 7.* ♦ Viole l'art. 19 (Règl. n° 1215/2012, art. 21) la cour d'appel, saisie de demandes de salariés d'une société française dirigées contre la société mère allemande, qui retient sa compétence à l'égard de cette dernière, alors qu'il ne résultait pas de ses constatations une situation apparente de co-emploi constituée par une confusion d'intérêts, d'activités et de direction se manifestant par une immixtion de la société mère dans la gestion économique et sociale de sa filiale (Règl. n° 44/2201). • Soc. 18 déc. 2013, n° 12-25.686 P : *D. actu. 21 janv. 2014, obs. Mélin ; D. 2014. 89 ; Rev. crit. DIP 2014. 426, note Jault-Seseke .*

3. Lieu d'accomplissement habituel du travail. Le lieu de travail habituel est l'endroit où le travailleur accomplit la majeure partie de son temps de travail pour le compte de son employeur, en tenant compte de l'intégralité de la période d'activité du travailleur. En cas de périodes stables de travail dans des lieux successifs différents, le dernier lieu d'activité devrait être retenu dès lors que, selon la volonté claire des parties, il a été décidé que le travailleur y exerçait de façon stable et durable ses activités. Dès lors, ne donne pas de base légale à sa décision la cour d'appel qui, par des motifs impropres à caractériser le dernier lieu de travail habituel au sens de l'art. 19 (Règl. n° 1215/2012, art. 21), retient la compétence du conseil de prud'hommes de Cannes, après avoir constaté qu'engagé par l'armateur en juin 2002, le salarié accomplissait son travail sur un navire effectuant des trajets internationaux, et qu'à compter du 1er sept. 2004 jusqu' au 25 janv. 2005, date de la rupture de son contrat de travail, il avait travaillé au port Canto à Cannes, en a déduit qu'en raison de l'exécution de ses activités durant cinq mois à Cannes, ce lieu devait être considéré comme le dernier lieu où le salarié avait accompli habituellement son travail (Règl. n° 44/2201). • Soc. 31 mars 2009, n° 08-40.367 P : *D. 2009. 1149 ; Dr. soc. 2009. 733, obs. Chaumette ; RDT 2010. 55, chron. Rémy, Feuerborn, Jault-Seseke et*

Rönnmar ; JCP S 2009. Actu. 199 ; RDC 2009. 1543, obs. Deumier ; LPA 12/5/2010, p. 6, note Tricoit. ♦ Une cour d'appel ayant constaté que l'autorisation d'exécuter pour partie la prestation de travail à son domicile situé à Slough, obtenue par le salarié de ses supérieurs hiérarchiques en 2008, n'a pas remis en cause la localisation de son emploi à Londres, que l'employeur n'a jamais donné son accord à un transfert en France du lieu de travail de son salarié, la tolérance dont il a bénéficié pour travailler chez lui une partie de la semaine alors qu'il n'était plus domicilié au Royaume-Uni ne pouvant s'analyser qu'en une dérogation précaire aux termes du contrat fixant la localisation de son poste de travail à Londres, et que, par ailleurs, sur l'ensemble de la période d'activité du salarié employé du 5 févr. 2007 au 29 déc. 2010, celui-ci a accompli la majeure partie de son temps de travail à Londres, qui est constamment demeuré le centre effectif de ses activités professionnelles, en a déduit à bon droit qu'en l'absence de volonté claire des parties, il n'a pas été convenu que le travailleur exercerait de façon stable et durable ses activités à son domicile en France (Règl. n° 44/2201). • Soc. 27 nov. 2013, n° 12-24.880 P : *D. actu. 17 déc. 2013, obs. Peyronnet ; D. 2013. Actu. 2859 ; JCP S 2013, n° 490 (2e esp.) ; JCP S 2014. 1155, note Piacitelli-Guedji.* ♦ V. encore pour la détermination du lieu de travail habituel en France : • Soc. 21 mars 2018, n° 16-27.653 • 12 mars 2008, n° 01-55.654 (Conv. 27 sept. 1968). ♦ Doit être cassé l'arrêt d'une cour d'appel qui, après avoir constaté qu'un salarié avait toujours effectué son travail à Aulnay-sous-Bois, déclare la juridiction prud'homale française incompétente pour statuer sur ses demandes au titre de son licenciement prononcé dans le cadre d'une procédure collective au motif que cette procédure ayant été ouverte par un tribunal belge et que, selon la loi belge, cette dernière est applicable au litige (Règl. n° 44/2201). • Civ. 2e, 27 nov. 2013, n° 12-20.426 P : *D. actu. 19 déc. 2013, obs. Ines ; D. 2013. 2859 ; Rev. crit. DIP 2014. 858, note Jude ; RDT 2014. 8, obs. Guiomard ; JCP S 2014. 1155, note Piacitelli-Guedji.*

4. *Indifférence de la délivrance d'un certificat de sécurité sociale.* La délivrance d'un certificat *E 101* par l'organisme de sécurité sociale espagnole n'a d'effet qu'à l'égard des régimes de sécurité sociale, en application de l'art. 1er du Règl. (CEE) n° 1408/1971 du 14 juin 1971 relatif à l'application des régimes de sécurité sociale aux travailleurs salariés, aux travailleurs non salariés et aux membres de leur famille qui se déplacent à l'intérieur de la Communauté. La détermination de la juridiction compétente devait être faite en application des dispositions de l'art. 19 du Règl. n° 44/2001 (Règl. n° 1215/2012, art. 21) (Règl. n° 44/2201). • Soc. 29 sept. 2014, n° 13-15.802 P : *D. 2014. 2004 ; ibid. 2015. 1056, obs. Gaudemet-Tallon et Jault-Seseke ; Gaz. Pal. 21-23 déc. 2014, p. 34, obs. Orif ; JCP S 2015. 1063, note Tricoit ; RDC 2015. 303, note Haftel.*

5. *Lieu à partir duquel.* En cas de recours formé par un membre du personnel navigant d'une compagnie aérienne ou mis à sa disposition, et afin de déterminer la compétence de la juridiction saisie, la notion de « lieu où le travailleur accomplit habituellement son travail » n'est pas assimilable à celle de « base d'affectation », au sens de l'annexe III du Règl. (CEE) n° 3922/91 du Conseil du 16 déc. 1991, relatif à l'harmonisation de règles techniques et de procédures administratives dans le domaine de l'aviation civile, tel que modifié par le Règl. (CE) n° 1899/2006 du Parlement européen et du Conseil, du 12 déc. 2006. La notion de « base d'affectation » constitue néanmoins un indice significatif aux fins de déterminer le « lieu où le travailleur accomplit habituellement son travail » (Règl. n° 44/2201). • CJUE 14 sept. 2017, n° C-168/16 : *D. actu. 22 sept. 2017, obs. Mélin ; D. 2018. 107, note Dupont et Poissonnier ; ibid. 966, obs. Clavel et Jault-Seseke ; Dr. soc. 2017. 1085, obs. Lacoste-Mary ; JT 2017, n° 201, p. 13, obs. Delpech ; Rev. crit. DIP 2018. 279, note Jault-Seseke ; RTD com. 2018. 515, obs. Marmisse-d'Abbadie d'Arrast ; RTD eur. 2018. 163, obs. Grard ; Europe 2017, n° 443, obs. Idot ; Procédures 2017, n° 265, note Nourissat ; RDC 2018. 114, note Tenenbaum (3e arrêt) ; RDT 2017. 816, note Mihman .* ♦ Ainsi, une cour d'appel ne saurait conclure à l'incompétence des juridictions françaises pour juger du licenciement d'un salarié pilote alors qu'elle constate que son contrat de travail lui imposait de choisir un aéroport en tant que « base d'affectation » à partir duquel il commençait ou terminait ses prestations de travail et à partir duquel il rejoignait, le cas échéant, les aéronefs gérés par l'employeur, que cette base d'affectation était un aéroport français où le salarié recevait ses instructions, qu'entre un cinquième et un quart des vols étaient effectués à partir ou à destination de la France, peu important que les formations n'aient pas lieu en France et que les plannings de vols soient établis par la société à Lisbonne (Règl. n° 44/2201). • Soc. 28 févr. 2018, n° 16-17.505 P : *D. actu. 9 mars 2018, obs. Mélin ; D. 2018. 966, obs. Clavel et Jault-Seseke ; JCP 2018. 525, note Dupont et Poissonnier ; JCP S 2018. 1141, note Tricoit ; RDT 2018. 254* • 28 févr. 2018, n° 16-12.754 P : *D. actu. 9 mars 2018, obs. Mélin ; D. 2018. 515 ; ibid. 966, obs. Clavel et Jault-Seseke ; JCP 2018. 525, note Dupont et Poissonnier ; JCP S 2018. 1148, note Carré.*

6. Ayant constaté que les salariés commandants de bord commencent et terminent toutes leurs prestations de travail en France, peu important que des cycles de rotations les conduisent dans différents pays du globe ; que la société disposait d'un établissement principal dans un aéroport international situé en France d'où les pilotes commençaient ou finissaient leur service, assuraient les tâches administratives et les jours d'astreinte ; qu'elle était immatriculée à un registre du commerce en France, peu important que son siège social soit situé en Grande-Bretagne et que ses avions soient immatriculés au Zimbabwe ; qu'elle avait choisi une implantation en France (hub européen ou plate-forme) dans des locaux et infrastructures à partir desquels son activité de fret de denrées périssables était exercée de façon habituelle, stable et continue ; que les salariés affectés à cette activité de transport aérien y avaient le centre effectif de leur activité professionnelle, l'aéroport international situé en France étant leur base et tous les frais en dehors de ce dernier étant pris en charge par l'employeur, une cour d'appel, en déclarant la juridiction française compétente pour connaître de la rupture du contrat de travail, a fait une exacte application des dispositions de l'art. 19 du Règl. du 22 déc. 2000 (Règl. n° 1215/2012, art. 21), telles qu'interprétées par la CJUE, selon laquelle, lorsque l'obligation du salarié d'effectuer les activités convenues s'exerce dans plus d'un État contractant (État membre), le lieu où il accomplit habituellement son travail est l'endroit où, ou à partir duquel, compte tenu des circonstances du cas d'espèce, il s'acquitte en fait de l'essentiel de ses obligations à l'égard de son employeur (Règl. n° 44/2201). • Soc. 11 avr. 2012, n° 11-17.096 P : *D. 2012. 1068 ; ibid. 2013. 1503, obs. Jault-Seseke ; ibid. 2432, obs. Kenfack ; Dr. soc. 2012. 648, obs. Chaumette ; RDT 2012. 383, étude Nord ; ibid. 388, obs. Jault-Seseke ; RTD eur. 2013. 292-24, obs. Lonchamp et Reydellet ; JCP E 2012, n° 293 ; JCP S 2012. Act. n° 211 ; JCP S 2012, n° 1353, note Tricoit ; Gaz. Pal. 2012. 1427, note Prieur ; Europe 2014. Chron. 3, obs. Azoulai ; RDT 2012. 388, obs. Jault-Seseke*. ♦ Une cour d'appel, ayant constaté que l'employeur gère un programme de propriété partagée d'une quinzaine d'avions d'affaires immatriculés au Luxembourg, dont il assure l'exploitation et l'entretien et qu'il met à la disposition des copropriétaires avec des pilotes, afin de les amener à la destination de leur choix en Europe, ou en dehors de l'Europe, que les carnets de vol produits par le salarié font apparaître un nombre extrêmement réduit de vols à destination, ou en partance, du Luxembourg et, en revanche, un nombre majoritaire de vols en lien avec le territoire français, que les bulletins de paye révèlent que le salarié a toujours été domicilié en France, que l'employeur reconnaît d'ailleurs, de manière générale, que, parmi les vingt aéroports les plus fréquentés, la part du Luxembourg n'a représenté que 1,25 % des vols de ses avions, alors que celle de la France a atteint 45,50 %, le reste des vols ayant été répartis entre la Suisse (27,65 %), l'Italie (2,84 %), la Belgique (2,17 %) et la Grande-Bretagne (2,14 %), a, en retenant la compétence de la juridiction française, fait une exacte application des dispositions de l'art. 19 du règlement telles qu'interprétées par la CJUE (art. 21, Règl. n° 1215/2012), selon laquelle, lorsque l'obligation du salarié d'effectuer les activités convenues s'exerce dans plus d'un État contractant (État membre), le lieu où il accomplit habituellement son travail est l'endroit où, ou à partir duquel, compte tenu des circonstances du cas d'espèce, il s'acquitte en fait de l'essentiel de ses obligations à l'égard de son employeur (Règl. n° 44/2201). • Soc. 4 déc. 2012, n° 11-27.302 P : *D. actu. 14 janv. 2013, obs. Perrin ; JCP S 2013. 1155, note Pételle-Teyssié.* ♦ V. désormais la nouvelle rédaction de l'art. 21 retenant l'expression « à partir duquel.... ».

b. Employeur non domicilié sur le territoire d'un État membre

7. Lieu de travail habituel. Selon l'art. 21, § 2, un employeur qui n'est pas domicilié sur le territoire d'un État membre peut être attrait, dans un État membre, devant la juridiction du lieu ou, où à partir duquel, le travailleur accomplit habituellement son travail. Tel est le cas d'un masseur-kinésitérapeute employé par une société monégasque, dès lors qu'il exerçait ses fonctions, essentiellement lors d'entraînements, au centre de formation du club qui se trouvait sur le territoire français, qu'un nombre important de rencontres sportives se déroulait sur le territoire français, peu important que des matchs requérant sa présence se soient déroulés au stade Louis II à Monaco. • Soc. 5 déc. 2018, n° 17-19.935 P : *D. actu. 7 janv. 2019, obs. Mélin ; JCP S 2019. 1009, note Lhernould.*

Art. 22 1. L'action de l'employeur ne peut être portée que devant les juridictions de l'État membre sur le territoire duquel le travailleur a son domicile.

2. Les dispositions de la présente section ne portent pas atteinte au droit d'introduire une demande reconventionnelle devant la juridiction saisie de la demande originaire conformément à la présente section.

Demande reconventionnelle. L'art. 20, § 2 (Règl. n° 1215/2012, art. 22, § 2), confère à l'employeur le droit d'introduire, devant la juridiction régulièrement saisie de la demande originaire introduite par un travailleur, une demande reconventionnelle fondée sur un contrat de cession de créance conclu entre l'employeur et le titulaire initial de la créance à une date postérieure à l'introduction de cette demande originaire (Règl. n° 44/2201). • CJUE 21 juin 2018, n° C-1/17 : *D. actu. 11 juill. 2018, obs. Mélin ; D. 2018. Actu. 1392.*

Art. 23 Il ne peut être dérogé aux dispositions de la présente section que par des conventions :

1) postérieures à la naissance du différend ; ou

2) qui permettent au travailleur de saisir d'autres juridictions que celles indiquées à la présente section.

Clause attributive de juridiction optionnelle. Une convention attributive de compétence conclue antérieurement à la naissance d'un différend relève de l'art. 21 (Règl. n° 1215/2012, art. 23) dans la mesure où elle offre la possibilité au travailleur de saisir, en sus des juridictions normalement compétentes en application des règles spéciales des art. 18 et 19 (Règl. n° 1215/2012, art. 20 et 21), d'autres juridictions, y compris, le cas échéant, des juridictions situées en dehors de l'Union (Règl. n° 44/2201). • CJUE 19 juill. 2012, n° C-154/11 : *cité art. 20, note 3, du présent règl.*

SECTION VI *Compétences exclusives*

Art. 24 Sont seules compétentes les juridictions ci-après d'un État membre, sans considération de domicile des parties :

1) en matière de droits réels immobiliers et de baux d'immeubles, les juridictions de l'État membre où l'immeuble est situé.

Toutefois, en matière de baux d'immeubles conclus en vue d'un usage personnel temporaire pour une période maximale de six mois consécutifs, sont également compétentes les juridictions de l'État membre dans lequel le défendeur est domicilié, à condition que le locataire soit une personne physique et que le propriétaire et le locataire soient domiciliés dans le même État membre ;

2) en matière de validité, de nullité ou de dissolution des sociétés ou personnes morales, ou de validité des décisions de leurs organes, les juridictions de l'État membre sur le territoire duquel celles-ci ont leur siège. Pour déterminer le siège, le juge applique les règles de son droit international privé ;

3) en matière de validité des inscriptions sur les registres publics, les juridictions de l'État membre sur le territoire duquel ces registres sont tenus ;

4) en matière d'inscription ou de validité des brevets, marques, dessins et modèles, et autres droits analogues donnant lieu à *[un]* dépôt ou à un enregistrement, que la question soit soulevée par voie d'action ou d'exception, les juridictions de l'État membre sur le territoire duquel le dépôt ou l'enregistrement a été demandé, a été effectué ou est réputé avoir été effectué aux termes d'un instrument de l'Union ou d'une convention internationale.

Sans préjudice de la compétence reconnue à l'Office européen des brevets par la convention sur la délivrance des brevets européens, signée à Munich le 5 octobre 1973, les juridictions de chaque État membre sont seules compétentes en matière d'inscription ou de validité d'un brevet européen délivré pour cet État membre ;

5) en matière d'exécution des décisions, les juridictions de l'État membre du lieu de l'exécution.

BIBL. ▶ ATTAL, *Rev. huiss. mars 2011. suppl. Droit des procédures internationales, p. 2* (la force d'attraction du statut réel en matière de conflit de juridictions). – FALLON, *Mél. Gaudemet-Tallon, Dalloz 2008, p. 241* (l'applicabilité du règlement « Bruxelles I » aux situations externes après l'avis 1/03). – LAGARDE, *Mél. Bellet, Litec, 1991, p. 281* (locations de vacances dans les conventions européennes de droit privé).

A. DROITS RÉELS IMMOBILIERS ET BAUX D'IMMEUBLES

a. Droits réels immobiliers

1. Exemples. Relève de la catégorie des litiges « en matière de droits réels immobiliers » une action devant la juridiction d'un autre État membre, visant à faire constater l'invalidité de l'exercice d'un droit de préemption qui grève cet immeuble et qui produit des effets à l'égard de tous (Règl. n° 44/2201). • CJUE 3 avr. 2014, n° C-438/12 : *D. actu. 14 avr. 2014, obs. Kébir ; D. 2014. 876 ; ibid. 2015. 1056, obs. Gaudemet-Tallon et Jault-Seseke ; Rev. crit. DIP 2014. 704, note d'Avout ; Procédures 2014, n° 172, note Perrot ; Gaz. Pal. 7-9 sept. 2014, p. 18, obs. Nioche.* ♦ Relève de la catégorie des litiges « en matière de droits réels immobiliers » une action en dissolution, au moyen d'une vente dont la mise en œuvre est confiée à un mandataire, de la copropriété indivise sur un bien immeuble (Règl. n° 44/2201). • CJUE 17 déc. 2015 : C-605/14 : *D. actu. 8 janv. 2016, obs. Mélin ; RTD com. 2016. 362, obs. Marmisse-d'Abbadie d'Arrast.* ♦ En conséquence, le juge espagnol est seul compétent pour connaître d'un litige relatif à la propriété et au partage, entre des résidents français, d'une indivision portant sur un immeuble situé en Espagne, de sorte que le juge français doit relever d'office son incompétence en application de l'art. 25 du Règl. (Règl. n° 1215/2012, art. 27) (Règl. n° 44/2201). • Civ. 1re, 20 avr. 2017, n° 16-16.983 P : *D. actu. 2 mai 2017, obs.*

Mélin ; D. 2017. Actu. 921 ; ibid. 2018. Pan. 979, obs. Jault-Seseke ; AJDI 2017. 453, obs. Porcheron ; Clunet 2018, n° 5, obs. Parisot ; JCP 2017. 693, note Perreau-Saussine ; ibid. n° 1315, note Drapier ; Gaz. Pal. 5 sept. 2017, p. 69, note Lerond ; Dr. fam. 2017. Étude 2, obs. Égéa ; ibid., n° 173, note Devers ; Defrénois 22 févr. 2018, p. 32, obs. Callé ; LPA 22 juin 2017, p. 12, note Legrand.

2. Constitue une action en matière de droits réels immobiliers une action tendant à la radiation du registre foncier de l'hypothèque grevant un immeuble, mais ne relève pas de cette notion une action en déclaration de la nullité d'un contrat de crédit et d'un acte notarié relatif à la création d'une hypothèque souscrite en garantie de la créance née de ce contrat. • CJUE 14 févr. 2019, n° C-630/17 : *cité note 7 ss. art. 7, du présent Règl.*

3. Contre-exemples. L'action en résolution d'un contrat de vente portant sur un immeuble et en paiement de dommages et intérêts en raison de cette résolution ne relève pas du champ d'application de la règle de compétence exclusive, en matière de droits réels immobiliers (Conv. 27 sept. 1968). • CJCE 5 avr. 2001, n° C-518/99 : *RTD com. 2002. 207, obs. Marmisse ; JCP 2001. II. 10638, note Bruneau ; Defrénois 2002, art. n° 37622, p. 1437, note Crône.*

4. Constitue une action en matière de droits réels immobiliers une action par laquelle un copropriétaire d'un immeuble tend à faire interdire à un autre copropriétaire de cet immeuble de modifier, arbitrairement et sans l'accord des autres copropriétaires, l'affectation de son bien en copropriété, telle que prévue par un contrat de copropriété, à la condition que cette affectation soit opposable non seulement aux copropriétaires dudit immeuble, mais également à tous, ce dont la juridiction de renvoi doit vérifier. • CJUE 11 nov. 2020, n° C-433/19 : *D. actu. 2 déc. 2020, obs. Mélin ; D. 2020. 2244 ; Europe 2021, n° 38, note Idot.*

5. L'action paulienne formée à l'encontre de l'aliénation d'un immeuble, trouvant son fondement dans un droit de créance, ne relève pas de l'art. 16, § 1er (Règl. n° 1215/2012, art. 24 § 1er) (Conv. 27 sept. 1968). • CJCE 10 janv. 1990, *Reichert*, n° C-115/88 : *D. 1990. 45 ; Rev. crit. DIP 1991. 151, note Ancel ; JDI 1990. 503, obs. Bischoff ; Gaz. Pal. 1990. 1. Somm. 131* • 26 mars 1992, *Reichert*, n° C-261/90 : *cité note 56, ss. art. 7, du présent Règl.*

6. Ne relève pas de l'art. 16-1° (Règl. *n° 1215/2012, art. 24, § 1er*), une action qui vise à empêcher les nuisances affectant des biens fonciers provoquées par des rayonnements ionisants émanant d'une centrale nucléaire sise sur le territoire d'un État voisin (Conv. 27 sept. 1968). • CJCE 18 mai 2006, n° C-343/04 : *D. 2007. 2490, obs. Mallet-Bricout et Reboul-Maupin ; RDI 2006. 356, obs. Trébulle ; Procédures 2007, n° 61, obs. Nourissat.*

7. L'art. 22, § 1er (Règl. n° 1215/2012, art. 24, § 1er), ne s'applique pas à une procédure gracieuse engagée par un ressortissant d'un État membre, déclaré partiellement incapable à la suite de son placement sous le régime de la curatelle conformément à la législation de cet État, devant une juridiction d'un autre État membre en vue d'obtenir l'autorisation de vendre la partie dont il est propriétaire d'un bien immobilier qui est situé sur le territoire de cet autre État membre, dès lors qu'une telle procédure relève de « la capacité des personnes physiques » au sens de l'art. 1er, § 2, ss. a), du Règl. du 22 déc. 2000, laquelle est exclue du champ d'application matériel de celui-ci (Règl. n° 44/2201). • CJUE 3 oct. 2013, n° C-386/12 : *D. actu. 15 oct. 2013, obs. Kébir ; D. 2013. 2407 ; ibid. 2014. 1059, obs. Gaudemet-Tallon et Jault-Seseke ; AJ fam. 2013. 720, obs. Raoul-Cormeil ; Rev. crit. DIP 2014. 182, note Corneloup ; RTD com. 2013. 831, obs. Marmisse-d'Abbadie d'Arrast ; Procédures 2013, n° 346, note Perrot.*

8. Sûreté réelle. En application de l'art. 24 du règlement Bruxelles I *bis*, l'action d'un créancier en contestation de l'état de distribution du produit d'une adjudication judiciaire d'un immeuble, tendant, d'une part, à la constatation de l'extinction par compensation d'une créance concurrente et, d'autre part, à l'inopposabilité de la sûreté réelle garantissant l'exécution de cette dernière créance, ne relève pas de la compétence exclusive des juridictions de l'État membre où l'immeuble est situé ou des juridictions du lieu d'exécution forcée. • CJUE 10 juill. 2019, n° C-722/17 : *D. actu. 1er août 2019, note Mélin ; D. 2019. 1455 ; RTD eur. 2019. 764, obs. Payan.*

b. Baux d'Immeubles

9. Exemples. L'art. 16, § 1er (Règl. n° 1215/2012, art. 24, § 1er), s'applique à un litige dont l'objet est l'existence même du bail immobilier (Conv. 27 sept. 1968). • CJCE 6 juill. 1988, n° 158/87 : *Gaz. Pal. 1988. 2. Somm. 423, obs. Mauro ; JDI 1989. 454, obs. Huet ; Rev. crit. DIP 1989. 545, note Gaudemet-Tallon.* ♦ Pour une application malgré une exception de connexité : • Civ. 1re, 21 sept. 2005, n° 03-20.102 P : *Pluyette et Monéger, Mél. Gaudemet-Tallon, Dalloz 2008, p. 562 ; AJDI 2006. 116, obs. de La Vaissière ; JCP 2006. II. 10043, note Martel ; JCP E 2006. 1802, note Kenfack ; JCP N 2006. 1235, obs. Kenfack ; Rev. Loyers 2005, p. 510, note Peignot.*

10. Relèvent de la compétence exclusive des tribunaux de l'État où est situé l'immeuble tous les litiges concernant les obligations respectives du bailleur et du locataire découlant du contrat de bail, et en particulier ceux qui portent sur l'existence ou l'interprétation de baux, leur durée, la restitution de la possession de l'immeuble au bailleur, la réparation de dégâts causés par le locataire, ou le recouvrement du loyer et des autres frais accessoires à payer par le locataire, tels les frais de consommation d'eau, de gaz et d'électricité. En revanche, des litiges qui ne se rapportent qu'indirectement à l'usage de la propriété louée, tels ceux concernant la perte du bénéfice des vacances et les frais de voyage, ne relèvent pas de la compétence exclusive. • CJCE 15 janv. 1985, n° 241/83 : *Rev. crit. DIP 1986. 128, note Droz ; Gaz. Pal. 1986. 1. Somm. 106 ; JDI 1986. 439, note Huet.* ♦ L'art. 16, § 1er (Règl. n° 1215/2012, art. 24, § 1er), est applicable à une action en dommages-intérêts pour mauvais entretien des lieux et dégâts causés à un logement qu'un particulier avait loué pour y passer quelques semaines de vacances, même lorsqu'elle est intentée par un organisateur professionnel de voyages subrogé dans les droits du propriétaire de l'immeuble (Conv. 27 sept. 1968). • CJCE 27 janv. 2000, n° C-8/98 : *D. 2000. 417, note Boulanger ; RDI 2000. 218, obs. Tomasin ; Rev. crit. DIP 2000. 264, note Muir Watt ; JCP 2000. II. 10432, note Bonneau ; Defrénois 2000. 37235, obs. Crône ; JDI 2000. 550, obs. Huet.* ♦ V. auj. art. 24, § 1er, al. 2.

11. Contre-exemple. L'art. 16, § 1er (Règl. n° 1215/2012, art. 24 § 1er), ne s'applique pas à un contrat par lequel un organisateur professionnel de voyages s'engage à procurer à un client l'usage d'un logement de vacances qui n'est pas la propriété de l'organisateur et à assurer la réservation du voyage, un tel contrat complexe portant sur un ensemble de prestations de services fournies contre un prix global ne constituant pas un bail proprement dit (Conv. 27 sept. 1968). • CJCE 26 févr. 1992, n° C-280/90 : *D. 1992. 454, note Osman ; RDI 1992. 267, chron. Périnet-Marquet ; Rev. crit. DIP 1993. 74, note Droz ; JDI 1992. 505, obs. Huet.* ♦ Il ne s'applique pas en matière de propriété à temps partagé (Conv. 27 sept. 1968). • CJCE 13 oct. 2005, n° C-73/04 : *D. 2005. 2704 ; Rev. crit. DIP 2006. 183, note Muir Watt ; RTD com. 2006. 941, obs. Marmisse-d'Abbadie d'Arrast .*

12. Le bail d'un fonds de commerce, dont l'objet est un meuble incorporel et non un immeuble, ne relève pas de l'art. 16-1° (Règl. n° 1215/2012, art. 24, § 1er) (Conv. 27 sept. 1968). • CJCE 14 déc. 1977, n° 73/77 : *JDI 1978. 388, obs. Bischoff ; RTD com. 1978. 657, obs. Loussouarn et Bourel.*

13. Une demande d'indemnisation pour la jouissance d'une habitation après l'annulation d'un transfert de propriété ne relève pas des matières régies par l'art. 16, § 1er, de la Conv. du 27 sept. 1968 (Règl. n° 1215/2012, art. 24, § 1er) (Conv. 27 sept. 1968). • CJCE 9 juin 1994, n° C-292/93 : *D. 1994. 177 ; Rev. crit. DIP 1995. 123, note Béraudo .* ♦ L'action tendant à faire constater qu'une personne détient un bien immobilier en qualité de *trustee* et à lui faire enjoindre d'établir les documents nécessaires pour que le demandeur devienne titulaire du *legal ownership* n'est pas une action réelle au sens de l'art. 16, § 1er, de la Conv. du 27 sept. 1968 (Règl. n° 1215/2012, art. 24, § 1er) (Conv. 27 sept. 1968). • CJCE 17 mai 1994, n° C-294/92 : *D. 1994. 153 ; Rev. crit. DIP 1995. 123, note Béraudo ; Europe 1994, n° 297.*

B. VALIDITÉ, NULLITÉ OU DISSOLUTION DES SOCIÉTÉS

14. Exemples. Un recours, ayant pour objet le contrôle du caractère raisonnable de la contrepartie que l'actionnaire principal d'une société est tenu de verser aux actionnaires minoritaires de celle-ci en cas de transfert obligatoire de leurs actions à cet actionnaire principal, relève de la compétence exclusive des tribunaux de l'État membre sur le territoire duquel cette société est établie (Règl. n° 44/2201). • CJUE 7 mars 2018, n° C-560/16 : *D. actu. 21 mars 2018, obs. Mélin ; D. 2018. 516 ; ibid. 1934, obs. d'Avout et Bollée ; Rev. sociétés 2018. 671, note Mastrullo ; Rev. crit. DIP 2018. 633, note Bureau ; RTD com. 2018. 517, obs. Marmisse-d'Abbadie d'Arrast ; Procédures 2018, n° 145, note Nourissat ; JCP E 2018. 1496, obs. Menjucq ; Europe 2018, n° 212, note Idot.*

15. Contre-exemples. L'art. 22, § 2 (Règl. n° 1215/2012, art. 24, § 2), ne s'applique pas à un litige dans le cadre duquel une société se prévaut de l'inopposabilité d'un contrat à son égard, en raison de la prétendue invalidité, pour cause de violation de ses statuts, d'une décision de ses organes ayant conduit à la conclusion de celui-ci (Règl. n° 44/2201). • CJUE 12 mai 2011, n° C-144/10 : *R. 2011 de la CJUE, p. 62 ; D. 2011. 1425 ; ibid. 2434, obs. d'Avout et Bollée ; ibid. 2012. 1228, obs. Gaudemet-Tallon et Jault-Seseke ; Rev. crit. DIP 2011. 922, note Treppoz ; RTD com. 2011. 814, obs. Marmisse-d'Abbadie d'Arrast ; RTD eur. 2011. 477, obs. E. Guinchard ; Europe 2011, n° 276, note Idot.* ♦ Ne concerne pas la validité de décisions des organes d'une société une action dans le cadre de laquelle une partie allègue qu'une décision adoptée par un organe d'une société a violé les droits que ladite partie prétend tirer des statuts de cette société (Règl. n° 44/2201). • CJCE 2 oct. 2008, n° C-372/07 : *D. 2008. AJ 2510 ; ibid. 2009. Pan. 2384, obs. d'Avout ; RTD com. 2008. 896, obs. Marmisse-d'Abbadie d'Arrast ; Procédures 2008, n° 330, note Nourrissat ; JCP 2009. I. 107, n° 14, obs. Marmisse-d'Abbadie d'Arrast ; Europe 2008, n° 432, obs. Idot.* ♦ Ne relève pas de l'art. 22, § 2 (Règl. n° 1215/2012, art. 24 § 2), une action qui n'a pas pour objet principal de se prononcer sur la fictivité d'une société, mais tend au paiement de sommes dues au titre d'une gestion fautive (Règl. n° 44/2201). • Civ. 1re, 4 mai

2017, n° 16-12.853 P : *D. actu. 23 mai 2017, obs. Mélin ; D. 2017. Actu. 990 ; ibid. Pan. 2061, obs. Bollée ; ibid. 2018. Pan. 979, obs. Jault-Seseke ; Rev. sociétés 2017. 648, note Mastrullo ; BJS 2017. 539, note Menjucq ; Europe 2017. Étude 2, n° 25, obs. S. C.*

C. VALIDITÉ DES INSCRIPTIONS SUR LES REGISTRES PUBLICS

16. L'art. 22, § 3 (Règl. n° 1215/2012, art. 24, § 3), qui prévoit, en matière de validité des inscriptions sur les registres publics, la compétence exclusive des tribunaux de l'État membre sur le territoire duquel ces registres sont tenus, s'applique à un acte modifiant une donation entre vifs portant sur un bien précis entrant dans l'actif d'une succession, dès lors que cet acte a été passé devant un notaire et enregistré sur un registre tenu dans son étude (Règl. n° 44/2201). • Lyon, 27 mai 2004 : *BICC 2004, n° 1536.*

D. INSCRIPTION OU VALIDITÉ DE BREVETS

17. Applications. La notion de litige en matière d'inscription ou de validité de brevets mentionnée par l'art. 16-4° (Règl. n° 1215/2012, art. 24, § 4) doit être considérée comme une notion autonome destinée à recevoir une application uniforme dans les États contractants (États membres) (Conv. 27 sept. 1968), V. • CJCE 15 nov. 1983, n° 288/82 : *Rev. crit. DIP 1984. 361, note Bonet.* ♦ Sur la compétence en cas d'action en déchéance de marque, V. • Paris, 15 avr. 1992 : *D. 1993. Somm. 349, obs. Audit ; JDI 1993. 153, obs. Huet.*

18. La règle de compétence exclusive de l'art. 16-4° (Règl. n° 1215/2012, art. 24, § 4) concerne tous les litiges portant sur l'inscription ou la validité d'un brevet, quel que soit le cadre procédural dans lequel la question est soulevée, que ce soit par voies d'action ou d'exception, lors de l'introduction de l'instance ou à un stade plus avancé de celle-ci (Conv. 27 sept. 1968). • CJCE 13 juill. 2006, n° C-4/03 : *D. 2007. Pan. 342, obs. Raynard ; RTD com. 2007. 679, obs. Schmidt-Szalewski ; Rev. crit. DIP 2006. 777, étude Wilderspin ; RTD eur. 2007. 679, obs. Schmidt-Szalewski ; Procédures 2007, n° 188, note Nourissat.*

19. Exclusions. La notion de litige en matière d'inscription ou de validité des brevets ne recouvre pas un différend entre un employé, auteur d'une invention pour laquelle un brevet a été demandé ou obtenu, et son employeur lorsque le litige porte sur leurs droits respectifs sur ce brevet découlant de leur relation de travail (Conv. 27 sept. 1968). • CJCE 15 nov. 1983, n° 288/82.

20. L'art. 22, § 4 (Règl. n° 1215/2012, art. 24, § 4), ne s'applique pas aux litiges visant à déterminer si une personne a été inscrite à juste titre en tant que titulaire d'une marque (Règl. n° 44/2201). • CJUE 5 oct. 2017, n° C-341/16 : *D. actu. 18 oct. 2017, obs. Mélin ; D. 2017. Actu. 2036 ; ibid. 2018. Pan. 979, obs. Jault-Seseke ; Procédures 2017, n° 304, note Nourissat ; Europe 2017, n° 493, obs. Idot.*

21. Mesures provisoires ou conservatoires. L'art. 22, § 4 (Règl. n° 1215/2012, art. 24, § 4), ne s'oppose pas à l'application de l'art. 31 (compétence en matière de mesures provisoires ou conservatoires – art. 35 Règl. n° 1215/212) (Règl. n° 44/2201). • CJUE 12 juill. 2012, n° C-616/10 : *cité note 12 ss. art. 8, du présent Règl.*

E. EXÉCUTION DES DÉCISIONS

22. Les actions en opposition à exécution, telles qu'elles sont prévues par l'art. 767 du code allemand de procédure civile, relèvent, en tant que telles, de la règle de compétence de l'art. 16-5°, de la convention (Règl. n° 1215/2012, art. 24, § 5), mais cette dernière disposition ne permet pas, pour autant, de demander devant les tribunaux de l'État contractant (État membre) du lieu d'exécution, par la voie d'une action en opposition à exécution, la compensation entre le droit en vertu duquel l'exécution est poursuivie et une créance sur laquelle les tribunaux de cet État contractant (État membre) ne seraient pas compétents pour statuer si elle faisait l'objet d'une action autonome. • CJCE 4 juill. 1985, n° 220/84. ♦ Une action en référé, introduite devant une juridiction d'un État membre, dans le cadre de laquelle une organisation internationale invoque son immunité d'exécution afin d'obtenir tant la mainlevée d'une saisie-arrêt conservatoire, exécutée dans un État membre autre que celui du for, que l'interdiction de pratiquer de nouveau une telle saisie sur le fondement de mêmes faits, ne relève pas de la compétence exclusive des juridictions de l'État membre dans lequel la saisie-arrêt conservatoire a été exécutée. • CJUE, 3 sept. 2020, n° C-186/19 : *D. 2021. 226, note Foussard ; D. actu. 23 sept. 2020, obs. Mélin ; D. 2020. 1684 ; ibid. 2021. 226, note Foussard ; Rev. crit. DIP 2021. 157, note Cuniberti ; RTD eur. 2020. 934, obs. Ancel .*

23. Action en répétition de l'indu fondée sur l'enrichissement sans cause. L'art. 22, pt 5, du Règl. (CE) n° 44/2001 (Règl. n° 1215/2012, art. 24, § 5), doit être interprété en ce sens qu'une action en restitution fondée sur un enrichissement sans cause ne relève pas de la compétence exclusive prévue à cette disposition, alors même qu'elle a été engagée en raison de l'expiration du délai dans lequel la restitution des sommes indûment versées lors d'une procédure d'exécution forcée peut être réclamée dans le cadre de cette même procédure d'exécution. • CJUE, 9 déc. 2021, n° C-242/20 : *D. actu. 14 janv. 2022, note Mélin ; D. 2021. 2240 ; Europe 2022, n° 66, note Idot.*

24. Renvoi. V. aussi note 6.

SECTION VII *Prorogation de compétence*

Art. 25 1. Si les parties, sans considération de leur domicile, sont convenues d'une juridiction ou de juridictions d'un État membre pour connaître des différends nés ou à naître à l'occasion d'un rapport de droit déterminé, ces juridictions sont compétentes, sauf si la validité de la convention attributive de juridiction est entachée de nullité quant au fond selon le droit de cet État membre. Cette compétence est exclusive, sauf convention contraire des parties. La convention attributive de juridiction est conclue :

a) par écrit ou verbalement avec confirmation écrite ;

b) sous une forme qui soit conforme aux habitudes que les parties ont établies entre elles ; ou

c) dans le commerce international, sous une forme qui soit conforme à un usage dont les parties ont connaissance ou étaient censées avoir connaissance et qui est largement connu et régulièrement observé dans ce type de commerce par les parties à des contrats du même type dans la branche commerciale considérée.

2. Toute transmission par voie électronique qui permet de consigner durablement la convention est considérée comme revêtant une forme écrite.

3. Les juridictions d'un État membre auxquelles l'acte constitutif d'un trust attribue compétence sont exclusivement compétentes pour connaître d'une action contre un fondateur, un *trustee* ou un bénéficiaire d'un trust, s'il s'agit des relations entre ces personnes ou de leurs droits ou obligations dans le cadre du trust.

4. Les conventions attributives de juridiction ainsi que les stipulations similaires d'actes constitutifs de trust sont sans effet si elles sont contraires aux dispositions des articles 15, 19 ou 23 ou si les juridictions à la compétence desquelles elles dérogent sont exclusivement compétentes en vertu de l'article 24.

5. Une convention attributive de juridiction faisant partie d'un contrat est considérée comme un accord distinct des autres clauses du contrat.

La validité de la convention attributive de juridiction ne peut être contestée au seul motif que le contrat n'est pas valable.

BIBL. ▶ M.-E. ANCEL, *Mél. J. Foyer, Economica 2008, p. 22* (l'internationalité à la lumière de la convention d'*electio fori*). – BERNHEIM-DESVAUX, *CCC 2013. Formule 12* (la clause de résolution de litiges optionnelle). – CACHARD, *Mél. Gaudemet-Tallon, Dalloz 2008, p. 189* (la force obligatoire vis-à-vis du destinataire des clauses relatives à la compétence internationale stipulées dans les connaissements). – COIPEL-CORDONNIER, *LGDJ 1999* (les conventions d'arbitrage et d'élection de for en droit international privé). – DERACHE, *RGDA 2012. 543* (efficacité de la clause attributive de compétence en matière d'assurance). – DORANDEN, *JDI 2002. 1001* (la transmission des clauses attributives de compétence en droit internaitonal privé). – FALLON, *Mél. Gaudemet-Tallon, Dalloz 2008, p. 241* (l'applicabilité du règlement « Bruxelles I » aux situations externes après l'avis 1/03). – GOLHEN, *Procédures 2008. Études 5 et 6* (l'assujettissement d'un tiers à une clause attributive de juridiction). – PATAUT, *Mél. Calais-Aulois, Dalloz 2004, p. 807* (clauses attributives de juridiction et clauses abusives). – PLUYETTE et MONÉGER, *Mél. Gaudemet-Tallon, Dalloz 2008, p. 564*.

a. Applicabilité de l'art. 25

1. *Condition d'internationalité.* L'application de l'art. 17 (art. 25, Règl. n° 1215/2012) est subordonnée à la reconnaissance du caractère international de la situation qui s'apprécie, pour des motifs de sécurité juridique, au moment de la conclusion de la clause attributive de juridiction (Conv. 27 sept. 1968). • Civ. 1re, 4 oct. 2005, n° 02-12.959 P : *D. 2005. 2626* ; *ibid. 2006. 1495, obs. Courbe et Jault-Seseke* ; *Rev. crit. DIP 2006. 413, note Audit* ; *RTD com. 2006. 252, obs. Delebecque* ; *JCP 2006. I. 133, § 17, obs. Jeuland ; Gaz. Pal. 25 févr. 2006, p. 24, note Niboyet ; JDI 2006. 169, note Jacquet ; RJ com. 2006 p. 385, note Attal ; RLDA nov. 2005, n° 5461, obs. Costes.* ♦ Ayant constaté que les parties étaient domiciliées sur le territoire d'États membres différents, la cour d'appel a, par ce seul motif, fait ressortir un élément d'extranéité suffisant à établir le caractère international du contrat (Règl. n° 44/2201). • Com. 23 sept. 2014, n° 12-26.585 P : *D. actu. 14 oct. 2014, obs. Delpech ; D. 2014. Actu. 1944* ; *ibid. Chron. C. cass. 2201, obs. Lecaroz* .

2. *Connexité avec le tribunal saisi (non).* L'application de l'art. 17 (Règl. n° 1215/2012, art. 25) ne nécessite aucun élément objectif de connexité entre le litige et le tribunal saisi (Conv. 27 sept. 1968). • CJCE 17 janv. 1980, n° 56/79 : *JDI 1980. 435, obs. Huet.*

b. Domaine de la clause

3. *Litiges contractuels.* Une clause attributive de juridiction, qui s'applique à tout litige découlant de la rupture des relations contractuelles entre les parties, est valable au regard de l'art. 23 (Règl. n° 1215/2012, art. 25) ; elle s'applique quel que soit le fondement de la demande (Règl. n° 44/2201). • Civ. 1re, 6 mars 2007, n° 06-10.946 P : *D. 2007. AJ 951, obs. Chevrier ; RTD com. 2008. 210, obs. Delebecque ; JCP 2008. I. 112, n° 3, obs. Lecourt ; RLDA 09/2007. 1193, obs. Nourissat ; JCP E 2008. 1638, n° 2, obs. Mainguy.*

4. La clause attributive ne vaut que pour le contrat qui la contient et non pour d'autres contrats conclus entre les mêmes parties (Conv. 27 sept. 1968). • Com. 12 déc. 1989, n° 88-10.936 : *JDI 1991. 158, obs. Huet.* ♦ Pour la validité d'une signature globale du contrat : • Civ. 1re, 12 déc. 2006, n° 05-21.388 P : *D. 2007. AJ 221, obs. Chevrier ; RTD com. 2007. 630, obs. Delebecque .*

5. Les parties peuvent limiter la portée de la clause de compétence à certains des litiges que pourrait susciter leur convention : litiges à propos de l'exécution ou de l'interprétation de la convention (Conv. 27 sept. 1968). • Civ. 1re 25 janv. 1983, n° 81-16.415 P : *Rev. crit. DIP 1983. 51, note Gaudemet-Tallon.*

6. Lois de police. C'est souverainement qu'ayant relevé qu'une clause attribuant compétence à un for étranger s'étendait à tous les litiges nés de la relation contractuelle, une cour d'appel en déduit que cette clause s'applique à la rupture brutale du contrat, quand bien même des dispositions impératives constitutives de lois de police seraient applicables au fond du litige (Règl. n° 44/2201). • Civ. 1re, 18 janv. 2017, n° 15-26.105 P : *D. actu. 6 févr. 2017, obs. Mélin ; D. 2017. Pan. 1021, obs. Jault-Seseke ; ibid. 2017. 2070, obs. d'Avout ; ibid. 2561, obs. Clay ; JCP 2017. 325, obs. Virassamy ; ibid. 1001, note Nourissat ; ibid. E 2017. 1358, obs. Grignon ; ibid. 2018, n° 1131, obs. Mainguy ; AJ contrat 2017. 139, note Nourissat ; Europe 2017. Étude 1, n° 22, obs. S. C.*

7. Droit de la concurrence. L'art. 23, § 1er (Règl. n° 1215/2012, art. 25), permet, dans le cas où des dommages et intérêts sont réclamés en justice en raison d'une infraction à l'art. 101 TFUE et à l'art. 53 de l'Accord sur l'Espace économique européen du 2 mai 1992, de prendre en compte les clauses attributives de juridiction contenues dans des contrats de livraison, même si une telle prise en compte a pour effet de déroger aux règles de compétence internationale prévues aux art. 5, § 3, et/ou 6, § 1er, dudit Règl. (Règl. n° 1215/2012, art. 7, § 2, et 8, § 1er), à la condition que ces clauses se réfèrent aux différends relatifs à la responsabilité encourue du fait d'une infraction au droit de la concurrence (Règl. n° 44/2201). • CJCE 21 mai 2015, n° C-352/13 : *cité note 70 ss. art. 7, du présent Règl.* ♦ Viole en conséquence l'art. 23 (Règl. n° 1215/2012, art. 25) l'arrêt qui, pour accueillir une exception d'incompétence, retient que la clause attributive de juridiction contenue dans les contrats liant les parties a vocation à s'appliquer à tout litige né de leur exécution, alors que la clause ne se réfère pas à des pratiques anticoncurrentielles (Règl. n° 44/2201). • Civ. 1re, 7 oct. 2015, n° 14-16.898 P : *D. actu. 19 oct. 2015, obs. Mélin ; D. 2015. 2620, note Jault-Seseke ; ibid. 2526, obs. Centre de droit de la concurrence Yves-Serra ; ibid. 2016. 1045, obs. Gaudemet-Tallon et Jault-Seseke ; ibid. 2025, obs. d'Avout et Bollée ; AJCA 2015. 522, obs. Constantin ; RTD civ. 2015. 844, obs. Usunier ; ibid. 2016. 98, obs. H. Barbier ; JCP 2015, act. n° 1123, obs. Mailhé ; ibid. 1322, note Idot ; JCP E 2016, n° 1087, note M.-E. Ancel et Marion ; JCP N 2016. Chron. n° 241, obs. Nourissat ; Gaz. Pal. 14 nov. 2015, jur. p. 19, note Dupoirier et Bouvard ; ibid. 22 oct. 2015, p. 23, note Berlaud ; RDC 2016. 132, note Tenenbaum ; ibid. 282, note Treppoz ; LPA 24 nov. 2015, p. 8, note Legrand ; RCA 2016. Étude 5, obs. Ciron ; Banque et dr. 2016, p. 68, obs. Affaki.*

8. L'application, à l'égard d'une action en dommages et intérêts intentée par un distributeur à l'encontre de son fournisseur sur le fondement de l'art. 102 TFUE, d'une clause attributive de juridiction contenue dans le contrat liant les parties n'est pas exclue au seul motif que cette clause ne se réfère pas expressément aux différends relatifs à la responsabilité encourue du fait d'une infraction au droit de la concurrence. L'application d'une clause attributive de juridiction dans le cadre d'une action en dommages et intérêts intentée par un distributeur à l'encontre de son fournisseur sur le fondement de l'art. 102 TFUE ne dépend pas du constat préalable d'une infraction au droit de la concurrence par une autorité nationale ou européenne (Règl. n° 44/2001). • CJUE 24 oct. 2018, n° C-595/17. ♦ Tirant les conséquences de l'arrêt de la CJUE : • Civ. 1re, 30 janv. 2019, n° 16-25.259 P : *D. 2019. 262 ; ibid. 1016, obs. Clavel et Jault-Seseke ; ibid. 1956, obs. d'Avout, Bollée et Farnoux ; ibid. 2374, obs. le Centre de droit de la concurrence Yves Serra (CDEDEA n° 4216) ; AJ contrat 2019. 193, obs. Parleani ; Rev. crit. DIP 2019. 786, note Idot ; RTD civ. 2019. 289, obs. Usunier ; JCP 2019. 365, note Nourissat ; ibid. 851, n° 8, obs. Nourissat ; CCC 2019, n° 64, note Malaurie-Vignal ; Europe 2019. Chron. 3, n° 1, obs. Mongouachon.* ♦ Sur le renvoi à la CJUE : • Civ. 1re, 11 oct. 2017, n° 16-25.259 P : *D. actu. 27 oct. 2017, obs. Mélin ; D. 2017. Actu. 2106 ; ibid. 2018. Pan. 975, obs. Jault-Seseke ; JCP 2017. 1279, note Idot ; Europe 2017. Étude 2, n° 27, obs. A.-S. C.-G.*

9. Litige non contractuel. En l'état d'une clause du contrat de concession attribuant compétence aux tribunaux étrangers, la compétence des tribunaux français du lieu du fait dommageable peut être retenue dès lors que le demandeur ne revendique l'application d'aucune des clauses du contrat et ne se prévaut d'aucune inexécution contractuelle, mais fonde sa demande sur des faits de concurrence déloyale postérieurs à la rupture et ne sollicite la reprise des stocks par le concurrent qu'au titre de la réparation du préjudice subi du fait des détournements de clientèle (Conv. 27 sept. 1968). • Com. 21 mars 2000, n° 98-12.688 : *Rev. crit. DIP 2000. 792, note Sinay-Cytermann*.

10. Une clause attributive de juridiction insérée dans un contrat conclu entre deux sociétés ne peut être invoquée par les représentants de l'une d'elles pour contester la compétence d'une juridiction à connaître d'un recours indemnitaire visant à engager leur responsabilité solidaire pour des actes prétendument délictueux accomplis dans l'exercice de leurs fonctions (Règl. n° 44/2201). • CJUE 28 juin 2017, n° C-436/16 : *D. 2017. Actu. 1370 ; ibid. Pan. 2054, obs. d'Avout et Bollée ; ibid. 2018. Pan. 975, obs. Jault-Seseke ; RTD com. 2017. 739, obs. Marmisse-d'Abbadie d'Arrast ; Rev. UE 2017. 570, obs. Cudennec, Boillet, Curtil de Cet-Bertin ; Guéguen-Hallouët et Taillens ; Procédures 2017, n° 236, note Nourissat ; Europe 2017, n° 335, obs. Idot.*

c. Validité de la clause

11. Désignation conventionnelle du lieu d'exécution. Si le lieu d'exécution d'une obligation contractuelle a été désigné par les parties par une clause valide selon le droit national applicable au contrat, le tribunal de ce lieu est compétent pour connaître des litiges relatifs à cette même obligation en vertu de l'art. 5-1°, de la Conv. de Bruxelles du 27 sept. 1968 (Règl. n° 1215/2012, art. 7, § 1er), indépendamment du respect des conditions de forme prévues par l'art. 17 (Règl. n° 1215/2012, art. 25) (Conv. 27 sept. 1968). • CJCE 17 janv. 1980, n° 56/79 : *JDI 1980. 435, obs. Huet.*

12. Partie non commerçante. En matière internationale, la clause attributive de compétence convenue entre une société luxembourgeoise et un Français même non commerçant résidant à Londres, donnant compétence au T. com. de Paris, est valable (Règl. n° 44/2201). • Civ. 1re, 9 janv. 2007, n° 05-17.741 P : *D. 2007. 314, obs. Delpech ; ibid. 2008. 40, obs. Nourissat ; Rev. crit. DIP 2007. 647, note B. Ancel ; RTD com. 2007. 626, obs. Delebecque ; Gaz. Pal. 3 mai 2007, jur. p. 27 ; CCC 2008, n° 114, note Leveneur.* ♦ Une clause attributive de juridiction insérée dans un contrat de transport conclu entre un passager et une compagnie aérienne ne peut être opposée par celle-ci à une société de recouvrement à laquelle le passager a cédé sa créance, à moins que, selon la législation de l'État dont les juridictions sont désignées dans cette clause, cette société de recouvrement n'ait succédé au contractant initial dans tous ses droits et obligations, ce qu'il appartient à la juridiction de renvoi de vérifier. Le cas échéant, une telle clause, qui est insérée sans avoir fait l'objet d'une négociation individuelle dans un contrat conclu entre un consommateur (le passager), et un professionnel (la compagnie aérienne), et qui confère une compétence exclusive à la juridiction dans le ressort de laquelle le siège de celle-ci est situé, doit être regardée comme abusive, au sens de l'art. 3, § 1, de la Dir. 93/13/CEE du Conseil du 5 avr. 1993, concernant les clauses abusives dans les contrats conclus avec les consommateurs. • CJUE 18 nov. 2020, n° C-519/19 : *D. actu. 6 janv. 2021, note Mélin ; D. 2020. 2296 ; ibid. 2021. 412, note Jault-Seseke ; Gaz. Pal. 12 janv. 2021, p. 23, note Dupont et Poissonnier ; Europe 2021, n° 40, note Idot ; CCCE 2021, Chron. n° 1, obs. Ancel.*

13. Viole l'art. 23 (Règl. n° 1215/2012, art. 25) la cour d'appel qui, pour déclarer compétente la juridiction française en ce qui concerne la demande formée par une partie française contre une partie allemande, retient que le contrat est rédigé en anglais et qu'il n'est pas démontré que la partie française, non commerçante a apprécié la présence de la clause attributive de juridiction placée à la dernière ligne du contrat et non spécifiée de manière apparente contrairement aux prescriptions de l'art. 48 C. pr. civ. (Règl. n° 44/2201). • Civ. 1re, 23 janv. 2008, n° 06-21.898 P : *D. 2008. 490 ; ibid. 2560, obs. d'Avout et Bollée ; JCP 2008. II. 10092, note Boismain ; RDC 2008, p. 900, note Deumier.*

14. Clause asymétrique. Les parties peuvent valablement distribuer la compétence entre juridictions d'États différents, selon la nature du litige et selon la partie qui prend l'initiative de l'instance (Conv. 27 sept. 1968). • CJCE 9 nov. 1978, *Meeth*, n° C-23/78 : *Rev. crit. DIP 1981. 127 (1re esp.), note Gaudemet-Tallon ; JDI 1979. 663, obs. Huet* (compétence du tribunal du défendeur) • Civ. 1re, 19 févr. 1980, n° 79-10.586 P : *D. 1981. IR 158 ; Rev. crit. DIP 1982. 127, note Gaudemet-Tallon* (lieu de juridiction du plaignant) (Conv. 27 sept. 1968). ♦ La clause d'élection de for qui impose à l'une des parties d'agir devant les juridictions irlandaises, tandis qu'est réservée à son cocontractant, de manière optionnelle, la faculté de saisir une autre juridiction permettant d'identifier les juridictions éventuellement amenées à se saisir d'un litige opposant les parties à l'occasion de l'exécution ou de l'interprétation du contrat, répond à l'impératif de prévisibilité auquel doivent satisfaire les clauses d'élection de for (Règl. n° 44/2201). • Civ. 1re, 7 oct. 2015, n° 14-16.898 P : *préc. note 7.* ♦ *Adde* • Com. 11 mai 2017, n° 15-18.758 : *D. 2017. 2054, obs. d'Avout et Bollée ; ibid. 2018. 966, obs. Clavel et Jault-Seseke ; Rev. crit. DIP 2017. 483, note Bureau.* ♦ Une clause qui stipule que chaque fois que les lois françaises le permettent, les contestations au sujet des présentes sont soumises au tribunal d'arrondissement du Luxembourg, mais que la banque se réserve la faculté de déroger à cette attribution de compétence si elle le juge opportun, ne contient aucun renvoi à une règle de compétence en vigueur dans un État membre, ni aucun élément objectif suffisamment précis pour identifier la juridiction qui pourrait être saisie, de sorte qu'elle ne répond pas à l'objectif de prévisibilité du considérant 11 du Règl. (Règl. n° 44/2001). • Civ. 1re, 3 oct. 2018, n° 17-21.309 P : *D. 2018. 1974 ; Rev. crit. DIP 2018. 867, et la note ; JCP 2018. 1300, note Mailhé ; ibid. 2019. Chron. n° 118, obs. Nourissat ; Gaz. Pal. 19 févr. 2019, p. 74, note Kleiner.* ♦ *Contra*, auparavant constatant que la clause attributive de juridiction figurant dans le contrat conclu entre une banque et un client, aux termes de laquelle la banque se réservait le droit d'agir au domicile du client ou devant « tout autre tribunal compétent », ne liait en réalité que le client qui était seul tenu de saisir les tribunaux luxembourgeois, le juge du fond en déduit exactement qu'une telle clause revêtait un caractère potestatif à l'égard de la banque, de sorte qu'elle était contraire à l'objet et à la finalité de la prorogation de compétence (Règl. n° 44/2201). • Civ. 1re, 26 sept. 2012, n° 11-26.022 P : *cité note 1 ss. art. 8.*

15. Précision de la clause. L'art. 17 (Règl. n° 1215/2012, art. 25) n'exige pas qu'une clause attributive de juridiction soit formulée de telle façon qu'il soit possible d'identifier la juridiction compétente par son seul libellé et admet que la clause identifie les éléments objectifs sur lesquels les parties se sont mises d'accord pour choisir le tribunal ou les tribunaux auxquels elles entendent soumettre leurs différends nés ou à naître, pourvu que ces éléments soient suffisamment précis pour permettre au juge saisi de déterminer s'il est compétent et puissent être concrétisés, le cas échéant, par les circonstances propres à la situation de l'espèce (Conv. 27 sept. 1968). • CJCE 9 nov. 2000, *Coreck Maritime*, n° C-387/98 : *D. 2000. 298 ; Rev. crit. DIP 2001. 359, note Bernard-Fertier ; RTD com. 2001. 306, obs. Delebecque .*

16. Langue utilisée. Une législation d'un État contractant ne saurait faire obstacle à la validité d'une convention attributive de compétence au seul motif que la langue utilisée n'est pas celle prescrite par cette législation (Conv. 27 sept. 1968). • CJCE 24 juin 1981, *Elefanten Schuh*, n° 150/80.

17. Caractère illisible. Ne satisfait pas aux exigences de l'art. 17 de la Conv. (Règl. n° 1215/2012, art. 25) une clause figurant en caractères illisibles (Conv. 27 sept. 1968). • Com. 27 févr. 1996, n° 94-14.122 : *Rev. crit. DIP 1996. 731, note Gaudemet-Tallon .*

18. Clause par référence. Si la clause attributive de juridiction figure seulement dans les conditions générales de vente reproduites au verso de l'acte contractuel, il n'est satisfait aux exigences de l'art. 17 (Règl. n° 1215/2012, art. 25) que si le contrat signé par les parties renvoie expressément à ces conditions générales (Conv. 27 sept. 1968). • CJCE 14 déc. 1976, *Colzani-Rüwe*, n° 24/76 : *JDI 1977. 134, obs. Bischoff ; Rev. crit. DIP 1977. 576, obs. Mezger.* ♦ V. également, • Civ. 1re, 7 juin 2006, n° 04-14.960 P : *D. actu. 5 juill. 2006, obs. Delpech ; RTD com. 2007. 265, obs. Delebecque ; Procédures 2007, n° 136, note Nourissat.* ♦ Les trois documents établissant la relation contractuelle, soit la confirmation de commande, le bon de livraison et la facture comportant au recto une invitation en français à consulter les conditions de vente et, au verso, la reproduction de l'intégralité des conditions générales de vente en langue allemande, dont une clause attributive de compétence, nonobstant sa rédaction en langue étrangère, cette clause sur laquelle l'attention de l'acheteur avait été spécialement attirée avait fait l'objet d'une acceptation tacite. • Civ. 1re, 15 mai 2018, n° 17-12.044.

19. Une clause attributive de juridiction qui, d'une part, est stipulée dans les conditions générales de fourniture du donneur d'ordre, mentionnées dans les instruments constatant les contrats entre ces parties et transmises lors de leur conclusion, et qui, d'autre part, désigne comme juridictions compétentes celles d'une ville d'un État membre, satisfait aux exigences relatives au consentement des parties et à la précision du contenu de ladite clause (Règl. n° 44/2011). • CJUE 7 juill. 2016, n° C-222/15 : *D. actu. 8 sept. 2016, obs. Mélin ; D. 2017. 1011, obs. Gaudemet-Tallon et Jault-Seseke ; RTD com. 2017. 234, obs. Marmisse-d'Abbadie d'Arrast ; Gaz. Pal. 29 nov. 2016, jur. p. 65, note Herman ; RLDA janv. 2018, n° 6380, note Nourissat.*

20. Est valable la clause figurant dans les conditions imprimées sur un document émanant d'une partie lorsque ce document se situe dans le cadre de rapports commerciaux courants entre les parties et que ces rapports sont régis par des conditions générales comportant ladite clause (Conv. 27 sept. 1968). • Civ. 1re, 9 janv. 1996, n° 93-16.484 P : *Rev. crit. DIP 1996. 731, note Gaudemet-Tallon .*

21. Une clause attributive de juridiction stipulée dans des conditions générales de vente mentionnées dans des factures émises par l'une des parties contractantes ne satisfait pas aux exigences de l'art. 25, § 1er. • CJUE 8 mars 2018, n° C-64/17 : *cité note 40 ss. art. 7, du présent Règl.*

22. Prive sa décision de base légale au regard de l'art. 23 (Règl. n° 1215/2012, art. 25) la cour d'appel qui, pour écarter une clause attributive de juridiction figurant au dos de factures passées entre deux sociétés et donnant compétence à un tribunal de commerce français, relève que la première société ne saurait prétendre que la seconde n'a pas émis d'objection à cette clause puisqu'elle avait assigné la première devant un tribunal luxembourgeois et qu'elle avait contesté par lettre l'ensemble des factures versées aux débats, sans rechercher si la clause litigieuse ne satisfaisait pas aux conditions du texte susvisé (Règl. n° 44/2201). • Civ. 1re, 5 mars 2008, n° 06-20.338 P : *D. 2008. 1729, obs. Delpech, note Kenfack*.

23. Convention verbale. Il est satisfait à la condition de forme lorsqu'il est établi que l'attribution de juridiction a fait l'objet d'une convention verbale portant expressément sur ce point, qu'une confirmation écrite de cette convention émanant de l'une quelconque des parties a été reçue par l'autre et que cette dernière n'a formulé aucune objection (Conv. 27 sept. 1968). • CJCE 11 juill. 1985, n° 221/84 : *Rev. crit. DIP 1986. 335, note Gaudemet-Tallon ; JDI 1986. 453, obs. Bischoff ; Gaz. Pal. 1986. 1. Somm. 106.* ♦ La solution est la même lorsqu'il s'agit de proroger une telle convention. • CJCE 11 nov. 1986, n° 313/85 : *Gaz. Pal. 1987. 1. Somm. 82 ; JDI 1987. 472, note Bischoff ; Rev. crit. DIP 1987. 420, note Gaudemet-Tallon.* ♦ La confirmation écrite de la convention verbale, faite par le vendeur avec la communication des conditions générales de vente, ne satisfait aux exigences de l'art. 17 (Règl. n° 1215/2012, art. 25) que si elle fait l'objet d'une acceptation écrite de l'acheteur, sauf lorsque la convention verbale se situe dans le cadre de rapports commerciaux habituels entre les parties (Conv. 27 sept. 1968). • CJCE 14 déc. 1976, *Segoura*, n° 25/76 : *D. 1977. IR 349 ; Rev. crit. DIP 1977. 581, note Mezger.*

24. Usage. Le consentement des parties contractantes à la clause attributive de juridiction est présumé exister lorsque leur comportement correspond à un usage régissant le domaine du commerce international dans lequel elles opèrent et dont elles ont ou sont censées avoir connaissance. L'existence d'un usage, qui doit être constatée dans la branche commerciale dans laquelle les parties contractantes exercent leur activité, est établie lorsqu'un certain comportement est généralement et régulièrement suivi par les opérateurs dans cette branche lors de la conclusion de contrats d'un certain type. Il n'est pas nécessaire qu'un tel comportement soit établi dans des pays déterminés ni, en particulier, dans tous les États contractants (États membres). La contestation devant les tribunaux d'un comportement constitutif d'un usage ne suffit pas pour lui faire perdre sa qualité d'usage. La connaissance de l'usage doit être appréciée dans le chef des parties originaires à la convention attributive de juridiction, leur nationalité étant sans incidence à cet égard. Cette connaissance est établie, indépendamment de toute forme spécifique de publicité, lorsque, dans la branche commerciale dans laquelle opèrent les parties, un certain comportement est généralement et régulièrement suivi lors de la conclusion d'un certain type de contrats de sorte qu'il peut être considéré comme une pratique consolidée (Conv. 27 sept. 1968), V. • CJCE 16 mars 1999, *Trasporti Castelletti*, n° C-159/97 : *D. 1999. IR 100 ; Rev. crit. DIP 1999. 559, note Gaudemet-Tallon ; JCP E 1999. Pan. 741 ; JDI 2000. 528, obs. Huet ; RG proc. 1999. 698, obs. Delebecque.* ♦ Dans le cadre d'un contrat conclu verbalement dans le commerce international, une convention attributive de juridiction est censée être valablement conclue du fait de l'absence de réaction de l'autre partie contractante à une lettre de confirmation commerciale que son cocontractant lui a envoyée, ou du paiement répété et sans contestation de factures, lorsque ces documents contiennent une mention préimprimée indiquant le lieu du for, si un tel comportement correspond à un usage régissant le domaine du commerce international dans lequel opèrent les parties en question et si ces dernières connaissent cet usage ou sont censées le connaître. Il existe un usage dans une branche du commerce international lorsque, notamment, un certain comportement est généralement suivi par les parties contractantes opérant dans cette branche lors de la conclusion de contrats d'un certain type. La connaissance de cet usage de la part des parties contractantes est établie lorsque, notamment, elles avaient auparavant noué des rapports commerciaux entre elles ou avec d'autres parties opérant dans la branche commerciale en question, ou lorsque, dans celle-ci, un certain comportement est généralement et régulièrement suivi lors de la conclusion d'un certain type de contrat, de sorte qu'il peut être considéré comme une pratique consolidée (Conv. 27 sept. 1968). • CJCE 20 févr. 1997, n° C-106/95 : *D. 1997. 69 ; Rev. crit. DIP 1997. 563, note Gaudemet-Tallon ; Gaz. Pal. 1997. Somm. 301, note Nicolella.*

25. Acceptation par « clic ». La technique d'acceptation par « clic » des conditions générales d'un contrat de vente, conclu par voie électronique, qui contiennent une convention attributive de juridiction, constitue une transmission par voie électronique permettant de consigner durablement cette convention, lorsque cette technique rend possible l'impression et la sauvegarde du texte de celles-ci avant la conclusion du contrat (Règl. n° 44/2201). • CJUE 21 mai 2015, n° C-322/14 : *D. 2015. 1279 ; ibid. 2031, obs. d'Avout et Bollée ; ibid. 2016. 1045, obs. Gaudemet-Tallon et Jault-Seseke ; AJCA 2015. 370, obs. Constantin ; RTD com. 2015. 777, obs. Marmisse-d'Abbadie d'Arrast ; JCP G 2015, chron. n° 1304, obs. Jeuland ; JCP E 2016. 1061, obs. N. M. ; RLDA janv. 2018, n° 6380, note Nourissat ; CCE 2015, n° 67, note Loiseau ; ibid. 2016. Chron. 1, obs. M.-E. Ancel.*

26. Clause insérée dans un connaissement. Une clause attributive de juridiction figurant dans les conditions imprimées sur un connaissement satisfait aux conditions posées à l'art. 17 (Règl. n° 1215/2012, art. 25) de la convention : si le consentement des deux parties aux conditions du connaissement comportant ladite clause a été exprimé par écrit ; ou si la clause attributive de juridiction a fait l'objet d'une convention verbale antérieure entre les parties portant expressément sur cette clause, et dont le connaissement, signé par le transporteur, doit être considéré comme la confirmation écrite ; ou si le connaissement se situe dans le cadre de rapports commerciaux courants entre les parties, dans la mesure où il est établi ainsi que ces rapports sont régis par des conditions générales comportant ladite clause. • CJCE 19 juin 1984, *Tilly Russ*, n° 71/83. ♦ Est applicable et opposable une clause attributive de juridiction invoquée contre une société connue comme praticienne de longue date de l'organisation des transports pour toutes destinations, qui s'adresse de manière habituelle à tous les transporteurs et alors que la clause de compétence figure, suivant une présentation habituelle, au verso du connaissement et sur le site internet de son cocontractant. Cette opposabilité cesse cependant d'être admissible si des erreurs d'appréciation et des confusions ont été commises sur la qualité juridique des opérateurs concernés, notamment lorsqu'ils sont inexactement qualifiés de « chargeur » et de « chargeur réel » (Règl. n° 44/2201). • Com. 23 sept. 2014, n° 13-19.108 : *D. 2015. 1056, obs. Gaudemet-Tallon et Jault-Seseke ; RD transp. 2014, n° 58, obs. Mdendé ; JCP E 2015. 1217, obs. Bourdeau ; Gaz. Pal. 12 mars 2015, p. 20, note Carayol.*

27. Clause insérée dans les statuts. Les exigences de forme doivent être considérées comme remplies à l'égard de tout actionnaire dès lors que la clause figure dans les statuts de la société et que ces statuts sont déposés en un lieu auquel l'actionnaire peut avoir accès ou figurent dans un registre public (Conv. 27 sept. 1968), V. • CJCE 10 mars 1992, n° C-214/89 : *D. 1992. IR 169 ; Rev. crit. DIP 1992. 528, note Gaudemet-Tallon ; RTD civ. 1992. 755, obs. J. Mestre ; JDI 1993. 474, obs. Bischoff ; BJS 1992. 767, note Blaise.*

d. Assujettissement d'un tiers

BIBL. Golhen, *Procédures 2008. Études 5 et 6* (l'assujettissement d'un tiers à une clause attributive de juridiction).

28. Clause insérée dans un connaissement. Une clause attributive de juridiction, convenue entre un transporteur et un chargeur et insérée dans un connaissement, produit ses effets à l'égard du tiers porteur du connaissement pour autant que, en acquérant ce dernier, il ait succédé aux droits et obligations du chargeur en vertu du droit national applicable et, si tel n'est pas le cas, il convient de vérifier son consentement à ladite clause au regard des exigences de l'art. 17, al. 1er (Règl. n° 1215/2012, art. 25, § 1er) (Conv. 27 sept. 1968). • CJCE 9 nov. 2000, *Coreck Maritime*, n° C-387/98 : *préc. note 15* • 19 juin 1984, *Tilly Russ*, n° 71/83 • Com. 16 déc. 2008, n° 08-10.460 P : *D. actu. 5 janv. 2009, obs. Delpech ; D. 2009. 89, obs. Delpech ; ibid. 972, obs. Kenfack ; ibid. 1557, obs. Courbe et Jault-Seseke ; Rev. crit. DIP 2009. 524, note Jault-Seseke ; RTD com. 2009. 643, obs. Delebecque ; DMF 2009. 124, rapp. Potocki et note Delebecque ; Gaz. Pal. 20-21 févr. 2009, p. 46, note Guez ; RLDC 03/2009, n° 3326, obs. Maugéri ; LPA 18 mars 2009, p. 7, obs. Mahinga ; JCP G 2009, act. n° 14 ; JCP 2009. II. 10060, note Kenfack ; Gaz. Pal. 11 avr. 2009, p. 29, note Ghueldre et Fleuris ; RJPF 03/2009. 3326, note Maugéri ; RLDA mars 2009. 74, obs. Combet ; RDC 2009. 1193, note Racine.* ♦ *Adde* • Civ. 1re, 16 déc. 2008, n° 07-18.834 P : *D. actu. 5 janv. 2009, obs. Delpech ; D. 2009. 89, obs. Delpech ; ibid. 972, obs. Kenfack ; ibid. 1557, obs. Courbe et Jault-Seseke ; Rev. crit. DIP 2009. 524, note Jault-Seseke ; RTD com. 2009. 643, obs. Delebecque ; DMF 2009. 124, rapp. Potocki et note Delebecque ; Gaz. Pal. 20-21 févr. 2009, p. 46, note Guez ; RLDC 03/2009, n° 3326, obs. Maugéri ; LPA 18 mars 2009, p. 7, obs. Mahinga ; JCP G 2009, act. n° 14 ; JCP 2009. II. 10060, note Kenfack ; Gaz. Pal. 11 avr. 2009, p. 29, note Ghueldre et Fleuris ; RJPF 03/2009. 3326, note Maugeri ; RLDA mars 2009. 74, obs. Combet ; RDC 2009. 1193, note Racine.* ♦ Comp. une clause attributive de juridiction n'est pas opposable aux assureurs subrogés dans les droits du destinataire, porteur du connaissement, faute d'avoir été acceptée au plus tard lors de la livraison (Conv. 27 sept. 1968). • Com. 4 mars 2003, n° 01-01.043 P : *Rev. crit. DIP 2003. 285, note Lagarde ; RTD com. 2003. 421, obs. Delebecque ; JCP 2003. I. 166 § 1er, obs. Attal ; ibid. 2004. II. 10071, note Sinay-Cytermann ; RLDA 2003/60, n° 3801, obs. Costes ; JDI 2004. 197, obs. A. Huet ; LPA 28 oct. 2003, p. 8, note Legros.*

29. Chaîne de contrats translatifs de propriété. Une clause attributive de juridiction convenue dans le contrat conclu entre le fabricant d'un bien et l'acquéreur de celui-ci ne peut pas être opposée au tiers sous-acquéreur qui, au terme d'une succession de contrats translatifs de propriété conclus entre des parties établies dans différents États membres, a acquis ce bien et veut engager une action en responsabilité à l'encontre du fabricant, sauf s'il est établi que ce tiers a donné son consentement effectif à l'égard de ladite clause dans les conditions énoncées à cet art. (Règl. n° 44/2201). • CJUE 7 févr. 2013, *Refcomp*, n° C-543/10 : *D. actu. 21 févr. 2013, obs. Menétrey ; D. 2013. 1110,* note Bollée *; ibid. 1503, obs. Jault-Seseke ; ibid. 2293, obs. d'Avout et Bollée ; Rev. crit. DIP 2013. 710, note Bureau ; RTD civ. 2013. 338, obs. Rémy-Corlay ; ibid. 2014. 436, obs. Théry ; RTD com. 2013. 381, obs. Marmisse-d'Abbadie d'Arrast ; LPA 10 avr. 2013, p. 16, note*

Legrand ; Gaz. Pal. 24-25 mai 2013, p. 19, obs. Nioche ; Procédures 2013, n° 104, note Nourissat ; JCP 2013. 975, n° 7, obs. Nourrissat ; ibid. 2013. 1225, n° 11, obs. Libchaber ; Europe 2013, n° 194, note Idot ; RDC 2014, p. 704, note Cayrol. ♦ Doit en conséquence être cassé l'arrêt qui retient que la clause attributive de juridiction conclue entre un fabricant et un acquéreur produit ses effets à l'égard du sous-acquéreur (Règl. n° 44/2201). • Civ. 1re, 25 mars 2015, n° 13-24.796 P : *D. actu. 13 avr. 2015, obs. Mélin ; D. 2015. 811 ; ibid. 1294, obs. Kenfack ; ibid. 2031, obs. d'Avout et Bollée ; ibid. 2016. 566, obs. Mekki ; ibid. 1045, obs. Gaudemet-Tallon et Jault-Seseke ; AJCA 2015. 272, obs. Jault-Seseke ; RTD com. 2015. 616, obs. Delebecque ; JCP 2015, n° 430, note Mailhé : ibid. 808, obs. Virassamy ; RLDA 2015. 5766, note Mestre et Mestre-Chami ; LPA juin 2015, p. 7, note Mahinga.* ♦ Justifie légalement sa décision la cour d'appel qui, après avoir constaté que le litige opposait l'assureur subrogé dans les droits du maître d'ouvrage, sous-acquéreur de compresseurs de groupes de climatisation, à leur fabricant, qui n'en est pas le vendeur, et que celui-là n'a pas accepté la clause attributive de juridiction convenue entre le fabricant et le vendeur intermédiaire, décide que cette clause ne peut pas être opposée à l'assureur (Règl. n° 44/2201). • Civ. 1re, 11 sept. 2013, *Refcomp*, n° 09-12.442 P : *D. actu. 18 sept. 2013, obs. Kébir ; D. 2013. Actu. 2105 ; ibid. Pan. 2293, obs. d'Avout ; ibid. 2014. 121, note Mazeaud ; RTD civ. 2013. 839, obs. Barbier ; ibid. 2014. 436, obs. Théry ; RTD com. 2014. 452, obs. Delebecque ; JCP 2013. 981, obs. Akcoti ; ibid. 1129, note Nourissat ; ibid. 1225, n° 11, obs. Libchaber ; ibid. 2014, n° 8, obs. Nourissat ; ibid. E. 2013. 1620, note Golhen ; ibid. 1074, obs. Loir ; ibid. 1022, note Piacitelli-Guedj ; LPA 22 janv. 2014, p. 9, note Mahinga ; CCC 2014, n° 257, note Leveneur ; Rev. huiss. 2013. 207, note Mecarelli ; RDC 2014. 704, note Cayrol.*

30. Assureur. La clause contenue dans le contrat de vente fait partie de l'économie du contrat et s'impose à l'assureur d'une des parties (Règl. n° 44/2201) : • Civ. 1re, 13 févr. 2013, n° 11-27.967 : *D. 2013. Pan. 1503, obs. Jault-Seseke ; ibid. 2293, obs. d'Avout et Bollée ; Rev. crit. DIP 2013. 725, note Bureau ; RTD com. 2013. 324, obs. Bouloc ; JCP 2013. 1225, n° 11, obs. Libchaber.*

31. Sociétés. Sur les conditions de validité et d'opposabilité d'une clause attributive de juridiction insérée dans les statuts d'une société anonyme pour connaître des différends l'opposant à ses actionnaires (Conv. 27 sept. 1968), V. • CJCE 10 mars 1992, n° C-214/89 : *préc. note 27.*

e. Autonomie de la clause

32. Dès lors que la clause attributive vise toutes les contestations relatives au contrat, la juridiction désignée est exclusivement compétente même pour les actions tendant à contester la validité du contrat qui la stipule (Conv. 27 sept. 1968). • Civ. 1re, 19 mars 2002, n° 00-17.709 P : *JDI 2003. 146, chron. Huet ; RJDA 2002, n° 969 ; LPA 4 déc. 2002, p. 18, obs. F.J.* ♦ V. déjà • CJCE 3 juill. 1997, *Francesco Benincasa*, n° C-269/95 : *D. 1997. 174 ; RTD com. 1998. 736, obs. Luby .*

f. Effets

33. Lien avec l'art. 8, § 1er. Une clause attributive de compétence conforme aux dispositions de l'art. 25 du Règl. Bruxelles I *bis* crée une compétence exclusive au profit de la juridiction désignée et prime la compétence spéciale de l'art. 8, § 1er, concernant la pluralité de défendeurs. • Civ. 1re, 14 mars 2018, n° 16-28.302 P : *cité note 6 ss. art. 8, du présent Règl.* ♦ Une clause attributive de juridiction valable au regard de l'art. 23 (Règl. n° 1215/2012, art. 25) et qui désigne un tribunal d'un État contractant (État membre) prime la compétence spéciale prévue à l'art. 6, § 1er (Règl. n° 1215/2012, art. 8, § 1er) (Règl. n° 44/2201). • Civ. 1re, 20 juin 2006, n° 05-16.706 P : *cité note 6 ss. art. 8, du présent Règl.* ♦ Mais l'exclusivité attachée par l'art. 17 (Règl. n° 1215/2012, art. 25) à la compétence de la juridiction élue et qui a pour objet et pour effet l'application d'un droit national ainsi prédéterminé ne fait pas obstacle, en toute hypothèse, à la compétence du for des codéfendeurs prévue par l'art. 6-1° Conv. (Règl. n° 1215/2012, art. 8, § 1er), notamment au cas où les deux juridictions appartiennent au même ordre juridique et où le litige apparaît indivisible entre les codéfendeurs (Conv. 27 sept. 1968). • Civ. 1re, 2 mars 1999, n° 96-20.497 P : *cité note 6 ss. art. 8, du présent Règl.*

34. Lien avec l'art. 8, § 2. Une clause attributive de juridiction valable au regard de l'art. 17 (Règl. n° 1215/2012, art. 25), et qui désigne un tribunal d'un État contractant (État membre), prime la compétence spéciale prévue à l'art. 6-2° (Règl. n° 1215/2012, art. 8, § 2) (Conv. 27 sept. 1968). • Civ. 1re, 6 janv. 2004, n° 01-12.171 P : *cité note 21 ss. art. 8 du présent Règl.* – V. déjà (Conv. 27 sept. 1968) : • Civ. 1re, 12 juill. 1982, n° 81-13.035 P : *D. 1983. IR 145, obs. Audit ; JCP 1983. II. 20015, note Bourel ; JDI 1983. 405, obs. Holleaux ; Rev. crit. DIP 1983. 658, note P. L.* • 18 oct. 1989, n° 88-14.432 P : *JDI 1991. 155, obs. Huet* • Com. 12 mai 1992, n° 89-19.518 P : *cité note 21 ss. art. 8, du présent Règl.*

35. Renonciation. La désignation par la clause du tribunal du domicile d'une des parties n'implique pas que celle-ci ait la faculté de renoncer à cette compétence (Conv. 27 sept. 1968). • CJCE 24 juin 1986, n° 22/85 : *Rev. crit. DIP 1987. 136, note Gaudemet-Tallon ; JDI 1987. 474, obs. Huet ; Gaz. Pal. 1986. 2. 576, note Mauro.* ♦ Il n'en serait autrement que s'il était clairement exprimé par les parties que la clause a été convenue à son bénéfice exclusif (Conv. 27 sept. 1968). • Civ. 1re, 4 déc. 1990, n° 89-16.047 P : *D. 1992. 244* ; *Rev. crit. DIP 1991. 613, note Gaudemet-Tallon*.

36. Référés. Le juge des référés, lorsque sa compétence est fondée sur une clause attributive de juridiction relevant de l'art. 17 (Règl. n° 1215/2012, art. 25), peut ordonner toute mesure conservatoire ou provisoire prévue par le droit français, sans être sujet aux limitations affectant les mesures susceptibles d'être accordées sur le fondement exclusif de l'art. 24 (art. 31, Règl. n° 1215/2012), et notamment à l'exigence d'effectivité, même si un juge étranger est mieux placé pour prescrire les mesures sollicitées (Conv. 27 sept. 1968). • Orléans, 7 nov. 2002 : *Rev. crit. DIP 2003. 326, note Ancel*.

37. La clause attributive de compétence territoriale au profit d'une juridiction étrangère, insérée dans un contrat conclu entre les parties, dont la validité n'est pas contestée par l'appelante, notamment au regard du Règl. n° 44/2001 du 22 déc. 2000, et dont le champ d'application n'a pas été limité à la saisine du juge du fond et n'a pas réservé les attributions du juge des référés français, fait obstacle à la compétence de ce dernier. Dès lors, doit être confirmée l'ordonnance déférée en ce qu'elle a fait droit à l'exception d'incompétence soulevée avant toute défense au fond par la société défenderesse (Règl. n° 44/2201). • Versailles, 18 nov. 2009, n° 08/01777 : *BICC 15 avr. 2010, n° 578.*

Art. 26 1. **Outre les cas où sa compétence résulte d'autres dispositions du présent règlement, la juridiction d'un État membre devant laquelle le défendeur comparaît est compétente. Cette règle n'est pas applicable si la comparution a pour objet de contester la compétence ou s'il existe une autre juridiction exclusivement compétente en vertu de l'article 24.**

2. **Dans les matières visées aux sections III, IV ou V, lorsque le preneur d'assurance, l'assuré, un bénéficiaire du contrat d'assurance, la victime, le consommateur ou le travailleur est le défendeur, avant de se déclarer compétente en vertu du paragraphe 1, la juridiction s'assure que le défendeur est informé de son droit de contester la compétence de la juridiction et des conséquences d'une comparution ou d'une absence de comparution.**

BIBL. ▶ MAURO, *Gaz. Pal. 1975. 1. Doctr. 370* (quand les traducteurs vont un peu vite).

1. Comparution volontaire et clause attributive de juridiction. Dans le cadre d'un litige portant sur l'inexécution d'une obligation contractuelle, dans lequel le requérant a saisi les juridictions de l'État membre sur le territoire duquel le défendeur a son siège social, la compétence de ces juridictions est susceptible de découler de l'art. 24 (Règl. n° 1215/212, art. 26) lorsque le défendeur ne conteste pas leur compétence, alors même que le contrat entre ces deux parties contient une clause attributive de compétence en faveur des juridictions d'un État tiers (Règl. n° 44/2201). • CJUE 17 mars 2016, n° C-175/15 : *D. actu. 6 avr. 2016, obs. Mélin* ; *D. 2016. 2025, obs. d'Avout et Bollée* ; *ibid. 2017. 1011, obs. Gaudemet-Tallon et Jault-Seseke* ; *Rev. crit. DIP 2016. 684, note Chalas* ; *RTD com. 2016. 359, obs. Marmisse-d'Abbadie d'Arrast*. ♦ L'art. 24 (Règl. n° 1215/212, art. 26) s'oppose, dans le cadre d'un litige opposant des parties à un contrat qui comporte une clause attributive de compétence en faveur des juridictions d'un État tiers, à ce que la juridiction de l'État membre sur le territoire duquel le défendeur a son siège social, qui a été saisie, se déclare incompétente d'office, alors même que ce défendeur ne conteste pas la compétence de cette dernière (Règl. n° 44/2201). • Même décision.

2. L'art. 18 (Règl. n° 1215/212, art. 26) est applicable même lorsque les parties ont conventionnellement désigné une juridiction compétente au sens de l'art. 17 (Conv. 27 sept. 1968). • CJCE 24 juin 1981, n° 150/80 : *Gaz. Pal. 1981. 2. 767, note Laurent* ; *Rev. crit. DIP 1982. 143, note Gaudemet-Tallon* ; *JDI 1981. 903, obs. Huet* • CJCE 7 mars 1985, n° 48/84 : *JDI 1986. 458, obs. Huet* ; *Rev. crit. DIP 1986. 682, note Gaudemet-Tallon.*

3. Comparution volontaire et contestation de la compétence. La règle énoncée par l'art. 18 (Règl. n° 1215/212, art. 26) ne s'applique pas lorsque, contestant la compétence, c'est seulement à titre subsidiaire qu'il invoque une défense au fond (Conv. 27 sept. 1968). • CJCE 22 oct. 1981, *Rohr*, n° 27/81 : *JDI 1982. 482, obs. Huet* ; *Rev. crit. DIP 1982. 143 (2e esp.), note Gaudemet-Tallon* • CJCE 14 juill. 1983, n° 201/82 : *JDI 1983. 843, obs. Huet* ; *Rev. crit. DIP 1984. 181, note Gaudemet-Tallon.* ♦ ... Dans les limites précisées par les règles de procédure du juge saisi (Conv. 27 sept. 1968). • CJCE 24 juin 1981, n° 150/80.

4. Une exception tirée de l'incompétence du juge saisi, soulevée dans le premier acte de défense à titre subsidiaire par rapport à d'autres exceptions de procédure soulevées dans le même acte, ne saurait être considérée comme une acceptation de la compétence du juge saisi et ne conduit donc pas à une prorogation de compétence en vertu de cet art. (Règl. n° 44/2201). • CJUE 13 juill. 2017, n° C-433/16 : *cité note 54 ss. art. 7, du présent Règl.*

5. Comparution d'un curateur de défendeur absent. Lorsqu'une juridiction nationale nomme un curateur du défendeur absent pour un défendeur auquel la requête introductive d'instance n'a pas été notifiée à défaut d'une résidence connue, conformément à la législation nationale, la comparution de ce curateur du défendeur absent n'équivaut pas à la comparution de ce défendeur, au sens de l'art. 24 du Règl. n° 44/2001 (Règl. n° 1215/212, art. 26), lu à la lumière de l'art. 47 de la Charte des droits fondamentaux de l'Union européenne, établissant la compétence internationale de cette juridiction (Règl. n° 44/2201). • CJUE 11 sept. 2014, n° C-112/13 : *AJDA 2014. 2295, chron. Broussy, Cassagnabère et Gänser ; D. 2015. 1056, obs. Gaudemet-Tallon et Jault-Seseke ; Rev. crit. DIP 2015. 904, note Callé ; RTD eur. 2015. 353, obs. Coutron ; ibid. 2016. 349, obs. Benoît-Rohmer ; Procédures 2014, n° 294, note Nourissat.*

6. Comparution en référé. La comparution du défendeur devant le juge des mesures provisoires ou conservatoires, qui n'est pas le juge du fond, n'entraîne pas prorogation de compétence de ce juge pour connaître du fond. • Civ. 1re, 19 sept. 2018, n° 17-21.191.

7. Défaut de comparution. L'art. 26, § 1er, du Règl. n° 1215/2012 ne s'applique pas dans un cas où le défendeur n'a pas soumis d'observations ou n'a pas comparu. • CJUE 11 avr. 2019, n° C-464/18 : *cité note 94 ss. art. 7 du présent Règl.*

SECTION VIII *Vérification de la compétence et de la recevabilité*

Art. 27 La juridiction d'un État membre saisie à titre principal d'un litige pour lequel les juridictions d'un autre État membre sont exclusivement compétentes en vertu de l'article 24 se déclare d'office incompétente.

Cour de cassation. L'obligation de se déclarer d'office incompétent existe même pour le juge de cassation, en dépit des règles de procédure de la juridiction saisie (Conv. 27 sept. 1968). • CJCE 15 nov. 1983, n° 288/82 : *Rev. crit. DIP 1984. 361, note Bonet.*

Art. 28 1. Lorsque le défendeur domicilié sur le territoire d'un État membre est attrait devant une juridiction d'un autre État membre et ne comparaît pas, la juridiction se déclare d'office incompétente, sauf si sa compétence découle des dispositions du présent règlement.

2. La juridiction sursoit à statuer aussi longtemps qu'il n'est pas établi que le défendeur a été mis à même de recevoir l'acte introductif d'instance ou un acte équivalent en temps utile pour se défendre ou que toute diligence a été faite à cette fin.

3. L'article 19 du règlement (CE) n° 1393/2007 du Parlement européen et du Conseil du 13 novembre 2007 relatif à la signification et à la notification dans les États membres des actes judiciaires et extrajudiciaires en matière civile ou commerciale ("signification ou notification des actes") *[JO L 324 du 10.12.2007, p. 79]* s'applique en lieu et place du paragraphe 2 du présent article si l'acte introductif d'instance ou un acte équivalent a dû être transmis d'un État membre à un autre en exécution dudit règlement.

4. Lorsque le règlement (CE) n° 1393/2007 n'est pas applicable, l'article 15 de la convention de La Haye du 15 novembre 1965 relative à la signification et à la notification à l'étranger des actes judiciaires et extrajudiciaires en matière civile ou commerciale s'applique si l'acte introductif d'instance ou un acte équivalent a dû être transmis à l'étranger en exécution de cette convention.

Défaut de comparution. – Office du juge. Lorsque le défendeur domicilié sur le territoire d'un État contractant (État membre) ne comparaît pas devant la juridiction d'un autre État contractant (État membre), le juge saisi doit se déclarer d'office incompétent, si la compétence n'est pas fondée (Conv. 27 sept. 1968). • Civ. 1re, 6 déc. 2005, n° 01-02.515 P. ♦ Pour une application de l'art. 26 (Règl. n° 44/2201), V. • Soc. 26 avr. 2006, n° 04-47.238 P : *D. 2006. IR 1248 ; Procédures 2006, n° 273, obs. Nourissat ; Rev. huiss. 2006, suppl., sept.-oct. 2006, p. 25.*

SECTION IX *Litispendance et connexité*

BIBL. ► Alexandre et Huet, *D. 2013. 1499* (litispendance et connexité dans les relations entre un État membre de l'UE et un État tiers). – Kastanidis, *Rev. crit. DIP. 2015. 579* (la litispendance internationale au regard du règlement (UE) 1215/2012).

Art. 29 1. Sans préjudice de l'article 31, paragraphe 2, lorsque des demandes ayant le même objet et la même cause sont formées entre les mêmes parties devant des juridictions d'États membres différents, la juridiction saisie en second lieu sursoit d'office à statuer jusqu'à ce que la compétence de la juridiction première saisie soit établie.

2. Dans les cas visés au paragraphe 1, à la demande d'une juridiction saisie du litige, toute autre juridiction saisie informe sans tarder la première juridiction de la date à laquelle elle a été saisie conformément à l'article 32.

3. Lorsque la compétence de la juridiction première saisie est établie, la juridiction saisie en second lieu se dessaisit en faveur de celle-ci.

a. Domaine de l'exception de litispendance

1. *Procédure d'exequatur.* Les art. 21, 22 et 23 (art. 29 s., Règl. n° 1215/2012) ne s'appliquent pas aux procédures ayant pour objet la reconnaissance ou l'exécution d'une décision rendue en matière civile ou commerciale dans un État tiers (Conv. 27 sept. 1968). • CJCE 20 janv. 1994, n° C-129/92 : *D. 1994. 48 ; Rev. crit. DIP 1994. 377, note Gaudemet-Tallon ; JDI 1994. 546, obs. Huet.*

2. *Référé-expertise.* Le juge saisi en référé-expertise, en vue d'éviter un dépérissement de la preuve, ne peut se prévaloir de cette saisine pour caractériser l'antériorité de sa saisine sur une autre juridiction européenne saisie au fond (Règl. n° 44/2201). • Civ. 1re, 28 janv. 2015, n° 13-24.742 P : *D. 2015. 273 ; ibid. 1056, obs. Gaudemet-Tallon et Jault-Seseke ; ibid. 2031, obs. d'Avout et Bollée ; Rev. crit. DIP 2015. 454, note Ciron ; RTD civ. 2015. 700, obs. Cayrol ; JDI 2015. 893, note Parisot ; JCP 2015. 150, obs. Mailhé ; ibid. 424, obs. Jeuland ; LPA 28 avr. 2015, p. 9, note Mahinga.*

3. *Procédure d'insolvabilité.* L'art. 29, § 1, doit être interprété en ce sens qu'il ne s'applique pas, ni même par analogie, à une action en constatation de l'existence de créances aux fins de leur enregistrement dans le cadre d'une procédure d'insolvabilité, exclue du champ d'application de ce règlement, mais relevant de celui du Règl. n° 1346/2000 du Conseil, du 29 mai 2000, relatif aux procédures d'insolvabilité. • CJUE 18 sept. 2019, n° C-47/18 : *cité note 24 ss. art. 1er du présent règlement.*

4. *Indifférence du domicile des parties.* Les dispositions du texte s'appliquent quel que soit le domicile des parties aux deux instances (Conv. 27 sept. 1968). • CJCE 27 juin 1991, *Overseas*, n° C-351/89 : *D. 1991. 212 ; JDI 1992. 493, obs. Huet ; Rev. crit. DIP 1991. 772, note Gaudemet-Tallon .*

b. Conditions de l'exception de litispendance

5. *Appréciation des conditions.* Les conditions procédurales (saisine du tribunal) permettant de conclure à une litispendance doivent être appréciées selon la loi nationale de chacune des juridictions concernées (Conv. 27 sept. 1968). • CJCE 7 juin 1984, *Zelger*, n° 129/83 : *D. 1985. IR 177, obs. Audit ; JDI 1985. 165, obs. Huet ; Rev. crit. DIP 1985. 374, note Holleaux.*

6. Pour apprécier si les conditions d'une situation de litispendance au sens de l'art. 27 du Règl. *n° 44/2001 du 22 déc. 2000* (art. 29, Règl. n° 1215/2012) sont réunies, il y a lieu de se référer aux prétentions formulées dans l'acte introductif d'instance devant la juridiction saisie en second lieu (Règl. n° 44/2201). • Com. 3 juin 2014, n° 12-18.012 P : *D. 2014. 1283 ; ibid. 2015. 1056, obs. Gaudemet-Tallon et Jault-Seseke ; BJB 2014. 400, note Tenenbaum ; Gaz. Pal. 26 juin 2014, p. 24, note Berlaud ; ibid. 28 oct. 2014, p. 29, note Morel-Maroger ; RLDA nov. 2015, n° 5766, note Mestre et Mestre-Chami.*

7. Pour apprécier si deux demandes formées entre les mêmes parties devant des juridictions d'État différents ont le même objet, il convient de tenir compte uniquement des prétentions des demandeurs respectifs, à l'exclusion des moyens de défense soulevés par un défendeur (Conv. 27 sept. 1968). • CJCE 8 mai 2003, n° C-111/01 : *D. 2003. IR 1479 ; Rev. crit. DIP 2003. 542, note Pataut ; RTD com. 2003. 607, obs. Marmisse ; JCP 2003. I. 166, obs. Marmisse ; Procédures 2003, n° 171, note Nourissat ; Gaz. Pal. 16-18 nov. 2003, p. 24.*

8. Une demande est formée, au sens de l'article 27, § 1er (Règl. n° 1215/2012art. 29 § 1er), lorsqu'une plainte avec constitution de partie civile a été déposée auprès d'une juridiction d'instruction, bien que l'instruction de l'affaire en cause ne soit pas encore clôturée (Règl. n° 44/2201). • CJUE 22 oct. 2015, n° C-523/14 : *cité note 14 ss. art. 1er, du présent Règl.*

9. *Identité de litige.* Condition de fond de la litispendance, l'identité du litige fait l'objet d'une interprétation autonome et extensive ; ainsi y a-t-il litispendance entre la demande en exécution d'un contrat formée par une partie et la demande en annulation formée par l'autre, car les deux demandes mettent en cause la force obligatoire du contrat (Conv. 27 sept. 1968). • CJCE 8 déc. 1987, *Gubisch*, n° C-144/86 : *D. 1988. Somm. 72 ; Rev. crit. DIP 1988. 370, note Gaudemet-Tallon ; Gaz. Pal. 1988. 2. Somm. 265, obs. Mauro ; JDI 1988. 537, obs. Huet.* ♦ L'identité de litige, qui suppose réunies les identités de parties, de cause et d'objet, se définit par des termes devant recevoir une interprétation communautaire autonome donnée par la CJCE (auj. CJUE), et non par référence à un droit national (Conv. 27 sept. 1968). • Civ. 1re, 6 déc. 2005, n° 01-13.447 P : *Pluyette et Monéger, Mél. Gaudemet-Tallon, Dalloz 2008, p. 565.*

10. L'exception de litispendance doit être accueillie dès lors que les litiges mettent en cause les mêmes parties dans la mesure où un assuré et son assureur doivent être considérés comme étant une seule et même partie lorsque leurs intérêts sont à ce point identiques qu'un jugement prononcé contre l'un aurait force de chose jugée contre l'autre, et que, dans le cas contraire, il existerait un grave risque de contrariété de décisions si les deux juridictions devaient rester parallèlement compétentes pour connaître de la responsabilité du transporteur (Conv. 27 sept. 1968). • Civ. 1re, 9 juill. 2003, n° 00-19.240 P.

11. Une demande qui tend à faire juger que le défendeur est responsable d'un préjudice et à le faire condamner à verser des dommages-intérêts a la même cause et le même objet qu'une demande antérieure de ce défendeur tendant à faire juger qu'il n'est pas responsable dudit préjudice (Conv. 27 sept. 1968). • CJCE 6 déc. 1994, *The ship Tatry,* n° C-406/92 : *D. 1995. 35 ; Rev. crit. DIP 1995. 588, note Tichadou.* ♦ Une demande postérieure ne cesse pas d'avoir la même cause et le même objet et d'opposer les mêmes parties qu'une demande précédente, dans le cas où la première demande, introduite par le propriétaire d'un navire devant une juridiction d'un État contractant, constitue une action *in personam* tendant à faire constater l'absence de responsabilité de ce propriétaire du chef d'un dommage allégué aux marchandises transportées par son navire, alors que la demande postérieure a été introduite par le propriétaire des marchandises devant une juridiction d'un autre État contractant sous la forme d'une action *in rem* concernant un navire saisi, et s'est poursuivie ensuite tant *in rem* que *in personam*, ou bien uniquement *in personam*, selon les distinctions opérées par le droit national de cet autre État contractant (Conv. 27 sept. 1968). • CJCE 6 déc. 1994, *The ship Tatry,* n° C-406/92 : *préc.* ♦ V. encore sur l'application de l'art. 27 (Règl. n° 1215/2012, art. 29) à un litige opposant un fabricant de chaussures à l'auteur de dessins de modèles, le premier ayant présenté devant un tribunal italien une demande pour obtenir la résiliation de leur contrat et l'indemnisation du préjudice et tendant à dire licites l'usage des dessins et la production et la commercialisation des chaussures, le second ayant intenté en France une action en contrefaçon, en interdiction de fabriquer et de vendre les chaussures litigieuses et en indemnisation de son préjudice ; en effet les juges italiens sont également saisis d'une demande tendant à dire licites l'usage des dessins ainsi que la production et la commercialisation des chaussures (Règl. n° 44/2201). • Civ. 1re, 17 janv. 2006, n° 04-16.845 P : *D. 2007. Pan. 1757, obs. Courbe et Jault-Seseke ; JCP 2006. IV. 1284, obs. Rouault ; PIBD 2006 n° 826 III p. 230 ; Propr. intell. oct. 2006, p. 458, note de Candé.*

12. Identité partielle des parties. Dans le cas de deux demandes ayant la même cause et le même objet, et lorsque les parties à la seconde procédure coïncident seulement partiellement avec les parties à la procédure engagée antérieurement dans un autre État contractant, la juridiction saisie en second lieu ne doit se dessaisir que pour autant que les parties au litige devant elle sont également parties à la procédure antérieurement engagée ; la procédure entre les autres parties peut être poursuivie (Conv. 27 sept. 1968). • CJCE 6 déc. 1994, *The ship Tatry,* n° C-406/92 : *préc. note 11.*

13. Absence d'identité de litige. L'art. 21 (Règl. n° 1215/2012, art. 29) n'est pas applicable dans le cas de deux demandes en contribution aux avaries communes, l'une opposant l'assureur sur corps d'un navire qui a sombré au propriétaire de la cargaison se trouvant à bord au moment du naufrage et à son assureur, et l'autre opposant ces deux derniers au propriétaire et à son affréteur, à moins qu'il ne soit établi que, par rapport à l'objet des deux litiges, les intérêts de l'assureur sur corps, d'une part, et ceux de ces assurés, le propriétaire et l'affréteur du même bateau, d'autre part, sont identiques et indissociables (Conv. 27 sept. 1968). • Com. 22 juin 1999, n° 94-16.830 P : *D. 2000. 211, note Ammar ; Rev. crit. DIP 1999. 774, rapp. Rémery ; RLDA 1999/19, n° 1226.* – V. déjà, dans la même affaire, • CJCE 19 mai 1998, n° C-351/96 : *D. 1998. 160 ; Rev. crit. DIP 2000. 58, note Droz ; JDI 1999. 608, obs. Huet.*

14. Une demande introduite devant la juridiction d'un État contractant (État membre) par un propriétaire de navire tendant à la création d'un fonds limitatif de responsabilité, tout en désignant la victime potentielle du dommage, d'une part, et une action en dommages et intérêts introduite devant la juridiction d'un autre État contractant (État membre) par cette victime contre le propriétaire du navire, d'autre part, ne créent pas une situation de litispendance au sens de l'art. 21 (Règl. n° 1215/2012, art. 29) (Conv. 27 sept. 1968). • CJCE 14 oct. 2004, n° C-39/02 : *Rev. crit. DIP 2005. 118, note Pataut ; JCP E 2004. 1570 ; RLDA 2004/77, n° 4846, obs. Costes ; RJ com 2005. 180, obs. Raynouard.*

c. Régime de l'exception de litispendance

15. Office du juge second saisi. Le juge saisi en second ne peut statuer sur la compétence du premier juge saisi devant lequel le défendeur n'a pas comparu et qui seul a vocation à apprécier sa propre compétence (Conv. 27 sept. 1968). • Civ. 1re, 10 janv. 1990, n° 87-15.584 P : *Rev. crit. DIP 1990. 558, note Gaudemet-Tallon.*

16. Compétence du tribunal saisi en premier lieu. La compétence du tribunal saisi en premier lieu doit être considérée comme établie, au sens de l'art. 27, § 2 (Règl. n° 1215/2012, art. 29, § 2), dès lors que ce tribunal n'a pas décliné d'office sa compétence et qu'aucune des parties ne l'a contestée avant ou jusqu'au moment de la prise de position considérée, par son droit procédural national, comme la première défense au fond présentée devant ledit tribunal (Règl. n° 44/2201). • CJUE 27 févr. 2014, n° C-1/13 : *D. 2014. Actu. 614 ; Rev. crit. DIP 2014. 694, note Muir Watt ; JCP 2014. 315, obs. Berlin ; Procédures 2014, n° 143, note Nourissat ; Europe 2014, n° 186, note Idot.* ♦ Une juridiction française saisie en second lieu doit se dessaisir au profit de la juridiction anglaise saisie en premier lieu, dès lors que la compétence de cette dernière n'a pas été contestée par les parties, qu'elle ne l'a pas déclinée d'office et qu'il existe une identité d'objet et de parties, fût-elle partielle, dans les deux instances (Règl. n° 44/2201).

• Civ. 1re, 24 sept. 2014, n° 11-19.516 P : *D. actu. 14 oct. 2014, obs. Mélin ; D. 2015. 1056, obs. Gaudemet-Tallon et Jault-Seseke ; LPA 14 janv. 2015, p. 7, note Lasserre.*

17. Indifférence de la durée des procédures. Il ne saurait être dérogé aux dispositions de l'art. 21 (Règl. n° 1215/2012, art. 29) lorsque, d'une manière générale, la durée des procédures devant les juridictions de l'État contractant (État membre) dans lequel le tribunal saisi a son siège est excessivement longue (Conv. 27 sept. 1968). • CJCE 9 déc. 2003, *Gasser,* n° C-116/02 : *D. 2004. 1046, note Bruneau ; Rev. crit. DIP 2004. 444, note Muir Watt ; Procédures 2004, n° 54, note Nourissat.*

18. Violation de l'art. 29. – Conséquence. Lorsque la juridiction deuxième saisie adopte, en violation de l'art. 27 (Règl. n° 1215/2012, art. 29), une décision devenue définitive, les juridictions de l'État membre dont relève la juridiction première saisie ne peuvent refuser, pour cette seule raison, de reconnaître cette décision. En particulier, cette violation ne saurait, à elle seule, justifier la non-reconnaissance de ladite décision au motif de sa contrariété manifeste à l'ordre public de cet État membre. • CJUE 16 janv. 2019, n° C-386/17 : *D. 2019. 135 ; AJ fam. 2019. 214, obs. Boiché .*

Art. 30 **1. Lorsque des demandes connexes sont pendantes devant des juridictions d'États membres différents, la juridiction saisie en second lieu peut surseoir à statuer.**

2. Lorsque la demande devant la juridiction première saisie est pendante au premier degré, toute autre juridiction peut également se dessaisir, à la demande de l'une des parties, à condition que la juridiction première saisie soit compétente pour connaître des demandes en question et que sa loi permette leur jonction.

3. Sont connexes, au sens du présent article, les demandes liées entre elles par un rapport si étroit qu'il y a intérêt à les instruire et à les juger en même temps afin d'éviter des solutions qui pourraient être inconciliables si les causes étaient jugées séparément.

1. Notion de connexité. Même si les fautes alléguées ont pu contribuer au même préjudice, les demandes ne sont pas pour autant connexes en l'absence d'une même situation de fait et de droit (Règl. n° 44/2201). • Com. 7 janv. 2014, n° 11-24.157 P : *cité note 64 ss. art. 7, du présent Règl.*

2. Pour qu'il y ait connexité entre, d'une part, une demande formée dans un État contractant par un certain groupe de propriétaires de marchandises contre le propriétaire d'un navire en vue de la réparation d'un préjudice causé à une partie de la cargaison transportée en vrac dans le cadre de contrats distincts mais identiques, et, d'autre part, une demande en réparation formée dans un autre État contractant contre le même propriétaire du navire par les propriétaires d'une autre partie de la cargaison transportée dans les mêmes conditions et dans le cadre de contrats distincts mais identiques à ceux conclus entre le premier groupe et le propriétaire du navire, il suffit que leur instruction et leur jugement séparés comportent le risque d'une contrariété de décisions, sans qu'il soit nécessaire qu'ils comportent le risque de conduire à des conséquences juridiques s'excluant mutuellement (Conv. 27 sept. 1968). • CJCE 6 déc. 1994, *The ship Tatry,* n° C-406/92 : *cité note 10 ss. art. 29, du présent Règl.*

3. Nécessité d'une saisine de juridictions de différents États membres. L'art. 22 (Règl. *n° 1215/2012, art. 30) a pour* objet de régler le sort de demandes connexes dont les juridictions de différents États membres sont saisies, et il n'établit pas la compétence d'un juge d'un État contractant (État membre) pour statuer sur une demande qui est connexe à une autre demande dont ce juge est saisi en application des règles de la convention (Conv. 27 sept. 1968). • Com. 25 janv. 2000, n° 97-19.638 P : *cité note 58 ss. art. 7, du présent Règl.*

4. Décision sur la recevabilité et le fond. Les dispositions relatives à la connexité, qui ont pour objet d'assurer une meilleure coordination de l'exercice de la fonction juridictionnelle à l'intérieur de l'espace européen, ne se limitent pas à des décisions sur le fond du litige, mais peuvent affecter des décisions sur la recevabilité et le fond, dès lors qu'elles seraient inconciliables (Conv. 27 sept. 1968). • Civ. 1re, 27 avr. 2004, n° 01-13.831 P : *Rev. crit. DIP 2004. 808, note Moissinac-Massénat ; RTD civ. 2004. 770, obs. Théry ; RTD com. 2005. 486, obs. Loquin ; Procédures 2004, n° 157, note Nourissat.*

5. Demande pendante au premier degré. Il résulte des dispositions de l'art. 22 (Règl. n° 1215/2012, art. 30) que la notion de « demande pendante au premier degré » n'a pour effet d'empêcher le dessaisissement que dans la mesure où celui-ci priverait une partie d'un degré de juridiction (Conv. 27 sept. 1968). • Civ. 1re, 27 oct. 1992, n° 90-21.661 P : *JDI 1994. 171, obs. Huet.*

6. Moment d'appréciation de la connexité. L'art. 22 de la Conv. de Bruxelles (Règl. n° 1215/2012, art. 30) ayant pour objet d'assurer une meilleure coordination de l'exercice de la fonction juridictionnelle à l'intérieur de l'espace européen, le juge devant lequel est soulevée une exception de connexité sur le fondement de cette disposition doit se placer à la date à laquelle il statue sur cette exception, et non à la date de l'introduction de la demande qui lui est soumise, pour examiner si une demande connexe est pendante devant une juridiction d'un autre État contractant (État membre) (Conv. 27 sept. 1968). • Civ. 1re, 19 déc. 2012, ☎ n° 09-17.440 P : *D. 2013. Actu. 94* ✎.

Art. 31 1. Lorsque les demandes relèvent de la compétence exclusive de plusieurs juridictions, le dessaisissement a lieu en faveur de la juridiction première saisie.

2. Sans préjudice de l'article 26, lorsqu'une juridiction d'un État membre à laquelle une convention visée à l'article 25 attribue une compétence exclusive est saisie, toute juridiction d'un autre État membre sursoit à statuer jusqu'à ce que la juridiction saisie sur le fondement de la convention déclare qu'elle n'est pas compétente en vertu de la convention.

3. Lorsque la juridiction désignée dans la convention a établi sa compétence conformément à la convention, toute juridiction d'un autre État membre se dessaisit en faveur de ladite juridiction.

4. Les paragraphes 2 et 3 ne s'appliquent pas aux matières visées dans les sections III, IV ou V lorsque le preneur d'assurance, l'assuré, un bénéficiaire du contrat d'assurance, la victime, le consommateur ou le travailleur est le demandeur et que la convention n'est pas valide en vertu d'une disposition figurant dans lesdites sections.

Art. 32 1. Aux fins de la présente section, une juridiction est réputée saisie :

a) à la date à laquelle l'acte introductif d'instance ou un acte équivalent est déposé auprès de la juridiction, à condition que le demandeur n'ait pas négligé par la suite de prendre les mesures qu'il était tenu de prendre pour que l'acte soit notifié ou signifié au défendeur ; ou

b) si l'acte doit être notifié ou signifié avant d'être déposé auprès de la juridiction, à la date à laquelle il est reçu par l'autorité chargée de la notification ou de la signification, à condition que le demandeur n'ait pas négligé par la suite de prendre les mesures qu'il était tenu de prendre pour que l'acte soit déposé auprès de la juridiction.

L'autorité chargée de la notification ou de la signification visée au point b) est la première autorité ayant reçu les actes à notifier ou à signifier.

2. La juridiction ou l'autorité chargée de la notification ou de la signification visée au paragraphe 1 consigne respectivement la date du dépôt de l'acte introductif d'instance ou de l'acte équivalent ou la date de la réception des actes à notifier ou à signifier.

1. Mesure d'instruction in futurum. En cas de litispendance, la date à laquelle a été engagée une procédure tendant à obtenir une mesure d'instruction avant tout procès ne peut pas constituer la date à laquelle « est réputée saisie », au sens de l'art. 30, pt 1, du Règl. Bruxelles I (Règl. n° 1215/2012, art. 32, § 1er), une juridiction appelée à statuer sur une demande au fond formée dans le même État membre consécutivement au résultat de cette mesure (Règl. n° 44/2201). • CJUE 4 mai 2017, ☎ n° C-29/16 : *D. actu. 18 mai 2017, obs. Mélin ; D. 2017. 990* ✎ ; *ibid. 2018. 966, obs. Clavel et Jault-Seseke* ✎ ; *Rev. crit. DIP 2017. 572, note Cuniberti* ✎ ; *Europe 2017, n° 287, obs. Idot.*

2. Plainte avec constitution de partie civile. Lorsqu'une personne porte plainte avec constitution de partie civile auprès d'une juridiction d'instruction par le dépôt d'un acte qui ne doit pas, selon le droit national applicable, être notifié ou signifié avant ce dépôt, la date devant être retenue pour considérer que cette juridiction est saisie est celle à laquelle cette plainte a été déposée (Règl. n° 44/2201). • CJUE 22 oct. 2015, ☎ n° C-523/14 : *cité note 14 ss. art. 1er, du présent règl.*

3. Date de réception de l'acte à signifier. La date à laquelle la juridiction est réputée saisie est celle de la réception de l'acte à signifier, par l'entité requise, qui est celle chargée de procéder ou de faire procéder à la signification ou à la notification de l'acte introductif d'instance (Règl. n° 44/2201). • Civ. 1re, 23 janv. 2007, ☎ n° 05-21.522 P : *D. 2007. 513* ✎ ; *ibid. 1751, obs. Courbe et Jault-Seseke* ✎ ; *Rev. huiss. 2007, suppl., mars-avr. 2007, p. 3, obs. Mécarelli.*

Art. 33 1. Lorsque la compétence est fondée sur l'article 4 ou sur les articles 7, 8 ou 9 et qu'une procédure est pendante devant une juridiction d'un État tiers au moment où une juridiction d'un État membre est saisie d'une demande entre les mêmes parties ayant le même objet et la même cause que la demande portée devant la juridiction de l'État tiers, la juridiction de l'État membre peut surseoir à statuer si :

a) l'on s'attend à ce que la juridiction de l'État tiers rende une décision susceptible d'être reconnue et, le cas échéant, d'être exécutée dans ledit État membre ; et

b) la juridiction de l'État membre est convaincue que le sursis à statuer est nécessaire pour une bonne administration de la justice.

2. La juridiction de l'État membre peut poursuivre l'instance à tout moment si :

a) l'instance devant la juridiction de l'État tiers fait elle-même l'objet d'un sursis à statuer ou d'un désistement ;

b) la juridiction de l'État membre estime que la procédure devant la juridiction de l'État tiers ne pourra vraisemblablement pas être conclue dans un délai raisonnable ; ou

c) la poursuite de l'instance est indispensable à une bonne administration de la justice.
3. La juridiction de l'État membre met fin à l'instance si la procédure devant la juridiction de l'État tiers est conclue et a donné lieu à une décision qui est susceptible d'être reconnue et, le cas échéant, d'être exécutée dans ledit État membre.
4. La juridiction de l'État membre applique le présent article soit à la demande d'une des parties, soit d'office, lorsque cette possibilité est prévue par le droit national.

BIBL. ▶ ALEXANDRE et HUET, *D. 2013. 1499* (litispendance et connexité dans les relations entre un État membre de l'UE et un État tiers).

Demande d'indemnisation et de réparation du préjudice résultant de l'annulation et du retard de vols. L'art. 33, §1er, de la convention pour l'unification de certaines règles relatives au transport aérien international, conclue à Montréal le 28 mai 1999, doit être interprété en ce sens qu'il régit, aux fins des actions en réparation d'un préjudice relevant du champ d'application de cette convention, non seulement la répartition de la compétence judiciaire entre les États parties à celle-ci mais également la répartition de la compétence territoriale entre les juridictions de chacun de ces États. • CJUE 7 nov. 2019, n° C 213/18 : *cité note 37 ss. art. 7 du présent Règl.*

Art. 34 1. Lorsque la compétence est fondée sur l'article 4 ou sur les articles 7, 8 ou 9 et qu'une action est pendante devant une juridiction d'un État tiers au moment où une juridiction d'un État membre est saisie d'une demande connexe à celle portée devant la juridiction de l'État tiers, la juridiction de l'État membre peut surseoir à statuer si :
a) il y a intérêt à instruire et juger les demandes connexes en même temps afin d'éviter des solutions qui pourraient être inconciliables si les causes étaient jugées séparément ;
b) l'on s'attend à ce que la juridiction de l'État tiers rende une décision susceptible d'être reconnue et, le cas échéant, d'être exécutée dans cet État membre ; et
c) la juridiction de l'État tiers concernée est convaincue que le sursis à statuer est nécessaire pour une bonne administration de la justice.
2. La juridiction de l'État membre peut poursuivre l'instance à tout moment si :
a) elle estime qu'il n'existe plus de risque que les décisions soient inconciliables ;
b) l'instance devant la juridiction de l'État tiers fait elle-même l'objet d'un sursis à statuer ou d'un désistement ;
c) elle estime que la procédure devant la juridiction de l'État tiers ne pourra vraisemblablement pas être conclue dans un délai raisonnable ; ou
d) la poursuite de l'instance est indispensable à une bonne administration de la justice.
3. La juridiction de l'État membre peut mettre fin à l'instance si la procédure devant la juridiction de l'État tiers est conclue et a donné lieu à une décision qui est susceptible d'être reconnue et, le cas échéant, d'être exécutée dans ledit État membre.
4. La juridiction de l'État membre applique le présent article soit à la demande d'une des parties, soit d'office, lorsque cette possibilité est prévue par le droit national.

SECTION X *Mesures provisoires et conservatoires*

Art. 35 Les mesures provisoires ou conservatoires prévues par la loi d'un État membre peuvent être demandées aux juridictions de cet État, même si les juridictions d'un autre État membre sont compétentes pour connaître du fond.

BIBL. ▶ LENOIR, *Gaz. Pal. 29 nov.-1er déc. 2009, p. 4* (effet transfrontalier des décisions du juge français en droit européen des brevets).

a. Compétence pour ordonner des mesures provisoires ou conservatoires

1. Condition. L'application de l'art. 24 (art. 35, Règl. n° 1215/2012) est subordonnée, notamment, à la condition de l'existence d'un lien de rattachement réel entre l'objet de cette mesure et la compétence territoriale de l'État contractant (État membre) du juge saisi (Conv. 27 sept. 1968). • CJCE 17 nov. 1998, *Van Uden*, n° C-391/95 : *cité note 4 ss. art. 7 du présent Règl.* – V. aussi Richerme-Bally, *Procédures 1999. Chron. 13.*

2. Dès lors qu'un accident d'aviation est survenu en Angleterre, où des investigations devraient avoir lieu, et qu'il n'est pas allégué que l'aéronef se trouve en France, non plus que les pièces utiles à l'expertise, le lien de rattachement exigé entre la mesure demandée et le tribunal français saisi n'existe pas (Conv. 27 sept. 1968). • Civ. 1re, 11 déc. 2001, n° 00-18.547 P : *D. 2002. AJ 569 ; Rev. crit. DIP 2002. 371, note Muir Watt ; JCP 2002. II. 10106, note du Rusquec ; ibid. 2002. I. 153, n° 3*, obs. Attal ; *Gaz. Pal. 21-23 juill. 2002, p. 30, obs. Niboyet ; LPA 4 déc. 2002, p. 6, note Brière ; Rev. huiss. 2002, p. 130.*

3. Clause d'arbitrage. L'art. 24 (Règl. n° 1215/2012, art. 35) a vocation à s'appliquer même si une procédure au fond a déjà été engagée et même si cette procédure se déroule devant des arbitres (Conv. 27 sept. 1968). • CJCE 17 nov. 1998, *Van Uden*, n° C-391/95 : *cité note 4 art. 7, du présent règl* • Versailles, 29 juin 2000 : *D. 2002. Somm. 1390, obs. Audit ; Gaz. Pal. 20-21 déc. 2002, p. 3.* ♦ Est ainsi compétent le juge français des référés pour étendre à une société anglaise une mesure probatoire et conservatoire d'expertise *in futurum* sur des marchandises se trouvant en France, sans que l'urgence ne soit exigée, conformément à l'art. 145 C. pr. civ. (Conv. 27 sept. 1968). • Même arrêt. ♦ Une clause compromissoire qui soumet aux juridictions anglaises toute difficulté liée à la mise en œuvre de l'arbitrage n'a pas réservé à l'arbitrage les mesures provisoires ou conservatoires (Conv. 27 sept. 1968). • Même arrêt.

4. *Clause attributive de juridiction.* Une clause attributive de juridiction visant également les mesures provisoires et conservatoires, il s'en déduit que les parties n'ont pas entendu réserver la compétence prévue à l'art. 35 du Règl. n° 1215/2012. • Civ. 1re, 30 janv. 2019, n° 17-28.992.

b. Mesures pouvant être ordonnées

5. *Notion.* Par « mesures provisoires ou conservatoires », il y a lieu d'entendre les mesures qui, dans les matières relevant du champ d'application de la convention, sont destinées à maintenir une situation de fait ou de droit afin de sauvegarder des droits dont la reconnaissance est par ailleurs demandée au juge du fond (Conv. 27 sept. 1968). • CJCE 17 nov. 1998, *Van Uden*, n° C-391/95 : *cité note 4 ss. art. 7, du présent règl, pt. 37.* ♦ L'art. 24 (Règl. n° 1215/2012) ne concerne que les mesures provisoires ou conservatoires relatives à des matières qui sont dans le champ d'application de la Conv. (Conv. 27 sept. 1968). • CJCE 31 mars 1982, n° 25/81 : *JDI 1982. 942, obs. Huet ; Rev. crit. DIP 1984. 350, note Droz.*

6. *Mesures d'instruction in futurum.* Il résulte de la jurisprudence de la CJUE que les mesures provisoires ou conservatoires autorisées par l'art. 35 sont des mesures qui, dans les matières relevant du champ d'application du règlement, sont destinées à maintenir une situation de fait ou de droit afin de sauvegarder les droits dont la reconnaissance est, par ailleurs, demandée au juge du fond (• CJCE 26 mars 1992, n° C-261/90, *Reichert et Kockler : pts 31 et 34,* • 17 nov. 1998, n° C-391/95, *Van Uden Maritime / Kommanditgesellschaft in Firma Deco-Line e.a. : pt 40*) et que ne revêtent pas ce caractère, celles ordonnées dans le but de permettre au demandeur d'évaluer l'opportunité d'une action éventuelle, de déterminer le fondement d'une telle action et d'apprécier la pertinence des moyens pouvant être invoqués dans ce cadre (• CJCE 28 avr. 2005, n° C-104/03, *St. Paul Dairy Industries NV / Unibel Exser BVBA, pt 25*). ♦ Viole l'art. 35 du Règl. (UE) n° 1215/2012 du 12 déc. 2012 et l'art. 145 C. pr. civ. en se déterminant ainsi, par une affirmation générale, sans rechercher si ces mesures, qui visaient à obtenir la communication de documents en possession des parties adverses, n'avaient pas pour objet de prémunir la société Koch contre un risque de dépérissement d'éléments de preuve dont la conservation pouvait commander la solution du litige, la cour d'appel qui, pour refuser les mesures sollicitées, retient dans son arrêt que celles-ci ont pour seul but de préparer un éventuel procès au fond, ce qui démontre leur caractère probatoire, mais ni provisoire ni conservatoire, en l'absence de volonté de la société Koch de maintenir une situation de fait ou de droit. • Civ. 1re, 27 janv. 2021, n° 19-16.917 P : *D. actu. 10 févr. 2021, note Mélin ; D. 2021. 185* . ♦ Comp. jugeant qu'après avoir retenu qu'en application de l'art. 35, les mesures provisoires ou conservatoires prévues par la loi d'un État membre peuvent être demandées aux juridictions de cet État, même si celles d'un autre État membre sont compétentes pour connaître du fond, la cour d'appel en a déduit à bon droit, sans avoir à déterminer la juridiction compétente pour connaître du fond, que la juridiction française était compétente pour ordonner, avant tout procès, une mesure d'expertise devant être exécutée en France et destinée à conserver ou à établir la preuve de faits dont pourrait dépendre la solution du litige : • Civ. 1re, 14 mars 2018, n° 16-19.731 P : *D. actu. 6 avr. 2018, obs. Mélin ; D. 2018. 623 ; ibid. 2019. 157, obs. Bretzner et Aynès ; JCP 2018. 702, note Mailhé ; ibid. E 2018. Act. n° 245 ; Rev. sociétés 2018. 526, note Menjucq ; RGDA 2018. 271, note Schulz ; LPA 8 juin 2018, p. 12, note Feng et Meur.*

7. *Mesure ordonnant l'audition d'un témoin.* Ne relève pas de la notion de « mesures provisoires ou conservatoires » une mesure ordonnant l'audition d'un témoin dans le but de permettre au demandeur d'évaluer l'opportunité d'une action éventuelle, de déterminer le fondement d'une telle action et d'apprécier la pertinence des moyens pouvant être invoqués dans ce cadre (Conv. 27 sept. 1968). • CJCE 28 avr. 2005, *St Paul Dairy*, n° C-104/03 : *D. 2005. 1376 ; ibid. 2006. 1495, obs. Courbe et Jault-Seseke ; Rev. crit. DIP 2005. 742, note Pataut ; ibid. 2007. 53, étude Nuyts* .

8. *Provision.* Le paiement à titre de provision d'une contre-prestation contractuelle ne constitue pas une mesure provisoire au sens de l'art. 24 de la Conv. du 27 sept. 1968 (art. 35, Règl. n° 1215/2012), à moins que, d'une part, le remboursement au défendeur de la somme allouée soit garanti dans l'hypothèse où le demandeur n'obtiendrait pas gain de cause au fond de l'affaire, et, d'autre part, que la mesure sollicitée ne porte que sur des avoirs déterminés du défendeur se situant, ou devant se situer, dans la sphère de la compétence territoriale du juge saisi (Conv. 27 sept. 1968) • CJCE 17 nov. 1998, *Van Uden*, n° C-391/95 : *cité note 4 ss. art. 7, du présent règl.* • Civ. 1re, 13 avr. 1999, n° 97-17.626 P : *D. 1999. 545, note Vuitton* ; *Rev. crit. DIP 1999. 340, note Normand* ; *JDI 2000. 85, chron. Huet* • CJCE 27 avr. 1999, *Mietz*, n° C-99/96 : *cité art. 17, note 9, du présent Règl.* ♦ Les conditions mises par la CJCE dans ses arrêts C-391/95 du 17 nov. 1998 et C-99/96 du 27 avr. 1999, pour qu'une procédure, telle que le référé-provision, puisse constituer une mesure provisoire ou conservatoire au sens de l'art. 24 de la Conv. de Bruxelles du 27 sept. 1968, dont les dispositions ont été reprises par l'art. 31 du Règl. (CE) n° 44/2001 du Conseil du 22 déc. 2000 (art. 35, Règl. n° 1215/2012), doivent être respectées non seulement lorsqu'elle est prononcée dans une matière contractuelle, mais également, en raison de leur finalité commune, en matière délictuelle (Conv. 27 sept. 1968). • Com. 8 juin 2010, n° 09-13.381 P : *cité note 65 ss. art. 7, du présent Règl.* ♦ C'est, dès lors, à bon droit qu'une cour d'appel retient que, s'agissant d'un référé-provision, cette procédure relève du domaine des mesures provisoires pouvant être demandées à la juridiction d'un État contractant (État membre), même si une juridiction d'un autre État est compétente pour connaître du fond, mais à la condition que son caractère réversible soit garanti dans l'hypothèse où le défendeur l'emporte au fond et que la mesure ne porte que sur des avoirs déterminés du défendeur situés ou devant se situer dans la sphère de compétence du juge saisi (Conv. 27 sept. 1968). • Même arrêt.

9. Action en remboursement (non). Les dispositions de l'art. 24 ne sont pas susceptibles de fonder la compétence de la juridiction française sur une action en remboursement du prix de vente exercée par un acheteur français contre un vendeur espagnol à la suite de la résolution de la vente (Conv. 27 sept. 1968). • Paris, 14 janv. 1998 : *D. 1998. Somm. 288, obs. Audit* .

CHAPITRE III *Reconnaissance et exécution*

SECTION I *Reconnaissance*

Art. 36 **1. Les décisions rendues dans un État membre sont reconnues dans les autres États membres sans qu'il soit nécessaire de recourir à aucune procédure.**

2. Toute partie intéressée peut faire constater, selon la procédure prévue à la sous-section 2 de la section III, l'absence de motifs de refus de reconnaissance visés à l'article 45.

3. Si le refus de reconnaissance est invoqué de façon incidente devant une juridiction d'un État membre, celle-ci est compétente pour en connaître.

1. Notion de décision. Une décision ordonnant la création d'un fonds limitatif de responsabilité est une décision de justice au sens de l'art. 25 (Conv. 27 sept. 1968). • CJCE 14 oct. 2004, n° C-39/02 : *cité note 29 ss. art. 13, du présent Règl.*

2. Une décision de justice, au sens des art. 25 et 47, s'entend d'une décision exécutoire (Conv. 27 sept. 1968). • Civ. 1re, 17 nov. 1999, n° 97-21.576 P : *D. 1999. 278* ; *Rev. crit. DIP 2000. 786, note Cuniberti* ♦ Tel n'est pas le cas d'une injonction de payer (« *writ of summons* ») qui a été suivie d'un jugement de condamnation par défaut (Conv. 27 sept. 1968). • Même arrêt.

3. Renvoi. V. art. 2.

4. Procédure par défaut. Les décisions judiciaires autorisant des mesures provisoires ou conservatoires, rendues sans que la partie contre laquelle elles sont dirigées ait été appelée à comparaître et destinées à être exécutées sans signification préalable, ne bénéficient pas du régime de reconnaissance et d'exécution prévu par la Conv. (Conv. 27 sept. 1968). • CJCE 21 mai 1980, *Denilauler*, n° 125/79 : *D. 1981. IR 158, obs. Audit* ; *Rev. crit. DIP 1980. 787, concl. Mayras et Mezger* ; *Gaz. Pal. 1980. 2. 657, note Mauro* ; *JDI 1980. 939, obs. Huet.*

5. L'art. 25 vise toutes les décisions rendues par les juridictions des États contractants (États membres), sans établir de distinction. Pour que ces décisions judiciaires entrent dans le champ d'application de la Conv., il suffit que, avant le moment où leur reconnaissance et leur exécution sont demandées dans un État autre que l'État d'origine, elles aient fait ou qu'elles aient été susceptibles de faire, dans cet État d'origine, l'objet, sous des modalités diverses, d'une instruction contradictoire. Dès lors que les décisions d'une juridiction nationale sont intervenues sous la forme d'un jugement et d'une ordonnance rendue par défaut dans une procédure civile qui, en principe, suit le principe du contradictoire, le fait que le juge a statué comme si le défendeur, qui s'était régulièrement constitué, avait été défaillant, ne saurait suffire à remettre en cause la qualification des décisions intervenues (Conv. 27 sept. 1968). • CJCE 2 avr. 2009, n° C-394/07 : *D. 2009. 1212* ; *ibid. 2010. 1585, obs. Courbe et Jault-Seseke* ; *Rev. crit. DIP 2009. 685, étude Cuniberti* ; *Gaz. Pal. 2009. 3799, note Nioche et Sinopoli* ; *Europe 2009, n° 261*, note Idot.

6. Injonction Mareva. N'est pas exclue du titre III de la Convention une ordonnance (injonction « *Mareva* » de droit anglais) intervenue le 24 avr. 1998 dans le cadre d'une procédure ouverte le 1er août 1996 par un acte introductif d'instance signifié le 11 mars 1997 et précédée d'une citation spécifique *(notice of motion)* délivrée le 21 avr. 1998 exposant que le tribunal siégeait le 24 avr. suivant pour statuer sur la demande de mesure conservatoire (Conv. 27 sept. 1968). • Civ. 1re, 30 juin 2004, n° 01-03.248 P : *D. 2004. 2743, note Bouche ; ibid. 2005. 1192, obs. Courbe et Chanteloup ; Rev. crit. DIP 2004. 815, note Muir Watt ; RTD civ. 2004. 549, obs. Théry ; JCP 2004. II. 10198, avis Sainte-Rose ; ibid. 2005. I. 135, obs. Delebecque ; Gaz. Pal. 14-15 janv. 2005, note Niboyet ; LPA, 2 févr. 2006, p. 14, obs. François ; RLDA 2004. 4651, note Costes ; Rev. huiss. 2004. 346, note Cuniberti ; RJ com. 2004. 380, note Poillot-Peruzzetto ; ibid. 2005. 252, obs. Attal.* (V. l'arrêt confirmé : • Paris, 5 oct. 2000 : *Gaz. Pal. 21-23 juill. 2002, p. 26, obs. Niboyet ; Rev. crit. DIP 2002. 704, note Muir Watt*). ♦ Cette ordonnance est une décision de droit privé et non une décision pénale ou une mesure d'exécution dont l'autorité est limitée au territoire du for (Conv. 27 sept. 1968). • Mêmes arrêts. ♦ La réception dans l'ordre juridique français des mesures provisoires ou de protection ordonnées n'est pas contraire à l'ordre public international au regard du respect des droits de la défense, dès lors que sont réunies les autres conditions de la reconnaissance et de l'exécution (Conv. 27 sept. 1968). • Mêmes arrêts.

7. La mesure ordonnée par la juridiction chypriote, reconnue dans l'ordre public international comme une mesure provisoire et conservatoire sous le nom d'injonction *Mareva*, ayant pour objet d'empêcher que le débiteur n'organise son insolvabilité en lui faisant interdiction de disposer de ses biens sous peine de sanctions civiles et pénales, se distingue de la saisie conservatoire du droit français, qui a pour but de garantir le recouvrement des créances, en ce que, contrairement à cette dernière, elle ne rend pas les biens concernés juridiquement indisponibles. La réserve, qui permet aux sociétés dont les avoirs sont gelés, de disposer d'une certaine somme mensuelle pour leurs frais de fonctionnement n'est qu'un aménagement de l'interdiction sans modification de la nature de celle-ci et en l'absence de saisie des comptes ouverts au nom des sociétés françaises, celles-ci ne démontrant pas qu'elles sont privées de l'accès aux liquidités maintenues à leur disposition. En conséquence, les mesures conservatoires autorisées par le juge français ne contrariaient pas l'injonction ordonnée par le juge étranger et, en l'absence d'identité d'objet, l'autorité de la chose jugée des décisions chypriotes, exécutoires en France, ne s'opposait pas à d'autres mesures conservatoires portant sur les biens détenus en France par les sociétés françaises. • Civ. 1re, 3 oct. 2018, n° 17-20.296 P : *D. actu. 22 oct. 2018 ; D. 2019. 475, note Mehtiyeva ; JCP 2018. Chron. 1288, obs. Jeuland ; Gaz. Pal. 19 févr. 2019, jur. p. 69, note Salati.*

8. Effets de la reconnaissance. La décision étrangère reconnue au titre de l'art. 26 (Règl. n° 1215/2012, art. 36) doit produire dans l'État requis les mêmes effets que ceux produits dans l'État d'origine (Conv. 27 sept. 1968). • CJCE 4 févr. 1988, *Hoffman*, n° 145/86 : *Rev. crit. DIP 1988. 398, note Gaudemet-Tallon ; Gaz. Pal. 1988. 2. Somm. 265.*

9. Autorité de la chose jugée. Si une partie a obtenu dans un État contractant (État membre) une décision susceptible d'être revêtue de la formule exécutoire en vertu de l'art. 31 de la Conv. (comp. auj. art. 39, Règl. n° 1215/2012), elle ne peut faire, devant la juridiction d'un autre État contractant (État membre), une demande visant à condamner son adversaire à ce à quoi il a déjà été condamné (Conv. 27 sept. 1968). • CJCE 30 nov. 1976, n° 42/76 : *D. 1977. IR 350 ; JDI 1977. 253, obs. Huet.* ♦ L'art. 32 du Règl. Bruxelles I vise également une décision par laquelle la juridiction d'un État membre décline sa compétence sur le fondement d'une clause attributive de juridiction, indépendamment de la qualification d'une telle décision par le droit d'un autre État membre. La juridiction devant laquelle est invoquée la reconnaissance d'une décision par laquelle la juridiction d'un autre État membre a décliné sa compétence sur le fondement d'une clause attributive de juridiction est liée par la constatation relative à la validité de cette clause, qui figure dans les motifs d'un jugement devenu définitif déclarant l'action irrecevable (Règl. n° 44/2201). • CJUE 15 nov. 2012, n° C-456/11 : *D. 2013. 1503, obs. Jault-Seseke ; ibid. 2293, obs. d'Avout et Bollée ; Rev. crit. DIP 2013. 686, note Nioche ; Procédures 2013, n° 71, note Nourissat ; Gaz. Pal. 8-9 mars 2013, p. 46, note Nioche ; Europe 2013, n° 57, note Idot.* ♦ La décision rendue dans un autre État membre et rejetant une demande de mesure conservatoire ne produit pas un effet limité au territoire étranger. Elle doit être reconnue en France et, si elle a été rendue entre les mêmes parties et dans le même litige, interdit que le juge français substitue son appréciation au juge étranger et autorise la saisie en France (Règl. n° 44/2201). • Com. 8 mars 2011, n° 09-13.830 : *D. 2012. 1228, obs. Gaudemet-Tallon et Jault-Seseke ; Rev. crit. DIP 2012. 277, étude Nioche ; Rev. huiss. 2011. 179, note Cuniberti.*

10. Contrôle de la CEDH. L'art. 6, § 1er, Conv. EDH s'applique à l'exécution des jugements étrangers passés en force de chose jugée, dès lors qu'ils ont statué sur une contestation dont l'issue est déterminante pour ses droits de caractère civil. Si la Cour EDH n'est pas compétente pour se prononcer sur l'application du droit de l'Union européenne par les États, elle peut contrôler le respect par les États contractants (États membres), qui sont en même temps membres de l'Union européenne, des exigences de l'art. 6, § 1er, Conv. EDH, dans le cadre de la reconnaissance et de l'exécution des jugements en application du Règl. « Bruxelles I » (Règl. n° 44/2201). • CEDH 25 févr. 2014, n° 17502/07 : *Rev. crit. DIP 2014. 679, note Marchadier ; RTD eur. 2014. 361, étude J.-S. Bergé ; Rev. UE 2016. 426, étude Picheral .*

Art. 37 1. La partie qui entend invoquer, dans un État membre, une décision rendue dans un autre État membre produit :

a) une copie de la décision réunissant les conditions nécessaires pour en établir l'authenticité ; et

b) le certificat délivré conformément à l'article 53.

2. La juridiction ou l'autorité devant laquelle une décision rendue dans un autre État membre est invoquée peut, au besoin, exiger que la partie qui l'invoque fournisse, conformément à l'article 57, une traduction ou une translittération du contenu du certificat visé au paragraphe 1, point b). La juridiction ou l'autorité peut exiger que la partie fournisse une traduction de la décision en lieu et place d'une traduction du contenu du certificat si elle ne peut agir sans une telle traduction.

Art. 38 La juridiction ou l'autorité devant laquelle est invoquée une décision rendue dans un autre État membre peut surseoir à statuer, intégralement ou partiellement, si :

a) la décision est contestée dans l'État membre d'origine ; ou

b) une demande a été présentée aux fins d'obtenir une décision constatant l'absence de motifs de refus de reconnaissance visés à l'article 45 ou d'obtenir une décision visant à ce que la reconnaissance soit refusée sur le fondement de l'un de ces motifs.

SECTION II *Exécution*

Art. 39 Une décision rendue dans un État membre et qui est exécutoire dans cet État membre jouit de la force exécutoire dans les autres États membres sans qu'une déclaration constatant la force exécutoire soit nécessaire.

Injonction de payer. L'art. 2, ss. a), et l'art. 39 doivent être interprétés en ce sens qu'une ordonnance d'injonction de payer adoptée par une juridiction d'un État membre sur le fondement de jugements définitifs rendus dans un État tiers constitue une décision et jouit de la force exécutoire dans les autres États membres si elle a été rendue au terme d'une procédure contradictoire dans l'État membre d'origine et a été déclarée exécutoire dans celui-ci, le caractère de décision ne privant toutefois pas la partie défenderesse à l'exécution du droit de demander, conformément à l'art. 46 de ce Règl., le refus d'exécution pour l'un des motifs visés à l'art. 45 de celui-ci. • CJUE 7 avr. 2022, n° C-568/20.

Art. 40 Une décision exécutoire emporte de plein droit l'autorisation de procéder aux mesures conservatoires prévues par la loi de l'État membre requis.

Art. 41 1. Sous réserve des dispositions de la présente section, la procédure d'exécution des décisions rendues dans un autre État membre est régie par le droit de l'État membre requis. Une décision rendue dans un État membre et qui est exécutoire dans l'État membre requis est exécutée dans ce dernier dans les mêmes conditions qu'une décision rendue dans l'État membre requis.

2. Sans préjudice du paragraphe 1, les motifs de refus ou de suspension de l'exécution prévus par la loi de l'État membre requis s'appliquent dans la mesure où ils ne sont pas incompatibles avec les motifs visés à l'article 45.

3. La partie qui demande l'exécution d'une décision rendue dans un autre État membre n'est pas tenue d'avoir, dans l'État membre requis, une adresse postale. Elle n'est pas non plus tenue d'avoir, dans l'État membre requis, un représentant autorisé sauf si cette représentation est obligatoire indépendamment de la nationalité ou du domicile des parties.

Art. 42 1. Aux fins de l'exécution dans un État membre d'une décision rendue dans un autre État membre, le demandeur communique à l'autorité compétente chargée de l'exécution :

a) une copie de la décision réunissant les conditions nécessaires pour en établir l'authenticité ; et

b) le certificat, délivré conformément à l'article 53, attestant que la décision est exécutoire, et contenant un extrait de la décision ainsi que, s'il y a lieu, les informations utiles concernant les frais remboursables de la procédure et le calcul des intérêts.

2. Aux fins de l'exécution dans un État membre d'une décision rendue dans un autre État membre ordonnant une mesure provisoire ou conservatoire, le demandeur communique à l'autorité compétente chargée de l'exécution :

a) une copie de la décision réunissant les conditions nécessaires pour en établir l'authenticité ;

b) le certificat, délivré conformément à l'article 53, contenant une description de la mesure et attestant que :

i) la juridiction est compétente pour connaître du fond,

ii) la décision est exécutoire dans l'État membre d'origine ; et

c) lorsque la mesure a été ordonnée sans que le défendeur soit cité à comparaître, une preuve de la notification ou de la signification de la décision.

3. L'autorité compétente chargée de l'exécution peut, au besoin, exiger du demandeur, conformément à l'article 57, qu'il fournisse une traduction ou une translittération du contenu du certificat.

4. L'autorité compétente chargée de l'exécution ne peut exiger du demandeur qu'il fournisse une traduction de la décision que si elle ne peut agir sans une telle traduction.

Art. 43 1. Lorsque l'exécution d'une décision rendue dans un autre État membre est demandée, le certificat délivré conformément à l'article 53 est notifié ou signifié, avant la première mesure d'exécution, à la personne contre laquelle l'exécution est demandée. Le certificat est accompagné de la décision si celle-ci n'a pas déjà été notifiée ou signifiée à la personne concernée.

2. Lorsque la personne contre laquelle l'exécution est demandée est domiciliée dans un État membre autre que l'État membre d'origine, elle peut demander une traduction de la décision afin d'en contester l'exécution si la décision n'est pas rédigée ou accompagnée d'une traduction dans l'une des langues suivantes :

a) une langue qu'elle comprend ; ou

b) la langue officielle de l'État membre dans lequel elle est domiciliée ou, si l'État membre en question compte plusieurs langues officielles, dans la langue officielle ou l'une des langues officielles du lieu où elle est domiciliée.

Lorsqu'une traduction de la décision est demandée au titre du premier alinéa, aucune mesure d'exécution autre qu'une mesure conservatoire ne peut être prise jusqu'à ce que cette traduction ait été fournie à la personne contre laquelle l'exécution est demandée.

Le présent paragraphe ne s'applique pas si la décision a déjà été notifiée ou signifiée à la personne contre laquelle l'exécution est demandée dans l'une des langues visées au premier alinéa ou si elle est accompagnée d'une traduction dans l'une de ces langues.

3. Le présent article ne s'applique pas à l'exécution d'une mesure conservatoire figurant dans une décision ni lorsque la personne qui demande l'exécution procède à des mesures conservatoires conformément à l'article 40.

Art. 44 1. En cas de demande de refus d'exécution d'une décision en vertu de la sous-section 2 de la section III, la juridiction de l'État membre requis peut, à la demande de la personne contre laquelle l'exécution est demandée :

a) limiter la procédure d'exécution à des mesures conservatoires ;

b) subordonner l'exécution à la constitution d'une sûreté qu'elle détermine ; ou

c) suspendre, intégralement ou partiellement, la procédure d'exécution.

2. L'autorité compétente de l'État membre requis suspend, à la demande de la personne contre laquelle l'exécution est demandée, la procédure d'exécution si la force exécutoire de la décision est suspendue dans l'État membre d'origine.

SECTION III *Refus de reconnaissance et d'exécution*

BIBL. ▶ MAURICE, *D. 2015. 692* (la nouvelle action en refus d'exécution d'un jugement européen : entre simplicité, équilibre et stratégie).

SOUS-SECTION 1 *Refus de reconnaissance*

Art. 45 1. A la demande de toute partie intéressée, la reconnaissance d'une décision est refusée :

a) si la reconnaissance est manifestement contraire à l'ordre public de l'État membre requis ;

b) dans le cas où la décision a été rendue par défaut, si l'acte introductif d'instance ou un acte équivalent n'a pas été notifié ou signifié au défendeur en temps utile et de telle manière qu'il puisse se défendre, à moins qu'il n'ait pas exercé de recours à l'encontre de la décision alors qu'il était en mesure de le faire ;

c) si la décision est inconciliable avec une décision rendue entre les mêmes parties dans l'État membre requis ;

d) si la décision est inconciliable avec une décision rendue antérieurement dans un autre État membre ou dans un État tiers entre les mêmes parties dans un litige ayant le même objet et la même cause, lorsque la décision rendue antérieurement réunit les conditions nécessaires à sa reconnaissance dans l'État membre requis ; ou

e) si la décision méconnaît :

i) les sections III, IV ou V du chapitre II lorsque le preneur d'assurance, l'assuré, un bénéficiaire du contrat d'assu-rance, la victime, le consommateur ou le travailleur était le défendeur, ou

ii) la section VI du chapitre II.

2. Lors de l'appréciation des motifs de compétence visés au paragraphe 1, point e), la juridiction saisie de la demande est liée par les constatations de fait sur lesquelles la juridiction d'origine a fondé sa compétence.

3. Sans préjudice du paragraphe 1, point e), il ne peut être procédé au contrôle de la compétence de la juridiction d'origine. Le critère de l'ordre public visé au paragraphe 1, point a), ne peut être appliqué aux règles de compétence.

4. La demande de refus de reconnaissance est présentée selon la procédure prévue à la sous-section 2 et, s'il y a lieu, à la section IV.

BIBL. ▸ Droz, *Rev. crit. DIP 2000. 181*. – Mauro, *Gaz. Pal. 1980. 1. Doctr. 144* (contrariété de jugements et inconciliabilité de jugements). – Niboyet, Sinopoli et de Bérard, *Gaz. Pal. 16-17 juin 2004* (étude de 1390 décisions inédites, 1999-2001). – Pluyette, *Mél. P. Bellet 1991, p. 427* (la Convention de Bruxelles et les droits de la défense).

A. ORDRE PUBLIC DE L'ÉTAT REQUIS

a. Principe

1. *Ordre public international.* La condition de respect de l'ordre public s'entend de l'ordre public international (Conv. 27 sept. 1968). • Civ. 1re, 11 mars 1997, n° 95-15.124 P : *D. 1997. 92*.

2. *Renonciation.* Le plaideur qui, régulièrement assigné, a fait défaut devant la juridiction étrangère ne peut, de ce fait, présenter devant le juge français de l'*exequatur* le moyen de fraude qu'il aurait dû faire valoir devant le juge étranger (Conv. 27 sept. 1968). • Civ. 1re, 29 janv. 2002, n° 00-11.956 P : *Rev. crit. DIP 2002. 573, note Ancel*.

3. *Épuisement des voies de recours.* Lorsqu'il vérifie l'existence éventuelle d'une violation manifeste de l'ordre public de l'État requis, le juge de cet État doit tenir compte du fait que, sauf circonstances particulières rendant trop difficile ou impossible l'exercice des voies de recours dans l'État membre d'origine, les justiciables doivent faire usage dans cet État membre de toutes les voies de recours disponibles afin de prévenir en amont une telle violation (Règl. n° 44/2201). • CJUE 16 juill. 2015, n° C-681/13 : *D. actu. 9 sept. 2015, obs. Mélin ; D. 2015. 1606 ; ibid. 2016. 1045, obs. Gaudemet-Tallon et Jault-Seseke ; Rev. crit. DIP 2016. 367, note Azzi ; RTD eur. 2015. 872, obs. Treppoz ; Europe 2015, n° 398, note Idot*.

b. Applications

4. *Violation du droit d'accès au juge.* Le droit de chacun d'accéder au juge chargé de statuer sur sa prétention, consacré par l'art. 6, § 1er, Conv. EDH, relève de l'ordre public international au sens de l'art. 27-1°. Doit être refusé l'*exequatur* d'un jugement anglais condamnant un plaideur français à des frais d'un montant très élevé à titre de caution alors que sa demande n'avait même pas été examinée (Règl. n° 1215/2012, art. 45, § 1er) (Conv. 27 sept. 1968). • Civ. 1re, 16 mars 1999, *Pordea*, n° 97-17.598 P : *D. 1999. 101 ; Rev. crit. DIP 2000. 181, étude Droz ; RTD civ. 1999. 469, obs. Perrot ; ibid. 2000. 944, obs. Raynard ; JDI 1999. 773, obs. Huet ; Defrénois 2000, art. 37228, p. 1044, note Crône ; RG proc. 1999. 747, obs. Muir Watt.* ♦ Ce droit s'oppose à l'*exequatur* des décisions étrangères imposant au demandeur une caution destinée à garantir le paiement éventuel des frais des défendeurs taxés pour un montant dont l'importance apparaît, hors toute révision, de nature à faire objectivement obstacle au libre accès à la justice (Conv. 27 sept. 1968). • Même arrêt.

5. *Violation des droits de la défense.* Le juge de l'État requis peut tenir compte, au regard de la clause de l'ordre public, du fait que le juge de l'État d'origine a statué sur les prétentions du demandeur sans entendre le défendeur, qui s'était régulièrement constitué devant lui mais qui a été exclu de la procédure par une ordonnance prise antérieurement dans le cadre de la même procédure *(contempt of court)*, lorsque, au terme d'une appréciation globale de la procédure et au vu de l'ensemble des circonstances, il lui apparaît que cette mesure d'exclusion a constitué une atteinte manifeste et démesurée au droit du défendeur à être entendu. Le contrôle du juge de renvoi doit porter non seulement sur les conditions dans lesquelles ont été prises les décisions dont l'exécution est demandée, mais également sur les conditions dans lesquelles ont été prises, à un stade antérieur, les ordonnances d'injonction, et notamment sur la vérification, d'une part, des voies de droit mises à la disposition du défendeur et, d'autre part, de la possibilité du défendeur d'être entendu, dans le cadre desdites décisions, dans le respect du contradictoire et le plein exercice des droits de la défense (Conv. 27 sept. 1968). • CJCE 2 avr. 2009, *Gambazzi*, n° C-394/07 : *cité note 5 ss. art. 36, du présent Règl.* ♦ Le juge de l'État requis peut, à l'endroit d'un défendeur domicilié sur le territoire de celui-ci, tenir compte, au regard de la clause de l'ordre public visée à l'art. 27-1° (Règl. n° 1215/2012, art. 45, § 1er), du fait que le juge de l'État d'origine a refusé à ce dernier le droit de se faire défendre sans comparaître personnellement (Conv. 27 sept. 1968). • CJCE 28 mars 2000, *Krombach*, n° C-7/98 : *D. 2000. 122 ; Rev. crit. DIP 2000. 481, note Muir Watt ; RSC 2000. 686, obs. Idot ; RTD civ. 2000. 944, obs. Raynard ; JCP 2001. II. 10607, note Nourissat ; Gaz. Pal. 2000. 1731, chron. Niboyet.*

6. Le refus par une juridiction espagnole de renvoyer l'affaire à une audience ultérieure malgré une communication de 300 pièces le jour de l'audience ne constitue pas une violation des droits de la défense, ni de l'exigence fondamentale du procès équitable, dès lors que la loi de procédure espagnole en droit du travail oblige les parties à débattre immédiatement des preuves qui sont présentées, que les défendeurs étaient représentés après avoir été régulièrement convoqués et que la garantie d'un procès équitable résultait de la possibilité pour les parties de débattre oralement (Conv. 27 sept. 1968). • Civ. 1re, 8 févr. 2000, n° 97-20.937 P : *D. 2000. 75* . ♦ L'ordre public procédural français dont le juge de l'*exequatur* doit assurer le respect n'exige pas, au cas où le défendeur a eu connaissance de l'instance étrangère, que la signification soit faite à partie et comporte l'indication des voies de recours (Règl. n° 44/2001). • Civ. 1re, 14 oct. 2009, n° 08-14.849 P : *D. 2009. 2692 ; JCP E 2009. 2092.*

7. Atteinte au droit du défendeur à un procès équitable. Le juge de l'État membre requis ne peut refuser, au titre de la clause relative à l'ordre public, l'exécution d'une décision judiciaire rendue par défaut et tranchant un litige au fond, qui ne comporte d'appréciation ni sur l'objet, ni sur le fondement du recours, et qui est dépourvue de tout argument sur le bien-fondé de celui-ci, à moins qu'il ne lui apparaisse, au terme d'une appréciation globale de la procédure et au vu de l'ensemble des circonstances pertinentes, que cette décision porte une atteinte manifeste et démesurée au droit du défendeur à un procès équitable, visé à l'art. 47, 2e al., de la Charte des droits fondamentaux de l'Union européenne, en raison de l'impossibilité d'exercer à son encontre un recours de manière utile et effective (Règl. n° 44/2201). • CJUE 6 sept. 2012, n° C-619/10 : *D. 2012. Actu. 2181 ; ibid. 2013. Pan. 1503, obs. Jault-Seseke ; RTD com. 2012. 870, obs. Marmisse-d'Abbadie d'Arrast ; RTD eur. 2013. 686, obs. Benoît-Rohmer ; Procédures 2012, n° 353, note Nourissat ; Europe 2012, n° 469, note Idot.* ♦ La reconnaissance et l'exécution d'une ordonnance de mise sous séquestre d'actions, à titre provisoire et conservatoire, dans une société de droit letton rendue par une juridiction d'un État membre, qui a été prononcée sans qu'un tiers dont les droits sont susceptibles d'être affectés par cette ordonnance ait été entendu, ne sauraient être considérées comme étant manifestement contraires à l'ordre public de l'État membre requis et au droit à un procès équitable, dans la mesure où il lui est possible de faire valoir ses droits devant cette juridiction (Règl. n° 44/2201). • CJUE 25 mai 2016, n° C-559/14 : *D. actu. 15 juin 2016, obs. Mélin ; D. 2016. 1636, note Bonifay ; ibid. 2017. 1011, obs. Gaudemet-Tallon et Jault-Seseke ; Rev. crit. DIP 2017. 103, note Bureau et Muir Watt* .

8. Absence de motivation. L'absence de motivation est un obstacle à la reconnaissance et à l'exécution, en France, de la décision, à moins que ne soient produits des documents constituant l'équivalent de la motivation absente (Conv. 27 sept. 1968). • Civ. 1re, 17 mai 1978, n° 76-14.843 P : *JDI 1979. 380 (1re esp.), note Holleaux* • 22 oct. 2008, n° 06-15.577 P : *D. 2008. AJ 2801, obs. Lienhard ; D. 2009. 59, obs. Gallmeister ; JCP 2008. 651, note Cornut ; Gaz. Pal. 13 déc. 2008, jur. p. 23 ; Rev. huiss. 2009, n° 2, p. 8, chron. Mecarelli ; RLDC 2/2009. 65, obs. Miniato.* ♦ C'est ainsi à bon droit qu'une cour d'appel, reprenant le texte de la décision étrangère et relevant tant son absence de motivation que l'impossibilité de connaître les causes de la condamnation prononcée, estime souverainement qu'à défaut des actes introductifs d'instance, quand bien même seraient-ils régulièrement signifiés en France, ou du jugement en application duquel la décision de la *High Court* est intervenue, la seule production aux débats d'un document non traduit ne peut suppléer une motivation défaillante et servir d'équivalent, de sorte que la décision étrangère ne peut être reconnue et exécutée en France (Conv. 27 sept. 1968). • Civ. 1re, 28 nov. 2006, n° 04-19.031 P : *Rev. huiss. Droit et procédures internationales mars-avr. 2007, p. 8, obs. Mecarelli ; Gaz. Pal. 3 mai 2007, p. 29 ; JDI 2007. 139, note Cuniberti ; ibid. 543, note Péroz.*

9. Violation du droit de l'Union. Le fait qu'une décision rendue dans un État membre est contraire au droit de l'Union ne justifie pas que cette décision ne soit pas reconnue dans un autre État membre au motif qu'elle viole l'ordre public de cet État dès lors que l'erreur de droit invoquée ne constitue pas une violation manifeste d'une règle de droit considérée comme essentielle dans l'ordre juridique de l'Union, et donc dans celui de l'État membre requis, ou d'un droit reconnu comme fondamental dans ces ordres juridiques. Tel n'est pas le cas d'une erreur affectant l'application d'une disposition telle que l'art. 5, § 3, de la Dir. n° 89/104/CEE du Conseil du 21 déc. 1988, rapprochant les législations des États membres sur les marques, telle que modifiée par l'accord sur l'Espace économique européen du 2 mai 1992 (Règl. n° 44/2201). • CJUE 16 juill. 2015, n° C-681/13 : *préc. note 3.*

10. Faillites. Respecte le principe d'ordre public international de la suspension des poursuites individuelles une décision qui a admis en France l'*exequatur* d'un jugement condamnant au paiement un débiteur déclaré en faillite en Angleterre, en raison de l'absence d'*exequatur* de la décision de faillite (Conv. 27 sept. 1968). • Civ. 1re, 24 mars 1998, n° 96-10.171 P : *D. 1998. 108 ; RTD com. 1998. 831, obs. Dubarry et Loquin ; JCP 1998. II. 10155, note Kerckhove.* ♦ En revanche, une décision de reconnaissance ou d'exécution en France d'un jugement étranger, ne conférant pas à celui-ci plus de droits que n'en aurait une décision nationale, ne saurait tenir en échec le principe d'ordre public interne et international selon lequel, en cas de procédure collective, tout créancier doit déclarer sa créance (Conv. 27 sept. 1968). • Civ. 1re, 29 sept. 2004, n° 02-16.754 P : *D. 2005. 2159, et les obs., note Henry ; ibid. 1192, obs. Courbe et Chanteloup ; Rev. crit. DIP 2005. 322, note Rémery ; RTD com. 2005. 172, obs. Vallens ; RJ com 2005. 254, obs. Attal ; JDI 2005. 378, note Mélin ; APC 2004-18, n° 221, obs. Péroz ; RPC 2005. 242, obs. Menjucq ; LPA 11 avr. 2005, p. 19, note Roussel Galle.*

11. Propriété intellectuelle. Ne peut être considérée comme contraire à l'ordre public une décision rendue par un juge d'un État contractant (État membre) qui reconnaît l'existence d'un droit de propriété intellectuelle sur des éléments de carrosserie d'un véhicule et qui confère au titulaire de ce droit une protection lui permettant d'interdire à des tiers [des opérateurs économiques établis dans un autre État contractant (État membre)] de fabriquer, de vendre, de faire transiter, d'importer ou d'exporter dans cet État contractant (État membre) lesdits éléments de carrosserie (Conv. 27 sept. 1968). • CJCE 11 mai 2000, n° C-38/98 : *Rev. crit. DIP 2000. 497, note Gaudemet-Tallon ; JCP 2001. II. 10607, note Nourissat ; PIBD 2000 n° 708 III p. 544.*

B. ACTE INTRODUCTIF D'INSTANCE

12. Principe. Une décision judiciaire, qui est rendue sans que la personne condamnée ait été appelée à comparaître et qui est, par elle-même, exécutoire sans avoir été préalablement notifiée, ne peut bénéficier du régime de reconnaissance et d'exécution prévu par le titre III de la Convention (Conv. 27 sept. 1968). • Civ. 1re, 18 mai 1994, n° 92-19.126 P : *Rev. crit. DIP 1994. 688, note Ancel .*

13. Notion d'acte introductif d'instance. La notion d'acte introductif d'instance comprend un acte, tel que l'injonction de payer *(zahlungsbefehl)* du droit allemand, dont la notification permet au demandeur, d'après le droit de la juridiction d'origine, d'obtenir, en cas de défaillance du défendeur, une décision susceptible d'être reconnue et exécutée selon les dispositions de la Conv. Une décision, telle que l'autorisation d'exécution *(vollstreckungsbefehl)* du droit allemand, qui est rendue a la suite de la notification de l'injonction de payer et qui est exécutoire selon la Conv., n'entre pas dans la notion d'acte introductif d'instance (Conv. 27 sept. 1968). • CJCE 16 juin 1981, n° 166/80. ♦ Le « *decreto ingiuntivo* »visé au livre IV C. pr. civ. italien (art. 633 et 656) doit être considéré, accompagné de la requête introductive d'instance, comme un « acte introductif d'instance ou un acte équivalent » au sens de l'art. 27, pt 2 (Règl. n° 1215/2012, art. 45, § 1er) (Conv. 27 sept. 1968). • CJCE 13 juill. 1995, n° C-474/93 : *Rev. crit. DIP 1996. 152, note Gaudemet-Tallon .*

14. Acte introductif d'instance signifié ou notifié en temps utile. Pour l'appréciation de la condition posée par l'art. 27-2° (Règl. n° 1215/2012, art. 45, § 1er-b), le juge de l'État requis n'est pas lié par les constatations du juge de l'État d'origine ; il lui appartient d'effectuer un examen de façon autonome (Conv. 27 sept. 1968). • CJCE 15 juill. 1982, n° 228/81 : *Rev. crit. DIP 1983. 521, note Droz ; JDI 1982. 960, obs. Huet.* ♦ Même lorsqu'un tribunal de l'État d'origine a décidé que la signification ou la notification était régulière, le juge requis doit dire si cette signification ou notification a été faite en temps utile pour que le défendeur puisse se défendre. Le juge requis peut, en règle générale, se borner à examiner si le délai, à compter de la date à laquelle la signification ou la notification a été faite régulièrement, a laissé au défendeur un temps utile pour sa défense (Conv. 27 sept. 1968). • CJCE 16 juin 1981, n° 166/80 • 11 juin 1985, n° C-49/84. ♦ La circonstance que le demandeur a eu connaissance, après la notification, d'une nouvelle adresse du défendeur et celle que le défendeur est responsable du fait que l'acte régulièrement notifié ne lui est pas parvenu constituent des éléments dont le juge requis peut tenir compte afin d'apprécier si la notification a été effectuée en temps utile (Conv. 27 sept. 1968). • CJCE 11 juin 1985, n° C-49/84. ♦ Le contrôle par le juge de l'État requis de la condition posée par le 2° (Règl. n° 1215/2012, art. 45, § 1er, b) a lieu même lorsque le défendeur défaillant était domicilié dans l'État d'origine (Conv. 27 sept. 1968). • CJCE 11 juin 1985, n° C-49/84 : *JDI 1986. 461, obs. J.-M. B. ; Gaz. Pal. 1985. 2. Somm. 295.*

15. Comparution du défendeur. L'art. 27-2° (art. 45, § 1er-b, Règl. n° 1215/2012) ne saurait être invoqué lorsque le défendeur a comparu (Conv. 27 sept. 1968). • CJCE 21 avr. 1993, n° C-172/91 : *cité note 14 ss. art. 1er, du présent Règl.* ♦ Un défendeur est réputé avoir comparu lorsque, dans le cadre d'une demande en indemnisation qui se greffe sur l'action publique pendante devant le tribunal, celui-ci a pris position, par l'intermédiaire du défenseur qu'il a choisi, sur l'action publique, lors de l'audience au fond, mais non sur l'action civile qui a également fait l'objet des débats oraux auxquels ce dernier a assisté (Conv. 27 sept. 1968). • CJCE 21 avr. 1993, n° C-172/91 : *préc.* ♦ Une société qui a eu parfaitement connaissance de l'acte introductif d'instance ne peut soutenir qu'elle doit être considérée comme défaillante au sens de l'art. 27 (Règl. n° 1215/2012, art. 45) par analogie avec la jurisprudence de la CJCE, selon laquelle doit être considéré comme défaillant un défendeur qui ignore la procédure entamée à son encontre et pour lequel comparaît un avocat qu'il n'a pas mandaté (Conv. 27 sept. 1968). • Paris, 8 sept. 1998 : *D. actu. 1999. 712, obs. Faddoul.*

16. Défendeur domicilié dans l'État d'origine.

17. Recours. Un défendeur ne saurait être en mesure d'exercer un recours contre une décision rendue par défaut à son encontre que s'il a eu effectivement connaissance du contenu de celle-ci, par voie de signification ou de notification effectuée en temps utile pour lui permettre de se défendre devant le juge de l'État d'origine (Règl. n° 44/2201). • CJCE 14 déc. 2006, n° C-283/05 : *D. 2007. AJ 315 ; Rev. crit. DIP 2007. 634, note Pataut ; Rev. huiss. 2007, suppl., mars-avr. 2007, p. 2, obs. Mecarelli ; RJ com. 2007. 169, obs. Raynaud.* ♦ La notion de « recours », figurant à l'art. 34, pt 2, du Règl. n° 44/2001 (Règl. n° 1215/2012, art. 45, § 1er-b) inclut également la demande tendant au relevé de la forclusion, lorsque le délai pour introduire un recours ordinaire a expiré (Règl. n° 44/2201). • CJUE 7 juill. 2016, *Lebek*, n° C-70/15 : *D. actu. 28 juill. 2016, obs. Mélin ; D. 2017. 1011, obs. Gaudemet-Tallon et Jault-Seseke .*

C. DÉCISION INCONCILIABLE

18. Notion. Deux décisions ne sont pas incompatibles dès lors qu'elles n'ont pas le même objet, ni la même cause, et qu'elles ont été rendues entre des parties différentes (Conv. 27 sept. 1968). • Civ. 1re, 29 janv. 2002, n° 00-11.956 P : *préc. note 2.*

19. Référé. Une décision étrangère en référé prononçant une mesure enjoignant à un débiteur de ne pas accomplir certains actes est inconciliable avec une décision en référé refusant d'octroyer une telle mesure rendue entre les mêmes parties dans l'État requis (Conv. 27 sept. 1968). • CJCE 6 juin 2002, *Italian Leather*, n° C-80/00 : *Rev. crit. DIP 2002. 704, note Muir Watt ; RTD com. 2002. 591, obs. Marmisse .* ♦ L'inconciliabilité entre deux décisions au sens de l'art. 27 de la Conv. de Bruxelles (Règl. n° 1215/2012, art. 45) s'entend de l'inconciliabilité entre toutes décisions rendues par une juridiction d'un État contractant (État membre), quelle que soit la dénomination qui lui est donnée, et n'exclut pas les décisions rendues par le juge des référés, dès lors qu'elles produisent des conséquences juridiques inconciliables avec celles du jugement étranger (Conv. 27 sept. 1968). • Civ. 1re, 20 juin 2006, n° 03-14.553 P : *D. 2006. IR 1843 ; RTD civ. 2007. 172, obs. Théry ; Rev. crit. DIP 2007. 164, note Rémery ; Procédures 2007, n° 138, note Perrot ; Dr. et patr. 2/2008, p. 111, obs. Niboyet ; Gaz. Pal. 2007. Somm. 2051, obs. Guez ; Rev. huiss. 2006. 298.*

20. Décision hors champ d'application. Une décision qui tranche un litige relevant du domaine de la Conv. peut être inconciliable avec une décision qui est soustraite à ce domaine. Ainsi une décision condamnant un époux à verser des subsides à son conjoint au titre des charges du mariage est inconciliable avec une décision ayant prononcé le divorce (Conv. 27 sept. 1968). • CJCE 4 févr. 1988, *Hoffman*, n° 145/86 : *Rev. crit. DIP 1988. 598, note Gaudemet-Tallon.*

21. Inconciliabilité entre des décisions rendues par les juridictions d'un même État membre (non). L'art. 34, § 4 (Règl. n° 1215/2012, art. 45, § 1er, d), ne recouvre pas les décisions inconciliables rendues par les juridictions d'un même État membre (Règl. n° 44/2201). • CJUE 26 sept. 2013, n° C-157/12 : *D. actu. 31 oct. 2013, obs. Kébir ; D. 2013. Actu. 2406 ; ibid. 2014. Pan. 1059, obs. Gaudemet-Tallon et Jault-Seseke ; Rev. crit. DIP 2014. 174, note Gaudemet-Tallon ; RTD com. 2013. 833, obs. Marmisse-d'Abbadie d'Arrast ; JCP 2013. 1082, obs. Berlin ; ibid. 2014. 436, n° 14, obs. Jeuland ; Procédures 2013, n° 345, note Perrot ; Europe 2013, n° 493, note Idot.*

22. Décisions ouvrant une option. Il n'y a pas contradiction entre les décisions en cause et une autre décision prononcée par une autre juridiction, dès lors que ces décisions ouvrent une option, de sorte que cette autre décision ne s'oppose pas à l'exécution de l'une des options (Conv. 27 sept. 1968). • Civ. 1re, 8 févr. 2000, n° 97-20.937 P : *préc. note 6.*

23. Transaction (non). Une transaction même exécutoire n'est pas une décision rendue entre les mêmes parties dans l'État requis, visée par l'art. 27 (Règl. n° 1215/2012, art. 45), qui peut faire obstacle à la reconnaissance et à l'exécution d' une décision judiciaire rendue dans un autre État contractant (État membre) (Conv. 27 sept. 1968). • CJCE 2 juin 1994, *Solo Kleinmotoren*, n° C-414/92 : *D. 1994. IR 171 .*

D. VIOLATION DES RÈGLES DE COMPÉTENCE

24. Prohibition. L'art. 35-3° (Règl. n° 1215/2012, 45, § 3), interdit, lors de la reconnaissance et de l'exécution des décisions, le contrôle de la compétence des juridictions de l'État d'origine (Règl. n° 44/2201). • Civ. 1re, 10 mai 2007, n° 06-13.017 P : *D. 2007. AJ 1604 .*

SOUS-SECTION 2 *Refus d'exécution*

Art. 46 A la demande de la personne contre laquelle l'exécution est demandée, l'exécution d'une décision est refusée lorsque l'existence de l'un des motifs visés à l'article 45 est constatée.

Art. 47 1. La demande de refus d'exécution est portée devant la juridiction que l'État membre concerné a indiquée à la Commission en vertu de l'article 75, point a), comme étant la juridiction devant laquelle la demande doit être portée.

2. Dans la mesure où la procédure de refus d'exécution n'est pas régie par le présent règlement, elle relève de la loi de l'État membre requis.

3. Le demandeur fournit à la juridiction une copie de la décision et, s'il y a lieu, une traduction ou une translittération de ladite décision.

La juridiction peut dispenser le demandeur de la production des documents visés au premier alinéa s'ils sont déjà en sa possession ou si elle estime qu'il n'est pas raisonnable d'exiger du demander *[demandeur]* de les fournir. Dans ce dernier cas, la juridiction peut exiger de l'autre partie la communication de ces documents.

4. La partie qui demande le refus d'exécution d'une décision rendue dans un autre État membre n'est pas tenue d'avoir, dans l'État membre requis, une adresse postale. Elle n'est pas non plus tenue d'avoir, dans l'État membre requis, un représentant autorisé sauf si cette représentation est obligatoire indépendamment de la nationalité ou du domicile des parties.

Art. 48 La juridiction statue à bref délai sur la demande de refus d'exécution.

Art. 49 1. L'une ou l'autre partie peut former un recours contre la décision rendue sur la demande de refus d'exécution.

2. Le recours est porté devant la juridiction que l'État membre concerné a indiquée à la Commission en vertu de l'article 75, point b), comme étant la juridiction devant laquelle ce recours doit être porté.

Art. 50 La décision rendue sur le recours ne peut faire l'objet d'un pourvoi que si les juridictions devant lesquelles le pourvoi doit être porté ont été indiquées par l'État membre concerné à la Commission en vertu de l'article 75, point c).

Art. 51 1. La juridiction saisie d'une demande de refus d'exécution ou qui statue sur un recours au titre de l'article 49 ou sur un pourvoi au titre de l'article 50 peut surseoir à statuer si la décision fait l'objet d'un recours ordinaire dans l'État membre d'origine ou si le délai pour le former n'est pas expiré. Dans ce dernier cas, la juridiction peut impartir un délai pour former ce recours.

2. Lorsque la décision a été rendue en Irlande, à Chypre ou au Royaume-Uni, toute voie de recours prévue dans l'État membre d'origine est considérée comme un recours ordinaire pour l'application du paragraphe 1.

Notion de recours ordinaire. La notion de recours ordinaire doit être déterminée de manière autonome, dans le seul cadre du système de la Conv. et non selon le droit d'un État particulier. Est un recours ordinaire tout recours de nature à pouvoir entraîner l'annulation ou la modification de la décision et dont l'introduction est liée, dans l'État d'origine, à un délai fixé par la loi et courant en vertu de cette décision même (Conv. 27 sept. 1968). • CJCE 22 nov. 1977, n° 43/77 : *JDI 1978. 398, obs. Huet ; Rev. crit. DIP 1979. 426, note Gaudemet-Tallon.*

SECTION IV ***Dispositions communes***

Art. 52 En aucun cas une décision rendue dans un État membre ne peut faire l'objet d'une révision au fond dans l'État membre requis.

Ne modifie pas la substance de la décision étrangère le juge de l'*exequatur* qui détermine à qui s'applique la condamnation (Conv. 27 sept. 1968). • Civ. 1re, 29 mai 1985, n° 84-11.172 P : *Gaz. Pal. 1986. 1. 8, note Mauro.*

Art. 53 A la demande de toute partie intéressée, la juridiction d'origine délivre le certificat qu'elle établit en utilisant le formulaire figurant à l'annexe I.

Vérification d'office de l'existence de violations des règles de compétence en matière de contrats conclus par les consommateurs. L'art. 53 du Règl. (UE) n° 1215/2012, tel que modifié par le Règl. délégué (UE) 2015/281 de la Commission, du 26 nov. 2014, lu en combinaison avec l'art. 47 de la charte des droits fondamentaux de l'Union européenne, doit être interprété en ce sens qu'il s'oppose à ce que la juridiction d'origine saisie de la demande de délivrance du certificat prévu à cet art. 53, en ce qui concerne une décision définitive, puisse vérifier d'office si les dispositions du chapitre II, section IV, de ce règlement ont été méconnues, afin d'informer le consommateur de la violation éventuellement constatée et de lui permettre d'évaluer en toute connaissance de cause la possibilité de faire usage de la voie de recours prévue à l'art. 45 dudit règlement. • CJUE 4 sept. 2019, n° C-347/18 : *D. actu, 14 oct. 2019, note Mélin ; D. 2019. 1656*.

Art. 54 1. Si une décision comporte une mesure ou une injonction qui est inconnue dans le droit de l'État membre requis, cette mesure ou injonction est adaptée autant que possible à une mesure ou une injonction connue dans le droit dudit État membre ayant des effets équivalents et poursuivant des objectifs et des intérêts similaires.

Cette adaptation ne peut pas entraîner d'effets allant au-delà de ceux prévus dans le droit de l'État membre d'origine.

2. Toute partie peut contester l'adaptation de la mesure ou de l'injonction devant une juridiction.

3. Au besoin, il peut être exigé de la partie invoquant la décision ou demandant son exécution qu'elle fournisse une traduction ou une translittération de la décision.

Décision judiciaire portant sur une créance résultant de la dissolution du régime patrimonial découlant d'une relation de partenariat de fait. Une juridiction d'un État membre saisie d'une demande de délivrance d'un certificat attestant qu'une décision rendue par la juridiction d'origine est exécutoire doit, dans une situation telle que celle en cause au principal où la juridiction ayant rendu la décision à exécuter ne s'est pas prononcée, lors de l'adoption de celle-ci, sur l'applicabilité de ce règlement, vérifier si le litige relève du champ d'application dudit règlement. • CJUE 6 juin 2019, n° C 361/18 : *cité note 17 bis ss. art. 1er du présent Règl.*

Art. 55 Les décisions rendues dans un État membre condamnant à une astreinte ne sont exécutoires dans l'État membre requis que si le montant en a été définitivement fixé par la juridiction d'origine.

Indifférence de la législation de l'État d'origine. La partie désireuse d'exécuter une décision ne peut se prévaloir de la législation de l'État d'origine en matière d'astreinte, même si cette législation n'impose pas au bénéficiaire d'obtenir un nouveau titre en justice avant de poursuivre le recouvrement de l'astreinte. Celui-ci doit en effet obtenir dans le pays d'origine une décision de justice statuant sous une forme définitive sur le montant de l'astreinte et s'apparentant à une condamnation pure et simple du paiement d'une somme (Conv. 27 sept. 1968). • Paris, 7 juill. 1992 : *D. 1992. IR 226.*

Art. 56 Aucune caution ni aucun dépôt, sous quelque dénomination que ce soit, ne peuvent *[peut]* être imposés *[imposé]* en raison, soit de la qualité d'étranger, soit du défaut de domicile ou de résidence dans l'État membre requis, à la partie qui demande l'exécution dans un État membre d'une décision rendue dans un autre État membre.

Art. 57 1. Lorsqu'une traduction ou une translittération est exigée au titre du présent règlement, celle-ci est effectuée dans la langue officielle de l'État membre concerné ou, si celui-ci compte plusieurs langues officielles, dans la langue officielle ou l'une des langues officielles de la procédure judiciaire du lieu où une décision rendue dans un autre État membre est invoquée ou la demande portée, conformément au droit de cet État membre.

2. Pour ce qui concerne les formulaires visés aux articles 53 et 60, les traductions ou translittérations peuvent également être effectuées dans toute autre langue officielle des institutions de l'Union que l'État membre concerné aura déclaré pouvoir accepter.

3. Toute traduction faite en application du présent règlement l'est par une personne habilitée à effectuer des traductions dans l'un des États membres.

CHAPITRE IV *Actes authentiques et transactions judiciaires*

BIBL. ▶ Callé, *Rev. crit. DIP 2005. 377* (acte authentique établi à l'étranger). – Callé, Nourissat, Pasqualis et Wautelet, *LPA 4 avr. 2012, p. 6* (pour la reconnaissance des actes authentiques au sein de l'espace de liberté, de sécurité et de justice). – Legrand, *JCP N 2015. 1082* (justice, notariat : impact du règlement Bruxelles I). – Pierre-Maurice, *Defrénois 2014. 451* (la libre circulation des actes notariés en matière civile et commerciale).

Art. 58 1. Les actes authentiques qui sont exécutoires dans l'État membre d'origine sont exécutoires dans les autres États membres, sans qu'une déclaration constatant la force exécutoire ne soit nécessaire. L'exécution d'un acte authentique ne peut être refusée que si celle-ci est manifestement contraire à l'ordre public de l'État membre requis.

Les dispositions de la section II, de la section III, sous-section 2, et de la section IV du chapitre III s'appliquent, le cas échéant, aux actes authentiques.

2. L'acte authentique produit doit réunir les conditions nécessaires à son authenticité dans l'État membre d'origine.

1. Acte authentique partiellement hors champ d'application. L'exécution en France d'un acte authentique ne peut être accordée sur le fondement de l'art. 50 (Règl. n° 1215/2012, art. 58) que dans la mesure où son objet relève du domaine de la Conv. (Conv. 27 sept. 1968). • Paris, 22 févr. 1990 : *D. 1990. IR 108 ; JDI 1991. 162, obs. Huet* (oui pour l'obligation alimentaire, V. auj. Règl. n° 4/2009 du 18 déc. 2018 ; non pour la reconnaissance de paternité).

2. Notion d'acte authentique. Les actes établis, visés et munis de son sceau, par un *corredor colegiado de comercio*, membre de l'ordre officiel des courtiers de Madrid, ayant reçu le caractère d'actes commerciaux, entrant dans la catégorie des actes authentifiés par cet officier public agréé et exécutoires en Espagne, sont susceptibles de recevoir l'*exequatur* en France selon la procédure instaurée par l'art. 50 (Règl. n° 1215/2012, art. 58) (Conv. 27 sept. 1968). • Aix-en-Provence, 2 mars 2000 : *Rev. crit. DIP 2000. 163, note Légier*.

3. Renvoi. V. notes ss. art. 2.

Art. 59 Les transactions judiciaires exécutoires dans l'État membre d'origine sont exécutées dans les autres États membres aux mêmes conditions que les actes authentiques.

Transaction partiellement hors champ d'application. Les transactions conclues devant le juge au cours d'un procès et exécutoires dans l'État d'origine sont exécutoires dans l'État requis aux mêmes conditions que les actes authentiques, c'est-à-dire si leur exécution n'est pas contraire à l'ordre public, à l'exclusion des questions concernant l'état et la capacité des personnes (Conv. 27 sept. 1968). • Paris, 11 avr. 2002 : *BICC 2003, n° 377.* ♦ Dès lors, ne peut recevoir exécution en France la transaction conclue devant le juge allemand relative à une reconnaissance de paternité naturelle ; en revanche, l'exécution peut être accordée pour le paiement d'une obligation alimentaire (V. auj. Règl. n° 4/2009 du 18 déc. 2018), même accessoire à la reconnaissance de paternité (Règl. n° 44/2201). • Même arrêt.

Art. 60 L'autorité compétente ou la juridiction de l'État membre d'origine délivre, à la demande de toute partie intéressée, le certificat qu'elle établit en utilisant le formulaire figurant à l'annexe II. Ce certificat contient un résumé de l'obligation exécutoire consignée dans l'acte authentique ou de l'accord conclu entre les parties consigné dans la transaction judiciaire.

CHAPITRE V *Dispositions générales*

Art. 61 Aucune légalisation ni formalité analogue n'est exigée pour les documents délivrés dans un État membre dans le cadre du présent règlement.

Acte authentique. La partie qui demande l'exécution d'un acte authentique étranger doit produire une expédition de l'acte réunissant les conditions nécessaires à son authenticité dans son pays d'origine, sans qu'aucune légalisation, ni formalité analogue ne puissent être exigées (Conv. 27 sept. 1968). • Civ. 1re, 12 janv. 1994, n° 91-14.567 P : *D. 1994. IR 41 ; Rev. crit. DIP 1994. 557, note Pamboukis ; Gaz. Pal. 1994. 1. Pan. 127.*

Art. 62 1. Pour déterminer si une partie a un domicile sur le territoire de l'État membre dont les juridictions sont saisies, le juge applique sa loi interne.

2. Lorsqu'une partie n'a pas de domicile dans l'État membre dont les juridictions sont saisies, le juge, pour déterminer si elle a un domicile dans un autre État membre, applique la loi de cet État membre.

Application de l'art. 43 C. pr. civ. Pour une application du texte (Conv. 27 sept. 1968), V. • Civ. 1re, 4 janv. 1984, n° 82-15.835 P : *D. 1985. IR 177, obs. Audit ; Rev. crit. DIP 1986. 123, note Courbe.*

Art. 63 1. Pour l'application du présent règlement, les sociétés et les personnes morales *sont domiciliées* là ou est situé :

a) leur siège statutaire ;

b) leur administration centrale ; ou

c) leur principal établissement.

2. Pour l'Irlande, Chypre et le Royaume-Uni, on entend par "siège statutaire" *[,]* le *registered office* ou, s'il n'existe nulle part de *registered office*, le *place of incorporation* (le lieu

d'acquisition de la personnalité morale) ou, s'il n'existe nulle part de lieu d'acquisition de la personnalité morale, le lieu selon la loi duquel la formation (la constitution) a été effectuée.

3. Pour déterminer si un trust a son domicile sur le territoire d'un État membre dont les juridictions sont saisies, le juge applique les règles de son droit international privé.

Art. 64 Sans préjudice de dispositions nationales plus favorables, les personnes domiciliées sur le territoire d'un État membre et poursuivies pour une infraction involontaire devant les juridictions répressives d'un autre État membre dont elles ne sont pas les ressortissants *[ressortissantes]* peuvent se faire défendre par les personnes habilitées à cette fin, même si elles ne comparaissent pas personnellement. Toutefois, la juridiction saisie peut ordonner la comparution personnelle ; si celle-ci n'a pas eu lieu, la décision rendue sur l'action civile sans que la personne en cause ait eu la possibilité de se défendre pourra ne pas être reconnue ni exécutée dans les autres États membres.

Art. 65 1. La compétence prévue à l'article 8, point 2), et à l'article 13 pour la demande en garantie ou la demande en intervention ne peut être invoquée dans les États membres figurant sur la liste établie par la Commission en vertu de l'article 76, paragraphe 1, point b), et de l'article 76, paragraphe 2, que dans la mesure où leur droit national le permet. Une personne domiciliée sur le territoire d'un autre État membre peut être invitée à se joindre à la procédure devant les juridictions de ces États membres en application des règles concernant l'appel en cause *(litis denunciatio)* visées dans ladite liste.

2. Les décisions rendues dans un État membre en vertu de l'article 8, point 2), et de l'article 13 sont reconnues et exécutées conformément au chapitre III dans tout autre État membre. Les effets que les décisions rendues dans les États membres figurant sur la liste visée au paragraphe 1 peuvent produire, conformément au droit de ces États membres, à l'égard des tiers, en application du paragraphe 1, sont reconnus dans tous les États membres.

3. Dans le cadre du réseau judiciaire européen en matière civile et commerciale créé par la décision 2001/470/CE du Conseil *[JO L 174 du 27.6.2001, p. 25]* (ci-après dénommé "réseau judiciaire européen"), les États membres figurant sur la liste visée au paragraphe 1 fournissent des informations sur les moyens permettant de déterminer, conformément à leur droit national, les effets des décisions visés dans la deuxième phrase du paragraphe 2.

CHAPITRE VI *Dispositions transitoires*

Art. 66 1. Le présent règlement n'est applicable qu'aux actions judiciaires intentées, aux actes authentiques dressés ou enregistrés formellement et aux transactions judiciaires approuvées ou conclues à compter du 10 janvier 2015.

2. Nonobstant l'article 80, le règlement (CE) n° 44/2001 continue à s'appliquer aux décisions rendues dans les actions judiciaires intentées, aux actes authentiques dressés ou enregistrés formellement et aux transactions judiciaires approuvées ou conclues avant le 10 janvier 2015 qui entrent dans le champ d'application dudit règlement.

Clause attributive de juridiction. Dans les actions judiciaires introduites après l'entrée en vigueur de la Conv., les clauses attributives de juridiction, stipulées dans les contrats conclus antérieurement à cette entrée en vigueur, doivent être tenues pour valables, même dans le cas où elles auraient été considérées comme nulles selon les règles nationales en vigueur au moment de la conclusion du contrat (Conv. 27 sept. 1968). • CJCE 13 nov. 1979, *Sanicentral,* n° 25/79.

CHAPITRE VII *Relations avec les autres instruments*

Art. 67 Le présent règlement ne préjuge pas de l'application des dispositions qui, dans des matières particulières, règlent la compétence judiciaire, la reconnaissance et l'exécution des décisions et qui sont contenues dans les actes de l'Union ou dans les législations nationales harmonisées en exécution de ces actes.

Convention de Montréal du 28 mai 1999. Renvoi. V. note 37 ss. art. 7 du présent Règl.

Art. 68 1. Le présent règlement remplace, entre les États membres, la convention de Bruxelles de 1968, sauf en ce qui concerne les territoires des États membres qui entrent dans le champ d'application territorial de cette convention et qui sont exclus du présent règlement en vertu de l'article 355 du traité sur le fonctionnement de l'Union européenne.

2. Dans la mesure où le présent règlement remplace entre les États membres les dispositions de la convention de Bruxelles de 1968, toute référence faite à celle-ci s'entend comme faite au présent règlement.

Art. 69 Sous réserve des dispositions des articles 70 et 71, le présent règlement remplace entre les États membres les conventions qui couvrent les mêmes matières que celles auxquelles il s'applique. En particulier, les conventions figurant sur la liste établie par la Commission en vertu de l'article 76, paragraphe 1, point c), et de l'article 76, paragraphe 2, sont remplacées.

Art. 70 1. Les conventions visées à l'article 69 continuent de produire leurs effets dans les matières auxquelles le présent règlement n'est pas applicable.

2. Elles continuent de produire leurs effets en ce qui concerne les décisions rendues, les actes authentiques dressés ou enregistrés formellement et les transactions judiciaires approuvées ou conclues avant la date d'entrée en vigueur du règlement (CE) n° 44/2001.

Art. 71 1. Le présent règlement n'affecte pas les conventions auxquelles les États membres sont parties et qui, dans des matières particulières, règlent la compétence judiciaire, la reconnaissance ou l'exécution des décisions.

2. En vue d'assurer son interprétation uniforme, le paragraphe 1 est appliqué de la manière suivante :

a) le présent règlement ne fait pas obstacle à ce qu'une juridiction d'un État membre partie à une convention relative à une matière particulière puisse fonder sa compétence sur une telle convention, même si le défendeur est domicilié sur le territoire d'un autre État membre non partie à une telle convention. La juridiction saisie applique, en tout cas, l'article 28 du présent règlement ;

b) les décisions rendues dans un État membre par une juridiction ayant fondé sa compétence sur une convention relative à une matière particulière sont reconnues et exécutées dans les autres États membres conformément au présent règlement.

Si une convention relative à une matière particulière et à laquelle sont parties l'État membre d'origine et l'État membre requis détermine les conditions de reconnaissance et d'exécution des décisions, il est fait application de ces conditions. Il peut, en tout cas, être fait application des dispositions du présent règlement relatives à la reconnaissance et à l'exécution des décisions.

1. Principe. Lorsqu'un État contractant (État membre) est également partie contractante à une autre convention relative à une matière particulière, laquelle comporte des règles sur la compétence judiciaire, cette convention spéciale n'exclut l'application des dispositions de la convention de Bruxelles que dans les cas réglés par la convention spéciale et non pas dans ceux que celle-ci ne règle pas (Conv. 27 sept. 1968). • CJCE 6 déc. 1994, *The ship Tatry,* n° C-406/92 : *préc. note 10 ss. art. 29, du présent règl.*

2. CMR. Dans l'hypothèse où un litige relève du champ d'application tant du Règl. (CE) n° 44/2001 du 22 déc. 2000 que de la Conv. relative au contrat de transport international de marchandises par route, signée à Genève le 19 mai 1956, telle que modifiée par le protocole signé à Genève le 5 juill. 1978, un État membre peut, conformément à l'art. 71, § 1er, dudit Règl., appliquer les règles en matière de compétence judiciaire prévues à l'art. 31, § 1er, de cette Conv. (Règl. n° 44/2201). • CJUE 4 sept. 2014, n° C-157/13 : *préc. note 22 ss. art. 1er, du présent règl.* ♦ ... Même lorsque le défendeur, dans le cadre de la procédure en cause, ne se prononce pas sur le fond (Conv. 27 sept. 1968). • CJCE 28 oct. 2004, n° C-148/03 : *D. 2005. 547, note Brière ; ibid. Pan. 1262, obs. Courbe et Chanteloup ; ibid. Pan. 2755, obs. Kenfack ; JCP E 2004. Pan. 1649.* ♦ Les règles de compétence judiciaire, de reconnaissance et d'exécution prévues par une convention relative à une matière particulière, telles que la règle de litispendance énoncée à l'art. 31, § 2, de la Conv. relative au contrat de transport international de marchandises par route, signée à Genève le 19 mai 1956, telle que modifiée par le protocole signé à Genève le 5 juill. 1978, et celle relative à la force exécutoire énoncée à l'art. 31, § 3, de cette convention, s'appliquent, à condition qu'elles présentent un haut degré de prévisibilité, facilitent une bonne administration de la justice et permettent de réduire au maximum le risque de procédures concurrentes, et qu'elles assurent, dans des conditions au moins aussi favorables que celles prévues par ledit Règl., la libre circulation des décisions en matière civile et commerciale et la confiance réciproque dans la justice au sein de l'Union *(favor executionis)* (Règl. n° 44/2201). • CJUE 4 mai 2010, n° C-533/08 : *RTD com. 2010. 625, obs. Delebecque ; ibid. 825, obs. Marmisse-d'Abbadie d'Arrast ; RTD eur. 2010. 421, obs. Douchy-Oudot et Guinchard ; Procédures 2010, n° 342, obs. Nourrissat ; Europe 2011, n° 260, note Idot* • 19 déc. 2013, n° C-452/12 : *D. actu. 17 janv. 2014, obs. Mélin ; D. 2014. 1059, obs. Gaudemet-Tallon et Jault-Seseke ; RTD com. 2014. 455, obs. Delebecque ; Europe 2014, n° 110, note Idot ; JCP E 2014. 1480, obs. Legros ; RDC 2014. 251, note Treppoz.*

3. Convention de Bruxelles du 10 mai 1952. La compétence des tribunaux en cas d'abordage survenu entre des navires battant pavillon de deux États parties s'apprécie, en principe, en tenant compte de la Conv. de Bruxelles du 10 mai 1952 pour l'unification de certaines règles relatives à la compétence civile en matière d'abordage et non du Règl. Bruxelles I (Règl.n° 44/2201). • Com.

16 sept. 2014, ⚖ n° 13-13.880 P : *D. actu. 26 sept. 2014, obs. Delpech ; D. 2014. 1869 ; ibid. 2015. 1056, obs. Gaudemet-Tallon et Jault-Seseke ; JT 2014, n° 168, p. 12, obs. Delpech ; Rev. crit. DIP 2015. 160, note Bureau ; Gaz. Pal. 6 nov. 2014, p. 12, note Prieur ; JCP 2014. 1182, note Delebecque ; JCP E 2014, act. n° 688.*

4. Convention Benelux. L'art. 71 du Règl. n° 44/2001, lu à la lumière de l'art. 350 TFUE, ne s'oppose pas à ce que la règle de compétence judiciaire pour les litiges relatifs aux marques, dessins et modèles Benelux, énoncée à l'art. 4.6 de la Conv. Benelux en matière de propriété intellectuelle (marques et dessins ou modèles), du 25 févr. 2005, signée à La Haye par le Royaume de Belgique, le Grand-Duché de Luxembourg et le Royaume des Pays-Bas, soit appliquée à ces litiges (Règl. n° 44/2001). • CJUE 14 juill. 2016, ⚖ n° C-230/15 : *D. actu. 2 sept. 2016, obs. Mélin ; D. 2017. 1011, obs. Gaudemet-Tallon et Jault-Seseke .*

5. Convention de Montréal du 28 mai 1999. Renvoi. V. note 37 ss. art. 7 du présent Règl.

Art. 72 Le présent règlement n'affecte pas les accords par lesquels les États membres, avant l'entrée en vigueur du règlement (CE) n° 44/2001, se sont engagés, en vertu de l'article 59 de la convention de Bruxelles de 1968, à ne pas reconnaître une décision rendue, notamment dans un autre État contractant à ladite convention, contre un défendeur qui a son domicile ou sa résidence habituelle dans un État tiers lorsque, dans un cas prévu à l'article 4 de cette convention, la décision n'a pu être fondée que sur une compétence visée à l'article 3, deuxième alinéa, de cette même convention.

Art. 73 1. Le présent règlement n'affecte pas l'application de la convention de Lugano de 2007.

2. Le présent règlement n'affecte pas l'application de la convention de New York de 1958.

3. Le présent règlement n'affecte pas l'application des conventions et accords bilatéraux conclus entre un État tiers et un État membre avant la date d'entrée en vigueur du règlement (CE) n° 44/2001 qui portent sur des matières régies par le présent règlement.

CHAPITRE VIII *Dispositions finales*

Art. 74 Les États membres fournissent, dans le cadre du réseau judiciaire européen et en vue de mettre ces informations à la disposition du public, une description des règles et procédures nationales d'exécution, y compris des informations concernant les autorités compétentes chargées de l'exécution et les limites éventuelles imposées en matière d'exécution, en particulier les règles sur la protection du débiteur et les délais de prescription.

Les États membres tiennent ces informations constamment à jour.

Art. 75 Le 10 janvier 2014 au plus tard, les États membres indiquent à la Commission :

a) les juridictions devant lesquelles la demande de refus d'exécution doit être portée, conformément à l'article 47, paragraphe 1 ;

b) les juridictions devant lesquelles le recours contre la décision relative à une demande de refus d'exécution doit être porté, conformément à l'article 49, paragraphe 2 ;

c) les juridictions auprès desquelles tout pourvoi doit être formé, conformément à l'article 50 ; et

d) les langues acceptées pour les traductions des formulaires visés à l'article 57, paragraphe 2.

La Commission met ces informations à la disposition du public par tout moyen approprié, notamment par le biais du réseau judiciaire européen.

Art. 76 1. Les États membres notifient à la Commission :

a) les règles de compétence visées à l'article 5, paragraphe 2, et à l'article 6, paragraphe 2 ;

b) les règles concernant l'appel en cause visées à l'article 65 ; et

c) les conventions visées à l'article 69.

2. La Commission établit les listes correspondantes sur la base des notifications effectuées par les États membres visées au paragraphe 1.

3. Les États membres notifient à la Commission toute modification ultérieure à apporter à ces listes. La Commission modifie lesdites listes en conséquence.

4. La Commission publie les listes et toute modification ultérieure apportée à celles-ci au *Journal officiel de l'Union européenne.*

5. La Commission met à la disposition du public toutes les informations notifiées en vertu des paragraphes 1 et 3 par tout autre moyen approprié, notamment par le biais du réseau judiciaire européen.

Art. 77 La Commission est habilitée à adopter des actes délégués en conformité avec l'article 78 en ce qui concerne les modifications à apporter aux annexes I et II.

Art. 78 1. Le pouvoir d'adopter des actes délégués conféré à la Commission est soumis aux conditions fixées au présent article.

2. Le pouvoir d'adopter des actes délégués visé à l'article 77 est conféré à la Commission pour une durée indéterminée à compter du 9 janvier 2013.

3. La délégation de pouvoir visée à l'article 77 peut être révoquée à tout moment par le Parlement européen ou le Conseil. La décision de révocation met fin à la délégation de pouvoir qui y est précisée. La révocation prend effet le jour suivant celui de la publication de ladite décision au *Journal officiel de l'Union européenne* ou à une date ultérieure qui est précisée dans ladite décision. Elle ne porte pas atteinte à la validité des actes délégués déjà en vigueur.

4. Aussitôt qu'elle adopte un acte délégué, la Commission le notifie au Parlement européen et au Conseil simultanément.

5. Un acte délégué adopté en vertu de l'article 77 n'entre en vigueur que si le Parlement européen ou le Conseil n'a pas exprimé d'objections dans un délai de deux mois à compter de la notification de cet acte au Parlement européen et au Conseil ou si, avant l'expiration de ce délai, le Parlement européen et le Conseil ont tous deux informé la Commission de leur intention de ne pas exprimer d'objections. Ce délai est prolongé de deux mois à l'initiative du Parlement européen ou du Conseil.

Art. 79 Le 11 janvier 2022 au plus tard, la Commission présente au Parlement européen, au Conseil et au Comité économique et social européen un rapport sur l'application du présent règlement. Elle y évalue notamment s'il est nécessaire d'étendre les règles de compétence aux défendeurs qui ne sont pas domiciliés sur le territoire d'un État membre en tenant compte de la mise en œuvre du présent règlement et des évolutions éventuelles au niveau international. Le rapport est accompagné, le cas échéant, d'une proposition de modification du présent règlement.

Art. 80 Le présent règlement abroge le règlement (CE) n° 44/2001. Les références faites au règlement abrogé s'entendent comme faites au présent règlement et sont à lire selon le tableau de correspondance figurant à l'annexe III.

Art. 81 Le présent règlement entre en vigueur le vingtième jour suivant celui de sa publication au *Journal officiel de l'Union européenne*.

Il est applicable à partir du 10 janvier 2015, à l'exception des articles 75 et 76, qui sont applicables à partir du 10 janvier 2014.

Le présent règlement est obligatoire dans tous ses éléments et directement applicable dans les États membres, conformément aux traités.

ANNEXE I

Certificat relatif à une décision en matière civile et commerciale

Article 53 du règlement (UE) n° 1215/2002 du Parlement européen et du Conseil concernant la compétence judiciaire, la reconnaissance et l'exécution des décisions en matière civile et commerciale

1. JURIDICTION D'ORIGINE
1.1. Nom :
1.2. Adresse :
1.2.1. Rue et numéro/boîte postale :
1.2.2. Localité et code postal :
1.2.3. État membre :
AT ☐ BE ☐ BG ☐ CY ☐ CZ ☐ DE ☐ EE ☐ EL ☐ ES ☐ FI ☐ FR ☐ HU ☐ IE ☐ IT ☐ LT ☐ LU ☐
LV ☐ MT ☐ NL ☐ PL ☐ PT ☐ RO ☐ SE ☐ SI ☐ SK ☐ UK ☐
1.3. Téléphone :
1.4. Télécopieur
1.5. Courriel (le cas échéant)

2. DEMANDEUR(S) *[Insérer les informations relatives à tous les demandeurs si la décision en concerne plus d'un]*
2.1. Nom et prénom(s)/dénomination de la société ou de l'organisation :
2.2. Numéro d'identification (le cas échéant et si disponible) :
2.3. Date (jj/mm/aaaa) et lieu de naissance ou, s'il s'agit d'une personne morale, d'acquisition de personnalité morale/de constitution/d'immatriculation (le cas échéant et si disponible) :
2.4. Adresse :
2.4.1. Rue et numéro/boîte postale :
2.4.2. Localité et code postal :
2.4.3. Pays :
AT ☐ BE ☐ BG ☐ CY ☐ CZ ☐ DE ☐ EE ☐ EL ☐ ES ☐ FI ☐ FR ☐ HU ☐ IE ☐ IT ☐ LT ☐ LU ☐
LV ☐ MT ☐ NL ☐ PL ☐ PT ☐ RO ☐ SE ☐ SI ☐ SK ☐ UK ☐ Autre [préciser (code ISO)] ☐

2.5. Courriel : (le cas échéant) :

3. DÉFENDEUR(S) *[Insérer les informations relatives à tous les défendeurs si la décision en concerne plus d'un]*

3.1. Nom et prénom(s)/dénomination de la société ou de l'organisation :

3.2. Numéro d'identification (le cas échéant et si disponible) :

3.3. Date (jj/mm/aaaa) et lieu de naissance ou, s'il s'agit d'une personne morale, d'acquisition de personnalité morale/de constitution/d'immatriculation (le cas échéant et si disponible) :

3.4. Adresse :

3.4.1. Rue et numéro/boîte postale :

3.4.2. Localité et code postal :

3.4.3. Pays :

AT ☐ BE ☐ BG ☐ CY ☐ CZ ☐ DE ☐ EE ☐ EL ☐ ES ☐ FI ☐ FR ☐ HU ☐ IE ☐ IT ☐ LT ☐ LU ☐ LV ☐ MT ☐ NL ☐ PL ☐ PT ☐ RO ☐ SE ☐ SI ☐ SK ☐ UK ☐ Autre [préciser (code ISO)] ☐

3.5. Courriel : (le cas échéant) :

4. DÉCISION

4.1. Date (jj/mm/aaaa) de la décision :

4.2. Numéro de référence de la décision :

4.3. La décision a été rendue par défaut :

4.3.1. ☐ Non

4.3.2. ☐ Oui [indiquer la date (jj/mm/aaaa) à laquelle l'acte introductif d'instance ou un acte équivalent a été notifié ou signifié au défendeur] :

4.4. La décision est exécutoire dans l'État membre d'origine sans que d'autres conditions ne doivent être remplies :

4.4.1. ☐ Oui [indiquer la date (jj/mm/aaaa) à laquelle la décision a été déclarée exécutoire, le cas échéant] :

4.4.2. ☐ Oui, mais uniquement à l'égard de la/des personne(s) suivante(s) (préciser) :

4.4.3. ☐ Oui, mais seulement pour une/des partie(s) de la décision (préciser) :

4.4.4. ☐ La décision ne contient pas d'obligation exécutoire.

4.5. A la date de délivrance du certificat, la décision a été notifiée ou signifiée au(x) défendeur(s) :

4.5.1. ☐ Oui [indiquer la date de la notification ou de la signification (jj/mm/aaaa) si elle est connue]

4.5.1.1. La décision a été notifiée ou signifiée dans la (les) langue(s) suivante(s) :

BG ☐ ES ☐ CS ☐ DE ☐ ET ☐ EL ☐ EN ☐ FR ☐ GA ☐ IT ☐ LV ☐ LT ☐ HU ☐ MT ☐ NL ☐ PL ☐ PT ☐ RO ☐ SK ☐ SL ☐ FI ☐ SV ☐ Autre [préciser (code ISO)] ☐

4.5.2. ☐ Pas à la connaissance de la juridiction

4.6. Contenu de la décision et intérêts :

4.6.1. Décision relative à une créance pécuniaire *[Si la décision ne concerne que les frais relatifs à une créance qui a fait l'objet d'une décision antérieure, laisser le point 4.6.1. vierge et aller au point 4.7.]*

4.6.1.1. Brève description de l'objet du litige

4.6.1.2. La juridiction a condamné

. [nom et prénom(s)/dénomination de la société ou de l'organisation] *[Si plus d'une personne a été condamnée à faire un paiement, insérer les informations relatives à toutes les personnes]*

à payer à

.... [nom et prénom(s)/dénomination de la société ou de l'organisation]

4.6.1.2.1. Si plusieurs personnes sont tenues à une seule et même obligation, le montant peut être recouvré dans son intégralité auprès de l'une d'entre elles :

4.6.1.2.1.1. ☐ OUI

4.6.1.2.1.2. ☐ NON

4.6.1.3. Monnaie

☐ Euro (EUR) ☐ *lev bulgare* (BGN) ☐ couronne tchèque (CZK) ☐ forint hongrois (HUF) ☐ litas lituanien (LTL) ☐ lats letton (LVL) ☐ zloty polonais (PLN) ☐ livre Sterling (GBP) ☐ leu romain (RON) ☐ couronne suédoise (SEK) ☐ autre [préciser (code ISO)] :

4.6.1.4. Montant principal :

4.6.1.4.1. ☐ Montant à payer en une seule somme

4.6.1.4.2. ☐ Montant à verser en plusieurs fois *[Insérer les informations relatives à chaque échéance]*

Date d'échéance (jj/mm/aaaa)	Montant

4.6.1.4.3. ☐ Montant à payer périodiquement
4.6.1.4.3.1. ☐ par jour
4.6.1.4.3.2. ☐ par semaine
4.6.1.4.3.3. ☐ autre (préciser la périodicité) :
4.6.1.4.3.4. A partir du (jj/mm/aaaa) ou de l'événement :
4.6.1.4.3.5. Le cas échéant, jusqu'au [date (jj/mm/aaaa) ou événement] :
4.6.1.5. Intérêts, le cas échéant :
4.6.1.5.1. Intérêts :
4.6.1.5.1.1. ☐ Non précisé dans la décision :
4.6.1.5.1.2. ☐ Oui, précisé comme suit dans la décision :
4.6.1.5.1.2.1. montant :
ou
4.6.1.5.1.2.2. taux ... %
4.6.1.5.1.2.3. Intérêts échus à compter du ...... [date (jj/mm/aaaa) ou événement] au ...... [date (jj/mm/aaaa) ou événement *[Insérer les informations relatives à toutes les périodes, s'il y en a plus d'une]*
4.6.1.5.2. ☐ Intérêts légaux (le cas échéant) à calculer conformément à (préciser la loi applicable) :
4.6.1.5.2.1. Intérêts échus à compter du ...... [date (jj/mm/aaaa) ou événement] au .... [date (jj/mm/aaaa) ou événement] *[Insérer les informations relatives à toutes les périodes, s'il y en a plus d'une]*
4.6.1.5.3. ☐ Capitalisation des intérêts (le cas échéant, préciser) :
4.6.2. Décision ordonnant une mesure provisoire ou conservatoire :
4.6.2.1. Brève description de l'objet du litige et de la mesure ordonnée :
4.6.2.2. La mesure a été ordonnée par une juridiction compétente au fond
4.6.2.2.1. ☐ Oui
4.6.3. Autre type de décision :
4.6.3.1. Brève description de l'objet du litige et de la décision rendue par la juridiction :
4.7. Frais *[Ce point couvre également les situations où les frais sont octroyés dans une décision distincte]* :
4.7.1. Monnaie :
☐ euro (EUR) ☐ lev bulgare (BGN) ☐ couronne tchèque (CZK) ☐ forint hongrois (HUF) ☐ litas lituanien (LTL) ☐ lats letton (LVL) ☐ zloty polonais (PLN) ☐ livre sterling (GBP) ☐ leu roumain (RON) ☐ couronne suédoise (SEK) ☐ autre [préciser (code ISO)] :
4.7.2. La/les personne(s) suivante(s), contre laquelle/lesquelles l'exécution est demandée, a/ont été condamnée(s) à prendre les frais en charge :
4.7.2.1. Nom et prénom(s)/dénomination de la société ou de l'organisation : *[Insérer les informations relatives à toutes les personnes, s'il y en a plus d'une]*
4.7.2.2. Si plusieurs personnes ont été condamnées à prendre les frais en charge, le montant peut être recouvré dans son intégralité auprès de l'une d'entre elles :
4.7.2.2.1. ☐ Oui
4.7.2.2.2. ☐ Non
4.7.3. Les frais dont le recouvrement est demandé sont les suivants : *[Au cas où les frais pourraient être recouvrés auprès de plusieurs personnes, insérer la ventilation pour chaque personne séparément]*
4.7.3.1. ☐ Les frais ont été fixés dans la décision sous la forme d'un montant global (indiquer le montant) :
4.7.3.2. ☐ Les frais ont été fixés dans la décision sous la forme d'un pourcentage du total des frais (indiquer le pourcentage du total) :
4.7.3.3. ☐ La prise en charge des frais a été déterminée dans la décision et les montants exacts sont les suivants :
4.7.3.3.1. ☐ Dépens :
4.7.3.3.2. ☐ Honoraires d'avocat :
4.7.3.3.3. ☐ Frais de notification ou de signification d'actes :
4.7.3.3.4. ☐ Autres :
4.7.3.4. ☐ Autre (préciser) :
4.7.4. Intérêts sur les frais :
4.7.4.1. ☐ Sans objet
4.7.4.2. ☐ Intérêts précisés dans la décision :
4.7.4.2.1. ☐ montant :
ou
4.7.4.2.2. ☐ taux ... %
4.7.4.2.2.1. Intérêts échus à compter du .... [date (jj/mm/aaaa) ou événement] au .... [date (jj/mm/aaaa) ou événement] *[Insérer les informations relatives à toutes les périodes, s'il y en a plus d'une]*
4.7.4.3. ☐ Intérêts légaux (le cas échéant) à calculer conformément à (préciser la loi applicable) : :
4.7.4.3.1. Intérêts échus à compter du .... [date (jj/mm/aaaa) ou événement] au .... [date (jj/mm/aaaa) ou événement] *[Insérer les informations relatives à toutes les périodes, s'il y en a plus d'une]*
4.7.4.4. ☐ Capitalisation des intérêts (le cas échéant, préciser) :

Fait à : ...
Signature et/ou cachet de la juridiction d'origine :

ANNEXE II

CERTIFICAT RELATIF À UN ACTE AUTHENTIQUE/UNE TRANSACTION JUDICIAIRE (1) EN MATIÈRE CIVILE ET COMMERCIALE

Article 60 du règlement (UE) n° 1215/2012 du Parlement européen et du Conseil concernant la compétence judiciaire, la reconnaissance et l'exécution des décisions en matière civile et commerciale

1. JURIDICTION OU AUTORITÉ COMPÉTENTE DÉLIVRANT LE CERTIFICAT

1.1. Nom:

1.2. Adresse:

1.2.1. Rue et numéro/boîte postale:

1.2.2. Localité et code postal:

1.2.3. État membre:

AT ☐ BE ☐ BG ☐ CY ☐ CZ ☐ DE ☐ EE ☐ EL ☐ ES ☐ FI ☐ FR ☐ HU ☐ IE ☐ IT ☐ LT ☐ LU ☐ LV ☐ MT ☐ NL ☐ PL ☐ PT ☐ RO ☐ SE ☐ SI ☐ SK ☐ UK ☐

1.3. Téléphone:

1.4. Télécopieur:

1.5. Courriel: (le cas échéant):

2. ACTE AUTHENTIQUE

2.1. Autorité qui a dressé l'acte authentique (si différente de l'autorité délivrant le certificat)

2.1.1. Nom et désignation de l'autorité:

2.1.2. Adresse:

2.2. Date (jj/mm/aaaa) à laquelle l'acte authentique a été dressé par l'autorité visée au point 2.1:

2.3. Numéro de référence de l'acte authentique (le cas échéant):

2.4. Date (jj/mm/aaaa) à laquelle l'acte authentique a été enregistré dans l'État membre d'origine (à remplir uniquement si la date d'enregistrement détermine l'effet juridique de l'acte et si cette date est différente de la date indiquée au point 2.2):

2.4.1. Numéro de référence au registre (le cas échéant):

3. TRANSACTION JUDICIAIRE

3.1. Juridiction qui a approuvé la transaction judiciaire ou devant laquelle la transaction judiciaire a été conclue (si différente de la juridiction délivrant le certificat)

3.1.1. Nom de la juridiction:

3.1.2. Adresse:

3.2. Date (jj/mm/aaaa) de la transaction judiciaire:

3.3. Numéro de référence de la transaction judiciaire:

4. PARTIES À L'ACTE AUTHENTIQUE/À LA TRANSACTION JUDICIAIRE:

4.1. Nom(s) du/des créancier(s) [nom et prénom(s)/dénomination de la société ou de l'organisation] (2) :

4.1.1. Numéro d'identification (le cas échéant et si disponible):

4.1.2. Date (jj/mm/aaaa) et lieu de naissance ou, s'il s'agit d'une personne morale, d'acquisition de la personnalité *morale/de constitution*/d'immatriculation (le cas échéant et si disponible):

4.2. Nom(s) du/des débiteur(s) [nom et prénom(s)/dénomination de la société ou de l'organisation] (3) :

4.2.1. Numéro d'identification (le cas échéant et si disponible):

4.2.2. Date (jj/mm/aaaa) et lieu de naissance ou, s'il s'agit d'une personne morale, d'acquisition de la personnalité morale/de constitution/d'immatriculation (le cas échéant et si disponible):

4.3. Nom(s) de l'autre/des autres partie(s), le cas échéant [nom et prénom(s)/dénomination de la société ou de l'organisation] (4)

4.3.1. Numéro d'identification (le cas échéant et si disponible):

4.3.2. Date (jj/mm/aaaa) et lieu de naissance ou, s'il s'agit d'une personne morale, d'acquisition de la personnalité morale/de constitution/d'immatriculation (le cas échéant et si disponible):

5. FORCE EXÉCUTOIRE DE L'ACTE AUTHENTIQUE/DE LA TRANSACTION JUDICIAIRE DANS L'ÉTAT MEMBRE D'ORIGINE

5.1. L'acte authentique/la transaction judiciaire est exécutoire dans l'État membre d'origine

5.1.1. ☐ Oui

5.2. Termes de l'acte authentique/de la transaction judiciaire et intérêts

5.2.1. Acte authentique/transaction judiciaire concernant une créance pécuniaire

5.2.1.1. Brève description de l'objet:

5.2.1.2. En vertu de l'acte authentique/de la transaction judiciaire:

.... [nom et prénom(s)/dénomination de la société ou de l'organisation] (5)

doit payer à:

.... [nom et prénom(s)/dénomination de la société ou de l'organisation]

5.2.1.2.1. Si plusieurs personnes sont tenues à une seule et même obligation, le montant peut être recouvré dans son intégralité auprès de l'une d'entre elles:

5.2.1.2.1.1. ☐ Oui

5.2.1.2.1.2. ☐ Non

5.2.1.3. Monnaie:

☐ euro (EUR) ☐ lev bulgare (BGN) ☐ couronne tchèque (CZK) ☐ forint hongrois (HUF) ☐ litas lituanien (LTL) ☐ lats letton (LVL) ☐ zloty polonais (PLN) ☐ livre sterling (GBP) ☐ leu roumain (RON) ☐ couronne suédoise (SEK) ☐ autre [préciser (code ISO)]:

5.2.1.4. Montant principal:

5.2.1.4.1. ☐ Montant à payer en une seule somme

5.2.1.4.2. ☐ Somme à verser en plusieurs fois (6)

Date d'échéance (jj/mm/aaaa)	Montant

5.2.1.4.3. ☐ Montant à payer périodiquement

5.2.1.4.3.1. ☐ par jour

5.2.1.4.3.2. ☐ par semaine

5.2.1.4.3.3. ☐ autre (préciser la périodicité):

5.2.1.4.3.4. À partir du (jj/mm/aaaa) ou de l'événement:

5.2.1.4.3.5. Le cas échéant, jusqu'au .... [date (jj/mm/aaaa) ou événement]:

5.2.1.5. Intérêts, le cas échéant

5.2.1.5.1. Intérêts:

5.2.1.5.1.1. ☐ Non précisé dans l'acte authentique/la transaction judiciaire

5.2.1.5.1.2. ☐ Oui, précisé comme suit dans l'acte authentique/la transaction judiciaire:

5.2.1.5.1.2.1. montant:

ou

5.2.1.5.1.2.2. taux ... %.

5.2.1.5.1.2.3. Intérêts échus à compter du .... [date (jj/mm/aaaa) ou événement] au .... [date (jj/mm/aaaa) ou événement] ([7])

5.2.1.5.2. ☐ Intérêts légaux (le cas échéant) à calculer conformément à (préciser la loi applicable):

5.2.1.5.2.1. Intérêts échus à compter du .... [date (jj/mm/aaaa) ou événement] au .... [date (jj/mm/aaaa) ou événement] ([7])

5.2.1.5.3. ☐ Capitalisation des intérêts (le cas échéant, préciser):

5.2.2. Acte authentique/transaction judiciaire concernant une obligation exécutoire non pécuniaire:

5.2.2.1. Brève description de l'obligation exécutoire:

5.2.2.2. L'obligation visée au point 5.2.2.1 est exécutoire à l'encontre de la/des personne(s) suivante(s) ([8]) [nom et prénom(s)/nom de l'entreprise ou de l'organisation]:

Fait à: ...

Cachet et/ou signature de la juridiction ou de l'autorité compétente qui délivre le certificat:

([1]) Supprimer les mentions inutiles dans le certificat.
([2]) Insérer les informations relatives à tous les créanciers, s'il y en a plus d'un.
([3]) Insérer les informations relatives à tous les débiteurs, s'il y en a plus d'un.
([4]) Insérer les informations relatives à toutes les autres parties (le cas échéant).
([5]) Si plusieurs personnes doivent faire un paiement, insérer les informations relatives à toutes les personnes.
([6]) Insérer les informations relatives à chaque échéance.
([7]) Insérer les informations relatives à toutes les périodes, s'il y en a plus d'une.
([8]) Insérer les informations relatives à toutes les personnes, s'il y en a plus d'une.

ANNEXE III

TABLEAU DE CORRESPONDANCE

Règlement (CE) nº 44/2001	Présent règlement
Article 1er, paragraphe 1	Article 1er, paragraphe 1
Article 1er, paragraphe 2, phrase introductive	Article 1er, paragraphe 2, phrase introductive
Article 1er, paragraphe 2, point a)	Article 1er, paragraphe 2, points a) et f)
Article 1er, paragraphe 2, points b) à d)	Article 1er, paragraphe 2, points b) à d)
—	Article 1er, paragraphe 2, point e)
Article 1er, paragraphe 3	—
—	Article 2
Article 2	Article 4
Article 3	Article 5
Article 4	Article 6
Article 5, phrase introductive	Article 7, phrase introductive
Article 5, point 1)	Article 7, point 1)
Article 5, point 2)	—
Article 5, points 3) et 4)	Article 7, points 2) et 3)
—	Article 7, point 4)
Article 5, points 5) à 7)	Article 7, points 5) à 7)
Article 6	Article 8
Article 7	Article 9
Article 8	Article 10
Article 9	Article 11
Article 10	Article 12
Article 11	Article 13
Article 12	Article 14
Article 13	Article 15
Article 14	Article 16
Article 15	Article 17
Article 16	Article 18
Article 17	Article 19
Article 18	Article 20
Article 19, points 1) et 2)	Article 21, paragraphe 1
—	Article 21, paragraphe 2
Article 20	Article 22
Article 21	Article 23
Article 22	Article 24
Article 23, paragraphes 1 et 2	Article 25, paragraphes 1 et 2

Règlement (CE) nº 44/2001	Présent règlement
Article 23, paragraphe 3	—
Article 23, paragraphes 4 et 5	Article 25, paragraphes 3 et 4
—	Article 25, paragraphe 5
Article 24	Article 26, paragraphe 1
—	Article 26, paragraphe 2
Article 25	Article 27
Article 26	Article 28
Article 27, paragraphe 1	Article 29, paragraphe 1
—	Article 29, paragraphe 2
Article 27, paragraphe 2	Article 29, paragraphe 3
Article 28	Article 30
Article 29	Article 31, paragraphe 1
—	Article 31, paragraphe 2
—	Article 31, paragraphe 3
—	Article 31, paragraphe 4
Article 30	Article 32, paragraphe 1, points a) et b)
—	Article 32, paragraphe 1, deuxième alinéa
—	Article 32, paragraphe 2
—	Article 33
—	Article 34
Article 31	Article 35
Article 32	Article 2, point a)
Article 33	Article 36
—	Article 37
—	Article 39
—	Article 40
—	Article 41
—	Article 42
—	Article 43
—	Article 44
Article 34	Article 45, paragraphe 1, points a) à d)
Article 35, paragraphe 1	Article 45, paragraphe 1, point e)
Article 35, paragraphe 2	Article 45, paragraphe 2
Article 35, paragraphe 3	Article 45, paragraphe 3
—	Article 45, paragraphe 4
Article 36	Article 52
Article 37, paragraphe 1	Article 38, point a)
Article 38	—

Règlement (CE) n° 44/2001	Présent règlement
Article 39	—
Article 40	—
Article 41	—
Article 42	—
Article 43	—
Article 44	—
Article 45	—
Article 46	—
Article 47	—
Article 48	—
—	Article 46
—	Article 47
—	Article 48
—	Article 49
—	Article 50
—	Article 51
—	Article 54
Article 49	Article 55
Article 50	—
Article 51	Article 56
Article 52	—
Article 53	—
Article 54	Article 53
Article 55, paragraphe 1	—
Article 55, paragraphe 2	Article 37, paragraphe 2, article 47, paragraphe 3, et article 57
Article 56	Article 61
Article 57, paragraphe 1	Article 58, paragraphe 1
Article 57, paragraphe 2	—
Article 57, paragraphe 3	Article 58, paragraphe 2
Article 57, paragraphe 4	Article 60
Article 58	Article 59 et article 60
Article 59	Article 62
Article 60	Article 63
Article 61	Article 64
Article 62	Article 3
Article 63	—
Article 64	—
Article 65	Article 65, paragraphes 1 et 2

Règlement (CE) n° 44/2001	Présent règlement
—	Article 65, paragraphe 3
Article 66	Article 66
Article 67	Article 67
Article 68	Article 68
Article 69	Article 69
Article 70	Article 70
Article 71	Article 71
Article 72	Article 72
—	Article 73
Article 73	Article 79
Article 74, paragraphe 1	Article 75, premier alinéa, points a), b) et c), et article 76, paragraphe 1, point a)
Article 74, paragraphe 2	Article 77
—	Article 78
—	Article 80
Article 75	—
Article 76	Article 81
Annexe I	Article 76, paragraphe 1, point a)
Annexe II	Article 75, point a)
Annexe III	Article 75, point b)
Annexe IV	Article 75, point c)
Annexe V	Annexes I et II
Annexe VI	Annexe II
—	Annexe III

Directive 2013/11/UE du Parlement européen et du Conseil du 21 mai 2013,

Relative au règlement extrajudiciaire des litiges de consommation (directive relative au RELC) .

Règlement (UE) n° 524/2013 du Parlement européen et du Conseil du 21 mai 2013,

Relatif au règlement en ligne des litiges de consommation (règlement relatif au RLLC) .

Règlement (UE) n° 606/2013 du Parlement européen et du Conseil du 12 juin 2013,

Relatif à la reconnaissance mutuelle des mesures de protection en matière civile.

BIBL. ► AVENA-ROBARDET, *AJ fam. 2015. 76* . – ÉGÉA, *Dr. fam. 2015. Chron. 3.* – PORCHERON, *Rev. crit. DIP 2016. 267* (le principe de la reconnaissance mutuelle au service des victimes de violence) ; *AJ fam. 2017. 231* (circulation des mesures de protection en matière civile au sein de l'Union européenne). – WILDERSPIN, *ADUE 2014. 520.*

LE PARLEMENT EUROPÉEN ET LE CONSEIL DE L'UNION EUROPÉENNE,

vu le traité sur le fonctionnement de l'Union européenne, et notamment son article 81, paragraphe 2, points a), e) et f),

vu la proposition de la Commission européenne,

après transmission du projet d'acte législatif aux parlements nationaux,

après consultation du Comité économique et social européen,

vu l'avis du Comité des régions *[JO L 338 du 21.12.2011, p. 2]*, statuant conformément à la procédure législative ordinaire *[JO L 338 du 23.12.2003, p. 1]*,

considérant ce qui suit :

(1) L'Union s'est donné pour objectif de maintenir et de développer un espace de liberté, de sécurité et de justice au sein duquel la libre circulation des personnes est assurée et l'accès à la justice facilité, notamment grâce au principe de reconnaissance mutuelle des décisions judiciaires et extrajudiciaires en matière civile. En vue de l'établissement progressif de cet espace, l'Union doit adopter des mesures relatives à la coopération judiciaire en matière civile ayant une incidence transfrontière, notamment lorsque cela est nécessaire au bon fonctionnement du marché intérieur.

(2) L'article 81, paragraphe 1, du traité sur le fonctionnement de l'Union européenne prévoit que la coopération judiciaire dans les matières civiles ayant une incidence transfrontière doit être fondée sur le principe de reconnaissance mutuelle des décisions judiciaires et extrajudiciaires.

(3) Dans un espace commun de justice sans frontières intérieures, des dispositions permettant d'assurer, de manière rapide et simple, la reconnaissance et, le cas échéant, l'exécution dans un autre État membre de mesures de protection ordonnées dans un État membre sont indispensables pour garantir que la protection accordée à une personne physique dans un État membre s'applique aussi, de manière ininterrompue, dans tout autre État membre dans lequel cette personne se rend ou s'établit. Il est nécessaire de veiller à ce que l'exercice légitime, par les citoyens de l'Union, du droit de circuler et de séjourner librement sur le territoire des États membres, conformément à l'article 3, paragraphe 2, du traité sur l'Union européenne et à l'article 21 du traité sur le fonctionnement de l'Union européenne, ne se traduise pas par la perte de la protection dont ils jouissent.

(4) La confiance réciproque dans l'administration de la justice au sein de l'Union et la volonté de réduire la durée et les coûts de la circulation des mesures de protection dans l'Union justifient le principe selon lequel des mesures de protection ordonnées dans un État membre sont reconnues dans tous les autres États membres sans que des procédures particulières soient nécessaires. En conséquence, toute mesure de protection ordonnée dans un État membre (ci-après dénommé « État membre d'origine ») devrait être traitée comme si elle avait été ordonnée dans l'État membre dans lequel la reconnaissance est demandée (ci-après dénommé « État membre requis »).

(5) Pour atteindre l'objectif de la libre circulation des mesures de protection, il est nécessaire et approprié que les règles régissant la reconnaissance et, le cas échéant, l'exécution des mesures de protection soient régies par un instrument juridique de l'Union contraignant et directement applicable.

(6) Le présent règlement devrait s'appliquer aux mesures de protection ordonnées en vue de protéger une personne lorsqu'il existe des motifs sérieux de croire que la vie, l'intégrité physique ou psychologique, la liberté personnelle, la sécurité ou l'intégrité sexuelle de cette personne sont menacées, par exemple aux fins d'empêcher toute forme de violence fondée sur le genre ou de violence commise par des proches telle que la violence physique, le harcèlement, l'agression sexuelle, la traque, l'intimidation ou d'autres formes de contrainte indirecte. Il importe de souligner que le présent règlement s'applique à toutes les victimes, qu'elles soient ou non victimes de violence fondée sur le genre.

(7) La directive 2012/29/UE du Parlement européen et du Conseil du 25 octobre 2012 établissant des normes minimales concernant les droits, le soutien et la protection des victimes de la criminalité *[JO L 315 du 14.11.2012, p. 57]* garantit que les victimes de la criminalité reçoivent des informations et un soutien adéquats.

(8) Le présent règlement complète la directive 2012/29/UE. Le fait qu'une personne fasse l'objet d'une mesure de protection ordonnée en matière civile n'empêche pas nécessairement cette personne d'être considérée comme "victime" au sens de ladite directive.

(9) Le champ d'application du présent règlement relève du domaine de la coopération judiciaire en matière civile au sens de l'article 81 du traité sur le fonctionnement de l'Union européenne. Le présent règlement ne s'applique qu'aux mesures de protection ordonnées en matière civile. Les mesures de protection adoptées en matière pénale sont régies par la directive 2011/99/UE du Parle- ment européen et du Conseil du 13 décembre 2011 relative à la décision de protection européenne *[JO L 338 du 21.12.2011, p. 2]*.

(10) La notion de matière civile devrait être interprétée de manière autonome, conformément aux principes du droit de l'Union. La nature civile, administrative ou pénale de l'auto-

rité ordonnant une mesure de protection ne devrait pas être déterminante aux fins de l'appréciation du caractère civil de la mesure de protection.

(11) Le présent règlement ne devrait pas porter atteinte au fonctionnement du règlement (CE) n° 2201/2003 du Conseil du 27 novembre 2003 relatif à la compétence, la reconnaissance et l'exécution des décisions en matière matrimoniale et en matière de responsabilité parentale *[JO L 338 du 23.12.2003, p. 1]* (ci-après dénommé "règlement Bruxelles II *bis*"). Les décisions prises dans le cadre du règlement Bruxelles II *bis* devraient continuer d'être reconnues et exécutées au titre dudit règlement.

(12) Le présent règlement tient compte des différentes traditions juridiques des États membres et ne porte pas atteinte aux systèmes nationaux applicables pour ordonner des mesures de protection. Le présent règle- ment n'oblige pas les États membres à modifier leurs systèmes nationaux pour que des mesures de protection puissent être ordonnées en matière civile, ni à introduire des mesures de protection en matière civile pour l'application du présent règlement.

(13) Afin de tenir compte des différents types d'autorités qui ordonnent des mesures de protection en matière civile dans les États membres, et à la différence d'autres domaines de coopération judiciaire, le présent règlement devrait s'appliquer aux décisions des autorités tant judiciaires qu'administratives, à condition que ces dernières offrent des garanties concernant en particulier leur impartialité et le droit des parties à un contrôle juridictionnel.

Les autorités de police ne devraient en aucun cas être considérées comme des autorités d'émission au sens du présent règlement.

(14) Sur la base du principe de reconnaissance mutuelle, les mesures de protection ordonnées en matière civile dans l'État membre d'origine devraient être reconnues dans l'État membre requis en tant que mesures de protection en matière civile conformément au présent règlement.

(15) Conformément au principe de la reconnaissance mutuelle, la reconnaissance couvre la durée de la mesure de protection. Toutefois, compte tenu de la diversité des mesures de protection existant dans les législations des États membres, notamment pour ce qui est de leur durée, et du fait que le présent règlement a vocation à s'appliquer en règle générale dans des situations d'urgence, les effets de la reconnaissance au titre du présent règlement devraient, à titre exceptionnel, être limités à une durée de douze mois à compter de la date de délivrance du certificat prévu par le présent règlement, indépendamment du fait que la mesure de protection elle-même (qu'il s'agisse d'une mesure provisoire, limitée dans le temps ou par nature à durée indéterminée) ait ou non une durée plus longue.

(16) Dans les cas où la durée d'une mesure de protection excède douze mois, la limitation des effets de la reconnaissance au titre du présent règlement devrait être sans préjudice du droit de la personne protégée d'invoquer ladite mesure de protection au titre de tout autre acte juridique de l'Union existant qui prévoit la reconnaissance, ou de demander une mesure de protection nationale dans l'État membre requis.

(17) La limitation des effets de la reconnaissance est exceptionnelle en raison de la nature particulière de l'objet du présent règlement, et elle ne saurait servir de précédent pour d'autres instruments en matière civile ou commerciale.

(18) Le présent règlement devrait porter uniquement sur la reconnaissance de l'obligation imposée par la mesure de protection. Il ne devrait pas régir les procédures de mise en œuvre ou d'exécution de la mesure de protection et ne devrait pas couvrir les éventuelles sanctions susceptibles d'être infligées si l'obligation ordonnée par la mesure de protection *n'est pas respectée* dans l'État membre requis. Ces questions relèvent du droit dudit État membre. Toutefois, conformément aux principes généraux du droit de l'Union, et en particulier au principe de reconnaissance mutuelle, les États membres doivent veiller à ce que les mesures de protection reconnues au titre du présent règlement puissent produire leurs effets dans l'État membre requis.

(19) Les mesures de protection couvertes par le présent règle- ment devraient assurer la protection de la personne protégée sur son lieu de résidence ou de travail, ou en tout autre lieu où cette personne se rend régulièrement, tel que le lieu de résidence de proches ou l'école ou encore l'établissement d'enseignement fréquenté par ses enfants. Indépendamment du fait que le lieu en question ou l'étendue de la zone couverte par la mesure de protection soient définis, dans la mesure de protection, sous la forme d'une ou de plusieurs adresses précises ou par référence à une zone circonscrite que la personne à l'origine du risque encouru a l'interdiction d'approcher ou dans laquelle il lui est interdit d'entrer, respective-

ment (ou une combinaison des deux), la reconnaissance de l'obligation imposée par la mesure de protection porte sur la finalité que revêt ce lieu pour la personne protégée plutôt que sur une adresse précise.

(20) A la lumière de ce qui précède, et à condition que la nature et les éléments essentiels de la mesure de protection soient conservés, l'autorité compétente de l'État membre requis devrait être autorisée à ajuster les éléments factuels de la mesure de protection lorsque cet ajustement est nécessaire pour que la reconnaissance de la mesure de protection puisse être effective en pratique dans l'État membre requis. Ces éléments factuels comprennent l'adresse, le lieu déterminé de manière générale ou la distance minimale que la personne à l'origine du risque encouru doit observer par rapport à la personne protégée, à l'adresse ou au lieu déterminé de manière générale. Toutefois, le type et la nature civile de la mesure de protection ne peuvent être affectés par cet ajustement.

(21) En vue de faciliter l'ajustement d'une mesure de protection, le certificat devrait indiquer si l'adresse précisée dans la mesure de protection constitue le lieu de résidence, le lieu de travail ou un lieu dans lequel la personne protégée se rend régulièrement. En outre, s'il y a lieu, la zone circonscrite (rayon approximatif au départ de l'adresse précise) visée par l'obligation imposée par la mesure de protection à la personne à l'origine du risque encouru devrait également être indiquée dans le certificat.

(22) Pour faciliter la libre circulation des mesures de protection au sein de l'Union, le présent règlement devrait introduire un modèle uniforme de certificat et prévoir l'établissement d'un formulaire-type multilingue à cet effet. L'autorité d'émission devrait délivrer le certificat à la demande de la personne protégée.

(23) Il convient de limiter autant que possible les champs de texte libre du formulaire-type de certificat multilingue, afin que la traduction ou la translittération de celui-ci puisse être fournie dans la plupart des cas sans imposer de coûts à la personne protégée, en utilisant le formulaire-type dans la langue concernée. Les coûts éventuels que nécessite la traduction de texte lorsqu'il s'écarte du formulaire-type multilingue doivent être répartis selon les modalités prévues par la loi de l'État membre d'origine.

(24) Lorsqu'un certificat contient du texte libre, l'autorité compétente de l'État membre requis devrait déterminer si une traduction ou une translittération est nécessaire. Cela ne devrait pas empêcher la personne protégée ou l'autorité d'émission de l'État membre d'origine de fournir, de sa propre initiative, une traduction ou une translittération.

(25) Afin de garantir le respect des droits de la défense de la personne à l'origine du risque encouru, lorsque la mesure de protection a été ordonnée par défaut de comparution ou en vertu d'une procédure qui ne prévoit pas d'in- former au préalable la personne concernée ("procédure non contradictoire"), la délivrance du certificat ne devrait être possible que si cette personne a eu la possibilité d'organiser sa défense contre la mesure de protection. Toutefois, afin d'éviter le risque de contournement, et compte tenu du caractère généralement urgent des cas nécessitant l'adoption de mesures de protection, il ne devrait pas être nécessaire que le délai pour invoquer un tel moyen de défense ait expiré pour qu'un certificat puisse être délivré. Le certificat devrait être délivré dès que la mesure de protection est exécutoire dans l'État membre d'origine.

(26) Compte tenu des objectifs de simplicité et de rapidité, le présent règlement prévoit des méthodes simples et rapides pour porter les étapes procédurales à la connaissance de la personne à l'origine du risque encouru. Ces méthodes spécifiques de notification ne devraient s'appliquer qu'aux fins du présent règlement en raison de la nature particulière de l'objet de celui-ci, sans créer un précédent pour d'autres instruments en matière civile et commerciale, et elles ne devraient pas porter atteinte aux obligations en matière de signification et de notification à l'étranger d'actes judiciaires et extrajudiciaires en matière civile que des conventions bilatérales ou multilatérales conclues entre un État membre et un pays tiers impose- raient à cet État membre.

(27) Lorsque le certificat est porté à la connaissance de la personne à l'origine du risque encouru et lorsqu'est effectué un quelconque ajustement des éléments factuels d'une mesure de protection dans l'État membre requis, il convient de tenir dûment compte du fait que la *personne protégée* a intérêt à ce que son lieu de séjour ou ses autres coordonnées ne soient pas communiqués à la personne à l'origine du risque encouru, à moins qu'une telle communication ne soit nécessaire au respect ou à l'exécution de la mesure de protection.

(28) La délivrance du certificat ne devrait pas être susceptible de recours.

(29) Le certificat devrait faire l'objet d'une rectification lorsque, en raison d'une erreur ou d'une inexactitude évidentes, par exemple une faute de frappe ou une erreur survenue lors

de la transcription ou de la copie, il ne reflète pas correctement la mesure de protection, ou il devrait être retiré s'il est manifeste qu'il a été délivré indûment, par exemple lorsqu'il a été utilisé pour une mesure ne relevant pas du champ d'application du présent règlement ou s'il a été délivré en violation des exigences relatives à sa délivrance.

(30) L'autorité d'émission de l'État membre d'origine devrait, sur demande, prêter assistance à la personne protégée pour qu'elle puisse se procurer des informations sur les autorités de l'État membre requis auprès desquelles la mesure de protection doit être invoquée ou l'exécution doit être demandée.

(31) Le fonctionnement harmonieux de la justice commande d'éviter que des décisions inconciliables soient rendues dans deux États membres. A cette fin, le présent règle- ment devrait prévoir un motif de refus de la reconnaissance ou de l'exécution de la mesure de protection, dans les cas où elle est inconciliable avec une décision rendue ou reconnue dans l'État membre requis.

(32) Des considérations d'intérêt public peuvent justifier, dans des circonstances exceptionnelles, un refus de la part des juridictions de l'État membre requis de reconnaître ou d'exécuter une mesure de protection lorsque son application serait manifestement incompatible avec l'ordre public dudit État membre. Néanmoins, les juridictions ne devraient pas pouvoir appliquer l'exception d'ordre public en vue de refuser de reconnaître ou d'exécuter une mesure de protection lorsque ce refus serait contraire aux droits énoncés par la Charte des droits fondamentaux de l'Union européenne, et en particulier à son article 21.

(33) En cas de suspension ou de retrait de la mesure de protection ou de retrait du certificat dans l'État membre d'origine, l'autorité compétente de l'État membre requis devrait, sur présentation du certificat pertinent, suspendre ou annuler les effets de la reconnaissance et, le cas échéant, l'exécution de la mesure de protection.

(34) Les personnes protégées devraient bénéficier d'un accès effectif à la justice dans d'autres États membres. Pour assurer un tel accès effectif dans le cadre des procédures visées par le présent règlement, une aide judiciaire doit être accordée conformément à la directive 2003/8/CE du Conseil du 27 janvier 2003 visant à améliorer l'accès à la justice dans les affaires transfrontalières par l'établisse- ment de règles minimales communes relatives à l'aide judiciaire accordée dans le cadre de telles affaires *[JO L 26 du 31.1.2003, p. 41]*.

(35) Afin de faciliter l'application du présent règlement, il convient d'exiger des États membres qu'ils fournissent certaines informations relatives à leurs règles et procédures nationales concernant les mesures de protection en matière civile dans le cadre du réseau judiciaire européen en matière civile et commerciale établi par la décision 2001/470/CE du Conseil *[JO L 174 du 27.6.2001, p. 25]*. Les informations communiquées par les États membres devraient être accessibles via le portail européen de justice en ligne.

(36) Afin d'assurer des conditions uniformes d'exécution du présent règlement, il convient de conférer des compétences d'exécution à la Commission en ce qui concerne l'établissement et la modification ultérieure des formulaires prévus par le présent règlement. Ces compétences devraient être exercées en conformité avec le règlement (UE) n° 182/2011 du Parlement européen et du Conseil du 16 février 2011 établissant les règles et principes généraux relatifs aux modalités de contrôle par les États membres de l'exercice des compétences d'exécution par la Commission *[JO L 55 du 28.2.2011, p. 13]*.

(37) Il convient d'avoir recours à la procédure d'examen pour l'adoption d'actes d'exécution visant à établir et ensuite à modifier les formulaires prévus par le présent règlement.

(38) Le présent règlement respecte les droits fondamentaux et observe les principes consacrés par la Charte des droits fondamentaux de l'Union européenne. Il vise notamment à garantir les droits de la défense et l'accès à un tribunal impartial, tels qu'ils sont fixés aux articles 47 et 48 de ladite Charte. Il convient que le présent règlement soit appliqué dans le respect de ces droits et principes.

(39) Étant donné que l'objectif du présent règlement, à savoir l'établissement de règles régissant un mécanisme simple et rapide de reconnaissance des mesures de protection en matière civile ordonnées dans un État membre, ne peut être atteint de manière suffisante par les États membres et peut donc être mieux atteint au niveau de l'Union, celle-ci peut prendre des mesures conformément au principe de subsidiarité consacré à l'article 5 du traité sur l'Union européenne. Conformément au principe de proportionnalité tel qu'énoncé audit article, le présent règlement n'excède pas ce qui est nécessaire pour atteindre cet objectif.

(40) Conformément à l'article 3 du protocole n° 21 sur la position du Royaume-Uni et de l'Irlande à l'égard de l'espace de liberté, de sécurité et de justice, annexé au traité sur

l'Union européenne et au traité sur le fonctionnement de l'Union européenne, ces États membres ont notifié leur souhait de participer à l'adoption et à l'application du présent règlement.

(41) Conformément aux articles 1er et 2 du protocole n° 22 sur la position du Danemark annexé au traité sur l'Union européenne et au traité sur le fonctionnement de l'Union européenne, le Danemark ne participe pas à l'adoption du présent règlement et n'est pas lié par celui-ci ni soumis à son application.

(42) Le Contrôleur européen de la protection des données a émis un avis, le 17 octobre 2011 *[JO C 35 du 9.2.2012, p. 10]*, fondé sur l'article 41, paragraphe 2, du règlement (CE) n° 45/2001 du Parlement européen et du Conseil du 18 décembre 2000 relatif à la protection des personnes physiques à l'égard du traitement des données à caractère personnel par les institutions et organes communautaires et à la libre circulation de ces données *[JO L 8 du 12.1.2001, p. 1]*,

ONT ADOPTÉ LE PRÉSENT RÈGLEMENT :

CHAPITRE PREMIER *Objet, champ d'application et définitions*

Art. 1er *Objet.* Le présent règlement établit des règles régissant un mécanisme simple et rapide de reconnaissance des mesures de protection en matière civile ordonnées dans un État membre.

Art. 2 *Champ d'application.* 1. Le présent règlement s'applique aux mesures de protection en matière civile ordonnées par une autorité d'émission au sens de l'article 3, point 4).

2. Le présent règlement s'applique aux affaires présentant un caractère transfrontière. Aux fins du présent règlement, une affaire est considérée comme présentant un caractère transfrontière lorsqu'il est demandé qu'une mesure de protection ordonnée dans un État membre soit reconnue dans un autre État membre.

3. Le présent règlement ne s'applique pas aux mesures de protection relevant du champ d'application du règlement (CE) n° 2201/2003.

Art. 3 *Définitions.* Aux fins du présent règlement, on entend par :

1) "mesure de protection", toute décision, quelle que soit sa dénomination, ordonnée par l'autorité d'émission de l'État membre d'origine conformément à son droit national et imposant à la personne à l'origine du risque encouru une ou plusieurs des obligations figurant ci-après afin de protéger une autre personne, lorsque l'intégrité physique ou psycho- logique de cette dernière est susceptible d'être menacée :

a) l'interdiction d'entrer dans le lieu où la personne protégée réside, travaille, ou dans lequel elle se rend ou séjourne régulièrement, ou une réglementation en la matière ;

b) l'interdiction ou la réglementation des contacts, quelle que soit leur forme, avec la personne protégée, y compris par téléphone, courrier électronique ou postal, télécopie ou tout autre moyen ;

c) l'interdiction d'approcher la personne protégée à moins d'une distance donnée, ou une réglementation en la matière ;

2) "personne protégée", une personne physique qui bénéficie d'une mesure de protection ;

3) "personne à l'origine du risque encouru", la personne physique à laquelle ont été imposées une ou plusieurs des obligations visées au point 1 ;

4) "autorité d'émission", toute autorité judiciaire ou toute autre autorité désignée par un État membre comme ayant compétence dans les matières relevant du champ d'application du présent règlement, pour autant que cette autre autorité offre des garanties aux parties en ce qui concerne l'impartialité, et que ses décisions en ce qui concerne la mesure de protection puissent, au titre du droit de l'État membre dans lequel elle opère, faire l'objet d'un recours devant une autorité judiciaire et aient une force et des effets analogues à ceux d'une décision rendue par une autorité judiciaire dans la même matière ;

5) "État membre d'origine", l'État membre dans lequel la mesure de protection est ordonnée ;

6) "État membre requis", l'État membre dans lequel la reconnaissance et, le cas échéant, l'exécution de la mesure de protection sont demandées.

CHAPITRE II *Reconnaissance et exécution des mesures de protection*

Art. 4 *Reconnaissance et exécution.* 1. Une mesure de protection ordonnée dans un État membre est reconnue dans les autres États membres sans qu'il soit nécessaire de recourir à une procédure spéciale et jouit de la force exécutoire sans qu'une déclaration constatant la force exécutoire ne soit nécessaire.

2. Une personne protégée qui souhaite invoquer, dans l'État membre requis, une mesure de protection ordonnée dans l'État membre d'origine fournit à l'autorité compétente de l'État membre requis :

a) une copie de la mesure de protection réunissant les conditions nécessaires pour en établir l'authenticité ;

b) le certificat délivré dans l'État membre d'origine conformément à l'article 5 ; et

c) si nécessaire, une translittération et/ou une traduction du certificat conformément à l'article 16.

3. Le certificat ne produit ses effets que dans les limites du caractère exécutoire de la mesure de protection.

4. Indépendamment du fait que la mesure de protection ait ou non une durée plus longue, les effets de la reconnaissance en vertu du paragraphe 1 sont limités à une durée de douze mois à compter de la date de délivrance du certificat.

5. La procédure d'exécution des mesures de protection est régie par le droit de l'État membre requis.

Art. 5 *Certificat.* 1. A la demande de la personne protégée, l'autorité d'émis- sion de l'État membre d'origine délivre le certificat en utilisant le formulaire-type multilingue établi conformément à l'article 19 et contenant les informations prévues à l'article 7.

2. La délivrance du certificat n'est susceptible d'aucun recours.

3. Si la personne protégée en fait la demande, l'autorité d'émission de l'État membre d'origine lui fournit une translittération et/ou une traduction du certificat en utilisant le formulaire-type multilingue établi conformément à l'article 19.

Règlement d'exécution (UE) nº 939/2014 de la Commission du 2 septembre 2014,

Établissant les formulaires de certificats visés aux articles 5 et 14 du règlement (UE) nº 606/2013 du Parlement européen et du Conseil relatif à la reconnaissance mutuelle des mesures de protection en matière civile.

ANNEXE I

FORMULAIRE I

Certificat délivré conformément à l'article 5 du règlement (UE) nº 606/2013 du Parlement européen et du Conseil relatif à la reconnaissance mutuelle des mesures de protection en matière civile *[Des informations supplémentaires sur les mesures de protection nationales en matière civile dans les États membres de l'Union européenne telles que prévues par les États membres dans le cadre du réseau judiciaire européen sont disponibles sur le portail européen de la justice]*

1. **Date à laquelle la mesure de protection a été ordonnée (jj/mm/aaaa) :**

2. **Si elle est différente, date à laquelle la mesure de protection est devenue exécutoire [facultatif] (jj/mm/aaaa) :**

3. **Numéro de référence de la mesure de protection [facultatif] :**

4. **Autorité qui a ordonné la mesure de protection, si elle diffère de l'autorité qui délivre le certificat [facultatif]**

4.1. Dénomination officielle

4.2. Adresse complète

4.2.1. Rue et numéro/boîte postale

4.2.2. Ville :

4.2.3. Code postal :

4.2.4. État membre

AT ☐ BE ☐ BG ☐ CY ☐ CZ ☐ DE ☐ EE ☐ EL ☐ ES ☐ FI ☐ FR ☐ HU ☐ IE ☐ IT ☐ LT ☐ LU ☐ LV ☐ MT ☐ NL ☐ PL ☐ PT ☐ RO ☐ SE ☐ SI ☐ SK ☐ UK ☐ Autre :

4.3. Numéro de téléphone :

4.4. Numéro de télécopieur [facultatif] :

4.5. Adresse électronique [facultatif] :

4.6. Personne à contacter [facultatif]

4.6.1. Nom et prénom(s) :

5. **Date de délivrance du certificat (jj/mm/aaaa) :**

6. **Numéro de référence du certificat :**

7. **Autorité qui délivre le certificat**
7.1. Dénomination officielle :
7.2. Adresse complète
7.2.1. Rue et numéro/boîte postale :
7.2.2. Ville :
7.2.3. Code postal :
7.2.4. État membre
AT ☐ BE ☐ BG ☐ CY ☐ CZ ☐ DE ☐ EE ☐ EL ☐ ES ☐ FI ☐ FR ☐ HU ☐ IE ☐ IT ☐ LT ☐ LU ☐ LV ☐ MT ☐ NL ☐ PL ☐ PT ☐ RO ☐ SE ☐ SI ☐ SK ☐ UK ☐ Autre :
7.3. Numéro de téléphone :
7.4. Numéro de télécopieur [facultatif] :
7.5. Adresse électronique [facultatif] :
7.6. Personne à contacter [facultatif]
7.6.1. Nom et prénom(s) :
7.6.2. Numéro de téléphone [facultatif] :
7.6.3. Numéro de télécopieur [facultatif] :
7.6.4. Adresse électronique [facultatif] :
7.6.5. Veuillez indiquer quelle(s) langue(s) peu(ven)t être utilisée(s) pour toute communication éventuelle avec l'autorité d'émission, en plus des langues officielles requises pour la translittération et la traduction du certificat [facultatif]
BG ☐ ES ☐ CS ☐ DE ☐ ET ☐ EL ☐ EN ☐ FR ☐ GA ☐ HR ☐ IT ☐ LV ☐ LT ☐ HT ☐ MT ☐ NL ☐ PL ☐ PT ☐ RO ☐ SK ☐ SL ☐ FI ☐ SV ☐ Autre :
8. **Renseignements concernant la personne protégée**
8.1. Nom et prénom(s) :
8.2. Date de naissance (jj/mm/aaaa) :
8.3. Lieu de naissance [facultatif] :
8.4. Numéro d'identité [facultatif] :
8.5. Adresse postale à utiliser pour la notification de la personne protégée. **Sachez que cette adresse peut être communiquée à la personne à l'origine du risque encouru.**
8.5.1. Rue et numéro/boîte postale :
8.5.2. Ville :
8.5.3. Code postal :
8.5.4. Pays
AT ☐ BE ☐ BG ☐ CY ☐ CZ ☐ DE ☐ EE ☐ EL ☐ ES ☐ FI ☐ FR ☐ HU ☐ IE ☐ IT ☐ LT ☐ LU ☐ LV ☐ MT ☐ NL ☐ PL ☐ PT ☐ RO ☐ SE ☐ SI ☐ SK ☐ UK ☐ Autre :
8.5.5. Adresse électronique [facultatif] :
9. **Renseignements concernant la personne à l'origine du risque encouru**
9.1. Nom et prénom(s) :
9.2. Date de naissance (jj/mm/aaaa) [facultatif] :
9.3. Lieu de naissance [facultatif] :
9.4. Numéro d'identité [facultatif] :
9.5. Adresse postale à utiliser pour les notifications
9.5.1. Rue et numéro/boîte postale :
9.5.2. Ville :
9.5.3. Code postal :
9.5.4. Pays
AT ☐ BE ☐ BG ☐ CY ☐ CZ ☐ DE ☐ EE ☐ EL ☐ ES ☐ FI ☐ FR ☐ HU ☐ IE ☐ IT ☐ LT ☐ LU ☐ LV ☐ MT ☐ NL ☐ PL ☐ PT ☐ RO ☐ SE ☐ SI ☐ SK ☐ UK ☐ Autre :
9.5.5. Adresse électronique [facultatif] :
10. **Description de la mesure de protection couverte par le certificat**
10.1. Parmi les obligations suivantes, lesquelles ont été imposées à la personne à l'origine du risque encouru par la mesure de protection ? (La mesure de protection peut inclure plusieurs types d'obligations.)
10.1.1. ***L'interdiction d'entrer dans le(s) lieu(x) où la personne protégée réside, travaille, ou dans le(s) quel(s) elle se rend ou séjourne régulièrement, ou une réglementation en la matière***
10.1.1.1. Veuillez indiquer l'**adresse** du lieu auquel l'interdiction ou la réglementation s'applique, si une adresse précise est disponible [facultatif]
10.1.1.1.1. Adresse complète
10.1.1.1.1.1. Rue et numéro/boîte postale :
10.1.1.1.1.2. Ville :
10.1.1.1.1.3. Code postal :
10.1.1.1.1.4. État membre

AT ☐ BE ☐ BG ☐ CY ☐ CZ ☐ DE ☐ EE ☐ EL ☐ ES ☐ FI ☐ FR ☐ HU ☐ IE ☐ IT ☐ LT ☐ LU ☐ LV ☐ MT ☐ NL ☐ PL ☐ PT ☐ RO ☐ SE ☐ SI ☐ SK ☐ UK ☐ Autre :

10.1.1.2. Veuillez indiquer la **fonction** du lieu en question ou l'étendue de la zone couverte par la mesure de protection

10.1.1.2.1. ☐ le lieu de résidence de la personne protégée

10.1.1.2.2. ☐ le lieu de travail de la personne protégée

10.1.1.2.3. ☐ le lieu dans lequel la personne protégée se rend ou séjourne régulièrement

Veuillez préciser le **type de lieu** :

10.1.1.2.3.1. ☐ école ou établissement d'enseignement

10.1.1.2.3.2. ☐ lieu de résidence de proches ou d'amis

10.1.1.2.3.3. ☐ lieu de culte

10.1.1.2.3.4. ☐ hôpital ou établissement de santé

10.1.1.2.3.5. ☐ autre :

10.1.1.3. Veuillez indiquer si l'obligation imposée par la mesure de protection à la personne à l'origine du risque encouru s'applique à une **zone circonscrite**

10.1.1.3.1. ☐ Non, la mesure de protection s'applique uniquement à l'adresse précise telle qu'indiquée

10.1.1.3.2. ☐ Oui, la mesure de protection s'applique à un rayon approximatif au départ de l'adresse précise de (en mètres) :

10.1.1.4 Si la mesure de protection comporte uniquement une **réglementation relative au fait d'entrer dans le lieu indiqué ci-dessus**, veuillez préciser le contenu de cette réglementation :

Si vous souhaitez ajouter un autre lieu, veuillez le faire sur une feuille distincte que vous joindrez au présent formulaire.

10.1.2. ***L'interdiction ou la réglementation des contacts, quelle que soit leur forme, avec la personne protégée, y compris par téléphone, courrier électronique ou postal, télécopie ou tout autre moyen***

10.1.2.1. Veuillez préciser si la mesure de protection comporte une **réglementation** des contacts qui autorise la personne à l'origine du risque encouru à contacter la personne protégée

10.1.2.1.1. ☐ Non, la mesure de protection comporte une **interdiction globale** portant sur toutes les formes de contacts

10.1.2.1.2. ☐ Oui, la mesure de protection autorise **certaines formes de contacts** (il est possible de cocher plusieurs cases)

10.1.2.1.2.1. Veuillez préciser de quelle **forme de contact** il s'agit :

☐ par téléphone

☐ par courrier postal

☐ par télécopie

☐ par courrier électronique ou tout autre moyen de communication électronique

☐ par l'intermédiaire d'un tiers

☐ autre :

☐ Oui, la mesure de protection autorise des **contacts dans certaines circonstances**

10.1.2.1.2.2. Veuillez préciser dans quelles circonstances

10.1.2.1.2.2. ☐ Arrangements pratiques pour permettre l'exercice du droit de visite à l'égard de l'enfant ou des enfants de la personne protégée

10.1.2.1.2.2.1. ☐ Arrangements relatifs au versement d'une pension alimentaire à la personne protégée ou à son ou ses enfant(s)

10.1.2.1.2.2.2. ☐ Autre :

10.1.3. ***L'interdiction d'approcher la personne protégée à moins d'une distance donnée, ou une réglementation en la matière***

10.1.3.1. Veuillez préciser **la distance** que la personne à l'origine du risque encouru doit observer par rapport à la personne protégée (en mètres) :

10.1.3.2. Si la mesure de protection comporte uniquement une **réglementation relative au fait d'approcher la personne protégée**, veuillez préciser le **contenu** de cette réglementation :

10.2. **Autres commentaires** concernant les informations données ci-dessus [facultatif] :

11. **Durée de la mesure de protection**

Veuillez indiquer **la durée de l'obligation ou des obligations** imposée(s) à la personne à l'origine du risque encouru en ce qui concerne :

11.1. l'interdiction d'entrer dans le lieu où la personne protégée réside, travaille, ou dans lequel elle se rend ou séjourne régulièrement, ou une réglementation en la matière

— année(s) :

— mois :

— jours :

— autre :

Si vous avez ajouté d'autres lieux au point 10.1.1, veuillez indiquer la durée des mesures de protection pour chaque lieu sur une feuille distincte que vous joindrez au présent formulaire

11.2. l'interdiction ou la réglementation des contacts, quelle que soit leur forme, avec la personne protégée, y compris par téléphone, courrier électronique ou postal, télécopie ou tout autre moyen

— année(s) :

— mois :

— jours :

— autre :

11.3. l'interdiction d'approcher la personne protégée à moins d'une distance donnée, ou une réglementation en la matière

— année(s) :

— mois :

— jours :

— autre :

12. **Durée des effets de la reconnaissance** *[En cas de prolongement de la durée d'une mesure de protection initiale dont la durée était limitée, un nouveau certificat doit être délivré]*

Veuillez indiquer la date à laquelle les effets de la reconnaissance expirent selon la méthode prévue à l'article 4, paragraphe 4 [douze mois à compter de la date de délivrance du certificat (voir le point 5), sans toutefois dépasser la durée de la mesure de protection initiale (voir le point 11)] (jj/mm/aaaa) :

13. **Informations relatives aux exigences applicables à la délivrance du certificat fixées à l'article 6 du règlement (UE) n° 606/2013**

Veuillez noter qu'il n'est pas possible de cocher à la fois la case 13.1 et la case 13.2.

13.1. ☐ La mesure de protection a été ordonnée par défaut de comparution

13.1.1. Veuillez indiquer si la personne à l'origine du risque encouru s'est vu signifier ou notifier l'acte introductif d'instance ou un document équivalent ou si elle a été informée de l'ouverture de la procédure par d'autres moyens, dans un délai suffisant et d'une manière lui permettant de préparer sa défense

13.1.1.1. ☐ Oui

13.1.1.2. ☐ Non (sachez que, dans ce cas, le certificat ne peut être délivré)

13.2. ☐ La mesure de protection a été ordonnée en vertu d'une procédure qui ne prévoit pas d'informer au préalable la personne à l'origine du risque encouru (**"procédure non contradictoire"**)

13.2.1. Veuillez indiquer si la personne à l'origine du risque encouru a eu le droit de contester la mesure de protection

13.2.1.1. ☐ Oui

13.2.1.2. ☐ Non (sachez que, dans ce cas, le certificat ne peut être délivré)

13.3. ☐ La mesure de protection a été **portée à la connaissance de la personne à l'origine du risque encouru**

13.3.1. ☐ Oui

13.3.2. ☐ Non (sachez que, dans ce cas, le certificat ne peut être délivré)

14. **Informations sur les droits accordés au titre des articles 9 et 13 du règlement (UE) n° 606/2013**

14.1. Sachez qu'en vertu de l'article 9 du règlement, la personne protégée ou la personne à l'origine du risque encouru a le droit de demander à l'autorité d'émission de l'État membre d'origine la rectification du certificat (lorsque, en raison d'une erreur matérielle, il existe une divergence entre la mesure de protection et le certificat) ou le retrait du certificat (s'il est clair qu'il a été délivré indûment, eu égard aux exigences fixées à l'article 6 et au champ d'application de ce règlement).

L'autorité d'émission de l'État membre d'origine peut également décider, de sa propre initiative, de procéder à une telle rectification ou à un tel retrait pour les mêmes motifs.

14.2. Sachez que la personne à l'origine du risque encouru peut exercer le droit conféré par l'article 13 du règlement, à savoir le **droit de demander le refus de reconnaissance ou d'exécution de la mesure de protection** dans la mesure où cette reconnaissance ou cette exécution est a) manifestement contraire à l'ordre public de l'État membre requis ou b) inconciliable avec une décision rendue ou reconnue dans l'État membre requis. Le droit de l'État membre requis s'applique. Le refus ne saurait être justifié par le fait que le droit de l'État membre requis ne permet pas de prendre une telle mesure sur la base des mêmes faits.

15. **Autre**

15.1. Indiquez si la personne protégée a bénéficié d'une **aide judiciaire** dans l'État membre d'émission conformément à la directive 2003/8/CE du Conseil du 27 janvier 2003 visant à améliorer l'accès à la justice dans les affaires transfrontalières par l'établissement de règles minimales communes relatives à l'aide judiciaire accordée dans le cadre de telles affaires [facultatif].

15.1.1. ☐ Oui

15.1.2. ☐ Non

Fait à :

Aux fins de la reconnaissance, le certificat doit être accompagné d'une copie de la mesure de protection réunissant les conditions nécessaires pour en établir l'authenticité [article 4, paragraphe 2, point a)].

Veuillez imprimer le formulaire dans la ou les langue(s) officielle(s) que l'État membre requis a indiqué pouvoir accepter, et apposez-y un cachet ou authentifiez-le d'une autre manière.

Art. 6 *Exigences applicables à la délivrance du certificat.* 1. Le certificat ne peut être délivré que si la mesure de protection a été portée à la connaissance de la personne à l'origine du risque encouru, conformément à la loi de l'État membre d'origine.

2. Lorsque la mesure de protection a été ordonnée par défaut de comparution, le certificat ne peut être délivré que si la personne à l'origine du risque encouru s'est vu signifier ou notifier l'acte introductif d'instance ou un document équivalent, ou si, le cas échéant, elle a été informée de l'ouverture de la procédure par d'autres moyens conformément au droit de l'État membre d'origine, dans un délai suffisant et d'une manière lui permettant de préparer sa défense.

3. Lorsqu'une mesure de protection a été ordonnée en vertu d'une procédure qui ne prévoit pas d'informer au préalable la personne à l'origine du risque encouru ("procédure non contradictoire"), le certificat ne peut être délivré que si cette personne a eu le droit de contester la mesure de protection en vertu du droit de l'État membre d'origine.

Art. 7 *Contenu du certificat.* Le certificat comporte les informations suivantes :

a) le nom et l'adresse/les coordonnées de l'autorité d'émission ;

b) le numéro de référence du dossier ;

c) la date de délivrance du certificat ;

d) les renseignements concernant la personne protégée : nom, date et lieu de naissance, lorsqu'ils sont disponibles, et adresse à utiliser pour les notifications, précédée d'un avertissement bien visible signalant que cette adresse peut être communiquée à la personne à l'origine du risque encouru ;

e) les renseignements concernant la personne à l'origine du risque encouru : nom, date et lieu de naissance, lorsqu'ils sont disponibles, et adresse à utiliser pour les notifications ;

f) toutes les informations nécessaires à l'exécution de la mesure de protection, y compris, le cas échéant, le type de mesure et l'obligation imposée par la mesure à la personne à l'origine du risque encouru, en précisant la fonction du lieu et/ou de la zone circonscrite que cette personne a l'interdiction d'approcher ou dans lesquels il lui est interdit d'entrer, respectivement ;

g) la durée de la mesure de protection ;

h) la durée des effets de la reconnaissance en vertu de l'article 4, paragraphe 4 ;

i) une déclaration précisant que les exigences prévues à l'article 6 ont été remplies ;

j) une information sur les droits accordés au titre des articles 9 et 13 ;

k) par souci de clarté, le titre complet du présent règlement.

Art. 8 *Notification du certificat à la personne à l'origine du risque encouru.* 1. L'autorité d'émission de l'État membre d'origine porte à la connaissance de la personne à l'origine du risque encouru le certificat et le fait que la reconnaissance résulte de la délivrance du certificat et, le cas échéant, le caractère exécutoire de la mesure de protection dans tous les États membres en vertu de l'article 4.

2. Lorsque la personne à l'origine du risque encouru réside dans l'État membre d'origine, la notification est effectuée conformément au droit de cet État membre. Lorsque la personne à l'origine du risque encouru réside dans un État membre autre que l'État membre d'origine ou dans un pays tiers, la notification est effectuée par lettre recommandée avec accusé de réception ou par un moyen équivalent.

Les situations dans lesquelles l'adresse de la personne à l'origine du risque encouru est inconnue ou dans lesquelles cette personne refuse d'accuser réception de la notification sont régies par le droit de l'État membre d'origine.

3. Le lieu de séjour ou les autres coordonnées de la personne protégée ne sont pas communiqués à la personne à l'origine du risque encouru, à moins que leur communication ne soit nécessaire au respect ou à l'exécution de la mesure de protection.

Art. 9 *Rectification ou retrait du certificat.* 1. Sans préjudice de l'article 5, paragraphe 2, et à la demande de la personne protégée ou de la personne à l'origine du risque encouru adressée à l'autorité d'émission de l'État membre d'origine, ou encore à l'initiative de ladite autorité, le certificat est :

a) rectifié lorsque, en raison d'une erreur matérielle, il existe une divergence entre la mesure de protection et le certificat ; ou

b) retiré s'il est clair qu'il a été délivré indûment, eu égard aux exigences fixées à l'article 6 et au champ d'application du présent règlement.

2. Le droit de l'État membre d'origine régit la procédure de rectification ou de retrait du certificat, y compris les éventuelles voies de recours concernant la rectification ou le retrait.

Art. 10 *Assistance à la personne protégée.* A la demande de la personne protégée, l'autorité d'émission de l'État membre d'origine prête assistance à cette personne pour qu'elle puisse se procurer les informations, mises à disposition conformément aux articles 17 et 18, concernant les autorités de l'État membre requis auprès desquelles la mesure de protection doit être invoquée ou l'exécution doit être demandée.

Art. 11 *Ajustement de la mesure de protection.* 1. L'autorité compétente de l'État membre requis procède, si et dans la mesure nécessaire, à l'ajustement des éléments factuels de la mesure de protection pour lui donner effet dans ledit État membre.

2. La procédure d'ajustement de la mesure de protection est régie par le droit de l'État membre requis.

3. L'ajustement de la mesure de protection est porté à la connaissance de la personne à l'origine du risque encouru.

4. Lorsque la personne à l'origine du risque encouru réside dans l'État membre requis, la notification est effectuée conformément au droit dudit État membre. Lorsque la personne à l'origine du risque encouru réside dans un État membre autre que l'État membre requis ou dans un pays tiers, la notification est effectuée par lettre recommandée avec accusé de réception ou par un moyen équivalent.

Les situations dans lesquelles l'adresse de la personne à l'origine du risque encouru est inconnue ou dans lesquelles cette personne refuse d'accuser réception de la notification sont régies par le droit de l'État membre requis.

5. L'ajustement de la mesure de protection peut faire l'objet d'un recours introduit par la personne protégée ou par la personne à l'origine du risque encouru. La procédure de recours est régie par le droit de l'État membre requis. Toutefois, l'introduction d'un recours n'a pas d'effet suspensif.

Art. 12 *Absence de révision quant au fond.* Une mesure de protection ordonnée dans l'État membre d'origine ne peut en aucun cas faire l'objet d'une révision quant au fond dans l'État membre requis.

Art. 13 *Refus de reconnaissance ou d'exécution.* 1. A la demande de la personne à l'origine du risque encouru, la reconnaissance et, s'il y a lieu, l'exécution de la mesure de protection sont refusées dans la mesure où cette reconnaissance est :

a) manifestement contraire à l'ordre public de l'État membre requis ; ou

b) inconciliable avec une décision rendue ou reconnue dans l'État membre requis.

2. La demande de refus de reconnaissance ou d'exécution est soumise à la juridiction de l'État membre requis telle qu'elle a été communiquée par ledit État membre à la Commission conformément à l'article 18, paragraphe 1, point a) iv).

3. La reconnaissance de la mesure de protection ne peut être refusée au motif que le droit de l'État membre requis ne permet pas de prendre une telle mesure sur la base des mêmes faits.

Art. 14 *Suspension ou retrait de la reconnaissance ou de l'exécution.* 1. En cas de suspension ou de retrait de la mesure de protection dans l'État membre d'origine, ou si son caractère exécutoire est suspendu ou limité, ou si le certificat est retiré conformé- ment à l'article 9, paragraphe 1, point b), l'autorité d'émission de l'État membre d'origine délivre, à la demande de la personne protégée ou de la personne à l'origine du risque encouru, un certificat indiquant cette suspension, cette limitation ou ce retrait à l'aide du formulaire-type multilingue établi conformé- ment à l'article 19.

2. Sur présentation, par la personne protégée ou par la personne à l'origine du risque encouru, du certificat délivré conformément au paragraphe 1, l'autorité compétente de l'État membre requis suspend ou annule les effets de la reconnaissance et, lorsqu'il y a lieu, l'exécution de la mesure de protection.

Règlement d'exécution (UE) n° 939/2014 de la Commission du 2 septembre 2014,

Établissant les formulaires de certificats visés aux articles 5 et 14 du règlement (UE) n° 606/2013 du Parlement européen et du Conseil relatif à la reconnaissance mutuelle des mesures de protection en matière civile.

ANNEXE I

FORMULAIRE II

Certificat délivré conformément à l'article 14 du règlement (UE) n° 606/2013 du Parlement européen et du Conseil relatif à la reconnaissance mutuelle des mesures de protection en matière civile

1. **Date de délivrance du certificat (jj/mm/aaaa) :**
2. **Numéro de référence du certificat :**
3. **Demandeur**
3.1. Veuillez indiquer si le demandeur est :
3.1.1. ☐ la personne protégée
3.1.2. ☐ la personne à l'origine du risque encouru
3.2. Nom et prénom(s)/dénomination :
3.3. Numéro d'indentité [facultatif] :
3.4. Date de naissance (jj/mm/aaaa) :
3.5. Lieu de naissance [facultatif] :
4. **Autorité qui a suspendu ou retiré la mesure de protection, suspendu ou limité son caractère exécutoire ou retiré le certificat conformément à l'article 9, paragraphe 1, point b), du règlement (UE) n° 606/2013 (si elle diffère de l'autorité qui délivre le certificat) [facultatif]**
4.1. Dénomination officielle :
4.2. Adresse complète
4.2.1. Rue et numéro/boîte postale :
4.2.2. Ville :
4.2.3. Code postal :
4.2.4. État membre
AT ☐ BE ☐ BG ☐ CY ☐ CZ ☐ DE ☐ EE ☐ EL ☐ ES ☐ FI ☐ FR ☐ HU ☐ IE ☐ IT ☐ LT ☐ LU ☐ LV ☐ MT ☐ NL ☐ PL ☐ PT ☐ RO ☐ SE ☐ SI ☐ SK ☐ UK ☐ Autre :
4.3. Numéro de téléphone :
4.4. Numéro de télécopieur [facultatif] :
4.5. Adresse électronique [facultatif] :
4.6. Personne à contacter [facultatif]
4.6.1. Nom et prénom(s) :
5. **Autorité qui a délivré le persent certificat**
5.1. Dénomination officielle :
5.2. Adresse complète
5.2.1. Rue et numéro/boîte postale :
5.2.2. Ville :
5.2.3. Code postal :
5.2.4. État membre
AT ☐ BE ☐ BG ☐ CY ☐ CZ ☐ DE ☐ EE ☐ EL ☐ ES ☐ FI ☐ FR ☐ HU ☐ IE ☐ IT ☐ LT ☐ LU ☐ LV ☐ MT ☐ NL ☐ PL ☐ PT ☐ RO ☐ SE ☐ SI ☐ SK ☐ UK ☐ Autre :
5.3. Numéro de téléphone :
5.4. Numéro de télécopieur :
5.5. Adresse électronique [facultatif] :
5.6. Personne à contacter [facultatif]
5.6.1. Nom et prénom(s) :
5.6.2. Veuillez indiquer quelle(s) langue(s) peu(ven)t être utilisée(s) pour toute communication éventuelle avec l'autorité d'émission, en plus des langues officielles requises pour la translittération et la traduction du certificat [facultatif]
BG ☐ ES ☐ CS ☐ DE ☐ ET ☐ EL ☐ EN ☐ FR ☐ GA ☐ HR ☐ IT ☐ LV ☐ LT ☐ HT ☐ MT ☐ NL ☐ PL ☐ PT ☐ RO ☐ SK ☐ SL ☐ FI ☐ SV ☐ Autre :
6. **Informations relatives à la décision de suspension, de limitation ou de retrait de la reconnaissance ou de l'exécution couverte par le présent certificat**
6.1. Date de la décision (jj/mm/aaaa) :

6.2. Numéro de référence de la décision :

6.3. Description de la nature de la décision de suspension, de limitation ou de retrait de la reconnaissance ou de l'exécution (il est possible de cocher plusieurs cases et des informations supplémentaires peuvent être fournies au point 7) :

6.3.1. ☐ Suspension de la mesure de protection

6.3.2. ☐ Retrait de la mesure de protection

6.3.3. ☐ Suspension du caractère exécutoire de la mesure de protection

6.3.4. ☐ Limitation du caractère exécutoire de la mesure de protection

6.3.5. ☐ Retrait du certificat s'il est clair qu'il a été délivré indûment, eu égard aux exigences fixées à l'article 6 et au champ d'application du règlement (UE) n° 606/2013

6.3.5.1. Veuillez indiquer quelle circonstance, parmi les suivantes, s'est produite (il est possible de cocher plusieurs cases)

6.3.5.1.1 ☐ le certificat a été délivré pour une mesure de protection ne relevant pas du champ d'application du règlement (UE) n° 606/2013

6.3.5.1.2 ☐ la mesure de protection n'a pas été portée à la connaissance de la personne à l'origine du risque encouru

6.3.5.1.3 ☐ la mesure de protection a été ordonnée en vertu d'une procédure qui ne prévoit pas d'informer au préalable la personne à l'origine du risque encouru ("procédure non contradictoire") et la personne à l'origine du risque encouru n'a pas eu le droit de contester la mesure de protection

6.3.5.1.4 ☐ la mesure de protection a été ordonnée par défaut de comparution de la personne à l'origine du risque encouru et cette dernière ne s'est pas vu signifier ou notifier l'acte introductif d'instance ou un document équivalent ou n'a pas été informée de l'ouverture de la procédure par d'autres moyens, dans un délai suffisant et d'une manière lui permettant de préparer sa défense

6.4 Si le présent certificat s'applique uniquement à certaines des mesures de protection comprises dans le certificat prévu à l'article 5 du règlement (UE) n° 606/2013, veuillez indiquer lesquelles :

7. **Autres commentaires concernant les informations données ci-dessus [facultatif] :**

Fait à :

Le présent certificat est accompagné d'une copie du certificat prévu à l'article 5 du règlement (UE) n° 606/2013 relatif à la reconnaissance mutuelle des mesures de protection en matière civile.

Veuillez imprimer le formulaire dans la ou les langue(s) officielle(s) que l'État membre requis a indiqué pouvoir accepter, et apposez-y un cachet ou authentifiez-le d'une autre manière.

CHAPITRE III *Dispositions générales et finales*

Art. 15 *Légalisation et formalités analogues.* Aucune légalisation ni autre formalité analogue n'est exigée pour les documents délivrés dans un État membre dans le cadre du présent règlement.

Art. 16 *Translittération ou traduction.* 1. Toute translittération ou traduction requise au titre du présent règlement est effectuée dans la langue officielle, ou dans l'une des langues officielles, de l'État membre requis, ou dans toute autre langue officielle des institutions de l'Union que ledit État membre a indiqué pouvoir accepter.

2. Sous réserve de l'article 5, paragraphe 3, toute traduction faite au titre du présent règlement l'est par une personne habilitée à effectuer des traductions dans l'un des États membres.

Art. 17 *Informations mises à la disposition du public.* Les États membres fournissent, dans le cadre du réseau judiciaire européen en matière civile et commerciale créé par la décision 2001/470/CE et en vue de mettre ces informations à la disposition du public, une description des règles et procédures nationales relatives aux mesures de protection en matière civile, y compris des informations sur le type d'autorités qui sont compétentes pour les matières relevant du champ d'application du présent règlement.

Les États membres tiennent ces informations à jour.

Art. 18 *Informations communiquées par les États membres.* 1. Au plus tard le 11 juillet 2014, les États membres communiquent à la Commission les informations suivantes :

a) le type d'autorités qui sont compétentes pour les matières relevant du champ d'application du présent règlement, en indiquant, le cas échéant :

i) les autorités qui sont compétentes pour ordonner des mesures de protection et délivrer des certificats confor- mément à l'article 5 ;

ii) les autorités auprès desquelles une mesure de protection ordonnée dans un autre État membre doit être invoquée et/ou qui sont compétentes pour exécuter une telle mesure ;
iii) les autorités qui sont compétentes pour effectuer l'ajus- tement de mesures de protection conformément à l'article 11, paragraphe 1 ;
iv) les juridictions auxquelles la demande de refus de recon- naissance et, le cas échéant, d'exécution doit être soumise conformément à l'article 13 ;
b) la ou les langues acceptées pour les traductions visées à l'article 16, paragraphe 1.
2. La Commission met les informations visées au paragraphe 1 à la disposition du public par tout moyen approprié, notam- ment par le biais du site internet du réseau judiciaire européen en matière civile et commerciale.

Art. 19 *Établissement et modifications ultérieures des formulaires.* La Commission adopte des actes d'exécution pour établir et modifier ultérieurement les formulaires visés aux articles 5 et

14. Ces actes d'exécution sont adoptés en conformité avec la procédure d'examen visée à l'article 20.

Art. 20 *Comité.* 1. La Commission est assistée par un comité. Ledit comité est un comité au sens du règlement (UE) n° 182/2011.
2. Lorsqu'il est fait référence au présent paragraphe, l'article 5 du règlement (UE) n° 182/2011 s'applique.

Art. 21 *Réexamen.* Au plus tard le 11 janvier 2020, la Commission présente au Parlement européen, au Conseil et au Comité économique et social européen un rapport relatif à l'application du présent règlement. Si nécessaire, le rapport est accompagné de propositions de modifications.

Art. 22 *Entrée en vigueur.* Le présent règlement entre en vigueur le vingtième jour suivant celui de sa publication au *Journal officiel de l'Union européenne.*
Il est applicable à partir du 11 janvier 2015.
Le présent règlement s'applique aux mesures de protection ordonnées le 11 janvier 2015 ou après cette date, quelle que soit la date à laquelle la procédure a été engagée.
Le présent règlement est obligatoire dans tous ses éléments et directement applicable dans les États membres conformément aux traités.

Circulaire du 12 janvier 2015,

De présentation des dispositions du règlement (UE) n° 606/2013 du Parlement européen et du Conseil du 12 juin 2013 relatif à la reconnaissance mutuelle des mesures de protection en matière civile.

Règlement (UE) n° 2016/1103 du Conseil du 24 juin 2016,

Mettant en œuvre une coopération renforcée dans le domaine de la compétence, de la loi applicable, de la reconnaissance et de l'exécution des décisions en matière de régimes matrimoniaux.

BIBL. ▶ Boulanger, *JCP N 2019. 203* (29 janv. : mise en application des règlements régimes matrimoniaux et effets patrimoniaux des partenariats enregistrés). – Calle, *Defrénois 7 févr. 2019, p. 30* (entrée en application). – Dossier, *JCP 2018. 1162* (les nouveaux règlements européens en matière de régimes matrimoniaux et d'effets des partenariats enregistrés) ; *AJ fam. 2018. 643* s. (règlement « régimes matrimoniaux »). – Gasté et Nourissat, *JCP N 2018. 1346* (règlement régimes matrimoniaux et Convention de La Haye du 14 mars 1978 – une similitude en trompe-l'œil ?). – Legrand, *LPA 21 déc. 2018, p. 14* (les rapports patrimoniaux des couples *internationaux enregistrés : nouveau mode d'emploi à compter du 29 janv. 2019*). – Nourissat, *Defrénois 2016. 878 ; ibid. 10 janv. 2019, p. 44.* – Péroz, *JCP N 2016, n° 1241.* Trémosa, *Dr. fam. 2018. Étude 20* (l'articulation du règlement « Régimes matrimoniaux » et des règlements « Successions », « Divorce », « Obligations alimentaires », et « Bruxelles II *bis* »).

LE CONSEIL DE L'UNION EUROPÉENNE,

vu le traité sur le fonctionnement de l'Union européenne, et notamment son article 81, paragraphe 3,

vu la décision (UE) 2016/954 du Conseil du 9 juin 2016 autorisant une coopération renforcée dans le domaine de la compétence, de la loi applicable, de la reconnaissance et de l'exécution des décisions en matière de régimes patrimoniaux des couples internationaux, concernant les questions relatives tant aux régimes matrimoniaux qu'aux effets patrimoniaux des partenariats enregistrés *[JO L 159 du 16.6.2016, p. 16]*, vu la proposition de la Commission européenne,

après transmission du projet d'acte législatif aux parlements nationaux, vu l'avis du Parlement européen *[Avis du 23 juin 2016 (non encore publié au Journal officiel)]*,

statuant conformément à une procédure législative spéciale,

considérant ce qui suit :

(1) L'Union s'est donné pour objectif de maintenir et de développer un espace de liberté, de sécurité et de justice au sein duquel est assurée la libre circulation des personnes. En vue de l'établissement progressif de cet espace, l'Union doit adopter des mesures relevant du domaine de la coopération judiciaire dans les matières civiles ayant une incidence transfrontière, notamment lorsque cela est nécessaire au bon fonctionnement du marché intérieur.

(2) Conformément à l'article 81, paragraphe 2, point c), du traité sur le fonctionnement de l'Union européenne (TFUE), ces mesures peuvent comprendre des mesures visant à assurer la compatibilité des règles applicables dans les États membres en matière de conflits de lois et de compétence.

(3) Le Conseil européen, réuni à Tampere les 15 et 16 octobre 1999, a approuvé le principe de reconnaissance mutuelle des jugements et des autres décisions émanant des autorités judiciaires en tant que pierre angulaire de la coopération judiciaire en matière civile et a invité le Conseil et la Commission à adopter un programme de mesures destinées à mettre en œuvre ce principe.

(4) Un programme des mesures sur la mise en œuvre du principe de reconnaissance mutuelle des décisions en matière civile et commerciale *[JO C 12 du 15.1.2001, p. 1]*, commun à la Commission et au Conseil, a été adopté le 30 novembre 2000. Ce programme décrit les mesures relatives à l'harmonisation des règles de conflits de lois comme des mesures destinées à faciliter la reconnaissance mutuelle des décisions et prévoit l'élaboration d'un instrument en matière de régimes matrimoniaux.

(5) Le Conseil européen, réuni à Bruxelles les 4 et 5 novembre 2004, a adopté un nouveau programme, intitulé "Le programme de La Haye : renforcer la liberté, la sécurité et la justice dans l'Union européenne" *[JO C 53 du 3.3.2005, p. 1]*. Dans ce programme, le Conseil invitait la Commission à présenter un livre vert sur le règlement des conflits de lois en matière de régime matrimonial, traitant notamment de la compétence judiciaire et de la reconnaissance mutuelle. Ce programme soulignait également la nécessité d'adopter un instrument dans ce domaine.

(6) La Commission a adopté, le 17 juillet 2006, le livre vert sur le règlement des conflits de lois en matière de régime matrimonial, traitant notamment de la question de la compétence judiciaire et de la reconnaissance mutuelle. Ce livre vert a ouvert une large consultation sur l'ensemble des difficultés auxquelles sont confrontés les couples en Europe lors de la liquidation des biens dont ils ont la propriété commune et sur les moyens juridiques d'y remédier.

(7) Réuni à Bruxelles les 10 et 11 décembre 2009, le Conseil européen a adopté un nouveau programme pluriannuel intitulé "Le programme de Stockholm – une Europe ouverte et sûre qui sert et protège les citoyens" *[JO C 115 du 4.5.2010, p. 1]*. Dans ce programme, le Conseil européen estimait que la reconnaissance mutuelle devrait être étendue à des domaines encore non couverts mais essentiels pour la vie quotidienne, tels que les régimes matrimoniaux, tout en tenant compte des systèmes juridiques des États membres, y compris en matière d'ordre public, et des traditions nationales dans ce domaine.

(8) Dans le "Rapport 2010 sur la citoyenneté de l'Union : lever les obstacles à l'exercice des droits des citoyens de l'Union", adopté le 27 octobre 2010, la Commission a annoncé l'adoption d'une proposition d'instrument législatif permettant de supprimer les entraves à la libre circulation des personnes, et notamment les difficultés rencontrées par les couples dans l'administration ou lors du partage de leurs biens.

(9) Le 16 mars 2011, la Commission a adopté une proposition de règlement du Conseil relatif à la compétence, la loi applicable, la reconnaissance et l'exécution des décisions en matière de régimes matrimoniaux et une proposition de règlement du Conseil relatif à la compétence, la loi applicable, la reconnaissance et l'exécution des décisions en matière d'effets patrimoniaux des partenariats enregistrés.

(10) Lors de sa réunion du 3 décembre 2015, le Conseil a conclu qu'il ne serait pas possible de parvenir à adopter à l'unanimité les propositions de règlements relatifs aux régimes matrimoniaux et aux effets patrimoniaux des partenariats enregistrés et que les objectifs de

la coopération dans ce domaine ne pourraient donc pas être atteints dans un délai raisonnable par l'Union dans son ensemble.

(11) De décembre 2015 à février 2016, la Belgique, la Bulgarie, la République tchèque, l'Allemagne, la Grèce, l'Espagne, la France, la Croatie, l'Italie, le Luxembourg, Malte, les Pays-Bas, l'Autriche, le Portugal, la Slovénie, la Finlande et la Suède ont adressé des demandes à la Commission, dans lesquelles ils indiquaient qu'ils souhaitaient mettre en place entre eux une coopération renforcée dans le domaine des régimes patrimoniaux des couples internationaux, en particulier en ce qui concerne la compétence, la loi applicable, la reconnaissance et l'exécution des décisions en matière de régimes matrimoniaux ainsi que la compétence, la loi applicable, la reconnaissance et l'exécution des décisions en matière d'effets patrimoniaux des partenariats enregistrés, et invitaient la Commission à présenter au Conseil une proposition à cet effet. Par lettre adressée à la Commission en mars 2016, Chypre a indiqué son souhait de participer à l'instauration d'une coopération renforcée ; Chypre a réitéré ce souhait au cours des travaux du Conseil.

(12) Le 9 juin 2016, le Conseil a adopté la décision (UE) 2016/954 autorisant cette coopération renforcée.

(13) En vertu de l'article 328, paragraphe 1, du TFUE, lors de leur instauration, les coopérations renforcées sont ouvertes à tous les États membres, sous réserve de respecter les conditions éventuelles de participation fixées par la décision d'autorisation. Elles le sont également à tout autre moment, sous réserve de respecter, outre lesdites conditions, les actes déjà adoptés dans ce cadre. La Commission et les États membres participant à une coopération renforcée devraient veiller à promouvoir la participation du plus grand nombre possible d'États membres. Le présent règlement ne devrait être obligatoire dans tous ses éléments et directement applicable que dans les États membres qui participent à la coopération renforcée dans le domaine de la compétence, de la loi applicable, de la reconnaissance et de l'exécution des décisions en matière de régimes patrimoniaux des couples internationaux, concernant les questions relatives tant aux régimes matrimoniaux qu'aux effets patrimoniaux des partenariats enregistrés, en vertu de la décision (UE) 2016/954, ou en vertu d'une décision adoptée conformément à l'article 331, paragraphe 1, deuxième ou troisième alinéa, du TFUE.

(14) Conformément à l'article 81 du TFUE, le présent règlement devrait s'appliquer dans le cadre des régimes matrimoniaux ayant une incidence transfrontière.

(15) Afin d'assurer la sécurité juridique des couples mariés à l'égard de leurs biens et de leur offrir une certaine prévisi- bilité, il convient de prévoir dans un seul instrument l'ensemble des règles applicables aux régimes matrimoniaux.

(16) Afin d'atteindre ces objectifs, le présent règlement devrait regrouper les dispositions sur la compétence, la loi applicable, la reconnaissance ou, le cas échéant, l'acceptation, la force exécutoire et l'exécution des décisions, des actes authentiques et des transactions judiciaires.

(17) Le présent règlement ne définit pas la notion de "mariage", qui est définie par le droit national des États membres.

(18) Le champ d'application du présent règlement devrait s'étendre à tous les aspects de droit civil des régimes matrimoniaux, concernant tant la gestion quotidienne des biens des époux que la liquidation du régime, survenant notamment du fait de la séparation du couple ou du décès d'un de ses membres. Aux fins du présent règlement, la notion de "régime matrimonial" devrait être interprétée de manière autonome et devrait englober non seulement les règles auxquelles les époux ne peuvent pas déroger, mais aussi toutes les règles facultatives qui peuvent être fixées par les époux conformément à la loi applicable, ainsi que les règles supplétives de la loi applicable. Elle comprend non seulement les régimes de biens spécifiquement et exclusivement conçus par certaines législations nationales en vue du mariage, mais également tous les rapports patrimoniaux entre les époux et dans les relations de ceux-ci avec des tiers résultant directement du lien conjugal ou de la dissolution de celui-ci.

(19) Pour des raisons de clarté, le champ d'application du présent règlement devrait explicitement exclure une série de questions dont il pourrait être estimé qu'elles ont un lien avec les questions de régime matrimonial.

(20) Ainsi, le présent règlement ne devrait pas s'appliquer aux questions ayant trait à la capacité juridique générale des époux ; toutefois, cette exclusion ne devrait pas s'appliquer aux pouvoirs et aux droits spécifiques de l'un ou des deux époux à l'égard de leurs biens,

qu'ils soient exercés entre eux ou à l'égard de tiers, ces pouvoirs et droits devant relever du champ d'application du présent règlement.

(21) Le présent règlement ne devrait pas s'appliquer à d'autres questions préalables telles que l'existence, la validité ou la reconnaissance d'un mariage, qui continuent d'être régies par le droit national des États membres, y compris par leurs règles de droit international privé.

(22) Les obligations alimentaires entre époux étant régies par le règlement (CE) n° 4/2009 du Conseil *[Règlement (CE) n° 4/2009 du Conseil du 18 décembre 2008 relatif à la compétence, la loi applicable, la reconnaissance et l'exécution des décisions et la coopération en matière d'obligations alimentaires (JO L 7 du 10.1.2009, p. 1)]*, elles devraient être exclues du champ d'application du présent règlement, tout comme les questions relatives à la succession d'un époux décédé, puisqu'elles sont couvertes par le règlement (UE) n° 650/2012 du Parlement européen et du Conseil *[Règlement (UE) n° 650/2012 du Parlement européen et du Conseil du 4 juillet 2012 relatif à la compétence, la loi applicable, la reconnaissance et l'exécution des décisions, et l'acceptation et l'exécution des actes authentiques en matière de successions et à la création d'un certificat successoral européen (JO L 201 du 27.7.2012, p. 107)]*.

(23) Les questions relatives au droit au transfert ou à l'adaptation entre époux des droits à la pension de retraite ou d'invalidité, quelle que soit leur nature, acquis au cours du mariage et qui n'ont pas produit des revenus de retraite au cours du mariage devraient être exclues du champ d'application du présent règlement, compte tenu des régimes spécifiques en vigueur dans les États membres. Toutefois, cette exclusion devrait faire l'objet d'une interprétation stricte. Dès lors, le présent règlement devrait régir en particulier la question de la classification des capitaux de retraite, des montants qui ont déjà été versés à l'un des époux au cours du mariage et de l'éventuelle indemnisation qui serait octroyée en cas de pension de retraite souscrite avec un capital commun.

(24) Le présent règlement devrait permettre la création ou le transfert résultant du régime matrimonial d'un droit mobilier ou immobilier tel que prévu par la loi applicable au régime matrimonial. Il ne devrait toutefois pas porter atteinte au nombre limité (numerus clausus) de droits réels que connaît le droit national de certains États membres. Un État membre ne devrait pas être tenu de reconnaître un droit réel en rapport avec des biens situés dans cet État membre, s'il ne connaît pas un tel droit réel dans son droit.

(25) Toutefois, afin de permettre aux époux de jouir, dans un autre État membre, des droits qui ont été créés ou leur ont été transférés en vertu du régime matrimonial, il convient que le présent règlement prévoie l'adaptation d'un droit réel inconnu à son équivalent le plus proche en vertu du droit de cet autre État membre. Dans le cadre de cette adaptation, il y a lieu de tenir compte des objectifs et des intérêts poursuivis par le droit réel en question et des effets qui y sont liés. Pour déterminer l'équivalent le plus proche du droit réel dans le droit national, les autorités ou les personnes compétentes de l'État dont la loi s'applique au régime matrimonial peuvent être contactées afin d'obtenir des informations complémentaires sur la nature et les effets de ce droit. A cette fin, il serait possible d'avoir recours aux réseaux existants dans le domaine de la coopération judiciaire en matière civile et commerciale, ainsi qu'à tout autre moyen disponible permettant de comprendre plus facilement la loi étrangère.

(26) L'adaptation d'un droit réel inconnu expressément prévue par le présent règlement ne devrait pas empêcher d'autres formes d'adaptation dans le cadre de l'application du présent règlement.

(27) Les exigences relatives à l'inscription dans un registre d'un droit immobilier ou mobilier devraient être exclues du champ d'application du présent règlement. Par conséquent, c'est la loi de l'État membre dans lequel le registre est tenu (pour les biens immeubles, la *lex rei sitae*) qui devrait définir les conditions légales et les modalités de l'inscription, et déterminer quelles sont les autorités, telles que les responsables des cadastres ou les notaires, chargées de vérifier que toutes les exigences sont respectées et que les documents présentés ou établis sont suffisants ou contiennent les informations nécessaires. En particulier, les autorités peuvent vérifier que le droit d'un époux sur les biens mentionnés dans le document présenté pour inscription est un droit qui est inscrit en tant que tel dans le registre ou qui a été attesté d'une autre manière conformément au droit de l'État membre dans lequel le registre est tenu. Afin d'éviter la duplication des documents, les autorités chargées de l'inscription devraient accepter les documents rédigés par les autorités compétentes d'un autre État membre, dont la circulation est prévue par le présent règlement. Cela ne devrait pas empêcher les autorités chargées de l'inscription de solliciter la personne qui demande

l'inscription de fournir les informations supplémentaires ou de présenter les documents complémentaires exigés en vertu du droit de l'État membre dans lequel le registre est tenu, par exemple les informations ou les documents concernant le paiement d'impôts. L'autorité compétente peut indiquer à la personne demandant l'inscription la manière dont elle peut se procurer les informations ou les documents manquants.

(28) Les effets de l'inscription d'un droit dans un registre devraient également être exclus du champ d'application du présent règlement. Par conséquent, c'est la loi de l'État membre dans lequel le registre est tenu qui devrait déterminer si l'inscription a un effet, par exemple, déclaratoire ou constitutif. Ainsi, dans le cas où, par exemple, l'acquisition d'un droit immobilier exige une inscription dans un registre en vertu du droit de l'État membre dans lequel le registre est tenu afin d'assurer l'effet *erga omnes* des registres ou de protéger les transactions juridiques, le moment de cette acquisition devrait être régi par le droit de cet État membre.

(29) Le présent règlement devrait respecter les différents systèmes de règlement des régimes matrimoniaux applicables dans les États membres. Aux fins du présent règlement, il convient, dès lors, de donner au terme "juridiction" un sens large permettant de couvrir non seulement les juridictions au sens strict, qui exercent des fonctions juridic- tionnelles, mais aussi, par exemple, les notaires dans certains États membres qui, pour certaines questions liées aux régimes matrimoniaux, exercent des fonctions juridictionnelles au même titre que les juridictions, ainsi que les notaires et les professionnels du droit qui, dans certains États membres, exercent des fonctions juridictionnelles dans le cadre d'un régime matrimonial donné en vertu d'une délégation de pouvoirs accordée par une juridiction. Toutes les juridictions au sens du présent règlement devraient être liées par les règles de compétence prévues dans le présent règlement. Inversement, le terme "juridiction" ne devrait pas viser les autorités non judiciaires d'un État membre qui, en vertu du droit national, sont habilitées à traiter les questions matrimoniales, telles que les notaires dans la plupart des États membres, lorsque, comme c'est généralement le cas, ils n'exercent pas de fonctions juridictionnelles.

(30) Le présent règlement devrait permettre à tous les notaires qui sont compétents en matière de régimes matrimoniaux dans les États membres d'exercer cette compétence. La question de savoir si les notaires d'un État membre donné sont ou non liés par les règles de compétence prévues dans le présent règlement devrait dépendre de la question de savoir s'ils relèvent ou non de la définition du terme "juridiction" aux fins du présent règlement.

(31) Les actes dressés par des notaires en matière de régimes matrimoniaux dans les États membres devraient circuler conformément au présent règlement. Lorsque les notaires exercent des fonctions juridictionnelles, ils devraient être liés par les règles de compétence énoncées dans le présent règlement, et les décisions qu'ils rendent devraient circuler conformément aux dispositions du présent règlement relatives à la reconnaissance, à la force exécutoire et à l'exécution des décisions. Lorsque les notaires n'exercent pas des fonctions juridictionnelles, ils ne devraient pas être liés par ces règles de compétence, et les actes authentiques qu'ils dressent devraient circuler conformément aux dispositions du présent règlement relatives aux actes authentiques.

(32) Afin de refléter la mobilité croissante des couples au cours de leur vie maritale et afin d'assurer une bonne administration de la justice, les règles de compétence énoncées dans le présent règlement devraient permettre aux citoyens de voir les différentes procédures connexes dans lesquelles ils sont impliqués traitées par les juridictions d'un même État membre. A cette fin, il convient que le présent règlement s'emploie à ce que la compétence en matière de régime matrimonial soit concentrée dans l'État membre dont les juridictions sont appelées à régler la succession d'un époux conformément au règlement (UE) n° 650/2012, ou le divorce, la séparation de corps ou l'annulation du mariage conformément au règlement (CE) n° 2201/2003 du Conseil *[Règlement (CE) n° 2201/2003 du Conseil du 27 novembre 2003 relatif à la compétence, la reconnaissance et l'exécution des décisions en matière matrimoniale et en matière de responsabilité parentale abrogeant le règlement (CE) n° 1347/2000 (JO L 338 du 23.12.2003, p. 1)]*.

(33) Le présent règlement devrait prévoir que, lorsqu'une procédure concernant la succession d'un époux est pendante devant une juridiction d'un État membre qui a été saisie au titre du règlement (UE) n° 650/2012, les juridictions dudit État membre sont compétentes pour statuer sur des questions relatives aux régimes matrimoniaux en relation avec ladite affaire de succession.

(34) De même, les questions relatives aux régimes matrimoniaux en relation avec une procédure pendante devant la juridiction d'un État membre qui a été saisie d'une demande

de divorce, de séparation de corps ou d'annulation de mariage en application du règlement (CE) nº 2201/2003 devraient être réglées par les juridictions dudit État membre, à moins que la compétence pour statuer sur le divorce, la séparation de corps ou l'annulation du mariage ne puisse être fondée que sur des critères de compétence spécifiques. Dans ce cas, la concentration des compétences ne devrait pas être permise sans l'accord des époux.

(35) Lorsque des questions relatives aux régimes matrimoniaux ne sont pas liées à une procédure pendante devant la juridiction d'un État membre concernant la succession d'un époux ou le divorce, la séparation de corps ou l'annulation du mariage, le présent règlement devrait prévoir une échelle de facteurs de rattachement permettant d'établir la juridiction compétente, à commencer par le lieu de résidence habituelle des époux au moment de la saisine de la juridiction. Ces facteurs de rattachement sont fixés pour tenir compte de la mobilité croissante des citoyens et afin d'assurer l'existence d'un lien de rattachement réel entre les époux et l'État membre dans lequel la compétence est exercée.

(36) Afin d'accroître la sécurité juridique, la prévisibilité et l'autonomie des parties, le présent règlement devrait, dans certaines circonstances, permettre aux parties de conclure un accord d'élection de for en faveur des juridictions de l'État membre de la loi applicable ou des juridictions de l'État membre dans lequel le mariage a été célébré.

(37) Aux fins du présent règlement, et de manière à couvrir toutes les situations possibles, l'État membre dans lequel le mariage a été célébré devrait être l'État membre dont les autorités ont célébré le mariage.

(38) Les juridictions d'un État membre peuvent considérer que leur droit international privé ne permet pas de reconnaître le mariage concerné aux fins d'une procédure en matière de régimes matrimoniaux. En pareil cas, il peut être nécessaire, à titre exceptionnel, qu'elles déclinent leur compétence en vertu du présent règlement. Les juridictions agissent promptement et la partie concernée devrait avoir la possibilité de soumettre l'affaire dans tout autre État membre présentant un facteur de rattachement lui conférant compétence, quel que soit l'ordre de ces chefs de compétence, dans le respect de l'autonomie des parties. Toute juridiction saisie à la suite d'une déclinaison de compétence, autre que les juridictions de l'État membre dans lequel le mariage a été célébré, peut également devoir décliner sa compétence, à titre exceptionnel, dans les mêmes conditions. Toutefois, la combinaison des différentes règles de compétence devrait garantir que les parties ont toutes les possibilités requises de saisir les juridictions d'un État membre qui se déclareront compétentes afin de donner effet à leur régime matrimonial.

(39) Le présent règlement ne devrait pas empêcher les parties de régler la question relative à leur régime matrimonial à l'amiable par voie extrajudiciaire, par exemple devant un notaire, dans un État membre de leur choix, dans le cas où le droit de cet État membre le permet. Ce devrait être le cas même si la loi applicable au régime matrimonial n'est pas la loi de cet État membre.

(40) Afin de veiller à ce que les juridictions de tous les États membres puissent s'appuyer sur les mêmes motifs pour exercer leur compétence à l'égard des régimes matrimoniaux des époux, le présent règlement devrait énoncer de manière exhaustive les motifs pour lesquels cette compétence subsidiaire peut s'exercer.

(41) Afin de remédier tout particulièrement à des situations de déni de justice, il y a lieu de prévoir dans le présent règlement un *forum necessitatis* permettant à une juridiction d'un État membre, dans des cas exceptionnels, de statuer sur un régime matrimonial qui présente un lien étroit avec un État tiers. Un tel cas exceptionnel pourrait exister lorsqu'une procédure se révèle impossible dans l'État tiers concerné, par exemple en raison d'une guerre civile, ou lorsqu'on ne peut raisonnablement attendre d'un époux qu'il introduise ou conduise une procédure dans cet État. La compétence fondée sur le *forum necessitatis* ne pourrait cependant être exercée que si l'affaire présente un lien suffisant avec l'État membre de la juridiction saisie.

(42) Dans l'intérêt du fonctionnement harmonieux de la justice, il convient d'éviter que *des décisions inconciliables soient* rendues dans différents États membres. À cette fin, le présent règlement devrait prévoir des règles générales de procédure semblables à celles d'autres instruments de l'Union dans le domaine de la coopération judiciaire en matière civile. Parmi ces règles de procédure figure la règle de la litispendance, qui entrera en jeu si la même question relative au régime matrimonial est portée devant différentes juridictions de différents États membres. Cette règle déterminera alors la juridiction appelée à poursuivre le règlement de la question relative au régime matrimonial.

(43) Afin de permettre aux citoyens de profiter, en toute sécurité juridique, des avantages offerts par le marché intérieur, le présent règlement devrait permettre aux époux de connaître à l'avance la loi applicable à leur régime matrimonial. Des règles harmonisées de conflits de lois devraient dès lors être introduites pour éviter des résultats contradictoires. La règle principale devrait assurer que le régime matrimonial est régi par une loi prévisible, avec laquelle il présente des liens étroits. Pour des raisons de sécurité juridique, et afin d'éviter le morcellement du régime matrimonial, la loi qui s'y applique devrait régir le régime matrimonial dans son ensemble, c'est-à-dire l'intégralité du patrimoine couvert par ledit régime, quelle que soit la nature des biens et indépendamment du fait que ceux-ci sont situés dans un autre État membre ou dans un État tiers.

(44) La loi désignée par le présent règlement devrait s'appliquer même si cette loi n'est pas celle d'un État membre.

(45) Afin de faciliter la gestion de leurs biens par les époux, le présent règlement devrait leur permettre de choisir la loi applicable à leur régime matrimonial, indépendamment de la nature ou de la localisation des biens, parmi les lois ayant un lien étroit avec les époux du fait de leur résidence habituelle ou de leur nationalité. Ce choix peut intervenir à tout moment, avant le mariage, lors de la célébration du mariage ou au cours de ce dernier.

(46) Afin d'assurer la sécurité juridique des transactions et d'empêcher que des modifications de la loi applicable au régime matrimonial soient introduites sans que les époux en soient informés, aucun changement de la loi applicable au régime matrimonial ne devrait intervenir sans demande expresse des parties. Ce changement décidé par les époux ne devrait pas avoir d'effet rétroactif, à moins que les époux ne l'aient expressément stipulé. Dans tous les cas, il ne peut pas porter atteinte aux droits de tiers.

(47) Il convient de définir les règles relatives à la validité au fond et quant à la forme de la convention sur le choix de la loi applicable de manière à faciliter le choix éclairé des époux et assurer le respect de leur consentement, en vue de garantir la sécurité juridique ainsi qu'un meilleur accès à la justice. Pour ce qui est de la validité quant à la forme, certaines garanties devraient être introduites afin de s'assurer que les époux sont conscients des conséquences de leur choix. La convention sur le choix de la loi applicable devrait au moins être formulée par écrit, datée et signée par les deux parties. Toutefois, si la loi de l'État membre dans lequel les deux époux ont leur résidence habituelle au moment de la conclusion de la convention prévoit des règles de forme supplémentaires, celles-ci devraient être respectées. Si, au moment de la conclusion de la convention, les époux ont leur résidence habituelle dans des États membres différents qui prévoient des règles de forme différentes, il devrait suffire que les règles de forme de l'un de ces États soient respectées. Si, au moment de la conclusion de la convention, seul l'un des époux a sa résidence habituelle dans un État membre qui prévoit des règles de forme supplémentaires, celles-ci devraient être respectées.

(48) Une convention matrimoniale est un type d'arrangement régissant les biens des époux, dont la recevabilité et l'acceptation varient d'un État membre à l'autre. En vue de faciliter l'acceptation dans les États membres des droits de propriété acquis du fait d'une convention matrimoniale, il convient de définir des règles sur la validité quant à la forme d'une convention matrimoniale. Une telle convention devrait au moins être formulée par écrit, datée et signée par les deux parties. Elle devrait toutefois aussi satisfaire aux exigences formelles supplémentaires prévues par la loi applicable au régime matrimonial, telle qu'elle est déterminée par le présent règlement, et par la loi de l'État membre dans lequel les époux ont leur résidence habituelle. Le présent règlement devrait aussi déterminer la loi appelée à régir la validité au fond d'une telle convention.

(49) A défaut de choix de la loi applicable et afin de concilier la prévisibilité et l'impératif *de sécurité juridique avec* la nécessité de prendre en compte la vie menée par le couple, le présent règlement devrait instaurer des règles de conflits de lois harmonisées sur la base d'une échelle de critères de rattachement, permettant de désigner la loi applicable à l'ensemble des biens des époux. La première résidence habituelle commune des époux peu après le mariage devrait constituer le premier critère, avant la loi de la nationalité commune des époux au moment du mariage. Si aucun de ces critères n'est rempli, ou à défaut de première résidence habituelle commune en cas de double nationalité commune des époux au moment de la célébration du mariage, devrait alors être appliquée comme troisième critère la loi de l'État avec lequel les époux ont les liens les plus étroits. Lorsque ce dernier critère est appliqué, toutes les circonstances devraient être prises en compte, étant entendu que ces liens devraient être appréciés en se référant au moment de la conclusion du mariage.

(50) Lorsque le présent règlement fait de la nationalité un facteur de rattachement, la question de savoir comment considérer une personne possédant plusieurs nationalités consti-

tue une question préalable qui n'entre pas dans son champ d'application et devrait relever du droit national, y compris, le cas échéant, de conventions interna- tionales, dans le plein respect des principes généraux de l'Union. Cette question ne devrait pas influencer la validité du choix de la loi applicable effectué conformément au présent règlement.

(51) Pour ce qui est de la détermination de la loi applicable au régime matrimonial à défaut de choix de la loi et de convention matrimoniale, l'autorité judiciaire d'un État membre devrait, à la demande de l'un des époux, dans des cas exceptionnels, lorsque les époux ont déménagé de longue date dans l'État de leur résidence habituelle, parvenir à la conclusion que la loi de cet État peut s'appliquer si les époux se sont fondés sur cette loi. Quel que soit le cas de figure, il ne saurait être porté atteinte aux droits des tiers.

(52) La loi désignée comme la loi applicable au régime matrimonial devrait régir celui-ci depuis la classification des biens de l'un ou des deux époux en différentes catégories pendant le mariage et après sa dissolution, jusqu'à la liquidation des biens. Elle devrait inclure les effets du régime matrimonial sur un rapport de droit entre un époux et des tiers. Toutefois, un époux ne peut opposer à un tiers la loi applicable au régime matrimonial pour régir ces effets que si les liens de droit entre l'époux et le tiers ont été noués à une époque où ce tiers avait ou aurait dû avoir connaissance de ladite loi.

(53) Des considérations d'intérêt public telles que la protection de l'organisation politique, sociale ou économique d'un État membre devraient justifier que soit donnée à des juridictions ou à d'autres autorités compétentes des États membres, dans des circonstances exceptionnelles, la possibilité d'appliquer des exceptions fondées sur les lois de police. Ainsi, la notion de "lois de police" devrait englober des règles à caractère impératif telles que celles relatives à la protection du logement familial. Toutefois, cette exception à l'application de la loi applicable au régime matrimonial requiert une interprétation stricte afin de rester compatible avec l'objectif général du présent règlement.

(54) Dans des circonstances exceptionnelles, des considérations d'intérêt public devraient également donner aux juridictions et aux autres autorités compétentes des États membres chargées des matières relevant du régime matrimonial la possibilité d'écarter certaines dispositions d'une loi étrangère lorsque, dans un cas précis, l'appli- cation de ces dispositions serait manifestement incompatible avec l'ordre public de l'État membre concerné. Néanmoins, les juridictions ou autres autorités compétentes ne devraient pas pouvoir appliquer l'exception d'ordre public en vue d'écarter la loi d'un autre État ou refuser de reconnaître – ou, le cas échéant, d'accepter – ou d'exécuter une décision rendue, un acte authentique ou une transaction judiciaire d'un autre État membre, lorsque ce refus serait contraire à la Charte des droits fondamentaux de l'Union européenne (ci-après dénommée "Charte"), en particulierà son article 21 relatif au principe de non-discrimination.

(55) Étant donné qu'il existe des États dans lesquels coexistent deux ou plusieurs systèmes de droit ou ensembles de règles ayant trait aux questions régies par le présent règlement, il convient de prévoir dans quelle mesure le présent règlement s'applique dans les différentes unités territoriales de ces États.

(56) A la lumière de son objectif général, qui est la reconnaissance mutuelle des décisions rendues dans les États membres en matière de régimes matrimoniaux, le présent règlement devrait fixer des règles relatives à la reconnaissance, à la force exécutoire et à l'exécution des décisions qui soient semblables à celles d'autres instruments de l'Union adoptés dans le domaine de la coopération judiciaire en matière civile.

(57) Afin de prendre en compte les différents systèmes de règlement des régimes matrimoniaux dans les États membres, le présent règlement devrait assurer que les actes authentiques en matière de régimes matrimoniaux sont acceptés et exécutoires dans tous les États membres.

(58) Les actes authentiques devraient avoir la même force probante dans un autre État membre que dans l'État membre d'origine, ou avoir les effets les plus comparables. Lors de la détermination de la force probante d'un acte authentique donné dans un autre État membre ou des effets les plus comparables, il convient de faire référence à la nature et à la portée de la force probante de l'acte authentique dans l'État membre d'origine. La force probante qu'un acte authentique donné devrait avoir dans un autre État membre dépendra, dès lors, de la loi de l'État membre d'origine.

(59) L'"authenticité" d'un acte authentique devrait être un concept autonome recouvrant des éléments tels que la véracité de l'acte, les exigences de forme qui lui sont applicables, les pouvoirs de l'autorité qui le dresse et la procédure suivie pour le dresser. Le concept devrait

également recouvrir les éléments factuels consignés dans l'acte authentique par l'autorité concernée, tels que le fait que les parties indiquées ont comparu devant ladite autorité à la date indiquée et qu'elles ont fait les déclarations qui y sont mentionnées. Une partie souhaitant contester l'authenticité d'un acte authentique devrait le faire devant la juridiction compétente de l'État membre d'origine de l'acte authentique en vertu de la loi dudit État membre.

(60) Les termes "actes juridiques ou relations juridiques consignés dans un acte authentique" devraient être interprétés comme faisant référence au contenu quant au fond consigné dans l'acte authentique. Une partie souhaitant contester les actes juridiques ou les relations juridiques consignés dans un acte authentique devrait le faire devant les juridictions compétentes en vertu du présent règlement, qui devraient statuer sur cette contestation conformément à la loi applicable au régime matrimonial.

(61) Si une question relative aux actes juridiques ou relations juridiques consignés dans un acte authentique est soulevée de manière incidente dans le cadre d'une procédure devant une juridiction d'un État membre, celle-ci devrait être compétente pour en connaître.

(62) Un acte authentique contesté ne devrait pas avoir de force probante dans un autre État membre que l'État membre d'origine tant que le recours est pendant. Si le recours ne concerne qu'un élément spécifique lié aux actes juridiques ou relations juridiques consignés dans l'acte authentique, l'acte authentique en question ne devrait pas avoir de force probante dans un autre État membre que l'État membre d'origine en ce qui concerne l'élément de la contestation, tant que le recours est pendant. Un acte authentique déclaré non valable à la suite d'un recours devrait cesser de produire toute force probante.

(63) Une autorité à laquelle seraient soumis deux actes authentiques incompatibles en application du présent règlement devrait déterminer auquel de ces actes il convient de donner, le cas échéant, la priorité, compte tenu des circonstances de l'espèce. Dans le cas où les circonstances ne permettent pas de déterminer à quel acte authentique il convient, le cas échéant, de donner la priorité, la question devrait être tranchée par les juridictions compétentes en vertu du présent règlement ou, lorsque la question est soulevée de manière incidente au cours d'une procédure, par la juridiction saisie de la dite procédure. En cas d'incompatibilité entre un acte authentique et une décision, il convient de tenir compte des motifs de non-reconnaissance des décisions prévus par le présent règlement.

(64) La reconnaissance et l'exécution d'une décision en matière de régime matrimonial en vertu du présent règlement ne devraient en aucune manière impliquer la reconnaissance du mariage qui est à l'origine du régime matrimonial ayant donné lieu à la décision.

(65) Il convient de préciser la relation entre le présent règlement et les conventions bilatérales ou multilatérales sur le régime matrimonial auxquelles les États membres sont parties.

(66) Le présent règlement ne devrait pas empêcher les États membres qui sont parties à la convention du 6 février 1931 entre le Danemark, la Finlande, l'Islande, la Norvège et la Suède comprenant des dispositions de droit international privé sur le mariage, l'adoption et la garde des enfants, telle qu'elle a été révisée en 2006 ; à la convention du 19 novembre 1934 entre le Danemark, la Finlande, l'Islande, la Norvège et la Suède, comprenant des dispositions de droit international privé relatives aux successions, aux testaments et à l'administration des successions, telle qu'elle a été révisée en juin 2012 ; et à la convention du 11 octobre 1977 entre le Danemark, la Finlande, l'Islande, la Norvège et la Suède sur la reconnaissance et l'exécution des décisions en matière civile, de continuer à appliquer certaines dispositions desdites conventions, dans la mesure où celles-ci prévoient des procédures simplifiées et plus rapides de reconnaissance et d'exécution des décisions en matière de régimes matrimoniaux.

(67) Afin de faciliter l'application du présent règlement, il convient de prévoir une obligation pour les États membres de communiquer certaines informations sur leur législation et leurs procédures concernant les régimes matrimoniaux dans le cadre du réseau judiciaire européen en matière civile et commerciale établi par la décision 2001/470/CE du Conseil *[Décision 2001/470/CE du Conseil du 28 mai 2001 relative à la création d'un réseau judiciaire européen en matière civile et commerciale (JO L 174 du 27.6.2001, p. 25)]*. Pour permettre la publication au Journal officiel de l'Union européenne, dans les délais impartis, de toutes les informations pertinentes pour l'application concrète du présent règlement, les États membres devraient également communiquer ces informations à la Commission avant que le présent règlement ne commence à s'appliquer.

(68) De la même manière, afin de faciliter l'application du présent règlement et pour permettre le recours aux technologies modernes de communication, il convient de prévoir des

formulaires types pour les attestations à fournir en lien avec la demande de déclaration constatant la force exécutoire d'une décision, d'un acte authentique ou d'une transaction judiciaire.

(69) Le règlement (CEE, Euratom) nº 1182/71 du Conseil *[Règlement (CEE, Euratom) nº 1182/71 du Conseil du 3 juin 1971 portant détermination des règles applicables aux délais, aux dates et aux termes (JO L 124 du 8.6.1971, p. 1)]* devrait s'appliquer pour calculer les périodes et délais prévus par le présent règlement.

(70) Afin d'assurer des conditions uniformes d'exécution du présent règlement, il convient de conférer des compétences d'exécution à la Commission pour établir et modifier ultérieurement les attestations et les formulaires relatifs à la déclaration constatant la force exécutoire des décisions, des transactions judiciaires et des actes authentiques. Ces compétences devraient être exercées en conformité avec le règlement (UE) nº 182/2011 du Parlement européen et du Conseil *[Règlement (UE) nº 182/2011 du Parlement européen et du Conseil du 16 février 2011 établissant les règles et principes généraux relatifs aux modalités de contrôle par les États membres de l'exercice des compétences d'exécution par la Commission (JO L 55 du 28.2.2011, p. 13)]*.

(71) Il convient d'avoir recours à la procédure consultative pour l'adoption d'actes d'exécution visant à établir et ensuite à modifier les attestations et les formulaires prévus au présent règlement.

(72) Les objectifs du présent règlement, à savoir la libre circulation des personnes dans l'Union, la possibilité donnée aux époux d'organiser leurs rapports patrimoniaux entre eux et à l'égard des tiers durant la vie du couple comme au moment de la liquidation de ses biens, et une plus grande prévisibilité et sécurité juridique, ne peuvent pas être atteints de manière suffisante par les États membres mais peuvent, en raison des dimensions et des effets du présent règlement, l'être mieux au niveau de l'Union, le cas échéant au moyen d'une coopération renforcée entre les États membres.Conformément au principe de subsidiarité tel qu'énoncé à l'article 5 du traité sur l'Union européenne, l'Union est dès lors compétente pour agir. Conformément au principe de proportionnalité tel qu'énoncé audit article, le présent règlement n'excède pas ce qui est nécessaire pour atteindre ces objectifs.

(73) Le présent règlement respecte les droits fondamentaux et observe les principes consacrés par la Charte, et notamment ses articles 7, 9, 17, 21 et 47 portant respectivement sur le respect de la vie privée et familiale, le droit de se marier et de fonder une famille selon les lois nationales, le droit de propriété, le principe de non-discri- mination et le droit à un recours effectif devant un tribunal. Il convient que le présent règlement soit appliqué par les juridictions et autres autorités compétentes des États membres dans le respect de ces droits et principes,

A ADOPTÉ LE PRÉSENT RÈGLEMENT :

CHAPITRE PREMIER *Champ d'application et définitions*

Art. 1er *Champ d'application.* 1. Le présent règlement s'applique aux régimes matrimoniaux. Il ne s'applique pas aux matières fiscales, douanières ou administratives.

2. Sont exclus du champ d'application du présent règlement :

a) la capacité juridique des époux ;

b) l'existence, la validité ou la reconnaissance d'un mariage ;

c) les obligations alimentaires ;

d) la succession du conjoint décédé ;

e) la sécurité sociale ;

f) le droit au transfert ou à l'adaptation entre époux, en cas de divorce, de séparation de corps ou d'annulation du mariage, des droits à la pension de retraite ou d'invalidité acquis au cours du mariage et qui n'ont pas produit des revenus de retraite au cours du mariage ;

g) la nature des droits réels portant sur un bien ; et

h) toute inscription dans un registre de droits immobiliers ou mobiliers, y compris les exigences légales applicables à une telle inscription, ainsi que les effets de l'inscription ou de l'absence d'inscription de ces droits dans un registre.

Art. 2 *Compétences en matière de régimes matrimoniaux dans les États membres.* Le présent règlement ne porte pas atteinte aux compétences des autorités des États membres en matière de régimes matrimoniaux.

Art. 3 *Définitions.* 1. Aux fins du présent règlement, on entend par :

a) "régime matrimonial", l'ensemble des règles relatives aux rapports patrimoniaux entre époux et dans leurs relations avec des tiers, qui résultent du mariage ou de sa dissolution ;

b) "convention matrimoniale", tout accord entre époux ou futurs époux par lequel ils organisent leur régime matrimonial ;

c) "acte authentique", un acte en matière de régime matrimonial, dressé ou enregistré formellement en tant qu'acte authentique dans un État membre et dont l'authenticité :

i) porte sur la signature et le contenu de l'acte authentique ; et

ii) a été établie par une autorité publique ou toute autre autorité habilitée à cet effet par l'État membre d'origine ;

d) "décision", toute décision en matière de régime matrimonial rendue par une juridiction d'un État membre, quelle que soit la dénomination qui lui est donnée, y compris une décision concernant la fixation par le greffier du montant des frais du procès ;

e) "transaction judiciaire", une transaction en matière de régimes matrimoniaux approuvée par une juridiction ou conclue devant une juridiction au cours d'une procédure ;

f) "État membre d'origine", l'État membre dans lequel la décision a été rendue, l'acte authentique a été établi ou la transaction judiciaire a été approuvée ou conclue ;

g) "État membre d'exécution", l'État membre dans lequel est demandée la reconnaissance et/ou l'exécution de la décision, de l'acte authentique ou de la transaction judiciaire.

2. Aux fins du présent règlement, on entend par "juridiction" toute autorité judiciaire, ainsi que toute autre autorité et tout professionnel du droit compétents en matière de régimes matrimoniaux qui exercent des fonctions juridictionnelles ou agissent en vertu d'une délégation de pouvoirs d'une autorité judiciaire ou sous le contrôle de celle-ci, pour autant que ces autres autorités et professionnels du droit offrent des garanties en ce qui concerne leur impartialité et le droit de toutes les parties à être entendues, et que les décisions qu'ils rendent conformément au droit de l'État membre dans lequel ils exercent leurs fonctions :

a) puissent faire l'objet d'un recours devant une autorité judiciaire ou d'un contrôle par une telle autorité ; et

b) aient une force et un effet équivalents à une décision rendue par une autorité judiciaire dans la même matière.

Les États membres notifient à la Commission les autres autorités et professionnels du droit visés au premier alinéa, conformément à l'article 64.

CHAPITRE II *Compétence*

Art. 4 *Compétence en cas de décès d'un des époux.* Lorsqu'une juridiction d'un État membre est saisie d'une question relative à la succession de l'un des époux, en application du règlement (UE) n° 650/2012, les juridictions dudit État sont compétentes pour statuer sur les questions de régime matrimonial en relation avec ladite affaire de succession.

Art. 5 *Compétence dans des affaires de divorce, de séparation de corps ou d'annulation du mariage.* 1. Sans préjudice du paragraphe 2, lorsqu'une juridiction d'un État membre est saisie pour statuer sur une demande en divorce, séparation de corps ou annulation du mariage en application du règlement (CE) n° 2201/2003, les juridictions dudit État membre sont compétentes pour statuer sur les questions de régime matrimonial en relation avec ladite demande.

2. La compétence en matière de régimes matrimoniaux prévue au paragraphe 1 est subordonnée à l'accord des époux lorsque la juridiction qui est saisie afin de statuer sur la demande en divorce, séparation de corps ou annulation du mariage :

a) est la juridiction d'un État membre sur le territoire duquel le demandeur a sa résidence habituelle et a résidé depuis au moins une année immédiatement avant l'introduction de la *demande, conformément* à l'article 3, paragraphe 1, point a), cinquième tiret, du règlement (CE) n° 2201/2003 ;

b) est la juridiction d'un État membre dont le demandeur est ressortissant et sur le territoire duquel il a sa résidence habituelle et a résidé depuis au moins six mois immédiatement avant l'introduction de la demande, conformément à l'article 3, paragraphe 1, point a), sixième tiret, du règlement (CE) n° 2201/2003 ;

c) est saisie en vertu de l'article 5 du règlement (CE) n° 2201/2003 en cas de conversion de la séparation de corps en divorce ; ou

d) est saisie en vertu de l'article 7 du règlement (CE) n° 2201/2003 en cas de compétences résiduelles.

3. Si l'accord visé au paragraphe 2 du présent article est conclu avant que la juridiction ne soit saisie pour statuer en matière de régimes matrimoniaux, l'accord doit être conforme à l'article 7, paragraphe 2.

Art. 6 *Autres compétences.* Lorsque aucune juridiction d'un État membre n'est compétente en vertu de l'article 4 ou 5 ou dans des cas autres que ceux prévus à ces articles, sont compétentes pour statuer sur le régime matrimonial des époux les juridictions de l'État membre :

a) sur le territoire duquel les époux ont leur résidence habituelle au moment de la saisine de la juridiction ; ou, à défaut,

b) sur le territoire duquel est située la dernière résidence habituelle des époux, dans la mesure où l'un d'eux y réside encore au moment de la saisine de la juridiction ; ou, à défaut,

c) sur le territoire duquel le défendeur a sa résidence habituelle au moment de la saisine de la juridiction ; ou, à défaut,

d) dont les deux époux ont la nationalité au moment de la saisine de la juridiction.

Art. 7 *Élection de for.* 1. Dans les cas visés à l'article 6, les parties peuvent convenir que les juridictions de l'État membre dont la loi est applicable en vertu de l'article 22 ou de l'article 26, paragraphe 1, point a) ou b), ou les juridictions de l'État membre dans lequel le mariage a été célébré ont une compétence exclusive pour statuer sur les questions concernant leur régime matrimonial.

2. La convention visée au paragraphe 1 est formulée par écrit, datée et signée par les parties. Toute transmission par voie électronique qui permet de consigner durablement la convention est considérée comme revêtant une forme écrite.

Art. 8 *Compétence fondée sur la comparution du défendeur.* 1. Outre les cas où sa compétence résulte d'autres dispositions du présent règlement, la juridiction d'un État membre dont la loi est applicable en vertu de l'article 22 ou de l'article 26, paragraphe 1, point a) ou b), et devant laquelle le défendeur comparaît est compétente. Cette règle n'est pas applicable si la comparution a pour objet de contester la compétence, ou dans les affaires relevant de l'article 4 ou de l'article 5, paragraphe 1.

2. Avant de se déclarer compétente en vertu du paragraphe 1, la juridiction s'assure que le défendeur est informé de son droit de contester la compétence et des conséquences d'une comparution ou d'une absence de comparution.

Art. 9 *Compétence de substitution.* 1. A titre exceptionnel, si la juridiction de l'État membre compétente en vertu de l'article *[des articles]* 4, 6, 7 ou 8 considère que son droit international privé ne reconnaît pas le mariage concerné aux fins d'une procédure en matière de régimes matrimoniaux, elle peut décliner sa compétence. Lorsque la juridiction concernée décide de décliner sa compétence, elle le fait sans retard indu.

2. Lorsqu'une juridiction compétente en vertu de l'article *[des articles]* 4 ou 6 décline sa compétence et lorsque les parties conviennent de donner compétence aux juridictions de tout autre État membre, conformément à l'article 7, les juridictions dudit État membre sont compétentes pour statuer sur le régime matrimonial.

Dans les autres cas, sont compétentes pour statuer sur le régime matrimonial les juridictions de tout autre État membre en vertu de l'article *[des articles]* 6 ou 8, ou les juridictions de l'État membre dans lequel le mariage a été célébré.

3. Le présent article ne s'applique pas lorsque les parties ont obtenu un divorce, une séparation de corps ou une annulation du mariage qui est susceptible d'être reconnu dans l'État membre du for.

Art. 10 *Compétence subsidiaire.* Lorsque aucune juridiction d'un État membre n'est compétente en vertu de l'article *[des articles]* 4, 5, 6, 7 ou 8, ou lorsque toutes les juridictions, en vertu de l'article 9, ont décliné leur compétence et qu'aucune juridiction n'est compétente en vertu de l'article 9, paragraphe 2, les juridictions d'un État membre sont compétentes dans la mesure où un bien immeuble de l'un ou des deux époux est situé sur le territoire de cet État membre, auquel cas la juridiction saisie ne sera appelée à statuer que sur ce bien immeuble.

Art. 11 *Forum necessitatis.* Lorsque aucune juridiction d'un État membre n'est compétente en vertu de l'article *[des articles]* 4, 5, 6, 7, 8 ou 10, ou lorsque toutes les juridictions, en vertu de l'article 9, ont décliné leur compétence et qu'aucune juridiction n'est compétente en vertu de l'article 9, paragraphe 2, ou de l'article 10, les juridictions d'un État membre peuvent, à titre exceptionnel, statuer sur le régime matrimonial si une procédure ne peut raisonnablement être introduite ou conduite, ou se révèle impossible, dans un État tiers avec lequel l'affaire a un lien étroit.

L'affaire doit présenter un lien suffisant avec l'État membre dont relève la juridiction saisie.

Art. 12 *Demandes reconventionnelles.* La juridiction devant laquelle la procédure est pendante en vertu de l'article *[des articles]* 4, 5, 6, 7 ou 8, de l'article 9, paragraphe 2, ou de l'article *[des articles]* 10 ou 11 est également compétente pour examiner la demande reconventionnelle, dans la mesure où celle-ci entre dans le champ d'application du présent règlement.

Art. 13 *Limitation de la procédure.* 1. Lorsque la masse successorale du défunt dont la succession relève du règlement (UE) n° 650/2012 comprend des biens situés dans un État tiers, la juridiction saisie pour statuer sur le régime matrimonial peut, à la demande d'une des parties, décider de ne pas statuer sur l'un ou plusieurs de ces biens si l'on peut s'attendre à ce que la décision qu'elle rendrait sur les biens en question ne soit pas reconnue et, le cas échéant, ne soit pas déclarée exécutoire dans ledit État tiers.

2. Le paragraphe 1 ne porte pas atteinte au droit des parties de limiter la portée de la procédure en vertu du droit de l'État membre dont la juridiction est saisie.

Art. 14 *Saisine d'une juridiction.* Aux fins du présent chapitre, une juridiction est réputée saisie :

a) à la date à laquelle l'acte introductif d'instance ou un acte équivalent est déposé auprès de la juridiction, pour autant que le demandeur n'ait pas négligé par la suite de prendre les mesures qu'il était tenu de prendre pour que l'acte soit notifié ou signifié au défendeur ;

b) si l'acte doit être notifié ou signifié avant d'être déposé auprès de la juridiction, à la date à laquelle il est reçu par l'autorité chargée de la notification ou de la signification, pour autant que le demandeur n'ait pas négligé par la suite de prendre les mesures qu'il était tenu de prendre pour que l'acte soit déposé auprès de la juridiction ; ou

c) si la procédure est engagée d'office, à la date à laquelle la décision d'engager la procédure est prise par la juridiction ou, si une telle décision n'est pas requise, à la date à laquelle l'affaire est enregistrée par la juridiction.

Art. 15 *Vérification de la compétence.* La juridiction d'un État membre saisie d'une affaire de régime matrimonial pour laquelle elle n'est pas compétente en vertu du présent règlement se déclare d'office incompétente.

Art. 16 *Vérification de la recevabilité.* 1. Lorsqu'un défendeur ayant sa résidence habituelle dans un État autre que l'État membre où l'action a été intentée ne comparaît pas, toute juridiction compétente en vertu du présent règlement surseoit à statuer aussi longtemps qu'il n'est pas établi que le défendeur a été mis à même de recevoir l'acte introductif d'instance ou un acte équivalent en temps utile pour pouvoir organiser sa défense ou que toute diligence a été faite à cette fin.

2. L'article 19 du règlement (CE) n° 1393/2007 du Parlement et du Conseil *[Règl. (CE) n° 1393/2007 du Parlement européen et du Conseil du 13 nov. 2007 relatif à la signification et à la notification dans les États membres des actes judiciaires et extrajudiciaires en matière civile ou commerciale (signification ou notification des actes), et abrogeant le Règl. (CE) n° 1348/2000 du Conseil (JO L 324 du 10.12.2007, p. 79)]* s'applique en lieu et place du paragraphe 1 du présent article si l'acte introductif d'instance ou un acte équivalent a dû être transmis d'un État membre à un autre en application dudit règlement.

3. Lorsque le règlement (CE) n° 1393/2007 n'est pas applicable, l'article 15 de la convention de La Haye du 15 novembre 1965 relative à la signification et à la notification à l'étranger des actes judiciaires et extrajudiciaires en matière civile ou commerciale s'applique si l'acte introductif d'instance ou un acte équivalent a dû être transmis à l'étranger en application de ladite convention.

Art. 17 *Litispendance.* 1. Lorsque des demandes ayant le même objet et la même cause sont formées entre les mêmes parties devant des juridictions d'États membres différents, la juridiction saisie en second lieu surseoit d'office à statuer jusqu'à ce que la compétence de la juridiction première saisie soit établie.

2. Dans les cas visés au paragraphe 1, à la demande d'une juridiction saisie du litige, toute autre juridiction saisie informe sans retard la première juridiction de la date à laquelle elle a été saisie.

3. Lorsque la compétence de la juridiction première saisie est établie, la juridiction saisie en second lieu décline sa compétence en faveur de celle-ci.

Art. 18 *Connexité.* 1. Lorsque des demandes connexes sont pendantes devant les juridictions d'États membres différents, la juridiction saisie en second lieu peut surseoir à statuer.

2. Lorsque les demandes visées au paragraphe 1 sont pendantes devant des juridictions du premier degré, la juridiction saisie en second lieu peut également décliner sa compétence, à

la demande de l'une des parties si la juridiction première saisie est compétente pour connaître des demandes en question et si sa loi permet leur jonction.

3. Sont connexes, aux fins du présent article, les demandes liées entre elles par un rapport si étroit qu'il y a un intérêt à les instruire et à les juger en même temps afin d'éviter des décisions qui pourraient être inconciliables si les causes étaient jugées séparément.

Art. 19 *Mesures provisoires et conservatoires.* Les mesures provisoires et conservatoires prévues par la loi d'un État membre peuvent être demandées aux juridictions de cet État, même si, en vertu du présent règlement, les juridictions d'un autre État membre sont compétentes pour connaître du fond.

....

CHAPITRE IV *Reconnaissance, force exécutoire et exécution des décisions*

Art. 36 *Reconnaissance.* 1. Les décisions rendues dans un État membre sont reconnues dans les autres États membres, sans qu'il soit nécessaire de recourir à aucune procédure particulière.

2. En cas de contestation, toute partie intéressée qui invoque à titre principal la reconnaissance d'une décision peut demander, conformément aux procédures prévues aux articles 44 à 57, que la décision soit reconnue.

3. Si la reconnaissance est invoquée de façon incidente devant une juridiction d'un État membre, celle-ci est compétente pour en connaître.

Art. 37 *Motifs de non-reconnaissance.* Une décision rendue n'est pas reconnue :

a) si la reconnaissance est manifestement contraire à l'ordre public de l'État membre dans lequel la reconnaissance est demandée ;

b) dans le cas où elle a été rendue par défaut, si l'acte introductif d'instance ou un acte équivalent n'a pas été signifié ou notifié au défendeur en temps utile et de telle manière qu'il puisse se défendre, à moins qu'il n'ait pas exercé de recours à l'encontre de la décision alors qu'il était en mesure de le faire ;

c) si elle est inconciliable avec une décision rendue dans une procédure entre les mêmes parties dans l'État membre dans lequel la reconnaissance est demandée ;

d) si elle est inconciliable avec une décision rendue antérieurement dans un autre État membre ou dans un État tiers entre les mêmes parties dans un litige ayant le même objet et la même cause, lorsque la décision rendue antérieurement réunit les conditions nécessaires à sa reconnaissance dans l'État membre dans lequel la reconnaissance est demandée.

Art. 38 *Droits fondamentaux.* Les juridictions et les autres autorités compétentes des États membres appliquent l'article 37 du présent règlement dans le respect des droits et principes fondamentaux consacrés par la Charte, et notamment son article 21 relatif au principe de non-discrimination.

Art. 39 *Interdiction du contrôle de la compétence de la juridiction d'origine.* 1. Il ne peut être procédé au contrôle de la compétence de la juridiction de l'État membre d'origine.

2. Le critère de l'ordre public visé à l'article 37 ne s'applique pas aux règles de compétence visées aux articles 4 à 11.

Art. 40 *Absence de révision quant au fond.* En aucun cas une décision rendue dans un État membre ne peut faire l'objet d'une révision quant au fond.

Art. 41 *Sursis à statuer.* La juridiction d'un État membre saisie d'une demande de reconnaissance d'une décision rendue dans un autre État membre peut surseoir à statuer si cette décision fait l'objet d'un recours ordinaire dans l'État membre d'origine.

Art. 42 *Force exécutoire.* Les décisions rendues dans un État membre et qui sont exécutoires dans cet État sont exécutoires dans un autre État membre lorsque, à la demande de toute partie intéressée, elles y ont été déclarées exécutoires conformément à la procédure prévue aux articles 44 à 57.

Art. 43 *Détermination du domicile.* Pour déterminer, aux fins de la procédure prévue aux articles 44 à 57, si une partie a un domicile dans l'État membre d'exécution, la juridiction saisie applique la loi interne de cet État membre.

Art. 44 *Compétence territoriale.* 1. La demande de déclaration constatant la force exécutoire est présentée à la juridiction ou à l'autorité compétente de l'État membre d'exécution dont cet État membre a communiqué le nom à la Commission conformément à l'article 64.

2. La compétence territoriale est déterminée par le domicile de la partie contre laquelle l'exécution est demandée, ou par le lieu de l'exécution.

Art. 45 *Procédure.* 1. La procédure de dépôt de la demande est régie par la loi de l'État membre d'exécution.

2. Le demandeur n'est pas tenu d'avoir, dans l'État membre d'exécution, une adresse postale ni un représentant autorisé.

3. La demande est accompagnée des documents suivants :

a) une copie de la décision réunissant les conditions nécessaires pour en établir l'authenticité ;

b) l'attestation délivrée par la juridiction ou l'autorité compétente de l'État membre d'origine au moyen du formulaire établi en conformité avec la procédure consultative visée à l'article 67, paragraphe 2, sans préjudice de l'article 46. – *V. Règl. (UE) 2018/1935 du 7 déc. 2018, Annexe I,* 🏛.

Art. 46 *Défaut de production de l'attestation.* 1. A défaut de production de l'attestation visée à l'article 45, paragraphe 3, point b), la juridiction ou l'autorité compétente peut impartir un délai pour la produire ou accepter un document équivalent ou, si elle s'estime suffisamment éclairée, en dispenser.

2. Il est produit une traduction ou une translittération des documents si la juridiction ou l'autorité compétente l'exige. La traduction est faite par une personne habilitée à effectuer des traductions dans l'un des États membres.

Art. 47 *Déclaration constatant la force exécutoire.* La décision est déclarée exécutoire dès l'achèvement des formalités prévues à l'article 45, sans examen au titre de l'article 37. La partie contre laquelle l'exécution est demandée ne peut, à ce stade de la procédure, présenter d'observations concernant la demande.

Art. 48 *Communication de la décision relative à la demande de déclaration constatant la force exécutoire.* 1. La décision relative à la demande de déclaration constatant la force exécutoire est aussitôt portée à la connaissance du demandeur conformément à la procédure fixée par la loi de l'État membre d'exécution.

2. La déclaration constatant la force exécutoire est signifiée ou notifiée à la partie contre laquelle l'exécution est demandée, accompagnée de la décision si celle-ci n'a pas encore été signifiée ou notifiée à cette partie.

Art. 49 *Recours contre la décision relative à la demande de déclaration constatant la force exécutoire.* 1. L'une ou l'autre partie peut former un recours contre la décision relative à la demande de déclaration constatant la force exécutoire.

2. Le recours est porté devant la juridiction dont l'État membre concerné a communiqué le nom à la Commission conformément à l'article 64.

3. Le recours est examiné selon les règles de la procédure contradictoire.

4. Si la partie contre laquelle l'exécution est demandée ne comparaît pas devant la juridiction saisie du recours formé par le demandeur, l'article 16 s'applique, même si la partie contre laquelle l'exécution est demandée n'est pas domiciliée dans l'un des États membres.

5. Le recours contre la déclaration constatant la force exécutoire est formé dans un délai de trente jours à compter de la signification ou de la notification de celle-ci. Si la partie contre laquelle l'exécution est demandée est domiciliée dans un autre État membre que celui dans lequel la déclaration constatant la force exécutoire a été délivrée, le délai de recours est de soixante jours et court à compter du jour où la signification ou la notification a été faite à personne ou à domicile. Ce délai ne peut être prorogé pour des raisons de distance.

Art. 50 *Pourvoi contre la décision rendue sur le recours.* La décision rendue sur le recours ne peut faire l'objet d'un pourvoi qu'au moyen de la procédure que l'État membre concerné a communiquée à la Commission conformément à l'article 64.

Art. 51 *Refus ou révocation d'une déclaration constatant la force exécutoire.* La juridiction saisie d'un recours formé en vertu de l'article *[des articles]* 49 ou 50 ne peut refuser ou révoquer une déclaration constatant la force exécutoire que pour l'un des motifs prévus à l'article 37. Elle statue sans retard.

Art. 52 *Sursis à statuer.* La juridiction saisie d'un recours formé en vertu de l'article *[des articles]* 49 ou 50 surseoit à statuer, à la demande de la partie contre laquelle l'exécution est demandée, si la force exécutoire de la décision est suspendue dans l'État membre d'origine du fait de l'exercice d'un recours.

Art. 53 *Mesures provisoires et conservatoires.* 1. Lorsqu'une décision doit être reconnue conformément au présent chapitre, rien n'empêche le demandeur de solliciter qu'il soit procédé à des mesures provisoires ou conservatoires, conformément au droit de l'État membre d'exécution, sans qu'une déclaration constatant la force exécutoire de cette décision au titre de l'article 46 soit nécessaire.

2. La déclaration constatant la force exécutoire emporte de plein droit l'autorisation de procéder à des mesures conservatoires.

3. Pendant le délai prévu à l'article 49, paragraphe 5, pour former un recours contre la déclaration constatant la force exécutoire et jusqu'à ce qu'il ait été statué sur celui-ci, il ne peut être procédé à aucune mesure d'exécution sur les biens de la partie contre laquelle l'exécution est demandée, hormis des mesures conservatoires.

Art. 54 *Force exécutoire partielle.* 1. Lorsque la décision rendue porte sur plusieurs chefs de la demande et que la déclaration constatant la force exécutoire ne peut être délivrée pour tous ces chefs, la juridiction ou l'autorité compétente la délivre pour l'un ou plusieurs d'entre eux.

2. Le demandeur peut demander que la déclaration constatant la force exécutoire soit limitée à certaines parties d'une décision.

Art. 55 *Aide juridictionnelle.* Tout demandeur qui, dans l'État membre d'origine, a bénéficié en tout ou en partie de l'aide juridictionnelle ou d'une exemption de frais et dépens a droit, dans le cadre de toute procédure visant à obtenir une déclaration constatant la force exécutoire, à l'aide juridictionnelle la plus favorable ou à l'exemption de frais et dépens la plus large prévue par le droit de l'État membre d'exécution.

Art. 56 *Caution ou dépôt.* Aucune caution ni aucun dépôt, sous quelque dénomination que ce soit, ne peut être imposé à la partie qui demande dans un État membre la reconnaissance, la force exécutoire ou l'exécution d'une décision rendue dans un autre État membre en raison soit de la qualité d'étranger, soit du défaut de domicile ou de résidence dans l'État membre d'exécution.

Art. 57 *Impôt, droit ou taxe.* Aucun impôt, droit ou taxe proportionnel à la valeur de l'affaire en cause ne peut être perçu dans l'État membre d'exécution dans le cadre d'une procédure visant à obtenir une déclaration constatant la force exécutoire.

CHAPITRE V *Actes authentiques et transactions judiciaires*

Art. 58 *Acceptation des actes authentiques.* 1. Un acte authentique établi dans un État membre a la même force probante dans un autre État membre que dans l'État membre d'origine ou y produit les effets les plus comparables, pour autant que cela ne soit pas manifestement contraire à l'ordre public de l'État membre concerné.

Une personne souhaitant utiliser un acte authentique dans un autre État membre peut demander à l'autorité établissant l'acte authentique dans l'État membre d'origine de remplir le formulaire établi en conformité avec la procédure consultative visée à l'article 67, paragraphe 2, en décrivant la force probante de l'acte authentique dans l'État membre d'origine. *— V. Règl. (UE) 2018/1935 du 7 déc. 2018, Annexe II, reproduit ss. art. 45* .

2. Les juridictions de l'État membre d'origine sont saisies de toute contestation portant sur l'authenticité d'un acte authentique et statuent sur celle-ci en vertu de la loi de cet État. L'acte authentique contesté ne produit aucune force probante dans un autre État membre tant que le recours est pendant devant la juridiction compétente.

3. Les juridictions compétentes en vertu du présent règlement sont saisies de toute contestation relative aux actes juridiques ou relations juridiques consignés dans un acte authentique et statuent sur celle-ci en vertu de la loi applicable conformément au chapitre III. L'acte authentique attaqué ne produit aucune force probante dans un autre État membre que l'État membre d'origine en ce qui concerne la question contestée tant que le recours est pendant devant la juridiction compétente.

4. Si l'issue d'une procédure devant une juridiction d'un État membre dépend d'une question incidente relative aux actes juridiques ou aux relations juridiques consignés dans un acte authentique en matière de régimes matrimoniaux qui doit être tranchée, ladite juridiction est compétente pour en connaître.

Art. 59 *Force exécutoire des actes authentiques.* 1. Un acte authentique qui est exécutoire dans l'État membre d'origine est déclaré exécutoire dans un autre État membre, à la demande de toute partie intéressée, conformément à la procédure prévue aux articles 44 à 57.

2. Aux fins de l'article 45, paragraphe 3, point b), l'autorité ayant établi l'acte authentique délivre, à la demande de toute partie intéressée, une attestation au moyen du formulaire établi en conformité avec la procédure consultative visée à l'article 67, paragraphe 2. – *V. Règl. (UE) 2018/1935 du 7 déc. 2018, Annexe II, reproduit ss. art. 45* 🏛.

3. La juridiction auprès de laquelle un recours est formé en vertu de l'article *[des articles]* 49 ou 50 ne refuse ou ne révoque une déclaration constatant la force exécutoire que si l'exécution de l'acte authentique est manifestement contraire à l'ordre public de l'État membre d'exécution.

Art. 60 *Force exécutoire des transactions judiciaires.* 1. Les transactions judiciaires qui sont exécutoires dans l'État membre d'origine sont déclarées exécutoires dans un autre État membre à la demande de toute partie intéressée, conformément à la procédure prévue aux articles 44 à 57.

2. Aux fins de l'article 45, paragraphe 3, point b), la juridiction qui a approuvé la transaction ou devant laquelle la transaction a été conclue délivre, à la demande de toute partie intéressée, une attestation au moyen du formulaire établi en conformité avec la procédure consultative visée à l'article 67, paragraphe 2. – *V. Règl. (UE) 2018/1935 du 7 déc. 2018, Annexe III, reproduit ss. art. 45* 🏛.

3. La juridiction auprès de laquelle un recours est formé en vertu de l'article *[des articles]* 49 ou 50 ne refuse ou ne révoque une déclaration constatant la force exécutoire que si l'exécution de la transaction judiciaire est manifestement contraire à l'ordre public de l'État membre d'exécution.

CHAPITRE VI *Dispositions générales et finales*

Art. 61 *Légalisation et formalités analogues.* Aucune légalisation ni autre formalité analogue n'est exigée pour les documents délivrés dans un État membre dans le cadre du présent règlement.

Art. 62 *Relations avec les conventions internationales existantes.* 1. Le présent règlement est sans incidence sur l'application des conventions bilatérales ou multilatérales auxquelles un ou plusieurs États membres sont parties lors de l'adoption du présent règlement ou d'une décision en vertu de l'article 331, paragraphe 1, deuxième ou troisième alinéa, du TFUE et qui concernent des matières régies par le présent règlement, sans préjudice des obligations incombant aux États membres au titre de l'article 351 du TFUE.

2. Nonobstant le paragraphe 1, le présent règlement prévaut, entre les États membres, sur les conventions conclues entre eux dans la mesure où ces conventions concernent des matières régies par le présent règlement.

3. Le présent règlement ne fait pas obstacle à l'application de la convention du 6 février 1931 entre le Danemark, la Finlande, l'Islande, la Norvège et la Suède comprenant des dispositions de droit international privé sur le mariage, l'adoption et la garde des enfants, telle qu'elle a été révisée en 2006 ; de la convention du 19 novembre 1934 entre le Danemark, la Finlande, l'Islande, la Norvège et la Suède, comprenant des dispositions de droit international privé relatives aux successions, aux testaments et à l'administration des successions, telle qu'elle a été révisée en juin 2012 ; et de la convention du 11 octobre 1977 entre le Danemark, la Finlande, l'Islande, la Norvège et la Suède sur la reconnaissance et l'exécution des décisions en matière civile par les États membres qui y sont parties, dans la mesure où lesdites conventions prévoient des procédures simplifiées et plus rapides de reconnaissance et d'exécution des décisions en matière de régimes matrimoniaux.

Art. 63 *Informations mises à la disposition du public.* Les États membres fournissent à la Commission, en vue de mettre les informations à la disposition du public dans le cadre du réseau judiciaire européen en matière civile et commerciale, un résumé succinct de leur législation et de leurs procédures nationales relatives aux régimes matrimoniaux, y compris des informations concernant le type d'autorité compétente en matière de régimes matrimoniaux et l'opposabilité aux tiers visée à l'article 28.

Les États membres tiennent ces informations à jour en permanence.

Art. 64 *Informations concernant les coordonnées et les procédures.* 1. Au plus tard le 29 avril 2018, les États membres communiquent à la Commission :

a) les juridictions ou autorités compétentes pour statuer sur les demandes de déclaration constatant la force exécutoire, conformément à l'article 44, paragraphe 1, et sur les recours formés contre les décisions rendues sur ces demandes, conformément à l'article 49, paragraphe 2 ;

b) les procédures permettant d'attaquer la décision rendue sur le recours visées à l'article 50.

Les États membres communiquent à la Commission toute modification ultérieure de ces informations.

2. La Commission publie au *Journal officiel de l'Union européenne* les informations communiquées conformément au paragraphe 1, à l'exception des adresses et autres coordonnées des juridictions et autorités visées au paragraphe 1, point a).

3. La Commission tient toutes les informations communiquées conformément au paragraphe 1 à la disposition du public par tout moyen approprié, notamment par l'intermédiaire du réseau judiciaire européen en matière civile et commerciale.

Art. 65 *Établissement et modification ultérieure de la liste contenant les informations visées à l'article 3, paragraphe 2.* 1. Sur la base des informations communiquées par les États membres, la Commission établit la liste des autres autorités et professionnels du droit visée à l'article 3, paragraphe 2.

2. Les États membres notifient à la Commission toute modification ultérieure à apporter aux informations contenues dans ladite liste. La Commission modifie la liste en conséquence.

3. La Commission publie la liste et toute modification ultérieure au *Journal officiel de l'Union européenne.*

4. La Commission tient toutes les informations notifiées conformément aux paragraphes 1 et 2 à la disposition du public par tout autre moyen approprié, notamment par l'intermédiaire du réseau judiciaire européen en matière civile et commerciale.

Art. 66 *Établissement et modification ultérieure des attestations et des formulaires visés à l'article 45, paragraphe 3, point b), et aux articles 58, 59 et 60.* La Commission adopte des actes d'exécution établissant et modifiant ultérieurement les attestations et les formulaires visés à l'article 45, paragraphe 3, point b), et aux articles 58, 59 et 60. Ces actes d'exécution sont adoptés en conformité avec la procédure consultative visée à l'article 67, paragraphe 2.

Art. 67 *Comité.* 1. La Commission est assistée par un comité. Ledit comité est un comité au sens du règlement (UE) n° 182/2011.

2. Lorsqu'il est fait référence au présent paragraphe, l'article 4 du règlement (UE) n° 182/2011 s'applique.

Art. 68 *Clause de réexamen.* 1. Au plus tard le 29 janvier 2027, la Commission présente au Parlement européen, au Conseil et au Comité économique et social européen un rapport relatif à l'application du présent règlement. Ce rapport est accompagné, si nécessaire, de propositions visant à modifier le présent règlement.

2. Au plus tard le 29 janvier 2024, la Commission présente au Parlement européen, au Conseil et au Comité économique et social européen un rapport sur l'application des articles 9 et 38 du présent règlement. Elle y évalue notamment dans quelle mesure ces articles ont contribué à garantir l'accès à la justice.

3. Aux fins des rapports visés aux paragraphes 1 et 2, les États membres informent la Commission des éléments pertinents concernant l'application du présent règlement par leurs juridictions.

Art. 69 *Dispositions transitoires.* 1. Le présent règlement ne s'applique qu'aux procédures engagées, aux actes authentiques formellement dressés ou enregistrés et aux transactions judiciaires approuvées ou conclues à sa date de mise en application ou après le 29 janvier 2019, sous réserve des paragraphes 2 et 3.

2. Si l'action engagée dans l'État membre d'origine a été intentée avant le 29 janvier 2019, les décisions rendues après cette date sont reconnues et exécutées conformément aux dispositions du chapitre IV, dès lors que les règles de compétence appliquées sont conformes à celles prévues par le chapitre II.

3. Le chapitre III n'est applicable qu'aux époux qui se sont mariés ou qui ont désigné la loi applicable à leur régime matrimonial après le 29 janvier 2019.

Art. 70 *Entrée en vigueur.* 1. Le présent règlement entre en vigueur le vingtième jour suivant celui de sa publication au *Journal officiel de l'Union européenne.*

2. Le présent règlement est applicable dans les États membres qui participent à une coopération renforcée dans le domaine de la compétence, de la loi applicable, de la reconnaissance et de l'exécution des décisions en matière de régimes patrimoniaux des couples internationaux, concernant les questions relatives tant aux régimes matrimoniaux qu'aux effets patrimoniaux des partenariats enregistrés, tels qu'ils sont autorisés par la décision (UE) 2016/954.

Il est applicable à partir du 29 janvier 2019, sauf en ce qui concerne les articles 63 et 64, qui s'appliquent à partir du 29 avril 2018, et les articles 65, 66 et 67, qui s'appliquent à partir du 29 juillet 2016. Pour les États membres qui participent à une coopération renforcée en vertu d'une décision adoptée conformément à l'article 331, paragraphe 1, deuxième ou troisième alinéa*[s]*, du TFUE, le présent règlement est applicable à partir de la date indiquée dans la décision concernée.

Le présent règlement est obligatoire dans tous ses éléments et directement applicable dans les États membres participants, conformément aux traités.

Règlement (UE) n° 2016/1104 du Conseil du 24 juin 2016,

Mettant en œuvre une coopération renforcée dans le domaine de la compétence, de la loi applicable, de la reconnaissance et de l'exécution des décisions en matière d'effets patrimoniaux des partenariats enregistrés.

BIBL. ▶ BOULANGER, *JCP N 2019. 203* (29 janv. : mise en application des règlements régimes matrimoniaux et effets patrimoniaux des partenariats enregistrés). – CALLE, *Defrénois 7 févr. 2019, p. 30* (entrée en application). – Dossiers, *AJ fam. 2019. 13* ⌀ *s. ; ibid. 67* ⌀ *s. ; Dr. fam. 2017, n°s 28 s.* – FONGARO et FREMONT, *JCP N 2017, n° 1320.* – LEGRAND, *LPA 21 déc. 2018, p. 14* (les rapports patrimoniaux des couples internationaux enregistrés : nouveau mode d'emploi à compter du 29 janv. 2019). – NOURISSAT, *Defrénois 10 janv. 2019, p. 44.*

Sur l'entrée en vigueur, V. Règl., art. 70.

LE CONSEIL DE L'UNION EUROPÉENNE,

vu le traité sur le fonctionnement de l'Union européenne, et notamment son article 81, paragraphe 3,

vu la décision (UE) 2016/954 du Conseil du 9 juin 2016 autorisant une coopération renforcée dans le domaine de la compétence, de la loi applicable, de la reconnaissance et de l'exécution des décisions en matière de régimes patrimoniaux des couples internationaux, concernant les questions relatives tant aux régimes matrimoniaux qu'aux effets patrimoniaux des partenariats enregistrés *[JO L 159 du 16 juin 2016, p. 16]*,

vu la proposition de la Commission européenne,

après transmission du projet d'acte législatif aux parlements nationaux,

vu l'avis du Parlement européen *[Avis du 23 juin 2016 (non encore publié au Journal officiel)]*,

statuant conformément à une procédure législative spéciale,

considérant ce qui suit :

(1) L'Union s'est donné pour objectif de maintenir et de développer un espace de liberté, de sécurité et de justice au sein duquel est assurée la libre circulation des personnes. En vue de l'établissement progressif de cet espace, l'Union doit adopter des mesures relevant du domaine de la coopération judiciaire dans les matières civiles ayant une incidence transfrontière, notamment lorsque cela est nécessaire au bon fonctionnement du marché intérieur.

(2) Conformément à l'article 81, paragraphe 2, point c), du traité sur le fonctionnement de l'Union européenne (TFUE), ces mesures peuvent comprendre des mesures visant à assurer la compatibilité des règles applicables dans les États membres en matière de conflit de lois et de compétence.

(3) Le Conseil européen, réuni à Tampere les 15 et 16 octobre 1999, a approuvé le principe de reconnaissance mutuelle des jugements et des autres décisions émanant des autorités judiciaires en tant que pierre angulaire de la coopération judiciaire en matière civile et a invité le Conseil et la Commission à adopter un programme de mesures destinées à mettre en œuvre ce principe.

(4) Un programme des mesures sur la mise en œuvre du principe de reconnaissance mutuelle des décisions en matière civile et commerciale *[JO C 12 du 15 janv. 2001, p. 1]*, commun à la Commission et au Conseil, a été adopté le 30 novembre 2000. Ce programme décrit les mesures relatives à l'harmonisation des règles de conflits de lois comme des mesures destinées à faciliter la reconnaissance mutuelle des décisions et prévoit l'élaboration d'un instrument en matière de régimes matrimoniaux et d'effets patrimoniaux de la séparation des couples non mariés.

(5) Le Conseil européen, réuni à Bruxelles les 4 et 5 novembre 2004, a adopté un nouveau programme, intitulé "Le programme de La Haye : renforcer la liberté, la sécurité et la

justice dans l'Union européenne" *[JO C 53 du 3 mars 2005, p. 1]*. Dans ce programme, le Conseil invitait la Commission à présenter un livre vert sur le règlement des conflits de lois en matière de régime matrimonial, traitant notamment de la compétence judiciaire et de la reconnaissance mutuelle. Ce programme soulignait également la nécessité d'adopter un instrument dans ce domaine.

(6) La Commission a adopté, le 17 juillet 2006, le livre vert sur le règlement des conflits de lois en matière de régime matrimonial, traitant notamment de la question de la compétence judiciaire et de la reconnaissance mutuelle. Ce livre vert a ouvert une large consultation sur l'ensemble des difficultés auxquelles sont confrontés les couples en Europe lors de la liquidation des biens dont ils ont la propriété commune et sur les moyens juridiques d'y remédier. Il traitait également de l'ensemble des questions de droit international privé rencontrées par les couples engagés dans des formes d'union autres que le mariage, y compris ceux ayant enregistré un partenariat, et des problèmes spécifiques qu'ils rencontrent.

(7) Réuni à Bruxelles les 10 et 11 décembre 2009, le Conseil européen a adopté un nouveau programme pluriannuel intitulé "Le programme de Stockholm – une Europe ouverte et sûre qui sert et protège les citoyens" *[JO C 115 du 4 mai 2010, p. 1]*. Dans ce programme, le Conseil européen estimait que la reconnaissance mutuelle devrait être étendue à des domaines encore non couverts mais essentiels pour la vie quotidienne, tels que les conséquences patrimoniales de la séparation des couples, tout en tenant compte des systèmes juridiques des États membres, y compris en matière d'ordre public, et des traditions nationales dans ce domaine.

(8) Dans le "Rapport 2010 sur la citoyenneté de l'Union : lever les obstacles à l'exercice des droits des citoyens de l'Union", adopté le 27 octobre 2010, la Commission a annoncé l'adoption d'une proposition d'instrument législatif permettant de supprimer les entraves à la libre circulation des personnes, et notamment les difficultés rencontrées par les couples dans l'administration ou lors du partage de leurs biens.

(9) Le 16 mars 2011, la Commission a adopté une proposition de règlement du Conseil relatif à la compétence, la loi applicable, la reconnaissance et l'exécution des décisions en matière de régimes matrimoniaux et une proposition de règlement du Conseil relatif à la compétence, la loi applicable, la reconnaissance et l'exécution des décisions en matière d'effets patrimoniaux des partenariats enregistrés.

(10) Lors de sa réunion du 3 décembre 2015, le Conseil a conclu qu'il ne serait pas possible de parvenir à adopter à l'unanimité les propositions de règlements relatifs aux régimes matrimoniaux et aux effets patrimoniaux des partenariats enregistrés et que les objectifs de la coopération dans ce domaine ne pourraient donc pas être atteints dans un délai raisonnable par l'Union dans son ensemble.

(11) De décembre 2015 à février 2016, la Belgique, la Bulgarie, la République tchèque, l'Allemagne, la Grèce, l'Espagne, la France, la Croatie, l'Italie, le Luxembourg, Malte, les Pays-Bas, l'Autriche, le Portugal, la Slovénie, la Finlande et la Suède ont adressé des demandes à la Commission, dans lesquelles ces pays indiquaient qu'ils souhaitaient mettre en place entre eux une coopération renforcée dans le domaine des régimes patrimoniaux des couples internationaux, en particulier en ce qui concerne la compétence, la loi applicable, la reconnaissance et l'exécution des décisions en matière de régimes matrimoniaux ainsi que la compétence, la loi applicable, la reconnaissance et l'exécution des décisions en matière d'effets patrimoniaux des partenariats enregistrés, et invitaient la Commission à présenter au Conseil une proposition à cet effet. Par lettre adressée à la Commission en mars 2016, Chypre a indiqué son souhait de participer à l'instauration d'une coopération renforcée ; Chypre a réitéré ce souhait au cours des travaux du Conseil.

(12) Le 9 juin 2016, le Conseil a adopté la décision (UE) 2016/954 autorisant cette coopération renforcée.

(13) En vertu de l'article 328, paragraphe 1, du TFUE, lors de leur instauration, les coopérations renforcées sont ouvertes à tous les États membres, sous réserve de respecter les conditions éventuelles de participation fixées par la décision d'autorisation. Elles le sont également à tout autre moment, sous réserve de respecter, outre lesdites conditions, les actes déjà adoptés dans ce cadre. La Commission et les États membres participant à une coopération renforcée devraient veiller à promouvoir la participation du plus grand nombre possible d'États membres. Le présent règlement ne devrait être obligatoire dans tous ses éléments et directement applicable que dans les États membres qui participent à la coopération renforcée dans le domaine de la compétence, de la loi applicable, de la reconnaissance et de l'exécution des décisions en matière de régimes patrimoniaux des couples internationaux,

concernant les questions relatives tant aux régimes matrimoniaux qu'aux effets patrimoniaux des partenariats enregistrés, en vertu de la décision (UE) 2016/954, ou en vertu d'une décision adoptée conformément à l'article 331, paragraphe 1, deuxième ou troisième alinéa, du TFUE.

(14) Conformément à l'article 81 du TFUE, le présent règlement devrait s'appliquer aux effets patrimoniaux des partenariats enregistrés ayant une incidence transfrontière.

(15) Afin d'assurer la sécurité juridique des couples non mariés à l'égard de leurs biens et de leur offrir une certaine prévisibilité, il convient de prévoir dans un seul instrument l'ensemble des règles applicables aux effets patrimoniaux des partenariats enregistrés.

(16) La façon dont les formes d'union autres que le mariage sont prévues dans la législation des États membres diffère d'un État membre à l'autre, et il y a lieu d'opérer une distinction entre les couples dont l'union est institutionnellement consacrée par l'enregistrement de leur partenariat auprès d'une autorité publique et les couples vivant en union de fait. Même si certains États membres réglementent ces unions de fait, il convient de les distinguer des partenariats enregistrés, dont le caractère officiel permet la prise en considération de leurs spécificités et la définition de règles qui leur sont applicables dans la législation de l'Union. Pour faciliter le bon fonctionnement du marché intérieur, il est nécessaire de supprimer les entraves à la libre circulation des personnes ayant contracté un partenariat enregistré, et notamment celles qui créent des difficultés pour ces couples dans l'administration ou lors du partage de leurs biens. Afin d'atteindre ces objectifs, le présent règlement devrait regrouper les dispositions sur la compétence, la loi applicable, la reconnaissance ou, le cas échéant, l'acceptation, la force exécutoire et l'exécution des décisions, des actes authentiques et des transactions judiciaires.

(17) Le présent règlement devrait porter sur les questions liées aux effets patrimoniaux des partenariats enregistrés. La notion de "partenariat enregistré" ne devrait y être définie qu'aux fins du présent règlement. Le contenu spécifique de cette notion devrait rester défini par le droit national des États membres. Aucune disposition du présent règlement ne devrait imposer à un État membre dont la loi ne reconnaît pas l'institution du partenariat enregistré de prévoir cette dernière dans son droit national.

(18) Le champ d'application du présent règlement devrait s'étendre à tous les aspects de droit civil des effets patrimoniaux des partenariats enregistrés, concernant tant la gestion quotidienne des biens des partenaires que leur liquidation, du fait notamment de la séparation du couple ou du décès de l'un des partenaires.

(19) Le présent règlement ne devrait pas s'appliquer aux domaines du droit civil autres que les effets patrimoniaux des partenariats enregistrés. Pour des raisons de clarté, il convient d'exclure explicitement de son champ d'application une série de questions dont il pourrait être estimé qu'elles ont un lien avec les effets patrimoniaux des partenariats enregistrés.

(20) Ainsi, le présent règlement ne devrait pas s'appliquer aux questions ayant trait à la capacité juridique générale des partenaires ; toutefois, cette exclusion ne devrait pas s'appliquer aux pouvoirs et aux droits spécifiques de l'un ou des deux partenaires à l'égard de leurs biens, qu'ils soient exercés entre eux ou à l'égard de tiers, ces pouvoirs et droits devant relever du champ d'application du présent règlement.

(21) Le présent règlement ne devrait pas s'appliquer à d'autres questions préalables telles que l'existence, la validité ou la reconnaissance d'un partenariat enregistré, qui sont régies par le droit national des États membres, y compris par leurs règles de droit international privé.

(22) Les obligations alimentaires entre partenaires étant régies par le règlement (CE) n° 4/2009 du Conseil *[Règlement (CE) n° 4/2009 du Conseil du 18 décembre 2008 relatif à la compétence, la loi applicable, la reconnaissance et l'exécution des décisions et la coopération en matière d'obligations alimentaires (JO L 7 du 10 janv. 2009, p. 1)]*, elles devraient être exclues du champ d'application du présent règlement, tout comme les questions relatives à la succession d'un partenaire décédé, puisqu'elles sont couvertes par le règlement (UE) n° 650/2012 du Parlement européen et du Conseil *[Règlement (UE) n° 650/2012 du Parlement européen et du Conseil du 4 juillet 2012 relatif à la compétence, la loi applicable, la reconnaissance et l'exécution des décisions, et l'acceptation et l'exécution des actes authentiques en matière de successions et à la création d'un certificat successoral européen (JO L 201 du 27 juill. 2012, p. 107)]*.

(23) Les questions relatives au droit au transfert ou à l'adaptation entre partenaires des droits à la pension de retraite ou d'invalidité, quelle que soit leur nature, acquis au cours du

partenariat enregistré et qui n'ont pas produit des revenus de retraite au cours du partenariat enregistré devraient être exclues du champ d'application du présent règlement, compte tenu des régimes spécifiques en vigueur dans les États membres. Toutefois, cette exclusion devrait faire l'objet d'une interprétation stricte. Dès lors, le présent règlement devrait en particulier régir la question de la classification des capitaux de retraite, des montants qui ont déjà été versés à l'un des partenaires au cours du partenariat enregistré et de l'éventuelle indemnisation qui serait octroyée en cas de pension de retraite souscrite avec un capital commun.

(24) Le présent règlement devrait permettre la création ou le transfert par les effets patrimoniaux du partenariat enregistré d'un droit mobilier ou immobilier tel que prévu par la loi applicable aux effets patrimoniaux des partenariats enregistrés. Il ne devrait toutefois pas porter atteinte au nombre limité (numerus clausus) de droits réels que connaît le droit national de certains États membres. Un État membre ne devrait pas être tenu de reconnaître un droit réel en rapport avec des biens situés dans cet État membre, s'il ne connaît pas un tel droit réel dans son droit.

(25) Toutefois, afin de permettre aux partenaires de jouir, dans un autre État membre, des droits qui ont été créés ou leur ont été transférés par des effets patrimoniaux d'un partenariat enregistré, il convient que le présent règlement prévoie l'adaptation d'un droit réel inconnu à son équivalent le plus proche en vertu du droit de cet autre État membre. Dans le cadre de cette adaptation, il y a lieu de tenir compte des objectifs et des intérêts poursuivis par le droit réel en question et des effets qui y sont liés. Pour déterminer l'équivalent le plus proche du droit réel dans le droit national, les autorités ou les personnes compétentes de l'État dont la loi s'applique aux effets patrimoniaux du partenariat enregistré peuvent être contactées afin d'obtenir des informations complémentaires sur la nature et les effets de ce droit. A cette fin, il serait possible d'avoir recours aux réseaux existants dans le domaine de la coopération judiciaire en matière civile et commerciale, ainsi qu'à tout autre moyen disponible permettant de comprendre plus facilement la loi étrangère.

(26) L'adaptation d'un droit réel inconnu expressément prévue par le présent règlement ne devrait pas empêcher d'autres formes d'adaptation dans le cadre de l'application du présent règlement.

(27) Les exigences relatives à l'inscription dans un registre d'un droit immobilier ou mobilier devraient être exclues du champ d'application du présent règlement. Par conséquent, c'est la loi de l'État membre dans lequel le registre est tenu (pour les biens immeubles, la *lex rei sitae*) qui devrait définir les conditions légales et les modalités de l'inscription, et déterminer quelles sont les autorités, telles que les responsables des cadastres ou les notaires, chargées de vérifier que toutes les exigences sont respectées et que les documents présentés ou établis sont suffisants ou contiennent les informations nécessaires. En particulier, les autorités peuvent vérifier que le droit d'un partenaire sur les biens mentionnés dans le document présenté pour inscription est un droit qui est inscrit en tant que tel dans le registre ou qui a été attesté d'une autre manière conformément au droit de l'État membre dans lequel le registre est tenu. Afin d'éviter la duplication des documents, les autorités chargées de l'inscription devraient accepter les documents rédigés par les autorités compétentes d'un autre État membre, dont la circulation est prévue par le présent règlement. Cela ne devrait pas empêcher les autorités chargées de l'inscription de solliciter la personne qui demande l'inscription de fournir les informations supplémentaires ou de présenter les documents complémentaires exigés en vertu du droit de l'État membre dans lequel le registre est tenu, par exemple les informations ou les documents concernant le paiement d'impôts. L'autorité compétente peut indiquer à la personne demandant l'inscription la manière dont elle peut se procurer les informations ou les documents manquants.

(28) Les effets de l'inscription d'un droit dans un registre devraient également être exclus du champ d'application du présent règlement. Par conséquent, c'est la loi de l'État membre dans lequel le registre est tenu qui devrait déterminer si l'inscription a un effet, par exemple, déclaratoire ou constitutif. Ainsi, dans le cas où, par exemple, l'acquisition d'un droit immobilier exige une inscription dans un registre en vertu du droit de l'État membre dans lequel le registre est tenu afin d'assurer l'effet *erga omnes* des registres ou de protéger les transactions juridiques, le moment de cette acquisition devrait être régi par le droit de cet État membre.

(29) Le présent règlement devrait respecter les différents systèmes de règlement des effets patrimoniaux des partenariats enregistrés applicables dans les États membres. Aux fins du présent règlement, il convient dès lors de donner au terme "juridiction" un sens large permettant de couvrir, non seulement les juridictions au sens strict, qui exercent des fonctions

juridictionnelles, mais aussi, par exemple, les notaires dans certains États membres qui, pour certaines questions liées aux effets patrimoniaux des partenariats enregistrés, exercent des fonctions juridictionnelles au même titre que les juridictions, ainsi que les notaires et les professionnels du droit qui, dans certains États membres, exercent des fonctions juridictionnelles ayant trait aux effets patrimoniaux des partenariats enregistrés en vertu d'une délégation de pouvoirs accordée par une juridiction. Toutes les juridictions au sens du présent règlement devraient être liées par les règles de compétence prévues dans le présent règlement. Inversement, le terme "juridiction" ne devrait pas viser les autorités non judiciaires d'un État membre qui, en vertu du droit national, sont habilitées à régler les effets patrimoniaux des partenariats enregistrés, telles que les notaires dans la plupart des États membres, lorsque, comme c'est généralement le cas, ils n'exercent pas de fonctions juridictionnelles.

(30) Le présent règlement devrait permettre à tous les notaires qui sont compétents en matière d'effets patrimoniaux des partenariats enregistrés dans les États membres d'exercer cette compétence. La question de savoir si les notaires d'un État membre donné sont ou non liés par les règles de compétence prévues dans le présent règlement devrait dépendre de la question de savoir s'ils relèvent ou non de la définition du terme "juridiction" aux fins du présent règlement.

(31) Les actes dressés par des notaires en matière d'effets patrimoniaux des partenariats enregistrés dans les États membres devraient circuler conformément au présent règlement. Lorsque les notaires exercent des fonctions juridictionnelles, ils devraient être liés par les règles de compétence énoncées dans le présent règlement, et les décisions qu'ils rendent devraient circuler conformément aux dispositions du présent règlement relatives à la reconnaissance, à la force exécutoire et à l'exécution des décisions. Lorsque les notaires n'exercent pas des fonctions juridictionnelles, ils ne devraient pas être liés par ces règles de compétence, et les actes authentiques qu'ils dressent devraient circuler conformément aux dispositions du présent règlement relatives aux actes authentiques.

(32) Afin de refléter la mobilité croissante des couples et afin d'assurer une bonne administration de la justice, les règles de compétence énoncées dans le présent règlement devraient permettre aux citoyens de voir les différentes procédures connexes dans lesquelles ils sont impliqués traitées par les juridictions d'un même État membre. A cette fin, il convient que le présent règlement s'emploie à ce que la compétence en matière d'effets patrimoniaux des partenariats enregistrés soit concentrée dans l'État membre dont les juridictions sont appelées à régler la succession d'un partenaire conformément au règlement (UE) n° 650/2012, ou à régler la dissolution ou l'annulation du partenariat enregistré.

(33) Le présent règlement devrait prévoir que, lorsqu'une procédure concernant la succession d'un partenaire est pendante devant une juridiction d'un État membre qui a été saisie au titre du règlement (UE) n° 650/2012, les juridictions dudit État membre sont compétentes pour statuer sur des questions relatives aux effets patrimoniaux des partenariats enregistrés en relation avec ladite affaire de succession.

(34) De même, les questions relatives aux effets patrimoniaux des partenariats enregistrés induites par une procédure pendante devant la juridiction d'un État membre qui a été saisie d'une demande de dissolution ou d'annulation d'un partenariat enregistré devraient être réglées par les juridictions dudit État membre, si les partenaires en sont d'accord.

(35) Lorsque des questions relatives aux effets patrimoniaux des partenariats enregistrés ne sont pas liées à une procédure en cours devant la juridiction d'un État membre concernant la succession d'un partenaire ou la dissolution ou l'annulation du partenariat enregistré, *le présent règlement* devrait prévoir une échelle de facteurs de rattachement permettant d'établir la juridiction compétente, à commencer par le lieu de résidence habituelle des partenaires au moment de la saisine de la juridiction. Le dernier niveau de l'échelle de facteurs de rattachement devrait renvoyer à l'État membre selon la loi duquel le partenariat a été enregistré afin d'être officialisé. Ces facteurs de rattachement sont fixés pour tenir compte de la mobilité croissante des citoyens et afin d'assurer l'existence d'un lien de rattachement réel entre les partenaires et l'État membre dans lequel la compétence est exercée.

(36) Tous les États membres ne prévoyant pas l'institution du partenariat enregistré, les juridictions d'un État membre dont la loi ne prévoit pas cette institution pourraient devoir, à titre exceptionnel, décliner leur compétence aux fins du présent règlement. Dans ce cas, les juridictions le font promptement, et la partie concernée devrait avoir la possibilité de soumettre l'affaire dans tout autre État membre présentant un facteur de rattachement lui conférant compétence, quel que soit l'ordre de ces chefs de compétence, dans le respect de

l'autonomie des parties. Toute juridiction saisie à la suite d'une déclinaison de compétence, autre que les juridictions de l'État membre selon la loi duquel le partenariat enregistré a été créé, dont la compétence est fondée sur un accord d'élection de for ou sur la comparution du défendeur, peut également devoir décliner sa compétence, à titre exceptionnel, dans les mêmes conditions. Enfin, si aucune juridiction n'a compétence pour traiter de la situation à la lumière des autres dispositions du présent règlement, une règle de compétence subsidiaire devrait être instaurée dans le présent règlement, afin de prévenir tout risque de déni de justice.

(37) Afin d'accroître la sécurité juridique, la prévisibilité et l'autonomie des parties, le présent règlement devrait, dans certaines circonstances, permettre aux parties de conclure un accord d'élection de for en faveur des juridictions de l'État membre de la loi applicable ou des juridictions de l'État membre selon la loi duquel le partenariat enregistré a été créé.

(38) Le présent règlement ne devrait pas empêcher les parties de régler l'affaire à l'amiable par voie extrajudiciaire, par exemple devant un notaire, dans un État membre de leur choix, dans le cas où le droit de cet État membre le permet. Ce devrait être le cas même si la loi applicable aux effets patrimoniaux d'un partenariat enregistré n'est pas la loi de cet État membre.

(39) Afin de veiller à ce que les juridictions de tous les États membres puissent s'appuyer sur les mêmes motifs pour exercer leur compétence à l'égard des effets patrimoniaux des partenariats enregistrés, le présent règlement devrait énoncer de manière exhaustive les motifs pour lesquels cette compétence subsidiaire peut s'exercer.

(40) Afin de remédier tout particulièrement à des situations de déni de justice, il y a lieu de prévoir dans le présent règlement un *forum necessitatis* permettant à une juridiction d'un État membre, dans des cas exceptionnels, de statuer sur les effets patrimoniaux d'un partenariat enregistré qui présente un lien étroit avec un État tiers. Un tel cas exceptionnel pourrait exister lorsqu'une procédure se révèle impossible dans l'État tiers concerné, par exemple en raison d'une guerre civile, ou lorsqu'on ne peut raisonnablement attendre d'un partenaire qu'il introduise ou conduise une procédure dans cet État. La compétence fondée sur le forum necessitatis ne pourrait cependant être exercée que si l'affaire présente un lien suffisant avec l'État membre de la juridiction saisie.

(41) Dans l'intérêt du fonctionnement harmonieux de la justice, il convient d'éviter que des décisions inconciliables soient rendues dans différents États membres. A cette fin, le présent règlement devrait prévoir des règles générales de procédure semblables à celles d'autres instruments de l'Union dans le domaine de la coopération judiciaire en matière civile. Parmi ces règles de procédure figure la règle de la litispendance, qui entrera en jeu si la même affaire relative aux effets patrimoniaux d'un partenariat enregistré est portée devant différentes juridictions de différents États membres. Cette règle déterminera alors la juridiction appelée à poursuivre le règlement de l'affaire.

(42) Afin de permettre aux citoyens de profiter, en toute sécurité juridique, des avantages offerts par le marché intérieur, le présent règlement devrait permettre aux partenaires de connaître à l'avance la loi applicable aux effets patrimoniaux de leur partenariat enregistré. Des règles harmonisées de conflits de lois devraient dès lors être introduites pour éviter des résultats contradictoires. La règle principale devrait assurer que les effets patrimoniaux d'un partenariat enregistré sont régis par une loi prévisible, avec laquelle ils présentent des liens étroits. Pour des raisons de sécurité juridique et afin d'éviter le morcellement, la loi applicable devrait régir l'ensemble des effets patrimoniaux du partenariat enregistré, c'est-à-dire tous les effets patrimoniaux couverts par le partenariat enregistré, quelle que soit la nature des biens et indépendamment du fait que ceux-ci sont situés dans un autre État membre ou dans un État tiers.

(43) La loi désignée par le présent règlement devrait s'appliquer même si cette loi n'est pas celle d'un État membre.

(44) Afin de faciliter la gestion de leurs biens par les partenaires, le présent règlement devrait leur permettre de choisir la loi applicable aux effets patrimoniaux de leur partenariat enregistré, indépendamment de la nature ou de la localisation des biens, parmi les lois ayant un lien étroit avec les partenaires du fait par exemple de leur résidence habituelle ou de leur nationalité. Cependant, pour éviter de priver de tout effet le choix de la loi applicable, ce qui laisserait les partenaires dans un vide juridique, ce choix devrait être limité à une loi qui attache des effets patrimoniaux aux partenariats enregistrés. Ce choix peut intervenir à tout moment, avant l'enregistrement du partenariat, lors de son enregistrement ou au cours du partenariat enregistré.

(45) Afin d'assurer la sécurité juridique des transactions et d'empêcher que des modifications de la loi applicable aux effets patrimoniaux des partenariats enregistrés soient introduites sans que les partenaires en soient informés, aucun changement de la loi applicable ne devrait intervenir sans demande expresse des parties. Ce changement décidé par les partenaires ne devrait pas avoir d'effet rétroactif, à moins que les partenaires ne l'aient expressément stipulé. Dans tous les cas, il ne peut pas porter atteinte aux droits de tiers.

(46) Il convient de définir les règles relatives à la validité au fond et quant à la forme d'une convention sur le choix de la loi applicable de manière à faciliter le choix éclairé des partenaires et assurer le respect de leur consentement, en vue de garantir la sécurité juridique ainsi qu'un meilleur accès à la justice. Pour ce qui est de la validité quant à la forme, certaines garanties devraient être introduites afin de s'assurer que les partenaires sont conscients des conséquences de leur choix. La convention sur le choix de la loi applicable devrait au moins être formulée par écrit, datée et signée par les deux parties. Toutefois, si la loi de l'État membre dans lequel les deux partenaires ont leur résidence habituelle au moment de la conclusion de la convention prévoit des règles de forme supplémentaires, celles-ci devraient être respectées. Par exemple, ces règles de forme supplémentaires peuvent exister dans un État membre où la convention est insérée dans une convention partenariale. Si, au moment de la conclusion de la convention, les partenaires ont leur résidence habituelle dans des États membres différents qui prévoient des règles de forme différentes, il devrait suffire que les règles de forme de l'un de ces États soient respectées. Si, au moment de la conclusion de la convention, seul l'un des partenaires a sa résidence habituelle dans un État membre qui prévoit des règles formelles supplémentaires, celles-ci devraient être respectées.

(47) Une convention partenariale est un type d'arrangement régissant les biens des partenaires, dont la recevabilité et l'acceptation varient d'un État membre à l'autre. En vue de faciliter l'acceptation dans les États membres des droits de propriété acquis du fait d'une convention partenariale, il convient de définir des règles sur la validité quant à la forme d'une convention partenariale. Une telle convention devrait au moins être formulée par écrit, datée et signée par les deux parties. Elle devrait toutefois aussi satisfaire aux exigences formelles supplémentaires prévues par la loi applicable aux effets patrimoniaux des partenariats enregistrés, telle qu'elle est déterminée par le présent règlement, et par la loi de l'État membre dans lequel les partenaires ont leur résidence habituelle. Le présent règlement devrait aussi déterminer la loi appelée à régir la validité au fond d'une telle convention.

(48) A défaut de choix de la loi applicable et afin de concilier la prévisibilité et l'impératif de sécurité juridique avec la nécessité de prendre en compte la vie menée par le couple, le présent règlement devrait prévoir que la loi qui s'applique aux effets patrimoniaux du partenariat enregistré est celle de l'État selon la loi duquel le partenariat a dû être enregistré afin d'être officialisé.

(49) Lorsque le présent règlement fait de la nationalité un facteur de rattachement, la question de savoir comment considérer une personne possédant plusieurs nationalités constitue une question préalable qui n'entre pas dans son champ d'application et devrait relever du droit national, y compris, le cas échéant, de conventions internationales, dans le plein respect des principes généraux de l'Union. Cette question ne devrait pas influencer la validité du choix de la loi applicable effectué conformément au présent règlement.

(50) Pour ce qui est de la détermination de la loi applicable aux effets patrimoniaux du partenariat enregistré à défaut de choix de la loi et de convention partenariale, l'autorité judiciaire d'un État membre devrait, à la demande de l'un des partenaires, dans des cas exceptionnels, lorsque les partenaires ont déménagé de longue date dans l'État de leur résidence habituelle, parvenir à la conclusion que la loi de cet État peut s'appliquer si les partenaires se sont fondés sur cette loi. Quel que soit le cas de figure, il ne saurait être porté atteinte aux droits des tiers.

(51) La loi désignée comme la loi applicable aux effets patrimoniaux des partenariats enregistrés devrait régir ceux-ci depuis la classification des biens de l'un ou des deux partenaires en différentes catégories pendant le partenariat enregistré et après sa dissolution, jusqu'à la liquidation des biens. Elle devrait inclure les incidences des effets patrimoniaux des partenariats enregistrés sur un rapport de droit entre un partenaire et des tiers. Toutefois, un partenaire ne peut opposer à un tiers la loi applicable aux effets patrimoniaux des partenariats enregistrés pour régir ces effets que si les liens de droit entre le partenaire et le tiers ont été noués à une époque où ce tiers avait ou aurait dû avoir connaissance de ladite loi.

(52) Des considérations d'intérêt public telles que la protection de l'organisation politique, sociale ou économique d'un État membre devraient justifier que soit donnée à des juridic-

tions ou à d'autres autorités compétentes des États membres, dans des circonstances exceptionnelles, la possibilité d'appliquer des exceptions fondées sur les lois de police. Ainsi, la notion de "lois de police" devrait englober des règles à caractère impératif telles que celles relatives à la protection du logement familial. Toutefois, cette exception à l'application de la loi applicable aux effets patrimoniaux des partenariats enregistrés requiert une interprétation stricte afin de rester compatible avec l'objectif général du présent règlement.

(53) Dans des circonstances exceptionnelles, des considérations d'intérêt public devraient également donner aux juridictions et aux autres autorités compétentes des États membres chargées du règlement des effets patrimoniaux des partenariats enregistrés la possibilité d'écarter certaines dispositions d'une loi étrangère lorsque, dans un cas précis, l'application de ces dispositions serait manifestement incompatible avec l'ordre public de l'État membre concerné. Néanmoins, les juridictions ou autres autorités compétentes ne devraient pas pouvoir appliquer l'exception d'ordre public en vue d'écarter la loi d'un autre État ou refuser de reconnaître – ou, le cas échéant, d'accepter – ou d'exécuter une décision rendue, un acte authentique ou une transaction judiciaire d'un autre État membre, lorsque ce refus serait contraire à la Charte des droits fondamentaux de l'Union européenne (ci-après dénommée "Charte"), en particulier à son article 21, relatif au principe de non-discrimination.

(54) Étant donné qu'il existe des États dans lesquels coexistent deux ou plusieurs systèmes de droit ou ensembles de règles ayant trait aux questions régies par le présent règlement, il convient de prévoir dans quelle mesure le présent règlement s'applique dans les différentes unités territoriales de ces États.

(55) A la lumière de son objectif général, qui est la reconnaissance mutuelle des décisions rendues dans les États membres en matière d'effets patrimoniaux des partenariats enregistrés, le présent règlement devrait fixer des règles relatives à la reconnaissance, à la force exécutoire et à l'exécution des décisions qui soient semblables à celles d'autres instruments de l'Union adoptés dans le domaine de la coopération judiciaire en matière civile.

(56) Afin de prendre en compte les différents systèmes de règlement des effets patrimoniaux des partenariats enregistrés dans les États membres, le présent règlement devrait assurer que les actes authentiques en matière d'effets patrimoniaux des partenariats enregistrés sont acceptés et exécutoires dans tous les États membres.

(57) Les actes authentiques devraient avoir la même force probante dans un autre État membre que dans l'État membre d'origine, ou avoir les effets les plus comparables. Lors de la détermination de la force probante d'un acte authentique donné dans un autre État membre ou des effets les plus comparables, il convient de faire référence à la nature et à la portée de la force probante de l'acte authentique dans l'État membre d'origine. La force probante qu'un acte authentique donné devrait avoir dans un autre État membre dépendra, dès lors, de la loi de l'État membre d'origine.

(58) L'"authenticité" d'un acte authentique devrait être un concept autonome recouvrant des éléments tels que la véracité de l'acte, les exigences de forme qui lui sont applicables, les pouvoirs de l'autorité qui le dresse et la procédure suivie pour le dresser. Le concept devrait également recouvrir les éléments factuels consignés dans l'acte authentique par l'autorité concernée, tels que le fait que les parties indiquées ont comparu devant ladite autorité à la date indiquée et qu'elles ont fait les déclarations qui y sont mentionnées. Une partie souhaitant contester l'authenticité d'un acte authentique devrait le faire devant la juridiction compétente de l'État membre d'origine de l'acte authentique en vertu de la loi dudit État membre.

(59) Les termes "actes juridiques ou relations juridiques consignés dans un acte authentique" devraient être interprétés comme faisant référence quant au fond consigné dans l'acte authentique. Une partie souhaitant contester les actes juridiques ou les relations juridiques consignés dans un acte authentique devrait le faire devant les juridictions compétentes en vertu du présent règlement, qui devraient statuer sur cette contestation conformément à la loi applicable aux effets patrimoniaux des partenariats enregistrés.

(60) Si une question relative aux actes juridiques ou relations juridiques consignés dans un acte authentique est soulevée de manière incidente dans le cadre d'une procédure devant une juridiction d'un État membre, celle-ci devrait être compétente pour en connaître.

(61) Un acte authentique contesté ne devrait pas avoir de force probante dans un autre État membre que l'État membre d'origine tant que le recours est pendant. Si le recours ne concerne qu'un élément spécifique lié aux actes juridiques ou relations juridiques consignés dans l'acte authentique, l'acte authentique en question ne devrait pas avoir de force pro-

bante dans un autre État membre que l'État membre d'origine en ce qui concerne l'élément de la contestation, tant que le recours est pendant. Un acte authentique déclaré non valable à la suite d'un recours devrait cesser de produire toute force probante.

(62) Une autorité à laquelle seraient soumis deux actes authentiques incompatibles en application du présent règlement devrait déterminer auquel de ces actes il convient de donner, le cas échéant, la priorité, compte tenu des circonstances de l'espèce. Dans le cas où les circonstances ne permettent pas de déterminer à quel acte authentique il convient, le cas échéant, de donner la priorité, la question devrait être tranchée par les juridictions compétentes en vertu du présent règlement ou, lorsque la question est soulevée de manière incidente au cours d'une procédure, par la juridiction saisie de la dite procédure. En cas d'incompatibilité entre un acte authentique et une décision, il convient de tenir compte des motifs de non reconnaissance des décisions prévus par le présent règlement.

(63) La reconnaissance et l'exécution d'une décision rendue en vertu du présent règlement en matière d'effets patrimoniaux des partenariats enregistrés ne devraient en aucune manière impliquer la reconnaissance du partenariat enregistré qui a donné lieu à la décision.

(64) Il convient de préciser la relation entre le présent règlement et les conventions bilatérales ou multilatérales sur les effets patrimoniaux des partenariats enregistrés auxquelles les États membres sont parties.

(65) Afin de faciliter l'application du présent règlement, il convient de prévoir une obligation pour les États membres de communiquer certaines informations sur leur législation et leurs procédures concernant les effets patrimoniaux des partenariats enregistrés dans le cadre du réseau judiciaire européen en matière civile et commerciale établi par la décision 2001/470/CE du Conseil *[Décision 2001/470/CE du Conseil du 28 mai 2001 relative à la création d'un réseau judiciaire européen en matière civile et commerciale (JO L 174 du 27 juin 2001, p. 25)]*. Pour permettre la publication au *Journal officiel de l'Union européenne*, dans les délais impartis, de toutes les informations pertinentes pour l'application concrète du présent règlement, les États membres devraient également communiquer ces informations à la Commission avant que le présent règlement ne commence à s'appliquer.

(66) De la même manière, afin de faciliter l'application du présent règlement et pour permettre le recours aux technologies modernes de communication, il convient de prévoir des formulaires types pour les attestations à fournir en lien avec la demande de déclaration constatant la force exécutoire d'une décision, d'un acte authentique ou d'une transaction judiciaire.

(67) Le règlement (CEE, Euratom) n° 1182/71 du Conseil *[Règlement (CEE, Euratom) n° 1182/71 du Conseil du 3 juin 1971 portant détermination des règles applicables aux délais, aux dates et aux termes (JO L 124 du 8 juin 1971, p. 1)]* devrait s'appliquer pour calculer les périodes et délais prévus par le présent règlement.

(68) Afin d'assurer des conditions uniformes d'exécution du présent règlement, il convient de conférer des compétences d'exécution à la Commission pour établir et modifier ultérieurement les attestations et les formulaires relatifs à la déclaration constatant la force exécutoire des décisions, des transactions judiciaires et des actes authentiques. Ces compétences devraient être exercées en conformité avec le règlement (UE) n° 182/2011 du Parlement européen et du Conseil *[Règlement (UE) n° 182/2011 du Parlement européen et du Conseil du 16 février 2011 établissant les règles et principes généraux relatifs aux modalités de contrôle par les États membres de l'exercice des compétences d'exécution par la Commission (JO L 55 du 28 févr. 2011, p. 13)]*.

(69) Il convient d'avoir recours à la procédure consultative pour l'adoption d'actes d'exécution visant à établir et ensuite à modifier les attestations et les formulaires prévus au présent règlement.

(70) Les objectifs du présent règlement, à savoir la libre circulation des personnes dans l'Union, la possibilité donnée aux partenaires d'organiser leurs rapports patrimoniaux entre eux et à l'égard des tiers durant la vie du couple comme au moment de la liquidation de ses biens, et une plus grande prévisibilité et sécurité juridique, ne peuvent pas être atteints de manière suffisante par les États membres mais peuvent, en raison des dimensions et des effets du présent règlement, l'être mieux au niveau de l'Union, le cas échéant au moyen d'une coopération renforcée entre les États membres. Conformément au principe de subsidiarité consacré à l'article 5 du traité sur l'Union européenne, l'Union est dès lors compétente pour agir. Conformément au principe de proportionnalité tel qu'énoncé audit article, le présent règlement n'excède pas ce qui est nécessaire pour atteindre ces objectifs.

(71) Le présent règlement respecte les droits fondamentaux et observe les principes consacrés par la Charte, et notamment ses articles 7, 9, 17, 21 et 47 portant respectivement sur

le respect de la vie privée et familiale, le droit de fonder une famille selon les lois nationales, le droit de propriété, le principe de non-discrimination et le droit à un recours effectif devant un tribunal. Il convient que le présent règlement soit appliqué par les juridictions et autres autorités compétentes des États membres dans le respect de ces droits et principes,

A ADOPTÉ LE PRÉSENT RÈGLEMENT :

CHAPITRE Ier *CHAMP D'APPLICATION ET DÉFINITIONS*

Art. 1er *Champ d'application.* 1. Le présent règlement s'applique aux effets patrimoniaux des partenariats enregistrés.

Il ne s'applique pas aux matières fiscales, douanières ou administratives.

2. Sont exclus du champ d'application du présent règlement :

a) la capacité juridique des partenaires ;

b) l'existence, la validité ou la reconnaissance d'un partenariat enregistré ;

c) les obligations alimentaires ;

d) la succession du partenaire décédé ;

e) la sécurité sociale ;

f) le droit au transfert ou à l'adaptation entre partenaires, en cas de dissolution ou d'annulation du partenariat enregistré, des droits à la pension de retraite ou d'invalidité acquis au cours du partenariat enregistré et qui n'ont pas produit des revenus de retraite au cours du partenariat enregistré ;

g) la nature des droits réels portant sur un bien ; et

h) toute inscription dans un registre de droits immobiliers ou mobiliers, y compris les exigences légales applicables à une telle inscription, ainsi que les effets de l'inscription ou de l'absence d'inscription de ces droits dans un registre.

Art. 2 *Compétences en matière d'effets patrimoniaux des partenariats enregistrés dans les États membres.* Le présent règlement ne porte pas atteinte aux compétences des autorités des États membres en matière d'effets patrimoniaux des partenariats enregistrés.

Art. 3 *Définitions.* 1. Aux fins du présent règlement, on entend par :

a) "partenariat enregistré", le régime régissant la vie commune de deux personnes prévu par la loi, dont l'enregistrement est obligatoire en vertu de ladite loi et qui répond aux exigences juridiques prévues par ladite loi pour sa création ;

b) "effets patrimoniaux d'un partenariat enregistré", l'ensemble des règles relatives aux rapports patrimoniaux des partenaires entre eux et à l'égard des tiers, qui résultent du lien juridique créé par l'enregistrement du partenariat ou par la dissolution de celui-ci ;

c) "convention partenariale", tout accord entre partenaires ou futurs partenaires par lequel ils organisent les effets patrimoniaux de leur partenariat enregistré ;

d) "acte authentique", un acte relatif aux effets patrimoniaux d'un partenariat enregistré, dressé ou enregistré formellement en tant qu'acte authentique dans un État membre et dont l'authenticité :

i) porte sur la signature et le contenu de l'acte authentique ; et

ii) a été établie par une autorité publique ou toute autre autorité habilitée à cet effet par l'État membre d'origine ;

e) "décision", toute décision relative aux effets patrimoniaux d'un partenariat enregistré rendue par une juridiction d'un État membre, quelle que soit la dénomination qui lui est donnée, y compris une décision concernant la fixation par le greffier du montant des frais du procès ;

f) "transaction judiciaire", une transaction en matière d'effets patrimoniaux du partenariat enregistré approuvée par une juridiction ou conclue devant une juridiction au cours d'une procédure ;

g) "État membre d'origine", l'État membre dans lequel la décision a été rendue, l'acte authentique a été établi ou la transaction judiciaire a été approuvée ou conclue ;

h) "État membre d'exécution", l'État membre dans lequel est demandée la reconnaissance *et/ou l'exécution de la décision*, de l'acte authentique ou de la transaction judiciaire.

2. Aux fins du présent règlement, on entend par "juridiction" toute autorité judiciaire, ainsi que toute autre autorité et tout professionnel du droit compétents en matière d'effets patrimoniaux des partenariats enregistrés qui exercent des fonctions juridictionnelles ou agissent en vertu d'une délégation de pouvoirs d'une autorité judiciaire ou sous le contrôle de celle-ci, pour autant que ces autres autorités et professionnels du droit offrent des garanties en ce qui concerne leur impartialité et le droit de toutes les parties à être entendues, et

que les décisions qu'ils rendent conformément au droit de l'État membre dans lequel ils exercent leurs fonctions :

a) puissent faire l'objet d'un recours devant une autorité judiciaire ou d'un contrôle par une telle autorité ; et

b) aient une force et un effet équivalents à ceux d'une décision prononcée par une autorité judiciaire dans la même matière.

Les États membres notifient à la Commission les autres autorités et professionnels du droit visés au premier alinéa, conformément à l'article 64.

CHAPITRE II *COMPÉTENCE*

Art. 4 *Compétence en cas de décès d'un des partenaires.* Lorsqu'une juridiction d'un État membre est saisie d'une question relative à la succession d'un partenaire enregistré, en application du règlement (UE) n° 650/2012, les juridictions de cet État sont compétentes pour statuer sur les effets patrimoniaux du partenariat enregistré en relation avec ladite affaire de succession.

Art. 5 *Compétence en cas de dissolution ou d'annulation.* 1. Lorsqu'une juridiction d'un État membre est saisie pour statuer sur une demande en dissolution ou en annulation d'un partenariat enregistré, les juridictions de cet État sont compétentes pour statuer sur les effets patrimoniaux du partenariat enregistré en relation avec ladite affaire de dissolution ou d'annulation, lorsque les partenaires en conviennent ainsi.

2. Si l'accord visé au paragraphe 1 du présent article est conclu avant que la juridiction ne soit saisie pour statuer sur les effets patrimoniaux du partenariat enregistré, l'accord doit être conforme à l'article 7.

Art. 6 *Autres compétences.* Lorsque aucune juridiction d'un État membre n'est compétente en vertu de l'article 4 ou 5 ou dans des cas autres que ceux prévus à l'article 4 ou 5, sont compétentes pour statuer sur les effets patrimoniaux d'un partenariat enregistré les juridictions de l'État membre :

a) sur le territoire duquel les partenaires ont leur résidence habituelle au moment de la saisine de la juridiction ; ou, à défaut,

b) sur le territoire duquel est située la dernière résidence habituelle des partenaires, dans la mesure où l'un d'eux y réside encore au moment de la saisine de la juridiction ; ou, à défaut,

c) sur le territoire duquel le défendeur a sa résidence habituelle au moment de la saisine de la juridiction ; ou, à défaut,

d) dont les deux partenaires ont la nationalité au moment de la saisine de la juridiction ; ou, à défaut,

e) selon le droit duquel le partenariat enregistré a été créé.

Art. 7 *Élection de for.* 1. Dans les cas visés à l'article 6, les parties peuvent convenir que les juridictions de l'État membre dont la loi est applicable en vertu de l'article 22 ou de l'article 26, paragraphe 1, ou les juridictions de l'État membre en vertu de la loi duquel le partenariat enregistré a été créé sont seules compétentes pour statuer sur les effets patrimoniaux de leur partenariat enregistré.

2. La convention visée au paragraphe 1 est formulée par écrit, datée et signée par les parties. Toute transmission par voie électronique qui permet de consigner durablement la convention est considérée comme revêtant une forme écrite.

Art. 8 *Compétence fondée sur la comparution du défendeur.* 1. Outre les cas où sa compétence résulte d'autres dispositions du présent règlement, la juridiction d'un État membre dont la loi est applicable en vertu de l'article 22 ou de l'article 26, paragraphe 1, et devant laquelle le défendeur comparaît est compétente. Cette règle n'est pas applicable si la comparution a pour objet de contester la compétence, ou dans les affaires relevant de l'article 4.

2. Avant de se déclarer compétente en vertu du paragraphe 1, la juridiction s'assure que le défendeur est informé de son droit de contester la compétence et des conséquences d'une comparution ou d'une absence de comparution.

Art. 9 *Compétence de substitution.* 1. Si la juridiction de l'État membre compétente en vertu de l'article 4 ou 5 ou de l'article 6, point a), b), c) ou d), considère que son droit ne prévoit pas l'institution du partenariat enregistré, elle peut décliner sa compétence. Lorsque la juridiction concernée décide de décliner sa compétence, elle le fait sans retard indu.

2. Lorsqu'une juridiction visée au paragraphe 1 décline sa compétence et lorsque les parties conviennent de donner compétence aux juridictions d'un autre État membre quel qu'il

soit, conformément à l'article 7, les juridictions dudit État membre sont compétentes pour statuer sur les effets patrimoniaux du partenariat enregistré.

Dans les autres cas, sont compétentes pour statuer sur les effets patrimoniaux du partenariat enregistré les juridictions de tout autre État membre en vertu de l'article 6 ou 8.

3. Le présent article ne s'applique pas lorsque les parties ont obtenu une dissolution ou une annulation du partenariat enregistré qui est susceptible d'être reconnue dans l'État membre du for.

Art. 10 *Compétence subsidiaire.* Lorsque aucune juridiction d'un État membre n'est compétente en vertu de l'article 4, 5, 6, 7 ou 8, ou lorsque toutes les juridictions, en vertu de l'article 9, ont décliné leur compétence et qu'aucune juridiction d'un État membre n'est compétente au titre de l'article 6, point e), ou de l'article 7 ou 8, les juridictions d'un État membre sont compétentes dans la mesure où un bien immeuble de l'un ou des deux partenaires est situé sur le territoire de cet État membre, auquel cas la juridiction saisie ne sera appelée à statuer que sur ce bien immeuble.

Art. 11 *Forum necessitatis.* Lorsque aucune juridiction d'un État membre n'est compétente en vertu de l'article 4, 5, 6, 7, 8 ou 10, ou que toutes les juridictions, en vertu de l'article 9, ont décliné leur compétence et qu'aucune juridiction d'un État membre n'est compétente au titre de l'article 6, point e), ou de l'article 7, 8 ou 10, les juridictions d'un État membre peuvent, à titre exceptionnel, statuer sur les effets patrimoniaux d'un partenariat enregistré si une procédure ne peut raisonnablement être introduite ou conduite, ou se révèle impossible, dans un État tiers avec lequel l'affaire a un lien étroit.

L'affaire doit présenter un lien suffisant avec l'État membre dont relève la juridiction saisie.

Art. 12 *Demandes reconventionnelles.* La juridiction devant laquelle la procédure est pendante en vertu de l'article 4, 5, 6, 7, 8, 10 ou 11 est également compétente pour examiner la demande reconventionnelle, dans la mesure où celle-ci entre dans le champ d'application du présent règlement.

Art. 13 *Limitation de la procédure.* 1. Lorsque la masse successorale du défunt dont la succession relève du règlement (UE) n° 650/2012 comprend des biens situés dans un État tiers, la juridiction saisie pour statuer sur les effets patrimoniaux d'un partenariat enregistré peut, à la demande d'une des parties, décider de ne pas statuer sur l'un ou plusieurs de ces biens si l'on peut s'attendre à ce que la décision qu'elle rendrait sur les biens en question ne soit pas reconnue et, le cas échéant, ne soit pas déclarée exécutoire dans ledit État tiers.

2. Le paragraphe 1 ne porte pas atteinte au droit des parties de limiter la portée de la procédure en vertu du droit de l'État membre dont la juridiction est saisie.

Art. 14 *Saisine d'une juridiction.* Aux fins du présent chapitre, une juridiction est réputée saisie :

a) à la date à laquelle l'acte introductif d'instance ou un acte équivalent est déposé auprès de la juridiction, pour autant que le demandeur n'ait pas négligé par la suite de prendre les mesures qu'il était tenu de prendre pour que l'acte soit notifié ou signifié au défendeur ; ou

b) si l'acte doit être notifié ou signifié avant d'être déposé auprès de la juridiction, à la date à laquelle il est reçu par l'autorité chargée de la notification ou de la signification, pour autant que le demandeur n'ait pas négligé par la suite de prendre les mesures qu'il était tenu de prendre pour que l'acte soit déposé auprès de la juridiction ; ou

c) si la procédure est engagée d'office, à la date à laquelle la décision d'engager la procédure est prise par la juridiction ou, si une telle décision n'est pas requise, à la date à laquelle l'affaire est enregistrée par la juridiction.

Art. 15 *Vérification de la compétence.* La juridiction d'un État membre saisie d'une affaire relative aux effets patrimoniaux d'un partenariat enregistré pour laquelle elle n'est pas compétente en vertu du présent règlement se déclare d'office incompétente.

Art. 16 *Vérification de la recevabilité.* 1. Lorsqu'un défendeur ayant sa résidence habituelle dans un État autre que l'État membre où l'action a été intentée ne comparaît pas, toute juridiction compétente en vertu du présent règlement surseoit à statuer aussi longtemps qu'il n'est pas établi que le défendeur a été mis à même de recevoir l'acte introductif d'instance ou un acte équivalent en temps utile pour pouvoir organiser sa défense ou que toute diligence a été faite à cette fin.

2. L'article 19 du règlement (CE) n° 1393/2007 du Parlement et du Conseil *[Règlement (CE) n° 1393/2007 du Parlement européen et du Conseil du 13 novembre 2007 relatif à la signification et*

à la notification dans les États membres des actes judiciaires et extrajudiciaires en matière civile ou commerciale (signification ou notification des actes), et abrogeant le règlement (CE) n° 1348/2000 du Conseil (JO L 324 du 10 déc. 2007, p. 79)] s'applique en lieu et place du paragraphe 1 du présent article si l'acte introductif d'instance ou un acte équivalent a dû être transmis d'un État membre à un autre en application dudit règlement.

3. Lorsque le règlement (CE) n° 1393/2007 n'est pas applicable, l'article 15 de la convention de La Haye du 15 novembre 1965 relative à la signification et à la notification à l'étranger des actes judiciaires et extrajudiciaires en matière civile ou commerciale s'applique si l'acte introductif d'instance ou un acte équivalent a dû être transmis à l'étranger en application de ladite convention.

Art. 17 *Litispendance.* 1. Lorsque des demandes ayant le même objet et la même cause sont formées entre les mêmes parties devant des juridictions d'États membres différents, la juridiction saisie en second lieu sursoit d'office à statuer jusqu'à ce que la compétence de la juridiction première saisie soit établie.

2. Dans les cas visés au paragraphe 1, à la demande d'une juridiction saisie du litige, toute autre juridiction saisie informe sans retard la première juridiction de la date à laquelle elle a été saisie.

3. Lorsque la compétence de la juridiction première saisie est établie, la juridiction saisie en second lieu décline sa compétence en faveur de celle-ci.

Art. 18 *Connexité.* 1. Lorsque des demandes connexes sont pendantes devant des juridictions d'États membres différents, la juridiction saisie en second lieu peut surseoir à statuer.

2. Lorsque les demandes visées au paragraphe 1 sont pendantes devant des juridictions du premier degré, la juridiction saisie en second lieu peut également décliner sa compétence, à la demande de l'une des parties, si la juridiction première saisie est compétente pour connaître des demandes en question et si sa loi permet leur jonction.

3. Sont connexes, aux fins du présent article, les demandes liées entre elles par un rapport si étroit qu'il y a un intérêt à les instruire et à les juger en même temps afin d'éviter des décisions qui pourraient être inconciliables si les causes étaient jugées séparément.

Art. 19 *Mesures provisoires et conservatoires.* Les mesures provisoires et conservatoires prévues par la loi d'un État membre peuvent être demandées aux juridictions de cet État, même si, en vertu du présent règlement, les juridictions d'un autre État membre sont compétentes pour connaître du fond.

....

CHAPITRE IV *RECONNAISSANCE, FORCE EXÉCUTOIRE ET EXÉCUTION DES DÉCISIONS*

Art. 36 *Reconnaissance.* 1. Les décisions rendues dans un État membre sont reconnues dans les autres États membres, sans qu'il soit nécessaire de recourir à aucune procédure particulière.

2. En cas de contestation, toute partie intéressée qui invoque à titre principal la reconnaissance d'une décision peut demander, conformément aux procédures prévues aux articles 44 à 57, que la décision soit reconnue.

3. Si la reconnaissance est invoquée de façon incidente devant une juridiction d'un État membre, celle-ci est compétente pour en connaître.

Art. 37 *Motifs de non-reconnaissance.* Une décision rendue n'est pas reconnue :

a) si la reconnaissance est manifestement contraire à l'ordre public de l'État membre dans lequel la reconnaissance est demandée ;

b) dans le cas où elle a été rendue par défaut, si l'acte introductif d'instance ou un acte équivalent n'a pas été signifié ou notifié au défendeur en temps utile et de telle manière qu'il puisse se défendre, à moins qu'il n'ait pas exercé de recours à l'encontre de la décision alors qu'il était en mesure de le faire ;

c) si elle est inconciliable avec une décision rendue dans une procédure entre les mêmes parties dans l'État membre dans lequel la reconnaissance est demandée ;

d) si elle est inconciliable avec une décision rendue antérieurement dans un autre État membre ou dans un État tiers entre les mêmes parties dans un litige ayant le même objet et la même cause, lorsque la décision rendue antérieurement réunit les conditions nécessaires à sa reconnaissance dans l'État membre dans lequel la reconnaissance est demandée.

Art. 38 *Droits fondamentaux.* Les juridictions et les autres autorités compétentes des États membres appliquent l'article 37 du présent règlement dans le respect des droits et principes fondamentaux consacrés par la Charte, et notamment son article 21 relatif au principe de non-discrimination.

Art. 39 *Interdiction du contrôle de la compétence de la juridiction d'origine.* 1. Il ne peut être procédé au contrôle de la compétence de la juridiction de l'État membre d'origine.

2. Le critère de l'ordre public visé à l'article 37 ne s'applique pas aux règles de compétence visées aux articles 4 à 12.

Art. 40 *Absence de révision quant au fond.* En aucun cas une décision rendue dans un État membre ne peut faire l'objet d'une révision quant au fond.

Art. 41 *Sursis à statuer.* La juridiction d'un État membre saisie d'une demande de reconnaissance d'une décision rendue dans un autre État membre peut surseoir à statuer si cette décision fait l'objet d'un recours ordinaire dans l'État membre d'origine.

Art. 42 *Force exécutoire.* Les décisions rendues dans un État membre et qui sont exécutoires dans cet État sont exécutoires dans un autre État membre lorsque, à la demande de toute partie intéressée, elles y ont été déclarées exécutoires conformément à la procédure prévue aux articles 44 à 57.

Art. 43 *Détermination du domicile.* Pour déterminer, aux fins de la procédure prévue aux articles 44 à 57, si une partie a un domicile dans l'État membre d'exécution, la juridiction saisie applique la loi interne de cet État membre.

Art. 44 *Compétence territoriale.* 1. La demande de déclaration constatant la force exécutoire est présentée à la juridiction ou à l'autorité compétente de l'État membre d'exécution dont cet État membre a communiqué le nom à la Commission conformément à l'article 64.

2. La compétence territoriale est déterminée par le domicile de la partie contre laquelle l'exécution est demandée, ou par le lieu de l'exécution.

Art. 45 *Procédure.* 1. La procédure de dépôt de la demande est régie par la loi de l'État membre d'exécution.

2. Le demandeur n'est pas tenu d'avoir, dans l'État membre d'exécution, une adresse postale ni un représentant autorisé.

3. La demande est accompagnée des documents suivants :

a) une copie de la décision réunissant les conditions nécessaires pour en établir l'authenticité ;

b) l'attestation délivrée par la juridiction ou l'autorité compétente de l'État membre d'origine au moyen du formulaire établi en conformité avec la procédure consultative visée à l'article 67, paragraphe 2, sans préjudice de l'article 46. – *V. Règl. (UE) 2018/1990 du 11 déc. 2018, Annexe I,* 🏛.

Art. 46 *Défaut de production de l'attestation.* 1. A défaut de production de l'attestation visée à l'article 45, paragraphe 3, point b), la juridiction ou l'autorité compétente peut impartir un délai pour la produire ou accepter un document équivalent ou, si elle s'estime suffisamment éclairée, en dispenser.

2. Il est produit une traduction ou une translittération des documents si la juridiction ou l'autorité compétente l'exige. La traduction est faite par une personne habilitée à effectuer des traductions dans l'un des États membres.

Art. 47 *Déclaration constatant la force exécutoire.* La décision est déclarée exécutoire dès l'achèvement des formalités prévues à l'article 45, sans examen au titre de l'article 37. La partie contre laquelle l'exécution est demandée ne peut, à ce stade de la procédure, présenter d'observations concernant la demande.

Art. 48 *Communication de la décision relative à la demande de déclaration constatant la force exécutoire.* 1. La décision relative à la demande de déclaration constatant la force exécutoire est aussitôt portée à la connaissance du demandeur conformément à la procédure fixée par la loi de l'État membre d'exécution.

2. La déclaration constatant la force exécutoire est signifiée ou notifiée à la partie contre laquelle l'exécution est demandée, accompagnée de la décision si celle-ci n'a pas encore été signifiée ou notifiée à cette partie.

Art. 49 *Recours contre la décision relative à la demande de déclaration constatant la force exécutoire.* 1. L'une ou l'autre partie peut former un recours contre la décision relative à la demande de déclaration constatant la force exécutoire.

2. Le recours est porté devant la juridiction dont l'État membre concerné a communiqué le nom à la Commission conformément à l'article 64.

3. Le recours est examiné selon les règles de la procédure contradictoire.

4. Si la partie contre laquelle l'exécution est demandée ne comparaît pas devant la juridiction saisie du recours formé par le demandeur, l'article 16 s'applique, même si la partie contre laquelle l'exécution est demandée n'est pas domiciliée dans l'un des États membres.

5. Le recours contre la déclaration constatant la force exécutoire est formé dans un délai de trente jours à compter de la signification ou de la notification de celle-ci. Si la partie contre laquelle l'exécution est demandée est domiciliée dans un autre État membre que celui dans lequel la déclaration constatant la force exécutoire a été délivrée, le délai de recours est de soixante jours et court à compter du jour où la signification ou la notification a été faite à personne ou à domicile. Ce délai ne peut être prorogé pour des raisons de distance.

Art. 50 *Pourvoi contre la décision rendue sur le recours.* La décision rendue sur le recours ne peut faire l'objet d'un pourvoi qu'au moyen de la procédure que l'État membre concerné a communiquée à la Commission conformément à l'article 64.

Art. 51 *Refus ou révocation d'une déclaration constatant la force exécutoire.* La juridiction saisie d'un recours formé en vertu de l'article 49 ou 50 ne peut refuser ou révoquer une déclaration constatant la force exécutoire que pour l'un des motifs prévus à l'article 37. Elle statue sans retard.

Art. 52 *Sursis à statuer.* La juridiction saisie d'un recours formé en vertu de l'article 49 ou 50 surseoit à statuer, à la demande de la partie contre laquelle l'exécution est demandée, si la force exécutoire de la décision est suspendue dans l'État membre d'origine du fait de l'exercice d'un recours.

Art. 53 *Mesures provisoires et conservatoires.* 1. Lorsqu'une décision doit être reconnue conformément au présent chapitre, rien n'empêche le demandeur de solliciter qu'il soit procédé à des mesures provisoires ou conservatoires, conformément au droit de l'État membre d'exécution, sans qu'une déclaration constatant la force exécutoire de cette décision au titre de l'article 47 soit nécessaire.

2. La déclaration constatant la force exécutoire emporte de plein droit l'autorisation de procéder à des mesures conservatoires.

3. Pendant le délai prévu à l'article 49, paragraphe 5, pour former un recours contre la déclaration constatant la force exécutoire et jusqu'à ce qu'il ait été statué sur celui-ci, il ne peut être procédé à aucune mesure d'exécution sur les biens de la partie contre laquelle l'exécution est demandée, hormis des mesures conservatoires.

Art. 54 *Force exécutoire partielle.* 1. Lorsque la décision rendue porte sur plusieurs chefs de la demande et que la déclaration constatant la force exécutoire ne peut être délivrée pour tous ces chefs, la juridiction ou l'autorité compétente la délivre pour l'un ou plusieurs d'entre eux.

2. Le demandeur peut demander que la déclaration constatant la force exécutoire soit limitée à certaines parties d'une décision.

Art. 55 *Aide juridictionnelle.* Tout demandeur qui, dans l'État membre d'origine, a bénéficié en tout ou en partie de l'aide juridictionnelle ou d'une exemption de frais et dépens a droit, dans le cadre de toute procédure visant à obtenir une déclaration constatant la force exécutoire, à l'aide juridictionnelle la plus favorable ou à l'exemption de frais et dépens la plus large prévue par le droit de l'État membre d'exécution.

Art. 56 *Caution ou dépôt.* Aucune caution ni aucun dépôt, sous quelque dénomination que ce soit, ne peut être imposé à la partie qui demande dans un État membre la reconnaissance, la force exécutoire ou l'exécution d'une décision rendue dans un autre État membre en raison soit de la qualité d'étranger, soit du défaut de domicile ou de résidence dans l'État membre d'exécution.

Art. 57 *Impôt, droit ou taxe.* Aucun impôt, droit ou taxe proportionnel à la valeur de l'affaire en cause ne peut être perçu dans l'État membre d'exécution dans le cadre d'une procédure visant à obtenir une déclaration constatant la force exécutoire.

CHAPITRE V *ACTES AUTHENTIQUES ET TRANSACTIONS JUDICIAIRES*

Art. 58 *Acceptation des actes authentiques.* 1. Un acte authentique établi dans un État membre a la même force probante dans un autre État membre que dans l'État membre d'origine ou y produit les effets les plus comparables, pour autant que cela ne soit pas manifestement contraire à l'ordre public de l'État membre concerné.

Une personne souhaitant utiliser un acte authentique dans un autre État membre peut demander à l'autorité établissant l'acte authentique dans l'État membre d'origine de remplir le formulaire établi en conformité avec la procédure consultative visée à l'article 67, paragraphe 2, en décrivant la force probante de l'acte authentique dans l'État membre d'origine. – *V. Règl. (UE) 2018/1990 du 11 déc. 2018, Annexe II, reproduit ss. art. 45* 🏛.

2. Les juridictions de l'État membre d'origine sont saisies de toute contestation portant sur l'authenticité d'un acte authentique et statuent sur celle-ci en vertu de la loi de cet État. L'acte authentique attaqué ne produit aucune force probante dans un autre État membre tant que le recours est pendant devant la juridiction compétente.

3. Les juridictions compétentes en vertu du présent règlement sont saisies de toute contestation relative aux actes juridiques ou relations juridiques consignés dans un acte authentique et statuent sur celle-ci en vertu de la loi applicable conformément au chapitre III. L'acte authentique attaqué ne produit aucune force probante dans un autre État membre que l'État membre d'origine en ce qui concerne la question contestée tant que le recours est pendant devant la juridiction compétente.

4. Si l'issue d'une procédure devant une juridiction d'un État membre dépend d'une question incidente relative aux actes juridiques ou aux relations juridiques consignés dans un acte authentique en matière d'effets patrimoniaux des partenariats enregistrés qui doit être tranchée, ladite juridiction est compétente pour en connaître.

Art. 59 *Force exécutoire des actes authentiques.* 1. Un acte authentique qui est exécutoire dans l'État membre d'origine est déclaré exécutoire dans un autre État membre, à la demande de toute partie intéressée, conformément à la procédure prévue aux articles 44 à 57.

2. Aux fins de l'article 45, paragraphe 3, point b), l'autorité ayant établi l'acte authentique délivre, à la demande de toute partie intéressée, une attestation au moyen du formulaire établi en conformité avec la procédure consultative visée à l'article 67, paragraphe 2. – *V. Règl. (UE) 2018/1990 du 11 déc. 2018, Annexe II, reproduit ss. art. 45* 🏛.

3. La juridiction auprès de laquelle un recours est formé en vertu de l'article 49 ou 50 ne refuse ou ne révoque une déclaration constatant la force exécutoire que si l'exécution de l'acte authentique est manifestement contraire à l'ordre public de l'État membre d'exécution.

Art. 60 *Force exécutoire des transactions judiciaires.* 1. Les transactions judiciaires qui sont exécutoires dans l'État membre d'origine sont déclarées exécutoires dans un autre État membre à la demande de toute partie intéressée, conformément à la procédure prévue aux articles 44 à 57.

2. Aux fins de l'article 45, paragraphe 3, point b), la juridiction qui a approuvé la transaction ou devant laquelle la transaction a été conclue délivre, à la demande de toute partie intéressée, une attestation au moyen du formulaire établi en conformité avec la procédure consultative visée à l'article 67, paragraphe 2. – *V. Règl. (UE) 2018/1990 du 11 déc. 2018, Annexe III, reproduit ss. art. 45* 🏛.

3. La juridiction auprès de laquelle un recours est formé en vertu de l'article 49 ou 50 ne refuse ou ne révoque une déclaration constatant la force exécutoire que si l'exécution de la transaction judiciaire est manifestement contraire à l'ordre public de l'État membre d'exécution.

CHAPITRE VI *DISPOSITIONS GÉNÉRALES ET FINALES*

Art. 61 *Légalisation et formalités analogues.* Aucune légalisation ni autre formalité analogue n'est exigée pour les documents délivrés dans un État membre dans le cadre du présent règlement.

Art. 62 *Relations avec les conventions internationales existantes.* 1. Le présent règlement est sans incidence sur l'application des conventions bilatérales ou multilatérales auxquelles un ou plusieurs États membres sont parties lors de l'adoption du présent règlement ou d'une décision en vertu de l'article 331, paragraphe 1, deuxième ou troisième alinéa, du TFUE et qui concernent des matières régies par le présent règlement, sans préjudice des obligations incombant aux États membres au titre de l'article 351 du TFUE.

2. Nonobstant le paragraphe 1, le présent règlement prévaut, entre les États membres, sur les conventions conclues entre eux dans la mesure où ces conventions concernent des matières régies par le présent règlement.

Art. 63 *Informations mises à la disposition du public.* Les États membres fournissent à la Commission, en vue de mettre les informations à la disposition du public dans le cadre du réseau judiciaire européen en matière civile et commerciale, un résumé succinct de leur législation et de leurs procédures nationales relatives aux effets patrimoniaux des partenariats enregistrés, y compris des informations concernant le type d'autorité compétente en matière d'effets patrimoniaux des partenariats enregistrés et l'opposabilité aux tiers visée à l'article 28.

Les États membres tiennent ces informations à jour en permanence.

Art. 64 *Informations concernant les coordonnées et les procédures.* 1. Au plus tard le 29 avril 2018, les États membres communiquent à la Commission :

a) les juridictions ou autorités compétentes pour statuer sur les demandes de déclaration constatant la force exécutoire, conformément à l'article 44, paragraphe 1, et sur les recours formés contre les décisions rendues sur ces demandes, conformément à l'article 49, paragraphe 2 ;

b) les procédures permettant d'attaquer la décision rendue sur le recours visées à l'article 50.

Les États membres communiquent à la Commission toute modification ultérieure de ces informations.

2. La Commission publie au *Journal officiel de l'Union européenne* les informations communiquées conformément au paragraphe 1, à l'exception des adresses et autres coordonnées des juridictions et autorités visées au paragraphe 1, point a).

3. La Commission tient toutes les informations communiquées conformément au paragraphe 1 à la disposition du public par tout moyen approprié, notamment par l'intermédiaire du réseau judiciaire européen en matière civile et commerciale.

Art. 65 *Établissement et modification ultérieure de la liste contenant les informations visées à l'article 3, paragraphe 2.* 1. Sur la base des informations communiquées par les États membres, la Commission établit la liste des autres autorités et professionnels du droit visée à l'article 3, paragraphe 2.

2. Les États membres notifient à la Commission toute modification ultérieure à apporter aux informations contenues dans ladite liste. La Commission modifie la liste en conséquence.

3. La Commission publie la liste et toute modification ultérieure au *Journal officiel de l'Union européenne.*

4. La Commission tient toutes les informations notifiées conformément aux paragraphes 1 et 2 à la disposition du public par tout autre moyen approprié, notamment par l'intermédiaire du réseau judiciaire européen en matière civile et commerciale.

Art. 66 *Établissement et modification ultérieure des attestations et des formulaires visés à l'article 45, paragraphe 3, point b), et aux articles 58, 59 et 60.* La Commission adopte des actes d'exécution établissant et modifiant ultérieurement les attestations et les formulaires visés à l'article 45, paragraphe 3, point b), et aux articles 58, 59 et 60. Ces actes d'exécution sont adoptés en conformité avec la procédure consultative visée à l'article 67, paragraphe 2.

Art. 67 *Comité.* 1. La Commission est assistée par un comité. Ledit comité est un comité au sens du règlement (UE) n° 182/2011.

2. Lorsqu'il est fait référence au présent paragraphe, l'article 4 du règlement (UE) n° 182/2011 s'applique.

Art. 68 *Clause de réexamen.* 1. Au plus tard le 29 janvier 2027, et tous les cinq ans par la suite, la Commission présente au Parlement européen, au Conseil et au Comité économique et social européen un rapport relatif à l'application du présent règlement. Ce rapport est accompagné, si nécessaire, de propositions visant à modifier le présent règlement.

2. Au plus tard le 29 janvier 2024, la Commission présente au Parlement européen, au Conseil et au Comité économique et social européen un rapport sur l'application des articles 9 et 38 du présent règlement. Elle y évalue notamment dans quelle mesure ces articles ont contribué à garantir l'accès à la justice.

3. Aux fins des rapports visés aux paragraphes 1 et 2, les États membres informent la Commission des éléments pertinents concernant l'application du présent règlement par leurs juridictions.

Art. 69 *Dispositions transitoires.* 1. Le présent règlement ne s'applique qu'aux procédures engagées, aux actes authentiques formellement dressés ou enregistrés et aux transactions judiciaires approuvées ou conclues à sa date de mise en application ou après le 29 janvier 2019, sous réserve des paragraphes 2 et 3.

2. Si l'action engagée dans l'État membre d'origine a été intentée avant le 29 janvier 2019, les décisions rendues après cette date sont reconnues et exécutées conformément aux dispo-

sitions du chapitre IV, dès lors que les règles de compétence appliquées sont conformes à celles prévues par le chapitre II.

3. Le chapitre III n'est applicable qu'aux partenaires qui enregistrent leur partenariat ou qui ont désigné la loi applicable aux effets patrimoniaux de leur partenariat enregistré après le 29 janvier 2019.

Art. 70 *Entrée en vigueur.* 1. Le présent règlement entre en vigueur le vingtième jour suivant celui de sa publication au *Journal officiel de l'Union européenne.*

2. Le présent règlement est applicable dans les États membres qui participent à une coopération renforcée dans le domaine de la compétence, de la loi applicable, de la reconnaissance et de l'exécution des décisions en matière de régimes patrimoniaux des couples internationaux, concernant les questions relatives tant aux régimes matrimoniaux qu'aux effets patrimoniaux des partenariats enregistrés, tels qu'ils sont autorisés par la décision (UE) 2016/954.

Il est applicable à partir du 29 janvier 2019, sauf en ce qui concerne les articles 63 et 64, qui s'appliquent à partir du 29 avril 2018, et les articles 65, 66 et 67, qui s'appliquent à partir du 29 juillet 2016. Pour les États membres qui participent à une coopération renforcée en vertu d'une décision adoptée conformément à l'article 331, paragraphe 1, deuxième ou troisième alinéa, du TFUE, le présent règlement est applicable à partir de la date indiquée dans la décision concernée.

Le présent règlement est obligatoire dans tous ses éléments et directement applicable dans les États membres participants, conformément aux traités.

Circulaire JUSC1911990C du 24 avril 2019,

De présentation des dispositions des règlements (UE) n° 2016/1103 et n° 2016/1104 du Conseil du 24 juin 2016 mettant en œuvre une coopération renforcée dans le domaine de la compétence, de la loi applicable, la reconnaissance et l'exécution des décisions, en matière de régimes matrimoniaux et d'effets patrimoniaux des partenariats enregistrés (BOMJ n° 2019-06 du 12 juin 2019).

BIBL. ▸ CALLE, *Defrénois 26 sept. 2019, p. 30.* – NOURISSAT, *Defrénois 5 sept. 2019, p. 31.* – NOURISSAT et REVILLARD, *Defrénois 19 sept. 2019, p. 25.*

Les règlements (UE) n° 2016/1103 et n° 2016/1104 du Conseil du 24 juin 2016, mettant en œuvre une coopération renforcée dans le domaine de la compétence, de la loi applicable et de l'exécution des décisions en matière de régime matrimoniaux et d'effets patrimoniaux des partenariats enregistrés ont été publiés au *Journal officiel de l'Union européenne* le 8 juillet 2016 et sont entrés en vigueur le 29 juillet 2016. *V. Règl. (UE) n° 2016/1103 et n° 2016/1104 du Conseil du 24 juin 2016, App., v° Droit européen et international.*

Leur application effective a toutefois été repoussée au 29 janvier 2019, sous réserve de certaines dispositions pour lesquelles il a été prévu une application anticipée.

Ces deux règlements, négociés dans le cadre d'une coopération renforcée entre 18 États membres sont de nature à assurer, pour les États participants, une meilleure sécurité juridique pour les couples mariés ou unis par un partenariat enregistré, un accès facilité à la justice et une meilleure prévisibilité dans le cadre de la gestion de leurs biens.

Ils apportent une réelle plus-value en ce qu' ils permettent d'assurer la concordance des règles de détermination de la compétence des juridictions appelées à connaître des aspects patrimoniaux du mariage ou du partenariat enregistré avec les règles de compétence existantes dans d' autres instruments de l'Union sur des matières connexes. Ainsi, ils permettent de concentrer la compétence relative au régime matrimonial ou au partenariat dans l'État membre participant à la coopération renforcée dans l'État qui est déjà saisi en matière de décès ou de désunion.

Les deux règlements préservent les systèmes juridiques des différents États membres ainsi que la place faite au règlement amiable des liquidations de régime matrimonial et des effets patrimoniaux de leur partenariat enregistré.

Ils sont un complément indissociable du règlement européen n° 2012/560 en matière de successions, entré en application le 17 août 2015, qui a été le règlement précurseur en matière patrimoniale de la famille.

Les deux règlements ont été élaborés en même temps et ont de nombreuses dispositions similaires. Ils sont donc présentés ensemble mais la circulaire précise les singularités de chacun lorsqu'elles se présentent.

La circulaire présente dans quatre fiches annexes le champ d'application de ces instruments européens, les règles de conflit de compétence et de lois, ainsi que les règles relatives à la reconnaissance, l'acceptation et la force exécutoire des décisions, transactions judiciaires et actes authentiques.

La lecture de la circulaire pourra être utilement complétée par la consultation du e-learning actuellement développé par l'École Nationale de la Magistrature dans le cadre d'un projet sur financement européen. Cet outil propose de faire une application pratique des règlements, permettant de faciliter la résolution des dossiers des couples internationaux. Le e-learning sera accessible via le site internet ou intranet de l'ENM à compter d'octobre 2019.

FICHE 1 Le champ d'application des règlements n° 2016/1103 et n° 2016/1104

Les deux règlements ont été élaborés concomitamment et ont de nombreuses dispositions similaires. Ils sont donc présentés ensemble mais les fiches précisent les singularités de chacun lorsqu'elles se présentent.

1. *Le champ d'application matériel*

1.1. *Le champ d'application positif*

Les régimes matrimoniaux et les effets patrimoniaux des partenariats enregistrés

Les couples concernés sont les couples dits "institutionnels", à savoir **les couples mariés et les couples ayant enregistré un partenariat** (en France les couples pacsés), à l'exclusion des couples vivant en concubinage.

Les règlements n° 2016/1103 et n° 2016/1104 portent sur **les règles patrimoniales applicables à ces couples**, à l'exclusion des effets personnels, c'est-à-dire sur l'ensemble des règles relatives aux rapports patrimoniaux entre les époux ou partenaires et dans leurs relations avec des tiers, qu'ils résultent du mariage ou de l'enregistrement du partenariat ou bien de leur dissolution (définitions contenues aux articles 3, § 1er, *a* du règlement n° 2016/1103 et 3, §1er, *b* du règlement n° 2016/1104). Ils visent ainsi les aspects de droit civil relatifs aux régimes matrimoniaux et aux effets patrimoniaux des partenariats enregistrés (pacte civil de solidarité – ci-après PACS – en France), concernant tant la gestion quotidienne des biens des époux ou partenaires que leur liquidation en cas de décès, de séparation ou de partage.

Sont dès lors concernées toutes les **conventions "matrimoniales" ou "partenariales"** par lesquelles les époux ou partenaires (ou les futurs époux et futurs partenaires) organisent les effets patrimoniaux de leur régime matrimonial ou partenariat enregistré (articles 3, §1er, *b* du règlement n° 2016/1103 et 3, §1er, *c* du règlement n° 2016-1104), ce qui vise notamment les accords prénuptiaux, les contrats de mariage, les conventions de PACS mais encore les conventions portant sur la liquidation du régime matrimonial ou du PACS. La définition très large paraît par ailleurs inclure les donations de biens présents entre époux *[Les donations de biens à venir entre époux relèvent en revanche du règlement n° 650-2012 ainsi que cela avait été indiqué dans la circulaire JUSC1601018C du 25 janvier 2016 en page 3]* et entre partenaires. *— V. Règl. (UE) n° 650/2012 du Parlement européen et du Conseil du 4 juill. 2012, App., v° Droit européen et international.*

Le considérant n° 18 du règlement n° 2016/1103 précise que la notion de régime matrimonial englobe non seulement les règles auxquelles les époux ne peuvent pas déroger mais aussi toutes les règles facultatives qui peuvent être fixées par les époux conformément à la loi applicable, ainsi que les règles supplétives de la loi applicable. Ainsi, entrent dans cette notion **les dispositions patrimoniales non seulement du régime légal mais aussi du régime conventionnel et du régime primaire** *[C'est une nouveauté car le régime primaire n'entrait pas dans le champ d'application de la Convention de la Haye du 14 mars 1978 sur la loi applicable aux régimes matrimoniaux. L'application au régime primaire devra néanmoins se combiner avec l'article 30 des règlements relatif aux lois de police (voir sur ce point la fiche 2)]*.

Une incidence transfrontière

Les deux règlements portent sur **les régimes matrimoniaux et les effets patrimoniaux des partenariats enregistrés ayant une incidence transfrontière** ainsi que le rappellent les considérants 1 et 14. Si les règlements ne donnent pas de définition de ces termes, il y a lieu de considérer que sont concernés tous les régimes matrimoniaux et effets patrimoniaux des partenariats enregistrés ayant présenté, présentant ou appelés à présenter un **élément d'extranéité ou d'internationalité**.

Sont ainsi visées, par exemple, les hypothèses dans lesquelles il existe une discordance entre l'État de la nationalité et l'État de résidence habituelle des époux ou partenaires ou lorsque ces derniers ont des biens dans un État qui n'est pas celui de leur résidence habituelle ou encore lorsqu'une décision ou un acte pris dans un État membre participant à la coopération renforcée relatif au régime matrimonial ou aux effets patrimoniaux d'un partenariat enregistré est amené à circuler dans un autre État participant. S'agissant des partenariats enregistrés, une discordance peut également exister entre l'État de la nationalité ou de la résidence des partenaires et l'État de rattachement de l'autorité d'enregistrement du partenariat.

1.2. *Le champ d'application négatif*

Toutes les questions juridiques pouvant se poser en lien avec les effets patrimoniaux d'un partenariat enregistré ou d'un régime matrimonial présentant des incidences transfrontières ne relèvent pas des deux règlements. L'article 1er des règlements précise leurs champs d'application et prévoit que ces instruments **ne s'appliquent pas aux matières fiscales, douanières et administratives.**

Il liste par ailleurs les domaines du droit civil non couverts par les règlements, bien qu'ayant un lien avec les questions patrimoniales des époux et partenaires. Sont ainsi expressément exclus du champ d'application des règlements :

– l'existence, la validité et la reconnaissance d'un mariage ou d'un partenariat enregistré. Les États membres participant à la coopération renforcée conservent ainsi la maîtrise de la qualification de mariage ou de partenariat enregistré, étant toutefois précisé que ce dernier doit correspondre à la définition de l'article 3 du règlement n° 2016/1104 énoncée comme suit : *"le régime régissant la vie commune de deux personnes prévu par la loi, dont l'enregistrement est obligatoire en vertu de ladite loi et qui répond aux exigences juridiques prévues par ladite loi pour sa création"*. Un déclinatoire de compétence a été prévu à l'article 9 des règlements pour les juridictions d'un État qui seraient saisies alors que cet État ne reconnait pas les mariages ou partenariats enregistrés entre personnes de même sexe (voir fiche 2).

– la **succession du conjoint ou partenaire décédé**, qui est régie par le règlement européen n° 650/2012 du Parlement européen et du Conseil du 4 juillet 2012 relatif à la compétence, la loi applicable, la reconnaissance et l'exécution des décisions, et l'acceptation ou l'exécution des actes authentiques en matière de successions et à la création d'une certificat successoral européen *[Sur la question de la délimitation entre le domaine du régime matrimonial et celui des successions, voir par exemple l'arrêt de la CJUE du 1er mars 2018 dans l'affaire Doris Mahnkopf, Aff. C-558/1. Dans cet arrêt, la CJUE a considéré que la disposition allemande en cause, prévoyant lors du décès de l'un des époux une répartition des acquêts forfaitaire par majoration de la part successorale du conjoint survivant, « n'apparaît pas avoir pour finalité principale la répartition des éléments du patrimoine ou la liquidation du régime matrimonial, mais plutôt la détermination du quantum de la part de la succession à attribuer au conjoint survivant par rapport aux autres héritiers. Une telle disposition concerne, dès lors, principalement la succession du conjoint décédé et non pas le régime matrimonial. Par conséquent, une règle de droit national, telle que celle en cause au principal, se rapporte à la matière successorale aux fins du règlement n° 650/2012 »], — V. Règl. (UE) n° 650/2012 du Parlement européen et du Conseil du 4 juill. 2012, App., v° Droit européen et international.*

– les questions liées à la capacité juridique. Néanmoins les pouvoirs et droits spécifiques de l'un ou l'autre des époux ou partenaires à l'égard de leurs biens, qu'ils soient exercés entre eux ou à l'égard des tiers entrent bien, quant à eux, dans le champ des règlements, ainsi que le précise le considérant 20 *[En matière de régime matrimonial, sont ainsi notamment inclus dans le champ du règlement les articles 215, 216, 217, 220, 221 et 223 du code civil relatifs aux pouvoirs des époux (régime primaire). Ceci est toutefois nettement moins certain pour les articles 217 et 219 du même code, applicables lorsque l'un des époux est hors d'état de manifester sa volonté, ces dispositions, tournées vers la protection du conjoint, rentrant plus vraisemblablement dans le champ d'application de la Convention de la Haye du 13 janvier 2000 sur la protection internationale des adultes comme l'explique le rapport explicatif de la Conférence de la Haye (cf. https://assets.hcch.net/docs/d058d41c-51fd-40cc-972b-7185fce8146d.pdf).]*.

– les obligations alimentaires, ce qui exclut les questions liées à la contribution aux charges du mariage et à l'aide matérielle entre partenaires de PACS, le devoir de secours et la prestation compensatoire qui relèvent du règlement CE n° 4/2009 du Conseil du 18 décembre 2008 relatif aux obligations alimentaires, du Protocole de La Haye du 23 novembre 2007 sur la loi applicable aux obligations alimentaires ainsi que de la Convention de La Haye du 23 novembre 2007 sur le recouvrement international des aliments aux enfants et à d'autres membres de la famille,

– la sécurité sociale,

– certains droits en matière de pension de retraite ou d'invalidité acquis au cours du mariage,

– la nature des droits réels, ainsi que **l'inscription de ces droits dans des registres** *[Sur ce point, voir l'article 29 des règlements sur l'adaptation des droits réels (fiche 3)]*.

2. *Le champ d'application territorial*

2.1. *Les États membres concernés*

Les règlements s'appliquent aux **États membres de l'Union européenne qui participent à la coopération renforcée** en matière de régimes matrimoniaux et d'effets patrimoniaux des partenariats enregistrés. En avril 2019, 18 États membres sont concernés : l'Autriche, l'Allemagne, la Belgique, la Bulgarie, la Croatie, Chypre, l'Espagne, la Finlande, la France, la Grèce, l'Italie, le Luxembourg, Malte, les Pays-Bas, le Portugal, la République tchèque, la Slovénie et la Suède. **A chaque fois que les règlements mentionnent ″les États membres″ il s'agit ainsi de ces 18 États membres liés par la coopération renforcée** (″États participants″) et les autres États membres de l'Union européenne doivent être considérés comme des ″États tiers″ au sens des règlements.

Pour ces 18 pays, les règlements sont d'application universelle. Ainsi, le juge français appliquera les règlements chaque fois que les conditions sont réunies peu important que les époux ou partenaires ne soient pas citoyens de l'un des 18 pays ou que les biens se situent dans ou hors de l'espace de ces 18 pays ou que la loi applicable est celle d'un État tiers.

Ces règlements fixent donc le droit international privé français désormais applicable en matière de régimes matrimoniaux et d'effets patrimoniaux des partenariats enregistrés, dans les limites du champ matériel défini précédemment. Il en résulte que dans le cas d'une liquidation d'un régime matrimonial ou d'effets patrimoniaux d'un partenariat enregistré présentant des éléments d'extranéité avec un État tiers (hors Union européenne ou dans l'Union européenne mais hors de la coopération renforcée), le règlement des aspects patrimoniaux en France se fera en vertu des présents règlements européens. Toutefois, les dispositions des règlements relatives à la reconnaissance et à l'exécution des décisions judiciaires, transactions judiciaires ou des actes authentiques (Chapitres IV et V des règlements) ne sont applicables qu'entre les États membres participant à la coopération renforcée.

Les dix États membres de l'Union européenne qui ne participent pas à cette coopération renforcée pourront toutefois la rejoindre à tout moment en application de l'article 328 du TFUE.

2.2. *L'application outre-mer du règlement*

Les règlements s'appliquent aux régions ultrapériphériques (RUP) de l'article 349 du TFUE, c'est-à-dire pour la France : la Guadeloupe, la Guyane, la Martinique, la Réunion, Saint-Martin, ainsi que Mayotte *[Décision 2012/419/UE du 11 juillet 2012 modifiant le statut à l'égard de l'Union européenne de Mayotte]*.

En revanche, sauf décision d'association outre-mer, **ils ne s'appliquent pas aux pays et territoires d'outre-mer** (PTOM) de la quatrième partie du TFUE tels que listés dans l'annexe II : la Nouvelle-Calédonie, la Polynésie française, les Terres australes et antarctiques françaises, Wallis-et-Futuna, Saint-Pierre-et-Miquelon ainsi que Saint-Barthélémy *[Décision 2010/718/UE du 29 octobre 2010 modifiant le statut à l'égard de l'Union européenne de l'île de Saint-Barthélemy]*. En l'état, il n'y a eu aucune association outre-mer des PTOM français. Ainsi, pour les PTOM, la Convention du 14 mars 1978 sur la loi applicable aux régimes matrimoniaux continue de s'appliquer.

3. *Le champ d'application temporel*

L'article 69 des règlements fixe les dispositions transitoires.

S'agissant des règles de compétence des juridictions (Chapitre II des règlements) : les règlements s'appliquent aux **procédures engagées à compter du 29 janvier 2019 (inclus)** *[L'article 69 a été rectifié pour les deux règlements afin de remplacer les termes « après » par l'expression « à partir de » (JO de l'Union européenne du 29 avril 2017). Cette modification clarifie le fait que les nouvelles dispositions s'appliquent à compter du 29 janvier 2019 inclus]*.

Pour toute procédure engagée antérieurement, les règles anciennes s'appliquent. Comme il n'existe pas de convention internationale multilatérale applicable en matière de compétence, il faut donc retenir, à défaut de convention bilatérale, l'application des dispositions spéciales du code civil *[Il existe certaines dispositions spécifiques en matière d'homologation du régime matrimonial (article 1300-4 du code de procédure civile) et de séparation judiciaire de biens (article 1292 du même code). Voir fiche 2]* et à défaut de l'article 1070 du code de procédure civile (extension jurisprudentielle à l'ordre international des règles internes de compétence) et, enfin, à défaut les articles 14 ou 15 du code civil si le demandeur s'en prévaut.

S'agissant de la loi applicable (Chapitre III des règlements) : les présents règlements s'appliquent **aux mariages ou PACS célébrés ou enregistrés à compter du 29 janvier**

2019 (inclus) ainsi qu'aux **choix de loi applicable effectués à partir de cette date**, quand bien même le mariage ou le PACS aurait été célébré ou enregistré avant le 29 janvier 2019.

• **S'agissant du régime matrimonial** plus particulièrement, il conviendra ainsi de faire une distinction entre trois périodes :

— Pour les **époux qui se sont mariés avant le 1er septembre 1992** (et qui n'ont pas procédé à un choix de loi depuis) : les règles de conflit de lois jurisprudentielles de cette époque s'appliquent, lesquelles, sur le fondement de l'autonomie de la volonté, désignaient la loi choisie par les époux, expressément ou tacitement ;

— Pour les **époux qui se sont mariés ou ont désignés la loi applicable à leur régime matrimonial entre le 1er septembre 1992 et le 28 janvier 2019** : les règles de conflit de loi de la Convention de la Haye du 14 mars 1978 sur la loi applicable aux régimes matrimoniaux s'appliquent ;

— Pour les **époux qui se sont mariés ou ont désigné la loi applicable à leur régime matrimonial à compter du 29 janvier 2019 (inclus)**, date d'application effective du règlement, les règles de conflit de loi du règlement n° 2016/1103 s'appliquent.

Dans certaines situations, la liquidation du régime matrimonial devra s'effectuer en plusieurs étapes pour déterminer la loi applicable au régime matrimonial à chaque période du mariage (notamment en l'absence de rétroactivité du choix de loi). Cela réclamera une vigilance importante des praticiens, lesquels devront s'interroger sur la date du mariage, les éventuels choix de loi et les possibles changements automatiques de loi applicable au régime matrimonial (ex : article 7 de la Convention de 1978). Il pourra être nécessaire de liquider une partie du régime matrimonial selon la loi d'un État et une ou plusieurs autres parties selon la loi d'un autre État.

• **Pour les effets patrimoniaux des PACS**, il conviendra de distinguer selon la date d'enregistrement du PACS ou du choix de loi : pour la période antérieure au 29 janvier 2019, la règle de conflit de lois de l'article 515-7-1 du code civil, créée par la loi n° 2009-526 du 12 mai 2009, a vocation à s'appliquer ; pour la période à compter du 29 janvier 2019, le règlement s'appliquera.

S'agissant de la circulation des décisions, actes authentiques et transactions judiciaires (Chapitres IV et V des règlements) : les règlements sont applicables aux **actes authentiques formellement dressés ou enregistrés** et aux **transactions judiciaires approuvées ou conclues à compter du 29 janvier 2019 (inclus)**.

Ils s'appliquent également aux **décisions judiciaires rendues à compter de cette date même si la procédure judiciaire avait été engagée avant dès lors que les règles de compétence appliquées ont conduit à retenir la compétence d'une juridiction qui le serait aussi en vertu des dispositions des règlements n° 2016/1103 et n° 2016/1104** (Chapitre II). Ainsi, les décisions rendues postérieurement au 29 janvier 2019, pour des instances introduites antérieurement auprès de juridictions qui auraient été compétentes en vertu des règles de compétence des règlements, pourront bénéficier des règles prévues pour faciliter leur circulation dans les États membres participant à la coopération renforcée.

4. *L'articulation avec les autres règlements et conventions internationales*

Selon l'article 62 des règlements, dans les rapports entre États membres participant à la coopération renforcée, les conventions internationales conclues entre eux et portant sur des matières régies par les règlements se trouvent écartées par ceux-ci.

C'est le cas de la **Convention de la Haye du 14 mars 1978 sur la loi applicable aux régimes matrimoniaux** qui n'avait été ratifiée que par la France, le Luxembourg et les Pays-Bas *[La Convention de La Haye de 1978 restera toutefois applicable aux PTOM]* ou encore de la Convention franco-Yougoslave du 18 mai 1971 relative à la loi applicable et à la compétence en matière de droit des personnes et de la famille applicable entre la France et la Slovénie *[Cf. le décret n° 96-229 du 15 mars 1996 portant publication de l'accord sous forme d'échange de lettres entre le Gouvernement de la République française et le Gouvernement de la République de Slovénie relatif à la succession en matière de traités conclus entre la France et la République socialiste fédérative de Yougoslavie]* et qui comprend aussi des dispositions relatives au régime matrimonial. Les conventions sont neutralisées pour l'avenir puisque tous les États parties à ces conventions sont des États participant à la coopération renforcée des deux règlements européens *[Les règles de conflit de loi de la Convention de la Haye du 14 mars 1978 continueront néanmoins de s'appliquer très souvent et pendant encore de nombreuses années (voir fiche 1 et 3)]*.

En revanche, les conventions conclues par la France et des pays tiers ou non-participants à la coopération renforcée continuent de s'appliquer. Tel est le cas de la Convention franco-polonaise du 5 avril 1967 relative à la loi applicable, la compétence et l'exéquatur dans le droit des personnes et de la famille qui comportent des dispositions relatives aux rapports

patrimoniaux entre les époux, ou encore de la Convention franco-yougoslave du 18 mai 1971 relative à la loi applicable et à la compétence en matière de droit des personnes et de la famille applicable entre la France, la Serbie *[Cf. Le Décr. n° 2003-457 du 16 mai 2003 portant publication de l'accord entre le Gouvernement de la République française et le Conseil des ministres de Serbie-et-Monténégro relatif à la succession en matière de traités bilatéraux conclus entre la France et la République socialiste fédérative de Yougoslavie]*, **le Monténégro** *[Cf. le Décr. n° 2012-621 du 2 mai 2012 portant publication de l'accord sous forme d'échange de lettres entre le Gouvernement de la République française et le Gouvernement du Monténégro relatif à la succession en matière de traités bilatéraux conclus entre la France et l'Union de Serbie-et-Monténégro]*, **la Bosnie-Herzégovine** *[Cf. le Décr. n° 2004-96 du 26 janv. 2004 portant publication de l'accord sous forme d'échange de lettres entre le Gouvernement de la République française et le conseil des ministres de Bosnie-Herzégovine relatif à la succession en matière de traités bilatéraux conclus entre la France et la République socialiste fédérative de Yougoslavie]* **et qui comprend aussi des dispositions relatives au régime matrimonial.**

FICHE 2 La compétence

Les règles relatives à la compétence du chapitre II des règlements s'appliquent dès lors qu'une "juridiction" d'un État membre participant à la coopération renforcée est saisie d'un litige, même si l'extranéité de ce litige est relative à un État tiers. Il convient de préciser que la notion de juridiction est autonome et est définie aux articles 3 des deux règlements.

La définition inclut les autorités judiciaires et les notaires à condition que ces derniers exercent des fonctions juridictionnelles. **Ce n'est pas le cas des notaires français,** même lorsqu'ils sont commis dans le cadre d'une procédure de partage judiciaire ou de divorce en application des articles 255 du code civil et 1361 ou 1364 du code de procédure civile. Ainsi, en principe, les notaires français qui interviennent en matière de régimes matrimoniaux et effets patrimoniaux des PACS ne sont pas soumis aux règles de compétence des règlements *[V. en ce sens les conclusions de l'avocat général dans l'affaire C-658/17 (question préjudicielle en cours d'examen devant la CJUE). Il s'ensuit que les règles de compétence ne sont donc pas applicables au divorce par consentement mutuel français par acte sous signature privée contresigné par avocats et déposé au rang des minutes d'un notaire]*. Ceux-ci appliqueront en revanche les règles relatives à la loi applicable et à la circulation des actes authentiques (voir fiches 3 et 4).

Ces règles de compétence doivent être vérifiées et, le cas échéant, soulevées d'office (article 15).

L'existence, dans les règlements, de dispositions relatives à la compétence des juridictions **n'empêche nullement que la liquidation du régime matrimonial ou des intérêts patrimoniaux des partenaires puisse s'effectuer amiablement, devant notaire le cas échéant, en dehors de toute saisine judiciaire.** A cet égard, il résulte de l'article 2 des règlements et des considérants 29, 30 et 39 que les différents systèmes de règlement des régimes matrimoniaux et des effets patrimoniaux des partenariats enregistrés applicables dans les États membres doivent être respectés et, en particulier, que les notaires continuent à exercer leur rôle.

La compétence s'apprécie à la date de la saisine de la juridiction (cf. article 14 des règlements).

Il sera, enfin, rappelé que les règles du chapitre II permettent de déterminer les États membres dont les juridictions sont compétentes. Si le juge français retient sa compétence internationale **(en la vérifiant d'office le cas échéant)** il devra ensuite appliquer les règles de compétences territoriale et matérielle internes.

Le juge compétent sera ainsi en principe le juge aux affaires familiales (article L. 213-3 du code de l'organisation judiciaire) du lieu de résidence du défendeur (article 1070 du code de procédure civile *[Il existe toutefois certaines dispositions spécifiques en matière d'homologation du régime matrimonial (article 1300-4 du code de procédure civile) et de séparation judiciaire de biens (article 1292 du même code)]*). Si les règles internes ne désignent géographiquement aucune juridiction, le demandeur est libre de choisir la juridiction matériellement compétente de son choix sur le territoire. Il n'existe aucune obligation de saisir les juridictions parisiennes par défaut.

1. *Les juridictions compétentes*

Les règles de compétence sont hiérarchisées et sont présentées ci-dessous dans l'ordre dans lequel elles doivent être examinées par le juge.

1.1. ***La concentration de compétence de principe en présence de procédures en cours de succession et de divorce devant des juridictions d'un État membre (articles 4 et 5)***

Faisant le constat que la plupart des procédures judiciaires en matière de régimes matrimoniaux et d'effets patrimoniaux des partenariats enregistrés sont provoquées par la fin du couple, du fait du décès de l'un d'entre eux ou de la séparation des époux ou partenaires ou encore de l'annulation de l'union, **le choix a été fait, pour les règlements en matière de droit patrimonial de la famille, de lier la compétence intéressant le règlement des effets patrimoniaux de la fin du couple à celle relative à la cause de fin du couple (décès ou désunion – rupture ou annulation).**

Cette concentration de compétence de principe suppose deux conditions :

– une **procédure pendante devant le juge successoral ou le juge de la désunion** de l'un des États membres partie à la coopération renforcée (la juridiction "est saisie" aux termes des articles 4 et 5 et des considérants 34 et 35)

– **un lien entre les questions patrimoniales et cette procédure en cours** ("en relation avec ladite affaire de succession/dissolution/annulation").

La concentration de compétence permet ainsi de traiter à la fois la fin du couple et ses conséquences. Les justiciables verront ainsi les différentes procédures connexes dans lesquelles ils sont impliqués traitées par les juridictions *[Il s'agit des juridictions d'un même État membre, mais pas forcément la juridiction déjà saisie. En effet, en cas de saisine d'un tribunal de grande instance français d'une demande d'annulation de mariage ou de PACS, ce tribunal ne saurait connaître des questions patrimoniales de ces unions, celles-ci ressortant de la compétence matérielle du juge aux affaires familiales]* d'un même État membre (considérant 32).

Une coordination entre les différents règlements de l'Union Européenne est ainsi réalisée pour favoriser la concentration de compétence. Tous les États participant à la coopération renforcée pour ces deux règlements sont en effet liés par le règlement n° 650/2012 sur les successions et le règlement n° 2201/2003 dit "Bruxelles II *bis*" en matière de divorce, séparation de corps et annulation de mariage.

La concentration de compétence sera précisée selon les cas concernés.

En cas de décès d'un époux ou d'un partenaire (article 4)

L'article 4 des règlements prévoit que si la question du régime matrimonial ou des effets patrimoniaux du partenariat enregistré est liée à une affaire de succession, ce sont alors **les juridictions de l'État membre compétentes pour statuer sur cette succession** en vertu du règlement (UE) n° 650/2012 qui **seront également compétentes pour statuer sur la liquidation du régime matrimonial ou sur le règlement des intérêts patrimoniaux des partenaires.**

Il convient donc d'être vigilant sur le champ d'application du règlement succession et sur les règles de compétence de cet instrument, car des problèmes de frontières entre les différents règlements pourraient apparaître. La concentration de compétence n'opérera que si la juridiction est compétente en matière successorale sur le fondement du règlement n° 650/2012 *[Cf. circulaire du 25 janvier 2016 de présentation des dispositions du règlement (UE) n° 650/2012 du Parlement européen et du Conseil du 4 juillet 2012 relatif à la compétence, la loi applicable, la reconnaissance et l'exécution des décisions, et l'acceptation et l'exécution des actes authentiques en matière de successions et à la création d'un certificat successoral européen]*.

Cette règle de concentration de la compétence au profit de l'État dans lequel le juge est saisi en matière successorale est impérative et s'impose en principe tant aux parties qu'au juge. Ainsi, il ne pourra y avoir d'élection de for par les parties (article 7), pas plus que de compétence fondée sur la comparution du défendeur (article 8).

En cas de divorce, de séparation de corps ou d'annulation du mariage (article 5 du règlement n° 2016/1103)

L'article 5 du règlement n° 2016-1103 prévoit que **les juridictions d'un État membre saisies de la séparation des époux ou de l'annulation du mariage** en application du règlement Bruxelles II *bis* **seront également compétentes pour statuer en matière de régimes matrimoniaux.**

La compétence de l'article 5 du juge de la désunion n'a évidemment vocation à s'appliquer qu'en cas de divorce judiciaire, ce qui exclut le cas du divorce par consentement mutuel. Par *ailleurs, elle* **suppose que la procédure de divorce soit encore en cours.** Cela signifie que si le juge français est compétent pour le divorce, il le sera également, par application de l'article 5, pour les questions relatives au régime matrimonial traitées à l'occasion de la procédure de divorce.

Focus pratique : ce sera le cas, par exemple, lorsque des demandes seront formulées dans le cadre de l'instance de divorce sur le fondement de l'article 267 du code civil, qui permet au juge du divorce de statuer sur certaines demandes relatives à la liquidation du régime matrimonial (attribution préférentielle, désaccords subsistants, etc.). Dans ce cadre procédural, il y a bien, d'une part, un lien avec l'objet de la procédure en divorce puisque celle-ci entraîne la liquidation du régime matrimonial, et, d'autre part, une procédure en divorce pendante puisque la demande est formée au sein même de cette procédure. La prorogation de compétence de l'article 5 joue donc pleinement pour donner compétence au juge français compétent pour le divorce (sur certains critères, voir infra) pour statuer sur ces demandes liquidatives en vertu du règlement n° 2016/1103.

En revanche, si le juge français prononce le divorce, et que celui-ci devient définitif, la concentration de compétence de l'article 5 ne pourra pas s'appliquer à l'action en liquidation du régime matrimonial qui serait le cas échéant introduite ultérieurement. Le juge saisi en matière de régime matrimonial devra donc analyser sa compétence à la lumière des autres articles du règlement n° 2016/1103.

Cette concentration de compétence connaît dans certains cas des limites tenant à l'accord des parties contrairement à la concentration de compétence de l'article 4 (en cas de décès, voir ci-dessus). En effet, en fonction du critère du règlement Bruxelles II *bis* sur lequel la compétence est fondée pour la désunion, l'accord des parties sera nécessaire, ou non, préalablement à l'extension de la compétence au profit du juge de la désunion.

La concentration de compétence s'exercera de plein droit sans condition d'acceptation des parties lorsque les critères de compétence du règlement Bruxelles II *bis* témoignent d'une grande proximité entre le couple et l'État saisi. Il s'agit des hypothèses dans lesquelles les juridictions compétentes pour statuer sur la désunion sont celles désignées par l'article 3, § 1er a) tirets 1 à 4 ou b) du règlement Bruxelles II *bis* c'est-à-dire celles de l'État membre :

— sur le territoire duquel se trouve la résidence habituelle des époux,

— de la dernière résidence habituelle des époux dans la mesure où l'un d'eux y réside encore ou,

— de la résidence habituelle du défendeur ou,

— de la résidence habituelle de l'un ou de l'autre époux en cas de demande conjointe ou,

— de la nationalité des deux époux.

Dans ces situations, la concentration des compétences est impérative et une élection de for par les parties n'est pas possible (article 7), pas plus qu'une compétence fondée sur la comparution du défendeur (article 8).

La concentration de compétence sera subordonnée à l'accord des époux dans les hypothèses listées au paragraphe 2 de l'article 5 du règlement portant sur les régimes matrimoniaux. Il s'agit des hypothèses dans lesquelles le juge saisi de la désunion est une juridiction de l'État membre :

— de la résidence habituelle du demandeur s'il y a résidé depuis au moins une année immédiatement avant l'introduction de la demande (article 3 § 1er a) 5e tiret du règlement Bruxelles II *bis*),

— de la résidence habituelle du demandeur s'il y a résidé depuis au moins six mois immédiatement avant l'introduction de la demande et s'il est ressortissant de l'État membre en question (article 3 § 1er a) 6e tiret du règlement Bruxelles II *bis*),

— qui a rendu une décision sur la séparation de corps et dont il est demandé la conversion en divorce (article 5 du règlement Bruxelles II *bis*),

— qui est saisie en vertu de l'article 7 du règlement Bruxelles II *bis* (compétences résiduelles).

Cet accord des époux à la concentration de compétence n'est pas soumis à un formalisme particulier sauf s'il est conclu avant la saisine de la juridiction. Dans ce cas, conformément au paragraphe 2 de l'article 7 du règlement n° 2016-1103, il doit s'agir d'un écrit daté et signé *[Avec une possibilité de recours à l'acte électronique]*.

La concentration des procédures fait alors échec à une élection de for par les parties *(article 7), mais laisse possible* une compétence fondée sur la comparution du défendeur (article 8).

En cas de dissolution ou d'annulation du partenariat enregistré (article 5 du règlement n° 2016/1104)

L'article 5 du règlement n° 2016/1104 pour les partenariats enregistrés prévoit une concentration de compétence au bénéfice des juridictions de l'État membre dont les juridictions sont déjà saisies en dissolution ou en annulation du partenariat enregistré à la condition que les "partenaires en conviennent ainsi".

La concentration de compétence est donc **toujours conditionnée à l'accord des partenaires.**

La concentration de compétence auprès des juridictions d'un même État fait échec à une élection de for par les parties (article 7), mais laisse possible une compétence fondée sur la comparution du défendeur (article 8).

1.2. *La faculté de choix de la juridiction compétente (article 7)*

En vertu de l'article 7 des règlements, par dérogation aux règles de compétence fixées par l'article 6, les parties peuvent faire une élection de for et choisir, dans certaines limites, la juridiction compétente pour connaître de la liquidation de leur régime matrimonial ou des conséquences patrimoniales de la dissolution du PACS. Une place est ainsi faite à la **volonté des parties**, dans le prolongement de celle accordée en matière de loi applicable, afin d'accroitre la sécurité juridique, la prévisibilité et l'autonomie des parties (considérants 36 et 37).

Toutefois, comme expliqué au point 1.1, cette élection de for **ne peut jamais être efficace si une juridiction est compétente pour les matières couvertes par les deux règlements en vertu des articles 4 ou 5 des règlements portant sur la concentration de compétence** en cas de décès ou de séparation du couple. La concentration des procédures l'emporte ainsi sur l'autonomie de la volonté.

Par ailleurs, cette autonomie de la volonté des parties est encadrée. Ainsi, ce choix de for ne peut concerner que les juridictions de deux États :

— celles de l'État membre dont la loi est applicable en vertu de l'article 22 ou de l'article 26 paragraphe 1er (points a) et b) uniquement, en matière de régime matrimonial),

— celles de l'État membre dans lequel le mariage a été célébré ou en vertu de la loi duquel le PACS a été créé.

Les articles 22 et 26 portent respectivement sur les choix de loi et sur la règle de conflit de loi applicable à défaut de choix de loi (voir fiche 3). L'idée est ainsi ici de faire converger les critères de compétence avec ceux de la loi applicable et de **permettre que soient compétentes les juridictions de l'État membre dont la loi est applicable.** Néanmoins, seuls certains critères de l'article 26 peuvent permettre l'élection de for. Il faut donc que, pour les régimes matrimoniaux, la loi applicable soit celle de la première résidence habituelle commune des époux après la célébration du mariage ou, à défaut, de la nationalité commune des époux au moment de la célébration du mariage. Pour les partenariats enregistrés, il faut que la loi applicable soit celle de l'État selon la loi duquel le partenariat enregistré a été créé.

S'agissant des conditions de forme de cette clause d'élection de for, l'article 7 prévoit qu'elle doit être formulée dans un écrit, daté et signé (avec une possibilité de recours à l'acte électronique).

1.3. *Les autres compétences applicables en l'absence de concentration de contentieux ou d'élection de for (article 6)*

Si les mécanismes des articles 4 et 5 n'ont pas trouvé à s'appliquer (soit parce que la prorogation de compétence n'a pas pu s'appliquer faute d'accord des parties soit parce que le litige patrimonial s'est posé de manière autonome, notamment après la fin de l'instance en divorce) et que les parties n'ont pas fait d'élection de for en application de l'article 7, les règlements prévoient des critères de compétence en cascade (ils sont donc hiérarchisés et non alternatifs).

Focus pratique : ce sera le cas, par exemple, hors élection de for, lorsque le litige portant sur la liquidation du régime matrimonial ne se déroule pas dans le cadre de l'instance en divorce mais après celle-ci. La demande en liquidation pourra ainsi être portée devant les juridictions d'un autre État que celui dont les juridictions ont prononcé le divorce des époux.

Les cinq premiers critères sont communs aux deux règlements et désignent les juridictions de l'État membre :

— a) sur le territoire duquel les époux ou partenaires ont leur résidence habituelle au moment de la saisine de la juridiction ou, à défaut,

— b) sur le territoire duquel est située la dernière résidence habituelle des époux ou partenaires, dans la mesure où l'un d'eux y réside encore au moment de la saisine de la juridiction ou, à défaut,

— c) sur le territoire duquel le défendeur a sa résidence habituelle au moment de la saisine de la juridiction ou, à défaut,

— d) dont les deux époux ont la nationalité au moment de la saisine de la juridiction.

Il existe **un 5e critère**, qui est **propre à l'article 6 du règlement "partenariats enregistrés"** qui prévoit *in fine* la compétence des juridictions de l'État membre "e) selon le droit duquel le partenariat a été créé" si le critère d) ne peut être retenu.

Ces critères privilégient un rattachement réel et de proximité.

1.4. *Les autres règles de compétence*

— ***La comparution volontaire du défendeur*** (article 8)

L'article 8 prévoit une **règle de compétence fondée sur la comparution volontaire du défendeur et la volonté tacite des parties** sous plusieurs conditions.

C'est une règle autonome applicable **lorsque la compétence d'un État membre n'est pas fondée sur une autre disposition des règlements.**

Seules les juridictions de l'État membre dont la loi est applicable en vertu de l'article 22 ou de l'article 26 paragraphe 1er (points a) et b) uniquement, en matière de régime matrimonial) peuvent être concernées.

Il faut que le défendeur comparaisse et que ce ne soit pas uniquement pour contester la compétence ou dans le cadre d'une concentration impérative des procédures (cas de l'article 4 et dans une certaine mesure de l'article 5, V. *supra* 1-2). **Enfin, il doit être dument informé de son droit de contester la compétence et des conséquences de sa comparution,** ce dont doit s'assurer la juridiction saisie avant de se déclarer compétente.

— *La compétence de substitution* (article 9)

Cet article est une **innovation importante des deux règlements** qui vise à prendre en compte le fait que certains États ne reconnaissent pas le mariage ou le partenariat enregistré de certaines personnes, ce qui peut être le cas, selon les États membres, des unions de même sexe, des unions religieuses ou des unions polygamiques.

A **titre exceptionnel**, et si la compétence de la juridiction saisie est fondée sur certains articles, cette juridiction d'un État membre **peut décliner d'office, et sans retard indu, sa compétence si son droit ne permet pas de reconnaître le mariage ou le partenariat enregistré** concerné *[Et si les parties n'ont pas obtenu préalablement une dissolution ou annulation de l'union susceptible d'être reconnue par l'État saisi car cela fait disparaître la difficulté]* **sur le fondement de l'article 9 des règlements.**

Cette substitution peut être appliquée si la juridiction a été saisie sur un des fondements suivants :

Pour le règlement n° 2016/1103 sur les régimes matrimoniaux :

— l'article 4 : la concentration de compétence en cas de décès

— l'article 6 : les autres critères de compétence

— l'article 7 : l'élection de for

— l'article 8 : la compétence fondée sur la comparution du défendeur

Pour le règlement n° 2016/1104 sur les effets patrimoniaux des partenariats enregistrés :

— l'article 4 : la concentration de compétence en cas de décès

— l'article 5 : la concentration de compétence en cas de désunion

— l'article 6 : les autres critères de compétence pour les quatre premiers critères (a, b, c, d) c'est-à-dire tous sauf le critère e) visant les juridictions de l' État membre selon le droit duquel le partenariat enregistré a été créé *[En effet, dans ce dernier cas, les juridictions saisies sont nécessairement celles d'un État qui reconnaît le partenariat enregistré en question]*.

Afin **d'assurer l'accès des parties à la justice** dans de telles situations, celles-ci peuvent alors convenir en application de l'article 7 (élection de for) que les juridictions d'un État membre dont le droit s'applique à leur régime patrimonial, ou les juridictions de l'État membre dans lequel le mariage a été célébré ou le partenariat enregistré créé, statueront. Le champ de l'élection de for est ainsi étendu lorsqu'une compétence de substitution doit être trouvée.

En l'absence d'un tel accord ou si celui-ci ne permet pas de résoudre la difficulté liée à l'absence de reconnaissance du mariage ou du partenariat, les critères fixés aux articles 6 et 8 des règlements pourront être utilisés pour déterminer l'État membre dont les juridictions devront statuer au titre de cette compétence de substitution. Dans le cadre du règlement n° 2016/1103, peuvent également être sollicitées les juridictions de l'État membre de célébration du mariage.

Dans cette situation, pour l'article 6, les critères de rattachement ne sont plus hiérarchisés *afin d'éviter tout déni de justice* (le considérant 38 précise en effet "quelque [quel que] soit l'ordre de ces chefs de compétence").

La nouvelle juridiction saisie, après le déclinatoire de compétence, doit analyser sa compétence selon les règles de l'article 9.

— *La compétence subsidiaire* (article 10)

Même si aucune juridiction d'un État membre ne se trouve compétente en vertu de règles de compétence des règlements, **les juridictions de l'État membre dans lequel sont situés des biens immeubles** de l'un ou des deux époux ou partenaires sont néanmoins compétentes, mais uniquement **pour statuer sur le sort de ces biens**, et non sur l'ensemble du régime matrimonial ou des effets patrimoniaux du partenariat enregistré.

— *Le forum necessitatis* (article 11)

Lorsqu'aucune juridiction d'un État membre n'est compétente en vertu d'autres dispositions du règlement, **les juridictions d'un État membre présentant un lien suffisant avec**

l'affaire peuvent exceptionnellement statuer sur les matières couvertes par les règlements, **si une procédure ne peut raisonnablement être introduite ou conduite, ou se révèle impossible dans un État tiers** avec lequel l'affaire a un lien étroit.

Il est expliqué, dans les considérants 40 et 41, que cet article est destiné à "remédier tout particulièrement à des situations de déni de justice". Est notamment donnée comme exemple de cas exceptionnel justifiant une compétence fondée sur le *forum necessitatis,* l'existence d'une guerre civile rendant impossible la mise en œuvre d'une procédure dans l'État tiers concerné.

1.5. *Les autres règles de compétence pour les contestations portant sur un acte authentique*

La contestation de l'authenticité d'un acte authentique (article 58-2) ressort de la compétence des juridictions de l'État de rédaction de l'acte.

La contestation des stipulations d'un acte authentique (article 58-4) relève de la compétence des juridictions désignées à l'article 6 si cette demande n'est pas accessoire. S'il s'agit d'une demande incidente, le juge compétent est le juge saisi au principal.

2. *Les règles de procédure applicables devant les juridictions*

Comme cela a déjà été indiqué, si la juridiction d'un État membre saisie est incompétente, elle est tenue de le déclarer d'office (article 15).

Les règlements comportent également des dispositions relatives aux conditions de la saisine de la juridiction (article 14), à la vérification de la recevabilité (article 16), à la litispendance (article 17), aux demandes reconventionnelles (article 12) ou encore à la connexité (article 18), comme les autres règlements de coopération judiciaire civile.

3. *Le domaine de compétence de la juridiction*

La juridiction compétente statue sur **l'ensemble du régime matrimonial ou des effets du partenariat enregistré, qu'il s'agisse de meubles ou immeubles, où que les biens soient situés** (autre État membre participant à la coopération renforcée ou État tiers au sens des règlements).

Les règlements prévoient toutefois à l'article 13 une **possibilité de limitation de compétence, à la demande d'une partie**, lorsque la masse successorale du défunt dont la succession relève du règlement UE n° 650/2012 comprend des biens successoraux situés dans un État tiers et que la décision qui serait rendue sur ces biens par la juridiction saisie de l'ensemble de la succession risque de ne pas être reconnue ou de ne pas être déclarée exécutoire dans cet État tiers. La juridiction saisie peut alors décider de ne pas statuer sur un ou plusieurs de ces biens.

Par ailleurs, ainsi qu'il a été indiqué, le cas de la compétence subsidiaire de l'article 10 est limité en ce qu'il ne permet de statuer que sur les seuls biens immobiliers situés sur le territoire de l'État dont les juridictions sont compétentes (V. *supra* 1-4).

Les mesures provisoires et conservatoires *[Cette notion de « mesures provisoires et conservatoires » doit être entendue au sens européen, ce qui ne rejoint pas toujours la qualification française de « mesures provisoires »]* prévues par la loi d'un État membre participant à la coopération renforcée peuvent être demandées aux juridictions de cet État, même si les juridictions d'un autre État membre sont compétentes pour connaître du fond (article 19).

FICHE 3

Non reproduite.

FICHE 4 Les règles applicables à la reconnaissance, l'acceptation et la force exécutoire des décisions, transactions judiciaires et actes authentiques

On parle de **reconnaissance** lorsqu'il s'agit uniquement de conférer à une décision étrangère une efficacité substantielle, une force probante ou l'autorité de la chose jugée. L'acceptation correspond à la reconnaissance pour les transactions ou les actes authentiques. Les règlements posent un principe de reconnaissance mutuelle entre les États participants (V. *infra* 1).

Toutefois, pour des actes d'exécution matérielle sur des biens ou de coercition sur des personnes sur le territoire d'un autre État membre participant à la coopération renforcée, il est nécessaire qu'une déclaration de **force exécutoire** soit délivrée (V. *infra* 2). La procédure faisant ici intervenir à la fois l'État membre d'origine (État ayant rendu la décision, ou État dans lequel l'acte a été enregistré ou la transaction conclue) et l'État membre d'exécution (État sur le territoire duquel un acte d'exécution devra être pris) est schématiquement la suivante : celui qui souhaite l'exécution forcée de la décision ou de l'acte notarié présente une requête auprès de l'autorité compétente de l'État membre d'exécution (article 44) accompagnée d'une attestation délivrée par l'autorité compétente de l'État membre d'origine ayant rendu la décision ou l'acte (article 45). L'autorité de l'État membre d'exécution délivrera une déclaration constatant la force exécutoire ce qui permettra la pleine exécution de la décision ou de l'acte sur son territoire (article 47).

Le décret n° 2018-1219 du 24 décembre 2018 portant diverses mesures de procédure civile relatives à la reconnaissance transfrontalière des décisions en matière familiale a modifié les articles 509-1 et suivants du code de procédure civile pour permettre la mise en œuvre des dispositions relatives à la déclaration de force exécutoire, et pour désigner les autorités compétentes lorsque la France est l'État membre d'origine ou d'exécution.

Aussi bien pour la reconnaissance que pour l'acquisition de la force exécutoire, les règles ci-dessous explicitées s'appliquent aux **décisions, transactions judiciaires et actes authentiques** entrant dans le champ d'application des règlements n° 2016/1103 et n° 2016/1104 et **provenant de l'un des 18 États membres participant à la coopération renforcée** (voir fiche 1).

Focus pratique : lorsque une autorité compétente française est sollicitée soit pour déclarer la force exécutoire d'une décision, d'une transaction ou d'un acte étranger en France soit pour permettre la circulation d'une décision, d'une transaction ou d'un acte français à l'étranger, elle devra vérifier que l'État étranger concerné est l'un des États participants suivants : l'Autriche, l'Allemagne, la Belgique, la Bulgarie, la Croatie, Chypre, l'Espagne, la Finlande, la Grèce, l'Italie, le Luxembourg, Malte, les Pays-Bas, le Portugal, la République tchèque, la Slovénie et la Suède.

Si l'État d'origine ou d'exécution est un État tiers au sens de ces deux règlements il conviendra de renvoyer les parties à l'application, le cas échéant, de la convention bilatérale ou multilatérale conclue avec cet État ou à défaut aux règles de droit commun en matière de reconnaissance ou d'exequatur (voir notamment l'article 509 du code civil).

Il convient de préciser que chacune de ces notions est autonome :

– les **décisions** sont comprises par les règlements dans une acceptation large définie à l'article 3. La dénomination qui peut être donnée par la terminologie interne importe peu. Il convient en revanche que la décision soit rendue **par une juridiction** d'un État membre (étant rappelé que le notaire français ne peut pas être assimilé à une juridiction, voir fiche 2) ;

– les **actes authentiques** sont définis comme tout acte, en matière de régimes matrimoniaux et d'effets patrimoniaux des partenariats enregistrés, dressé ou enregistré formellement en tant qu'acte authentique dans un État membre, dont l'authenticité porte sur la signature comme sur le contenu de l'acte et qui a été établi par une autorité publique ou tout autre autorité habilitée à le faire par l'État membre d'origine (article 3 § 1er c) et d) des règlements). Ils ne doivent ainsi pas être lus à la lumière de notre seul article 1369 du code civil ;

– les **transactions judiciaires** sont définies à l'article 3 des règlements comme la transaction approuvée par une juridiction ou conclue devant une juridiction au cours d'une procédure, ce qui correspond en France aux accords homologués par le juge.

En France, la liquidation du régime matrimonial effectuée sans acte authentique dans la convention de divorce par consentement mutuel par acte sous signature privée contresigné par avocats et déposé au rang des minutes d'un notaire ne peut donc pas bénéficier de ces *dispositions (car il ne s'agit* ni d'une décision, ni d'une transaction judiciaire ni d'un acte authentique au sens des règlements).

1. *La reconnaissance et l'acceptation*

1.1. *La reconnaissance des décisions*

En raison de la confiance mutuelle existant entre les États membres participant à la coopération renforcée, le règlement prévoit que les décisions prises en matière de régimes matrimoniaux et d'effets patrimoniaux des partenariats enregistrés peuvent circuler d'un État membre à l'autre sans qu'il ne soit nécessaire de recourir à aucune procédure. Les décisions émanant des État participants sont donc **reconnues de plein droit sur le territoire français**, sans formalité particulière (article 36).

En cas de contestation, il est cependant possible de solliciter une décision constatant la reconnaissance conformément à la procédure applicable à l'exécution forcée des décisions (article 36 §2, V. *infra* 2).

Peuvent-être soulevés en cas de contestation à titre principal ou incident quatre motifs de **non-reconnaissance** (article 37) :

— la contrariété manifeste à l'ordre public de l'État membre requis,

— le non-respect des garanties procédurales et des droits de la défense dans le cas d'une décision rendue par défaut,

— le caractère inconciliable de la reconnaissance avec une décision rendue en France dans une procédure entre les mêmes parties,

— le caractère inconciliable de la reconnaissance avec une décision rendue antérieurement dans un autre État membre ou dans un État tiers entre les mêmes parties dans une procédure ayant le même objet et la même cause, lorsque la décision rendue antérieurement est susceptible d'être reconnue dans l'État membre d'exécution.

L'article 38 soumet l'application de cette disposition au respect des droits et principes fondamentaux consacrés par la Charte des droits fondamentaux de l'Union européenne, spécialement le principe de non-discrimination [*Cette disposition devrait empêcher les États membres ne reconnaissant pas les unions entre personnes de même sexe de s'opposer à la reconnaissance des décisions entrant dans le champ d'application des deux règlements. Toutefois, le considérant 64 rappelle expressément afin de préserver les ordres juridiques de chacun des États membres que la reconnaissance et l'exécution d'une décision en matière de régime matrimonial ou d'effets patrimoniaux d'un partenariat enregistré ne devraient en aucune manière impliquer la reconnaissance du mariage ou du PACS qui est à l'origine du régime patrimonial ayant donné lieu à la décision*].

Il sera ainsi relevé que l'incompétence de l'autorité qui a rendu la décision ne peut être soulevée pour refuser la reconnaissance de cette dernière. Ce contrôle est par ailleurs expressément interdit à l'article 39 des règlements, le présupposé étant que la juridiction saisie au fond a contrôlé d'office sa compétence au regard des dispositions prévues par les règlements (article 15).

La reconnaissance est nécessairement pleine et entière et la décision rendue ne peut faire l'objet d'une révision au fond (article 40).

1.2. *L'acceptation des actes authentiques*

Les règlements posent à l'article 58 **le principe de la libre circulation des actes authentiques.**

S'agissant de la portée transfrontière des effets attachés à ces actes authentiques, cet article dispose qu'ils ont la **même force probante dans un autre État membre que dans l'État membre d'origine** ou, tout au moins, qu'ils y produisent les effets les plus comparables, sous réserve du respect de l'ordre public de l'État membre dans lequel l'acceptation est demandée. En France, les effets d'un acte authentique sont décrits à l'article 1371 du code civil (foi jusqu'à inscription de faux de ce que l'officier public déclare avoir personnellement accompli ou constaté). La circulation des actes authentiques est ainsi facilitée puisqu'il n'est exigé en outre ni légalisation ni apostille [***La légalisation*** *est une formalité qui découle de la coutume internationale et qui s'impose pour la circulation internationale de tout acte public, hors convention internationale contraire. La légalisation d'un acte public français destiné à être produit à l'étranger se fait en deux temps : légalisation par le ministère des affaires étrangères (bureau des légalisations), qui permet d'attester de la signature de l'auteur de l'acte puis légalisation par l'ambassade ou le consulat de l'État étranger sur le territoire duquel l'acte doit produire ses effets.*

L'apostille*, prévue par la convention de la Haye du 5 octobre 1961, est une formalité allégée unique : elle consiste, après la vérification de la qualité, du sceau et de la signature de l'auteur de l'acte, en l'apposition sur l'acte lui-même d'un timbre, l'« apostille », conforme à un modèle annexé à la convention. Cet acte peut ensuite être produit dans l'État étranger partie à la convention*].

Il n'existe donc qu'**un seul motif de non-acceptation : l'atteinte manifeste à l'ordre public**. En conséquence, il n'est pas possible de se prévaloir du caractère inconciliable de l'acte authentique avec un autre acte de même nature pour refuser de lui faire produire ses effets. Les considérants 62 et 63 des règlements indiquent qu'en ce cas, il est recommandé de donner la priorité à l'un d'eux en fonction des circonstances de l'espèce.

Sur le plan pratique et afin de faciliter l'acceptation des actes authentiques au sein de l'Union européenne, la personne peut solliciter l'autorité qui l'a établi pour remplir un formulaire-type (formulaires I, II et III figurant en annexes 3 et 4 de la présente circulaire) décrivant la force probante de l'acte dans l'État d'origine. En France, ce formulaire est rempli par le notaire instrumentaire de l'acte.

Celui qui entend porter une contestation relative à l'authenticité de l'acte *[Il convient de souligner que, selon le considérant 59, l'authenticité d'un acte authentique est un concept autonome des définitions qui en sont données par chaque État membre, recouvrant des éléments tels que la véracité de l'acte, les exigences de forme qui lui sont applicables, les pouvoirs de l'autorité qui le dresse et la procédure suivie pour le dresser]* devra saisir les juridictions de l'État membre d'origine qui statueront en application de leurs règles internes. Les effets attachés à l'acte authentique contesté sont alors suspendus dans l'État membre requis tant que le recours est pendant. Si la contestation porte sur le contenu de l'acte (les actes juridiques ou les relations juridiques consignés dans l'acte authentique), il convient de saisir la juridiction compétente conformément au chapitre II du règlement qui statue alors selon la loi applicable en vertu du chapitre III. Là encore, les effets attachés à l'acte authentique sont suspendus tant que ce recours est pendant.

Un contrôle incident est possible, devant une juridiction d'un État membre, s'agissant du contenu de l'acte tant que cela ne porte pas sur l'authenticité même de l'acte.

2. *La force exécutoire des décisions, transactions judiciaires et actes authentiques*

Le règlement reprend le mécanisme désormais classique de la procédure de déclaration de force exécutoire.

Cet *"exequatur* allégé" suppose une intervention tant de l'autorité de l'État membre d'origine que celle de l'État d'exécution. Les articles 44 à 57 du règlement précisent ce dispositif.

2.1. *L'attestation de l'État membre d'origine en vue de l'exécution dans un autre État membre*

Afin que soient déclarés exécutoires dans un autre État membre une décision, une transaction judiciaire ou un acte authentique, il appartient à la personne de **solliciter la juridiction ou l'autorité compétente de l'État membre d'origine** pour qu'elle délivre un formulaire attestant du caractère exécutoire du titre et reprenant les informations nécessaires à son exécution (formulaires I, II ou III annexés).

En ce qui concerne les titres exécutoires français dont la reconnaissance et l'exécution sont sollicitées dans un autre État membre, l'autorité compétente pour délivrer l'attestation est le directeur de **greffe de la juridiction qui a rendu la décision ou homologué la transaction** (article 509-1 I. 1° du code de procédure civile).

En ce qui concerne les actes authentiques établis par un notaire français, l'autorité compétente pour délivrer l'attestation est **le notaire ou la personne morale titulaire de l'office notarial** conservant la minute de l'acte reçu (article 509-3 du code de procédure civile).

Comme pour la délivrance des certificats prévus par d'autres règlements européens, la requête est présentée en double exemplaire et porte l'indication précise des pièces invoquées (article 509-4 du code de procédure civile). Aucune représentation par avocat n'est exigée.

Bien que le règlement soit silencieux sur ce point, il conviendrait de limiter autant que possible les champs de texte libre des formulaires-types afin que la traduction de ceux-ci puisse être fournie dans la plupart des cas sans imposer de coûts supplémentaires à la personne en utilisant le formulaire-type dans la langue concernée. Pour autant, il convient de souligner l'importance des informations figurant au 5.2 du formulaire I, au 6.2 du formulaire II et au 4 du formulaire III (force exécutoire) ainsi qu'au 5.1 du formulaire II (inscription dans les registres d'un droit mobilier ou immobilier).

2.2. *La déclaration constatant la force exécutoire de l'État membre d'exécution*

Dans un deuxième temps, la personne doit formuler **auprès des autorités compétentes de l'État membre d'exécution** une demande de déclaration constatant la force exécutoire de la décision ou de l'acte dans son ensemble ou de certaines de ses dispositions.

Cette demande doit être accompagnée :

– de la copie de la décision ou de l'acte réunissant les conditions nécessaires pour en établir l'authenticité ;

– de l'attestation décrite au paragraphe 2-1. Si cette dernière ne figure pas au dossier, il est possible soit d'impartir un délai pour la produire, soit d'accepter un document équivalent, soit encore d'en dispenser la personne si les autres pièces sont suffisantes.

En France, les documents produits devront être traduits en français, lorsque cela s'avère nécessaire. Le coût de la traduction du formulaire sera à la charge du requérant dans la mesure où la procédure de constatation de la force exécutoire n'est pas une procédure juridictionnelle et qu'elle n'ouvre donc pas droit à l'aide juridictionnelle française.

Les requêtes aux fins de constatation de la force exécutoire des décisions et transactions judiciaires sont portées en France devant le directeur de greffe du tribunal de grande instance (article 509-2 du code de procédure civile).

S'agissant des actes authentiques, les requêtes sont présentées au président de la chambre des notaires ou, en cas d'absence ou d'empêchement, à son suppléant désigné parmi les membres de la chambre (article 509-3 alinéa 1 du même code).

En outre, l'article 44 du règlement prévoit que la compétence territoriale de l'autorité à même de connaître de ces requêtes est déterminée par le domicile de la partie contre laquelle l'exécution est demandée ou par le lieu de l'exécution. Une option est ainsi laissée au requérant.

Il s'agit d'une procédure non contradictoire et dépourvue de tout caractère juridictionnel dans la mesure où l'autorité compétente n'a pas le pouvoir d'opposer les motifs de non-reconnaissance énoncés par l'article 37 du règlement (et la partie contre laquelle l'exécution est sollicitée ne peut pas à ce stade présenter d'observation). L'article 509-4 du code de procédure civile précise les conditions de dépôt de la requête. Les décisions de rejet de la requête aux fins de constatation de la force exécutoire doivent être motivées (article 509-5).

La décision relative à la requête aux fins de constatation de la force exécutoire est notifiée au requérant par lettre recommandée avec demande d'avis de réception ou remise au requérant contre émargement ou récépissé. La déclaration constatant la force exécutoire est notifiée par le greffe à la partie contre laquelle l'exécution est demandée (article 509-6), accompagnée de la décision si celle-ci n'a pas encore été signifiée ou notifiée à cette dernière.

Enfin, le nouvel article 509-9 du code de procédure civile règle **le traitement des litiges nés à la suite de la décision relative à la requête en déclaration de force exécutoire.** Cette décision, d'acceptation ou de rejet de la requête, peut faire l'objet d'un recours par le demandeur à la déclaration ou par la partie contre laquelle l'exécution est demandée. Ce recours est porté devant le président du tribunal de grande instance qui statue en dernier ressort, le requérant et l'autorité requise entendus ou appelés. Ce dernier ne peut refuser ou révoquer une déclaration constatant la force exécutoire que pour l'un des motifs de l'article 37 s'agissant d'une décision (V. *supra* 1.1), ou uniquement en cas de contrariété manifeste à l'ordre public de l'État membre d'exécution pour les actes authentiques et les transactions judiciaires.

Le tableau ci-dessous présente les correspondances entre les règlements européens et les procédures prévues par le droit interne.

	Articles des règlements UE n° 2016/1103 et n° 2016/1104	Nature de la mesure	Autorité compétente en France	Article du C. pr. civ.
Décisions judiciaires	Articles 44 à 57	Attestation délivrée par l'État membre d'origine en vue de la reconnaissance et de l'exécution à l'étranger	Directeur de greffe de la juridiction qui a rendu la décision	Article 509-1
	Articles 44 à 57	Déclaration délivrée par l'État membre d'exécution constatant la force exécutoire	Directeur de greffe du tribunal de grande instance	Article 509-2
Transactions judiciaires	Article 44 à 57 et 60	Attestation délivrée par l'État membre d'origine en vue de l'acceptation et de l'exécution à l'étranger	Directeur de greffe de la juridiction qui a rendu la décision	Article 509-1
	Article 44 à 57 et 60	Déclaration délivrée par l'État membre d'exécution constatant la force exécutoire	Directeur de greffe du tribunal de grande instance	Article 509-2

	Articles des règlements UE n° 2016/1103 et n° 2016/1104	Nature de la mesure	Autorité compétente en France	Article du C. pr. civ.
Actes authentiques	Article 44 à 57 et 58 et 59	Attestation délivrée par l'État membre d'exécution en vue de l'acceptation et de l'exécution à l'étranger	Notaire ou personne morale titulaire de l'office notarial qui conserve la minute	Article 509-3
	Article 44 à 57 et 59	Déclaration délivrée par l'État membre d'exécution constatant la force exécutoire	Président de la chambre des notaires	Article 509-3

Règlement (UE) 2019/1111 du Conseil du 25 juin 2019,

Relatif à la compétence, la reconnaissance et l'exécution des décisions en matière matrimoniale et en matière de responsabilité parentale, ainsi qu'à l'enlèvement international d'enfants (refonte).

BIBL. ▶ CALLÉ, *Defrénois 26 sept. 2019, p. 29.* – GODECHOT-PATRIS, *D. 2019. 1824*. – NOURISSAT, *Defrénois 5 sept. 2019, p. 29 ; Procédures 2019. Focus 12.* – MAILHÉ, *JCP 2019. 1109.*

LE CONSEIL DE L'UNION EUROPÉENNE,

vu le traité sur le fonctionnement de l'Union européenne, et notamment son article 81, paragraphe 3,

vu la proposition de la Commission européenne,

après transmission du projet d'acte législatif aux parlements nationaux,

vu les avis du Parlement européen *[Avis du 18 janv. 2018 (JO C 458 du 19 déc. 2018, p. 499) et avis du 14 mars 2019 (non encore paru au JO).]***,**

vu l'avis du Comité économique et social européen *[Avis du 26 janv. 2017 (JO C 125 du 21 avr. 2017, p. 46).]***,**

statuant conformément à une procédure législative spéciale,

considérant ce qui suit :

(1) Le 15 avril 2014, la Commission a adopté un rapport sur l'application du règlement (CE) n° 2201/2003 du Conseil *[Règl. (CE) n° 2201/2003 du Conseil du 27 nov. 2003 relatif à la compétence, la reconnaissance et l'exécution des décisions en matière matrimoniale et en matière de responsabilité parentale abrogeant le Règl. (CE) n° 1347/2000 (JO L 338 du 23 déc. 2003, p. 1)]***. Le rapport concluait que le règlement (CE) n° 2201/2003 est un instrument efficace qui a apporté de nombreux avantages aux citoyens, mais que les règles en vigueur pourraient être améliorées. Ledit règlement doit faire l'objet de plusieurs modifications. Dans un souci de clarté, il convient de procéder à la refonte dudit règlement.**

(2) Le présent règlement établit des règles de compétence uniformes en matière de divorce, de séparation de corps et d'annulation du mariage, ainsi que des règles relatives aux litiges en matière de responsabilité parentale présentant un élément international. Il facilite la circulation des décisions, des actes authentiques et de certains accords dans l'Union en fixant des dispositions concernant leur reconnaissance et leur exécution dans d'autres États membres. Par ailleurs, le présent règlement donne des précisions sur le droit de l'enfant de se voir donner la possibilité d'exprimer son opinion dans le cadre des procédures dont il fait l'objet et comporte également des dispositions complétant la convention de La Haye du 25 octobre 1980 sur les aspects civils de l'enlèvement international d'enfants (ci-après dénommée "convention de La Haye de 1980") dans les relations entre les États membres. Ainsi, le présent règlement devrait contribuer à renforcer la sécurité juridique et à accroître la flexibilité, à permettre d'améliorer l'accès aux procédures judiciaires et à faire en sorte que l'efficacité de ces procédures soit renforcée.

(3) Le fonctionnement harmonieux et ordonné d'un espace de justice de l'Union qui respecte les différences entre les systèmes et traditions juridiques des États membres est essen-

tiel pour l'Union. A cet égard, il conviendrait de renforcer davantage encore la confiance mutuelle dans les systèmes judiciaires respectifs. L'Union s'est donné pour objectif de créer, de maintenir et de développer un espace de liberté, de sécurité et de justice au sein duquel la libre circulation des personnes et l'accès à la justice sont assurés. Afin de réaliser cet objectif, il conviendrait de renforcer les droits des personnes, et notamment des enfants, dans les procédures judiciaires, dans le but de faciliter, d'une part, la coopération entre les autorités judiciaires et administratives et, d'autre part, l'exécution des décisions en matière familiale ayant une incidence transfrontière. Il conviendrait d'améliorer la reconnaissance mutuelle des décisions en matière civile, de simplifier l'accès à la justice et de perfectionner les échanges d'informations entre les autorités des États membres.

(4) A cette fin, l'Union doit adopter, notamment, des mesures dans le domaine de la coopération judiciaire dans les matières civiles ayant une incidence transfrontière, notamment lorsque cela est nécessaire au bon fonctionnement du marché intérieur. La notion de "matières civiles" devrait être interprétée de manière autonome, conformément à la jurisprudence constante de la Cour de justice de l'Union européenne. Elle devrait être considérée comme une notion autonome à interpréter en se référant, d'une part, aux objectifs et à l'économie du présent règlement et, d'autre part, aux principes généraux qui se dégagent de l'ensemble des systèmes juridiques nationaux. La notion de "matières civiles" devrait donc être interprétée en ce sens qu'elle peut également comprendre des mesures qui, du point de vue du système juridique d'un État membre, pourraient ressortir au droit public. Elle devrait couvrir, en particulier, toutes les demandes, mesures ou décisions en matière de "responsabilité parentale" au sens du présent règlement, conformément à ses objectifs.

(5) Le présent règlement couvre les "matières civiles", ce qui inclut les procédures judiciaires civiles et les décisions qui en découlent, ainsi que les actes authentiques et certains accords extrajudiciaires en matière matrimoniale et en matière de responsabilité parentale. Par ailleurs, le terme "matières civiles" devrait couvrir les demandes, les mesures ou les décisions, ainsi que les actes authentiques et certains accords extrajudiciaires concernant le retour d'un enfant dans le cadre de la convention de La Haye de 1980 qui, conformément à la jurisprudence de la Cour de justice et à l'article 19 de la convention de La Haye de 1980, ne sont pas des procédures au fond en matière de responsabilité parentale mais y sont étroitement liées et sont visées par certaines dispositions du présent règlement.

(6) Pour faciliter la circulation des décisions ainsi que des actes authentiques et de certains accords en matière matrimoniale et en matière de responsabilité parentale, il est nécessaire et opportun que les règles relatives à la compétence judiciaire, à la reconnaissance et à l'exécution des décisions soient déterminées par un instrument juridique de l'Union contraignant et directement applicable.

(7) En vue de garantir l'égalité de tous les enfants, il conviendrait que le présent règlement couvre toutes les décisions en matière de responsabilité parentale, y compris les mesures de protection des enfants, indépendamment de tout lien avec une procédure en matière matrimoniale ou d'autres procédures.

(8) Cependant, dès lors que l'application des règles en matière de responsabilité parentale intervient souvent dans le cadre d'une procédure en matière matrimoniale, il convient d'avoir un seul instrument en matière de divorce et en matière de responsabilité parentale.

(9) En ce qui concerne les décisions de divorce, de séparation de corps ou d'annulation du mariage, le présent règlement ne devrait s'appliquer qu'à la dissolution du lien matrimonial. Il ne devrait pas concerner des questions telles que les causes de divorce, les effets patrimoniaux du mariage ou autres mesures accessoires éventuelles. Les décisions refusant la dissolution du lien matrimonial ne devraient pas être couvertes par les dispositions du présent règlement relatives à la reconnaissance.

(10) En ce qui concerne les biens de l'enfant, le présent règlement ne devrait s'appliquer qu'aux mesures de protection de l'enfant, c'est-à-dire à la désignation et aux fonctions d'une personne ou d'un organisme chargé de gérer les biens de l'enfant, de le représenter et de l'assister et aux mesures relatives à l'administration, à la conservation ou à la disposition des biens de l'enfant. Dans ce contexte et à titre d'exemple, le présent règlement devrait s'appliquer aux cas dans lesquels l'objet de la procédure est la désignation d'une personne ou d'un organisme chargé d'administrer les biens de l'enfant. Les mesures relatives aux biens de l'enfant qui ne concernent pas la protection de l'enfant devraient continuer à être régies par le règlement (UE) n° 1215/2012 du Parlement européen et du Conseil *[Règl. (UE) n° 1215/2012 du Parlement européen et du Conseil du 12 déc. 2012 concernant la compétence judiciaire, la reconnaissance et l'exécution des décisions en matière civile et commerciale (JO L 351 du 20 déc. 2012,*

p. 1)]. Toutefois, il devrait être possible que les dispositions du présent règlement relatives à la compétence pour connaître de questions incidentes puissent s'appliquer à ces cas.

(11) Tout type de placement d'un enfant dans une famille d'accueil, c'est-à-dire, conformément aux législations et procédures nationales, auprès d'une ou de plusieurs personnes, ou dans un établissement, par exemple dans un orphelinat ou une maison d'enfants, dans un autre État membre devrait entrer dans le champ d'application du présent règlement, sauf exclusion expresse, ce qui est par exemple le cas du placement en vue d'une adoption ou du placement auprès d'un parent ou, le cas échéant, de tout autre membre proche de la famille qui a fait l'objet d'une déclaration de la part de l'État membre d'accueil. Par conséquent, même les "placements éducatifs" ordonnés par une juridiction ou organisés par une autorité compétente avec l'accord des parents ou de l'enfant ou à leur demande à la suite d'un comportement déviant de l'enfant devraient être couverts. Seul devrait être exclu un placement – qu'il ait un caractère éducatif ou punitif – ordonné ou organisé à la suite d'un acte de l'enfant qui pourrait, s'il avait été commis par un adulte, constituer un acte punissable en vertu de la loi pénale nationale, indépendamment de la question de savoir si, en l'espèce, il pourrait y avoir condamnation.

(12) Le présent règlement ne devrait s'appliquer ni à l'établissement de la filiation qui est une question distincte de l'attribution de la responsabilité parentale, ni aux autres questions liées à l'état des personnes.

(13) Les obligations alimentaires sont exclues du champ d'application du présent règlement car elles sont déjà régies par le règlement (CE) n° 4/2009 du Conseil *[Règl. (CE) n° 4/2009 du Conseil du 18 déc. 2008 relatif à la compétence, la loi applicable, la reconnaissance et l'exécution des décisions et la coopération en matière d'obligations alimentaires (JO L 7 du 10 janv. 2009, p. 1).]*. Outre les juridictions du lieu où le défendeur, ou le créancier, a sa résidence habituelle, les juridictions compétentes en matière matrimoniale en vertu du présent règlement devraient généralement être compétentes pour statuer en matière d'obligations alimentaires accessoires entre époux ou ex-époux par application de l'article 3, point c), dudit règlement. Les juridictions compétentes en matière de responsabilité parentale en vertu du présent règlement sont généralement compétentes pour statuer en matière d'obligations alimentaires accessoires à l'égard des enfants par application de l'article 3, point d), dudit règlement.

(14) Selon la jurisprudence de la Cour de justice, le terme "juridiction" doit être interprété au sens large pour couvrir également les autorités administratives ou d'autres autorités, tels que les notaires, qui sont compétentes dans certaines matières matrimoniales ou de responsabilité parentale. Tout accord approuvé par la juridiction à l'issue d'un examen sur le fond mené conformément aux législations et procédures nationales devrait être reconnu ou exécuté comme une "décision". D'autres accords qui acquièrent un effet juridique contraignant dans l'État membre d'origine à la suite de l'intervention formelle d'une autorité publique ou d'une autre autorité notifiée à la Commission par un État membre devraient être exécutés dans les autres États membres conformément aux dispositions spécifiques du présent règlement relatives aux actes authentiques et accords. Le présent règlement ne devrait pas autoriser la libre circulation de simples accords privés. Cependant, les accords qui ne sont ni une décision ni un acte authentique, mais qui ont été enregistrés par une autorité publique habilitée à le faire, devraient pouvoir circuler. Ces autorités publiques pourraient inclure les notaires enregistrant les accords, même s'ils exercent une profession libérale.

(15) Pour ce qui concerne l'"acte authentique", le terme "habilitation" figurant dans le présent règlement doit être interprété de façon autonome conformément à la définition du terme "acte authentique" utilisée horizontalement dans d'autres instruments de l'Union et eu égard aux finalités du présent règlement.

(16) Bien que les procédures de retour au titre de la convention de La Haye de 1980 ne soient pas des procédures au fond en matière de responsabilité parentale, les décisions ordonnant le retour d'un enfant en application de la convention de La Haye de 1980 devraient bénéficier de la reconnaissance et de l'exécution au titre du chapitre IV du présent règlement lorsqu'elles doivent être exécutées dans un autre État membre en raison d'un nouvel enlèvement après que le retour a été ordonné. Cela s'entend sans préjudice de la possibilité d'engager une nouvelle procédure pour le retour d'un enfant au titre de la convention de La Haye de 1980 à l'égard du nouvel enlèvement. Par ailleurs, le présent règlement devrait continuer à s'appliquer à d'autres aspects dans les cas de déplacement ou de non-retour illicites d'un enfant, par exemple les dispositions en matière de compétence applicables à la juridiction de l'État membre de résidence habituelle ou les dispositions en matière de reconnaissance et d'exécution pour toute décision de retour rendue par cette juridiction.

(17) Le présent règlement devrait, comme la convention de La Haye du 19 octobre 1996 concernant la compétence, la loi applicable, la reconnaissance, l'exécution et la coopération en matière de responsabilité parentale et de mesures de protection des enfants (ci-après dénommée "convention de La Haye de 1996"), s'appliquer à tous les enfants jusqu'à ce qu'ils aient atteint l'âge de 18 ans, même dans les cas où ils ont été dotés de la capacité avant d'avoir atteint cet âge, en vertu de la loi régissant leur statut personnel, par exemple par émancipation résultant de leur mariage. Cela devrait permettre d'éviter tout chevauchement avec le champ d'application de la Convention de La Haye du 13 janvier 2000 sur la protection internationale des adultes, qui s'applique à partir de l'âge de 18 ans, et, dans le même temps, éviter les hiatus entre ces deux instruments. La convention de La Haye de 1980 et, partant, le chapitre III du présent règlement, qui complète l'application de la convention de La Haye de 1980 dans les relations entre les États membres, devraient continuer à s'appliquer aux enfants jusqu'à ce qu'ils aient atteint l'âge de 16 ans.

(18) Aux fins du présent règlement, une personne devrait être réputée avoir le "droit de garde" lorsque un titulaire de la responsabilité parentale ne peut, sur la base d'une décision, d'une attribution de plein droit ou d'un accord en vigueur en vertu du droit de l'État membre où l'enfant a sa résidence habituelle, décider du lieu de résidence de l'enfant sans le consentement de cette personne, indépendamment des termes utilisés en droit national. Dans certains systèmes juridiques qui utilisent les termes "garde" et "visite", il se pourrait que le parent n'ayant pas le droit de garde dispose en fait de responsabilités importantes à l'égard de décisions concernant l'enfant, qui vont au-delà d'un simple droit de visite.

(19) Les règles de compétence en matière de responsabilité parentale sont conçues en fonction de l'intérêt supérieur de l'enfant et devraient être appliquées dans le respect dudit intérêt. Toute référence à l'intérêt supérieur de l'enfant devrait être interprétée à la lumière de l'article 24 de la Charte des droits fondamentaux de l'Union européenne (ci-après dénommée "Charte") et de la convention des Nations unies du 20 novembre 1989 relative aux droits de l'enfant (ci-après dénommée "convention des Nations unies relative aux droits de l'enfant"), telles qu'elles sont mises en œuvre par les législations et procédures nationales.

(20) Pour sauvegarder l'intérêt supérieur de l'enfant, la compétence devrait en premier lieu être déterminée en fonction du critère de proximité. Ce sont donc les juridictions de l'État membre dans lequel l'enfant a sa résidence habituelle qui devraient être compétentes, sauf dans certaines situations prévues dans le présent règlement, par exemple en cas de changement de résidence de l'enfant ou à la suite d'un accord conclu entre les titulaires de la responsabilité parentale.

(21) Lorsqu'aucune procédure relative à la responsabilité parentale n'est pendante et que la résidence habituelle de l'enfant change à la suite d'un déménagement légal, la compétence devrait suivre l'enfant, afin de maintenir la proximité. Pour les procédures pendantes, la sécurité juridique et l'efficacité de la justice justifient le maintien de cette compétence jusqu'à ce que la procédure en question ait abouti à une décision définitive ou qu'elle ait pris fin pour quelque autre raison. La juridiction devant laquelle la procédure est pendante devrait toutefois être autorisée, dans certaines circonstances, à transférer sa compétence à l'État membre dans lequel l'enfant vit à la suite d'un déménagement légal.

(22) En cas de déplacement ou de non-retour illicites d'un enfant, et sans préjudice d'un éventuel choix de la juridiction en application du présent règlement, les juridictions de l'État membre de résidence habituelle de l'enfant devraient conserver leur compétence jusqu'à ce qu'une nouvelle résidence habituelle ait été établie dans un autre État membre et que certaines conditions soient remplies. Les États membres qui ont concentré les compétences devraient envisager de permettre à la juridiction saisie de la demande de retour en vertu de la convention de La Haye de 1980 d'exercer également la compétence sur laquelle les parties se sont accordées ou qu'elles ont acceptée en vertu du présent règlement en matière de responsabilité parentale lorsque les parties sont parvenues à un accord au cours de la procédure de retour. Ces accords devraient porter sur le retour comme sur le non-retour de l'enfant. S'il y a accord sur un non-retour, l'enfant devrait rester dans l'État membre de la nouvelle résidence habituelle et la compétence pour toute procédure en matière de garde qui y serait menée ultérieurement devrait être déterminée sur la base de la nouvelle résidence habituelle de l'enfant.

(23) Dans certaines conditions prévues par le présent règlement, il devrait être possible que la compétence en matière de responsabilité parentale soit également établie dans un État membre où une procédure de divorce, de séparation de corps ou d'annulation du mariage est pendante entre les parents, ou dans un autre État membre avec lequel l'enfant a un lien étroit et dont les parties sont convenues à l'avance, au plus tard au moment où la juridic-

tion est saisie, ou qui a été acceptée expressément au cours de la procédure, même si l'enfant n'a pas sa résidence habituelle dans cet État membre, pour autant que l'exercice de cette compétence réponde à l'intérêt supérieur de l'enfant. Selon la jurisprudence de la Cour de justice, toute personne autre que les parents qui, selon le droit national, est de plein droit partie à la procédure introduite par les parents devrait être considérée comme une partie à la procédure aux fins du présent règlement et, par conséquent, l'opposition, marquée par cette partie à l'égard du choix de juridiction effectué par les parents de l'enfant après la date à laquelle cette juridiction a été saisie, devrait faire obstacle à la reconnaissance de l'acceptation de la prorogation de compétence par toutes les parties à la procédure à cette date. Avant d'exercer sa compétence sur la base d'une convention relative au choix de la juridiction ou de l'acceptation de la compétence, la juridiction devrait examiner si cette convention ou acceptation est fondée sur un choix éclairé et libre des parties concernées et non du fait qu'une partie profite de difficultés ou de la position de faiblesse de l'autre partie. L'acceptation de la compétence au cours de la procédure devrait être enregistrée par la juridiction conformément aux législations et procédures nationales.

(24) Toute compétence ayant fait l'objet d'un accord ou d'une acceptation devrait, sauf si les parties en conviennent autrement, prendre fin dès qu'une décision rendue dans le cadre de cette procédure en matière de responsabilité parentale n'est plus susceptible de recours ordinaire ou qu'il a été mis fin à la procédure pour une autre raison, afin que le critère de proximité puisse être respecté pour toute nouvelle procédure intentée à l'avenir.

(25) Lorsque la résidence habituelle de l'enfant ne peut être établie et que la compétence ne peut pas être déterminée sur la base d'une convention relative au choix de la juridiction, les juridictions de l'État membre dans lequel l'enfant est présent devraient être compétentes. Ce principe de présence devrait aussi s'appliquer aux enfants réfugiés ainsi qu'aux enfants qui, par suite de troubles survenant dans leur État membre de résidence habituelle, sont internationalement déplacés. Cependant, à la lumière du présent règlement en liaison avec l'article 52, paragraphe 2, de la convention de La Haye de 1996, cette règle de compétence devrait uniquement s'appliquer aux enfants qui avaient leur résidence habituelle dans un État membre avant le déplacement. Lorsque la résidence habituelle de l'enfant avant le déplacement se trouvait dans un pays tiers, il convient d'appliquer la règle de compétence concernant les enfants réfugiés et internationalement déplacés établie par la convention de La Haye de 1996.

(26) Dans des circonstances exceptionnelles, il se peut que la juridiction de l'État membre de résidence habituelle de l'enfant ne soit pas la juridiction la plus appropriée pour traiter l'affaire. A titre exceptionnel et dans certaines conditions, la juridiction compétente devrait, sans en avoir l'obligation, être en mesure de transférer sa compétence dans une affaire donnée à une juridiction d'un autre État membre si cette dernière est mieux placée pour apprécier l'intérêt supérieur de l'enfant en l'espèce. Selon la jurisprudence de la Cour de justice, le transfert de compétence en matière de responsabilité parentale par une juridiction d'un État membre ne devrait être effectué qu'au profit d'une juridiction d'un autre État membre avec lequel l'enfant concerné a un "lien particulier". Le présent règlement devrait dresser une liste exhaustive des éléments déterminants de ce "lien particulier" à ces fins. La juridiction compétente devrait faire une demande de transfert de compétence à la juridiction d'un autre État membre uniquement si sa décision préalable de suspendre la procédure et de demander ce transfert est devenue définitive, lorsque cette décision est susceptible de recours en vertu du droit national.

(27) Dans des circonstances exceptionnelles et compte tenu de l'intérêt supérieur de l'enfant dans une affaire donnée, une juridiction d'un État membre avec lequel l'enfant a un lien particulier mais qui n'est pas compétente en vertu du présent règlement devrait être en mesure de demander à la juridiction compétente de l'État membre de résidence habituelle de l'enfant un transfert de compétence. Cela ne devrait toutefois pas être autorisé en cas de déplacement ou de non-retour illicites de l'enfant. La détermination de cette juridiction compétente spécifique devrait relever du droit national de l'État membre requis.

(28) Un transfert de compétence, qu'il soit demandé par une juridiction souhaitant transférer sa compétence ou par une juridiction souhaitant obtenir la compétence, ne devrait produire ses effets que pour l'affaire donnée pour laquelle il est effectué. Une fois que la procédure pour laquelle le transfert de compétence a été demandé et accordé est terminée, le transfert ne devrait produire aucun effet à l'égard de procédures ultérieures.

(29) Lorsqu'aucune juridiction d'un État membre n'est compétente en vertu du présent règlement, la compétence devrait, dans chaque État membre, être réglée par la loi de cet

État membre. L'expression "loi de cet État membre" devrait inclure les instruments internationaux en vigueur dans ledit État membre.

(30) Il convient que le présent règlement n'empêche pas les juridictions d'un État membre qui ne sont pas compétentes pour connaître du fond de l'affaire de prendre, en cas d'urgence, des mesures provisoires ou conservatoires concernant la personne ou les biens d'un enfant présent dans cet État membre. Ces mesures ne devraient pas être reconnues et exécutées dans un autre État membre en vertu du présent règlement, à l'exception des mesures prises pour protéger l'enfant contre un risque grave tel que visé à l'article 13, premier alinéa, point b), de la convention de La Haye de 1980. Les mesures prises pour protéger l'enfant contre un tel risque devraient rester d'application jusqu'à ce qu'une juridiction de l'État membre de résidence habituelle de l'enfant ait pris les mesures qu'elle estime appropriées. Dans la mesure où la protection de l'intérêt supérieur de l'enfant l'exige, la juridiction devrait, directement ou par l'intermédiaire des autorités centrales, communiquer les mesures prises à la juridiction de l'État membre qui est compétente au fond en vertu du présent règlement. Le défaut d'information ne devrait toutefois pas, en tant que tel, constituer un motif de non-reconnaissance de la mesure.

(31) Une juridiction qui n'est compétente que pour adopter des mesures provisoires ou conservatoires devrait, si elle est saisie d'une demande portant sur le fond, se déclarer d'office incompétente si une juridiction d'un autre État membre est compétente pour connaître du fond de l'affaire en vertu du présent règlement.

(32) Si l'issue d'une procédure devant une juridiction d'un État membre qui n'est pas compétente en vertu du présent règlement dépend d'une question incidente relevant du champ d'application du présent règlement, les juridictions de cet État membre ne devraient pas être empêchées de trancher cette question. Ainsi, si l'objet de la procédure est, par exemple, un litige successoral dans lequel l'enfant est impliqué et qu'un tuteur *ad litem* doit être désigné pour représenter l'enfant dans le cadre de cette procédure, la juridiction compétente pour connaître du litige successoral devrait être autorisée à désigner le tuteur pour la procédure pendante, qu'elle soit ou non compétente en matière de responsabilité parentale en vertu du présent règlement. Toute décision de cette nature ne devrait produire d'effets que dans la procédure dans le cadre de laquelle elle a été rendue.

(33) Si la validité d'un acte juridique réalisé ou à réaliser au nom d'un enfant dans une procédure en matière de succession devant une juridiction d'un État membre exige l'autorisation ou l'approbation d'une juridiction, une juridiction de cet État membre devrait être en mesure de décider s'il convient d'autoriser ou d'approuver une telle opération même si elle n'est pas compétente en vertu du présent règlement. Il convient que l'expression "opération juridique" couvre par exemple l'acceptation ou le refus d'un héritage, ou un accord entre les parties sur la répartition ou le partage des avoirs.

(34) Le présent règlement devrait s'entendre sans préjudice de l'application du droit international public en matière d'immunité diplomatique. Si la compétence en vertu du présent règlement ne peut être exercée en raison d'une immunité diplomatique conforme au droit international, la compétence devrait être exercée dans un État membre dans lequel la personne concernée ne bénéficie d'aucune immunité, conformément à la loi de cet État.

(35) Le présent règlement définit à quel moment une juridiction est réputée saisie aux fins du présent règlement. Compte tenu de l'existence de deux systèmes différents dans les États membres, qui prévoient que l'acte introductif d'instance est d'abord notifié ou signifié au défendeur ou d'abord déposé auprès de la juridiction, il devrait suffire que la première étape prévue par le droit national ait été concrétisée, à condition que le demandeur n'ait pas négligé par la suite de prendre les mesures qu'il était tenu de prendre pour que la seconde étape prévue par le droit national soit effective. Au vu de l'importance croissante que revêtent la médiation et d'autres modes alternatifs de règlement des litiges, également pendant la procédure, et selon la jurisprudence de la Cour de justice, une juridiction devrait aussi être réputée saisie à la date à laquelle l'acte introductif d'instance ou un acte équivalent est déposé auprès de la juridiction dans les cas où la procédure a entretemps été suspendue, aux fins de la recherche d'une solution à l'amiable, à la demande de la partie qui a engagé la procédure, sans que l'acte introductif d'instance ait déjà été notifié ou signifié au défendeur et sans que le défendeur ait eu connaissance de la procédure ou ait participé à la procédure d'une quelconque façon, à condition que la partie qui a introduit la procédure n'ait pas négligé par la suite de prendre les mesures qu'il était tenu de prendre pour que l'acte soit notifié ou signifié au défendeur. Selon la jurisprudence de la Cour de justice, en cas de litispendance, la date à laquelle une procédure de conciliation obligatoire a été engagée devant

une autorité nationale de conciliation devrait être considérée comme la date à laquelle une "juridiction" est réputée saisie.

(36) Le règlement (CE) n° 1393/2007 du Parlement européen et du Conseil *[Règl. (CE) n° 1393/2007 du Parlement européen et du Conseil du 13 nov. 2007 relatif à la signification et à la notification dans les États membres des actes judiciaires et extrajudiciaires en matière civile ou commerciale (signification ou notification des actes), et abrogeant le règlement (CE) n° 1348/2000 du Conseil (JO L 324 du 10 déc. 2007, p. 79).]* est d'application pour la signification et la notification des actes dans le cadre d'une procédure judiciaire intentée en vertu du présent règlement.

(37) Une juridiction d'un État membre saisie d'une affaire pour laquelle elle n'est pas compétente au fond en vertu du présent règlement et pour laquelle une juridiction d'un autre État membre est compétente au fond en vertu du présent règlement devrait se déclarer d'office incompétente. Toutefois, une juridiction d'un État membre avec lequel l'enfant a un lien particulier en vertu du présent règlement devrait avoir la faculté, mais sans y être obligée, de demander un transfert de compétence en vertu du présent règlement.

(38) Le fonctionnement harmonieux de la justice commande de réduire au minimum la possibilité de procédures concurrentes et d'éviter que des décisions inconciliables ne soient rendues dans différents États membres. Il importe de prévoir un mécanisme clair et efficace pour résoudre les cas de litispendance et de connexité et pour parer aux problèmes résultant des divergences nationales quant à la date à laquelle une affaire est considérée comme pendante. Aux fins du présent règlement, il convient de définir cette date de manière autonome. Cependant, pour renforcer l'efficacité des accords exclusifs d'élection de for, il convient d'éviter que les dispositions du présent règlement relatives à la litispendance ne constituent un obstacle lorsque les parents attribuent une compétence exclusive aux juridictions d'un État membre.

(39) Les procédures en matière de responsabilité parentale dans le cadre du présent règlement de même que les procédures de retour au titre de la convention de La Haye de 1980 devraient, en tant que principe fondamental, donner à l'enfant qui fait l'objet de ces procédures et qui est capable de discernement, conformément à la jurisprudence de la Cour de justice, une possibilité réelle et effective d'exprimer son opinion et cette opinion devrait être dûment prise en considération lors de l'appréciation de l'intérêt supérieur de l'enfant. La possibilité pour l'enfant d'exprimer son opinion librement conformément à l'article 24, paragraphe 1, de la Charte et à la lumière de l'article 12 de la convention des Nations unies relative aux droits de l'enfant joue un rôle important dans l'application du présent règlement. Celui-ci devrait toutefois prévoir que la question de savoir qui entendra l'enfant et comment l'enfant sera entendu est déterminée par les législations et procédures nationales des États membres. Par conséquent, le présent règlement ne devrait pas avoir pour objet de préciser si l'enfant devrait être entendu par le juge en personne ou par un expert spécialement formé à cet effet qui fait ensuite rapport à la juridiction, ou si cette audition devrait avoir lieu en salle d'audience ou ailleurs ou par d'autres moyens. En outre, tout en demeurant un droit de l'enfant, l'audition de l'enfant ne devrait pas constituer une obligation absolue mais devrait être évaluée compte tenu de l'intérêt supérieur de l'enfant, par exemple, dans les affaires où il y a accord entre les parties.

Si, selon la jurisprudence de la Cour de justice, l'article 24 de la Charte et le règlement (CE) n° 2201/2003 n'imposent pas à la juridiction de l'État membre d'origine d'entendre dans tous les cas l'enfant dans le cadre d'une audition, laissant ainsi une certaine marge d'appréciation à cette juridiction, la jurisprudence détermine aussi que, lorsque la juridiction décide de donner à l'enfant la possibilité d'être entendu, elle est tenue de prendre, en fonction de l'intérêt supérieur de l'enfant et eu égard aux circonstances de chaque cas d'espèce, toutes les mesures appropriées en vue d'une telle audition, afin de respecter l'effet utile desdites dispositions, en offrant à l'enfant une possibilité réelle et effective de s'exprimer. La juridiction de l'État membre d'origine devrait avoir recours, dans la mesure du possible et toujours en prenant en considération l'intérêt supérieur de l'enfant, à tous les moyens dont elle dispose en vertu de son droit national ainsi qu'aux instruments propres de la coopération judiciaire internationale, y compris, le cas échéant, ceux prévus par le règlement (CE) n° 1206/2001 du Conseil *[Règl. (CE) n° 1206/2001 du Conseil du 28 mai 2001 relatif à la coopération entre les juridictions des États membres dans le domaine de l'obtention des preuves en matière civile ou commerciale (JO L 174 du 27 juin 2001, p. 1).]*.

(40) En cas de déplacement ou de non-retour illicites d'un enfant, son retour devrait être obtenu sans délai et, à cette fin, la convention de La Haye de 1980 devrait continuer à s'appliquer telle que complétée par le présent règlement et en particulier le chapitre III.

(41) Afin de mener à bien dans les meilleurs délais les procédures de retour au titre de la convention de La Haye de 1980, les États membres devraient, dans le respect de leur structure juridictionnelle nationale, envisager de concentrer la compétence dans les procédures de ce type sur un nombre aussi limité que possible de juridictions. La compétence pour les affaires d'enlèvement d'enfants pourrait être concentrée sur une seule juridiction pour l'ensemble du pays ou sur un nombre limité de juridictions, en prenant par exemple le nombre de juridictions d'appel comme point de départ et en concentrant la compétence pour les affaires d'enlèvement international d'enfants sur une juridiction de première instance dans le ressort de chaque juridiction d'appel.

(42) Dans le cadre de procédures de retour au titre de la convention de La Haye de 1980, les juridictions de tous les niveaux devraient statuer dans un délai de six semaines, sauf si cela se révèle impossible en raison de circonstances exceptionnelles. Le recours à des modes alternatifs de règlement des litiges ne devrait pas en tant que tel être considéré comme une circonstance exceptionnelle autorisant un dépassement de délai. Cela dit, des circonstances exceptionnelles pourraient se présenter pendant le recours à ces modes de règlement ou en raison de ceux-ci. Pour une juridiction de première instance, le délai devrait commencer à courir au moment où la juridiction est saisie. Pour une juridiction de niveau supérieur, il devrait commencer à courir au moment où tous les actes de procédure nécessaires ont été accomplis. Parmi ces actes pourraient figurer, selon le système juridique concerné, la notification ou la signification du recours au défendeur, soit dans l'État membre dans lequel se situe la juridiction, soit dans un autre État membre, la transmission du dossier et du recours à la juridiction d'appel dans les États membres où le recours doit être formé auprès de la juridiction dont la décision est attaquée, ou l'introduction, par une partie, d'une demande d'audition, lorsqu'une telle demande est requise en vertu du droit national. Les États membres devraient en outre envisager de limiter à un le nombre de recours possibles contre une décision accueillant ou refusant le retour d'un enfant dans le cadre de la convention de La Haye de 1980.

(43) Dans toutes les affaires concernant des enfants, et plus particulièrement dans les affaires d'enlèvement international d'enfants, les juridictions devraient envisager la possibilité de parvenir à des solutions grâce à la médiation et à d'autres moyens adéquats, en étant assistés, le cas échéant, par les réseaux existants et les structures d'appui à la médiation dans les litiges transfrontières en matière de responsabilité parentale. Ces efforts ne devraient cependant pas indûment prolonger la procédure de retour dans le cadre de la convention de La Haye de 1980. Par ailleurs, la médiation peut ne pas toujours convenir, notamment en cas de violence familiale. Lorsque, au cours d'une procédure de retour dans le cadre de la convention de La Haye de 1980, les parents parviennent à un accord sur le retour ou le non-retour de l'enfant, et aussi sur des questions relevant de la responsabilité parentale, le présent règlement devrait, dans certaines circonstances, leur donner la possibilité de convenir que la juridiction saisie en vertu de la convention de La Haye de 1980 est compétente pour donner un effet juridique contraignant à leur accord, soit en l'intégrant à une décision en portant approbation, soit par tout autre moyen prévu par les législations et procédures nationales. Les États membres qui ont concentré les compétences devraient dès lors envisager de permettre à la juridiction saisie de la procédure de retour dans le cadre de la convention de La Haye de 1980 d'exercer également la compétence sur laquelle les parties se sont accordées ou qu'elles ont acceptée en vertu du présent règlement en matière de responsabilité parentale lorsque les parties sont parvenues à un accord au cours de cette procédure de retour.

(44) La juridiction de l'État membre dans lequel l'enfant a été déplacé ou retenu illicitement devrait être en mesure de refuser le retour dans des cas précis dûment justifiés, comme le permet la convention de La Haye de 1980. Avant de refuser le retour de l'enfant, la juridiction devrait examiner si des mesures de protection appropriées ont été mises en place ou pourraient être prises pour protéger l'enfant contre le risque grave visé à l'article 13, premier alinéa, point b), de la convention de La Haye de 1980.

(45) Lorsqu'une juridiction envisage de refuser le retour d'un enfant uniquement sur la base de l'article 13, premier alinéa, point b), de la convention de La Haye de 1980, elle ne devrait pas le refuser si la partie qui demande le retour de l'enfant garantit à la juridiction, ou si celle-ci est convaincue de toute autre manière, que des dispositions adéquates ont été prises pour assurer la protection de l'enfant après son retour. Parmi ces dispositions pourraient notamment figurer une décision de la juridiction de l'État membre concerné interdisant au demandeur de s'approcher de l'enfant, une mesure provisoire ou conservatoire prise par l'État membre concerné permettant à l'enfant de rester avec le parent ravisseur qui

assume la garde effective jusqu'à ce qu'une décision au fond en matière de droit de garde ait été rendue dans cet État membre après le retour, ou la preuve que des équipements médicaux sont disponibles pour un enfant qui a besoin d'un traitement. Le type de disposition considéré comme adéquat en l'espèce devrait être fonction du risque grave réel auquel l'enfant est susceptible d'être exposé du fait du retour en l'absence de telles dispositions. La juridiction qui s'efforce d'établir si des dispositions adéquates ont été prises devrait principalement s'en remettre aux parties et, au besoin et le cas échéant, demander l'assistance des autorités centrales ou des juges du réseau, en particulier dans le cadre du réseau judiciaire européen en matière civile et commerciale, établi par la décision 2001/470/CE du Conseil *[Décis. 2001/470/CE du Conseil du 28 mai 2001 relative à la création d'un réseau judiciaire européen en matière civile et commerciale (JO L 174 du 27 juin 2001, p. 25).]* et du réseau international de juges de La Haye.

(46) Le cas échéant, lorsqu'elle ordonne le retour de l'enfant, il devrait être possible pour la juridiction d'ordonner, en vertu du présent règlement, toute mesure provisoire ou conservatoire qu'elle considère comme nécessaire afin de protéger l'enfant contre le risque grave de danger physique ou psychique auquel il serait exposé du fait du retour et qui entraînerait sinon le refus du retour. Ces mesures provisoires et leur circulation ne devraient pas retarder les procédures de retour au titre de la convention de La Haye de 1980 ni compromettre la délimitation de compétence entre la juridiction saisie de la procédure de retour au titre de la convention de La Haye de 1980 et la juridiction compétente au fond en matière de responsabilité parentale en vertu du présent règlement. Au besoin, la juridiction saisie de la procédure de retour au titre de la convention de La Haye de 1980 devrait consulter la juridiction ou l'autorité compétente de l'État membre de la résidence habituelle de l'enfant, avec l'assistance des autorités centrales ou des juges du réseau, en particulier dans le cadre du réseau judiciaire européen en matière civile et commerciale et du réseau international de juges de La Haye. Ces mesures devraient être reconnues et exécutées dans tous les autres États membres, y compris ceux dont les juridictions sont compétentes en vertu du présent règlement, jusqu'à ce qu'une juridiction compétente d'un de ces États membres ait pris les mesures qu'elle estime appropriées. Ces mesures provisoires ou conservatoires pourraient, par exemple, prévoir que l'enfant devrait continuer à résider avec la personne qui en assume la garde effective ou définir la nature des contacts avec l'enfant après son retour jusqu'à ce que la juridiction de l'État membre de la résidence habituelle de l'enfant ait pris les mesures qu'elle estime appropriées. Cela ne devrait pas porter atteinte à toute mesure ou décision prise par la juridiction de l'État membre de la résidence habituelle de l'enfant après le retour de celui-ci.

(47) Il devrait être possible pour une décision ordonnant le retour de l'enfant d'être déclarée exécutoire par provision, nonobstant un éventuel recours, lorsque le retour de l'enfant avant la décision sur le recours est requis dans l'intérêt supérieur de l'enfant. Le droit national peut préciser par quelle juridiction la décision peut être déclarée exécutoire, par provision.

(48) Lorsque la juridiction de l'État membre dans lequel l'enfant a été déplacé ou retenu illicitement décide de refuser le retour de l'enfant en application de la convention de La Haye de 1980, elle devrait se référer explicitement, dans sa décision, aux articles pertinents de ladite convention sur lesquels ce refus repose. Indépendamment du fait que cette décision de refus soit définitive ou encore susceptible de recours, il se pourrait qu'elle soit remplacée par une décision ultérieure, rendue dans une procédure relative à la garde par la juridiction de l'État membre de la résidence habituelle de l'enfant avant son déplacement ou son non-retour illicites. Au cours de cette procédure, toutes les circonstances de l'espèce, y compris, *mais pas seulement,* la conduite des parents, devraient être examinées de manière approfondie compte tenu de l'intérêt supérieur de l'enfant. Si la décision au fond en matière de droit de garde qui est finalement prise implique le retour de l'enfant, le retour devrait être effectué sans qu'il soit nécessaire de recourir à aucune procédure pour la reconnaissance et l'exécution de ladite décision dans tout autre État membre.

(49) La juridiction qui refuse le retour de l'enfant uniquement sur la base de l'article 13, premier alinéa, point b), ou deuxième alinéa, de la convention de La Haye de 1980, ou sur la base de ces deux dispositions, devrait d'office délivrer un certificat au moyen du formulaire approprié prévu par le présent règlement. Ce certificat a pour objet d'informer les parties de la possibilité de saisir une juridiction de l'État membre dans lequel l'enfant avait sa résidence habituelle immédiatement avant son déplacement ou son non-retour illicites, dans un délai de trois mois à compter de la notification de la décision refusant le retour de l'enfant, d'une demande portant sur des éléments de fond relatifs au droit de garde, ou, si

cette juridiction est déjà saisie, de lui communiquer les documents pertinents relatifs à la procédure de retour.

(50) Lorsque, dans l'État membre dans lequel l'enfant avait sa résidence habituelle immédiatement avant son déplacement ou son non-retour illicites, une procédure au fond relative au droit de garde est pendante au moment où une juridiction saisie d'une demande de retour en vertu de la convention de La Haye de 1980 refuse le retour de l'enfant uniquement sur la base de l'article 13, premier alinéa, point b), ou deuxième alinéa, de la convention de La Haye de 1980, ou sur la base de ces deux dispositions, la juridiction qui a refusé le retour de l'enfant devrait, si elle est informée de cette procédure, transmettre à la juridiction saisie de la procédure au fond relative au droit de garde, dans un délai d'un mois à compte de la date de sa décision, une copie de la décision, le certificat approprié et, le cas échéant, un compte rendu, un résumé ou un procès-verbal de l'audience, ainsi que tout autre document qu'elle juge pertinent. L'expression "tout autre document qu'elle juge pertinent" devrait couvrir tout document contenant des informations susceptibles d'avoir une influence sur l'issue de cette procédure relative à la garde, si ces informations ne figurent pas déjà dans la décision de refus.

(51) Lorsqu'aucune procédure au fond relative au droit de garde n'est pendante dans l'État membre dans lequel l'enfant avait sa résidence habituelle immédiatement avant son déplacement ou son non-retour illicites et qu'une partie saisit une juridiction de cet État membre dans un délai de trois mois à compter de la date de la notification de la décision refusant le retour de l'enfant, cette partie devrait présenter à la juridiction saisie de la demande portant sur des éléments de fond relatifs au droit de garde une copie de la décision refusant le retour de l'enfant au titre de la convention de La Haye de 1980, le certificat approprié et, le cas échéant, un compte rendu, un résumé ou un procès-verbal de l'audience. Cela n'empêche pas la juridiction saisie de demander tout document supplémentaire qu'elle juge pertinent, contenant des informations susceptibles d'avoir une influence sur l'issue de la procédure au fond relative au droit de garde, si ces informations ne figurent pas déjà dans la décision de refus.

(52) Si la juridiction compétente pour connaître du fond en matière de droit de garde est saisie par une partie dans un délai de trois mois à compter de la notification de la décision refusant le retour de l'enfant au titre de la convention de La Haye de 1980, ou qu'une procédure relative à la garde était pendante devant cette juridiction au moment où elle a reçu cette décision de la juridiction qui a refusé le retour de l'enfant, toute décision rendue à l'issue de cette procédure au fond relative au droit de garde qui implique le retour de l'enfant dans cet État membre devrait être exécutoire dans tout autre État membre conformément au chapitre IV, section 2, du présent règlement, sans qu'il soit nécessaire de recourir à aucune procédure et sans qu'il soit possible de s'opposer à sa reconnaissance. Ce principe devrait s'appliquer sauf si et dans la mesure où il est constaté que ladite décision est inconciliable avec une décision en matière de responsabilité parentale rendue ultérieurement à l'égard du même enfant, à condition qu'un "certificat pour décisions privilégiées" ait été délivré concernant la décision au fond relative au droit de garde impliquant le retour de l'enfant. Si la juridiction compétente pour connaître du fond en matière de droit de garde est saisie après l'expiration du délai de trois mois ou que les conditions de délivrance d'un certificat pour décisions privilégiées ne sont pas réunies, la décision au fond en matière de droit de garde qui sera finalement prise devrait être reconnue et exécutée dans les autres États membres conformément au chapitre IV, section 1, du présent règlement.

(53) Sans préjudice d'autres instruments de l'Union, lorsqu'il n'est pas possible d'entendre une partie ou un enfant en personne, et lorsque les moyens techniques sont disponibles, la juridiction pourrait envisager de tenir une audition par vidéoconférence ou au moyen de tout autre technologie de communication à moins que, compte tenu des circonstances particulières de l'espèce, l'utilisation d'une telle technologie ne serait pas appropriée au regard du déroulement équitable de la procédure.

(54) La confiance mutuelle dans l'administration de la justice dans l'Union justifie le principe selon lequel les décisions en matière matrimoniale et en matière de responsabilité parentale rendues dans un État membre devraient être reconnues dans l'ensemble des États membres sans qu'il faille ouvrir une procédure de reconnaissance. En particulier, lorsqu'elles sont saisies d'une décision rendue dans un autre État membre accordant le divorce, la séparation de corps ou l'annulation d'un mariage, qui n'est plus susceptible de recours dans l'État membre d'origine, les autorités compétentes de l'État membre requis devraient reconnaître la décision de plein droit sans qu'aucune procédure soit requise et mettre à jour leurs registres de l'état civil en conséquence. Il appartient au droit national de déterminer si les

motifs de refus peuvent être invoqués par une partie ou d'office comme prévu par le droit national. Toute partie intéressée peut néanmoins demander, conformément au présent règlement, que soit prise une décision constatant l'absence de motifs de refus de reconnaissance prévus par le présent règlement. Il devrait appartenir au droit national de l'État membre dans lequel cette demande est présentée de définir qui peut être considéré comme une partie intéressée en droit de présenter une telle demande.

(55) La reconnaissance et l'exécution des décisions, des actes authentiques et des accords émanant d'un État membre devraient reposer sur le principe de la confiance mutuelle. Les motifs de non-reconnaissance devraient donc être réduits au minimum nécessaire compte tenu de l'objectif sous-jacent du présent règlement qui est de faciliter la reconnaissance et l'exécution et de protéger efficacement l'intérêt supérieur de l'enfant.

(56) La reconnaissance d'une décision ne devrait être refusée que si un ou plusieurs des motifs de refus de reconnaissance prévus par le présent règlement sont présents. La liste des motifs de refus de reconnaissance prévus dans le présent règlement est exhaustive. Il ne devrait pas être possible d'invoquer comme motifs de refus, les motifs qui ne sont pas énumérés dans le présent règlement, tels qu'une violation de la règle de la litispendance. En matière de responsabilité parentale, une décision rendue ultérieurement se substitue toujours à une décision antérieure produisant des effets pour l'avenir dans la mesure où elles sont inconciliables.

(57) En ce qui concerne la possibilité donnée à l'enfant d'exprimer son opinion, la juridiction d'origine devrait décider de la méthode appropriée pour l'audition d'un enfant. Par conséquent, il ne devrait pas être possible de refuser la reconnaissance d'une décision au seul motif que la juridiction d'origine a utilisé, pour l'audition de l'enfant, une autre méthode que celle qu'utiliserait une juridiction dans l'État membre de reconnaissance. L'État membre dans lequel la reconnaissance est invoquée ne devrait pas refuser la reconnaissance lorsque l'une des dérogations à ce motif de refus particulier autorisées par le présent règlement s'applique. Ces dérogations ont pour effet qu'il ne devrait pas être possible pour une juridiction de l'État membre d'exécution de refuser d'exécuter une décision au seul motif que l'enfant n'a pas eu la possibilité d'exprimer son opinion, compte tenu de l'intérêt supérieur de l'enfant, si la procédure ne portait que sur les biens de l'enfant et pour autant qu'il n'était pas requis de donner cette possibilité à l'enfant compte tenu de l'objet de la procédure ; ou s'il existait des motifs sérieux d'agir ainsi compte tenu notamment de l'urgence de l'affaire. Ces motifs sérieux pourraient par exemple être invoqués en cas de danger imminent pour l'intégrité physique ou psychique ou la vie de l'enfant, que tout retard supplémentaire risquerait de concrétiser.

(58) Par ailleurs, l'objectif consistant à diminuer la durée et le coût des litiges transfrontières concernant des enfants justifie la suppression de la déclaration constatant la force exécutoire ou, le cas échéant, l'enregistrement en vue de l'exécution, préalablement à l'exécution dans l'État membre d'exécution, pour toutes les décisions en matière de responsabilité parentale. Si le règlement (CE) n° 2201/2013 ne supprimait cette exigence que pour certaines décisions accordant un droit de visite et certaines décisions impliquant le retour d'un enfant, le présent règlement devrait la supprimer pour l'exécution transfrontière de toutes les décisions en matière de responsabilité parentale, tout en conservant un traitement plus favorable encore pour certaines décisions accordant un droit de visite et certaines décisions impliquant le retour d'un enfant. En conséquence, sous réserve du présent règlement, une décision rendue par une juridiction de tout autre État membre devrait être traitée comme si elle avait été rendue dans l'État membre d'exécution.

(59) Lorsque des mesures provisoires ou conservatoires sont ordonnées par une juridiction *compétente au fond, la circulation* de ces mesures devrait être assurée au titre du présent règlement. Cependant, les mesures provisoires ou conservatoires qui ont été ordonnées par une telle juridiction sans que le défendeur ait été cité à comparaître ne devraient pas être reconnues et exécutées au titre du présent règlement à moins que la décision contenant la mesure n'ait été signifiée ou notifiée au défendeur avant l'exécution. Ceci ne devrait pas empêcher la reconnaissance et l'exécution de telles mesures au titre du droit national. Lorsque des mesures provisoires ou conservatoires sont ordonnées par une juridiction d'un État membre non compétente au fond, leur circulation devrait être limitée, au titre du présent règlement, aux mesures prises dans des affaires d'enlèvement international d'enfants et visant à protéger l'enfant contre le risque grave visé à l'article 13, premier alinéa, point b), de la convention de La Haye de 1980. Ces mesures devraient s'appliquer jusqu'à ce qu'une juridiction d'un État membre compétente en vertu du présent règlement pour connaître du fond ait pris les mesures qu'elle estime appropriées.

(60) Étant donné que les procédures d'exécution peuvent avoir un caractère judiciaire ou extrajudiciaire en fonction du droit national, les termes "autorités compétentes en matière d'exécution" peuvent couvrir les juridictions, les huissiers de justice et toute autre autorité déterminée par le droit national. Lorsque, outre les autorités compétentes en matière d'exécution, des juridictions sont également citées dans le présent règlement, ces termes devraient couvrir les cas où, en vertu du droit national, un organisme autre qu'une juridiction est l'autorité compétente en matière d'exécution mais où certaines décisions sont réservées aux juridictions, soit d'emblée, soit lorsqu'il s'agit de réexaminer les actes de l'autorité compétente en matière d'exécution. Il devrait incomber à l'autorité compétente en matière d'exécution ou à la juridiction de l'État membre d'exécution d'ordonner, de prendre ou de prévoir des mesures spécifiques au stade de l'exécution, telles que des mesures non coercitives ou coercitives prévues par le droit national de cet État membre, y compris des amendes, des peines privatives de liberté ou la récupération de l'enfant par un huissier de justice.

(61) Afin de faciliter l'exécution des décisions rendues dans un autre État membre en matière d'exercice du droit de visite, les autorités compétentes en matière d'exécution ou les juridictions de l'État membre d'exécution devraient être habilitées à définir en détail les circonstances pratiques ou conditions légales requises en vertu du droit national de cet État membre. Les modalités prévues dans le présent règlement devraient faciliter l'exécution dans l'État membre d'exécution d'une décision qui, sans cela, pourrait ne pas être exécutoire en raison de son imprécision, de sorte que l'autorité compétente en matière d'exécution ou la juridiction d'exécution puisse rendre la décision plus concrète et précise. Il devrait en aller de même pour toute autre modalité destinée à assurer la conformité avec les exigences en matière d'exécution prévues par le droit de l'État membre d'exécution, par exemple en ce qui concerne la participation d'une autorité chargée de la protection de l'enfance ou d'un psychologue au stade de l'exécution. De telles modalités ne devraient toutefois pas interférer avec les éléments essentiels de la décision relative au droit de visite, ni aller au-delà. Par ailleurs, les dispositions du présent règlement permettant d'adapter des mesures ne devraient pas permettre à la juridiction d'exécution de remplacer des mesures qui sont inconnues dans le droit de l'État membre d'exécution par d'autres mesures.

(62) L'exécution, dans un État membre, d'une décision rendue dans un autre État membre sans déclaration constatant la force exécutoire ne devrait pas compromettre le respect des droits de la défense. Aussi la personne contre laquelle l'exécution est demandée devrait-elle avoir la possibilité de solliciter le refus de la reconnaissance ou de l'exécution d'une décision si elle estime que l'un des motifs de refus de reconnaissance ou d'exécution prévus par le présent règlement est présent. Il appartient au droit national de déterminer si les motifs de refus de la reconnaissance prévus dans le présent règlement doivent être examinés d'office ou sur demande. Par conséquent, les mêmes conditions d'examen devraient être possibles dans le contexte du refus d'exécution. L'application de tout motif national de refus ne devrait pas avoir pour effet d'étendre les conditions et modalités liées aux motifs prévus par le présent règlement.

(63) Une partie s'opposant à l'exécution d'une décision rendue dans un autre État membre devrait, dans la mesure du possible et conformément au système juridique de l'État membre d'exécution, pouvoir le faire dans le cadre de la procédure d'exécution et devrait pouvoir invoquer, dans le cadre d'une procédure unique, outre les motifs de refus prévus par le présent règlement, ceux prévus par le droit de l'État membre dans lequel l'exécution est demandée, qui continueraient de s'appliquer parce qu'ils ne sont pas incompatibles avec les motifs prévus par le présent règlement. Ces motifs pourraient, par exemple, inclure une opposition fondée sur la présence, dans un acte d'exécution, d'erreurs formelles en vertu du droit national, ou sur l'argument selon lequel l'action requise par la décision a déjà été exécutée ou est devenue impossible, par exemple en cas de force majeure, de maladie grave de la personne à laquelle l'enfant doit être remis, de l'incarcération ou du décès de cette personne, du fait que l'État membre vers lequel le retour de l'enfant est prévu est devenu une zone de guerre après que la décision a été rendue, ou encore le refus de l'exécution d'une décision qui, en vertu du droit de l'État membre dans lequel l'exécution est demandée, n'a aucun contenu exécutoire et ne peut être adaptée à cet effet.

(64) Pour informer la personne contre laquelle l'exécution est demandée de l'exécution d'une décision rendue dans un autre État membre, le certificat établi au titre du présent règlement, accompagné si nécessaire de la décision, devrait lui être signifié ou notifié dans un délai raisonnable avant la première mesure d'exécution. Dans ce contexte, il convient d'entendre, par première mesure d'exécution, la première mesure d'exécution qui suit la signification ou la notification. Selon la jurisprudence de la Cour de justice, la partie contre

laquelle l'exécution est demandée bénéficie d'un droit au recours effectif, ce qui inclut la possibilité d'entamer une procédure pour contester la force exécutoire de la décision avant l'exécution proprement dite.

(65) En matière de responsabilité parentale, l'exécution concernera toujours un enfant et, dans de nombreux cas, comportera la remise d'un enfant à une personne autre que celle avec laquelle l'enfant réside au moment considéré et/ou le déménagement de l'enfant dans un autre État membre. L'objectif premier devrait donc être de trouver un juste équilibre entre, d'une part, le droit du demandeur, par principe, d'obtenir la mise en œuvre d'une décision aussi rapidement que possible, y compris dans les affaires transfrontières au sein de l'Union, également, si nécessaire, au moyen de mesures coercitives, et, d'autre part, la nécessité de limiter autant que possible l'exposition de l'enfant à des mesures d'exécution coercitives potentiellement traumatisantes dans les cas où cela ne peut être évité. Cette évaluation devrait être faite par les autorités compétentes en matière d'exécution et les juridictions de chaque État membre compte tenu des circonstances de l'espèce.

(66) Le présent règlement cherche à placer les États membres sur un pied d'égalité en ce qui concerne l'exécution transfrontière des décisions en matière d'autorité parentale. Dans un certain nombre d'États membres, ces décisions sont déjà exécutoires même si elles sont encore susceptibles de recours ou font déjà l'objet d'un recours. Dans d'autres États membres, seule est exécutoire une décision définitive qui n'est plus susceptible d'un recours ordinaire. Pour faire face aux situations d'urgence, le présent règlement prévoit donc que certaines décisions en matière de responsabilité parentale pourraient être déclarées exécutoires par provision par la juridiction de l'État membre d'origine même si elles sont encore susceptibles de recours, en l'occurrence les décisions ordonnant le retour d'un enfant en application de la convention de La Haye de 1980 et les décisions accordant un droit de visite.

(67) Dans les procédures d'exécution concernant des enfants, il est cependant important que les autorités compétentes en matière d'exécution ou les juridictions soient en mesure de réagir rapidement à un changement de circonstances, y compris la contestation de la décision dans l'État membre d'origine, la perte de la force exécutoire de la décision et des obstacles ou situations d'urgence que ces autorités et juridictions rencontrent au stade de l'exécution. Par conséquent, la procédure d'exécution devrait être suspendue, sur demande ou d'office par l'autorité ou la juridiction, lorsque la force exécutoire de la décision est suspendue dans l'État membre d'origine. La juridiction ou l'autorité compétente en matière d'exécution ne devrait, toutefois, pas être tenue de rechercher activement si, entretemps, la force exécutoire a été suspendue dans l'État membre d'origine, à la suite d'un recours ou pour toute autre raison, si rien n'indique que tel est le cas. En outre, la suspension ou le refus de l'exécution dans l'État membre d'exécution devrait être possible sur demande, lorsque l'existence d'un ou de plusieurs des motifs prévus ou autorisés par le présent règlement est constatée et devrait être laissée à l'appréciation de l'autorité compétente en matière d'exécution ou de la juridiction.

(68) Lorsqu'une décision est encore susceptible de recours dans l'État membre d'origine et que le délai pour former un recours ordinaire n'est pas encore expiré, l'autorité compétente en matière d'exécution ou la juridiction de l'État membre d'exécution devrait avoir toute latitude pour suspendre, sur demande, la procédure d'exécution. Dans ces cas, elle peut impartir un délai pour la formation de tout recours dans l'État membre d'origine, afin d'obtenir ou de maintenir la suspension de la procédure d'exécution. La fixation d'un délai devrait uniquement produire des effets à l'égard de la suspension de la procédure d'exécution et ne devrait pas porter atteinte au délai applicable pour former un recours conformé*ment aux* règles de procédure de l'État membre d'origine.

(69) Dans des cas exceptionnels, il devrait être possible pour l'autorité compétente en matière d'exécution ou la juridiction de suspendre la procédure d'exécution si l'exécution risque d'exposer l'enfant à un grave danger physique ou psychique du fait d'empêchements temporaires qui sont apparus après que la décision a été rendue ou de tout autre changement de circonstances significatif. L'exécution devrait reprendre dès que le grave danger physique ou psychique en question cesse d'exister. En revanche, si le danger persiste, il convient, avant de refuser l'exécution, de prendre toutes les mesures appropriées conformément à la législation et à la procédure nationales, y compris, le cas échéant, avec l'aide d'autres professionnels compétents, tels que des assistants sociaux ou des pédopsychologues, pour tenter d'assurer la mise en œuvre de la décision. En particulier, l'autorité compétente en matière d'exécution ou la juridiction devrait, conformément aux législations et procédures nationales, s'efforcer de surmonter tout empêchement résultant d'un changement de

circonstances, comme des objections manifestes de l'enfant, formulées seulement après que la décision a été rendue mais avec tant de force que, s'il n'en était pas tenu compte, cela représenterait un grave danger physique ou psychique pour l'enfant.

(70) Les actes authentiques et les accords entre parties relatifs à la séparation de corps et au divorce qui ont un effet juridique contraignant dans un État membre devraient être assimilés à des "décisions" aux fins de l'application des règles de reconnaissance. Les actes authentiques et les accords entre parties en matière de responsabilité parentale qui sont exécutoires dans un État membre devraient être assimilés à des "décisions" aux fins de l'application des règles de reconnaissance et d'exécution.

(71) Bien que l'obligation de donner à l'enfant la possibilité d'exprimer son opinion prévue par le présent règlement ne devrait pas s'appliquer aux actes authentiques et aux accords, le droit de l'enfant d'exprimer son opinion reste d'application en vertu de l'article 24 de la Charte et à la lumière de l'article 12 de la convention des Nations unies relative aux droits de l'enfant telles qu'elles sont mises en œuvre par les législations et procédures nationales. Le fait que l'enfant n'ait pas eu la possibilité d'exprimer son opinion ne devrait pas automatiquement constituer un motif de refus de reconnaissance et d'exécution des actes authentiques et des accords en matière de responsabilité parentale.

(72) En matière de responsabilité parentale, des autorités centrales devraient être désignées dans tous les États membres. Les États membres devraient envisager de désigner la même autorité centrale aux fins du présent règlement que celle désignée aux fins des conventions de La Haye de 1980 et 1996. Les États membres devraient veiller à ce que les autorités centrales disposent de ressources financières et humaines adéquates pour leur permettre de s'acquitter des tâches qui leur incombent conformément au présent règlement.

(73) Les dispositions du présent règlement relatives à la coopération en matière de responsabilité parentale ne devraient pas s'appliquer au traitement des demandes de retour en vertu de la convention de La Haye de 1980 qui, conformément à l'article 19 de ladite convention et à la jurisprudence constante de la Cour de justice, ne sont pas des procédures au fond en matière de responsabilité parentale. Les dispositions applicables de la convention de La Haye de 1980 devraient, toutefois, être complétées par les dispositions du présent règlement sur l'enlèvement international d'enfants, et par le chapitre du présent règlement sur la reconnaissance et l'exécution et par le chapitre sur les dispositions générales.

(74) Les autorités centrales devraient prêter assistance aux juridictions et aux autorités compétentes, ainsi que, dans certains cas, aux titulaires de la responsabilité parentale, dans les procédures transfrontières et coopérer tant de manière générale que dans les cas particuliers, y compris en vue de favoriser le règlement à l'amiable des conflits familiaux.

(75) Sauf cas urgents et sans préjudice de la coopération et de la communication directes entre les juridictions qu'autorise le présent règlement, les requêtes en coopération en matière de responsabilité parentale au titre du présent règlement pourraient émaner des juridictions et autorités compétentes et devraient être adressées à l'autorité centrale de l'État membre de la juridiction ou de l'autorité compétente requérantes. Certaines requêtes pourraient aussi émaner de titulaires de la responsabilité parentale et devraient être adressées à l'autorité centrale de l'État membre de résidence habituelle du demandeur. Il pourrait s'agir de requêtes visant à fournir des informations et une assistance aux titulaires de la responsabilité parentale qui demandent la reconnaissance et l'exécution d'une décision sur le territoire de l'autorité centrale requise, en particulier en matière de droit de visite et de retour de l'enfant, y compris, le cas échéant, des informations sur les démarches à entreprendre pour bénéficier de l'assistance judiciaire ; de requêtes visant à faciliter la conclusion d'accords entre les titulaires de la responsabilité parentale en recourant à la médiation ou à d'autres modes alternatifs de règlement des litiges ; et de requêtes visant à ce qu'une juridiction ou une autorité compétente examine l'opportunité de prendre des mesures tendant à la protection de la personne ou des biens de l'enfant.

(76) Un cas d'urgence autorisant un contact initial direct avec la juridiction ou l'autorité compétente de l'État membre requis consiste par exemple à demander directement à l'autorité compétente d'un autre État membre d'examiner l'opportunité de prendre des mesures tendant à la protection de l'enfant lorsque celui-ci est présumé être exposé à un risque imminent. Il convient que l'obligation de passer par l'autorité centrale ne s'applique qu'aux requêtes initiales, toute communication ultérieure avec la juridiction, l'autorité compétente ou le demandeur pouvant également avoir lieu sans intermédiaire.

(77) Les autorités centrales ou les autorités compétentes ne devraient pas être empêchées de conclure ou maintenir des accords ou arrangements avec des autorités centrales ou des

autorités compétentes d'un ou de plusieurs autres États membres autorisant une communication directe dans leurs relations mutuelles. Les autorités compétentes devraient informer leurs autorités centrales de ces accords ou arrangements.

(78) Dans les affaires spécifiques de responsabilité parentale relevant du champ d'application du présent règlement, les autorités centrales devraient coopérer entre elles afin de fournir une assistance aux juridictions et aux autorités compétentes au niveau national ainsi qu'aux titulaires de la responsabilité parentale. L'assistance fournie par l'autorité centrale requise devrait en particulier porter sur la localisation de l'enfant, directement ou par l'intermédiaire de juridictions, d'autorités compétentes ou d'autres organismes, lorsque cela s'avère nécessaire pour traiter une requête au titre du présent règlement, ainsi que sur la communication de toute autre information utile aux fins des procédures en matière de responsabilité parentale.

(79) Les autorités centrales requises devraient aussi prendre toute mesure appropriée pour faciliter la communication entre les juridictions, s'il y a lieu, notamment pour l'application des règles relatives au transfert de compétence, aux mesures provisoires et conservatoires en cas d'urgence, en particulier lorsqu'elles concernent l'enlèvement international d'enfants et ont pour but de protéger l'enfant contre le risque grave visé à l'article 13, premier alinéa, point b), de la convention de La Haye de 1980, ainsi qu'à la litispendance et aux actions dépendantes. A cet effet, il est possible qu'il soit suffisant, dans certains cas, de fournir des informations permettant une communication directe ultérieure, par exemple, fournir les coordonnées des autorités chargées de la protection de l'enfance, des juges du réseau ou de la juridiction compétente.

(80) Aux fins de la réalisation des objectifs du présent règlement, et sans préjudice de toute exigence imposée par son droit procédural national, une juridiction ou autorité compétente requérante devrait avoir toute latitude de choisir librement entre les différentes voies dont elle est dispose pour obtenir les informations nécessaires.

(81) Lorsqu'une requête motivée est introduite en vue de l'établissement d'un rapport ou de la fourniture de toute autre information pertinente pour la procédure en matière de responsabilité parentale dans l'État membre requérant, les autorités centrales, soit directement, soit par l'intermédiaire de juridictions, d'autorités compétentes ou d'autres organismes de l'État membre requis, devraient donner suite à cette requête. La requête devrait comporter, en particulier, une description des procédures pour lesquelles les informations sont nécessaires et de la situation de fait qui a donné lieu à ces procédures.

(82) Lorsqu'une juridiction d'un État membre a déjà rendu une décision en matière de responsabilité parentale ou envisage de le faire et que la mise en œuvre de la décision aura lieu dans un autre État membre, cette juridiction devrait être en mesure de demander aux juridictions ou autorités compétentes de cet autre État membre de l'aider à mettre en œuvre la décision. Ce principe devrait s'appliquer, par exemple, aux décisions accordant un droit de visite sous surveillance dans un État membre autre que celui où est établie la juridiction ordonnant le droit de visite, ou aux décisions impliquant toute autre mesure d'accompagnement des juridictions ou autorités compétentes dans l'État membre où la décision sera mise en œuvre.

(83) Lorsqu'une juridiction ou une autorité compétente d'un État membre envisage le placement d'un enfant dans un autre État membre, une procédure de consultation pour l'obtention de l'approbation devrait être menée avant le placement. La juridiction ou l'autorité compétente qui envisage le placement devrait, avant d'ordonner ou d'organiser celui-ci, obtenir l'approbation de l'autorité compétente de l'État membre dans lequel l'enfant serait placé. En outre, conformément à la jurisprudence de la Cour de justice, les États membres devraient prévoir des règles et des procédures claires aux fins de l'approbation à obtenir au titre du présent règlement, de manière à assurer la sécurité juridique et la célérité. Les procédures devraient notamment permettre à l'autorité compétente d'accorder ou de refuser son approbation dans un bref délai. L'absence de réponse dans un délai de trois mois ne devrait pas être interprétée comme une approbation et, sans approbation, le placement ne devrait pas avoir lieu. La requête en approbation devrait au moins comprendre un rapport sur l'enfant ainsi que les motifs de sa proposition de placement ou de prise en charge, la durée prévue du placement, des informations sur tout financement envisagé et toute autre information que l'État membre requis pourrait juger pertinente concernant par exemple le suivi prévu, les modalités des contacts avec les parents, d'autres membres de la famille ou d'autres personnes avec lesquels l'enfant a des relations étroites, ou les raisons pour lesquelles de tels contacts ne sont pas prévus, à la lumière de l'article 8 de la convention européenne de sauvegarde des droits de l'homme et des libertés fondamentales. Compte tenu de

la jurisprudence de la Cour de justice, lorsque l'approbation a été donnée pour une durée déterminée, elle ne devrait pas être valable pour des décisions ou arrangements prorogeant la durée du placement. Dans ce cas, une nouvelle requête en approbation devrait être présentée.

(84) Lorsqu'une décision de placement d'un enfant dans une famille d'accueil ou dans un établissement est envisagée dans l'État membre de résidence habituelle de l'enfant, la juridiction devrait songer, dès le début de la procédure, à prendre des mesures appropriées pour garantir le respect des droits de l'enfant, en particulier le droit de préserver son identité et le droit d'entretenir des contacts avec ses parents ou, le cas échéant, avec d'autres membres de la famille, à la lumière des articles 8, 9 et 20 de la convention des Nations unies relative aux droits de l'enfant. Lorsque la juridiction sait que l'enfant a un lien étroit avec un autre État membre, les mesures appropriées pourraient en particulier consister, lorsque l'article 37, point b), de la convention de Vienne sur les relations consulaires s'applique, à adresser une notification au poste consulaire de cet État membre. Des informations fournies par l'autorité centrale de cet autre État membre pourraient aussi faire prendre conscience de l'existence de ce lien étroit. Les mesures appropriées pourraient aussi consister à adresser à cet État membre, au titre du présent règlement, une requête visant à obtenir des informations sur un parent, un membre de la famille ou une autre personne qui pourrait être apte à s'occuper de l'enfant. Par ailleurs, en fonction des circonstances, la juridiction pourrait aussi demander des informations sur les procédures et les décisions concernant l'un des parents ou la fratrie de l'enfant. L'intérêt supérieur de l'enfant devrait rester l'élément primordial. En particulier, aucune de ces dispositions ne devrait porter atteinte aux législations ou procédures nationales applicables à toute décision de placement rendue par la juridiction ou l'autorité compétente dans l'État membre qui envisage le placement. En particulier, ces dispositions ne devraient pas faire obligation aux autorités de l'État membre compétentes de placer l'enfant dans l'autre État membre ou d'associer cet État membre à la décision ou à la procédure de placement.

(85) Le temps étant un facteur essentiel en matière de responsabilité parentale, les informations requises en vertu des dispositions du présent règlement relatives à la coopération, y compris la coopération concernant la collecte et l'échange d'informations pertinentes dans le cadre de procédures en matière de responsabilité parentale, et la décision d'approbation ou de non-approbation du placement de l'enfant dans un autre État membre devraient être transmises à l'État membre requérant par l'autorité centrale de l'État membre requis trois mois au plus tard après la réception de la requête, sauf si cela se révèle impossible en raison de circonstances exceptionnelles. Cela suppose que l'autorité compétente nationale devrait être tenue de fournir les informations, ou d'expliquer pourquoi ces informations ne peuvent être fournies, à l'autorité centrale requise en temps utile pour permettre à celle-ci de respecter le délai imparti. En tout état de cause, toutes les autorités compétentes concernées devraient s'efforcer de répondre encore plus rapidement que dans le délai maximal prévu.

(86) Le fait que les réunions des autorités centrales sont convoquées en particulier par la Commission dans le cadre du réseau judiciaire européen en matière civile et commerciale conformément à la décision 2001/470/CE ne devrait pas empêcher l'organisation d'autres réunions des autorités centrales.

(87) Sauf dispositions contraires du présent règlement, le règlement (UE) 2016/679 du Parlement européen et du Conseil *[Règl. (UE) 2016/679 du Parlement européen et du Conseil du 27 avr. 2016 relatif à la protection des personnes physiques à l'égard du traitement des données à caractère personnel et à la libre circulation de ces données, et abrogeant la Dir. 95/46/CE (règlement général sur la protection des données) (JO L 119 du 4 mai 2016, p. 1)]* devrait s'appliquer au traitement de données à caractère personnel effectué par les États membres en application du présent règlement. En particulier, afin de ne pas compromettre le traitement d'une requête au titre du présent règlement, par exemple en liaison avec une demande de retour de l'enfant conformément à la convention de La Haye de 1980 ou une demande visant à ce qu'une juridiction examine l'opportunité de prendre des mesures tendant à la protection de la personne ou des biens de l'enfant, la notification à la personne concernée prévue à l'article 14, paragraphes 1 à 4, du règlement (UE) 2016/679, par exemple concernant les données requises pour localiser l'enfant, peut être différée jusqu'à ce que la requête pour laquelle cette information est requise ait été traitée. Cette exception est conforme à l'article 14, paragraphe 5, ainsi qu'à l'article 23, paragraphe 1, points f), g), i) et j), dudit règlement. Cela ne devrait pas empêcher un intermédiaire, une juridiction ou une autorité compétente qui a reçu les informations de prendre des mesures tendant à la protection de l'enfant, ou de faire en sorte que

de telles mesures soient prises, lorsque l'enfant risque d'être exposé à un danger ou que des éléments indiquent que tel pourrait être le cas.

(88) Dans les cas où la divulgation ou la confirmation des informations pertinentes pourrait compromettre la santé, la sécurité ou la liberté de l'enfant ou d'une autre personne, par exemple lorsque, à la suite de violences familiales, une juridiction a ordonné de ne pas divulguer au demandeur la nouvelle adresse de l'enfant, le présent règlement s'efforce de trouver un délicat équilibre : tout en prévoyant qu'une autorité centrale, une juridiction ou une autorité compétente ne devrait pas divulguer ni confirmer au demandeur ou à tout tiers des informations collectées ou transmises aux fins du présent règlement si elle considère que cela pourrait compromettre la santé, la sécurité ou la liberté de l'enfant ou d'une autre personne, il devrait souligner que cela ne devrait pas empêcher la collecte et la transmission d'informations par et entre les autorités centrales, les juridictions et les autorités compétentes dans la mesure où cela est nécessaire pour satisfaire aux obligations prévues par le présent règlement. Autrement dit, lorsque cela est possible et approprié, il devrait être possible pour une demande d'être traitée au titre du présent règlement sans que le demandeur obtienne toutes les informations requises pour la traiter. Ainsi, lorsque le droit national le prévoit, une autorité centrale pourrait engager une procédure au nom d'un demandeur sans communiquer à celui-ci les informations relatives à la localisation de l'enfant. Toutefois, lorsque le seul fait de formuler la requête pourrait déjà compromettre la santé, la sécurité ou la liberté de l'enfant ou d'une autre personne, le présent règlement ne devrait pas prévoir d'obligation de formuler cette requête.

(89) Pour garantir la tenue à jour des certificats à utiliser dans le cadre de l'application des chapitres III et IV du présent règlement, il convient de déléguer à la Commission le pouvoir d'adopter des actes conformément à l'article 290 du traité sur le fonctionnement de l'Union européenne en ce qui concerne les modifications à apporter aux annexes I à IX du présent règlement. Il importe particulièrement que la Commission procède aux consultations appropriées durant son travail préparatoire, y compris auprès des experts, et que ces consultations soient menées conformément aux principes définis dans l'accord interinstitutionnel du 13 avril 2016 "Mieux légiférer" *[JO L 123 du 12 mai 2016, p. 1.]*. En particulier, pour assurer une égale participation à la préparation des actes délégués, le Conseil reçoit tous les documents au même moment que les experts des États membres, et ses experts ont systématiquement accès aux réunions des groupes d'experts de la Commission traitant de la préparation des actes délégués.

(90) Il convient d'assurer la continuité entre la Convention de 1998 établie sur la base de l'article K.3 du traité sur l'Union européenne concernant la compétence, la reconnaissance et l'exécution des décisions en matière matrimoniale (ci-après dénommée "convention Bruxelles II") *[JO C 221 du 16 juill. 1998, p. 1.]*, le règlement (CE) n° 1347/2000, le règlement (CE) n° 2201/2003 et le présent règlement, dans la mesure où les dispositions sont restées inchangées, et d'établir des dispositions transitoires à cet effet. La même continuité doit être assurée en ce qui concerne l'interprétation, y compris par la Cour de justice de l'Union européenne, de la convention Bruxelles II et des règlements (CE) n° 1347/2000 et (CE) n° 2201/2003.

(91) Il est rappelé que, pour les accords conclus par un État membre avec un ou plusieurs États tiers avant la date de son adhésion à l'Union, l'article 351 du traité sur le fonctionnement de l'Union européenne s'applique.

(92) La loi applicable en matière de responsabilité parentale devrait être déterminée conformément aux dispositions du chapitre III de la convention de La Haye de 1996. Lorsque cette convention est appliquée dans le cadre de procédures devant une juridiction d'un *État membre dans lequel le* présent règlement s'applique, la référence aux "dispositions du chapitre II" figurant à l'article 15, paragraphe 1, de ladite convention devrait être interprétée au sens de "dispositions du présent règlement".

(93) Il importe, en vue du bon fonctionnement du présent règlement, que la Commission en évalue l'application et propose, le cas échéant, les modifications nécessaires.

(94) La Commission devrait rendre publiques et mettre à jour les informations transmises par les États membres.

(95) Conformément à l'article 3 et à l'article 4 *bis*, paragraphe 1, du protocole n° 21 sur la position du Royaume-Uni et de l'Irlande à l'égard de l'espace de liberté, de sécurité et de justice, annexé au traité sur l'Union européenne et au traité sur le fonctionnement de l'Union européenne, ces États membres ont notifié leur souhait de participer à l'adoption et à l'application du présent règlement.

(96) Conformément aux articles 1er et 2 du protocole nº 22 sur la position du Danemark annexé au traité sur l'Union européenne et au traité sur le fonctionnement de l'Union européenne, le Danemark ne participe pas à l'adoption du présent règlement et n'est pas lié par celui-ci ni soumis à son application.

(97) Le contrôleur européen de la protection des données a été consulté conformément à l'article 41, paragraphe 2, deuxième alinéa, et à l'article 46, point d), du règlement (CE) nº 45/2001 du Parlement européen et du Conseil *[Règl. (CE) nº 45/2001 du Parlement européen et du Conseil du 18 déc. 2000 relatif à la protection des personnes physiques à l'égard du traitement des données à caractère personnel par les institutions et organes communautaires et à la libre circulation de ces données (JO L 8 du 12 janv. 2001, p. 1)]* et a rendu un avis le 15 février 2018 *[JO C 120 du 6 avr. 2018, p. 18]*.

(98) Étant entendu que les objectifs du présent règlement ne peuvent pas être réalisés de manière suffisante par les États membres à cause des différences entre les règles nationales en matière de compétence et en matière de reconnaissance et d'exécution des décisions, mais peuvent, en raison de l'applicabilité directe et de la nature contraignante du présent règlement, être mieux réalisés au niveau de l'Union, celle-ci peut prendre des mesures conformément au principe de subsidiarité consacré à l'article 5 du traité sur l'Union européenne. Conformément au principe de proportionnalité tel qu'énoncé audit article, le présent règlement n'excède pas ce qui est nécessaire pour atteindre ces objectifs,

A ADOPTÉ LE PRÉSENT RÈGLEMENT :

CHAPITRE PREMIER *Champ d'application et définitions*

Art. 1er *Champ d'application.* 1. Le présent règlement s'applique aux matières civiles relatives :

a) au divorce, à la séparation de corps et à l'annulation du mariage des époux ;

b) à l'attribution, à l'exercice, à la délégation, au retrait total ou partiel de la responsabilité parentale.

2. Les matières visées au paragraphe 1, point b), concernent, notamment :

a) le droit de garde et le droit de visite ;

b) la tutelle, la curatelle, et les institutions analogues ;

c) la désignation et les fonctions de toute personne ou organisme chargé de s'occuper de la personne ou des biens d'un enfant, ou de le représenter ou de l'assister ;

d) le placement d'un enfant dans une famille d'accueil ou dans un établissement ;

e) les mesures de protection d'un enfant liées à l'administration, à la conservation ou à la disposition de ses biens.

3. Les chapitres III et VI du présent règlement s'appliquent en cas de déplacement ou de non-retour illicites d'un enfant concernant plus d'un État membre, en complément des dispositions de la Convention de La Haye de 1980. Le chapitre IV du présent règlement s'applique aux décisions ordonnant le retour d'un enfant dans un autre État membre en application de la convention de La Haye de 1980 qui doivent être exécutées dans un État membre autre que celui dans lequel la décision a été rendue.

4. Le présent règlement ne s'applique pas :

a) à l'établissement et la contestation de la filiation ;

b) à la décision sur l'adoption et les mesures qui la préparent, ainsi que l'annulation et la révocation de l'adoption ;

c) aux nom et prénoms d'un enfant ;

d) à l'émancipation ;

e) aux obligations alimentaires ;

f) aux trusts et successions ;

g) aux mesures prises à la suite d'infractions pénales commises par des enfants.

Art. 2 *Définitions.* 1. Aux fins du présent règlement, on entend par "décision" : une décision rendue par une juridiction d'un État membre, y compris un arrêt, un jugement ou une ordonnance, accordant le divorce, la séparation de corps ou l'annulation d'un mariage, ou concernant la responsabilité parentale.

Aux fins du chapitre IV, le terme "décision" inclut :

a) une décision rendue dans un État membre et ordonnant le retour d'un enfant dans un autre État membre en application de la convention de La Haye de 1980 qui doit être exécutée dans un État membre autre que celui dans lequel la décision a été rendue,

b) les mesures provisoires ou conservatoires ordonnées par une juridiction qui, en vertu du présent règlement, est compétente au fond ou les mesures ordonnées conformément à l'article 27, paragraphe 5, en liaison avec l'article 15.

Aux fins du chapitre IV, le terme "décision" n'inclut pas les mesures provisoires ou conservatoires ordonnées par une juridiction sans que le défendeur ait été cité à comparaître, sauf si la décision contenant la mesure a été notifiée ou signifiée au défendeur avant exécution.

2. Aux fins du présent règlement, on entend par :

1) "juridiction" : toute autorité dans un État membre qui est compétente dans les matières relevant du champ d'application du présent règlement ;

2) "acte authentique" : un acte dressé ou enregistré formellement en tant qu'acte authentique dans tout État membre dans les matières relevant du champ d'application du présent règlement et dont l'authenticité :

a) porte sur la signature et le contenu de l'acte, et

b) a été établie par une autorité publique ou toute autre autorité habilitée à le faire. Les États membres notifient ces autorités à la Commission conformément à l'article 103 ;

3) "accord" : aux fins du chapitre IV, un acte qui n'est pas un acte authentique, qui a été conclu par les parties dans les matières relevant du champ d'application du présent règlement et qui a été enregistré par une autorité publique notifiée à cet effet à la Commission par un État membre conformément à l'article 103 ;

4) "État membre d'origine" : l'État membre dans lequel la décision a été rendue, dans lequel l'acte authentique a été dressé ou enregistré formellement ou dans lequel l'accord a été enregistré ;

5) "État membre d'exécution" : l'État membre dans lequel est demandée l'exécution de la décision, de l'acte authentique ou de l'accord ;

6) "enfant" : toute personne âgée de moins de 18 ans ;

7) "responsabilité parentale" : l'ensemble des droits et obligations relatifs à la personne ou aux biens d'un enfant conférés à une personne physique ou une personne morale sur la base d'une décision, d'une attribution de plein droit ou d'un accord en vigueur, y compris le droit de garde et le droit de visite ;

8) "titulaire de la responsabilité parentale" : toute personne, institution ou autre organisme exerçant la responsabilité parentale à l'égard d'un enfant ;

9) "droit de garde" : les droits et obligations portant sur les soins de la personne d'un enfant, et en particulier le droit de décider de son lieu de résidence ;

10) "droit de visite" : le droit de visite à l'égard d'un enfant, notamment le droit d'emmener l'enfant pour une période limitée dans un lieu autre que celui de sa résidence habituelle ;

11) "déplacement ou non-retour illicites" : le déplacement ou le non-retour d'un enfant lorsque :

a) un tel déplacement ou non-retour a eu lieu en violation d'un droit de garde résultant d'une décision, d'une attribution de plein droit ou d'un accord en vigueur en vertu du droit de l'État membre dans lequel l'enfant avait sa résidence habituelle immédiatement avant son déplacement ou son non-retour, et

b) le droit de garde était exercé effectivement, seul ou conjointement, au moment du déplacement ou du non-retour, ou l'eût été si de tels événements n'étaient survenus.

3. Aux fins des articles 3, 6, 10, 12, 13, 51, 59, 75, 94 et 102, la notion de "domicile" remplace la notion de "nationalité" dans le cas de l'Irlande et du Royaume-Uni, et a la même signification qu'en vertu de chacun des systèmes juridiques de ces États membres.

CHAPITRE II *Compétence en matière matrimoniale et en matière de responsabilité parentale*

SECTION I *Divorce, séparation de corps et annulation du mariage*

Art. 3 *Compétence générale.* Sont compétentes pour statuer sur les questions relatives au divorce, à la séparation de corps et à l'annulation du mariage des époux, les juridictions de *l'État membre :*

a) sur le territoire duquel se trouve :

i) la résidence habituelle des époux,

ii) la dernière résidence habituelle des époux dans la mesure où l'un d'eux y réside encore,

iii) la résidence habituelle du défendeur,

iv) en cas de demande conjointe, la résidence habituelle de l'un ou l'autre époux,

v) la résidence habituelle du demandeur s'il y a résidé depuis au moins une année immédiatement avant l'introduction de la demande, ou

vi) la résidence habituelle du demandeur s'il y a résidé depuis au moins six mois immédiatement avant l'introduction de la demande et s'il est ressortissant de l'État membre en question ; ou

b) de la nationalité des deux époux.

Art. 4 *Demande reconventionnelle.* La juridiction devant laquelle la procédure est pendante en vertu de l'article 3 est également compétente pour examiner la demande reconventionnelle, dans la mesure où celle-ci relève du champ d'application du présent règlement.

Art. 5 *Conversion de la séparation de corps en divorce.* Sans préjudice de l'article 3, la juridiction de l'État membre qui a rendu une décision ordonnant une séparation de corps est également compétente pour convertir cette séparation de corps en divorce, si la loi de cet État membre le prévoit.

Art. 6 *Compétence résiduelle.* 1. Sous réserve du paragraphe 2, lorsqu'aucune juridiction d'un État membre n'est compétente en vertu de l'article 3, 4 ou 5, la compétence est, dans chaque État membre, régie par la loi de cet État.

2. Un époux qui a sa résidence habituelle sur le territoire d'un État membre, ou est ressortissant d'un État membre, ne peut être attrait devant les juridictions d'un autre État membre qu'en vertu des articles 3, 4 et 5.

3. Tout ressortissant d'un État membre qui a sa résidence habituelle sur le territoire d'un autre État membre peut, comme les ressortissants de cet État, y invoquer les règles de compétence applicables dans cet État contre un défendeur qui n'a pas sa résidence habituelle sur le territoire d'un État membre et qui n'a pas la nationalité d'un État membre.

SECTION II *Responsabilité parentale*

Art. 7 *Compétence générale.* 1. Les juridictions d'un État membre sont compétentes en matière de responsabilité parentale à l'égard d'un enfant qui réside habituellement dans cet État membre au moment où la juridiction est saisie.

2. Le paragraphe 1 du présent article s'applique sous réserve des articles 8 à 10.

Art. 8 *Maintien de la compétence en ce qui concerne le droit de visite.* 1. Lorsqu'un enfant déménage légalement d'un État membre dans un autre et y acquiert une nouvelle résidence habituelle, les juridictions de l'État membre de l'ancienne résidence habituelle de l'enfant gardent leur compétence, par dérogation à l'article 7, pendant trois mois après le déménagement, pour modifier une décision concernant le droit de visite rendue dans cet État membre avant que l'enfant ait déménagé si la personne à laquelle le droit de visite a été accordé par la décision continue à résider habituellement dans l'État membre de l'ancienne résidence habituelle de l'enfant.

2. Le paragraphe 1 ne s'applique pas si le titulaire du droit de visite visé au paragraphe 1 a accepté la compétence des juridictions de l'État membre de la nouvelle résidence habituelle de l'enfant en participant à une procédure devant ces juridictions sans en contester la compétence.

Art. 9 *Compétence en cas de déplacement ou de non-retour illicites d'un enfant.* Sans préjudice de l'article 10, en cas de déplacement ou de non-retour illicites d'un enfant, les juridictions de l'État membre dans lequel l'enfant avait sa résidence habituelle immédiatement avant son déplacement ou son non-retour illicites conservent leur compétence jusqu'au moment où l'enfant a acquis une résidence habituelle dans un autre État membre et que :

a) toute personne, institution ou autre organisme ayant le droit de garde a acquiescé au déplacement ou au non-retour ; ou

b) l'enfant a résidé dans cet autre État membre pendant une période d'au moins un an après que la personne, l'institution ou tout autre organisme ayant le droit de garde a eu ou aurait dû avoir connaissance du lieu où se trouvait l'enfant, que l'enfant s'est intégré dans son nouvel environnement et que l'une au moins des conditions suivantes est remplie :

i) aucune demande de retour n'a été présentée auprès des autorités compétentes de l'État membre où l'enfant a été déplacé ou est retenu, dans un délai d'un an après que le titulaire d'un droit de garde a eu ou aurait dû avoir connaissance du lieu où se trouvait l'enfant ;

ii) une demande de retour présentée par le titulaire d'un droit de garde a été retirée et aucune nouvelle demande n'a été présentée dans le délai fixé au point i) ;

iii) une demande de retour présentée par le titulaire d'un droit de garde a été rejetée par une juridiction d'un État membre pour des motifs autres que ceux de l'article 13, premier alinéa, point b), et deuxième alinéa, de la convention de La Haye de 1980 et cette décision n'est plus susceptible d'un recours ordinaire ;

iv) aucune juridiction n'a été saisie, comme prévu à l'article 29, paragraphes 3 et 5, dans l'État membre dans lequel l'enfant avait sa résidence habituelle immédiatement avant son déplacement ou son non-retour illicites ;

v) une décision sur le droit de garde n'impliquant pas le retour de l'enfant a été rendue par les juridictions de l'État membre dans lequel l'enfant avait sa résidence habituelle immédiatement avant son déplacement ou son non-retour illicites.

Art. 10 *Choix de la juridiction.* 1. Les juridictions d'un État membre sont compétentes en matière de responsabilité parentale lorsque les conditions suivantes sont réunies :

a) l'enfant a un lien étroit avec cet État membre du fait, en particulier, que :

i) au moins un des titulaires de la responsabilité parentale y a sa résidence habituelle,

ii) cet état membre est l'ancienne résidence habituelle de l'enfant, ou

iii) l'enfant est ressortissant de cet État membre ;

b) les parties ainsi que tout autre titulaire de la responsabilité parentale :

i) se sont librement accordés sur la compétence, au plus tard au moment où la juridiction est saisie, ou

ii) ont expressément accepté la compétence au cours de la procédure et la juridiction s'est assurée que toutes les parties ont été informées de leur droit de ne pas accepter sa compétence ; et

c) l'exercice de la compétence est dans l'intérêt supérieur de l'enfant.

2. Une convention relative au choix de la juridiction en vertu du paragraphe 1, point b), est conclue par écrit, datée et signée par les parties concernées ou incluse dans les pièces de procédure conformément aux législations et procédures nationales. Toute transmission par voie électronique qui permet de consigner durablement la convention est considérée comme revêtant une "forme écrite".

Les personnes qui deviennent parties à l'instance après la saisine de la juridiction peuvent exprimer leur accord après la saisine de la juridiction. En l'absence d'opposition de leur part, leur accord est considéré comme implicite.

3. Sauf si les parties en conviennent autrement, la compétence exercée conformément au paragraphe 1 prend fin dès que :

a) la décision rendue dans le cadre de la procédure n'est plus susceptible de recours ordinaire ; ou

b) il a été mis fin à la procédure pour une autre raison.

4. La compétence conférée conformément au paragraphe 1, point b) ii), est exclusive.

Art. 11 *Compétence fondée sur la présence de l'enfant.* 1. Lorsque la résidence habituelle de l'enfant ne peut être établie et que la compétence ne peut être déterminée sur la base de l'article 10, les juridictions de l'État membre dans lequel l'enfant est présent sont compétentes.

2. La compétence visée au paragraphe 1 s'applique aussi aux enfants réfugiés ainsi qu'aux enfants qui, par suite de troubles survenant dans l'État membre de leur résidence habituelle, sont internationalement déplacés.

Art. 12 *Transfert de compétence à une juridiction d'un autre État membre.* 1. Dans des circonstances exceptionnelles, si elle considère qu'une juridiction d'un autre État membre avec lequel l'enfant a un lien particulier serait mieux placée pour apprécier l'intérêt supérieur de l'enfant dans une affaire donnée, une juridiction d'un État membre qui est compétente pour connaître du fond de l'affaire peut, sur demande d'une partie ou de sa propre initiative, suspendre la procédure ou une partie spécifique de celle-ci et :

a) impartir un délai pour qu'une ou plusieurs des parties informent la juridiction de cet autre État membre de la procédure en cours et de la possibilité d'un transfert de compétence et saisissent cette juridiction d'une demande ; ou

b) demander à une juridiction d'un autre État membre d'exercer sa compétence conformément au paragraphe 2.

2. La juridiction de l'autre État membre peut, lorsque, en raison des circonstances particulières de l'affaire, cela correspond à l'intérêt supérieur de l'enfant, se déclarer compétente dans un délai de six semaines après :

a) la date de sa saisine conformément au paragraphe 1, point a) ; ou

b) la date de réception de la demande conformément au paragraphe 1, point b).

La juridiction saisie en second lieu ou à laquelle il est demandé d'accepter la compétence informe sans retard la juridiction saisie en premier lieu. En cas d'acceptation, la juridiction première saisie décline sa compétence.

3. La juridiction saisie en premier lieu continue d'exercer sa compétence si elle n'a pas reçu d'acceptation de compétence de la part de la juridiction de l'autre État membre dans les sept semaines après que :

a) le délai imparti pour que les parties saisissent une juridiction d'un autre État membre d'une demande conformément au paragraphe 1, point a), a expiré ou

b) cette juridiction a reçu la demande conformément au paragraphe 1, point b).

4. Aux fins du paragraphe 1, il est considéré que l'enfant a un lien particulier avec un État membre, si :

a) après la saisine de la juridiction visée au paragraphe 1, l'enfant a acquis sa résidence habituelle dans cet État membre ;

b) l'enfant a résidé de manière habituelle dans cet État membre ;

c) l'enfant est ressortissant de cet État ;

d) l'un des titulaires de la responsabilité parentale a sa résidence habituelle dans cet État membre ; ou

e) le litige porte sur des mesures de protection de l'enfant liées à l'administration, à la conservation ou à la disposition de biens appartenant à l'enfant et qui se trouvent sur le territoire de cet État membre.

5. Lorsque la compétence exclusive d'une juridiction a été établie en vertu de l'article 10, cette juridiction ne peut transférer la compétence à une juridiction d'un autre État membre.

Art. 13 *Demande de transfert de compétence par une juridiction d'un État membre qui n'est pas compétente.* 1. Dans des circonstances exceptionnelles et sans préjudice de l'article 9, si une juridiction d'un État membre avec lequel l'enfant a un lien particulier au sens de l'article 12, paragraphe 4, mais qui n'est pas compétente en vertu du présent règlement, considère qu'elle est mieux placée pour apprécier l'intérêt supérieur de l'enfant dans une affaire donnée, elle peut demander à la juridiction compétente de l'État membre de résidence habituelle de l'enfant de lui transférer la compétence.

2. Dans les six semaines à compter de la réception de la demande conformément au paragraphe 1, la juridiction requise peut accepter de transférer la compétence, lorsque, en raison des circonstances spécifiques de l'affaire, un tel transfert correspond à l'intérêt supérieur de l'enfant. Lorsque la juridiction requérante accepte de transférer la compétence, elle informe sans retard la juridiction requérante. En l'absence d'une telle acceptation dans le délai, la juridiction requérante ne peut exercer la compétence.

Art. 14 *Compétence résiduelle.* Lorsqu'aucune juridiction d'un État membre n'est compétente en vertu des articles 7 à 11, la compétence est, dans chaque État membre, régie par la loi de cet État membre.

Art. 15 *Mesures provisoires et conservatoires en cas d'urgence.* 1. En cas d'urgence, même si une juridiction d'un autre État membre est compétente pour connaître du fond de l'affaire, les juridictions d'un État membre sont compétentes pour prendre les mesures provisoires ou conservatoires éventuellement prévues par le droit de cet État membre en ce qui concerne :

a) un enfant qui est présent dans cet État membre ; ou

b) des biens appartenant à un enfant qui se trouvent dans cet État membre.

2. Dans la mesure où la protection de l'intérêt supérieur de l'enfant l'exige, la juridiction qui a pris les mesures visées au paragraphe 1 du présent article informe, sans retard, la juridiction ou l'autorité compétente de l'État membre qui est compétente en vertu de l'article 7 ou, le cas échéant, toute juridiction d'un État membre qui est compétente au fond en vertu du présent règlement, soit directement conformément à l'article 86, soit par l'intermédiaire des autorités centrales désignées en application de l'article 76.

3. Les mesures prises en exécution du paragraphe 1 cessent d'avoir effet dès que la juridiction de l'État membre qui est compétente au fond en vertu du présent règlement a pris les mesures qu'elle estime appropriées.

Le cas échéant, cette juridiction peut informer de sa décision la juridiction qui a pris des mesures provisoires ou conservatoires, soit directement conformément à l'article 86, soit par l'intermédiaire des autorités centrales désignées en application de l'article 76.

Art. 16 *Questions incidentes.* 1. Si l'issue d'une procédure dans une affaire ne relevant pas du champ d'application du présent règlement qui est engagée devant une juridiction d'un État membre dépend d'une question incidente concernant la responsabilité parentale, une juridiction de cet État membre peut trancher cette question aux fins de cette procédure, même si cet État membre n'est pas compétent en vertu du présent règlement.

2. La décision rendue à propos d'une question incidente conformément au paragraphe 1 ne produit d'effets que dans la procédure dans le cadre de laquelle la décision a été prise.

3. Lorsque la validité d'un acte juridique réalisé ou à réaliser au nom de l'enfant dans une procédure en matière de succession devant une juridiction d'un État membre exige l'autorisation ou l'approbation d'une juridiction, une juridiction de cet État membre peut décider s'il convient d'autoriser ou d'approuver une telle opération même si elle n'est pas compétente en vertu du présent règlement.

4. L'article 15, paragraphe 2, s'applique en conséquence.

SECTION III *Dispositions communes*

Art. 17 *Saisine d'une juridiction.* Une juridiction est réputée saisie :

a) à la date à laquelle l'acte introductif d'instance ou un acte équivalent est déposé auprès de la juridiction, à condition que le demandeur n'ait pas négligé par la suite de prendre les mesures qu'il était tenu de prendre pour que l'acte soit notifié ou signifié au défendeur ;

b) si l'acte doit être notifié ou signifié avant d'être déposé auprès de la juridiction, à la date à laquelle il est reçu par l'autorité chargée de la notification ou de la signification, à condition que le demandeur n'ait pas négligé par la suite de prendre les mesures qu'il était tenu de prendre pour que l'acte soit déposé auprès de la juridiction ; ou

c) si la procédure est engagée d'office, à la date à laquelle la décision d'engager la procédure est prise par la juridiction ou, si une telle décision n'est pas nécessaire, à la date à laquelle l'affaire est enregistrée par la juridiction.

Art. 18 *Vérification de la compétence.* Une juridiction d'un État membre saisie d'une affaire pour laquelle elle n'est pas compétente au fond en vertu du présent règlement et pour laquelle une juridiction d'un autre État membre est compétente au fond en vertu du présent règlement se déclare d'office incompétente.

Art. 19 *Vérification de la recevabilité.* 1. Lorsque le défendeur qui a sa résidence habituelle dans un État autre que l'État membre où la procédure a été intentée ne comparaît pas, la juridiction compétente est tenue de suspendre cette procédure aussi longtemps qu'il n'est pas établi que ce défendeur a été mis à même de recevoir l'acte introductif d'instance ou un acte équivalent en temps utile afin de pourvoir à sa défense ou que toute diligence a été faite à cette fin.

2. L'article 19 du règlement (CE) n° 1393/2007 s'applique en lieu et place du paragraphe 1 du présent article si l'acte introductif d'instance ou un acte équivalent a dû être transmis d'un État membre à un autre en exécution dudit règlement.

3. Lorsque le règlement (CE) n° 1397/2007 n'est pas applicable, l'article 15 de la convention de La Haye du 15 novembre 1965 relative à la signification et à la notification à l'étranger des actes judiciaires et extrajudiciaires en matière civile ou commerciale s'applique si l'acte introductif d'instance ou un acte équivalent a dû être transmis à l'étranger en exécution de ladite convention.

Art. 20 *Litispendance et actions dépendantes.* 1. Lorsque des procédures en divorce, en séparation de corps ou en annulation du mariage sont introduites entre les mêmes parties auprès de juridictions d'États membres différents, la juridiction saisie en second lieu suspend d'office sa procédure jusqu'à ce que la compétence de la juridiction première saisie soit établie.

2. Excepté lorsque la compétence de l'une des juridictions est uniquement fondée sur l'article 15, lorsque des procédures relatives à la responsabilité parentale à l'égard d'un enfant, ayant le même objet et la même cause, sont introduites auprès de juridictions d'États membres différents, la juridiction saisie en second lieu suspend d'office sa procédure jusqu'à ce que la compétence de la juridiction première saisie soit établie.

3. Lorsque la compétence de la juridiction première saisie est établie, la juridiction saisie en second lieu se dessaisit en faveur de la juridiction première saisie.

Dans ce cas, la partie ayant introduit la procédure auprès de la juridiction saisie en second lieu peut porter cette action devant la juridiction première saisie.

4. Lorsqu'une juridiction d'un État membre à laquelle une acceptation de la compétence visée à l'article 10 *bis* attribue une compétence exclusive est saisie, toute juridiction d'un autre État membre sursoit à statuer jusqu'à ce que la juridiction saisie sur le fondement de la convention ou de l'acceptation déclare qu'elle n'est pas compétente en vertu de la convention ou de l'acceptation.

5. Lorsque et dans la mesure où la juridiction a établi sa compétence exclusive conformément à une acceptation de la juridiction visée à l'article 10, toute juridiction d'un autre État membre se dessaisit en faveur de ladite juridiction.

Art. 21 *Droit de l'enfant d'exprimer son opinion.* 1. Dans l'exercice de leur compétence en application de la section 2 du présent chapitre, les juridictions des États membres, conformément aux législations et procédures nationales, donnent à un enfant qui est capable de discernement une possibilité réelle et effective d'exprimer son opinion, soit directement, soit par l'intermédiaire d'un représentant ou d'un organisme approprié.

2. Lorsque la juridiction, conformément aux législations et procédures nationales, donne à un enfant la possibilité d'exprimer son opinion conformément au présent article, elle prend dûment en compte l'opinion de l'enfant eu égard à son âge et à son degré de maturité.

CHAPITRE III ***ENLÈVEMENT INTERNATIONAL D'ENFANTS***

Art. 22 *Retour de l'enfant en application de la convention de La Haye de 1980.* Lorsqu'une personne, une institution ou tout autre organisme alléguant une violation du droit de garde demande, soit directement, soit avec l'assistance d'une autorité centrale, à la juridiction d'un État membre de rendre une décision sur la base de la convention de La Haye de 1980 ordonnant le retour d'un enfant âgé de moins de 16 ans qui a été déplacé ou retenu illicitement dans un État membre autre que l'État membre dans lequel l'enfant avait sa résidence habituelle immédiatement avant son déplacement ou son non-retour illicites, les articles 23 à 29, et le chapitre VI, du présent règlement s'appliquent et complètent la convention de La Haye de 1980.

Art. 23 *Réception et traitement des demandes par les autorités centrales.* 1. L'autorité centrale requise agit rapidement pour assurer le traitement d'une demande, au titre de la convention de La Haye de 1980, telle que visée à l'article 22.

2. Lorsque l'autorité centrale de l'État membre requis reçoit une demande visée à l'article 22, elle en accuse réception dans un délai de cinq jours ouvrables à compter de la date de réception de la demande. Elle avise sans retard indu l'autorité centrale de l'État membre requis ou le demandeur, selon le cas, des premières démarches qui ont été ou qui seront entreprises pour traiter la demande et peut solliciter tout document ou toute information supplémentaire qu'elle estime nécessaire.

Art. 24 *Procédure rapide.* 1. Une juridiction saisie d'une demande de retour d'un enfant visée à l'article 22 agit rapidement dans le cadre de la procédure relative à la demande, en utilisant les procédures les plus rapides prévues par le droit national.

2. Sans préjudice du paragraphe 1, une juridiction de première instance, sauf si cela se révèle impossible en raison de circonstances exceptionnelles, rend sa décision six semaines au plus tard après sa saisine.

3. Sauf si cela se révèle impossible en raison de circonstances exceptionnelles, une juridiction de niveau supérieur rend sa décision six semaines au plus tard après que tous les actes de procédure nécessaires ont été accomplis et qu'elle est en mesure d'examiner le recours, en prévoyant une audition ou d'une autre manière.

Art. 25 *Modes alternatifs de règlement des litiges.* Le plus tôt possible au cours de la procédure et à tout stade de celle-ci, la juridiction, soit directement, soit, le cas échéant, avec l'assistance des autorités centrales, invite les parties à examiner si elles sont disposées à entamer une médiation ou à recourir à tout autre mode alternatif de règlement des litiges, sauf si cela est contraire à l'intérêt supérieur de l'enfant, si ce n'est pas approprié en l'espèce ou si cela retarderait indûment la procédure.

Art. 26 *Droit de l'enfant d'exprimer son opinion dans la procédure de retour.* L'article 21 du présent règlement s'applique également dans la procédure de retour au titre de la convention de La Haye de 1980.

Art. 27 *Procédure de retour d'un enfant.* 1. Une juridiction ne peut refuser le retour de l'enfant si la personne qui demande le retour de l'enfant n'a pas eu la possibilité d'être entendue.

2. La juridiction peut, à tout stade de la procédure, conformément à l'article 15, examiner si des contacts entre l'enfant et la personne qui demande le retour de l'enfant devraient être organisés, compte tenu de l'intérêt supérieur de l'enfant.

3. Lorsqu'une juridiction envisage de refuser le retour d'un enfant uniquement sur la base de l'article 13, premier alinéa, point b), de la convention de La Haye de 1980, elle ne refuse pas le retour de l'enfant si la partie qui demande le retour de l'enfant garantit à la juridiction, en fournissant des éléments de preuve suffisants, que des dispositions adéquates ont été prises pour assurer la protection de l'enfant après son retour ou si la juridiction en est convaincue de toute autre manière.

4. Aux fins du paragraphe 3 du présent article, la juridiction peut entrer en contact avec les autorités compétentes de l'État membre dans lequel l'enfant avait sa résidence habituelle immédiatement avant son déplacement ou son non-retour illicites, soit directement conformément à l'article 86, soit avec l'assistance des autorités centrales.

5. Lorsqu'elle ordonne le retour de l'enfant, la juridiction peut, le cas échéant, prendre des mesures provisoires ou conservatoires, conformément à l'article 15 du présent règlement, pour protéger l'enfant contre le risque grave visé à l'article 13, premier alinéa, point b), de la convention de La Haye de 1980, pour autant que l'examen et la prise de ces mesures ne retardent pas indûment la procédure de retour.

6. Une décision ordonnant le retour de l'enfant peut être déclarée exécutoire par provision, nonobstant un éventuel recours, lorsque le retour de l'enfant, est requis dans l'intérêt supérieur de l'enfant, avant que la décision sur le recours ne soit rendue.

Art. 28 *Exécution des décisions ordonnant le retour d'un enfant.* 1. Une autorité compétente en matière d'exécution à laquelle est présentée une demande d'exécution d'une décision ordonnant le retour d'un enfant dans un autre État membre agit rapidement pour assurer le traitement de la demande.

2. Lorsqu'une décision visée au paragraphe 1 n'a pas été exécutée dans un délai de six semaines après la date d'ouverture de la procédure d'exécution, la partie qui demande l'exécution ou l'autorité centrale de l'État membre d'exécution est en droit de demander à l'autorité compétente en matière d'exécution les raisons de ce retard.

Art. 29 *Procédure à la suite d'un refus du retour de l'enfant en application de l'article 13, premier alinéa, point b), et deuxième alinéa, de la convention de La Haye de 1980.* 1. Le présent article s'applique lorsqu'une décision refusant le retour d'un enfant dans un autre État membre est fondée uniquement sur l'article 13, premier alinéa, point b), ou deuxième alinéa, de la convention de La Haye de 1980.

2. La juridiction qui rend une décision au sens du paragraphe 1 délivre d'office un certificat au moyen du formulaire figurant à l'annexe I. Le certificat est rempli et délivré dans la langue de la décision. Il peut aussi être délivré dans une autre langue officielle des institutions de l'Union européenne demandée par une partie. Cela ne crée pas d'obligation pour la juridiction délivrant le certificat de fournir une traduction ou une translittération du contenu traduisible des champs de texte libre.

3. Si, au moment où la juridiction rend une décision au sens du paragraphe 1, une juridiction de l'État membre dans lequel l'enfant avait sa résidence habituelle immédiatement avant son déplacement ou son non-retour illicites avait déjà été saisie d'une demande d'examen au fond en matière de droit de garde, la première, si elle a connaissance de cette procédure, transmet à la seconde, dans un délai d'un mois à compter de la date de la décision au sens du paragraphe 1, soit directement, soit par l'intermédiaire des autorités centrales, les documents suivants :

a) une copie de sa décision visée au paragraphe 1 ;

b) le certificat délivré conformément au paragraphe 2 ; et

c) le cas échéant, un compte rendu, un résumé ou un procès-verbal des audiences, ainsi que tout autre document qu'elle juge pertinent.

4. La juridiction de l'État membre dans lequel l'enfant avait sa résidence habituelle immédiatement avant son déplacement ou son non-retour illicites peut, au besoin, demander à une partie de fournir une traduction ou une translittération, conformément à l'article 91, de la décision visée au paragraphe 1 et de tout autre document joint au certificat conformément au paragraphe 3, point c) du présent article.

5. Dans des cas autres que ceux visés au paragraphe 3, si une des parties saisit une juridiction de l'État membre dans lequel l'enfant avait sa résidence habituelle immédiatement avant son déplacement ou son non-retour illicites afin que ladite juridiction examine des éléments de fond relatifs au droit de garde, cette partie transmet, dans un délai de trois mois à compter de la notification d'une décision au sens du paragraphe 1, les documents suivants à la juridiction :

a) une copie de la décision telle que visée au paragraphe 1 ;

b) le certificat délivré conformément au paragraphe 2 ; et

c) le cas échéant, un compte rendu, un résumé ou un procès-verbal des audiences devant la juridiction qui a refusé le retour de l'enfant.

6. Nonobstant une décision de non-retour telle que visée au paragraphe 1, toute décision au fond en matière de droit de garde rendue à l'issue des procédures visées aux paragraphes 3 et 5 qui implique le retour de l'enfant est exécutoire dans un autre État membre conformément au chapitre IV.

CHAPITRE IV *RECONNAISSANCE ET EXÉCUTION*

SECTION I *Dispositions générales relatives à la reconnaissance et à l'exécution*

SOUS-SECTION 1 *Reconnaissance*

Art. 30 *Reconnaissance d'une décision.* 1. Les décisions rendues dans un État membre sont reconnues dans les autres États membres sans qu'il soit nécessaire de recourir à aucune procédure spéciale.

2. En particulier, et sans préjudice du paragraphe 3, aucune procédure spéciale n'est requise pour la mise à jour des registres de l'état civil d'un État membre sur la base d'une décision rendue dans un autre État membre en matière de divorce, de séparation de corps ou d'annulation du mariage, qui n'est plus susceptible de recours selon la loi de cet État membre.

3. Toute partie intéressée peut faire constater, selon les procédures prévues aux articles 59 à 62 et, le cas échéant, à la section 5 du présent chapitre et au chapitre VI, l'absence de motifs de refus de reconnaissance visés aux articles 38 et 39.

4. La compétence territoriale de la juridiction notifiée par chaque État membre à la Commission en vertu de l'article 103 est déterminée par la loi de l'État membre dans lequel la procédure engagée conformément au paragraphe 3 du présent article.

5. Si la reconnaissance d'une décision est invoquée de façon incidente devant une juridiction d'un État membre, celle-ci peut statuer en la matière.

Art. 31 *Documents à produire aux fins de la reconnaissance.* 1. La partie qui souhaite invoquer, dans un État membre, une décision rendue dans un autre État membre produit les documents suivants :

a) une copie de la décision réunissant les conditions nécessaires pour en établir l'authenticité ; et

b) le certificat approprié délivré conformément à l'article 36.

2. La juridiction ou l'autorité compétente devant laquelle une décision rendue dans un autre État membre est invoquée peut, au besoin, exiger que la partie qui l'invoque fournisse, conformément à l'article 91, une traduction ou une translittération du contenu traduisible des champs de texte libre du certificat visé au paragraphe 1, point b) du présent article.

3. La juridiction ou l'autorité compétente devant laquelle une décision rendue dans un autre État membre est invoquée peut exiger que la partie fournisse, conformément à l'article 91, une traduction ou une translittération de la décision, en plus d'une traduction ou d'une translittération du contenu traduisible des champs de texte libre du certificat, si elle ne peut agir sans une telle traduction ou translittération.

Art. 32 *Absence de documents.* 1. A défaut de production des documents visés à l'article 31, paragraphe 1, la juridiction ou l'autorité compétente peut impartir un délai pour les produire ou accepter des documents équivalents ou, si elle s'estime suffisamment éclairée, en dispenser.

2. Si la juridiction ou l'autorité compétente l'exige, une traduction ou une translittération de ces documents équivalents est produite, conformément à l'article 91.

Art. 33 *Suspension de la procédure.* La juridiction devant laquelle une décision rendue dans un autre État membre est invoquée peut suspendre sa procédure, en tout ou en partie, lorsque :

a) la décision fait l'objet d'un recours ordinaire dans l'État membre d'origine ; ou

b) une demande a été présentée aux fins d'obtenir une décision constatant l'absence de motifs de refus de reconnaissance visés aux articles 38 et 39 ou d'obtenir une décision visant à ce que la reconnaissance soit refusée sur le fondement de l'un de ces motifs.

SOUS-SECTION 2 *Force exécutoire et exécution*

Art. 34 *Décisions exécutoires.* 1. Les décisions rendues dans un État membre en matière de responsabilité parentale, qui y sont exécutoires, sont exécutoires dans les autres États membres sans qu'une déclaration constatant leur force exécutoire ne soit nécessaire.

2. Aux fins de l'exécution dans un autre État membre d'une décision accordant un droit de visite, la juridiction d'origine peut déclarer la décision exécutoire par provision, nonobstant un éventuel recours.

Art. 35 *Documents à produire aux fins de l'exécution.* 1. Aux fins de l'exécution dans un État membre d'une décision rendue dans un autre État membre, la partie qui demande l'exécution communique à l'autorité compétente chargée de l'exécution :

a) une copie de la décision réunissant les conditions nécessaires pour en établir l'authenticité ; et

b) le certificat approprié délivré conformément à l'article 36.

2. Aux fins de l'exécution dans un État membre d'une décision rendue dans un autre État membre ordonnant une mesure provisoire ou conservatoire, la partie qui demande l'exécution communique à l'autorité compétente chargée de l'exécution :

a) une copie de la décision réunissant les conditions nécessaires pour en établir l'authenticité ;

b) le certificat approprié délivré conformément à l'article 36, attestant que la décision est exécutoire dans l'État membre d'origine et que la juridiction d'origine :

i) est compétente pour connaître du fond, ou

ii) a ordonné la mesure conformément à l'article 27, paragraphe 5, en liaison avec l'article 15 ; et

c) lorsque la mesure a été ordonnée sans que le défendeur soit cité à comparaître, une preuve de la notification ou de la signification de la décision.

3. L'autorité compétente chargée de l'exécution peut, au besoin, exiger que la partie qui demande l'exécution fournisse, conformément à l'article 91, une traduction ou une translittération du contenu traduisible des champs de texte libre du certificat qui précise l'obligation à exécuter.

4. L'autorité compétente chargée de l'exécution peut exiger que la partie qui demande l'exécution fournisse, conformément à l'article 91, une traduction ou une translittération de la décision si elle ne peut agir sans une telle traduction ou translittération.

SOUS-SECTION 3 *Certificat*

Art. 36 *Délivrance du certificat.* 1. La juridiction d'un État membre d'origine notifiée à la Commission en vertu de l'article 103 délivre, à la demande d'une partie, un certificat concernant :

a) une décision en matière matrimoniale au moyen du formulaire figurant à l'annexe II ;

b) une décision en matière de responsabilité parentale au moyen du formulaire figurant à l'annexe III ;

c) une décision ordonnant le retour d'un enfant telle que visée à l'article 2, paragraphe 1, point a), et, le cas échéant, toute mesure provisoire ou conservatoire ordonnée conformément à l'article 27, paragraphe 5, accompagnant la décision, au moyen du formulaire figurant à l'annexe IV.

2. Le certificat est rempli et délivré dans la langue de la décision. Il peut aussi être délivré dans une autre langue officielle des institutions de l'Union européenne demandée par une partie. Cela ne crée pas d'obligation pour la juridiction délivrant le certificat de fournir une traduction ou une translittération du contenu traduisible des champs de texte libre.

3. La délivrance d'un certificat n'est par ailleurs susceptible d'aucun recours.

Art. 37 *Rectification du certificat.* 1. La juridiction d'un État membre d'origine notifiée à la Commission en vertu de l'article 103 rectifie le certificat sur demande, ou peut le rectifier d'office, lorsque, en raison d'une erreur matérielle ou d'une omission, il existe une divergence entre la décision à exécuter et le certificat.

2. Le droit de l'État membre d'origine s'applique à la procédure de rectification du certificat.

SOUS-SECTION 4 *Refus de reconnaissance et d'exécution*

Art. 38 *Motifs de refus de reconnaissance des décisions en matière matrimoniale.* La reconnaissance d'une décision rendue en matière de divorce, de séparation de corps ou d'annulation du mariage est refusée :

a) si la reconnaissance est manifestement contraire à l'ordre public de l'État membre dans lequel la reconnaissance est invoquée ;

b) si l'acte introductif d'instance ou un acte équivalent n'a pas été signifié ou notifié au défendeur défaillant en temps utile et de telle manière qu'il puisse pourvoir à sa défense, à moins qu'il ne soit établi que le défendeur a accepté la décision de manière non équivoque ;

c) si la décision est inconciliable avec une décision rendue dans une instance opposant les mêmes parties dans l'État membre dans lequel la reconnaissance est invoquée ; ou

d) si la décision est inconciliable avec une décision rendue antérieurement dans un autre État membre ou dans un État tiers dans une affaire opposant les mêmes parties, dès lors que cette première décision réunit les conditions nécessaires à sa reconnaissance dans l'État membre dans lequel la reconnaissance est invoquée.

Art. 39 *Motifs de refus de reconnaissance des décisions en matière de responsabilité parentale.* 1. La reconnaissance d'une décision rendue en matière de responsabilité parentale est refusée :

a) si la reconnaissance est manifestement contraire à l'ordre public de l'État membre dans lequel la reconnaissance est invoquée, eu égard à l'intérêt supérieur de l'enfant ;

b) si, lorsque la décision a été rendue par défaut, l'acte introductif d'instance ou un acte équivalent n'a pas été signifié ou notifié à la personne défaillante en temps utile et de telle manière que celle-ci puisse pourvoir à sa défense, à moins qu'il ne soit établi que cette personne a accepté la décision de manière non équivoque ;

c) à la demande de toute personne faisant valoir que la décision fait obstacle à l'exercice de sa responsabilité parentale, si la décision a été rendue sans que cette personne ait eu la possibilité d'être entendue ;

d) si et dans la mesure où la décision est inconciliable avec une décision rendue ultérieurement en matière de responsabilité parentale dans l'État membre dans lequel la reconnaissance est invoquée ;

e) si et dans la mesure où la décision est inconciliable avec une décision rendue ultérieurement en matière de responsabilité parentale dans un autre État membre ou dans l'État tiers où l'enfant réside habituellement, dès lors que la décision ultérieure réunit les conditions nécessaires à sa reconnaissance dans l'État dans lequel la reconnaissance est invoquée ; ou

f) si la procédure prévue à l'article 82 n'a pas été respectée.

2. La reconnaissance d'une décision en matière de responsabilité parentale peut être refusée si ladite décision a été rendue sans que l'enfant qui est capable de discernement n'ait eu la possibilité d'exprimer son opinion conformément à l'article 21, sauf :

a) si la procédure ne portait que sur les biens de l'enfant et pour autant qu'il n'était pas requis de donner cette possibilité compte tenu de l'objet de la procédure ; ou

b) s'il existait des motifs sérieux d'agir ainsi compte tenu notamment de l'urgence de l'affaire.

Art. 40 *Procédure de refus de reconnaissance.* 1. Les procédures prévues aux articles 59 à 62 et, le cas échéant, la section 5 du présent chapitre et le chapitre VI s'appliquent mutatis mutandis à une demande de refus de reconnaissance.

2. La compétence territoriale de la juridiction notifiée par chaque État membre à la Commission en vertu de l'article 103 est déterminée par la loi de l'État membre dans lequel la procédure de non-reconnaissance est engagée.

Art. 41 *Motifs de refus d'exécution des décisions en matière de responsabilité parentale.* Sans préjudice de l'article 56, paragraphe 6, l'exécution d'une décision en matière de responsabilité parentale est refusée lorsque l'existence de l'un des motifs de refus de reconnaissance visés à l'article 39 est constatée.

SECTION II *Reconnaissance et exécution de certaines décisions privilégiées*

Art. 42 *Champ d'application.* 1. La présente section s'applique aux types suivants de décisions si elles ont été certifiées dans l'État membre d'origine conformément à l'article 47 :

a) les décisions accordant un droit de visite ; et

b) les décisions rendues en vertu de l'article 29, paragraphe 6, dans la mesure où elles impliquent le retour de l'enfant.

2. La présente section n'empêche pas une partie de demander la reconnaissance et l'exécution d'une décision visée au paragraphe 1 conformément aux dispositions relatives à la reconnaissance et à l'exécution prévues à la section 1 du présent chapitre.

SOUS-SECTION 1 *Reconnaissance*

Art. 43 *Reconnaissance.* 1. Une décision visée à l'article 42, paragraphe 1, rendue dans un État membre est reconnue dans les autres États membres sans qu'il soit nécessaire de recourir à aucune procédure et sans qu'il soit possible de s'opposer à sa reconnaissance, sauf si et dans la mesure où il est constaté que la décision est déclarée inconciliable avec une décision ultérieure au sens de l'article 50.

2. La partie qui souhaite invoquer, dans un État membre, une décision visée à l'article 42, paragraphe 1, rendue dans un autre État membre produit les documents suivants :

a) une copie de la décision réunissant les conditions nécessaires pour en établir l'authenticité ; et

b) le certificat approprié délivré conformément à l'article 47.

3. L'article 31, paragraphes 2 et 3, s'applique en conséquence.

Art. 44 *Suspension de la procédure.* La juridiction devant laquelle une décision visée à l'article 42, paragraphe 1, rendue dans un autre État membre est invoquée peut suspendre la procédure, en tout ou en partie, lorsque :

a) une demande a été soumise alléguant le caractère inconciliable de ladite décision avec une décision ultérieure visée à l'article 50 ; ou

b) la personne contre laquelle l'exécution est demandée a demandé, conformément à l'article 48, l'annulation d'un certificat délivré conformément à l'article 47.

SOUS-SECTION 2 *Force exécutoire et exécution*

Art. 45 *Décisions exécutoires.* 1. Les décisions visées à l'article 42, paragraphe 1, rendues dans un État membre, qui y sont exécutoires, sont exécutoires au titre de la présente section dans les autres États membres sans qu'une déclaration constatant leur force exécutoire ne soit nécessaire.

2. Aux fins de l'exécution dans un autre État membre d'une décision visée à l'article 42, paragraphe 1, point a), les juridictions de l'État membre d'origine peuvent déclarer la décision exécutoire par provision, nonobstant un éventuel recours.

Art. 46 *Documents à produire aux fins de l'exécution.* 1. Aux fins de l'exécution dans un État membre d'une décision visée à l'article 42, paragraphe 1, rendue dans un autre État membre, la partie qui demande l'exécution communique à l'autorité compétente chargée de l'exécution :

a) une copie de la décision réunissant les conditions nécessaires pour en établir l'authenticité ; et

b) le certificat approprié délivré conformément à l'article 47.

2. Aux fins de l'exécution dans un État membre d'une décision visée à l'article 42, paragraphe 1, point a), rendue dans un autre État membre, l'autorité compétente chargée de l'exécution peut, au besoin, exiger que le demandeur fournisse, conformément à l'article 91, une traduction ou une translittération du contenu traduisible des champs de texte libre du certificat qui précise l'obligation à exécuter.

3. Aux fins de l'exécution dans un État membre d'une décision visée à l'article 42, paragraphe 1, rendue dans un autre État membre, l'autorité compétente chargée de l'exécution peut exiger que le demandeur fournisse, conformément à l'article 91, une traduction ou une translittération de la décision si elle ne peut agir sans une telle traduction ou translittération.

SOUS-SECTION 3 *Certificat pour décisions privilégiées*

Art. 47 *Délivrance du certificat.* 1. La juridiction qui a rendu une décision telle que visée à l'article 42, paragraphe 1, délivre, à la demande d'une partie, un certificat concernant :

a) une décision accordant un droit de visite au moyen du formulaire figurant à l'annexe V ;

b) une décision au fond en matière de droit de garde impliquant le retour d'un enfant et rendue en vertu de l'article 29, paragraphe 6, au moyen du formulaire figurant à l'annexe VI.

2. Le certificat est rempli et délivré dans la langue de la décision. Il peut aussi être délivré dans une autre langue officielle des institutions de l'Union européenne demandée par une partie. Cela ne crée pas d'obligation pour la juridiction délivrant le certificat de fournir une traduction ou une translittération du contenu traduisible des champs de texte libre.

3. La juridiction délivre le certificat uniquement si les conditions suivantes sont remplies :

a) toutes les parties concernées ont eu la possibilité d'être entendues ;

b) l'enfant a eu la possibilité d'exprimer son opinion conformément à l'article 21 ;

c) lorsque la décision a été rendue par défaut :

i) si l'acte introductif d'instance ou un acte équivalent a été signifié ou notifié à la personne défaillante en temps utile et de telle manière que celle-ci puisse pourvoir à sa défense ; ou

ii) s'il est établi que cette personne a accepté la décision de manière non équivoque.

4. Sans préjudice du paragraphe 3 du présent article, le certificat concernant une décision visée à l'article 42, paragraphe 1, point b), du présent règlement est délivré uniquement si la juridiction a rendu sa décision en tenant compte des motifs et faits sur la base desquels la décision antérieure avait été rendue dans un autre État membre en application de l'article 13, premier alinéa, point b), ou deuxième alinéa, de la convention de La Haye de 1980.

5. Le certificat ne produit ses effets que dans les limites du caractère exécutoire de la décision.

6. La délivrance d'un certificat n'est susceptible d'aucun recours autre que ceux prévus à l'article 48.

Art. 48 *Rectification et annulation du certificat.* 1. La juridiction de l'État membre d'origine notifiée à la Commission en vertu de l'article 103 rectifie le certificat sur demande, ou peut le rectifier d'office, lorsque, en raison d'une erreur matérielle ou d'une omission, il existe une divergence entre la décision et le certificat.

2. La juridiction visée au paragraphe 1 du présent article, sur demande ou d'office, annule le certificat s'il a été délivré indûment, eu égard aux exigences fixées à l'article 47. L'article 49 s'applique en conséquence.

3. La procédure de rectification ou d'annulation du certificat, y compris un éventuel recours, est régie par le droit de l'État membre d'origine.

Art. 49 *Certificats indiquant la suspension ou la limitation de la force exécutoire.* 1. Lorsque et dans la mesure où une décision certifiée conformément à l'article 47 a cessé d'être exécutoire ou que son caractère exécutoire a été suspendu ou limité, un certificat indiquant la suspension ou la limitation de la force exécutoire est délivré, sur demande adressée à tout moment à la juridiction de l'État membre d'origine notifiée à la Commission en vertu de l'article 103, au moyen du formulaire type figurant à l'annexe VII.

2. Le certificat est rempli et délivré dans la langue de la décision. Il peut aussi être délivré dans une autre langue officielle des institutions de l'Union européenne demandée par une partie. Cela ne crée pas d'obligation pour la juridiction délivrant le certificat de fournir une traduction ou une translittération du contenu traduisible des champs de texte libre.

SOUS-SECTION 4 *Refus de reconnaissance et d'exécution*

Art. 50 *Décisions inconciliables.*

La reconnaissance et l'exécution d'une décision visée à l'article 42, paragraphe 1, est refusée si et dans la mesure où la décision est inconciliable avec une décision en matière de responsabilité parentale rendue ultérieurement à l'égard du même enfant :

a) dans l'État membre dans lequel la reconnaissance est invoquée ; ou

b) dans un autre État membre ou dans l'État tiers où l'enfant réside habituellement, dès lors que la décision ultérieure réunit les conditions nécessaires à sa reconnaissance dans l'État membre dans lequel la reconnaissance est invoquée.

SECTION III *Dispositions communes relatives à l'exécution*

SOUS-SECTION 1 *Exécution*

Art. 51 *Procédure d'exécution.*

1. Sous réserve des dispositions de la présente section, la procédure d'exécution des décisions rendues dans un autre État membre est régie par le droit de l'État membre d'exécution. Sans préjudice des articles 41, 50, 56 et 57, une décision rendue dans un État membre qui est exécutoire dans l'État membre d'origine est exécutée dans l'État membre d'exécution dans les mêmes conditions qu'une décision rendue dans ce dernier.

2. La partie qui demande l'exécution d'une décision rendue dans un autre État membre n'est pas tenue d'avoir une adresse postale dans l'État membre d'exécution. Elle n'est tenue d'avoir un représentant autorisé dans l'État membre d'exécution que si cette représentation est obligatoire en vertu du droit de cet État membre indépendamment de la nationalité des parties.

Art. 52 *Autorités compétentes en matière d'exécution.* La demande d'exécution est présentée à l'autorité compétente en matière d'exécution selon le droit de l'État membre d'exécution telle qu'elle a été notifiée par cet État membre à la Commission en vertu de l'article 103.

Art. 53 *Exécution partielle.* 1. Une partie qui demande l'exécution d'une décision peut demander l'exécution partielle de cette décision.

2. Lorsque la décision rendue porte sur plusieurs points et que l'exécution a été refusée pour une ou plusieurs d'entre eux, l'exécution est néanmoins possible pour les parties de la décision non concernées par le refus.

3. Les paragraphes 1 et 2 du présent article ne sont pas appliqués pour exécuter une décision ordonnant le retour d'un enfant sans que soit également exécutée toute mesure provisoire ou conservatoire ordonnée en vue de protéger l'enfant contre le risque visé à l'article 13, premier alinéa, point b), de la convention de La Haye de 1980.

Art. 54 *Modalités de l'exercice du droit de visite.* 1. Les autorités compétentes en matière d'exécution ou les juridictions de l'État membre d'exécution peuvent arrêter les modalités pour organiser l'exercice du droit de visite, si les modalités nécessaires n'ont pas été prévues ou ne l'ont pas été suffisamment dans la décision rendue par les juridictions de l'État membre compétentes pour connaître du fond, et pour autant que les éléments essentiels de ladite décision soient respectés.

2. Les modalités arrêtées conformément au paragraphe 1 cessent d'être applicables à la suite d'une décision ultérieure rendue par les juridictions de l'État membre compétentes pour connaître du fond.

Art. 55 *Notification ou signification du certificat et de la décision.* 1. Lorsque l'exécution d'une décision rendue dans un autre État membre est demandée, le certificat approprié délivré conformément à l'article 36 ou 47 est notifié ou signifié, avant la première mesure d'exécution, à la personne contre laquelle l'exécution est demandée. Le certificat est accompagné de la décision si celle-ci n'a pas déjà été notifiée ou signifiée à la personne concernée et, le cas échéant, par le détail des modalités visées à l'article 54, paragraphe 1.

2. Lorsque la notification ou signification doit être effectuée dans un État membre autre que l'État membre d'origine, la personne contre laquelle l'exécution est demandée peut demander une traduction ou une translittération des documents suivants :

a) la décision, afin d'en contester l'exécution,

b) le cas échéant, le contenu traduisible des champs de texte libre du certificat délivré conformément à l'article 47,

si la décision n'est pas rédigée ou accompagnée d'une traduction ou d'une translittération dans une langue qu'elle comprend ou dans la langue officielle de l'État membre dans lequel elle a sa résidence habituelle ou, si l'État membre en question compte plusieurs langues officielles, dans la langue officielle ou l'une des langues officielles du lieu où elle a sa résidence habituelle.

3. Lorsqu'une traduction ou une translittération est demandée au titre du paragraphe 2, aucune mesure d'exécution autre qu'une mesure conservatoire ne peut être prise jusqu'à ce que cette traduction ou translittération ait été fournie à la personne contre laquelle l'exécution est demandée.

4. Les paragraphes 2 et 3 ne s'appliquent pas dans la mesure où la décision et, le cas échéant, le certificat visé au paragraphe 1 ont déjà été notifiés ou signifiés à la personne contre laquelle l'exécution est demandée conformément aux exigences en matière de traduction ou de translittération prévues au paragraphe 2.

SOUS-SECTION 2 *Suspension de la procédure d'exécution et refus d'exécution*

Art. 56 *Suspension et refus.* 1. L'autorité compétente en matière d'exécution ou la juridiction de l'État membre d'exécution, suspend la procédure d'exécution, d'office ou à la demande de la personne contre laquelle l'exécution est demandée ou, si le droit national le prévoit, à la demande de l'enfant concerné, si le caractère exécutoire de la décision est suspendu dans l'État membre d'origine.

2. L'autorité compétente en matière d'exécution ou la juridiction de l'État membre d'exécution peut, à la demande de la personne contre laquelle l'exécution est demandée ou, si le droit national le prévoit, à la demande de l'enfant concerné, suspendre, intégralement ou partiellement, la procédure d'exécution pour l'une des raisons suivantes :

a) la décision fait l'objet d'un recours ordinaire dans l'État membre d'origine ;

b) le délai pour former un recours ordinaire visé au point a) n'est pas encore expiré ;

c) une demande de refus d'exécution fondée sur l'article 41, 50 ou 57 a été présentée ;

d) la personne à l'encontre de laquelle l'exécution est demandée a demandé, conformément à l'article 48, l'annulation d'un certificat délivré conformément à l'article 47.

3. Lorsque l'autorité compétente en matière d'exécution ou la juridiction suspend la procédure pour la raison mentionnée au paragraphe 2, point b), elle peut impartir un délai pour introduire un recours.

4. Dans des cas exceptionnels, l'autorité compétente en matière d'exécution ou la juridiction peut, à la demande de la personne contre laquelle l'exécution est demandée ou, si le droit national le prévoit, à la demande de l'enfant concerné ou de toute partie intéressée agissant dans l'intérêt supérieur de l'enfant, suspendre la procédure d'exécution si l'exécution risque d'exposer l'enfant à un grave danger physique ou psychique du fait d'empêchements temporaires qui sont apparus après que la décision a été rendue ou de tout autre changement de circonstances significatif.

L'exécution reprend dès que le grave danger physique ou psychique cesse d'exister.

5. Dans les cas visés au paragraphe 4, l'autorité compétente en matière d'exécution ou la juridiction, avant de refuser l'exécution en vertu du paragraphe 6, prend toute mesure appropriée pour faciliter l'exécution conformément aux législations et procédures nationales et à l'intérêt supérieur de l'enfant.

6. Lorsque le danger visé au paragraphe 4 revêt un caractère durable, l'autorité compétente en matière d'exécution ou la juridiction peut, sur demande, refuser l'exécution de la décision.

Art. 57 *Motifs de suspension ou de refus de l'exécution prévus par le droit national.* Les motifs de suspension ou de refus de l'exécution prévus par le droit de l'État membre d'exécution s'appliquent pour autant qu'ils ne soient pas incompatibles avec l'application des articles 41, 50 et 56.

Art. 58 *Compétence des autorités ou juridictions compétentes en matière de refus d'exécution.* 1. La demande de refus d'exécution fondée sur l'article 39 est présentée à la juridiction notifiée par chaque État membre à la Commission en vertu de l'article 103. La demande de refus d'exécution fondée sur d'autres motifs prévus ou autorisés par le présent règlement est présentée à l'autorité ou à la juridiction notifiée par chaque État membre à la Commission en vertu de l'article 103.

2. La compétence territoriale de l'autorité ou de la juridiction notifiée par chaque État membre à la Commission en vertu de l'article 103 est déterminée par la loi de l'État membre dans lequel la procédure est engagée conformément au paragraphe 1 du présent article.

Art. 59 *Demande de refus d'exécution.* 1. La procédure applicable pour présenter une demande de refus d'exécution, dans la mesure où elle n'est pas régie par le présent règlement, relève de la loi de l'État membre d'exécution.

2. Le demandeur fournit à l'autorité compétente chargée de l'exécution ou à la juridiction une copie de la décision et, le cas échéant et dans la mesure du possible, le certificat approprié délivré conformément à l'article 36 ou 47.

3. L'autorité compétente chargée de l'exécution ou la juridiction peut, au besoin, exiger que le demandeur fournisse, conformément à l'article 91, une traduction ou une translittération du contenu traduisible des champs de texte libre du certificat approprié délivré conformément à l'article 36 ou 47 qui précise l'obligation à exécuter.

4. Si l'autorité compétente chargée de l'exécution ou la juridiction est incapable d'agir sans une traduction ou une translittération de la décision, elle peut exiger que le demandeur lui en fournisse une, conformément à l'article 91.

5. L'autorité compétente chargée de l'exécution ou la juridiction peut dispenser le demandeur de la production des documents visés au paragraphe 2 :

i) s'ils sont déjà en sa possession, ou

ii) si elle estime qu'il n'est pas raisonnable d'exiger que le demandeur les fournisse.

Dans le cas visé au point b) du premier alinéa, l'autorité compétente chargée de l'exécution ou la juridiction peut exiger que l'autre partie les fournisse.

6. La partie qui demande le refus d'exécution d'une décision rendue dans un autre État membre n'est pas tenue d'avoir une adresse postale dans l'État membre d'exécution. Elle n'est tenue d'avoir un représentant autorisé dans l'État membre d'exécution que si cette représentation est obligatoire en vertu du droit de cet État membre indépendamment de la nationalité des parties.

Art. 60 *Procédures rapides.* L'autorité compétente en matière d'exécution ou la juridiction agit sans retard indu dans les procédures relatives à la demande de refus d'exécution.

Art. 61 *Contestation ou recours.* 1. Chaque partie peut contester ou former un recours contre une décision relative à la demande de refus d'exécution.

2. La contestation ou le recours est porté devant l'autorité ou la juridiction notifiée par l'État membre d'exécution à la Commission en vertu de l'article 81 comme étant l'autorité ou la juridiction devant laquelle cette contestation ou ce recours doit être porté.

Art. 62 *Nouvelle contestation ou nouveau recours.* Une décision rendue sur la contestation ou le recours ne peut faire l'objet d'une nouvelle contestation ou d'un nouveau recours que si les juridictions devant lesquelles la nouvelle contestation ou le nouveau recours doit être porté ont été notifiées par l'État membre concerné à la Commission en vertu de l'article 103.

Art. 63 *Suspension de la procédure.* 1. L'autorité compétente en matière d'exécution ou la juridiction saisie d'une demande de refus d'exécution ou qui statue sur un recours formé au titre de l'article 61 ou 62 peut suspendre la procédure pour l'une des raisons suivantes :

a) la décision fait l'objet d'un recours ordinaire dans l'État membre d'origine ;

b) le délai pour former un recours ordinaire visé au point a) n'est pas encore expiré ; ou

c) la personne à l'encontre de laquelle l'exécution est demandée a demandé, conformément à l'article 48, l'annulation d'un certificat délivré conformément à l'article 47.

2. Lorsque l'autorité compétente en matière d'exécution ou la juridiction suspend la procédure pour la raison mentionnée au paragraphe 1, point b), elle peut impartir un délai pour la formation du recours.

SECTION IV *Actes authentiques et accords*

Art. 64 *Champ d'application.* La présente section s'applique en matière de divorce, de séparation de corps et de responsabilité parentale aux actes authentiques qui ont été dressés ou enregistrés formellement dans un État membre dont les juridictions sont compétentes au titre du chapitre II et aux accords qui y ont été enregistrés.

Art. 65 *Reconnaissance et exécution des actes authentiques et des accords.* 1. Les actes authentiques et les accords relatifs à la séparation de corps et au divorce qui ont un effet juridique contraignant dans l'État membre d'origine sont reconnus dans les autres États membres sans qu'il soit nécessaire de recourir à aucune procédure. La section 1 du présent chapitre s'applique en conséquence, sauf dispositions contraires de la présente section.

2. Les actes authentiques et les accords en matière de responsabilité parentale qui ont un effet juridique contraignant et qui sont exécutoires dans l'État membre d'origine sont reconnus et exécutés dans les autres États membres sans qu'une déclaration constatant leur force exécutoire ne soit nécessaire. Les sections 1 et 3 du présent chapitre s'appliquent en conséquence, sauf dispositions contraires de la présente section.

Art. 66 *Certificat.* 1. La juridiction ou l'autorité compétente d'un État membre d'origine telle qu'elle a été notifiée à la Commission en vertu de l'article 103 délivre, à la demande d'une partie, un certificat concernant un acte authentique ou un accord :

a) en matière matrimoniale au moyen du formulaire figurant à l'annexe VIII ;

b) en matière de responsabilité parentale au moyen du formulaire figurant à l'annexe IX.

Le certificat visé au point b) comprend un résumé de l'obligation exécutoire figurant dans l'acte authentique ou l'accord.

2. Le certificat peut être délivré uniquement si les conditions suivantes sont remplies :

a) l'État membre qui a habilité l'autorité publique ou une autre autorité à dresser ou enregistrer l'acte authentique ou à enregistrer l'accord est celui dont les juridictions sont compétentes au titre du chapitre II, et

b) l'acte authentique ou l'accord a un effet juridique contraignant dans cet État membre.

3. Nonobstant le paragraphe 2, en matière de responsabilité parentale, le certificat ne peut pas être délivré si des éléments indiquent que le contenu de l'acte authentique ou de l'accord est contraire à l'intérêt supérieur de l'enfant.

4. Le certificat est rempli dans la langue de l'acte authentique ou de l'accord. Il peut aussi être délivré dans une autre langue officielle des institutions de l'Union européenne demandée par une partie. Cela ne crée pas d'obligation pour la juridiction ou l'autorité compétente délivrant le certificat de fournir une traduction ou une translittération du contenu traduisible des champs de texte libre.

5. A défaut de production du certificat, l'acte authentique ou un accord n'est ni reconnu ni exécuté dans un autre État membre.

Art. 67 *Rectification et annulation du certificat.* 1. La juridiction ou l'autorité compétente de l'État membre d'origine notifiée à la Commission en vertu de l'article 103 rectifie le certificat sur demande, ou peut le rectifier d'office, lorsque, en raison d'une erreur matérielle ou d'une omission, il existe une divergence entre l'acte authentique ou l'accord et le certificat.

2. La juridiction ou l'autorité compétente visée au paragraphe 1 du présent article, sur demande ou d'office, annule le certificat s'il a été délivré indûment, eu égard aux exigences fixées à l'article 66.

3. La procédure de rectification ou d'annulation du certificat, y compris un éventuel recours, est régie par le droit de l'État membre d'origine.

Art. 68 *Motifs de refus de reconnaissance ou d'exécution.* 1. La reconnaissance d'un acte authentique ou d'un accord concernant la séparation de corps ou le divorce est refusée si :

a) la reconnaissance est manifestement contraire à l'ordre public de l'État membre dans lequel la reconnaissance est invoquée ;

b) l'acte authentique ou l'accord est inconciliable avec une décision, un acte authentique ou un accord concernant les mêmes parties dans l'État membre dans lequel la reconnaissance est invoquée ; ou

c) l'acte authentique ou l'accord est inconciliable avec une décision, un acte authentique ou un accord antérieur établi dans un autre État membre ou dans un État tiers et concernant les mêmes parties, dès lors que cette première décision, ce premier acte authentique ou ce premier accord réunit les conditions nécessaires à sa reconnaissance dans l'État membre dans lequel la reconnaissance est invoquée.

2. La reconnaissance ou l'exécution d'un acte authentique ou d'un accord en matière de responsabilité parentale est refusée :

a) si la reconnaissance est manifestement contraire à l'ordre public de l'État membre dans lequel la reconnaissance est invoquée, eu égard à l'intérêt supérieur de l'enfant ;

b) à la demande de toute personne faisant valoir que l'acte authentique ou l'accord fait obstacle à l'exercice de sa responsabilité parentale, si l'acte authentique a été dressé ou enregistré ou si l'accord a été conclu et enregistré sans intervention de cette personne ;

c) si et dans la mesure où l'acte authentique ou l'accord est inconciliable avec une décision, un acte authentique ou un accord ultérieur en matière de responsabilité parentale établi dans l'État membre dans lequel la reconnaissance est invoquée ou l'exécution est demandée ;

d) si et dans la mesure où l'acte authentique ou l'accord est inconciliable avec une décision, un acte authentique ou un accord ultérieur en matière de responsabilité parentale établi dans un autre État membre ou dans l'État tiers où l'enfant réside habituellement, dès lors que la décision, l'acte authentique ou l'accord ultérieur réunit les conditions nécessaires à sa reconnaissance dans l'État dans lequel la reconnaissance est invoquée ou l'exécution est demandée.

3. La reconnaissance ou l'exécution d'un acte authentique ou d'un accord en matière de responsabilité parentale peut être refusée si l'acte authentique a été dressé ou enregistré formellement ou l'accord a été enregistré sans que l'enfant qui est capable de discernement n'ait eu la possibilité d'exprimer son opinion.

SECTION V *Autres dispositions*

Art. 69 *Interdiction du contrôle de la compétence de la juridiction d'origine.* Il ne peut être procédé au contrôle de la compétence de la juridiction de l'État membre d'origine. Le critère de l'ordre public visé à l'article 38, point a), et à l'article 39, point a), ne peut être appliqué aux règles de compétence visées aux articles 3 à 14.

Art. 70 *Disparités entre les lois applicables.* La reconnaissance d'une décision en matière matrimoniale ne peut être refusée au motif que la loi de l'État membre dans lequel cette reconnaissance est invoquée ne permet pas le divorce, la séparation de corps ou l'annulation du mariage sur la base de faits identiques.

Art. 71 *Interdiction de la révision au fond.* En aucun cas une décision rendue dans un autre État membre ne peut faire l'objet d'une révision au fond.

Art. 72 *Recours dans certains États membres.* Lorsqu'une décision a été rendue en Irlande, à Chypre ou au Royaume-Uni, toute voie de recours prévue dans l'État membre d'origine est considérée comme un recours ordinaire aux fins de l'application du présent chapitre.

Art. 73 *Coûts.* Le présent chapitre s'applique également pour la fixation du montant des frais du procès au titre des procédures engagées en vertu du présent règlement et pour l'exécution de tout jugement concernant de tels frais.

Art. 74 *Assistance judiciaire.* 1. Le demandeur qui, dans l'État membre d'origine, a bénéficié en tout ou en partie de l'assistance judiciaire ou d'une exemption de frais et dépens bénéficie, dans la procédure prévue à l'article 30, paragraphe 3, et aux articles 40 et 59, de l'assistance la plus favorable ou de l'exemption la plus large prévue par le droit de l'État membre d'exécution.

2. Le demandeur qui, dans l'État membre d'origine, a bénéficié d'une procédure gratuite devant une autorité administrative notifiée à la Commission en vertu de l'article 103 a droit, dans le cadre de toute procédure prévue à l'article 30, paragraphe 3, et aux articles 40 et 59, à l'assistance judiciaire conformément au paragraphe 1 du présent article. A cet effet, cette partie produit un document établi par l'autorité compétente de l'État membre d'origine attestant qu'elle remplit les conditions économiques pour pouvoir bénéficier en tout ou en partie de l'assistance judiciaire ou d'une exemption de frais et dépens.

Art. 75 *Caution ou dépôt.* Aucune caution ni aucun dépôt, sous quelque dénomination que ce soit, ne peuvent être imposés à la partie qui demande l'exécution dans un État membre d'une décision rendue dans un autre État membre en raison de sa qualité d'étranger ou du défaut de résidence habituelle dans l'État membre d'exécution.

CHAPITRE V *COOPÉRATION EN MATIÈRE DE RESPONSABILITÉ PARENTALE*

Art. 76 *Désignation des autorités centrales.* Chaque État membre désigne une ou plusieurs autorités centrales chargées de l'assister dans l'application du présent règlement en matière de responsabilité parentale et en précise les attributions territoriales ou matérielles. Lorsqu'un État membre a désigné plusieurs autorités centrales, les communications sont en principe adressées directement à l'autorité centrale compétente. Si une communication est adressée à une autorité centrale non compétente, celle-ci la transmet à l'autorité centrale compétente et en informe l'expéditeur.

Art. 77 *Tâches générales des autorités centrales.* 1. Les autorités centrales communiquent des informations sur les législations, procédures et services disponibles au niveau national en matière de responsabilité parentale et prennent les mesures qu'elles jugent appropriées pour améliorer l'application du présent règlement.

2. Les autorités centrales coopèrent et encouragent la coopération entre les autorités compétentes dans leur État membre pour réaliser les objectifs du règlement.

3. Aux fins des paragraphes 1 et 2, il peut être fait usage du réseau judiciaire européen en matière civile et commerciale.

Art. 78 *Requêtes par l'intermédiaire des autorités centrales.* 1. Les autorités centrales, à la requête d'une autorité centrale d'un autre État membre, coopèrent dans des affaires déterminées pour réaliser les objectifs du présent règlement.

2. Les requêtes au titre du présent chapitre peuvent émaner d'une juridiction ou d'une autorité compétente. Les requêtes en application de l'article 79, points c) et g), et de l'article 80, paragraphe 1, point c), peuvent aussi émaner de titulaires de la responsabilité parentale.

3. Sauf cas urgents et sans préjudice de l'article 86, les requêtes au titre du présent chapitre sont adressées à l'autorité centrale de l'État membre de la juridiction ou de l'autorité compétente requérantes ou de l'État membre de résidence habituelle du demandeur.

4. Le présent article n'empêche pas les autorités centrales ou les autorités compétentes de conclure ou maintenir des accords ou arrangements avec des autorités centrales ou des autorités compétentes d'un ou de plusieurs autres États membres autorisant une communication directe dans leurs relations mutuelles.

5. Le présent chapitre n'empêche pas tout titulaire de la responsabilité parentale de s'adresser directement aux juridictions d'un autre État membre.

6. Les articles 79 et 80 n'imposent en aucun cas à une autorité centrale l'obligation d'exercer des attributions qui relèvent exclusivement des autorités judiciaires selon la loi de l'État membre requis.

Art. 79 *Tâches spécifiques des autorités centrales requises.* Les autorités centrales requises prennent, elles-mêmes ou par l'intermédiaire de juridictions, d'autorités compétentes ou d'autres organismes, toute mesure appropriée pour :

a) conformément aux législations et procédures nationales, aider à localiser un enfant lorsqu'il apparaît que celui-ci pourrait être présent sur le territoire de l'État membre requis et que cette information est nécessaire pour traiter une demande ou une requête en vertu du présent règlement ;

b) recueillir et échanger des informations pertinentes dans le cadre de procédures en matière de responsabilité parentale conformément à l'article 80 ;

c) fournir des informations et une assistance aux titulaires de la responsabilité parentale qui demandent la reconnaissance et l'exécution d'une décision sur le territoire de l'autorité centrale requise, en particulier en matière de droit de visite et de retour de l'enfant, y compris, le cas échéant, des informations sur les démarches à entreprendre pour bénéficier de l'assistance judiciaire ;

d) faciliter la communication entre les juridictions, les autorités compétentes et les autres organismes concernés, notamment pour l'application de l'article 81 ;

e) faciliter la communication entre les juridictions, s'il y a lieu, notamment pour l'application des articles 12, 13, 15 et 20 ;

f) fournir toute information et aide utiles pour l'application de l'article 82 par les juridictions et autorités compétentes ; et

g) faciliter la conclusion d'accords entre les titulaires de la responsabilité parentale en recourant à la médiation ou à d'autres modes alternatifs de règlement des litiges, et faciliter à cette fin la coopération transfrontalière.

Art. 80 *Coopération concernant la collecte et l'échange d'informations pertinentes dans le cadre de procédures en matière de responsabilité parentale.* 1. Sur requête motivée, l'autorité centrale de l'État membre dans lequel l'enfant a ou avait sa résidence habituelle ou dans lequel il est ou était présent, soit directement, soit par l'intermédiaire de juridictions, d'autorités compétentes ou d'autres organismes :

a) fournit un rapport, s'il est disponible, ou établit et fournit un rapport sur :

i) la situation de l'enfant,

ii) toute procédure en cours en matière de responsabilité parentale concernant l'enfant, ou

iii) les décisions prises en matière de responsabilité parentale concernant l'enfant ;

b) fournit toute autre information pertinente pour la procédure en matière de responsabilité parentale dans l'État membre requérant, notamment sur la situation d'un parent, d'un membre de la famille ou d'une autre personne qui pourrait être apte à s'occuper de l'enfant si la situation de l'enfant l'exige ; ou

c) peut demander à la juridiction ou à l'autorité compétente de son État membre d'examiner l'opportunité de prendre des mesures visant à protéger la personne ou les biens de l'enfant.

2. Dans tous les cas où l'enfant est exposé à un grave danger, si la juridiction ou l'autorité compétente qui envisage ou a pris des mesures de protection de l'enfant est informée que la résidence de l'enfant a été transférée dans un autre État membre ou que l'enfant est présent dans un autre État membre, elle informe les juridictions ou autorités compétentes de cet autre État membre du danger qui existe et des mesures envisagées ou prises. Ces informations peuvent être transmises directement ou par l'intermédiaire des autorités centrales.

3. Les requêtes visées aux paragraphes 1 et 2 et tout document supplémentaire sont assortis d'une traduction dans la langue officielle de l'État membre requis ou, si l'État membre en question compte plusieurs langues officielles, dans la langue officielle ou l'une des langues officielles du lieu où la requête doit être traitée, ou dans toute autre langue que l'État membre requis a expressément indiqué accepter. Les États membres notifient leur acceptation à la Commission conformément à l'article 103.

4. Sauf si cela se révèle impossible en raison de circonstances exceptionnelles, les informations visées au paragraphe 1 sont transmises à l'autorité centrale requérante trois mois au plus tard après la réception de la requête.

Art. 81 *Mise en œuvre de décisions en matière de responsabilité parentale dans un autre État membre.* 1. Une juridiction d'un État membre peut demander aux juridictions ou autorités compétentes d'un autre État membre de prêter leur assistance à la mise en œuvre de décisions en matière de responsabilité parentale rendues en application du présent règlement, en particulier pour assurer l'exercice effectif d'un droit de visite.

2. La requête visée au paragraphe 1 et tout document supplémentaire sont assortis d'une traduction dans la langue officielle de l'État membre requis ou, si l'État membre en question compte plusieurs langues officielles, dans la langue officielle ou l'une des langues officielles du lieu où la requête doit être traitée, ou dans toute autre langue que l'État membre requis a expressément indiqué accepter. Les États membres notifient leur acceptation à la Commission conformément à l'article 103.

Art. 82 *Placement de l'enfant dans un autre État membre.* 1. Lorsqu'une juridiction ou une autorité compétente envisage le placement d'un enfant dans un autre État membre, elle obtient au préalable l'approbation de l'autorité compétente de cet autre État membre. A cet effet, l'autorité centrale de l'État membre requérant transmet à l'autorité centrale de l'État membre requis dans lequel l'enfant doit être placé une requête en approbation comprenant un rapport sur l'enfant ainsi que les motifs de sa proposition de placement ou de prise en charge, des informations sur tout financement envisagé et toute autre information qu'elle juge pertinente, telle que la durée prévue du placement.

2. Le paragraphe 1 ne s'applique pas lorsque l'enfant doit être placé auprès d'un parent.

Les États membres peuvent décider que leur approbation en vertu du paragraphe 1 n'est pas requis pour le placement sur leur territoire auprès de certaines catégories de membres proches de la famille outre les parents. Ces catégories sont notifiées à la Commission en vertu de l'article 103.

3. L'autorité centrale d'un autre État membre peut informer une juridiction ou une autorité compétente qui envisage le placement d'un enfant de l'existence d'un lien étroit entre l'enfant et cet État membre. Cela ne porte pas atteinte aux législations et procédures nationales de l'État membre qui envisage le placement.

4. La requête et tout document supplémentaire visé au paragraphe 1 sont assortis d'une traduction dans la langue officielle de l'État membre requis ou, si l'État membre en question compte plusieurs langues officielles, dans la langue officielle ou l'une des langues officielles du lieu où la requête doit être traitée, ou dans toute autre langue que l'État membre requis a

expressément indiqué accepter. Les États membres notifient leur acceptation à la Commission conformément à l'article 103.

5. Le placement visé au paragraphe 1 n'est ordonné ou organisé par l'État membre requérant qu'après que l'autorité compétente de l'État membre requis a approuvé ce placement.

6. Sauf si cela se révèle impossible en raison de circonstances exceptionnelles, la décision d'approbation ou de non-approbation est transmise à l'autorité centrale requérante trois mois au plus tard après la réception de la requête.

7. Les modalités d'obtention de l'approbation sont régies par le droit national de l'État membre requis.

8. Le présent article n'empêche pas les autorités centrales ou les autorités compétentes de conclure ou maintenir des accords ou arrangements avec des autorités centrales ou des autorités compétentes d'un ou de plusieurs autres États membres simplifiant la procédure de consultation pour l'obtention de l'approbation dans leurs relations mutuelles.

Art. 83 *Frais des autorités centrales.* 1. L'assistance dispensée par les autorités centrales en vertu du présent règlement est gratuite.

2. Chaque autorité centrale prend en charge ses propres frais découlant de l'application du présent règlement.

Art. 84 *Réunions des autorités centrales.* 1. Les autorités centrales, pour faciliter l'application du présent règlement, sont réunies régulièrement.

2. La convocation des réunions des autorités centrales, en particulier par la Commission, s'effectue dans le cadre du réseau judiciaire européen en matière civile et commerciale conformément à la décision 2001/470/CE.

CHAPITRE VI *DISPOSITIONS GÉNÉRALES*

Art. 85 *Champ d'application.* Le présent chapitre s'applique au traitement des demandes et requêtes en vertu des chapitres III et V.

Art. 86 *Coopération et communication entre juridictions.* 1. Aux fins du présent règlement, les juridictions peuvent coopérer et communiquer directement entre elles ou se demander directement des informations, à condition que cette communication respecte les droits procéduraux des parties à la procédure et la confidentialité des informations.

2. La coopération visée au paragraphe 1 peut être mise en œuvre par tout moyen que la juridiction estime approprié. Elle peut notamment concerner :

a) la communication aux fins des articles 12 et 13 ;

b) les informations conformément à l'article 15 ;

c) les informations sur les procédures pendantes aux fins de l'article 20 ;

d) la communication aux fins des chapitres III à V.

Art. 87 *Collecte et transmission d'informations.* 1. L'autorité centrale requise transmet à la juridiction ou à l'autorité compétente de son État membre ou à un intermédiaire, selon ce que prévoient les législations et procédures nationales, toute demande ou requête ou les informations qui y sont contenues concernant la responsabilité parentale ou l'enlèvement international d'enfants, selon le cas, en application du présent règlement.

2. Tout intermédiaire, toute juridiction ou toute autorité compétente auquel ou à laquelle les informations visées au paragraphe 1 ont été transmises en application du présent règlement ne peut les utiliser qu'aux fins du présent règlement.

3. L'intermédiaire, la juridiction ou l'autorité compétente qui, au sein de l'État membre requis, détient les informations requises pour donner suite à une demande ou à une requête en vertu du présent règlement, ou qui est compétente pour collecter ces informations, les fournit à l'autorité centrale requise, à sa demande, dans les cas où cette dernière n'a pas accès directement aux informations.

4. L'autorité centrale requise transmet au besoin les informations obtenues en vertu du présent article à l'autorité centrale requérante, conformément aux législations et procédures nationales.

Art. 88 *Notification à la personne concernée.* Lorsque la notification risque de porter préjudice au traitement efficace de la requête ou de la demande présentée en vertu du présent règlement pour laquelle les informations ont été transmises, l'obligation de notification à la personne concernée énoncée à l'article 14, paragraphes 1 à 4, du règlement (UE) 2016/679 peut être différée jusqu'à ce que la requête ou la demande ait été traitée.

Art. 89 *Non-divulgation des informations.* 1. Une autorité centrale, une juridiction ou une autorité compétente ne divulgue pas ni ne confirme des informations collectées ou transmises aux fins des chapitres III à VI si elle considère que cela pourrait compromettre la santé, la sécurité ou la liberté de l'enfant ou d'une autre personne.

2. Une décision en ce sens prononcée dans un État membre est prise en considération par les autorités centrales, les juridictions et les autorités compétentes des autres États membres, en particulier en cas de violence familiale.

3. Le présent article n'empêche en aucun cas la collecte et la transmission d'informations par et entre les autorités centrales, les juridictions et les autorités compétentes dans la mesure où cela est nécessaire pour satisfaire aux obligations prévues aux chapitres III à VI.

Art. 90 *Légalisation ou formalité analogue.* Aucune légalisation ni formalité analogue n'est exigée dans le contexte du présent règlement.

Art. 91 *Langues.* 1. Sans préjudice de l'article 55, paragraphe 2, point a), lorsqu'une traduction ou une translittération est exigée en vertu du présent règlement, celle-ci est effectuée dans la langue officielle de l'État membre concerné ou, si celui-ci a plusieurs langues officielles, dans la langue officielle ou l'une des langues officielles de la procédure judiciaire du lieu où la décision rendue dans un autre État membre est invoquée ou la demande présentée, conformément au droit de cet État membre.

2. Les traductions ou les translittérations du contenu traduisible des champs de texte libre des certificats visés aux articles 29, 36, 47, 49 et 66 peuvent être effectuées dans toute autre langue officielle des institutions de l'Union européenne que l'État membre concerné a indiqué pouvoir accepter conformément à l'article 103.

3. Les États membres notifient à la Commission la ou les langues officielles des institutions de l'Union européenne autres que leur(s) propre(s) langue(s) dans lesquelles les communications peuvent être adressées aux autorités centrales.

4. Toute traduction requise aux fins des chapitres III et IV est faite par une personne habilitée à effectuer des traductions dans l'un des États membres.

CHAPITRE VII *ACTES DÉLÉGUÉS*

Art. 92 *Modification des annexes.* La Commission est habilitée à adopter des actes délégués conformément à l'article 71 concernant la modification des annexes I à IX afin de mettre celles-ci à jour ou d'y apporter des modifications techniques.

Art. 93 *Exercice de la délégation.* 1. Le pouvoir d'adopter des actes délégués conféré à la Commission est soumis aux conditions fixées au présent article.

2. Le pouvoir d'adopter les actes délégués visés à l'article 92 est conféré à la Commission pour une durée indéterminée à compter du 22 juillet 2019.

3. La délégation de pouvoir visée à l'article 92 peut être révoquée à tout moment par le Conseil. La décision de révocation met fin à la délégation de pouvoir qui y est précisée. La révocation prend effet le jour suivant celui de la publication de ladite décision au *Journal officiel de l'Union européenne* ou à une date ultérieure qui est précisée dans ladite décision. Elle ne porte pas atteinte à la validité des actes délégués déjà en vigueur.

4. Avant l'adoption d'un acte délégué, la Commission consulte les experts désignés par chaque État membre, conformément aux principes définis dans l'accord interinstitutionnel du 13 avril 2016 "Mieux légiférer".

5. Aussitôt qu'elle adopte un acte délégué, la Commission le notifie au Conseil.

6. Un acte délégué adopté en vertu de l'article 92 n'entre en vigueur que si le Conseil n'a pas exprimé d'objections dans un délai de deux mois à compter de la notification de cet acte au Conseil ou si, avant l'expiration de ce délai, le Conseil a informé la Commission de son intention de ne pas exprimer d'objections. Ce délai est prolongé de deux mois à l'initiative du Conseil.

7. Le Parlement européen est informé de l'adoption des actes délégués par la Commission, de toute objection formulée à leur égard, ou de la révocation de la délégation de pouvoir par le Conseil.

CHAPITRE VIII *RELATIONS AVEC D'AUTRES INSTRUMENTS*

Art. 94 *Relations avec d'autres instruments.* 1. Sans préjudice des dispositions du paragraphe 2 du présent article et des articles 95 à 100, le présent règlement remplace, pour les États membres, les conventions existant au moment de l'entrée en vigueur du règlement (CE) n° 2201/2003 qui ont été conclues entre deux ou plusieurs États membres et qui portent sur des matières réglées par le présent règlement.

2. Conformément à l'article 59, paragraphe 2, du règlement (CE) n° 2201/2003 et sous réserve des conditions prévues aux points b) et c) de cette disposition, la Finlande et la

Suède ont eu la faculté de déclarer que la convention du 6 février 1931 entre le Danemark, la Finlande, l'Islande, la Norvège et la Suède comprenant des dispositions de droit international privé sur le mariage, l'adoption et la garde des enfants ainsi que son protocole final s'appliquent en tout ou en partie, dans leurs relations mutuelles, en lieu et place des règles dudit règlement. Leurs déclarations respectives ont été publiées au *Journal officiel de l'Union européenne* en tant qu'annexe au règlement (CE) n° 2201/2003. Lesdits États membres peuvent y renoncer, en tout ou en partie, à tout moment.

3. Dans tout accord à conclure entre les États membres visés au paragraphe 2, portant sur des matières réglées par le présent règlement, les règles de compétence sont alignées sur celles prévues par le présent règlement.

4. Le principe de la non-discrimination en raison de la nationalité entre citoyens de l'Union européenne est respecté.

5. Les décisions rendues dans l'un des États nordiques qui a fait la déclaration visée au paragraphe 2 en vertu d'un chef de compétence qui correspond à l'un de ceux prévus au chapitre II sont reconnues et exécutées dans les autres États membres conformément aux règles prévues au chapitre IV, section 1.

6. Les États membres communiquent à la Commission :

a) une copie des accords et des lois uniformes les mettant en œuvre visés au paragraphe 3 ;

b) toute dénonciation ou modification de ces accords ou de ces lois uniformes visés aux paragraphes 2 et 3. Ces informations sont publiées au *Journal officiel de l'Union européenne.*

Art. 95 *Relations avec certaines conventions multilatérales.* Dans les relations entre les États membres, le présent règlement prévaut sur les conventions suivantes dans la mesure où elles concernent des matières réglées par le présent règlement :

a) convention de La Haye du 5 octobre 1961 concernant la compétence des autorités et la loi applicable en matière de protection des mineurs ;

b) convention de Luxembourg du 8 septembre 1967 sur la reconnaissance des décisions relatives au lien conjugal ;

c) convention de La Haye du 1er juin 1970 sur la reconnaissance des divorces et des séparations de corps ;

d) convention européenne du 20 mai 1980 sur la reconnaissance et l'exécution des décisions en matière de garde des enfants et le rétablissement de la garde des enfants.

Art. 96 *Relations avec la convention de La Haye de 1980.* Lorsqu'un enfant a été déplacé illicitement ou est retenu illicitement dans un État membre autre que l'État membre dans lequel il avait sa résidence habituelle immédiatement avant son déplacement ou son non-retour illicites, les dispositions de la convention de La Haye de 1980 continuent de s'appliquer, telles qu'elles sont complétées par les dispositions des chapitres III et VI du présent règlement. Lorsqu'une décision ordonnant le retour d'un enfant en application de la convention de La Haye de 1980 qui a été rendue dans un État membre doit être reconnue et exécutée dans un autre État membre à la suite d'un nouveau déplacement ou non-retour illicites de l'enfant, le chapitre IV s'applique.

Art. 97 *Relations avec la convention de La Haye de 1996.* 1. Dans les relations avec la convention de La Haye de 1996, le présent règlement s'applique :

a) sous réserve du paragraphe 2 du présent article, lorsque l'enfant concerné a sa résidence habituelle sur le territoire d'un État membre ;

b) en ce qui concerne la reconnaissance et l'exécution, sur le territoire d'un État membre, d'une décision rendue par une juridiction d'un autre État membre, même si l'enfant concerné a sa résidence habituelle sur le territoire d'un État qui est partie contractante à ladite convention et dans lequel le présent règlement ne s'applique pas.

2. Nonobstant le paragraphe 1,

a) lorsque les parties se sont accordées sur la compétence d'une juridiction d'un État partie à la convention de La Haye de 1996 dans lequel le présent règlement ne s'applique pas, l'article 10 de ladite convention s'applique ;

b) en ce qui concerne le transfert de compétence entre une juridiction d'un État membre et une juridiction d'un État partie à la convention de La Haye de 1996 dans lequel le présent règlement ne s'applique pas, les articles 8 et 9 de ladite convention s'appliquent ;

c) lorsque, au moment où une juridiction d'un État membre est saisie d'une procédure concernant le même enfant et ayant le même objet et la même cause, une procédure relative à la responsabilité parentale est pendante devant une juridiction d'un État partie à la convention de La Haye de 1996 dans lequel le présent règlement ne s'applique pas, l'article 13 de ladite convention s'applique.

Art. 98 *Étendue des effets.* 1. Les accords et conventions visés aux articles 94 à 97 continuent à produire leurs effets dans les matières non réglées par le présent règlement.

2. Les conventions visées aux articles 95 à 97 du présent règlement, notamment les conventions de La Haye de 1980 et de 1996, continuent à produire leurs effets entre les États membres qui en sont parties contractantes, dans le respect des articles 95 à 97 du présent règlement.

Art. 99 *Traités conclus avec le Saint-Siège.* 1. Le présent règlement est applicable sans préjudice du traité international (concordat) conclu entre le Saint-Siège et le Portugal, signé au Vatican le 18 mai 2004.

2. Toute décision relative à l'invalidité d'un mariage rendue en vertu du traité visé au paragraphe 1 est reconnue dans les États membres dans les conditions prévues au chapitre IV, section 1, sous-section 1.

3. Les dispositions des paragraphes 1 et 2 s'appliquent également aux traités internationaux ci-après conclus avec le Saint-Siège :

a) *"Concordato lateranense"* du 11 février 1929 entre l'Italie et le Saint-Siège, modifié par l'accord et son protocole additionnel signés à Rome le 18 février 1984 ;

b) accord du 3 janvier 1979 entre le Saint-Siège et l'Espagne sur des questions juridiques ;

c) accord entre le Saint-Siège et Malte sur la reconnaissance d'effets civils aux mariages canoniques et aux décisions rendues par les autorités et juridictions ecclésiastiques sur lesdits mariages du 3 février 1993, y compris le protocole d'application de la même date, et son troisième protocole additionnel du 27 janvier 2014.

4. En Espagne, en Italie ou à Malte, la reconnaissance des décisions prévue au paragraphe 2 peut être soumise aux mêmes procédures et contrôles que ceux qui sont applicables aux décisions rendues par les juridictions ecclésiastiques conformément aux traités internationaux conclus avec le Saint-Siège et visés au paragraphe 3.

5. Les États membres communiquent à la Commission :

a) une copie des traités visés aux paragraphes 1 et 3 ;

b) toute dénonciation ou modification de ces traités.

CHAPITRE IX *DISPOSITIONS FINALES*

Art. 100 *Dispositions transitoires.* 1. Le présent règlement n'est applicable qu'aux actions judiciaires intentées, aux actes authentiques dressés ou enregistrés et aux accords enregistrés le ou après le 1er août 2022.

2. Le règlement (CE) n° 2201/2003 continue de s'appliquer aux décisions rendues à la suite d'actions judiciaires intentées, aux actes authentiques dressés ou enregistrés et aux accords devenus exécutoires dans l'État membre dans lequel ils ont été conclus avant le 1er août 2022 et qui relèvent du champ d'application dudit règlement.

Art. 101 *Suivi et évaluation.* 1. Au plus tard le 2 août 2032, la Commission présente au Parlement européen, au Conseil et au Comité économique et social européen un rapport relatif à l'évaluation *ex post* du présent règlement, étayé par des informations fournies par les États membres et accompagné au besoin d'une proposition législative.

2. À partir du 2 août 2025, les États membres fournissent à la Commission, sur demande, dans la mesure où elles sont disponibles, des informations utiles pour l'évaluation du fonctionnement et de l'application du présent règlement concernant :

a) le nombre de décisions en matière matrimoniale ou en matière de responsabilité parentale pour lesquelles la compétence a été tirée des règles fixées dans le présent règlement ;

b) en ce qui concerne les demandes d'exécution d'une décision telle que visée à l'article 28, paragraphe 1, le nombre de cas dans lesquels l'exécution n'a pas eu lieu dans les six semaines suivant le moment où la procédure d'exécution a été engagée ;

c) le nombre de demandes de refus de reconnaissance d'une décision visées à l'article 40 et le nombre de cas dans lesquels le refus de reconnaissance a été accordé ;

d) le nombre de demandes de refus d'exécution d'une décision en vertu de l'article 58 et le nombre de cas dans lesquels le refus d'exécution a été accordé ;

e) le nombre de recours formés en vertu de l'article 61, d'une part, et à l'article 62, *d'autre part.*

Art. 102 *États membres ayant deux systèmes juridiques ou plus.* Au regard d'un État membre dans lequel deux systèmes de droit ou ensembles de règles ayant trait aux questions régies par le présent règlement ou plus s'appliquent dans des unités territoriales différentes :

a) toute référence à la résidence habituelle dans cet État membre vise la résidence habituelle dans une unité territoriale ;

b) toute référence à la nationalité vise l'unité territoriale désignée par la loi de cet État ;

c) toute référence à l'autorité d'un État membre vise l'autorité de l'unité territoriale concernée au sein de cet État membre ;

d) toute référence aux règles de l'État membre requis vise les règles de l'unité territoriale dans laquelle la compétence, la reconnaissance ou l'exécution sont invoquées.

Art. 103 *Informations à notifier à la Commission.* 1. Les États membres notifient à la Commission les éléments suivants :

a) toute autorité visée à l'article 2, paragraphe 2, point 2) b) et point 3), et à l'article 74, paragraphe 2 ;

b) les juridictions et autorités compétentes pour délivrer les certificats visées à l'article 36, paragraphe 1 et à l'article 66, ainsi que les juridictions compétentes pour rectifier les certificats visées à l'article 37, paragraphe 1, à l'article 48, paragraphe 1, à l'article 49, et à l'article 66, paragraphe 3, en liaison avec l'article 37, paragraphe 1 ;

c) les juridictions visées à l'article 30, paragraphe 3, à l'article 52, à l'article 40, paragraphe 1, à l'article 58, paragraphe 1, et à l'article 62, ainsi que les autorités et les juridictions visées à l'article 61, paragraphe 2 ;

d) les autorités compétentes en matière d'exécution visées à l'article 52 ;

e) les voies de recours visées aux articles 61 et 62 ;

f) les noms, adresses et moyens de communication des autorités centrales désignées conformément à l'article 76 ;

g) les catégories de membres proches de la famille visées à l'article 82, paragraphe 2, le cas échéant ;

h) les langues acceptées pour les communications adressées aux autorités centrales conformément à l'article 91, paragraphe 3 ;

i) les langues acceptées pour les traductions conformément à l'article 80, paragraphe 3, à l'article 81, paragraphe 2, à l'article 82, paragraphe 2, et à l'article 91, paragraphe 2.

2. Les États membres notifient les informations visées au paragraphe 1 à la Commission au plus tard le 23 avril 2021.

3. Les États membres notifient à la Commission toute modification apportée aux informations visées au paragraphe 1.

4. La Commission met les informations visées au paragraphe 1 à la disposition du public par des moyens appropriés, y compris le portail européen e-Justice.

Art. 104 *Abrogation.* 1. Sous réserve de l'article 100, paragraphe 2, du présent règlement, le règlement (CE) n° 2201/2003 est abrogé à compter du 1er août 2022.

2. Les références au règlement abrogé s'entendent comme faites au présent règlement et sont à lire selon le tableau de correspondance figurant à l'annexe X.

Art. 105 *Entrée en vigueur.* 1. Le présent règlement entre en vigueur le vingtième jour suivant celui de sa publication au *Journal officiel de l'Union européenne*.

2. Le présent règlement est applicable à partir du 1er août 2022, à l'exception des articles 92, 93 et 103, qui s'appliquent à compter du 22 juillet 2019.

Le présent règlement est obligatoire dans tous ses éléments et directement applicable dans les États membres conformément aux traités.

ANNEXE I

CERTIFICAT QUE LA JURIDICTION DOIT DÉLIVRER LORSQUE SA DÉCISION REFUSANT LE RETOUR D'UN ENFANT DANS UN AUTRE ÉTAT MEMBRE EST FONDÉE UNIQUEMENT SUR L'ARTICLE 13, PREMIER ALINÉA, POINT B), OU SUR L'ARTICLE 13, DEUXIÈME ALINÉA, DE LA CONVENTION DE LA HAYE DE 1980 [CONV. DE LA HAYE DU 25 OCTOBRE 1980 SUR LES ASPECTS CIVILS DE L'ENLÈVEMENT INTERNATIONAL D'ENFANTS (CI-APRÈS DÉNOMMÉE « CONVENTION DE LA HAYE DE 1980 »)], OU SUR CES DEUX DISPOSITIONS

[Article 29, paragraphe 2, du règlement (UE) 2019/1111 du Conseil (Règl. (UE) 2019/1111 du Conseil du 25 juin 2019 relatif à la compétence, la reconnaissance et l'exécution des décisions en matière matrimoniale et en matière de responsabilité parentale, ainsi qu'à l'enlèvement international d'enfants (JO L 178 du 2.7.2019, p. 1) (ci-après dénommé « règlement »))]

Informations destinées aux personnes recevant le présent certificat aux fins de l'article 29, paragraphe 5 du règlement

Si, à la date de la décision refusant le retour d'un enfant, mentionnée au point 3 ci-dessous, aucune procédure au fond relative au droit de garde n'est pendante dans l'État membre dans lequel l'enfant avait sa résidence habituelle immédiatement avant son déplacement ou son non-retour illicites, vous avez la possibilité de saisir une juridiction de cet État d'une demande portant sur des éléments de fond relatifs au droit de garde, conformément à l'article 29, paragraphe 5, du règlement.

Si la juridiction est saisie dans un délai de trois mois à compter de la notification de la décision refusant le retour de l'enfant, toute décision rendue à l'issue de cette procédure au fond en matière de droit de garde qui implique le retour de l'enfant dans cet État membre sera exécutoire dans tout autre État membre conformément à l'article 29, paragraphe 6 du règlement, sans qu'il soit nécessaire de recourir à aucune procédure et sans qu'il soit possible de s'opposer à sa reconnaissance, sauf si et dans la mesure où il est constaté qu'elle est inconciliable avec une décision visée à l'article 50 du règlement, à condition qu'un certificat conforme à l'article 47 ait été délivré concernant la décision. Si la juridiction est saisie après l'expiration du délai de trois mois ou que les conditions de délivrance d'un certificat énoncées à l'article 47 du règlement ne sont pas réunies, la décision au fond en matière de droit de garde qui sera finalement prise sera reconnue et exécutée dans les autres États membres conformément au chapitre IV, section 1, du règlement.

La partie qui saisit la juridiction de l'État membre dans lequel l'enfant avait sa résidence habituelle immédiatement avant son déplacement ou son non-retour illicites, transmet les documents suivants à ladite juridiction :

a) une copie de la décision refusant le retour de l'enfant ;

b) le présent certificat ; et

c) le cas échéant, un compte rendu, un résumé ou un procès-verbal de l'audience, comme indiqué au point 4.1.

Informations destinées à la juridiction recevant le présent certificat aux fins de l'article 29, paragraphe 3 du règlement [Lorsque la partie engage après que la présente juridiction a rendu sa décision mentionnée au point 3 une procédure au fond relative au droit de garde conformément à l'article 29, paragraphe 5 du règlement, dans l'État membre dans lequel l'enfant (ou les enfants) avait (ou avaient) sa (ou leur) résidence habituelle immédiatement avant son (ou leur) déplacement ou son (ou leur) non-retour illicites, il convient de se référer à la section « Informations destinées aux personnes recevant le présent certificat aux fins de l'article 29, paragraphe 5 du règlement »]

Le présent certificat a été délivré parce que l'enfant (ou les enfants) mentionné(s) au point 5 a (ou ont) été déplacé(s) illicitement ou est (ou sont) retenu(s) illicitement dans l'État membre où se situe la juridiction délivrant le présent certificat. Une procédure visant le retour de l'enfant (ou des enfants) au titre de la convention de La Haye de 1980 a été engagée parce que la personne mentionnée au point 6.1 a affirmé que le déplacement ou le non-retour de l'enfant (ou des enfants) violaient le droit de garde et qu'au moment du déplacement ou du non-retour, ce droit était exercé effectivement, seul ou conjointement, ou l'eût été si de tels événements n'étaient survenus, conformément à la convention de La Haye de 1980. La présente juridiction a refusé le retour d'un ou de plusieurs des enfants faisant l'objet de la procédure en se fondant uniquement sur l'article 13, premier alinéa, point b), ou deuxième alinéa, de la convention de La Haye de 1980, ou sur ces deux dispositions.

Si, au moment où la présente juridiction a rendu sa décision – mentionnée au point 3 ci-dessous – refusant le retour de l'enfant uniquement sur la base de l'article 13, premier alinéa, point b), ou deuxième alinéa, de la convention de La Haye de 1980, ou sur la base de ces deux dispositions, une procédure au fond relative au droit de garde était pendante dans l'État membre dans lequel l'enfant avait sa résidence habituelle immédiatement avant son déplacement ou son non-retour illicites, l'article 29, paragraphe 3, du règlement prévoit que la présente juridiction, si elle a connaissance de cette procédure, transmet à la juridiction saisie d'une demande d'examen au fond en matière de droit de garde, dans un délai d'un mois à compter de la date de sa décision, soit directement, soit par l'intermédiaire des autorités centrales, les documents suivants :

a) une copie de sa décision refusant le retour de l'enfant ;

b) le présent certificat ; et

c) le cas échéant, un compte rendu, un résumé ou un procès-verbal de l'audience, comme indiqué au point 4.1, ainsi que tout autre document que la présente juridiction juge pertinent, comme indiqué au point 4.2.

La juridiction saisie d'une demande d'examen au fond en matière de droit de garde peut, au besoin, demander à une partie de fournir une traduction ou une translittération, conformément à l'article 91 du règlement, de la décision et de tout autre document joint au présent certificat (article 29, paragraphe 4, du règlement).

1. ÉTAT MEMBRE D'ORIGINE DE LA DÉCISION REFUSANT LE RETOUR DE L'ENFANT (OU DES ENFANTS) * *[Les champs marqués d'un astérisque (*) sont obligatoires]*

Belgique (BE)	**Bulgarie (BG)**	**République tchèque (CZ)**	**Allemagne (DE)**
Estonie (EE)	Irlande (IE)	Grèce (EL)	Espagne (ES)
France (FR)	Croatie (HR)	Italie (IT)	Chypre (CY)
Lettonie (LV)	Lituanie (LT)	Luxembourg (LU)	Hongrie (HU)
Malte (MT)	Pays-Bas (NL)	Autriche (AT)	Pologne (PL)
Portugal (PT)	Roumanie (RO)	Slovénie (SI)	Slovaquie (SK)
Finlande (FI)	Suède (SE)	Royaume-Uni (UK)	

2. JURIDICTION QUI A RENDU LA DÉCISION ET DÉLIVRE LE CERTIFICAT *
2.1. Nom *
2.2. Adresse *
2.3. Téléphone/Télécopie/Adresse électronique *
3. DÉCISION *
3.1. Date (jj/mm/aaaa) *
3.2. Numéro de référence *
4. DOCUMENTS SUPPLÉMENTAIRES (POUVANT ÊTRE COMMUNIQUÉS AUX PARTIES) *
4.1. Un compte rendu, un résumé ou un procès-verbal de l'audience *
4.1.1. ☐ Oui
4.1.2. ☐ Non
4.2. Tout autre document que la juridiction juge pertinent * *[À ne remplir qu'aux fins de l'article 29, paragraphe 3, du règlement]*
4.2.1. ☐ Oui (veuillez préciser)
4.2.2. ☐ Non
5. ENFANT(S) *[Si plus de trois enfants sont concernés, veuillez joindre une feuille supplémentaire]* NE DEVANT PAS FAIRE L'OBJET D'UN RETOUR CONFORMÉMENT À LA DÉCISION *
5.1. Enfant 1 *
5.1.1. Nom(s) *
5.1.2. Prénom(s) *
5.1.3. Date de naissance (jj/mm/aaaa) *
5.1.4. Lieu de naissance (si cette donnée est disponible)
5.1.5. Numéro d'identité ou numéro de sécurité sociale (le cas échéant et si cette donnée est disponible)
5.2. Enfant 2
5.2.1. Nom(s)
5.2.2. Prénom(s)
5.2.3. Date de naissance (jj/mm/aaaa)
5.2.4. Lieu de naissance (si cette donnée est disponible)
5.2.5. Numéro d'identité ou numéro de sécurité sociale (le cas échéant et si cette donnée est disponible)
5.3. Enfant 3
5.3.1. Nom(s)
5.3.2. Prénom(s)
5.3.3. Date de naissance (jj/mm/aaaa)
5.3.4. Lieu de naissance (si cette donnée est disponible)
5.3.5. Numéro d'identité ou numéro de sécurité sociale (le cas échéant et si cette donnée est disponible)
6. PERSONNES *[Si plus de deux personnes sont concernées, veuillez joindre une feuille supplémentaire]* CONCERNÉES PAR LA PROCÉDURE DE RETOUR *
6.1. Personne demandant le retour de l'enfant (ou des enfants) *
6.1.1. ☐ Personne physique
6.1.1.1. Nom(s)
6.1.1.2. Prénom(s)
6.1.1.3. Date de naissance (jj/mm/aaaa)
6.1.1.4. Lieu de naissance (si cette donnée est disponible)

6.1.1.5. Numéro d'identité ou numéro de sécurité sociale (le cas échéant et si cette donnée est disponible)
6.1.1.6. Adresse (si cette donnée est disponible)
6.1.1.6.1. telle qu'elle est indiquée dans la décision ....
6.1.1.6.2. toute information complémentaire (concernant par exemple une autre adresse actuelle) ....
6.1.2. ☐ Personne morale, institution ou autre organisme
6.1.2.1. Nom complet
6.1.2.2. Numéro d'identification (le cas échéant et si cette donnée est disponible)
6.1.2.3. Adresse (si cette donnée est disponible)
6.2. Partie défenderesse *
6.2.1. ☐ Personne physique
6.2.1.1. Nom(s)
6.2.1.2. Prénom(s)
6.2.1.3. Date de naissance (jj/mm/aaaa)
6.2.1.4. Lieu de naissance (si cette donnée est disponible)
6.2.1.5. Numéro d'identité ou numéro de sécurité sociale (le cas échéant et si cette donnée est disponible)
6.2.1.6. Adresse (si cette donnée est disponible)
6.2.1.6.1. telle qu'elle est indiquée dans la décision ....
6.2.1.6.2. toute information complémentaire (concernant par exemple une autre adresse actuelle) ....
6.2.2. ☐ Personne morale, institution ou autre organisme
6.2.2.1. Nom complet
6.2.2.2. Numéro d'identification (le cas échéant et si cette donnée est disponible)
6.2.2.3. Adresse (si cette donnée est disponible)

7. LA DÉCISION REFUSANT LE RETOUR DE L'ENFANT (OU DES ENFANTS) *[Si plus de trois enfants sont concernés, veuillez joindre une feuille supplémentaire]* DANS UN AUTRE ÉTAT MEMBRE EST FONDÉE UNIQUEMENT SUR L'UNE DES DEUX DISPOSITIONS SUIVANTES, OU SUR CES DEUX DISPOSITIONS *
7.1. ☐ Enfant 1 *
7.1.1. ☐ Article 13, premier alinéa, point b), de la convention de La Haye de 1980
7.1.2. ☐ Article 13, deuxième alinéa, de la convention de La Haye de 1980
7.2. ☐ Enfant 2
7.2.1. ☐ Article 13, premier alinéa, point b), de la convention de La Haye de 1980
7.2.2. ☐ Article 13, deuxième alinéa, de la convention de La Haye de 1980
7.3. ☐ Enfant 3
7.3.1. ☐ Article 13, premier alinéa, point b), de la convention de La Haye de 1980
7.3.2. ☐ Article 13, deuxième alinéa, de la convention de La Haye de 1980

8. À LA DATE DE LA DÉCISION MENTIONNÉE AU POINT 3, UNE PROCÉDURE AU FOND RELATIVE AU DROIT DE GARDE EST PENDANTE DANS L'ÉTAT MEMBRE DANS LEQUEL L'ENFANT (OU LES ENFANTS) AVAIT (OU AVAIENT) SA (OU LEUR) RÉSIDENCE HABITUELLE IMMÉDIATEMENT AVANT SON (OU LEUR) DÉPLACEMENT OU SON (OU LEUR) NON-RETOUR ILLICITES *
8.1. ☐ Non
8.2. ☐ Situation inconnue de la juridiction
8.3. ☐ Oui
8.3.1. Juridiction saisie d'une demande d'examen au fond en matière de droit de garde
8.3.1.1. Nom
8.3.1.2. Adresse (si cette donnée est disponible)
8.3.1.3. Téléphone/Télécopie/Adresse électronique (si ces données sont disponibles)
8.3.2. Numéro de référence (si cette donnée est disponible)
8.3.3. Partie 1 *[Si plus de deux parties sont concernées, veuillez joindre une feuille supplémentaire]*
8.3.3.1. ☐ Personne physique
8.3.3.1.1. Nom(s)
8.3.3.1.2. Prénom(s)
8.3.3.2. ☐ Personne morale, institution ou autre organisme
8.3.3.2.1. Nom complet
8.3.4. Partie 2
8.3.4.1. ☐ Personne physique
8.3.4.1.1. Nom(s)
8.3.4.1.2. Prénom(s)
8.3.4.2. ☐ Personne morale, institution ou autre organisme
8.3.4.2.1. Nom complet

8.3.5. Enfant(s) *[Si plus de trois enfants sont concernés, veuillez joindre une feuille supplémentaire]* concerné(e) mentionné(s) au point 5 :

8.3.5.1. ☐ Enfant 1

8.3.5.2. ☐ Enfant 2

8.3.5.3. ☐ Enfant 3

9. LA DÉCISION REFUSANT LE RETOUR DE L'ENFANT (OU DES ENFANTS) A ÉTÉ NOTIFIÉE COMME SUIT À *

9.1. Personne 1 mentionnée au point 6.1 *

9.1.1. ☐ Non

9.1.2. ☐ Situation inconnue de la juridiction

9.1.3. ☐ Oui

9.1.3.1. Date de la notification (jj/mm/aaaa)

9.1.3.2. La décision a été notifiée dans la (ou les) langue(s) suivante(s) :

BG	ES	CS	DE	ET	EL	EN	FR
GA	HR	IT	LV	LT	HU	MT	NL
PL	PT	RO	SK	SL	FI	SV	

9.2. Personne 2 mentionnée au point 6.2 *

9.2.1. ☐ Non

9.2.2. ☐ Situation inconnue de la juridiction

9.2.3. ☐ Oui

9.2.3.1. Date de la notification (jj/mm/aaaa)

9.2.3.2. La décision a été notifiée dans la (ou les) langue(s) suivante(s) :

BG	ES	CS	DE	ET	EL	EN	FR
GA	HR	IT	LV	LT	HU	MT	NL
PL	PT	RO	SK	SL	FI	SV	

10. À DES FINS D'INFORMATION : DES MESURES ONT ÉTÉ PRISES POUR FAIRE EN SORTE QU'IL Y AIT DES CONTACTS ENTRE L'ENFANT (OU LES ENFANTS) ET LA PERSONNE QUI DEMANDE LE RETOUR DE L'ENFANT (OU DES ENFANTS), CONFORMÉMENT À L'ARTICLE 27, PARAGRAPHE 2, DU RÈGLEMENT *

10.1. ☐ Non

10.2. ☐ Oui

10.2.1. Si oui, veuillez joindre une copie ou un résumé de la décision.

Si des pages supplémentaires ont été ajoutées, veuillez indiquer leur nombre : ...

Fait à ..., le ... (jj/mm/aaaa)

Signature et/ou cachet

ANNEXE II

CERTIFICAT CONCERNANT LES DÉCISIONS EN MATIÈRE MATRIMONIALE

[Article 36, paragraphe 1, point a), du règlement (UE) 2019/1111 du Conseil - Règl. (UE) 2019/1111 du Conseil du 25 juin 2019 relatif à la compétence, la reconnaissance et l'exécution des décisions en matière matrimoniale et en matière de responsabilité parentale, ainsi qu'à l'enlèvement international d'enfants (JO L 178 du 2 juill. 2019, p. 1) (ci-après dénommé « règlement »)]

IMPORTANT

Certificat devant être délivré, à la demande d'une partie, à l'égard d'une décision accordant le divorce, la séparation de corps ou l'annulation d'un mariage, par la juridiction d'un État membre d'origine notifiée à la Commission en vertu de l'article 103 du règlement.

1. ÉTAT MEMBRE D'ORIGINE * *[Les champs marqués d'un astérisque (*) sont obligatoires]*

Belgique (BE)	Bulgarie (BG)	République tchèque (CZ)	Allemagne (DE)
Estonie (EE)	Irlande (IE)	Grèce (EL)	Espagne (ES)
France (FR)	Croatie (HR)	Italie (IT)	Chypre (CY)
Lettonie (LV)	Lituanie (LT)	Luxembourg (LU)	Hongrie (HU)
Malte (MT)	Pays-Bas (NL)	Autriche (AT)	Pologne (PL)
Portugal (PT)	Roumanie (RO)	Slovénie (SI)	Slovaquie (SK)
Finlande (FI)	Suède (SE)	Royaume-Uni (UK)	

2. JURIDICTION DÉLIVRANT LE CERTIFICAT *
2.1. Nom *
2.2. Adresse *
2.3. Téléphone/Télécopie/Adresse électronique *
3. JURIDICTION QUI A RENDU LA DÉCISION (si différente)
3.1. Nom
3.2. Adresse
4. DÉCISION *
4.1. Date (jj/mm/aaaa) *
4.2. Numéro de référence *
4.3. Type de décision *
4.3.1. ☐ Divorce
4.3.2. ☐ Annulation du mariage
4.3.3. ☐ Séparation de corps
5. MARIAGE *
5.1. Époux *
5.1.1.
5.1.1.1. Nom(s) *
5.1.1.2. Prénom(s) *
5.1.1.3. Date de naissance (jj/mm/aaaa) *
5.1.1.4. Lieu de naissance
5.1.1.5. Numéro d'identité ou numéro de sécurité sociale (le cas échéant et si cette donnée est disponible)
5.1.1.6. Adresse (si cette donnée est disponible)
5.1.1.6.1. telle qu'elle est indiquée dans la décision ....
5.1.1.6.2. toute information complémentaire (concernant par exemple une autre adresse actuelle) ....
5.1.2.
5.1.2.1. Nom(s) *
5.1.2.2. Prénom(s) *
5.1.2.3. Date de naissance (jj/mm/aaaa) *
5.1.2.4. Lieu de naissance
5.1.2.5. Numéro d'identité ou numéro de sécurité sociale (le cas échéant et si cette donnée est disponible)
5.1.2.6. Adresse (si cette donnée est disponible)
5.1.2.6.1. telle qu'elle est indiquée dans la décision ....
5.1.2.6.2. toute information complémentaire (concernant par exemple une autre adresse actuelle) ....
5.2. Date, pays et lieu du mariage *
5.2.1. Date (jj/mm/aaaa) *
5.2.2. Pays *
5.2.3. Lieu (si cette donnée est disponible)
6. LA DÉCISION A ÉTÉ RENDUE PAR DÉFAUT *
6.1. ☐ Non
6.2. ☐ Oui

6.2.1. Partie défaillante mentionnée au point ... (veuillez compléter)

6.2.2. L'acte introductif d'instance ou un acte équivalent a été signifié ou notifié à cette partie.

6.2.2.1. ☐ Non

6.2.2.2. ☐ Situation inconnue de la juridiction

6.2.2.3. ☐ Oui

6.2.2.3.1. Date de signification ou de notification (jj/mm/aaaa)

7. LA DÉCISION EST SUSCEPTIBLE DE RECOURS EN VERTU DE LA LOI DE L'ÉTAT MEMBRE D'ORIGINE *

7.1. ☐ Non

7.2. ☐ Oui

8. DATE DE PRISE D'EFFET DE LA DÉCISION DANS L'ÉTAT MEMBRE DANS LEQUEL ELLE A ÉTÉ RENDUE (jj/mm/aaaa) *

9. NOM DE LA PARTIE (OU DES PARTIES) AYANT BÉNÉFICIÉ D'UNE ASSISTANCE JUDICIAIRE CONFORMÉMENT À L'ARTICLE 74, PARAGRAPHE 1, DU RÈGLEMENT

9.1. Partie(s)

9.1.1. ☐ mentionnée au point 5.1.1

9.1.2. ☐ mentionnée au point 5.1.2

10. FRAIS ET DÉPENS DE LA PROCÉDURE *[Ce point couvre également les situations dans lesquelles les frais et dépens font l'objet d'une décision distincte. Le simple fait que le montant des frais et dépens n'ait pas encore été fixé ne devrait pas empêcher la juridiction de délivrer le certificat si une partie décide de demander la reconnaissance de la partie de la décision relative au fond]*

10.1. ☐ La décision couvre également des questions de responsabilité parentale, et les informations sur les frais relatifs à la procédure au titre du présent règlement sont uniquement fournies dans le certificat concernant les décisions relatives à la responsabilité parentale.

10.2. ☐ La décision prévoit que *[Si plusieurs parties ont été condamnées aux dépens, veuillez joindre une feuille supplémentaire]*

....[nom(s)]

....[prénom(s)]

doit payer à

....[nom(s)]

....[prénom(s)]

la somme de ....

euros (EUR)	**levs bulgares (BGN)**	**kunas croates (HRK)**
couronnes tchèques (CZK)	forints hongrois (HUF)	zlotys polonais (PLN)
livres sterling (GBP)	leus roumains (RON)	couronnes suédoises (SEK)
autre [préciser (code ISO)] :		

10.3. Toute information complémentaire susceptible d'être utile (par exemple le montant ou le pourcentage fixé ; les intérêts fixés ; les dépens partagés ; si plusieurs parties ont été condamnées aux dépens, le fait que le montant puisse ou non être recouvré dans son intégralité auprès de l'une d'entre elles) : ....

Fait à ..., le ... (jj/mm/aaaa)

Signature et/ou cachet

ANNEXE III

CERTIFICAT CONCERNANT LES DÉCISIONS EN MATIÈRE DE RESPONSABILITÉ PARENTALE

[Article 36, paragraphe 1, point b), du règlement (UE) 2019/1111 du Conseil - Règl. (UE) 2019/1111 du Conseil du 25 juin 2019 relatif à la compétence, la reconnaissance et l'exécution des décisions en matière matrimoniale et en matière de responsabilité parentale, ainsi qu'à l'enlèvement international d'enfants (JO L 178 du 2 juill. 2019, p. 1) (ci-après dénommé « règlement »).]

IMPORTANT

Certificat devant être délivré, à la demande d'une partie, à l'égard d'une décision en matière de responsabilité parentale, par la juridiction d'un État membre d'origine notifiée à la Commission en vertu de l'article 103 du règlement.

1. ÉTAT MEMBRE D'ORIGINE * *[Les champs marqués d'un astérisque (*) sont obligatoires]*

Belgique (BE)	**Bulgarie (BG)**	**République tchèque (CZ)**	**Allemagne (DE)**
Estonie (EE)	Irlande (IE)	Grèce (EL)	Espagne (ES)
France (FR)	Croatie (HR)	Italie (IT)	Chypre (CY)
Lettonie (LV)	Lituanie (LT)	Luxembourg (LU)	Hongrie (HU)
Malte (MT)	Pays-Bas (NL)	Autriche (AT)	Pologne (PL)
Portugal (PT)	Roumanie (RO)	Slovénie (SI)	Slovaquie (SK)
Finlande (FI)	Suède (SE)	Royaume-Uni (UK)	

2. JURIDICTION DÉLIVRANT LE CERTIFICAT *
2.1. Nom *
2.2. Adresse *
2.3. Téléphone/Télécopie/Adresse électronique *
3. JURIDICTION QUI A RENDU LA DÉCISION (si différente)
3.1. Nom
3.2. Adresse
4. DÉCISION *
4.1. Date (jj/mm/aaaa) *
4.2. Numéro de référence *
5. ENFANT(S) *[Si plus de trois enfants sont concernés, veuillez joindre une feuille supplémentaire]* CONCERNÉ(S) PAR LA DÉCISION *
5.1. Enfant 1 *
5.1.1. Nom(s) *
5.1.2. Prénom(s) *
5.1.3. Date de naissance (jj/mm/aaaa) *
5.1.4. Lieu de naissance (si cette donnée est disponible)
5.1.5. Numéro d'identité ou numéro de sécurité sociale (le cas échéant et si cette donnée est disponible)
5.2. Enfant 2
5.2.1. Nom(s)
5.2.2. Prénom(s)
5.2.3. Date de naissance (jj/mm/aaaa)
5.2.4. Lieu de naissance (si cette donnée est disponible)
5.2.5. Numéro d'identité ou numéro de sécurité sociale (le cas échéant et si cette donnée est disponible)
5.3. Enfant 3
5.3.1. Nom(s)
5.3.2. Prénom(s)
5.3.3. Date de naissance (jj/mm/aaaa)
5.3.4. Lieu de naissance (si cette donnée est disponible)
5.3.5. Numéro d'identité ou numéro de sécurité sociale (le cas échéant et si cette donnée est disponible)
6. ☐ DROIT DE GARDE *[Veuillez noter que le terme « droit de garde » est défini à l'article 2, paragraphe 2, point 9, du règlement]*
6.1. Droit de garde attribué conformément à la décision *[Veuillez recopier la partie pertinente de la décision]*
....
6.2. Attribué(s) à la partie (ou aux parties) suivante(s) *[Si plus de deux parties sont concernées, veuillez joindre une feuille supplémentaire]*
6.2.1. Partie 1
6.2.1.1. ☐ Personne physique
6.2.1.1.1. Nom(s)
6.2.1.1.2. Prénom(s)
6.2.1.1.3. Date de naissance (jj/mm/aaaa)

6.2.1.1.4. Lieu de naissance (si cette donnée est disponible)
6.2.1.1.5. Numéro d'identité ou numéro de sécurité sociale (le cas échéant et si cette donnée est disponible)
6.2.1.1.6. Adresse (si cette donnée est disponible)
6.2.1.1.6.1. telle qu'elle est indiquée dans la décision ....
6.2.1.1.6.2. toute information complémentaire (concernant par exemple une autre adresse actuelle) ....
6.2.1.2. ☐ Personne morale, institution ou autre organisme
6.2.1.2.1. Nom complet
6.2.1.2.2. Numéro d'identification (le cas échéant et si cette donnée est disponible)
6.2.1.2.3. Adresse (si cette donnée est disponible)
6.2.2. Partie 2
6.2.2.1. ☐ Personne physique
6.2.2.1.1. Nom(s)
6.2.2.1.2. Prénom(s)
6.2.2.1.3. Date de naissance (jj/mm/aaaa)
6.2.2.1.4. Lieu de naissance (si cette donnée est disponible)
6.2.2.1.5. Numéro d'identité ou numéro de sécurité sociale (le cas échéant et si cette donnée est disponible)
6.2.2.1.6. Adresse (si cette donnée est disponible)
6.2.2.1.6.1. telle qu'elle est indiquée dans la décision ....
6.2.2.1.6.2. toute information complémentaire (concernant par exemple une autre adresse actuelle) ....
6.2.2.2. ☐ Personne morale, institution ou autre organisme
6.2.2.2.1. Nom complet
6.2.2.2.2. Numéro d'identification (le cas échéant et si cette donnée est disponible)
6.2.2.2.3. Adresse (si cette donnée est disponible)
6.3. La décision entraîne la remise de l'enfant (ou des enfants)
6.3.1. ☐ Non
6.3.2. ☐ Oui
6.3.2.1. ☐ Modalités de la remise pertinentes aux fins de l'exécution, si elles ne sont pas déjà indiquées au point 6.1 [par exemple : à qui, quel(s) enfant(s), remise à intervalles réguliers ou unique]
....
7. DROIT DE VISITE
7.1. Droit de visite accordé par la décision *[Veuillez recopier la partie pertinente de la décision]*
....
7.2. Accordé à la partie (ou aux parties) suivante(s) *[Si plus de deux parties sont concernées, veuillez joindre une feuille supplémentaire]*
7.2.1. Partie 1
7.2.1.1. Nom(s)
7.2.1.2. Prénom(s)
7.2.1.3. Date de naissance (jj/mm/aaaa)
7.2.1.4. Lieu de naissance (si cette donnée est disponible)
7.2.1.5. Numéro d'identité ou numéro de sécurité sociale (le cas échéant et si cette donnée est disponible)
7.2.1.6. Adresse (si cette donnée est disponible)
7.2.1.6.1. telle qu'elle est indiquée dans la décision ....
7.2.1.6.2. toute information complémentaire (concernant par exemple une autre adresse actuelle) ....
7.2.2. Partie 2
7.2.2.1. Nom(s)
7.2.2.2. Prénom(s)
7.2.2.3. Date de naissance (jj/mm/aaaa)
7.2.2.4. Lieu de naissance (si cette donnée est disponible)
7.2.2.5. Numéro d'identité ou numéro de sécurité sociale (le cas échéant et si cette donnée est disponible)
7.2.2.6. Adresse (si cette donnée est disponible)
7.2.2.6.1. telle qu'elle est indiquée dans la décision ....
7.2.2.6.2. toute information complémentaire (concernant par exemple une autre adresse actuelle) ....
7.3. La décision entraîne la remise de l'enfant (ou des enfants)
7.3.1. ☐ Non

7.3.2. ☐ Oui

7.3.2.1. Modalités de la remise pertinentes aux fins de l'exécution, si elles ne sont pas déjà indiquées au point 7.1 [par exemple : à qui, quel(s) enfant(s), remise à intervalles réguliers ou unique]

....

8. AUTRES DROITS EN MATIÈRE DE RESPONSABILITÉ PARENTALE

8.1. Droit(s) attribué(s) conformément à la décision *[Veuillez recopier la partie pertinente de la décision]*

....

8.2. Attribué(s) à la partie (ou aux parties) suivante(s) *[Si plus de deux parties sont concernées, veuillez joindre une feuille supplémentaire]*

8.2.1. Partie 1

8.2.1.1. ☐ Personne physique

8.2.1.1.1. Nom(s)

8.2.1.1.2. Prénom(s)

8.2.1.1.3. Date de naissance (jj/mm/aaaa)

8.2.1.1.4. Lieu de naissance (si cette donnée est disponible)

8.2.1.1.5. Numéro d'identité ou numéro de sécurité sociale (le cas échéant et si cette donnée est disponible)

8.2.1.1.6. Adresse (si cette donnée est disponible)

8.2.1.1.6.1. telle qu'elle est indiquée dans la décision ....

8.2.1.1.6.2. toute information complémentaire (concernant par exemple une autre adresse actuelle) ....

8.2.1.2. ☐ Personne morale, institution ou autre organisme

8.2.1.2.1. Nom complet

8.2.1.2.2. Numéro d'identification (le cas échéant et si cette donnée est disponible)

8.2.1.2.3. Adresse (si cette donnée est disponible)

8.2.2. Partie 2

8.2.2.1. ☐ Personne physique

8.2.2.1.1. Nom(s)

8.2.2.1.2. Prénom(s)

8.2.2.1.3. Date de naissance (jj/mm/aaaa)

8.2.2.1.4. Lieu de naissance (si cette donnée est disponible)

8.2.2.1.5. Numéro d'identité ou numéro de sécurité sociale (le cas échéant et si cette donnée est disponible)

8.2.2.1.6. Adresse (si cette donnée est disponible)

8.2.2.1.6.1. telle qu'elle est indiquée dans la décision ....

8.2.2.1.6.2. toute information complémentaire (concernant par exemple une autre adresse actuelle) ....

8.2.2.2. ☐ Personne morale, institution ou autre organisme

8.2.2.2.1. Nom complet

8.2.2.2.2. Numéro d'identification (le cas échéant et si cette donnée est disponible)

8.2.2.2.3. Adresse (si cette donnée est disponible)

8.3. La décision entraîne la remise de l'enfant (ou des enfants)

8.3.1. ☐ Non

8.3.2. ☐ Oui

8.3.2.1. ☐ Modalités de la remise pertinentes aux fins de l'exécution, si elles ne sont pas déjà indiquées au point 8.1 [par exemple : à qui, quel(s) enfant(s), remise à intervalles réguliers ou unique]

....

9. LA DÉCISION ORDONNE UNE (OU DES) MESURE(S) PROVISOIRE(S) OU CONSERVATOIRE(S) *

9.1. ☐ Non

9.2. ☐ Oui

9.2.1. Description de la (ou des) mesure(s) ordonnée(s) *[Veuillez recopier la partie pertinente de la décision]*

....

10. LA DÉCISION EST SUSCEPTIBLE DE RECOURS EN VERTU DE LA LOI DE L'ÉTAT MEMBRE D'ORIGINE *

10.1. ☐ Non

10.2. ☐ Oui

11. LA DÉCISION EST EXÉCUTOIRE DANS L'ÉTAT MEMBRE D'ORIGINE *

11.1. ☐ En ce qui concerne le droit de garde mentionné au point 6

11.1.1. ☐ Non

11.1.1.1. ☐ La décision ne comporte pas d'obligation exécutoire (le cas échéant).

11.1.2. ☐ Oui, sans aucune restriction [veuillez indiquer la date (jj/mm/aaaa) à laquelle la décision est devenue exécutoire] : .../.../......

11.1.3. ☐ Oui, mais seulement contre la partie *[Si plusieurs parties sont concernées, veuillez joindre une feuille supplémentaire]* mentionnée au point .... (veuillez compléter)

11.1.3.1. Veuillez indiquer la date (jj/mm/aaaa) à laquelle la décision est devenue exécutoire contre cette partie : .../.../......

11.1.4. ☐ Oui, mais uniquement pour ce qui concerne la (ou les) partie(s) suivante(s) de la décision (veuillez préciser) ....

11.1.4.1. Veuillez indiquer la date (jj/mm/aaaa) à laquelle cette (ou ces) partie(s) de la décision est (ou sont) devenue(s) exécutoire(s) : .../.../......

11.2. ☐ En ce qui concerne le droit de visite mentionné au point 7

11.2.1. ☐ Non

11.2.1.1. ☐ La décision ne comporte pas d'obligation exécutoire (le cas échéant).

11.2.2. ☐ Oui, sans aucune restriction [veuillez indiquer la date (jj/mm/aaaa) à laquelle la décision est devenue exécutoire] : .../.../......

11.2.3. ☐ Oui, mais seulement contre la partie *[Si plusieurs parties sont concernées, veuillez joindre une feuille supplémentaire]* mentionnée au point .... (veuillez compléter)

11.2.3.1. Veuillez indiquer la date (jj/mm/aaaa) à laquelle la décision est devenue exécutoire contre cette partie : .../.../......

11.2.4. ☐ Oui, mais uniquement pour ce qui concerne la (ou les) partie(s) suivante(s) de la décision (veuillez préciser) ....

11.2.4.1. Veuillez indiquer la date (jj/mm/aaaa) à laquelle cette (ou ces) partie(s) de la décision est (ou sont) devenue(s) exécutoire(s) : .../.../......

11.3. ☐ En ce qui concerne les autres droits en matière de responsabilité parentale mentionnés au point 8

11.3.1. ☐ Non

11.3.1.1. ☐ La décision ne comporte pas d'obligation exécutoire (le cas échéant).

11.3.2. ☐ Oui, sans aucune restriction [veuillez indiquer la date (jj/mm/aaaa) à laquelle la décision est devenue exécutoire] : .../.../......

11.3.3. ☐ Oui, mais seulement contre la partie *[Si plusieurs parties sont concernées, veuillez joindre une feuille supplémentaire]* mentionnée au point .... (veuillez compléter)

11.3.3.1. Veuillez indiquer la date (jj/mm/aaaa) à laquelle la décision est devenue exécutoire contre cette partie : .../.../......

11.3.4. ☐ Oui, mais uniquement pour ce qui concerne la (ou les) partie(s) suivante(s) de la décision (veuillez préciser) ....

11.3.4.1. Veuillez indiquer la date (jj/mm/aaaa) à laquelle cette (ou ces) partie(s) de la décision est (ou sont) devenue(s) exécutoire(s) : .../.../......

12. À LA DATE DE LA DÉLIVRANCE DU PRÉSENT CERTIFICAT, LA DÉCISION A ÉTÉ NOTIFIÉE OU SIGNIFIÉE À LA (OU AUX) PARTIE(S) *[Si plus de deux parties sont concernées, veuillez joindre une feuille supplémentaire]* CONTRE LAQUELLE (OU LESQUELLES) L'EXÉCUTION EST DEMANDÉE

12.1. À la partie mentionnée au point .... (veuillez compléter)

12.1.1. ☐ Non

12.1.2. ☐ Situation inconnue de la juridiction

12.1.3. ☐ Oui

12.1.3.1. Date de signification ou de notification (jj/mm/aaaa)

12.1.3.2. La décision a été signifiée ou notifiée dans la (ou les) langue(s) suivante(s) :

BG	ES	CS	DE	ET	EL	EN	FR
GA	HR	IT	LV	LT	HU	MT	NL
PL	PT	RO	SK	SL	FI	SV	

12.2. À la partie mentionnée au point .... (veuillez compléter)

12.2.1. ☐ Non

12.2.2. ☐ Situation inconnue de la juridiction

12.2.3. ☐ Oui

12.2.3.1. Date de signification ou de notification (jj/mm/aaaa)

12.2.3.2. La décision a été signifiée ou notifiée dans la (ou les) langue(s) suivante(s) :

BG	ES	CS	DE	ET	EL	EN	FR
GA	HR	IT	LV	LT	HU	MT	NL
PL	PT	RO	SK	SL	FI	SV	

13. LA DÉCISION A ÉTÉ RENDUE PAR DÉFAUT *

13.1. ☐ Non

13.2. ☐ Oui

13.2.1. Partie(s) défaillante(s) *[Si plusieurs parties sont concernées, veuillez joindre une feuille supplémentaire]* mentionnée(s) au point .... (veuillez compléter)

13.2.2. L'acte introductif d'instance ou un acte équivalent a été signifié ou notifié à cette partie.

13.2.2.1. ☐ Non

13.2.2.2. ☐ Situation inconnue de la juridiction

13.2.2.3. ☐ Oui

13.2.2.3.1. Date de signification ou de notification (jj/mm/aaaa)

14. L'ENFANT (OU LES ENFANTS) *[Si plus de trois enfants sont concernés, veuillez joindre une feuille supplémentaire]* MENTIONNÉ(S) AU POINT 5 ÉTAI(EN)T CAPABLE(S) DE DISCERNEMENT *

14.1. ☐ Enfant mentionné au point 5.1

14.1.1. ☐ Oui (dans ce cas, veuillez compléter le point 15)

14.1.2. ☐ Non

14.2. ☐ Enfant mentionné au point 5.2

14.2.1. ☐ Oui (dans ce cas, veuillez compléter le point 15)

14.2.2. ☐ Non

14.3. ☐ Enfant mentionné au point 5.3

14.3.1. ☐ Oui (dans ce cas, veuillez compléter le point 15)

14.3.2. ☐ Non

15. L'ENFANT (OU LES ENFANTS) CAPABLE(S) DE DISCERNEMENT MENTIONNÉ(S) AU POINT 14 S'EST (OU SE SONT) VU DONNER UNE POSSIBILITÉ RÉELLE ET EFFECTIVE D'EXPRIMER SON OPINION (OU LEUR OPINION) CONFORMÉMENT À L'ARTICLE 21 DU RÈGLEMENT

15.1. ☐ Enfant mentionné au point 5.1

15.1.1. ☐ Oui

15.1.2. ☐ Non, pour les motifs suivants : ....

15.2. ☐ Enfant mentionné au point 5.2

15.2.1. ☐ Oui

15.2.2. ☐ Non, pour les motifs suivants : ....

15.3. ☐ Enfant mentionné au point 5.3

15.3.1. ☐ Oui

15.3.2. ☐ Non, pour les motifs suivants : ....

16. NOM DE LA PARTIE (OU DES PARTIES) *[Si plus de deux parties sont concernées, veuillez joindre une feuille supplémentaire]* AYANT BÉNÉFICIÉ D'UNE ASSISTANCE JUDICIAIRE CONFORMÉMENT À L'ARTICLE 74, PARAGRAPHE 1, DU RÈGLEMENT

16.1. Partie(s)

16.1.1. ☐ mentionnée au point .... (veuillez compléter)

16.1.2. ☐ mentionnée au point .... (veuillez compléter)

17. FRAIS ET DÉPENS DE LA PROCÉDURE *[Ce point couvre également les situations dans lesquelles les frais et dépens font l'objet d'une décision distincte. Le simple fait que le montant des frais et dépens n'ait pas encore été fixé ne devrait pas empêcher la juridiction de délivrer le certificat si une partie décide de demander la reconnaissance ou l'exécution de la partie de la décision relative au fond]*

17.1. ☐ La décision couvre également des questions matrimoniales, et les informations sur les frais relatifs à la procédure au titre du présent règlement sont uniquement fournies dans ce certificat.

17.2. ☐ La décision prévoit que *[Si plusieurs parties ont été condamnées aux dépens, veuillez joindre une feuille supplémentaire]*

.... [nom(s)]

.... [prénom(s)]

doit payer à

.... [nom(s)]

.... [prénom(s)]

la somme de ....

euros (EUR)	levs bulgares (BGN)	kunas croates (HRK)
couronnes tchèques (CZK)	forints hongrois (HUF)	zlotys polonais (PLN)
livres sterling (GBP)	leus roumains (RON)	couronnes suédoises (SEK)
autre [préciser (code ISO)] :		

17.3. Toute information complémentaire susceptible d'être utile (par exemple le montant ou le pourcentage fixé ; les intérêts fixés ; les dépens partagés ; si plusieurs parties ont été condamnées aux dépens, le fait que le montant puisse ou non être recouvré dans son intégralité auprès de l'une d'entre elles) : ....

Fait à ..., le ... (jj/mm/aaaa)
Signature et/ou cachet

ANNEXE IV

Certificat concernant les décisions ordonnant le retour d'un enfant dans un autre État membre en application de la convention de La Haye de 1980 [Conv. de La Haye du 25 oct. 1980 sur les aspects civils de l'enlèvement international d'enfants (ci-après dénommée « convention de La Haye de 1980 »)] et toute mesure provisoire ou conservatoire d'accompagnement prise conformément à l'article 27, paragraphe 5 du règlement

[Article 36, paragraphe 1, point c), du règlement (UE) 2019/1111 du Conseil – Règl. (UE) 2019/1111 du Conseil du 25 juin 2019 relatif à la compétence, la reconnaissance et l'exécution des décisions en matière matrimoniale et en matière de responsabilité parentale, ainsi qu'à l'enlèvement international d'enfants (JO L 178 du 2 juill. 2019, p. 1) (ci-après dénommé « règlement »)]

IMPORTANT

Certificat devant être délivré, à la demande d'une partie, par la juridiction d'un État membre d'origine d'une décision ordonnant le retour notifiée à la Commission en vertu de l'article 103 du règlement, lorsque la décision ordonnant le retour doit être exécutée dans un autre État membre en raison d'un nouvel enlèvement de l'enfant (ou des enfants) après que le retour a été ordonné, ou lorsque la décision ordonnant le retour comporte une mesure provisoire ou conservatoire prise en vertu de l'article 27, paragraphe 5, du règlement afin de protéger l'enfant contre le risque grave visé à l'article 13, premier alinéa, point b), de la convention de La Haye de 1980.

1. ÉTAT MEMBRE D'ORIGINE DE LA DÉCISION ORDONNANT LE RETOUR DE L'ENFANT (OU DES ENFANTS) * *[Les champs marqués d'un astérisque (*) sont obligatoires]*

Belgique (BE)	Bulgarie (BG)	République tchèque (CZ)	Allemagne (DE)
Estonie (EE)	Irlande (IE)	Grèce (EL)	Espagne (ES)
France (FR)	Croatie (HR)	Italie (IT)	Chypre (CY)
Lettonie (LV)	Lituanie (LT)	Luxembourg (LU)	Hongrie (HU)
Malte (MT)	Pays-Bas (NL)	Autriche (AT)	Pologne (PL)
Portugal (PT)	Roumanie (RO)	Slovénie (SI)	Slovaquie (SK)
Finlande (FI)	Suède (SE)	Royaume-Uni (UK)	

2. JURIDICTION DÉLIVRANT LE CERTIFICAT *
2.1. Nom *
2.2. Adresse *
2.3. Téléphone/Télécopie/Adresse électronique *
3. JURIDICTION QUI A RENDU LA DÉCISION (si différente)
3.1. Nom

3.2. Adresse
4. DÉCISION *
4.1. Date (jj/mm/aaaa) *
4.2. Numéro de référence *
5. ENFANT(S) *[Si plus de trois enfants sont concernés, veuillez joindre une feuille supplémentaire]* DEVANT FAIRE L'OBJET D'UN RETOUR CONFORMÉMENT À LA DÉCISION *
5.1. Enfant 1 *
5.1.1. Nom(s) *
5.1.2. Prénom(s) *
5.1.3. Date de naissance (jj/mm/aaaa) *
5.1.4. Lieu de naissance (si cette donnée est disponible)
5.1.5. Numéro d'identité ou numéro de sécurité sociale (le cas échéant et si cette donnée est disponible)
5.2. Enfant 2
5.2.1. Nom(s)
5.2.2. Prénom(s)
5.2.3. Date de naissance (jj/mm/aaaa)
5.2.4. Lieu de naissance (si cette donnée est disponible)
5.2.5. Numéro d'identité ou numéro de sécurité sociale (le cas échéant et si cette donnée est disponible)
5.3. Enfant 3
5.3.1. Nom(s)
5.3.2. Prénom(s)
5.3.3. Date de naissance (jj/mm/aaaa)
5.3.4. Lieu de naissance (si cette donnée est disponible)
5.3.5. Numéro d'identité ou numéro de sécurité sociale (le cas échéant et si cette donnée est disponible)
6. ÉTAT MEMBRE VERS LEQUEL LE RETOUR DE L'ENFANT (OU DES ENFANTS) DEVRAIT ÊTRE EFFECTUÉ CONFORMÉMENT À LA DÉCISION *

Belgique (BE)	**Bulgarie (BG)**	**République tchèque (CZ)**	**Allemagne (DE)**
Estonie (EE)	Irlande (IE)	Grèce (EL)	Espagne (ES)
France (FR)	Croatie (HR)	Italie (IT)	Chypre (CY)
Lettonie (LV)	Lituanie (LT)	Luxembourg (LU)	Hongrie (HU)
Malte (MT)	Pays-Bas (NL)	Autriche (AT)	Pologne (PL)
Portugal (PT)	Roumanie (RO)	Slovénie (SI)	Slovaquie (SK)
Finlande (FI)	Suède (SE)	Royaume-Uni (UK)	

7. SI, ET DANS LA MESURE OÙ, LA DÉCISION LE PRÉVOIT, L'ENFANT (OU LES ENFANTS) DOI(VEN)T ÊTRE REMIS À *[Si plus de deux parties sont concernées, veuillez joindre une feuille supplémentaire]*
7.1. Partie 1
7.1.1. □ Personne physique
7.1.1.1. Nom(s)
7.1.1.2. Prénom(s)
7.1.1.3. Date de naissance (jj/mm/aaaa)
7.1.1.4. Lieu de naissance (si cette donnée est disponible)
7.1.1.5. Numéro d'identité ou numéro de sécurité sociale (le cas échéant et si cette donnée est disponible)
7.1.1.6. Adresse (si cette donnée est disponible)
7.1.1.6.1. telle qu'elle est indiquée dans la décision ……………………………………
7.1.1.6.2. toute information complémentaire (concernant par exemple une autre adresse actuelle) ……………………………………
7.1.2. □ Personne morale, institution ou autre organisme
7.1.2.1. Nom complet
7.1.2.2. Numéro d'identification (le cas échéant et si cette donnée est disponible)

7.1.2.3. Adresse (si cette donnée est disponible)
7.2. Partie 2
7.2.1. ☐ Personne physique
7.2.1.1. Nom(s)
7.2.1.2. Prénom(s)
7.2.1.3. Date de naissance (jj/mm/aaaa)
7.2.1.4. Lieu de naissance (si cette donnée est disponible)
7.2.1.5. Numéro d'identité ou numéro de sécurité sociale (le cas échéant et si cette donnée est disponible)
7.2.1.6. Adresse (si cette donnée est disponible)
7.2.1.6.1. telle qu'elle est indiquée dans la décision ....
7.2.1.6.2. toute information complémentaire (concernant par exemple une autre adresse actuelle) ....
7.2.2. ☐ Personne morale, institution ou autre organisme
7.2.2.1. Nom complet
7.2.2.2. Numéro d'identification (le cas échéant et si cette donnée est disponible)
7.2.2.3. Adresse (si cette donnée est disponible)
8. MODALITÉS PRATIQUES DU RETOUR (SI, ET DANS LA MESURE OÙ, LA DÉCISION LES PRÉVOIT) *[Veuillez recopier la partie pertinente de la décision]*
....
9. LA DÉCISION COMPORTE UNE (OU DES) MESURE(S) PROVISOIRE(S) OU CONSERVATOIRE(S) PRISE(S) EN VERTU DE L'ARTICLE 27, PARAGRAPHE 5, DU RÈGLEMENT AFIN DE PROTÉGER L'ENFANT CONTRE LE RISQUE GRAVE VISÉ À L'ARTICLE 13, PREMIER ALINÉA, POINT B), DE LA CONVENTION DE LA HAYE DE 1980 *
9.1. ☐ Non
9.2. ☐ Oui
9.2.1. Description de la (ou des) mesure(s) ordonnée(s) *[Veuillez recopier la partie pertinente de la décision]*
....
10. PARTIE *[Si plusieurs parties sont concernées, veuillez joindre une feuille supplémentaire]* CONTRE LAQUELLE L'EXÉCUTION EST DEMANDÉE *
10.1. Nom(s) *
10.2. Prénom(s) *
10.3. Date de naissance (jj/mm/aaaa) *
10.4. Lieu de naissance (si cette donnée est disponible)
10.5. Numéro d'identité ou numéro de sécurité sociale (le cas échéant et si cette donnée est disponible)
10.6. Adresse (si cette donnée est disponible)
10.6.1. telle qu'elle est indiquée dans la décision ....
10.6.2. toute information complémentaire (concernant par exemple une autre adresse actuelle) .
11. LA DÉCISION EST SUSCEPTIBLE DE RECOURS EN VERTU DE LA LOI DE L'ÉTAT MEMBRE D'ORIGINE *
11.1. ☐ Non
11.2. ☐ Oui
12. LA DÉCISION EST EXÉCUTOIRE DANS L'ÉTAT MEMBRE D'ORIGINE *
12.1. ☐ Non
12.2. ☐ Oui, sans aucune restriction [veuillez indiquer la date (jj/mm/aaaa) à laquelle la décision est devenue exécutoire] : .../.../......
12.3. ☐ Oui, mais seulement contre la partie *[Si plusieurs parties sont concernées, veuillez joindre une feuille supplémentaire]* mentionnée au point ... (veuillez compléter)
12.3.1. Veuillez indiquer la date (jj/mm/aaaa) à laquelle la décision est devenue exécutoire contre cette partie : .../.../......
13. À LA DATE DE LA DÉLIVRANCE DU PRÉSENT CERTIFICAT, LA DÉCISION A ÉTÉ NOTIFIÉE OU SIGNIFIÉE À LA (OU AUX) PARTIE(S) *[Si plusieurs parties sont concernées, veuillez joindre une feuille supplémentaire]* CONTRE LAQUELLE (OU LESQUELLES) L'EXÉCUTION EST DEMANDÉE, MENTIONNÉE(S) AU POINT 10 *
13.1. ☐ Non
13.2. ☐ Situation inconnue de la juridiction
13.3. ☐ Oui
13.3.1. Date de signification ou de notification (jj/mm/aaaa)
13.3.2. La décision a été signifiée ou notifiée dans la (ou les) langue(s) suivante(s) :

TRANCHES D'ASSIETTE	TAUX APPLICABLE
De 0 à 125 €	11,61 %
De 125 € à 610 €	10,64 %
De 610 € à 1 525 €	10,16 %
De 1 525 € à 52 400 €	3,87 %
Plus de 52 400 €	2,98 %

14. LA DÉCISION A ÉTÉ RENDUE PAR DÉFAUT *

14.1. ☐ Non

14.2. ☐ Oui

14.2.1. Partie défaillante mentionnée au point ... (veuillez compléter)

14.2.2. L'acte introductif d'instance ou un acte équivalent a été signifié ou notifié à cette partie.

14.2.2.1. ☐ Non

14.2.2.2. ☐ Situation inconnue de la juridiction

14.2.2.3. ☐ Oui

14.2.2.3.1. Date de signification ou de notification (jj/mm/aaaa)

15. L'ENFANT (OU LES ENFANTS) *[Si plus de trois enfants sont concernés, veuillez joindre une feuille supplémentaire]* MENTIONNÉ(S) AU POINT 5 ÉTAI(EN)T CAPABLE(S) DE DISCERNEMENT *

15.1. ☐ Enfant mentionné au point 5.1.

15.1.1. ☐ Oui (dans ce cas, veuillez compléter le point 16)

15.1.2. ☐ Non

15.2. ☐ Enfant mentionné au point 5.2.

15.2.1. ☐ Oui (dans ce cas, veuillez compléter le point 16)

15.2.2. ☐ Non

15.3. ☐ Enfant mentionné au point 5.3.

15.3.1. ☐ Oui (dans ce cas, veuillez compléter le point 16)

15.3.2. ☐ Non

16. L'ENFANT (OU LES ENFANTS) *[Si plus de trois enfants sont concernés, veuillez joindre une feuille supplémentaire]* CAPABLE(S) DE DISCERNEMENT MENTIONNÉ(S) AU POINT 15 S'EST (OU SE SONT) VU DONNER UNE POSSIBILITÉ RÉELLE ET EFFECTIVE D'EXPRIMER SON OPINION (OU LEUR OPINION) CONFORMÉMENT À L'ARTICLE 21 DU RÈGLEMENT

16.1. ☐ Enfant mentionné au point 5.1

16.1.1. ☐ Oui

16.1.2. ☐ Non, pour les motifs suivants : ....

16.2. ☐ Enfant mentionné au point 5.2

16.2.1. ☐ Oui

16.2.2. ☐ Non, pour les motifs suivants : ....

16.3. ☐ Enfant mentionné au point 5.3

16.3.1. ☐ Oui

16.3.2. ☐ Non, pour les motifs suivants : ....

17. NOM DE LA PARTIE (OU DES PARTIES) *[Si plus de deux parties sont concernées, veuillez joindre une feuille supplémentaire]* AYANT BÉNÉFICIÉ D'UNE ASSISTANCE JUDICIAIRE CONFORMÉMENT À L'ARTICLE 74, PARAGRAPHE 1, DU RÈGLEMENT

17.1. Partie(s)

17.1.1. ☐ mentionnée au point ... (veuillez compléter)

17.1.2. ☐ mentionnée au point ... (veuillez compléter)

18. FRAIS ET DÉPENS DE LA PROCÉDURE *[Ce point couvre également les situations dans lesquelles les frais et dépens font l'objet d'une décision distincte. Le simple fait que le montant des frais et dépens n'ait pas encore été fixé ne devrait pas empêcher la juridiction de délivrer le certificat si une partie décide de demander la reconnaissance ou l'exécution de la partie de la décision relative au fond]*

18.1. La décision prévoit que *[Si plusieurs parties ont été condamnées aux dépens, veuillez joindre une feuille supplémentaire]*

.... [nom(s)]

.... [prénom(s)]

doit payer à

.... [nom(s)]

.... [prénom(s)] la somme de .... euros (EUR)

euros (EUR)	**levs bulgares (BGN)**	**kunas croates (HRK)**
couronnes tchèques (CZK)	forints hongrois (HUF)	zlotys polonais (PLN)
livres sterling (GBP)	leus roumains (RON)	couronnes suédoises (SEK)
autre [préciser (code ISO)] :		

18.2. Toute information complémentaire sur les frais et dépens susceptible d'être utile (par exemple le montant ou le pourcentage fixé ; les intérêts fixés ; les dépens partagés ; si plusieurs parties ont été condamnées aux dépens, le fait que le montant puisse ou non être recouvré dans son intégralité auprès de l'une d'entre elles) : ....

Si des pages supplémentaires ont été ajoutées, veuillez indiquer leur nombre : ...

Fait à ..., le ... (jj/mm/aaaa)

Signature et/ou cachet

ANNEXE V

Certificat concernant certaines décisions accordant un droit de visite

[Article 42, paragraphe 1, point a), et article 47, paragraphe 1, point a), du règlement (UE) 2019/1111 du Conseil - Règl. (UE) 2019/1111 du Conseil du 25 juin 2019 relatif à la compétence, la reconnaissance et l'exécution des décisions en matière matrimoniale et en matière de responsabilité parentale, ainsi qu'à l'enlèvement international d'enfants (JO L 178 du 2 juill. 2019, p. 1) (ci-après dénommé « règlement »)]

IMPORTANT

Certificat devant être délivré, à la demande d'une partie, par la juridiction qui a rendu la décision, uniquement si les conditions prévues à l'article 47, paragraphe 3, du règlement, énoncées aux points 11 à 14, sont réunies. Dans le cas contraire, il convient d'utiliser l'annexe III du règlement.

1. ÉTAT MEMBRE D'ORIGINE * *[Les champs marqués d'un astérisque (*) sont obligatoires]*

Belgique (BE)	**Bulgarie (BG)**	**République tchèque (CZ)**	**Allemagne (DE)**
Estonie (EE)	Irlande (IE)	Grèce (EL)	Espagne (ES)
France (FR)	Croatie (HR)	Italie (IT)	Chypre (CY)
Lettonie (LV)	Lituanie (LT)	Luxembourg (LU)	Hongrie (HU)
Malte (MT)	Pays-Bas (NL)	Autriche (AT)	Pologne (PL)
Portugal (PT)	Roumanie (RO)	Slovénie (SI)	Slovaquie (SK)
Finlande (FI)	Suède (SE)	Royaume-Uni (UK)	

2. JURIDICTION QUI A RENDU LA DÉCISION ET DÉLIVRE LE CERTIFICAT *

2.1. Nom *

2.2. Adresse *

2.3. Téléphone/Télécopie/Adresse électronique *

3. DÉCISION *

3.1. Date (jj/mm/aaaa) *

3.2. Numéro de référence *

4. ENFANT(S) *[Si plus de trois enfants sont concernés, veuillez joindre une feuille supplémentaire]* CONCERNÉ(S) PAR LA DÉCISION *

4.1. Enfant 1 *

4.1.1. Nom(s) *

4.1.2. Prénom(s) *

4.1.3. Date de naissance (jj/mm/aaaa) *
4.1.4. Lieu de naissance (si cette donnée est disponible)
4.1.5. Numéro d'identité ou numéro de sécurité sociale (le cas échéant et si cette donnée est disponible)
4.2. Enfant 2
4.2.1. Nom(s)
4.2.2. Prénom(s)
4.2.3. Date de naissance (jj/mm/aaaa)
4.2.4. Lieu de naissance (si cette donnée est disponible)
4.2.5. Numéro d'identité ou numéro de sécurité sociale (le cas échéant et si cette donnée est disponible)
4.3. Enfant 3
4.3.1. Nom(s)
4.3.2. Prénom(s)
4.3.3. Date de naissance (jj/mm/aaaa)
4.3.4. Lieu de naissance (si cette donnée est disponible)
4.3.5. Numéro d'identité ou numéro de sécurité sociale (le cas échéant et si cette donnée est disponible)

5. PARTIE(S) *[Si plus de deux parties se sont vu accorder un droit de visite, veuillez joindre une feuille supplémentaire]* À LAQUELLE (OU AUXQUELLES) UN DROIT DE VISITE A ÉTÉ ACCORDÉ *
5.1. Partie 1 *
5.1.1. Nom(s) *
5.1.2. Prénom(s) *
5.1.3. Date de naissance (jj/mm/aaaa) *
5.1.4. Lieu de naissance (si cette donnée est disponible)
5.1.5. Numéro d'identité ou numéro de sécurité sociale (le cas échéant et si cette donnée est disponible)
5.1.6. Adresse (si cette donnée est disponible)
5.1.6.1. telle qu'elle est indiquée dans la décision ....
5.1.6.2. toute information complémentaire (concernant par exemple une autre adresse actuelle) ....
5.2. Partie 2
5.2.1. Nom(s)
5.2.2. Prénom(s)
5.2.3. Date de naissance (jj/mm/aaaa)
5.2.4. Lieu de naissance (si cette donnée est disponible)
5.2.5. Numéro d'identité ou numéro de sécurité sociale (le cas échéant et si cette donnée est disponible)
5.2.6. Adresse (si cette donnée est disponible)
5.2.6.1. telle qu'elle est indiquée dans la décision ....
5.2.6.2. toute information complémentaire (concernant par exemple une autre adresse actuelle) ....

6. DROIT DE VISITE ACCORDÉ CONFORMÉMENT À LA DÉCISION ET MODALITÉS PRATIQUES DE SON EXERCICE (DANS LA MESURE ÉNONCÉE DANS LA DÉCISION) *[Veuillez recopier la partie pertinente de la décision]*
....

7. PARTIE(S) *[Si l'exécution est demandée contre plus de deux parties, veuillez joindre une feuille supplémentaire]* CONTRE LAQUELLE (OU LESQUELLES) L'EXÉCUTION EST DEMANDÉE *
7.1. Partie 1 *
7.1.1. ☐ Personne physique
7.1.1.1. Nom(s)
7.1.1.2. Prénom(s)
7.1.1.3. Date de naissance (jj/mm/aaaa)
7.1.1.4. Lieu de naissance (si cette donnée est disponible)
7.1.1.5. Numéro d'identité ou numéro de sécurité sociale (le cas échéant et si cette donnée est disponible)
7.1.1.6. Adresse (si cette donnée est disponible)
7.1.1.6.1. telle qu'elle est indiquée dans la décision ....
7.1.1.6.2. toute information complémentaire (concernant par exemple une autre adresse actuelle) ....
7.1.2. ☐ Personne morale, institution ou autre organisme
7.1.2.1. Nom complet
7.1.2.2. Numéro d'identification (le cas échéant et si cette donnée est disponible)

7.1.2.3. Adresse (si cette donnée est disponible)

7.2. Partie 2

7.2.1. ☐ Personne physique

7.2.1.1. Nom(s)

7.2.1.2. Prénom(s)

7.2.1.3. Date de naissance (jj/mm/aaaa)

7.2.1.4. Lieu de naissance (si cette donnée est disponible)

7.2.1.5. Numéro d'identité ou numéro de sécurité sociale (le cas échéant et si cette donnée est disponible)

7.2.1.6. Adresse (si cette donnée est disponible)

7.2.1.6.1. telle qu'elle est indiquée dans la décision ....

7.2.1.6.2. toute information complémentaire (concernant par exemple une autre adresse actuelle) ....

7.2.2. ☐ Personne morale, institution ou autre organisme

7.2.2.1. Nom complet

7.2.2.2. Numéro d'identification (le cas échéant et si cette donnée est disponible)

7.2.2.3. Adresse (si cette donnée est disponible)

8. LA DÉCISION EST SUSCEPTIBLE DE RECOURS EN VERTU DE LA LOI DE L'ÉTAT MEMBRE D'ORIGINE *

8.1. ☐ Non

8.2. ☐ Oui

9. LA DÉCISION EST EXÉCUTOIRE DANS L'ÉTAT MEMBRE D'ORIGINE *

9.1. ☐ Non

9.2. ☐ Oui, sans aucune restriction [veuillez indiquer la date (jj/mm/aaaa) à laquelle la décision est devenue exécutoire] : .../.../......

9.3. ☐ Oui, mais seulement contre la partie *[Si plusieurs parties sont concernées, veuillez joindre une feuille supplémentaire]* mentionnée au point ... (veuillez compléter)

9.3.1. Veuillez indiquer la date (jj/mm/aaaa) à laquelle la décision est devenue exécutoire contre cette partie : .../.../......

9.4. ☐ Oui, mais uniquement pour ce qui concerne la (ou les) partie(s) suivante(s) de la décision (veuillez préciser)..

9.4.1. Veuillez indiquer la date (jj/mm/aaaa) à laquelle cette (ou ces) partie(s) de la décision est (ou sont) devenue(s) exécutoire(s) : .../.../......

10. À LA DATE DE LA DÉLIVRANCE DU CERTIFICAT, LA DÉCISION A ÉTÉ NOTIFIÉE OU SIGNIFIÉE À LA (OU AUX) PARTIE(S) *[Si plus de deux parties sont concernées, veuillez joindre une feuille supplémentaire]* CONTRE LAQUELLE (OU LESQUELLES) L'EXÉCUTION EST DEMANDÉE *

10.1. À la partie mentionnée au point 7.1 *

10.1.1. ☐ Non

10.1.2. ☐ Situation inconnue de la juridiction

10.1.3. ☐ Oui

10.1.3.1. Date de signification ou de notification (jj/mm/aaaa)

10.1.3.2. La décision a été signifiée ou notifiée dans la (ou les) langue(s) suivante(s) :

TRANCHES D'ASSIETTE	TAUX APPLICABLE
De 0 à 125 €	11,61 %
De 125 € à 610 €	10,64 %
De 610 € à 1 525 €	10,16 %
De 1 525 € à 52 400 €	3,87 %
Plus de 52 400 €	2,98 %

10.2. À la partie mentionnée au point 7.2

10.2.1. ☐ Non

10.2.2. ☐ Situation inconnue de la juridiction

10.2.3. ☐ Oui

10.2.3.1. Date de signification ou de notification (jj/mm/aaaa)

10.2.3.2. La décision a été signifiée ou notifiée dans la (ou les) langue(s) suivante(s) :

TRANCHES D'ASSIETTE	TAUX APPLICABLE
De 0 à 125 €	11,61 %
De 125 € à 610 €	10,64 %
De 610 € à 1 525 €	10,16 %
De 1 525 € à 52 400 €	3,87 %
Plus de 52 400 €	2,98 %

11. TOUTES LES PARTIES CONCERNÉES ONT EU LA POSSIBILITÉ D'ÊTRE ENTENDUES *

11.1. ☐ Oui (dans le cas contraire, il convient d'utiliser l'annexe III du règlement)

12. L'ENFANT (OU LES ENFANTS) *[Si plus de trois enfants sont concernés, veuillez joindre une feuille supplémentaire]* MENTIONNÉ(S) AU POINT 4 ÉTAI(EN)T CAPABLE(S) DE DISCERNEMENT *

12.1. ☐ Enfant mentionné au point 4.1

12.1.1. ☐ Oui (dans ce cas, veuillez compléter le point 13)

12.1.2. ☐ Non

12.2. Enfant mentionné au point 4.2

12.2.1. ☐ Oui (dans ce cas, veuillez compléter le point 13)

12.2.2. ☐ Non

12.3. ☐ Enfant mentionné au point 4.3

12.3.1. ☐ Oui (dans ce cas, veuillez compléter le point 13)

12.3.2. ☐ Non

13. L'ENFANT (OU LES ENFANTS) CAPABLE(S) DE DISCERNEMENT MENTIONNÉ(S) AU POINT 12 S'EST (OU SE SONT) VU DONNER UNE POSSIBILITÉ RÉELLE ET EFFECTIVE D'EXPRIMER SON OPINION (OU LEUR OPINION) CONFORMÉMENT À L'ARTICLE 21 DU RÈGLEMENT

13.1. ☐ Enfant mentionné au point 4.1

13.1.1. ☐ Oui (dans le cas contraire, il convient d'utiliser l'annexe III du règlement)

13.2. ☐ Enfant mentionné au point 4.2

13.2.1. ☐ Oui (dans le cas contraire, il convient d'utiliser l'annexe III du règlement)

13.3. ☐ Enfant mentionné au point 4.3

13.3.1. ☐ Oui (dans le cas contraire, il convient d'utiliser l'annexe III du règlement)

14. LA DÉCISION A ÉTÉ RENDUE PAR DÉFAUT *

14.1. ☐ Non

14.2. ☐ Oui

14.2.1. Partie *[Si plusieurs parties sont concernées, veuillez joindre une feuille supplémentaire]* défaillante mentionnée au point ... (veuillez compléter)

14.2.2. L'acte introductif d'instance ou un acte équivalent a été signifié ou notifié à cette (ou ces) partie(s) en temps utile et de telle manière que celle(s)-ci puisse(nt) pourvoir à sa (ou leur) défense.

14.2.2.1. ☐ Oui

14.2.2.1.1. Date de signification ou de notification (jj/mm/aaaa)

14.2.2.2. ☐ Non, mais la partie défaillante a toutefois accepté la décision de manière non équivoque (dans le cas contraire, il convient d'utiliser l'annexe III du règlement).

15. NOM DE LA PARTIE (OU DES PARTIES) *[Si plus de deux parties sont concernées, veuillez joindre une feuille supplémentaire]* AYANT BÉNÉFICIÉ D'UNE ASSISTANCE JUDICIAIRE CONFORMÉMENT À L'ARTICLE 74, PARAGRAPHE 1, DU RÈGLEMENT

15.1. Partie(s)

15.1.1. ☐ mentionnée au point ... (veuillez compléter)

15.1.2. ☐ mentionnée au point ... (veuillez compléter)

16. FRAIS ET DÉPENS DE LA PROCÉDURE *[Ce point couvre également les situations dans lesquelles les frais et dépens font l'objet d'une décision distincte. Le simple fait que le montant des frais et dépens n'ait pas encore été fixé ne devrait pas empêcher la juridiction de délivrer le certificat si une partie décide de demander la reconnaissance ou l'exécution de la partie de la décision relative au fond]*

16.1. ☐ La décision couvre également des questions matrimoniales, et les informations sur les frais relatifs à la procédure au titre du présent règlement sont uniquement fournies dans le certificat concernant les décisions en matière matrimoniale.

16.2. ☐ La décision couvre également d'autres questions de responsabilité parentale, et les informations sur les frais relatifs à la procédure au titre du présent règlement sont uniquement fournies dans le certificat concernant les décisions relatives à la responsabilité parentale.

16.3. La décision prévoit que *[Si plusieurs parties ont été condamnées aux dépens, veuillez joindre une feuille supplémentaire]*

....[nom(s)]

....[prénom(s)]

doit payer à

....[nom(s)]

....[prénom(s)]

la somme de ....

euros (EUR)	**levs bulgares (BGN)**	**kunas croates (HRK)**
couronnes tchèques (CZK)	forints hongrois (HUF)	zlotys polonais (PLN)
livres sterling (GBP)	leus roumains (RON)	couronnes suédoises (SEK)
autre [préciser (code ISO)] :		

16.4. Toute information complémentaire sur les frais et dépens susceptible d'être utile (par exemple le montant ou le pourcentage fixé ; les intérêts fixés ; les dépens partagés ; si plusieurs parties ont été condamnées aux dépens, le fait que le montant puisse ou non être recouvré dans son intégralité auprès de l'une d'entre elles) : ....

Si des pages supplémentaires ont été ajoutées, veuillez indiquer leur nombre : ...

Fait à ..., le ... (jj/mm/aaaa)

Signature et/ou cachet

ANNEXE VI

Certificats concernant certaines décisions au fond en matière de droit de garde rendues conformément à l'article 29, paragraphe 6 du règlement, et impliquant le retour de l'enfant

[Article 29, paragraphe 6, article 42, paragraphe 1, point b), et article 47, paragraphe 1, point b), du règlement (UE) 2019/1111 du Conseil - Règl. (UE) 2019/1111 du Conseil du 25 juin 2019 relatif à la compétence, la reconnaissance et l'exécution des décisions en matière matrimoniale et en matière de responsabilité parentale, ainsi qu'à l'enlèvement international d'enfants (JO L 178 du 2 juill. 2019, p. 1) (ci-après dénommé « règlement »).]

IMPORTANT

Certificat devant être délivré, à la demande d'une partie, par la juridiction qui a rendu la décision conformément à l'article 29, paragraphe 6, dans la mesure où cette décision implique le retour de l'enfant et uniquement si les conditions prévues à l'article 47, paragraphes 3 et 4, du règlement, énoncées aux points 11 à 15, sont réunies. Dans le cas contraire, il convient d'utiliser l'annexe III du règlement.

1. ÉTAT MEMBRE D'ORIGINE * *[Les champs marqués d'un astérisque (*) sont obligatoires]*

Belgique (BE)	**Bulgarie (BG)**	**République tchèque (CZ)**	**Allemagne (DE)**
Estonie (EE)	Irlande (IE)	Grèce (EL)	Espagne (ES)
France (FR)	Croatie (HR)	Italie (IT)	Chypre (CY)
Lettonie (LV)	Lituanie (LT)	Luxembourg (LU)	Hongrie (HU)
Malte (MT)	Pays-Bas (NL)	Autriche (AT)	Pologne (PL)
Portugal (PT)	Roumanie (RO)	Slovénie (SI)	Slovaquie (SK)
Finlande (FI)	Suède (SE)	Royaume-Uni (UK)	

2. JURIDICTION QUI A RENDU LA DÉCISION ET DÉLIVRE LE CERTIFICAT *
2.1. Nom *
2.2. Adresse *
2.3. Téléphone/Télécopie/Adresse électronique *
3. DÉCISION *
3.1. Date (jj/mm/aaaa) *
3.2. Numéro de référence *
4. ENFANT(S) *[Si plus de trois enfants sont concernés, veuillez joindre une feuille supplémentaire]* DEVANT FAIRE L'OBJET D'UN RETOUR CONFORMÉMENT À LA DÉCISION *
4.1. Enfant 1 *
4.1.1. Nom(s) *
4.1.2. Prénom(s) *
4.1.3. Date de naissance (jj/mm/aaaa) *
4.1.4. Lieu de naissance (si cette donnée est disponible)
4.1.5. Numéro d'identité ou numéro de sécurité sociale (le cas échéant et si cette donnée est disponible)
4.2. Enfant 2
4.2.1. Nom(s)
4.2.2. Prénom(s)
4.2.3. Date de naissance (jj/mm/aaaa)
4.2.4. Lieu de naissance (si cette donnée est disponible)
4.2.5. Numéro d'identité ou numéro de sécurité sociale (le cas échéant et si cette donnée est disponible)
4.3. Enfant 3
4.3.1. Nom(s)
4.3.2. Prénom(s)
4.3.3. Date de naissance (jj/mm/aaaa)
4.3.4. Lieu de naissance (si cette donnée est disponible)
4.3.5. Numéro d'identité ou numéro de sécurité sociale (le cas échéant et si cette donnée est disponible)
5. SI, ET DANS LA MESURE OÙ, LA DÉCISION LE PRÉVOIT, L'ENFANT (OU LES ENFANTS) DOI(VEN)T ÊTRE REMIS À *[Si plus de deux parties sont concernées, veuillez joindre une feuille supplémentaire]*
5.1. Partie 1 *
5.1.1. ☐ Personne physique
5.1.1.1. Nom(s)
5.1.1.2. Prénom(s)
5.1.1.3. Date de naissance (jj/mm/aaaa)
5.1.1.4. Lieu de naissance (si cette donnée est disponible)
5.1.1.5. Numéro d'identité ou numéro de sécurité sociale (le cas échéant et si cette donnée est disponible)
5.1.1.6. Adresse (si cette donnée est disponible)
5.1.1.6.1. telle qu'elle est indiquée dans la décision ....
5.1.1.6.2. toute information complémentaire (concernant par exemple une autre adresse actuelle) ....
5.1.2. Personne morale, institution ou autre organisme
5.1.2.1. Nom complet
5.1.2.2. Numéro d'identification (le cas échéant et si cette donnée est disponible)
5.1.2.3. Adresse (si cette donnée est disponible)
5.2. Partie 2
5.2.1. Personne physique
5.2.1.1. Nom(s)
5.2.1.2. Prénom(s)
5.2.1.3. Date de naissance (jj/mm/aaaa)
5.2.1.4. Lieu de naissance (si cette donnée est disponible)
5.2.1.5. Numéro d'identité ou numéro de sécurité sociale (le cas échéant et si cette donnée est disponible)
5.2.1.6. Adresse (si cette donnée est disponible)
5.2.1.6.1. telle qu'elle est indiquée dans la décision ....
5.2.1.6.2. toute information complémentaire (concernant par exemple une autre adresse actuelle) ....
5.2.2. Personne morale, institution ou autre organisme
5.2.2.1. Nom complet
5.2.2.2. Numéro d'identification (le cas échéant et si cette donnée est disponible)

5.2.2.3. Adresse (si cette donnée est disponible)

6. MODALITÉS PRATIQUES DU RETOUR (SI, ET DANS LA MESURE OÙ, LA DÉCISION LES PRÉVOIT) *[Veuillez recopier la partie pertinente de la décision]*

....

7. PARTIE *[Si plusieurs parties sont concernées, veuillez joindre une feuille supplémentaire]* CONTRE LAQUELLE L'EXÉCUTION EST DEMANDÉE *

7.1. Nom(s) *

7.2. Prénom(s) *

7.3. Date de naissance (jj/mm/aaaa)

7.4. Lieu de naissance (si cette donnée est disponible)

7.5. Numéro d'identité ou numéro de sécurité sociale (le cas échéant et si cette donnée est disponible)

7.6. Adresse (si cette donnée est disponible)

7.6.1. telle qu'elle est indiquée dans la décision ....

7.6.2. toute information complémentaire (concernant par exemple une autre adresse actuelle) ..

8. LA DÉCISION EST SUSCEPTIBLE DE RECOURS EN VERTU DE LA LOI DE L'ÉTAT MEMBRE D'ORIGINE *

8.1. Non

8.2. Oui

9. LA PARTIE DE LA DÉCISION IMPLIQUANT LE RETOUR DE L'ENFANT (OU DES ENFANTS) EST EXÉCUTOIRE DANS L'ÉTAT MEMBRE D'ORIGINE *

9.1. Non

9.2. Oui, sans aucune restriction [veuillez indiquer la date (jj/mm/aaaa) à laquelle la décision est devenue exécutoire] : .../.../.......

9.3. Oui, mais seulement contre la partie *[Si plusieurs parties sont concernées, veuillez joindre une feuille supplémentaire]* mentionnée au point ... (veuillez compléter) :

9.3.1. Veuillez indiquer la date (jj/mm/aaaa) à laquelle la décision est devenue exécutoire contre cette partie : .../.../.......

10. À LA DATE DE LA DÉLIVRANCE DU CERTIFICAT, LA DÉCISION A ÉTÉ NOTIFIÉE OU SIGNIFIÉE À LA PARTIE *[Si plusieurs parties sont concernées, veuillez joindre une feuille supplémentaire]* CONTRE LAQUELLE L'EXÉCUTION EST DEMANDÉE, MENTIONNÉE AU POINT 7 *

10.1. Non

10.2. Situation inconnue de la juridiction

10.3. Oui

10.3.1. Date de signification ou de notification (jj/mm/aaaa)

10.3.2. La décision a été signifiée ou notifiée dans la (ou les) langue(s) suivante(s) :

TRANCHES D'ASSIETTE	TAUX APPLICABLE
De 0 à 125 €	11,61 %
De 125 € à 610 €	10,64 %
De 610 € à 1 525 €	10,16 %
De 1 525 € à 52 400 €	3,87 %
Plus de 52 400 €	2,98 %

11. TOUTES LES PARTIES CONCERNÉES ONT EU LA POSSIBILITÉ D'ÊTRE ENTENDUES *

11.1. Oui (dans le cas contraire, il convient d'utiliser l'annexe III du règlement)

12. L'ENFANT (OU LES ENFANTS) *[Si plus de trois enfants sont concernés, veuillez joindre une feuille supplémentaire]* MENTIONNÉ(S) AU POINT 4 ÉTAI(EN)T CAPABLE(S) DE DISCERNEMENT *

12.1. Enfant mentionné au point 4.1

12.1.1. Oui (dans ce cas, veuillez compléter le point 13)

12.1.2. Non

12.2. Enfant mentionné au point 4.2

12.2.1. Oui (dans ce cas, veuillez compléter le point 13)

12.2.2. Non

12.3. Enfant mentionné au point 4.3

12.3.1. Oui (dans ce cas, veuillez compléter le point 13)

12.3.2. Non

13. L'ENFANT (OU LES ENFANTS) CAPABLE(S) DE DISCERNEMENT MENTIONNÉ(S) AU POINT 12 S'EST (OU SE SONT) VU DONNER UNE POSSIBILITÉ RÉELLE ET EFFECTIVE D'EXPRIMER SON OPINION (OU LEUR OPINION) CONFORMÉMENT À L'ARTICLE 21 DU RÈGLEMENT

13.1. Enfant mentionné au point 4.1

13.1.1. Oui (dans le cas contraire, il convient d'utiliser l'annexe III du règlement)

13.2. Enfant mentionné au point 4.2

13.2.1. Oui (dans le cas contraire, il convient d'utiliser l'annexe III du règlement)

13.3. Enfant mentionné au point 4.3

13.3.1. Oui (dans le cas contraire, il convient d'utiliser l'annexe III du règlement)

14. LA DÉCISION A ÉTÉ RENDUE PAR DÉFAUT *

14.1. Non

14.2. Oui

14.2.1. Partie défaillante *[Si plusieurs parties sont concernées, veuillez joindre une feuille supplémentaire]* mentionnée au point ... (veuillez compléter)

14.2.2. L'acte introductif d'instance ou un acte équivalent a été signifié ou notifié à cette (ou ces) partie(s) en temps utile et de telle manière que celle(s)-ci puisse(nt) pourvoir à sa (ou leur) défense.

14.2.2.1. Oui

14.2.2.1.1. Date de signification ou de notification (jj/mm/aaaa)

14.2.2.2. Non, mais la partie défaillante a toutefois accepté la décision de manière non équivoque (dans le cas contraire, il convient d'utiliser l'annexe III du règlement).

15. LA JURIDICTION A RENDU SA DÉCISION EN TENANT COMPTE DES MOTIFS ET FAITS SUR LA BASE DESQUELS LA DÉCISION ANTÉRIEURE AVAIT ÉTÉ RENDUE DANS UN AUTRE ÉTAT MEMBRE EN APPLICATION DE L'ARTICLE 13, PREMIER ALINÉA, POINT B), OU DEUXIÈME ALINÉA, DE LA CONVENTION DE LA HAYE DU 25 OCTOBRE 1980 SUR LES ASPECTS CIVILS DE L'ENLÈVEMENT INTERNATIONAL D'ENFANTS *

15.1. Oui (dans le cas contraire, il convient d'utiliser l'annexe III du règlement)

16. LA DÉCISION COMPORTE UNE (OU DES) MESURE(S) PROVISOIRE(S) OU CONSERVATOIRE(S) *

16.1. Non

16.2. Oui

16.2.1 Description de la (ou des) mesure(s) ordonnée(s) *[Veuillez recopier la partie pertinente de la décision]*

....

17. NOM DE LA PARTIE (OU DES PARTIES) *[Si plus de deux parties sont concernées, veuillez joindre une feuille supplémentaire]* AYANT BÉNÉFICIÉ D'UNE ASSISTANCE JUDICIAIRE CONFORMÉMENT À L'ARTICLE 74, PARAGRAPHE 1, DU RÈGLEMENT

17.1. Partie(s)

17.1.1. mentionnée au point ... (veuillez compléter)

17.1.2. mentionnée au point... (veuillez compléter)

18. FRAIS ET DÉPENS DE LA PROCÉDURE *[Ce point couvre également les situations dans lesquelles les frais et dépens font l'objet d'une décision distincte. Le simple fait que le montant des frais et dépens n'ait pas encore été fixé ne devrait pas empêcher la juridiction de délivrer le certificat si une partie décide de demander la reconnaissance ou l'exécution de la partie de la décision relative au fond]*

18.1. La décision prévoit que *[Si plusieurs parties ont été condamnées aux dépens, veuillez joindre une feuille supplémentaire]*

.... [nom(s)]

.... [prénom(s)]

doit payer à

.... [nom(s)]

.... [prénom(s)]

la somme de ....

euros (EUR)	**levs bulgares (BGN)**	**kunas croates (HRK)**
couronnes tchèques (CZK)	forints hongrois (HUF)	zlotys polonais (PLN)
livres sterling (GBP)	leus roumains (RON)	couronnes suédoises (SEK)
autre [préciser (code ISO)] :		

18.2. Toute information complémentaire sur les frais et dépens susceptible d'être utile (par exemple le montant ou le pourcentage fixé ; les intérêts fixés ; les dépens partagés ; si plusieurs parties ont été condamnées aux dépens, le fait que le montant puisse ou non être recouvré dans son intégralité auprès de l'une d'entre elles) : ....

Si des pages supplémentaires ont été ajoutées, veuillez indiquer leur nombre : ...

Fait à ..., le ... (jj/mm/aaaa)

Signature et/ou cachet

ANNEXE VII

Certificat concernant la suspension ou la limitation de la force exécutoire de certaines décisions accordant un droit de visite ou impliquant le retour de l'enfant qui ont été certifiées conformément à l'article 47 du règlement

[Article 49 du règlement (UE) 2019/1111 du Conseil – Règl. (UE) 2019/1111 du Conseil du 25 juin 2019 relatif à la compétence, la reconnaissance et l'exécution des décisions en matière matrimoniale et en matière de responsabilité parentale, ainsi qu'à l'enlèvement international d'enfants (JO L 178 du 2 juill. 2019, p. 1) (ci-après dénommé « règlement »)]

IMPORTANT

Certificat devant être délivré, sur demande, lorsque et dans la mesure où une décision certifiée conformément à l'article 47 du règlement a cessé d'être exécutoire ou que sa force exécutoire a été suspendue ou limitée dans l'État membre d'origine.

1. ÉTAT MEMBRE D'ORIGINE * *[Les champs marqués d'un astérisque (*) sont obligatoires]*

Belgique (BE)	**Bulgarie (BG)**	**République tchèque (CZ)**	**Allemagne (DE)**
Estonie (EE)	Irlande (IE)	Grèce (EL)	Espagne (ES)
France (FR)	Croatie (HR)	Italie (IT)	Chypre (CY)
Lettonie (LV)	Lituanie (LT)	Luxembourg (LU)	Hongrie (HU)
Malte (MT)	Pays-Bas (NL)	Autriche (AT)	Pologne (PL)
Portugal (PT)	Roumanie (RO)	Slovénie (SI)	Slovaquie (SK)
Finlande (FI)	Suède (SE)	Royaume-Uni (UK)	

2. JURIDICTION DÉLIVRANT LE CERTIFICAT *

2.1. Nom *

2.2. Adresse *

2.3. Téléphone/Télécopie/Adresse électronique *

3. DÉCISION QUI A CESSÉ D'ÊTRE EXÉCUTOIRE OU DONT LA FORCE EXÉCUTOIRE A ÉTÉ SUSPENDUE OU LIMITÉE *

3.1. Juridiction qui a rendu la décision (si différente de celle indiquée au point 2)

3.1.1. Nom

3.1.2. Adresse

3.1.3. Téléphone/Télécopie/Adresse électronique

*3.2. Détails de la décision **

3.2.1. Date (jj/mm/aaaa) *

3.2.2. Numéro de référence *

3.3. Détails du certificat initial

3.3.1. Date (jj/mm/aaaa) (si celle-ci est connue)

3.3.2. Certificat délivré conformément à :

3.3.2.1. ☐ l'article 47, paragraphe 1, point a), du règlement, pour une décision accordant un droit de visite

3.3.2.2. ☐ l'article 47, paragraphe 1, point b), du règlement, pour une décision au fond en matière de droit de garde rendue en vertu de l'article 29, paragraphe 6, et impliquant le retour d'un ou de plusieurs enfants

4. LA FORCE EXÉCUTOIRE DE LA DÉCISION VISÉE AU POINT 3 *

4.1. ☐ a pris fin

4.2. ☐ a été suspendue
4.2.1. Le cas échéant, détails sur la durée de la période de suspension : ...
4.3. ☐ a été limitée
4.3.1. Le cas échéant, détails sur la portée de cette limitation : ...
5. L'EFFET (OU LES EFFETS) INDIQUÉ(S) AU POINT 4 *
5.1. ☐ est (ou sont) né(s) de plein droit
5.1.1. Le cas échéant, veuillez indiquer la ou les dispositions pertinentes : ...
5.2. ☐ découle(nt) d'une décision
5.2.1. Juridiction qui a rendu la décision (si différente de celle indiquée au point 2)
5.2.1.1. Nom
5.2.1.2. Adresse
5.2.1.3. Téléphone/Télécopie/Adresse électronique
5.2.2. Détails de la décision :
5.2.2.1. Date (jj/mm/aaaa)
5.2.2.2. Numéro de référence
5.2.2.3. Contenu *[Veuillez recopier la partie pertinente de la décision]* ....
Fait à ...., le .... (jj/mm/aaaa)
Signature et/ou cachet

ANNEXE VIII

Certificat concernant un acte authentique ou un accord relatif au divorce ou à la séparation de corps

[Article 66, paragraphe 1, point a), du règlement (UE) 2019/1111 du Conseil - Règl. (UE) 2019/1111 du Conseil du 25 juin 2019 relatif à la compétence, la reconnaissance et l'exécution des décisions en matière matrimoniale et en matière de responsabilité parentale, ainsi qu'à l'enlèvement international d'enfants (JO L 178 du 2 juill. 2019, p. 1) (ci-après dénommé « règlement »)]

IMPORTANT

Certificat ne devant être délivré, à la demande d'une partie, que si l'État membre qui a habilité l'autorité publique ou une autre autorité à dresser ou enregistrer formellement l'acte authentique ou à enregistrer l'accord est celui dont les juridictions sont compétentes au titre du chapitre II, section 1, du règlement, comme indiqué au point 2, et si l'acte authentique ou l'accord a un effet juridique contraignant dans cet État membre, comme indiqué au point 7.5 ou 8.4.

1. ÉTAT MEMBRE D'ORIGINE * *[Les champs marqués d'un astérisque (*) sont obligatoires]*

Belgique (BE)	**Bulgarie (BG)**	**République tchèque (CZ)**	**Allemagne (DE)**
Estonie (EE)	Irlande (IE)	Grèce (EL)	Espagne (ES)
France (FR)	Croatie (HR)	Italie (IT)	Chypre (CY)
Lettonie (LV)	Lituanie (LT)	Luxembourg (LU)	Hongrie (HU)
Malte (MT)	Pays-Bas (NL)	Autriche (AT)	Pologne (PL)
Portugal (PT)	Roumanie (RO)	Slovénie (SI)	Slovaquie (SK)
Finlande (FI)	Suède (SE)	Royaume-Uni (UK)	

2. L'ÉTAT MEMBRE D'ORIGINE EST CELUI DONT LES JURIDICTIONS SONT COMPÉTENTES AU TITRE DU CHAPITRE II, SECTION 1, DU RÈGLEMENT *
2.1. ☐ Oui
3. JURIDICTION OU AUTORITÉ COMPÉTENTE DÉLIVRANT LE CERTIFICAT *
3.1. Nom *
3.2. Adresse *
3.3. Téléphone/Télécopie/Adresse électronique *
4. NATURE DU DOCUMENT *
4.1. ☐ Acte authentique (dans ce cas, veuillez compléter le point 7)

4.2. ☐ Accord (dans ce cas, veuillez compléter le point 8)
5. OBJET DE L'ACTE AUTHENTIQUE OU DE L'ACCORD *
5.1. ☐ Divorce
5.2. ☐ Séparation de corps
6. MARIAGE *
6.1. Époux *
6.1.1.
6.1.1.1. Nom(s) *
6.1.1.2. Prénom(s) *
6.1.1.3. Date de naissance (jj/mm/aaaa) *
6.1.1.4. Lieu de naissance
6.1.1.5. Numéro d'identité ou numéro de sécurité sociale (le cas échéant et si cette donnée est disponible)
6.1.1.6. Adresse (si cette donnée est disponible)
6.1.1.6.1. telle qu'elle est indiquée dans l'acte authentique ou l'accord ....
6.1.1.6.2. toute information complémentaire (concernant par exemple une autre adresse actuelle) ....
6.1.2.
6.1.2.1. Nom(s) *
6.1.2.2. Prénom(s) *
6.1.2.3. Date de naissance (jj/mm/aaaa) *
6.1.2.4. Lieu de naissance
6.1.2.5. Numéro d'identité ou numéro de sécurité sociale (le cas échéant et si cette donnée est disponible)
6.1.2.6. Adresse (si cette donnée est disponible)
6.1.2.6.1. telle qu'elle est indiquée dans l'acte authentique ou l'accord ....
6.1.2.6.2. toute information complémentaire (concernant par exemple une autre adresse actuelle) ....
6.2. Date, pays et lieu du mariage *
6.2.1. Date (jj/mm/aaaa) *
6.2.2. Pays *
6.2.3. Lieu (si cette donnée est disponible)
7. ☐ ACTE AUTHENTIQUE
7.1. Autorité publique ou autre autorité habilitée à le faire, qui a dressé ou enregistré l'acte authentique (si différente de la juridiction ou de l'autorité compétente indiquée au point 3)
7.1.1. Nom
7.1.2. Adresse
7.2. Date (jj/mm/aaaa) à laquelle l'acte authentique a été dressé par l'autorité mentionnée au point 3 ou au point 7.1
7.3. Numéro de référence de l'acte authentique (le cas échéant)
7.4. Date (jj/mm/aaaa) à laquelle l'acte authentique a été enregistré dans l'État membre d'origine (si différente de la date indiquée au point 7.2)
7.4.1. Numéro de référence au registre (le cas échéant)
7.5. Date (jj/mm/aaaa) à partir de laquelle l'acte authentique a un effet juridique contraignant dans l'État membre d'origine
8. ☐ ACCORD
8.1. Autorité publique qui a enregistré l'accord (si différente de la juridiction ou de l'autorité compétente indiquée au point 3)
8.1.1. Nom
8.1.2. Adresse
8.2. Date (jj/mm/aaaa) d'enregistrement de l'accord
8.3. Numéro de référence au registre (le cas échéant)
8.4. Date (jj/mm/aaaa) à partir de laquelle l'accord a un effet juridique contraignant dans l'État membre d'origine
Fait à ..., le ... (jj/mm/aaaa)
Signature et/ou cachet

ANNEXE IX

Certificat concernant un acte authentique ou un accord en matière de responsabilité parentale

[Article 66, paragraphe 1, point b), du règlement (UE) 2019/1111 du Conseil - Règl. (UE) 2019/1111 du Conseil du 25 juin 2019 relatif à la compétence, la reconnaissance et l'exécution des décisions en matière

matrimoniale et en matière de responsabilité parentale, ainsi qu'à l'enlèvement international d'enfants (JO L 178 du 2 juill. 2019, p. 1) (ci-après dénommé « règlement »)]

IMPORTANT

Certificat ne devant être délivré, à la demande d'une partie, que si l'État membre qui a habilité l'autorité publique ou une autre autorité à dresser ou enregistrer formellement l'acte authentique ou à enregistrer l'accord est celui dont les juridictions sont compétentes au titre du chapitre II, section 2, du règlement, comme indiqué au point 2, et si l'acte authentique ou l'accord a un effet juridique contraignant dans cet État membre, comme indiqué au point 12.5 ou 13.4.

Si des éléments indiquent que le contenu de l'acte authentique ou de l'accord est contraire à l'intérêt supérieur de l'enfant, le certificat ne doit pas être délivré.

1. ÉTAT MEMBRE D'ORIGINE * *[Les champs marqués d'un astérisque (*) sont obligatoires]*

Belgique (BE)	**Bulgarie (BG)**	**République tchèque (CZ)**	**Allemagne (DE)**
Estonie (EE)	Irlande (IE)	Grèce (EL)	Espagne (ES)
France (FR)	Croatie (HR)	Italie (IT)	Chypre (CY)
Lettonie (LV)	Lituanie (LT)	Luxembourg (LU)	Hongrie (HU)
Malte (MT)	Pays-Bas (NL)	Autriche (AT)	Pologne (PL)
Portugal (PT)	Roumanie (RO)	Slovénie (SI)	Slovaquie (SK)
Finlande (FI)	Suède (SE)	Royaume-Uni (UK)	

2. L'ÉTAT MEMBRE D'ORIGINE EST CELUI DONT LES JURIDICTIONS SONT COMPÉTENTES AU TITRE DU CHAPITRE II, SECTION 1, DU RÈGLEMENT *
2.1. ☐ Oui
3. JURIDICTION OU AUTORITÉ COMPÉTENTE DÉLIVRANT LE CERTIFICAT *
3.1. Nom *
3.2. Adresse *
3.3. Téléphone/Télécopie/Adresse électronique *
4. NATURE DU DOCUMENT *
4.1. ☐ Acte authentique (dans ce cas, veuillez compléter le point 12)
4.2. ☐ Accord (dans ce cas, veuillez compléter le point 13)
5. PARTIES *[Si plus de deux parties sont concernées, veuillez joindre une feuille supplémentaire]* À L'ACTE AUTHENTIQUE OU À L'ACCORD *
5.1. Partie 1 *
5.1.1. ☐ Personne physique
5.1.1.1. Nom(s)
5.1.1.2. Prénom(s)
5.1.1.3. Date de naissance (jj/mm/aaaa)
5.1.1.4. Lieu de naissance (si cette donnée est disponible)
5.1.1.5. Numéro d'identité ou numéro de sécurité sociale (le cas échéant et si cette donnée est disponible)
5.1.1.6. Adresse (si cette donnée est disponible)
5.1.1.6.1. telle qu'elle est indiquée dans la décision ....
5.1.1.6.2. toute information complémentaire (concernant par exemple une autre adresse actuelle) ....
5.1.2. ☐ Personne morale, institution ou autre organisme
5.1.2.1. *Nom complet*
5.1.2.2. Numéro d'identification (le cas échéant et si cette donnée est disponible)
5.1.2.3. Adresse (si cette donnée est disponible)
5.2. Partie 2
5.2.1. ☐ Personne physique
5.2.1.1. Nom(s)
5.2.1.2. Prénom(s)

5.2.1.3. Date de naissance (jj/mm/aaaa)
5.2.1.4. Lieu de naissance (si cette donnée est disponible)
5.2.1.5. Numéro d'identité ou numéro de sécurité sociale (le cas échéant et si cette donnée est disponible)
5.2.1.6. Adresse (si cette donnée est disponible)
5.2.1.6.1. telle qu'elle est indiquée dans la décision ....
5.2.1.6.2. toute information complémentaire (concernant par exemple une autre adresse actuelle) ....
5.2.2. ☐ Personne morale, institution ou autre organisme
5.2.2.1. Nom complet
5.2.2.2. Numéro d'identification (le cas échéant et si cette donnée est disponible)
5.2.2.3. Adresse (si cette donnée est disponible)

6. ENFANT(S) *[Si plus de trois enfants sont concernés, veuillez joindre une feuille supplémentaire]* CONCERNÉ(S) PAR L'ACTE AUTHENTIQUE OU L'ACCORD *
6.1. Enfant 1 *
6.1.1. Nom(s) *
6.1.2. Prénom(s) *
6.1.3. Date de naissance (jj/mm/aaaa) *
6.1.4. Lieu de naissance (si cette donnée est disponible)
6.1.14 Numéro d'identité ou numéro de sécurité sociale (le cas échéant et si cette donnée est disponible)
6.2. Enfant 2
6.2.1. Nom(s)
6.2.2. Prénom(s)
6.2.3. Date de naissance (jj/mm/aaaa)
6.2.4. Lieu de naissance (si cette donnée est disponible)
6.2.5. Numéro d'identité ou numéro de sécurité sociale (le cas échéant et si cette donnée est disponible)
6.3. Enfant 3
6.3.1. Nom(s)
6.3.2. Prénom(s)
6.3.3. Date de naissance (jj/mm/aaaa)
6.3.4. Lieu de naissance (si cette donnée est disponible)
6.3.5. Numéro d'identité ou numéro de sécurité sociale (le cas échéant et si cette donnée est disponible)

7. ☐ DROIT DE GARDE *[Veuillez noter que le terme « droit de garde » est défini à l'article 2, paragraphe 2, point 9), du règlement]*
7.1. Droit de garde attribué ou qui a fait l'objet d'un accord dans l'acte authentique ou l'accord *[Veuillez recopier la partie pertinente de l'acte authentique ou de l'accord]*
7.2. Attribué à la partie (ou aux parties) suivante(s) *[Si plus de deux parties sont concernées, veuillez joindre une feuille supplémentaire]*
7.2.1. Partie 1
7.2.1.1 ☐ Personne physique
7.2.1.1.1. Nom(s)
7.2.1.1.2. Prénom(s)
7.2.1.1.3. Date de naissance (jj/mm/aaaa)
7.2.1.1.4. Lieu de naissance (si cette donnée est disponible)
7.2.1.1.5. Numéro d'identité ou numéro de sécurité sociale (le cas échéant et si cette donnée est disponible)
7.2.1.1.6. Adresse (si cette donnée est disponible)
7.2.1.1.6.1. telle qu'elle est indiquée dans la décision ....
7.2.1.1.6.2. toute information complémentaire (concernant par exemple une autre adresse actuelle) ....
7.2.1.2. ☐ Personne morale, institution ou autre organisme
7.2.1.2.1. Nom complet
7.2.1.2.2. Numéro d'identification (le cas échéant et si cette donnée est disponible)
7.2.1.2.3. Adresse (si cette donnée est disponible)
7.2.2. Partie 2
7.2.2.1. ☐ Personne physique
7.2.2.1.1. Nom(s)
7.2.2.1.2. Prénom(s)
7.2.2.1.3. Date de naissance (jj/mm/aaaa)
7.2.2.1.4. Lieu de naissance (si cette donnée est disponible)

7.2.2.1.5. Numéro d'identité ou numéro de sécurité sociale (le cas échéant et si cette donnée est disponible)
7.2.2.1.6. Adresse (si cette donnée est disponible)
7.2.2.1.6.1. telle qu'elle est indiquée dans la décision ....
7.2.2.1.6.2. toute information complémentaire (concernant par exemple une autre adresse actuelle) ....
7.2.2.2. ☐ Personne morale, institution ou autre organisme
7.2.2.2.1. Nom complet
7.2.2.2.2. Numéro d'identification (le cas échéant et si cette donnée est disponible)
7.2.2.2.3. Adresse (si cette donnée est disponible)
7.3. L'acte authentique ou l'accord entraîne la remise de l'enfant (ou des enfants)
7.3.1. ☐ Non
7.3.2. ☐ Oui
7.3.2.1. ☐ Modalités de la remise pertinentes aux fins de l'exécution, si elles ne sont pas déjà indiquées au point 7.1 [par exemple : à qui, quel(s) enfant(s), remise à intervalles réguliers ou unique]

....

8. ☐ DROIT DE VISITE
8.1. Droit de visite attribué ou qui a fait l'objet d'un accord dans l'acte authentique ou l'accord *[Veuillez recopier la partie pertinente de l'acte authentique ou de l'accord]*

....

8.2. Attribué(s) à la partie (ou aux parties) suivante(s) *[Si plus de deux parties sont concernées, veuillez joindre une feuille supplémentaire]*
8.2.1. Partie 1
8.2.1.1. Nom(s)
8.2.1.2. Prénom(s)
8.2.1.3. Date de naissance (jj/mm/aaaa)
8.2.1.4. Lieu de naissance (si cette donnée est disponible)
8.2.1.5. Numéro d'identité ou numéro de sécurité sociale (le cas échéant et si cette donnée est disponible)
8.2.1.6. Adresse (si cette donnée est disponible)
8.2.1.6.1. telle qu'elle est indiquée dans l'acte authentique ou l'accord ....
8.2.1.6.2. toute information complémentaire (concernant par exemple une autre adresse actuelle) ....
8.2.2. Partie 2
8.2.2.1. Nom(s)
8.2.2.2. Prénom(s)
8.2.2.3. Date de naissance (jj/mm/aaaa)
8.2.2.4. Lieu de naissance (si cette donnée est disponible)
8.2.2.5. Numéro d'identité ou numéro de sécurité sociale (le cas échéant et si cette donnée est disponible)
8.2.2.6. Adresse (si cette donnée est disponible)
8.2.2.6.1. telle qu'elle est indiquée dans l'acte authentique ou l'accord ....
8.2.2.6.2. toute information complémentaire (concernant par exemple une autre adresse actuelle) ....
8.3. L'acte authentique ou l'accord entraîne la remise de l'enfant (ou des enfants)
8.3.1. ☐ Non
8.3.2. ☐ Oui
8.3.2.1. ☐ Modalités de la remise pertinentes aux fins de l'exécution, si elles ne sont pas déjà indiquées au point 8.1 [par exemple : à qui, quel(s) enfant(s), remise à intervalles réguliers ou unique]

....

9. ☐ AUTRES DROITS EN MATIÈRE DE RESPONSABILITÉ PARENTALE
9.1. Droit(s) attribué(s) ou qui a (ou ont) fait l'objet d'un accord dans l'acte authentique ou l'accord *[Veuillez recopier la partie pertinente de l'acte authentique ou de l'accord]*

....

9.2. Attribué(s) à la partie (ou aux parties) suivante(s) *[Si plus de deux parties sont concernées, veuillez joindre une feuille supplémentaire]*
9.2.1. Partie 1
9.2.1.1. ☐ Personne physique
9.2.1.1.1. ☐ Nom(s)
9.2.1.1.2. ☐ Prénom(s)
9.2.1.1.3. ☐ Date de naissance (jj/mm/aaaa)

9.2.1.1.4. ☐ Lieu de naissance (si cette donnée est disponible)
9.2.1.1.5. ☐ Numéro d'identité ou numéro de sécurité sociale (le cas échéant et si cette donnée est disponible)
9.2.1.1.6. ☐ Adresse (si cette donnée est disponible)
9.2.1.1.6.1. ☐ telle qu'elle est indiquée dans la décision ....
9.2.1.1.6.2. ☐ toute information complémentaire (concernant par exemple une autre adresse actuelle) ....
9.2.1.2. ☐ Personne morale, institution ou autre organisme
9.2.1.2.1. Nom complet
9.2.1.2.2. Numéro d'identification (le cas échéant et si cette donnée est disponible)
9.2.1.2.3. Adresse (si cette donnée est disponible)
9.2.2. Partie 2
9.2.2.1. ☐ Personne physique
9.2.2.1.1. Nom(s)
9.2.2.1.2. Prénom(s)
9.2.2.1.3. Date de naissance (jj/mm/aaaa)
9.2.2.1.4. Lieu de naissance (si cette donnée est disponible)
9.2.2.1.5. Numéro d'identité ou numéro de sécurité sociale (le cas échéant et si cette donnée est disponible)
9.2.2.1.6. Adresse (si cette donnée est disponible)
9.2.2.1.6.1. telle qu'elle est indiquée dans la décision ....
9.2.2.1.6.2. toute information complémentaire (concernant par exemple une autre adresse actuelle) ....
9.2.2.2. ☐ Personne morale, institution ou autre organisme
9.2.2.2.1. Nom complet
9.2.2.2.2. Numéro d'identification (le cas échéant et si cette donnée est disponible)
9.2.2.2.3. Adresse (si cette donnée est disponible)
9.3. L'acte authentique ou l'accord entraîne la remise de l'enfant (ou des enfants)
9.3.1. ☐ Non
9.3.2. ☐ Oui
9.3.2.1. ☐ Modalités de la remise pertinentes aux fins de l'exécution, si elles ne sont pas déjà indiquées au point 9.1 [par exemple : à qui, quel(s) enfant(s), remise à intervalles réguliers ou unique]

....

10. L'ENFANT (OU LES ENFANTS) *[Si plus de trois enfants sont concernés, veuillez joindre une feuille supplémentaire]* MENTIONNÉ(S) AU POINT 6 ÉTAI(EN)T CAPABLE(S) DE DISCERNEMENT *
10.1. ☐ Enfant mentionné au point 6.1
10.1.1. ☐ Oui (dans ce cas, veuillez compléter le point 11)
10.1.2. ☐ Non
10.2. ☐ Enfant mentionné au point 6.2
10.2.1. ☐ Oui (dans ce cas, veuillez compléter le point 11)
10.2.2. ☐ Non
10.3. ☐ Enfant mentionné au point 6.3
10.3.1. ☐ Oui (dans ce cas, veuillez compléter le point 11)
10.3.2. ☐ Non
11. L'ENFANT (OU LES ENFANTS) *[Si plus de trois enfants sont concernés, veuillez joindre une feuille supplémentaire]* CAPABLE(S) DE DISCERNEMENT MENTIONNÉ(S) AU POINT 10 S'EST (OU SE SONT) VU DONNER UNE POSSIBILITÉ RÉELLE ET EFFECTIVE D'EXPRIMER SON OPINION (OU LEUR OPINION)
11.1. ☐ Enfant mentionné au point 6.1
11.1.1. ☐ Oui
11.1.2. ☐ Non, pour les motifs suivants : ....
11.2. ☐ Enfant mentionné au point 6.2
11.2.1. ☐ Oui
11.2.2. ☐ Non, pour les motifs suivants : ....
11.3. ☐ Enfant mentionné au point 6.3
11.3.1. ☐ Oui
11.3.2. ☐ Non, pour les motifs suivants : ....
12. ☐ ACTE AUTHENTIQUE
12.1. Autorité publique ou autre autorité habilitée à le faire, qui a dressé ou enregistré l'acte authentique (si différente de la juridiction ou de l'autorité compétente indiquée au point 3)
12.1.1. Nom
12.1.2. Adresse

12.2. Date (jj/mm/aaaa) à laquelle l'acte authentique a été dressé par l'autorité mentionnée au point 3 ou au point 12.1

12.3. Numéro de référence de l'acte authentique (le cas échéant)

12.4. Date (jj/mm/aaaa) à laquelle l'acte authentique a été enregistré dans l'État membre d'origine (si différente de la date indiquée au point 12.2)

12.4.1. Numéro de référence au registre (le cas échéant)

12.5. Date (jj/mm/aaaa) à partir de laquelle l'acte authentique a un effet juridique contraignant dans l'État membre d'origine

13. ☐ ACCORD

13.1. Autorité publique qui a enregistré l'accord (si différente de la juridiction ou de l'autorité compétente indiquée au point 3)

13.1.1. Nom

13.1.2 Adresse

13.2. Date (jj/mm/aaaa) d'enregistrement de l'accord

13.3. Numéro de référence au registre (le cas échéant)

13.4. Date (jj/mm/aaaa) à partir de laquelle l'accord a un effet juridique contraignant dans l'État membre d'origine

14. L'ACTE AUTHENTIQUE OU L'ACCORD EST EXÉCUTOIRE DANS L'ÉTAT MEMBRE D'ORIGINE *

14.1. ☐ En ce qui concerne le droit de garde mentionné au point 7

14.1.1. ☐ Non

14.1.1.1. ☐ L'acte authentique ou l'accord ne comporte pas d'obligation exécutoire.

14.1.2. Oui, sans aucune restriction [veuillez indiquer la date (jj/mm/aaaa) à laquelle l'acte authentique ou l'accord est devenu exécutoire]

…/…/……

14.1.3. ☐ Oui, mais seulement contre la partie suivante *[Si plusieurs parties sont concernées, veuillez joindre une feuille supplémentaire]*, mentionnée au point … (veuillez compléter) …

14.1.4. ☐ Oui, mais uniquement pour ce qui concerne la (ou les) partie(s) suivante(s) de l'acte authentique ou de l'accord (veuillez préciser) ……………………………………………………

14.2. ☐ En ce qui concerne le droit de visite mentionné au point 8

14.2.1. ☐ Non

14.2.1.1. ☐ L'acte authentique ou l'accord ne comporte pas d'obligation exécutoire.

14.2.2. ☐ Oui, sans aucune restriction [veuillez indiquer la date (jj/mm/aaaa) à laquelle l'acte authentique ou l'accord est devenu exécutoire]

…/…/……

14.2.3. ☐ Oui, mais seulement contre la partie suivante *[Si plusieurs parties sont concernées, veuillez joindre une feuille supplémentaire]*, mentionnée au point … (veuillez compléter) …

14.2.4. ☐ Oui, mais uniquement pour ce qui concerne la (ou les) partie(s) suivante(s) de l'acte authentique ou de l'accord (veuillez préciser) ……………………………………………………

14.3. ☐ En ce qui concerne les autres droits mentionnés au point 9

14.3.1. ☐ Non

14.3.1.1. ☐ L'acte authentique ou l'accord ne comporte pas d'obligation exécutoire.

14.3.2. ☐ Oui, sans aucune restriction [veuillez indiquer la date (jj/mm/aaaa) à laquelle l'acte authentique ou l'accord est devenu exécutoire]

…/…/……

14.3.3. ☐ Oui, mais seulement contre la partie suivante *[Si plusieurs parties sont concernées, veuillez joindre une feuille supplémentaire]*, mentionnée au point … (veuillez compléter) …

14.3.4. ☐ Oui, mais uniquement pour ce qui concerne la (ou les) partie(s) suivante(s) de l'acte authentique ou de l'accord (veuillez préciser) ……………………………………………………

Fait à …, le … (jj/mm/aaaa)

Signature et/ou cachet

ANNEXE X

Règlement (CE) n° 2201/2003	Le présent règlement
Article 1er	Article 1er
-	Article 1er, paragraphe 3
Article 2	Article 2
Article 3	Article 3

Règlement (CE) n° 2201/2003	Le présent règlement
Article 4	Article 4
Article 5	Article 5
Article 6	Article 6, paragraphe 2
Article 7	Article 6, paragraphes 1 et 3
Article 8, paragraphe 1	Article 7, paragraphe 1
Article 8, paragraphe 2	Article 7, paragraphe 2
Article 9, paragraphe 1	Article 8, paragraphe 1
Article 9, paragraphe 2	Article 8, paragraphe 2
Article 10	Article 9
-	Article 10
Article 11, paragraphe 1	Article 22
-	Article 23
Article 11(2)	Article 26
Article 11, paragraphe 3	Article 24, paragraphe 1
-	Article 24, paragraphe 2
-	Article 24, paragraphe 3
-	Article 25
Article 11, paragraphe 4	Article 27, paragraphe 3
Article 11, paragraphe 5	Article 27, paragraphe 1
-	Article 27, paragraphe 2
-	Article 27, paragraphe 4
-	Article 27, paragraphe 5
-	Article 27, paragraphe 6
-	Article 28
-	Article 29, paragraphes 1 et 2
Article 11, paragraphe 6	Article 29, paragraphe 3
-	Article 29, paragraphe 4
Article 11, paragraphe 7	Article 29, paragraphe 5
Article 11, paragraphe 8	Article 29, paragraphe 6
Article 12	-
Article 13	Article 11
Article 14	Article 14

Règlement (CE) n° 2201/2003	Le présent règlement
Article 15, paragraphe 1, paragraphe 2, points a) et b), et paragraphe 4	Article 12, paragraphe 1
Article 15, paragraphe 3	Article 12, paragraphe 4
-	Article 12, paragraphes 2 et 3
-	Article 12, paragraphe 5
Article 15, paragraphe 2, point c)	Article 13, paragraphe 1
-	Article 13, paragraphe 2
Article 16	Article 17, points a) et b)
-	Article 17, point c)
-	Article 16
Article 17	Article 18
Article 18	Article 19
Article 19	Article 20
-	Article 20, paragraphes 4 et 5
-	Article 21
Article 20, paragraphe 1	Article 15, paragraphe 1
Article 20, paragraphe 2	Article 15, paragraphe 3
-	Article 15, paragraphe 2
Article 21, paragraphes 1 et 2	Article 30, paragraphes 1 et 2
Article 21, paragraphe 3	Article 30, paragraphes 3 et 4
Article 21, paragraphe 4	Article 30, paragraphe 5
Article 22	Article 38
Article 23, points a), c), d), e) et f)	Article 39, points a), b), c), d) et e)
Article 23 (b)	Article 39(2)
Article 24	Article 69
Article 25	Article 70
Article 26	Article 71
-	Article 72
Article 27, paragraphe 1	Article 33, point a), et article 44, point a)
-	Article 33, point b)
-	Article 44, point b)
Article 27, paragraphe 2	-

Règlement (CE) n° 2201/2003	Le présent règlement
Article 28	-
Article 29	-
-	Article 34
-	Article 35
-	Article 40
-	Article 41
Article 30	-
Article 31	-
Article 32	-
Article 33	-
Article 34	-
Article 35	-
Article 36	Article 53
-	Article 53, paragraphe 3
Article 37, paragraphe 1	Article 31, paragraphe 1
-	Article 31, paragraphes 2 et 3
Article 37, paragraphe 2	-
Article 38	Article 32
Article 39	Article 36
Article 40	Articles 42 et 47, paragraphe 1
-	Article 45
-	Article 46
-	Article 47, paragraphe 2
Article 41, paragraphe 1	Article 43, paragraphe 1
Article 41, paragraphe 2	Article 47, paragraphe 3
-	Article 47, paragraphes 4, 5 et 6
Article 42, paragraphe 1	Article 43, paragraphe 1
Article 42, paragraphe 2	Article 47, paragraphe 3
Article 43	Articles 37 et 48
-	Article 49
-	Article 50
Article 44	-

Règlement (CE) n° 2201/2003	Le présent règlement
Article 45, paragraphe 1	Article 31, paragraphe 2
Article 45, paragraphe 2	Article 31, paragraphe 1
-	Article 31, paragraphe 3
Article 46	Article 65
Article 47, paragraphe 1	Article 51, paragraphe 1
-	Article 51, paragraphe 2
-	Article 52
Article 48	Article 54
-	Article 55
-	Article 56
-	Article 57
-	Article 58
-	Article 59
-	Article 60
-	Article 61
-	Article 62
-	Article 63
-	Article 64
-	Article 66
-	Article 67
-	Article 68
Article 49	Article 73
Article 50	Article 74, paragraphe 1
-	Article 74, paragraphe 2
Article 51	Article 75
Article 52	Article 90
Article 53	Article 76
Article 54	Article 77, paragraphe 1
-	Article 77, paragraphes 2 et 3
-	Article 78
-	Article 79, point a)
Article 55, paragraphe 1, point a)	Article 79, point b)

Règlement (CE) n° 2201/2003	Le présent règlement
Article 55, paragraphe 1, point b)	Article 79, point c)
-	Article 79, point d)
Article 55, paragraphe 1, point c)	Article 79, point e)
Article 55, paragraphe 1, point d)	Article 79, point f)
Article 55, paragraphe 1, point e)	Article 79, point g)
-	Article 80
-	Article 81
Article 56, paragraphe 1	Article 82, paragraphe 1
-	Article 82, paragraphes 2, 3 et 4
Article 56, paragraphe 2	Article 82, paragraphe 5
-	Article 82, paragraphe 6
Article 56, paragraphe 3	Article 82, paragraphe 7
-	Article 82, paragraphe 8
Article 57, paragraphes 1 et 2	-
Article 57, paragraphe 3	Article 83, paragraphe 1
Article 57, paragraphe 4	Article 83, paragraphe 2
Article 58	Article 84
-	Article 85
-	Article 86
-	Article 87
-	Article 88
-	Article 89
-	Article 91
Article 59	Article 94
Article 60, points a), b), c) et d)	Article 95
Article 60, point e)	Article 96
Article 61	Article 97, paragraphe 1
-	Article 97, paragraphe 2
Article 62	Article 98
Article 63	Article 99
Article 64, paragraphe 1	Article 100, paragraphe 1
Article 64, paragraphes 2, 3 et 4	-

Règlement (CE) nº 2201/2003	Le présent règlement
-	Article 100, paragraphe 2
Article 65, paragraphe 1	Article 101, paragraphe 1
-	Article 101, paragraphe 2
Article 66	Article 102
Article 67	Article 103
Article 68	Article 103
Article 69	Article 92
Article 70	-
-	Article 93
Article 71	Article 104
Article 72	Article 105
Annexe I	Annexe II
-	Annexe I
Annexe II	Annexe III
-	Annexe IV
Annexe III	Annexe V
Annexe IV	Annexe VI
-	Annexe VII
-	Annexe VIII
-	Annexe IX

Règlement (UE) 2020/1784 du Parlement européen et du conseil du 25 novembre 2020,

Relatif à la signification et à la notification dans les États membres des actes judiciaires et extrajudiciaires en matière civile ou commerciale (signification ou notification des actes).

Sur l'entrée en vigueur du présent Règl. et ses modalités d'application temporelle, V. art. 37.

LE PARLEMENT EUROPÉEN ET LE CONSEIL DE L'UNION EUROPÉENNE,

vu le traité sur le fonctionnement de l'Union européenne, et notamment son article 81, paragraphe 2, vu la proposition de la Commission européenne,

après transmission du projet d'acte législatif aux parlements nationaux, vu l'avis du Comité économique et social européen *[JO C 62 du 15 févr. 2019, p. 56]*,

après consultation du Comité des régions,

statuant conformément à la procédure législative ordinaire *[Position du Parlement européen du 13 févr. 2019 (non encore parue au JO) et position du Conseil en première lecture du 4 nov. 2020 (non encore parue au JO). Position du Parlement du 23 nov. 2020 (non encore parue au JO).]*, **considérant ce qui suit :**

(1) Le règlement (CE) nº 1393/2007 du Parlement européen et du Conseil *[Règl. (CE) nº 1393/2007 du Parlement européen et du Conseil du 13 nov. 2007 relatif à la signification et à la notification dans les États membres des actes judiciaires et extrajudiciaires en matière civile ou commerciale* *(signification ou notification des actes), et abrogeant le Règl. (CE) nº 1348/2000 du Conseil (JO L 324 du 10 déc. 2007, p. 79).]* a été modifié dans le passé. A l'occasion de nouvelles modifications substantielles, il convient, dans un souci de clarté, de procéder à la refonte dudit règlement.

(2) L'Union s'est fixé pour objectif de maintenir et de développer l'Union en tant qu'espace de liberté, de sécurité et de justice au sein duquel est assurée la libre circulation des personnes. Pour mettre en place un tel espace, l'Union doit adopter, entre autres mesures, des mesures concernant la coopération judiciaire en matière civile nécessaires au bon fonctionnement du marché intérieur.

(3) Aux fins du bon fonctionnement du marché intérieur et de la mise en place d'un espace de justice civile dans l'Union, il est nécessaire de continuer à améliorer et à accélérer la transmission ainsi que la signification et la notification des actes judiciaires et extrajudiciaires entre les États membres en matière civile et commerciale, tout en assurant un niveau élevé de sécurité et de protection de la transmission de tels actes, en préservant les droits des destinataires et en protégeant la vie privée et les données à caractère personnel. L'objectif du présent règlement est d'améliorer l'efficacité et la rapidité des procédures judiciaires en les simplifiant et en les rationalisant pour ce qui est de la signification et de la notification des actes judiciaires et extrajudiciaires dans l'Union, tout en contribuant à réduire les retards et les frais pour les particuliers et les entreprises. L'amélioration de la sécurité juridique ainsi que la simplification, la rationalisation et la numérisation des procédures encourageront les particuliers et les entreprises à effectuer des transactions transfrontières, stimulant ainsi les échanges commerciaux au sein de l'Union et, partant, le fonctionnement du marché intérieur.

(4) Le présent règlement fixe les règles relatives à la signification et à la notification, dans les États membres, des actes judiciaires et extrajudiciaires en matière civile et commerciale. Il ne devrait pas s'appliquer à la signification et à la notification des actes judiciaires et extrajudiciaires dans d'autres matières, notamment en matière fiscale, douanière ou administrative.

(5) La signification et la notification transfrontières devraient s'entendre comme désignant la signification et la notification d'un État membre à un autre État membre.

(6) Le présent règlement ne devrait pas s'appliquer à la signification et à la notification d'actes au représentant mandaté d'une partie dans l'État membre du for, mais devrait s'appliquer à la signification et à la notification d'un acte à une partie dans un autre État membre si une telle signification ou notification est requise par le droit de l'État membre du for, indépendamment du fait que l'acte ait fait l'objet d'une signification ou d'une notification au représentant de la partie.

(7) Lorsque le destinataire n'a pas d'adresse connue à des fins de signification ou de notification dans l'État membre du for, mais a une ou plusieurs adresses connues à des fins de signification ou de notification dans un ou plusieurs autres États membres, il convient que l'acte soit transmis à cet autre État membre à des fins de signification ou de notification au titre du présent règlement. Cette situation ne devrait pas être interprétée comme constituant une signification ou une notification nationale au sein de l'État membre du for. En particulier, l'acte ne devrait pas être signifié ou notifié au destinataire au moyen d'un mode de signification ou de notification fictif, tel que la signification ou la notification par affichage au tableau du tribunal ou par versement de l'acte au dossier.

(8) Aux fins du présent règlement, les termes "actes extrajudiciaires" devraient s'entendre comme comprenant des actes qui ont été établis ou certifiés par une autorité publique ou un officier ministériel et d'autres actes dont la transmission formelle à un destinataire résidant dans un autre État membre est nécessaire à l'exercice, à la preuve ou à la sauvegarde d'un droit ou d'une prétention juridique en matière civile ou commerciale. Les termes "actes extrajudiciaires" ne devraient pas s'entendre comme comprenant les actes délivrés par des autorités administratives aux fins de procédures administratives.

(9) L'efficacité et la rapidité des procédures judiciaires en matière civile requièrent que la transmission des actes judiciaires et extrajudiciaires soit effectuée directement et par des moyens rapides entre les entités locales désignées par les États membres. Les États membres devraient avoir la faculté de désigner des entités d'origine et des entités requises distinctes ou de désigner une ou plusieurs entités pour l'exercice des deux fonctions pendant cinq ans. Il devrait cependant être possible de renouveler cette désignation tous les cinq ans.

(10) Afin d'assurer une transmission rapide des actes entre États membres aux fins de signification ou de notification, il convient de recourir à des technologies de communication

modernes adaptées, pour autant que certaines conditions relatives à l'intégrité et à la fiabilité de l'acte reçu soient remplies. Par conséquent, toutes les communications et tous les échanges d'actes entre les entités et organes désignés par les États membres devraient, par principe, être effectués au moyen d'un système informatique décentralisé sécurisé et fiable, composé de systèmes informatiques nationaux qui sont interconnectés et techniquement interopérables, par exemple, et sans préjudice de progrès technologiques ultérieurs, sur la base de l'e-CODEX. Dès lors, il y a lieu de mettre en place un système informatique décentralisé pour les échanges de données dans le cadre du présent règlement. Par son caractère décentralisé, ce système informatique permettrait les échanges de données exclusivement d'un État membre à l'autre, sans que l'une ou l'autre des institutions de l'Union intervienne dans ces échanges.

(11) Sans préjudice d'éventuels progrès technologiques futurs, le système informatique décentralisé sécurisé et ses composants ne devraient pas être considérés comme constituant nécessairement un "service d'envoi recommandé électronique qualifié" au sens du règlement (UE) n° 910/2014 du Parlement européen et du Conseil *[Règl. (UE) n° 910/2014 du Parlement européen et du Conseil du 23 juill. 2014 sur l'identification électronique et les services de confiance pour les transactions électroniques au sein du marché intérieur et abrogeant la Dir. 1999/93/CE (JO L 257 du 28 août 2014, p. 73).]*.

(12) La Commission devrait être responsable de la création, de l'entretien et du développement futur d'un logiciel de mise en œuvre de référence que les États membres devraient pouvoir utiliser en lieu et place d'un système informatique national, conformément aux principes de protection des données dès la conception et par défaut. La Commission devrait concevoir, développer et entretenir le logiciel de mise en œuvre de référence dans le respect des exigences et principes en matière de protection des données énoncés dans les règlements (UE) 2018/1725 *[Règl. (UE) 2018/1725 du Parlement européen et du Conseil du 23 oct. 2018 relatif à la protection des personnes physiques à l'égard du traitement des données à caractère personnel par les institutions, organes et organismes de l'Union et à la libre circulation de ces données, et abrogeant le Règl. (CE) n° 45/2001 et la Décis. n° 1247/2002/CE (JO L 295 du 21 nov. 2018, p. 39).]* et (UE) 2016/679 du Parlement européen et du Conseil *[Règl. (UE) 2016/679 du Parlement européen et du Conseil du 27 avr. 2016 relatif à la protection des personnes physiques à l'égard du traitement des données à caractère personnel et à la libre circulation de ces données, et abrogeant la Dir. 95/46/CE (règlement général sur la protection des données) (JO L 119 du 4 mai 2016, p. 1).]*, en particulier les principes de protection des données dès la conception et par défaut. Le logiciel de mise en œuvre de référence devrait également comprendre des mesures techniques appropriées et rendre possible les mesures organisationnelles nécessaires pour assurer un niveau de sécurité et d'interopérabilité adapté à l'échange d'informations dans le cadre de la signification et de la notification des actes.

(13) En ce qui concerne les composants du système informatique décentralisé qui relèvent de la responsabilité de l'Union, l'entité gestionnaire devrait disposer de ressources suffisantes pour assurer le bon fonctionnement dudit système.

(14) L'autorité ou les autorités compétentes en vertu du droit national devraient être responsables du traitement au sens du règlement (UE) 2016/679 pour ce qui est du traitement des données à caractère personnel qu'elles effectuent en vertu du présent règlement pour la transmission d'actes entre les États membres.

(15) La transmission au moyen du système informatique décentralisé pourrait devenir impossible en raison d'une perturbation du système. D'autres moyens de communication pourraient également être plus adaptés dans des circonstances exceptionnelles, par exemple lorsque la conversion de documents volumineux au format électronique imposerait une charge administrative disproportionnée à l'entité d'origine ou lorsque l'acte original doit être fourni sur support papier pour en évaluer l'authenticité. Lorsque le système informatique décentralisé n'est pas utilisé, la transmission devrait être effectuée par les moyens alternatifs les plus appropriés. De tels moyens alternatifs devraient impliquer, entre autres, une transmission effectuée aussi rapidement que possible et de manière sécurisée par d'autres moyens électroniques sécurisés ou par l'intermédiaire des services postaux.

(16) Afin de favoriser la transmission électronique transfrontière d'actes au moyen du système informatique décentralisé, ces actes ne devraient pas être privés d'effet juridique et ne devraient pas être déclarés irrecevables comme moyens de preuve dans le cadre d'une procédure au seul motif qu'ils se présentent sous une forme électronique. Toutefois, ce principe devrait s'entendre sans préjudice de l'appréciation des effets juridiques ou de la recevabilité de tels actes comme moyens de preuve conformément au droit national. Il devrait également s'entendre sans préjudice des dispositions de droit national concernant la conversion d'actes.

(17) Afin de faciliter la transmission et la signification ou la notification des actes entre États membres, les formulaires qui figurent à l'annexe I devraient être utilisés. L'acte à transmettre devrait être accompagné d'une demande établie au moyen du formulaire A qui figure à l'annexe I. Ce formulaire devrait être rempli dans la langue officielle de l'État membre requis ou, s'il existe plusieurs langues officielles dans cet État membre, dans la langue officielle ou l'une des langues officielles du lieu où il doit être procédé à la signification ou à la notification, ou dans toute autre langue que l'État membre requis a indiqué pouvoir accepter. Chaque État membre devrait indiquer la ou les langues officielles de l'Union, autres que la sienne ou les siennes, qu'il peut accepter.

(18) Un accusé de réception établi au moyen du formulaire D devrait être automatiquement envoyé à l'entité d'origine au moyen du système informatique décentralisé ou, par d'autres moyens, dans les meilleurs délais et, en tout état de cause, dans un délai de sept jours à compter de la réception de l'acte.

(19) Lorsqu'elle reçoit une attestation de non-accomplissement de la signification ou de la notification de l'acte, il importe que l'entité d'origine sache si les autorités de l'État membre requis ont introduit des demandes dans les registres de la population ou dans d'autres bases de données, lorsque de tels registres ou bases de données existent, en vue de rechercher une nouvelle adresse pour la personne à qui l'acte doit être signifié ou notifié. Par conséquent, les États devraient informer la Commission si leurs autorités formulent de telles demandes de leur propre initiative dans les cas où l'adresse indiquée dans la demande de signification ou de notification n'est pas correcte. Toutefois, le présent règlement ne devrait pas imposer aux autorités des États membres l'obligation de formuler de telles demandes.

(20) Lorsqu'une demande de signification ou de notification ne peut aboutir sur la base des informations ou des pièces transmises, lorsqu'elle ne relève pas du champ d'application du présent règlement, lorsque le non-respect des conditions de forme rend impossible la signification ou la notification, ou lorsqu'elle a été envoyée à une entité requise qui n'est pas territorialement compétente, l'entité requise devrait prendre les mesures prévues par le présent règlement sans retard injustifié, déraisonnable et inutile en tenant compte des circonstances particulières, y compris les moyens de communication à la disposition de l'entité requise.

(21) La rapidité de la transmission exige que la signification ou la notification de l'acte ait lieu dans les jours qui suivent la réception de l'acte. La signification ou la notification d'un acte devrait être effectuée dans les meilleurs délais et, en tout état de cause, dans un délai d'un mois à compter de leur réception par l'entité requise.

(22) L'entité requise devrait continuer à prendre toutes les mesures nécessaires pour faire signifier ou notifier l'acte même dans les cas où la signification ou la notification n'a pas pu être effectuée dans le délai d'un mois à compter de la réception de l'acte, par exemple parce que le défendeur était absent de son domicile pour cause de vacances ou absent de son lieu de travail pour affaires. Cependant, afin d'éviter que l'entité requise ne soit tenue, pour une durée illimitée, de prendre les mesures nécessaires en vue de faire signifier ou notifier un acte, l'entité d'origine devrait être à même d'indiquer un délai au-delà duquel la signification ou la notification n'est plus nécessaire, au moyen du formulaire A qui figure à l'annexe I.

(23) Afin d'assurer l'efficacité du présent règlement, les circonstances dans lesquelles il est possible de refuser l'acte à signifier ou à notifier devraient être limitées à des situations exceptionnelles.

(24) Dans tous les cas où l'acte à signifier ou à notifier n'est pas rédigé dans la langue officielle ou dans une des langues officielles du lieu de la signification ou de la notification, *l'entité requise devrait* informer le destinataire par écrit, au moyen du formulaire L qui figure à l'annexe I, qu'il peut refuser de recevoir l'acte à signifier ou à notifier s'il est rédigé ni dans une langue que le destinataire comprend ni dans la langue officielle ou dans une des langues officielles du lieu de la signification ou de la notification. Il convient que cette règle s'applique aussi à toute signification ou notification ultérieure, une fois que le destinataire a exercé son droit de refus. Le droit de refus devrait également s'appliquer à la signification ou à la notification effectuée par les agents diplomatiques ou consulaires, par l'intermédiaire des services postaux, par voie électronique, ou effectuée directement. Il devrait être possible de régulariser la signification ou la notification de l'acte refusé en signifiant ou en notifiant au destinataire une traduction de celui-ci.

(25) Si une traduction est jointe à l'acte à signifier ou à notifier, elle devrait être certifiée ou autrement considérée comme appropriée aux fins de la procédure conformément au droit de l'État membre d'origine. La traduction devrait être mise à la disposition de l'État

membre dans lequel la signification ou la notification doit avoir lieu. La traduction d'actes dans une autre langue aux fins d'assurer le respect du présent règlement est sans préjudice de la possibilité pour le destinataire de contester l'exactitude de la traduction conformément au droit de l'État membre du for.

(26) Si le destinataire a refusé de recevoir l'acte et que la juridiction ou l'autorité saisie de l'instance décide, après vérification, que le refus n'était pas justifié, il convient que ladite juridiction ou autorité envisage une manière appropriée d'informer le destinataire de ladite décision conformément au droit national. Aux fins de vérifier si le refus était justifié, la juridiction ou l'autorité devrait tenir compte de toutes les informations pertinentes qui figurent dans le dossier pour déterminer les compétences linguistiques du destinataire. Le cas échéant, lors de l'évaluation des compétences linguistiques du destinataire, la juridiction ou l'autorité pourrait prendre en compte des éléments factuels, par exemple des documents rédigés par le destinataire dans la langue concernée, ou vérifier si la profession du destinataire implique de disposer de compétences linguistiques particulières, ou encore si le destinataire est citoyen de l'État membre du for ou s'il a précédemment résidé dans cet État membre pendant une période prolongée.

(27) Compte tenu des différences existant entre les États membres quant à leurs règles de procédure, la date effective de la signification ou de la notification varie d'un État membre à l'autre. Dans ces conditions, et compte tenu des difficultés qui pourraient surgir, il convient que le présent règlement prévoie un système dans lequel c'est le droit de l'État membre requis qui détermine la date de la signification ou de la notification. Toutefois, lorsque, en vertu du droit d'un État membre, un acte doit être signifié ou notifié dans un délai déterminé, la date à prendre en considération à l'égard du requérant devrait être celle fixée par le droit de cet État membre. Ce système de double date n'existe que dans un nombre restreint d'États membres. Si les États membres appliquent ledit système, ils devraient communiquer ces informations à la Commission, laquelle devrait mettre ces informations à disposition par voie électronique par l'intermédiaire du réseau judiciaire européen en matière civile et commerciale créé par la décision 2001/470/CE du Conseil *[Décis. 2001/470/CE du Conseil du 28 mai 2001 relative à la création d'un réseau judiciaire européen en matière civile et commerciale (JO L 174 du 27 juin 2001, p. 25).]* et sur le portail européen e-justice.

(28) Afin de faciliter l'accès à la justice, les États membres devraient fixer un droit forfaitaire unique pour l'intervention d'un officier ministériel ou d'une personne compétente selon le droit de l'État membre requis. Ce droit devrait respecter les principes de proportionnalité et de non-discrimination. L'exigence d'un droit forfaitaire unique ne devrait cependant pas priver les États membres de la faculté de fixer des droits différents pour différents types de signification ou de notification, à condition de respecter ces principes.

(29) Chaque État membre devrait avoir la faculté de procéder directement par l'intermédiaire des services postaux, par lettre recommandée avec accusé de réception ou envoi équivalent, à la signification ou à la notification des actes aux personnes résidant dans un autre État membre. Il devrait être possible de recourir aux services postaux, qu'ils soient privés ou publics, aux fins de la signification ou de la notification d'actes sous différentes formes de lettres, y compris les liasses de lettres.

(30) Conformément à la jurisprudence constante de la Cour de justice de l'Union européenne *[Arrêt de la Cour de justice du 2 mars 2017, Andrew Marcus Henderson/Novo Banco SA, C-354/15, ECLI :EU :C :2017 :157.]*, la signification ou la notification directe par l'intermédiaire des services postaux au titre du présent règlement devrait être considérée comme ayant été valablement effectuée si l'acte, même s'il n'a pas été remis au destinataire en personne, a été signifié ou notifié, à l'adresse du domicile du destinataire, à une personne adulte qui vit dans le même ménage que le destinataire ou qui est employée à cette adresse par le destinataire et qui a la capacité et la volonté de recevoir l'acte, à moins que le droit de l'État membre du for n'autorise que la signification ou la notification dudit acte au destinataire en personne.

(31) L'efficacité et la rapidité nécessaires dans les procédures judiciaires transfrontières nécessitent l'existence de voies directes, accélérées et sûres pour la signification ou la notification des actes à des personnes se trouvant dans d'autres États membres. Par conséquent, il devrait être possible de faire procéder à la signification ou à la notification d'actes directement par voie électronique à un destinataire qui a une adresse connue à des fins de signification ou de notification dans un autre État membre. Les conditions pour pouvoir recourir à ce type de signification ou notification électronique directe devraient être de nature à garantir qu'il n'est procédé à la signification ou la notification par voie électronique qu'en utilisant des moyens électroniques qui sont disponibles selon le droit de l'État membre du for

pour la signification ou la notification nationale d'actes, et devraient garantir l'existence de garde-fous appropriés pour protéger les intérêts du destinataire, notamment des normes techniques d'un niveau élevé et l'obligation de recueillir le consentement exprès du destinataire.

(32) Le destinataire devrait pouvoir se voir signifier ou notifier des actes par voie électronique à l'aide de services d'envoi recommandé électroniques qualifiés au sens du règlement (UE) n° 910/2014, pour autant qu'il ait préalablement donné son consentement exprès à l'utilisation de moyens électroniques aux fins de la signification ou de la notification d'actes au cours des procédures judiciaires. En pareils cas, le consentement exprès préalable pourrait être donné pour une procédure particulière ou sous la forme d'un consentement général à ce que les actes lui soient signifiés ou notifiés au cours de procédures judiciaires en utilisant ces modes de signification ou de notification. Ledit consentement pourrait également être donné lorsque, en vertu du droit de l'État membre du for, les actes de procédure pourraient être signifiés ou notifiés au moyen d'un système électronique et que le destinataire a consenti à l'utilisation de ce système en ce qui concerne la signification ou la notification d'actes avant que des actes ne soient signifiés ou notifiés au destinataire par l'intermédiaire de ce système.

(33) Le destinataire devrait avoir la possibilité de se voir signifier ou notifier des actes par voie électronique sans l'aide de services d'envoi recommandé électroniques qualifiés au sens du règlement (UE) n° 910/2014, pour autant qu'il ait préalablement donné à la juridiction ou à l'autorité saisie de l'instance ou à la partie responsable de la signification ou de la notification dans le cadre d'une telle instance son consentement exprès à l'utilisation de courriels envoyés à une adresse de courrier électronique déterminée au cours de cette instance, pour autant que soit reçue la preuve de la réception de l'acte par le destinataire. Le destinataire devrait confirmer la réception de l'acte en signant et en renvoyant un accusé de réception ou en renvoyant un courriel à partir de l'adresse de courrier électronique fournie par le destinataire aux fins de signification ou de notification. Il devrait être possible de signer l'accusé de réception de manière électronique. Afin de garantir la sécurité de la transmission, les États membres pourraient préciser sous quelles conditions supplémentaires ils accepteront la signification ou la notification par voie électronique par courriel lorsque leur droit fixe des conditions plus strictes en ce qui concerne la signification ou la notification par courriel ou lorsque leur droit n'autorise pas une telle signification ou notification par courriel. De telles conditions pourraient porter sur des questions telles que l'identification de l'expéditeur et du destinataire, l'intégrité des actes envoyés et la protection de la transmission contre les interférences extérieures.

(34) Toute personne ayant un intérêt dans une procédure judiciaire déterminée devrait avoir la possibilité de faire procéder à la signification ou à la notification d'actes directement par les soins des officiers ministériels, fonctionnaires ou autres personnes compétentes de l'État membre dans lequel la signification ou la notification est demandée, pour autant que cette signification ou notification directe soit autorisée par le droit de cet État membre.

(35) Lorsque le droit national et le présent règlement autorisent la juridiction à rendre une décision, même si aucune attestation constatant soit la signification ou la notification, soit la remise de l'acte introductif d'instance ou d'un acte équivalent n'a été reçue, il convient de déployer tous les efforts raisonnables pour obtenir l'attestation par l'intermédiaire des autorités ou organismes compétents de l'État membre requis avant que le jugement ne soit rendu, dans le respect de toute autre exigence sauvegardant les intérêts du défendeur. Sauf si cela est incompatible avec le droit national, il convient de déployer tous les efforts raisonnables pour informer le défendeur, dont une adresse ou un compte est connu de la juridiction saisie de l'instance, qu'une procédure judiciaire a été engagée en utilisant tout moyen de communication disponible, y compris les technologies de communication modernes.

(36) Il convient que la Commission élabore un manuel reprenant les informations utiles pour la bonne application du présent règlement. Le manuel devrait être mis à disposition par l'intermédiaire du réseau judiciaire européen en matière civile et commerciale. La Commission et les États membres devraient mettre tout en œuvre pour faire en sorte que les informations figurant dans le manuel soient à jour et complètes, notamment en ce qui concerne les coordonnées des entités requises et des entités d'origine.

(37) Pour le calcul des termes et délais prévus par le présent règlement, il convient d'appliquer le règlement (CEE, Euratom) n° 1182/71 du Conseil *[Règl. (CEE, Euratom) n° 1182/71 du Conseil du 3 juin 1971 portant détermination des règles applicables aux délais, aux dates et aux termes (JO L 124 du 8 juin 1971, p. 1).]*.

(38) Afin de mettre à jour les formulaires figurant à l'annexe I du présent règlement ou d'apporter des modifications techniques à ces formulaires, il convient de déléguer à la Commission le pouvoir d'adopter des actes conformément à l'article 290 du traité sur le fonctionnement de l'Union européenne en ce qui concerne les modifications à apporter à ladite annexe. Il importe particulièrement que la Commission procède aux consultations appropriées durant son travail préparatoire, y compris au niveau des experts, et que ces consultations soient menées conformément aux principes définis dans l'accord interinstitutionnel du 13 avril 2016 "Mieux légiférer" *[JO L 123 du 12 mai 2016, p. 1]*. En particulier, pour assurer leur égale participation à la préparation des actes délégués, le Parlement européen et le Conseil reçoivent tous les documents au même moment que les experts des États membres, et leurs experts ont systématiquement accès aux réunions des groupes d'experts de la Commission traitant de la préparation des actes délégués.

(39) Afin d'assurer des conditions uniformes d'exécution du présent règlement, il convient de conférer des compétences d'exécution à la Commission. Ces compétences devraient être exercées en conformité avec le règlement (UE) n° 182/2011 du Parlement européen et du Conseil *[Règl. (UE) n° 182/2011 du Parlement européen et du Conseil du 16 févr. 2011 établissant les règles et principes généraux relatifs aux modalités de contrôle par les États membres de l'exercice des compétences d'exécution par la Commission (JO L 55 du 28 févr. 2011, p. 13).]*.

(40) Le présent règlement devrait prévaloir, dans les rapports entre les États membres qui y sont parties, sur les dispositions contenues dans les accords ou arrangements bilatéraux ou multilatéraux conclus par les États membres qui ont le même champ d'application que le présent règlement, notamment la convention de La Haye du 15 novembre 1965 relative à la signification et la notification à l'étranger des actes judiciaires et extrajudiciaires en matière civile ou commerciale. Le présent règlement ne fait pas obstacle au maintien ou à la conclusion par les États membres d'accords ou d'arrangements visant à accélérer ou à simplifier la transmission des actes, pour autant que ces accords ou arrangements soient compatibles avec le présent règlement.

(41) Les libertés et droits fondamentaux de toutes les personnes concernées devraient être pleinement observés et respectés conformément au droit de l'Union, en particulier les droits relatifs à l'égalité d'accès à la justice, à la non-discrimination et à la protection des données à caractère personnel et à la vie privée.

(42) Il importe que les données transmises en vertu du présent règlement soient correctement protégées. Une telle protection relève du champ d'application du règlement (UE) 2016/679 et de la directive 2002/58/CE du Parlement européen et du Conseil *[Dir. 2002/58/CE du Parlement européen et du Conseil du 12 juill. 2002 concernant le traitement des données à caractère personnel et la protection de la vie privée dans le secteur des communications électroniques (directive vie privée et communications électroniques) (JO L 201 du 31 juill. 2002, p. 37).]*. Les données à caractère personnel qui ne sont pas utiles aux fins du traitement d'une affaire spécifique devraient être immédiatement supprimées.

(43) Conformément aux points 22 et 23 de l'accord interinstitutionnel du 13 avril 2016 "Mieux légiférer", la Commission devrait évaluer le présent règlement sur la base d'informations collectées selon des modalités de suivi spécifiques, afin d'évaluer les effets réels du présent règlement et la nécessité de toute nouvelle action éventuelle. Lorsque les États membres collectent des données sur la signification ou la notification des actes au titre du présent règlement et, en particulier, des informations sur le nombre de demandes transmises et de demandes reçues, le nombre de cas dans lesquels la transmission a été effectuée par d'autres moyens que par l'intermédiaire du système informatique décentralisé, le nombre d'attestations de non-accomplissement de la signification ou de la notification d'actes reçues et le nombre d'avis de refus en raison de la langue reçus par les entités d'origine, ils devraient fournir ces données à la Commission à des fins de suivi. Le logiciel de mise en œuvre de référence développé par la Commission en tant que système dorsal devrait être programmé en vue de collecter les données nécessaires à des fins de suivi et ces données devraient être transmises à la Commission. Lorsque les États membres choisissent d'utiliser un système informatique national en lieu et place du logiciel de mise en œuvre de référence développé par la Commission, ce système peut être équipé pour être programmé en vue de collecter ces données et, dans ce cas, ces données devraient être transmises à la Commission.

(44) Étant donné que les objectifs du présent règlement ne peuvent pas être atteints de manière suffisante par les États membres en raison des différences entre les règles nationales régissant la compétence ainsi que la reconnaissance et l'exécution des décisions, mais peuvent, en raison de l'applicabilité directe et de la nature contraignante du présent règlement, l'être mieux au niveau de l'Union, celle-ci peut prendre des mesures, conformément

au principe de subsidiarité consacré à l'article 5 du traité sur l'Union européenne. Conformément au principe de proportionnalité énoncé audit article, le présent règlement n'excède pas ce qui est nécessaire pour atteindre ces objectifs.

(45) Le Contrôleur européen de la protection des données a été consulté conformément à l'article 42, paragraphe 1, du règlement (UE) 2018/1725 et a rendu un avis le 13 septembre 2019 *[JO C 370 du 31 oct. 2019, p. 24.]*.

(46) Pour rendre les dispositions du règlement (CE) n° 1393/2007 plus aisément accessibles et plus lisibles, il convient d'abroger ledit règlement et de le remplacer par le présent règlement.

(47) Conformément à l'article 3 et à l'article 4 *bis*, paragraphe 1, du protocole n° 21 sur la position du Royaume-Uni et de l'Irlande à l'égard de l'espace de liberté, de sécurité et de justice, annexé au traité sur l'Union européenne et au traité sur le fonctionnement de l'Union européenne, le Royaume-Uni et l'Irlande ont notifié leur souhait de participer à l'adoption et à l'application du présent règlement.

(48) Conformément aux articles 1er et 2 du protocole n° 22 sur la position du Danemark annexé au traité sur l'Union européenne et au traité sur le fonctionnement de l'Union européenne, le Danemark ne participe pas à l'adoption du présent règlement et n'est pas lié par celui-ci ni soumis à son application,

ONT ADOPTÉ LE PRÉSENT RÈGLEMENT :

CHAPITRE PREMIER *Dispositions générales*

Art. 1er *Champ d'application.* 1. Le présent règlement s'applique à la signification et à la notification transfrontières des actes judiciaires et extrajudiciaires en matière civile ou commerciale. Il ne s'applique pas, en particulier, aux matières fiscales, douanières ou administratives, ni à la responsabilité d'un État membre pour des actes ou des omissions commis dans l'exercice de la puissance publique (*"acta jure imperii"*).

2. A l'exception de l'article 7, le présent règlement ne s'applique pas lorsque l'adresse du destinataire d'un acte à signifier ou à notifier n'est pas connue.

3. Le présent règlement ne s'applique pas à la signification ou à la notification d'un acte dans l'État membre du for à un représentant mandaté par le destinataire de l'acte à signifier ou à notifier, quel que soit le lieu de résidence de ladite personne.

Art. 2 *Définitions.* Aux fins du présent règlement, on entend par :

1) "État membre du for", l'État membre dans lequel la procédure judiciaire a lieu ;

2) "système informatique décentralisé", un réseau de systèmes informatiques nationaux et de points d'accès interopérables, dont le fonctionnement relève de la responsabilité et de la gestion individuelles de chaque État membre, qui permet un échange d'informations transfrontière sécurisé et fiable entre les systèmes informatiques nationaux.

Art. 3 *Entités d'origine et entités requises.* 1. Chaque État membre désigne les officiers ministériels, autorités ou autres personnes compétents pour transmettre les actes judiciaires ou extrajudiciaires aux fins de signification ou de notification dans un autre État membre (ci-après dénommés "entités d'origine").

2. Chaque État membre désigne les officiers ministériels, autorités ou autres personnes compétents pour recevoir les actes judiciaires ou extrajudiciaires en provenance d'un autre État membre (ci-après dénommés "entités requises").

3. Les États membres peuvent désigner des entités d'origine et des entités requises distinctes ou désigner une ou plusieurs entités pour l'exercice des deux fonctions. Les États membres fédéraux, *les États membres* dans lesquels plusieurs systèmes juridiques sont en vigueur et les États membres ayant des unités territoriales autonomes peuvent désigner plusieurs de ces entités. Cette désignation est valable pendant une période de cinq ans et peut être renouvelée pour une période supplémentaire de cinq ans.

4. Chaque État membre fournit à la Commission les informations suivantes :

a) les noms et adresses des entités requises visées aux paragraphes 2 et 3 ;

b) l'indication du ressort territorial de ces entités requises ;

c) les moyens dont ces entités requises disposent pour recevoir des actes lorsque l'article 5, paragraphe 4, s'applique ; et

d) les langues qui peuvent être utilisées pour remplir les formulaires qui figurent à l'annexe I.

Les États membres notifient à la Commission toute modification ultérieure des informations visées au premier alinéa.

Art. 4 *Organisme central.* Chaque État membre désigne un organisme central chargé :

a) de fournir des informations aux entités d'origine ;

b) de rechercher des solutions aux difficultés qui peuvent se présenter à l'occasion de la transmission des actes aux fins de signification ou de notification ;

c) de transmettre, dans des cas exceptionnels, une demande de signification ou de notification à l'entité requise compétente à la requête d'une entité d'origine.

Les États membres fédéraux, les États membres dans lesquels plusieurs systèmes juridiques sont en vigueur et les États membres ayant des unités territoriales autonomes peuvent désigner plusieurs organismes centraux.

Art. 5 *Moyens de communication à utiliser par les entités d'origine, les entités requises et les organismes centraux.* 1. La transmission des actes à signifier ou à notifier, des demandes, des confirmations, des reçus, des attestations et des communications effectuées à l'aide des formulaires qui figurent à l'annexe I entre les entités d'origine et les entités requises, entre ces entités et les organismes centraux, ou entre les organismes centraux de différents États membres est effectuée au moyen d'un système informatique décentralisé sécurisé et fiable. Ce système informatique décentralisé se fonde sur une solution interopérable telle que l'e-CODEX.

2. Le cadre juridique général concernant l'utilisation des services de confiance qualifiés décrits dans le règlement (UE) n° 910/2014 s'applique aux actes à signifier ou à notifier, aux demandes, aux confirmations, aux reçus, aux attestations et aux communications transmis au moyen du système informatique décentralisé.

3. Lorsque les actes à signifier ou à notifier, les demandes, les confirmations, les reçus, les attestations et les autres communications visés au paragraphe 1 du présent article exigent ou portent un cachet ou une signature manuscrite, ceux-ci peuvent être remplacés par des "cachets électroniques qualifiés" ou des "signatures électroniques qualifiées", au sens du règlement (UE) n° 910/2014.

4. Lorsque au paragraphe 1 s'avère impossible en raison d'une perturbation du système informatique décentralisé ou en raison de circonstances exceptionnelles, elle est effectuée par les moyens alternatifs les plus rapides et les plus appropriés, en tenant compte de la nécessité d'assurer la fiabilité et la sécurité de la transmission.

Sur l'applicabilité temporelle de l'art. 5, V. art. 37 du présent Règl.

Art. 6 *Effets juridiques des actes électroniques.* Les actes transmis au moyen du système informatique décentralisé ne doivent pas être privés d'effet juridique ni considérés comme irrecevables comme moyens de preuve dans le cadre d'une procédure au seul motif que ces actes se présentent sous une forme électronique.

Art. 7 *Assistance à la recherche d'adresses.* 1. Lorsque l'adresse de la personne à laquelle l'acte judiciaire ou extrajudiciaire doit être signifié ou notifié dans un autre État membre n'est pas connue, ledit État membre fournit une assistance pour trouver cette adresse selon au moins l'une des manières suivantes :

a) en prévoyant des autorités désignées auxquelles les entités d'origine peuvent soumettre les demandes concernant la détermination de l'adresse du destinataire de l'acte à signifier ou à notifier ;

b) en autorisant des personnes d'autres États membres à soumettre directement, y compris par voie électronique, dans des registres de la population ou d'autres bases de données accessibles au public, des demandes d'informations concernant les adresses de destinataires de l'acte à signifier ou à notifier, au moyen d'un formulaire type disponible sur le portail européen e-justice ; ou

c) en fournissant des informations détaillées, par l'intermédiaire du portail européen e-justice, sur la manière de trouver l'adresse de destinataires de l'acte à signifier ou à notifier.

2. Chaque État membre fournit à la Commission les informations ci-après en vue de les mettre à disposition sur le portail européen e-justice :

a) les modes d'assistance que l'État membre fournira sur son territoire conformément au paragraphe 1 ;

b) s'il y a lieu, les noms et coordonnées des autorités visées au paragraphe 1, points a) et b) ;

c) l'indication, le cas échéant, selon laquelle les autorités de l'État membre requis soumettent, de leur propre initiative, dans les registres du domicile ou d'autres bases de données, des demandes d'informations concernant les adresses dans les cas où l'adresse indiquée dans la demande de signification ou de notification n'est pas correcte.

Les États membres notifient à la Commission tout changement ultérieur apporté aux informations visées au premier alinéa.

CHAPITRE II *Actes judiciaires*

SECTION I *Transmission et signification ou notification des actes judiciaires*

Art. 8 *Transmission des actes.* 1. Les actes judiciaires sont transmis directement et dans les meilleurs délais entre les entités d'origine et les entités requises.

2. L'acte à transmettre est accompagné d'une demande établie au moyen du formulaire A qui figure à l'annexe I. Ce formulaire est rempli dans la langue officielle de l'État membre requis ou, s'il existe plusieurs langues officielles dans cet État membre, dans la langue officielle ou l'une des langues officielles du lieu où il doit être procédé à la signification ou à la notification, ou dans toute autre langue que l'État membre requis a indiqué accepter.

Chaque État membre indique à la Commission toute langue officielle de l'Union, autre que la ou les siennes, dans laquelle le formulaire peut être rempli.

3. Les actes transmis au titre du présent règlement sont dispensés de l'obligation de légalisation ou de toute formalité équivalente.

4. Lorsque l'entité d'origine demande à ce que lui soit retourné un exemplaire de l'acte envoyé au format papier conformément à l'article 5, paragraphe 4, avec l'attestation visée à l'article 14, elle adresse ledit acte en double exemplaire.

Sur l'applicabilité temporelle de l'art. 8, V. art. 37 du présent Règl.

Règlement (CE) du Parlement européen et du Conseil nº 1393/2007 du 13 novembre 2007,

Relatif à la signification et à la notification dans les États membres des actes judiciaires et extrajudiciaires en matière civile ou commerciale (« signification ou notification des actes »), et abrogeant le Règl. (CE) nº 1348/2000 du Conseil (JOUE L 324 du 10 déc. 2007, p. 79).

Art. 4 *Transmission des actes.* 1. Les actes judiciaires sont transmis directement et dans les meilleurs délais entre les entités désignées en vertu de l'article 2.

2. La transmission des actes, demandes, confirmations, accusés de réception, attestations et de toute autre pièce entre les entités d'origine et les entités requises peut être effectuée par tout moyen approprié, sous réserve que le contenu de l'acte reçu soit fidèle et conforme à celui de l'acte expédié et que toutes les mentions qu'il comporte soient aisément lisibles.

3. L'acte à transmettre est accompagné d'une demande établie au moyen du formulaire type figurant à l'annexe I. Ce formulaire est complété dans la langue officielle de l'État membre requis ou, s'il existe plusieurs langues officielles dans cet État membre, dans la langue officielle ou l'une des langues officielles du lieu où il doit être procédé à la signification ou à la notification, ou dans toute autre langue dont l'État membre requis aura indiqué qu'il peut l'accepter. Chaque État membre indique la ou les langues officielles des institutions de l'Union européenne, autres que la sienne ou les siennes, dans laquelle ou lesquelles il accepte que le formulaire soit complété. – *V. Annexe I du Règl. du 13 nov. 2007, JOUE L 324 du 10 déc. 2007, p. 87.*

4. Les actes ainsi que toutes les pièces transmises sont dispensés de légalisation et de toute formalité équivalente.

5. Lorsque l'entité d'origine souhaite que lui soit retourné un exemplaire de l'acte avec l'attestation visée à l'article 10, elle adresse l'acte à signifier ou à notifier en double exemplaire.

L'art. 4 entre en vigueur le vingtième jour suivant celui de la publication du présent règlement au Journal officiel de l'Union européenne, soit le 30 déc. 2007. Il est applicable à partir du 13 nov. 2008 (art. 26).

L'irrégularité d'une assignation introductive d'instance délivrée par un huissier de justice territorialement incompétent, qui n'est pas de celles limitativement énumérées à l'art. 117 C. pr. civ., constituant une irrégularité de forme qui doit être invoquée avant toute défense au fond, et en application du Règl. (CE) nº 1348/2000, seul applicable à compter de son entrée en vigueur le 31 mai 2001, l'huissier de justice qui agit comme entité d'origine pour transmettre un acte judiciaire ou extrajudiciaire à l'entité requise du pays membre destinataire n'étant soumis à aucune règle de compétence territoriale, viole les art. 74, 112 et 117 C. pr. civ. et les art. 1, 2, 4 et 23 de ce règlement la cour d'appel qui accueille l'exception de nullité d'assignations introductives d'instance et annule ces assignations aux motifs qu'elles ont été transmises à l'entité requise du pays membre destinataire par un huissier de justice dépourvu du pouvoir de représenter les sociétés requérantes auprès du tribunal saisi, et que cette irrégularité constitue une nullité de fond qui peut être soulevée en tout état de la procédure, y compris pour la première fois devant la cour d'appel. • Civ. 2e, 5 juin 2014 : *Dr. et pr. 2014. 137, note Dorol ; JCP 2014. 1232, n° 12, obs. Jeuland.*

Art. 9 *Traduction de l'acte.* 1. L'entité d'origine à laquelle le requérant a transmis l'acte en vue de sa transmission informe le requérant que le destinataire peut refuser de recevoir l'acte s'il n'est pas établi dans l'une des langues prévues à l'article 12, paragraphe 1.

2. Le requérant prend en charge les éventuels frais de traduction préalablement à la transmission de l'acte, sans préjudice d'éventuelles décisions ultérieures de la juridiction ou de l'autorité compétente sur la prise en charge de ces frais.

Art. 10 *Réception de l'acte par l'entité requise.* 1. Lorsqu'elle reçoit un acte, l'entité requise envoie automatiquement à l'entité d'origine un accusé de réception dans les meilleurs délais au moyen du système informatique décentralisé ou, lorsque l'accusé de réception est envoyé par d'autres moyens, dans les meilleurs délais et, en tout état de cause, dans un délai de sept jours à compter de la réception, au moyen du formulaire D qui figure à l'annexe I.

2. Si la demande de signification ou de notification ne peut aboutir sur la base des informations ou des pièces transmises, l'entité requise se met en relation avec l'entité d'origine sans retard injustifié afin d'obtenir les informations ou les pièces qui font défaut, au moyen du formulaire E qui figure à l'annexe I.

3. Si la demande de signification ou de notification ne rentre manifestement pas dans le champ d'application du présent règlement ou si le non-respect des conditions de forme imposées rend impossible la signification ou la notification, la demande et les pièces transmises sont retournées à l'entité d'origine, dès réception, sans retard injustifié, accompagnées d'un avis de retour, au moyen du formulaire F qui figure à l'annexe I.

4. Lorsque l'entité requise reçoit un acte aux fins de signification ou de notification pour la signification ou la notification duquel elle n'est pas territorialement compétente, elle transmet cet acte, ainsi que la demande, sans retard injustifié à l'entité requise territorialement compétente de l'État membre requis si la demande remplit les conditions prévues à l'article 8, paragraphe 2. Dans le même temps, l'entité requise informe l'entité d'origine au moyen du formulaire G qui figure à l'annexe I. Lorsqu'elle reçoit l'acte et la demande, l'entité requise territorialement compétente dans l'État membre requis envoie un accusé de réception à l'entité d'origine dans les meilleurs délais et, en tout état de cause, dans un délai de sept jours à compter de la réception, au moyen du formulaire H qui figure à l'annexe I.

Sur l'applicabilité temporelle de l'art. 10, V. art. 37 du présent Règl.

Règlement (CE) du Parlement européen et du Conseil n° 1393/2007 du 13 novembre 2007,

Relatif à la signification et à la notification dans les États membres des actes judiciaires et extrajudiciaires en matière civile ou commerciale (« signification ou notification des actes »), et abrogeant le Règl. (CE) n° 1348/2000 du Conseil (JOUE L 324 du 10 déc. 2007, p. 79).

Art. 6 *Réception de l'acte par l'entité requise.* 1. A la réception de l'acte, l'entité requise adresse par les moyens de transmission les plus rapides un accusé de réception à l'entité d'origine, dans les meilleurs délais et, en tout état de cause, dans les sept jours qui suivent cette réception en utilisant le formulaire type figurant à l'annexe I.

2. Si la demande de signification ou de notification ne peut aboutir en l'état des informations ou des pièces transmises, l'entité requise se met en relation, par les moyens les plus rapides, avec l'entité d'origine afin d'obtenir les informations ou les pièces qui font défaut.

3. Si la demande de signification ou de notification ne rentre manifestement pas dans le champ d'application du présent règlement ou si le non-respect des conditions de forme imposées rend impossible la signification ou la notification, la demande et les actes transmis sont retournés, dès leur réception, à l'entité d'origine, accompagnés de l'avis de retour dont le formulaire type figure à l'annexe I.

4. L'entité requise qui reçoit un acte pour la signification ou la notification duquel elle n'est pas territorialement compétente transmet cet acte, ainsi que la demande, à l'entité requise territorialement compétente du même État membre si la demande remplit les conditions prévues à l'article 4, paragraphe 3, et elle en informe l'entité d'origine au moyen du formulaire type figurant à l'annexe I. L'entité requise territorialement compétente avise l'entité d'origine de la réception de l'acte selon les modalités prévues au paragraphe 1. – *V. Annexe I du Règl. du 13 nov. 2007, JOUE L 324 du 10 déc. 2007, p. 87.*

L'art. 6 est entré en vigueur le vingtième jour suivant celui de la publication du présent Règl. au JOUE, soit le 30 déc. 2007. Il est applicable depuis le 13 nov. 2008 (Règl. du 13 nov. 2007, art. 26).

Art. 11 *Signification ou notification des actes.* **1. L'entité requise procède ou fait procéder à la signification ou à la notification de l'acte soit conformément au droit de l'État membre requis, soit selon le mode particulier demandé par l'entité d'origine, sauf si ce mode est incompatible avec le droit de cet État membre.**

2. L'entité requise prend toutes les mesures nécessaires pour qu'il soit procédé à la signification ou la notification de l'acte dans les meilleurs délais et, en tout état de cause, dans un délai d'un mois à compter de sa réception. S'il n'a pas été possible de procéder à la signification ou à la notification dans un délai d'un mois à compter de la réception de l'acte, l'entité requise :

a) en informe immédiatement l'entité d'origine au moyen du formulaire K qui figure à l'annexe I ou, si l'entité d'origine a utilisé le formulaire I qui figure à l'annexe I pour demander des informations, au moyen du formulaire J qui figure à l'annexe I ; et

b) continue à prendre toutes les mesures nécessaires pour qu'il soit procédé à la signification ou à la notification de l'acte lorsque la signification ou la notification semble possible dans un délai raisonnable, à moins que l'entité d'origine n'indique que la signification ou la notification n'est plus nécessaire.

Art. 12 *Refus de réception d'un acte.* **1. Le destinataire peut refuser de recevoir l'acte à signifier ou à notifier si celui-ci n'est pas rédigé ou accompagné d'une traduction :**

a) dans une langue que le destinataire comprend ; ou

b) dans la langue officielle de l'État membre requis ou, s'il existe plusieurs langues officielles dans cet État membre, la langue officielle ou l'une des langues officielles du lieu où il doit être procédé à la signification ou à la notification.

2. L'entité requise informe le destinataire du droit prévu au paragraphe 1 lorsque l'acte n'est pas rédigé ou n'est pas accompagné d'une traduction dans une langue visée au point b) dudit paragraphe, en joignant à l'acte à signifier ou à notifier le formulaire L qui figure à l'annexe I, qui est fourni :

a) dans la langue officielle ou dans l'une des langues officielles de l'État membre d'origine ; et

b) dans une langue visée au paragraphe 1, point b).

S'il apparaît que le destinataire comprend une langue officielle d'un autre État membre, le formulaire L qui figure à l'annexe I est également fourni dans cette langue.

Lorsqu'un État membre traduit le formulaire L qui figure à l'annexe I dans une langue d'un pays tiers, il communique cette traduction à la Commission afin qu'elle soit mise à disposition sur le portail européen e-justice.

3. Le destinataire peut refuser de recevoir l'acte soit au moment de la signification ou de la notification, soit dans un délai de deux semaines à compter de la signification ou de la notification, en faisant une déclaration écrite de refus de réception. A cette fin, le destinataire peut retourner à l'entité requise soit le formulaire L qui figure à l'annexe I soit une *déclaration écrite indiquant que le* destinataire refuse de recevoir l'acte en raison de la langue dans laquelle il a été signifié ou notifié.

4. Lorsque l'entité requise est informée que le destinataire refuse de recevoir l'acte en vertu des paragraphes 1, 2 et 3, elle en informe immédiatement l'entité d'origine au moyen de l'attestation d'accomplissement ou de non-accomplissement de la signification ou de la notification des actes, en utilisant le formulaire K qui figure à l'annexe I, et lui retourne la demande ainsi que, s'il est disponible, chaque acte dont la traduction est demandée.

5. Il est possible de régulariser la signification ou la notification de l'acte refusé en signifiant ou en notifiant au destinataire, conformément au présent règlement, ledit acte accompagné d'une traduction dans l'une des langues prévues au paragraphe 1. Dans un tel cas, la date de signification ou de notification de l'acte est la date à laquelle l'acte et sa traduction ont été signifiés ou notifiés conformément au droit de l'État membre requis. Toutefois, lorsque le droit d'un État membre exige qu'un acte soit signifié ou notifié dans un délai déter-

miné, la date à prendre en considération à l'égard du requérant est celle de la signification ou de la notification de l'acte initial, fixée conformément à l'article 13, paragraphe 2.

6. Les paragraphes 1 à 5 s'appliquent aussi aux autres modes de transmission et de signification ou de notification d'actes judiciaires prévus à la section 2.

7. Aux fins des paragraphes 1 et 2, les agents diplomatiques ou consulaires, dans les cas où la signification ou la notification est effectuée conformément à l'article 17, et l'autorité ou la personne, dans les cas où la signification ou la notification est effectuée conformément à l'article 18, 19 ou 20, informent le destinataire qu'il peut refuser de recevoir l'acte et que soit le formulaire L qui figure à l'annexe I, soit une déclaration écrite de refus doit être envoyé à ces agents ou à cette autorité ou personne, respectivement.

Art. 13 *Date de la signification ou de la notification.* 1. Sans préjudice de l'article 12, paragraphe 5, la date de la signification ou de la notification effectuée en vertu de l'article 11 est celle à laquelle l'acte a été signifié ou notifié conformément au droit de l'État membre requis.

2. Toutefois, lorsque le droit d'un État membre exige qu'un acte soit signifié ou notifié dans un délai déterminé, la date à prendre en considération à l'égard du requérant est celle fixée par le droit de cet État membre.

3. Le présent article s'applique également aux autres modes de transmission et de signification ou de notification d'actes judiciaires prévus à la section 2.

Art. 14 *Attestation de signification ou de notification et copie de l'acte signifié ou notifié.* 1. Lors de l'accomplissement des formalités relatives à la signification ou à la notification de l'acte en question, l'entité requise établit une attestation d'accomplissement de ces formalités au moyen du formulaire K qui figure à l'annexe I et l'envoie à l'entité d'origine, avec une copie de l'acte signifié ou notifié lorsque l'article 8, paragraphe 4, s'applique.

2. L'attestation visée au paragraphe 1 est remplie dans la langue officielle ou l'une des langues officielles de l'État membre d'origine ou dans une autre langue que l'État membre d'origine a indiqué accepter. Chaque État membre indique toute langue officielle de l'Union, autre que la ou les siennes, dans laquelle le formulaire K qui figure à l'annexe I peut être rempli.

Art. 15 *Frais de signification ou de notification.* 1. La signification ou la notification d'actes judiciaires en provenance d'un État membre ne peut donner lieu à aucune obligation de paiement ou de remboursement de taxes ou de frais pour les services rendus par l'État membre requis.

2. Par dérogation au paragraphe 1, le requérant est tenu de payer ou de rembourser les frais occasionnés par :

a) l'intervention d'un officier ministériel ou d'une personne compétente selon le droit de l'État membre requis ;

b) le recours à un mode particulier de signification ou de notification.

Les États membres fixent un droit forfaitaire unique pour l'intervention d'un officier ministériel ou d'une personne compétente selon le droit de l'État membre requis. Le montant de ce droit forfaitaire est fixé en conformité avec les principes de proportionnalité et de non-discrimination. Les États membres communiquent le montant de ce droit forfaitaire à la Commission.

SECTION II *Autres moyens de transmission et de signification ou de notification des actes judiciaires*

Art. 16 *Transmission par voie diplomatique ou consulaire.* Dans des circonstances exceptionnelles, chaque État membre peut utiliser la voie diplomatique ou consulaire pour transmettre des actes judiciaires, aux fins de signification ou de notification, aux entités requises ou aux organismes centraux d'un autre État membre.

Art. 17 *Signification ou notification par les agents diplomatiques ou consulaires.* 1. Chaque État membre peut faire procéder, directement et sans le recours à des mesures coercitives, par les soins de ses agents diplomatiques ou consulaires à la signification ou à la notification d'actes judiciaires aux personnes résidant sur le territoire d'un autre État membre.

2. Tout État membre peut indiquer à la Commission qu'il est opposé à la signification ou notification d'actes judiciaires visée au paragraphe 1 sur son territoire, à moins que les actes ne doivent être signifiés ou notifiés à des ressortissants de l'État membre dont les actes proviennent.

Art. 18 *Signification ou notification par l'intermédiaire des services postaux.* La signification ou la notification d'actes judiciaires à des personnes présentes dans un autre État membre peut être effectuée directement par l'intermédiaire des services postaux, par lettre recommandée avec accusé de réception ou équivalent.

Art. 19 *Signification ou notification par voie électronique.* 1. La signification ou la notification d'actes judiciaires peut être effectuée directement à une personne ayant une adresse connue à des fins de signification ou de notification dans un autre État membre par des moyens électroniques de signification ou de notification disponibles selon le droit de l'État membre du for pour la signification ou la notification nationale d'actes, pour autant que :

a) les actes soient envoyés et reçus à l'aide des services d'envoi recommandé électroniques qualifiés au sens du règlement (UE) n° 910/2014 et que le destinataire ait préalablement donné son consentement exprès à l'utilisation de moyens électroniques pour la signification ou la notification d'actes au cours de procédures judiciaires ; ou

b) le destinataire ait préalablement donné, à la juridiction ou à l'autorité saisie de l'instance ou à la partie responsable de la signification ou de la notification d'actes dans le cadre d'une telle instance, son consentement exprès à l'utilisation de courriels envoyés à une adresse de courrier électronique déterminée aux fins de la signification ou de la notification d'actes au cours de cette instance, et le destinataire confirme la réception de l'acte avec un accusé de réception comportant la date de réception.

2. Afin de garantir la sécurité de la transmission, tout État membre peut préciser et communiquer à la Commission les conditions supplémentaires auxquelles il acceptera la signification ou la notification par voie électronique visée au paragraphe 1, point b), lorsque son droit prévoit des conditions plus strictes à cet égard ou n'autorise pas la signification ou la notification par voie électronique par courriel.

Art. 20 *Signification ou notification directe.* 1. Toute personne qui a un intérêt à une procédure judiciaire particulière peut faire procéder à la signification ou à la notification d'actes judiciaires directement par les soins des officiers ministériels, fonctionnaires ou autres personnes compétentes de l'État membre dans lequel la signification ou la notification est demandée, à condition qu'une telle signification ou notification directe soit autorisée par le droit de cet État membre.

2. Un État membre qui autorise la signification ou la notification directe communique à la Commission des informations sur les professions ou les personnes compétentes qui sont autorisées à procéder à la signification ou à la notification directe d'actes sur leur territoire. La Commission met ces informations à disposition sur le portail européen e-justice.

CHAPITRE III *Actes extrajudiciaires*

Art. 21 *Transmission et signification ou notification des actes extrajudiciaires.* Les actes extrajudiciaires peuvent être transmis vers un autre État membre et signifiés ou notifiés dans ce dernier conformément au présent règlement.

CHAPITRE IV *Dispositions finales*

Art. 22 *Défendeur non comparant.* 1. Lorsqu'un acte introductif d'instance ou un acte équivalent a dû être transmis dans un autre État membre aux fins de signification ou de notification dans le cadre du présent règlement, et que le défendeur ne comparaît pas, le juge est tenu de surseoir à statuer aussi longtemps qu'il n'est pas établi que, soit la signification ou la notification de l'acte, soit la remise de l'acte a eu lieu dans un délai suffisant pour permettre au défendeur de se défendre et que :

a) l'acte a été signifié ou notifié selon un mode prescrit par le droit de l'État membre requis pour la signification ou la notification d'actes dans le cadre d'actions nationales à des personnes se trouvant sur son territoire ; ou

b) l'acte a été effectivement remis au défendeur ou à sa résidence selon un autre mode prévu par le présent règlement.

2. Chaque État membre peut informer la Commission du fait qu'une juridiction, nonobstant le paragraphe 1, peut statuer même si aucune attestation constatant soit la signification ou la notification, soit la remise de l'acte introductif d'instance ou d'un acte équivalent, n'a été reçue, pour autant que l'ensemble des conditions ci-après soient remplies :

a) l'acte a été transmis selon l'un des modes prévus par le présent règlement ;

b) un délai, que le juge estimera être approprié dans chaque cas particulier et qui ne peut être inférieur à six mois, s'est écoulé depuis la date de transmission de l'acte ;

c) aucune attestation n'a pu être obtenue, malgré tous les efforts raisonnables déployés auprès des autorités ou organismes compétents de l'État membre requis.

Ces informations sont mises à disposition sur le portail européen e-justice.

3. Nonobstant les paragraphes 1 et 2, en cas d'urgence justifiée, le juge peut ordonner toute mesure provisoire ou conservatoire.

4. Lorsqu'un acte introductif d'instance ou un acte équivalent a dû être transmis à un autre État membre aux fins de signification ou de notification conformément au présent règlement, et qu'une décision a été rendue contre un défendeur qui n'a pas comparu, le juge a la faculté de relever le défendeur de la forclusion résultant de l'expiration des délais de recours, lorsque les deux conditions ci-après sont remplies :

a) le défendeur, sans qu'il y ait eu faute de sa part, n'a pas eu connaissance dudit acte en temps utile pour se défendre, ou n'a pas eu connaissance de la décision en temps utile pour exercer un recours ; et

b) les moyens du défendeur n'apparaissent pas prima facie dénués de tout fondement.

La demande tendant au relevé de la forclusion ne peut être formée que dans un délai raisonnable après que le défendeur a eu connaissance de la décision.

Chaque État membre peut communiquer à la Commission le fait qu'une demande tendant au relevé de la forclusion sera irrecevable si elle est formée après l'expiration d'un délai que l'État membre indiquera dans sa communication. Ce délai ne peut en aucun cas être inférieur à un an suivant la date de la décision. Ces informations sont mises à disposition sur le portail européen e-justice.

5. Le paragraphe 4 ne s'applique pas aux décisions concernant l'état ou la capacité des personnes.

Art. 23 *Modification de l'annexe I.* La Commission est habilitée à adopter des actes délégués conformément à l'article 24 pour modifier l'annexe I en vue de mettre à jour les formulaires qui y figurent ou d'apporter des modifications techniques à ces formulaires.

Art. 24 *Exercice de la délégation.* 1. Le pouvoir d'adopter des actes délégués conféré à la Commission est soumis aux conditions fixées au présent article.

2. Le pouvoir d'adopter des actes délégués visé à l'article 23 est conféré à la Commission pour une période de cinq ans à compter du 22 décembre 2020. La Commission élabore un rapport relatif à la délégation de pouvoir au plus tard neuf mois avant la fin de la période de cinq ans. La délégation de pouvoir est tacitement prorogée pour des périodes d'une durée identique, sauf si le Parlement européen ou le Conseil s'oppose à cette prorogation trois mois au plus tard avant la fin de chaque période.

3. La délégation de pouvoir visée à l'article 23 peut être révoquée à tout moment par le Parlement européen ou le Conseil. La décision de révocation met fin à la délégation de pouvoir qui y est précisée. La révocation prend effet le jour suivant celui de la publication de ladite décision au *Journal officiel de l'Union européenne* ou à une date ultérieure qui est précisée dans ladite décision. Elle ne porte pas atteinte à la validité des actes délégués déjà en vigueur.

4. Avant d'adopter un acte délégué, la Commission consulte les experts désignés par chaque État membre, conformément aux principes définis dans l'accord interinstitutionnel du 13 avril 2016 "Mieux légiférer".

5. Aussitôt qu'elle adopte un acte délégué, la Commission le notifie au Parlement européen et au Conseil simultanément.

6. Un acte délégué adopté en vertu de l'article 23 n'entre en vigueur que si le Parlement européen ou le Conseil n'a pas exprimé d'objections dans un délai de deux mois à compter de la notification de cet acte au Parlement européen et au Conseil ou si, avant l'expiration de ce délai, le Parlement européen et le Conseil ont tous deux informé la Commission de leur intention de ne pas exprimer d'objections. Ce délai est prolongé de deux mois à l'initiative du Parlement européen ou du Conseil.

Art. 25 *Adoption d'actes d'exécution par la Commission.* 1. La Commission adopte des actes d'exécution en vue de créer le système informatique décentralisé, lesquels actes précisent les éléments suivants :

a) les spécifications techniques définissant les méthodes de communication par voie électronique aux fins du système informatique décentralisé ;

b) les spécifications techniques des protocoles de communication ;

c) les objectifs en matière de sécurité de l'information et les mesures techniques pertinentes garantissant des normes minimales de sécurité de l'information pour le traitement et la communication des informations au sein du système informatique décentralisé ;

d) les objectifs minimaux en matière de disponibilité et les éventuelles exigences techniques correspondantes pour les services fournis par le système informatique décentralisé ;

e) la création d'un comité directeur composé de représentants des États membres chargé d'assurer le fonctionnement et l'entretien du système informatique décentralisé afin d'atteindre les objectifs du présent règlement.

2. Les actes d'exécution visés au paragraphe 1 du présent article sont adoptés au plus tard le 23 mars 2022 en conformité avec la procédure d'examen visée à l'article 26, paragraphe 2.

Art. 26 *Comité.* 1. La Commission est assistée par un comité. Ledit comité est un comité au sens du règlement (UE) n° 182/2011.

2. Lorsqu'il est fait référence au présent paragraphe, l'article 5 du règlement (UE) n° 182/2011 s'applique.

Art. 27 *Logiciel de mise en œuvre de référence.* 1. La Commission est responsable de la création, de l'entretien et du développement futur d'un logiciel de mise en œuvre de référence que les États membres peuvent choisir d'utiliser comme système dorsal en lieu et place d'un système informatique national. La création, l'entretien et le développement futur du logiciel de mise en œuvre de référence sont financés par le budget général de l'Union.

2. La Commission assure, gère et soutient la mise en œuvre, à titre gratuit, des composants logiciels servant de support aux points d'accès.

Art. 28 *Coûts du système informatique décentralisé.* 1. Chaque État membre supporte les coûts d'installation, d'exploitation et d'entretien de ses points d'accès reliant les systèmes informatiques nationaux dans le cadre du système informatique décentralisé.

2. Chaque État membre supporte les coûts de création et d'adaptation de ses systèmes informatiques nationaux nécessaires pour permettre leur interopérabilité avec les points d'accès, ainsi que les coûts de gestion, d'exploitation et d'entretien de ces systèmes.

3. Les paragraphes 1 et 2 s'entendent sans préjudice de la faculté qu'ont les États membres de demander des subventions destinées à soutenir les activités visées auxdits paragraphes au titre des programmes financiers de l'Union.

Art. 29 *Relation avec des accords ou arrangements entre États membres.* 1. Pour les matières auxquelles il s'applique, le présent règlement prévaut, dans les rapports entre les États membres qui y sont parties, sur d'autres dispositions contenues dans des accords ou arrangements bilatéraux ou multilatéraux conclus par les États membres, et en particulier la convention de La Haye du 15 novembre 1965 relative à la signification et la notification à l'étranger des actes judiciaires et extrajudiciaires en matière civile ou commerciale.

2. Le présent règlement ne fait pas obstacle au maintien ou à la conclusion par les États membres d'accords ou d'arrangements visant à accélérer ou à simplifier davantage la transmission des actes, pour autant que ces accords ou arrangements soient compatibles avec le présent règlement.

3. Les États membres transmettent à la Commission :

a) une copie des accords ou arrangements, visés au paragraphe 2, conclus entre les États membres ainsi que les projets d'accords ou arrangements qu'ils entendent conclure ; et

b) toute dénonciation ou modification de ces accords ou arrangements.

Art. 30 *Assistance judiciaire.* Le présent règlement ne porte pas atteinte à l'application de l'article 24 de la convention de La Haye du 1er mars 1954 relative à la procédure civile ni de l'article 13 de la convention du 25 octobre 1980 tendant à faciliter l'accès international à la justice dans les relations entre les États membres parties à ces conventions.

Art. 31 *Protection des informations transmises.* 1. Tout traitement de données à caractère personnel effectué au titre du présent règlement, y compris l'échange ou la transmission de données à caractère personnel par les autorités compétentes, est effectué en conformité avec le règlement (UE) 2016/679.

Tout échange ou toute transmission de données par les autorités compétentes au niveau de l'Union est effectué conformément au règlement (UE) 2018/1725.

Les données à caractère personnel qui ne sont pas pertinentes pour le traitement d'un cas spécifique sont immédiatement supprimées.

2. La ou les autorités compétentes en vertu du droit national sont considérées comme les responsables du traitement au sens du règlement (UE) 2016/679 pour ce qui est du traitement de données à caractère personnel effectué au titre du présent règlement.

3. Nonobstant les paragraphes 1 et 2, les informations transmises au titre du présent règlement ne sont utilisées par l'entité requise qu'aux fins pour lesquelles elles ont été transmises.

4. Les entités requises veillent à préserver la confidentialité de ces informations, conformément au droit national dont elles relèvent.

5. Les paragraphes 3 et 4 sont sans préjudice des dispositions législatives nationales permettant aux personnes concernées d'être informées de l'usage qui a été fait des informations transmises en application du présent règlement.

6. Le présent règlement est sans préjudice de la directive 2002/58/CE.

Art. 32 *Respect des droits fondamentaux en vertu du droit de l'Union.* Les libertés et droits fondamentaux de toutes les personnes concernées sont pleinement observés et respectés conformément au droit de l'Union, en particulier les droits relatifs à l'égalité d'accès à la justice, à la non-discrimination et à la protection des données à caractère personnel et à la vie privée.

Art. 33 *Communication, publication et manuel.* 1. Les États membres communiquent à la Commission les informations visées aux articles 3, 7, 12, 14, 17, 19, 20 et 22.

Les États membres indiquent à la Commission si leur droit national exige de procéder à la signification ou à la notification d'un acte dans un délai déterminé, comme le prévoient l'article 12, paragraphe 5, et l'article 13, paragraphe 2.

2. S'ils sont en mesure d'exploiter le système informatique décentralisé avant l'échéance fixée par le présent règlement, les États membres peuvent adresser une notification à la Commission. La Commission met ces informations à disposition par voie électronique, en particulier sur le portail européen e-justice.

3. La Commission publie, au *Journal officiel de l'Union européenne,* les informations communiquées conformément au paragraphe 1, à l'exception des adresses et autres coordonnées des entités et des organismes centraux ainsi que leur ressort territorial.

4. La Commission établit et met régulièrement à jour un manuel contenant les informations visées au paragraphe 1. Elle met le manuel à disposition sous forme électronique, notamment par l'intermédiaire du réseau judiciaire européen en matière civile et commerciale et sur le portail européen e-justice.

Art. 34 *Suivi.* 1. Au plus tard le 2 juillet 2023, la Commission établit un programme détaillé pour le suivi des réalisations, des résultats et de l'incidence du présent règlement.

2. Le programme de suivi précise les mesures que doivent prendre la Commission et les États membres pour assurer le suivi des réalisations, des résultats et de l'incidence du présent règlement. Il définit le moment auquel les données visées au paragraphe 3 doivent être collectées pour la première fois, soit au plus tard le 2 juillet 2026, et la fréquence à laquelle ces données doivent être collectées par la suite.

3. Les États membres fournissent à la Commission les données ci-après nécessaires aux fins du suivi, lorsqu'elles sont disponibles :

a) le nombre de demandes aux fins de la signification ou de la notification d'actes transmises conformément à l'article 8 ;

b) le nombre de demandes aux fins de la signification ou de la notification d'actes exécutées conformément à l'article 11 ;

c) le nombre de cas dans lesquels la demande de signification ou de notification d'actes a été transmise par d'autres moyens que par l'intermédiaire du système informatique décentralisé, conformément à l'article 5, paragraphe 4 ;

d) le nombre d'attestations de non-accomplissement de la signification ou de la notification d'actes qui ont été reçues ;

e) le nombre de refus d'actes en raison de la langue utilisée, qui ont été reçus par les entités d'origine.

4. Le logiciel de mise en œuvre de référence et, s'il est équipé pour ce faire, le système dorsal national sont programmés pour collecter les données visées au paragraphe 3, points a), b) et d), et ils transmettent régulièrement ces données à la Commission.

Art. 35 *Évaluation.* 1. Au plus tard cinq ans après la date d'application de l'article 5 conformément à l'article 37, paragraphe 2, la Commission procède à une évaluation du présent règlement et présente un rapport contenant ses principales conclusions au Parlement européen, au Conseil et au Comité économique et social européen, accompagné, le cas échéant, d'une proposition législative.

2. Les États membres fournissent à la Commission les informations nécessaires à l'établissement du rapport visé au paragraphe 1.

Art. 36 *Abrogation.* 1. Le règlement (CE) n° 1393/2007 est abrogé à partir de la date d'application du présent règlement, à l'exception des articles 4 et 6 du règlement (CE)

n° 1393/2007, qui sont abrogés à partir de la date d'application des articles 5, 8 et 10 visée à l'article 37, paragraphe 2, du présent règlement.

2. Les références faites au règlement abrogé s'entendent comme faites au présent règlement et sont à lire selon le tableau de correspondance figurant à l'annexe III.

Art. 37 *Entrée en vigueur et application.* **1. Le présent règlement entre en vigueur le vingtième jour suivant celui de sa publication au** ***Journal officiel de l'Union européenne*****.**

Il est applicable à partir du 1er juillet 2022.

2. Les articles 5, 8 et 10 s'appliquent à compter du premier jour du mois suivant la période de trois ans qui suit la date d'entrée en vigueur des actes d'exécution visés à l'article 25.

Le présent règlement est obligatoire dans tous ses éléments et directement applicable dans les États membres conformément aux traités.

ANNEXE I

FORMULAIRE A

DEMANDE DE SIGNIFICATION OU DE NOTIFICATION D'ACTES

[Article 8, paragraphe 2, du règlement (UE) 2020/1784 du Parlement européen et du Conseil du 25 novembre 2020 relatif à la signification et à la notification dans les États membres des actes judiciaires et extrajudiciaires en matière civile ou commerciale (signification ou notification d'actes) *[JO L 405 du 2 déc. 2020, p. 40]*]

n° de référence de l'entité d'origine :

1. ENTITÉ D'ORIGINE

1.1. Nom :

1.2. Adresse :

1.2.1. Rue et numéro/boîte postale :

1.2.2. Localité et code postal :

1.2.3. Pays :

1.3. Tél. :

1.4. Fax *[Facultatif]* :

1.5. Courriel :

2. ENTITÉ REQUISE

2.1. Nom :

2.2. Adresse :

2.2.1. Rue et numéro/boîte postale :

2.2.2. Localité et code postal :

2.2.3. Pays :

2.3. Tél. :

2.4. Fax *[Facultatif]* :

2.5. Courriel :

3. REQUÉRANT(S) *[S'il y a plus d'un requérant, veuillez fournir les informations mentionnées aux points 3.1 à 3.5]*

3.1. Nom :

3.2. Adresse :

3.2.1. Rue et numéro/boîte postale :

3.2.2. Localité et code postal :

3.2.3. Pays :

3.3. Tél. *[Facultatif]* :

3.4. Fax *[Facultatif]* :

3.5. Courriel *[Facultatif]* :

4. DESTINATAIRE

4.1. Nom :

4.1.1. Date de naissance, si elle est connue :

4.2. Adresse :

4.2.1. Rue et numéro/boîte postale :

4.2.2. Localité et code postal :

4.2.3. Pays :

4.3. Tél. *[Facultatif]* :

4.4. Fax *[Facultatif]* :

4.5. Courriel *[Facultatif]* :

4.6. Numéro d'identification/numéro de sécurité sociale/numéro d'organisation/ou équivalent *[Facultatif]* :

4.7. Toute autre information relative au destinataire *[Facultatif]* :

5. MODE DE SIGNIFICATION OU DE NOTIFICATION

5.1. Selon le droit de l'État membre requis ☐

5.2. Selon le mode particulier suivant : ☐

5.2.1. Si ce mode est incompatible avec le droit de l'État membre requis, il convient de signifier ou de notifier l'acte ou les actes conformément au droit de cet État membre :

5.2.1.1. Oui ☐

5.2.1.2. Non ☐

6. ACTE À SIGNIFIER OU À NOTIFIER

6.1. Nature de l'acte :

6.1.1. Judiciaire ☐

6.1.1.1. Acte introductif d'instance ☐

6.1.1.2. Décision/jugement ☐

6.1.1.3. Recours ☐

6.1.1.4. Autre (veuillez préciser) :

6.1.2. Extrajudiciaire ☐

6.2. Date ou délai à partir de laquelle/duquel la signification ou la notification n'est plus nécessaire *[Facultatif]* :

.... (jour) .... (mois) .... (année)

6.3. Langue de l'acte :

6.3.1. Original BG ☐, ES ☐, CS ☐, DE ☐, ET ☐, EL ☐, EN ☐, FR ☐, GA ☐, HR ☐, IT ☐, LV ☐, LT ☐, HU ☐, MT ☐, NL ☐, PL ☐, PT ☐, RO ☐, SK ☐, SL ☐, FI ☐, SV ☐, autre ☐ (veuillez préciser)

6.3.2. Traduction *[Facultatif]* BG ☐, ES ☐, CS ☐, DE ☐, ET ☐, EL ☐, EN ☐, FR ☐, GA ☐, HR ☐, IT ☐, LV ☐, LT ☐, HU ☐, MT ☐, NL ☐, PL ☐, PT ☐, RO ☐, SK ☐, SL ☐, FI ☐, SV ☐, autre ☐ (veuillez préciser)

6.4. Nombre de pièces jointes :

7. LANGUE DES INFORMATIONS À FOURNIR AU DESTINATAIRE SUR LE DROIT DE REFUSER L'ACTE

Aux fins de l'article 12, paragraphe 2, du règlement (UE) 2020/1784, veuillez indiquer dans laquelle des langues suivantes, outre celle de l'État membre requis, les informations doivent être fournies :

7.1. La langue officielle ou l'une des langues officielles de l'État membre d'origine *[Ne concerne que les États membres ayant plusieurs langues officielles]* : BG ☐, ES ☐, CZ ☐, DE ☐, ET ☐, EL ☐, EN ☐, FR ☐, GA ☐, HR ☐, IT ☐, LV ☐, LT ☐, HU ☐, MT ☐, NL ☐, PL ☐, PT ☐, RO ☐, SK ☐, SL ☐, FI ☐, SV ☐

7.2. La langue officielle d'un autre État membre que le destinataire pourrait comprendre : BG ☐, ES ☐, CZ ☐, DE ☐, ET ☐, EL ☐, EN ☐, FR ☐, GA ☐, HR ☐, IT ☐, LV ☐, LT ☐, HU ☐, MT ☐, NL ☐, PL ☐, PT ☐, RO ☐, SK ☐, SL ☐, FI ☐, SV ☐

8. UN EXEMPLAIRE DE L'ACTE DOIT ÊTRE RETOURNÉ AVEC L'ATTESTATION DE SIGNIFICATION OU DE NOTIFICATION [article 5, paragraphe 4, du règlement (UE) 2020/1784]

8.1. Oui (dans ce cas, l'acte à signifier ou à notifier doit être envoyé en double exemplaire) ☐

8.2. Non ☐

9. RAISONS POUR LESQUELLES LA TRANSMISSION N'A PAS ÉTÉ EFFECTUÉE AU MOYEN DU SYSTÈME INFORMATIQUE DÉCENTRALISÉ [article 5, paragraphe 4, du règlement (UE) 2020/1784] *[Ce point ne s'applique qu'à partir de la date d'application du système informatique décentralisé, conformément à l'art. 37, § 2, du Règl. (UE) 2020/1784]*

La transmission électronique n'a pas été possible en raison :

☐ d'une perturbation du système informatique

☐ de circonstances exceptionnelles

1. Aux termes de l'article 11, paragraphe 2, du règlement (UE) 2020/1784, vous êtes tenu(e) de prendre toutes les mesures nécessaires pour procéder à la signification ou à la notification de l'acte dans les meilleurs délais et, en tout état de cause, dans un délai d'un mois à compter de sa réception. S'il ne vous a pas été possible de procéder à la signification ou à la notification dans un délai d'un mois à compter de la réception, vous devez en informer cette entité en l'indiquant au point 2 de l'attestation d'accomplissement ou de non-accomplissement de la signification ou de la notification des actes.

2. S'il n'est pas possible de faire aboutir la présente demande de signification ou de notification sur la base des informations ou des pièces transmises, vous êtes tenu(e), aux termes de l'article 10, paragraphe 2, du règlement (UE) 2020/1784, de vous mettre en relation avec cette entité afin d'obtenir les informations ou les pièces qui font défaut, au moyen du formulaire E qui figure à l'annexe I du règlement (UE) 2020/1784.

Fait à :
Date :
Signature et/ou cachet ou signature électronique et/ou cachet électronique :

FORMULAIRE B

[Le recours au présent formulaire est facultatif]

DEMANDE VISANT À DÉTERMINER L'ADRESSE DU DESTINATAIRE DE L'ACTE À SIGNIFIER OU À NOTIFIER

[Article 7, paragraphe 1, point a), du règlement (UE) 2020/1784 du Parlement européen et du Conseil du 25 novembre 2020 relatif à la signification et à la notification dans les États membres des actes judiciaires et extrajudiciaires en matière civile ou commerciale (signification ou notification des actes) *[JO L 405 du 2 déc. 2020, p. 40]*] *[Le présent formulaire ne concerne que les États membres qui fournissent une assistance conformément à l'art. 7, § 1, point a), du Règl. (UE) 2020/1784]*

Numéro de référence de l'entité d'origine :

1. ENTITÉ D'ORIGINE
1.1. Nom :
1.2. Adresse :
1.2.1. Rue et numéro/boîte postale :
1.2.2. Localité et code postal :
1.2.3. Pays :
1.3. Tél. *[Facultatif]* :
1.4. Fax *[Facultatif]* :
1.5. Courriel :
2. AUTORITÉ REQUISE
2.1. Nom :
2.2. Adresse :
2.2.1. Rue et numéro/boîte postale :
2.2.2. Localité et code postal :
2.2.3. Pays :
2.3. Tél. *[Facultatif]* :
2.4. Fax *[Facultatif]* :
2.5. Courriel :
3. DESTINATAIRE
3.1. Nom :
3.2. Dernière adresse connue :
3.2.1. Rue et numéro/boîte postale :
3.2.2. Localité et code postal :
3.2.3. Pays :
3.3. Données personnelles connues concernant le destinataire (s'il s'agit d'une personne physique), le cas échéant :
3.3.1. Nom à la naissance :
3.3.2. Autre(s) nom(s) connu(s) :
3.3.3. Date et lieu de naissance :
3.3.4. Numéro d'identification/numéro de sécurité sociale/ou équivalent :
3.3.5. Nom de la mère ou nom du père à la naissance :
3.3.6. Renseignements divers :
3.4. Données connues concernant le destinataire (s'il s'agit d'une personne morale), le cas échéant :
3.4.1. Numéro d'immatriculation ou équivalent :
3.4.2. Nom(s) du ou des membres du conseil d'administration/du représentant :
3.5. Tél. *[Facultatif]* :
3.6. Fax *[Facultatif]* :
3.7. Courriel *[Facultatif]* :
3.8. Renseignements divers, le cas échéant :

Fait à :
Date :
Signature et/ou cachet ou signature électronique et/ou cachet électronique :

FORMULAIRE C

[Le recours au présent formulaire est facultatif]

RÉPONSE À LA DEMANDE VISANT À DÉTERMINER L'ADRESSE DU DESTINATAIRE DE L'ACTE À SIGNIFIER OU À NOTIFIER

[Article 7, paragraphe 1, point a), du règlement (UE) 2020/1784 du Parlement européen et du Conseil du 25 novembre 2020 relatif à la signification et à la notification dans les États membres des actes judiciaires et extrajudiciaires en matière civile ou commerciale (signification ou notification des actes) *[JO L 405 du 2 déc. 2020, p. 40]*] *[Le présent formulaire ne concerne que les États membres qui fournissent une assistance conformément à l'art. 7, § 1, point a), du Règl. (UE) 2020/1784]*

Numéro de référence de l'autorité requise :

Numéro de référence de l'entité d'origine :

1. DESTINATAIRE

1.1. Nom :

1.2. Adresse connue :

1.2.1. Rue et numéro/boîte postale :

1.2.2. Localité et code postal :

1.2.3. Pays :

1.3. Aucune adresse n'a pu être déterminée ☐

1.4. Renseignements divers :

Fait à :

Date :

Signature et/ou cachet ou signature électronique et/ou cachet électronique :

FORMULAIRE D

ACCUSÉ DE RÉCEPTION

[Article 10, paragraphe 1, du règlement (UE) 2020/1784 du Parlement européen et du Conseil du 25 novembre 2020 relatif à la signification et à la notification dans les États membres des actes judiciaires et extrajudiciaires en matière civile ou commerciale (signification ou notification des actes) *[JO L 405 du 2 déc. 2020, p. 40.]*]

Le présent accusé de réception devrait être envoyé au moyen du système informatique décentralisé ou par un autre moyen dans les meilleurs délais après la réception de l'acte et, en tout état de cause, dans un délai de sept jours à compter de la réception de l'acte *[L'obligation d'envoyer l'accusé de réception au moyen du système informatique décentralisé n'est applicable qu'à partir de la date d'application dudit système, conformément à l'art. 37, § 2, du Règl. (UE) 2020/1784]*.

Numéro de référence de l'entité d'origine :

Numéro de référence de l'entité requise :

Destinataire :

1. DATE DE RÉCEPTION :

Fait à :

Date :

Signature et/ou cachet ou signature électronique et/ou cachet électronique :

FORMULAIRE E

DEMANDE D'INFORMATIONS OU D'ACTES COMPLÉMENTAIRES AUX FINS DE LA SIGNIFICATION OU DE LA NOTIFICATION DES ACTES

[Article 10, paragraphe 2, du règlement (UE) 2020/1784 du Parlement européen et du Conseil du 25 novembre 2020 relatif à la signification et à la notification dans les États membres des actes judiciaires et extrajudiciaires en matière civile ou commerciale (signification ou notification des actes) *[JO L 405 du 2 déc. 2020, p. 40]*]

Numéro de référence de l'entité d'origine :

Numéro de référence de l'entité requise :

Destinataire :

1. La demande ne peut être exécutée sans les informations complémentaires suivantes :

1.1. Identité du destinataire *[Facultatif]* :

1.2. Date de naissance *[Facultatif]* :

1.3. Numéro d'identification/numéro de sécurité sociale/numéro d'organisation/ou équivalent *[Facultatif]* :

1.4. Autre (veuillez préciser) :

2. La demande ne peut être exécutée sans les actes suivants :

2.1. Actes à signifier ou à notifier *[Facultatif]* :

2.2. Preuve du paiement *[Facultatif]* :

2.3. Autre (veuillez préciser) :

Fait à :

Date :

Signature et/ou cachet ou signature électronique et/ou cachet électronique :

FORMULAIRE F

AVIS DE RETOUR DE LA DEMANDE ET DE L'ACTE

Article 10, paragraphe 3, du règlement (UE) 2020/1784 du Parlement européen et du Conseil du 25 novembre 2020 relatif à la signification et à la notification dans les États membres des actes judiciaires et extrajudiciaires en matière civile ou commerciale (signification ou notification des actes) *[JO L 405 du 2 déc. 2020, p. 40]*]

La demande et l'acte doivent être retournés dès réception.

Numéro de référence de l'entité d'origine :

Numéro de référence de l'entité requise :

Destinataire :

1. MOTIF DU RETOUR :

1.1. La demande ne rentre manifestement pas dans le champ d'application du règlement :

1.1.1. adresse inconnue ☐

1.1.2. la matière n'est pas de nature civile ou commerciale ☐

1.1.3. la signification ou la notification n'a pas lieu d'un État membre à un autre État membre ☐

1.1.4. Autre (veuillez préciser) :

1.2. Le non-respect des conditions de forme imposées rend la signification ou la notification impossible :

1.2.1. l'acte est difficile à lire ☐

1.2.2. la langue utilisée pour remplir le formulaire est incorrecte ☐

1.2.3. autre (veuillez préciser) :

1.3. Le mode de signification ou de notification est incompatible avec le droit de l'État membre requis [article 11, paragraphe 1, du règlement (UE) 2020/1784] ☐

Fait à :

Date :

Signature et/ou cachet ou signature électronique et/ou cachet électronique :

FORMULAIRE G

AVIS DE RETRANSMISSION DE LA DEMANDE ET DE L'ACTE À L'ENTITÉ REQUISE COMPÉTENTE

[Article 10, paragraphe 4, du règlement (UE) 2020/1784 du Parlement européen et du Conseil du 25 novembre 2020 relatif à la signification et à la notification dans les États membres des actes judiciaires et extrajudiciaires en matière civile ou commerciale (signification ou notification des actes) *[JO L 405 du 2 déc. 2020, p. 40]*]

La demande et l'acte ont été transmis à l'entité requise suivante, territorialement compétente pour la signification ou la notification de l'acte :

Numéro de référence de l'entité d'origine :

Numéro de référence de l'entité requise :

Destinataire :

1. ENTITÉ REQUISE COMPÉTENTE

1.1. Nom :

1.2. Adresse :

1.2.1. Rue et numéro/boîte postale :

1.2.2. Localité et code postal :

1.2.3. Pays :

1.3. Tél. :

1.4. Fax *[Facultatif]* :

1.5. Courriel :

Fait à :

Date :

Signature et/ou cachet ou signature électronique et/ou cachet électronique :

FORMULAIRE H

ACCUSÉ DE RÉCEPTION ADRESSÉ PAR L'ENTITÉ REQUISE TERRITORIALEMENT COMPÉTENTE À L'ENTITÉ D'ORIGINE

[Article 10, paragraphe 4, du règlement (UE) 2020/1784 du Parlement européen et du Conseil du 25 novembre 2020 relatif à la signification et à la notification dans les États membres des actes judiciaires et extrajudiciaires en matière civile ou commerciale (signification ou notification des actes) *[JO L 405 du 2 déc. 2020, p. 40]*]

Le présent accusé de réception devrait être envoyé au moyen du système informatique décentralisé ou par un autre moyen dans les meilleurs délais après la réception de l'acte et, en tout état de cause, dans un délai de sept jours à compter de la réception de l'acte *[L'obligation d'envoyer l'accusé de réception au moyen du système informatique décentralisé n'est applicable qu'à partir de la date d'application dudit système, conformément à l'art. 37, § 2, du Règl. (UE) 2020/1784]*.

Numéro de référence de l'entité d'origine :

Numéro de référence de l'entité requise :

Destinataire :

DATE DE RÉCEPTION :

Fait à :

Date :

Signature et/ou cachet ou signature électronique et/ou cachet électronique :

FORMULAIRE I

[Le recours au présent formulaire est facultatif]

DEMANDE D'INFORMATIONS SUR L'ACCOMPLISSEMENT OU LE NON-ACCOMPLISSEMENT DE LA SIGNIFICATION OU DE LA NOTIFICATION D'ACTES

[Article 11, paragraphe 2, du règlement (UE) 2020/1784 du Parlement européen et du Conseil du 25 novembre 2020 relatif à la signification et à la notification dans les États membres des actes judiciaires et extrajudiciaires en matière civile ou commerciale (signification ou notification des actes) *[JO L 405 du 2 déc. 2020, p. 4]*]

La signification ou la notification est effectuée dans les meilleurs délais. S'il n'a pas été possible de procéder à la signification ou à la notification dans un délai d'un mois à compter de la réception, l'entité requise en informe l'entité d'origine.

Numéro de référence de l'entité d'origine :

Numéro de référence de l'entité requise (le cas échéant) :

1. LA DEMANDE A ÉTÉ ENVOYÉE MAIS AUCUNE INFORMATION SUR L'ACCOMPLISSEMENT OU LE NON-ACCOMPLISSEMENT DE LA SIGNIFICATION OU DE LA NOTIFICATION N'A ÉTÉ REÇUE

1.1. La demande a été envoyée ☐

Date : ....

1.2. L'accusé de réception a été reçu ☐

Date : ....

1.3. D'autres informations ont été reçues ☐

2. ENTITÉ D'ORIGINE

2.1. Nom :

Les éléments 2.2 à 2.6 sont facultatifs lorsqu'une copie de la demande de signification ou de notification d'actes est jointe :

2.2. Adresse :

2.2.1. Rue et numéro/boîte postale :

2.2.2. Localité et code postal :

2.3. Pays :

2.4. Tél. :

2.5. Fax *[Facultatif]* :

2.6. Courriel :

3. ENTITÉ REQUISE

3.1. Nom :

Ces éléments sont facultatifs lorsqu'une copie de la demande de signification ou de notification d'actes est jointe :

3.2. Adresse :

3.2.1. Rue et numéro/boîte postale :

3.2.2. Localité et code postal :

3.3. Pays :

3.4. Tél.

3.5. Fax *[Facultatif]* :

3.6. Courriel :

4. DESTINATAIRE

4.1. Nom :

4.1.1. Date de naissance, si elle est connue :

Ces éléments sont facultatifs lorsqu'une copie de la demande de signification ou de notification d'actes est jointe :

4.2. Adresse :

4.2.1. Rue et numéro/boîte postale :

4.2.2. Localité et code postal :

4.2.3. Pays :

4.3. Tél. *[Facultatif]* :
4.4. Fax *[Facultatif]* :
4.5. Courriel *[Facultatif]* :
4.6. Numéro d'identification/numéro de sécurité sociale/numéro d'organisation/ou équivalent *[Facultatif]* :
4.7. Toute autre information relative au destinataire *[Facultatif]* :
Fait à :
Date :
Signature et/ou cachet ou signature électronique et/ou cachet électronique :

FORMULAIRE J

[Le recours au présent formulaire est facultatif]
RÉPONSE À LA DEMANDE D'INFORMATIONS SUR L'ACCOMPLISSEMENT OU LE NON-ACCOMPLISSEMENT DE LA SIGNIFICATION OU DE LA NOTIFICATION D'ACTES
[Article 11, paragraphe 2, du règlement (UE) 2020/1784 du Parlement européen et du Conseil du 25 novembre 2020 relatif à la signification et à la notification dans les États membres des actes judiciaires et extrajudiciaires en matière civile ou commerciale (signification ou notification des actes) *[JO L 405 du 2 déc. 2020, p. 40]*]
Numéro de référence de l'autorité requise :
Numéro de référence de l'entité d'origine :
Destinataire :
1. INFORMATIONS SUR L'ÉTAT D'ACCOMPLISSEMENT DE LA SIGNIFICATION OU DE LA NOTIFICATION D'ACTES
1.1. La demande n'a pas été reçue ☐
1.2. La demande ne peut pas être exécutée dans un délai d'un mois à compter de sa réception, pour les raisons suivantes :
1.2.1. La détermination de l'adresse actuelle du destinataire est en cours ☐
1.2.2. La signification ou la notification est en cours – les actes ont été envoyés au destinataire, mais leur remise n'a pas encore été confirmée ☐
1.2.3. La signification ou la notification est en cours – les actes ont été envoyés au destinataire, mais le délai prévu pour le refus n'est – pas expiré ☐
1.2.4. Toutes les options de signification ou de notification n'ont pas encore été épuisées ☐
1.2.5. La signification ou la notification a déjà été effectuée (voir la copie de l'attestation ci-jointe) ☐
1.2.6. Il a été répondu à la demande le .... (date). Réponse jointe ☐
1.2.7. La demande d'informations ou d'actes complémentaires est en cours ☐
1.2.8. Autre ☐
1.3. Selon les estimations, la demande sera exécutée d'ici le ....
Fait à :
Date :
Signature et/ou cachet ou signature électronique et/ou cachet électronique :

FORMULAIRE K

ATTESTATION D'ACCOMPLISSEMENT OU DE NON-ACCOMPLISSEMENT DE LA SIGNIFICATION OU DE LA NOTIFICATION DES ACTES
[Article 11, paragraphe 2, article 12, paragraphe 4, et article 14 du règlement (UE) 2020/1784 du Parlement européen et du Conseil du 25 novembre 2020 relatif à la signification et à la notification dans les États membres des actes judiciaires et extrajudiciaires en matière civile ou commerciale (signification ou notification des actes) *[JO L 405 du 2 déc. 2020, p. 40]*]
La signification ou la notification est effectuée dans les meilleurs délais. S'il n'a pas été possible de procéder à la signification ou à la notification dans un délai d'un mois à compter de la réception, l'entité requise en informe l'entité d'origine [article 11, paragraphe 2, du règlement (UE) 2020/1784]
Numéro de référence de l'entité d'origine :
Numéro de référence de l'entité requise :
Destinataire :
1. ACCOMPLISSEMENT DE LA SIGNIFICATION OU DE LA NOTIFICATION (article 14)
1.1. Date et adresse de la signification ou de la notification
1.2. L'acte a été :
1.2.1. signifié ou notifié selon le droit de l'État membre requis, à savoir :
1.2.1.1. délivré ☐
1.2.1.1.1. au destinataire lui-même ☐

1.2.1.1.2. à une autre personne ☐
1.2.1.1.2.1. Nom :
1.2.1.1.2.2. Adresse :
1.2.1.1.2.2.1. Rue et numéro/boîte postale :
1.2.1.1.2.2.2. Localité et code postal :
1.2.1.1.2.2.3. Pays :
1.2.1.1.2.3. Nature du lien avec le destinataire :
famille ☐ salarié ☐ autre ☐
1.2.1.1.3. à l'adresse du destinataire ☐
1.2.1.1.4. à une autre adresse (veuillez préciser) *[Adresse établie par l'entité requise conformément à l'art. 7, § 2, point c), du Règl. (UE) 2020/1784]* ☐
1.2.1.2. signifié ou notifié par l'intermédiaire des services postaux ☐
1.2.1.2.1. sans accusé de réception ☐
1.2.1.2.2. avec l'accusé de réception ci-joint ☐
1.2.1.2.2.1. du destinataire ☐
1.2.1.2.2.2. d'une autre personne ☐
1.2.1.2.2.2.1. Nom :
1.2.1.2.2.2.2. Adresse :
1.2.1.2.2.2.2.1. Rue et numéro/boîte postale :
1.2.1.2.2.2.2.2. Localité et code postal :
1.2.1.2.2.2.2.3. Pays :
1.2.1.2.2.2.3. Nature de la relation avec le destinataire :
famille ☐ salarié ☐ autre ☐
1.2.1.3. signifié ou notifié par voie électronique (veuillez préciser) : ☐
1.2.1.4. signifié ou notifié selon un autre mode (veuillez préciser) : ☐
1.2.2. signifié ou notifié selon le mode particulier suivant (veuillez préciser) : ☐
1.3. Le destinataire de l'acte a été informé par écrit, conformément à l'article 12, paragraphe 2, du règlement (UE) 2020/1784, que le destinataire peut refuser de recevoir l'acte si celui-ci n'est pas rédigé ou accompagné d'une traduction dans une langue qu'il comprend ou dans la langue officielle ou l'une des langues officielles du lieu de signification ou de notification.
2. INFORMATION DONNÉE CONFORMÉMENT À L'ARTICLE 11, PARAGRAPHE 2, DU RÈGLEMENT (UE) 2020/1784
Il n'a pas été possible de procéder à la signification ou à la notification dans un délai d'un mois à compter de la réception
3. REFUS DE L'ACTE [article 12, paragraphe 4, du règlement (UE) 2020/1784]
3.1. Le destinataire a refusé de recevoir l'acte en raison de la langue utilisée ☐
3.1.1. Date de la tentative de signification ou de notification :
3.1.2. Date du refus, si elle est connue :
3.2. L'acte est annexé à la présente attestation :
3.2.1. Oui ☐
3.2.2. Non ☐
4. MOTIF DU NON-ACCOMPLISSEMENT DE LA SIGNIFICATION OU DE LA NOTIFICATION DE L'ACTE
4.1. Adresse inconnue
4.1.1. Des mesures visant à établir l'adresse ont été prises *[Le présent point ne concerne que les États membres qui fournissent une assistance conformément à l'art. 7, § 2, point c), du Règl. (UE) 2020/1784.]* : Oui ☐ Non ☐
4.2. Destinataire introuvable ☐
4.3. L'acte n'a pas pu être signifié ou notifié avant la date ou dans le délai indiqué au point 6.2 dans la demande de signification ou de notification d'actes (formulaire A) ☐
4.4. Autre (veuillez préciser) : ☐
4.5. L'acte est annexé à la présente attestation : Oui ☐ Non ☐
Fait à :
Date :
Signature et/ou cachet ou signature électronique et/ou cachet électronique :

FORMULAIRE L

INFORMATION AU DESTINATAIRE SUR SON DROIT DE REFUSER DE RECEVOIR UN ACTE
[Article 12, paragraphes 2 et 3, du règlement (UE) 2020/1784 du Parlement européen et du Conseil du 25 novembre 2020 relatif à la signification et à la notification dans les États membres des actes judiciaires et extrajudiciaires en matière civile ou commerciale (signification ou notification des actes) *[JO L 405 du 2 déc. 2020, p. 40]*]
Destinataire :

I. INFORMATION AU DESTINATAIRE

L'acte ci-joint est signifié ou notifié conformément au règlement (UE) 2020/1784.

Vous pouvez refuser de recevoir l'acte ci-joint s'il n'est pas rédigé ou accompagné d'une traduction dans une langue que vous comprenez ou dans la langue officielle ou l'une des langues officielles du lieu de signification ou de notification.

Si vous souhaitez exercer ce droit de refus, vous devez soit faire part de votre refus de recevoir l'acte au moment de la signification ou de la notification directement à la personne signifiant ou notifiant l'acte, soit dans un délai de deux semaines à compter de la signification ou de la notification, renvoyer à l'adresse indiquée ci-dessous le formulaire rempli par vos soins ou une déclaration écrite indiquant que vous refusez de recevoir l'acte ci-joint en raison de la langue dans laquelle il a été rédigé.

Veuillez noter que si vous refusez de recevoir l'acte ci-joint, mais que la juridiction ou l'autorité saisie de l'instance au cours de laquelle la signification ou la notification est devenue nécessaire décide par la suite que le refus n'était pas justifié, elle peut appliquer les conséquences juridiques prévues par le droit de l'État membre du for pour des refus injustifiés, par exemple considérer que la signification ou la notification est valable.

II. ADRESSE À LAQUELLE IL CONVIENT DE RETOURNER LE FORMULAIRE *[À faire compléter par l'autorité procédant à la signification ou à la notification.]* :

1. Nom :
2. Adresse :

2.1. Rue et numéro/boîte postale :

2.2. Localité et code postal :

2.3. Pays :

3. n° de référence :
4. Tél. :
5. Fax *[Facultatif]* :
6. Courriel :

III. DÉCLARATION DU DESTINATAIRE *[À faire compléter et signer par le destinataire.]* :

Je, soussigné, refuse de recevoir l'acte parce qu'il n'est pas rédigé ou accompagné d'une traduction dans une langue que je comprends ou dans la langue officielle ou l'une des langues officielles du lieu de signification ou de notification.

Je comprends la ou les langues suivantes :

Bulgare ☐ Lituanien ☐

Espagnol ☐ Hongrois ☐

Tchèque ☐ Maltais ☐

Allemand ☐ Néerlandais ☐

Estonien ☐ Polonais ☐

Grec ☐ Portugais ☐

Anglais ☐ Roumain ☐

Français ☐ Slovaque ☐

Irlandais ☐ Slovène ☐

Croate ☐ Finnois ☐

Italien ☐ Suédois ☐

Letton ☐

Autre ☐ (préciser) : ....

Fait à :

Date :

Signature et/ou cachet ou signature électronique et/ou cachet électronique :

ANNEXE II

Règlement abrogé avec liste de ses modifications successives

Règlement (CE) n° 1393/2007 du Parlement européen et du Conseil du 13 novembre 2007 relatif à la signification et à la notification dans les États membres des actes judiciaires et extrajudiciaires en matière civile ou commerciale (« signification ou notification des actes »), et abrogeant le règlement (CE) n° 1348/2000 du Conseil (JO L 324 du 10 déc. 2007, p. 79).	
Règlement (UE) n° 517/2013 du Conseil du 13 mai 2013 portant adaptation de certains règlements et décisions adoptés dans les domaines de la libre circulation des marchandises, de la libre circulation des personnes, du droit des sociétés, de la politique de la concurrence, de l'agriculture, de la sécurité sanitaire des aliments, de la politique vétérinaire et phytosanitaire, de la politique des transports, de l'énergie, de la fiscalité, des statistiques, des réseaux transeuropéens, du pouvoir judiciaire et des droits fondamentaux, de la justice, de la liberté et de la sécurité, de l'environnement, de l'union douanière, des relations extérieures, de la politique étrangère, de sécurité et de défense et des institutions, du fait de l'adhésion de la République de Croatie (JO L 158 du 10 juin 2013, p. 1).	Uniquement les modifications apportées aux annexes I et II du règlement (CE) n° 1393/2007

ANNEXE III

TABLEAU DE CORRESPONDANCE

Règlement (CE) nº 1393/2007	Présent règlement
Article 1er, paragraphe 1	Article 1er, paragraphe 1
Article 1er, paragraphe 2	Article 1er, paragraphe 2
Article 1er, paragraphe 3	-
-	Article 1er, paragraphe 3
-	Article 2
Article 2	Article 3
Article 3	Article 4
-	Article 5, paragraphes 2, 3 et 4
-	Article 6
-	Article 7
Article 4, paragraphe 1	Article 8, paragraphe 1
Article 4, paragraphe 2	Article 5, paragraphe 1
Article 4, paragraphe 3	Article 8, paragraphe 2
Article 4, paragraphe 4	Article 8, paragraphe 3
Article 4, paragraphe 5	Article 8, paragraphe 4
Article 5	Article 9
Article 6	Article 10
Article 7	Article 11
Article 8, paragraphe 1	Article 12, paragraphes 1, 2 et 3
Article 8, paragraphe 2	Article 12, paragraphe 4
Article 8, paragraphe 3	Article 12, paragraphe 5
Article 8, paragraphe 4	Article 12, paragraphe 6
Article 8, paragraphe 5	Article 12, paragraphe 7
Article 9	Article 13
Article 10	Article 14
Article 11	Article 15
Article 12	Article 16
Article 13	Article 17
Article 14	Article 18
-	Article 19
Article 15	Article 20, paragraphe 1
-	Article 20, paragraphe 2
Article 16	Article 21
Article 17	Article 23
-	Article 24
-	Article 25
Article 18	Article 26
-	Article 27
-	Article 28
Article 19	Article 22
Article 20	Article 29
Article 21	Article 30
-	Article 31, paragraphe 1
-	Article 31, paragraphe 2
Article 22, paragraphe 1	Article 31, paragraphe 3
Article 22, paragraphe 2	Article 31, paragraphe 4
Article 22, paragraphe 3	Article 31, paragraphe 5
Article 22, paragraphe 4	Article 31, paragraphe 6
-	Article 32
Article 23, paragraphe 1	Article 33, paragraphe 1
-	Article 33, paragraphe 2
Article 23, paragraphe 2	Article 33, paragraphe 3
Article 23, paragraphe 3	Article 33, paragraphe 4
-	Article 34

Règlement (CE) nº 1393/2007	Présent règlement
Article 24	Article 35, paragraphe 1
-	Article 35, paragraphe 2
Article 25	Article 36
Article 26	Article 37
Annexe I	Annexe I
Annexe II	Annexe I
-	Annexe II
Annexe III	Annexe III

Droit du Conseil de l'Europe

Convention européenne de sauvegarde des droits de l'homme et des libertés fondamentales du 4 novembre 1950.

Signée le 4 nov. 1950, la présente convention a été publiée au Journal officiel de la République française le 4 mai 1974 par le Décr. nº 74-360 du 3 mai 1974.

Seuls les articles intéressant la procédure civile étant ci-après reproduits, nous renvoyons au code de procédure pénale (App., vº Droits de l'homme) le lecteur qui voudrait prendre connaissance du texte de la Convention dans son intégralité. – **C. pr. pén.**

Les articles reproduits apparaissent tels qu'amendés par les Protocole nº 11 du 11 mai 1994 (STE nº 155), entrés en vigueur le 1er nov. 1998 (V. Décr. nº 98-1055 du 18 nov. 1998, JO 25 janv.) et nº 14 du 13 mai 2004 (STE nº 194), entrés en vigueur le 1er juin 2010 (V. L. nº 2006-616 du 29 mai 2006, JO 30 mai).

RÉP. PR. CIV. vº *Convention européenne des droits de l'homme,* par S. GUINCHARD.

DALLOZ ACTION *Droit et pratique de la procédure civile 2022/2023,* nos 21.00 s.

BIBL. GÉN. ▸ I. – Conv. EDH et CEDH proprement dites ▸ Traités, manuels, cours et monographies : ANDRIANTSIMBAZOVINA, GAUDIN, MARGUÉNAUD, RIALS, SUDRE, Dictionnaire des droits de l'homme, *PUF 2008.* – GUINCHARD, CHAINAIS, C. et I. DELICOSTOPOULOS, DOUCHY-OUDOT, FERRAND, LAGARDE, MAGNIER, RUIZ FABRI, SINOPOLI et SOREL, *Droit processuel* – Droit commun et droit comparé du procès équitable, *5e éd., Dalloz 2009.* – FLAUSS et DE SALVIA, La Conv. EDH : développements récents et nouveaux défis, *Bruylant 1997.* – MODERNE, La Conv. EDH, *2e éd., Dalloz 2009.* – PETTITI, DECAUX et IMBERT, Conv. EDH : commentaire article par article, *Economica 1999.* – RENUCCI, Traité de droit européen des droits de l'homme, *LGDJ 2007.* – SUDRE, L'interprétation de la Conv. EDH, *Bruylant 1998 ;* Droit européen et international des droits de l'homme, *9e éd., PUF 2008 ;* La Conv. EDH, Que sais-je ?, *7e éd., PUF 2008.* – VELU et ERGEC, *La Conv. EDH, Bruylant 1990.*

▸ Recueils de jurisprudence : BERGER, Jurisprudence de la CEDH, *11e éd., Sirey 2009.* – SUDRE, MARGUÉNAUD, ANDRIANTSIMBAZOVINA, GOUTTENOIRE et LEVINET, Les grands arrêts de la CEDH, *5e éd., PUF 2009* (GACEDH). – S. VAN DROOGHENBROECK, La Conv. EDH – Trois années de jurisprudence de la CEDH, *1999-2001, Larcier 2003 ; ... 2002-2004, vol. 1er et 2, Larcier 2006.*

▸ Articles : COHEN-JONATHAN et FLAUSS, Le rayonnement international de la jurisprudence de la CEDH, *Bruylant 2005.* – DECAUX, *JCP 2010. 616* (l'entrée en vigueur du Protocole nº 14 de la Conv. EDH – *Too late and too little...*). – DE LA VAISSIÈRE, *Gaz. Pal. 24-26 juin 2001, p. 47* (Strasbourg, mode d'emploi). – EDELMAN, *D. 2008. Chron. 1946* (CEDH : une juridiction tyrannique ?). – FLAUSS, *Mél. L. Dubouis, Dalloz 2002, p. 47* (droit du Conseil de l'Europe dans la jurisprudence de la CEDH). – FOYER, *APD 2007. 239* (jurisprudence de la CEDH). – GRABARCZYK, Les principes généraux dans la jurisprudence de la CEDH, *PU Aix-Marseille 2008.* – GUINCHARD, *Mél. J. Normand, Litec 2003, p. 209* (menaces sur la justice des droits de l'homme et les droits fondamentaux de la justice). – HAÏM, *D. 2001. Chron. 2988* (suppression de la CEDH). – KISS, *Mél. L. Pettiti, Bruylant 1998, p. 493* (la Conv. EDH a-t-elle créé un ordre juridique autonome ?). – HENNETTE-VAUCHEZ, *D. 2009. Chron. 238* (droits de l'homme et tyrannie : de l'importance de la distinction entre esprit critique et esprit de critique). – HURPY, *JCP 2019. 192* (pour une subsidiarité renforcée, encore et toujours !). – LAMANDA, *Mél. J.-P. Costa, Dalloz 2011, p. 363* (le juge judiciaire, juge naturel de la Conv. EDH). – LEQUETTE, *Mél. J. Héron, LGDJ 2009,* *p. 309* (des juges littéralement irresponsables). – Liu, Les méthodes d'interprétation dynamique de la Conv. EDH utilisées par la CEDH, *ANRT 2003*. – Lucas-Alberni, Le revirement de jurisprudence de la CEDH, *Bruylant 2009*. – Marguénaud, *Just. et cass. 2010. 132* (l'office du juge et la CEDH). – Niboyet, *Mél. P. Malaurie, Defrénois 2005, p. 341* (distinction de la procédure et de la substance devant la CEDH). – Sudre, *JCP 2001. I. 335* (dynamisme interprétatif de la CEDH) ; *Mél. J.-P. Costa, Dalloz 2011, p. 597* (la réécriture de la Convention par la CEDH) ; *JCP 2013. 1086* (la subsidiarité, « nouvelle frontière » de la CEDH – A propos des Protocoles 15 et 16 à la Convention). – Verougstraete, *Mél. R. Martin, Univ. Nice Sophia-Antipolis, Bruylant/LGDJ 2004, p. 43* (droits de l'homme trop protégés). – Wachsmann, *Mél. J.-P. Costa, Dalloz 2011, p. 667* (réflexions sur l'interprétation globalisante de la Conv. EDH).

II. – Articulation avec le droit interne ▸ Recueils de jurisprudence : Tavernier (ss. dir.), La France et la CEDH, La jurisprudence en 2007, *Bruylant 2009* ; ... en 2006, *Bruylant 2008* ; ... en 2005, *Bruylant 2007* ; ... en 2004, *Bruylant 2005* ; ... en 2003, *Bruylant 2004* ; La France et la CEDH, 1998-2008 : une décennie d'application du protocole XI ; *Bruylant 2009.*

▸ Thèses : I. Delicostopoulos, Le procès civil à l'épreuve du droit processuel européen, *Bibliothèque de droit privé, tome 401, LGDJ 2003*. – S. Leturcq, Standards et droits fondamentaux devant le Conseil constitutionnel français et la CEDH, *LGDJ 2005*.

▸ Articles : Brenner, *Mél. S. Guinchard, Dalloz 2010, p. 175* (pour un humanisme respectueux de l'autonomie processuelle). – Burgelin et Lalardie, *Mél. L. Pettiti, Bruylant 1998, p. 145* (application de la Conv. EDH par le juge judiciaire français). – Chevalier, *JCP 1977. I. 2832* (application par les juridictions françaises de la Conv. EDH). – I. Dintilhac, Le NCPC (1975-2005), *Economica 2006, p. 415* (confrontation entre le NCPC et la Conv. EDH) ; *Mél. J. Boré, Dalloz 2007, p. 141* (incidence du droit européen sur la procédure civile française). – Dossier, *Gaz. Pal. 2007. Doctr. 1604* (Conv. EDH et justice française). – Estoup, *Gaz. Pal. 1990. Doctr. 110* (Conv. EDH et juge français). – Ferrand, *RID comp. 1995. 691 et numéro spécial 1996. 123* (CEDH et Cour de cassation française). – Fricero, *Mél. J. Buffet, LPA 2004, p. 229* (Conv. EDH, nouvel instrument de régulation de l'éthique du juge judiciaire ?). – Genevois, *Mél. J.-P. Costa, Dalloz 2011, p. 281* (CEDH et juge national : dialogue et dernier mot). – Gouron-Mazel, *JCP 1996. I. 3937* (la Cour de cassation face à la Conv. EDH). – de Gouttes, *Gaz. Pal. 1992. Doctr. 181* (Conv. EDH et justice française) ; *RID comp. 1999. 7* (Conv. EDH et juge français). – Guinchard, *Gaz. Pal. 1999. Doctr. 1246 ; LPA 1999, n° 72, p. 4* (influence de la Conv. EDH et de la jurisprudence de la Cour sur la procédure civile) ; *Europe 1999, Hors-série, n° 45, p. 15* (application de la Conv. EDH par le juge judiciaire). – Guinchard et Fricero, Le NCPC (1975-2005), *Economica 2006, p. 425* (NCPC et Conv. EDH). – Hugon, *Dr. et pr. 2002. 340* (Conv. EDH et huissiers de justice). – Karsenty, *JCP 2007. I. 160* (apparition de nouveaux droits fondamentaux de procédure en matière de mise en état). – Larribau-Terneyre, *Dr. et patr. juill.-août 2010, p. 50* (Conv. EDH et contentieux des voies d'exécution). – Normand, *Mél. J. Buffet, LPA 2004, p. 357* (subsidiarité de la Conv. EDH devant la Cour de cassation). – Perdriau, *Les Annonces de la Seine, 13 févr. 2003, p. 8* (visa inutile de la Conv. EDH). – Sauve, *RID comp. 2008. 239* (influence de la Conv. EDH sur les cours suprêmes). – Sudre, *JCP 2017. 289* (le contrôle de proportionnalité de la CEDH – De quoi est-il question ?). – Tulkens, *Mél. J.-P. Costa, Dalloz 2011, p. 649* (brèves réflexions sur le juge national). – Velu, Les garanties fondamentales des parties dans le procès civil, *Milan, Giuffrè 1973, p. 245* (la Conv. EDH et les garanties fondamentales des parties dans le procès civil).

Les gouvernements signataires, membres du Conseil de l'Europe,

Considérant la Déclaration universelle des droits de l'homme, proclamée par l'Assemblée générale des Nations unies le 10 décembre 1948 ;

***Considérant* que cette déclaration tend à assurer la reconnaissance et l'application universelles et effectives des droits qui y sont énoncés ;**

Considérant que le but du Conseil de l'Europe est de réaliser une union plus étroite entre ses membres, et que l'un des moyens d'atteindre ce but est la sauvegarde et le développement des droits de l'homme et des libertés fondamentales ;

Réaffirmant leur profond attachement à ces libertés fondamentales qui constituent les assises mêmes de la justice et de la paix dans le monde et dont le maintien repose essentiellement sur un régime politique véritablement démocratique, d'une part, et, d'autre part, sur une conception commune et un commun respect des droits de l'homme dont ils se réclament ;

Résolus, en tant que gouvernements d'États européens animés d'un même esprit et possédant un patrimoine commun d'idéal et de traditions politiques, de respect de la liberté et de

prééminence du droit, à prendre les premières mesures propres à assurer la garantie collective de certains des droits énoncés dans la Déclaration universelle,

Sont convenus de ce qui suit :

Art. 1er ***Obligation de respecter les droits de l'homme.*** **Les Hautes Parties contractantes reconnaissent à toute personne relevant de leur juridiction les droits et libertés définis au titre I de la présente Convention.**

BIBL. ▶ BULTRINI, *RTDH 2002. 5* (responsabilité des États membres de l'Union européenne pour les violations de la Conv. EDH imputables au système communautaire). – COSTA, *Mél. G. Cohen-Jonathan, Bruylant 2004, p. 483* (qui relève de la juridiction de quel(s) État(s) au sens de l'art. 1er de la Conv. EDH ?). – JARROSSON, *Rev. arb. 1989. 573* (arbitrage et Conv. EDH). – KARAGIANNIS, *RTDH 2005. 33* (territoire d'application de la Conv. EDH, *vetera et nova*). – MOURRE, *Gaz. Pal. 2000. Doctr. 2066* (droit français de l'arbitrage international face à la Conv. EDH). – RENUCCI, *Mél. P. Julien, Edilaix 2003, p. 382* (adhésion de l'Union européenne à la Conv. EDH). – SINOPOLI, *Mél. S. Guinchard, Dalloz 2010, p. 369* (épreuve pour les droits de l'homme : de l'universel postulé à la mondialisation réalisée ?). – SPIELMANN, *Mél. G. Cohen-Jonathan, Bruylant 2004, p. 1447* (un autre regard : la Cour de Strasbourg et le droit de la Communauté européenne).

PLAN DES ANNOTATIONS

A. NOTION DE JURIDICTION

1. *Critère d'application de la Conv. EDH.* La protection de la Conv. EDH peut être invoquée par toute personne privée à l'encontre d'un État partie, dès lors que la violation alléguée a lieu dans les limites de la juridiction de l'État. • CEDH 13 juill. 1995, *Van der Tang c/ Espagne : Série A, no 321.*

1o APPRÉCIATION

a. Approche territoriale

2. La notion de « juridiction » au sens de l'art. 1er Conv. EDH doit passer pour refléter la conception de cette notion en droit international public ; il en résulte que la compétence juridictionnelle d'un État est principalement territoriale ; il est présumé qu'elle s'exerce normalement sur l'ensemble de son territoire, mais cette présomption peut se trouver limitée dans des circonstances exceptionnelles, notamment lorsqu'un État est empêché d'exercer son autorité sur une partie de son territoire. • CEDH 8 juill. 2004, *Ilascu et al. c/ Moldavie et Russie : JDI 2005. 472, obs. de Frouville ; L'Europe des libertés 2005, no 15. 5, obs. F. Benoît-Rohmer ; RGDIP 2004. 1036, obs. Weckel ; RD publ. 2005. 759, obs. Sudre.* ♦ V. déjà, dans le même sens, la décision de recevabilité dans cette affaire. • CEDH 4 juill. 2001, *Ilascu : D. 2002. Somm. 684, obs. Renucci* ; *RUDH 2001. 174.*

b. Approche extraterritoriale

3. Malgré la prépondérance du principe territorial, la notion de « juridiction » au sens de l'art. 1er Conv. EDH ne se circonscrit pas nécessairement au seul territoire national des Hautes Parties contractantes ; dans des circonstances exceptionnelles, les actes des États contractants accomplis ou produisant des effets en dehors de leur territoire peuvent s'analyser en l'exercice par eux de leur juridiction ; ainsi, un État contractant peut voir engager sa responsabilité lorsque, par suite d'une action militaire légale ou non, il exerce en pratique le contrôle effectif sur une zone située en dehors de son territoire national. • CEDH 8 juill. 2004, *Ilascu et al. c/ Moldavie et Russie : préc. note 2.* ♦ Rappr. jugeant que la notion de « juridiction » au sens de l'art. 1er Conv. EDH ne se limite pas au territoire national de l'État partie et que la responsabilité de celui-ci peut entrer en jeu en raison d'actes émanant de ses organes et déployant leurs effets en dehors de son territoire : • CEDH 26 juin 1992, *Drozd et Janousek c/ France : Série A, no 240 ; RTDH 1994. 98, note Cohen-Jonathan et Flauss ; AFDI 1992. 629, obs. Coussirat-Coustère ; JDI 1993. 737, obs. Decaux et Tavernier ; RUDH 1993. 1, obs. Sudre.*

c. Approche personnelle

4. *Ressortissants à l'étranger.* Les ressortissants d'un État contractant relèvent de sa juridiction même lorsqu'ils ont leur domicile ou leur résidence à l'étranger. • Comm. EDH 25 sept. 1965, *X. c/ RFA : Rec. Décis. Comm. EDH 17. 42.*

2° LIMITES

5. Renvoi. V. aussi art. 56 Conv. EDH, App., v° *Droit européen et international.*

6. Imputabilité. La Conv. EDH n'a pas vocation à s'appliquer partout dans le monde, même à l'égard du comportement des États contractants. • CEDH 12 déc. 2001, *Bankovic et al. c/ 17 États membres de l'OTAN : D. 2002. Somm. 2567, obs. Renucci ; JCP 2002. I. 105, n° 1, obs. Sudre ; RTDH 2002. 1055, obs. Cohen-Jonathan ; RGDIP 2002. 437, obs. Weckel* (les personnes victimes des bombardements effectués à Belgrade en 1999 par les forces aériennes de l'OTAN ne relèvent pas de la « juridiction » des 17 États membres de l'OTAN parties à la Conv. EDH du fait du caractère extra territorial de l'acte en cause). ♦ Rappr., jugeant que les actes qui sont directement imputables à l'ONU, qui n'est pas une partie contractante à la Conv. EDH, ne relèvent pas du contrôle de la CEDH : • CEDH 2 mai 2007, *Behrami et Behrami c/ France, et Saramati c/ Allemagne, France et Norvège (2 affaires),* n° 71412/01 : *Dalloz jurisprudence ; JDI 2008. 773, obs. Aktypis.*

B. ÉTENDUE DE LA RESPONSABILITÉ

BIBL. Potteau, *RTDE 2009. 697* (à propos d'un pis-aller : la responsabilité des États membres pour incompatibilité du droit de l'Union européenne avec la Conv. EDH).

7. Droit communautaire. Les Parties contractantes sont responsables au titre de l'art. 1er de la Conv. EDH de tous les actes et omissions de leurs organes, qu'ils découlent du droit interne ou de la nécessité d'observer des obligations juridiques internationales ; ledit texte ne fait aucune distinction quant au type de normes ou de mesures en cause et ne soustrait aucune partie de la « juridiction » des Hautes Parties contractantes à l'empire de la Conv. EDH. • CEDH 30 juin 2005, *Bosphorus [...] c/ Irlande,* n° 45036/98 : *AJDA 2005. 1886, note Flauss ; JCP 2005. II. 10128, note Sudre ; RFDA 2006. 566, note Andriantsimbazovina ; RTD eur. 2005. 749, obs. Jacqué ; L'Europe des libertés 2005, n° 17, p. 6, obs. Kauff-Gazin ; RTDH 2005. 827, note Benoît-Rohmer ; RGDIP 2006. 85, note Ciampi.*

TITRE PREMIER Droits et libertés

Art. 6 *Droit à un procès équitable.* **1. Toute personne a droit à ce que sa cause soit entendue équitablement, publiquement et dans un délai raisonnable, par un tribunal indépendant et impartial, établi par la loi, qui décidera, soit des contestations sur ses droits et obligations de caractère civil, soit du bien-fondé de toute accusation en matière pénale dirigée contre elle. Le jugement doit être rendu publiquement, mais l'accès de la salle d'audience peut être interdit à la presse et au public pendant la totalité ou une partie du procès dans l'intérêt de la moralité, de l'ordre public ou de la sécurité nationale dans une société démocratique, lorsque les intérêts des mineurs ou la protection de la vie privée des parties au procès l'exigent, ou dans la mesure jugée strictement nécessaire par le tribunal, lorsque dans des circonstances spéciales la publicité serait de nature à porter atteinte aux intérêts de la justice.**

§ 2 et 3 Non reproduits.

BIBL. ▶ Antonini-Cochin, *LPA 2000, n° 231, p. 4* (Cour de cassation à l'épreuve du procès équitable). – Brenner, *Mél. S. Guinchard, Dalloz 2010, p. 175* (pour un humanisme respectueux de l'autonomie processuelle). – Bronnenkant, *JCP 2013. 1322* (la communication et le procès – règles nationales et standards européens). – Canivet, *JCP 2001. I. 361* (économie de la justice et procès équitable). – C. Delicostopoulos, L'encadrement processuel des autorités de marché en droit français et communautaire, *LGDJ 2002.* – Fabre, *JCP 1998. I. 157* (droit à un procès équitable). – Ferrié, *JCP 2018. 297* ou *Procédures 2018. Étude 4* (les algorithmes à l'épreuve du droit au procès équitable). – Flauss, *Gaz. Pal. 1986. Doctr. 407* (application de l'art. 6 Conv. EDH aux juridictions arbitrales). – Fricero, *Mél. A. Honorat, Éd. Frison-Roche 2000, p. 17* (procédures collectives à l'épreuve du procès équitable) ; *Mél. P. Julien, Edilaix 2003* (procès civil équitable et juge judiciaire : nouveaux pouvoirs, nouveaux devoirs) ; *Mél. R. Martin, Univ. Nice Sophia-Antipolis, Bruylant, LGDJ 2004, p. 85* (faut-il supprimer l'art. 6, § 1er, pour sauver le recours individuel ?). – Guinchard, Cinquantième anniversaire de la Conv. EDH, *Bruylant, 2002, p. 185* (procès équitable) ; *Mél. G. Farjat, Éd. Frison-Roche 1999, p. 139* (procès équitable : garantie formelle ou droit substantiel ?) ; *AJDA, n° spéc. juill.-août 1998, p. 191* (procès équitable, droit fondamental ?). Jarrosson, *Mél. S. Guinchard, Dalloz 2010, p. 731* (expertise équitable). – Lafortune, *Gaz. Pal. 23-25 sept. 2001, p. 12* (autorités indépendantes de régulation à l'épreuve des principes processuels fondamentaux). – Louvaris, *D. 2001. Chron. 2665* (impartialité des organes de régulation, à propos de la Commission bancaire). – P. Lyon-Caen, *RJS 2003. 936* (juridiction prud'homale et art. 6, § 1er). – Marguénaud, *D. 2000. Chron. 111* (extension de l'art. 6, § 1er à la phase d'expertise). – Menut, *Mél. S. Guinchard, Dalloz 2010, p. 341* (les technologies de l'information et de la communication au service du procès équitable

– défis processuels et technologiques). – Pralus-Dupuy, *RFDA 2008. 317* (applicabilité de l'art. 6 au contentieux disciplinaire : état des lieux). – Sudre, La diffusion du modèle européen du procès équitable, *La Documentation française, 2003* ; *Mél. L. Dubouis, Dalloz 2002, p. 205* (droit à un procès équitable « hors les juridictions ordinaires »). – Thomasset-Pierre, L'autorité de régulation boursière face aux garanties processuelles fondamentales, *LGDJ 2003*. – Vinckel, *BJS 2002, § 42* (capacité des sociétés et droit au procès équitable). – Vuitton, *JCP 2014. 218* (l'art. 6, § 1er Conv. EDH à l'assaut du pouvoir discrétionnaire du juge civil). – Zoller, *D. 2007. Chron. 517* (procès équitable et *due process of law*).

▸ **Accès au juge :** Angelet et Weerts, *JDI 2007. 1* (immunités des organisations internationales face à l'art. 6 Conv. EDH). – Bandrac, *Mél. J. Normand, Litec 2003, p. 1* (déni d'action par la loi). – Boujeka, *D. 2010. 388* (pour une justice ni aveugle, ni sourde). – Chanteloup, *Gaz. Pal. 14-15 janv. 2005*, p. 1 (immunités de juridiction et droit d'accès à la justice). – Costa, *Mél. J. Buffet, LPA 2004, p. 159* (droit à un tribunal) ; *Mél. S. Guinchard, Dalloz 2010, p. 671* (réflexions sur la jurisprudence de la CEDH relative au retrait d'un pourvoi du rôle de la Cour de cassation). – Delmotte, *LPA 28 nov. 2008, p. 50* (accès au juge dans les procédures collectives). – Fricero, *Dr. et patr. 6/2018, suppl.* (droit des procédures européennes – janv. 2017-mai 2018). – Guinchard, *Mél. J. Boré, Dalloz 2007, p. 275* (petit à petit, l'effectivité du droit au juge s'effrite). – Hugon, *D. 2001. Chron. 3369* (contrôle par la Cour EDH du retrait des pourvois, art. 1009-1 NCPC) ; *D. 2006. Chron. 1640* (radiation du rôle sanctionnant l'inexécution d'une décision judiciaire : un nouveau miroir aux alouettes ?). – Lacabarats et Lacroix-andrivet, *Mél. S. Guinchard, Dalloz 2010, p. 783* (procédure de radiation du rôle des art. 526 et 1009-1 C. pr. civ. et droit d'accès au juge). – Marguenaud, *RTD civ. 2001. 445* (effectivité du droit pour les gens de peu d'accéder au juge de cassation ou bon usage européen de l'art. 1009-1 du NCPC). – Milano, Le droit à un tribunal au sens de la Conv. EDH, *Dalloz 2006*. – Norguin, *D. 2008. 204* (radiation du rôle et procès équitable). – Rideau, Le droit au juge dans l'Union européenne, *LGDJ 1998*. – Sudre, *in Droit des immunités et exigences du procès équitable, Pédone 2004, p. 19* (immunité de juridiction et droit de saisine du juge : la jurisprudence de la Cour EDH). – Szymzack, *Just. et cass. 2008. 159* (immunité de juridiction, accès au juge et droit européen des droits de l'homme : la Cour de Strasbourg entre timidité et ambiguïté). – Vuitton, Le procès équitable – L'art. 6-1 de La Conv. EDH : état du droit et perspectives, Systèmes, 1re éd., *LGDJ 2017*. – Waquet, *D. 2009. Chron. 2178* (aide juridictionnelle et instance).

▸ **Avocat :** Charrier, *Mél. R. Martin, Univ. Nice Sophia-Antipolis, Bruylant, LGDJ 2004, p. 227* (statut de l'avocat et Conv. EDH).

▸ **Contradiction :** Popineau-Dehaullon, *JCP 2008. I. 139* (communications de pièces aux parties devant la Cour de cassation : bilan de l'application du principe européen du contradictoire, 10 ans après l'arrêt Reinhardt et Slimane-Kaïd).

▸ **Délai raisonnable :** Andriantsimbazovina, *RFDA 2003. 85* (délai raisonnable du procès, recours effectif ou déni de justice ?). – Cholet, La célérité de la procédure en droit processuel, *LGDJ 2006*. – Coulon, *Mél. J.-C. Soyer, LGDJ 2000, p. 71* (effectivité de l'accès à la justice et le contrôle de la durée des procédures). – Deparis, *Gaz. Pal. 11-13 déc. 2005, p. 2* (mise en état et délai raisonnable des procédures civiles). – Edel, La durée des procédures civiles et pénales dans la jurisprudence de la Cour EDH, *Éd. Conseil de l'Europe 2007*. – Hemery, *Just. et cass. 2007. 76* (le délai raisonnable du jugement : naissance d'une notion). – Kassoul, *Gaz. Pal. 20-21 sept. 2013, p. 19* (quelle sanction pour la violation du délai raisonnable ?). – Kriegk, *LPA 2003, no 127, p. 4* (délai raisonnable : office du juge et office de l'autorité publique). – Nicolas-Vuillerme, *LPA 2005, no 1, p. 3* (délai raisonnable). – Van Compernolle, *Mél. J. Normand, Litec 2003, p. 471* (droit d'être jugé dans un délai raisonnable). – Pour des statistiques concernant la France de 1999 à 2002, V. Rép. min. no 25818 (*JOAN Q, 8 déc. 2003, p. 9457*).

▸ **Droits de la défense :** Costa, *Gaz. Pal. 4-5 oct. 2002, p. 4* (droits de la défense selon la jurisprudence de la Cour EDH).

▸ **Droits et obligations de caractère civil :** Canivet, *Mél. P. Julien, Edilaix 2003, p. 103* (droits et obligations de caractère civil). – Matscher, *Mél. G. Wiarda, Köln, Heymann 1988, p. 395* (notion de « contestation sur des droits et obligations de caractère civil » au sens de l'art. 6, § 1er Conv. EDH). – Sperduti, *Mél. G. Dupuy, Pédone 1991, p. 279* (notion de « droits et obligations de caractère civil » dans l'art. 6, § 1er Conv. EDH). – Sudre, *Mél. S. Guinchard, Dalloz 2010, p. 393* (dix ans d'applicabilité de l'art. 6 par la CEDH : continuité et incertitude). – Tavernier, *Mél. L. Pettiti, Bruylant 1998, p. 707* (révision du champ d'application de l'art. 6 Conv. EDH).

▸ **Égalité des armes :** Andriantsimbazovina, *D. 2001. 2611* (libre conversation autour de l'arrêt Kress de la Cour EDH) ; *D. 2004. 886* (toujours à propos du droit à un procès équitable et du ministère public). – Burgelin, *D. 2004. 1249* (la paille et la poutre). – Cohen-Jonathan, *LPA 2002, n° 238, p. 21* (égalité des armes selon la Cour EDH). – Dintilhac, *R. 2003, La Documentation française 2004, p. 151* (égalité des armes dans les enceintes judiciaires). – Guinchard, *D. 2003. 152* (dialogue imaginaire entre un justiciable moyen et un juriste désespéré par l'arrêt Kress).

▸ **Évolution du droit et rétroactivité :** Malinvaud, Le code civil, un passé, un présent, un avenir, *Dalloz 2004, p. 671* (contrôle du juge sur les lois rétroactives). – Canivet et Molfessis, *JCP 2004. I. 189* (entretien à propos du rapport Molfessis sur la question de la rétroactivité des revirements de jurisprudence).

▸ **Exécution des décisions de justice :** Fricero, *Dr. et pr. 2001, p. 6* (le droit européen à l'exécution des jugements). – K. Blay-Grabarczyk, *JCP 2014. 442* (des progrès significatifs dans l'exécution des arrêts de la CEDH – Rapport annuel 2013 du Comité des ministres) ; *JCP 2018. 598* (un nouveau bilan encourageant dans le domaine de l'exécution des arrêts de la CEDH – Rapport annuel 2017 du Comité des ministres).

▸ **Exequatur :** Flauss, *LPA 2002, n° 78, p. 11* (*exequatur* des jugements étrangers et ordre public procédural : point de vue de Strasbourg). – Sinopoli, *Gaz. Pal. 21-23 juill. 2002, p. 2* (droit au procès équitable et *exequatur* : Strasbourg sonne les cloches à Rome).

▸ **Indépendance et impartialité :** Baraduc, *Mél. A. Ponsard, Litec 2003, p. 39* (avocat, garant de l'impartialité du juge ?). – Beignier et Bléry, *D. 2001. Chron. 2427* (impartialité du juge, entre apparence et réalité). – Bredin, *Justices 1996. 161* (qu'est-ce que l'indépendance du juge ?). – Burgelin, *R. 1996, La Documentation française 1997, p. 47* (avocat général à la Cour de cassation et Conv. EDH). – Bussy, *D. 2004. Chron. 1745* (nul ne peut être juge et partie). – Casparen, *D. 2004. Chron. 2939* (petites histoires à propos de la juste distance pour juger) ; *D. 2001. Chron. 3203* (un magistrat peut-il être franc-maçon ?). – Commaret, *D. 1998. Chron. 262* (juste distance ou réflexions sur l'impartialité du magistrat). – Cour de cassation, *BICC 1er avr. 2008, p. 6* (fiche méthodologique : l'exigence d'impartialité du juge dans le procès civil et les procédures de récusation et de renvoi pour cause de suspicion légitime). – Croze, *Procédures 2010. Repère 1* (qui jugera de l'impartialité de la CEDH ?). – de La Vaissière, *Gaz. Pal. 1er-3 juin 2003, p. 2* (articulation entre impartialité et droit de récusation). – Ergec, *RTDH 1993. 171* (liberté d'expression, autorité et impartialité du pouvoir judiciaire). – Eudier, *Mél. B. Mercadal, Francis Lefebvre 2002, p. 31* (juge civil impartial). – Fricero, *Mél. J. Boré, Dalloz 2007, p. 181* (l'impartialité des juges à travers la jurisprudence de la Cour de cassation sur la récusation). – Frison-Roche, *D. 1999. Chron. 53* (l'impartialité du juge). – Gareche, *Mél. J.-F. Burgelin, Dalloz 2008, p. 209* (entre ombre et lumière : l'impartialité de la juridiction prud'homale). – Goyet, *D. 2001. Chron. 328* (remarques sur l'impartialité du tribunal). – Gridel, *Mél. J. Buffet, LPA 2004, p. 241* (l'impartialité du juge dans la jurisprudence civile de la Cour de cassation). – Guinchard, *Mél. J. Buffet, LPA 2004, p. 203* (peut-on être bouddhiste ou chrétien ou juif ou libre-penseur ou franc-maçon et juge ?). – Hennion-Moreau, *Mél. J. Normand, Litec 2003, p. 219* (indépendance et impartialité des juridictions sociales). – Héron, *Mél. P. Drai, Dalloz 2000, p. 369* (Conv. EDH et théorie des voies de recours). – Keller et Grumbach, *D. 2003. Point de vue. 979* (prétendue partialité du conseil de prud'hommes). – P. Lyon-Caen, *D. 2003. 211* (parquet général de la Cour de cassation). – Magnier, *JCP 2000. I. 252* (notion de justice impartiale). – Malaurie, *LPA 7 mars 2003, p. 3* (Cour de cassation, parquet général et Cour EDH). – Normand, *RTD civ. 1993. 874* (tribunal impartial et composition des juridictions). – Pécher, *Dr. ouvrier 2006. 5* (impartialité de la juridiction prud'homale). – Puigelier, *Mél. J.-F. Burgelin, Dalloz 2008, p. 317* (un juge sans préjugé). – Sauvé, *Mél. J.-P. Costa, Dalloz 2011, p. 539* (un juge indépendant et impartial). – Sermet, *RFDA 2003. 109* (juge des comptes et art. 6 Conv. EDH). – Tarzia, *Mél. J. van Compernolle, Bruylant 2004, p. 717* (impartialité du juge civil dans l'exercice de ses fonctions). – Tulkens et Lotarski, *Mél. J. van Compernolle, Bruylant 2004, p. 731* (tribunal indépendant et impartial à la lumière de la jurisprudence de la Cour EDH). – Vallens et Storck, Impartialité et justice économique en Europe, *PU Strasbourg 2003*. – Zerouki, *Dr. fam. 2002. Étude 26* (juge du divorce).

▸ **Motivation :** L. Boré, *JCP 2002. I. 104* (motivation des décisions). – Brunet, *Mél. J. Normand, Litec 2003, p. 51* (droit au procès équitable et contrôle de la motivation des décisions de la Cour de cassation). – Vigneau, *D. 2010. Chron. 102* (régime de la non-admission des pourvois devant la Cour de cassation).

▸ **Procédures disciplinaires :** Flécheux, *Mél. J.-Cl. Soyer, LGDJ 2000, p. 184* (procédures disciplinaires et Conv. EDH) ; *Mél. P. Lafarge, Pédone 2000, p. 31* (Conv. EDH et procédure disciplinaire des avocats).

▸ **Publicité :** Bueb, *Gaz. Pal. 1984. Doctr. 456* (poursuites disciplinaires et publicité des débats).

PLAN DES ANNOTATIONS

I. DOMAINE D'APPLICATION

1. Renvoi. Sur le domaine de la Conv. EDH en général, V. Bibl. et notes sous art. 1er Conv. EDH, App., v° *Droit européen et international.* ♦ Sur le domaine d'application de l'art. 6, § 1er en particulier au regard de la notion d'accusation en matière pénale, V. Bibl. et notes sous art. 6 Conv. EDH *in* C. pr. pén., App., v° *Droits de l'homme.*

A. NOTION DE CONTESTATION SUR DES DROITS ET OBLIGATIONS DE CARACTÈRE CIVIL

2. Notion autonome. La notion de contestation sur des droits et obligations de caractère civil ne peut être interprétée par simple référence au droit interne de l'État défendeur ; il s'agit d'une notion autonome de la Conv. EDH ; l'art. 6, § 1er Conv. EDH s'applique indépendamment de la qualité des parties comme de la nature de la loi régissant la contestation et de l'autorité compétente pour trancher. • CEDH 29 mai 1997, *Georgiadis c/ Grèce.*

3. Limites. Le principe selon lequel les notions autonomes contenues dans la Conv. EDH doivent être interprétées à la lumière des conditions de vie actuelle n'autorisent pas la CEDH à interpréter l'art. 6, § 1er Conv. EDH comme si l'adjectif « civil », avec les limites que pose nécessairement cet adjectif à la catégorie des droits et obligations à laquelle s'applique cet article, ne figurait pas dans le texte. • CEDH 12 juill. 2001, *Ferrazzini c/ Italie : JCP 2002. I. 105, n° 6, obs. Sudre ; AJDA 2001. 1061, obs. Flauss.* ♦ La CEDH ne saurait créer, par voie d'interprétation de l'art. 6, § 1er, Conv. EDH, un droit matériel de caractère civil n'ayant aucune base légale dans l'État concerné. • CEDH 21 sept. 1994, *Fayed c/ Royaume-Uni : Série A, n° 294-B ; JDI 1995. 774, obs. Tavernier.*

1° CRITÈRE MATÉRIEL

4. La notion de contestation sur des droits et obligations de caractère civil doit être

comprise dans un sens matériel et non formel. • CEDH 23 juin 1981, *Le Compte, Van Leuven et De Meyere c/ Belgique : Série A, n° 43 ; Cah. dr. eur. 1982. 201, obs. Cohen-Jonathan ; Gaz. Pal. 1982. Doctr. 338, obs. Flauss ; AFDI 1982. 495, obs. Pelloux ; JDI 1982. 216, obs. Rolland.*

5. Mesures provisoires. L'art. 6 est applicable aux mesures provisoires, dès lors qu'elles tranchent des droits et obligations de caractère civil. Le droit en jeu tant dans la procédure au principal que dans la procédure d'injonction doit être « de caractère civil » et la mesure provisoire doit, en raison de son objet, de son but et de ses effets, être « déterminante pour le droit ou l'obligation en jeu ». • CEDH 15 oct. 2009, *Micallef c/ Malte : JCP 2010. 62, n° 6, obs. Sudre.*

a. Matière administrative

6. L'expression « contestations sur les droits et obligations de caractère civil » couvre toute procédure dont l'issue est déterminante pour des droits et obligations de caractère privé, même si elle oppose un particulier à une autorité détentrice de la puissance publique ; peu importe la nature de la loi suivant laquelle la contestation doit être tranchée et de l'organe compétent pour statuer. • CEDH 16 juill. 1971, *Ringeisen c/ Autriche : Série A, n° 13 ; AFDI 1974. 34, obs. Pelloux ; RGDIP 1972. 111, note Vallée.*

7. C'est au regard non de la qualification juridique, mais du contenu matériel et des effets que lui confère le droit interne de l'État en cause qu'un droit doit être considéré ou non comme étant de caractère civil ; si la contestation oppose un particulier à une autorité publique, il n'est donc pas décisif que celle-ci ait agi comme personne privée ou en tant que détentrice de la puissance publique ; seul compte le fait que la contestation dont il s'agit a pour objet la détermination de droits de caractère privé. • CEDH 28 juin 1978, *König c/ Allemagne : Cah. dr. eur. 1979. 474, obs. Cohen-Jonathan ; JDI 1980. 460, obs. Rolland.*

b. Matière sociale

8. Assurance maladie. Mise en balance des aspects de droit public et de ceux de droit privé aboutissant à la prédominance du caractère personnel et patrimonial du droit contesté. • CEDH 29 mai 1986, *Feldbrugge c/ Pays-Bas : JDI 1987. 778, note Tavernier ; Cah. dr. eur. 1988. 452, obs. Cohen-Jonathan ; AFDI 1987. 239, obs. Coussirat-Coustère* (domaine de la sécurité sociale et, plus particulièrement, régime de l'assurance maladie).

9. Prestations sociales. Constituent des droits de caractère civil au sens du texte les prestations d'assurances sociales. • CEDH 24 juin 1993, *Schuler Zrgaggen c/ Suisse : Série A, n° 263 ; JCP 1994. I. 3742, n° 10, obs. Sudre.* ♦ ... Les prestations d'aide sociale • CEDH 26 févr. 1993, *Salesi c/ Italie : Série A, n° 257 E.* ♦ ... Les allocations pour adultes handicapés. • CEDH 30 sept. 2003, *Koua Poirrez c/ France : RD publ. 2004. 845, obs. Sudre ; AJDA 2004. 537, obs. Flauss ; RTDH 2005. 159, obs. Callewaert.*

c. Matière disciplinaire

10. Principe. Jurisprudence européenne. Les dispositions de l'art. 6, § 1er Conv. EDH s'appliquent en matière disciplinaire. • CEDH 29 sept. 1999, *Serre c/ France : D. 2000. Somm. 182, obs. Fricero* • CEDH 24 sept. 2009 : *cité infra* (géomètre-expert).

11. Jurisprudence interne. Les dispositions de l'art. 6, § 1er Conv. EDH s'appliquent en matière disciplinaire. • Civ. 1re, 7 avr. 1999, n° 96-13.332 P : *Gaz. Pal. 18 mai 2000, note Olivier* (radiation d'une liste d'experts) • Civ. 1re, 5 oct. 1999, n° 97-15.277 P : *D. 2000. 312, note Blanchard ; JCP 1999. II. 10203, concl. Sainte-Rose ; ibid. 2000. I. 221, n° 13, obs. Cadiet ; RTD civ. 2000. 618, obs. Normand* (procédure disciplinaire des avocats) • CE 23 févr. 2000 : *D. 2000. IR 137 ; JCP 2000. II. 10371, note Moniolle ; Procédures 2000, n° 156, obs. Deygas* (professeurs des universités-praticiens hospitaliers). Le principe d'impartialité s'impose aux fédérations sportives agissant en matière disciplinaire. • CE 27 oct. 1999 : *JCP 2000. II. 10376, note Piastra.*

12. Exception. Membres des tribunaux de commerce. Rejet du moyen reprochant à une décision de la Commission nationale de discipline des membres des tribunaux de commerce de ne pas avoir été rendue publiquement, au motif que l'art. 6, § 1er Conv. EDH est inapplicable aux membres des tribunaux de commerce, lesquels, en cette qualité, exercent des fonctions de juges. • Cass., ass. plén., 8 févr. 1993, n° 92-14.281 P : *D. 1993. Somm. 190, obs. Julien.* ♦ Rappr. note 15.

d. Matière fiscale

13. Jurisprudence européenne. Exclusion. Le champ d'application de l'art. 6, § 1er Conv. EDH ne s'étend pas aux litiges concernant les procédures fiscales. • CEDH 12 juill. 2001, *Ferrazzini c/ Italie : JCP 2002. I. 105, n° 4, obs. Sudre ; AJDA 2001. 1061, obs. Flauss.*

14. Jurisprudence interne. Le droit de toute personne à un procès équitable, garanti par l'art. 6, § 1er Conv. EDH, peut être invoqué devant toute juridiction civile statuant en matière fiscale. • Cass., ass. plén., 14 juin 1996, n° 93-21.710 P : *R., p. 325 et 443 ; BICC 1er août 1996, concl. Monnet, rapp. Ransac ; JCP 1996. II. 22692, concl. Monnet.*

2° CRITÈRE FONCTIONNEL

a. Fonctionnaires

15. *Évolution.* Toute personne – et donc tout fonctionnaire – a un droit d'accès à un tribunal offrant les garanties de l'art. 6 Conv. EDH, sauf dérogation expressément prévue par le droit interne et validée par la CEDH. • CEDH 19 avr. 2007, *Vilho Eskelinen c/ Finlande*, n° 63235/00 : *JCP 2007. I. 182, n° 3, obs. Sudre ; AJFP 2007. 406, note Fitte-Duval ; AJDA 2007. 1360, note Rolin ; ibid. 1921, obs. Flauss ; RFDA 2007. 1031, note Gonzalez ; JDI 2008. 784, obs. de La Hougue.* ♦ V. *contra* antérieurement, jugeant que la totalité des litiges opposant à l'administration des agents qui occupent des emplois impliquant une participation à l'exercice de la puissance publique échappe au champ d'application de l'art. 6, § 1er, Conv. EDH. • CEDH 8 déc. 1999, *Pellegrin c/ France : D. 2000. Somm. 181, obs. Renucci ; JCP 2000. II. 10426, note Graffin.*

16. *Magistrats de l'ordre judiciaire.* Les stipulations de l'art. 6, § 1er Conv. EDH ne concernent pas le régime disciplinaire applicable à des personnes qui, comme c'est le cas pour les magistrats de l'ordre judiciaire, participent, de par leurs fonctions, à l'exercice de la puissance publique et à la sauvegarde des intérêts généraux de l'État. • CE 6 nov. 2002 : *D. 2002. IR 3243 ; AJDA 2002. 1443, note Donnat et Casas.* ♦ Rappr. note 12.

b. Notaires

17. *Jurisprudence européenne. Partage successoral.* L'exigence de durée raisonnable s'applique à une procédure de partage successoral devant notaire, dès lors qu'elle est soumise au contrôle du TI. • CEDH 28 nov. 2000, *Siegel c/ France : Procédures 2001. n° 83, note Fricero ; Defrenois 2001. 1238, obs. Marguénaud ; AJDA 2001. 1062, obs. Flauss* (droit local d'Alsace-Moselle).

18. *Jurisprudence interne. Partage judiciaire.* Toute partie à une procédure de partage judiciaire de droit local a droit aux garanties du procès équitable ; le notaire désigné par le tribunal d'instance pour procéder au partage doit convoquer les parties par lettre recommandée avec avis de réception et les débats ne sont réguliers, en l'absence de l'une des parties, que si la lettre de notification a été remise au destinataire ou si celui-ci a de nouveau été convoqué par voie d'assignation. • Civ. 1re, 12 déc. 2006, n° 04-17.822 P.

19. ... *Vente d'un bien.* Les dispositions de l'art. 6, § 1er, Conv. EDH ne sont pas applicables devant le notaire chargé de procéder à la vente d'un bien précédemment ordonnée par une juridiction. • Civ. 2e, 21 mars 2002, n° 00-14.700 P : *D. 2002. Somm. 2643, obs. Fricero.*

20. ... *Projet liquidatif.* Les dispositions de l'art. 6, § 1er Conv. EDH ne sont pas applicables devant le notaire chargé d'établir un projet liquidatif de la communauté à l'occasion d'un divorce. • Civ. 1re, 4 juill. 2006, n° 03-16.971 P : *D. 2006. IR 2126.*

3° CRITÈRE PROCÉDURAL

21. *Procédure administrative. Changement de nom.* La nature civile de la procédure administrative de changement de nom ne fait pas de doute, l'état des personnes relevant des droits de caractère civil au sens de l'art. 6, § 1er, Conv. EDH. • CEDH 17 juin 2003, *Mustafa c/ France : BICC 2003, n° 1349 ; RTD civ. 2004. 61, obs. Hauser ; Procédures 2003. n° 194, note Fricero.*

22. *Procédure constitutionnelle. Recours d'amparo.* Instances civile et constitutionnelle imbriquées ; application de l'art. 6, § 1er Conv. EDH. • CEDH 23 juin 1993, *Ruiz-Mateos c/ Espagne : Série A, n° 262 ; RFDC 1994. 175, obs. Cohen-Jonathan ; JDI 1994. 799, obs. Tavernier.*

23. *Procédure conservatoire.* Une procédure conservatoire visant à régir une situation temporaire en attendant qu'il soit statué au principal ne tend pas à une décision sur les droits et obligations de caractère civil. • CEDH 28 juin 2001, *Maillard Bous c/ Portugal : D. 2002. Somm. 686, obs. Fricero.* ♦ Comp. jugeant que l'art. 6 est applicable aux mesures provisoires dès lors qu'elles tranchent des droits et obligations de caractère civil, le droit en jeu tant dans la procédure au principal que dans la procédure d'injonction devant être « de caractère civil » et la mesure provisoire devant, en raison de son objet, de son but et de ses effets, être « déterminante pour le droit ou l'obligation en jeu » : • CEDH 15 oct. 2009, *Micallef c/ Malte : cité note 5.*

24. *Procédure d'aide juridictionnelle.* L'art. 6, § 1er, Conv. EDH n'est pas applicable à la procédure d'aide juridictionnelle. • CEDH 12 juin 2003, *Gutfreund c/ France : D. 2003. Somm. 2268, obs. Fricero.*

25. *Assignation à jour fixe.* Le délai raisonnable d'un procès en responsabilité contre l'État sur le fondement de l'art. L. 781-1 COJ [devenu les art. L. 141-1 et L. 141-2 COJ] a pour point de départ la date de l'assignation au fond et non pas, quand tel est le cas, la demande d'autorisation d'assignation à jour fixe, cette demande n'étant pas, en elle-même, déterminante pour les droits et obligations de caractère civil en cause en l'espèce • CEDH 3 déc. 2002 : *D. 2003. Somm. 592, obs. Fricero.*

26. *Récusation.* La procédure de récusation, qui ne porte pas sur le bien-fondé d'une accusation en matière pénale et ne concerne pas une contestation sur un droit ou une obligation de caractère civil, n'entrant pas dans le champ d'application de l'art. 6, § 1er, Conv. EDH. • Civ. 2e,

14 oct. 2004, n° 02-18.708 P : *D. 2004. IR 2835* • 7 juill. 2005, n° 04-17.663 P : *D. 2005. IR 2177* • 15 déc. 2005, n° 04-17.166 P : *D. 2006. IR 100* • 26 avr. 2006, n° 06-01.594 P • 10 sept. 2009 : *cité ss. art. 351 C. pr. civ.* • Civ. 1re, 10 juin 2010, n° 09-15.445 P : *D. 2010. 1566 ; ibid. 2011. Pan. 265, obs. Fricero ; RTD civ. 2010. 615, obs. Perrot ; Dr. et pr. 2010. 267, note Fricero.* ♦ Dès lors, l'absence de publicité des débats ne saurait être critiquée sur le fondement de ce texte. • Civ. 2e, 14 oct. 2004 : *préc.* ♦ ... Conformément à l'art. 351 C. pr. civ., il peut être statué sans qu'il soit nécessaire d'appeler les parties. • Civ. 2e, 10 sept. 2009 : *préc.* • Civ. 1re, 10 juin 2010 : *préc.* ♦ ... Et le ministère public n'a pas à communiquer ses conclusions ou à les mettre à la disposition des parties. • Civ. 1re, 10 juin 2010 : *préc.*

27. Renvoi pour cause de suspicion légitime. La procédure de renvoi pour cause de suspicion légitime n'entre pas dans le champ d'application de l'art. 6, § 1er, Conv. EDH. • Soc. 21 mars 2006, n° 04-44.621 P : *D. 2006. IR 1001* .

B. NOTION DE TRIBUNAL

28. Conseils d'administration ou assemblées générales. Ne viole pas les principes de la contradiction et d'impartialité qui s'imposent dans le droit associatif, l'arrêt qui relève qu'avant d'être radié d'une association, un de ses membres qui, non convoqué devant la commission des conflits chargée aux termes du règlement intérieur d'instruire le litige et de proposer des sanctions appropriées et quoique l'un des plaignants à l'origine de la procédure en fût membre, a été ultérieurement invité à présenter des observations écrites ou orales devant le conseil d'administration et l'assemblée générale, les dispositions de l'art. 6, § 1er Conv. EDH étant sans application aux conseils d'administration ou aux assemblées générales examinant la violation d'engagements contractuels. • Civ. 1re, 14 déc. 2004, n° 02-11.127 P : *Rev. sociétés 2006. 853, note Hoang ; RTD com. 2005. 127, obs. Grosclaude ; Dr. sociétés 2005. Comm. 43, note Lucas.*

29. Conseils de l'ordre. Les dispositions de l'art. 6, § 1er, Conv. EDH ne sont pas applicables devant le conseil de l'ordre des avocats dans l'exercice de ses attributions administratives, dès lors que satisfait aux exigences du procès équitable le recours de pleine juridiction qui peut être exercé devant la cour d'appel contre les décisions ordinales. • Civ. 1re, 8 nov. 2007, n° 06-15.916 P : *D. 2008. AJ 95 ; JCP 2008. I. 123, n° 5, obs. Martin ; ibid. I. 140, n° 9, obs. Bortoluzzi ; ibid. n° 13, obs. Jamin.* ♦ Comp., jugeant que pour rejeter la requête en récusation qu'un avocat avait formé à l'encontre de deux confrères, une cour d'appel avait retenu que le principe d'impartialité n'était pas applicable aux rapporteurs désignés par le conseil de l'ordre qui, chargés de la seule instruction de l'affaire, ne participent pas à la formation de jugement ; en statuant ainsi, alors que l'exigence d'impartialité s'impose aux rapporteurs qui ont pour mission de procéder à une instruction objective et contradictoire de l'affaire et dont le rapport, obligatoire, est déterminant du sort ultérieurement réservé aux poursuites par la formation de jugement, la cour d'appel a violé l'art. 6, § 1er, Conv. EDH. • Civ. 1re, 2 avr. 2009, n° 08-12.246 P : *D. 2009. AJ 1135, obs. Avena-Robardet ; ibid. Pan. 2711, obs. Blanchard ; JCP 2009. Actu. 212, obs. Salati ; ibid. II. 10090, note Putman ; ibid. 295, obs. Bortoluzzi ; Gaz. Pal. 18 juin 2009, p. 15, note Douville et Raschel.*

30. Conseil supérieur de la magistrature. La procédure disciplinaire du Conseil supérieur de la magistrature, qui impose un délibéré à huis clos, n'est pas incompatible avec les dispositions de l'art. 6, § 1er, Conv. EDH, en ce que ce Conseil n'intervient pas en tant que juridiction. • CE 18 oct. 2000 : *JCP 2002. II. 10011, note Lanoy.*

31. Établissement d'enseignement. L'art. 6, § 1er, Conv. EDH n'est pas applicable à l'organe disciplinaire d'un établissement d'enseignement privé examinant la violation du règlement intérieur par un élève. • Civ. 1re, 11 mars 2010 : *D. 2010. AJ 831 ; Dr. fam. 2010, n° 95, note Servant.*

II. GARANTIES CONSACRÉES

A. DROIT D'ACCÈS AU TRIBUNAL

1° EFFECTIVITÉ DU DROIT

32. Visites domiciliaires. A elle seule, la possibilité de se pourvoir en cassation – dont les requérants ont d'ailleurs usé – ne répond pas aux exigences de l'art. 6, § 1er, Conv. EDH dès lors qu'un tel recours devant la Cour de cassation, juge du droit, ne permet pas un examen des éléments de fait fondant les autorisations litigieuses ; la circonstance que l'autorisation de procéder à des visites domiciliaires est délivrée par un juge ne suffit pas à combler cette lacune ; en outre, l'accès des personnes concernées au juge, qui contrôle les mesures qu'il a ordonnées, apparaît plus théorique qu'effectif ; en conséquence, la procédure de l'art. L. 16 B LPF (contrôle des visites et saisies domiciliaires) est incompatible avec l'art. 6, § 1er, Conv. EDH. • CEDH 21 févr. 2008, *Ravon c/ France : BICC 1er avr. 2008. 22 ; D. 2008. AJ 1054, obs. Guélaud ; Rev. sociétés 2008. 658, note Bouloc* .

33. Si le droit à un tribunal, dont le droit d'accès concret et effectif constitue un aspect, n'est pas absolu, les conditions de recevabilité d'un recours ne peuvent toutefois en restreindre l'exercice au point qu'il se trouve atteint dans sa substance même. Une telle atteinte est caractérisée lorsque le délai de contestation d'une décision, tel que celui prévu par l'art. L. 224-8 CASF, court du jour où la décision est prise non contradictoirement et que n'est pas assurée l'information des personnes admises à la contester. • Civ. 1re, 9 avr. 2013 : *cité note 15 ss. art. 619.*

34. Modalités de signification. Les États doivent déployer toutes les diligences nécessaires pour assurer la jouissance effective et non pas théorique ou illusoire des droits garantis par l'art. 6, particulièrement dans le domaine des significations d'actes introductifs d'instance. Les autorités doivent donc tenter de retrouver l'adresse du destinataire et, le cas échéant, permettre l'exercice d'un recours pour contester le jugement par défaut lorsque la signification n'est pas faite à personne. • CEDH 14 janv. 2010, nº 53451/07 : *Procédures 2010, nº 70, note Fricero.* • Civ. 3e, 13 nov. 2013 : *D. 2013. Actu. 2698.*

2º OBSTACLES À L'EXERCICE DU DROIT

a. Obstacles de fait

35. Jurisprudence européenne. Obstacles financiers. L'accès au tribunal ne doit pas se heurter à des obstacles démesurés, fussent-ils de fait, tels des obstacles financiers. • CEDH 9 oct. 1979, *Airey c/ Irlande : Série A, nº 32 ; JDI 1982. 187, obs. Rolland ; AFDI 1980. 323, obs. Pelloux ; Cah. dr. eur. 1980. 470, obs. Cohen-Jonathan.* ♦ Comp. • CEDH 28 mars 1990, *Granger c/ Royaume-Uni : JDI 1991. 782, obs. P. T.*

36. Jurisprudence interne. Frais importants. Le droit de chacun d'accéder au juge chargé de statuer sur sa prétention, consacré par l'art. 6, § 1er Conv. EDH, relève de l'ordre public international, au sens de l'art. 27, 1º Conv. Bruxelles ; une cour d'appel ne peut donc accorder l'*exequatur* à des décisions étrangères taxant les frais des défendeurs, dès lors qu'il apparaît, sans avoir pour autant à les réviser, que l'importance de ces frais, mis à la charge du demandeur, dont la prétention n'a même pas été examinée faute d'avoir déposé la caution judiciaire ordonnée, a été de nature à faire obstacle à son libre accès à la justice. • Civ. 1re, 16 mars 1999 : *D. Affaires 1999. 799, obs. V. A.-R.*

37. ... Restrictions financières. S'il n'est pas exclu que les intérêts d'une bonne administration de la justice puissent justifier d'imposer une restriction financière à l'accès d'une personne à un tribunal, les juridictions doivent prendre suffisamment en compte la situation personnelle du requérant pour mettre en balance ses intérêts et ceux de l'administration de la justice, de sorte que l'État ne satisfait pas à son obligation d'assurer au requérant un accès effectif au tribunal. • CEDH 3 nov. 2009, *Adam c/ Roumanie,* nº 45890/05 : *Procédures 2010, nº 398, note Fricero.*

38. ... Empêchement de l'avocat. Le droit à un procès équitable exige que soit donné l'accès à chacun au juge chargé de statuer sur sa demande ; s'agissant d'une procédure orale, l'empêchement de l'avocat du demandeur, justifié par une circonstance exceptionnelle, ayant pour conséquence de priver la personne ayant formé opposition à une contrainte délivrée par un organisme social de toute possibilité de faire valoir son droit en justice, le tribunal doit vérifier que cette personne a été mise en mesure de se présenter en personne. • Civ. 2e, 2 mars 2004, nº 02-30.755 P : *D. 2004. Somm. 2617, obs. Prétot ; Gaz. Pal. 7-9 mars 2004, p. 10, note Bonnet ; ibid. 13-15 mars 2005, p. 20, obs. du Rusquec.*

39. ... Cécité. L'état de cécité est un handicap au sens de l'art. L. 114 CASF et ceux qui en sont atteints doivent bénéficier de l'accès aux droits fondamentaux reconnus par la loi ; il appartient à la Cour de rechercher si de manière concrète le demandeur a été effectivement en mesure, à réception des deux lettres recommandées lui notifiant les deux jugements, d'exercer son droit d'accéder à un tribunal au sens de l'art. 6, § 1er, Conv. EDH, en relevant appel de ces décisions ; en l'occurrence, il n'est pas établi que compte tenu de son état de cécité il a eu la possibilité effective d'avoir connaissance du contenu des deux lettres recommandées ; en l'état de cette incertitude, il convient de considérer que le délai d'appel n'a pas valablement couru à son encontre. • Aix-en-Provence, 15 mai 2009 : *Gaz. Pal. 16 juin 2009, p. 14 ; JCP 2009. 369, nº 8, obs. Amrani Mekki.*

40. ... Sous-équipement. Dès lors que le C. pr. civ. organise la possibilité de formation de la demande en justice par voie électronique, il y a violation du droit d'accès au tribunal lorsque la juridiction, saisie d'un très grand nombre de demandes gravées sur DVD, refuse de les enregistrer en prétextant un manque d'équipement technique. • CEDH 16 juin 2009, nº 54252/07 : *Procédures 2010, nº 358, note Fricero.*

b. Obstacles de droit

41. Principes. Le « droit à un tribunal », dont le droit d'accès constitue un aspect particulier, n'est pas absolu et se prête à des limitations implicitement admises, notamment quant aux conditions de recevabilité d'un recours, car il appelle par sa nature même une réglementation par l'État, lequel jouit à cet égard d'une certaine marge d'appréciation ; toutefois, ces limitations ne sauraient restreindre l'accès ouvert à un justiciable de manière ou à un point tel que son droit à un tribunal se trouve atteint dans sa substance même ; enfin, elles ne se concilient avec l'art. 6, § 1er, Conv. EDH que si elles tendent à un but légitime et s'il existe un rapport raisonnable de proportionnalité entre les moyens employés et les buts visés ; le droit à un tribunal se trouve atteint lorsque sa réglementation cesse de servir les buts de sécurité juridique et de bonne administration de la justice et constitue une sorte de barrière qui empêche le justiciable de voir son litige tranché au fond par la juridiction compétente. • CEDH 5 nov. 2009, *Thaleia Karydi Axte c/ Grèce : D. 2010. 860, note Hugon*.

42. Immunités de juridiction. Le principe de droit international d'immunité de juridiction des États n'est pas une restriction injustifiée au droit d'accès à un tribunal, la CEDH estimant que l'octroi de l'immunité souveraine à un État dans une procédure civile poursuit le but légitime de respecter le droit international afin de favoriser la courtoisie et les bonnes relations entre États grâce au respect de la souveraineté d'un autre État. • CEDH 21 nov. 2001, *Fogarty c/ Royaume-Uni : D. 2003. 1246, note Flauss ; JCP 2002. I. 105, n° 4, obs. Sudre ; JDI 2002. 273, obs. de Frouville ; RGDIP 2002. 893, note Pingel.* ♦ Le droit d'accès au juge, garanti par l'art. 6, § 1er, Conv. EDH, n'est pas atteint dans son effectivité par l'immunité de juridiction dont bénéficie un État étranger dès lors que la partie demanderesse ne se voit pas interdire de porter son action devant les juridictions de l'État défendeur et que le manque d'indépendance et d'impartialité de ces dernières ne peut être présumé *a priori*. Justifie légalement sa décision une cour d'appel qui, après avoir énoncé qu'il n'est fait exception au principe de l'immunité de juridiction que lorsqu'une organisation internationale n'offre aucune voie raisonnable de recours interne ou lorsque la législation d'un État soustrait à la compétence des tribunaux toute une série d'actions civiles ou exonère de toute responsabilité des catégories de personnes, relève que le justiciable ne rapporte pas la preuve que de tels obstacles lui seraient opposés à l'occasion d'un recours mené devant les juridictions émiraties, faisant ressortir, par ce seul motif, que le demandeur n'était pas *a priori* exposé à un risque de déni de justice. • Civ. 1re, 3 mars 2021, n° 19-22.855 P : *D. actu. 18 mars 2021, note Mélin ; D. 2021. 529*.

43. Obligation de tenter un règlement amiable avant toute saisine du juge. Ne constitue pas une entrave substantielle au droit d'accès direct au juge l'obligation imposée par la loi de tenter de trouver une solution amiable, préalablement à toute demande devant une juridiction civile, à peine d'irrecevabilité, si par ailleurs le processus amiable suspend le cours de la prescription et qu'en cas d'échec, les parties disposent d'une possibilité de saisir le juge compétent. • CEDH 26 mars 2015, n° 11239/11 : *Procédures 2015, n° 159, note Fricero ; RTD civ. 2015. 698, obs. Théry*. ♦ V. pour une restriction disproportionnée à l'accès au juge, la demande en justice ayant été déclarée irrecevable parce que l'administration avait opposé un refus implicite à la demande amiable, alors que le texte prévoit la recevabilité de la demande en justice uniquement en cas de rejet exprès : • CEDH 24 oct. 2017, nos 20199/14 et 20655/14 : *Dr. et pr. déc. 2017, p. 15, obs. Fricero ; Procédures 2017, n° 305, note Fricero.* ♦ Viole l'art. 6, § 1er Conv. EDH, la cour d'appel qui pour déclarer prescrite la demande reconventionnelle d'une partie, fait application de l'art. L. 122-1 C. énergie, qui limite la suspension du délai de prescription des actions en matière civile et pénale au délai de deux mois imparti au médiateur national de l'énergie, par l'art. 3 du Décr. n° 2007-1504 du 19 oct. 2007, pour formuler une recommandation, alors qu'une telle limitation de la suspension du délai de prescription est de nature à priver les parties de leur droit d'accès au juge en les empêchant d'entamer une procédure judiciaire ou arbitrale concernant le litige qui les oppose, du fait de l'expiration des délais de prescription pendant le processus de médiation, qui est susceptible d'excéder le délai imparti au médiateur national de l'énergie pour formuler une recommandation. • Civ. 1re, 9 juin 2017, n° 16-12.457 : *D. 2017. Actu. 1245 ; ibid. Pan. 1859, obs. Viste ; ibid. 2572, obs. Clay ; RTD civ. 2017. 653, obs. Barbier ; Rev. arb. 2018. 270, obs. Tricoit.*

44. Obstacles procéduraux. Art. 1009-1 C. pr. civ. L'irrecevabilité prononcée d'office d'un pourvoi pour non-production d'un arrêt auquel renvoyait l'arrêt attaqué n'est pas une entrave au droit d'accès à un tribunal. • CEDH 23 oct. 1996, *Levages prestations services c/ France : D. 1997. 209, obs. Fricero*. ♦ V. cependant, pour des décisions de radiation de pourvois considérées comme des mesures disproportionnées au regard des buts visés par l'art. 1009-1 NCPC [devenu C. pr. civ.] et ayant entravé l'accès effectif à la haute juridiction. • CEDH 14 nov. 2000, *Annoni di Gussola c/ France*, n° 31819/96 : *D. 2001. Somm. 1061, obs. Fricero ; Gaz. Pal. 25 sept. 2001, p. 39, note Pruéchavy ; RTD civ. 2001. 445, obs. Marguénaud* • 25 sept. 2003, *Bayle c/ France : BICC 2003, n° 1351 ; D. 2004. Somm. 988, obs. Fricero*. ♦ Comp. concluant à l'irrecevabilité de la requête d'un justiciable, qui compte tenu de sa situation financière, ne se trouvait pas dans l'impossibilité d'exécuter la condamnation mise à sa charge, le retrait de son pourvoi du rôle de la Cour de cassation suivi du refus de l'y réinscrire n'ayant donc pas constitué une mesure disproportionnée au regard du but visé, et l'accès effectif de M. Gray à cette juridiction ne s'en étant pas trouvé entravé au point de porter atteinte à la substance même de son droit d'accès à un tribunal : • CEDH 26 sept. 2013, *Gray c/ France*, n° 27338/11 : *BICC 15 déc. 2013, n° 1450 ; Gaz. Pal. 8-10 déc. 2013, p. 36, obs. Hermann.* ♦ Pour la jurisprudence interne, V. note 16 ss. art. 1009-1 C. pr. civ.

45. ... Art. 526 C. pr. civ. Ayant exactement

relevé que la demande de radiation présentée sur le fondement de l'art. 526 C. pr. civ. donnait lieu au prononcé d'une mesure d'administration judiciaire, une cour d'appel en a exactement déduit, sans violer les dispositions de l'art. 6, § 1er Conv. EDH, qu'elle n'était pas susceptible de recours et ne pouvait être déférée à la cour d'appel. • Civ. 2e, 18 juin 2009 : *D. 2009. 2532, note Norguin*. ♦ La décision de radiation du rôle de la cour d'appel, fondée sur l'art. 526 C. pr. civ., constitue une mesure disproportionnée au regard des buts visés dès lors que la disproportion entre la situation matérielle du requérant et les sommes dues au titre de la décision frappée d'appel ressort de l'évidence, l'accès effectif du requérant à ce tribunal s'en trouvant alors entravé. • CEDH 31 mars 2011, no 34658/07 : *Procédures 2011, no 171, note Fricero ; JCP 2011. 735, note Milano ; Dr. et pr. 2011. 177, note Fricero ; ibid. 2012, suppl. Droit des procédures internationales, p. 2, obs. Fricero* (considérant que compte tenu de la gravité de l'atteinte au droit à un tribunal que constitue la mécanisme de l'art. 526, la Cour estime que l'État dispose d'une marge d'appréciation plus restreinte que dans les affaires portant sur la mise en œuvre de l'art. 1009-1 pour juger de l'opportunité de la mesure).

46. ... Conception trop formaliste. L'irrecevabilité d'un pourvoi en cassation porte atteinte au droit d'accès à un tribunal lorsqu'il traduit une conception « trop formaliste qui n'était pas proportionnée au but consistant à garantir la sécurité juridique et la bonne administration de la justice ». • CEDH 7 janv. 2010, *Dimopoulos c/ Grèce*, no 34198/07 : *RTD 2010. 73, F. Guiomard* (caractère insuffisamment précis des moyens de fait et de droit). ♦ V. aussi • CEDH 13 oct. 2009, no 39590/05 : *Procédures 2010, no 399, note Fricero.*

47. ... Clause pénale. Prive sa décision de base légale la cour d'appel qui reconnaît l'efficacité d'une clause pénale prévoyant que tout donataire qui viendrait à attaquer l'acte serait privé de toute part dans la quotité disponible, sans rechercher si l'application de cette clause n'avait pas eu pour effet de porter une atteinte excessive au droit d'agir des demandeurs. • Civ. 1re, 16 déc. 2015, no 14-29.285 P : *D. actu. 13 janv. 2016, obs. Kebir ; Gaz. Pal. 17 mai 2016, p. 55, obs. L. Mayer.*

48. Législation spéciale. Dessaisissement du débiteur. L'art. L. 641-9 C. com. dans sa rédaction issue de la L. 26 juill. 2005 est compatible avec l'art. 6, § 1er, Conv. EDH, ce qui n'est pas le cas de sa rédaction antérieure. • CEDH 8 mars 2007, *Arma c/ France : JCP 2007. I. 182, obs. Sudre.*

49. ... Créanciers étrangers. Pour dire irrecevable la tierce opposition au jugement d'ouverture d'une procédure principale de sauvegarde formée par des sociétés créancières domiciliées au Royaume-Uni et au Luxembourg, une cour d'appel avait retenu que cette voie n'est ouverte aux créanciers du débiteur que si leurs droits ont été atteints à raison d'une fraude ou s'ils ont un moyen propre et qu'il ne leur suffit donc pas d'être intéressés par la procédure ; en statuant ainsi, alors que les créanciers domiciliés dans un État membre autre que celui de la juridiction qui a ouvert une procédure principale d'insolvabilité ne peuvent être privés de la possibilité effective de contester la compétence assumée par cette juridiction, cette cour d'appel, qui a méconnu le droit d'accès au juge, a violé le Règl. (CE) no 1346/2000 du 29 mai 2000 relatif aux procédures d'insolvabilité et l'art. 6, § 1er, Conv. EDH. • Com. 30 juin 2009 : *D. 2009. AJ 1886, obs. A. Lienhard ; ibid. Chron. C. cass. 2580, obs. Bélaval, Orsini et Salomon ; ibid. 2591, note Moreil ; JCP E 2009. 1974, note Rolland ; Procédures 2009, no 317, note Nourissat ; Gaz. Pal. 2009. 209, note Fricero ; RTD civ. 2009. 776, obs. Théry ; RTD com. 200. 625, obs. Vallens.*

50. ... Associations étrangères. Selon les dispositions combinées des art. 6 § 1er, et 14 Conv. EDH, toute personne morale, quelle que soit sa nationalité, a droit à ce que sa cause soit entendue par un tribunal indépendant et impartial ; toute personne morale étrangère, qui se prétend victime d'une infraction, est habilitée à se constituer partie civile, devant une juridiction française, dans les conditions prévues par l'art. 2 C. pr. pén., même si elle n'a pas d'établissement en France et n'a pas fait de déclaration préalable à la préfecture. • Crim. 8 déc. 2009 : *D. 2010. AJ 202, obs. Léna*. ♦ V. antérieurement, la condamnation de la France par la CEDH. • CEDH 15 janv. 2009, *Ligue du monde islamique c/ France*, nos 36497/05 et 37172/05.

51. ... Désendettement des rapatriés. Si l'art. 6, § 1er, Conv. EDH permet à l'État de limiter le droit d'accès à un tribunal dans un but légitime, c'est à la condition que la substance même de ce droit n'en soit pas atteinte et que, si tel est le cas, les moyens employés soient proportionnés à ce but ; les dispositions relatives au désendettement des rapatriés réinstallés dans une profession non salariée, résultant des art. 100 de la loi du 30 déc. 1997, 76 de la loi du 2 juill. 1998, 25 de la loi du 30 déc. 1998, 2 du décret du 4 juin 1999 et 77 de la loi du 17 janv. 2002, qui organisent, sans l'intervention d'un juge, une suspension automatique des poursuites, d'une durée indéterminée, portent atteinte, dans leur substance même, aux droits des créanciers, privés de tout recours, alors que le débiteur dispose de recours suspensifs devant les juridictions administratives ; elles méconnaissent ainsi les exigences de l'art. 6, § 1er, Conv. EDH, de sorte que leur inobservation ne saurait être constitutive d'un excès de pouvoir ; en conséquence, en application de l'art. L. 623-5 C. com. dans sa rédaction antérieure à la loi du 26 juill. 2005 de sauvegarde des entreprises, est irrecevable le pourvoi dirigé contre un arrêt ayant déclaré irrecevable l'appel d'un débiteur en liquidation judiciaire contre un jugement qui, après avoir mis à néant la décision de suspension des poursuites prise par le juge-commissaire en raison du dépôt par le débiteur d'une demande d'aide au désendettement des rapatriés, avait ordonné la vente des immeubles de ce débiteur, l'arrêt n'étant pas entaché d'excès de pouvoir et n'ayant pas consacré un excès de pouvoir. • Com. 3 févr. 2009, n° 07-16.903 P : *D. 2009. AJ 495 ; JCP E 2009. Actu. 1285 ; RPC 2009, n° 49, obs. Lebel.* ♦ V. aussi, jugeant qu'une suspension provisoire des poursuites ordonnée il y a plus de dix ans et pour une durée indéterminée porte une atteinte au droit fondamental d'un propriétaire qui, depuis, ne peut jouir de son bien. Elle ne peut donc faire échec à l'expulsion des occupants sans droit ni titre et doit par conséquent être écartée. • Montpellier, 15 juin 2010 : *BICC 1er mars 2011, n° 245.*

52. ... Associé d'une société civile. Le droit effectif au juge implique que l'associé d'une société civile, poursuivi en paiement des dettes sociales, dont il répond indéfiniment à proportion de sa part dans le capital social, soit recevable à former tierce opposition à l'encontre de la décision condamnant la société au paiement, dès lors que cet associé invoque des moyens que la société n'a pas soutenus. • Civ. 3e, 6 oct. 2010 : *cité note 42 ss. art. 583 C. pr. civ.*

53. ... Dirigeant de fait. Viole l'art. 6, § 1er, Conv. EDH la cour d'appel qui juge qu'il n'entre pas dans les pouvoirs du juge-commissaire de la procédure collective des dirigeants de statuer sur l'admission ou le rejet des créances déclarées au passif de la personne morale, alors que le dirigeant, mis en redressement judiciaire en qualité de dirigeant de fait après l'expiration du délai de recours de l'art. 103 de la loi du 25 janv. 1985, se trouve privé d'un recours effectif au juge pour discuter du passif de la personne morale mis à sa charge. • Com. 22 nov. 2011 : *D. 2011. Actu. 2927, obs. Lienhard ; RPC 2012, n° 5, note Cagnoli ; BJS 2012. 236, note Le Corre ; LPA 25 mars 2010, p. 10, obs. Teboul ; Gaz. Pal. 28 avr. 2012, p. 32, note Le Corre.*

B. DÉROULEMENT DU PROCÈS

1° PROCÈS ÉQUITABLE EN GÉNÉRAL

54. Droit concret et effectif. La Convention ne visant pas à garantir des droits théoriques ou illusoires mais des droits concrets et effectifs, le droit à un procès équitable ne peut passer pour effectif que si les observations présentées par les parties sont vraiment entendues, c'est-à-dire dûment examinées par le tribunal saisi ; autrement dit, l'art. 6, § 1er Conv. EDH implique notamment, à la charge du tribunal, l'obligation de se livrer à un examen effectif des moyens, arguments et offres de preuve des parties, sauf à en apprécier la pertinence ; cette exigence n'est pas remplie si la Cour de cassation a déclaré l'unique moyen produit irrecevable comme étant nouveau à la suite d'une erreur manifeste d'appréciation. • CEDH 21 mars 2000, *Dulaurans c/ France, n° 34553/97 : D. 2000. 883, note Clay ; Procédures 2000, n° 186, note Fricero.*

55. Traduction. Le juge, sans violer l'art. 6 Conv. EDH, est fondé, dans l'exercice de son pouvoir souverain, à écarter comme élément de preuve un document écrit en langue étrangère, faute de production d'une traduction en langue française. • Com. 27 nov. 2012, n° 11-17.185 P : *D. actu. 14 déc. 2012, obs. Delpech.*

a. Lois de validation

56. Jurisprudence européenne. Appréciation. Si, en principe, le pouvoir législatif n'est pas empêché de réglementer en matière civile, par de nouvelles dispositions à portée rétroactive, des droits découlant de lois en vigueur, le principe de la prééminence du droit et la notion de procès équitable consacrée par l'art. 6, § 1er, Conv. EDH s'oppose, sauf pour d'impérieux motifs d'intérêt général, à l'ingérence du pouvoir législatif dans l'administration de la justice dans le but d'influer sur le dénouement judiciaire du litige. • CEDH 28 oct. 1999, *Zielinski c/ France, n° 24846/94 : AJDA 2000. 533, obs. Flauss ; JCP 2000. I. 203, n° 11, obs. Sudre ; Procédures 2000, n° 94, note Fricero ; RFDA 2000. 1254, obs. Bolle ; RD publ. 2000. 716, obs. Gonzales ; RTD civ. 2000. 436, obs. Marguénaud ; RTDH 2000. 796, obs. Mella.*

57. ... Impérieux motif d'intérêt général. Le motif financier ne suffit pas à lui seul à justifier une loi rétroactive. • CEDH 11 avr. 2006, *Cabourdin c/ France : JCP 2006. I. 164, n° 4, obs. Sudre.*

58. Jurisprudence interne. Appréciation. Si le législateur peut adopter, en matière civile, des dispositions rétroactives, le principe de prééminence du droit et la notion de procès équitable résultant de l'art. 6, § 1er Conv. EDH s'oppose, sauf pour d'impérieux motifs d'intérêt général, à l'ingérence du pouvoir législatif dans l'administration de la justice afin d'influer sur le dénouement judiciaire d'un litige ; cette règle générale s'applique quelle que soit la qualification formelle donnée à la loi et même lorsque l'État n'est pas partie au procès. • Cass., ass. plén., 23 janv. 2004, n° 03-13.617 P : *BICC 15 mars 2004. 12, avis de Gouttes et rapp. Favre ; D. 2004. 1108, note Gautier ; RTD civ. 2004. 342, obs. Théry ; RTD com. 2004. 371, obs. Raynard ; ibid. 2004. 603, obs. Deumier ; JCP 2004. II. 10030, note Billiau ; Procédures 2004, n° 49, note Perrot ; ibid, n° 56, note Croze ; JCP E 2004. 514, note J. Monéger ; AJDI 2004. 201, note Blatter ; RJDA 2004. 364, rapp. Favre ; Defrénois 2004. 525, obs. Ruet ; RDC 2004. 699, obs. Lardeux ; ibid. 2004.*

791, *obs. Marais ; LPA 28 avr. 2005, p. 8, note Meccarelli ; RFDA 2004. 224, obs. Mathieu* (à propos de l'art. L. 145-38 C. com., mod. par l'art. 26 de la L. n° 2001-1168 du 11 déc. 2001). ♦ Toutefois, ces principes ne s'appliquent qu'aux instances judiciaires pendantes et non aux recours gracieux introduits devant une commission de recours amiable dépourvue de tout caractère juridictionnel. • Civ. 2e, 6 avr. 2004 : *D. 2004. IR 1640* .

59. Impérieux motif d'intérêt général. Obéit à d'impérieux motifs d'intérêt général l'intervention du législateur destinée à aménager les effets d'une jurisprudence nouvelle de nature à compromettre la pérennité du service public de la santé et de la protection sociale auquel participent les établissements pour personnes inadaptées et handicapées. • Cass., ass. plén., 24 janv. 2003, n° 01-41.757 P : *BICC 1er avr. 2003. 12, avis Burgelin et rapp. Merlin ; D. 2003. 1648, note Paricard-Pioux ; RFDA 2003. 470, obs. Mathieu* . ♦ Obéit à d'impérieux motifs d'ordre public l'intervention du législateur destinée, par l'adoption de la L. 12 avr. 1996, à aménager les effets d'une jurisprudence de nature à compromettre la pérennité des activités bancaires dans le domaine du crédit immobilier. • Civ. 1re, 29 avr. 2003, n° 00-20.062 P : *D. 2003. AJ 1435, obs. Avena-Robardet ; Defrénois 2003. 1183, obs. Savaux ; RDC 2004. 453, obs. Debet.* ♦ Obéit à d'impérieux motifs d'intérêt général l'intervention du législateur destinée à aménager les effets d'une jurisprudence nouvelle de nature à entraîner, par l'importance de ses conséquences sur les établissements de crédit, des risques considérables pour l'équilibre financier du système bancaire dans son ensemble et, partant, pour l'activité économique générale. • Civ. 1re, 9 juill. 2003 : *Gaz. Pal. 24-25 oct. 2003, p. 9, concl. Sainte-Rose ; JCP 2004. II. 10016, note Prétot.*

60. Lois de procédure. Dès lors qu'une loi est une loi de procédure d'application immédiate, une cour d'appel en déduit nécessairement qu'elle ne constituait pas une immixtion injustifiée du pouvoir législatif dans l'administration de la justice en vue d'influer sur le dénouement du litige et justifie légalement sa décision au regard de l'art. 6, § 1er Conv. EDH. • Civ. 1re, 25 avr. 2007, n° 05-19.153 P : *RTD civ. 2007. 636, obs. Perrot* .

b. Revirements de jurisprudence

61. Jurisprudence européenne. Appréciation. Les exigences de la sécurité juridique et de protection de la confiance légitime des justiciables ne consacrent pas de droit acquis à une jurisprudence constante. • CEDH 18 déc. 2008, *Unedic c/ France : BICC 1er mars 2009. 6 ; JCP 2009. 143, n° 10, obs. Sudre.* • CEDH 26 mai 2011, *Legrand c/France : JCP 2011. 730, obs. Picheral ; Dr. et pr. 2012, suppl. Droit des procédures internationales, p. 2, obs. Fricero.*

62. Jurisprudence interne. Sécurité juridique. L'interprétation jurisprudentielle d'une même norme à un moment donné ne peut être différente selon l'époque des faits considérés, et nul ne peut se prévaloir d'un droit acquis à une jurisprudence figée. • Civ. 1re, 9 oct. 2001, n° 00-14.564 P : *D. 2001. 3470, rapp. Sargos ; ibid. note Thouvenin ; RTD civ. 2002. 176, obs. Libchaber* . ♦ La sécurité juridique invoquée sur le fondement du droit à un procès équitable prévu par l'art. 6, § 1er, Conv. EDH, pour consacrer l'application d'une solution restrictive du droit d'agir résultant d'une évolution de jurisprudence, ne saurait consacrer un droit acquis à une jurisprudence constante, l'évolution de la jurisprudence relevant de l'office du juge dans l'application du droit. • Civ. 3e, 2 oct. 2002, n° 01-02.073 P : *D. 2003. 513, note Atias* • Soc. 7 janv. 2003 : *D. 2005. IR 110 ; Gaz. Pal. 14-15 févr. 2003, p. 12, note Perdriau* • Civ. 2e, 8 juill. 2004, n° 03-14.717 P.

63. Illustrations. S'agissant du revirement de jurisprudence relatif à l'exigence d'une contrepartie financière à la clause de non-concurrence, la chambre sociale a estimé que celle-ci répond à l'impérieuse nécessité d'assurer la sauvegarde et l'effectivité de la liberté fondamentale d'exercer une activité professionnelle et que, loin de violer l'art. 6, § 1er Conv. EDH, une cour d'appel en fait une exacte application en décidant que cette exigence est d'application immédiate. • Soc. 17 déc. 2004, n° 03-40.008 P : *D. 2005. Pan. 2454, obs. Bugada* . ♦ La Cour de cassation ayant jugé, par arrêt rendu le 8 juill. 2004 et publié, que les dispositions de l'art. 65-1 de la de la loi du 29 juill. 1881 instaure, pour les actions fondées sur une atteinte au respect de la présomption d'innocence, un délai de prescription particulier qui déroge au droit commun de la prescription en matière civile, ces dispositions, d'ordre public, imposant au demandeur non seulement d'introduire l'instance dans les 3 mois de la publication des propos incriminés, mais aussi de réitérer, dans le même délai, un acte de procédure manifestant à l'adversaire son intention de la poursuivre, un plaideur n'est pas fondé à invoquer une méconnaissance des règles du procès équitable dès lors que la cour d'appel constate que ledit plaideur avait été en mesure de connaître la décision précitée avant le 10 août 2004, date d'expiration du délai de prescription de son action. • Civ. 1re, 2 oct. 2007 : *RJPF 2008-1/13, obs. Putman.* ♦ L'application immédiate de la règle résultant d'un revirement de jurisprudence selon laquelle le pourvoi contre un jugement préélectoral est immédiatement recevable ne saurait, sans méconnaître les exigences de l'art. 6, § 1er Conv. EDH, priver le demandeur au pourvoi contre un jugement ayant statué sur la validité des élections du droit de critiquer les dispositions du jugement préélectoral non frappé de pourvoi en raison de la jurisprudence antérieure au revirement. • Soc. 26 mai 2010, n° 09-60.400 P : *R. 2010, p. 364 ; D. 2010. Actu. 1422 ; RDT 2011. 411 ; JCP S. 2010. 298, obs. Léger ; ibid. 1346, note Kerbouc'h ; Dr. soc. 2010. 826, note Petit ; ibid. 1150, note Radé.*

2° GARANTIES PARTICULIÈRES

a. Indépendance et impartialité

Définition

64. Indépendance. Pour établir si un tribunal peut passer pour indépendant aux fins de l'art. 6, § 1er, Conv. EDH, il faut prendre en compte notamment le mode de désignation et la durée du mandat de ses membres, l'existence d'une protection contre les pressions extérieures et le point de savoir s'il y a ou non apparence d'indépendance. • CEDH 9 nov. 2006, *Sacilor-Lormines c/ France : AJDA 2007. 904, obs. Flauss ; JCP 2007. I. 106, n° 6, obs. Sudre ; RD publ. 2007. 881, obs. Gonzalès ; RFDA 2007. 1054, obs. Andriantsimbazovina et Sermet ; JDI 2007. 704, obs. Touze.*

65. Impartialité. Aux fins de l'art. 6, § 1er, Conv. EDH, l'impartialité doit s'apprécier selon une démarche subjective, essayant de déterminer la conviction personnelle de tel juge en telle occasion et aussi selon une démarche objective amenant à s'assurer qu'il offrait des garanties suffisantes pour exclure à cet égard tout doute légitime ; l'impartialité personnelle d'un magistrat se présume jusqu'à la preuve contraire ; l'appréciation objective consiste à se demander si, indépendamment de la conduite personnelle du juge, certains faits vérifiables autorisent à suspecter l'impartialité de ce dernier ; en la matière, même les apparences peuvent revêtir de l'importance ; l'élément déterminant consiste à savoir si les appréhensions de l'intéressé peuvent passer pour objectivement justifiées. • CEDH 24 mai 1989, *Hauschildt c/ Danemark : Série A, n° 154 ; JDI 1990. 727, obs. Tavernier ; AFDI 1991. 585, obs. Coussirat-Coustère.* ♦ V. déjà, antérieurement. • CEDH 1er oct. 1982, *Piersack c/ Belgique : Série A, n° 53 ; JDI 1985. 210, obs. Tavernier ; AFDI 1985. 415, obs. Coussirat-Coustère.*

66. Lien entre indépendance et impartialité. Les notions d'indépendance et d'impartialité objective sont étroitement liées et examinées ensemble le cas échéant. • CEDH 9 nov. 2006, *Sacilor-Lormines c/ France : AJDA 2007. 904, obs. Flauss ; JCP 2007. I. 106, n° 6, obs. Sudre ; RD publ. 2007. 881, obs. Gonzalès ; RFDA 2007. 1054, obs. Andriantsimbazovina et Sermet ; JDI 2007. 704, obs. Touze.*

Illustrations

67. Indépendance. Interprétation des traités. Viole le droit à être entendu par un tribunal indépendant la pratique obligeant le juge administratif, confronté à une difficulté sérieuse d'interprétation d'une convention internationale, à demander au ministre des Affaires étrangères d'indiquer le sens de la disposition contestée pour ensuite s'y conformer en toutes circonstances, seul méritant l'appellation de tribunal un organe jouissant de la plénitude de juridiction et répondant à une série d'exigences telles que l'indépendance à l'égard de l'exécutif comme des parties en cause. • CEDH 24 nov. 1994, *Beaumartin c/ France,* n° 15287/89 : *Série A, n° 296-B ; AJDA 1995. 137, obs. Flauss ; JCP 1995. I. 3823, n° 25, obs. Sudre ; JDI 1995. 786, obs. Decaux ; D. 1995. 273, note Pretot ; Gaz. Pal. 1995. 1. 524, note Pettiti ; RUDH 1994. 405, note Sudre.* ♦ Rappr. pour l'appréciation de la condition de réciprocité posée par l'art. 55 de la Constitution. • CEDH 13 févr. 2003, *Chevrol c/ France,* n° 49636/99 : *AJDA 2003. 308, obs. de Montecler ; ibid. 606, obs. Flauss ; ibid. 1984, note Rambaud ; D. 2003. 931, note Moutouh ; RTD civ. 2003. 572, obs. Libchaber ; JCP 2003. I. 160, n° 4, obs. Sudre ; Europe 2003, n° 189, obs. Deffains ; JDI 2004. 668, obs. Tavernier.*

68. Impartialité. Avocat général. Présence au délibéré. La seule présence de l'avocat général au délibéré d'une chambre de la Cour de cassation viole l'art. 6, § 1er, Conv. EDH. • CEDH 27 nov. 2003, *Slimane Kaïd c/ France : D. 2004. IR 32 ; JCP 2004. I. 107, n° 6, obs. Sudre.*

69. Absence de participation au jugement. L'exigence d'impartialité ne s'applique pas aux représentants du ministère public qui ne participent pas au jugement. • Civ. 1re, 23 nov. 2004, n° 02-13.293 P : *D. 2005. IR 112 .*

70. Juge. Impartialité subjective. Termes injurieux. Toute personne a droit à ce que sa cause soit entendue par un tribunal impartial ; en statuant en des termes injurieux et manifestement incompatibles avec l'exigence d'impartialité, le juge viole l'art. 6, § 1er Conv. EDH. • Civ. 2e, 14 sept. 2006, n° 04-20.524 P : *D. 2007. Chron. 899, obs. Vigneau ; JCP 2006. II. 10189, avis Kessous ; Procédures 2006, n° 227, obs. Perrot ; JCP 2006. Actu. 537, obs. Terré* (jugement retenant « la piètre dimension de la défenderesse, dotée d'un quotient intellectuel aussi restreint que la surface habitable de sa caravane »). ♦ V. aussi jugeant qu'en statuant en des termes injurieux et manifestement incompatibles avec l'exigence d'impartialité, une cour d'appel viole l'art. 6, § 1er, Conv. EDH. • Soc. 23 oct. 2013 : *Procédures 2014, n° 13, note Bugada ; JCP 2014. 1232, n° 10, obs. Amrani-Mekki* (« réinvention du servage ») • Soc. 12 juin 2014 : *JCP 2014. 1232, n° 10, obs. Amrani Mekki.* ♦ Mais aucun soupçon légitime de partialité n'est caractérisé si la motivation d'une décision antérieure qualifie le requérant de « chicanier », ce terme n'étant pas utilisé dans l'intention de porter un jugement de valeur dépréciatif sur la personnalité du requérant. • CEDH 26 avr. 2011, *Steulet c/ Suisse,* nº 31351/06 : *Procédures 2011, nº 201, note Fricero.* ♦ Statue en des termes incompatibles avec l'exigence d'impartialité la cour d'appel et viole l'art. 6, § 1er, Conv. EDH la cour d'appel qui, avant d'examiner une demande de requalification d'une mise à la retraite d'office en un licenciement sans cause réelle et sérieuse pour la rejeter, retient que : durant des années, le salarié a su tirer profit de son statut syndical pour obtenir de son employeur des avantages sur mesure de toute nature qui s'apparentent à de véritables privilèges ; que dès lors, il est aisé de comprendre qu'il ne voulait pas les voir disparaître du jour au lendemain du fait de sa mise à la retraite ; qu'au vu de ces éléments, les prétentions exorbitantes du salarié, qui, après avoir accepté l'ensemble de ces conditions et privilèges, vient contester sa mise à la retraite au double motif que, d'une part, il doit rembourser le crédit immobilier de sa maison d'habitation et que, d'autre part, la décision lui aurait été notifiée avant son soixante-cinquième anniversaire révolu à un ou deux jours près, apparaissent quelque peu indécentes ». • Soc. 8 avr. 2014 : *D. 2014. 935 ; Procédures 2014, nº 237, note Bugada ; RJS 2014. 375, avis Weissman ; JCP 2014. 1232, nº 10, obs. Amrani Mekki ; ibid. S 2014. 1316, note Brissy.*

71. Prévisibilité de la position du juge. Même à le supposer établi, le fait que la position du juge sur une question de droit qui lui est soumise soit prévisible n'est pas de nature à remettre en cause son impartialité. • Civ. 1re, 18 mai 2011, nº 10-10.282 P : *D. 2011. Actu. 14 ; Dr. et pr. 2011. 212, note Fricero ; Gaz. Pal. 2 août 2011, p. 15, obs. Raoult.*

72. Présentation des prétentions des parties. Viole l'art. 6, § 1er, Conv. EDH, ensemble les art. 455 et 458 C. pr. civ., une cour d'appel qui expose les moyens et prétentions des parties selon les modalités différentes de nature à faire peser un doute légitime sur l'impartialité de la juridiction. • Soc. 19 déc. 2018, nº 17-22.056 P : *D. actu. 28 janv. 2019, obs. Bolze ; D. 2019. 24 ; Gaz. Pal. 23 avr. 2019, p. 68, obs. Kebir.*

Impartialité objective. Généralités

73. Cas légalement prévus. Encourt la cassation l'arrêt qui, pour écarter la demande de récusation présentée sur le fondement de l'art. 6, § 1er, Conv. EDH, retient que le droit français assure le respect de l'impartialité des juridictions, alors que l'art. 341 NCPC [devenu C. pr. civ.], qui ne prévoit que huit cas limitatifs de récusation, n'épuise pas nécessairement l'exigence d'impartialité requise de toute juridiction. • Civ. 1re, 28 avr. 1998, nº 96-11.637 P : *D. 1998. IR 131* .

74. Identification des juges. L'impossibilité pour le requérant d'avoir connaissance de l'identité des personnes qui composent la formation qui le juge, qui lui interdit de s'assurer de l'absence d'un éventuel préjugement de leur part ou d'un lien de l'un des membres avec la partie en cause, méconnaît l'exigence d'impartialité du tribunal. • CEDH 20 janv. 2011, *Vernes c/ France,* nº 30183/06 : *Procédures 2011, nº 93, note Fricero.*

75. Appartenance à un syndicat. La seule appartenance du président d'un tribunal au Syndicat de la magistrature n'est pas un fait suffisant en soi à caractériser l'inimitié notoire de ce magistrat à l'égard du Front national par ailleurs, son adhésion au Syndicat de la magistrature, qui relève de l'exercice d'une liberté constitutionnelle, ne laisse pas présumer que l'exigence d'impartialité requise de tout juge laisse ici la place à une forte présomption de partialité ; en conséquence, une cour d'appel retient exactement l'impossibilité de tout doute raisonnable quant à l'impartialité de ce magistrat. • Civ. 2e, 24 juin 2004, nº 02-14.509 P : *D. 2004. 2083* . ♦ V. aussi note 86, à propos du conseil de prud'hommes.

76. Appartenance au tribunal. Aux termes de l'art. 6, § 1er Conv. EDH, toute personne a droit ce que sa cause soit entendue par un tribunal impartial, l'exigence d'impartialité s'appréciant objectivement. Viole ces dispositions la juridiction qui rejette la demande d'application de l'art. 47 C. pr. civ. formée par une partie, alors qu'à la date à laquelle l'affaire avait été plaidée, la partie adverse avait déjà été élue juge ce tribunal, peu important la date effective de sa prise de fonction, cette situation étant de nature faire peser sur la juridiction un soupçon légitime de partialité. • Civ. 2e, 23 sept. 2010 : *cité note 21 ss. art. 47 C. pr. civ.*

77. Le fait qu'une partie exerce habituellement les fonctions de défenseur syndical devant une juridiction prud'homale est de nature à créer un doute sur l'impartialité objective de cette juridiction. • Soc. 24 juin 2014, nº 13-13.609 P.

78. Liens personnels. Font grief à son droit à ce que sa cause soit entendue dans le cadre d'un procès équitable par une juridiction dont les garanties d'indépendance et d'impartialité sont et apparaissent incontestables les motifs invoqués par un requérant tirés de ce que le premier président de la cour d'appel est personnellement concerné, en sa qualité de propriétaire d'un bien immobilier, par la solution du litige de liquidation et partage de communauté opposant sa sœur au requérant, en raison de l'autorité hiérarchique de ce magistrat sur les juges de la cour d'appel. • Civ. 2e, 24 janv. 2002, nº 00-01.224 P. ♦ V. aussi note 87, à propos du conseil de prud'hommes.

79. Obligation de discrétion. La plus grande discrétion s'impose aux autorités judiciaires lorsqu'elles sont appelées à juger, afin de garantir leur image de juges impartiaux ; cette discrétion doit les amener à ne pas utiliser la presse, même pour répondre à des provocations ; ainsi le veulent les impératifs supérieurs de la justice et la grandeur de la fonction judiciaire ; le fait que le président du tribunal ait employé publiquement des expressions sous-entendant une appréciation négative de la cause du requérant avant de présider l'organe judiciaire appelé à trancher l'affaire ne semble à l'évidence pas compatible avec les exigences d'impartialité de tout tribunal, consacrées à l'art. 6, § 1er Conv. EDH ; en effet, les déclarations du président étaient de nature à justifier objectivement les craintes du requérant à l'égard de son impartialité. • CEDH 16 sept. 1999, *Buscemi c/ Italie*, n° 29569/95 : *D. 2000. Somm. 184, obs. Fricero* ; *RTDH 2000. 543, note del Tufo et Fiandaca ; RTD civ. 2000. 622, obs. Normand*.

80. Il résulte des art. L. 111-8 COJ et 6, § 1er Conv. EDH que la seule circonstance pour une juridiction de fixer à une même audience des affaires mettant en cause une même partie, mais portant sur des litiges différents, et de se prononcer sur celles-ci, n'est pas, en elle-même, de nature à porter atteinte à son impartialité. Ayant constaté que la société requérante faisait valoir que l'audiencement de trois dossiers la concernant devant le même bureau de jugement établissait la partialité du conseil de prud'hommes et exactement retenu qu'une chambre pouvait se prononcer dans plusieurs dossiers intéressant la même société sans que ce seul fait soit de nature à faire présumer sa partialité, la juridiction du premier président, a, par ce seul motif, et sans encourir les griefs du moyen, légalement justifié sa décision. • Civ. 2e, 25 mars 2021, n° 19-23.142 P.

81. Liquidation d'astreinte. Un juge peut statuer sur la demande de liquidation d'une astreinte qu'il a prononcée sans méconnaître les exigences d'impartialité. • Civ. 2e, 8 avr. 1998 : *cité note 7 ss. C. pr. exéc., art. L. 131-3.*

82. Fixation des émoluments. Le magistrat de la cour d'appel qui a signé le bulletin d'évaluation, prévu par l'art. 13 du Décr. n° 80-608 du 30 juill. 1980 fixant le tarif des avoués, ne peut ensuite statuer en qualité de magistrat taxateur sur la contestation relative aux émoluments de l'avoué pour cette procédure. • Civ. 2e, 19 nov. 2009, n° 08-20.025 P.

83. Rectification d'erreur matérielle. L'exigence d'impartialité au sens de l'art. 6, § 1er, Conv. EDH est sans application à la requête en rectification d'erreur matérielle d'une précédente décision. • Civ. 1re, 28 mai 2002, n° 00-10.516 P.

Impartialité objective. Conseil de prud'hommes

84. Impartialité structurelle. Le respect de l'exigence d'impartialité est assuré par la composition paritaire des conseils de prud'hommes, par la prohibition de tout mandat impératif, par la faculté de recourir à un juge départiteur extérieur aux membres élus et par la possibilité, selon les cas, d'interjeter appel ou de former un pourvoi en cassation. • Civ. 2e, 20 oct. 2005 : *D. 2005. IR 2770* ; *JCP 2006. I. 133, n° 2, obs. Clay.*

85. Appartenance à une autre section du conseil de prud'hommes. Toute personne a droit à ce que sa cause soit entendue par un tribunal indépendant et impartial ; cette exigence implique qu'un conseiller prud'homal n'exerce pas de mission d'assistance ou de mandat de représentation devant le conseil de prud'hommes dont il est membre. • Soc. 2 févr. 2005, n° 03-40.271 P : *D. 2005. IR 596* ; *LPA 5 mai 2005, p. 4, note Picca* (délégué syndical par ailleurs membre du conseil de prud'hommes saisi, dans une autre section d'encadrement).

86. Appartenance à un syndicat. La circonstance qu'un ou plusieurs membres d'un conseil de prud'hommes appartiennent à la même organisation syndicale que l'une des parties n'est pas de nature à mettre en cause l'impartialité de ses membres. • Soc. 19 déc. 2003, n° 02-41.429 P : *BICC 1er mars 2004. 24, avis Collomp ; D. 2004. 1688, note Keller* ; *JCP 2004. Actu. 88, obs. Morvan, I.133, n° 18, obs. Cadiet et I. 177, n° 1, obs. Pételet-Teyssié ; Gaz. Pal. 15-17 févr. 2004, avis Collomp, et 14-16 mars 2004. 13, obs. Boubli. ; LPA 29 mars 2004, p. 5, note G. Picca.* ♦ V. aussi, note 75, pour les juges en général.

87. Liens personnels. Constitue une violation des dispositions de l'art. 6, § 1er, Conv. EDH le refus d'examiner, pour rejeter une demande en récusation, les circonstances tirées de ce que le demandeur vivait maritalement avec la nièce du conseiller prud'homal qui avait refusé de s'abstenir de siéger à l'audience. • Soc. 18 nov. 1998, n° 94-43.840 P : *D. 1999. IR 13* ; *RGDP 1999. 650, obs. Desdevises ; JCP E 1999. 755, obs. Boulmier.* ♦ Toute personne a droit à ce que sa cause soit entendue par un tribunal indépendant et impartial ; cette exigence implique qu'un conseiller prud'homal n'exerce pas de mission d'assistance ou de mandat de représentation devant le conseil de prud'hommes dont il est membre. • Soc. 3 juill. 2001, n° 99-42.735 P : *D. 2001. 2361* et *Somm. 2712, obs. Fricero ; Procédures 2001. Étude 15, obs. Pierchon ; JCP 2001. II. 10046, note du Rusquec* ; Dr. soc. 2001. 898, *obs. Prétot ; RJS 2001. 801, n° 1181 ; Dr. ouvrier 2020. 1, obs. Moussy* (demanderesse représentée à l'audience par son époux, membre de la juridiction prud'homale saisie). ♦ Une cour d'appel décide exactement que la seule circonstance que le plaideur et son juge aient été élèves de la même école n'est pas de nature à créer, même en apparence, un doute légitime sur son impartialité ; la seule circonstance que les magistrats concernés seraient issus du même secteur d'activité que les parties n'est pas non plus de nature à créer, même en apparence, un doute sur leur impartialité. • Civ. 2e, 13 juill. 2005, n° 04-19.962 P : *D. 2005. 2656, avis Kessous ; Dr. et pr. 2006. 40, obs. Fricero.* ♦ V. aussi note 78, pour les juges en général.

88. Qualité de prévenu. Satisfait aux exigences d'impartialité de l'art. 6, § 1er, Conv. EDH, et n'est pas de nature à justifier une demande de récusation le fait pour un conseiller prud'homal de statuer sur la demande d'un salarié assisté par un avocat qui a été le conseil d'une partie civile dans une instance pénale dans laquelle le conseiller a comparu en qualité de prévenu dès lors que cette circonstance est dépourvue de tout lien avec le litige en cause, étranger à l'instance pénale, et qu'aucun élément ne permet de considérer qu'elle puisse entraîner objectivement un risque de préjugé défavorable de la part du conseiller à l'égard du salarié. • Paris, 11 mars 2003 : *BICC 2003, n° 1017.*

Impartialité objective. Voies de recours

89. Voies de réformation. Appel. Principe. Viole les dispositions de l'art. 6, § 1er, Conv. EDH l'arrêt qui statue dans une composition comportant un magistrat qui avait déjà connu du même litige, en participant en première instance à une décision de caractère juridictionnel. • Civ. 3e, 27 mars 1991, n° 89-13.239 P. ♦ Un magistrat ne peut siéger en appel dès lors qu'il a connu du même litige en participant, en première instance, à une décision de caractère juridictionnel. • Civ. 1re, 11 mars 1997, n° 92-16.866 P. ♦ Méconnaît les exigences de l'art. 6 § 1er, Conv. EDH la cour d'appel qui mentionne dans son arrêt que le délibéré s'est déroulé en présence de l'un des membres de la formation du tribunal ayant prononcé le jugement déféré, alors que la présence de ce juge à son délibéré était de nature à faire peser sur la juridiction un soupçon légitime de partialité. • Civ. 2e, 11 mars 2010 : *D. actu. 31 mars 2010, obs. Lavric ; D. 2010. AJ 771.* ♦ Dans le même sens, V. • Civ. 2e, 1er oct. 2020, n° 19-17.922 P : *D. actu. 16 oct. 2020, note Kebir ; AJ fam. 2020. 591, obs. Eudier ; JCP 2021. 202, obs. Rebourg.*

90. Illustrations. Une cour d'appel qui confirme un jugement de condamnation à verser une pension alimentaire ne peut être présidée par le même magistrat qui avait présidé le TGI. • Civ. 2e, 20 nov. 2003, n° 01-13.974 P : *D. 2004. IR 108.*

91. Commissions de surendettement. Quelles que puissent en être les modalités procédurales, un même juge ne peut connaître d'un re*cours afférent à une décision qu'il a* précédemment rendue. • Civ. 1re, 26 janv. 1999, n° 96-04.230 P : *RGDP 1999. 620, obs. Wiederkehr ; Procédures 1999, n° 101, note Croze ; RPC 1999. 155, obs. Verdun* (en matière de redressement judiciaire civil, à propos d'un recours contre la décision d'une commission de surendettement) • Civ. 2e, 10 févr. 2005, n° 02-04.102 P : *BICC 15 mai 2005, n° 866 ; CCC. 2005, n° 121 (1re esp.), note Raymond* (toujours en matière de redressement judiciaire civil, dans une hypothèse où le juge n'a pas statué sur un recours afférent à une décision qu'il avait précédemment rendue). ♦ En effet, la commission de surendettement des particuliers ne constitue pas un tribunal au sens de l'art. 6, § 1er, Conv. EDH. • Civ. 2e, 18 déc. 2003, n° 02-04.149 P : *CCC avr. 2005, p. 13, obs. Gjidara ; RLDA 2004, n° 4374, obs. David.*

92. L'exigence d'un procès équitable, au regard des principes d'égalité des armes et d'impartialité du juge, impose qu'une juridiction disciplinaire de première instance ne soit pas partie au recours contre ses propres décisions ; le Conseil des ventes mobilières qui prononce une sanction disciplinaire constitue une telle juridiction. Viole en conséquence l'art. 6 Conv. EDH l'arrêt qui, prononçant, sur le recours formé contre une décision disciplinaire de relaxe partielle rendue par le Conseil des ventes volontaires, une interdiction temporaire d'exercer toute activité à l'égard d'opérateurs de ventes volontaires de meubles aux enchères publiques, statue au vu des observations écrites déposées par cette juridiction. • Civ. 1re, 10 sept. 2014 : *Dalloz jurisprudence.*

93. Limite. Litiges ayant un objet différent. Il ne peut être reproché à la formation de jugement d'une cour d'appel chargée de statuer sur un litige relatif à la liquidation d'une communauté entre époux de comprendre un magistrat ayant connu en première instance, du divorce des mêmes époux, ces deux litiges ayant un objet différent. • Civ. 2e, 12 janv. 1994 : *Gaz. Pal. 1994. 1. Pan. 124.* ♦ Rappr. note 99.

94. Déféré des ordonnances du conseiller de la mise en état. Viole l'art. 6, § 1er, Conv. EDH la cour d'appel qui statue sur une ordonnance déférée dans une composition où siège le magistrat qui a rendu cette ordonnance, alors que l'irrégularité a été soulevée dès l'ouverture des débats. • Civ. 2e, 10 sept. 2009, n° 08-14.004 P : *R. 2009, p. 463 ; D. actu. 21 sept. 2009, obs. Dargent ; D. 2009. AJ 2169 ; ibid. 2010 Chron. C. Cass. 538, obs. Sommer et Leroy-Gissinger ; JCP 2009. 257, obs. Salati ; ibid. 352, note Putman ; ibid. 2010. 546, n° 21, obs. Amrani Mekki ; Procédures 2009, n° 364, note Fricero ; Dr. et pr. 2010. 17, note Douchy-Oudot ; LPA 2 févr. 2010. 9, note Dupont ; RTD civ. 2010. 157, obs. Théry.*

95. Renvoi après cassation. En cas de cassation, l'affaire est renvoyée, sauf disposition contraire, devant une autre juridiction de même nature que celle dont émane l'arrêt ou le jugement cassé ou devant la même juridiction composée d'autres magistrats ; violation de l'art. 6, § 1er Conv. EDH dans l'hypothèse où un arrêt avait été rendu sous la présidence d'un magistrat qui avait participé au délibéré de l'arrêt cassé. • Civ.

3e, 11 juin 1987 : *Bull. civ. III, n° 122 ; D. 1988. 527, note Bailly ; Gaz. Pal. 1988. Somm. 36, obs. Guinchard et Moussa.*

96. Second pourvoi. V. admettant que les requérants aient pu nourrir des soupçons quant au caractère impartial de la Cour de cassation, laquelle, saisie d'un deuxième pourvoi, était amenée une nouvelle fois à vérifier l'appréciation, par la cour d'appel de renvoi, des éléments constitutifs de l'infraction, alors que sept des neuf conseillers qui avaient statué composaient la deuxième formation. • CEDH 24 juin 2010, n° 22349/06 : *Procédures 2010, n° 314, note Fricero.*

97. Voies de rétractation. Opposition. L'opposition étant une voie de rétractation qui remet en question devant le même juge des points jugés par défaut, c'est sans méconnaître l'obligation d'impartialité édictée par l'art. 6, § 1er Conv. EDH qu'une cour d'appel devant laquelle pouvait alors avoir lieu un débat contradictoire avait été composée par des magistrats ayant délibéré de la décision objet de l'opposition. • Civ. 2e, 5 févr. 1997 : *cité note 1 ss. art. 474.*

98. ... Recours en révision. Le recours en révision étant une voie de rétractation qui remet en question devant le même juge des points jugés par défaut, c'est sans méconnaître l'obligation d'impartialité édictée par l'art. 6, § 1er, Conv. EDH qu'une cour d'appel devant laquelle pouvait alors avoir lieu un débat contradictoire avait été composée par des magistrats ayant délibéré de la décision objet du recours en révision. • Civ. 2e, 5 févr. 1997, n° 95-10.622 P : *D. 1997. IR 63 ; D. affaires 1997. 313 ; RTD civ. 1997. 513, obs. Perrot ; Procédures 1997, n° 85, note Perrot.* ♦ Mais un magistrat qui a participé au jugement d'une affaire en première instance ne peut connaître du recours en révision de l'arrêt rendu sur appel de ce jugement. • Civ. 2e, 3 nov. 1993, n° 92-11.725 P : *D. 1994. IR 32.* ♦ De même, un magistrat qui a fait partie de la composition d'une cour d'appel ayant rendu un arrêt ultérieurement cassé ne peut siéger dans la formation appelée à connaître du recours en révision formé à l'endroit de l'arrêt rendu après cassation. • Civ. 2e, 12 juill. 2001, n° 99-21.822 P : *D. 2001. IR 2639 ; Dr. et pr. 2002. 36, note Fricero.*

Impartialité objective. Succession de litiges

99. Litiges distincts. Aucun soupçon légitime n'est caractérisé si le même magistrat siège dans des procédures successives mettant en cause des questions différentes à propos du même requérant. • CEDH 23 avr. 2011, *Steulet c/ Suisse : cité note 70* (trois procédures pénales respectivement pour diffamation à l'encontre du requérant, malversation et corruption dénoncées par le requérant). ♦ Ainsi, le fait qu'un magistrat saisi d'un litige, comme juge unique ou comme membre d'une juridiction collégiale, ait antérieurement connu d'un litige opposant les mêmes parties ne permet pas de mettre en doute son impartialité. • Civ. 1re, 19 nov. 1996 : *Bull. civ. I, n° 405 ; D. affaires 1997. 156.* ♦ De même, les magistrats, qui statuent sur l'existence d'une faute inexcusable de l'employeur à la suite d'un accident du travail, peuvent, sans violer les dispositions de l'art. 6, § 1er, Conv. EDH, siéger dans un procès distinct concernant la responsabilité de l'employeur résultant d'une faute que ce dernier aurait commise au cours du premier procès. • Soc. 15 juin 1999, n° 96-43.309 P.

100. Litiges analogues ou voisins. Le fait qu'une formation de jugement ait déjà statué entre les mêmes parties dans des litiges analogues ou voisins ne constitue pas une circonstance qui permette objectivement de suspecter l'impartialité de cette juridiction. • Civ. 2e, 4 déc. 2003, n° 01-16.420 P : *D. 2004. IR 397* .

101. Litiges répétitifs. La circonstance que la même chambre soit appelée à statuer sur des contentieux répétitifs entre les même parties ne saurait faire peser sur cette juridiction un doute légitime relatif à son impartialité. • Civ. 2e, 14 oct. 2004, n° 02-18.708 P : *D. 2004. IR 2835* .

Impartialité objective. Juge civil et juge pénal

102. Civil puis pénal. Ne peut faire partie de la chambre des appels correctionnels le magistrat qui à l'occasion d'une instance civile s'est déjà prononcé sur les faits qui ont justifié le renvoi du prévenu devant le juge pénal. • Crim. 24 nov. 1999, n° 98-85.327 P : *Dr. pén. 2000, n° 52, note Maron ; RTD civ. 2000. 619, obs. Normand* (instance civile de nature prud'homale – licenciement – puis instance pénale du chef d'escroquerie).

103. Pénal puis civil. Le fait pour le juge pénal, ayant condamné le débiteur pour abandon de famille, de statuer ensuite sur sa demande de réduction de la pension alimentaire impayée est contraire à l'exigence d'impartialité, le magistrat ayant porté une appréciation sur le comportement fautif du demandeur, en raison duquel il a été débouté de sa demande. • Civ. 1re, 29 sept. 2004, n° 02-16.436 P : *Dr. fam. 2005, n° 6, note Gouttenoire ; D. 2004. IR 3115* . ♦ Cependant, le fait que l'arrêt ayant statué sur l'instance civile ait été rendu par des magistrats au nombre desquels figurait le juge d'instruction ayant connu de l'affaire sur le plan pénal n'est pas constitutif d'une irrégularité et n'est pas contraire à l'exigence d'impartialité requise par l'art. 6, § 1er, Conv. EDH, ce magistrat demeurant libre de se former, en toute objectivité, une opinion sur l'affaire civile soumise à son examen. • Civ. 2e, 14 déc. 1992, n° 91-17.324 P. ♦ V. déjà, dans le même sens, le fait que les mêmes magistrats aient été appelés à connaître à la fois des aspects civils et pénaux d'un litige n'est pas de nature à priver les parties d'un procès équitable et à mettre en cause l'impartialité de la juridiction qui a statué ; il ne peut, au contraire, qu'être favorable à une décision mieux éclairée. • Civ. 1re, 29 mars 1989, n° 87-13.520 P.

Impartialité objective. Juge appréciant l'existence de présomption et juge du fond

104. L'examen de l'existence de présomptions de pratiques anticoncurrentielles autorisant les visites et saisies par la même formation de jugement que celle appelée à statuer sur le bien-fondé des griefs retenus et de la sanction prononcée au titre de ces pratiques est de nature à faire naître un doute raisonnable sur l'impartialité de la juridiction. • Com. 2 nov. 2011 : *BICC 1er mars 2012 ; D. 2011. Actu. 2789, obs. Chevrier ; CCC 2012, n° 22, note Decocq ; Dr. pén. 2012, n° 11, note Robert* • 15 nov. 2011 : *CCC 2012, n° 22, note Decocq* • 21 juin 2011 : *BICC 15 nov. 2011, n° 1383 ; D. 2011. Actu. 1749, obs. Chevrier ; JCP 2011. 784, obs. Ruy ; CCC 2011, n° 199, note Bosco.*

Impartialité objective. Juge de la mise en état et juge du fond

105. La participation à la formation de jugement d'un juge ayant rendu, dans la même affaire, une décision ne préjugeant pas le fond ne méconnaît pas les exigences de l'art. 6, § 1er, Conv. EDH. • Civ. 2e, 4 déc. 2003, n° 01-16.420 P : *D. 2004. IR 397* .

Impartialité objective. Juge du provisoire et juge du fond

106. Référé-provision. L'exigence d'un tribunal impartial doit s'apprécier objectivement ; il en résulte que, lorsqu'un juge a statué en référé sur une demande tendant à l'attribution d'une provision en raison du caractère non sérieusement contestable d'une obligation, il ne peut ensuite statuer sur le fond du litige afférent à cette obligation. • Cass., ass. plén., 6 nov. 1998, *Bord Na Mona*, n° 94-17.709 P : *D. 1999. 1, concl. Burgelin ; D. Affaires 1999. 126, obs. J. F. ; RTD civ. 1999. 183, obs. Normand ; ibid. 193, obs. Perrot ; JCP 1998. II. 10198, rapp. Sargos* (1re esp.) *; Procédures 1999, n° 3, note Perrot ; RGDP 1999. 620, obs. Wiederkehr.* ♦ Cependant, est dépourvu de tout fondement le moyen invoquant que deux magistrats ayant statué figuraient déjà dans la formation de référé ayant réformé une ordonnance par laquelle une provision avait été *alloué au requérant,* dès lors que l'arrêt de référé n'avait écarté ces demandes que par refus de se prononcer sur elles, après avoir retenu que les appréciations de fait et de droit qu'elles impliquaient relevaient exclusivement des pouvoirs des juges du fond, de sorte que cette précédente décision n'avait pas décidé de la contestation sur les droits et obligations en litige. • Civ. 1re, 15 nov. 2005, n° 02-21.366 P : *D. 2006. 2647, note Amrani-Mekki et Fauvarque-Cosson ; D. Affaires 2006. 587, note Mekki ; CCC. 2006, n° 43, note L. Leveneur ; Defrénois 2006. 38395, note Le Gallou ; RDC 2006. 696, note Laithier ; RTD civ. 2006. 114, obs. Mestre et Fages* .

107. Mesure conservatoire. La circonstance qu'un magistrat statue sur le fond d'une affaire dans laquelle il a pris préalablement une mesure conservatoire n'implique pas une atteinte à l'exigence d'impartialité appréciée objectivement. • Cass., ass. plén., 6 nov. 1998, *Guillotel*, n° 95-11.006 P : *D. 1999. 1, concl. Burgelin ; D. Affaires 1999. 126, obs. J. F. ; RTD civ. 1999. 183, obs. Normand ; ibid. 193, obs. Perrot ; JCP 1998. II. 10198, rapp. Sargos* (2e esp.) *; Gaz. Pal. 1998. Jurisp. 865, note Pansier et Bladier ; Procédures 1999, n° 3, note Perrot ; RGDP 1999. 620, obs. Wiederkehr.* ♦ Eu égard à la nature de l'office attribué au juge des référés statuant sur le fondement de l'art. L. 521-1 du CJA – et sous réserve du cas où il apparaîtrait, compte tenu des termes mêmes de l'ordonnance, qu'allant au-delà de ce qu'implique nécessairement cet office il aurait préjugé l'issue du litige –, la seule circonstance qu'un magistrat a statué sur une demande tendant à la suspension de l'exécution d'une décision administrative n'est pas, par elle-même, de nature à faire obstacle à ce qu'il se prononce ultérieurement sur la requête en qualité de juge du principal. • CE, avis, 12 mai 2004 : *Lebon 223 ; D. 2004. 1562 ; ibid. 2586, obs. Butéri ; AJDA 2004. 1354, obs. Guyomar et Collin ; Procédures 2004, n° 166, obs. Deygas ; RFDA 2004. 723, concl. Glaser* . ♦ Les juges d'appel – parmi lesquels figure un ancien JAF ayant statué sur l'ordonnance de non-conciliation – qui se prononcent au fond sur le divorce n'apprécient ni les mêmes faits, ni les mêmes demandes que ceux soumis à l'examen du JAF statuant, par ordonnance de non-conciliation, au titre des mesures provisoires. • Civ. 1re, 15 déc. 2010, n° 09-70.583 P : *D. 2011. Actu. 78 ; ibid. 623, note Auroy ; ibid. Pan. 1111, obs. Douchy-Oudot ; AJ fam. 2011. 325, obs. Douris* . ♦ La décision par laquelle le juge des tutelles place une personne faisant l'objet d'une demande de mise sous protection juridique sous sauvegarde de justice et lui désigne un mandataire spécial ne préjuge pas au fond. • Civ. 2e, 24 janv. 2013, n° 12-01.345 P : *AJ fam. 2013. 184, note Verheyde ; RTD civ. 2013. 350, obs. Hauser* .

Impartialité objective. Juge de l'exécution et juge des tutelles

108. La question de l'impartialité d'un juge d'instance, saisi d'un litige relatif à l'exécution d'une obligation, en raison de ce qu'il a eu à connaître de la situation de l'une des deux parties pour des faits et sur des fondements juridiques différents, en qualité de juge de l'exécution et de juge des tutelles, ne présente pas de difficulté sérieuse dès lors que les précédentes interventions ou décisions de ce même magistrat ne l'auraient pas conduit à prendre position ou à émettre une appréciation pouvant constituer un préjugé sur le nouveau litige qui lui est soumis. • Cass., avis, 7 juill. 2003, n° 00-00.001 P.

Impartialité objective. Juge du fond et juge de l'exécution

109. Le défaut d'impartialité d'une juridiction appelée à connaître de la contestation de la mesure d'exécution forcée d'une décision de justice ne peut résulter du seul fait qu'elle ait précédemment connu de l'appel formé contre cette décision. • Civ. 2e, 3 avr. 2014 : *D. 2014. Actu. 876 ; D. actu. 12 mai 2014, obs. Mélin.*

Impartialité objective. Juge des libertés et de la détention et juge du fond

110. Fonctions successives. Doit être récusé le président de la formation de jugement qui n'est autre que celui qui a précédemment connu de l'affaire en tant que juge des libertés et de la détention • Civ. 2e, 4 juin 2020, n° 19-10.443 : *D. actu. 25 juin 2020, obs. Sansone ; D. 2020. 1234 ; Gaz. Pal. 3 nov. 2020, p. 56, note Kebir.*

111. Expert. Dépendance économique. Viole l'art. 6, § 1er, Conv. EDH l'arrêt qui retient que la récusation d'un expert comme celle d'un juge n'est admise que pour les causes déterminées par la loi et que les prestations effectuées par l'expert désigné pour le compte d'une société concurrente ne représentant qu'un faible pourcentage de son chiffre d'affaires ne suffisent pas à établir un lien de subordination ou de dépendance économique envers ce client et se rapportent à une société qui n'était pas partie à l'instance, alors que l'art. 341 NCPC [devenu C. pr. civ.], qui prévoit des cas de récusation, n'épuise pas l'exigence d'impartialité requise de tout expert judiciaire. • Civ. 2e, 5 déc. 2002, n° 01-00.224 P : *D. 2003. 2260, note Penneau .*

112. Conseil en propriété industrielle. Saisie-contrefaçon. L'expert mentionné à l'art. L. 332-4, al. 2 CPI, pour assister à la saisie-contrefaçon, doit être indépendant des parties. • Civ. 1re, 6 juill. 2000, n° 97-21.404 P : *D. 2000. AJ 362, obs. B. Poisson ; ibid. 2001. 370, note Véron ; JCP 2000. II. 10440, note Croze ; ibid. E 2001. 81, obs. Diljeau et Gablin ; ibid. 799, obs. Garaud ; ibid. 2002. 1334, n° 10, obs. Zollinger ; LPA 25 janv. 2001, p. 12, note Fougerat ; Gaz. Pal. 2002. 50, note Forgeron et Frenel ; Procédures 2000, n° 219, note Croze.* ♦ Le conseil en propriété industrielle qui assiste l'huissier lors d'une saisie-contrefaçon de brevets est soumis à l'exigence d'indépendance et d'impartialité posée par l'art. 6, § 1er, Conv. EDH. • Toulouse, 17 avr. 2003 : *Dr. et pr. 2004. 95, note Hugon.* ♦ *Contra* jugeant que le conseil en propriété industrielle, expert du saisissant dans le cadre d'une saisie-contrefaçon, peut être le conseil habituel de la partie saisissante. • Com. 8 mars 2005, n° 03-15.871 P : *D. 2005. AJ 838, obs. Daleau ; ibid. Pan. 966, obs. Raynard ; JCP E 2005. 648, note Caron ; Dr. et pr. 2005. 298, obs. Hugon ; CCE 2005, n° 102, note Caron ; RLDA mai 2005. 5129, note Lefevre et Vasa.* ♦ Comp. Le droit à un procès équitable exige que l'expert mentionné par l'art. L. 615-5 CPI pour assister l'huissier instrumentaire procédant à la saisie-contrefaçon soit indépendant des parties ; l'expert désigné étant le préposé de l'une des parties saisissantes, il en découlait qu'il n'était pas indépendant. • Com. 28 avr. 2004, n° 02-20.330 P : *D. 2004. AJ 1671 ; ibid. 2005. Pan. 966, obs. Raynard ; JCP 2004. II. 10171, note Caron ; Gaz. Pal. 25 janv. 2005, p. 34, note Tellier-Loniewski et Mauriello ; Dr. et pr. 2004. 282, obs. Hugon ; Procédures 2004, n° 162, note Croze ; Propr. intell. 2004, p. 793, obs. J.-C. Galloux ; ibid. 2005, n° 45, note Raynard.*

113. Cumul de fonctions par certaines autorités. Autorité des marchés financiers. Un membre de la commission des sanctions de l'Autorité des marchés financiers, désigné comme rapporteur de l'affaire, ayant exercé les fonctions d'administrateur et de conseiller du président d'une société qui, à l'époque des faits reprochés à la société poursuivie devant ladite commission, était l'un des principaux concurrents de celle-ci, le principe d'impartialité faisait obstacle à ce que l'intéressé exerce les fonctions de rapporteur. • CE 26 juill. 2007 : *JCP E 2007. 2224, note Paclot ; RTD com. 2007. 803, obs. Rontchevsky .* ♦ La circonstance que l'une des commissions spécialisées constituées au sein du collège chargé d'engager les poursuites et dont les membres exercent des fonctions incompatibles avec celles de membre de la Commission des sanctions, le cas échéant inflige, à l'issue de la procédure une sanction, – laquelle – ait pris la décision de notifier à une société les mêmes griefs que ceux qu'elle avait elle-même déjà précédemment décidé de notifier pour les mêmes faits à une autre société ne constitue ni un manquement au principe d'impartialité ni une violation du principe du respect des droits de la défense rappelés à l'art. 6, § 1er, Conv. EDH ; dans ces conditions, la circonstance qu'un rapporteur, qui, conformément à sa mission, a pu prendre parti sur la nature et la qualification des faits susceptibles d'être retenus à l'encontre d'une personne mise en cause soit désigné pour instruire des griefs notifiés à une ou plusieurs autres personnes sur le fondement des mêmes faits n'est pas par elle-même contraire au principe d'impartialité. • CE 28 déc. 2009 : *D. 2010. AJ 206 ; LPA 8 mars 2010, p. 9, note Rouault ; Gaz. Pal. 25 févr. 2010, p. 28, Graveleau ; BJB 2010. 138, concl. Guyomar, note Garrigue.*

114. … Commission bancaire [devenue l'Autorité de contrôle prudentiel et de résolution]. L'attribution par la loi à une autorité administrative du pouvoir de fixer les règles dans un domaine déterminé et d'en assurer elle-même le respect, par l'exercice d'un pouvoir de contrôle des activités exercées et de sanction des manquements constatés, ne contrevient pas aux exigences rappelées par l'art. 6, § 1er, Conv. EDH, dès lors que ce pouvoir de sanction est aménagé de telle façon que soient assurés le respect des droits de la défense, le caractère contradictoire de la procédure et l'impartialité de la décision. • CE 30 juill. 2003 : *D. 2003. AJ 2501* ; *AJDA 2004. 26, note Laget-Annamayer* ; *JCP E 2004. 1859, obs. Raynaud* ; *LPA 20 févr. 2004. 3, concl. Guyomar* (2 arrêts). ♦ V. déjà • CE 20 oct. 2000 : *D. 2001. 2665, note Louvaris* ; *ibid. Somm. 1072, obs. Sousse* ; *D. 2002. Somm. 634, obs. Synvet* ; *AJDA 2000. 1001, obs. Guyomar et Colin* ; *JCP 2001. II. 10459, concl. Lamy* ; *JCP E 2001. 273, note Salomon* ; *BJB 2001. 39, note Moulin* ; *Banque et Dr. 11-12/2000. 31, obs. de Vauplane et Daigre* ; *Procédures 2001, n° 51, obs. Deygas* ; *RFDA 2001. 1264, obs. Andriantsimbazovina et Sermet.* ♦ Comp. La CEDH souligne l'imprécision des textes régissant la procédure devant la Commission bancaire et note le manque de distinction claire entre les fonctions de poursuite, d'instruction et de sanction dans l'exercice de son pouvoir juridictionnel ; la CEDH note que la société requérante a raisonnablement pu avoir l'impression que, dans la procédure disciplinaire ouverte à son encontre, ce sont les mêmes personnes qui l'ont poursuivie et jugée, et douter de la décision de la Commission, qui, dans la confusion de ses rôles, décida de sa mise en accusation, lui signifia ses griefs à son encontre et la sanctionna ; la CEDH considère ainsi que l'argument de la séparation organique au sein de la Commission – qui conférerait une autonomie effective de la procédure disciplinaire par rapport au contrôle administratif – avancé par le gouvernement français n'est pas convaincant ; la CEDH conclut donc à la violation de l'art. 6, § 1er, Conv. EDH au motif que les doutes de la société requérante quant à l'indépendance et l'impartialité de la Commission étaient objectivement fondés du fait de l'absence de distinction claire entre ces différentes fonctions. • CEDH 11 juin 2009, *Dubus c/ France*, n° 5242/04 : *BICC 1er nov. 2009, n° 1325* ; *D. 2009. AJ 1889* ; *ibid. 2247, note Couret* ; *ibid. 2712, obs. Blanchard* ; *AJ pénal 2009. 354, obs. Lasserre Capdeville*.

115. … Conseil national de l'ordre des médecins. Les membres titulaires de la section disciplinaire ayant quitté la séance pendant laquelle le Conseil national de l'ordre des médecins a décidé de porter plainte contre le requérant, avant même que ledit Conseil ne délibère sur l'opportunité d'exercer ces poursuites, ce fait montre que les membres de la section disciplinaire, en particulier ceux ayant fait partie de la formation de jugement qui a statué sur la plainte formée contre le requérant, ont été étrangers à la décision du Conseil de former une telle plainte ; en conséquence, les doutes du requérant sur l'indépendance et l'impartialité des membres de la section du Conseil qui l'ont jugé ne sauraient être objectivement justifiés. • CEDH 27 juill. 2006, *Gubler c/ France*, n° 32976/04 : *Gaz. Pal. 12 août 2006* ; *JCP 2007. I. 106, n° 7, obs. Sudre* ; *RD publ. 2007. 881, obs. Gonzalès.*

116. … Conseil supérieur de l'ordre des géomètres experts. V. • CEDH 24 sept. 2009, n° 32976/04 : *AJDI 2010. 156, note Heugas-Darraspen* .

Régime procédural

117. Renonciation. Les débats ayant eu lieu devant une formation collégiale dont la composition, conforme à l'ordonnance du premier président fixant la répartition des juges dans les différents services, était nécessairement connue à l'avance de la partie représentée par son avoué, celle-ci n'est pas recevable à invoquer devant la Cour de cassation la violation de l'art. 6, § 1er, Conv. EDH, dès lors qu'elle n'a pas fait usage de la possibilité d'en obtenir le respect en récusant par application de l'art. 341, 5°, NCPC [devenu C. pr. civ.] le magistrat qui figurait déjà dans la composition de la cour d'appel ayant statué en référé et que, en s'abstenant de le faire avant la clôture des débats, elle a ainsi renoncé sans équivoque à s'en prévaloir. • Cass., ass. plén., 24 nov. 2000, n° 99-12.412 P : *BICC 15 janv. 2001, concl. Lafortune et rapp. Tric* ; *D. 2001. Somm. 1067, obs. Fricero* ; *Procédures 2001. n° 3, note Perrot* ; *Dr. et pr. 2001, 109, note Jacotot* ; *RTD civ. 2001. 192, obs. Normand* ; *ibid. 204, obs. Perrot* • Civ. 2e, 15 févr. 2001, n° 98-17.643 P : *D. 2001. IR 981* • Com. 5 févr. 2002 : *Procédures 2002, n° 72, note Perrot* ; *Dr. société 2002, n° 132, note Legros* • Civ. 2e, 8 avr. 2004, n° 01-04.196 P : *D. 2004. IR 1710* • 20 oct. 2005, n° 04-04.114 P : *D. 2005. IR 2771* • Civ. 1re, 12 déc. 2006, n° 05-11.945 P : *D. 2007. Pan. 2691, obs. Douchy-Oudot* ; *Gaz. Pal. 31 mai 2007. Pan. 24* ; *RLDC 2007/37, n° 2508, obs. Beignier* ; *Dr. fam. 2007, n° 40, obs. Larribau-Terneyre* ; *RTD civ. 2007. 96, obs. Hauser* . ♦ Pour déclarer irrecevable le moyen pris de la composition irrégulière de la cour d'appel, une cour d'appel avait énoncé que les plaideurs ont connaissance par avance de cette composition et qu'ils sont réputés avoir renoncé sans équivoque à se prévaloir de l'art. 6, § 1er Conv. EDH, dès lors qu'ils ne l'ont pas invoqué dans leurs premières conclusions ; en déclarant irrecevable le moyen pris de la composition irrégulière de la cour d'appel, dans une composition où siégeait le conseiller chargé de la mise en état qui avait rendu l'ordonnance déclarant l'appel irrecevable, et alors que le requérant avait soulevé dès l'ouverture des débats cette irrégularité, la cour d'appel a violé l'art. 6, § 1er, Conv. EDH. • Civ. 2e, 10 sept. 2009 : *préc. note 94.*

118. Impossibilité de régularisation. Lorsque, s'agissant de la violation du principe d'impartialité, la procédure est entachée de nullité, aucune régularisation n'est possible. • Soc. 16 sept. 2008, n° 06-45.334 P : *D. 2008. AJ 2351 ; RDT 2008. Actu. 639 ; JCP 2009. II. 10024, note Boubli ; LPA 13-14 avr. 2009, p. 11, note Fraissinier-Amiot.*

Conséquence

119. Impossibilité de statuer. Le juge qui s'est déclaré empêché de connaître de la cause ne peut plus en connaître. • Com. 25 avr. 2006, n° 04-18.581 P : *D. 2007. IR 1331 .*

b. Assistance d'un avocat

120. Avocats aux Conseils. Compte tenu du fait que l'ordre des avocats au Conseil d'État et à la Cour de cassation est un auxiliaire du service public de la justice, qu'il incombe à son président d'apprécier, sous le contrôle du juge de la légalité, s'il y a lieu de faire droit à une demande de désignation d'un avocat, qu'une telle demande a pour effet d'interrompre le délai du recours que l'intéressé envisageait d'introduire et qu'elle ne peut être rejetée que si la requête projetée est manifestement dépourvue de chances raisonnables de succès, la circonstance que l'ordre refuse de désigner l'un de ses membres, alors même que la recevabilité de la requête est subordonnée à sa présentation par un avocat au Conseil d'État et à la Cour de cassation, ne constitue pas, par elle-même, une méconnaissance du principe constitutionnel du droit pour les personnes intéressées d'exercer un recours effectif devant une juridiction, rappelé par les stipulations de la Conv. EDH. • CE 22 avr. 2005 : *Lebon 159 ; D. 2005. IR 1728 ; ibid. 2201, note Giraud ; JCP 2005. II. 10107, note F. Lemaire.*

121. Avocat. Majeur protégé. Le droit de la personne, protégée ou à protéger, à un procès équitable, lorsqu'une mesure de protection est envisagée, ne fait pas obstacle à ce que le législateur instaure un régime dans lequel le majeur peut faire le choix d'être assisté d'un avocat, permettant de trouver un juste équilibre entre le droit d'accès au juge et l'autonomie de cette personne, dans le respect du droit à un recours effectif. • Civ. 1re, 8 juill. 2015, n° 15-11.002 : *cité note ss. C. pr. civ., art. 1214.* ♦ N'a pas été privé des droits tirés de l'art. 6 Conv. EDH, le majeur protégé informé par la convocation qui lui a été adressé de son droit à faire le choix d'un avocat ou à demander à la juridiction saisie que le bâtonnier lui en désigne un d'office, et qui a comparu sans user de cette faculté, en faisant valoir ses observations et en défendant ses intérêts. • Civ. 1re, 27 janv. 2016, n° 15-11.002 P : *cité note ss. C. pr. civ., art. 1214.*

122. Aide juridictionnelle. Le bénéficiaire de l'aide juridictionnelle a droit à l'assistance d'un avocat et à celle de tous officiers publics ou ministériels dont la procédure requiert le concours ; cette assistance doit constituer un droit concret et effectif ; viole les dispositions des art. 6, § 1er, Conv. EDH et 25 de la L. n° 91-647 du 10 juill. 1991 une cour d'appel qui statue alors que l'intimé, bénéficiant de l'aide juridictionnelle, a demandé le renvoi de l'affaire dans l'attente de la désignation d'un avocat. • Civ. 1re, 20 févr. 2008, n° 07-12.650 P : *D. 2008. AJ 791 ; ibid. 2009. Pan. 54, obs. Douchy-Oudot ; JCP 2008, 140, n° 17, obs. G'sell-Macrez ; Gaz. Pal. 13 janv. 2008, p. 27, note du Rusquec.*

c. Publicité

Publicité des débats

123. Renonciation. Jurisprudence européenne. Si la publicité des débats constitue un principe fondamental, rien n'empêche une personne d'y renoncer de son plein gré, à condition que la renonciation ne soit pas équivoque et qu'elle ne se heurte à aucun intérêt public important. • CEDH 21 févr. 1990, *Haranksson et Sturesson c/ Suède : Série A, n° 171 A ; JDI 1991. 770, obs. P. T.*

124. Exception. Jurisprudence européenne. L'absence de publicité de la procédure de jugement des comptes des comptables publics devant la Cour des comptes viole l'art. 6, § 1er, Conv. EDH, la technicité du contentieux du contrôle des comptes ne pouvant justifier le huis clos compte tenu de l'enjeu de la procédure qui peut aboutir à la mise en débet du comptable. • CEDH 12 avr. 2006, *Martinie c/ France,* n° 58675/00 : *AJDA 2006. 986, note Rolin ; ibid. 1711, obs. Flauss ; RFDA 2006. 305, note Sudre ; ibid. 577, note Sermet ; JCP 2006. I. 164, n° 5, obs. Sudre ; LPA 21 juin 2006. 12, note Benoiton ; Procédures 2006, n° 144, obs. Deygas ; JDI 2007. 707, obs. Eudes ; RD publ. 2007. 879, obs. Gonzalès.* ♦ De même, la seule réticence que pourraient avoir des professionnels de la finance de voir leur gestion contrôlée par le public ne saurait justifier une absence de publicité des débats, même si ces derniers revêtent un caractère technique. • CEDH 20 janv. 2011 : *cité note 74.*

125. Régime procédural. Jurisprudence interne. Le droit à la publicité des débats est applicable sous condition que la personne poursuivie s'en prévale. • Civ. 1re, 10 janv. 1984 : *Bull. civ. I, n° 8 ; D. 1985. IR 105, obs. Brunois ; JCP 1984. II. 20210, concl. Gulphe ; Gaz. Pal. 1984. Jurispr. 702, note A. D. ; RTD civ. 1984. 771, obs. Perrot (avocat)* • 10 déc. 1985 : *Bull. civ. I, n° 341 ; JCP 1987. II. 20749, note Pillebout ; Gaz. Pal. 1986. Pan. 75* (notaire) • 10 mars 1987 : *Bull. civ. I,* n° 87 ; D. 1989. Somm. 96, obs. Brunois (avocat) • 25 avr. 1989 : *Bull. civ. I, n° 165 ; RTD civ. 1990. 144, obs. Perrot* • 4 févr. 1997, n° 95-12.184 P : *D. 1999. 24, note Denoix de Saint-Marc* • 3 févr. 1998, n° 96-12.035 P • 18 oct. 2005, n° 04-15.215 P : *D. 2005. IR 2901 ; JCP 2007. 1000, note de Poulpiquet* (demande présentée en première instance mais non renouvelée en appel). ♦ Comp. Viole l'art. 6, § 1er, Conv. EDH, la cour d'appel qui énonce que les débats s'étaient déroulés en chambre du conseil faute pour l'huissier de justice d'en avoir sollicité la publicité, alors que les débats sont publics, sauf demande de l'intéressé à ce qu'ils se déroulent en chambre du conseil. • Civ. 1re, 4 déc. 2001, n° 98-12.598 P : *D. 2002. IR 455*. ♦ L'art. 446 NCPC [devenu C. pr. civ.], selon lequel la nullité pour inobservation des règles de publicité ne peut plus être soulevée après la clôture des débats, n'est pas contraire à l'art. 6, § 1er Conv. EDH. • Civ. 1re, 2 mars 1994 : *D. 1994. IR 74*. ♦ Le moyen tiré de la non-publicité des débats ne peut être invoqué pour la première fois devant la Cour de cassation. • Civ. 1re, 3 nov. 1993, n° 92-13.402 P : *D. 1994. IR 5* • 2 mars 1994, n° 91-17.142 P • 22 mai 2002, n° 99-13.871 P : *D. 2002. IR 2580 ; Gaz. Pal. 28-29 août 2002. 8, notes Damien et Lambling.*

Publicité du jugement

126. Prononcé par dépôt au greffe. La publicité de la procédure des organes judiciaires visés à l'art. 6, § 1er, Conv. EDH protège les justiciables contre une justice secrète échappant au contrôle du public ; elle constitue aussi l'un des moyens de préserver la confiance dans les cours et tribunaux ; cependant, le but poursuivi n'est pas moins bien réalisé par un dépôt au greffe du jugement, permettant à chacun d'avoir accès au texte intégral de l'arrêt, que par la lecture de celui-ci en audience publique. • CEDH 8 déc. 1983, *Pretto c/ Italie : Série A n° 71 ; AFDI 1984. 453, obs. Pelloux ; JDI 1985. 228, obs. Tavernier.* ♦ A l'inverse, le prononcé public de la décision d'une cour d'appel s'impose lorsque le libre accès de chacun au texte intégral du jugement n'est pas organisé. • CEDH 24 nov. 1997, *Szücs et Werner c/ Autriche : JCP 1998. I. 107, obs. Sudre.*

127. Autorité administrative indépendante. Le fait que le prononcé de la décision du Conseil de la concurrence [devenu Autorité de la concurrence] ne soit pas public ne saurait faire grief aux parties intéressées dès lors qu'elles peuvent se pourvoir contre la décision devant une *juridiction, ce qui rend inopérant* le grief de l'absence de publicité. • Com. 5 oct. 1999, n° 97-15.617 P : *D. 1999. AJ 44, obs. Marmontel ; D. 2000. Somm. 9, obs. Niboyet ; JCP 2000. II. 10254, note Fourgoux ; ibid. 10255, note Cadou ; Gaz. Pal. 1999. Jurisp. 1938, note Flécheux ; Dr. adm. 1999, n° 296 ; CCC 1999. Comm. 177, note Malaurie-Vignal ; LPA, 23 nov. 1999, p. 10, note Léonnet ; RTD com. 2000. 632, obs. Claudel* • 28 janv. 2003, n° 01-00.528 P : *D. 2003. AJ 553, obs. Chevrier ; Gaz. Pal. 14 sept. 2004. Doctr. 20, obs. Fadili ; LPA 14 févr. 2003, p. 8, concl. Lafortune ; CCC 2003, n° 110, obs. Malaurie-Vignal ; RLDA 2003. 3714, obs. David ; RTD com. 2003. 493, obs. Claudel* • 28 juin 2005, n° 04-13.910 P.

d. Contradiction

128. Principe. La notion de procès équitable implique en principe le droit pour les parties à un procès de prendre connaissance de toute pièce ou observation présentée au juge et de la discuter ; en la matière, les exigences découlant du droit à une procédure contradictoire sont les mêmes au civil comme au pénal. • CEDH 18 févr. 1997, *Nideröst-Huber c/ Suisse : RTD civ. 1997. 1006, obs. Marguénaud.*

129. Expertise. Le principe du contradictoire concerne toutes les phases de la procédure, y compris celle de l'expertise. • CEDH 18 mars 1997, *Mantovanelli c/ France : RTD civ. 1997. 1006, obs. Marguénaud*. ♦ Le respect du droit à un procès équitable, sous l'angle particulier du principe du contradictoire, exige que le requérant – partie défenderesse à la procédure disciplinaire – ait la possibilité de soumettre ses commentaires en réponse au contenu du pré-rapport ou, pour le moins, qu'il en soit informé pour décider, le cas échéant, d'y répondre. • CEDH 18 févr. 2010, n° 22584/06 : *Procédures 2010, n° 119, note Fricero.*

130. Relevé d'office. Le juge doit respecter lui-même le principe du contradictoire, notamment en cas de substitution par la Cour de cassation d'un moyen de pur droit au moyen soulevé par les parties. • CEDH 13 oct. 2005, *Clinique des Acacias c/ France : JCP 2006. I. 109, obs. Sudre.*

131. Conseiller-rapporteur. La pratique nouvelle de la Cour de cassation, consistant à scinder en deux parties le rapport du conseiller rapporteur – la première, communiquée à la fois aux parties et au ministère public, comprenant une étude de l'affaire, à savoir l'exposé des faits et de la procédure, l'analyse des moyens, l'examen objectif de la question juridique, les textes et la jurisprudence utile à la solution du pourvoi et la doctrine de référence ; la seconde, qui n'est communiquée ni aux parties ni à l'avocat général, étant composée de l'avis personnel du rapporteur ainsi que du projet d'arrêt –, est conforme aux exigences de l'art. 6, § 1er Conv. EDH, dans la mesure où elle préserve la souhaitable confidentialité de la position personnelle du rapporteur et le secret du délibéré. • CEDH 2 nov. 2004, *Fabre c/ France : JCP 2005. I. 103, obs. Sudre.*

132. Avocat général. Compte tenu de l'enjeu pour le requérant de l'instance devant la Cour suprême et de la nature de l'avis du procureur général adjoint, lequel a pris position en faveur du rejet du pourvoi, l'impossibilité pour l'intéressé d'en obtenir communication avant le prononcé de l'arrêt et d'y répondre a méconnu son droit à une procédure contradictoire ; celui-ci implique en principe la faculté pour les parties à un procès, pénal ou civil, de prendre connaissance de toute pièce ou observation présentée au juge, même par un magistrat indépendant, en vue d'influencer sa décision et de la discuter. • CEDH 20 févr. 1996, *Lobo Machado c/ Portugal et Vermeulen c/ Belgique : D. 1997. 208, obs. Fricero* • 27 mars 1998, *K. D. B. c/ Pays-Bas : JCP 1999. I. 105, n° 26, obs. Sudre.* ♦ Comp. Le fait qu'un arrêt ait été rendu au vu des observations écrites du ministère public sans qu'il ait été donné, ni fait mention d'une communication de ses conclusions, à la partie intimée et sans avoir invité celle-ci à formuler ses observations ne constitue pas une violation de l'art. 6, § 1er Conv. EDH, dès lors que les parties ont la possibilité, en application de l'art. 445 NCPC [devenu C. pr. civ.], de répondre, même après la clôture des débats, aux arguments développés par le ministère public. • Com. 29 mai 2001, n° 98-15.802 P : *D. 2001. AJ 2032 ; JCP 2001. I. 362, n° 11, obs. Cadiet ; RLDA 2001. 2730 ; Procédures 2001, n° 167, note Perrot.*

133. Ministère public. Viole les art. 6, § 1er, Conv. EDH, 16 et 431 C. pr. civ. la cour d'appel qui rend un arrêt visant des conclusions écrites du ministère public, intervenant en qualité de partie jointe, sans constater que, l'une des parties n'ayant pas eu communication de ces conclusions et des pièces jointes, elle n'avait pas eu la possibilité d'y répondre. • Civ. 1re, 23 janv. 2008 : *cité note 16 ss. art. 16* (en matière d'assistance éducative).

134. Avis d'un médecin qualifié. Il résulte de ce que l'arrêt prononcé par la Cour nationale de l'incapacité et de la tarification de l'assurance des accidents du travail a été rendu après examen préalable du dossier par un médecin qualifié, choisi sur une liste établie par arrêté du ministre chargé de la Sécurité sociale ou du ministre chargé de l'agriculture, dont l'avis n'a pas été communiqué aux parties, que l'appelant a été privé de la faculté de prendre connaissance des observations présentées par ce médecin et de les discuter ; la procédure suivie ayant été ainsi dépourvue de caractère contradictoire, la Cour nationale a violé tant les dispositions de l'art. 16 NCPC [devenu C. pr. civ.] que celles de l'art. 6, § 1er Conv. EDH. • Cass., ass. plén., 22 déc. 2000, n° 98-15.567 P : *BICC 2001. 27, concl. M. Lyon-Caen, note Étienne ; D. 2001. 1652, note Saint-Jours ; JCP 2001. I. 311, n° 3, obs. Cadiet.*

135. Contentieux disciplinaire. Accès au dossier. Méconnaît les dispositions de l'art. 6, § 1er, Conv. EDH, l'assemblée générale d'une cour d'appel qui, avant de prononcer la radiation d'un expert inscrit sur la liste établie par celle-ci, n'a pas permis à l'expert d'avoir accès à son dossier disciplinaire. • Metz, 28 oct. 1992 : *cité note ss. Décr. n° 2004-1463 du 23 déc. 2004, art. 26, App., v° Experts judiciaires.*

136. ... Retrait de la carte professionnelle. Dès lors qu'elle retient que l'art. 7 de la L. n° 72–1128 du 21 déc. 1972 confère au procureur de la République le pouvoir de provoquer le retrait, par le Conseil des bourses de valeurs, de la carte professionnelle d'un remisier et gérant de portefeuille, lequel peut faire valoir ses droits au moyen du recours prévu par l'art. 9 de la même loi, dans le cadre d'un débat contradictoire devant le TGI, la cour d'appel en déduit justement, sans méconnaître ni le principe du respect des droits de la défense ni l'art. 6, § 1er, Conv. EDH, que le procureur de la République et le Conseil précité n'étaient pas tenus d'entendre l'intéressé avant le retrait de sa carte professionnelle. • Civ. 1re, 3 mars 1993 : *cité note 3 ss. art. 431.*

137. ... Ordre d'audition des parties. L'exigence d'un procès équitable résultant de l'art. 6, § 1er Conv. EDH implique qu'en matière disciplinaire la personne poursuivie, ou son avocat, soit entendue à l'audience et puisse avoir la parole en dernier. • Civ. 1re, 25 févr. 2010 : *D. actu. 5 mars 2010, obs. Dargent ; D. 2010. AJ 658, obs. (abrégées) Dargent ; JCP 2010. 546, n° 13, obs. Cadiet ; Defrénois 2010. 663 ; LPA 29 avr. 2010, p. 11, note Lebel* (greffier de tribunal de commerce). ♦ Comp., la jurisprudence antérieure relative à la procédure disciplinaire des avocats, note 2 ss. Décr. n° 91-1197 du 27 nov. 1991, art. 277. – *C. avocat.*

138. ... Communication du prérapport. Viole l'art. 6, § 1er la décision du conseil national de l'ordre des médecins portant radiation du tableau de l'ordre des médecins, sans que le prérapport, rédigé à charge pour le requérant par un expert médical et visé dans la décision de condamnation, ait été communiqué au requérant qui n'a pas été mis en situation de pouvoir la contester ou d'y répondre. • CEDH 1er févr. 2010, n° 22584/06 : *BICC 15 avr. 2010, p. 8.*

139. Taxation des honoraires d'expert. Est dénué d'intérêt le moyen qui reproche à l'ordonnance rendue par le premier président d'une cour d'appel d'avoir refusé d'annuler l'ordonnance du juge chargé du contrôle des expertises qui avait fixé la rémunération d'un technicien, dès lors qu'en vertu de l'art. 724 NCPC [devenu C. pr. civ.] le premier président était tenu de statuer au fond même s'il déclarait nulle l'ordonnance du premier juge ; les dispositions de l'art. 704 NCPC [devenu C. pr. civ.] sont sans application à la procédure de contestations relatives à la rémunération des techniciens, dès lors que la partie, à laquelle l'ordonnance du juge chargé du contrôle des expertises fixant la rémunération du technicien a été notifiée, est en mesure de faire valoir ses observations au cours d'une phase ultérieure qui se déroule devant le premier président de la cour d'appel, la procédure prévue à l'art. 724 NCPC [devenu C. pr. civ.] ne méconnaît pas le principe de la contradiction et les dispositions de l'art. 6, § 1er Conv. EDH. • Civ. 2e, 5 avr. 2007, n° 06-13.063 P : *Dr. et pr. 2007. 272, note Putman.*

e. Égalité des armes

Jurisprudence européenne

140. Consécration. La notion de procès équitable suppose le principe de l'égalité des armes. • CEDH 6 mai 1985, *Bönisch c/ Autriche : Série A, n° 92.*

141. Définition. Dans les litiges opposant des intérêts privés, l'égalité des armes implique l'obligation d'offrir à chaque partie une possibilité raisonnable de présenter sa cause – y compris les preuves – dans des conditions qui ne la placent pas dans une situation de net désavantage par rapport à son adversaire ; est contraire à ce principe l'impossibilité d'entendre à titre de témoin le directeur de la société requérante. • CEDH 27 oct. 1993, *Dombo Beheer c/ Pays-Bas : Série A, n° 274 ; Gaz. Pal. 1994. 460.*

Jurisprudence interne

142. Droit commun. Élément de preuve. Méconnaît les dispositions des art. 6, § 1er et 8 Conv. EDH la cour d'appel qui retient que la production en justice des pièces relatives à la santé du dirigeant d'une société constitue une atteinte à la vie privée de celui-ci, sans rechercher si cette atteinte pouvait être justifiée par l'exigence de la protection des droits de la défense de la société et de ses actionnaires et rester proportionnée au regard des intérêts antinomiques en présence. • Com. 15 mai 2007, n° 06-10.606 P : *D. 2007. AJ 1605 ; ibid. 2775, obs. Lepage ; RTD civ. 2007. 637, obs. Perrot ; ibid. 753, obs. Hauser* (atteinte au principe de l'égalité des armes résultant du droit au procès équitable garanti par l'art. 6, § 1er Conv. EDH en raison de l'interdiction faite à une partie de faire la preuve d'un élément de fait essentiel pour le succès de ses prétentions). ♦ Le droit de la preuve découlant de l'art. 6 Conv. EDH ne peut faire échec à l'intangibilité du secret professionnel du notaire, lequel n'en est délié que par la loi, soit qu'elle impose, soit qu'elle autorise la révélation du secret. • Civ. 1re, 4 juin 2014, n° 12-21.244 P : *JCP N 2014. 1269, note Rouzet ; JCP 2014. 986, note Raschel ; Defrénois 2014. 197, obs. Latina.* ♦ Le juge ne peut fonder sa décision uniquement ou de manière déterminante sur des témoignages anonymes. • Soc. 4 juill. 2018, n° 17-18.241 P : *D. 2018. 1499 ; ibid. 2019. Pan. 162, obs. Bretzner Dr. soc. 2018. 951, note Mouly ; JCP S 2018. 1285, note Duquesne ; Gaz. Pal. 27 nov. 2018, p. 62, note Mayer ; RDT 2018. 766, note Kahn.*

143. Procédure d'expropriation. Accès aux informations. Il résulte des dispositions des art. R. 13-7, R. 13-28 et R. 13-32 C. expr., dans leur rédaction issue du Décr. n° 2005-467 du 13 mai 2005, ainsi que de l'art. L. 135 B, al. 1er, LPF, tel que modifié par la L. n° 2006-872 du 13 juill. 2006, que les avantages dont bénéficie le commissaire du Gouvernement [devenu rapporteur public] par rapport à l'exproprié dans l'accès aux informations pertinentes publiées au fichier immobilier ne sont pas de nature, à eux seuls, à créer un déséquilibre incompatible avec le principe de l'égalité des armes. • Civ. 3e, 9 avr. 2008, n° 07-14.411 P : *BICC 15 juill. 2008, n° 1225 et la note ; R., p. 278 ; JCP 2009, n° 20, obs. Huyghe* • 22 oct. 2008, n° 07-18.090 P : *D. 2008. AJ 2795, obs. Forest ; JCP 2009, n° 20, obs. Huyghe ; RLDC 2009. 61, obs. Miniato.*

144. ... Délai de recours. Viole les art. R. 13-48, R. 13-49 C. expr. ainsi que l'art. 6, § 1er, Conv. EDH la cour d'appel qui, pour dire recevables le mémoire des époux expropriés contenant appel incident et les conclusions du commissaire du gouvernement [devenu rapporteur public] déposés après l'expiration du délai de l'art. R. 13-49 et fixé, au vu de ces écritures, le montant des indemnités revenant aux expropriés, retient que l'existence d'un délai réduit de moitié par rapport à celui dont bénéficie l'appelant, pour l'intimé et le commissaire du Gouvernement [devenu rapporteur public] dans la rédaction de l'art. R. 13-49, introduit au détriment de ceux-ci, dans des affaires complexes, un déséquilibre incompatible avec les principes d'équité du procès et d'égalité des armes, alors que l'intimé et le commissaire du Gouvernement [devenu rapporteur public] sont avisés de l'appel dès sa formalisation, en application de l'art. R. 13-48, et que les dispositions de l'art. R. 13-49, al. 1er et 2, s'appliquent indifféremment à l'exproprié et au commissaire du Gouvernement [devenu rapporteur public], selon qu'ils ont la qualité d'appelant ou d'intimé de sorte que, même pour un litige complexe, ni le principe d'égalité des armes ni celui d'équité du procès ne sont méconnus. • Civ. 3e, 12 mars 2008, n° 07-10.159 P : *D. 2008. AJ 989, obs. Forest ; ibid. Chron. 1228, note Nési ; JCP 2008. I. 155, n° 23, obs. ; AJDI 2009. 41, obs. Lévy.*

145. ... Régime procédural. Les expropriés n'ayant pas soutenu dans leur mémoire d'appel que le commissaire du gouvernement [devenu rapporteur public] occupait dans la procédure en fixation des indemnités d'expropriation, après sa réforme par le Décr. n° 2005-467 du 13 mai 2005 applicable à la cause, une position dominante et bénéficiait par rapport à l'exproprié d'avantages dans l'accès aux informations pertinentes publiées au fichier immobilier, en violation de l'art. 6, § 1er Conv. EDH, le moyen de ce chef est nouveau et mélangé de fait et de droit ; d'autre part, les juges d'appel, qui ne sont pas tenus d'inviter les parties à formuler leurs observations sur la présence et les modalités d'intervention du commissaire du Gouvernement [devenu rapporteur public] à l'instance en fixation des indemnités d'expropriation, ont fait application, sans se contredire, des dispositions de l'art. L. 13-16 C. expr. • Civ. 3e, 12 sept. 2007, n° 06-15.966 P : *D. 2007. AJ 2391* ; *AJDI 2008. 408, note Lévy*.

f. Motivation

146. Jurisprudence européenne. Principe. Les décisions judiciaires doivent indiquer de manière suffisante les motifs sur lesquels elles se fondent ; l'étendue de ce droit peut varier selon la nature de la décision et doit s'analyser à la lumière des circonstances de chaque espèce ; si l'art. 6, § 1er, Conv. EDH oblige les tribunaux à motiver leurs décisions, cette obligation ne peut se comprendre comme exigeant une réponse détaillée à chaque argument ; ainsi, en rejetant un recours, la juridiction d'appel peut, en principe, se borner à faire siens les motifs de la décision entreprise. • CEDH 21 janv. 1999, *Garcia Ruiz c/ Espagne : Procédures 1999. n° 230, note Perrot.* ♦ V. déjà, dans le même sens • CEDH 19 févr. 1998, *Higgins c/ France*, n° 20124/92 : *D. 1998. Somm. 369, obs. Fricero* ; *RTD civ. 1998. 516, obs. Marguénaud*. ♦ V. retenant la violation du droit à un procès équitable, en estimant insuffisante la motivation de l'arrêt d'une cour suprême, dans la mesure où il remettait en cause une jurisprudence bien établie de cette dernière. • CEDH 14 janv. 2010, n° 36815/03 : *BICC 1er avr. 2010, p. 6.* ♦ Viole l'art. 6, § 1er, duquel découle le droit d'être entendu « dans un délai raisonnable », une procédure d'indemnisation fondée sur l'art. L. 141-1 COJ qui dure six ans, cinq mois et trois jours pour trois degrés de juridictions, dont trois ans et cinq mois au niveau de la seule cour d'appel, puis un an et neuf mois au niveau de la Cour de cassation. • CEDH 30 oct. 2014, n° 77362/11 : *Procédures 2014, n° 321, note Fricero.*

147. Question préjudicielle à la CJUE. L'absence de motivation explicite du refus de la Cour de cassation de transmettre une demande de question préjudicielle à la CEDH viole le droit à un procès équitable. • CEDH 13 févr. 2020, *Sanofi Pasteur c/ France*, n° 25137/16 : *D. actu. 24 févr. 2020, note Palanco.*

148. Procédure de non-admission devant la Cour de cassation. L'art. 6, § 1er, Conv. EDH n'exige pas que soit motivée en détail une décision par laquelle une juridiction de recours, se fondant sur une disposition légale spécifique, écarte un recours comme dépourvu de chance de succès. • CEDH 28 janv. 2003, *Burg c/ France*, n° 34763/02 • 15 juin 2004, *Stepinska c/ France*, n° 1814/02. ♦ Dès lors qu'un pourvoi est orienté vers une formation de non-admission et qu'il se conclut par une décision de non-admission rendue par une telle formation, le degré de débat juridique portant sur le mérite du pourvoi s'en trouve sensiblement réduit puisque, selon les termes mêmes de l'art. L. 131-6 COJ [devenu l'art. 1014 C. pr. civ.], la formation de trois magistrats de la chambre à laquelle l'affaire est attribuée « statue lorsque la solution du pourvoi s'impose », que celui-ci relève des pourvois irrecevables ou de ceux manifestement dénués de fondement ; la Cour de cassation ne manque cependant pas à son obligation de motivation lorsqu'elle se fonde uniquement sur une disposition légale spécifique, en l'occurrence l'art. L. 131-6 COJ [devenu l'art. 1014 C. pr. civ.], pour écarter un pourvoi comme dépourvu de chances de succès, sans plus de précision. • CEDH 21 mars 2006, *Sale c/ France*, n° 39765/04.

149. Jurisprudence interne. Viole l'art. 6, § 1er, Conv. EDH la cour d'appel qui statue par une apparence de motivation, pouvant faire peser un doute sur l'impartialité de la juridiction. • Civ. 3e, 18 nov. 2009 : *cité note 7 ss. art. 342.* • Com. 23 mars 2010 : *D. 2010. 901* (cour d'appel qui s'était bornée, au titre de sa motivation, à reproduire sur tous les points en litige les conclusions d'appel d'une des parties au procès). • Civ., 23 nov. 2010 : *Procédures 2010, n° 369, note Perrot.* ♦ *Adde* • Soc. 21 janv. 2008 : *RDT 2008. 758, note Serverin et Grumbach.* ♦ Viole l'art. 6, § 1er, duquel découle le droit d'être entendu « dans un délai raisonnable », l'action en responsabilité de l'État ayant donné lieu à une procédure d'une durée totale de six ans et cinq mois. • CEDH 30 oct. 2014, *Palmero c/ France*, n° 77362/11 : *D. actu. 24 nov. 2014, obs. Kebir.*

150. Motivation laconique. Sur le refus de la CEDH de déduire de la motivation laconique de la déclaration d'irrecevabilité d'un moyen nouveau que la Cour de cassation aurait commis une erreur manifeste d'appréciation, dès lors qu'il ressort de la décision qu'un examen global des questions juridiques a été opéré. • CEDH 16 févr. 2012, n° 1784/10 : *Dr. et pr. 2012. 134, note Fricero.*

151. Motivation du refus de renvoi d'audience. Bien que des demandes de renvoi infondées peuvent avoir des conséquences assurément préjudiciables à la bonne administration de la justice, celles qui reposent sur des justificatifs objectifs, et non sur de simples affirmations non étayées de l'« accusé », doivent non seulement être effectivement examinées par les juridictions internes, mais également donner lieu à une réponse motivée. • CEDH 25 juill. 2013, *Rivière c/ France*, n° 46460/10 : *JCP 2013. 966, obs. Milano.*

g. Délai raisonnable

152. Principe. Même lorsqu'une procédure est régie par le principe dispositif, qui consiste à donner aux parties des pouvoirs d'initiative et d'impulsion, il incombe aux États contractants d'organiser leur système judiciaire de telle sorte que leurs juridictions puissent garantir à chacun le droit d'obtenir une décision définitive sur les contestations relatives à ses droits et obligations de caractère civil dans un délai raisonnable. • CEDH 3 févr. 2009, *Poelmans c/ Belgique : Procédures 2009, Comm. 81, note Fricero.* ♦ Le caractère adéquat de la voie de recours spécifique ouverte en droit interne pour se plaindre de la durée excessive d'une procédure peut par ailleurs se trouver affecté par la durée même de son examen ou par une indemnisation d'un montant par trop inférieur aux sommes accordées par la Cour dans les affaires similaires. • CEDH 27 mars 2003, *Scordino c/ Italie.* ♦ ... Et ouvre alors la voie à un recours devant la CEDH en violation de l'art. 6, § 1er. • CEDH 24 sept. 2009, *Sartory c/ France : JCP 2010. 63, n° 9, obs. Sudre ; Procédures 2009, n° 363, note Fricero.*

153. Limites temporelles. Jurisprudence européenne. Le point de départ de la période à considérer pour apprécier le caractère raisonnable de la durée d'une procédure civile est la date de l'assignation des requérants devant le TGI, le terme étant la date du prononcé de l'arrêt de la Cour de cassation. • CEDH 20 févr. 1991, *Vernillo c/ France,* n° 11889/85 : *D. 1992. Somm. 333, obs. Renucci.* ♦ Le délai à apprécier couvre l'ensemble des procédures en cause, y compris les instances de recours, et s'étend jusqu'à la décision vidant la contestation. • CEDH 14 nov. 2000, *Piron c/ France,* n° 11889/85 : *D. 2001. 2787, note Marguénaud et Mouly.* ♦ La durée de la procédure d'exécution doit être prise en compte pour déterminer le caractère raisonnable de la durée du procès civil. • CEDH 26 sept. 1996, *Di Pede et Zappia c/ Italie (2 esp.),* n° 24295/94 : *D. 1997. Somm. 209, obs. Fricero ; JCP 1997. I. 4000, obs. Sudre* • CEDH 8 mars 2001, *Pinto de Oliveira c/ Portugal,* n° 39297/98 : *D. 2002. Somm. 687, obs. Fricero* • CEDH 14 sept. 2017, n° 17739/09 : *Dr. et pr. déc. 2017, suppl., p. 15, obs. Fricero ; D. 2018. Pan. 1223, obs. Leborgne.* ♦ La durée raisonnable doit prendre en compte la totalité des procédures administrative et judiciaire, ainsi que le délai de départage devant le conseil des prud'hommes. • CEDH 16 avr. 2002, *Seguin c/ France,* n° 42400/98 : *D. 2002. Somm. 2573, obs. Fricero.* ♦ Si la saisine de la juridiction doit être précédée d'un recours préalable, la procédure administrative préliminaire qui en découle doit être incluse dans la période à considérer. • CEDH 29 juill. 2003, *Santoni c/ France, n° 49580/99 : D. 2003. 2269.* ♦ La procédure administrative débute à la date du dépôt du recours gracieux. • CEDH 26 sept. 2000, *J.-B. c/ France : JCP 2001. I. 291, obs. Sudre.* ♦ Une procédure devant la Cour constitutionnelle d'un État entre en ligne de compte dans certaines situations pour délimiter la période pertinente ; il en va ainsi lorsque la décision d'une telle Cour pouvait influer sur l'issue du litige débattu devant les juridictions ordinaires. • CEDH 29 mars 1989, *Bock c/ Allemagne : Série A, n° 150.* ♦ Toutefois, la CEDH ne saurait prendre en considération la procédure devant la Cour de justice des Communautés européennes dans l'appréciation du délai raisonnable, car en tenir compte porterait atteinte au système de la question préjudicielle et au but poursuivi en substance par celle-ci. • CEDH 26 févr. 1998, *Pafitis c/ Grèce : JCP 1999. I. 105, obs. Sudre.*

154. Critères à prendre en considération. Énoncé. Le caractère raisonnable de la durée d'une procédure doit s'apprécier chaque fois suivant les circonstances de la cause et eu égard aux critères consacrés par la jurisprudence de la Cour, à savoir : la complexité de l'affaire, le comportement du requérant et le comportement des autorités judiciaires. • CEDH 8 déc. 1983, *Pretto c/ Italie : Série A, n° 71 ; AFDI 1984. 483, obs. Pelloux ; JDI 1985. 228, obs. Tavernier.* ♦ Rappr. : • CEDH 2 sept. 2010, *Rumpf c/ Allemagne,* n° 46344/06 : *D. actu. 10 sept. 2010, obs. Lavric.*

155. Type de litige. Indemnisation des personnes contaminées par le VIH. Même si l'affaire revêt une certaine complexité, un délai de 4 ans et 3 mois dans la mesure où les données permettant de trancher la question de la responsabilité de l'État étaient disponibles depuis longtemps, est excessif. • CEDH 26 août 1994, *Karakaya c/ France : JCP 1995. I. 3823, obs. Sudre.*

156. ... Conflits du travail. Les conflits du travail, qui portent sur des points qui sont d'une importance capitale pour la situation professionnelle d'une personne, doivent être résolus avec une célérité toute particulière (violation de l'art. 6, § 1er Conv. EDH, l'appel et la cassation ayant duré plus de deux ans). • CEDH 8 avr. 2003, *Julien c/ France : Procédures 2003. n° 139, note Fricero.* ♦ V. déjà dans le même sens. • CEDH 23 avr. 1998, *Doustaly c/ France : JCP 1999. I. 105, obs. Sudre.*

157. ... Conflits familiaux. L'art. 6 oblige les États contractants à organiser leur système judiciaire de telle sorte que leurs cours et tribunaux puissent remplir chacune de ses exigences et, notamment, garantir à chacun le droit d'obtenir une décision définitive dans un délai raisonnable ; tel est d'autant plus le cas dans un litige tendant à l'établissement de la paternité qui, portant sur des questions qui sont d'une importance capitale pour l'établissement du lien parent-enfant, doit être résolu avec une célérité particulière. • CEDH 15 juill. 2003, *E. R. c/ France : BICC 2003, n° 1023 ; Procédures 2003, n° 195, note Fricero.*

158. Illustrations. Jurisprudence européenne. La complexité incontestable d'une procédure de liquidation de régime matrimonial ne saurait toutefois justifier 19 ans de procédure.

• CEDH 3 oct. 2000, *Kanoun c/ France : Defrénois 2001. 37420, note Marguénaud.* ♦ Est excessive, au regard de l'art. 6, § 1er Conv. EDH, la durée d'une procédure qui, ouverte le 17 févr. 1981 par un règlement judiciaire, s'est achevée le 12 nov. 1997 par la clôture pour extinction de passif, alors, notamment, que l'affaire ne présentait pas de difficulté particulière, que le comportement du requérant n'a pas contribué à en rallonger la durée, et qu'aucun acte de procédure n'a été accompli entre le 17 nov. 1981 et le 17 mars 1992. • CEDH 17 janv. 2002, *Laine c/ France*, n° 41476/98 : *D. 2002. AJ 807 ; Dr. et pr. 2002. 153, note Marguénaud.* ♦ *Adde* • CEDH 22 sept. 2011 : *cité note ss. Conv. EDH, art. 13.* ♦ Une affaire de tutelles ne présentant pas de difficultés particulières ne justifie pas plus de quatre années de procédure. • CEDH 17 juin 2003, *Lutz c/ France : Dr. fam. 2003, n° 154, obs. Lamy.* ♦ Si les affaires de garde d'enfants doivent être traitées avec une sévérité particulière, il n'y a pas violation de l'art. 6, § 1er, dès lors que le tribunal, qui devait attendre les conclusions de l'expertise apportant des éléments essentiels pour la solution de l'affaire, a réagi promptement aux demandes formulées par les parties, a adressé un rappel aux experts et a adopté sans délai une décision au fond de l'affaire dès le dépôt des conclusions des experts. • CEDH 1er oct. 2013, n° 3826/10 : *Procédures 2013, n° 342, note Fricero.*

159. ... Jurisprudence interne. Justifie sa décision quant à la longueur de la procédure la cour d'appel qui juge qu'au regard de la complexité du litige, laquelle résulte tant des mesures d'instruction et des demandes de sursis à statuer que de l'imbrication des procédures civiles, pénales et administratives et des voies de recours exercées par les parties, les délais observés par les juridictions judiciaires ont été raisonnables. • Civ. 1re, 22 mars 2005, n° 03-10.355 P : *JCP 2005. I. 149, note Viney ; Dr. et pr. 2005. 288, obs. Bugada ; RLDA 2005. 5283, obs. Demunck ; Gaz. Pal. 6 oct. 2005, p. 10, note Gonzalez.* ♦ Caractérise la complexité de l'affaire et constate justement que la durée de la procédure n'était pas déraisonnable au sens de l'art. 6, § 1er Conv. EDH, la cour d'appel qui retient, d'une part, l'importance de l'enquête, les nombreuses auditions, les rapports des services de police pour démontrer les mécanismes de fausses factures aux fins de recueillir de manière occulte d'importantes sommes d'argent servant à financer parti politique et campagnes électorales et pour rechercher la destination précise de ces sommes, d'autre part, la difficulté pour les juridictions saisies d'apprécier la portée distributive de l'annulation d'actes d'information. • Civ. 1re, 4 nov. 2010 : *D. actu. 18 nov. 2010, obs. Lavric.*

160. Sanction. La sanction qui s'attache à la violation de l'obligation de se prononcer dans un délai raisonnable n'est pas l'annulation de la procédure mais la réparation du préjudice résultant éventuellement du délai subi. • Civ. 2e, 24 mars 2005, n° 03-15.791 P.

C. EXÉCUTION DES DÉCISIONS DE JUSTICE

161. Élément du procès équitable. Le droit d'accès à un tribunal serait illusoire si l'ordre juridique interne d'un État contractant permettait qu'une décision judiciaire définitive et obligatoire reste inopérante au détriment d'une partie ; en conséquence, l'exécution d'un jugement ou d'un arrêt, de quelque juridiction que ce soit, doit être considérée comme faisant partie intégrante du procès au sens de l'art. 6, § 1er, Conv. EDH. • CEDH 19 mars 1997, *Hornsby c/ Grèce*, n° 18357/91 : *Rec. 1997-I-495 ; D. 1998. 74, note Fricero ; JCP 1997. II. 22949, obs. Dugrip et Sudre ; Gaz. Pal. 1998. 475, note Huet ; AFDI 1997. 571, obs. Coussirat-Coustère ; AJDA 1997. 986, obs. Flauss ; RTD civ. 1997. 1009, obs. Marguénaud ; RG proc. 1998. 230, obs. Flauss ; JDI 1998. 185, note Ascensio ; GACEDH, PUF 2009, n° 32, note Andriantsimbazovina* • 28 juill. 1999, *Immobiliare Saffi c/ Italie : D. 2000. Somm. 187, obs. Fricero ; JCP 2000. I. 203, n° 12, obs. Sudre* (législation italienne empêchant l'exécution d'une ordonnance judiciaire d'expulsion d'un immeuble) • 11 janv. 2001, *Lunari c/ Italie : Dr. et pr. 2001. 170, note Marguénaud ; RTD civ. 2001. 447, obs. Marguénaud* • Limoges, 20 oct. 2010 : *BICC 15 juin 2011, n° 668* (défaut de transmission d'une décision d'admission d'une aide juridictionnelle par le BAJ et délaissement de la demande de régularisation). • CEDH 5 oct. 2017, n° 32269/09 : *Dr. et pr. déc. 2017, suppl. p. 14, obs. Fricero ; Procédures 2017, n° 267, note Fricero* (rattachement du droit à l'exécution au principe de sécurité juridique et concluant à la violation de l'art. 6, § 1er Conv. EDH et 1er du Protocole n° 1). ♦ Rappr. • Comm. EDH 23 oct. 1995 : *AJDA 1996. 381, obs. Flauss.*

162. Condition. Le droit à l'exécution n'est attaché qu'aux décisions définitives et obligatoires. • CEDH 18 avr. 2002, *Ouzounis c/ Grèce*, n° 49144/99 : *D. 2002. Somm. 2572, obs. Fricero .*

163. Jugements étrangers. L'art. 6, § 1er, Conv. EDH s'applique à l'exécution des jugements étrangers passés en force de chose jugée, dès lors qu'ils ont statué sur une contestation dont l'issue est déterminante pour ses droits de caractère civil. Si la CEDH n'est pas compétente pour se prononcer sur l'application du droit de l'Union européenne par les États, elle peut contrôler le respect par les États contractants, qui sont en même temps membres de l'Union européenne, des exigences de l'art. 6, § 1er, Conv. EDH, dans le cadre de la reconnaissance et de l'exécution des jugements en application du règlement « Bruxelles I ». • CEDH 25 févr. 2014, n° 17502/07 : *Procédures 2014, n° 106, note Fricéro ; RDC 2014. 429, note Deumier.*

164. L'exécution doit être complète, parfaite et non partielle. • CEDH 31 mars 2005, n° 62740/00, § 58 • 2 mars 2004, n° 48102/99, § 68-76.

165. Les autorités de l'État ne peuvent prétexter d'un manque de ressources pour ne pas honorer une dette fondée sur une décision de justice. • CEDH 7 mai 2002, n° 59498/00, § 35 • 29 mars 2006, n° 64886/01, § 90 • 24 sept. 2013, n° 43892/04, § 89 • 5 oct. 2017, n° 32269/09 : *préc. note 161.*

166. Retard dans l'exécution. Un retard dans l'exécution d'une décision de justice définitive peut priver les dispositions de l'art. 6, § 1er Conv. EDH de tout effet utile. • CEDH 15 nov. 2002, *Cau c/ Italie : Dr. et pr. 2003. 87, note Fricero et Menut* (huit ans pour exécuter une décision définitive ordonnant l'expulsion d'un locataire, violation de l'art. 6, § 1er, Conv. EDH). ♦ Il y a violation de l'art. 6, § 1er Conv. EDH et de l'art. 1er du Protocole n° 1 dès lors que l'État n'exécute pas dans un délai raisonnable une décision nationale qui le condamne pour violation du droit au procès équitable. • CEDH 30 janv. 2018, n° 5711/03 : *Procédures 2018, n° 110, note Fricero.*

167. Assistance insuffisante dans l'exécution. Pour une sanction de la violation de l'art. 6, § 1er Conv. EDH, à raison de l'insuffisance des mesures prises dans l'exécution d'un jugement étranger portant sur une pension alimentaire, alors que la requérante avait eu recours au mécanisme de la Convention de New York et bénéficiait du droit de voir son jugement exécuté avec l'assistance des autorités françaises. • CEDH 18 nov. 2010, *Romanczyk c/ France,* n° 7618/05 : *D. actu. 6 déc. 2010, obs. Schurrer ; D. 2011. Pan. 1374, obs. Jault-Seseke ; ibid. Pan. 1107, obs. M. Douchy-Oudot ; Dr. fam. 2011. Veille 2, obs. Bruggeman.* ♦ V. aussi : • CEDH 4 nov. 2008, *Dinu c/ Roumanie et France,* n° 6152/02 : *D. actu. 12 nov. 2008, obs. Egéa.* ♦ V. aussi, pour une responsabilité de l'État à raison de ce que les autorités impliquées dans les procédures d'exécution manquent de diligence requise ou encore empêchent l'exécution (absence d'exécution d'une décision définitive « transfrontière » et responsabilité de l'État pour ne pas avoir sanctionné un huissier de justice non diligent qui devait se tenir informé de la procédure sur le territoire de l'État étranger et d'informer opportunément le tribunal et le requérant), • CEDH 10 avr. 2014, n° 5238/10 : *Procédures 2014, n° 173, note Perrot.* ♦ *Adde* : • CEDH 13 mars 2018, n° 67957/12 : *Procédures 2018, n° 147, note Fricero.*

168. Exécution provisoire. L'exécution forcée poursuivie en vertu d'un titre exécutoire à titre provisoire aux risques et périls du créancier n'est pas contraire aux exigences de l'art. 6, § 1er, Conv. EDH. • Civ. 2e, 10 févr. 2005, n° 03-15.067 P : *D. 2005. IR 371 ; Dr. et pr. 2005. 295, note Lefort ; Gaz. Pal. 22 juin 2006, p. 37, note B. Moreau ; RDBF 2005. 28, note S. Piedelièvre ; RTD civ. 2005. 455, obs. Perrot.*

Art. 8 *Droit au respect de la vie privée et familiale.* **1. Toute personne a droit au respect de sa vie privée et familiale, de son domicile et de sa correspondance.**

§ 2 Non reproduit.

BIBL. ▶ SDE, *BICC 1er déc. 2009, p. 55* (les éléments de preuve recueillis par un détective privé dans la jurisprudence des cours d'appel).

1. Procédure de divorce. La production de la correspondance dans le cadre d'une procédure en divorce est soumise à deux conditions : que la personne ne soit pas entrée irrégulièrement en possession des pièces qu'elle produit et que ces pièces ne soient pas couvertes par le secret professionnel. • CEDH 13 mai 2008, *N. N. c/ Belgique,* n° 65097/01 : *D. 2009. Pan. 2717, obs. Vasseur ; JCP 2008. I. 167, obs. Sudre ; RTD civ. 2008. 650, obs. Marguénaud .*

2. Autorité parentale. Sur la nécessité d'un traitement urgent des procédures relatives à l'attribution de l'autorité parentale, y compris l'exécution des décisions de justice rendues à leur issue, V. • CEDH 25 janv. 2000, *Ignaccolo-Zenide c/ Roumanie,* n° 31679/96 : *RTD civ. 2001. 451, obs. J.-P. Marguénaud* • CEDH 22 juin 2004, *Pini, Bertnai, Manera et Atripaldi c/ Roumanie,* n° 78028/01 : *D. 2004. 1059, obs. Berro-Lefèvre .* ♦ Sur la violation de l'art. 8 Conv. EDH à raison de la durée excessive de la procédure pour octroyer, par une décision de justice définitive, l'autorité parentale à la mère d'un enfant, V. • CEDH 3 nov. 2011 : *AJ fam. 2012. 606* (5 ans de procédure).

3. Exécution d'une décision de justice. Les autorités nationales ont l'obligation de permettre l'exécution des décisions de justice, en particulier les décisions organisant le maintien des relations professionnelles des grands-parents avec leurs petits-enfants. Violent l'art. 8 Conv. EDH les autorités nationales qui ne déploient pas les efforts adéquats et suffisants pour préserver le lien familial entre les requérants et leur petite-fille. • CEDH 20 janv. 2015, *Manuello et Nevi c/ Italie,* n° 107-10 : *Procédures 2015, n° 132, obs. Douchy-Oudot.*

....

Art. 13 *Droit à un recours effectif.* **Toute personne dont les droits et libertés reconnus dans la présente Convention ont été violés, a droit à l'octroi d'un recours effectif devant une instance nationale, alors même que la violation aurait été commise par des personnes agissant dans l'exercice de leurs fonctions officielles.**

BIBL. ▶ COHEN-JONATHAN et FLAUSS, De l'effectivité des recours internes dans l'application de la Conv. EDH, *Bruylant 2006.* – FERRAND, *Mél. G. Wiederkehr, Dalloz 2009, p. 293* (carence du juge civil en droit allemand, réflexions à partir de l'arrêt Sürmeli c/ Allemagne de la Cour EDH). – FLAUSS, *RUDH 1991. 324* (droit à un recours effectif : l'art. 13 Conv. EDH).

L'objet de l'art. 13 Conv. EDH est de fournir un moyen au travers duquel les justiciables peuvent obtenir, au niveau national, le redressement des violations de leurs droits garantis par la Convention, avant d'avoir à mettre en œuvre le mécanisme international de plainte devant la CEDH ; les exigences de l'art. 13 Conv. EDH doivent être regardées comme renforçant celles de l'art. 6, § 1er Conv. EDH. • CEDH 26 oct. 2000, *Kudla c/ Pologne : JCP 2001. I. 291, no 40, obs. Sudre ; RTD civ. 2001. 442, obs. Marguénaud ; RTDH 2002. 179, obs. Flauss ; JDI 2001. 191, obs. Tavernier.* ♦ Ne dispose pas d'un recours effectif au sens de l'art. 13, analysé comme permettant de se plaindre d'une méconnaissance du droit d'être entendu dans un délai raisonnable, le requérant qui, en état de liquidation judiciaire depuis vingt ans, n'a pu exercer le recours fondé sur l'art. L. 141-4 [devenu L. 441-1] COJ qui permet d'engager la responsabilité de l'État en raison de la durée excessive d'une procédure au regard du caractère patrimonial d'une telle action, susceptible d'affecter les droits des créanciers et comme telle réservée pendant toute la durée de la liquidation judiciaire au liquidateur (C. com., art. L. 641-9). • CEDH 22 sept. 2011, *Têtu c/ France,* no 60983-09 : *BICC 15 nov. 2011, p. 16.*

TITRE II Cour européenne des droits de l'homme

(Prot. no 11 du 11 mai 1994, art. 1er, entré en vigueur le 1er nov. 1998)

BIBL. GÉN. ▶ BARTHÉLEMY, *Mél. J.-P. Costa, Dalloz 2011, p. 1* (la Cour européenne des droits de l'homme et la représentation des parties à la barre des cours suprêmes). – BELLIARD, *Mél. J.-P. Costa, Dalloz 2011, p. 9* (les juridictions internationales à la croisée des droits). – BORÉ EVENO, *LPA 20 juill. 2010* (protocole no 14 : une réforme déjà dépassée ?). – CAFLISCH, *Mél. J.-P. Costa, Dalloz 2011, p. 95* (la déclaration d'Interlaken : un tournant dans l'histoire de la Cour de Strasbourg ?). – COHEN-JONATHAN et C. PETTITI, La réforme de la Cour européenne des droits de l'homme, Actes de la table ronde du 28 mars 2003, *Bruylant 2003.* – COLLECTIF, *D. 2011. 2603* (le droit au recours et la procédure devant la CEDH). – DOURNEAU-JOSETTE, *AJ pénal 2010. 58* (la saisine de la CEDH : *vade mecum*). – EUDES, La pratique judiciaire interne de la CEDH, *Pedone 2005.* – FRICERO, *Dr. et pr. mars 2011, suppl. Droit des procédures internationales, p. 12* (le renvouveau de la procédure devant la CEDH). – SALERNO, La nouvelle procédure devant la Cour européenne des droits de l'homme après le Protocole no 14, Actes du colloque tenu à Ferrara les 29 et 30 avril 2005, *Bruylant 2007.*– TOMA, La réalité judiciaire de la Cour européenne des droits de l'Homme, *Nomos Verlagsgesellschaft 2003.*

▶ **Sur le rapport 2010 de la CEDH :** FLEURIOT, *D. 2011. AJ 443* (rapport 2010 - une CEDH toujours plus sollicitée). – NDLR, *Procédures 2011. Veille 13.*

Art. 19 *Institution de la Cour.* **Afin d'assurer le respect des engagements résultant pour les Hautes Parties contractantes de la présente Convention et de ses protocoles, il est institué une Cour européenne des Droits de l'Homme, ci-dessous nommée "la Cour". Elle fonctionne de façon permanente.**

Art. 20 *Nombre de juges.* **La Cour se compose d'un nombre de juges égal à celui des Hautes Parties contractantes.**

Art. 21 *Conditions d'exercice des fonctions.* **1. Les juges doivent jouir de la plus haute considération morale et réunir les conditions requises pour l'exercice de hautes fonctions judiciaires ou être des jurisconsultes possédant une compétence notoire.**

2. Les juges siègent à la Cour à titre individuel.

3. Pendant la durée de leur mandat, les juges ne peuvent exercer aucune activité incompatible avec les exigences d'indépendance, d'impartialité ou de disponibilité requise*[requises]* **par une activité exercée à plein temps ; toute question soulevée en application de ce paragraphe est tranchée par la Cour.**

Sur l'art. 21 dans sa rédaction issue du Protocole no 15 à la Conv. EDH, V. ledit protocole, art. 2, App., vo Droit européen et international.

BIBL. ▸ Marguénaud et Langenieux, *Dr. et pr. 2003. 337* (impartialité et indépendance des juges de la CEDH).

Art. 22 *Élection des juges.* **1. Les juges sont élus par l'Assemblée parlementaire au titre de chaque Haute Partie contractante, à la majorité des voix exprimées, sur une liste de trois candidats présentés par la Haute Partie contractante.**

§ 2 abrogé, à compter du 1er juin 2010, par le Prot. n° 14 du 13 mai 2004, art. 1er.

Au 1er juin 2010, date de l'entrée en vigueur du Prot. n° 14, ses dispositions s'appliquent à toutes les requêtes pendantes devant la Cour ainsi qu'à tous les arrêts dont l'exécution fait l'objet de la surveillance du Comité des Ministres (Prot. préc., art. 20, § 1er, en vigueur le 1er juin 2010).

Art. 23 *Durée du mandat et révocation. (Prot. n° 14 du 13 mai 2004, art. 2, en vigueur le 1er juin 2010)* **1. Les juges sont élus pour une durée de neuf ans. Ils ne sont pas rééligibles.**

2. Le mandat des juges s'achève dès qu'ils atteignent l'âge de 70 ans.

3. Les juges restent en fonction jusqu'à leur remplacement. Ils continuent toutefois de connaître des affaires dont ils sont déjà saisis.

4. Un juge ne peut être relevé de ses fonctions que si les autres juges décident, à la majorité des deux tiers, que ce juge a cessé de répondre aux conditions requises.

Au 1er juin 2010, date de l'entrée en vigueur du Prot. n° 14, ses dispositions s'appliquent à toutes les requêtes pendantes devant la Cour ainsi qu'à tous les arrêts dont l'exécution fait l'objet de la surveillance du Comité des Ministres (Prot. préc., art. 20, § 1er, en vigueur le 1er juin 2010).

Sur l'art. 23 dans sa rédaction issue du Protocole n° 15 à la Conv. EDH, V. ledit protocole, art. 2, App., v° Droit européen et international.

Art. 24 *Greffe et rapporteurs. (Prot. n° 14 du 13 mai 2004, art. 4 et 5, en vigueur le 1er juin 2010)* **1. La Cour dispose d'un greffe dont les tâches et l'organisation sont fixées par le règlement de la Cour.**

2. Lorsqu'elle siège en formation de juge unique, la Cour est assistée de rapporteurs qui exercent leurs fonctions sous l'autorité du président de la Cour. Ils font partie du greffe de la Cour. – *V. Règl. de la CEDH, App., v° Droit européen et international.*

L'actuel art. 24 correspond à l'ancien art. 25 tel que modifié par le Prot. n° 14 (Prot. préc, art. 4, en vigueur le 1er juin 2010).

Au 1er juin 2010, date de l'entrée en vigueur du Prot. n° 14, ses dispositions s'appliquent à toutes les requêtes pendantes devant la Cour ainsi qu'à tous les arrêts dont l'exécution fait l'objet de la surveillance du Comité des Ministres (Prot. préc., art. 20, § 1er, en vigueur le 1er juin 2010).

Art. 25 *Assemblée plénière.* **La Cour réunie en Assemblée plénière**

a) élit, pour une durée de trois ans, son président et un ou deux vice-présidents ; ils sont rééligibles ;

b) constitue des Chambres pour une période déterminée ;

c) élit les présidents des Chambres de la Cour, qui sont rééligibles ;

d) adopte le règlement de la Cour *(Prot. n° 14 du 13 mai 2004, art. 4 et 5, en vigueur le 1er juin 2010)* **« ; »**

e) élit le greffier et un ou plusieurs greffiers adjoints *(Prot. n° 14 du 13 mai 2004, art. 5, § 2 et 3, en vigueur le 1er juin 2010)* **« ;**

« f) fait toute demande au titre de l'article 26, paragraphe 2. »

L'actuel art. 25 correspond à l'ancien art. 26 ainsi modifié par le Prot. n° 14 (Prot. préc., art. 5, al. 1er, en vigueur le 1er juin 2010).

Au 1er juin 2010, date de l'entrée en vigueur du Prot. n° 14, ses dispositions s'appliquent à toutes les requêtes pendantes devant la Cour ainsi qu'à tous les arrêts dont l'exécution fait l'objet de la surveillance du Comité des Ministres (Prot. préc., art. 20, § 1er, en vigueur le 1er juin 2010).

Art. 26 *Formations de juge unique, comités, Chambres et Grande Chambre. (Prot. n° 14 du 13 mai 2004, art. 6, en vigueur le 1er juin 2010)* **1. Pour l'examen des affaires portées devant elle, la Cour siège en formations de juge unique, en comités de trois juges, en Chambres de** ***sept juges et en une Grande*** **Chambre de dix-sept juges. Les Chambres de la Cour constituent les comités pour une période déterminée.**

2. A la demande de l'Assemblée plénière de la Cour, le Comité des Ministres peut, par une décision unanime et pour une période déterminée, réduire à cinq le nombre de juges des Chambres.

3. Un juge siégeant en tant que juge unique n'examine aucune requête introduite contre la Haute Partie contractante au titre de laquelle ce juge a été élu.

4. Le juge élu au titre d'une Haute Partie contractante partie au litige est membre de droit de la Chambre et de la Grande Chambre. En cas d'absence de ce juge, ou lorsqu'il n'est pas en mesure de siéger, une personne choisie par le président de la Cour sur une liste soumise au préalable par cette Partie siège en qualité de juge.

5. Font aussi partie de la Grande Chambre, le président de la Cour, les vice-présidents, les présidents des Chambres et d'autres juges désignés conformément au règlement de la Cour. Quand l'affaire est déférée à la Grande Chambre en vertu de l'article 43, aucun juge de la Chambre qui a rendu l'arrêt ne peut y siéger, à l'exception du président de la Chambre et du juge ayant siégé au titre de la Haute Partie contractante intéressée.

L'actuel art. 26 correspond à l'ancien art. 27 ainsi modifié par le Prot. n° 14 (Prot. préc, art. 5, al. 1er, en vigueur le 1er juin 2010).

Au 1er juin 2010, date de l'entrée en vigueur du Prot. n° 14, ses dispositions s'appliquent à toutes les requêtes pendantes devant la Cour ainsi qu'à tous les arrêts dont l'exécution fait l'objet de la surveillance du Comité des Ministres (Prot. préc., art. 20, § 1er, en vigueur le 1er juin 2010).

BIBL. ▶ FLAUSS, *Mél. S. Guinchard, Dalloz 2010, p. 453* (la collégialité à la CEDH). – WILDHABER, *Mél. J.-P. Costa, Dalloz 2011, p. 687* (la grande chambre de la CEDH).

Art. 27 *Compétence des juges uniques. (Prot. n° 14 du 13 mai 2004, art. 7, en vigueur le 1er juin 2010)* 1. Un juge unique peut déclarer une requête introduite en vertu de l'article 34 irrecevable ou la rayer du rôle lorsqu'une telle décision peut être prise sans examen complémentaire.

2. La décision est définitive.

3. Si le juge unique ne déclare pas une requête irrecevable ou ne la raye pas du rôle, ce juge la transmet à un comité ou à une Chambre pour examen complémentaire.

Au 1er juin 2010, date de l'entrée en vigueur du Prot. n° 14, ses dispositions s'appliquent à toutes les requêtes pendantes devant la Cour ainsi qu'à tous les arrêts dont l'exécution fait l'objet de la surveillance du Comité des Ministres (Prot. préc., art. 20, § 1er, en vigueur le 1er juin 2010).

Art. 28 *Compétence des comités. (Prot. n° 14 du 13 mai 2004, art. 8, en vigueur le 1er janv. 2010)* 1. Un comité saisi d'une requête individuelle introduite en vertu de l'article 34 peut, par vote unanime,

a) la déclarer irrecevable ou la rayer du rôle lorsqu'une telle décision peut être prise sans examen complémentaire ; ou

b) la déclarer recevable et rendre conjointement un arrêt sur le fond lorsque la question relative à l'interprétation ou à l'application de la Convention ou de ses Protocoles qui est à l'origine de l'affaire fait l'objet d'une jurisprudence bien établie de la Cour.

2. Les décisions et arrêts prévus au paragraphe 1 sont définitifs.

3. Si le juge élu au titre de la Haute Partie contractante partie au litige n'est pas membre du comité, ce dernier peut, à tout moment de la procédure, l'inviter à siéger en son sein en lieu et place de l'un de ses membres, en prenant en compte tous facteurs pertinents, y compris la question de savoir si cette Partie a contesté l'application de la procédure du paragraphe 1.b.

Au 1er juin 2010, date de l'entrée en vigueur du Prot. n° 14, ses dispositions s'appliquent à toutes les requêtes pendantes devant la Cour ainsi qu'à tous les arrêts dont l'exécution fait l'objet de la surveillance du Comité des Ministres (Prot. préc., art. 20, § 1er, en vigueur le 1er juin 2010).

Art. 29 *Décisions des chambres sur la recevabilité et le fond. (Prot. n° 14 du 13 mai 2004, art. 9, § 1er, en vigueur le 1er juin 2010)* 1. « Si aucune décision n'a été prise en vertu des articles 27 ou 28, ni aucun arrêt rendu en vertu de l'article 28, une Chambre se prononce sur la recevabilité et le fond des requêtes individuelles introduites en vertu de l'article 34. La décision sur la recevabilité peut être prise de façon séparée. »

2. Une Chambre se prononce sur la recevabilité et le fond des requêtes étatiques introduites en vertu de l'article 33. *(Prot. n° 14 du 13 mai 2004, art. 9, § 2, en vigueur le 1er juin 2010)* « Sauf décision contraire de la Cour dans des cas exceptionnels, la décision sur la recevabilité est prise séparément. »

Au 1er juin 2010, date de l'entrée en vigueur du Protocole n° 14, ses dispositions s'appliquent à toutes les requêtes pendantes devant la Cour ainsi qu'à tous les arrêts dont l'exécution fait l'objet de la surveillance du Comité des Ministres (Prot. préc., art. 20, § 1er, en vigueur le 1er juin 2010).

Art. 30 *Dessaisissement en faveur de la Grande Chambre.* Si l'affaire pendante devant une Chambre soulève une question grave relative à l'interprétation de la Convention ou de ses protocoles, ou si la solution d'une question peut conduire à une contradiction avec un arrêt

rendu antérieurement par la Cour, la Chambre peut, tant qu'elle n'a pas rendu son arrêt, se dessaisir au profit de la Grande Chambre, à moins que l'une des parties ne s'y oppose.

Sur l'art. 30 dans sa rédaction issue du Protocole n° 15 à la Conv. EDH, V. ledit protocole, art. 3, App., v° Droit européen et international.

Art. 31 *Attributions de la Grande Chambre.* **La Grande Chambre :**

a) se prononce sur les requêtes introduites en vertu de l'article 33 ou de l'article 34 lorsque l'affaire lui a été déférée par la Chambre en vertu de l'article 30 ou lorsque l'affaire lui a été déférée en vertu de l'article 43 ; *(Abrogé par Prot. n° 14 du 13 mai 2004, art. 10, § 1er, à compter du 1er juin 2010)* **« et »**

(Prot. n° 14 du 13 mai 2004, art. 10, § 2, en vigueur le 1er juin 2010) **« b) se prononce sur les questions dont la Cour est saisie par le Comité des Ministres en vertu de l'article 46, paragraphe 4 ; et**

« c) » examine les demandes d'avis consultatifs introduites en vertu de l'article 47.

L'actuel paragraphe c) correspond à l'ancien paragraphe b) ainsi renuméroté par le Prot. n° 14 (Prot. préc, art. 10, § 2, en vigueur le 1er juin 2010).

Au 1er juin 2010, date de l'entrée en vigueur du Prot. n° 14, ses dispositions s'appliquent à toutes les requêtes pendantes devant la Cour ainsi qu'à tous les arrêts dont l'exécution fait l'objet de la surveillance du Comité des Ministres (Prot. préc., art. 20, § 1er, en vigueur le 1er juin 2010).

Art. 32 *Compétence de la Cour.* **1. La compétence de la Cour s'étend à toutes les questions concernant l'interprétation et l'application de la Convention et de ses protocoles qui lui seront soumises dans les conditions prévues par les articles 33, 34** *(Prot. n° 14 du 13 mai 2004, art. 11, en vigueur le 1er juin 2010)* **« , 46 » et 47.**

2. En cas de contestation sur le point de savoir si la Cour est compétente, la Cour décide.

Au 1er juin 2010, date de l'entrée en vigueur du Prot. n° 14, ses dispositions s'appliquent à toutes les requêtes pendantes devant la Cour ainsi qu'à tous les arrêts dont l'exécution fait l'objet de la surveillance du Comité des Ministres (Prot. préc., art. 20, § 1er, en vigueur le 1er juin 2010).

Art. 33 *Affaires interétatiques.* **Toute Haute Partie contractante peut saisir la Cour de tout manquement aux dispositions de la Convention et de ses protocoles qu'elle croira pouvoir être imputé à une autre Haute Partie contractante.**

Art. 34 *Requêtes individuelles.* **La Cour peut être saisie d'une requête par toute personne physique, toute organisation non gouvernementale ou tout groupe de particuliers qui se prétend victime d'une violation par l'une des Hautes Parties contractantes des droits reconnus dans la Convention ou ses protocoles. Les Hautes Parties contractantes s'engagent à n'entraver par aucune mesure l'exercice efficace de ce droit.**

BIBL. ▶ Costa, *Mél. J. Boré, Dalloz 2007, p. 97* (le recours individuel devant la CEDH s'apparente-t-il à un pourvoi en cassation ?). – Jungwiert, *Mél. J.-P. Costa, Dalloz 2011, p. 329* (la requête abusive devant la CEDH). – Santulli, *Mél. G. Cohen-Jonathan, Bruylant 2004, p. 1371* (observations et proposition sur l'extension de la qualité de victime d'une violation des droits de l'homme).

1. Notion de victime. L'art. 25 [devenu art. 34] Conv. EDH habilite les particuliers à soutenir qu'une loi viole leurs droits par elle-même, en l'absence d'acte individuel d'exécution, s'ils risquent d'en supporter directement les effets ; puisque la mesure dénoncée risque de léser directement les requérantes, elles n'essaient pas de discuter dans l'abstrait la compatibilité du droit interne avec la Conv. EDH et peuvent donc se prétendre « victimes » au sens de l'art. 25, § 1er [devenu art. 34, § 1er]. • CEDH 29 oct. 1992, *Open Door c/ Irlande : Série A, n° 246-A ; RTDH 1993. 345, obs. Rigaux ; RFDC 1993. 213, obs. Sudre ; AFDI 1992. 629, obs. Coussirat-Coustère ; JDI 1993. 751, obs. Decaux et Tavernier* (à propos de l'interdiction constitutionnelle de communiquer aux femmes irlandaises des informations sur la possibilité de se rendre à l'étranger pour y subir des avortements – requérantes sans conteste parmi les femmes en âge de procréer pouvant pâtir des restrictions incriminées). ♦ Comp. jugeant que l'art. 34 Conv. EDH exige qu'un individu requérant se prétende effectivement lésé par la violation qu'il allègue ; il n'institue pas au profit des particuliers une sorte d'*actio popularis* pour l'interprétation de la Conv. EDH ; il ne les autorise pas à se plaindre *in abstracto* d'une loi, par cela seul qu'elle leur semble enfreindre la Convention ; si d'après l'art. 34 Conv. EDH, l'existence d'une victime d'une violation, c'est-à-dire d'un individu qui est personnellement touché par une violation alléguée d'un droit garanti par la Convention, est nécessaire pour que soit enclenché le mécanisme de protection prévu par celle-ci, ce critère ne saurait être appliqué de façon rigide, mécanique et inflexible tout au long de la procédure. • CEDH 24 juill. 2003, *Karner c/ Autriche*, n° 40016/98 : *Rec. Cour EDH 2003-IX.*

2. Indifférence de la notion de préjudice. Par victime, l'art. 25 [devenu 34] Conv. EDH désigne la personne directement concernée par l'acte ou l'omission litigieux, l'existence d'un manquement aux exigences de la Convention se concevant même en l'absence de préjudice ; partant, une décision ou une mesure favorable au requérant ne suffit en principe à lui retirer la qualité de victime que si les autorités nationales ont reconnu, explicitement ou en substance, puis réparé la violation de la Convention. • CEDH 25 juin 1996, *Amuur c/ France : Rec. Cour EDH 1996-III ; JCP 1997. I. 4000, n° 11, obs. Sudre.*

3. Personnes morales. Après avoir relevé qu'il résulte des dispositions de la Conv. EDH ainsi que de son Premier protocole additionnel que toute personne morale, quelle que soit sa nationalité, a droit au respect de ses biens et à ce que sa cause soit entendue par un tribunal indépendant et impartial, dispositions ayant une valeur supérieure à la loi interne, une cour d'appel qui retient qu'aucune distinction n'est faite par la Conv. EDH selon que la personne morale a ou non la nationalité d'un État contractant en déduit, à bon droit, qu'une société, bien qu'elle ait son siège dans un État non partie à la Conv. EDH, a capacité d'agir devant une juridiction française. • Com. 15 nov. 1994, ☎ n° 92-20.809 P.

4. Collectivisation du recours individuel. Pour satisfaire aux conditions posées par l'art. 34 Conv. EDH, tout requérant doit être en mesure de démontrer qu'il est concerné personnellement par la ou les violations de la Convention qu'il allègue ; à cet égard, la notion de victime doit, en principe, être interprétée de façon autonome et indépendamment de notions internes telles que celles concernant l'intérêt ou la qualité pour agir ; compte tenu de la nature du grief invoqué par les requérants, à savoir le refus de l'administration de se conformer à un arrêt annulant une décision relative aux tarifs d'hospitalisation pratiqués par les cliniques privées et ayant en conséquence des répercussions sur l'ensemble des cliniques privées du pays, on ne saurait raisonnablement soutenir que les requérants, qui n'ont pas saisi le Conseil d'État en leur nom propre, n'ont pas été affectés par la procédure d'exécution de cet arrêt ; on ne saurait donc considérer qu'ils essaient de discuter dans l'abstrait de la non-exécution alléguée de l'arrêt du Conseil d'État ; tous les requérants peuvent donc se prétendre « victimes » au sens de l'art. 34 Conv. EDH. • CEDH 15 oct. 2009, *Union des cliniques privées de Grèce c/ Grèce : D. 2010. 628, note Tharaud* ✎.

Art. 35 *Conditions de recevabilité.* **1. La Cour ne peut être saisie qu'après l'épuisement des voies de recours internes, tel qu'il est entendu selon les principes de droit international généralement reconnus, et dans un délai de six mois à partir de la date de la décision interne définitive.**

2. La Cour ne retient aucune requête individuelle introduite en application de l'article 34, lorsque :

a) elle est anonyme ; ou

b) elle est essentiellement la même qu'une requête précédemment examinée par la Cour ou déjà soumise à une autre instance internationale d'enquête ou de règlement, et si elle ne contient pas de faits nouveaux.

(Prot. n° 14 du 13 mai 2004, art. 12, en vigueur le 1er juin 2010) **« 3. La Cour déclare irrecevable toute requête individuelle introduite en application de l'article 34 lorsqu'elle estime :**

« a) que la requête est incompatible avec les dispositions de la Convention ou de ses Protocoles, manifestement mal fondée ou abusive ; ou

« b) que le requérant n'a subi aucun préjudice important, sauf si le respect des droits de l'homme garantis par la Convention et ses Protocoles exige un examen de la requête au fond et à condition de ne rejeter pour ce motif aucune affaire qui n'a pas été dûment examinée par un tribunal interne. »

4. La Cour rejette toute requête qu'elle considère comme irrecevable par application du présent article. Elle peut procéder ainsi à tout stade de la procédure.

Le nouveau critère de recevabilité inséré par l'art. 12 du Prot. n° 14 dans l'art. 35, paragraphe 3. b) de la Convention, ne s'applique pas aux requêtes déclarées recevables avant l'entrée en vigueur du Prot., le 1er juin 2010. Dans les deux ans qui suivent l'entrée en vigueur du Prot. préc., seules les Chambres et la Grande Chambre de la Cour peuvent appliquer le nouveau critère de recevabilité (Prot. préc., art. 20, § 2, en vigueur le 1er juin 2010).

Sur l'art. 35 dans sa rédaction issue du Protocole n° 15 à la Conv. EDH, V. ledit protocole, art. 4 et 5, App., v° Droit européen et international.

BIBL. ▶ Benoît-Rohmer, *D. 2003. 2584* ✎ (il faut sauver le recours individuel). – Dourneau-Josette, *Just. et cass. 2008. 78* (de l'esprit de la règle de l'épuisement des voies de recours internes dans la Conv. EDH). – Ollard, *Gaz. Pal. 17 mai 2016, p. 46* (irrecevabilité des requêtes individuelles par la CEDH : quand l'hôpital se moque de la charité). – Puechavy, *Mél. G. Cohen-Jonathan, Bruylant 2004, p. 1299* (la règle de l'épuisement des voies de recours internes et la nouvelle CEDH). – Roublot, *AJ Pénal 2010. 63* (la recevabilité des requêtes).

1° ÉPUISEMENT DES VOIES DE RECOURS INTERNES

1. Principes. La règle de l'épuisement des voies de recours internes énoncée à l'art. 26 [devenu 35] Conv. EDH impose aux personnes désireuses d'intenter contre l'État une action devant un organe judiciaire ou arbitral international l'obligation d'utiliser auparavant les recours qu'offre le système juridique de leur pays ; les États n'ont donc pas à répondre de leurs actes devant un organisme international avant d'avoir eu la possibilité de redresser la situation dans leur ordre juridique interne ; le mécanisme de sauvegarde instauré par la Convention revêt un caractère subsidiaire par rapport aux systèmes nationaux de garantie des droits de l'homme ; l'art. 26 [devenu 35] impose de soulever devant l'organe interne adéquat, au moins en substance, et dans les formes et délais prescrits par le droit interne, les griefs que l'on entend formuler par la suite à Strasbourg ; cependant, rien n'impose d'user de recours qui ne sont ni adéquats ni effectifs ; de plus, selon les principes de droit international généralement reconnus, certaines circonstances particulières peuvent dispenser le requérant de l'obligation d'épuiser les recours internes qui s'offrent à lui ; cette règle ne s'applique pas non plus lorsque est prouvée l'existence d'une pratique administrative consistant en la répétition d'actes interdits par la Convention et la tolérance officielle de l'État, de sorte que toute procédure serait vaine ou ineffective ; il incombe au gouvernement excipant du non-épuisement de convaincre la Cour EDH que le recours était effectif et disponible tant en théorie qu'en pratique à l'époque des faits, c'est-à-dire qu'il était accessible, était susceptible d'offrir au requérant le redressement de ses griefs et présentait des perspectives raisonnables de succès ; l'art. 26 [devenu 35] doit s'appliquer avec une certaine souplesse et sans formalisme excessif ; la règle de l'épuisement des voies de recours internes ne s'accommode pas d'une application automatique et ne revêt pas un caractère absolu ; en en contrôlant le respect, il faut avoir égard aux circonstances de la cause. • CEDH 16 sept. 1996, *Akdivar c/ Turquie : JCP 1997. I. 4000, n° 6, obs. Sudre ; Justices 1997. 172 et 184, obs. Cohen-Jonathan et Flauss ; AFDI 1996. 749, obs. Coussirat-Coustère ; JDI 1997. 239, obs. Decaux ; RTDH 1998. 27, note Legros et Coenraets.*

2. Illustration. L'art. 26 [devenu 35] Conv. EDH doit s'appliquer avec une certaine souplesse et sans formalisme excessif ; les exigences de ce *texte sont satisfaites dans le cas* où le requérant rend la haute juridiction attentive à des impératifs de sécurité juridique et de non-discrimination qui se reflètent aussi dans la Conv. EDH ; sans s'appuyer en termes exprès sur cette dernière, il puise dans le droit interne de son pays des arguments qui équivalent à dénoncer, en substance, une atteinte aux droits garantis par les art. 6 et 13 Conv. EDH et il donne au Conseil d'État l'occasion d'éviter ou redresser les violations alléguées, conformément à l'art. 26 [devenu 35] Conv. EDH. • CEDH 16 déc. 1992, *de Geouffre de la Pradelle c/ France*, n° 12964/87 : *D. 1993. 562, note Benoît-Rohmer*. ♦ V. prononçant une décision d'irrecevabilité pour non-épuisement des voies de recours, les requérants n'ayant pas usé du recours qui leur était ouvert depuis l'adoption de la loi n° du 4 août 2008 de modernisation de l'économie, modifiant l'art. 16-B LPF. • CEDH 7 déc. 2010, n° 40954/08 : *BICC 1er mars 2011, p. 14.*

3. Loi nouvelle. Le requérant est considéré comme ayant épuisé les recours internes, s'il a été dans l'impossibilité de soulever le grief parce que la loi nouvelle est entrée en vigueur lors du délibéré et qu'il ne pouvait pas savoir que le tribunal en ferait application immédiate. • CEDH 11 févr. 2010, n° 39730/06 : *Procédures 2010, n° 120, note Fricero.*

4. Renonciation. L'État peut renoncer au bénéfice de la règle de l'épuisement des voies de recours internes, car il y a une longue pratique internationale, bien établie à ce sujet. • CEDH 18 juin 1971, *De Wilde c/ Belgique : Série A, n° 12 ; AFDI 1972. 443, obs. Pelloux.*

5. Durée excessive d'une procédure. Le recours en responsabilité pour fonctionnement défectueux du service de la justice de l'art. L. 781-1 COJ [devenu l'art. L. 141-1 COJ] est un recours utile pour les victimes de la durée excessive d'une procédure judiciaire ; en conséquence, le requérant doit exercer ce recours avant de saisir la Cour EDH sauf à voir sa requête rejetée pour non-épuisement des voies de recours internes. • CEDH 12 juin 2001, *Giummarra c/ France : RTD civ. 2002. 395, obs. Marguénaud ; JCP 2002. I. 105, n° 9, obs. Sudre* • 11 sept. 2002, *Mifsud c/ France : BICC 2002, n° 117 ; JCP 2003. I. 109, n° 12, obs. Sudre* • 9 juill. 2002, *Nouhaud c/ France*, n° 33424/96 : *D. 2002. Somm. 593, obs. Fricero*. ♦ Déjà dans le même sens. • CEDH 26 sept. 2000, *Zannouti c/ France : JCP 2001. II. 10491, note L. Boré.*

6. Délai de six mois. La Cour EDH n'a pas la possibilité de ne pas appliquer la règle des six mois. • CEDH 27 mai 2004, *Belaousof c/ Grèce*, n° 66296/01 : *Dalloz jurisprudence* (gouvernement n'ayant pas formulé d'exception préliminaire fondée sur cette règle – relevé d'office).

2° IRRECEVABILITÉ DE LA REQUÊTE

7. Absence manifeste de fondement. V., par ex., • CEDH 30 juin 2009, *Bayrak c/ France : D. 2009. AJ 1977* (port du voile islamique à l'école).

8. Absence de préjudice important. V. pour

l'irrecevabilité d'une requête faute de préjudice important, la CEDH prenant soin de vérifier non seulement cette dernière condition, mais également si le respect des droits de l'homme n'exige pas un examen au fond et si l'affaire a été dûment examinée au fond par un tribunal : • CEDH 1er juin 2010, *Ionescu c/ Roumanie*, n° 36659/04 : *D. actu. 6 sept. 2010, obs. Demunck ; Procédures 2010, n° 315, note Fricero* (préjudice de 90 €) • 19 oct. 2010 : *BICC 1er mars 2011, n° 205 ; D. 2011. Pan. 265, obs. Fricero ; AJDA 2011. 889, obs. Burgorgue-Larsen ; Procédures 2010, n° 12, note Fricero* (150 € d'amende, 22 € de frais de procédure et un point de permis de conduire). • CEDH 12 avr. 2011, n° 11774/04 : *Procédures 2011, n° 202, note Fricero* (préjudice de 125 €). ♦ La violation d'un droit, quelle que soit sa réalité d'un point de vue juridique, doit atteindre un seuil minimum de gravité pour justifier un examen par une juridiction internationale. • CEDH 1er juill. 2010, *Korolev c/ Russie*, n° 25551/05 : *D. actu. 6 sept. 2010, obs. Demunck* (somme équivalente à moins d'un euro). ♦ Le seuil de gravité pour justifier un examen par la Cour doit être apprécié au cas par cas et non de façon abstraite. • Même décision. ♦ Ne remplit pas la condition d'irrecevabilité de l'art. 35, §3, *b)* une requête qui, bien que ne comportant pas d'enjeu financier, soulève une question d'importance subjective pour les requérants (telle l'attribution du nom de famille à un enfant) et surtout, soulève une question de principe, non tranchée jusqu'alors (en l'occurrence, l'impossibilité, pour un couple marié, d'attribuer à ses enfants, à leur naissance le nom de famille de la mère). • CEDH 7 janv. 2014, n° 77/07 : *JCP 2014. 832, obs. Sudre.*

Art. 36 *Tierce intervention.* **1. Dans toute affaire devant une Chambre ou la Grande Chambre, une Haute Partie contractante dont un ressortissant est requérant a le droit de présenter des observations écrites et de prendre part aux audiences.**

2. Dans l'intérêt d'une bonne administration de la justice, le président de la Cour peut inviter toute Haute Partie contractante qui n'est pas partie à l'instance ou toute personne intéressée autre que le requérant à présenter des observations écrites ou à prendre part aux audiences.

(Prot. n° 14 du 13 mai 2004, art. 13, en vigueur le 1er juin 2010) **« 3. Dans toute affaire devant une Chambre ou la Grande Chambre, le Commissaire aux Droits de l'Homme du Conseil de l'Europe peut présenter des observations écrites et prendre part aux audiences. »**

Au 1er juin 2010, date de l'entrée en vigueur du Prot. n° 14, ses dispositions s'appliquent à toutes les requêtes pendantes devant la Cour ainsi qu'à tous les arrêts dont l'exécution fait l'objet de la surveillance du Comité des Ministres (Prot. préc., art. 20, § 1er, en vigueur le 1er juin 2010).

BIBL. ▶ Burgorgue-Larsen, *Mél. J.-P. Costa, Dalloz 2011, p. 67* (les interventions éclairées devant la CEDH ou le rôle stratégique des *amici curiae*). – Decaux et Pettiti, La tierce intervention devant la CEDH et en droit comparé, *Bruylant 2009.*

Art. 37 *Radiation.* **1. A tout moment de la procédure, la Cour peut décider de rayer une requête du rôle lorsque les circonstances permettent de conclure**

a) que le requérant n'entend plus la maintenir ; ou

b) que le litige a été résolu ; ou

c) que, pour tout autre motif dont la Cour constate l'existence, il ne se justifie plus de poursuivre l'examen de la requête.

Toutefois, la Cour poursuit l'examen de la requête si le respect des droits de l'homme garantis par la Convention et ses protocoles l'exige.

2. La Cour peut décider la réinscription au rôle d'une requête lorsqu'elle estime que les circonstances le justifient.

Art. 38 *Examen contradictoire de l'affaire. (Prot. n° 14 du 13 mai 2004, art. 14, en vigueur le 1er juin 2010)* **La Cour examine l'affaire de façon contradictoire avec les représentants des parties et, *s'il y a lieu*, procède à une enquête pour la conduite efficace de laquelle les Hautes Parties contractantes intéressées fourniront toutes facilités nécessaires.**

Au 1er juin 2010, date de l'entrée en vigueur du Prot. n° 14, ses dispositions s'appliquent à toutes les requêtes pendantes devant la Cour ainsi qu'à tous les arrêts dont l'exécution fait l'objet de la surveillance du Comité des Ministres (Prot. préc., art. 20, § 1er, en vigueur le 1er juin 2010).

Art. 39 *Règlements amiables. (Prot. n° 14 du 13 mai 2004, art. 15, en vigueur le 1er juin 2010)* **1. A tout moment de la procédure, la Cour peut se mettre à la disposition des intéressés en vue de parvenir à un règlement amiable de l'affaire s'inspirant du respect des droits de l'homme tels que les reconnaissent la Convention et ses Protocoles.**

2. La procédure décrite au paragraphe 1 est confidentielle.

3. En cas de règlement amiable, la Cour raye l'affaire du rôle par une décision qui se limite à un bref exposé des faits et de la solution adoptée.

4. Cette décision est transmise au Comité des Ministres qui surveille l'exécution des termes du règlement amiable tels qu'ils figurent dans la décision.

Au 1er juin 2010, date de l'entrée en vigueur du Prot. no 14, ses dispositions s'appliquent à toutes les requêtes pendantes devant la Cour ainsi qu'à tous les arrêts dont l'exécution fait l'objet de la surveillance du Comité des Ministres (Prot. préc., art. 20, § 1er, en vigueur le 1er juin 2010).

Art. 40 *Audience publique et accès aux documents.* 1. L'audience est publique à moins que la Cour n'en décide autrement en raison de circonstances exceptionnelles.

2. Les documents déposés au greffe sont accessibles au public à moins que le président de la Cour n'en décide autrement.

Art. 41 *Satisfaction équitable.* Si la Cour déclare qu'il y a eu violation de la Convention ou de ses protocoles, et si le droit interne de la Haute Partie contractante ne permet d'effacer qu'imparfaitement les conséquences de cette violation, la Cour accorde à la partie lésée, s'il y a lieu, une satisfaction équitable.

BIBL. ▶ COHEN-JONATHAN, *Mél. P. Lambert, Bruylant 2000, p. 109* (quelques considérations sur la réparation accordée aux victimes d'une violation de la CEDH). – FLAUSS, *D. 2003. Chron. 227* (réquisitoire contre la mercantilisation excessive du contentieux de la réparation devant la CEDH). – KASSOUL, *Gaz. Pal. 20-21 sept. 2013, p. 19* (quelle sanction pour la violation du délai raisonnable de jugement ?). – LAMBERT, *RTDH 2000. 199* (pratique récente de réparation des violations de la Conv. EDH : plaidoyer pour la préservation d'un acquis remarquable). – TAVERNIER, *RTDH 2007. 945* (contribution de la jurisprudence de la Cour EDH relative au droit de la responsabilité internationale en matière de réparation : une remise en cause nécessaire).

Si la nature de la violation permet une *restitutio in integrum*, il incombe à l'État défendeur de la réaliser, la CEDH n'ayant ni la compétence ni la possibilité pratique de l'accomplir elle-même ; si, en revanche, le droit national ne permet pas ou ne permet qu'imparfaitement d'effacer les conséquences de la violation, l'art. 50 [devenu l'art. 41] Conv. EDH habilite la CEDH à accorder, s'il y a lieu, à la partie lésée la satisfaction qui lui semble appropriée. • CEDH 31 oct. 1995, *Papamichalopoulos c/ Grèce : AFDI 1995. 503, obs. Coussirat-Coustère ; RTDH 1997. 477, note Beernaert.*

Art. 42 *Arrêts des Chambres.* Les arrêts des chambres deviennent définitifs conformément aux dispositions de l'article 44, paragraphe 2.

Art. 43 *Renvoi devant la Grande Chambre.* 1. Dans un délai de trois mois à compter de la date de l'arrêt d'une Chambre, toute partie à l'affaire peut, dans des cas exceptionnels, demander le renvoi de l'affaire devant la Grande Chambre.

2. Un collège de cinq juges de la Grande Chambre accepte la demande si l'affaire soulève une question grave relative à l'interprétation ou à l'application de la Convention ou de ses protocoles, ou encore une question grave de caractère général.

3. Si le collège accepte la demande, la Grande Chambre se prononce sur l'affaire par un arrêt.

Art. 44 *Arrêts définitifs.* 1. L'arrêt de la Grande Chambre est définitif.

2. L'arrêt d'une Chambre devient définitif :

a) lorsque les parties déclarent qu'elles ne demanderont pas le renvoi de l'affaire devant la Grande Chambre ; ou

b) trois mois après la date de l'arrêt, si le renvoi de l'affaire devant la Grande Chambre n'a pas été demandé ; ou

c) lorsque le collège de la Grande Chambre rejette la demande de renvoi formulée en application de l'article 43.

3. L'arrêt définitif est publié.

Art. 45 *Motivation des arrêts et décisions.* 1. Les arrêts, ainsi que les décisions déclarant des requêtes recevables ou irrecevables, sont motivés.

2. Si l'arrêt n'exprime pas en tout ou en partie l'opinion unanime des juges, tout juge a le droit d'y joindre l'exposé de son opinion séparée.

BIBL. ▶ MARGUÉNAUD, *Mél. J.-P. Costa, Dalloz 2011, p. 421* (l'opinion séparée du juge siégeant à la CEDH au titre de l'État défendeur). – RIVIÈRE, Les opinions séparées des juges à la CEDH, *Bruylant 2005*.– Sudre, *in* La motivation des décisions des juridictions internationales, *Pédone 2008, p. 171* (motivation des décisions de la CEDH).

Art. 46 *Force obligatoire et exécution des arrêts. (Prot. n° 14 du 13 mai 2004, art. 16, en vigueur le 1er janv. 2010)* **1. Les Hautes Parties contractantes s'engagent à se conformer aux arrêts définitifs de la Cour dans les litiges auxquels elles sont parties.**

2. L'arrêt définitif de la Cour est transmis au Comité des Ministres qui en surveille l'exécution.

3. Lorsque le Comité des Ministres estime que la surveillance de l'exécution d'un arrêt définitif est entravée par une difficulté d'interprétation de cet arrêt, il peut saisir la Cour afin qu'elle se prononce sur cette question d'interprétation. La décision de saisir la Cour est prise par un vote à la majorité des deux tiers des représentants ayant le droit de siéger au Comité.

4. Lorsque le Comité des Ministres estime qu'une Haute Partie contractante refuse de se conformer à un arrêt définitif dans un litige auquel elle est partie, il peut, après avoir mis en demeure cette Partie et par décision prise par un vote à la majorité des deux tiers des représentants ayant le droit de siéger au Comité, saisir la Cour de la question du respect par cette Partie de son obligation au regard du paragraphe 1.

5. Si la Cour constate une violation du paragraphe 1, elle renvoie l'affaire au Comité des Ministres afin qu'il examine les mesures à prendre. Si la Cour constate qu'il n'y a pas eu violation du paragraphe 1, elle renvoie l'affaire au Comité des Ministres, qui décide de clore son examen. — *V. Circ. du Premier Ministre n° 5464/SG du 23 avr. 2010.*

Au 1er juin 2010, date de l'entrée en vigueur du Prot. n° 14, ses dispositions s'appliquent à toutes les requêtes pendantes devant la Cour ainsi qu'à tous les arrêts dont l'exécution fait l'objet de la surveillance du Comité des Ministres (Prot. préc., art. 20, § 1er, en vigueur le 1er juin 2010).

BIBL. ▶ **Articles** : ANDRIANTSIMBAZOVINA, *RFDA 2005. 163* (réouverture d'une instance juridictionnelle administrative après condamnation de la France par la CEDH). – BLAY-GRABARCZYK, AFROUKH, et SCHAHMANECHE, *RFDA 2014. 935* (le contrôle de l'exécution des arrêts de la Cour EDH, Aspects européens : acteurs politiques et acteurs juridictionnels). – DRZEMCZEWSKI, *Mél. J.-P. Costa, Dalloz 2011, p. 233* (quelques réflexions sur l'autorité de la chose interprétée par la Cour de Strasbourg). – FRICERO, *Procédures 2007. Étude 21* (l'autorité de la chose jugée des décisions de la CEDH) ; *Procédures 2008, n° 173* (exécution des arrêts de la CEDH) ; *Procédures 2009, n° 193* (rapport 2009 du Comité des ministres) ; *Dr. et pr. 2006. suppl., sept.-oct. 2006, p. 18.* – LAMBERT ABDELGAWAD, *AJ pénal 2010. 67* (exécution des arrêts). – SERMET, *Mél. L. Dubouis, Dalloz 2002, p. 159* (rôle du Comité des ministres dans le système européen de protection des droits de l'homme : dérive ou orthodoxie) ; *RGDIP 2007. 863* (obscure clarté de la notion prétorienne d'arrêt pilote) ; *JCP 2008. Actu. 281* (surveillance de l'exécution des arrêts de la CEDH, entre ombre et lumière). – SUDRE, *RTDH 2008. 917* (effectivité des arrêts de la CEDH). – SUNDBERG, *Mél. G. Cohen-Jonathan, Bruylant 2004, p. 1515* (contrôle de l'exécution des arrêts de la Cour EDH).

▶ **Études** : Conseil de l'Europe – Comité des Ministres, Rapport 2009 sur la surveillance de l'exécution des arrêts de la CEDH, disponible à l'adresse : www.coe.int. ; *D. 2010. Actu. 1078* ; Rapport 2011 sur la surveillance de l'exécution des arrêts de la CEDH, disponible à l'adresse : www.coe.int. : *D. 2012. Actu. 1481*. – LAMBERT ABDELGAWAD, L'exécution des arrêts de la CEDH, *2e éd., Conseil de l'Europe 2008.* – RUEDIN, Exécution des arrêts de la CEDH – Procédure, obligations des États, pratique et réforme, *Helbing & Lichtenhahn 2009.*

▶ **Thèses** : LAZAUD, L'exécution par la France des arrêts de la CEDH (2 vol.) tome 1, L'élargissement concédé de la portée individuelle du jugement européen ; tome 2, La reconnaissance nuancée de l'autorité de la CEDH pour interpréter la Convention, *PU Aix-Marseille 2006.*

1. Arrêt pilote. Il découle de l'art. 46 Conv. EDH notamment que, lorsque la CEDH constate une violation, l'État défendeur a l'obligation juridique non seulement de verser aux intéressés les sommes allouées au titre de la satisfaction équitable prévue par l'art. 41 Conv. EDH, mais aussi de choisir, sous le contrôle du Comité des ministres, les mesures générales et/ou, le cas échéant, individuelles à intégrer dans son ordre juridique interne afin de mettre un terme à la violation constatée par la CEDH et d'en effacer autant que possible les conséquences ; l'État défendeur demeure libre, sous le contrôle du Comité des ministres, de choisir les moyens de s'acquitter de son obligation juridique au regard de l'art. 46 Conv. EDH, pour autant que ces moyens soient compatibles avec les conclusions contenues dans l'arrêt de la CEDH. • CEDH 22 juin 2004, *Broniowski c/ Pologne*, n° 46344/06 : *RTDH 2005. 203, obs. Lambert Abdelgawad ; JDI 2005. 544, obs. Tavernier ; RD publ. 2005. 758, obs. Sudre ; ibid. 809, obs. Surrel.* ♦ Ainsi, pour des violations répétées de la Convention en raison de la durée excessive de procédures civiles, dans près de quarante affaires en Allemagne : • CEDH 2 sept. 2010, *Rumpf c/ Allemagne*, n° 46344/06 : *D. actu. 10 sept. 2010, obs. Lavric.*

2. Réexamen de la cause (non). La décision du Comité des ministres du Conseil de l'Europe ou l'arrêt de la CEDH dont il résulte qu'un jugement rendu en matière civile et devenu définitif a été prononcé en violation des dispositions de la Conv. EDH n'ouvre aucun droit à réexamen de la cause. • Soc. 30 sept. 2005, n° 04-47.130 P : *D. 2005. 2800 ; ibid. 2773, obs. Gautier ; JCP 2005. II. 10180, note Bonfils ; ibid. 2006. I. 133, n° 11, obs. Amrani Mekki ; Dr. et pr. 2006. 94, note Bugada.* ♦ Mais la procédure interne de réexamen d'une affaire suite à un constat de violation de la Convention par la Cour européenne des droits de l'homme doit être conforme aux exigences du procès équitable. • CEDH 25 juin 2009, *Maresti c/ Croatie*, n° 55759/07 • CEDH 5 févr. 2015, *Bochan c/ Ukraine*, n° 22251/08 : *Procédures 2015, n° 121, note Fricero.* ♦ La violation de l'art. 6, § 1er, est ainsi constatée dès lors que le « pourvoi à la lumière de circonstances exceptionnelles » a été déclaré irrecevable en raison de la dénaturation des faits par la juridiction ayant examiné le recours. • CEDH 5 févr. 2015, *Bochan c/ Ukraine : préc.*

Art. 47 *Avis consultatifs.* 1. La Cour peut, à la demande du Comité des Ministres, donner des avis consultatifs sur des questions juridiques concernant l'interprétation de la Convention et de ses protocoles.

2. Ces avis ne peuvent porter ni sur les questions ayant trait au contenu ou à l'étendue des droits et libertés définis au titre I de la Convention et dans les protocoles ni sur les autres questions dont la Cour ou le Comité des Ministres pourraient avoir à connaître par suite de l'introduction d'un recours prévu par la Convention.

3. La décision du Comité des Ministres de demander un avis à la Cour est prise par un vote à la majorité des représentants ayant le droit de siéger au Comité.

Art. 48 *Compétence consultative de la Cour.* La Cour décide si la demande d'avis consultatif présentée par le Comité des Ministres relève de sa compétence telle que définie par l'article 47.

Art. 49 *Motivation des avis consultatifs.* 1 L'avis de la Cour est motivé.

2. Si l'avis n'exprime pas en tout ou en partie l'opinion unanime des juges, tout juge a le droit d'y joindre l'exposé de son opinion séparée.

3. L'avis de la Cour est transmis au Comité des Ministres.

Art. 50 *Frais de fonctionnement de la Cour.* Les frais de fonctionnement de la Cour sont à la charge du Conseil de l'Europe.

Art. 51 *Privilèges et immunités des juges.* Les juges jouissent, pendant l'exercice de leurs fonctions, des privilèges et immunités prévus à l'article 40 du Statut du Conseil de l'Europe et dans les accords conclus au titre de cet article.

TITRE III Dispositions diverses

Art. 52 *Enquêtes du Secrétaire Général.* Toute Haute Partie contractante fournira sur demande du Secrétaire Général du Conseil de l'Europe les explications requises sur la manière dont son droit interne assure l'application effective de toutes les dispositions de cette Convention.

Art. 53 *Sauvegarde des droits de l'homme reconnus.* Aucune des dispositions de la présente Convention ne sera interprétée comme limitant ou portant atteinte aux droits de l'homme et aux libertés fondamentales qui pourraient être reconnus conformément aux lois de toute Partie contractante ou à toute autre Convention à laquelle cette Partie contractante est partie.

Art. 54 *Pouvoirs du Comité des Ministres.* Aucune disposition de la présente Convention ne porte atteinte aux pouvoirs conférés au Comité des Ministres par le Statut du Conseil de l'Europe.

Art. 55 *Renonciation à d'autres modes de règlement des différends.* Les Hautes Parties contractantes renoncent réciproquement, sauf compromis spécial, à se prévaloir des traités, conventions ou déclarations existant entre elles, en vue de soumettre, par voie de requête, un différend né de l'interprétation ou de l'application de la présente Convention à un mode de règlement autre que ceux prévus par ladite Convention.

Art. 56 *Application territoriale.* 1. Tout État peut, au moment de la ratification ou à tout autre moment par la suite, déclarer, par notification adressée au Secrétaire Général du Conseil de l'Europe, que la présente Convention s'appliquera, sous réserve du paragraphe 4 du présent article, à tous les territoires ou à l'un quelconque des territoires dont il assure les relations internationales.

2. La Convention s'appliquera au territoire ou aux territoires désignés dans la notification à partir du trentième jour qui suivra la date à laquelle le Secrétaire Général du Conseil de l'Europe aura reçu cette notification.

3. Dans lesdits territoires les dispositions de la présente Convention seront appliquées en tenant compte des nécessités locales.

4. Tout État qui a fait une déclaration conformément au premier paragraphe de cet article, peut, à tout moment par la suite, déclarer relativement à un ou plusieurs des territoires visés dans cette déclaration qu'il accepte la compétence de la Cour pour connaître des requêtes de personnes physiques, d'organisations non gouvernementales ou de groupes de particuliers, comme le prévoit l'article 34 de la Convention.

Pour la France. V. • CEDH 11 janv. 2005, *Py c/ France :* (à propos de la Nouvelle-Calédonie).

Art. 57 *Réserves.* 1. Tout État peut, au moment de la signature de la présente Convention ou du dépôt de son instrument de ratification, formuler une réserve au sujet d'une disposition particulière de la Convention, dans la mesure où une loi alors en vigueur sur son territoire n'est pas conforme à cette disposition. Les réserves de caractère général ne sont pas autorisées aux termes du présent article.

2. Toute réserve émise conformément au présent article comporte un bref exposé de la loi en cause.

Art. 58 *Dénonciation.* 1. Une Haute Partie contractante ne peut dénoncer la présente Convention qu'après l'expiration d'un délai de cinq ans à partir de la date d'entrée en vigueur de la Convention à son égard et moyennant un préavis de six mois, donné par une notification adressée au Secrétaire Général du Conseil de l'Europe, qui en informe les autres Parties contractantes.

2. Cette dénonciation ne peut avoir pour effet de délier la Haute Partie contractante intéressée des obligations contenues dans la présente Convention en ce qui concerne tout fait qui, pouvant constituer une violation de ces obligations, aurait été accompli par elle antérieurement à la date à laquelle la dénonciation produit effet.

3. Sous la même réserve cesserait d'être Partie à la présente Convention toute Partie contractante qui cesserait d'être membre du Conseil de l'Europe.

4. La Convention peut être dénoncée conformément aux dispositions des paragraphes précédents en ce qui concerne tout territoire auquel elle a été déclarée applicable aux termes de l'article 56.

Art. 59 *Signature et ratification.* 1. La présente Convention est ouverte à la signature des membres du Conseil de l'Europe. Elle sera ratifiée. Les ratifications seront déposées près le Secrétaire Général du Conseil de l'Europe.

(Prot. n° 14 du 13 mai 2004, art. 17, § 1er, en vigueur le 1er juin 2010) « 2. L'Union européenne peut adhérer à la présente Convention. »

3. La présente Convention entrera en vigueur après le dépôt de dix instruments de ratification.

4. Pour tout signataire qui la ratifiera ultérieurement, la Convention entrera en vigueur dès le dépôt de l'instrument de ratification.

5. Le Secrétaire Général du Conseil de l'Europe notifiera à tous les membres du Conseil de l'Europe l'entrée en vigueur de la Convention, les noms des Hautes Parties contractantes qui l'auront ratifiée, ainsi que le dépôt de tout instrument de ratification intervenu ultérieurement.

Les actuels paragraphes 3, 4 et 5 correspondent aux anciens paragraphes 2, 3 et 4 ainsi renumérotés par le Prot. n° 14 (Prot. préc., art. 17, § 2, en vigueur le 1er juin 2010).

Au 1er juin 2010, date de l'entrée en vigueur du Prot. n° 14, ses dispositions s'appliquent à toutes les requêtes pendantes devant la Cour ainsi qu'à tous les arrêts dont l'exécution fait l'objet de la surveillance du Comité des Ministres (Prot. préc., art. 20, § 1er, en vigueur le 1er juin 2010).

Protocole n° 15 du 24 juin 2013,

Portant amendement à la Convention de sauvegarde des Droits de l'Homme et des Libertés fondamentales.

Le présent protocole a été ratifié par la France le 3 févr. 2016.

Le Protocole n° 15 à la Convention est entré en vigueur le 1er août 2021, tous les États parties l'ayant signé et ratifié.

Préambule

Les États membres du Conseil de l'Europe et les autres Hautes Parties contractantes à la Convention de sauvegarde des Droits de l'Homme et des Libertés fondamentales, signée à Rome le 4 novembre 1950 (ci-après dénommée "la Convention"), signataires du présent Protocole,

Vu la Déclaration adoptée lors de la Conférence de haut niveau sur l'avenir de la Cour européenne des Droits de l'Homme, tenue à Brighton les 19 et 20 avril 2012, ainsi que les Déclarations adoptées lors des Conférences tenues à Interlaken les 18 et 19 février 2010 et à Izmir les 26 et 27 avril 2011 ;

Vu l'Avis n° 283 (2013) adopté par l'Assemblée parlementaire du Conseil de l'Europe le 26 avril 2013 ;

Considérant qu'il est nécessaire de veiller à ce que la Cour européenne des Droits de l'Homme (ci-après dénommée "la Cour") continue de jouer son rôle prééminent dans la protection des droits de l'homme en Europe,

Sont convenus de ce qui suit :

Art. 1er A la fin du préambule de la Convention, un nouveau considérant est ajouté et se lit comme suit : "Affirmant qu'il incombe au premier chef aux Hautes Parties contractantes, conformément au principe de subsidiarité, de garantir le respect des droits et libertés définis dans la présente Convention et ses protocoles, et que, ce faisant, elles jouissent d'une marge d'appréciation, sous le contrôle de la Cour européenne des Droits de l'Homme instituée par la présente Convention,"

Art. 2 1. A l'article 21 de la Convention, un nouveau paragraphe 2 est inséré et se lit comme suit :

Les candidats doivent être âgés de moins de 65 ans à la date à laquelle la liste de trois candidats est attendue par l'Assemblée parlementaire, en vertu de l'article 22.

2. Les paragraphes 2 et 3 de l'article 21 de la Convention deviennent respectivement les paragraphes 3 et 4 de l'article 21.

3. Le paragraphe 2 de l'article 23 de la Convention est supprimé. Les paragraphes 3 et 4 de l'article 23 deviennent respectivement les paragraphes 2 et 3 de l'article 23.

Art. 3 A l'article 30 de la Convention, les mots "à moins que l'une des parties ne s'y oppose" sont supprimés.

Art. 4 A l'article 35, paragraphe 1, de la Convention, les mots "dans un délai de six mois" sont remplacés par les mots "dans un délai de quatre mois".

Art. 5 A l'article 35, paragraphe 3, alinéa b, de la Convention, les mots "et à condition de ne rejeter pour ce motif aucune affaire qui n'a pas été dûment examinée par un tribunal interne" sont supprimés.

Dispositions finales et transitoires

Art. 6 1. Le présent Protocole est ouvert à la signature des Hautes Parties contractantes à la Convention, qui peuvent exprimer leur consentement à être liées par :

a la signature sans réserve de ratification, d'acceptation ou d'approbation ; ou

b la signature sous réserve de ratification, d'acceptation ou d'approbation, suivie de ratification, d'acceptation ou d'approbation.

2. Les instruments de ratification, d'acceptation ou d'approbation seront déposés près le Secrétaire Général du Conseil de l'Europe.

Art. 7 Le présent Protocole entrera en vigueur le premier jour du mois qui suit l'expiration d'une période de trois mois après la date à laquelle toutes les Hautes Parties contractantes à la Convention auront exprimé leur consentement à être liées par le Protocole, conformément aux dispositions de l'article 6.

Art. 8 1. Les amendements introduits par l'article 2 du présent Protocole s'appliquent uniquement aux candidats figurant sur les listes soumises à l'Assemblée parlementaire par les Hautes Parties contractantes, en vertu de l'article 22 de la Convention, après l'entrée en vigueur du présent Protocole.

2. L'amendement introduit par l'article 3 du présent Protocole ne s'applique pas aux affaires pendantes dans lesquelles l'une des parties s'est opposée, avant l'entrée en vigueur du

présent Protocole, à une proposition d'une chambre de la Cour de se dessaisir au profit de la Grande Chambre.

3. L'article 4 du présent Protocole entrera en vigueur à l'expiration d'une période de six mois après la date d'entrée en vigueur du présent Protocole. L'article 4 du présent Protocole ne s'applique pas aux requêtes au regard desquelles la décision définitive au sens de l'article 35, paragraphe 1, de la Convention a été prise avant la date d'entrée en vigueur de l'article 4 du présent Protocole.

4 Toutes les autres dispositions du présent Protocole s'appliquent à la date de son entrée en vigueur, conformément aux dispositions de l'article 7.

Art. 9 Le Secrétaire Général du Conseil de l'Europe notifiera aux États membres du Conseil de l'Europe et aux autres Hautes Parties contractantes à la Convention :

a toute signature ;

b le dépôt de tout instrument de ratification, d'acceptation ou d'approbation ;

c la date d'entrée en vigueur du présent Protocole, conformément à l'article 7 ; et

d tout autre acte, notification ou communication ayant trait au présent Protocole.

En foi de quoi, les soussignés, dûment autorisés à cet effet, ont signé le présent Protocole.

Fait à Strasbourg, le 24 juin 2013, en français et en anglais, les deux textes faisant également foi, en un seul exemplaire qui sera déposé dans les archives du Conseil de l'Europe. Le Secrétaire Général du Conseil de l'Europe en communiquera copie certifiée conforme à chacun des États membres du Conseil de l'Europe et aux autres Hautes Parties contractantes à la Convention.

Protocole n° 16 du 2 octobre 2013,

Portant amendement à la Convention de sauvegarde des Droits de l'Homme et des Libertés fondamentales.

Pour la France, V. L. n° 2018-237 du 3 avr. 2018 autorisant la ratification du protocole n° 16 à la Convention de sauvegarde des Droits de l'Homme et des Libertés fondamentales (JO 4 avr.).

Le présent Protocole est entré en vigueur le 1er aout 2018, uniquement à l'égard des États l'ayant signé et ratifié.

BIBL. ▶ Larrouturou, *D. 2018. 1502* (protocole n° 16 et demande d'avis aux cours suprêmes : saisine sur saisine ne vaut ?). – Sudre, *JCP 2018. 473* (une embellie pour la Conv. EDH ?).

Préambule

Les États membres du Conseil de l'Europe et les autres Hautes Parties contractantes à la Convention de sauvegarde des Droits de l'Homme et des Libertés fondamentales, signée à Rome le 4 novembre 1950 (ci-après dénommée "la Convention"), signataires du présent Protocole,

Vu les dispositions de la Convention, notamment l'article 19 établissant la Cour européenne des droits de l'homme (ci-après dénommée "la Cour") ;

Considérant que l'extension de la compétence de la Cour pour donner des avis consultatifs renforcera l'interaction entre la Cour et les autorités nationales, et consolidera ainsi la mise en œuvre de la Convention, conformément au principe de subsidiarité ;

Vu l'Avis n° 285 (2013) adopté par l'Assemblée parlementaire du Conseil de l'Europe le 28 juin 2013,

Sont convenus de ce qui suit :

Art. 1er 1. Les plus hautes juridictions d'une Haute Partie contractante, telles que désignées conformément à l'article 10, peuvent adresser à la Cour des demandes d'avis consultatifs sur des questions de principe relatives à l'interprétation ou à l'application des droits et libertés définis par la Convention ou ses protocoles.

2. La juridiction qui procède à la demande ne peut solliciter un avis consultatif que dans le cadre d'une affaire pendante devant elle.

3. La juridiction qui procède à la demande motive sa demande d'avis et produit les éléments pertinents du contexte juridique et factuel de l'affaire pendante.

Art. 2 1. Un collège de cinq juges de la Grande Chambre se prononce sur l'acceptation de la demande d'avis consultatif au regard de l'article 1. Tout refus du collège d'accepter la demande est motivé.

2. Lorsque le collège accepte la demande, la Grande Chambre rend un avis consultatif.

3. Le collège et la Grande Chambre, visés aux paragraphes précédents, comprennent de plein droit le juge élu au titre de la Haute Partie contractante dont relève la juridiction qui a procédé à la demande. En cas d'absence de ce juge, ou lorsqu'il n'est pas en mesure de siéger, une personne choisie par le Président de la Cour sur une liste soumise au préalable par cette Partie siège en qualité de juge.

Art. 3 Le Commissaire aux droits de l'homme du Conseil de l'Europe et la Haute Partie contractante dont relève la juridiction qui a procédé à la demande ont le droit de présenter des observations écrites et de prendre part aux audiences. Le Président de la Cour peut, dans l'intérêt d'une bonne administration de la justice, inviter toute autre Haute Partie contractante ou personne à présenter également des observations écrites ou à prendre part aux audiences.

Art. 4 1. Les avis consultatifs sont motivés.

2. Si l'avis consultatif n'exprime pas, en tout ou en partie, l'opinion unanime des juges, tout juge a le droit d'y joindre l'exposé de son opinion séparée.

3. Les avis consultatifs sont transmis à la juridiction qui a procédé à la demande et à la Haute Partie contractante dont cette juridiction relève.

4. Les avis consultatifs sont publiés.

Art. 5 Les avis consultatifs ne sont pas contraignants.

Art. 6 Les Hautes Parties contractantes considèrent les articles 1 à 5 du présent Protocole comme des articles additionnels à la Convention, et toutes les dispositions de la Convention s'appliquent en conséquence.

Art. 7 1. Le présent Protocole est ouvert à la signature des Hautes Parties contractantes à la Convention, qui peuvent exprimer leur consentement à être liées par :

a la signature sans réserve de ratification, d'acceptation ou d'approbation ; ou

b la signature sous réserve de ratification, d'acceptation ou d'approbation, suivie de ratification, d'acceptation ou d'approbation.

2. Les instruments de ratification, d'acceptation ou d'approbation seront déposés près le Secrétaire Général du Conseil de l'Europe.

Art. 8 1. Le présent Protocole entrera en vigueur le premier jour du mois qui suit l'expiration d'une période de trois mois après la date à laquelle dix Hautes Parties contractantes à la Convention auront exprimé leur consentement à être liées par le Protocole conformément aux dispositions de l'article 7.

2. Pour toute Haute Partie contractante à la Convention qui exprimera ultérieurement son consentement à être liée par le présent Protocole, celui-ci entrera en vigueur le premier jour du mois qui suit l'expiration d'une période de trois mois après la date de l'expression de son consentement à être liée par le Protocole conformément aux dispositions de l'article 7.

Art. 9 Aucune réserve n'est admise aux dispositions du présent Protocole au titre de l'article 57 de la Convention.

Art. 10 Chaque Haute Partie contractante à la Convention indique, au moment de la signature ou du dépôt de son instrument de ratification, d'acceptation ou d'approbation, au moyen d'une déclaration adressée au Secrétaire Général du Conseil de l'Europe, quelles juridictions elle désigne aux fins de l'article 1, paragraphe 1, du présent Protocole. Cette déclaration peut être modifiée à tout moment de la même manière.

Art. 11 Le Secrétaire Général du Conseil de l'Europe notifiera aux États membres du Conseil de l'Europe et aux autres Hautes Parties contractantes à la Convention :

a toute signature ;

b le dépôt de tout instrument de ratification, d'acceptation ou d'approbation ;

c toute date d'entrée en vigueur du présent Protocole conformément à l'article 8 ;

d toute déclaration faite en vertu de l'article 10 ; et

e tout autre acte, notification ou communication ayant trait au présent Protocole.

En foi de quoi, les soussignés, dûment autorisés à cet effet, ont signé le présent Protocole.

Règlement de la Cour européenne des droits de l'homme

BIBL. ► Birsan et Fricero, *Procédures 2011. Étude 7* (du protocole n° 14 *bis* au protocole 14 : une efficacité toujours accrue !). – Flauss, La mise en œuvre du protocole n° 11 : le nouveau règlement de la cour européenne des droits de l'homme, *Bruylant 2000.*

Cette nouvelle édition du règlement de la Cour intègre les amendements relatifs au Protocole n° 15, adoptés par la Cour plénière le 1er juin 2015.

Cette nouvelle édition est entrée en vigueur le 1er février 2022.

La Cour européenne des droits de l'homme,

Vu la Convention de sauvegarde des droits de l'homme et des libertés fondamentales et ses Protocoles,

Arrête le présent règlement :

Art. 1er *Définitions.* Aux fins de l'application du présent règlement, et sauf si le contraire ressort du contexte :

a) le terme "Convention" désigne la Convention de sauvegarde des droits de l'homme et des libertés fondamentales et ses Protocoles ;

b) l'expression "Cour plénière" désigne la Cour européenne des droits de l'homme siégeant en assemblée plénière ;

c) l'expression "Grande Chambre" désigne la Grande Chambre de dix-sept juges constituée en application de l'article 26 § 1 de la Convention ;

d) le terme "section" désigne une chambre constituée par la Cour plénière pour une période déterminée en vertu de l'article 25 b) de la Convention, et l'expression "président de la section" désigne le juge élu président de ladite section par la Cour plénière en vertu de l'article 25 c) de la Convention ;

e) le terme "chambre" désigne une chambre de sept juges constituée en vertu de l'article 26 § 1 de la Convention, et l'expression "président de la chambre" désigne le juge présidant une telle "chambre" ;

f) le terme "comité" désigne un comité de trois juges constitué en application de l'article 26 § 1 de la Convention, et l'expression "président du comité" désigne le juge qui préside un tel comité ;

g) l'expression "formation de juge unique" désigne une formation constituée en application de l'article 26 § 1 de la Convention ;

h) le terme "Cour" désigne indifféremment la Cour plénière, la Grande Chambre, une section, une chambre, un comité, un juge unique ou le collège de cinq juges mentionné à l'article 43 § 2 de la Convention et à l'article 2 du Protocole n° 16 à la Convention ;

i) l'expression "juge *ad hoc*" désigne toute personne choisie en application de l'article 26 § 4 de la Convention et conformément à l'article 29 du présent règlement pour faire partie de la Grande Chambre ou d'une chambre ;

j) les termes "juge" et "juges" désignent les juges élus par l'Assemblée parlementaire du Conseil de l'Europe et les juges *ad hoc* ;

k) l'expression "juge rapporteur" désigne un juge nommé pour accomplir les tâches prévues aux articles 48 et 49 du présent règlement ;

l) le terme "rapporteur non judiciaire" désigne un membre du greffe chargé d'assister les formations de juge unique prévues à l'article 24 § 2 de la Convention ;

m) le terme "délégué" désigne un juge nommé par la chambre pour faire partie d'une délégation ; l'expression "chef de la délégation" désigne le délégué nommé par la chambre pour conduire sa délégation ;

n) le terme "délégation" désigne un organe composé de délégués, de membres du greffe et de toute autre personne nommée par la chambre pour assister la délégation ;

o) le terme "greffier" désigne, selon le contexte, le greffier de la Cour ou le greffier d'une section ;

p) les termes "partie" et "parties" désignent :

- les Parties contractantes requérantes ou défenderesses ;
- le requérant (personne physique, organisation non gouvernementale ou groupe de particuliers) qui a saisi la Cour au titre de l'article 34 de la Convention ;

q) l'expression "tiers intervenant" désigne toute Partie contractante ou toute personne concernée ou le Commissaire aux droits de l'homme du Conseil de l'Europe qui, comme prévu à l'article 36 §§ 1, 2 et 3 de la Convention et à l'article 3 du Protocole n° 16, a exercé son droit de présenter des observations écrites et de prendre part à une audience, ou y a été invité ;

r) les termes "audience" et "audiences" désignent les débats consacrés à la recevabilité et/ou au fond d'une requête, à une demande de révision ou d'avis consultatif, à une demande d'interprétation introduite par une partie ou par le Comité des Ministres, ou à une question de manquement dont la Cour peut être saisie en vertu de l'article 46 § 4 de la Convention ;

s) l'expression "Comité des Ministres" désigne le Comité des Ministres du Conseil de l'Europe ;

t) les termes "ancienne Cour" et "Commission" désignent respectivement la Cour et la Commission européennes des droits de l'homme créées en vertu de l'ancien article 19 de la Convention.

Tel que la Cour l'a mod. les 7 juill. 2003, 13 nov. 2006 et 19 sept. 2016.

TITRE PREMIER De l'organisation et du fonctionnement de la Cour

CHAPITRE PREMIER *Des juges*

Art. 2 *Calcul de la durée du mandat.* 1. Lorsque le siège est vacant à la date de l'élection du juge, ou lorsque l'élection a lieu moins de trois mois avant que le siège ne devienne vacant, le mandat commence à courir à la date de la prise de fonctions, laquelle ne peut intervenir plus de trois mois après la date de l'élection.

2. Lorsque l'élection d'un juge a lieu plus de trois mois avant que le siège ne devienne vacant, le mandat commence à courir à la date à laquelle le siège devient vacant.

3. Conformément à l'article 23 § 2 de la Convention, le juge élu reste en fonctions jusqu'au moment où son successeur a prêté le serment ou fait la déclaration prévus à l'article 3 du présent règlement.

Tel qu'amendé par la Cour les 13 nov. 2006 et 2 avr. 2012.

Art. 3 *Serment ou déclaration solennelle.* 1. Avant d'entrer en fonctions, tout juge élu doit, à la première séance de la Cour plénière à laquelle il assiste ou, en cas de besoin, devant le président de la Cour, prêter le serment ou faire la déclaration solennelle que voici :

"Je jure" – ou "Je déclare solennellement" – "que j'exercerai mes fonctions de juge avec honneur, indépendance et impartialité, et que j'observerai le secret des délibérations."

2. Il en est dressé procès-verbal.

Art. 4 *Incompatibilités.* 1. En vertu de l'article 21 § 4 de la Convention, les juges ne peuvent exercer pendant la durée de leur mandat aucune activité politique ou administrative ni aucune activité professionnelle incompatible avec leur devoir d'indépendance et d'impartialité ou avec la disponibilité requise par une activité exercée à plein temps. Chaque juge déclare au président de la Cour toute activité supplémentaire. En cas de désaccord entre ce dernier et l'intéressé, toute question soulevée est tranchée par la Cour plénière.

2. Un ancien juge ne peut représenter, à quelque titre que ce soit, une partie ou un tiers intervenant à une procédure devant la Cour portant sur une requête introduite avant la date à laquelle il a cessé d'exercer ses fonctions. Un ancien juge ne peut représenter, à quelque titre que ce soit, une partie ou un tiers intervenant à une procédure devant la Cour portant sur une requête introduite après la date à laquelle il a cessé d'exercer ses fonctions qu'à l'expiration d'un délai de deux ans à compter de cette date.

Tel qu'amendé par la Cour les 29 mars 2010 et 1er juin 2015.

Art. 5 *Préséance.* 1. Les juges élus prennent rang après les président et vice-présidents de la Cour et les présidents des sections, suivant la date de leur prise de fonctions conformément à l'article 2 §§ 1 et 2 du présent règlement.

2. Les vice-présidents de la Cour élus à cette fonction le même jour prennent rang suivant la durée de leurs fonctions de juge. En cas d'égalité, ils prennent rang suivant leur âge. La même règle vaut pour les présidents des sections.

3. Les juges dont la durée de fonctions est la même prennent rang suivant leur âge.

4. Les juges *ad hoc* prennent rang suivant leur âge, après les juges élus.

Tel qu'amendé par la Cour le 14 mai 2007.

Art. 6 *Démission.* La démission d'un juge est adressée au président de la Cour, qui la transmet au Secrétaire général du Conseil de l'Europe. Sous réserve de l'application des articles 24 § 4 in fine et 26 § 3 du présent règlement, elle emporte vacance de siège.

Art. 7 *Révocation.* Un juge ne peut être relevé de ses fonctions que si les autres juges, réunis en session plénière, décident, à la majorité des deux tiers des juges élus en fonctions, qu'il a cessé de répondre aux conditions requises. Il doit au préalable être entendu par la Cour plénière. Tout juge peut mettre en mouvement la procédure de révocation.

CHAPITRE II *De la présidence de la Cour et du rôle du bureau*

Tel que la Cour l'a mod. le 7 juill. 2003.

Art. 8 *Élection du président et des vice-présidents de la Cour et des présidents et vice-présidents des sections.* 1. La Cour plénière élit son président et ses deux vice-présidents pour une période de trois ans et les présidents de section pour une période de deux ans, sans que ces périodes puissent excéder la durée du mandat de juge des intéressés.

2. Chaque section élit de même un vice-président pour une période de deux ans, sans que celle-ci puisse excéder la durée du mandat de juge des intéressés.

3. Un juge élu conformément aux paragraphes 1 ou 2 ci-dessus ne peut être réélu qu'une seule fois au même niveau de fonctions.

4. Les présidents et vice-présidents continuent d'exercer leurs fonctions jusqu'à l'élection de leurs successeurs.

5. Les élections visées au paragraphe 1 du présent article ont lieu au scrutin secret ; seuls y participent les juges élus présents. Si aucun candidat ne réunit la majorité absolue des suffrages exprimés, il est procédé à un ou plusieurs tours additionnels de scrutin jusqu'à ce qu'un candidat ait réuni la majorité absolue. À l'issue du premier tour, tout candidat ayant recueilli moins de cinq voix est éliminé, et le scrutin se poursuit entre les candidats restants. À l'issue de chacun des tours suivants, le candidat ayant recueilli le plus petit nombre de voix est éliminé. Si plus d'un candidat se trouve dans cette situation, seul est éliminé le candidat qui vient en dernier dans l'ordre de préséance selon l'article 5 du présent règlement. Si deux candidats seulement restent en lice et si aucun d'eux n'a recueilli la majorité absolue des suffrages exprimés à l'issue de deux tours de scrutin, le candidat qui réunit la majorité des suffrages exprimés, à l'exclusion des bulletins blancs et des bulletins nuls, à l'issue du tour de scrutin suivant est élu. En cas de partage des voix entre deux candidats lors du tour de scrutin final, préférence est donnée au juge qui a la préséance selon le même article 5.

6. Les règles fixées au paragraphe précédent s'appliquent aux élections visées au paragraphe 2 de cet article. Cependant, lorsque plus d'un tour de scrutin est nécessaire pour que l'un des candidats réunisse la majorité requise, seul le candidat ayant recueilli le plus petit nombre de voix est éliminé à l'issue de chaque tour de scrutin.

Tel que la Cour l'a mod. les 7 nov. 2005, 20 févr. 2012, 14 janv. 2013, 14 avr. 2014, 1er juin 2015, 19 sept. 2016 et 2 juin 2021.

Art. 9 *Fonctions du président de la Cour.* 1. Le président de la Cour dirige les travaux et les services de la Cour. Il représente la Cour et, notamment, en assure les relations avec les autorités du Conseil de l'Europe.

2. Il préside les séances plénières de la Cour, les séances de la Grande Chambre et celles du collège de cinq juges.

3. Il ne participe pas à l'examen des affaires traitées par les chambres, sauf s'il est le juge élu au titre d'une Partie contractante concernée.

Art. 9A *Rôle du bureau.* 1. a) La Cour se dote d'un bureau, composé du président et des vice-présidents de la Cour et des présidents de section. Lorsqu'un vice-président de la Cour ou un président de section est empêché d'assister à une réunion du bureau, il est remplacé par le vice-président de la section ou, à défaut, par le membre de la section qui prend rang immédiatement après lui, au sens de l'article 5 du présent règlement.

b) Le bureau peut convier à une de ses réunions tout autre membre de la Cour ou toute autre personne dont il juge la présence nécessaire.

2. Le bureau est assisté par le greffier et les greffiers adjoints.

3. Le bureau a pour tâche d'assister le président dans l'accomplissement de ses fonctions de direction du travail et des services de la Cour. À cet effet, le président peut lui soumettre toute question administrative ou extrajudiciaire relevant de sa compétence.

4. Le bureau facilite également la coordination entre les sections de la Cour.

5. Le président peut consulter le bureau avant d'émettre des instructions pratiques au sens de l'article 32 du présent règlement et avant d'approuver les instructions générales établies par le greffier au titre de l'article 17 § 4 du présent règlement.

6. Le bureau peut faire rapport sur toute question à la Cour plénière, qu'il peut également saisir de propositions.

7. Un compte rendu de chaque réunion du bureau est établi et distribué aux juges dans les deux langues officielles de la Cour. Le secrétaire du bureau est désigné par le greffier en accord avec le président.

Inséré par la Cour le 7 juill. 2003.

Art. 10 *Fonctions des vice-présidents de la Cour.* Les vice-présidents de la Cour assistent le président de la Cour. Ils le remplacent en cas d'empêchement ou de vacance de la présidence, ou à sa demande. Ils font aussi fonction de présidents de section.

Art. 11 *Remplacement du président et des vice-présidents de la Cour.* En cas d'empêchement simultané du président et des vice-présidents de la Cour, ou en cas de vacance simultanée de leurs fonctions, la présidence est assumée par un des présidents de section ou, si aucun d'eux n'est disponible, par un autre juge élu, suivant l'ordre de préséance établi à l'article 5 du présent règlement.

Art. 12 *Présidence des sections et des chambres.* Les présidents des sections président les séances de la section et des chambres dont ils font partie et dirigent le travail des sections. Les vice-présidents des sections les remplacent en cas d'empêchement ou de vacance de la présidence de la section, ou à la demande du président de la section. À défaut, les membres de la section et des chambres les remplacent, suivant l'ordre de préséance établi à l'article 5 du présent règlement.

Tel que la Cour l'a mod. les 17 juin et 8 juill. 2002.

Art. 13 *Incapacité d'exercice.* Les membres de la Cour ne peuvent exercer la présidence dans une affaire où est partie une Partie contractante dont ils sont ressortissants ou au titre de laquelle ils ont été élus, ou dans une affaire où ils siègent en qualité de juge désigné au titre de l'article 29 § 1 a) ou de l'article 30 § 1 du présent règlement.

Tel que la Cour l'a mod. le 4 juill. 2005.

Art. 14 *Représentation équilibrée des sexes.* Dans les désignations régies par le présent chapitre et par le chapitre suivant, la Cour poursuit une politique visant à une représentation équilibrée des sexes.

CHAPITRE III *Du greffe*

Art. 15 *Élection du greffier.* 1. La Cour plénière élit son greffier. Les candidats doivent jouir de la plus haute considération morale et posséder les connaissances juridiques, administratives et linguistiques ainsi que l'expérience requises pour l'exercice des fonctions.

2. Le greffier est élu pour un mandat de cinq ans et est rééligible. Il ne peut être relevé de ses fonctions que si les juges, réunis en session plénière, décident, à la majorité des deux tiers des juges élus en fonctions, que l'intéressé a cessé de répondre aux conditions requises. Il doit au préalable être entendu par la Cour plénière. Tout juge peut mettre en mouvement la procédure de révocation.

3. Les élections visées au présent article ont lieu au scrutin secret ; seuls y participent les juges élus présents. Si aucun candidat ne réunit la majorité absolue des suffrages exprimés, il est procédé à un ou plusieurs tours additionnels de scrutin jusqu'à ce qu'un candidat ait réuni la majorité absolue. À l'issue de chaque tour, tout candidat ayant recueilli moins de cinq voix sera éliminé. Si plus de deux candidats ayant obtenu au moins cinq voix restent encore en lice, celui ayant recueilli le plus petit nombre de voix sera également éliminé. En cas de partage des voix lors d'un tour de scrutin supplémentaire, préférence est donnée d'abord à la candidate, s'il y en a une, et ensuite au candidat le plus âgé.

4. Avant d'entrer en fonctions, le greffier doit, devant la Cour plénière ou, en cas de besoin, devant le président de la Cour, prêter le serment ou faire la déclaration solennelle que voici :

> "Je jure" – ou "Je déclare solennellement" – "que j'exercerai en toute loyauté, discrétion et conscience les fonctions qui m'ont été confiées en ma qualité de greffier de la Cour européenne des droits de l'homme."

Il en est dressé procès-verbal.

Tel que la Cour l'a mod. le 14 avr. 2014.

Art. 16 *Élection des greffiers adjoints.* 1. La Cour plénière élit également un ou plusieurs greffiers adjoints dans les conditions, de la manière et pour la durée définies à l'article précédent. La procédure prévue pour la révocation du greffier s'applique également pour la révocation des greffiers adjoints. La Cour consulte au préalable le greffier.

2. Avant d'entrer en fonctions, un greffier adjoint doit, devant la Cour plénière ou, en cas de besoin, devant le président de la Cour, prêter un serment ou faire une déclaration semblables à ceux prévus pour le greffier. Il en est dressé procès-verbal.

Tel que la Cour l'a mod. le 14 avr. 2014.

Art. 17 *Fonctions du greffier.* 1. Le greffier assiste la Cour dans l'accomplissement de ses fonctions. Il est responsable de l'organisation et des activités du greffe, sous l'autorité du président de la Cour.

2. Il a la garde des archives de la Cour et sert d'intermédiaire pour les communications et notifications adressées à celle-ci, ou émanant d'elle, au sujet des affaires portées ou à porter devant elle.

3. Le greffier, sous réserve du devoir de discrétion attaché à ses fonctions, répond aux demandes de renseignements concernant l'activité de la Cour, notamment à celles de la presse.

4. Des instructions générales préparées par le greffier et approuvées par le président de la Cour règlent le fonctionnement du greffe.

Art. 18 *Organisation du greffe.* 1. Le greffe se compose des greffes de section, en nombre égal à celui des sections constituées par la Cour, et des services nécessaires pour fournir à la Cour les prestations administratives et juridiques requises.

2. Le greffier de section assiste la section dans l'accomplissement de ses fonctions. Il peut être secondé par un greffier adjoint de section.

3. Les agents du greffe sont nommés par le greffier sous l'autorité du président de la Cour. La nomination du greffier et des greffiers adjoints est régie par les articles 15 et 16 du présent règlement.

Tel que la Cour l'a mod. les 13 nov. 2006 et 2 avr. 2012.

Art. 18A *Rapporteurs non judiciaires.* 1. Lorsqu'elle siège en formation de juge unique, la Cour est assistée de rapporteurs non judiciaires qui fonctionnent sous l'autorité du président de la Cour. Ils font partie du greffe de la Cour.

2. Les rapporteurs non judiciaires sont désignés par le président de la Cour sur proposition du greffier. Les greffiers de section et greffiers adjoints de section visés à l'article 18 § 2 du présent règlement font de droit fonction de rapporteurs non judiciaires.

Inséré par la Cour le 13 nov. 2006 et amendé le 14 janv. 2013.

Art. 18B *Jurisconsulte.* Aux fins de la qualité et de la cohérence de sa jurisprudence, la Cour est assistée d'un jurisconsulte. Celui-ci fait partie du greffe. Il fournit des avis et des informations, notamment aux formations de jugement et aux membres de la Cour.

Inséré par la Cour le 23 juin 2014.

CHAPITRE IV *Du fonctionnement de la Cour*

Art. 19 *Siège de la Cour.* 1. Le siège de la Cour est fixé à Strasbourg, siège du Conseil de l'Europe. La Cour peut toutefois, lorsqu'elle le juge utile, exercer ses fonctions en d'autres lieux du territoire des États membres du Conseil de l'Europe.

2. La Cour peut décider, en tout état d'instruction d'une requête, qu'il est nécessaire qu'elle-même ou l'un ou plusieurs de ses membres procèdent à une enquête ou accomplissent toute autre tâche en d'autres lieux.

Art. 20 *Sessions plénières de la Cour.* 1. Sur convocation de son président, la Cour se réunit en session plénière chaque fois que l'exige l'exercice des fonctions lui incombant en vertu de la Convention et du présent règlement. Le président procède à pareille convocation si un tiers au moins des membres le demandent, et en tout cas une fois l'an pour l'examen de questions administratives.

2. Le quorum de deux tiers des juges élus en fonctions est exigé pour le fonctionnement de la Cour plénière.

3. Si le quorum n'est pas atteint, le président ajourne la séance.

Art. 21 *Autres sessions de la Cour.* 1. La Grande Chambre, les chambres et les comités siègent de façon permanente. Toutefois, sur proposition de son président, la Cour arrête chaque année les périodes de session.

2. En dehors desdites périodes, la Grande Chambre et les chambres peuvent être convoquées par leur président en cas d'urgence.

Art. 22 *Délibérations.* 1. La Cour délibère en chambre du conseil. Ses délibérations restent secrètes.

2. Seuls les juges prennent part aux délibérations. Sont présents dans la chambre du conseil le greffier ou la personne désignée pour le remplacer, ainsi que les autres agents du greffe et les interprètes dont l'assistance paraît nécessaire. Aucune autre personne ne peut y être admise qu'en vertu d'une décision spéciale de la Cour.

3. Avant tout vote sur une question soumise à la Cour, le président peut inviter les juges à exprimer leur opinion.

Art. 23 *Votes.* 1. Les décisions de la Cour sont prises à la majorité des voix des juges présents. En cas de partage des voix, le vote est renouvelé et, s'il y a toujours partage, la voix du président est prépondérante. Le présent paragraphe s'applique sauf disposition contraire du présent règlement.

2. Les décisions et arrêts de la Grande Chambre et des chambres sont adoptés à la majorité des juges effectifs. Les abstentions ne sont pas admises pour les votes définitifs portant sur la recevabilité ou sur le fond d'une affaire.

3. En règle générale, les votes s'effectuent à main levée. Le président peut décider de procéder à un vote sur appel nominal, dans l'ordre inverse de préséance.

4. Toute question devant être mise aux voix est formulée en termes précis.

Art. 23A *Décision par accord tacite.* Lorsqu'il est nécessaire pour la Cour de trancher un point de procédure ou toute autre question en dehors d'une réunion programmée, le président peut donner instruction de faire circuler un projet de décision parmi les juges et de fixer à ceux-ci un délai pour la formulation d'observations. En l'absence de toute objection de la part des juges, la proposition est réputée avoir été adoptée à l'expiration dudit délai.

Inséré par la Cour le 13 déc. 2004.

CHAPITRE V *Des formations*

Art. 24 *Composition de la Grande Chambre.* 1. La Grande Chambre se compose de dix-sept juges et d'au moins trois juges suppléants.

2. a) Font partie de la Grande Chambre le président et les vice-présidents de la Cour, ainsi que les présidents des sections. Lorsqu'un vice-président de la Cour ou le président d'une section ne peut siéger à la Grande Chambre, il est remplacé par le vice-président de la section concernée.

b) Le juge élu au titre d'une Partie contractante concernée ou, le cas échéant, le juge désigné en vertu des articles 29 ou 30 du présent règlement est membre de droit de la Grande Chambre, conformément à l'article 26 §§ 4 et 5 de la Convention.

c) Dans les affaires qui lui sont déférées en vertu de l'article 43 de la Convention, la Grande Chambre ne comprend aucun juge ayant siégé dans la chambre qui a rendu l'arrêt concernant l'affaire ainsi renvoyée, à l'exception du président de cette chambre et du juge ayant siégé au titre de l'État partie intéressé, ni aucun juge ayant siégé dans la chambre ou les chambres s'étant prononcées sur la recevabilité de la requête.

d) Les juges et juges suppléants appelés à compléter la Grande Chambre chaque fois qu'une affaire lui est déférée sont désignés parmi les juges restants au moyen d'un tirage au sort effectué par le président de la Cour en présence du greffier. Les modalités du tirage au sort sont fixées par la Cour plénière, qui veille à ce que soit assurée une composition géographiquement équilibrée et reflétant la diversité des systèmes juridiques existant dans les Parties contractantes.

e) Pour l'examen d'une demande soumise au titre de l'article 46 § 4 de la Convention, la Grande Chambre comprend, outre les juges visés au paragraphe 2 a) et b) du présent article, les membres du comité ou de la chambre ayant rendu l'arrêt en cause. Si celui-ci a été rendu par une Grande Chambre, elle est composée des mêmes juges que cette dernière. Dans tous les cas, y compris ceux où il n'est pas possible de réunir la Grande Chambre initiale, les juges et juges suppléants appelés à compléter la Grande Chambre sont désignés conformément au paragraphe 2 d) du présent article.

f) Lorsqu'elle examine une demande d'avis consultatif au titre de l'article 47 de la Convention, la Grande Chambre est constituée conformément aux dispositions du paragraphe 2 a) et d) du présent article.

g) Lorsqu'elle examine une demande d'avis consultatif soumise en vertu du Protocole n° 16 à la Convention, la Grande Chambre est constituée conformément aux dispositions du paragraphe 2 a), b) et d) du présent article et comprend le juge désigné comme juge rapporteur en application de l'article 93 § 1.1 b) du présent règlement.

3. Si des juges ne peuvent siéger, ils sont remplacés par les juges suppléants suivant l'ordre de désignation prévu au paragraphe 2 d) du présent article. Tant qu'il n'a pas été pourvu au remplacement des juges concernés, les juges suppléants ne peuvent participer au vote.

4. Les juges et juges suppléants désignés conformément aux dispositions précitées siègent jusqu'à l'achèvement de la procédure. Leur mandat expiré, ils continuent de participer à l'examen de l'affaire s'ils en ont déjà connu au fond. Ces dispositions s'appliquent également à la procédure relative aux avis consultatifs.

5. a) Le collège de cinq juges de la Grande Chambre appelé à examiner une demande de renvoi présentée en vertu de l'article 43 de la Convention se compose :

• du président de la Cour ; si le président de la Cour se trouve empêché, il est remplacé par le vice-président ayant la préséance ;

• de deux présidents de section désignés par rotation ; si un président de section ainsi désigné se trouve empêché, il est remplacé par le vice-président de sa section ;

• de deux juges désignés par rotation parmi les juges élus au sein des sections restantes pour siéger au collège pour une période de six mois ;

• d'au moins deux juges suppléants désignés par rotation parmi les juges élus au sein des sections pour siéger au collège pour une période de six mois.

b) Lorsqu'il examine une demande de renvoi, le collège ne comporte aucun juge ayant pris part à l'examen de la recevabilité ou du fond de l'affaire en question.

c) Un juge élu au titre d'une Partie contractante concernée par une demande de renvoi ou ressortissant d'une telle partie ne peut siéger au collège lorsque celui-ci examine la demande. De même, un juge élu désigné en vertu des articles 29 ou 30 du présent règlement ne peut participer à l'examen de la demande.

d) Si un membre du collège se trouve empêché pour l'un des motifs visés aux alinéas b) ou c), il est remplacé par un juge suppléant désigné par rotation parmi les juges élus au sein des sections pour siéger au collège pour une période de six mois.

e) Lorsqu'il est saisi d'une demande d'avis consultatif soumise en vertu de l'article 1 du Protocole n° 16 à la Convention, le collège est composé conformément aux dispositions de l'article 93 du présent règlement.

Tel que la Cour l'a mod. les 8 déc. 2000, 13 déc. 2004, 4 juill. 2005, 7 nov. 2005, 29 mai 2006, 13 nov. 2006, 6 mai 2013, 19 sept. 2016 et 11 oct. 2021.

Art. 25 *Constitution des sections.* 1. Les chambres prévues à l'article 25 b) de la Convention (et dénommées "sections" dans le présent règlement) sont constituées par la Cour plénière, sur proposition du président, pour une période de trois ans à compter de l'élection des titulaires de fonctions présidentielles visés à l'article 8 du présent règlement. Il y a au moins quatre sections.

2. Chaque juge est membre d'une section. La composition des sections doit être équilibrée tant du point de vue géographique que du point de vue de la représentation des sexes et tenir compte des différents systèmes juridiques existant dans les Parties contractantes.

3. Lorsqu'un juge cesse de faire partie de la Cour avant l'échéance de la période pour laquelle la section a été constituée, son successeur à la Cour le remplace comme membre de la section.

4. Le président de la Cour peut exceptionnellement procéder à des modifications dans la composition des sections si les circonstances le requièrent.

5. Sur proposition du président, la Cour plénière peut constituer une section supplémentaire.

Art. 26 *Constitution des chambres.* 1. Les chambres de sept juges prévues à l'article 26 § 1 de la Convention pour examiner les affaires portées devant la Cour sont constituées comme suit à partir des sections.

a) Sous réserve du paragraphe 2 du présent article et de l'article 28 § 4, dernière phrase, du présent règlement, la chambre comprend pour chaque affaire le président de la section et le juge élu au titre de toute Partie contractante concernée. Si ce dernier n'est pas membre de la section à laquelle la requête a été attribuée conformément aux articles 51 ou 52 du présent règlement, il siège comme membre de droit de la chambre, conformément à l'article 26 § 4 de la Convention. L'article 29 du présent règlement s'applique si ledit juge ne peut siéger ou se déporte.

b) Les autres membres de la chambre sont désignés par le président de la section, par rotation, parmi les membres de la section.

c) Les membres de la section qui ne sont pas désignés de la sorte siègent dans l'affaire en qualité de suppléants.

2. Le juge élu au titre de toute Partie contractante concernée, ou, le cas échéant, le juge élu ou *ad hoc* désigné conformément aux articles 29 ou 30 du présent règlement, peut être dispensé par le président de la chambre d'assister aux réunions consacrées aux questions préparatoires ou procédurales. Aux fins de pareilles réunions, le premier juge suppléant siégera.

3. Même après la fin de son mandat, le juge continue de connaître des affaires pour lesquelles il a pris part à l'examen au fond.

Tel que la Cour l'a mod. les 17 juin et 8 juill. 2002 et 6 mai 2013.

Art. 27 *Comités.* 1. Des comités de trois juges appartenant à la même section sont constitués, en application de l'article 26 § 1 de la Convention. Après avoir consulté les présidents des sections, le président de la Cour décide du nombre de comités à créer.

2. Les comités sont constitués pour une période de douze mois, par rotation parmi les membres de chaque section autres que le président.

3. Les membres de la section, y compris le président de la section, qui ne sont pas membres d'un comité peuvent, s'il y a lieu, être appelés à siéger. Ils peuvent également remplacer des membres empêchés de siéger.

4. Le comité est présidé par le membre qui a la préséance au sein de la section.

Tel que la Cour l'a mod. les 13 nov. 2006 et 16 nov. 2009.

Art. 27A *Formation de juge unique.* 1. Des juges uniques sont institués en application de l'article 26 § 1 de la Convention. Après avoir consulté le bureau, le président de la Cour décide du nombre de juges uniques à créer et procède aux désignations requises au titre d'une ou plusieurs Parties contractantes.

2. Siègent également comme juges uniques :

a) les présidents de section lorsqu'ils exercent les compétences qui leur sont dévolues par l'article 54 §§ 2 b) et 3 du présent règlement ;

b) les vice-présidents de section désignés pour statuer sur les demandes de mesures provisoires conformément à l'article 39 § 4 du présent règlement.

3. Conformément à l'article 26 § 3 de la Convention, un juge ne peut statuer en qualité de juge unique sur une requête dirigée contre la Partie contractante au titre de laquelle il a été élu. En outre, un juge ne peut statuer en qualité de juge unique sur une requête dirigée contre une Partie contractante dont il est ressortissant.

4. Les juges uniques sont désignés pour une période de douze mois. Ils continuent d'assumer leurs autres tâches au sein des sections dont ils sont membres conformément à l'article 25 § 2 du présent règlement.

5. En application de l'article 24 § 2 de la Convention, chaque juge unique, lorsqu'il statue, est assisté d'un rapporteur non judiciaire.

Inséré par la Cour le 13 nov. 2006 et mod. les 14 janv. 2013 et 9 sept. 2019

Art. 28 *Empêchement, déport ou dispense.* 1. Tout juge empêché de participer aux séances pour lesquelles il est convoqué en fait part, dans le plus bref délai, au président de la chambre.

2. Aucun juge ne peut participer à l'examen d'une affaire :

a) s'il a un intérêt personnel dans celle-ci, du fait par exemple d'un lien conjugal ou parental, d'un autre lien de proche parenté, d'un lien personnel ou professionnel étroit, ou d'un lien de subordination avec l'une quelconque des parties ;

b) s'il est antérieurement intervenu dans l'affaire, soit comme agent, conseil ou conseiller d'une partie ou d'une personne ayant un intérêt dans l'affaire, soit, au niveau national ou au niveau international, comme membre d'une autre juridiction ou commission d'enquête, ou à tout autre titre ;

c) s'il s'engage, alors qu'il est juge *ad hoc* ou ancien juge élu continuant à siéger au titre de l'article 26 § 3 du présent règlement, dans une activité politique ou administrative, ou dans une activité professionnelle incompatible avec son indépendance ou son impartialité ;

d) s'il a exprimé en public, par le truchement des médias, par écrit, par des actions publiques ou par tout autre moyen, des opinions qui sont objectivement de nature à nuire à son impartialité ;

e) si, pour quelque autre raison que ce soit, son indépendance ou son impartialité peuvent légitimement être mises en doute.

3. Si un juge se déporte pour l'une desdites raisons, il en informe le président de la chambre, qui le dispense de siéger.

4. Si le juge concerné ou le président de la chambre hésitent sur l'existence ou non de l'une des causes de déport énumérées au paragraphe 2 du présent article, la chambre décide. Elle entend le juge concerné, puis délibère et vote hors sa présence. Aux fins des délibérations et vote en question, l'intéressé est remplacé par le premier juge suppléant de la chambre. Il en va de même s'il siège au titre d'une Partie contractante concernée conformément aux articles 29 et 30 du présent règlement.

5. Les dispositions ci-dessus s'appliquent également aux juges appelés à siéger comme juges uniques ou dans un comité, étant entendu que la notification visée aux paragraphes 1 et 3 est adressée au président de la section.

Tel que la Cour l'a mod. les 17 juin et 8 juill. 2002, 13 déc. 2004, 13 nov. 2006 et 6 mai 2013.

Art. 29 *Juges ad hoc.* 1. a) Si le juge élu au titre d'une Partie contractante concernée se trouve empêché de siéger dans une chambre, se déporte ou est dispensé, ou si pareil juge fait défaut, le président de la chambre désigne un juge *ad hoc* pouvant participer à l'examen de l'affaire conformément à l'article 28 du présent règlement à partir d'une liste préalablement soumise par la Partie contractante et contenant les noms de trois à cinq personnes remplissant les critères fixés au paragraphe 1 c) du présent article et désignées par elle comme pouvant servir en qualité de juge *ad hoc* pour une période renouvelable de quatre ans.

La liste, où les deux sexes doivent figurer, doit être accompagnée d'une notice biographique des personnes qui la composent. Celles-ci ne peuvent représenter, à quelque titre que ce soit, une partie ou un tiers intervenant devant la Cour.

b) La procédure décrite au paragraphe 1 a) du présent article s'applique si la personne ainsi désignée se trouve empêchée ou se déporte.

c) Un juge *ad hoc* doit posséder les qualifications requises par l'article 21 § 1 de la Convention et être à même de satisfaire aux exigences de disponibilité et de présence énoncées au paragraphe 5 du présent article. Pendant la durée de son mandat, un juge *ad hoc* ne peut représenter, à quelque titre que ce soit, une partie ou un tiers intervenant devant la Cour.

2. Le président de la chambre désigne un autre juge élu pour siéger en qualité de juge *ad hoc* lorsque :

a) au moment de la communication de la requête au titre de l'article 54 § 2 b) du règlement, la Partie contractante concernée n'avait pas fourni au greffier la liste visée au paragraphe 1 a) du présent article, ou

b) il estime que moins de trois des personnes indiquées dans la liste répondent aux conditions fixées au paragraphe 1 c) du présent article.

3. Le président de la chambre peut décider de ne désigner un juge *ad hoc* conformément au paragraphe 1 a) ou 2 du présent article qu'au moment où connaissance de la requête sera donnée à la Partie contractante en vertu de l'article 54 § 2 b) du présent règlement. Dans l'attente de la décision du président de la chambre, c'est le premier juge suppléant qui siège.

4. Au début de la première séance consacrée à l'examen de l'affaire après sa désignation, le juge *ad hoc* prête le serment ou fait la déclaration solennelle prévus à l'article 3 du présent règlement. Il en est dressé procès-verbal.

5. Les juges *ad hoc* doivent se tenir à la disposition de la Cour et, sous réserve de l'article 26 § 2 du présent règlement, assister aux réunions de la chambre.

6. Les dispositions du présent article s'appliquent *mutatis mutandis* à la procédure suivie devant un collège de la Grande Chambre relativement à une demande d'avis consultatif soumise en vertu de l'article 1 du Protocole n° 16 à la Convention et à la procédure suivie devant la Grande Chambre constituée pour examiner les demandes acceptées par le collège.

Tel que la Cour l'a mod. les 17 juin et 8 juill. 2002, 13 nov. 2006, 29 mars 2010, 6 mai 2013, 19 sept. 2016, 16 avr. 2018 et 3 juin 2019.

Art. 30 *Communauté d'intérêt.* 1. Si deux ou plusieurs Parties contractantes requérantes ou défenderesses ont un intérêt commun, le président de la chambre peut les inviter à s'entendre pour ne désigner, en qualité de juge de la communauté d'intérêt, qu'un seul des juges élus à leur titre, qui sera appelé à siéger de droit ; à défaut d'accord, il tire au sort parmi les juges proposés celui qui siégera en qualité de juge de la communauté d'intérêt.

2. Le président de la chambre peut décider de n'inviter les Parties contractantes concernées à procéder à la désignation visée au paragraphe 1 du présent article qu'une fois la requête portée à la connaissance des Parties contractantes défenderesses conformément à l'article 54 § 2 du présent règlement.

3. En cas de contestation sur l'existence d'une communauté d'intérêt ou sur toute autre question connexe, la chambre décide, au besoin après avoir recueilli les observations écrites des Parties contractantes concernées.

Tel que la Cour l'a mod. le 7 juill. 2003.

TITRE II **Procédure**

CHAPITRE PREMIER *Règles générales*

Art. 31 *Possibilité de dérogations particulières.* Les dispositions du présent titre ne font pas obstacle à ce que la Cour y déroge pour l'examen d'une affaire particulière après avoir consulté les parties en tant que de besoin.

Art. 32 *Instructions pratiques.* Le président de la Cour peut édicter des instructions pratiques, notamment en rapport avec des questions telles que la comparution aux audiences et le dépôt d'observations écrites ou d'autres documents.

Art. 33 *Publicité des documents.* 1. Tous les documents déposés au greffe par les parties ou par des tiers intervenants en rapport avec une requête, à l'exception de ceux soumis dans le cadre de négociations menées en vue de parvenir à un règlement amiable comme le prévoit l'article 62 du présent règlement, sont accessibles au public, selon les modalités pratiques édictées par le greffier, à moins que le président de la chambre n'en décide autrement pour les raisons indiquées au paragraphe 2 du présent article, soit d'office, soit à la demande d'une partie ou de toute autre personne intéressée.

2. L'accès du public à un document ou à une partie d'un document peut être restreint dans l'intérêt de la moralité, de l'ordre public ou de la sécurité nationale dans une société démocratique lorsque les intérêts des mineurs ou la protection de la vie privée des parties ou de toute personne concernée l'exigent, ou, dans la mesure jugée strictement nécessaire par le président de la chambre, lorsque, dans des circonstances spéciales, la publicité serait de nature à porter atteinte aux intérêts de la justice.

3. Toute demande de confidentialité formulée au titre du paragraphe 1 du présent article doit être motivée et préciser si elle vise tous les documents ou seulement une partie d'entre eux.

Tel que la Cour l'a mod. les 17 juin, 8 juill. 2002, 7 juill. 2003, 4 juill. 2005, 13 nov. 2006, 14 mai 2007 et 4 nov. 2019.

Art. 34 *Emploi des langues.* 1. Les langues officielles de la Cour sont le français et l'anglais.

2. Lorsqu'une requête est introduite au titre de l'article 34 de la Convention, toutes communications avec le requérant ou son représentant et toutes observations orales ou écrites soumises par le requérant ou son représentant, si elles ne se font pas ou ne sont pas rédigées dans l'une des langues officielles de la Cour, doivent se faire ou être rédigées dans l'une des langues officielles des Parties contractantes tant que la requête n'a pas été portée à la connaissance d'une Partie contractante en vertu du présent règlement. Si une Partie contractante est informée d'une requête ou si une requête est portée à sa connaissance en vertu du présent règlement, la requête et ses annexes doivent lui être communiquées dans la langue dans laquelle le requérant les a déposées au greffe.

3. a) Toutes communications avec le requérant ou son représentant et toutes observations orales ou écrites soumises par le requérant ou son représentant et se rapportant à une audience, ou intervenant après que la requête a été portée à la connaissance d'une Partie contractante, doivent se faire ou être rédigées dans l'une des langues officielles de la Cour, sauf si le président de la chambre donne l'autorisation de continuer à employer la langue officielle d'une Partie contractante.

b) Si pareille autorisation est accordée, le greffier prend les dispositions nécessaires en vue de l'interprétation ou de la traduction, intégrale ou partielle, en français ou en anglais des observations orales ou écrites du requérant lorsque le président de la chambre juge pareille mesure dans l'intérêt de la bonne conduite de la procédure.

c) Exceptionnellement, le président de la chambre peut subordonner l'octroi de l'autorisation à la condition que le requérant supporte tout ou partie des frais ainsi occasionnés.

d) Sauf décision contraire du président de la chambre, toute décision prise en vertu des dispositions ci-dessus du présent paragraphe demeure applicable à toutes les phases ultérieures de la procédure, y compris à celles entraînées par l'introduction d'une demande de renvoi de l'affaire à la Grande Chambre ou d'une demande en interprétation ou en révision de l'arrêt au sens respectivement des articles 73, 79 et 80 du présent règlement.

4. a) Toutes communications avec une Partie contractante qui est partie au litige et toutes observations orales ou écrites émanant d'une telle partie doivent se faire ou être rédigées dans l'une des langues officielles de la Cour. Le président de la chambre peut autoriser la Partie contractante concernée à employer sa langue officielle ou l'une de ses langues officielles pour ses observations, orales ou écrites.

b) Si pareille autorisation est accordée, la partie qui l'a sollicitée doit *[:]*

i. déposer une traduction française ou anglaise de ses observations écrites dans un délai qu'il appartient au président de la chambre de fixer, le greffier conservant la possibilité de prendre les dispositions nécessaires pour faire traduire le document aux frais de la Partie demanderesse si cette dernière n'a pas fourni la traduction dans le délai imparti ;

ii. assumer les frais afférents à l'interprétation en français ou en anglais de ses observations orales, le greffier se chargeant de prendre les dispositions nécessaires pour assurer cette interprétation.

c) Le président de la chambre peut enjoindre à une Partie contractante qui est partie au litige de fournir dans un délai déterminé une traduction ou un résumé en français ou en anglais de l'ensemble ou de certaines des annexes à ses observations écrites ou de toute autre pièce pertinente, ou d'extraits de ces documents.

d) Les alinéas ci-dessus du présent paragraphe s'appliquent aussi, *mutatis mutandis*, aux tierces interventions au titre de l'article 44 du présent règlement et à l'emploi d'une langue non officielle par un tiers intervenant.

5. Le président de la chambre peut inviter la Partie contractante défenderesse à fournir une traduction de ses observations écrites dans sa langue officielle ou dans une de ses langues officielles, afin d'en faciliter la compréhension par le requérant.

6. Tout témoin, expert ou autre personne comparaissant devant la Cour peut employer sa propre langue s'il n'a une connaissance suffisante d'aucune des deux langues officielles. Dans ce cas, le greffier prend les dispositions nécessaires en vue de l'interprétation et de la traduction.

7. La demande d'avis consultatif soumise à la Cour par une juridiction en vertu de l'article 1 du Protocole n° 16 à la Convention, et dans le respect des conditions décrites à l'article 92 du présent règlement, peut être formulée dans la langue nationale officielle employée dans la procédure interne. Si la langue en question n'est pas l'une des langues officielles de la Cour, une traduction en anglais ou en français de la demande doit être déposée dans un délai qu'il appartient au président de la Cour de fixer.

Tel que la Cour l'a mod. les 13 déc. 2004 et 19 sept. 2016.

Art. 35 *Représentation des Parties contractantes.* Les Parties contractantes sont représentées par des agents, qui peuvent se faire assister par des conseils ou conseillers.

Art. 36 *Représentation des requérants.* 1. Les personnes physiques, organisations non gouvernementales et groupes de particuliers visés à l'article 34 de la Convention peuvent initialement soumettre des requêtes en agissant soit par eux-mêmes, soit par l'intermédiaire d'un représentant.

2. Une fois la requête notifiée à la Partie contractante défenderesse comme prévu à l'article 54 § 2 b) du présent règlement, le requérant doit être représenté conformément au paragraphe 4 du présent article, sauf décision contraire du président de la chambre.

3. Le requérant doit être ainsi représenté à toute audience décidée par la chambre, sauf si le président de la chambre autorise exceptionnellement le requérant à présenter sa cause lui-même, sous réserve, au besoin, qu'il soit assisté par un conseil ou par un autre représentant agréé.

4. a) Le représentant agissant pour le compte du requérant en vertu des paragraphes 2 et 3 du présent article doit être un conseil habilité à exercer dans l'une quelconque des Parties contractantes et résidant sur le territoire de l'une d'elles, ou une autre personne agréée par le président de la chambre.

b) Dans des circonstances exceptionnelles et à tout moment de la procédure, le président de la chambre peut, lorsqu'il considère que les circonstances ou la conduite du conseil ou de l'autre personne désignés conformément à l'alinéa précédent le justifient, décider que ce conseil ou cette personne ne peut plus représenter ou assister le requérant et que celui-ci doit chercher un autre représentant.

5. a) Le conseil ou l'autre représentant agréé du requérant, ou ce dernier s'il demande à pouvoir assumer lui-même la défense de ses intérêts, doivent, même s'ils obtiennent l'autorisation visée à l'alinéa b) ci-dessous, avoir une compréhension suffisante de l'une des langues officielles de la Cour.

b) S'ils n'ont pas une aisance suffisante pour s'exprimer dans l'une des langues officielles de la Cour, le président de la chambre peut, en vertu de l'article 34 § 3 du présent règlement, leur accorder l'autorisation d'employer l'une des langues officielles des Parties contractantes.

Tel que la Cour l'a mod. le 7 juill. 2003.

Art. 37 *Communications, notifications et citations.* 1. Les communications et notifications adressées aux agents ou conseils des parties sont réputées adressées aux parties.

2. Si, pour une communication, notification ou citation destinée à des personnes autres que les agents ou conseils des parties, la Cour estime requis le concours du gouvernement de l'État sur le territoire duquel la communication, notification ou citation doit produire effet, le président de la Cour s'adresse directement à ce gouvernement pour obtenir les facilités nécessaires.

Tel que la Cour l'a mod. le 7 juill. 2003.

Art. 38 *Observations écrites.* 1. Il ne peut être déposé d'observations écrites ou d'autres documents que dans le délai fixé par le président de la chambre ou par le juge rapporteur, selon le cas, conformément au présent règlement. Les observations écrites ou autres documents déposés en dehors de ce délai ou en méconnaissance d'une instruction pratique édictée au titre de l'article 32 du présent règlement ne peuvent être versés au dossier, sauf décision contraire du président de la chambre.

2. C'est la date certifiée de l'envoi du document ou, à défaut, la date de réception au greffe qui est prise en compte pour le calcul du délai visé au paragraphe 1 du présent article.

Art. 38A *Examen des questions de procédure.* Les questions de procédure nécessitant une décision de la chambre sont traitées au moment de l'examen de l'affaire, sauf décision contraire du président de la chambre.

Inséré par la Cour les 17 juin et 8 juill. 2002.

Art. 39 *Mesures provisoires.* 1. La chambre ou, le cas échéant, le président de la section ou un juge de permanence désigné conformément au paragraphe 4 du présent article peuvent, soit à la demande d'une partie ou de toute autre personne intéressée, soit d'office, indiquer aux parties toute mesure provisoire qu'ils estiment devoir être adoptée dans l'intérêt des parties ou du bon déroulement de la procédure.

2. Le cas échéant, le Comité des Ministres est immédiatement informé des mesures adoptées dans une affaire.

3. La chambre ou, le cas échéant, le président de la section ou un juge de permanence désigné conformément au paragraphe 4 du présent article peuvent inviter les parties à leur fournir des informations sur toute question relative à la mise en œuvre des mesures provisoires indiquées.

4. Le président de la Cour peut désigner des vice-présidents de section comme juges de permanence pour statuer sur les demandes de mesures provisoires.

Tel que la Cour l'a mod. les 4 juill. 2005, 16 janv. 2012 et 14 janv. 2013.

Art. 40 *Communication en urgence d'une requête.* En cas d'urgence, toutes autres mesures de procédure étant réservées, le greffier peut, avec l'autorisation du président de la chambre et par tout moyen disponible, informer une Partie contractante concernée de l'introduction d'une requête et de l'objet sommaire de celle-ci.

Art. 41 *Ordre de traitement des requêtes.* Pour déterminer l'ordre dans lequel les affaires doivent être traitées, la Cour tient compte de l'importance et de l'urgence des questions soulevées, sur la base de critères définis par elle. La chambre et son président peuvent toutefois déroger à ces critères et réserver un traitement prioritaire à une requête particulière.

Tel que la Cour l'a mod. les 17 juin, 8 juill. 2002 et 29 juin 2009.

Art. 42 *Jonction et examen simultané de requêtes (ancien article 43).* 1. La chambre peut, à la demande des parties ou d'office, ordonner la jonction de deux ou plusieurs requêtes.

2. Le président de la chambre peut, après avoir consulté les parties, ordonner qu'il soit procédé simultanément à l'instruction de requêtes attribuées à la même chambre, sans préjuger la décision de la chambre sur la jonction des requêtes.

Art. 43 *Radiation du rôle et réinscription au rôle (ancien article 44).* 1. À tout moment de la procédure, la Cour peut décider de rayer une requête du rôle dans les conditions de l'article 37 de la Convention.

2. Lorsqu'une Partie contractante requérante fait connaître au greffier son intention de se désister, la chambre peut rayer la requête du rôle de la Cour conformément à l'article 37 de la Convention si l'autre Partie contractante ou les autres Parties contractantes concernées par l'affaire acceptent le désistement.

3. En cas de règlement amiable au sens de l'article 39 de la Convention, la Cour raye la requête du rôle par la voie d'une décision. Conformément à l'article 39 § 4 de la Convention, cette décision est transmise au Comité des Ministres, qui surveille l'exécution des termes du règlement amiable tels qu'ils figurent dans la décision. Dans les autres cas prévus par l'article 37 de la Convention, la requête est rayée du rôle par la voie d'un arrêt si elle a été déclarée recevable, ou par la voie d'une décision si elle n'a pas été déclarée recevable. Dans le cas où la requête est rayée du rôle par la voie d'un arrêt, une fois celui-ci devenu définitif le président de la chambre le communique au Comité des Ministres pour lui permettre de surveiller, conformément à l'article 46 § 2 de la Convention, l'exécution des engagements auxquels ont pu être subordonnés le désistement ou la solution du litige.

4. Lorsqu'une requête a été rayée du rôle en vertu de l'article 37 de la Convention, les dépens sont laissés à l'appréciation de la Cour. S'ils sont alloués par une décision rayant du rôle une requête qui n'a pas été déclarée recevable, le président de la chambre transmet la décision au Comité des Ministres.

5. Lorsqu'une requête a été rayée du rôle en vertu de l'article 37 de la Convention, la Cour peut décider sa réinscription au rôle si elle estime que des circonstances exceptionnelles le justifient.

Tel que la Cour l'a mod. les 17 juin, 8 juill. 2002, 7 juill. 2003, 13 nov. 2006 et 2 avr. 2012.

Art. 44 *Tierce intervention.* 1. a) Lorsqu'une requête introduite en vertu de l'article 33 ou de l'article 34 de la Convention est portée à la connaissance de la Partie contractante défenderesse en vertu de l'article 51 § 1 ou de l'article 54 § 2 b) du présent règlement, le greffier communique en même temps une copie de la requête à toute autre Partie contractante dont un ressortissant est requérant dans la cause. Il notifie aussi, le cas échéant, à pareille Partie contractante la décision de tenir une audience dans la cause.

b) Si une Partie contractante souhaite exercer le droit que lui reconnaît l'article 36 § 1 de la Convention de présenter des observations écrites ou de prendre part à une audience, elle doit en aviser le greffier par écrit au plus tard douze semaines après la communication ou la notification visées à l'alinéa qui précède. Le président de la chambre peut, à titre exceptionnel, fixer un autre délai.

2. Si le Commissaire aux droits de l'homme du Conseil de l'Europe souhaite exercer le droit que lui reconnaît l'article 36 § 3 de la Convention de présenter des observations écrites ou de prendre part à une audience, il doit en aviser le greffier par écrit au plus tard douze semaines après la communication de la requête à la Partie contractante défenderesse ou de la notification à celle-ci de la décision de tenir une audience. Le président de la chambre peut, à titre exceptionnel, fixer un autre délai.

Pour le cas où le Commissaire aux droits de l'homme ne pourrait pas participer lui-même à la procédure devant la Cour, il indiquera le nom du ou des membres de son bureau qu'il aura désignés pour le représenter. Il pourra se faire assister par un conseil.

3. a) Une fois la requête portée à la connaissance de la Partie contractante défenderesse en vertu des articles 51 § 1 ou 54 § 2 b) du présent règlement, le président de la chambre peut, dans l'intérêt d'une bonne administration de la justice, comme le prévoit l'article 36 § 2 de la Convention, inviter ou autoriser toute Partie contractante non partie à la procédure, ou toute personne intéressée autre que le requérant, à soumettre des observations écrites ou, dans des circonstances exceptionnelles, à prendre part à l'audience.

b) Les demandes d'autorisation à cette fin doivent être dûment motivées et soumises par écrit dans l'une des langues officielles, comme l'exige l'article 34 § 4 du présent règlement, au plus tard douze semaines après que la requête a été portée à la connaissance de la Partie contractante défenderesse. Le président de la chambre peut, à titre exceptionnel, fixer un autre délai.

4. a) Dans les affaires qui doivent être examinées par la Grande Chambre, les délais prescrits aux paragraphes précédents courent à compter de la notification aux parties de la décision adoptée par la chambre en vertu de l'article 72 § 1 du présent règlement de se dessaisir en faveur de la Grande Chambre, ou de la décision adoptée par le collège de la Grande Chambre en vertu de l'article 73 § 2 du présent règlement d'accueillir la demande de renvoi devant la Grande Chambre soumise par une partie.

b) Les délais fixés au présent article peuvent exceptionnellement être prorogés par le président de la chambre si des arguments suffisants sont avancés pour justifier pareille mesure.

5. L'invitation ou l'autorisation mentionnées au paragraphe 3 a) du présent article sont *assorties de conditions*, y compris de délai, fixées par le président de la chambre. En cas de non-respect de ces conditions, le président peut décider de ne pas verser les observations au dossier ou de limiter la participation à l'audience dans la mesure qu'il juge appropriée.

6. Les observations écrites soumises au titre du présent article doivent être rédigées dans l'une des langues officielles, comme le prévoit l'article 34 § 4 du présent règlement. Le greffier les transmet aux parties, qui, sous réserve des conditions, y compris de délai, fixées par le président de la chambre, sont autorisées à y répondre par écrit ou, le cas échéant, à l'audience.

7. Les dispositions du présent article s'appliquent *mutatis mutandis* à la procédure suivie lorsqu'il s'agit pour la Grande Chambre de rendre un avis consultatif au titre de l'article 2 du Protocole n° 16 à la Convention. Le président de la Grande Chambre fixe les délais impartis aux tiers intervenants.

Tel que la Cour l'a mod. les 7 juill. 2003, 13 nov. 2006 et 19 sept. 2016.

Art. 44A *Obligation de coopérer avec la Cour.* Les parties ont l'obligation de coopérer pleinement à la conduite de la procédure et, en particulier, de prendre les dispositions en leur pouvoir que la Cour juge nécessaires à la bonne administration de la justice. Cette obligation s'applique également, le cas échéant, aux Parties contractantes qui ne sont pas parties à la procédure.

Inséré par la Cour le 13 déc. 2004.

Art. 44B *Non-respect d'une ordonnance de la Cour.* Lorsqu'une partie ne se conforme pas à une ordonnance de la Cour relative à la conduite de la procédure, le président de la chambre peut prendre toute mesure qu'il juge appropriée.

Inséré par la Cour le 13 déc. 2004.

Art. 44C *Défaut de participation effective.* 1. Lorsqu'une partie reste en défaut de produire les preuves ou informations requises par la Cour ou de divulguer de son propre chef des informations pertinentes, ou lorsqu'elle témoigne autrement d'un manque de participation effective à la procédure, la Cour peut tirer de son comportement les conclusions qu'elle juge appropriées.

2. L'abstention ou le refus par une Partie contractante défenderesse de participer effectivement à la procédure ne constitue pas en soi pour la chambre une raison d'interrompre l'examen de la requête.

Inséré par la Cour le 13 déc. 2004.

Art. 44D *Observations hors de propos formulées par une partie.* Si le représentant d'une partie formule des observations abusives, frivoles, vexatoires, trompeuses ou prolixes, le président de la chambre peut l'exclure de la procédure, refuser d'admettre tout ou partie des observations en cause ou rendre toute ordonnance qu'il juge appropriée, sans préjudice de l'article 35 § 3 de la Convention.

Inséré par la Cour le 13 déc. 2004.

Art. 44E *Non-maintien d'une requête.* Comme le prévoit l'article 37 § 1 a) de la Convention, si une Partie contractante requérante ou un individu requérant n'entend plus maintenir sa requête, la chambre peut rayer celle-ci du rôle de la Cour, conformément à l'article 43 du présent règlement.

Inséré par la Cour le 13 déc. 2004.

CHAPITRE II *De l'introduction de l'instance*

Art. 45 *Signatures.* 1. Toute requête formulée en vertu des articles 33 ou 34 de la Convention doit être présentée par écrit et signée par le requérant ou son représentant.

2. Lorsque la requête est présentée par une organisation non gouvernementale ou par un groupe de particuliers, elle est signée par les personnes habilitées à représenter l'organisation ou le groupe. La chambre ou le comité concernés décident de toute question relative au point de savoir si les personnes qui ont signé une requête avaient compétence pour le faire.

3. Lorsqu'un requérant est représenté conformément à l'article 36 du présent règlement, son ou ses représentants doivent produire une procuration ou un pouvoir écrit.

Art. 46 *Contenu d'une requête étatique.* La ou les Parties contractantes qui désirent introduire une requête devant la Cour en vertu de l'article 33 de la Convention en déposent le texte au greffe en donnant :

a) le nom de la Partie contractante contre laquelle la requête est dirigée ;

b) un exposé des faits ;

c) un exposé de la ou des violations alléguées de la Convention et des arguments pertinents ;

d) un exposé sur l'observation des critères de recevabilité (épuisement des recours internes et observation du délai) énoncés à l'article 35 § 1 de la Convention ;

e) l'objet de la requête et les grandes lignes de la ou des demandes de satisfaction équitable éventuellement formulées au titre de l'article 41 de la Convention pour le compte de la ou des parties censément lésées ;

f) les nom et adresse de la ou des personnes désignées comme agents ;

et en l'assortissant :

g) des copies de tous documents pertinents et en particulier des décisions, judiciaires ou autres, concernant l'objet de la requête.

Tel que la Cour l'a mod. le 1er juin 2015.

Art. 47 *Contenu d'une requête individuelle.* 1. Toute requête déposée en vertu de l'article 34 de la Convention est présentée sur le formulaire fourni par le greffe, sauf si la Cour en décide autrement. Elle doit contenir tous les renseignements demandés dans les parties pertinentes du formulaire de requête et indiquer :

a) les nom, date de naissance, nationalité et adresse du requérant et, lorsque le requérant est une personne morale, les nom complet, date de constitution ou d'enregistrement, numéro officiel d'enregistrement (le cas échéant) et adresse officielle de celle-ci ;

b) s'il y a lieu, les nom, adresse, numéros de téléphone et de télécopie et adresse électronique de son représentant ;

c) si le requérant a un représentant, la date et la signature originale du requérant dans l'encadré du formulaire de requête réservé au pouvoir ; la signature originale du représentant montrant qu'il a accepté d'agir au nom du requérant doit aussi figurer dans cet encadré ;

d) la ou les Parties contractantes contre lesquelles la requête est dirigée ;

e) un exposé concis et lisible des faits ;

f) un exposé concis et lisible de la ou des violations alléguées de la Convention et des arguments pertinents ; et

g) un exposé concis et lisible confirmant le respect par le requérant des critères de recevabilité énoncés à l'article 35 § 1 de la Convention.

2. a) Toutes les informations visées aux alinéas e) à g) du paragraphe 1 ci-dessus doivent être exposées dans la partie pertinente du formulaire de requête et être suffisantes pour permettre à la Cour de déterminer, sans avoir à consulter d'autres documents, la nature et l'objet de la requête.

b) Le requérant peut toutefois compléter ces informations en joignant au formulaire de requête un document d'une longueur maximale de 20 pages exposant en détail les faits, les violations alléguées de la Convention et les arguments pertinents.

3.1. Le formulaire de requête doit être signé par le requérant ou son représentant et être assorti :

a) des copies des documents afférents aux décisions ou mesures dénoncées, qu'elles soient de nature judiciaire ou autre ;

b) des copies des documents et décisions montrant que le requérant a épuisé les voies de recours internes et observé le délai exigé à l'article 35 § 1 de la Convention ;

c) le cas échéant, des copies des documents relatifs à toute autre procédure internationale d'enquête ou de règlement ;

d) si le requérant est une personne morale, comme le paragraphe 1 a) du présent article le prévoit, du (des) document(s) montrant que l'individu qui introduit la requête a qualité pour représenter le requérant ou détient un pouvoir à cet effet.

3.2. Les documents soumis à l'appui de la requête doivent figurer sur une liste par ordre chronologique, porter des numéros qui se suivent et être clairement identifiés.

4. Le requérant qui ne désire pas que son identité soit révélée doit le préciser et fournir un exposé des raisons justifiant une dérogation à la règle normale de publicité de la procédure devant la Cour. Cette dernière peut autoriser l'anonymat ou décider de l'accorder d'office.

5.1. En cas de non-respect des obligations énumérées aux paragraphes 1 à 3 du présent article, la requête ne sera pas examinée par la Cour, sauf si :

a) le requérant a fourni une explication satisfaisante pour le non-respect en question ;

b) la requête concerne une demande de mesure provisoire ;

c) la Cour en décide autrement, d'office ou à la demande d'un requérant.

5.2. La Cour pourra toujours demander à un requérant de soumettre dans un délai déterminé toute information ou tout document utiles sous la forme ou de la manière jugées appropriées.

6. a) Aux fins de l'article 35 § 1 de la Convention, la requête est réputée introduite à la date à laquelle un formulaire de requête satisfaisant aux exigences posées par le présent article est envoyé à la Cour, le cachet de la poste faisant foi.

b) Si elle l'estime justifié, la Cour peut toutefois décider de retenir une autre date.

7. Le requérant doit informer la Cour de tout changement d'adresse et de tout fait pertinent pour l'examen de sa requête.

Tel que la Cour l'a mod. les 17 juin et 8 juill. 2002, 11 déc. 2007, 22 sept. 2008, 6 mai 2013, 1er juin et 5 oct. 2015.

CHAPITRE III *Des juges rapporteurs*

Art. 48 *Requêtes étatiques.* 1. Lorsque la Cour est saisie en vertu de l'article 33 de la Convention, la chambre constituée pour examiner l'affaire nomme juge(s) rapporteur(s) un ou plusieurs de ses membres qu'elle charge de soumettre un rapport sur la recevabilité, après réception des observations des Parties contractantes concernées.

2. Le ou les juges rapporteurs soumettent à la chambre les rapports, projets de textes et autres documents susceptibles d'aider celle-ci et son président à s'acquitter de leurs fonctions.

Tel que la Cour l'a mod. les 17 juin et 8 juill. 2002.

Art. 49 *Requêtes individuelles.* 1. Lorsque les éléments produits par le requérant suffisent par eux-mêmes à révéler que la requête est irrecevable ou devrait être rayée du rôle, celle-ci est examinée par un juge unique, sauf raison spéciale de procéder autrement.

2. Lorsque la Cour est saisie en vertu de l'article 34 de la Convention et que la requête semble justifier un examen par une chambre ou par un comité exerçant ses fonctions conformément à l'article 53 § 2 du présent règlement, le président de la section à laquelle l'affaire est attribuée désigne le juge qui examinera la requête en qualité de juge rapporteur.

3. Au cours de son examen, le juge rapporteur :

a) peut demander aux parties de soumettre, dans un délai donné, tous renseignements relatifs aux faits, tous documents ou tous autres éléments qu'il juge pertinents ;

b) décide du point de savoir si la requête doit être examinée par un juge unique, par un comité ou par une chambre, sachant que le président de la section peut ordonner que l'affaire soit soumise à une chambre ou à un comité*[;]*

c) soumet les rapports, projets de textes et autres documents pouvant aider la chambre, le comité ou leurs présidents respectifs à s'acquitter de leurs fonctions.

Tel que la Cour l'a mod. les 17 juin, 8 juill. 2002, 4 juill. 2005, 13 nov. 2006 et 14 mai 2007.

Art. 50 *Procédure devant la Grande Chambre.* Lorsqu'une affaire a été déférée à la Grande Chambre en vertu de l'article 30 ou de l'article 43 de la Convention, le président de la Grande Chambre désigne comme juge(s) rapporteur(s) un ou – dans le cas d'une requête étatique – un ou plusieurs de ses membres.

CHAPITRE IV *De la procédure d'examen de la recevabilité*

Requêtes étatiques

Art. 51 *Attribution des requêtes et procédure subséquente.* 1. Lorsqu'une requête est introduite en vertu de l'article 33 de la Convention, le président de la Cour la porte immédiatement à la connaissance de la Partie contractante défenderesse et l'attribue à l'une des sections.

2. Conformément à l'article 26 § 1 a) du présent règlement, les juges élus au titre des Parties contractantes requérantes et défenderesses sont membres de droit de la chambre constituée pour examiner l'affaire. L'article 30 du présent règlement s'applique si la requête a été introduite par plusieurs Parties contractantes ou si des requêtes ayant le même objet et introduites par plusieurs Parties contractantes sont examinées conjointement en application de l'article 42 du présent règlement.

3. Une fois l'affaire attribuée à une section, le président de la section constitue la chambre conformément à l'article 26 § 1 du présent règlement et invite la Partie contractante défenderesse à présenter par écrit ses observations sur la recevabilité de la requête. Le greffier communique les observations ainsi obtenues à la Partie contractante requérante, qui peut soumettre par écrit des observations en réponse.

4. Avant l'intervention de la décision sur la recevabilité de la requête, la chambre ou son président peuvent décider d'inviter les parties à lui présenter des observations complémentaires par écrit.

5. Une audience sur la recevabilité est organisée si l'une ou plusieurs des Parties contractantes concernées en font la demande ou si la chambre en décide ainsi d'office.

6. Avant de fixer la procédure écrite et, le cas échéant, la procédure orale, le président de la chambre consulte les parties.

Tel que la Cour l'a mod. les 17 juin et 8 juill. 2002.

Requêtes individuelles

Art. 52 *Attribution d'une requête à une section.* 1. Le président de la Cour attribue à une section toute requête introduite en vertu de l'article 34 de la Convention, en veillant à une répartition équitable de la charge de travail entre les sections.

2. La chambre de sept juges prévue à l'article 26 § 1 de la Convention est constituée par le président de la section concernée, conformément à l'article 26 § 1 du présent règlement.

3. En attendant la constitution d'une chambre conformément au paragraphe 2 du présent article, le président de la section exerce les pouvoirs que le présent règlement confère au président de la chambre.

Tel que la Cour l'a mod. les 17 juin et 8 juill. 2002.

Art. 52A *Procédure devant le juge unique.* 1. Conformément à l'article 27 de la Convention, un juge unique peut déclarer irrecevable une requête introduite en vertu de l'article 34 de la Convention ou la rayer du rôle lorsque pareille décision peut être prise sans autre examen. Cette décision est définitive. Elle est sommairement motivée. Elle est communiquée au requérant.

2. Si le juge unique n'adopte aucune des décisions visées au paragraphe 1 du présent article, il transmet la requête pour examen soit à un comité, soit à une chambre.

Inséré par la Cour le 13 nov. 2006 et mod. le 9 sept. 2019 et 4 nov. 2019.

Art. 53 *Procédure devant un comité.* 1. Conformément à l'article 28 § 1 a) de la Convention, le comité peut, à l'unanimité et à tout stade de la procédure, déclarer une requête irrecevable ou la rayer du rôle de la Cour lorsque pareille décision peut être prise sans autre examen.

2. Si, à la lumière des observations des parties reçues conformément à l'article 54 § 2 b) du présent règlement, le comité estime que l'affaire doit être examinée selon la procédure prévue à l'article 28 § 1 b) de la Convention, il adopte, à l'unanimité, un arrêt incluant sa décision sur la recevabilité et, le cas échéant, sur la satisfaction équitable.

3. Si le juge élu au titre de la Partie contractante concernée n'est pas membre du comité, ce dernier peut, à l'unanimité et à tout stade de la procédure, décider de l'inviter à siéger en son sein en lieu et place de l'un de ses membres, en prenant en compte tous facteurs pertinents, y compris la question de savoir si la Partie contractante a contesté l'application de la procédure prévue à l'article 28 § 1 b) de la Convention.

4. Les décisions et les arrêts rendus au titre de l'article 28 § 1 de la Convention sont définitifs. Ils sont motivés. Les décisions peuvent ne contenir qu'une motivation sommaire lorsqu'elles ont été adoptées après avoir été transmises par un juge unique conformément à l'article 52A § 2 du présent règlement.

5. Le greffier communique la décision du comité au requérant ainsi qu'à la Partie ou aux Parties contractantes concernées lorsque celles-ci ont précédemment été informées de la requête en application du présent règlement.

6. Si le comité n'adopte ni décision ni arrêt, il transmet la requête à la chambre constituée conformément à l'article 52 § 2 du présent règlement pour connaître de l'affaire.

7. Les dispositions des articles 42 § 1 et 79 à 81 du présent règlement s'appliquent *mutatis mutandis* aux procédures suivies devant un comité.

Tel que la Cour l'a mod. les 17 juin, 8 juill. 2002, 4 juill. 2005, 14 mai 2007, 16 janv. 2012 et 4 nov. 2019.

Art. 54 *Procédure devant une chambre.* 1. La chambre peut sur-le-champ déclarer la requête *irrecevable ou la rayer* du rôle de la Cour. La décision de la chambre peut porter sur tout ou partie de la requête.

2. Sinon, la chambre ou le président de la section peuvent :

a) demander aux parties de soumettre tous renseignements relatifs aux faits, tous documents ou tous autres éléments jugés pertinents par la chambre ou son président ;

b) donner connaissance de la requête ou d'une partie de la requête à la Partie contractante défenderesse et inviter celle-ci à soumettre par écrit des observations à leur sujet et, à réception de ces dernières, inviter le requérant à y répondre ;

c) inviter les parties à soumettre par écrit des observations complémentaires.

3. Dans l'exercice des compétences qu'il tire du paragraphe 2 b) du présent article, le président de la section peut, en qualité de juge unique, déclarer sur-le-champ une partie de la requête irrecevable ou rayer une partie de la requête du rôle de la Cour. Pareille décision est définitive. Elle est assortie d'une motivation sommaire. Elle est communiquée au requérant

ainsi qu'à la Partie ou aux Parties contractantes concernées au moyen d'une lettre exposant cette motivation.

4. Le paragraphe 2 du présent article s'applique également aux vice-présidents de section désignés comme juges de permanence en vertu de l'article 39 § 4 pour statuer sur les demandes de mesures provisoires. Une décision déclarant une requête irrecevable est assortie d'une motivation sommaire. Elle est communiquée au requérant au moyen d'une lettre exposant cette motivation.

5. Avant de statuer sur la recevabilité, la chambre peut décider, soit à la demande d'une partie, soit d'office, de tenir une audience si elle l'estime nécessaire à l'accomplissement de ses fonctions au titre de la Convention. En ce cas, les parties sont aussi invitées à se prononcer sur les questions de fond soulevées par la requête, sauf si la chambre en décide autrement à titre exceptionnel.

Tel que la Cour l'a mod. les 17 juin, 8 juill. 2002, 14 janv. 2013 et 4 nov. 2019.

Art. 54A *Examen conjoint de la recevabilité et du fond.* 1. Lorsqu'elle donne connaissance de la requête à la Partie contractante défenderesse en vertu de l'article 54 § 2 b) du présent règlement, la chambre décide, en principe, d'en examiner conjointement la recevabilité et le fond, comme le prévoit l'article 29 § 1 de la Convention. Les parties sont invitées à s'exprimer dans leurs observations sur la question de la satisfaction équitable et, le cas échéant, à y inclure leurs propositions en vue d'un règlement amiable. Les conditions fixées aux articles 60 et 62 du présent règlement s'appliquent *mutatis mutandis*. La Cour peut toutefois décider à tout moment, si nécessaire, de prendre une décision séparée sur la recevabilité.

2. Si les parties ne peuvent aboutir à un règlement amiable ou à une autre solution et que la chambre est convaincue, à la lumière de leurs arguments respectifs, que l'affaire est recevable et en état d'être jugée au fond, elle adopte immédiatement un arrêt comportant sa décision sur la recevabilité, sauf dans les cas où elle décide de prendre séparément une telle décision.

Inséré par la Cour les 17 juin et 8 juill. 2002 et mod. les 13 déc. 2004 et 13 nov. 2006.

Requêtes étatiques et individuelles

Art. 55 *Exceptions d'irrecevabilité.* Si la Partie contractante défenderesse entend soulever une exception d'irrecevabilité, elle doit le faire, pour autant que la nature de l'exception et les circonstances le permettent, dans les observations écrites ou orales sur la recevabilité de la requête présentées par elle au titre, selon le cas, de l'article 51 ou de l'article 54 du présent règlement.

Art. 56 *Décision de la chambre.* 1. La décision de la chambre indique si elle a été prise à l'unanimité ou à la majorité ; elle est motivée.

2. La décision de la chambre est communiquée par le greffier au requérant. Si la Partie ou les Parties contractantes concernées et, le cas échéant, le ou les tiers intervenants, y compris le Commissaire aux droits de l'homme du Conseil de l'Europe, ont précédemment été informés de la requête en application du présent règlement, la décision doit également leur être communiquée. En cas de règlement amiable, la décision de rayer une requête du rôle est transmise au Comité des Ministres conformément à l'article 43 § 3 du présent règlement.

Tel que la Cour l'a mod. les 17 juin, 8 juill. 2002, 13 nov. 2006 et 4 nov. 2019.

Art. 57 *Langue de la décision.* La Cour rend toutes ses décisions en français ou en anglais, sauf si elle décide de rendre une décision dans les deux langues officielles. Les décisions de la Grande Chambre sont toutefois rendues dans les deux langues officielles, les deux versions linguistiques faisant également foi.

Tel que la Cour l'a mod. les 17 juin, 8 juill. 2002 et 4 nov. 2019.

CHAPITRE V *De la procédure postérieure à la décision sur la recevabilité*

Art. 58 *Requêtes étatiques.* 1. Lorsque la chambre a décidé de retenir une requête introduite en vertu de l'article 33 de la Convention, le président de la chambre, après consultation des Parties contractantes concernées, fixe les délais pour le dépôt des observations écrites sur le fond et pour la production de preuves supplémentaires éventuelles. Le président peut cependant, avec l'accord des Parties contractantes concernées, décider qu'il n'y a pas lieu à procédure écrite.

2. Une audience sur le fond est organisée si une ou plusieurs des Parties contractantes concernées en font la demande ou si la chambre en décide ainsi d'office. Le président de la chambre fixe la procédure orale.

Tel que la Cour l'a mod. les 17 juin et 8 juill. 2002.

Art. 59 *Requêtes individuelles.* 1. Une fois qu'une requête introduite en vertu de l'article 34 de la Convention a été déclarée recevable, la chambre ou son président peuvent inviter les parties à soumettre des éléments de preuve ou observations écrites complémentaires.

2. Sauf décision contraire, le délai fixé pour la présentation des observations est le même pour chacune des parties.

3. La chambre peut décider, soit à la demande d'une partie, soit d'office, de tenir une audience sur le fond si elle l'estime nécessaire à l'accomplissement de ses fonctions au titre de la Convention.

4. Le président de la chambre fixe, le cas échéant, la procédure écrite et orale.

Tel que la Cour l'a mod. les 17 juin et 8 juill. 2002.

Art. 60 *Demande de satisfaction équitable.* 1. Tout requérant qui souhaite que la Cour lui accorde une satisfaction équitable au titre de l'article 41 de la Convention en cas de constat d'une violation de ses droits découlant de celle-ci doit formuler une demande spécifique à cet effet.

2. Sauf décision contraire du président de la chambre, le requérant doit soumettre ses prétentions, chiffrées et ventilées par rubrique et accompagnées des justificatifs pertinents, dans le délai qui lui a été imparti pour la présentation de ses observations sur le fond.

3. Si le requérant ne respecte pas les exigences décrites dans les paragraphes qui précèdent, la chambre peut rejeter tout ou partie de ses prétentions.

Les prétentions du requérant sont transmises à la Partie contractante défenderesse pour observations.

Tel que la Cour l'a mod. le 13 déc. 2004.

Art. 61 *Procédure de l'arrêt pilote.* 1. La Cour peut décider d'appliquer la procédure de l'arrêt pilote et adopter un arrêt pilote lorsque les faits à l'origine d'une requête introduite devant elle révèlent l'existence, dans la Partie contractante concernée, d'un problème structurel ou systémique ou d'un autre dysfonctionnement similaire qui a donné lieu ou est susceptible de donner lieu à l'introduction d'autres requêtes analogues.

2. a) Avant de décider d'appliquer la procédure de l'arrêt pilote, la Cour doit inviter les parties à donner leur avis sur la question de savoir si la requête à examiner a pour origine pareil problème ou dysfonctionnement au sein de la Partie contractante concernée et si elle se prête à cette procédure.

b) La Cour peut décider d'appliquer la procédure de l'arrêt pilote d'office ou à la demande de l'une ou des deux parties.

c) Toute requête pour laquelle il a été décidé que la procédure de l'arrêt pilote serait appliquée doit se voir réserver un traitement prioritaire au sens de l'article 41 du règlement de la Cour.

3. La Cour doit indiquer dans l'arrêt pilote adopté par elle la nature du problème structurel ou systémique ou du dysfonctionnement qu'elle a constaté et le type de mesures de redressement que la Partie contractante concernée doit prendre au niveau interne en application du dispositif de l'arrêt.

4. La Cour peut fixer, dans le dispositif de l'arrêt pilote adopté par elle, un délai déterminé pour l'adoption des mesures mentionnées au point 3 ci-dessus, en tenant compte de la nature des mesures requises et de la rapidité avec laquelle il peut être remédié, au niveau interne, au problème constaté par elle.

5. Lorsqu'elle adopte un arrêt pilote, la Cour peut réserver la question de la satisfaction équitable en tout ou partie dans l'attente de l'adoption par la Partie contractante défenderesse des mesures tant individuelles que générales indiquées dans l'arrêt.

6. a) Le cas échéant, la Cour peut ajourner l'examen de toutes les requêtes procédant du même motif dans l'attente de l'adoption des mesures de redressement indiquées dans le dispositif de l'arrêt pilote.

b) Les requérants concernés sont informés de la décision d'ajournement sous la forme qui convient. S'il y a lieu, tout élément nouveau intéressant leur affaire leur est notifié.

c) La Cour peut à tout moment examiner une requête ajournée si l'intérêt d'une bonne administration de la justice l'exige.

7. Lorsque les parties à une affaire pilote parviennent à un règlement amiable, celui-ci doit comporter une déclaration de la Partie contractante défenderesse concernant la mise en

œuvre des mesures générales indiquées dans l'arrêt et des mesures de redressement devant être accordées aux autres requérants, déclarés ou potentiels.

8. Si la Partie contractante concernée ne se conforme pas au dispositif de l'arrêt pilote, la Cour, sauf décision contraire, reprend l'examen des requêtes qui ont été ajournées en application du point 6 ci-dessus.

9. Le Comité des Ministres, l'Assemblée parlementaire du Conseil de l'Europe, le Secrétaire général du Conseil de l'Europe et le Commissaire aux droits de l'homme du Conseil de l'Europe sont systématiquement informés de l'adoption d'un arrêt pilote ou de tout autre arrêt où la Cour signale l'existence d'un problème structurel ou systémique au sein d'une Partie contractante.

10. La décision de traiter une requête suivant la procédure de l'arrêt pilote, l'adoption d'un arrêt pilote, son exécution et la clôture de la procédure donnent lieu à la publication d'informations sur le site Internet *[internet]* de la Cour.

Inséré par la Cour le 21 févr. 2011.

Art. 62 *Règlement amiable.* 1. La requête une fois retenue, le greffier, agissant sur les instructions de la chambre ou du président de celle-ci, entre en rapport avec les parties en vue de parvenir à un règlement amiable, conformément à l'article 39 § 1 de la Convention. La chambre prend toutes mesures appropriées pour faciliter la conclusion d'un tel règlement.

2. En vertu de l'article 39 § 2 de la Convention, les négociations menées en vue de parvenir à un règlement amiable sont confidentielles et sans préjudice des observations des parties dans la procédure contentieuse. Aucune communication écrite ou orale ni aucune offre ou concession intervenues dans le cadre desdites négociations ne peuvent être mentionnées ou invoquées dans la procédure contentieuse.

3. Si la chambre apprend par le greffier que les parties acceptent un règlement amiable, et après s'être assurée que ledit règlement s'inspire du respect des droits de l'homme tels que les reconnaissent la Convention et ses Protocoles, elle raye l'affaire du rôle conformément à l'article 43 § 3 du présent règlement.

4. Les paragraphes 2 et 3 s'appliquent, *mutatis mutandis,* à la procédure prévue à l'article 54A du présent règlement.

Tel que la Cour l'a mod. les 17 juin, 8 juill. 2002 et 13 nov. 2006.

Art. 62A *Déclaration unilatérale.* 1. a) Dans les cas où le requérant refuse les termes d'une proposition de règlement amiable faite en vertu de l'article 62 du présent règlement, la Partie contractante concernée peut saisir la Cour d'une demande de radiation du rôle sur le fondement de l'article 37 § 1 de la Convention.

b) Pareille demande est accompagnée d'une déclaration reconnaissant clairement qu'il y a eu violation de la Convention à l'égard du requérant ainsi que d'un engagement de la Partie contractante concernée de fournir un redressement adéquat et, le cas échéant, de prendre les mesures correctives nécessaires.

c) Une déclaration au sens du paragraphe 1 b) du présent article doit être faite dans le cadre d'une procédure publique et contradictoire, menée indépendamment de l'éventuelle procédure de règlement amiable visée à l'article 39 § 2 de la Convention et à l'article 62 § 2 du présent règlement et dans le respect de la confidentialité de celle-ci.

2. Dans les cas où des circonstances exceptionnelles le justifient, la demande et la déclaration l'accompagnant peuvent être soumises à la Cour même si un règlement amiable n'a pas été préalablement recherché.

3. Si elle considère que la déclaration offre une base suffisante pour conclure que le respect des droits de l'homme garantis par la Convention et ses Protocoles n'exige pas qu'elle poursuive l'examen de la requête, la Cour peut rayer la requête du rôle, en tout ou en partie, quand bien même le requérant souhaiterait qu'elle poursuive l'examen de la requête.

4. Le présent article s'applique, *mutatis mutandis,* à la procédure prévue à l'article 54A du présent règlement.

Inséré par la Cour le 2 avr. 2012.

CHAPITRE VI *De l'audience*

Art. 63 *Publicité des audiences.* 1. L'audience est publique, à moins que, en vertu du paragraphe 2 du présent article, la chambre n'en décide autrement en raison de circonstances exceptionnelles, soit d'office, soit à la demande d'une partie ou de toute autre personne intéressée.

2. L'accès de la salle peut être interdit à la presse et au public pendant la totalité ou une partie de l'audience, dans l'intérêt de la moralité, de l'ordre public ou de la sécurité natio-

nale dans une société démocratique, lorsque les intérêts des mineurs ou la protection de la vie privée des parties l'exigent, ou dans la mesure jugée strictement nécessaire par la chambre, lorsque, dans des circonstances spéciales, la publicité serait de nature à porter atteinte aux intérêts de la justice.

3. Toute demande d'audience à huis clos formulée au titre du paragraphe 1 du présent article doit être motivée et indiquer si elle vise l'intégralité ou une partie seulement des débats.

Tel que la Cour l'a mod. le 7 juill. 2003.

Art. 64 *Direction des débats.* 1. Le président de la chambre organise et dirige les débats ; il détermine l'ordre dans lequel les comparants sont appelés à prendre la parole.

2. Tout juge peut poser des questions à toute personne qui se présente devant la chambre.

Tel que la Cour l'a mod. le 7 juill. 2003.

Art. 65 *Défaillance.* Lorsqu'une partie ou toute autre personne supposées comparaître s'en abstiennent ou s'y refusent, la chambre peut néanmoins poursuivre l'audience si cela lui paraît compatible avec une bonne administration de la justice.

Tel que la Cour l'a mod. le 7 juill. 2003.

Art. 66 à 69 *Supprimés.*

Art. 70 *Compte rendu des audiences.* 1. Si le président de la chambre en décide ainsi, un compte rendu de l'audience est établi par les soins du greffier. Y figurent :

a) la composition de la chambre ;
b) la liste des comparants ;
c) le texte des observations formulées, des questions posées et des réponses recueillies ;
d) le texte de toute décision prononcée à l'audience.

2. Si la totalité ou une partie du compte rendu est rédigée dans une langue non officielle, le greffier prend les dispositions voulues pour la faire traduire dans l'une des langues officielles.

3. Les représentants des parties reçoivent communication d'une copie du compte rendu afin de pouvoir, sous le contrôle du greffier ou du président de la chambre, le corriger, sans toutefois modifier le sens et la portée de ce qui a été dit à l'audience. Le greffier fixe, sur les instructions du président de la chambre, les délais dont ils disposent à cette fin.

4. Une fois corrigé, le compte rendu est signé par le président de la chambre et le greffier ; il fait foi de son contenu.

Tel que la Cour l'a mod. les 17 juin et 8 juill. 2002.

CHAPITRE VII *De la procédure devant la Grande Chambre*

Art. 71 *Applicabilité des dispositions procédurales.* 1. Les dispositions régissant la procédure devant les chambres s'appliquent, *mutatis mutandis*, à celle devant la Grande Chambre.

2. Les pouvoirs conférés aux chambres par les articles 54 § 5 et 59 § 3 du présent règlement en matière de tenue d'audiences peuvent, dans les procédures devant la Grande Chambre, être aussi exercés par le président de la Grande Chambre.

Tel que la Cour l'a mod. les 17 juin et 8 juill. 2002.

Art. 72 *Dessaisissement au profit de la Grande Chambre.* 1. Lorsqu'une affaire pendante devant une chambre soulève une question grave relative à l'interprétation de la Convention ou de ses Protocoles, la chambre peut se dessaisir au profit de la Grande Chambre.

2. Lorsque la solution d'une question dont une chambre est saisie dans une affaire pendante peut conduire à une contradiction avec la jurisprudence de la Cour, la chambre doit se dessaisir au profit de la Grande Chambre.

3. Le greffier communique aux parties l'intention de la chambre de se dessaisir et les invite à soumettre leurs commentaires éventuels à ce sujet dans un délai de deux semaines à partir de la date de cette communication.

4. Une décision de dessaisissement n'a pas besoin d'être motivée. Le greffier signifie aux parties la décision de la chambre.

Tel que la Cour l'a mod. les 6 févr. 2013 et 1er juin 2015.

Art. 73 *Renvoi à la Grande Chambre demandé par une partie.* 1. En vertu de l'article 43 de la Convention, toute partie peut à titre exceptionnel, dans le délai de trois mois à compter de la date du prononcé de l'arrêt rendu par une chambre, déposer par écrit au greffe une demande de renvoi à la Grande Chambre, en indiquant la question grave relative à l'interprétation ou à l'application de la Convention ou de ses Protocoles, ou la question grave de caractère général qui, selon elle, mérite d'être examinée par la Grande Chambre.

2. Un collège de cinq juges de la Grande Chambre constitué conformément à l'article 24 § 5 du présent règlement examine la demande sur la seule base du dossier existant. Il ne la retient que s'il estime que l'affaire soulève bien pareille question. La décision de rejet de la demande n'a pas besoin d'être motivée.

3. Si le collège retient la demande, la Grande Chambre statue par un arrêt.

CHAPITRE VIII *Des arrêts*

Art. 74 *Contenu de l'arrêt.* 1. Tout arrêt visé aux articles 28, 42 et 44 de la Convention comprend :

a) le nom du président et des autres juges composant la chambre ou le comité ainsi que du greffier ou du greffier adjoint ;
b) la date de son adoption et celle de son prononcé ;
c) l'indication des parties ;
d) le nom des agents, conseils et conseillers des parties ;
e) l'exposé de la procédure ;
f) les faits de la cause ;
g) un résumé des conclusions des parties ;
h) les motifs de droit ;
i) le dispositif ;
j) s'il y a lieu, la décision prise au titre des frais et dépens ;
k) l'indication du nombre des juges ayant constitué la majorité ;
l) s'il y a lieu, l'indication de celui des textes qui fait foi.

2. Tout juge qui a pris part à l'examen de l'affaire par une chambre ou par la Grande Chambre a le droit de joindre à l'arrêt soit l'exposé de son opinion séparée, concordante ou dissidente, soit une simple déclaration de dissentiment.

Tel que la Cour l'a mod. le 13 nov. 2006.

Art. 75 *Décision sur la question de la satisfaction équitable.* 1. Lorsque la chambre ou le comité constatent une violation de la Convention ou de ses Protocoles, ils statuent par le même arrêt sur l'application de l'article 41 de la Convention si une demande spécifique a été soumise conformément à l'article 60 du présent règlement et si la question se trouve en état ; sinon, ils la réservent, en tout ou en partie, et fixent la procédure ultérieure.

2. Pour statuer sur l'application de l'article 41 de la Convention, la chambre ou le comité siègent autant que possible dans la même composition que pour l'examen du fond de l'affaire. S'il n'est pas possible de réunir la chambre ou le comité initiaux, le président de la section ou du comité complète ou constitue la chambre ou le comité par tirage au sort.

3. Lorsque la chambre ou le comité accordent une satisfaction équitable au titre de l'article 41 de la Convention, ils peuvent décider que, si le règlement n'intervient pas dans le délai indiqué, des intérêts moratoires seront dus sur les sommes allouées.

4. Si la Cour reçoit communication d'un accord intervenu entre la partie lésée et la Partie contractante responsable, elle vérifie qu'il est équitable et, si elle le juge tel, raye l'affaire du rôle conformément à l'article 43 § 3 du présent règlement.

Tel que la Cour l'a mod. les 13 déc. 2004 et 13 nov. 2006.

Art. 76 *Langue de l'arrêt.* La Cour rend tous ses arrêts en français ou en anglais, sauf si elle décide de rendre un arrêt dans les deux langues officielles. Les arrêts de la Grande Chambre sont toutefois rendus dans les deux langues officielles, les deux versions linguistiques faisant également foi.

Tel que la Cour l'a mod. les 17 juin, 8 juill. 2002 et 4 nov. 2019.

Art. 77 *Signature, prononcé et communication de l'arrêt.* 1. L'arrêt est signé par le président de la chambre ou du comité et par le greffier.

2. L'arrêt rendu par une chambre peut être lu en audience publique par le président de la chambre ou par un autre juge délégué par lui. Les agents et représentants des parties sont dûment prévenus de la date de l'audience. En l'absence de lecture en audience publique de pareil arrêt et dans le cas des arrêts rendus par un comité, la communication visée au paragraphe 3 du présent article vaut prononcé.

3. L'arrêt est transmis au Comité des Ministres. Le greffier en communique copie aux parties, au Secrétaire général du Conseil de l'Europe, à tout tiers intervenant y compris le Commissaire aux droits de l'homme du Conseil de l'Europe et à toute autre personne directement concernée. L'exemplaire original, dûment signé, est déposé aux archives de la Cour.

Tel que la Cour l'a mod. les 13 nov. 2006, 1er déc. 2008 et 1er juin 2015.

Art. 78 *Supprimé.*

Art. 79 *Demande en interprétation d'un arrêt.* 1. Toute partie peut demander l'interprétation d'un arrêt dans l'année qui suit le prononcé.

2. La demande est déposée au greffe. Elle indique avec précision le ou les points du dispositif de l'arrêt dont l'interprétation est demandée.

3. La chambre initiale peut décider d'office de l'écarter au motif que nulle raison n'en justifie l'examen. S'il n'est pas possible de réunir la chambre initiale, le président de la Cour constitue ou complète la chambre par tirage au sort.

4. Si la chambre n'écarte pas la demande, le greffier communique celle-ci à toute autre partie concernée, en l'invitant à présenter ses observations écrites éventuelles dans le délai fixé par le président de la chambre. Celui-ci fixe aussi la date de l'audience si la chambre décide d'en tenir une. La chambre statue par un arrêt.

Art. 80 *Demande en révision d'un arrêt.* 1. En cas de découverte d'un fait qui, par sa nature, aurait pu exercer une influence décisive sur l'issue d'une affaire déjà tranchée et qui, à l'époque de l'arrêt, était inconnu de la Cour et ne pouvait raisonnablement être connu d'une partie, cette dernière peut, dans le délai de six mois à partir du moment où elle a eu connaissance du fait découvert, saisir la Cour d'une demande en révision de l'arrêt dont il s'agit.

2. La demande mentionne l'arrêt dont la révision est demandée, contient les indications nécessaires pour établir la réunion des conditions prévues au paragraphe 1 du présent article et s'accompagne d'une copie de toute pièce à l'appui. Elle est déposée au greffe, avec ses annexes.

3. La chambre initiale peut décider d'office d'écarter la demande au motif que nulle raison n'en justifie l'examen. S'il n'est pas possible de réunir la chambre initiale, le président de la Cour constitue ou complète la chambre par tirage au sort.

4. Si la chambre n'écarte pas la demande, le greffier communique celle-ci à toute autre partie concernée, en l'invitant à présenter ses observations écrites éventuelles dans le délai fixé par le président de la chambre. Celui-ci fixe aussi la date de l'audience si la chambre décide d'en tenir une. La chambre statue par un arrêt.

Art. 81 *Rectification d'erreurs dans les décisions et arrêts.* Sans préjudice des dispositions relatives à la révision des arrêts et à la réinscription au rôle des requêtes, les erreurs de plume ou de calcul et les inexactitudes évidentes peuvent être rectifiées par la Cour soit d'office, soit à la demande d'une partie si cette demande est présentée dans le délai d'un mois à compter du prononcé de la décision ou de l'arrêt.

CHAPITRE IX *Des avis consultatifs au titre des articles 47, 48 et 49 de la Convention*

Inséré par la Cour le 19 sept. 2016.

Art. 82 En matière d'avis consultatifs demandés par le Comité des Ministres, la Cour applique, outre les dispositions des articles 47, 48 et 49 de la Convention, les dispositions ci-après. Elle applique également, dans la mesure où elle le juge approprié, les autres dispositions du présent règlement.

Tel que la Cour l'a amendé le 19 sept. 2016.

Art. 83 La demande d'avis consultatif est adressée au greffier. Elle indique en termes complets et précis la question sur laquelle l'avis de la Cour est requis et, en outre :

a) la date à laquelle le Comité des Ministres a pris la décision visée à l'article 47 § 3 de la Convention ;

b) les nom et adresse de la ou des personnes désignées par le Comité des Ministres pour fournir à la Cour toutes explications qu'elle pourrait demander.

Est joint à la demande tout document pouvant servir à élucider la question.

Tel que la Cour l'a mod. le 4 juill. 2005.

Art. 84 1. Dès réception de la demande, le greffier adresse un exemplaire de celle-ci et de ses annexes à tous les membres de la Cour.

2. Il informe les Parties contractantes qu'elles peuvent soumettre à la Cour des observations écrites sur la demande.

Tel que la Cour l'a mod. le 4 juill. 2005.

Art. 85 1. Le président de la Cour fixe les délais dans lesquels seront déposés les observations écrites ou autres documents.

2. Les observations écrites ou autres documents sont adressés au greffier. Le greffier les communique à tous les membres de la Cour, au Comité des Ministres et à chacune des Parties contractantes.

Tel que la Cour l'a mod. le 4 juill. 2005.

Art. 86 Après clôture de la procédure écrite, le président de la Cour décide s'il y a lieu de permettre aux Parties contractantes qui ont présenté des observations écrites de les développer oralement lors d'une audience fixée à cet effet.

Art. 87 1. Une Grande Chambre est constituée pour examiner la demande d'avis consultatif.

2. Si la Grande Chambre estime que la demande ne relève pas de sa compétence telle que définie à l'article 47 de la Convention, elle le constate dans une décision motivée.

Tel que la Cour l'a mod. le 4 juill. 2005.

Art. 88 1. Décisions motivées et avis consultatifs sont émis à la majorité des voix par la Grande Chambre. Ils mentionnent le nombre des juges ayant constitué la majorité.

1B. Décisions motivées et avis consultatifs sont rendus dans les deux langues officielles de la Cour, les deux versions linguistiques faisant également foi.

2. Tout juge peut, s'il le désire, joindre à la décision motivée ou à l'avis consultatif de la Cour soit l'exposé de son opinion séparée, concordante ou dissidente, soit une simple déclaration de dissentiment.

Tel que la Cour l'a mod. les 4 juill. 2005 et 4 nov. 2019.

Art. 89 La décision motivée ou l'avis consultatif peuvent être lus en audience publique, dans l'une des deux langues officielles, par le président de la Grande Chambre ou par un autre juge délégué par lui, le Comité des Ministres et toutes les Parties contractantes ayant été prévenus. À défaut, il est procédé à la notification prévue à l'article 90 du règlement.

Tel que la Cour l'a mod. le 4 juill. 2005.

Art. 90 L'avis consultatif ou la décision motivée sont signés par le président de la Grande Chambre et par le greffier. L'exemplaire original, dûment signé, est déposé aux archives de la Cour. Le greffier en communique copie certifiée conforme au Comité des Ministres, aux Parties contractantes et au Secrétaire général du Conseil de l'Europe.

Tel que la Cour l'a mod. les 4 juill. 2005 et 1er juin 2015.

CHAPITRE X *Des avis consultatifs au titre du Protocole n° 16 à la Convention*

Inséré par la Cour le 19 sept. 2016.

Art. 91 *Généralités.* Dans les procédures relatives aux demandes d'avis consultatif émanant des juridictions désignées par les Parties contractantes conformément à l'article 10 du Protocole n° 16 à la Convention, la Cour applique, outre les dispositions de ce protocole, les dispositions ci-après. Elle applique également, dans la mesure où elle le juge approprié, les autres dispositions du présent règlement.

Art. 92 *Introduction d'une demande d'avis consultatif.* 1. En vertu de l'article 1 du Protocole n° 16 à la Convention, certaines juridictions des Parties contractantes à ce protocole peuvent adresser à la Cour des demandes d'avis consultatif sur des questions de principe relatives à l'interprétation ou à l'application des droits et libertés définis par la Convention ou ses Protocoles. Toute demande d'avis consultatif est à adresser au greffier de la Cour.

2.1. La demande doit être motivée et exposer :

a) l'objet de l'affaire interne ainsi que le contexte juridique et factuel pertinent ;

b) les dispositions juridiques internes pertinentes ;

c) les questions pertinentes relatives à la Convention, en particulier les droits ou libertés en jeu ;

d) si cela est pertinent, un résumé des arguments des parties à la procédure interne sur la question ; et

e) si cela est possible et opportun, un exposé par la juridiction dont émane la demande d'avis consultatif de son propre avis sur la question, y compris toute analyse qu'elle a pu faire de la question.

2.2. La juridiction dont émane la demande soumet tous les autres documents pertinents au regard du contexte juridique et factuel de l'affaire pendante.

2.3. En cas de retrait de sa demande, la juridiction dont émane la demande notifie ce retrait au greffier. À réception de pareille notification, la Cour clôt la procédure.

Art. 93 *Examen d'une demande par le collège.* 1.1. La demande d'avis consultatif est examinée par un collège de cinq juges de la Grande Chambre. Le collège se compose :

a) du président de la Cour ; si le président de la Cour se trouve empêché, il est remplacé par le vice-président ayant la préséance ;

b) d'un juge désigné comme juge rapporteur conformément à l'article 91 et, *mutatis mutandis*, à l'article 49 du présent règlement ;

c) de deux présidents de section désignés par rotation ; si un président de section ainsi désigné se trouve empêché, il est remplacé par le vice-président de sa section ;

d) du juge élu au titre de la Partie contractante dont relève la juridiction qui a procédé à la demande ou, le cas échéant, d'un juge désigné conformément à l'article 29 du présent règlement ; et

e) d'au moins deux juges suppléants désignés par rotation parmi les juges élus au sein des sections pour siéger au collège pour une période de six mois.

1.2. Un juge siégeant au collège continue à siéger s'il a participé à l'examen d'une demande d'avis consultatif et qu'aucune décision définitive n'a été prise à l'expiration de la période pour laquelle il a été désigné pour siéger au collège.

2. Les demandes d'avis consultatif doivent se voir réserver un traitement prioritaire au sens de l'article 41 du présent règlement.

3. Le collège de la Grande Chambre accepte la demande s'il estime qu'elle satisfait aux exigences de l'article 1 du Protocole n° 16 à la Convention.

4. Le refus du collège d'accepter une demande est motivé.

5. Le rejet ou l'acceptation de la demande par le collège est notifié à la juridiction qui l'a soumise et à la Partie contractante dont cette juridiction relève.

Tel que la Cour l'a mod. le 11 oct. 2021.

Art. 94 *Procédure consécutive à l'acceptation par le collège d'une demande d'avis consultatif.* 1. Lorsque le collège accepte une demande d'avis consultatif au titre de l'article 93, une Grande Chambre est constituée conformément à l'article 24 § 2 g) du présent règlement pour examiner la demande et rendre un avis consultatif.

2. Le président de la Grande Chambre peut inviter la juridiction dont émane la demande à soumettre à la Cour toute information complémentaire jugée nécessaire pour préciser l'objet de la demande ou l'avis de la juridiction concernée sur la question soulevée par la demande.

3. Le président de la Grande Chambre peut inviter les parties à la procédure interne à présenter des observations écrites et, le cas échéant, à prendre part à l'audience.

4. Les observations écrites ou les autres documents sont adressés au greffier dans les délais impartis par le président de la Grande Chambre, après quoi la procédure écrite est réputée clôturée.

5. Les dispositions des articles 59 § 3 et 71 § 2 s'appliquent *mutatis mutandis* à la procédure suivie lorsqu'il s'agit pour la Grande Chambre de rendre un avis consultatif au titre de *l'article 2 du Protocole n° 16* à la Convention. Au plus tard une fois la procédure écrite clôturée, le président de la Grande Chambre décide du point de savoir s'il y a lieu de tenir une audience.

6. Une copie des observations écrites déposées conformément aux dispositions de l'article 44 du présent règlement est communiquée à la juridiction dont émane la demande, qui pourra formuler des remarques sur les observations en question, sans préjudice de la clôture de la procédure écrite.

7. Les avis consultatifs sont émis par la Grande Chambre à la majorité des voix. Ils mentionnent le nombre des juges ayant constitué la majorité.

7B. Les avis consultatifs sont rendus dans les deux langues officielles de la Cour, les deux versions linguistiques faisant également foi.

8. Tout juge peut, s'il le désire, joindre à l'avis consultatif de la Cour soit l'exposé de son opinion séparée, concordante ou dissidente, soit une simple déclaration de dissentiment.

9. L'avis consultatif est signé par le président de la Grande Chambre et par le greffier. L'exemplaire original, dûment signé, est déposé aux archives de la Cour. Le greffier en communique copie certifiée conforme à la juridiction qui a soumis la demande et à la Partie contractante dont cette juridiction relève.

10. Copie de l'avis consultatif est également communiquée aux tiers intervenants qui ont pris part à la procédure au titre de l'article 3 du Protocole n° 16 à la Convention et de l'article 44 du présent règlement.

Tel que la Cour l'a mod. les 4 nov. 2019 et 11 oct. 2021.

Art. 95 *Frais et dépens afférents à la procédure d'avis consultatif et assistance judiciaire.* 1. Lorsque le président de la Grande Chambre a invité, en vertu de l'article 44 § 7 et de l'article 94 § 3 du présent règlement, une partie à la procédure interne à intervenir dans la procédure d'avis consultatif, la question du remboursement des frais et dépens exposée par cette partie n'est pas tranchée par la Cour, mais elle est réglée conformément au droit et à la pratique de la Haute Partie contractante dont relève la juridiction qui a procédé à la demande.

2. Les dispositions du chapitre XII s'appliquent *mutatis mutandis* lorsque le président de la Grande Chambre a invité, en vertu de l'article 44 § 7 et de l'article 94 § 3 du présent règlement, une partie à la procédure interne à intervenir dans la procédure d'avis consultatif et que cette partie n'a pas de ressources suffisantes pour faire face aux frais encourus, en tout ou partie.

CHAPITRE XI *Des procédures au titre de l'article 46 §§ 3, 4 et 5 de la Convention*

Inséré par la Cour les 13 nov. 2006 et 14 mai 2007.

Procédure au titre de l'article 46 § 3 de la Convention

Art. 96 (ancien article 91) Toute demande d'interprétation soumise au titre de l'article 46 § 3 de la Convention est adressée au greffier. Elle énonce de manière exhaustive et précise la nature et l'origine de la question d'interprétation qui a mis obstacle à l'exécution de l'arrêt qu'elle vise et s'accompagne :

a) des informations relatives à la procédure d'exécution devant le Comité des Ministres, s'il en est mené une, de l'arrêt qu'elle vise ;

b) d'une copie de la décision visée à l'article 46 § 3 de la Convention ;

c) des nom et adresse de la ou des personnes désignées par le Comité des Ministres pour donner à la Cour toutes explications qu'elle pourrait souhaiter obtenir.

Art. 97 (ancien article 92) 1. La demande d'interprétation est examinée par la Grande Chambre, la chambre ou le comité qui a rendu l'arrêt qu'elle vise.

2. Lorsqu'il n'est pas possible de réunir la Grande Chambre, la chambre ou le comité originaire, le président de la Cour complète ou compose la formation par tirage au sort.

Art. 98 (ancien article 93) La décision par laquelle la Cour se prononce sur la question d'interprétation dont elle a été saisie par le Comité des Ministres est définitive. Elle ne peut faire l'objet d'aucune opinion séparée des juges. Copie en est transmise au Comité des Ministres et aux parties concernées ainsi qu'à tout tiers intervenant y compris le Commissaire aux droits de l'homme du Conseil de l'Europe.

Procédure au titre de l'article 46 §§ 4 et 5 de la Convention

Art. 99 (ancien article 94) Lorsqu'elle est saisie d'une question portant sur le point de savoir si une Partie contractante a ou non manqué à son obligation découlant de l'article 46 § 1 de la Convention, la Cour applique, outre les dispositions de l'article 31 b) et de l'article 46 §§ 4 et 5 de la Convention, les dispositions qui suivent. Elle applique également d'autres dispositions du règlement dans la mesure où elle le juge approprié.

Art. 100 (ancien article 95) Toute demande introduite au titre de l'article 46 § 4 de la Convention doit être motivée et adressée au greffier. Elle s'accompagne :

a) de l'arrêt qu'elle vise ;

b) des informations se rapportant à la procédure d'exécution devant le Comité des Ministres de l'arrêt qu'elle vise, y compris, le cas échéant, des observations écrites formulées par les parties concernées dans le cadre de cette procédure et des communications auxquelles celle-ci a donné lieu ;

c) de la copie de la mise en demeure notifiée à la ou aux Parties contractantes et de la copie de la décision visée à l'article 46 § 4 de la Convention ;

d) des nom et adresse de la ou des personnes désignées par le Comité des Ministres pour fournir à la Cour toutes explications qu'elle pourrait souhaiter obtenir ;

e) de la copie de tous autres documents de nature à éclairer la question.

Art. 101 (ancien article 96) Une Grande Chambre est constituée conformément à l'article 24 § 2 e) du règlement pour examiner la question soumise à la Cour.

Tel que la Cour l'a mod. le 11 oct. 2021.

Art. 102 (ancien article 97) Le président de la Grande Chambre informe le Comité des Ministres et les parties concernées qu'elles peuvent soumettre des observations écrites sur la question dont la Cour est saisie.

Art. 103 (ancien article 98) 1. Le président de la Grande Chambre fixe les délais à l'intérieur desquels les observations écrites ou autres documents doivent être déposés.

2. La Grande Chambre peut décider de tenir une audience.

Art. 104 (ancien article 99) La Grande Chambre statue par la voie d'un arrêt. Copie de l'arrêt est communiquée au Comité des Ministres et aux parties concernées ainsi qu'à tout tiers intervenant, y compris le Commissaire aux droits de l'homme du Conseil de l'Europe.

CHAPITRE XIA *Publication des arrêts, décisions et avis consultatifs*

Inséré par la Cour le 4 nov. 2019.

Art. 104A *Publication dans la base de données jurisprudentielles de la Cour.* 104A. Tous les arrêts, toutes les décisions et tous les avis consultatifs sont publiés, sous l'autorité du greffier, sur HUDOC, la base de données jurisprudentielles de la Cour. Toutefois, cette règle ne s'applique pas aux décisions qui, en vertu de l'article 52A § 1 du présent règlement, sont adoptées par un juge unique, aux décisions qui, en vertu de l'article 54 §§ 3 et 4 du présent règlement, sont adoptées par un président de section ou un vice-président de section agissant en qualité de juge unique, et aux décisions de comité qui, en vertu de l'article 52A § 2 du présent règlement ne comportent qu'une motivation sommaire ; la Cour rend périodiquement accessibles au public des informations générales sur ces décisions.

Art. 104B *Affaires phares.* En outre, le greffier met en évidence, de la façon qu'il convient, les arrêts, décisions et avis consultatifs que le bureau considère comme relatifs à des affaires phares.

CHAPITRE XII *De l'assistance judiciaire*

Art. 105 (ancien article 100) 1. Le président de la chambre peut, soit à la demande d'un requérant ayant introduit une requête en vertu de l'article 34 de la Convention, soit d'office, accorder l'assistance judiciaire à ce requérant pour la défense de sa cause une fois que, conformément à l'article 54 § 2 b) du présent règlement, la Partie contractante défenderesse a présenté par écrit ses observations sur la recevabilité de la requête ou que le délai qui lui était imparti à cet effet a expiré.

2. Sous réserve de l'article 110 du présent règlement, lorsque le requérant s'est vu accorder l'assistance judiciaire pour la défense de sa cause devant la chambre, il continue d'en bénéficier devant la Grande Chambre.

Art. 106 (ancien article 101) L'assistance judiciaire ne peut être accordée que si le président de la chambre constate :

a) que l'octroi de cette assistance est nécessaire à la bonne conduite de l'affaire devant la chambre ;

b) que le requérant ne dispose pas de moyens financiers suffisants pour faire face à tout ou partie des frais qu'il est amené à exposer.

Art. 107 (ancien article 102) 1. En vue de déterminer si le requérant dispose ou non de moyens financiers suffisants pour faire face à tout ou partie des frais qu'il est amené à exposer, il est invité à remplir une déclaration indiquant ses ressources, ses avoirs en capital et les engagements financiers qu'il a envers les personnes à sa charge, ou toute autre obligation financière. La déclaration doit être certifiée par la ou les autorités internes qualifiées.

2. Le président de la chambre peut inviter la Partie contractante concernée à présenter ses observations par écrit.

3. Après avoir recueilli les renseignements visés au paragraphe 1 du présent article, le président de la chambre décide de l'octroi ou du refus de l'assistance judiciaire. Le greffier en informe les parties intéressées.

Art. 108 (ancien article 103) 1. Les honoraires ne peuvent être versés qu'à un conseil ou à une autre personne désignée conformément à l'article 36 § 4 du présent règlement. Ils peuvent, le cas échéant, couvrir les services de plus d'un représentant ainsi défini.

2. Outre les honoraires, l'assistance judiciaire peut couvrir les frais de déplacement et de séjour ainsi que les autres débours nécessaires exposés par le requérant ou son représentant désigné.

Art. 109 (ancien article 104) L'assistance judiciaire une fois accordée, le greffier fixe :

a) le taux des honoraires à verser conformément au barème en vigueur ;

b) le montant à verser au titre des frais.

Art. 110 (ancien article 105) S'il est convaincu que les conditions énoncées à l'article 106 du présent règlement ne sont plus remplies, le président de la chambre peut à tout moment retirer ou modifier le bénéfice de l'assistance judiciaire.

TITRE III Dispositions transitoires

Art. 111 *Relations entre la Cour et la Commission (ancien article 106).* 1. Dans les affaires portées devant la Cour en vertu de l'article 5 §§ 4 et 5 du Protocole n° 11 à la Convention, la Cour peut inviter la Commission à déléguer un ou plusieurs de ses membres pour participer à l'examen de l'affaire devant la Cour.

2. Dans les affaires évoquées au paragraphe 1 du présent article, la Cour prend en considération le rapport adopté par la Commission au titre de l'ancien article 31 de la Convention.

3. Sauf décision contraire du président de la chambre, le rapport est rendu public par les soins du greffier aussitôt que possible après la saisine de la Cour.

4. Dans les affaires déférées à la Cour en vertu de l'article 5 §§ 2 à 5 du Protocole n° 11, les autres documents composant le dossier de la Commission, y compris l'ensemble des mémoires et observations, restent confidentiels, à moins que le président de la chambre n'en décide autrement.

5. Dans les affaires où la Commission a recueilli des témoignages mais n'a pas été en mesure d'adopter un rapport au titre de l'ancien article 31 de la Convention, la Cour prend en considération les comptes rendus intégraux, la documentation et l'avis émis par les délégations de la Commission à l'issue de ces investigations.

Art. 112 *Procédure devant une chambre et la Grande Chambre (ancien article 107).* 1. Lorsqu'une affaire est déférée à la Cour en vertu de l'article 5 § 4 du Protocole n° 11 à la Convention, un collège de juges de la Grande Chambre constitué conformément à l'article 24 § 5 du présent règlement décide, sur la seule base du dossier, si elle doit être tranchée par une chambre ou par la Grande Chambre.

2. Si l'affaire est tranchée par une chambre, l'arrêt de celle-ci est définitif, conformément à l'article 5 § 4 du Protocole n° 11, et l'article 73 du présent règlement est inapplicable.

3. Les affaires transmises à la Cour en vertu de l'article 5 § 5 du Protocole n° 11 sont déférées à la Grande Chambre par le président de la Cour.

4. Pour chaque affaire qui lui est transmise en vertu de l'article 5 § 5 du Protocole n° 11, la Grande Chambre est complétée par des juges désignés par rotation au sein de l'un des groupes évoqués à l'article 24 § 3 *[Tel que la Cour l'a mod. le 13 déc. 2004]* du présent règlement, les affaires étant attribuées alternativement à chacun des groupes.

Art. 113 *Octroi de l'assistance judiciaire (ancien article 108).* Sous réserve de l'article 101 du présent règlement, dans les affaires déférées à la Cour en application de l'article 5 §§ 2 à 5 du Protocole n° 11 à la Convention, un requérant qui s'est vu accorder l'assistance judiciaire dans le cadre de la procédure devant la Commission ou l'ancienne Cour continue d'en bénéficier pour la défense de sa cause devant la Cour.

Art. 114 *Demande en révision d'un arrêt (ancien article 109).* 1. Lorsqu'une partie soumet une demande en révision d'un arrêt rendu par l'ancienne Cour, le président de la Cour la transmet à l'une des sections conformément aux conditions prévues aux articles 51 ou 52 du présent règlement, selon le cas.

2. Nonobstant l'article 80 § 3 du présent règlement, le président de la section concernée constitue une nouvelle chambre pour examiner la demande.

3. La chambre à constituer comprend de plein droit :

a) le président de la section ;

et, qu'ils appartiennent ou non à la section concernée[;]

b) le juge élu au titre de la Partie contractante concernée ou, s'il est empêché, tout juge désigné en application de l'article 29 du présent règlement ;

c) tout membre de la Cour ayant appartenu à la chambre initiale de l'ancienne Cour qui a rendu l'arrêt.

4. a) Le président de la section tire au sort les autres membres de la chambre parmi les membres de la section concernée ;

b) Les membres de la section non désignés ainsi siègent comme juges suppléants.

TITRE IV Clauses finales

Art. 115 (ancien art. 110) *Suspension d'un article.* L'application de toute disposition concernant le fonctionnement interne de la Cour peut être immédiatement suspendue sur proposition d'un juge, à condition que cette décision soit prise à l'unanimité par la chambre concernée. La suspension ainsi décidée ne déploie ses effets que pour les besoins du cas particulier pour lequel elle a été proposée.

Art. 116 (ancien art. 111) *Amendement d'un article.* 1. Toute modification aux dispositions du présent règlement peut être adoptée par la majorité des juges de la Cour, réunis en session plénière, sur proposition soumise préalablement. La proposition de modification, formulée par écrit, doit parvenir au greffier au moins un mois avant la session où elle sera examinée. Lorsqu'il reçoit une telle proposition, le greffier en donne le plus tôt possible connaissance à tous les membres de la Cour.

2. Le greffier informe les Parties Contractantes des propositions de la Cour visant à modifier les dispositions du règlement qui concernent directement la conduite des procédures suivies devant elle et les invite à présenter des observations écrites sur les propositions en question. De même, il invite les organisations possédant une expérience en matière de représentation des requérants devant la Cour, ainsi que des associations des barreaux, à présenter des observations écrites sur ces propositions.

Art. 117 (ancien art. 112) *Entrée en vigueur du règlement.* Le présent règlement entrera en vigueur le 1er novembre 1998.

Les amendements adoptés le 8 déc. 2000 sont entrés en vigueur immédiatement. Les amendements adoptés les 17 juin 2002 et 8 juill. 2002 sont entrés en vigueur le 1er oct. 2002. Les amendements adoptés le 7 juill. 2003 sont entrés en vigueur le 1er nov. 2003. Les amendements adoptés le 13 déc. 2004 sont entrés en vigueur le 1er mars 2005. Les amendements adoptés le 4 juill. 2005 sont entrés en vigueur le 3 oct. 2005. Les amendements adoptés le 7 nov. 2005 sont entrés en vigueur le 1er déc. 2005. Les amendements adoptés le 29 mai 2006 sont entrés en vigueur le 1er juill. 2006. Les amendements adoptés le 14 mai 2007 sont entrés en vigueur le 1er juill. 2007. Les amendements adoptés les 11 déc. 2007, 22 sept. et 1er déc. 2008 sont entrés en vigueur le 1er janv. 2009. Les amendements adoptés le 29 juin 2009 sont entrés en vigueur le 1er juill. 2009. Les amendements relatifs au Protocole n° 14 à la Convention, adoptés les 13 nov. 2006 et 14 mai 2007, sont entrés en vigueur le 1er juin 2010. Les amendements adoptés le 21 févr. 2011 sont entrés en vigueur le 1er avr. 2011. Les amendements adoptés le 16 janv. 2012 sont entrés en vigueur le 1er févr. 2012. Les amendements adoptés le 20 févr. 2012 sont entrés en vigueur le 1er mai 2012. Les amendements adoptés le 2 avr. 2012 sont entrés en vigueur le 1er sept. 2012. Les amendements adoptés les 14 janv. et 6 févr. 2013 sont entrés en vigueur le 1er mai 2013. Les amendements adoptés le 6 mai 2013 sont entrés en vigueur les 1er juill. 2013 et 1er janv. 2014. Les amendements adoptés les 14 avr. et 23 juin 2014 sont entrés en vigueur le 1er juill. 2014. Certains amendements adoptés le 1er juin 2015 sont entrés immédiatement en vigueur et d'autres adoptés à la même date sont entrés en vigueur le 1er août 2021 et le 1er févr. 2022. Les amendements à l'art. 47 adoptés les 1er juin et 5 oct. 2015 sont entrés en vigueur le 1er janv. 2016. Les amendements à l'art. 8 adoptés le 19 sept. 2016 sont entrés en vigueur à la même date. Les amendements adoptés le 14 nov. 2016 sont entrés en vigueur à la même date. Les amendements à l'art. 29 adoptés le 16 avr. 2018 sont entrés en vigueur à la même date. Les amendements adoptés le 19 sept. 2016 sont entrés en vigueur le 1er août 2018. L'amendement à l'art. 29 § 1 adopté le 3 juin 2019 est entré en vigueur à la même date. Les amendements aux art. 27A et 52A adoptés le 9 sept. 2019 sont entrés en vigueur à la même date. Les amendements adoptés le 4 nov. 2019 sont entrés en vigueur le 1er janv. 2020. Les amendements à l'art. 8 qui ont été adoptés le 2 juin 2021 sont entrés en vigueur à la même date. Les amendements aux art. 24, 93, 94 et 101 adoptés le 11 oct. 2021 sont entrés en vigueur le 18 oct. 2021.

Annexe au règlement (concernant les enquêtes)

Inséré par la Cour le 7 juill. 2003.

Art. A1 *Mesures d'instruction.* 1. La chambre peut, soit à la demande d'une partie, soit d'office, adopter toute mesure d'instruction qu'elle estime apte à l'éclairer sur les faits de la cause. Elle peut notamment prier les parties de produire des preuves écrites et décider d'entendre en qualité de témoin ou d'expert, ou à un autre titre, toute personne dont les dépositions, dires ou déclarations lui paraissent utiles à l'accomplissement de sa tâche.

2. La chambre peut aussi inviter toute personne ou institution de son choix à exprimer un avis ou à lui faire un rapport écrit sur toute question que la chambre juge pertinente pour l'affaire.

3. Après qu'une affaire a été déclarée recevable ou, exceptionnellement, avant la décision sur la recevabilité, la chambre peut désigner un ou plusieurs de ses membres ou d'autres juges de la Cour comme délégué(s) pour procéder à une collecte de renseignements, à une visite des lieux ou à une autre mesure d'instruction. Elle peut également désigner toute personne ou institution de son choix pour assister la délégation de la manière qu'elle juge appropriée.

4. Les dispositions du présent chapitre relatives aux mesures d'instruction mises en œuvre par une délégation s'appliquent, *mutatis mutandis*, aux mesures d'instruction mises en œuvre par la chambre elle-même.

5. Les auditions menées par une chambre ou une délégation dans le cadre d'une mesure d'instruction ont lieu à huis clos, sauf décision contraire du président de la chambre ou du chef de la délégation.

6. Le président de la chambre peut, lorsqu'il l'estime approprié, inviter ou autoriser tout tiers intervenant à participer à une mesure d'instruction. Il fixe les conditions de pareille participation et peut limiter celle-ci en cas de non-respect desdites conditions.

Art. A2 *Obligations des parties relativement aux mesures d'instruction.* 1. Le requérant et toute Partie contractante concernée aident la Cour en tant que de besoin dans la mise en œuvre des mesures d'instruction.

2. La Partie contractante sur le territoire de laquelle une délégation procède à des investigations *in situ* accorde à celle-ci les facilités et la coopération nécessaires au bon déroulement de la procédure. Elle a ainsi l'obligation, dans toute la mesure nécessaire, de garantir la liberté de circulation sur son territoire et de prendre toutes les mesures de sécurité voulues pour la délégation, pour le requérant et pour l'ensemble des témoins, experts et autres personnes pouvant être entendus par la délégation. Il lui incombe de veiller à ce qu'aucune personne ou organisation n'ait à pâtir d'un témoignage ou d'une aide fournis à la délégation.

Art. A3 *Non-comparution devant une délégation.* Lorsqu'une partie ou toute autre personne supposées comparaître s'en abstiennent ou s'y refusent, la délégation peut néanmoins poursuivre ses travaux si cela lui paraît compatible avec une bonne administration de la justice.

Art. A4 *Conduite de la procédure devant une délégation.* 1. Les délégués exercent le cas échéant les pouvoirs conférés à la chambre par la Convention ou le présent règlement et dirigent la procédure devant eux.

2. Le chef de la délégation peut décider de tenir une réunion préparatoire avec les parties ou leurs représentants préalablement à toute audition par la délégation.

Art. A5 *Citation des témoins, experts et autres personnes à comparaître devant une délégation.* 1. Les témoins, experts et autres personnes devant être entendus par la délégation sont convoqués par le greffier.

2. La convocation indique*[:]*

a) l'affaire dont il s'agit ;

b) l'objet de l'enquête, expertise ou autre mesure d'instruction ordonnée par la chambre ou son président ;

c) les dispositions prises pour le paiement de l'indemnité revenant à la personne convoquée.

3. Les parties fournissent autant que possible des informations suffisantes pour établir l'identité et l'adresse des témoins, experts ou autres personnes devant être convoqués.

4. Conformément à l'article 37 § 2 du règlement, la Partie contractante sur le territoire de laquelle réside le témoin assume la responsabilité de notifier toute convocation que lui adresse la *chambre à cette fin. Si elle* se trouve dans l'impossibilité de se conformer à cette obligation, elle s'en explique par écrit. Il lui incombe par ailleurs de prendre toutes mesures raisonnables propres à assurer la comparution des personnes convoquées qui se trouvent sous son autorité ou son contrôle.

5. Lorsqu'une délégation procède à des auditions *in situ*, son chef peut solliciter la comparution devant elle de témoins, experts ou autres personnes. La Partie contractante sur le territoire de laquelle les auditions ont lieu prend, si elle y est invitée, l'ensemble des mesures raisonnables propres à faciliter cette comparution.

6. Si un témoin, un expert ou une autre personne sont convoqués à la demande ou pour le compte d'une Partie contractante requérante ou défenderesse, les frais de comparution incombent à celle-ci, sauf décision contraire de la chambre. Lorsque la personne convoquée se trouve détenue dans la Partie contractante sur le territoire de laquelle la délégation mène ses investigations *in situ*, les frais afférents à sa comparution incombent à ladite partie, sauf décision contraire de la chambre. Dans tous les autres cas, la chambre décide si les frais doivent être supportés par le Conseil de l'Europe ou s'il échet de les mettre à la charge du requérant ou de la tierce partie à la demande ou pour le compte de laquelle la personne comparaît. Dans tous les cas, ils sont fixés par le président de la chambre.

Art. A6 *Serment ou déclaration solennelle des témoins et experts entendus par une délégation.* 1. Après vérification de son identité et avant de déposer, le témoin prête le serment ou fait la déclaration solennelle que voici :

"Je jure" – ou "Je déclare solennellement, en tout honneur et en toute conscience," – "que je dirai la vérité, toute la vérité et rien que la vérité."

Il en est dressé procès-verbal.

2. Après vérification de son identité et avant d'accomplir sa mission pour la délégation, tout expert prête le serment ou fait la déclaration solennelle que voici :

"Je jure" – ou "Je déclare solennellement" – "que je m'acquitterai de mes fonctions d'expert en tout honneur et en toute conscience."

Il en est dressé procès-verbal.

Art. A7 *Audition de témoins, experts ou autres personnes par une délégation.* 1. Tout délégué peut poser des questions aux agents, conseils et conseillers des parties, au requérant, aux témoins, aux experts, ainsi qu'à toute autre personne qui se présente devant la délégation.

2. Sous le contrôle du chef de la délégation, les témoins, experts et autres personnes comparaissant devant la délégation peuvent être interrogés par les agents, conseils et conseillers des parties. En cas de contestation sur une question posée, le chef de la délégation décide.

3. Sauf circonstances exceptionnelles et moyennant le consentement du chef de la délégation, les témoins, experts et autres personnes devant être entendus par une délégation ne sont pas admis à pénétrer dans la salle avant de déposer.

4. Le chef de la délégation peut prendre des dispositions spéciales pour que des témoins, experts ou autres personnes puissent être entendus hors la présence des parties lorsque la bonne administration de la justice l'exige.

5. En cas de litige relativement à la récusation d'un témoin ou d'un expert, le chef de la délégation décide. La délégation peut entendre à titre de simple renseignement une personne ne réunissant pas les conditions pour être entendue comme témoin ou expert.

Art. A8 *Compte rendu des auditions menées par une délégation.* 1. Le greffier établit un compte rendu de toutes auditions menées par une délégation dans le cadre d'une mesure d'instruction. Y figurent :

a) la composition de la délégation ;

b) la liste des comparants : agents, conseils et conseillers des parties ;

c) les nom, prénom, qualité et adresse des témoins, experts ou autres personnes entendus ;

d) le texte des déclarations faites, des questions posées et des réponses recueillies ;

e) le texte de toute décision prononcée pendant les auditions par la délégation ou par son chef.

2. Si la totalité ou une partie du compte rendu est rédigée dans une langue non officielle, le greffier prend les dispositions voulues pour la faire traduire dans l'une des langues officielles.

3. Les représentants des parties reçoivent communication d'une copie du compte rendu afin de pouvoir, sous le contrôle du greffier ou du chef de la délégation, le corriger, sans toutefois modifier le sens et la portée de ce qui a été dit lors des auditions. Le greffier fixe, sur les instructions du chef de la délégation, les délais dont ils disposent à cette fin.

4. Une fois corrigé, le compte rendu est signé par le chef de la délégation et par le greffier ; il fait foi de son contenu.

INSTRUCTIONS PRATIQUES

Demandes de mesures provisoires

[Instruction pratique édictée par le président de la Cour au titre de l'art. 32 du Règl. le 5 mars 2003 et amendée les 16 oct. 2009 et 7 juill. 2011]

(Article 39 du règlement)

En vertu de l'article 39 de son règlement, la Cour peut indiquer des mesures provisoires, obligatoires pour l'État concerné. Pareilles mesures ne sont indiquées que dans des circonstances exceptionnelles.

La Cour n'indique des mesures provisoires à un État membre que lorsque, après avoir examiné toutes les informations pertinentes, elle considère que le requérant serait exposé à un risque réel de dommages graves et irréversibles en l'absence de la mesure en question.

Les requérants ou leurs représentants *[Il y a lieu de fournir toutes précisions à cet égard]* qui sollicitent des mesures provisoires au titre de l'article 39 du règlement doivent se conformer aux exigences exposées ci-dessous.

I. FOURNIR TOUS ÉLÉMENTS À L'APPUI

Toute demande adressée à la Cour doit être motivée. Le requérant doit en particulier exposer de manière détaillée les éléments sur lesquels se fondent ses craintes, la nature des risques invoqués et les dispositions de la Convention dont la violation est alléguée.

Un simple renvoi à des énonciations contenues dans un autre document ou à la procédure interne ne suffit pas. Il est capital que les demandes s'accompagnent de l'ensemble des éléments propres à les étayer, et notamment des décisions rendues par les juridictions, commissions ou autres organes internes, ainsi que de tous autres documents jugés de nature à corroborer les allégations du requérant.

La Cour n'a pas pour règle de contacter les requérants dont les demandes de mesures provisoires sont incomplètes. En principe, elle ne se prononce pas sur les demandes qui ne comportent pas les informations requises pour qu'elle puisse statuer.

Lorsque l'affaire est déjà pendante devant la Cour, le numéro attribué à la requête doit être mentionné.

Dans les affaires d'extradition ou d'expulsion, il y a lieu de préciser la date et l'heure auxquelles la décision est censée être mise en œuvre, l'adresse du requérant ou son lieu de détention et son numéro de dossier officiel. Toute modification de ces informations (date et heure de renvoi, adresse, etc.) doit être communiquée dès que possible.

La Cour peut décider d'examiner en même temps la recevabilité de l'affaire et la demande de mesure provisoire.

II. ENVOYER LES DEMANDES PAR TÉLÉCOPIE OU PAR COURRIER

[En fonction du degré d'urgence et étant précisé que les demandes par courrier ne doivent pas être envoyées par courrier ordinaire]

Les demandes de mesures provisoires formées au titre de l'article 39 du règlement doivent être envoyées par télécopie ou par courrier. La Cour ne traite pas les demandes adressées par courrier électronique. Dans toute la mesure du possible, ces demandes doivent être établies dans l'une des langues officielles des Parties contractantes. Toute demande doit comporter les mentions suivantes, à faire figurer en gras sur la première page du document :

"Article 39 - Urgent
Personne à contacter (nom et coordonnées) : ...
[Dans les affaires d'expulsion ou d'extradition]
Date et heure du renvoi et destination : ..."

III. INTRODUIRE LES DEMANDES EN TEMPS UTILE

Il faut en principe envoyer la demande de mesure provisoire dès que possible après que la décision interne définitive a été rendue, de manière à laisser à la Cour et à son greffe suffisamment de temps pour examiner la question. Dans les affaires d'éloignement, la Cour pourra ne pas traiter les demandes reçues moins d'un jour ouvré avant la date prévue d'exécution de la mesure d'éloignement *[La liste des jours fériés ou chômés pendant lesquels le greffe de la Cour est fermé peut être consultée sur le site internet de la Cour : https://curia.europa.eu/jcms/jcms/p1_1125695/fr/]*.

Lorsque la décision interne définitive est imminente et que sa mise en œuvre risque d'être immédiate, notamment dans les affaires d'extradition ou d'expulsion, les requérants et leurs représentants doivent soumettre leur demande de mesure provisoire sans attendre cette décision, en indiquant clairement la date à laquelle celle-ci sera rendue et en précisant que leur demande est subordonnée au caractère négatif de la décision interne définitive.

IV. MESURES INTERNES À EFFET SUSPENSIF

La Cour n'est pas une instance d'appel des décisions des juridictions internes. Dans les affaires d'extradition ou d'expulsion, les requérants doivent exercer les recours internes susceptibles de conduire à une suspension de la mesure d'éloignement avant d'adresser à la Cour une demande de mesure provisoire. Dans le cas où il demeure loisible aux requérants d'exercer un recours interne à effet suspensif, la Cour n'applique pas l'article 39 du règlement pour empêcher l'exécution de la mesure d'éloignement.

V. SUITE À DONNER À LA DEMANDE DE MESURE PROVISOIRE

Les requérants auteurs d'une demande de mesure provisoire au titre de l'article 39 du règlement doivent veiller à répondre aux lettres que leur adresse le greffe de la Cour. En cas de rejet d'une demande de mesure provisoire, ils doivent notamment indiquer à la Cour s'ils souhaitent poursuivre leur affaire. Lorsqu'une mesure provisoire a été indiquée, ils doivent régulièrement et sans délai informer la Cour de l'état d'avancement des procédures internes en instance, faute de quoi l'affaire pourra être rayée du rôle.

L'introduction de l'instance

[Instruction pratique édictée par le président de la Cour au titre de l'art. 32 du Règl. le 1er nov. 2003 et amendée les 22 sept. 2008, 24 juin 2009, 6 nov. 2013, 5 oct. 2015, 27 nov. 2019, 25 janv. 2021 et 1er févr. 2022. Cette instruction pratique complète les art. 45 et 47 du Règl.]

(Requêtes individuelles au titre de l'article 34 de la Convention)

I. GÉNÉRALITÉS

1. Toute requête introduite au titre de l'article 34 de la Convention doit être présentée par écrit. Aucune requête ne peut être soumise par téléphone. Sauf dans les cas prévus par l'article 47 du règlement de la Cour, seul un formulaire de requête complet interrompt le cours du délai de quatre mois fixé à l'article 35 § 1 de la Convention. Le formulaire de requête est disponible en ligne sur le site internet de la Cour *[www.echr.coe.int]*. Les requérants sont vivement encouragés à le télécharger et à l'imprimer plutôt que de demander à la Cour de leur en envoyer une version papier par la poste. Ils gagneront ainsi du temps et seront plus à même d'introduire une requête complète dans le délai de quatre mois. On trouve aussi sur le site de la Cour une aide pour remplir les différents champs du formulaire.

2. Toute requête doit être envoyée à l'adresse suivante :

Madame la Greffière de la Cour européenne des droits de l'homme
Conseil de l'Europe
67075 Strasbourg Cedex
FRANCE

3. L'envoi d'une requête par télécopie n'interrompt pas le cours du délai de quatre mois fixé à l'article 35 § 1. Les requérants doivent, avant l'expiration du délai de quatre mois, faire suivre leur télécopie d'un envoi par la poste de l'original du formulaire signé.

4. Les requérants doivent faire preuve de diligence dans la conduite de leur correspondance avec le greffe de la Cour. Une réponse tardive ou une absence de réponse peuvent être considérées comme un signe indiquant que le requérant n'entend plus maintenir sa requête.

II. FORME ET CONTENU

5. Les déclarations faites dans le formulaire de requête au sujet des faits, des griefs et du respect des exigences relatives à l'épuisement des voies de recours internes et du délai d'introduction de la requête fixé à l'article 35 § 1 de la Convention doivent être conformes aux règles énoncées à l'article 47 du règlement. Les déclarations supplémentaires, présentées le cas échéant sur des feuilles séparées, ne doivent pas dépasser 20 pages (article 47 § 2 b) du règlement) et doivent :

a) être au format A4 et comprendre une marge d'au moins 3,5 cm de large ;

b) être parfaitement lisibles et, si elles sont dactylographiées, être rédigées dans une police de caractères d'au moins 12 points dans le corps du texte et 10 points dans les notes en bas de page, avec un interligne de 1,5 ;

c) ne comporter que des nombres exprimés en chiffres, et non en toutes lettres ;

d) être paginées (pages numérotées consécutivement) ;

e) être *divisées* en paragraphes *numérotés* ;

f) être divisées en chapitres de la manière suivante : "Faits", "Griefs ou exposé des violations" et "Informations relatives à l'épuisement des voies de recours internes et au respect du délai fixé à l'article 35 § 1".

6. Tous les champs pertinents du formulaire de requête doivent être remplis avec des mots. Évitez d'utiliser des symboles, des signes ou des abréviations. Formulez chaque réponse en mots, même si elle est négative ou si la question ne semble pas pertinente.

7. Le requérant doit exposer les faits, ses griefs et les explications relatives au respect des critères de recevabilité dans l'encadré du formulaire de requête prévu à cet effet. Ces informations doivent être suffisantes pour permettre à la Cour de déterminer la nature et l'objet de la requête. Le formulaire rempli doit ainsi se suffire à lui-même. Il ne suffit pas de joindre en annexe un exposé des faits, des griefs et des informations relatives au respect des critères, même en ajoutant la mention "voir annexe". La présence de ces informations sur le formulaire de requête a pour but d'aider la

Cour à examiner et à attribuer rapidement les nouvelles requêtes. Un complément d'informations peut être fourni, si nécessaire, dans un document à part ne devant pas dépasser 20 pages. Un tel complément ne peut en aucun cas remplacer l'exposé des faits, des griefs et des explications relatives au respect des critères de recevabilité qui doit obligatoirement figurer sur le formulaire de requête lui-même. Un formulaire de requête ne comportant pas ces informations ne sera pas considéré comme conforme à l'article 47 du règlement.

8. Une personne morale (à savoir une société, une organisation non gouvernementale ou une association) qui veut saisir la Cour doit le faire par l'intermédiaire d'un représentant dont l'identité doit être indiquée dans l'encadré approprié du formulaire de requête ; il doit en outre fournir ses coordonnées et expliquer à quel titre il agit au nom de la personne morale ou quel est son lien avec celle-ci. Il faut fournir avec le formulaire de requête la preuve que le représentant a qualité pour agir au nom de la personne morale, par exemple un extrait du registre du commerce ou un compte rendu de l'organe dirigeant. Le représentant de la personne morale n'est pas la même personne que l'avocat qui est autorisé à la défendre devant la Cour. Il se peut que le représentant de la personne morale soit aussi avocat ou juriste et qu'il soit compétent pour assurer en plus la fonction de représentant en justice. Il convient dans tous les cas de remplir les deux parties du formulaire de requête concernant la représentation et de joindre les documents requis attestant l'existence d'un mandat pour représenter la personne morale.

9. Un requérant n'est pas obligé d'être représenté par un défenseur au moment où il introduit sa requête. S'il mandate un avocat, il faut remplir l'encadré du formulaire de requête réservé au pouvoir. Dans ce cas, la signature du requérant ainsi que celle de son représentant doivent être apposées dans cet encadré. Il n'est pas admis à ce stade de fournir un pouvoir sur un formulaire séparé car la Cour demande que toutes les informations essentielles figurent sur le formulaire de requête. S'il est allégué qu'il n'est pas possible au requérant d'apposer sa signature dans l'encadré du formulaire de requête réservé au pouvoir en raison de difficultés pratiques insurmontables, il faut expliquer à la Cour en quoi consistent ces difficultés, preuves à l'appui. Il n'est pas possible de prétexter un manque de temps dû à la nécessité de remplir le formulaire rapidement afin de respecter le délai de quatre mois.

10. Le formulaire de requête doit être accompagné des documents pertinents :

a) relatifs aux décisions ou mesures dénoncées ;

b) montrant que le requérant a respecté la règle de l'épuisement des voies de recours internes et le délai mentionnés à l'article 35 § 1 de la Convention ;

c) contenant, le cas échéant, des informations au sujet d'autres procédures internationales.

Si le requérant n'est pas en mesure de produire une copie de l'un de ces documents, il doit en tout cas fournir une explication satisfaisante ; il ne lui suffira pas de faire simplement état de difficultés s'il est raisonnable d'attendre que l'explication soit étayée par des documents, comme une preuve d'indigence, un refus des autorités de fournir une décision ou autre élément montrant l'impossibilité pour le requérant de se procurer le document en question. Si aucune explication n'est fournie, ou si l'explication fournie est insuffisante, la requête ne sera pas attribuée à une formation judiciaire.

Lorsque les documents sont fournis par voie électronique, ils doivent respecter le format exigé dans la présente instruction et doivent aussi être classés et numérotés en suivant l'ordre de la liste figurant sur le formulaire de requête.

11. Lorsqu'un requérant a déjà soumis une ou plusieurs autres requêtes sur lesquelles la Cour a statué ou qu'il a une ou plusieurs autres requêtes pendantes devant la Cour, il doit en informer le greffe et préciser le numéro de ces requêtes.

12. a) Lorsqu'un requérant demande que son identité ne soit pas divulguée, il doit s'en expliquer par écrit, conformément à l'article 47 § 4 du règlement.

b) Le requérant doit également préciser, pour le cas où sa demande d'anonymat serait accueillie par le président de la chambre, s'il souhaite être désigné par ses initiales ou par une simple lettre (par exemple "X", "Y" ou "Z").

13. Le formulaire de requête doit être signé par le requérant ou par le représentant désigné. S'il est représenté, le requérant ainsi que son représentant doivent apposer leur signature dans l'encadré du formulaire de requête réservé au pouvoir. Ni le formulaire de requête ni l'encadré réservé au pouvoir ne peuvent être signés "par procuration" ("p.p.").

III. REQUÊTES GROUPÉES ET REQUÉRANTS MULTIPLES

14. Lorsqu'un requérant ou un représentant introduit pour plusieurs requérants des requêtes concernant des faits différents, il faut utiliser un formulaire de requête pour chacun, en indiquant toutes les informations requises et en annexant les documents relatifs à chaque requérant au formulaire correspondant.

15. Lorsqu'il y a plus de dix requérants, le représentant doit fournir, en plus des formulaires de requête et des documents, un tableau récapitulant les informations personnelles requises de chaque

requérant. Ce tableau est disponible en téléchargement sur le site Internet *[internet]* de la Cour *[www.echr.coe.int.]*. Lorsque le représentant est avocat, le tableau doit aussi être fourni sous forme électronique.

16. Lorsque l'affaire porte sur un grand nombre de requérants ou de requêtes, la Cour peut demander aux requérants ou à leurs représentants de fournir le texte de leurs observations et déclarations ou leurs documents par voie électronique ou par un autre moyen. Elle peut aussi leur demander de prendre d'autres mesures visant à faciliter le traitement efficace et rapide des requêtes.

IV. DÉFAUT DE RÉPONSE AUX DEMANDES D'INFORMATION OU NON-RESPECT DES INSTRUCTIONS DONNÉES

17. Le manquement à fournir dans les délais fixés les informations ou les pièces supplémentaires sollicitées par la Cour ou à respecter les instructions qu'elle a données quant à la forme et à la manière dont la requête doit être introduite, y compris dans le cas de requêtes groupées ou de requérants multiples, peut, selon le stade de la procédure, amener la Cour à ne pas examiner la ou les requête(s), à les déclarer irrecevables ou à les rayer du rôle.

Les observations écrites

[Instruction pratique édictée par le président de la Cour conformément à l'art. 32 du Règl. le 1er nov. 2003, mod. le 22 sept. 2008 et le 29 sept. 2014]

I. DÉPÔT D'OBSERVATIONS

Généralités

1. Les observations doivent être déposées au greffe dans le délai fixé en application de l'article 38 du règlement et de la manière décrite au paragraphe 2 dudit article.

2. La date à laquelle des observations ou autres documents ont été reçus au greffe de la Cour est apposée sur les pièces en question au moyen d'un tampon dateur.

3. À l'exception des observations et documents pour lesquels un système d'envoi électronique a été mis en place (voir les instructions pratiques pertinentes), tous les autres documents comportant des observations, de même que tous les documents les accompagnant, doivent être soumis au greffe de la Cour en trois exemplaires envoyés par courrier ou en un exemplaire unique envoyé par télécopie *[Numéro : +00 33 (0)3 88 41 27 30 ; les autres numéros de télécopie sont indiqués sur le site internet de la Cour (www.echr.coe.int)]* suivi de trois exemplaires envoyés par courrier.

4. Les observations ou autres documents envoyés par courrier électronique ne sont pas acceptés.

5. Les documents secrets doivent être envoyés par courrier recommandé.

6. Les observations dont la production n'a pas été demandée ne peuvent être versées au dossier que sur décision du président de la chambre (voir l'article 38 § 1 du règlement).

Envoi par télécopie

7. Une partie peut présenter des observations ou autres documents à la Cour en les envoyant par télécopie.

8. Le nom de la personne ayant signé les observations doit également apparaître en caractères imprimés, de manière à ce que cette personne puisse être identifiée.

Envoi électronique

9. La Cour peut autoriser le gouvernement d'une Partie contractante ou, après la communication d'une requête, le requérant à envoyer des observations et d'autres documents par voie électronique. En pareil cas, l'instruction pratique relative aux observations écrites s'applique conjointement à celles *relatives à l'envoi* électronique de documents.

II. FORME ET CONTENU

Forme

10. Tout document renfermant des observations doit comporter :

a) le numéro de la requête et le nom de l'affaire ;

b) un intitulé indiquant la nature de son contenu (par exemple, observations sur la recevabilité [et le fond] ; réponse aux observations sur la recevabilité [et le fond] soumises par le Gouvernement/le requérant ; observations sur le fond ; observations additionnelles sur la recevabilité [et le fond] ; mémoire, etc.)

11. Les observations doivent en outre normalement*[:]*

a) être établies sur du papier au format A4 avec une marge non inférieure à 3,5 cm de large ;

b) être dactylographiées et facilement lisibles, le texte lui-même devant apparaître au minimum en corps 12 et les notes en bas de page en corps 10, avec un interligne de 1,5 ;

c) avoir tous les nombres exprimés en chiffres ;

d) avoir toutes les pages numérotées de manière continue ;

e) être divisées en paragraphes numérotés ;

f) être divisées en chapitres et/ou têtes de rubriques correspondant à la forme et au style des décisions et arrêts de la Cour ("En fait "/"Droit [et pratique] interne[s] pertinent[s]"/"Griefs"/"En droit" ; ce dernier chapitre doit être composé de sections intitulées "Exception préliminaire tirée de (...)" ; "Violation alléguée de l'article (...)" selon le cas) ;

g) exposer sous une section distincte les réponses aux questions posées par la Cour ou aux arguments développés par la partie adverse ;

h) comporter des renvois à tous les documents et/ou pièces probantes mentionnés dans les observations et s'y trouvant annexés ;

i) dans le cas d'un envoi par courrier, être établies seulement sur la face recto des feuilles, les feuilles et les annexes devant être assemblées de manière à pouvoir être facilement séparées (il convient d'éviter de les coller ou de les agrafer).

12. Si exceptionnellement des observations excèdent 30 pages, elles doivent être aussi accompagnées d'un bref résumé.

13. Lorsqu'une partie produit des documents et/ou d'autres annexes à l'appui d'observations, chaque pièce doit être répertoriée dans une annexe distincte.

Contenu

14. Les observations déposées par les parties à la suite de la communication de la requête doivent comporter :

a) tous commentaires jugés utiles concernant les faits de la cause ; toutefois,

i. si une partie n'a rien à redire à l'exposé des faits établi par le greffe, elle doit limiter ses observations à une brève déclaration en ce sens ;

ii. si une partie ne conteste qu'à certains égards l'exposé des faits établi par le greffe, ou si elle souhaite y ajouter des précisions, elle doit limiter ses observations à ces points précis ;

iii. si une partie conteste l'exposé des faits ou une partie de l'exposé des faits émanant de la partie adverse, elle doit préciser clairement les points qu'elle ne conteste pas et limiter ses observations aux points qu'elle conteste ;

b) les arguments juridiques se rapportant, à la recevabilité d'abord, au fond ensuite ; toutefois,

i. si des questions précises sur un point de fait ou de droit ont été adressées à une partie, celle-ci doit, sans préjudice de l'article 55 du règlement, limiter ses arguments à ces questions ;

ii. si des observations répondent à des arguments de la partie adverse, elles doivent se référer aux arguments précis en cause, dans l'ordre prescrit ci-dessus.

15. a) Les observations déposées par les parties après la déclaration de recevabilité de la requête doivent comporter :

i. une brève déclaration indiquant la position adoptée quant aux faits de la cause tels qu'établis dans la décision sur la recevabilité ;

ii. les arguments juridiques relatifs au fond de l'affaire ;

iii. les réponses aux questions précises posées par la Cour relativement à des points de fait ou de droit.

b) Une partie requérante qui soumet en même temps une demande de satisfaction équitable doit le faire de la manière décrite dans l'instruction pratique concernant la présentation des demandes de satisfaction équitable.

16. Eu égard au caractère confidentiel de la procédure de règlement amiable (voir les articles 39 § 2 de la Convention et 62 § 2 du règlement), l'ensemble des observations et documents déposés dans le cadre de la procédure visant à la conclusion d'un règlement amiable doivent être soumis séparément des observations écrites.

17. Aucune référence aux offres, concessions ou autres déclarations soumises en rapport avec le règlement amiable ne peut figurer dans les observations déposées dans le cadre de la procédure contentieuse.

III. DÉLAIS

Généralités

18. Chaque partie doit veiller à ce que ses observations et tous documents ou pièces les accompagnant parviennent au greffe de la Cour en temps utile.

Prorogation des délais

19. Tout délai fixé en vertu de l'article 38 du règlement peut être prorogé à la demande d'une partie.

20. Toute partie qui souhaite obtenir pareille prorogation de délai doit formuler une demande à cet égard dès qu'elle a connaissance des circonstances lui paraissant justifier une telle mesure et, en tout état de cause, avant l'expiration du délai en question. Elle doit motiver sa demande.

21. Si une prorogation de délai est accordée, elle vaut pour toutes les parties assujetties au respect du délai en question, y compris celles qui n'ont pas sollicité de prorogation.

IV. NON-RESPECT DES EXIGENCES ENTOURANT LE DÉPÔT D'OBSERVATIONS

22. Lorsque des observations ont été déposées d'une manière non conforme aux exigences énoncées aux paragraphes 8 à 15 de la présente instruction pratique, le président de la chambre peut inviter la partie concernée à les soumettre une nouvelle fois, en respectant ces exigences.

23. En cas de non-respect des conditions énumérées ci-dessus, la Cour peut considérer que les observations n'ont pas été déposées de manière valable (voir l'article 38 § 1 du règlement).

Demandes de satisfaction équitable

[Instruction pratique édictée par le président de la Cour au titre de l'article 32 du Règl. le 28 mars 2007]

I. INTRODUCTION

1. L'octroi d'une satisfaction équitable ne découle pas automatiquement du constat par la Cour européenne des droits de l'homme qu'il y a eu violation d'un droit garanti par la Convention européenne des droits de l'homme ou ses Protocoles. Cela ressort clairement du libellé de l'article 41 de la Convention, qui dispose que la Cour n'accorde une satisfaction équitable que si le droit interne ne permet d'effacer qu'imparfaitement les conséquences d'une violation et, même en pareil cas, que "s'il y a lieu" (*if necessary* dans le texte anglais) de le faire.

2. L'indemnité allouée au titre de l'article 41 de la Convention doit être "équitable" (*just* dans le texte anglais) compte tenu des circonstances de la cause. La Cour doit donc prendre en considération les caractéristiques de l'affaire dont elle se trouve saisie. Elle peut estimer que le constat de violation de la Convention constitue en soi une satisfaction équitable suffisante pour tel ou tel chef de préjudice allégué et qu'il n'y a pas lieu d'accorder une réparation pécuniaire. Elle peut aussi déceler des motifs d'équité pour octroyer une somme inférieure à la valeur du dommage réellement subi ou aux frais et dépens effectivement exposés, voire pour n'accorder aucune indemnité. Ce peut être le cas, par exemple, si la situation dénoncée, le montant du dommage ou le niveau des frais sont imputables à une faute du requérant lui-même. Pour fixer le montant à accorder, la Cour peut envisager aussi les situations respectives du requérant, partie lésée par une violation, et de la Partie contractante, responsable de l'intérêt général. Enfin, la Cour prend d'habitude en compte la situation économique de l'État mis en cause.

3. Lorsqu'elle accorde une indemnité au titre de l'article 41 de la Convention, la Cour peut décider de se référer aux normes internes. Elle n'est toutefois jamais liée par elles.

4. Tout requérant désireux de déposer une demande de satisfaction équitable doit respecter les conditions de forme et de fond pertinentes fixées par la Convention et le règlement de la Cour.

II. DÉPÔT DE DEMANDES DE SATISFACTION ÉQUITABLE : CONDITIONS DE FORME

5. L'article 60 du règlement fixe les délais et les autres conditions de forme à respecter pour déposer une demande de satisfaction équitable. Ses passages pertinents sont ainsi libellés :

"1. Tout requérant qui souhaite que la Cour lui accorde une satisfaction équitable au titre de l'article 41 de la Convention en cas de constat d'une violation de ses droits découlant de celle-ci doit formuler une demande spécifique à cet effet.

2. Sauf décision contraire du président de la chambre, le requérant doit soumettre ses prétentions, chiffrées et ventilées par rubrique et accompagnées des justificatifs pertinents, dans le délai qui lui a été imparti pour la présentation de ses observations sur le fond.

3. Si le requérant ne respecte pas les exigences décrites dans les paragraphes qui précèdent, la chambre peut rejeter tout ou partie de ses prétentions.

(...)"

La Cour exige donc des demandes précises, pièces justificatives à l'appui, sans quoi elle n'alloue aucune indemnité. Elle écarte les demandes présentées dans les formulaires de requête mais non réitérées au stade approprié de la procédure. Elle rejette aussi les demandes tardives.

III. DÉPÔT DE DEMANDES DE SATISFACTION ÉQUITABLE : CONDITIONS DE FOND

6. La Cour peut allouer des indemnités au titre de l'article 41 de la Convention pour :

a) dommage matériel ;

b) préjudice moral,*[;]* et

c) frais et dépens.

1. Le dommage de manière générale

7. Il faut démontrer clairement l'existence d'un lien de causalité entre le dommage prétendument subi et la violation dénoncée. La Cour ne se contentera pas d'un lien simplement ténu entre la violation alléguée et le préjudice, ni de simples spéculations quant à ce qui aurait pu être.

8. Une indemnité pour dommage peut être accordée pour autant que celui-ci résulte de la violation constatée. Aucune indemnité ne peut être allouée pour un préjudice provoqué par des événements ou des situations dont la Cour n'estime pas qu'ils emportent violation de la Convention, ni pour un dommage se rapportant à des griefs déclarés irrecevables à un stade antérieur de la procédure.

9. Lorsqu'elle accorde une indemnité pour dommage, la Cour tend à indemniser le requérant des conséquences préjudiciables réelles d'une violation. Elle n'entend pas punir la Partie contractante responsable. Jusqu'ici, la Cour n'a donc pas jugé bon d'accueillir des demandes de dommages-intérêts catalogués comme "punitifs", "aggravés" ou "exemplaires".

2. Dommage matériel

10. En ce qui concerne le dommage matériel, le principe est que le requérant doit être placé, autant que faire se peut, dans la situation dans laquelle il se serait trouvé si la violation ne s'était pas produite – il s'agit, en d'autres termes, de réaliser une *restitutio in integrum*. Ce qui peut supposer une réparation pour la perte effectivement subie *(damnum emergens)* et la perte ou le manque à gagner auxquels il faut s'attendre pour l'avenir *(lucrum cessans)*.

11. Il appartient au requérant de démontrer que la violation ou les violations alléguées ont entraîné pour lui un préjudice matériel. Il doit produire les documents pertinents afin de prouver, dans la mesure du possible, non seulement l'existence mais aussi le montant ou la valeur du dommage.

12. En principe, l'indemnité allouée par la Cour reflète l'intégralité du dommage calculé. Toutefois, si le préjudice réel ne se prête pas à une évaluation précise, la Cour procède à une estimation à partir des éléments dont elle dispose. Comme il est indiqué au paragraphe 2 ci-dessus, elle peut aussi trouver en équité des motifs d'allouer une somme inférieure au montant total de la perte subie.

3. Dommage moral

13. L'indemnité que la Cour alloue pour préjudice moral est censée fournir une réparation pécuniaire du dommage moral, par exemple la souffrance physique ou mentale.

14. Par sa nature, le dommage moral ne se prête pas à un calcul précis. Si son existence est établie, et si la Cour estime qu'il y a lieu d'accorder une indemnité pécuniaire, elle procède à une évaluation en équité en ayant égard aux normes qui se dégagent de sa jurisprudence.

15. Tout requérant qui demande réparation d'un dommage moral est invité à préciser le montant de l'indemnité qu'il estime équitable de se voir allouer. Celui qui se prétend victime de plusieurs violations peut réclamer une somme forfaitaire destinée à couvrir l'ensemble du préjudice résultant des violations alléguées ou solliciter des montants distincts pour chacune des violations en question.

4. Frais et dépens

16. La Cour peut ordonner de rembourser au requérant les frais et dépens qu'il a assumés – d'abord au niveau interne puis dans la procédure devant elle – pour empêcher la violation ou pour en faire effacer les conséquences. Les frais et dépens incluent d'ordinaire les frais de l'assistance d'un avocat, les frais de justice, etc. Ils peuvent comprendre aussi les frais de déplacement et de séjour, en particulier ceux rendus indispensables par la nécessité d'assister à une audience devant la Cour.

17. La Cour ne peut accueillir les demandes pour frais et dépens que si elles se rapportent aux violations constatées par elle. Elle doit les écarter si elles concernent des griefs qui n'ont pas débouché sur le constat d'une violation, ou des griefs déclarés irrecevables. Cela étant, il est loisible à un requérant de ventiler ses prétentions au titre des frais et dépens entre les différents griefs qu'il soulève.

18. Les frais et dépens doivent avoir été réellement exposés. Autrement dit, le requérant doit les avoir réglés, ou être tenu de les régler, en vertu d'une obligation légale ou contractuelle. Tout montant versé ou dû par les autorités internes ou le Conseil de l'Europe au titre de l'assistance judiciaire doit être déduit de la somme éventuellement allouée pour frais et dépens.

19. Les frais et dépens doivent avoir été nécessaires, c'est-à-dire que le requérant a dû les engager pour empêcher la violation ou y faire remédier.

20. Ils doivent être d'un montant raisonnable. Si la Cour les juge excessifs, elle alloue une somme raisonnable selon sa propre estimation.

21. La Cour exige des preuves, comme des notes d'honoraires et des factures détaillées. Elles doivent être suffisamment précises pour lui permettre de déterminer dans quelle mesure les conditions susmentionnées se trouvent remplies.

5. *Informations quant au paiement*

22. Le requérant est invité à indiquer un compte bancaire sur lequel il souhaite voir verser les sommes qui pourraient lui être octroyées. S'il désire que tel ou tel montant, comme les sommes allouées pour frais et dépens, soit réglé séparément, par exemple directement sur le compte bancaire de son représentant, il doit le préciser.

IV. FORME DES RÉPARATIONS OCTROYÉES PAR LA COUR

23. La réparation éventuellement accordée par la Cour revêt d'ordinaire la forme d'une somme d'argent à verser par la Partie contractante défenderesse à la victime ou aux victimes des violations constatées. Ce n'est que très exceptionnellement que la Cour peut envisager d'inviter la Partie contractante défenderesse à prendre telle ou telle mesure pour mettre fin ou remédier aux violations en question. Toutefois, la Cour a la faculté de donner des indications quant à la manière dont il convient d'exécuter ses arrêts (article 46 de la Convention).

24. L'indemnité que le requérant peut se voir allouer par la Cour au titre de l'article 41 de la Convention est en principe exprimée en euros (EUR, €), indépendamment de la monnaie dans laquelle l'intéressé formule ses demandes. Si le requérant doit percevoir son indemnité dans une monnaie autre que l'euro, la Cour ordonne que les sommes exprimées en euros soient converties dans cette autre monnaie, au taux de change applicable à la date du versement. Lorsqu'il présente ses prétentions, le requérant doit, le cas échéant, envisager ce qu'implique cette politique compte tenu des effets qu'aura la conversion en euros de sommes exprimées dans une monnaie différente ou la conversion de sommes exprimées en euros dans une monnaie différente.

25. La Cour fixe, de son propre chef, un délai pour le versement éventuel à opérer ; ce délai est d'habitude de trois mois à compter de la date à laquelle l'arrêt devient définitif et exécutoire. La Cour ordonne aussi le paiement d'intérêts moratoires simples en cas de versement intervenant après échéance du délai ainsi fixé. Elle fixe d'ordinaire le taux de ces intérêts à un niveau égal à celui du taux d'intérêt de la facilité de prêt marginal de la Banque centrale européenne pour la période comprise entre la date d'expiration du délai fixé jusqu'au versement de l'indemnité allouée, augmenté de trois points de pourcentage.

L'envoi électronique sécurisé de documents documents par le gouvernement

[Instruction pratique édictée par le président de la Cour au titre de l'art. 32 du Règl. le 22 sept. 2008, mod. le 29 sept. 2014 et le 5 juill. 2018]

I. CHAMP D'APPLICATION

1. Les gouvernements des États contractants qui ont opté pour le système d'envoi électronique sécurisé de documents mis en place par la Cour envoient toutes leurs communications écrites avec la Cour en les transférant vers le site Internet *[internet]* sécurisé créé à cet effet et acceptent les communications écrites qui leur sont adressées par le greffe de la Cour en les téléchargeant à partir dudit site, sous réserve des exceptions suivantes :

a) en cas de dysfonctionnement du site sécurisé, les documents relatifs à une demande tendant à l'indication d'une mesure provisoire en vertu de l'article 39 du règlement doivent obligatoirement être envoyés par télécopieur ou par e-mail ; il faut alors indiquer clairement sur le document **"Article 39. Urgent"** ;

b) les annexes telles que plans, manuels, etc. qui ne peuvent être visualisées en totalité sous format électronique peuvent être envoyées par courrier ;

c) le greffe de la Cour peut demander qu'un document ou une annexe papier soient envoyés par courrier.

2. Si le gouvernement a envoyé un document par courrier ou par télécopie, il adresse dès que possible par voie électronique une note d'envoi par courrier ou par télécopie qui décrit le document *envoyé, indique la date de son envoi* et expose les raisons pour lesquelles un envoi électronique n'a pas été possible.

II. EXIGENCES TECHNIQUES

3. Le gouvernement se dote de l'équipement technique nécessaire et suit le manuel de l'utilisateur reçu du greffe de la Cour.

III. FORMAT ET CONVENTION DE DÉNOMINATION

4. Tout document transmis par voie électronique doit l'être en format PDF, et de préférence en format PDF recherchable.

5. Les lettres et observations écrites non signées ne sont pas acceptées. Les documents signés devant être transmis par voie électronique sont générés par scannage de la copie papier originale. Le gouvernement conserve la copie papier originale dans son dossier.

6. Le nom d'un document transmis par voie électronique se compose du numéro de la requête suivi du nom du requérant tel qu'écrit en alphabet latin par le greffe de la Cour et d'une indication du contenu du document *[Exemple : 65051/01 Karagyozov Observ Recev Fond]*.

IV. DATE À RETENIR POUR LES DÉLAIS

7. La date à laquelle le gouvernement a téléchargé avec succès un document sur le site sécurisé est considérée comme la date d'envoi du document au sens de l'article 38 § 2 du règlement ou comme la date de dépôt du document au regard de l'article 73 § 1 du règlement.

8. Afin de faciliter la traçabilité de la correspondance échangée, chaque jour peu avant minuit le serveur sécurisé génère automatiquement un message électronique donnant la liste des documents transmis par voie électronique au cours des vingt-quatre heures écoulées.

V. PLURALITÉ DE VERSIONS D'UN SEUL ET MÊME DOCUMENT

9. Le site électronique sécurisé ne permet pas la modification, le remplacement ou la suppression d'un document téléchargé. Si le gouvernement est confronté à la nécessité de modifier un document téléchargé par lui, il crée un nouveau document, qu'il nomme différemment (par exemple en ajoutant le mot "modifié" au nom du premier document). Cette possibilité ne doit être utilisée qu'en cas de véritable nécessité, et non aux fins de correction d'erreurs mineures.

10. Lorsque le gouvernement a envoyé plus d'une version du même document, seul le document parvenu dans les délais est pris en considération. Lorsque plus d'une version est parvenue au greffe dans les délais, c'est la dernière qui est prise en considération, sauf décision contraire du président de la chambre.

Demandes d'anonymat

[Instruction pratique édictée par le président de la Cour au titre de l'art. 32 du règlement le 14 janv. 2010]

(Articles 33 et 47 du règlement)

Principes généraux

Il est rappelé aux parties que, sauf dérogation accordée en vertu des articles 33 ou 47 du règlement, les documents afférents aux procédures suivies devant la Cour sont publics. Ainsi, toutes les informations soumises en rapport avec une requête, que ce soit dans le cadre de la procédure écrite ou dans celui de la procédure orale, y compris les informations au sujet du requérant ou de tiers, sont accessibles au public.

Les parties doivent également savoir que les exposés des faits, les décisions et les arrêts de la Cour sont normalement publiés dans Hudoc *[http://hudoc.echr.coe.int]*sur le site Internet de la Cour (article 104A du règlement).

Demandes formulées dans des affaires pendantes

Tout requérant qui souhaite conserver l'anonymat doit en faire la demande au moment où il remplit le formulaire de requête ou aussitôt que possible par la suite. Dans un cas comme dans l'autre, il doit exposer les motifs de sa demande et préciser l'impact qu'une divulgation de son identité pourrait avoir sur lui.

Demandes rétroactives

Si un requérant souhaite demander l'anonymat relativement à une affaire ou à des affaires publiées sur Hudoc avant le 1er janvier 2010, il doit envoyer au greffe une lettre exposant les motifs de sa demande et précisant l'impact que la divulgation de son identité a eu ou pourrait avoir sur lui. Il doit également expliquer pourquoi il n'a pas sollicité l'anonymat alors que l'affaire était pendante devant la Cour.

Pour statuer sur la demande, le président tient compte des explications fournies par le requérant, du degré de publicité que la décision ou l'arrêt a déjà reçu et du point de savoir s'il est opportun ou non, notamment sur le plan pratique, d'accueillir la demande.

Si le président fait droit à la demande, il détermine également les mesures à prendre pour éviter que le requérant ne soit identifié. Il peut ainsi décider, par exemple, que la décision ou l'arrêt concernant le requérant sera retiré du site Internet *[internet]* de la Cour ou que les éléments d'identification personnelle de l'intéressé seront supprimés des documents publiés.

Autres mesures

Le président peut également prendre relativement à tout document publié par la Cour toute autre mesure lui paraissant nécessaire ou souhaitable pour garantir le droit au respect de la vie privée.

L'envoi électronique de documents par le requérant

[Instruction pratique édictée par le président de la Cour au titre de l'art. 32 du Règl. le 29 sept. 2014. Cette instruction pratique est entrée en vigueur le 6 sept. 2018.]

I. CHAMP D'APPLICATION

1. Après communication de la requête, tout requérant qui aura opté pour l'envoi électronique de documents adresse toutes ses communications écrites avec la Cour en utilisant le Service de communication par voie électronique (eComms) de la Cour et accepte les communications écrites qui lui sont adressées par le greffe de la Cour par le biais de eComms, sous réserve des exceptions suivantes :

a) les communications écrites concernant une demande de mesures provisoires au titre de l'article 39 du règlement ne sont envoyées que par télécopie et par courrier ;

b) les annexes telles que plans, manuels, etc. qui ne peuvent être visualisées en totalité sous format électronique peuvent être envoyées par courrier ;

c) le greffe de la Cour peut demander qu'un document ou une annexe papier soient envoyés par courrier.

2. Si le requérant a envoyé un document par courrier ou par télécopie, il adresse dès que possible par voie électronique une note d'envoi par courrier ou par télécopie qui décrit le document envoyé, indique la date de son envoi et expose les raisons pour lesquelles un envoi électronique n'a pas été possible.

II. EXIGENCES TECHNIQUES

3. Le requérant se dote de l'équipement technique nécessaire et suit le manuel de l'utilisateur disponible sur le site eComms.

III. FORMAT ET CONVENTION DE DÉNOMINATION

4. Tout document transmis par voie électronique doit l'être en format PDF. Les documents PDF doivent être du type "PDF texte" plutôt que "PDF image".

5. Les lettres et observations écrites non signées ne sont pas acceptées. Les documents signés devant être transmis par voie électronique sont générés par scannage de la copie papier originale. Le requérant en conserve la copie papier originale dans son dossier.

6. Le nom d'un document transmis par voie électronique se compose du numéro de la requête suivi du nom du requérant tel qu'écrit en alphabet latin par le greffe de la Cour et d'une indication du contenu du document *[Exemple : 65051/01 Karagyozov Observ Recev Fond]*.

IV. DATE À RETENIR POUR LES DÉLAIS

7. La date à laquelle le requérant a transmis avec succès un document par voie électronique est considérée comme la date d'envoi (heure de Strasbourg) du document au sens de l'article 38 § 2 du règlement ou comme la date de dépôt du document aux fins de l'article 73 § 1 du règlement.

8. Afin de faciliter la traçabilité de la correspondance échangée et de garantir le respect des délais fixés par la Cour, le requérant doit régulièrement vérifier son courrier électronique et son compte eComms.

V. PLURALITÉ DE VERSIONS D'UN SEUL ET MÊME DOCUMENT

9. eComms ne permet pas la modification, le remplacement ou la suppression d'un document téléchargé. Si le requérant est confronté à la nécessité de modifier un document téléchargé par lui, il crée un nouveau document, qu'il nomme différemment (par exemple en ajoutant le mot "modifié" au nom du premier document). Cette possibilité ne doit être utilisée qu'en cas de véritable nécessité, et non aux fins de correction d'erreurs mineures.

10. Lorsque le requérant a envoyé plus d'une version du même document, seul le document parvenu dans les délais est pris en considération. Lorsque plus d'une version est parvenue au greffe *dans les délais, c'est la dernière qui* est prise en considération, sauf décision contraire du président de la chambre.

Convention européenne du 7 juin 1968,

Dans le domaine de l'information sur le droit étranger. — Publiée par Décr. nº 72-947 du 11 oct. 1972, JCP 1972. III. 39805 ; Rev. crit. DIP 1972. 758 ; adde Décr. nº 83-1126 du 20 déc. 1983, D. 1984. L. 37.

Signée à Londres, entrée en vigueur le 17 déc. 1969.

Entrée en vigueur en France le 11 juill. 1972, après ratification le 10 avr. 1972.

BIBL. ▶ BRULLIARD, *JCP 1973. I. 2580 ; RID comp. 1973. 389* (commentaire).

• TGI Dunkerque, 28 nov. 1990 : *JDI 1991. 131*, *note Kahn.*

Accord européen du 27 janvier 1977,

Sur la transmission des demandes d'assistance judiciaire.

V. App., v° Aide juridique 🏛.

Convention européenne du 20 mai 1980,

Sur la reconnaissance et l'exécution des décisions en matière de garde des enfants et le rétablissement de la garde des enfants. – Publiée par Décr. n° 83-724 du 27 juill. 1983 (D. et ALD 1983. 432). – V. aussi Décr. n° 88-299 du 24 mars 1988 (D. et ALD 1988. 231) portant publication de la lettre française du 18 déc. 1987 relative à la levée d'une réserve formulée par la France lors de l'approbation de la Convention du 20 mai 1980.

Signée à Luxembourg, entrée en vigueur le 1er sept. 1983.

Entrée en vigueur en France le le 1er sept. 1983, après ratification le 4 août 1982.

BIBL. ▶ LAGARDE, *Rev. crit. DIP 1987. 412* (conflits possibles entre la Convention européenne du 20 mai 1980 et la Convention de La Haye du 5 octobre 1961).

Convention européenne du 25 janvier 1996,

Sur l'exercice des droits des enfants.

Signée à Strasbourg, entrée en vigueur le 1er juill. 2000 ;

Entrée en vigueur en France le 1er janv. 2008, après signature le 4 juin 1996 et ratification le 19 sept. 2007 (RGDIP 1996. 304).

BIBL. ▶ BENHAMOU, *RTD eur. 1996. 23* (commentaire).

Accord européen du 5 mars 1996,

Concernant les personnes participant aux procédures devant la Cour européenne des droits de l'homme. – Publié par L. n° 98-993 du 5 nov. 1998, JO 6 nov. et Décr. n° 99-60 du 25 janv. 1999, JO 30 janv.

Signé à Strasbourg, entré en vigueur le 1er janv. 1999.

Entré en vigueur en France le 1er janv. 1999, après signature le 31 mars 1998 et ratification le 17 nov. 1998.

Convention du 4 novembre 1999,

Civile sur la corruption.

Signée à Strasbourg, entrée en vigueur le 1er nov. 2003 ;

Entrée en vigueur en France le 1er août 2008, après signature le 26 nov. 1999 et ratification le 25 avr. 2008.

Conventions de La Haye

BIBL. GÉN. ▶ ATTAL, *D. 2009. 2379* (Union européenne et Convention de La Haye de 2005 sur les accords d'élection de for : vers un droit communautaire de source non communautaire). – BRIÈRE, *D. 2018. 1656* (réflexions sur l'influence de la Conférence de La Haye). – MARCHADIER, *Rev. crit. DIP 2007. 677* (contribution de la Cour européenne des droits de l'homme à l'efficacité des conventions de La Haye de coopération judiciaire et administrative).

Convention de La Haye du 1er mars 1954,

Relative à la procédure civile 🏛. *– Publiée par Décr. n° 59-1122 du 19 sept. 1959 (D. 1959. 608 ; BLD 1959. 1191). – V. aussi Convention du 25 oct. 1980, art. 22 et 23, tendant à faciliter l'accès international à la justice, publiée par Décr. n° 88-979 du 11 oct. 1988 (D. et ALD 1988. 442).*

Sur l'état des signatures, des ratifications et des adhésions au 1er mars 2010, V. Rev. crit. DIP 2010. 230.

Convention de La Haye du 15 avril 1958,

Concernant la reconnaissance et l'exécution des décisions en matière d'obligations alimentaires envers les enfants.

Sur l'état des signatures, ratifications et adhésions au 1er mars 2010, V. Rev. crit. DIP 2010. 230.

BIBL. ▶ B. ANCEL, *Mél. Fritz Sturm, Éditions Juridiques de l'Université de Liège 1999, p. 1337* (l'internationalisation de l'obligation alimentaire envers les enfants par le droit conventionnel de la reconnaissance des décisions). – BELLET, *Rev. crit. DIP 1959. 394* (communication sur les séances des 19 mars et 4 juin 1959, où ont été discutées les Conventions sur les obligations alimentaires et le renvoi). – BISCHOFF, *JDI 1964. 759* (les Conventions de La Haye en matière d'obligations alimentaires). – GUINCHARD, *AJ fam. 2006. 92* (le créancier d'aliments et le droit international privé de l'exécution). – LE FUR, *Dr. et pr. 1998. 460* (le recouvrement en France des créances alimentaires). – MEZGER, *Trav. Com. fr. DIP 1960. 123* (les Conventions de La Haye sur la loi applicable et sur la reconnaissance et l'exécution des décisions en matière d'obligations alimentaires envers les enfants). – SCHAFFHAUSER, *Revue juridique d'Alsace et de Lorraine, 1977, p. 113* (exécution des décisions en matière d'obligations alimentaires envers les enfants suivant la Convention de La Haye).

Convention de La Haye du 5 octobre 1961,

Concernant la compétence des autorités et la loi applicable en matière de protection des mineurs.

Sur l'état des signatures, ratifications et adhésions au 1er mars 2010, V. Rev. crit. DIP 2010. 230.

Convention de La Haye du 5 octobre 1961,

Supprimant l'exigence de légalisation des actes publics étrangers. — Publiée par Décr. no 65-57 du 22 janv. 1965 (D. 1965. 91 ; BLD 1965. 126). — V. aussi Décr. no 82-666 du 22 juill. 1982 (D. et BLD 1982. 378) portant publication de la convention portant dispense de légalisation pour certains actes et documents (relatifs à l'état civil), signée à Athènes le 15 sept. 1977.

Sur l'état des signatures, ratifications et adhésions au 1er mars 2010, V. Rev. crit. DIP 2010. 230.

BIBL. ▶ BISCOTTINI, *Recueil des Cours de l'Académie de droit international de La Haye, Vol. 104, 1961, III, p. 635, spéc. p. 663* (l'efficacité des actes administratifs étrangers). – Conférence de La Haye de droit international privé, *Rev. crit. DIP 1967. 205* (extensions territoriales et autorités compétentes pour délivrer l'apostille).

Convention de La Haye du 15 novembre 1965,

Relative à la signification et à la notification à l'étranger des actes judiciaires et extrajudiciaires en matière civile ou commerciale. — Publiée par Décr. no 72-1019 du 9 nov. 1972 (D. et BLD 1972. 569).

Sur l'état des signatures, des ratifications et des adhésions au 1er mars 2010, V. Rev. crit. DIP 2010. 230.

BIBL. ▶ CHATIN, *Rev. crit. DIP 1977. 622* (régime des notifications à l'étranger) ; *Revue des Huissiers de Justice, mai 1981, p. 9* (transmission et signification des actes à l'étranger d'Officier Ministériel à Officier Ministériel). – CHATIN et STURLESE, *Recueil pratique de l'Entraide Judiciaire Internationale, 3e éd. 1990* (les notifications internationales des actes judiciaires et extrajudiciaires). – DELGRANGE, *Gaz. Pal. 28 janv. 1998. Doctr. 73.*

Convention de La Haye du 18 mars 1970,

Sur l'obtention des preuves à l'étranger en matière civile ou commerciale, signée par la France le 24 août 1972. — Publiée par Décr. no 75-250 du 9 avr. 1975 (D. et BLD 1975. 124). — V. aussi Décr. no 89-43 du 24 janv. 1989 (D. et ALD 1989. 104) portant publication de la déclaration française du 24 déc. 1986.

Sur l'état des signatures, des ratifications et des adhésions au 1er mars 2010, V. Rev. crit. DIP 2010. 230.

BIBL. ▶ MEYER-FABRE, *Trav. com. fr. DIP 2002-2004* (l'obtention des preuves à l'étranger).

Convention de La Haye du 2 octobre 1973,

Concernant la reconnaissance et l'exécution de décisions relatives aux obligations alimentaires.

Sur l'état des signatures, des ratifications et des adhésions au 1er mars 2010, V. Rev. crit. DIP 2010. 230.

BIBL. ▶ E. GUINCHARD, *AJ fam. 2006. 92* (le créancier d'aliment et le droit international privé de l'exécution). – P. LAGARDE, *Mél. Alfred E. von Overbeck, Fribourg 1990, p. 511* (observations sur l'articulation des questions de statut personnel et des questions alimentaires dans l'application des conventions de droit international privé ; conflits et harmonisation). – LE FUR, *Dr. et pr. 1998. 460* (le recouvrement en France des créances alimentaires). – SAUTERAUD-MARCENAC, *JCP 1977. 2871* (du nouveau en matière de recouvrement international des pensions alimentaires. Étude sommaire des deux Conventions de La Haye du 2 octobre 1973, entrées en vigueur le premier octobre 1977) ; *Gazette du Palais, 1983. Gaz. Pal. 58* (du recouvrement des aliments franco-allemands et des difficultés d'application des Conventions de Bruxelles et de La Haye (jurisprudence inédite). – VON OVERBECK, *Mél. A. Rieg, Bruxelles 2000, p. 839* (obligations "alimentaires" entre époux après divorce : autonomie ou rattachement objectif ?).

Convention de La Haye du 25 octobre 1980,

Sur les aspects civils de l'enlèvement international d'enfants (L. no 82-486 du 10 juin 1982, JO 11 juin, p. 1841).

La Convention susvisée est reproduite dans le ***C. civ.***

Sur l'état des signatures, des ratifications et des adhésions au 1er mars 2010, V. Rev. crit. DIP 2010. 230.

BIBL. ▶ ANCEL et ALII, *AJ fam. 2006. 178* (enlèvements internationaux d'enfants). – AVENA-ROBARDET, *AJ fam. 2018. 510* (schéma). – BODARD-HERMANT, *Gaz. Pal. 23-25 janv. 2000, p. 2 ; RFDA 1999. 414* (enlèvement d'enfant et adoption internationale : la nécessité d'un contrôle juridictionnel des décisions des autorités centrales). – BOICHE, *AJ fam. 2012. 97* (la CEDH a-t-elle décidé d'annihiler la Conv. de La Haye ?) ; *ibid. 2018. 536* (la reconnaissance des accords familiaux impliquant des enfants). – ESKENAZI, *AJ fam. 2018. 533* (la parole de l'enfant déplacé en matière d'enlèvement international et de déplacement illicite). – GALLANT, *AJ fam. 2018. 527* (la résidence de l'enfant déplacé). – HILPERT, *AJ fam. 2018. 523* (la procédure de retour, évolutions procédurales). – JAULT-SESEKE et PIGACHE, *D. 2006. 1778* (contribution procédurale à l'efficacité de la Convention). – LE COTTY, *AJ fam. 2018. 529* (situation de l'enfant déplacé : les exceptions au retour). – LORTIE, *AJ fam. 2018. 505* (rôle moteur de la Conférence de La Haye) ; *AJ fam. 2018. 516* (le réseau international des juges de la Haye : un réseau immédiatement opérationnel). – MOURA-RAMOS, *Mél. Mouly, Litec 1998, p. 353* (la protection des enfants sur le plan international). – OLLAND, *AJ fam. 2018. 522* (la communication judiciaire directe avec les Pays-Bas). – SALVARY, *AJ fam. 2018. 519* (la communication judiciaire directe avec la France).

▶ **Conventions bilatérales :** YALAZ, *AJ fam. 2014. 351* (les déplacements illicites d'enfants et les conventions bilatérales franco-algérienne et franco-tunisienne).

Convention de La Haye du 25 octobre 1980,

Tendant à faciliter l'accès international à la justice. — Publiée par Décr. no 88-979 du 11 oct. 1988 (D. et ALD 1988. 442).

Sur l'état des signatures, des ratifications et des adhésions au 1er mars 2010, V. Rev. crit. DIP 2010. 230.

Convention de La Haye du 29 mai 1993,

Sur la protection des enfants et la coopération en matière d'adoption internationale (Décr. no 98-815 du 11 sept. 1998, JO 13 sept., p. 13997). — Convention signée par la France le 5 avr. 1995.

BIBL. ▶ BOURSICOT, *D. 2002. 100* (les chemins de l'adoption internationale). – FOYER, *Mél. Drai, Dalloz 2000. 559* (le lente gestation d'une règle jurisprudentielle : la loi applicable à l'adoption internationale). – MONÉGER, *JCP 1998. Act. no 8-9* (projet de ratification par la France). – THOURET, *Procédures 1999. Chron. 7* (l'intégration de la Convention). – LEMONTEY, Enfants d'Europe, enfants du monde, *Deuxièmes Journées européennes du Droit de Nancy - Actes du colloque organisé à Nancy les 24 et 25 nov. 2000, p. 63* (l'enfant au cœur des conflits de famille. Les voies d'une réforme de l'adoption). – MEYER-FABRE, *Rev. crit. DIP 1994. 259* (la Convention de La Haye du 29 mai 1993 sur la protection des enfants et la coopération en matière d'adoption internationale). – MORENO, *Rev. crit. DIP 2001. 301* et 459 (aspects contractuels de l'adoption internationale). – MUIR WATT, Le droit de la famille à l'épreuve des migrations transnationales (Colloque - Univ. de Lille II), *LGDJ, Paris 1993, p. 147* (l'adoption d'enfants étrangers (regards sur l'évolution récente de la jurisprudence française). - Van Loon, L'enfant et les conventions internationales, *Presses universitaires de Lyon 1996, p. 49* (les Conventions de la Conférence de La Haye.). - Revillard, *Defrénois, 15 sept. 1999, n° 17, p. 917* (l'adoption internationale à la suite de la circulaire du 16 févr. 1999). - Rude-Antoine, *JCP 2000, Actu. 667* (la proposition de loi relative à l'adoption internationale et la question de la règle de conflit). - Dossier : *AJ fam. janv. 2002* (adoption internationale : pratiques et enjeux).

Convention de La Haye du 19 octobre 1996,

Concernant la compétence, la loi applicable, la reconnaissance, l'exécution et la coopération en matière de responsabilité parentale et de mesures de protection des enfants (Rev. crit. DIP 1996. 813).

V. L. n° 2007-1161 du 1er août 2007 autorisant l'adhésion à cette convention. — V. Décr. n° 2011-1572 du 18 nov. 2011 (JO 20 nov.).

La présente Convention est entrée en vigueur en France le 1er févr. 2011.

BIBL. ▶ Amstrong, *Dr. et patr., juill./août 2005, p. 46* (l'articulation du règlement « Bruxelles II *bis* » et des Conventions de La Haye de 1980 et 1996) ; Le nouveau droit communautaire du divorce et de la responsabilité parentale, *Dalloz 2005, p. 111* (l'articulation des règlements communautaires et des conventions de La Haye). - Boiché, *AJ fam. 2011. 93* . - Boulanger, *Mél. Fritz Sturm, Éditions juridiques de l'Univ. de Liège 1999, p. 1399* (de la Convention de La Haye de 1961 à celle de 1996 sur la loi applicable à la responsabilité parentale et la protection des enfants - Requiem pour la loi nationale ?). - Bucher, l'enfant en droit international privé, *LGDJ 2003*. - Ducan, *LPA 29 nov. 1999, p. 18* (les enfants sans enfance (1re partie)). - Devers, *Gaz. Pal. 6-7 janv. 2012, p. 9* (la convention de La Haye de 1961 est morte, vive la convention de La Haye de 1996 !). - Fulchiron (dir.), Conflit familial, déplacements d'enfants et coopération judiciaire internationale en Europe, *Centre de droit de la famille, Lyon 2002* ; Les enlèvements d'enfants à travers les frontières, *Bruylant 2004*. - Mouraramos, *Mél. Mouly, Litec 1998. p. 353* (la protection des enfants sur le plan international). - P. Lagarde, *Rev. crit. DIP 1997. 217* . - Revillard, *Mél. Gaudemet-Tallon, Dalloz 2008, p. 789* (l'harmonisation du droit international privé de la famille dans la partique notariale). - Van Loon, JHA, Enfants d'Europe, enfants du monde, *Deuxièmes Journées européennes du droit de Nancy - Actes du colloque organisé à Nancy les 24 et 25 nov. 2000, p. 31* (l'enfant au cœur des conflits de famille. Les conflits de garde au sein des couples binationaux). - V. aussi Le Fur, *Dr. et pr. 1998. 460* (le recouvrement en France des créances alimentaires).

Convention de La Haye du 30 juin 2005,

Sur les accords d'élection de for.

La présente Conv. a été ratifiée par l'Union européenne le 11 juin 2015. Elle entrera en vigueur le 1er oct. de la même année. — Sur cette ratification, V. F. Mailhé, JCP 2015. 731.

BIBL. ▶ Attal, *D. 2009. 2379* (vers un droit communautaire de source non communautaire ?). - B. Audit, *Mél. H. Gaudemet-Tallon, Dalloz 2008, p. 171*. - Borrás, *Recueil des cours de l'Académie de droit international de La Haye, 2005, t. 317, p. 313, spéc. p. 490 s.* (le droit international privé communautaire : réalités, problèmes et perspectives d'avenir). - Fohrer-Dedeuwaerder, *RTD com. 2018. 1083* (les clauses attributives de juridiction dans les relations commerciales établies). - Kessedjian, *JDI 2006. 813*. - Usunier, *Rev. crit. DIP 2010. 37* .

Autres conventions internationales

Convention de New York du 10 juin 1958,

Pour la reconnaissance et l'exécution des sentences arbitrales étrangères. — Publiée par Décr. n° 59-1039 du 1er sept. 1959 (D. et BLD 1959. 581). — V. lettre du 17 nov. 1989 relative au retrait d'une déclaration faite par le Gouvernement de la République française lors de la ratification de la convention, publiée par Décr. n° 90-170 du 16 févr. 1990 (D. et ALD 1990. 160).

Convention de Vienne du 18 avril 1961,

Sur les relations diplomatiques, art. 31 s. — Publiée par Décr. n° 71-284 du 29 mars 1971 (D. et BLD 1971. 175). — En ce qui concerne les membres des postes consulaires, V. Convention de Vienne du 24 avr. 1963 sur les relations consulaires, art. 43 s., publiée par Décr. n° 71-288 du 29 mars 1971 (D. et BLD 1971. 180).

Convention du 10 septembre 1964,

Relative aux décisions de rectification d'actes de l'état civil. — Publiée par Décr. n° 83-883 du 27 sept. 1983 (D. et ALD 1983. 489).

ENQUÊTEURS SOCIAUX

Décret n° 2009-285 du 12 mars 2009,

Relatif aux enquêteurs sociaux et à la tarification des enquêtes sociales en matière civile.

BIBL. GÉN. ▸ CADIET, *JCP 2009. I. 142, obs. n° 17.*

▸ **Sur le Décr. du 13 janv. 2011 :** BRUGGEMAN, *Dr. fam. 2011. Alerte 25.* – GEBLER, *AJ fam. 2011. 66 ; ibid. 149 .*

CHAPITRE PREMIER *Liste des enquêteurs sociaux*

Art. 1er Il est dressé tous les cinq ans, dans le ressort de chaque cour d'appel, une liste sur laquelle sont inscrits les enquêteurs sociaux ayant vocation à être désignés en application des articles 1072 *(Décr. n° 2011-54 du 13 janv. 2011, art. 1er)* « , 1171 et 1221 » du code de procédure civile. La liste peut faire l'objet, en tant que de besoin, de mises à jour annuelles. *— Sur la compétence de l'assemblée générale des magistrats du siège de la cour d'appel afin de dresser la liste des enquêteurs sociaux près la cour d'appel dans les conditions prévues par les art. 4 et 5 du présent décret, V. COJ, art. R. 312-43.*

Elle est tenue à la disposition du public dans les locaux du greffe de la cour d'appel et des *(Décr. n° 2019-966 du 18 sept. 2019, art. 8, en vigueur le 1er janv. 2020)* « tribunaux judiciaires *[ancienne rédaction : tribunaux de grande instance]* » et d'instance.

Le juge peut, le cas échéant, désigner toute autre personne qualifiée de son choix.

Art. 2 Une personne physique ne peut être inscrite sur une liste que si elle réunit les conditions suivantes :

1° Être âgée de moins de 70 ans à la date de son inscription ;

2° Exercer ou avoir exercé pendant un temps suffisant une profession ou une activité, notamment dans le domaine social ou psychologique, en relation avec l'objet des enquêtes sociales ;

3° N'exercer aucune activité incompatible avec l'indépendance nécessaire à l'exercice de sa mission ;

4° Avoir sa résidence dans le ressort de la cour d'appel ;

5° N'avoir pas été l'auteur de faits ayant donné lieu à condamnation pénale ou à sanction disciplinaire ou administrative pour agissements contraires à l'honneur, à la probité ou aux bonnes mœurs.

1. Le fait qu'une personne demandant son inscription sur la liste des enquêteurs sociaux exerce des fonctions électives n'est pas, en soi, incompatible avec l'exercice des fonctions d'enquêteur social. • Civ. 2e, 9 sept. 2010 : *D. actu. 21 sept. 2010.*

2. L'inscription sur une liste d'enquêteurs sociaux d'une cour d'appel est incompatible avec la fonction de greffier au sein d'un TGI du ressort de cette même cour d'appel. • Civ. 2e, 16 oct. 2014 : *D. actu. 29 oct. 2014, obs. Mélin.*

Art. 3 Une personne morale ne peut être inscrite sur une liste que si elle réunit les conditions suivantes :

1° Avoir son siège social dans le ressort de la cour d'appel ;

2° Ses dirigeants remplissent les conditions prévues aux 3° et 5° de l'article 2 ;

3° Chaque personne susceptible d'exercer pour son compte une mission d'enquêteur social remplit les conditions prévues à l'article 2.

Ne peuvent faire l'objet d'une inscription les établissements et services habilités par la protection judiciaire de la jeunesse pour l'exercice de mesures d'investigation en assistance éducative.

Art. 4 Les demandes d'inscription sont adressées au procureur de la République près le *(Décr. n° 2019-966 du 18 sept. 2019, art. 8, en vigueur le 1er janv. 2020)* « tribunal judiciaire *[ancienne rédaction : tribunal de grande instance]* » dans le ressort duquel le candidat a sa résidence ou son siège social. Le procureur de la République instruit la demande et vérifie que le candidat remplit les conditions requises. Il recueille tous renseignements sur les mérites de celui-ci ainsi que l'avis du juge aux affaires familiales et du juge des tutelles.

Au cours de la deuxième semaine du mois de septembre, le procureur de la République transmet les candidatures au procureur général qui saisit le premier président de la cour d'appel aux fins d'examen par l'assemblée générale des magistrats du siège de la cour d'appel.

Art. 5 L'assemblée générale des magistrats du siège de la cour d'appel dresse la liste des enquêteurs sociaux au cours de la première quinzaine du mois de novembre.

L'assemblée générale peut se tenir en commission restreinte.

Les *(Décr. n° 2019-966 du 18 sept. 2019, art. 8, en vigueur le 1er janv. 2020)* « tribunaux judiciaires *[ancienne rédaction : tribunaux de grande instance]* » sont représentés à l'assemblée générale, même si celle-ci siège en commission restreinte, par un de leurs membres qui participe avec voix consultative à l'examen des demandes. Toutefois, le premier président peut dispenser certaines juridictions de se faire représenter, pourvu qu'un membre au moins d'un *(Décr. n° 2019-966 du 18 sept. 2019, art. 8, en vigueur le 1er janv. 2020)* « tribunal judiciaire *[ancienne rédaction : tribunal de grande instance]* » siège à l'assemblée générale.

Le premier président désigne un ou plusieurs magistrats du siège pour exercer les fonctions de rapporteur.

L'assemblée générale se prononce après avoir entendu le magistrat chargé du rapport et le ministère public.

Art. 6 A l'expiration du délai de cinq ans, la liste est intégralement renouvelée. Les personnes concernées déposent une nouvelle demande. Celle-ci est instruite conformément aux dispositions des articles 4 et 5.

Art. 7 La radiation d'un enquêteur social peut être prononcée par l'assemblée générale de la cour d'appel à la demande de l'intéressé ou à l'initiative du premier président ou du procureur général, dès lors que l'une des conditions prévues aux articles 2 et 3 cesse d'être remplie ou que l'enquêteur n'a pas agi avec la diligence nécessaire.

En cas d'urgence, le premier président peut prononcer, à titre provisoire, la radiation de l'enquêteur pour une durée qui ne peut excéder trois mois.

Un extrait de la décision de retrait ou de radiation, ne comportant que la mention de la mesure prise, est annexé à la liste annuelle tenue à la disposition du public.

Art. 8 Les décisions de refus d'inscription, de retrait ou de radiation prises sur le fondement des articles 5, 6 et 7 sont motivées. Sauf le cas où elles interviennent à la demande de l'intéressé, celui-ci est mis en mesure de présenter ses observations. Ces décisions sont notifiées à l'intéressé.

La décision de refus d'inscription ou de radiation ne peut donner lieu qu'à un recours devant la Cour de cassation dans un délai d'un mois par déclaration au greffe de la Cour de cassation ou par lettre recommandée avec demande d'avis de réception adressée à ce greffe. Le délai court, à l'égard du procureur général, du jour de la notification du procès-verbal établissant la liste des enquêteurs sociaux et, à l'égard de l'enquêteur social, du jour de la notification de la décision. Le recours à l'encontre des décisions de retrait ou de radiation est suspensif.

1. L'appréciation tant des qualités professionnelles du candidat à l'inscription sur la liste des enquêteurs sociaux prévue par le Décr. du 12 mars 2009, que de l'opportunité d'inscrire une personne sur cette liste échappe, sauf erreur manifeste d'appréciation, au contrôle de la Cour de cassation statuant sur le recours d'une décision de refus d'inscription. • Civ. 2e, 24 juin 2010, n° 10-60.109 P. ♦ Le motif de refus d'inscription, tiré de l'absence de besoin, est entaché d'une erreur manifeste d'appréciation, en l'état de l'inscription concomitante de trois autres candidats sur la liste des enquêteur sociaux. • Civ. 2e, 4 juin 2015, n° 15-60.052 P : *D. actu. 26 juin 2015, obs. Mélin.*

2. Motivation. Méconnaît les exigences des art. 2 et 8 du Décr. du 12 mars 2009, l'assemblée générale des magistrats du siège d'une cour d'appel qui refuse, au visa de l'art. 2-2° de ce texte, l'inscription d'un candidat sur la liste des enquêteurs sociaux, au seul motif qu'il exerce les fonctions de mandataire judiciaire à la protection des majeurs, sans exposer en quoi ces fonctions porteraient atteinte à l'indépendance d'un enquêteur social. • Civ. 2e, 24 juin 2010, n° 10-60.111 P : *D. actu. 7 juill. 2010, obs. Dargent ; D. 2010. 2500, note Norguin* ♦ Méconnaît les exigences de l'art. 8 du Décr. du 12 mars 2009, l'assemblée générale des magistrats du siège d'une cour d'appel qui, pour refuser l'inscription d'un candidat sur la liste des enquêteurs sociaux, retient, par un motif d'ordre général, que l'intéressé ne remplit pas les conditions de l'art. 2.2° de ce texte. • Civ. 2e, 24 juin 2010, n° 10-60.016 P : *D. actu. 7 juill. 2010, obs. Dargent ; D. 2010. 2500, note Norguin.*

3. Contradictoire. Doit être annulée la décision de l'assemblée générale dont il ne résulte ni du dossier ni d'aucune mention du procès-verbal de l'assemblée générale que le requérant a été mis en mesure de présenter ses observations avant la décision de refus de l'inscription qui n'est pas motivée. • Civ. 2e, 9 sept. 2010, n° 10-60.200 P • 26 mai 2011, n° 11-60.015 P.

Art. 9 Lors de leur première inscription sur la liste ou de leur réinscription après radiation, les enquêteurs sociaux prêtent serment devant la cour d'appel. La formule du serment est la suivante : "Je jure d'exercer ma mission d'enquêteur social en mon honneur et conscience et de ne rien révéler ou utiliser de ce qui sera porté à ma connaissance à cette occasion."

Pour une personne morale, le serment est prêté par son président ou son mandataire social ou, à titre exceptionnel, par une personne désignée spécialement à cet effet.

En cas d'empêchement grave, le premier président de la cour d'appel peut autoriser l'enquêteur à prêter serment par écrit.

Art. 10 *(Décr. n° 2021-867 du 29 juin 2021, art. 8)* I. — Pour l'application du présent décret à Saint-Pierre-et-Miquelon, les termes énumérés ci-après sont remplacés comme suit :

1° "tribunal judiciaire" par : "tribunal de première instance" ;

2° "cour" ou "cour d'appel" par : "tribunal supérieur d'appel" ;

3° "juge du tribunal judiciaire" par : "président du tribunal de première instance ou son délégué" ;

4° "premier président de la cour d'appel" par : "président du tribunal supérieur d'appel" ;

5° "procureur de la République" par : "procureur de la République près le tribunal de première instance" ;

6° "procureur général" par : "procureur de la République près le tribunal supérieur d'appel".

II. — Pour l'application du présent décret à Mayotte, les termes énumérés ci-après sont remplacés comme suit :

1° "cour" ou "cour d'appel" par : "chambre d'appel" ;

2° "premier président de la cour d'appel" par : "président de la chambre d'appel" ;

3° "procureur général" par : "procureur de la République près la chambre d'appel".

Art. 11 *Modification de l'art. R. 312-43 COJ.*

CHAPITRE II *Tarification des enquêtes sociales*

Art. 12 *(Décr. n° 2011-54 du 13 janv. 2011, art. 2-1°)* « Un référentiel des diligences devant être accomplies lors d'une enquête sociale est défini par arrêté du garde des Sceaux, ministre de la justice. *(Décr. n° 2013-770 du 26 août 2013, art. 6-1°)* « Il est alloué » aux enquêteurs sociaux désignés en application des articles 1072, 1171 et 1221 du code de procédure civile une rémunération forfaitaire par enquête, fixée par arrêté conjoint du garde des Sceaux, ministre de la justice, et du ministre chargé du budget, selon que l'enquête sociale est accomplie par une personne physique ou une personne morale. Cette rémunération peut être réduite, après recueil des observations des intéressés, en cas de retard dans l'accomplissement de la mission ou d'insuffisance du rapport. » — *Sur le référentiel des diligences devant être accomplies lors d'une enquête sociale, V. Arr. du 13 janv. 2011 reproduit ci-dessous. — Sur le tarif de l'enquête sociale, V. art. A. 43-12 reproduit ci-dessous.*

(Décr. n° 2013-770 du 26 août 2013, art. 6-2°) « En cas d'impossibilité pour l'enquêteur d'accomplir sa mission pour une cause qui lui est étrangère, il est alloué, sous réserve que l'enquêteur justifie des diligences accomplies, une indemnité de carence. » Ses modalités sont fixées par l'arrêté prévu à l'alinéa 1.

(Décr. n° 2013-770 du 26 août 2013, art. 6-3°) « Lorsque les enquêteurs se déplacent, il leur est alloué, sur justification, des indemnités calculées dans les conditions fixées pour les déplacements des personnels civils de l'État. »

Les dispositions de l'art. 6-3° du Décr. n° 2013-770 du 26 août 2013 s'appliquent aux déplacements réalisés en vertu d'un titre intervenu à compter du lendemain de la date de publication dudit décret (Décr. préc., art. 8).

Arrêté du 13 janvier 2011,

Définissant le référentiel des diligences à accomplir en matière d'enquête sociale ordonnée par le juge aux affaires familliales et pris en application de l'article 12 du décret nº 2009-285 du 12 mars 2009 relatif aux enquêteurs sociaux et à la tarification des enquêtes sociales en matière civile (JO 15 janv.).

Art. 1er Une enquête sociale ordonnée par le juge aux affaires familiales comporte les diligences décrites dans l'annexe I du présent arrêté.

Art. 2 L'enquête sociale donne lieu à un rapport descriptif et analytique établi selon la trame figurant à l'annexe II du présent arrêté.

ANNEXES

ANNEXE I

DILIGENCES ACCOMPLIES DANS LE CADRE D'UNE ENQUÊTE SOCIALE

Sauf circonstances exceptionnelles, une enquête sociale comporte les diligences suivantes :

I. — Deux entretiens avec chaque parent dont un se déroule à leur domicile et peut s'accompagner d'un entretien avec le tiers qui réside habituellement au domicile et, le cas échéant, avec les enfants du tiers qui vivent au domicile, au cours desquels sont évoqués les thèmes suivants :

— la présentation de la mesure ;
— la compréhension de la décision avant-dire droit et son application ;
— la présentation de la famille, composition, recomposition ;
— le parcours individuel des parents, du couple ;
— la présentation du logement, des conditions d'accueil des enfants ;
— les éléments financiers limités à la compréhension de la dynamique familiale et du milieu dans lequel évoluent les enfants ;
— la description de la prise en charge de l'enfant, de la vie de l'enfant, de la disponibilité des parents ;
— l'évocation de la problématique avec chaque parent, et de leurs projets, attentes et souhaits ;
— la confrontation de leur position ;
— l'évolution de la situation depuis le premier entretien ;
— le discours des parents sur l'enfant.

II. — Une rencontre avec chaque enfant seul, puis en présence de chaque parent.

III. — Des contacts avec le milieu dans lequel évolue l'enfant.

Il s'agit notamment des contacts avec l'école, les services sociaux de secteur, la protection maternelle infantile, la crèche et, le cas échéant, le tiers ou membre de la famille chez lequel se déroule le droit de visite et, dans la mesure du possible, les médecins et thérapeutes.

Les renseignements peuvent être recueillis par téléphone ou par courrier, notamment à l'aide d'un questionnaire.

ANNEXE II

CONTENU DU RAPPORT D'ENQUÊTE SOCIALE

Le rapport d'enquête sociale contient les informations suivantes :

— un sommaire ;
— le rappel de la mission ;
— l'état civil, la présentation de la famille ;
— *le déroulement de l'enquête sociale* : dates et lieu des rencontres, difficultés rencontrées et, le cas échéant, modalités du travail d'équipe... ;
— les conditions de vie et l'activité professionnelle des parents ;
— la présentation familiale actuelle (famille recomposée...) ;
— les éléments de biographie des parents et histoire judiciaire si nécessaire ;
— l'histoire du couple et de la famille ;
— les relations des parents après la séparation ;
— un compte rendu des entretiens avec les parents et les enfants et des éléments recueillis auprès des tiers ;
— une synthèse et une analyse approfondie de la situation ;
— une conclusion et des propositions.

Art. 13 *Modification de l'art. 695 C. pr. civ.*

Art. 14 L'article 12 s'applique aux enquêtes sociales ordonnées à compter de la date de publication de l'arrêté qu'il prévoit. – *L'arrêté mentionné à l'art. 12 a été publié au Journal officiel du 14 mars 2009.*

Art. 15 Le décret n° 76-998 du 4 novembre 1976 relatif à la rémunération des personnes chargées des enquêtes sociales en matière de divorce et de séparation de corps est abrogé.

Code de procédure pénale

Art. A. 43-12 *(Arr. du 13 janv. 2011, art. 1er)* **Le tarif de l'enquête sociale mentionnée aux articles 1072, 1171 et 1221 du code de procédure civile est fixé à 600 euros pour une personne physique et à 700 euros pour une personne morale.**

Le montant de l'indemnité de carence est fixé à 30 euros.

(Annulé par CE n° 347460 du 23 oct. 2013) ***« Le montant de l'indemnité de déplacement est fixé à 50 euros. »*** – *L'art. 1er de l'Arr. du 13 janv. 2011 du ministre du Budget et du garde des Sceaux, ministre de la Justice et des libertés, pris en application de l'art. 12 du Décr. n° 2009-285 du 12 mars 2009 relatif aux enquêteurs sociaux et à la tarification des enquêtes sociales en matière civile est annulé en tant qu'il fixe le montant forfaitaire de l'indemnité de déplacement des enquêteurs sociaux (CE 23 oct. 2013, n° 347460).*

1. Tarif unique. Sur la validation d'un tarif unique pour toute enquête sociale, V. : • CE 18 oct. 2010 : *AJ fam. 2010. 537, obs. Douris*.

2. Assistance éducative. Exclusion. L'art. 3 du Décr. n° 2009-285 du 12 mars 2009 relatif aux enquêteurs sociaux et à la tarification des enquêtes sociales en matière civile a exclu de la liste des enquêteurs sociaux du ressort de chaque cour d'appel les établissements et services habilités par la protection judiciaire de la jeunesse de telle sorte que la tarification prévue par ce texte n'est pas applicable aux enquêtes réalisées dans le cadre de l'assistance éducative. Les enquêtes sociales ordonnées par le juge des enfants ont été exclues du champ d'application du texte pour des raisons liées notamment à leur prise en charge. Les mesures relevant de l'assistance éducative restent, en effet, en toutes circonstances à la charge de l'État (budget de la direction de la protection judiciaire de la jeunesse), alors que les enquêtes sociales ordonnées par le juge aux affaires familiales sont en principe à la charge de la partie condamnée aux dépens, les frais d'enquêtes sociales n'étant qu'avancés par le Trésor public. * Rép. min. n° 08654 : *JO Sénat 4 févr. 2010, p. 259 ; AJ fam. 2010. 104*.

EXPERTS JUDICIAIRES

RÉP. PR. CIV. v° *Mesures d'instruction confiées à un technicien*, par REDON.

DALLOZ ACTION *Droit de l'expertise 2016/2017*, nos 1.00 s., par MOUSSA (dir.) ; *La cassation en matière civile 2014/2015*, nos 24.81, 24.96 à 24.111, par J. et L. BORÉ.

BIBL. GÉN. ▸ **Traités, manuels et cours :** BOULEZ, Expertises judiciaires, *16e éd., Delmas 2013*. – BOURGEOIS, JULIEN et ZAVARRO, La pratique de l'expertise judiciaire, *Litec 1999*. – DIAZ, Le guide des expertises judiciaires, Guides Dalloz, *2 éd., Dalloz 2014/2015*. – LECLERC, Le juge et l'expert, contribution à l'étude des rapports entre le droit et la science, *LGDJ 2005*. – MOUSSA, Dictionnaire de l'expertise, préface S. Guinchard, *2e éd. 1988*. – ROUSSEAU, et DE FONTBRESSIN, L'expert et l'expertise judiciaire en France, *Némésys 2007*. – SARRAILHÉ (ss. dir.), Les experts : auxiliaires ou substituts du juge ?, *Société de législation comparée 2009*.

▸ **Rapport de la commission de réflexion sur l'expertise :** FRICERO, *JCP 2011. 572* (l'expertise judiciaire en mutation !).

▸ **Monographie :** CHAUVAUD et DUMOULIN, Experts et expertise judiciaire en France, XIXe et XXe siècles, *PUR 2004*. – DUMOULIN, L'expert dans la justice. De la genèse d'une figure à ses usages, *Economica 2007*.

▸ **Thèses :** LECLERC, Le juge et l'expert, contribution à l'étude des rapports entre le droit et la science, *LGDJ 2005*.

▸ **Articles. – Généralités :** BERNARD, *Experts 10/2009. 10* (les missions privées des experts *judiciaires*). – *DAVID et DE SAINT AFRIQUE*, *Experts 09/1991. 4* (l'expertise privée). – DENIS-LAROQUE, *Experts 08/2009. 45* (enquête nationale d'activité des experts judiciaires pour l'année 2008). – DUMOULIN et BASTARD, Procédure civile et procédure pénale – Unité ou diversité ?, *Procédure(s), Bruylant 2014, p. 167* (représentation et pratique des procédures pénale et civile – Dépasser la distinction civil-pénal ? – un point de vue de sociologue). – DUPONCHELLE, *Experts 2014. 9* (TVA et collaborateurs de la justice). – FRICERO, *JCP 2011. 572* (rapport de la commission de réflexion sur l'expertise : l'expertise judiciaire en mutation !). – GARREAU, *D. 1988. Chron. 97* (l'expert judiciaire et le service public de la justice). – GERADON, *Experts 08/2012. 8* (la reconnaissance des compétences des experts). – HERMITTE, *Justices 1997-8. 79* (l'expertise scientifique à finalité politique, réflexions sur l'organisation et la responsabilité des experts). – HUREAU et PECKELS, *Experts 03/2008. 79* (essai de définition de l'expertise et des experts). – LENCOU et DE FONTBRESSIN, *Les annonces de la Seine 16 févr. 2012, n° 13, p. 9* (une nouvelle vie pour les listes d'experts). – OLIVIER, *Gaz. Pal. 1998. 1. Doctr. 16* (de nouveaux venus sur la liste nationale des experts judiciaires, les experts spécialisés en matière de nomenclature d'actes professionnels et d'actes de biologie médicale) ; *ibid. 14-16 nov. 2004, p. 10* (éthique judiciaire en matière d'expertise).– PÉRICAUD, J.-P. MARTIN, CAUSSE-GIOVANCARLI et LEMAIRE, *Gaz. Pal. 21-22 nov. 2003, p. 18* (rôle de l'expert judiciaire en matière de travaux de bâtiment). – TACCOEN, *Experts 08/2012. 20* (les experts dans la justice : quel avenir ?).

Les textes ci-après reproduits tendent à rendre compte du statut administratif des experts judiciaires. S'agissant du statut des experts en matière administrative, V. not. CJA, art. R. 122-25-1 (tableau national des experts près le Conseil d'État) et R. 222-5 (tableaux des experts établis par les juridictions administratives).

I. Dispositions générales

Loi n° 71-498 du 29 juin 1971,

Relative aux experts judiciaires (JO 30 juin).

BIBL. GÉN. ▸ **L. du 11 févr. 2004 :** CADIET, *JCP 2004. I. 133, n° 9*. – CURTIL, *Gaz. Pal. 12-14 oct. 2003, p. 2* (projet de réforme) ; *ibid. 16-17 févr. 2005, p. 2 ; LPA 13 sept. 2004, p. 3* (statut et discipline) ; – DAIGRE, *JCP 2004. I. 230*. – HEUGAS-DARRASPEN, *AJDI 2004. 442*. – JULIEN et FRICERO, *D. 2005. Somm. 333*. – MAIRÉ, *Gaz. Pal. 13-15 juin 2004, p. 7*. – OLIVIER, *Gaz. Pal. 10-11 juill. 2002, p. 3 ; ibid. 9-10 oct. 2002, p. 2* (projet de réforme) ; *ibid. 13-15 juin 2004, p. 2 ; ibid. 9-11 janv. 2005, p. 2 ; RDI 2005. 173*. – PERRUCHOT-TRIBOULET, *D. 2005. Chron. 3045*.

▸ **Projet de réforme :** NDLR, *JCP N 2011. 919* (proposition de loi AN n° 3740 du 21 sept. 2011).

Art. 1er *(L. n° 2004-130 du 11 févr. 2004, art. 46)* **Sous les seules restrictions prévues par la loi ou les règlements, les juges peuvent désigner pour procéder à des constatations, leur fournir une consultation ou réaliser une expertise, une personne figurant sur l'une des listes établies en application de l'article 2. Ils peuvent, le cas échéant, désigner toute autre personne de leur choix.** – *Sur la liberté de choix du juge, V. aussi C. pr. civ., art. 232. — Comp., en matière pénale, spécifiant que c'est seulement à titre exceptionnel que les juridictions peuvent, par décision motivée, choisir des experts ne figurant sur aucune des listes, C. pr. pén., art. 157. —* ***C. pr. pén.*** *— Au titre des restrictions prévues par la loi ou les règlements, on signalera notamment, en matière d'identification par empreinte génétique, l'art. 16-12 C. civ. et le Décr. n° 97-109 du 6 févr. 1997, App., v° Experts judiciaires, II, Dispositions particulières ; ... s'agissant du contentieux de l'expertise médicale, les art. R. 141-1 et R. 142-24-3 CSS. —* ***CSS.***

Sur les modalités différentes du serment de l'expert désigné selon qu'il est inscrit sur une liste ou non, V. l'art. 6 de la présente loi.

1. Statut de l'expert. Mission de service public (oui). L'expert judiciaire, compte tenu de *la nature de son activité, de son importance et* de ses exigences, est investi, à titre temporaire, d'une mission de service public qui justifie à son égard l'application des dispositions de l'art. 31 de la L. du 29 juill. 1881. • Paris, 2 mai 2001 : *D. 2001. IR 2179.* ♦ V. aussi • Civ. 3e, 12 avr. 1983 : *cité note 3 ss. art. 232 C. pr. civ.*

2. Profession réglementée (non). L'expert judiciaire exécute un mandat de justice et n'exerce pas, ce faisant, une profession. • Civ. 3e, 12 avr. 1983 : *préc. note 1* • Civ. 2e, 4 juill. 2007 : *cité note 3 ss. art. 232 C. pr. civ.* (inapplicabilité des dispositions de la L. n° 46-942 du 7 mai 1946, qui ont pour objet de protéger l'exercice de la profession de géomètre-expert). ♦ V. aussi : * Rép. min. n° 62220 QE, 30 sept. 1985 : *JCP 1985. IV. 357.* ♦ La L. du 29 juin 1971 et le Décr. n° 2004-1463 du 23 déc. 2004 visant, dans le souci de protéger les justiciables et d'assurer la bonne administration de la justice, à établir, dans différents domaines, des listes de professionnels auxquels les juridictions peuvent s'adresser pour réaliser des expertises ou d'autres missions dans le cadre des procédures relatives aux litiges dont elles sont saisies ont pour seul objet de faciliter le recours à des professionnels, d'ailleurs membres ou non de professions réglementées, et non d'organiser la reconnaissance d'une qualification déterminée, compétence qui n'appartient ni aux cours d'appel ni au bureau de la Cour de cassation, ces juridictions pouvant au surplus légalement avoir recours à des experts qui ne figurent pas sur lesdites listes ; les missions des experts judiciaires traducteurs prestées par des experts inscrits sur une liste telle que la liste nationale des experts judiciaires dressée par la Cour de cassation ne relèvent donc pas de la notion de « profession réglementée » au sens de l'art. 3, § 1er, ss. a), de la Dir. 2005/36/CE du Parlement européen et du Conseil du 7 sept. 2005 relative à la reconnaissance des qualifications professionnelles [JOUE L 255/22 du 30 sept. 2005 ; « activité ou un ensemble d'activités professionnelles dont l'accès, l'exercice ou une des modalités d'exercice est subordonné directement ou indirectement, en vertu de dispositions législatives, réglementaires ou administratives, à la possession de qualifications professionnelles déterminées »]. • CJUE 17 mars 2011, *Penarroja*, n° C-372/09, § 28 s. : *JOUE C 139/07 du 7 mai 2011 ; D. 2011. Actu. 1023 ; ibid. 2012. Pan. 244, obs. Fricéro ; ibid. 2013. Pan. 269, obs. Fricéro ; Procédures 2011, n° 170, note Nourrissat ; RFDA 2011. 1225, obs. Clément-Witz, Martucci et Mayeur-Carpentier.* ♦ *Add.* Circ. DSJ 2005-24 AB3 du 16 nov. 2005, § 1er. – V. aussi dans le sens que l'expertise n'est pas une activité professionnelle, mais ne peut être que l'accessoire d'une profession : Décr. n° 2004-1463 du 23 déc. 2004, art. 3, al. 8, reproduit à la suite de la présente loi.

3. Prestation de service (oui). BIBL. de Fontbressin et Lencou, *Experts juin 2011, p. 4* (« marchés » de l'expertise et procès équitable – l'arrêt Penarroja, entre malentendu et sous-entendu). – Denis-Laroque, *Experts juin 2011, p. 8* (justice et gastronomie française face à l'Union européenne). ♦ Une mission confiée au cas par cas par une juridiction, dans le cadre d'un litige qui lui est soumis, à un professionnel en qualité d'expert judiciaire traducteur constitue une prestation de services au sens de l'art. 50 CE, auquel correspond actuellement l'art. 57 TFUE [prestations fournies normalement contre rémunération, dans la mesure où elles ne sont pas régies par les dispositions relatives à la libre circulation des marchandises, des capitaux et des personnes] : • CJUE 17 mars 2011, *Penarroja : préc. note 2.* ♦ La circonstance que la rémunération soit fixée, comme elle l'est en France pour les experts judiciaires, selon un tarif arrêté par l'autorité publique est sans incidence sur la qualification de prestation de services des travaux qu'ils sont appelés à effectuer • Même arrêt, § 37 et 38. ♦ De même, le fait qu'un expert judiciaire n'intervienne que sur désignation d'un juge pour une mission dont les termes sont définis par celui-ci ne différencie pas fondamentalement cette fonction des relations contractuelles classiques en matière de prestations de services dès lors notamment qu'il n'est pas exceptionnel que le fournisseur et le destinataire d'une prestation donnée décident, dans le contrat qui les lie, de confier à l'une des parties à ce contrat un certain pouvoir de décision tout en encadrant celui-ci par des précisions quant aux prestations à fournir, l'expert demandant à être inscrit sur une liste d'experts judiciaires devant ainsi être considéré comme ayant accepté les règles particulières qui régissent les prestations de ces experts, notamment les règles de procédure relatives aux pouvoirs du juge, lequel définit au cas par cas ce qui doit être traduit et les conditions précises dans lesquelles doit intervenir la traduction à fournir par l'expert judiciaire traducteur. • Même arrêt, § 39.

4. Exercice de l'autorité publique (non). Une activité n'entrant dans le champ d'application de l'art. 45, al. 1er, CE, auquel correspond actuellement l'art. 51, al. 1er, TFUE, que lorsque, prise en elle-même, elle constitue une participation directe et spécifique à l'exercice de l'autorité publique, et alors que la mission d'expert judiciaire traducteur est de fournir une traduction impartiale et de qualité d'une langue vers une autre langue, et non de donner une opinion sur le fond de l'affaire, il en résulte que les activités des experts judiciaires dans le domaine de la traduction ne constituent pas des activités participant à l'exercice de l'autorité publique au sens de l'art. 45 préc. • CJUE 17 mars 2011, *Penarroja : préc. note 2.*

5. Conv. EDH. Compatibilité. Les dispositions de la L. du 29 juin 1971 et du Décr. n° 74-1184 du 31 déc. 1974 [abrogé et remplacé par le Décr. n° 2004-1463 du 23 déc. 2004 reproduit à la suite de présente loi] relatifs aux experts judiciaires, en leur rédaction applicable en la cause, ne méconnaissent pas les exigences de l'art. 6, § 1er, Conv. EDH. • Civ. 2e, 13 juill. 2005, n° 05-10.444 P.

Art. 2 *(L. n° 2004-130 du 11 févr. 2004, art. 47-I)* **I. — Il est établi pour l'information des juges :**

1° Une liste nationale des experts judiciaires, dressée par le bureau de la Cour de cassation ; *— Sur la composition du bureau de la Cour de cassation, V. COJ, art. R. 421-2.*

2° Une liste des experts judiciaires dressée par chaque cour d'appel. *— Sur la compétence de l'assemblée générale des magistrats du siège de la cour d'appel afin de dresser la liste des experts près la cour d'appel dans les conditions prévues par les art. 6 à 16 du Décr. n° 2004-1463 du 23 déc. 2004, V. COJ, art. R. 312-43. — V. aussi, sur l'exigence de l'établissement des listes d'experts judiciaires, Décr. n° 2004-1463 du 23 déc. 2004, art. 1er et Arr. du 10 juin 2005, reproduits à la suite de la présente loi.*

II. — L'inscription initiale en qualité d'expert sur la liste dressée par la cour d'appel est faite, dans une rubrique particulière, à titre probatoire pour une durée de *(L. n° 2010-1609* *du 22 déc. 2010, art. 38-1°)* **« trois » ans.** – *Sur la procédure d'inscription initiale, V. Décr. n° 2004-1463 du 23 déc. 2004, art. 6 s., reproduits à la suite de la présente loi.*

A l'issue de cette période probatoire et sur présentation d'une nouvelle candidature, l'expert peut être réinscrit pour une durée de cinq années, après avis motivé d'une commission associant des représentants des juridictions et des experts. A cette fin sont évaluées l'expérience de l'intéressé et la connaissance qu'il a acquise des principes directeurs du procès et des règles de procédure applicables aux mesures d'instruction confiées à un technicien. – *Sur la procédure de réinscription, V. Décr. n° 2004-1463 du 23 déc. 2004, art. 10 s., reproduits à la suite de la présente loi.*

Les réinscriptions ultérieures, pour une durée de cinq années, sont soumises à l'examen d'une nouvelle candidature dans les conditions prévues à l'alinéa précédent.

III. – Nul ne peut figurer sur la liste nationale des experts *(L. n° 2012-409 du 27 mars 2012, art. 9-IV-1°)* **« judiciaires s'il ne justifie soit de son inscription sur une liste dressée par une cour d'appel depuis au moins cinq ans, soit de compétences reconnues dans un État membre de l'Union européenne autre que la France et acquises notamment par l'exercice dans cet État, pendant une durée qui ne peut être inférieure à cinq ans, d'activités de nature à apporter des informations techniques aux juridictions dans le cadre de leur activité juridictionnelle. »** – *Sur la procédure d'inscription et de réinscription sur la liste nationale, V. Décr. n° 2004-1463 du 23 déc. 2004, art. 17 s., reproduits à la suite de la présente loi.*

(L. n° 2016-1547 du 18 nov. 2016, art. 21-I) **« Il est procédé à l'inscription sur la liste nationale pour une durée de sept ans. La réinscription, pour la même durée, est soumise à l'examen d'une nouvelle candidature. »**

IV. – La décision de refus *(L. n° 2012-409 du 27 mars 2012, art. 9-IV-2°)* **« d'inscription ou » de réinscription sur l'une des listes prévues au I est motivée.**

V. – Un décret en Conseil d'État fixe les conditions d'application du présent article et détermine la composition et les règles de fonctionnement de la commission prévue au II. – *V. Décr. préc. du 23 déc. 2004, art. 1 s., et, s'agissant spécialement de la commission prévue au II, art. 12 s.*

Les experts figurant, à la date de publication de la L. n° 2004-130 du 11 févr. 2004 (JO 12 févr.), sur une liste d'experts judiciaires continuent à y figurer jusqu'à ce qu'il soit statué sur leur inscription éventuelle sur les listes mentionnées à l'art. 2 modifié de la L. n° 71-498 du 29 juin 1971. Les conditions dans lesquelles ces experts pourront être inscrits sur les nouvelles listes, dont l'établissement se fera sur une période de cinq ans, sont déterminées par décret en Conseil d'État (L. n° 2004-130 du 11 févr. 2004, art. 79). – V. Décr. n° 2004-1463 du 23 déc. 2004, reproduit à la suite de la présente loi.

L'art. 38 de la L. n° 2010-1609 du 22 déc. 2010 ne s'applique qu'aux experts dont l'inscription initiale sur une liste de cour d'appel est intervenue postérieurement à son entrée en vigueur (L. préc., art. 43). Cette condition est applicable en Nouvelle-Calédonie, en Polynésie française et à Wallis-et-Futuna (Ord. n° 2011-1875 du 15 déc. 2011, art. 1er, 2°, ratifiée par la L. n° 2012-1270 du 20 nov. 2012, art. 30-II-4°).

Les experts inscrits sur la liste nationale, en application du III de l'article 2 de la L. n° 71-498 du 29 juin 1971 relative aux experts judiciaires, depuis sept ans ou moins à la date de publication de la L. n° 2016-1547 du 18 nov. 2016 demandent leur réinscription dans un délai de sept ans à compter de leur inscription. Lorsque l'échéance de ce délai intervient moins de six mois après la publication de la loi préc., leur inscription est maintenue pour un délai de six mois à compter de cette échéance. L'absence de demande dans les délais impartis entraîne la radiation de l'expert. Les experts inscrits sur la liste nationale depuis plus de sept ans à la date de publication de la même loi sollicitent leur réinscription dans un délai de six mois à compter de cette date. L'absence de demande dans le délai imparti entraîne la radiation de l'expert (L. n° 2016-1547 du 18 nov. 2016, art. 21-II).

BIBL. ► DEHARO, *Experts juin 2011, p. 10* (les connaissances juridiques de l'expert au civil – utilité ou futilité ?). – FISELLA, *Experts juin 2011, p. 32* (la formation des experts traducteurs interprètes à la cour d'appel de Rennes).

1. L'inscription sur la liste nationale des experts judiciaires dressée par le bureau de la Cour de cassation ne relève pas de la Dir. n° 2005/36/CE du Parlement européen et du Conseil du 7 sept. 2005 relative à la reconnaissance des qualifications professionnelles. • Civ. 2e, 29 sept. 2011, n° 09-10.605 P : *BICC 15 janv. 2012, n° 62, et la note ; R. 2011, p. 510 ; D. 2011. Actu. 2411 ; AJDI 2012. 440 ; RTD eur. 2012. 505, obs. Rueda.*

2. Portée des recommandations de la commission. Les recommandations contenues dans l'avis émis par la commission instituée par l'art. 2-II, qui s'imposent à l'expert, ne lient pas l'assemblée générale des magistrats du siège de la cour d'appel qui peut, eu égard aux éléments du dossier sur lesquels l'expert a été mis en mesure de s'expliquer, prendre une décision non conforme à l'avis émis par la commission. • Civ. 2e, 4 juill. 2007, n° 07-12.098 P.

3. L'assemblée générale des magistrats du siège d'une cour d'appel, décidant de ne pas réinscrire un expert sur la liste des experts judiciaires, n'inflige aucune sanction, ne refuse ni ne restreint un avantage dont l'attribution constituerait un droit, ne tranche aucune contestation sur les droits et obligations de caractère civil préexistants et ne prend aucune décision entrant dans le champ d'application des dispositions de l'art. 6, § 1er, Conv. EDH. • Civ. 2e, 13 oct. 2005, n° 05-10.333 P : *D. 2006. Pan. 549, obs. Julien et Fricero* • 14 juin 2007, n° 07-10.118 P : *D. 2007. AJ 1883*. ♦ Dès lors, il ne peut être reproché à l'assemblée générale des magistrats d'une cour d'appel, saisie après annulation d'une précédente décision par la Cour de cassation, ni d'avoir entendu en qualité de rapporteur un magistrat ayant participé à la décision annulée, ni d'avoir fondé sa décision sur les mêmes motifs que la décision annulée lorsque, l'annulation ayant été prononcée sur un grief de pure forme, la Cour de cassation n'a pas examiné la motivation au fond de la décision annulée. • Civ. 2e, 14 juin 2007 : *préc.* ♦ De même, il ne peut être fait grief à l'assemblée générale des magistrats du siège d'une cour d'appel d'avoir refusé la réinscription d'un expert sur la liste des experts judiciaires, dès lors que le requérant avait été entendu avant la première décision de l'assemblée générale, qui n'a été annulée que pour des motifs de forme, et que la décision critiquée est motivée dans les mêmes termes que la première décision. • Civ. 2e, 26 juin 2008, n° 08-12.080 P.

4. Exigence de motivation. Inscription initiale. Les décisions de refus d'inscription initiale en qualité d'expert, à titre probatoire, pour une durée de deux ans, dans une rubrique particulière, d'une liste dressée par une cour d'appel n'ont pas à être motivées. • Civ. 2e, 21 sept. 2006, n° 05-21.978 P : *R. 2006, p. 431 ; D. 2006. IR 2481 ; ibid. 2007. Pan. 1383, obs. Julien ; Dr. et pr. 2007. 29, obs. Norguin* • 7 mai 2009, n° 09-10.447 P : *Dr. et pr. 2009. 273, note Salati* • 4 juin 2009 : *Dalloz jurisprudence*. ♦ V. aussi, jugeant encore qu'aucun texte ne prévoit la motivation des décisions de refus d'inscription initiale sur la liste des experts judiciaires d'une cour d'appel et que par ailleurs, le grief formulé contre le motif mentionné dans la lettre de notification, qui ne figure pas dans le procès-verbal de décision de l'assemblée générale des magistrats de la cour d'appel, est inopérant dès lors que, selon l'art. 20 du Décr. n° 2004-1463 du 23 déc. 2004, seules les décisions prises par l'autorité chargée de l'établissement des listes d'experts peuvent donner lieu à recours. • Civ. 2e, 16 mai 2012, n° 11-61.219 P. ♦ V. déjà, avant la réforme de 2004, jugeant que l'assemblée générale des magistrats de la cour d'appel, statuant sur l'inscription d'un expert, n'inflige aucune sanction, ne refuse ni ne restreint un avantage dont l'attribution constituerait un droit, ne prend aucune décision entrant dans l'un des cas prévus par la L. n° 79-587 du 11 juill. 1979 relative à la motivation des actes administratifs et n'a donc pas à motiver sa décision. • Civ. 2e, 24 févr. 2005, n° 03-21.181 P : *D. 2006. Pan. 549, obs. Julien et Fricero* • 14 juin 2006, n° 05-10.459 P. ♦ ... La décision de l'assemblée générale des magistrats de la cour d'appel statuant sur l'inscription d'un expert est une mesure d'administration judiciaire qui n'entre pas dans les prévisions de la L. n° 79-587 du 11 juill. 1979 relative à la motivation des actes administratifs. • Civ. 2e, 3 juin 2004, n° 04-10.557 P : *D. 2004. 1771*. – V. plus généralement sur la jurisprudence antérieure à la réforme de 2004, **C. pr. civ.**, éd. 2003. ♦ Sur la non-conformité au droit communautaire de cette solution, V. jugeant que l'art. 49 CE, auquel correspond actuellement l'art. 56 TFUE, s'oppose à une réglementation nationale telle que la législation française en vertu de laquelle l'inscription sur une liste d'experts judiciaires traducteurs est soumise à des conditions de qualification sans que les intéressés puissent obtenir connaissance des motifs de la décision prise à leur égard et sans que celle-ci soit susceptible d'un recours de nature juridictionnelle effectif permettant de vérifier sa légalité, notamment quant au respect de l'exigence, résultant du droit de l'Union, que leur qualification acquise et reconnue dans d'autres États membres ait été dûment prise en compte : • CJUE 17 mars 2011, *Penarroja : cité note 2 ss. art. 1er de la présente loi.* ♦ Dans le même sens, jugeant qu'encourt l'annulation la décision d'irrecevabilité d'une demande d'inscription d'un traducteur en langue espagnole sur la liste nationale des experts judiciaires dressée par le bureau de la Cour de cassation qui, n'étant pas motivée, ne met pas l'intéressé en mesure de connaître les raisons pour lesquelles sa demande a été déclarée irrecevable et d'exercer un recours effectif devant la Cour de cassation permettant de vérifier, conformément aux exigences communautaires, que la qualification acquise et reconnue dans un autre État membre en qualité de traducteur assermenté a été dûment prise en compte et si elle pouvait équivaloir à celle résultant de l'inscription pendant trois années consécutives sur une liste dressée par une cour d'appel. • Civ. 2e, 29 sept. 2011 : *préc. note 1* • 29 sept. 2011, n° 09-10.445 P : *R. 2011, p. 510 ; BICC 15 janv. 2012, n° 32 ; D. 2011. Actu. 2411 ; AJDI 2012. 440* • Civ. 1re, 12 juill. 2012 : *D. actu. 24 sept. 2012, obs. Fleuriot ; LPA 18 oct. 2012, p. 5*, note Dupré. ♦ Encourt l'annulation la décision de refus d'inscription de l'assemblée générale se bornant à indiquer que l'expert a fait l'objet d'une enquête de moralité défavorable, sans préciser en quoi cette enquête était défavorable, ne mettant pas l'intéressé en mesure de connaître les raisons pour lesquelles sa demande a été rejetée. • Civ. 2e, 25 sept. 2014 : *Dalloz jurisprudence.*

5. ... *Depuis la loi du 27 mars 2012.* Pour une application de ce qu'il résulte de l'art. 2, IV, de la L. du 29 juin 1971, telle que modifiée par la L. n° 2012-409 du 27 mars 2012, que la décision de refus d'inscription d'un expert sur la liste dressée par une cour d'appel doit être motivée, V. • Civ. 2e, 16 mai 2013 : *BICC 1er nov. 2013, n° 1240* • Civ. 2e, 16 mai 2013 : *BICC 1er nov. 2013, n° 1241.* ♦ Les mentions figurant sur la lettre de notification de la décision ne peuvent pas suppléer cette absence de motivation. • Civ. 2e, 16 mai 2013 : *préc.* ♦ V. aussi sur l'annulation de décisions de refus d'inscription initiale qui n'avaient pas été motivées, alors que l'obligation de motivation de ces refus était entrée en vigueur au jour où l'assemblée générale avait examiné la demande : • Civ. 2e, 6 juin 2013 : *Dalloz jurisprudence* • 6 juin 2013 : *Dalloz jurisprudence* • 6 juin 2013 : *Dalloz jurisprudence.* ♦ Doit être annulée la décision qui refuse l'inscription sur la liste des experts en raison d'une enquête de moralité défavorable, sans préciser à l'intéressé les raisons du rejet de sa demande. • Civ. 1re, 25 sept. 2014 : *D. actu. 10 oct. 2014, obs. Mélin.*

6. *Réinscription.* Doit être annulée la décision non motivée du bureau de la Cour de cassation refusant la réinscription d'un expert. • Civ. 2e, 21 sept. 2006, n° 06-12.653 P : *R. p. 431 ; D. 2007. Pan. 1383, obs. Julien ; Dr. et pr. 2007. 29, obs. Norguin.* ♦ ... De l'assemblée générale refusant la réinscription sur la liste des experts judiciaires dressée par chaque cour d'appel. • Civ. 2e, 21 sept. 2006, n° 06-10.206 P : *R., p. 431 ; D. 2006. IR 2482 ; Gaz. Pal. 6-7 juill. 2007, p. 25, note E. du Rusquec ; Dr. et pr. 2007. 29, obs. Norguin.* ♦ V. également sur l'avis défavorable de la commission : • Civ. 2e, 9 nov. 2006 : *cité note 2 ss. art. 14, Décr. n° 2004-1463 du 23 déc. 2004.*

7. *Motifs de refus.* Peut être refusée la réinscription d'un expert au motif que ce dernier avait des difficultés relationnelles sérieuses avec les parties ou leurs conseils et que son attitude était contraire à la loyauté et à la sérénité que l'on est en droit d'attendre d'un expert et nuisait à la confiance que l'on est en droit de lui accorder. • *Civ. 2e, 21 sept. 2006,* n° 06-10.852 P : *R., p. 431 ; D. 2006. IR 2482 ; Gaz. Pal. 6-7 juill. 2007, p. 26, note E. du Rusquec ; Dr. et pr. 2007. 29, obs. Norguin.* ♦ ... Ou en raison de retards excessifs dans l'exécution des missions de l'expert, malgré de multiples rappels. • Civ. 2e, 21 sept. 2006, n° 06-12.007 P : *R. 2006, p. 431 ; D. 2006. IR 2483 ; Dr. et pr. 2007. 29, obs. Norguin.* ♦ De même, ayant relevé que le requérant ne figurait plus sur une liste d'experts judiciaires dressée par une cour d'appel depuis l'année 2001, le bureau de la Cour de cassation en a exactement déduit que le demandeur, qui devait justifier de son inscription sur une liste dressée par une cour d'appel pendant trois années consécutives, au jour de la demande, ne remplissait pas les conditions d'inscription sur la liste nationale prévues à l'art. 2-III de la loi de 1971. • Civ. 2e, 3 juill. 2008 : *BICC 1er déc. 2008, n° 1800.* ♦ En revanche, ne peut être retenu à l'appui d'un refus le fait que les conclusions de l'expert étaient parfois soumises à contestation. • Même arrêt. ♦ Il ne peut être reproché à l'assemblée générale de vérifier qu'étaient remplies les conditions légales et réglementaires lui permettant d'exercer son activité en conformité avec le droit social et le droit du travail. • Civ. 2e, 6 juin 2013 : *Dalloz jurisprudence* (absence d'affiliation à l'URSAFF et des pièces justificatives de l'activité professionnelle) • Civ. 2e, 9 avr. 2015 : *Dalloz jurisprudence* (absence d'affiliation à l'URSAFF) • Civ. 2e, 20 mars 2014 (absence de justification d'une immatriculation à l'URSSAF, même si la situation a été régularisée par la suite).

8. *Excès de pouvoir.* Excède ses pouvoirs le bureau de la Cour de cassation qui restreint, au cours de la période d'inscription, le nombre de spécialités pour lesquelles un expert est inscrit sur la liste nationale des experts judiciaires pour une période de sept ans. • Civ. 2e, 28 juin 2007, n° 07-11.515 P. ♦ ... L'assemblée générale des magistrats du siège d'une cour d'appel qui, saisie d'une demande de réinscription sur la liste des experts judiciaires, prolonge la période probatoire de l'art. 2-II. • Civ. 2e, 17 avr. 2008, n° 07-21.465 P.

9. *Liste nationale.* L'inscription ou la réinscription sur la liste nationale des experts judiciaires est subordonnée à une inscription sur une liste dressée par une cour d'appel pendant trois années consécutives, au jour de la demande. • Civ. 2e, 3 juill. 2008, n° 08-11.541 P : *D. 2008. Chron. Cass. 2376, obs. Sommer et Nicoletis.* ♦ Sur la non-conformité du dispositif au regard du droit communautaire, V. jugeant que l'art. 49 CE, auquel correspond actuellement l'art. 56 TFUE, s'oppose à une exigence telle que celle prévue à l'art. 2 de la loi du 29 juin 1971, relative aux experts judiciaires, telle que modifiée par la loi du 11 févr. 2004, de laquelle il résulte que nul ne peut figurer sur la liste nationale des experts judiciaires en qualité de traducteur s'il ne justifie de son inscription sur une liste d'experts judiciaires dressée par une cour d'appel pendant trois années consécutives, dès lors qu'il s'avère qu'une telle exigence empêche, dans le cadre de l'examen d'une demande d'une personne établie dans un autre État membre et ne justifiant pas d'une telle inscription, que la qualification acquise par cette personne et reconnue dans cet autre État membre soit dûment prise en compte afin de déterminer si et dans quelle mesure celle-ci peut équivaloir aux compétences normalement attendues d'une personne ayant été inscrite pendant trois années consécutives sur une liste d'experts judiciaires dressée par une cour d'appel. • CJUE 17 mars 2011, Penarroja : *cité note 2 ss. art. 1er de la présente loi.*

Art. 3 Les personnes inscrites sur l'une des listes instituées par l'article 2 de la présente loi *(Abrogé par L. n° 2004-130 du 11 févr. 2004, art. 48)* « *ou par l'article 157 du code de procédure pénale* » ne peuvent faire état de leur qualité que sous la dénomination : "d'expert agréé par la Cour de cassation" ou "d'expert près la cour d'appel de ...".

La dénomination peut être suivie de l'indication de la spécialité de l'expert. — *S'agissant de la nomenclature des spécialités, V. Arr. du 10 juin 2005, reproduit à la suite de la présente loi.*

Les experts admis à l'honorariat pourront continuer à utiliser leur titre, à la condition de le faire suivre par le terme "honoraire".

Art. 4 Toute personne, autre que celles mentionnées à l'article 3, qui aura fait usage de l'une des dénominations visées à cet article, sera punie des peines prévues par l'article 259 *[433-17]* du code pénal.

Sera puni des mêmes peines celui qui aura fait usage d'une dénomination présentant une ressemblance de nature à causer une méprise dans l'esprit du public avec les dénominations visées à l'article 3.

(L. n° 2010-1609 du 22 déc. 2010, art. 39) « Sera puni des mêmes peines l'expert, admis à l'honorariat, qui aura omis de faire suivre son titre par le terme "honoraire". »

Art. 5 *(L. n° 2004-130 du 11 févr. 2004, art. 49)* I. — Le retrait d'un expert figurant sur l'une des listes mentionnées au I de l'article 2 peut être décidé, selon le cas, par le premier président de la cour d'appel ou le premier président de la Cour de cassation soit à la demande de l'expert, soit si le retrait est rendu nécessaire par des circonstances telles que l'éloignement prolongé, la maladie ou des infirmités graves et permanentes.

(L. n° 2010-1609 du 22 déc. 2010, art. 40) « Le premier président de la cour d'appel ou le premier président de la Cour de cassation procède au retrait de l'expert lorsque celui-ci accède à l'honorariat, lorsqu'il ne remplit plus les conditions de résidence ou de lieu d'exercice professionnel exigées pour son inscription ou sa réinscription, ou encore lorsqu'il est frappé de faillite personnelle ou d'une sanction disciplinaire ou administrative faisant obstacle à une inscription ou une réinscription sur une liste d'experts.

« Lorsqu'un expert ne remplit plus les conditions de résidence ou de lieu d'exercice professionnel exigées, le premier président de la cour d'appel peut décider, sur justification par l'expert du dépôt d'une demande d'inscription sur la liste d'une autre cour d'appel, de maintenir l'inscription de l'expert jusqu'à la date de la décision de l'assemblée des magistrats du siège de la cour d'appel statuant sur cette demande. »

II. — La radiation d'un expert figurant sur l'une des listes mentionnées au I de l'article 2 peut être prononcée par l'autorité ayant procédé à l'inscription :

1° En cas d'incapacité légale, l'intéressé, le cas échéant assisté d'un avocat, entendu ou appelé à formuler ses observations ;

2° En cas de faute disciplinaire, en application des dispositions de l'article 6-2 *[de la présente loi]*.

La radiation d'un expert de la liste nationale emporte de plein droit sa radiation de la liste de cour d'appel. La radiation d'un expert d'une liste de cour d'appel emporte de plein droit sa radiation de la liste nationale.

Un décret en Conseil d'État détermine les conditions dans lesquelles un expert susceptible d'être radié peut être provisoirement suspendu. — *V. Décr. n° 2004-1463 du 23 déc. 2004, art. 31 s., reproduits à la suite de la présente loi.*

Sur le nécessaire respect du secret professionnel, V. C. pén., art. 226-13. — ***C. pén.***

Le recours formé contre la décision de radiation d'un expert inscrit sur la liste des experts judiciaires d'une cour d'appel pour un motif disciplinaire est formé devant cette cour d'appel. • Civ. 2e, 4 juin 2015, n° 15-60.012 : *D. actu. 18 juin 2015, obs. Mélin.*

Art. 6 *(L. n° 2004-130 du 11 févr. 2004, art. 50)* Lors de leur inscription initiale sur une liste dressée par une cour d'appel, les experts prêtent serment, devant la cour d'appel du lieu où ils demeurent, d'accomplir leur mission, de faire leur rapport et de donner leur avis en leur honneur et conscience.

Le serment doit être renouvelé en cas de nouvelle inscription après radiation.

Les experts ne figurant sur aucune des listes prêtent, chaque fois qu'ils sont commis, le serment prévu au premier alinéa.

Sur la compétence du juge du TI afin de recevoir le serment de tous experts non assermentés, commis par les juridictions de l'ordre judiciaire et résidant dans le ressort du TI, V. COJ, art. R. 221-43.

1. Prestation de serment. L'art. 308 ACPC a été abrogé par le Décr. n° 73-1122 du 17 déc. 1973 (art. 182), mais il s'infère de l'art. 6 ci-dessus, qui ne peut être abrogé que par une décision émanant de l'autorité législative, que tout expert judiciaire doit prêter serment. Si pendant le temps de son inscription sur la liste établie par la cour d'appel, il n'est pas tenu de renouveler son serment, il doit, en revanche, le prêter à nouveau, avant l'accomplissement de chaque mission judiciaire, dès lors qu'il a cessé d'être inscrit. Le défaut de prestation de serment constitue une irrégularité de fond, s'analysant en une absence d'acte, entraînant la nullité du rapport déposé. • Versailles, 22 oct. 1986 : *JCP 1987. II. 20779, note N.S.* ♦ Rappr. • TGI Roanne, 6 juin 1990 : *Gaz. Pal. 1991. 605, note F. Thorin* • Montpellier, 18 déc. 1997 : *BICC 1er juin 1998, n° 664* (il se déduit de l'abrogation de l'art. 308 ACPC que l'expert non inscrit n'est plus tenu de prêter serment).

2. Expert non inscrit sur les listes. Sanction. Renvoi. V. note 1 ss. art. 175.

Art. 6-1 *(L. n° 2020-1525 du 7 déc. 2020, art. 105-V)* **Sous réserve des dispositions de l'article 706-56 du code de procédure pénale, sont seuls habilités à procéder à des identifications par empreintes génétiques :**

1° Les services ou organismes de police technique et scientifique mentionnés à l'article 157-2 du même code ;

2° Les personnes ayant fait l'objet d'un agrément dans les conditions fixées par décret en Conseil d'État. Dans le cadre d'une procédure judiciaire, ces personnes doivent, en outre, être inscrites sur une liste d'experts judiciaires. — *V. Décr. n° 97-109 du 6 févr. 1997, App., v° Experts judiciaires, II, Dispositions particulières.*

Code de procédure pénale

Art. 706-56 I. — *Al. 1er Non reproduit.*

Pour qu'il soit procédé à cette analyse *[analyse d'identification de l'empreinte génétique des personnes mentionnées à l'art. 706-54, al. 1er, 2 ou 3 C. pr. pén.]*, l'officier de police judiciaire peut requérir toute personne habilitée dans les conditions fixées par l'article 16-12 du code civil, sans qu'il soit toutefois nécessaire que cette personne soit inscrite sur une liste d'experts judiciaires ; dans ce cas, la personne prête alors par écrit le serment prévu au deuxième alinéa de l'article 60 du présent code. *(L. n° 2007-297 du 5 mars 2007, art. 42)* « Les réquisitions prévues par le présent alinéa peuvent également être faites par le procureur de la République ou le juge d'instruction. »

Al. 3 à 5 Non reproduits.

II Non reproduit.

BIBL. ▸ Olivier, *Gaz. Pal. 14-15 mai 2003, p. 3* (difficultés soulevées par l'art. 706-56 C. pr. pén.).

Art. 6-2 *(L. n° 2004-130 du 11 févr. 2004, art. 52)* **Toute contravention aux lois et règlements relatifs à sa profession ou à sa mission d'expert, tout manquement à la probité ou à l'honneur, même se rapportant à des faits étrangers aux missions qui lui ont été confiées, expose l'expert qui en serait l'auteur à des poursuites disciplinaires.** — *Sur la possibilité de prise en compte de faits étrangers aux missions qui ont été confiées à l'expert, V. Décr. n° 2004-1463 du 23 déc. 2004, art. 25, reproduit à la suite de la présente loi.*

Le retrait ou la radiation de l'expert ne fait pas obstacle aux poursuites si les faits qui lui sont reprochés ont été commis pendant l'exercice de ses fonctions.

Les peines disciplinaires sont :

1° L'avertissement ;

2° La radiation temporaire pour une durée maximale de trois ans ;

3° La radiation avec privation définitive du droit d'être inscrit sur une des listes prévues à l'article 2, ou le retrait de l'honorariat.

Les poursuites sont exercées devant l'autorité ayant procédé à l'inscription, qui statue en commission de discipline. Les décisions en matière disciplinaire sont susceptibles d'un recours devant la Cour de cassation ou la cour d'appel, selon le cas.

L'expert radié à titre temporaire est de nouveau soumis à la période probatoire s'il sollicite une nouvelle inscription sur une liste de cour d'appel. Il ne peut être inscrit sur la liste nationale qu'après une période d'inscription de *(L. n° 2010-1609 du 22 déc. 2010, art. 41)* **« cinq » années sur une liste de cour d'appel postérieure à sa radiation.**

Un décret en Conseil d'État fixe les conditions d'application du présent article, notamment les règles de procédure applicables à l'instance disciplinaire. – *V. Décr. nº 2004-1463 du 23 déc. 2004, art. 24 s., reproduits à la suite de la présente loi.*

Une cour d'appel qui relève que le fait de négligences, de difficultés et d'anormales lenteurs était caractérisé dans sa réalité et sa persistance, et qu'il aboutissait à priver d'utilité la désignation d'un expert et à compromettre la marche normale des affaires pénales a pu estimer que ce comportement était constitutif d'une faute professionnelle grave au sens des dispositions des art. 5 de la L. du 29 juin 1971 et 26 du Décr. nº 74-1184 du 31 déc. 1974 [abrogé], justifiant la radiation de cet expert. • Civ. 1re, 20 janv. 1987 : *Bull. civ. I, nº 18 ; Gaz. Pal. 1987. Somm. 336, obs. Guinchard et Moussa ; ibid. 1987. 285, note Olivier.* ♦ L'inscription sur la liste des experts d'une cour d'appel, résultat d'une compétence reconnue, emportant des devoirs pour celui qui devient auxiliaire de justice après avoir prêté serment d'apporter son concours à celle-ci, au nombre desquels figure notamment le respect du délai imparti par le juge, prévu tant par les art. 161 C. pr. pén. que par les art. 265 et 239 NCPC [devenu C. pr. civ.], le retard dans le dépôt du rapport d'expertise peut entraîner la réduction du montant des honoraires de l'expert, causer la condamnation de celui-ci à des dommages et intérêts, voire provoquer sa radiation de la liste des experts. ♦ Ainsi, un expert qui a accepté des missions malgré une surcharge de travail ne lui permettant pas de rendre ses rapports dans le délai imparti, qui a trés largement dépassé les délais par trois fois sans informer les juges qui l'ont saisi des difficultés rencontrées, et sans répondre aux courriers de rappel a commis une faute suffisamment grave pour justifier sa radiation de la liste des experts en application des dispositions de l'art. 26 du Décr. nº 74-1184 du 31 déc. 1974 [abrogé]. • Même arrêt. • Caen, 30 mai 2000 : *BICC 15 janv. 2001, nº 74.* ♦ Commet un manquement grave à ses obligations justifiant sa radiation de la liste nationale des experts l'expert qui confie à un laboratoire non pas de simples opérations matérielles, mais des analyses de haute technicité effectuées hors de son contrôle, subdélègue au laboratoire l'interprétation des résultats de ces opérations, puis recopie le rapport du laboratoire et atteste avoir personnellement accompli les opérations ainsi confiées à ce laboratoire. • Civ. 1re, 10 avr. 1996, nº 95-10.707 P. ♦ Un médecin-expert est tenu de respecter le principe de la contradiction pendant la totalité de ses opérations d'expertise, y compris après la phase de l'examen clinique. En faisant participer, après cette phase, à sa réflexion le seul médecin qui avait été désigné par l'une des parties, l'expert a commis une faute professionnelle grave au sens de l'art. 5. • Civ. 1re, 1er juin 1999, nº 98-10.988 P : *Gaz. Pal. 18 mai 2000, note Olivier.* ♦ V., approuvant les juges du fond d'avoir relevé qu'en accomplissant des actes contraires au code de déontologie médicale, notamment en délivrant des certificats médicaux de complaisance, l'expert psychiatre avait commis des manquements à l'honneur caractérisant ainsi des fautes disciplinaires de sa part. • Civ. 1re, 3 juin 2010, nº 09-14.896 P.

Art. 6-3 *(Abrogé par L. nº 2008-561 du 17 juin 2008, art. 10) (L. nº 2004-130 du 11 févr. 2004, art. 52)* ***L'action en responsabilité dirigée contre un expert pour des faits se rapportant à l'exercice de ses fonctions se prescrit par dix ans à compter de la fin de sa mission.*** – *Il semble résulter de cette abrogation que c'est désormais le nouveau droit commun qui régit l'action en responsabilité contre l'expert, en ses délai et point de départ : V. ainsi C. civ., art. 2224, disposant que les actions personnelles ou mobilières se prescrivent par cinq ans à compter du jour où le titulaire d'un droit a connu ou aurait dû connaître les faits lui permettant de l'exercer. – Comp. C. civ., art. 2225, disposant que l'action en responsabilité dirigée contre les personnes ayant représenté ou assisté les parties en justice, y compris à raison de la perte ou de la destruction des pièces qui leur ont été confiées, se prescrit par cinq ans à compter de la fin de leur mission. –* ***C. civ.***

BIBL. ▸ **Responsabilité :** Hureau et de Fontbressin, *RLDC 12/2009. 57* (responsabilité de l'expert de justice). - Larribeau-Terneyre, *LPA 2 déc. 1998, p. 7* (responsabilité de l'expert judiciaire : à l'ombre du droit commun de la responsabilité civile). - Lencou, *Experts 12/2014, p. 10* (le point de départ glissant de la prescription pour les experts ébranle l'égalité devant la loi). - Péricaud, *RDI 2001. 321* (déontologie et responsabilité de l'expert judiciaire). - Pradel, *RSC 1986. 247* (responsabilité pénale de l'expert judiciaire).

Responsabilité civile. Droit commun. A défaut de toute disposition contraire, la responsabilité personnelle d'un expert judiciairement désigné, à raison de fautes commises dans l'accomplissement de sa mission, est engagée conformément aux règles de droit commun de la responsabilité civile ; il en est ainsi même si le juge a suivi l'avis de l'expert dans l'ignorance de l'erreur dont son rapport, qui a influé sur la décision, était entaché. • Civ. 2e, 8 oct. 1986 : *Bull. civ. II, nº 146.*

Art. 7 Les conditions d'application de la présente loi sont fixées par des décrets qui détermineront notamment les modalités des conditions d'inscription sur les listes, celles relatives à la prestation de serment, à la limite d'âge et à l'honorariat. – *V. Décr. n° 2004-1463 du 23 déc. 2004, reproduit à la suite de la présente loi.*

Art. 8 *(L. n° 2002-303 du 4 mars 2002, art. 120)* « La présente loi est applicable dans la collectivité territoriale de Saint-Pierre-et-Miquelon. Pour son application à cette collectivité, les attributions dévolues à la cour d'appel sont exercées par le tribunal supérieur d'appel. » *(L. n° 2010-1609 du 22 déc. 2010, art. 42-II)* « De même, les attributions dévolues au premier président de la cour d'appel sont exercées par le président du tribunal supérieur d'appel. »

(Ord. n° 2003-166 du 27 févr. 2003, art. 15 ; Ord. n° 2006-639 du 1er juin 2006, art. 3-II) « La présente loi est applicable à Mayotte, en Nouvelle-Calédonie, en Polynésie française et à Wallis-et-Futuna sous réserve des adaptations suivantes :

« 1° Pour son application à Mayotte, les attributions dévolues à la cour d'appel sont exercées par *(Ord. n° 2011-337 du 29 mars 2011, art. 12)* « la chambre d'appel de Mamoudzou » et celles dévolues au premier président par le *(Ord. n° 2011-337 du 29 mars 2011, art. 12)* « président de la chambre d'appel de Mamoudzou » ;

« 2° Pour l'application à Mayotte de l'article 2, les mots : "après avis motivé d'une commission associant des représentants des juridictions et experts" sont supprimés.

« 3° Au dernier alinéa de l'article 6, les mots : "celui prévu à l'article 308 du code de procédure civile" *[rédaction antérieure à la L. n° 2004-130 du 11 févr. 2004]* sont remplacés par les mots : "celui prévu par les dispositions de procédure civile applicables localement en matière de prestation de serment". »

(Ord. n° 2011-1875 du 15 déc. 2011, art. 3) « En Nouvelle-Calédonie, en Polynésie française et à Wallis-et-Futuna, elle est applicable dans sa rédaction *(L. n° 2016-1547 du 18 nov. 2016, art. 112)* « résultant de la loi n° 2016-1547 du 18 novembre 2016 de modernisation de la justice du XXIe siècle ». »

L'Ord. n° 2011-1875 du 15 déc. 2011 a été ratifiée par la L. n° 2012-1270 du 20 nov. 2012, art. 30, II, 4°.

Décret n° 2004-1463 du 23 décembre 2004,

Relatif aux experts judiciaires (JO 30 déc.).

BIBL. GÉN. ▶ CURTIL, *Gaz. Pal. 16-17 févr. 2005, p. 2.* – OLIVIER, *Gaz. Pal. 9-11 janv. 2005, p. 2 ; RDI 2005. 173* . – PERRUCHOT-TRIBOULET, *D. 2005. Chron. 3045* .

Art. 1er Il est dressé chaque année une liste nationale et une liste par cour d'appel sur lesquelles sont inscrits les experts désignés tant en matière civile qu'en matière pénale.

Ces listes sont dressées conformément à une nomenclature établie par arrêté du garde des Sceaux, ministre de la justice. – *V. Arr. du 10 juin 2005, reproduit à la suite du présent décret.*

TITRE PREMIER **Inscription sur les listes d'experts**

CHAPITRE PREMIER ***Conditions générales d'inscription***

Art. 2 Une personne physique ne peut être inscrite ou réinscrite sur une liste d'experts que si elle réunit les conditions suivantes :

1° N'avoir pas été l'auteur de faits contraires à l'honneur, à la probité et aux bonnes mœurs ;

2° N'avoir pas été l'auteur de faits ayant donné lieu à une sanction disciplinaire ou administrative de destitution, radiation, révocation, de retrait d'agrément ou d'autorisation ;

3° N'avoir pas été frappé de faillite personnelle ou d'une autre sanction en application du titre II *[V]* du livre VI du code de commerce ;

4° Exercer ou avoir exercé pendant un temps suffisant une profession ou une activité en rapport avec sa spécialité ;

5° Exercer ou avoir exercé cette profession ou cette activité dans des conditions conférant une qualification suffisante ;

6° N'exercer aucune activité incompatible avec l'indépendance nécessaire à l'exercice de missions judiciaires d'expertise ;

7° Sous réserve des dispositions de l'article 18 *[du présent décret]*, être âgé de moins de soixante-dix ans ; – *V. art. 18, al. 3, du présent décret.*

8° Pour les candidats à l'inscription sur une liste dressée par une cour d'appel, *(Décr. nº 2007-1119 du 19 juill. 2007, art. 1er)* **« dans une rubrique autre que la traduction, » exercer son activité professionnelle principale dans le ressort de cette cour ou, pour ceux qui n'exercent plus d'activité professionnelle, y avoir sa résidence.**

1. Fonctionnaires. Il ne résulte pas de ce texte que les membres de la fonction publique ne puissent être inscrits sur les listes d'experts. • Civ. 1re, 10 juill. 1984 : *Gaz. Pal. 1985. Pan. 10, obs. Guinchard.*

2. Pouvoir souverain des juges du fond. L'assemblée générale de la cour d'appel, statuant sur l'inscription d'un expert, n'inflige aucune sanction, ne refuse ni ne restreint un avantage dont l'attribution constituerait un droit, ne prend aucune décision entrant dans l'un des cas prévus par la loi nº 79-587 du 11 juillet 1979 relative à la motivation des actes administratifs et n'a donc pas à motiver sa décision. • Civ. 2e, 24 févr. 2005, nº 03-21.181 P : *D. 2006. Pan. 549, obs. Julien et Fricero* • 7 mai 2009 : *cité note 4 ss. art. 2, L. 29 juin 1971.* • 4 juin 2009 : *cité note 4 ss. art. 2, L. 29 juin 1971* ♦ En matière d'inscription (ou de réinscription) sur la liste des experts judiciaires, l'assemblée générale de la cour d'appel n'est pas tenue de motiver sa décision et l'appréciation de l'opportunité à inscrire un expert sur cette liste eu égard aux besoins des juridictions du ressort de la cour échappe au contrôle de la Cour de cassation. • Civ. 1re, 28 mars 1977 : *JCP 1977. IV. 144* • 26 avr. 1983, *Sabbagh : JCP 1984. II. 20206, note J.-M. et F.-J. Pansier ; Gaz. Pal. 1983. Pan. 268, obs. Guinchard* • 6 mai 1985 : *Gaz. Pal. 1985. Pan. 303 et 304, obs. Guinchard et Moussa* • 14 mai 1985 : *ibid.* • 15 nov. 1989 : *Gaz. Pal. 1990. Somm. 357, obs. Guinchard et Moussa.* ♦ L'appréciation tant des qualités professionnelles du candidat à l'inscription sur la liste que de l'opportunité d'inscrire un technicien sur cette liste eu égard aux besoins des juridictions du ressort de la cour d'appel échappe au contrôle de la Cour de cassation. • Civ. 2e, 5 juin 2003, nº 02-20.574 P : *D. 2003. IR 2052 ; Gaz. Pal. 9-10 juill. 2004, p. 13, obs. du Rusquec* • 9 oct. 2003 : *AJDI 2004. 129, note Heugas-Darraspen* • 3 juin 2004, nº 04-10.557 P : *D. 2004. IR 1771* • 21 sept. 2006 : *cité note 7 ss. art. 2, L. 29 juin 1971* • 9 nov. 2006, nº 06-11.399 P • 14 juin 2007 : *cité note 5 ss. art. 15* • 7 mai 2009 : *cité note 4 ss. art. 2, L. 29 juin 1971* • 14 mai 2009 : *Dr. et pr. 2009. 273, note Salati* • 4 juin 2009 : *cité note 4 ss. art. 2, L. 29 juin 1971.* ♦ Il en va autrement en cas d'erreur manifeste d'appréciation. • 14 mai 2009 : *Dr. et pr. 2009. 273, note Salati.* ♦ La décision de non-*inscription rendue sans audition du candidat* ne viole pas la Convention européenne des droits de l'homme. • Civ. 1re, 27 mars 1990 : *Gaz. Pal. 1990. 443, note M. Olivier.* – Et déjà • Civ. 1re, 20 janv. 1987 : *Bull. civ. I, nº 18,* pour une décision de radiation. ♦ Mais cet organisme ne peut fonder sa décision sur des motifs étrangers aux besoins du service de la justice en matière d'expertise. • Civ. 1re, 26 avr. 1983, *Sabbagh : préc.* (sol. implicite, pour une limite d'âge) • 2 mai 1984 : *Gaz. Pal. 1984. Pan. 285* (idem, pour une autorisation de l'administration) • 10 juill. 1984 : *préc. note 1* (idem, pour un fonctionnaire en service) • 6 mai 1985 : *préc.* (sol. expresse). ♦ Rappr. en matière de non-réinscription, • Civ. 1re, 26 avr. 1983, *Achotegui : Gaz. Pal. 1983. Pan. 252.* ♦ Sur un cas d'erreur manifeste d'appréciation au regard des 4° et 5° de ce texte. • Civ. 1re, 6 juill. 1988 : *Bull. civ. I, nº 228 ; D. 1989. Somm. 275, obs. Julien.*

3. Changement de domicile de l'expert inscrit sur une liste. L'inscription sur une liste d'experts judiciaires établie par une cour d'appel ne crée aucun droit à être inscrit, à la suite d'un changement de domicile, sur la liste établie par une autre cour d'appel. • Civ. 1re, 8 juill. 1986 : *Gaz. Pal. 1987. Somm. 174, obs. Guinchard et Moussa.*

4. Traducteur. L'inscription dans la rubrique « traduction » n'est pas soumise à l'obligation pour l'expert, d'exercer son activité professionnelle dans le ressort de la cour d'appel ou d'y avoir sa résidence. • Civ. 2e, 4 juin 2009, nº 09-10.752 P.

5. Expérience professionnelle. La personne qui sollicite son inscription sur une liste d'experts judiciaires doit exercer ou avoir exercé pendant un temps suffisant une profession ou une activité en rapport avec sa spécialité, exercer ou avoir exercé cette profession ou cette activité dans des conditions conférant une qualification suffisante et être âgé de moins de soixante-dix ans. • Civ. 2e, 25 juin 2015, nº 15-60.088 P : *D. actu. 7 juill. 2015, obs. Mélin.* ♦ La cessation d'activité d'un candidat à l'inscription sur une liste d'experts judiciaires ne constitue donc pas, en soi, un motif de refus d'inscription. • Même arrêt.

6. Indépendance. BIBL. Monéger, *Loyers et copr. 2010. Repère 3.* – Peckels, *Experts 06/2009. 11* (expertise d'assurance ou expertise judiciaire ?). Le fait qu'un expert ait réalisé des missions d'expertise pour des sociétés d'assurance ne constitue pas, en soi, l'exercice d'une activité incompatible avec l'indépendance nécessaire à l'exercice de missions judiciaires d'expertise, au sens de l'art. 2, 6°. • Civ. 2e, 22 mai 2008, nº 08-10.314 P : *D. 2008. 2635, note L. Morlet-Haïdara* ; Gaz. Pal. 11 juill. 2009, p. 9 *(2e esp.), note Prévost ; ibid. 2009. 2713, nº 1927, obs. du Rusquec* • Civ. 2e, 27 juin 2013 : *BICC 15 déc. 2013, nº 1515 ; D. 2013. Chron. Cass. 2058, nº 12, obs. Leroy-Gissinger et Renault-Malignac.* ♦ Appréciant souverainement l'activité professionnelle d'expert privé déployée, à titre quasiexclusif pour le compte d'assureurs, par un candidat à sa réinscription sur la liste des experts judiciaires d'une cour d'appel, l'assemblée générale des magistrats du siège a pu retenir, sans commettre une erreur manifeste d'appréciation, qu'une telle situation constituait l'exercice d'activités incompatibles avec l'indépendance nécessaire à l'exercice de missions judiciaires d'expertise. • Civ. 2e, 14 mai 2009 : *D. 2009. 242, note Causse ; Experts 08/2009. 8, note Peckels ; Gaz. Pal. 11 juill. 2009, p. 9 (3e esp.), note Prévost ; Dr. et pr. 2009. 273, note Salati ; RLDC 09/2009, no 3532, obs. Bugnicourt.* ♦ V. également • Civ. 2e, 18 juin 2009 : *Experts 08/2009. 8, note Peckels.* ♦ V. jugeant que le refus d'inscription d'un candidat ne résultait pas d'une erreur manifeste d'appréciation, alors que celui-ci indiquait qu'il avait effectué, jusqu'en 2008, 6 000 expertises privées par an (sinistres responsabilité civile et collision) et qu'il continuait à en traiter 300 par an, de sorte que cette activité, selon l'assemblée générale, serait susceptible d'interférer avec celle d'expert judiciaire. • Civ. 2e, 16 mai 2012 : *Dalloz jurisprudence.* ♦ Ne commet pas d'erreur manifeste d'appréciation au regard de l'art. 2, 6°, l'assemblée générale des magistrats du siège d'une cour d'appel qui refuse la demande de réinscription d'un expert sur les listes d'experts judiciaires, au motif qu'en consacrant 80 % de son temps à des expertises réalisées pour une société d'assurance, il avait déployé une activité importante et régulière d'expert privé et avait créé entre cette société et lui une relation d'affaires susceptible d'interférer avec son activité d'expert judiciaire. • Civ. 2e, 27 juin 2013 : *BICC 15 déc. 2013, no 1517.* ♦ Mais une assemblée générale ne peut retenir qu'un expert ne présente pas de garanties d'indépendance suffisantes en ce qu'il exerçait son activité, en tout ou partie, pour le compte de sociétés d'assurances, alors que le dossier révélait que celui-ci indiquait ne jamais prendre en charge de dossiers d'expertise adressés par les sociétés d'assurance et alors que le fait de réaliser des missions pour des victimes bénéficiaires d'assurance de protection juridique ne constitue pas, en soi, l'exercice d'une activité incompatible avec l'indépendance nécessaire à l'exercice de missions judiciaires d'expertise. • Civ. 2e, 16 mai 2013 : *Dalloz jurisprudence.* ♦ *Une assemblée générale* ne peut retenir qu'un expert ne présente pas de garanties d'indépendance suffisantes en ce qu'il exerçait son activité, en tout ou partie, pour le compte de sociétés d'assurances, alors que le candidat, spécialiste en livres anciens, avait indiqué dans son dossier qu'il était déjà intervenu pour le compte de particuliers ou d'établissements publics, dans des litiges les opposant éventuellement à leur assureur, mais qu'il était également intervenu pour des sociétés d'assurance, la réalisation des missions pour des sociétés d'assurances ne constituant pas, en soi, l'exercice d'une activité incompatible avec l'indépendance nécessaire à l'exercice de missions judiciaires d'expertise. • Civ. 2e, 16 mai 2013 : *Dalloz jurisprudence.* ♦ De même, le simple fait de travailler au sein d'un ministère ne caractérisait pas, en soi, le fait que le candidat ne présentait pas l'indépendance requise pour prétendre à l'inscription. • Civ. 2e, 16 mai 2013 : *Dalloz jurisprudence.* ♦ L'inscription sur une liste d'experts judiciaires d'une cour d'appel est incompatible avec la fonction de juge consulaire au sein d'un tribunal de commerce du ressort de cette même cour d'appel. • Civ. 2e, 4 sept. 2014 : *Dalloz jurisprudence.* ♦ L'exercice de la profession d'avocat n'est pas, en soi, incompatible avec l'indépendance nécessaire à l'inscription sur une liste d'experts judiciaires. • Civ. 2e, 6 sept. 2018, no 17-60.331 P : *D. actu. 17 sept. 2018, obs. Mélin ; JCP 2018. 969, obs. Slim ; ibid. 1023, obs. Bortoluzzi.*

7. Limite d'âge. En application de l'art. 2, 7°, du Décr. du 23 déc. 2004, une personne physique ne peut être inscrite ou réinscrite sur une liste d'experts judiciaires dressée par une cour d'appel si elle est âgée de plus de soixante-dix ans. Cette condition s'apprécie au 1er janvier de l'année suivant celle de présentation de la demande. • Civ. 2e, 6 juin 2019, no 19-60.008 P : *D. actu. 4 juill. 2019, note Mélin ; D. 2019. 1234 ; AJDI 2020. 125, obs. Heugas-Darraspen .* ♦ Comp. jugeant qu'encourt l'annulation la décision de l'assemblée générale des magistrats du siège d'une cour d'appel qui procède au retrait de la liste des experts judiciaires d'un expert au motif que cet expert a atteint la limite d'âge fixée par l'art. 2 du Décr. du 23 déc. 2004 alors que la condition d'âge s'apprécie au jour de la décision d'inscription ou de réinscription et que l'intéressé n'avait pas atteint l'âge de 70 ans lorsque son inscription avait fait l'objet d'un renouvellement pour cinq années. • Civ. 2e 23 sept. 2010, no 10-60.094 P : *AJDI 2011. 382, note Heugas-Darraspen .* ♦ L'expert exécutant un mandat de justice, il n'exerce pas une profession. Dès lors, il ne peut pas invoquer une discrimination à raison de l'âge au sens de la Dir. 2008/78 du 27 nov. 2000 portant création d'un cadre général en faveur de l'égalité de traitement en matière d'emploi et de travail, qui s'applique seulement en droit du travail. • Civ. 2e, 1er juin 2017, no 17-60.059 P : *D. actu. 19 juin 2017, obs. Mélin.*

Art. 3 En vue de l'inscription d'une personne morale sur une liste d'experts, il doit être justifié :

1° Que les dirigeants remplissent les conditions prévues aux 1°, 2°, 3° et 6° de l'article 2 *[du présent décret]* ;

2° Que la personne morale exerce une activité depuis un temps et dans des conditions lui ayant conféré une suffisante qualification par rapport à la spécialité dans laquelle elle sollicite son inscription ;

3° Que cette activité n'est pas incompatible avec l'indépendance nécessaire à l'exercice de missions judiciaires d'expertise ;

4° Que la personne morale dispose des moyens techniques et du personnel qualifié approprié ;

5° Pour l'inscription sur une liste dressée par une cour d'appel, *(Décr. n° 2007-1119 du 19 juill. 2007, art. 1er)* « dans une rubrique autre que la traduction, » qu'elle a son siège social, une succursale ou un établissement technique en rapport avec sa spécialité, dans le ressort de la cour d'appel.

En outre, il y a lieu à la production des statuts et à l'indication du nom de chacune des personnes détenant une fraction d'au moins 10 % du capital social.

Une personne morale qui se donnerait pour objet principal ou accessoire l'exécution de missions d'expertise ne peut être admise sur une liste d'experts.

Toutefois, les dispositions de l'alinéa précédent ne font pas obstacle à l'inscription sur une liste d'experts d'une personne morale ayant pour objet de réaliser des expertises médico-légales ou des examens, recherches et analyses d'identification par empreintes génétiques conformément aux dispositions du décret n° 97-109 du 6 février 1997 relatif aux conditions d'agrément des personnes habilitées à procéder à des identifications par empreintes génétiques dans le cadre d'une procédure judiciaire. *— V. Décr. n° 97-109 du 6 févr. 1997, App., v° Experts judiciaires, II, Dispositions particulières.*

1. Encourt l'annulation la décision de l'assemblée générale des magistrats du siège d'une cour d'appel qui procède au retrait de la liste des experts judiciaires d'un expert au motif que cet expert a atteint la limite d'âge fixée par l'art. 2 du Décr. n° 2004-1463 du 23 déc. 2004 alors que la condition d'âge s'apprécie au jour de la décision d'inscription ou de réinscription et que l'intéressé n'avait pas atteint l'âge de 70 ans lorsque son inscription avait fait l'objet d'un renouvellement pour cinq années. • Civ. 2e, 23 sept. 2010, n° 10-60.094 P • 23 sept. 2010 : *Dalloz jurisprudence.*

2. L'expert inscrit sur une liste d'experts à la date de sa désignation et qui atteint la limite d'âge au cours de ses opérations conserve sa qualité pour les achever conformément au serment qu'il a prêté. • Soc. 24 janv. 2006, n° 04-42.741 P.

3. Si une cour d'appel, bien qu'elle n'ait pas à motiver une décision de non-inscription sur la liste des experts judiciaires, décide, dans l'appréciation de l'opportunité d'une inscription, de tenir compte de l'âge du candidat, elle ne peut refuser l'inscription de celui-ci, s'il est âgé de moins de 70 ans, au seul motif qu'il est trop âgé. • Civ. 1re, 26 avr. 1983 : *Bull. civ. I, n° 131 ; JCP 1984. II. 20206, note J.-M. et F.-J. Pansier.*

Art. 4 Tout changement survenant dans la situation des personnes physiques ou morales ayant sollicité ou obtenu leur inscription sur une liste, en ce qui concerne les conditions prévues aux articles 2 et 3 *[du présent décret]*, doit être porté sans délai à la connaissance du procureur de la République.

Art. 4-1 *(Décr. n° 2012-1451 du 24 déc. 2012, art. 10)* Les demandes d'inscription sur les listes d'experts judiciaires sont examinées en tenant compte :

a) Des qualifications et de l'expérience professionnelle des candidats, y compris les compétences acquises dans un État membre de l'Union européenne autre que la France ;

b) De l'intérêt qu'ils manifestent pour la collaboration au service public de la justice.

BIBL. ▸ **Décr. du 24 déc. 2012 :** PECKELS et MARTIN, *Experts 02/2013. 5.*

Art. 5 Aucune personne physique ou morale ne peut être inscrite sur plusieurs listes de cour d'appel.

CHAPITRE II *Procédure d'inscription sur les listes*

SECTION I *Inscription initiale sur une liste dressée par une cour d'appel*

Art. 6 *Les demandes d'inscription* initiale sur une liste dressée par une cour d'appel pour une durée de *(Décr. n° 2011-1173 du 23 sept. 2011, art. 25)* « trois » ans sont envoyées avant le 1er mars de chaque année au procureur de la République près le *(Décr. n° 2019-966 du 18 sept. 2019, art. 8, en vigueur le 1er janv. 2020)* « tribunal judiciaire *[ancienne rédaction : tribunal de grande instance]* » dans le ressort duquel le candidat exerce son activité professionnelle ou possède sa résidence *(Décr. n° 2007-1119 du 19 juill. 2007, art. 2)* « ou, pour les demandes d'inscription dans la rubrique traduction, au procureur de la République près le

(Décr. n° 2019-966 du 18 sept. 2019, art. 8, en vigueur le 1er janv. 2020) « tribunal judiciaire *[ancienne rédaction : tribunal de grande instance]* » du siège de la cour d'appel ».

La demande est assortie de toutes précisions utiles, notamment des renseignements suivants :

1° Indication de la ou des rubriques ainsi que de la ou des spécialités dans lesquelles l'inscription est demandée ;

2° Indication des titres ou diplômes du demandeur, de ses travaux scientifiques, techniques et professionnels, des différentes fonctions qu'il a remplies et de la nature de toutes les activités professionnelles qu'il exerce avec, le cas échéant, l'indication du nom et de l'adresse de ses employeurs ;

3° Justification de la qualification du demandeur dans sa spécialité ;

4° Le cas échéant, indication des moyens et des installations dont le candidat peut disposer.

Art. 7 Le procureur de la République instruit la demande d'inscription initiale. Il vérifie que le candidat remplit les conditions requises. Il recueille tous renseignements sur les mérites de celui-ci.

Au cours de la deuxième semaine du mois de septembre, le procureur de la République transmet les candidatures au procureur général qui saisit le premier président de la cour d'appel aux fins d'examen par l'assemblée générale des magistrats du siège de la cour d'appel.

Art. 8 L'assemblée générale des magistrats du siège de la cour d'appel dresse la liste des experts au cours de la première quinzaine du mois de novembre *(Décr. n° 2012-1451 du 24 déc. 2012, art. 11)* « en tenant compte des besoins des juridictions de son ressort dans la spécialité sollicitée ».

Lorsque la cour comporte plus de trois chambres, l'assemblée générale peut se tenir en commission restreinte telle que prévue à l'article R. 761-46 *[recodifié]* du code de l'organisation judiciaire. — *A la suite de la recodification de la partie réglementaire du COJ par le Décr. n° 2008-522 du 2 juin 2008, l'art. R. 761-46 est devenu l'art. R. 312-27 en ce qui concerne les CA. La commission restreinte de l'assemblée générale des magistrats du siège de la cour d'appel est régie par les art. R. 312-62 s.*

(Décr. n° 2006-1319 du 30 oct. 2006, art. 1er) « Lorsque la cour comporte plus de cinq chambres, l'assemblée générale peut se réunir en une formation restreinte où sont représentées soit toutes les chambres si elle en comporte six soit, si elle en compte davantage, six de ses chambres dont, dans ce cas, quatre statuant respectivement en matière civile, commerciale, sociale et pénale. L'assemblée générale des magistrats du siège désigne chaque année les magistrats qui composent cette formation. La formation restreinte est présidée par le premier président ou son délégué. »

Les *(Décr. n° 2019-966 du 18 sept. 2019, art. 8, en vigueur le 1er janv. 2020)* « tribunaux judiciaires *[ancienne rédaction : tribunaux de grande instance]* », les tribunaux de commerce et les conseils de prud'hommes du ressort de la cour d'appel sont représentés à l'assemblée générale, même si celle-ci siège en commission restreinte ou en formation restreinte, par un de leurs membres qui participe avec voix consultative à l'examen des demandes. Toutefois, le premier président peut dispenser certaines juridictions de se faire représenter, pourvu qu'un membre au moins de chacune des catégories de juridiction siège à l'assemblée générale.

Le premier président désigne un ou plusieurs magistrats du siège pour exercer les fonctions de rapporteur.

L'assemblée générale se prononce après avoir entendu le magistrat chargé du rapport et le ministère public.

BIBL. ▸ **Décr. du 24 déc. 2012 :** PECKELS et MARTIN, *Experts 02/2013. 5.*

1. L'art. 8, inséré dans une section I de ce décret régissant l'inscription initiale sur la liste et prévoyant que la liste d'experts judiciaires est dressée par la cour d'appel en tenant compte des besoins des juridictions de son ressort, n'est pas applicable à la demande de réinscription présentée par un expert judiciaire, relevant d'une section II de ce décret. • Civ. 2e, 15 mai 2014 : *cité note ss. art. 16 du présent décret.*

2. Le procès-verbal de l'assemblée générale des magistrats se prononçant sur la réinscription d'un expert doit faire apparaître que chacune des catégories de juridiction appelées à participer, avec voix consultative, à l'examen de la réinscription a été représentée par un de ses membres. • Civ. 2e, 21 sept. 2006, n° 06-10.668 P : *R. 2006, p. 431 ; D. 2006. IR 2480 ; Dr. et pr. 2007. 29, obs. Norguin ; Gaz. Pal. 6-7 juill. 2007, p. 25, note E. du Rusquec.* ♦ Dès lors qu'il résulte du procès-verbal de l'assemblée générale que chacune des catégories de tribunaux était représentée à cette assemblée générale, la composition de l'assemblée générale est régulière, un juge chargé du service d'un TI pouvant y représenter le TGI auquel il appartient. • Civ. 2e, 4 juin 2009 : *cité note 4 ss. art. 2.*

3. Les décisions de refus d'inscription initiale en qualité d'expert, à titre probatoire, pour une durée de deux ans, dans une rubrique particulière d'une liste dressée par une cour d'appel, n'ont pas à être motivées. • Civ. 2e, 21 sept. 2006, nº 05-21.978 P : *R. 2006, p. 431 ; D. 2006. IR 2481 ; Dr. et pr. 2007. 29, obs. Norguin.* ♦ L'appréciation tant des qualités professionnelles du candidat à l'inscription sur la liste des experts judiciaires que de l'opportunité d'inscrire un technicien sur cette liste, eu égard aux besoins des juridictions du ressort de la cour d'appel, échappe au contrôle de la Cour de cassation. • Même arrêt. ♦ Dans le même sens : • Civ. 2e, 9 nov. 2006, nº 06-11.399 P.

4. Le procès-verbal des délibérations de l'assemblée générale mentionnant la présence et l'identité des représentants des juridictions du ressort de la cour d'appel qui y ont participé, ces mentions emportent présomption que ceux-ci ont été entendus et, d'autre part, qu'aucune disposition législative ou réglementaire n'impose la retranscription dans le procès-verbal des opinions émises oralement. • Civ. 2e, 9 avr. 2015 : *D. actu. 13 mai 2015, obs. Mélin.*

5. Le président de la juridiction peut désigner un délégué pour présider l'assemblée générale des magistrats du siège. • Civ. 2e, 9 nov. 2006 : *préc. note 3.*

6. Le procès-verbal mentionne la présence des rapporteurs désignés et du ministère public ; ces mentions emportent présomption que les rapporteurs désignés et le représentant du ministère public ont été effectivement entendus par l'assemblée générale. • Civ. 2e, 9 nov. 2006 : *préc. note 3.*

7. Le juge chargé d'un tribunal d'instance peut représenter le TGI auquel il appartient au sein de l'assemblée générale des magistrats du siège statuant sur les demandes d'inscription sur la liste des experts judiciaires dressée par une cour d'appel. • Civ. 2e, 4 juin 2010, nº 09-10.752 P.

8. Il résulte de l'al. 4 de l'art. 8 que, les représentants des juridictions de première instance à l'assemblée générale de la cour d'appel, qui participent avec voix consultative à l'examen des demandes d'inscription ou de réinscription sur la liste des experts, ne sont pas consultés lorsqu'il est statué en matière disciplinaire contre un expert. • Civ. 1re, 3 juin 2010, nº 09-14.896 P.

9. Il résulte de l'art. R. 761-14 COJ [devenu art. R. 312-38] que le greffier en chef assiste aux assemblées générales et consigne sur le registre des délibérations de la juridiction les décisions prises et les avis émis. Par suite, doit être annulée la décision de l'assemblée générale des magistrats du siège d'une cour d'appel refusant la réinscription d'un expert dont le procès-verbal de décision n'est pas signé par le greffier en chef de la cour d'appel. • Civ. 2e, 21 sept. 2006, nº 06-11.595 P. ♦ Mais il résulte de la combinaison de l'art. R. 123-13 COJ, qui énonce qu'à la cour d'appel, le directeur de greffe assiste aux assemblées générales, de l'art. R. 123-7 du même code, qui dispose que, pour l'exercice des attributions qui lui sont dévolues, le directeur de greffe de la juridiction peut donner délégation à un greffier en chef de la même juridiction et que, selon les besoins du service, il peut désigner sous sa responsabilité un ou plusieurs agents du greffe pour exercer une partie des fonctions qui lui sont attribuées à l'art. R. 123-5 COJ, qui dispose que le directeur de greffe est chargé de tenir les documents et les différents registres prévus par les textes en vigueur et celui des délibérations de la juridiction, que la tenue des registres de l'audience et des délibérations de la commission de discipline des experts est régulièrement réalisée par un greffier. • Civ. 1re, 3 juin 2010 : *préc. note 8.*

10. Le président de la juridiction peut désigner un délégué pour présider l'assemblée générale des magistrats du siège, statuant sur la demande d'inscription sur la liste des experts. • Civ. 2e, 9 nov. 2006 : *préc. note 3.*

11. Il ne résulte d'aucune disposition de la L. nº 71-498 du 29 juin 1971, dans sa rédaction issue de la L. nº 2004-130 du 11 févr. 2004, ou du Décr. du 23 déc. 2004, ni d'aucun principe que le premier président d'une cour d'appel ne pourrait se charger du rapport devant l'assemblée générale des magistrats du siège examinant les demandes d'inscription ou de réinscription des experts sur la liste des experts judiciaires dressée par chaque cour d'appel, prévue par l'art. 2 de la loi de 1971 préc. • Civ. 2e, 21 sept. 2006, nº 06-10.668 P.

12. Dès lors que le procès-verbal de ladite assemblée mentionne la présence des rapporteurs désignés et du ministère public, ces mentions emportent présomption que les rapporteurs désignés et le représentant du ministère public ont été effectivement entendus par l'assemblée générale. • Civ. 2e, 9 nov. 2006 : *préc. note 3.*

Art. 9 **L'inscription initiale sur la liste dressée par l'assemblée générale de la cour d'appel, sa commission restreinte ou sa formation restreinte est faite dans la rubrique particulière prévue au II de l'article 2 de la loi** *[nº 71-498]* **du 29 juin 1971 susvisée.** *— V. L. nº 71-498 du 29 juin 1971, art. 2, App., vº Experts judiciaires, I, Dispositions générales.*

SECTION II *Réinscription sur une liste dressée par une cour d'appel*

Art. 10 **Les demandes de réinscription pour une durée de cinq ans sont envoyées avant le 1er mars de chaque année au procureur de la République près le** *(Décr. nº 2019-966 du 18 sept. 2019, art. 8, en vigueur le 1er janv. 2020)* **« tribunal judiciaire** *[ancienne rédaction : tribu-*

nal de grande instance] » dans le ressort duquel le candidat exerce son activité professionnelle ou possède sa résidence *(Décr. nº 2007-1119 du 19 juill. 2007, art. 10)* « ou, pour les demandes d'inscription dans la rubrique traduction, au procureur de la République près le *(Décr. nº 2019-966 du 18 sept. 2019, art. 8, en vigueur le 1er janv. 2020)* « tribunal judiciaire *[ancienne rédaction : tribunal de grande instance]* » du siège de la cour d'appel ».

La demande est assortie de tous documents permettant d'évaluer :

1° L'expérience acquise par le candidat, tant dans sa spécialité que dans la pratique de la fonction d'expert depuis sa dernière inscription ;

2° La connaissance qu'il a acquise des principes directeurs du procès et des règles de procédure applicables aux mesures d'instruction confiées à un technicien ainsi que les formations qu'il a suivies dans ces domaines.

L'art. 10, 2° ne prévoit aucune exception en faveur des interprètes et traducteurs à l'obligation, pour l'expert qui sollicite sa réinscription sur la liste d'une cour d'appel, d'assortir sa demande de réinscription de tous documents permettant d'évaluer la connaissance qu'il a acquise dans les principes directeurs du procès civil et des règles de procédure applicables aux mesures d'instruction confiées à un technicien ainsi que les formations qu'il a suivies dans ces domaines. Dès lors, ne commet pas d'erreur manifeste d'appréciation l'assemblée générale d'une cour d'appel qui refuse la réinscription d'un interprète-traducteur à ce motif. • Civ. 2e, 27 juin 2013 : *BICC 15 déc. 2013, nº 1516.*

Art. 11 Le procureur de la République instruit la demande de réinscription. Il transmet la candidature à la commission instituée au II de l'article 2 de la loi *[nº 71-498]* du 29 juin 1971 susvisée avant le 1er mai. *— V. L. nº 71-498 du 29 juin 1971, art. 2, App., vº Experts judiciaires, I, Dispositions générales.*

Art. 12 La commission mentionnée à l'article précédent est ainsi composée :

1° Un magistrat du siège de la cour d'appel désigné par le premier président, président ;

2° Un magistrat du parquet général désigné par le procureur général, rapporteur ;

3° Six magistrats du siège des *(Décr. nº 2019-966 du 18 sept. 2019, art. 8, en vigueur le 1er janv. 2020)* « tribunaux judiciaires *[ancienne rédaction : tribunaux de grande instance]* » du ressort de la cour d'appel désignés par le premier président au vu des propositions des présidents de ces tribunaux. En outre, le président peut désigner, à la demande du rapporteur, un magistrat du siège d'un *(Décr. nº 2019-966 du 18 sept. 2019, art. 8, en vigueur le 1er janv. 2020)* « tribunal judiciaire *[ancienne rédaction : tribunal de grande instance]* » non représenté ;

4° Deux magistrats des parquets des *(Décr. nº 2019-966 du 18 sept. 2019, art. 8, en vigueur le 1er janv. 2020)* « tribunaux judiciaires *[ancienne rédaction : tribunaux de grande instance]* » du ressort de la cour d'appel désignés par le procureur général au vu des propositions des procureurs de la République près ces tribunaux ;

5° Un membre des juridictions commerciales du ressort de la cour d'appel désigné par le premier président au vu des propositions des présidents de ces juridictions ;

6° Un membre des conseils de prud'hommes du ressort de la cour d'appel désigné par le premier président au vu des propositions des présidents de ces juridictions ;

7° Cinq experts inscrits sur la liste dans des branches différentes de la nomenclature depuis au moins cinq ans et désignés conjointement par le premier président et le procureur général après avis des compagnies d'experts judiciaires ou d'union de compagnies d'experts judiciaires ou, le cas échéant, de tout organisme représentatif.

Les membres sont désignés pour un mandat de trois ans, renouvelable une fois. Lorsque, six mois au moins avant l'expiration de son mandat, l'un des membres cesse ses fonctions ou n'est plus inscrit sur la liste des experts pour quelque cause que ce soit, il est remplacé dans les mêmes conditions pour la durée du mandat restant à courir.

Les membres de la commission siégeant en qualité d'experts ne peuvent pas connaître de leur réinscription sur la liste.

Le secrétariat de la commission est assuré par un magistrat du parquet général.

1. Composition. L'avis émis par une commission dans laquelle chacune des deux catégories (magistrats et experts) est représentée par la moitié de ses membres est régulier. • Civ. 2e, 21 sept. 2006, nº 06-11.595 P : *R. 2006, p. 431 ; D. 2006. IR 2481 ; Dr. et pr. 2007. 29, obs. Norguin.*

2. Secrétariat. La disposition selon laquelle le secrétariat de la commission est assuré par un magistrat du parquet général n'est pas une formalité substantielle dont l'absence serait de nature à vicier les avis rendus et à porter atteinte aux droits de l'expert qui sollicite sa réinscription. • Civ. 2e, 21 sept. 2006 : *préc. note 1.*

Art. 13 La commission est informée, à la diligence du procureur général, des sanctions disciplinaires définitives prononcées à l'encontre des experts inscrits sur la liste.

Art. 14 La commission examine la situation de chaque candidat au regard des critères d'évaluation énoncés au deuxième alinéa du II de l'article 2 de la loi *[nº 71-498]* du 29 juin 1971 susvisée. Elle s'assure que le candidat respecte les obligations qui lui sont imposées et s'en acquitte avec ponctualité. — *V. L. nº 71-498 du 29 juin 1971, art. 2, App., vº Experts judiciaires, I, Dispositions générales.*

Lorsque le candidat est une personne morale, la commission prend notamment en considération l'expérience, les connaissances et le comportement des techniciens qui interviennent au nom de cette personne morale.

Elle peut entendre ou faire entendre le candidat par l'un de ses membres.

La commission émet un avis motivé sur la candidature.

En cas de partage égal des voix, le président a voix prépondérante.

1. Le refus de réinscription d'un expert ne peut être décidé qu'après que l'intéressé a été invité à fournir ses observations soit à la commission, ou à l'un de ses membres, soit au magistrat rapporteur. • Civ. 2e, 21 sept. 2006, nº 06-10.053 P : *R. 2006, p. 431 ; D. 2006. IR 2480 ; Dr. et pr. 2007. 29, obs. Norguin* • 1er oct. 2009 : *Gaz. Pal. 2010. Somm. 3975.*

2. L'avis défavorable de la commission portant sur la candidature d'un expert doit être motivé. • Civ. 2e, 9 nov. 2006, nº 06-14.589 P. ♦ V., par exemple, jugeant que si c'est à tort que l'assemblée générale a retenu comme motif de non-réinscription que les conclusions de l'expert étaient parfois soumises à contestation, elle justifie suffisamment sa décision de refus en retenant les retards excessifs dans l'exécution des missions de l'expert, malgré de multiples rappels. • Civ. 2e, 21 sept. 2006, nº 06-12.007 P.

3. C'est sans commettre une erreur manifeste d'appréciation qu'une assemblée générale de cour d'appel refuse la réinscription d'un expert en retenant que ce dernier avait des difficultés relationnelles sérieuses avec les parties ou leurs conseils et que son attitude était contraire à la loyauté et à la sérénité que l'on est en droit d'attendre d'un expert, et nuisait à la confiance que l'on est en droit de lui accorder. • Civ. 2e, 21 sept. 2006, nº 06-10.852 P.

Art. 15 La commission transmet, avant le 1er septembre, les candidatures accompagnées d'un avis motivé au procureur général qui saisit le premier président de la cour d'appel aux fins d'examen par l'assemblée générale des magistrats du siège de la cour d'appel ou sa commission restreinte ou sa formation restreinte telles que définies à l'article 8.

Les magistrats de la cour d'appel membres de la commission ne participent pas à la délibération portant sur la réinscription des experts.

Le premier président désigne un ou plusieurs magistrats du siège pour exercer les fonctions de rapporteur.

Le rapporteur peut entendre le candidat.

L'assemblée générale des magistrats du siège de la cour d'appel se prononce après avoir entendu le magistrat chargé du rapport et le ministère public.

L'avis rendu par la commission est joint à la décision de réinscription ou de refus de réinscription sur la liste.

1. Composition de la commission. Doit être annulée la décision de l'assemblée générale des magistrats du siège refusant la réinscription d'un expert, la composition de la commission ayant rendu un avis défavorable n'étant ni annexée à la délibération de l'assemblée ni jointe à la notification de cette décision, ce qui ne permet pas de vérifier que les magistrats membres de la commission n'ont pas participé à la délibération de l'assemblée générale. • Civ. 2e, 21 sept. 2006, nº 06-10.053 P : *R., p. 431 ; D. 2006. IR 2480 ; Dr. et pr. 2007. 29, obs. Norguin ; Gaz. Pal. 6-7 juill. 2007, p. 26, note E. du Rusquec* • 9 nov. 2006, nº 06-14.589 P • 5 avr. 2007, nº 06-20.038 P. ♦ Doit également être annulée la décision de l'assemblée générale si un expert a été mis en mesure de fournir ses observations au cours de la procédure, avant la décision de refus de réinscription prise à son encontre, mais qu'il ressort du procès-verbal de décision de l'assemblée générale que le président de la commission, qui était présent et disposait d'une voix consultative, a participé à la délibération sur la demande de réinscription de l'expert. • Civ. 2e, 14 juin 2007, nº 07-11.083 P : *D. 2007. AJ 1883*

2. Désignation d'un rapporteur. Rien n'interdit au premier président d'une cour d'appel de se charger du rapport devant l'assemblée générale des magistrats du siège examinant les demandes d'inscription ou de réinscription des experts. • Civ. 2e, 21 sept. 2006, nº 06-10.668 P : *R., p. 431 ; D. 2006. IR 2480 ; Dr. et pr. 2007. 29, obs. Norguin ; Gaz. Pal. 6-7 juill. 2007, p. 25, note E. du Rusquec.*

3. Audition de l'expert. Le refus de réinscription d'un expert ne peut être décidé qu'après que l'intéressé a été invité à fournir ses observations soit à la commission, ou à l'un de ses membres, soit au magistrat rapporteur. • Civ. 2e, 21 sept. 2006 : *préc. note 1* • 5 avr. 2007 : *préc. note 1.* • 1er oct. 2009 : *cité note 1 ss. art. 14.*

4. Présence du greffier en chef. Doit être annulée la délibération de l'assemblée générale dont le procès-verbal n'a pas été signé par le greffier en chef, tenu d'assister aux assemblées générales, selon l'art. R. 761-14 [ancien] COJ [devenu art. R. 312-38, ecqc CA]. • Civ. 2e, 21 sept. 2006, n° 06-11.595 P : *R., p. 431 ; D. 2006. IR 2481 ; Dr. et pr. 2007. 29, obs. Norguin ; Gaz. Pal. 6-7 juill. 2007, p. 26, note E. du Rusquec.* ♦ Il résulte de l'art. L. 811-2 [ancien] COJ [devenu art. R. 123-7] que la greffière en chef qui a assisté à l'assemblée générale des magistrats du siège, compétente en matière d'inscription sur la liste des experts judiciaires de la cour d'appel, est présumée avoir reçu délégation à cette fin du greffier en chef de la juridiction. • Civ. 2e, 25 juin 2008 : *BICC 15 nov. 2008, n° 1714.*

5. L'assemblée générale des magistrats d'une cour d'appel, décidant de ne pas réinscrire un expert, n'inflige aucune sanction, ne refuse ni ne restreint un avantage dont l'attribution constituerait un droit, ne tranche aucune contestation sur les droits et obligations de caractère civil préexistants et ne prend aucune décision entrant dans le champ d'application des dispositions de l'art. 6, § 1er, Conv. EDH. • Civ. 2e, 21 sept. 2006, n° 06-11.595 P : *R., p. 431 ; D. 2006. IR 2483 ; Dr. et pr. 2007. 29, obs. Norguin ; Gaz. Pal. 6-7 juill. 2007, p. 28, note E. du Rusquec* • 14 juin 2007, n° 07-10.118 P : *D. 2007. AJ 1883* .

Art. 16 *(Décr. n° 2007-1119 du 19 juill. 2007, art. 3)* **« Un expert peut solliciter sa réinscription, pour une durée de cinq ans, sur la liste d'une cour d'appel autre que celle auprès de laquelle il est inscrit sans être soumis à l'inscription à titre probatoire prévue à la section 1. Cette faculté est subordonnée, pour les demandes de réinscription dans une rubrique autre que la traduction, au transfert de l'activité principale de l'intéressé ou, s'il n'a plus d'activité professionnelle, à celui de sa résidence dans le ressort de la cour d'appel où la réinscription est demandée. »** — *Sur la possibilité du maintien de l'expert sur la liste de la cour d'appel d'origine jusqu'à la date de la décision de l'assemblée générale des magistrats du siège de l'autre cour d'appel, V. L. n° 71-498 du 29 juin 1971, art. 5, al. 3, reproduit au-dessus du présent décret.*

Le procureur général près la cour d'appel sur la liste de laquelle l'expert est inscrit transmet au parquet général compétent l'ensemble des éléments d'information dont il dispose permettant d'apprécier la personnalité et les qualités professionnelles de l'expert.

La demande d'un expert tendant à sa réinscription sur la liste d'une cour d'appel autre que celle auprès de laquelle il est inscrit, en raison du transfert de son activité principale, n'est, en vertu de l'art. 16, pas soumise à l'inscription à titre probatoire prévue à la section I, de sorte que cette demande de réinscription ne peut être refusée au motif d'une absence de besoin des juridictions du ressort. • Civ. 2e, 15 mai 2014, n° 13-60.313 P.

SECTION III *Inscription et réinscription sur la liste nationale*

Art. 17 **Le candidat adresse, avant le 1er mars, sa demande d'inscription ou de réinscription sur la liste nationale au procureur général près la Cour de cassation.**

Le procureur général instruit la demande. Il vérifie que la condition de durée d'inscription sur une liste de cour d'appel énoncée au III de l'article 2 de la loi *[n° 71-498]* **du 29 juin 1971 susvisée est remplie au 1er janvier de l'année suivant celle de présentation de la demande. Il recueille l'avis du premier président et du procureur général près la cour d'appel où l'intéressé est inscrit et transmet les candidatures, avec son avis, au bureau de la Cour de cassation.** — *V. L. n° 71-498 du 29 juin 1971, art. 2, App., v° Experts judiciaires, I, Dispositions générales.*

Art. 18 **Au cours de la première quinzaine du mois de décembre, le bureau de la Cour de** *cassation dresse* **la liste nationale, le procureur général et** *(Décr. n° 2014-1338 du 6 nov. 2014, art. 24)* **« les premiers avocats généraux » ne siégeant pas.**

Il se prononce sur le rapport de l'un de ses membres, le procureur général entendu.

A titre exceptionnel, le bureau de la Cour de cassation peut inscrire sur la liste nationale un candidat qui ne remplit pas la condition d'âge prévue à l'article 2 (7°).

L'expert inscrit sur la liste nationale conserve le bénéfice de son inscription sur une liste dressée par une cour d'appel.

SECTION IV *Dispositions communes*

Art. 19 **Les experts inscrits ou réinscrits, les personnes dont la candidature n'a pas été retenue, les experts dont l'inscription n'a pas été renouvelée et ceux qui ont fait l'objet d'une décision de retrait dans les conditions prévues par l'article 5 de la loi** *[n° 71-498]* **du 29 juin 1971 susvisée reçoivent notification par lettre recommandée avec demande d'avis de**

réception de la décision les concernant. – *V. L. n° 71-498 du 29 juin 1971, art. 5, App., v° Experts judiciaires, I, Dispositions générales.*

L'avis rendu par la commission instituée par l'art. 2, II de la loi du 29 juin 1971 est, selon l'art. 15, dernier alinéa, du Décr. du 23 déc. 2004, joint à la décision de réinscription ou de refus de réinscription sur la liste ; doit être annulée la décision de l'assemblée générale des magistrats du siège refusant la réinscription sur la liste des experts lorsque l'avis défavorable de la commission n'est annexé ni à la délibération motivée de l'assemblée refusant sa réinscription ni à la notification qui a été faite de cette décision. • Civ. 2e, 21 sept. 2006, n° 06-10.053 P : *R. 2006, p. 431 ; D. 2006. IR 2480 ; Dr. et pr. 2007. 29, obs. Norguin* • 4 juin 2009 : *cité note 4 ss. art. 2.*

Art. 20 **Les décisions d'inscription ou de réinscription et de refus d'inscription ou de réinscription prises par l'autorité chargée de l'établissement des listes** *(Décr. n° 2017-892 du 6 mai 2017, art. 32-1°)* **« ainsi que les décisions de retrait prises par le premier président de la cour d'appel ou le premier président de la Cour de cassation » peuvent donner lieu à un recours devant la Cour de cassation.** – *Sur la compétence de la Cour de cassation afin de connaître des recours formés contre les décisions prises par les autorités chargées de l'établissement des listes d'experts dans les conditions prévues à l'art. 20, V. COJ, art. R. 411-5.*

(Décr. n° 2006-1319 du 30 oct. 2006, art. 2) **« Ce recours** *(Décr. n° 2017-892 du 6 mai 2017, art. 32-2°)* **« est motivé à peine d'irrecevabilité. Il » est formé dans le délai d'un mois par déclaration au greffe de la Cour de cassation ou par lettre recommandée avec demande d'avis de réception adressée au greffe de la Cour de cassation.**

« Le délai court, à l'égard du procureur général, du jour de la notification du procès-verbal établissant la liste des experts et, à l'égard de l'expert, du jour de la notification de la décision *(Décr. n° 2017-892 du 6 mai 2017, art. 32-3°)* **« de refus d'inscription ou de réinscription » qui le concerne par lettre recommandée avec demande d'avis de réception. »**

(Décr. n° 2017-892 du 6 mai 2017, art. 32-4°) **« L'expert est avisé des décisions d'inscription ou de réinscription par tout moyen. »**

Les dispositions de l'art. 32 du Décr. n° 2017-892 du 6 mai 2017sont applicables aux recours formés à compter du 11 mai 2017 (Décr. préc., art. 70-VII).

BIBL. ▸ **Décr. du 6 mai 2017 :** BLÉRY, *D. actu. 19 mai 2017.* – HEUGAS-DARRASPEN, *AJDI 2017. 581* .

1. Auteur du recours. Le procureur général près une cour d'appel, qui, en sa qualité de magistrat du ministère public, est investi d'une mission générale visant à l'exacte application des lois et règlements, est recevable à contester l'inscription d'un expert sur la liste établie par l'assemblée générale de la cour d'appel en exerçant le recours prévu à l'art. 34 du Décr. n° 74-1184 du 31 déc. 1974 [abrogé]. • Civ. 1re, 6 juill. 1988 : *préc. note 3 ss. art. 2 du présent décret.*

2. Décisions susceptibles de recours. Le recours devant la Cour de cassation est limité aux décisions relatives à l'inscription ou à la réinscription sur les listes d'experts et ne s'applique pas au refus d'honorariat, en l'absence de liste d'experts honoraires. • Civ. 2e, 21 sept. 2006, n° 06-10.554 P : *R. 2006, p. 431 ; D. 2006. IR 2481 ; Dr. et pr. 2007. 29, obs. Norguin ; Gaz. Pal. 6-7 juill. 2007, p. 24, note du Rusquec.* ♦ Seules les décisions prises par l'autorité chargée de l'établissement des listes d'experts peuvent donner lieu à recours : si la notification, par le procureur général près la Cour de cassation, de la *décision du bureau de la Cour de cassation* rejetant la demande, rappelle certaines conditions d'inscription d'un expert sur la liste nationale, ce motif, qui ne figure pas dans le procès-verbal de décision du bureau de la Cour de cassation, ne peut être utilement critiqué. • Civ. 2e, 21 sept. 2006, n° 06-12.698 P : *R. 2006, p. 431 ; D. 2006. IR 2482 ; Dr. et pr. 2007. 29, obs. Norguin ; Gaz. Pal. 6-7 juill. 2007, p. 25, note du Rusquec.*

3. Nature du recours. Le recours devant la Cour de cassation, prévu par l'art. 20, n'est pas un pourvoi en cassation pouvant entraîner la cassation de la décision objet du recours. • Civ. 2e, 21 sept. 2006, n° 05-21.978 P : *R. 2006, p. 431 ; D. 2007. Pan. 1383, obs. Julien ; Dr. et pr. 2007. 29, obs. Norguin* • 14 juin 2007, n° 07-10.118 P : *D. 2007. AJ 1883* . ♦ En conséquence, les dispositions de l'art. 973 NCPC [devenu C. pr. civ.] ne sont pas applicables : aucun texte n'impose la représentation obligatoire par un avocat au Conseil d'État et à la Cour de cassation pour l'exercice de ce recours. • Civ. 2e, 21 sept. 2006, n° 05-21.978 P : *R. 2006, p. 431 ; D. 2007. Pan. 1383, obs. Julien ; Dr. et pr. 2007. 29, obs. Norguin.* ♦ ... Les dispositions des art. 626 NCPC [devenu C. pr. civ.] et L. 131-4 [devenu L. 431-4 COJ] ne sont pas applicables. • Civ. 2e, 14 juin 2007 : *préc.*

4. Modalités du recours. Dès lors qu'un requérant forme un recours contre la décision de l'assemblée générale des magistrats du siège de la cour d'appel refusant son inscription plus d'un mois après la notification qui lui en a été faite et par lettre simple au greffe civil du palais de justice de Paris et non par lettre recommandée avec accusé de réception adressée au greffe de la Cour de cassation, son recours n'est pas recevable.

• Civ. 2e, 14 juin 2007, n° 07-10.675 P. ♦ V. aussi sanctionnant l'obligation de former le recours au greffe de la Cour de cassation, et non à celui de la cour d'appel, dans le mois de la notification de la décision : • Civ. 2e, 27 juin 2013 : *Dalloz jurisprudence.* ♦ Sur la nécessité de formuler des griefs contre la décision, V : • Civ. 2e, 11 juill. 2013 : *BICC 15 janv. 2014, n° 49.*

5. Dépens. Le recours prévu à l'art. 20 n'est pas dirigé contre un défendeur et il est statué sans dépens ; il en résulte que les dispositions de l'art. 700 NCPC [devenu C. pr. civ.] ne sont pas applicables. • Civ. 2e, 21 sept. 2006, n° 06-10.053 P.

6. Portée de la décision. L'autorité de chose jugée qui s'attache à l'arrêt, par lequel la Cour de cassation, statuant sur le recours formé contre une décision de rejet d'une demande d'inscription ou de réinscription sur une liste d'experts judiciaires, annule cette décision pour erreur manifeste d'appréciation, fait obstacle à ce que, en l'absence de modification de la situation de droit ou de fait, l'autorité chargée de l'établissement de cette liste reprenne la même décision pour un motif identique à celui qui a ainsi été censuré. • Civ. 1re, 17 juin 2021, n° 20-60.054 P : *D. actu. 13 juill. 2021, note Mélin.* ♦ Mais l'annulation d'une précédente décision de l'assemblée générale ayant été prononcée sur un grief de pure forme et la motivation au fond de la décision n'ayant pas été examinée par la Cour de cassation, l'assemblée générale pouvait fonder sa nouvelle décision sur les mêmes motifs. • Civ. 2e, 14 juin 2007, n° 07-10.118 P : *D. 2007. AJ 1883* . ♦ En cas d'annulation de la délibération d'une assemblée générale ayant refusé l'inscription d'un expert sur la liste des experts judiciaires d'une cour d'appel, pour des raisons de forme, il n'est pas nécessaire que celui-ci soit entendu à nouveau en ses observations préalablement à la nouvelle décision de refus de réinscription, fondée sur les même motifs que ceux énoncés dans la première décision. • Civ. 2e, 26 juin 2008 : *BICC 15 nov. 2008, n° 1723.* ♦ En cas d'annulation de la décision de l'assemblée générale des magistrats du siège d'une cour d'appel refusant la réinscription d'un expert, il n'appartient pas à la Cour de cassation de substituer son appréciation à celle de l'assemblée générale qui demeure seule saisie à la suite de l'annulation de sa décision et la demande de réinscription formée devant la Cour de cassation doit être rejetée. • Civ. 2e, 5 avr. 2007, n° 06-20.038 P.

7. Erreur manifeste d'appréciation. V. s'agissant de l'erreur manifeste d'appréciation d'une assemblée générale retenant que le dossier du candidat était incomplet, en ce qu'il ne contenait pas la liste de ses travaux scientifiques et des communications qu'il avait effectuées, alors que la consultation de ce même dossier fait apparaître qu'il avait fourni cette liste. • Civ. 2e, 6 juin 2013 : *Dalloz jurisprudence.* ♦ C'est sans commettre une erreur manifeste d'appréciation qu'une assemblée générale de cour d'appel refuse la réinscription d'un expert en retenant que ce dernier avait des difficultés relationnelles sérieuses avec les parties ou leurs conseils et que son attitude était contraire à la loyauté et à la sérénité que l'on est en droit d'attendre d'un expert et nuisait à la confiance que l'on est en droit de lui accorder. • Civ. 1re, 21 sept. 2006 : *cité note 7 ss. art. 2, L. 29 juin 1971.* ♦ C'est sans commettre une erreur manifeste d'appréciation que l'assemblée générale de la cour d'appel refuse la réinscription d'un requérant, en retenant d'abord que l'intéressé a reconnu ne pas toujours respecter les délais qui sont impartis, puisque les éléments qu'il a produits ne sont pas de nature à remettre en cause l'avis défavorable de la commission, qui avait relevé que ses rapports étaient, selon certains magistrats, inexploitables, selon d'autres, insuffisants. • Civ. 2e, 14 juin 2007, n° 07-11.751 P. ♦ Commet une erreur manifeste d'appréciation l'assemblée générale de la cour d'appel qui refuse la réinscription d'un expert au motif que ce dernier n'a jamais été désigné alors qu'il ressortait des pièces de la procédure que l'expert avait été désigné à plusieurs reprises depuis son inscription initiale pour effectuer des expertises à la demande d'un tribunal administratif et de la commission régionale de conciliation et d'indemnisation des accidents médicaux • Civ. 2e, 14 mai 2009 : *cité note 3 ss. art. 2.* ♦ Constitue une erreur manifeste d'appréciation le rejet de la demande d'un candidat à l'inscription dans la spécialité « bornage, délimitation, division de lots » et dans celle intitulée « topométrie », en retenant que les qualifications professionnelles de l'intéressé étaient « sans rapport avec la spécialité demandée, qui exige des qualifications spécifiques en la matière », alors que l'art. 1er de la L. n° 46-942 du 7 mai 1946 instituant l'ordre des géomètres-experts indiquait que le géomètre-expert « réalise les études et les travaux topographiques [...] et, à ce titre, lève et dresse [...] les plans et documents topographiques concernant la définition des droits attachés à la propriété foncière », et que les experts inscrits dans ces spécialités sur la liste d'experts de la cour d'appel concernée ainsi que sur celle de la Cour de cassation sont tous géomètres-experts. • Civ. 2e, 16 mai 2013 : *Dalloz jurisprudence.* ♦ Constitue une erreur manifeste d'appréciation le rejet de la demande d'un candidat à raison d'une insuffisance de la formation dans la spécialité demandée (traduction-interprétariat en langue anglaise) qui était reprochée à une candidate qui justifiait être titulaire de deux doctorats, en études anglophones et en droit, et effectuait depuis deux années des missions de traduction pour la Cour de justice de l'Union européenne et pour les juridictions françaises. • Civ. 2e, 11 juill. 2013 : *Dalloz jurisprudence.* ♦ Comment une erreur manifeste d'appréciation l'assemblée générale qui, pour rejeter une demande d'inscription dans la spécialité électricité (E.2.1.) de la rubrique énergies et utilités (E.2), retient que la spécialité n'est pas précisée, alors que le dossier de candidature indiquait qu'était sollicitée une inscription dans la rubrique E-2, avec la précision de la spécialité « électricité » et des sous-spécialités « électromécanique » et « génie mécanique », correspondant aux intitulés fixés par l'arrêté du 10 juin 2005 relatif à la nomenclature prévue à l'art. 1er du Décr. du 23 déc. 2004. • Civ. 2e, 25 juin 2015, n° 15-60.088 P : *préc. note 4 bis ss. art. 2 du présent Décr.* ♦ C'est sans commettre une erreur manifeste d'appréciation qu'une assemblée générale de cour d'appel refuse la réinscription d'un expert qui n'a pas justifié avoir suivi de formation aux principes directeurs du procès et aux règles de procédures applicables à l'expertise, et qui soutenait que l'interprète-traducteur devait se concentrer sur la langue et la fidélité au texte et que la maîtrise de la procédure était l'affaire du magistrat et de l'avocat. • Civ. 2e, 27 juin 2013 : *Dalloz jurisprudence.*

8. C'est au vu du dossier tel qu'il avait été soumis à l'autorité chargée de l'inscription que la Cour de cassation se prononce. Le candidat ne peut compléter son dossier au vu de la motivation de la décision qu'il critique : • Civ. 2e, 6 juin 2013 : *Dalloz jurisprudence.* ♦ Tout au plus pourra-t-il corroborer des éléments qui figuraient déjà dans le dossier par de nouvelles pièces les confirmant : • Civ. 2e, 16 mai 2013 : *Dalloz jurisprudence* (personne qui avait indiqué dans son dossier d'inscription qu'elle n'exerçait plus la profession d'avocat et qui en a justifié à l'occasion du recours).

Art. 21 **La liste des experts dressée par une cour d'appel est tenue à la disposition du public dans les locaux du** *(Décr. n° 2006-1319 du 30 oct. 2006, art. 3)* **« greffe » de la cour ainsi que dans ceux des** *(Décr. n° 2019-966 du 18 sept. 2019, art. 8, en vigueur le 1er janv. 2020)* **« tribunaux judiciaires** *[ancienne rédaction : tribunaux de grande instance]* **» et d'instance, des tribunaux de commerce et des conseils de prud'hommes du ressort de la cour.**

La liste nationale est adressée à toutes les cours d'appel ainsi qu'à tous les *(Décr. n° 2019-966 du 18 sept. 2019, art. 8, en vigueur le 1er janv. 2020)* **« tribunaux judiciaires** *[ancienne rédaction : tribunaux de grande instance]* **» et d'instance, tribunaux de commerce et conseils de prud'hommes. Elle est tenue à la disposition du public dans les locaux du** *(Décr. n° 2006-1319 du 30 oct. 2006, art. 3)* **« greffe » de la Cour de cassation et dans ceux des juridictions précitées.**

TITRE II Obligations des experts

Sur la possibilité d'une modification par voie réglementaire du présent titre, V. art. 39 du présent décret.

Art. 22 **Lors de son inscription sur une liste dressée par une cour d'appel, l'expert prête, devant la cour d'appel de son domicile, serment d'apporter son concours à la justice, d'accomplir sa mission, de faire son rapport et de donner son avis en son honneur et en sa conscience.**

Pour une personne morale, le serment est prêté par son représentant, désigné à cet effet.

En cas d'empêchement, le premier président de la cour d'appel peut autoriser l'expert à prêter serment par écrit.

Art. 23 **L'expert fait connaître tous les ans avant le 1er mars au premier président de la cour d'appel et au procureur général près ladite cour ou, pour celui qui est inscrit sur la liste nationale, au premier président de la Cour de cassation et au procureur général près ladite cour, le nombre de rapports qu'il a déposés au cours de l'année précédente ainsi que, pour chacune des expertises en cours, la date de la décision qui l'a commis, la désignation de la juridiction qui a rendu cette décision et le délai imparti pour le dépôt du rapport. Dans les mêmes conditions, il porte à leur connaissance les formations suivies dans l'année écoulée en mentionnant les organismes qui les ont dispensées.**

Le premier président de la cour d'appel et le premier président de la Cour de cassation portent ces informations à la connaissance, selon le cas, de la commission prévue au II de l'article 2 de la loi *[n° 71-498]* **du 29 juin 1971 susvisée ou du bureau de la Cour de cassation à l'occasion de chaque demande de réinscription.**

TITRE III Discipline

Art. 24 **Le contrôle des experts est exercé, selon le cas, soit par le premier président et le procureur général près la cour d'appel, soit par le premier président et le procureur général près la Cour de cassation.**

Art. 25 **Selon le cas, le procureur général près la cour d'appel ou le procureur général près la Cour de cassation reçoit les plaintes et fait procéder à tout moment aux enquêtes utiles pour vérifier que l'expert satisfait à ses obligations et s'en acquitte avec ponctualité.**

S'il lui apparaît qu'un expert inscrit a contrevenu aux lois et règlements relatifs à sa profession ou à sa mission d'expert, ou manqué à la probité ou à l'honneur, même pour des faits étrangers

aux missions qui lui ont été confiées, il fait recueillir ses explications. Le cas échéant, il engage les poursuites à l'encontre de l'expert devant l'autorité ayant procédé à l'inscription statuant en formation disciplinaire. Il assure et surveille l'exécution des sanctions disciplinaires.

1. Procès équitable. Sur l'application de l'art. 6, § 1er Conv. EDH, à la matière disciplinaire, V. • Civ. 1re, 7 avr. 1999 : *cité note 11 ss. Conv. EDH, art. 6 § 1er, App., v° Droit européen et international, Droit du Conseil de l'Europe.*

2. Plainte. Nécessité (non). Il résulte des dispositions de l'art. 25 que l'engagement de poursuites disciplinaires contre un expert par le procureur général n'est pas subordonné à une plainte. • Civ. 1re, 3 juin 2010 : *préc. ss. L. n° 71-498 du 29 juin 1971, art. 6-2, reproduit au-dessus du présent décret.*

Art. 26 **L'expert poursuivi est appelé à comparaître, selon le cas, par le procureur général près la cour d'appel ou par le procureur général près la Cour de cassation.**

La convocation est adressée par lettre recommandée avec demande d'avis de réception quinze jours au moins avant la date fixée pour la comparution. Elle énonce les faits reprochés à l'expert.

L'expert convoqué peut prendre connaissance de son dossier auprès du secrétariat du parquet général, selon le cas, près la cour d'appel ou la Cour de cassation.

Accès au dossier. Méconnaît les dispositions de l'art. 6, § 1er, Conv. EDH, l'assemblée générale d'une cour d'appel qui, avant de prononcer la radiation d'un expert inscrit sur la liste établie par celle-ci, n'a pas permis à l'expert d'avoir accès à son dossier disciplinaire. • Metz, 28 oct. 1992 : *Gaz. Pal. 1994. Jurisp. 176, note Olivier.*

Art. 27 **La commission de discipline peut se faire communiquer tous renseignements ou documents utiles. Elle peut procéder à toutes auditions et, le cas échéant, déléguer l'un de ses membres à cette fin.**

Les débats sont publics. Toutefois, la formation disciplinaire peut décider qu'ils auront lieu ou se poursuivront en chambre du conseil à la demande de l'intéressé ou s'il doit résulter de leur publicité une atteinte à l'intimité de la vie privée ou s'il survient des désordres de nature à troubler leur bon déroulement ; mention en est faite dans la décision.

Art. 28 **La commission de discipline statue, par décision motivée, après avoir entendu le ministère public, l'expert poursuivi et, le cas échéant, son avocat.**

Art. 29 **La décision est notifiée à l'expert poursuivi, par lettre recommandée avec demande d'avis de réception, et au ministère public. La notification indique le délai et les modalités du recours ouvert à l'encontre de la décision.**

Ce recours est, selon le cas, porté devant la cour d'appel ou la Cour de cassation.

Il est formé dans le délai d'un mois par déclaration au *(Décr. n° 2006-1319 du 30 oct. 2006, art. 3)* **« greffe » ou par lettre recommandée avec demande d'avis de réception adressée au** *(Décr. n° 2006-1319 du 30 oct. 2006, art. 3)* **« greffe ».**

Le délai court, à l'égard du procureur général, du jour du prononcé de la décision et, à l'égard de l'expert, du jour de la notification de la décision. – *Sur la compétence de la première chambre de la cour d'appel pour connaître des recours formés contre les décisions prises par la commission de discipline ou le premier président, dans les cas et conditions prévues par l'art. 29, V. COJ, art. R. 312-12. – Sur la compétence de la Cour de cassation afin de connaître des recours formés contre les décisions prises par les autorités chargées de l'établissement des listes d'experts dans les conditions prévues à l'art. 29, V. COJ, art. R. 411-5.*

1. Recours. Impartialité. Viole l'art. 6, § 1er, Conv. EDH une cour d'appel qui se prononce sur le recours de l'expert radié, dans une composition comprenant un magistrat qui, à l'occasion de la même procédure disciplinaire avait déjà porté une appréciation sur les faits reprochés à cet expert lors du prononcé de la sanction. • Civ. 1re, 16 juill. 1991, n° 90-15.487 P : *D. 1992. Somm. 129, obs. Julien.*

2. Recours contre la décision du bureau de la Cour de cassation. Nature. Le recours de l'art. 35 du Décr. n° 74-1184 du 31 déc. 1974 [V. désormais le présent art. 29] formé contre la sanction disciplinaire prononcée par le bureau de la Cour de Cassation à l'encontre d'un expert inscrit sur la liste nationale conformément aux dispositions de l'art. 5 de la L. n° 71-498 du 29 juin 1971 et des art. 26 s. du Décr. du 31 déc. 1974 préc. s'analyse comme un appel en annulation, la dévolution s'opérant pour le tout, conformément à l'art. 562 NCPC [devenu C. pr. civ.]. • Civ. 1re, 10 avr. 1996 : *préc. ss. L. n° 71-498 du 29 juin 1971, art. 6-2, App., v° Experts judiciaires, I, Dispositions générales.*

Art. 30 **La radiation d'un expert de la liste nationale emporte de plein droit sa radiation de la liste dressée par une cour d'appel. La radiation d'un expert d'une liste dressée par une cour d'appel emporte de plein droit sa radiation de la liste nationale.**

Une expédition de la décision de radiation est adressée, selon le cas, au procureur général près la cour d'appel ou au procureur général près la Cour de cassation.

JURISPRUDENCE RENDUE SOUS L'EMPIRE DE L'ART. 29 DU DÉCRET DU 31 DÉC. 1974

1. *Pourvoi sans objet.* Est déclaré sans objet, par application de l'art. 29, al. 1er [art. 30 du décret de 2004], le pourvoi formé par un expert contre un arrêt de cour d'appel rejetant le recours qu'il avait formé contre une décision de radiation de la liste des experts, dès lors qu'il avait été radié de la liste nationale sur laquelle il était aussi inscrit. • Civ. 1re, 12 janv. 1999 : *Gaz. Pal. 1999. 1. 364, note M. Olivier ; ibid. 18 mai 2000, note Olivier.*

2. *Irrecevabilité du pourvoi.* Est irrecevable le pourvoi formé par un expert qui, radié de la liste nationale par une décision du bureau, a été, sur le recours par lui exercé, à nouveau radié par un arrêt de la Cour de cassation. • Civ. 2e, 24 juin 1998, nº 96-14.161 P : *Gaz. Pal. 1999. 1. 364 ; ibid. 18 mai 2000, note Olivier.*

Art. 31 Lorsque l'urgence le justifie, le premier président de la cour d'appel ou de la Cour de cassation, s'il s'agit d'un expert inscrit sur la liste nationale, ou le magistrat qu'ils délèguent à cet effet, peut, à la demande du procureur général, suspendre provisoirement un expert lorsque ce dernier fait l'objet de poursuites pénales ou disciplinaires, après avoir mis l'intéressé en mesure de fournir ses explications.

Le premier président de la cour d'appel ou de la Cour de cassation peut, à la demande du procureur général, ou à la requête de l'intéressé, mettre fin à cette suspension.

La suspension provisoire cesse de plein droit dès que l'action pénale est éteinte ou la procédure disciplinaire achevée.

La mesure de suspension provisoire est notifiée à l'expert poursuivi par lettre recommandée avec demande d'avis de réception. La notification indique le délai et les modalités du recours ouvert à l'encontre de la décision.

Ce recours est porté, selon le cas, devant la cour d'appel ou devant la Cour de cassation. Il est formé, instruit et jugé selon les modalités prévues aux articles 24 et suivants du présent décret. — *Sur la compétence de la première chambre de la cour d'appel pour connaître des recours formés contre les décisions prises par la commission de discipline ou le premier président, dans les cas et conditions prévues par l'art. 31, V. COJ, art. R. 312-12. — Sur la compétence de la Cour de cassation afin de connaître des recours formés contre les décisions prises par les autorités chargées de l'établissement des listes d'experts dans les conditions prévues à l'art. 31, V. COJ, art. R. 411-5.*

Art. 32 A la diligence du procureur général près la cour d'appel sur la liste de laquelle l'expert est inscrit, la sanction disciplinaire et la décision de suspension provisoire sont portées à la connaissance des magistrats du ressort de cette cour. Si l'expert est inscrit sur la liste nationale, le procureur général près la Cour de cassation porte la décision à la connaissance des procureurs généraux près les cours d'appel qui en informent les magistrats du ressort.

La fin de la suspension provisoire est portée à la connaissance des magistrats dans les mêmes conditions.

TITRE IV **Dispositions diverses**

Art. 33 Les experts judiciaires peuvent, à leur demande, être admis à l'honorariat après avoir atteint l'âge de soixante-cinq ans et avoir figuré pendant quinze ans sur une liste de cour d'appel ou pendant dix ans sur la liste nationale. — *Sur la possibilité d'une modification par voie réglementaire du présent article, V. art. 39 du présent décret.*

1. Le refus de l'honorariat ne peut faire l'objet d'un recours devant la Cour de cassation, ce recours étant limité aux décisions relatives à l'inscription ou à la réinscription sur les listes d'experts, faute de liste d'experts honoraires. • Civ. 2e, 21 sept. 2006, nº 06-10.554 P : *R. 2006, p. 431 ; D. 2006. IR 2481 ; Dr. et pr. 2007. 29, obs. Norguin.*

JURISPRUDENCE RENDUE SOUS L'EMPIRE DE L'ART. 37 DU DÉCRET DU 31 DÉC. 1974

2. L'assemblée générale d'une cour ne peut rejeter une demande d'attribution de l'honorariat qu'après avoir fait recueillir les observations de l'intéressé. • Civ. 1re, 15 déc. 1993 : *Gaz. Pal. 14 juin 1994, note Olivier.*

Art. 34 Avant le 31 décembre de chaque année, les listes d'experts judiciaires sont, à la diligence des procureurs généraux, transmises à la Commission nationale des accidents médicaux prévue à l'article L. 1142-10 du code de la santé publique.

Le procureur général près la Cour de cassation ou le procureur général près la cour d'appel, selon le cas, informe sans délai la Commission nationale des accidents médicaux de toute décision de retrait, de radiation ou de suspension provisoire intéressant un expert inscrit sur la liste nationale des experts en accidents médicaux. — *Sur la possibilité d'une modification par voie réglementaire du présent article, V. art. 39 du présent décret.*

Art. 34-1 *(Décr. nº 2020-1452 du 27 nov. 2020, art. 9-I)* Les médecins spécialisés en évaluation des dommages corporels inscrits sur les listes des experts judiciaires dressées par les cours d'appel qui ont démontré un intérêt pour l'examen médical des victimes de terrorisme peuvent suivre une formation sur les enjeux spécifiques de leur prise en charge dispensée par l'École nationale de la magistrature, dont la durée est fixée par arrêté du garde des sceaux, ministre de la justice.

Art. 35 *à* 37 *V. COJ, art. R. 411-5, R. 312-43 et R. 312-12.*

Art. 38 Les experts inscrits sur une liste de cour d'appel au 31 décembre 2004 peuvent solliciter leur réinscription sur une liste pour une durée de cinq ans. La procédure prévue aux articles 6 à 9 *[du présent décret]* ne leur est pas applicable.

Les demandes de réinscription sont présentées et examinées chaque année, les cinq premières années à compter du 1er janvier 2005, par branche de la nomenclature des experts et par cinquième dans l'ordre alphabétique à partir d'une lettre tirée au sort par le président de la commission instituée au II de l'article 2 de la loi *[nº 71-498]* du 29 juin 1971 susvisée. — *V. L. nº 71-498 du 29 juin 1971, art. 5, App., vº Experts judiciaires, I, Dispositions générales.*

1. Dispositions transitoires. Les experts qui n'étaient pas inscrits au 31 déc. 2004 sur une liste de cour d'appel ne peuvent solliciter que leur inscription selon la procédure prévue aux art. 6 à 9 du décret. • Civ. 2e, 21 sept. 2006, nº 06-10.767 P : *R. 2006, p. 431 ; D. 2006. IR 2481 ; Dr. et pr. 2007. 29, obs. Norguin ; Gaz. Pal. 6-7 juill. 2007, p. 27, note E. du Rusquec.*

2. Les experts désignés par le tirage au sort doivent déposer une demande de réinscription conformément aux art. 10 s. du décret. • Civ. 2e, 21 sept. 2006, nº 06-11.906 P : *R. 2006, p. 431 ; D. 2006. IR 2482 ; Dr. et pr. 2007. 29, obs. Norguin ; Gaz. Pal. 6-7 juill. 2007, p. 27, note E. du Rusquec.*

Art. 38-1 *(Décr. nº 2011-742 du 28 juin 2011, art. 1er)* Pour l'application du présent décret dans les départements d'outre-mer, à Mayotte et dans les collectivités de Saint-Barthélemy et Saint-Martin, les mots : "tribunal de commerce" sont remplacés par les mots : "tribunal mixte de commerce".

Art. 38-2 *(Décr. nº 2011-742 du 28 juin 2011, art. 1er)* Pour l'application du présent décret à Saint-Pierre-et-Miquelon, les mots mentionnés ci-dessous sont remplacés comme suit :

1º "Cour d'appel" ou "cour" par : "tribunal supérieur d'appel" ;

2º *(Décr. nº 2019-966 du 18 sept. 2019, art. 8, en vigueur le 1er janv. 2020)* « "tribunal judiciaire" *[ancienne rédaction : tribunal de grande instance ou tribunal d'instance]* » par : "tribunal de première instance" ;

3º "Premier président de la cour d'appel" par : "président du tribunal supérieur d'appel" ;

4º "Procureur général" par : "procureur de la République près le tribunal supérieur d'appel".

Art. 38-3 *(Décr. nº 2011-742 du 28 juin 2011, art. 1er)* A l'exception de l'article 34, le présent décret est applicable en Polynésie française *(Décr. nº 2020-1452 du 27 nov. 2020, art. 9-II)* « dans sa rédaction résultant du décret nº 2020-1452 du 27 novembre 2020 » sous réserve des adaptations suivantes :

1º Au premier alinéa de l'article 6 et à l'article 10, les mots : *(Décr. nº 2019-966 du 18 sept. 2019, art. 8, en vigueur le 1er janv. 2020)* « "tribunal judiciaire" *[ancienne rédaction : tribunal de grande instance]* » sont remplacés par les mots : "tribunal de première instance" ;

2º Les deuxième, troisième et quatrième alinéas de l'article 8 sont remplacés par les dispositions suivantes :

"Le tribunal de première instance du ressort de la cour d'appel est représenté à l'assemblée générale par trois de ses membres. Le tribunal mixte de commerce et les tribunaux du travail du ressort de la cour d'appel sont représentés par les magistrats chargés de leur présidence. Ces magistrats participent avec voix consultative à l'examen des demandes." ;

3º Les premier à huitième alinéas de l'article 12 sont remplacés par les dispositions suivantes :

"La commission mentionnée à l'article précédent est ainsi composée :

"1º Un magistrat du siège de la cour d'appel désigné par le premier président, président ;

"2º Un magistrat du parquet général désigné par le procureur général, rapporteur ;

"3° Trois magistrats du siège du tribunal de première instance du ressort de la cour d'appel désignés par le premier président au vu des propositions du président de ce tribunal ;

"4° Un magistrat du parquet du tribunal de première instance désigné par le procureur général au vu des propositions du procureur de la République près ce tribunal ;

"5° Le magistrat chargé de la présidence du tribunal mixte de commerce de Papeete ;

"6° Le magistrat chargé de la présidence du tribunal du travail de Papeete ;

"7° Trois experts inscrits sur la liste dans des branches différentes de la nomenclature depuis au moins cinq ans et désignés conjointement par le premier président et le procureur général après avis de la compagnie des experts." ;

4° Au premier alinéa de l'article 21, les mots : "*(Décr. n° 2019-966 du 18 sept. 2019, art. 8, en vigueur le 1er janv. 2020)* « tribunaux judiciaires *[ancienne rédaction : tribunaux de grande instance]* »" sont remplacés par les mots : "tribunaux de première instance, des sections détachées" et les mots : "des tribunaux de commerce et des conseils de prud'hommes" sont remplacés par les mots : "du tribunal mixte de commerce et des tribunaux du travail" ;

5° L'article 38 est remplacé par les dispositions suivantes :

"Les experts inscrits sur la liste de la cour d'appel de Papeete à la date d'entrée en vigueur du décret n° 2011-742 du 28 juin 2011 portant diverses dispositions applicables outre-mer relatives aux experts judiciaires et aux personnes habilitées à procéder à des identifications par empreintes génétiques peuvent solliciter leur réinscription sur une liste pour une durée de cinq ans. La procédure prévue aux articles 6 à 9 ne leur est pas applicable.

"Les demandes de réinscription sont présentées et examinées chaque année. Pour les experts inscrits depuis cinq ans ou plus à la date d'entrée en vigueur du décret mentionné au premier alinéa, leur réinscription est présentée et examinée à compter du 1er janvier suivant cette date. Pour ceux qui sont inscrits depuis moins de cinq ans, leur réinscription est présentée et examinée à l'issue d'un délai de cinq ans à compter de leur inscription."

Art. 38-4 *(Décr. n° 2011-742 du 28 juin 2011, art. 1er)* A l'exception de l'article 34, le présent décret est applicable en Nouvelle-Calédonie et dans les îles Wallis-et-Futuna *(Décr. n° 2020-1452 du 27 nov. 2020, art. 9-II)* « dans sa rédaction résultant du décret n° 2020-1452 du 27 novembre 2020 » sous réserve des adaptations suivantes :

1° Le premier alinéa de l'article 6 est remplacé par les dispositions suivantes :

"Les demandes d'inscription initiale sur une liste dressée par la cour d'appel de Nouméa pour une durée de deux ans sont envoyées avant le 15 mars de chaque année au procureur de la République près le tribunal de première instance de Nouméa lorsque le candidat exerce son activité professionnelle ou possède sa résidence dans le ressort de la cour d'appel." ;

2° Les deuxième, troisième et quatrième alinéas de l'article 8 sont remplacés par les dispositions suivantes :

"Les tribunaux de première instance du ressort de la cour d'appel sont représentés à l'assemblée générale par trois de leurs membres. Le tribunal mixte de commerce et les tribunaux du travail du ressort de la cour d'appel sont représentés par les magistrats chargés de leur présidence. Ces magistrats participent avec voix consultative à l'examen des demandes." ;

3° Le premier alinéa de l'article 10 est remplacé par les dispositions suivantes :

"Les demandes de réinscription pour une durée de cinq ans sont envoyées avant le 15 mars de chaque année au procureur de la République près le tribunal de première instance de Nouméa lorsque le candidat exerce son activité professionnelle ou possède sa résidence dans le ressort de la cour d'appel de Nouméa" ;

4° A l'article 11, les mots : "1er mai" sont remplacés par les mots : "15 mai" ;

5° Les premier à huitième alinéas de l'article 12 sont remplacés par les dispositions suivantes :

"La commission mentionnée à l'article précédent est ainsi composée :

"1° Un magistrat du siège de la cour d'appel désigné par le premier président, président ;

"2° Un magistrat du parquet général désigné par le procureur général, rapporteur ;

"3° Trois magistrats du siège des tribunaux de première instance du ressort de la cour d'appel désignés par le premier président au vu des propositions des présidents de ces tribunaux.

"4° Un magistrat du parquet du tribunal de première instance de Nouméa désigné par le procureur général au vu des propositions du procureur de la République près ce tribunal ;

"5° Le magistrat chargé de la présidence du tribunal mixte de commerce de Nouméa ;

"6° Le magistrat chargé de la présidence du tribunal du travail de Nouméa ;

"7° Trois experts inscrits sur la liste dans des branches différentes de la nomenclature depuis au moins cinq ans et désignés conjointement par le premier président et le procureur général après avis des compagnies d'experts judiciaires ou d'union de compagnies d'experts judiciaires ou, le cas échéant, de tout organisme représentatif." ;

6° Au premier alinéa de l'article 21, les mots : "*(Décr. n° 2019-966 du 18 sept. 2019, art. 8, en vigueur le 1er janv. 2020)* « tribunaux judiciaires *[ancienne rédaction : tribunaux de grande instance]* »" sont remplacés par les mots : "tribunaux de première instance, des sections détachées" et les mots : "des tribunaux de commerce et des conseils de prud'hommes" sont remplacés par les mots : "du tribunal mixte de commerce et des tribunaux du travail" ;

7° Au premier alinéa de l'article 23, les mots : "1er mars" sont remplacés par les mots : "15 mars" et, après les mots : "cour ou," sont insérés les mots : "avant le 1er mars," ;

8° L'article 38 est remplacé par les dispositions suivantes :

"Les experts inscrits sur la liste de la cour d'appel de Nouméa à la date d'entrée en vigueur du décret n° 2011-742 du 28 juin 2011 portant diverses dispositions applicables outre-mer relatives aux experts judiciaires et aux personnes habilitées à procéder à des identifications par empreintes génétiques peuvent solliciter leur réinscription sur une liste pour une durée de cinq ans. La procédure prévue aux articles 6 à 9 ne leur est pas applicable.

"Les demandes de réinscription sont présentées et examinées chaque année. Pour les experts inscrits depuis cinq ans ou plus à la date d'entrée en vigueur du décret mentionné au premier alinéa, leur réinscription est présentée et examinée à compter du 1er janvier suivant cette date. Pour ceux qui sont inscrits depuis moins de cinq ans, leur réinscription est présentée et examinée à l'issue d'un délai de cinq ans à compter de leur inscription.

Art. 39 Les dispositions du titre II et des articles 33 et 34 *[du présent décret]* peuvent être modifiées par décret.

Art. 40 Sont abrogés :

1° Le décret n° 74-1184 du 31 décembre 1974 relatif aux experts judiciaires ; *— V. ce décret dans sa dernière version au **C. pr. civ.**, éd. 2004.*

2° Les articles 83 et 84 du décret *[n° 85-1389]* du 27 décembre 1985 susvisé.

Arrêté du 10 juin 2005,

Relatif à la nomenclature prévue à l'article 1er du décret n° 2004-1463 du 23 décembre 2004 (JO 28 juin).

Circulaire DSJ 2005-24 AB3 du 16 novembre 2005,

Relative à la carte d'expert judiciaire (BOMJ n° 100).

II. Dispositions particulières

Sur les experts en diagnostic d'entreprise, V. C. com., art. L. 813-1 et L. 813-2, et sur la compétence de la cour d'appel de Paris pour connaître des recours contre les décisions prises par les commissions nationales en matière d'inscription, de retrait ou de discipline prises à leur encontre, V. COJ, art. L. 311-14 et D. 311-1.

Sur les experts en accidents médicaux, V. CSP, art. L. 1142-11 et L. 1142-12 issus de L. n° 2002-303 du 4 mars 2002. — V. aussi L. préc., art. 105 (JO 5 mars).

Décret n° 97-109 du 6 février 1997,

Relatif aux conditions d'agrément des personnes habilitées à procéder à des identifications par empreintes génétiques dans le cadre d'une procédure judiciaire ou de la procédure extrajudiciaire d'identification des personnes décédées (JO 9 févr.) (Décr. n° 2012-125 du 30 janv. 2012, art. 6-1°).

SECTION I ***Commission chargée d'agréer les personnes habilitées à effectuer des missions d'identification par empreintes génétiques dans le cadre de procédures judiciaires ou de la procédure extrajudiciaire d'identification des personnes décédées*** *(Décr. n° 2012-125 du 30 janv. 2012, art. 6-1°).*

Sur l'application territoriale du Décr. n° 2012-125 du 30 janv. 2012, V. note ss. art. 1er du présent décret.

BIBL. ▶ CADIET, *JCP 1997. I. 4064, n° 12.* - CROZE, *Procédures 1997, n° 59.* - OLIVIER, *Gaz. Pal. 1997. 1. 423* (l'identification des personnes par les empreintes génétiques – une nouvelle restriction à la liberté de choix de l'expert par le juge) ; *Gaz. Pal. 30-31 oct. 2002, p. 3* (commentaire du décret du 11 juin 2002).

Art. 1er Il est institué auprès du garde des Sceaux, ministre de la justice, une commission chargée d'agréer les personnes habilitées à effectuer des missions d'identification par empreintes génétiques dans le cadre de procédures judiciaires *(Décr. n° 2012-125 du 30 janv. 2012, art. 6-2°)* « ou de la procédure extrajudiciaire d'identification des personnes décédées, prévues aux 1° et 3° de l'article 16-11 du code civil ».

(Décr. n° 2002-931 du 11 juin 2002, art. 2) « La commission donne un avis sur les questions relatives à la fiabilité et à la sécurité des analyses d'identification par empreintes génétiques, dont elle est saisie par le garde des Sceaux, ministre de la justice. »

Cette commission est présidée par un magistrat de la Cour de cassation, en exercice ou honoraire, désigné pour trois ans par arrêté du garde des Sceaux, ministre de la justice.

Elle comprend en outre :

1° Six membres siégeant en raison de leurs fonctions :

– le directeur des affaires civiles et du sceau ou son représentant ;

– le directeur des affaires criminelles et des grâces ou son représentant ;

– le directeur général de la police nationale ou son représentant ;

– le directeur général de la gendarmerie nationale ou son représentant ;

– le directeur général de la santé ou son représentant ;

– le directeur général des enseignements supérieurs ou son représentant.

2° Quatre membres, ou leurs suppléants, désignés pour une durée de trois ans à raison de leur compétence dans le domaine de la biologie moléculaire, dont :

– un par le ministre chargé de la recherche ;

– un par le ministre chargé de la santé ;

– un par le ministre de la défense ;

– un par le ministre de l'intérieur.

Le mandat des membres désignés et de leurs suppléants est renouvelable une fois.

Le remplacement d'un membre désigné en cas de cessation de ses fonctions en cours de mandat, ou en cas d'absence sans motif légitime à plus de trois séances consécutives de la commission, s'effectue dans les mêmes conditions que sa désignation *(Décr. n° 2016-796 du 14 juin 2016, art. 2-2°)* « et pour une durée de trois ans ».

Le Décr. n° 2012-125 du 30 janv. 2012 est applicable sur l'ensemble du territoire de la République, sous les réserves suivantes :

1° Pour son application à Saint-Pierre-et-Miquelon, en Polynésie française, en Nouvelle-Calédonie et dans les îles Wallis-et-Futuna, les mots : « tribunal de grande instance » sont remplacés par les mots : « tribunal de première instance » ;

2° Pour son application à Saint-Pierre-et-Miquelon, les mots : « de la cour d'appel » sont remplacés par les mots : « du tribunal supérieur d'appel » ;

3° Pour son application à Mayotte, les mots : « le premier président de la cour d'appel » sont remplacés par les mots : « le président de la chambre d'appel de Mamoudzou » (Décr. préc., art. 7).

Art. 2 La commission se réunit à la diligence et sur convocation de son président, qui fixe l'ordre du jour.

Elle ne peut se prononcer que si sept au moins de ses membres, dont deux au moins désignés à raison de leur compétence, sont présents. Les décisions sont prises à la majorité des voix des membres présents. En cas de partage égal des voix, celle du président est prépondérante.

(Décr. n° 2016-796 du 14 juin 2016, art. 3) « En cas d'empêchement ou de vacance de la présidence de la commission, les attributions du président sont exercées, à titre exceptionnel, par le membre le plus ancien dans ses fonctions. »

Le secrétariat de la commission est assuré par la *(Décr. n° 2004-471 du 25 mai 2004, art. 2)* « direction des affaires criminelles et de grâce » au ministère de la justice.

(Décr. n° 2002-931 du 11 juin 2002, art. 3) « Le président peut constituer des groupes de travail au sein de la commission. Il peut appeler à participer aux travaux de la commission ou des groupes de travail, à titre consultatif, toute personne dont le concours lui paraît utile.

« Les frais de déplacement occasionnés sont remboursés selon la réglementation applicable aux agents publics de l'État. »

SECTION II *Conditions de l'agrément permettant d'effectuer des missions d'identification des personnes par leurs empreintes génétiques dans le cadre de procédures judiciaires ou de la procédure extrajudiciaire d'identification des personnes décédées* (*Décr. n° 2012-125 du 30 janv. 2012, art. 6-3°*).

Sur l'application territoriale du Décr. n° 2012-125 du 30 janv. 2012, V. note ss. art. 1er du présent décret.

Art. 3 Sont seules habilitées à procéder à des identifications par empreintes génétiques dans le cadre d'une procédure judiciaire (*Décr. n° 2012-125 du 30 janv. 2012, art. 6-1°*) « ou de la procédure extrajudiciaire d'identification des personnes décédées » les personnes physiques ou morales ayant fait l'objet, dans des conditions fixées par les dispositions ci-après, d'un agrément délivré, pour une période de cinq ans renouvelable, par la commission instituée à l'article 1er.

Sur l'application territoriale du Décr. n° 2012-125 du 30 janv. 2012, V. note ss. art. 1er du présent décret.

Art. 4 (*Décr. n° 2016-796 du 14 juin 2016, art. 4-II-1°*) « Lorsque l'identification s'inscrit dans le cadre d'une procédure judiciaire, » l'agrément prévu à l'article 3 ne pourra être accordé qu'à des personnes physiques ou morales inscrites sur une des listes instituées en vertu de l'article 2 de la loi [*n° 71-498*] du 29 juin 1971 susvisée relative aux experts judiciaires et de l'article 157 du code de procédure pénale.

(*Décr. n° 2002-931 du 11 juin 2002, art. 4*) « (*Décr. n° 2016-796 du 14 juin 2016, art. 4-II-2°-a*) « Lorsque l'agrément prévu à l'article 3 » est délivré à une personne morale, les personnes physiques appelées à assurer, en son sein et en son nom, des missions d'identification par empreintes génétiques doivent elles-mêmes être agréées. Dans ce cas, seule la personne morale doit justifier (*Décr. n° 2016-796 du 14 juin 2016, art. 4-II-2°-b*) « , le cas échéant, » de son inscription sur une des listes mentionnées au premier alinéa. »

Art. 5 (*Décr. n° 2016-796 du 14 juin 2016, art. 5*) I. — L'agrément prévu à l'article 3 ne peut être délivré qu'aux personnes physiques justifiant au moins de l'un des diplômes suivants :

1° Diplôme national de master ou diplôme conférant le grade de master dont le contenu en sciences biologiques est reconnu par la commission comme adapté aux compétences attendues ;

2° Diplôme national de doctorat dont le contenu en sciences biologiques est reconnu par la commission comme adapté aux compétences attendues ;

3° Diplôme d'études spécialisées de biologie médicale ;

4° Diplôme d'études spécialisées de génétique médicale (clinique, chromosomique et moléculaire) ;

5° Diplôme d'études spécialisées complémentaire de biologie moléculaire ou de cytogénétique humaine ;

6° Quatre certificats d'études spéciales obtenus avant le 31 décembre 1991 parmi les certificats d'études spéciales suivants :

a) Hématologie ;

b) Immunologie générale ;

c) Biochimie clinique ;

d) Bactériologie et virologie cliniques ;

e) Diagnostic biologique parasitaire ;

7° Diplôme obtenu dans un autre État membre de l'Union européenne d'un niveau équivalent au master (soit 300 crédits ECTS), dont le contenu en sciences biologiques est reconnu par la commission comme adapté aux compétences attendues.

II. — L'agrément prévu à l'article 3 peut également être délivré :

1° Aux personnes physiques autorisées à exercer les fonctions de biologiste médical en application des articles L. 6213-1, L. 6213-2 et L. 6213-2-1 du code de la santé publique ;

2° Aux médecins titulaires de la qualification en génétique médicale délivrée par l'ordre des médecins ou titulaires d'une autorisation ministérielle d'exercer la médecine en France dans la spécialité de génétique médicale délivrée en application des articles L. 4111-2 ou L. 4131-1 du code de la santé publique.

III. — Les personnes mentionnées aux I et II doivent en outre justifier de travaux ou d'une expérience d'un niveau suffisant dans les activités d'application de la biologie moléculaire.

Art. 6 *Abrogé par Décr. n° 2016-796 du 14 juin 2016, art. 6.*

Art. 7 Le maintien de l'agrément prévu à l'article 3 ainsi que son renouvellement éventuel sont subordonnés à la participation des titulaires de l'agrément à un contrôle de qualité organisé par l'*(Décr. n° 2016-796 du 14 juin 2016, art. 7-1°)* « l'Agence nationale de sécurité du médicament et des produits de santé », conformément à l'article *(Décr. n° 2016-796 du 14 juin 2016, art. 7-2°)* « L. 1131-5 » du code de la santé publique.

Ce contrôle, destiné à assurer la fiabilité des résultats des analyses biologiques d'identification par empreintes génétiques, requiert la réalisation par les personnes agréées de missions d'identification par empreintes génétiques portant sur des échantillons biologiques simulant les conditions d'exécution des missions *(Abrogé par Décr. n° 2016-796 du 14 juin 2016, art. 7-3°)* « *judiciaires* » qui leur sont habituellement confiées.

Il est effectué au moins deux fois par an dans des conditions garantissant la confidentialité des opérations d'évaluation.

Le résultat du contrôle est communiqué sans délai au titulaire de l'agrément par *(Décr. n° 2016-796 du 14 juin 2016, art. 7-1°)* « l'Agence nationale de sécurité du médicament et des produits de santé ».

(Décr. n° 2016-796 du 14 juin 2016, art. 7-1°) « L'Agence nationale de sécurité du médicament et des produits de santé » est chargée chaque année d'adresser à la commission les annales du contrôle de qualité, qui doivent comporter une note de synthèse contenant notamment des recommandations permettant d'améliorer la qualité des analyses.

Art. 8 *(Décr. n° 2016-796 du 14 juin 2016, art. 8)* La délivrance de l'agrément prévu à l'article 3 est subordonnée :

1° Pour les personnes physiques :

a) A la satisfaction des conditions mentionnées aux articles 4 et 5 ;

b) A la désignation du laboratoire dans lequel le candidat entend exécuter les missions d'identification qui pourront lui être confiées ;

2° Pour les personnes morales, à la satisfaction des conditions mentionnées aux articles 4 et 9.

Art. 9 *(Décr. n° 2016-796 du 14 juin 2016, art. 9)* « Les laboratoires où sont exécutées les missions d'identification par empreintes génétiques dans le cadre de procédures judiciaires ou de la procédure extrajudiciaire d'identification des personnes décédées sont accrédités par l'organisme national d'accréditation suivant la norme ISO/CEI 17025.

« Ces laboratoires doivent disposer d'infrastructures et d'équipements adaptés aux techniques de biologie moléculaire qui y sont mises en œuvre, notamment aux techniques d'amplification génique, et qui devront être utilisés de façon à garantir l'absence de toute contamination. Ils doivent également disposer de personnels dont le nombre et la compétence sont adaptés à l'exécution des missions qui y sont effectuées. »

Les locaux affectés à la conservation des scellés, des échantillons biologiques et des résultats d'analyses doivent être équipés d'installations propres à garantir :

– une protection contre le vol ou la dégradation ;
– une confidentialité absolue ;
– la sauvegarde des scellés, des prélèvements et des résultats d'analyses.

Sur l'application territoriale du Décr. n° 2012-125 du 30 janv. 2012, V. note ss. art. 1er du présent décret.

SECTION III *Procédure de délivrance de l'agrément*

Art. 10 *(Décr. n° 2002-931 du 11 juin 2002, art. 2)* Les demandes tendant à l'octroi de l'agrément prévu à l'article 3 ou les demandes de renouvellement de cet agrément sont transmises par le candidat au président de la commission instituée à l'article 1er, accompagnées d'un dossier justificatif comportant les éléments d'appréciation suivants :

a) Documents attestant *(Décr. n° 2016-796 du 14 juin 2016, art. 10-1°)* « , le cas échéant, » que le candidat est inscrit ou a sollicité son inscription sur une des listes dressées en application de la loi *[n° 71-498]* du 29 juin 1971 susvisée et de l'article 157 du code de procédure pénale et indiquant la ou les rubriques des listes d'experts judiciaires dans lesquelles le demandeur est inscrit ou a sollicité son inscription ;

b) Justificatifs relatifs aux conditions de qualification professionnelle mentionnées (Décr. *n° 2016-796 du 14 juin 2016, art. 10-2°)* « à l'article 5 » et, le cas échéant, état récapitulatif des missions judiciaires *(Décr. n° 2012-125 du 30 janv. 2012, art. 6-5°)* « ou extrajudiciaires » à la réalisation desquelles le candidat a été associé, indiquant pour chacune d'elles le nom de l'expert agréé commis ou requis, la date de la mission, l'autorité qui l'a désigné ainsi que *(Décr. n° 2012-125 du 30 janv. 2012, art. 6-6°)* « la nature civile, pénale ou extrajudiciaire de l'affaire » ;

c) Justificatifs éventuels ayant trait à d'autres diplômes dont le candidat est titulaire ou à d'autres activités qu'il pratique dans le domaine de la biologie moléculaire ;

d) Tous renseignements permettant d'identifier et de localiser le laboratoire dans lequel le candidat à l'agrément entend réaliser les missions judiciaires *(Décr. n° 2012-125 du 30 janv. 2012, art. 6-5°)* « ou extrajudiciaires » d'identification ; descriptif détaillé des équipements techniques et des locaux que comporte ce laboratoire ; *(Décr. n° 2016-796 du 14 juin 2016, art. 10-3°)* « identité et fonctions des autres personnes physiques, agréées ou non, affectées à ce laboratoire ; justificatifs des systèmes d'assurance de qualité qui y sont établis ; description des modalités de transmission des résultats d'analyse au service gestionnaire du fichier national automatisé des empreintes génétiques ; »

e) Tous documents propres à établir la nature des liens juridiques existant entre le candidat et le laboratoire ;

f) Description des *(Décr. n° 2016-796 du 14 juin 2016, art. 10-4°)* « techniques d'analyse permettant l'identification » auxquelles le candidat se propose de recourir, précisant notamment les régions de l'ADN étudiées et le nombre de segments sur lequel porte l'analyse.

(Décr. n° 2016-796 du 14 juin 2016, art. 10-5°) « *g)* Description des traitements automatisés de données à caractère personnel mis en œuvre au sein du laboratoire, et justificatifs de l'accomplissement auprès de la Commission nationale de l'informatique et des libertés des formalités préalables à leur mise en œuvre. »

Sur l'application territoriale du Décr. n° 2012-125 du 30 janv. 2012, V. note ss. art. 1er du présent décret.

Art. 10-1 *(Décr. n° 2002-931 du 11 juin 2002, art. 7)* Si le candidat est une personne physique dont la situation relève du second alinéa de l'article 4, *(Décr. n° 2004-471 du 25 mai 2004, art. 3)* « ou *(Décr. n° 2016-796 du 14 juin 2016, art. 11-1°)* « de l'article 15-1 » », le dossier prévu à l'article 10 comporte, outre *(Décr. n° 2016-796 du 14 juin 2016, art. 11-1°)* « les documents mentionnés aux *b* à *g* de cet article » :

a) Tous éléments relatifs aux professions ou activités exercées ou ayant été exercées par l'intéressé ;

b) Tous justificatifs de son appartenance *(Décr. n° 2004-471, du 25 mai 2004, art. 3)* « à la personne morale au sein de laquelle il envisage de réaliser des missions judiciaires *(Décr. n° 2012-125 du 30 janv. 2012, art. 6-5°)* « ou extrajudiciaires » d'identification », ainsi que des fonctions exactes qu'il y exerce.

Le président de la commission demande à un ou plusieurs procureurs généraux de s'assurer que le candidat réunit les conditions prévues par les 1°, 2° et 3° de l'article 2 *(Décr. n° 2016-796 du 14 juin 2016, art. 11-2°)* « du décret n° 2004-1463 du 23 décembre 2004 relatif aux experts judiciaires ». – *V. Décr. n° 2004-1463 du 23 déc. 2004 supra, I, Dispositions générales.*

Sur l'application territoriale du Décr. n° 2012-125 du 30 janv. 2012, V. note ss. art. 1er du présent décret.

Art. 10-2 *(Décr. n° 2002-931 du 11 juin 2002, art. 7)* Si le candidat est une personne morale, son représentant légal communique au président de la commission, outre les documents *(Décr. n° 2016-796 du 14 juin 2016, art. 12)* « mentionnés aux *a, d, e, f* et *g* » de l'article 10 :

a) Les statuts de cette personne morale et, le cas échéant, l'indication du nom de chacune des personnes détenant une fraction d'au moins 10 % du capital social ;

b) L'identité des personnes physiques qui ont obtenu ou sollicité leur agrément et qui assureront, au sein de ladite personne et en son nom, les missions d'identification par empreintes génétiques.

Art. 10-3 *(Décr. n° 2002-931 du 11 juin 2002, art. 7)* Lorsqu'elle l'estime nécessaire, la commission peut entendre les candidats ou, s'il s'agit de personnes morales, leur représentant légal.

Art. 11 La commission instituée à l'article 1er notifie aux postulants les décisions leur accordant ou leur refusant l'agrément visé à l'article 16-12 du code civil dans un délai de six mois suivant la date de réception de leur dossier de candidature.

(Décr. n° 2002-931 du 11 juin 2002, art. 8) « Toutefois, lorsque le postulant a sollicité son inscription sur une des listes mentionnées à l'article 4 et que la commission ne peut se prononcer qu'après qu'il a été statué sur cette demande *(Décr. n° 2016-796 du 14 juin 2016, art. 13)* « dans les conditions prévues par le décret n° 2004-1463 du 23 décembre 2004 », le délai prévu à l'alinéa premier est prorogé jusqu'à la notification au candidat de la décision

prise par l'assemblée générale de la cour d'appel ou par le bureau de la Cour de cassation. » – *V. Décr. n° 2004-1463 du 23 déc. 2004 supra, I, Dispositions générales.*

Les demandes de renouvellement de l'agrément sont adressées à la commission au moins six mois avant l'échéance de la période visée à l'article 3.

Art. 12 Les personnes habilitées à procéder à des identifications par empreintes génétiques dans le cadre de procédures judiciaires *(Décr. n° 2012-125 du 30 janv. 2012, art. 6-4°)* « ou de la procédure extrajudiciaire d'identification des personnes décédées » sont tenues d'adresser à la commission dans les quinze jours de leur réception les évaluations résultant des contrôles de qualité prévus à l'article 7.

Elles font également parvenir à la commission un état annuel précisant le nombre des missions d'identification qu'elles ont accomplies *(Décr. n° 2012-125 du 30 janv. 2012, art. 6-7°)* « en matière civile, pénale et extrajudiciaire » et indiquant la nature de la technique d'identification utilisée pour chacune d'elles.

La commission doit être avertie de tout projet tendant soit au transfert dans un autre site du laboratoire où sont exécutées les missions d'identification, soit à l'intervention de nouvelles personnes pour assurer celles-ci au sein de la personne morale et en son nom, soit à la cessation des fonctions ou au remplacement d'une ou plusieurs des personnes qui ont la charge de réaliser ces missions dans les conditions prévues *(Décr. n° 2016-796 du 14 juin 2016, art. 14-1°)* « au deuxième alinéa de l'article 4 » du présent décret.

Dans l'une ou l'autre de ces hypothèses, il appartient aux personnes agréées de communiquer à la commission les justificatifs propres à établir que les conditions d'habilitation mentionnées aux articles 4 à 9 demeurent remplies.

(Décr. n° 2002-931 du 11 juin 2002, art. 9) « Les personnes agréées informent sans délai la commission de toute modification affectant *(Décr. n° 2016-796 du 14 juin 2016, art. 14-2°)* « les éléments d'appréciation prévus aux *a*, *d*, *e*, *f* et *g* » de l'article 10, au *a* de l'article 10-1 ou au *a* de l'article 10-2. »

Sur l'application territoriale du Décr. n° 2012-125 du 30 janv. 2012, V. note ss. art. 1er du présent décret.

SECTION IV *Procédure de retrait de l'agrément*

Art. 13 *(Décr. n° 2016-796 du 14 juin 2016, art. 15)* Le retrait de l'agrément prévu par l'article 3 du présent décret est prononcé par la commission instituée à l'article 1er dans les cas suivants :

1° Radiation des listes instituées par l'article 2 de la loi du 29 juin 1971 susvisée et par l'article 157 du code de procédure pénale ou non-renouvellement de l'inscription, s'agissant des personnes effectuant des missions d'identification dans le cadre de procédures judiciaires ;

2° Réalisation d'identifications par empreintes génétiques hors des cas prévus à l'article 16-11 du code civil ;

3° Refus de participer aux contrôles de qualité périodiques prévus à l'article 7, résultats insuffisants obtenus lors de ceux-ci, non-communication à la commission des évaluations résultant des contrôles de qualité ;

4° Violation des règles de sécurité ou des exigences, mentionnées à l'article 9, relatives aux infrastructures, aux équipements et aux personnels ;

5° Réalisation de missions d'identification par empreintes génétiques par des personnes ou dans des conditions ne correspondant pas aux indications portées à la connaissance de la commission et ayant justifié la délivrance de l'agrément, son maintien ou son renouvellement ;

6° Absence, au sein d'une personne morale agréée, d'au moins une personne physique elle-même titulaire de l'agrément ;

7° Sanction, à l'encontre d'une personne physique dont la situation relève du second alinéa de l'article 4, pour un des faits mentionnés aux 1°, 2° et 3° de l'article 2 du décret n° 2004-1463 du 23 décembre 2004 ; dans ce cas, le procureur général près la cour d'appel dans le ressort de laquelle la sanction est prononcée en informe le président de la commission dès qu'il en a connaissance ;

8° Cessation des liens juridiques qui existaient entre la personne et le laboratoire ;

9° Carence dans la mise en œuvre des techniques d'identification par empreintes génétiques ;

10° Retrait de l'accréditation mentionnée à l'article 9.

Art. 14 La décision de retrait d'agrément, *(Décr. n° 2002-931 du 11 juin 2002, art. 11)* « prévue à l'article 13 », est prise par la commission instituée à l'article 1er, après que la personne qui en fait l'objet, ou son représentant, s'il s'agit d'une personne morale, a été invitée à présenter ses observations.

(Décr. n° 2016-796 du 14 juin 2016, art. 16-1° et 2°) « En cas d'urgence, le président de la commission peut suspendre l'agrément d'une personne pour une durée maximale d'un mois non renouvelable lorsque la poursuite, par cette personne, de l'activité d'identification serait préjudiciable à la fiabilité des analyses.

« La décision de retrait ou de suspension est motivée et notifiée » par lettre recommandée avec avis de réception à la personne qu'elle concerne ou à son représentant.

(Décr. n° 2002-931 du 11 juin 2002, art. 11) « *(Décr. n° 2016-796 du 14 juin 2016, art. 16-3°)* « Ces décisions sont portées » à la connaissance du procureur général près la Cour de cassation ainsi que des procureurs généraux près les cours d'appel. »

Art. 15 *Abrogé par Décr. n° 2016-796 du 14 juin 2016, art. 17.*

SECTION V *Agrément des personnes susceptibles d'être requises aux fins de procéder à une analyse d'identification par empreintes génétiques*

(Décr. n° 2004-471 du 25 mai 2004, art. 5)

L'art. 5 du Décr. n° 2004-471 du 25 mai 2004 insère après l'art. 15 une nouvelle section V comprenant les art. 15-1 et 15-2 s., après avoir transformé l'ancienne section V en section IV.

Art. 15-1 *(Décr. n° 2004-471 du 25 mai 2004, art. 5)* Par dérogation aux dispositions des articles 4 et 5 du présent décret, les personnes susceptibles d'être requises en application du deuxième alinéa du I de l'article 706-56 du code de procédure pénale, aux fins de procéder à une analyse d'identification par empreintes génétiques, en vue d'un enregistrement au fichier national automatisé des empreintes génétiques ou d'un rapprochement avec les données incluses dans ce fichier, peuvent recevoir l'agrément prévu à l'article 3 du présent décret, sans qu'une inscription préalable sur une liste d'experts judiciaires soit nécessaire ou que les intéressés soient titulaires d'un des diplômes mentionnés par l'article 5, à la condition de justifier de travaux et d'une ancienneté de cinq ans au moins dans les activités d'application de la biologie moléculaire, des laboratoires de police scientifique, de l'institut de recherche criminelle de la gendarmerie nationale et des autres laboratoires agréés par la commission instituée par l'article 1er. – *V. C. pr. pén., art. 706-56, reproduit ss. L. n° 71-498 du 29 juin 1971, art. 6-1, supra, I, Dispositions générales.*

Art. 15-2 *(Décr. n° 2004-471 du 25 mai 2004, art. 5)* L'agrément n'est valable que pour l'exercice des missions susceptibles d'être confiées par application du deuxième alinéa du I de l'article 706-56 du code de procédure pénale. – *V. C. pr. pén., art. 706-56, reproduit ss. L. n° 71-498 du 29 juin 1971, art. 6-1, supra, I, Dispositions générales.*

Il ne peut être rapporté pour un motif tiré du non-respect des dispositions des *a* et *b* de l'article 13 du présent décret.

Art. 15-2-1 *(Décr. n° 2012-125 du 30 janv. 2012, art. 6-8°)* Les personnes titulaires, à la date d'entrée en vigueur du décret n° 2012-125 du 30 janvier 2012 relatif à la procédure extrajudiciaire d'identification des personnes décédées, de l'agrément prévu aux articles 3 et 4 du présent décret, sont également habilitées, à compter de cette date, à effectuer ces missions dans le cadre de la procédure extrajudiciaire mentionnée à l'article 1er.

Sur l'application territoriale du Décr. n° 2012-125 du 30 janv. 2012, V. note ss. art. 1er du présent décret.

SECTION VI *Dispositions applicables à l'outre-mer*

Art. 15-3 *(Décr. n° 2011-742 du 28 juin 2011, art. 2)* Le présent décret est applicable en Polynésie française, en Nouvelle-Calédonie et dans les îles Wallis-et-Futuna *(Décr. n° 2012-125 du 30 janv. 2012, art. 6-9°)* « , dans la rédaction résultant du décret n° *[2012-125]* du *[30 janvier 2012]* relatif à la procédure extrajudiciaire d'identification des personnes décédées ».

Sur l'application territoriale du Décr. n° 2012-125 du 30 janv. 2012, V. note ss. art. 1er du présent décret.

Code de la propriété intellectuelle

(Décr. n° 95-385 du 10 avr. 1995)

Art. R. 615-5 Lorsque dans un litige civil en matière de brevets d'invention une expertise technique apparaît nécessaire, le président de la juridiction saisie *(Décr. n° 2004-199 du*

25 févr. 2004, art. 58) **« peut » consulter, sur le choix de l'expert, l'un des organismes désignés par arrêté conjoint du garde des Sceaux et des ministres intéressés.** – *V. Arr. du 10 juin 1965, reproduit supra, I, Dispositions générales.*

(Décr. n° 2004-199 du 25 févr. 2004, art. 58) **« S'il a été procédé à cette consultation, il en est fait mention dans l'arrêt ou le jugement. »** *[Codification du Décr. n° 65-464 du 10 juin 1965, art. 1er.]*

A compter de la date d'entrée en vigueur de l'Ord. n° 2018-341 du 9 mai 2018, l'art. R. 615-5 devient l'art. R. 615-8 (Décr. n° 2018-429 du 31 mai 2018, art. 4).

Le droit à un procès équitable, consacré par l'art. 6, § 1er, Conv. EDH, exige que l'expert pour assister l'huissier instrumentaire procédant à la saisie-contrefaçon soit indépendant des parties (à propos d'un expert désigné préposé de l'une des parties saisissantes). • Com. 28 avr. 2004 : ♁ *cité note 112 ss. art. Conv. EDH, art. 6, § 1er, App., v° Droit européen et international.* – Comp. • Rennes, 25 mai 2004 : *Dr. et pr. 2004. 338, note Hugon.*

FRAIS ET DÉPENS (TARIF)

RÉP. PR. CIV. v° *Frais et dépens*, par PANSIER.

DALLOZ ACTION *Droit et pratique de la procédure civile 2022/2023*, n°s 611. 00 s.

Décret n° 94-757 du 26 août 1994,

Relatif aux tarifs des officiers publics et ministériels et des auxiliaires de justice.

Art. 1er Les rémunérations faisant l'objet des tarifs applicables aux officiers publics et ministériels et aux auxiliaires de justice s'entendent hors taxe sur la valeur ajoutée.

I État de frais

Code général des impôts

(Décr. n° 50-478 du 6 avr. 1950)

Art. 865 Les états de frais dressés par les *(Abrogé par L. n° 2011-94 du 25 janv. 2011, art. 32-1°-b et 34, à compter du 1er janv. 2012)* **« avoués, » avocats, huissiers, greffiers, notaires commis doivent faire ressortir distinctement, dans une colonne spéciale et pour chaque débours, le montant des droits de toute nature payés au Trésor.**

II Gratuité de la justice

Code général des impôts

Art. 302 *bis* Y *(Abrogé par L. n° 2019-1479 du 28 déc. 2019, art. 21-I-3°)* ***1. Les actes des huissiers de justice sont soumis à une taxe forfaitaire de*** *(L. n° 2015-1785 du 29 déc. 2015, art. 42-IV-2°-a)* ***« 13,04 € pour les actes accomplis à compter du 1er janvier 2016 et 14,89 € pour les actes accomplis à compter du 1er janvier 2017*** *[ancienne rédaction : 11,16 €]* ***».***

Sont exonérés de la taxe :

a) les actes accomplis à la requête d'une personne qui bénéficie de l'aide juridique totale ou partielle et en application des règles de procédure se rattachant directement à une instance ou à l'exécution d'une décision de justice ;

b) les actes désignés aux 3° à 7° du 1 et aux 2° à 7° bis du 2 de l'article 635 *(L. n° 2019-1479 du 28 déc. 2019, art. 21-I-2°)* ***« , dans sa rédaction applicable au 31 décembre 2019 » ;***

c) les actes qui, en matière mobilière :

1° sont exercés pour le compte d'un comptable *(Ord. n° 2010-420 du 27 avr. 2010, art. 16)* ***« public de l'État » ainsi que de la sécurité sociale et des groupements mutualistes régis par le code de la mutualité ;***

2° ou qui, portant sur une somme n'excédant pas 530 €, ne sont pas accomplis en application des règles de procédure se rattachant directement à une instance ou à l'exécution d'une décision de justice et ne constituent pas une signification du certificat de non-paiement prévu à l'article 65-3 du décret-loi du 30 octobre 1935 unifiant le droit en matière de chèque et relatif aux cartes de paiement.

2. La taxe est due par les huissiers de justice pour le compte du débiteur. Elle est intégralement exigible dès que les encaissements, même partiels, des sommes dues au titre d'un acte accompli ont atteint ou dépassé son montant.

3. Elle est constatée, recouvrée et contrôlée selon les règles, garanties et sanctions prévues en matière de taxe sur la valeur ajoutée.

(Abrogé par L. n° 2015-1785 du 29 déc. 2015, art. 42-IV-2°-b ; L. n° 2014-1654 du 29 déc. 2014, art. 35-I-C-2° et XII, applicable aux actes accomplis à compter du 1er janv. 2015) ***« 4. Le produit de la taxe est affecté, dans la limite de 11 millions d'euros par an, au Conseil national des barreaux. »***

L'art. 21-I-2° de la L. n° 2019-1479 du 28 déc. 2019 s'applique aux actes établis à compter du 1er janv. 2020 (L. préc., art. 21-XI-D).

L'art. 21-I-3° de la L. n° 2019-1479 du 28 déc. 2019 s'applique aux actes établis à compter du 1er janv. 2021 (L. préc., art. 21-XI-F).

[L. n° 93-1352 du 30 déc. 1993, art. 16-I et IV ; Ord. n° 2010-420 du 27 avr. 2010, art. 16 ; L. n° 2014-1654 du 29 déc. 2014, art. 35-I-C et XII ; L. n° 2015-1785 du 29 déc. 2015, art. 42-IV-2°.]

Loi n° 77-1468 du 30 décembre 1977,

Instaurant la gratuité des actes de justice devant les juridictions civiles et administratives.

TITRE PREMIER **Dispositions relatives à la gratuité des actes de justice devant les juridictions judiciaires et administratives**

CHAPITRE PREMIER *Dispositions générales*

Art. 1er La gratuité des actes de justice est instaurée dans les conditions prévues par la présente loi.

Art. 2 Une copie certifiée conforme, un extrait ou un certificat ainsi que, s'il y a lieu, une copie certifiée conforme revêtue de la formule exécutoire sont délivrés gratuitement :

1° A chacune des parties concernées pour toute décision rendue par les juridictions civiles et administratives et pour tout acte établi par leur secrétariat ;

2° A la partie civile et à la personne civilement responsable pour toute décision d'une juridiction répressive statuant à la fois sur l'action publique et sur les intérêts civils ;

3° A chacune des parties concernées pour toute décision d'une juridiction répressive ne statuant que sur les intérêts civils ;

4° Au prévenu pour toute décision de non-lieu, de relaxe ou d'acquittement le concernant. *– Codifié, CGI, art. 1089 C.*

Art. 3 Les frais de transport et de séjour des magistrats et des secrétaires des juridictions ainsi que les frais postaux des secrétariats-greffes nécessités par les actes et procédures sont, sans préjudice des dispositions particulières à la matière répressive, à la charge de l'État.

Les frais postaux des secrétariats-greffes des conseils de prud'hommes nécessités par les actes et procédures ne sont plus à la charge des parties.

CHAPITRE II *Redevances*

Art. 4 Les redevances actuellement perçues au profit du Trésor par les secrétariats-greffes des juridictions de l'ordre judiciaire ainsi que les émoluments perçus par les secrétaires des conseils de prud'hommes sont supprimés. Le troisième alinéa de l'article L. 512-7 du code du travail est abrogé.

Toutefois, si le *(Ord. n° 2019-964 du 18 sept. 2019, art. 35, en vigueur le 1er janv. 2020)* « tribunal judiciaire *[ancienne rédaction : tribunal de grande instance]* » statue en l'absence de tribunal de commerce, il est perçu des redevances égales au coût des procédures portées devant cette juridiction, à laquelle les dispositions des articles 2 et 11, alinéas 1 et 2, ne sont pas applicables.

Art. 5 Les indemnités accordées aux greffiers titulaires de charge, par application de l'article 2 de la loi n° 65-1002 du 30 novembre 1965, seront versées dès que le montant en aura été fixé par les commissions régionales prévues audit article nonobstant appel à la commission centrale, sans qu'ait à intervenir préalablement le décret prévu à l'alinéa 7 dudit article 2.

CHAPITRE III *Frais fiscaux*

Art. 6 Sauf lorsqu'elles donnent ouverture à un droit proportionnel ou progressif, les décisions des juridictions de l'ordre judiciaire ne sont soumises ni au droit d'enregistrement ni au droit de timbre. *– Codifié, CGI, art. 1089 A.*

Art. 7 et 8 *(Juridictions administratives et juridictions répressives.)*

Art. 9 En matière judiciaire et administrative, les actes de procédure, y compris les actes des techniciens nommés en justice, ne sont pas soumis au droit de timbre de dimension.

Art. 10 Les actes des secrétariats des juridictions judiciaires et administratives ne sont pas soumis au droit d'enregistrement ni au droit de timbre ni à toute autre taxe prévue par le code général des impôts *(Abrogé par Ord. n° 2003-1235 du 22 déc. 2003, applicable aux requêtes* *enregistrées à compter du 1er janv. 2004) (L. no 93-1352 du 30 déc. 1993, art. 44) « à l'exception d'un droit de timbre de 15 € par requête enregistrée auprès des tribunaux administratifs, des cours administratives d'appel et du Conseil d'État ». – Codifié, CGI, art. 1089 B.*

Art. 11 Sous réserve des dispositions de l'article 2, il est perçu un droit forfaitaire de 20 F pour la délivrance par le secrétariat de la juridiction de toute ampliation d'un acte ou d'une décision en matière civile ou administrative ou d'une décision rendue par une juridiction répressive.

Ce droit forfaitaire n'est pas perçu pour la première ampliation lorsque, en raison de la nature de l'acte ou de la qualité du demandeur, celui-ci bénéficiait avant l'entrée en vigueur de la présente loi d'une exonération totale ou partielle du droit d'enregistrement ou de timbre.

Les autorités judiciaires et administratives ainsi que les établissements publics dotés d'un comptable public sont dispensés du paiement du droit forfaitaire.

Un décret en Conseil d'État fixera les modalités de perception du droit forfaitaire qui est assimilé à un droit de timbre. – *Comp. CGI, art. 1018 B.*

Art. 12 I. Les actes d'huissier de justice accomplis en application des règles de procédure se rattachant directement à une instance ou à l'exécution d'une décision de justice sont dispensés de droits d'enregistrement.

Pour l'application des dispositions de l'alinéa précédent, la signification du protêt prévue à l'article 57-1 du décret-loi du 30 octobre 1935 modifié ainsi que celle du certificat de non-paiement prévue à l'article L. 103-1 du code des postes et télécommunications sont assimilées à une décision de justice.

II. Les autres actes des huissiers de justice sont, en matière mobilière, dispensés de droits d'enregistrement lorsqu'ils portent sur une somme n'excédant pas 533,57 € *[3 500 F] (L. no 87-1060 du 30 déc. 1987)* « ainsi que lorsqu'ils sont exercés pour le compte d'un comptable des impôts ou du Trésor ». – *Comp. CGI, art. 302 bis Y, App. vo Frais et dépens.*

CHAPITRE IV *Taxe parafiscale*

Art. 13 *V. L. no 71-1130 du 31 déc. 1971, art. 28-1o.* – ***C. avocat.***

CHAPITRE V *Droits de plaidoirie*

Art. 14 *V. L. 12 janv. 1948, art. 1er, 2 et 3, abrogés.*

CHAPITRE VI *Dispositions particulières aux départements du Bas-Rhin, du Haut-Rhin et de la Moselle*

Art. 15 Dans les départements du Bas-Rhin, du Haut-Rhin et de la Moselle, les droits et débours perçus au profit des collectivités publiques dans le domaine d'application de la présente loi sont supprimés.

Un décret en Conseil d'État détermine les modalités d'adaptation, par voie de modification ou d'abrogation, de la loi locale du 18 juin 1878 modifiée relative aux frais de justice, de la loi d'Alsace-Lorraine sur les frais de justice du 6 décembre 1899 modifiée, de la loi du 6 janvier 1932 portant modification de la législation des frais de justice en vigueur dans les départements du Bas-Rhin, du Haut-Rhin et de la Moselle et de la loi no 62-736 du 3 juillet 1962 relative aux frais de justice dans les départements du Bas-Rhin, du Haut-Rhin et de la Moselle. – *V. Décr. no 78-63 du 20 janv. 1978 (D. et BLD 1979. 111).*

TITRE II Relèvement de certaines amendes pénales

Dispositions finales

Art. 20 Les dispositions du titre Ier de la présente loi sont applicables dans les territoires d'outre-mer de la Nouvelle-Calédonie, de la Polynésie française, des îles Wallis-et-Futuna et des Terres australes et antarctiques françaises sous réserve d'une délibération conforme des assemblées territoriales en ce qui concerne les matières relevant de leur compétence.

Les dispositions du titre II sont également applicables dans ces territoires aux amendes pénales prévues pour les mêmes délits par les textes législatifs qui y sont en vigueur.

Art. 21 Il est mis fin, à compter du 1er janvier 1978, au régime de gestion provisoire prévu par la loi du 30 novembre 1965 au profit des anciens greffiers titulaires de charge.

Art. 22 La présente loi entrera en vigueur le 1er janvier 1978.

Décret n° 78-62 du 20 janvier 1978,

Portant application de la loi n° 77-1468 du 30 décembre 1977 instituant la gratuité des actes de justice devant les juridictions civiles et administratives.

Art. 2 Lorsqu'un membre du secrétariat-greffe d'une juridiction judiciaire accompagne un magistrat comme assistant ou se déplace comme délégué d'un magistrat, il a droit aux indemnités de transport et de séjour allouées par les articles R. 200 à R. 207 du code de procédure pénale.

Les art. R. 203 à R. 207 C. pr. pén. ont été abrogés par Décr. n° 82-70 du 21 janv. 1982, art. 3 (D. et BLD 1982. 68).

III Liquidation des frais et dépens

Décret du 16 février 1807,

Relatif à la liquidation des dépens en matière sommaire.

V. C. pr. civ., art. 704 à 723 et Décr. n° 75-1123 du 5 déc. 1975, art. 14.

Art. 1er La liquidation des dépens en matière sommaire sera faite par les arrêts et jugements qui les auront adjugés ; à cet effet, l'avoué *[avocat]* qui aura obtenu la condamnation remettra dans le jour, au greffier tenant la plume à l'audience, l'état des dépens adjugés ; et la liquidation en sera insérée dans le dispositif de l'arrêt ou jugement.

Art. 2 Les dépens dans les matières ordinaires seront liquidés par un des juges qui aura assisté au jugement ; mais le jugement pourra être expédié et délivré avant que la liquidation soit faite.

Art. 3 L'avoué *[avocat]* qui requerra la taxe remettra au greffier l'état des dépens adjugés avec les pièces justificatives.

Art. 4 Le juge chargé de liquider taxera chaque article en marge de l'état, sommera le total au bas, le signera, mettra le taxé sur chaque pièce justificative, et paraphera : l'état demeurera annexé aux qualités.

Art. 5 Le montant de la taxe sera porté au bas de l'état des dépens adjugés ; il sera signé du juge qui y aura procédé et du greffier. Lorsque ce montant n'aura pas été compris dans l'expédition de l'arrêt ou jugement, il en sera délivré exécutoire par le greffier.

Art. 6 L'exécutoire ou le jugement au chef de la liquidation seront susceptibles d'opposition. L'opposition sera formée dans les trois jours de la signification à avoué *[avocat]* avec citation ; il y sera statué sommairement, et il ne pourra être interjeté appel de ce jugement que lorsqu'il y aura appel de quelques dispositions sur le fond.

Art. 7 Si la partie qui a obtenu l'arrêt ou le jugement néglige de le lever, l'autre partie fera une sommation de le lever dans les trois jours.

Art. 8 Faute de satisfaire à cette sommation, la partie qui aura succombé pourra lever une expédition de ce jugement sans que les frais soient taxés, sauf à l'autre partie à les faire taxer dans la forme ci-dessus prescrite.

Art. 9 *(Dispositions caduques.)*

IV Recouvrement des frais et dépens

Loi du 24 décembre 1897,

Relative au recouvrement des frais dus aux notaires, avoués et huissiers.

Cette loi est abrogée en tant qu'elle concerne les avoués près les TGI (L. n° 71-1130 du 31 déc. 1971, art. 76).

Art. 1er Le droit des notaires au payement des sommes à eux dues pour les actes de leur ministère se prescrit par cinq ans à partir de la date des actes. Pour les actes dont l'effet est subordonné au décès, tels que les testaments et les donations entre époux pendant le mariage, les cinq ans ne courront que du jour du décès de l'auteur de la disposition.

(Abrogé par L. n° 2009-526 du 12 mai 2009, art. 11-III) ***« Il n'est pas innové, en ce qui concerne les huissiers et les avoués, aux dispositions édictées par*** *(L. n° 2008-561 du 17 juin 2008, art. 8-I-1°-a)* ***« l'article » 2273 du code civil. »***

La prescription a lieu quoiqu'il y ait eu continuation d'actes de leur ministère de la part des notaires *(Abrogé par L. n° 2011-94 du 25 janv. 2011, art. 32-1°-b, à compter du 1er janv. 2012)* *« , avoués »* et huissiers.

Elle ne cesse de courir que lorsqu'il y a eu compte arrêté, reconnaissance, obligation ou signification de taxe, en conformité de l'article 4 ci-après.

(Abrogé par L. n° 2008-561 du 17 juin 2008, art. 8-I-1°-b) ***« Les articles 2275 et 2278 du code civil sont applicables à ces prescriptions. »***

Champ d'application. Demande d'honoraires (non). L'application de l'art. 1er de la L. du 24 déc. 1897 est réservée à l'action en paiement des émoluments des notaires et la demande tendant au paiement d'honoraires est régie par les dispositions de droit commun. • Civ. 2e, 22 mars 2012 : *JCP N, 2013. 1033, note Hébert ; Defrénois 2012. 40549 (2e esp.), obs. Sagaut.*

Art. 2 Les demandes en taxe et les actions en restitution de frais dus aux notaires *(Abrogé par L. n° 2011-94 du 25 janv. 2011, art. 32-1°-b, à compter du 1er janv. 2012)* ***« , avoués »*** et huissiers, pour les actes de leur ministère, se prescrivent par *(L. n° 2008-561 du 17 juin 2008, art. 8-I, 2°)* « cinq » ans du jour du payement ou du règlement par compte arrêté, reconnaissance ou obligation. — *V. L. 30 janv. 1907, art. 79.*

L'art. 2 de la loi du 24 déc. 1897 n'est pas applicable à l'action en répétition d'un honoraire de négociation que le demandeur prétend avoir payé indûment. • Civ. 1re, 6 nov. 2001, n° 98-18.265 P.

Art. 3 *(Abrogé par Décr. n° 76-1237 du 28 déc. 1976)* ***Les notaires, avoués et huissiers ne pourront poursuivre le payement des frais s'appliquant aux actes de leur ministère qu'après en avoir obtenu la taxe et suivant les formes établies à l'article suivant.***

La demande de taxe pour les notaires est portée devant le président du tribunal de grande instance de la résidence des notaires ou, en cas d'empêchement, devant un juge commis par lui. La taxe sera arrêtée conformément au tarif, s'il s'agit d'actes qui y sont compris, et, s'il s'agit d'actes non tarifés, suivant la nature et l'importance de ces actes, les difficultés que leur rédaction a présentées et la responsabilité qu'ils peuvent entraîner.

Pour les avoués et les huissiers, la taxe sera faite par le président du tribunal ou par le premier président de la cour d'appel où les frais ont été faits, ou, à leur défaut, par un juge qu'ils désigneront. S'il s'agit de frais relatifs à une instance, le magistrat taxateur devra, à moins d'empêchement, avoir pris part au jugement ou à l'arrêt.

Pour les notaires et les avoués, en matière de compte, liquidation et partage, les frais faits devant le tribunal seront taxés, à moins d'empêchement, par le juge-commissaire. — *V. C. pr. civ., art. 704 à 723 et Décr. n° 75-1123 du 5 déc. 1975, art. 14.*

Art. 4 *(Abrogé par Décr. n° 75-1122 du 5 déc. 1975)* ***« Les notaires, avoués et huissiers devront signifier à la partie débitrice par acte d'avoué à avoué, s'il y a avoué constitué, sinon à personne ou à domicile, l'état détaillé des frais taxés et l'ordonnance du magistrat taxateur revêtue, sur minute, de la formule exécutoire.***

« Cette signification contiendra, en outre, à peine de nullité :

« 1° Constitution d'avoué pour le requérant ;

« 2° La déclaration que cette ordonnance deviendra définitive si elle n'est pas frappée d'opposition dans les délais déterminés au paragraphe suivant. »

« (Décr. n° 72-788 du 28 août 1972) ***« Dans les quinze jours de la signification, l'ordonnance de taxe » est susceptible d'opposition de la part tant de la partie débitrice que de la partie qui en est bénéficiaire. Cette opposition est motivée et faite par acte d'avoué à avoué, s'il y a avoué constitué, sinon par ajournement.***

« Le délai imparti par le paragraphe précédent est suspendu par la mort de l'une des parties ayant le droit d'opposition. Il reprend son cours après une nouvelle signification faite au domicile du défunt, et à compter de l'expiration des délais pour faire inventaire et délibérer si cette signification a eu lieu avant que ces derniers délais fussent expirés. Cette signification pourra être faite aux héritiers collectivement et sans désignation des noms et qualités.

« Les débats auront lieu en chambre du conseil, sans procédure, le ministère public entendu.

« Le jugement sera rendu en audience publique ; il sera susceptible d'appel dans les formes et dans les cas ordinaires. » — *V. C. pr. civ., art. 704 à 723 et Décr. n° 75-1123 du 5 déc. 1975, art. 14.*

(Décr. n° 75-1122 du 5 déc. 1975) **« La signification de l'ordonnance de taxe, à la requête des notaires** *(Abrogé par L. n° 2011-94 du 25 janv. 2011, art. 32-1°-b, à compter du 1er janv. 2012)* **«, avoués »** **et huissiers, interrompt la prescription et fait courir les intérêts. »**

L'ordonnance de taxe vaut titre exécutoire ; elle emporte hypothèque judiciaire ; mais elle ne pourra être exécutée et l'inscription ne pourra être prise valablement qu'après l'expiration du délai d'opposition.

Art. 5 *(Abrogé par L. n° 2011-94 du 25 janv. 2011, art. 33-4°, à compter du 1er janv. 2012)* ***Les mêmes règles s'appliquent aux frais, non liquidés par le jugement ou l'arrêt, réclamés par un avoué, distractionnaire des dépens, contre la partie adverse condamnée à les payer.***

Toutefois, en ce cas :

1° *(Abrogé par Décr. n° 76-1237 du 28 déc. 1976)* ***« Le délai d'opposition ne sera pas augmenté à raison des distances, si le jugement ou l'arrêt sur le fond est contradictoire ;***

« 2° L'appel ne sera recevable que s'il y a appel de quelque disposition sur le fond ; »

3° L'ordonnance de taxe pourra être exécutée dès qu'elle aura été signifiée, et l'inscription de l'hypothèque judiciaire pourra être valablement prise, avant même la signification.

(Abrogé par Décr. n° 76-1237 du 28 déc. 1976) ***« L'exécution de l'ordonnance de taxe sera suspendue s'il y est fait opposition ou si la décision sur le fond est frappée d'opposition ou d'appel. »***

— V. C. pr. civ., art. 704 à 723 et Décr. n° 75-1123 du 5 déc. 1975, art. 14.

Art. 6 *(Actes et frais antérieurs à la promulgation de la loi.)*

Art. 7 La loi du 5 août 1881 est abrogée.

L'article 30 de la loi du 22 frimaire an VII, l'article 51 de la loi du 25 ventôse an XI et les décrets du 16 février 1807 sont abrogés dans celles de leurs dispositions qui sont contraires à la présente loi.

Art. 8 La présente loi est applicable *(L. n° 2007-224 du 21 févr. 2007, art. 21-II)* **« aux collectivités d'outre-mer régies par l'article 74 de la Constitution et à la Nouvelle-Calédonie ».**

Loi du 30 janvier 1907,

Portant fixation du budget général ordinaire des dépenses et des recettes de l'exercice 1907 (DP 1907. 4. 21).

Art. 79 Les dispositions de l'article 2 et de l'article 6 de la loi du 24 décembre 1897 sont applicables aux demandes de taxe et aux actions en restitutions de frais dus aux commissaires-priseurs et aux greffiers des *(Ord. n° 2019-964 du 18 sept. 2019, art. 35, en vigueur le 1er janv. 2020)* **« tribunaux judiciaires** *[ancienne rédaction : tribunaux d'instance]* **» pour les actes de leur ministère.**

V Tarif des frais et dépens

A Dispositions communes à certaines professions du droit

1 Tarifs applicables aux prestations des commissaires-priseurs judiciaires, greffiers de tribunal de commerce, huissiers de justice, administrateurs judiciaires, mandataires judiciaires, notaires et avocats pour les droits et émoluments en matière de saisie immobilière, de partage, de licitation et de sûretés judiciaires mentionnés à l'art. 10 de la L. n° 71-1130 du 31 déc. 1971

Code de commerce

TITRE IV *BIS* De certains tarifs réglementés

(L. n° 2015-990 du 6 août 2015, art. 50-I-1°)

Les art. L. 444-1 à L. 444-7 sont applicables à Wallis-et-Futuna (L. n° 2015-990 du 6 août 2015, art. 50-V).

BIBL. GÉN. ▶ NDLR, *BRDA 2015, n° 15-16, p. 14* (encadrement de la rémunération des professions du droit et du chiffre). – ARCELIN, *AJCA 2015. 400* (vers un renforcement de la concurrence ?).

Art. L. 444-1 **Sont régis par le présent titre les tarifs réglementés applicables aux prestations** *(Ord. n° 2016-728 du 2 juin 2016, art. 23-III, en vigueur le 1er juill. 2022)* **« des commissaires de justice** *[ancienne rédaction : des commissaires-priseurs judiciaires, des greffiers de tribunal de commerce, des huissiers de justice]* **», des administrateurs judiciaires, des mandataires judiciaires et des notaires. Sont également régis par le présent titre les droits et émoluments de l'avocat en matière de saisie immobilière, de partage, de licitation et de sûretés judiciaires mentionnés à l'article 10 de la loi n° 71-1130 du 31 décembre 1971 portant réforme de certaines professions judiciaires et juridiques.** — *V. C. com., art. R. 444-1 s. — V. L. n° 71-1130 du 31 déc. 1971, art. 10. —* ***C. avocat.***

Sauf disposition contraire, lorsqu'un professionnel mentionné au premier alinéa du présent article est autorisé à exercer une activité dont la rémunération est soumise à un tarif propre à une autre catégorie d'auxiliaire de justice ou d'officier public ou ministériel, sa rémunération est arrêtée conformément aux règles dudit tarif. Les prestations accomplies par les personnes mentionnées au deuxième alinéa de l'article L. 811-2 *[administrateurs judiciaires non-inscrits]* **et au premier alinéa du II de l'article L. 812-2** *[mandataires judiciaires non-inscrits]* **sont rémunérées conformément aux tarifs réglementés applicables aux administrateurs et mandataires judiciaires.** — *V. note ss. le présent art.*

Sauf disposition contraire, les prestations que les professionnels mentionnés au premier alinéa du présent article accomplissent en concurrence avec celles, non soumises à un tarif, d'autres professionnels ne sont pas soumises à un tarif réglementé. Les honoraires rémunérant ces prestations tiennent compte, selon les usages, de la situation de fortune du client, de la difficulté de l'affaire, des frais exposés par les professionnels concernés, de leur notoriété et des diligences de ceux-ci. Les professionnels concernés concluent par écrit avec leur client une convention d'honoraires, qui précise, notamment, le montant ou le mode de détermination des honoraires couvrant les diligences prévisibles, ainsi que les divers frais et débours envisagés. — *V. C. com., art. R. 444-13 s.*

L'art. L. 811-2, al. 2, C. com. vise les personnes physiques que le tribunal désigne comme administrateurs judiciaires, alors qu'elles ne sont inscrites sur la liste établie par la commission nationale instituée à cet effet, parce qu'elles justifient d'une expérience ou d'une qualification particulière au regard de la nature de l'affaire.

L'art. L. 812-2, II, C. com. vise les personnes physiques que le tribunal désigne comme mandataires judiciaires, alors qu'elles ne sont inscrites sur la liste établie par la commission nationale instituée à cet effet, parce qu'elles justifient d'une expérience ou d'une qualification particulière au regard de la nature de l'affaire.

Code de commerce

Art. L. 462-2-1 *(L. n° 2015-990 du 6 août 2015, art. 50-I-2°)* A la demande du Gouvernement, l'Autorité de la concurrence donne son avis sur les [...] tarifs réglementés mentionnés [...] à l'article L. 444-1. Cet avis est rendu public. — *V. C. com., art. L. 444-1 ci-dessus.*

L'Autorité de la concurrence peut également prendre l'initiative d'émettre un avis sur les prix et tarifs réglementés mentionnés au premier alinéa du présent article. Cet avis est rendu public au plus tard un mois avant la révision du prix ou du tarif en cause.

L'engagement d'une procédure d'avis en application du présent article est rendu publique *dans les cinq jours ouvrables*, afin de permettre aux associations de défense des consommateurs agréées au niveau national pour ester en justice ainsi qu'aux organisations professionnelles ou aux instances ordinales concernées d'adresser leurs observations à l'Autorité de la concurrence.

(Abrogé par L. n° 2020-1508 du 3 déc. 2020, art. 37-III-4°) « Le Gouvernement informe l'Autorité de la concurrence de tout projet de révision des prix ou des tarifs réglementés mentionnés au premier alinéa, au moins deux mois avant la révision du prix ou du tarif en cause. »

L'art. L. 462-2-1 est applicable à Wallis-et-Futuna (L. n° 2015-990 du 6 août 2015, art. 50-V).

Art. L. 444-2 **Les tarifs mentionnés à l'article L. 444-1 prennent en compte les coûts pertinents du service rendu et une rémunération raisonnable, définie sur la base de critères objectifs.** — *V. C. com., art. L. 444-1 ci-dessus.*

Par dérogation au premier alinéa du présent article, peut être prévue une péréquation des tarifs applicables à l'ensemble des prestations servies. Cette péréquation peut notamment prévoir que les tarifs des prestations relatives à des biens ou des droits d'une valeur supérieure à un seuil fixé par l'arrêté conjoint prévu à l'article L. 444-3 soient fixés proportionnellement à la valeur du bien ou du droit. — *V. C. com., art. L. 444-3 ci-dessous. — Sur le seuil à partir duquel les tarifs des prestations relatives à des biens ou des droits peuvent être fixés proportionnellement à la valeur du bien ou du droit, V. C. com., art. A. 444-52, App., v° Frais et dépens, V, Tarifs des frais et dépens.*

(L. n° 2019-222 du 23 mars 2019, art. 20-1°-a) **« En application des deux premiers alinéas du présent article, l'arrêté conjoint mentionné au même article L. 444-3 fixe les tarifs sur la base d'un objectif de taux de résultat moyen, dont les modalités de détermination sont définies par un décret en Conseil d'État, et dont le montant est estimé globalement pour chaque profession pour l'ensemble des prestations tarifées en application de l'article L. 444-1. »**

(Abrogé par L. n° 2020-1672 du 24 déc. 2020, art. 29-III-1°) ***« En outre, peut être prévue une redistribution entre professionnels, afin de favoriser la couverture de l'ensemble du territoire par les professions judiciaires et juridiques et l'accès du plus grand nombre au droit. Cette redistribution est la finalité principale d'un fonds dénommé "fonds interprofessionnel de l'accès au droit et à la justice".*** — *Sur la société de gestion du fonds interprofessionnel de l'accès au droit et à la justice, V. C. com., art. R. 444-36 s., App., v° Frais et dépens, V, Tarif des frais et dépens.*

« L'organisation et le fonctionnement du fonds interprofessionnel de l'accès au droit et à la justice, ainsi que la composition du conseil d'administration par lequel est administrée la personne morale de droit privé qui le gère, sont précisés par le décret en Conseil d'État prévu à l'article L. 444-7. » — *V. C. com., art. L. 444-7, ci-après. — Sur les modalités d'organisation, de fonctionnement et de composition de la société de gestion du fonds interprofessionnel de l'accès au droit et à la justice, V. C. com., art. R. 444-37 s., App., v° Frais et dépens.*

Des remises peuvent être consenties lorsqu'un tarif est déterminé proportionnellement à la valeur d'un bien ou d'un droit en application du deuxième alinéa du présent article et lorsque l'assiette de ce tarif est supérieure à un seuil défini par l'arrêté conjoint prévu à l'article L. 444-3. Le taux des remises octroyées par un professionnel est fixe, identique pour tous et compris dans des limites définies par voie réglementaire. *(L. n° 2019-222 du 23 mars 2019, art. 20-1°-b)* **« Toutefois, pour certaines prestations et au-delà d'un montant d'émolument fixé par l'arrêté mentionné au même article L. 444-3, le professionnel et son client peuvent convenir du taux des remises. »** — *Sur le seuil à partir duquel les tarifs des prestations relatives à des biens ou des droits peuvent être fixés proportionnellement à la valeur du bien ou du droit, V. C. com., art. R. 444-10, A. 444-52, App., v° Frais et dépens, V, Tarif des frais et dépens.*

BIBL. ▶ GALOKHO, *Dr. et pr. 2016. 56* (l'impossibilité de faire des remises tarifaires dans le cadre d'un mandat de justice).

Rémunération raisonnable. Il résulte des dispositions des al. 1er et 2 de l'art. L. 444-2, éclairées par les travaux préparatoires, que le législateur a entendu permettre que le tarif de certaines prestations soit fixé en deçà du prix nécessaire à la couverture des coûts pertinents et d'une rémunération raisonnable dès lors que la péréquation entre les actes d'un même professionnel, d'une part, et la redistribution entre professionnels par le fonds interprofessionnel d'accès au droit et à la justice, d'autre part, ont pour effet de garantir une rémunération globale raisonnable aux professionnels concernés. • CE 24 mai 2017, n° 398801 : *cité ss. C. com., art. R. 444-21.*

Art. L. 444-3 **Le tarif de chaque prestation est arrêté conjointement par les ministres de la justice et de l'économie.** — *Sur le tarif des huissiers de justice, V. Arr. du 26 févr. 2016. — V. C. com., art. A. 444-10 s., App., v° Frais et dépens, V, Tarif des frais et dépens. — V. art. R. 444-11, R. 444-11-1, App., v° Frais et dépens.*

Ce tarif est révisé au moins tous les cinq ans.

L'art. 1er de la L. du 29 mars 1944 relative aux tarifs des émoluments alloués aux officiers publics ou ministériels est abrogé à une date fixée par décret, et au plus tard à l'expiration du sixième mois suivant la promulgation de la L. n° 2015-990 du 6 août 2015. Les arrêtés prévus à l'art. L. 444-3 C. com. peuvent être adoptés avant cette date (L. préc., art. 50-IV). — Conformément aux dispositions du IV de l'art. 50 de la L. n° 2015-990 du 6 août 2015, l'art. 1er de la L. du 29 mars 1944 est abrogé à compter du 29 févr. 2016 (Décr. n° 2016-230 du 26 févr. 2016, art. 11).

Pour une période maximale de deux ans à compter de la publication du Décr. n° 2016-230 du 26 févr. 2016 (JO 28 févr.), dans l'attente du recueil des données et informations prévues aux art. R. 444-18 à R. 444-20 C. com., l'arrêté prévu à l'art. L. 444-3 peut fixer provisoirement des émoluments à partir de ceux applicables avant l'entrée en vigueur de l'art. 10 du décret précité dans la limite d'une variation de 5 % (Décr. préc., art. 12). — La collecte des informations statistiques nécessaires à l'élaboration des tarifs dans des conditions conformes aux exigences de l'art. L. 444-2 n'étant matériellement pas possible dans le délai de 6 mois, et compte tenu du délai nécessaire au recueil de l'ensemble de ces données, le Décr. n° 2016-230 du 26 févr. 2016 a pu légalement prévoir que puissent être arrêtés, pendant la période nécessaire à la collecte de ces données, des tarifs transitoires (CE 24 mai 2017, n° 398801 : cité ss. C. com., art. R. 444-21).

V., pour les tarifs réglementés des commissaires-priseurs judiciaires, C. com., art. A. 441-1 s. — ... Des huissiers de justice, C. com., art. A. 444-10 s. — ... Des notaires, C. com., art. A. 444-53 s. — ... Des greffiers des tribunaux de commerce, C. com., art. A. 743-8 s.

Loi du 29 mars 1944,

Relative aux tarifs des émoluments alloués aux officiers publics ou ministériels (JO 30 mars).

Art. 1er *(Abrogé par L. n° 2015-990 du 6 août 2015, art. 50-IV, à compter du 29 févr. 2016) Tous droits ou émoluments au profit des officiers publics ou ministériels peuvent être créés par décret en Conseil d'État ; ils peuvent être dans la même forme modifiés ou supprimés, même s'ils ont fait l'objet de dispositions législatives.*

L'entrée en vigueur de l'abrogation de l'art. 1er de la L. du 29 mars 1944, relative aux tarifs des émoluments alloués aux officiers publics ou ministériels, résulte de la combinaison de l'art. 50-IV de la L. n° 2015-990 du 6 août 2015 et de l'art. 11 du Décr. n° 2016-230 du 16 févr. 2016.

Art. 2 *(Ord. n° 45-2048 du 8 sept. 1945, art. 1er)* Toute taxe ou cotisation instituée pour quelque cause que ce soit pour être perçue en même temps que les droits et émoluments tarifés est prélevée par les officiers publics ou ministériels sur le produit desdits droits et émoluments.

Art. L. 444-4 *(Ord. n° 2016-728 du 2 juin 2016, art. 23-III, en vigueur le 1er juill. 2022)* **Les « commissaires de justice** *[ancienne rédaction : commissaires-priseurs judiciaires, les greffiers de tribunal de commerce, les huissiers de justice]* **», les administrateurs judiciaires, les mandataires judiciaires, les personnes mentionnées au deuxième alinéa de l'article L. 811-2 et au premier alinéa du II de l'article L. 812-2, les avocats pour les droits et émoluments mentionnés au premier alinéa de l'article L. 444-1 du présent code et les notaires affichent les tarifs qu'ils pratiquent, de manière visible et lisible, dans leur lieu d'exercice et sur leur site internet, selon des modalités fixées dans les conditions prévues** *(Ord. n° 2016-301 du 14 mars 2016, art. 2, en vigueur le 1er juill. 2016)* **« à l'article L. 112-1** *[ancienne rédaction : au premier alinéa de l'article L. 113-3]* **» du code de la consommation.** — *V. C. com., art. L. 444-1 reproduit ci-avant. — V. C. consom., art. L. 112-1 reproduit ss. le présent art.*

Code de la consommation

Art. L. 112-1 Tout vendeur de produit ou tout prestataire de services informe le consommateur, par voie de marquage, d'étiquetage, d'affichage ou par tout autre procédé approprié, sur les prix et les conditions particulières de la vente et de l'exécution des services, selon des modalités fixées par arrêtés du ministre chargé de l'économie, après consultation du Conseil national de la consommation. — *[Ancien C. consom., art. L. 113-3, al. 1er.]*

Art. L. 112-1-1 *(Ord. n° 2021-1734 du 22 déc. 2021, art. 4-2°, en vigueur le 28 mai 2022)* I. — Toute annonce d'une réduction de prix indique le prix antérieur pratiqué par le professionnel avant l'application de la réduction de prix.

Ce prix antérieur correspond au prix le plus bas pratiqué par le professionnel à l'égard de tous les consommateurs au cours des trente derniers jours précédant l'application de la réduction de prix.

Par exception au deuxième alinéa, en cas de réductions de prix successives pendant une période déterminée, le prix antérieur est celui pratiqué avant l'application de la première réduction de prix.

Le présent I ne s'applique pas aux annonces de réduction de prix portant sur des produits périssables menacés d'une altération rapide.

II. — Les présentes dispositions ne s'appliquent pas aux opérations par lesquelles un professionnel compare les prix qu'il affiche avec ceux d'autres professionnels.

Art. L. 112-2 Les dispositions de l'article L. 112-1 s'appliquent à toutes les activités de production, de distribution et de services, y compris celles qui sont le fait de personnes publiques, notamment dans le cadre de conventions de délégation de service public ainsi qu'aux prestations mentionnées au titre IV *bis* du livre IV du code de commerce. – *[Ancien C. consom., art. L. 113-3, al. 3.]*

Al. 2 et 3 Non reproduits.

Art. L. 444-5 Les ministres de la justice et de l'économie, pour l'application de l'article L. 444-3, et l'Autorité de la concurrence, pour l'application des articles L. 444-7 et L. 462-2-1, peuvent recueillir : – *V. C. com., art. L. 462-2-1 ss. art. L. 444-1, L. 444-3, et L. 444-7, App., v^o Frais et dépens, V, Tarif des frais et dépens.*

1° Toute donnée utile, auprès des professionnels mentionnés à l'article L. 444-1 ; – *V. C. com., art. L. 444-1 préc.*

2° Les informations statistiques définies par voie réglementaire, auprès des instances représentatives de ces professionnels.

Art. L. 444-6 I. – Les agents mentionnés au II de l'article L. 450-1 recherchent et constatent les manquements aux articles L. 444-4 et L. 444-5 dans les conditions prévues aux articles L. 450-2 à L. 450-8. Ils peuvent enjoindre aux professionnels et à leurs instances représentatives de se conformer à leurs obligations dans les conditions prévues au I de l'article *(Ord. n° 2017-303 du 9 mars 2017, art. 2-II)* « L. 470-1 *[ancienne rédaction : L. 465-1]* ». – *V. C. com., art. L. 450-2 à L. 450-8 ci-dessous.*

II. – Les manquements aux articles L. 444-4 et L. 444-5 du présent code ainsi que l'inexécution des injonctions de se conformer à ces dispositions sont passibles de l'amende *(Ord. n° 2016-301 du 14 mars 2016, art. 6, en vigueur le 1er juill. 2016)* « administrative dont le montant ne peut excéder 3 000 euros pour une personne physique et 15 000 euros pour une personne morale. L'amende est prononcée dans les conditions prévues à l'article *(Ord. n° 2017-303 du 9 mars 2017, art. 2-II)* « L. 470-2 *[ancienne rédaction : L. 465-2]* » du code de commerce ». – *V. C. consom., art. L. 131-1 s. ci-dessous.*

Code de commerce

Art. L. 450-2 Les enquêtes donnent lieu à l'établissement de procès-verbaux et, le cas échéant, de rapports. – *V. C. com., art. R. 450-1 ci-dessous.*

Les procès-verbaux sont transmis à l'autorité compétente. *(L. n° 2014-344 du 17 mars 2014, art. 111)* « Copie en est transmise aux personnes intéressées. » Ils font foi jusqu'à preuve contraire. – *[Ord. n° 86-1243 du 1er déc. 1986, art. 46.]*

Code de commerce

Art. R. 450-1 *(Décr. n° 2014-1109 du 30 sept. 2014, art. 33)* « I. — » Les procès-verbaux prévus à l'article L. 450-2 énoncent la nature, la date et le lieu des constatations ou des contrôles effectués. *(Décr. n° 2021-1302 du 7 oct. 2021, art. 1er-3°)* « Ils sont signés d'un agent mentionné à l'article L. 450-1 et par la personne concernée par les investigations. En cas de refus de celle-ci, mention en est faite au procès-verbal. »

Dans le cas prévu à l'article L. 450-1 où *(Décr. n° 2009-139 du 10 févr. 2009, art. 2)* « les agents des services d'instruction de l'Autorité de la concurrence » sont assistés d'un agent d'une autorité de concurrence d'un autre État membre de la Communauté européenne, les procès-verbaux en font mention. Ils indiquent l'identité de cet agent et la date de la décision l'autorisant à assister *(Décr. n° 2009-139 du 10 févr. 2009, art. 2)* « les agents des services d'instruction de l'Autorité ».

(Décr. n° 2014-1109 du 30 sept. 2014, art. 33) « II. — Lorsque les agents constatent des infractions ou manquements dans les conditions prévues au II de l'article L. 450-3-2, ils mentionnent également dans le procès-verbal les modalités de consultation et d'utilisation du site internet, notamment : – *V. C. com., art. L. 450-3-2, ss. C. com., art. L. 444-6, App., v^o Frais et dépens, V, Tarif des frais et dépens.*

« 1° Les noms *[nom]*, qualité et résidence administrative de l'agent verbalisateur ;

« 2° L'identité d'emprunt sous laquelle le contrôle a été conduit ;

« *3°* La date et l'heure du contrôle ;

« 4° Les modalités de connexion au site et de recueil des informations. » – *[Décr. n° 2002-689 du 30 avr. 2002, art. 15.]*

Les dispositions issues du Décr. n° 2009-139 du 10 févr. 2009 entrent en vigueur à la date d'entrée en vigueur de la L. n° 2008-776 du 4 août 2008 et de l'Ord. n° 2008-1161 du 13 nov. 2008 (Décr. préc., art. 4).

1. *Domaine d'application.* Échappent aux prescriptions de l'art. 31 du Décr. de 1986 [abrogé] les procès-verbaux constatant des faits de publicité de nature à induire en erreur qui n'ont, conformément au droit commun, à être signés que de leur seul rédacteur. • Crim. 25 sept. 1995 : *D. Affaires 1996. 12.*

2. *Rédaction dans le plus court délai.* L'art. 15 du Décr. [C. com., art. R. 450-1] ne fait plus mention d'une rédaction dans les plus brefs délais tel que le prévoyait l'art. 31 du Décr. de 1986. ♦ En ce sens que le point de départ de ce délai devait être fixé à la date de l'accomplissement de la dernière diligence utile à l'enquête, V. • Paris, 13 déc. 1994 : *BID 1995, n° 7-8, p. 31.*

3. *Nullité.* La procédure pénale relevant, selon l'art. 34 de la Constitution, du domaine de la loi, la méconnaissance éventuelle des dispositions des art. 31 et 32 du Décr. du 29 déc. 1986 [abrogés], pris pour l'application de l'Ord. du 1er déc. 1986 [C. com., art. L. 450-2 s.], ne saurait conduire à l'annulation de la procédure. • Crim. 5 mai 1997, n° 95-82.685 P : *D. Affaires 1997. 1244* (V., sur renvoi, • Angers, 26 févr. 1998 : *BID 2/1999. 20*). ♦ Comp., sur la nullité en cas d'inobservation de la prescription de l'art. 31 du Décr. de 1986 [abrogé], sous réserve du respect de l'art. 385 C. pr. pén. (présentation des exceptions de nullité avant toute défense au fond) : • Crim. 13 nov. 1991 (2 esp.), n° 91-83.316 P : *RJDA 1992, n° 175.* ♦ ... Sur l'application, toutefois, de l'art. 802 C. pr. pén. (subordination de la nullité à une atteinte aux intérêts de la partie concernée) : • Chambéry, 24 févr. 1993 : *BID 9/1994. 33.* – V. aussi • Paris, 12 nov. 1991 : *BICC 1992, n° 646* • TGI Lyon, 5 mars 1995 : *BID 1/1998. 18* • T. pol. Pau, 23 mai 1997 : *ibid., n° 5, p. 27.* ♦ Pour d'autres décisions, V. *BID 2/1995. 12.* ♦ V. aussi, note ss. art. L. 450-2.

4. *Mention des contrôles.* Pour un cas de nullité du procès-verbal motivée par l'absence d'indications de la nature et de l'étendue des contrôles effectués, V. • Paris, 2 avr. 1996 : *BOCC 15 mai 1996 ; D. Affaires 1996. 643.*

5. *Nature, date et lieu des constatations.* La mention de la nature, de la date et du lieu des constatations effectuées n'étant pas requise à peine de nullité, sont réguliers les procès-verbaux qui indiquent que les intéressés ont été entendus en leurs bureaux, dont l'adresse est précisée. • Paris, 27 sept. 1996 : *D. Affaires 1997. 17.* ♦ En ce sens que la preuve que les personnes ont eu connaissance de l'objet de l'enquête peut résulter d'une mention sur le procès-verbal ou d'éléments extrinsèques à celui-ci, V. • Cons. conc. n° 97-D-11 du 25 févr. 1997 : *BOCC 17 mai 1997 ; CCC 1997, n° 119, obs. Vogel.*

6. *Droits de la défense.* V. notes 6 s. ss. art. L. 450-1.

7. *Signature de l'enquêteur.* Lorsqu'un procès-verbal est dressé par plusieurs enquêteurs [désormais agents mentionnés à l'art. L. 450-1], le défaut de signature de l'un d'eux prive de force probante les constatations auxquelles il a seul procédé, mais n'entraîne pas la nullité du procès-verbal. • Crim. 26 sept. 1994 : *RJDA 1995, n° 43.* ♦ *Contra*, prononçant la nullité : • Paris, 10 juill. 1990 : *Gaz. Pal. 1990. 2. 661, note Marchi.* ♦ La simple mention d'empêchement pour raison de service d'une partie des agents enquêteurs ne saurait faire écarter les dispositions de l'art. 31. • TGI Strasbourg, 17 sept. 1992 : *BICC 1993, n° 90.*

8. *Signature de la personne concernée par les investigations.* Les signatures requises doivent émaner des témoins et auteurs des investigations et déclarations qui y sont relatées sans que soit requise la signature de toutes les personnes éventuellement présentes. • Com. 9 mai 2001, n° 98-22.150 P. ♦ « La personne concernée par les investigations » est celle ayant effectivement participé auxdites investigations et non le représentant légal de la société pris en cette qualité, s'il n'a pas lui-même été témoin des opérations menées par les enquêteurs. • Paris, 2 avr. 1996 : *préc. note 4.* ♦ La signature requise est celle de la personne qui a assisté aux opérations « relatées dans le procès-verbal ». Dès lors que le procès-verbal critiqué, signé par le seul P-DG, dresse l'inventaire des documents spontanément remis par celui-ci, seules investigations relatées, sa seule signature suffit sans qu'il y ait lieu de requérir la signature de la personne seule présente sur les lieux au moment de l'arrivée des enquêteurs. • Com. 20 nov. 2001, n° 99-16.776 P.

Retenant que la personne concernée qui doit signer le procès-verbal est la personne pénalement responsable, la disposition prévoyant cette signature [arrêt rendu sur le fondement de l'art. R. 141-1 C. consom.] ayant pour finalité de permettre à la personne mise en cause de présenter ses observations et non de valider les constatations des agents verbalisateurs, V. • Crim. 28 sept. 2001 : *Dr. pénal. 2002, n° 33, obs. Robert.*

La signature d'un procès-verbal établi en vertu de l'art. 47 de l'Ord. de 1986, [C. com., art. L. 450-3] a pour objet de donner foi, jusqu'à preuve contraire, aux énonciations qui y sont consignées, soit qu'elles concernent le déroulement des opérations auxquelles procèdent les enquêteurs, soit qu'elles relatent les propos d'une personne faisant l'objet d'une audition ; le défaut de signature de l'un des témoins des investigations ou de l'une des personnes entendues n'est pas en lui-même de nature à entacher le procès-verbal d'irrégularité. • Com. 19 juin 2001, n° 99-13.190 P. ♦ *Contra*, pour une nullité en raison du défaut de signature de la personne entendue, V. • Paris, 17 mai 1994 : *CCC 1994, n° 138, obs. Vogel.* ♦ Il n'est pas nécessaire qu'il y ait un paraphe à chaque page. • Paris, 16 déc. 1994 : *BOCC 28 déc. 1994.*

9. *Contestation.* La signature sans réserve sur le procès-verbal ne prive pas du droit d'en contester la teneur au moyen de toute voie de droit. • Paris, 9 sept. 1997 : *BOCC 7 oct. 1997.*

10. *Mode de preuve.* Il ne résulte pas des dispositions de l'art. R. 450-1 que la preuve des faits prévus à l'art. L. 446-2 ne pourrait être rapportée par le ministre chargé de l'économie que par des procès-verbaux, à l'exclusion de tout autre mode de preuve. • Nîmes, 10 mars 2011 : *cité note 9 ss. art. L. 450-2.*

---

1. *Absence de procès-verbal.* En l'absence d'établissement par un agent habilité par le ministère chargé de l'économie, d'un procès-verbal constatant une infraction dans les conditions prévues par l'art. 46 [C. com., art. L. 450-2], les juges peuvent fonder leurs décisions sur les éléments du dossier soumis au débat contradictoire, tels que les courriers échangés entre l'administration et le prévenu et l'enquête diligentée par les officiers de police judiciaire sur instruction du procureur. • Crim. 19 janv. 2000, nº 99-83.045 P : *RJ com. 2000. 332, obs. Cerf.*

2. *Pluralité de saisines.* Le fait qu'un même procès-verbal ait été utilisé dans deux procédures ouvertes devant le Conseil postérieurement à la réalisation de l'enquête à la suite de deux saisines distinctes du ministre de l'Économie n'a aucune incidence quant à la loyauté de l'enquête. Le fait que le ministre décide ou non d'utiliser le résultat de ces enquêtes pour former une ou plusieurs saisines devant le Conseil ne saurait rendre irréguliers ou déloyaux les actes d'enquête antérieurs. • Cons. conc. nº 06-D-03 du 9 mars 2006 : *BOCC 26 janv. 2007 ; D. 2006. AJ 1040, obs. Chevrier ; CCC 2006, nº 89, obs. Malaurie-Vignal ; RLC juill.-sept. 2006. 23, note Sélinsky ; RLDC 2006, nº 2, p. 81, obs. Claudel.*

3. *Établissement des procès-verbaux.* Si les art. L. 450-2 et R. 463-6 prévoient que les informations recueillies dans le cadre d'une enquête donnent lieu à l'établissement de procès-verbaux, ils n'imposent pas de formalisme particulier pour leur présentation, dès lors que la régularité de la communication aux services d'instruction des informations en cause peut être établie et que celles-ci sont soumises au débat contradictoire. • Aut. conc. nº 10-D-28 du 20 sept. 2010. ♦ Le procès-verbal, rédigé conformément aux dispositions de l'art. L. 450-2, qui liste les documents remis et qui est signé par le rapporteur, atteste seulement du fait que l'entreprise détentrice des documents les a remis au rapporteur ; ce dernier ne dispose d'aucune compétence pour écarter telle ou telle pièce transmise par l'entreprise ou décider de leur nullité. • Aut. conc. nº 13-D-12 du 28 mai 2013 : *cité note 1 ss. art. R. 464-5.* ♦ L'entrée en vigueur de la loi du 15 juin 2000 n'a pas eu pour effet de modifier les règles spécifiques applicables à l'élaboration des procès-verbaux dressés en application des art. L. 450-2 et L. 450-3 C. com., qui n'ont pas à être établis conformément aux règles de l'art. 429 C. pr. pén. mais selon les dispositions spécifiques applicables à la procédure devant le Conseil. • Cons. conc. nº 05-D-66 du 5 déc. 2005. ♦ Les procès-verbaux d'enquête, lorsqu'ils recueillent des déclarations, n'ont pas à être rédigés sous forme de questions et de réponses pour être valables. • Même décision. ♦ Sur la mention des questions posées aux personnes interrogées dans les procès-verbaux d'enquête de concurrence, V. aussi et comp. • Cons. conc. nº 02-D-57 du 19 sept. 2002 : *BOCC 28 nov. 2002* • nº 03-D-07 du 4 févr. 2003 : *D. 2003. AJ 1293* • Paris, 25 nov. 2003 : *BOCC 12 mars 2004.* ♦ V. aussi Roussel, *AJ pénal 2005. 19* et C. pr. pén., art. 429. – **C. pr. pén.**

4. *Deuxième exemplaire.* L'art. 31 du Décr. du 29 déc. 1986 imposant la rédaction « dans le plus court délai » des procès-verbaux prévus par l'art. 46 [C. com., art. L. 450-2], la remise des doubles [désormais : copies] doit également intervenir dans un délai bref. • Paris, 8 avr. 1994 : *BOCC 18 mai 1994 ; D. 1995. 607, note Lucas de Leyssac ; CCC 1994, nº 101, obs. Vogel.* ♦ Sur la sanction, V. note 5.

5. *Sanction.* La signature du procès-verbal par la personne concernée par les investigations et la remise du double [désormais : copie] sont des formalités substantielles mais dont l'absence ne saurait affecter la validité de la procédure subséquente, dès lors que le procès-verbal n'est pas la base nécessaire des poursuites et qu'il existe d'autres moyens de preuve de l'infraction. • Limoges, 22 févr. 1995 : *CCC 1995, nº 79, note Raymond.* – V. aussi • Rennes, 25 mai 2007 : *JCP E 2007, nº 49, p. 30.* ♦ Il résulte de l'art. 46 [C. com., art. L. 450-2] que les procès-verbaux d'enquête établis sans qu'un double exemplaire [désormais copie] ait été laissé aux parties intéressées sont irréguliers et doivent être de ce fait écartés des débats. • Com. 10 oct. 2000, nº 98-12.393 P : *D. 2000. AJ 420 ; LPA 20 déc. 2000, note Vrion.*

6. *Préjudice.* Les dispositions du nouveau code de procédure civile [art. 112 et 114 C. pr. civ.] ne s'appliquant pas à la procédure suivie devant le Conseil de la concurrence, il en résulte que les déclarations recueillies dans des conditions déloyales doivent être écartées sans que la partie intéressée ait à démontrer l'existence d'un préjudice particulier. • Com. 14 janv. 2003, nº 00-16.962 P : *D. 2003. AJ 493 ; JCP E 2003, nº 10, p. 393 ; CCC 2003, nº 56, obs. Malaurie-Vignal ; CCE 2003, nº 122, obs. Stoffel-Munck ; RJDA 2003, nº 651.* – V. aussi • Paris, 29 mars 2005 : *BOCC 23 juin 2005 ; D. 2005. AJ 1223, obs. Chevrier.*

7. Preuve contraire. Le procès-verbal ne faisant foi que jusqu'à preuve contraire, dans le cadre de leur pouvoir souverain d'appréciation des preuves, les juges du fond ont pu estimer qu'un devis figurait dans les pièces communiquées aux enquêteurs, même si cette pièce ne figure pas dans le procès-verbal d'inventaire. • Com. 20 nov. 2001, n° 99-16.776 P ;

8. Commission rogatoire. Le procès-verbal d'audition, dressé en vertu des art. L. 450-2 et L. 450-3, étant étranger à la procédure soumise au contrôle du juge par commission rogatoire, en application de l'art. L. 450-4, la contestation sur sa régularité ne relève pas de sa compétence. • Crim. 20 oct. 2004, n° 02-87.096 P : *D. 2004. AJ 3136, obs. Chevrier ; AJ pénal 2005. 29, obs. Rondey ; Gaz. Pal. 2005. Somm. 2199, obs. A.C. ; RLC 2005, n° 2, p. 61, obs. Bouloc.*

9. Force probante du rapport d'enquête. Le rapport facultatif d'enquête est dépourvu de force probante. • Com. 10 oct. 2000 : *préc. note 5.* ♦ Le fait que le rapport n'ait pas été précédé, accompagné ou suivi de procès-verbaux constatant les faits y rapportés n'entraîne pas la nullité de ce rapport en l'absence de texte la prévoyant en ce cas ou de violation d'un principe général du droit imputable à la seule rédaction de ce rapport dans ces conditions. • Nîmes, 10 mars 2011 : *BOCC 25 mars 2011.*

10. Nature des procès-verbaux et rapports. Alors même qu'ils ont été élaborés par des services administratifs en vertu des pouvoirs d'investigation qui leur sont conférés, des procès verbaux et rapports d'enquête établis en application de l'art. L. 450-2 ne constituent pas, dans la mesure où ils constatent des pratiques qui ne sont susceptibles d'être sanctionnées que par une décision juridictionnelle, des documents administratifs ; ainsi, en jugeant que la circonstance que les documents litigieux constataient des infractions aux règles relatives aux délais de paiement prévues par l'art. L. 443-1, susceptibles seulement de sanctions prononcées par le juge pénal, ne faisait pas obstacle à leur qualification, dans cette mesure, de documents administratifs, le juge administratif a commis une erreur de droit. • CE 19 févr. 2014 : *AJDA 2014. 1109, note Rougé Guichard ; RJDA 2014, n° 731.* – *Contra* : • CE 1er mars 2004 : *AJDA 2004. 1494 ; JCP E 2004, n° 13, p. 492 ; RJDA 2005, n° 334.*

11. Communication des procès-verbaux et rapports. Il appartient à l'administration saisie d'une demande de communication de tels documents de rechercher si celle-ci peut être refusée en application des dispositions de l'art. 6 de la L. du 17 juill. 1978, notamment dans le cas où elle serait de nature à porter atteinte au déroulement de procédures engagées devant une juridiction ou à l'un des secrets protégés par la loi, au nombre desquels figure le secret de l'instruction prévu par l'art. 11 C. pr. pén. • CE 1er mars 2004 : *préc. note 10.* ♦ La circonstance que les procès-verbaux, rapports et pièces annexées dont le requérant avait demandé la communication pourraient être transmis au parquet et donner lieu à des poursuites pénales ne permet pas de s'opposer à leur communication sur le fondement de la loi du 17 juill. 1978. • Même arrêt. ♦ ... Et dès lors qu'aucune instance pénale n'a été engagée, la communication des documents sollicités ne peut porter atteinte au secret de l'instruction protégé par l'art. 11 C. pr. pén. • Même arrêt.

Art. L. 450-2-1 *(L. n° 2020-1525 du 7 déc. 2020, art. 128-II)* Les actes établis par les agents mentionnés à l'article L. 450-1 peuvent être établis ou convertis sous format numérique et peuvent être intégralement conservés sous cette forme, dans des conditions sécurisées, sans nécessité d'un support papier.

Lorsque ces actes sont établis sous format numérique et que les dispositions du présent code exigent qu'ils soient signés, ils font l'objet, quel qu'en soit le nombre de pages et pour chaque signataire, d'une signature unique sous forme numérique, selon des modalités techniques qui garantissent que l'acte ne peut plus ensuite être modifié.

La liste des actes concernés ainsi que les modalités de cette signature et les personnes qui peuvent y recourir sont précisées par décret en Conseil d'État.

Art. L. 450-3 *(L. n° 2014-344 du 17 mars 2014, art.112-I)* Les agents mentionnés à l'article L. 450-1 peuvent opérer sur la voie publique, pénétrer entre 8 heures et 20 heures dans tous lieux utilisés à des fins professionnelles et dans les lieux d'exécution d'une prestation de services, ainsi qu'accéder à tous moyens de transport à usage professionnel.

Ils peuvent également pénétrer en dehors de ces heures dans ces mêmes lieux lorsque ceux-ci sont ouverts au public ou lorsqu'à l'intérieur de ceux-ci sont en cours des activités de production, de fabrication, de transformation, de conditionnement, de transport ou de commercialisation.

Lorsque ces lieux sont également à usage d'habitation, les contrôles ne peuvent être effectués qu'entre 8 heures et 20 heures et avec l'autorisation du juge des libertés et de la détention du *(Ord. n° 2019-964 du 18 sept. 2019, art. 35, en vigueur le 1er janv. 2020)* « tribunal judiciaire *[ancienne rédaction : tribunal de grande instance]* » dans le ressort duquel sont situés ces lieux, si l'occupant s'y oppose.

(L. nº 2015-990 du 6 août 2015, art. 216-1º) « Les agents peuvent exiger la communication et obtenir ou prendre copie, par tout moyen et sur tout support, des livres, factures et autres documents professionnels de toute nature, *(Ord. nº 2021-649 du 26 mai 2021, art. 2-V)* « et, le cas échéant, de leurs moyens de déchiffrement, susceptibles d'être détenus ou d'être accessibles ou disponibles, » entre quelques mains qu'ils se trouvent, propres à faciliter l'accomplissement de leur mission. Ils peuvent exiger la mise à leur disposition des moyens indispensables pour effectuer leurs vérifications. Ils peuvent également recueillir, sur place ou sur convocation, tout renseignement, document ou toute justification nécessaire au contrôle. »

Pour le contrôle des opérations faisant appel à l'informatique, ils ont accès aux logiciels et aux données stockées ainsi qu'à la restitution en clair des informations propres à faciliter l'accomplissement de leurs missions. Ils peuvent en demander la transcription par tout traitement approprié des documents directement utilisables pour les besoins du contrôle.

Art. L. 450-3-1 *(L. nº 2014-344 du 17 mars 2014, art. 112-II)* Lorsqu'ils recherchent ou constatent une infraction ou un manquement au présent livre, les agents mentionnés à l'article L. 450-1 sont habilités à relever l'identité de la personne qu'ils contrôlent. Si celle-ci refuse ou se trouve dans l'impossibilité de justifier de son identité, ils en rendent compte immédiatement à tout officier de police judiciaire territorialement compétent, qui peut alors procéder à une vérification d'identité dans les conditions prévues à l'article 78-3 du code de procédure pénale. En ce cas, le délai prévu au troisième alinéa du même article 78-3 court à compter du relevé d'identité.

Ils peuvent recourir à toute personne qualifiée, désignée par l'autorité administrative dont ils dépendent. Cette personne peut les accompagner lors de leurs contrôles et prendre connaissance de tout document ou élément nécessaire à la réalisation de sa mission ou de son expertise. Elle ne peut effectuer aucun acte de procédure pénale ou de police administrative. Elle ne peut pas utiliser les informations dont elle prend connaissance à cette occasion pour la mise en œuvre des pouvoirs de contrôle dont elle dispose, le cas échéant, en vertu d'autres dispositions législatives ou réglementaires. Elle ne peut, sous les peines prévues à l'article 226-13 du code pénal, divulguer les informations dont elle a eu connaissance dans ce cadre.

Art. L. 450-3-2 *(L. nº 2014-344 du 17 mars 2014, art. 112-II)* I. — Lorsque l'établissement de la preuve de l'infraction ou du manquement en dépend et qu'elle ne peut être établie autrement, les agents mentionnés à l'article L. 450-1 peuvent différer le moment où ils déclinent leur qualité au plus tard jusqu'à la notification à la personne contrôlée de la constatation de l'infraction ou du manquement.

II. — Pour le contrôle de la vente de biens et de la fourniture de services sur internet *(L. nº 2017-256 du 28 févr. 2017, art. 66)* « et pour celui des accords ou pratiques concertées mentionnés à l'article L. 420-2-1 », les agents mentionnés au I peuvent faire usage d'une identité d'emprunt.

Un décret en Conseil d'État précise les conditions dans lesquelles ils procèdent à leurs constatations.

BIBL. ▶ Bretzner et Bendavid, *AJCA 2014. 19* (analyse critique des dispositions de la L. du 17 mars 2014 relatives aux sanctions administratives). – Sefiane, *CCC 2016. Étude 1* (la pratique du client mystère en droit de la concurrence et la loyauté de la preuve).

Art. L. 450-4 *(Ord. nº 2008-1161 du 13 nov. 2008, art. 1er)* « Les agents mentionnés à l'article L. 450-1 » *(Ord. nº 2004-1173 du 4 nov. 2004, art. 3)* « ne peuvent procéder aux visites en tous lieux ainsi qu'à la saisie de documents et de tout support d'information *(Ord. nº 2021-649 du 26 mai 2021, art. 2-VI-1º)* « et, le cas échéant, de leurs moyens de déchiffrement, susceptibles d'être détenus ou d'être accessibles ou disponibles » que dans le cadre d'enquêtes demandées par la Commission européenne, le ministre chargé de l'économie ou le rapporteur général de l'Autorité de la concurrence sur proposition du rapporteur, sur autorisation judiciaire donnée par ordonnance du juge des libertés et de la détention du *(Ord. nº 2019-964 du 18 sept. 2019, art. 35, en vigueur le 1er janv. 2020)* « tribunal judiciaire *[ancienne rédaction : tribunal de grande instance]* » dans le ressort duquel sont situés les lieux à visiter. Ils peuvent également, dans les mêmes conditions, procéder à la pose de scellés sur tous locaux commerciaux, documents et supports d'information dans la limite de la durée de la visite de ces locaux. » Lorsque ces lieux sont situés dans le ressort de plusieurs juridictions et qu'une action simultanée doit être menée dans chacun d'eux, une ordonnance unique peut être délivrée par l'un des *(Ord. nº 2008-1161 du 13 nov. 2008, art. 1er)* « juges des libertés et de la détention » compétents. — *V. art. A. 450-2.*

(L. n° 2001-420 du 15 mai 2001) « Le juge *(L. n° 2020-1508 du 3 déc. 2020, art. 37-III-2°-a)* « vérifie » que la demande d'autorisation qui lui est soumise est fondée ; cette demande doit comporter tous les éléments d'information en possession du demandeur de nature à justifier la visite. Lorsque la visite vise à permettre la constatation d'infractions aux dispositions du livre IV du présent code en train de se commettre, la demande d'autorisation peut ne comporter que les indices permettant de présumer, en l'espèce, l'existence des pratiques dont la preuve est recherchée. »

La visite et la saisie s'effectuent sous l'autorité et le contrôle du juge qui les a autorisées. *(L. n° 2020-1508 du 3 déc. 2020, art. 37-III-2°-b)* « Celui-ci désigne le ou les chefs de service territorialement compétents, lesquels nomment autant d'officiers de police judiciaire que de lieux visités. Les officiers de police judiciaire sont chargés, chacun en ce qui les concerne, d'assister à ces opérations, d'y apporter leur concours en procédant, le cas échéant, aux réquisitions nécessaires et de tenir le juge informé du déroulement de ces opérations. Le juge ayant autorisé les opérations de visite et de saisie peut, pour en exercer le contrôle, délivrer une commission rogatoire au juge des libertés et de la détention dans le ressort duquel s'effectue la visite. »

Le juge peut se rendre dans les locaux pendant l'intervention. A tout moment, il peut décider la suspension ou l'arrêt de la visite.

(L. n° 2001-420 du 15 mai 2001) « L'ordonnance est notifiée verbalement et sur place au moment de la visite à l'occupant des lieux ou à son représentant qui en reçoit copie intégrale contre récépissé ou émargement au procès-verbal. » *(Ord. n° 2008-1161 du 13 nov. 2008, art. 1er)* « L'ordonnance comporte la mention de la faculté pour l'occupant des lieux ou son représentant de faire appel à un conseil de son choix. L'exercice de cette faculté n'entraîne pas la suspension des opérations de visite et saisie. En l'absence de l'occupant des lieux, l'ordonnance est notifiée après les opérations par lettre recommandée avec avis de réception. Il en va de même lorsqu'il n'est pas procédé à la visite dans un des lieux visés par l'ordonnance. » *(L. n° 2001-420 du 15 mai 2001)* « La notification est réputée faite à la date de réception figurant sur l'avis. »

(Ord. n° 2021-649 du 26 mai 2021, art. 2-VI-2°) « L'ordonnance par laquelle le juge des libertés et de la détention statue sur la demande d'autorisation mentionnée au premier alinéa peut faire l'objet d'un appel devant le premier président de la cour d'appel dans le ressort de laquelle le juge a autorisé ou refusé la mesure, suivant les règles prévues par le code de procédure pénale. Le ministère public peut interjeter appel, ainsi que la personne à l'encontre de laquelle a été ordonnée cette mesure. L'Autorité de la concurrence ou le ministre chargé de l'économie peut interjeter appel contre une ordonnance de refus d'autorisation. L'appel est formé par déclaration au greffe du tribunal judiciaire dans un délai de dix jours à compter de la notification de l'ordonnance. Il n'est pas suspensif. En cas d'appel formé à l'encontre d'une ordonnance d'autorisation, le ministre chargé de l'économie ou l'Autorité de la concurrence, selon le cas, est partie à cette procédure. Les parties à la procédure devant le premier président de la cour d'appel peuvent former un pourvoi en cassation à l'encontre de l'ordonnance rendue à son issue selon les règles prévues par le code de procédure pénale. Les pièces saisies sont conservées jusqu'à ce qu'une décision soit devenue définitive. »

La visite, qui ne peut commencer avant six heures ou après vingt et une heures, est effectuée en présence de l'occupant des lieux ou de son représentant. *(Ord. n° 2008-1161 du 13 nov. 2008, art. 1er)* « L'occupant des lieux peut désigner un ou plusieurs représentants pour assister à la visite et signer le procès-verbal. » *(L. n° 2001-420 du 15 mai 2001)* « En cas d'impossibilité, l'officier de police judiciaire requiert deux témoins choisis en dehors des personnes relevant de son autorité, de celle de l'administration de la direction générale de la *concurrence* de la consommation et de la répression des fraudes ou de celle de l'Autorité de la concurrence.

(Ord. n° 2008-1161 du 13 nov. 2008, art. 1er) « Les agents mentionnés à l'article L. 450-1 » *(Ord. n° 2004-1173 du 4 nov. 2004, art. 3)* « , l'occupant des lieux ou son représentant ainsi que l'officier de police judiciaire et, le cas échéant, les agents et autres personnes mandatés par la Commission européenne peuvent seuls prendre connaissance des pièces et documents avant leur saisie. » *(Ord. n° 2008-1161 du 13 nov. 2008, art. 1er)* « Les agents mentionnés à l'article L. 450-1 peuvent procéder au cours de la visite à des auditions de l'occupant des lieux ou de son représentant en vue de recueillir les informations ou explications utiles aux besoins de l'enquête. » *(L. n° 2016-731 du 3 juin 2016, art. 83-IV)* « Conformément à l'article 28 du code de procédure pénale, l'article 61-1 du même code est applicable lorsqu'il est procédé à l'audition d'une personne à l'égard de laquelle il existe des raisons plausibles de soupçonner qu'elle a commis ou tenté de commettre une infraction. »

Les inventaires et mises sous scellés sont réalisés conformément à l'article 56 du code de procédure pénale.

Les originaux du procès-verbal et de l'inventaire sont transmis au juge qui a ordonné la visite. *(L. n° 2009-526 du 12 mai 2009, art. 139-VII)* « Une copie du procès-verbal et de l'inventaire est remise à l'occupant des lieux ou à son représentant. Une copie est également adressée par lettre recommandée avec demande d'avis de réception aux personnes mises en cause ultérieurement par les pièces saisies au cours de l'opération. » — *V. art. R. 450-2.*

(L. n° 2001-420 du 15 mai 2001) « Les pièces et documents saisis sont restitués à l'occupant des lieux, dans un délai de six mois à compter de la date à laquelle la décision de l'Autorité de la concurrence est devenue définitive. L'occupant des lieux est mis en demeure, par lettre recommandée avec avis de réception, de venir les rechercher, dans un délai de deux mois. A l'expiration de ce délai et à défaut de diligences de sa part, les pièces et documents lui sont restitués, à ses frais. »

(L. n° 2009-526 du 12 mai 2009, art. 139-VII) « Le déroulement des opérations de visite et saisie peut faire l'objet d'un recours devant le premier président de la cour d'appel dans le ressort de laquelle le juge a autorisé ces dernières, suivant les règles prévues par le code de procédure pénale. Le ministère public, la personne à l'encontre de laquelle a été prise l'ordonnance mentionnée au premier alinéa et les personnes mises en cause au moyen de pièces saisies au cours de ces opérations peuvent former ce recours. *(Ord. n° 2021-649 du 26 mai 2021, art. 2-VI-3°-a)* « Le ministre chargé de l'économie ou l'Autorité de la concurrence, selon le cas, est partie à cette procédure en qualité de partie défenderesse. » Ce dernier est formalisé par déclaration au greffe du *(Ord. n° 2019-964 du 18 sept. 2019, art. 35, en vigueur le 1er janv. 2020)* « tribunal judiciaire *[ancienne rédaction : tribunal de grande instance]* » dans un délai de dix jours à compter de la remise ou de la réception du procès-verbal et de l'inventaire, ou, pour les personnes n'ayant pas fait l'objet de visite et de saisie et qui sont mises en cause, à compter de la date à laquelle elles ont reçu notification du procès-verbal et de l'inventaire et, au plus tard à compter de la notification de griefs prévue à l'article L. 463-2. Le recours n'est pas suspensif. *(Ord. n° 2021-649 du 26 mai 2021, art. 2-VI-3°-b)* « Les parties à la procédure devant le premier président de la cour d'appel peuvent former un pourvoi en cassation à l'encontre de l'ordonnance rendue à son issue selon les règles prévues par le code de procédure pénale. » Les pièces saisies sont conservées jusqu'à ce qu'une décision soit devenue définitive. » — *[Ord. n° 86-1243 du 1er déc. 1986, art. 48.]*

La validité des actes de poursuite, d'instruction et de sanction accomplis antérieurement à la première réunion de l'Autorité de la concurrence est appréciée au regard des textes en vigueur à la date à laquelle ils ont été pris ou accomplis (Ord. n° 2008-1161 du 13 nov. 2008, art. 5-II).

BIBL. ▸ Rapp, *AJDA 2001. 560* (NRE). – Arhel, *JCP E 2004, n° 51, p. 2010* (adaptation du droit national au droit communautaire de la concurrence). – Marie, *RLC 2005, n° 4, p. 65* (question de la compétence du JLD). – Pérouse, *RLC 2006, n° 7, p. 80* (perquisitions informatiques). ▸ **Ord. n° 2008-1161 du 13 nov. 2008 :** Note de la rédaction, *BRDA 2008, n° 22, p. 11* (répression des infractions économiques : perquisitions et saisies). – Bosco, *CCC 2008, n° 273* (premières vues sur l'ordonnance de modernisation de la régulation de la concurrence). – Bouloc, *Gaz. Pal. 2009. 404* (visites et saisies en droit de la concurrence après l'arrêt *Ravon* et l'Ord. du 13 nov. 2008). – Hatoux, *RJDA n° 2/2009, p. 63* (réforme des visites domiciliaires en matière de concurrence). – Jalabert-Doury, *RLDC 2009, n° 2, p. 69* (saisies informatiques : le régime français à l'épreuve des impératifs de conformité et de cohérence). – Fossier, *RDLC 2010, n° 2, p. 188* (visites domiciliaires et investigations informatiques). ▸ **L. n° 2009-526 du 12 mai 2009 :** Cheynel, *RLC juill.-sept. 2009. 79* (nouveaux délais, nouvelles procédures). – Oppelt-Reveneau, *RLC oct.-déc. 2009. 169* (appel des ordonnances du JLD : une réforme procédurale décisive). – Fourgoux, *RLDA suppl. sept. 2011. 49* (incidence des évolutions européennes sur les enquêtes de concurrence). – Sélinsky, *RLC janv.-mars 2012. 18* (dépistage des pratiques anticoncurrentielles par les opérations de visite et saisies). – Bombardier et Bouloc, *ibid. 45* (visites domiciliaires : 2011, une année rock'n'roll !). – Catala Marty et Nouvel, *JCP E 2012, n° 1442* (conciliation des droits de la défense et des intérêts de l'enquête dans les perquisitions en concurrence). – Lasserre Capdeville, *RDLC 2012, n° 4, p. 208* (contentieux des OVS devant la chambre criminelle : développements récents). – Saenko, *JCP E 2013, n° 1453 ; Dr. pénal 2013. Étude 16* (saisies globales en droit de la concurrence : perspectives nouvelles). – Ruy, *JCP 2013, n° 1005* (perquisitions en matière économique ou fiscale et ordonnances prérédigées par l'Administration : une pratique à éradiquer). – Daoud et Pugliese, *AJ pénal 2015. 126* (existe-t-il une stratégie des droits de la défense devant les AAI ?).

Plan des annotations

I. CONFORMITÉ DU DISPOSITIF AUX DROITS FONDAMENTAUX

1. *Convention EDH.* **BIBL.** Mathey, *RTD civ. 2008. 205* (les droits et libertés fondamentaux des personnes morales de droit privé). – Royer, *JCP 2008. I. 185* (la Conv. EDH et le droit des sociétés). – Matsopoulou, *D. 2008. 2814* (le nouveau dispositif, issu de la LME, applicable aux visites et saisies effectuées par les agents de certaines administrations). – Dany et Goossens, *LPA 16 janv. 2009* (une ordonnance pour soigner les droits de la défense en matière de droit de la concurrence). – Vilmart, *JCP E 2010, no 1653* (le nouveau contrôle judiciaire des enquêtes de concurrence). – Jalabert-Doury, *RLC janv.-mars 2015. 68* (affaire *Delta Pekarny* : nouvelle pierre à l'édifice des garanties fondamentales auxquelles sont soumises les inspections de concurrence). ♦ Jugeant qu'il est temps de reconnaître dans certaines circonstances que les droits garantis par l'art. 8 Conv. EDH peuvent être interprétés comme incluant pour une société le droit au respect de son siège social, son agence ou ses locaux professionnels, V. • CEDH 16 avr. 2002, no 37971197 : *D. 2003. Somm. 527, obs. Birsan ; ibid. 1541, obs. Lepage ; JCP E 2003, no 2, p. 77, obs. Espesson-Vergeat, ibid. no 13, p. 560, obs. Raynaud.* ♦ Estimant transposable au régime contentieux de l'art. L. 450-4 C. com. la décision de la CEDH jugeant que les voies de recours ouvertes au contribuable en matière de contrôle fiscal (LPF, art. L. 16 B), pour contester la régularité des visites et saisies domiciliaires, ne sont pas conformes à l'art. 6, § 1 de la Convention relatif au droit à un procès équitable, V. les obs. ss. • CEDH 21 févr. 2008, no 18497/03 : *BICC 15 juin 2008, no 976 ; Rev. sociétés 2008. 658, obs. Bouloc ; RSC 2008. 598, note Matsopoulou ; JCP 2008. I. 167, no 10, obs. Sudre ; CCC 2008. Alerte. 27, par Wilhelm et Vever ; BRDA 2008, no 7, p. 14 ; LPA 15 avr. 2008, note Perrotin ; Procédures 2008, no 108, obs. Fricero ; RDLC 2008, no 2, p. 151, obs. Maitrepierre ; RLC juill.-août 2008. 114, note Roda ; Lettre distrib. 5/2008, p. 1, obs. Bories ; JDI 2009. 1007, note O. B.* ♦ A supposer que le régime des visites et saisies autorisées sur le fondement de l'art. L. 450-4, dans sa rédaction antérieure à celle issue de l'Ord. du 13 nov. 2008, se heurte à la même incompatibilité que celle relevée par la CEDH à propos de celles opérées en matière fiscale et douanière – alors qu'à la différence de ces dernières, les règles applicables en matière de concurrence permettent aux entreprises de contester devant le juge des libertés et de la détention le déroulement des opérations, en portant devant lui les contestations qui peuvent naître au cours des visites et saisies –, il convient, pour répondre à l'objection soulevée par l'entreprise mise en cause, de renvoyer aux dispositions du 2e al. du IV de l'art. 5 de l'Ord. préc. Ces dispositions transitoires offrent aux entreprises, notamment dans les cas où – comme en l'espèce – elles n'ont pas formé un pourvoi en cassation contre une autorisation de visite et saisie, délivrée antérieurement à la modification de l'art. L. 450-4 issue de l'art. 1er de l'Ord. préc., la possibilité de contester cette autorisation devant la cour d'appel de Paris saisie d'un recours au fond contre la décision du Conseil statuant sur les pratiques reprochées. Compte tenu de cette possibilité, elles ne peuvent se plaindre de ce que le droit positif ne leur permettrait pas d'avoir accès à un « juge effectif » au sens de l'arrêt *Ravon*. • Cons. conc. no 08-D-30 du 4 déc. 2008 : *BOCC 5 févr. 2009 ; CCC 2009, no 56, obs. Decocq.*

2. *Constitutionnalité.* Les dispositions de l'art. L. 450-4 assurent un contrôle effectif, par le juge, de la nécessité de chaque visite et lui donnent les pouvoirs d'en suivre effectivement le cours, de régler les éventuels incidents portant notamment sur la saisie, par l'Administration, de documents de nature personnelle, confidentielle ou couverts par le secret professionnel et, le cas échéant, de mettre fin à la visite à tout moment. Il en résulte qu'il n'y a pas lieu à QPC. • Crim. 27 juin 2012, no 12-90.028 P : *D. 2012. Actu. 1881 ; AJ pénal 2012. 605, obs. Lasserre Capdeville ; JCP 2012, no 1092, spéc. no 12, obs. J.-H. Robert ; Dr. pénal 2012, no 133, obs. J.-H. Robert* • Cass., QPC, 1er déc. 2010, no 10-80.016 P : *D. actu. 5 janv. 2011, obs. Chevrier ; JCP 2011, no 81.* ♦ La QPC ne présente pas un caractère sérieux. D'une part, l'art. L. 450-4 renvoie expressément à l'art. L. 450-1, lequel permet de définir avec suffisamment de précision le cadre des enquêtes dans lesquelles les agents de l'administration peuvent procéder sur le fondement de ce texte aux opérations de visites et de saisies, soit les enquêtes liées à l'application des titres II et III du livre IV du code de commerce, destinées à rechercher les preuves de pratiques anticoncurrentielles ou d'opérations de concentration prohibées. D'autre part, selon l'interprétation de ce texte par la chambre criminelle de la Cour de cassation, le juge du fond doit exercer un contrôle effectif sur les présomptions de pratiques prohibées et les agissements dont la preuve est recherchée. • Crim. 9 déc. 2020, n° 20-83.001 : *RJDA 2021, n° 195.*

II. CONTRÔLE JUDICIAIRE DES VISITES ET SAISIES DOMICILIAIRES

A. DÉCLENCHEMENT DE LA PROCÉDURE

3. *Demande d'enquête.* Sur l'obligation, pour le président du tribunal [désormais le JLD], de vérifier que la demande d'autorisation lui a été présentée dans le cadre d'une enquête demandée soit par le ministre chargé de l'économie, soit par le Conseil de la concurrence, V. • Com. 21 mars 1989, n° 87-18.918 P : *D. 1990. Somm. 109, obs. Gavalda et Lucas de Leyssac* • 12 déc. 1989 : *Bull. civ. IV, n° 317* • 19 déc. 1989 : *ibid., n° 326.* ♦ Dès lors que la Cour de cassation est en mesure de s'assurer que l'enquête portant sur le marché litigieux a été demandée par le rapporteur général du Conseil de la concurrence sur proposition du rapporteur, l'ordonnance du JLD autorisant les visites et saisies domiciliaires satisfait aux prescriptions de l'art. L. 450-4. • Crim. 9 févr. 2005, n° 03-85.302 P : *D. 2005. AJ 951, obs. Chevrier ; JCP E 2005, n° 15-16, p. 644 ; CCC 2005, n° 87, obs. Malaurie-Vignal ; RDLC 2005, n° 2, p. 92, obs. Michel-Amsellem ; RLC 2005, n° 3, p. 81, obs. B. C.* ♦ Sur une demande d'enquête par le Conseil de la concurrence, V. • Com. 24 juin 1997 : *RJDA 1997. 1507.*

4. *Délégation du ministre.* Sur la nécessité, pour le directeur général de la concurrence, de la consommation et de la répression des fraudes, d'agir sur délégation du ministre, V. • Com. 6 mars 1990, n° 89-12.763 P. ♦ Mais le président du tribunal [désormais le JLD] n'a pas à constater que ledit directeur, délégataire du ministre, agit sur instructions expresses de ce dernier. • Com. 15 mars 1994, n° 92-15.501 P. ♦ Sur les conditions de cette délégation, V. • Com. 10 mars 1992, n° 90-21.384 P. • 2 juin 1992, n° 91-13.046 P • 23 févr. 1993, n° 91-19.745 P • *Paris, 16 déc. 1994 : BOCC 28 déc. 1994.* ♦ Le ministre délégué aux finances et au commerce extérieur, dès lors qu'il exerce les attributions qui lui sont confiées par le ministre de l'Économie et des finances, peut demander une enquête dans le cadre de l'art. 48 [C. com., art. L. 450-4] et déléguer sa signature au profit du directeur général de la concurrence, de la consommation et de la répression des fraudes. • Com. 17 nov. 1998, n° 90-30.010 P : *JCP E 1999, n° 1, p. 8.* ♦ V. aussi • Com. 12 janv. 1999 : *LPA 16 nov. 1999, obs. Petitier* • 6 avr. 1999 : *ibid. 18 nov. 1999, obs. Petitier.* ♦ La circonstance que l'ordonnance d'autorisation vise une délégation permanente de signature caduque, et non la délégation régulièrement donnée pour signer les demandes d'enquête au nom du ministre en exercice, n'est pas de nature à entacher d'irrégularité la demande d'enquête retenue par l'ordonnance. • Com. 12 déc. 1995 : *RJDA 1996, n° 365.*

B. AUTORISATION JUDICIAIRE

1° COMPÉTENCE

5. *Juge des libertés et de la détention (JLD).* Aucune disposition légale n'impose au JLD, qui tient de l'art. L. 450-4 sa compétence pour autoriser les visites et saisies de documents, de mentionner dans l'ordonnance l'origine de sa désignation. • Crim. 14 nov. 2007 : *D. 2008. AJ 81, obs. Chevrier.* ♦ L'ordonnance prévue par l'art. 48 [C. com., art. L. 450-4] peut être rendue par un juge délégué par le président du TGI. • Com. 4 avr. 1995, n° 92-21.281 P. ♦ V. désormais la rédaction de la première phrase du 1er al. de l'art. L. 450-4.

6. *Demandes faites par la Commission européenne.* Sur la question de savoir si le juge national est compétent pour refuser d'accorder les visites et saisies sollicitées s'il estime que la décision de la Commission n'est pas suffisamment motivée et ne lui permet de vérifier de façon concrète le bien-fondé de la demande qui lui est soumise, le mettant ainsi dans l'impossibilité d'exercer le contrôle exigé par son droit national, V. • Com. 7 mars 2000, n° 98-30.389 P : *D. 2000. 491, note Boré ; RTD com. 2000. 629, obs. Claudel ; CCC 2000, n° 100, obs. Poillot-Peruzzetto.* ♦ Et sur les réponses apportées par le juge communautaire aux questions préjudicielles posées par la Cour de cassation dans l'arrêt précité, V. • CJCE 22 oct. 2002 : *D. 2002. AJ 3205, obs. Chevrier ; AJDA 2003. 378, obs. Belorgey, Gervasoni et Lambert ; JCP E 2003, n° 31, p. 1282, obs. Parléani ; CCC 2003, n° 30, obs. Poillot-Peruzzetto ; Gaz. Pal. 2003. 3064, note Vialens ; Europe 2002, n° 422, obs. Idot ; RJDA 2003, n° 324 ; Procédures 2003, n° 12, obs. Nourissat ; LPA 23 déc. 2002, obs. Arhel.* ♦ V. aussi note 11. ♦ V. désormais les modifications apportées par l'Ord. n° 2004-1173 du 4 nov. 2004. ♦ Le juge des libertés et de la détention qui a rendu une ordonnance autorisant, à titre préventif, les agents de la Direction nationale des enquêtes de concurrence, de consommation et de répression des fraudes (DNECCRF) à effectuer des opérations de visite et de saisie dans les locaux d'une société pour assister les agents de la Commission européenne est incompétent pour statuer sur la régularité de ces opérations, dès lors qu'il constate que son ordonnance n'a pas été mise en œuvre par les enquêteurs de la DNEC-CRF, en l'absence d'opposition de la société aux opérations de visite et de saisie effectuées par les agents de la Commission européenne. • Crim. 2 juin 2010, n° 08-87.326 P : *RSC 2010. 940, obs. Renucci ; Gaz. Pal. 2011. 429, et les obs. ; RJDA 2011, n° 185.* ♦ Sur les demandes d'assistance et d'entraide faites dans le cadre du REC, V. Règl. n° 1/2003 du 16 déc. 2002, art. 22, App., v° *Concurrence*.

2° EXAMEN DU BIEN-FONDÉ DE LA DEMANDE

7. Bien-fondé de la demande. Sur l'obligation, pour le juge, de vérifier le bien-fondé de la demande, V. • Cass., ch. mixte, 15 déc. 1988, n° 87-19.759 P : *D. 1989. 189, concl. Jéol ; JCP 1989. II. 21263, note Dugrip ; Gaz. Pal. 1989. 1. 227, note Doucet* • Com. 19 déc. 1989 : *préc. note 3* • 20 nov. 1990, n° 89-18.265 P. ♦ Le juge doit vérifier de manière concrète par l'appréciation des éléments d'information que l'administration est tenue de lui fournir que la demande d'autorisation qui lui est soumise est bien fondée et à cette fin doit se référer en les analysant, fût-ce succinctement, à ces éléments d'information desquels il tire les faits fondant son appréciation. • Com. 5 févr. 1991, n° 89-15.134 P : *D. 1991. IR 65* • 26 janv. 1993, n° 91-22.250 P : *D. 1993. IR 60.* – V. aussi • Com. 6 avr. 1993, n° 91-20.439 P. ♦ Ainsi, la pratique des ordonnances pré-rédigées par l'administration, qui tend à orienter la décision du JLD, est à proscrire en ce qu'elle constitue une ingérence de l'administration dans les pouvoirs dévolus à l'autorité judiciaire. • Orléans, 8 nov. 2011 : *CCC 2012, n° 72, obs. Bosco ; RLC avr.-juin 2012. 79, obs. Winckler* (cassé, toutefois, par • Crim. 27 févr. 2013 : *cité note 44).* ♦ Le contrôle du JLD s'entend en effet comme un contrôle effectif réalisé *in concreto* à partir des données fournies par l'administration, mais de façon autonome par rapport à celle-ci. • Metz, 25 nov. 2011 : *eod. loc.* ♦ Mais si la demande doit comporter tous les éléments d'appréciation permettant au juge de se prononcer sur ladite *demande, cette exigence n'implique* nullement que ce magistrat constate, d'une façon expresse, dans son ordonnance, à peine d'irrégularité, que cette prescription légale a été observée. • Com. 14 janv. 1992, n° 90-10.582 P : *JCP 1992. IV. 777.* ♦ L'art. L. 450-4 ne prévoit aucun délai entre la présentation de la requête et le prononcé de la décision ; la circonstance que l'ordonnance a été rendue le lendemain du jour de la présentation de la requête est sans incidence sur sa régularité. • Crim. 9 févr. 2005 : *préc. note 3.*

8. Caractérisation des pratiques anticoncurrentielles. Le juge doit caractériser les pratiques anticoncurrentielles présumées. • Com. 15 mars 1994 : *préc. note 4.* ♦ Justifie sa décision le JLD qui autorise des opérations de visite et de saisie dans les locaux de plusieurs entreprises après avoir analysé l'ensemble des éléments d'information lui étant soumis et souverainement apprécié l'existence de pratiques anticoncurrentielles. • Crim. 19 déc. 2012, n° 11-88.472 P : *D. actu. 18 janv. 2013, obs. Bombled.* ♦ Sur la prise en compte d'une demande de clémence, V. • Crim. 4 mai 2011 : *RLC oct.-déc. 2011. 72, obs. Barbier de la Serre.* ♦ Il n'est pas interdit au juge, pour caractériser les présomptions de pratiques anticoncurrentielles, de comparer des pratiques de l'espèce à des pratiques similaires qualifiées d'infractions par le Conseil de la concurrence et la cour d'appel de Paris. • Com. 7 oct. 1997, n° 95-30.146 P : *D. 1997. IR 222 ; D. Affaires 1998. 18, obs. J. F. ; JCP 1997. IV. 2260.*

9. Présomptions. Sur le pouvoir souverain du juge de considérer qu'il existe des présomptions de pratiques anticoncurrentielles justifiant des visites domiciliaires, V. • Com. 14 janv. 1992, n° 90-10.583 P. ♦ Il résulte de l'art. L. 450-4 qu'après avoir vérifié que la demande qui lui est soumise est fondée, le JLD peut autoriser des opérations de visite et saisie dans toute entreprise, quelle que soit son activité ; nul besoin alors que les présomptions soient d'autant plus précises, graves et concordantes, qu'il s'agit d'autoriser des opérations de visite et saisie dans les locaux d'entreprises de presse. • Crim. 11 janv. 2012, n° 10-85.446 P : *D. 2012. Actu. 213, obs. Lavric ; AJ pénal 2012. 350, note Lasserre Capdeville ; JCP E 2012, n° 1168 ; CCC 2012, n° 74, obs. Decocq ; Gaz. Pal. 2012. 1630, obs. Fourment ; CCE 2012, n° 40, obs. Chagny ; RLC avr.-juin 2012. 78, obs. Winckler ; Dr. pénal 2012, n° 37, obs. J.-H. Robert.* ♦ En exigeant que des présomptions précises, graves et concordantes doivent, en répondant aux exigences des art. 1349 et 1353 [anciens] C. civ., permettre d'établir la réalité d'un fait inconnu à partir de faits connus, alors que l'art. L. 450-4 C. com. n'exige que de vérifier que la demande qui lui est soumise est fondée, le juge a ajouté à la loi des conditions qu'elle ne comporte pas. • Crim. 22 janv. 2014, n° 13-81.013 P : *D. actu. 14 févr. 2014, obs. Priou-Alibert ; D. 2014. Actu. 268 ; AJCA 2014. 42, obs. Utzschneider et Castex ; AJ pénal 2014. 379, obs. Lasserre Capdeville ; JCP 2014, n° 130, obs. Ruy ; RJDA 2014, n° 386 ; RLC avr.-juin 2014. 100, obs. Bouloc ; Dr. pénal 2014, n° 44, obs. J.-H. Robert.* ♦ Sur le régime des présomptions issu de l'Ord. n° 2016-131 du 10 févr. 2016, V. C. civ., art. 1354, 1356, 1382. – **C. civ.**

10. Documents produits. Le juge ne peut se référer qu'aux documents produits par l'Administration demanderesse détenus par celle-ci de manière apparemment licite. • Com. 27 nov. 1991, n° 90-10.579 P : *D. 1992. 122, concl. Jéol, note*

Texidor ; *JCP E 1992. II. 248, concl. Jéol.* ♦ Aussi, manque de base légale la décision qui, pour autoriser des visites et saisies de documents dans des locaux appartenant à diverses entreprises, après avoir retenu que les documents obtenus au cours de l'enquête corroborent les éléments résultant de documents émanant des entreprises recherchées reçus par le service au moyen d'un envoi anonyme, se fonde sur ces derniers documents dont l'origine licite ne résulte pas des mentions de l'ordonnance. • Même arrêt. – V. aussi • Com. 15 déc. 1998 : *LPA 26 mai 1999, note Brandeau.*

11. Confidentialité des documents justifiant une visite domiciliaire. Le caractère manifestement confidentiel des documents recherchés et les pressions auxquelles peuvent être soumis certains tiers sont de nature à justifier l'utilisation des pouvoirs définis à l'art. 48 [C. com., art. L. 450-4]. • Crim. 22 oct. 2003, n° 98-30.389 P : *D. 2004. AJ 134 (1re esp.)* ; *JCP E 2004, n° 1-2, p. 7 ; CCC 2004, n° 24, obs. Malaurie-Vignal.* ♦ En raison de la nature des agissements dont la preuve est recherchée et qui laisse supposer que la requérante est impliquée dans des pratiques prohibées, et du caractère confidentiel des documents s'y rapportant, nécessairement ignorés des enquêteurs, seuls les pouvoirs conférés par l'art. 48 [C. com., art. L. 450-4], non disproportionnés par rapport aux mesures envisagées, sont de nature à garantir l'accomplissement de la mission des agents mandatés par la Commission. • Crim. 22 oct. 2003 : *préc. 2e esp.* ♦ En l'état de ces constatations, le président du tribunal [désormais le JLD] a procédé au contrôle qui lui incombait en vertu des art. 14, § 6, du Règl. n° 17/62/CEE et 48 de l'Ord. de 1986 [C. com., art. L. 450-4] et n'avait pas à mieux s'expliquer sur le caractère confidentiel des documents figurant au dossier de la Commission. • Même arrêt.

12. Saisies antérieures. En se fondant sur des documents provenant de saisies autorisées par une décision antérieure obtenus au moyen de visites et saisies ayant pour objet la recherche de la preuve d'agissements distincts de ceux visés dans la demande sur laquelle il statuait, sans préciser qu'ils avaient été régulièrement saisis comme se rapportant aux agissements retenus dans l'ordonnance antérieure et, dans l'affirmative, sans indiquer au moyen de quelle procédure l'Administration avait distrait lesdits documents des précédentes saisies pour les présenter à l'appui de sa nouvelle requête, le président du tribunal [désormais le JLD] a violé l'art. 48 [C. com., art. L. 450-4]. • Com. 12 juill. 1993, n° 92-12.711 P : *D. 1993. IR 218.*

13. Marchés publics. S'agissant de la recherche de pratiques anticoncurrentielles lors de marchés publics, on ne saurait faire grief à l'Administration d'avoir détenu illicitement des pièces, dès lors qu'un fonctionnaire de la DGCCRF est membre en cette qualité de la commission d'ouverture des plis d'appels d'offres et qu'aucun devoir de confidentialité ne s'impose à lui. • Com. 12 nov. 1996, n° 94-10.597 P : *JCP 1997. IV. 23.* – V. aussi • Com. 10 déc. 1996, n° 94-13.056 P : *D. Affaires 1997. 208.*

14. Déclaration anonyme. Il n'est pas interdit au juge de faire état d'une déclaration anonyme, non accompagnée de la remise de documents, dès lors que cette déclaration est soumise au juge au moyen d'un document établi par les enquêteurs et signé par eux, permettant ainsi d'en apprécier la teneur et corroborée par d'autres éléments d'information décrits et analysés par lui. • Com. 26 oct. 1993, n° 92-13.658 P : *D. 1993. IR 258* . ♦ V. aussi, sur le fondement de l'art. L. 16 B LPF, • Com. 16 juin 1998, n° 96-30.135 P : *D. 1998. IR 190* ; *D. Affaires 1998. 1167, obs. A. L.*

3° FORME ET PORTÉE DE L'ORDONNANCE

15. Établissement de l'ordonnance. L'ordonnance prévue à l'art. 48 [C. com., art. L. 450-4] n'a pas à être rendue en audience publique et ni le défaut d'assistance du juge par un secrétaire, ni l'absence de signature d'un greffier n'entachent la décision d'irrégularité. • Com. 12 janv. 1999 : *préc. note 4.* ♦ L'apposition de la formule exécutoire sur les ordonnances n'est pas exigée par l'art. 48 [C. com., art. L. 450-4]. • Com. 16 mai 1995, n° 93-20.748 P. • 3 oct. 1995, n° 94-11.709 P : *D. 1995. IR 233* • 12 mars 1996, n° 94-17.283 P : *D. Affaires 1996. 641.* ♦ Aucune disposition du code de commerce ne commande au Conseil de mettre les ordonnances du juge autorisant les visites et saisies à la disposition des parties dans le dossier d'instruction. • Cons. conc. n° 06-D-33 du 8 nov. 2006 : *cité note 4 bis ss. art. L. 462-7.*

16. Absence de déclaration de culpabilité. L'ordonnance par laquelle le juge autorise une visite domiciliaire n'emporte pas déclaration de culpabilité et ne préjuge pas de l'appréciation, par la juridiction du fond, des éléments de preuve trouvés. • Com. 20 nov. 1990, n° 89-18.267 P : *D. 1990. IR 289* • 5 févr. 1991, n° 89-20.191 P. • 4 avr. 1995, n° 93-12.947 P.

17. Ordonnance complémentaire. En se référant pour la compléter à sa précédente ordonnance, le président du tribunal qui a autorisé une visite et saisie domiciliaire n'a pas à reproduire le contenu de son ordonnance principale ; cette référence ne rend pas incompétents les agents désignés par la première ordonnance. • Com. 4 avr. 1995 : *préc. note 16.* – V. déjà • Com. 15 juill. 1992, n° 90-21.374 P.

18. Commission rogatoire. Le président du tribunal, à qui l'ordonnance d'autorisation de visite domiciliaire donne commission rogatoire pour contrôler les opérations se déroulant dans son ressort, n'a pas à procéder à un nouveau contrôle de légitimité. • Com. 30 mai 2000 : *CCC 2000, n° 145, obs. Malaurie-Vignal.* ♦ L'art. 48 [C. com., art. L. 450-4] n'impose pas que dans la commission rogatoire commettant le président du tribunal territorialement compétent, il soit nécessaire de préciser toutes les diligences que devra accomplir ce magistrat, de tracer les limites de son intervention et de définir quelle juridiction sera compétente pour statuer sur les incidents soulevés au cours des opérations de visite domiciliaire et saisie. • Com. 21 mars 2000, n° 98-30.317 P : *D. 2000. AJ 224, obs. Marmontel ; CCC 2000, n° 97, obs. Malaurie-Vignal.* ♦ Seul le juge ayant reçu commission rogatoire pour désigner un ou plusieurs OPJ chargés d'assister aux opérations de visite et de saisie et de le tenir informé de leur déroulement est compétent pour statuer sur la modification de la situation des locaux à visiter, dès lors qu'ils se trouvent dans son ressort. • Crim. 9 févr. 2005, n° 03-85.301 P : *JCP E 2005, n° 15-16, p. 644 ; CCC 2005, n° 87, obs. Malaurie-Vignal ; RDLC 2005, n° 2, p. 92, obs. Michel-Amsellem ; RLC 2005, n° 3, p. 81, obs. B. C.* ♦ Seule l'ordonnance du JLD autorisant les visites et saisies est susceptible d'appel ; en l'état de ces énonciations, et dès lors que l'ordonnance rendue sur commission rogatoire n'est qu'un acte d'exécution de l'ordonnance principale autorisant les visites, le premier président a justifié sa décision déclarant irrecevable le recours formé contre l'ordonnance désignant les OPJ pour la visite des locaux. • Crim. 23 févr. 2011, n° 09-87.848 P : *AJ pénal 2011. 253, obs. Lasserre Capdeville ; JCP 2011, n° 1176, spéc. n° 8, obs. J.-H. Robert ; Dr. pénal 2011, n° 68, obs. J.-H. Robert ; RDLC 2011, n° 2, p. 190, obs. Lemaire et Naudin.* – V. aussi • Crim. 16 juin 2011 : *JCP E 2011, n° 1900, obs. J.-H. Robert ; Dr. pénal 2011, n° 125, obs. J.-H. Robert.*

4° ENCADREMENT DES VISITES ET SAISIES

19. Date de la visite. L'art. 48 [C. com., art. L. 450-4] n'exige pas que le président, qui désigne un ou plusieurs OPJ pour assister aux opérations de visites et de saisie qui auront lieu dans son ressort, fixe la date de ces opérations. • Com. 30 mai 2000 : *CCC 2000, n° 145, obs. Malaurie-Vignal ; LPA 27 mars 2001.*

20. Objet de la visite. Ne satisfait pas aux exigences de l'art. 48 [C. com., art. L. 450-4] le président du tribunal [désormais le JLD] qui autorise des visites et saisies domiciliaires ayant un objet général, en ce qui concerne les appels d'offres sur lesquels pouvaient porter les recherches, et indéterminé au regard des divers agissements visés à l'art. 7 [C. com., art. L. 420-1], alors qu'il retient des présomptions circonscrites à certains appels d'offres et à certains agissements déterminés. • Com. 6 avr. 1993, n° 91-17.835 P. • 26 oct. 1993 : *D. 1994. IR 3* • 15 mars 1994 : *préc. note 4.* ♦ Sur le caractère déterminé de l'ordonnance judiciaire autorisant une visite domiciliaire, V. • Com. 11 janv. 2000, n° 97-30.109 P : *D. 2000. AJ 124, obs. Marmontel ; LPA 20 juill. 2000, obs. Petitier.*

21. Lieux de la visite. Le juge peut autoriser une visite en tous lieux, même privés, où sont susceptibles d'être détenus les documents se rapportant aux agissements frauduleux dont la preuve est recherchée. • Com. 29 oct. 1991, n° 90-12.924 P. • 15 juill. 1992, n° 90-21.375 P. ♦ L'ordonnance ne revêt pas un caractère général et indéterminé, dès lors que le président [désormais le JLD] a autorisé les visites de sept lieux distincts relevant de cinq compagnies pétrolières, suspectées d'entente prohibée lors de la passation de deux marchés, à seule fin de rechercher la preuve de leur concertation faisant obstacle à la fixation des prix par le libre jeu de la concurrence. • Com. 12 nov. 1996 : *préc. note 13.* ♦ Sur l'identification nécessaire des lieux où les visites sont autorisées, V. aussi • Com. 21 mars 1989, n° 88-10.162 P : *D. 1990. Somm. 109, obs. Gavalda et Lucas de Leyssac ; RTD com. 1990. 85, obs. Bouloc* • 4 juin 1991, n° 90-10.586 P. • 6 avr. 1999 : *LPA 18 nov. 1999, obs. Petitier.* ♦ Sur la nécessité, pour le président du tribunal [désormais le JLD] ordonnant une visite et une saisie au domicile d'un salarié, d'indiquer en quoi le lieu de ladite visite est susceptible de contenir les documents se rapportant à la fraude recherchée, V. : • Com. 7 mars 2000, n° 97-30.392 P. (rendu sur le fondement de l'art. L. 16 B du LPF).

22. Groupe de sociétés. Il se déduit de l'art. L. 450-4 que le juge qui autorise des opérations de visite et saisie dans les locaux d'une société n'est pas tenu d'identifier toutes les sociétés du même groupe, domiciliées à la même adresse. • Crim. 4 avr. 2012 : *Dr. pénal 2012, n° 92, obs. J.-H. Robert.*

23. Extension de la visite. Si on ne peut reconnaître d'une façon générale à la Commission européenne un droit d'accès, sur la base d'une décision de vérification adressée à une entité juridique déterminée, aux locaux d'une entité juridique tierce sous le simple prétexte qu'elle est étroitement liée au destinataire de la décision de vérification, les circonstances de la cause peuvent rendre de telles visites licites. • TPICE 11 déc. 2003 : *LPA 15 mars 2004, obs. Arhel ; Europe 2004, n° 52, obs. Idot* (5 arrêts). ♦ Le président d'un tribunal [désormais le JLD] qui autorise une visite et saisie de documents dans un lieu n'est pas tenu de prendre une ordonnance spécifique autorisant la visite d'un véhicule appartenant à l'occupant de ces lieux et s'y trouvant. • Com. 21 janv. 1997, n° 94-18.856 P : *D. Affaires 1997. 271.* ♦ Sur une demande de modification des lieux de la visite en cas de commission rogatoire, V. note 18.

24. Désignation des enquêteurs. Si le président du tribunal peut laisser au chef de service, qui a sollicité et obtenu l'autorisation exigée par la loi, le soin de désigner les agents chargés d'effectuer les visites et saisies autorisées, dès lors que ces agents sont dûment habilités en qualité d'enquêteurs, c'est à la condition que les agents ainsi désignés soient placés sous l'autorité de ce chef de service. • Com. 4 avr. 1995 : *préc. note 5* • 16 mai 1995, n° 93-20.748 P. – V. déjà, en ce sens, • Com. 6 mars 1990 : *préc. note 4* • 21 mars 1989 : *préc. note 3*. • 5 févr. 1991, n° 89-20.191 P. ♦ Sur la possibilité, pour le président du tribunal, de laisser au chef national des enquêtes de la concurrence, qui a compétence sur l'ensemble du territoire national, le soin de désigner les agents habilités pour effectuer les visites et saisies autorisées, V. • Com. 17 nov. 1998 : *préc. note 4*. ♦ V. désormais la rédaction du 3e al. de l'art. L. 450-4 issue de l'Ord. n° 2008-1161 du 13 nov. 2008. ♦ L'ordonnance, qui se borne à désigner les enquêteurs compétents pour procéder aux opérations de visites et saisies, n'est pas susceptible, en cas de recours, de donner lieu à un contrôle du bien-fondé de la demande initiale d'autorisation de visite et de saisie. • Com. 15 janv. 2008 : *cité note 1 s s. art. L. 463-5*.

25. Compétence territoriale des enquêteurs. Le président du tribunal [désormais le JLD], statuant en application de l'art. 48 [C. com., art. L. 450-4], peut autoriser d'autres agents DGCCRF à effectuer des enquêtes dans des locaux situés hors du ressort territorial des agents ayant présenté la demande d'autorisation d'enquête, dès lors qu'il a constaté la nécessité d'une action simultanée dans les différents locaux des entreprises suspectées de pratiques anticoncurrentielles, V. • Com. 12 janv. 1999 : *CCC 1999, n° 75, obs. Malaurie-Vignal ; LPA 16 nov. 1999, obs. Petitier*.

26. Désignation des OPJ. En autorisant le commissaire central à désigner pour les sociétés situées dans le ressort de sa juridiction les OPJ placés sous son autorité et territorialement compétents, le président du tribunal a méconnu les exigences de l'art. 48 [C. com., art. L. 450-4]. • Com. 23 mars 1993, n° 91-21.612 P. ♦ Jugeant que la présence conjointe d'un véritable OPJ suffit à rendre régulière la partie des opérations de visite et de saisie effectuée sous le contrôle d'un fonctionnaire n'ayant pas cette qualité : • Com. 23 juin 2004, n° 01-17.896 P : *D. 2004. AJ 2439*.

27. Rôle des OPJ. Viole l'art. 48 [C. com., art. L. 450-4], le président du TGI qui charge, en outre, l'OPJ de recourir aux réquisitions nécessaires, tels les services éventuels d'un serrurier. • *Com. 10 mars 1992*, n° 91-10.554 P. ♦ En autorisant le chef d'une brigade de gendarmerie et/ou tout officier de police judiciaire territorialement compétent placé sous son autorité pour recourir aux réquisitions, le président du tribunal méconnaît l'étendue des pouvoirs de l'OPJ • Com. 24 mai 1994 : *RJDA 1994, n° 1161*. ♦ V. désormais la deuxième phrase du 3e al. de l'art. L. 450-4.

28. Assistance de l'occupant des lieux. L'occupant des lieux ne dispose pas du droit de saisir lui-même le juge qui a autorisé la visite et la saisie, les OPJ chargés d'assister aux opérations devant, au cours de la visite, tenir ce magistrat informé des difficultés rencontrées. • Crim. 9 mars 2016, n° 14-84.566 P : *D. 2016. Actu. 652*. ♦ L'occupant des lieux ne saurait se faire grief de l'absence temporaire, pendant la visite domiciliaire, de l'OPJ désigné par le JLD, dès lors que cette absence ne l'a pas empêché de solliciter, par l'intermédiaire de celui-ci, le contrôle du JLD et qu'il n'a ainsi pas été porté atteinte à ses intérêts. • Crim. 20 janv. 2021, n° 19-84.292 : *RJDA 2021, n° 269*. ♦ La possibilité de faire appel à un conseil ou d'avoir des contacts avec l'extérieur durant les opérations de visite et saisie domiciliaire n'est pas prévue par la loi, s'agissant d'une mesure d'instruction devant se dérouler, en présence de l'occupant des lieux ou de son représentant, le plus rapidement possible, en présence d'un ou de plusieurs OPJ chargés de veiller au respect des droits de la défense et du secret professionnel, de prendre connaissance des documents avant leur saisie et d'informer le juge du déroulement des opérations. • Com. 21 janv. 1997 : *préc. note 23*. ♦ Pour des non-lieux à renvoi pour QPC pour le défaut d'assistance lors de visites domiciliaires, V. • Cass., QPC, 15 juin 2010 : *D. actu. 10 sept. 2010, obs. Chevrier ; RDLC 2010, n° 4, p. 204, obs. Lemaire* • 15 juin 2010 : *eod. loc.* ♦ Comp., jugeant qu'il convient de rechercher si, comme le soutient la requérante en se fondant sur les mentions portées au procès-verbal de visite, ses conseils ne s'étaient pas vu interdire d'accéder aux bureaux visités et de prendre la parole, en violation du principe selon lequel le droit d'avoir une assistance juridique doit être respecté dès le stade de l'enquête préalable. • Crim 27 nov. 2013, n° 12-86.424 P : *D. actu. 10 déc. 2013, obs. Bombled ; RLC avr.-juin 2014. 99, obs. Bouloc ; Dr. pénal 2014, n° 43, obs. J.-H. Robert*. ♦ Dans les procédures fondées sur la violation du droit de la concurrence, l'obligation d'assurer l'exercice des droits de la défense doit être respectée dès le stade de l'enquête préalable (agents ayant fait obstacle à la présence des avocats appelés à assister aux opérations de visite domiciliaire). • Crim. 25 juin 2014, n° 13-81.471 P : *D. actu. 11 juill. 2014, obs. Bombled ; D. 2014. Actu. 1445 ; AJCA 2014. 291, obs. Thill-Tayara et Sanz ; JCP E 2014, n° 1551, obs. J.-H. Robert ; CCC 2014, n° 228, obs. Decocq ; RJDA 2014, n° 801 ; RLDA oct. 2014. 36, note Roskis et Griffin ; RLC oct.-déc. 2014. 37, note Bouloc ; Procédures 2014, n° 250, obs. Chavent-Leclère ; Dr. pénal 2014, n° 130, obs. J.-H. Robert*.

Si c'est à tort que les premiers juges relèvent que les avocats de la société objet d'une opération de visite et de saisie ne bénéficient pas des droits reconnus à celle-ci et à ses représentants par l'al. 8 de l'art. L. 450-4, ils n'encourent cependant pas la censure, dès lors qu'il appartenait à la société et à ses conseils, qui sont intervenus dès le début des opérations de visite et avaient nécessairement connaissance des documents susceptibles d'être appréhendés, de soulever toute contestation utile sur les documents qui leur paraissaient devoir être exclus de la saisie. • Crim. 27 nov. 2013, ⚖ n° 12-85.830 P : *D. 2014. Chron. C. cass. 323, obs. Labrousse* ✐ ; *JCP E 2014, n° 1050, note Saenko ; JCP 2013, n° 1302, obs. Ruy ; CCC 2014. Étude 5, par Saenko ; RJDA 2014, n° 273 ; RLC avr.-juin 2014. 99, obs. BoulocDr. pénal 2014, n° 43, obs. J.-H. Robert.*

29. Documents susceptibles d'être saisis. En autorisant la saisie de « tous documents utiles », le juge n'autorise pas pour autant les agents de l'Administration à saisir des documents ne se rapportant pas aux agissements retenus pour accueillir la demande de visite. • Com. 14 janv. 1992 : ⚖ *préc. note 7.* ♦ Lorsque l'ordonnance limite les pouvoirs des enquêteurs à la seule saisie de documents, l'autorisation judiciaire en cause vise aussi bien des documents sur support papier que sur support informatique (DVD contenant la copie de messages électroniques), dans la mesure où le texte permet la saisie de tous documents ou supports d'information. • Crim. 14 nov. 2007 : ⚖ *D. 2008. AJ 81, obs. Chevrier* ✐ ; *RDLC 2008, n° 1, p. 168, obs. Lemaire.* ♦ V. aussi notes 30 et 46.

30. Régularité des saisies de documents informatiques. Les saisies de documents informatiques, autorisées judiciairement sur le fondement de l'art. L. 450-4, ne constituent pas un traitement de données à caractère personnel au sens de la L. du 6 janv. 1978. La saisie de certains documents personnels à des salariés n'invalide pas la saisie mais doit conduire l'Administration à restituer les documents concernés dès lors qu'ils auront été identifiés par les intéressés. • Versailles, 19 févr. 2010 : *RDT 2010. 445, note Neiss* ✐ ; *Gaz. Pal. 2010. 3045, et les obs.* ♦ Dès lors que les fichiers informatiques saisis étaient susceptibles de contenir des éléments intéressant l'enquête, la présence, parmi eux, de pièces insaisissables, ne saurait avoir pour effet d'invalider la saisie de tous les autres documents. • Crim. 27 nov. 2013 : ⚖ *cité note 28.* ♦ Sont régulières les saisies de supports et données informatiques et télématiques, dès lors que les fichiers informatiques saisis sont identifiés et inventoriés. • Crim. 30 nov. 2011, ⚖ n° 10-81.748 P : *D. actu. 2 janv. 2012, obs. Bombled ; D. 2011. Actu. 2988* ✐ ; *JCP E 2012, n° 1091 ; Dr. pénal 2012, n° 10, obs. J.-H. Robert.* ♦ Est régulière la saisie dès lors qu'il est constaté que les pièces appréhendées n'étaient pas étrangères au but de l'autorisation accordée, que les fichiers saisis ont été identifiés puis inventoriés, qu'il n'a été présenté aucun élément de nature à établir que certains des documents ne pouvaient, en raison de leur objet, être saisis et, que, enfin, la confection de scellés provisoires est une faculté laissée à l'appréciation des enquêteurs, agissant sous le contrôle du juge. • Crim. 14 nov. 2013, ⚖ n° 12-87.346 P : *D. actu. 27 nov. 2013, obs. Bombled ; D. 2013. Actu. 2692* ✐ ; *JCP E 2013. Actu. 867 ; RJDA 2014, n° 273 ; CCE 2014, n° 42, obs. É.A. C. ; RLC avr.-juin 2014. 111, obs. Koehler de Montblanc ; Dr. pénal 2014, n° 28, obs. J.-H. Robert.* ♦ Jugeant que ne peut être saisie que la globalité de la messagerie informatique dès lors qu'elle contient des éléments pour partie utiles à la preuve des agissements présumés, V. • Paris, 31 août 2012 : ⚖ *D. 2012. Actu. 2653, obs. Bouloc et Bombardier* ✐. ♦ Sur l'appréciation de la pratique des saisies informatiques globales au regard de la Conv. EDH, V. • CEDH 2 avr. 2015, n° 63629/10 : *AJCA 2015. 265, note Maulin* ✐ ; *JCP E 2015. Actu. 371, obs. Hindré-Guéguen ; CCC 2015, n° 152, obs. Bosco ; RLC juill.-août 2015. 81, note Baillat-Devers ; RJDA 2015. 495, note Marie ; Gaz. Pal. 2015. 3117, obs. Andriantsimbazovina ; Procédures 2015, n° 213, obs. Ayrault ; RLDA juill.-août 2015. 32, obs. Baillat-Devers.*

31. Respect des droits de la défense et des correspondances d'avocat. BIBL. Nioré, *D. avocats 2014. 357* ✐ (perquisitions administratives : le JLD, ectoplasme ou garant effectif du secret professionnel de l'avocat et des droits de la défense ?). ♦ Le pouvoir reconnu aux agents de l'Autorité de la concurrence par l'art. L. 450-4 de saisir des documents et supports informatiques trouve sa limite dans le principe de la libre défense, qui commande de respecter la confidentialité des correspondances échangées entre un avocat et son client et liées à l'exercice des droits de la défense. • Crim. 24 avr. 2013, ⚖ n° 12-80.331 P : *D. 2014. Chron. C. cass. 323, obs. Labrousse* ✐ ; *ibid. Pan. 894, obs. Ferrier* ✐ ; *JCP E 2013, n° 1453, note Saenko ; RJDA 2013, n° 754 ; LPA 1er juill. 2013, note Dufour ; CCE 2013, n° 105, obs. Chagny ; Gaz. Pal. 2013. 1639, note Piau ; RLC juill.-août 2013. 91, note Lavedan ; Dr. pénal 2013, n° 112, obs. J.-H. Robert ; Procédures 2013, n° 222, obs. Chavent-Leclère ; ibid. 2014. Chron. 1, spéc. n° 31, par Ruy.* ♦ En saisissant des documents à l'évidence protégés par leur nature personnelle, confidentielle ou couverts par le secret des affaires ou le secret professionnel en usant de procédés de ciblage vraisemblablement inadéquats ne permettant pas d'écarter des documents n'entrant pas dans le champ de l'autorisation et en refusant la possibilité à l'occupant des lieux ou à son représentant, contrairement aux dispositions de l'art. 56 C. pr. pén., de prendre connaissance des critères de choix des documents saisis, les enquêteurs n'ont pas respecté les droits de la défense. • TGI Nanterre, 9 avr. 2008 : *cité ss. art. R. 450-2.* ♦ Si, selon les principes rappelés par l'art. 66-5 de la L. n° 71-1130 du 31 déc. 1971, les correspondances échangées entre le client et son avocat sont, en toutes matières, couvertes par le secret professionnel, il demeure qu'elles peuvent notamment être saisies dans le cadre des opérations de visite prévues par l'art. L. 450-4 dès lors qu'elles ne concernent pas l'exercice des droits de la défense. • Crim. 25 nov. 2020, n° 19-84.304 P : *D. 2020. Actu. 2340 ; JCP E 2021, n° 1025 ; RJDA 2021, n° 268 ; Procédures 2021, n° 15, obs. Chavent-Leclère.* ♦ Il résulte de l'art. L. 450-4 que le premier président, statuant sur la régularité de ces opérations, ne peut ordonner la restitution des correspondances entre l'occupant des lieux visités et un avocat en raison de leur confidentialité que si celles-ci sont en lien avec l'exercice des droits de la défense. • Même arrêt. ♦ La protection au titre de la confidentialité des échanges entre l'avocat et son client s'étend à l'ensemble des correspondances échangées entre un avocat et son client, et liées à l'exercice des droits de la défense, et non pas seulement aux documents qui relèveraient de l'exercice des droits de la défense dans l'enquête ayant donné lieu à la visite domiciliaire. • Crim. 20 janv. 2021, n° 19-84.292 : *préc. note 28.* ♦ Estimant que le privilège de confidentialité des correspondances entre les avocats et leurs clients s'étend aux courriels émanant du juriste d'entreprise de la société saisie et visitée dès lors qu'ils reprennent la stratégie de défense de l'avocat : • Paris, ord., 8 nov. 2017, n° 14/13384 : *AJ pénal 2018. 49, obs. Mayoux ; CCC 2017, n° 256, obs. Bosco.*

32. Originaux du procès-verbal et de l'inventaire. L'art. 48 [C. com., art. L. 450-4] dispose seulement que les originaux du procès-verbal de saisie et de l'inventaire sont transmis au juge qui a ordonné la visite et ne fait pas obligation au juge de rappeler ces dispositions légales ou de fixer un délai. • Com. 23 mars 1993, n° 91-20.702 P.

C. CONTRÔLE DE LA RÉGULARITÉ DES OPÉRATIONS

1° CONTESTATION DE LA RÉGULARITÉ DES VISITES ET SAISIES

33. Délais. Sur les délais pour contester la régularité des opérations de visite et de saisie, V. considérant que l'art. 21 [C. com., art. L. 463-2], relatif à la communication des griefs, est inapplicable aux recours en annulation desdites opérations : • Com. 25 juin 1999 : *CCC 1999, n° 144, obs. Malaurie-Vignal.* ♦ Le seul envoi d'une lettre missive, même si une copie de la décision autorisant les agents de la DGCCRF, en vertu de l'art. 48 [C. com., art. L. 450-4], à effectuer des visites et des saisies dans les locaux d'une entreprise y était jointe, ne constitue pas une notification de la décision attaquée répondant aux exigences de l'art. 568, al. 2, C. pr. pén. et ne fait pas courir le délai du pourvoi en cassation. • Com. 6 mars 1990 : *préc. note 4.* ♦ Il appartient aux juges du fond d'apprécier souverainement si le délai qui s'est écoulé entre la date à laquelle l'ordonnance autorisant les opérations de visite et saisies a été rendue et celle à laquelle la cour d'appel a statué a permis aux sociétés requérantes de contester utilement les documents produits par l'administration. • Crim. 25 févr. 2015 : *cité note 40.*

34. Qualité et intérêt à agir (jurispr. antérieure à l'Ord. n° 2008-1161 du 13 nov. 2008). Il n'est pas nécessaire qu'une visite du domicile et des locaux d'un commerçant ait été ordonnée pour que ce commerçant ait intérêt à se pourvoir en cassation contre l'ordonnance. • Com. 29 oct. 1991 : *préc. note 21.* ♦ Comp., exigeant que la société soit au moins visée par l'ordonnance : • Com. 28 janv. 1992, n° 91-10.542 P. • 10 mars 1992 : *préc. note 4.* ♦ La déclaration de pourvoi en cassation faite par un inspecteur de la concurrence, de la consommation et de la répression des fraudes au nom du ministre chargé de l'économie à l'encontre d'une ordonnance d'un juge du TGI faisant droit à la requête d'une société tendant à la communication du dossier présenté par l'Administration à l'appui d'une demande d'autorisation de visite domiciliaire est régulière comme émanant du représentant de l'Administration qui a obtenu l'autorisation de visite et saisie domiciliaires. • Com. 3 oct. 1995 : *RJDA 1996, n° 78.* ♦ Il résulte des dispositions des art. 567 et 568 C. pr. pén. qu'est recevable à se pourvoir en cassation toute partie à l'instance qui a donné lieu à la décision attaquée, lorsque cette dernière contient à son égard des dispositions qui lui font grief ; il en est ainsi du rapporteur général de l'Autorité de la concurrence qui a sollicité et obtenu du JLD l'autorisation de procéder à des opérations de visite et saisie, en vue de rechercher la preuve de pratiques anticoncurrentielles, conformément à l'art. L. 450-4 C. com., et dont le déroulement a fait l'objet d'un recours devant le premier président de la cour d'appel. • Crim. 16 juin 2011, n° 11-80.345 P : *D. actu. 1er juill. 2011, obs. Bombled ; D. 2011. Actu. 1749 ; JCP 2011, n° 1176, spéc. n° 8, obs. J.-H. Robert ; BRDA 2011, n° 13, p. 11 ; RDLC 2011, n° 3, p. 187, obs. Lemaire et Naudin ; RLC juill.-sept. 2011. 66, obs. Lavedan ; Dr. pénal 2011, n° 109, obs. J.-H. Robert.* ♦ Pour un pourvoi tardif, V. • Crim. 11 janv. 2012, n° 10-87.762 P : *D. 2012. Actu. 212 ; JCP E 2012, n° 1167.*

35. Mise en cause de l'Administration. Il appartient à la partie qui conteste la régularité des opérations de visite et saisie domiciliaires, autorisées par le président du TGI à la demande de l'Administration, de mettre en cause cette dernière. • Com. 6 mai 1996, n° 94-16.235 P : *D. Affaires 1996. 704.*

36. Compétence. L'art. L. 450-4, dans sa rédaction postérieure à la L. n° 2001-420 du 15 mai 2001, ne donne pas compétence au Conseil et désormais à l'Autorité pour apprécier la régularité des opérations effectuées en exécution des ordonnances du JLD autorisant les visites et saisies. • Aut. conc. n° 10-D-26 du 28 juill. 2010. ♦ Seul le juge judiciaire, régulièrement saisi, est compétent pour effectuer un tel contrôle. • Aut. conc. n° 11-D-13 du 5 oct. 2011 : *D. actu. 13 oct. 2011, obs. Chevrier ; RLC janv.-mars 2012. 26, obs. Cholet.* ♦ Un tiers ne saurait se prévaloir devant le Conseil de l'irrégularité d'un procès-verbal établi dans le cadre de visites et saisies dès lors que l'entreprise ayant fait l'objet de ces visites et saisies ou dont le représentant a été interrogé n'en a pas contesté la régularité. • Cons. conc. n° 06-D-03 du 9 mars 2006 : *cité note 2 ss. art. R. 450-1.* ♦ Sur l'impossibilité d'invoquer la nullité de l'ordonnance par voie d'exception devant le juge saisi des poursuites, V. à propos de l'art. L. 38 LPF, • Crim. 31 janv. 1994 : *RJDA 1994, n° 306.*

37. Accès aux pièces du dossier. Le droit légalement reconnu des parties à avoir accès *a posteriori* aux pièces du dossier présenté par l'Administration, demanderesse à une autorisation de visite et saisie domiciliaires qui leur fait grief, ne peut être soumis à contestation, l'organisation matérielle de la communication de ces pièces relevant non de la procédure organisée par l'art. 48 [C. com., art. L. 450-4], mais d'une mesure d'administration judiciaire. • Com. 3 oct. 1995, n° 94-13.381 P.*D. 1995. IR 233 ; RJDA 1996, n° 78.* ♦ Il appartient aux demandeurs au pourvoi, si les pièces litigieuses ne se trouvent pas au greffe de la juridiction, de mettre en demeure l'Administration, qui avait obtenu l'autorisation de visite en cause, de leur communiquer lesdites pièces de manière à permettre l'exercice de leurs droits et, en particulier, d'élaborer les moyens à l'appui de leur pourvoi. • Com. 10 déc. 1996 : *préc. note 4 bis.* ♦ La production des pièces répond à sa finalité quand elle est faite en photocopie. • Com. 13 mai 1997 : *JCP 1997. IV. 1392.* ♦ Si l'Administration peut être fondée à garantir l'anonymat de certaines personnes entendues au cours de l'enquête relative à la recherche de preuve de pratiques anticoncurrentielles et doit respecter le secret des affaires, dès lors qu'elle produit des pièces pour justifier de *présomptions de pratiques anticoncurrentielles* au soutien d'une demande d'autorisation de visite et saisie, l'ordonnance qui l'accorde en visant et analysant lesdites pièces ne peut les soustraire à l'examen contradictoire des parties nécessaire à l'exercice du recours qu'elles sont en droit d'introduire contre ladite ordonnance. • Com. 9 juill. 1996, n° 94-16.223 P : *D. 1996. IR 191 ; D. Affaires 1996. 1023.* ♦ Le juge viole la loi lorsqu'il refuse l'accès au dossier produit par l'Administration à l'appui d'une demande d'autorisation de visite domiciliaire, ce dont il résulte que les pièces annexées à la demande ne peuvent pas être consultées par les personnes auxquelles le recours en cassation est ouvert, alors que celles-ci, pour exercer cette voie de recours seule offerte par la loi, doivent être en mesure d'apprécier les griefs dont l'ordonnance est susceptible et, à cette fin, avoir connaissance des pièces sur lesquelles le juge s'est fondé. • Com. 1er avr. 1997 : *RJDA 1997, n° 792.* – Dans le même sens, V. • Com. 7 oct. 1997, n° 95-30.225 P : *D. 1997. IR 222 ; D. Affaires 1997. 1280.*

2° RECOURS DEVANT LE PREMIER PRÉSIDENT DE LA COUR D'APPEL

38. Compétence du premier président. BIBL. Fossier et Tordjman, *RDLC 2010, n° 3, p. 197* (nouveau régime des visites domiciliaires : jurisprudence de la cour d'appel de Paris et de son premier président). ♦ L'Ord. du 13 nov. 2008 donnant compétence au premier président de la cour d'appel du ressort du juge les ayant autorisées pour connaître d'un recours sur le déroulement des opérations de visite ou de saisie, le JLD ne pouvait constater la régularité des opérations. • Crim. 8 févr. 2012 : *Dr. pénal 2012, n° 72, obs. J.-H. Robert.* ♦ Sur le moyen relevé d'office après avis donné aux parties et pris de l'entrée en vigueur de l'Ord. du 13 nov. 2008, jugeant qu'il résulte de l'art. 5-IV de ladite ordonnance, ensemble l'art. L. 450 4 C. com., que la voie de l'appel a été ouverte à l'encontre de la décision frappée de pourvoi et que, dès lors, le pourvoi est devenu irrecevable : • Crim. 20 mai 2009, n° 08-82.985 P : *D. 2009. AJ 1601, obs. Chevrier ; RLC oct.-déc. 2009. 82, obs. Cheynel.* ♦ En interjetant appel des ordonnances en cause devant les premiers présidents de cour d'appel compétents, et ainsi en ne faisant pas usage des dispositions transitoires qui leur étaient applicables, dont elles n'ignoraient pas l'existence et qui avaient été instaurées afin de garantir au mieux leurs droits et de donner l'effet le plus large possible à une modification législative destinée à tirer les conséquences d'un constat d'inconventionnalité effectué par la CEDH, les requérantes doivent être considérées comme ayant renoncé à exercer leur droit de recours ; dès lors, l'Autorité était parfaitement fondée à tirer les conséquence de l'absence d'usage de ce droit et ainsi considérer que les pièces, régulièrement saisies, étaient susceptibles d'être utilisées dans la procédure. • Paris, 20 nov. 2014 : *BOCC 19 déc. 2014 ; AJCA 2015. 28, note Ponsard ; CCC 2015, n° 39, obs. Decocq ; RLC janv.-mars 2015. 37, obs. Sélinsky.* ♦ Il n'entre pas dans l'office du JLD, qui doit seulement contrôler le déroulement des opérations de visites domiciliaires, de se prononcer sur le caractère saisissable ou non des documents saisis, seul le premier président étant compétent pour connaître d'une telle contestation. • Crim. 20 janv. 2021, n° 19-84.292 : *préc. note 28.*

39. Personnes pouvant exercer le recours. En dépit de la formulation du texte instituant ce recours spécial, sans précision quant aux personnes auxquelles il est ouvert, celles-ci ne peuvent être que les personnes visées par l'ordonnance ayant autorisé la saisie, puisqu'il ne s'agit que d'une modalité particulière de l'appel institué par l'art. L. 450-4 dans sa rédaction résultant de l'Ord. n° 2008-1161 du 13 nov. 2008, destinée à réexaminer des autorisations intervenues dans des affaires n'ayant pas encore abouti à une décision définitive sur le fond. • Paris, 29 juin 2010 : *BOCC 5 août 2010* (conf. sur ce point par • Com. 2 nov. 2011, n° 10-21.103 P : *D. 2011. Actu. 2789, obs. Chevrier ; JCP E 2011, n° 1812 ; CCC 2012, n° 22, obs. Decocq ; Dr. pénal 2012, n° 11, obs. J.-H. Robert ; RLC oct.-déc. 2011. 75, obs. Barbier de la Serre*). ♦ Seules les personnes ayant subi une atteinte au caractère privé de leur domicile ou une mesure coercitive de saisie de documents personnels sont en droit de critiquer les conditions dans lesquelles l'ordonnance d'autorisation a été rendue ; la personne mise en cause au moyen de pièces saisies au cours des opérations n'est pas, quant à elle, privée d'un accès équitable au juge, ayant le droit de discuter devant l'Autorité de la concurrence, puis éventuellement devant la cour d'appel de Paris, le contenu et la portée des documents qui lui sont opposés. • Même arrêt.

40. Exigence d'impartialité. L'examen de l'existence de présomptions de pratiques anticoncurrentielles autorisant les visite et saisie par la même formation de jugement que celle appelée à statuer sur le bien-fondé des griefs retenus et de la sanction prononcée au titre de ces pratiques est de nature à faire naître un doute raisonnable sur l'impartialité de la juridiction. • Com. 2 nov. 2011 : *préc. note 39* • 21 juin 2011, n° 09-67.793 P : *D. 2011. Actu. 1749, obs. Chevrier ; JCP 2011, n° 784, obs. Ruy ; CCC 2011, n° 199, obs. Bosco ; RJDA 2011, n° 961 ; RDLC 2011, n° 3, p. 188, obs. Lemaire et Naudin ; RLC oct.-déc. 2011. 75, obs. Barbier de la Serre.* ♦ Cassation de l'arrêt ayant jugé que le contrôle en fait et en droit de la régularité de l'ordonnance d'autorisation des visite et saisie n'implique de la part de la cour d'appel aucune appréciation sur le bien-fondé des griefs et que, dès lors, la cour peut à la fois statuer sur les deux plans du recours sans que cela constitue une atteinte à l'exigence d'impartialité. • Paris, 16 juin 2009 : *BOCC 3 août 2009 ; D. actu. 22 juin 2009, obs. Chevrier ; CCC 2009, n° 230, obs. Decocq ; RDLC 2009, n° 3, p. 128, obs. Momège ; RLC oct.-déc. 2009. 82, obs. Cheynel* • Aut. conc. n° 09-D-25 du 29 juill. 2009 : *Lettre distrib. 10/2009, p. 5.* – V. aussi • Paris, 5 janv. 2010 : *BOCC 23 févr. 2010 ; CCC 2010, n° 77, obs. Decocq ; RDLC 2010, n° 2, p. 137, obs. Lemaire et Naudin* (jugeant qu'aucun principe ne fait obstacle à ce que le même juge examine successivement la régularité d'une étape de la procédure, puis l'affaire au fond). ♦ La cour d'appel n'a pas méconnu l'exigence d'impartialité, dès lors qu'elle a statué sur la contestation de l'autorisation des opérations de visite et saisie dans une composition différente de celle appelée à se prononcer sur le recours formé contre la décision de l'Autorité de la concurrence. • Crim. 25 févr. 2015 : *BOCC 8 avr. 2015 ; Dr. pénal 2015, n° 53, obs. J.-H. Robert.*

41. Objet du recours. La cour ne peut pas se dérober, au motif qu'il manquerait des pièces, à sa mission de juger le nouveau recours ouvert par le législateur ; il lui incombe d'apprécier en fait et en droit la régularité de l'ordonnance au vu des éléments du dossier, ce qui constitue un contrôle juridictionnel effectif. • Paris, 16 juin 2009 : *préc. note 40.* ♦ Il revient alors seulement à la cour de vérifier si le juge qui a autorisé les opérations de visites et saisies l'a fait au vu de présomptions suffisantes d'une pratique anticoncurrentielle. • Paris, 15 juin 2010 : *BOCC 25 juin 2010 ; CCC 2010, n° 214, obs. Decocq ; RLC oct.-déc. 2010. 61, obs. Christol* (censurée sur ce point par • Com. 15 nov. 2011 : *BOCC 21 févr. 2012 ; CCC 2012, n° 22, obs. Decocq ; RDLC 2012, n° 1, p. 192, obs. Lemaire et Naudin*). ♦ Par application de l'art. 561 C. pr. civ., le premier président qui annule l'ordonnance du JLD autorisant des opérations de visite et saisie doit se prononcer lui-même sur le bien-fondé de la requête de l'administration. • Crim. 25 févr. 2015 : *préc. note 40.* ♦ Le recours devant le premier président de la cour d'appel ou, à l'occasion d'un recours contre une décision de l'Autorité de la concurrence, l'examen des conditions de la perquisition par la cour d'appel de Paris ont pour effet concret d'ouvrir un recours en appel, qui n'existait pas antérieurement, à l'encontre de l'ordonnance rendue par le JLD en matière de visite et de saisie ; ce recours consiste à examiner, *in concreto*, au regard de l'art. L. 450-4, le bien-fondé de l'ordonnance d'autorisation attaquée et il a pour suite, s'il aboutit à l'infirmation de cette décision, de conduire à l'anéantissement des actes d'enquête réalisés en application de celle-ci, avec toutes les conséquences que cela pourra, en outre, comporter sur les poursuites elles-mêmes ; il s'agit donc d'un recours, certes différé, mais effectif et efficace, en ce qu'il permet à l'appelant de faire valoir ses droits. • Paris, 19 janv. 2010 : *cité note 44 ss. art. L. 464-2.*

Ayant relevé qu'une voie de recours spécifique était prévue par l'art. L. 450-4 pour contester le déroulement des opérations de visite et saisie, la cour d'appel en a justement déduit que l'appréciation de la régularité des saisies opérées sur autorisation judiciaire ne relevait pas des attributions de l'Autorité de la concurrence, ni de celles de la cour d'appel saisie en application de l'art. L. 464-8, seule la valeur probante des pièces recueillies dans le cadre de ces opérations pouvant être discutée devant elle. • Com. 21 oct. 2014 : *cité note 47 ss. art. L. 464-2.*

42. Incertitude du recours. L'action résultant de la mise en œuvre des mesures transitoires de l'art. 5-IV de l'Ord. du 13 nov. 2008 ne peut être exercée que si un recours au fond est formé contre la décision de l'Autorité de la concurrence, ce qui rend nécessairement l'accessibilité de cette voie de recours incertaine, compte tenu de l'exigence préalable à la fois d'une décision au fond et d'un recours contre celle-ci. • CEDH 21 déc. 2010, n° 29408/08 : *D. 2011. 1332, note Matsopoulou ; CCC 2011, n° 40, obs. Decocq ; BRDA 2011, n° 3, p. 10, note Marie ; RLDA mars 2011. 36, obs. Lecourt ; RDLC 2011, n° 1, p. 178, obs. Lemaire et Cousin.* – V. aussi • CEDH 5 mai 2011, n° 29598/08 : *BICC 15 sept. 2011, p. 9 ; D. actu. 20 juin 2011, obs. Demunck ; JCP 2011, n° 595, obs. Pastre-Belda ; RLC juill.-août 2011. 121, note Leroy et Ruy ; Procédures 2011, n° 244, obs. Buisson.* ♦ ... Et prenant acte de cette décision en ordonnant la réouverture des débats afin de permettre aux parties, à l'Autorité de la concurrence, au ministère public et au ministre de l'Économie de conclure sur la portée de cet arrêt dans l'espèce qui lui est soumise : • Paris, 13 janv. 2011 : *BOCC 23 févr. 2011 ; D. actu. 24 janv. 2011, obs. Chevrier ; RDLC 2011, n° 1, p. 198, obs. Lemaire et Cousin.* ♦ ... Puis estimant que l'incertitude du recours, au sens de l'arrêt de la CEDH du 21 déc. 2010, s'entend de la situation dans laquelle seraient mises les entreprises requérantes du fait du régime transitoire résultant de l'Ord. du 13 nov. 2008, si elles n'avaient pas exercé de recours au fond, ce qui ne correspond pas aux circonstances de la présente affaire : • Paris, 27 janv. 2011 : *BOCC 23 févr. 2011 ; D. actu. 2 févr. 2011, obs. Chevrier ; CCC 2011, n° 72, obs. Decocq ; RLDA mars 2011. 36, obs. Lecourt ; RDLC 2011, n° 2, p. 191, obs. Lemaire et Naudin.* – Sur ces arrêts, V. Cheynel, Mexis et Winckler, *RLC juill.-sept. 2011. 48* (le législateur et les visites domiciliaires : bien, mais peut mieux faire). ♦ Le recours en contestation prévu par l'Ord. n° 2008-1161 du 13 nov. 2008 ne répond pas, en l'espèce, aux exigences de l'art. 6, § 1, Conv. EDH, dès lors que les sociétés en cause n'ont pu contester en fait et en droit l'ordonnance autorisant les visite et saisie de documents que quinze ans après l'exécution de celles-ci. • Com. 14 févr. 2012, n° 11-11.750 P : *D. 2012. Actu. 604, obs. Chevrier ; JCP E 2012, n° 1206 ; CCC 2012, n° 102, obs. Bosco ; RJDA 2012, n° 622 ; Dr. pénal 2012, n° 56, obs. J.-H. Robert* (cassation de • Paris, 27 janv. 2011 : *préc.*).

43. Ministère public. L'art. L. 450-4 ne prévoit la présence du ministère public à l'audience que si celui-ci a relevé appel de l'ordonnance du JLD ayant autorisé des visites et saisies. • Crim. 8 sept. 2010, n° 09-84.467 P : *D. actu. 19 oct. 2010, obs. Chevrier ; AJ pénal 2010. 557, note Lasserre Capdeville ; JCP E 2010, n° 1944 ; CCC 2010, n° 282, obs. D. B. ; RJDA 2011, n° 187.*

44. Portée de l'annulation. L'annulation d'une ordonnance autorisant une visite domiciliaire entraîne l'annulation de toutes les poursuites subséquentes procédant de l'exploitation des documents saisis à cette occasion. • Crim. 30 sept. 1991 : *RJDA 1991, n° 1050.* ♦ Selon l'art. L. 450-4, les pièces saisies par l'administration de la concurrence sont conservées jusqu'à ce que la décision soit devenue définitive. Dès lors, en ordonnant la restitution immédiate des documents saisis après avoir annulé la décision du JLD, le premier président a méconnu le sens et la portée de ce texte. • Crim. 27 févr. 2013, n° 11-88.471 P : *D. actu. 25 mars 2013, obs. Bombled ; D. 2013. Actu. 637 ; AJ pénal 2013. 418, obs. Lasserre Capdeville ; JCP E 2013, n° 1230 ; RJDA 2013, n° 551 ; Dr. pénal 2013, n° 78, obs. J.-H. Robert ; Procédures 2014. Chron. 1, spéc. n° 17, par Ruy* • 22 janv. 2014 : *préc. note 9.* ♦ Il résulte de l'al. 6 de l'art. L. 450-4 que, l'ordonnance du premier président statuant sur l'appel de l'ordonnance du JLD ayant autorisé des opérations de visite et saisie étant susceptible de pourvoi en cassation, les pièces saisies sont conservées jusqu'à ce que la décision soit devenue définitive. • Crim. 19 déc. 2012 : *Dr. pénal 2013, n° 77, obs. J.-H. Robert.*

45. Pièces irrégulièrement saisies. Les pièces irrégulièrement saisies ne sauraient être retenues comme moyens de preuve des concertations relevées. • Cons. conc. 8 janv. 1991 : *Gaz. Pal. 1991. 1. 324, note Marchi.* ♦ Le droit, pour les agents de la Commission européenne, de prendre copie des livres ou documents professionnels suppose, en cas de refus des dirigeants de l'entreprise, que ces livres et documents soient préalablement saisis par les fonctionnaires nationaux présents pour assister les agents de la Commission. • Crim. 22 oct. 2003 : *préc. note 11 (1re esp.).* ♦ Les pouvoirs d'investigation conférés par la loi aux agents de la DGCCRF leur permettent d'effectuer les visites valablement, sans que l'usage ultérieur des documents saisis soit déterminant de la validité des opérations de perquisition. • Paris, 19 janv. 2010 : *préc. note 41.* ♦ V. aussi notes 10, 12 et 31.

46. Restitution des seules pièces irrégulièrement saisies. Si l'Administration ne peut appréhender que des documents se rapportant aux agissements retenus par l'ordonnance autorisant les opérations de visite et de saisie, il ne lui est pas interdit de saisir des pièces pour partie utiles à la preuve de ces agissements ; le juge, au vu des éléments de preuve qui lui sont soumis, appréciant souverainement que les écrits, supports et données saisis n'étaient ni divisibles ni étrangers au but de l'autorisation accordée. • Crim. 14 déc. 2011, n° 10-85.293 P : *D. actu. 9 janv. 2012, obs. Bombled ; D. 2012. Actu. 86 ; JCP E 2012, n° 1169 ; RLDA janv. 2012. 42, obs. Mathonnière.* ♦ Le juge saisi d'un recours concernant le déroulement des opérations de visite et de saisie qu'il a autorisées doit en vérifier la régularité et ordonner la restitution des seuls documents dont il est établi qu'ils ont été appréhendés irrégulièrement ou en violation des droits de la défense. • Crim. 20 mai 2009, n° 07-86.437 P : *D. actu. 19 juin 2009, obs. Chevrier ; RDLC 2009, n° 3, p. 126, obs. Momège ; Procédures 2010. Chron. 1, spéc. n° 6, par Leroy et Ruy* • 11 janv. 2012, n° 10-88.197 P : *D. actu. 3 févr. 2012, obs. Bombled ; D. 2012. Actu. 214 ; JCP E 2012, n° 1170 ; CCC 2012, n° 71, obs. Bosco ; CCE 2012, n° 31, obs. Chagny ; RLDA févr. 2012. 39, note Roskis et Dorémus.* ♦ Il appartient au juge de vérifier concrètement, en se référant au procès-verbal et à l'inventaire des opérations, la régularité de ces dernières et d'ordonner, le cas échéant, la restitution des documents qu'il estimait appréhendés irrégulièrement ou en violation des droits de la défense ; le juge ne pouvant ordonner une mesure d'instruction sans rapport concret avec le litige comme tendant à apprécier la possibilité pour les enquêteurs de procéder autrement qu'ils ne l'avaient fait (utilisation d'un logiciel permettant aux services d'instruction de l'Autorité de la concurrence d'identifier à partir de mots clés les éléments contenus dans un ordinateur susceptibles de se rattacher aux pratiques suspectées). • Crim. 16 juin 2011 : *préc. note 34.* ♦ V. aussi notes 29 à 31.

47. Pourvoi en cassation. Il résulte de l'art. L. 450-4 que le pourvoi en cassation contre la décision statuant en appel sur l'autorisation de visite doit être formé selon les règles prévues par le code de procédure pénale. • Com. 9 déc. 2014 : *BOCC 8 avr. 2015 ; RLDA févr. 2015. 68, note Bouloc.*

Art. L. 450-5 *(Ord. n° 2008-1161 du 13 nov. 2008, art. 1er)* Le rapporteur général de l'Autorité de la concurrence est informé avant leur déclenchement des investigations que le ministre chargé de l'économie souhaite voir diligenter sur des faits susceptibles de relever des articles L. 420-1 *(L. n° 2016-1920 du 29 déc. 2016, art. 3-I-5°, en vigueur le 1er mars 2017)* « à *L. 420-2-2* » *(L. n° 2012-1270 du 20 nov. 2012, art. 6)* « et L. 420-5 ou d'être contraires aux mesures prises en application de l'article L. 410-3 » et peut, dans un délai fixé par décret, en prendre la direction.

Le rapporteur général est informé sans délai du résultat des investigations menées par les services du ministre. Il peut, dans un délai fixé par décret, proposer à l'Autorité de se saisir d'office. — *[Ord. n° 86-1243 du 1er déc. 1986, art. 49.] — V. art. D. 450-3.*

La validité des actes de poursuite, d'instruction et de sanction accomplis antérieurement à la première réunion de l'Autorité de la concurrence est appréciée au regard des textes en vigueur à la date à laquelle ils ont été pris ou accomplis (Ord. n° 2008-1161 du 13 nov. 2008, art. 5-II).

L'art. 3-I de la L. n° 2016-1920 du 29 déc. 2016 est applicable aux contrats en cours (L. préc., art. 3-II).

Art. L. 450-6 *(Ord. n° 2008-1161 du 13 nov. 2008, art. 1er)* Le rapporteur général désigne, pour l'examen de chaque affaire, un ou plusieurs agents des services d'instruction aux fonctions de rapporteur. A sa demande écrite, l'autorité dont dépendent les agents mentionnés au II de l'article L. 450-1 met sans délai à sa disposition, en nombre et pour la durée qu'il a indiqués, les agents nécessaires à la réalisation des opérations mentionnées à l'article L. 450-4. — *V. art. R. 463-4 et R. 463-5.*

La validité des actes de poursuite, d'instruction et de sanction accomplis antérieurement à la première réunion de l'Autorité de la concurrence est appréciée au regard des textes en vigueur à la date à laquelle ils ont été pris ou accomplis (Ord. n° 2008-1161 du 13 nov. 2008, art. 5-II).

1. Pouvoirs du ministre de l'Économie. Il résulte des dispositions des art. 11, 15 et 50 [C. com., art. L. 462-5, L. 464-8 et L. 450-6] que, dès lors que le Conseil de la concurrence est saisi pour sanctionner des parties auxquelles il est reproché des pratiques illicites faisant obstacle au jeu de la libre concurrence, le ministre de l'Économie ne peut utiliser dans la même procédure, à l'encontre de ces parties, les pouvoirs qu'il tient des art. 45 s. [C. com., art. L. 450-1 s.]. • Com. 10 déc. 1996, n° 94-16.192 P : *D. Affaires 1997. 109.*

2. Autosaisine. La désignation formelle d'un rapporteur pour instruire une affaire, conformément à l'art. 50 de l'Ord. du 1er déc. 1986 [C. com., art. L. 450-6] n'est prévue que pour l'instruction des affaires au fond postérieure à la saisine du Conseil et non pour les procédures au cours desquelles le Conseil décide de se saisir d'office. Il est dès lors loisible au Conseil de désigner oralement et sans formalités des rapporteurs chargés spécialement de faire un rapport oral sur la saisine d'office devant la formation chargée de se prononcer sur cette saisine. • Cons. conc. n° 06-D-07 du 21 mars 2006.

3. Désignation du rapporteur. L'art. L. 450-6 n'impose aucun délai pour la désignation du rapporteur et aucune disposition n'impose que la nomination du rapporteur ait été effectuée préalablement à la demande d'avis des autorités administratives compétentes. • Cons. conc. n° 05-D-13 du 18 mars 2005 : *BOCC 28 oct. 2005 ; D. 2005. AJ 1023, obs. Chevrier.* – Sur la demande d'avis, V. art. R. 463-9.

4. Nom du rapporteur. La demande du président du Conseil qui se borne à inviter l'Administration à communiquer au rapporteur des informations qu'elle détient, mais ne comporte aucune demande d'enquête n'a pas à faire mention du nom du rapporteur. • Com. 16 mai 2000 : *BOCC 25 juill. 2000 ; CCC 2000, n° 144, obs. Malaurie-Vignal.*

5. Rôle du rapporteur. Il résulte des art. L. 450-1 et L. 450-6 que le rapporteur est maître de la conduite des investigations et qu'il apprécie librement l'opportunité des mesures à mettre en œuvre ; il ne peut donc être reproché au Conseil de ne pas avoir fait effectuer des visites domiciliaires. • Paris, 23 janv. 2007 : *BOCC 15 sept. 2008 ; D. 2007. AJ 576, obs. Chevrier ; CCC 2007, n° 73, obs. Malaurie-Vignal ; RJDA 2007, n° 557 ; RLC avr.-juin 2007. 79, obs. Cheynel ; RDLC 2007, n° 2, p. 103, obs. Debroux.*

Art. L. 450-7 Les *(Ord. n° 2008-1161 du 13 nov. 2008, art. 1er)* « agents mentionnés à l'article L. 450-1 » peuvent, sans se voir opposer le secret professionnel, accéder à tout document ou élément d'information détenu par les services et établissements de l'État *(Ord. n° 2021-649 du 26 mai 2021, art. 2-VII)* « , les autorités administratives indépendantes et autorités publiques indépendantes mentionnées à l'annexe de la loi n° 2017-55 du 20 janvier 2017 portant statut général des autorités administratives indépendantes et des autorités publiques indépendantes, » et des autres collectivités publiques. — *[Ord. n° 86-1243 du 1er déc. 1986, art. 51.]*

1. Absence de forme particulière. L'art. 51 [C. com., art. L. 450-7] qui autorise les enquêteurs [désormais les agents] à accéder à tout document détenu par les services de l'État ou les collectivités publiques, sans se voir opposer le secret professionnel, ne subordonne pas l'exercice de ce droit à une forme particulière, pas plus qu'il n'interdit aux services de communiquer spontanément ces documents. • Com. 26 janv. 1999 : *JCP E 1999, n° 48, p. 1913, obs. Arhel ; CCC 1999, n° 58, obs. Malaurie-Vignal ; LPA 18 nov. 1999, obs. Petitier.*

2. Secret médical. Opèrent dans les limites des pouvoirs qui leur sont attribués par les art. L. 141-1 C. consom. et L. 450-3 C. com., les enquêteurs [désormais les agents] qui se sont bornés à demander communication de plusieurs dossiers d'une clinique au prévenu, lequel leur a transmis neuf devis où les mentions relatives à l'identité des patients étaient cancellées, de telle sorte qu'ils n'ont pas porter atteinte au secret médical. • Crim. 15 oct. 2002 : *CCC 2003, n° 99, obs. Raymond ; Dr. pénal 2003, n° 22, obs. J.-H. Robert ; ibid., Chron. 13, obs. Marsat et Maron.*

3. Absence de procès-verbal. Des documents administratifs peuvent être considérés comme figurant de façon licite dans un dossier d'enquête sans que leur réception fasse l'objet d'un procès-verbal, lorsqu'ils sont fournis par les services et établissements de l'État et des autres collectivités publiques. • Cons. conc. n° 07-D-29 du 26 sept. 2007 : *cité note 1 ss. art. L. 450-1.*

Art. L. 450-8 *(Ord. n° 2021-649 du 26 mai 2021, art. 2-VIII)* I. — Sous réserve des dispositions du II, est puni d'un emprisonnement de deux ans et d'une amende de 300 000 € le fait pour quiconque de s'opposer, de quelque façon que ce soit, à l'exercice des fonctions dont les agents mentionnés au II de l'article L. 450-1 sont chargés en application du présent livre.

II. — Lorsque l'opposition porte sur des actes des agents mentionnés au II de l'article L. 450-1 accomplis au titre de leur mise à disposition du rapporteur général de l'Autorité de la concurrence en application de l'article L. 450-6, et qu'elle est le fait d'une personne morale, les dispositions du I ne sont pas applicables et elle n'est passible que de la sanction pécuniaire prévue au deuxième alinéa du V de l'article L. 464-2. — *[Ord. n° 86-1243 du 1er déc. 1986, art. 52.]*

Ancien art. L. 450-8 *Est puni d'un emprisonnement de (L. n° 2014-344 du 17 mars 2014, art. 112-III) « deux ans [ancienne rédaction : six mois] » et d'une amende de (L. n° 2014-344 du 17 mars 2014, art. 112-III) « 300 000 € [ancienne rédaction : 7 500 €] » le fait pour quiconque de s'opposer, de quelque façon que ce soit, à l'exercice des fonctions (Ord. n° 2008-1161 du 13 nov. 2008, art. 1er) « dont les agents mentionnés à l'article L. 450-1 sont chargés » en application du présent livre. – [Ord. n° 86-1243 du 1er déc. 1986, art. 52.]*

BIBL. ▸ Bouloc, *RLC avr.-juin 2013. 77* (les infractions d'opposition aux fonctions au regard des droits fondamentaux).

1. Obstacles aux fonctions des enquêteurs. Dès lors que les enquêteurs [désormais les agents] habilités par le ministre chargé de l'économie exercent leurs fonctions en exécution d'une ordonnance du président du TGI, ils sont réputés agir dans les conditions prévues par la loi et les obstacles mis à leurs fonctions constituent le délit prévu par l'art. 52 [C. com., art. L. 450-8]. • Crim. 25 févr. 1992, n° 91-82.731 P. ♦ Pour une illustration de l'opposition à fonction, V. • TGI Toulouse, 9 mars 1998 : *BID 12/1998. 32.*

2. Auto-incrimination. **BIBL.** Roets, *AJ pénal 2008. 119* (le droit de ne pas contribuer à sa propre incrimination dans la jurisprudence de la CEDH). ♦ Le secret professionnel comme la protection des libertés individuelles des clients ne peuvent être opposés aux enquêteurs, qui sont soumis à un devoir de discrétion et qui tiennent de la loi le pouvoir d'exiger la communication de documents de toute nature propres à l'accomplissement de leur mission. • Crim. 24 févr. 2009, nº 08-84.410 P : *D. 2009. AJ 1017, obs. Léna ; RTD com. 2009. 636, obs. Bouloc ; AJ pénal 2009. 226, obs. Lasserre Capdeville ; RSC 2009. 923, obs. Renucci ; JCP E 2009, nº 16-17, p. 38 ; CCC 2009, nº 151, obs. Raymond ; RJDA 2009, nº 785 ; Dr. pénal 2009, nº 83, obs. J.-H. Robert ; RLC janv.-févr. 2011. 54, obs. Bouloc.* ♦ Les juges relèvent que le refus de communiquer les documents contractuels dans leur intégralité, qui a empêché les enquêteurs de vérifier l'application de la réglementation en matière de démarchage à domicile, caractérise le délit prévu et réprimé par l'art. L. 450-8 C. com., lequel consiste en une obstruction, de quelque nature que ce soit, apportée aux demandes d'un fonctionnaire de contrôle tendant à l'empêcher de procéder aux enquêtes dont il est chargé. • Même arrêt. ♦ La cour d'appel a justifié sa décision, sans porter atteinte au droit au silence garanti par les dispositions de la Conv. EDH. • Même arrêt.

3. Droit transitoire. V. note 1 ss. art. 61, reproduit ss. art. L. 470-8.

Art. L. 465-1 *(L. nº 2014-344 du 17 mars 2014, art. 121)* I. — Les agents habilités, dans les conditions prévues au II de l'article L. 450-1, à rechercher et à constater les infractions ou manquements aux obligations prévues au titre IV du présent livre peuvent, après une procédure contradictoire, enjoindre à tout professionnel, en lui impartissant un délai raisonnable, de se conformer à ses obligations, de cesser tout agissement illicite ou de supprimer toute clause illicite. — *V. art. R. 465-1.*

II. — Lorsque le professionnel concerné n'a pas déféré dans le délai imparti à une injonction qui lui a été notifiée à raison d'une infraction ou d'un manquement passible d'une amende administrative, l'autorité administrative chargée de la concurrence et de la consommation peut prononcer à son encontre, dans les conditions et selon les modalités prévues à l'article L. 465-2, une amende administrative dont le montant ne peut excéder 3 000 € pour une personne physique et 15 000 € pour une personne morale.

Code de la consommation

Art. L. 131-1 Tout manquement aux obligations d'information précontractuelle mentionnées aux *(Ord. nº 2021-1734 du 22 déc. 2021, art. 4-1º, en vigueur le 28 mai 2022)* « 1º à 4º et 6º de l'article L. 111-1 et aux articles L. 111-2 et L. 111-3 » est passible d'une amende administrative dont le montant ne peut excéder 3 000 euros pour une personne physique et 15 000 euros pour une personne morale.

Cette amende est prononcée dans les conditions prévues au chapitre II du titre II du livre V. — *[Anc. art. L. 111-6, sanction information précontractuelle.]*

Les dispositions de l'art. L. 131-1 résultent de leur rédaction issue de l'art. 6 de la L. nº 2014-344 du 17 mars 2014, et s'appliquent aux contrats conclus après le 13 juin 2014 (L. préc., art. 34).

Art. L. 131-1-1 *(Ord. nº 2021-1734 du 22 déc. 2021, art. 4-2º, en vigueur le 28 mai 2022)* Tout manquement aux obligations d'information précontractuelle mentionnées au 5º de l'article L. 111-1 est passible d'une amende administrative dont le montant ne peut excéder 15 000 euros pour une personne physique et 75 000 euros pour une personne morale.

Cette amende est prononcée dans les conditions prévues au chapitre II du titre II du livre V.

Art. L. 131-2 Tout manquement à l'obligation d'informer sur la durée de disponibilité des pièces détachées mentionnée à l'article L. 111-4 est passible d'une amende administrative dont le montant ne peut excéder 3 000 euros pour une personne physique et 15 000 euros pour une personne morale.

Cette amende est prononcée dans les conditions prévues au chapitre II du titre II du livre V. — *[Anc. art. L. 111-6, sanction information pièces détachées.]*

Art. L. 131-3 *(Ord. nº 2021-1247 du 29 sept. 2021, art. 5-I)* Tout manquement à l'obligation d'information mentionnée à l'article L. 111-6 est passible d'une amende administrative dont le montant ne peut excéder 3 000 euros pour une personne physique et 15 000 euros pour une personne morale.

Cette amende est prononcée dans les conditions prévues au chapitre II du titre II du livre V.

Les dispositions de l'Ord. nº 2021-1247 du 29 sept. 2021 s'appliquent aux contrats conclus à compter du 1er janv. 2022 (Ord. préc., art. 21).

Art. L. 131-4 Tout manquement aux obligations d'information mentionnées *(L. nº 2022-309 du 3 mars 2022, art. 1er-2º, en vigueur le 1er oct. 2023)* « aux articles L. 111-7, L. 111-7-2 et L. 111-7-3 *[ancienne rédaction : « à l'article L. 111-7 (Abrogé par L. nº 2016-1321 du 7 oct. 2016, art. 49-I) « en matière d'activité de mise en relation par voie électronique » (L. nº 2016-1321 du 7 oct. 2016, art. 52) « et à l'article L. 111-7-2 »]* » *(L. nº 2019-1063 du 18 oct. 2019, art. 7)* « du présent code ainsi qu'au II de l'article 15 de la loi nº 47-585 du 2 avril 1947 relative au statut des entreprises de groupage et de distribution des journaux et publications périodiques » est passible d'une amende administrative dont le montant ne peut excéder 75 000 euros pour une personne physique et 375 000 euros pour une personne morale.

Cette amende est prononcée dans les conditions prévues au chapitre II du titre II du livre V. — *[Anc. art. L. 111-6, sanction information plateformes.]*

Les modifications issues de la L. nº 2016-1321 du 7 oct. 2016 sont applicables dans les îles Wallis-et-Futuna (L. préc., art. 110-III).

Art. L. 444-7 Un décret en Conseil d'État, pris après avis de l'Autorité de la concurrence, précise les modalités d'application du présent titre, notamment :

(L. nº 2019-222 du 23 mars 2019, art. 20-2º-a) **« 1º Les modalités selon lesquelles les coûts pertinents et la rémunération raisonnable, mentionnés au premier alinéa de l'article L. 444-2, sont évalués globalement pour l'ensemble des prestations tarifées en application de l'article L. 444-1 ; »**

2º Les caractéristiques de la péréquation prévue au deuxième alinéa de l'article L. 444-2 ; *— V. C. com., art. L. 444-2 reproduit supra. — Sur les caractéristiques de la péréquation, V. C. com., art. R. 444-10 et A. 444-52, App., vº Frais et dépens, V, Tarifs des frais et dépens.*

(Abrogé par L. nº 2020-1672 du 24 déc. 2020, art. 29-III-2º) ***« 3º La composition du conseil d'administration, l'organisation et le fonctionnement du fonds interprofessionnel de l'accès au droit et à la justice mentionné au*** *(L. nº 2019-222 du 23 mars 2019, art. 20-2º-b)* ***« quatrième » alinéa du même article L. 444-2 ; »*** *— V. C. com., art. L. 444-2 reproduit supra. — Sur le fonds interprofessionnel de l'accès au droit et à la justice, V. C. com., art. R. 444-36 s., App., vº Frais et dépens, V, Tarifs des frais et dépens.*

4º La liste des informations statistiques mentionnées au 2º de l'article L. 444-5 et les modalités de leur transmission régulière ; *— V. C. com., art. L. 444-2 reproduit supra. — Sur la liste, V. C. com., art. R. 444-17 s., App., vº Frais et dépens, V, Tarifs des frais et dépens.*

(L. nº 2019-222 du 23 mars 2019, art. 20-2º-c) **« 5º Les conditions dans lesquelles, en application du dernier alinéa de l'article L. 444-2, le professionnel et son client peuvent convenir du taux des remises. »**

TITRE IV *BIS* De certains tarifs réglementés

(Décr. nº 2016-230 du 26 févr. 2016, art. 2, en vigueur le 1er mars 2016)

Sur l'entrée en vigueur, V. Décr. nº 2016-230 du 26 févr. 2016, art. 13, ss. C. com., art. R. 444-1 reproduit ci-dessous.

Le Décr. nº 2016-230 du 26 févr. 2016 est applicable à Wallis-et-Futuna (Décr. préc., art. 14). — V. aussi C. com., art. R. 950-1.

SECTION I *Fixation des tarifs*

Art. R. 444-1 La présente section est applicable aux tarifs mentionnés au premier alinéa de l'article L. 444-1. *— V. C. com., art. L. 444-1, App., vº Frais et dépens, V, Tarif des frais et dépens.*

V. note au-dessus du présent art.

• Entrée en vigueur

Décret nº 2016-230 du 26 février 2016,

Relatif aux tarifs de certains professionnels du droit et au fonds interprofessionnel de l'accès au droit et à la justice (JO 28 févr.).

Art. 13 I. — Les dispositions du II de l'article R. 444-20 du code de commerce sont applicables à compter du 1er janvier 2017.

II. — Sans préjudice du I, les dispositions suivantes entrent en vigueur, en ce qui concerne respectivement chacune des professions concernées, à la date d'entrée en vigueur du premier arrêté portant fixation de ses tarifs en application de l'article L. 444-3 du code de commerce :

1° S'agissant des commissaires-priseurs judiciaires : les articles 2 et 12, ainsi que le *(Décr. n° 2018-230 du 23 mars 2018, art. 10)* « 5° » de l'article 10 ;

2° S'agissant des greffiers de tribunaux de commerce : les articles 2, 5, 6 et 12, ainsi que les *(Décr. n° 2018-230 du 23 mars 2018, art. 10)* « 4° » et 8° de l'article 10 ;

3° S'agissant des huissiers de justice : les articles 2, 7, 8, 9 et 12, ainsi que les 1°, 2° et 6° de l'article 10 ;

4° S'agissant des notaires, les articles 2, 8, 9 et 12, ainsi que le 3° de l'article 10.

Toutefois, les dispositions mentionnées aux articles 5 et 6 ainsi qu'à l'article 10, à l'exception de son 7°, restent applicables dans leur rédaction antérieure au présent décret :

— aux prestations effectuées avant le 1er mai 2016 ;

— aux prestations dont la réalisation a donné lieu au versement par le client d'un acompte ou d'une provision, ou à l'engagement par l'un des professionnels intervenant de frais ou débours avant la date d'entrée en vigueur du premier arrêté portant fixation des tarifs de la profession concernée en application de l'article L. 444-3 du code de commerce.

III. — S'agissant des administrateurs judiciaires, commissaires à l'exécution du plan, mandataires judiciaires et liquidateurs, les articles 2 et 4 ainsi que le 7° de l'article 10 entrent en vigueur à la date d'entrée en vigueur du premier arrêté portant fixation des tarifs de la profession concernée en application de l'article L. 444-3 du code de commerce, et au plus tard le 31 mai 2016.

Toutefois, les dispositions mentionnées à l'article 4 et au 7° de l'article 10 restent applicables dans leur rédaction antérieure au présent décret aux procédures ouvertes avant la date d'entrée en vigueur de cet arrêté.

Les dispositions du Décr. n° 2018-200 du 23 mars 2018 sont applicables à Wallis-et-Futuna (Décr. préc., art. 12).

SOUS-SECTION 1 *Dispositions générales*

Art. R. 444-2 Pour l'application du présent titre, sont retenues les définitions suivantes :

1° "Tarif" : ensemble des éléments permettant la détermination du montant des émoluments et des remboursements forfaitaires dus aux professionnels mentionnés au premier alinéa de l'article L. 444-1 au titre de leurs prestations soumises à une régulation ; *– V. C. com., art. L. 444-1, App., v° Huissiers de justice, III, Tarifs.*

2° "Émolument" : somme perçue par l'un de ces professionnels en contrepartie des prestations dont les tarifs sont régis par le titre IV *bis* de la partie législative du présent code ;

3° "Émolument fixe" : émolument exprimé en euros, éventuellement intégré dans un barème, progressif ou dégressif, établi par tranches d'assiettes ;

4° "Émolument proportionnel" : émolument résultant soit de l'application d'un taux à une valeur d'assiette, soit de l'application d'un barème de taux, progressifs ou dégressifs, à différentes tranches d'assiettes ;

5° "Honoraire" : somme perçue par l'un de ces professionnels en contrepartie d'une prestation dont le montant n'est pas régi par le titre mentionné au 2° ;

6° "Frais" : dépense engagée par le professionnel pour la réalisation d'une prestation ;

7° "Débours" : somme avancée pour le compte du client ou du débiteur par le professionnel pour la réalisation d'une prestation ;

8° "Période de référence" : période de vingt-quatre mois séparant deux révisions du tarif applicable à une profession ;

9° "Prestation" : travaux ou diligences afférents à un acte, une formalité, ou un service, réalisés par un professionnel, au bénéfice d'un client ou dans le cadre d'une procédure judiciaire, incluant les conseils dispensés en lien avec cet acte, formalité ou service ;

10° "Formalité" : opération de toute nature préalable ou postérieure à un acte, liée à son *accomplissement et rendue nécessaire* par la loi ou les règlements ;

11° "Professionnel" : personne physique titulaire d'un office *(Décr. n° 2017-862 du 9 mai 2017, art. 2-I-1°)* « , d'une étude ou d'un cabinet » ou ayant qualité d'associée d'une personne morale titulaire d'un office ou d'une étude et exerçant une des professions mentionnées *(Décr. n° 2017-862 du 9 mai 2017, art. 2-I-1°)* « au premier alinéa » de l'article L. 444-1 au sein de cet office ou étude *[étude ou cabinet]* ; *– V. C. com., art. L. 444-1, App., v° Frais et dépens, V, Tarif des frais et dépens.*

12° "Office" *(Décr. n° 2017-862 du 9 mai 2017, art. 2-I-2°)* « , "étude" ou "cabinet" » : entreprise individuelle immatriculée au nom d'un professionnel ou personne morale au sein de laquelle exercent un ou plusieurs professionnels ;

13° "Résultat" : différence entre les produits et les charges de l'exercice fiscal, correspondant respectivement, selon le régime de déclaration de l'office ou l'étude, au :

a) Bénéfice ou déficit du compte de résultat en cas de déclaration de bénéfices non commerciaux selon le régime de la déclaration contrôlée et selon qu'il s'agit d'une personne physique ou d'une personne morale*[;]*

b) Résultat d'exploitation et résultat financier du compte de résultat simplifié en cas de déclaration d'impôt sur les sociétés selon le régime simplifié ;

c) Résultat courant avant impôts en cas de déclaration d'impôt sur les sociétés selon le régime normal ;

14° "*(Décr. n° 2020-179 du 28 févr. 2020, art. 2-I)* « Résultat *[ancienne rédaction : bénéfice]* » de la profession" : somme des résultats des professionnels d'une profession, au titre d'un exercice fiscal ;

(Décr. n° 2020-179 du 28 févr. 2020, art. 2-II) « 15° "Chiffre d'affaires de la profession" : somme cumulée des émoluments et des honoraires perçus par les professionnels d'une profession, au titre d'un exercice fiscal ;

« 16° "Taux de résultat de la profession" : rapport entre le résultat et le chiffre d'affaires de la profession respectivement mentionnés aux 14° et 15° ;

« 17° "Activité régulée" : part de l'activité des professionnels d'une profession rémunérée par des émoluments ;

« 18° "Chiffre d'affaires régulé de la profession" : somme cumulée des émoluments perçus par les professionnels d'une profession au titre d'un exercice fiscal ;

« 19° "Résultat régulé de la profession" : différence entre le chiffre d'affaires régulé de la profession mentionné au 18° et les coûts pertinents évalués dans les conditions prévues à l'article R. 444-6 ;

« 20° "Taux de résultat régulé de la profession" : rapport entre le résultat régulé et le chiffre d'affaires régulé de la profession respectivement mentionnés aux 19° et 18°. »

V. note au-dessus du présent art.

Les dispositions du Décr. n° 2017-862 du 9 mai 2017 entrent en vigueur à la date d'entrée en vigueur du premier arrêté portant fixation des tarifs réglementés de postulation en matière de saisie immobilière, de partage, de licitation et de sûretés judiciaires en application de l'art. L. 444-3 C. com.

Toutefois, les dispositions régissant le tarif de postulation devant les tribunaux de grande instance mentionnées aux 1°, 2°, 3° et 4° de l'art. 6 restent applicables :

1° Aux instances en cours avant le 8 août 2015 ;

2° Et, pour les prestations mentionnées à l'art. R. 444-71 C. com., également aux instances en cours avant l'entrée en vigueur du présent décret.

En outre, les dispositions régissant le tarif de postulation devant les cours d'appel mentionnées au 5° de l'art. 6 restent applicables aux instances en cours avant l'entrée en vigueur de la L. n° 2011-94 du 25 janv. 2011 (Décr. préc., art. 7).

Les dispositions du Décr. n° 2017-862 du 9 mai 2017 ne sont pas applicables dans les départements de la Moselle, du Bas-Rhin et du Haut-Rhin. Les art. 5 à 7 et 10 de ce même décret sont applicables dans les îles Wallis-et-Futuna (Décr. préc., art. 8 et 9).

L'art. 2 du Décr. n° 2020-179 du 28 févr. 2020 entre en vigueur le 1er janv. 2021 (Décr. préc., art. 16 ; Arr. du 28 avr. 2020).

Art. R. 444-3 Les articles annexe 4-7, annexe 4-8 et annexe 4-9 au présent titre précisent respectivement : *— V. Décr. n° 2016-230 du 26 févr. 2016, art. Annexe 4-7, 4-8, 4-9, App., v° Frais et dépens.*

1° La liste des prestations des commissaires-priseurs judiciaires, greffiers de tribunaux de commerce, huissiers de justice, administrateurs judiciaires, commissaires à l'exécution du plan, mandataires judiciaires, liquidateurs, *(Décr. n° 2017-862 du 9 mai 2017, art. 2-II)* « notaires et avocats » dont le tarif est régi par le présent titre ; *— V. Décr. n° 2016-230 du 26 févr. 2016, art. Annexe 4-7, App., v° Frais et dépens.*

2° La liste des frais et débours dont ces professionnels ont droit au remboursement en application du III de l'article R. 444-12 *[R. 444-13]* ; *— V. C. com., art. R. 444-13, reproduit ci-après. — V. Décr. n° 2016-230 du 26 févr. 2016, art. Annexe 4-8, App., v° Frais et dépens.*

3° Une liste indicative de prestations réalisées dans les conditions prévues au troisième alinéa de l'article L. 444-1, et, le cas échéant, les règles encadrant la perception par les professionnels concernés des honoraires correspondant à ces prestations. – *V. C. com., art. L. 444-1, App., v° Huissiers de justice, III, Tarif. – V. Décr. n° 2016-230 du 26 févr. 2016, art. Annexe 4-9, App., v° Frais et dépens.*

V. note au-dessus de l'art. R. 444-1 C. com., App., v° Frais et dépens, V, Tarif des frais et dépens.

Sur le Décr. n° 2017-862 du 9 mai 2017, V. note ss. C. com., art. R. 444-2, App., v° Frais et dépens, V, Tarif des frais et dépens.

1. Privilège de la sécurité sociale. La ligne 89 du tableau 2 annexé à l'art. R. 444-3 prévoit que la prestation « Inscription, y compris radiation totale d'une inscription non périmée » d'un privilège de la sécurité sociale et des régimes complémentaires, réalisée par les greffiers des tribunaux de commerce, est soumise à un tarif réglementé. Contrairement à ce qui est soutenu, ces dispositions n'ont ni pour objet ni pour effet de prévoir qu'un tarif unique rémunère ensemble l'inscription et la radiation totale d'une inscription non périmée, mais elles signifient seulement que ces deux prestations sont, séparément, soumises à un même tarif. • CE 24 mai 2017, n° 398801 : *cité ss. C. com., art. R. 444-21, App., v° Frais et dépens.* ♦ Si la ligne 91 du même tableau concerne la prestation « Renouvellement d'une inscription, subrogation » d'un tel privilège, cette mention, qui ne saurait avoir ni pour objet ni pour effet de permettre qu'il soit dérogé aux dispositions du 4ᵉ al. de l'art. L. 243-5 CSS qui prévoient que l'inscription de ce privilège pour les créances dues par un commerçant, une personne immatriculée au répertoire des métiers, une personne physique exerçant une activité professionnelle indépendante, y compris une profession libérale, ou une personne morale de droit privé, ne peut être renouvelée, est sans incidence sur la légalité du Décr. n° 2016-230 du 26 févr. 2016. • Même arrêt.

2. Remboursement. Si les requérants contestent le caractère limitatif de la liste figurant à l'annexe 4-8, ils n'apportent aucune précision sur les éventuels frais ou débours qui en seraient exclus en méconnaissance de l'art. 1999 C. civ., aux termes duquel : « Le mandant doit rembourser au mandataire les avances et frais que celui-ci a faits pour l'exécution du mandat, et lui payer ses salaires lorsqu'il en a été promis. [...] ». • CE 24 mai 2017, n° 398801 : *cité ss. art. R. 444-21.*

3. Concurrence. Il résulte des dispositions du 3ᵉ al. de l'art. L. 444-1 que, « sauf disposition contraire », les prestations que les professionnels mentionnés au 1ᵉʳ al. du même art. accomplissent en concurrence avec celles, non soumises à un tarif, d'autres professionnels, ne sont pas soumises à un tarif réglementé. L'annexe 4-7, qui constitue dans cette mesure, en tout état de cause, des « dispositions contraires » prévues par la loi et dérogeant au principe de la liberté tarifaire, prévoit, respectivement aux lignes 109 du tableau 3-1 et 176 du tableau 3-3, que sont soumis à un tarif réglementé les « congés et les demandes de renouvellement de bail commercial, prévus aux art. L. 145-9 et L. 145-10 C. com. » et la « rédaction du cahier des charges en matière de saisie des droits d'associé et des valeurs mobilières non admises à la cote officielle ou à celle du second marché, prévue à l'art. R. 233-6 C. pr. exéc. ». Les requérants ne sont, par suite, pas fondés à soutenir que les art. A. 444-24 et A. 444-43 C. com. méconnaîtraient le champ du monopole des huissiers de justice et les dispositions de l'art. L. 444-1 en tant qu'ils fixent un tarif pour ces prestations dont ils soutiennent qu'elles sont accomplies en concurrence avec celles d'autres professionnels. • CE 24 mai 2017, n° 398801 : *cité ss. art. R. 444-21.*

Décret n° 2016-230 du 26 février 2016,

Relatif aux tarifs de certains professionnels du droit et au fonds interprofessionnel de l'accès au droit et à la justice (JO 28 févr.).

ANNEXE

Art. annexe 4-7 La liste des prestations dont les tarifs sont régis par le titre IV *bis* (partie réglementaire) du code de commerce est la suivante :

TABLEAU 6 ANNEXÉ À L'ARTICLE R. 444-3

(Décr. n° 2017-862 du 9 mai 2017, art. 3)

Sur le Décr. n° 2017-862 du 9 mai 2017, V. note ss. C. com., art. R. 444-2, App., v° Frais et dépens, V, Tarif des frais et dépens.

NUMÉRO	CATÉGORIE	SOUS-CATÉGORIE	NATURE DE LA PRESTATION
1		Actes	Actes de procédure réalisés dans le cadre d'une saisie immobilière – *V. C. com., art. A. 444-191, App., v° Frais et dépens.*
2			Actes de procédure réalisés dans le cadre d'une licitation d'immeubles par adjudication judiciaire – *V. C. com., art. A. 444-191, App., v° Frais et dépens.*
3			Actes de procédure réalisés dans le cadre d'une licitation de meubles par adjudication judiciaire – *V. C. com., art. A. 444-191, App., v° Frais et dépens.*
4			Actes de procédure réalisés dans le cadre de la distribution du prix d'un immeuble ou d'un meuble vendu par adjudication judiciaire – *V. C. com., art. A. 444-192, App., v° Frais et dépens.*
5			Réquisitions et demandes de renseignements sur la personne du débiteur saisi
6			Réquisitions et demandes de renseignements sur l'immeuble saisi
7			Rédaction du bordereau de publication et éventuellement du bordereau rectificatif, en application des articles R. 321-6 et R. 321-7 du code des procédures civiles d'exécution
8			Publication du commandement de payer au service de la publicité foncière
9			Publication au service de la publicité foncière de la décision de justice ordonnant la suspension des voies d'exécution, le report de la vente ou la prorogation du commandement de payer, en application de l'article R. 321-22 du code des procédures civiles d'exécution
10			Rédaction de la dénonciation au conjoint du commandement de payer en application du premier alinéa de l'article R. 321-1 du code des procédures civiles d'exécution
11			S'il existe un tiers détenteur de l'immeuble saisi, rédaction du commandement à fin de saisie à tiers détenteur, en application de l'article R. 321-4 du code des procédures civiles d'exécution
12			Mention, en marge de publication du commandement de payer, de l'assignation à comparaître à l'audience d'orientation et des dénonciations, en application de l'article R. 322-9 du code des procédures civiles d'exécution
13			Rédaction du cahier des conditions de la vente ou du cahier des charges
14			Dépôt au greffe du cahier des conditions de la vente ou du cahier des charges, de la copie de l'assignation et du procès-verbal de descriptif de l'immeuble saisi, en application des articles R. 322-10 et R. 322-11 du code des procédures civiles d'exécution

NUMÉRO	CATÉGORIE	SOUS-CATÉGORIE	NATURE DE LA PRESTATION
15	Prestations de postulation réalisées dans le cadre d'une vente de meubles ou d'immeubles par adjudication judiciaire (saisie immobilière ou licitation judiciaire)	Formalités	Dire au cahier des conditions de la vente pour renseignements complémentaires
16			Rédaction d'une signification de jugement à avocat et à partie
17			Lettre en recommandé avec accusé de réception au syndic de copropriété concernant l'amiante et l'état de l'immeuble saisi, en application des articles R. 1334-14 à R. 1334-29-7 du code de la santé publique
18			Déclaration au greffe pour informations complémentaires
19			Si l'immeuble saisi est soumis à un droit de préemption urbain, rédaction de la déclaration d'intention d'aliéner et envoi en mairie en cinq exemplaires
20			Formalités de publicité légale prévues aux articles R. 322-32 à R. 322-70 du code des procédures civiles d'exécution
21			Dépôt au greffe de l'avis de publicité pour apposition
22			Lettre en recommandé avec accusé de réception au locataire ou, si l'immeuble est occupé par le propriétaire, à la mairie, en application de l'article L. 616 du code de la construction et de l'habitation
23			Rédaction d'une notification aux fins de purge des droits de préemption et de substitution, en application de l'article 10 de la loi n° 75-1351 du 31 décembre 1975 relative à la protection des occupants de locaux à usage d'habitation
24			Levée auprès du greffe du certificat constatant le défaut de consignation du prix ou de paiement des frais, en application de l'article R. 322-67 du code des procédures civiles d'exécution
25			Rédaction d'une sommation de payer à l'avocat de l'adjudicataire
26			Déclaration d'adjudicataire au greffe, en application de l'article R. 322-46 du code des procédures civiles d'exécution
27			Concernant les lots de copropriété, notification au syndic de l'avis de mutation en application de l'article 5-1 du décret n° 67-223 du 17 mars 1967
28			Concernant les lots de copropriété, notification au syndic du transfert de propriété en application de l'article 6 du décret n° 67-223 du 17 mars 1967

<table>
<tr><th>NUMÉRO</th><th>CATÉGORIE</th><th>SOUS-CATÉGORIE</th><th colspan="2">NATURE DE LA PRESTATION</th></tr>
<tr><td>29</td><td></td><td></td><td colspan="2">Concernant les lots de copropriété, notification aux créanciers inscrits de l'opposition à la vente formulée par le syndic, en application de l'article 6-1 du décret n° 67-223 du 17 mars 1967</td></tr>
<tr><td>30</td><td></td><td></td><td colspan="2">Dépôt d'une déclaration de surenchère au greffe du juge de l'exécution</td></tr>
<tr><td>31</td><td></td><td></td><td colspan="2">Rédaction de la dénonciation de la surenchère au créancier poursuivant, au premier adjudicataire et au débiteur saisi au greffe</td></tr>
<tr><td>32</td><td></td><td></td><td colspan="2">S'il n'existe qu'un seul créancier, notification au débiteur du montant versé au créancier poursuivant, en application de l'article R. 332-1 du code des procédures civiles d'exécution</td></tr>
<tr><td>33</td><td></td><td></td><td rowspan="3">S'il existe plusieurs créanciers</td><td>Notification de la demande de la déclaration actualisée des créances, en application de l'article R. 332-2 du code des procédures civiles d'exécution</td></tr>
<tr><td>34</td><td></td><td></td><td>Notification du projet de distribution du prix aux créanciers, en application des articles R. 332- et R. 332-5 du code des procédures civiles d'exécution</td></tr>
<tr><td>35</td><td></td><td></td><td>Notification du projet de distribution du prix au syndic de copropriété, au débiteur saisi et au Trésor public</td></tr>
<tr><td>36</td><td></td><td></td><td colspan="2">Réquisition auprès du service de la publicité foncière aux fins de radiation des inscriptions et publications</td></tr>
</table>

NUMÉRO	CATÉGORIE	SOUS-CATÉGORIE	NATURE DE LA PRESTATION
37	Prestations de postulation réalisées dans le cadre d'un partage ou d'une licitation par adjudication volontaire	Actes	Actes de procédure réalisés dans le cadre d'une demande contestée en partage de biens meubles ou immeubles, y compris en cas de licitation par adjudication volontaire – *V. C. com., art. A. 444-194, App., v° Frais et dépens.*
38			Actes de procédure réalisés dans le cadre d'une demande non contestée en partage de biens immeubles
39			Actes de procédure réalisés dans le cadre d'une demande contestée en homologation du projet d'état liquidatif des biens à partager – *V. C. com., art. A. 444-195, App., v° Frais et dépens.*
40		Formalités	Publication du jugement au service de la publicité foncière – *V. C. com., art. A. 444-196, App., v° Frais et dépens.*
41	Prestations de postulation réalisées en matière de sûretés judiciaires	Actes	Actes de procédure réalisés pour l'inscription d'une sûreté judiciaire avec demande d'obtention d'un titre exécutoire, en application de l'article R. 531-1 du code des procédures civiles d'exécution – *V. C. com., art. A. 444-197, App., v° Frais et dépens.*
42			Actes de procédure réalisés pour l'inscription d'une sûreté judiciaire *(Décr. n° 2021-1888 du 29 déc. 2021, art. 5-I-2°-a, en vigueur le 1er janv. 2022)* « ou légale » sans demande d'obtention d'un titre exécutoire en application de l'article R. 531-1 du code des procédures civiles d'exécution ou en application de l'article *(Décr. n° 2021-1888 du 29 déc. 2021, art. 5-I-2°-b, en vigueur le 1er janv. 2022)* « 2401 *[ancienne rédaction : 2412]* » du code civil – *V. C. com., art. A. 444-198, App., v° Frais et dépens.*
43		Formalités	Réquisitions et demandes de renseignements sur la personne du débiteur
44			Réquisitions et demandes de renseignements sur l'immeuble
45			Réquisitions et demandes de renseignements sur la société
46			Formalités de publicité provisoire, en application des articles R. 532-1 à R. 532-9 du code des procédures civiles d'exécution
47			Formalités de publicité définitive en application des articles R. 533-1 à R. 533-6 du code des procédures civiles d'exécution
48	Incidents	Incidents	Actes et formalités de procédure réalisés en matière d'incidents (incidents relevant de l'article 771 du code de procédure civile et contestations et demandes incidentes mentionnées à l'article R. 311-6 du code des procédures civiles d'exécution) – *V. C. com., art. A. 444-200, App., v° Frais et dépens.*

Art. annexe 4-8 I. — Les frais et débours dont le professionnel peut demander le remboursement sont les suivants :

....

(Décr. n° 2017-862 du 9 mai 2017, art. 4) « 7° S'agissant des avocats, pour les prestations de postulation en matière de saisie immobilière, de partage, de licitation et de sûretés judiciaires :

« *a)* Tous les frais, notamment les frais de déplacement et les frais exceptionnels exposés à la demande expresse du client pour l'accomplissement des prestations mentionnées au tableau 6 de l'article annexe 4-7, à l'exception des frais accessoires, tels que frais de papeterie ou de bureau ;

« *b)* Toute somme due à des tiers et payée par l'avocat pour le compte de son client à l'occasion d'une prestation mentionnée au tableau 6 de l'article annexe 4-7. » — *V. C. com., art. A. 444-201, App., v° Frais et dépens.*

Sur le Décr. n° 2017-862 du 9 mai 2017, V. note ss. C. com., art. R. 444-2, App., v° Frais et dépens, V, Tarif des frais et dépens.

SOUS-SECTION 2 *Méthode de fixation des tarifs*

V. note au-dessus de l'art. R. 444-1 C. com., App., v° Frais et dépens, V, Tarif des frais et dépens.

Art. R. 444-4 Les arrêtés prévus à l'article L. 444-3 fixent les tarifs mentionnés à l'article R. 444-1 pour une période de référence. — *V. C. com., art. L. 444-3 et R. 444-1, App., v° Huissiers de justice, III, Tarif.*

Toutefois, au cours de la période de référence, un arrêté conjoint du ministre de la justice et du ministre chargé de l'économie peut fixer l'émolument applicable à une prestation ne figurant pas dans l'annexe 4-7, avant son insertion dans la liste prévue au 1° de l'article R. 444-3 et la publication de l'arrêté pris en application du premier alinéa. — *V. C. com., art. R. 444-3, App., v° Frais et dépens, V, Tarif des frais et dépens.* — *V. Décr. n° 2016-230 du 26 févr. 2016, art. Annexe 4-7, reproduit ss. C. com., et art. R. 444-3 préc.*

V. note au-dessus de l'art. R. 444-1 C. com., App., v° Frais et dépens, V, Tarif des frais et dépens.

Art. R. 444-5 Les tarifs régis par le présent titre prennent en compte *(Abrogé par Décr. n° 2020-179 du 28 févr. 2020, art. 3-1°-a)* « ***, pour chaque prestation,*** » **les coûts pertinents du service rendu et une rémunération raisonnable.** *(Décr. n° 2020-179 du 28 févr. 2020, art. 3-1°-b)* « **Ils sont fixés selon les modalités prévues aux articles R. 444-6 et R. 444-7, sur la base des données communiquées par les instances professionnelles nationales en application des articles R. 444-18 à R. 444-21.** »

Ils assurent *(Abrogé par Décr. n° 2020-179 du 28 févr. 2020, art. 3-2°)* « ***, en outre,*** » **une péréquation pour l'ensemble des prestations servies, en vue de favoriser l'accès aux prestations, l'installation des professionnels sur l'ensemble du territoire et l'orientation de l'activité économique.**

(Décr. n° 2020-179 du 28 févr. 2020, art. 3-3°) « **Aux fins de la péréquation, des émoluments fixes ou proportionnels peuvent être prévus.** »

L'art. 3 du Décr. n° 2020-179 du 28 avr. 2020 entre en vigueur le 1er janv. 2021 (Décr. préc., art. 16 ; Arr. du 28 févr. 2020).

Légalité. Les art. R. 444-5, R. 444-6 et R. 444-7 définissent avec une précision suffisante les modes d'évaluation des coûts pertinents et de la rémunération raisonnable ainsi que les caractéristiques de la péréquation prévue au 2e al. de l'art. L. 444-2. De même, les requérants ne sont pas fondés à soutenir que les dispositions de l'art. R. 444-6 et celles de l'art. R. 444-7, qui prévoient que sont pris en compte, au titre, respectivement, des coûts pertinents et de la rémunération raisonnable d'une prestation, les coûts induits et la durée moyenne nécessaire à la réalisation de celle-ci, excluraient la rémunération des conseils dispensés dans le cadre de cette prestation. Par ailleurs, ces dispositions n'ont ni pour objet ni pour effet de faire supporter aux professions concernées le coût des politiques en faveur de l'accès au droit et de la couverture de l'ensemble du territoire par les professions judiciaires et juridiques ; elles n'ont pas davantage pour objet ou pour effet d'instaurer une taxe sur le chiffre d'affaires de ces professionnels. • CE 24 mai 2017, n° 398801 : *cité ss. art. R. 444-21, App., v° Frais et dépens.*

Art. R. 444-6 *(Décr. n° 2020-179 du 28 févr. 2020, art. 4)* **Les coûts pertinents sont évalués globalement pour chaque profession comme la différence entre le chiffre d'affaires et le résultat de cette profession, affectée du coefficient correspondant à la part des coûts imputables aux seules activités régulées dans les coûts totaux de la profession.**

Ce coefficient est réputé égal à la part du chiffre d'affaires régulé dans le chiffre d'affaires de la profession.

L'art. 4 du Décr. n° 2020-179 du 28 févr. 2020 entre en vigueur le 1er janv. 2021 (Décr. préc., art. 16 ; Arr. du 28 avr. 2020).

Art. R. 444-7 *(Décr. n° 2020-179 du 28 févr. 2020, art. 5)* **I. — La rémunération raisonnable est déterminée globalement pour chaque profession en appliquant au chiffre d'affaires régulé l'objectif de taux de résultat moyen de cette profession. Cet objectif est déterminé à partir d'un taux de référence égal à 20 %.**

II. – L'objectif de taux de résultat moyen est égal au taux de référence mentionné au I affecté d'un coefficient correcteur multiplicateur, compris entre 1 et 1,6, afin de prendre en compte :

1° L'écart entre le taux de résultat régulé de la profession, constaté au titre de la dernière année disponible, et le taux de référence de 20 % ;

2° Le résultat moyen régulé des professionnels appartenant aux trois premiers déciles de la profession ;

3° Le cas échéant, les caractéristiques des prestations réalisées par la profession et l'évolution constatée de la qualité du service rendu ;

4° Le cas échéant, l'évolution constatée au cours des trois dernières années disponibles et l'évolution prévisible du chiffre d'affaires et du résultat moyens par professionnel.

III. – Les tarifs réglementés et l'objectif de taux de résultat moyen sont fixés de manière à ce que le chiffre d'affaires régulé de la profession ne puisse varier de plus de 5 % par rapport à la période de référence précédente.

Les dispositions du précédent alinéa ne font pas obstacle à ce que l'émolument perçu en contrepartie d'une prestation donnée évolue, en valeur absolue, de plus de 5 % par rapport à la période de référence précédente.

IV. – L'objectif de taux de résultat moyen de chaque profession est fixé par l'arrêté prévu à l'article L. 444-3. – *L'objectif de taux de résultat moyen est fixé à 32 % pour les greffiers des tribunaux de commerce, à 31,7 % pour les huissiers de justice, à 30 % pour les notaires, à 25,7 % pour les administrateurs judiciaires et à 25 % pour les mandataires judiciaires (V. Arr. du 28 févr. 2020, art. 1er et 2, en vigueur le 1er mars 2020). Il est de 28,5 % pour les commissaires-priseurs judiciaires (Arr. ECOC2205578A du 23 févr. 2022, art. 1er, en vigueur le 1er mars 2022) et de 28,6 % pour les huissiers de justice (Arr. ECOC2205573A du 23 févr. 2022, art. 1er, en vigueur le 1er mars 2022).*

L'art. 5 du Décr. no 2020-179 du 28 févr. 2020 entre en vigueur le 1er janv. 2021 (Décr. préc., art. 16 ; Arr. du 28 avr. 2020).

SOUS-SECTION 3 *Structure et modalités tarifaires*

V. note au-dessus de l'art. R. 444-1 C. com., App., vo Frais et dépens, V, Tarif des frais et dépens.

Art. R. 444-8 Les émoluments régis par le présent titre sont fixes, sous réserve des dispositions de l'article R. 444-5. – *V. C. com., art. R. 444-5, reproduit ci-avant.*

V. note au-dessus de l'art. R. 444-1 C. com., App., vo Frais et dépens, V, Tarif des frais et dépens.

Art. R. 444-9 La somme des émoluments perçus *(Décr. no 2017-862 du 9 mai 2017, art. 2-III)* « par le notaire » au titre des prestations relatives à la mutation d'un bien ou d'un droit immobilier ne peut excéder 10 % de la valeur de ce bien ou droit, sans pouvoir être inférieure à un montant fixé par l'arrêté prévu à l'article L. 444-3, sans pouvoir être inférieure à 90 €. – *V. C. com., art. L. 444-3, App., vo Frais et dépens, V, Tarif des frais et dépens.*

V. note au-dessus de l'art. R. 444-1 C. com., App., vo Frais et dépens, V, Tarif des frais et dépens.

Sur le Décr. no 2017-862 du 9 mai 2017, V. note ss. C. com., art. R. 444-2, App., vo Frais et dépens, V, Tarif des frais et dépens.

Écrêtement. Il ne ressort pas des pièces du dossier que les dispositions de l'art. R. 444-9 auraient pour effet d'induire une diminution du chiffre d'affaires des offices notariaux de nature à remettre en cause la viabilité économique des offices situés en zone rurale, de telle sorte que le moyen tiré de ce qu'elles méconnaîtraient, pour ce motif, la liberté d'entreprendre et l'égalité devant le service public doit être écarté. • CE 24 mai 2017, no 398801 : *cité ss. C. com., art. R. 444-21, App. vo Frais et dépens.*

Art. R. 444-10 I. – Le taux de la remise que peut consentir un professionnel en application *(Décr. no 2020-179 du 28 févr. 2020, art. 6)* « de la première phrase du *(Décr. no 2021-1302 du 7 oct. 2021, art. 1er-2o)* « dernier » alinéa » de l'article L. 444-2 ne peut excéder *(Décr. no 2020-179 du 28 févr. 2020, art. 6)* « 20 % » du montant de l'émolument arrêté pour une prestation afférente à un bien ou un droit d'une valeur supérieure à un seuil défini par un arrêté conjoint du ministre de la justice et du ministre chargé de l'économie.

II. – La limite prévue au I est portée à 40 % du montant de l'émolument arrêté pour les prestations suivantes, afférentes à un bien ou un droit d'une valeur supérieure à un seuil défini par un arrêté conjoint du ministre de la justice et du ministre chargé de l'économie :

1° Lorsqu'elles portent sur la mutation ou le financement de biens ou droits à usage non résidentiel :

a) Prestations de la sous-catégorie intitulée : "Actes relatifs principalement aux biens immobiliers et fonciers", du tableau 5 de l'annexe 4-7 ;

b) Prestations figurant aux numéros 113 à 117 du tableau mentionné au *a* ;

c) Opérations d'apport d'immeubles ;

d) Opérations de fusion-absorption entraînant transfert de propriété immobilière ;

e) Opérations de financements assorties de sûretés hypothécaires.

2° Lorsqu'elles portent sur la mutation ou le financement de biens ou droits à usage résidentiel :

a) Opérations portant sur les biens ou droits immobiliers relevant de la législation sur les logements sociaux ;

b) Opérations portant sur des terrains ou des locaux dans un objectif de développement du parc de logement sociaux.

3° Lorsqu'elles portent sur la mutation de parts ou actions de sociétés, ou de biens immobiliers corporels ou incorporels affectés à l'exploitation d'une entreprise :

a) Opérations de mutation à titre gratuit bénéficiant des exonérations prévues aux articles 787 B et 787 C du code général des impôts.

III. — Lorsque la prestation porte sur un bien ou droit à usage mixte, la limite de 40 % prévue au II s'applique à la portion de l'émolument due au titre de cette prestation pour la part de la surface totale destinée, selon les cas prévus au 1° et au 2° du même II, à un usage non résidentiel ou à un usage résidentiel social. Dans le cas prévu au 3° du II, cette limite s'applique à la portion de l'émolument correspondant aux seuls parts, actions, ou biens exonérés de droit de mutation.

IV. — Les prestations réalisées dans le cadre d'un mandat de justice ne donnent pas lieu à remise.

V. note au-dessus de l'art. R. 444-1 C. com., App., v° Frais et dépens, V, Tarif des frais et dépens.

L'art. 6 du Décr. n° 2020-179 du 28 févr. 2020 entre en vigueur le 1er janv. 2021 (Décr. préc., art. 16 ; Arr. du 28 avr. 2020).

Art. R. 444-10-1 *(Décr. n° 2020-179 du 28 févr. 2020, art. 7)* Les prestations mentionnées à la dernière phrase du *(Décr. n° 2021-1302 du 7 oct. 2021, art. 1er-2°)* « dernier » alinéa de l'article L. 444-2, pour lesquelles le taux de la remise peut, au-delà du montant d'émolument fixé par l'arrêté mentionné à l'article L. 444-3, être convenu entre le professionnel et son client, sont les suivantes :

1° Prestations mentionnées au II de l'article R. 444-10 ;

2° Prestations portant sur des opérations de financement et des garanties figurant dans la sous-catégorie "actes relatifs principalement aux prêts, dettes et sûretés participant à l'activité économique" du tableau 5 de l'annexe 4-7 ;

3° Prestations portant sur la transmission à titre gratuit, par décès ou entre vifs, de parts ou actions d'une société ayant une activité industrielle, commerciale, artisanale, agricole ou libérale ;

4° Actes relatifs aux autorisations d'occupation temporaire du domaine public mentionnées aux articles L. 1311-5 et suivants du code général des collectivités territoriales et qui sont constitutives de droits réels.

L'art. 7 du Décr. n° 2020-179 du 28 févr. 2020 entre en vigueur le 1er janv. 2021 (Décr. préc., art. 16 ; Arr. du 28 avr. 2020).

Prestation en urgence. En limitant à 150 € ou à 30 % de l'émolument au-delà d'un seuil de 500 € le surcoût entraîné par une prestation exécutée en urgence et la rémunération raisonnable supplémentaire correspondante, le Décr. n° 2016-230 du 26 févr. 2016 n'a pas méconnu le principe d'une tarification fondée sur les coûts pertinents du service rendu et une rémunération raisonnable prévu au 1er al. de l'art. L. 444-2. • CE 24 mai 2017, n° 398801 : *cité ss. C. com., art. R. 444-21, App. v° Frais et dépens.*

Art. R. 444-11 L'arrêté pris en application de l'article L. 444-3 peut prévoir la majoration des émoluments afférents à des prestations qu'il détermine, sans que cette majoration puisse excéder 150 € ou, si le montant de l'émolument dépasse 500 €, 30 % de cet émolument, pour le cas où, à la demande du client, et pour des raisons pouvant tenir notamment à la nécessité de sauvegarder un droit, un bien ou une preuve, le professionnel réalise la prestation prévue dans un délai inférieur à un délai de référence fixé par le même arrêté conjoint. — *V. C. com., art. L. 444-3, App., v° Frais et dépens.*

V. note au-dessus de l'art. R. 444-1 C. com., App., v° Frais et dépens, V, Tarif des frais et dépens.

Art. R. 444-11-1 *(Décr. nº 2016-1369 du 12 oct. 2016, art. 1er)* L'arrêté pris en application de l'article L. 444-3 peut prévoir une minoration de l'émolument proportionnel applicable aux donations ou legs au profit : *— V. C. com., art. L. 444-3, App., vº Frais et dépens.*

1º De l'une des personnes publiques mentionnées aux articles L. 1121-1 à L. 1121-6 du code général de la propriété des personnes publiques lorsque la donation ou le legs est destiné au domaine public mobilier ou immobilier ou est destiné à financer l'acquisition de biens relevant de l'un ou de l'autre ;

2º De l'une des personnes morales, autres que celles mentionnées au 1º, exonérées des droits de mutation à titre gratuit en application des articles 794 et 795 du code général des impôts.

La minoration prévue au premier alinéa peut consister en la réduction du taux applicable à la tranche d'assiette égale ou supérieure à 60 000 € à un taux spécifique, qui ne peut être inférieur à 0,45 %. En outre, cette minoration peut prévoir que l'émolument proportionnel n'excède pas un plafond, qui ne peut être inférieur à 200 000 €.

Art. R. 444-12 Le remboursement des frais mentionnés au 2º de l'article R. 444-3 peut être forfaitaire ou au coût réel de la dépense engagée par le professionnel pour la réalisation d'une prestation. Lorsque ce remboursement est forfaitaire, le montant du forfait est fixé par l'arrêté conjoint mentionné à l'article L. 444-3, sur la base d'une évaluation moyenne ou d'une valeur de référence appropriée, selon la nature des frais. *— V. C. com., art. L. 444-3 et R. 444-3, reproduit ci-avant.*

V. note au-dessus de l'art. R. 444-1 C. com., App., vº Frais et dépens, V, Tarif des frais et dépens.

Art. R. 444-12-1 *(Décr. nº 2020-179 du 28 févr. 2020, art. 8)* I. — L'arrêté mentionné à l'article L. 444-3 peut prévoir une majoration des émoluments dans les départements et collectivités d'outre-mer, afin de tenir compte des caractéristiques et contraintes particulières de chaque territoire et des conditions d'exercice qui en résultent pour les professionnels qui y sont installés. Le taux de majoration ainsi fixé vise à rapprocher le taux de résultat moyen des professionnels installés dans ces départements et collectivités de l'objectif de taux de résultat moyen mentionné à l'article R. 444-7.

II. — L'effet cumulé des variations résultant respectivement du taux de majoration mentionné au I et de l'application de la méthode de fixation des tarifs définie à la sous-section 2 de la présente section ne peut conduire, pour une profession donnée, à ce que le chiffre d'affaires régulé de la profession puisse varier de plus de 5 % par rapport à la période de référence précédente dans le département ou la collectivité concernée.

III. — Les dispositions du II ne font pas obstacle à ce que, dans le département ou la collectivité concernée, l'émolument perçu en contrepartie d'une prestation donnée évolue de plus de 5 % par rapport à la période de référence précédente.

L'art. 8 du Décr. nº 2020-179 du 28 févr. 2020 entre en vigueur le 1er janv. 2021 (Décr. préc., art. 16 ; Arr. du 28 avr. 2020).

SOUS-SECTION 4 *Droits et obligations des professionnels*

V. note au-dessus de l'art. R. 444-1 C. com., App., vº Frais et dépens, V, Tarif des frais et dépens.

Art. R. 444-13 I. — Il est interdit aux professionnels mentionnés au premier alinéa de l'article L. 444-1 de demander ou de percevoir en raison des prestations soumises aux tarifs une somme autre que celles fixées par ces tarifs.

II. — Il leur est également interdit de demander ou de percevoir en raison des prestations mentionnées au troisième alinéa de l'article L. 444-1 une somme en dehors des honoraires stipulés dans la convention d'honoraires prévue par ce texte.

III. — Ces professionnels ont droit au remboursement des sommes dues à des tiers et payées ou avancées par eux pour le compte, selon le cas, du client ou du débiteur. *— Sur la liste des frais et débours dont les huissiers de justice ont droit au remboursement en application du présent al., V. Décr. nº 2016-230 du 26 févr. 2016, art. Annexe 4-8, reproduite ss. C. com., et art. R. 444-3, reproduit ci-avant.*

V. note au-dessus de l'art. R. 444-1 C. com., App., vº Frais et dépens, V, Tarif des frais et dépens.

Remboursement. Il résulte de la combinaison des art. L. 641-1-II, al. 7, celui-ci dans sa rédaction issue de l'Ord. nº 2016-727 du 2 juin 2016, R. 622-4, al. 5 et 6, rendu applicable à la liquidation judiciaire par l'art. R. 641-14, et R. 444-13-III, C. com. et des art. 714 et 715 C. pr. civ., que le commissaire-priseur judiciaire ne peut obtenir du président du tribunal la taxation que des seuls émoluments, honoraires, frais et débours exposés pour l'accomplissement de la mission que lui a confiée le tribunal de la procédure collective ou le juge-commissaire qui l'a désigné. En fixant les honoraires du commissaire-priseur judiciaire à la somme de 11 000 euros, alors que la seule mission donnée par le tribunal à celui-ci consistait en l'inventaire et la prisée des actifs de la société liquidée, de sorte qu'elle n'incluait pas l'accomplissement des diligences relatives au convoyage et au gardiennage des véhicules inventoriés et évalués, qui n'avaient fait l'objet d'aucune autorisation du juge-commissaire, ni d'un accord formel du liquidateur, le premier président a violé les textes susvisés. • Com. 21 oct. 2020, n° 19-17.434 P : *D. actu. 9 nov. 2020, obs. Ferrari ; D. 2020. Actu. 2117*.

Art. R. 444-14 La perception par le professionnel d'une somme en méconnaissance de l'article précédent l'oblige à restitution, sans préjudice d'éventuelles sanctions disciplinaires.

V. note au-dessus de l'art. R. 444-1 C. com., App., v° Frais et dépens, V, Tarif des frais et dépens.

Art. R. 444-15 Le droit de rétention appartient aux commissaires-priseurs judiciaires, aux huissiers de justice, *(Décr. n° 2017-862 du 9 mai 2017, art. 2-IV)* « aux notaires et aux avocats », pour garantir le paiement des tarifs régis par le présent titre, et, le cas échéant, le remboursement des frais et débours.

V. note au-dessus de l'art. R. 444-1 C. com., App., v° Frais et dépens, V, Tarif des frais et dépens.

Sur le Décr. n° 2017-862 du 9 mai 2017, V. note ss. C. com., art. R. 444-2, App., v° Frais et dépens, V, Tarif des frais et dépens.

Art. R. 444-16 Hormis ceux dus au titre d'un mandat de justice, les honoraires perçus en application du troisième alinéa de l'article L. 444-1 sont fixés librement entre le professionnel et le client, dans les conditions et selon les modalités prévues par ce texte et sous le contrôle de l'instance professionnelle désignée pour chaque profession par arrêté du garde des sceaux, ministre de la justice. En cas de contestation, ces honoraires sont fixés par le juge chargé de la taxation.

V. note au-dessus de l'art. R. 444-1 C. com., App., v° Frais et dépens, V, Tarif des frais et dépens.

SOUS-SECTION 5 *Recueil de données et d'informations*

V. note au-dessus de l'art. R. 444-1 C. com., App., v° Frais et dépens, V, Tarif des frais et dépens.

Art. R. 444-17 Les instances représentatives mentionnées au 2° de l'article L. 444-5 sont la *(Décr. n° 2018-872 du 9 oct. 2018, art. 27-IV, en vigueur le 1er janv. 2019 ; Décr. n° 2020-179 du 28 févr. 2020, art. 9)* « Chambre nationale des commissaires de justice, le Conseil national des greffiers de tribunaux de commerce, *[ancienne rédaction : Chambre nationale des commissaires-priseurs judiciaires, le Conseil national des greffiers de tribunaux de commerce, la Chambre nationale des huissiers de justice,]* » le Conseil national des administrateurs judiciaires et des mandataires judiciaires, le Conseil supérieur du notariat et le Conseil national des barreaux.

V. note au-dessus de l'art. R. 444-1 C. com., App., v° Frais et dépens, V, Tarif des frais et dépens.

Art. R. 444-18 Les informations statistiques pouvant être recueillies en application du 2° de l'article L. 444-5 sont, pour chaque année civile, notamment une estimation :

1° Du total des sommes investies nécessaires pour l'acquisition d'offices *(Décr. n° 2017-862 du 9 mai 2017, art. 2-V-1°)* « , études ou cabinets », de leur répartition par déciles, et de la valeur moyenne de la somme investie pour l'acquisition d'un office ou d'une étude ;

2° Du total des sommes autres que celles mentionnées au 1° investies lors de l'installation, de leur répartition par déciles, et de la valeur moyenne de la somme investie pour une installation ;

3° Du coût total de couverture des risques liés à la responsabilité professionnelle, et du montant moyen de ce coût ;

4° Du nombre et du taux de défaillance des structures d'exercice ;

5° Des valeurs moyennes du chiffre d'affaires, du bénéfice, des immobilisations matérielles et du besoin en fond de roulement par office *(Décr. n° 2017-862 du 9 mai 2017, art. 2-V-2°)* « , étude ou cabinet », ainsi que d'autres indicateurs comptables précisés en tant que de besoin par arrêté conjoint du ministre de la justice et du ministre chargé de l'économie, après avis de l'Autorité de la concurrence ;

6° Du nombre total de prestations réalisées et de la somme totale des émoluments perçus au titre de ces prestations *(Décr. n° 2017-862 du 9 mai 2017, art. 2-V-3°)* « , et s'agissant des avocats, de la répartition par décile de ce nombre et de cette somme » ;

7° Pour les émoluments proportionnels, du montant moyen de l'émolument perçu pour une prestation, et de la répartition par décile des assiettes de ces émoluments ;

8° Des sommes totales perçues au titre des frais et débours, du montant moyen de ces derniers et de leur répartition par décile ;

9° De la part respective des émoluments et des honoraires au sein du chiffre d'affaires total hors taxes de la profession, et, s'agissant des commissaires-priseurs judiciaires, du temps de travail moyen consacré aux offices publics et ministériels et de celui consacré aux sociétés mentionnées au troisième alinéa de l'article 29 de la loi du 10 juillet 2000 portant règlementation des ventes volontaires de meubles aux enchères publiques ;

10° Du nombre total d'offices *(Décr. n° 2017-862 du 9 mai 2017, art. 2-V-1°)* « , études ou cabinets », du nombre total de professionnels en exercice au sein de ces offices ou études au 1er janvier de l'année civile concernée, et du nombre de personnes y exerçant la profession concernée en qualité de salarié à cette même date.

(Décr. n° 2017-862 du 9 mai 2017, art. 2-V-4°) « S'agissant des avocats, ne sont recueillies en application du présent article que les informations relatives aux structures d'exercice et professionnels ayant réalisé au cours de l'année civile au moins un des actes de procédure listés au tableau 6 annexé à l'article R. 444-3. »

V. note au-dessus de l'art. R. 444-1 C. com., App., v° Frais et dépens, V, Tarif des frais et dépens.

Sur l'entrée en vigueur du Décr. n° 2017-862 du 9 mai 2017, V. note ss. C. com., art. R. 444-2, App., v° Frais et dépens.

Décret n° 2017-862 du 9 mai 2017,

Relatif aux tarifs réglementés de postulation des avocats en matière de saisie immobilière, de partage, de licitation et de sûretés judiciaires.

Art. 5 Dans l'attente du recueil des données et informations prévues aux articles R. 444-18 à R. 444-20, et au plus tard jusqu'au 1er septembre 2019, l'arrêté prévu à l'article L. 444-3 peut fixer provisoirement les émoluments mentionnés à l'article R. 444-71 à partir de ceux applicables avant l'entrée en vigueur du présent décret.

Toutefois, l'arrêté mentionné au premier alinéa peut :

1° Prévoir que les tarifs de postulation mentionnés à l'article R. 444-71 n'incluent pas le droit fixe prévu à l'article 2 du décret susvisé du 2 avril 1960 et ne sont pas soumis à la règle de plafonnement prévue à l'article 81 de ce décret ;

2° Fixer le tarif des formalités mentionnées au tableau 6 annexé à l'article R. 444-3 par référence aux tarifs des formalités identiques ou similaires accomplies par les notaires ;

3° Fixer l'émolument des avocats pour les prestations de postulation relatives à la distribution en matière de saisie immobilière par référence à l'émolument perçu par les mandataires judiciaires en application de l'article A. 663-28.

Sur le Décr. n° 2017-862 du 9 mai 2017, V. note ss. C. com., art. R. 444-2, App., v° Frais et dépens, V, Tarif des frais et dépens.

Art. R. 444-19 Les informations statistiques mentionnées à l'article R. 444-18 sont estimées au plan national, ainsi que, pour celles mentionnées aux 1°, 2°, 5° et 10° de cet article, au plan régional et départemental, pour chaque année civile. – *V. C. com., art. R. 444-18, App., v° Frais et dépens, V, Tarif des frais et dépens.*

V. note au-dessus de l'art. R. 444-1 C. com., App., v° Frais et dépens, V, Tarif des frais et dépens.

Art. R. 444-20 I. – En application du 1° de l'article L. 444-5, les professionnels en exercice au 1er janvier de l'année civile communiquent aux ministres de la justice et de l'économie, aux fins de vérifications statistiques, leurs noms, prénoms, date de naissance et fonctions au sein de l'office ou de l'étude, ainsi que la raison sociale, le numéro SIREN, l'adresse et la date de création de cet office ou de cette étude.

II. – Aux fins du recueil des données utiles prévu par l'article L. 444-5, il est tenu, selon des modalités fixées par arrêté conjoint du ministre de la justice et du ministre chargé de l'économie, une comptabilité analytique qui :

1° *Présente distinctement* le détail des données relatives aux émoluments et aux honoraires perçus par l'office ou l'étude ;

2° Relate distinctement les charges afférentes à l'activité réglementée et à l'activité libre ;

3° Retrace, le cas échéant, la répartition des charges de l'office ou de l'étude avec une structure juridique qui lui est liée. – *V. C. com., art. L. 444-5, App., v° Frais et dépens, V, Tarif des frais et dépens. – V. Décr. n° 2017-862 du 9 mai 2017, art. 5, ss. C. com., art. R. 444-18, App., v° Frais et dépens, V, Tarif des frais et dépens.*

(*Décr. nº 2017-862 du 9 mai 2017, art. 2-IV*) **« III. – S'agissant des avocats, le I du présent article ne s'applique qu'aux professionnels mentionnés au douzième alinéa de l'article R. 444-18. »**

Les dispositions du II du présent art. sont applicables à compter du 1er janv. 2017 (Décr. nº 2016-230 du 26 févr. 2016, art. 13-I).

Sur le Décr. nº 2017-862 du 9 mai 2017, V. note ss. C. com., art. R. 444-2, App., vº Frais et dépens, V, Tarif des frais et dépens.

Art. R. 444-21 (*Décr. nº 2018-200 du 23 mars 2018, art. 2*) **Les informations et données prévues aux articles R. 444-18 à R. 444-20 sont** (*Décr. nº 2020-179 du 28 févr. 2020, art. 10*) **« collectées auprès des professionnels mentionnés à l'article L. 444-1 par les instances professionnelles nationales énumérées à l'article R. 444-17 qui les transmettent » annuellement, soit par voie de communication électronique sécurisée, soit par tout autre moyen approprié, aux autorités mentionnées à l'article L. 444-5 par les instances professionnelles nationales énumérées à l'article R. 444-17, selon des modalités prévues par le présent article et, au plus tard, à une date fixée par arrêté conjoint des ministres de la justice et de l'économie. La transmission comprend à la fois les informations et données utiles originaires des professionnels et celles résultant de leur agrégation opérée par les services compétents des instances professionnelles nationales.**

Les instances professionnelles nationales veillent, par tout moyen, à ce que les informations et données recueillies mentionnées au premier alinéa ne puissent être utilisées ou divulguées en violation de secrets protégés par la loi, notamment du secret des affaires. Chaque instance professionnelle désigne la ou les personnes en charge du respect de la confidentialité de ces informations et données.

Les instances professionnelles nationales élaborent, chacune pour ce qui la concerne, les directives régissant les conditions d'accès, d'usage et de conservation de ces informations et données et la traçabilité de leur consultation, aux fins d'en assurer la sécurité et la confidentialité.

Sans préjudice des obligations qui leur sont propres, les personnes spécialement habilitées par chacune des instances professionnelles nationales pour assurer la collecte, la vérification de cohérence de ces informations et données émanant des professionnels mentionnés à l'article L. 444-1 ainsi que leur agrégation conformément à l'article R. 444-19 et leur transmission aux autorités concernées sont tenues à une obligation de confidentialité à l'égard de ces informations et données. Elles ont seules accès aux informations et données utiles originaires des professionnels recueillies en application de l'article L. 444-5.

Les personnes mentionnées au précédent alinéa n'exercent pas la profession relevant de l'instance pour le compte de laquelle elles effectuent les opérations mentionnées à ce même alinéa.

Les dispositions du Décr. nº 2018-200 du 23 mars 2018 sont applicables à Wallis-et-Futuna (Décr. préc., art. 12).

Ancien art. R. 444-21 (*Annulé par CE nº 398801 du 24 mai 2017*) (*Décr. nº 2016-230 du 26 févr. 2016, art. 2*) ***Les informations et données prévues aux articles R. 444-18 à R. 444-20 sont transmises annuellement aux autorités mentionnées à l'article L. 444-5 par les instances professionnelles énumérées à l'article R. 444-17, par l'intermédiaire, le cas échéant, des instances professionnelles régionales ou départementales, selon des modalités et à la date fixées par arrêté conjoint.***

L'art. 2 du Décr. nº 2016-230 du 26 févr. 2016, en tant qu'il insère l'art. R. 444-21, est annulé comme portant au secret industriel et commercial une atteinte disproportionnée (CE 24 mai 2017, nº 398801).

Secret des affaires. Eu égard à l'intérêt qui s'attache à ce que la détermination des tarifs prenne en compte la réalité des coûts engendrés par les prestations qu'ils concernent et du fonctionnement économique des offices et études dont ils sont destinés à assurer, par péréquation et redistribution, une rémunération raisonnable, la liste des informations recueillies prévue par les art. R. 444-17 à R. 444-20 ne porte pas au secret industriel et commercial une atteinte disproportionnée. En revanche, eu égard, d'une part, à la composition des instances professionnelles représentatives, qui réunissent, en particulier au niveau départemental et régional, des membres de ces professions en activité dans le même ressort géographique que celui des offices et études faisant l'objet du recueil de statistiques, et, d'autre part, au contenu des informations recueillies, qui portent sur la situation économique et financière des offices et études, tant en ce qui concerne les prestations réglementées que les actes concurrentiels, et sont susceptibles de révéler ainsi leur santé financière ainsi que leur stratégie commerciale, le recueil de ces informations par les instances professionnelles est de nature à porter une atteinte disproportionnée au secret industriel et commercial. Par suite, les requérants sont fondés à soutenir qu'en prévoyant que ces informations peuvent être transmises aux ministres de la Justice et de l'Économie et à l'Autorité de la concurrence par l'intermédiaire de ces instances professionnelles et en se bornant à renvoyer à un « arrêté conjoint » la définition des modalités de cette transmission sans l'assortir de garanties, l'art. R. 444-21 porte au secret industriel et commercial de ces professions une atteinte disproportionnée, et doit être, en conséquence, annulé. • CE 24 mai 2017, nº 398801 : *D. actu. 30 mai 2017, obs. Portmann ; AJDA 2017. 1535 ; JCP 2017, nº 649, obs. Touzeil-Divina.*

SECTION II ***Redistribution et fonds interprofessionnel de l'accès au droit et à la justice***

V. note au-dessus de l'art. R. 444-1 C. com., App., vº Frais et dépens, V, Tarif des frais et dépens.

SOUS-SECTION 1 *Redistribution interprofessionnelle*

V. note au-dessus de l'art. R. 444-1 C. com., App., vº Frais et dépens, V, Tarif des frais et dépens.

Art. R. 444-22 Pour favoriser la couverture de l'ensemble du territoire national par les professions mentionnées à la première phrase de l'alinéa 1er de l'article L. 444-1 et l'accès au droit du plus grand nombre, le fonds interprofessionnel de l'accès au droit et à la justice (FIADJ) assure la distribution d'aides à l'installation ou au maintien de ces professionnels dans les zones géographiques mentionnées à l'article R. 444-26. — *V. C. com., art. R. 444-26, App., vº Frais et dépens, V, Tarif des frais et dépens.*

V. note au-dessus de l'art. R. 444-1 C. com., App., vº Frais et dépens, V, Tarif des frais et dépens.

§ 1er *Aides à l'installation*

V. note au-dessus de l'art. R. 444-1 C. com., App., vº Frais et dépens, V, Tarif des frais et dépens.

Art. R. 444-23 Sous réserve des dispositions particulières relatives aux notaires, huissiers de justice et commissaires-priseurs judiciaires dans les départements du Bas-Rhin, du Haut-Rhin et de la Moselle, les aides à l'installation peuvent être octroyées pour l'installation dans un office vacant ou créé ainsi que pour la création ou la reprise d'une étude d'administrateur judiciaire ou de mandataire judiciaire inscrit sur la liste mentionnée à l'article L. 811-2 ou à l'article L. 812-2. Sont éligibles à ces aides les professionnels qui n'ont pas perçu :

1º D'aide de ce type pendant les cinq années civiles précédant l'installation ;

2º Une somme totale supérieure à 210 000 € au titre de bénéfices ou de salaires nets imposables au cours des trois derniers exercices comptables clos ou années civiles précédant l'installation ;

3º Un résultat annuel supérieur à 70 000 € au titre de l'exercice comptable ouvert au cours de l'année civile de réalisation des prestations pour lesquelles l'aide est sollicitée.

V. note au-dessus de l'art. R. 444-1 C. com., App., vº Frais et dépens, V, Tarif des frais et dépens.

Art. R. 444-24 Les aides à l'installation ne peuvent être octroyées qu'au titre des prestations soumises aux tarifs et pour une durée maximum de trente-six mois suivant celui de l'installation.

V. note au-dessus de l'art. R. 444-1 C. com., App., vº Frais et dépens, V, Tarif des frais et dépens.

§ 2 *Aides au maintien*

V. note au-dessus de l'art. R. 444-1 C. com., App., vº Frais et dépens, V, Tarif des frais et dépens.

Art. R. 444-25 Sont éligibles aux aides au maintien les professionnels répondant aux conditions cumulatives suivantes :

1º Le chiffre d'affaires annuel hors taxes moyen hors aides et hors honoraires réalisé au cours des trois derniers exercices comptables clos est inférieur au premier décile de chiffre d'affaires de la profession concernée, constaté à partir des dernières données disponibles sur une période d'au moins deux ans ;

2º Le bénéfice moyen au cours des trois derniers exercices comptables clos est inférieur à 75 000 € ;

3º Le ratio des charges annuelles rapportées au chiffre d'affaires, calculés sur le dernier exercice clos, n'est pas supérieur à 80 %.

Toutefois, une aide au maintien peut être octroyée à un professionnel ne remplissant pas la condition prévue au 3º sous réserve que, sans compromettre la qualité du service, il mette en œuvre un engagement de réduction de ses coûts selon des modalités précisées par arrêté conjoint du ministre de la justice et du ministre chargé de l'économie quant au délai et aux postes de dépenses concernés.

L'arrêté conjoint mentionné au précédent alinéa précise notamment les conditions dans lesquelles est vérifiée la mise en œuvre de l'engagement de réduction de coût, préalablement au versement de l'aide.

V. note au-dessus de l'art. R. 444-1 C. com., App., v° Frais et dépens, V, Tarif des frais et dépens.

§ 3 *Dispositions communes*

V. note au-dessus de l'art. R. 444-1 C. com., App., v° Frais et dépens, V, Tarif des frais et dépens.

Art. R. 444-26 Un arrêté du ministre de la justice détermine les zones géographiques où peuvent être octroyées des aides au maintien ou des aides à l'installation.

Les zones mentionnées à l'alinéa précédent sont définies notamment en fonction du nombre de professionnels installés, du nombre de projets d'installation, et des besoins identifiés.

V. note au-dessus de l'art. R. 444-1 C. com., App., v° Frais et dépens, V, Tarif des frais et dépens.

Art. R. 444-27 Les aides à l'installation et au maintien prennent la forme de subventions d'un montant fixe versé pour chaque prestation répondant aux conditions suivantes :

1° Leur émolument est proportionnel ;

2° Elles portent sur une assiette monétaire inférieure à un seuil fixé, pour chaque profession concernée, par arrêté conjoint du ministre de la justice et du ministre chargé du budget, qui n'excède pas 80 000 €.

V. note au-dessus de l'art. R. 444-1 C. com., App., v° Frais et dépens, V, Tarif des frais et dépens.

Art. R. 444-28 Les aides à l'installation et au maintien sont octroyées dans la limite :

1° D'un plafond par prestation défini, pour chaque profession concernée, par l'arrêté prévu au 2° de l'article R. 444-27, et qui n'excède pas 100 € ; – *V. C. com., art. R. 444-27, ci-dessus.*

2° D'un plafond global par professionnel de 50 000 € par année civile.

V. note au-dessus de l'art. R. 444-1 C. com., App., v° Frais et dépens, V, Tarif des frais et dépens.

Art. R. 444-29 Les aides à l'installation et les aides au maintien ne sont pas cumulables pour une même prestation.

V. note au-dessus de l'art. R. 444-1 C. com., App., v° Frais et dépens, V, Tarif des frais et dépens.

Art. R. 444-30 Pour une même catégorie de prestations, le montant de subvention versé par prestation au titre du même type d'aide, à l'installation ou au maintien, est identique pour tous les bénéficiaires.

V. note au-dessus de l'art. R. 444-1 C. com., App., v° Frais et dépens, V, Tarif des frais et dépens.

Art. R. 444-31 Le montant de subvention versé par prestation peut varier en fonction du type d'aide, à l'installation ou au maintien.

V. note au-dessus de l'art. R. 444-1 C. com., App., v° Frais et dépens, V, Tarif des frais et dépens.

Art. R. 444-32 Les aides relatives aux prestations réalisées pendant une année civile font l'objet d'un versement unique au cours de l'année civile suivante, à une date arrêtée par le ministre chargé du budget.

V. note au-dessus de l'art. R. 444-1 C. com., App., v° Frais et dépens, V, Tarif des frais et dépens.

Art. R. 444-33 Préalablement à l'octroi de toute aide :

1° La société mentionnée à l'article R. 444-36 informe le demandeur que l'aide est soumise aux dispositions du règlement (UE) n° 360/2012 du 25 avril 2012 relatif à l'application des articles 107 et 108 du traité sur le fonctionnement de l'Union européenne aux aides *de minimis* accordées à des entreprises fournissant des services d'intérêt économique général ; – *V. C. com., art. R. 444-36, App., v° Frais et dépens, V, Tarif des frais et dépens.*

2° Le demandeur établit, selon un modèle précisé par arrêté conjoint du ministre de la justice et du ministre chargé du budget, une attestation qu'il transmet à la société susmentionnée, précisant le montant total des aides *de minimis* qu'il a perçues au cours des trois derniers exercices fiscaux, dont celui en cours.

V. note au-dessus de l'art. R. 444-1 C. com., App., v° Frais et dépens, V, Tarif des frais et dépens.

Art. R. 444-34 Si le cumul du montant de l'aide envisagée et du montant total mentionné au 2° de l'article R. 444-33 excède 500 000 €, l'aide n'est pas octroyée. – *V. C. com., art. R. 444-33, ci-dessus.*

V. note au-dessus de l'art. R. 444-1 C. com., App., v° Frais et dépens, V, Tarif des frais et dépens.

Art. R. 444-35 Toute aide à l'installation ou au maintien versée sans que les conditions prévues par le présent chapitre ne soient remplies donne lieu à remboursement au fonds interprofessionnel de l'accès au droit et à la justice. En cas de refus du bénéficiaire de l'aide de procéder à son remboursement, la société mentionnée à l'article R. 444-36 peut exercer toute action en justice, à l'expiration d'un délai de trois mois à compter de l'envoi d'une mise en demeure restée infructueuse par lettre recommandée avec demande d'avis de réception. – *V. C. com., art. R. 444-53, ci-dessous.*

V. note au-dessus de l'art. R. 444-1 C. com., App., v° Frais et dépens, V, Tarif des frais et dépens.

SOUS-SECTION 2 *Société de gestion du fonds interprofessionnel de l'accès au droit et à la justice*

V. note au-dessus de l'art. R. 444-1 C. com., App., v° Frais et dépens, V, Tarif des frais et dépens.

Art. R. 444-36 La personne morale mentionnée au quatrième alinéa de l'article L. 444-2 chargée de la gestion du fonds interprofessionnel de l'accès au droit et à la justice est une société anonyme dont le capital est détenu par l'État. Sa dénomination sociale est : "Société de gestion du fonds interprofessionnel de l'accès au droit et à la justice" (SGFIADJ). – *V. C. com., art. L. 444-52, App., v° Frais et dépens, V, Tarif des frais et dépens.*

Cette société assure la gestion administrative, comptable et financière du fonds interprofessionnel de l'accès au droit et à la justice. A ce titre, elle est notamment chargée :

1° De fixer le montant des subventions ;

2° D'étudier la recevabilité des demandes d'aides qui lui sont adressées, et de verser les aides à leurs bénéficiaires ;

3° De gérer la trésorerie et d'assurer la surveillance de l'équilibre financier du fonds interprofessionnel de l'accès au droit et à la justice ;

4° De tenir la comptabilité du fonds interprofessionnel de l'accès au droit et à la justice et de rendre compte de sa gestion annuellement aux ministres de la justice et de l'économie ;

5° D'exercer toute action en justice en vue de la restitution des aides indûment perçues.

V. note au-dessus de l'art. R. 444-1 C. com., App., v° Frais et dépens, V, Tarif des frais et dépens.

Art. R. 444-37 Le conseil d'administration de la société de gestion du fonds est composé de cinq administrateurs nommés dans les conditions prévues à l'article L. 225-17, selon les modalités suivantes :

1° Un administrateur nommé par le Premier ministre, choisi parmi les magistrats de la Cour des comptes, président du conseil d'administration ;

2° Quatre administrateurs nommés respectivement par le ministre de la justice, le ministre de l'intérieur, le ministre chargé du budget et le ministre chargé des collectivités territoriales.

Un suppléant est nommé pour chaque administrateur, dans les mêmes conditions que ce dernier. La durée du mandat de chaque administrateur est de quatre ans. Ce mandat n'est pas renouvelable.

Aucun administrateur ne peut détenir d'intérêt, direct ou indirect, dans les domaines d'activité des professions mentionnées à l'article R. 444-22. – *V. C. com., art. R. 444-22, App., v° Frais et dépens, V, Tarif des frais et dépens.*

En cas d'égalité des voix, celle du président du conseil d'administration est prépondérante.

V. note au-dessus de l'art. R. 444-1 C. com., App., v° Frais et dépens, V, Tarif des frais et dépens.

Art. R. 444-38 Un comité consultatif, dénommé : "Comité consultatif des aides à l'accès au droit et à la justice" (CCAADJ), est créé auprès du conseil d'administration de la société de gestion du fonds.

A la demande du conseil d'administration, le comité donne son avis sur toute question relative à la gestion administrative, comptable et financière du fonds.

V. note au-dessus de l'art. R. 444-1 C. com., App., v° Frais et dépens, V, Tarif des frais et dépens.

Art. R. 444-39 Le Comité consultatif des aides à l'accès au droit et à la justice comprend huit membres :

1° Deux professeurs des universités, respectivement agrégé de droit et agrégé de sciences économiques, coprésidents du comité ;

2° Un administrateur judiciaire ;
3° Un commissaire-priseur judiciaire ;
4° Un greffier de tribunal de commerce ;
5° Un huissier de justice ;
6° Un mandataire judiciaire ;
7° Un notaire.

(Décr. n° 2020-179 du 28 févr. 2020, art. 11) « Les membres du comité sont nommés par arrêté conjoint du ministre de la justice et du ministre chargé du budget, sur proposition du Conseil national des administrateurs judiciaires et des mandataires judiciaires pour les personnes mentionnées au 2° et au 6°, des sections respectives des commissaires-priseurs judiciaires et des huissiers de justice de la Chambre nationale des commissaires de justice pour celles mentionnées au 3° et au 5°, du Conseil national des greffiers de tribunaux de commerce pour celle mentionnée au 4°, du Conseil supérieur du notariat pour celle mentionnée au 7°. »

Des suppléants sont nommés dans les mêmes conditions.

La durée de mandat de chaque membre est de quatre ans. Ce mandat n'est pas renouvelable.

Le ministre de la justice désigne un ou plusieurs rapporteurs auprès du comité.

V. note au-dessus de l'art. R. 444-1 C. com., App., v° Frais et dépens, V, Tarif des frais et dépens.

Art. R. 444-40 Les statuts et le règlement intérieur de la société de gestion du fonds sont approuvés par arrêté conjoint du ministre de la justice et du ministre chargé du budget. Le règlement intérieur du comité consultatif est approuvé dans les mêmes conditions.

V. note au-dessus de l'art. R. 444-1 C. com., App., v° Frais et dépens, V, Tarif des frais et dépens.

Art. R. 444-41 Un décret précise les conditions dans lesquelles la société de gestion du fonds met en œuvre les dispositions de la présente section, notamment pour la gestion des demandes et de l'octroi des aides.

V. note au-dessus de l'art. R. 444-1 C. com., App., v° Frais et dépens, V, Tarif des frais et dépens.

Décret n° 48-648 du 7 avril 1948,

Concernant le tarif des officiers ministériels en matière de contributions directes de taxes assimilées et d'amendes.

Art. 1er *(Décr. n° 51-1207 du 9 oct. 1951)* Les officiers ministériels appelés à exercer leurs fonctions en matière de contributions directes ou taxes assimilées, d'amendes ou de condamnations pécuniaires reçoivent, pour chaque acte de leur ministère, y compris la signification d'exploits et l'établissement de procès-verbaux, des émoluments égaux à ceux qui sont alloués pour le même acte par leur tarif général.

Art. 2 Les droits ou indemnités alloués à titre de remboursement de frais de toute nature sont les mêmes que ceux alloués par ledit tarif général.

Art. 3 La taxe des frais par le juge à la requête de l'administration est faite à la diligence du receveur des finances.

Il n'est dû aucune vacation pour la taxe que l'officier ministériel croirait devoir requérir.

Art. 4 Sont abrogées toutes dispositions contraires à celles du présent décret, notamment le décret du 9 août 1946 relatif au tarif des huissiers.

2 Rémunération de l'administrateur judiciaire, du commissaire à l'exécution du plan, du mandataire judiciaire et du liquidateur

V. C. com., art. R. 663-32 à R. 663-40. — ***C. com.***

B Dispositions particulières à certaines professions du droit

1 Administrateurs judiciaires

V. C. com., art. R. 663-3 à R. 663-13-1. — ***C. com.***

Droits de plaidoirie des avocats

Code de la sécurité sociale

Art. L. 652-6 *(L. nº 94-637 du 25 juill. 1994, art. 43)* **Dans la métropole et dans les** *(L. nº 2015-1268 du 14 oct. 2015, art. 7-I-3º)* **« collectivités mentionnées » à l'article L. 751-1, les droits alloués aux avocats pour la plaidoirie et perçus par eux, au titre de leur activité propre comme de celle des avocats salariés qu'ils emploient, sont affectés au financement du régime d'assurance vieillesse de base de la Caisse nationale des barreaux français. Ils sont recouvrés auprès de chaque avocat non salarié ou société d'avocats par** *(L. nº 2014-40 du 20 janv. 2014, art. 49-I-1º, en vigueur le 1er janv. 2014)* **« la Caisse nationale des barreaux français. »**

Lorsque leur activité principale n'est pas la plaidoirie, les avocats non salariés et les sociétés d'avocats dont au moins un associé ou un salarié est affilié à la Caisse nationale des barreaux français versent une contribution équivalente aux droits de plaidoirie.

Parmi ces derniers, sont réputés ne pas avoir pour activité principale la plaidoirie ceux dont l'activité, déterminée en fonction de leurs revenus professionnels d'avocats complétés des rémunérations nettes versées aux avocats salariés affiliés à la Caisse nationale des barreaux français, donne lieu *(L. nº 2014-40 du 20 janv. 2014, art. 49-I-2º, en vigueur le 1er janv. 2014)* **« au versement à ladite caisse d' » un nombre de droits de plaidoirie inférieur à un minimum fixé par** *(L. nº 2014-40 du 20 janv. 2014, art. 49-I-2º, en vigueur le 1er janv. 2014)* **« cette même » caisse. Les revenus professionnels non salariés et les rémunérations pris en compte pour le calcul de la contribution équivalente sont appréciés dans la limite d'un plafond fixé dans les conditions prévues au dernier alinéa du présent article.**

Les sommes recouvrées par application du présent article *(Abrogé par Ord. nº 2018-470 du 12 juin 2018, art. 5)* ***« et des dispositions de l'article L. 723-4 »*** **couvrent le tiers des charges du régime d'assurance vieillesse de base de l'année courante.**

(Abrogé par Ord. nº 2018-470 du 12 juin 2018, art. 5) ***« Un décret en Conseil d'État fixe les modalités d'application du présent article ».*** — *[Anc. art. L. 723-3 (Ord. nº 2018-470 du 12 juin 2018, art. 5-I-5º).]*

1. Constitutionnalité. L'art. L. 723-3 CSS [devenu art. L. 652-6 CSS] porte sur deux des modalités de financement du régime d'assurance vieillesse de base des avocats, géré par la Caisse nationale des barreaux français. La première consiste en l'affectation à ce financement des droits alloués aux avocats pour la plaidoirie et perçus par eux, au titre de leur activité propre comme de celle des avocats salariés qu'ils emploient. La seconde correspond au versement d'une « contribution équivalente » aux droits de plaidoirie par les avocats dont la plaidoirie ne constitue pas l'activité principale. Les droits de plaidoirie, qui sont dus, pour chaque plaidoirie, par les clients des avocats ou la partie condamnée aux dépens et sont ensuite reversés à la Caisse nationale des barreaux français, ne constituent pas une cotisation personnelle desdits avocats grevant leurs revenus professionnels. Il est indifférent à cet égard que les avocats perçoivent ces droits *avant de les reverser, dans leur intégralité*, à la caisse nationale. Il en va en revanche différemment de la « contribution équivalente ». Celle-ci pèse directement sur les revenus professionnels des avocats qui y sont assujettis. En instaurant une telle différence de traitement entre les avocats dont la plaidoirie est l'activité principale et leurs confrères, le législateur a entendu tenir compte de la participation particulière au service public de la justice que constitue l'activité de plaidoirie. Afin, toutefois, de limiter la charge pesant ainsi sur les revenus professionnels des avocats dont la plaidoirie n'est pas l'activité principale, le législateur a instauré, par les dispositions contestées, un plafonnement de la « contribution équivalente ». Dès lors, la différence de traitement résultant de l'absence de plafonnement des droits de plaidoirie reversés est justifiée par le fait que, la « contribution équivalente » pèse sur les avocats qui y sont assujettis, alors que les droits de plaidoirie pèsent sur les justiciables et non sur les avocats qui les reversent. Cette différence de traitement, qui est ainsi fondée sur une différence de situation, est en rapport avec l'objet de la loi. Il en résulte que les griefs tirés de la méconnaissance des principes d'égalité devant la loi et devant les charges publiques doivent être écartés. La seconde phrase du troisième alinéa de l'art. L. 723-3 [devenu art. L. 652-6], qui ne méconnaît aucun autre droit ou liberté que la Constitution garantit, est conforme à la Constitution. • Cons. const., 29 juin 2018, nº 2018-716 QPC.

2. Droit de plaidoirie. Il incombe à l'avocat qui perçoit notamment de la partie condamnée aux dépens le droit de plaidoirie, de reverser celui-ci à la CNBF, organisme de gestion du régime d'assurance vieillesse des avocats. L'acquittement de ce droit ne constitue pas une cotisation personnelle au régime d'assurance vieillesse de la profession d'avocat de sorte que, même radié de la CNBF, l'avocat doit s'acquitter de son versement. • Civ. 2e, 20 sept. 2005, n° 03-12.444 P : *JCP S 2005. 1424, note Prétot.*

....

Art. R. 652-26 *(Décr. n° 2014-1704 du 30 déc. 2014, art. 1er)* **Le droit de plaidoirie prévu au premier alinéa de l'article** *(Décr. n° 2019-718 du 5 juill. 2019, art. 5-I-15°)* **« L. 652-6 » est exigible devant les juridictions administratives de droit commun et les juridictions de l'ordre judiciaire.** *— V. CSS, art. L. 652-6, reproduit ci-dessus.*

Toutefois, il n'est pas dû devant les conseils de prud'hommes, les *(Décr. n° 2019-966 du 18 sept. 2019, art. 8, en vigueur le 1er janv. 2020)* **« tribunaux judiciaires** *[ancienne rédaction : tribunaux d'instance]* **» statuant en matière prud'homale, les tribunaux de police statuant en matière de contraventions des quatre premières classes et les juridictions statuant en matière de contentieux de la sécurité sociale ou de contentieux électoral, ni devant le Conseil d'État et la Cour de cassation pour les affaires dispensées du ministère d'avocat.**

Il n'est pas non plus dû, dans les procédures comportant la tenue d'une audience à bref délai dont la liste est fixée par arrêté du garde des sceaux, lorsque l'avocat prête son concours à une personne bénéficiant de l'aide juridictionnelle totale en application de la loi n° 91-647 du 10 juillet 1991 relative à l'aide juridique. *— V. L. n° 91-647 du 10 juill. 1991, App., v° Aide juridique, I, Réglementation générale. — Sur la liste des procédures visées, V. Arr. du 23 nov. 2011, reproduit ci-dessous.*

Le droit de plaidoirie ne peut faire l'objet d'aucune dispense. *— Anc. art. R. 723-26-1 (Décr. n° 2019-718 du 5 juill. 2019, art. 5-I-5°).*

Une ordonnance de non-conciliation, décision juridictionnelle prescrivant, le cas échéant, des mesures provisoires, et susceptible de recours, est rendue après les explications données par les parties puis par leurs avocats. La Caisse nationale des barreaux français est par suite recevable à réclamer les droits de plaidoirie à l'occasion d'audiences ayant donné lieu à des ordonnances de non-conciliation. • Civ. 2e, 5 janv. 1983 : *Bull. civ. I, n° 1 ; D. 1983. 168 ; ibid. 1984. IR 120, note Brunois ; Gaz. Pal. 1983. Pan. 122.*

Décret n° 2014-1704 du 30 décembre 2014,

Relatif aux droits de plaidoirie et à la contribution équivalente (JO 31 déc.).

Art. 2 Les droits de plaidoirie restant à recouvrer par les barreaux au titre des plaidoiries antérieures au 1er janvier 2014 sont recouvrés par les barreaux jusqu'au 31 décembre 2014 et versés par ceux-ci à la Caisse nationale des barreaux français au plus tard le 15 janvier 2015.

Les dispositions prévues à l'article 15 du décret n° 95-161 du 15 février 1995 relatif aux droits de plaidoirie et à la contribution équivalente dans sa rédaction en vigueur au 31 décembre 2013 sont maintenues au titre des droits reversés à la Caisse nationale des barreaux français en application du premier alinéa du présent article. *— V. Décr. n° 95-161 du 15 févr. 1995, art. 7 et 15 reproduits ci-dessous.*

Décret n° 95-161 du 15 février 1995,

Relatif aux droits de plaidoirie et à la contribution équivalente.

Art. 7 L'avocat verse à son ordre les droits de plaidoirie correspondant à l'état mentionné au premier alinéa de l'article 6 dans le mois suivant sa réception.

A la fin de chaque mois, les droits collectés par l'ordre sont reversés à la Caisse nationale des barreaux français avec les indications nécessaires à leur imputation.

....

Art. 15 La Caisse nationale des barreaux français reverse à chaque barreau, pour ses œuvres de prévoyance, 3 p. 100 des droits recouvrés sur les avocats de son ressort en application de l'article L. 723-3 du code de la sécurité sociale.

En outre, 2 p. 100 des droits recouvrés selon les modalités prévues à l'article 7 du présent décret sont reversés à chaque barreau pour être affectés à l'organisation de ce recouvrement.

Arrêté du 23 novembre 2011,

Fixant la liste des procédures visées à l'alinéa 3 de l'article 1er du décret nº 95-161 du 15 février 1995 relatif aux droits de plaidoirie et à la contribution équivalente (JO 25 nov.).

Art. 1er En matière pénale, sont exonérées du droit de plaidoirie les missions d'assistance et de représentation accomplies par les avocats au titre de l'aide juridictionnelle totale :

— devant le tribunal correctionnel dans le cadre de la procédure prévue par l'article 395 du code de procédure pénale (comparution immédiate) ;

— pour les mineurs devant le juge des enfants et le tribunal pour enfants pour les procédures jugées dans les conditions des articles 8, 13, 13-1 et 14-2 de l'ordonnance nº 45-174 du 2 février 1945 modifiée.

Art. 2 En matière civile, sont exonérées du droit de plaidoirie les missions d'assistance et de représentation accomplies par les avocats au titre de l'aide juridictionnelle totale dans le cadre des procédures suivantes :

— procédures prévues par les articles L. 552-1 à L. 552-10 du code de l'entrée et du séjour des étrangers et du droit d'asile (prolongation de la rétention dans des locaux ne relevant pas de l'administration pénitentiaire) ;

— procédures prévues par les articles L. 222-1 à L. 222-6 du code de l'entrée et du séjour des étrangers et du droit d'asile (prolongation du maintien en zone d'attente).

(Arr. du 29 mars 2012, art. 1er) « — procédures prévues aux articles L. 3211-12, L. 3211-12-1 et L. 3213-5 du code de la santé publique (demande de mainlevée et contrôle de plein droit des mesures d'hospitalisation sous contrainte). »

Art. 3 En matière administrative, sont exonérées du droit de plaidoirie les missions d'assistance et de représentation accomplies par les avocats au titre de l'aide juridictionnelle totale dans le cadre des procédures prévues aux articles L. 512-1 (III) *(Arr. du 5 déc. 2011, art. 1er)* « du code de l'entrée et du séjour des étrangers et du droit d'asile » et R. 776-14 à R. 776-28 du code de justice administrative (recours contre certaines mesures d'éloignement lorsque l'étranger est placé en rétention administrative ou assigné à résidence).

Art. R. 652-27 *(Décr. nº 2014-1704 du 30 déc. 2014, art. 1er)* **Le droit de plaidoirie est dû à l'avocat pour chaque plaidoirie faite aux audiences dont la liste est fixée par arrêté du garde des sceaux, ministre de la justice. A défaut de plaidoirie, est considéré comme ayant plaidé l'avocat représentant la partie à l'audience.** – *V. Arr. du 15 févr. 1995 (JO 19 févr.).*

Lorsque plusieurs avocats plaident pour une seule partie, il est dû un droit par avocat plaidant. Si un avocat plaide pour plusieurs parties, un seul droit est dû.

Le droit de plaidoirie est dû à l'avocat auquel un de ses confrères s'est substitué à titre occasionnel ou en qualité de salarié ou de collaborateur.

Il est dû à la société d'avocats au nom de laquelle l'avocat intervient en qualité de salarié, d'associé ou de collaborateur ou à laquelle il se substitue à titre occasionnel. – *Anc. art. R. 723-26-2 (Décr. nº 2019-718 du 5 juill. 2019, art. 5-I-5º).*

Art. R. 652-28 *(Décr. nº 2014-1704 du 30 déc. 2014, art. 1er)* **Le montant du droit de plaidoirie est fixé à 13 euros.** – *Anc. art. R. 723-26-3 (Décr. nº 2019-718 du 5 juill. 2019, art. 5-I-5º).*

BIBL. ▶ **Décr. du 23 nov. 2011 :** AVENA-ROBARDET, *AJ fam. 2012. 563* (droits de plaidoirie à 13 euros !). – G'SELL-MACREZ, *JCP 2012. 387, nº 16.* – NDLR, *Procédures 2012. Alerte 3.*

Art. R. 659-29 *(Décr. nº 2014-1704 du 30 déc. 2014, art. 1er)* **Au plus tard le quinzième jour du mois suivant le dernier jour de chaque trimestre civil, l'avocat ou la société d'avocats reverse à la Caisse nationale des barreaux français les droits de plaidoirie qu'il a perçus durant ce trimestre.** – *Anc. art. R. 723-26-4 (Décr. nº 2019-718 du 5 juill. 2019, art. 5-I-5º).*

Décret nº 2014-1704 du 30 décembre 2014,

Relatif aux droits de plaidoirie et à la contribution équivalente (JO 31 déc.).

Art. 3 Par dérogation aux dispositions de l'article R. 723-26-4 du code de la sécurité sociale, les droits de plaidoirie perçus au cours des trois premiers trimestres de l'année 2014 au titre des plaidoiries de cette période doivent être reversés au plus tard le 15 janvier 2015.

Art. R. 652-30 *(Décr. nº 2014-1704 du 30 déc. 2014, art. 1er)* Les avocats ou sociétés d'avocats concernés transmettent à la caisse, dans le délai prévu à l'article *(Décr. nº 2019-718 du 5 juill. 2019, art. 5-I-16º)* « R. 652-29 », un bordereau déclaratif accompagné du paiement correspondant. Ce bordereau, dont le modèle est fixé par la caisse, comporte notamment le nombre de droits de plaidoirie versé *[versés]* et la période considérée. — *Anc. art. R. 723-26-5 (Décr. nº 2019-718 du 5 juill. 2019, art. 5-I-5º).*

Art. R. 652-31 La contribution équivalente au droit de plaidoirie, prévue au deuxième alinéa de l'article *(Décr. nº 2019-718 du 5 juill. 2019, art. 5-I-17º)* « L. 652-6 », est calculée chaque année dans les conditions définies ci-après.

I. — Avant le 1er janvier de l'année civile au titre de laquelle la contribution est due, la Caisse nationale des barreaux français constate le montant moyen de revenu professionnel qui donne lieu à la perception d'une contribution équivalente aux droits de plaidoirie.

A cette fin, elle divise le montant total des revenus professionnels et des rémunérations nets imposables pour l'ensemble des avocats affiliés l'avant-dernière année à la caisse, calculés selon les modalités mentionnées à l'article *(Décr. nº 2019-718 du 5 juill. 2019, art. 5-I-17º)* « R. 652-32 », par le nombre de droits de plaidoirie nécessaires à la couverture du tiers des charges prévisionnelles du régime d'assurance vieillesse de base de l'année considérée.

II. — Le montant de la contribution équivalente susceptible d'être due par chaque avocat non salarié affilié à la caisse l'année civile au titre de laquelle la contribution est due ou chaque société d'avocats dont au moins un associé ou un salarié est affilié à la caisse cette même année est déterminé en divisant le montant des revenus professionnels et rémunérations nets imposables calculés selon les modalités mentionnées à l'article *(Décr. nº 2019-718 du 5 juill. 2019, art. 5-I-17º)* « R. 652-32 » déclarés au titre de l'avant-dernière année par le montant moyen de revenu tel que constaté dans les conditions prévues au I du présent article.

La caisse déduit du résultat ainsi obtenu les droits de plaidoirie qui lui ont été reversés par l'avocat ou la société d'avocat *[avocats]* au titre de l'avant-dernière année et dans les délais prévus au premier alinéa de l'article *(Décr. nº 2019-718 du 5 juill. 2019, art. 5-I-17º)* « R. 652-29 ».

En cas d'inscription ou de fin d'inscription au barreau en cours d'année civile, la contribution équivalente aux droits de plaidoirie est réduite au prorata de la durée d'affiliation. — *Anc. art. R. 723-26-6 (Décr. nº 2019-718 du 5 juill. 2019, art. 5-I-5º).*

Art. R. 652-32 *(Décr. nº 2014-1704 du 30 déc. 2014, art. 1er)* I. — La contribution équivalente due par l'avocat non salarié est assise sur ses revenus professionnels nets imposables augmentés, le cas échéant, des rémunérations nettes imposables des avocats salariés affiliés à la Caisse nationale des barreaux français qu'il emploie dans la limite, pour l'avocat redevable et chacun de ses salariés, de sept fois le plafond de la première tranche du régime de retraite complémentaire institué en application de l'article *(Décr. nº 2019-718 du 5 juill. 2019, art. 5-I-18º)* « L. 654-1 ». — *V. CSS, art. L. 654-1.* — **CSS.**

II. — La contribution équivalente due par la société d'avocats est assise sur les revenus professionnels et les rémunérations nets imposables des associés et avocats salariés qu'elle emploie affiliés à la caisse, dans la limite pour chacun d'eux de sept fois le plafond de la première tranche du régime de retraite complémentaire institué en application de l'article *(Décr. nº 2019-718 du 5 juill. 2019, art. 5-I-18º)* « L. 654-1 ». — *Anc. art. R. 723-26-7 (Décr. nº 2019-718 du 5 juill. 2019, art. 5-I-5º).*

Art. R. 652-33 *(Décr. nº 2014-1704 du 30 déc. 2014, art. 1er)* La contribution est annuelle. L'appel adressé par la Caisse nationale des barreaux français à chaque avocat ou société d'avocats précise les éléments de calcul retenus pour la fixation du montant de la contribution à verser. La contribution est recouvrée dans les mêmes conditions et sous les mêmes sanctions que celles mentionnées à l'article *(Décr. nº 2019-718 du 5 juill. 2019, art. 5-I-19º)* « R. 652-24 ».

En cas d'absence de déclaration des revenus d'activité, les dispositions de l'article R. 242-14 sont applicables. – *Anc. art. R. 723-26-8 (Décr. n° 2019-718 du 5 juill. 2019, art. 5-I-5°).*

Code de la sécurité sociale

Art. R. 613-1-2 *(Décr. n° 2012-1550 du 28 déc. 2012, art. 18)* I. — Lorsque le travailleur indépendant n'a pas souscrit la déclaration de *(Décr. n° 2014-1690 du 30 déc. 2014, art. 8-1°)* « revenu d'activité mentionnée à l'article *(Décr. n° 2021-686 du 28 mai 2021, art. 1er-5°)* « L. 613-2 », les cotisations *(Décr. n° 2017-864 du 9 mai 2017, art. 1er-3°-a)* « mentionnées » à l'article L. 131-6-2 » sont calculées provisoirement *(Décr. n° 2017-864 du 9 mai 2017, art. 1er-3°-a)* « et à titre forfaitaire » sur la base la plus élevée parmi :

(Décr. n° 2016-192 du 25 févr. 2016, art. 1er-10°) « *a)* La moyenne des revenus déclarés au titre des deux années précédentes ou, en deuxième année d'activité, le revenu déclaré au titre de la première année d'activité. Lorsque l'un de ces revenus n'a pas été déclaré, il est tenu compte pour l'année considérée de la base ayant servi au calcul des cotisations de cette année, sans prise en compte pour celle-ci des éventuelles majorations appliquées sur la base des dispositions du cinquième alinéa ; »

(Abrogé par Décr. n° 2017-864 du 9 mai 2017, art. 1er-3°-b) « b) Les revenus d'activité déclarés à l'administration fiscale, lorsque l'organisme de sécurité sociale en dispose, augmentés de 30 % ; »

(Décr. n° 2017-864 du 9 mai 2017, art. 1er-3°-c) « *b)* » 50 % du plafond annuel de la sécurité sociale en vigueur au 1er janvier de l'année au titre de laquelle *(Décr. n° 2017-864 du 9 mai 2017, art. 1er-3°-c)* « les cotisations sont dues ».

L'assiette retenue est majorée de 25 % dès la première année et pour chaque année consécutive non déclarée.

(Décr. n° 2017-864 du 9 mai 2017, art. 1er-3°-d) « Un montant plus élevé peut être fixé pour les cotisations, droits et contributions *(Décr. n° 2019-718 du 5 juill. 2019, art. 5-II-2°)* « finançant les régimes d'assurance vieillesse et invalidité-décès mentionnés aux titres IV et V du livre VI, » dans la limite des plafonds applicables pour leur calcul ».

(Décr. n° 2017-864 du 9 mai 2017, art. 1er-3°-e) « Par dérogation aux dispositions des six premiers alinéas du présent I, lorsqu'elles portent sur la dernière année d'activité, les cotisations mentionnées au premier alinéa du I sont calculées, dans le cas qu'il mentionne, sur la base du dernier revenu d'activité connu*[,]* ou en l'absence de celui-ci*[,]* du revenu forfaitaire mentionné à l'article L. 131-6-2. »

(Décr. n° 2017-864 du 9 mai 2017, art. 1er-3°-f) « II. — » *(Décr. n° 2021-686 du 28 mai 2021, art. 1er-5°)* « Lorsque le travailleur indépendant a souscrit la déclaration mentionnée à l'article 170 du code général des impôts après la date limite de dépôt mentionnée à l'article 175 du même code ou par une voie autre que dématérialisée, sans avoir communiqué par ailleurs son revenu d'activité à l'organisme mentionné à l'article L. 213-1 ou à l'article L. 752-4 du présent code dans les conditions prévues au III de l'article R. 613-1-1, l'administration fiscale transmet les données déclarées pour les années considérées, sur demande de ces mêmes organismes, selon des modalités fixées par convention.

« Dès réception de ces données, l'organisme mentionné à l'article L. 213-1 ou à l'article L. 752-4 demande au travailleur indépendant de lui communiquer, dans un délai de deux mois, les données mentionnées au premier alinéa du I de l'article R. 613-1-1 nécessaires au calcul des cotisations et contributions sociales dues.

« En l'absence de communication de l'ensemble des données requises, les cotisations mentionnées au premier alinéa du I du présent article sont calculées sur la base des données disponibles. La pénalité mentionnée au III de l'article R. 613-1-1 est alors portée à 10 % de leur montant. »

(Décr. n° 2017-864 du 9 mai 2017, art. 1er-3°-f) « En cas de rectification par l'administration fiscale des revenus retenus pour le calcul des cotisations et contributions de sécurité sociale, cette dernière en informe les organismes compétents qui peuvent procéder à la révision du montant des cotisations déterminées en application de l'alinéa précédent. »

III. — *(Décr. n° 2017-864 du 9 mai 2017, art. 1er-3°-g)* « La contribution mentionnée à l'article L. 136-3 est calculée » sur la base retenue pour le calcul des cotisations majorée de celles-ci.

IV. — *(Décr. n° 2017-864 du 9 mai 2017, art. 1er-3°-h)* « Le montant des sommes déterminées en application des dispositions du I est notifié à l'intéressé, au plus tôt le trentième jour et au plus tard le cent quatre-vingtième jour suivant la date *(Décr. n° 2021-686 du 28 mai 2021, art. 1er-5°)* « limite de dépôt mentionnée à l'article 175 du code général des impôts pour les déclarations souscrites par voie électronique ». Cette notification est accompagnée de l'échéancier de paiement qui en découle, dont la première échéance de paiement correspond à celles mentionnées aux articles *(Décr. n° 2019-718 du 5 juill. 2019, art. 2-II-2°)* « R. 613-2 » et *(Décr. n° 2019-718 du 5 juill. 2019, art. 2-II-2°)* « R. 613-3 » sans que le délai entre cette première échéance de paiement et la notification puisse être inférieur à quinze jours. Ce montant peut être révisé, y compris ultérieurement, en application des dispositions du II et du V. » Les cotisations et contributions sociales calculées sur cette base sont recouvrées dans les mêmes conditions que les cotisations et contributions définitives *(Décr. n° 2014-1690 du 30 déc. 2014, art. 8-4°)* « des années civiles considérées ».

Lorsque le travailleur indépendant déclare ses revenus postérieurement à cette *(Décr. n° 2014-1690 du 30 déc. 2014, art. 8-4°)* « notification », les cotisations et les contributions sociales sont régularisées sur cette base. *(Abrogé par Décr. n° 2017-864 du 9 mai 2017, art. 1er-3°-i) « Dans ce cas, la pénalité prévue au dernier alinéa de l'article (Décr. n° 2016-192 du 25 févr. 2016, art. 1er-4°) « R. 131-1 » est portée à 10 % des (Décr. n° 2014-1690 du 30 déc. 2014, art. 8-4°) « cotisations et contributions sociales dues. Cette pénalité peut faire l'objet d'une remise partielle dans les conditions prévues à l'article R. 243-20. Elle peut également faire l'objet de sursis à poursuites accordés par le directeur de l'organisme chargé du recouvrement, sous réserve qu'ils soient assortis de garanties du débiteur. »*

(Décr. n° 2016-941 du 8 juill. 2016, art. 9)

(Décr. n° 2017-864 du 9 mai 2017, art. 1er-3°-j) « V. — Les organismes de recouvrement peuvent retenir, pour l'application du présent article, des montants supérieurs à ceux fixés par les I à III s'ils disposent d'éléments probants permettant de considérer que les revenus des travailleurs indépendants sont susceptibles de dépasser ces montants dans la limite du montant résultant de la prise en compte de ces éléments ».

(Décr. n° 2017-864 du 9 mai 2017, art. 1er-3°-k) « VI. — Les revenus retenus pour l'application du présent article sont considérés comme des revenus nuls lorsqu'ils sont déficitaires. » — *Anc. art. R. 242-14 (Décr. n° 2017-864 du 9 mai 2017, art. 1er-3°).*

....

Art. R. 652-24 Les cotisations sont portables.

(Décr. n° 2012-1550 du 28 déc. 2012, art. 25) « Les cotisations définitives doivent être payées chaque année selon les modalités et à la date fixée par les statuts et au plus tard le 31 décembre de l'année suivant celle au titre de laquelle elles sont dues. Dans les cas prévus à l'article *(Décr. n° 2019-718 du 5 juill. 2019, art. 5-I-14°)* « R. 652-21 », elles sont exigibles dans le délai d'un mois suivant leur notification.

« Les statuts précisent également les modalités de versement à titre provisionnel de la cotisation mentionnée au deuxième alinéa de l'article *(Décr. n° 2019-718 du 5 juill. 2019, art. 5-I-14°)* « L. 652-7 ». »

(Décr. n° 2019-718 du 5 juill. 2019, art. 5-I-14°) « Pour l'application du troisième alinéa de l'article L. 652-10, la Caisse nationale des barreaux français assume les compétences dévolues aux organismes chargés du recouvrement des cotisations au régime général. » — *Anc. art. R. 723-25 (Décr. n° 2019-718 du 5 juill. 2019, art. 5-I-5°).*

Décret n° 60-426 du 25 avril 1960,

Relatif aux droits de plaidoirie dans les départements de la Guadeloupe, de la Martinique, de la Réunion et de la Guyane (JO 6 mai).

Non reproduit.

Postulation

Code de commerce

SOUS-SECTION 4 *Avocats*

(Décr. n° 2017-862 du 9 mai 2017, art. 2-VIII)

Sur le Décr. n° 2017-862 du 9 mai 2017, V. note ss. C. com., art. R. 444-2, App., v° Frais et dépens, V, Tarif des frais et dépens.

Art. R. 444-71 Les dispositions de la présente sous-section sont applicables aux tarifs relatifs aux prestations de postulation des avocats dans les matières suivantes :

1° La saisie immobilière régie par les articles L. 311-1 à L. 341-1 et R. 311-1 à *(Décr. n° 2018-200 du 23 mars 2018, art. 3)* « R. 334-3 » du code des procédures civiles d'exécution ;

2° Le partage régi par les articles 815 à 892 du code civil et les articles 1358 à 1376 du code de procédure civile ;

3° La licitation régie par les articles 1686 à 1688 du code civil et les articles 1377 et 1378 du code de procédure civile ;

4° Les sûretés judiciaires régies par les articles *(Décr. n° 2018-200 du 23 mars 2018, art. 3)* « L. 531-1 » à L. 533-1 et R. 531-1 à *(Décr. n° 2018-200 du 23 mars 2018, art. 3)* « R. 534-1 » du code des procédures civiles d'exécution et l'hypothèque *(Décr. n° 2021-1888 du 29 déc. 2021, art. 5, en vigueur le 1er janv. 2022)* « légale *[ancienne rédaction : judiciaire]* » régie par l'article *(Décr. n° 2021-1888 du 29 déc. 2021, art. 5, en vigueur le 1er janv. 2022)* « 2401 *[ancienne rédaction : 2412]* » du code civil.

Les dispositions du Décr. n° 2018-200 du 23 mars 2018 sont applicables à Wallis-et-Futuna (Décr. préc., art. 12).

Art. R. 444-72 L'assiette des émoluments proportionnels perçus par l'avocat pour la réalisation des prestations mentionnées à l'article R. 444-71 est constituée par l'intérêt du litige. Celui-ci est évalué selon des modalités précisées, en tant que de besoin, par l'arrêté fixant ces émoluments en application de l'article L. 444-3.

Art. R. 444-73 Les avocats ne peuvent percevoir aucun droit de recette ou de comptabilité pour l'encaissement ou la garde des fonds maniés en conséquence d'une procédure diligentée par leurs soins.

Art. R. 444-74 Avant tout règlement, les avocats sont tenus de remettre aux parties, même si celles-ci ne le requièrent pas, un document, dénommé "états de frais", présentant le compte détaillé des émoluments, frais et débours dont elles sont redevables.

Les états de frais doivent faire ressortir séparément et distinctement les émoluments, les provisions versées, les frais et les débours, avec mention :

1° Pour les émoluments :

a) Des lignes du tableau 6 annexé à l'article R. 444-3 auxquels ils correspondent ;

b) Des articles du présent code qui en fixent le montant ;

2° Pour les débours, des dispositions de l'article annexe 4-8 les prévoyant.

Il n'est dû aucun émolument pour la rédaction et l'établissement de l'état de frais ni, éventuellement, de ses copies.

Art. R. 444-75 Lorsqu'en application de l'article R. 444-15, l'avocat exerce son droit de rétention sur les actes qu'il a faits, sur les pièces qui lui ont été remises pour soutenir le procès ou les titres qu'il s'est procurés au cours de la procédure, la communication de ces actes, pièces ou titres à tout officier public ou ministériel mandataire de la partie doit toujours être faite à titre provisoire, lorsqu'un intérêt légitime est reconnu par le bâtonnier de l'ordre des avocats près le *(Décr. n° 2019-966 du 18 sept. 2019, art. 8, en vigueur le 1er janv. 2020)* « tribunal judiciaire *[ancienne rédaction : tribunal de grande instance]* » concerné. Il appartient à l'officier public ou ministériel mandataire de la partie de rétablir ces actes, pièces ou titres aux mains de l'avocat lorsqu'ils ne lui sont plus nécessaires.

Art. R. 444-76 Il est interdit aux avocats, sous peine de sanctions disciplinaires, de partager leurs émoluments avec un tiers.

Art. R. 444-77 *(Abrogé par Décr. n° 2020-179 du 28 févr. 2020, art. 14) Dans le département de La Réunion, les émoluments des prestations de postulation régies par le présent titre sont majorés de 40 %.*

L'art. 14 du Décr. n° 2020-179 du 28 févr. 2020 entre en vigueur le 1er janv. 2021 (Décr. préc., art. 16 ; Arr. du 28 avr. 2020).

SECTION IV *Tarifs des avocats*

(Arr. du 6 juill. 2017)

Adopté dans les conditions prévues à l'art. 5 du Décr. n° 2017-862 du 9 mai 2017, l'Arr. du 6 juill. 2017 (JO 14 juill.) fixe les tarifs des avocats pour une période transitoire de deux ans comprise entre le 1er sept. 2017 et le 1er sept. 2019 (Arr. préc., art. 1er).

La présente section issue de l'Arr. du 6 juill. 2017 entre en vigueur le 1er sept. 2017.

Toutefois, et par dérogation aux art. A. 444-187 et A. 444-202 C. com., en matière de saisie immobilière, de partage, de licitation et de sûretés judiciaires :

1° Les dispositions régissant le tarif de postulation devant les tribunaux de grande instance mentionnées aux 1°, 2°, 3° et 4° de l'art. 6 du Décr. n° 2017-862 du 9 mai 2017 restent applicables aux instances en cours avant le 1er sept. 2017 ;

2° Les dispositions régissant le tarif de postulation devant les cours d'appel mentionnées au 5° de l'art. 6 du Décr. n° 2017-862 du 9 mai 2017 restent applicables aux instances en cours avant l'entrée en vigueur de la L. n° 2011-94 du 25 janv. 2011 (Arr. préc., art. 3).

Les dispositions de l'Arr. du 6 juill. 2017 ne sont pas applicables dans les départements de la Moselle, du Bas-Rhin et du Haut-Rhin (Arr. préc., art. 4). Elle sont applicables dans les îles Wallis-et-Futuna (Arr. préc., art. 5).

Art. A. 444-187 **Les prestations figurant au tableau 6 de l'article Annexe 4-7 donnent lieu à la perception d'émoluments fixés conformément aux dispositions respectives des sous-sections 1 à 5 de la présente section.** — *V. Annexe 4-7, tableau 6 reproduit ss. C. com., art. R. 444-3.*

Les remboursements forfaitaires de frais et débours sont régis par la sous-section 6 de cette même section. — *V. C. com., art. A. 444-201, reproduit ci-après.*

Les remises sur les émoluments proportionnels sont régies par la sous-section 7 de cette même section. — *V. C. com., art. A. 444-202, reproduit ci-après.*

(Arr. du 8 août 2019, art. 1er-1°) **« Les émoluments applicables jusqu'au 31 août** *(Arr. du 2 août 2021, art. 1er)* **« 2023 » sont ceux qui sont prévus par la présente section. »**

SOUS-SECTION 1 *Intérêt du litige*

Art. A. 444-188 **En matière de saisie immobilière et de licitation, sauf dispositions contraires, l'intérêt du litige correspond au prix d'adjudication du bien. En cas de vente par lots, l'intérêt du litige correspond au prix de chaque lot, sauf si l'adjudication a lieu après réunion totale ou partielle des lots mis en vente.**

Pour les demandes en partage, l'intérêt du litige est défini selon les règles applicables à l'assiette des émoluments des notaires précisées aux articles A. 444-54 et A. 444-55.

En matière de sûretés judiciaires, l'intérêt du litige correspond au montant de la garantie prise en sûreté.

Art. A. 444-189 **Le cas échéant, le montant des dommages et intérêts prononcés par le juge est pris en compte pour l'évaluation de l'intérêt du litige.**

Art. A. 444-190 **L'assiette de l'émolument est arrondie à l'euro le plus proche.**

SOUS-SECTION 2 *Actes et formalités concernant la saisie immobilière et la licitation par adjudication judiciaire*

Art. A. 444-191 **I. — A l'exception des cas mentionnés au II et au III, les actes réalisés en matière de saisie immobilière et de licitation par adjudication judiciaire (numéros 1, 2 et 3 du tableau 6) donnent lieu à la perception de l'émolument perçu par les notaires en application du 1° de l'article A. 444-102, ainsi réparti entre les avocats en cause :** — *V. art. Annexe 4-7, tableau 6 reproduit ss. C. com., art. R. 444-3.*

1° L'avocat poursuivant en perçoit les trois quarts ;

2° L'avocat de l'adjudicataire en perçoit le quart restant.

II. — En cas de surenchère, l'avocat ayant poursuivi la première vente et l'avocat surenchérisseur perçoivent *ensemble l'émolument* **prévu au 1° du I. Le rapport entre l'émolument de l'un et de l'autre doit être égal au rapport entre, d'une part, le prix d'adjudication primitif et, d'autre part, la différence entre le prix d'adjudication sur la surenchère et le prix d'adjudication primitif.**

III. — En cas de réitération d'enchère, l'avocat poursuivant perçoit la totalité de l'émolument prévu au I.

IV. — En cas d'abandon de la procédure après le dépôt du cahier des conditions de vente ou du cahier des charges, il est alloué à l'avocat poursuivant 37,5 % de l'émolument prévu au I, sur le montant de la mise à prix.

V. — En cas de vente amiable sur autorisation judiciaire, *(Arr. du 8 août 2019, art. 1er-2°)* **« ou de vente de gré à gré dans les conditions prévues au deuxième alinéa de l'article L. 322-1 du code des procédures civiles d'exécution »** *[,]* **l'avocat poursuivant perçoit l'émolument perçu par les notaires en application de l'article A. 444-91.**

Art. A. 444-192 Les actes réalisés en matière de distribution du prix (numéro 4 du tableau 6) donnent lieu à la perception de l'émolument perçu par les mandataires judiciaires en application de l'article A. 663-28. – *V. art. Annexe 4-7, tableau 6 reproduit ss. C. com., art. R. 444-3.*

(Arr. du 8 août 2019, art. 1er) **« Lorsqu'il n'est pas fait de répartition entre plusieurs créanciers, un seul d'entre eux étant en mesure de percevoir un versement, cet émolument est réduit de moitié. »**

Art. A. 444-193 **Les formalités accomplies en matière de saisie immobilière et de licitation par adjudication judiciaire donnent lieu à la perception des émoluments suivants :**

NUMÉRO DE LA PRESTATION (tableau 6 de l'article Annexe 4-7)	DÉSIGNATION DE LA PRESTATION	ÉMOLUMENT
5	Réquisitions et demandes de renseignements sur la personne du débiteur saisi	11,54 €, pour l'ensemble
6	Réquisitions et demandes de renseignements sur l'immeuble saisi	11,54 €, par réquisition ou demande
7	Rédaction du bordereau de publication et éventuellement du bordereau rectificatif, en application des articles R. 321-6 et R. 321-7 du code des procédures civiles d'exécution	1,15 €, par page
8	Publication du commandement de payer au service de la publicité foncière	346,16 €
9	Publication au service de la publicité foncière de la décision de justice ordonnant la suspension des voies d'exécution, le report de la vente ou la prorogation du commandement de payer, en application de l'article R. 321-22 du code des procédures civiles d'exécution	346,16 €
10	Rédaction de la dénonciation au conjoint du commandement de payer en application du premier alinéa de l'article R. 321-1 du code des procédures civiles d'exécution	15,38 €
11	S'il existe un tiers détenteur de l'immeuble saisi, rédaction du commandement à fin de saisie à tiers détenteur, en application de l'article R. 321-4 du code des procédures civiles d'exécution	1,15 €, par page
12	Mention en marge de publication du commandement de payer de l'assignation à comparaître à l'audience d'orientation et des dénonciations, en application de l'article R. 322-9 du code des procédures civiles d'exécution	3,85 €
13	Rédaction du cahier des conditions de la vente ou du cahier des charges	0,38 €, par page
14	Dépôt au greffe du cahier des conditions de la vente, de la copie de l'assignation et du procès-verbal de descriptif de l'immeuble saisi, en application des articles R. 322-10 et R. 322-11 du code des procédures civiles *d'exécution*	19,23 €
15	Dire au cahier des conditions de la vente pour renseignements complémentaires	19,23 €
16	Rédaction d'une signification de jugement à avocat et à partie	15,38 €

NUMÉRO DE LA PRESTATION (tableau 6 de l'article Annexe 4-7)	DÉSIGNATION DE LA PRESTATION	ÉMOLUMENT
17	Lettre en recommandé avec accusé de réception au syndic de copropriété concernant l'amiante et l'état de l'immeuble saisi, en application des articles R. 1334-14 à R. 1334-29-7 du code de la santé publique	57,69 €
18	Déclaration au greffe pour informations complémentaires	19,23 €
19	Si l'immeuble saisi est soumis à un droit de préemption urbain, rédaction de la déclaration d'intention d'aliéner et envoi en mairie en cinq exemplaires	38,46 €
20	Formalités de publicité légale prévues aux articles R. 322-32 à R. 322-70 du code des procédures civiles d'exécution	38,46 €, par insertion
21	Dépôt au greffe de l'avis de publicité pour apposition	19,23 €
22	Lettre en recommandé avec accusé de réception au locataire ou, si l'immeuble est occupé par le propriétaire, à la mairie, en application de l'article L. 616 du code de la construction et de l'habitation	15,38 €
23	Rédaction d'une notification aux fins de purge des droits de préemption et de substitution, en application de l'article 10 de la loi n° 75-1351 du 31 décembre 1975 relative à la protection des occupants de locaux à usage d'habitation	38,46 €
24	Levée auprès du greffe du certificat constatant le défaut de consignation du prix ou de paiement des frais, en application de l'article R. 322-67 du code des procédures civiles d'exécution	57,60 €
25	Rédaction d'une sommation de payer à l'avocat de l'adjudicataire	15,38 €
26	Déclaration d'adjudicataire au greffe, en application de l'article R. 322-46 du code des procédures civiles d'exécution	19,23 €
27	Concernant les lots de copropriété, notification au syndic de l'avis de mutation en application de l'article 5-1 du décret n° 67-223 du 17 mars 1967	15,38 €
28	Concernant les lots de copropriété, notification au syndic du transfert de propriété en application de l'article 6 du décret n° 67-223 du 17 mars 1967	15,38 €
29	Concernant les lots de copropriété, notification aux créanciers inscrits de l'opposition à la vente formulée par le syndic, en application de l'article 6-1 du décret n° 67-223 du 17 mars 1967	15,38 €
30	Dépôt d'une déclaration de surenchère au greffe du juge de l'exécution	19,23 €
31	Rédaction de la dénonciation de la surenchère au créancier poursuivant, au premier adjudicataire et au débiteur saisi au greffe	15,38 €
32	S'il n'existe qu'un seul créancier, notification au débiteur du montant versé au créancier poursuivant, en application de l'article R. 332-1 du code des procédures civiles d'exécution	15,38 €

NUMÉRO DE LA PRESTATION (tableau 6 de l'article Annexe 4-7)	DÉSIGNATION DE LA PRESTATION		ÉMOLUMENT
33	S'il existe plusieurs créanciers	Notification de la demande de la déclaration actualisée des créances, en application de l'article R. 332-2 du code des procédures civiles d'exécution	15,38 €
34		Notification du projet de distribution du prix aux créanciers, en application des articles R. 332-4 et R. 332-5 du code des procédures civiles d'exécution	15,38 €
35		Notification du projet de distribution du prix au syndic de copropriété, au débiteur saisi et au Trésor public	15,38 €
36	Réquisition auprès du service de la publicité foncière aux fins de radiation des inscriptions et publications		3,85 €, par réquisition

SOUS-SECTION 3 *Actes et formalités concernant le partage et la licitation par adjudication volontaire*

Art. A. 444-194 I. – **Les actes réalisés dans le cadre d'une demande contestée en partage de biens meubles ou immeubles, y compris en cas de licitation par adjudication volontaire (numéro 37 du tableau 6), donnent lieu à la perception :** – *V. art. Annexe 4-7, tableau 6 reproduit ss. C. com., art. R. 444-3.*

1° En cas d'instance contradictoire, d'un émolument proportionnel selon le barème suivant :

TRANCHES D'ASSIETTE	TAUX APPLICABLE
De 0 *[€]* à 1068 €	3,6 %
De 1 069 € à 2 135 €	2,4 %
De 2 136 € à 3 964 €	1,2 %
De 3 965 *[€]* à 9 147 €	0,6 %
Plus de 9 147 €	0,3 %

2° En cas d'instance par défaut :

a) **Si l'instance est terminée par un jugement par défaut susceptible d'opposition, d'un émolument proportionnel correspondant à 25 % de celui fixé au 1° ;**

b) **Si l'instance est terminée par un jugement réputé contradictoire, d'un émolument proportionnel correspondant à 50 % de celui fixé au 1° ;**

c) Dans le cas mentionné au *b*, en cas de pluralité de demandeurs ou de défendeurs, et lorsqu'au moins un avocat a déposé des conclusions, de l'émolument fixé au 1°.

II. – Les actes réalisés dans le cadre d'une demande non contestée en partage de biens immeubles (numéro 38 du tableau 6) donnent lieu à la perception de la moitié de l'émolument fixé au I.

Art. A. 444-195 Les actes réalisés dans le cadre d'une demande contestée en homologation du projet d'état liquidatif des biens à partager (numéro 39 du tableau 6) donnent lieu à la perception de l'émolument fixé au I de l'article A. 444-194. – *V. art. Annexe 4-7, tableau 6 reproduit ss. C. com., art. R. 444-3.*

Art. A. 444-196 La publication du jugement au service de la publicité foncière (numéro 40 du tableau 6) donne lieu à la perception d'un émolument fixe de 346,16 €. – *V. art. Annexe 4-7, tableau 6 reproduit ss. C. com., art. R. 444-3.*

SOUS-SECTION 4 *Actes et formalités concernant les sûretés judiciaires*

Art. A. 444-197 Les actes réalisés pour l'inscription d'une sûreté judiciaire avec demande d'obtention d'un titre exécutoire (numéro 41 du tableau 6) donnent lieu à la perception de l'émolument fixé au 1° de l'article A. 444-194. – *V. art. Annexe 4-7, tableau 6 reproduit ss. C. com., art. R. 444-3.*

Art. A. 444-198 Les actes réalisés pour l'inscription d'une sûreté judiciaire sans demande d'obtention d'un titre exécutoire (numéro 42 du tableau 6) donnent lieu à la perception de la moitié de l'émolument fixé au 1° de l'article A. 444-194. – *V. Annexe 4-7, tableau 6 reproduit ss. C. com., art. R. 444-3.*

Art. A. 444-199 Les formalités accomplies en matière de sûretés judiciaires donnent lieu à la perception des émoluments suivants :

NUMÉRO DE LA PRESTATION (tableau 6 de l'article Annexe 4-7)	DÉSIGNATION DE LA PRESTATION	ÉMOLUMENT	
43	Réquisitions et demandes de renseignements sur la personne du débiteur	11,54 €, pour l'ensemble	
44	Réquisitions et demandes de renseignements sur l'immeuble	11,54 €, par réquisition ou demande	
45	Réquisitions et demandes de renseignements sur la société	11,54 €, par réquisition ou demande	
46	Formalités de publicité provisoire, en application des articles R. 532-1 à R. 532-9 du code des procédures civiles d'exécution	Tranches d'assiette	Taux applicable
		De 0 à 6 500 €	2,630 %
		De 6 500 € à 17 000 €	1,085 %
		De 17 000 € à 60 000 €	0,723 %
		Plus de 60 000 €	0,542 %

NUMÉRO DE LA PRESTATION (tableau 6 de l'article Annexe 4-7)	DÉSIGNATION DE LA PRESTATION	ÉMOLUMENT	
		Tranches d'assiette	Taux applicable
47	Formalités de publicité définitive en application des articles R. 533-1 à R. 533-6 du code des procédures civiles d'exécution	De 0 à 6 500 €	2,630 %
		De 6 500 € à 17 000 €	1,085 %
		De 17 000 € à 60 000 €	0,723 %
		Plus de 60 000 €	0,542 %

SOUS-SECTION 5 *Incidents*

Art. A. 444-200 Les actes et formalités réalisés en matière d'incidents (numéro 48 du tableau 6) donnent lieu aux émoluments suivants : – *V. art. Annexe 4-7, tableau 6 reproduit ss. C. com., art. R. 444-3.*

1° Si l'incident présente le caractère d'une demande principale, l'avocat perçoit l'émolument fixé à l'article A. 444-194 ;

2° Si l'incident n'a pas le caractère d'une demande principale et donne lieu à un jugement mettant fin à la procédure, l'avocat perçoit la moitié de l'émolument fixé au 1° de l'article A. 444-194.

SOUS-SECTION 6 *Remboursement des frais et débours*

Art. A. 444-201 Les frais de déplacement mentionnés au *a* du 7° du I de l'article Annexe 4-8 font l'objet d'un remboursement forfaitaire égal à celui prévu pour les huissiers de justice aux articles A. 444-48 et A. 444-49. – *V. Annexe 4-8, reproduit ss. C. com., art. R. 444-3.*

SOUS-SECTION 7 *Remises*

Art. A. 444-202 Les remises prévues au cinquième alinéa de l'article L. 444-2 sont consenties par les avocats sur les émoluments proportionnels fixés à la présente section dans la limite d'un taux de remise maximal de 10 % applicable à la part d'émolument calculée sur les tranches d'assiette supérieures ou égales à 100 000 €.

En cas d'intervention d'une pluralité d'avocats dans la réalisation de l'une des prestations mentionnées au tableau 6 de l'article Annexe 4-7, la remise respectivement consentie par chaque intervenant est, le cas échéant, déduite de la part lui revenant. – *V. Annexe 4-7, tableau 6 reproduit ss. C. com., art. R. 444-3.*

Décret n° 47-817 du 9 mai 1947,

Relatif aux droits et émoluments des avocats postulants des départements du Haut-Rhin, du Bas-Rhin et de la Moselle (D. 1947. 198 ; BLD 1947. 429).

Non reproduit.

Décret n° 60-323 du 2 avril 1960 *[Abrogé]*,

Portant règlement d'administration publique et fixant le tarif des avoués.

(Abrogé par Décr. n° 2017-862 du 9 mai 2017, art. 6-1°)

Sur le Décr. n° 2017-862 du 9 mai 2017, V. note ss. C. com., art. R. 444-2, App., v° Frais et dépens, V, Tarif des frais et dépens.

V. aussi, Décr. n° 72-784 du 25 août 1972 relatif au régime transitoire de rémunération des avocats à raison de la postulation et des actes de procédure devant le TGI en matière civile.

BIBL. GÉN. ▶ RICHARD, *AJ fam. 2008. 415* (le tarif des avocats). – SILLARD, Tarifs et honoraires des avocats et des professions judiciaires, *12e éd., Pottier 2011.*

TITRE PREMIER *[ABROGÉ]* Droits et émoluments alloués aux avoués près les tribunaux de grande instance

Art. 1er ***Dans toute instance, contradictoire ou par défaut, en matière sommaire ou ordinaire, et dans les autres matières visées au présent décret, il est alloué aux avoués en cause, indépendamment de leurs déboursés :***

1o Un droit fixe ;

2o Un droit proportionnel.

Ces deux droits, qui peuvent être perçus ensemble ou séparément, en totalité ou par fractions, constituent la seule rémunération due à l'avoué pour tous les actes de procédure, préparation, rédaction, établissement de l'original et des copies, vacations de toute nature, y compris l'obtention et la levée du jugement ou de l'ordonnance définitifs ainsi que toutes les formalités prévues aux articles 76, 78 et 79 du code de procédure civile *[C. pr. civ., art. 727, 753, 757, 788, 791, 814 à 816.]*

Sont compris dans l'obtention du jugement ou de l'ordonnance leur signification à avoué et à partie ainsi que les certificats de cette signification.

Sur la légalité de ce décret, V. note ss. art. 1er, Décr. no 72-784 du 25 août 1972.

CHAPITRE PREMIER *[ABROGÉ]* *Instances sur demandes principales*

SECTION I *[ABROGÉE]* *Instances contradictoires*

§ 1er *[ABROGÉ]* Droit fixe

Art. 2 *(Décr. no 67-108 du 10 févr. 1967)* ***Le droit fixe est de*** *(Décr. no 2001-373 du 27 avr. 2001)* ***« 5,49 € ».***

Il est réduit de moitié, notamment :

1o Si l'intérêt du litige n'excède pas « 457 € » ;

2o Si la demande n'est pas contestée ;

3o Si l'instance terminée par un jugement sur requête donne lieu, outre celle du droit fixe, à la perception de tout ou partie du droit proportionnel ;

4o Si l'instance est relative à un accident du travail agricole, dans les cas prévus aux articles 1184 et suivants du *(Ord. no 2010-462 du 6 mai 2010, art. 1er)* ***« code rural et de la pêche maritime ».***

Les dispositions de l'art. 2 modifié sont abrogées en tant qu'elles s'appliquent aux avoués près les cours d'appel (Décr. no 80-608 du 30 juill. 1980, art. 32).

Art. 3 ***L'avoué ne peut percevoir qu'un droit fixe dans une même cause, même s'il a occupé pour plusieurs parties ayant ou non des intérêts distincts. Sont considérées comme formant une même cause toutes les demandes, eussent-elles été introduites séparément, sur lesquelles, par suite de jonction, il est statué par un seul et même jugement.***

S'il y a plus de deux parties dans une instance sur demande principale, le droit fixe perçu par l'avoué qui a suivi ou conclu contre plusieurs parties est majoré de moitié pour chacune de ces parties, en sus de la première et jusqu'à concurrence de trois, pourvu qu'elles aient des avoués différents et des intérêts distincts.

§ 2 *[ABROGÉ]* Droit proportionnel

Art. 4 ***Le droit proportionnel est, selon l'intérêt du litige, fixé comme suit, par tranches :***

De *(Décr. no 2001-373 du 27 avr. 2001)* ***« 0 à 1 068 € » : 3 p. 100 ;***

De *(Décr. no 2001-373 du 27 avr. 2001)* ***« 1 068,01 à 2 135 € » : 2 p. 100 ;***

De *(Décr. no 2001-373 du 27 avr. 2001)* ***« 2 135,01 à 3 964 € » : 1 p. 100 ;***

De *(Décr. no 2001-373 du 27 avr. 2001)* ***« 3 964,01 à 9 147 € » : 0,5 p. 100 ;***

Au-dessus de *(Décr. no 2001-373 du 27 avr. 2001)* ***« 9 147 € » : 0,25 p. 100.***

Sur la majoration de 20 % des émoluments alloués à l'avocat, V. Décr. no 75-785 du 21 août 1975, art. 1er.

Pour l'application du Décr. du 2 avr. 1960, le litige concernant l'application d'une clause de retour, suite à une vente, spécifique d'un contrat administratif relatif à une ZAC, n'est pas évaluable en argent. • Civ. 2e, 23 juin 2011 : *cité note 6 ss. C. pr. civ., art. 706, Partie II, VIII, Frais et dépens, A, Matière civile.*

Art. 5 *Le droit proportionnel est calculé, sous réserve des dispositions des articles 6, 7, 11, 12 et 13, sur le total des montants des conclusions tant principales qu'incidentes et reconventionnelles, déduction faite de la partie de ces conclusions qui n'a pas été soutenue.*

Lorsque les demandes en partage et en liquidation sont contestées pour un motif autre que ceux prévus à l'art. 25 *a*, les droits perçus par l'avocat postulant sont ceux prévus par les art. 5 ou 13. • Civ. 2e, 28 mai 2003, n° 01-02.027 P : *D. 2003. IR 1604 ; JCP 2004. I. 117, n° 20, obs. R. Martin.*

Art. 6 *Lorsque plusieurs demandes fondées sur une même cause et dirigées soit contre une même partie, soit contre des parties différentes, ont été introduites séparément au lieu d'être réunies dans le même exploit, le droit proportionnel n'est dû que sur celles des demandes procurant l'émolument le plus élevé.*

Lorsqu'un même avocat a déposé des conclusions uniques pour deux parties, il a droit à un émolument apprécié pour chacune d'elles, dès lors que les parties avaient des intérêts distincts et que les demandes formées étaient également distinctes. • Civ. 2e, 31 mars 2011, n° 10-14.847 P.

Art. 7 *Sauf le cas prévu au troisième alinéa de l'article 11, n'est pas soumise au droit proportionnel la demande qui est l'accessoire d'une demande principale lorsqu'elle est formée au cours d'une instance rémunérée par un droit de même nature.*

Le droit proportionnel et le droit variable prévus aux articles 13 et 14 sont des droits de même nature.

La demande en délivrance de legs formée par un exécuteur testamentaire constitue une demande incidente à celle du légataire, dont il doit être tenu compte pour le calcul du droit proportionnel. • Civ. 2e, 18 janv. 2007, n° 05-21.415 P.

Art. 8 *Le droit proportionnel est réduit, pour chaque avoué et par cause :*

1° D'un tiers si, après l'appel d'un jugement avant faire droit ou sur incident, la cour, évoquant l'affaire, statue au fond ;

2° De moitié si la demande n'est pas contestée ou si le défendeur s'en est rapporté à justice.

Art. 9 *L'intérêt du litige, à défaut d'éléments d'appréciation résultant de la demande elle-même, est déterminé :*

1° Pour les demandes en exécution, résiliation ou renouvellement de baux : par une valeur égale au montant cumulé des loyers ou fermages, soit échus, soit à échoir, sans toutefois que le chiffre global sur lequel doit porter le droit proportionnel soit supérieur à cinq années ;

2° Pour les demandes en constitution de rente viagère ou en résiliation du contrat : par le capital exprimé au titre ou par une valeur égale à dix fois la rente annuelle demandée ou déjà existante ou au montant cumulé des annuités si la durée de la rente est inférieure à dix années ;

3° Pour les demandes relatives aux rentes ou pensions dérivant soit d'accidents du travail agricole, soit de l'obligation alimentaire en vertu des articles 203, 212, 301 (alinéa 1er), 303 et 311 du code civil : par une valeur égale à quatre fois la rente annuelle demandée jusqu'à (Décr. no 2001-373 du 27 avr. 2001) *« 30 € », et au-delà par une valeur égale à cinq fois le chiffre résultant de la condamnation.*

En cas de demande en révision, le montant de la rente ou de la pension servant de base à la détermination de l'intérêt du litige est celui de l'augmentation ou de la diminution demandée ou accordée, selon la distinction établie à l'alinéa précédent ;

4° Pour les demandes relatives aux contrats d'assurances de toute nature : par une valeur égale au montant cumulé soit des primes échues, soit des arrérages restant à courir, sans, toutefois, que cette valeur globale excède dix années ;

5° Pour les demandes relatives à des prestations en nature : par l'évaluation faite pour la perception du droit d'enregistrement.

Un droit proportionnel est dû à l'avocat pour une demande en délivrance de legs formée par un légataire, demande qui constitue une demande évaluable en argent dès lors que le legs a fait l'objet d'une estimation dans la déclaration de succession pour les besoins des droits d'enregistrement. • Civ. 2e, 18 janv. 2007, n° 05-21.415 P : *JCP 2007. I. 174, n° 19, obs. R. Martin.*

Art. 10 *La valeur d'un immeuble, lorsqu'elle n'est pas exprimée dans l'acte est obtenue en multipliant le revenu annuel par vingt-cinq pour les immeubles ruraux et par vingt pour les immeubles urbains.*

L'usufruit et la nue-propriété sont respectivement évalués à la moitié de la valeur de l'immeuble.

Art. 11 *Pour les demandes principales en dommages-intérêts dont le chiffre ne résulte pas de la clause d'une convention, l'intérêt du litige est déterminé :*

1° Jusqu'à (Décr. n° 2001-373 du 27 avr. 2001) *« 457 € », par le chiffre de la demande ou, s'il y a lieu, par le total des différents chefs de demande ;*

2° Au-delà de (Décr. n° 2001-373 du 27 avr. 2001) *« 457 € », par le total des préjudices reconnus par le tribunal et servant de base au montant des condamnations.*

Si toutes les demandes présentées par l'une des parties sont rejetées en totalité, le droit proportionnel afférent au préjudice invoqué par cette partie est remplacé par le droit variable prévu aux articles 13 et 14.

Lorsque la demande en dommages-intérêts est soit l'accessoire d'une demande principale, soit l'objet ou l'accessoire d'une demande reconventionnelle fondée exclusivement sur la demande principale, elle entre en ligne de compte pour le calcul de l'émolument, mais seulement jusqu'à concurrence du chiffre de la condamnation.

Art. 12 *Pour les demandes en indemnité d'éviction, l'intérêt du litige est déterminé jusqu'à* (Décr. n° 2001-373 du 27 avr. 2001) *« 457 € » par le chiffre de la demande, et au-delà par le chiffre de la condamnation.*

Si la demande est rejetée en totalité, le droit proportionnel est remplacé par le droit variable prévu aux articles 13 et 14.

Dans les cas où la demande en indemnité d'éviction est formée soit subsidiairement à une demande en renouvellement de bail, soit reconventionnellement à un refus de renouvellement de bail, il est dû à chaque avoué :

1° Si l'instance aboutit à un renouvellement du bail, le droit proportionnel alloué par l'article 9 (1°), à l'exclusion des émoluments prévus aux deux premiers alinéas du présent article ;

2° Si l'instance aboutit à l'allocation d'une indemnité d'éviction, un droit proportionnel calculé comme il est dit à l'alinéa 1er du présent article, à l'exclusion de celui prévu à l'article 9 (1°) ;

3° Si le renouvellement du bail et l'indemnité d'éviction sont refusés par le tribunal, le droit variable prévu au deuxième alinéa du présent article, à l'exclusion du droit proportionnel alloué par l'article 9 (1°).

Art. 13 *Pour les demandes portant sur un intérêt pécuniaire, lorsque l'intérêt du litige ne peut être établi comme il est indiqué aux articles précédents, ainsi que pour les demandes dont l'objet principal n'a pas trait à des intérêts pécuniaires, notamment pour celles concernant l'état civil, les droits civils et civiques et la capacité juridique des personnes, le droit proportionnel est remplacé par un droit variable, multiple du droit fixe.*

Les demandes reconventionnelles ne donnent pas lieu à un droit variable distinct de celui alloué pour les demandes principales ; elles entrent seulement en ligne de compte pour la détermination du multiple prévu à l'article 14.

Sous réserve des dispositions de l'article 7, lorsqu'une même cause comporte à la fois des chefs de demande indéterminés et des chefs déterminés, il est alloué :

1° Pour les premiers, un droit variable évalué selon la procédure indiquée à l'article 14 ;

2° Pour les seconds, un droit proportionnel calculé de la manière suivante :

a) Il est d'abord procédé à l'évaluation de l'intérêt du litige auquel correspondrait, en vertu du barème visé à l'article 4, un droit proportionnel égal au montant du droit variable alloué pour les chefs indéterminés ;

b) Le montant du droit proportionnel afférent aux chefs déterminés est ensuite calculé en appliquant au total de ces chefs les taux prévus audit barème pour les sommes supérieures au montant de l'évaluation visée au paragraphe a.

1. S'agissant d'une action engagée sur le fondement de l'art. L. 267 LPF, qui permet de faire *déclarer le dirigeant d'une société* solidairement responsable du paiement des impositions et pénalités dues par la société, le litige ne porte ni sur le bien-fondé de la créance, ni sur son montant, de sorte que le droit variable doit être substitué au droit proportionnel pour le calcul des émoluments dus aux avocats. • Civ. 2e, 30 avr. 2003, n° 01-03.635 P : *JCP 2004. I. 117, n° 20, obs. R. Martin ; Gaz. Pal. 8-10 févr. 2004, p. 23, obs. du Rusquec.* ♦ S'agissant d'une action en radiation des inscriptions prises sur un immeuble par le trésorier principal des impôts, l'instance dont il s'agissait de taxer les frais n'avait pas pour objet de fixer la créance du Trésor public mais de contester les inscriptions hypothécaires prises pour le recouvrement de cette créance, de sorte que le droit variable doit être substitué au droit proportionnel. • Civ. 2e, 3 mai 2007, n° 06-13.257 P.

2. V. note ss. art. 5.

3. Le litige, qui a pour objet une demande indéterminée en inexistence ou en nullité d'un contrat de bail à construction, ne porte pas à titre principal sur des intérêts pécuniaires. Viole l'art. 13 du Décr. n° 60-323 du 2 avr. 1960 l'ordonnance qui retient que, dès lors que la demande a pour objet la nullité d'un bail à construction, constitutif de droits réels immobiliers et dont la valeur est déterminée aux débats, il doit être alloué à l'avocat un droit proportionnel. A ce dernier doit alors en effet être substitué un droit variable, multiple du droit fixe. • Civ. 2e, 11 avr. 2013 : *D. avocats 2013. 222, obs. Dargent.*

4. Le litige ayant pour objet une demande tendant à voir sanctionner par la nullité de la vente la violation par les vendeurs de l'immeuble des dispositions de l'art. 10-1 de la L. n° 75-1351 du 31 déc. 1975 relative à la protection des occupants de locaux à usage d'habitation, n'étant pas évaluable en argent, c'est à bon droit que le premier président décide que les avocats ne bénéficiaient que d'un droit variable. • Civ. 2e, 3 mars 2016, n° 14-21.685 P : *D. 2016. Actu. 605 ; D. avocats 2016. 114, obs. Dargent.*

Art. 14 *Sous réserve des dispositions des articles 55 et 61, le multiple du droit fixe visé à l'article précédent peut varier entre un et vingt.*

Les avoués en cause remettent au président du tribunal, au plus tard à la clôture des débats, un bulletin, établi sous le contrôle de la chambre départementale des avoués, précisant par écrit le droit variable sollicité.

Le président du tribunal, par une décision rendue en même temps que le jugement, détermine, eu égard à la difficulté et à l'importance de l'affaire, le multiple du droit fixe auquel il évalue le droit variable.

Cette décision, dont il n'est pas gardé minute, est seulement transcrite par le président et signée par lui sur le bulletin visé au deuxième alinéa du présent article, qui est restitué aux avoués après la lecture du jugement ; il en est également fait mention sur le plumitif d'audience.

Une copie de cette décision, établie sans frais par l'avoué, est annexée à l'état de frais remis aux parties en vertu de l'article 83.

Le droit à la taxe demeure réservé. Toutefois celle-ci ne peut intervenir que sur production par l'avoué du bulletin portant la décision du président du tribunal, qui doit être visée dans l'ordonnance de taxe.

Dans les cas prévus aux articles 11 et 12, le bulletin peut être remis par les avoués, dans les quinze jours suivant le prononcé du jugement, au président du tribunal qui le leur restitue, revêtu de sa décision, dans le délai de huitaine.

SECTION II *[ABROGÉE]* *Instances par défaut*

Art. 15 (Décr. n° 67-108 du 10 févr. 1967) *Pour tous les actes de procédure, y compris l'obtention et la levée des jugements, il est alloué :*

1° Dans les instances terminées par un jugement par défaut susceptible d'opposition, la moitié du droit fixe et le quart du droit proportionnel ;

2° Dans les instances terminées par un jugement réputé contradictoire en application des articles 149, 150, 151, 154 et 154 bis du code de procédure civile [C. pr. civ., art. 468, 469, 473, 474]*, le droit fixe et la moitié du droit proportionnel. Toutefois, en cas de pluralité de demandeurs ou de défendeurs et lorsque au moins un avoué des demandeurs et un avoué des défendeurs ont déposé des conclusions, les émoluments alloués à tous les avoués ayant conclu sont ceux prévus pour les instances contradictoires.*

Les dispositions de l'art. 15 modifié sont abrogées en tant qu'elles s'appliquent aux avoués près les cours d'appel (Décr. n° 80-608 du 30 juill. 1980, art. 32).

Art. 16 *Il est alloué, pour l'ensemble des formalités de réassignation prévues aux articles 150 et 151 du code de procédure civile* [C. pr. civ., art. 471, 474]*, le quart du droit fixe.*

Art. 17 *En cas d'opposition au jugement par défaut, les droits alloués ci-dessus sont imputés sur les droits de même nature alloués pour le jugement définitif, sans que l'avoué puisse être tenu à restitution en cas d'excédent.*

Art. 18 *Les dispositions de l'article précédent sont applicables au cas où le jugement sur l'opposition est lui-même rendu par défaut.*

SECTION III *[ABROGÉE]* *De la tierce opposition et de la requête civile*

Art. 19 *La tierce opposition et la requête civile donneront lieu aux mêmes droits que les instances sur demandes principales.*

CHAPITRE II *[ABROGÉ]* *Incidents*

SECTION I *[ABROGÉE]* *Exceptions, nullités et fins de non-recevoir*

Art. 20 *Dans toute instance contradictoire ou par défaut, s'il y a jugement distinct sur l'incident, ou ordonnance du juge de la mise en état, et pour tous actes et formalités, jusques et y compris la* *levée dudit jugement, il est alloué à chacun des avoués en cause, pour tous les incidents, sauf ceux prévus aux articles suivants, la moitié du droit fixe.*

Lorsque le jugement sur incident met fin à l'instance, après dépôt et signification de conclusions prises sur le fond de l'affaire et concernant tant en fait qu'en droit tous les points en litige, il est alloué en outre à chacun des avoués en cause la moitié du droit proportionnel.

SECTION II *[ABROGÉE]* ***Garantie, intervention***

Art. 21 *Les avoués des parties intervenantes, que leur intervention soit volontaire ou forcée, et ceux des parties appelées en garantie ont droit aux émoluments alloués dans les instances sur demandes principales.*

L'avoué qui appelle en garantie ou en intervention reçoit, outre les émoluments qui peuvent lui être dus au titre de la cause principale, la moitié des droits fixe et proportionnel, quel que soit le nombre des appelés.

SECTION III *[ABROGÉE]* ***Désistement, transaction***

Art. 22 (*Décr. nº 67-108 du 10 févr. 1967*) *1º Pour toute affaire terminée à l'égard de l'avoué avant qu'un jugement contradictoire ou par défaut ait été rendu sur le fond, il est alloué, sans préjudice, le cas échéant, de ce qui est prévu à la section IV du présent chapitre en cas de mesure d'instruction :*

a) Si l'affaire est terminée après dépôt et signification de conclusions prises sur le fond de l'affaire et concernant tant en fait qu'en droit tous les points en litige, le droit fixe et la moitié du droit proportionnel ;

b) Dans tous les autres cas, sous réserve des dispositions du 2º, b, du présent article, le droit fixe.

2º Si, avant qu'un jugement ait été rendu sur le fond, l'affaire est terminée par transaction, il est alloué :

a) Dans le cas où la transaction intervient avec le concours de l'avoué, le droit fixe et le droit proportionnel ;

b) Dans le cas où celle-ci intervient sans le concours de l'avoué, mais après un jugement avant-dire droit ordonnant une mesure d'instruction, le droit fixe et le tiers du droit proportionnel.

3º Si une transaction intervient avec le concours de l'avoué après le jugement sur le fond, il est alloué le droit fixe et le droit proportionnel, l'un et l'autre augmentés de moitié.

Dans les cas prévus aux 2º et 3º du présent article, le montant du droit proportionnel est calculé sur le chiffre de la transaction.

4º En matière d'accidents du travail agricole, dans les cas prévus aux articles 1184 et suivants du code rural, lorsque l'affaire est terminée avant jugement, même par un accord, l'avoué ne perçoit que la moitié du droit fixe.

Les dispositions de l'art. 22 modifié sont abrogées en tant qu'elles s'appliquent aux avoués près les cours d'appel (Décr. nº 80-608 du 30 juill. 1980, art. 32).

Transaction. Pour l'application de l'art. 22, 2º, le juge doit rechercher si, sur les points déférés à la juridiction ayant fait l'objet de la transaction, l'intérêt du litige était déterminable et, dans ce cas, si le chiffre de la transaction ne peut être établi par les éléments du dossier. • Civ. 2e, 5 déc. 2002, nº 01-03.019 P : *Gaz. Pal. 6-7 août 2003, p. 16, obs. du Rusquec.* ♦ Le droit proportionnel de l'avocat ayant participé à la conclusion d'une transaction doit être calculé, non sur le chiffre de celle-ci, mais sur le seul intérêt du lien juridique d'instance auquel cette transaction a mis fin. • Civ. 1re, 21 févr. 2013 : *D. actu. 13 mars 2013, obs. Kebir.*

SECTION IV *[ABROGÉE]* ***Mesures d'instruction***

Art. 23 *Abrogé par Décr. nº 73-1122 du 17 déc. 1973, art. 182.*

Art. 24 (*Décr. nº 67-108 du 10 févr. 1967*) *Si les mesures ordonnées, même si elles concernent une enquête, comportent l'assistance de l'avoué, il est alloué à chacun des avoués, pour l'accomplissement des formalités et actes de procédure relatifs à la mesure ordonnée, la moitié du droit fixe.*

Cependant lorsqu'il est procédé à la mesure d'instruction devant un autre tribunal, le droit fixe est perçu en entier par les avoués qui y représentent les parties.

Al. 3 abrogé par Décr. nº 73-1122 du 17 déc. 1973, art. 182.

Les dispositions de l'art. 24 modifié sont abrogées en tant qu'elles s'appliquent aux avoués près les cours d'appel (Décr. nº 80-608 du 30 juill. 1980, art. 32).

CHAPITRE III *[ABROGÉ]* *Demandes en partage et en homologation*

Art. 25 *(Décr. n° 67-108 du 10 févr. 1967) Pour les actes de la procédure, jusques et y compris l'obtention et la levée du jugement contradictoire, par défaut ou sur requête collective, qui n'a d'autre objet que d'ordonner les comptes, liquidation et partage d'une communauté, d'une succession, d'une société et, en général, de toute indivision, la licitation des valeurs mobilières ou immobilières ainsi que la liquidation des reprises et indemnités :*

a) Si la demande n'est pas contestée ou lorsque la contestation porte exclusivement sur la forme du partage ou la manière d'y procéder, le droit fixe est seul alloué à chacun des avoués en cause.

Toutefois, pour les demandes de partage en nature de biens autres que le mobilier ou les valeurs mobilières, qu'elles soient ou non contestées, il est alloué aux avoués, en sus du droit fixe, la moitié du droit proportionnel prévu à l'article 4, calculé sur la valeur des biens à partager.

b) Dans les autres cas, les droits perçus sont ceux d'une instance contradictoire ou par défaut, calculés sur les sommes contestées.

Les dispositions de l'art. 25 modifié sont abrogées en tant qu'elles s'appliquent aux avoués près les cours d'appel (Décr. n° 80-608 du 30 juill. 1980, art. 32).

V. note ss. art. 5.

Art. 26 *Pour l'homologation d'une liquidation, que le jugement rendu soit contradictoire, par défaut ou sur requête collective, y compris le tirage au sort des lots devant le juge-commissaire ou devant le notaire :*

a) Si la liquidation n'est pas contestée, il est alloué à chacun des avoués en cause la moitié du droit fixe ;

b) Si la liquidation est contestée, les droits à percevoir par les avoués, demandeur et défendeur, sont les droits d'une instance contradictoire ou par défaut, calculés sur les sommes contestées.

Art. 27 *Si la liquidation ordonnée, faite et approuvée, n'est pas soumise à l'homologation, il est alloué aux avoués la moitié du droit fixe.*

CHAPITRE IV *[ABROGÉ]* *Ventes judiciaires de meubles ou d'immeubles*

SECTION I *[ABROGÉE]* *Émoluments dans les diverses espèces de vente[s]*

§ 1er *[ABROGÉ]* *Nature et taux des émoluments*

Art. 28 *Pour toute adjudication mobilière retenue à la barre du tribunal, l'émolument global des avoués en cause est fixé ainsi qu'il est dit au tarif des notaires.*

Ces émoluments excluent la perception des frais de papeterie et de correspondance visés à l'article 68 a.

Art. 29 *Pour les ventes judiciaires d'immeubles retenues à la barre du tribunal :*

a) Il n'est dû aucun émolument lorsque le montant de l'adjudication n'excède pas (Décr. n° 2001-373 du 27 avr. 2001) *« 30 € » ; toutefois les avoués ont droit, en ce cas, à la répétition de leurs débours dûment justifiés ;*

b) Lorsque le montant de l'adjudication excède (Décr. n° 2001-373 du 27 avr. 2001) *« 30 € », l'émolument global des avoués en cause est fixé ainsi qu'il est dit aux numéros 128 bis, 182 et 184 combinés du tableau annexé au tarif des notaires.*

Il n'est rien dû en sus de cet émolument pour la rédaction ou la confection du cahier des charges ni pour les dires qui peuvent être faits à la suite du cahier des charges.

Cet émolument exclut également la perception des frais de papeterie et de correspondance visés à l'article 68 a.

Le calcul du droit proportionnel se fait d'après l'enchère sur le montant de laquelle est prononcée l'adjudication, sans aucune augmentation.

Le minimum de l'émolument est égal au droit fixe prévu à l'article 2 du présent décret.

1. Lorsque le montant de l'adjudication excède une certaine somme, l'émolument global auquel peuvent prétendre les avocats pour les ventes judiciaires d'immeubles à la barre du tribunal est fixé ainsi qu'il est dit au tableau annexé au tarif des notaires en tenant compte de la nature juridique de l'acte tel qu'il figure à ce tableau, et il n'est rien dû en sus de cet émolument pour la rédaction du cahier des charges. • Civ. 2e, 23 sept. 2004, n° 02-12.017 P : *D. 2004. IR 2622*.

2. Ne donne pas de base légale à sa décision au regard de l'art. 10 de la loi n° 71-1130 du 31 déc. 1971 et de l'art. 29 du Décr. du 2 avr. 1960, le premier président qui, pour confirmer la décision du bâtonnier, énonce que les émoluments des avocats pour les ventes judiciaires d'immeubles sont fixés par les dispositions d'ordre public du Décr. du 2 avr. 1960 et que l'art. 29 dudit décret précise qu'il n'est rien dû en sus de cet émolument, sans rechercher, comme il y était invité, si l'avocat ne demandait pas des honoraires rémunérant des actes de consultation, d'assistance, de conseil, de rédaction d'actes juridiques sous seing privé et de plaidoirie étrangers aux actes de procédures ouvrant droit aux seuls émoluments prévus par les art. 1er et 29 du Décr. de 1960. • Civ. 2e, 7 mai 2008 : *JCP 2008. IV. 2030.*

Art. 30 *L'avoué poursuivant perçoit les trois quarts de l'émolument global fixé à l'article précédent.*

§ 2 *[ABROGÉ]* Baisse de mise à prix

Art. 31 *En cas de baisse de mise à prix, il est alloué à l'avoué poursuivant, en sus de l'émolument prévu à l'article précédent calculé sur le prix d'adjudication définitif, pour les formalités de la nouvelle mise en vente, y compris l'obtention et la levée du jugement, la moitié du droit fixe.*

§ 3 *[ABROGÉ]* Surenchère

Art. 32 *Dans le cas de surenchère, l'avoué ayant poursuivi la première vente et l'avoué surenchérisseur ont droit ensemble aux trois quarts de l'émolument fixé à l'article 29.*

Ce droit est réparti entre eux de manière que le rapport entre la rémunération de l'un et de l'autre soit égal au rapport entre, d'une part, le prix d'adjudication primitif et, d'autre part, la différence entre le prix d'adjudication sur la surenchère et le prix d'adjudication primitif.

Art. 33 *Pour obtenir le jugement qui valide la surenchère, lorsque celle-ci est contestée, il est alloué : le droit fixe à l'avoué poursuivant et le droit fixe à l'avoué de la partie contestante.*

§ 4 *[ABROGÉ]* Folle enchère

Art. 34 *En matière de folle enchère, il est alloué à l'avoué poursuivant le tiers de l'émolument fixé à l'article 30.*

Au cas d'opposition à la délivrance par le greffier du certificat constatant l'inexécution des conditions de l'adjudication, aucun émolument n'est dû pour le référé.

SECTION II *[ABROGÉE]* *Adjudication*

Art. 35 *En matière d'adjudication immobilière, pour la déclaration d'adjudicataire et celle de command, l'accomplissement de toutes les formalités, jusques et y compris la levée et la transcription du jugement d'adjudication ainsi que la réquisition des états hypothécaires, il est alloué le quart de l'émolument global calculé comme il est dit à l'article 29.*

Dans le cas de surenchère, l'avoué adjudicataire sur la surenchère perçoit intégralement le droit ainsi calculé, sur le montant duquel il n'est rien alloué à l'avoué adjudicataire sur la première vente.

Dans le cas de folle enchère, l'émolument alloué à l'avoué adjudicataire subit la même réduction que celui accordé en vertu de l'article 34 à l'avoué qui poursuit la folle enchère.

V. note ss. art. 701 NCPC [devenu C. pr. civ.].

Art. 36 *En cas de déclaration de command, l'émolument alloué à l'avoué qui se rend adjudicataire se répartit par égales portions entre l'avoué de l'adjudicataire primitif et l'avoué du command.*

SECTION III *[ABROGÉE]* *Ventes renvoyées devant d'autres officiers publics ou ministériels*

Art. 37 *Pour toute espèce de vente mobilière ou immobilière renvoyée par le tribunal devant un officier public ou ministériel, les émoluments afférents à l'adjudication proprement dite sont calculés conformément au tarif propre à l'officier vendeur et :*

a) Lorsque ladite vente n'aurait pu, en vertu des dispositions légales ou réglementaires en vigueur, être retenue à la barre du tribunal, alloués en totalité à l'officier vendeur ;

b) Lorsque ladite vente aurait pu être retenue à la barre du tribunal, partagés entre l'officier vendeur et l'avoué poursuivant, dans la proportion des trois quarts pour l'officier vendeur et du quart pour l'avoué ; toutefois, lorsqu'il y a lieu à rédaction d'un cahier des charges et que l'avoué a procédé à cette rédaction, le partage se fait par moitié.

L'officier vendeur seul a le droit de percevoir des déboursés, dans la mesure où son tarif propre l'y autorise.

L'avoué qui a effectivement assisté à l'adjudication perçoit, s'il y a lieu, les frais de voyage fixés à l'article 67.

SECTION IV [ABROGÉE] *Ventes renvoyées devant un autre tribunal*

Art. 38 *Si la vente est renvoyée devant un autre tribunal, l'émolument fixé par l'article 30 est alloué moitié aux avoués qui procèdent à la vente, moitié aux avoués qui obtiennent le jugement.*

SECTION V [ABROGÉE] *Dispositions communes à toutes les ventes*

Art. 39 *a) Dans les cas visés aux numéros 1 et 2 ci-après, le montant de l'émolument fixé à l'article 30 est réparti entre les avoués de la manière suivante :*

1° Si la vente a lieu après conversion des saisies : par moitié à l'avoué du créancier saisissant, l'autre moitié à celui de la partie saisie ;

2° Dans toute autre vente : moitié à l'avoué poursuivant, demandeur ou surenchérisseur, la seconde moitié aux autres avoués, y compris l'avoué poursuivant, qui a sa part, comme les autres avoués, dans cette seconde moitié, par égales fractions ;

b) Dans les ventes sur saisie ou sur folle enchère, il n'y a pas lieu à partage entre l'avoué poursuivant et celui de la partie saisie ou du fol enchérisseur.

Art. 40 *Dans le cas de baisse de mise à prix ou de surenchère, il est alloué à chacun des avoués défendeurs la moitié du droit fixe.*

Art. 41 *Dans les ventes mobilières et immobilières ordonnées en référé ou sur requête, il est alloué, pour l'obtention et la levée de la décision rendue, la moitié du droit fixe.*

Art. 42 *a) Au cas de vente par lots, lorsque les lots sont composés d'immeubles distincts, l'émolument global est calculé séparément sur le prix d'adjudication de chaque lot ;*

b) Cet émolument est calculé sur le prix des lots réunis si l'adjudication a lieu après réunion totale ou partielle des lots mis en vente ;

c) Lorsque les lots sont composés de valeurs mobilières et autres droits incorporels, l'émolument global est calculé d'après les règles du tarif des notaires ;

d) Il en est de même lorsque l'adjudication comprend des immeubles et des meubles.

SECTION VI [ABROGÉE] *Incidents*

Art. 43 *a) Tout incident dans une procédure de vente ou de saisie, s'il n'a pas le caractère d'une instance sur demande principale, donne lieu aux émoluments alloués à l'article 20 ;*

b) Lorsque l'incident présente le caractère d'une instance en demande principale, l'intérêt est fixé, à défaut d'éléments d'appréciation résultant du litige lui-même, par le chiffre de la créance du demandeur ou du poursuivant ;

c) Ne sont pas considérées comme incidents la baisse de mise à prix et la conversion de la saisie.

SECTION VII [ABROGÉE] *Abandon de la procédure*

Art. 44 *Lorsque la procédure de vente est arrêtée :*

a) Avant le dépôt du cahier des charges, il est alloué :

A l'avoué poursuivant : le droit fixe prévu à l'article 2 ;

A chacun des autres avoués : le quart du même droit.

b) Après le dépôt du cahier des charges, il est alloué aux différents avoués en cause, à répartir entre eux conformément aux dispositions de l'article 39, un émolument égal à la moitié de celui calculé, comme il est dit à l'article 30, sur le montant de la mise à prix.

1. Les dispositions du Décr. du 2 avr. 1960 étant d'ordre public, les parties ne peuvent y déroger, et l'art. 44 est seul applicable pour une vente sur saisie d'immeuble arrêtée à la suite d'un accord sur une vente amiable. • Civ. 2e, 7 avr. 2005, n° 01-16.363 P.

2. Il résulte de l'art. 44 du Décr. du 2 avr. 1960 qui vise expressément la procédure de saisie immobilière n'arrivant pas à son terme, que les émoluments des avocats doivent être répartis selon l'art. 39 du même texte lorsque la procédure de vente est arrêtée après le dépôt du cahier des charges. • Civ. 2e, 12 déc. 2013 : *D. actu. 10 janv. 2014, obs. Kebir.*

Art. 45 *Si la procédure de vente est reprise entre les mêmes parties, il est alloué le complément de l'émolument.*

CHAPITRE V [ABROGÉ] *Purge des hypothèques*

Art. 46 *Il est alloué, en matière de purge d'hypothèques inscrites, pour l'accomplissement de toutes les formalités, y compris la rédaction de l'extrait à dénoncer aux créanciers inscrits :*

Le droit fixe ;

Un droit proportionnel calculé sur le prix de l'immeuble ou sur la totalité du prix des lots :
Jusqu'à (Décr. n° 2001-373 du 27 avr. 2001) *« 610 € », de 0,8 p. 100 ;*
Sur l'excédent, jusqu'à (Décr. n° 2001-373 du 27 avr. 2001) *« 1 524 € », de 0,4 p. 100 ;*
Sur l'excédent au-dessus de (Décr. n° 2001-373 du 27 avr. 2001) *« 1 524 € », indéfiniment, 0,2 p. 100.*

CHAPITRE VI *[ABROGÉ]* ***Ordres et contributions***

Art. 47 *En matière de contribution, d'ordre amiable ou judiciaire, ou de distribution de prix d'immeubles par instance sur demande principale, pour accomplissement de toutes les formalités prescrites, depuis l'ouverture de l'ordre jusqu'à la clôture définitive des opérations et de la procédure, y compris la procédure d'expertise en cas de ventilation du prix de plusieurs immeubles vendus collectivement et le dépôt de toutes pièces* (Décr. n° 2012-1462 du 26 déc. 2012, art. 37-III, en vigueur le 1er janv. 2013) *« au service de la publicité foncière », il est alloué :*

a) A l'avoué poursuivant ou demandeur, quel que soit le nombre des avoués en cause, les droits fixe et proportionnel établis aux articles 2 et 4, calculés sur le montant de la somme en distribution ;

b) A l'avoué de chaque créancier produisant ou défendeur, même s'il est déjà rémunéré comme avoué poursuivant l'ordre, la moitié des droits fixe et proportionnel calculés sur le montant du bordereau de collocation.

Art. 48 *L'avoué produisant, dont la demande en collocation n'est pas placée en rang utile ou est rejetée, ne perçoit que la moitié du droit fixe.*

Art. 49 *En cas de règlement amiable, si le procès-verbal est soumis à l'homologation, il est alloué à l'avoué poursuivant ou demandeur la moitié du droit fixe.*

Art. 50 *En cas de contestation, et pour tous les incidents portant sur le fond du droit, il est alloué :*

a) A l'avoué qui suit l'audience :
Le droit fixe établi à l'article 2, augmenté d'un dixième par chaque partie en cause ;
Le quart du droit proportionnel établi à l'article 4, calculé sur l'ensemble des créances contestées.

b) A chacun des autres avoués contestants ou contestés, y compris celui de la partie saisie :
Le quart des droits fixe et proportionnel, calculé sur le chiffre contesté de la créance.

Art. 51 *En matière de contribution, l'avoué le plus ancien et, en matière d'ordre, l'avoué du dernier créancier colloqué reçoivent la moitié du droit fixe.*

Art. 52 *Les incidents de procédure sont tarifés comme il est dit à l'article 20.*

Art. 53 *Pour obtenir l'ordonnance de prélèvement au profit du propriétaire, il est alloué à chacun des avoués en cause le quart du droit fixe.*

Art. 54 *Pour la libération prononcée au cours de la procédure et pour l'accomplissement de toutes les formalités prescrites par le code de procédure civile jusqu'à la radiation des inscriptions, il est alloué, sur le montant de la somme consignée, un émolument :*
Jusqu'à (Décr. n° 2001-373 du 27 avr. 2001) *« 610 € », de 0,8 p. 100 ;*
Sur l'excédent, jusqu'à (Décr. n° 2001-373 du 27 avr. 2001) *« 1 524 € », de 0,4 p. 100 ;*
Sur l'excédent, au-dessus de (Décr. n° 2001-373 du 27 avr. 2001) *« 1 524 € », indéfiniment, 0,2 p. 100.*

CHAPITRE VII *[ABROGÉ]* ***Procédures diverses***

SECTION I *[ABROGÉE]* ***Chambre du conseil***

Art. 55 *Pour tous les actes de procédure en chambre du conseil, à l'exclusion des demandes formées en matière de partage, de vente d'immeubles et d'homologation, lesquelles sont régies par les dispositions des chapitres III et IV du présent titre, il est alloué :*

a) Pour toute requête tendant à la nomination d'un curateur, administrateur, séquestre ou mandataire de justice, à l'avoué demandeur, la moitié du droit fixe ;

b) Pour toute requête tendant à adoption, à légitimation adoptive ou judiciaire, ou à la rectification de jugements déclaratifs ou supplétifs d'actes de l'état civil, le droit fixe et un droit variable déterminé comme il est dit aux articles 13 et 14. Toutefois, sauf pour les requêtes tendant à adoption de majeurs, le multiple du droit fixe visé à l'alinéa 1er de l'article 14 ne peut varier qu'entre 1 et 5 ;

c) Pour toute autre demande, si la décision relève de la juridiction gracieuse, à chacun des avoués, le droit fixe. Si la décision contradictoire ou par défaut intervient en matière contentieuse, le droit fixe et le quart du droit proportionnel ou du droit variable calculé comme il est dit aux articles 4, 13 et 14.

Toutefois les droits proportionnel ou variable ne sont pas dus si l'instance a pour objet d'habiliter un incapable ou son représentant à ester en justice sur une demande à former ou déjà formée ;

d) En cas d'opposition à taxe, il est alloué pour tous les actes de procédure, y compris l'obtention et la levée de la décision rendue, le quart du droit fixe.

Art. 56 *Les droits fixes prévus aux articles 23 et 24 sont alloués si une mesure d'instruction est ordonnée.*

SECTION II *[ABROGÉE]* *Délivrance de legs et envoi en possession*

Art. 57 *Pour la demande en délivrance de legs universel, à titre universel ou particulier, il est alloué :*

a) Si le legs donne lieu à contestation, l'émolument fixé pour les instances contradictoires ou par défaut ;

b) Dans le cas contraire, la moitié du droit fixe.

Art. 58 *Pour la requête d'envoi en possession prévue à l'article 1008 du code civil, y compris l'obtention de l'ordonnance, il est alloué la moitié du droit fixe ; en cas de rejet de la requête, le quart du droit fixe.*

SECTION III *[ABROGÉE]* *Ordonnances sur référés*

Art. 59 *Il est alloué, jusques et y compris la levée de l'ordonnance, à chacun des avoués en cause :*

1° Dans les référés sur placets, contradictoires ou par défaut, la moitié du droit fixe ;

2° Dans les référés sur procès-verbaux, le quart du droit fixe ;

3° Dans les cas où le juge a statué sur les dépens, ou si le référé est renvoyé à l'audience :

a) Si l'affaire concerne la nomination d'un curateur, administrateur, séquestre ou mandataire de justice, la moitié du droit fixe et le droit variable prévu aux articles 13 et 14 ;

b) Pour les autres affaires, la moitié de l'émolument alloué dans les instances contradictoires ou par défaut, sans que l'émolument puisse être inférieur à celui prévu sous le numéro 1 du présent article.

Art. 60 *Pour assistance dans les mesures d'instruction ordonnées par le juge, il est alloué à chacun des avoués en cause :*

a) Si les mesures d'instruction sont suivies d'une instance, le quart du droit fixe ;

b) Dans le cas contraire, la moitié du droit fixe.

SECTION IV *[ABROGÉE]* *Ordonnances et requêtes*

Art. 61 (Décr. n° 67-108 du 10 févr. 1967) *1° Pour toute requête tendant à la rectification d'un acte d'état civil (article 99 du code civil* [C. pr. civ., art. 1046 s.]*). Il est alloué un droit variable déterminé comme il est dit aux articles 13 et 14. Toutefois, le multiple du droit fixe visé à l'alinéa 1er de l'article 14 ne peut varier qu'entre un demi et cinq.*

2° Pour toute requête aux fins de mesures conservatoires prévues aux articles 48 et suivants du code de procédure civile [ancien code] *ou aux fins de saisie-arrêt, si l'assignation n'est pas délivrée ou s'il n'est perçu aucun droit proportionnel par les avoués à l'occasion de l'instance en validité, il est alloué la moitié du droit fixe et le quart du droit proportionnel, calculé sur le montant de la créance pour lequel la mesure conservatoire est demandée.*

3° Pour toute autre requête présentée soit en dehors, soit comme préliminaire d'une instance, si l'assignation n'est pas délivrée, il est alloué la moitié du droit fixe.

Les dispositions de l'art. 61 modifié sont abrogées en tant qu'elles s'appliquent aux avoués près les cours d'appel (Décr. n° 80-608 du 30 juill. 1980, art. 32).

SECTION V *[ABROGÉE]* *Acceptations et renonciations*

Art. 62 *Pour assistance aux actes d'acceptation ou de renonciation de succession, de communauté ou de legs, y compris la rédaction du pouvoir, il est alloué la moitié du droit fixe.*

Ce droit ne peut être perçu plusieurs fois, quel que soit le nombre des acceptants ou des renonçants, s'il s'agit de la même succession ou communauté et si les formalités ont été remplies le même jour.

SECTION VI *[ABROGÉE]* *Matières diverses*

§ 1er *[ABROGÉ]* Affaires pénales

Art. 63 *Si une partie se fait assister par un avoué devant les juridictions criminelles ou correctionnelles, ainsi que devant les tribunaux de police dans les cas prévus à l'article R. 40-4° du code pénal, il est alloué à celui-ci le droit fixe et la moitié du droit proportionnel accordés par le présent* *tarif en matière civile, à la condition que la présence effective de l'avoué ait été constatée par le juge et déclarée, par une disposition spécialement motivée, nécessaire en la cause.*

§ 2 *[ABROGÉ]* Bordereaux hypothécaires

Art. 64 *Pour la rédaction d'un bordereau d'inscription hypothécaire ou de renouvellement, dressé en exécution d'un jugement, d'une ordonnance, d'un acte notarié ou de la loi, l'avoué perçoit un émolument égal à celui alloué aux notaires pour les mêmes formalités (n*os *31 et 32 du tableau annexé au tarif des notaires* [Comp. nouveau tarif]*).*

CHAPITRE VIII *[ABROGÉ]* **Débours és**

Art. 65 *Le présent tarif ne comprenant que l'émolument net des avoués, les déboursés sont payés en sus.*

Sont comptés comme déboursés notamment :

1° Les copies ou extraits de pièces à signifier, s'il s'agit de jugements, actes de procédure, actes notariés ou sous seings privés, procès-verbaux, expéditions de toute espèce, délivrés tant par les greffiers que par tous autres fonctionnaires ou officiers publics ;

Les copies ou extraits des pièces rédigées ou établies par l'avoué ne sont pas comptés comme déboursés et ne donnent pas lieu à l'émolument prévu à l'article suivant.

Toutefois, l'émolument alloué aux huissiers de justice pour les copies à signifier des actes préparés par l'avoué est dû à l'avoué si ces copies ont été établies non par l'huissier de justice, mais par l'avoué ;

2° La copie collationnée prévue à l'article 2194 du code civil [devenu C. pr. exéc., art. L. 321-3] *et les copies de l'extrait à dénoncer aux créanciers inscrits ;*

3° Les frais de voyage ;

4° Les frais de papeterie, d'impression et de correspondance ;

5° En matière de ventes judiciaires, les frais de publicité.

Photocopies. V. note 22 ss. art. 132 C. pr. civ.

Art. 66 *Les copies de pièces visées à l'article précédent comportent au minimum :*

a) Lorsqu'elles sont établies à la main : 32 lignes de 10,5 cm de longueur à la première page et 37 lignes de 15 cm de longueur aux pages suivantes ;

b) Lorsqu'elles sont imprimées ou dactylographiées : 43 lignes de 10,5 cm de longueur à la première page et 48 lignes de 15 cm de longueur aux pages suivantes.

L'émolument est calculé par page.

Toute page commencée est due en entier.

L'émolument est égal à celui prévu au tarif général des greffiers en matière civile pour les expéditions ordinaires.

Lorsqu'une pièce est copiée en plusieurs exemplaires, l'émolument n'est perçu intégralement que pour le premier exemplaire ; pour chacun des suivants il est réduit au quart.

Les copies de pièces incorrectes ou illisibles ne donnent lieu à aucun émolument.

Photocopies. V. note 22 ss. art. 132 C. pr. civ.

Art. 67 (Décr. n° 67-108 du 10 févr. 1967) *1° L'avoué qui est obligé de se transporter à plus de 2 km de la commune où est fixée sa résidence, lorsque sa présence est exigée par la loi ou demandée par la partie perçoit :*

a) Si le déplacement pouvait avoir lieu par chemin de fer ou par tout autre service de transport en commun, le prix du billet de chemin de fer en 1re classe, aller et retour, pour la distance parcourue ;

b) A défaut de moyen de transport en commun, quatre fois le prix d'un billet de chemin de fer en 1re classe, d'après le nombre de kilomètres parcourus, tant à l'aller qu'au retour.

En outre, si le déplacement exige plus d'une journée, il est alloué par journée une indemnité de (Décr. n° 2001-373 du 27 avr. 2001) *« 3 € »* [ancien montant : 20 F].

2° Si le déplacement de l'avoué n'a lieu qu'à la demande de sa partie, les frais de voyage restent à la charge de celle-ci.

Les dispositions de l'art. 67 modifié sont abrogées en tant qu'elles s'appliquent aux avoués près les cours d'appel (Décr. n° 80-608 du 30 juill. 1980, art. 32).

Art. 68 *a) En toutes matières, il est alloué à l'avoué, tant demandeur que défendeur, pour frais de papeterie, d'impression et de correspondance, un droit gradué établi à forfait d'après le montant des émoluments portés à la colonne spéciale de l'état des frais prévu à l'article 83 et de :* — Pour l'application aux avocats du droit gradué de l'art. 68, V. Décr. n° 75-785 du 21 août 1975, art. 2.

b) En matière de ventes judiciaires, les avoués ont droit à la répétition des frais de publicité dûment déboursés, sur la justification des actes de publicité auxquels il a été procédé et dans la limite, s'il y a lieu, des décisions prises par le juge en vertu des articles 700 et 961 du code de procédure civile. — Le dernier al. du paragraphe a été abrogé par Décr. n° 63-959 du 17 sept. 1963, lui-même abrogé par Décr. n° 80-608 du 30 juill. 1980.

Photocopies. V. note 22 ss. art. 132 C. pr. civ.

TITRE II *[ABROGÉ]* Droits et émoluments alloués aux avoués près les cours d'appel

Art. 69 à 80 *Abrogés par Décr. n° 80-608 du 30 juill. 1980, art. 32.*

TITRE III *[ABROGÉ]* Dispositions générales

Les dispositions des art. 81 à 86 sont abrogées en tant qu'elles s'appliquent aux avoués près les cours d'appel (Décr. n° 80-608 du 30 juill. 1980, art. 32).

Art. 81 *1° Le montant cumulé des droits de toute nature alloué par le présent tarif, à l'exclusion de ceux alloués à titre de remboursement des déboursés, que les avoués en cause sont autorisés à prélever ne doit jamais être, devant chaque degré de juridiction, supérieur à 10 p. 100 :*

a) De la somme sur laquelle sont liquidés les droits d'enregistrement ;

b) Du prix des immeubles dans les procédures de saisie, de vente et d'ordre, l'ensemble des opérations depuis la saisie jusqu'à la clôture de la procédure d'ordre étant considéré à cet égard comme une seule procédure ;

c) De la somme à distribuer dans les procédures de distribution par contribution.

L'émolument global des avoués en cause, si ce taux de 10 p. 100 est dépassé, y est ramené et le retranchement est supporté par lesdits avoués au prorata de leurs émoluments. Le retranchement est opéré par les soins de l'avoué le plus ancien.

2° Si, à l'occasion d'une procédure déjà engagée, il s'élève une contestation qui n'ait pas le caractère d'un incident et qui doive être considérée comme une instance sur demande principale, la taxe est faite suivant les règles établies ci-dessus pour les instances sur demandes principales, contradictoires ou par défaut.

Il en est de même pour les cas non prévus dans les procédures particulières et autres matières spéciales.

Art. 82 *a) Tout versement fait aux avoués donne lieu à la délivrance d'un reçu extrait d'un carnet à souche numéroté. Ce reçu indique si le versement est fait à titre de provision, pour acompte ou pour règlement, et, le cas échéant, s'il concerne les honoraires particuliers prévus au d du présent article ;*

b) Tous les avoués sont tenus d'avoir un registre sur lequel ils inscrivent, par ordre de date et sans aucun blanc toutes les sommes qu'ils reçoivent de leurs parties, en indiquant le nom de ces parties, la cause du versement, s'il s'agit d'une provision ou d'un versement relatif à une affaire terminée, et, le cas échéant, s'il concerne les honoraires particuliers prévus au d du présent article.

Ils représentent ce registre toutes les fois qu'ils en sont requis par le magistrat taxateur, par le tribunal ou par les représentants du ministère public et qu'ils forment des demandes en condamnation de frais.

Faute de représentation ou de tenue régulière, ils sont déclarés non recevables dans leurs demandes ;

c) Les avoués ne peuvent réclamer ou percevoir de droits plus élevés que ceux énoncés au présent tarif, sous peine de restitution, de dommages-intérêts et, s'il y a lieu, de suspension ou même de destitution ;

d) Ils peuvent toutefois, à titre exceptionnel, percevoir des honoraires particuliers lorsque, sur la demande expresse des parties, ils se sont chargés, indépendamment des travaux relatifs à l'élaboration et à la mise en œuvre de la procédure, de démarches nettement spécifiées ou de missions précises n'ayant rien d'incompatible avec la nature et la dignité de leur ministère.

Cette rémunération particulière est réglée soit à l'amiable sous le contrôle de la chambre de discipline, soit judiciairement, s'il y a lieu, selon la procédure prévue par la loi n° 57-1420 du 31 décembre 1957 ;

e) Les avoués ne peuvent percevoir aucun droit de recette ou de comptabilité pour l'encaissement ou la garde des fonds maniés en conséquence d'une procédure diligentée par leurs soins.

Les avocats anciens avoués qui ont renoncé à exercer les activités antérieurement dévolues aux avocats conservent, en sus des émoluments, droits et remboursements prévus à l'art. 1er du Décr. n° 72-784 du 25 août 1972, la faculté de percevoir les honoraires prévus à l'art. 82 du Décr. du 2 avr. 1960, sous les conditions fixées audit article. — Le recouvrement de ces honoraires est réglé suivant la procédure prévue aux art. 97 à 103 du Décr. n° 72-468 du 9 juin 1972 [abrogé. — V. Décr. n° 91-1197 du 27 nov. 1991, art. 174 à 179. — ***C. avocat****] (Décr. n° 72-784 du 25 août 1972, art. 2).*

Art. 83 *Avant tout règlement, les avoués sont tenus de remettre aux parties, même si celles-ci ne le requièrent pas, le compte détaillé des sommes dont elles sont redevables.*

Les états de frais doivent faire ressortir distinctement les déboursés, les émoluments prévus au tarif, et, s'il y a lieu, d'une part les honoraires exceptionnels demandés en vertu de l'article précédent, d'autre part les provisions versées avant que l'affaire ne soit terminée.

Ils sont, sauf dispositions contraires, établis sur trois colonnes :

1° La colonne spéciale exigée à l'article 822 [art. 865] *du code général des impôts ;*

2° celle des déboursés ;

3° celle des émoluments tarifés.

Des lignes spéciales sont, en outre, le cas échéant, réservées, d'une part aux provisions versées, d'autre part aux honoraires particuliers.

Il n'est dû aucun émolument pour la rédaction et l'établissement de l'état de frais ni, éventuellement, de ses copies.

Art. 84 *Le droit de rétention appartient à l'avoué pour garantir le paiement de ses déboursés et de ses émoluments tarifés, à l'exclusion des honoraires particuliers. Il s'exerce tant sur les actes qu'il a faits et les pièces à lui remises pour soutenir le procès que sur les titres qu'il s'est procurés au cours de la procédure.*

Toutefois, la communication de ces pièces, titres et actes de procédure doit toujours être faite provisoirement, dans un intérêt reconnu légitime par la chambre départementale, à tout officier public ou ministériel mandataire, de la partie, à charge par celui-ci de s'engager à les rétablir aux mains de l'avoué lorsqu'ils ne lui seront plus nécessaires.

Art. 85 *Il est interdit aux avoués, sous peine de sanctions disciplinaires, de partager leurs émoluments ou honoraires avec un tiers ; ils ne peuvent en accorder la remise partielle à leurs clients qu'avec l'autorisation de la chambre départementale.*

Art. 86 *Les difficultés auxquelles l'application du présent tarif pourra donner lieu entre les avoués seront réglées par la chambre départementale.*

Décret n° 72-784 du 25 août 1972 *[Abrogé],*

Relatif au régime transitoire de rémunération des avocats à raison des actes de postulation et à la taxe.

(Abrogé par Décr. n° 2017-862 du 9 mai 2017, art. 6-2°)

V. Décr. n° 75-785 du 21 août 1975 reproduit ci-dessous.

Sur le Décr. n° 2017-862 du 9 mai 2017, V. note ss. C. com., art. R. 444-2, App., v° Frais et dépens, V, Tarif des frais et dépens.

CHAPITRE PREMIER *[ABROGÉ]* *Tarification de la postulation et des actes de procédure devant le tribunal de grande instance en matière civile*

Art. 1er *A titre provisoire et jusqu'à la fixation d'un tarif de la postulation et des actes de procédure, les avocats percevront les émoluments, droits et remboursements de débours au taux et dans les conditions prévues, pour les affaires portées devant la juridiction civile, par les dispositions du titre Ier et de l'article 81 du décret du 2 avril 1960 susvisé* [n° 60-323 fixant le tarif des avoués], *en tant que ces dispositions sont compatibles avec celles du* (Décr. n° 2008-484 du 22 mai 2008, art. 22) *« code de procédure civile ».*

Le principe de libre détermination des prix des biens, produits et services ne s'applique pas à la postulation devant les TGI, réservée aux avocats ; rien ne s'oppose donc à ce que le gouvernement en règlemente la tarification. • CE 23 nov. 2005 : *D. 2006. IR 11*. ♦ La circonstance que le tarif prévu par le décret ne soit pas fixé à ce jour est sans incidence sur la validité des décrets nos 60-323 et 72-784. • Même arrêt.

Art. 2 *Les avocats anciens avoués qui ont renoncé à exercer les activités antérieurement dévolues aux avocats conservent, en sus des émoluments, droits et remboursements prévus à l'article 1er, la faculté de percevoir les honoraires prévus à l'article 82 du décret du 2 avril 1960 susvisé, sous les conditions fixées audit article.*

Le recouvrement de ces honoraires est réglé suivant la procédure prévue aux articles 97 à 103 du décret n° 72-468 du 9 juin 1972 [abrogé. — V. Décr. n° 91-1197 du 27 nov. 1991, art. 174 s.].

CHAPITRE II *[ABROGÉ]* *Procédure de taxe*

Art. 3 à 14 *Abrogés par Décr. n° 81-500 du 12 mai 1981, art. 49.*

Décret n° 75-785 du 21 août 1975 *[Abrogé]*,

Relatif aux droits et émoluments alloués à titre transitoire aux avocats à raison des actes de procédure.

(Abrogé par Décr. n° 2017-862 du 9 mai 2017, art. 6-3°)

Sur le Décr. n° 2017-862 du 9 mai 2017, V. note ss. C. com., art. R. 444-2, App., v° Frais et dépens, V, Tarif des frais et dépens.

Art. 1er ***Dans chaque affaire le montant des émoluments alloués à l'avocat, tels qu'ils sont déterminés à titre provisoire jusqu'à la fixation d'un tarif de la postulation et des actes de procédure par l'application du décret susvisé du 25 août 1972, est majoré de 20 p. 100.***

Art. 2 ***Pour l'application aux avocats de l'article 68 du décret susvisé du 2 avril 1960, le droit gradué est fixé comme suit :***

Lorsque le total des émoluments est égal ou inférieur à *(Décr. n° 2001-373 du 27 avr. 2001)* ***« 6 € : 4,6 € » ;***

Lorsque le total des émoluments est compris entre *(Décr. n° 2001-373 du 27 avr. 2001)* ***« 6,1 € et 15 € : 6,4 € » ;***

Lorsque le total des émoluments est compris entre *(Décr. n° 2001-373 du 27 avr. 2001)* ***« 15,1 € et 29 € : 8,9 € » ;***

Lorsque le total des émoluments est supérieur à *(Décr. n° 2001-373 du 27 avr. 2001)* ***« 29 € : 15 €. »***

3 Commissaires à l'exécution du plan

V. C. com., art. R. 663-3 à R. 663-13-1. — ***C. com.***

4 Commissaires-priseurs judiciaires

Code de commerce

Partie réglementaire

TITRE IV *BIS* De certains tarifs réglementés

(Décr. n° 2016-230 du 26 févr. 2016, art. 2, en vigueur le 1er mars 2016)

Sur l'entrée en vigueur, V. Décr. n° 2016-230 du 26 févr. 2016, art. 13, ss. art. R. 444-1, App., v° Frais et dépens, V, Tarif des frais et dépens.

Les dispositions du Décr. n° 2016-230 du 26 févr. 2016 sont applicables à Wallis-et-Futuna (Décr. préc., art. 14).

....

SECTION III *Dispositions particulières applicables aux commissaires-priseurs judiciaires, huissiers de justice et notaires*

SOUS-SECTION 1 *Commissaires-priseurs judiciaires*

Art. R. 444-42 Les dispositions du présent titre *[art. R. 444-1 à 444-70]* s'appliquent aux commissaires-priseurs judiciaires ainsi qu'aux autres officiers publics ou ministériels vendeurs de meubles, à l'exception de celles du paragraphe 1er de la sous-section 1 de la section II *[art. R. 444-23 et R. 444-24]* en ce qui concerne les notaires et huissiers de justice qui exercent ces fonctions en application du 3° de l'article 1er de la loi du 1er juin 1924 portant introduction des lois commerciales françaises dans les départements du Bas-Rhin, du Haut-Rhin et de la Moselle. *— V. C. com., art. R. 444-1 à R. 444-41, App., v° Frais et dépens, V, Tarif des frais et dépens. — V. C. com., art. R. 444-49 à R. 444-58, App., v° Frais et dépens, V, Tarif des frais et dépens.*

Art. R. 444-43 Lorsque deux ou plusieurs commissaires-priseurs judiciaires interviennent dans une même prisée ou une même vente, il n'est dû aucune rémunération supplémentaire par les parties ; le partage des émoluments, hors remises, se fait suivant les règles fixées par la *(Décr. n° 2020-179 du 28 févr. 2020, art. 12)* « section des commissaires-priseurs judiciaires de la Chambre nationale des commissaires de justice *[ancienne rédaction : Chambre nationale des commissaires-priseurs judiciaires]* ».

La remise respectivement consentie par chaque intervenant est, le cas échéant, déduite de la part lui revenant en application du premier alinéa.

Art. R. 444-44 Lorsque le commissaire-priseur judiciaire est désigné pour une mission d'expertise par une juridiction, ses honoraires sont fixés conformément aux règles applicables à la rémunération des experts.

Art. R. 444-45 Il est interdit aux commissaires-priseurs judiciaires, sous peine de sanction disciplinaire, de partager leurs émoluments avec un tiers ou d'accepter qu'un tiers leur remette tout ou partie de la rétribution par lui reçue.

Art. R. 444-46 Le transport des meubles entre le domicile du vendeur ou de l'acheteur et la salle des ventes ne peut être assumé ni directement ni indirectement par les commissaires-priseurs judiciaires.

Art. R. 444-47 Le procès-verbal de vente doit mentionner avant le début de la vente tous les objets spécifiés sur les catalogues et autres documents de publicité ou exposés comme devant être mis en vente et retirés de la vente ; le motif de retrait est indiqué.

Tous les objets mis en vente sont mentionnés sur le procès-verbal au fur et à mesure de la mise en vente, avec indication du nom et du domicile déclarés par l'acheteur ; si l'objet est retiré après avoir été mis aux enchères, le retrait est mentionné ainsi que le chiffre de la dernière enchère portée avant le retrait.

L'omission des mentions prescrites par le présent article ou la rédaction du procès-verbal postérieurement à la vente est passible d'une sanction disciplinaire.

Art. R. 444-48 Les commissaires-priseurs judiciaires déclarent à la chambre de discipline chaque trimestre le nombre de ventes réalisées et le montant de chacune d'elles.

Le commissaire-priseur judiciaire qui cumule ses fonctions avec celles d'huissier de justice doit faire la déclaration mentionnée au premier alinéa à la chambre de discipline des commissaires-priseurs judiciaires.

Partie Arrêtés

TITRE IV *BIS* De certains tarifs réglementés

(Arr. du 26 févr. 2016, art. 2)

Sur l'entrée en vigueur de l'Arr. du 26 févr. 2016, V. l'art. 3 dudit Arr., ss. C. com., art. A. 444-1. Ses dispositions sont applicables à Wallis-et-Futuna (Arr. préc., art. 4).

Adopté dans les conditions prévues à l'art. 12 du Décr. nº 2016-230 du 26 févr. 2016, l'Arr. du 26 févr. 2016 fixe les tarifs des commissaires-priseurs judiciaires pour une période transitoire de trois mois, comprise entre le 1er mars 2016 et le 31 mai 2016 (Arr. préc., art. 1er).

CHAPITRE PREMIER *Fixation des tarifs*

SECTION I *Tarifs des commissaires-priseurs judiciaires*

Art. A. 444-1 Les prestations figurant au tableau 1 de l'annexe 4-7 donnent lieu à la perception d'émoluments fixés conformément aux dispositions respectives des sous-sections 1 et 2 de la présente section. — *V. Décr. nº 2016-230 du 26 févr. 2016, art. Annexe 4-7, ci-dessous.*

Les remises sur les émoluments proportionnels sont régies par la sous-section 3 de cette même section. — *V. C. com., art. A. 444-9, ci-après.*

Les dispositions de la présente section s'appliquent aux commissaires-priseurs judiciaires ainsi qu'aux autres officiers publics ou ministériels vendeurs de meubles, notamment les notaires et huissiers de justice qui exercent ces fonctions en application du 3° de l'article 1er de la loi du 1er juin 1924 portant introduction des lois commerciales françaises dans les départements du Bas-Rhin, du Haut-Rhin et de la Moselle.

(Arr. du 27 févr. 2018, en vigueur le 1er mars 2018) « Les émoluments applicables *(Arr. du 23 févr. 2022, art. 2, en vigueur le 1er mars 2022)* « jusqu'au 29 février 2024 » sont ceux qui sont prévus par la présente section. » — *Sur l'entrée en vigueur au 1er janv. 2021, V. Arr. du 28 avr. 2020.*

L'Arr. du 27 févr. 2018 est applicable à Wallis-et-Futuna (Arr. préc., art. 3).

L'Arr. du 28 févr. 2020 est applicable à Wallis-et-Futuna (Arr. préc., art. 11).

Décret nº 2016-230 du 26 février 2016,

Relatif aux tarifs de certains professionnels du droit et au fonds interprofessionnel de l'accès au droit et à la justice (JO 28 févr.).

ANNEXE

Art. annexe 4-7 La liste des prestations dont les tarifs sont régis par le titre IV *bis* (partie réglementaire) du code de commerce est la suivante :

Tableau 6 annexé à l'article R. 444-3

COMMISSAIRE-PRISEUR JUDICIAIRE			
Numéro	**Catégorie**	**Sous-catégorie**	**Nature de la prestation**
1	Actes	Actes de prisée et d'inventaire	Prisée, en dehors du cas prévu à l'article D. 514-2 du code monétaire et financier – *V. C. com., art. A. 444-2, App., vº Frais et dépens, II, Dispositions particulières, B, Commissaires-priseurs judiciaires.*
2			Inventaire purement descriptif – *V. C. com., art. A. 444-5, App., vº Frais et dépens, II, Dispositions particulières, B, Commissaires-priseurs judiciaires.*
3			Récolement d'inventaire – *V. C. com., art. A. 444-5, App., vº Frais et dépens, II, Dispositions particulières, B, Commissaires-priseurs judiciaires.*
4		Actes de vente judiciaire	Vente judiciaire aux enchères publiques de meubles corporels ou incorporels, en dehors du cas prévu à l'article D. 514-17 du code monétaire et financier – *V. C. com., art. A. 444-3, App., vº Frais et dépens, II, Dispositions particulières, B, Commissaires-priseurs judiciaires.*
5			Retrait d'un lot, dans l'intérêt du vendeur, après le commencement des enchères mentionnées au numéro 4 du présent tableau – *V. C. com., art. A. 444-4, App., vº Frais et dépens, II, Dispositions particulières, B, Commissaires-priseurs judiciaires.*
6		Actes d'assistance	Assistance aux référés et enregistrement de l'ordonnance – *V. C. com., art. A. 444-5, App., vº Frais et dépens, II, Dispositions particulières, B, Commissaires-priseurs judiciaires.*
7			Assistance à l'essai et au poinçonnage des matières précieuses – *V. C. com., art. A. 444-5, App., vº Frais et dépens, II, Dispositions particulières, B, Commissaires-priseurs judiciaires.*

COMMISSAIRE-PRISEUR JUDICIAIRE			
Numéro	**Catégorie**	**Sous-catégorie**	**Nature de la prestation**
8	Formalités	Expéditions	Expédition ou extrait du procès-verbal prévu à l'article R. 444-50 – *V. C. com., art. A. 444-6, App., v° Frais et dépens, V, Tarif des frais et dépens, B, Dispositions particulières à certaines professions du droit, 5, Commissaires-priseurs judiciaires.*
9		Dépôts	Dépôt à la Caisse des dépôts et consignations – *V. C. com., art. A. 444-7, App., v° Frais et dépens, V, Tarif des frais et dépens, B, Dispositions particulières à certaines professions du droit, 5, Commissaires-priseurs judiciaires.*
10		Réquisitions et levées d'états	Levée d'état au service d'immatriculation des voitures automobiles – *V. C. com., art. A. 444-7, App., v° Frais et dépens, V, Tarif des frais et dépens, B, Dispositions particulières à certaines professions du droit, 5, Commissaires-priseurs judiciaires.*
11			Levée d'état au greffe du tribunal de commerce – *V. C. com., art. A. 444-7, App., v° Frais et dépens, V, Tarif des frais et dépens, B, Dispositions particulières à certaines professions du droit, 5, Commissaires-priseurs judiciaires.*
12			Réquisition d'état de situation des contributions – *V. C. com., art. A. 444-7, App., v° Frais et dépens, V, Tarif des frais et dépens, B, Dispositions particulières à certaines professions du droit, 5, Commissaires-priseurs judiciaires.*
13		Vente forcée	Report de la vente en cas de versement d'un acompte, après transmission du dossier par l'huissier de justice, sur demande écrite du débiteur acceptée par le commissaire-priseur judiciaire – *V. C. com., art. A. 444-8, App., v° Frais et dépens, V, Tarif des frais et dépens, B, Dispositions particulières à certaines professions du droit, 5, Commissaires-priseurs judiciaires.*
14			Ensemble des diligences effectuées depuis la transmission du dossier lorsque la vente n'a pas lieu par suite du paiement de sa dette par le débiteur – *V. C. com., art. A. 444-8, App., v° Frais et dépens, V, Tarif des frais et dépens, B, Dispositions particulières à certaines professions du droit, 5, Commissaires-priseurs judiciaires.*

....

Arrêté du 26 février 2016,

Fixant les tarifs réglementés des commissaires-priseurs judiciaires (28 févr.).

Art. 3 Les dispositions de la section I du titre IV *bis* du livre IV de la partie Arrêtés du code de commerce *[art. A. 444-1]* entrent en vigueur le 1er mars 2016. — *V. C. com., art. A. 444-1, ci-dessus.*

Toutefois, en application de l'article 13 du décret n° 2016-230 du 26 février 2016 susvisé, et par dérogation au premier alinéa de l'article A. 444-1 du code de commerce, les prestations des commissaires-priseurs judiciaires mentionnées à l'article annexe 4-7 de ce même code effectuées avant le 1er mai 2016, ou dont la réalisation a donné lieu, avant le 1er mars 2016, au versement par le client d'un acompte ou d'une provision, ou à l'engagement par l'un des commissaires-priseurs judiciaires intervenant de frais ou débours, donnent lieu à la perception d'émoluments fixés conformément aux dispositions du décret n° 85-382 du 29 mars 1985 fixant le tarif des commissaires-priseurs judiciaires, dans sa rédaction antérieure au décret n° 2016-230 du 26 février 2016 susvisé. — *V. C. com., art. annexe 4-7, tableau 1, ci-dessus.*

SOUS-SECTION 1 *Tarifs des actes*

Art. A. 444-2 La prisée figurant au numéro 1 du tableau mentionné à l'article A. 444-1 donne lieu à la perception d'un émolument proportionnel : *V. décr. n° 2016-230 du 26 févr. 2016, annexe 4-7, Tableau 1, ss. C. com., art. A. 444-1 ci-dessus.*

1° En cas de liquidation judiciaire : à la valeur de réalisation de chaque article ;

2° Dans tous les autres cas, y compris en cas de redressement judiciaire : à la moyenne entre la valeur d'exploitation et la valeur de réalisation ;

Selon le barème suivant : — *Tableau issu de l'Arr. du 28 févr. 2020, art. 3, en vigueur le 1er janv. 2021. — Sur l'entrée en vigueur au 1er janv. 2021, V. Arr. du 28 avr. 2020.*

TRANCHES D'ASSIETTE	TAUX APPLICABLE
De 0 à 1 725 €	1,488 %
De 1 726 € à 4 600 €	0,496 %
De 4 601 € à 34 500 €	0,248 %
Plus de 34 501 €	0,099 %

L'émolument mentionné au premier alinéa ne s'applique pas à l'appréciation des objets remis en gage dans le cadre d'un prêt consenti par une caisse de crédit municipal effectuée dans les conditions prévues à l'article D. 514-2 du code monétaire et financier, qui est rémunérée selon les modalités prévues à l'article D. 514-5 du même code.

L'Arr. du 28 févr. 2020 est applicable à Wallis-et-Futuna (Arr. préc., art. 11).

Art. A. 444-3 La vente judiciaire aux enchères publiques de meubles corporels ou incorporels, figurant au numéro 4 du tableau mentionné à l'article A. 444-1, donne lieu à la perception d'un émolument proportionnel au produit de chaque lot, selon le barème suivant : — *V. Décr. n° 2016-230 du 26 févr. 2016, art. Annexe 4-7, Tableau 1, ss. C. com., art. A. 444-1 ci-avant. — Tableau issu de l'Arr. du 28 févr. 2020, art. 4, en vigueur le 1er janv. 2021. — Sur l'entrée en vigueur au 1er janv. 2021, V. Arr. du 28 avr. 2020.*

	Taux applicable
a) Part à la charge du vendeur	4,96 %
b) Part à la charge de l'acheteur	11,90 %
Total	16,86 %

Si le total à la charge des vendeurs est, pour l'ensemble de la vente, inférieur à *(Arr. du 28 févr. 2020, art. 4, en vigueur le 1er janv. 2021)* « 45,63 » euros, l'émolument est porté à cette somme, et réparti entre les vendeurs. — *Sur l'entrée en vigueur au 1er janv. 2021, V. Arr. du 28 avr. 2020.*

L'émolument mentionné au premier alinéa ne s'applique pas à la vente de l'objet gagé dans le cadre d'un prêt consenti par une caisse de crédit municipal dans les conditions prévues à l'article D. 514-17 du code monétaire et financier, qui est rémunérée selon les modalités prévues aux premier et troisième alinéas de l'article D. 514-18 du même code.

L'Arr. du 28 févr. 2020 est applicable à Wallis-et-Futuna (Arr. préc., art. 12).

Art. A. 444-4 Le retrait d'un lot, dans l'intérêt du vendeur, figurant au numéro 5 du tableau mentionné à l'article A. 444-1 donne lieu à la perception d'un émolument, à la charge du vendeur, proportionnel au chiffre de la dernière enchère portée avant le retrait, à un taux égal au sixième de celui figurant au barème de l'article A. 444-3. — *V. Décr. nº 2016-230 du 26 févr. 2016, art. Annexe 4-7, Tableau 1, ss. C. com., art. A. 444-1 ci-avant. — V. C. com., art. A. 444-3 ci-dessus.*

Art. A. 444-5 Donnent lieu à la perception d'un émolument de vacation égal à *(Arr. du 28 févr. 2020, art. 5, en vigueur le 1er janv. 2021)* « 22,82 » € par demi-heure, chaque demi-heure supplémentaire étant due en entier*[,]* les prestations figurant aux numéros suivants du tableau mentionné à l'article A. 444-1 : — *V. Décr. nº 2016-230 du 26 févr. 2016, art. Annexe 4-7, Tableau 1, ss. C. com., art. A. 444-1 ci-avant. — Sur l'entrée en vigueur au 1er janv. 2021, V. Arr. du 28 avr. 2020.*

1° Numéro 2 (inventaire purement descriptif) ;
2° Numéro 3 (récolement d'inventaire) ;
3° Numéro 6 (assistance aux référés et enregistrement de l'ordonnance) ;
4° Numéro 7 (assistance à l'essai et au poinçonnage des matières précieuses).

L'Arr. du 28 févr. 2020 est applicable à Wallis-et-Futuna (Arr. préc., art. 11).

SOUS-SECTION 2 *Tarifs des formalités*

Art. A. 444-6 L'expédition et l'extrait de procès-verbal de vente, figurant au numéro 8 du tableau mentionné à l'article A. 444-1, donnent lieu à la perception d'un émolument de *(Arr. du 28 févr. 2020, art. 6, en vigueur le 1er janv. 2021)* « 0,68 » € par page. — *V. Décr. nº 2016-230 du 26 févr. 2016, art. Annexe 4-7, Tableau 1, ss. C. com., art. A. 444-1 ci-avant. — Sur l'entrée en vigueur au 1er janv. 2021, V. Arr. du 28 avr. 2020.*

L'Arr. du 28 févr. 2020 est applicable à Wallis-et-Futuna (Arr. préc., art. 11).

Art. A. 444-7 Donnent lieu à la perception d'un émolument fixe de *(Arr. du 28 févr. 2020, art. 7, en vigueur le 1er janv. 2021)* « 6,85 » € les dépôts, levées d'état et réquisitions figurant aux numéros suivants du tableau mentionné à l'article A. 444-1 : — *V. Décr. nº 2016-230 du 26 févr. 2016, art. Annexe 4-7, Tableau 1, ss. C. com., art. A. 444-1 ci-avant. — Sur l'entrée en vigueur au 1er janv. 2021, V. Arr. du 28 avr. 2020.*

1° Numéro 9 (dépôt à la Caisse des dépôts et consignations) ;
2° Numéro 10 (levée d'état au service d'immatriculation des voitures automobiles) ;
3° Numéro 11 (levée d'état au greffe du tribunal de commerce) ;
4° Numéro 12 (réquisition d'état de situation des contributions).

L'Arr. du 28 févr. 2020 est applicable à Wallis-et-Futuna (Arr. préc., art. 11).

Art. A. 444-8 I. — En cas de vente forcée, après transmission du dossier par l'huissier de justice au commissaire-priseur judiciaire, ce dernier peut accepter de reporter la vente en cas de versement d'acompte, sur demande écrite du débiteur, sans que le nombre de ces reports puisse être supérieur à cinq.

II. — Dans le cas prévu au I, la prestation figurant au numéro 13 du tableau mentionné à l'article A. 444-1 donne lieu à la perception d'un émolument fixe de *(Arr. du 28 févr. 2020, art. 8, en vigueur le 1er janv. 2021)* « 6,85 » € à l'occasion de chaque report. — *V. Décr. nº 2016-230 du 26 févr. 2016, art. Annexe 4-7, Tableau 1, ss. C. com., art. A. 444-1 ci-avant. — Sur l'entrée en vigueur au 1er janv. 2021, V. Arr. du 28 avr. 2020.*

III. — Si la vente n'a pas lieu par suite du paiement de sa dette par le débiteur, la prestation figurant au numéro 14 du tableau mentionné à l'article A. 444-1 donne lieu à la perception d'un émolument fixe de *(Arr. du 28 févr. 2020, art. 8, en vigueur le 1er mars 2020)* « 68,45 » €. — *V. Décr. nº 2016-230 du 26 févr. 2016, art. Annexe 4-7, Tableau 1, ss. C. com., art. A. 444-1 ci-avant.*

IV. – Si la vente a lieu, les émoluments perçus en application du II s'imputent sur ceux perçus en application de l'article A. 444-3. *– V. C. com., art. A. 444-3 ci-avant.*

L'Arr. du 28 févr. 2020 est applicable à Wallis-et-Futuna (Arr. préc., art. 11).

SOUS-SECTION 3 *Remises*

Art. A. 444-9 Les remises prévues au cinquième alinéa de l'article L. 444-2 sur les émoluments proportionnels mentionnés aux premiers alinéas des articles A. 444-2 à A. 444-4 sont consenties dans la limite d'un taux qui ne peut excéder *(Arr. du 28 févr. 2020, art. 9, en vigueur le 1er janv. 2021)* **« 20 % ». Ces remises s'appliquent à la part d'émolument calculée sur les tranches d'assiette supérieures ou égales à un seuil ainsi fixé :** *– V. C. com., art. L. 444-2, App., v° Officiers publics ou ministériels, I, Dispositions communes, C, Tarif. – V. C. com., art. A. 444-2 à A. 444-4 ci-avant. – Sur l'entrée en vigueur au 1er janv. 2021, V. Arr. du 28 avr. 2020.*

1° 1 000 000 € pour les émoluments prévus à l'article A. 444-2 ;

2° 6 000 € pour les émoluments prévus à l'article A. 444-3.

En application du IV de l'article R. 444-10, les prisées et aux ventes judiciaires réalisées dans le cadre d'un mandat de justice ne donnent pas lieu à la remise prévue au premier alinéa. *– V. C. com., art. R. 444-10, App., v° Officiers publics ou ministériels, I, Dispositions communes, C, Tarif.*

L'Arr. du 28 févr. 2020 est applicable à Wallis-et-Futuna (Arr. préc., art. 11).

5 Conservateurs des hypothèques maritimes

Décret du 3 juillet 1944,

Fixant les remises et salaires des receveurs des douanes, conservateurs des hypothèques maritimes, ainsi que les émoluments dus aux greffiers des tribunaux de commerce pour l'inscription du privilège du Trésor institué par la loi du 10 août 1922 pour le recouvrement de la contribution extraordinaire sur les bénéfices de guerre, et de l'hypothèque générale du Trésor instituée par l'ordonnance du 18 octobre 1944, modifiée, tendant à confisquer les profits illicites (JO 8 juill.). – Mod. par Décr. n° 49-1190 du 20 août 1949 (BLD 1949. 906 ; JO 26 août ; Rect. JO 15 sept.), Décr. n° 62-1188 du 11 oct. 1962 (D. 1962. 332 ; BLD 1962. 656). – En ce qui concerne les remises et salaires attribués aux conservateurs des hypothèques maritimes, V. Décr. n° 69-532 du 28 mai 1969 (D. et BLD 1969. 234).

6 Greffiers des tribunaux de commerce

V. C. com., art. R. 713-2, R. 713-3, art. R. 743-140 à R. 743-155, A. 743-8 à A. 743-18. ***– C. com.***

7 Frais de voyages

Code du travail

Art. R. 1423-54 Il est alloué aux témoins entendus en matière prud'homale une indemnité de comparution et, éventuellement, une indemnité de voyage et de séjour égales à celles attribuées aux témoins appelés à déposer en matière civile. L'allocation de cette indemnité se fait sur demande. *– [Anc. art. R. 519-2.]*

Décret du 8 juillet 1920,

Fixant les frais de transport, de délégation et de séjour des magistrats.

Le tarif des frais de transport appliqué en pratique est celui prévu en matière criminelle par le code de procédure pénale, articles R. 200 à R. 202.

Décret du 27 décembre 1920,

Portant revision du tarif des frais de voyage des parties, des experts auprès des tribunaux civils, des dépositaires de pièces et des témoins.

– V. C. pr. pén., art. R. 94 s.

CHAPITRE PREMIER *Frais de voyage des parties*

Art. 1er *(Décr. n° 49-1251 du 27 août 1949)* Lorsque les parties font un voyage et qu'elles se sont présentées au greffe assistées de leur avoué *[avocat]* pour y affirmer que le voyage a été fait dans la seule vue du procès, il leur est alloué :

Pour frais de voyage, une indemnité égale à celle fixée par l'article 42 du décret du 26 juillet 1947, portant règlement d'administration publique sur les frais de justice en matière criminelle, de police correctionnelle et de simple police, et les textes qui l'ont modifié *[C. pr. pén., art. R. 133]* ;

Pour chaque journée de séjour, une indemnité égale à celle fixée par l'article 45 du décret du 26 juillet 1947 portant règlement d'administration publique sur les frais de justice en matière criminelle, de police correctionnelle et de simple police et les textes qui l'ont modifié *[C. pr. pén., art. R. 135]*.

Il n'est rien dû à l'avoué *[avocat]* pour l'assistance au greffe.

Art. 2 Il n'est passé en taxe qu'un seul voyage en première instance et un seul en cause d'appel. Cependant, si la comparution d'une partie a été ordonnée par jugement ou arrêt et si les dépens lui sont adjugés, il lui est alloué pour cet objet une taxe égale à celle d'un témoin.

CHAPITRE II *Experts*

Art. 3 à 6 *Abrogés par Décr. n° 73-1122 du 17 déc. 1973, art. 182.*

CHAPITRE III *Dépositaires de pièces*

Art. 8 Il est alloué aux dépositaires pour frais de voyage les mêmes droits que ceux alloués aux avoués par l'article 69 du décret du 29 décembre 1919 *[Décr. n° 60-323 du 2 avr. 1960, art. 67]*.

CHAPITRE IV *Témoins*

Art. 9 *(Décr. n° 49-1251 du 27 août 1949)* Les témoins appelés à déposer en matière civile devant les diverses juridictions, y compris les *(Décr. n° 2019-966 du 18 sept. 2019, art. 8, en vigueur le 1er janv. 2020)* « tribunaux judiciaires *[ancienne rédaction : tribunaux d'instance]* », reçoivent, s'ils le demandent, l'indemnité de comparution prévue par les articles 38 et 39 du décret du 26 juillet 1947 portant règlement d'administration publique sur les frais de justice en matière criminelle, de police correctionnelle et de simple police et les textes qui l'ont modifié *[C. pr. pén., art. R. 129 s.]*.

La personne accompagnant soit les enfants appelés à déposer, soit les témoins qui, en raison de leurs infirmités, ont besoin d'aide, reçoit elle-même l'indemnité prévue pour les témoins adultes.

Art. 10 *(Décr. 31 mai 1943, validé par Ord. n° 45-2280 du 9 oct. 1945)* Lorsque les témoins résident à plus de 4 kilomètres du lieu où se poursuit l'enquête, il leur est alloué en outre une indemnité de voyage qui est déterminée ainsi qu'il suit :

1° Si le voyage est effectué ou pouvait s'effectuer par chemin de fer ou tramway, l'indemnité est égale au prix d'un billet de seconde classe calculé, s'il se peut, d'après le tarif réduit applicable aux trajets aller et retour ;

2° Si le voyage est effectué ou pouvait s'effectuer par un autre service de transport en commun, l'indemnité est égale au prix d'un voyage d'après le tarif de ce service, tant à l'aller qu'au retour ;

3° (Décr. n° 49-1251 du 27 août 1949) « Si le voyage ne pouvait s'effectuer par l'un de ces deux moyens, l'indemnité allouée par kilomètre parcouru tant à l'aller qu'au retour est celle prévue par l'article 42, 3°, du décret du 26 juillet 1947 portant règlement d'administration publique sur les frais de justice en matière criminelle, de police correctionnelle et de simple police et les textes qui l'ont modifié *[C. pr. pén., art. R. 133-3°]* ;

« 4° Si le voyage est fait par mer ou par air, il est accordé sur le vu du duplicata du billet de voyage délivré par la compagnie de navigation, le remboursement du prix du billet aller et retour, en 2e classe en cas de navigation maritime.

« Les témoins, titulaires de permis de circulation ou jouissant, à titre personnel ou en raison de leur emploi, de réductions de tarif, n'ont pas droit au remboursement des frais de transport pour la partie correspondant à l'exonération dont ils bénéficient. Les demandes de remboursement des frais de transport doivent être obligatoirement accompagnées d'une déclaration des intéressés certifiant qu'ils ne bénéficient pas, à quelque titre que ce soit,

d'avantages de tarifs ou, dans le cas contraire, qu'ils ne bénéficient pas d'autres avantages que ceux dont il est fait état dans la demande. »

Art. 11 *(Décr. n° 49-1251 du 27 août 1949)* **Lorsque le lieu d'audition des témoins est à une distance de plus de 20 kilomètres de leur résidence, il leur est alloué l'indemnité prévue par l'article 44 du décret du 26 juillet 1947 portant règlement d'administration publique sur les frais de justice en matière criminelle, de police correctionnelle et de simple police et les textes qui l'ont modifié** *[repris par l'art. R. 135 (ancien), C. pr. pén., puis abrogé]*.

Art. 12 *(Décr. n° 49-1251 du 27 août 1949)* **« Les témoins retenus en dehors de leur résidence soit par l'accomplissement de leurs obligations, soit en raison de la durée du déplacement, soit par un cas de force majeure, ont droit, pour chaque journée de séjour, à l'indemnité prévue par l'article 45 du décret du 26 juillet 1947 portant règlement d'administration publique sur les frais de justice en matière criminelle, de police correctionnelle et de simple police et les textes qui l'ont modifié, à l'exclusion de l'indemnité prévue à l'article 11 ci-dessus »** *[C. pr. pén., art. R. 135]*.

(Décr. 31 mai 1943, validé par Ord. n° 45-2280 du 9 oct. 1945) **Dans tous ces cas, les témoins sont tenus de faire constater par le juge du** *(Décr. n° 2019-966 du 18 sept. 2019, art. 8, en vigueur le 1er janv. 2020)* **« tribunal judiciaire** *[ancienne rédaction : tribunal d'instance]* **», par le maire ou l'un de ses adjoints ou par le commissaire de police du lieu où ils sont retenus, la cause et la durée de leur séjour.**

Art. 13 *(Décr. 31 mai 1943, validé par Ord. n° 45-2280 du 9 oct. 1945)* **Les indemnités de voyage et de séjour prévues par les articles 10 et suivants sont accordées aux personnes qui accompagnent des mineurs de quinze ans ou des témoins malades ou infirmes, dans les conditions précisées au dernier alinéa de l'article 9 du présent décret.**

Art. 14 *(Décr. 31 mai 1943, validé par Ord. n° 45-2280 du 9 oct. 1945)* **Sont abrogés les articles 24, 146 et 159 à 167 du premier décret du 16 février 1807 et généralement toutes dispositions contraires à celles du présent décret.**

Il est alloué aux témoins entendus en matière prud'homale, s'ils le demandent, une indemnité de comparution et, éventuellement, une indemnité de voyage et de séjour égales à celles attribuées aux témoins appelés à déposer en matière civile (C. trav., art. R. 519-2 [devenu R. 1423-54]).

8 Huissiers de justice

BIBL. GÉN. ▸ Thuet, *Dr. et pr. 2016. 32* (la réforme du tarif des huissiers de justice).

Code de commerce

TITRE IV *BIS* De certains tarifs réglementés

(Décr. n° 2016-230 du 26 févr. 2016, art. 2, en vigueur le 1er mars 2016)

Sur l'entrée en vigueur, V. Décr. n° 2016-230 du 26 févr. 2016, art. 13, ss. C. com., art. R. 444-1.

Le Décr. n° 2016-230 du 26 févr. 2016 est applicable à Wallis-et-Futuna (Décr. préc., art. 14). – V. aussi C. com., art. R. 950-1.

SECTION III *Dispositions particulières applicables aux commissaires-priseurs judiciaires, huissiers de justice, notaires et avocats* (Décr. n° 2017-862 du 9 mai 2017, art. 2-IX).

V. note au-dessus de l'art. R. 444-1 C. com., App., v° Frais et dépens, V, Tarif des frais et dépens.

Sur le Décr. n° 2017-862 du 9 mai 2017, V. note ss. C. com., art. R. 444-2, App., v° Frais et dépens, V, Tarif des frais et dépens.

....

SOUS-SECTION 2 *Huissiers de justice*

V. note au-dessus de l'art. R. 444-1 C. com., App., v° Frais et dépens, V, Tarif des frais et dépens.

Art. R. 444-49 **Lorsque, en application du second alinéa de l'article 16 du décret n° 56-222 du 29 février 1956, un huissier de justice confie la signification d'un acte à un confrère,**

l'émolument correspondant est versé à l'huissier initialement saisi, puis partagé avec l'huissier significateur. Les règles de partage des émoluments, hors remises, sont les suivantes : — *V. Décr. n° 56-222 du 29 févr. 1956, art. 16, App., v° Frais et dépens, V, Tarif des frais et dépens.*

1° L'huissier de justice rédacteur de l'acte perçoit un tiers de l'émolument de la prestation ;

2° L'huissier de justice significateur perçoit deux tiers de l'émolument de la prestation, ainsi que la totalité du remboursement des frais de déplacement.

La remise respectivement consentie par chaque intervenant est, le cas échéant, déduite de la part lui revenant en application du premier alinéa.

V. note au-dessus de l'art. R. 444-1 C. com., App., v° Frais et dépens, V, Tarif des frais et dépens.

Partage des émoluments. Il ne ressort pas des pièces du dossier qu'en estimant respectivement à un et deux tiers la répartition des coûts pertinents supportés par l'huissier de justice rédacteur de l'acte et son confrère significateur et de la rémunération raisonnable due à chacun d'eux, l'auteur du Décr. n° 2016-230 du 26 févr. 2016 ait fait une inexacte application du principe d'une tarification fondée sur les coûts pertinents du service rendu et une rémunération raisonnable prévu au 1er al. de l'art. L. 444-2. Par ailleurs, les requérants ne sauraient utilement invoquer l'atteinte portée par l'art. R. 444-49 à la liberté contractuelle, dès lors que le principe de la réglementation des tarifs des huissiers de justice est prévu par la loi. • CE 24 mai 2017, ☎ n° 398801 : *cité ss. C. com., art. R. 444-21, App., v° Frais et dépens.*

Art. R. 444-50 La signification d'actes judiciaires ou extrajudiciaires en provenance de l'étranger donne lieu à la perception par l'huissier de justice d'un droit forfaitaire. La transmission qui lui est faite des actes objet de la signification est accompagnée des paiements correspondants, sauf le cas où le requérant bénéficie de l'assistance judiciaire.

V. note au-dessus de l'art. R. 444-1 C. com., App., v° Frais et dépens, V, Tarif des frais et dépens.

Art. R. 444-51 La signification des actes à l'étranger donne lieu à la perception d'un droit forfaitaire lorsqu'il est établi un acte constatant la date de transmission de la demande de signification ou de notification.

Les prestations complémentaires qui s'avéreraient nécessaires de la part de l'officier ministériel à la préparation des actes transmis pour signification ou notification ne donnent lieu à aucune autre rémunération.

V. note au-dessus de l'art. R. 444-1 C. com., App., v° Frais et dépens, V, Tarif des frais et dépens.

Art. R. 444-52 Préalablement à l'accomplissement de toute prestation devant être immédiatement réalisée, la partie qui requiert l'huissier de justice lui verse une provision suffisante pour couvrir l'émolument correspondant ainsi que les éventuels frais et débours.

V. note au-dessus de l'art. R. 444-1 C. com., App., v° Frais et dépens, V, Tarif des frais et dépens.

Art. R. 444-53 Les dispositions de l'article R. 444-52 ne s'appliquent pas : — *V. C. com., art. R. 444-52, ci-dessus.*

1° En cas d'urgence ;

2° En cas d'impossibilité, tenant notamment aux ressources du créancier ;

3° Lorsque le recouvrement ou l'encaissement est effectué sur le fondement d'un titre exécutoire :

a) Mentionné au 6° de l'article L. 111-3 du code des procédures civiles d'exécution ;

b) Constatant une créance née de l'exécution d'un contrat de travail ;

c) Constatant une créance alimentaire ;

4° Lorsque l'huissier de justice instrumente pour le compte d'un comptable public.

V. note au-dessus de l'art. R. 444-1 C. com., App., v° Frais et dépens, V, Tarif des frais et dépens.

Art. R. 444-54 Le droit de rétention prévu à l'article R. 444-15 ne s'applique pas à l'huissier de justice dans les cas prévus au *c* du 3° et au 4° de l'article R. 444-53. — *V. C. com., art. R. 444-15, R. 444-53, App., v° Frais et dépens, V, Tarif des frais et dépens.*

V. note au-dessus de l'art. R. 444-1 C. com., App., v° Frais et dépens, V, Tarif des frais et dépens.

Art. R. 444-55 Les émoluments des prestations mentionnées aux numéros 128 et 129 du tableau 3-1 annexé à l'article R. 444-3, à la charge respectivement du débiteur et du créancier, sont cumulables. — *V. tableau 3-1 de l'art. Annexe 4-7, ss. art.*

Toutefois, les émoluments de la prestation mentionnée au numéro 129 de ce tableau :

1° Ne sont pas dus dans les cas prévus au 3° de l'article R. 444-53 ; — *V. C. com., art. R. 444-53, App., v° Huissiers de justice, III, Tarif.*

2° Sont à la charge du contrefacteur lorsque l'huissier de justice recouvre ou encaisse des sommes dues par un contrefacteur condamné dans une procédure de contrefaçon.

V. note au-dessus de l'art. R. 444-1 C. com., App., v° Frais et dépens, V, Tarif des frais et dépens.

Art. R. 444-56 **Toute somme remise en paiement entre les mains d'un huissier de justice par un débiteur pour le règlement d'une créance doit être reversée par l'huissier au créancier dans un délai maximum de trois semaines si le paiement est effectué en espèces, de six semaines dans les autres cas. Si le débiteur procède à un paiement de la créance par acomptes successifs, ces délais sont respectivement de six semaines et de trois mois.**

Tout manquement à cette règle est passible d'une des sanctions disciplinaires prévues à l'article 3 de l'ordonnance n° 45-1418 du 28 juin 1945 relative à la discipline des notaires et de certains officiers ministériels. – *V. Ord. 45-1418 du 28 juin 1945, art. 3, App., v° Officiers publics ou ministériels.*

V. note au-dessus de l'art. R. 444-1 C. com., App., v° Frais et dépens, V, Tarif des frais et dépens.

Art. R. 444-57 **Les dispositions du présent titre, hormis celles du paragraphe 1er de la sous-section 1 de la section II, sont applicables aux huissiers de justice dans les départements du Bas-Rhin, du Haut-Rhin et de la Moselle. Le tableau 3-2 de l'annexe 4-7 s'y applique exclusivement.**

V. note au-dessus de l'art. R. 444-1 C. com., App., v° Frais et dépens, V, Tarif des frais et dépens.

Art. R. 444-58 *(Abrogé par Décr. n° 2020-179 du 28 févr. 2020, art. 14) (Décr. n° 2017-862 du 9 mai 2017, art. 2-VII)* ***Les émoluments sont majorés de 30 % dans les départements de la Guadeloupe, de la Guyane et de la Martinique et de 40 % dans le département de La Réunion.***

L'art. 14 du Décr. n° 2020-179 du 28 févr. 2020 entre en vigueur le 1er janv. 2021 (Décr. préc., art. 16 ; Arr. du 28 avr. 2020).

[...]

SECTION II *Tarifs des huissiers de justice*

(Arr. du 26 févr. 2016, art. 2, en vigueur le 1er mars 2016)

Adopté dans les conditions prévues à l'art. 12 du décret n° 2016-230 du 26 février 2016, l'arr. du 26 févr. 2016 fixe les tarifs des huissiers de justice pour une période transitoire de deux ans comprise entre le 1er mars 2016 et le 28 février 2018 (Arr. préc., art. 1er).

Sur l'entrée en vigueur, V. Arr. du 26 févr. 2016, art. 3, ss. art. A. 444-10 reproduit ci-dessous.

Les dispositions de l'Arr. du 26 févr. 2016 sont applicables à Wallis-et-Futuna (Arr. préc., art. 4).

Art. A. 444-10 **Les prestations figurant aux tableaux 3-1 à 3-3 de l'annexe 4-7 donnent lieu à la perception d'émoluments fixés conformément aux dispositions respectives des sous-sections 1 à 4 de la présente section** *[C. com., art. A. 444-11 à A. 444-47].* – *V. tableaux 3-1 à 3-3 de l'art. Annexe 4-7, ss. art. R. 444-3, App., v° Frais et dépens, V, Tarif des frais et dépens. – V. C. com., art. A. 444-11 à A. 444-47, App., v° Frais et dépens, V, Tarif des frais et dépens.*

(Arr. du 28 févr. 2020, art. 2-1°, en vigueur le 1er janv. 2021) **« Ces émoluments sont majorés de 30 % dans les îles Wallis-et-Futuna, à Saint-Pierre-et-Miquelon et à Mayotte, de 29 % dans les départements de la Guadeloupe et de la Martinique, de 27 % dans le département de la Guyane et de 37 % dans le département de La Réunion. »** – *Sur l'entrée en vigueur au 1er janv. 2021, V. Arr. du 28 avr. 2020.*

Les remboursements forfaitaires de frais et débours sont régis par la sous-section 5 de la présente section *[C. com., art. A. 444-48 à A. 444-51].* – *V. C. com., art. A. 444-48 à A. 444-51, App., v° Frais et dépens, V, Tarif des frais et dépens.*

Les remises sur les émoluments proportionnels sont régies par la sous-section 6 de cette même section *[C. com., art. A. 444-52].* – *V. C. com., art. A. 444-52, App., v° Frais et dépens, V, Tarif des frais et dépens.*

Les dispositions de la présente section sont applicables dans les départements du Bas-Rhin, du Haut-Rhin et de la Moselle. Celles de sa sous-section 2 *[C. com., art. A. 444-34 à A. 444-42]* **s'appliquent exclusivement aux huissiers de justice de ces trois départements.** – *V. C. com., art. A. 444-34 à A. 444-42, App., v° Frais et dépens, V, Tarif des frais et dépens.*

(Arr. du 27 févr. 2018, en vigueur le 1er mars 2018) **« Les émoluments applicables** *(Arr. du 23 févr. 2022, art. 2, en vigueur le 1er mars 2022)* **« jusqu'au 29 février 2024 » sont ceux qui**

sont prévus par la présente section. » — *Sur l'entrée en vigueur au 1er janv. 2021, V. Arr. du 28 avr. 2020.*

V. notes au-dessus du présent art.

L'Arr. du 27 févr. 2018 est applicable à Wallis-et-Futuna (Arr. préc., art. 3).

L'Arr. du 28 févr. 2020 est applicable à Wallis-et-Futuna (Arr. préc., art. 30).

Arrêté du 26 février 2016,

Fixant les tarifs réglementés des huissiers de justice (JO 28 févr.).

Art. 3 La section II du chapitre Ier du titre IV *bis* du livre IV de la partie Arrêtés du code de commerce *[Art. A. 444-10 à A. 444-52]* entre en vigueur le 1er mars 2016.

Toutefois, en application de l'article 13 du décret n° 2016-230 du 26 février 2016, et par dérogation au premier alinéa de l'article A. 444-10 du code de commerce, les prestations des huissiers de justice mentionnées à l'article Annexe 4-7 de ce même code effectuées avant le 1er mai 2016, ou dont la réalisation a donné lieu, avant le 1er mars 2016, au versement par le client d'un acompte ou d'une provision, ou à l'engagement par l'un des huissiers de justice intervenant de frais ou débours, donnent lieu à la perception d'émoluments fixés conformément aux dispositions suivantes, dans leur rédaction antérieure au décret n° 2016-230 du 26 février 2016 : — *V. Décr. n° 2016-230 du 26 févr. 2016, art. 13, ss. art. R. 444-1, App., v° Frais et dépens, V, Tarif des frais et dépens.*

1° Décret n° 69-540 du 6 juin 1969 modifié portant règlement d'administration publique et fixant le tarif des actes spéciaux aux huissiers de justice des départements du Bas-Rhin, du Haut-Rhin et de la Moselle, ainsi décret n° 73-760 du 27 juillet 1973 fixant le tarif des actes spéciaux aux huissiers de justice des départements du Bas-Rhin, du Haut-Rhin et de la Moselle s'agissant des prestations figurant au tableau 3-2 du *[de la]* même article Annexe 4-7 ; — *V. Décr. n° 69-540 du 6 juin 1969 (JO 7 juin) et Décr. n° 73-760 du 27 juill 1973 (JO 4 août). — V. tableaux 3-1 à 3-3 de l'art. Annexe 4-7, ss. art. R. 444-3, App., v° Frais et dépens, V, Tarif des frais et dépens.*

2° Décret n° 96-1080 du 12 décembre 1996 portant fixation du tarif des huissiers de justice en matière civile et commerciale, s'agissant des prestations figurant aux tableaux 3-1 et 3-3 de l'article Annexe 4-7 ; — *V. Décr. n° 96-1080 du 12 déc. 1996 et tableaux 3-1 à 3-3 de l'art. Annexe 4-7, ss. art. R. 444-3, App., v° Frais et dépens, V, Tarif des frais et dépens.*

Par dérogation au deuxième alinéa de l'article A. 444-10 du code de commerce, ces dispositions fixent également le montant des remboursements au titre des frais engagés et des indemnités versées en cas de recours à la force publique, lors de la réalisation des prestations mentionnées au deuxième alinéa du présent article. — *V. C. com., art. R. 444-10 ci-dessus.*

SOUS-SECTION 1 *Tarifs des actes*

§ 1er *Convocations en justice et significations*

Art. A. 444-11 Les prestations figurant aux numéros 1 à 4 du tableau 3-1 donnent lieu à la perception des émoluments suivants : — *Tableau issu de l'Arr. du 28 févr. 2020, art. 3, en vigueur le 1er janv. 2021. — Sur l'entrée en vigueur au 1er janv. 2021, V. Arr. du 28 avr. 2020.*

NUMÉRO DE LA PRESTATION (tableau 3-1 de l'article annexe 4-7)	DÉSIGNATION DE LA PRESTATION	ÉMOLUMENT
1	Assignation	18,09 €
2	Signification de décision de justice	25,53 €
3	Signification des autres titres exécutoires	25,53 €
4	Signification de requête et d'ordonnance d'injonction de payer	25,53 €

L'Arr. du 28 févr. 2020 est applicable à Wallis-et-Futuna (Arr. préc., art. 30).

V. notes au-dessus de l'art. A. 444-10.

Art. A. 444-12 **Si, à compter de la demande du client, les prestations suivantes sont réalisées dans un délai inférieur au délai de référence précisé dans le tableau ci-dessous, elles donnent lieu à la perception de l'émolument majoré prévu à l'article R. 444-11, qui remplace celui prévu à l'article A. 444-11. Le tarif majoré applicable est alors le suivant :** *— V. C. com., art. R. 444-11 et A. 444-11, App., v° Frais et dépens, V, Tarif des frais et dépens. — Tableau issu de l'Arr. du 28 févr. 2020, art. 4, en vigueur le 1er janv. 2021. — Sur l'entrée en vigueur au 1er janv. 2021, V. Arr. du 28 avr. 2020.*

NUMÉRO DE LA PRESTATION (tableau 3-1 de l'article annexe 4-7)	DÉSIGNATION DE LA PRESTATION	DÉLAI DE RÉFÉRENCE	TARIF MAJORÉ
1	Assignation	24 heures	89,28 €
2	Signification de décision de justice	24 heures	89,28 €

L'huissier de justice indique, sur l'acte qu'il dresse, les dates et heures respectives de la demande du client et de la réalisation de la prestation. Il y précise également les raisons justifiant l'urgence.

V. notes au-dessus de l'art. A. 444-10.

L'Arr. du 28 févr. 2020 est applicable à Wallis-et-Futuna (Arr. préc., art. 30).

Secret professionnel. Les mentions prévues au dern. al. de l'art. A. 444-12, qui sont portées sur l'acte sous réserve du secret professionnel auquel est tenu l'huissier de justice en sa qualité d'officier public et ministériel, ont pour objet de justifier l'application du tarif majoré. Les moyens tirés de ce que ces dispositions méconnaîtraient le principe du secret professionnel et seraient entachées d'incompétence, dès lors que l'art. L. 444-3 n'habilite les ministres de la Justice et de l'Économie qu'à fixer le tarif de chaque prestation, doivent, par suite, être écartés. • CE 24 mai 2017, ☎ n° 398801 : *cité ss. C. com., art. R. 444-21, App. v° Frais et dépens.*

§ 2 *Information des parties et des tiers*

V. notes au-dessus de l'art. A. 444-10.

Art. A. 444-13 **Les prestations figurant aux numéros 5 à 40 du tableau 3-1 donnent lieu à la perception des émoluments suivants :** *— V. tableau 3-1 de l'art. Annexe 4-7, ss. art. R. 444-3, App., v° Frais et dépens, V, Tarif des frais et dépens. — Tableau issu de l'Arr. du 28 févr. 2020, art. 5, en vigueur le 1er janv. 2021. — Sur l'entrée en vigueur au 1er janv. 2021, V. Arr. du 28 avr. 2020.*

NUMÉRO DE LA PRESTATION (tableau 3-1 de l'article annexe 4-7)	DÉSIGNATION DE LA PRESTATION	ÉMOLUMENT
5	Dénonciation de saisie-attribution	32,98 €
6	Signification au tiers saisi de l'acquiescement du débiteur	27,66 €
7	Signification au tiers saisi du certificat de non-contestation	27,66 €
8	Dénonciation au débiteur de la saisie-vente pratiquée entre les mains d'un tiers détenteur	32,98 €

NUMÉRO DE LA PRESTATION (tableau 3-1 de l'article annexe 4-7)	DÉSIGNATION DE LA PRESTATION	ÉMOLUMENT
9	Dénonciation d'opposition au créancier premier saisissant et au débiteur	24,47 €
10	Dénonciation d'opposition et sommation au créancier premier saisissant de notifier toute proposition amiable de vente	27,66 €
11	Sommation au créancier premier saisissant de procéder aux formalités de mise en vente forcée	20,21 €
12	Signification de la date de vente au débiteur	20,21 €
13	Dénonciation au débiteur du procès-verbal d'indisponibilité du certificat d'immatriculation	32,98 €
14	Dénonciation au débiteur de la saisie des droits d'associé et des valeurs mobilières, prévue à l'article R. 232-6 du code des procédures civiles d'exécution	32,98 €
15	Signification à la société ou à la personne morale émettrice d'un certificat de non-contestation avec ordre de vente	27,66 €
16	Signification à la société du cahier des charges	27,66 €
17	Signification au débiteur, à la société et aux autres créanciers opposants, s'il y a lieu, de la date de vente de parts d'associé et de valeurs mobilières	20,21 €
18	Signification au débiteur ou au créancier saisissant du procès-verbal d'expulsion, prévue aux articles R. 432-2 et R. 433-7 du code des procédures civiles d'exécution	27,66 €
19	Dénonciation au débiteur de la saisie conservatoire des créances	32,98 €
20	Dénonciation au tiers des actes de poursuite de la procédure	32,98 €
21	Signification au tiers saisi de l'acte de conversion en saisie-attribution de la saisie conservatoire des créances avec demande de paiement	27,66 €
22	Signification au débiteur de l'acte de conversion en saisie-attribution de la saisie conservatoire des créances	27,66 €
23	Signification au tiers saisi du certificat de non-contestation et *sommation de payer*	27,66 €
24	Dénonciation au débiteur du procès-verbal de saisie conservatoire de meubles entre les mains d'un tiers	32,98 €
25	Dénonciation au tiers des actes de poursuite de la procédure	32,98 €
26	Signification au débiteur de l'acte de conversion en saisie-vente de la saisie conservatoire de meubles avec commandement de payer	27,66 €
27	Signification au tiers détenteur de l'acte de conversion en saisie-vente de la saisie conservatoire de meubles	27,66 €

NUMÉRO DE LA PRESTATION (tableau 3-1 de l'article annexe 4-7)	DÉSIGNATION DE LA PRESTATION	ÉMOLUMENT
28	Dénonciation au créancier premier saisissant de la saisie conservatoire de meubles	27,66 €
29	Signification à l'officier vendeur d'un acte de conversion en saisie-vente de la saisie conservatoire de meubles	27,66 €
30	Dénonciation au débiteur de la saisie conservatoire des droits d'associé et des valeurs mobilières	32,98 €
31	Dénonciation au tiers saisi de l'acte de conversion en saisie-vente de la saisie conservatoire des droits d'associé et des valeurs mobilières	27,66 €
32	Dénonciation au débiteur du dépôt des bordereaux d'inscription ou de la signification du nantissement	32,98 €
33	Signification pour purge aux créanciers inscrits	20,21 €
34	Dénonciation au créancier inscrit de la saisie-vente d'un ou plusieurs éléments d'un fonds de commerce	27,66 €
35	Dénonciation au créancier inscrit de la demande en résiliation de bail de l'immeuble dans lequel s'exploite un fonds de commerce	25,53 €
36	Dénonciation à la caution du commandement de payer les loyers et sommation de payer	25,53 €
37	Signification de mémoire	25,53 €
38	Procès-verbal d'offres réelles	32,98 €
39	Dénonciation au débiteur de la saisie-revendication entre les mains d'un tiers	32,98 €
40	Signification d'une proposition de redressement	32,98 €

L'Arr. du 28 févr. 2020 est applicable à Wallis-et-Futuna (Arr. préc., art. 30).

V. notes au-dessus de l'art. A. 444-10.

§ 3 *Mises en demeure et commandements de payer*

V. notes au-dessus de l'art. A. 444-10.

Art. A. 444-14 Les prestations figurant aux numéros 41 à 49 du tableau 3-1 donnent lieu *à la perception des émoluments suivants : — V. tableau 3-1 de l'art. Annexe 4-7, ss. art. R. 444-3, App., v° Frais et dépens, V, Tarif des frais et dépens. — Tableau issu de l'Arr. du 28 févr. 2020, art. 6, en vigueur le 1er janv. 2021. — Sur l'entrée en vigueur au 1er janv. 2021, V. Arr. du 28 avr. 2020.*

NUMÉRO DE LA PRESTATION (tableau 3-1 de l'article annexe 4-7)	DÉSIGNATION DE LA PRESTATION	ÉMOLUMENT
41	Injonction de communiquer et commandement de payer	20,21 €
42	Commandement de payer précédant la saisie-vente	20,21 €
43	Signification du certificat de non-paiement valant commandement de payer	26,59 €
44	Commandement de payer les loyers et les charges	25,53 €
45	Commandement de payer les charges de copropriété	25,53 €
46	Commandement de payer et dénonciation au débiteur de la saisie des biens placés dans un coffre-fort	32,98 €
47	Commandement de payer et dénonciation au débiteur de l'acte de conversion en saisie-vente de la saisie conservatoire des droits d'associé et des valeurs mobilières	27,66 €
48	Protêt	18,08 €
49	Commandement de payer et la dénonciation au débiteur du procès-verbal d'appréhension à la demande du créancier gagiste, prévus à l'article R. 222-6 du code des procédures civiles d'exécution	27,66 €

L'Arr. du 28 févr. 2020 est applicable à Wallis-et-Futuna (Arr. préc., art. 30).

V. notes au-dessus de l'art. A. 444-10.

Art. A. 444-15 A l'exception de celles figurant aux numéros 46, 47 et 49 du tableau 3-1, les prestations mentionnées à l'article A. 444-14 donnent également lieu à la perception d'un émolument dénommé : "droit d'engagement de poursuites", ainsi fixé : — *V. tableaux 3-1 de l'art. Annexe 4-7, ss. C. com., art. R. 444-3, et. C. com., art. R. 444-14, App., v° Frais et dépens, V, Tarif des frais et dépens.*

1° Si le montant de la créance est inférieur ou égal à 76 €, le droit d'engagement de poursuites est fixé à 4,29 € ;

2° Au-delà du seuil de 76 € mentionné au 1°, le droit d'engagement de poursuites est, dans la limite de 268,13 €, proportionnel au montant de la créance, selon le barème suivant : — *Tableau issu de l'Arr. du 28 févr. 2020, art. 7, en vigueur le 1er janv. 2021. — Sur l'entrée en vigueur au 1er janv. 2021, V. Arr. du 28 avr. 2020.*

TRANCHES D'ASSIETTE (montant de la créance)	TAUX APPLICABLE
De 0 à 304 €	5,60 %
De 305 € à 912 €	2,80 %
De 913 € à 3 040 €	1,40 %
Plus de 3 040 €	0,28 %

Le droit d'engagement de poursuites ne peut être perçu qu'une seule fois dans le cadre du recouvrement d'une même créance.

Il est à la charge du débiteur si le coût de l'acte au titre duquel il est alloué incombe à ce dernier et à la charge du créancier dans tous les autres cas.

Il reste acquis à l'huissier de justice quelle que soit l'issue de la tentative de recouvrement.

Selon que le coût de l'acte est à la charge du débiteur ou du créancier, il s'impute respectivement sur l'émolument fixé à l'article A. 444-31 ou sur celui fixé à l'article A. 444-32. — *V. art. A. 444-31, A. 444-32 et A. 444-52, App., v° Frais et dépens, V, Tarif des frais et dépens.*

V. notes au-dessus de l'art. A. 444-10.

L'Arr. du 28 févr. 2020 est applicable à Wallis-et-Futuna (Arr. préc., art. 30).

§ 4 *Indisponibilités, nantissements, opposabilités*

V. notes au-dessus de l'art. A. 444-10.

Art. A. 444-16 **Les prestations figurant aux numéros 50 à 78 du tableau 3-1 donnent lieu à la perception des émoluments suivants :** — *V. tableau 3-1 de l'art. Annexe 4-7, ss. C. com., art. R. 444-3, App., v° Frais et dépens, V, Tarif des frais et dépens. — Tableau issu de l'Arr. du 28 févr. 2020, art. 8, en vigueur le 1er janv. 2021. — Sur l'entrée en vigueur au 1er janv. 2021, V. Arr. du 28 avr. 2020.*

NUMÉRO DE LA PRESTATION (tableau 3-1 de l'article annexe 4-7)	DÉSIGNATION DE LA PRESTATION	ÉMOLUMENT
50	Acte de saisie-attribution	43,61 €
51	Acte de saisie-attribution, en cas de compte clôturé ou de solde négatif	21,27 €
52	Acte de saisie-vente ou acte de saisie-vente transformée en réception de deniers	37,23 €
53	Acte de saisie-vente transformée en carence	20,21 €
54	Acte d'opposition-jonction	36,17 €
55	Acte de saisie de récoltes sur pied	77,36 €
56	Acte de déclaration à la préfecture	41,49 €
57	Acte de saisie de droits d'associé et de valeurs mobilières	37,23 €
58	Acte de saisie conservatoire sur les biens meubles corporels	44,68 €
59	Acte de saisie conservatoire de créances	39,36 €
60	Acte de saisie conservatoire de droits d'associé et de valeurs mobilières	37,23 €
61	Signification à la société du nantissement des parts sociales	22,33 €
62	Signification à la société ou à la personne morale émettrice du nantissement des valeurs mobilières	22,33 €
63	Signification aux créanciers de l'acte de nantissement de l'outillage et du matériel d'équipement	25,53 €
64	Acte de saisie des biens placés dans un coffre-fort	37,23 €
65	Acte de saisie-revendication de biens meubles corporels	53,20 €
66	Acte d'appréhension, prévu à l'article R. 222-4 du code des procédures civiles d'exécution	45,75 €
67	Acte d'immobilisation ou d'enlèvement d'un véhicule	45,75 €

NUMÉRO DE LA PRESTATION (tableau 3-1 de l'article annexe 4-7)	DÉSIGNATION DE LA PRESTATION	ÉMOLUMENT
68	Acte de saisie de navire ou aéronef	77,66 €
69	Acte de saisie-contrefaçon	77,66 €
70	Commandement de payer valant saisie immobilière	63,83 €
71	Commandement de payer au débiteur principal avec mention du commandement valant saisie délivré au tiers détenteur	44,68 €
72	Dénonciation au conjoint lorsque le bien est le siège du logement de la famille et qu'il appartient en propre à l'un des époux	39,36 €
73	Saisie des fruits	39,36 €
74	Opposition au paiement du prix de cession d'un lot de copropriété	39,36 €
75	Opposition au prix de vente du fonds de commerce ou de cession du droit au bail	39,36 €
76	Opposition à partage (entre les mains d'un notaire)	39,36 €
77	Signification au débiteur de la cession de créances et autres droits incorporels	23,41 €
78	Signification au débiteur de la créance donnée en gage	23,41 €

V. notes au-dessus de l'art. A. 444-10.

L'Arr. du 28 févr. 2020 est applicable à Wallis-et-Futuna (Arr. préc., art. 30).

Art. A. 444-17 **Les prestations mentionnées à l'article A. 444-16 donnent également lieu à la perception du droit d'engagement de poursuite mentionné à l'article A. 444-15, à l'exception de celles figurant aux numéros suivants du tableau 3-1 :** — *V. tableau 3-1 de l'art. Annexe 4-7, ss. C. com., art. R. 444-3, App., v° Frais et dépens, V, Tarif des frais et dépens.*

1° Numéro 51 (acte de saisie-attribution, en cas de compte clôturé ou de solde négatif) ;

2° Numéro 55 (acte de saisie de récoltes sur pied) ;

3° Numéro 63 (signification aux créanciers de l'acte de nantissement de l'outillage et du matériel d'équipement) ;

4° Numéro 65 (acte de saisie-revendication de biens meubles corporels) ;

5° Numéro 66 (acte d'appréhension prévu à l'article R. 222-4 du code des procédures civiles d'exécution) ;

6° Numéro 67 (acte d'immobilisation ou d'enlèvement d'un véhicule) ;

7° Numéro 68 (acte de saisie de navire ou aéronef) ;

8° Numéro 69 (acte de saisie-contrefaçon) ;

9° Numéro 71 (commandement de payer au débiteur principal avec mention du commandement valant saisie délivré au tiers détenteur) ;

10° Numéro 72 (dénonciation au conjoint lorsque le bien est le siège du logement de la famille et qu'il appartient en propre à l'un des époux) ;

11° Numéro 73 (saisie des fruits) ;

12° Numéro 77 (signification au débiteur de la cession de créances et autres droits incorporels) ;

13° Numéro 78 (signification au débiteur de la créance donnée en gage).

V. notes au-dessus de l'art. A. 444-10.

Art. A. 444-18 **Lorsque la réalisation des prestations suivantes requiert un délai d'exécution supérieur à la durée de référence précisée dans le tableau ci-dessous, elles** *[elle]* **donnent** *[donne]* **lieu à la perception d'un émolument complémentaire de vacation égal à** *(Arr. du 28 févr. 2020, art. 9, en vigueur le 1er janv. 2021)* **« 74,40 » € par demi-heure, chaque demi-heure supplémentaire étant due en entier :** *— Sur l'entrée en vigueur au 1er janv. 2021, V. Arr. du 28 avr. 2020.*

NUMÉRO DE LA PRESTATION (tableau 3-1 de l'art. annexe 4-7)	DÉSIGNATION DE LA PRESTATION	DURÉE D'EXÉCUTION de référence
55	Acte de saisie de récoltes sur pied	45 minutes
57	Acte de saisie de droits d'associé et de valeurs mobilières	20 minutes
60	Acte de saisie conservatoire de droits d'associé et de valeurs mobilières	20 minutes
68	Acte de saisie de navire ou aéronef	45 minutes
69	Acte de saisie-contrefaçon	45 minutes

Les heures de début et de fin de réalisation de la prestation sont indiquées par l'huissier de justice sur l'acte qu'il dresse. L'exécution débute lorsque l'huissier de justice arrive sur les lieux de réalisation de la prestation.

V. notes au-dessus de l'art. A. 444-10.

L'Arr. du 28 févr. 2020 est applicable à Wallis-et-Futuna (Arr. préc., art. 30).

§ 5 *Mises en demeure et commandements d'exécuter une obligation de faire ou [de] ne pas faire*

V. notes au-dessus de l'art. A. 444-10.

Art. A. 444-19 **Les prestations figurant aux numéros 79 à 92 du tableau 3-1 donnent lieu à la perception des émoluments suivants :** *— V. tableau 3-1 de l'art. Annexe 4-7, ss. C. com., art. R. 444-3, App., v° Frais et dépens, V, Tarif des frais et dépens. — Tableau issu de l'Arr. du 28 févr. 2020, art. 10, en vigueur le 1er janv. 2021. — Sur l'entrée en vigueur au 1er janv. 2021, V. Arr. du 28 avr. 2020.*

NUMÉRO DE LA PRESTATION (tableau 3-1 de l'article annexe 4-7)	DÉSIGNATION DE LA PRESTATION	ÉMOLUMENT
79	Sommation de faire ou de ne pas faire	22,34 €
81	Dénonciation au débiteur du procès-verbal d'immobilisation du véhicule avec injonction	30,85 €
82	Commandement à la personne tenue de la remise de délivrer ou de restituer	24,47 €
83	Sommation au tiers de remettre le bien	31,92 €
84	Commandement à la personne tenue de la remise de délivrer ou de restituer	31,92 €
85	Sommation au débiteur d'assister à l'ouverture du coffre-fort	24,47 €
86	Commandement de quitter les lieux	26,60 €

NUMÉRO DE LA PRESTATION (tableau 3-1 de l'article annexe 4-7)	DÉSIGNATION DE LA PRESTATION	ÉMOLUMENT
87	Sommation aux créanciers opposants de prendre communication du cahier des charges	26,60 €
88	Assignation du débiteur saisi à comparaître devant le juge de l'exécution à une audience d'orientation	26,60 €
89	Dénonciation aux créanciers inscrits valant assignation à comparaître	26,60 €
90	Sommation de prendre communication du cahier des charges	26,60 €
91	Sommation de prendre parti	31,92 €
92	Mise en demeure du locataire d'avoir à justifier qu'il occupe le logement	
	a) par acte séparé	53,20 €
	b) contenu dans un commandement	21,28 €

V. notes au-dessus de l'art. A. 444-10.

L'Arr. du 28 févr. 2020 est applicable à Wallis-et-Futuna (Arr. préc., art. 30).

Art. A. 444-20 **Si, à compter de la demande du client, les prestations suivantes sont réalisées dans un délai inférieur au délai de référence précisé dans le tableau ci-dessous, elles donnent lieu à la perception d'un émolument majoré dans les conditions prévues à l'article A. 444-12 :** *— V. C. com., art. A. 444-12, App., vº Frais et dépens, V, Tarif des frais et dépens. — Tableau issu de l'Arr. du 28 févr. 2020, art. 11, en vigueur le 1er janv. 2021. — Sur l'entrée en vigueur au 1er janv. 2021, V. Arr. du 28 avr. 2020.*

NUMÉRO DE LA PRESTATION (tableau 3-1 de l'article annexe 4-7)	DÉSIGNATION DE LA PRESTATION	DÉLAI DE RÉFÉRENCE	TARIF MAJORÉ
88	Assignation du débiteur saisi à comparaître devant le juge de l'exécution à une audience d'orientation	24 heures	89,28 €
89	Dénonciation aux créanciers inscrits valant assignation à comparaître	24 heures	89,28 €
90	Sommation de prendre communication du cahier des charges	24 heures	89,28 €
91	Sommation de prendre parti	24 heures	89,28 €

L'Arr. du 28 févr. 2020 est applicable à Wallis-et-Futuna (Arr. préc., art. 30).

§ 6 *Mises en vente forcée des biens saisis*

Art. A. 444-21 **Les prestations figurant aux numéros 93 à 97 du tableau 3-1 donnent lieu à la perception des émoluments suivants :** *— V. tableau 3-1 de l'art. Annexe 4-7, ss. C. com., art. R. 444-3, App., vº Frais et dépens, V, Tarif des frais et dépens. — Tableau issu de l'Arr. du 28 févr. 2020, art. 12, en vigueur le 1er janv. 2021. — Sur l'entrée en vigueur au 1er janv. 2021, V. Arr. du 28 avr. 2020.*

NUMÉRO DE LA PRESTATION (tableau 3-1 de l'article annexe 4-7)	DÉSIGNATION DE LA PRESTATION	ÉMOLUMENT
93	Certification d'accomplissement des formalités de publicité de vente	37,23 €
94	Acte de vérification et d'enlèvement	56,38 €
95	Acte d'inventaire et d'enlèvement des biens placés dans un coffre-fort	56,38 €
96	Procès-verbal d'apposition d'avis	45,75 €
97	Procès-verbal d'inventaire	56,38 €

V. notes au-dessus de l'art. A. 444-10.

L'Arr. du 28 févr. 2020 est applicable à Wallis-et-Futuna (Arr. préc., art. 30).

Art. A. 444-22 **Lorsque la réalisation des prestations suivantes requiert un délai d'exécution supérieur à la durée de référence précisée dans le tableau ci-dessous, elles** *[elle]* **donnent** *[donne]* **lieu à la perception d'un émolument complémentaire de vacation dans les conditions prévues à l'article A. 444-18 :**

NUMÉRO DE LA PRESTATION (tableau 3-1 de l'art. annexe 4-7)	DÉSIGNATION DE LA PRESTATION	DURÉE D'EXÉCUTION de référence
94	Acte de vérification et d'enlèvement	45 minutes
95	Acte d'inventaire et d'enlèvement des biens placés dans un coffre-fort	30 minutes
97	Procès-verbal d'inventaire	30 minutes

V. notes au-dessus de l'art. A. 444-10.

§ 7 *Suspensions des poursuites et difficultés de signification*

V. notes au-dessus de l'art. A. 444-10.

Art. A. 444-23 **Les prestations figurant aux numéros 98 à 101 du tableau 3-1 donnent lieu à la perception des émoluments suivants :** *— V. tableau 3-1 de l'art. Annexe 4-7, ss. C. com., art. R. 444-3, App., vº Frais et dépens, V, Tarif des frais et dépens. — Tableau issu de l'Arr. du 28 févr. 2020, art. 13, en vigueur le 1er janv. 2021. — Sur l'entrée en vigueur au 1er janv. 2021, V. Arr. du 28 avr. 2020.*

NUMÉRO DE LA PRESTATION (tableau 3-1 de l'article *annexe 4-7)*	DÉSIGNATION DE LA PRESTATION	ÉMOLUMENT
98	Acte de tentative d'exécution, notamment en l'absence de l'occupant du local ou si ce dernier en refuse l'accès	20,22 €
99	Acte attestant la découverte de la nouvelle adresse du destinataire hors du ressort de compétence de l'huissier de justice	20,22 €

NUMÉRO DE LA PRESTATION (tableau 3-1 de l'article annexe 4-7)	DÉSIGNATION DE LA PRESTATION	ÉMOLUMENT
100	Acte constatant une difficulté d'exécution, notamment en cas d'appel interjeté par le débiteur	20,22 €
101	Acte constatant une suspension d'exécution ou une recherche infructueuse	14,89 €

V. notes au-dessus de l'art. A. 444-10.

L'Arr. du 28 févr. 2020 est applicable à Wallis-et-Futuna (Arr. préc., art. 30).

§ 8 *Divers*

V. notes au-dessus de l'art. A. 444-10.

Art. A. 444-24 Les prestations figurant aux numéros 102 à 111 du tableau 3-1 donnent lieu à la perception des émoluments suivants : — *V. tableau 3-1 de l'art. Annexe 4-7, ss. C. com., art. R. 444-3, App., v*° *Frais et dépens, V, Tarif des frais et dépens. — Tableau issu de l'Arr. du 28 févr. 2020, art. 14, en vigueur le 1*er *janv. 2021. — Sur l'entrée en vigueur au 1*er *janv. 2021, V. Arr. du 28 avr. 2020.*

NUMÉRO DE LA PRESTATION (tableau 3-1 de l'article annexe 4-7)	DÉSIGNATION DE LA PRESTATION	ÉMOLUMENT
102	Mainlevée quittance au tiers saisi	20,22 €
103	Mainlevée de saisie-vente et la mainlevée d'opposition-jonction	18,08 €
104	Acte de consignation et mainlevée totale ou partielle de saisie-vente, après la vente amiable par le débiteur	37,24 €
105	Procès-verbal de consignation (offres réelles)	32,98 €
106	Procès-verbal d'expulsion ou reprise des lieux	152,14 €
107	Procès-verbal de consignation (expulsion)	37,24 €
108	Procès-verbal de destruction	24,47 €
109	Congés et demandes de renouvellement de bail commercial, *prévus aux articles* L. 145-9 et L. 145-10	45,75 €
110	Congés et offres de renouvellement de bail rural	77,66 €
111	Constatation de l'abandon du local d'habitation avec inventaire des meubles laissés sur place	56,39 €

V. notes au-dessus de l'art. A. 444-10.

L'Arr. du 28 févr. 2020 est applicable à Wallis-et-Futuna (Arr. préc., art. 30).

Congés et renouvellement de bail commercial (ligne 109). V. note 3 ss. art. R. 444-3.

Art. A. 444-25 Si, à compter de la demande du client, les prestations suivantes sont réalisées dans un délai inférieur au délai de référence précisé dans le tableau ci-dessous, elles

donnent lieu à la perception d'un émolument majoré dans les conditions prévues à l'article A. 444-12 : — *V. C. com., art. A. 444-12, App., v° Frais et dépens, V, Tarif des frais et dépens. — Tableau issu de l'Arr. du 28 févr. 2020, art. 15, en vigueur le 1er janv. 2021. — Sur l'entrée en vigueur au 1er janv. 2021, V. Arr. du 28 avr. 2020.*

NUMÉRO DE LA PRESTATION (tableau 3-1 de l'annexe 4-7)	DÉSIGNATION DE LA PRESTATION	DÉLAI DE RÉFÉRENCE	TARIF MAJORÉ
109	Congés et demandes de renouvellement de bail commercial, prévus aux articles L. 145-9 et L. 145-10	24 heures	89,28 €
110	Congés et offres de renouvellement de bail rural	24 heures	89,28 €

V. notes au-dessus de l'art. A. 444-10.

L'Arr. du 28 févr. 2020 est applicable à Wallis-et-Futuna (Arr. préc., art. 30).

Art. A. 444-26 Lorsque la réalisation des prestations suivantes requiert un délai d'exécution supérieur à la durée de référence précisée dans le tableau ci-dessous, elles donnent lieu à la perception d'un émolument complémentaire de vacation dans les conditions prévues à l'article A. 444-18 : — *V. C. com., art. A. 444-18, App., v° Frais et dépens, V, Tarif des frais et dépens.*

NUMÉRO DE LA PRESTATION (tableau 3-1 de l'art. annexe 4-7)	DÉSIGNATION DE LA PRESTATION	DURÉE D'EXÉCUTION de référence
106	Procès-verbal d'expulsion ou reprise des lieux	15 minutes

V. notes au-dessus de l'art. A. 444-10.

Art. A. 444-27 L'établissement d'un état des lieux à frais partagés entre le bailleur et le locataire figurant au numéro 112 du tableau 3-1 donne lieu à la perception d'un émolument fonction de la superficie du bien locatif, selon le barème suivant : — *V. tableau 3-1 de l'art. Annexe 4-7, ss. C. com., art. R. 444-3, App., v° Frais et dépens, V, Tarif des frais et dépens. — Tableau issu de l'Arr. du 28 févr. 2020, art. 16, en vigueur le 1er janv. 2021. — Sur l'entrée en vigueur au 1er janv. 2021, V. Arr. du 28 avr. 2020.*

SUPERFICIE DU BIEN LOCATIF	ÉMOLUMENT
Inférieure ou égale à 50 m^2	109,58 €
Supérieure à 50 m^2 et inférieure ou égale à 150 m^2	127,67 €
Supérieur*[e]* à 150 m^2	191,51 €

V. notes au-dessus de l'art. A. 444-10.

L'Arr. du 28 févr. 2020 est applicable à Wallis-et-Futuna (Arr. préc., art. 30).

Art. A. 444-28 Les prestations figurant aux numéros 113 à 126 du tableau 3-1 donnent lieu à la perception des émoluments suivants : — *V. tableau 3-1 de l'art. Annexe 4-7, ss. C. com., art. R. 444-3, App., v° Frais et dépens, V, Tarif des frais et dépens. — Tableau issu de l'Arr. du 28 févr. 2020, art. 17, en vigueur le 1er janv. 2021. — Sur l'entrée en vigueur au 1er janv. 2021, V. Arr. du 28 avr. 2020.*

NUMÉRO DE LA PRESTATION (tableau 3-1 de l'article annexe 4-7)	DÉSIGNATION DE LA PRESTATION	ÉMOLUMENT
113	Délivrance du titre exécutoire par l'huissier dans le cadre de la procédure prévue à l'article 1244-4 du code civil.	24,80 €
114	Procès-verbal de description des lieux (saisie immobilière)	109,58 €
115	Opposition à mariage	32,98 €
116	Signification en provenance d'un autre État	48,36 €
117	Transmission de la demande de signification ou de notification dans un autre État étranger	35,11 €
118	Procès-verbal d'apposition des scellés sans diligences particulières	109,58 €
119	Procès-verbal d'apposition des scellés donnant lieu à des diligences particulières	142,57 €
120	Procès-verbal de carence, prévu au deuxième alinéa de l'article 1304 du code de procédure civile	32,98 €
121	Sommation d'assister aux opérations de levée des scellés	24,47 €
122	Acte d'inventaire lors de la levée des scellés	56,39 €
123	Procès-verbal de levée des scellés	109,58 €
124	État descriptif	63,84 €
125	État descriptif avec diligences particulières	96,82 €
126	Procès-verbal de déplacement des scellés	32,98 €

V. notes au-dessus de l'art. A. 444-10.

L'Arr. du 28 févr. 2020 est applicable à Wallis-et-Futuna (Arr. préc., art. 30).

Art. A. 444-29 **Lorsque la réalisation des prestations suivantes requiert un délai d'exécution supérieur à la durée de référence précisée dans le tableau ci-dessous, elle donne lieu à la perception d'un émolument complémentaire de vacation dans les conditions prévues à l'article A. 444-18 :** — *V. C. com., art. A. 444-18, App., v° Frais et dépens, V, Tarif des frais et dépens.*

NUMÉRO DE LA PRESTATION (tableau 3-1 de l'art. annexe 4-7)	DÉSIGNATION DE LA PRESTATION	DURÉE D'EXÉCUTION de référence
114	Procès-verbal de description des lieux	60 minutes
115	Opposition à mariage	10 minutes

V. notes au-dessus de l'art. A. 444-10.

Art. A. 444-30 **La prestation d'assistance du greffier en chef figurant au numéro 127 du tableau 3-1 donne lieu à la perception d'un émolument fonction du montant total le plus élevé des sommes inscrites comme dépenses ou ressources dans le compte de l'année, selon le barème suivant :** — *V. tableau 3-1 de l'art. Annexe 4-7, ss. C. com., art. R. 444-3, App., v° Frais et dépens, V, Tarif des frais et dépens. — Tableau issu de l'Arr. du 28 févr. 2020, art. 18, en vigueur le 1er janv. 2021. — Sur l'entrée en vigueur au 1er janv. 2021, V. Arr. du 28 avr. 2020.*

Total le plus élevé des sommes inscrites comme dépenses ou ressources dans le compte de l'année	ÉMOLUMENT
Inférieure ou égale à 25 000 €	85,11 €
Supérieure à 25 000 € et inférieure ou égale à 40 000 €	106,39 €
Supérieure à 40 000 € et inférieure ou égale à 70 000 €	127,67 €
Supérieur*[e]* à 70 000 €	170,23 €

V. notes au-dessus de l'art. A. 444-10.

L'Arr. du 28 févr. 2020 est applicable à Wallis-et-Futuna (Arr. préc., art. 30).

Art. A. 444-31 **La prestation de recouvrement ou d'encaissement figurant au numéro 128 du tableau 3-1 donne lieu à la perception, d'un émolument ainsi fixé :** — *V. tableau 3-1 de l'art. Annexe 4-7, ss. C. com., art. R. 444-3, App., v° Frais et dépens, V, Tarif des frais et dépens.*

1° Si le montant de la créance est inférieur ou égal à 44 €, un émolument fixe de *(Arr. du 28 févr. 2020, art. 19, en vigueur le 1er janv. 2021)* **« 4,25 » € ;** — *Sur l'entrée en vigueur au 1er janv. 2021, V. Arr. du 28 avr. 2020.*

2° Au-delà du seuil de 44 € mentionné au 1°, dans la limite de 550 €, un émolument proportionnel aux sommes encaissées ou recouvrées au titre du principal de la créance ou du montant de la condamnation, à l'exclusion des dépens, selon le barème suivant : — *Tableau issu de l'Arr. du 28 févr. 2020, art. 19, en vigueur le 1er janv. 2021. — Sur l'entrée en vigueur au 1er janv. 2021, V. Arr. du 28 avr. 2020.*

TRANCHES D'ASSIETTE	TAUX APPLICABLE
De 0 à 125 €	9,67 %
De 125 € à 610 €	6,29 %
De 610 € à 1 525 €	3,38 %
Plus de 1 525 €	0,29 %

Les taux mentionnés dans ce barème sont doublés lorsque le recouvrement ou l'encaissement est effectué sur le fondement d'un titre exécutoire constatant une créance alimentaire.

V. notes au-dessus de l'art. A. 444-10.

L'Arr. du 28 févr. 2020 est applicable à Wallis-et-Futuna (Arr. préc., art. 30).

Art. A. 444-32 **La prestation de recouvrement ou d'encaissement figurant au numéro 129 du tableau 3-1 donne lieu à la perception d'un émolument ainsi fixé :** — *V. tableau 3-1 de l'art. Annexe 4-7, ss. C. com., art. R. 444-3, App., v° Frais et dépens, V, Tarif des frais et dépens.*

1° Si le montant de la créance est inférieur ou égal à 188 €, un émolument fixe de *(Arr. du 28 févr. 2020, art. 20, en vigueur le 1er janv. 2021)* **« 21,28 » € ;** — *Sur l'entrée en vigueur au 1er janv. 2021, V. Arr. du 28 avr. 2020.*

2° Au-delà du seuil de 188 € mentionné au 1°, dans la limite de 5 540 €, un émolument proportionnel aux sommes encaissées ou recouvrées au titre de la créance en principal ou du montant de la condamnation, à l'exclusion des dépens, selon le barème suivant : — *V. art. A. 444-52, App., v° Frais et dépens, V, Tarif des frais et dépens. — Tableau issu de l'Arr. du 28 févr. 2020, art. 20, en vigueur le 1er janv. 2021. — Sur l'entrée en vigueur au 1er janv. 2021, V. Arr. du 28 avr. 2020.*

TRANCHES D'ASSIETTE	TAUX APPLICABLE
De 0 à 125 €	11,61 %

TRANCHES D'ASSIETTE	TAUX APPLICABLE
De 125 € à 610 €	10,64 %
De 610 € à 1 525 €	10,16 %
De 1 525 € à 52 400 €	3,87 %
Plus de 52 400 €	2,98 %

En cas de paiement par acomptes successifs, cet émolument proportionnel est calculé sur la totalité des sommes encaissées ou recouvrées et non sur chaque acompte.

V. notes au-dessus de l'art. A. 444-10.

L'Arr. du 28 févr. 2020 est applicable à Wallis-et-Futuna (Arr. préc., art. 30).

Art. A. 444-33 **L'établissement d'un procès-verbal constatant que le destinataire de la signification est sans domicile, ni résidence ni lieu de travail connus, conformément aux dispositions de l'article 659 du code de procédure civile, figurant au numéro 130 du tableau 3-1, donne lieu à la perception d'un émolument de** *(Arr. du 28 févr. 2020, art. 21, en vigueur le 1er janv. 2021)* **« 14,90 » €.** *— Sur l'entrée en vigueur au 1er janv. 2021, V. Arr. du 28 avr. 2020.*

V. notes au-dessus de l'art. A. 444-10.

L'Arr. du 28 févr. 2020 est applicable à Wallis-et-Futuna (Arr. préc., art. 30).

SOUS-SECTION 2 *Tarifs des actes spéciaux de procédure locale dans les départements du Bas-Rhin, du Haut-Rhin et de la Moselle*

V. notes au-dessus de l'art. A. 444-10.

§ 1er *Significations à la diligence des parties*

V. notes au-dessus de l'art. A. 444-10.

Art. A. 444-34 **Les prestations figurant aux numéros 131 à 134 du tableau 3-2 donnent lieu à la perception des émoluments suivants :** *— V. tableau 3-2 de l'art. Annexe 4-7, ss. C. com., art. R. 444-3, App., vº Frais et dépens, V, Tarif des frais et dépens. — Tableau issu de l'Arr. du 28 févr. 2020, art. 22, en vigueur le 1er janv. 2021. — Sur l'entrée en vigueur au 1er janv. 2021, V. Arr. du 28 avr. 2020.*

Schéma présentant le dispositif des alinéas 2 et 3 de l'article 4

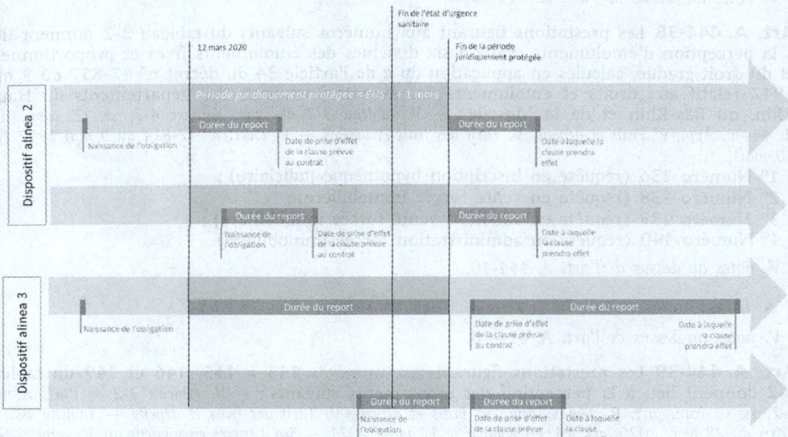

V. notes au-dessus de l'art. A. 444-10.

L'Arr. du 28 févr. 2020 est applicable à Wallis-et-Futuna (Arr. préc., art. 30).

Art. A. 444-35 **Si, à compter de la demande du client, les prestations mentionnées à l'article A. 444-34 sont réalisées dans un délai inférieur à 24 heures, elles donnent lieu à la perception d'un émolument majoré dans les conditions prévues à l'article A. 444-12.** – *V. C. com., art. A. 444-12 et A. 444-34, App., v° Frais et dépens, V, Tarif des frais et dépens.*

V. notes au-dessus de l'art. A. 444-10.

§ 2 *Saisies*

V. notes au-dessus de l'art. A. 444-10.

Art. A. 444-36 **Les prestations figurant aux numéros 135, 137 et 141 du tableau 3-2 donnent lieu à la perception des émoluments suivants :** – *V. tableau 3-2 de l'art. Annexe 4-7, ss. C. com., art. R. 444-3, App., v° Frais et dépens, V, Tarif des frais et dépens. – Tableau issu de l'Arr. du 28 févr. 2020, art. 23, en vigueur le 1er janv. 2021. – Sur l'entrée en vigueur au 1er janv. 2021, V. Arr. du 28 avr. 2020.*

NUMÉRO DE LA PRESTATION (tableau 3-2 de l'article annexe 4-7)	DÉSIGNATION DE LA PRESTATION	ÉMOLUMENT
135	Mise en demeure de régulariser la vente	20,21 €
137	Commandement de payer avant exécution forcée immobilière	63,84 €
141	Signification du cahier des charges	26,60 €

V. notes au-dessus de l'art. A. 444-10.

L'Arr. du 28 févr. 2020 est applicable à Wallis-et-Futuna (Arr. préc., art. 30).

Art. A. 444-37 **Donnent également lieu à la perception du droit d'engagement des poursuites prévu à l'article A. 444-15 les prestations figurant aux numéros suivants du tableau 3-2 :** – *V. C. com., art. A. 444-15, App., v° Frais et dépens, V, Tarif des frais et dépens. – V. tableau 3-2 de l'art. Annexe 4-7, ss. C. com., art. R. 444-3, App., v° Frais et dépens, V, Tarif des frais et dépens.*

1° Numéro 135 (mise en demeure de régulariser la vente) ;
2° Numéro 137 (commandement de payer avant exécution forcée immobilière).

V. notes au-dessus de l'art. A. 444-10.

Art. A. 444-38 **Les prestations figurant aux numéros suivants du tableau 3-2 donnent lieu à la perception d'émoluments égaux à six dixièmes des émoluments fixes et proportionnels, et du droit gradué, calculés en application du *a* de l'article 34 du décret n° 47-817 du 9 mai 1947 relatif aux droits et émoluments des avocats postulants des départements du Haut-Rhin, du Bas-Rhin et de la Moselle :** – *V. tableau 3-2 de l'art. Annexe 4-7, ss. C. com., art. R. 444-3, App., v° Frais et dépens, V, Tarif des frais et dépens. – V. Décr. n° 47-814 du 9 mai 1947 (JO 10 mai).*

1° Numéro 136 (requête en inscription hypothèque judiciaire) ;
2° Numéro 138 (requête en vente forcée immobilière) ;
3° Numéro 139 (requête en adhésion vente forcée immobilière) ;
4° Numéro 140 (requête en administration forcée immobilière).

V. notes au-dessus de l'art. A. 444-10.

§ 3 *Divers*

V. notes au-dessus de l'art. A. 444-10.

Art. A. 444-39 **Les prestations figurant aux numéros 143 à 145, 146 et 149 du tableau 3-2 donnent lieu à la perception des émoluments suivants :** – *V. tableau 3-2 de l'art. Annexe 4-7, ss. C. com., art. R. 444-3, App., v° Frais et dépens, V, Tarif des frais et dépens. – Tableau issu de l'Arr. du 28 févr. 2020, art. 24, en vigueur le 1er janv. 2021. – Sur l'entrée en vigueur au 1er janv. 2021, V. Arr. du 28 avr. 2020.*

NUMÉRO DE LA PRESTATION (tableau 3-2 de l'article annexe 4-7)	DÉSIGNATION DE LA PRESTATION	ÉMOLUMENT
143	Sommation de payer ou de délaisser – art. 142 loi du 1/06/1924	20,21 €
144	Signification d'un PV de débats – art. 147 loi du 1/06/1924	25,53 €
145	Convocation – art. 147 loi du 1/06/1924	25,53 €
146	Convocation *[–] art.* 225 loi du 1/06/1924	25,53 €
149	Sommation au Tiers Détenteur (art. 142 loi du 1er juin 1924)	20,21 €

V. notes au-dessus de l'art. A. 444-10.

L'Arr. du 28 févr. 2020 est applicable à Wallis-et-Futuna (Arr. préc., art. 30).

Art. A. 444-40 Si, à compter de la demande du client, elles sont réalisées dans un délai inférieur à 24 heures, la signification et les convocations mentionnées à l'article A. 444-39 (numéros 144 à 146 du tableau 3-2) donnent lieu à la perception d'un émolument majoré dans les conditions prévues à l'article A. 444-12. *— V. tableau 3-2 de l'art. Annexe 4-7, ss. C. com., art. R. 444-3, App., v° Frais et dépens, V, Tarif des frais et dépens.*

V. notes au-dessus de l'art. A. 444-10.

Art. A. 444-41 Les sommations mentionnées à l'article A. 444-39 (numéros 143 et 149 du tableau 3-2) donnent également lieu à la perception du droit d'engagement des poursuites prévu à l'article A. 444-15. *— V. tableau 3-2 de l'art. Annexe 4-7, ss. C. com., art. R. 444-3, App., v° Frais et dépens, V, Tarif des frais et dépens.*

V. notes au-dessus de l'art. A. 444-10.

Art. A. 444-42 Les prestations figurant aux numéros suivants du tableau 3-2 donnent lieu à la perception d'émoluments calculés selon les modalités prévues à l'article A. 444-38 : *— V. tableau 3-2 de l'art. Annexe 4-7, ss. C. com., art. R. 444-3, App., v° Frais et dépens, V, Tarif des frais et dépens.*

1° Numéro 147 (requête en ouverture de procédure de partage judiciaire) ;
2° Numéro 148 (requête en inscription d'hypothèque d'exécution forcée) ;
3° Numéro 150 (requête en transcription et d'inscription d'une hypothèque judiciaire).

V. notes au-dessus de l'art. A. 444-10.

SOUS-SECTION 3 *Tarifs des formalités, requêtes et diligences*

V. notes au-dessus de l'art. A. 444-10.

Art. A. 444-43 Les prestations figurant aux numéros 151 à 203 du tableau 3-3 donnent lieu à la perception par l'huissier de justice des émoluments suivants : *— V. tableau 3-3 de l'art. Annexe 4-7, ss. C. com., art. R. 444-3, App., v° Frais et dépens, V, Tarif des frais et dépens. — Tableau issu de l'Arr. du 28 févr. 2020, art. 25, en vigueur le 1er janv. 2021. — Sur l'entrée en vigueur au 1er janv. 2021, V. Arr. du 28 avr. 2020.*

NUMÉRO DE LA PRESTATION (tableau 3-3 de l'article annexe 4-7)	DÉSIGNATION DE LA PRESTATION	ÉMOLUMENT
151	Requête aux fins de recherche des informations.	21,28 €
152	Copie des pièces accompagnant le bordereau annexé à l'assignation, par tranche de 100 feuilles	21,28 €

NUMÉRO DE LA PRESTATION (tableau 3-3 de l'article annexe 4-7)	DÉSIGNATION DE LA PRESTATION	ÉMOLUMENT
153	Requête au greffe aux fins de saisie des rémunérations ou en intervention	29,79 €
154	Notification à l'employeur d'un acte de saisie des rémunérations lorsque le courrier revient non réclamé au tribunal	25,53 €
155	Requête au secrétariat-greffe du juge de l'exécution aux fins de délivrance d'un certificat de non-contestation (saisie-attribution)	21,28 €
156	Établissement du certificat de non-contestation par l'huissier de justice qui a procédé à la saisie-attribution	21,28 €
157	Dénonciation de la saisine du juge de l'exécution à l'huissier de justice en matière de contestation de saisie-attribution	14,90 €
158	Saisine du juge de l'exécution sur la difficulté d'exécution	21,28 €
159	Information aux parties de la difficulté d'exécution et des lieux, jour et heure de l'audience, prévue à l'article R. 151-3 du code des procédures civiles d'exécution	21,28 €
160	Réquisition du concours de la force publique au préfet	29,79 €
161	Notification au procureur et au créancier du refus du concours de la force publique	21,28 €
162	Requête au juge de l'exécution aux fins d'autorisation de saisie-vente	21,28 €
163	Requête au juge de l'exécution aux fins de désignation d'un séquestre	14,90 €
164	Communication au créancier saisissant et aux créanciers opposants des propositions de vente amiable	21,28 €
165	Information des lieux, jour et heure de la vente	14,90 €
166	Notification à la personne tenue de délivrer ou de restituer le bien de l'acte de la remise volontaire ou de l'appréhension du bien	10,64 €
167	Notification à la personne tenue de délivrer ou de restituer le bien de la sommation de remettre	14,90 €
168	Requête au juge de l'exécution aux fins d'une autorisation spéciale d'appréhension dans les locaux servant à l'habitation du tiers	21,28 €
169	Notification au tiers de l'acte de saisie-appréhension	14,90 €
170	Requête au juge de l'exécution aux fins d'injonction d'avoir à délivrer ou restituer un bien meuble	21,28 €
171	Requête au juge de l'exécution aux fins de saisie-revendication	21,28 €
172	Mainlevée au préfet de la saisie par déclaration à la préfecture	14,90 €
173	*Lettre au débiteur* l'informant de l'immobilisation de son véhicule	21,28 €
174	Information au créancier gagiste des propositions de vente amiable ou de la mise en vente aux enchères du véhicule	21,28 €
175	Requête au secrétariat-greffe du juge de l'exécution d'un certificat de non-contestation	21,28 €

NUMÉRO DE LA PRESTATION (tableau 3-3 de l'article annexe 4-7)	DÉSIGNATION DE LA PRESTATION	ÉMOLUMENT
176	Rédaction du cahier des charges en matière de saisie des droits d'associé et des valeurs mobilières non admises à la cote officielle ou à celle du second marché	63,84 €
177	Notification à la société d'une copie du cahier des charges	14,90 €
178	Notification au représentant de l'État de l'assignation aux fins de constat de la résiliation	29,79 €
179	Information au représentant de l'État du commandement d'avoir à quitter les lieux	29,79 €
180	Notification à la personne expulsée de la consignation du produit de la vente	10,64 €
181	Notification à la personne expulsée de la mise sous enveloppe scellée des papiers et documents de nature personnelle	10,64 €
182	Notification du procès-verbal d'expulsion au percepteur	21,28 €
183	Requête aux fins de pratiquer une mesure conservatoire	53,20 €
184	Projet de répartition du prix en matière de distribution de deniers	53,20 €
185	Notification du projet de répartition amiable au débiteur et à chacun des créanciers	21,28 €
186	Convocation du débiteur et de tous les créanciers et dressant les points de désaccord	10,64 €
187	Acte constatant le désaccord des créanciers et dressant les points de désaccord	34,05 €
188	Requête aux fins d'injonction de payer ou de faire	21,28 €
189	Rédaction du bordereau en vue de la publication du commandement	42,56 €
190	Mention en marge au bureau des hypothèques	42,56 €
191	Levée d'extraits de la matrice cadastrale	14,90 €
192	Levée d'états des renseignements sommaires et des inscriptions d'hypothèques	14,90 €
193	Levée d'états au greffe du tribunal de commerce	10,64 €
194	Levée d'états auprès des services d'immatriculation des véhicules	17,02 €
195	Réquisitions d'état civil	10,64 €
196	Appels de cause	1,06 €
197	Actes du palais	1,06 €
198	Lettres de convocation des parties à l'état des lieux « locatif » (loi du 6 juillet 1989)	14,90 €
199	Demande de paiement direct	34,05 €
200	Demande de paiement direct faute d'accord entre les parties	14,90 €
201	Notification de la modification ou de la mainlevée de la demande	14,90 €
202	Inventaire en cas de succession vacante	53,20 €
203	Délivrance d'une copie de l'inventaire dressé en cas de succession vacante	21,28 €

V. notes au-dessus de l'art. A. 444-10.

L'Arr. du 28 févr. 2020 est applicable à Wallis-et-Futuna (Arr. préc., art. 30).

Saisie des droits d'associé (ligne 176). V. note 3 ss. art. R. 444-3.

Art. A. 444-44 En cas de délais de paiement accordés à un débiteur, poursuivi en vertu d'une décision de justice ou d'un acte ou d'un titre en forme exécutoire, la prestation figurant au numéro 204 du tableau 3-3 donne lieu à la perception, par l'huissier de justice ayant reçu mandat de gérer le dossier, d'un émolument fixe de *(Arr. du 28 févr. 2020, art. 26, en vigueur le 1er janv. 2021)* « 6,37 » € par acompte versé, à l'exception du versement du solde. *— V. tableau 3-3 de l'art. Annexe 4-7, ss. C. com., art. R. 444-3, App., v° Frais et dépens, V, Tarif des frais et dépens. — Sur l'entrée en vigueur au 1er janv. 2021, V. Arr. du 28 avr. 2020.*

Cet émolument, qui est à la charge du débiteur, n'est dû qu'à l'issue d'un délai de six mois à compter du premier versement effectué par le débiteur après la délivrance du titre.

Pour la gestion d'un même dossier, le montant total des émoluments perçus en application du présent article ne peut excéder *(Arr. du 28 févr. 2020, art. 26, en vigueur le 1er janv. 2021)* « 32,74 » €. *— Sur l'entrée en vigueur au 1er janv. 2021, V. Arr. du 28 avr. 2020.*

V. notes au-dessus de l'art. A. 444-10.

L'Arr. du 28 févr. 2020 est applicable à Wallis-et-Futuna (Arr. préc., art. 30).

Art. A. 444-45 Le signalement à la commission de coordination des actions de prévention des expulsions locatives, figurant au numéro 205 du tableau 3-3, donne lieu à la perception d'un émolument de *(Arr. du 28 févr. 2020, art. 27, en vigueur le 1er janv. 2021)* « 9,92 » € par commandement de payer. *— V. tableau 3-3 de l'art. Annexe 4-7, ss. C. com., art. R. 444-3, App., v° Frais et dépens, V, Tarif des frais et dépens. — Sur l'entrée en vigueur au 1er janv. 2021, V. Arr. du 28 avr. 2020.*

V. notes au-dessus de l'art. A. 444-10.

L'Arr. du 28 févr. 2020 est applicable à Wallis-et-Futuna (Arr. préc., art. 30).

SOUS-SECTION 4 *Émoluments fixes*

V. notes au-dessus de l'art. A. 444-10.

Art. A. 444-46 Lorsque les actes, formalités ou requêtes sont relatifs à une obligation pécuniaire déterminée, les émoluments fixes indiqués aux sous-sections 1 à 3 de la présente section *[C. com., art. A. 444-11 à A. 444-45]* sont multipliés par les coefficients suivants :

1° Si le montant de l'obligation est compris entre 0 et 128 euros : coefficient 0,5 ;

2° Si ce montant est supérieur à 128 euros et inférieur ou égal à 1280 euros : coefficient 1 ;

3° S'il est supérieur à 1 280 euros : coefficient 2. *— Sur le champ d'application de ces coefficients, V. C. com., art. A. 444-47 ci-dessous.*

V. notes au-dessus de l'art. A. 444-10.

Art. A. 444-47 Les coefficients prévus à l'article A. 444-46 ne sont applicables ni aux émoluments complémentaires de vacation, ni aux émoluments des prestations figurant aux numéros suivants du tableau 3-1 : *— V. tableau 3-1 de l'art. Annexe 4-7, ss. C. com., art. R. 444-3, App., v° Frais et dépens, V, Tarif des frais et dépens.*

1° Numéro 113 (délivrance du titre exécutoire par l'huissier dans le cadre de la procédure prévue à l'article 1244-4 du code civil) ;

2° Numéro 116 de ce tableau (signification en provenance d'un autre État) *[;]*

3° Numéro 127 (assistance du greffier en chef) *[;]*

4° Numéro 130 (établissement d'un procès-verbal constatant que le destinataire de la signification est sans domicile, ni résidence ni lieu de travail connus).

V. notes au-dessus de l'art. A. 444-10.

SOUS-SECTION 5 *Remboursement des frais et débours*

V. notes au-dessus de l'art. A. 444-10.

§ 1er *FRAIS DE DÉPLACEMENT*

V. notes au-dessus de l'art. A. 444-10.

Art. A. 444-48 Les frais de déplacement mentionnés au *a* du 3° du I de l'annexe 4-8 font l'objet d'un remboursement forfaitaire : — *V. art. Annexe 4-8, ss. C. com., art. R. 444-3, App., v° Frais et dépens, V, Tarif des frais et dépens.*

1° Égal à trente-deux fois la taxe kilométrique ferroviaire en 1re classe pour chaque acte signifié, en dehors du cas prévu au 2°, et chaque procès-verbal dressé par les soins de l'huissier de justice ;

2° Égal à 8,80 € pour les significations réalisées exclusivement par voie électronique.

V. notes au-dessus de l'art. A. 444-10.

Art. A. 444-49 Dans les départements d'outre-mer, pour tout déplacement à plus de 2 kilomètres des limites de la commune où est situé l'office, les frais de déplacement mentionnés au *a* du 3° du I de l'annexe 4-8 font l'objet d'un remboursement forfaitaire : — *V. art. Annexe 4-8, ss. C. com., art. R. 444-3, App., v° Frais et dépens, V, Tarif des frais et dépens.*

1° Égal au prix du billet aller et retour pour la distance parcourue, si le déplacement a lieu par un service de transport en commun ;

2° Égal à 45 centimes d'euro par kilomètre parcouru, si le déplacement a lieu par véhicule automobile ;

3° Égal au prix du billet aller et retour, si le déplacement doit avoir lieu obligatoirement par bateau ou avion.

Ce remboursement n'est dû qu'une seule fois pour la totalité des actes délivrés ou dressés par l'huissier de justice lors d'un même déplacement.

V. notes au-dessus de l'art. A. 444-10.

§ 2 *Indemnités versées en cas de recours à la force publique*

V. notes au-dessus de l'art. A. 444-10.

Art. A. 444-50 Les indemnités, versées aux conseillers municipaux, fonctionnaires municipaux, autorités de gendarmerie ou témoins, mentionnées aux *e* et *g* du 3° du I de l'annexe 4-8 sont les suivantes : — *V. art. Annexe 4-8, ss. C. com., art. R. 444-3, App., v° Frais et dépens, V, Tarif des frais et dépens.*

1° Pour être présents à l'ouverture des portes et meubles fermant à clef : 6,60 € ;

2° Pour prêter main-forte à l'exécution d'une mesure d'expulsion : 11,00 €.

V. notes au-dessus de l'art. A. 444-10.

Art. A. 444-51 Les indemnités, versées aux fonctionnaires de la police nationale, mentionnées au *f* et *g* du 3° du I de l'annexe 4-8 sont les suivantes : — *V. art. Annexe 4-8, ss. C. com., art. R. 444-3, App., v° Frais et dépens, V, Tarif des frais et dépens.*

1° Pour être présents à l'ouverture des portes et meubles fermant à clef : 19,80 € ;

2° Pour prêter main-forte à l'exécution d'une mesure d'expulsion : 33,00 €.

V. notes au-dessus de l'art. A. 444-10.

SOUS-SECTION 6 *Remises*

V. notes au-dessus de l'art. A. 444-10.

Art. A. 444-52 Les remises prévues *(Arr. du 28 févr. 2020, art. 28, en vigueur le 1er janv. 2021)* « à la première phrase du sixième alinéa » de l'article L. 444-2 sont consenties dans les conditions suivantes : — *V. C. com., art. L. 444-2, App., v° Frais et dépens, V, Tarif des frais et dépens. — Sur l'entrée en vigueur au 1er janv. 2021, V. Arr. du 28 avr. 2020.*

1° Les remises sur le droit d'engagement de poursuites mentionné à l'article A. 444-15 s'appliquent à la part d'émolument calculée sur les tranches de montants de créance supérieurs ou égaux à 3 040 euros avec un taux de remise maximal de *(Arr. du 28 févr. 2020, art. 28, en vigueur le 1er janv. 2021)* « 20 % » ; — *V. C. com., art. A. 444-15, App., v° Frais et dépens, V, Tarif des frais et dépens. — Sur l'entrée en vigueur au 1er janv. 2021, V. Arr. du 28 avr. 2020.*

2° Les remises sur les émoluments proportionnels de recouvrement et d'encaissement mentionnés à l'article A. 444-32 s'appliquent à la part d'émolument calculée sur les tranches de montants encaissés ou recouvrés supérieurs ou égaux à 52 400 euros avec un taux de remise maximal de *(Arr. du 28 févr. 2020, art. 28, en vigueur le 1er janv. 2021)* « 20 % ». — *V. C. com., art. A. 444-32, App., v° Frais et dépens, V, Tarif des frais et dépens. — Sur l'entrée en vigueur au 1er janv. 2021, V. Arr. du 28 avr. 2020.*

V. notes au-dessus de l'art. A. 444-10.

L'Arr. du 28 févr. 2020 est applicable à Wallis-et-Futuna (Arr. préc., art. 30).

Décret n° 2016-230 du 26 février 2016,

Relatif aux tarifs de certains professionnels du droit et au fonds interprofessionnel de l'accès au droit et à la justice (JO 28 févr.).

V. note au-dessus de l'art. R. 444-1 C. com., App., v° Huissiers de justice, III, Tarif.

....

ANNEXES

Art. annexe 4-7 La liste des prestations dont les tarifs sont régis par le titre IV *bis* (partie réglementaire) du code de commerce est la suivante :

....

Tableau 3-1 annexé à l'article R. 444-3

ACTES DE L'HUISSIER DE JUSTICE

Numéro	Catégorie	Sous-catégorie	Nature de la prestation
1	Actes portant convocation à comparaître en justice ou signification de décisions de justice ou de titres exécutoires		Assignations – *V. C. com., art. A. 444-11, A. 444-12, App., v° Frais et dépens, V, Tarif des frais et dépens.*
2			Significations de décision de justice – *V. C. com., art. A. 444-11, A. 444-12, App., v° Frais et dépens, V, Tarif des frais et dépens.*
3			Significations des autres titres exécutoires – *V. C. com., art. A. 444-11, App., v° Frais et dépens, V, Tarif des frais et dépens.*
4			Significations de requête et d'ordonnance d'injonction de payer – *V. C. com., art. A. 444-11, App., v° Frais et dépens, V, Tarif des frais et dépens.*
5	Actes ayant pour but d'informer les parties et les tiers	Procédure de saisie-attribution	Dénonciation de saisie-attribution, prévue à l'article R. 211-3 du code des procédures civiles d'exécution – *V. C. com., art. A. 444-13, App., v° Frais et dépens, V, Tarif des frais et dépens.*
6			Signification au tiers saisi de l'acquiescement du débiteur, prévue au second alinéa de l'article R. 211-6 du code des procédures civiles d'exécution – *V. C. com., art. A. 444-13, App., v° Frais et dépens, V, Tarif des frais et dépens.*
7			Signification au tiers saisi du certificat de non-contestation, prévue au premier alinéa de l'article R. 211-6 du code des procédures civiles d'exécution – *V. C. com., art. A. 444-13, App., v° Frais et dépens, V, Tarif des frais et dépens.*
8		Procédure de saisie-vente	Dénonciation au débiteur de la saisie-vente pratiquée entre les mains d'un tiers détenteur, prévue à l'article R. 221-26 du code des procédures civiles d'exécution – *V. C. com., art. A. 444-13, App., v° Frais et dépens, V, Tarif des frais et dépens.*
9			Dénonciation d'opposition au créancier premier saisissant et au débiteur, prévue à l'article R. 221-42 du code des procédures civiles d'exécution – *V. C. com., art. A. 444-13, App., v° Frais et dépens, V, Tarif des frais et dépens.*

ACTES DE L'HUISSIER DE JUSTICE			
Numéro	**Catégorie**	**Sous-catégorie**	**Nature de la prestation**
10			Dénonciation d'opposition et sommation au créancier premier saisissant de notifier toute proposition amiable de vente, prévue à l'article R. 221-46 du code des procédures civiles d'exécution – *V. C. com., art. A. 444-13, App., v^o Frais et dépens, V, Tarif des frais et dépens.*
11			Sommation au créancier premier saisissant de procéder aux formalités de mise en vente forcée, prévue à l'article R. 221-46 du code des procédures civiles d'exécution – *V. C. com., art. A. 444-13, App., v^o Frais et dépens, V, Tarif des frais et dépens.*
12			Signification de la date de vente au débiteur, prévue à l'article R. 221-35 du code des procédures civiles d'exécution – *V. C. com., art. A. 444-13, App., v^o Frais et dépens, V, Tarif des frais et dépens.*
13		Procédure de saisie par déclaration à la préfecture	Dénonciation au débiteur du procès-verbal d'indisponibilité du certificat d'immatriculation, prévue à l'article R. 223-3 du code des procédures civiles d'exécution – *V. C. com., art. A. 444-13, App., v^o Frais et dépens, V, Tarif des frais et dépens.*
14		Procédure de saisie des droits d'associé et des valeurs mobilières	Dénonciation au débiteur de la saisie des droits d'associé et des valeurs mobilières, prévue à l'article R. 232-6 du code des procédures civiles d'exécution – *V. C. com., art. A. 444-13, App., v^o Frais et dépens, V, Tarif des frais et dépens.*
15			Signification à la société ou à la personne morale émettrice d'un certificat de non-contestation avec ordre de vente, prévue à l'article R. 233-1 du code des procédures civiles d'exécution – *V. C. com., art. A. 444-13, App., v^o Frais et dépens, V, Tarif des frais et dépens.*
16			Signification à la société du cahier des charges, prévue au premier alinéa de l'article R. 233-7 du code des procédures civiles d'exécution – *V. C. com., art. A. 444-13, App., v^o Frais et dépens, V, Tarif des frais et dépens.*
17			Signification au débiteur, à la société et aux autres créanciers opposants, s'il y a lieu, de la date de vente de parts d'associé et de valeurs mobilières, prévue au troisième alinéa de l'article R. 233-8 du code des procédures civiles d'exécution – *V. C. com., art. A. 444-13, App., v^o Frais et dépens, V, Tarif des frais et dépens.*
18		Mesures d'expulsion	Signification au débiteur ou au créancier saisissant du procès-verbal d'expulsion, prévue aux articles R. 432-2 et R. 433-7 du code des procédures civiles d'exécution – *V. C. com., art. A. 444-13, App., v^o Frais et dépens, V, Tarif des frais et dépens.*

ACTES DE L'HUISSIER DE JUSTICE			
Numéro	**Catégorie**	**Sous-catégorie**	**Nature de la prestation**
19		Mesures conservatoires et sûretés judiciaires réalisées dans le cadre de la saisie conservatoire des créances	Dénonciation au débiteur de la saisie conservatoire des créances, prévue à l'article R. 523-3 du code des procédures civiles d'exécution – *V. C. com., art. A. 444-13, App., v° Frais et dépens, V, Tarif des frais et dépens.*
20			Dénonciation au tiers des actes de poursuite de la procédure, prévue à l'article R. 511-8 du code des procédures civiles d'exécution – *V. C. com., art. A. 444-13, App., v° Frais et dépens, V, Tarif des frais et dépens.*
21			Signification au tiers saisi de l'acte de conversion en saisie-attribution de la saisie conservatoire des créances avec demande de paiement, prévue à l'article R. 523-7 du code des procédures civiles d'exécution – *V. C. com., art. A. 444-13, App., v° Frais et dépens, V, Tarif des frais et dépens.*
22			Signification au débiteur de l'acte de conversion en saisie-attribution de la saisie conservatoire des créances, prévue à l'article R. 523-8 du code des procédures civiles d'exécution – *V. C. com., art. A. 444-13, App., v° Frais et dépens, V, Tarif des frais et dépens.*
23			Signification au tiers saisi du certificat de non-contestation et sommation de payer, prévue à l'article R. 523-9 du code des procédures civiles d'exécution – *V. C. com., art. A. 444-13, App., v° Frais et dépens, V, Tarif des frais et dépens.*
24		Mesures conservatoires et sûretés judiciaires réalisées dans le cadre de la saisie conservatoire sur les biens meubles corporels	Dénonciation au débiteur du procès-verbal de saisie conservatoire de meubles entre les mains d'un tiers, prévue au deuxième alinéa de l'article R. 522-5 du code des procédures civiles d'exécution – *V. C. com., art. A. 444-13, App., v° Frais et dépens, V, Tarif des frais et dépens.*
25			Dénonciation au tiers des actes de poursuite de la procédure, prévue à l'article R. 511-8 du code des procédures civiles d'exécution – *V. C. com., art. A. 444-13, App., v° Frais et dépens, V, Tarif des frais et dépens,*
26			Signification au débiteur de l'acte de conversion en saisie-vente de la saisie conservatoire de meubles avec commandement de payer, prévue au premier alinéa de l'article R. 522-7 du code des procédures civiles d'exécution – *V. C. com., art. A. 444-13, App., v° Frais et dépens, V, Tarif des frais et dépens.*
27			Signification au tiers détenteur de l'acte de conversion en saisie-vente de la saisie conservatoire de meubles, prévue au dernier alinéa de l'article R. 522-7 du code des procédures civiles d'exécution – *V. C. com., art. A. 444-13, App., v° Frais et dépens, V, Tarif des frais et dépens.*

ACTES DE L'HUISSIER DE JUSTICE			
Numéro	**Catégorie**	**Sous-catégorie**	**Nature de la prestation**
28			Dénonciation au créancier premier saisissant de la saisie conservatoire de meubles, prévue aux articles R. 522-11 et R. 522-12 du code des procédures civiles d'exécution – *V. C. com., art. A. 444-13, App., v° Frais et dépens, V, Tarif des frais et dépens.*
29			Signification à l'officier vendeur d'un acte de conversion en saisie-vente de la saisie conservatoire de meubles, prévue à l'article R. 251-5 du code des procédures civiles d'exécution – *V. C. com., art. A. 444-13, App., v° Frais et dépens, V, Tarif des frais et dépens.*
30		Mesures conservatoires et sûretés judiciaires réalisées dans le cadre de la saisie conservatoire des droits d'associé et des valeurs mobilières	Dénonciation au débiteur de la saisie conservatoire des droits d'associé et des valeurs mobilières, prévue à l'article R. 524-2 du code des procédures civiles d'exécution – *V. C. com., art. A. 444-13, App., v° Frais et dépens, V, Tarif des frais et dépens.*
31			Dénonciation au tiers saisi de l'acte de conversion en saisie-vente de la saisie conservatoire des droits d'associé et des valeurs mobilières, prévue à l'article R. 524-5 du code des procédures civiles d'exécution – *V. C. com., art. A. 444-13, App., v° Frais et dépens, V, Tarif des frais et dépens.*
32		Mesures conservatoires et sûretés judiciaires réalisées dans le cadre des sûretés	Dénonciation au débiteur du dépôt des bordereaux d'inscription ou de la signification du nantissement, prévue à l'article R. 532-5 du code des procédures civiles d'exécution – *V. C. com., art. A. 444-13, App., v° Frais et dépens, V, Tarif des frais et dépens.*
33		Vente et nantissement de fonds de commerce	Signification pour purge aux créanciers inscrits prévue à l'article 22 de la loi du 17 mars 1909 relative à la vente et au nantissement des fonds de commerce – *V. C. com., art. A. 444-13, App., v° Frais et dépens, V, Tarif des frais et dépens.*
34			Dénonciation au créancier inscrit de la saisie-vente d'un ou plusieurs éléments d'un fonds de commerce, prévue à l'article L. 143-10 du présent code – *V. C. com., art. A. 444-13, App., v° Frais et dépens, V, Tarif des frais et dépens.*
35		Autres procédures	Dénonciation au créancier inscrit de la demande en résiliation de bail de l'immeuble dans lequel s'exploite un fonds de commerce, prévue à l'article L. 143-2 du présent code – *V. C. com., art. A. 444-13, App., v° Frais et dépens, V, Tarif des frais et dépens.*

ACTES DE L'HUISSIER DE JUSTICE			
Numéro	**Catégorie**	**Sous-catégorie**	**Nature de la prestation**
36			Dénonciation à la caution du commandement de payer les loyers et sommation de payer, prévue à l'article 24 de la loi n° 89-462 du 6 juillet 1989 tendant à améliorer les rapports locatifs et portant modification de la loi n° 86-1290 du 23 décembre 1986 – *V. C. com., art. A. 444-13, App., v° Frais et dépens, V, Tarif des frais et dépens.*
37			Signification de mémoire prévue à l'article 978 du code de procédure civile – *V. C. com., art. A. 444-13, App., v° Frais et dépens, V, Tarif des frais et dépens.*
38			Procès-verbal d'offres réelles, prévu à l'article 1426 du code de procédure civile – *V. C. com., art. A. 444-13, App., v° Frais et dépens, V, Tarif des frais et dépens.*
39			Dénonciation au débiteur de la saisie-revendication entre les mains d'un tiers, prévue au deuxième alinéa de l'article R. 222-22 du code des procédures civiles d'exécution – *V. C. com., art. A. 444-13, App., v° Frais et dépens, V, Tarif des frais et dépens.*
40			Signification d'une proposition de redressement prévue aux articles L. 57 et L. 76 du livre des procédures fiscales – *V. C. com., art. A. 444-13, App., v° Frais et dépens, V, Tarif des frais et dépens.*
41			Injonction de communiquer et le commandement de payer, prévus à l'article R. 221-3 du code des procédures civiles d'exécution – *V. C. com., art. A. 444-14, App., v° Frais et dépens, V, Tarif des frais et dépens.*
42		Saisie-vente	Commandement de payer précédant la saisie-vente, prévu à l'article R. 221-1 du code des procédures civiles d'exécution – *V. C. com., art. A. 444-14, App., v° Frais et dépens, V, Tarif des frais et dépens.*
43	Mise en demeure de payer et commandement de payer		Signification du certificat de non-paiement valant commandement de payer, prévue à l'article L. 131-73 du code monétaire et financier – *V. C. com., art. A. 444-14, App., v° Frais et dépens, V, Tarif des frais et dépens.*
44		Loyers	Commandement de payer les loyers et les charges, prévu à l'article 24 de la loi n° 89-462 du 6 juillet 1989 tendant à améliorer les rapports locatifs et portant modification de la loi n° 86-1290 du 23 décembre 1986 – *V. C. com., art. A. 444-14, App., v° Frais et dépens, V, Tarif des frais et dépens.*

ACTES DE L'HUISSIER DE JUSTICE			
Numéro	Catégorie	Sous-catégorie	Nature de la prestation
45		Charges de copropriété	Commandement de payer les charges de copropriété, prévu à l'article 19 de la loi n° 65-557 du 10 juillet 1965 fixant le statut de la copropriété des immeubles bâtis – *V. C. com., art. A. 444-14, App., v° Frais et dépens, V, Tarif des frais et dépens.*
46		Saisie de biens placés dans un coffre-fort	Commandement de payer et la dénonciation au débiteur de la saisie des biens placés dans un coffre-fort, prévus à l'article R. 224-3 du code des procédures civiles d'exécution – *V. C. com., art. A. 444-14, A. 444-15, App., v° Frais et dépens, V, Tarif des frais et dépens.*
47		Saisie conservatoire des droits d'associés et des valeurs mobilières	Commandement de payer et la dénonciation au débiteur de l'acte de conversion en saisie-vente de la saisie conservatoire des droits d'associé et des valeurs mobilières, prévus à l'article R. 524-4 du code des procédures civiles d'exécution – *V. C. com., art. A. 444-14, A. 444-15, App., v° Frais et dépens, V, Tarif des frais et dépens.*
48		Lettres de change. Billets à ordre. Chèques.	Protêt, prévu aux articles L. 511-52 et L. 512-3 du présent code et à l'article L. 131-47 du code monétaire et financier – *V. C. com., art. A. 444-14, App., v° Frais et dépens, V, Tarif des frais et dépens.*
49		Saisie-appréhension	Commandement de payer et la dénonciation au débiteur du procès-verbal d'appréhension à la demande du créancier gagiste, prévus à l'article R. 222-6 du code des procédures civiles d'exécution – *V. C. com., art. A. 444-14, A. 444-15, App., v° Frais et dépens, V, Tarif des frais et dépens.*

ACTES DE L'HUISSIER DE JUSTICE

Numéro	Catégorie	Sous-catégorie	Nature de la prestation
50	Actes ayant pour but soit l'indisponibilité de biens ou de créances, soit le nantissement de parts sociales et de valeurs mobilières, soit l'opposabilité de cession ou de nantissement de créance prévus aux articles *[à l'article]* 1690 du code civil, de nantissement d'outillage et de matériel d'équipement prévus à l'article L. 525-9 du présent code	Actes réalisés dans le cadre de la saisie-attribution	Acte de saisie-attribution, prévu à l'article R. 211-1 du code des procédures civiles d'exécution. – *V. C. com., art. A. 444-16, App., v° Frais et dépens, V, Tarif des frais et dépens.*
51			Acte mentionné au numéro 50 du présent tableau, en cas de compte clôturé ou de solde négatif – *V. C. com., art. A. 444-16, A. 444-17, App., v° Frais et dépens, V, Tarif des frais et dépens.*
52		Saisie-vente	Acte de saisie-vente ou acte de saisie-vente transformée en réception de deniers, prévu à l'article R. 221-16 du code des procédures civiles d'exécution – *V. C. com., art. A. 444-16, App., v° Frais et dépens, V, Tarif des frais et dépens.*
53			Acte de saisie-vente transformée en carence, prévu à l'article R. 221-14 du code des procédures civiles d'exécution – *V. C. com., art. A. 444-16, App., v° Frais et dépens, V, Tarif des frais et dépens.*
54			Acte d'opposition-jonction, prévu à l'article R. 221-41 du code des procédures civiles d'exécution – *V. C. com., art. A. 444-16, App., v° Frais et dépens, V, Tarif des frais et dépens.*
55		Saisie des récoltes sur pied	Acte de saisie, prévu à l'article R. 221-57 du code des procédures civiles d'exécution – *V. C. com., art. A. 444-16, A. 444-17, A. 444-18, App., v° Frais et dépens, V, Tarif des frais et dépens.*

ACTES DE L'HUISSIER DE JUSTICE			
Numéro	**Catégorie**	**Sous-catégorie**	**Nature de la prestation**
56		Saisie par déclaration à la préfecture	Acte de déclaration, prévu à l'article R. 223-2 du code des procédures civiles d'exécution – *V. C. com., art. A. 444-16, App., v^o Frais et dépens, V, Tarif des frais et dépens.*
57		Saisie des droits d'associé et des valeurs mobilières	Acte de saisie, prévu à l'article R. 232-5 du code des procédures civiles d'exécution – *V. C. com., art. A. 444-16, A. 444-18, App., v^o Frais et dépens, V, Tarif des frais et dépens.*
58		Mesures conservatoires et de sûretés judiciaires dans le cadre d'une saisie conservatoire sur les biens meubles corporels	Acte de saisie conservataire *[conservatoire]*, prévu à l'article R. 522-1 du code des procédures civiles d'exécution – *V. C. com., art. A. 444-16, App., v^o Frais et dépens, V, Tarif des frais et dépens.*
59		Mesures conservatoires et de sûretés judiciaires dans le cadre d'une saisie conservatoire des créances	Acte de saisie conservatoire, prévu à l'article R. 523-1 du code des procédures civiles d'exécution – *V. C. com., art. A. 444-16, App., v^o Frais et dépens, V, Tarif des frais et dépens.*
60		Mesures conservatoires et de sûretés judiciaires dans le cadre d'une saisie conservatoire des droits d'associé et des valeurs mobilières	Acte de saisie conservatoire, prévu à l'article R. 524-1 du code des procédures civiles d'exécution – *V. C. com., art. A. 444-16, A. 444-1, App., v^o Frais et dépens, V, Tarif des frais et dépens.*
61		Mesures conservatoires et de sûretés judiciaires dans le cadre des sûretés	Signification à la société du nantissement des parts sociales, prévue à l'article R. 532-3 du code des procédures civiles d'exécution – *V. C. com., art. A. 444-16, App., v^o Frais et dépens, V, Tarif des frais et dépens.*
62			Signification à la société ou à la personne morale émettrice du nantissement des valeurs mobilières, prévue à l'article R. 532-4 du code des procédures civiles d'exécution – *V. C. com., art. A. 444-16, App., v^o Frais et dépens, V, Tarif des frais et dépens.*
63			Signification aux créanciers de l'acte de nantissement de l'outillage et du matériel d'équipement, prévue à l'article L. 525-9 du présent code – *V. C. com., art. A. 444-16, A. 444-17, App., v^o Frais et dépens, V, Tarif des frais et dépens.*

ACTES DE L'HUISSIER DE JUSTICE			
Numéro	**Catégorie**	**Sous-catégorie**	**Nature de la prestation**
64		Saisie des biens placés dans un coffre-fort	Acte de saisie, prévu à l'article R. 224-1 du code des procédures civiles d'exécution – *V. C. com., art. A. 444-16, App., v° Frais et dépens, V, Tarif des frais et dépens.*
65		Saisie-revendication des biens meubles corporels	Acte de saisie-revendication, prévu à l'article R. 222-11 du code des procédures civiles d'exécution – *V. C. com., art. A. 444-16, A. 444-17, App., v° Frais et dépens, V, Tarif des frais et dépens.*
66		Saisie-appréhension	Acte d'appréhension, prévu à l'article R. 222-4 du code des procédures civiles d'exécution – *V. C. com., art. A. 444-16, A. 444-17, App., v° Frais et dépens, V, Tarif des frais et dépens.*
67		Saisie par immobilisation du véhicule	Acte d'immobilisation ou d'enlèvement, prévu à l'article R. 223-8 du code des procédures civiles d'exécution – *V. C. com., art. A. 444-16, A. 444-17, App., v° Frais et dépens, V, Tarif des frais et dépens.*
68		Saisie des navires et aéronefs	Acte de saisie, prévu aux articles L. 123-2 et R. 123-9 du code de l'aviation civile, aux articles L. 5114-22 à L. 5114-25, et L. 5114-27 à L. 5114-29 du code des transports, et aux articles 30, 32 à 35, 37 à 39, 42, 43, 45 à 47, 50, et 52 à 58 décret n° 67-967 du 27 octobre 1967 relatif au statut des navires et autres bâtiments de mer – *V. C. com., art. A. 444-16, A. 444-17, A. 444-18, App., v° Frais et dépens, V, Tarif des frais et dépens.*
69		Saisie-contrefaçon	Acte de saisie-contrefaçon, prévu aux articles L. 521-1, L. 615-5, L. 716-7 du code de la propriété intellectuelle. – *V. C. com., art. A. 444-16, A. 444-17, A. 444-18, App., v° Frais et dépens, V, Tarif des frais et dépens.*
70		Saisie immobilière	Commandement de payer valant saisie, prévu aux articles R. 321-1 et R. 321-5 du code des procédures civiles d'exécution – *V. C. com., art. A. 444-16, App., v° Frais et dépens, V, Tarif des frais et dépens.*
71			Commandement de payer au débiteur principal avec mention du commandement valant saisie délivré au tiers détenteur, prévu à l'article R. 321-5 du code des procédures civiles d'exécution – *V. C. com., art. A. 444-16, A. 444-17, App., v° Frais et dépens, V, Tarif des frais et dépens.*
72			Dénonciation au conjoint lorsque le bien est le siège du logement de la famille et qu'il appartient en propre à l'un des époux, prévu à l'article R. 321-5 du code des procédures civiles d'exécution – *V. C. com., art. A. 444-16, A. 444-17, App., v° Frais et dépens, V, Tarif des frais et dépens.*

ACTES DE L'HUISSIER DE JUSTICE			
Numéro	**Catégorie**	**Sous-catégorie**	**Nature de la prestation**
73			Saisie des fruits prévue à l'article R. 321-18 du code des procédures civiles d'exécution, outre l'indication figurant au 7° de l'article R. 321-3 du même code – *V. C. com., art. A. 444-16, A. 444-17, App., v° Frais et dépens, V, Tarif des frais et dépens.*
74		Oppositions	Opposition au paiement du prix de cession d'un lot de copropriété, prévue à l'article 20 de la loi n° 65-557 du 10 juillet 1965 fixant le statut de la copropriété des immeubles bâtis – *V. C. com., art. A. 444-16, App., v° Frais et dépens, V, Tarif des frais et dépens.*
75		Oppositions	Opposition au prix de vente du fonds de commerce ou de cession du droit au bail, prévue à l'article 3 de la loi du 17 mars 1909 relative à la vente et au nantissement des fonds de commerce – *V. C. com., art. A. 444-16, App., v° Frais et dépens, V, Tarif des frais et dépens.*
76		Oppositions	Opposition à partage (entre les mains d'un notaire), prévue à l'article 882 du code civil – *V. C. com., art. A. 444-16, App., v° Frais et dépens, V, Tarif des frais et dépens.*
77		Cessions et nantissements de créances	Signification au débiteur de la cession de créances et autres droits incorporels, prévue à l'article 1690 du code civil – *V. C. com., art. A. 444-16, App., v° Frais et dépens, V, Tarif des frais et dépens.*
78		Cessions et nantissements de créances	Signification au débiteur de la créance donnée en gage – *V. C. com., art. A. 444-16, A. 444-17, App., v° Frais et dépens, V, Tarif des frais et dépens.*
79	Mise en demeure ou commandement d'exécuter une obligation de faire ou de ne pas faire		Sommation de faire ou de ne pas faire – *V. C. com., art. A. 444-19, App., v° Frais et dépens, V, Tarif des frais et dépens.*
80			
81		Saisie par immobilisation du véhicule	Dénonciation au débiteur du procès-verbal d'immobilisation du véhicule avec injonction, prévue aux articles R. 223-12 et R. 223-13 du code des procédures civiles d'exécution – *V. C. com., art. A. 444-19, App., v° Frais et dépens, V, Tarif des frais et dépens.*

ACTES DE L'HUISSIER DE JUSTICE			
Numéro	**Catégorie**	**Sous-catégorie**	**Nature de la prestation**
82		Saisie-appréhension et d'une saisie-revendication	Commandement à la personne tenue de la remise de délivrer ou de restituer, prévu à l'article R. 222-2 du code des procédures civiles d'exécution – *V. C. com., art. A. 444-19, App., v° Frais et dépens, V, Tarif des frais et dépens.*
83			Sommation au tiers de remettre le bien, prévue à l'article R. 222-7 du code des procédures civiles d'exécution – *V. C. com., art. A. 444-19, App., v° Frais et dépens, V, Tarif des frais et dépens.*
84		Saisie-appréhension des biens placés dans un coffre-fort	Commandement à la personne tenue de la remise de délivrer ou de restituer, prévu à l'article R. 222-2 du code des procédures civiles d'exécution – *V. C. com., art. A. 444-19, App., v° Frais et dépens, V, Tarif des frais et dépens.*
85			Sommation au débiteur d'assister à l'ouverture du coffre-fort, prévue à l'article R. 525-4 du code des procédures civiles d'exécution – *V. C. com., art. A. 444-19, App., v° Frais et dépens, V, Tarif des frais et dépens.*
86		Mesures d'expulsion	Commandement de quitter les lieux, prévu à l'article R. 411-1 du code des procédures civiles d'exécution – *V. C. com., art. A. 444-19, App., v° Frais et dépens, V, Tarif des frais et dépens.*
87		Saisie des droits d'associé et des valeurs mobilières	Sommation aux créanciers opposants de prendre communication du cahier des charges, prévue au deuxième alinéa de l'article R. 233-7 du code des procédures civiles d'exécution – *V. C. com., art. A. 444-19, App., v° Frais et dépens, V, Tarif des frais et dépens.*
88		Saisie immobilière	Assignation du débiteur saisi à comparaître devant le juge de l'exécution à une audience d'orientation, prévue à l'article R. 322-4 du code des procédures civiles d'exécution – *V. C. com., art. A. 444-19, A. 444-20, App., v° Frais et dépens, V, Tarif des frais et dépens.*
89			Dénonciation aux créanciers inscrits valant assignation à comparaître, prévue à l'article R. 322-6 du code des procédures civiles d'exécution – *V. C. com., art. A. 444-19, A. 444-20, App., v° Frais et dépens, V, Tarif des frais et dépens.*
90		Vente et nantissement de fonds de commerce	Sommation de prendre communication du cahier des charges, prévue à l'article 17 de la loi du 17 mars 1909 relative à la vente et au nantissement des fonds de commerce – *V. C. com., art. A. 444-19, A. 444-20, App., v° Frais et dépens, V, Tarif des frais et dépens.*
91		Successions	Sommation de prendre parti, prévu *[prévue]* à l'article 771 du code civil – *V. C. com., art. A. 444-19, A. 444-20, App., v° Frais et dépens, V, Tarif des frais et dépens.*

ACTES DE L'HUISSIER DE JUSTICE			
Numéro	**Catégorie**	**Sous-catégorie**	**Nature de la prestation**
92		Procédure de reprise des locaux abandonnés	Mise en demeure du locataire d'avoir à justifier qu'il occupe le logement prévue à l'article 14-1 de la loi du 6 juillet 1989 tendant à améliorer les rapports locatifs et portant modification de la loi n° 86-1290 du 23 décembre 1986, selon qu'elle est ou non contenue dans un des commandements visés aux articles 7 et 24 dudit article – *V. C. com., art. A. 444-19, App., v° Frais et dépens, V, Tarif des frais et dépens.*
93		Saisie-vente	Certification d'accomplissement des formalités de publicité de vente, prévue aux articles R. 221-34 et R. 221-60 du code des procédures civiles d'exécution – *V. C. com., art. A. 444-21, App., v° Frais et dépens, V, Tarif des frais et dépens.*
94			Acte de vérification et d'enlèvement, prévu aux articles L. 221-3, R. 221-36 et R. 522-8 du code des procédures civiles d'exécution – *V. C. com., art. A. 444-21, A. 444-22, App., v° Frais et dépens, V, Tarif des frais et dépens.*
95	Mise en vente forcée des biens saisis	Saisie de biens placés dans un coffre-fort	Acte d'inventaire et d'enlèvement des biens placés dans un coffre-fort, prévu aux articles R. 224-5 et R. 224-7 du code des procédures civiles d'exécution – *V. C. com., art. A. 444-21, A. 444-22, App., v° Frais et dépens, V, Tarif des frais et dépens.*
96		Saisie immobilière	Procès-verbal d'apposition d'avis, prévu aux articles R. 322-32 et R. 322-33 du code des procédures civiles d'exécution – *V. C. com., art. A. 444-21, App., v° Frais et dépens, V, Tarif des frais et dépens.*
97		Expulsion	Procès-verbal d'inventaire, prévu à l'article R. 433-5 du code des procédures civiles d'exécution – *V. C. com., art. A. 444-21, A. 444-22, App., v° Frais et dépens, V, Tarif des frais et dépens.*

ACTES DE L'HUISSIER DE JUSTICE

Numéro	Catégorie	Sous-catégorie	Nature de la prestation
98	Actes constatant la suspension des poursuites ou les difficultés de signification		Acte de tentative d'exécution, notamment en l'absence de l'occupant du local ou si ce dernier en refuse l'accès – *V. C. com., art. A. 444-23, App., v° Frais et dépens, V, Tarif des frais et dépens.*
99			Acte attestant la découverte de la nouvelle adresse du destinataire hors du ressort de compétence de l'huissier de justice – *V. C. com., art. A. 444-23, App., v° Frais et dépens, V, Tarif des frais et dépens.*
100			Acte constatant une difficulté d'exécution, notamment en cas d'appel interjeté par le débiteur – *V. C. com., art. A. 444-23, App., v° Frais et dépens, V, Tarif des frais et dépens.*
101			Acte constatant une suspension d'exécution ou une recherche infructueuse – *V. C. com., art. A. 444-23, App., v° Frais et dépens, V, Tarif des frais et dépens.*
102	Actes divers	Saisie-attribution	Mainlevée quittance au tiers saisi, prévue à l'article R. 211-7 du code des procédures civiles d'exécution. – *V. C. com., art. A. 444-24, App. V° Frais et dépens, V, Tarif des frais et dépens.*
103		Saisie-vente	Mainlevée de saisie-vente et mainlevée d'opposition-jonction, prévue *[prévues]* à l'article R. 221-47 du code des procédures civiles d'exécution – *V. C. com., art. A. 444-24, App., v° Frais et dépens, V, Tarif des frais et dépens.*
104			Acte de consignation et mainlevée totale ou partielle de saisie-vente, après la vente amiable par le débiteur, prévu *[prévue]* à l'article R. 221-32 du code des procédures civiles d'exécution – *V. C. com., art. A. 444-24, App., v° Frais et dépens, V, Tarif des frais et dépens.*
105		Offres réelles	Procès-verbal de consignation, prévu à l'article 1428 du code de procédure civile – *V. C. com., art. A. 444-24, App., v° Frais et dépens, V, Tarif des frais et dépens.*
106		Expulsion	Procès-verbal d'expulsion ou reprise des lieux, prévu à l'article R. 432-1 du code des procédures civiles d'exécution – *V. C. com., art. A. 444-25, A. 444-26, App., v° Frais et dépens, V, Tarif des frais et dépens.*
107			Procès-verbal de consignation, prévu à l'article 1428 du code de procédure civile – *V. C. com., art. A. 444-24, App., v° Frais et dépens, V, Tarif des frais et dépens.*
108			Procès-verbal de destruction, prévu à l'article R. 433-6 du code des procédures civiles d'exécution – *V. C. com., art. A. 444-24, App., v° Frais et dépens, V, Tarif des frais et dépens.*

ACTES DE L'HUISSIER DE JUSTICE			
Numéro	**Catégorie**	**Sous-catégorie**	**Nature de la prestation**
109		Baux et loyers	Congés et les demandes de renouvellement de bail commercial, prévus aux articles L. 145-9 et L. 145-10 du présent code – *V. C. com., art. A. 444-24, A. 444-25, App., v° Frais et dépens, V, Tarif des frais et dépens.*
110			Congés et les offres de renouvellement de bail rural, prévus à l'article 1775 du code civil et à la section 8 du chapitre Ier du titre Ier du livre IV du code rural et de la pêche maritime – *V. C. com., art. A. 444-25, A. 444-24, App., v° Frais et dépens, V, Tarif des frais et dépens.*
111		Procédure de reprise des locaux abandonnés	Constatation de l'abandon du local d'habitation avec inventaire des meubles laissés sur place prévue au troisième aliéna de l'article 14-1 de la loi du 6 juillet 1989 tendant à améliorer les rapports locatifs et portant modification de la loi n° 86-1290 du 23 décembre 1986 – *V. C. com., art. A. 444-24, App., v° Frais et dépens, V, Tarif des frais et dépens.*
112		Constats	Établissement par l'huissier d'un état des lieux à frais partagés entre le bailleur et le locataire, prévu à l'article 3-2 de la loi n° 89-462 du 6 juillet 1989 tendant à améliorer les rapports locatifs et portant modification de la loi n° 86-1290 du 23 décembre 1986 – *V. C. com., art. A. 444-27, App., v° Frais et dépens, V, Tarif des frais et dépens.*
113		Recouvrement des petites créances	Délivrance du titre exécutoire par l'huissier dans le cadre de la procédure prévue à l'article 1244-4 du code civil – *V. C. com., art. A. 444-28, App., v° Frais et dépens, V, Tarif des frais et dépens.*
114		Saisie immobilière	Procès-verbal de description des lieux, prévue *[prévu]* aux articles R. 322-1 à R. 322-3 du code des procédures civiles d'exécution – *V. C. com., art. A. 444-28, A. 444-29, App., v° Frais et dépens, V, Tarif des frais et dépens.*
115		Mariage	Opposition à mariage, prévue à l'article 176 du code civil – *V. C. com., art. A. 444-28, A. 444-29, App., v° Frais et dépens, V, Tarif des frais et dépens.*
116		Actes en provenance et à destination d'un autre État	Signification en provenance d'un autre État, prévue dans le règlement (CE) n° 1393/2007 du Parlement européen et du Conseil du 13 novembre 2007 relatif à la signification et à la notification dans les États membres des actes judiciaires et extrajudiciaires en matière civile ou commerciale, et abrogeant le règlement (CE) n° 1348/2000 du Conseil et à l'article 688-2 du code de procédure civile – *V. C. com., art. A. 444-28, App., v° Frais et dépens, V, Tarif des frais et dépens.*

ACTES DE L'HUISSIER DE JUSTICE			
Numéro	**Catégorie**	**Sous-catégorie**	**Nature de la prestation**
117			Transmission de la demande de signification ou de notification dans un autre État étranger, prévue dans le règlement mentionné au numéro 116 du présent tableau, et à l'article 684 du code de procédure civile – *V. C. com., art. A. 444-28, App., v° Frais et dépens, V, Tarif des frais et dépens.*
118		Scellés	Procès-verbal d'apposition des scellés sans diligences particulières, prévu à l'article 1308 du code de procédure civile – *V. C. com., art. A. 444-28, App., v° Frais et dépens, V, Tarif des frais et dépens.*
119			Procès-verbal d'apposition des scellés donnant lieu à des diligences particulières, prévu aux articles 1311 à 1314 du code de procédure civile – *V. C. com., art. A. 444-28, App., v° Frais et dépens, V, Tarif des frais et dépens.*
120			Procès-verbal de carence, prévu au deuxième alinéa de l'article 1304 du code de procédure civile – *V. C. com., art. A. 444-28, App., v° Frais et dépens, V, Tarif des frais et dépens.*
121			Sommation d'assister aux opérations de levée des scellés, prévue à l'article 1317 du code de procédure civile – *V. C. com., art. A. 444-28, App., v° Frais et dépens, V, Tarif des frais et dépens.*
122			Acte d'inventaire lors de la levée des scellés, prévu à l'article 1319 du code de procédure civile – *V. C. com., art. A. 444-28, App., v° Frais et dépens, V, Tarif des frais et dépens.*
123			Procès-verbal de levée des scellés, prévu à l'article 1320 du code de procédure civile – *V. C. com., art. A. 444-28, App., v° Frais et dépens, V, Tarif des frais et dépens.*
124			État descriptif, prévu à l'article 1323 du code de procédure civile – *V. C. com., art. A. 444-28, App., v° Frais et dépens, V, Tarif des frais et dépens.*
125			État descriptif avec diligences particulières, prévu aux articles 1312 à 1314 du code de procédure civile – *V. C. com., art. A. 444-28, App., v° Frais et dépens, V, Tarif des frais et dépens.*
126			Procès-verbal de déplacement des scellés, prévu à l'article 1324 du code de procédure civile – *V. C. com., art. A. 444-28, App., v° Frais et dépens, V, Tarif des frais et dépens.*
127		Vérification des comptes de tutelle	Assistance du greffier en chef dans sa mission de vérification des comptes de gestion établis dans le cadre d'une mesure de protection juridique – *V. C. com., art. A. 444-30, App., v° Frais et dépens, V, Tarif des frais et dépens.*

ACTES DE L'HUISSIER DE JUSTICE			
Numéro	**Catégorie**	**Sous-catégorie**	**Nature de la prestation**
128	Divers	Recouvrement forcé de créances	Recouvrement ou encaissement, après avoir reçu mandat ou pouvoir à cet effet, des sommes dues en application d'une décision de justice, d'un acte ou d'un titre en forme exécutoire – *V. C. com., art. A. 444-31, App., v° Frais et dépens, V, Tarif des frais et dépens.*
129			Recouvrement ou encaissement, après avoir reçu mandat ou pouvoir à cet effet, des sommes dues par un débiteur – *V. C. com., art. A. 444-32, App., v° Frais et dépens, V, Tarif des frais et dépens.*
130		Carence	Établissement d'un procès-verbal constatant que le destinataire de la signification est sans domicile, ni résidence ni lieu de travail connus, conformément aux dispositions de l'article 659 du code de procédure civile – *V. C. com., art. A. 444-33, App., v° Frais et dépens, V, Tarif des frais et dépens.*

Tableau 3-2 annexé à l'article R. 444-3

ACTES SPÉCIAUX AUX HUISSIERS DE JUSTICE DES DÉPARTEMENTS DU BAS-RHIN, DU HAUT-RHIN ET DE LA MOSELLE		
Numéro	**Catégorie**	**Nature de la prestation**
131	Signification à la diligence des parties	Signification 503 cpc *[C. pr. civ.]* – rappel de l'art. 797 cpc *[C. pr. civ.]*. – *V. C. com., art. A. 444-34, App., v° Frais et dépens, V, Tarif des frais et dépens.*
132		Signification ordonnance rendue sur requête – art. 167 loi 1er juin 1924 (et 950 cpc *[C. pr. civ.]*) – *V. C. com., art. A. 444-34, App., v° Frais et dépens, V, Tarif des frais et dépens.*
133		Signification d'une ordonnance de taxe – *V. C. com., art. A. 444-34, App., v° Frais et dépens, V, Tarif des frais et dépens.*
134		Signification d'une décision rendue par le Tribunal d'Instance en matière de Droit Local (POURVOI IMMÉDIAT) – *V. C. com., art. A. 444-34, App., v° Frais et dépens, V, Tarif des frais et dépens.*
135	Saisie	Mise en demeure de régulariser la vente – *V. C. com., art. A. 444-36, A. 444-37, App., v° Frais et dépens, V, Tarif des frais et dépens.*
136		Requête en inscription hypothèque judiciaire – *V. C. com., art. A. 444-38, App., v° Frais et dépens, V, Tarif des frais et dépens.*

ACTES SPÉCIAUX AUX HUISSIERS DE JUSTICE DES DÉPARTEMENTS DU BAS-RHIN, DU HAUT-RHIN ET DE LA MOSELLE		
Numéro	**Catégorie**	**Nature de la prestation**
137	Divers	Commandement de payer avant exécution forcée immobilière – *V. C. com., art. A. 444-36, A. 444-37, App., v° Frais et dépens, V, Tarif des frais et dépens.*
138		Requête en vente forcée immobilière – *V. C. com., art. A. 444-38, App., v° Frais et dépens, V, Tarif des frais et dépens.*
139		Requête en adhésion vente forcée immobilière – *V. C. com., art. A. 444-38, App., v° Frais et dépens, V, Tarif des frais et dépens.*
140		Requête en administration forcée immobilière – *V. C. com., art. A. 444-38, App., v° Frais et dépens, V, Tarif des frais et dépens.*
141		Signification du cahier des charges
142		Requête en Expulsion après adjudication (art. 161 alinéa 1er loi du 1er juin 1924) et signification de l'ordonnance du juge du tribunal de l'exécution Forcée Immobilière
143		Sommation de payer ou de délaisser – art. 142 loi du 1er juin 1924 – *V. C. com., art. A. 444-39,, A. 444-40, A. 444-41, App., v° Frais et dépens, V, Tarif des frais et dépens.*
144		Signification d'un PV de débats – art 147 loi du 1er juin 1924 – *V. C. com., art. A. 444-39, A. 444-40, App., v° Frais et dépens, V, Tarif des frais et dépens.*
145		Convocation – art 147 loi du 1er juin 1924 – *V. C. com., art. A. 444-36, 444-39, A. 444-40, App., v° Frais et dépens, V, Tarif des frais et dépens.*
146		Convocation – art 225 loi du 1er juin 1924 – *V. C. com., art. A. 444-39, A. 444-40, App., v° Frais et dépens, V, Tarif des frais et dépens.*
147		Requête en ouverture de procédure de partage judiciaire – *V. C. com., art. A. 444-48, App., v° Frais et dépens, V, Tarif des frais et dépens.*

ACTES SPÉCIAUX AUX HUISSIERS DE JUSTICE DES DÉPARTEMENTS DU BAS-RHIN, DU HAUT-RHIN ET DE LA MOSELLE		
Numéro	**Catégorie**	**Nature de la prestation**
148		Requête en inscription d'hypothèque d'exécution forcée : c'est la requête qu'on utilise avec un acte notarié pour inscrire une hypothèque sur un autre bien immobilier que celui visé dans l'acte authentique – *V. C. com., art. A. 444-42, App., v° Frais et dépens, V, Tarif des frais et dépens.*
149		Sommation au tiers détenteur (art. 142 loi du 1er juin 1924) – *V. C. com., art. A. 444-39, A. 444-40, A. 444-41, App., v° Frais et dépens, V, Tarif des frais et dépens.*
150		Requête en transcription (anciennement de feuillet) et d'inscription d'une hypothèque judiciaire – *V. C. com., art. A. 444-50, App., v° Frais et dépens, V, Tarif des frais et dépens.*

Tableau 3-3 annexé à l'article R. 444-3

FORMALITÉS, REQUÊTES ET DILIGENCES DE L'HUISSIER DE JUSTICE			
Numéro	**Catégorie**	**Sous-catégorie**	**Nature de la prestation**
151	Recherche des informations		Requête aux fins de recherche des informations, prévue aux articles L. 152-1 et L. 152-2 du code des procédures civiles d'exécution – *V. C. com., art. A. 444-43, App., v° Frais et dépens, V, Tarif des frais et dépens.*
152	Assignation		Copie des pièces accompagnant le bordereau annexé à l'assignation, mentionnées au dernier alinéa de l'article 837 du code des procédures civiles d'exécution – *V. C. com., art. A. 444-43, App., v° Frais et dépens, V, Tarif des frais et dépens.*
153	Saisie des rémunérations		Requête au greffe aux fins de saisie des rémunérations ou en intervention, prévue à l'article R. 3252-13 du code du travail – *V. C. com., art. A. 444-43, App., v° Frais et dépens, V, Tarif des frais et dépens.*
154			Notification à l'employeur d'un acte de saisie des rémunérations lorsque le courrier revient non réclamé au tribunal, prévue à l'article 670-1 du code de procédure civile – *V. C. com., art. A. 444-43, App., v° Frais et dépens, V, Tarif des frais et dépens.*

FORMALITÉS, REQUÊTES ET DILIGENCES DE L'HUISSIER DE JUSTICE			
Numéro	**Catégorie**	**Sous-catégorie**	**Nature de la prestation**
155	Saisie-attribution		Requête au secrétariat-greffe du juge de l'exécution aux fins de délivrance d'un certificat de non-contestation, prévue à l'article R. 211-6 du code des procédures civiles d'exécution – *V. C. com., art. A. 444-43, App., v° Frais et dépens, V, Tarif des frais et dépens.*
156			Établissement du certificat de non-contestation par l'huissier de justice qui a procédé à la saisie, prévue à l'article R. 211-6 du code des procédures civiles d'exécution – *V. C. com., art. A. 444-43, App., v° Frais et dépens, V, Tarif des frais et dépens.*
157			Dénonciation de la saisine du juge de l'exécution à l'huissier de justice en matière de contestation de saisie-attribution, prévue à l'article R. 211-11 du code des procédures civiles d'exécution – *V. C. com., art. A. 444-43, App., v° Frais et dépens, V, Tarif des frais et dépens.*
158	Incidents et difficultés d'exécution		Saisine du juge de l'exécution sur la difficulté d'exécution, prévue aux articles R. 151-2, R. 221-53 et R. 442-1 du code des procédures civiles d'exécution – *V. C. com., art. A. 444-43, App., v° Frais et dépens, V, Tarif des frais et dépens.*
159			Information aux parties de la difficulté d'exécution et des lieux, jour et heure de l'audience, prévue à l'article R. 151-3 du code des procédures civiles d'exécution – *V. C. com., art. A. 444-43, App., v° Frais et dépens, V, Tarif des frais et dépens.*
160			Réquisition du concours de la force publique au préfet, prévue à l'article R. 153-1 du code des procédures civiles d'exécution – *V. C. com., art. A. 444-43, App., v° Frais et dépens, V, Tarif des frais et dépens.*
161			Notification au procureur et au créancier du refus du concours de la force publique, prévue à l'article R. 153-1 du code des procédures civiles d'exécution – *V. C. com., art. A. 444-43, App., v° Frais et dépens, V, Tarif des frais et dépens.*

FORMALITÉS, REQUÊTES ET DILIGENCES DE L'HUISSIER DE JUSTICE			
Numéro	Catégorie	Sous-catégorie	Nature de la prestation
162	Saisie-vente		Requête au juge de l'exécution aux fins d'autorisation de saisie-vente, prévue à l'article R. 221-2 du code mentionné des procédures civiles d'exécution – *V. C. com., art. A. 444-43, App., v° Frais et dépens, V, Tarif des frais et dépens.*
163	Saisie-vente		Requête au juge de l'exécution aux fins de désignation d'un séquestre, prévue à l'article R. 221-19 du code des procédures civiles d'exécution – *V. C. com., art. A. 444-43, App., v° Frais et dépens, V, Tarif des frais et dépens.*
164	Saisie-vente		Communication au créancier saisissant et aux créanciers opposants des propositions de vente amiable, prévue à l'article R. 221-31 du code des procédures civiles d'exécution – *V. C. com., art. A. 444-43, App., v° Frais et dépens, V, Tarif des frais et dépens.*
165	Saisie-vente		Information des lieux, jour et heure de la vente, prévue à l'article R. 221-35 du code des procédures civiles d'exécution – *V. C. com., art. A. 444-43, App., v° Frais et dépens, V, Tarif des frais et dépens.*
166	Saisie-appréhension	En vertu d'un titre exécutoire	Notification à la personne tenue de délivrer ou de restituer le bien de l'acte de la remise volontaire ou de l'appréhension du bien, prévue à l'article R. 222-5 et au second alinéa de l'article R. 222-10 du code des procédures civiles d'exécution – *V. C. com., art. A. 444-43, App., v° Frais et dépens, V, Tarif des frais et dépens.*
167	Saisie-appréhension	En vertu d'un titre exécutoire	Notification à la personne tenue de délivrer ou de restituer le bien de la sommation de remettre, prévue à l'article R. 222-7 du code des procédures civiles d'exécution – *V. C. com., art. A. 444-43, App., v° Frais et dépens, V, Tarif des frais et dépens.*
168	Saisie-appréhension	En vertu d'un titre exécutoire	Requête au juge de l'exécution aux fins d'une autorisation spéciale d'appréhension dans les locaux servant à l'habitation du tiers, prévue à l'article R. 221-2 du code des procédures civiles d'exécution – *V. C. com., art. A. 444-43, App., v° Frais et dépens, V, Tarif des frais et dépens.*

FORMALITÉS, REQUÊTES ET DILIGENCES DE L'HUISSIER DE JUSTICE			
Numéro	**Catégorie**	**Sous-catégorie**	**Nature de la prestation**
169		Sur injonction du juge	Notification au tiers de l'acte de saisie-appréhension, prévue au premier alinéa de l'article R. 222-10 du code des procédures civiles d'exécution – *V. C. com., art. A. 444-43, App., v° Frais et dépens, V, Tarif des frais et dépens.*
170			Requête au juge de l'exécution aux fins d'injonction d'avoir à délivrer ou restituer un bien meuble, prévue à l'article R. 222-11 du code des procédures civiles d'exécution – *V. C. com., art. A. 444-43, App., v° Frais et dépens, V, Tarif des frais et dépens.*
171	Saisie-revendication		Requête au juge de l'exécution aux fins de saisie-revendication, prévue à l'article R. 222-17 du code des procédures civiles d'exécution – *V. C. com., art. A. 444-43, App., v° Frais et dépens, V, Tarif des frais et dépens.*
172	Mesures d'exécution sur les véhicules terrestres à moteur		Mainlevée au préfet de la saisie par déclaration à la préfecture, prévue à l'article R. 223-4 du code des procédures civiles d'exécution – *V. C. com., art. A. 444-43, App., v° Frais et dépens, V, Tarif des frais et dépens.*
173			Lettre au débiteur l'informant de l'immobilisation de son véhicule, prévue à l'article R. 223-9 du code des procédures civiles d'exécution – *V. C. com., art. A. 444-43, App., v° Frais et dépens, V, Tarif des frais et dépens.*
174			Information au créancier gagiste des propositions de vente amiable ou de la mise en vente aux enchères du véhicule, prévue à l'article R. 223-11 du code des procédures civiles d'exécution – *V. C. com., art. A. 444-43, App., v° Frais et dépens, V, Tarif des frais et dépens.*
175	Saisie des droits d'associé et des valeurs mobilières		Requête au secrétariat-greffe du juge de l'exécution d'un certificat de non-contestation, prévue à l'article R. 233-1 du code des procédures civiles d'exécution – *V. C. com., art. A. 444-43, App., v° Frais et dépens, V, Tarif des frais et dépens.*

FORMALITÉS, REQUÊTES ET DILIGENCES DE L'HUISSIER DE JUSTICE			
Numéro	**Catégorie**	**Sous-catégorie**	**Nature de la prestation**
176			Rédaction du cahier des charges en matière de saisie des droits d'associé et des valeurs mobilières non admises à la cote officielle ou à celle du second marché, prévue à l'article R. 233-6 du code des procédures civiles d'exécution – *V. C. com., art. A. 444-43, App., v° Frais et dépens, V, Tarif des frais et dépens.*
177			Notification à la société d'une copie du cahier des charges, prévue à l'article R. 233-7 du code des procédures civiles d'exécution – *V. C. com., art. A. 444-43, App., v° Frais et dépens, V, Tarif des frais et dépens.*
178			Notification au représentant de l'État de l'assignation aux fins de constat de la résiliation, prévue à l'article 24 de la loi n° 89-462 du 6 juillet 1989 tendant à améliorer les rapports locatifs et portant modification de la loi n° 86-1290 du 23 décembre 1986 – *V. C. com., art. A. 444-43, App., v° Frais et dépens, V, Tarif des frais et dépens.*
179			Information au représentant de l'État du commandement d'avoir à quitter les lieux, prévue aux articles L. 412-5 et au R. 412-2 du code des procédures civiles d'exécution – *V. C. com., art. A. 444-43, App., v° Frais et dépens, V, Tarif des frais et dépens.*
180	Expulsion		Notification à la personne expulsée de la consignation du produit de la vente, prévue au troisième alinéa de l'article R. 433-5 du code mentionné des procédures civiles d'exécution – *V. C. com., art. A. 444-43, App., v° Frais et dépens, V, Tarif des frais et dépens.*
181			Notification à la personne expulsée de la mise sous enveloppe scellée des papiers et documents de nature personnelle, prévue au deuxième alinéa de l'article R. 433-6 du code des procédures civiles d'exécution – *V. C. com., art. A. 444-43, App., v° Frais et dépens, V, Tarif des frais et dépens.*
182			Notification du procès-verbal d'expulsion au percepteur, prévue aux articles 1686 et 1687 du code général des impôts – *V. C. com., art. A. 444-43, App., v° Frais et dépens, V, Tarif des frais et dépens.*

FORMALITÉS, REQUÊTES ET DILIGENCES DE L'HUISSIER DE JUSTICE			
Numéro	**Catégorie**	**Sous-catégorie**	**Nature de la prestation**
183	Mesures conservatoires et de sûretés judiciaires		Requête aux fins de pratiquer une mesure conservatoire, prévue à l'article R. 511-1 du code des procédures civiles d'exécution – *V. C. com., art. A. 444-43, App., v° Frais et dépens, V, Tarif des frais et dépens.*
184	Distribution de deniers		Projet de répartition du prix en matière de distribution de deniers, prévue à l'article R. 251-2 du code des procédures civiles d'exécution – *V. C. com., art. A. 444-43, App., v° Frais et dépens, V, Tarif des frais et dépens.*
185			Notification du projet de répartition amiable au débiteur et à chacun des créanciers, prévue à l'article R. 251-4 du code des procédures civiles d'exécution – *V. C. com., art. A. 444-43, App., v° Frais et dépens, V, Tarif des frais et dépens.*
186			Convocation du débiteur et de tous les créanciers et dressant les points de désaccord, prévue à l'article R. 251-6 du code des procédures civiles d'exécution – *V. C. com., art. A. 444-43, App., v° Frais et dépens, V, Tarif des frais et dépens.*
187			Acte constatant le désaccord des créanciers et dressant les points de désaccord, prévue à l'article R. 251-8 du code des procédures civiles d'exécution – *V. C. com., art. A. 444-43, App., v° Frais et dépens, V, Tarif des frais et dépens.*
188	Injonction de payer ou de faire		Requête aux fins d'injonction de payer ou de faire, prévue aux articles 1407 et 1425-1 du code de procédure civile – *V. C. com., art. A. 444-43, App., v° Frais et dépens, V, Tarif des frais et dépens.*
189	Saisie immobilière		Rédaction du bordereau en vue de la publication du commandement, prévue à l'article R. 321-6 du code des procédures civiles d'exécution – *V. C. com., art. A. 444-43, App., v° Frais et dépens, V, Tarif des frais et dépens.*
190			Mention en marge au bureau des hypothèques, prévue à l'article R. 322-9 du code des procédures civiles d'exécution – *V. C. com., art. A. 444-43, App., v° Frais et dépens, V, Tarif des frais et dépens.*

FORMALITÉS, REQUÊTES ET DILIGENCES DE L'HUISSIER DE JUSTICE			
Numéro	**Catégorie**	**Sous-catégorie**	**Nature de la prestation**
191	Formalités diverses		Levée d'extraits de la matrice cadastrale – *V. C. com., art. A. 444-43, App., v° Frais et dépens, V, Tarif des frais et dépens.*
192			Levée d'états des renseignements sommaires et des inscriptions d'hypothèques – *V. C. com., art. A. 444-43, App., v° Frais et dépens, V, Tarif des frais et dépens.*
193			Levée d'états au greffe du tribunal de commerce – *V. C. com., art. A. 444-43, App., v° Frais et dépens, V, Tarif des frais et dépens.*
194			Levée d'états auprès des services d'immatriculation des véhicules, prévue à l'article R. 223-1 du code de procédures civiles d'exécution – *V. C. com., art. A. 444-43, App., v° Frais et dépens, V, Tarif des frais et dépens.*
195			Réquisitions d'état civil – *V. C. com., art. A. 444-43, App., v° Frais et dépens, V, Tarif des frais et dépens.*
196			Appels de cause, prévus à l'article 11 du décret n° 56-222 du 29 février 1956 pris pour l'application de l'ordonnance du 2 novembre 1945 relative au statut des huissiers de justice – *V. C. com., art. A. 444-43, App., v° Frais et dépens, V, Tarif des frais et dépens.*
197			Actes du palais, prévus à l'article 11 du décret mentionné au 196, et aux articles 671 et 982 du code de procédure civile – *V. C. com., art. A. 444-43, App., v° Frais et dépens, V, Tarif des frais et dépens.*
198	Constats		Lettres de convocation des parties à l'état des lieux mentionné à l'article 3-2 de la loi n° 89-462 du 6 juillet 1989 tendant à améliorer les rapports locatifs et portant modification de la loi n° 86-1290 du 23 décembre 1986 – *V. C. com., art. A. 444-43, App., v° Frais et dépens, V, Tarif des frais et dépens.*

FORMALITÉS, REQUÊTES ET DILIGENCES DE L'HUISSIER DE JUSTICE

Numéro	Catégorie	Sous-catégorie	Nature de la prestation
199	Paiement direct des pensions alimentaires		Demande de paiement direct, prévue aux articles L. 213-5 et R. 213-7 du code des procédures civiles d'exécution – *V. C. com., art. A. 444-43, App., v° Frais et dépens, V, Tarif des frais et dépens.*
200	Paiement direct des pensions alimentaires		Demande de paiement direct faute d'accord entre les parties, prévue aux articles L. 213-5 et R. 213-7 du code des procédures civiles d'exécution – *V. C. com., art. A. 444-43, App., v° Frais et dépens, V, Tarif des frais et dépens.*
201	Paiement direct des pensions alimentaires		Notification de la modification ou de la mainlevée de la demande, prévue aux articles L. 213-5 et R. 213-7 du code des procédures civiles d'exécution – *V. C. com., art. A. 444-43, App., v° Frais et dépens, V, Tarif des frais et dépens.*
202	Inventaire estimatif de l'actif et du passif des successions vacantes		Inventaire en cas de succession vacante, prévu à l'article 809-2 du code civil – *V. C. com., art. A. 444-43, App., v° Frais et dépens, V, Tarif des frais et dépens.*
203	Inventaire estimatif de l'actif et du passif des successions vacantes		Délivrance d'une copie de l'inventaire dressé en cas de succession vacante, prévue à l'article 1345 du code de procédure civile – *V. C. com., art. A. 444-43, App., v° Frais et dépens, V, Tarif des frais et dépens.*
204	Délais de paiement		Gestion du dossier en cas de versement d'acompte par un débiteur auquel des délais de paiement ont été accordés – *V. C. com., art. A. 444-44, App., v° Frais et dépens, V, Tarif des frais et dépens.*
205	Commission de coordination des actions de prévention des expulsions locatives		Signalement des commandements de payer mentionnés au quatrième alinéa du I de l'article 24 de la loi du 6 juillet 1989 tendant à améliorer les rapports locatifs et portant modification de la loi n° 86-1290 du 23 décembre 1986, par simple lettre ou par voie électronique, à la commission de coordination des actions de prévention des expulsions locatives – *V. C. com., art. A. 444-45, App. v° Frais et dépens, V, Tarif des frais et dépens.*

....

Art. annexe 4-8 I. — Les frais et débours dont le professionnel peut demander le remboursement sont les suivants :

1° et 2° *Non reproduits.*

3° S'agissant des huissiers de justice :

a) Les frais de déplacement, sauf pour les significations d'avocat à avocat ; – *V. C. com., art. A. 444-48, A. 444-49, App., v° Frais et dépens, V, Tarif des frais et dépens.*

b) Les droits fiscaux de toute nature ;
c) Les frais d'affranchissement des lettres qui constituent des formalités obligatoires de procédure ;
d) Les frais de serrurier, de déménagement, de garagiste et de garde-meubles ;
e) Les indemnités versées aux conseillers municipaux, fonctionnaires municipaux, autorités de gendarmerie ou témoins requis en application de l'article L. 142-1 du code des procédures civiles d'exécution ; — *V. C. com., art. A. 444-50, App., v° Frais et dépens, V, Tarif des frais et dépens.*
f) Les indemnités versées aux fonctionnaires de la police nationale requis en application de l'article L. 142-1 du code des procédures civiles d'exécution ; — *V. C. com., art. A. 444-51, App., v° Frais et dépens, V, Tarif des frais et dépens.*
g) Les indemnités versées aux conseillers municipaux, fonctionnaires municipaux, autorités de gendarmerie, fonctionnaires de la police nationale ou témoins requis en application de l'article 1309 du code de procédure civile ; — *V. C. com., art. A. 444-50 et A. 444-51, App., v° Frais et dépens, V, Tarif des frais et dépens.*
h) Toute somme due à des tiers à l'occasion de l'activité professionnelle de l'huissier de justice, et payée directement par lui ;
i) Les frais engagés pour la recherche des informations auprès du service du fichier des comptes bancaires et auprès des organismes énumérés aux articles L. 152-1 et L. 152-2 du code des procédures civiles d'exécution.
4° S'agissant des huissiers de justice des départements du Bas-Rhin, du Haut-Rhin et de la Moselle, pour les actes spéciaux de la procédure localement applicable :
a) Les frais de publication et d'insertion ;
b) La rémunération du serrurier requis pour procéder à l'ouverture des meubles et portes.
5° et 6° *Non reproduits.*
II. — Les indemnités prévues au *e* du 3° du I, s'agissant des conseillers municipaux, fonctionnaires municipaux, autorités de gendarmerie ou témoins, et au *f* du 3° du I, s'agissant des fonctionnaires de la police nationale, sont versées aux intéressés lorsqu'ils sont requis :
1° Pour être présents à l'ouverture des portes et meubles fermant à clef ;
2° Pour prêter main-forte à l'exécution d'une mesure d'expulsion.
Les montants respectivement alloués sont précisés par arrêté conjoint des ministres de la justice et de l'économie.
III. — L'huissier de justice porte, sur un registre spécial qu'il tient, le nom et le grade du fonctionnaire de la police nationale mentionné au *f* du 3° du I qui a participé à l'intervention, ainsi que les date et heure de cette dernière.
IV. — Le produit de la recette constituée par les indemnités versées aux fonctionnaires de la police nationale en application du *f* du 3° du I est assimilé à un fonds de concours pour dépense d'intérêt public et rattaché au budget du ministère de l'intérieur dans la limite et selon des modalités fixées par arrêté conjoint du ministre chargé du budget et du ministre de l'intérieur.
V. — Le montant et le produit des indemnités prévues au *g* du 3° du I sont respectivement déterminés conformément aux II et IV.
VI. — Les indemnités prévues aux *b* et *c* du 4° :
1° Sont allouées aux intéressés s'ils le requièrent ;
2° Sont respectivement fixées par un arrêté conjoint des ministres de la justice et de l'économie, s'agissant de l'indemnité prévue au *b* du 4°, et par le tarif en matière civile des experts des départements du Bas-Rhin, du Haut-Rhin et de la Moselle, s'agissant de l'indemnité prévue au *c* du 4°.

Art. annexe 4-9 I. — Sont notamment réalisées par les professions concernées*[,]* dans les conditions prévues au troisième alinéa de l'article L. 444-1, les prestations dont la liste suit :
1° *Non reproduit.*
2° S'agissant des huissiers de justice :
a) Les prestations et formalités compatibles avec le statut d'huissier de justice, et n'ayant pas un acte d'huissier de justice pour support, notamment :
i. Les consultations juridiques et la rédaction d'actes sous seing privé délivrés dans le cadre des prérogatives qui leur sont imparties par l'article 56 de la loi n° 71-1130 du 31 décembre 1971 portant réforme de certaines professions judiciaires et juridiques ;
ii. Les missions d'assistance ou de représentation devant les juridictions où l'huissier de justice est habilité à représenter les parties ;
iii. Le recouvrement amiable des créances pour le compte d'autrui ;
iv. Les sommations de payer non-interpellatives, prévues aux articles 1139 *[1344]* et 1153 *[1344-1]* du code civil ;
b) Les activités de ventes volontaires de meubles aux enchères publiques ;
c) Les sommations interpellatives, notamment de payer ;
d) Les congés et les offres de renouvellement de bail d'habitation, prévus :
— à l'article 1736 du code civil ;

— dans la loi n° 48-1360 du 1er septembre 1948 portant modification et codification de la législation relative aux rapports des bailleurs et locataires ou occupants de locaux d'habitation ou à usage professionnel et instituant des allocations de logement ;

— à l'article 15 de la loi n° 89-462 du 6 juillet 1989 tendant à améliorer les rapports locatifs et portant modification de la loi n° 86-1290 du 23 décembre 1986 ;

— à l'article 57A de la loi n° 86-1290 du 23 décembre 1986 tendant à favoriser l'investissement locatif, l'accession à la propriété de logements sociaux et le développement de l'offre foncière ;

e) Les congés et demandes de renouvellement de bail commercial, prévus à l'article L. 145-4 du présent code ;

f) Établissement d'un constat autre que celui visé au numéro 112 du tableau 3-1 annexé à l'article R. 444-3 ;

g) Rédaction préparatoire à la signification des assignations ou congés.

3° *et* 4° *Non reproduits.*

II. *et* III. — *Non reproduits.*

Code du travail

Art. R. 1423-53 **Pour leur ministère accompli en matière prud'homale, il est alloué aux huissiers de justice des honoraires égaux à la moitié de ceux prévus par leur tarif pour des actes de même nature en matière civile et commerciale.** – *[Anc. art. R. 519-1.]*

BIBL. ► SINIGAGLIA, *Dr. et pr. 2006. 139* (les frais afférents aux actes de procédures d'exécution en matière prud'homale).

9 Magistrats

Code de commerce

Art. L. 663-4 **Le juge-commissaire a droit, sur l'actif du débiteur, au remboursement de ses frais de déplacement.**

10 Mandataire désigné en application du troisième alinéa de l'article L. 643-9 du Code de commerce

V. C. com., art. R. 663-40-1 à R. 663-40-4. — ***C. com.***

11 Mandataires judiciaires et liquidateurs

V. C. Com., art. R. 663-18 à R. 663-31-1. — ***C. com.***

12 Notaires

V. C. com., art. R. 444-59 à R. 444-70, A. 444-59 à A. 444-176, et Décr. n° 2016-230 du 26 févr. 2016, art. Annexe 4-7, Tableau V. — ***C. com.***

IMMUNITÉS DE LA DÉFENSE

Loi du 29 juillet 1881,

Sur la liberté de la presse.

Art. 41 *[...]*

Ne donneront lieu à aucune action en diffamation, injure ou outrage, ni le compte rendu fidèle fait de bonne foi des débats judiciaires, ni les discours prononcés ou les écrits produits devant les tribunaux.

(L. n° 82-506 du 15 juin 1982) **« Pourront néanmoins les juges, saisis de la cause et statuant sur le fond, prononcer la suppression des discours injurieux, outrageants ou diffamatoires, et condamner qui il appartiendra à des dommages-intérêts. »**

Pourront toutefois les faits diffamatoires étrangers à la cause donner ouverture, soit à l'action publique, soit à l'action civile des parties, lorsque ces actions leur auront été réservées par les tribunaux, et, dans tous les cas, à l'action civile des tiers.

RÉP. PÉN. v^is *Défense et Délit d'audience,* par DAMIEN ; *Diffamation,* par GUILLOT ; *Immunités,* par GAUDEMET.

BIBL. ▶ DERIEUX, *Légipresse 1994, II, p. 25* (les comptes rendus d'audience). – SAUVEL, *RSC 1950. 554* (les immunités judiciaires) ; Les immunités judiciaires, *éd. Sirey, 1956.* – GOMMARD, *Juris-Classeur Procédure pénale, art. 675 à 678* (jugement des infractions commises à l'audience des cours et tribunaux). – MULLER, *D. 1995. 523* (compte rendu judiciaire infidèle et diffamation, note ss. Paris, 14 juin 1994).

PLAN DES ANNOTATIONS

1. L'immunité prévue à l'art. 41 de la loi de 1881 doit être rapprochée de l'art. 6 Conv. EDH, selon lequel toute personne a droit à ce que sa cause soit entendue équitablement. • Soc. 15 nov. 1990 : *JCP 1991. IV. 14* • Crim. 1er déc. 1992, nº 88-85.650 P.

2. Les dispositions de l'art. 41 de la loi de 1881 sont d'ordre public. • Civ. 2e, 15 juin 1972 : *D. 1972. Somm. 186* • Crim. 9 oct. 1978 : *Bull. crim. nº 262 ; RSC 1979. 566, obs. Levasseur* • 4 févr. 1980 : *Bull. crim. nº 44* • 23 juill. 1984 : *RSC 1985. 302, obs. Levasseur.* ♦ Les intéressés soulèvent valablement l'exception en tout état de cause, et les juges la relèvent d'office. • Crim. 9 oct. 1978 : *Bull. crim. nº 262 ; RSC 1979. 556, obs. Levasseur.*

3. La Cour de cassation interprète restrictivement le droit à l'immunité. • Crim. 19 oct. 1982 : *Bull. crim. nº 612 ; Gaz. Pal. 1983. 1. 85, note Doucet.* ♦ La Cour contrôle également les appréciations des juges du fond en ce qui concerne les éléments du délit et l'immunité dont il peut bénéficier, tels qu'ils se dégagent de l'écrit publié. • Crim. 17 mai 1983 : *Bull. crim. nº 145.*

4. La charge de la preuve incombe au prévenu qui invoque une cause d'immunité pour sa défense. • Crim. 5 févr. 1935 : *Bull. crim. nº 62 ; RSC 1986. 612, obs. Levasseur.* ♦ Cette preuve n'est pas soumise aux conditions de forme et de délai prévues par l'art. 55 de la loi de 1881. • Crim. 6 oct. 1992 : *Bull. crim. nº 304.*

A. BÉNÉFICIAIRE DE LA PROTECTION

5. Les parties au procès. L'immunité judiciaire ne protège que les parties privées : plaideurs, partie civile, inculpé ou accusé. • Crim. 13 mai 1933 : *DP 1933. 1. 172, note Leloir* • 25 févr. 1992, nº 90-86.775 P : *RSC 1993. 311, obs. Bouloc.* ♦ Elle protège également les conseils ou mandataires de justice. • TGI Paris, 9 avr. 1968 : *RSC 1969. 148, obs. Levasseur* • Paris, 8 déc. 1971 : *D. 1973. 370, note Brunois ; RSC 1973. 700, obs. Levasseur.* ♦ L'immunité est destinée à garantir le libre exercice du droit d'agir et de se défendre en justice. • Crim. 8 juin 1999, nº 96-82.519 P.

6. Ne sont pas couverts par l'immunité judiciaire : les magistrats, ainsi que les membres du ministère public en raison de leur statut particulier. • Crim. 2 févr. 1900 : *DP 1900. 5. 530* • Paris, 6 déc. 1949 : *JCP 1950. II. 5672* • Paris, 24 juin 1991 : *Légipresse 1992, I, p. 5.* ♦ ... Les officiers du ministère public, qui tiennent de la nature de leur fonction et du caractère dont ils sont revêtus, le droit de dire ou d'écrire tout ce que, dans leur conscience, ils estiment nécessaire à l'accomplissement de leur mission. • Crim. 23 nov. 1950 : *D. 1951. 23* • 23 juin 1980 : *Bull. crim. 1980. 525 ; Gaz. Pal. 1981. 1. 244.* ♦ ... Les procès-verbaux et leurs annexes établis par les inspecteurs du travail. • Crim. 25 févr. 1992, nº 90-86.775 P : *RSC 1993. 311, obs. Bouloc.*

7. Les écrits produits en justice par les experts ou les syndics de faillite relèvent de l'art. 41. • Crim. 28 mai 1991, nº 90-83.984 P : *RSC 1992. 565, obs. Vitu.* ♦ Les dispositions de l'art. 41 de la loi de 1881, qui concernent les seules parties privées, ne sont pas applicables aux procès-verbaux et à leurs annexes établis par les inspecteurs du travail. Ces derniers tiennent, des art. L. 611-1 s. C. trav., le droit, sous le seul contrôle des autorités dont ils relèvent, d'écrire tout ce que, selon leur conscience, ils estiment nécessaire à l'accomplissement de leur mission. • Crim. 25 févr. 1992 : *Légipresse 1993, I, p. 5.*

B. DOMAINE DE L'IMMUNITÉ

8. Hors audience (non). Les propos prononcés hors audience par un avocat ne sont pas couvertes par l'immunité de l'art. 41. • Montpellier,

20 juin 1985 : *Gaz. Pal. 1985. 2. 555* • Crim. 29 nov. 1994, n° 93-83.452 P • Civ 1re, 5 avr. 2012, n° 11-11.044 P.

1° JURIDICTIONS CONCERNÉES

9. L'immunité de l'art. 41 existe devant toutes les juridictions affectées par les droits de la défense et obéissant au principe du contradictoire (instance disciplinaire de l'administration, juridiction compétente en matière de pension ou de sécurité sociale). • Crim. 13 mai 1933 : *DP 1933. 1. 172, note Leloir* • Civ. 2e, 14 févr. 1968 : *D. 1968. Somm. 78.* ♦ Elle joue aussi bien devant les juridictions de jugement ou d'instruction. • Crim. 13 mai 1933 : *DP 1933. 1. 172, note Leloir* • Paris, 27 janv. 1988 : *D. 1988. 480, note Mayer.* ♦ ... Que devant le juge des référés. • Crim. 4 mai 1972 : *Bull. crim. n° 157.* ♦ Est considéré comme une juridiction au sens de l'art. 41 de la loi de 1881, le juge des tutelles, devant lequel, par application de l'art. 396 C. civ., il est procédé selon les dispositions du NCPC [devenu C. pr. civ.]. • Civ. 2e, 27 mai 1998 : *D. 1998. IR 157.*

10. Les arbitres et les experts n'ont pas la qualité de juridiction. • Crim. 6 juin 1902 : *S. 1905. 1. 56* • 6 févr. 1924 : *DH 1924. 160* • Crim. 22 juin 1950 : *D. 1950. 598* • 11 juin 1979 : *Gaz. Pal. 1980. 1. 105 ; D. 1980. 562* • T. corr. Seine, 23 déc. 1946 : *D. 1947. 406.*

11. Tribunaux. L'immunité ne peut recevoir application que si les propos litigieux ont été tenus devant la juridiction siégeant en audience publique, en chambre du conseil ou en audience de cabinet. • Crim. 27 févr. 2001 : *CCE 2001, Comm. 105, note Lepage.*

12. Commission d'enquête parlementaire. L'immunité de l'art. 41, destinée à garantir aussi bien la liberté de la défense que la sincérité des auditions, est applicable, sauf le cas où ils sont étrangers à la cause, aux propos tenus devant les juridictions d'instruction comme de jugement ; ne constituent pas des tribunaux au sens de ce texte les commissions d'enquête parlementaires. • Civ. 1re, 23 nov. 2004, n° 02-13.293 P.

13. Discipline des avocats. Les dispositions de l'art. 41 de la loi du 29 juillet 1881 ne sont pas applicables en matière de poursuites disciplinaires exercées contre un avocat. • Civ. 1re, 16 déc. 2003, n° 03-13.353 P : *D. 2004. 977, note Beignier ; ibid. Somm. 2826, obs. Blanchard ; JCP 2004. I. 117, n° 28, obs. Martin* • Civ. 1re, 14 oct. 2010, n° 09-69.266. ♦ *Adde.* jugeant qu'en matière disciplinaire, le bâtonnier de l'Ordre des avocats n'étant pas une juridiction, le moyen tiré de l'immunité de l'art. 41 ne peut pas être accueilli. • Civ. 1re, 25 mai 2005, n° 03-17.514 P : *D. 2005. IR 1589* .

2° INFRACTIONS CONCERNÉES

14. L'immunité de l'art. 41 de la loi de 1881 s'applique non seulement aux délits de diffamation, d'injure ou d'outrage, mais également aux outrages punis par l'art. 434-24 C. pén. • Crim. 6 juin 1902 : *DP 1906. 1. 534* • 7 juin 1956 : *Bull. crim. n° 445.* ♦ Elle ne s'applique pas aux délits de provocation, de faux témoignage, ou d'apologie d'infraction. • Crim. 16 févr. 1949 : *Bull. crim. n° 53.*

3° ACTES COUVERTS PAR L'IMMUNITÉ

15. Discours. L'immunité englobe tous les propos ou observations émis entre l'ouverture des débats et la fin de l'instance. • Crim. 23 oct. 1914 : *DP 1919. 1. 47.* ♦ Des propos *ad hominem*, manifestant exclusivement une animosité personnelle, sans traduire une idée, une opinion ou une information susceptible d'alimenter une réflexion ou un débat d'intérêt général tenus par un avocat à l'endroit d'un conseiller, à l'issue d'une audience d'assises, dans le bureau du président de la juridiction ne sont pas protégés par l'art. 10 CEDH, ni par l'art. 41 de la loi du 29 juill. 1881 et sont susceptibles d'entraîner des sanctions disciplinaires. • Civ. 1re, 28 mars 2008 : *JCP 2008. II. 10123, note J. Lefèvre ; ibid. I. 184, n° 15, obs. D. Lévy.* ♦ Le fait que des propos aient été tenus dans le cadre d'un débat judiciaire, peu important qu'ils aient été éloignés de l'objet du litige, les fait bénéficier de l'immunité prévue à l'art. 41 de la loi du 29 juill. 1881 (en l'espèce l'avocat du prévenu avait tenu des propos portant sur des déclarations faites par le garde des Sceaux). • TGI Saint-Pierre de La Réunion, 3 oct. 2008, n° 1312/08 : *D. 2009. 68, note Y. Avril ; JCP 2009. I. 120, n° 13, obs. G'sell-Macrez.*

16. Dépositions de témoins. L'immunité judiciaire s'applique aux témoins qui prêtent serment devant une juridiction. • Crim. 4 juin 1975 : *Bull. crim. n° 145* • 4 févr. 1980 : *ibid. n° 44.* ♦ Mais l'immunité est exclue lorsque le témoin viole sciemment les principes fondamentaux relatifs au secret professionnel. • Paris, 11 mars 1953 : *D. 1953. 271 ; JCP 1953. II. 7543, note Colombini.*

17. Écrits. L'immunité établie par l'art. 41 concerne l'ensemble du dossier soumis à l'appréciation des juges, depuis l'assignation jusqu'aux lettres missives éventuellement communiquées aux magistrats. • Crim. 3 déc. 1963 : *D. 1964. Somm. 19.* ♦ Bénéficie de l'immunité de l'art. 41 de la loi de 1881, faisant référence aux « écrits produits devant les tribunaux », la publication, par la presse, d'extraits d'une assignation délivrée à des personnes poursuivies pour diffamation. • TGI Paris, 20 nov. 1996 : *Légipresse 1997, I, p. 84.* ♦ L'immunité est applicable aux écrits produits ou aux propos tenus devant toute juridiction ; cette règle ne reçoit exception que dans le cas où les écrits outrageants sont étrangers à la cause ; il n'en est pas ainsi d'un courrier adressé au juge d'instruction par un avocat mis en examen et faisant état du harcèlement de certains magistrats. • Crim. 8 juin 1999 : *Bull. crim. n° 127.* ♦ L'immunité instituée par l'art. 41, destinée à garantir le libre exercice du droit d'agir ou de se défendre en justice, couvre les discours prononcés ou les écrits produits devant les tribunaux et ne reçoit exception que dans le cas où les faits diffamatoires sont étrangers à la cause. Ne sont pas étrangères à la cause les imputations diffamatoires visant à contester la crédibilité et la sincérité des attestations produites à l'appui d'une demande en divorce. • Civ. 2e, 8 avr. 2004, n° 01-12.638 P : *D. 2004. IR 1285.* ♦ Sont protégés par l'art. 10 Conv. EDH et par l'immunité accordée par l'art. 41 de la loi du 29 juill. 1881 sur la liberté de la presse les écrits produits et les propos tenus par l'avocat devant les tribunaux au nom de son client. Sont ainsi protégées des conclusions, contestant l'impartialité de la juridiction dont la décision était attaquée et alléguant un lien avec l'avocat de la partie adverse, dont la teneur « n'excédait pas la mesure appropriée aux nécessités de l'exercice des droits de la défense ». • Crim. 3 juill. 2008 : *JCP 2008. I. 184, n° 15, obs. D. Lévy ; D. 2009. 2704, obs. Blanchard.*

18. Conclusions. L'immunité instituée l'art. 41, destinée à garantir le libre exercice du droit d'agir ou de se défendre en justice, est applicable aux écrits produits et aux propos tenus devant toute juridiction et cette règle ne reçoit exception que dans les cas où les écrits outrageants sont étrangers à la cause ; tel n'est pas le cas des propos incriminés, qui figurent dans les conclusions écrites soumises à la juridiction. • Crim. 11 oct. 2005, n° 05-80.545 P : *D. 2005. 1272, note B. Beignier ; JCP 2009. I. 120, n° 13, obs. G'sell-Macrez.*

19. Un exploit d'huissier, adressé aux seuls plaignants et non produit en justice, ne bénéficie pas de l'immunité. • Crim. 1er déc. 1987 : *Bull. crim. n° 440 ; Gaz. Pal. 1988. 2. Somm. 276.*

20. Dire. Les observations écrites adressées sous forme de dire à un expert par des parties qui en ont demandé la jonction au rapport d'expertise sont couvertes par l'immunité. • Civ. 2e, 1er mars 2001 : *Bull. civ. II, n° 32.*

21. Communiqué de presse. Un communiqué de presse d'un avocat protestant contre les conditions dans lesquelles se tenait un procès ne saurait être regardé comme un écrit produit devant une juridiction. • Crim. 3 déc. 2002, n° 01-85.466 P : *D. 2003. IR 314 ; Légipresse 2003, n° 199. III. 38 ; RJPF 2003. 12, obs. Putman.*

4° LES COMPTES RENDUS

22. Définition. Le compte rendu ouvrant droit à l'immunité prévue par l'art. 41, al. 3, de la loi de 1881 consiste à mettre en regard les prétentions contraires des parties et à permettre, par une narration générale ou partielle, d'apprécier l'ensemble des débats judiciaires, en s'abstenant de toute dénaturation des faits et de toute imputation malveillante, spécialement à l'égard des membres de la juridiction. • Crim. 10 mai 1994, n° 93-82.553 P : *Légipresse 1995, I, p. 74 ; D. 1994. IR 187 ; Gaz. Pal. 16-17 sept. 1994, p. 16.*

23. Ne sauraient être couvertes par l'immunité : la publication des conclusions d'un avocat. • TGI Paris, 6 févr. 1991 : *Gaz. Pal. 19-20 juin 1991, p. 30.* ♦ ... La citation dans un journal d'un fragment d'un discours prononcé devant le tribunal. • Crim. 21 déc. 1966 : *Bull. crim. n° 301 ; D. 1967. 128.* ♦ ... Ou la publication dans un tract électoral d'un jugement accompagné d'une caricature malveillante. • Crim. 28 févr. 1989 : *Bull. crim. n° 98.* ♦ Un compte rendu qui manque de prudence, d'objectivité et ne transmet pas au public une information sincère, loyale et exacte sur la réalité d'un débat judiciaire « en forçant le trait sans aucune délicatesse, et en procédant par voie d'affirmation péremptoire » donne une vision déformée du déroulement de l'audience. Il ne peut prétendre à l'immunité du compte rendu fidèle et de bonne foi. • Crim. 10 mai 1994, n° 93-82.553 P : *Légipresse 1995, I, p. 74 ; D. 1994. IR 187 ; Gaz. Pal. 16-17 sept. 1994, p. 16.*

24. Domaine de l'immunité. La liberté du compte rendu est principalement limitée aux affaires pénales, qui ne concernent ni les mineurs ni les affaires d'honneur, et dont les faits se rapportent à des événements privés ou prescrits : l'exposé des propos tenus pendant les audiences publiques est uniquement en cause, à l'exclusion des actes de procédure couverts par le secret de l'instruction. • Crim. 3 févr. 1911 : *S. 1912. 1. 127.*

25. Le commentaire d'une décision de justice n'entre pas dans les précisions de l'art. 41 de la loi de 1881 et ne bénéficie pas de l'immunité. • Cass., Ch. réun., 4 juill. 1897 : *DP 1897. 1. 595, rapp. Denis* • Crim. 16 oct. 1968 *Bull. crim. nos 256 et 259 ; D. 1969. Somm. 51 (3 arrêts).* ♦ Il ne bénéficie que du fait justificatif de la bonne foi dont la preuve doit être rapportée. • Paris, 20 mars 1956 : *JCP 1956. II. 9449.*

26. Bénéficiaires de l'immunité. Un hebdomadaire, une brochure et même un livre sont couverts par l'immunité judiciaire. • T. corr. Seine, 13 févr. 1952 : *D. 1952. 245.* ♦ Les moyens de communication audiovisuelle entrent également dans les prévisions de la loi. • T. corr. Paris, 20 nov. 1989 : *Gaz. Pal. 24-26 juin 1990, p. 7.*

27. Caractères du compte rendu. Seul le compte rendu fidèle, fait de bonne foi, ne donne lieu à aucune action en diffamation, injure ou outrage contre le journaliste qui en est l'auteur. • Crim. 18 déc. 1962 : *Bull. crim. n° 133.* ♦ Si, pour être fidèle, un compte rendu ne reprend pas nécessairement l'intégralité des débats, il doit donner une vue impartiale de ceux-ci. • TGI Paris, 20 nov. 1989 : *Gaz. Pal. 1990. 1. Somm. 240, obs. Doucet.*

28. Un compte rendu établi de bonne foi

consiste à mettre en regard les unes des autres les prétentions des parties de façon à permettre l'appréciation de l'ensemble du litige. • Crim. 4 nov. 1986 : *JCP 1987. IV. 19.* ♦ La preuve de la bonne foi incombe au journaliste. • Même arrêt. ♦ Ainsi, l'exposé objectif, impartial, sans commentaire défavorable bénéficie de l'immunité légale. • Crim. 15 janv. 1978 : *Bull. crim. no 18.* ♦ Tel n'est pas le cas de la relation d'une instance faite par le prévenu, partiale et qui n'a pas eu pour objet de rendre compte des débats mais d'en donner sa propre vision. • Crim. 6 févr. 2007, no 06-80.804 P.

29. Pour débouter la partie civile de ses demandes, l'arrêt attaqué se fonde sur la notoriété publique des imputations diffamatoires et sur la bonne foi du compte rendu. En statuant ainsi, alors que les débats dont il a été rendu compte avaient eu seulement pour objet le renvoi d'un procès pénal, et que le but légitime d'information du public sur le fonctionnement de la justice ne dispensait pas le journaliste du respect de la présomption d'innocence, ainsi que des devoirs de prudence et d'objectivité dans l'expression de la pensée, la cour d'appel n'a pas donné une base légale à sa décision qui doit, par conséquent, être cassée et annulée. • Crim. 22 oct. 1996 : *Légipresse 1997, I, p. 3.*

30. Bénéficient de l'immunité les articles relatant objectivement les débats, sans appréciation personnelle du journaliste sur la personnalité des accusés, en soulignant les insuffisances de l'accusation et sans information inexacte publiée dans l'intention de nuire ou avec une légèreté blâmable. • Civ. 2e, 8 mars 2001 : *Bull. civ. II, no 46 ; CCE 2002, Comm. 65, note Lesage ; D. 2001. IR 1076 ; JCP 2002. I. 122, obs. Viney ; Légipresse 2001, no 181. III. 72, note Ader.* ♦ Sur le bénéfice de l'immunité pour le titre d'un article, V. • Civ. 2e, 21 juin 2001 : *LPA 2001, no 172, p. 6, note Derieux.*

31. *Contrôle.* La Cour de cassation contrôle les appréciations des juges de fond, et s'assure que les limites du véritable compte rendu n'ont pas été outrepassées. • Crim. 5 févr. 1985 : *Bull. crim. no 62* • 4 nov. 1986 : *préc. note 28.*

C. SANCTION DES ABUS

1o SUPPRESSION DES DISCOURS

32. Aux termes de l'al. 4 de l'art. 41 de la loi de 1881, la partie qui s'estime atteinte par injures ou outrages de la part d'une autre partie du procès ou de son conseil, est admise à demander *aux juges saisis de la cause* la suppression des discours ou écrits injurieux ou outrageants et l'allocation de dommages-intérêts. • Crim. 1er déc. 1992, no 88-85.650 P.

33. Tous les écrits de caractère outrageant, diffamatoire ou injurieux sont susceptibles de faire l'objet d'une suppression. – V. ordonnant la suppression d'un passage à la fois injurieux et diffamatoire dans le mémoire du demandeur d'un pourvoi en cassation : • Crim. 7 oct. 1992, no 90-86.223 P : *D. 1993. IR 11.*

34. *Appréciation souveraine.* Il résulte de l'art. 41, al. 4, que tout juge saisi de la cause et statuant au fond peut ordonner la suppression de propos outrageants contenus dans les écritures produites devant lui et condamner leur auteur à des dommages-intérêts ; dès lors, il entre dans les pouvoirs du premier président, statuant sur une contestation d'honoraires et de débours, de faire application de ces dispositions. • Civ. 2e, 21 déc. 2006, no 04-18.174 P. ♦ L'exercice de la faculté de prononcer la suppression d'écrits reconnue aux juges saisis de la cause et statuant sur le fond relève de leur pouvoir souverain. • Civ. 1re, 19 mai 1998, no 96-13.394 P. ♦ V. aussi • Civ. 2e, 8 avr. 2004 : *Bull. civ. II, no 183 ; D. 2004. IR 1285* • 22 mars 2006, no 04-13.933 P. ♦ Les juges du fond saisis de la cause apprécient souverainement s'il y a lieu de supprimer un écrit ou un écart de langage. • Civ. 21 juill. 1921 : *DP 1923. 1. 196* • CE 15 mars 1939 : *DH 1939. 260.* ♦ La suppression d'un passage à la fois injurieux et diffamatoire dans le mémoire peut concerner aussi bien le texte principal que des notes apposées en marge. • CE 28 févr. 1945 : *D. 1946. 59.*

35. La condamnation à des dommages-intérêts constitue une sanction civile qui ne peut être prononcée que par le tribunal saisi. • Crim. 4 juin 1975 : *D. 1975. IR 157.* ♦ Cette mesure, indépendante de la suppression, peut se cumuler avec elle. • Même arrêt.

36. Est cassé l'arrêt qui, pour ordonner la suppression de certains passages des conclusions de la victime, se fonde sur l'art. 24 NCPC [devenu C. pr. civ.], alors que seul l'art. 41 était applicable. • Civ. 2e, 6 févr. 2003 : *D. 2003. IR 668 ; JCP 2003. II. 10120, note Castets-Renard.*

2o FAITS DIFFAMATOIRES ÉTRANGERS À LA CAUSE

37. *Notion.* Sont considérés comme des faits étrangers à la cause tous propos qui excèdent les limites du droit à la défense. • Crim. 13 févr. 1975 : *JCP 1975. IV. 113.* ♦ La notion de faits étrangers au procès est placée sous le contrôle de la Cour de cassation. • Crim. 10 mai 1983 : *Bull. crim. no 145* • 23 déc. 1986 : *ibid. no 391 ; RSC 1987. 699, obs. Levasseur.* ♦ Aux termes de l'art. 41 de la loi du 29 juill. 1881, les discours prononcés et les écrits produits devant les tribunaux ne peuvent donner lieu à aucune action pour diffamation ou outrage. Cette règle ne reçoit exception que pour les cas où les faits sont étrangers à la cause. Encourt la cassation l'arrêt qui, pour écarter l'immunité prévue par l'art. 41 de la loi précitée et condamner un avocat pour outrage à magistrat en raison du dépôt de conclusions par ce dernier dans une affaire civile mettant en cause le président de la juridiction ayant radié l'affaire de sa cliente, retient que les accusations portées sont d'une extrême gravité, excédant les limites de l'exercice du droit de la défense. • Crim. 11 oct. 2005, n° 05-80.545 P : *Dr. pénal 2006, n° 5, obs. M. Véron.*

38. Ne sont pas des faits étrangers à la cause : la production de lettres versées à un dossier dans une affaire de fiançailles. • Grenoble, 24 mars 1908 : *DP 1910. 2. 134.* ♦ ... Une demande d'examen mental de l'adversaire eu égard à l'étrangeté de la plainte. • CE 24 juill. 1945 : *D. 1946. 19.* ♦ ... La production de pièces inutiles faite pour déconsidérer l'adversaire a été considérée comme étrangère aux débats. • Paris, 9 déc. 1932 : *DH 1933. Somm. 18.* ♦ Sur des écrits produits dans une instance prud'homale, V. • Soc. 19 avr. 2005, n° 02-44.866 P. ♦ L'analogie opérée par un avocat se référant aux articles de presse relatifs à la ministre de la Justice et publiés par plusieurs médias nationaux, compte tenu du fait que ces derniers avaient allégué l'existence d'un faux document et le bénéfice susceptible d'être résulté de son usage, a tendu à relativiser la gravité de l'infraction reprochée à son client et, par conséquent, elle ne dépassait pas les limites d'une défense légitime, et les propos litigieux ne peuvent être considérés comme étrangers ni inutiles à la cause défendue. • TGI Saint-Pierre de La Réunion, 3 oct. 2008 : *D. 2009. 68, note Avril ; JCP 2009. I. 120, n° 13, obs. G'sell-Macrez.*

INTÉRÊT LÉGAL

RÉP. CIV. v° *Intérêts des capitaux*, par GÉNINET.

Code civil

Art. 1231-6 *(Ord. n° 2016-131 du 10 févr. 2016, art. 2, en vigueur le 1er oct. 2016, ratifiée par L. n° 2018-287 du 20 avr. 2018, art. 1er, en vigueur le 1er oct. 2018)* **Les dommages et intérêts dus à raison du retard dans le paiement d'une obligation de somme d'argent consistent dans l'intérêt au taux légal, à compter de la mise en demeure.**

Ces dommages et intérêts sont dus sans que le créancier soit tenu de justifier d'aucune perte.

Le créancier auquel son débiteur en retard a causé, par sa mauvaise foi, un préjudice indépendant de ce retard, peut obtenir des dommages et intérêts distincts de l'intérêt moratoire.
— Dispositions transitoires, V. Ord. n° 2016-131 du 10 févr. 2016, art. 9, ss. art. 1386-1 nouveau.

Comp. C. civ., art. 1153 anc.

V. C. mon. fin., art. L. 313-2 et L. 313-3 relatifs au taux de l'intérêt légal, App., v° Intérêt légal.

RÉP. CIV. v° *Intérêts des sommes d'argent*, par GRÉAU.

DALLOZ ACTION *Droit de la responsabilité et des contrats 2010/2011*, n° 2456 s.

BIBL. ► BÉNABENT, *Mél. J. Ghestin, LGDJ, 2001, p. 113.* – DERAINS, *Mél. P. Bellet, Litec, 1991, p. 101* (intérêts moratoires, dommages-intérêts compensatoires et dommages punitifs devant l'arbitre international). – HOONAKKER, *D. 1999. 328* (intérêts dus sur les créances de restitution). – JOURDAIN, *Mél. P. Lambert, Dalloz, 2002, p. 231* (intérêts légaux de l'indemnité d'assurance).

PLAN DES ANNOTATIONS

1. Conv. EDH. Violation de l'art. 1 Prot. n° 1 en raison de l'application d'un point de départ retardé pour les intérêts moratoires des créances contre l'État. • CEDH sect. I, 25 juin 2009, *Zou-*

boulidis c/ Grèce, n° 36963/06. ♦ Mais, l'art. 1er Prot. n° 1 ne fait peser sur les États aucune obligation d'appliquer à des créances privées des taux d'intérêts moratoires ajustés sur l'inflation. • CEDH sect. II, 26 nov. 2013, *Köksal c/ Turquie*, n° 30253/06.

A. CONDAMNATION AU TAUX D'INTÉRÊT LÉGAL NÉCESSITANT UNE SOMMATION DE PAYER

2. *Caractère supplétif.* Sur la possibilité d'une dispense de mise en demeure, V. art. 1344 nouv. ♦ Sur la possibilité de prévoir conventionnellement un taux différent de l'intérêt légal, V. note 36.

3. *Notion de sommation de payer.* Sur la notion de sommation de payer, V. désormais l'art. 1344 nouv. (mise en demeure du débiteur).

1° CRÉANCES CONCERNÉES

4. *Principes.* La créance d'une somme d'argent dont le principe et le montant résultent de la loi ou du contrat et non de l'appréciation du juge porte intérêt dès la sommation de payer. • Civ. 1re, 29 nov. 2005, n° 03-16.530 P • Com. 31 oct. 2006, n° 05-13.890 P. ♦ V. aussi *infra* note 17. ♦ La règle selon laquelle les intérêts ne sont dus qu'après mise en demeure est un moyen de pur droit recevable pour la première fois devant la Cour de cassation. • Civ. 2e, 7 déc. 2006, n° 04-17.322 P.

a. Nature de la créance

5. *Restitutions consécutives : à l'annulation d'un contrat.* Les intérêts au taux légal de la somme dont le remboursement a été ordonné en conséquence de l'annulation du contrat en application duquel cette somme avait été versée ne peuvent avoir pour point de départ que le jour de la demande en justice équivalant à la sommation de payer et non le jour du versement. • Civ. 1re, 4 mai 1982 : *Bull. civ. I, n° 154* • Civ. 3e, 7 juill. 2004, n° 01-17.446 P.

6. *... A la résolution d'un contrat.* S'agissant d'une restitution de prix consécutive à la résolution d'un contrat, les intérêts sont dus du jour de la demande en justice équivalant à la sommation. • Civ. 1re, 3 juin 1997, n° 95-18.458 P. ♦ Seul le débiteur de la restitution du prix (non le notaire rédacteur de l'acte) est tenu au paiement des intérêts de retard. • Civ. 1re, 9 nov. 2004, n° 02-12.506 P : *D. 2004. IR 3117 ; JCP 2005. I. 114, nos 1 s., obs. Grosser (2e esp.).*

7. *... A la révocation d'une donation.* En cas de révocation d'une donation pour inexécution des charges, la somme dont la restitution est ordonnée porte intérêts à compter du jour de la sommation de payer. • Civ. 1re, 15 juill. 1993, n° 91-18.469 P.

8. *... A l'anéantissement d'une décision judiciaire exécutée.* La partie qui doit restituer une somme qu'elle détenait en vertu d'une décision de justice exécutoire n'en doit les intérêts au taux légal qu'à compter de la notification, valant mise en demeure, de la décision ouvrant droit à restitution. • Cass., ass. plén., 3 mars 1995, n° 91-19.497 P : *R., p. 333 ; BICC n° 407, 15 avr. 1995, concl. Jéol, note Séné ; D. 1995. 249, concl. Jéol ; JCP 1995. II. 22482, note Delebecque ; Gaz. Pal. 1995. 2. 372, concl. Jéol, note Ferrand ; RTD civ. 1995. 687, obs. Perrot* • Civ. 3e, 30 nov. 2011, n° 10-27.021 (absence de preuve d'une faute du débiteur de la restitution susceptible de justifier l'octroi de dommages et intérêts pour privation de jouissance des fonds). ♦ V. conf. • Civ. 1re, 26 nov. 1996, n° 94-16.844 P • 2 avr. 1997, n° 95-13.928 P • 3 févr. 1998, n° 96-10.264 P • Com. 24 févr. 1998, n° 95-18.909 P : *D. Affaires 1998. 534, obs. J. F.* • Civ. 1re, 12 nov. 1998, n° 96-18.041 P • Civ. 2e, 6 mai 1999, n° 97-10.121 P • 9 déc. 1999, n° 98-10.416 P • Civ. 1re, 18 oct. 2000, n° 98-10.680 P : *D. 2000. IR 273* • 23 janv. 2001, n° 97-20.618 P • Civ. 2e, 15 mai 2003, n° 99-21.657 P : *D. 2003. IR 1546 ; RTD civ. 2003. 548, obs. Perrot* • Soc. 23 juin 2004, n° 02-40.929 P • Civ. 2e, 15 déc. 2005, n° 04-12.299 P : *D. 2006. IR 177* • Civ. 3e, 31 janv. 2007, n° 05-15.790 P • Civ. 3e, 31 janv. 2007, n° 05-15.790 P • Civ. 3e, 12 janv. 2010, n° 08-18.624 P : *RLDC 2010/69, n° 3731, obs. Le Gallou ; Defrénois 2010. 1691, obs. Lécuyer ; RDC 2010. 567, note Génicon.* ♦ V. aussi • Civ. 2e, 25 juin 1997, n° 95-12.851 P (somme détenue en vertu d'un arrêt infirmatif de cour d'appel : intérêts dus à compter de la notification de l'arrêt de la Cour de cassation cassant cette décision). ♦ Des conclusions déposées devant la cour d'appel de renvoi valent notification. • Civ. 1re, 5 mai 1999, n° 96-19.712 P. ♦ Sur la détermination de la décision ouvrant droit à restitution, V. • Com. 20 janv. 1998 : *D. 1999. 261, note Cottin* • Civ. 3e, 1er avr. 1998, n° 95-21.647 P. ♦ Fixation du point de départ des intérêts à la date de signification de la décision rectificative et non de la décision rectifiée : • Civ. 3e, 6 déc. 2006, n° 05-19.376 P.

Un arrêt de cassation constituant une décision de justice faisant naître un droit à restitution de la somme versée en exécution de la décision cassée, les dispositions de l'art. L. 313-3 C. mon. fin. sont applicables à la créance de restitution, après signification de l'arrêt. • Civ. 2e, 20 janv. 2011, n° 10-11.904 P : *D. 2011. AJ 386 ; JCP 2011, n° 377, note Barbiéri.*

9. Mais en cas de condamnation à une somme moindre par la juridiction de renvoi après cassation, les intérêts doivent être arrêtés à la date du paiement et non prolongés jusqu'à la date de notification de la décision de la juridiction de renvoi. • Civ. 2e, 1er févr. 2006, n° 04-13.105 P.

10. Restitution d'un dépôt de garantie. En matière de dépôt de garantie, les intérêts ne peuvent être accordés qu'à compter du jour où est intervenue la mise en demeure d'en faire restitution. • Com. 28 juin 1983 : *Bull. civ. IV, n° 194.* ♦ La majoration prévue par la L. 6 juill. 1989, art. 22 peut se cumuler avec les intérêts moratoires au taux légal fixés par l'art. 1153 anc., al. 3, et ne produit intérêt qu'à compter du jugement la liquidant. • Civ. 3e, 15 nov. 2018, n° 17-26.986 P : *D. 2018. 2232 ; RDC 1/2019. 57, note Seube.* ♦ Sur le dépôt de garantie stipulé dans un bail d'habitation, V. L. 6 juill. 1989, art. 22, ss. art. 1778.

11. Indemnités diverses. L'indemnité compensatrice de préavis et les commissions dues à un représentant constituent des créances que le juge ne fait que constater et sur lesquelles les intérêts légaux courent de plein droit à compter de la demande valant mise en demeure. • Soc. 2 févr. 1983 : *Bull. civ. V, n° 70.* ♦ Même solution pour l'indemnité de congés payés. • Soc. 12 mai 1982 : *Bull. civ. V, n° 293* • 5 mars 1986 : *ibid. V, n° 66.* ♦ ... Et pour divers rappels et compléments d'indemnités ou de salaires. • Soc. 21 avr. 1988 : *Bull. civ. V, n° 251* • 6 juin 1990, n° 87-14.705 P • 18 avr. 2000, n° 97-43.743 P. ♦ ... Et pour l'indemnité conventionnelle de licenciement dont la fixation n'est pas laissée à l'appréciation des juges, mais résulte de l'application du contrat de travail et de la convention collective. • Soc. 10 juill. 2013, n° 12-18.273 P • 15 janv. 2014, n° 12-21.179 P.

12. Indemnités d'assurance : de responsabilité. BIBL. Groutel, *RCA 2002. Chron. 2.* – Jourdain, *ibid. Chron. 3.* ♦ En ce sens que la prestation mise à la charge de l'assureur en vertu du contrat d'assurance de responsabilité donne lieu à intérêts de retard en application de l'anc. art. 1153, sans qu'y fasse obstacle l'anc. art. L. 113-5 C. assur. : • Civ. 1re, 14 nov. 2001, n° 98-19.205 P : *R., p. 447 ; D. 2001. IR 3584 ; JCP 2002. I. 116, nos 26 s., obs. Mayaux ; RCA 2002, n° 37, note Groutel ; Gaz. Pal. 2002. 664, note Périer ; RGDA 2002. 175, note Kullmann* (non-application à ces intérêts du plafond de garantie).

13. ... De chose. En matière d'assurance de chose, l'indemnité due par l'assureur étant fixée en fonction de la valeur de la chose assurée au jour du sinistre et ne résultant pas de l'évaluation d'un préjudice faite par le juge, les intérêts moratoires sont dus à compter de la sommation de payer. • Civ. 1re, 21 juin 1989 : *Bull. civ. I, n° 250 ; R. 1995, p. 327.* ♦ Même sens : • Civ. 1re, 10 mai 1988 : *Bull. civ. I, n° 132 ; R., p. 240* • 10 févr. 2004, n° 99-20.716 P.

14. ... D'assurance-invalidité. Point de départ au jour de la demande des intérêts de retard pour des indemnités journalières dues en vertu d'une assurance-invalidité et calculées sur la base d'un indice erroné. • Civ. 1re, 29 nov. 2005 : *préc. note 4.*

15. ... Recours subrogatoire. La créance du tiers payeur, dont le recouvrement est poursuivi par subrogation dans le droit d'action de la victime, n'est pas indemnitaire et se borne au paiement d'une somme d'argent (fixation du point de départ des intérêts légaux au jour de la demande). • Cass., ass. plén., 4 mars 2005, n° 02-14.316 P : *R., p. 368 ; BICC 15 mai 2005, rapp. Rognon, concl. Volff ; D. 2006. Pan. 1935, obs. Jourdain ; JCP 2005. II. 10064, concl. Volff, note Gréau ; RGDA 2005. 425, note Landel ; RTD civ. 2005. 413, obs. Jourdain* (recours d'un agent judiciaire du Trésor contre l'assureur du responsable). ♦ Viole l'anc. art. 1153 la cour d'appel qui fixe à la date de la quittance subrogative délivrée par un assuré à son assureur, et non à la date de la mise en demeure, le point de départ des intérêts de retard dus par la personne tenue à réparation du dommage. • Civ. 1re, 7 mai 2002, n° 99-13.458 P : *R., p. 483 ; D. 2002. Somm. 3177, obs. Groutel ; JCP 2002. II. 10182, note Khodri-Benamrouche ; Defrénois 2002. 1274, obs. Aubert ; Gaz. Pal. 2003. 427, note Périer ; RGDA 2002. 711, note Mayaux ; RTD civ. 2002. 813, obs. Mestre et Fages* • 27 mai 2003, n° 01-10.478 P • Com. 5 déc. 2006, n° 04-18.621 P : *BICC 1er avr. 2007, n° 667, et la note ; D. 2008. Pan. 124, obs. Groutel ; RCA 2007, n° 102, note Groutel* • Civ. 3e, 24 janv. 2007, n° 06-13.028 P : *D. 2007. Chron. C. cass. 1299, obs. Monge et Nési.*

Pour la jurisprudence antérieure de la deuxième Chambre civile condamnée par l'arrêt de l'Assemblée plénière (selon le rapport préc., l'exigence d'un lien de causalité ne concerne que l'exercice du recours et non la créance, qui repose sur une obligation légale du tiers payeur) : • Civ. 2e, 29 avr. 1997, n° 94-20.452 P : *D. 1998. 321, note P. Ancel et C. Béroujon* (application de l'art. 1153-1 anc. et cassation de l'arrêt ayant fixé le point de départ des intérêts de la créance due à un tiers payeur au jour de la demande en justice, alors que le montant de la créance était subordonné au lien de causalité à établir entre le service des prestations et le dommage subi par la victime) • 12 nov. 1997, n° 96-10.726 P • 1er avr. 1998, n° 93-20.322 P.

16. Recours en garantie. Les intérêts dus au garanti sur la somme qu'il a payée aux victimes ne peuvent lui être dus par son garant qu'à compter de la sommation de payer, alors même que la décision judiciaire de condamnation à garantie serait antérieure. • Civ. 1re, 7 avr. 1999, n° 97-15.254 P : *RCA 1999, n° 172, rapp. Sargos ; RTD civ. 1999. 849, obs. Jourdain* (l'art. 1153-1 anc. C. civ. est inapplicable en ce cas). ♦ Dès lors que les conditions de mise en œuvre de la garantie financière sont réunies, la mise en demeure adressée au garant fait courir des intérêts au taux légal à la charge de ce dernier pour les sommes qu'il a tardé à payer. • Civ. 1re, 16 oct. 2008 : *D. 2008. AJ 2721 ; RLDC 2008/55, no 3222, obs. Marraud des Grottes* (garantie financière des agents immobiliers).

Contra, appliquant l'anc. art. 1153-1 : le garant est tenu du règlement des intérêts au taux légal, notamment de ceux courus postérieurement à la décision l'ayant condamné à garantie qui lui avait été notifiée. • Civ. 2e, 25 oct. 1995, no 94-10.747 P : *RTD civ. 1996. 474, obs. Perrot* (architecte garant de la condamnation d'une société exécutée près de deux ans après sa signification).

b. Influence du montant de la créance

17. Somme d'un montant déterminé. La cour d'appel qui ordonne, à titre de dommages-intérêts, la restitution d'une somme versée à tort, somme déterminée sans intervention du juge, en déduit justement que le débiteur doit être condamné, en application de l'anc. art. 1153, au paiement des intérêts à compter du jour de la demande. • Civ. 1re, 13 déc. 1988 : *Bull. civ. I, no 354 ; Defrénois 1989. 768, obs. Aubert* (somme versée à un tiers par un notaire, sans autorisation de son client). ♦ V. conf., pour une somme dont le montant était déjà déterminé avant l'assignation, • Civ. 1re, 29 mars 1989 : *Bull. civ. I, no 146.* ♦ La créance d'une somme d'argent née et déterminée dans son montant antérieurement à toute décision du juge qui se borne à la constater porte intérêts à compter de la sommation de payer. • Civ. 1re, 14 oct. 2010, no 09-12.921 P : *D. actu. 3 nov. 2010, obs. Marrocchella.*

18. Somme d'un montant déterminable : reddition de compte. Il résulte de l'anc. art. 1153, applicable aux demandes en reddition de comptes, que le débiteur doit l'intérêt de sommes dont il est reliquataire à compter du jour où il est mis en demeure, même si le reliquat n'a pas encore été liquidé à cette date. • Civ. 1re, 27 juin 1973 : *JCP 1974. II. 17606.* – Dans le même sens : • Civ. 1re, 23 mai 2000, no 97-20.848 P : *Defrénois 2000. 1380, obs. Aubert.* ♦ V. aussi, en cas de compte à établir entre les parties, • Civ. 1re, 27 févr. 1985 : *Bull. civ. I, no 77.*

19. Créance périodique : montant au jour de la sommation. Viole l'anc. art. 1153 la cour d'appel qui condamne une partie à payer à son bailleur, au titre de loyers impayés, une somme avec intérêts au taux légal à compter du commandement de payer, tout en constatant qu'à la date de ce commandement, le locataire n'était redevable que d'une somme inférieure, même si des loyers étaient échus postérieurement. • Civ. 2e, 14 févr. 2002, no 00-18.172 P : *Dr. et patr. 5/2002. 92, obs. Chauvel.*

20. Augmentation de la demande initiale. Les intérêts portent sur la somme mentionnée lors de la demande initiale et non sur le montant majoré de la créance qui n'a été fixé qu'au jour de l'audience. • Soc. 20 févr. 2013, no 11-26.855.

21. Diminution judiciaire de la somme réclamée. La circonstance que les sommes restant dues en fonction d'un contrat aient été réduites par le juge ne fait pas obstacle à l'application de l'anc. art. 1153 en vertu duquel le débiteur doit l'intérêt des sommes dues à compter du jour où il est mis en demeure. • Civ. 3e, 16 févr. 1983 : *Bull. civ. III, no 49* • Com. 16 juill. 1991, no 90-11.809 P. ♦ Dans le même sens, lorsque la somme due en vertu d'une convention d'honoraires a été déterminée par une expertise : • Com. 3 nov. 1983 : *Bull. civ. IV, no 289.* – V. aussi • Civ. 1re, 2 avr. 1974 : *D. 1974. 473, note Malaurie* • Civ. 2e, 5 juin 2003, no 01-15.411 P.

22. Diminution judiciaire d'une clause pénale. La modération par le juge d'une peine convenue entre les parties ne fait pas perdre à cette peine son caractère d'indemnité forfaitaire contractuellement prévue pour le cas d'inexécution, par une partie, de ses obligations, de sorte que les intérêts au taux légal de la somme retenue par le juge sont dus à compter du jour de la sommation de payer. • Soc. 9 nov. 1983 : *Bull. civ. V, no 547* • Com. 21 juill. 1980 : *D. 1981. 335, note Chabas ; JCP 1982. II. 19778, note Boccara ; Gaz. Pal. 1981. 1. 207, note Bey* • 27 mars 1990 : *D. 1990. 390, note de La Marnierre* • Soc. 19 févr. 1991, no 88-40.407 P • Civ. 3e, 25 nov. 1998 : *RCA 1999, no 7.*

2o INTÉRÊTS COURANT À UNE DATE DIFFÉRENTE DE LA SOMMATION

a. Exigence d'une décision judiciaire préalable

23. Amiable composition. Possibilité pour le juge de fixer le point de départ des intérêts portant sur les condamnations prononcées à la date de signification de l'arrêt. • Civ. 1re, 11 févr. 2015, no 13-21.478 P.

24. Créances indemnitaires. Tant en matière délictuelle qu'en matière contractuelle, la créance de réparation ne peut produire d'intérêts moratoires que du jour où elle est allouée judiciairement. • Civ. 1re, 16 mars 1966 : *Bull. civ. I, no 190.* ♦ Dans le même sens, V. par exemple : • Civ. 3e, 17 juin 1975 : *Bull. civ. III, no 203* • 17 juill. 1975 : *Bull. civ. III, no 261* (décision réservant le cas du préjudice distinct). ♦ L'indemnité destinée à réparer le préjudice subi en cas de licenciement abusif constitue une créance indemnitaire qui ne produit des intérêts moratoires qu'à compter du jour où elle est judiciairement fixée. • Soc. 22 juill. 1985 : *Bull. civ. V, no 426.* ♦ Comp. note 11 pour une indemnité contractuelle de licenciement. ♦ V. aussi ss. art. 1231-7 nouv.

25. Enrichissement sans cause. La créance

née d'un enrichissement sans cause n'existe et ne peut produire d'intérêts moratoires que du jour où elle est judiciairement constatée. • Civ. 1re, 5 févr. 1980 : *Bull. civ. I, n° 44* • Com. 5 janv. 1987 : *ibid. IV, n° 6* • 24 mars 1987 : *ibid. IV, n° 77 ; RTD civ. 1987. 754, obs. Mestre.*

26. Autres hypothèses. En cas d'exercice par une SAFER de son droit de préemption sous réserve de la fixation du prix par le tribunal, les juges du fond ne peuvent fixer le point de départ des intérêts au taux légal au jour de la levée de l'option par la SAFER, aucune vente n'étant intervenue à cette date. • Civ. 3e, 27 oct. 1983 : *Bull. civ. III, n° 208.*

b. Exigibilité de la créance

27. Compte courant : clôture. Le solde d'un compte courant n'étant exigible de la caution qui en garantit le paiement qu'à partir de la clôture de compte, laquelle ne résulte pas de la seule ouverture du redressement judiciaire, la caution n'est tenue des intérêts, sur le fondement de l'anc. art. 1153, al. 3, qu'à la double condition que le compte eût été clôturé et qu'elle eût été mise en demeure. • Com. 16 avr. 1996, n° 94-14.250 P.

28. Créances salariales. S'agissant de créances salariales, les intérêts moratoires ne pouvaient courir qu'à compter de chaque échéance devenue exigible ; cassation de l'arrêt ayant fait courir les intérêts à la date de la convocation devant le bureau de conciliation. • Soc. 12 sept. 2018, n° 17-10.307 P • 9 oct. 2019, n° 18-14.677 P (même solution en cas de licenciement, à compter du jour où le salarié formalise sa demande en réintégration).

29. Caisse primaire : paiement des sommes recouvrées. La créance de la caisse primaire qui poursuit le recouvrement des dépenses auxquelles elle est légalement tenue doit, conformément à l'anc. art. 1153, applicable aux obligations légales, produire intérêt du jour de la demande, ou, du moins, si cette date est postérieure à celle de la demande, du jour où les dépenses ont été exposées. • Soc. 16 janv. 1985 : *Bull. civ. V, n° 33* • 27 sept. 1989 : *ibid. V, n° 555* • Crim. 11 déc. 1996, n° 96-81.535 P (art. 29, L. 5 juill. 1985).

c. Point de départ antérieur à la mise en demeure du défendeur

30. Action directe. Lorsque la victime d'un dommage agit directement contre l'assureur de responsabilité, les intérêts moratoires courent du jour de la décision de condamnation qui constitue pour l'assureur la réalisation du risque couvert. • Civ. 1re, 25 mai 1992, n° 89-18.923 P : *RCA 1992, n° 334 et n° 29, chron. Groutel.*

d. Point de départ anticipé à titre de sanction

31. Répétition de l'indu. Sur les conséquences de la mauvaise foi de l'*occipiens*, V. art. 1352-7 (intérêts dus à compter du paiement). Pour un *occipiens* de bonne foi, V. déjà : celui qui a reçu de bonne foi une somme qui ne lui était pas due doit la restituer avec les intérêts moratoires à compter de la demande, dès lors que le montant de ladite somme peut être déterminé par l'application de dispositions légales ou réglementaires. • Cass., ass. plén., 2 avr. 1993, n° 89-15.490 P : *R., p. 326 ; GAJC, 11e éd., n° 226 ; D. 1993. 373, concl. Jéol.*

B. CONDAMNATIONS AU TAUX D'INTÉRÊT LÉGAL DISPENSÉES D'UNE SOMMATION DE PAYER

1° HYPOTHÈSES

32. Solde d'un compte courant. Le solde d'un compte courant porte intérêt de plein droit à compter de sa clôture sans mise en demeure préalable. • Com. 4 nov. 1981 : *Bull. civ. IV, n° 378.*

33. Cautionnement. L'anc. art. 1153, al. 2, ne trouve plus application lorsque les intérêts sont attribués de plein droit par la loi ; il en est ainsi notamment de ceux accordés par l'art. 2028 [2305], al. 2, C. civ. à la caution qui a payé. • Civ. 1re, 26 avr. 1977 : *Bull. civ. I, n° 187.*

34. Intérêts conventionnels. La mise en demeure n'est pas une condition du droit aux intérêts conventionnels. • Civ. 1re, 24 juin 1997, n° 95-11.380 P : *D. Affaires 1997. 1076.* ♦ Lorsque les juges du fond ont admis que les intérêts conventionnels stipulés étaient dus même après l'échéance de la dette en capital jusqu'à complet paiement, ils ont pu en déduire qu'ils réparaient ainsi le retard dans l'exécution sans possibilité de cumul avec les intérêts légaux moratoires. • Civ. 1re, 25 nov. 1975 : *JCP 1976. II. 18328, note H. T.*

35. Autres hypothèses. Point de départ des intérêts de l'indemnité due en cas de réduction en valeur d'une libéralité : V. note ss. art. 924-3. ♦ ... En cas de rapport : V. note 2 ss. art. 856. ♦ V. aussi, pour le mandataire, art. 1996.

2° TAUX APPLICABLE

36. Absence de stipulation particulière. Le taux des intérêts applicable au solde débiteur d'un compte courant après sa clôture est, en l'absence d'une convention des parties, le taux légal. • Com. 31 mai 1983 : *Bull. civ. IV, n° 161.* – Dans le même sens : • Com. 17 mars 1981 : *Bull. civ. IV, n° 142* • 14 oct. 1981 : *ibid. IV, n° 358* • 9 nov. 1982 : *ibid. IV, n° 341* • 12 oct. 1982 : *ibid. IV, n° 308* • 29 mai 1984 : *ibid. IV, n° 180* • Civ. 1re, 11 juill. 1984 : *ibid. I, n° 229* • 20 oct. 1987 : *ibid. I, n° 273* • Com. 11 juin 1991, n° 89-11.727 P. ♦ Comp. • Com. 15 juill. 1986 : *Bull. civ. IV, n° 160.*

37. Stipulation illicite. En matière de prêt d'argent consenti à titre onéreux, et à défaut de validité de la stipulation conventionnelle d'intérêts, il convient de faire application du taux d'intérêt légal à compter de la date du prêt. • Civ. 1re, 24 juin 1981 : *Bull. civ. I, n° 234 ; R., p. 49 ; JCP 1982. II. 19713, note Vasseur (1re esp.).* ♦ V. aussi notes ss. art. 1907.

38. Majoration. La majoration de l'indemnité d'un intérêt égal au double du taux de l'intérêt légal n'est pas subordonnée à l'engagement préalable des dépenses. • Civ. 3e, 25 mai 2011, n° 10-18.780 P : *RCA 2011, n° 301 ; RGDA 2011. 1019, obs. Périer.*

C. PRÉJUDICE DISTINCT DU RETARD

39. Préjudice distinct du retard. Les juges du fond ne peuvent allouer des dommages-intérêts distincts des intérêts moratoires sans constater l'existence, pour le créancier, d'un préjudice indépendant du retard apporté au paiement par le débiteur et causé par sa mauvaise foi. • Civ. 1re, 21 juin 1989 : *Bull. civ. I, n° 251* • 9 mai 1990, n° 88-10.082 P • Soc. 26 janv. 2000, n° 96-42.376 P. – Dans le même sens : • Civ. 1re, 29 févr. 2000, n° 97-20.545 P • 28 juin 2005, n° 01-17.730 P : *D. 2005. IR 2102* • Com. 2 févr. 2010, n° 09-11.064 P : *RTD civ. 2010. 322, obs. Fages* • Soc. 9 juill. 2015, n° 14-12.779 P • 14 sept. 2016, n° 14-26.101 P • 25 mars 2020, n° 18-11.433 P : *D. 2020. 770 ; RDT 2020. 337, obs. Adam* • 24 juin 2020, n° 18-23.869 • Civ. 2e, 8 oct. 2020, n° 19-17.734 P • Soc. 29 sept. 2021, n° 20-10.634 B (absence de mauvaise foi de l'employeur). ♦ Pour une illustration de préjudice distinct : • Civ. 3e, 3 nov. 2016, n° 15-24.793 P : *D. 2016. 2282* (retard dans le paiement des charges de copropriété ayant accompagné une obstruction systématique au fonctionnement de celle-ci).

D. RÈGLEMENT DES INTÉRÊTS MORATOIRES

1° MOYENS DE DÉFENSE

40. Moyens admis : faute du créancier. Les intérêts sont dus de plein droit dès la sommation de payer, sauf au débiteur à établir une faute du créancier l'ayant empêché de s'acquitter du montant de la dette. • Com. 19 oct. 1993, n° 91-17.703 P.

41. Moyens refusés. Un débiteur qui a fait l'objet de deux mises en demeure de payer de la part de deux créanciers concurrents doit les intérêts moratoires au créancier dont le droit a été reconnu à compter de la mise en demeure émise par celui-ci, sans pouvoir invoquer utilement l'art. 1242 C. civ. • Com. 9 mars 1993, n° 91-11.572 P.

42. Les dispositions de l'art. 48 de la L. du 1er mars 1984 (C. mon. fin., art. L. 313-22, ss. art. 2314) (déchéance des intérêts en cas de manquement par l'établissement de crédit à son obligation d'informer chaque année la caution) concernent les intérêts dus par la caution en cette dernière qualité et non ceux dus par application de l'anc. art. 1153, al. 3, après qu'elle eut été mise en demeure d'exécuter son engagement. • Com. 25 juin 1991, n° 89-20.071 P.

43. Si l'application de l'art. L. 311-33 ancien C. consom. entraîne pour le prêteur la déchéance du droit aux intérêts appliqués au solde débiteur d'un compte courant, l'emprunteur n'en reste pas moins tenu aux intérêts légaux depuis la mise en demeure. • Civ. 1re, 26 nov. 2002, n° 00-17.119 P • 18 mars 2003, n° 00-17.761 P : *D. 2003. AJ 1036, obs. Rondey ; CCC 2003, n° 97, note Raymond ; Gaz. Pal. 2003. Somm. 2574, obs. S. Piedelièvre ; RTD com. 2003. 554, obs. D. L. ; RDC 2003. 95, obs. Bruschi ; RDI 2004. 94, obs. Heugas-Darraspen* • 27 mai 2003, n° 01-10.635 P : *CCC 2003, n° 169, note Raymond ; LPA 8 déc. 2003, obs. Paisant.*

2° RECOUVREMENT

44. Mentions du titre exécutoire. Pour pouvoir être recouvrés par voie d'exécution, les dommages-intérêts prévus à l'anc. art. 1153 C. civ. doivent faire l'objet d'une disposition spéciale du titre en vertu duquel est exercée la poursuite. • Civ. 1re, 10 mars 1998, n° 95-21.817 P : *RTD civ. 1999. 206, obs. Perrot .*

45. Pouvoirs du juge de l'exécution. Le juge de l'exécution ne fait qu'user des pouvoirs que lui confère l'art. L. 311-12-1 (devenu L. 213-6) COJ en apportant à un arrêt, condamnant un employeur à une indemnité de licenciement, la simple précision que cette indemnité a produit de plein droit intérêts à compter de la demande en justice. • Civ. 2e, 17 juin 1999, n° 97-15.151 P : *RTD civ. 1999. 706, obs. Perrot .*

46. Absence de prise en compte dans le calcul des dépens. Les intérêts moratoires, étrangers au montant de la dette, tel qu'évalué par décision judiciaire, sont exclus de la base de calcul des émoluments de l'avoué. • Civ. 2e, 30 janv. 2014, n° 12-28.323 P.

Art. 1231-7 *(Ord. n° 2016-131 du 10 févr. 2016, art. 2, en vigueur le 1er oct. 2016, ratifiée par L. n° 2018-287 du 20 avr. 2018, art. 1er, en vigueur le 1er oct. 2018)* **En toute matière, la condamnation à une indemnité emporte intérêts au taux légal même en l'absence de demande ou de disposition spéciale du jugement. Sauf disposition contraire de la loi, ces intérêts courent à compter du prononcé du jugement à moins que le juge n'en décide autrement.**

En cas de confirmation pure et simple par le juge d'appel d'une décision allouant une indemnité en réparation d'un dommage, celle-ci porte de plein droit intérêt au taux légal à compter du jugement de première instance. Dans les autres cas, l'indemnité allouée en appel porte intérêt à compter de la décision d'appel. Le juge d'appel peut toujours déroger aux dispositions du présent alinéa. – *Dispositions transitoires : V. Ord. n° 2016-131 du 10 févr. 2016, art. 9, ss. art. 1386-1 nouveau.*

DALLOZ ACTION *Droit de la responsabilité et des contrats 2010/2011*, n°s 2458 s.

BIBL. ► JOURDAIN, obs. *RTD civ. 1991. 350* ⊘. – LOMBARD, *Gaz. Pal. 1995. 1. Doctr. 562.*

A. DÉCISIONS CONCERNÉES : CONDAMNATIONS INDEMNITAIRES

1. Créance indemnitaire : responsabilité contractuelle. Le point de départ des intérêts ne peut être antérieur à la date du transport à l'origine de la responsabilité du transporteur. • Com. 30 oct. 2012, n° 11-18.287 P, rectifié par : • Com. 22 janv. 2013, n° 11.18.287 (rectification du visa et remplacement du visa de l'anc. art. 1153 par celui de l'anc. art. 1153-1). ♦ V. aussi note 24 ss. art. 1231-6 nouv., App., v° *Intérêt légal*.

2. Indemnisation des victimes d'infraction. Les sommes allouées en matière d'indemnisation des victimes d'infraction sont des condamnations au sens de l'art. 1153-1 C. civ. • Civ. 2e, 11 févr. 1998, n° 95-13.995 P • 22 nov. 2012, n° 11-25. 988 : *D. 2013. 2669, obs. Porchy-Simon* ⊘ ; *Gaz. Pal. 2013. 480, note Bernfeld.*

3. Indemnité d'éviction. L'art. 1153-1 s'applique à l'indemnité d'éviction en matière de baux commerciaux, de sorte que le juge a la faculté de fixer discrétionnairement le point de départ des intérêts moratoires produits par cette indemnité. • Civ. 3e, 4 juill. 2001, n° 97-20.663 P : *D. 2001. Somm. 3525, obs. Rozès* ⊘ ; *Gaz. Pal. 2002. 71, note Brault ; Loyers et copr. 2002, n° 13, note Brault* et *Pereira.*

4. Prestation compensatoire de divorce. La prestation compensatoire comme les intérêts qu'elle produit sont dus à compter de la date à laquelle la décision prononçant le divorce est devenue irrévocable. • Civ. 1re, 8 juill. 2010, n° 09-14.230 P : *D. 2010. 1941* ⊘ ; *JCP 2010, n° 1220, obs. Simler ; AJ fam. 2010. 436, obs. David* ⊘ ; *ibid. 443, obs. Hilt* ⊘ ; *Defrénois 2010. 2024, obs. Massip ; RLDC 2010/75, n° 3972, obs. Serra ; Dr. fam. 2010, n° 145, obs. Larribau-Terneyre* (cassation pour violation des art. 260 et 1153-1 de la décision fixant le point de départ à la date de l'état liquidatif, alors que la faculté donnée au débiteur de la prestation compensatoire de régler sa dette à l'occasion des opérations de liquidation de la communauté ne retire pas à cette dette son caractère exigible de sorte que celle-ci porte intérêts à compter du jour où ils ont été demandés). ♦ V. déjà : application de l'art. 1153-1 lorsque la décision de divorce passe irrévocablement en force de chose jugée antérieurement à la fixation ou à l'exigibilité de la prestation compensatoire. • Civ. 1re, 20 févr. 2007, n° 06-10.763 P : *Defrénois 2007. 783, obs. Massip ; Dr. fam. 2007, n° 83, note Larribau-Terneyre ; RJPF 2007-5/23, obs. Garé ; RTD civ. 2007. 554, obs. Hauser* ⊘.

5. Octroi d'une provision. Viole l'art. 1153-1 la cour d'appel qui retient qu'une provision n'est qu'une avance octroyée dans l'attente de l'évaluation définitive de la somme due et n'ouvre aucun droit au titre des intérêts légaux. • Civ. 2e, 19 oct. 2000, n° 98-21.407 P.

6. Art. 700 C. pr. civ. Les sommes allouées au titre de l'art. 700 C. pr. civ. sont des condamnations au sens de l'art. 1153-1 C. civ. • Civ. 2e, 10 mai 1999, n° 96-20.827 P • Civ. 3e, 31 oct. 2007, n° 06-19.128 P.

7. Astreinte. La liquidation de l'astreinte donne naissance à une dette de somme d'argent, effective et exigible, et, comme telle, productive d'intérêts légaux du jour où la décision est devenue exécutoire. • Civ. 1re, 18 oct. 1983, n° 82-11.687 P. ♦ Mais elle peut être déclarée productive d'intérêts au taux légal à compter du jour de la décision. • Com. 19 mars 1991, n° 89-15.606 P.

8. Ordonnances de référé. Le juge des référés peut, sans excéder ses pouvoirs, assortir d'intérêts moratoires la condamnation qu'il prononce et en ordonner la capitalisation. • Civ. 3e, 17 juin 1998, n° 96-19.230 P.

9. Décision étrangère. L'art. 1153-1 s'applique, comme loi du for, à l'exécution en France d'une condamnation prononcée par une juridiction étrangère reconnue exécutoire. • Civ. 1re, 6 mars 2007, n° 04-17.127 P : *D. 2007. Chron. C. cass. 2328* ⊘, *n° 2, obs. Chauvin ; ibid. AJ 874, obs. Gallmeister* ⊘ ; *Dr. et pr. 2007. 227, note Cuniberti ; Rev. crit. DIP 2007. 784, note Libchaber* ⊘ ; *JDI 2008. 537, note Bollée.* ♦ Les intérêts moratoires dus en exécution d'une condamnation prononcée par une juridiction étrangère ne courent qu'à compter de la décision d'*exequatur*. • Même arrêt. ♦ Dans le même sens : • Civ. 1re, 19 nov. 2015, n° 14-25.162 P : *D. 2015. Actu. 2450* ⊘ ; *D. actu. 10 déc. 2015, obs. Kebir ; LPA 9 févr. 2016, p. 9, note Legrand ; JCP E 2015. 1616, obs. Lebel.*

10. Sentence arbitrale. Les dispositions de l'art. 1153-1 s'appliquent à une sentence arbitrale. • Civ. 1re, 9 janv. 2007, n° 04-10.719 P : *JCP 2007. I. 168, n° 10, obs. Ortscheidt.*

B. FACULTÉ DE REPORT À UNE DATE ANTÉRIEURE

11. Pouvoir discrétionnaire. En fixant à une autre date que celle de sa décision le point de départ des intérêts, une cour d'appel ne fait qu'user de la faculté remise à sa discrétion par l'art. 1153-1. • Cass., ass. plén., 3 juill. 1992, n° 90-83.430 P : *R., p. 339 ; D. 1992. Somm. 404, obs. A. Penneau ; JCP 1992. II. 21898, concl. Dontenwille, note Perdriau ; Defrénois 1992. 1453, obs. Aubert* • Soc. 15 juin 1993, n° 90-42.892 P : • Civ. 3e, 15 juin 1994, n° 92-12.091 P • Civ. 1re, 11 mars 1997, n° 94-17.621 P : *D. 1997. 407, note Billiau* • 14 oct. 1997, n° 95-18.361 P (une cour d'appel ne méconnaît pas son pouvoir discrétionnaire en fixant le point de départ des intérêts à la date de la décision) • Civ. 2e, 20 juin 2002, n° 99-18.603 P : *RCA 2002, n° 287, note Groutel ; Dr. et patr., nov. 2002, p. 108, obs. Chauvel* • 27 mars 2003, n° 01-12.983 P : *RCA 2003, n° 172, note Groutel* • Civ. 1re, 29 nov. 2005, n° 02-13.550 P • Com. 8 avr. 2015, n° 13-28.512 P : *D. 2015. 862, obs. A. Lienhard ; Rev. sociétés 2015. 406, note Henry ; JCP 2016. 100, obs. Pétel ; RPC 2015, n° 191, note Martin-Serf ; RLDA Juin 2015, n° 5598, note Saintourens ; BJS 2015. 304, note M. Laroche ; Dr. sociétés 2015, n° 154, note Legros ; LPA 17 déc. 2015, p. 8, note Ballot-léna.*

12. Nature des intérêts antérieurs à la décision. Les intérêts alloués en application de l'art. 1153-1 pour une période antérieure à la date de la décision qui fixe l'indemnité ont nécessairement un caractère moratoire. • Civ. 1re, 28 avr. 1998, n° 96-14.762 P : *R., p. 278 ; JCP 1999. I. 137, n° 29, obs. Kullmann ; Defrénois 1998. 1049, obs. Aubert ; RCA 1998. Chron. 20, par Groutel ; RTD civ. 1998. 920, obs. Jourdain.* ♦ V. aussi • Civ. 3e, 15 mars 2000, n° 98-13.890 P : *LPA 27 sept. 2000, note Dagorne-Labbe* • Civ. 1re, 11 juill. 2001, n° 98-20.159 P. ♦ Tant en matière délictuelle qu'en matière contractuelle, la créance de réparation ne peut produire d'intérêts moratoires que du jour où elle est allouée judiciairement ; les intérêts alloués à compter d'une date antérieure constituent une réparation complémentaire faisant partie intégrante des dommages-intérêts accordés à titre principal. • Civ. 1re, 16 mars 1966 : *Bull. civ. I, n° 190.* – V. aussi • Civ. 1re, 18 janv. 1984, n° 82-15.103 P : *JCP 1985. II. 20372, note J. Mouly.*

13. Ne procède pas à une double indemnisation du préjudice la cour d'appel qui actualise l'indemnité due par l'assureur à la date du paiement effectif et condamne cet assureur au paiement des intérêts moratoires à compter de la demande en paiement, dès lors que l'actualisation compense la dépréciation monétaire entre le jour où la créance est évaluée et le jour du paiement, tandis que les intérêts moratoires indemnisent seulement le retard dans le paiement. • Civ. 1re, 16 mai 1995, n° 92-15.376 P : *RTD civ. 1995. 910, obs. Jourdain.* ♦ Comp. : cassation de l'arrêt qui a procédé à une double indemnisation du préjudice subi en raison du retard dans le paiement de l'indemnité, en condamnant un assureur, au titre des travaux de reprise, à une somme indexée sur l'indice du coût de la construction jusqu'à la date du paiement avec intérêts de droit à compter du jour du jugement. • Civ. 3e, 8 févr. 1995, n° 92-19.639 P : *D. 1995. Somm. 234, obs. Libchaber ; RTD civ. 1995. 910, obs. Jourdain.*

14. Illustrations : report au jour de la demande. L'art. 1153-1 permet au juge de fixer le point de départ des intérêts à une date antérieure au prononcé du jugement, et spécialement à compter du jour de la demande en justice. • Civ. 1re, 18 janv. 1989, n° 87-18.081 P : *RTD civ. 1989. 340, obs. Jourdain.*

15. Limites dans le choix de la date de report. Les intérêts dus sur une créance indemnitaire ne peuvent courir à compter d'une date antérieure à la naissance du préjudice qu'elle a pour objet de réparer. • Soc. 12 févr. 2008, n° 07-40.413 P.

Code monétaire et financier

(Ord. n° 2000-1223 du 14 déc. 2000)

Art. L. 313-2 *(Ord. n° 2014-947 du 20 août 2014, art. 1er, en vigueur le 1er janv. 2015)* Le taux de l'intérêt légal est, en toute matière, fixé par arrêté du ministre chargé de l'économie.

Il comprend un taux applicable lorsque le créancier est une personne physique n'agissant pas pour des besoins professionnels et un taux applicable dans tous les autres cas.

Il est calculé semestriellement, en fonction du taux directeur de la Banque centrale européenne sur les opérations principales de refinancement et des taux pratiqués par les établissements de crédit et les sociétés de financement.

Les taux pratiqués par les établissements de crédit et les sociétés de financement pris en compte pour le calcul du taux applicable lorsque le créancier est une personne physique n'agissant pas pour des besoins professionnels sont les taux effectifs moyens de crédits consentis aux particuliers.

Les modalités de calcul et de publicité de ces taux sont fixées par décret. – *V. C. mon. fin., art. D. 313-1-A.* – ***C. mon. fin.***

Taux de l'intérêt légal déterminé selon les règles applicables antérieurement au 1er janv. 2015 : *taux fixé à 7,82 % jusqu'au 31 déc. 1989 (Décr. n° 89-622 du 6 sept. 1989, JO 7 sept.). — ... A 9,36 % pour l'année 1990 (Décr. 4 janv. 1990, JO 5 janv.). — ... A 10,26 % pour l'année 1991 (Décr. n° 91-131 du 1er févr. 1991, JO 3 févr.). — ... A 9,69 % pour l'année 1992 (Décr. 5 mars 1992, JO 7 mars). — ... A 10,40 % pour l'année 1993 (Décr. n° 92-1361 du 24 déc. 1992, JO 30 déc.). — ... A 8,40 % pour l'année 1994 (Décr. n° 94-179 du 23 févr. 1994, JO 2 mars). — ... A 5,82 % pour l'année 1995 (Décr. n° 95-76 du 23 janv. 1995, JO 25 janv.). — ... A 6,65 % pour l'année 1996 (Décr. n° 96-105 du 8 févr. 1996, JO 11 févr.). — ... A 3,87 % pour l'année 1997 (Décr. n° 97-115 du 10 févr. 1997, JO 11 févr.). — ... A 3,36 % pour l'année 1998 (Décr. n° 98-62 du 2 févr. 1998, JO 4 févr.). — ... A 3,47 % pour l'année 1999 (Décr. n° 99-71 du 3 févr. 1999, JO 5 févr.). — ... A 2,74 % pour l'année 2000 (Décr. n° 2000-133 du 16 févr. 2000, JO 18 févr.). — ... A 4,26 % pour l'année 2001 (Décr. n° 2001-138 du 12 févr. 2001, JO 15 févr.). — ... A 4,26 % pour l'année 2002 (Décr. n° 2002-159 du 8 févr. 2002, JO 10 févr.). — ... A 3,29 % pour l'année 2003 (Décr. n° 2003-201 du 10 mars 2003, JO 11 mars). — ... A 2,27 % pour l'année 2004 (Décr. du 13 févr. 2004, JO 15 févr.). — ... A 2,05 % pour l'année 2005 (Décr. n° 2005-130 du 10 févr. 2005, JO 17 févr.). — ... A 2,11 % pour l'année 2006 (Décr. n° 2006-117 du 31 janv. 2006, JO 7 févr.). — ... A 2,95 % pour l'année 2007 (Décr. n° 2007-217 du 19 févr. 2007). — ... A 3,99 % pour l'année 2008 (Décr. n° 2008-166 du 21 févr. 2008). — ... A 3,79 % pour l'année 2009 (Décr. n° 2009-138 du 9 févr. 2009). — ... A 0,65 % pour l'année 2010 (Décr. n° 2010-127 du 10 févr. 2010, JO 11 févr.). — ... A 0,38 % pour l'année 2011 (Décr. n° 2011-137 du 1er févr. 2011, JO 3 févr.). — ... A 0,71 % pour l'année 2012 (Décr. n° 2012-182 du 17 févr. 2012, JO 8 févr.). — ... A 0,04 % pour l'année 2013 (Décr. n° 2013-178 du 27 févr. 2013, JO 1er mars). — ... A 0,04 p. 100 pour l'année 2014 (Décr. n° 2014-98 du 4 févr. 2014, JO 6 févr.).*

Taux de l'intérêt légal déterminé selon les règles applicables à compter 1er janv. 2015 : *le taux de l'intérêt légal est fixé conformément aux dispositions de l'art. L. 313-2 C. mon. fin., dans leur rédaction issue de l'Ord. n° 2014-947 du 20 août 2014, à compter du 1er janv. 2015 (Ord. préc., art. 2) :*

— Pour le premier semestre 2015, taux fixé à 4,06 % pour les créances des personnes physiques n'agissant pas pour des besoins professionnels et à 0.93 % pour tous les autres cas (Arr. du 23 déc. 2014).

— Pour le second semestre 2015, taux fixé à 4,29 % pour les créances des personnes physiques n'agissant pas pour des besoins professionnels et à 0,99 % pour tous les autres cas (Arr. du 24 juin 2015).

— Pour le premier semestre 2016, taux fixé à 4,54 % pour les créances des personnes physiques n'agissant pas pour des besoins professionnels et à 1,01 % pour tous les autres cas (Arr. du 23 déc. 2015).

— Pour le second semestre 2016, taux fixé à 4,35 % pour les créances des personnes physiques n'agissant pas pour des besoins professionnels et à 0,93 % pour tous les autres cas (Arr. du 24 juin 2016).

— Pour le 1er semestre 2017, taux fixé à 4,16 % pour les créances des personnes physiques n'agissant pas pour des besoins professionnels et à 0,90 % pour tous les autres cas (Arr. du 29 déc. 2016).

— Pour le second semestre 2017, taux fixé à 3,94 % pour les créances des personnes physiques n'agissant pas pour des besoins professionnels et à 0.90 % dans les autres cas (Arr. 26 juin 2017).

— Pour le 1er semestre 2018, taux fixé à 3,73 % pour les créances des personnes physiques n'agissant pas pour des besoins professionnels et à 0,89 % pour tous les autres cas (Arr. du 28 déc. 2017).

— Pour le second semestre 2018, taux fixé à 3,60 % pour les créances des personnes physiques n'agissant pas pour des besoins professionnels et à 0,88 % pour tous les autres cas (Arr. du 27 juin 2018).

— Pour le 1er semestre 2019, taux fixé à 3,40 % pour les créances des personnes physiques n'agissant pas pour des besoins professionnels et à 0,86 % pour tous les autres cas (Arr. du 21 déc. 2018).

— Pour le second semestre 2019, taux fixé à 3,26 % pour les créances des personnes physiques n'agissant pas pour des besoins professionnels et à 0,87 % pour tous les autres cas (Arr. du 26 juin 2019).

— Pour le 1er semestre 2020, taux fixé à 3,15 % pour les créances des personnes physiques n'agissant pas pour des besoins professionnels et à 0,87 % pour tous les autres cas (Arr. du 23 déc. 2019).

— Pour le second semestre 2020, taux fixé à 3,11 % pour les créances des personnes physiques n'agissant pas pour des besoins professionnels et à 0,884 % pour tous les autres cas (Arr. du 15 juin 2020).

— Pour le 1er semestre 2021, taux fixé à 3,14 % pour les créances des personnes physiques n'agissant pas pour des besoins professionnels et à 0,79 % pour tous les autres cas (Arr. du 21 déc. 2020).

— Pour le second semestre 2021, taux fixé à 3,12 % pour les créances des personnes physiques n'agissant pas pour des besoins professionnels et à 0,76 % pour tous les autres cas (Arr. du 16 juin 2021).

— Pour le 1er semestre 2022, taux fixé à 3,13 % pour les créances des personnes physiques n'agissant pas pour des besoins professionnels et à 0,76 % pour tous les autres cas (Arr. du 26 déc. 2021).

BIBL. ▸ **Ord. du 20 août 2014 :** LASSERRE CAPDEVILLE, *Gaz. Pal. 10-11 sept. 2014, p. 5* (interrogations autour de la future évolution du taux de l'intérêt légal).

Art. L. 313-3 En cas de condamnation pécuniaire par décision de justice, le taux de l'intérêt légal est majoré de cinq points à l'expiration d'un délai de deux mois à compter du jour où la décision de justice est devenue exécutoire, fût-ce par provision. *(Ord. nº 2006-461 du 21 avr. 2006, art. 15)* **« Cet effet est attaché de plein droit au jugement d'adjudication sur saisie immobilière, quatre mois après son prononcé. »**

Toutefois, le juge de l'exécution peut, à la demande du débiteur ou du créancier, et en considération de la situation du débiteur, exonérer celui-ci de cette majoration ou en réduire le montant. — *[L. nº 75-619 du 11 juill. 1975, art. 3.]*

L'Ord. nº 2006-461 du 21 avr. 2006 est entré en vigueur le 1er janv. 2007, date d'entrée en vigueur du Décr. nº 2006-936 du 27 juill. 2006 (Ord. préc., art. 25 ; Décr. préc., art. 168).

1. Application de plein droit. V. pour une application de ce que la majoration est applicable de plein droit, dès que les conditions sont remplies, sans que la juridiction qui a prononcé la condamnation ait besoin d'en prévoir spécialement l'application. • Paris, 15 janv. 1991 : *préc. note 1.*

2. Débiteur. Fonds de garantie contre les accidents. Viole l'art. 3 de la L. nº 75-619 du 11 juill. 1975 [C. mon. fin., art. L. 313-3] et l'art. L. 421-8-1 C. assur. (en vertu duquel les délais prévus audit art. 3 ne courent à l'encontre du Fonds de garantie contre les accidents qu'à compter du jour où celui-ci a reçu les éléments justifiant son intervention), l'arrêt qui refuse de déclarer le Fonds de garantie tenu au paiement de la majoration de cinq points au motif que l'art. 3 concerne exclusivement les parties condamnées. • Civ. 1re, 3 nov. 1993, nº 91-19.912 P : *D. 1994. IR 5 ; RCA 1994, nº 67, obs. Groutel.*

3. Décision de justice. Arrêt de cassation. L'arrêt de cassation constituant une décision de justice faisant naître un droit à restitution de la somme versée en exécution de la décision cassée, les dispositions de l'art. L. 313-3 C. mon. fin. sont applicables à la créance de restitution, après signification de cet arrêt. • Civ. 1re, 20 janv. 2011, nº 10-11.904 P : *D. actu. 4 févr. 2011, obs. Avena-Robardet ; D. 2011. Actu. 386 ; JCP 2011. 377, note Barbieri ; Dr. et pr. 2011. 99, note Lauvergnat ; Procédures 2011, nº 87, note Perrot.*

4. Point de départ du taux majoré. BIBL. Du Rusquec, *Gaz. Pal. 1988. 1. Doctr. 344.* – Lobin, *D. 1978. Chron. 13.* – Latil, *Gaz. Pal. 1994. 1. Doctr. 170.* – Verdun, *Bull. ch. avoués Paris, 1986, 2e trim., p. 13 s.* ♦ Le taux de l'intérêt légal majoré n'est applicable qu'à l'expiration d'un délai de deux mois à compter du jour où la décision de condamnation a été notifiée au débiteur, et ce même si elle est exécutoire par provision. • Civ. 2e, 4 avr. 2002, nº 00-19.822 P : *D. 2002. AJ 1484, obs. Lienhard ; Dr. et pr. 2002. 298, obs. Hoonakker ; Procédures 2002, nº 114, note Perrot ; RTD civ. 2002. 562, obs. Perrot .* ♦ V. déjà, jugeant que n'a pas donné de base légale à sa décision au regard de l'art. 503 NCPC [devenu C. pr. civ.], ensemble l'art. 3 de la L. nº 75-619 du 11 juill. 1975 [C. mon. fin., art. L. 313-3], la cour d'appel qui a majoré de cinq points le montant des intérêts au taux légal de la somme allouée sans rechercher à quelle date avait été effectuée la notification de l'arrêt de condamnation. • Civ. 3e, 3 juin 1992, nº 90-16.792 P : *RTD civ. 1992. 640, obs. Perrot ; JCP 1993. I. 3678, nº 14, obs. Cadiet ; ibid. 1994. II. 22221, note Enama.* ♦ Rappr. jugeant qu'encourt la cassation l'arrêt qui retient que la majoration du taux de l'intérêt légal devait remonter au jugement de première instance portant notamment condamnation pécuniaire, alors que l'exécution de celui-ci avait été subordonnée de ce chef, en application de l'art. 517 NCPC [devenu C. pr. civ.], à la constitution d'une garantie qui n'avait pas été réalisée. • Civ. 2e, 19 mai 1999, nº 96-22.280 P : *D. 1999. IR 164 .* ♦ V. aussi • Paris,

6 nov. 1992 : *BICC 1993, n° 713* • Civ. 1re, 20 janv. 2011 : *préc. note 3.* ♦ *Contra*, jugeant que la majoration de cinq points commence à courir dès le prononcé de l'arrêt au motif que l'arrêt qui n'est susceptible d'aucun recours suspensif d'exécution devient exécutoire dès son prononcé. • Paris, 15 janv. 1991 : *RTD civ. 1991. 409, obs. Perrot* .

5. Délais de paiement. Indifférence. Les délais de paiement accordés par le juge de première instance, même respectés par les débiteurs, sont sans incidence sur l'application du taux majoré de l'intérêt légal. • Paris, 15 janv. 1991 : *préc. note 1.*

6. Suspension de l'exécution provisoire. Indifférence. La majoration de cinq points n'est pas affectée par la suspension de l'exécution provisoire du jugement, ultérieurement annulée. • Dijon, 3 sept. 2002 : *RTD civ. 2003. 354, obs. Perrot* .

7. Réformation partielle en appel. La majoration du taux de l'intérêt légal s'applique à la condamnation assortie de l'exécution provisoire prononcée par le juge de première instance, dans la mesure où elle est confirmée par la cour d'appel. Viole l'art. 3 de la L. n° 75-619 du 11 juill. 1975 [C. mon. fin., art. L. 313-3], la cour d'appel qui écarte cette majoration au motif que la condamnation prononcée par les premiers juges a été réformée dans son *quantum*. • Civ. 1re, 18 déc. 1990, n° 88-18.700 P : *RTD civ. 1991. 601, obs. Perrot* .

8. Exonération de la majoration. Assiette. L'art. L. 313-3, al. 2, ne distingue pas selon que les intérêts sont dus pour la période antérieure ou postérieure à la décision du JEX. • Civ. 2e, 6 juin 2013 : *BICC 1er déc. 2013, n° 1397 ; Procédures 2013, n° 239, note Perrot.*

9. Exonération de la majoration. Illustrations. V. • TGI Paris, 8 mars 1993 : *Rev. huiss. 1993. 682 ; D. 1993. Somm. 278, obs. Julien* . ♦ V. • Dijon, 3 sept. 2002 : *préc. note 6* (jugeant que même si la condamnation des banques en cause au paiement de sommes considérables ne va pas les mettre définitivement en péril et entraîner leur dépôt de bilan, il existe un risque certain de perturbations graves dans l'équilibre financier de ces organismes bancaires justifiant que la majoration des intérêts soit réduite de deux points).

10. Compétence du JEX. Aux termes de l'art. 88 de la L. n° 91-650 du 9 juill. 1991 [abrogé] et par dérogation aux dispositions de l'art. L. 313-3, la demande d'exonération ou de réduction des intérêts à taux majoré, formée par le débiteur, après la publication d'un commandement aux fins de saisie immobilière, constitue un incident de saisie, relevant de la compétence de la chambre des criées du TGI et non du JEX. • Limoges, 3 déc. 2003 : *BICC 2004, n° 354.*

11. Dettes d'aliments. Si aux termes de l'art. L. 313-3 C. mon. fin., qui s'applique aux dettes d'aliments à défaut d'exclusion expresse, le JEX peut, à la demande du débiteur ou du créancier, et en considération de la situation du débiteur, exonérer celui-ci de la majoration du taux de l'intérêt légal ou en réduire le montant, l'art. 1244-1 C. civ. exclut son application aux dettes d'aliments. • Civ. 2e, 22 mars 2012, n° 11-13.915 P : *Dr. et pr. 2012. 181, note Vinckel ; Procédures 2012, n° 176, note Perrot.*

12. JEX. Aux termes de l'art. 88 de la L. du 9 juill. 1991 et par dérogation aux dispositions de l'art. L. 313-3, la demande d'exonération ou de réduction des intérêts à taux majoré, formée par le débiteur, après la publication d'un commandement aux fins de saisie immobilière, constitue un incident de saisie, relevant de la compétence de la chambre des criées du TGI et non du JEX. • Limoges, 3 déc. 2003 : *BICC 2004, n° 354.* ♦ L'art. L. 313-3, al. 2, ne distingue pas selon que les intérêts sont dus pour la période antérieure ou postérieure à la décision du JEX. • Civ. 2e, 6 juin 2013, n° 12-20.129 P : *D. 2013. Actu. 1486* ; *JCP E 2013, n° 1406 ; RDBF 2013, n° 204, obs. Piedelièvre.*

MAGISTRATURE (STATUT)

RÉP. PR. CIV. v° *Magistrat*, par CANIVET et BETOULLE.

BIBL. GÉN. ▶ CANIVET et JOLY-HURARD, La déontologie des magistrats, Connaissance du droit, *2e éd. Dalloz 2009*. – Conseil supérieur de la magistrature, Recueil des obligations déontologiques des magistrats, *Dalloz 2010*. – LOUVEL, *www.courdecassation.fr*, 6 juin 2017 (pour l'unité de la magistrature). – ROUZET, *Dr. et patr., janv. 2010, p. 57* (les acteurs de l'authenticité au service de la sécurité juridique : les magistrats).

▶ **Dossier :** *Cah. just. 4/2009. 12* (le métier de procureur).

Décret du 10 janvier 1935,

Relatif à la communication des dossiers des magistrats et interdisant à ceux-ci toute intervention en leur faveur.

Art. 1er *Abrogé par Décr. n° 93-21 du 7 janv. 1993.*

Art. 2 **Il est interdit aux magistrats du siège et du parquet, ainsi qu'aux juges des** *(Décr. n° 2019-966 du 18 sept. 2019, art. 8, en vigueur le 1er janv. 2020)* **« tribunaux judiciaires** *[ancienne rédaction : tribunaux d'instance]* **», de provoquer en leur faveur, pour quelque motif que ce soit, toute autre intervention que celle de leurs supérieurs hiérarchiques, soit auprès du garde des Sceaux ou de l'administration centrale du ministère de la justice, soit auprès de leurs supérieurs ou des membres des commissions relatives à l'avancement et à la discipline.**

Décret du 24 mars 1937,

Relatif à l'organisation de l'administration centrale du ministère de la justice.

Art. 12 *(Décr. n° 48-1570 du 8 oct. 1948)* **Les magistrats du personnel de l'administration centrale et les attachés titulaires du ministère de la justice sont régis, en ce qui concerne la discipline, par les dispositions réglementaires applicables aux magistrats du ministère public.**

Loi n° 46-643 du 11 avril 1946,

Ayant pour objet de permettre aux femmes d'accéder à la magistrature.

Art. unique **Tout Français, de l'un ou l'autre sexe, répondant aux conditions légales, peut accéder aux fonctions de la magistrature.**

Constitution de la République et de la Communauté du 4 octobre 1958,

(D. 1958. 324 ; BLD 1958. 661).

TITRE VIII De l'autorité judiciaire

BIBL. GÉN. ▶ BIGAUT et LAY, *D. 1993. Chron. 276* (Conseil supérieur de la magistrature). – HÉBRAUD, *D. 1959. Chron. 77*. – NGUYEN VAN TUONG, *JCP 1993. I. 3703* (Conseil supérieur de la magistrature).

Art. 64 **Le Président de la République est garant de l'indépendance de l'autorité judiciaire.**
Il est assisté par le Conseil supérieur de la magistrature.
Une loi organique porte statut des magistrats. — *V. Ord. n° 58-1270 du 22 déc. 1958.*
Les magistrats du siège sont inamovibles.

Art. 65 *(L. n° 2008-724 du 23 juill. 2008, art. 31)* **Le Conseil supérieur de la magistrature comprend une formation compétente à l'égard des magistrats du siège et une formation compétente à l'égard des magistrats du parquet.**

La formation compétente à l'égard des magistrats du siège est présidée par le premier président de la Cour de cassation. Elle comprend, en outre, cinq magistrats du siège et un magistrat du parquet, un conseiller d'État désigné par le Conseil d'État, un avocat ainsi que six personnalités qualifiées qui n'appartiennent ni au Parlement, ni à l'ordre judiciaire, ni à l'ordre administratif. Le Président de la République, le Président de l'Assemblée nationale et le Président du Sénat désignent chacun deux personnalités qualifiées. La procédure prévue au dernier alinéa de l'article 13 est applicable aux nominations des personnalités qualifiées.

Les nominations effectuées par le président de chaque assemblée du Parlement sont soumises au seul avis de la commission permanente compétente de l'assemblée intéressée.

La formation compétente à l'égard des magistrats du parquet est présidée par le procureur général près la Cour de cassation. Elle comprend, en outre, cinq magistrats du parquet et un magistrat du siège, ainsi que le conseiller d'État, l'avocat et les six personnalités qualifiées mentionnés au deuxième alinéa.

La formation du Conseil supérieur de la magistrature compétente à l'égard des magistrats du siège fait des propositions pour les nominations des magistrats du siège à la Cour de cassation, pour celles de premier président de cour d'appel et pour celles de président de tribunal de grande instance *[devenu tribunal judiciaire depuis le 1er janv. 2020]*. **Les autres magistrats du siège sont nommés sur son avis conforme.**

La formation du Conseil supérieur de la magistrature compétente à l'égard des magistrats du parquet donne son avis sur les nominations qui concernent les magistrats du parquet.

La formation du Conseil supérieur de la magistrature compétente à l'égard des magistrats du siège statue comme conseil de discipline des magistrats du siège. Elle comprend alors, outre les membres visés au deuxième alinéa, le magistrat du siège appartenant à la formation compétente à l'égard des magistrats du parquet.

La formation du Conseil supérieur de la magistrature compétente à l'égard des magistrats du parquet donne son avis sur les sanctions disciplinaires qui les concernent. Elle comprend alors, outre les membres visés au troisième alinéa, le magistrat du parquet appartenant à la formation compétente à l'égard des magistrats du siège.

Le Conseil supérieur de la magistrature se réunit en formation plénière pour répondre aux demandes d'avis formulées par le Président de la République au titre de l'article 64. Il se prononce, dans la même formation, sur les questions relatives à la déontologie des magistrats ainsi que sur toute question relative au fonctionnement de la justice dont le saisit le ministre de la justice. La formation plénière comprend trois des cinq magistrats du siège mentionnés au deuxième alinéa, trois des cinq magistrats du parquet mentionnés au troisième alinéa, ainsi que le conseiller d'État, l'avocat et les six personnalités qualifiées mentionnés au deuxième alinéa. Elle est présidée par le premier président de la Cour de cassation, que peut suppléer le procureur général près cette cour.

Sauf en matière disciplinaire, le ministre de la justice peut participer aux séances des formations du Conseil supérieur de la magistrature.

Le Conseil supérieur de la magistrature peut être saisi par un justiciable dans les conditions fixées par une loi organique.

La loi organique détermine les conditions d'application du présent article.

BIBL. ▶ AVRIL, *Mél. Pactet, Dalloz 2003, p. 472* (réforme avortée du Conseil supérieur de la magistrature). – J. GICQUEL, *Mél. Ardant, LGDJ 1999, p. 289* (le Conseil supérieur de la magistrature : une créature continue de la République) ; *JCP 2008. I. 176* (le nouveau Conseil supérieur de la magistrature).

1. Magistrat du parquet. V. sur l'annulation de la nomination d'un magistrat en qualité d'avocat général près la Cour de cassation faute de consultation du CSM, ainsi que, par voie de conséquence, celle du successeur de ce magistrat dans les fonctions qu'il occupait : • CE 30 déc. 2010 : *AJDA 2011. 4 ; Gaz. Pal. 19-20 janv. 2011, concl. et note Guyomard* (jugeant cependant qu'eu égard à l'intérêt général qui s'attache à l'autorité des décisions de justice auxquelles les intéressés ont concouru et à la nature du motif d'annulation retenu, et alors qu'aucun autre moyen n'est de nature à justifier ces annulations, l'effet rétroactif de ces dernières porterait *une atteinte manifestement* excessive au fonctionnement du service public de la justice ; et ne prononçant ces annulations qu'à l'expiration d'un délai de trois mois à compter de la décision).

2. Magistrat amnistié. Il résulte de l'art. 65 de la Constitution et des dispositions organiques d'application que le garde des Sceaux n'est pas tenu de consulter le Conseil supérieur de la magistrature sur la décision de réintégrer un magistrat amnistié. • CE 28 févr. 2001 : *JCP 2001. I. 352, n° 60, obs. Mathieu et Verpeaux.*

3. Le ministre de la Justice, lorsqu'il supplée le Président de la République dans les fonctions de président du Conseil supérieur de la magistrature (CSM) en vertu de l'art. 65 de la Constitution, exerce la plénitude des attributions relevant du président et peut notamment décider de surseoir à l'examen d'un point inscrit à l'ordre du jour initialement fixé par le Président de la République, sans qu'y fasse obstacle la circonstance que la formation compétente du CSM s'est préalablement réunie pour préparer ce point de l'ordre du jour et a formulé une recommandation sur ce point. • CE 30 déc. 2010 : *cité note 1.*

Ordonnance n° 58-1270 du 22 décembre 1958,

Portant loi organique relative au statut de la magistrature.

V. Décr. n° 93-21 du 7 janv. 1993, portant application du présent texte.

V. Circ. JUSB1631387C du 27 oct. 2016 relative à la mise en œuvre des dispositions d'application immédiate de la L. org. n° 2016-1090 du 8 août 2016 relative aux garanties statutaires, aux obligations déontologiques et au recrutement des magistrats ainsi qu'au Conseil supérieur de la magistrature, App., v° Magistrature.

BIBL. GÉN. ▶ **L. org. du 25 févr. 1992 :** MADRANGES, *Gaz. Pal. 1992. 2. Doctr. 606.*

▶ **L. org. du 19 janv. 1995 :** ALLARD, *APD 2009. 353* (le juge en France, un statut en pleine évolution). – HÉRON, *Rev. Justices 1995, n° 2. p. 267.* – NGUYEN VAN TUONG, *JCP 1995. I. 3850.*

▶ **L. org. du 25 juin 2001 :** GARIAZZO, *BICC 1er mai 2003, p. 9* (nouveau statut des premiers présidents de cour d'appel).

BIBL. ▶ ALLARD, *APD 2009. 353* (le juge en France, un statut en pleine évolution).

CHAPITRE PREMIER *Dispositions générales*

Art. 1er *(L. org. n° 92-189 du 25 févr. 1992)* « I. – » *(L. org. n° 80-844 du 29 oct. 1980)* **Le corps judiciaire comprend :**

1° Les magistrats du siège et du parquet de la Cour de cassation, des cours d'appel et des tribunaux de première instance ainsi que les magistrats du cadre de l'administration centrale du ministère de la justice ;

(L. org. n° 2016-1090 du 8 août 2016, art. 1er) « **1° *bis* Les magistrats exerçant les fonctions d'inspecteur général,** *[de]* **chef de l'inspection générale de la justice, d'inspecteur général de la justice et d'inspecteur de la justice ;** »

2° Les magistrats du siège et du parquet placés respectivement auprès du premier président et du procureur général d'une cour d'appel et ayant qualité pour exercer les fonctions du grade auquel ils appartiennent *(L. org. n° 2001-539 du 25 juin 2001)* « **à la cour d'appel à laquelle ils sont rattachés et dans l'ensemble des tribunaux de première instance du ressort de ladite cour** » ;

3° Les auditeurs de justice.

(L. org. n° 92-189 du 25 févr. 1992) « **II. — Tout magistrat a vocation à être nommé, au cours de sa carrière, à des fonctions du siège et du parquet.** »

Valeur juridique de l'ordonnance. Sur la validité des conditions de promulgation de l'ordonnance du 22 déc. 1958, V. Rép. min. n° 5097, *JOAN Q, 4 mai 2004, p. 3340.*

Art. 2 *(L. org. n° 92-189 du 25 févr. 1992)* **La hiérarchie du corps judiciaire comprend deux grades. L'accès du second au premier grade est subordonné à l'inscription à un tableau d'avancement.**

(L. org. n° 2001-539 du 25 juin 2001) « **Nul magistrat ne peut être promu au premier grade dans la juridiction où il est affecté depuis plus de** *(L. org. n° 2016-1090 du 8 août 2016, art. 8)* « **sept** » **années, à l'exception de la Cour de cassation.**

« **A l'intérieur de chaque grade, sont établis des échelons d'ancienneté.**

« **Les fonctions exercées par les magistrats de chaque grade sont définies par un décret en Conseil d'État.**

« **Nul magistrat ne peut être nommé dans un emploi correspondant aux fonctions de président de tribunal** *(L. org. n° 2019-221 du 23 mars 2019, art. 8-1°, en vigueur le 1er janv. 2020)* « **judiciaire** *[ancienne rédaction : de grande instance]* » **ou de tribunal de première instance et à celles de procureur de la République dans la juridiction où il est affecté. Toutefois, cette disposition n'est pas applicable au magistrat qui remplit l'une de ces fonctions lorsque l'emploi correspondant est élevé au niveau hiérarchique supérieur.** »

Les dispositions relatives à la promotion à l'ancienneté au sein du second grade ne sont applicables qu'aux magistrats nommés ou promus par décret publié à partir du 1er juill. 1993 (L. org. n° 92-189 du 25 févr. 1992, art. 52).

Les dispositions issues de L. org. n° 2001-539 du 25 juin 2001 sont entrées en vigueur le 1er janv. 2002 (L. org. n° 2001-539 du 25 juin 2001, art. 28).

Art. 3 *(L. org. n° 99-583 du 12 juill. 1999)* **Sont placés hors hiérarchie :**

1° Les magistrats de la Cour de cassation, à l'exception des conseillers référendaires *(L. org. n° 2007-287 du 5 mars 2007, art. 17, en vigueur le 1er juin 2007 ; L. org. n° 2016-1090 du 8 août 2016, art. 2-1°-a)* **« , des avocats généraux référendaires et des auditeurs » ;**

2° Les premiers présidents des cours d'appel et les procureurs généraux près lesdites cours ;

(L. org. n° 2016-1090 du 8 août 2016, art. 2-2°) **« 2° *bis* Les premiers présidents de chambre des cours d'appel et les premiers avocats généraux près lesdites cours ; »**

3° *(L. org. n° 2001-539 du 25 juin 2001)* **« Les présidents de chambre des cours d'appel et les avocats généraux près lesdites cours ; »**

(L. org. n° 2016-1090 du 8 août 2016, art. 2-3°) **« 4° Les magistrats exerçant les fonctions d'inspecteur général,** *[de]* **chef de l'inspection générale de la justice, et d'inspecteur général de la justice. »**

(L. org. n° 2001-539 du 25 juin 2001) **« Un décret en Conseil d'État fixe, en fonction de l'importance de l'activité juridictionnelle, des effectifs de magistrats et de fonctionnaires des services judiciaires et de la population du ressort, la liste des emplois de** *(L. org. n° 2016-1090 du 8 août 2016, art. 2-4°)* **« président, de » premier vice-président de tribunal** *(L. org. n° 2019-221 du 23 mars 2019, art. 8-2°, en vigueur le 1er janv. 2020)* **« judiciaire** *[ancienne rédaction : de grande instance]* **»,** *(L. org. n° 2016-1090 du 8 août 2016, art. 2-4°)* **« de premier vice-président chargé de l'instruction, de premier vice-président chargé des fonctions de juge des enfants, de premier vice-président chargé de l'application des peines, de premier vice-président chargé** *(L. org. n° 2019-221 du 23 mars 2019, art. 1er-1°, en vigueur le 1er janv. 2020)* **« des fonctions de juge des contentieux de la protection** *[ancienne rédaction : du service d'un tribunal d'instance]*, **» de premier vice-président chargé des fonctions de juge des libertés et de la détention, » ainsi que des emplois de procureur de la République et de procureur de la République adjoint, qui sont placés hors hiérarchie. »** — *V. Décr. n° 93-21 du 7 janv. 1993, art. 4, App., v° Magistrature.*

Les 4° et 5° de l'art. 3 sont abrogés à compter de la date de publication du décret en Conseil d'État prévu au dernier al. (L. org. n° 2001-539 du 25 juin 2001, art. 2-III), soit le 1er janv. 2002, date de publication du Décr. n° 2001-1380 du 31 déc. 2001.

Les dispositions issues de L. org. n° 2001-539 du 25 juin 2001 sont entrées en vigueur le 1er janv. 2002 (L. org. n° 2001-539 du 25 juin 2001, art. 28).

L'art. 3-1, dans sa rédaction résultant de l'art. 2 de la L. org. n° 2016-1090 du 8 août 2016, s'agissant des juges des libertés et de la détention et des premiers vice-présidents chargés des fonctions de juge des libertés et de la détention, est applicable à compter du 1er sept. 2017.

1. Dès lors que les fonctions de premier président de cour d'appel, d'une part, et de conseiller à la Cour de cassation, d'autre part, qui font partie des emplois hors hiérarchie mentionnés à l'art. 3 de l'Ord. 22 déc. 1958, sont distinctes, la faculté ouverte par l'art. 1er de L.O. du 23 déc. 1986 aux magistrats hors hiérarchie du siège de la Cour de cassation de demander leur maintien en activité, par dérogation à la limite d'âge fixée par le législateur organique à 65 ans pour l'ensemble des magistrats, pour l'exercice des seules fonctions de conseiller à la Cour de cassation n'a pas pour effet de conférer aux magistrats qui ont fait l'objet, en vertu de l'art. 37 de l'ordonnance organique, d'une nomination concomitante dans ces fonctions et dans celles de premier président de cour d'appel d'être maintenus en activité au-delà de la limite d'âge dans ces dernières fonctions. • CE 8 mars 2010 : ☎ *Gaz. Pal. 17-18 mars 2010, p. 25, obs. Guyomar.*

2. L. org. du 8 août 2016. Constitutionnalité (oui). Magistrats placés hors hiérarchie. Il est loisible au législateur organique de modifier l'énumération des emplois de la magistrature placés hors hiérarchie. • Cons. const. 28 juill. 2016, n° 2016-732 DC.

Compte tenu des critères qu'il a fixés pour la désignation des tribunaux dans lesquels les emplois de premiers vice-présidents sont placés hors hiérarchie, la liste de ces tribunaux étant fixée en fonction de l'importance de l'activité juridictionnelle, des effectifs de magistrats et de fonctionnaires des services judiciaires et de la population du ressort, le législateur organique n'a pas méconnu l'étendue de sa compétence. • Cons. const. 28 juill. 2016, n° 2016-732 DC, § 5 et 6.

Art. 3-1 *(L. org. n° 2001-539 du 25 juin 2001)* **Les magistrats mentionnés au 2° du I de l'article 1er sont appelés à remplacer temporairement les magistrats de leur grade des tribunaux de première instance et de la cour d'appel qui se trouvent empêchés d'exercer leurs fonctions du fait de congés de maladie, de longue maladie, pour maternité ou adoption ou du fait de leur participation à des stages de formation, ou admis à prendre leur congé annuel.**

Ils peuvent, en outre, être temporairement affectés dans ces juridictions pour exercer, pour une durée qui n'est pas renouvelable et qui ne peut excéder huit mois, les fonctions afférentes à un emploi vacant de leur grade.

Ils peuvent enfin, pour une durée qui n'est pas renouvelable et qui ne peut excéder huit mois, être temporairement affectés dans un tribunal de première instance, ainsi qu'à la cour d'appel pour les magistrats du premier grade, pour renforcer l'effectif d'une juridiction afin d'assurer le traitement du contentieux dans un délai raisonnable.

S'il s'agit de magistrats du siège et sauf consentement de leur part à un changement d'affectation, ils demeurent en fonctions jusqu'au retour du magistrat dont ils assurent le remplacement, ou jusqu'au terme fixé de leur affectation temporaire par l'ordonnance du premier président.

L'affectation de ces magistrats, selon qu'ils appartiennent au siège ou au parquet, est prononcée par ordonnance du premier président de la cour d'appel ou par décision du procureur général, qui précise le motif et la durée du remplacement à effectuer ou de l'affectation temporaire.

A défaut d'assurer un remplacement ou d'être temporairement affectés, en application des alinéas qui précèdent, ces magistrats exercent des fonctions du siège ou du parquet du niveau hiérarchique auquel ils appartiennent au tribunal *(L. org. n° 2019-221 du 23 mars 2019, art. 8-3°-a, en vigueur le 1er janv. 2020)* « judiciaire *[ancienne rédaction : de grande instance]* » du siège de la cour d'appel à laquelle ils sont rattachés ou au tribunal *(L. org. n° 2019-221 du 23 mars 2019, art. 8-3°-a, en vigueur le 1er janv. 2020)* « judiciaire *[ancienne rédaction : de grande instance]* » le plus important du département où est située ladite cour.

Le nombre de ces magistrats ne peut excéder, pour chaque cour d'appel, le quinzième des emplois de magistrat de la cour d'appel et des tribunaux de première instance du ressort.

Leur nomination peut, le cas échéant, être prononcée en surnombre de l'effectif de la cour d'appel de rattachement dans la limite de l'effectif budgétaire global des emplois de leur grade.

Après deux ans d'exercice dans leurs fonctions et sur leur demande, ces magistrats sont nommés *(L. org. n° 2016-1090 du 8 août 2016, art. 9-1°-a)* « à l'un des tribunaux *(L. org. n° 2019-221 du 23 mars 2019, art. 8-3°-b, en vigueur le 1er janv. 2020)* « judiciaires *[ancienne rédaction : de grande instance]* » du ressort de la cour d'appel à laquelle ils sont rattachés. » La nomination intervient sur le premier emploi vacant respectivement du siège ou du parquet du niveau hiérarchique auquel ces magistrats appartiennent et pour lequel ils se sont portés candidats, à l'exception des emplois de chef de juridiction *(L. org. n° 2012-208 du 13 févr. 2012, art. 2)* « , premier vice-président, premier vice-président adjoint, *(L. org. n° 2016-1090 du 8 août 2016, art. 9-1°-b)* « premier vice-président chargé de l'instruction, premier vice-président chargé des fonctions de juge des enfants, premier vice-président chargé de l'application des peines, premier vice-président chargé *(L. org. n° 2019-221 du 23 mars 2019, art. 1er-2°, en vigueur le 1er janv. 2020)* « des fonctions de juge des contentieux de la protection *[ancienne rédaction : du service d'un tribunal d'instance]*, » premier vice-président chargé des fonctions de juge des libertés et de la détention, » procureur de la République adjoint *(L. org. n° 2016-1090 du 8 août 2016, art. 9-1°-b)* « , premier vice-procureur de la République des tribunaux *(L. org. n° 2019-221 du 23 mars 2019, art. 8-3°-c, en vigueur le 1er janv. 2020)* « judiciaires *[ancienne rédaction : de grande instance]* » ou premier vice-procureur de la République financier près le tribunal *(L. org. n° 2019-221 du 23 mars 2019, art. 8-3°-c, en vigueur le 1er janv. 2020)* « judiciaire *[ancienne rédaction : de grande instance]* » de Paris ». »

Ces magistrats ne peuvent en aucun cas exercer les fonctions prévues au présent article pendant une durée supérieure à *(L. org. n° 2016-1090 du 8 août 2016, art. 9-2°-a)* « huit » ans. A l'issue de cette période, ils sont nommés respectivement en qualité de magistrat du siège ou du parquet du niveau hiérarchique auquel ils appartiennent dans *(L. org. n° 2016-1090 du 8 août 2016, art. 9-2°-b)* « l'un des tribunaux *(L. org. n° 2019-221 du 23 mars 2019, art. 8-3°-d, en vigueur le 1er janv. 2020)* « judiciaires *[ancienne rédaction : de grande instance]* » mentionnés » à l'alinéa précédent où, au plus tard quatre mois avant la fin de la *(L. org. n° 2016-1090 du 8 août 2016, art. 9-2°-b)* « huitième » année de leurs fonctions, ils ont demandé à être affectés. A défaut d'avoir effectué un choix, ils sont nommés au tribunal *(L. org. n° 2019-221 du 23 mars 2019, art. 8-3°-d, en vigueur le 1er janv. 2020)* « judiciaire *[ancienne rédaction : de grande instance]* » le plus important du département où est située la cour d'appel à laquelle ils sont rattachés. Les nominations sont prononcées, le cas échéant, en surnombre de l'effectif budgétaire du niveau hiérarchique auquel ils appartiennent et, s'il y a lieu, en surnombre de l'effectif organique de la juridiction. Les surnombres sont résorbés à la première vacance utile intervenant dans la juridiction considérée.

Un décret en Conseil d'État détermine, en tant que de besoin, les conditions d'application du présent article.

L'art. 3-1, dans sa rédaction résultant de l'art. 9 de la L. org. n° 2016-1090 du 8 août 2016, s'agissant des juges des libertés et de la détention et des premiers vice-présidents chargés des fonctions de juge des libertés et de la détention, est applicable à compter du 1er sept. 2017.

Art. 4 Les magistrats du siège sont inamovibles.

En conséquence, le magistrat du siège ne peut recevoir, sans son consentement, une affectation nouvelle, même en avancement.

Art. 5 Les magistrats du parquet sont placés sous la direction et le contrôle de leurs chefs hiérarchiques et sous l'autorité du garde des Sceaux, ministre de la justice. A l'audience, leur parole est libre.

Constitutionnalité. Il résulte de l'art. 16 de la Déclaration des droits de l'homme de 1789, des art. 20, 64 et 65 de la Constitution que la Constitution consacre l'indépendance des magistrats du parquet, dont découle le libre exercice de leur action devant les juridictions, que cette indépendance doit être conciliée avec les prérogatives du Gouvernement et qu'elle n'est pas assurée par les mêmes garanties que celles applicables aux magistrats du siège.

D'une part, l'autorité du garde des Sceaux sur les magistrats du parquet se manifeste notamment par l'exercice de son pouvoir de nomination et de sanction. En application de l'art. 28 de l'Ord. du 22 déc. 1958, les décrets portant nomination aux fonctions de magistrat du parquet sont pris par le président de la République sur proposition du garde des Sceaux, après avis de la formation compétente du Conseil supérieur de la magistrature. En application de l'art. 66 de la même ordonnance, la décision de sanction d'un magistrat du parquet est prise par le garde des Sceaux après avis de la formation compétente du Conseil supérieur de la magistrature. Par ailleurs, en application du deuxième alinéa de l'art. 30 C. pr. pén., le ministre de la Justice peut adresser aux magistrats du ministère public des instructions générales de politique pénale, au regard notamment de la nécessité d'assurer sur tout le territoire de la République l'égalité des citoyens devant la loi. Conformément aux dispositions des art. 39-1 et 39-2 du même code, il appartient au ministère public de mettre en œuvre ces instructions.

D'autre part, en application du même art. 30 C. pr. pén., le ministre de la Justice ne peut adresser aux magistrats du parquet aucune instruction dans des affaires individuelles. En vertu de l'art. 31 du même code, le ministère public exerce l'action publique et requiert l'application de la loi, dans le respect du principe d'impartialité auquel il est tenu. En application de l'art. 33, il développe librement les observations orales qu'il croit convenables au bien de la justice. L'art. 39-3 confie au procureur de la République la mission de veiller à ce que les investigations de police judiciaire tendent à la manifestation de la vérité et qu'elles soient accomplies à charge et à décharge, dans le respect des droits de la victime, du plaignant et de la personne suspectée. Conformément à l'art. 40-1 du C. pr. pén., le procureur de la République décide librement de l'opportunité d'engager des poursuites.

Pour l'ensemble de ces motifs, les dispositions contestées de l'art. 5 de l'Ord. n° 58-1270 du 22 déc.1958 assurent une conciliation équilibrée entre le principe d'indépendance de l'autorité judiciaire et les prérogatives que le Gouvernement tient de l'art. 20 de la Constitution. Elles ne méconnaissent pas non plus la séparation des pouvoirs. • Cons. const. 8 déc. 2017, n° 2017-680 QPC : *D. 2017. Actu. 2485*.

Art. 6 Tout magistrat, lors de sa nomination à son premier poste, et avant d'entrer en fonctions, prête serment en ces termes :

« Je jure de bien et fidèlement remplir mes fonctions, de garder *(Abrogé par L. org. n° 2016-1090 du 8 août 2016, art. 10)* « ***religieusement*** » le secret des délibérations et de me conduire en tout comme un digne et loyal magistrat. »

Il ne peut, en aucun cas, être relevé de ce serment.

Le serment est prêté devant la cour d'appel. Toutefois, pour les magistrats directement nommés à la Cour de cassation, il est prêté devant cette juridiction.

(L. org. n° 2016-1090 du 8 août 2016, art. 11) « Le magistrat intégré au titre des articles 22 et 23, nommé dans une juridiction d'outre-mer et effectuant son stage préalable sur le territoire métropolitain, peut prêter serment devant la cour d'appel de sa résidence. »

L'ancien magistrat prête à nouveau serment lorsqu'il est réintégré.

BIBL. ▶ Capashen, *D. 2001, Point de vue, p. 3203* (magistrat franc-maçon).

Les anciens magistrats nommés juges de proximité doivent prêter à nouveau le serment prévu à l'art. 6, la loi n° 2003-153 du 26 févr. 2003 ne comportant pas de dérogation à cet égard. *Rép. min. n° 58673, 1er mars 2005 : *JOAN 10 mai 2005.*

Art. 7 *(L. org. n° 80-844 du 29 oct. 1980)* « Les magistrats sont installés dans leurs fonctions en audience solennelle de la juridiction à laquelle ils sont nommés ou rattachés. »

En cas de nécessité, le magistrat peut être installé par écrit après avoir, s'il y a lieu, prêté serment devant la cour d'appel de sa résidence.

Art. 7-1 *(L. org. n° 2016-1090 du 8 août 2016, art. 26-I)* Les magistrats veillent à prévenir ou à faire cesser immédiatement les situations de conflit d'intérêts.

Constitue un conflit d'intérêts toute situation d'interférence entre un intérêt public et des intérêts publics ou privés qui est de nature à influencer ou à paraître influencer l'exercice indépendant, impartial et objectif d'une fonction.

1. L. org. n° 2016-1090 du 8 août 2016. Constitutionnalité (oui). Droits et obligations des magistrats. Compétence du législateur. Le législateur organique est compétent, au titre de l'art. 64 Const. pour fixer les règles relatives à la prévention des conflits d'intérêts pour les magistrats. • Cons. const. 28 juill. 2016, n° 2016-732 DC, § 46.

2. Dépôt de déclaration d'intérêts. La liberté proclamée par l'art. 2 de la DDHC de 1789 implique le droit au respect de la vie privée. Le dépôt de déclarations d'intérêts contenant des données à caractère personnel relevant de la vie privée porte atteinte au respect de la vie privée. Pour être conformes à la Constitution, ces atteintes doivent être justifiées par un motif d'intérêt général et mises en œuvre de manière adéquate et proportionnée à cet objectif. L'obligation de dépôt auprès d'une autorité judiciaire des déclarations d'intérêts des magistrats a pour objectif de renforcer les garanties de probité et d'intégrité de ces personnes, de prévention des conflits d'intérêts et de lutte contre ceux-ci. Elle est ainsi justifiée par un motif d'intérêt général. Le législateur organique pouvait imposer la mention, dans les déclarations d'intérêts, des activités professionnelles exercées à la date de la nomination par le conjoint, le partenaire lié par un pacte civil de solidarité ou le concubin sans porter une atteinte disproportionnée au droit au respect de la vie privée compte tenu de la vie commune avec le déclarant. • Cons. const. 28 juill. 2016, n° 2016-732 DC, § 47.

3. Compétence du Conseil supérieur de la magistrature. Ainsi que l'a jugé le Cons. const. dans sa Décis. n° 2010-611 DC du 19 juill. 2010, il résulte du huitième al. de l'art. 65 Const. que le Conseil supérieur de la magistrature ne peut se prononcer sur les questions relatives à la déontologie des magistrats sans être saisi à cette fin par le garde des Sceaux. Les dispositions qui instituent le collège de déontologie, qui le chargent de rendre des avis sur toute question déontologique individuelle et d'examiner les déclarations d'intérêts, et qui prévoient que ce collège est distinct du Conseil supérieur de la magistrature, tout en lui confiant le soin de rendre compte de l'exécution de ses missions au Conseil supérieur de la magistrature dans un rapport annuel ne contenant aucune information nominative pour favoriser l'élaboration du recueil des obligations déontologiques par ce Conseil, ne méconnaissent donc pas les exigences du huitième al. de l'art. 65 Const. • Cons. const. 28 juill. 2016 : *DC n° 2016-732 DC, § 48.*

Art. 7-2 *(L. org. n° 2016-1090 du 8 août 2016, art. 26-I)* I. — Dans les deux mois qui suivent l'installation dans leurs fonctions, les magistrats remettent une déclaration exhaustive, exacte et sincère de leurs intérêts :

1° Au président du tribunal, pour les magistrats du siège d'un tribunal de première instance ;

2° Au procureur de la République près ce tribunal, pour les magistrats du parquet d'un tribunal de première instance ;

3° Au premier président de la cour d'appel, pour les magistrats du siège d'une cour d'appel et pour les présidents des tribunaux de première instance du ressort de cette cour ;

4° Au procureur général près cette cour, pour les magistrats du parquet d'une cour d'appel et pour les procureurs de la République près des tribunaux de première instance du ressort de cette cour ;

5° Au premier président de la Cour de cassation, pour les magistrats du siège de la cour, pour les conseillers à la cour en service extraordinaire et pour les premiers présidents des cours d'appel ;

6° Au procureur général près la Cour de cassation, pour les magistrats du parquet de la cour, pour les avocats généraux à la cour en service extraordinaire et pour les procureurs généraux près des cours d'appel.

II. — L'autorité à laquelle la déclaration a été remise peut solliciter l'avis du collège de déontologie sur la déclaration lorsqu'il existe un doute sur une éventuelle situation de conflit d'intérêts.

III. — La déclaration d'intérêts ne comporte aucune mention des opinions ou des activités politiques, syndicales, religieuses ou philosophiques du magistrat, sauf lorsque leur révélation résulte de la déclaration de fonctions ou de mandats exercés publiquement.

Elle porte sur les éléments suivants :

1° Les activités professionnelles donnant lieu à rémunération ou gratification exercées à la date de l'installation ;

2° Les activités professionnelles ayant donné lieu à rémunération ou gratification exercées aux cours des cinq années précédant la date de l'installation ;

3° Les activités de consultant exercées à la date de l'installation et au cours des cinq années précédentes ;

4° Les participations aux organes dirigeants d'un organisme public ou privé ou d'une société à la date de l'installation ou lors des cinq années précédentes ;

5° Les participations financières directes dans le capital d'une société à la date de l'installation ;

6° Les activités professionnelles exercées à la date de l'installation par le conjoint, le partenaire lié à l'intéressé par un pacte civil de solidarité ou le concubin ;

7° Les fonctions bénévoles susceptibles de faire naître un conflit d'intérêts ;

8° Les fonctions et mandats électifs exercés à la date de l'installation.

La remise de la déclaration d'intérêts donne lieu à un entretien déontologique entre le magistrat et l'autorité à laquelle la déclaration a été remise, ayant pour objet de prévenir tout éventuel conflit d'intérêts et d'inviter, s'il y a lieu, à mettre fin à une situation de conflit d'intérêts. A l'issue de l'entretien, la déclaration peut être modifiée par le magistrat. L'entretien peut être renouvelé à tout moment à la demande du magistrat ou de l'autorité.

Toute modification substantielle des intérêts détenus fait l'objet, dans un délai de deux mois, d'une déclaration complémentaire dans les mêmes formes et peut donner lieu à un entretien déontologique.

La déclaration d'intérêts est annexée au dossier du magistrat selon des modalités garantissant sa confidentialité, sous réserve de sa consultation par les personnes autorisées à y accéder.

Lorsqu'une procédure disciplinaire est engagée, le Conseil supérieur de la magistrature et le garde des sceaux, ministre de la justice, peuvent obtenir communication de la déclaration. Cette déclaration d'intérêts peut également être communiquée à l'inspection générale de la justice dans le cadre de l'enquête dont elle peut être saisie par le garde des sceaux, ministre de la justice, en application des articles 50-2 et 63.

IV. – Le fait, pour une personne tenue de remettre une déclaration d'intérêts en application du I du présent article, de ne pas adresser sa déclaration ou d'omettre de déclarer une partie substantielle de ses intérêts est puni de trois ans d'emprisonnement et de 45 000 € d'amende.

Peuvent être prononcées, à titre complémentaire, l'interdiction des droits civiques, selon les modalités prévues aux articles 131-26 et 131-26-1 du code pénal, ainsi que l'interdiction d'exercer une fonction publique, selon les modalités prévues à l'article 131-27 du même code.

Le fait de publier ou de divulguer, de quelque manière que ce soit, tout ou partie des déclarations ou des informations mentionnées au présent article est puni des peines mentionnées à l'article 226-1 du code pénal.

V. – Un décret en Conseil d'État précise les conditions d'application du présent article, notamment le modèle, le contenu et les conditions de remise, de mise à jour, de conservation et de consultation de la déclaration d'intérêts.

Dans les dix-huit mois suivant la publication du décret mentionné à l'art. 7-2, dans sa rédaction résultant de l'art. 26 de la L. org. n° 2016-1090 du 8 août 2016, les magistrats mentionnés au même art. 7-2 établissent une déclaration d'intérêts et participent à un entretien déontologique dans les conditions prévues audit art. 7-2 (L. org., préc., art. 50-VII).

L. org. n° 2016-1090 du 8 août 2016. art. 7-1 de la présente ord.
Constitutionnalité (oui). Renvoi. V. note ss.

Art. 7-3 *(L. org. n° 2016-1090 du 8 août 2016, art. 26-I)* I. – Adressent au président de la Haute Autorité pour la transparence de la vie publique une déclaration exhaustive, exacte et sincère de leur situation patrimoniale, dans les deux mois qui suivent l'installation dans leurs fonctions et dans les deux mois qui suivent la cessation de leurs fonctions :

[Dispositions déclarées non conformes à la Constitution par la décision du Cons. const. n° 2016-732 DC du 28 juill. 2016.]

II. – La déclaration de la situation patrimoniale du magistrat concerne la totalité de ses biens propres ainsi que, le cas échéant, ceux de la communauté ou les biens indivis. Ces biens sont évalués à la date du fait générateur de la déclaration comme en matière de droits de mutation à titre gratuit. La déclaration porte sur les éléments suivants :

1° Les immeubles bâtis et non bâtis ;

2° Les valeurs mobilières ;
3° Les assurances vie ;
4° Les comptes bancaires courants ou d'épargne, les livrets et les autres produits d'épargne ;
5° Les biens mobiliers divers d'une valeur supérieure à un montant fixé par voie réglementaire ;
6° Les véhicules terrestres à moteur, les bateaux et les avions ;
7° Les fonds de commerce ou clientèles et les charges et offices ;
8° Les biens mobiliers et immobiliers et les comptes détenus à l'étranger ;
9° Les autres biens ;
10° Le passif.

Le cas échéant, la déclaration de situation patrimoniale précise, pour chaque élément mentionné aux 1° à 10° du présent II, s'il s'agit de biens propres, de biens de la communauté ou de biens indivis.

La déclaration de situation patrimoniale adressée à l'issue des fonctions comporte, en plus des éléments mentionnés aux mêmes 1° à 10°, une présentation des événements majeurs ayant affecté la composition du patrimoine depuis la précédente déclaration, ainsi qu'une récapitulation de l'ensemble des revenus perçus par le magistrat et, le cas échéant, par la communauté depuis le début de l'exercice des fonctions.

III. – Toute modification substantielle de la situation patrimoniale fait l'objet, dans un délai de deux mois, d'une déclaration complémentaire dans les mêmes formes.

Aucune nouvelle déclaration n'est exigée du magistrat qui a établi depuis moins de six mois une déclaration en application du présent article, des articles 4 ou 11 de la loi n° 2013-907 du 11 octobre 2013 relative à la transparence de la vie publique, de l'article LO 135-1 du code électoral, des articles L. 131-10 ou L. 231-4-4 du code de justice administrative ou des articles L. 120-12 ou L. 220-9 du code des juridictions financières, et la déclaration mentionnée au dernier alinéa du II du présent article est limitée à la présentation et à la récapitulation prévues au même dernier alinéa.

La déclaration de situation patrimoniale n'est pas versée au dossier du magistrat et ne peut pas être communiquée aux tiers.

IV. – La Haute Autorité peut demander au magistrat soumis au I du présent article toute explication nécessaire à l'exercice de sa mission de contrôle des déclarations de situation patrimoniale. En cas de déclaration incomplète ou lorsqu'il n'a pas été donné suite à une demande d'explication adressée par la Haute Autorité, cette dernière adresse à l'intéressé une injonction tendant à ce que la déclaration soit complétée ou que les explications lui soient transmises dans un délai d'un mois à compter de cette injonction.

V. – La Haute Autorité peut demander au magistrat soumis au I du présent article communication des déclarations qu'il a souscrites en application des articles 170 à 175 A du code général des impôts et, le cas échéant, en application de l'article 885 W du même code.

Elle peut, si elle l'estime utile, demander les déclarations mentionnées au premier alinéa du présent V souscrites par le conjoint séparé de biens, le partenaire lié par un pacte civil de solidarité ou le concubin de tout magistrat soumis au I.

A défaut de communication dans un délai de deux mois des déclarations mentionnées aux deux premiers alinéas du présent V, elle peut demander copie de ces mêmes déclarations à l'administration fiscale, qui les lui transmet dans un délai de trente jours.

La Haute Autorité peut demander à l'administration fiscale d'exercer le droit de communication prévu à la section I du chapitre II du titre II de la première partie du livre des procédures fiscales, en vue de recueillir toutes informations utiles à l'accomplissement de sa *mission de contrôle*. Ces informations sont transmises à la Haute Autorité dans un délai de soixante jours à compter de sa demande.

Elle peut, aux mêmes fins, demander à l'administration fiscale de mettre en œuvre les procédures d'assistance administrative internationale.

Les agents de l'administration fiscale sont déliés du secret professionnel à l'égard des membres et des rapporteurs de la Haute Autorité au titre des vérifications et contrôles qu'ils mettent en œuvre pour l'application du présent article.

VI. – La Haute Autorité apprécie, dans un délai de six mois à compter de la réception de la déclaration, l'évolution de la situation patrimoniale du magistrat telle qu'elle résulte de ses déclarations, des éventuelles observations et explications qu'il a pu formuler ou des autres éléments dont elle dispose.

Lorsque les évolutions de la situation patrimoniale n'appellent pas d'observations ou lorsqu'elles sont justifiées, la Haute Autorité en informe le magistrat.

Lorsqu'elle constate une évolution de la situation patrimoniale pour laquelle elle ne dispose pas d'explications suffisantes, après que le magistrat a été mis en mesure de produire ses observations, la Haute Autorité transmet le dossier au parquet.

Lorsqu'elle constate un manquement à l'obligation de déclaration de situation patrimoniale ou un défaut de réponse à une injonction prévue au IV du présent article, la Haute Autorité pour la transparence de la vie publique saisit le garde des sceaux, ministre de la justice.

VII. – Le fait, pour une personne mentionnée au I du présent article, de ne pas déposer la déclaration de situation patrimoniale, d'omettre de déclarer une partie substantielle de son patrimoine ou de fournir une évaluation mensongère de son patrimoine est puni de trois ans d'emprisonnement et de 45 000 € d'amende.

Peuvent être prononcées, à titre complémentaire, l'interdiction des droits civiques, selon les modalités prévues aux articles 131-26 et 131-26-1 du code pénal, ainsi que l'interdiction d'exercer une fonction publique, selon les modalités prévues à l'article 131-27 du même code.

Le fait, pour une personne mentionnée au I du présent article, de ne pas déférer aux injonctions de la Haute Autorité pour la transparence de la vie publique ou de ne pas lui communiquer les informations et pièces utiles à l'exercice de sa mission est puni d'un an d'emprisonnement et de 15 000 € d'amende.

Le fait de publier ou de divulguer, de quelque manière que ce soit, tout ou partie des déclarations ou des informations mentionnées au présent article est puni des peines prévues à l'article 226-1 du code pénal.

VIII. – Un décret en Conseil d'État, pris après avis de la Haute Autorité pour la transparence de la vie publique, précise les conditions d'application du présent article, notamment le modèle, le contenu et les conditions de mise à jour et de conservation des déclarations de situation patrimoniale.

L'art. 26 de la L. org. n° 2016-1090 du 8 août 2016 entendait créer un dispositif conçu pour faire cesser les situations de conflits d'intérêts. Si le Conseil constitutionnel a jugé conformes à la Constitution celles de ses dispositions qui imposent à l'ensemble des magistrats de remettre une déclaration d'intérêts, il a déclaré, en revanche, contraires à la Constitution les dispositions créées par la loi organique qui imposent à certains magistrats seulement de remettre à la Haute Autorité pour la transparence de la vie publique une déclaration de leur situation patrimoniale. Le Cons. const. a jugé qu'au regard des exigences de probité et d'intégrité qui pèsent sur les magistrats exerçant des fonctions juridictionnelles et de l'indépendance qui leur est garantie dans cet exercice, en restreignant l'obligation de dépôt d'une déclaration de situation patrimoniale aux seuls magistrats énumérés par la loi déférée, le législateur a méconnu le principe d'égalité. Le Cons. const. a donc déclaré contraires à la Constitution les 1° à 6° du § I de l'art. 7-3 de la présente ordonnance introduit par le § I de l'art. 26 de la loi organique. Il a en revanche déclaré conforme à la Constitution l'obligation de déclaration de situation patrimoniale introduite par l'art. 43 pour les membres du Conseil supérieur de la magistrature.

1. L. org. n° 2016-1090 du 8 août 2016. Constitutionnalité (oui). Déclarations de situation patrimoniale. Compétence du législateur. Le législateur organique est compétent, au titre de l'art. 64 Const., pour fixer les règles relatives au contrôle de la situation patrimoniale des magistrats. • Cons. const. 28 juill. 2016, n° 2016-732 DC, § 55.

2. Obligation de dépôt auprès d'une autorité administrative indépendante. L'obligation de dépôt auprès d'une autorité administrative indépendante des déclarations de situation patrimoniale de certains magistrats a pour objectif de renforcer les garanties de probité et d'intégrité de ces personnes. Elle est ainsi justifiée *par un motif d'intérêt général.* En imposant une obligation de dépôt d'une déclaration de situation patrimoniale aux seuls premier président et présidents de chambre de la Cour de cassation, procureur général et premiers avocats généraux près la Cour de cassation, premiers présidents des cours d'appel et procureurs généraux près les cours d'appel, présidents des tribunaux de première instance et procureurs de la République près les tribunaux de première instance, le législateur organique a traité différemment ces magistrats des autres magistrats exerçant des fonctions en juridiction. Au regard des exigences de probité et d'intégrité qui pèsent sur les magistrats exerçant des fonctions juridictionnelles et de l'indépendance qui leur est garantie dans cet exercice, en restreignant l'obligation de dépôt d'une déclaration de situation patrimoniale aux seuls magistrats énumérés par les 1° à 6° du paragraphe I de l'art. 7-3, le législateur a institué une différence de traitement qui est sans rapport avec l'objectif poursuivi par la loi. Dès lors, les dispositions des 1° à 6° du § I de l'art. 7-3 introduites par le paragraphe I de l'art. 26, qui méconnaissent le principe d'égalité devant la loi, sont contraires à la Constitution. Il en va de même, par voie de conséquence, des mots : « les magistrats mentionnés au même art. 7-3 » figurant au § X de l'art. 50, qui sont relatives aux modalités d'entrée en vigueur des dispositions ainsi déclarées contraires à la Constitution. En revanche, les autres dispositions de l'art. 7-3, dans la mesure où elles sont également applicables, en vertu de l'art. 10-1-2 de la L. org. du 5 févr. 1994 introduit par l'art. 43 de la loi organique déférée, aux membres du Conseil supérieur de la magistrature, conservent une portée distincte de celle pour laquelle les 1° à 6° du § I de l'art. 7-3 sont déclarés contraires à la Constitution. • Cons. const. 28 juill. 2016, n° 2016-732 DC, § 56 et 57.

3. Mentions de la déclaration. En retenant au § II de l'art. 7-3 la mention des « autres biens » qui ne figurent pas dans l'une des autres catégories de la déclaration de situation patrimoniale, le législateur a entendu inclure tous les éléments du patrimoine d'une valeur substantielle, en particulier les comptes courants de société et les options de souscription ou d'achat d'actions. Il appartiendra au décret en Conseil d'État prévu par le § VIII de l'art. 7-3 d'établir, sous réserve du premier al. du paragraphe II du même art., la valeur minimale des autres biens devant figurer dans la déclaration. • Cons. const. 28 juill. 2016, n° 2016-732 DC, § 58.

Art. 8 L'exercice des fonctions de magistrat est incompatible avec l'exercice de toutes fonctions publiques et de toute autre activité professionnelle ou salariée. *(L. org. n° 2017-54 du 20 janv. 2017, art. 3-I)* « Lorsque la loi prévoit la présence au sein du collège d'une autorité administrative indépendante ou d'une autorité publique indépendante de membres désignés parmi les magistrats en activité, il ne peut être désigné d'autre membre en activité du même corps, à l'exclusion du président de l'autorité concernée. »

Des dérogations individuelles peuvent toutefois être accordées aux magistrats, par décision des chefs de cour, pour donner des enseignements ressortissant à leur compétence ou pour exercer des fonctions ou activités qui ne seraient pas de nature à porter atteinte à la dignité du magistrat et à son indépendance *(L. org. n° 2001-539 du 25 juin 2001)* « , à l'exception des activités d'arbitrage, sous réserve des cas prévus par les dispositions législatives en vigueur ».

Les magistrats peuvent, sans autorisation préalable, se livrer à des travaux scientifiques, littéraires ou artistiques.

Les incompatibilités mentionnées au premier al. de l'art. 8 de l'Ord. n° 58-1270 du 22 déc. 1958 portant loi organique relative au statut de la magistrature s'appliquent au mandat des membres nommés ou élus après la promulgation de la L. org. n° 2017-54 du 20 janv. 2017 (JO 21 janv.). Tout membre qui se trouve dans un des cas d'incompatibilité est tenu de faire cesser cette incompatibilité au plus tard le trentième jour suivant la promulgation de la L. org. n° 2017-54 du 20 janv. 2017. A défaut d'option dans ce délai, le président de l'autorité administrative indépendante ou de l'autorité publique indépendante, ou un tiers au moins des membres du collège de l'autorité lorsque l'incompatibilité concerne le président, le déclare démissionnaire (L. org. préc. du 20 janv. 2017, art. 6).

Art. 9 *(L. org. n° 80-844 du 29 oct. 1980)* « L'exercice des fonctions de magistrat est incompatible avec l'exercice d'un mandat au Parlement, *(L. org. n° 92-189 du 25 févr. 1992)* « au Parlement européen » ou au *(L. org. n° 2010-704 du 28 juin 2010, art. 21)* « Conseil économique, social et environnemental » *(L. org. n° 2007-223 du 21 févr. 2007, art. 14)* « , ainsi que de membre du congrès ou d'une assemblée de province de la Nouvelle-Calédonie, de représentant à l'assemblée de la Polynésie française, de membre de l'assemblée territoriale des îles Wallis-et-Futuna, de conseiller territorial de Saint-Barthélemy, de conseiller territorial de Saint-Martin *(Abrogé par L. org. n° 2016-1090 du 8 août 2016, art. 12-1°-a)* « *, de conseiller général de Mayotte* » ou de conseiller territorial de Saint-Pierre-et-Miquelon ou avec la fonction de membre du gouvernement de la Nouvelle-Calédonie *(L. org. n° 2007-1719 du 7 déc. 2007, art. 35)* « ou du gouvernement de la Polynésie française ».

(L. org. n° 79-43 du 18 janv. 1979) « Nul ne peut être nommé magistrat ni le demeurer dans une juridiction dans le ressort de laquelle se trouve tout ou partie du département dont son conjoint est député ou sénateur. »

(L. org. n° 2007-223 du 21 févr. 2007, art. 14) « L'exercice des fonctions de magistrat est également incompatible avec l'exercice d'un mandat de conseiller régional, de conseiller *(L. org. n° 2016-1090 du 8 août 2016, art. 12-1°-b)* « départemental », de conseiller municipal ou de conseiller d'arrondissement, de conseiller de Paris *(L. org. n° 2016-1090 du 8 août 2016, art. 12-1°-b)* « , de conseiller de la métropole de Lyon » ou de membre de l'Assemblée de Corse dans le ressort de la juridiction à laquelle appartient ou est rattaché le magistrat. »

Nul ne peut être nommé magistrat ni le demeurer dans une juridiction dans le ressort de laquelle il aura exercé, depuis moins de cinq ans, une fonction publique élective visée au présent article ou fait acte de candidature à l'un de ces mandats, *(L. org. n° 92-189 du 25 févr. 1992)* « à l'exception du mandat de représentant au Parlement européen, » depuis moins de trois ans.

(L. org. n° 79-43 du 18 janv. 1979) « Les dispositions des trois alinéas qui précèdent ne s'appliquent pas aux magistrats de la Cour de cassation. »

Art. 9-1 *(L. org. n° 94-101 du 5 févr. 1994)* Les magistrats et anciens magistrats ne peuvent exercer la profession d'avocat, *(Abrogé par L. org. n° 2016-1090 du 8 août 2016, art. 26-II)* « *d'avoué,* » de notaire, d'huissier de justice, *(L. org. n° 2016-1090 du 8 août 2016, art. 26-II)* « de commissaire-priseur judiciaire, » de greffier de tribunal de commerce, d'administrateur judiciaire ou de *(L. org. n° 2016-1090 du 8 août 2016, art. 26-II)* « mandataire judiciaire » ou travailler au service d'un membre de ces professions dans le ressort d'une juridiction où ils ont exercé leurs fonctions depuis moins de cinq ans.

Les dispositions de l'alinéa précédent ne s'appliquent pas aux magistrats de la Cour de cassation.

A titre transitoire, l'interdiction énoncée à l'art. 9-1 ci-dessus ne s'applique pas aux magistrats et anciens magistrats qui, à la date de promulgation de la L. org. n° 94-101 du 5 févr. 1994, exercent, dans le ressort d'une juridiction où ils ont exercé leurs fonctions depuis moins de cinq ans, l'une des professions mentionnées, ou travaillent au service d'un membre de ces professions (L. préc., art. 26, al. 4).

Art. 9-1-1 *(L. org. n° 2007-223 du 21 févr. 2007, art. 14)* Les magistrats et anciens magistrats ne peuvent occuper un emploi au service des collectivités d'outre-mer de Saint-Barthélemy, de Saint-Martin *(Abrogé par L. org. n° 2016-1090 du 8 août 2016, art. 12-2°)* « *, de Mayotte* », de la Polynésie française et de Saint-Pierre-et-Miquelon ou de leurs établissements publics lorsqu'ils ont exercé leurs fonctions sur le territoire de la collectivité intéressée depuis moins de deux ans.

Art. 9-2 *(L. org. n° 94-101 du 5 févr. 1994)* Le magistrat en disponibilité ou qui demande à être placé dans cette position doit, lorsqu'il se propose d'exercer une activité privée, en informer préalablement le garde des Sceaux, ministre de la justice. La même obligation s'applique pendant cinq ans au magistrat ayant définitivement cessé ses fonctions.

Le garde des Sceaux, ministre de la justice, peut s'opposer à l'exercice de cette activité lorsqu'il estime qu'elle est contraire à l'honneur ou à la probité, ou que, par sa nature ou ses conditions d'exercice, cette activité compromettrait le fonctionnement normal de la justice ou porterait le discrédit sur les fonctions de magistrat.

En cas de violation d'une interdiction prévue au présent article, le magistrat mis en disponibilité est passible de sanctions disciplinaires dans les conditions prévues au chapitre VII. Le magistrat retraité peut faire l'objet, dans les formes prévues au chapitre VII, du retrait de son honorariat, et, le cas échéant, de retenues sur pension.

Les modalités d'application du présent article sont déterminées par un décret en Conseil d'État.

Art. 10 Toute délibération politique est interdite au corps judiciaire.

Toute manifestation d'hostilité au principe ou à la forme du Gouvernement de la République est interdite aux magistrats, de même que toute démonstration de nature politique incompatible avec la réserve que leur imposent leurs fonctions.

Est également interdite toute action concertée de nature à arrêter ou entraver le fonctionnement des juridictions.

Art. 10-1 *(L. org. n° 2016-1090 du 8 août 2016, art. 27)* I. — Le droit syndical est garanti aux magistrats qui peuvent librement créer des organisations syndicales, y adhérer et y exercer des mandats.

II. — Pour l'exercice de ce droit, les magistrats sont soumis aux dispositions législatives et réglementaires de droit commun applicables aux fonctionnaires, sous réserve du présent II.

Sont considérées comme représentatives, au sens de l'article 27-1, les organisations syndicales de magistrats ayant obtenu au moins un siège à la commission d'avancement prévue à l'article 34 parmi les sièges attribués aux magistrats des cours et tribunaux ou ayant obtenu un taux minimal, fixé par le décret en Conseil d'État mentionné au III du présent article, de suffrages exprimés lors de l'élection du collège mentionné à l'article 13-1.

Les représentants syndicaux, titulaires et suppléants, appelés à siéger à la commission d'avancement ainsi qu'à la commission permanente d'études se voient accorder une autorisation d'absence sur simple présentation de leur convocation. Ils bénéficient des mêmes droits lorsqu'ils prennent part, en cette qualité, à des réunions de travail convoquées par l'administration.

Sous réserve des nécessités de service, des décharges d'activités peuvent être accordées aux représentants des organisations syndicales représentatives de magistrats.

Un crédit de temps syndical, utilisable sous forme de décharges de service ou de crédits d'heures selon les besoins de l'activité syndicale, est attribué aux organisations syndicales de magistrats et déterminé à l'issue du renouvellement de la commission d'avancement.

Les organisations syndicales de magistrats désignent librement parmi leurs représentants les bénéficiaires de crédits de temps syndical.

Lorsque la désignation d'un magistrat se révèle incompatible avec la bonne administration de la justice, le garde des sceaux, ministre de la justice, motive son refus et invite l'organisation syndicale à porter son choix sur un autre magistrat. Le Conseil supérieur de la magistrature doit être informé de cette décision.

III. – Un décret en Conseil d'État fixe les conditions d'application du présent article, notamment les conditions et les limites dans lesquelles les décharges de service peuvent intervenir.

L. org. n° 2016-1090 du 8 août 2016. Constitutionnalité (oui). Droit syndical des magistrats. En précisant que, sous réserve des dispositions spécifiques énoncées aux deuxième à septième alinéas du paragraphe II de l'art. 10-1, les magistrats sont « soumis aux dispositions législatives et réglementaires de droit commun applicables aux fonctionnaires », le législateur organique a entendu rendre applicables les seules dispositions de l'art. 8 de la L. n° 83-634 du 13 juill. 1983 portant droits et obligations des fonctionnaires ainsi que celles du Décr. du 28 mai 1982 relatif à l'exercice du droit syndical dans la fonction publique, dans leur rédaction en vigueur à la date de l'adoption définitive de la loi organique. • Cons. const. 28 juill. 2016, n° 2016-732 DC, § 61.

Art. 10-2 *(L. org. n° 2016-1090 du 8 août 2016, art. 28)* I. – Le collège de déontologie des magistrats de l'ordre judiciaire est chargé :

1° De rendre des avis sur toute question déontologique concernant personnellement un magistrat, sur saisine de celui-ci ou de l'un de ses chefs hiérarchiques ;

2° D'examiner les déclarations d'intérêts qui lui sont transmises en application de l'article 7-2.

Il présente chaque année au Conseil supérieur de la magistrature un rapport public rendant compte de l'exécution de ses missions. Ce rapport ne contient aucune information nominative.

II. – Le collège de déontologie des magistrats de l'ordre judiciaire est composé :

1° D'un magistrat, en fonctions ou honoraire, ancien membre du Conseil supérieur de la magistrature, nommé par le Président de la République sur proposition de la formation plénière du Conseil supérieur de la magistrature se prononçant hors la présence du premier président de la Cour de cassation et du procureur général près ladite cour ;

2° Alternativement, d'un magistrat du siège hors hiérarchie de la Cour de cassation, en fonctions ou honoraire, élu par l'assemblée des magistrats du siège hors hiérarchie de la cour ou d'un magistrat du parquet hors hiérarchie de la Cour de cassation, en fonctions ou honoraire, élu par l'assemblée des magistrats du parquet hors hiérarchie de la cour. Le premier président de la cour et le procureur général près la cour ne peuvent ni participer au vote ni être élus. Lorsque est élu un magistrat du siège hors hiérarchie de la Cour de cassation, le magistrat élu au titre du 3° est un procureur général près une cour d'appel. Lorsque est élu un magistrat du parquet hors hiérarchie de la Cour de cassation, le magistrat élu au titre du 3° est un premier président de cour d'appel ;

3° Alternativement, d'un premier président de cour d'appel, en fonctions ou honoraire, élu par l'assemblée des premiers présidents de cour d'appel et d'un procureur général près une cour d'appel, en fonctions ou honoraire, élu par l'assemblée des procureurs généraux près les cours d'appel ;

4° D'une personnalité extérieure désignée, alternativement, par le vice-président du Conseil d'État parmi les membres du Conseil d'État en fonctions ou honoraires et par le premier président de la Cour des comptes parmi les magistrats en fonctions à la Cour des comptes *ou honoraires* ;

5° D'un universitaire nommé par le Président de la République sur proposition, alternativement, du premier président de la Cour de cassation et du procureur général près ladite cour.

Le président du collège de déontologie est élu en son sein par ses membres.

III. – La durée du mandat des membres du collège de déontologie est de trois ans, renouvelable une fois.

IV. – Un décret en Conseil d'État fixe les conditions d'application du présent article.

Art. 11 Indépendamment des règles fixées par le code pénal et les lois spéciales, les magistrats sont protégés contre les menaces, attaques de quelque nature que ce soit, dont ils peuvent être l'objet dans l'exercice ou à l'occasion de leurs fonctions. L'État doit réparer le préjudice direct qui en résulte, dans tous les cas non prévus par la législation des pensions.

— Sur l'extension de la protection prévue par le présent art. aux conjoints, enfants et ascendants directs des magistrats de l'ordre judiciaire, V. L. n° 2003-239 du 18 mars 2003, art. 112-V (JO 19 mars).

(L. org. n° 2016-1090 du 8 août 2016, art. 29) « Un décret en Conseil d'État précise les conditions et les limites de la prise en charge par l'État, au titre de la protection, des frais exposés par le magistrat dans le cadre d'instances civiles ou pénales, ou devant la commission d'admission des requêtes jusqu'au renvoi devant la formation disciplinaire compétente du Conseil supérieur de la magistrature. »

1. Attaques. Notion. Constitue une attaque relevant de l'art. 11 la mise en cause, dans un hebdomadaire, d'un vice-président de tribunal, à raison de son comportement dans l'exercice de ses fonctions dans des termes portant atteinte à son honneur professionnel (un manque d'impartialité lui était reproché). • CE 28 mai 2003 : *D. 2004. 245, note S. Petit ; JCP 2004. II. 10056, note Brun.* ♦ Le garde des Sceaux, ministre de la Justice, qui n'invoque aucun motif d'intérêt général de nature à l'en dispenser, était ainsi tenu d'accorder à ce magistrat la protection sollicitée. • Même arrêt.

2. Protection. Contenu. L'art. 11 de l'Ord. 22 déc. 1958 ensemble l'art. 112 de la L. n° 2003-239 du 18 mars 2003 établissent à la charge de l'État une obligation de protection à laquelle il ne peut être dérogé, sous le contrôle du juge, que pour des motifs d'intérêt général. L'obligation ainsi imposée à l'État peut avoir pour objet, non seulement de faire cesser les attaques de toute nature, mais aussi d'assurer une réparation adéquate des torts subis, laquelle peut notamment consister en une assistance dans les poursuites judiciaires entreprises, le cas échéant, par les conjoints, enfants et ascendants directs des magistrats décédés dans l'exercice de leurs fonctions ou du fait de leurs fonctions, à raison des faits à l'origine du décès ou pour des faits commis postérieurement au décès mais du fait des fonctions qu'exerçait le magistrat décédé. Il appartient dans chaque cas au ministre d'apprécier, sous le contrôle du juge et compte tenu de l'ensemble des circonstances de chaque espèce, les modalités appropriées à l'objectif défini ci-dessus. • CE 28 déc. 2009 : *RFDA 2010. 236 ; LPA 8 mars 2010, p. 3, note Rouault.* ♦ Ne saurait être regardée comme suffisante à assurer la protection exigée par l'art. 11 de l'Ord. 22 déc. 1958 la publication par laquelle le procureur de la République près le TGI de Paris, faisant application de l'art. 11 C. pr. pén., a précisé, afin de démentir les propos en litige concernant les circonstances du décès d'un magistrat de l'ordre judiciaire, que, si la thèse du suicide a pu un temps être privilégiée, les éléments recueillis notamment depuis 2002 militent en faveur d'un acte criminel. La veuve du magistrat est en conséquence fondée à demander l'annulation de la décision attaquée par laquelle le garde des Sceaux, ministre de la Justice, a refusé de faire droit à la demande de protection statutaire prévue par l'art. 11 de l'Ord. 22 déc. 1958, notamment quant à la prise en charge des frais inhérents à la défense de ses intérêts et de ceux de son fils. • CE 28 déc. 2009 : *préc.*

Art. 11-1 *(L. org. n° 79-43 du 18 janv. 1979)* Les magistrats du corps judiciaire ne sont responsables que de leurs fautes personnelles.

La responsabilité des magistrats qui ont commis une faute personnelle se rattachant au service public de la justice ne peut être engagée que sur l'action récursoire de l'État.

Cette action récursoire est exercée devant une chambre civile de la Cour de cassation.

V. aussi, COJ, art. L. 141-2 et L. 141-3 et C. pr. civ. art. 366-1 s.

Art. 12 Les magistrats ne peuvent, en dehors de leurs fonctions, être requis pour d'autres services publics que le service militaire.

Toute disposition réglementaire nouvelle prescrivant leur participation aux travaux d'organismes ou de commissions extrajudiciaires sera soumise au contreseing du garde des sceaux *(L. org. n° 2016-1090 du 8 août 2016, art. 47-1°)* « , ministre de la justice ».

Aucun magistrat ne peut être affecté à un cabinet ministériel ni être placé en position de détachement s'il n'a accompli quatre années de services effectifs dans le corps judiciaire depuis son entrée dans la magistrature.

Art. 12-1 *(L. org. n° 92-189 du 25 févr. 1992)* L'activité professionnelle de chaque magistrat fait l'objet d'une évaluation tous les deux ans. Une évaluation est effectuée au cas d'une présentation à l'avancement *(L. org. n° 2016-1090 du 8 août 2016, art. 13)* « et à l'occasion d'une candidature au renouvellement des fonctions.

« *Cette évaluation est précédée* de la rédaction par le magistrat d'un bilan de son activité et d'un entretien avec le chef de la juridiction où le magistrat est nommé ou rattaché ou avec le chef du service dans lequel il exerce ses fonctions. L'évaluation des magistrats exerçant à titre temporaire est précédée d'un entretien avec le président du tribunal *(L. org. n° 2019-221 du 23 mars 2019, art. 8-4°, en vigueur le 1er janv. 2020)* « judiciaire *[ancienne rédaction : de grande instance]* » auprès duquel ils sont affectés. L'évaluation est intégralement communiquée au magistrat qu'elle concerne.

« L'autorité qui procède à l'évaluation prend en compte les conditions d'organisation et de fonctionnement du service dans lequel le magistrat exerce ses fonctions. S'agissant des chefs de juridiction, l'évaluation apprécie, outre leurs qualités juridictionnelles, leur capacité à gérer et à animer une juridiction. »

Le magistrat qui conteste l'évaluation de son activité professionnelle peut saisir la commission d'avancement. Après avoir recueilli les observations du magistrat et celles de l'autorité qui a procédé à l'évaluation, la commission d'avancement émet un avis motivé versé au dossier du magistrat concerné.

Un décret en Conseil d'État fixe les conditions d'application du présent article.

Un magistrat ne peut utilement se prévaloir, à l'appui de son recours en annulation de son évaluation professionnelle, de l'irrégularité de l'avis émis par la commission d'avancement. • CE 4 nov. 2009 : *Gaz. Pal. 2010. Somm. 3940.*

Art. 12-2 *(L. org. n° 92-189 du 25 févr. 1992)* Le dossier du magistrat doit comporter toutes les pièces intéressant sa situation administrative, enregistrées, numérotées et classées sans discontinuité. Il ne peut y être fait état ni de ses opinions ou activités politiques, syndicales, religieuses ou philosophiques, ni d'éléments relevant strictement de sa vie privée.

Tout magistrat a accès à son dossier individuel dans les conditions définies par la loi.

(L. org. n° 2016-1090 du 8 août 2016, art. 30) « Lorsque le magistrat a fait l'objet de poursuites disciplinaires s'étant conclues par une décision de non-lieu à sanction, il peut demander le retrait des pièces relatives à ces poursuites de son dossier. Ce retrait est de droit.

« Dans des conditions fixées par décret en Conseil d'État, pris après avis de la Commission nationale de l'informatique et des libertés, le dossier du magistrat peut être géré sur support électronique. »

Pièces. Un rapport de l'inspection des services judiciaires sur le fonctionnement d'une juridiction n'est pas une pièce intéressant la situation administrative d'un magistrat au sens de cette disposition. Néanmoins, il peut être versé à son dossier, dès lors qu'il contient des appréciations sur son comportement dans l'exercice de ses fonctions. • CE 21 oct. 2009 : *Gaz. Pal. 2009. Jurisp. 3771, concl. Guyomar et la note ; RFDA 2009. 1295.*

Art. 13 *(L. org. n° 80-844 du 29 oct. 1980)* « Les magistrats sont astreints à résider *(L. org. n° 2016-1090 du 8 août 2016, art. 14-1°)* « dans le ressort » de la juridiction à laquelle ils appartiennent ou sont rattachés *(L. org. n° 2016-1090 du 8 août 2016, art. 14-2°)* « ou dans le ressort d'un tribunal *(L. org. n° 2019-221 du 23 mars 2019, art. 8-5°, en vigueur le 1er janv. 2020)* « judiciaire *[ancienne rédaction : de grande instance]* » limitrophe ». »

Des dérogations exceptionnelles à caractère individuel et provisoire, peuvent être accordées sur avis favorable des chefs de cour par le *(L. org. n° 2016-1090 du 8 août 2016, art. 47-2°)* « garde des sceaux, » ministre de la justice.

CHAPITRE PREMIER *BIS* *Du collège des magistrats*

(L. org. n° 70-642 du 17 juill. 1970)

Art. 13-1 *(L. org. n° 92-189 du 25 févr. 1992)* « Un collège de magistrats des cours et tribunaux et du ministère de la justice élit les magistrats du corps judiciaire appelés à siéger à la commission d'avancement en application du 4° de l'article 35 » *(Abrogé par L. org. n° 94-101 du 5 févr. 1994)* *« et à la commission de discipline du parquet en application du 2° de l'article 60. »* — *Sur l'entrée en vigueur de cette abrogation, V. note ss. art. 66-1.*

Les membres du collège prévu à l'alinéa précédent sont désignés à bulletin secret pour trois ans par les magistrats de l'ordre judiciaire.

Art. 13-2 Dans chaque ressort de cour d'appel, les magistrats, à l'exception des premiers présidents et des procureurs généraux, sont inscrits sur une liste unique.

(L. org. n° 92-189 du 25 févr. 1992) « Les magistrats du premier et du second grade de la Cour de cassation sont inscrits sur la liste des magistrats du ressort de la cour d'appel de Paris. »

Les magistrats en service à l'administration centrale du ministère de la justice et les magistrats placés en position de détachement sont inscrits sur une liste particulière.

Il en est de même des magistrats en service dans les *(L. org. n° 2007-287 du 5 mars 2007, art. 23, en vigueur le 1er juin 2007)* « collectivités d'outre-mer et en Nouvelle-Calédonie ».

Les magistrats en position de disponibilité, en congé spécial, en congé de longue durée, se trouvant sous les drapeaux ou accomplissant le service national, ainsi que les magistrats

provisoirement suspendus de leurs fonctions ne peuvent être inscrits sur les listes pendant le temps où ils se trouvent dans une de ces situations.

Art. 13-3 **Les magistrats membres du collège sont choisis parmi les magistrats** *(Abrogé par L. org. n° 2007-287 du 5 mars 2007, art. 11) « autres que ceux classés hors hiérarchie, »* **inscrits sur les listes prévues à l'article 13-2.**

Les magistrats de chaque ressort et de chacune des catégories énoncées à l'article 13-2 désignent respectivement des candidats inscrits sur la liste où ils figurent eux-mêmes.

Peuvent seuls être désignés :

a) **Aux sièges attribués aux magistrats des juridictions d'appel : les magistrats de ces juridictions et les magistrats visés à l'alinéa 2 de l'article 13-2 ;**

b) **Aux sièges attribués aux magistrats des tribunaux : les magistrats de ces juridictions et les magistrats visés à l'alinéa 3 dudit article.**

Art. 13-4 **Le collège se réunit à la Cour de cassation sur convocation et sous la présidence du premier président de ladite cour.**

(L. org. n° 92-189 du 25 févr. 1992) **« Il procède à bulletin secret à l'élection des magistrats appelés à siéger** *(L. org. n° 94-101 du 5 févr. 1994)* **« à la commission d'avancement ». Ces magistrats doivent être inscrits sur les listes prévues à l'article 13-2.**

« Le collège doit procéder à l'élection dans le délai de trois jours à compter de la première réunion.

« A défaut, les pouvoirs du collège sont transférés à l'assemblée générale de la Cour de cassation qui, selon le cas, accomplit ou achève les opérations électorales. »

(L. org. n° 94-101 du 5 févr. 1994) **« En cas de vacance définitive du siège d'un des membres élus et de son suppléant, survenue plus de six mois avant l'expiration du mandat, pour l'une des causes énoncées à l'article 35-1, le collège procède par correspondance à une élection complémentaire. »**

Art. 13-5 **Un décret en Conseil d'État fixe les conditions d'application du présent chapitre.** *— V. Décr. n° 71-257 du 7 avr. 1971 (D. et BLD 1971. 169), mod. par Décr. n° 82-1226 du 31 déc. 1982 (D. et ALD 1983. 114), Décr. n° 92-513 du 11 juin 1992 (D. et ALD 1992. 323).*

CHAPITRE II *Du recrutement et de la formation professionnelle des magistrats*

(L. org. n° 70-642 du 17 juill. 1970 ; L. org. n° 92-189 du 25 févr. 1992)

BIBL. ▶ ASTRUC, Devenir magistrat aujourd'hui, *Gaz. Pal./Lextenso/ENM 2010*. – NADAL, *Mél. J.-F. Burgelin, Dalloz 2009, p. 279* (regards sur l'évolution de la formation des magistrats). – NADAL et GHALEH-MARZBAN, Principes de justice, *Mél. Burgelin, Dalloz 2008, p. 279* (regards sur l'évolution de la formation des magistrats). – ROYER, *Cah. just. 1/2010. 65* (généalogie de l'ENM – à propos du mode de recrutement des magistrats depuis la Révolution).

Art. 14 *(L. org. n° 92-189 du 25 févr. 1992)* **« La formation professionnelle des auditeurs de justice** *(L. org. n° 2016-1090 du 8 août 2016, art. 3-1°)* **« , des candidats admis aux concours de recrutement de magistrats prévus à l'article 21-1 et des candidats à une intégration directe dans le corps judiciaire au titre des articles 22 et 23 » est assurée par l'École nationale de la magistrature. »**

(L. org. n° 2007-287 du 5 mars 2007, art. 1er, en vigueur le 1er juin 2007) **« Les magistrats sont soumis à une obligation de formation continue. »** *(L. org. n° 92-189 du 25 févr. 1992)* **« La formation continue est organisée par l'École nationale de la magistrature dans les conditions fixées par un décret en Conseil d'État.** *(L. org. n° 2016-1090 du 8 août 2016, art. 3-2° et 3°)* **« Les magistrats en stage de formation continue peuvent participer à l'activité juridictionnelle, sous la responsabilité des magistrats de la juridiction les accueillant, sans pouvoir toutefois recevoir délégation de signature.**

« L'école peut également contribuer à la formation professionnelle de personnes n'appartenant pas au corps judiciaire et amenées soit à exercer des fonctions juridictionnelles dans l'ordre judiciaire, soit à concourir étroitement à l'activité judiciaire. »

« L'école peut, en outre, contribuer » *(L. org. n° 70-642 du 17 juill. 1970)* **« soit à la** ***formation des futurs magistrats*** **d'États étrangers et, en particulier, des États auxquels la France est liée par des accords de coopération technique en matière judiciaire, soit à l'information et au perfectionnement des magistrats de ces États.**

« L'organisation et les conditions de fonctionnement de l'école nationale de la magistrature sont fixées par un décret en Conseil d'État. » *— V. Décr. n° 72-355 du 4 mai 1972 (D. et BLD 1972. 235 ; Rect. 278), mod. par Décr. n° 74-71 du 1er févr. 1974 (D. et BLD 1974. 89), Décr. n° 74-447 du 14 mai 1974 (D. et BLD 1974. 215), Décr. n° 75-307 du 28 avr. 1975 (D. et BLD 1975.*

140), Décr. nº 75-1028 du 31 oct. 1975 (D. et BLD 1975. 403), Décr. nº 76-1310 du 29 déc. 1976 (D. et BLD 1977. 81), Décr. nº 78-61 du 16 janv. 1978 (D. et BLD 1978. 108), Décr. nº 79-166 du 2 mars 1979 (D. et BLD 1979. 111), Décr. nº 80-225 du 27 mars 1980 (D. et BLD 1980. 165), Décr. nº 82-1156 du 29 déc. 1982 (D. et ALD 1983. 69), Décr. nº 83-74 du 31 janv. 1983 (D. et ALD 1983. 143), Décr. nº 86-101 du 23 janv. 1986 (D. et ALD 1986. 220), Décr. nº 92-315 du 31 mars 1992 (D. et ALD 1992. 257), Décr. nº 92-413 du 30 avr. 1992, art. 53 (JO 2 mai), Décr. nº 92-1012 du 22 sept. 1992 (JO 24 sept.), Décr. nº 95-1048 du 25 sept. 1995 (JO 27 sept.), Décr. nº 2002-1051 du 8 juin 2002 (JO 8 août), Décr. nº 2004-422 du 12 mai 2004 (JO 19 mai), Décr. nº 2004-1002 du 22 sep. 2004 (JO 24 sept.), Décr. nº 2005-436 du 9 mai 2005 (JO 10 mai), Décr. nº 2005-1038 du 25 août 2005 (JO 27 août), Décr. nº 2006-322 du 14 mars 2006 (JO 21 mars), Décr. nº 2007-591du 24 avr. 2007 (JO 26 avr.) ; Décr. nº 2008-483 du 22 mai 2008 (JO 24 mai) ; Décr. nº 2008-1551 du 31 déc. 2008 (JO 1er janv. 2009).

BIBL. ▶ **Sur le Décr. du 31 déc. 2008 :** CARVAL, *D. 2009. AJ 78*.

SECTION I *De l'accès au corps judiciaire par l'École nationale de la magistrature*

(L. org. nº 92-189 du 25 févr. 1992).

Art. 15 Les auditeurs de justice sont recrutés :

1° Par voie de concours dans les conditions fixées à l'article 17 ;

2° Sur titres. *— V., pour les concours exceptionnels de recrutement ouverts en 1980, 1981 et 1982, L. org. nº 80-844 du 29 oct. 1980, art. 21 à 23 (D. et BLD 1980. 383), mod. par L. org. nº 91-358 du 15 avr. 1991 (D. et ALD 1991. 209), et pour application, Décr. nº 80-903 du 19 nov. 1980 (JO 21 nov.), mod. par Décr. nº 82-1223 du 31 déc. 1982 (JO 8 janv. 1983), Décr. nº 91-477 du 14 mai 1991 (JO 17 mai).*

Art. 16 *(L. org. nº 79-43 du 18 janv. 1979)* « Les candidats à l'auditorat doivent : »

1° *(L. org. nº 92-189 du 25 févr. 1992)* « Être titulaires d'un diplôme sanctionnant une formation d'une durée au moins égale à quatre années d'études après le baccalauréat *(L. org. nº 2016-1090 du 8 août 2016, art. 4-I-1°)* « ou justifiant d'une qualification reconnue au moins équivalente dans des conditions fixées par décret en Conseil d'État. » Cette exigence n'est pas applicable aux candidats visés aux 2° et 3° de l'article 17 ; » *— V. Décr. nº 72-355 du 4 mai 1972, (art. 17-1) préc. ss. art. 14.*

(L. org. nº 79-43 du 18 janv. 1979) « 2° Être de nationalité française ; »

3° Jouir de leurs droits civiques et être de bonne moralité ;

4° *(L. org. nº 92-189 du 25 févr. 1992)* « Se trouver en position régulière au regard du code du service national ; »

5° Remplir les conditions d'aptitude physique nécessaires à l'exercice de leurs fonctions *(L. org. nº 2016-1090 du 8 août 2016, art. 4-I-2° et 3°)* « compte tenu des possibilités de compensation du handicap.

« Sous réserve des articles 17 et 21-1, les candidats aux concours doivent remplir les conditions requises pour être candidats à l'auditorat au plus tard à la date de la première épreuve du concours. La vérification de ces conditions doit intervenir au plus tard à la date de la nomination en qualité d'auditeur de justice. »

Constitutionnalité. Sur la conformité à la Constitution au 3° de l'art. 16 de l'Ord. du 22 déc. 1958 des mots « être de bonne moralité », V. • Cons. const. 5 oct. 2012, nº 2012-278 QPC : *AJDA 2012. 1884* ; *D. 2012. Actu. 2318*.

Art. 17 *(L. org. nº 92-189 du 25 févr. 1992)* Trois concours sont ouverts pour le recrutement d'auditeurs de justice :

1° *Le premier, aux candidats* remplissant la condition prévue au 1° de l'article 16 ;

2° Le deuxième, de même niveau, aux fonctionnaires régis par les titres Ier, II, III et IV du statut général des fonctionnaires de l'État et des collectivités territoriales, aux militaires et aux autres agents de l'État, des collectivités territoriales et de leurs établissements publics *(L. org. nº 2016-1090 du 8 août 2016, art. 4-II)* « , en activité, en détachement, en congé parental ou accomplissant leur service national, » justifiant, au 1er janvier de l'année du concours, de quatre ans de service en ces qualités ;

3° Le troisième, de même niveau, aux personnes justifiant, durant huit années au total, d'une ou plusieurs activités professionnelles, d'un ou plusieurs mandats de membre d'une assemblée élue d'une collectivité territoriale ou de fonctions juridictionnelles à titre non professionnel. La durée de ces activités, mandats ou fonctions ne peut être prise en compte que si les intéressés n'avaient pas, lorsqu'ils les exerçaient, la qualité de magistrat, de fonctionnaire, de militaire ou d'agent public.

Un cycle de préparation est ouvert aux personnes remplissant les conditions définies au 3° du présent article et ayant subi avec succès une épreuve de sélection. Les candidats ayant suivi ce cycle et échoué au troisième concours sont admis à se présenter, dans un délai de deux ans à compter de la fin du cycle, aux concours d'entrée dans les corps de catégorie A de la fonction publique de l'État, aux concours sur épreuves d'entrée dans les cadres d'emploi de catégorie A de la fonction publique territoriale ainsi qu'aux concours sur épreuves d'entrée dans les corps de la fonction publique hospitalière, dans les conditions prévues par les dispositions législatives relatives à la création d'un troisième concours d'entrée à l'École nationale d'administration.

Un décret en Conseil d'État détermine les conditions d'application du présent article. – *V. Décr. n° 72-355 du 4 mai 1972 (art. 32-1 à 32-6) préc. ss. art. 14.*

Sur les modalités d'organisation, règles de discipline, programme, déroulement et correction des épreuves des trois concours d'accès à l'École nationale de la magistrature, V. Arr. du 31 déc. 2008 (JO 1er janv. 2009).

Sur l'épreuve orale facultative de langue étrangère des concours d'accès à l'École nationale de la magistrature, V. Arr. du 31 déc. 2008 (JO 1er janv. 2009).

Les art. 2 et 3 de l'Ord. n° 2005-1516 du 8 déc. 2005 modifiée relative aux échanges électroniques entre les usagers et les autorités administratives et entre les autorités administratives ne sont pas applicables aux demandes s'inscrivant dans une procédure d'accès au corps judiciaire par la voie des concours d'accès à l'École nationale de la magistrature et des concours de recrutement de magistrats du premier et du second grade de la hiérarchie judiciaire (Décr. n° 2015-1411 du 5 nov. 2015, art. 1er, en vigueur le 7 nov. 2015).

Art. 17-1 *(L. org. n° 76-614 du 9 juill. 1976)* Les dispositions législatives portant recul de la limite d'âge pour l'accès par voie de concours aux emplois publics sont applicables dans les mêmes conditions à l'accès par voie de concours à la magistrature.

V. 3e note ss. art. 17.

Art. 18 *(L. org. n° 70-642 du 17 juill. 1970)* Les candidats déclarés reçus à l'un des concours prévus à l'article 17 sont nommés auditeurs de justice, par arrêté du garde des Sceaux, ministre de la justice, et perçoivent un traitement.

V. 3e note ss. art. 17.

Art. 18-1 *(L. org. n° 2016-1090 du 8 août 2016, art. 5-1° et 2°)* « Peuvent être nommées directement auditeurs de justice les personnes que quatre années d'activité dans les domaines juridique, économique ou des sciences humaines et sociales qualifient pour l'exercice des fonctions judiciaires :

« 1° Si elles sont titulaires d'un diplôme sanctionnant une formation d'une durée au moins égale à quatre années d'études après le baccalauréat dans un domaine juridique ou justifiant d'une qualification reconnue au moins équivalente dans des conditions fixées par décret en Conseil d'État ;

« 2° Et si elles remplissent les autres conditions fixées aux 2° à 5° de l'article 16.

« Peuvent également être nommés dans les mêmes conditions :

« *a)* Les docteurs en droit qui possèdent, outre les diplômes requis pour le doctorat, un autre diplôme d'études supérieures ;

« *b)* Les docteurs en droit justifiant de trois années au moins d'exercice professionnel en qualité de juriste assistant ;

« *c)* Les personnes titulaires d'un diplôme sanctionnant une formation d'une durée au moins égale à cinq années d'études après le baccalauréat dans un domaine juridique ou justifiant d'une qualification reconnue au moins équivalente dans des conditions fixées par décret en Conseil d'État qui justifient de trois années au moins d'exercice professionnel en qualité de juriste assistant ;

« *d)* Les personnes ayant exercé des fonctions d'enseignement ou de recherche en droit dans un établissement public d'enseignement supérieur pendant trois ans après l'obtention d'un diplôme sanctionnant une formation d'une durée au moins égale à cinq années d'études après le baccalauréat dans un domaine juridique ou justifiant d'une qualification reconnue au moins équivalente dans des conditions fixées par décret en Conseil d'État.

« Le temps de scolarité des auditeurs de justice recrutés au titre du *b* ne peut être supérieur à la moitié de la durée normale de la scolarité. »

(L. org. n° 92-189 du 25 févr. 1992) « Le nombre des auditeurs nommés au titre du présent article ne peut dépasser le *(L. org. n° 2007-287 du 5 mars 2007, art. 2, en vigueur le 1er juin 2007)* « tiers » du nombre des *(L. org. n° 2016-1090 du 8 août 2016, art. 5-3°)* « places offer-

tes aux concours prévus à l'article 17 pour le recrutement des auditeurs de justice de la promotion à laquelle ils seront intégrés ».

« Les candidats visés au présent article sont nommés par arrêté du garde des sceaux, ministre de la justice, sur avis conforme de la commission prévue à l'article 34. » — *V. Arr. du 24 févr. 1994 relatif au recrutement des auditeurs de justice ; mod. par Arr. du 3 juill. 2000 (JO 12 juill.) et Arr. du 15 avr. 2008 (JO 6 mai).*

V. 3e note ss. art. 17.

Art. 18-2 *(L. org. no 92-189 du 25 févr. 1992)* Un décret en Conseil d'État fixe les limites d'âge inférieure ou supérieure des candidats visés à l'article 18-1.

Il détermine en outre les conditions dans lesquelles est réduit le temps de scolarité des auditeurs recrutés au titre de l'article 18-1.

Ces auditeurs sont soumis à un régime de stages et d'études adapté à leur formation d'origine.

A l'issue du temps de scolarité, ils concourent au classement avec les auditeurs de la promotion à laquelle ils sont rattachés.

V. 3e note ss. art. 17.

Art. 19 *(L. org. no 70-642 du 17 juill. 1970)* Les auditeurs participent sous la responsabilité des magistrats à l'activité juridictionnelle, sans pouvoir toutefois recevoir délégation de signature.

Ils peuvent notamment :

Assister le juge d'instruction dans tous les actes d'information ;

Assister les magistrats du ministère public dans l'exercice de l'action publique ;

Siéger en surnombre et participer avec voix consultative aux délibérés des juridictions civiles et correctionnelles ;

Présenter oralement devant celles-ci des réquisitions ou des conclusions ;

Assister aux délibérés des cours d'assises.

(L. org. no 2007-287 du 5 mars 2007, art. 3) « Sans préjudice de l'avant-dernier alinéa de l'article 18-2, les auditeurs de justice effectuent, pendant la scolarité à l'École nationale de la magistrature, *(L. org. no 2016-1090 du 8 août 2016, art. 6)* « une formation leur permettant de mieux connaître l'environnement judiciaire, administratif et économique, incluant un stage » auprès d'un barreau ou comme collaborateur d'un avocat inscrit au barreau. » — *Al. applicable aux auditeurs de justice nommés à compter du 1er janv. 2008 (L. org. no 2007-287 du 5 mars 2007, art. 36-II).*

Au cours de la deuxième année de formation à l'École nationale de la magistrature, l'auditeur de justice peut, lors de son stage dans un cabinet d'avocat, substituer, à l'audience, son maître de stage sous le contrôle de ce dernier. La responsabilité civile encourue par l'auditeur de justice à cette occasion est garantie par l'État (L. no 90-1259 du 31 déc. 1990, art. 63).

V. 3e note ss. art. 17.

Art. 20 *(L. org. no 70-642 du 17 juill. 1970)* « Les auditeurs de justice sont astreints au secret professionnel.

« Préalablement à toute activité, ils prêtent serment devant les cours d'appel en ces termes » :

"Je jure de garder *(Abrogé par L. org. no 2016-1090 du 8 août 2016, art. 10)* « *religieusement* » le secret professionnel et de me conduire en tout comme un digne et loyal auditeur de justice."

Ils ne peuvent, en aucun cas, être relevés de ce serment.

V. 3e note ss. art. 17.

Art. 21 *(L. org. no 92-189 du 25 févr. 1992)* Un jury procède au classement des auditeurs de justice qu'il juge aptes, à la sortie de l'école, à exercer les fonctions judiciaires. *(L. org. no 94-101 du 5 févr. 1994)* « Le jury assortit la déclaration d'aptitude de chaque auditeur d'une recommandation *(L. org. no 2007-287 du 5 mars 2007, art. 4, en vigueur le 1er juin 2007)* « et, le cas échéant, de réserves sur les fonctions pouvant être exercées par cet auditeur, » lors de sa nomination à son premier poste. » *(L. org. no 2007-287 du 5 mars 2007, art. 5, en vigueur le 1er juin 2007)* « Lors de la nomination de l'auditeur à son premier poste, cette recommandation, ces réserves et les observations éventuellement formulées par ce dernier sont versées à son dossier de magistrat. »

Il peut écarter un auditeur de l'accès à ces fonctions ou lui imposer le renouvellement d'une année *(L. org. no 2016-1090 du 8 août 2016, art. 45-I)* « de formation ».

La liste de classement est portée à la connaissance du garde des Sceaux, ministre de la justice, qui en assure la publication au *Journal officiel*. – *L'art. 21, abrogé par L. org. n° 67-130 du 20 févr. 1967, art. 8, a été ensuite rétabli pour reprendre les dispositions de l'art. 25 issu de L. org. n° 80-844 du 29 oct. 1980.*

V. 3e note ss. art. 17.

La décision par laquelle le jury de classement décide, sur le fondement de l'art. 21, d'écarter de l'accès aux fonctions judiciaires un auditeur de justice en raison de son inaptitude à ces fonctions n'est pas – sauf à revêtir le caractère d'une mesure disciplinaire – au nombre des mesures qui ne peuvent légalement intervenir sans que l'intéressé ait été mis à même de faire valoir ses observations ou de prendre connaissance de son dossier, et n'est soumise qu'aux formes et procédures expressément prévues par les lois et règlements. • CE 3 déc. 2003 : *D. 2004. IR 33*. ♦ Si le jury de classement des auditeurs de justice est tenu d'inscrire les auditeurs de justice sur la liste de sortie de l'école en fonction du total de points qu'ils ont obtenus, il peut, en application de l'art. 21, déclarer un auditeur inapte quel que soit le total de ses points. • Même arrêt.

Art. 21-1 *(L. org. n° 2001-539 du 25 juin 2001, art. 23)* **Deux concours sont ouverts pour le recrutement de magistrats du second et du premier grade de la hiérarchie judiciaire.**

Les candidats doivent remplir les conditions prévues à l'article 16.

Ils doivent en outre :

1° Pour les candidats aux fonctions du second grade de la hiérarchie judiciaire, être âgés de trente-cinq ans au moins au 1er janvier de l'année d'ouverture du concours et justifier d'au moins *(L. org. n° 2016-1090 du 8 août 2016, art. 45-II)* **« sept » ans d'activité professionnelle dans le domaine juridique, administratif, économique ou social, les qualifiant particulièrement pour exercer des fonctions judiciaires ;**

2° Pour les candidats aux fonctions du premier grade de la hiérarchie judiciaire, être âgés de cinquante ans au moins au 1er janvier de l'année d'ouverture du concours et justifier d'au moins quinze ans d'activité professionnelle dans le domaine juridique, administratif, économique ou social, les qualifiant particulièrement pour exercer des fonctions judiciaires.

(L. org. n° 2007-287 du 5 mars 2007, art. 6, en vigueur le 1er juin 2007) **« Les candidats admis suivent une formation probatoire organisée par l'École nationale de la magistrature comportant un stage en juridiction effectué selon les modalités prévues à l'article 19. Ils sont rémunérés pendant cette formation. »**

Préalablement à toute activité, ils prêtent serment devant la cour d'appel en ces termes : "Je jure de conserver le secret des actes du parquet, des juridictions d'instruction et de jugement dont j'aurai eu connaissance au cours de mon stage." Ils ne peuvent en aucun cas être relevés de ce serment.

(L. org. n° 2007-287 du 5 mars 2007, art. 6, en vigueur le 1er juin 2007) **« Le directeur de l'École nationale de la magistrature établit, sous la forme d'un rapport, le bilan de la formation probatoire de chaque candidat et adresse celui-ci au jury prévu à l'article 21.**

« Après un entretien avec le candidat, le jury se prononce sur son aptitude à exercer les fonctions judiciaires.

« Les candidats déclarés aptes à exercer les fonctions judiciaires suivent une formation complémentaire jusqu'à leur nomination, dans les formes prévues à l'article 28, aux emplois pour lesquels ils ont été recrutés. » Les dispositions de l'article 27-1 ne sont pas applicables.

Les années d'activité professionnelle accomplies par les magistrats recrutés au titre du présent article sont prises en compte pour leur classement indiciaire dans leur grade et pour leur avancement.

Les dispositions de l'article 25-4 sont applicables aux magistrats recrutés au titre du présent article.

Le nombre total des postes offerts au concours pour une année déterminée ne peut excéder :

1° Pour les concours de recrutement au second grade de la hiérarchie judiciaire, le cinquième du nombre total des *(L. org. n° 2016-1090 du 8 août 2016, art. 45-III)* **« premières nominations intervenues » au second grade au cours de l'année civile précédente, cette proportion pouvant toutefois être augmentée à concurrence de la part non utilisée au cours de *la même année civile des possibilités* de nomination déterminées par l'article 25 ;**

2° Pour les concours de recrutement au premier grade de la hiérarchie judiciaire, le dixième du nombre total de nominations en avancement au premier grade prononcées au cours de l'année précédente.

Un décret en Conseil d'État détermine les conditions d'application du présent article. – *V. Décr. n° 2001-1099 du 22 nov. 2001 relatif aux modalités du recrutement de magistrats (JO 23 nov.), mod. par Décr. n° 2011-1519 du 14 nov. 2011 et Décr. n° 2018-495 du 19 juin 2018 (JO 21 juin).* –

V. aussi Décr. n° 2012-683 du 7 mai 2012 fixant le régime indemnitaire des auditeurs de justice et des candidats admis aux concours et Arr. du 7 mai 2012 fixant le montant et les modalités d'attribution de l'indemnité de formation et des indemnités journalières de stage allouées aux auditeurs de justice et aux candidats admis aux concours (JO 8 mai).

Pour chacune des années 2002 et 2003, par dérogation aux dispositions de l'article 21-1, le recrutement par concours de magistrats du second grade de la hiérarchie judiciaire est autorisé dans la limite de 125 postes (L. org. n° 2001-539 du 25 juin 2001, art. 31).

V. 3e note ss. art. 17.

SECTION II **De l'intégration directe dans le corps judiciaire** *(L. org. n° 92-189 du 25 févr. 1992).*

Les dispositions des art. 22 à 25-4 sont applicables aux candidatures enregistrées postérieurement à la date de promulgation de la loi organique n° 92-189 du 25 févr. 1992 (L. org. préc., art. 51).

Art. 22 **Peuvent être nommés directement aux fonctions du second grade de la hiérarchie judiciaire, à condition d'être âgés de trente-cinq ans au moins :**

1° Les personnes remplissant les conditions prévues à l'article 16 et justifiant de sept années au moins d'exercice professionnel les qualifiant particulièrement pour exercer des fonctions judiciaires ;

2° Les *(L. org. n° 2016-1090 du 8 août 2016, art. 46-1°)* **« directeurs des services de greffe judiciaires » justifiant de sept années de services effectifs dans leur corps ;**

3° Les fonctionnaires de catégorie A du ministère de la justice ne remplissant pas les conditions prévues au 1° de l'article 16 et justifiant de sept années de services effectifs au moins en cette qualité. — *V. à titre transitoire, pour les nominations de fonctionnaires de catégorie A, L. org. n° 92-189 du 25 févr. 1992, art. 45 (D. et ALD 1992. 221).*

1. Il résulte tant des art. 22, 25-2 et 25-3 que de l'ensemble des dispositions de l'ordonnance du 22 déc. 1958 que l'intégration directe dans la magistrature est subordonnée à l'aptitude du candidat à exercer l'ensemble des fonctions judiciaires. • CE 27 oct. 2004 : *D. 2005. IR 15 ; Gaz. Pal. 24-25 déc. 2004, p. 2, concl. Guyomar.* ♦ Par suite, la commission d'avancement ne commet pas d'erreur en opposant une telle règle à une personne atteinte de cécité et ne méconnaît pas les art. L. 321-1 [devenu L. 1233-1, L. 1233-3 et L. 1233-4] et L. 323-2 [non repris dans le nouveau C. trav.] C. trav., relatifs à l'obligation d'emploi des travailleurs handicapés. • Même arrêt.

2. Il ne résulte ni des dispositions de l'art. 22, ni d'aucune autre disposition que, pour établir le décompte de la durée d'exercice professionnel, devraient être exclues les périodes d'activité professionnelle exercées à mi-temps. La commission d'avancement ayant rejeté pour ce motif la candidature d'une avocate ayant exercé son activité à mi-temps à compter de 2002, la décision du ministre rejetant la demande d'intégration directe de celle-ci dans le corps judiciaire est entachée d'erreur de droit. • CE 9 juill. 2008 : *Gaz. Pal. 2008. Somm. 2258, concl. Aguila.*

Art. 23 **Peuvent être nommés directement aux fonctions** *(Abrogé par L. org. n° 2001-539 du 25 juin 2001, art. 8-I)* ***« du premier groupe »*** **du premier grade de la hiérarchie judiciaire :**

1° Les personnes remplissant les conditions prévues à l'article 16 et justifiant de *(L. org. n° 2016-1090 du 8 août 2016, art. 46-2°-a)* **« quinze » années au moins d'exercice professionnel les qualifiant particulièrement pour exercer des fonctions judiciaires ;**

2° Les *(L. org. n° 2016-1090 du 8 août 2016, art. 46-2°-b)* **« directeurs des services de greffe judiciaires » qui remplissent des conditions de grade et d'emploi définies par décret en Conseil d'État et que leur compétence et leur expérience qualifient particulièrement pour exercer des fonctions judiciaires visées au présent article.**

Art. 24 *Abrogé par L. org. n° 2001-539 du 25 juin 2001, art. 8, à compter du 1er janv. 2002.*

Concernant l'application de L. org. n° 2001-539 du 25 juin 2001, V. note ss. art. 25-4.

Art. 25 *(L. org. n° 2001-539 du 25 juin 2001)* **Au cours d'une année civile déterminée, les nominations au titre de l'article 22 ne peuvent excéder un** *(L. org. n° 2007-287 du 5 mars 2007, art. 7, en vigueur le 1er juin 2007)* **« quart » de la totalité des** *(L. org. n° 2016-1090 du 8 août 2016, art. 45-III)* **« premières nominations intervenues » au second grade au cours de l'année civile précédente.**

Art. 25-1 **Au cours d'une année civile déterminée, les nominations prononcées au titre de l'article 23 ne peuvent excéder le** *(L. org. n° 2007-287 du 5 mars 2007, art. 8, en vigueur le*

1er juin 2007) « dixième » des promotions intervenues au cours de l'année civile précédente au *(Abrogé par L. org. n° 2001-539 du 25 juin 2001, art. 8-II) « premier groupe du »* premier grade.

Al. 2 abrogé par L. org. n° 2001-539 du 25 juin 2001, art. 8-III.

Art. 25-2 Les nominations au titre des articles *(L. org. n° 2001-539 du 25 juin 2001)* « 22 et 23 » interviennent après avis conforme de la commission prévue à l'article 34.

Le directeur de l'École nationale de la magistrature ainsi que le président des jurys de concours d'accès à l'école assistent avec voix consultative aux délibérations de la commission.

La commission fixe le grade, le groupe, l'échelon et les fonctions auxquels le candidat peut être nommé. Le cas échéant, elle peut décider de soumettre l'intéressé à l'accomplissement d'une période de formation préalable à l'installation dans ses fonctions.

(L. org. n° 2001-539 du 25 juin 2001) « Les années d'activité professionnelle accomplies par les magistrats recrutés au titre de l'article 22 sont assimilées aux services effectifs requis pour l'avancement dans la limite de deux années. Ces dispositions sont applicables aux magistrats concernés qui ont été nommés dans les dix années qui précèdent la date d'entrée en vigueur de la loi organique n° 2001-539 du 25 juin 2001 relative au statut des magistrats et au Conseil supérieur de la magistrature. »

Art. 25-3 *(L. org. n° 2007-287 du 5 mars 2007, art. 9, en vigueur le 1er juin 2007)* « Les candidats à une intégration au titre des articles 22 et 23 suivent, s'ils sont admis par la commission prévue à l'article 34, une formation probatoire organisée par l'École nationale de la magistrature comportant un stage en juridiction effectué selon les modalités prévues à l'article 19.

« La commission prévue à l'article 34 peut, à titre exceptionnel et au vu de l'expérience professionnelle du candidat, le dispenser de la formation probatoire prévue au premier alinéa.

« Pendant la formation probatoire, le candidat » *(L. org. n° 92-189 du 25 févr. 1992)* est astreint au secret professionnel et prête serment au début de son stage, devant la cour d'appel dans le ressort de laquelle le stage se déroule, en ces termes : "Je jure de conserver le secret des actes du parquet, des juridictions d'instruction et de jugement dont j'aurai eu connaissance au cours de mon stage".

Le directeur de l'École nationale de la magistrature établit, sous la forme d'un rapport, le bilan *(L. org. n° 2007-287 du 5 mars 2007, art. 9, en vigueur le 1er juin 2007)* « de la formation » probatoire de chaque candidat qu'il adresse au jury prévu à l'article 21.

Après un entretien avec le candidat, le jury se prononce sur son aptitude à exercer des fonctions judiciaires et transmet son avis à la commission prévue à l'article 34. *(L. org. n° 2007-287 du 5 mars 2007, art. 9, en vigueur le 1er juin 2007)* « Toute décision de la commission d'avancement défavorable à l'intégration d'un candidat admis à la formation probatoire visée au premier alinéa est motivée. »

Un décret en Conseil d'État détermine les conditions d'application de l'article 25-2 et du présent article, notamment les conditions dans lesquelles sont assurées *(L. org. n° 2007-287 du 5 mars 2007, art. 9, en vigueur le 1er juin 2007)* « , pendant leur formation probatoire, la rémunération et la protection sociale des candidats. » — *V. Décr. n° 72-355 du 4 mai 1972, art. 49-1, dans sa rédaction issue du Décr. n° 95-1048 du 25 sept. 1995, art. 39 (JO 27 sept.).*

Art. 25-4 Un décret en Conseil d'État précise les conditions dans lesquelles les personnes intégrées directement dans la magistrature au titre des articles *(L. org. n° 2001-539 du 25 juin 2001)* « 22 et 23 » peuvent obtenir que soient prises en compte, pour la constitution de leurs droits à pension de retraite de l'État ou pour le rachat d'annuités supplémentaires, les années d'activité professionnelle accomplies par elles avant leur nomination comme magistrat. — *V. Décr. n° 97-874 du 24 sept. 1997 (JO 26 sept.).*

Cette prise en compte est subordonnée au versement d'une contribution dont ledit décret fixe le montant et les modalités.

Elle s'effectue sous réserve de la subrogation de l'État pour le montant des prestations auxquelles ces personnes pourront avoir droit pour les périodes rachetées au titre des régimes de retraite de base auxquels elles étaient affiliées ainsi que des régimes de retraite complémentaire dans la limite des droits afférents au versement des cotisations minimales obligatoires.

Ce décret précise, en outre, les conditions dans lesquelles les avocats, avoués, notaires, huissiers de justice et greffiers des tribunaux de commerce intégrés directement dans la magistrature avant la date d'entrée en vigueur de la loi organique n° 92-189 du 25 février 1992 modifiant l'ordonnance n° 58-1270 du 22 décembre 1958 portant loi organique relative au statut de la magistrature peuvent bénéficier des dispositions du présent article.

En ce qui concerne le recrutement, jusqu'au 31 déc. 1994, de magistrats à titre temporaire, V. L. org. n° 70-642 du 17 juill. 1970, art. 14 à 18-1 (D. et BLD 1970. 209), mod. par L. org. n° 75-695 du 4 août 1975 (D. et BLD 1975. 293), L. org. n° 76-120 du 5 févr. 1976, art. 5 (D. et BLD 1976. 120), L. org. n° 80-844 du 29 oct. 1980 (D. et BLD 1980. 383), L. org. n° 92-189 du 25 févr. 1992, art. 47 (D. et ALD 1992. 214). — Pour une dérogation aux dispositions de l'art. 18-1, V. L. org. n° 91-71 du 18 janv. 1991, art. 5 (D. et ALD 1991. 123).

En ce qui concerne le recrutement, jusqu'au 31 déc. 1999, de conseillers de cours d'appel en service extraordinaire, V. L. org. n° 95-64 du 19 janv. 1995, art. 3 à 6 (JO 20 janv.), mod. par L. org. n° 98-105 du 24 févr. 1998 (JO 26 févr.) ; Décr. n° 96-214 du 19 mars 1996, art. 5 (JO 21 mars), mod. par Décr. n° 98-243 du 2 avr. 1998 (JO 3 avr.).

En ce qui concerne le recrutement exceptionnel de magistrat de l'ordre judiciaire pour les années 1998-1999, V. L. org. n° 98-105 du 24 févr. 1998, art. 1er à 5.

Les dispositions de l'art. 25-4 sont applicables aux personnes intégrées dans la magistrature au titre de l'art. 24 antérieurement à l'entrée en vigueur de la présente loi organique, ainsi qu'aux magistrats recrutés par concours exceptionnels (L. org. n° 2001-539 du 25 juin 2001, art. 9).

En application des dispositions de l'art. 25-4, le décret du 24 sept. 1997 a précisé les modalités de prise en compte des années d'activité professionnelle accomplies par les personnes intégrées dans la magistrature, avant leur nomination en qualité de magistrat. En subordonnant l'application de l'art. 25-4 aux magistrats recrutés par cette voie à l'édiction d'un texte distinct du décret du 24 sept. 1997, alors même que le pouvoir réglementaire s'est abstenu de prévoir des modalités particulières qui seraient justifiées par la situation des magistrats en cause, le garde des Sceaux, ministre de la Justice, a commis une erreur de droit. En effet, la loi organique du 25 juin 2001 a étendu le champ d'application de l'art. 25-4 aux magistrats recrutés par concours exceptionnels et les dispositions du décret antérieur du 24 sept. 1997, qui ne sont pas incompatibles avec l'extension réalisée par la loi de 2001 précitée, suffisent à en assurer l'application. En conséquence, le garde des Sceaux, ministre de la Justice, est tenu, en l'absence de décret particulier, de mettre en œuvre les prescriptions du décret du 24 sept. 1997, qui permettent de rendre applicable la loi organique du 25 juin 2001 tendant à prendre en compte, au titre de leurs droits à pension, les années d'activité professionnelle accomplies, avant leur nomination en qualité de magistrat, par les personnes intégrées à l'issue des recrutements exceptionnels par concours organisés en 1998 et 1999. • CE 7 août 2008 : *JCP 2008. Actu. 543, obs. Rouault.*

CHAPITRE III *Des magistrats des premier et second grades*

(L. org. n° 67-130 du 20 févr. 1967)

Art. 26 Le Président de la République nomme les auditeurs de justice aux postes du second grade de la hiérarchie judiciaire sur les propositions du garde des Sceaux, ministre de la justice.

(L. org. n° 94-101 du 5 févr. 1994) « Suivant leur rang de classement *(L. org. n° 2007-287 du 5 mars 2007, art. 10, en vigueur le 1er juin 2007)* « , à l'exclusion des fonctions visées par les réserves du jury prévues à l'article 21 » et en fonction de la liste qui leur est proposée, les auditeurs font connaître au garde des Sceaux, ministre de la justice, le poste auquel ils souhaitent être nommés.

« Un auditeur de justice qui n'a pas exprimé de choix fait d'office l'objet d'une proposition de nomination et, s'il refuse cette proposition, il est considéré comme démissionnaire.

« Au vu de ces choix, le garde des Sceaux, ministre de la justice, saisit pour avis la formation compétente du Conseil supérieur.

« En cas d'avis défavorable pour la nomination d'un auditeur à un emploi du siège, une nouvelle proposition de nomination est faite après consultation de l'intéressé et soumise pour avis à la formation compétente du Conseil supérieur. En cas d'avis défavorable pour la nomination d'un auditeur à un emploi du parquet, le garde des Sceaux, ministre de la justice, peut passer outre ou faire une nouvelle proposition après consultation de l'intéressé qui est soumise pour avis à la formation compétente du Conseil supérieur.

« Si l'auditeur refuse la nouvelle proposition, il est considéré comme démissionnaire ».

(L. org. n° 2001-539 du 25 juin 2001) « Les années d'activité professionnelle accomplies par les magistrats recrutés par les voies du deuxième et du troisième concours d'accès à l'École nationale de la magistrature ainsi que par ceux recrutés au titre de l'article 18-1 de la présente ordonnance sont prises en compte pour leur classement indiciaire dans leur grade et pour leur avancement. Ces dispositions sont applicables aux magistrats concernés qui ont été nommés dans les dix années qui précèdent la date d'entrée en vigueur de la loi organique n° 2001-539 du 25 juin 2001 précitée.

« Un décret en Conseil d'État détermine les conditions d'application du présent article. »

Art. 27 *Al. 1er abrogé par L. org. n° 2001-539 du 25 juin 2001, art. 8-V.*

(L. org. n° 92-189 du 25 févr. 1992) « Chaque année, les listes des magistrats présentés, par ordre de mérite, en vue d'une inscription au tableau d'avancement sont adressées au garde des Sceaux, ministre de la justice, par les autorités chargées de leur établissement. Ces listes sont notifiées à ces magistrats. *(Abrogé par L. org. n° 2016-1090 du 8 août 2016, art. 15)* *« Les magistrats non compris dans les présentations peuvent adresser au ministre de la justice, par la voie hiérarchique, une demande à fin d'inscription. »*

« Un décret en Conseil d'État fixe les conditions d'application du présent article. »

V. L. org. n° 87-484 du 2 juill. 1987 relative à la situation des magistrats nommés à des fonctions du premier grade (D. et ALD 1987. 268).

Art. 27-1 *(L. org. n° 94-101 du 5 févr. 1994)* Le projet de nomination à une fonction du premier ou du second grade et la liste des candidats à cette fonction sont communiqués pour les postes du siège ou pour ceux du parquet à la formation compétente du Conseil supérieur de la magistrature.

Ce projet de nomination est adressé aux chefs de la Cour de cassation, aux chefs des cours d'appel et des tribunaux supérieurs d'appel, à l'inspecteur général *(L. org. n° 2016-1090 du 8 août 2016, art. 16-1°-a)* « , chef de l'inspection générale de la justice, » ainsi qu'aux directeurs et chefs de service de l'administration centrale du ministère de la justice, qui en assurent la diffusion auprès des magistrats en activité dans leur juridiction, dans le ressort de leur juridiction ou de leurs services. Ce document est adressé aux syndicats *(Abrogé par L. org. n° 2016-1090 du 8 août 2016, art. 16-1°-b)* *« et organisations professionnelles »* représentatifs de magistrats et, sur leur demande, aux magistrats placés dans une autre position que celle de l'activité.

Toute observation d'un candidat relative à un projet de nomination est adressée au garde des Sceaux, ministre de la justice, et au Conseil supérieur de la magistrature.

Les dispositions du présent article *(Abrogé par L. org. n° 2016-1090 du 8 août 2016, art. 16-2°)* *« ne s'appliquent pas aux projets de nomination de substitut chargé du secrétariat général d'une juridiction. Elles »* ne s'appliquent pas aux propositions de nomination prévues à l'article 26, ni aux projets de nomination pris pour l'exécution des décisions prévues aux 2°, 3° et 5° de l'article 45 et au second alinéa de l'article 46.

Avis du CSM sur la proposition du Garde des sceaux. Il résulte des art. 27-1 et 28 de l'Ord. n° 58-1270 du 22 déc. 1958 et de l'art. 17 de la L. org. n° 94-100 du 5 févr. 1994, que le garde des sceaux, ministre de la Justice, transmet au CSM sa proposition de nomination d'un magistrat du siège sur un poste déterminé ainsi que la liste des autres magistrats s'étant portés candidats sur le même poste et leurs observations éventuelles. Le CSM peut, dans l'appréciation qu'il porte sur cette proposition, au vu du dossier du candidat proposé, et compte tenu, le cas échéant, des observations formulées par d'autres candidats, émettre un avis défavorable s'il lui apparaît soit que la candidature proposée est inadéquate au regard des aptitudes de l'intéressé, des exigences déontologiques, des besoins de l'institution judiciaire et des caractéristiques du poste concerné, soit qu'une autre candidature est plus adéquate au regard de ces critères. Le Conseil d'État exerce sur cet avis un contrôle restreint à l'erreur manifeste d'appréciation. • CE 6 déc. 2017, n° 397363 : *JCP 2018. 149, note Dutheillet de Lamothe.*

Art. 28 *(L. org. n° 94-101 du 5 févr. 1994 ; L. org. n° 2007-223 du 21 févr. 2007, art. 14)* « Les décrets de nomination aux fonctions de président d'un tribunal *(L. org. n° 2019-221 du 23 mars 2019, art. 8-6°, en vigueur le 1er janv. 2020)* « judiciaire *[ancienne rédaction : de grande instance]* » ou d'un tribunal de première instance ou de conseiller référendaire à la Cour de cassation sont pris par le Président de la République sur proposition de la formation compétente du Conseil supérieur de la magistrature.

« Les décrets portant promotion de grade ou nomination aux fonctions de magistrat autres que celles mentionnées à l'alinéa précédent sont pris par le Président de la République sur proposition du garde des sceaux, ministre de la justice, après avis conforme de la formation compétente du Conseil supérieur de la magistrature pour ce qui concerne les magistrats du siège et après avis de la formation compétente du Conseil supérieur pour ce qui concerne les magistrats du parquet. Les règles de nomination des magistrats du parquet s'appliquent aux magistrats du cadre de l'administration centrale du ministère de la justice *(L. org. n° 2016-1090 du 8 août 2016, art. 17)* « et aux magistrats exerçant les fonctions d'inspecteur de la justice ». »

(L. org. n° 91-71 du 18 janv. 1991 ; L. org. n° 94-101 du 5 févr. 1994 ; L. org. n° 2001-539 du 25 juin 2001) « La durée d'exercice des fonctions de conseiller référendaire *(L. org.*

nº 2007-287 du 5 mars 2007, art. 17, en vigueur le 1er juin 2007) « ou d'avocat général référendaire » est de dix années ; elle ne peut être ni renouvelée, ni prorogée ».

Art. 28-1 *(L. org. nº 67-618 du 29 juill. 1967)* Neuf mois au plus tard avant la fin de la dixième année de leurs fonctions, les conseillers référendaires *(L. org. nº 2007-287 du 5 mars 2007, art. 17, en vigueur le 1er juin 2007)* « et les avocats généraux référendaires » font connaître au garde des Sceaux, ministre de la justice, l'affectation qu'ils désireraient recevoir, à niveau hiérarchique égal, dans trois juridictions au moins appartenant à des ressorts de cour d'appel différents. *(L. org. nº 91-71 du 18 janv. 1991)* « Les demandes d'affectation des conseillers référendaires *(L. org. nº 2007-287 du 5 mars 2007, art. 17, en vigueur le 1er juin 2007)* « et des avocats généraux référendaires » prévues par le présent article ne peuvent porter exclusivement sur des emplois de président d'une juridiction ou de procureur de la République près une juridiction ».

Six mois au plus tard avant la fin de la dixième année des fonctions des magistrats intéressés, le garde des Sceaux, ministre de la justice, peut inviter ceux-ci à présenter trois demandes supplémentaires d'affectation dans trois autres juridictions appartenant à des ressorts de cour d'appel différents.

A l'expiration de la dixième année de leurs fonctions de conseiller référendaire *(L. org. nº 2007-287 du 5 mars 2007, art. 17, en vigueur le 1er juin 2007)* « ou d'avocat général référendaire », ces magistrats sont nommés dans l'une des fonctions qui ont fait l'objet de leurs demandes dans les conditions prévues aux deux alinéas qui précèdent.

Si ces magistrats n'ont pas exprimé de demande d'affectation dans les conditions prévues au premier alinéa et, le cas échéant, au deuxième alinéa du présent article, le garde des Sceaux, ministre de la justice, leur propose une affectation, à égalité de niveau hiérarchique, à des fonctions du siège *(L. org. nº 2007-287 du 5 mars 2007, art. 17, en vigueur le 1er juin 2007)* « pour les conseillers référendaires et du parquet pour les avocats généraux référendaires, » dans trois juridictions. A défaut d'acceptation dans le délai d'un mois, ils sont, à l'expiration de la dixième année de leurs fonctions de conseiller référendaire *(L. org. nº 2007-287 du 5 mars 2007, art. 17, en vigueur le 1er juin 2007)* « ou d'avocat général référendaire », nommés dans l'une de ces juridictions aux fonctions qui leur ont été offertes.

Les nominations prévues au présent article sont prononcées, le cas échéant, en surnombre de l'effectif budgétaire *(L. org. nº 2001-539 du 25 juin 2001)* « du grade auquel » appartiennent les conseillers référendaires *(L. org. nº 2007-287 du 5 mars 2007, art. 17, en vigueur le 1er juin 2007)* « ou les avocats généraux référendaires » et, s'il y a lieu, en surnombre de l'effectif organique de la juridiction.

Les magistrats intéressés sont nommés au premier poste, correspondant aux fonctions exercées, dont la vacance vient à s'ouvrir dans la juridiction où ils ont été nommés en surnombre.

(L. org. nº 91-71 du 18 janv. 1991) « Les magistrats mentionnés au présent article ne peuvent être nommés à un emploi hors hiérarchie de la Cour de cassation dans les conditions prévues à l'article 39 avant trois années de services effectifs accomplis soit en service détaché, soit dans la ou les juridictions auxquelles ils ont été nommés après avoir exercé les fonctions de conseiller référendaire » *(L. org. nº 2007-287 du 5 mars 2007, art. 17, en vigueur le 1er juin 2007)* « ou d'avocat général référendaire ».

Art. 28-2 *(L. org. nº 2001-539 du 25 juin 2001)* Les fonctions de président et de procureur de la République d'un tribunal *(L. org. nº 2019-221 du 23 mars 2019, art. 8-7º, en vigueur le 1er janv. 2020)* « judiciaire *[ancienne rédaction : de grande instance]* » ou de première instance du premier grade sont exercées respectivement par un conseiller ou un substitut du procureur général de la cour d'appel dans le ressort de laquelle est situé ce tribunal, désigné à cet effet dans les formes prévues à l'article 28.

Par dérogation à l'alinéa précédent, les fonctions de président et de procureur de la République d'un tribunal de première instance situé dans le ressort d'un tribunal supérieur d'appel sont exercées respectivement par un magistrat du siège ou un magistrat du parquet du premier grade du tribunal *(L. org. nº 2019-221 du 23 mars 2019, art. 8-7º, en vigueur le 1er janv. 2020)* « judiciaire *[ancienne rédaction : de grande instance]* » de Paris.

Les fonctions de président et de procureur de la République d'un tribunal supérieur d'appel sont exercées respectivement par un conseiller ou un substitut du procureur général de la cour d'appel de Paris.

S'il n'occupe pas déjà cet emploi, lors de sa désignation en qualité de président ou de procureur de la République d'un tribunal *(L. org. nº 2019-221 du 23 mars 2019, art. 8-7º, en vigueur le 1er janv. 2020)* « judiciaire *[ancienne rédaction : de grande instance]* », d'un tribunal de première instance ou d'un tribunal supérieur d'appel conformément aux alinéas précédents, le magistrat est nommé concomitamment à un emploi de conseiller ou de substitut général de la cour d'appel, ou à un emploi du premier grade du tribunal *(L. org. n° 2019-221 du 23 mars 2019, art. 8-7°, en vigueur le 1er janv. 2020)* « judiciaire *[ancienne rédaction : de grande instance]* » de Paris. Cette nomination est prononcée, le cas échéant, en surnombre de l'effectif organique de la cour d'appel ou du tribunal *(L. org. n° 2019-221 du 23 mars 2019, art. 8-7°, en vigueur le 1er janv. 2020)* « judiciaire *[ancienne rédaction : de grande instance]* ». Ce surnombre est résorbé à la première vacance utile dans cette juridiction.

Nul ne peut exercer plus de sept années la fonction de président ou de procureur de la République d'un même tribunal *(L. org. n° 2019-221 du 23 mars 2019, art. 8-7°, en vigueur le 1er janv. 2020)* « judiciaire *[ancienne rédaction : de grande instance]* » ou de première instance ou d'un même tribunal supérieur d'appel. A l'expiration de cette période, s'il n'a pas reçu une autre affectation, le magistrat est déchargé de cette fonction par décret du Président de la République et exerce au sein de la cour d'appel ou du tribunal *(L. org. n° 2019-221 du 23 mars 2019, art. 8-7°, en vigueur le 1er janv. 2020)* « judiciaire *[ancienne rédaction : de grande instance]* » les fonctions auxquelles il a été initialement nommé. Il en est de même dans le cas où, avant ce terme, il est déchargé de cette fonction sur sa demande ou en application de l'article 45. – *Dispositions applicables aux nominations intervenant à compter du 1er janv. 2002.*

Art. 28-3 *(L. org. n° 2001-539 du 25 juin 2001)* Les fonctions *(L. org. n° 2016-1090 du 8 août 2016, art. 18-1°-a)* « de juge des libertés et de la détention, » de juge d'instruction, *(Abrogé par L. org. n° 2003-153 du 26 févr. 2003, art. 3) « de juge des affaires familiales, »* de juge des enfants et de juge de l'application des peines d'un tribunal *(L. n° 2019-221 du 23 mars 2019, art. 8-8-a, en vigueur le 1er janv. 2020)* « judiciaire *[ancienne rédaction : de grande instance]* » ou de première instance et celles de juge *(L. org. n° 2019-221 du 23 mars 2019, art. 2-1°, en vigueur le 1er janv. 2020)* « des contentieux de la protection *[ancienne rédaction : d'un tribunal de grande instance chargé du service d'un tribunal d'instance]* » sont exercées par un magistrat du siège de ce tribunal *(L. org. n° 2019-221 du 23 mars 2019, art. 8-8°-a, en vigueur le 1er janv. 2020)* « judiciaire *[ancienne rédaction : de grande instance]* » ou de première instance, désigné à cet effet dans les formes prévues à l'article 28. *(L. org. n° 2016-1090 du 8 août 2016, art. 18-1°-b)* « En outre, ne peut être nommé aux fonctions de juge des libertés et de la détention qu'un magistrat du premier grade ou hors hiérarchie. »

S'il n'occupe pas déjà cet emploi lors de sa désignation, en qualité *(L. org. n° 2016-1090 du 8 août 2016, art. 18-2°)* « de juge des libertés et de la détention, » de juge d'instruction, *(Abrogé par L. org. n° 2003-153 du 26 févr. 2003, art. 3) « de juge des affaires familiales, »* de juge des enfants, de juge de l'application des peines ou de juge *(L. org. n° 2019-221 du 23 mars 2019, art. 2-2°, en vigueur le 1er janv. 2020)* « des contentieux de la protection *[ancienne rédaction : chargé d'un service d'un tribunal d'instance]* », conformément à l'alinéa précédent, le magistrat est nommé concomitamment à un emploi de magistrat du siège de ce tribunal *(L. org. n° 2019-221 du 23 mars 2019, art. 8-8°-b, en vigueur le 1er janv. 2020)* « judiciaire *[ancienne rédaction : de grande instance]* » ou de première instance. Cette nomination est prononcée, le cas échéant, en surnombre de l'effectif organique de la juridiction, surnombre résorbé à la première vacance utile dans cette juridiction.

Nul ne peut exercer plus de dix années la fonction *(L. org. n° 2016-1090 du 8 août 2016, art. 18-3°)* « de juge des libertés et de la détention, » de juge d'instruction, *(Abrogé par L. org. n° 2003-153 du 26 févr. 2003, art. 3) « de juge des affaires familiales, »* de juge des enfants, de juge de l'application des peines ou de juge *(L. org. n° 2019-221 du 23 mars 2019, art. 2-2°, en vigueur le 1er janv. 2020)* « des contentieux de la protection *[ancienne rédaction : chargé du service d'un tribunal d'instance]* » dans un même tribunal *(L. org. n° 2019-221 du 23 mars 2019, art. 8-8°-c, en vigueur le 1er janv. 2020)* « judiciaire *[ancienne rédaction : de grande instance]* » ou de première instance. A l'expiration de cette période, s'il n'a pas reçu une autre affectation, le magistrat est déchargé de cette fonction par décret du Président de la République et exerce au sein du tribunal *(L. org. n° 2019-221 du 23 mars 2019, art. 8-8°-c, en vigueur le 1er janv. 2020)* « judiciaire *[ancienne rédaction : de grande instance]* » ou de première instance les fonctions de magistrat du siège auxquelles il a été initialement nommé. Il en est de même dans les cas où, avant ce terme, il est déchargé de cette fonction sur sa demande ou en application *(L. org. n° 2016-1090 du 8 août 2016, art. 19-2°)* « des articles 31 ou » 45. – *Dispositions applicables aux nominations intervenant à compter du 1er janv. 2002.*

L'art. 28-3, dans sa rédaction résultant de l'art. 18 de la L. org. n° 2016-1090 du 8 août 2016, s'agissant des juges des libertés et de la détention et des premiers vice-présidents chargés des fonctions de juge des libertés et de la détention, est applicable à compter du 1er sept. 2017.

Au sens de l'art. 28-3 de l'Ord. n° 58-1270 du 22 déc. 1958, les magistrats mentionnés aux deux premiers al. du présent art. sont réputés exercer ces fonctions depuis la date à laquelle ils ont été précédemment installés au tribunal de grande instance (L. org. n° 2019-221 du 23 mars 2019, art. 13).

1. JAF. Pour la justification de l'exclusion de la liste des fonctions spécialisées exercées par les magistrats du siège soumis à l'obligation de mobilité de la fonction de JAF par la loi du 26 févr. 2003 par les difficultés de mise en œuvre insurmontables auxquelles se heurterait une nomination par décret des magistrats chargés des fonctions de JAF, V. Rép. min. n° 6488 : *JOAN Q, 19 mai 2003, p. 3948.*

2. V., rejetant la demande d'un juge d'instruction de suspendre l'exécution du décret la déchargeant de ses fonctions à l'instruction, alors que la magistrate soutenait l'existence d'un « doute sérieux quant à la légalité du décret », qu'elle qualifiait de « sanction déguisée », dès lors que la magistrate avait fait le choix de demander à être nommée vice-présidente chargée de l'instruction, comme le Décr. n° 2001-1380 du 31 déc. 2001 lui en ouvrait la faculté, et qu'elle avait été nommée en cette qualité par Décr. du 26 févr. 2003, le délai de dix ans prévu par l'art. 28-3 de l'Ord. du 22 déc. 1958 s'appliquant à cette nomination, postérieure au 1er janv. 2002, alors même que les fonctions exercées par l'intéressée demeuraient en fait inchangées. • CE 3 janv. 2013 : *D. actu. 13 mai 2013, obs. Fleuriot.*

Art. 29 *(L. org. n° 94-101 du 5 févr. 1994)* **Dans toute la mesure compatible avec le bon fonctionnement du service et les particularités de l'organisation judiciaire, les nominations des magistrats tiennent compte de leur situation de famille.**

(L. org. n° 2001-539 du 25 juin 2001) **« Les dispositions de la loi du 30 décembre 1921 rapprochant les fonctionnaires qui, étrangers au département, sont unis par le mariage soit à des fonctionnaires du département, soit à des personnes qui y ont fixé leur résidence, ne sont pas applicables aux magistrats. »**

Art. 30 *Abrogé sauf dernier al. par L. org. n° 92-189 du 25 févr. 1992, art. 54.*

(L. org. n° 80-844 du 29 oct. 1980) **« Un décret en Conseil d'État précisera les conditions dans lesquelles les avocats, avoués, notaires et huissiers intégrés directement dans la magistrature au titre du présent article pourront obtenir, moyennant le versement d'une contribution dont ce même décret fixera le montant et les modalités, que soient prises en compte, pour la constitution de leurs droits à pension de retraite de l'État ou pour le rachat d'annuités supplémentaires, les années d'activité professionnelle accomplies par eux avant leur nomination comme magistrat. Ce décret précisera en outre les conditions dans lesquelles les personnes recrutées avant la date d'entrée en vigueur de la loi organique n° 80-844 du 29 octobre 1980 pourront, moyennant le rachat de cotisations, bénéficier des dispositions du présent alinéa. »**

Art. 30-1 et 30-2 *Abrogés par L. org. n° 92-189 du 25 févr. 1992, art. 54.*

Art. 31 *(L. org. n° 95-64 du 19 janv. 1995)* **Lorsqu'il est procédé à la suppression d'une juridiction, les magistrats du siège et les magistrats du parquet reçoivent une nouvelle affectation dans les conditions fixées ci-après et selon les formes prévues aux deux premiers alinéas de l'article 28.**

Neuf mois au plus tard avant la suppression de la juridiction, les magistrats du siège font connaître au *(L. org. n° 2016-1090 du 8 août 2016, art. 47-3°-a)* **« garde des sceaux, » ministre de la justice***[,]* **s'ils demandent leur affectation dans les mêmes fonctions dans la ou l'une des juridictions qui seront compétentes dans tout ou partie du ressort de la juridiction supprimée.**

S'ils ne demandent pas cette affectation, ils précisent les trois affectations qu'ils désireraient recevoir, à niveau hiérarchique égal, dans la ou l'une des juridictions qui seront compétentes dans tout ou partie du ressort de la juridiction supprimée, mais à des fonctions autres que celles qu'ils exercent, ou dans les juridictions de même nature limitrophes. Six mois au plus tard avant la date prévue à l'alinéa précédent, le *(L. org. n° 2016-1090 du 8 août 2016, art. 47-3°-b)* **« garde des sceaux, » ministre de la justice** *[,]* **peut inviter ces magistrats à présenter trois demandes supplémentaires d'affectation. Les demandes d'affectation prévues au présent alinéa ne peuvent porter exclusivement sur des emplois de chef de juridiction** *(L. org. n° 2016-1090 du 8 août 2016, art. 19-1°-a)* **« , ni sur des emplois de premier grade de la hiérarchie judiciaire comportant un huitième échelon ».**

A la date de suppression de la juridiction, ces magistrats sont nommés dans l'une des affectations qu'ils ont demandées.

Si ces magistrats n'ont pas exprimé de demande d'affectation, ils sont nommés dans la ou l'une des juridictions qui seront compétentes dans tout ou partie du ressort de la juridiction supprimée dans les fonctions qu'ils occupaient précédemment.

Les nominations prévues aux quatre alinéas précédents sont prononcées, le cas échéant, en surnombre de l'effectif budgétaire *(L. org. n° 2001-539 du 25 juin 2001)* **« du grade auquel » appartiennent les magistrats concernés et, s'il y a lieu, de l'effectif organique de la juridic-**

tion. Les surnombres sont résorbés à la première vacance intervenant dans la juridiction considérée et correspondant aux fonctions exercées.

(L. org. nº 2016-1090 du 8 août 2016, art. 19-1º-b) « Les six premiers alinéas sont applicables en cas de suppression d'une fonction exercée par les magistrats du siège, sous réserve des huitième à dixième alinéas.

« Les magistrats dont la fonction est supprimée font connaître au ministre de la justice s'ils demandent leur affectation dans la même fonction ou dans la ou l'une des juridictions qui seront compétentes dans tout ou partie du contentieux et du ressort de la juridiction où la fonction est supprimée. Ils peuvent également demander à être déchargés de cette fonction afin d'exercer les fonctions de magistrat du siège au sein de la juridiction où ils sont affectés.

« S'ils ne demandent pas cette affectation, ils précisent les trois affectations qu'ils désirent recevoir à niveau hiérarchique égal dans la ou l'une des juridictions qui seront compétentes dans tout ou partie du contentieux et du ressort de la juridiction où la fonction est supprimée, ou dans la juridiction où ils exercent.

« S'ils n'ont pas exprimé de demande d'affectation, ils sont déchargés de la fonction supprimée afin d'exercer les fonctions de magistrat du siège au sein de la juridiction où ils sont affectés. »

Neuf mois au plus tard avant la suppression de la juridiction, les magistrats du parquet font connaître au *(L. org. nº 2016-1090 du 8 août 2016, art. 47-3º-a)* « garde des sceaux, » ministre de la justice*[,]* les affectations qu'ils désireraient recevoir. Six mois au plus tard avant cette date, le *(L. org. nº 2016-1090 du 8 août 2016, art. 47-3º-b)* « garde des sceaux, » ministre de la justice*[,]* peut inviter ces magistrats à présenter des demandes supplémentaires d'affectation. Leurs demandes d'affectation ne peuvent porter exclusivement sur des emplois de chef de juridiction *(L. org. nº 2016-1090 du 8 août 2016, art. 19-1º-a)* « , ni sur des emplois de premier grade de la hiérarchie judiciaire comportant un huitième échelon ».

A la date de suppression de la juridiction, ils sont nommés, le cas échéant, en surnombre dans les conditions prévues au sixième alinéa, dans une nouvelle affectation.

Par dérogation à l'art. 31 de l'Ord. nº 58-1270 du 22 déc. 1958 portant loi organique relative au statut de la magistrature, à compter du 1er janv. 2020, les magistrats chargés du service d'un tribunal d'instance siégeant dans une ville où siège un tribunal judiciaire sont nommés audit tribunal pour exercer les fonctions de juge des contentieux de la protection.

Par dérogation au même art. 31, à compter du 1er janv. 2020, les magistrats chargés du service d'un tribunal d'instance siégeant dans une ville où est créée une chambre de proximité d'un tribunal judiciaire sont nommés audit tribunal pour exercer les fonctions de juge des contentieux de la protection dans ladite chambre de proximité (L. org. nº 2019-221 du 23 mars 2019, art. 13).

Art. 32 *(L. org. nº 76-120 du 5 févr. 1976 ; L. org. nº 2007-223 du 21 févr. 2007, art. 14)* Nul ne peut être nommé magistrat dans le ressort d'un tribunal *(L. org. nº 2019-221 du 23 mars 2019, art. 8-9º, en vigueur le 1er janv. 2020)* « judiciaire *[ancienne rédaction : de grande instance]* » ou d'un tribunal de première instance où il aura exercé depuis moins de cinq ans les professions d'avocat, avoué, notaire, huissier de justice ou agréé près les tribunaux de commerce. Toutefois, cette exclusion est étendue, pour une nomination déterminée, à un ou plusieurs autres ressorts de tribunaux du ressort de la cour d'appel, dès lors que la commission prévue à l'article 34 a émis un avis en ce sens.

Art. 33 Les fonctionnaires des greffes des diverses juridictions des départements du Bas-Rhin, du Haut-Rhin et de la Moselle pourront être nommés juges du livre foncier dans les conditions fixées par un décret en Conseil d'État.

(L. org. nº 92-189 du 25 févr. 1992) « Après trois ans d'exercice de leurs fonctions, les juges du livre foncier peuvent accéder aux autres fonctions du second grade, sous réserve, pour ceux qui ne sont pas licenciés en droit, de l'avis conforme de la commission prévue à l'article 34 ; celle-ci, avant de se prononcer, peut décider de subordonner son avis à l'accomplissement d'un stage probatoire en juridiction ; elle peut également décider de soumettre l'intéressé à une période de formation préalable à l'installation dans ses nouvelles fonctions. »

CHAPITRE IV *De la commission d'avancement*

Art. 34 Il est institué une commission chargée de dresser et d'arrêter le tableau d'avancement *(Abrogé par L. org. nº 2016-1090 du 8 août 2016, art. 20-I-1º) « ainsi que les listes d'aptitude aux fonctions »*. Cette commission est commune aux magistrats du siège et du parquet.

(L. org. nº 94-101 du 5 févr. 1994) « Le tableau d'avancement est communiqué à chacune des formations du Conseil supérieur de la magistrature avant d'être signé par le Président de la République. »

(L. org. nº 92-189 du 25 févr. 1992) « La commission d'avancement peut demander à l'autorité chargée d'évaluer l'activité professionnelle du magistrat candidat à l'inscription *(Abrogé par L. org. nº 2016-1090 du 8 août 2016, art. 20-I-2º)* « *sur une des listes d'aptitude ou* » au tableau d'avancement des précisions sur le contenu de son dossier. Ces précisions et les observations du magistrat concerné sont versées dans son dossier. La commission peut également adresser aux autorités chargées d'évaluer l'activité professionnelle des magistrats les observations qu'elle estime utiles sur le contenu des dossiers examinés.

« La commission d'avancement établit chaque année un rapport d'activité rendu public. »

Art. 35 *(L. org. nº 92-189 du 25 févr. 1992)* La commission d'avancement comprend, outre le *(L. org. nº 2010-830 du 22 juill. 2010, art. 18-1º)* « doyen des présidents de chambre » de la Cour de cassation, président, et le *(L. org. nº 2010-830 du 22 juill. 2010, art. 18-1º)* « plus ancien des premiers avocats généraux à » ladite cour *(L. org. nº 2010-830 du 22 juill. 2010, art. 18-1º)* « , vice-président » :

1º L'inspecteur général *(L. org. nº 2016-1090 du 8 août 2016, art. 45-IV-1º)* « , chef de l'inspection générale de la justice [,] ou, à défaut, l'inspecteur général de la justice » et le directeur chargé des services judiciaires ou, à défaut, son représentant d'un rang au moins égal à celui de sous-directeur *(L. org. nº 2016-1090 du 8 août 2016, art. 45-IV-2º)* « adjoint » et ayant la qualité de magistrat ;

2º Deux magistrats hors hiérarchie de la Cour de cassation, un du siège et un du parquet, élus par l'ensemble des magistrats hors hiérarchie appartenant à ladite cour ;

3º Deux premiers présidents et deux procureurs généraux de cour d'appel, élus respectivement par l'ensemble des premiers présidents et l'ensemble des procureurs généraux de cour d'appel ;

(L. org. nº 2007-287 du 5 mars 2007, art. 11) « 4º Dix magistrats des cours et tribunaux, sept du premier grade et trois du second grade, élus par le collège des magistrats dans les conditions prévues au chapitre Ier *bis*. »

Lors de l'élection de chacun des membres titulaires visés au *[aux]* 2º, 3º et 4º, il est procédé, selon les mêmes modalités, à l'élection d'un membre suppléant.

(L. org. nº 2010-830 du 22 juill. 2010, art. 18-2º) « Le vice-président remplace le président en cas d'empêchement de ce dernier. Lorsque le doyen des présidents de chambre de la Cour de cassation ou le plus ancien des premiers avocats généraux à ladite cour est par ailleurs membre du Conseil supérieur de la magistrature en application du 1º de l'article 1er ou du 1º de l'article 2 de la loi organique nº 94-100 du 5 février 1994 sur le Conseil supérieur de la magistrature, ou lorsqu'il est par ailleurs membre de la commission d'avancement en application du 2º du présent article, la présidence ou la vice-présidence de ladite commission est assurée respectivement par le plus ancien des présidents de chambre ou par le plus ancien des premiers avocats généraux qui n'est pas par ailleurs membre du Conseil supérieur de la magistrature ou de la commission d'avancement en application des mêmes dispositions. »

Jusqu'à sa première réunion dans sa composition issue de la L. const. nº 2008-724 du 23 juill. 2008 de modernisation des institutions de la Ve République, le Conseil supérieur de la magistrature exerce les compétences qui lui étaient conférées en vertu de l'art. 65 de la Constitution dans sa rédaction antérieure à la même loi constitutionnelle (L. org. nº 2010-830 du 22 juill. 2010, art. 38).

Art. 35-1 *(L. org. nº 92-189 du 25 févr. 1992)* La durée du mandat des membres titulaires *et suppléants de la commission* d'avancement visés aux 2º, 3º ou 4º de l'article 35 est de *(L. org. nº 94-101 du 5 févr. 1994)* « trois ans » non renouvelables.

Lorsque le siège de l'un des membres visés aux 2º, 3º ou 4º de l'article 35 devient vacant par suite de décès, d'empêchement définitif, de démission ou en cas de perte de la qualité au titre de laquelle il a été élu, ce siège est pourvu par le suppléant qui achève le mandat du titulaire. Le suppléant peut remplacer le titulaire momentanément empêché. Ils ne peuvent siéger ensemble.

Art. 35-2 *(L. org. nº 92-189 du 25 févr. 1992)* Pendant la durée de leur mandat, les membres élus de la commission d'avancement, y compris les suppléants, ne peuvent bénéficier ni d'un avancement de grade ni d'une promotion à une fonction hors hiérarchie.

[Dispositions déclarées non conformes à la Constitution par décision du Conseil constitutionnel nº 92-305 DC du 21 févr. 1992.]

Les membres de la commission d'avancement nommés à la date de promulgation de la loi organique n° 92-189 du 25 févr. 1992 demeurent en fonction jusqu'à l'expiration de leur mandat (L. org. préc., art. 50).

Art. 36 *(L. org. n° 92-189 du 25 févr. 1992)* **« Le tableau d'avancement est établi chaque année. Le tableau d'avancement établi pour une année déterminée est valable jusqu'à la date de publication du tableau établi pour l'année suivante.**

(L. org. n° 2016-1090 du 8 août 2016, art. 20-II-1°) **« La commission d'avancement statue sur l'inscription au tableau d'avancement des magistrats du second grade dont la liste est adressée chaque année à son secrétariat dans les conditions prévues à l'article 27 et qui remplissent les conditions fixées par décret pour accéder aux fonctions du premier grade. Le renouvellement de l'inscription est de droit sur proposition de l'autorité chargée de l'établissement de la liste mentionnée au même article 27.**

« Les magistrats non présentés peuvent saisir la commission d'avancement. »

(Abrogé par L. org. n° 2016-1090 du 8 août 2016, art. 20-II-2°) ***« Des listes d'aptitude sont établies au moins une fois par an. L'inscription sur les listes d'aptitude est définitive, sauf radiation décidée dans les mêmes formes que l'inscription.***

« (L. org. n° 70-642 du 17 juill. 1970) « Un décret en Conseil d'État spécifie les fonctions qui ne peuvent être conférées qu'après inscription sur une liste d'aptitude. »

(L. org. n° 2016-1090 du 8 août 2016, art. 20-II-3°) **« Un décret en Conseil d'État détermine les conditions exigées pour figurer au tableau d'avancement ainsi que les modalités d'élaboration et d'établissement du tableau annuel et des tableaux supplémentaires éventuels. Il fixe les conditions pour exercer et examiner les recours. »**

Ce *(L. org. n° 2016-1090 du 8 août 2016, art. 20-II-3°)* **« décret » pourra en outre déterminer :**

1° Le temps de fonctions qu'il faudra avoir accompli préalablement à toute nomination comme juge unique ;

2° Le temps de fonctions qu'il faudra avoir accompli comme juge unique avant d'être nommé président de tribunal ou procureur de la République.

CHAPITRE IV *BIS* *De la commission consultative du parquet*

(L. org. n° 92-189 du 25 févr. 1992)

Art. 36-1 à 36-5 *Abrogés par L. org. n° 94-101 du 5 févr. 1994.*

CHAPITRE V *Des magistrats hors hiérarchie*

Art. 37 Les magistrats du siège placés hors hiérarchie sont nommés par décret du Président de la République dans les conditions prévues à l'article 65 de la Constitution.

(L. org. n° 2001-539 du 25 juin 2001) **« La fonction de premier président de cour d'appel est exercée par un magistrat hors hiérarchie du siège de la Cour de cassation, désigné à cet effet dans les formes prévues à l'alinéa précédent.**

« S'il n'occupe pas déjà cet emploi lors de sa désignation en qualité de premier président conformément à l'alinéa précédent, le magistrat est nommé concomitamment à un emploi hors hiérarchie du siège de la Cour de cassation. En ce cas, les dispositions du troisième alinéa de l'article 39 ne sont pas applicables. Cette nomination est prononcée, le cas échéant, en surnombre de l'effectif organique de la Cour de cassation. Ce surnombre est résorbé à la première vacance utile dans cette juridiction.

« Nul ne peut exercer plus de sept années la fonction de premier président d'une même cour d'appel.

(L. org. n° 2016-1090 du 8 août 2016, art. 21) **« Dans les six mois suivant son installation dans ses fonctions, le premier président définit les objectifs de son action, notamment en considération des rapports sur l'état du fonctionnement de la cour d'appel et des juridictions de son ressort qui ont pu être établis par l'inspection générale de la justice et par son prédécesseur ou par les présidents des tribunaux du ressort. Il élabore, tous les deux ans, un bilan *de ses activités, de l'animation* et de la gestion de la cour et des juridictions de son ressort ainsi que de l'administration des services judiciaires dans ce ressort. Il tient compte, dans l'élaboration de ce bilan, des rapports précités de l'inspection générale de la justice intervenus depuis son installation. Ces éléments sont versés au dossier du magistrat. »**

« Six mois au moins avant l'expiration de cette période, le premier président peut solliciter sa nomination en qualité d'inspecteur général adjoint des services judiciaires. Cette nomination est alors de droit au terme des sept années d'exercice de ses fonctions.

« A l'expiration de cette période, s'il n'a pas reçu une autre affectation, le premier président est déchargé de cette fonction par décret du Président de la République et exerce au sein de la Cour de cassation les fonctions auxquelles il a été initialement nommé. Il en est de même dans le cas où, avant ce terme, il est déchargé de cette fonction sur sa demande ou en application de l'article 45. »

Art. 37-1 *(L. org. nº 2016-1090 du 8 août 2016, art. 22)* **L'article 27-1 est applicable à la nomination aux fonctions hors hiérarchie, à l'exception des fonctions d'inspecteur général, chef de l'inspection générale de la justice.**

L. org. nº 2016-1090 du 8 août 2016. Constitutionnalité. L'exception introduite par l'art. 37-1 trouve une justification dans la spécificité des fonctions d'inspecteur général par rapport aux autres fonctions judiciaires. En prenant en compte cette spécificité, la loi organique n'a pas méconnu le principe d'égalité. • Cons. const. 28 juill. 2016, nº 2016-732 DC, § 27.

Art. 38 *(L. org. nº 2010-830 du 22 juill. 2010, art. 19)* **Les magistrats du parquet placés hors hiérarchie** *(L. org. nº 2016-1090 du 8 août 2016, art. 23)* **« et les magistrats exerçant les fonctions d'inspecteur général, chef de l'inspection générale de la justice, et d'inspecteur général de la justice » sont nommés par décret du Président de la République après avis du Conseil supérieur de la magistrature.**

Sur les dispositions transitoires de la L. org. nº 2010-830 du 22 juill. 2010, V. note ss. art. 35 de la présente Ord.

Art. 38-1 *(L. org. nº 2010-830 du 22 juill. 2010, art. 20)* **La fonction de procureur général près une cour d'appel est exercée par un magistrat hors hiérarchie du parquet de la Cour de cassation, désigné à cet effet dans les formes prévues à l'article 38.**

S'il n'occupe pas déjà cet emploi lors de sa désignation en qualité de procureur général conformément au premier alinéa du présent article, le magistrat est nommé concomitamment à un emploi hors hiérarchie du parquet de la Cour de cassation. En ce cas, les dispositions du troisième alinéa de l'article 39 ne sont pas applicables.

(L. org. nº 2016-1090 du 8 août 2016, art. 24) **« Dans les six mois suivant son installation dans ses fonctions, le procureur général, sous réserve des dispositions afférentes à la détermination de la politique pénale, définit les objectifs de son action, notamment en considération des rapports sur l'état du fonctionnement du parquet général et des parquets de son ressort qui ont pu être établis par l'inspection générale de la justice et par son prédécesseur ou par les procureurs de la République du ressort. Il élabore, tous les deux ans, un bilan de ses activités et de l'animation du ministère public dans son ressort ainsi que de l'administration des services judiciaires dans ce ressort. Il tient compte, dans l'élaboration de ce bilan, des rapports précités de l'inspection générale de la justice intervenus depuis son installation. Ces éléments sont versés au dossier du magistrat. »**

Nul ne peut exercer plus de sept années la fonction de procureur général près une même cour d'appel.

Six mois au moins avant l'expiration de cette période, le procureur général peut solliciter sa nomination en qualité d'inspecteur général adjoint des services judiciaires. Cette nomination est alors de droit au terme des sept années d'exercice de ses fonctions.

A l'expiration de cette période, s'il n'a pas reçu d'autre affectation, le procureur général est déchargé de cette fonction par décret du Président de la République et exerce au sein de la Cour de cassation les fonctions auxquelles il a été initialement nommé. Il en est de même dans le cas où, avant ce terme, il est déchargé de cette fonction sur sa demande ou en application de l'article 45.

Sur les dispositions transitoires de la L. org. nº 2010-830 du 22 juill. 2010, V. note ss. art. 35 de la présente Ord.

Art. 38-2 *(L. org. nº 2001-539 du 25 juin 2001)* **Les fonctions de président et de procureur de la République d'un tribunal** *(L. org. nº 2019-221 du 23 mars 2019, art. 8-10º, en vigueur le 1er janv. 2020)* **« judiciaire** *[ancienne rédaction : de grande instance]* **» ou de première instance placé hors hiérarchie sont exercées respectivement par un président de chambre et un avocat général de la cour d'appel dans le ressort de laquelle est situé ce tribunal, désigné à cet effet dans les formes prévues aux articles 37 et 38.**

Par dérogation à l'alinéa précédent, les fonctions de président et de procureur de la République près le tribunal *(L. org. nº 2019-221 du 23 mars 2019, art. 8-10º, en vigueur le 1er janv. 2020)* **« judiciaire** *[ancienne rédaction : de grande instance]* **» de Paris sont exercées respectivement par un conseiller et un avocat général à la Cour de cassation.** *— Jusqu'au 31 déc. 2019, à* *l'art. 38-2 de l'Ord. n° 58-1270 du 22 déc. 1958, les mots : « tribunal judiciaire de Paris » s'entendent comme : « tribunal de grande instance de Paris » (L. org. n° 2019-221 du 23 mars 2019, art. 16).*

S'il n'occupe pas déjà cet emploi lors de sa désignation en qualité de président ou de procureur de la République conformément aux premier et deuxième alinéas du présent article, le magistrat est nommé concomitamment à un emploi de président de chambre ou d'avocat général de la cour d'appel, ou à un emploi de conseiller ou d'avocat général à la Cour de cassation. En ce cas, les dispositions du troisième alinéa de l'article 39 ne sont pas applicables. Cette nomination est prononcée, le cas échéant, en surnombre de l'effectif organique de la juridiction. Ce surnombre est résorbé à la première vacance utile dans cette juridiction.

Nul ne peut exercer plus de sept années la fonction de président ou de procureur de la République d'un même tribunal *(L. org. n° 2019-221 du 23 mars 2019, art. 8-10°, en vigueur le 1er janv. 2020)* **« judiciaire** *[ancienne rédaction : de grande instance]* **» ou de première instance.**

A l'expiration de cette période, s'il n'a pas reçu une autre affectation, le magistrat est déchargé de cette fonction par décret du Président de la République et exerce au sein de la cour d'appel ou de la Cour de cassation les fonctions auxquelles il a été initialement nommé. Il en est de même dans le cas où, avant ce terme, il est déchargé de cette fonction sur sa demande ou en application de l'article 45. – *Dispositions applicables aux nominations intervenant à compter du 1er janv. 2002.*

(L. org. n° 2013-1115 du 6 déc. 2013) **« Le présent article est applicable au procureur de la République financier près le tribunal** *(L. org. n° 2019-221 du 23 mars 2019, art. 8-10°, en vigueur le 1er janv. 2020)* **« judiciaire** *[ancienne rédaction : de grande instance]* **» de Paris** *(L. org. n° 2019-221 du 23 mars 2019, art. 9)* **« et au procureur de la République antiterroriste près le tribunal judiciaire de Paris » dans les mêmes conditions qu'au procureur de la République près le même tribunal. »**

Art. 39 Les dispositions relatives à l'avancement ne s'appliquent pas aux nominations des magistrats hors hiérarchie.

(L. org. n° 2001-539 du 25 juin 2001) **« A l'exception des conseillers référendaires** *(L. org. n° 2007-287 du 5 mars 2007, art. 17, en vigueur le 1er juin 2007)* **« et des avocats généraux référendaires » à la Cour de cassation, nul magistrat ne peut être nommé à un emploi hors hiérarchie s'il n'a exercé deux fonctions lorsqu'il était au premier grade** *(L. org. n° 2007-287 du 5 mars 2007, art. 27, en vigueur le 1er juin 2007)* **« et satisfait à l'obligation de mobilité prévue à l'article 76-4 ». Si ces fonctions présentent un caractère juridictionnel, elles doivent avoir été exercées dans deux juridictions différentes.**

« Nul magistrat ne peut être nommé à un emploi hors hiérarchie à la Cour de cassation s'il n'est ou n'a été magistrat hors hiérarchie ou si, après avoir exercé les fonctions de conseiller référendaire *(L. org. n° 2007-287 du 5 mars 2007, art. 17, en vigueur le 1er juin 2007)* **« ou d'avocat général référendaire » à la Cour de cassation, il n'occupe un autre emploi du premier grade. »** – *Entrée en vigueur le 1er janv. 2002.*

(L. org. n° 2007-287 du 5 mars 2007, art. 17, en vigueur le 1er juin 2007) **« Les emplois vacants de conseiller ou d'avocat général à la Cour de cassation sont pourvus, à raison d'un sur** *(L. org. n° 2012-208 du 13 févr. 2012, art. 3)* **« six », par la nomination d'un magistrat du premier grade ayant exercé les fonctions de conseiller référendaire ou d'avocat général référendaire pendant au moins huit ans.**

« Les postes qui ne pourraient être pourvus, faute de candidats, par ces magistrats peuvent être pourvus par les magistrats mentionnés au troisième alinéa du présent article. »

(L. org. n° 94-101 du 5 févr. 1994) **« Les dispositions de l'article 12-1 ne s'appliquent pas aux magistrats hors hiérarchie de la Cour de cassation et aux premiers présidents et procureurs généraux des cours d'appel. »**

Les dispositions du troisième alinéa de l'art. 39, dans sa rédaction résultant de la loi organique n° 2001-539 du 25 juin 2001, ne sont pas applicables aux magistrats qui exercent ou ont exercé les fonctions de président de chambre d'une cour d'appel ou d'avocat général à la date d'entrée en vigueur de cette loi.

Les dispositions du deuxième alinéa de l'art. 39, dans sa rédaction résultant de la loi organique n° 2001-539 du 25 juin 2001, ne sont pas applicables aux magistrats du second groupe du premier grade qui justifient de plus de dix années de services effectifs au premier grade à la date d'entrée en vigueur de cette loi.

Par dérogation aux dispositions du troisième alinéa de l'art. 39, dans sa rédaction résultant de la loi organique n° 2001-539 du 25 juin 2001, peuvent également être nommés à un emploi hors hiérarchie à la Cour de cassation les magistrats exerçant les fonctions de conseiller ou de substitut général à la cour d'appel de Paris ou de Versailles à la date d'entrée en vigueur de ladite loi (L. org. n° 2001-539 du 25 juin 2001, art. 12).

Art. 40 *(L. org. nº 70-642 du 17 juill. 1970)* « Peuvent être nommés directement aux fonctions hors hiérarchie s'ils remplissent les conditions prévues à l'article 16 ci-dessus » :

1º Les conseillers d'État en service ordinaire ;

2º *(L. org. nº 70-642 du 17 juill. 1970)* « Les magistrats de l'ordre judiciaire détachés dans les emplois de directeur ou de chef de service au ministère de la justice ou de directeur de l'école nationale de la magistrature ; toutefois, pour accéder en qualité de directeur ou de chef de service directement à des fonctions hors hiérarchie à la Cour de cassation, ils devront justifier de cinq ans de détachement en qualité de directeur ou de chef de service » ; *– V., pour une dérogation temporaire, L. org. nº 76-120 du 5 févr. 1976, art. 7 (D. et BLD 1976. 120).*

3º Les maîtres des requêtes au Conseil d'État ayant au moins dix ans de fonctions en cette qualité ;

4º Les professeurs des Facultés de droit de l'État ayant enseigné au moins dix ans en qualité de professeur ou d'agrégé ;

5º Les avocats au Conseil d'État et à la Cour de cassation, membres ou anciens membres du conseil de l'Ordre, ayant au moins vingt ans d'exercice de leur profession.

(L. org. nº 92-189 du 25 févr. 1992) « Peuvent également être nommés aux fonctions hors hiérarchie des cours d'appel, à l'exception, toutefois, des fonctions de premier président et de procureur général, les avocats inscrits à un barreau français justifiant de vingt-cinq années au moins d'exercice de leur profession.

« Les candidats visés aux 3º, 4º et 5º ainsi que les candidats visés au septième alinéa du présent article ne peuvent être nommés qu'après avis de la commission prévue à l'article 34.

« Un décret en Conseil d'État précise les conditions dans lesquelles les avocats au Conseil d'État et à la Cour de cassation et les avocats inscrits à un barreau français peuvent obtenir que soient prises en compte, pour la constitution de leurs droits à pension de retraite de l'État ou pour le rachat d'annuités supplémentaires, les années d'activité professionnelle accomplies par eux avant leur nomination comme magistrat, moyennant le versement d'une contribution dont le même décret fixe le montant et les modalités, et sous réserve de la subrogation de l'État pour le montant des prestations auxquels ils pourront avoir droit pour les périodes rachetées au titre des régimes de retraite de base auxquelles ils étaient affiliés ainsi que des régimes de retraite complémentaire dans la limite des droits afférents au versement des cotisations minimales obligatoires. *– V. Décr. nº 97-874 du 24 sept. 1997 (JO 26 sept.).*

« Ce décret précise, en outre, les conditions dans lesquelles les personnes recrutées avant la date d'entrée en vigueur de la loi organique nº 92-189 du 25 février 1992 précitée pourront bénéficier des dispositions du présent article. »

BIBL. ▸ CANIVET, *Mél. Ponsard, Litec, 2003, p. 115* (des « professeurs-juges » aux « juges-professeurs »). – CHARTIER, *ibid., p. 143* (de l'Université à la Cour de cassation).

CHAPITRE V *BIS* ***De l'intégration provisoire dans le corps judiciaire*** *(L. org. nº 2016-1090 du 8 août 2016, art. 35-1º-a).*

(L. org. nº 92-189 du 25 févr. 1992)

SECTION I ***De l'intégration provisoire à temps plein***

(L. org. nº 2016-1090 du 8 août 2016, art. 35-1º-b)

SOUS-SECTION 1 *Des conseillers et des avocats généraux à la Cour de cassation en service extraordinaire*

(L. org. nº 2016-1090 du 8 août 2016, art. 35-1º-b)

Art. 40-1 Peuvent être nommées conseillers ou avocats généraux à la Cour de cassation en service extraordinaire, si elles remplissent les conditions prévues à l'article 16 ci-dessus et si elles justifient de *(L. org. nº 2016-1090 du 8 août 2016, art. 36-1º)* « vingt » années au moins d'activité professionnelle, les personnes que leur compétence et leur activité qualifient particulièrement pour l'exercice de fonctions judiciaires à la Cour de cassation.

Les conseillers en service extraordinaire exercent les attributions des conseillers à la Cour de cassation.

Les avocats généraux en service extraordinaire exercent les attributions confiées au ministère public près la Cour de cassation.

(L. org. nº 2001-539 du 25 juin 2001) « Le nombre des conseillers et des avocats généraux en service extraordinaire ne peut respectivement excéder le dixième de l'effectif des magistrats hors hiérarchie du siège de la Cour de cassation et le dixième de l'effectif des magistrats hors hiérarchie du parquet de ladite cour. »

BIBL. ► BURGELIN, *Mél. R. Martin, Univ. Nice-Sophia-Antipolis, Bruylant, LGDJ, 2004, p. 3* (un anticonformiste nécessaire : l'avocat général à la Cour de cassation).

Art. 40-2 Les conseillers et les avocats généraux en service extraordinaire sont nommés pour une durée de *(L. org. n° 2016-1090 du 8 août 2016, art. 36-2°)* « dix » ans non renouvelable, dans les formes respectivement prévues pour la nomination des magistrats du siège de la Cour de cassation et pour la nomination des magistrats du parquet de ladite cour.

Un décret en Conseil d'État détermine les conditions de recueil et d'instruction des dossiers de candidature à l'exercice de fonctions judiciaires en service extraordinaire.

Il ne peut être mis fin aux fonctions des conseillers et avocats généraux à la Cour de cassation qu'à leur demande ou au cas où aurait été prononcée à leur encontre l'une des sanctions prévues aux 6° et 7° de l'article 45 et à l'article 40-3. Lorsqu'il est ainsi mis fin aux fonctions des conseillers ou des avocats généraux en service extraordinaire ayant la qualité de fonctionnaires, les dispositions de l'article 40-5 reçoivent, s'il y a lieu, application.

Art. 40-3 Le pouvoir disciplinaire à l'égard des conseillers et avocats généraux à la Cour de cassation en service extraordinaire est exercé exclusivement par l'autorité investie de ce pouvoir dans les conditions prévues au chapitre VII. Cette autorité peut, indépendamment des sanctions prévues à l'article 45, prononcer, à titre de sanction exclusive de toute autre sanction disciplinaire, la fin des fonctions de conseiller ou d'avocat général à la Cour de cassation en service extraordinaire.

Art. 40-4 Les conseillers et les avocats généraux en service extraordinaire sont soumis au statut de la magistrature.

Toutefois, ils ne peuvent ni être membre du Conseil supérieur de la magistrature *(L. org. n° 95-64 du 19 janv. 1995)* « ou de la commission d'avancement » ni participer à la désignation des membres de ces instances.

Ils ne peuvent recevoir aucun avancement de grade ni bénéficier d'aucune mutation dans le corps judiciaire.

Durant un an à compter de la cessation de leurs fonctions, ils sont tenus à s'abstenir de toute prise de position publique en relation avec les fonctions qu'ils ont exercées à la Cour de cassation.

(L. org. n° 2016-1090 du 8 août 2016, art. 36-3°) « Les conseillers et les avocats généraux en service extraordinaire ayant exercé leurs fonctions durant dix années sont admis, à l'expiration de leur mandat, à se prévaloir de l'honorariat de ces fonctions. Toutefois, l'honorariat peut être refusé au moment de la cessation des fonctions par une décision motivée de l'autorité qui prononce la cessation des fonctions, après avis de la formation du Conseil supérieur de la magistrature compétente à l'égard du magistrat selon qu'il exerce ses fonctions au siège ou au parquet.

« Si, lors de la cessation des fonctions, le conseiller ou l'avocat général en service extraordinaire fait l'objet de poursuites disciplinaires, il ne peut se prévaloir de l'honorariat avant le terme de la procédure disciplinaire et l'honorariat peut lui être refusé dans les conditions prévues à l'avant-dernier alinéa, au plus tard deux mois après la fin de cette procédure. »

[Dispositions déclarées non conformes à la Constitution par décision du Conseil constitutionnel n° 92-305 DC du 21 févr. 1992.]

Art. 40-5 Les conseillers et les avocats généraux en service extraordinaire ayant la qualité de fonctionnaires sont placés en position de détachement dans leur corps d'origine. Ils ne peuvent recevoir, pendant la durée de leurs fonctions, aucun avancement de grade dans ce corps.

Lorsqu'une des sanctions prévues aux 4°, 5°, 6° et 7° de l'article 45 est prononcée à l'encontre d'un conseiller ou d'un avocat général à la Cour de cassation en service extraordinaire ayant la qualité de fonctionnaire, elle produit le même effet vis-à-vis de son corps d'origine.

A l'expiration de leurs fonctions, les conseillers et avocats généraux à la Cour de cassation en service extraordinaire ayant la qualité de fonctionnaires sont réintégrés de plein droit dans leur corps d'origine au grade correspondant à l'avancement moyen dont ont bénéficié les membres de ce corps se trouvant, à la date du détachement, aux mêmes grade et échelon qu'eux et reçoivent, dans les conditions prévues au présent article, une affectation, le cas échéant en surnombre.

Une commission, présidée par le vice-président du Conseil d'État, est chargée de veiller aux conditions de la réintégration dans la fonction publique des fonctionnaires ayant fait l'objet d'un détachement pour être nommés conseillers ou avocats généraux en service extraordinaire à la Cour de cassation. Cette commission comprend un conseiller d'État en service ordinaire désigné par l'assemblée générale du Conseil d'État, un conseiller à la Cour de cassation désigné par l'ensemble des magistrats hors hiérarchie de cette juridiction, un conseiller maître à la Cour des comptes désigné par les magistrats composant la chambre du conseil, le directeur général de l'administration et de la fonction publique et, selon le cas, le directeur du personnel *(L. org. n° 2007-287 du 5 mars 2007, art. 29, en vigueur le 1er juin 2007)* « de l'administration » dont relève le corps auquel appartient l'intéressé ou le chef de ce corps. En cas de partage égal des voix au sein de la commission, la voix du président est prépondérante.

Trois mois au plus tard avant la date prévue pour l'expiration du détachement, l'intéressé fait connaître à la commission visée à l'alinéa précédent le type de fonctions qu'il souhaiterait exercer ainsi que le lieu d'affectation qu'il désirerait recevoir. Dans les deux mois suivant sa demande de réintégration, la commission l'invite à choisir sur une liste de trois affectations l'emploi dans lequel il sera nommé.

La commission arrête la liste des affectations mentionnées à l'alinéa précédent au vu des propositions que lui font, sur sa demande, les services compétents *(L. org. n° 2007-287 du 5 mars 2007, art. 29, en vigueur le 1er juin 2007)* « de l'administration appelée » à accueillir, le cas échéant, l'intéressé à l'issue de son détachement. Si le fonctionnaire faisant l'objet d'un détachement n'accepte aucun des postes qui lui sont offerts, ou à défaut de propositions permettant à la commission d'établir la liste des affectations, celle-ci arrête l'emploi dans lequel il sera nommé à l'expiration de son détachement judiciaire.

Durant deux ans à compter de la réintégration dans la fonction publique du fonctionnaire ayant fait l'objet d'un détachement, aucune modification de ses fonctions ou de son affectation ne peut intervenir sans l'avis conforme de la commission.

Un décret en Conseil d'État précise les conditions d'application du présent article. – *V. Décr. n° 93-548 du 26 mars 1993 (JO 28 mars).*

Art. 40-6 Le contrat de travail bénéficiant, précédemment à sa nomination, à un conseiller ou à un avocat général en service extraordinaire est, sur sa demande, suspendu jusqu'à l'expiration de ses fonctions dès lors qu'il justifie d'une ancienneté minimale d'une année chez son employeur à la date de son installation.

La suspension prend effet quinze jours après la notification qui en est faite à l'employeur, à la diligence de l'intéressé par lettre recommandée avec demande d'avis de réception.

Au plus tard dans les deux mois qui suivent l'expiration de ses fonctions, le conseiller ou l'avocat général en service extraordinaire doit manifester son intention de reprendre son emploi en adressant à son employeur une lettre recommandée avec demande d'avis de réception.

Il retrouve son précédent emploi ou un emploi analogue assorti d'une rémunération équivalente dans les deux mois suivant la date à laquelle il a avisé son employeur. Il bénéficie de tous les avantages acquis dans sa catégorie professionnelle durant l'exercice de ses fonctions à la Cour de cassation. Il bénéficie, en outre, en tant que de besoin, d'une réadaptation professionnelle en cas de changement de techniques ou de méthodes de travail.

Art. 40-7 Les conseillers et avocats généraux en service extraordinaire ayant la qualité d'agents titulaires de la fonction publique de l'État, de la fonction publique territoriale ou de la fonction publique hospitalière sont soumis au régime de législation sociale qui leur est propre.

Les conseillers et avocats généraux ayant une autre qualité que celle mentionnée à l'alinéa précédent sont soumis au régime suivant :

1° En matière d'accidents du travail et de maladies professionnelles, leur sont applicables, dans les mêmes conditions qu'aux agents non titulaires de l'État, les dispositions du livre IV du code de la sécurité sociale ;

2° La couverture des risques maladies, vieillesse, invalidité, décès et maternité est prise en charge par le régime de sécurité sociale dont ils bénéficient ou, faute pour eux de relever d'un régime particulier, par le régime général de sécurité sociale auquel ils sont alors affiliés ;

3° A défaut de relever d'un régime complémentaire de retraite particulier, ils bénéficient du régime prévu pour les agents non titulaires de l'État dans les conditions fixées pour ces derniers.

Pour l'application des trois alinéas qui précèdent, les obligations de l'employeur, y compris, le cas échéant, celles relatives au régime complémentaire de retraite, sont assumées par l'État.

Un décret fixe, en tant que de besoin, les modalités d'application du présent article.

SOUS-SECTION 2 *Du détachement judiciaire*

(L. org. n° 2016-1090 du 8 août 2016, art. 35-1°-b)

Art. 41 Les membres des corps recrutés par la voie de l'École nationale d'administration et les professeurs et les maîtres de conférences des universités peuvent, dans les conditions prévues aux articles suivants, faire l'objet d'un détachement judiciaire pour exercer les fonctions des premier et second grades.

(L. org. n° 2007-287 du 5 mars 2007, art. 28, en vigueur le 1er juin 2007) « Le présent article s'applique, dans les conditions prévues par leur statut, aux fonctionnaires de l'État, territoriaux et hospitaliers *(L. org. n° 2016-1090 du 8 août 2016, art. 37)* « , aux militaires » et aux fonctionnaires des assemblées parlementaires appartenant à des corps et cadres d'emplois de même niveau de recrutement. »

Art. 41-1 *(L. org. n° 2016-1090 du 8 août 2016, art. 38)* Le détachement judiciaire est prononcé à équivalence de grade et à l'échelon comportant un indice égal ou, à défaut, immédiatement supérieur à celui que l'intéressé détenait dans son corps d'origine.

Art. 41-2 Le détachement judiciaire est prononcé, après avis conforme de la commission instituée à l'article 34, par arrêté du garde des Sceaux, ministre de la justice, et, le cas échéant, conjoint du ministre dont relève le corps auquel appartient l'intéressé. *(L. org. n° 2007-287 du 5 mars 2007, art. 30, en vigueur le 1er juin 2007)* « Toute décision de la commission défavorable au détachement judiciaire est motivée. » La commission détermine les fonctions auxquelles peut être nommée la personne détachée.

Les personnes visées à l'article 41 faisant l'objet d'un détachement judiciaire sont soumises exclusivement au présent statut.

Art. 41-3 Préalablement à l'exercice de fonctions judiciaires, les personnes visées à l'article 41 faisant l'objet d'un détachement judiciaire accomplissent un stage d'une durée de six mois dont la nature est déterminée par la commission prévue à l'article 34.

Pendant la durée du stage, ces personnes visées à l'article 41 sont soumises aux dispositions de l'article 19 et du premier alinéa de l'article 20. Au début du stage, elles prêtent serment devant la cour d'appel dans le ressort de laquelle le stage se déroule, en ces termes : "Je jure de conserver le secret des actes du parquet, des juridictions d'instruction et de jugement dont j'aurai eu connaissance au cours de mon stage."

Art. 41-4 Les personnes visées à l'article 41 faisant l'objet d'un détachement judiciaire sont nommées à une fonction judiciaire dans les formes prévues à l'article 28.

Avant leur première affectation à une fonction judiciaire, elles prêtent serment dans les conditions prévues à l'article 6.

Art. 41-5 Le détachement judiciaire est d'une durée de cinq ans non renouvelable.

Pendant cette période, il ne peut être mis fin au détachement judiciaire que sur demande de l'intéressé ou au cas où aurait été prononcée à son encontre l'une des sanctions prévues aux 6° et 7° de l'article 45 et au premier alinéa de l'article 41-6. S'il est mis fin au détachement, les dispositions de l'article 41-7 reçoivent, s'il y a lieu, application.

Art. 41-6 Le pouvoir disciplinaire à l'égard des personnes visées à l'article 41 faisant l'objet d'un détachement judiciaire est exercé par l'autorité investie de ce pouvoir dans les conditions prévues au chapitre VII. Cette autorité peut, indépendamment des sanctions prévues à l'article 45, prononcer, à titre de sanction exclusive de toute autre sanction disciplinaire, la fin du détachement judiciaire de l'intéressé.

Lorsque les sanctions prononcées à l'encontre de la personne visée à l'article 41 faisant l'objet d'un détachement judiciaire sont celles qui sont prévues aux 4°, 5°, 6° et 7° de l'article 45, elles produisent le même effet vis-à-vis du corps d'origine.

Art. 41-7 Sous réserve de l'application de l'article 41-9, les personnes faisant l'objet d'un détachement judiciaire sont, au terme de leur détachement, réintégrées de plein droit dans leur corps d'origine au grade correspondant à l'avancement moyen dont ont bénéficié les membres de ce corps se trouvant, à la date du détachement, aux mêmes grade et échelon qu'eux et reçoivent, dans les conditions prévues au présent article, une affectation, le cas échéant en surnombre.

La commission visée à l'article 40-5 est chargée de veiller aux conditions de la réintégration dans la fonction publique des personnes ayant fait l'objet d'un détachement judiciaire.

Trois mois au plus tard avant la date prévue pour l'expiration du détachement judiciaire, l'intéressé fait connaître à la commission visée à l'alinéa précédent le type de fonctions qu'il souhaiterait exercer ainsi que le lieu d'affectation qu'il désirerait recevoir. Dans les deux mois suivant sa demande de réintégration, la commission l'invite à choisir sur une liste de trois affectations l'emploi dans lequel il sera nommé.

La commission arrête la liste des affectations mentionnées à l'alinéa précédent au vu des propositions que lui font, sur sa demande, les services compétents des ministères appelés à accueillir, le cas échéant, l'intéressé à l'issue de son détachement. Si la personne faisant l'objet d'un détachement judiciaire n'accepte aucun des postes qui lui sont offerts, ou à défaut de propositions permettant à la commission d'établir la liste des affectations, celle-ci arrête l'emploi dans lequel il sera nommé à l'expiration de son détachement judiciaire.

Durant deux ans à compter de la réintégration dans la fonction publique de la personne ayant fait l'objet d'un détachement judiciaire, aucune modification de ses fonctions ou de son affectation ne peut intervenir sans l'avis conforme de la commission.

Un décret en Conseil d'État précise les conditions d'application du présent article.

Art. 41-8 Le nombre des détachements judiciaires ne peut excéder un vingtième des emplois de chacun des deux grades.

Art. 41-9 Peuvent être nommées au premier et au second grade de la hiérarchie judiciaire les personnes détachées pendant trois ans au moins dans le corps judiciaire.

Pour toute nomination au *(Abrogé par L. org. n° 2001-539 du 25 juin 2001) « premier groupe du »* premier grade, les personnes détachées doivent justifier d'une durée minimale de *(L. org. n° 2001-539 du 25 juin 2001)* « sept » années de service dans le corps judiciaire et l'un ou plusieurs des corps énumérés à l'article 41.

Al. 3 abrogé par L. org. n° 2001-539 du 25 juin 2001, art. 8-X.

Les nominations prononcées en application des alinéas précédents s'imputent sur les quotas de nominations fixés à chaque niveau hiérarchique par le 1° de l'article 25 et par l'article 25-1. Ces nominations interviennent dans les conditions prévues à l'article 25-2. Toutefois, la dernière phrase du dernier alinéa de l'article 25-2 n'est pas applicable.

SECTION II *De l'intégration provisoire à temps partiel*

(L. org. n° 2016-1090 du 8 août 2016, art. 35-1°-c)

Art. 41-10 A *(L. org. n° 2016-1090 du 8 août 2016, art. 35-1°-d)* Les magistrats mentionnés à la présente section ne peuvent exercer qu'une part limitée de la compétence de la juridiction dans laquelle ils sont nommés. *(L. org. n° 2019-221 du 23 mars 2019, art. 3)* « Ils ne peuvent composer majoritairement une formation collégiale de la juridiction dans laquelle ils sont nommés ou affectés *(L. org. n° 2021-1728 du 22 déc. 2021, art. 1er-1°)* « ni composer majoritairement la cour d'assises ou la cour criminelle départementale ». »

L. org. du 8 août 2016. Constitutionnalité (oui). Modalités dérogatoires de recrutement des magistrats. Les fonctions de magistrat de l'ordre judiciaire doivent en principe être exercées par des personnes qui entendent consacrer leur vie professionnelle à la carrière judiciaire. La Constitution ne fait cependant pas obstacle à ce que, pour une part limitée, des fonctions normalement réservées à des magistrats de carrière puissent être exercées à titre temporaire par des personnes qui n'entendent pas pour autant embrasser la carrière judiciaire, à condition que, dans cette hypothèse, des garanties appropriées permettent de satisfaire au principe d'indépendance qui est indissociable de l'exercice de fonctions judiciaires. Il importe à cette fin que les intéressés soient soumis aux droits et obligations applicables à l'ensemble des magistrats sous la seule réserve des dispositions spécifiques qu'impose l'exercice à titre temporaire de leurs fonctions. L'art. 41-10 A ne saurait, sans méconnaître le principe d'indépendance de l'autorité judiciaire, être interprété comme permettant qu'au sein d'un tribunal plus d'un tiers des fonctions normalement réservées à des magistrats de carrière puissent être exercées par des magistrats recrutés provisoirement, que ce soit à temps partiel ou à temps complet. Sous cette réserve, l'art. 35 est conforme à la Constitution. • Cons. const. 28 juill. 2016, n° 2016-732 DC, § 73, 74 et 78.

SOUS-SECTION 1 *Des magistrats exerçant à titre temporaire*

(L. org. n° 2016-1090 du 8 août 2016, art. 35-1°-c)

Art. 41-10 *(L. org. n° 2016-1090 du 8 août 2016, art. 39-I-1°)* « Peuvent être nommées magistrats exerçant à titre temporaire, pour exercer des fonctions de juge *(L. org. n° 2019-221 du 23 mars 2019, art. 4-1°, en vigueur le 1er janv. 2020)* « des contentieux de la protection », d'assesseur dans les formations collégiales des tribunaux *(L. org. n° 2019-221 du 23 mars 2019, art. 8-11°, en vigueur le 1er janv. 2020)* « judiciaires [*ancienne rédaction : de grande* *instance]* », de juge du tribunal de police ou de juge chargé de valider les compositions pénales, les personnes âgées d'au moins trente-cinq ans que leur compétence et leur expérience qualifient particulièrement pour exercer ces fonctions. »

(L. org. n° 2019-221 du 23 mars 2019, art. 4-2°, en vigueur le 1er janv. 2020) « Elles peuvent également être nommées pour exercer une part limitée des compétences matérielles pouvant être dévolues par voie réglementaire aux chambres de proximité. »

(L. org. n° 2021-1728 du 22 déc. 2021, art. 1er-2°) « Elles peuvent enfin exercer les fonctions d'assesseur dans les cours d'assises et les cours criminelles départementales. »

(L. org. n° 95-64 du 19 janv. 1995) Elles doivent soit remplir les conditions prévues au *[aux]* 1°, 2° ou 3° de l'article 22, soit être membre ou ancien membre des professions libérales juridiques et judiciaires soumises à un statut législatif ou réglementaire ou dont le titre est protégé et justifier de *(L. org. n° 2016-1090 du 8 août 2016, art. 39-I-2°)* « cinq » années au moins d'exercice professionnel.

(L. org. n° 2016-1090 du 8 août 2016, art. 39-I-3°) « Les magistrats exerçant à titre temporaire ne peuvent demeurer en fonctions au-delà de l'âge de soixante-quinze ans. »

La possibilité pour les magistrats exerçant à titre temporaire d'être nommés pour exercer les fonctions de juge chargé de valider les compositions pénales, prévue aux art. 41-10 et 41-11 de la présente ord., dans sa rédaction résultant de l'art. 39 de la L. org. n° 2016-1090 du 8 août 2016, entre en vigueur le 1er juill. 2017 (L. org. préc., art. 50-V).

La possibilité pour les magistrats exerçant à titre temporaire d'être nommés pour exercer les fonctions de juge du tribunal de police, prévue aux art. 41-10 et 41-11, dans sa rédaction résultant de l'art. 39 de la L. org. n° 2016-1090 du 8 août 2016, entre en vigueur le 1er juill. 2017 (L. org. préc., art. 50-VI).

A compter du 1er janv. 2020, les magistrats exerçant à titre temporaire poursuivent leur mandat, pour exercer les fonctions prévues à l'art. 41-10 de l'Ord. n° 58-1270 du 22 déc. 1958 portant loi organique relative au statut de la magistrature dans sa rédaction résultant de l'art. 4 de la L. org. n° 2019-221 du 23 mars 2019, au sein du tribunal judiciaire ayant succédé au tribunal de grande instance dans lequel ils ont été nommés (L. org. préc., art. 14).

Art. 41-11 *(Abrogé par L. org. n° 2019-221 du 23 mars 2019, art. 5-1°-a, à compter du 1er janv. 2020) « Lorsqu'ils sont affectés dans un tribunal d'instance, »* les magistrats recrutés dans le cadre *(L. org. n° 2016-1090 du 8 août 2016, art. 39-II-1°)* « de la présente sous-section » sont répartis dans les différents services de la juridiction selon les modalités fixées par l'ordonnance annuelle prévue par le code de l'organisation judiciaire *(L. org. n° 2016-1090 du 8 août 2016, art. 39-II-2°)* « . Ils » traitent des contentieux civil et pénal à l'exclusion de la départition prud'homale. *(Abrogé par L. org. n° 2019-221 du 23 mars 2019, art. 5-1°-b et 2°, à compter du 1er janv. 2020) « Ils ne peuvent assurer plus du (L. org. n° 2016-1090 du 8 août 2016, art. 39-II-3°) « tiers » des services du tribunal dans lequel ils sont affectés.*

« (L. org. n° 2016-1090 du 8 août 2016, art. 39-II-4°) « Lorsqu'ils sont affectés dans un tribunal de grande instance, ces magistrats sont répartis dans les différentes formations de la juridiction selon les modalités fixées par l'ordonnance annuelle prévue par le code de l'organisation judiciaire ». »

« En qualité d'assesseurs dans une formation collégiale *(L. org. n° 2019-221 du 23 mars 2019, art. 5-3°-a, en vigueur le 1er janv. 2020)* « du tribunal judiciaire », ils traitent des contentieux civil et pénal. *(Abrogé par L. org. n° 2019-221 du 23 mars 2019, art. 5-3°-b, à compter du 1er janv. 2020) « Il ne peut y avoir dans ces formations plus d'un assesseur choisi parmi les magistrats recrutés en application de la présente sous-section. »*

« En qualité de juge du tribunal de police, ils ne peuvent connaître que d'une *[qu'une]* part limitée du contentieux relatif aux contraventions.

« Lorsqu'ils sont chargés de valider les compositions pénales, ils ne peuvent assurer plus du tiers de ce service. »

(L. org. n° 2019-221 du 23 mars 2019, art. 5-4°, en vigueur le 1er janv. 2020) « Lorsqu'ils exercent les fonctions de juge des contentieux de la protection ou de juge chargé de connaître des compétences matérielles pouvant être dévolues par voie réglementaire aux chambres de proximité, ils ne peuvent exercer plus du tiers du service du tribunal ou de la chambre de proximité dans lesquels ils sont affectés. »

(L. org. n° 2021-1728 du 22 déc. 2021, art. 1er-3°) « Lorsque ces fonctions sont également exercées par un magistrat honoraire exerçant des fonctions juridictionnelles, les troisième à avant-dernier alinéas sont applicables à l'ensemble des magistrats mentionnés à la présente section. »

Art. 41-12 *(L. org. n° 2016-1090 du 8 août 2016, art. 39-III)* Les magistrats recrutés au titre de l'article 41-10 sont nommés pour une durée de cinq ans, renouvelable une fois, dans les formes prévues pour les magistrats du siège. Six mois au moins avant l'expiration de leur premier mandat, ils peuvent en demander le renouvellement. Le renouvellement est accordé de droit sur avis conforme du Conseil supérieur de la magistrature. Il est de droit dans la même juridiction.

L'article 27-1 n'est pas applicable aux nominations mentionnées au premier alinéa du présent article.

Avant de rendre son avis sur le projet de nomination pour la première période de cinq ans, la formation compétente du Conseil supérieur de la magistrature soumet l'intéressé à une formation probatoire organisée par l'École nationale de la magistrature et comportant un stage en juridiction effectué selon les modalités prévues à l'article 19. Le troisième alinéa de l'article 25-3 est applicable aux stagiaires.

La formation compétente du Conseil supérieur de la magistrature peut, à titre exceptionnel et au vu de l'expérience professionnelle du candidat, le dispenser de la formation probatoire prévue au troisième alinéa du présent article.

Les magistrats n'ayant pas été soumis à la formation probatoire prévue au même troisième alinéa suivent une formation organisée par l'École nationale de la magistrature et comportant un stage en juridiction effectué selon les modalités prévues à l'article 19. *(L. org. n° 2021-1728 du 22 déc. 2021, art. 1er-4°)* « Toutefois, la formation compétente du Conseil supérieur de la magistrature peut, à titre exceptionnel et au vu de l'expérience professionnelle du candidat, le dispenser également de cette formation ou le dispenser uniquement du stage en juridiction. »

Le directeur de l'École nationale de la magistrature établit, sous forme d'un rapport, le bilan du stage probatoire du candidat, qu'il adresse à la formation compétente du Conseil supérieur de la magistrature et au garde des sceaux, ministre de la justice.

Préalablement à leur entrée en fonctions, les magistrats prêtent serment dans les conditions prévues à l'article 6.

Un décret en Conseil d'État détermine les conditions de dépôt et d'instruction des dossiers de candidature, les modalités d'organisation et la durée de la formation, ainsi que les conditions dans lesquelles sont assurées l'indemnisation et la protection sociale des stagiaires mentionnés au présent article.

L'art. 41-12, dans sa rédaction résultant de l'art. 39 de la L. org. n° 2016-1090 du 8 août 2016, s'applique aux nominations prononcées à compter de la date de publication de celle-ci. Toutefois, les magistrats exerçant à titre temporaire nommés avant cette date peuvent être nommés pour un second mandat d'une durée de trois ans suivant les modalités de renouvellement prévues au même art. 41-12, dans sa rédaction résultant de la loi org. préc. Pour les magistrats exerçant à titre temporaire dont le mandat expire moins de six mois après la publication de la loi org. préc., la demande de renouvellement doit intervenir dans le mois suivant cette publication (L. org. préc., art. 50-I).

Les juges de proximité dont le mandat est en cours à la date de publication de la L. org. n° 2016-1090 du 8 août 2016 peuvent être nommés, à leur demande, pour le reste de leur mandat, comme magistrats exerçant à titre temporaire dans le tribunal de grande instance du ressort dans lequel se trouve la juridiction de proximité au sein de laquelle ils ont été nommés, dans les formes prévues à l'art. 41-12, dans sa rédaction résultant de la présente loi org. Leur demande doit intervenir dans le mois suivant la publication de la présente loi org. Les dispositions relatives à la formation probatoire prévues au même art. 41-12 ne leur sont pas applicables. Les dispositions du premier al. dudit art. 41-12, concernant la nomination pour un second mandat de magistrat exerçant à titre temporaire, leur sont applicables.

Art. 41-13 Les magistrats *(L. org. n° 2016-1090 du 8 août 2016, art. 39-IV-1°)* « exerçant à titre temporaire » sont soumis au présent statut.

Toutefois, ils ne peuvent être membres du Conseil supérieur de la magistrature ni de la commission d'avancement, ni participer à la désignation des membres de ces instances.

(L. org. n° 2016-1090 du 8 août 2016, art. 39-IV-2°) « Ils ne peuvent recevoir aucun avancement de grade. Ils ne peuvent pas être mutés sans leur consentement. »

Les articles 13 et 76 ne leur sont pas applicables.

Ces magistrats sont indemnisés dans des conditions fixées par décret en Conseil d'État.

(L. org. n° 2016-1090 du 8 août 2016, art. 39-IV-3°) « Pour l'application de l'article 7-2, les magistrats exerçant à titre temporaire remettent leur déclaration d'intérêts au président du tribunal *(L. org. n° 2019-221 du 23 mars 2019, art. 8-12°, en vigueur le 1er janv. 2020)* « judiciaire *[ancienne rédaction : de grande instance]* » dans lequel ils exercent leurs fonctions. »

Art. 41-14 Par dérogation à l'article 8, les magistrats recrutés dans le cadre *(L. org. n° 2016-1090 du 8 août 2016, art. 39-V-1°)* « de la présente sous-section » peuvent exercer une activité professionnelle concomitamment à leurs fonctions judiciaires, sous réserve que cette activité ne soit pas de nature à porter atteinte à la dignité de la fonction et à son indépendance. Les membres des professions libérales juridiques et judiciaires soumis à un statut législatif ou réglementaire ou dont le titre est protégé *(L. org. n° 2016-1090 du 8 août 2016, art. 39-V-2°-a)* « et leurs salariés » ne peuvent exercer des fonctions judiciaires dans le ressort du tribunal *(L. org. n° 2019-221 du 23 mars 2019, art. 8-13°, en vigueur le 1er janv. 2020)* « judiciaire *[ancienne rédaction : de grande instance]* » où ils ont leur domicile professionnel *(L. org. n° 2016-1090 du 8 août 2016, art. 39-V-2°-b)* « ; ils ne peuvent effectuer aucun acte de leur profession dans le ressort de la juridiction à laquelle ils sont affectés ».

(L. org. n° 2021-1728 du 22 déc. 2021, art. 1er-4°) « Sans préjudice de l'application du deuxième alinéa du même article 8, » ces magistrats ne peuvent exercer concomitamment aucune activité d'agent public, à l'exception de celle de professeur et de maître de conférences des universités.

En cas de changement d'activité professionnelle, le magistrat en informe le premier président de la cour d'appel *(L. org. n° 2016-1090 du 8 août 2016, art. 39-V-3°)* « dans le ressort de laquelle il est affecté », qui lui fait connaître, le cas échéant, que sa nouvelle activité n'est pas compatible avec l'exercice de ses fonctions judiciaires.

Le magistrat ne peut connaître d'un litige présentant un lien avec son activité professionnelle ou lorsqu'il entretient ou a entretenu des relations professionnelles avec l'une des parties. Dans ces hypothèses, le président du tribunal *(L. org. n° 2019-221 du 23 mars 2019, art. 8-13°, en vigueur le 1er janv. 2020)* « judiciaire *[ancienne rédaction : de grande instance]* » *(Abrogé par L. org. n° 2019-221 du 23 mars 2019, art. 6, à compter du 1er janv. 2020)* « *ou le juge chargé de l'administration du tribunal d'instance* » auquel l'intéressé est affecté décide, à la demande de celui-ci ou de l'une des parties, que l'affaire sera soumise à un autre juge du tribunal ou, s'il exerce des fonctions d'assesseur, qu'elle sera renvoyée à une formation de jugement autrement composée. Cette décision de renvoi *(L. org. n° 2016-1090 du 8 août 2016, art. 39-V-4°)* « n'est pas susceptible » de recours.

(L. org. n° 2016-1090 du 8 août 2016, art. 39-V-5°) « Le magistrat ne peut ni mentionner cette qualité, ni en faire état dans les documents relatifs à l'exercice de son activité professionnelle, tant pendant la durée de ses fonctions que postérieurement. »

Art. 41-15 *(L. org. n° 2016-1090 du 8 août 2016, art. 39-VI-1°)* « Le pouvoir d'avertissement et » le pouvoir disciplinaire à l'égard des magistrats recrutés dans le cadre *(L. org. n° 2016-1090 du 8 août 2016, art. 39-VI-2°)* « de la présente sous-section » est *[sont]* exercé *[exercés]* par l'autorité investie de ce *[ces]* pouvoir *[pouvoirs]* dans les conditions prévues au chapitre VII. Cette autorité peut, indépendamment de la sanction prévue au 1° de l'article 45, prononcer, à titre de sanction exclusive de toute autre sanction disciplinaire, la fin des fonctions du magistrat.

Art. 41-16 *(L. org. n° 95-64 du 19 janv. 1995)* Il ne peut être mis fin aux fonctions des magistrats recrutés dans le cadre *(L. org. n° 2016-1090 du 8 août 2016, art. 39-VII)* « de la présente sous-section » qu'à leur demande ou au cas où aurait été prononcée à leur encontre la sanction prévue à l'article 41-15.

Durant un an à compter de la cessation de leurs fonctions judiciaires, ces magistrats sont tenus de s'abstenir de toute prise de position publique en relation avec les fonctions judiciaires qu'ils ont exercées.

CHAPITRE V *QUINQUIES [ABROGÉ]* ***Des juges de proximité***

(Abrogé par L. org. n° 2016-1090 du 8 août 2016, art. 39-VIII, à compter du 1er juill. 2017) (L. org. n° 2003-153 du 26 févr. 2003, art. 1er)

Art. 41-17 *Peuvent être nommés juges de proximité, pour exercer une part limitée des fonctions des magistrats des juridictions judiciaires de première instance, s'ils remplissent les conditions prévues aux 2° à 5° de l'article 16 :*

1° Les anciens magistrats de l'ordre judiciaire et de l'ordre administratif ;

2° Les personnes, âgées de trente-cinq ans au moins, que leur compétence et leur expérience qualifient pour exercer ces fonctions. Ces personnes doivent soit remplir les conditions fixées au 1° de l'article 16, soit être membres ou anciens membres des professions libérales juridiques et judiciaires soumises à un statut législatif ou réglementaire ou dont le titre est protégé. Elles doivent, en outre, justifier de quatre années au moins d'exercice professionnel dans le domaine juridique ;

3° Les personnes justifiant de vingt-cinq années au moins d'activité dans des fonctions impliquant des responsabilités de direction ou d'encadrement dans le domaine juridique, administratif, économique ou social les qualifiant pour l'exercice des fonctions judiciaires ; — Sont contraires à la Constitution les mots : « administratif, économique ou social ». Pour le reste, le Conseil supérieur de la *magistrature devra, avant de rendre son avis, s'assurer que les candidats dont la nomination est envisagée sont aptes à excercer des fonctions de juge de proximité et, le cas échéant, les soumettre à la formation probatoire prévue par l'art. 41-19 (Cons. const., Décis. nº 2003-466 DC du 20 févr. 2003, JO 27 févr., p. 3480 ; D. 2004. Somm. 1271, obs. Nicot ; LPA 13 mars 2003, p. 7, note Schoettl).*

4º Les anciens fonctionnaires des services judiciaires des catégories A et B, que leur expérience qualifie pour l'exercice des fonctions judiciaires ;

5º Les conciliateurs de justice ayant exercé leurs fonctions pendant au moins cinq ans.

Le ministre ne peut écarter un candidat qui justifie de quatre années d'exercice professionnel au sens du 2º, au seul motif que cet exercice a porté sur des domaines du droit très spécialisés. • CE 24 févr. 2006 : *D. 2006. IR 950.*

Art. 41-18 *(Abrogé par L. nº 2011-1862 du 13 déc. 2011, art. 1er-III-1º, à compter du 1er janv. 2013)* ***Le magistrat du siège du tribunal de grande instance chargé de l'administration du tribunal d'instance organise l'activité et les services de la juridiction de proximité.***

Il fixe par une ordonnance annuelle la répartition des juges de proximité dans les différents services de la juridiction.

Cette ordonnance est prise en la forme prévue par le code de l'organisation judiciaire. *— Dispositions à valeur de loi ordinaire (Cons. const., Décis. nº 2003-466 DC du 2 févr. 2003).*

L'art. 1er de la L. nº 2011-1862 du 13 déc. 2011 est applicable aux procédures en cours dans les conditions suivantes :

En matière civile, la juridiction de proximité demeure compétente pour connaître des procédures en cours jusqu'au premier jour du septième mois suivant la date du 1er janv. 2013, date à compter de laquelle ces procédures sont transférées en l'état au tribunal d'instance. Dans les matières dont la connaissance est transférée par l'effet de la présente loi au tribunal d'instance, les convocations et assignations données aux parties peuvent être délivrées avant la date du 1er janv. 2013 pour une comparution postérieure à cette date devant le tribunal d'instance.

Il n'y a pas lieu de renouveler les actes, formalités et jugements régulièrement intervenus antérieurement au transfert des procédures civiles, à l'exception des convocations, citations et assignations données aux parties et aux témoins qui n'auraient pas été suivies d'une comparution devant la juridiction supprimée.

Les parties ayant comparu devant la juridiction supprimée sont informées par l'une ou l'autre des juridictions qu'il leur appartient d'accomplir les actes de la procédure devant le tribunal auquel les procédures sont transférées.

Les archives et les minutes du greffe de la juridiction de proximité sont transférées au greffe du tribunal d'instance selon la nature de la procédure. Les frais de transfert de ces archives et minutes sont pris sur le crédit ouvert à cet effet au budget du ministère de la justice (L. préc., art. 70-III).

L'art. 1er de la L. nº 2011-1862 du 13 déc. 2011 est applicable dans les îles Wallis-et-Futuna, en Polynésie française et en Nouvelle-Calédonie (L. préc., art. 72).

Art. 41-19 ***Les juges de proximité sont nommés pour une durée de sept ans non renouvelable, dans les formes prévues pour les magistrats du siège.***

L'article 27-1 ne leur est pas applicable.

Avant de rendre son avis, la formation compétente du Conseil supérieur de la magistrature *(L. org. nº 2007-287 du 5 mars 2007, art. 13, en vigueur le 1er juin 2007)* ***« soumet » l'intéressé à une formation probatoire organisée par l'École nationale de la magistrature et comportant un stage en juridiction effectué selon les modalités prévues à l'article 19. Le*** *(L. org. nº 2007-287 du 5 mars 2007, art. 13, en vigueur le 1er juin 2007)* ***« troisième » alinéa de l'article 25-3 est applicable aux stagiaires.***

(L. org. nº 2007-287 du 5 mars 2007, art. 13, en vigueur le 1er juin 2007) ***« La formation compétente du Conseil supérieur de la magistrature peut, à titre exceptionnel et au vu de l'expérience professionnelle du candidat, le dispenser de la formation probatoire prévue au troisième alinéa. »***

Le directeur de l'École nationale de la magistrature établit, sous forme d'un rapport, le bilan du stage probatoire du candidat, qu'il adresse à la formation compétente du Conseil supérieur de la magistrature et au garde des Sceaux, ministre de la justice.

Préalablement à leur entrée en fonction, les juges de proximité prêtent serment dans les conditions prévues à l'article 6.

Les juges de proximité n'ayant pas été soumis à la formation probatoire prévue dans le troisième alinéa suivent une formation organisée par l'École nationale de la magistrature et comportant un stage en juridiction effectué selon les modalités prévues à l'article 19.

Un décret en Conseil d'État détermine les conditions de dépôt et d'instruction des dossiers de candidature, les modalités d'organisation et la durée de la formation, ainsi que les conditions dans lesquelles sont assurées l'indemnisation et la protection sociale des stagiaires mentionnés au présent article. – V. Décr. nº 93-21 du 7 janv. 1993, art. 35-9 s.

Art. 41-20 *Les juges de proximité sont soumis au présent statut.*

Toutefois, ils ne peuvent être membres ni du Conseil supérieur de la magistrature, ni de la commission d'avancement, ni participer à la désignation des membres de ces instances.

Ils ne peuvent recevoir aucun avancement de grade. Ils ne peuvent pas être mutés sans leur consentement.

Les articles 13 et 76 ne leur sont pas applicables.

Portée de la loi organique. L'insertion des conditions de désignation et des règles statutaires régissant les juges de proximité dans l'ord. du 22 déc. 1958 portant loi organique relative au statut de la magistrature n'a ni pour objet ni pour effet d'intégrer les juges de proximité dans le corps judiciaire régi par le statut des magistrats pris en application de l'art. 64 de la Constitution. • Cons. const. 20 févr. 2003, nº 2003-466 DC : *JO 27 févr., p. 3380 ; D. 2004. Somm. 1271, obs. Nicot* ✐ *; LPA 13 mars 2003, p. 7, note Schoettl.*

Art. 41-21 *Les juges de proximité exercent leurs fonctions à temps partiel. Ils perçoivent une indemnité de vacation dans des conditions fixées par décret en Conseil d'État.*

Art. 41-22 *Par dérogation au premier alinéa de l'article 8, les juges de proximité peuvent exercer une activité professionnelle concomitamment à leurs fonctions judiciaires, sous réserve que cette activité ne soit pas de nature à porter atteinte à la dignité de la fonction et à son indépendance. Les membres des professions libérales juridiques et judiciaires soumises à un statut législatif ou réglementaire ou dont le titre est protégé et leurs salariés ne peuvent exercer des fonctions de juge de proximité dans le ressort du tribunal de grande instance où ils ont leur domicile professionnel ; ils ne peuvent effectuer aucun acte de leur profession dans le ressort de la juridiction de proximité à laquelle ils sont affectés.*

Sans préjudice de l'application des dispositions du deuxième alinéa de l'article 8, les juges de proximité ne peuvent exercer concomitamment aucune activité d'agent public, à l'exception de celle de professeur et de maître de conférences des universités.

En cas de changement d'activité professionnelle, les juges de proximité en informent le premier président de la cour d'appel dans le ressort de laquelle ils sont affectés, qui leur fait connaître, le cas échéant, que leur nouvelle activité n'est pas compatible avec l'exercice de leurs fonctions judiciaires.

Les juges de proximité ne peuvent connaître de litiges présentant un lien avec leur activité professionnelle ou lorsqu'ils entretiennent ou ont entretenu des relations professionnelles avec l'une des parties. Dans ces cas, le président du tribunal de grande instance dans le ressort duquel ils sont affectés décide, à leur demande ou à celle de l'une des parties, que l'affaire sera soumise à un autre juge de proximité du même ressort. Cette décision de renvoi est insusceptible de recours.

Les juges de proximité ne peuvent mentionner cette qualité ni en faire état dans les documents relatifs à l'exercice de leur activité professionnelle, tant pendant la durée de leurs fonctions que postérieurement.

1. Professions libérales. L'interdiction prévue par la deuxième phrase du premier alinéa doit s'entendre comme portant également, le cas échéant, sur l'activité exercée en qualité de membre d'une association ou d'une société qui a pour objet l'exercice en commun de la profession et dans le cadre ou au nom de laquelle exerce l'intéressé. • Cons. const. 20 févr. 2003, nº 2003-466 DC : *JO 27 févr., p. 3480 ; D. 2004. Somm. 1271, obs. Nicot* ✐ *; LPA 13 mars 2003, p. 7, note Schoettl.*

2. Récusation. Les causes de récusation énumérées à l'art. 668 C. pr. pén. ainsi que les dispositions de l'art. 673 de ce code s'appliquent aux juges de proximité. Plus généralement, la procédure pénale applicable devant la juridiction de proximité ne déroge pas aux règles édictées par le code de procédure pénale *(JO Sénat Q, 1er avr. 2004, p. 823).*

Art. 41-23 *Le pouvoir d'avertissement et le pouvoir disciplinaire à l'égard des juges de proximité sont exercés dans les conditions définies au chapitre VII. Indépendamment de l'avertissement prévu à l'article 44 et de la sanction prévue au 1º de l'article 45, peut seule être prononcée, à titre de sanction disciplinaire, la fin des fonctions.*

Art. 41-24 *Les juges de proximité ne peuvent demeurer en fonction au-delà de l'âge de soixante-quinze ans.*

Il ne peut être mis fin à leurs fonctions qu'à leur demande ou au cas où aurait été prononcée à leur encontre la sanction de la fin des fonctions prévue à l'article 41-23.

Durant un an à compter de la cessation de leurs fonctions judiciaires, les juges de proximité sont tenus de s'abstenir de toute prise de position publique en relation avec ces fonctions.

SOUS-SECTION 2 *Des magistrats honoraires exerçant des fonctions juridictionnelles ou non juridictionnelles*

(L. org. n° 2016-1090 du 8 août 2016, art. 35-1°-c)

Art. 41-25 *(L. org. n° 2021-1728 du 22 déc. 2021, art. 1er-6°)* Des magistrats honoraires peuvent être nommés pour exercer les fonctions de juge des contentieux de la protection, d'assesseur dans les formations collégiales des tribunaux judiciaires et des cours d'appel, de juge du tribunal de police ou de juge chargé de valider les compositions pénales, de substitut près les tribunaux judiciaires ou de substitut général près les cours d'appel. Ils peuvent également être nommés pour exercer une part limitée des compétences matérielles pouvant être dévolues par voie réglementaire aux chambres de proximité. Ils peuvent également être désignés par le premier président de la cour d'appel pour présider la formation collégiale statuant en matière de contentieux social des tribunaux judiciaires et des cours d'appel spécialement désignées pour connaître de ce contentieux. Ils peuvent enfin exercer les fonctions d'assesseur dans les cours d'assises et les cours criminelles départementales.

Art. 41-26 *(L. org. n° 2016-1090 du 8 août 2016, art. 40-I)* Lorsqu'ils sont affectés en qualité d'assesseurs dans une formation collégiale du tribunal *(L. org. n° 2019-221 du 23 mars 2019, art. 8-15°, en vigueur le 1er janv. 2020)* « judiciaire *[ancienne rédaction : de grande instance]* » ou de la cour d'appel, ces magistrats sont répartis dans les différentes formations de la juridiction selon les modalités fixées par l'ordonnance annuelle prévue par le code de l'organisation judiciaire et traitent des contentieux civil et pénal. *(Abrogé par L. org. n° 2019-221 du 23 mars 2019, art. 7) « La formation collégiale de la cour d'appel ne peut comprendre plus d'un assesseur choisi parmi les magistrats recrutés dans les conditions prévues à la présente sous-section. La formation collégiale du tribunal de grande instance ne peut comprendre plus d'un assesseur choisi parmi les magistrats recrutés dans les conditions prévues à la présente section. »*

(Abrogé par L. org. n° 2021-1728 du 22 déc. 2021, art. 1er-7°) (L. org. n° 2019-221 du 23 mars 2019, art. 12-II-2°) « La cour d'assises ne peut comprendre plus d'un assesseur choisi parmi les magistrats recrutés en application de la présente sous-section. »

(L. org. n° 2021-1728 du 22 déc. 2021, art. 1er-8°) « En qualité de juge du tribunal de police, ils ne peuvent connaître que d'une part limitée du contentieux relatif aux contraventions.

« Lorsqu'ils sont chargés de valider les compositions pénales, ils ne peuvent assurer plus du tiers de ce service.

« Lorsqu'ils exercent les fonctions de juge des contentieux de la protection ou de juge chargé de connaître des compétences matérielles pouvant être dévolues par voie réglementaire aux chambres de proximité, ils ne peuvent exercer plus du tiers du service du tribunal ou de la chambre de proximité dans lesquels ils sont affectés.

« Lorsque ces fonctions sont également exercées par un magistrat exerçant à titre temporaire, les deuxième à avant-dernier alinéas sont applicables à l'ensemble des magistrats mentionnés à la présente section. »

Art. 41-27 *(L. org. n° 2016-1090 du 8 août 2016, art. 40-I)* Les magistrats honoraires exerçant les fonctions juridictionnelles mentionnées à l'article 41-25 sont nommés pour une durée de cinq ans non renouvelable, dans les formes prévues à l'article 28.

L'article 27-1 ne leur est pas applicable.

Lorsqu'ils sont nommés à des fonctions qu'ils n'ont jamais exercées avant d'être admis à la retraite, ou à leur demande, ces magistrats suivent, dans les deux mois à compter de leur installation, une formation préalable.

Un décret en Conseil d'État détermine les conditions de dépôt et d'instruction des dossiers de candidature, les modalités d'organisation et la durée de la formation, ainsi que les conditions dans lesquelles sont assurées l'indemnisation et la protection sociale des candidats mentionnés au présent article.

Art. 41-28 *(L. org. n° 2016-1090 du 8 août 2016, art. 40-I)* Les magistrats exerçant les fonctions juridictionnelles mentionnées à l'article 41-25 sont soumis au présent statut.

Toutefois, ils ne peuvent ni être membres du Conseil supérieur de la magistrature ou de la commission d'avancement, ni participer à la désignation des membres de ces instances.

Ils ne peuvent recevoir aucun avancement de grade. Ils ne peuvent être mutés sans leur consentement.

Les articles 13 et 76 ne leur sont pas applicables.

Ces magistrats sont indemnisés dans des conditions fixées par décret en Conseil d'État.

Pour l'application de l'article 7-2, les magistrats honoraires remettent leur déclaration d'intérêts au président du tribunal *(L. org. n° 2019-221 du 23 mars 2019, art. 8-16°, en vigueur le 1er janv. 2020)* « judiciaire *[ancienne rédaction : de grande instance]* » ou de la cour d'appel où ils exercent leurs fonctions.

Art. 41-29 *(L. org. n° 2016-1090 du 8 août 2016, art. 40-I)* Par dérogation au premier alinéa de l'article 8, les magistrats honoraires exerçant les fonctions juridictionnelles mentionnées à l'article 41-25 peuvent exercer une activité professionnelle concomitamment à leurs fonctions judiciaires, sous réserve que cette activité ne soit pas de nature à porter atteinte à la dignité de la fonction et à son indépendance. Ces magistrats ne peuvent, dans le ressort du tribunal *(L. org. n° 2019-221 du 23 mars 2019, art. 8-17°, en vigueur le 1er janv. 2020)* « judiciaire *[ancienne rédaction : de grande instance]* » ou de la cour d'appel où ils exercent leurs fonctions juridictionnelles, ni exercer une profession libérale juridique et judiciaire soumise à un statut législatif ou réglementaire ou dont le titre est protégé, ni être salariés d'un membre d'une telle profession ; ils ne peuvent effectuer aucun acte de leur profession dans le ressort de la juridiction à laquelle ils sont affectés.

Sans préjudice de l'application du deuxième alinéa de l'article 8, les magistrats honoraires exerçant les fonctions juridictionnelles mentionnées à l'article 41-25 ne peuvent exercer concomitamment aucune activité d'agent public, à l'exception de celle de professeur et de maître de conférences des universités.

En cas de changement d'activité professionnelle, les magistrats honoraires exerçant les fonctions juridictionnelles mentionnées à l'article 41-25 en informent le premier président de la cour d'appel ou le procureur général près la cour d'appel dans le ressort de laquelle ils sont affectés, qui leur fait connaître, le cas échéant, l'incompatibilité entre leur nouvelle activité et l'exercice de leurs fonctions juridictionnelles.

Les magistrats honoraires exerçant les fonctions juridictionnelles mentionnées à l'article 41-25 ne peuvent ni mentionner cette qualité ni en faire état dans les documents relatifs à l'exercice de leur activité professionnelle, tant pendant la durée de l'exercice de leurs fonctions qu'à l'issue de celles-ci.

Art. 41-30 *(L. org. n° 2016-1090 du 8 août 2016, art. 40-I)* Le pouvoir d'avertissement et le pouvoir disciplinaire à l'égard des magistrats honoraires exerçant les fonctions juridictionnelles mentionnées à l'article 41-25 sont mis en œuvre dans les conditions définies au chapitre VII. Indépendamment de l'avertissement prévu à l'article 44 et de la sanction prévue au 1° de l'article 45, peut seule être prononcée, à titre de sanction disciplinaire, la cessation des fonctions.

Art. 41-31 *(L. org. n° 2016-1090 du 8 août 2016, art. 40-I)* Les magistrats honoraires exerçant les fonctions juridictionnelles mentionnées à l'article 41-25 ne peuvent demeurer en fonctions au-delà de l'âge de soixante-douze ans.

Il ne peut être mis fin aux fonctions de ces magistrats qu'à leur demande ou au cas où aurait été prononcée à leur encontre la sanction prévue à l'article 41-30.

Art. 41-32 *(L. org. n° 2016-1090 du 8 août 2016, art. 40-I)* Les magistrats honoraires peuvent, sur leur demande, exercer des activités non juridictionnelles de nature administrative ou d'aide à la décision au profit des magistrats, en fonction des besoins :

a) Soit sur délégation du premier président et du procureur général près la Cour de cassation pour l'accomplissement de telles activités à la Cour de cassation ;

b) Soit sur délégation des premiers présidents et des procureurs généraux près les cours d'appel pour l'accomplissement de ces activités dans les juridictions de leur ressort ;

c) Soit sur délégation des présidents des tribunaux supérieurs d'appel et des procureurs généraux près lesdits tribunaux supérieurs d'appel pour l'accomplissement de ces activités dans les juridictions de leur ressort.

L'exercice desdites activités est incompatible avec celui des activités juridictionnelles mentionnées à l'article 41-25. Les magistrats honoraires ne peuvent les accomplir au-delà de l'âge de soixante-quinze ans. Ils ne peuvent ni exercer de profession libérale juridique ou judiciaire soumise à un statut législatif ou réglementaire ou dont le titre est protégé, ni être salariés d'un membre d'une telle profession, ni effectuer aucun acte de leur profession dans le ressort de la juridiction à laquelle ils sont affectés.

Les magistrats honoraires exerçant des fonctions non juridictionnelles sont tenus au secret professionnel. Les activités accomplies en application du présent article sont indemnisées.

Un décret en Conseil d'État précise les conditions et les modalités d'application du présent article.

CHAPITRE VI *De la rémunération*

Art. 42 **Les magistrats perçoivent une rémunération qui comprend le traitement et ses accessoires.**

Les traitements des magistrats sont fixés par décret en conseil des ministres.

1. Prime modulable. La création, par décret du 26 déc. 2003, d'une prime modulable, destinée à tenir compte de la quantité et de la qualité du travail fourni par un magistrat et, de manière générale, de sa contribution au bon fonctionnement du service public de la justice ne porte, par elle-même, aucune atteinte ni à l'indépendance des magistrats dans l'exercice de leurs fonctions, ni au principe d'égalité, ni aux obligations de délicatesse et de dignité qui s'imposent à tout magistrat. • CE 4 févr. 2005 : *D. 2005. 2717, note J.-P. Jean ; Gaz. Pal. 25-26 févr. 2005, p. 19, concl. Guyomar.* ♦ La décision par laquelle l'autorité qui en est chargée détermine le montant des indemnités d'un agent public au regard de sa contribution au bon fonctionnement du service, n'est en aucun cas une mesure disciplinaire. • Même arrêt.

2. Il ne ressort ni du Décr. du 26 déc. 2003, ni d'aucun texte législatif ni d'aucun principe, que les magistrats aient droit à ce que la prime modulable leur soit attribuée à un taux déterminé ; de même, rien n'impose que les agents susceptibles de bénéficier d'une prime qui tient compte de leur manière de servir soient mis à même de présenter leurs observations préalablement à la décision de l'administration d'en fixer le taux ou de modifier celui-ci, quel qu'ait été le montant antérieurement accordé ; la décision d'attribuer un taux de prime modulable n'est pas au nombre de celles qui doivent être motivées par application de la loi du 11 juill. 1979. • CE 23 nov. 2005 : *D. 2006. IR 180*.

3. Sur la mise en œuvre de la prime, V. • CE 15 févr. 2006 : *D. 2006. IR 673*.

CHAPITRE VII *Discipline*

SECTION I *Dispositions générales*

Art. 43 **Tout manquement par un magistrat aux devoirs de son état, à l'honneur, à la délicatesse ou à la dignité, constitue une faute disciplinaire.**

(L. org. nº 2010-830 du 22 juill. 2010, art. 21-1º) **« Constitue un des manquements aux devoirs de son état la violation grave et délibérée par un magistrat d'une règle de procédure constituant une garantie essentielle des droits des parties, constatée par une décision de justice devenue définitive. »**

(L. org. nº 2010-830 du 22 juill. 2010, art. 21-2º) **« La » faute s'apprécie pour un membre du parquet** *(L. org. nº 79-43 du 18 janv. 1979)* **« ou un magistrat du cadre de l'administration centrale du ministère de la justice »** *(L. org. nº 2016-1090 du 8 août 2016, art. 32-1º)* **« ainsi que pour un magistrat exerçant les fonctions d'inspecteur général, chef de l'inspection générale de la justice, d'inspecteur général de la justice ou d'inspecteur de la justice » compte tenu des obligations qui découlent de sa subordination hiérarchique.**

Sur les dispositions transitoires de la L. org. nº 2010-830 du 22 juill. 2010, V. note ss. art. 35 de la présente Ord.

1. Fautes disciplinaires. La publication, dans une revue syndicale de magistrats, d'un article, dont les termes utilisés à l'encontre d'un substitut du procureur de la République évoquaient le génocide dont ont été victimes les populations juives pendant la Seconde Guerre mondiale, constitue une faute grave justifiant la mise à la retraite d'office de l'intéressé. • CE 18 oct. 2000, *affaire Terrail : AJDA 2001. 288, obs. M.-Ch. Rouault ; D. 2000. IR 280*.

2. Un magistrat se doit de respecter ses obligations professionnelles, mais aussi de s'abstenir de comportements qui, incompatibles avec l'exercice de ses fonctions, peuvent jeter sur elles le discrédit, même si les faits reprochés ont été commis en dehors du service et sans utiliser les moyens fournis par celui-ci. • CE 26 oct. 2005 : *D. 2006. IR 179* (consultation, réception, détention de photographies à caractère pornographique représentant des mineurs).

3. Faits pris en compte. Le Conseil supérieur de la magistrature peut légalement, sous réserve que soient respectés les droits de la défense, connaître de l'ensemble du comportement du magistrat concerné et n'est pas tenu de limiter son examen aux seuls faits qui ont été initialement portés à sa connaissance. • CE 26 oct. 2005 : *préc. note 2.*

4. Incidences de poursuites pénales. La procédure disciplinaire est indépendante de la procédure pénale ; une sanction disciplinaire peut être prononcée sans attendre que les juridictions répressives aient définitivement statué. • CE 26 oct. 2005 : *préc. note 2.*

5. Garanties. Si l'indépendance de l'autorité judiciaire, garantie par l'art. 64 de la Constitution, et le principe de la séparation des pouvoirs, proclamé par l'art. 16 de la Déclaration de 1789, n'interdisent pas au législateur organique d'étendre la responsabilité disciplinaire des magistrats à leur activité juridictionnelle en prévoyant qu'une violation grave et délibérée d'une règle de procédure constituant une garantie essentielle des droits des parties puisse engager une telle responsabilité, ces mêmes principes font toutefois obstacle à l'engagement de poursuites disciplinaires lorsque cette violation n'a pas été préalablement constatée par une décision de justice devenue définitive. • Cons. const. 1er mars 2007 : *D. 2007. 1401, note Ludet et Martinel.*

Art. 44 *(L. org. nº 67-130 du 20 févr. 1967)* **En dehors de toute action disciplinaire, l'inspecteur général** *(L. org. nº 2016-1090 du 8 août 2016, art. 31-1º-a)* **« , chef de l'inspection générale de la justice », les premiers présidents, les procureurs généraux,** *(L. org. nº 92-189 du 25 févr. 1992)* **« et les directeurs ou chefs de service à l'administration centrale » ont le pouvoir de donner un avertissement aux magistrats placés sous leur autorité.**

(L. org. nº 2016-1090 du 8 août 2016, art. 31-1º-b) **« Le magistrat à l'encontre duquel il est envisagé de délivrer un avertissement est convoqué à un entretien préalable. Dès sa convocation à cet entretien, le magistrat a droit à la communication de son dossier et des pièces justifiant la mise en œuvre de cette procédure. Il est informé de son droit de se faire assister de la personne de son choix.**

« Aucun avertissement ne peut être délivré au-delà d'un délai de deux ans à compter du jour où l'inspecteur général, chef de l'inspection générale de la justice, le chef de cour, le directeur ou le chef de service de l'administration centrale a eu une connaissance effective de la réalité, de la nature et de l'ampleur des faits susceptibles de justifier une telle mesure. En cas de poursuites pénales exercées à l'encontre du magistrat, ce délai est interrompu jusqu'à la décision définitive de classement sans suite, de non-lieu, d'acquittement, de relaxe ou de condamnation. Passé ce délai et hormis le cas où une procédure disciplinaire a été engagée à l'encontre du magistrat avant l'expiration de ce délai, les faits en cause ne peuvent plus être invoqués dans le cadre d'une procédure d'avertissement. »

(L. org. nº 92-189 du 25 févr. 1992) **« L'avertissement est effacé automatiquement du dossier au bout de trois ans si aucun nouvel avertissement ou aucune sanction disciplinaire n'est intervenu pendant cette période. »**

1. Avertissement à un juge d'instruction. La compétence du président de la chambre d'accusation pour contrôler le bon fonctionnement des cabinets d'instruction n'interdit pas au premier président de la cour d'appel d'exercer les pouvoirs qui lui sont conférés par l'art. 44 de l'ord. nº 58-1270 du 22 déc. 1958 et le principe d'indépendance du juge d'instruction ne s'oppose pas à ce qu'une sanction puisse être prononcée en cas de manquement d'un magistrat à ses obligations. La liberté d'appréciation dont dispose le magistrat instructeur, dans le cadre de l'organisation du service, d'attribuer ou de retirer une commission rogatoire ne le soustrait pas à l'obligation de respecter les devoirs de son état. En conséquence, en infligeant à l'intéressé un avertissement pour avoir retiré des commissions rogatoires à un commissaire de police par ressentiment personnel à l'égard de ce dernier, le premier président de la cour d'appel n'a pas entaché sa décision d'erreur de droit. • CE 28 juill. 2000 : *D. 2000. IR 286.*

2. Avertissement. Garde des Sceaux (incompétence). La décision du ministre de faire aviser le magistrat que serait versée à son dossier administratif, outre les extraits du rapport, la dépêche comportant de telles appréciations, accompagnée des éventuelles observations de l'intéressé doit être regardée, alors même qu'aucune procédure disciplinaire n'a été engagée à raison des faits en cause, comme un avertissement au sens de l'art. 44. Le garde des Sceaux ne figurant pas parmi les autorités ayant le pouvoir de délivrer un avertissement à un magistrat et aucune autre disposition statutaire ne lui conférant un tel pouvoir, le garde des Sceaux, ministre de la Justice n'avait pas compétence pour décider de verser au dossier individuel du magistrat l'avertissement en cause. • CE 21 oct. 2009 : *cité note ss. art. 12-2, Ord. nº 58-1270 du 22 déc. 1958, App., vº Magistrature.*

3. Vie privée. Des faits touchant à la vie privée d'un magistrat ne peuvent servir de fondement à un avertissement que pour autant qu'ils sont susceptibles d'affecter la considération qui s'attache à l'exercice des fonctions judiciaires. • CE 21 mars 2001 : *Gaz. Pal. 29 déc. 2001, Pan.*

4. Respect des droits de la défense. L'avertissement, prononcé en vertu de l'art. 44, est une mesure prise en considération de la personne et doit, dès lors, respecter les droits de la défense, qui imposent à l'autorité compétente d'aviser, dans un délai raisonnable, l'agent concerné de la mesure qu'elle s'apprête à prendre et de lui communiquer, s'il le demande, son dossier. • CE 6 avr. 2001 : *Gaz. Pal. 29 déc. 2001, Pan.*

5. Notion d'avertissement. Sur la distinction entre de simples observations et un avertissement, V. • CE 16 janv. 2006 : *D. 2006. IR 324*.

Art. 45 **Les sanctions disciplinaires applicables aux magistrats sont :**

1° *(L. org. nº 2010-830 du 22 juill. 2010, art. 22-1º)* **« Le blâme » avec inscription au dossier ;**

2° Le déplacement d'office ;

3° Le retrait de certaines fonctions ;

(L. org. nº 2007-287 du 5 mars 2007, art. 15, en vigueur le 1er juin 2007) **« 3° *bis* L'interdiction d'être nommé ou désigné dans des fonctions de juge unique pendant une durée maximum de cinq ans ; »**

4° L'abaissement d'échelon ;

(L. org. nº 2001-539 du 25 juin 2001) **« 4° *bis* L'exclusion temporaire de fonctions pour une durée maximum d'un an, avec privation totale ou partielle du traitement ; »**

5° La rétrogradation ;

6° La mise à la retraite d'office ou l'admission à cesser ses fonctions lorsque le magistrat n'a pas droit à une pension de retraite ;

7° La révocation *(Abrogé par L. org. nº 2010-830 du 22 juill. 2010, art. 22-2º)* **« *avec ou sans suspension des droits à pension* ».**

Sur les dispositions transitoires de la L. org. nº 2010-830 du 22 juill. 2010, V. note ss. art. 35 de la présente Ord.

1. Retraite d'office. Les art. 6 et 13 Conv. EDH ne comportent pas de dispositions spécifiant les voies de recours dont les décisions des juridictions respectant ces stipulations doivent pouvoir être l'objet. En conséquence, le moyen tiré de ce que la décision litigieuse du Conseil supérieur de la magistrature, statuant comme conseil de discipline des magistrats du siège, méconnaîtrait le droit au recours et le droit à voir sa cause entendue devant un tribunal indépendant et impartial au motif qu'une telle décision juridictionnelle n'est susceptible d'être contestée que par la voie du recours en cassation devant le Conseil d'État ne peut qu'être écarté. • CE 21 oct. 2009 : *RFDA 2009. 1284 ; Gaz. Pal. 2009. Doctr. 3808, concl. Guyomar et la note.*

2. Sanctions illégales. Indemnisation. V. pour un exemple d'indemnisation de la perte d'indemnité de fonction d'un magistrat par suite de sanctions illégales, et notamment d'une erreur manifeste du garde des Sceaux dans l'appréciation des faits. • CE 18 juill. 2008 : *JCP 2008. Actu. 523, obs. Rouault.* ♦ V. aussi s'agissant de la réparation d'un préjudice moral consécutif à une atteinte d'une particulière gravité à la réputation d'un magistrat illégalement sanctionné, préjudice évalué à la somme de 25 000 € en raison par ailleurs des circonstances marquées notamment par les déclarations du garde des Sceaux reprises par la presse, dans lesquelles cette décision a été annoncée et prononcée. • CE 21 oct. 2009 : *Gaz. Pal. 29 nov.-1er déc. 2009, p. 16.*

Art. 46 **Si un magistrat est poursuivi en même temps pour plusieurs faits, il ne** *(L. org. nº 2007-287 du 5 mars 2007, art. 16, en vigueur le 1er juin 2007)* **« peut » être prononcé contre lui que l'une des sanctions prévues à l'article précédent.**

(L. org. nº 2007-287 du 5 mars 2007, art. 16, en vigueur le 1er juin 2007) **« Une faute disciplinaire ne peut donner lieu qu'à une seule de ces peines. Toutefois, les sanctions prévues aux 3°, 3° *bis*, 4°, 4° *bis* et 5° de l'article 45 peuvent être assorties du déplacement d'office. La mise à la retraite d'office emporte interdiction de se prévaloir de l'honorariat des fonctions prévu au premier alinéa de l'article 77. »**

Art. 47 *(L. org. nº 2016-1090 du 8 août 2016, art. 31-2º)* **Le garde des sceaux, ministre de la justice, dans les cas mentionnés à l'article 50-1 ou au premier alinéa de l'article 63, et les chefs de cour, dans les cas mentionnés à l'article 50-2 ou au deuxième alinéa de l'article 63, ne peuvent saisir le Conseil supérieur de la magistrature de faits motivant des poursuites disciplinaires au-delà d'un délai de trois ans à compter du jour où ils ont eu une connaissance effective de la réalité, de la nature et de l'ampleur de ces faits. En cas de poursuites pénales exercées à l'encontre du magistrat, ce délai est interrompu jusqu'à la décision définitive de classement sans suite, de non-lieu, d'acquittement, de relaxe ou de condamnation. Passé ce délai et hormis le cas où une autre procédure disciplinaire a été engagée à l'encontre du magistrat avant l'expiration de ce délai, les faits en cause ne peuvent plus être invoqués dans le cadre d'une procédure disciplinaire.**

Art. 48 **Le pouvoir disciplinaire est exercé, à l'égard des magistrats du siège, par le Conseil supérieur de la magistrature, et à l'égard des magistrats du parquet** *(L. org. nº 79-43 du 18 janv. 1979)* **« ou du cadre de l'administration centrale du ministère de la justice »** *(L. org. nº 2016-1090 du 8 août 2016, art. 32-2º-a)* **« ainsi que des magistrats exerçant les fonctions**

d'inspecteur général, chef de l'inspection générale de la justice, d'inspecteur général de la justice et d'inspecteur de la justice » par le garde des sceaux, ministre de la justice.

(L. org. n° 2016-1090 du 8 août 2016, art. 32-2°-b) « A l'égard des magistrats en position de détachement ou de disponibilité ou ayant définitivement cessé d'exercer leurs fonctions, le pouvoir disciplinaire est exercé :

« 1° Par la formation du Conseil supérieur compétente pour les magistrats du siège, lorsque ces magistrats ont exercé leurs dernières fonctions dans le corps judiciaire au siège ;

« 2° Par le garde des sceaux, ministre de la justice, lorsque ces magistrats ont exercé leurs dernières fonctions dans le corps judiciaire au parquet, à l'administration centrale du ministère de la justice ou en qualité d'inspecteur général, chef de l'inspection générale de la justice, d'inspecteur général de la justice ou d'inspecteur de la justice. »

Sanction des magistrats du parquet. Il résulte de l'art. 65 de la Constitution et des art. 48 et 66 de l'ord. du 22 déc. 1958 que lorsque le Conseil supérieur de la magistrature est saisi de manquements reprochés à un magistrat du parquet, il ne dispose pas d'un pouvoir de décision mais doit émettre un avis sur le principe d'une sanction et, s'il y a lieu, sur son quantum. Il appartient ensuite au garde des Sceaux d'exercer son pouvoir disciplinaire pour, s'il estime qu'une faute peut être reprochée à ce magistrat, déterminer, au vu tant de l'avis du Conseil supérieur de la magistrature – qu'il peut consulter à nouveau dans les conditions prévues à l'art. préc. – que de l'ensemble des circonstances de l'affaire, celle des sanctions figurant à l'art. 45 de la même ordonnance. • CE 20 juin 2003 : *D. 2003. IR 1807 ; AJDA 2003. 1334, obs. Donnat et Casas ; Gaz. Pal. 25-26 juill. 2003, p. 20, concl. Lamy ; LPA 19 avr. 2004, p. 11, note de Bernardinis.* ♦ Dès lors qu'en saisissant le Conseil supérieur de la magistrature, le garde des Sceaux a fait savoir publiquement qu'il se conformerait à l'avis de celui-ci, quel qu'il fût, et que le directeur des services judiciaires a confirmé cette intention lorsqu'il a été entendu par le Conseil supérieur, le garde des Sceaux s'est entièrement approprié les motifs et la portée de l'avis du Conseil supérieur. En ayant ainsi renoncé à exercer le pouvoir d'appréciation qu'en application de la Constitution et de l'ordonnance de 1958 il lui appartient de mettre en œuvre, il a méconnu l'étendue de sa compétence et entaché sa décision d'une erreur de droit. • Même arrêt. ♦ La décision d'annulation de la sanction prononcée par le garde des Sceaux comporte nécessairement pour l'administration l'obligation de réintégrer le requérant dans l'emploi qu'il occupait lorsque la sanction a été prononcée. • CE 12 janv. 2004 : *D. 2004. IR 997*.

Art. 48-1 *(L. org. n° 2007-287 du 5 mars 2007, art. 20, en vigueur le 1er juin 2007)* Toute décision définitive d'une juridiction nationale ou internationale condamnant l'État pour fonctionnement défectueux du service de la justice est communiquée aux chefs de cour d'appel intéressés par le garde des sceaux, ministre de la justice.

Le ou les magistrats intéressés sont avisés dans les mêmes conditions.

Des poursuites disciplinaires peuvent être engagées par le *(L. org. n° 2016-1090 du 8 août 2016, art. 47-4°)* « garde des sceaux, » ministre de la justice *[,]* et les chefs de cour d'appel intéressés dans les conditions prévues aux articles 50-1, 50-2 et 63.

SECTION II *Discipline des magistrats du siège*

Art. 49 *(L. org. n° 2010-830 du 22 juill. 2010, art. 23)* Le conseil de discipline des magistrats du siège est composé conformément aux dispositions de l'article 65 de la Constitution et de l'article 14 de la loi organique n° 94-100 du 5 février 1994 sur le Conseil supérieur de la magistrature.

Sur les dispositions transitoires de la L. org. n° 2010-830 du 22 juill. 2010, V. note ss. art. 35 de la présente Ord.

Art. 50 *(L. org. n° 92-189 du 25 févr. 1992)* Le garde des Sceaux, ministre de la justice, *(L. org. n° 2010-830 du 22 juill. 2010, art. 24-1°-a)* « saisi d'une plainte ou informé de faits paraissant de nature à entraîner des poursuites disciplinaires, » peut, s'il y a urgence et après *(L. org. n° 2010-830 du 22 juill. 2010, art. 24-1°-a)* « consultation » des chefs hiérarchiques, proposer au Conseil supérieur de la magistrature d'interdire au magistrat du siège faisant l'objet d'une enquête *(L. org. n° 2010-830 du 22 juill. 2010, art. 24-1°-a)* « administrative ou pénale » l'exercice de ses fonctions jusqu'à décision définitive sur les poursuites disciplinaires. *(L. org. n° 2010-830 du 22 juill. 2010, art. 24-1°-b)* « Les premiers présidents de cour d'appel et les présidents de tribunal supérieur d'appel, informés de faits paraissant de nature à entraîner des poursuites disciplinaires contre un magistrat du siège, peuvent également, s'il y a urgence, saisir le Conseil supérieur aux mêmes fins. Ce dernier statue dans les quinze jours suivant sa saisine. »

(L. org. n° 2010-830 du 22 juill. 2010, art. 24-2°) **« La décision d'interdiction temporaire, prise dans l'intérêt du service, ne peut être rendue publique ; elle ne comporte pas privation du droit au traitement. »**

Si, à l'expiration d'un délai de deux mois *(L. org. n° 2010-830 du 22 juill. 2010, art. 24-3°)* **« suivant la notification de l'interdiction temporaire prononcée par le conseil de discipline », le Conseil supérieur de la magistrature n'a pas été saisi** *(Abrogé par L. org. n° 2010-830 du 22 juill. 2010, art. 24-3°)* ***« par le garde des Sceaux, ministre de la justice, »*** **dans les conditions prévues** *(L. org. n° 2010-830 du 22 juill. 2010, art. 24-3°)* **« aux articles 50-1 et 50-2 », l'interdiction temporaire cesse de plein droit de produire ses effets.**

Jusqu'à sa première réunion dans sa composition issue de la L. const. n° 2008-724 du 23 juill. 2008 de modernisation des institutions de la Ve République, le Conseil supérieur de la magistrature exerce les compétences qui lui étaient conférées en vertu de l'art. 65 de la Constitution dans sa rédaction antérieure à la même loi constitutionnelle. Toutefois, l'art. 24 de la L. org. n° 2010-830 du 22 juill. 2010 s'applique aux mesures d'interdiction temporaire dont le garde des Sceaux, ministre de la justice, ou les chefs de cour saisissent le Conseil supérieur de la magistrature, à compter de la publication de ladite loi organique (L. org. préc., art. 38).

Principe d'impartialité. Les dispositions de l'art. 50 ayant seulement pour objet, dans l'intérêt du service et, le cas échéant, du magistrat intéressé, d'écarter temporairement celui-ci de ses fonctions, sans qu'il soit aucunement pris parti sur les faits qui lui sont reprochés, la mesure prise en application de ces dispositions ne peut être regardée comme une prise de position sur le bien-fondé des poursuites disciplinaires de nature à affecter l'impartialité des auteurs de la décision disciplinaire prise ultérieurement. • CE 6 nov. 2002 : *D. 2002. IR 3243* .

Art. 50-1 *(L. org. n° 92-189 du 25 févr. 1992)* **Le Conseil supérieur de la magistrature est saisi par la dénonciation des faits motivant les poursuites disciplinaires que lui adresse le garde des Sceaux, ministre de la justice.**

Saisine. Faits. Le Conseil supérieur de la magistrature, lorsqu'il se prononce en matière disciplinaire, est légalement saisi, sous réserve que soient respectés les droits de la défense, de l'ensemble du comportement du magistrat concerné et n'est ainsi pas tenu de limiter son examen aux seuls faits qui ont été initialement portés à sa connaissance par l'acte de saisine du garde des Sceaux, ministre de la Justice. Il peut, par suite, examiner des éléments qui ont été portés à la connaissance du rapporteur au cours de l'enquête. • CE 21 oct. 2009 : *cité note 1 ss. art. 45, Ord. n° 58-1270 du 22 déc. 1958, App., v° Magistrature.*

Art. 50-2 *(L. org. n° 2001-539 du 25 juin 2001)* **Le Conseil supérieur de la magistrature est également saisi par la dénonciation des faits motivant les poursuites disciplinaires que lui adressent les premiers présidents de cour d'appel ou les présidents de tribunal supérieur d'appel.**

Copie des pièces est adressée au garde des Sceaux, ministre de la justice, qui peut demander une enquête à l'inspection générale *(L. org. n° 2016-1090 du 8 août 2016, art. 33)* **« de la justice ».**

Art. 50-3 *(L. org. n° 2010-830 du 22 juill. 2010, art. 25)* **Tout justiciable qui estime qu'à l'occasion d'une procédure judiciaire le concernant le comportement adopté par un magistrat du siège dans l'exercice de ses fonctions est susceptible de recevoir une qualification disciplinaire peut saisir le Conseil supérieur de la magistrature. La saisine du Conseil supérieur de la magistrature ne constitue pas une cause de récusation du magistrat.**

La plainte est examinée par une commission d'admission des requêtes composée de membres de la formation compétente à l'égard des magistrats du siège, dans les conditions pré- ***vues par l'article 18 de la loi*** **organique n° 94-100 du 5 février 1994 précitée.**

A peine d'irrecevabilité, la plainte :

— ne peut être dirigée contre un magistrat qui demeure saisi de la procédure ; *— V. Cons. const. n° 2010-611 DC du 19 juill. 2010, (JO 23 juill.).*

— ne peut être présentée après l'expiration d'un délai d'un an suivant une décision irrévocable mettant fin à la procédure ;

— doit contenir l'indication détaillée des faits et griefs allégués ;

— doit être signée par le justiciable et indiquer son identité, son adresse ainsi que les éléments permettant d'identifier la procédure en cause.

Le président de la commission d'admission des requêtes peut rejeter les plaintes manifestement infondées ou manifestement irrecevables. Lorsque la commission d'admission des requêtes du Conseil supérieur déclare la plainte recevable, elle en informe le magistrat mis en cause.

La commission d'admission des requêtes sollicite du premier président de la cour d'appel ou du président du tribunal supérieur d'appel dont dépend le magistrat mis en cause ses observations et tous éléments d'information utiles. Le premier président de la cour d'appel ou le président du tribunal supérieur d'appel invite le magistrat à lui adresser ses observations. Dans le délai de deux mois de la demande qui lui en est faite par la commission d'admission des requêtes du Conseil supérieur, le premier président de la cour d'appel ou le président du tribunal supérieur d'appel adresse l'ensemble de ces informations et observations au Conseil supérieur de la magistrature, ainsi qu'au garde des Sceaux, ministre de la justice.

La commission d'admission des requêtes peut entendre le magistrat mis en cause et, le cas échéant, le justiciable qui a introduit la demande.

Lorsqu'elle estime que les faits sont susceptibles de recevoir une qualification disciplinaire, la commission d'admission des requêtes du Conseil supérieur renvoie l'examen de la plainte au conseil de discipline.

En cas de rejet de la plainte, les autorités mentionnées aux articles 50-1 et 50-2 conservent la faculté de saisir le Conseil supérieur de la magistrature des faits dénoncés.

Le magistrat visé par la plainte, le justiciable, le chef de cour visé au neuvième alinéa du présent article et le garde des Sceaux, ministre de la justice, sont avisés du rejet de la plainte ou de l'engagement de la procédure disciplinaire.

La décision de rejet n'est susceptible d'aucun recours.

Sur les dispositions transitoires de la L. org. n° 2010-830 du 22 juill. 2010, V. note ss. art. 35 de la présente Ord.

Art. 50-4 *(L. org. n° 2016-1090 du 8 août 2016, art. 34-1°)* Le Conseil supérieur de la magistrature se prononce dans un délai de douze mois à compter du jour où il a été saisi en application des articles 50-1 à 50-3, sauf prorogation pour une durée de six mois renouvelable par décision motivée.

Art. 50-5 *(L. org. n° 2016-1090 du 8 août 2016, art. 34-1°)* Le Conseil supérieur de la magistrature se prononce sur la situation du magistrat ayant fait l'objet d'une interdiction temporaire d'exercice en application des articles 50 ou 51 dans un délai de huit mois à compter du jour où il a été saisi en application des articles 50-1 à 50-3. Il peut, par décision motivée, proroger ce délai pour une durée de quatre mois. Si, à l'expiration de ce délai, aucune décision n'a été prise, l'intéressé est rétabli dans ses fonctions. Si l'intéressé fait l'objet de poursuites pénales, le Conseil peut décider de maintenir l'interdiction temporaire d'exercice jusqu'à la décision définitive sur les poursuites disciplinaires.

Art. 51 *(L. org. n° 70-642 du 17 juill. 1970)* Dès la saisine du *(L. org. n° 2010-830 du 22 juill. 2010, art. 26-1°)* « Conseil supérieur de la magistrature », le magistrat a droit à la communication de son dossier et des pièces de l'enquête préliminaire, s'il y a été procédé.

Le premier président de la Cour de cassation, en qualité de président du conseil de discipline, désigne un rapporteur parmi les membres du conseil. Il le charge, s'il y a lieu, de procéder à une enquête. *(L. org. n° 2010-830 du 22 juill. 2010, art. 26-2°)* « Lorsque le Conseil supérieur de la magistrature a été saisi à l'initiative d'un justiciable, la désignation du rapporteur n'intervient qu'après l'examen de la plainte par la commission d'admission des requêtes du Conseil supérieur mentionnée à l'article 50-3. »

(L. org. n° 92-189 du 25 févr. 1992) « Le Conseil supérieur de la magistrature peut » interdire au magistrat incriminé, même avant la communication de son dossier, l'exercice de ses fonctions jusqu'à décision définitive. Cette interdiction ne comporte pas privation du droit au traitement. Cette décision ne peut être rendue publique.

Sur les dispositions transitoires de la L. org. n° 2010-830 du 22 juill. 2010, V. note ss. art. 35 de la présente Ord.

1. Conv. EDH. V. considérant applicable l'art. 6, § 1, Conv. EDH dans le domaine des sanctions disciplinaires à l'encontre d'un magistrat du siège. • CE 12 déc. 2007 : *AJDA 2008. 932, note Tsalpatouros*. ♦ *Contra*, antérieurement, jugeant que les stipulations de l'art. 6, § 1, Conv. EDH ne concernent pas le régime disciplinaire applicable à des personnes qui, comme c'est le cas pour les magistrats de l'ordre judiciaire, participent, de par leurs fonctions, à l'exercice de la puissance publique et à la sauvegarde des intérêts généraux de l'État. • CE 6 nov. 2002 : *D. 2002. IR 3243*.

2. Participation du rapporteur au délibéré. Si, en application des dispositions combinées des art. 51 et 52, un membre du Conseil supérieur de la magistrature, statuant comme conseil de discipline des magistrats du siège, est désigné comme rapporteur et peut procéder à des mesures d'investigation qui ont pour objet de vérifier la pertinence des griefs et des observations des parties et dont les résultats sont versés au dossier pour donner lieu à communication contradictoire, de telles attributions ne diffèrent pas de celles que la formation collégiale de jugement pourrait elle-même exercer et ne confèrent pas au rapporteur le pouvoir de modifier le champ de la saisine de la juridiction. • CE 6 nov. 2002 : *préc. note 1* • 12 déc. 2007 : *préc. note 1.* ♦ Ainsi et alors même qu'il incombe au rapporteur, en vertu de l'art. 56, de donner lecture de son rapport, lors de la séance du conseil de discipline, l'ensemble de ces dispositions n'ont pas eu pour effet de conférer au rapporteur des fonctions qui, au regard du principe d'impartialité, feraient obstacle à sa participation au délibéré de ce conseil. • CE 6 nov. 2002 : *préc.* ♦ Ainsi, au regard des fonctions conférées par ces dispositions au rapporteur, sa participation au délibéré du Conseil supérieur de la magistrature ne méconnaît ni le principe général d'impartialité ni les stipulations de l'art. 6, § 1, de la Conv. EDH. • CE 12 déc. 2007 : *préc.* ♦ La participation au délibéré du rapporteur ne méconnaît pas le principe d'impartialité, peu important qu'il ait relevé dans son rapport des faits non mentionnés dans la saisine initiale et révélés au cours de l'enquête pour apprécier le mérite de certains griefs retenus à l'encontre du magistrat, cette seule circonstance ne constituant pas une modification de la saisine de la juridiction. • CE 21 oct. 2009 : *cité note 1 ss. art. 45, Ord. n° 58-1270 du 22 déc. 1958, App., v° Magistrature.*

Art. 52 *(L. org. n° 2010-830 du 22 juill. 2010, art. 27)* **« Au cours de l'enquête, le rapporteur entend ou fait entendre le magistrat mis en cause par un magistrat d'un rang au moins égal à celui de ce dernier et, s'il y a lieu, le justiciable et les témoins. Il accomplit tous actes d'investigation utiles et peut procéder à la désignation d'un expert. »**

(L. org. n° 70-642 du 17 juill. 1970) **« Le magistrat incriminé peut se faire assister par l'un de ses pairs, par un avocat au Conseil d'État et à la Cour de cassation ou par un avocat inscrit au barreau.**

« La procédure doit être mise à la disposition de l'intéressé ou de son conseil quarante-huit heures au moins avant chaque audition. »

Sur les dispositions transitoires de la L. org. n° 2010-830 du 22 juill. 2010, V. note ss. art. 35 de la présente Ord.

V. notes ss. art. 51.

Art. 53 Lorsqu'une enquête n'a pas été jugée nécessaire ou lorsque l'enquête est complète, le magistrat est cité à comparaître devant le conseil de discipline.

(L. org. n° 2010-830 du 22 juill. 2010, art. 28) **« Lorsque le Conseil supérieur a été saisi à l'initiative d'un justiciable, l'audience disciplinaire ne peut se tenir avant l'expiration d'un délai de trois mois après que le garde des Sceaux, ministre de la justice, a été avisé dans les conditions prévues à l'avant-dernier alinéa de l'article 50-3. »**

Sur les dispositions transitoires de la L. org. n° 2010-830 du 22 juill. 2010, V. note ss. art. 35 de la présente Ord.

Art. 54 Le magistrat cité est tenu de comparaître en personne. Il peut se faire assister et, en cas de maladie ou d'empêchement reconnus justifiés, se faire représenter par l'un de ses pairs, par un avocat au Conseil d'État et à la Cour de cassation ou par un avocat inscrit au barreau.

Art. 55 Le magistrat a droit à la communication de son dossier, de toutes les pièces de l'enquête et du rapport établi par le rapporteur. Son conseil a droit à la communication des mêmes documents.

Art. 56 *(L. org. n° 70-642 du 17 juill. 1970)* **Au jour fixé par la citation, après audition du directeur des services judiciaires et après lecture du rapport, le magistrat déféré est invité à fournir ses explications et moyens de défense sur les faits qui lui sont reprochés.**

(L. org. n° 2001-539 du 25 juin 2001) **« En cas d'empêchement du directeur des services judiciaires, il est suppléé par un magistrat de sa direction d'un rang au moins égal à celui de sous-directeur. »**

Lecture du rapport. Dès lors qu'il résulte de l'instruction que le rapport écrit du membre du Conseil qui en était chargé a été communiqué, en temps utile avant la séance, au magistrat et aux membres du Conseil, il a été ainsi satisfait aux fins en vue desquelles la lecture du rapport a été prévue dans les dispositions de l'art. 56, et dans ces conditions la circonstance que le rapporteur a été dispensé de cette lecture n'a pas vicié la procédure. • CE 6 nov. 2002 : *D. 2002. IR 3243.* ♦ V. aussi notes ss. art. 51.

Art. 57 *(L. org. nº 2001-539 du 25 juin 2001)* « L'audience du conseil de discipline est publique. Toutefois, si la protection de l'ordre public ou de la vie privée l'exigent, ou s'il existe des circonstances spéciales de nature à porter atteinte aux intérêts de la justice, l'accès de la salle d'audience peut être interdit au public pendant la totalité ou une partie de l'audience, au besoin d'office, par le conseil de discipline.

« Le conseil de discipline délibère à huis clos.

« La décision, qui doit être motivée, est rendue publiquement. »

Si le magistrat cité, hors le cas de force majeure, ne comparaît pas, il peut néanmoins être statué et la décision est réputée contradictoire.

Art. 57-1 *(L. org. nº 2010-830 du 22 juill. 2010, art. 29)* Lorsqu'elle se prononce sur l'existence d'une faute disciplinaire, la formation compétente du Conseil supérieur renvoie, en cas de partage égal des voix, le magistrat concerné des fins de la poursuite.

Lorsque la formation compétente a constaté l'existence d'une faute disciplinaire, la sanction prononcée à l'égard du magistrat du siège est prise à la majorité des voix. En cas de partage égal des voix sur le choix de la sanction, la voix du président de la formation est prépondérante.

Sur les dispositions transitoires de la L. org. nº 2010-830 du 22 juill. 2010, V. note ss. art. 35 de la présente Ord.

Art. 58 La décision rendue est notifiée au magistrat intéressé en la forme administrative. Elle prend effet du jour de cette notification.

(L. org. nº 2010-830 du 22 juill. 2010, art. 30) « Le recours contre la décision du conseil de discipline n'est pas ouvert à l'auteur de la plainte. »

Sur les dispositions transitoires de la L. org. nº 2010-830 du 22 juill. 2010, V. note ss. art. 35 de la présente Ord.

SECTION III *Discipline des magistrats du parquet*

Art. 58-1 *(L. org. nº 92-189 du 25 févr. 1992)* Le garde des Sceaux, ministre de la justice, saisi d'une plainte ou informé de faits paraissant de nature à entraîner des poursuites disciplinaires contre un magistrat du parquet, peut, s'il y a urgence, *(L. org. nº 2010-830 du 22 juill. 2010, art. 31-1º-a)* « après consultation des chefs hiérarchiques et » *(L. org. nº 94-101 du 5 févr. 1994)* « avis de la formation du Conseil supérieur de la magistrature compétente pour les magistrats du parquet », interdire au magistrat faisant l'objet d'une enquête *(L. org. nº 2010-830 du 22 juill. 2010, art. 31-1º-a)* « administrative ou pénale » l'exercice de ses fonctions jusqu'à décision définitive sur les poursuites disciplinaires. *(L. org. nº 2010-830 du 22 juill. 2010, art. 31-1º-b)* « Les procureurs généraux près les cours d'appel et les procureurs de la République près les tribunaux supérieurs d'appel, informés de faits paraissant de nature à entraîner des poursuites disciplinaires contre un magistrat du parquet, peuvent également, s'il y a urgence, saisir la formation compétente du Conseil supérieur aux fins d'avis sur le prononcé, par le garde des Sceaux, ministre de la justice, d'une telle interdiction. Le Conseil supérieur rend son avis dans un délai de quinze jours suivant sa saisine. »

(L. org. nº 2010-830 du 22 juill. 2010, art. 31-2º) « La décision d'interdiction temporaire, prise dans l'intérêt du service, ne peut être rendue publique ; elle ne comporte pas privation du droit au traitement. »

Si, à l'expiration d'un délai de deux mois *(L. org. nº 2010-830 du 22 juill. 2010, art. 31-3º)* « suivant la notification de l'interdiction temporaire prononcée par le garde des Sceaux, ministre de la justice », *(L. org. nº 94-101 du 5 févr. 1994)* « le Conseil supérieur de la magistrature n'a pas été saisi » *(L. org. nº 2010-830 du 22 juill. 2010, art. 31-3º)* « dans les conditions prévues aux deux premiers alinéas de l'article 63 », l'interdiction temporaire cesse de plein droit de produire ses effets.

Jusqu'à sa première réunion dans sa composition issue de la L. const. nº 2008-724 du 23 juill. 2008 de modernisation des institutions de la Vᵉ République, le Conseil supérieur de la magistrature exerce les compétences qui lui étaient conférées en vertu de l'art. 65 de la Constitution dans sa rédaction antérieure à la même loi constitutionnelle. Toutefois, l'art. 31 de la L. org. nº 2010-830 du 22 juill. 2010 s'applique aux mesures d'interdiction temporaire dont le garde des Sceaux, ministre de la justice, ou les chefs de cour saisissent le Conseil supérieur de la magistrature, à compter de la publication de ladite loi organique (L. org. préc., art. 38).

Art. 59 *(L. org. nº 94-101 du 5 févr. 1994)* « Aucune sanction contre un magistrat du parquet ne peut être prononcée sans l'avis de la formation compétente du Conseil supérieur de la magistrature. »

(L. org. n° 79-43 du 18 janv. 1979) **« Les dispositions de la présente section sont applicables aux magistrats du cadre de l'administration centrale du ministère de la justice »** *(L. org. n° 2016-1090 du 8 août 2016, art. 32-3°)* **« ainsi qu'aux magistrats exerçant les fonctions d'inspecteur général, chef de l'inspection générale de la justice, d'inspecteur général de la justice et d'inspecteur de la justice ».**

Art. 60 à 62 *Abrogés par L. org. n° 94-101 du 5 févr. 1994.*

Art. 63 *(L. org. n° 2010-830 du 22 juill. 2010, art. 32-1°)* **« Le Conseil supérieur de la magistrature est saisi par la dénonciation des faits motivant les poursuites disciplinaires que lui adresse le garde des Sceaux, ministre de la justice. »**

(L. org. n° 2010-830 du 22 juill. 2010, art. 32-2°) **« Le Conseil supérieur de la magistrature »** *(L. org. n° 2001-539 du 25 juin 2001)* **« est également saisi par la dénonciation des faits motivant les poursuites disciplinaires que lui adressent les procureurs généraux près les cours d'appel ou les procureurs de la République près les tribunaux supérieurs d'appel.**

« Copie des pièces est adressée au garde des sceaux, ministre de la justice, qui peut demander une enquête à l'inspection générale *(L. org. n° 2016-1090 du 8 août 2016, art. 34-2°-a)* **« de la justice ». »**

(L. org. n° 2010-830 du 22 juill. 2010, art. 32-3°) **« Tout justiciable qui estime qu'à l'occasion d'une procédure judiciaire le concernant le comportement adopté par un magistrat du parquet dans l'exercice de ses fonctions est susceptible de recevoir une qualification disciplinaire peut saisir le Conseil supérieur de la magistrature.**

« La plainte est examinée par une commission d'admission des requêtes composée de membres de la formation compétente à l'égard des magistrats du parquet, dans les conditions prévues par l'article 18 de la loi organique n° 94-100 du 5 février 1994 précitée.

« A peine d'irrecevabilité, la plainte :

« – ne peut être dirigée contre un magistrat lorsque le parquet ou le parquet général auquel il appartient demeure chargé de la procédure ;

« – ne peut être présentée après l'expiration d'un délai d'un an suivant une décision irrévocable mettant fin à la procédure ;

« – doit contenir l'indication détaillée des faits et griefs allégués ;

« – doit être signée par le justiciable et indiquer son identité, son adresse ainsi que les éléments permettant d'identifier la procédure en cause.

« Le président de la commission d'admission des requêtes peut rejeter les plaintes manifestement infondées ou manifestement irrecevables. Lorsque la commission d'admission des requêtes du Conseil supérieur déclare la plainte recevable, elle en informe le magistrat mis en cause.

« La commission d'admission des requêtes sollicite du procureur général près la cour d'appel ou du procureur de la République près le tribunal supérieur d'appel dont dépend le magistrat mis en cause ses observations et tous éléments d'information utiles. Le procureur général près la cour d'appel ou le procureur de la République près le tribunal supérieur d'appel invite le magistrat à lui adresser ses observations. Dans le délai de deux mois de la demande qui lui en est faite par la commission d'admission des requêtes du Conseil supérieur, le procureur général près la cour d'appel ou le procureur de la République près le tribunal supérieur d'appel adresse l'ensemble de ces informations et observations au Conseil supérieur de la magistrature, ainsi qu'au garde des Sceaux, ministre de la justice.

« La commission d'admission des requêtes peut entendre le magistrat mis en cause et, le cas échéant, le justiciable qui a introduit la demande.

« Lorsqu'elle estime que les faits sont susceptibles de recevoir une qualification disciplinaire, la commission d'admission des requêtes du Conseil supérieur renvoie l'examen de la *plainte à la formation du Conseil* supérieur compétente pour la discipline des magistrats du parquet.

« En cas de rejet de la plainte, les autorités mentionnées aux deux premiers alinéas du présent article conservent la faculté de saisir le Conseil supérieur de la magistrature des faits dénoncés.

« Le magistrat visé par la plainte, le justiciable, le chef de cour visé au douzième alinéa et le garde des Sceaux, ministre de la justice, sont avisés du rejet de la plainte ou de l'engagement de la procédure disciplinaire.

« La décision de rejet n'est susceptible d'aucun recours. »

(Abrogé par L. org. n° 2016-1090 du 8 août 2016, art. 34-2°-b) (L. org. n° 70-642 du 17 juill. 1970 ; L. org. n° 94-101 du 5 févr. 1994 ; L. org. n° 2010-830 du 22 juill. 2010, art. 32-4° et 6°) ***« Dès la saisine du Conseil supérieur de la magistrature, le magistrat a droit à la communication de son dossier et des pièces de l'enquête préliminaire, s'il y a été procédé.***

« Le président de la formation de discipline désigne, en qualité de rapporteur, un membre de cette formation. Il le charge, s'il y a lieu, de procéder à une enquête. Lorsque le Conseil supérieur de la magistrature a été saisi par un justiciable, la désignation du rapporteur n'intervient qu'après l'examen de la plainte par la commission d'admission des requêtes du Conseil supérieur visée aux alinéas précédents. Les dispositions de l'article 52 sont applicables. »

Sur les dispositions transitoires de la L. org. n° 2010-830 du 22 juill. 2010, V. note ss. art. 35 de la présente loi organique.

Art. 63-1 *(L. org. n° 2016-1090 du 8 août 2016, art. 34-3°)* **Le Conseil supérieur de la magistrature se prononce dans un délai de douze mois à compter du jour où il a été saisi en application de l'article 63, sauf prorogation pour une durée de six mois renouvelable par décision motivée.**

Art. 63-2 *(L. org. n° 2016-1090 du 8 août 2016, art. 34-3°)* **Si, à l'expiration d'un délai de huit mois à compter du jour où le Conseil supérieur de la magistrature a été saisi dans les conditions prévues aux deux premiers alinéas de l'article 63 pour rendre son avis sur la situation du magistrat ayant fait l'objet d'une interdiction temporaire d'exercice, aucune décision n'a été prise par le garde des sceaux, ministre de la justice, l'intéressé est rétabli dans ses fonctions, sauf prorogation pour une durée de quatre mois après avis motivé du conseil.**

Si l'intéressé fait l'objet de poursuites pénales, le garde des sceaux, ministre de la justice, peut, après avis motivé du conseil, maintenir l'interdiction temporaire d'exercice jusqu'à la décision définitive sur les poursuites disciplinaires.

Art. 63-3 *(L. org. n° 2016-1090 du 8 août 2016, art. 34)* **Dès la saisine du Conseil supérieur de la magistrature, le magistrat a droit à la communication de son dossier et des pièces de l'enquête préliminaire, s'il y a été procédé.**

Le président de la formation de discipline désigne, en qualité de rapporteur, un membre de cette formation. Il le charge, s'il y a lieu, de procéder à une enquête. Lorsque le Conseil supérieur de la magistrature a été saisi par un justiciable, la désignation du rapporteur n'intervient qu'après l'examen de la plainte par la commission d'admission des requêtes du Conseil supérieur de la magistrature mentionnée à l'article 63. L'article 52 est applicable.

Art. 64 Lorsqu'une enquête n'a pas été jugée nécessaire ou lorsque l'enquête est complète, le magistrat est cité à comparaître devant *(L. org. n° 94-101 du 5 févr. 1994)* « la formation compétente du Conseil supérieur ».

(L. org. n° 2010-830 du 22 juill. 2010, art. 33) « Lorsque le Conseil supérieur de la magistrature a été saisi à l'initiative d'un justiciable, l'audience ne peut pas se tenir avant l'expiration d'un délai de trois mois après que le garde des Sceaux, ministre de la justice, a été avisé dans les conditions prévues au seizième alinéa de l'article 63. »

Les règles déterminées par les articles 54, 55 et 56 sont applicables à la procédure devant *(L. org. n° 94-101 du 5 févr. 1994)* « cette formation ».

Sur les dispositions transitoires de la L. org. n° 2010-830 du 22 juill. 2010, V. note ss. art. 35 de la présente Ord.

Art. 65 *(L. org. n° 2001-539 du 25 juin 2001)* Si le magistrat cité, hors le cas de force majeure, ne comparaît pas, il peut être passé outre. L'audience de la formation compétente du Conseil supérieur de la magistrature est publique. Toutefois, si la protection de l'ordre public ou de la vie privée l'exigent, ou s'il existe des circonstances spéciales de nature à porter atteinte aux intérêts de la justice, l'accès de la salle d'audience peut être interdit pendant la totalité ou une partie de l'audience, au besoin d'office, par la formation compétente du Conseil supérieur de la magistrature.

La formation compétente du Conseil supérieur de la magistrature émet un avis motivé sur la sanction que les faits reprochés lui paraissent entraîner ; cet avis est transmis au garde des Sceaux, ministre de la justice.

Il appartient au Conseil supérieur de la magistrature d'apprécier si le droit à la protection de la vie privée de la personne poursuivie, de ses proches, ou de tiers exige que l'accès à la salle d'audience soit interdit pendant la totalité ou une partie de l'audience. • CE 26 oct. 2005 : *D. 2006. IR 179*. ♦ Pour un exemple de refus de huit-clos compte tenu notamment de la publicité donnée aux faits, y compris par le magistrat poursuivi lui-même. • CE 21 oct. 2009 : *cité note 1 ss. art. 45, Ord. n° 58-1270 du 22 déc. 1958, App., v° Magistrature.*

Art. 65-1 *(L. org. nº 2010-830 du 22 juill. 2010, art. 34)* Lorsqu'elle se prononce sur l'existence d'une faute disciplinaire, la formation compétente du Conseil supérieur émet, en cas de partage égal des voix, un avis en faveur de l'absence de sanction.

Lorsqu'elle a constaté l'existence d'une faute disciplinaire, l'avis émis sur la sanction est pris à la majorité des voix. En cas de partage égal des voix sur le choix de la sanction, la voix du président de la formation est prépondérante.

Sur les dispositions transitoires de la L. org. nº 2010-830 du 22 juill. 2010, V. note ss. art. 35 de la présente Ord.

Art. 66 *(L. org. nº 70-642 du 17 juill. 1970 ; L. org. nº 94-101 du 5 févr. 1994)* « Lorsque le garde des Sceaux, ministre de la justice, entend prendre une sanction plus grave que celle proposée par la formation compétente du Conseil supérieur, il saisit cette dernière de son projet de décision motivée. Après avoir entendu les observations du magistrat intéressé, cette formation émet alors un nouvel avis qui est versé au dossier du magistrat intéressé. »

La décision du garde des Sceaux, ministre de la justice, est notifiée au magistrat intéressé en la forme administrative. Elle prend effet du jour de cette notification.

(L. org. nº 2010-830 du 22 juill. 2010, art. 35) « Le recours contre la décision prise à la suite de l'avis de la formation disciplinaire n'est pas ouvert à l'auteur de la plainte. »

Sur les dispositions transitoires de la L. org. nº 2010-830 du 22 juill. 2010, V. note ss. art. 35 de la présente Ord.

Portée de l'avis du CSM. V. note ss. art. 48.

Art. 66-1 *Abrogé par L. org. nº 94-101 du 5 févr. 1994.*

A compter de la date de constitution des deux formations du Conseil supérieur de la magistrature prévues par la L. org. nº 94-100 du 5 févr. 1994, les poursuites disciplinaires pendantes devant la commission de discipline du parquet sont transmises à la formation du Conseil supérieur compétente pour la discipline des magistrats du parquet. Les actes de procédure accomplis demeurent valables (L. org. nº 94-101 du 5 févr. 1994, art. 26).

CHAPITRE VIII *Positions*

Art. 67 Tout magistrat est placé dans l'une des positions suivantes :

1º En activité ;
2º En service détaché ;
3º En disponibilité ;
4º Sous les drapeaux ;
5º *(L. org. nº 92-189 du 25 févr. 1992)* « En congé parental ».

(L. org. nº 92-189 du 25 févr. 1992) « Les modalités de classement des magistrats détachés dans les corps de la fonction publique de l'État sont réglées par les statuts particuliers de ces corps. »

Art. 68 Les dispositions du statut général des fonctionnaires concernant les positions ci-dessus énumérées s'appliquent aux magistrats dans la mesure où elles ne sont pas contraires aux règles statutaires du corps judiciaire et sous réserve des dérogations ci-après.

Art. 69 *(L. org. nº 2007-287 du 5 mars 2007, art. 26, en vigueur le 1er juin 2007)* Lorsque l'état de santé d'un magistrat apparaît incompatible avec l'exercice de ses fonctions, le garde des Sceaux, ministre de la justice, saisit le comité médical national en vue de l'octroi d'un congé de maladie *(L. org. nº 2012-208 du 13 févr. 2012, art. 4-1º)* « , de longue maladie ou de longue durée ». Dans l'attente de l'avis du comité médical, il peut suspendre l'intéressé, après avis conforme de la formation compétente du Conseil supérieur de la magistrature.

Le conseil informe le magistrat de la date à laquelle la formation compétente du conseil examine son dossier, du droit à la communication de son dossier, de la possibilité d'être entendu par la formation compétente ainsi que de faire entendre par celle-ci le médecin et la personne de son choix.

L'avis de la formation compétente du conseil est transmis au magistrat.

La décision de suspension, prise dans l'intérêt du service, n'est pas rendue publique.

Le magistrat conserve l'intégralité de sa rémunération pendant la suspension.

Si, à l'expiration d'un délai de six mois à compter de la suspension, le comité médical ne s'est pas prononcé, cette mesure cesse de plein droit de produire ses effets.

(L. org. nº 2012-208 du 13 févr. 2012, art. 4-2º) « L'avis du comité médical national peut être contesté soit par le garde des sceaux, ministre de la justice, soit par le magistrat, devant le comité médical national d'appel. »

(L. org. n° 2012-208 du 13 févr. 2012, art. 4-3°) « Un décret en Conseil d'État définit l'organisation et le fonctionnement du comité médical national et du comité médical national d'appel mentionnés au présent article. »

Art. 70 Le nombre total des magistrats placés en position de détachement ne peut dépasser 20 p. 100 de l'effectif du corps judiciaire.

Dernier al. abrogé par L. org. n° 2007-287 du 5 mars 2007, art. 31, à compter du 1er juin 2007.

Art. 71 A l'expiration de la période de disponibilité et après avoir été, dans le cas de disponibilité d'office, reconnu apte à reprendre son service, le magistrat est réintégré dans un emploi de son grade. S'il n'est pas reconnu apte, il est admis à cesser ses fonctions et, s'il y a lieu, à faire valoir ses droits à la retraite.

Le magistrat qui refuse le poste offert dans les conditions précitées est nommé d'office à un autre poste équivalent de son grade ; s'il refuse celui-ci, il est admis à cesser ses fonctions et, s'il y a lieu, à faire valoir ses droits à la retraite.

Art. 72 *(L. org. n° 95-64 du 19 janv. 1995)* « La mise en position de détachement, de disponibilité ou « sous les drapeaux » est prononcée par décret du Président de la République, sur proposition du *(L. org. n° 2016-1090 du 8 août 2016, art. 47-5°)* « garde des sceaux, » ministre de la justice *[,]* et après avis de la formation du Conseil supérieur de la magistrature compétente à l'égard du magistrat selon que celui-ci exerce des fonctions du siège ou du parquet. Cet avis porte sur le respect des dispositions du troisième alinéa de l'article 12, de l'article 68 et de l'article 4 s'il s'agit d'un magistrat du siège. » *(L. org. n° 2007-287 du 5 mars 2007, art. 19, en vigueur le 1er juin 2007)* « Dans le cas où la demande du magistrat concerne une mise en position de détachement ou de disponibilité pour exercer une activité libérale ou une activité lucrative, salariée ou non, dans une entreprise ou un organisme privé, cet avis porte également sur la compatibilité des fonctions envisagées par le magistrat avec les fonctions qu'il a occupées au cours des trois dernières années.

« Les décrets portant détachement sont, en outre, contresignés par le ministre auprès duquel les magistrats sont détachés. Ce contreseing n'est pas nécessaire en cas de renouvellement du détachement lorsque ces conditions demeurent identiques à celles prévues par le décret initial. »

La réintégration des magistrats est prononcée conformément aux dispositions des articles 28, 37 *(L. org. n° 2016-1090 du 8 août 2016, art. 25-I)* « , 38 et 72-2 » de la présente ordonnance.

V. L. org. n° 87-9 du 9 janv. 1987 (D. et ALD 1987. 86) relative aux magistrats de l'ordre judiciaire servant dans les organisations internationales.

Art. 72-1 *Déclaré non conforme à la Constitution par Décis. n° 2016-732 DC du 28 juill. 2016.*

L. org. n° 2016-1090 du 8 août 2016. Constitutionnalité (non). Conditions de nomination des magistrats. Le dernier alinéa de l'art. 72-1 exclut de l'application des règles qu'il institue les magistrats détachés dans les emplois de directeur, de chef de service, de directeur adjoint ou de sous-directeur dans les administrations centrales de l'État ou de directeur de l'École nationale de la magistrature. Cette dérogation a pour objet de tenir compte du fait qu'il peut être mis fin à ces détachements sur ces emplois de manière anticipée, pour une cause autre qu'une faute commise dans l'exercice des fonctions, de sorte que les délais prévus à l'art. 72-1 seraient inadaptés. Toutefois, cette possibilité d'y mettre fin de manière anticipée n'est pas propre aux seuls détachements sur les emplois énumérés *par le dernier al. de l'art.* 72-1. Elle s'applique à d'autres emplois susceptibles d'être occupés par des magistrats en détachement tels que des emplois de direction dans des autorités administratives indépendantes, des établissements publics de l'État, des collectivités territoriales ou encore des services déconcentrés de l'État. Ainsi, le dernier alinéa de l'art. 72-1 institue une différence de traitement qui ne repose pas sur une différence de situation en rapport avec l'objet de la loi et n'est pas justifiée par un motif d'intérêt général. Il méconnaît donc le principe d'égalité et est contraire à la Constitution. La censure de ce seul alinéa aurait pour effet d'étendre à l'ensemble des magistrats en détachement les conditions de délai prévues par l'art. 72-1. Ces conditions de délai ne peuvent s'appliquer lorsqu'il est mis fin de manière anticipée à un détachement. Elles ont pour effet de mettre le magistrat dans une situation qui ne lui permet pas d'obtenir une affectation. Compte tenu de ces conséquences, qui ne correspondent pas à l'intention du législateur, l'ensemble des dispositions de l'art. 72-1 doit donc être déclaré contraire à la Constitution. • Cons. const. 28 juill. 2016, n° 2016-732 DC.

Art. 72-2 *(L. org. n° 2016-1090 du 8 août 2016, art. 25-II)* Il est tenu compte, lors de la réintégration du magistrat dans le grade qu'il occupe au sein du corps judiciaire, de l'échelon qu'il a atteint dans le corps ou cadre d'emplois de détachement, sous réserve qu'il lui soit plus favorable. Un décret en Conseil d'État détermine les conditions d'application du présent article.

Art. 72-3 *(L. org. n° 2016-1090 du 8 août 2016, art. 25-II)* La réintégration des magistrats précédemment placés en position de congé parental est prononcée conformément aux articles 28, 37 et 38.

Six mois au plus tard avant l'expiration du congé parental, le magistrat concerné fait connaître au garde des sceaux, ministre de la justice, sa décision de solliciter le renouvellement de cette position ou de réintégrer le corps judiciaire.

Dans les cas où le renouvellement n'est pas sollicité par le magistrat ou est refusé par le garde des sceaux, ministre de la justice, et au plus tard cinq mois avant l'expiration du congé parental, le magistrat fait connaître au garde des sceaux, ministre de la justice, au moins trois choix d'affectation dans trois juridictions différentes. Pour les magistrats du second grade inscrits au tableau d'avancement, les demandes ne peuvent porter exclusivement sur des emplois du premier grade, lesquelles ne peuvent concerner exclusivement des emplois de président d'une juridiction, de procureur de la République près une juridiction, ou de premier vice-président, premier vice-président adjoint, procureur de la République adjoint ou premier vice-procureur de la République des tribunaux *(L. org. n° 2019-221 du 23 mars 2019, art. 8-18°, en vigueur le 1er janv. 2020)* « judiciaires *[ancienne rédaction : de grande instance]* ». Pour les magistrats du premier grade remplissant les conditions prévues à l'article 39 pour l'accès à un emploi hors hiérarchie, les demandes ne peuvent porter exclusivement sur un emploi placé hors hiérarchie, lesquelles ne peuvent concerner exclusivement des emplois de premier président de cour d'appel ou de procureur général près une cour d'appel.

Quatre mois au plus tard avant l'expiration du congé parental, le garde des sceaux, ministre de la justice, peut inviter le magistrat à présenter trois demandes supplémentaires d'affectation dans trois autres juridictions appartenant à des ressorts de cour d'appel différents, dans les conditions prévues au troisième alinéa du présent article.

A l'expiration du congé parental, le magistrat est réintégré immédiatement dans le corps judiciaire et nommé, sans préjudice du sixième alinéa, dans l'une des fonctions qui ont fait l'objet de ses demandes dans les conditions prévues au troisième alinéa et, le cas échéant, au quatrième alinéa.

Si le magistrat n'a pas exprimé de demande dans les conditions prévues au troisième alinéa et, le cas échéant, au quatrième alinéa, ou si aucune des demandes ainsi formulées ne peut être satisfaite, le garde des sceaux, ministre de la justice, propose au magistrat concerné une affectation dans trois juridictions. A défaut d'acceptation dans le délai d'un mois, le magistrat est, à l'expiration du congé parental, nommé dans l'une de ces juridictions aux fonctions qui lui ont été proposées.

Les troisième à sixième alinéas s'appliquent aux magistrats qui sollicitent leur réintégration à l'issue d'un congé parental sans préjudice de leur droit à recevoir une affectation dans la juridiction dans laquelle ils exerçaient précédemment leurs fonctions, le cas échéant, en surnombre de l'effectif budgétaire du grade auquel appartient le magistrat et, s'il y a lieu, en surnombre de l'effectif organique de la juridiction. L'intéressé est nommé au premier poste correspondant aux fonctions exercées dont la vacance survient dans la juridiction où il a été nommé en surnombre.

CHAPITRE IX *Cessation des fonctions*

Art. 73 La cessation définitive des fonctions entraînant radiation des cadres et, sous réserve des dispositions de l'article 77 ci-après, perte de la qualité de magistrat, résulte :

1° De la démission d'office ou de la démission régulièrement acceptée ;

2° De la mise à la retraite ou de l'admission à cesser ses fonctions lorsque le magistrat n'a pas droit à pension ;

3° De la révocation ;

(L. org. n° 80-844 du 29 oct. 1980) « 4° De la nomination directe dans l'une des administrations centrales de l'État, des *(L. n° 92-125 du 6 févr. 1992, art. 3)* « services déconcentrés » en dépendant ou des établissements publics de l'État conformément aux dispositions de l'article 76-2 ci-après. »

Art. 74 En dehors des cas de démission d'office, la démission ne peut résulter que d'une demande expresse et écrite de l'intéressé. Elle ne vaut qu'autant qu'elle est acceptée par l'autorité investie du pouvoir de nomination et prend effet à la date fixée par cette autorité.

Art. 75 L'acceptation de la démission la rend irrévocable. Elle ne fait pas obstacle, le cas échéant, à l'exercice de l'action disciplinaire, en raison de faits qui n'auraient été révélés qu'après cette acceptation.

Art. 76 *(L. org. nº 84-833 du 13 sept. 1984)* Sous réserve des reculs de limite d'âge pouvant résulter des textes applicables à l'ensemble des agents de l'État, la limite d'âge pour les magistrats de l'ordre judiciaire est fixée à *(L. org. nº 2010-1341 du 10 nov. 2010)* « soixante-sept » ans.

Toutefois, est fixée à soixante-huit ans la limite d'âge des magistrats occupant les fonctions de premier président et de procureur général de la Cour de cassation. – *Sur les dispositions transitoires, V. L. org. nº 84-833 du 13 sept. 1984, art. 2 (D. et ALD 1984. 531).*

Loi organique nº 2010-1341 du 10 novembre 2010,

Relative à la limite d'âge des magistrats de l'ordre judiciaire (JO 11 nov.).

Art. 2 *(L. org. nº 2012-208 du 13 févr. 2012, art. 1er)* Par dérogation à l'article 76 de l'ordonnance nº 58-1270 du 22 décembre 1958 portant loi organique relative au statut de la magistrature, la limite d'âge des magistrats nés avant le 1er janvier 1955 est fixée :

1º Pour les magistrats nés avant le 1er juillet 1951, à soixante-cinq ans ;

2º Pour les magistrats nés entre le 1er juillet et le 31 décembre 1951, à soixante-cinq ans et quatre mois ;

3º Pour les magistrats nés en 1952, à soixante-cinq ans et neuf mois ;

4º Pour les magistrats nés en 1953, à soixante-six ans et deux mois ;

5º Pour les magistrats nés en 1954, à soixante-six ans et sept mois.

Art. 76-1 *(L. org. nº 95-64 du 19 janv. 1995)* Les magistrats sont maintenus en fonction, sauf demande contraire, jusqu'au 30 juin suivant la date à laquelle ils ont atteint la limite d'âge.

A compter du 1er juill. 1991 et jusqu'au 31 déc. 1995, et par dérogation aux dispositions de l'art. 76-1 ci-dessus, les magistrats sont maintenus en fonctions, sauf demande contraire, jusqu'au 30 juin suivant la date à laquelle ils ont atteint la limite d'âge (L. org. nº 91-71 du 18 janv. 1991, art. 4).

Art. 76-1-1 *(L. org. nº 2010-1341 du 10 nov. 2010, art. 3)* I. – Les magistrats hors hiérarchie du siège et du parquet de la Cour de cassation lorsqu'ils atteignent la limite d'âge prévue par le premier alinéa de l'article 76 sont, sur leur demande, maintenus en activité en surnombre de l'effectif de la Cour jusqu'à l'âge de soixante-huit ans pour exercer, respectivement, les fonctions de conseiller ou d'avocat général à la Cour de cassation.

(L. org. nº 2016-1090 du 8 août 2016, art. 45-V-1º et 2º) « S'agissant des magistrats du siège, leur demande est transmise à la formation compétente du Conseil supérieur de la magistrature, qui se prononce en considération de leur aptitude et de l'intérêt du service.

« S'agissant des magistrats du parquet, leur demande est transmise à la formation compétente du Conseil supérieur de la magistrature, qui donne un avis en considération de leur aptitude et de l'intérêt du service.

« II. – Les magistrats du siège et du parquet des cours d'appel et des tribunaux *(L. org. nº 2019-221 du 23 mars 2019, art. 8-19º, en vigueur le 1er janv. 2020)* « judiciaires *[ancienne rédaction : de grande instance]* », les magistrats du cadre de l'administration centrale et les magistrats exerçant à l'inspection générale de la justice, lorsqu'ils atteignent la limite d'âge prévue au premier alinéa de l'article 76, sont, sur leur demande et sous réserve de l'appréciation par la formation compétente du Conseil supérieur de la magistrature de leur aptitude et de l'intérêt du service, maintenus en activité jusqu'à l'âge de soixante-huit ans pour exercer les fonctions de conseiller ou de juge ou les fonctions de substitut général ou de substitut. Les magistrats en position de détachement ne peuvent être maintenus en activité. »

Six mois au plus tard avant d'atteindre la limite d'âge prévue par le premier alinéa de l'article 76, les intéressés font connaître au garde des sceaux, ministre de la justice, l'affectation qu'ils désireraient recevoir dans trois juridictions au moins du premier ou du second degré pour les magistrats des cours d'appel et du premier degré pour les magistrats des tribunaux. Trois mois au plus tard avant que les intéressés atteignent cette limite d'âge, le garde des sceaux, ministre de la justice, peut les inviter à présenter, dans les mêmes conditions, trois demandes d'affectation supplémentaires.

Sur proposition du garde des sceaux, ministre de la justice, ces magistrats sont maintenus en activité en surnombre de l'effectif de la juridiction dans l'une des affectations qui ont fait l'objet de leurs demandes, dans les formes prévues pour les nominations de magistrats du siège ou du parquet.

(L. org. nº 2016-1090 du 8 août 2016, art. 45-V-3º) « II *bis*. – Les magistrats du cadre de l'administration centrale et les magistrats exerçant à l'inspection générale de la justice, lorsqu'ils atteignent la limite d'âge prévue au premier alinéa de l'article 76, sont, sur leur demande, maintenus en activité dans leurs fonctions, en surnombre, sous réserve de leur aptitude et de l'intérêt du service. »

III. – Les magistrats maintenus en activité en application des I *(L. org. nº 2016-1090 du 8 août 2016, art. 45-V-4º)* « , II ou II *bis* » conservent la rémunération afférente aux grade, classe et échelon qu'ils détenaient lorsqu'ils ont atteint la limite d'âge. Les articles L. 26 *bis* et L. 63 du code des pensions civiles et militaires de retraite leur sont applicables.

IV. – Les magistrats continuent à présider les établissements publics dont les statuts leur confèrent de droit la présidence jusqu'à ce qu'ils atteignent la limite d'âge prévue par l'article 76.

Art. 76-2 *(L. org. nº 92-189 du 25 févr. 1992)* Les magistrats peuvent sur leur demande être soit détachés, soit intégrés après détachement, soit nommés au tour extérieur dans un corps recruté par la voie de l'École nationale d'administration dans les conditions et selon les modalités prévues par le statut particulier dudit corps pour l'ensemble des fonctionnaires issus des autres corps recrutés par la voie de l'École nationale d'administration.

Les magistrats peuvent être soit détachés, soit intégrés après détachement dans les corps de maîtres de conférences et de professeurs des universités dans les conditions fixées par les statuts particuliers desdits corps.

Art. 76-3 *(L. org. nº 92-189 du 25 févr. 1992)* Un décret en Conseil d'État fixe la liste des corps recrutés par la voie de l'École nationale d'administration dont il est fait mention à l'article 76-2. – *V. Décr. nº 93-549 du 26 mars 1993 (JO 26 mars).*

Art. 76-4 *(L. org. nº 2007-287 du 5 mars 2007, art. 27)* Pour accéder aux emplois placés hors hiérarchie, les magistrats doivent accomplir, après au moins quatre années de services effectifs dans le corps judiciaire, une période dite de mobilité statutaire au cours de laquelle *(L. org. nº 2012-208 du 13 févr. 2012, art. 5-1º)* « ils exercent des fonctions différentes de celles normalement dévolues aux membres du corps judiciaire. Ils sont à cet effet placés dans une position conforme à leur statut par un acte qui précise qu'ils le sont au titre de la mobilité régie par le présent article ».

La mobilité statutaire est accomplie :

a) Auprès d'une administration française ou de tout autre organisme de droit public français ;

b) Auprès d'une entreprise publique ou privée ou d'une personne morale de droit privé assurant des missions d'intérêt général ;

c) Auprès d'une institution ou d'un service de l'Union européenne, d'un organisme qui lui est rattaché, d'une organisation internationale ou d'une administration d'un État étranger.

La durée de la période de mobilité statutaire des magistrats est *(L. org. nº 2012-208 du 13 févr. 2012, art. 5-2º)* « de deux ans ». Au terme de cette période, ils sont réintégrés de droit dans le corps judiciaire. Ils retrouvent, s'ils le demandent, une affectation dans la juridiction dans laquelle ils exerçaient précédemment leurs fonctions, le cas échéant en surnombre.

L'accomplissement de la mobilité statutaire est soumis à l'avis du Conseil supérieur de la magistrature dans les conditions définies à l'article 20-1 de la loi organique nº 94-100 du 5 février 1994 sur le Conseil supérieur de la magistrature.

(L. org. nº 2012-208 du 13 févr. 2012, art. 5-3º) « Les services accomplis au titre de la mobilité statutaire sont assimilés à des services effectifs dans le corps judiciaire. »

L'art. 76-4 est applicable aux magistrats nommés dans leur premier poste à compter du 1er sept. 2020 (L. org. nº 2007-287 du 5 mars 2007, art. 36, mod. par L. org. nº 2016-1090 du 8 août 2016, art. 50-XI).

Art. 76-5 *(L. org. nº 2007-287 du 5 mars 2007, art. 27, en vigueur le 1er juin 2007)* L'article 76-4 n'est pas applicable aux magistrats justifiant de sept années au moins d'activité professionnelle avant leur entrée dans le corps judiciaire.

Art. 77 *(L. org. nº 80-844 du 29 oct. 1980 ; L. org. nº 94-101 du 5 févr. 1994)* Tout magistrat admis à la retraite est autorisé *(L. org. nº 2007-287 du 5 mars 2007, art. 32, en vigueur le 1er juin 2007)* « , sous réserve des dispositions du second alinéa de l'article 46, » à se prévaloir de l'honorariat de ses fonctions. Toutefois, l'honorariat peut être refusé au moment du

départ du magistrat par une décision motivée de l'autorité qui prononce la mise à la retraite, après avis *(L. org. nº 2010-830 du 22 juill. 2010, art. 36)* **« de la formation du Conseil supérieur de la magistrature compétente à l'égard du magistrat selon que celui-ci exerce les fonctions du siège ou du parquet. »**

(L. org. nº 94-101 du 5 févr. 1994) **« Si, lors de son départ à la retraite, le magistrat fait l'objet d'une poursuite disciplinaire, il ne peut pas se prévaloir de l'honorariat avant le terme de la procédure disciplinaire et l'honorariat peut lui être refusé, dans les conditions prévues au premier alinéa, au plus tard deux mois après la fin de cette procédure. »**

Sur les dispositions transitoires de la L. org. nº 2010-830 du 22 juill. 2010, V. note ss. art. 4-1 de la présente Ord.

Le refus de l'honorariat ne constitue pas une sanction disciplinaire ; il en résulte que le Conseil supérieur de la magistrature n'a pas à se réunir en forme disciplinaire et que le garde des Sceaux n'a pas à consulter à nouveau le Conseil supérieur de la magistrature pour l'ajouter à une mise à la retraite d'office. • CE 26 oct. 2005 : *D. 2006. IR 179*.

Art. 78 **Les magistrats honoraires demeurent attachés en cette qualité à la juridiction à laquelle ils appartenaient.**

Ils continuent à jouir des honneurs et privilèges attachés à leur état, et peuvent assister en costume d'audience aux cérémonies solennelles de leur juridiction.

Ils prennent rang à la suite des magistrats de leur grade.

Art. 79 **Les magistrats honoraires sont tenus à la réserve qui s'impose à leur condition.**

(L. org. nº 94-101 du 5 févr. 1994) **« Le retrait de l'honorariat peut être prononcé pour des motifs tirés du comportement du magistrat honoraire depuis son admission à la retraite ou pour des faits constitutifs d'une faute disciplinaire au sens de l'article 43, commis pendant la période d'activité du magistrat s'ils n'ont été connus du ministère de la justice qu'après l'admission à la retraite.**

« L'honorariat ne peut être retiré que dans les formes prévues au chapitre VII. »

CHAPITRE X *Dispositions diverses et mesures transitoires*

Art. 80 **Un décret en Conseil d'État fixera la date d'entrée en vigueur de la présente ordonnance et déterminera les modalités de son application ainsi que les mesures transitoires nécessaires à son exécution. Il fixera notamment les conditions d'accès des magistrats au cadre de l'administration centrale du ministère de la justice, les conditions dans lesquelles les juges de paix en fonction à la date d'entrée en vigueur de la présente ordonnance seront classés dans le nouveau corps judiciaire ainsi que, pour les juges de paix non classés et qui formeront un cadre d'extinction, les règles particulières, dérogatoires à l'article 2 du présent statut, qui leur seront applicables.**

Art. 80-1 *(L. org. nº 67-130 du 20 févr. 1967)* **Un décret en Conseil d'État fixera les conditions complémentaires d'accès aux fonctions de conseiller référendaire** *(L. org. nº 2007-287 du 5 mars 2007, art. 17, en vigueur le 1er juin 2007)* **« et d'avocat général référendaire » à la Cour de cassation. Il pourra prévoir les mesures transitoires nécessaires à l'application de ces dispositions et de celles fixées au deuxième alinéa de l'article 28.**

Art. 81 *Abrogé par L. org. nº 2007-223 du 21 févr. 2007, art. 14.*

Art. 82 *Abrogé par L. org. nº 94-101 du 5 févr. 1994.*

Art. 83 *Abrogé par L. org. nº 2007-287 du 5 mars 2007, art. 35, à compter du 1er juin 2007.*

Art. 84 *(Abrogation de textes antérieurs).*

En ce qui concerne les stages des magistrats et futurs magistrats étrangers, V. L. nº 75-631 du 11 juill. 1975 (D. et BLD 1975. 270).

Décret nº 71-257 du 7 avril 1971,

Relatif au collège des magistrats des cours et tribunaux et du ministère de la justice (D. et BLD 1971. 169). — Mod. par Décr. nº 82-1226 du 31 déc. 1982 (D. et ALD 1983. 114), Décr. nº 92-513 du 11 juin 1992 (D. et ALD 1992. 323).

Décret nº 93-21 du 7 janvier 1993,

Pris pour l'application de l'ordonnance nº 58-1270 du 22 décembre 1958 modifiée portant loi organique relative au statut de la magistrature (JO 8 janv.).

CHAPITRE PREMIER *Des fonctions exercées par les magistrats*

Art. 1er *(Décr. nº 2001-1380 du 31 déc. 2001)* **Les magistrats du corps judiciaire sont appelés à occuper les emplois ou à exercer les fonctions définis ci-après dans les juridictions de la métropole et des départements,** *(Abrogé par Décr. nº 2008-818 du 21 août 2008, art. 2-I)* **« *territoires ou* » collectivités d'outre-mer** *(Décr. nº 2008-818 du 21 août 2008, art. 2-I)* **« et en Nouvelle-Calédonie ».**

Art. 2 *(Décr. nº 2001-1380 du 31 déc. 2001)* **Outre les emplois énumérés aux 1°, 2° et 3° de l'article 3 de l'ordonnance du 22 décembre 1958 susvisée, sont placés hors hiérarchie les emplois suivants :**

(Décr. nº 2017-898 du 9 mai 2017, art. 5) **« 1° Président et procureur de la République des tribunaux** *(Décr. nº 2019-921 du 30 août 2019, art. 1er-1°, en vigueur le 1er janv. 2020)* **« judiciaires** *[ancienne rédaction : de grande instance]* **» d'Aix-en-Provence, Amiens, Angers, Avignon, Béthune, Bobigny, Bordeaux, Boulogne-sur-Mer, Bourg-en-Bresse, Brest, Caen, Cayenne, Chartres, Clermont-Ferrand, Créteil, Dijon, Draguignan, Évreux, Évry, Fort-de-France, Grasse, Grenoble, Le Havre, Le Mans, Lille, Lyon, Marseille, Meaux, Melun, Metz, Montpellier, Mulhouse, Nancy, Nanterre, Nantes, Nice, Nîmes, Orléans, Paris, Perpignan, Poitiers, Pointe-à-Pitre, Pontoise, Reims, Rennes, Rouen, Saint-Brieuc, Saint-Denis-de-la-Réunion, Saint-Étienne, Strasbourg, Toulon, Toulouse, Tours, Valence, Valenciennes et Versailles, procureur de la République financier près le tribunal** *(Décr. nº 2019-921 du 30 août 2019, art. 1er-1°, en vigueur le 1er janv. 2020)* **« judiciaire de Paris** *[ancienne rédaction : de grande instance de Paris]* **»** *(Décr. nº 2019-626 du 24 juin 2019, art. 1er-1°)* **« , procureur de la République antiterroriste près le tribunal »** *(Décr. nº 2019-921 du 30 août 2019, art. 1er-1°, en vigueur le 1er janv. 2020)* **« judiciaire de Paris** *[ancienne rédaction : de grande instance de Paris]* **» ; »**

(Décr. nº 2016-1905 du 27 déc. 2016, art. 2) **« 2° Premier vice-président, premier vice-président chargé de l'instruction, des fonctions de juge des enfants, de l'application des peines,** *(Décr. nº 2019-921 du 30 août 2019, art. 1er-2°-a, en vigueur le 1er janv. 2020)* **« des fonctions de juge des contentieux de la protection** *[ancienne rédaction : du service d'un tribunal d'instance]* **» et des fonctions de juge des libertés et de la détention des** *(Décr. nº 2019-921 du 30 août 2019, art. 1er-2°-b, en vigueur le 1er janv. 2020)* **« tribunaux judiciaires** *[ancienne rédaction : tribunaux de grande instance]* **» de Bobigny, Bordeaux, Créteil, Évry, Lille, Lyon, Marseille, Nanterre, Paris, Pontoise, Toulouse et Versailles, procureur de la République adjoint près les mêmes tribunaux** *(Décr. nº 2019-626 du 24 juin 2019, art. 1er-2°)* **« , procureur de la République financier adjoint près le** *(Décr. nº 2019-921 du 30 août 2019, art. 1er-2°-c, en vigueur le 1er janv. 2020)* **« tribunal judiciaire** *[ancienne rédaction : tribunal de grande instance]* **» de Paris et procureur de la République antiterroriste adjoint près le** *(Décr. nº 2019-921 du 30 août 2019, art. 1er-2°-c, en vigueur le 1er janv. 2020)* **« tribunal judiciaire** *[ancienne rédaction : tribunal de grande instance]* **» de Paris ». »**

Art. 3 *(Décr. nº 2001-1380 du 31 déc. 2001)* **Les magistrats du second grade de la hiérarchie judiciaire sont appelés à exercer les fonctions suivantes :**

(Décr. nº 2019-921 du 30 août 2019, art. 2-1°, en vigueur le 1er janv. 2020) **« 1° Juge, juge d'instruction, juge des enfants, juge de l'application des peines, juge des contentieux de la protection d'un tribunal judiciaire ou de première instance, juge d'un tribunal de première instance chargé de la présidence d'une section détachée, substitut du procureur de la République, substitut du procureur de la République financier près le tribunal judiciaire de Paris, substitut du procureur de la République antiterroriste près le tribunal judiciaire de Paris ; »**

2° Juge placé auprès d'un premier président de cour d'appel et substitut placé auprès d'un procureur général de cour d'appel ;

3° Juge du livre foncier ;

4° Juge d'un tribunal supérieur d'appel et substitut du procureur de la République près cette juridiction ;

5° Auditeur à la Cour de cassation ;

6° Substitut à l'administration centrale du ministère de la justice.

(Décr. nº 2019-921 du 30 août 2019, art. 2-2°, en vigueur le 1er janv. 2020) **« Lorsqu'ils sont appelés à exercer leurs fonctions à titre principal dans une chambre de proximité, les magistrats du siège y sont affectés dans les formes prévues à l'article 28 de l'ordonnance du 22 décembre 1958 susvisée. »**

Art. 4 *(Décr. nº 2001-1380 du 31 déc. 2001)* **Les magistrats du premier grade sont appelés à exercer les fonctions suivantes :**

1° Président et procureur de la République d'un tribunal *(Décr. nº 2019-921 du 30 août 2019, art. 3-1°, en vigueur le 1er janv. 2020)* **« judiciaire** *[ancienne rédaction : de grande instance]* **», d'un tribunal de première instance et d'un tribunal supérieur d'appel ;**

(Décr. n° 2016-1905 du 27 déc. 2016, art. 3-1°) **« 2° Premier vice-président, premier vice-président chargé de l'instruction, des fonctions de juge des enfants, de l'application des peines, ou des fonctions de juge des libertés et de la détention d'un tribunal** *(Décr. n° 2019-921 du 30 août 2019, art. 3-1°, en vigueur le 1er janv. 2020)* **« judiciaire** *[ancienne rédaction : de grande instance]* **» ou de première instance, procureur de la République adjoint près un tribunal** *(Décr. n° 2019-921 du 30 août 2019, art. 3-1°, en vigueur le 1er janv. 2020)* **« judiciaire** *[ancienne rédaction : de grande instance]* **» ou un tribunal de première instance ; »**

(Décr. n° 2010-1396 du 12 nov. 2010, art. 2) **« 2°** ***bis*** **Premier vice-président adjoint et premier vice-procureur de la République d'un tribunal** *(Décr. n° 2019-921 du 30 août 2019, art. 3-1°, en vigueur le 1er janv. 2020)* **« judiciaire** *[ancienne rédaction : de grande instance]* **» ou d'un tribunal de première instance ; »** *(Décr. n° 2014-66 du 29 janv. 2014, art. 3-1°, en vigueur le 1er févr. 2014)* **« premier vice-procureur de la République financier près le tribunal** *(Décr. n° 2019-921 du 30 août 2019, art. 3-1°, en vigueur le 1er janv. 2020)* **« judiciaire** *[ancienne rédaction : de grande instance]* **» de Paris** *(Décr. n° 2019-626 du 24 juin 2019, art. 3-1°)* **« , premier vice-procureur de la République antiterroriste près le tribunal** *(Décr. n° 2019-921 du 30 août 2019, art. 3-1°, en vigueur le 1er janv. 2020)* **« judiciaire** *[ancienne rédaction : de grande instance]* **» de Paris » ; »**

3° Vice-président d'un tribunal supérieur d'appel, d'un tribunal *(Décr. n° 2019-921 du 30 août 2019, art. 3-3°-a, en vigueur le 1er janv. 2020)* **« judiciaire** *[ancienne rédaction : de grande instance]* **» ou de première instance,** *(Décr. n° 2008-522 du 2 juin 2008, art. 11-II)* **« vice-président d'un tribunal** *(Décr. n° 2019-921 du 30 août 2019, art. 3-3°-a, en vigueur le 1er janv. 2020)* **« judiciaire** *[ancienne rédaction : de grande instance]* **» ou de première instance chargé** *(Abrogé par Décr. n° 2019-921 du 30 août 2019, art. 3-3°-b, à compter du 1er janv. 2020)* ***« de la présidence d'une chambre détachée d'un tribunal de grande instance, »*** **de l'instruction, des fonctions de juge des enfants, de l'application des peines,** *(Décr. n° 2016-1905 du 27 déc. 2016, art. 3-2°)* **« des fonctions de juge des libertés et de la détention, »** *(Décr. n° 2019-921 du 30 août 2019, art. 3-2°, en vigueur le 1er janv. 2020)* **« des fonctions de juge des contentieux de la protection** *[ancienne rédaction : du service d'un tribunal d'instance]* **» ou de la présidence d'une section détachée » ;**

4° Vice-procureur de la République d'un tribunal *(Décr. n° 2019-921 du 30 août 2019, art. 3-1°, en vigueur le 1er janv. 2020)* **« judiciaire** *[ancienne rédaction : de grande instance]* **» ou de première instance ;** *(Décr. n° 2014-66 du 29 janv. 2014, art. 3-2°, en vigueur le 1er févr. 2014)* **« vice-procureur de la République financier près le tribunal** *(Décr. n° 2019-921 du 30 août 2019, art. 3-1°, en vigueur le 1er janv. 2020)* **« judiciaire** *[ancienne rédaction : de grande instance]* **» de Paris** *(Décr. n° 2019-626 du 24 juin 2019, art. 3-2°)* **« , vice-procureur de la République antiterroriste près le tribunal** *(Décr. n° 2019-921 du 30 août 2019, art. 3-1°, en vigueur le 1er janv. 2020)* **« judiciaire** *[ancienne rédaction : de grande instance]* **» de Paris » ; »**

5° Vice-président placé auprès d'un premier président de cour d'appel et vice-procureur de la République placé auprès d'un procureur général de cour d'appel ;

6° Conseiller et substitut général de cour d'appel *(Décr. n° 2008-522 du 2 juin 2008, art. 11-III)* **« , et conseiller chargé du service d'une chambre détachée d'une cour d'appel » ;**

7° Conseiller référendaire *(Décr. n° 2008-818 du 21 août 2008, art. 3-I)* **« et avocat général référendaire » à la Cour de cassation ;**

8° Premier substitut à l'administration centrale du ministère de la justice ;

(Décr. n° 2016-1905 du 27 déc. 2016, art. 3-3°) **« 9° Magistrat chargé d'un secrétariat général à la Cour de cassation, conseiller et substitut général chargé d'un secrétariat général dans une cour d'appel, vice-président et vice-procureur de la République chargé d'un secrétariat général dans un tribunal** *(Décr. n° 2019-921 du 30 août 2019, art. 3-1°, en vigueur le 1er janv. 2020)* **« judiciaire** *[ancienne rédaction : de grande instance]* **» et de première instance** *(Décr. n° 2019-626 du 24 juin 2019, art. 3-3°)* **« , vice-procureur de la République financier près le tribunal** *(Décr. n° 2019-921 du 30 août 2019, art. 3-1°, en vigueur le 1er janv. 2020)* **« judiciaire** *[ancienne rédaction : de grande instance]* **» de Paris chargé d'un secrétariat général et vice-procureur de la République antiterroriste près le tribunal** *(Décr. n° 2019-921 du 30 août 2019, art. 3-1°, en vigueur le 1er janv. 2020)* **« judiciaire** *[ancienne rédaction : de grande instance]* **» de Paris chargé d'un secrétariat général » ; »**

10° Auditeur à la Cour de cassation ;

(Décr. n° 2016-1905 du 27 déc. 2016, art. 3-4°) **« 11° Inspecteur de la justice. »**

(Décr. n° 2019-921 du 30 août 2019, art. 3-4°, en vigueur le 1er janv. 2020) **« Lorsqu'ils sont appelés à exercer leurs fonctions à titre principal dans une chambre de proximité, les magistrats du siège y sont affectés dans les formes prévues à l'article 28 de l'ordonnance du 22 décembre 1958 susvisée. »**

Les magistrats du premier grade peuvent être appelés à exercer les fonctions de directeur de l'École nationale des greffes ou de directeur adjoint, chargé de la direction des études de cette école.

Art. 5 *(Décr. nº 96-214 du 19 mars 1996)* Un magistrat hors hiérarchie appartenant à la Cour de cassation ou exerçant les fonctions de directeur d'administration centrale, de premier président de cour d'appel ou de procureur général près une cour d'appel *(Décr. nº 2016-1905 du 27 déc. 2016, art. 4-1º-a)* « ou celles d'inspecteur général de la justice ayant précédemment appartenu à la Cour de cassation ou occupé les fonctions de directeur d'administration centrale, de premier président de cour d'appel ou de procureur général près une cour d'appel » peut être *(Décr. nº 2016-1905 du 27 déc. 2016, art. 4-1º-b)* « nommé pour exercer les fonctions d'inspecteur général, chef de l'inspection générale de la justice ».

(Décr. nº 2002-1461 du 17 déc. 2002) « Des magistrats hors hiérarchie ou des magistrats appartenant au premier grade de la hiérarchie judiciaire et remplissant les conditions statutaires de nomination à un emploi hors hiérarchie peuvent être *(Décr. nº 2016-1905 du 27 déc. 2016, art. 4-2º)* « nommés pour exercer les fonctions d'inspecteur général de la justice ».

« Des nominations en qualité d'*(Décr. nº 2016-1905 du 27 déc. 2016, art. 4-3º-a)* « inspecteur général de la justice » de magistrats hors hiérarchie ou appartenant au premier grade de la hiérarchie judiciaire et remplissant les conditions statutaires de nomination à un emploi hors hiérarchie peuvent également être prononcées en vue de la mise à disposition des intéressés dans les conditions fixées par la loi nº 84-16 du 11 janvier 1984 modifiée portant dispositions statutaires relatives à la fonction publique de l'État. Ces mises à disposition ne peuvent concerner la totalité de l'effectif des *(Décr. nº 2016-1905 du 27 déc. 2016, art. 4-3º-b)* « inspecteurs généraux de la justice ». »

Des magistrats appartenant au premier grade *(Décr. nº 2001-1380 du 31 déc. 2001)* « , ou appartenant au second grade et inscrits au tableau d'avancement, » peuvent être *(Décr. nº 2016-1905 du 27 déc. 2016, art. 4-4º)* « nommés pour exercer des fonctions d'inspecteur de la justice ».

Décret nº 2016-1905 du 27 décembre 2016,

Portant dispositions statutaires relatives à la magistrature pris en application de la loi organique nº 2016-1090 du 8 août 2016.

Art. 28 Les magistrats exerçant au 31 décembre 2016 les fonctions d'inspecteur général des services judiciaires, d'inspecteur général adjoint des services judiciaires et d'inspecteur des services judicaires à l'inspection générale des services judiciaires exercent leurs fonctions, sous leur nouvelle dénomination, à partir du 1er janvier 2017 au sein de l'inspection générale de la justice.

Art. 29 Jusqu'au 31 décembre 2016, dans le décret nº 93-21 du 7 janvier 1993 susvisé les mots : "inspection générale de la justice", "chef de l'inspection générale de la justice", "inspecteur général de la justice" et "inspecteur de la justice" s'entendent, respectivement, comme : "inspection générale des services judiciaires", "inspecteur général des services judiciaires", "inspecteur général adjoint des services judiciaires" et "inspecteurs des services judiciaires".

Art. 6 L'affectation d'un magistrat dans un cabinet ministériel ne peut intervenir, dans les conditions prévues par l'article 12 de l'ordonnance du 22 décembre 1958 susvisée, qu'avec le consentement de l'intéressé et après accord du garde des Sceaux.

Art. 7 Les substituts à l'administration centrale du ministère de la justice du second grade sont nommés parmi les magistrats justifiant à la date de leur nomination d'au moins trois années de services effectifs dans les tribunaux *(Décr. nº 93-1448 du 31 déc. 1993)* « ou au service de documentation et d'études de la Cour de cassation ».

Ils sont choisis :

a) Parmi les magistrats anciens auditeurs de justice classés dans le premier tiers des listes établies en application de l'article 21 de l'ordonnance du 22 décembre 1958 précitée, pendant la quatrième année après l'installation dans leurs premières fonctions judiciaires. Les candidats sont nommés par ordre d'ancienneté de la liste où ils figurent et par ordre de classement sur cette liste ;

b) *(Décr. nº 2001-1380 du 31 déc. 2001)* « Parmi les autres magistrats du second grade. »

Au cours de l'année civile, la moitié au moins des emplois de substituts du second grade sont pourvus par les candidats mentionnés au *a*. Cependant, les postes qui ne pourraient être pourvus, faute de candidats, par les magistrats mentionnés au *a* peuvent être attribués aux magistrats mentionnés au *b*. – *Entrée en application le 1er juill. 1993 (art. 51 du décret).*

Art. 8 *(Décr. n° 2001-1380 du 31 déc. 2001) (Décr. n° 2010-1396 du 12 nov. 2010, art. 3-1°)* « Les premiers substituts à l'administration centrale du ministère de la justice sont nommés parmi les magistrats justifiant à la date de leur nomination d'au moins trois années de services effectifs dans les juridictions ou à la Cour de cassation. »

(Décr. n° 2010-1396 du 12 nov. 2010, art. 3-2°) « Ils » sont choisis :

a) Parmi les substituts à l'administration centrale du second grade inscrits au tableau d'avancement ;

b) Parmi les magistrats du premier grade et les autres magistrats du second grade inscrits au tableau d'avancement.

Au cours de l'année civile, au moins deux emplois vacants de premier substitut sur trois sont pourvus par les candidats mentionnés au *a*. Cependant, les postes qui ne pourraient être pourvus, faute de candidats, par les magistrats mentionnés au *a* peuvent être attribués aux magistrats mentionnés au *b*.

Art. 8-1 *(Décr. n° 2001-1380 du 31 déc. 2001)* Les nominations de substituts et de premiers substituts à l'administration centrale prononcées en vue d'une mise à disposition des intéressés dans les conditions fixées par la loi n° 84-16 du 11 janvier 1984 portant dispositions statutaires relatives à la fonction publique de l'État ne sont pas prises en compte pour l'application des dispositions du dernier alinéa des articles 7 et 8.

Art. 9 Nul ne peut être nommé conseiller référendaire *(Décr. n° 2008-818 du 21 août 2008, art. 3-II)* « ou avocat général référendaire » à la Cour de cassation s'il n'a accompli deux années de services effectifs dans les cours d'appel ou les tribunaux *(Décr. n° 2019-921 du 30 août 2019, art. 4-1°, en vigueur le 1er janv. 2020)* « judiciaires *[ancienne rédaction : de grande instance]* » ou de première instance et s'il n'est âgé de moins de quarante-sept ans.

Al. 2 et 3 abrogés par Décr. n° 2001-1380 du 31 déc. 2001.

Art. 10 *Abrogé par Décr. n° 2001-1380 du 31 déc. 2001.*

Art. 11 Les fonctionnaires licenciés en droit appartenant au corps des *(Décr. n° 2016-1905 du 27 déc. 2016, art. 5-1°)* « directeurs des services de greffe judiciaires » qui justifient en cette qualité d'au moins huit années d'exercice de leurs fonctions dans le ressort des cours d'appel de Colmar et Metz peuvent être nommés juges du livre foncier.

Peuvent être nommés juge du livre foncier dans les départements du Bas-Rhin, du Haut-Rhin et de la Moselle les fonctionnaires non licenciés en droit appartenant au corps des greffiers en chef des services judiciaires qui justifient d'au moins quinze années de service, dont huit au moins en qualité de greffier en chef *(Décr. n° 2016-1905 du 27 déc. 2016, art. 5-2°)* « ou de directeur des services de greffe judiciaires », dans le ressort des cours d'appel de Colmar ou de Metz.

CHAPITRE PREMIER *BIS* *De la déclaration d'intérêts des magistrats*

(Décr. n° 2017-713 du 2 mai 2017, art. 1er)

Art. 11-1 La déclaration d'intérêts et les déclarations de modification substantielle des intérêts détenus par les magistrats mentionnés au I de l'article 7-2 de l'ordonnance du 22 décembre 1958 susvisée sont établies conformément aux modèles 1 et 2 annexés au présent décret.

ANNEXES

(Décr. n° 2017-713 du 2 mai 2017, art. 2)

ANNEXE 1

Vous pouvez consulter l'intégralité du texte avec ses images à partir de l'extrait du Journal officiel électronique authentifié accessible en bas de page.

DÉCLARATION D'INTÉRÊTS

En qualité de magistrat de l'ordre judiciaire

Article 7-2 de l'ordonnance n° 58-1270 du 22 décembre 1958

NOM : PRÉNOM :
Date de naissance :
Fonctions exercées et juridiction :
Date d'installation :
Adresse postale :
Adresse électronique :
Numéro de téléphone :

Indications générales

1. En vertu de l'article 7-1 de l'ordonnance n° 58-1270 du 22 décembre 1958 susvisée, constitue un conflit d'intérêts toute situation d'interférence entre un intérêt public et des intérêts publics ou privés qui est de nature à influencer ou à paraître influencer l'exercice indépendant, impartial et objectif d'une fonction.

2. En vertu du III de l'article 7-2 de la même ordonnance, la déclaration ne comporte aucune mention des opinions ou des activités politiques, syndicales, religieuses ou philosophiques du magistrat, sauf lorsque leur révélation résulte de la déclaration de fonctions ou de mandats exercés publiquement. Elle porte sur les intérêts détenus à la date de l'installation et/ou dans les cinq années précédant cette date. La déclaration précise le montant des rémunérations, indemnités ou gratifications perçues au titre des éléments mentionnées aux 1° à 5° et 8° de la présente déclaration.

3. En vertu de la même disposition, la remise de la déclaration d'intérêts donne lieu à un entretien déontologique entre le magistrat et l'autorité à laquelle la déclaration a été remise. A l'issue de l'entretien, la déclaration peut être modifiée.

4. La mention " néant " doit être portée dans les rubriques non remplies.

5. La déclaration doit être signée personnellement et chaque page paraphée.

1° Les activités professionnelles donnant lieu à rémunération ou gratification exercées à la date de l'installation :

DESCRIPTION	**RÉMUNÉRATION OU GRATIFICATION**
Employeur : Période : Description : Commentaire :	Montant par année :

2° Les activités professionnelles ayant donné lieu à rémunération ou gratification exercées au cours des cinq années précédant la date de l'installation :

DESCRIPTION	**RÉMUNÉRATION OU GRATIFICATION**
Employeur : Période : Description : Commentaire :	Montant par année :

3° Les activités de consultant exercées à la date de l'installation et au cours des cinq années précédentes :

DESCRIPTION	RÉMUNÉRATION OU GRATIFICATION
Employeur : Période : Description : Commentaire :	Montant par année :

4° Les participations aux organes dirigeants d'un organisme public ou privé ou d'une société à la date de l'installation ou lors des cinq années précédentes :

DESCRIPTION	RÉMUNÉRATION OU GRATIFICATION
Organisme ou société : Période : Description : Commentaire :	Montant par année :

5° Les participations financières directes dans le capital d'une société à la date de l'installation :

DESCRIPTION	RÉMUNÉRATION OU GRATIFICATION perçue au cours de l'année précédent l'installation
Société : Évaluation de la participation financière : Nombre de parts détenues/ pourcentage du capital détenu : Commentaires :	Montant :

6° Les activités professionnelles exercées à la date de l'installation par le conjoint, le partenaire lié par un pacte civil de solidarité ou le concubin :

ACTIVITÉ PROFESSIONNELLE
Employeur : Description : Commentaire :

7° Les fonctions bénévoles susceptibles de faire naître un conflit d'intérêts :

NOM ET OBJET SOCIAL DE LA STRUCTURE ou de la personne morale	DESCRIPTION DES ACTIVITÉS ET RESPONSABILITÉS EXERCÉES
	Description : Commentaire :

8° Les fonctions et mandats électifs exercés à la date de l'installation :

DESCRIPTION	RÉMUNÉRATION, INDEMNITÉ ou gratification
Description : Période : Commentaire :	Montant par année

9° Observations :

Il est enfin rappelé que l'ordonnance n° 58-1270 du 22 décembre 1958 susvisée punit d'une peine de trois ans d'emprisonnement et de 45 000 € d'amende le fait de ne pas adresser sa déclaration ou d'omettre de déclarer une partie substantielle de ses intérêts.

Peuvent être prononcées à titre complémentaire de cette peine l'interdiction des droits civiques selon les modalités prévues aux articles 131-26 et 131-26-1 du code pénal ainsi que l'interdiction d'exercer une fonction publique selon les modalités prévues à l'article 131-27 du même code.

Je soussigné(e) :

certifie sur l'honneur l'exactitude des renseignements indiqués dans la présente déclaration.

Fait le

Signature

ANNEXE 2

Vous pouvez consulter l'intégralité du texte avec ses images à partir de l'extrait du Journal officiel électronique authentifié accessible en bas de page

DÉCLARATION DE MODIFICATION SUBSTANTIELLE DES INTÉRÊTS DÉTENUS

En qualité de magistrat de l'ordre judiciaire

Article 7-2 de l'ordonnance n° 58-1270 du 22 décembre 1958

NOM : PRÉNOM :

Date de naissance :

Fonctions exercées et juridiction :

Date d'installation :

Adresse postale :

Adresse électronique :

Numéro de téléphone :

Indications générales

1. En vertu de l'article 7-1 de l'ordonnance n° 58-1270 du 22 décembre 1958 susvisée, constitue un conflit d'intérêts toute situation d'interférence entre un intérêt public et des intérêts publics ou privés qui est de nature à influencer ou à paraître influencer l'exercice indépendant, impartial et objectif d'une fonction.

2. En vertu du III de l'article 7-2 de la même ordonnance, toute modification substantielle des liens et intérêts détenus fait l'objet, dans un délai de deux mois, d'une déclaration complémentaire dans les mêmes formes et peut donner lieu à un entretien déontologique.

3. La mention " néant " doit être portée dans les rubriques n'ayant pas connu de modifications substantielles.

4. La déclaration doit être signée personnellement et chaque page paraphée.

1° Les activités professionnelles donnant lieu à rémunération ou gratification :

2° Les activités professionnelles ayant donné lieu à rémunération ou gratification exercées au cours des cinq années précédant la date de l'installation :

3° Les activités de consultant :

4° Les participations aux organes dirigeants d'un organisme public ou privé :

5° Les participations financières directes dans le capital d'une société :

6° Les activités professionnelles exercées par le conjoint, le partenaire lié par un pacte civil de solidarité ou le concubin :

7° Les fonctions bénévoles susceptibles de faire naître un conflit d'intérêts :

8° Les fonctions et mandats électifs :

9° Observations :

Il est enfin rappelé que l'ordonnance n° 58-1270 du 22 décembre 1958 susvisée punit d'une peine de trois ans d'emprisonnement et de 45 000 € d'amende le fait de ne pas adresser sa déclaration ou d'omettre de déclarer une partie substantielle de ses intérêts.

Peuvent être prononcées à titre complémentaire de cette peine l'interdiction des droits civiques selon les modalités prévues aux articles 131-26 et 131-26-1 du code pénal ainsi que l'interdiction d'exercer une fonction publique selon les modalités prévues à l'article 131-27 du même code.

Je soussigné(e) :

certifie sur l'honneur l'exactitude des renseignements indiqués dans la présente déclaration.

Fait le

Signature

Art. 11-2 La déclaration d'intérêts et les déclarations complémentaires sont remises par l'intéressé aux autorités mentionnées au I de l'article 7-2 de l'ordonnance du 22 décembre 1958 susvisée sous double pli cacheté revêtu d'une mention relative à leur caractère confidentiel. Elles peuvent également être transmises par voie dématérialisée de manière sécurisée. L'autorité destinataire de la déclaration en accuse réception.

Art. 11-3 Lorsqu'elle sollicite l'avis du collège de déontologie des magistrats de l'ordre judiciaire en application du II de l'article 7-2 de l'ordonnance du 22 décembre 1958 susvisée, l'autorité mentionnée au I du même article lui transmet la copie certifiée conforme de la déclaration d'intérêts, dans des conditions garantissant son caractère confidentiel.

Art. 11-4 A l'issue de l'entretien déontologique prévu au II de l'article 7-2 de l'ordonnance du 22 décembre 1958 susvisée et, le cas échéant, après la consultation du collège de déontologie des magistrats de l'ordre judiciaire, l'autorité à laquelle la déclaration a été remise est responsable du versement de cette déclaration et des déclarations complémentaires en annexe du dossier administratif du magistrat.

Ces déclarations sont conservées sous double pli cacheté. L'enveloppe extérieure est revêtue d'une mention relative à son caractère confidentiel et de la mention : "Déclaration d'intérêts" suivie du nom et du prénom du magistrat. L'enveloppe intérieure comporte les mêmes mentions, ainsi qu'un bordereau d'émargement des personnes habilitées à y accéder. Cette enveloppe est revêtue de la signature, du nom et du prénom apposés par la dernière personne ayant accédé à la déclaration. Ces déclarations peuvent également être transmises et conservées de manière dématérialisée dans des conditions garantissant leur caractère confidentiel.

Art. 11-5 A la Cour de cassation, si le magistrat concerné y consent, l'autorité à laquelle la déclaration a été remise peut déléguer la conduite de l'entretien déontologique, selon les cas, à un président de chambre ou un premier avocat général. Celui-ci prend alors connaissance de la déclaration d'intérêts.

Dans les cours d'appel et les tribunaux (*Décr. n° 2019-921 du 30 août 2019, art. 4-2°, en vigueur le 1er janv. 2020*) « judiciaires *[ancienne rédaction : de grande instance]* », si le magistrat concerné y consent, l'autorité à laquelle la déclaration a été remise peut déléguer la conduite de l'entretien déontologique, selon les cas, à un premier président de chambre ou, à défaut, un président de chambre, à un premier avocat général ou, à défaut, un avocat général, à un premier vice-président ou à un procureur de la République adjoint. Celui-ci prend alors connaissance de la déclaration d'intérêts.

Aucune délégation n'est possible pour la conduite de l'entretien déontologique des premiers présidents des cours d'appel, des procureurs généraux près les cours d'appel, des présidents ou des procureurs de la République.

Art. 11-6 Afin de garantir la confidentialité et l'intégrité des éléments contenus dans ces déclarations, la direction des services judiciaires du ministère de la justice prend les mesures nécessaires pour restreindre l'accès aux seules personnes autorisées que sont l'intéressé et l'autorité à laquelle elles ont été remises en application du I de l'article 7-2 de l'ordonnance du 22 décembre 1958 susvisée.

La confidentialité de ces déclarations ne fait pas obstacle à leur communication, dans les limites du besoin d'en connaître, au Conseil supérieur de la magistrature et au garde des sceaux, ministre de la justice, lorsqu'une procédure disciplinaire est engagée, et à l'inspection générale de la justice lorsqu'elle est saisie d'une enquête par le garde des sceaux, ministre de la justice.

Art. 11-7 Dans le cas où le collège de déontologie a été destinataire dans les conditions prévues à l'article 11-3 de la copie certifiée conforme de la déclaration d'intérêts, il procède, après avoir rendu son avis et dans le respect de la confidentialité des éléments qu'elle contient, à sa destruction ainsi qu'à celle des éléments ayant servi à l'appréciation portée en application de l'article 7-2 de l'ordonnance du 22 décembre 1958 susvisée.

Art. 11-8 La déclaration d'intérêts et, le cas échéant, les déclarations complémentaires et les observations du collège de déontologie des magistrats de l'ordre judiciaire sont conservées jusqu'à l'expiration d'un délai de cinq ans à compter de la fin des fonctions au titre desquelles elles ont été remises. Elles sont alors détruites dans le respect de la confidentialité des éléments qu'elles contiennent.

Toutefois, en cas de poursuites disciplinaires ou pénales fondées sur un manquement en lien avec des éléments contenus dans la déclaration d'intérêts ou son actualisation, la destruction des documents mentionnés au premier alinéa est suspendue jusqu'à l'expiration du délai au terme duquel les voies de recours contre la décision éventuellement prise à l'issue de la procédure disciplinaire ou pénale engagée sont épuisées.

CHAPITRE PREMIER *TER* *Du collège de déontologie*

(Décr. n° 2017-898 du 9 mai 2017, art. 2)

SECTION I *De l'élection de certains membres du collège de déontologie des magistrats de l'ordre juridique*

SOUS-SECTION 1 *Dispositions générales*

Art. 11-9 Les élections au collège de déontologie ont lieu quatre mois au plus et quinze jours au moins avant la date d'expiration du mandat de ses membres. La date de ces élections est fixée par arrêté du garde des sceaux, ministre de la justice.

Décret n° 2017-898 du 9 mai 2017,

Relatif au collège de déontologie des magistrats de l'ordre judiciaire et au statut et à la formation des candidats à l'intégration directe dans le corps judiciaire.

Art. 9 La première désignation de l'ensemble des membres du collège de déontologie des magistrats de l'ordre judiciaire, en application de l'ordonnance n° 58-1270 du 22 décembre 1958 susvisée, a lieu dans les quatre mois de la publication du présent décret. — *Le présent décret a été publié le 10 mai 2017.*

Art. 10 Pour le premier mandat du collège de déontologie des magistrats de l'ordre judiciaire :

1° Le magistrat mentionné au 2° du II de l'article 10-2 de l'ordonnance n° 58-1270 du 22 décembre 1958 susvisée est un magistrat du siège hors hiérarchie de la Cour de cassation, en fonction ou honoraire ;

2° Le magistrat mentionné au 3° du II est un procureur général près une cour d'appel ;

3° La personnalité extérieure mentionnée au 4° du II est désignée par le vice-président du Conseil d'État parmi les membres du Conseil d'État en fonctions ou honoraires ;
4° L'universitaire nommé par le Président de la République est désigné sur proposition du premier président de la Cour de cassation.

Art. 11-10 Les magistrats de l'ordre judiciaire mentionnés aux 2° et 3° du II de l'article 10-2 de l'ordonnance *[n° 58-1270]* du 22 décembre 1958 susvisée sont élus, lors de deux élections distinctes, au scrutin uninominal à un tour et à bulletin secret. – *V. Ord. n° 58-1270 du 22 déc. 1958, art. 10-2, App. v° Magistrature.*

SOUS-SECTION 2 *De l'élection du magistrat hors hiérarchie de la Cour de cassation*

Art. 11-11 Quinze jours au moins avant la date fixée pour le scrutin, la liste des électeurs du siège ou la liste des électeurs du parquet est établie par le premier président de la Cour de cassation ou par le procureur général près cette juridiction et affichée à la Cour de cassation, selon l'alternance prévue au 2° du II de l'article 10-2 de l'ordonnance *[n° 58-1270]* du 22 décembre 1958 susvisée. – *V. Ord. n° 58-1270 du 22 déc. 1958, art. 10-2, App. v° Magistrature.*

Dans les cinq jours qui suivent l'affichage, les électeurs peuvent vérifier les inscriptions et présenter des demandes de rectification à l'autorité qui a dressé la liste. Celle-ci procède, si nécessaire, à l'affichage d'un rectificatif de la liste au terme de ce délai.

Pendant cinq jours à compter de l'expiration de ce délai, des réclamations peuvent être formulées contre les inscriptions ou omissions sur une liste électorale devant le ministre de la justice qui statue sans délai.

V., pour des dispositions dérogatoires en raison de la crise sanitaire née de l'épidémie de covid-19, Décr. n° 2020-676 du 5 juin 2020, art. 2, reproduit ss. l'art. 11-20 du présent décret.

Art. 11-12 Pour l'élection du magistrat du siège, il est institué un bureau de vote comprenant le magistrat du siège présent du rang le plus élevé et le plus ancien dans l'ordre de nomination à la cour, président, et, parmi les magistrats du siège hors hiérarchie présents, le magistrat le plus âgé et le magistrat le plus jeune de la Cour de cassation, sauf s'ils sont eux-mêmes candidats. Le premier président de la Cour de cassation ne peut être membre du bureau.

Pour l'élection du magistrat du parquet, il est institué un bureau de vote comprenant le magistrat du parquet présent du rang le plus élevé et le plus ancien dans l'ordre de nomination à la cour, président, et, parmi les magistrats du parquet présents, le magistrat le plus âgé et le magistrat le plus jeune, sauf s'ils sont eux-mêmes candidats. Le procureur général près la Cour de cassation ne peut être membre du bureau.

V., pour des dispositions dérogatoires en raison de la crise sanitaire née de l'épidémie de covid-19, Décr. n° 2020-676 du 5 juin 2020, art. 4, reproduit ss. l'art. 11-20 du présent décret.

Art. 11-13 Jusqu'à l'ouverture du scrutin, tout électeur peut faire acte de candidature, par remise d'une déclaration signée au bureau de vote. Les magistrats honoraires visés au 2° du II de l'article 10-2 de l'ordonnance *[n° 58-1270]* du 22 décembre 1958 susvisée peuvent faire acte de candidature dans les mêmes conditions. Le bureau de vote statue sur la recevabilité des candidatures et affiche la liste alphabétique des candidats à l'ouverture du scrutin. – *V. Ord. n° 58-1270 du 22 déc. 1958, art. 10-2, App. v° Magistrature.*

V., pour des dispositions dérogatoires en raison de la crise sanitaire née de l'épidémie de covid-19, Décr. n° 2020-676 du 5 juin 2020, art. 6, reproduit ss. l'art. 11-20 du présent décret.

Art. 11-14 Le vote est personnel. Chaque électeur inscrit les nom et prénom d'un candidat, à l'exclusion de toute autre mention, sur le bulletin de vote mis à sa disposition par l'administration.

V., pour des dispositions dérogatoires en raison de la crise sanitaire née de l'épidémie de covid-19, Décr. n° 2020-676 du 5 juin 2020, art. 7, reproduit ss. l'art. 11-20 du présent décret.

Art. 11-15 Le bureau de vote procède au dépouillement du scrutin ainsi qu'à la proclamation des résultats.

Sont nuls les bulletins qui comportent plus d'un nom ainsi que les bulletins illisibles ou comportant un quelconque signe d'identification ou des mentions autres que celles prévues à l'article 11-14.

Le bureau de vote détermine le nombre de voix obtenu par chaque candidat. Le candidat ayant obtenu le plus grand nombre de suffrages est élu. En cas d'égalité du nombre des suffrages obtenu par deux ou plusieurs candidats, le plus âgé d'entre eux est proclamé élu.

Le bureau de vote établit un procès-verbal des opérations électorales auquel sont annexés les bulletins déclarés nuls et les bulletins blancs. Une copie du procès-verbal est établie et immédiatement transmise au garde des sceaux, ministre de la justice et à chaque candidat.

V., pour des dispositions dérogatoires en raison de la crise sanitaire née de l'épidémie de covid-19, Décr. nº 2020-676 du 5 juin 2020, art. 8, reproduit ss. l'art. 11-20 du présent décret.

SOUS-SECTION 3 *De l'élection du premier président ou du procureur général*

Art. 11-16 Quinze jours au moins avant la date fixée pour le scrutin, le directeur des services judiciaires établit la liste des électeurs du siège ou la liste des électeurs du parquet, comportant pour chacun ses nom, prénom et lieu d'affectation, et adresse à chaque électeur la liste qui le concerne, selon l'alternance prévue au 3° du II de l'article 10-2 de l'ordonnance *[nº 58-1270]* du 22 décembre 1958 susvisée. — *V. Ord. nº 58-1270 du 22 déc. 1958, art. 10-2, App. vº Magistrature.*

Les demandes et réclamations prévues aux deuxième et troisième alinéas de l'article 11-11 peuvent être formées contre chacune de ces listes sous les mêmes conditions, à compter de la date de réception de la liste.

V., pour des dispositions dérogatoires en raison de la crise sanitaire née de l'épidémie de covid-19, Décr. nº 2020-676 du 5 juin 2020, art. 3, reproduit ss. l'art. 11-20 du présent décret.

Art. 11-17 Pour l'élection du premier président, il est institué au siège de la Cour de cassation un bureau de vote composé des trois premiers présidents de cour d'appel présents les plus âgés qui ne sont pas eux-mêmes candidats.

Pour l'élection du procureur général, le bureau de vote est composé des trois procureurs généraux présents les plus âgés qui ne sont pas eux-mêmes candidats.

V., pour des dispositions dérogatoires en raison de la crise sanitaire née de l'épidémie de covid-19, Décr. nº 2020-676 du 5 juin 2020, art. 5, reproduit ss. l'art. 11-20 du présent décret.

Art. 11-18 Jusqu'à l'ouverture du scrutin, tout électeur peut faire acte de candidature, par remise d'une déclaration signée au bureau de vote. Les magistrats honoraires visés au 3° du II de l'article 10-2 de l'ordonnance *[nº 58-1270]* du 22 décembre 1958 susvisée peuvent faire acte de candidature dans les mêmes conditions. Le bureau de vote statue sur la recevabilité des candidatures et affiche la liste alphabétique des candidats à l'ouverture du scrutin. — *V. Ord. nº 58-1270 du 22 déc. 1958, art. 10-2, App. vº Magistrature.*

V., pour des dispositions dérogatoires en raison de la crise sanitaire née de l'épidémie de covid-19, Décr. nº 2020-676 du 5 juin 2020, art. 6, reproduit ss. l'art. 11-20 du présent décret.

Art. 11-19 Le vote est personnel. Chaque électeur inscrit les nom et prénom d'un candidat, à l'exclusion de toute autre mention, sur le bulletin de vote mis à sa disposition par l'administration.

V., pour des dispositions dérogatoires en raison de la crise sanitaire née de l'épidémie de covid-19, Décr. nº 2020-676 du 5 juin 2020, art. 7, reproduit ss. l'art. 11-20 du présent décret.

Art. 11-20 Le bureau de vote procède au dépouillement du scrutin ainsi qu'à la proclamation des résultats.

Sont nuls les bulletins qui comportent plus d'un nom ainsi que les bulletins illisibles ou comportant un quelconque signe d'identification ou des mentions autres que celles prévues à l'article 11-19.

Le bureau de vote détermine le nombre de voix obtenu par chaque candidat. Le candidat ayant obtenu le plus grand nombre de suffrages est élu. En cas d'égalité du nombre des suffrages obtenu par deux ou plusieurs candidats, le plus âgé d'entre eux est proclamé élu.

Le bureau de vote établit un procès-verbal des opérations électorales auquel sont annexés les bulletins déclarés nuls et les bulletins blancs. Une copie du procès-verbal est établie et immédiatement transmise au garde des sceaux, ministre de la justice et à chaque candidat.

Décret nº 2020-676 du 5 juin 2020,

Instaurant un vote par correspondance pour l'élection des membres du collège de déontologie des magistrats de l'ordre judiciaire en raison de la crise sanitaire née de l'épidémie de covid-19.

Art. 1er La date de l'élection du magistrat du parquet hors hiérarchie de la Cour de cassation prévue par la sous-section 2 du chapitre Ier *ter* du décret du 7 janvier 1993 susvisé et de l'élection du premier président de cour d'appel prévue par la sous-section 3 du même chapitre devant intervenir en 2020 est fixée au 3 juillet 2020.

Pour les scrutins mentionnés au premier alinéa, le vote a lieu exclusivement par correspondance.

Il est régi par les articles 2 à 8 et, dans la mesure où il n'y est pas dérogé par le présent décret, par les sous-sections 2 et 3 précitées.

Art. 2 Par dérogation aux dispositions de l'article 11-11 du décret du 7 janvier 1993 susvisé :

1° Au plus tard le 12 juin 2020, la liste des électeurs du parquet est établie par le procureur général près la Cour de cassation ;

2° Au plus tard à cette même date, la liste des électeurs est affichée à la Cour de cassation et diffusée sur le site intranet de cette dernière ;

3° Les délais de cinq jours prévus aux deuxième et troisième alinéas sont remplacés par des délais de trois jours, qui courent à compter de la diffusion mentionnée au présent 2°.

Art. 3 Par dérogation aux dispositions du premier alinéa de l'article 11-16 du décret du 7 janvier 1993 susvisé :

1° La liste des électeurs du siège est établie par le directeur des services judiciaires au plus tard le 12 juin 2020 ;

2° Au plus tard à cette même date, le directeur des services judiciaires envoie par message électronique cette liste à chaque électeur mentionné dans cette dernière ;

3° Les demandes de rectification et les réclamations prévues au dernier alinéa de l'article 11-16 peuvent être formées dans les délais mentionnés au 3° de l'article 2 du présent décret, qui courent à compter de l'envoi de la liste mentionnée au présent 2°.

Art. 4 Le bureau de vote prévu à l'article 11-12 du décret du 7 janvier 1993 susvisé comprend le magistrat du parquet du rang le plus élevé et le plus ancien dans l'ordre de nomination à la cour, président, et, parmi les magistrats du parquet hors hiérarchie de la Cour de cassation, le magistrat le plus âgé et le magistrat le plus jeune, sauf s'ils sont eux-mêmes candidats. Le procureur général près la Cour de cassation ne peut être membre du bureau.

Le bureau de vote est constitué au plus tard le 12 juin 2020.

En cas d'absence ou d'empêchement d'un membre du bureau de vote, il est fait appel au magistrat qui, du fait de cette absence ou de cet empêchement, remplit les conditions mentionnées au premier alinéa.

Art. 5 Le bureau de vote prévu à l'article 11-17 du décret du 7 janvier 1993 susvisé est composé des trois premiers présidents de cour d'appel les plus âgés qui ne sont pas eux-mêmes candidats.

Il est constitué au plus tard le 12 juin 2020.

En cas d'absence ou d'empêchement d'un membre du bureau de vote, il est fait appel au magistrat qui, du fait de cette absence ou de cet empêchement, remplit les conditions mentionnées au premier alinéa.

Art. 6 Par dérogation aux dispositions des articles 11-13 et 11-18 du décret du 7 janvier 1993 susvisé :

1° Tout électeur qui souhaite faire acte de candidature transmet par message électronique une déclaration signée au bureau de vote avant le 19 juin 2020 inclus ;

2° Chaque bureau de vote statue sur la recevabilité des candidatures et affiche la liste alphabétique des candidats le 22 juin 2020 à la Cour de cassation. Chaque liste des candidats est également diffusée le même jour sur le site intranet de la Cour de cassation et adressée par message électronique aux électeurs inscrits ;

3° Jusqu'au dépouillement des votes mentionné à l'article 8 du présent décret, le bureau de vote peut exercer ses missions par voie dématérialisée.

Art. 7 1° Le vote par correspondance est ouvert du 23 juin 2020 au 3 juillet 2020 à quatorze heures ;

2° Par dérogation aux dispositions des articles 11-14 et 11-19 du décret du 7 janvier 1993 susvisé, les électeurs votent en inscrivant sur un papier libre, de couleur blanche et de format A4, les nom et prénom d'un candidat à l'exclusion de toute autre mention.

Chaque bulletin de vote est placé dans une enveloppe fermée, de couleur blanche et de format C6 (114 mm × 162 mm), ne comportant aucune indication de quelque nature que ce soit.

Cette enveloppe est placée dans une enveloppe extérieure, également fermée, comportant la mention : "désignation des membres du collège de déontologie de la magistrature judiciaire" et, selon l'objet du scrutin, la mention : "magistrat du parquet hors hiérarchie de la Cour de cassation" ou "premier président de cour d'appel".

L'enveloppe extérieure porte, en outre, la signature du magistrat avec l'indication de ses nom et prénom, de ses fonctions et de sa juridiction.

L'enveloppe extérieure ne comporte aucune autre mention ;

3° Les enveloppes extérieure et intérieure sont versées dans une enveloppe d'expédition qui est réceptionnée par le bureau de vote au plus tard le 3 juillet 2020 avant l'heure de clôture du scrutin.

Les enveloppes d'expédition reçues par le bureau de vote sont conservées jusqu'à la clôture du scrutin dans un lieu sécurisé sous la responsabilité du procureur général près la Cour de cassation pour l'élection du magistrat du parquet hors hiérarchie de la Cour de cassation et de la première présidente de la Cour de cassation pour l'élection du premier président de cour d'appel.

Après la clôture du scrutin mentionnée au premier alinéa du présent 3°, les enveloppes sont remises au bureau de vote.

Art. 8 Le bureau de vote procède au dépouillement ainsi qu'à la proclamation des résultats le 3 juillet 2020.

Ne sont pas décomptés les votes qui émanent de personnes n'ayant pas la qualité d'électeur, les enveloppes illisibles, ainsi que les votes reçus après la clôture du scrutin, quel que soit le motif de ce retard.

Par dérogation au deuxième alinéa de l'article 11-15 et au deuxième alinéa de l'article 11-20 du décret du 7 janvier 1993 susvisé, sont nuls les votes qui ne respectent pas le 2° de l'article 7 du présent décret, ainsi que ceux qui comportent des mentions illisibles.

Le bureau de vote établit un procès-verbal des opérations électorales auquel sont annexés les enveloppes qui n'ont pas été décomptées, les enveloppes vides ainsi que les bulletins déclarés nuls et les bulletins blancs.

Une copie du procès-verbal est établie le 3 juillet 2020 et immédiatement transmise au garde des sceaux, ministre de la justice, et à chaque candidat.

SECTION II *De l'organisation et du fonctionnement du collège de déontologie des magistrats de l'ordre judiciaire*

Art. 11-21 Au plus tard dans les quinze jours qui suivent l'élection ou la désignation de l'ensemble des membres du collège de déontologie, ceux-ci sont convoqués par le secrétaire mentionné à l'article 11-25. Ils élisent le président du collège.

Le nom du membre élu président est transmis sans délai au ministre de la justice.

Art. 11-22 La liste des membres du collège de déontologie est publiée au *Journal officiel*.

Art. 11-23 Le collège de déontologie arrête son règlement intérieur.

Art. 11-24 Le collège de déontologie se réunit au moins une fois par an, sur convocation de son président qui fixe l'ordre du jour de la séance.

La convocation est adressée à ses membres au moins huit jours avant la date de la séance. L'ordre du jour figure dans la convocation.

Les séances du collège ne sont pas publiques.

Le collège de déontologie ne peut se réunir que si la majorité de ses membres est présente. Il ne peut valablement délibérer qu'à la majorité de ses membres présents.

En cas de partage de voix, celle du président est prépondérante.

Les membres du collège de déontologie ainsi que son secrétaire mentionné à l'article 11-25 ci-après sont tenus au secret professionnel.

Aucun membre du collège de déontologie ne peut délibérer lorsque sa présence ou sa participation pourrait entacher d'un doute l'impartialité de l'avis rendu.

Art. 11-25 Le secrétariat du collège de déontologie est assuré par le secrétaire général de la première présidence de la Cour de cassation.

Art. 11-26 Toute vacance donne lieu à remplacement pour la durée du mandat restant à courir, si elle survient plus de trois mois avant le terme normal de celui-ci, selon les modalités prévues pour la désignation initiale.

Si un membre du collège de déontologie démissionne, la désignation du remplaçant intervient au plus tard dans les trois mois de sa démission. Celle-ci prend effet à partir de la désignation du remplaçant.

Les membres ainsi désignés achèvent le mandat des membres qu'ils remplacent.

Art. 11-27 **Les membres du collège ont droit à la prise en charge de leurs frais de déplacement dans les conditions fixées par la réglementation applicable aux fonctionnaires de l'État.**

Art. 11-28 **Le collège de déontologie rend des avis écrits. Lorsqu'il est saisi en application du 2° du I de l'article 10-2 de l'ordonnance n° 58-1270 du 22 décembre 1958 susvisée, il rend son avis dans un délai de deux mois à compter de sa saisine.**

CHAPITRE PREMIER *QUATER* *De la protection fonctionnelle*

(Décr. nº 2018-1081 du 4 déc. 2018, art. 1er)

Les dispositions du Décr. nº 2018-1081 du 4 déc. 2018, art. 1er, s'appliquent aux faits survenant à compter de son entrée en vigueur.

S'agissant des procédures devant la commission d'admission des requêtes, les dispositions du Décr. nº 2018-1081 du 4 déc. 2018, art. 1er, s'appliquent aux procédures dont les justiciables saisissent le Conseil supérieur de la magistrature à compter de son entrée en vigueur (Décr. préc., art. 3).

Art. 11-29 **Les dispositions du présent chapitre sont applicables aux magistrats de l'ordre judiciaire et aux personnes auxquelles une disposition législative étend la protection prévue par l'article 11 de l'ordonnance** *[nº 58-1270]* **du 22 décembre 1958 susvisée.** – *V. Ord. nº 58-1270 du 22 déc. 1958, art. 11, App., vº Magistrature.*

Art. 11-30 **La demande de prise en charge des frais exposés dans le cadre d'une instance civile ou pénale ou devant la commission d'admission des requêtes jusqu'au renvoi devant la formation disciplinaire compétente du Conseil supérieur de la magistrature au titre de la protection fonctionnelle est formulée par écrit auprès du garde des sceaux, ministre de la justice.**

Art. 11-31 **La décision de prise en charge au titre de la protection fonctionnelle indique les faits au titre desquels la protection est accordée. Elle précise les modalités d'organisation de la protection, notamment sa durée qui peut être celle de l'instance ou de la procédure.**

Art. 11-32 **Le magistrat communique au garde des sceaux, ministre de la justice le nom de l'avocat qu'il a librement choisi et la convention conclue avec lui au titre de l'article 10 de la loi nº 71-1130 du 31 décembre 1971 portant réforme de certaines professions judiciaires et juridiques.**

Art. 11-33 **Sans préjudice de la convention conclue entre l'avocat et le magistrat au titre de l'article 10 de la loi nº 71-1130 du 31 décembre 1971 portant réforme de certaines professions judiciaires et juridiques, l'État peut conclure une convention avec l'avocat désigné ou accepté par le demandeur et, le cas échéant, avec le demandeur.** – *V. L. nº 71-1130 du 31 déc. 1971, art. 10, in* ***C. avocat.***

La convention détermine le montant des honoraires pris en charge selon un tarif horaire ou un forfait, déterminés notamment en fonction des difficultés de l'affaire. Elle fixe les modalités selon lesquelles les autres frais, débours et émoluments sont pris en charge. Elle règle le cas des sommes allouées au magistrat au titre des frais exposés et non compris dans les dépens.

L'État règle directement à l'avocat les frais prévus par la convention.

La convention peut prévoir que des frais sont pris en charge au fur et à mesure de leur engagement, à titre d'avances et sur justificatifs.

Le règlement définitif intervient à la clôture de l'instance ou de la procédure devant la commission d'admission des requêtes sur présentation du compte détaillé prévu à l'article 12 du décret nº 2005-790 du 12 juillet 2005 relatif aux règles de déontologie de la profession d'avocat. – *V. Décr. nº 2005-790 du 12 juill. 2005, in* ***C. avocat.***

Art. 11-34 **Dans le cas où la convention prévue à l'article 11-33 n'a pas été conclue, la prise en charge des frais exposés est réglée directement au magistrat sur présentation des factures acquittées par lui.**

Le montant de prise en charge des honoraires par l'État est limité par des plafonds horaires fixés par arrêté conjoint du garde des sceaux, ministre de la justice et du ministre chargé du budget.

Art. 11-35 Si la convention prévue à l'article 11-33 comporte une clause en ce sens ou en l'absence de convention, l'État peut ne prendre en charge qu'une partie des honoraires lorsque le nombre d'heures facturées ou déjà réglées apparaît manifestement excessif.

Le caractère manifestement excessif s'apprécie au regard des prestations effectivement accomplies par le conseil pour le compte de son client, des pièces et des justificatifs produits ou de la nature des difficultés présentées par le dossier.

Lorsque la prise en charge par l'État ne couvre pas l'intégralité des honoraires de l'avocat, le règlement du solde incombe au magistrat dans le cadre de ses relations avec son conseil.

Art. 11-36 Pour chaque instance ou dans le cadre de la procédure devant la commission d'admission des requêtes jusqu'au renvoi devant la formation disciplinaire compétente du Conseil supérieur de la magistrature, le magistrat peut demander, sur justificatifs, le remboursement de ses frais de déplacement ou d'hébergement liés à l'instance ou à la procédure susvisée dans les conditions et selon les modalités de règlements des frais occasionnés par les déplacements prévues par les dispositions applicables aux personnels civils de l'État pour le ministère de la justice.

L'État n'est pas tenu de rembourser les frais engagés par le magistrat pour des déplacements ou de l'hébergement dont le nombre ou la fréquence sont manifestement sans rapport avec les nécessités de sa défense.

CHAPITRE II *De la carrière des magistrats*

Art. 12 *(Décr. n° 2017-898 du 9 mai 2017, art. 6)* I. — Le premier grade de la hiérarchie judiciaire comporte huit échelons, le 8e échelon n'étant accessible qu'aux magistrats exerçant les fonctions dont la liste est fixée par arrêté conjoint du garde des sceaux, ministre de la justice, du ministre chargé du budget et du ministre chargé de la fonction publique.

Le temps passé dans chaque échelon pour accéder à l'échelon supérieur est fixé à :

1° Dix-huit mois pour les 1er, 2e, 3e et 4e échelons ;

2° Deux ans pour le 5e échelon ;

3° Trois ans pour le 6e échelon.

Pour les magistrats du premier grade ayant accès au 8e échelon, le temps passé au 7e échelon est de trois ans.

II. — Le second grade de la hiérarchie judiciaire comporte cinq échelons.

Le temps passé dans chaque échelon pour accéder à l'échelon supérieur est fixé à :

1° Un an pour les deux premiers échelons ;

2° Deux ans pour les 3e et 4e échelons.

Art. 13 Les magistrats promus du second au premier grade sont classés à l'échelon comportant l'indice de rémunération immédiatement supérieur à celui dont ils bénéficiaient antérieurement. Ils conservent à cette occasion l'ancienneté acquise dans le précédent échelon, dans la limite de la durée des services nécessaire pour accéder à l'échelon immédiatement supérieur.

Al. 2 abrogé par Décr. n° 2001-1380 du 31 déc. 2001.

Art. 14 La durée des services pris en compte pour l'ancienneté est majorée du temps passé en vue de satisfaire aux obligations du service national.

Le temps effectivement passé dans les départements d'outre-mer, *(Décr. n° 2008-818 du 21 août 2008, art. 2-II)* « les collectivités d'outre-mer et en Nouvelle-Calédonie » par les magistrats pour l'exercice de fonctions judiciaires est majoré d'une durée égale à la moitié de ce temps, dans la limite de deux ans, pour le calcul de l'ancienneté requise pour l'avancement de grade et d'échelon.

Art. 15 Peuvent seuls accéder *(Décr. n° 2001-1380 du 31 déc. 2001)* « aux fonctions du premier grade » les magistrats du second grade justifiant de *(Décr. n° 2001-1380 du 31 déc. 2001)* « sept » années d'ancienneté dont *(Décr. n° 2001-1380 du 31 déc. 2001)* « cinq » ans de services effectifs en position d'activité ou de détachement depuis leur installation dans leurs premières fonctions judiciaires et inscrits au tableau d'avancement.

Al. 2 abrogé par Décr. n° 2001-1380 du 31 déc. 2001.

Art. 16 *(Décr. n° 2017-898 du 9 mai 2017, art. 7)* I. — Les emplois hors hiérarchie comportent un échelon unique, à l'exception des emplois hors hiérarchie suivants, qui comportent deux échelons :

1° Conseiller et avocat général à la Cour de cassation ;

2° Premier président d'une cour d'appel et procureur général près une cour d'appel, hors Paris et Versailles ;

3° Premier président de chambre d'une cour d'appel et premier avocat général près une cour d'appel ;

4° Président du tribunal *(Décr. n° 2019-921 du 30 août 2019, art. 4-3°, en vigueur le 1er janv. 2020)* « judiciaire *[ancienne rédaction : de grande instance]* » de Bobigny, Lyon, Marseille et Nanterre et procureur de la République près ces tribunaux ;

5° Président du tribunal *(Décr. n° 2019-921 du 30 août 2019, art. 4-3°, en vigueur le 1er janv. 2020)* « judiciaire *[ancienne rédaction : de grande instance]* » de Bordeaux, Créteil, Évry, Lille, Pontoise, Toulouse et Versailles et procureur de la République près ces tribunaux.

La durée du temps passé dans l'échelon inférieur pour accéder à l'échelon supérieur est de trois ans.

II. — L'emploi d'inspecteur général de la justice comporte deux échelons et un échelon spécial. La durée du temps passé dans le premier échelon est de trois ans.

Accèdent à l'échelon spécial de l'emploi d'inspecteur général de la justice les magistrats ayant atteint, dans leur précédent emploi, l'indice correspondant à la hors-échelle E.

Art. 17 Si le niveau de l'emploi occupé ou de la fonction exercée par un magistrat est modifié, le magistrat concerné conserve *(Décr. n° 2001-1380 du 31 déc. 2001)* « son grade et sa rémunération ».

Si le niveau de l'emploi occupé par un magistrat est modifié, celui-ci conserve sa fonction.

Art. 17-1 *(Décr. n° 94-314 du 20 avr. 1994)* Les magistrats justifiant à la date de leur nomination comme magistrat de la qualité de fonctionnaire, conformément aux titres Ier, II, III et IV du statut général des fonctionnaires de l'État et des collectivités territoriales, bénéficient des dispositions du décret n° 47-1457 du 4 août 1947 pris pour l'application de l'article 52 du statut général de la fonction publique prévoyant l'attribution d'une indemnité compensatrice.

Art. 17-2 *(Décr. n° 2001-1380 du 31 déc. 2001)* Les magistrats recrutés par les voies du deuxième et du troisième concours d'accès à l'École nationale de la magistrature et au titre des articles 18-1, 22 et 23 de l'ordonnance du 22 décembre 1958 susvisée sont classés, lors de leur nomination, à un échelon déterminé en prenant en compte, sur la base des durées fixées pour chaque avancement d'échelon par l'article 12, une fraction des années d'activité professionnelle antérieure dans les conditions suivantes.

Les années d'activité professionnelle accomplies en qualité de fonctionnaire de catégorie A, d'agent public d'un niveau équivalent à la catégorie A, de cadre au sens de la convention collective dont relevait l'intéressé, d'avocat, d'avocat au Conseil d'État et à la Cour de cassation, d'avoué, de notaire, d'huissier de justice ou de greffier de tribunal de commerce sont retenues à raison de la moitié de leur durée pour la fraction comprise entre cinq et douze ans et des trois quarts au-delà de douze ans. Les années d'activité professionnelle accomplies en toute autre qualité sont assimilées à raison des quatre dixièmes de leur durée à des services de catégorie A.

Pour les magistrats recrutés au premier grade de la hiérarchie judiciaire au titre de l'article 23 de l'ordonnance du 22 décembre 1958 susvisée, la fraction de l'activité professionnelle antérieure ainsi déterminée n'est prise en compte que si elle excède sept ans et pour la fraction excédant ces sept années.

Art. 17-3 *(Décr. n° 2001-1380 du 31 déc. 2001)* Les fonctionnaires et agents publics qui détiennent dans leur corps ou emploi d'origine un indice supérieur à celui correspondant à l'échelon auquel l'application de l'article 17-2 aboutirait à les classer sont classés à l'échelon de leur grade comportant un traitement égal ou, à défaut, immédiatement supérieur à celui dont ils bénéficiaient dans leur corps ou emploi d'origine.

Dans la limite de l'ancienneté exigée à l'article 12 pour une promotion à l'échelon supérieur, ils conservent alors l'ancienneté d'échelon acquise dans leur précédent grade ou classe lorsque l'augmentation de traitement consécutive à leur nomination est inférieure à celle qui résulterait d'un avancement d'échelon dans leur ancienne situation. Les agents nommés alors qu'ils avaient atteint l'échelon le plus élevé de leur précédent grade ou classe conservent leur ancienneté d'échelon dans les mêmes conditions et limites lorsque l'augmentation de traitement consécutive à leur nomination est inférieure à celle qui était résultée d'un avancement à ce dernier échelon.

Art. 17-4 *(Décr. n° 2001-1380 du 31 déc. 2001)* Pour l'accès au premier grade des magistrats recrutés au second grade de la hiérarchie judiciaire par les voies du deuxième et du troisième concours d'accès à l'École nationale de la magistrature et au titre des articles 18-1 et 22 de l'ordonnance du 22 décembre 1958 précitée, la fraction d'activité professionnelle antérieure, déterminée dans les conditions prévues au deuxième alinéa de l'article 17-2, est assimilée aux services effectifs exigés par l'article 15, à raison de la moitié de sa durée pour la fraction comprise entre quatre et huit ans.

CHAPITRE III *De l'évaluation de l'activité professionnelle du magistrat*

Art. 18 Pour l'application de l'article 12-1 de l'ordonnance du 22 décembre 1958 susvisée, les documents concernant l'évaluation de l'activité professionnelle du magistrat sont versés dans son dossier.

Art. 19 L'évaluation est établie :

1° Par le premier président de la cour d'appel ou le président du tribunal supérieur d'appel pour les magistrats du siège de leur ressort ;

2° Par le procureur général près la cour d'appel ou le procureur près le tribunal supérieur d'appel pour les magistrats du parquet de leur ressort ;

3° Par le premier président de la Cour de cassation pour les conseillers référendaires et les auditeurs à la Cour de cassation ;

(Décr. n° 2008-818 du 21 août 2008, art. 3-III) « 3° *bis* Par le procureur général près la Cour de cassation pour les avocats généraux référendaires à la Cour de cassation ; »

4° Par le directeur ou le chef de service pour les magistrats de l'administration centrale du ministère de la justice en fonctions dans leur direction ou dans leur service ;

5° *(Décr. n° 2001-1380 du 31 déc. 2001)* « Par le premier président ou le procureur général pour les magistrats chargés d'un secrétariat général à la Cour de cassation ou dans une cour d'appel ;

« 6° Par le premier président de la cour d'appel ou le procureur général près ladite cour pour les magistrats chargés d'un secrétariat général dans un tribunal *(Décr. n° 2019-921 du 30 août 2019, art. 4-4°, en vigueur le 1er janv. 2020)* « judiciaire *[ancienne rédaction : de grande instance]* » du ressort de la cour d'appel ; »

7° Par le garde des sceaux, ministre de la justice, pour les chefs des tribunaux supérieurs d'appel, ainsi que pour les magistrats maintenus par ordre en France après consultation des autorités auprès desquelles les intéressés ont effectivement servi en dernier lieu ;

8° Par le président de la chambre de l'instruction de la cour d'appel compétente à l'égard de la juridiction des forces armées pour les magistrats détachés pour exercer les fonctions de juge d'instruction dans ces juridictions ;

(Décr. n° 2016-1905 du 27 déc. 2016, art. 6) « 9° Par l'inspecteur général, chef de l'inspection générale de la justice, pour les magistrats exerçant les fonctions d'inspecteur général ou d'inspecteur de la justice ».

Sous réserve du 8° ci-dessus et des dispositions de l'article 7 du décret du 15 mars 1973 susvisé à l'égard des magistrats détachés pour exercer des fonctions judiciaires en dehors du territoire de la République, l'évaluation de l'activité professionnelle des magistrats placés en position de détachement est établie par l'autorité qui, au sein de l'organisme auprès duquel ils sont détachés, dispose, au regard des règles internes, du pouvoir d'évaluer la compétence professionnelle du personnel exerçant les mêmes fonctions ou des fonctions semblables.

Art. 20 L'évaluation pour les deux années écoulées *(Décr. n° 2016-1905 du 27 déc. 2016, art. 7-1°)* « et à l'occasion d'une candidature au renouvellement des fonctions d'un magistrat exerçant à titre temporaire » consiste en une note écrite par laquelle l'autorité mentionnée à l'article 19 décrit les activités du magistrat, porte sur celui-ci une appréciation d'ordre général, énonce les fonctions auxquelles il est apte et définit, le cas échéant, ses besoins de formation.

A cette note sont annexés :

1° Une note rédigée par le magistrat décrivant ses activités et faisant état des actions de formation qu'il a suivies.

2° Les observations écrites recueillies :

a) Auprès du président de la cour d'assises, du président de la chambre de l'instruction et du président de la chambre des appels correctionnels en ce qui concerne le juge d'instruction ;

b) Auprès du conseiller chargé de la protection de l'enfance pour le juge des enfants ;

c) Auprès du conseiller chargé de l'application des peines pour le juge de l'application des peines ;

d) Auprès du président de formation collégiale pour le magistrat siégeant en qualité d'assesseur ;

e) Auprès des chefs des *(Décr. n° 2019-921 du 30 août 2019, art. 4-5°, en vigueur le 1er janv. 2020)* « tribunaux judiciaires *[ancienne rédaction : tribunaux de grande instance]* » ou de première instance dans lesquels il a exercé ses fonctions, et le cas échéant auprès des magistrats mentionnés aux *a*, *b*, *c* et *d* en ce qui concerne le magistrat placé auprès d'un chef de cour d'appel ;

f) Auprès du responsable hiérarchique immédiat pour les magistrats de l'administration centrale du ministère de la justice et les magistrats détachés.

3° Le résumé de l'entretien prévu par l'article 12-1 de l'ordonnance du 22 décembre 1958 susvisée entre le magistrat et, selon le cas, s'il exerce ses fonctions à la Cour de cassation ou dans une cour d'appel, le premier président ou le procureur général, ou, s'il exerce ses fonctions dans un *(Décr. n° 2019-921 du 30 août 2019, art. 4-5°, en vigueur le 1er janv. 2020)* « tribunal judiciaire *[ancienne rédaction : tribunal de grande instance]* » ou de première instance, le président ou le procureur de la République *(Décr. n° 2003-438 du 15 mai 2003)* « , ou, s'il exerce les fonctions de *(Décr. n° 2016-1905 du 27 déc. 2016, art. 7-2°-a)* « magistrat exerçant à titre temporaire *[,]* par le président du *(Décr. n° 2019-921 du 30 août 2019, art. 4-5°, en vigueur le 1er janv. 2020)* « tribunal judiciaire *[ancienne rédaction : tribunal de grande instance]* » dans lequel il est nommé ».

Toutefois, dans les cours d'appel et les *(Décr. n° 2019-921 du 30 août 2019, art. 4-5°, en vigueur le 1er janv. 2020)* « tribunaux judiciaires *[ancienne rédaction : tribunaux de grande instance]* » dont l'effectif des magistrats du siège ou des magistrats du parquet est supérieur à trente, l'entretien peut avoir lieu, selon les cas, avec un président de chambre, un avocat général, un premier vice-président ou un procureur de la République adjoint si le magistrat concerné y consent.

S'agissant des magistrats nommés dans les *(Décr. n° 2019-921 du 30 août 2019, art. 4-5°, en vigueur le 1er janv. 2020)* « tribunaux judiciaires *[ancienne rédaction : tribunaux de grande instance]* » et de première instance, ce résumé est assorti de l'avis du président du tribunal ou du procureur de la République selon le cas, sur les qualités du magistrat, sur les fonctions auxquelles il est apte et sur ses besoins de formation. *(Décr. n° 2016-1905 du 27 déc. 2016, art. 7-2°-b)* « S'agissant des magistrats exerçant à titre temporaire, cet avis est émis par le président du *(Décr. n° 2019-921 du 30 août 2019, art. 4-5°, en vigueur le 1er janv. 2020)* « tribunal judiciaire *[ancienne rédaction : tribunal de grande instance]* » dans lequel ils sont nommés. »

4° Tout autre document en rapport avec les termes de la note mentionnée au premier alinéa, à condition que le magistrat intéressé en ait préalablement reçu connaissance et ait eu la possibilité de présenter ses observations sur son contenu.

Art. 21 Les documents mentionnés à l'article 20 sont communiqués au magistrat qu'il concerne ; ce magistrat dispose d'un délai de huit jours pour formuler des observations écrites qui sont annexées à la note mentionnée au premier alinéa de l'article 20.

S'il présente des observations, l'évaluation est, le cas échéant, modifiée. Il est dans tous les cas donné connaissance au magistrat de l'évaluation définitive.

Les documents ainsi établis sont adressés avant le 1er février au garde des Sceaux, ministre de la justice.

Dans un délai de quinze jours à compter de la notification de l'évaluation définitive, le magistrat peut saisir la commission d'avancement d'une contestation. Celle-ci est transmise par la voie hiérarchique.

Le délai du recours contentieux contre l'évaluation définitive est, dans ce cas, suspendu jusqu'à la notification à l'intéressé de l'avis motivé émis par la commission sur sa contestation.

CHAPITRE IV *Du tableau d'avancement*

Art. 22 Le tableau d'avancement comporte la liste alphabétique des magistrats jugés dignes d'obtenir un avancement.

Al. 2 à 6 abrogés par Décr. n° 2001-1380 du 31 déc. 2001.

Art. 23 Le tableau d'avancement est dressé et arrêté par la commission prévue à l'article 34 de l'ordonnance *[n° 58-1270]* du 22 décembre 1958 susvisée. – *V. Ord. n° 58-1270 du 22 déc. 1985, art. 34, App., v° Magistrature.*

Les secrétaires de la commission sont désignés parmi les magistrats de la direction des services judiciaires du ministère de la justice par arrêté du garde des Sceaux, ministre de la justice.

La commission se réunit, sur la convocation de son président, à la Cour de cassation. Ses séances ne sont pas publiques.

En cas de partage égal des voix au sein de la commission, la voix du président est prépondérante.

(Décr. n° 2016-1905 du 27 déc. 2016, art. 8) « Les dispositions des deuxième, troisième et quatrième alinéas du présent article sont applicables lorsque la commission est chargée de donner son avis en application des dispositions des articles 12-1, 18-1, 25-2 et 41-2 de l'ordonnance *[n° 58-1270]* du 22 décembre 1958 susvisée. » – *V. Ord. n° 58-1270 du 22 déc. 1985, art. 12-1, 18-1, 25-2 et 41-2, App., v° Magistrature.*

Art. 24 Chaque année, avant le 1er février, les autorités chargées de l'évaluation mentionnées à l'article 19 adressent au ministre de la justice leurs présentations en vue du tableau d'avancement, établies par ordre de mérite *(Décr. n° 2016-1905 du 27 déc. 2016, art. 9-1° et 2°)* « ainsi que leurs propositions de renouvellement des inscriptions au tableau d'avancement de l'année précédente.

« Seuls les magistrats présentés en vue d'une inscription au tableau d'avancement font l'objet » de l'évaluation prévue *(Décr. n° 2001-1380 du 31 déc. 2001)* « à l'article 20 ».

Du 1er au 15 février, la liste alphabétique des magistrats présentés *(Décr. n° 2016-1905 du 27 déc. 2016, art. 9-3°)* « ou proposés en vue du renouvellement de leur inscription » est affichée soit au siège des juridictions, soit au ministère de la justice pour les magistrats n'exerçant pas de fonctions judiciaires, soit au siège des représentations diplomatiques françaises pour les magistrats détachés dans le cadre de la coopération technique. Dans le même délai, la liste de présentation par ordre de mérite est communiquée aux magistrats qui y figurent.

(Décr. n° 2016-1905 du 27 déc. 2016, art. 9-4°) « Avant le 15 mars, les magistrats non compris dans les présentations ou les propositions de renouvellements [renouvellement] peuvent adresser au secrétariat de la commission d'avancement selon le cas une demande d'inscription ou de renouvellement d'inscription au tableau d'avancement. L'autorité chargée de l'évaluation joint un avis circonstancié et contradictoire sur le défaut de présentation ou de proposition de renouvellement. »

Art. 25 Le tableau d'avancement est arrêté par la commission avant le 1er juillet.

Toutefois, lorsque les circonstances l'exigent, cette date peut être reportée par décret.

Après l'accomplissement des formalités prévues par l'article 34 (2e alinéa) de l'ordonnance du 22 décembre 1958 susvisée, le tableau est publié au *Journal officiel.*

Art. 26 *(Décr. n° 2016-1905 du 27 déc. 2016, art. 10-1° et 2°)* « La commission statue sur l'inscription au tableau d'avancement de chaque magistrat présenté et de chaque magistrat qui l'a saisie en application des dispositions du dernier alinéa de l'article 24, après examen de leur valeur professionnelle et appréciation de leurs aptitudes. Les magistrats dont elle admet l'inscription et ceux dont elle accueille le recours ainsi que ceux proposés en vue du renouvellement de leur inscription sont inscrits par ordre alphabétique. La commission renouvelle l'inscription de ces derniers dans les termes de la proposition adressée par l'autorité mentionnée à l'article 27 de l'ordonnance du 22 décembre 1958.

« Dans le cadre d'une première présentation au tableau d'avancement ou sur le recours formé en application du dernier alinéa de l'article 24, la commission » peut, par une décision mentionnée au procès-verbal, non publiée et notifiée à l'intéressé par la voie hiérarchique, limiter les effets des inscriptions prévues à l'article 22 à une ou plusieurs fonctions du premier grade.

Cette limitation continue de produire ses effets à l'égard du magistrat promu au premier grade jusqu'à ce qu'une décision expresse de la commission vienne y mettre fin.

Tous les ans, lors de l'établissement du tableau d'avancement, la commission d'avancement examine la situation des magistrats promus au premier grade en application d'un tableau d'avancement dont les effets ont été limités.

Art. 27 Lorsque, après diffusion de projets de nomination à des emplois du premier grade prévus à l'article 27-1 de l'ordonnance du 22 décembre 1958 susvisée et après qu'ont été recueillis les avis prévus à l'article 28 du même texte, le nombre des candidats en avancement à un emploi du premier grade vacant ou susceptible de le devenir est inférieur à cinq, il peut être dressé un tableau d'avancement supplémentaire pour accéder à cet emploi, dans les formes édictées par le présent décret pour la confection du tableau primitif.

Un arrêté du ministre de la justice ordonne l'ouverture des opérations, énumère les emplois vacants ou susceptibles de le devenir auxquels le tableau supplémentaire donnera accès et fixe la date à laquelle les présentations *(Décr. n° 2016-1905 du 27 déc. 2016, art. 11-1°)* « ou les propositions de renouvellement d'inscription » doivent être faites et portées à la connaissance des magistrats conformément à l'article 24.

(Décr. n° 2016-1905 du 27 déc. 2016, art. 11-2°) « Les magistrats non présentés ou non proposés en vue du renouvellement de leur inscription peuvent, dans un délai de quinze

jours, adresser au secrétariat de la commission d'avancement selon le cas une demande d'inscription ou de renouvellement d'inscription au tableau d'avancement supplémentaire. »

Le tableau d'avancement supplémentaire est publié au *Journal officiel* et cesse d'être valable à la même date que le tableau primitif.

Art. 28 Les magistrats inscrits au tableau d'avancement qui ont fait l'objet de l'une des sanctions disciplinaires prévues aux *(Décr. nº 2001-1380 du 31 déc. 2001)* « 2°, 3°, *(Décr. nº 2008-818 du 21 août 2008, art. 4)* « 3° *bis,* » 4° et 4° *bis* » de l'article 45 de l'ordonnance du 22 décembre 1958 susvisée sont, d'office, radiés du tableau d'avancement.

CHAPITRE V *Des magistrats honoraires exerçant des fonctions juridictionnelles ou non juridictionnelles*

(Décr. nº 2016-1905 du 27 déc. 2016, art. 12)

Art. 29 *(Décr. nº 2016-1905 du 27 déc. 2016, art. 13)* Tout magistrat honoraire souhaitant exercer des fonctions juridictionnelles doit transmettre sa demande, adressée au garde des sceaux, aux chefs de la cour d'appel dans le ressort de laquelle il réside. Le dossier de candidature doit notamment comporter l'indication de la ou des juridictions dans lesquelles l'intéressé aspire à être nommé ainsi que les fonctions qu'il souhaite exercer parmi celles énumérées à l'article 41-25 de l'ordonnance *[nº 58-1270]* du 22 décembre 1958 susvisée. – *V. Ord. nº 58-1270 du 22 déc. 1958, art. 41-25, App., vº Magistrature.*

Art. 29-1 *(Décr. nº 2016-1905 du 27 déc. 2016, art. 14)* Le dossier de candidature assorti de l'avis motivé des chefs de cour est transmis au garde des sceaux, ministre de la justice, qui procède à l'instruction de la candidature.

Le garde des sceaux, ministre de la justice, saisit la formation du Conseil supérieur de la magistrature compétente des projets de nomination des magistrats honoraires exerçant des fonctions juridictionnelles à celles visées à l'article 41-25 de l'ordonnance du 22 décembre 1958 susvisée.

Il lui transmet, avec chaque projet de nomination, la liste de tous les candidats aux fonctions de magistrats honoraires exerçant des fonctions juridictionnelles qui aspirent à être nommés dans la même juridiction.

Les dossiers de l'ensemble des candidats aux fonctions de magistrat honoraire exerçant des fonctions juridictionnelles sont tenus à la disposition de la formation compétente du Conseil supérieur de la magistrature.

Art. 29-2 *(Décr. nº 2016-1905 du 27 déc. 2016, art. 14)* Les magistrats honoraires exerçant des fonctions juridictionnelles suivent la formation prévue au troisième alinéa de l'article 41-27 de l'ordonnance *[nº 58-1270]* du 22 décembre 1958 susvisée dans les deux mois de leur installation, préalablement à leur prise de fonctions. Cette formation d'une durée identique à celle requise en cas de changement de fonctions comprend une formation théorique organisée par l'École nationale de la magistrature et un stage en juridiction. Lorsque le magistrat honoraire a déjà exercé les fonctions juridictionnelles auxquelles il est nommé, il peut, à sa demande, n'effectuer que la formation théorique. – *V. Ord. nº 58-1270 du 22 déc. 1958, art. 41-27, App., vº Magistrature.*

Les magistrats honoraires nommés pour exercer des fonctions juridictionnelles au sein d'un tribunal *(Décr. nº 2019-921 du 30 août 2019, art. 4-6°, en vigueur le 1er janv. 2020)* « judiciaire *[ancienne rédaction : de grande instance]* » effectuent leur stage en juridiction dans un tribunal *(Décr. nº 2019-921 du 30 août 2019, art. 4-6°, en vigueur le 1er janv. 2020)* « judiciaire *[ancienne rédaction : de grande instance]* » du ressort de leur cour d'appel d'affectation, en dehors du tribunal *(Décr. nº 2019-921 du 30 août 2019, art. 4-6°, en vigueur le 1er janv. 2020)* « judiciaire *[ancienne rédaction : de grande instance]* » dans lequel ils sont nommés.

Les magistrats honoraires nommés pour exercer des fonctions au sein d'une cour d'appel effectuent leur stage en juridiction dans une cour d'appel limitrophe de la cour d'appel dans laquelle ils sont nommés.

Art. 29-3 *(Décr. nº 2016-1905 du 27 déc. 2016, art. 14)* Les magistrats honoraires exerçant des fonctions juridictionnelles suivent, pendant la période d'exercice de leurs fonctions, une formation continue obligatoire d'une durée de trois jours par an.

Art. 29-4 *(Décr. nº 2016-1905 du 27 déc. 2016, art. 14)* Dans la limite des crédits ouverts à cet effet au budget du ministère de la justice, il est attribué aux magistrats honoraires exerçant des fonctions juridictionnelles pour l'accomplissement des fonctions judiciaires qui leur sont dévolues, une indemnité de vacation forfaitaire dont le taux unitaire est égal à

35/10 000 du traitement brut d'un magistrat du 5e échelon du premier grade. Le nombre de vacations allouées à chaque magistrat ne peut excéder trois cents par an. Les modalités d'attribution de cette indemnité sont fixées par arrêté conjoint du ministre chargé du budget et du garde des sceaux, ministre de la justice.

Les magistrats honoraires exerçant des fonctions juridictionnelles perçoivent pour toute journée de formation continue, dans la limite de trois journées par an, ainsi que pour leur formation préalable une indemnité de vacation correspondant à la moitié du taux unitaire défini au premier alinéa ; cette indemnité s'impute sur leurs vacations annuelles.

Ils sont indemnisés de leurs frais de déplacement temporaire dans les conditions prévues par le décret n° 2006-781 du 3 juillet 2006.

Arrêté JUSB1718857A du 30 juin 2017,

Fixant les conditions d'application de l'article 29-4 du décret n° 93-21 du 7 janvier 1993 pris pour l'application de l'ordonnance n° 58-1270 du 22 décembre 1958 modifiée portant loi organique relative au statut de la magistrature concernant les magistrats honoraires exerçant des fonctions juridictionnelles.

Art. 1er Pour l'application de l'article 29-4 du décret du 7 janvier 1993 susvisé, le président du *(Décr. n° 2019-966 du 18 sept. 2019, art. 8, en vigueur le 1er janv. 2020)* « tribunal judiciaire », le procureur de la République, le premier président de la cour d'appel ou le procureur général, selon le cas, atteste de la réalité du service fait par le magistrat honoraire.

Art. 2 Lorsque le service assuré consiste à siéger en qualité d'assesseur dans une formation collégiale d'un *(Décr. n° 2019-966 du 18 sept. 2019, art. 8, en vigueur le 1er janv. 2020)* « tribunal judiciaire » ou d'une cour d'appel statuant en matière civile, une indemnité de vacation égale à cinq taux unitaires par audience est versée au magistrat honoraire.

Lorsque le service assuré consiste à siéger en qualité d'assesseur dans une formation collégiale d'un *(Décr. n° 2019-966 du 18 sept. 2019, art. 8, en vigueur le 1er janv. 2020)* « tribunal judiciaire » ou d'une cour d'appel statuant en matière pénale, une indemnité de vacation égale à trois taux unitaires par audience est versée au magistrat honoraire. Lorsque la durée de l'audience est supérieure à une journée, trois taux unitaires sont alloués pour toute journée d'audience supplémentaire.

L'indemnité prévue aux précédents alinéas du présent article rémunère forfaitairement la préparation et la participation à l'audience, ainsi que la rédaction des décisions afférentes à celle-ci.

(Arr. du 31 mai 2019, art. 1er) « Lorsque le service assuré consiste à siéger en qualité d'assesseur à une audience de la cour d'assises, une indemnité de vacation égale à trois taux unitaires par audience est versée au magistrat honoraire. Lorsque la durée de l'audience est supérieure à une journée, trois taux unitaires sont alloués pour toute journée d'audience supplémentaire. »

Lorsque le service assuré consiste en l'exercice de toute autre tâche que celles mentionnées au présent article, une indemnité de vacation égale à un taux unitaire par demi-journée de présence dans la juridiction est versée au magistrat honoraire.

Art. 3 Lorsque le service assuré consiste à représenter le ministère public à une audience d'un *(Décr. n° 2019-966 du 18 sept. 2019, art. 8, en vigueur le 1er janv. 2020)* « tribunal judiciaire » ou d'une cour d'appel, à l'exception des audiences pénales, une indemnité de vacation égale à deux taux unitaires est versée au magistrat honoraire.

Lorsque le service assuré consiste à représenter le ministère public à une audience pénale d'un *(Décr. n° 2019-966 du 18 sept. 2019, art. 8, en vigueur le 1er janv. 2020)* « tribunal judiciaire » ou d'une cour d'appel, une indemnité de vacation égale à trois taux unitaires est versée au magistrat honoraire.

Lorsque le service assuré consiste à représenter le ministère public à une audience de la cour d'assises, une indemnité de vacation égale à cinq taux unitaires est versée au magistrat honoraire.

Lorsque la durée de l'audience prévue aux deuxième et troisième alinéas du présent article est supérieure à une journée, trois taux unitaires sont alloués pour toute journée d'audience supplémentaire.

L'indemnité prévue aux trois premiers alinéas du présent article rémunère forfaitairement la préparation et la participation à l'audience.

Lorsque le service assuré consiste en l'exercice de toute autre tâche que celles mentionnées au présent article effectuée en qualité de substitut ou de substitut général, une indemnité de vacation égale à un taux unitaire par demi-journée de présence dans la juridiction est versée au magistrat honoraire.

Art. 4 Une indemnité de vacation égale à la moitié d'un taux unitaire est versée au magistrat honoraire pour la participation aux audiences solennelles *(Arr. du 24 déc. 2019, art. 3, en vigueur le 1er janv.2020)* « ou aux assemblées générales dans la limite d'un taux unitaire et demi par an ».

Arrêté du 31 mai 2019,

Portant dispositions relatives aux indemnités allouées aux magistrats exerçant à titre temporaire et aux magistrats honoraires exerçant des fonctions juridictionnelles pour exercer des fonctions dans les cours d'assises ou dans les cours criminelles en application de la loi organique nº 2019-221 du 23 mars 2019.

[...]

Art. 2 Lorsque le service assuré par un magistrat exerçant à titre temporaire et un magistrat honoraire exerçant des fonctions juridictionnelles consiste à siéger à une audience de la cour criminelle en application du I de l'article 12 de la loi du 23 mars 2019 susvisée, il lui est versé une indemnité de vacation respectivement prévue par les articles 29-4 et 35-6 du décret du 7 janvier 1993 susvisé égale à trois taux unitaires.

Lorsque le service assuré par un magistrat honoraire exerçant des fonctions juridictionnelles consiste à représenter le ministère public à une audience de la cour criminelle, il lui est versé une indemnité de vacation égale à cinq taux unitaires.

Lorsque la durée de l'audience prévue aux deux précédents alinéas est supérieure à une journée, trois taux unitaires sont alloués pour toute journée d'audience supplémentaire.

L'indemnité de vacation prévue aux deux premiers alinéas est versée conformément à l'article 1er de l'arrêté du 28 juin 2017 susvisé pour un magistrat exerçant à titre temporaire et à l'article 1er de l'arrêté du 30 juin 2017 susvisé pour un magistrat honoraire exerçant des fonctions juridictionnelles.

Art. 30 *(Décr. nº 2016-1905 du 27 déc. 2016, art. 15)* **Tout magistrat honoraire souhaitant exercer des activités non juridictionnelles de nature administrative ou d'aide à la décision mentionnées à l'article 41-32 de l'ordonnance** *[nº 58-1270]* **du 22 décembre 1958 susvisée doit transmettre sa demande aux chefs de la cour de Cassation ou aux chefs de la cour d'appel ou du tribunal supérieur d'appel dans le ressort duquel il souhaite exercer.** *— V. Ord. nº 58-1270 du 22 déc. 1958, art. 41-32, App., vº Magistrature.*

L'inscription sur la liste des magistrats honoraires exerçant des activités non juridictionnelles de la Cour de cassation est décidée après instruction de la demande et compte tenu des besoins de la juridiction par le premier président et le procureur général.

L'inscription sur la liste des magistrats honoraires exerçant des activités non juridictionnelles de la cour d'appel ou du tribunal supérieur d'appel est décidée, après instruction de la demande et compte tenu des besoins des juridictions, respectivement par les chefs de la cour d'appel ou ceux du tribunal supérieur d'appel.

Dans les deux mois suivant la réception de leur dossier, les candidats sont informés par tout moyen par les chefs de la Cour de cassation, les chefs de la cour d'appel ou du tribunal supérieur d'appel de leur décision.

Art. 30-1 *(Décr. nº 2016-1905 du 27 déc. 2016, art. 16)* **L'inscription en qualité de magistrat honoraire exerçant des activités non juridictionnelles est valable pour une durée de deux ans, renouvelable par décision expresse du premier président et du procureur général près la Cour de cassation, ou du premier président et du procureur général près la cour d'appel, ou du président et du procureur de la République près le tribunal supérieur d'appel, sous** ***réserve de la limite d'âge fixée*** **à l'article 41-32 de l'ordonnance** [nº 58-1270] **du 22 décembre 1958 susvisée.** *— V. Ord. nº 58-1270 du 22 déc. 1958, art. 41-32, App., vº Magistrature.*

Nul ne peut être inscrit sur plus d'une liste à la fois.

En cas de changement d'activité professionnelle, les magistrats honoraires exerçant des activités non juridictionnelles en informent, selon le cas, le premier président et le procureur général près la Cour de cassation, le premier président et le procureur général près la cour d'appel ou le président et le procureur de la République près le tribunal supérieur d'appel.

Art. 30-2 *(Décr. n° 2016-1905 du 27 déc. 2016, art. 16)* Pendant la durée de leur inscription, les magistrats honoraires exerçant des activités non juridictionnelles peuvent faire état de leur qualité de : "magistrat honoraire exerçant des activités non juridictionnelles auprès de la Cour de cassation" ou de "magistrat honoraire exerçant des activités non juridictionnelles auprès de la cour d'appel de..." ou de "magistrat honoraire exerçant des activités non juridictionnelles auprès du tribunal supérieur d'appel de..."

Une carte de magistrat honoraire exerçant des activités non juridictionnelles leur est attribuée.

Art. 30-3 *(Décr. n° 2016-1905 du 27 déc. 2016, art. 16)* Toute mission est proposée par écrit au magistrat honoraire exerçant des activités non juridictionnelles, selon le cas, par le premier président et le procureur général près la Cour de cassation, ou le premier président et le procureur général près la cour d'appel, ou le président et le procureur près le tribunal supérieur d'appel.

La proposition précise notamment les dates de début et de fin de la mission, la nature de celle-ci ainsi que la juridiction auprès de laquelle le magistrat honoraire exerçant des activités non juridictionnelles exerce sa mission.

L'acceptation de la mission est formalisée par un engagement écrit du magistrat honoraire exerçant des activités non juridictionnelles.

Les mentions devant figurer dans la proposition de mission et dans l'engagement sont précisées par arrêté du garde des sceaux, ministre de la justice.

A l'issue de sa mission, le magistrat honoraire exerçant des activités non juridictionnelles rend compte de l'accomplissement de celle-ci, selon le cas, aux chefs de la Cour de cassation, aux chefs de la cour d'appel ou à ceux du tribunal supérieur d'appel.

Art. 30-4 *(Décr. n° 2016-1905 du 27 déc. 2016, art. 16)* Une indemnité est attribuée aux magistrats honoraires exerçant des activités non juridictionnelles pour le temps passé à l'accomplissement des missions qui leur sont confiées.

Le montant de cette indemnité et le régime des frais de déplacement sont fixés par arrêté conjoint du garde des sceaux, ministre de la justice, et du ministre chargé du budget. — *V. Arr. du 28 juin 2017* .

Les magistrats honoraires exerçant des activités non juridictionnelles accomplissent les missions qui leur sont confiées dans la limite de trois cents demi-journées par année civile.

Arrêté du 28 juin 2017,

Fixant les conditions d'application de l'article 30-4 du décret n° 93-21 du 7 janvier 1993 pris pour l'application de l'ordonnance n° 58-1270 du 22 décembre 1958 modifiée portant loi organique relative au statut de la magistrature concernant les magistrats honoraires exerçant des activités non juridictionnelles (JO 2 juill.) .

Art. 30-5 *(Décr. n° 2016-1905 du 27 déc. 2016, art. 16)* Il peut être mis fin à la mission avant son terme par les chefs de la Cour de cassation, les chefs de la cour d'appel ou du tribunal supérieur d'appel soit d'office, en cas de non-respect par le magistrat honoraire exerçant des activités non juridictionnelles des obligations de sa mission, après que ce dernier a été mis à même de présenter ses observations, soit sur demande de l'intéressé.

Art. 30-6 *(Décr. n° 2016-1905 du 27 déc. 2016, art. 16)* La radiation d'un magistrat honoraire exerçant des activités non juridictionnelles de la liste établie par la Cour de cassation, la cour d'appel ou le tribunal supérieur d'appel est prononcée par le premier président et le procureur général près la Cour de cassation, par le premier président et le procureur général près la cour d'appel, ou par le président et le procureur près le tribunal supérieur d'appel, après qu'il a été informé de la possibilité d'obtenir communication de son dossier et de se faire assister par un défenseur de son choix, dans les cas suivants :

1° Condamnation à une peine criminelle ou correctionnelle ou prononçant la déchéance de ses droits civiques ;

2° Manquement à ses obligations.

La radiation est également prononcée par les mêmes autorités lorsque le magistrat honoraire exerçant des activités non juridictionnelles atteint la limite d'âge fixée par l'article 41-32 de l'ordonnance *[n° 58-1270]* du 22 décembre 1958 susvisée. — *V. Ord. n° 58-1270 du 22 déc. 1958, art. 41-32, App., v° Magistrature.*

Le magistrat honoraire exerçant des activités non juridictionnelles qui sollicite sa radiation de la liste adresse sa demande aux chefs de la Cour de cassation, de la cour d'appel ou du tribunal supérieur d'appel. Cette radiation est de droit.

CHAPITRE VI ***Des fonctions en service extraordinaire à la Cour de cassation, du détachement judiciaire, de l'intégration directe dans le corps judiciaire et des magistrats exerçant à titre temporaire*** *(Décr. n° 2016-1905 du 27 déc. 2016, art. 17).*

Art. 31 Les candidatures aux fonctions de conseiller en service extraordinaire à la Cour de cassation sont adressées au Conseil supérieur de la magistrature.

Les candidatures aux fonctions d'avocat général en service extraordinaire à la Cour de cassation sont adressées au garde des Sceaux, ministre de la justice.

L'instruction des candidatures est assurée par la direction du ministère de la justice chargée des services judiciaires.

Art. 31-1 *(Décr. n° 2001-1380 du 31 déc. 2001)* Lorsqu'elle statue en application *(Décr. n° 2016-1905 du 27 déc. 2016, art. 18)* « des articles 18-1, 25-2, 40 et 41-2 » de l'ordonnance du 22 décembre 1958 susvisée, la commission prévue à l'article 34 de cette ordonnance peut, si elle l'estime nécessaire au vu du dossier d'un candidat, procéder à une audition de ce dernier ou désigner à cette fin un ou plusieurs de ses membres.

Art. 32 Les personnes mentionnées à l'article 41 de l'ordonnance du 22 décembre 1958 susvisée sont classées, au sein *(Décr. n° 2001-1380 du 31 déc. 2001)* « du grade » dans lequel leur détachement a été prononcé, à l'échelon comportant un indice égal ou immédiatement supérieur à celui qu'elles détenaient dans leur corps d'origine. Elles conservent l'ancienneté d'échelon dans des conditions et limites identiques à celles dont bénéficient les magistrats détachés en application de l'article 76-2 de l'ordonnance du 22 décembre 1958 susvisée.

Elles concourent pour les promotions de grade avec l'ensemble des membres du corps judiciaire, et leurs services effectifs dans l'un ou plusieurs des corps définis à l'article 41 de l'ordonnance du 22 décembre 1958 susvisée sont pris en compte pour l'application *(Décr. n° 2001-1380 du 31 déc. 2001)* « des articles 7, 8, 9 et 15, » si, dans leur corps d'origine, les services effectifs accomplis par les magistrats dans le corps judiciaire sont pris en compte pour l'avancement des magistrats détachés.

Art. 33 *(Décr. n° 2016-1905 du 27 déc. 2016, art. 19)* L'accès direct aux fonctions du premier grade de la hiérarchie judiciaire prévu au 2° de l'article 23 de l'ordonnance *[n° 58-1270]* du 22 décembre 1958 susvisée est ouvert aux directeurs des services de greffe judiciaires hors classe et aux directeurs des services de greffe judiciaires occupant ou ayant occupé un emploi de directeur fonctionnel des services de greffe judiciaires. – *V. Ord. n° 58-1270 du 22 déc. 1958, art. 23, App., v° Magistrature.*

Art. 34 *(Décr. n° 2017-898 du 9 mai 2017, art. 3)* Pour la durée de leur formation probatoire, les candidats à une intégration au titre des articles 22 et 23 de l'ordonnance *[n° 58-1270]* du 22 décembre 1958 susvisée admis par la commission prévue à l'article 34 de la même ordonnance sont nommés par arrêté du garde des sceaux, ministre de la justice, en qualité de stagiaires auprès de l'École nationale de la magistrature. – *V. Ord. n° 58-1270 du 22 déc. 1958, art. 22 et 23, App. v° Magistrature.*

La durée de la formation probatoire prévue à l'article 25-3 de l'ordonnance *[n° 58-1270]* du 22 décembre 1958 susvisée ne peut excéder sept mois. Elle comprend une formation théorique d'un mois dispensée à l'École nationale de la magistrature et un stage en juridiction d'une durée de six mois. – *V. Ord. n° 58-1270 du 22 déc. 1958, art. 25-3, App. v° Magistrature.*

Lorsque, pour un motif légitime, un candidat se trouve dans l'impossibilité de débuter la formation probatoire, il peut faire l'objet, sur sa demande, d'un report de formation probatoire accordé par arrêté du garde des sceaux, ministre de la justice. Ce report ne peut excéder une année. Lorsque le motif de cette demande est tiré de l'état de santé du candidat, le médecin de prévention est consulté.

Les candidats ayant la qualité de fonctionnaire sont placés en position de détachement par leur administration pendant la formation probatoire. Les candidats ayant la qualité d'agent non titulaire sont mis en congé dans leur administration d'origine.

Les candidats à une intégration directe dans le corps de la magistrature perçoivent pendant la formation probatoire un traitement principal calculé sur la base de l'indice applicable aux auditeurs de justice. A ce traitement principal peuvent s'ajouter les primes et indemnités prévues par des textes réglementaires.

Si le traitement perçu par les candidats ayant la qualité de fonctionnaire est inférieure au montant du traitement dont ils auraient bénéficié dans leur administration d'origine, soit au moment de leur entrée à l'école, soit par suite des avancements dont ils font postérieurement l'objet dans cette administration, ils perçoivent une indemnité compensatrice d'un montant égal

à la différence des traitements afférents, d'une part, à leur grade et échelon dans leur corps d'origine et, d'autre part, à l'échelon correspondant à leur qualité de stagiaire.

Les dispositions figurant à l'art. 3 du Décr. nº 2017-898 du 9 mai 2017 s'appliquent aux candidats à une intégration au titre des art. 22 et 23 de l'Ord. nº 58-1270 du 22 déc. 1958 nommés par arrêté du garde des sceaux, en qualité de stagiaires auprès de l'École nationale de la magistrature, à compter de l'entrée en vigueur du Décr. préc., soit le 11 mai 2017 (Décr. préc., art. 11).

Art. 35 **La période de formation préalable prévue à l'article 25-2 de l'ordonnance** *[nº 58-1270]* **du 22 décembre 1958 susvisée ne peut excéder** *(Décr. nº 2017-898 du 9 mai 2017, art. 4)* **« cinq » mois.** *– V. Ord. nº 58-1270 du 22 déc. 1958, art. 25-2, App. vº Magistrature.*

Cette période est décomptée comme services effectifs pour l'avancement de grade et d'échelon.

(Décr. nº 94-314 du 20 avr. 1994) **« Dès parution du décret nommant la personne intéressée à un emploi de magistrat et lui imposant préalablement à l'installation dans ces fonctions l'accomplissement d'une période de formation, un arrêté du garde des Sceaux, ministre de la justice, fixe les dates de cette formation conformément à la durée déterminée par la commission prévue à l'article 34 de l'ordonnance** *[nº 58-1270]* **du 22 décembre 1958 susvisée. »** *– V. Ord. nº 58-1270 du 22 déc. 1958, art. 34, App. vº Magistrature.*

Les personnes soumises à une période de formation préalable à l'installation perçoivent l'indemnité forfaitaire spéciale, au taux minimal, prévue en application du décret du 10 février 1988 susvisé.

Le cas échéant, elles perçoivent les indemnités de stage prévues par le décret du 28 mai 1990 susvisé.

Art. 35-1 *(Décr. nº 97-4 du 7 janv. 1997 ; Décr. nº 2016-1905 du 27 déc. 2016, art. 20)* **Tout candidat aux fonctions de magistrat exerçant à titre temporaire, prévues par la sous-section 1 de la section II du chapitre V** ***bis*** **de l'ordonnance** *[nº 58-1270]* **du 22 décembre 1958 susvisée, doit transmettre sa demande, adressée au garde des sceaux, aux chefs de la cour d'appel dans le ressort de laquelle il réside, qui procèdent à l'instruction de sa candidature. Le dossier de candidature doit comporter l'indication du ou des tribunaux** *(Décr. nº 2019-921 du 30 août 2019, art. 4-7º, en vigueur le 1er janv. 2020)* **« judiciaires** *[ancienne rédaction : de grande instance]* **» dans lesquels l'intéressé aspire à être nommé.** *– V. Ord. nº 58-1270 du 22 déc. 1958, App., vº Magistrature.*

Art. 35-2 *(Décr. nº 2016-1905 du 27 déc. 2016, art. 21)* **Le dossier de candidature, assorti de l'avis motivé des chefs de cour, est transmis au garde des sceaux, ministre de la justice, qui procède, le cas échéant, à une instruction complémentaire.**

Le garde des sceaux, ministre de la justice, saisit la formation du Conseil supérieur de la magistrature compétente à l'égard des magistrats du siège des projets de nomination aux fonctions de magistrats exerçant à titre temporaire.

Il lui transmet, avec chaque projet de première nomination, la liste de tous les candidats aux fonctions de magistrats exerçant à titre temporaire dans la même juridiction.

Les dossiers de l'ensemble des candidats aux fonctions de magistrats exerçant à titre temporaire sont tenus à la disposition de la formation compétente du Conseil supérieur de la magistrature.

Art. 35-3 *(Décr. nº 2016-1905 du 27 déc. 2016, art. 22)* **Les candidats soumis par le Conseil supérieur de la magistrature à la formation probatoire prévue au troisième alinéa de l'article 41-12 de l'ordonnance** *[nº 58-1270]* **du 22 décembre 1958 susvisée suivent, sur une période de dix jours, la formation organisée par l'École nationale de la magistrature mentionnée au premier alinéa de l'article 35-3-2. Ils effectuent en outre un stage en juridiction d'une durée de 40 à 80 jours fixée par le Conseil supérieur de la magistrature, sur une période de six mois. Le directeur de l'École nationale de la magistrature peut décider de suspendre la formation pour motifs graves et légitimes et il transmet sa décision à la formation compétente du Conseil supérieur de la magistrature selon les modalités prévues à l'alinéa 2.** *– V. Ord. nº 58-1270 du 22 déc. 1958, art. 41-12, App., vº Magistrature.*

Le directeur de l'École nationale de la magistrature établit le bilan de la formation probatoire sous la forme d'un rapport et émet un avis motivé sur l'aptitude du candidat à exercer les fonctions de magistrat exerçant à titre temporaire. Il adresse ce rapport à la formation compétente du Conseil supérieur de la magistrature et au garde des sceaux, ministre de la justice.

Art. 35-3-1 *(Décr. nº 2016-1905 du 27 déc. 2016, art. 23)* **Les candidats nommés magistrats exerçant à titre temporaire qui, au vu de leur expérience professionnelle, n'ont pas été soumis à la formation probatoire suivent la formation prévue au cinquième alinéa de l'article 41-12 de l'ordonnance** *[nº 58-1270]* **du 22 décembre 1958 susvisée préalablement à leur installation dans leurs fonctions.** *– V. Ord. nº 58-1270 du 22 déc. 1958, art. 41-12, App., vº Magistrature.*

Cette formation comprend une première période de dix jours organisée par l'École nationale de la magistrature et un stage en juridiction d'une durée de 40 jours sur une période de six mois. Le directeur de l'École nationale de la magistrature peut décider de suspendre la formation pour motifs graves et légitimes et il transmet sa décision à la formation compétente du Conseil supérieur de la magistrature selon les modalités prévues à l'article 35-3.

La durée du stage en juridiction peut, à titre exceptionnel, être réduite par le Conseil supérieur de la magistrature, au vu de l'expérience professionnelle du candidat.

Art. 35-3-2 *(Décr. nº 2016-1905 du 27 déc. 2016, art. 23)* La formation prévue aux articles 35-3 et 35-3-1 est organisée par l'École nationale de la magistrature. Elle comprend, notamment et sans préjudice de la formation donnée au cours du stage en juridiction, des enseignements portant sur la déontologie, les principes de la procédure et le fonctionnement d'une juridiction, ainsi que l'apprentissage de la technique de rédaction des jugements et de la tenue d'une audience.

Le stage en juridiction complète la formation théorique et pratique des intéressés pour les préparer à l'exercice de leurs fonctions juridictionnelles.

Art. 35-4 *(Décr. nº 2016-1905 du 27 déc. 2016, art. 24)* Le lieu du stage en juridiction du magistrat exerçant à titre temporaire est choisi par l'École nationale de la magistrature, soit dans le ressort de la cour d'appel dont relève le tribunal *(Décr. nº 2019-921 du 30 août 2019, art. 4-8º, en vigueur le 1er janv. 2020)* « judiciaire *[ancienne rédaction : de grande instance]* » où il est affecté ou proposé d'être affecté, soit dans le ressort d'une cour d'appel limitrophe.

Tout candidat membre ou ancien membre d'une profession libérale juridique et judiciaire soumise à un statut législatif ou réglementaire ou dont le titre est protégé ne peut effectuer ce stage dans une juridiction du ressort du tribunal *(Décr. nº 2019-921 du 30 août 2019, art. 4, en vigueur le 1er janv. 2020)* « judiciaire *[ancienne rédaction : de grande instance]* » où il exerce ou a exercé depuis moins de cinq ans, son activité professionnelle.

Art. 35-5 *(Décr. nº 2016-1905 du 27 déc. 2016, art. 25)* Les magistrats exerçant à titre temporaire suivent, pendant la période d'exercice de leurs fonctions, une formation continue obligatoire d'une durée de cinq jours par an la première année d'exercice, puis de trois jours par an les années suivantes.

Art. 35-6 *(Décr. nº 2016-1905 du 27 déc. 2016, art. 26)* Dans la limite des crédits ouverts à cet effet au budget du ministère de la justice, il est attribué aux magistrats exerçant à titre temporaire, pour l'accomplissement des fonctions judiciaires qui leur sont dévolues, une indemnité de vacation forfaitaire dont le taux unitaire est égal à trente-cinq dix millièmes du traitement brut annuel moyen d'un magistrat du deuxième grade. Le nombre de vacations allouées à chaque magistrat ne peut excéder trois cents par an. Les modalités d'attribution de cette indemnité sont fixées par arrêté conjoint du ministre chargé du budget et du garde des sceaux, ministre de la justice. — *V. Arr. du 28 juin 2017* 🏛.

Les magistrats exerçant à titre temporaire perçoivent pour toute journée de formation continue, dans la limite de cinq journées par an la première année et de trois journées par an les années suivantes, une indemnité de vacation correspondant à la moitié du taux unitaire défini au premier alinéa ; cette indemnité s'impute sur leurs vacations annuelles.

Les personnes effectuant une formation, en application de l'article 41-12 de la loi organique précitée *[de l'ord. nº 58-1270 du 22 déc. 1958]*, perçoivent, par jour, une indemnité de vacation correspondant à la moitié du taux unitaire calculé selon les modalités précisées à l'alinéa précédent.

Les magistrats exerçant à titre temporaire et les candidats à ces fonctions sont indemnisés de leurs frais de déplacement temporaire dans les conditions prévues par le décret nº 2006-781 du 3 juillet 2006.

Arrêté du 28 juin 2017,

Fixant les conditions d'application de l'article 35-6 du décret nº 93-21 du 7 janvier 1993 pris pour l'application de l'ordonnance nº 58-1270 du 22 décembre 1958 modifiée portant loi organique relative au statut de la magistrature concernant les magistrats exerçant à titre temporaire (JO 2 juill.) 🏛.

Art. 35-6-1 *(Décr. nº 2016-1905 du 27 déc. 2016, art. 27)* La réglementation du régime général de sécurité sociale ainsi que celle relative aux accidents du travail et aux maladies professionnelles s'appliquent, sauf dispositions contraires, aux candidats aux fonctions de magistrats exerçant à titre temporaire, pendant la durée de leur formation probatoire.

CHAPITRE VI *BIS* *De la réintégration dans le corps judiciaire au terme d'un détachement*

(Décr. nº 2019-399 du 30 avr. 2019, art. 1er)

Art. 35-7 Sous réserve qu'elle lui soit plus favorable, la réintégration dans son grade du corps judiciaire du magistrat détaché dans un corps ou un cadre d'emplois en application des 1° et 2° de l'article 14 du décret du 16 septembre 1985 susvisé est prononcée à l'échelon comportant un indice égal ou, à défaut, immédiatement supérieur à celui qu'il détenait dans son grade de détachement.

Le magistrat conserve, dans la limite de l'ancienneté exigée pour une promotion à l'échelon supérieur, l'ancienneté d'échelon acquise dans son grade de détachement, lorsque l'augmentation de traitement consécutive à sa réintégration est inférieure ou égale à celle qui aurait résulté d'un avancement d'échelon dans son grade de détachement ou à celle qui a résulté de sa promotion au dernier échelon lorsqu'il a déjà atteint l'échelon terminal de son grade de détachement.

Art. 35-8 Sous réserve d'une inscription au tableau d'avancement prévu à l'article 2 de l'ordonnance du 22 décembre 1958 susvisée, la réintégration dans le corps judiciaire peut être prononcée en avancement de grade.

Un magistrat du second grade, non inscrit au tableau d'avancement visé à l'alinéa précédent, ayant atteint dans son corps ou cadre d'emplois de détachement un indice correspondant à un échelon du premier grade du corps judiciaire, est classé à l'échelon sommital du second grade.

Art. 35-9 Le magistrat du premier grade qui, ayant atteint un échelon égal ou supérieur à la HEB *bis* dans son corps ou cadre d'emplois de détachement, est nommé dans un emploi du premier grade qui ne donne pas accès au huitième échelon est classé au septième échelon du premier grade.

Le magistrat du premier grade qui, ayant atteint un échelon égal ou supérieur à la HEB *bis* dans son corps ou cadre d'emplois de détachement, est nommé dans un emploi du premier grade qui donne accès au huitième échelon est classé à cet échelon.

Le magistrat du premier grade qui, n'ayant pas atteint un échelon égal ou supérieur à la HEB *bis* dans son corps ou cadre d'emplois de détachement, est nommé dans un emploi du premier grade donnant accès au huitième échelon est reclassé conformément aux dispositions de l'article 35-7 du présent décret.

Art. 35-10 Lorsque le magistrat réintégré est nommé dans un emploi placé hors hiérarchie, il est reclassé à l'échelon correspondant à cet emploi. Si le magistrat détenait dans son corps ou cadre d'emplois de détachement un indice supérieur à celui correspondant à l'échelon auquel il est reclassé, il bénéficie de l'ancienneté acquise dans l'échelon de son corps ou cadre d'emplois de détachement.

CHAPITRE VII *Dispositions diverses*

(Décr. nº 94-314 du 20 avr. 1994)

Art. 36 *(Décr. nº 2008-818 du 21 août 2008, art. 6-I)* « Le magistrat ayant définitivement cessé ses fonctions depuis moins de cinq ans ou le magistrat en disponibilité, lorsqu'il se propose d'exercer une activité privée, en informe le garde des Sceaux, ministre de la justice, au moins deux mois avant la date de début de l'activité. »

(Décr. nº 94-314 du 20 avr. 1994) « Il adresse au ministre de la justice une déclaration précisant le nom de son employeur éventuel, la nature de l'activité, les fonctions qui seront exercées, ainsi que le lieu de leur exercice.

« Il joint à sa déclaration toute pièce justificative.

« Dans les deux mois de la déclaration, le ministre de la justice notifie, le cas échéant, à l'intéressé qu'il s'oppose à l'exercice de cette activité pour l'un des motifs prévus au deuxième alinéa de l'article 9-2 de l'ordonnance du 22 décembre 1958 susvisée.

« Le silence du ministre de la justice pendant deux mois vaut acceptation.

« Tout changement d'activité pendant le délai de cinq ans après la cessation définitive de ses fonctions ou en cours de disponibilité doit être porté par l'intéressé à la connaissance du garde des Sceaux sous les mêmes conditions. »

Art. 36-1 *(Décr. nº 2008-818 du 21 août 2008, art. 6-II)* Le magistrat qui demande à être placé en position de détachement ou de disponibilité pour exercer une activité libérale ou une activité lucrative, salariée ou non, dans une entreprise ou un organisme privé, y compris lorsque cette demande intervient en application de l'article 76-4 de l'ordonnance du

22 décembre 1958 susvisée, en informe le garde des Sceaux, ministre de la justice, au moins quatre mois avant le début de l'activité.

Il adresse au garde des Sceaux, ministre de la justice, une demande précisant le nom de son employeur éventuel, la nature de l'activité, les fonctions qui seront exercées, ainsi que le lieu de leur exercice.

Il joint à sa demande toute pièce justificative.

La demande est inscrite à l'ordre du jour de la première séance utile du Conseil supérieur de la magistrature qui émet son avis conformément à l'article 20-1 de la loi organique du 5 février 1994 susvisée. En cas d'urgence, le garde des Sceaux le réunit à cette fin.

Dans les quatre mois de la demande, le garde des Sceaux, ministre de la justice, notifie, le cas échéant, à l'intéressé qu'il s'oppose à son placement en position de détachement ou de disponibilité.

Tout changement d'activité survenant en cours de détachement est porté par l'intéressé à la connaissance du garde des Sceaux sous les mêmes conditions.

L'art. 36-1, dans sa rédaction issue de l'art. 6 du Décr. n° 2008-818 du 21 août 2008, est applicable aux demandes présentées à compter de la date d'entrée en vigueur de ce dernier décret (Décr. n° 2008-818 du 21 août 2008, art. 7).

Art. 37 *(Décr. n° 94-314 du 20 avr. 1994)* La participation d'un magistrat en activité à un arbitrage est subordonnée à l'obtention préalable d'une dérogation conformément au deuxième alinéa de l'article 8 de l'ordonnance du 22 décembre 1958 susvisée. Une dérogation est nécessaire pour chaque arbitrage.

Art. 38 *(Décr. n° 94-314 du 20 avr. 1994)* Au cours des débats du Conseil supérieur de la magistrature siégeant en formation disciplinaire, le directeur des services judiciaires peut être assisté *(Décr. n° 2001-1380 du 31 déc. 2001)* « d'un ou plusieurs magistrats » de sa direction.

Art. 39 *(Décr. n° 94-314 du 20 avr. 1994)* La liste des membres titulaires et suppléants de la commission d'avancement mentionnés aux 2°, 3° et 4° de l'article 35 de l'ordonnance du 22 décembre 1958 susvisée est publiée au *Journal officiel*.

Art. 40 *(Décr. n° 94-314 du 20 avr. 1994 ; Décr. n° 2001-1380 du 31 déc. 2001)* La réunion de la commission prévue à l'article 34 de l'ordonnance du 22 décembre 1958 ouvre, au profit des membres qui siègent à ces commissions, droit à l'autorisation spéciale d'absence définie à l'article 15 du décret du 28 mai 1982 susvisé relatif à l'exercice du droit syndical dans la fonction publique.

Art. 41 à 43 *Abrogés par Décr. n° 94-314 du 20 avr. 1994.*

Art. 44 Les magistrats exerçant des fonctions judiciaires dans les *(Décr. n° 2008-818 du 21 août 2008, art. 2-III)* « collectivités d'outre-mer et en Nouvelle-Calédonie » peuvent obtenir en cours de séjour des autorisations d'absence si les nécessités du service ne s'y opposent pas en vue de leur permettre de sauvegarder leurs intérêts personnels et familiaux.

Les autorisations d'absence sont accordées, pour une durée ne pouvant excéder un mois, par le garde des Sceaux pour les chefs de cours et de tribunaux supérieurs d'appel, par le premier président de la cour d'appel ou le président du tribunal supérieur d'appel pour les autres magistrats du siège et par le procureur général près la cour d'appel ou le procureur près le tribunal supérieur d'appel pour les autres magistrats du parquet.

CHAPITRE VIII *Dispositions transitoires* *(Décr. n° 94-314 du 20 avr. 1994).*

Art. 45 Les magistrats exerçant à la date du 30 juin 1993 au second groupe du second grade les fonctions de premier juge, premier juge d'instruction, premier juge des enfants, premier juge de l'application des peines, de premier juge placé près un premier président, de premier substitut et de premier substitut près un procureur général conservent, tant qu'ils n'ont pas été nommés à une autre fonction, leur titre et leur rang dans la juridiction.

Art. 46 *(Décr. n° 2001-1380 du 31 déc. 2001)* Il est créé, à compter du 1er janvier 2002, un grade provisoire de magistrat du second grade.

Ce grade provisoire comporte dix échelons.

Le temps passé dans chaque échelon est fixé à :

– un an pour les deux premiers échelons ;

– deux ans pour les 3e, 4e, 5e, 6e et 7e échelons ;

– trois ans pour les 8e et 9e échelons.

Les magistrats appartenant au second grade à la date du 31 décembre 2001 sont classés dans ce grade provisoire à identité d'échelon. Ils conservent l'ancienneté acquise dans leur précédent échelon.

Les dispositions dont relèvent les magistrats du second grade, à l'exception des dispositions de l'article 12, sont applicables aux magistrats du second grade provisoire.

Art. 46-1 *(Décr. n° 2007-1112 du 18 juill. 2007)* I. – Les magistrats recrutés au titre de l'article 22 de l'ordonnance du 22 décembre 1958 susvisée admis en stage probatoire ou en formation préalable au plus tard le 1er juillet 2002 par la commission prévue à l'article 34 de la même ordonnance sont classés dans le grade provisoire de magistrat du second grade prévu par l'article 46 du présent décret, en appliquant les modalités de décompte des années d'activité professionnelle antérieure prévues aux articles 17-2 et 17-3 du présent décret et en tenant compte de l'ancienneté acquise dans le grade détenu depuis leur nomination dans le corps.

II. – Les magistrats recrutés au titre de l'article 21-1 de l'ordonnance du 22 décembre 1958 susvisée déclarés admissibles au plus tard le 1er juillet 2002 sont classés dans le grade provisoire de magistrat du second grade prévu par l'article 46 du présent décret, en appliquant les modalités de décompte des années d'activité professionnelle antérieure prévues aux articles 6 et 7 du décret n° 2001-1099 du 22 novembre 2001 relatif aux modalités du recrutement de magistrats prévu par l'article 21-1 de l'ordonnance n° 58-1270 du 22 décembre 1958 portant loi organique relative au statut de la magistrature et en tenant compte de l'ancienneté acquise dans le grade détenu depuis leur nomination dans le corps.

Art. 47 *(Décr. n° 2001-1380 du 31 déc. 2001)* La condition d'âge prévue à l'article 9 ne s'applique pas, lors de leur nomination en qualité de conseiller référendaire du premier grade, aux magistrats exerçant, à la date du 31 décembre 2001, les fonctions de conseiller référendaire du second grade.

Art. 48 *(Décr. n° 2001-1380 du 31 déc. 2001)* Les magistrats exerçant, à la date du 31 décembre 2001, les fonctions de président de chambre ou d'avocat général du second groupe du premier grade ne peuvent être nommés à un emploi hors hiérarchie de la Cour de cassation s'ils ne justifient de deux années de services effectifs dans leurs fonctions.

Art. 49 *(Décr. n° 2001-1380 du 31 déc. 2001)* Les magistrats exerçant, à la date du 31 décembre 2001 :

1° Au second grade, les fonctions de :

a) Vice-président d'un *(Décr. n° 2019-966 du 18 sept. 2019, art. 8, en vigueur le 1er janv. 2020)* « **tribunal judiciaire** *[ancienne rédaction : tribunal de grande instance]* », d'un tribunal de première instance ou d'un tribunal supérieur d'appel, et vice-président d'un *(Décr. n° 2019-966 du 18 sept. 2019, art. 8, en vigueur le 1er janv. 2020)* « **tribunal judiciaire** *[ancienne rédaction : tribunal de grande instance]* » chargé du service d'un *(Décr. n° 2019-966 du 18 sept. 2019, art. 8, en vigueur le 1er janv. 2020)* « **tribunal judiciaire** *[ancienne rédaction : tribunal d'instance]* » ;

b) Président ou de procureur de la République d'un *(Décr. n° 2019-966 du 18 sept. 2019, art. 8, en vigueur le 1er janv. 2020)* « **tribunal judiciaire** *[ancienne rédaction : tribunal de grande instance]* » ou de première instance ;

c) Conseiller de cour d'appel ;

d) Conseiller référendaire à la Cour de cassation ;

e) Substitut chargé d'un secrétariat général.

2° Au premier groupe du premier grade, les fonctions de substitut chargé d'un secrétariat général ;

3° Au second groupe du premier grade, les fonctions de :

a) Premier juge, premier juge d'instruction, premier juge des enfants, premier juge de l'application des peines des *(Décr. n° 2019-966 du 18 sept. 2019, art. 8, en vigueur le 1er janv. 2020)* « **tribunaux judiciaires** *[ancienne rédaction : tribunaux de grande instance]* » de Paris, Nanterre, Bobigny et Créteil, et premier substitut du procureur de la République près ces juridictions ;

b) Président de chambre et avocat général de cour d'appel, conservent, tant qu'ils n'ont pas été nommés à une autre fonction, leur titre et leur rang dans la juridiction.

Les magistrats exerçant, à la date du 31 décembre 2001, les fonctions de premier procureur de la République adjoint du second groupe du premier grade et de procureur de la République adjoint du premier groupe du premier grade prennent à compter du 1er janvier 2002 respectivement les titres de procureur de la République adjoint et de vice-procureur de la République. Ces magistrats conservent, tant qu'ils n'ont pas été nommés à une autre fonction, leur rang dans la juridiction.

Art. 50 *(Décr. n° 2001-1380 du 31 déc. 2001)* Les magistrats appartenant aux premier et second groupes du premier grade sont reclassés conformément au tableau suivant :

SITUATION ANCIENNE	SITUATION NOUVELLE	
Grade et échelon	Grade et échelon	Ancienneté conservée dans la limite de la durée de l'échelon
Second groupe du premier grade	*Premier grade*	
7e échelon, 2e et 3e chevrons	8e échelon, 3e chevron	
6e échelon :		
– 3e chevron	7e échelon, 3e chevron	Ancienneté acquise dans l'échelon au-delà de 2ans.
– 2e chevron	7e échelon, 3e chevron	Ancienneté acquise dans l'échelon au-delà de 1 an.
– 1er chevron	7e échelon, 2e chevron	Ancienneté acquise dans l'échelon.
5e échelon :		
– 3e chevron	7e échelon, 2e chevron	Ancienneté acquise dans l'échelon au-delà de 2 ans.
– 2e chevron	6e échelon, 3e chevron	Ancienneté acquise dans l'échelon au-delà de 1 an.
– 1er chevron	6e échelon, 2e chevron	Ancienneté acquise dans l'échelon.
4e échelon	5e échelon	1/4 de l'ancienneté acquise, majoré de 18 mois.
3e échelon	5e échelon	2/3 de l'ancienneté acquise, majorés de 3 mois.
2e échelon	4e échelon	Ancienneté acquise, majorée de 3 mois.
1er échelon	3e échelon	Ancienneté acquise, majorée de 3 mois.
Premier groupe du premier grade	*Premier grade*	
5e échelon :		
– 3e chevron :		
– plus de 1 an	7e échelon, 2e chevron	Sans ancienneté.
– moins de 1 an	6e échelon, 3e chevron	Ancienneté acquise dans l'échelon au-delà de 2 ans.
– 2e chevron	6e échelon, 2e chevron	Ancienneté acquise dans l'échelon au-delà de 1 an.
– 1er chevron	6e échelon, 1er chevron	Ancienneté acquise dans l'échelon.
4e échelon :		
– plus de 2 ans	6e échelon	Sans ancienneté.
– moins de 2 ans	5e échelon	1/3 de l'ancienneté acquise, majoré de 1 an.
3e échelon :		
– plus de 18 mois	5e échelon	1/3 de l'ancienneté acquise au-delà de 18 mois.
– moins de 18 mois	4e échelon	Ancienneté acquise.
2e échelon	3e échelon	Ancienneté acquise.
1er échelon	2e échelon	Ancienneté acquise.

Toutefois, les magistrats qui ont atteint, au 31 décembre 2001, le 3e chevron du 6e échelon du second groupe du premier grade et dont l'emploi figure, en application de l'article 12, sur la liste des fonctions conduisant au 8e échelon du nouveau premier grade sont reclassés au 2e chevron de cet échelon. Ils conservent l'ancienneté acquise dans leur précédent échelon dans la limite d'un an.

Art. 51 *(Décr. no 2001-1380 du 31 déc. 2001)* Pour l'application des dispositions de l'article L. 16 du code des pensions civiles et militaires de retraite, les assimilations prévues pour fixer les nouveaux indices de traitement mentionnés à l'article L. 15 dudit code sont effectuées, en ce qui concerne les magistrats du premier grade, conformément au tableau suivant :

SITUATION ANCIENNE	SITUATION NOUVELLE
Grade et échelon	Grade et échelon
Second groupe du premier grade	*Premier grade*
7e échelon, 2e et 3e chevrons	8e échelon, 3e chevron
6e échelon :	
– 3e chevron	7e échelon, 3e chevron
– 2e chevron	7e échelon, 3e chevron
– 1er chevron	7e échelon, 2e chevron
5e échelon :	
– 3e chevron	7e échelon, 2e chevron
– 2e chevron	6e échelon, 3e chevron
– 1er chevron	6e échelon, 2e chevron
4e échelon	5e échelon
3e échelon	5e échelon
2e échelon	4e échelon
1er échelon	3e échelon
Premier groupe du premier grade	*Premier grade*
5e échelon :	
– 3e chevron :	
– plus de 1 an	7e échelon, 2e chevron
– moins de 1 an	6e échelon, 3e chevron
– 2e chevron	6e échelon, 2e chevron
– 1er chevron	6e échelon, 1er chevron
4e échelon :	
– plus de 2 ans	6e échelon
– moins de 2 ans	5e échelon
3e échelon :	
– plus de 18 mois	5e échelon
– moins de 18 mois	4e échelon
2e échelon	3e échelon
1er échelon	2e échelon

Toutefois, les magistrats qui ont atteint au 31 décembre 2001 le 3e chevron du 6e échelon du second groupe du premier grade et dont l'emploi figure, en application de l'article 12, sur la liste des fonctions conduisant au 8e échelon du nouveau premier grade sont assimilés à ceux classés au 2e chevron de cet échelon.

Les pensions des magistrats du premier grade admis à faire valoir leurs droits à la retraite avant le 1er janvier 2002 et celles de leurs ayants cause sont révisées à compter de cette date.

Art. 52 *(Décr. no 2001-1380 du 31 déc. 2001)* Les magistrats recrutés par les voies du deuxième et du troisième concours d'accès à l'École nationale de la magistrature et au titre des articles 18-1, 22 et 23 de l'ordonnance du 22 décembre 1958 susvisée, nommés en qualité de magistrat dans les dix années qui précèdent la date d'entrée en vigueur de la loi organique no 2001-539 du 25 juin 2001, peuvent demander jusqu'au 30 juin 2002 à bénéficier des dispositions des articles 17-2 à 17-4.

Le reclassement indiciaire effectué en application des articles 17-2 et 17-3 prend effet à compter du 1er janvier 2002.

Les services retenus pour l'avancement en application de l'article 17-4 sont pris en compte pour la première fois pour la présentation au tableau d'avancement établi au titre de l'année 2003.

Art. 53 L'article 1er du décret du 10 janvier 1935 susvisé est abrogé.

Le décret n° 58-1277 du 22 décembre 1958 susvisé est abrogé, à l'exception des articles 1er, 2, 6 à 6-3, 7 à 7-2, 9, 12, 29, 30 et 31 qui, en tant qu'ils concernent les magistrats du second grade, sont maintenus en vigueur jusqu'au 30 juin 1993 et des articles 8 à 8-3 qui demeurent applicables aux candidatures à l'intégration directe enregistrées avant le 25 février 1992. – *V. ces dispositions dans l'édition 1992 ou antérieure du nouveau code de procédure civile [devenu code de procédure civile].*

....

Loi organique n° 94-100 du 5 février 1994,

Sur le Conseil supérieur de la magistrature.

BIBL. GÉN. ► LAY et BIGAUT, *D. 1994. Chron. 129*. – PIASTRA, *D. 2008. 492* (rapport d'activité 2006).

TITRE PREMIER Composition

Art. 1er Les magistrats membres de la formation du Conseil supérieur de la magistrature compétente à l'égard des magistrats du siège sont désignés dans les conditions suivantes :

1° Un magistrat du siège hors hiérarchie de la Cour de cassation élu par l'assemblée des magistrats du siège hors hiérarchie de ladite cour ;

2° Un premier président de cour d'appel élu par l'assemblée des premiers présidents de cour d'appel ;

3° Un président de tribunal *(L. org. n° 2019-221 du 23 mars 2019, art. 10-I-1°, en vigueur le 1er janv. 2020)* « judiciaire *[ancienne rédaction : de grande instance]* » élu par l'assemblée des présidents de tribunal *(L. org. n° 2019-221 du 23 mars 2019, art. 10-I-1°, en vigueur le 1er janv. 2020)* « judiciaire *[ancienne rédaction : de grande instance]* », de première instance ou de tribunal supérieur d'appel ;

4° Deux magistrats du siège et un magistrat du parquet des cours et tribunaux, élus dans les conditions fixées à l'article 4.

Art. 2 Les magistrats membres de la formation du Conseil supérieur de la magistrature compétente à l'égard des magistrats du parquet sont désignés dans les conditions suivantes :

1° Un magistrat du parquet hors hiérarchie à la Cour de cassation élu par l'assemblée des magistrats du parquet hors hiérarchie de ladite cour ;

2° Un procureur général près une cour d'appel élu par l'assemblée des procureurs généraux près les cours d'appel ;

3° Un procureur de la République près un tribunal *(L. org. n° 2019-221 du 23 mars 2019, art. 10-I-2°, en vigueur le 1er janv. 2020)* « judiciaire *[ancienne rédaction : de grande instance]* » élu par l'assemblée des procureurs de la République ;

4° Deux magistrats du parquet et un magistrat du siège des cours et tribunaux élus dans les conditions fixées à l'article 4.

Art. 3 Dans le ressort de chaque cour d'appel, l'ensemble des magistrats du siège, à l'exception du premier président de la cour d'appel et des présidents des tribunaux, d'une part, et l'ensemble des magistrats du parquet, à l'exception du procureur général près la cour d'appel et des procureurs de la République, d'autre part, élisent, dans deux collèges, des magistrats du siège et des magistrats du parquet. Le collège des magistrats du siège comporte cent soixante membres et celui des magistrats du parquet quatre-vingts membres.

Les magistrats en fonction dans le ressort de la cour d'appel sont inscrits sur les listes des électeurs de chaque collège. Les magistrats en position de disponibilité, en congé spécial, en congé parental, en congé de longue durée ainsi que les magistrats temporairement interdits d'exercer leurs fonctions ne peuvent être inscrits sur une liste pendant le temps où ils se trouvent dans une de ces situations.

Les auditeurs et les conseillers référendaires à la Cour de cassation sont inscrits sur la liste des magistrats du siège de la cour d'appel de Paris. *(L. org. n° 2007-287 du 5 mars 2007, art. 33, en vigueur le 1er juin 2007)* « Les avocats généraux référendaires et les substituts » chargés d'un secrétariat général près la Cour de cassation, ainsi que les magistrats du cadre de l'administration centrale du ministère de la justice *(L. org. n° 2016-1090 du 8 août 2016, art. 44)* « , les magistrats mentionnés au 1° *bis* du I de l'article 1er de l'ordonnance n° 58-1270 du 22 décembre 1958 portant loi organique relative au statut de la magistrature » et les magistrats placés en position de détachement, sont inscrits sur la liste des magistrats du parquet de la cour d'appel de Paris. – *V. Ord. n° 58-1270 du 22 déc. 1958, art. 1er, App., v° Magistrature.*

Les magistrats en fonction dans les *(L. org. n° 2007-287 du 5 mars 2007, art. 33, en vigueur le 1er juin 2007)* « collectivités d'outre-mer et en Nouvelle-Calédonie » sont réunis en une même circonscription et inscrits sur les listes des deux collèges de cette circonscription.

Sont éligibles les magistrats figurant sur la liste des électeurs qui, à la date de l'élection, justifient de cinq ans de services effectifs en qualité de magistrat et sont en position d'activité à la cour d'appel ou dans un tribunal du ressort de cette cour.

Le nombre des magistrats à élire pour chaque collège dans le ressort de chaque cour d'appel et dans la circonscription prévue au quatrième alinéa est fixé, en tenant compte de l'importance du ressort ou de la circonscription, par décret en Conseil d'État.

(L. org. n° 2001-539 du 25 juin 2001) « Dans chaque collège, les électeurs procèdent à l'élection à bulletin secret au scrutin de liste, à la représentation proportionnelle suivant la règle du plus fort reste, sans panachage ni vote préférentiel.

« Chaque liste comprend autant de noms de candidats qu'il y a de magistrats à élire pour chaque collège dans le ressort considéré *[Dispositions déclarées non conformes à la Constitution par décision du Conseil constitutionnel n° 2001-445 DC du 19 juin 2001].*

« Les listes qui n'ont pas obtenu 5 % des suffrages exprimés ne sont pas admises à répartition des sièges.

« Dans le cas où, pour l'attribution d'un siège, des listes ont le même reste, le siège est attribué à la liste qui a recueilli le plus grand nombre de suffrages. Si plusieurs de ces listes ont obtenu le même nombre de suffrages, le siège est attribué à l'une d'entre elles par voie de tirage au sort.

« Les candidats élus sont désignés selon l'ordre de présentation de la liste.

« Le mandat des candidats élus a une durée de quatre ans. Toutefois, il prend fin si l'élu cesse d'exercer des fonctions correspondant au collège au titre duquel il a été élu. »

Les dispositions issues de L. org. n° 2001-539 du 25 juin 2001 relatives à l'élection des représentants des magistrats au Conseil supérieur de la magistrature sont applicables lors du prochain renouvellement des membres du Conseil supérieur de la magistrature (L. org. préc., art. 34).

Art. 4 *(L. org. n° 2001-539 du 25 juin 2001)* « Les magistrats du siège élus en application de l'article 3 élisent en leur sein les deux magistrats du siège appelés à siéger au Conseil supérieur de la magistrature en application du 4° de l'article 1er et le magistrat du siège appelé à y siéger en application du 4° de l'article 2 à bulletin secret au scrutin de liste, à la représentation proportionnelle suivant la règle du plus fort reste, sans panachage ni vote préférentiel.

« Les magistrats du parquet élus en application de l'article 3 élisent en leur sein dans les mêmes conditions les deux magistrats du parquet appelés à siéger au Conseil supérieur de la magistrature en application du 4° de l'article 2 et le magistrat du parquet appelé à y siéger en application du 4° de l'article 1er.

« Chaque liste comprend trois noms de candidats *[Dispositions déclarées non conformes à la Constitution par décision du Conseil constitutionnel n° 2001-445 DC du 19 juin 2001].*

« Les listes qui n'ont pas obtenu 5 % des suffrages exprimés ne sont pas admises à répartition des sièges.

« Dans le cas où, pour l'attribution d'un siège, des listes ont obtenu le même reste, le siège est attribué à la liste qui a recueilli le plus grand nombre de suffrages. Si plusieurs de ces listes ont obtenu le même nombre de suffrages, le siège est attribué à l'une d'entre elles par voie de tirage au sort.

« La liste ayant droit au plus grand nombre de sièges choisit alternativement au sein de chacune des deux formations les sièges qu'elle souhaite se voir attribuer. Les autres listes exercent ensuite leur choix successivement dans l'ordre décroissant du nombre de sièges auxquels elles peuvent prétendre et dans les mêmes conditions.

« En cas d'égalité du nombre des sièges obtenus, l'ordre des choix est déterminé par le nombre respectif de suffrages obtenus par les listes en présence. En cas d'égalité du nombre des suffrages, l'ordre des choix est déterminé par tirage au sort.

« Les membres élus sont désignés selon l'ordre de présentation de la liste. » – *Les dispositions issues de L. org. n° 2001-539 du 25 juin 2001 relatives à l'élection des représentants des magistrats au Conseil supérieur de la magistrature sont applicables lors du prochain renouvellement des membres du Conseil supérieur de la magistrature (L. org. préc., art. 34).*

Un décret en Conseil d'État fixe les conditions d'application de l'article 3 et du présent article, et notamment les modalités du vote par correspondance lors des opérations électorales prévues à l'article 3.

Art. 4-1 *(L. org. n° 2010-830 du 22 juill. 2010, art. 1er)* **Les magistrats siégeant dans la formation plénière du Conseil supérieur de la magistrature sont, outre son président :**

1° Le premier président de cour d'appel mentionné au 2° de l'article 1er, pendant la première moitié de son mandat ;

2° Le procureur général près une cour d'appel mentionné au 2° de l'article 2, pendant la seconde moitié de son mandat ;

3° Le président de tribunal *(L. org. n° 2019-221 du 23 mars 2019, art. 10-I-3°, en vigueur le 1er janv. 2020)* **« judiciaire** *[ancienne rédaction : de grande instance]* **» mentionné au 3° de l'article 1er, pendant la seconde moitié de son mandat ;**

4° Le procureur de la République près un tribunal *(L. org. n° 2019-221 du 23 mars 2019, art. 10-I-3°, en vigueur le 1er janv. 2020)* **« judiciaire** *[ancienne rédaction : de grande instance]* **» mentionné au 3° de l'article 2, pendant la première moitié de son mandat ;**

5° Les deux magistrats du siège mentionnés au 4° de l'article 1er, pour toute la durée de leur mandat ;

6° Les deux magistrats du parquet mentionnés au 4° de l'article 2, pour toute la durée de leur mandat.

Jusqu'à sa première réunion dans sa composition issue de la L. const. n° 2008-724 du 23 juill. 2008 de modernisation des institutions de la Ve République, le Conseil supérieur de la magistrature exerce les compétences qui lui étaient conférées en vertu de l'art. 65 de la Constitution dans sa rédaction antérieure à la même loi constitutionnelle (L. org. n° 2010-830 du 22 juill. 2010, art. 38).

Art. 5 Le conseiller d'État qui siège dans les *(L. org. n° 2010-830 du 22 juill. 2010, art. 2)* **« trois » formations du Conseil supérieur de la magistrature est élu par l'assemblée générale du Conseil d'État.**

Sur les dispositions transitoires de la L. org. n° 2010-830 du 22 juill. 2010, V. note ss. art. 4-1 de la présente loi organique.

Art. 5-1 *(L. org. n° 2010-830 du 22 juill. 2010, art. 3)* **L'avocat qui siège dans les trois formations du Conseil supérieur de la magistrature est désigné par le président du Conseil national des barreaux, après avis conforme de l'assemblée générale dudit conseil.**

Sur les dispositions transitoires de la L. org. n° 2010-830 du 22 juill. 2010, V. note ss. art. 4-1 de la présente loi organique.

Art. 5-2 *(L. org. n° 2010-830 du 22 juill. 2010, art. 3)* **Les nominations des personnalités qualifiées par chacune des autorités mentionnées à l'article 65 de la Constitution concourent, dans chaque cas, à une représentation équilibrée des hommes et des femmes. Elles sont soumises, dans les conditions prévues par cet article, à la commission permanente compétente en matière d'organisation judiciaire de chaque assemblée.**

Sur les dispositions transitoires de la L. org. n° 2010-830 du 22 juill. 2010, V. note ss. art. 4-1 de la présente loi organique.

Caractère organique. La dernières phrase de l'art. 5-2, en désignant la commission permanente compétente de chaque assemblée a fixé des règles relevant de la loi ordinaire. Elle n'a donc pas le caractère organique. • Cons. const. 19 juill. 2010, n° 2010-611 DC § 6 : *JO 23 juill., p. 13583.*

Art. 6 Les membres du Conseil supérieur sont désignés pour une durée de quatre ans non renouvelable immédiatement. — *Par dérogation au premier alinéa de l'art. 6 de la L. org. n° 94-100 du 5 févr. 1994 sur le Conseil supérieur de la magistrature, la durée du mandat des membres du Conseil supérieur de la magistrature est prorogée jusqu'à l'expiration d'un délai de six mois suivant la promulgation de la loi organique prise pour l'application de l'art. 65 de la Constitution dans sa rédaction issue de la loi constitutionnelle n° 2008-724 du 23 juill. 2008 de modernisation des institutions de la Ve République et, au plus tard, jusqu'au 31 janv. 2011 (L. org. n° 2010-541 du 25 mai 2010, JO 26 mai).*

(L. org. n° 2010-830 du 22 juill. 2010, art. 4) **« Aucun membre ne peut, pendant la durée de ses fonctions, exercer la profession d'officier public ou ministériel ni aucun mandat électif** *(L. org. n° 2011-333 du 29 mars 2011, art. 41, en vigueur le 31 mars 2011)* **« ni les fonctions de Défenseur de droits » ni, à l'exception du membre désigné en cette qualité en application du deuxième alinéa de l'article 65 de la Constitution, la profession d'avocat.** *(L. org. n° 2017-54 du 20 janv. 2017, art. 3-II)* **« Aucun membre ne peut, pendant la durée de**

ses fonctions, siéger au sein d'une autorité administrative indépendante ou d'une autorité publique indépendante. »

« La démission d'office du membre du Conseil supérieur qui ne s'est pas démis, dans le mois qui suit son entrée en fonctions, de la fonction incompatible avec sa qualité de membre est constatée par le président de la formation plénière, après avis de cette formation. Il en est de même pour le membre du Conseil supérieur qui exerce en cours de mandat une fonction incompatible avec sa qualité de membre.

« Les règles posées à l'avant-dernier alinéa sont applicables aux membres du Conseil supérieur définitivement empêchés d'exercer leurs fonctions. »

Sur les dispositions transitoires de la L. org. n° 2010-830 du 22 juill. 2010, V. note ss. art. 4-1 de la présente loi organique.

Les incompatibilités mentionnées à la seconde phrase du deuxième al. de l'art. 6 de la L. org. n° 94-100 du 5 févr. 1994 sur le Conseil supérieur de la magistrature s'appliquent au mandat des membres nommés ou élus après la promulgation de la L. org. n° 2017-54 du 20 janv. 2017 (JO 21 janv.). Tout membre qui se trouve dans un des cas d'incompatibilité est tenu de faire cesser cette incompatibilité au plus tard le trentième jour suivant la promulgation de la L. org. n° 2017-54 du 20 janv. 2017. A défaut d'option dans ce délai, le président de l'autorité administrative indépendante ou de l'autorité publique indépendante, ou un tiers au moins des membres du collège de l'autorité lorsque l'incompatibilité concerne le président, le déclare démissionnaire (L. org. préc. du 20 janv. 2017, art. 6).

BIBL. ▸ **L. org. n° 2010-541 du 25 mai 2010 :** BAGHESTANI, *LPA 30 juin 2010, p. 7.*

Art. 7 Il est pourvu au remplacement des membres du Conseil supérieur quinze jours au moins avant l'expiration de leurs fonctions.

(L. org. n° 2001-539 du 25 juin 2001) « Lorsqu'une vacance se produit avant la date normale d'expiration des mandats s'agissant d'un des membres visés aux 1° à 3° de l'article 1er ou d'un des membres visés aux 1° à 3° de l'article 2, il est procédé, dans un délai de trois mois et suivant les modalités prévues à ces articles, à une désignation complémentaire.

« Lorsqu'une vacance se produit avant la date normale d'expiration des mandats s'agissant d'un des membres visés au 4° de l'article 1er ou au 4° de l'article 2, le magistrat dont le nom figurait, sur la liste des candidats mentionnés à l'article 4, après celui du magistrat dont le siège est devenu vacant est désigné pour achever son mandat. Si cette liste ne comporte plus de nom utile, il est procédé, dans un délai de trois mois, à une désignation complémentaire au scrutin uninominal à un tour à bulletin secret *[Dispositions déclarées non conformes à la Constitution par décision du Conseil constitutionnel n° 2001-445 DC du 19 juin 2001].*

(L. org. n° 2010-830 du 22 juill. 2010, art. 5) « Lorsqu'une vacance se produit avant la date normale d'expiration des mandats des autres membres du Conseil supérieur, ces derniers sont remplacés, dans les trois mois, selon les modalités prévues pour leur désignation initiale. Les membres ainsi désignés achèvent le mandat des membres qu'ils remplacent. »

« Les dispositions du premier alinéa de l'article 6 ne sont pas applicables aux membres désignés pour achever un mandat après la survenance d'une vacance. » — *Les dispositions issues de L. org. n° 2001-539 du 25 juin 2001 relatives à l'élection des représentants des magistrats au Conseil supérieur de la magistrature sont applicables lors du prochain renouvellement des membres du Conseil supérieur de la magistrature (L. org. préc., art. 34).*

Si un membre du Conseil supérieur démissionne, la nomination du remplaçant intervient au plus tard dans les trois mois de la démission. Celle-ci prend effet à partir de la nomination du remplaçant.

Sur les dispositions transitoires de la L. org. n° 2010-830 du 22 juill. 2010, V. note ss. art. 4-1 de la présente loi organique.

Art. 8 Les magistrats membres du Conseil supérieur ne peuvent faire l'objet ni *(L. org. n° 2010-830 du 22 juill. 2010, art. 6)* « d'un avancement de grade, ni d'une promotion à une fonction hors hiérarchie, » ni d'une *(L. org. n° 2010-830 du 22 juill. 2010, art. 6)* « nomination à un autre emploi » pendant la durée de leur mandat.

Les membres du Conseil supérieur de la magistrature sont de droit et sur leur demande mis en position de détachement ou déchargés partiellement d'activité de service pendant la durée de leur mandat.

Les membres du Conseil supérieur admis à l'honorariat continuent à siéger jusqu'à l'expiration de leur mandat.

Sur les dispositions transitoires de la L. org. n° 2010-830 du 22 juill. 2010, V. note ss. art. 4-1 de la présente loi organique.

Art. 9 Les membres du Conseil supérieur perçoivent une indemnité de fonctions fixée par décret en Conseil d'État, ainsi que, s'il y a lieu, une indemnité de déplacement. – *V. Décr. n° 95-735 du 10 mai 1995 (JO 14 mai), mod. par Décr. n° 2005-786 du 12 juill. 2005 (JO 14 juill.) et par Décr. n° 2007-1255 du 21 août 2007 (JO 23 août).*

Art. 10 Les membres du Conseil supérieur ainsi que les personnes qui, à un titre quelconque, assistent aux délibérations sont tenus au secret professionnel.

Art. 10-1 *(L. org. n° 2010-830 du 22 juill. 2010, art. 7)* Les membres du Conseil supérieur *[de la magistrature]* exercent leur mission dans le respect des exigences d'indépendance, d'impartialité, d'intégrité et de dignité *(L. org. n° 2016-1090 du 8 août 2016, art. 41-1°)* « et veillent à prévenir ou à faire cesser immédiatement les situations de conflit d'intérêts ». Ils veillent au respect de ces mêmes exigences par les personnes dont ils s'attachent les services dans l'exercice de leurs fonctions.

(L. org. n° 2016-1090 du 8 août 2016, art. 41-2°) « Constitue un conflit d'intérêts toute situation d'interférence entre un intérêt public et des intérêts publics ou privés qui est de nature à influencer ou à paraître influencer l'exercice indépendant, impartial et objectif d'une fonction. »

Saisie par le président d'une des formations du Conseil supérieur de la magistrature *(L. org. n° 2016-1090 du 8 août 2016, art. 41-3°-a)* « ou par six autres membres appartenant à l'une de ces formations, dont au moins un magistrat et une personnalité qualifiée », la formation plénière apprécie, à la majorité des membres la composant, si l'un des membres du Conseil supérieur *[de la magistrature]* a manqué aux obligations mentionnées *(L. org. n° 2016-1090 du 8 août 2016, art. 41-3°-b)* « aux deux premiers alinéas ». Dans l'affirmative, elle prononce, selon la gravité du manquement, un avertissement ou la démission d'office.

Sur les dispositions transitoires de la L. org. n° 2010-830 du 22 juill. 2010, V. note ss. art. 4-1 de la présente loi organique.

Art. 10-1-1 *(L. org. n° 2016-1090 du 8 août 2016, art. 42)* Dans les deux mois qui suivent leur entrée en fonctions, les membres du Conseil supérieur de la magistrature établissent une déclaration d'intérêts, dans les conditions prévues aux dix premiers alinéas du III et aux IV et V de l'article 7-2 de l'ordonnance n° 58-1270 du 22 décembre 1958 portant loi organique relative au statut de la magistrature. – *V. Ord. n° 58-1270 du 22 déc. 1958, art. 7-2, App., v° Magistrature.*

Les déclarations d'intérêts sont tenues à la disposition de l'ensemble des membres du Conseil supérieur de la magistrature.

Toute modification substantielle des intérêts détenus fait l'objet, dans un délai de deux mois, d'une déclaration complémentaire dans les mêmes formes.

Sous réserve du deuxième alinéa du présent article, la déclaration d'intérêts ne peut pas être communiquée aux tiers.

Dans les deux mois suivant la publication du décret mentionné à l'art. 7-2, dans sa rédaction résultant de l'art. 42 de la L. org. n° 2016-1090 du 8 août 2016, les personnes mentionnées à l'art. 10-1-1, établissent une déclaration d'intérêts dans les conditions prévues au même art. 10-1-1 (L. org. préc., art. 50-IX).

Art. 10-1-2 *(L. org. n° 2016-1090 du 8 août 2016, art. 43)* S'ils ne sont pas soumis à l'obligation d'établir une déclaration de situation patrimoniale à un autre titre, les membres du Conseil supérieur de la magistrature sont soumis à cette obligation dans les conditions prévues à l'article 7-3 de l'ordonnance n° 58-1270 du 22 décembre 1958 portant loi organique relative au statut de la magistrature. – *V. Ord. n° 58-1270 du 22 déc. 1958, art. 7-3, App., v° Magistrature.*

Dans les deux mois suivant la publication du décret mentionné à l'art. 7-3 de l'Ord. n° 58-1270 du 22 déc. 1958, dans sa rédaction résultant de l'art. 26 de la L. org. n° 2016-1090 du 8 août 2016, les personnes mentionnées à l'art. 10-1-2 de la présente loi organique, dans sa rédaction résultant de l'art. 43 de la L. org. préc., établissent une déclaration de situation patrimoniale dans les conditions prévues audit art. 7-3 (L. org. préc., art. 50-X).

Art. 10-2 *(L. org. n° 2010-830 du 22 juill. 2010, art. 7)* Aucun membre du Conseil supérieur ne peut délibérer ni procéder à des actes préparatoires lorsque sa présence ou sa participation pourrait entacher d'un doute l'impartialité de la décision rendue.

S'agissant du membre du Conseil supérieur désigné en qualité d'avocat en application du deuxième alinéa de l'article 65 de la Constitution, cette exigence s'étend aux avis ou décisions relatifs à un magistrat devant lequel il a plaidé depuis sa nomination au Conseil supérieur, ainsi qu'aux nominations de magistrats au sein des juridictions dans le ressort desquelles se situe le barreau auprès duquel il est inscrit.

La formation à laquelle l'affaire est soumise s'assure du respect de ces exigences.

Sur les dispositions transitoires de la L. org. n° 2010-830 du 22 juill. 2010, V. note ss. art. 4-1 de la présente loi organique.

Indépendance. Le principe d'indépendance et d'impartialité des membres du Conseil supérieur résultant de l'art. 65 de la Constitution constitue une garantie de l'indépendance de ce conseil. Il fait obstacle à ce que le premier président ou le procureur général de la Cour de cassation, ainsi que les autres chefs de cour ou de juridiction membres de ce conseil, délibèrent ou procèdent à des actes préparatoires d'avis ou de décisions relatifs soit aux nominations pour exercer des fonctions dans leur juridiction soit aux magistrats exerçant des fonctions dans leur juridiction. Il fait également obstacle à ce que le premier président et le procureur général de la Cour de cassation participent aux décisions ou aux avis relatifs aux magistrats qui ont, antérieurement, été membres du Conseil supérieur de la magistrature sous leur présidence. Sous ces réserves, les art. 10-1 et 10-2 ne sont pas contraires à la Constitution. • Cons. const. 19 juill. 2010, n° 2010-611 DC § 12 : *JO 23 juill., p. 13583.*

Art. 11 *(L. org. n° 2010-830 du 22 juill. 2010, art. 8-1°)* **« Le secrétaire général du Conseil supérieur de la magistrature est nommé par décret du Président de la République sur proposition conjointe du premier président de la Cour de cassation et du procureur général près ladite cour parmi les magistrats justifiant de sept ans de services effectifs en qualité de magistrat. Il est placé en position de détachement et ne peut exercer aucune autre fonction. Il est désigné pour la durée du mandat des membres du Conseil supérieur et peut être renouvelé une fois dans ses fonctions. »**

Il peut être assisté d'un ou plusieurs adjoints désignés dans les mêmes conditions.

Les modalités de fonctionnement du Conseil supérieur ainsi que l'organisation du secrétariat *(L. org. n° 2010-830 du 22 juill. 2010, art. 8-2°)* **« général » sont fixées par décret en Conseil d'État.**

Sur les dispositions transitoires de la L. org. n° 2010-830 du 22 juill. 2010, V. note ss. art. 4-1 de la présente loi organique.

Art. 12 *(L. org. n° 2010-830 du 22 juill. 2010, art. 9)* **L'autonomie budgétaire du Conseil supérieur est assurée dans les conditions déterminées par une loi de finances.**

Sur les dispositions transitoires de la L. org. n° 2010-830 du 22 juill. 2010, V. note ss. art. 4-1 de la présente loi organique.

TITRE II **Attributions**

Art. 13 *(L. org. n° 2010-830 du 22 juill. 2010, art. 10)* **Chacune des formations du Conseil supérieur de la magistrature se réunit sur convocation de son président.**

Sur les dispositions transitoires de la L. org. n° 2010-830 du 22 juill. 2010, V. note ss. art. 4-1 de la présente loi organique.

Art. 14 *(L. org. n° 2010-830 du 22 juill. 2010, art. 11-1°)* **« En cas d'empêchement, le premier président de la Cour de cassation et le procureur général près ladite cour peuvent être suppléés respectivement par le magistrat visé au 1° de l'article 1er et par le magistrat visé au 1° de l'article 2. »**

(L. org. n° 2010-830 du 22 juill. 2010, art. 11-2°) **« Pour délibérer valablement lorsqu'elles siègent en matière disciplinaire, la formation compétente à l'égard des magistrats du siège et celle compétente à l'égard des magistrats du parquet comprennent, outre le président de séance, au moins sept de leurs membres. Dans les autres matières, chaque formation du Conseil supérieur délibère valablement si elle comprend, outre le président de séance, au moins huit de ses membres. »**

Les propositions et avis de chacune des formations du Conseil supérieur sont formulés à la majorité des voix.

Sur les dispositions transitoires de la L. org. n° 2010-830 du 22 juill. 2010, V. note ss. art. 4-1 de la présente loi organique.

SECTION I *Des nominations des magistrats*

Art. 15 **Les candidatures aux emplois pourvus sur proposition du Conseil supérieur sont adressées simultanément au Conseil supérieur de la magistrature et au ministre de la justice.**

Pour chaque nomination de magistrat du siège à la Cour de cassation, de premier président de cour d'appel ou de président de tribunal *(L. org. nº 2019-221 du 23 mars 2019, art. 10-I-4º, en vigueur le 1er janv. 2020)* « judiciaire *[ancienne rédaction : de grande instance]* », la formation compétente du Conseil supérieur arrête, après examen des dossiers des candidats et sur le rapport d'un de ses membres, la proposition qu'elle soumet au Président de la République.

Pour les nominations de magistrats aux autres fonctions du siège, l'avis de la formation du Conseil supérieur compétente à l'égard des magistrats du siège est donné sur les propositions du ministre de la justice et après un rapport fait par un membre de cette formation.

En l'absence de règles plus précises sur la procédure que doit suivre le Conseil supérieur de la magistrature, il lui est loisible de se fixer des critères indicatifs de sélection adaptés à la nature du poste à attribuer, notamment l'exigence d'une expérience de chef de juridiction pour une nomination à la présidence de TGI importants ; le Conseil ne commet pas d'erreur manifeste d'appréciation en décidant de ne pas entendre un candidat qui ne remplit pas les critères retenus. • CE 10 mars 2006 : *Gaz. Pal. 5-6 avr. 2006, p. 9, concl. Aguila.*

Art. 16 Pour les nominations de magistrats aux fonctions du parquet *(Abrogé par L. org. nº 2010-830 du 22 juill. 2010, art. 13)* « *autres que celles pourvues en conseil des ministres* », l'avis de la formation compétente du Conseil supérieur est donné sur les propositions du ministre de la justice et après un rapport fait par un membre de cette formation.

Sur les dispositions transitoires de la L. org. nº 2010-830 du 22 juill. 2010, V. note ss. art. 4-1 de la présente loi organique.

V. note 1, ss. Const., art. 65, App., vº *Magistrature.*

Art. 17 Les propositions du ministre de la justice sont transmises au Conseil supérieur avec la liste des candidats pour chacun des postes concernés.

Le rapporteur a accès au dossier des magistrats candidats. Il peut demander au ministre de la justice toutes précisions utiles. Ces précisions et les observations éventuelles du magistrat intéressé sont versées dans le dossier de ce dernier.

Sur proposition du rapporteur, le Conseil supérieur peut remettre au ministre de la justice les observations qu'il estime utiles sur le contenu du dossier examiné.

Les dossiers des auditeurs conservés à l'École nationale de la magistrature sont transmis au Conseil supérieur lorsque celui-ci est consulté sur la première affectation des intéressés. Ces dossiers sont ensuite retournés à l'École nationale de la magistrature.

SECTION II *Du Conseil supérieur siégeant en formation disciplinaire*

Art. 18 *(L. org. nº 2010-830 du 22 juill. 2010, art. 14)* L'examen des plaintes dont les justiciables saisissent le Conseil supérieur de la magistrature est confié à une ou plusieurs commissions d'admission des requêtes. Chaque commission d'admission des requêtes est composée, pour chaque formation du Conseil supérieur, de quatre de ses membres, deux magistrats et deux personnalités extérieures au corps judiciaire, désignés chaque année par le président de la formation.

Le président de la commission d'admission des requêtes est désigné par le président de la formation.

Les membres de la commission d'admission des requêtes ne peuvent siéger dans la formation siégeant en matière disciplinaire lorsque celle-ci est saisie d'une affaire qui lui a été renvoyée par la commission d'admission des requêtes à laquelle ils appartiennent ou lorsque le Conseil supérieur de la magistrature est saisi, par les autorités mentionnées aux articles 50-1, 50-2 et aux deux premiers alinéas de l'article 63 de l'ordonnance nº 58-1270 du 22 décembre 1958 portant loi organique relative au statut de la magistrature, de faits identiques à ceux invoqués par un justiciable dont la commission d'admission des requêtes a rejeté la plainte.

La commission d'admission des requêtes examine les plaintes présentées par les justiciables, dans les conditions prévues aux articles 50-3 et 63 de la même loi organique.

La commission d'admission des requêtes délibère valablement si trois de ses membres sont présents.

Elle se prononce à la majorité des voix. En cas de partage égal des voix, l'examen de la plainte est renvoyé à la formation compétente du Conseil supérieur.

Sur les dispositions transitoires de la L. org. nº 2010-830 du 22 juill. 2010, V. note ss. art. 4-1 de la présente loi organique.

Art. 19 La loi organique portant statut de la magistrature fixe les sanctions et la procédure disciplinaires applicables aux magistrats.

SECTION III *Des autres attributions du Conseil supérieur*

Art. 20 Chaque formation du Conseil supérieur peut charger un ou plusieurs de ses membres de missions d'information auprès de la Cour de cassation, des cours d'appel, des tribunaux et de l'École nationale de la magistrature.

Tous les ans, le Conseil supérieur de la magistrature publie le rapport d'activité de chacune de ses formations.

(Abrogé par L. org. n° 2010-830 du 22 juill. 2010, art. 17-II) (L. org. n° 2007-287 du 5 mars 2007, art. 18, en vigueur le 1er juin 2007) ***« Il élabore et rend public un recueil des obligations déontologiques des magistrats. »***

Sur les dispositions transitoires de la L. org. n° 2010-830 du 22 juill. 2010, V. note ss. art. 4-1 de la présente loi organique.

Art. 20-1 *(L. org. n° 2007-287 du 5 mars 2007, art. 19, en vigueur le 1er juin 2007)(Abrogé par L. org. n° 2010-830 du 22 juill. 2010, art. 16-1°) « Le Conseil supérieur de la magistrature émet »* Un avis sur la demande de mise en position de détachement ou de disponibilité émise par un magistrat pour exercer une activité libérale ou une activité lucrative, salariée ou non, dans une entreprise ou un organisme privé, y compris lorsque cette demande intervient en application de l'article 76-4 de l'ordonnance n° 58-1270 du 22 décembre 1958 portant loi organique relative au statut de la magistrature *(L. org. n° 2010-830 du 22 juill. 2010, art. 16-1°)* « , est donné par la formation du Conseil supérieur compétente à l'égard du magistrat selon que celui-ci exerce les fonctions du siège ou du parquet ». *(L. org. n° 2010-830 du 22 juill. 2010, art. 16-1°)* « Elle » examine si l'activité que le magistrat envisage d'exercer est compatible avec les fonctions qu'il a occupées au cours des trois dernières années. La demande est inscrite à l'ordre du jour de la première séance utile.

Pour l'application du présent article, est assimilée à une entreprise privée toute entreprise publique exerçant son activité dans un secteur concurrentiel et conformément aux règles de droit privé.

Sur les dispositions transitoires de la L. org. n° 2010-830 du 22 juill. 2010, V. note ss. art. 4-1 de la présente loi organique.

Art. 20-2 *(L. org. n° 2010-830 du 22 juill. 2010, art. 17-I)* La formation plénière du Conseil supérieur a compétence pour connaître des demandes formulées soit par le Président de la République, au titre de l'article 64 de la Constitution, soit par le garde des Sceaux, ministre de la justice, sur les questions énumérées par l'article 65 de la Constitution. Elle élabore et rend public un recueil des obligations déontologiques des magistrats.

Sur les dispositions transitoires de la L. org. n° 2010-830 du 22 juill. 2010, V. note ss. art. 4-1 de la présente loi organique.

Art. 21 L'ordonnance n° 58-1271 du 22 décembre 1958 portant loi organique pour *[sur]* le Conseil supérieur de la magistrature est abrogée.

Toutefois, jusqu'à la constitution de ses deux formations, le Conseil supérieur de la magistrature continue d'exercer ses fonctions conformément à l'ordonnance n° 58-1271 du 22 décembre 1958 précitée.

La loi n° 51-1078 du 10 sept. 1951, complétant l'art. 38 de la loi du 29 juill. 1881 sur la liberté de la presse, interdit de publier aucune information relative aux travaux et délibérations du Conseil supérieur de la magistrature. — V. ***C. pén.,*** *App., v° Presse (L. 29 juill. 1881, art. 38).*

Décret n° 94-199 du 9 mars 1994,

Relatif au Conseil supérieur de la magistrature (D. et ALD 1994. 224).

BIBL. ▸ ZARKA, *D. 2011. 1888* (le nouveau CSM).

TITRE PREMIER Élection des magistrats membres du Conseil supérieur

Art. 1er Les élections au Conseil supérieur ont lieu quatre mois au plus et quinze jours au moins avant la date d'expiration du mandat de ses membres. La date de ces élections est fixée par arrêté du garde des Sceaux, ministre de la justice.

CHAPITRE PREMIER *Élection des magistrats à la Cour de cassation membres du Conseil supérieur*

Art. 2 Les magistrats mentionnés à l'article 1er (1°) et à l'article 2 (1°) de la loi organique du 5 février 1994 susvisée sont élus, lors de deux élections distinctes, au scrutin uninominal à un tour et à bulletin secret.

Art. 3 Quinze jours au moins avant la date fixée pour le scrutin, la liste des électeurs du siège et la liste des électeurs du parquet sont établies respectivement par le premier président de la Cour de cassation et par le procureur général près cette juridiction et affichées à la Cour de cassation.

Dans les cinq jours qui suivent l'affichage, les électeurs peuvent vérifier les inscriptions et présenter des demandes de rectification à l'autorité qui a dressé la liste. Celle-ci procède, si nécessaire, à l'affichage d'un rectificatif de la liste au terme de ce délai.

Pendant cinq jours à compter de l'expiration de ce délai, des réclamations peuvent être formulées contre les inscriptions ou omissions sur une liste électorale devant le ministre de la justice qui statue sans délai.

Art. 4 Pour l'élection du magistrat du siège, il est institué un bureau de vote comprenant le premier président de la Cour de cassation ou le magistrat du siège présent du rang le plus élevé et le plus ancien dans l'ordre de nomination à la cour, président, et, parmi les magistrats du siège hors hiérarchie présents, le magistrat le plus âgé et le magistrat le plus jeune de la Cour de cassation, sauf s'ils sont eux-mêmes candidats.

Pour l'élection du magistrat du parquet, il est institué un bureau de vote comprenant le procureur général près la Cour de cassation ou le magistrat du parquet présent du rang le plus élevé et le plus ancien dans l'ordre de nomination à la cour, président, et, parmi les magistrats du parquet présents, le magistrat le plus âgé et le magistrat le plus jeune, sauf s'ils sont eux-mêmes candidats.

Art. 5 Jusqu'à l'ouverture du scrutin, tout électeur peut faire acte de candidature, par remise d'une déclaration signée au bureau de vote compétent. Celui-ci statue sur la recevabilité des candidatures et affiche la liste alphabétique des candidats à l'ouverture du scrutin.

Le vote est personnel. Chaque électeur inscrit les nom et prénom d'un candidat, à l'exclusion de toute autre mention, sur le bulletin de vote mis à sa disposition par l'administration.

Art. 6 Chaque bureau de vote procède au dépouillement du scrutin ainsi qu'à la proclamation des résultats.

Sont nuls les bulletins qui comportent plus d'un nom ainsi que les bulletins illisibles ou comportant un quelconque signe d'identification ou des mentions autres que celles prévues à l'article 5.

Le bureau de vote détermine le nombre de voix obtenu par chaque candidat. Le candidat ayant obtenu le plus grand nombre de suffrages est élu. En cas d'égalité du nombre des suffrages obtenu par deux ou plusieurs candidats, le plus âgé d'entre eux est proclamé élu.

Le bureau de vote établit un procès-verbal des opérations électorales auquel sont annexés les bulletins déclarés nuls et les bulletins blancs. Une copie du procès-verbal est établie et immédiatement transmise au ministre de la justice, au secrétariat *(Décr. n° 2010-1637 du 23 déc. 2010, art. 2-I)* « général » du Conseil supérieur et à chaque candidat.

Sur les dispositions transitoires relatives au Décr. n° 2010-1637 du 23 déc. 2010, V. note ss. art. 32 du présent décret.

CHAPITRE II *Élection du premier président de cour d'appel et élection du procureur général près une cour d'appel membres du Conseil supérieur*

Art. 7 Les magistrats mentionnés à l'article 1er (2°) et à l'article 2 (2°) de la loi organique du 5 février 1994 susvisée sont élus au scrutin uninominal à un tour et à bulletin secret. Ces élections ont lieu au siège du Conseil supérieur, sur convocation du ministre de la justice.

Art. 8 Quinze jours au moins avant la date fixée pour le scrutin, le directeur des services judiciaires établit les deux listes d'électeurs, comportant pour chacun ses nom, prénom et lieu d'affectation, et adresse à chaque électeur la liste qui le concerne. Les demandes et réclamations prévues aux deuxième et troisième alinéas de l'article 3 peuvent être formées contre chacune de ces listes sous les mêmes conditions, à compter de la date de réception de la liste.

Art. 9 Pour l'élection du premier président, il est institué un bureau de vote composé des trois premiers présidents de cour d'appel présents les plus âgés qui ne sont pas eux-mêmes candidats.

Pour l'élection du procureur général, le bureau de vote est composé des trois procureurs généraux présents les plus âgés qui ne sont pas eux-mêmes candidats.

Art. 10 Les règles fixées aux articles 5 et 6 sont applicables aux élections mentionnées au présent chapitre.

CHAPITRE III *Élection du président du tribunal judiciaire et élection du procureur de la République près un tribunal judiciaire membres du conseil supérieur* (*Décr. nº 2019-921 du 30 août 2019, art. 6-1º, en vigueur le 1er janv. 2020*).

Art. 11 Les magistrats mentionnés à l'article 1er (3°) et à l'article 2 (3°) de la loi organique du 5 février 1994 susvisée sont élus au scrutin uninominal à un tour et à bulletin secret. Ces élections ont lieu au siège du Conseil supérieur, sur convocation du ministre de la justice.

Art. 12 Quinze jours au moins avant la date fixée pour le scrutin, le directeur des services judiciaires établit les deux listes d'électeurs, comportant pour chacun ses nom, prénom et lieu d'affectation, et adresse à chaque électeur la liste qui le concerne. Les demandes et réclamations prévues aux deuxième et troisième alinéas de l'article 3 peuvent être formées contre chacune de ces listes sous les mêmes conditions, à compter de la date de réception de la liste.

Art. 13 Pour l'élection du président de tribunal (*Décr. nº 2019-921 du 30 août 2019, art. 6-2º, en vigueur le 1er janv. 2020*) « judiciaire [*ancienne rédaction : de grande instance*] », il est institué un bureau de vote composé des trois présidents présents les plus âgés qui ne sont pas eux-mêmes candidats.

Pour l'élection du procureur de la République, le bureau de vote est composé des trois procureurs de la République présents les plus âgés qui ne sont pas eux-mêmes candidats.

Art. 14 Les règles fixées aux articles 5 et 6 sont applicables aux élections mentionnées au présent chapitre.

CHAPITRE IV *Élection des magistrats du siège et du parquet des cours et tribunaux membres du Conseil supérieur*

SECTION I *Élection du collège des magistrats du siège et du collège des magistrats du parquet*

Art. 15 Le nombre des magistrats du siège et des magistrats du parquet à élire dans chaque cour d'appel ou circonscription pour composer les collèges prévus à l'article 3 de la loi organique du 5 février 1994 susvisée est fixé par le tableau ci-dessous. — *Tableau remplacé par Décr. nº 2014-960 du 22 août 2014.*

COURS D'APPEL	SIÈGE	PARQUET
Agen	1	1
Aix-en-Provence	13	5
Amiens	4	2
Angers	3	1
Basse-Terre	1	1
Bastia	1	1
Besançon	2	1
Bordeaux	5	2

COURS D'APPEL	SIÈGE	PARQUET
Bourges	2	1
Caen	3	1
Cayenne	1	1
Chambéry	2	1
Colmar	5	1
Dijon	3	1
Douai	10	4
Fort-de-France	1	1
Grenoble	4	1
Limoges	2	1
Lyon	7	2
Metz	3	1
Montpellier	5	2
Nancy	3	1
Nîmes	4	1
Orléans	3	1
Paris	30	29
Pau	3	1
Poitiers	4	1
Reims	3	1
Rennes	8	3
Riom	3	1
Rouen	4	2
Saint-Denis de La Réunion	2	1
Toulouse	4	1
Versailles	10	4
COM et Nouvelle-Calédonie	1	1
Total	160	80

Art. 16 **Dans chaque cour d'appel, la liste des électeurs du collège des magistrats du siège et la liste des électeurs du collège des magistrats du parquet, comportant pour chacun ses nom, prénom, fonctions exercées et juridiction ou service d'affectation, sont établies respectivement par le premier président de la cour d'appel et le procureur général près ladite cour, conformément aux dispositions de l'article 3 de la loi organique du 5 février 1994 susvisée. Pour les magistrats en fonctions dans les** *(Décr. nº 2014-960 du 22 août 2014, art. 2-I)*

« collectivités d'outre-mer et en Nouvelle-Calédonie », les deux listes sont dressées par le directeur des services judiciaires.

(Décr. n° 2002-442 du 2 avr. 2002) « Vingt-trois jours » au moins avant le début du scrutin, elles sont affichées dans toutes les juridictions du ressort. La liste des électeurs du siège de la cour d'appel de Paris est, en outre, affichée à la Cour de cassation et celle des électeurs du parquet de la cour d'appel de Paris à la Cour de cassation et au ministère de la justice.

(Décr. n° 2002-442 du 2 avr. 2002) « Vingt et un jours » au moins avant le début du scrutin, les autorités qui ont dressé les listes électorales procèdent, si nécessaire, à leur rectification.

(Décr. n° 2002-442 du 2 avr. 2002) « Seize jours » au moins avant le début du scrutin, le ministre de la justice statue sur les réclamations contre les inscriptions ou omissions sur une liste électorale.

Art. 17 *(Décr. n° 2002-442 du 2 avr. 2002)* Quatorze jours au moins avant le début du scrutin, les listes de candidats sont déposées directement auprès du bureau de vote. Sous peine d'irrecevabilité, toute liste comporte un nombre de candidats égal au nombre de magistrats à élire dans la cour d'appel ou la circonscription et un dépôt doit être accompagné d'une déclaration de candidature signée par chaque candidat.

Chaque liste doit également préciser le nom du magistrat figurant sur celle-ci ayant la qualité de délégué de liste, habilité à représenter cette liste dans toutes les opérations électorales. A défaut de cette désignation, le candidat tête de liste remplit la fonction de délégué de liste.

Aucune liste ne peut être déposée ou modifiée après la date limite fixée au premier alinéa, sous réserve du cas prévu à l'article 19.

Aucun retrait de candidature ne peut être opéré après le dépôt des listes de candidature.

Art. 18 Au siège de chaque cour d'appel, il est institué deux bureaux de vote.

Le bureau de vote compétent pour l'élection des magistrats du siège comprend le premier président ou le magistrat du siège du rang le plus élevé et le plus ancien dans l'ordre de nomination à la cour, président, ainsi que, parmi les magistrats du siège, le magistrat le plus âgé au siège de la cour et le magistrat le plus jeune des tribunaux du ressort de la cour, qui ne sont pas eux-mêmes candidats.

Le bureau compétent pour l'élection des magistrats du parquet comprend le procureur général près la cour d'appel ou le magistrat du parquet du rang le plus élevé et le plus ancien dans l'ordre de nomination à la cour, président, ainsi que, parmi les magistrats du parquet, le magistrat le plus âgé au siège de la cour et le magistrat le plus jeune des tribunaux du ressort de la cour, qui ne sont pas eux-mêmes candidats.

Pour les magistrats en fonctions dans les *(Décr. n° 2014-960 du 22 août 2014, art. 2-I)* « collectivités d'outre-mer et en Nouvelle-Calédonie », il est institué au ministère de la justice un bureau de vote commun, comprenant le directeur des services judiciaires ou son représentant, président, et, parmi les magistrats du cadre de l'administration centrale du ministère de la justice, le magistrat le plus âgé dans le rang le plus élevé et le magistrat le plus jeune dans le rang le moins élevé.

En cas d'absence ou d'empêchement d'un des assesseurs mentionnés aux deuxième, troisième et quatrième alinéas du présent article, il est fait appel au magistrat qui, du fait de cette absence ou de cet empêchement, remplit la condition d'âge requise.

Art. 19 *(Décr. n° 2002-442 du 2 avr. 2002)* Onze jours au moins avant le début du scrutin, chaque bureau de vote statue sur la recevabilité des listes déposées.

Si un ou plusieurs candidats inscrits sur une liste sont reconnus inéligibles par le bureau *de vote,* le président du bureau de vote le notifie sans délai au délégué de liste qui peut alors procéder, dans un délai d'un jour franc à compter de cette notification, aux rectifications nécessaires.

En cas de rectification, le bureau de vote statue immédiatement sur la recevabilité de la liste ainsi rectifiée.

A défaut de rectification, si un ou plusieurs candidats inscrits sur une liste sont reconnus inéligibles, la liste ne peut être regardée comme régulièrement déposée.

Les listes déclarées recevables sont affichées dans les conditions prévues au deuxième alinéa de l'article 16, au plus tard le neuvième jour précédant l'ouverture du scrutin. Chaque liste constitue un bulletin de vote. Les listes sont adressées à chaque électeur accompagnées des enveloppes intérieures et extérieures.

Art. 20 Le vote a lieu par correspondance et dure sept jours. Les bulletins de vote sont adressés au bureau de vote compétent.

(Décr. n° 2002-442 du 2 avr. 2002) « Les électeurs votent pour une liste sans adjonction ni suppression de nom, ni modification de l'ordre de présentation des candidatures. »

Art. 21 Chaque bulletin de vote est placé sous double enveloppe. Les enveloppes intérieures sont fermées et ne doivent comporter aucune indication de quelque nature que ce soit.

Les enveloppes extérieures, également fermées, doivent comporter les mentions suivantes :
"Désignation des membres du Conseil supérieur de la magistrature.
"Ressort de la cour d'appel de ... (ou : Circonscription des *(Décr. n° 2014-960 du 22 août 2014, art. 2-II)* « collectivités d'outre-mer et de la Nouvelle-Calédonie »).
"Magistrats du siège (ou : Magistrats du parquet)."

Les enveloppes extérieures doivent porter, en outre, la signature du magistrat avec l'indication de ses nom et prénom ainsi que des fonctions exercées et de la juridiction ou du service d'affectation.

Les enveloppes extérieures ne doivent porter aucune autre mention.

Art. 22 Le lendemain au plus tard de la fin du scrutin, chaque bureau de vote procède au dépouillement.

Art. 23 Sont nuls :

1° Les votes contenus dans les enveloppes extérieures qui émanent de personnes n'ayant pas qualité pour participer au scrutin ainsi que celles qui ne comportent pas les mentions requises ou qui portent des mentions illisibles ;

2° Les votes dépourvus d'enveloppe intérieure ;

3° Les votes contenus dans les enveloppes intérieures non fermées ou qui portent un signe quelconque d'identification ;

4° Les votes figurant sur des bulletins ou placés dans des enveloppes autres que ceux fournis par l'administration, *(Décr. n° 2002-442 du 2 avr. 2002)* « les bulletins sur lesquels l'électeur a ajouté ou supprimé un ou plusieurs noms ou a modifié l'ordre de présentation des candidatures, ainsi que les bulletins illisibles ou portant des signes d'identification ou une quelconque mention ».

Art. 24 *(Décr. n° 2002-442 du 2 avr. 2002)* Le bureau de vote détermine le nombre de suffrages obtenus par chaque liste.

Il détermine en outre le quotient électoral en divisant le nombre total de suffrages valablement exprimés recueillis par les listes ayant obtenu au moins 5 % des suffrages exprimés par le nombre de magistrats à élire.

Chaque liste ayant obtenu au moins 5 % des suffrages exprimés a droit à autant de sièges que le nombre de suffrages recueillis par elle contient de fois le quotient électoral.

Les sièges restant éventuellement à pourvoir sont attribués suivant la règle du plus fort reste, dans les conditions fixées par l'article 3 de la loi organique du 5 février 1994 susvisée.

Les candidats élus sont désignés selon l'ordre de présentation de la liste par le bureau de vote qui proclame les résultats.

Art. 25 Un procès-verbal des opérations électorales est établi par chaque bureau de vote et immédiatement transmis au ministre de la justice, au secrétariat *(Décr. n° 2010-1637 du 23 déc. 2010, art. 2-I)* « général » du Conseil supérieur ainsi qu'aux *(Décr. n° 2002-442 du 2 avr. 2002, art. 11)* « délégués de liste ».

Le bureau de vote annexe au procès-verbal les enveloppes et les bulletins déclarés nuls, ainsi que les bulletins blancs et les enveloppes vides. Il annexe également les enveloppes parvenues hors délai, qui ne sont pas recensées.

Sur les dispositions transitoires relatives au Décr. n° 2010-1637 du 23 déc. 2010, V. note ss. art. 32 du présent décret.

SECTION II *Élection des membres du Conseil supérieur par les deux collèges*

Art. 26 Le ministre de la justice dresse, au vu des procès-verbaux, les deux listes de magistrats élus et procède à leur convocation pour les élections prévues à l'article 4 de la loi organique du 5 février 1994 susvisée. Ces élections ont lieu au siège du Conseil supérieur dans un délai de quinze jours à partir de la proclamation des résultats mentionnés à l'article 24.

Art. 27 Pour l'élection des magistrats du siège prévue au premier alinéa de l'article 4 de la loi organique du 5 février 1994 susvisée, le bureau de vote comprend un magistrat du siège membre de la formation du Conseil supérieur compétente à l'égard des magistrats du siège désigné par cette formation, président, ainsi que le plus âgé et le plus jeune des électeurs des magistrats du siège présents qui ne sont pas eux-mêmes candidats.

Pour l'élection des magistrats du parquet prévue au deuxième alinéa de l'article 4 de la loi organique du 5 février 1994 susvisée, le bureau de vote comprend un magistrat du parquet membre de la formation du Conseil supérieur compétente à l'égard des magistrats du parquet désigné par cette formation, président, ainsi que le plus âgé et le plus jeune des électeurs des magistrats du parquet présents qui ne sont pas eux-mêmes candidats.

Art. 28 Les électeurs du siège procèdent à l'élection des deux magistrats du siège mentionnés à l'article 1er (4°) de la loi organique du 5 février 1994 susvisée *(Décr. n° 2002-442 du 2 avr. 2002)* « et » à l'élection du magistrat du siège mentionné à l'article 2 (4°) de la même loi.

Les électeurs du parquet procèdent à l'élection des deux magistrats du parquet mentionnés à l'article 2 (4°) de la loi organique du 5 février 1994 susvisée *(Décr. n° 2002-442 du 2 avr. 2002)* « et » à l'élection du magistrat du parquet mentionné à l'article 1er (4°) de la même loi.

Art. 29 *(Décr. n° 2002-442 du 2 avr. 2002)* Les listes de candidats sont déposées, jusqu'à l'ouverture du scrutin, directement auprès du bureau de vote compétent. Sous peine d'irrecevabilité, toute liste comporte trois noms de candidats et son dépôt doit être accompagné d'une déclaration de candidature signée par chaque candidat.

Chaque liste doit également préciser le nom d'un magistrat figurant sur celle-ci, ayant la qualité de délégué de liste, habilité à représenter cette liste dans toutes les opérations électorales. A défaut de cette désignation, le candidat tête de liste remplit la fonction de délégué de liste.

Aucun retrait de candidature ne peut être opéré après le dépôt des listes de candidature.

Le bureau de vote statue sur la recevabilité des listes déposées.

Si un ou plusieurs candidats inscrits sur une liste sont reconnus inéligibles par le bureau de vote, le président du bureau de vote le notifie sans délai au délégué de liste qui peut alors procéder immédiatement aux rectifications nécessaires.

En cas de rectification, le bureau de vote statue sans délai sur la recevabilité de la liste ainsi rectifiée.

A défaut de rectification, si un ou plusieurs candidats inscrits sur une liste sont reconnus inéligibles, la liste ne peut être regardée comme régulièrement déposée.

Les listes déclarées recevables sont affichées à l'ouverture du scrutin. Chaque liste constitue un bulletin de vote. Les listes sont remises à chaque électeur.

Le vote est personnel. Les électeurs votent pour une liste sans adjonction ni suppression de nom, ni modification de l'ordre de présentation des candidatures.

Chaque bulletin de vote est placé sous une enveloppe fournie par l'administration et qui ne doit porter aucun signe d'identification ni aucune mention.

Art. 30 *(Décr. n° 2002-442 du 2 avr. 2002)* Chaque bureau de vote procède au dépouillement du scrutin.

Sont nuls :

1° Les votes figurant sur des bulletins ou placés dans des enveloppes portant un signe d'identification ou une quelconque mention ;

2° Les votes figurant sur des bulletins ou placés dans des enveloppes autres que ceux fournis par l'administration ;

3° Les bulletins sur lesquels l'électeur a ajouté ou supprimé un ou plusieurs noms ou a modifié l'ordre de présentation des candidatures ;

4° Les bulletins illisibles.

Art. 30-1 *(Décr. n° 2002-442 du 2 avr. 2002, art. 15)* Le bureau de vote détermine le nombre de suffrages obtenus par chaque liste.

Il détermine en outre le quotient électoral en divisant le nombre total de suffrages valablement exprimés recueillis par les listes ayant obtenu au moins 5 % des suffrages exprimés par le nombre de magistrats à élire.

Chaque liste ayant obtenu au moins 5 % des suffrages exprimés a droit à autant de sièges que le nombre de suffrages recueillis par elle contient de fois le quotient électoral.

Les sièges restant éventuellement à pourvoir sont attribués suivant la règle du plus fort reste, dans les conditions fixées par l'article 4 de la loi organique du 5 février 1994 susvisée.

Le choix des sièges au sein de chaque formation du Conseil supérieur de la magistrature est exercé par le délégué de liste dans les conditions prévues par les sixième et septième alinéas de l'article 4 de la loi organique du 5 février 1994 susvisée.

Les membres élus sont désignés selon l'ordre de présentation de la liste par le bureau de vote qui proclame les résultats.

Un procès-verbal des opérations électorales est établi par chaque bureau de vote et immédiatement transmis au ministre de la justice, au secrétariat *(Décr. n° 2010-1637 du 23 déc. 2010, art. 2-I)* « général » du Conseil supérieur de la magistrature ainsi qu'aux délégués de liste.

Le bureau de vote annexe au procès-verbal les enveloppes et les bulletins déclarés nuls, ainsi que les bulletins blancs et les enveloppes vides.

Sur les dispositions transitoires relatives au Décr. n° 2010-1637 du 23 déc. 2010, V. note ss. art. 32 du présent décret.

Art. 31 La liste des membres du Conseil supérieur de la magistrature est publiée au *Journal officiel.*

Art. 31-1 *(Décr. n° 2002-442 du 2 avr. 2002, art. 16)* Lorsqu'une vacance se produit avant la date normale d'expiration du mandat d'un des membres visés au 4° de l'article 1er ou au 4° de l'article 2 de la loi organique du 5 février 1994 susvisée et qu'il doit être procédé à une désignation complémentaire dans les conditions fixées par le troisième alinéa de l'article 7 de cette loi organique, le ministre de la justice dresse la liste des membres du collège concerné et procède à leur convocation pour cette élection, qui a lieu au siège du Conseil supérieur.

Le bureau de vote est composé conformément à l'article 27.

Jusqu'à l'ouverture du scrutin, tout électeur peut faire acte de candidature par remise au bureau de vote d'une déclaration signée. Le bureau de vote statue sur la recevabilité des candidatures et affiche la liste des candidats à l'ouverture du scrutin.

Le vote est personnel. Chaque électeur inscrit, sur le bulletin mis à sa disposition par l'administration, les nom et prénom d'un candidat.

Le bureau de vote procède au dépouillement du scrutin.

Sont nuls les bulletins qui comportent le nom de personnes dont la candidature n'a pas été affichée, ceux qui comportent plus d'un nom, ainsi que les bulletins illisibles ou comportant un quelconque signe d'identification ou des mentions autres que le nom et le prénom du candidat.

Le magistrat ayant recueilli le plus de suffrages est déclaré élu. En cas de partage égal des voix, le candidat le plus âgé est déclaré élu.

Le bureau de vote proclame les résultats. Un procès-verbal des opérations électorales est établi par le bureau de vote et immédiatement transmis au ministre de la justice et au secrétariat *(Décr. n° 2010-1637 du 23 déc. 2010, art. 2-I)* « général » du Conseil supérieur. Le bureau de vote annexe au procès-verbal les enveloppes et les bulletins déclarés nuls, ainsi que les bulletins blancs et les enveloppes vides.

Sur les dispositions transitoires relatives au Décr. n° 2010-1637 du 23 déc. 2010, V. note ss. art. 32 du présent décret.

TITRE Ier *BIS* Déclarations de situation patrimoniale des membres du Conseil supérieur

(Décr. n° 2017-465 du 31 mars 2017, art. 1er)

Art. 31-2 I. – Les déclarations de situation patrimoniale des membres mentionnés à l'article 10-1-2 de la loi organique du 5 février 1994 susvisée comportent les éléments mentionnés à l'annexe n° 1 du décret n° 2013-1212 du 23 décembre 2013 relatif aux déclarations de situation patrimoniale et déclarations d'intérêts adressées à la Haute Autorité pour la transparence de la vie publique.

II. – Les déclarations de situation patrimoniale de fin de fonctions de ces membres comportent en outre les éléments mentionnés à l'annexe n° 2 du décret du 23 décembre 2013 précité.

III. – Les modifications substantielles de la situation patrimoniale de ces personnes sont déclarées en actualisant les déclarations mentionnées au I et en indiquant la nature et la date de l'événement ayant conduit à la modification de la situation patrimoniale.

Art. 31-3 Les déclarations mentionnées au présent chapitre sont transmises à la Haute Autorité pour la transparence de la vie publique selon les modalités prévues à l'article 4 du décret du 23 décembre 2013 précité.

Art. 31-4 La Haute Autorité conserve les déclarations jusqu'à l'expiration d'un délai de cinq ans à compter de la fin des fonctions au titre desquelles elles ont été déposées.

TITRE II Organisation du secrétariat général du Conseil supérieur *(Décr. n° 2010-1637 du 23 déc. 2010, art. 2-I).*

Art. 32 *(Décr. n° 2010-1637 du 23 déc. 2010, art. 3)* Au plus tard dans les huit jours qui suivent l'élection ou la désignation de l'ensemble des membres du Conseil supérieur de la magistrature, le premier président de la Cour de cassation et le procureur général près ladite cour font connaître au président de la République le nom du magistrat qu'ils proposent pour la nomination aux fonctions de secrétaire général du Conseil supérieur.

Jusqu'à sa première réunion dans sa composition issue de la L. constit. n° 2008-724 du 23 juill. 2008 de modernisation des institutions de la Ve République, le Conseil supérieur de la magistrature continue d'exercer ses fonctions conformément au Décr. n° 94-199 du 9 mars 1994 dans sa version antérieure au Décr. n° 2010-1637 du 23 déc. 2010 (Décr. préc., art. 16).

Art. 33 *(Décr. n° 2010-1637 du 23 déc. 2010, art. 4-1°)* « Le Premier président de la Cour de cassation est ordonnateur secondaire des dépenses du Conseil supérieur. Il peut déléguer sa signature au secrétaire général ou à tout agent affecté au secrétariat général. »

Le secrétaire *(Décr. n° 2010-1637 du 23 déc. 2010, art. 2-I)* « général » assure le fonctionnement administratif et matériel du Conseil supérieur.

Il dirige les personnels affectés au secrétariat *(Décr. n° 2010-1637 du 23 déc. 2010, art. 2-I)* « général » du Conseil supérieur.

(Abrogé par Décr. n° 2010-1637 du 23 déc. 2010, art. 4-2°) « Il gère les crédits du Conseil supérieur inscrits au budget du ministère de la justice. Il participe à l'élaboration du budget du Conseil supérieur. »

En cas de désignation d'un ou plusieurs adjoints conformément au deuxième alinéa de l'article 11 de la loi organique du 5 février 1994 susvisée, le ou les secrétaires *(Décr. n° 2010-1637 du 23 déc. 2010, art. 2-II)* « généraux » adjoints assistent le secrétaire *(Décr. n° 2010-1637 du 23 déc. 2010, art. 2-I)* « général » dans l'exercice des fonctions énumérées ci-dessus, dans les conditions définies par celui-ci et sous son contrôle.

Sur les dispositions transitoires relatives au Décr. n° 2010-1637 du 23 déc. 2010, V. note ss. art. 32 du présent décret.

TITRE III Fonctionnement du Conseil supérieur

SOUS-TITRE PREMIER Nomination des magistrats du siège et du parquet

Art. 34 Le Conseil supérieur de la magistrature se réunit à Paris.

Art. 35 *(Décr. n° 2010-1637 du 23 déc. 2010, art. 5)* L'ordre du jour des séances est arrêté par le président de chaque formation et communiqué au ministre de la justice.

L'ordre du jour des séances au cours desquelles sont examinées les propositions de nominations *[nomination]* formulées par le ministre de la justice est arrêté huit jours avant la date à laquelle elles se tiennent. Le président de chaque formation inscrit à l'ordre du jour de chacune de ces séances les propositions de nomination transmises à cette fin par le ministre de la justice. Le président peut, à la demande du ministre de la justice, retirer de l'ordre du jour une ou plusieurs de ses propositions.

Une copie de l'ordre du jour est annexée à la convocation adressée aux membres du Conseil supérieur.

Sur les dispositions transitoires relatives au Décr. n° 2010-1637 du 23 déc. 2010, V. note ss. art. 32 du présent décret.

Art. 36 *(Décr. n° 2010-1637 du 23 déc. 2010, art. 6)* Chaque formation du Conseil supérieur peut, pour préparer ses travaux, se réunir à l'initiative de son président qui peut inviter le directeur des services judiciaires ou toutes personnes dont la présence lui paraît nécessaire à assister à ces réunions.

Sur les dispositions transitoires relatives au Décr. n° 2010-1637 du 23 déc. 2010, V. note ss. art. 32 du présent décret.

Art. 37 Les membres du Conseil supérieur prennent connaissance des dossiers des magistrats au ministère de la justice pour établir leurs propositions. Lorsque ces propositions de nomination sont inscrites à son ordre du jour, chaque formation du Conseil supérieur peut demander au garde des Sceaux de lui adresser les dossiers des magistrats nécessaires à sa délibération.

Le ministre de la justice fait parvenir, sur sa demande, à la formation du Conseil supérieur compétente à l'égard des magistrats du siège le nom des magistrats qui lui paraissent susceptibles d'être nommés à un poste de magistrat du siège à la Cour de cassation, de premier président de cour d'appel ou de président d'un tribunal *(Décr. n° 2019-921 du 30 août 2019, art. 6-3°, en vigueur le 1er janv. 2020)* « judiciaire *[ancienne rédaction : de grande instance]* ».

Art. 38 Pour les nominations sur proposition du garde des Sceaux, ministre de la justice, le rapporteur de la formation compétente du Conseil supérieur prend connaissance au ministère de la justice des dossiers des magistrats *(Décr. n° 2010-1637 du 23 déc. 2010, art. 7)* « figurant sur la liste mentionnée au premier alinéa de l'article 17 de la loi organique du 5 février 1994 susvisée ».

Lorsque le Conseil supérieur est appelé à se prononcer sur les propositions de nomination des auditeurs de justice à leur premier poste, le garde des Sceaux adresse à la formation compétente les recommandations faites par le jury de classement conformément à l'article 21 de l'ordonnance du 22 décembre 1958 susvisée *[n° 58-1270, portant loi organique relative au statut de la magistrature]* ainsi que les observations éventuellement formulées par les auditeurs de justice après communication de ces recommandations *(Décr. n° 2008-483 du 22 mai 2008, art. 9)* « et réserves ».

(Abrogé par Décr. n° 2008-483 du 22 mai 2008, art. 9) « Après émission des avis, ces recommandations et observations sont versées aux dossiers des auditeurs qui sont retournés à l'École nationale de la magistrature. Elles ne peuvent être versées aux dossiers des magistrats. »

Lorsque le conseil est appelé à délibérer sur l'une des mesures prévues aux articles 72, 73 (1°) *(Décr. n° 2008-483 du 22 mai 2008, art. 9)* « , 76-4 » et 77 de l'ordonnance du 22 décembre 1958 susvisée, le rapporteur prend connaissance au ministère de la justice des dossiers des magistrats intéressés.

Sur les dispositions transitoires relatives au Décr. n° 2010-1637 du 23 déc. 2010, V. note ss. art. 32 du présent décret.

Art. 38-1 *(Décr. n° 2010-1637 du 23 déc. 2010, art. 8)* Dans les cas visés aux articles 37 et 38, les dossiers des magistrats, lorsqu'ils sont disponibles sous forme dématérialisée, sont consultés par les membres du Conseil supérieur par voie électronique.

Sur les dispositions transitoires relatives au Décr. n° 2010-1637 du 23 déc. 2010, V. note ss. art. 32 du présent décret.

Art. 39 *(Décr. n° 2010-1637 du 23 déc. 2010, art. 9-1° et 2°)* « Lorsqu'il participe à une séance, le ministre de la justice peut se faire accompagner par tout collaborateur de son choix. Il peut se faire représenter par le directeur des services judiciaires.

« A la demande d'un de ses membres, chaque formation du Conseil supérieur délibère par vote à bulletins secrets. »

Le procès-verbal de chaque séance est arrêté par le président et contresigné par le secrétaire *(Décr. n° 2010-1637 du 23 déc. 2010, art. 2-I)* « général », qui est chargé de le conserver. Copie du procès-verbal est adressée au ministre de la justice.

Sur les dispositions transitoires relatives au Décr. n° 2010-1637 du 23 déc. 2010, V. note ss. art. 32 du présent décret.

SOUS-TITRE II Discipline des magistrats du siège et du parquet

Art. 39-1 *(Décr. n° 2010-1637 du 23 déc. 2010, art. 10)* Les plaintes que les justiciables adressent au Conseil supérieur de la magistrature sont réparties entre les commissions mentionnées à l'article 18 de la loi organique du 5 février 1994 susvisée par le président de chaque formation.

Le président de chaque commission d'admission des requêtes fixe l'ordre du jour de ses séances et convoque ses membres. Il préside les séances et organise les débats.

Le procès-verbal des séances est arrêté par le président de la commission, conservé par le secrétaire général du Conseil supérieur et envoyé en copie au ministre de la justice.

Sur les dispositions transitoires relatives au Décr. n° 2010-1637 du 23 déc. 2010, V. note ss. art. 32 du présent décret.

Art. 40 *(Décr. n° 2010-1637 du 23 déc. 2010, art. 11)* En matière disciplinaire, le Conseil supérieur se réunit à la Cour de cassation ou à son siège.

Sur les dispositions transitoires relatives au Décr. n° 2010-1637 du 23 déc. 2010, V. note ss. art. 32 du présent décret.

Art. 41 L'ordre du jour des séances *(Décr. n° 2010-1637 du 23 déc. 2010, art. 12)* « du Conseil supérieur » est arrêté par le président de chaque formation et est communiqué *(Abrogé par Décr. n° 2010-1647 du 22 déc. 2010, art. 12)* ***« au président de la République et »*** au ministre de la justice.

Le texte de l'ordre du jour est également annexé à la convocation adressée aux membres du conseil.

Sur les dispositions transitoires relatives au Décr. n° 2010-1637 du 23 déc. 2010, V. note ss. art. 32 du présent décret.

Art. 42 *(Décr. n° 2002-442 du 2 avr. 2002)* L'autorité qui saisit le Conseil supérieur de faits motivant une poursuite disciplinaire adresse au président de la formation concernée tous les documents fondant cette poursuite. Dans tous les cas, le garde des Sceaux adresse à ce dernier le dossier personnel du magistrat mis en cause et, si ces faits motivent également une poursuite pénale, les pièces afférentes à cette poursuite. *(Décr. n° 2010-1637 du 23 déc. 2010, art. 13)* « Il en est de même lorsque la commission d'admission des requêtes a renvoyé l'examen de la plainte du justiciable au conseil de discipline ou à la formation du Conseil supérieur compétente pour la discipline des magistrats du parquet, dans les conditions définies aux articles 50-3 et 63 de l'ordonnance du 22 décembre 1958 susvisée. »

Sur les dispositions transitoires relatives au Décr. n° 2010-1637 du 23 déc. 2010, V. note ss. art. 32 du présent décret.

Art. 43 *(Décr. n° 2010-1637 du 23 déc. 2010, art. 14)* « Le magistrat cité et son conseil peuvent prendre connaissance au siège du Conseil supérieur de la magistrature des pièces dont la communication est prévue par les articles 51, 55 et 63 de l'ordonnance du 22 décembre 1958 susvisée. Lorsque le magistrat cité est assisté de plusieurs conseils, il désigne celui auquel les pièces et convocations sont transmises. »

Dès leur transmission au président de la formation concernée, ces pièces sont, en tant que de besoin, adressées par celui-ci en copie au garde des Sceaux et au chef de cour d'appel ou de tribunal supérieur d'appel dont relève le magistrat poursuivi.

Les dispositions issues du Décr. n° 2002-442 du 2 avr. 2002 sont applicables aux seules procédures disciplinaires engagées postérieurement à la publication dudit décret (Décr. préc., art. 21).

Sur les dispositions transitoires relatives au Décr. n° 2010-1637 du 23 déc. 2010, V. note ss. art. 32 du présent décret.

Art. 44 *(Abrogé par Décr. n° 2010-1637 du 23 déc. 2010, art. 15-1°)* ***« Le secrétariat du Conseil supérieur est assuré par le*** *(Décr. n° 2002-442 du 2 avr. 2002)* ***« magistrat » chargé du secrétariat général de la première présidence de la Cour de cassation lorsqu'il siège comme conseil de discipline des magistrats du siège et par le substitut chargé du secrétariat général du parquet général de ladite cour lorsqu'il donne son avis en matière de discipline des magistrats du parquet. »***

Le procès-verbal de chaque séance est arrêté par le président de la formation et contresigné par le secrétaire *(Décr. n° 2010-1637 du 23 déc. 2010, art. 15-2°)* « général du Conseil supérieur de la magistrature ».

Sur les dispositions transitoires relatives au Décr. n° 2010-1637 du 23 déc. 2010, V. note ss. art. 32 du présent décret.

TITRE IV Dispositions transitoires

Art. 45 La première désignation de l'ensemble des membres du Conseil, en application de la loi organique du 5 février 1994 susvisée, a lieu dans les trois mois de la publication du *présent décret.*

Les premières élections prévues aux articles 7, 11 et 26 peuvent être tenues ailleurs qu'au siège du Conseil supérieur.

Art. 46 Les bureaux de vote prévus à l'article 27 seront présidés :

1° Pour l'élection des magistrats du siège, par le premier président de la Cour de cassation ou le magistrat du siège présent du rang le plus élevé et le plus ancien dans l'ordre de nomination à la cour ;

2° Pour l'élection des magistrats du parquet, par le procureur général près la Cour de cassation ou le magistrat du parquet présent du rang le plus élevé et le plus ancien dans l'ordre de nomination à la cour.

Art. 47 Le décret n° 59-305 du 19 février 1959 modifié relatif au fonctionnement du Conseil supérieur de la magistrature est abrogé.

Toutefois, en application de l'article 21 de la loi organique du 5 février 1994 susvisée, le Conseil supérieur continue d'exercer ses fonctions conformément au décret n° 59-305 du 19 février 1959 précité jusqu'à la constitution de ses deux formations.

Loi n° 2010-1657 du 29 décembre 2010,

De finances pour 2011 (JO 30 déc.).

Art. 164 *(Abrogé par L. org. n° 2016-1090 du 8 août 2016, art. 40-II) « I. — Il est créé une réserve judiciaire composée de magistrats volontaires à la retraite et âgés de 75 ans au plus.*

« Ils peuvent être délégués par le premier président et le procureur général près la Cour de cassation, en fonction des besoins, pour effectuer des activités non juridictionnelles à la Cour de cassation.

« Ils peuvent être délégués par les premiers présidents et les procureurs généraux près les cours d'appel dans les juridictions de leur ressort, en fonction des besoins, pour l'accomplissement d'activités non juridictionnelles.

« Ils peuvent être délégués par les présidents des tribunaux supérieurs d'appel et les procureurs généraux près lesdits tribunaux supérieurs d'appel dans les juridictions de leur ressort, en fonction des besoins, pour l'accomplissement d'activités non juridictionnelles.

« Les réservistes sont tenus au secret professionnel sous les peines prévues à l'article 226-13 du code pénal.

« Les activités accomplies au titre de la réserve sont indemnisées. »

II. — Il est créé une réserve judiciaire composée de volontaires à la retraite et âgés de 75 ans au plus, issus des corps de greffiers en chef et de greffiers des services judiciaires.

Ils peuvent être délégués par le premier président et le procureur général près la Cour de cassation, en fonction des besoins, afin d'assurer des missions d'assistance, de formation des personnels et d'études pour l'accomplissement d'activités non juridictionnelles à la Cour de cassation.

Ils peuvent être délégués par les premiers présidents et les procureurs généraux près les cours d'appel dans les juridictions de leur ressort, en fonction des besoins, afin d'assurer des missions d'assistance, de formation des personnels et d'études pour l'accomplissement d'activités non juridictionnelles.

Ils peuvent être délégués par les présidents des tribunaux supérieurs d'appel et les procureurs généraux près lesdits tribunaux supérieurs d'appel dans les juridictions de leur ressort, en fonction des besoins, afin d'assurer des missions d'assistance, de formation des personnels et d'études pour l'accomplissement d'activités non juridictionnelles.

Les réservistes sont soumis aux dispositions générales de la loi n° 83-634 du 13 juillet 1983 portant droits et obligations des fonctionnaires ainsi qu'aux dispositions du code des pensions civiles et militaires de retraite, notamment celles relatives au cumul de pensions avec des rémunérations d'activités ou autres pensions.

Les activités accomplies au titre de la réserve sont indemnisées.

III. — Un décret en Conseil d'État précise les modalités d'application du présent article. — *V. Décr. n° 2011-946 du 10 août 2011 reproduit ci-dessous.*

A la date de la publication de la L. org. n° 2016-1090 du 8 août 2016 (11 août), les magistrats régis par le I de l'art. 164 de ladite loi poursuivent leurs activités non juridictionnelles, sauf s'ils ont présenté une demande visant à exercer une fonction juridictionnelle, en application de l'art. 41-25 de l'Ord. n° 58-1270 du 22 déc. 1958, dans sa rédaction résultant de la L. org. du 8 août 2016 préc. (L. org. préc., art. 50-XII). — V. Ord. n° 58-1270 du 22 déc. 1958, art. 41-25, App., v° Magistrature.

Décret n° 2011-946 du 10 août 2011,

Relatif aux réserves judiciaires instituées par l'article 164 de la loi n° 2010-1657 du 29 décembre 2010 de finances pour 2011.

CHAPITRE PREMIER *Dispositions générales*

(Décr. n° 2020-1534 du 7 déc. 2020, art. 1er-1°)

Les dispositions du Décr. n° 2020-1534 du 7 déc. 2020 s'appliquent aux listes des réservistes en vigueur et aux engagements de mission en cours d'exécution (Décr. préc., art. 2).

Art. 1er Les directeurs des services de greffe, les greffiers en chef et les greffiers réservistes apportent leur soutien à l'activité de la juridiction par l'accomplissement des tâches mentionnées au II de l'article 164 de la loi du 29 décembre 2010 susvisée.

Art. 2 Un candidat réserviste, volontaire à la retraite issu des corps de greffiers en chef, de directeurs des services de greffe judiciaires et de greffiers des services judiciaires, âgé d'au plus soixante-quinze ans, ne peut être inscrit sur la liste des réservistes de la Cour de cassation, d'une cour d'appel ou d'un tribunal supérieur d'appel que s'il satisfait les conditions suivantes :

1° Ne pas avoir été condamné à une peine criminelle ou correctionnelle ou à la perte des droits civiques ;

2° Ne pas accomplir de tâches juridictionnelles ;

3° Ne pas exercer d'activités en tant qu'avocat, avoué, notaire, huissier de justice, greffier de tribunal de commerce, administrateur judiciaire ou mandataire judiciaire, conseil en propriété industrielle, ni travailler au service d'un membre de ces professions.

Art. 3 Les candidatures aux fonctions de réserviste à la Cour de cassation sont adressées aux chefs de la Cour. Les autres candidatures sont adressées aux chefs de la cour d'appel ou du tribunal supérieur d'appel dans le ressort duquel le réserviste souhaite exercer ses missions.

Un arrêté du garde des sceaux, ministre de la justice, détermine le contenu et les modalités de dépôt du dossier de candidature, notamment les conditions dans lesquelles les activités professionnelles exercées doivent être déclarées.

L'inscription sur la liste des réservistes de la Cour de cassation est décidée après instruction de la demande et compte tenu des besoins de la juridiction par le premier président et le procureur général.

L'inscription sur la liste des réservistes de la cour d'appel ou du tribunal supérieur d'appel est décidée, après instruction de la demande et compte tenu des besoins des juridictions, respectivement par les chefs de la cour d'appel ou ceux du tribunal supérieur d'appel.

Dans les deux mois suivant la réception de leur dossier, les candidats sont informés par tout moyen par les chefs de la Cour de cassation, les chefs de la cour d'appel ou du tribunal supérieur d'appel de leur décision.

Art. 4 L'inscription en qualité de réserviste est valable pour une durée de deux ans, renouvelable par décision expresse du premier président et du procureur général près la Cour de cassation, ou du premier président et du procureur général près la cour d'appel, ou du président et du procureur de la République près le tribunal supérieur d'appel, sous réserve de la limite d'âge fixée par le II de l'article 164 de la loi du 29 décembre 2010 susvisée.

Nul ne peut être inscrit sur plus d'une liste à la fois.

En cas de changement d'activité professionnelle, les réservistes en informent, selon le cas, le premier président et le procureur général près la Cour de cassation, le premier président et le procureur général près la cour d'appel ou le président et le procureur de la République près le tribunal supérieur d'appel.

Art. 5 Pendant la durée de leur inscription, les directeurs des services de greffe, les greffiers en chef et les greffiers réservistes peuvent faire état de leur qualité de "directeur des services de greffe réserviste", "de greffier en chef réserviste" ou de "greffier réserviste" selon le cas, "auprès de la Cour de cassation" ou "auprès de la cour d'appel de ..." ou "auprès du tribunal supérieur d'appel de ...".

Une carte de réserviste judiciaire leur est attribuée.

Art. 6 Toute mission est proposée au réserviste par décision écrite, selon le cas, du premier président et du procureur général près la Cour de cassation, ou du premier président et du procureur général près la cour d'appel, ou du président et du procureur près le tribunal supérieur d'appel.

La décision précise notamment les dates de début et de fin de la mission, la nature de celle-ci ainsi que la juridiction auprès de laquelle le réserviste exerce sa mission.

L'acceptation de la mission est formalisée par un engagement écrit du réserviste.

Les mentions devant figurer dans la proposition de mission et dans l'engagement sont précisées par arrêté du garde des sceaux, ministre de la justice.

A l'issue de sa mission, le réserviste rend compte de l'accomplissement de celle-ci, selon le cas, aux chefs de la Cour de cassation, aux chefs de la cour d'appel ou à ceux du tribunal supérieur d'appel.

Art. 7 Les réservistes accomplissent les missions qui leur sont confiées dans la limite de 150 demi-journées par année civile.

Art. 8 Il peut être mis fin à la mission avant son terme par les chefs de la Cour de cassation, les chefs de la cour d'appel ou du tribunal supérieur d'appel soit d'office, en cas de non-respect par le réserviste des obligations de sa mission, après que ce dernier a été mis à même de présenter ses observations, soit sur demande du réserviste.

Art. 9 La radiation d'un réserviste de la liste établie par la Cour de cassation, la cour d'appel ou le tribunal supérieur d'appel est prononcée par le premier président et le procureur général près la Cour de cassation, par le premier président et le procureur général près la cour d'appel, ou par le président et le procureur près le tribunal supérieur d'appel, après que le réserviste a été informé de la possibilité d'obtenir communication de son dossier et de se faire assister par un défenseur de son choix, dans les cas suivants :

1° Condamnation à une peine criminelle ou correctionnelle ou prononçant la déchéance de ses droits civiques ;

2° Manquement à ses obligations de réserviste.

La radiation est également prononcée par les mêmes autorités lorsque le réserviste atteint la limite d'âge fixée par le II de l'article 164 de la loi du 29 décembre 2010 susvisée.

Le réserviste qui sollicite sa radiation de la liste adresse sa demande aux chefs de la Cour de cassation, de la cour d'appel ou du tribunal supérieur d'appel. Cette radiation est de droit.

CHAPITRE II *Dispositions financières*

Art. 10 Une indemnité est attribuée au réserviste pour le temps passé à l'accomplissement des missions qui lui sont confiées.

Le montant de cette indemnité et le régime des frais de déplacement sont fixés par arrêté conjoint du garde des sceaux, ministre de la justice, du ministre chargé du budget et du ministre chargé de la fonction publique. — *[Anc. art. 13 (V. Décr. n° 2020-1534 du 7 déc. 2020, art. 1er-2°).] — V. Arr. du 6 sept. 2011 relatif aux dispositions sociales et financières applicables aux personnels réservistes de la réserve judiciaire (JO 10 sept.).*

Circulaire JUSB1631387C du 27 octobre 2016,

Relative à la mise en œuvre des dispositions d'application immédiate de la loi organique n° 2016-1090 du 8 août 2016 relative aux garanties statutaires, aux obligations déontologiques et au recrutement des magistrats ainsi qu'au Conseil supérieur de la magistrature.

MESURES DE SOINS PSYCHIATRIQUES SOUS CONTRAINTE (MAINLEVÉE ET CONTRÔLE)

BIBL. ▸ Dossier, *AJ fam. 2016. 13* (hospitalisation sans consentement).

Code de la santé publique

PREMIÈRE PARTIE : ***LÉGISLATIVE***

TROISIÈME PARTIE **LUTTE CONTRE LES MALADIES ET DÉPENDANCES**

LIVRE II **Lutte contre les maladies mentales**

TITRE PREMIER **Modalités de soins psychiatriques** *(L. n° 2011-803 du 5 juill. 2011, art. 1er-I-1°, en vigueur le 1er août 2011).*

BIBL. GÉN. ▸ **L. 5 juill. 2011 :** Vialettes et Grosset, *JCP 2013. 157* (l'unification du contentieux de l'hospitalisation sans consentement – De quelques questions posées par sa mise en œuvre au 1er janv. 2013).

▸ ***L. 27 sept. 2013 :*** *JCP A 2013. Actu. 766.*

CHAPITRE PREMIER *Droits des personnes faisant l'objet de soins psychiatriques* *(L. n° 2011-803 du 5 juill. 2011, art. 1er-I-2°, en vigueur le 1er août 2011).*

Art. L. 3211-1 Une personne ne peut sans son consentement ou, le cas échéant, *(Ord. n° 2020-232 du 11 mars 2020, art. 21)* « sans l'autorisation de son représentant légal, si elle

est mineure, ou celle de la personne chargée de la protection, s'il s'agit d'un majeur faisant l'objet d'une mesure de protection juridique avec représentation relative à la personne, » *(L. n° 2011-803 du 5 juill. 2011, art. 1er-I-3°, en vigueur le 1er août 2011)* **« faire l'objet de soins psychiatriques », hormis les cas prévus par** *(L. n° 2011-803 du 5 juill. 2011, art. 1er-I-3°, en vigueur le 1er août 2011)* **« les chapitres II à IV du présent titre et ceux prévus à l'article 706-135 du code de procédure pénale ».**

Toute personne *(L. n° 2011-803 du 5 juill. 2011, art. 1er-I-3°, en vigueur le 1er août 2011)* **« faisant l'objet de soins psychiatriques » ou sa famille dispose du droit de s'adresser au praticien ou à l'équipe de santé mentale, publique ou privée, de son choix tant à l'intérieur qu'à l'extérieur du secteur psychiatrique correspondant à son lieu de résidence.** — *[Anc. art. L. 326-1.]*

L'Ord. n° 2020-232 du 11 mars 2020 n'est pas applicable en Nouvelle-Calédonie (Ord. préc., art. 45). Elle entre en vigueur à une date fixée par décret en Conseil d'État et au plus tard le 1er oct. 2020. Elle est applicable aux mesures de protection juridique en cours au jour de son entrée en vigueur et aux situations dans lesquelles aucune décision n'a été prise au jour de son entrée en vigueur (Ord. préc., art. 46).

Pouvoir du juge des enfants. Le juge des enfants tient de l'art. 375-3 C. civ. le pouvoir de confier un enfant à un établissement de soins spécialisé, la procédure administrative prévue pour l'hospitalisation d'office n'étant pas la seule applicable. • Civ. 1re, 29 mai 1996, n° 92-05.018 P : *Dr. adm. oct. 1996, n° 469 ; D. 1996. IR 150 ; Defrénois 1996. 1351, obs. Massip ; Dr. fam. 1996, n° 9, note Murat ; Gaz. Pal. 1997. 1. 377, note Harel-Dutirou.*

Art. L. 3211-2 *Non reproduit (Soins psychiatriques libres). — V.* ***C. civ.*** *ou* ***CSP.***

Art. L. 3211-2-1 *(L. n° 2013-869 du 27 sept. 2013, art. 1er-1°)* **I. — Une personne faisant l'objet de soins psychiatriques en application des chapitres II et III du présent titre ou de l'article 706-135 du code de procédure pénale est dite en soins psychiatriques sans consentement.**

La personne est prise en charge :

1° Soit sous la forme d'une hospitalisation complète dans un établissement mentionné à l'article L. 3222-1 du présent code ;

2° Soit sous toute autre forme, pouvant comporter des soins ambulatoires, des soins à domicile dispensés par un établissement mentionné au même article L. 3222-1 *(Abrogé par Ord. n° 2021-583 du 12 mai 2021, art. 1er-1°)* ***« et, le cas échéant, une hospitalisation à domicile »*****, des séjours à temps partiel ou des séjours de courte durée à temps complet effectués dans un établissement mentionné audit article L. 3222-1.**

II. — Lorsque les soins prennent la forme prévue au 2° du I, un programme de soins est établi par un psychiatre de l'établissement d'accueil et ne peut être modifié, afin de tenir compte de l'évolution de l'état de santé du patient, que dans les mêmes conditions. Le programme de soins définit les types de soins, leur périodicité et les lieux de leur réalisation, dans des conditions déterminées par décret en Conseil d'État.

Pour l'établissement et la modification du programme de soins, le psychiatre de l'établissement d'accueil recueille l'avis du patient lors d'un entretien au cours duquel il donne au patient l'information prévue à l'article L. 3211-3 et l'avise des dispositions du III du présent article et de celles de l'article L. 3211-11.

III. — Aucune mesure de contrainte ne peut être mise en œuvre à l'égard d'un patient pris en charge sous la forme prévue au 2° du I.

Constitutionnalité (oui). Le grief tiré de la violation de la liberté individuelle manque en fait, dès lors qu'en permettant que des personnes qui ne sont pas prises en charge en « hospitalisation complète » soient soumises à une obligation de soins psychiatriques pouvant comporter, le cas échéant, des séjours en établissement, les dispositions de l'art. L. 3211-2-1 n'autorisent pas l'exécution d'une telle obligation sous la contrainte ; que ces personnes ne sauraient se voir administrer des soins de manière coercitive ni être conduites ou maintenues de force pour accomplir les séjours en établissement prévus par le programme de soins ; et qu'aucune mesure de contrainte à l'égard d'une personne prise en charge dans les conditions prévues par le 2° de l'art. L. 3211-2-1 ne peut être mise en œuvre sans que la prise en charge ait été préalablement transformée en hospitalisation complète.

Dès lors qu'il résulte de la combinaison de l'art. L. 3211-2-1 et des art. L. 3212-1 et L. 3213-1 qu'une personne atteinte de troubles mentaux ne peut être soumise sans son consentement à des soins dispensés par un établissement psychiatrique, même sans hospitalisation complète, que lorsque « ses troubles mentaux rendent impossible son consentement » à des soins alors que « son état mental impose des soins immédiats assortis d'une surveillance médicale constante » ou lorsque ces troubles « nécessitent des soins et compromettent la sûreté des personnes ou portent atteinte, de façon grave, à l'ordre public » ; et qu'en tout état de cause, le juge des libertés et de la détention peut être saisi à tout moment, dans les conditions fixées par l'article L. 3211-12, aux fins d'ordonner à bref délai la mainlevée immédiate d'une telle mesure, le législateur a également assuré, entre la protection de la santé et la protection de l'ordre public, d'une part, et la liberté personnelle, protégée par les art. 2 et 4 de la Déclaration de 1789, d'autre part, une conciliation qui n'est pas manifestement déséquilibrée. • Cons. const. 20 avr. 2012, n° 2012-235 QPC : *JO 21 avr.* ; *AJDA 2012. 855* ; *JCP A 2013. 2230, note Péchillon* ; *Dr. adm. 2013, n° 61, note Castaing* ; *Dr. fam. 2012, n° 128, note Maria.*

Art. L. 3211-2-2 *(L. n° 2011-803 du 5 juill. 2011, art. 1er-I-5°, en vigueur le 1er août 2011)* Lorsqu'une personne est admise en soins psychiatriques en application des chapitres II ou III du présent titre, elle fait l'objet d'une période d'observation et de soins initiale sous la forme d'une hospitalisation complète.

Dans les vingt-quatre heures suivant l'admission, un médecin réalise un examen somatique complet de la personne et un psychiatre de l'établissement d'accueil établit un certificat médical constatant son état mental et confirmant ou non la nécessité de maintenir les soins psychiatriques au regard des conditions d'admission définies aux articles L. 3212-1 ou L. 3213-1. Ce psychiatre ne peut être l'auteur du certificat médical ou d'un des deux certificats médicaux sur la base desquels la décision d'admission a été prononcée.

Dans les soixante-douze heures suivant l'admission, un nouveau certificat médical est établi dans les mêmes conditions que celles prévues au deuxième alinéa du présent article.

(L. n° 2013-869 du 27 sept. 2013, art. 1er-2°) « Lorsque les deux certificats médicaux ont conclu à la nécessité de maintenir les soins psychiatriques, le psychiatre propose dans le certificat mentionné au troisième alinéa du présent article la forme de la prise en charge mentionnée aux 1° et 2° du I de l'article L. 3211-2-1 et, le cas échéant, le programme de soins. Cette proposition est motivée au regard de l'état de santé du patient et de l'expression de ses troubles mentaux. »

Art. L. 3211-2-3 *(L. n° 2011-803 du 5 juill. 2011, art. 1er-I-5°, en vigueur le 1er août 2011)* Lorsqu'une personne remplissant les conditions pour être admise en soins psychiatriques prévues aux chapitres II et III du présent titre est prise en charge en urgence par un établissement de santé qui *(L. n° 2016-41 du 26 janv. 2016, art. 69-I-2°)* « n'assure pas, en application de l'article L. 3222-1, la prise en charge des personnes faisant l'objet de soins psychiatriques au titre des chapitres II à IV du présent titre ou de l'article 706-135 du code de procédure pénale », son transfert vers un établissement exerçant cette mission est organisé, selon des modalités prévues par convention, dans des délais adaptés à son état de santé et au plus tard sous quarante-huit heures. La période d'observation et de soins initiale mentionnée à l'article L. 3211-2-2 prend effet dès le début de la prise en charge.

Art. L. 3211-3 Lorsqu'une personne atteinte de troubles mentaux *(L. n° 2011-803 du 5 juill. 2011, art. 1er-I-6°, en vigueur le 1er août 2011)* « fait l'objet de soins psychiatriques » en application des dispositions des chapitres II et III du présent titre *(L. n° 2004-806 du 9 août 2004, art. 120 ; L. n° 2011-803 du 5 juill. 2011, art. 1er-I-6°, en vigueur le 1er août 2011)* « ou est transportée en vue de ces soins », les restrictions à l'exercice de ses libertés individuelles doivent être *(L. n° 2011-803 du 5 juill. 2011, art. 1er-I-6°, en vigueur le 1er août 2011)* « adaptées, nécessaires et proportionnées à son état mental et à la mise en œuvre du traitement requis ». En toutes circonstances, la dignité de la personne *(Abrogé par L. n° 2011-803 du 5 juill. 2011, art. 1er-I-6°, à compter du 1er août 2011) « **hospitalisée** »* doit être respectée et sa réinsertion recherchée.

(L. n° 2011-803 du 5 juill. 2011, art. 1er-I-6°, en vigueur le 1er août 2011) « Avant chaque décision prononçant le maintien des soins en application des articles L. 3212-4, L. 3212-7 » *(Abrogé par L. n° 2013-869 du 27 sept. 2013, art. 1er-3°) « , L. 3213-1 »* et L. 3213-4 ou définissant la forme de la prise en charge en application des articles L. 3211-12-5, L. 3212-4, L. 3213-1 et L. 3213-3, la personne faisant l'objet de soins psychiatriques est, dans la mesure où son état le permet, informée de ce projet de décision et mise à même de faire valoir ses observations, par tout moyen et de manière appropriée à cet état.

« En outre, toute personne faisant l'objet de soins psychiatriques en application des chapitres II et III du présent titre ou de l'article 706-135 du code de procédure pénale est informée :

« *a)* Le plus rapidement possible et d'une manière appropriée à son état, de la décision d'admission et de chacune des décisions mentionnées au deuxième alinéa du présent article, ainsi que des raisons qui les motivent ;

« *b)* Dès l'admission ou aussitôt que son état le permet et, par la suite, à sa demande et après chacune des décisions mentionnées au même deuxième alinéa, de sa situation juridique, de ses droits, des voies de recours qui lui sont ouvertes et des garanties qui lui sont offertes en application de l'article L. 3211-12-1.

« L'avis de cette personne sur les modalités des soins doit être recherché et pris en considération dans toute la mesure du possible. »

En tout état de cause, elle dispose du droit :

1° De communiquer avec les autorités mentionnées à l'article L. 3222-4 ;

2° De saisir la commission prévue à l'article L. 3222-5 *(L. n° 2011-803 du 5 juill. 2011, art. 1er-I-6°, en vigueur le 1er août 2011)* « et, lorsqu'elle est hospitalisée, la commission mentionnée à l'article L. 1112-3 ;

« 3° De porter à la connaissance du Contrôleur général des lieux de privation de liberté des faits ou situations susceptibles de relever de sa compétence ; »

4° De prendre conseil d'un médecin ou d'un avocat de son choix ;

5° D'émettre ou de recevoir des courriers ;

6° De consulter le règlement intérieur de l'établissement *(Abrogé par Ord. n° 2010-177 du 23 févr. 2010, art. 26-22°)* ***« tel que défini à l'article L. 3222-3 »*** et de recevoir les explications qui s'y rapportent ;

7° D'exercer son droit de vote ;

8° De se livrer aux activités religieuses ou philosophiques de son choix. – *Les 3°, 4°, 5°,6° et 7° deviennent respectivement les 4°, 5°, 6°, 7° et 8° (L. n° 2011-803 du 5 juill. 2011, art. 1er-I-6°).*

Ces droits, à l'exception de ceux mentionnés aux *(L. n° 2011-803 du 5 juill. 2011, art. 1er-I-6°, en vigueur le 1er août 2011)* « 5°, 7° et 8° », peuvent être exercés à leur demande par les parents ou les personnes susceptibles d'agir dans l'intérêt du malade. – *[Anc. art. L. 326-3.]*

1. Constitutionnalité. Droit à un recours juridictionnel effectif. L'art. L. 3211-3, dans sa rédaction antérieure à la L. n° 2011-803 du 5 juill. 2011, est conforme à la Constitution sous la réserve de ce que, s'agissant d'une mesure privative de liberté, le droit à un recours juridictionnel effectif impose que le juge judiciaire soit tenu de statuer sur la demande de sortie immédiate dans les plus brefs délais compte tenu de la nécessité éventuelle de recueillir des éléments d'information complémentaire sur l'état de santé de la personne hospitalisée (consid. 39). • Cons. const. 26 nov. 2010 : *JO 27 nov., p. 21119 ; D. 2010. 284 ; AJDA 2010. 2284, obs. Brondel ; ibid. 2011. 174, note Bioy ; Constitutions 2011. 108, note Bioy ; JCP 2010, n° 1216, note Dubreuil ; JCP Adm. 2010, n° 49, p. 7, note Albert ; LPA 23 déc. 2010, n° 255, p. 5, note Castaing ; RDSS 2011. 304, note Renaudie ; RTD civ. 2011. 101, note Hauser .*

2. Information de la décision d'admission. Selon l'art. L. 3211-3, al. 3, toute personne faisant l'objet de soins psychiatriques sans consentement est informée le plus rapidement possible et d'une manière appropriée à son état, de la décision d'admission, ainsi que des raisons qui la motivent. Encourt la cassation, l'ordonnance qui a retenu que la notification de la décision d'admission à la patiente dans un délai de moins de quarante-huit heures en raison des constatations cliniques sur son état d'agitation à son admission, était faite dans un délai raisonnable, ne caractérisant une irrégularité sanctionnable. Or, la cour d'appel n'a pas recherché si le certificat médical des vingt-quatre heures établissait que la patiente se trouvait dans un état tel qu'elle ne pouvait être informée de la décision d'admission. • Civ. 1re, 15 oct. 2020, n° 20-14.721 P : *D. actu. 5 nov. 2020, note Hélaine.* ♦ Il résulte des art. L. 3211-3, al. 3, et R. 3211-12, 1, CSP que, pour une juste information du patient, la décision d'admission ou de maintien en soins psychiatriques sans consentement prise par le directeur d'établissement ne peut se borner à faire référence au certificat médical circonstancié qu'à la condition que ce dernier soit annexé à la décision. • Civ. 1re, 10 avr. 2021, n° 19-25.224 P : *D. actu. 8 mars 2021, note Hélaine.*

Art. L. 3211-4 et L. 3211-5-1 *Non reproduits.* – *V.* **C. civ.** *ou* **CSP**.

Art. L. 3211-6 *Non reproduit (Placement sous sauvegarde de justice).* – *V.* **C. civ.** *ou* **CSP**.

Art. L. 3211-7 La personne hospitalisée *(L. n° 2011-803 du 5 juill. 2011, art. 1er-I-8°, en vigueur le 1er août 2011)* « en application des chapitres II et III du présent code ou de l'article 706-135 du code de procédure pénale » dans un établissement de soins conserve le domicile qui était le sien avant l'hospitalisation aussi longtemps que ce domicile reste à sa disposition. Néanmoins, les significations qui y auront été faites pourront, suivant les circonstances, être annulées par les tribunaux.

(Abrogé par L. n° 2011-803 du 5 juill. 2011, art. 1er-I-8°, à compter du 1er août 2011) ***« Si une tutelle a été constituée, les significations sont faites au tuteur ; s'il y a curatelle, elles doivent être faites à la fois à la personne protégée et à son curateur.***

« Les fonctions de juge des tutelles peuvent être exercées par un juge appartenant au tribunal d'instance dans le ressort duquel la personne sous tutelle ou curatelle est hospitalisée, alors même que celle-ci a conservé son domicile dans un ressort différent de celui du lieu de traitement. » — [Anc. art. L. 328.]

Art. L. 3211-8 *Non reproduit (Possibilité d'un placement de la personne faisant l'objet de soins psychiatriques forcés en curatelle ou tutelle). — V.* ***C. civ.*** *ou* ***CSP.***

Art. L. 3211-9 *Non reproduit (Collège). — V.* ***C. civ.*** *ou* ***CSP.***

Art. L. 3211-10 *(L. n° 2011-803 du 5 juill. 2011, art. 1er-I-11°, en vigueur le 1er août 2011)* **« Hormis les cas prévus au chapitre III du présent titre, la décision d'admission en soins psychiatriques d'un mineur ou la levée de cette mesure sont demandées, selon les situations, par les personnes titulaires de l'exercice de l'autorité parentale ou par le tuteur. » En cas de désaccord entre les titulaires de l'exercice de l'autorité parentale, le juge aux affaires familiales statue.** — *[Anc. art. L. 330-1.]*

Pouvoir du juge des enfants. V. note ss. art. L. 3211-1.

Art. L. 3211-11 *(L. n° 2011-803 du 5 juill. 2011, art. 1er-I-12°, en vigueur le 1er août 2011)* **Le psychiatre qui participe à la prise en charge du patient peut proposer à tout moment de modifier la forme de la prise en charge mentionnée à l'article L. 3211-2-1 pour tenir compte de l'évolution de l'état de la personne. Il établit en ce sens un certificat médical circonstancié.**

Le psychiatre qui participe à la prise en charge du patient transmet immédiatement au directeur de l'établissement d'accueil un certificat médical circonstancié proposant une hospitalisation complète lorsqu'il constate que la prise en charge de la personne décidée sous une autre forme ne permet plus, notamment du fait du comportement de la personne, de dispenser les soins nécessaires à son état. Lorsqu'il ne peut être procédé à l'examen du patient, il transmet un avis établi sur la base du dossier médical de la personne.

Les personnes bénéficiant au 1er août 2011 de sorties d'essai décidées en application de l'art. L. 3211-11, dans sa rédaction en vigueur antérieurement à la L. n° 2011-803 du 5 juill. 2011, sont réputées, après cette date et jusqu'à l'échéance fixée par la décision autorisant la sortie d'essai, faire l'objet de soins psychiatriques en application du 2° de l'art. L. 3211-2-1. A l'issue de chacune de ces sorties d'essai et au vu d'un certificat médical ou, à défaut, d'un avis médical établi par un psychiatre dans un délai de soixante-douze heures, le directeur de l'établissement, pour les personnes ayant été hospitalisées sur demande de tiers, ou le représentant de l'État dans le département ou, à Paris, le préfet de police, pour les personnes ayant été hospitalisées d'office, décide de la forme de la prise en charge de la personne malade en application du même art. L. 3211-2-1 dans sa rédaction résultant de la loi préc.

Ces dispositions sont applicables en Nouvelle-Calédonie et en Polynésie française. Pour leur application dans ces territoires, les références au représentant de l'État dans le département ou au préfet de police sont remplacées par la référence au haut-commissaire de la République (L. n° 2011-803 du 5 juill. 2011, art. 18-V et VI).

Il résulte de la combinaison des art. L. 3213-1, L. 3211-2-1, et L. 3211-11 CSP que, si une personne ne peut être admise ni maintenue en soins psychiatriques sur décision du représentant de l'État, sous la forme d'une hospitalisation complète ou sous une autre forme, qu'à la condition qu'il soit constaté qu'elle souffre de troubles mentaux compromettant la sécurité des personnes ou portant gravement atteinte à l'ordre public, les modalités de sa prise en charge peuvent être modifiées, sur proposition du psychiatre qui y participe, pour tenir compte de l'évolution de son état, notamment dans l'hypothèse où la mesure, décidée sous une autre forme que l'hospitalisation complète, ne permet plus, du fait du comportement du patient, de lui dispenser les soins adaptés, sans qu'il soit alors nécessaire de constater qu'il a commis de nouveaux actes de nature à compromettre la sécurité des personnes ou à porter atteinte à l'ordre public. • Civ. 1re, 10 févr. 2016, n° 14-29.521 P • 5 mars 2020, n° 19-24.080 P : *cité note ss. CSP, art. L. 3216-1, App. v° Mesures de soins psychiatriques sous contrainte.*

Art. L. 3211-11-1 *Non reproduit (Autorisations de sortie de courte durée). — V.* ***C. civ.*** *ou* ***CSP.***

Art. L. 3211-12 *(L. n° 2011-803 du 5 juill. 2011, art. 1er-I-14°, en vigueur le 1er août 2011)* **I. — Le juge des libertés et de la détention dans le ressort duquel se situe l'établissement d'accueil peut être saisi, à tout moment, aux fins d'ordonner, à bref délai, la mainlevée**

immédiate d'une mesure de soins psychiatriques prononcée en application des chapitres II à IV du présent titre ou de l'article 706-135 du code de procédure pénale, quelle qu'en soit la forme.

(L. nº 2020-1576 du 14 déc. 2020, art. 84-2º-a) « Il peut également être saisi aux fins de mainlevée d'une mesure d'isolement ou de contention prise en application *(Abrogé par L. nº 2022-46 du 22 janv. 2022, art. 17-I-1º)* « ***du troisième alinéa du II*** » de l'article L. 3222-5-1. » *(L. nº 2022-46 du 22 janv. 2022, art. 17-I-2º)* « Dans ce cas, il statue dans les délais prévus au II de l'article L. 3222-5-1 ou, à défaut, dans un délai de vingt-quatre heures à compter de sa saisine. »

La saisine peut être formée par :

1º La personne faisant l'objet des soins ;

2º Les titulaires de l'autorité parentale ou le tuteur si la personne est mineure ;

3º La personne chargée *(Ord. nº 2020-232 du 11 mars 2020, art. 22)* « d'une mesure de protection juridique relative à la personne faisant l'objet des soins » ;

4º Son conjoint, son concubin, la personne avec laquelle elle est liée par un pacte civil de solidarité ;

5º La personne qui a formulé la demande de soins ;

6º Un parent ou une personne susceptible d'agir dans l'intérêt de la personne faisant l'objet des soins ;

7º Le procureur de la République.

Le juge des libertés et de la détention peut également se saisir d'office, à tout moment. A cette fin, toute personne intéressée peut porter à sa connaissance les informations qu'elle estime utiles sur la situation d'une personne faisant l'objet d'une *(L. nº 2020-1576 du 14 déc. 2020, art. 84-2º-b)* « mesure mentionnée au premier alinéa du présent article ou d'une mesure d'isolement ou de contention ».

(L. nº 2013-869 du 27 sept. 2013, art. 4) « II. — Le juge des libertés et de la détention ne peut statuer qu'après avoir recueilli l'avis du collège mentionné à l'article L. 3211-9 du présent code lorsque la personne fait l'objet d'une mesure de soins ordonnée en application de l'article L. 3213-7 du même code ou de l'article 706-135 du code de procédure pénale à la suite d'un classement sans suite, d'une décision d'irresponsabilité pénale ou d'un jugement ou arrêt de déclaration d'irresponsabilité pénale prononcés sur le fondement du premier alinéa de l'article 122-1 du code pénal et concernant des faits punis d'au moins cinq ans d'emprisonnement en cas d'atteinte aux personnes ou d'au moins dix ans d'emprisonnement en cas d'atteinte aux biens.

« Le juge ne peut, en outre, décider la mainlevée de la mesure qu'après avoir recueilli deux expertises établies par les psychiatres inscrits sur les listes mentionnées à l'article L. 3213-5-1 du présent code.

« Le juge fixe les délais dans lesquels l'avis du collège et les deux expertises prévus au présent II doivent être produits, dans une limite maximale fixée par décret en Conseil d'État. Passés *[Passé]* ces délais, il statue immédiatement. »

III. — Le juge des libertés et de la détention ordonne, s'il y a lieu, la mainlevée de la mesure d'hospitalisation complète *(L. nº 2020-1576 du 14 déc. 2020, art. 84-2º-c)* « , d'isolement ou de contention ».

Lorsqu'il ordonne *(L. nº 2020-1576 du 14 déc. 2020, art. 84-2º-d)* « la mainlevée de la mesure d'hospitalisation complète », il peut, au vu des éléments du dossier et par décision motivée, décider que la mainlevée prend effet dans un délai maximal de vingt-quatre heures afin qu'un programme de soins puisse, le cas échéant, être établi en application de l'article L. 3211-2-1. Dès l'établissement de ce programme ou à l'issue du délai mentionné à la phrase précédente, la mesure d'hospitalisation complète prend fin.

L'Ord. nº 2020-232 du 11 mars 2020 n'est pas applicable en Nouvelle-Calédonie (Ord. préc., art. 45). Elle entre en vigueur à une date fixée par décret en Conseil d'État et au plus tard le 1er oct. 2020. Elle est applicable aux mesures de protection juridique en cours au jour de son entrée en vigueur et aux situations dans lesquelles aucune décision n'a été prise au jour de son entrée en vigueur (Ord. préc., art. 46).

BIBL. ▶ Louvel, Le régime procédural de l'article L. 351 [L. 3211-12] du code de la santé publique, *Gaz. Pal. 1998. 1. Doctr. 312.* – Montourcy, *AJ fam. 2016. 36* ✐ (requête à fin de mainlevée d'une mesure d'hospitalisation complète en soins psychiatriques).

L. nº 2020-1576, 14 déc. 2020 : Hélaine, Hospitalisation sans consentement : contrôle du JLD des mesures d'isolement et de contention, *D. actu. 12 janv. 2021.*

Jurisprudence sur le texte antérieur à la loi du 27 juin 1990

1. Constitutionnalité. V. • Civ. 1re, QPC, 1er avr. 2021, n° 21-40.001 P.

2. V. références ss. art. L. 3213-1.

3. Publicité des débats et des jugements. La personne qui, ayant présenté une requête en vue d'obtenir sa sortie immédiate de l'hôpital psychiatrique dans lequel elle a été placée d'office, n'a demandé ni devant le TGI ni devant la cour d'appel, que sa cause soit débattue publiquement et que la décision soit rendue en audience publique, n'est pas recevable à prétendre qu'auraient été violées les règles relatives à la publicité des débats et des jugements et, notamment, l'art. 6, § 1, de la Conv. EDH. • Civ. 1re, 21 déc. 1987 : *Bull. civ. I, n° 346.*

4. Ministère d'avocat. Les pourvois en cassation contre les décisions statuant sur les demandes de sortie d'un établissement psychiatrique ne sont pas dispensés du ministère d'un avocat à la Cour de cassation. • Civ. 1re, 21 janv. 1992, n° 89-21.709 P : *D. 1992. 498, note Massip*.

Jurisprudence sur le texte issu de la loi du 27 juin 1990

5. Détournement de la finalité de l'hospitalisation d'office. Il est d'autres moyens et mesures, qui sont à l'appréciation du juge des enfants, pour assurer la guidance de parentalité d'un enfant, que celui, très lourd, de l'hospitalisation d'office de sa mère en vue de faciliter le placement de l'enfant dans une structure de l'aide sociale à l'enfance. • TGI Créteil, ord., 6 janv. 2005 : *JCP 2005. II. 10074, note Bernardet.*

6. Constitutionnalité de l'art. L. 3211-12. Saisi par le Conseil d'État (• CE 24 sept. 2010, *Mlle Danielle S*, n° 339110) d'une QPC, le Conseil constitutionnel a jugé l'art. L. 3211-12, dans sa rédaction antérieure à la L. n° 2011-803 du 5 juill. 2011, conforme à la Constitution sous la réserve suivante : « S'agissant d'une mesure privative de liberté, le droit à un recours juridictionnel effectif impose que le juge judiciaire soit tenu de statuer sur la demande de sortie immédiate dans les plus brefs délais compte tenu de la nécessité éventuelle de recueillir des éléments d'information complémentaire sur l'état de santé de la personne hospitalisée » (consid. 39). • Cons. const. 26 nov. 2010, n° 2010-71-QPC : *JO 27 nov., p. 21119 ; D. 2010. 284 ; AJDA 2010. 2284, obs. Brondel ; ibid. 2011. 174, note Bioy ; Constitutions 2011. 108, note Bioy ; JCP 2010, n° 1216, note Dubreuil ; JCP A 2010, n° 49, p. 7, note Albert ; LPA 23 déc. 2010, n° 255, p. 5, note Castaing ; RDSS 2011. 304, note Renaudie ; RTD civ. 2011. 101, note Hauser*.

7. Exigence du contrôle à bref délai selon la CEDH. Une durée de 46 jours entre la demande de sortie immédiate, formulée par une femme hospitalisée d'office, et l'ordonnance de rejet de sa demande rendue par le juge des libertés et de la détention excède le « bref délai » imparti à un juge par l'art. 5, § 4, de la Convention européenne de sauvegarde des droits de l'homme pour statuer sur la légalité d'une détention. • CEDH 14 avr. 2011, *Patoux c/ France*, n° 35079/06 : *JCP Adm. 2011. Actu. 307, aperçu rapide Albert.* ♦ Si la complexité des questions médicales en jeu dans une procédure de contrôle d'un internement psychiatrique est un facteur pouvant entrer en ligne de compte lorsqu'il s'agit d'apprécier le respect de l'exigence du contrôle à bref délai, il n'en demeure pas moins que lorsque l'autorité judiciaire exerce son contrôle de la validité de l'internement psychiatrique au bout de onze mois, le bref délai prévu par l'art. 5, § 4, de la Conv. EDH n'est pas respecté. • CEDH 16 janv. 2007, *Menvielle c/ France*, n° 97/03.

8. Mainlevée d'une hospitalisation d'office. Les médecins consultés ayant tous conclu que l'état de santé d'une personne hospitalisée ne relève plus du régime d'hospitalisation d'office et qu'elle peut « sortir », la mainlevée immédiate de la mesure d'hospitalisation d'office est ordonnée par le juge, en application de l'art. L. 3211-12, le préfet ne pouvant, pour s'y opposer, invoquer le principe de précaution, lequel ne peut s'appliquer en matière de liberté individuelle. • Paris, 17 juin 2004, n° 04/06710 : *JCP 2004. II. 10139, note Fossier.* ♦ Une mesure d'hospitalisation d'office ne peut être maintenue que si, au jour où le juge statue, les troubles mentaux de la personne qui en fait l'objet nécessitent des soins psychiatriques et compromettent la sûreté des personnes ou portent atteinte de façon grave à l'ordre public. Ainsi, prive sa décision de base légale, le juge qui, pour refuser la mainlevée d'une mesure d'hospitalisation d'office, se borne à énoncer qu'il convient de garantir le suivi par la patiente de son traitement, sans lequel elle rencontre rapidement des difficultés de nature à créer un danger pour elle-même ou pour autrui, et ne caractérise pas, comme il y était invité, le danger que pourrait représenter la patiente. • Civ. 1re, 4 mai 2012, n° 11-13.894.

9. Pouvoir du juge des enfants. V. note 1 ss. art. L. 3211-1.

Jurisprudence sur le texte issu de la L. n° 2011-803 du 5 juill. 2011

10. Inconstitutionnalité de l'art. L. 3211-12, II. Le paragraphe II de l'art. L. 3211-12 est contraire à la Constitution, le législateur n'ayant pas adopté de garanties contre le risque d'arbitraire dans la mise en œuvre du régime particulier institué pour les personnes déclarées pénalement irresponsables ou ayant séjourné dans des unités pour malades difficiles. • Cons. const. 20 avr. 2012, n° 2012-235 QPC : *cité note ss. art. L. 3211-2-1 CSP.* ♦ Cette déclaration d'inconstitutionnalité prend effet le 1er oct. 2013. ♦ Les décisions prises avant cette date en application de ce paragraphe ne peuvent être contestées sur le fondement de son inconstitutionnalité. • Même décision.

11. Incompétence du juge administratif pour apprécier le bien-fondé des mesures de soins psychiatriques sans consentement. Le législateur a entendu donner compétence à l'autorité judiciaire pour apprécier le bien-fondé de toutes les mesures de soins psychiatriques sans consentement, qu'elles portent atteinte à la liberté individuelle ou non, ce qui inclut, dans la mesure où elles sont étroitement liées à l'appréciation du bien-fondé des mesures elles-mêmes, l'appréciation de la nécessité des décisions prises par les médecins participant à la prise en charge des personnes qui font l'objet de tels soins, pour autant qu'elle relève du contrôle du juge, de même que, le cas échéant, celle de la capacité des personnes à y consentir. Le juge administratif des référés n'est donc manifestement pas compétent pour connaître du bien-fondé des décisions prises par les médecins qui participent à la prise en charge de patients faisant l'objet d'une mesure d'admission en soins psychiatriques sans leur consentement. • CE 16 juill. 2012, *CH spécialisé Guillaume Régnier,* n° 360793 : *LPA 9 avr. 2013, n° 71, p. 8, note Chopplet.*

12. Qualité à agir. Il résulte des art. L. 3211-12 et R. 3211-13 CSP que le tiers qui a formulé la demande de soins psychiatriques sans consentement peut saisir le juge des libertés et de la détention aux fins d'obtenir la mainlevée de cette mesure ; que, lorsque la saisine du juge n'émane pas de ce tiers, celui-ci est avisé de l'audience de première instance ou d'appel, peut faire parvenir ses observations par écrit, auquel cas il en est donné connaissance aux parties présentes à l'audience, et demander à être entendu, mais n'a pas la qualité de partie. En application des art. 609 et 611 C. pr. civ., nul ne peut dès lors se pourvoir en cassation contre une décision à laquelle il n'a pas été partie, à moins qu'elle n'ait prononcé une condamnation à son encontre. • Civ. 1re, 15 nov. 2017, n° 16-24.629 P : *D. actu. 28 nov. 2017, obs. Peterka ; Dr. fam. 2018, n° 45, note Maria.* ♦ Il résulte des art. L. 3211-12 et R. 3211-13 CSP que, lorsque la saisine du juge des libertés et de la détention n'émane pas du directeur d'établissement d'accueil du patient en soins psychiatriques sans consentement, celui-ci est avisé de l'audience de première instance ou d'appel, peut faire parvenir au juge des libertés et de la détention ses observations par écrit, auquel cas il en est donné connaissance aux parties présentes à l'audience, et demander à être entendu, mais n'a pas la qualité de partie. Il s'en déduit que le directeur d'un centre hospitalier n'a pas la qualité de partie, peu important la mise en cause de l'établissement dans la procédure et l'obligation qui lui a été faite d'exécuter la décision de mainlevée de la mesure, lorsque la saisine du juge des libertés et de la détention émane du préfet, et que dès lors son pourvoi est irrecevable, en application des art. 609 et 611 C. pr. civ., nul ne pouvant se pourvoir en cassation contre une décision à laquelle il n'a pas été partie, à moins qu'elle n'ait prononcé une condamnation à son encontre. • Civ. 1re, 24 mai 2018, n° 16-28.507 P : *D. 2018. Actu.1157.*

13. Office du JDL. Il résulte de la combinaison des art. 563 C. pr. civ et des art. L. 3211-12 et L. 3211-12-1 CSP qu'il incombe au juge qui statue sur une mesure de soins psychiatriques sans consentement de répondre à l'ensemble des moyens, même soulevés pour la première fois en cause d'appel, à la seule exception des irrégularités antérieures à une instance où il a été statué sur une précédente demande. Viole ces textes, le Premier président qui, pour confirmer la validité de la procédure ayant conduit à l'hospitalisation sous contrainte de M. X..., l'ordonnance retient que, si les moyens tirés de la tardiveté de la notification de l'arrêté d'admission du préfet et du défaut de motivation de l'arrêté de maintien en soins psychiatriques ne constituent pas des exceptions de procédure soumises comme telles à l'art. 74 C. pr. civ., le législateur, en instaurant un contrôle systématique par le juge des libertés et de la détention de la régularité des décisions administratives, telles que les admissions en soins sans consentement, et toutes les décisions prises en application des art. L. 3211-1 s. CSP, a entendu instaurer une purge de toutes les irrégularités de la procédure de soins psychiatriques sans consentement si bien qu'à peine d'irrecevabilité prononcée d'office, aucune irrégularité de la procédure de soins psychiatriques ne peut être soulevée lors d'une instance ultérieure. Elle en déduit qu'il convient de rejeter les moyens dès lors qu'ils n'ont pas été soutenus devant le juge des libertés et de la détention. • Civ. 1re, 5 déc. 2019, n° 19-21.127 P : *D. actu. 9 janv. 2020, note Hélaine ; D. 2019. 2419 ; RDSS 2020. 188, obs. Curier-Roche*

14. Moyens relevés d'office. Contradictoire. En procédure orale, il ne peut être présumé qu'un moyen relevé d'office par le juge a été débattu contradictoirement, dès lors qu'une partie n'était pas présente à l'audience. Il doit alors ressortir soit de la décision soit des pièces de la procédure que la partie présente a été, au préalable, invitée à formuler ses observations sur le moyen relevé d'office. • Civ. 1re, 26 mai 2021, n° 20-12.512 P : *cité note 80 ss. art. 16.*

Art. L. 3211-12-1 *(L. n° 2013-869 du 27 sept. 2013, art. 5)* **I. — L'hospitalisation complète d'un patient ne peut se poursuivre sans que le juge des libertés et de la détention, préalablement saisi par le directeur de l'établissement lorsque l'hospitalisation a été prononcée en application du chapitre II du présent titre ou par le représentant de l'État dans le département lorsqu'elle a été prononcée en application du chapitre III du présent titre, de l'article L. 3214-3 du présent code ou de l'article 706-135 du code de procédure pénale, ait statué sur cette mesure :**

1° Avant l'expiration d'un délai de douze jours à compter de l'admission prononcée en application des chapitres II ou III du présent titre ou de l'article L. 3214-3 du même code. Le juge des libertés et de la détention est alors saisi dans un délai de huit jours à compter de cette admission ;

2° Avant l'expiration d'un délai de douze jours à compter de la décision modifiant la forme de la prise en charge du patient et procédant à son hospitalisation complète en application, respectivement, du dernier alinéa de l'article L. 3212-4 ou du III de l'article L. 3213-3. Le juge des libertés et de la détention est alors saisi dans un délai de huit jours à compter de cette décision ;

3° Avant l'expiration d'un délai de six mois à compter soit de toute décision judiciaire prononçant l'hospitalisation en application de l'article 706-135 du code de procédure pénale, soit de toute décision prise par le juge des libertés et de la détention en application du présent I ou des articles L. 3211-12 *(L. n° 2016-41 du 26 janv. 2016, art. 70)* « , L. 3213-3, L. 3213-8 » ou L. 3213-9-1 du présent code, lorsque le patient a été maintenu en hospitalisation complète de manière continue depuis cette décision. Toute décision du juge des libertés et de la détention prise avant l'expiration de ce délai en application du 2° du présent I ou de l'un des mêmes articles L. 3211-12 *(L. n° 2016-41 du 26 janv. 2016, art. 70)* « , L. 3213-3, L. 3213-8 » ou L. 3213-9-1, ou toute nouvelle décision judiciaire prononçant l'hospitalisation en application de l'article 706-135 du code de procédure pénale fait courir à nouveau ce délai. Le juge des libertés et de la détention est alors saisi quinze jours au moins avant l'expiration du délai de six mois prévu au présent 3°.

Toutefois, lorsque le juge des libertés et de la détention a ordonné, avant l'expiration de l'un des délais mentionnés aux 1° à 3° du présent I, une expertise soit en application du III du présent article, soit, à titre exceptionnel, en considération de l'avis mentionné au II, ce délai est prolongé d'une durée qui ne peut excéder quatorze jours à compter de la date de cette ordonnance. L'hospitalisation complète du patient est alors maintenue jusqu'à la décision du juge, sauf s'il y est mis fin en application des chapitres II ou III du présent titre. L'ordonnance mentionnée au présent alinéa peut être prise sans audience préalable.

Le juge fixe les délais dans lesquels l'expertise mentionnée à l'avant-dernier alinéa du présent I doit être produite, dans une limite maximale fixée par décret en Conseil d'État. Passés *[Passé]* ces délais, il statue immédiatement.

II. – La saisine mentionnée au I du présent article est accompagnée de l'avis motivé d'un psychiatre de l'établissement d'accueil se prononçant sur la nécessité de poursuivre l'hospitalisation complète.

Lorsque le patient relève de l'un des cas mentionnés au II de l'article L. 3211-12, l'avis prévu au premier alinéa du présent II est rendu par le collège mentionné à l'article L. 3211-9.

III. – Le juge des libertés et de la détention ordonne, s'il y a lieu, la mainlevée de la mesure d'hospitalisation complète.

Lorsqu'il ordonne cette mainlevée, il peut, au vu des éléments du dossier et par décision motivée, décider que la mainlevée prend effet dans un délai maximal de vingt-quatre heures, afin qu'un programme de soins puisse, le cas échéant, être établi en application du II de l'article L. 3211-2-1. Dès l'établissement de ce programme ou à l'issue du délai mentionné à la première phrase du présent alinéa, la mesure d'hospitalisation complète prend fin.

Toutefois, lorsque le patient relève de l'un des cas mentionnés au II de l'article L. 3211-12, le juge ne peut décider la mainlevée de la mesure qu'après avoir recueilli deux expertises établies par les psychiatres inscrits sur les listes mentionnées à l'article L. 3213-5-1.

(L. n° 2020-1576 du 14 déc. 2020, art. 84-3°-a) « IV. – Lorsque le juge des libertés et de la détention n'ordonne pas la mainlevée de la mesure d'hospitalisation complète, il statue, le cas échéant, y compris d'office, sur le maintien de la mesure d'isolement ou de contention. »

V. – Lorsque le juge des libertés et de la détention n'a pas statué avant l'expiration du délai de douze jours prévu aux 1° et 2° du I ou du délai de six mois prévu au 3° du même I, la mainlevée de la mesure d'hospitalisation complète est acquise à l'issue de chacun de ces délais. – *[Anc. IV (L. n° 2020-1576 du 14 déc. 2020, art. 84-3°-a).]*

Si le juge des libertés et de la détention est saisi après l'expiration du délai de huit jours prévu aux 1° et 2° du I ou du délai de quinze jours prévu au 3° du même I, il constate sans débat que la mainlevée de l'hospitalisation complète est acquise, à moins qu'il ne soit justifié *de circonstances exceptionnelles* à l'origine de la saisine tardive et que le débat puisse avoir lieu dans le respect des droits de la défense.

Le I de l'art. L. 3211-12-1 CSP, dans sa rédaction résultant de l'art. 5 de la L. n° 2013-869 du 27 sept. 2013, est entré en vigueur à compter du 1er sept. 2014 (L. préc., art. 14-I).

BIBL. ▶ Montourcy, *AJ fam. 2016. 35* ✐ (conclusions à fin de mainlevée d'une mesure d'hospitalisation complète en soins psychiatriques).

1. Constitutionnalité. V. note 1 ss. CSP, art. L. 3211-12.

2. Saisine. Régularité. Viole l'art. L. 3211-12-1 CSP l'ordonnance du premier président d'une cour d'appel qui, pour déclarer la saisine régulière, après avoir constaté la fugue de la personne objet de la procédure, retient que le juge était en mesure de statuer dans le délai de douze jours à compter de la décision de réadmission, et que le délai de huit jours pour le saisir a pour seul objet de permettre l'organisation de l'audience, alors qu'il constatait que le juge des libertés et de la détention avait été saisi plus de huit jours après la décision d'admission du patient en hospitalisation complète. • Civ. 1re, 24 mai 2018, n° 17-21.056 P : *D. 2018. Actu. 1157*. ♦ Une saisine du juge des libertés et de la détention intervenue dans le délai de huit jours à compter de la décision d'admission en soins psychiatriques prévu à l'art. L. 3211-12-1, I, CSP, ne peut être considérée comme tardive. • Civ. 1re, 6 mars 2019, n° 17-31.265 P : *D. actu. 20 mars 2019, note Cottet ; D. 2019. 542*. ♦ Le délai de six mois, prévu à l'art. L. 3211-12-1, I, 3° CSP, avant l'expiration duquel le juge des libertés et de la détention doit statuer sur une mesure d'hospitalisation complète d'un patient prononcée par décision judiciaire sur le fondement de l'art. 706-135 C. pr. pén., commence à courir à compter du prononcé de cette décision et non de sa mise en œuvre effective par le représentant de l'État dans le département. • Civ. 1re, 8 juill. 2020, n° 19-18.839 : *D. actu. 4 sept. 2020, obs. Hélaine ; D. 2020. 1465 ; JCP 2020. 1152, note Raoul-Cormeil et Roux-Demare.*

3. Dans l'hypothèse où le représentant de l'État qui a prononcé une mesure de soins psychiatriques sans consentement décide du transfert de la personne dans un établissement situé dans un autre département, seul le représentant de l'État dans le département où est situé l'établissement d'accueil a qualité, après le transfert, pour saisir le juge des libertés et de la détention en application de l'art. L. 3211-12-1 CSP. • Cass., avis, 19 janv. 2015 : *Dr. fam. 2015, n° 59, note Maria.*

4. L'art. L. 3211-12-1 CSP impose au juge des libertés et de la détention de statuer sur toute décision d'admission en soins psychiatriques sans consentement sous la forme d'une hospitalisation complète décidée par le représentant de *l'État dans le département.* • Cass., avis, 19 janv. 2015 : *préc. note 3.*

5. Office du JLD. Le JLD qui prononce la mainlevée de l'hospitalisation sans consentement alors que le certificat initial indiquait que l'état mental de l'intéressé imposait des soins immédiats assortis d'une surveillance médicale constante dénature l'écrit qui est soumis. • Civ. 1re, 27 sept. 2017, n° 16-22.544 P : *Dr. fam. 2017, n° 232, note Maria.* ♦ Le juge qui se prononce sur le maintien de l'hospitalisation complète doit apprécier le bien-fondé de la mesure au regard des certificats médicaux qui lui sont communiqués. • Même décision.

6. Dans le cas où il est saisi, sur le fondement de l'art. L. 3211-12-1 CSP, pour statuer sur la réadmission en hospitalisation complète d'un patient intervenue en application du premier, le juge peut contrôler la régularité des décisions ayant maintenu le programme de soins qui a été transformé en hospitalisation, à la condition que cette régularité soit contestée devant lui, même pour la première fois en cause d'appel (visa des art. L. 3211-11, L. 3211-12-1, L. 3216-1 et R. 3211-12 CSP). En conséquence, viole l'art. L. 3211-12-1 CSP la cour d'appel qui, pour rejeter les conclusions de nullité, l'ordonnance retient que, dès lors que le juge des libertés et de la détention a statué dans un délai de douze jours après la décision de réintégration du préfet, il ne lui appartient pas de contrôler la procédure de programme de soins antérieure. • Civ. 1re, 21 nov. 2019, n° 19-17941 P : *D. 2019. 2304*.

7. A l'occasion du contrôle systématique d'une mesure de soins psychiatriques sans consentement prenant la forme d'une hospitalisation complète, d'une demande de mainlevée de cette mesure ou d'une saisine d'office, le constat, par le juge des libertés et de la détention, d'une irrégularité affectant une mesure d'isolement ou de contention ne peut donner lieu à la mainlevée que de l'une ou l'autre de ces dernières mesures. Si cette mainlevée est intervenue avant que le juge ne se prononce, il n'y a plus lieu de statuer à leur égard. • Civ. 1re, 8 juill. 2021, n° 21-70.010 P : *D. actu. 19 juill. 2021, note Hélaine.*

8. Circonstances exceptionnelles. La défaillance de l'outil informatique constitue une circonstance exceptionnelle au sens de l'art. L. 3211-12-1, IV, CSP. Dès lors, un tel dysfonctionnement ayant empêché la saisine du juge des libertés et de la détention dans le délai de quinze jours prévu au 3° du I, la mainlevée automatique de la mesure ne peut être retenue. • Civ. 1re, 5 juin 2020, n° 19-25.540 : *D. actu. 16 juin 2020, obs. Hélaine ; D. 2020. 1232*.

Art. L. 3211-12-2 *(L. n° 2013-869 du 27 sept. 2013, art. 6)* **I. — Lorsqu'il est saisi en application des articles L. 3211-12 ou L. 3211-12-1, le juge, après débat contradictoire, statue publiquement. Il peut décider que les débats ont lieu ou se poursuivent en chambre du conseil s'il doit résulter de leur publicité une atteinte à l'intimité de la vie privée, s'il survient des désordres de nature à troubler la sérénité de la justice ou si l'une des parties le demande. Il est fait droit à cette demande lorsqu'elle émane de la personne faisant l'objet de soins psychiatriques.**

A l'audience, la personne faisant l'objet de soins psychiatriques est entendue, assistée ou représentée par un avocat choisi, désigné au titre de l'aide juridictionnelle ou commis d'office. Si, au vu d'un avis médical motivé, des motifs médicaux font obstacle, dans son intérêt, à son audition, la personne est représentée par un avocat dans les conditions prévues au présent alinéa.

Le juge des libertés et de la détention statue dans une salle d'audience attribuée au ministère de la justice, spécialement aménagée sur l'emprise de l'établissement d'accueil ou, en cas de nécessité, sur l'emprise d'un autre établissement de santé situé dans le ressort du *(Ord. nº 2019-964 du 18 sept. 2019, art. 35, en vigueur le 1er janv. 2020)* « tribunal judiciaire *[ancienne rédaction : tribunal de grande instance]* », dans les circonstances et selon les modalités prévues par une convention conclue entre le *(Ord. nº 2019-964 du 18 sept. 2019, art. 35, en vigueur le 1er janv. 2020)* « tribunal judiciaire *[ancienne rédaction : tribunal de grande instance]* » et l'agence régionale de santé. Cette salle doit permettre d'assurer la clarté, la sécurité et la sincérité des débats ainsi que l'accès du public. Lorsque ces conditions ne sont pas satisfaites, le juge, soit d'office, soit sur demande de l'une des parties, statue au siège du *(Ord. nº 2019-964 du 18 sept. 2019, art. 35, en vigueur le 1er janv. 2020)* « tribunal judiciaire *[ancienne rédaction : tribunal de grande instance]* ». *(L. nº 2016-41 du 26 janv. 2016, art. 71)* « En cas de transfert de la personne faisant l'objet de soins psychiatriques dans un autre établissement de santé, après que la saisine du juge des libertés et de la détention a été effectuée, l'établissement d'accueil est celui dans lequel la prise en charge du patient était assurée au moment de la saisine. »

II. — Lorsque le juge des libertés et de la détention statue dans la salle mentionnée au dernier alinéa du I, le président du *(Ord. nº 2019-964 du 18 sept. 2019, art. 35, en vigueur le 1er janv. 2020)* « tribunal judiciaire *[ancienne rédaction : tribunal de grande instance]* » peut, en cas de nécessité, autoriser qu'une seconde audience soit tenue le même jour au siège du *(Ord. nº 2019-964 du 18 sept. 2019, art. 35, en vigueur le 1er janv. 2020)* « tribunal judiciaire *[ancienne rédaction : tribunal de grande instance]* ».

(L. nº 2020-1576 du 14 déc. 2020, art. 84-4º) « III. — Par dérogation au I du présent article, le juge des libertés et de la détention, saisi d'une demande de mainlevée de la mesure d'isolement ou de contention prise en application *(Abrogé par L. nº 2022-46 du 22 janv. 2022, art. 17-II-1º-a) « du II »* de l'article L. 3222-5-1 *(L. nº 2022-46 du 22 janv. 2022, art. 17-II-1º-b)* « , qui s'en saisit d'office ou qui en a été saisi aux fins de prolongation de la mesure », statue sans audience selon une procédure écrite.

« Le patient ou, le cas échéant, le demandeur peut demander à être entendu par le juge des libertés et de la détention, auquel cas cette audition est de droit et toute demande peut être présentée oralement. Néanmoins, si, au vu d'un avis médical motivé, des motifs médicaux font obstacle, dans son intérêt, à l'audition du patient, celui-ci est représenté par un avocat choisi, désigné au titre de l'aide juridictionnelle ou commis d'office.

« L'audition du patient ou, le cas échéant, du demandeur peut être réalisée par tout moyen de télécommunication audiovisuelle ou, en cas d'impossibilité avérée, par communication téléphonique, à condition qu'il y ait expressément consenti et que ce moyen permette de s'assurer de son identité et de garantir la qualité de la transmission et la confidentialité des échanges. L'audition du patient ne peut être réalisée grâce à ce procédé que si un avis médical atteste que son état mental n'y fait pas obstacle.

(Abrogé par L. nº 2022-46 du 22 janv. 2022, art. 17-II-2º) ***« Dans ce cas, le juge des libertés et de la détention statue dans les conditions prévues par décret en Conseil d'État. »***

« S'il l'estime nécessaire, le juge des libertés et de la détention peut décider de tenir une audience. Dans cette hypothèse, *(L. nº 2022-46 du 22 janv. 2022, art. 17-II-3º)* « la procédure est orale et » il est fait application des I et II du présent article. Le dernier alinéa du I n'est pas applicable à la procédure d'appel. »

(L. nº 2022-46 du 22 janv. 2022, art. 17-II-4º) « Le juge des libertés et de la détention statue dans des conditions prévues par décret en Conseil d'État. »

L'art. 6 de la L. nº 2013-869 du 27 sept. 2013 entre en vigueur à compter du 1er sept. 2014 (L. préc., art. 14-I).

Constitutionnalité. V. note 1 ss. CSP, art. L. 3211-12.

Art. L. 3211-12-3 *(L. nº 2011-803 du 5 juill. 2011, art. 1er-I-15º, en vigueur le 1er août 2011)* Le juge des libertés et de la détention saisi en application de l'article L. 3211-12-1 peut, si un recours a été formé sur le fondement de l'article L. 3211-12, statuer par une même décision suivant la procédure prévue au même article L. 3211-12-1.

Art. L. 3211-12-4 *(L. nº 2011-803 du 5 juill. 2011, art. 1er-I-15º, en vigueur le 1er août 2011)* L'ordonnance du juge des libertés et de la détention prise en application des articles

L. 3211-12 *(L. n° 2022-46 du 22 janv. 2022, art. 17-III)* « , L. 3211-12-1 ou L. 3222-5-1 » est susceptible d'appel devant le premier président de la cour d'appel ou son délégué. Le débat est tenu selon les modalités prévues à l'article L. 3211-12-2 *(L. n° 2013-869 du 27 sept. 2013, art. 7-1°, en vigueur le 1er sept. 2014)* « , à l'exception du dernier alinéa du I ».

(L. n° 2020-1576 du 14 déc. 2020, art. 84-5°) « Lorsque le premier président ou son délégué est saisi d'un appel formé à l'encontre d'une ordonnance du juge des libertés et de la détention statuant sur le maintien d'une mesure d'isolement ou de contention prise sur le fondement de l'article L. 3222-5-1, il est fait application des dispositions prévues au III de l'article L. 3211-12-2. Le premier président ou son délégué statue dans les conditions prévues par décret en Conseil d'État. »

L'appel formé à l'encontre de l'ordonnance mentionnée au premier alinéa n'est pas suspensif. Le premier président de la cour d'appel ou son délégué statue alors à bref délai dans des conditions définies par décret en Conseil d'État. *(L. n° 2013-869 du 27 sept. 2013, art. 7-2°, en vigueur le 1er sept. 2014)* « Lorsque l'ordonnance mentionnée au même premier alinéa a été prise en application de l'article L. 3211-12-1, un avis rendu par un psychiatre de l'établissement d'accueil de la personne admise en soins psychiatriques sans consentement se prononçant sur la nécessité de poursuivre l'hospitalisation complète est adressé au greffe de la cour d'appel au plus tard quarante-huit heures avant l'audience. »

Toutefois, lorsque le juge des libertés et de la détention ordonne la mainlevée d'une mesure de soins psychiatriques sous la forme d'une hospitalisation complète ou constate la mainlevée de cette mesure, le procureur de la République peut demander au premier président de la cour d'appel ou à son délégué de déclarer le recours suspensif en cas de risque grave d'atteinte à l'intégrité du malade ou d'autrui. Dans ce cas, l'appel, accompagné de la demande faisant état du risque grave d'atteinte à l'intégrité du malade ou d'autrui, est formé dans un délai de six heures à compter de la notification de l'ordonnance à l'auteur de la saisine et transmis au premier président de la cour d'appel ou à son délégué. Celui-ci décide, sans délai, s'il y a lieu de donner à cet appel un effet suspensif en fonction du risque grave d'atteinte à l'intégrité du malade ou d'autrui. Il statue par une ordonnance motivée qui n'est pas susceptible de recours. Le patient est maintenu en hospitalisation complète jusqu'à ce que cette ordonnance soit rendue et, si elle donne un effet suspensif à l'appel, jusqu'à ce qu'il soit statué sur le fond, sauf s'il est mis fin à l'hospitalisation complète en application des chapitres II ou III du présent titre.

Lorsqu'il a été donné un effet suspensif à l'appel, le premier président de la cour d'appel ou son délégué se prononce sur la demande en appel dans un délai de trois jours à compter de la déclaration d'appel. Toutefois, par une ordonnance qui peut être prise sans audience préalable, il peut, avant l'expiration de ce délai, ordonner une expertise. Il se prononce alors dans un délai de quatorze jours à compter de la date de cette ordonnance. En l'absence de décision à l'issue de l'un ou l'autre de ces délais, la mainlevée est acquise.

1. Constitutionnalité. V. note 1 ss. CSP, art. L. 3211-12.

2. Moyen pris de l'absence de transmission du certificat médical dans les délais avant l'appel. Qualification. Renvoi. V. note ss. CSP, art. L. 3216-1, App., v° *Mesures de soins psychiatriques sous contrainte.*

3. Audition de la personne hospitalisée. Dérogation. Motif médical. Le risque majeur de fugue n'est pas un motif médical susceptible de refuser la comparution de la personne hospitalisée sans consentement dans le cadre de l'audience de prolongation de la mesure la concernant. • Civ. 1re, 17 mars 2021, n° 19-23.567 P : *D. actu. 30 mars 2021, note Hélaine.*

Art. L. 3211-12-5 *(L. n° 2011-803 du 5 juill. 2011, art. 1er-I-15°, en vigueur le 1er août 2011)* Lorsque la mainlevée d'une mesure d'hospitalisation complète est acquise en application du *(L. n° 2020-1576 du 14 déc. 2020, art. 84-6°)* « V » de l'article L. 3211-12-1, le patient peut, dès cette mainlevée, faire l'objet de soins psychiatriques sous la forme mentionnée au 2° *(L. n° 2013-869 du 27 sept. 2013, art. 1er-4°)* « du I » de l'article L. 3211-2-1 si les conditions prévues au I des articles L. 3212-1 ou L. 3213-1 sont toujours réunies et selon les modalités prévues, respectivement, aux chapitres II ou III du présent titre.

Dans ce cas, un programme de soins est établi en application de l'article L. 3211-2-1. La période d'observation et de soins initiale mentionnée à l'article L. 3211-2-2 n'est pas applicable.

Constitutionnalité. V. note 1 ss. CSP, art. L. 3211-12.

Art. L. 3211-12-6 *(L. n° 2011-803 du 5 juill. 2011, art. 1er-I-15°, en vigueur le 1er août 2011)* Lorsque la mesure de soins psychiatriques dont une personne fait l'objet est levée en application du présent chapitre ou des chapitres II ou III du présent titre, un psychiatre de l'établissement d'accueil l'informe, en tant que de besoin, de la nécessité de poursuivre son traitement en soins libres et lui indique les modalités de soins qu'il estime les plus appropriées à son état.

Art. L. 3211-13 Les modalités d'application du présent chapitre sont déterminées en tant que de besoin par décret en Conseil d'État.

CHAPITRE II ***Admission en soins psychiatriques à la demande d'un tiers ou en cas de péril imminent*** *(L. n° 2011-803 du 5 juill. 2011, art. 2-1°, en vigueur le 1er août 2011).*

Art. L. 3212-1 à L. 3212-12 *Non reproduits. — V.* ***C. civ.*** *ou* ***CSP.***

CHAPITRE III ***Admission en soins psychiatriques sur décision du représentant de l'État*** *(L. n° 2011-803 du 5 juill. 2011, art. 3-1°, en vigueur le 1er août 2011).*

Art. L. 3213-1 *(L. n° 2013-869 du 27 sept. 2013, art. 10-1°)* I. — Le représentant de l'État dans le département prononce par arrêté, au vu d'un certificat médical circonstancié ne pouvant émaner d'un psychiatre exerçant dans l'établissement d'accueil, l'admission en soins psychiatriques des personnes dont les troubles mentaux nécessitent des soins et compromettent la sûreté des personnes ou portent atteinte, de façon grave, à l'ordre public. Les arrêtés préfectoraux sont motivés et énoncent avec précision les circonstances qui ont rendu l'admission en soins nécessaire. Ils désignent l'établissement mentionné à l'article L. 3222-1 qui assure la prise en charge de la personne malade.

Le directeur de l'établissement d'accueil transmet sans délai au représentant de l'État dans le département et à la commission départementale des soins psychiatriques mentionnée à l'article L. 3222-5 :

1° Le certificat médical mentionné au deuxième alinéa de l'article L. 3211-2-2 ;

2° Le certificat médical et, le cas échéant, la proposition mentionnés aux deux derniers alinéas du même article L. 3211-2-2.

II. — Dans un délai de trois jours francs suivant la réception du certificat médical mentionné à l'avant-dernier alinéa de l'article L. 3211-2-2, le représentant de l'État dans le département décide de la forme de prise en charge prévue à l'article L. 3211-2-1, en tenant compte de la proposition établie, le cas échéant, par le psychiatre en application du dernier alinéa de l'article L. 3211-2-2 et des exigences liées à la sûreté des personnes et à l'ordre public. Il joint à sa décision, le cas échéant, le programme de soins établi par le psychiatre.

Dans l'attente de la décision du représentant de l'État, la personne malade est prise en charge sous la forme d'une hospitalisation complète.

III. — Lorsque la proposition établie par le psychiatre en application de l'article L. 3211-2-2 recommande une prise en charge sous une autre forme que l'hospitalisation complète, le représentant de l'État ne peut modifier la forme de prise en charge des personnes mentionnées au II de l'article L. 3211-12 qu'après avoir recueilli l'avis du collège mentionné à l'article L. 3211-9.

IV. — Les mesures provisoires, les décisions, les avis et les certificats médicaux mentionnés au présent chapitre figurent sur le registre mentionné à l'article L. 3212-11.

Trouble à l'ordre public. Constat. Office du juge. Le juge qui omet de constater que la personne hospitalisée souffrait de troubles mentaux compromettant la sûreté des personnes, ou portant gravement atteinte à l'ordre public, prive de base légale sa décision de maintien de la mesure de soins sans consentement à la demande du représentant de l'État dans le département. • Civ. 1re, 18 mars 2015, n° 14-15.613 P : *D. 2015. Chron. C. cass. 1783, obs. Guyon-Renard*. ♦ Si la décision d'admission en soins psychiatriques prononcée par le représentant de l'État dans le département sur le fondement de l'art. L. 3213-1 CSP peut satisfaire à l'exigence de motivation en se référant au certificat médical circonstancié, à la condition de s'en approprier le contenu et de joindre ce certificat à la décision, elle doit également mettre en évidence que les troubles mentaux dont est atteint l'individu compromettent la sûreté des personnes ou portent atteinte de façon grave à l'ordre public. • Civ. 1re, 29 sept. 2021, n° 20-14.611 P : *D. actu, 7 oct. 2021, note Hélaine*. ♦ Les art. L. 3213-1, L. 3213-3 et R. 3213-3 CSP n'exigent pas la mention, dans le certificat médical circonstancié qu'ils prévoient, que les troubles nécessitant des soins « compromettent la sûreté des personnes ou portent atteinte, de façon grave, à l'ordre public », une telle qualification relevant, sous le contrôle du juge, des seuls pouvoirs du préfet, sauf à prévoir, lorsqu'un certificat conclut à la nécessité de lever une mesure d'hospitalisation complète, les incidences éventuelles de ces troubles sur la sûreté des personnes. • Civ. 1re, 28 mai 2015, n° 14-15.686 P : *D. 2015. Actu. 1276 ; ibid. Chron. C. cass. 1783, obs. Guyon-Renard ; JCP 2015. 1113, note Byk.*

Art. L. 3213-2 à L. 3213-11 *Non reproduits. – V. C. civ. ou CSP.*

CHAPITRE IV *Admission en soins psychiatriques des personnes détenues atteintes de troubles mentaux* (*L. n° 2011-803 du 5 juill. 2011, art. 5-1°, en vigueur le 1er août 2011*).

Art. L. 3214-1 à L. 3214-4 *Non reproduits. – V. C. civ. ou CSP.*

CHAPITRE V *Dispositions pénales*

Art. L. 3215-1 à L. 3215-4 *Non reproduits. – V. C. civ. ou CSP.*

CHAPITRE VI *Contentieux*

(*L. n° 2011-803 du 5 juill. 2011, art. 7*)

Le présent chapitre est entré en vigueur le 1er janv. 2013. La juridiction administrative est compétente pour statuer sur les recours dont elle est saisie antérieurement à cette date. Ces dispositions sont applicables en Nouvelle-Calédonie et en Polynésie française. Pour leur application dans ces territoires, les références au représentant de l'État dans le département ou au préfet de police sont remplacées par la référence au haut-commissaire de la République (L. n° 2011-803 du 5 juill. 2011, art. 18-II et VI).

Art. L. 3216-1 La régularité des décisions administratives prises en application des chapitres II à IV du présent titre ne peut être contestée que devant le juge judiciaire.

Le juge des libertés et de la détention connaît des contestations mentionnées au premier alinéa du présent article dans le cadre des instances introduites en application des articles L. 3211-12 et L. 3211-12-1. Dans ce cas, l'irrégularité affectant une décision administrative mentionnée au premier alinéa du présent article n'entraîne la mainlevée de la mesure que s'il en est résulté une atteinte aux droits de la personne qui en faisait l'objet.

Lorsque le (*Ord. n° 2019-964 du 18 sept. 2019, art. 35, en vigueur le 1er janv. 2020*) **« tribunal judiciaire** *[ancienne rédaction : tribunal de grande instance]* **» statue sur les demandes en réparation des conséquences dommageables résultant pour l'intéressé des décisions administratives mentionnées au premier alinéa, il peut, à cette fin, connaître des irrégularités dont ces dernières seraient entachées.**

1. Compétence du juge judiciaire après le 1er janv. 2013. Il résulte de la combinaison de l'art. L. 3216-1 CSP, dans sa rédaction issue de la L. n° 2011-803 du 5 juill. 2011, et des dispositions transitoires de l'art. 18 de cette loi que si le juge administratif est demeuré compétent pour statuer sur les recours à l'encontre de toute décision administrative relative aux soins psychiatriques sous contrainte dont il aurait déjà été saisi avant le 1er janv. 2013, le juge judiciaire, saisi, à compter de cette date, d'une demande d'indemnisation des conséquences dommageables résultant pour l'intéressé de telles décisions, peut connaître des irrégularités dont ces dernières seraient entachées, dès lors qu'elles n'ont pas été préalablement soumises au contrôle du juge administratif. • Civ 1re, 17 oct. 2019, n° 18-16.837 P : *D. actu, 14 nov. 2019, note Peterka ; AJDA 2020. 272 ; D. 2019. 2043 .*

2. Office du JLD. Étendue. Il résulte des art. L. 3211-12, L. 3211-12-1 et L. 3216-1 CSP qu'il n'appartient pas au JLD de se prononcer sur la mise en œuvre d'une mesure médicale, distincte de la procédure de soins psychiatriques sans consentement qu'il lui incombe de contrôler. • Civ. 1re, 7 nov. 2019, n° 19-18.262 P : *D. actu. 19 nov. 2019, note Dervieux ; D. 2020. 139, note Sferlazzo-Boubli ; JCP 2020.94, note Raoul-Cormeil ; LPA 17 janv. 2020, p. 13, note Fabas-Serlooten.*

3. Si l'art. L. 3216-1 CSP donne compétence au JLD pour connaître des contestations relatives à la régularité des décisions administratives prises en matière de soins psychiatriques sans consentement, celui-ci n'est jamais tenu de relever d'office le moyen pris de l'irrégularité de la procédure au regard des dispositions de ce code. • Civ. 1re, 5 mars 2020, n° 19-23.287 P : *D. actu. 7 avr. 2020, note Hélaine* • 5 mars 2020, n° 19-24.080 P : *D. actu. 7 avr. 2020, note Hélaine.* ♦ Une personne placée sous contrainte n'ayant pas soutenu, dans ses conclusions d'appel, que le directeur de l'établissement aurait manqué à l'obligation de transmission, au préfet et à la commission départementale des soins psychiatriques, des pièces visées à l'art. L. 3212-5 CSP, le premier président n'a pas à procéder à une recherche qui ne lui était pas demandée. • Civ. 1re, 5 mars 2020, n° 19-23.287 P : *préc.*. ♦ Une personne placée sous contrainte n'ayant pas soutenu, dans ses conclusions d'appel, que l'arrêté du préfet serait irrégulier en ce qu'il ne mentionne pas les circonstances de l'examen psychiatrique réalisé avant son admission, le premier président n'a pas à procéder à une recherche qui ne lui était pas demandée. • Civ. 1re, 5 mars 2020, nº 19-24.080 P : *préc.*

4. Moyen pris de l'irrégularité du certificat médical. Qualification. Il résulte de l'art. L. 3216-1 CSP que, lorsque le juge des libertés et de la détention contrôle la régularité de la procédure de soins psychiatriques sans consentement, le moyen pris de l'irrégularité d'un certificat médical ne constitue pas une exception de procédure, au sens de l'art. 112 C. pr. civ., mais une défense au fond. • Civ. 1re, 19 déc. 2019, nº 19-22.946 P : *D. actu, 27 janv. 2020, note Hélaine ; D. 2020. 22.*

5. Viole les art. L. 3213-3 et L. 3216-1 CSP le premier président d'une cour d'appel qui ordonne la mainlevée d'une mesure de soins psychiatriques sans consentement au vu du caractère tardif d'un certificat médical mensuel, sans que soit caractérisée une atteinte concrète aux droits du patient. • Civ. 1re, 15 sept. 2021, nº 20-1.610 P : *D. actu. 27 sept. 2021, note Hélaine.* ♦ L'irrégularité relative à la tardiveté des certificats médicaux au sens de l'art. L. 3213-3 n'entraîne pas la mainlevée de la mesure car au regard d'autres éléments que ces certificats, qui n'ont été pris qu'avec quelques jours de retard et qui n'ont fait que prévoir la poursuite de la mesure de programme de soins en cours sans aggraver la contrainte exercée sur le patient, le premier président a souverainement apprécié l'absence d'atteinte aux droits du patient. • Civ. 1re, 15 oct. 2020, nº 20-15.691 P : *D. actu. 19 nov. 2020, note Hélaine.*

6. Moyen pris de l'absence de transmission du certificat médical dans les délais avant l'appel. Qualification. Il résulte de l'art. L. 3216-1 CSP que lorsque le juge des libertés et de la détention contrôle la régularité de la procédure de soins psychiatriques sans consentement, le moyen tenant à l'absence de transmission au greffe de la cour d'appel de cet avis médical ne constitue pas une exception de procédure, au sens de l'art. 74 C. pr. civ., mais une défense au fond, au sens de l'art. 72 du même code. • Civ. 1re, 4 mars 2020, nº 19-14.269 P.

7. Extériorité du médecin. Sanction. L'exigence d'extériorité du médecin auteur du certificat médical initial vise à garantir le droit fondamental selon lequel nul ne peut être arbitrairement privé de liberté. Il s'en déduit que la méconnaissance de cette exigence porte en soi atteinte aux droits de la personne au sens du second texte. • Civ. 1re, 5 déc. 2019, nº 19-22.930 P : *D. actu. 20 déc. 2019, note Peterka ; D. 2019. 2419.*

DEUXIÈME PARTIE : ***RÉGLEMENTAIRE***

TROISIÈME PARTIE LUTTE CONTRE LES MALADIES ET DÉPENDANCES

LIVRE II Lutte contre les maladies mentales

TITRE PREMIER Modalités de soins psychiatriques *(Décr. nº 2011-847 du 18 juill. 2011, art. 1er).*

CHAPITRE PREMIER *Droits des personnes faisant l'objet de soins psychiatriques* *(Décr. nº 2011-847 du 18 juill. 2011, art. 2).*

SECTION I *Programme de soins psychiatriques*

(Décr. nº 2011-847 du 18 juill. 2011, art. 2, en vigueur le 1er août 2011)

Art. R. 3211-1 *Non reproduit. — V.* ***C. civ.*** *ou* ***CSP.***

SECTION II *Collège*

(Décr. nº 2011-847 du 18 juill. 2011, art. 2, en vigueur le 1er août 2011)

Art. R. 3211-2 à R. 3211-6 *Non reproduits. — V.* ***C. civ.*** *ou* ***CSP.***

SECTION III *Procédures judiciaires de mainlevée et de contrôle des mesures de soins psychiatriques sans consentement*

(Décr. nº 2014-897 du 15 août 2014, art. 1er)

Les dispositions du Décr. nº 2014-897 du 15 août 2014 entrent en vigueur le 1er sept. 2014 (Décr. préc., art. 5). Elles sont applicables en Nouvelle-Calédonie et en Polynésie française et les références au code de procédure civile y sont remplacées par les références aux dispositions ayant le même objet applicables localement (Décr. préc., art. 4).

SOUS-SECTION 1 *Dispositions communes*

V. note ss. section III.

Art. R. 3211-7 La procédure judiciaire pour connaître des mesures de soins psychiatriques prononcées en application du titre Ier du livre II de la troisième partie de la partie législative du présent code ou de l'article 706-135 du code de procédure pénale est régie par le code de procédure civile sous réserve des dispositions de la présente section.

V. note ss. section III.

Art. R. 3211-8 Devant le juge des libertés et de la détention et le premier président de la cour d'appel, la personne faisant l'objet de soins psychiatriques est assistée ou représentée par un avocat. Elle est représentée par un avocat dans le cas où le magistrat décide, au vu de l'avis médical prévu au deuxième alinéa de l'article L. 3211-12-2, de ne pas l'entendre. Les autres parties ne sont pas tenues d'être représentées par un avocat.

V. note ss. section III.

Art. R. 3211-9 Les dispositions des articles 643 et 644 du code de procédure civile ne sont pas applicables.

V. note ss. section III.

§ 1er *Procédure devant le juge des libertés et de la détention*

V. note ss. section III.

Art. R. 3211-10 Le juge des libertés et de la détention dans le ressort duquel se situe l'établissement d'accueil est saisi par requête transmise par tout moyen permettant de dater sa réception au greffe du *(Décr. no 2019-966 du 18 sept. 2019, art. 8, en vigueur le 1er janv. 2020)* « tribunal judiciaire *[ancienne rédaction : tribunal de grande instance]* ».

La requête est datée et signée et comporte :

1° L'indication des nom, prénoms, profession, domicile, nationalité, date et lieu de naissance du demandeur ou, s'il s'agit d'une personne morale, celle de sa forme, de sa dénomination, de son siège social et de l'organe qui la représente légalement ;

2° L'indication des nom et prénoms de la personne qui fait l'objet de soins psychiatriques, de son domicile et, le cas échéant, de l'adresse de l'établissement où elle séjourne, ainsi que, s'il y a lieu, des coordonnées de son tuteur, de *(Décr. no 2021-684 du 28 mai 2021, art. 8-1o)* « la personne chargée à son égard d'une mesure de protection juridique relative à la personne ou de ses représentants légaux si elle est mineure » ;

3° L'exposé des faits et son objet.

V. note ss. section III.

Art. R. 3211-11 Dès réception de la requête, le greffe l'enregistre et la communique :

1° A la personne qui fait l'objet de soins psychiatriques, à moins qu'elle soit l'auteur de la requête, et, s'il y a lieu, à *(Décr. no 2021-684 du 28 mai 2021, art. 8-2o)* « la personne chargée à son égard d'une mesure de protection juridique relative à la personne » ou, si elle est mineure, à ses représentants légaux ;

2° Au ministère public ;

3° Au directeur de l'établissement, à moins qu'il ne l'ait lui-même transmise ou établie, à charge pour lui d'en remettre une copie à la personne concernée lorsqu'elle est hospitalisée dans son établissement ;

4° Le cas échéant, au tiers qui a demandé l'admission en soins psychiatriques ou au préfet qui a ordonné ou maintenu la mesure de soins.

V. note ss. section III.

Art. R. 3211-12 Sont communiqués au juge des libertés et de la détention afin qu'il statue :

1° Quand l'admission en soins psychiatriques a été effectuée à la demande d'un tiers ou en cas de péril imminent, une copie de la décision d'admission motivée et, le cas échéant, une copie de la décision la plus récente ayant maintenu la mesure de soins, les nom, prénoms et adresse du tiers qui a demandé l'admission en soins ainsi qu'une copie de sa demande d'admission ;

2° Quand l'admission en soins psychiatriques a été ordonnée par le préfet, une copie de l'arrêté d'admission en soins psychiatriques et, le cas échéant, une copie de l'arrêté le plus récent ayant maintenu la mesure de soins ;

3° Quand l'admission en soins psychiatriques a été ordonnée par une juridiction, une copie de la décision et de l'expertise mentionnées à l'article 706-135 du code de procédure pénale ;

4° Une copie des certificats et avis médicaux prévus aux chapitres II à IV du titre Ier du livre II de la troisième partie de la partie législative du présent code, au vu desquels la mesure de soins a été décidée et de tout autre certificat ou avis médical utile, dont ceux sur lesquels se fonde la décision la plus récente de maintien des soins ;

5° Le cas échéant :

a) L'avis du collège mentionné à l'article L. 3211-9 ;

b) L'avis d'un psychiatre ne participant pas à la prise en charge de la personne qui fait l'objet de soins, indiquant les motifs médicaux qui feraient obstacle à son audition.

Le juge peut solliciter la communication de tous autres éléments utiles.

V. note ss. section III.

L'arrêté du préfet décidant l'admission en soins psychiatriques doit être communiqué au juge des libertés et de la détention saisi pour statuer sur cette mesure. • Civ. 1re, 30 janv. 2019, n° 17-26.131 P : *D. actu. 14 févr. 2019, note Peterka ; RTD civ. 2019. 298, obs. Leroyer ; JCP 2019. 305, obs. Raoul-Cormeil.*

Art. R. 3211-13 Le juge fixe la date, l'heure et le lieu de l'audience.

Le greffier convoque aussitôt, par tout moyen, en leur qualité de parties à la procédure :

1° Le requérant et son avocat, s'il en a un ;

2° La personne qui fait l'objet de soins psychiatriques par l'intermédiaire du chef d'établissement lorsqu'elle y est hospitalisée, son avocat dès sa désignation et, s'il y a lieu, *(Décr. n° 2021-684 du 28 mai 2021, art. 8-3°)* « la personne chargée de la mesure de protection juridique relative à la personne ou ses représentants légaux si elle est mineure ; »

3° Le cas échéant, le préfet qui a ordonné ou maintenu la mesure de soins ou le directeur d'établissement qui a prononcé l'admission en soins psychiatriques en cas de péril imminent.

Dans tous les cas, sont également avisés le ministère public et, s'ils ne sont pas parties, le directeur de l'établissement et, le cas échéant, le tiers qui a demandé l'admission en soins psychiatriques.

La convocation ou l'avis d'audience indique aux parties que les pièces mentionnées à l'article R. 3211-12 peuvent être consultées au greffe de la juridiction et que la personne qui fait l'objet de soins psychiatriques, quand elle est hospitalisée, peut y avoir accès dans l'établissement où elle séjourne, dans le respect, s'agissant des documents faisant partie du dossier médical, des prescriptions de l'article L. 1111-7. Le greffe délivre une copie de ces pièces aux avocats qui en font la demande.

La personne qui fait l'objet de soins psychiatriques est en outre avisée qu'elle sera assistée par un avocat choisi, désigné au titre de l'aide juridictionnelle ou commis d'office par le juge le cas échéant ou qu'elle sera représentée par un avocat si le magistrat décide de ne pas procéder à son audition au vu de l'avis médical prévu au deuxième alinéa de l'article L. 3211-12-2.

V. note ss. section III.

Les deux derniers alinéas de l'art. R. 3211-13, tels qu'issus du Décr. n° 2014-897 du 15 août 2014, sont applicables aux convocations et avis envoyés en vue d'audiences tenues à compter du 1er sept. 2014 (Décr. préc., art. 5).

1. Défaut de convocation de l'un des curateurs. Le défaut de convocation de l'un des curateurs, fût-il le tiers ayant demandé l'admission en soins sans consentement, constitue une irrégularité de fond entraînant la nullité de la procédure. • Civ. 1re, 11 oct. 2017, n° 16-24.869 P : *D. actu. 3 nov. 2017, obs. Peterka ; AJ fam. 2017. 593, obs. Montourcy ; Dr. fam. 2018, n° 17, note Maria.*

2. Défaut de qualité du signataire de la requête. Le défaut de qualité du signataire de la requête adressée au juge des libertés et de la détention aux fins de poursuite de la mesure de soins sans consentement constitue une fin de non-recevoir, qui peut être soulevée en tout état de cause, y compris pour la première fois en appel. • Civ. 1re, 12 mai 2021, n° 20-13.307 P : *D. actu. 19 mai 2021, note Hélaine.*

Art. R. 3211-14 S'il l'estime nécessaire, le juge ordonne, le cas échéant sans débat, toute mesure d'instruction.

Lorsque le juge ordonne deux expertises, les deux experts procèdent à des examens séparés de la personne qui fait l'objet de soins.

Le ou les experts désignés ne peuvent exercer dans l'établissement d'accueil de la personne qui fait l'objet de soins psychiatriques.

Les experts remettent leur rapport dans le délai fixé par le juge, qui ne peut excéder douze jours suivant leur désignation. Ils déterminent librement les modalités de conduite des opérations d'expertise. Par dérogation aux articles 160 et 276 du code de procédure civile, ils ne sont pas tenus de convoquer les parties ou de susciter leurs observations. Le rapport est déposé au secrétariat de la juridiction où les parties peuvent le consulter. Sur leur demande, le greffe leur en délivre une copie.

V. note ss. section III.

Art. R. 3211-15 A l'audience, le juge entend le requérant et les personnes convoquées en application de l'article R. 3211-13 ou leur représentant ainsi que le ministère public lorsqu'il est partie principale. Les personnes avisées sont entendues si elles souhaitent s'exprimer.

Le cas échéant, le juge commet un avocat d'office à la personne faisant l'objet de soins psychiatriques.

Les personnes convoquées ou avisées peuvent faire parvenir leurs observations par écrit, auquel cas il en est donné connaissance aux parties présentes à l'audience.

Le juge peut toujours ordonner la comparution des parties.

Lorsqu'il n'est pas partie principale, le ministère public fait connaître son avis dans les conditions définies par le deuxième alinéa de l'article 431 du code de procédure civile.

V. note ss. section III.

Il résulte des art. L. 3211-12-1, R. 3211-11 et R. 3211-13 CSP que le juge des libertés et de la détention est saisi aux fins de statuer sur la poursuite d'une hospitalisation complète par une requête de l'auteur de la décision comportant les mentions et accompagnée des pièces prévues par ces dispositions et, s'il est prévu à l'art. R. 3211-15 du même code qu'à l'audience le juge entend le requérant, il ressort également de ce texte que la comparution de celui-ci, qui peut faire parvenir ses observations par écrit et dont la comparution peut toujours être ordonnée par le juge, est facultative. • Civ. 1re, 30 janv. 2020, ☎ n° 19-23.659 P : *D. actu. 24 févr. 2020, note Hélaine.*

Art. R. 3211-16 L'ordonnance est notifiée sur place aux parties présentes à l'audience ainsi qu'au conseil de la personne faisant l'objet de soins psychiatriques qui en accusent réception. Le juge leur fait connaître verbalement le délai d'appel et les modalités suivant lesquelles cette voie de recours peut être exercée. Il les informe que seul l'appel formé par le ministère public peut être déclaré suspensif par le premier président de la cour d'appel ou son délégué. La notification aux parties qui n'ont pas comparu en personne est faite dans les meilleurs délais par tout moyen permettant d'en établir la réception.

Lorsque la décision a été mise en délibéré, les notifications prévues à l'alinéa précédent sont faites, selon les mêmes modalités, aux parties présentes à l'audience ainsi qu'au conseil de la personne faisant l'objet de soins psychiatriques.

Dans le cas où ils ne sont pas parties, le directeur d'établissement et, le cas échéant, le tiers qui a demandé l'admission en soins psychiatriques sont avisés de la décision par tout moyen.

V. note ss. section III.

Notification de la décision du JLD. Modalités. La notification de la décision du juge des libertés et de la détention prolongeant une mesure d'hospitalisation complète peut être effectuée par tout moyen permettant d'en établir la réception. • Civ. 2e, 11 mai 2018, ☎ n° 18-10.724 P : *D. actu. 30 mai 2018, obs. Peterka.*

Art. R. 3211-17 Si le juge décide la mainlevée de la mesure de soins et que le procureur de la République estime ne pas avoir à s'opposer à cette mainlevée, ce dernier retourne l'ordonnance au juge qui l'a rendue en mentionnant sur celle-ci qu'il ne s'oppose pas à sa mise à exécution. Il est alors mis fin sans délai à la mesure de maintien à la disposition de la justice, sauf dans le cas où le juge a différé l'effet de la mainlevée de la mesure d'hospitalisation complète.

V. note ss. section III.

§ 2 *Voies de recours*

V. note ss. section III.

Art. R. 3211-18 L'ordonnance est susceptible d'appel devant le premier président de la cour d'appel ou son délégué, dans un délai de dix jours à compter de sa notification.

Le ministère public peut, dans tous les cas, interjeter appel dans le même délai.

V. note ss. section III.

Art. R. 3211-19 Le premier président ou son délégué est saisi par une déclaration d'appel motivée transmise par tout moyen au greffe de la cour d'appel. La déclaration est enregistrée avec mention de la date et de l'heure.

Le greffier de la cour d'appel avise sur-le-champ le greffier du *(Décr. n° 2019-966 du 18 sept. 2019, art. 8, en vigueur le 1er janv. 2020)* « tribunal judiciaire *[ancienne rédaction : tribunal de grande instance]* » qui lui transmet sans délai le dossier.

Le greffier de la cour d'appel fait connaître par tout moyen la date et l'heure de l'audience aux parties, à leurs avocats et, lorsqu'ils ne sont pas parties, au tiers qui a demandé l'admission en soins et au directeur d'établissement. Les deux derniers alinéas de l'article R. 3211-13 sont applicables.

V. note ss. section III.

La dernière phrase de l'art. R. 3211-19, telle qu'issue du Décr. n° 2014-897 du 15 août 2014, est applicable aux convocations et avis envoyés en vue d'audiences tenues à compter du 1er sept. 2014 (Décr. préc., art. 5).

Le directeur d'établissement est sans qualité pour critiquer le défaut d'information d'un tiers à la procédure. • Civ. 1re, 27 sept. 2017, n° 16-22.544 P : *cité note 5 ss. CSP, art. L. 3211-12-1, App., v° Mesures de soins psychiatriques.*

Art. R. 3211-20 Lorsque le ministère public demande que son recours soit déclaré suspensif dans les conditions définies par l'article L. 3211-12-4, il fait notifier la déclaration d'appel, accompagnée de sa demande motivée, sans délai et par tout moyen permettant d'en établir la réception, au préfet ou au directeur d'établissement ayant prononcé l'admission, au requérant initial et à la personne qui fait l'objet de soins psychiatriques ainsi qu'à leur*[s]* avocat*[s]*. La notification mentionne que des observations en réponse peuvent être transmises par tout moyen au secrétariat du premier président ou de son délégué dans un délai de deux heures.

Le premier président ou son délégué statue sans délai et sans débat sur la demande de déclaration d'appel suspensif après que la personne qui fait l'objet de soins psychiatriques et son avocat ont été mis à même de transmettre leurs observations suivant les modalités définies à l'alinéa précédent. La décision est portée à la connaissance de la personne qui fait l'objet de soins psychiatriques ainsi que de son avocat par le greffe de la cour d'appel et communiquée au procureur de la République qui veille à son exécution et en informe le directeur d'établissement et le préfet le cas échéant.

V. note ss. section III.

Art. R. 3211-21 A l'audience, les parties et, lorsqu'il n'est pas partie, le tiers qui a demandé l'admission en soins psychiatriques peuvent demander à être entendus ou faire parvenir leurs observations par écrit, auquel cas il en est donné connaissance aux parties présentes à l'audience. Le premier président ou son délégué peut toujours ordonner la comparution des parties.

Lorsqu'il n'est pas partie principale, le ministère public fait connaître son avis dans les conditions définies par le deuxième alinéa de l'article 431 du code de procédure civile.

V. note ss. section III.

1. Viole l'art. R. 3211-21 CSP l'ordonnance du premier président qui, pour déclarer irrecevables les moyens soulevés oralement par l'avocat de la personne faisant l'objet de la procédure d'hospitalisation d'office, retient que les dispositions du CSP ne permettent pas de recevoir de tels moyens à l'audience en l'absence des autres parties, même dans le délai d'appel, alors que, les parties ayant été valablement convoquées, il ne pouvait déclarer irrecevables les moyens présentés à l'audience. • Civ. 1re, 24 mai 2018, n° 17-21.057 P : *D. 2018. Actu. 1158.*

2. Selon l'art. R. 3211-21, la comparution des parties devant le premier président, statuant en appel d'une décision du juge des libertés et de la détention, est facultative, celles-ci pouvant demander à être entendues ou faire parvenir leurs observations par écrit, auquel cas il en est donné connaissance aux parties présentes à l'audience. Lorsqu'il n'est pas partie principale, le ministère public fait connaître son avis dans les conditions définies à l'art. 431 C. pr. civ., al. 2. Le premier président pouvait dès lors statuer hors la présence du ministère public, partie principale en sa qualité d'appelant, en donnant connaissance oralement à l'audience de ses réquisitions écrites. • Civ. 1re, 15 oct. 2020, n° 20-14.721 P : *cité note 2 ss. CSP, art. L. 3211-3, App., v° Soins psychiatriques sous contrainte.*

Art. R. 3211-22 *A moins qu*'il n'ait été donné un effet suspensif à l'appel, le premier président ou son délégué statue dans les douze jours de sa saisine. Ce délai est porté à vingt-cinq jours si une expertise est ordonnée.

L'ordonnance est notifiée sur place aux parties présentes à l'audience ainsi qu'au conseil de la personne faisant l'objet de soins psychiatriques qui en accusent réception. La notification aux parties qui n'ont pas comparu en personne est faite dans les meilleurs délais par tout moyen permettant d'en établir la réception.

Lorsque la décision a été mise en délibéré, les notifications prévues à l'alinéa précédent sont faites aux parties ainsi qu'au conseil de la personne faisant l'objet de soins psychiatriques selon les mêmes modalités.

Dans le cas où ils ne sont pas parties, le directeur d'établissement et, le cas échéant, le tiers qui a demandé l'admission en soins psychiatriques sont avisés de la décision par tout moyen.

V. note ss. section III.

1. Délai pour statuer en appel. L'expiration du délai de douze jours pour statuer sur l'appel d'une ordonnance d'un juge des libertés et de la détention en matière de soins psychiatriques sans consentement est sanctionnée par le dessaisissement du premier président de la cour d'appel. • Civ. 1re, 12 janv. 2022, nº 20-21.017 P : *D. actu. 28 janv. 2022, note Hélaine.*

2. Grève du barreau. Portée. Le mouvement de grève du barreau conduisant à l'absence de désignation d'avocat commis d'office dans le cadre des permanences constitue une circonstance insurmontable, justifiant que l'affaire soit retenue et que la personne soit jugée hors la présence du conseil pourtant sollicité. • Civ. 1re, 13 sept. 2017, nº 16-22.819 P : *D. actu. 25 sept. 2017, obs. Peterka ; D. avocats 2017. 362, obs. Royer ; JCP 2017. 1104, nº 24, obs. G'Sell.* ♦ Statuant sur une demande de prolongation d'une mesure de rétention administrative, un premier président de cour d'appel retient à bon droit que le mouvement de grève du barreau constitue un obstacle insurmontable à l'assistance d'un conseil et n'a pas à s'interroger sur la possibilité d'un renvoi qui ne lui est pas demandé. • Civ. 1re, 13 oct. 2021, nº 20-12.449 P.

Art. R. 3211-23 **Le pourvoi en cassation est, dans tous les cas, ouvert au ministère public.**

L'ordonnance n'est pas susceptible d'opposition.

V. note ss. section III.

SOUS-SECTION 2 *Dispositions particulières*

V. note ss. section III.

§ 1er *Dispositions particulières à la procédure de contrôle des mesures d'hospitalisation complète sans consentement*

V. note ss. section III.

Art. R. 3211-24 **La saisine est accompagnée des pièces prévues à l'article R. 3211-12 ainsi que de l'avis motivé prévu au II de l'article L. 3211-12-1. Cet avis décrit avec précision les manifestations des troubles mentaux dont est atteinte la personne qui fait l'objet de soins psychiatriques et les circonstances particulières qui, toutes deux, rendent nécessaire la poursuite de l'hospitalisation complète au regard des conditions posées par les articles L. 3212-1 et L. 3213-1.**

Cet avis indique, le cas échéant, si des motifs médicaux font obstacle à l'audition de la personne qui fait l'objet de soins psychiatriques.

V. note ss. section III.

Art. R. 3211-25 **Le premier alinéa de l'article 641 et le second alinéa de l'article 642 du code de procédure civile ne sont pas applicables à la computation des délais dans lesquels le juge doit être saisi et doit statuer.**

V. note ss. section III.

Art. R. 3211-26 **Le directeur d'établissement communique par tout moyen l'avis du psychiatre se prononçant sur la nécessité de poursuivre l'hospitalisation complète prévu à l'article L. 3211-12-4.**

La cour d'appel saisie d'une ordonnance constatant la mainlevée d'une hospitalisation complète en application du deuxième alinéa du IV de l'article L. 3211-12-1 peut évoquer l'affaire lorsque les conditions prévues par ces dispositions n'étaient pas réunies.

V. note ss. section III.

§ 2 *Dispositions particulières à la procédure de mainlevée des soins psychiatriques sans consentement*

V. note ss. section III.

Art. R. 3211-27 **Le directeur d'établissement, soit d'office, soit sur invitation du juge, communique par tout moyen, dans un délai de cinq jours à compter de l'enregistrement de la requête, les pièces prévues à l'article R. 3211-12.**

V. note ss. section III.

Les dispositions des deux premiers al. de l'art. R. 3211-27, dans leur rédaction issue du Décr. n° 2011-846 du 18 juill. 2011, demeurent applicables aux décisions d'admission en soins psychiatriques sans consentement et aux décisions de réadmission en hospitalisation complète prononcées antérieurement au 1er sept. 2014 (Décr. préc., art. 5).

Code de la santé publique

Ancien art. R. 3211-8 *(Décr. n° 2011-846 du 18 juill. 2011, art. 1er, en vigueur le 1er août 2011) Le juge des libertés et de la détention dans le ressort duquel se situe l'établissement d'accueil est saisi par les personnes mentionnées à l'article L. 3211-12 ou, dans le cas prévu à l'article L. 3213-5, par le directeur de l'établissement d'accueil, par requête transmise par tout moyen permettant de dater sa réception au greffe du tribunal de grande instance. La requête est datée et signée et comporte :*

1° L'indication des nom, prénoms, profession, domicile, nationalité, date et lieu de naissance du demandeur ou, s'il s'agit d'une personne morale, celle de sa forme, de sa dénomination, de son siège social et de l'organe qui la représente légalement ;

2° L'indication des nom et prénoms de la personne qui fait l'objet de soins, de son domicile et, le cas échéant, de l'adresse de l'établissement où elle séjourne, ainsi que, s'il y a lieu, des coordonnées de son tuteur, de son curateur ou de ses représentants légaux s'il est mineur ;

3° L'exposé des faits et son objet.

Ancien art. R. 3211-27 *(Décr. n° 2011-846 du 18 juill. 2011, art. 1er, en vigueur le 1er août 2011) Le juge des libertés et de la détention dans le ressort duquel se situe l'établissement d'accueil est saisi par les personnes mentionnées au premier alinéa du I de l'article L. 3211-12-1 dans les conditions définies par l'article R. 3211-8, selon les cas :*

1° Au moins trois jours avant l'expiration du délai prévu aux 1° et 2° du I de l'article L. 3211-12-1 ;

....

Art. R. 3211-28 Lorsqu'elle émane de la personne qui fait l'objet de soins psychiatriques, la requête peut être déposée au secrétariat de l'établissement d'accueil. La demande en justice peut également être formée par une déclaration verbale recueillie par le directeur de l'établissement qui établit un procès-verbal contenant les mentions prévues par l'article R. 3211-10, daté et revêtu de sa signature et de celle de l'intéressé. Si ce dernier ne peut signer, il en est fait mention.

Le directeur transmet sans délai la requête ou le procès-verbal au greffe du tribunal, par tout moyen permettant de dater sa réception au greffe du *(Décr. n° 2019-966 du 18 sept. 2019, art. 8, en vigueur le 1er janv. 2020)* « tribunal judiciaire *[ancienne rédaction : tribunal de grande instance]* », en y joignant les pièces justificatives que le requérant entend produire. Le directeur communique en outre au tribunal un dossier contenant les pièces mentionnées à l'article R. 3211-12 dans le délai de cinq jours suivant le dépôt de la requête.

V. note ss. section III.

Art. R. 3211-29 Lorsque le juge des libertés et de la détention décide de se saisir d'office en application du dernier alinéa du I de l'article L. 3211-12, il met la personne qui fait l'objet de soins psychiatriques, son avocat dès sa désignation et, le cas échéant, *(Décr. n° 2021-684 du 28 mai 2021, art. 8-4°)* « la personne chargée de la mesure de protection juridique relative à la personne ou ses représentants légaux si elle est mineure », le tiers qui a demandé l'admission en soins psychiatriques, le préfet qui l'a ordonnée ou maintenue, le directeur d'établissement qui a prononcé l'admission en soins psychiatriques en cas de péril imminent, ainsi que le ministère public, en mesure de produire des observations. Il les fait aviser de la date, de l'heure et du lieu de l'audience. L'avis d'audience contient les informations prévues aux deux derniers alinéas de l'article R. 3211-13. Le directeur de l'établissement transmet au juge les pièces mentionnées à l'article R. 3211-12 dans le délai de cinq jours suivant l'avis de saisine.

V. note ss. section III.

Les dispositions relatives aux informations que doit contenir l'avis d'audience de l'art. R. 3211-29, telles qu'issues du Décr. n° 2014-897 du 15 août 2014, sont applicables aux convocations et avis envoyés en vue d'audiences tenues à compter du 1er sept. 2014. (Décr. préc., art. 5).

Art. R. 3211-30 L'ordonnance du juge est rendue dans un délai de douze jours à compter de l'enregistrement de la requête au greffe. Ce délai est porté à vingt-cinq jours si une expertise est ordonnée.

V. note ss. section III.

1. Une décision de renvoi du juge des libertés et de la détention ne le dispense pas de statuer sur la demande de mainlevée dans le délai de douze jours qui lui est imparti à l'art. R. 3211-30 CSP. • Civ. 1re, 27 juin 2018, n° 17-20.285 P : *Dr. fam. 2018, n° 221, note Maria.*

2. En l'absence de circonstances exceptionnelles, l'enregistrement de la requête saisissant le JLD doit intervenir dès sa réception par le greffe du TGI et constitue le point de départ du délai de douze jours. • Civ. 1re, 7 nov. 2018, n° 17-27.618 P : *D. actu. 20 nov. 2018, obs. Peterka ; Dr. fam. 2019, n° 36, note Maria.*

SECTION IV *Mesures d'isolement et de contention*

(Décr. n° 2021-537 du 30 avr. 2021, art. 1er)

Sur le Décr. n° 2021-537 du 30 avr. 2021, V. Circ. de présentation du 5 mai 2021 reproduite ss. art. R. 3211-45 CSP.

BIBL. ▶ HÉLAINE, *D. actu. 11 mai 2021* (Isolement et contention en hospitalisation sous contrainte : publication du décret d'application).

SOUS-SECTION 1 *Obligations d'information pesant sur l'établissement*

Art. R. 3211-31 *(Décr. n° 2022-419 du 23 mars 2022, art. 1er-1°)* I. — L'information prévue au premier alinéa du II de l'article L. 3222-5-1 du renouvellement d'une mesure d'isolement ou de contention est délivrée sans délai et par tout moyen permettant de donner date certaine à sa réception par le directeur de l'établissement au juge des libertés et de la détention, dès que la mesure atteint la durée cumulée de quarante-huit heures d'isolement ou de vingt-quatre heures de contention. Cette durée cumulée peut résulter :

1° De mesures prises de façon consécutive ;

2° De mesures prises de façon non consécutive mais séparées de moins de quarante-huit heures. La durée cumulée est calculée en additionnant les durées de toutes les mesures intervenant à moins de quarante-huit heures de la précédente ;

3° De mesures prises de façon non consécutive mais dont la durée cumulée est atteinte sur une période de quinze jours.

II. — Lorsque le médecin décide de prendre une nouvelle mesure d'isolement ou de contention avant l'expiration d'un délai de quarante-huit heures suivant une décision de mainlevée, l'information prévue au quatrième alinéa du II de l'article L. 3222-5-1 est délivrée au juge des libertés et de la détention selon les modalités prévues au I du présent article.

III. — L'information du juge des libertés et de la détention est réitérée, selon les mêmes modalités :

1° Lorsque le médecin, après une décision de maintien prise par le juge des libertés et de la détention dans les conditions prévues au cinquième alinéa du II de l'article L. 3222-5-1, renouvelle à titre exceptionnel une mesure de contention atteignant la durée cumulée de quatre-vingt-seize heures, calculée dans les conditions prévues au I. Cette information est réitérée en cas de renouvellement ultérieur de la même mesure ;

2° Lorsque le médecin, après une décision de maintien prise par le juge des libertés et de la détention dans les conditions prévues au cinquième alinéa du II de l'article L. 3222-5-1, renouvelle à titre exceptionnel une mesure d'isolement atteignant la durée cumulée de cent quarante-quatre heures, calculée dans les conditions prévues au I.

Art. R. 3211-31-1 *(Décr. n° 2022-419 du 23 mars 2022, art. 1er-2°)* I. — L'information prévue au premier alinéa du II de l'article L. 3222-5-1 du renouvellement d'une mesure d'isolement ou de contention est délivrée par tout moyen par le médecin dans les cas mentionnés aux I et II de l'article R. 3211-31, à au moins un membre de la famille du patient, en priorité son conjoint, le partenaire lié à lui par un pacte civil de solidarité ou son concubin, ou une personne susceptible d'agir dans son intérêt.

II. — L'information prévue au cinquième alinéa du II de l'article L. 3222-5-1 de la saisine du juge des libertés et de la détention par le directeur de l'établissement aux fins de maintien de la mesure d'isolement après deux décisions de maintien prises par le juge est délivrée par le médecin dans les conditions mentionnées au I.

III. — L'établissement informe les personnes mentionnées au I de leur droit de saisir le juge des libertés et de la détention aux fins de mainlevée d'une mesure d'isolement ou de contention en application de l'article L. 3211-12. Cette information est délivrée lors du premier renouvellement d'une mesure d'isolement ou de contention prise, dans les cas mentionnés au I de l'article R. 3211-31, après une admission en hospitalisation complète en soins sans consentement.

SOUS-SECTION 2 *Procédure judiciaire de mainlevée et de contrôle des mesures d'isolement et de contention (Décr. nº 2022-419 du 23 mars 2022, art. 2-1º).*

§ 1er *Dispositions communes*

Art. R. 3211-32 La procédure judiciaire pour connaître des mesures d'isolement et de contention prises en application de l'article L. 3222-5-1 est régie par le code de procédure civile sous réserve des dispositions de la présente section.

Les dispositions des articles 642,643 et 644 du code de procédure civile ne sont pas applicables.

Art. R. 3211-33 La demande de mainlevée *(Décr. nº 2022-419 du 23 mars 2022, art. 2-2º)* « ou de maintien » des mesures d'isolement ou de contention prises en application du troisième alinéa du II de l'article L. 3222-5-1 est portée devant le juge des libertés et de la détention dans le ressort duquel est situé l'établissement d'accueil.

§ 2 *Procédure devant le juge des libertés et de la détention*

Art. R. 3211-33-1 *(Décr. nº 2022-419 du 23 mars 2022, art. 2-3º)* I. — Lorsque le directeur de l'établissement saisit le juge des libertés et de la détention, en application du II de l'article L. 3222-5-1, la requête est présentée dans les conditions prévues à l'article R. 3211-10.

Sont jointes à la requête les pièces mentionnées à l'article R. 3211-12 ainsi que les précédentes décisions d'isolement ou de contention prises à l'égard du patient et tout autre élément de nature à éclairer le juge.

II. — Le directeur informe le patient de la saisine du juge des libertés et de la détention. Il lui indique qu'il peut, dans le cadre de cette instance, être assisté ou représenté par un avocat choisi, désigné au titre de l'aide juridictionnelle ou commis d'office.

Il lui indique également qu'il peut demander à être entendu par le juge des libertés et de la détention et qu'il sera représenté par un avocat si le juge décide de ne pas procéder à son audition au vu de l'avis médical prévu au deuxième alinéa du III de l'article L. 3211-12-2. Le directeur recueille le cas échéant son acceptation ou son refus d'une audition par des moyens de télécommunication.

Le directeur informe le patient qu'il peut avoir accès aux pièces jointes à la requête dans le respect, s'agissant des documents faisant partie du dossier médical, des prescriptions de l'article L. 1111-7. Le délai de réflexion prévu au deuxième alinéa de l'article L. 1111-7 n'est pas applicable.

III. — Le directeur communique au greffe par tout moyen permettant de donner date certaine à leur réception, dans un délai de dix heures à compter de l'enregistrement de sa requête, les informations et pièces suivantes :

1º Le cas échéant, le nom de l'avocat choisi par le patient ou l'indication selon laquelle il demande qu'un avocat soit commis d'office pour l'assister ou le représenter ;

2º Le cas échéant, le souhait du patient d'être entendu par le juge des libertés et de la détention ainsi que son acceptation ou son refus d'une audition par des moyens de télécommunication ;

3º Si le patient demande à être entendu par le juge des libertés et de la détention, un avis d'un médecin relatif à l'existence éventuelle de motifs médicaux faisant obstacle, dans son intérêt, à son audition et à la compatibilité de l'utilisation de moyens de télécommunication avec son état mental ;

4º Toute pièce que le patient entend produire.

Art. R. 3211-34 I. – Lorsqu'elle émane du patient concerné par la mesure d'isolement ou de contention, la requête peut être déposée au secrétariat de l'établissement d'accueil, qui l'horodate. La demande en justice peut également être formée par une déclaration verbale *recueillie par le directeur* de l'établissement qui établit un procès-verbal contenant les mentions prévues par l'article R. 3211-10. Ce procès-verbal est horodaté et revêtu de sa signature et de celle du patient. Si ce dernier ne peut signer, il en est fait mention.

(Décr. nº 2022-419 du 23 mars 2022, art. 2-4º) « II. – Le directeur délivre au patient les informations mentionnées au II de l'article R. 3211-33-1.

« III. – Il transmet la requête ou le procès-verbal au greffe du tribunal, par tout moyen permettant de donner date certaine à sa réception, dans un délai de dix heures à compter du dépôt par le patient de sa requête au secrétariat de l'établissement d'accueil ou de l'établissement du procès-verbal recueillant la déclaration verbale du patient.

« Le directeur communique en outre au juge des libertés et de la détention, dans le même délai, les informations et pièces mentionnées au deuxième alinéa du I et au III de l'article R. 3211-33-1. »

Art. R. 3211-35 Lorsqu'elle n'émane pas du patient *(Décr. nº 2022-419 du 23 mars 2022, art. 2-5º-a)* « ou du directeur d'établissement », la requête est présentée dans les conditions prévues à l'article R. 3211-10. Elle indique si le requérant souhaite être entendu par le juge des libertés et de la détention et mentionne son acceptation ou son refus d'une audition par des moyens de télécommunication.

(Décr. nº 2022-419 du 23 mars 2022, art. 2-5º-b) « Le greffe informe le requérant qu'il peut être assisté ou représenté par un avocat et qu'il peut demander à être entendu par le juge des libertés et de la détention.

« Le greffe informe également le patient, par l'intermédiaire du directeur de l'établissement, de la saisine du juge des libertés et de la détention.

« Le directeur délivre au patient les informations prévues au II de l'article R. 3211 33-1 et, dans un délai de dix heures à compter de la réception de l'avis donné par le greffe, communique au juge des libertés et de la détention, par tout moyen donnant date certaine à leur réception, l'ensemble des informations et pièces mentionnées au III de l'article R. 3211-34. »

Art. R. 3211-36 *(Décr. nº 2022-419 du 23 mars 2022, art. 2-6º-a)* « Dès réception de la requête, le greffe procède à son enregistrement et la communique : »

1º Au directeur de l'établissement, à moins qu'il l'ait lui-même transmise, à charge pour lui d'en remettre une copie au patient concerné par la mesure d'isolement ou de contention et au médecin qui a pris cette mesure ;

2º Le cas échéant, à l'avocat du patient ;

3º Le cas échéant, à la personne chargée à l'égard du patient d'une mesure de protection juridique relative à la personne, ou, s'il est mineur, à ses représentants légaux ;

4º Au ministère public.

Le greffe indique aux parties que les pièces transmises par l'établissement en application *(Décr. nº 2022-419 du 23 mars 2022, art. 2-6º-b)* « du III de l'article R. 3211-33-1 ou du dernier alinéa de l'article R. 3211-35 » peuvent être consultées au greffe de la juridiction. Le patient, s'il n'est pas l'auteur de la requête, est informé qu'il peut les consulter au sein de l'établissement, dans les conditions prévues *(Décr. nº 2022-419 du 23 mars 2022, art. 2-6º-c)* « au dernier alinéa du II de l'article R. 3211-33-1 ».

(Abrogé par Décr. nº 2022-419 du 23 mars 2022, art. 2-6º-b) ***« Lorsque le patient n'est pas l'auteur de la requête, le greffe l'informe qu'il peut être assisté ou représenté par un avocat. Il l'informe également qu'il peut demander à être entendu par le juge des libertés et de la détention et qu'il sera représenté par un avocat si ce magistrat décide de ne pas procéder à son audition au vu de l'avis médical prévu au deuxième alinéa du III de l'article L. 3211-12-2. »***

Art. R. 3211-37 Lorsque le juge des libertés et de la détention décide de se saisir d'office en application *(Abrogé par Décr. nº 2022-419 du 23 mars 2022, art. 2-7º-a)* ***« du troisième alinéa »*** du II de l'article L. 3222-5-1 ou du dernier alinéa du I de l'article L. 3211-12, il met le patient concerné par la mesure d'isolement ou de contention, le cas échéant, son avocat dès sa désignation, la personne chargée à son égard d'une mesure de protection juridique relative à la personne ou, s'il est mineur, ses représentants légaux et le médecin ayant pris la mesure, ainsi que le ministère public, en mesure de produire des observations.

(Décr. nº 2022-419 du 23 mars 2022, art. 2-7º-b) « Le greffe avise l'établissement de la saisine d'office du juge des libertés et de la détention. Dans un délai maximal de dix heures à compter de cet avis, le directeur de l'établissement communique au greffe par tout moyen les informations et pièces mentionnées au III de l'article R. 3211-34.

« Le dernier alinéa de l'article R. 3211-36 est applicable. »

Art. R. 3211-38 Le patient concerné par la mesure et, s'il y a lieu, son avocat, la personne chargée à son égard d'une mesure de protection juridique relative à la personne ou, s'il est mineur, ses représentants légaux, ainsi que, le cas échéant, le requérant et son avocat, adressent leurs observations et leurs pièces au juge des libertés et de la détention.

Les parties peuvent échanger leurs observations et leurs pièces par tout moyen dès lors que le juge peut s'assurer du respect du contradictoire.

Le médecin qui a pris la mesure peut également adresser des observations au juge des libertés et de la détention.

Le juge peut solliciter l'avis d'un autre psychiatre que celui à l'origine de la mesure.

Lorsqu'il n'est pas partie principale, le ministère public fait connaître son avis dans les conditions définies par le deuxième alinéa de l'article 431 du code de procédure civile.

Le juge peut se rendre à tout moment sur place afin d'apprécier les conditions d'exécution de la mesure.

Il peut à tout moment consulter le registre mentionné au III de l'article L. 3222-5-1.

Art. R. 3211-39 *(Décr. n° 2022-419 du 23 mars 2022, art. 2-8°)* I. — Dans le cadre de la procédure écrite sans audience prévue au III de l'article L. 3211-12-2, le juge des libertés et de la détention statue sur les demandes aux fins de maintien ou de mainlevée de la mesure avant l'expiration, selon le cas, du délai de vingt-quatre heures mentionné au troisième alinéa du II de l'article L. 3222-5-1 applicable aux mesures d'isolement ou de contention ou du délai de sept jours mentionné au cinquième alinéa du même II applicable aux mesures d'isolement.

Toutefois, le juge peut statuer dans un délai de vingt-quatre heures à compter de sa saisine aux fins de mainlevée, lorsque ce délai expire au-delà du terme des délais mentionnés au premier alinéa.

II. — Dans tous les cas, la mesure est levée :

1° Si le directeur de l'établissement n'a pas saisi le juge avant l'expiration des durées prévues aux troisième et cinquième alinéas du II de l'article L. 3222-5-1 ;

2° Si le juge n'a pas statué à l'issue des délais qui lui sont impartis.

Art. R. 3211-40 *(Décr. n° 2022-419 du 23 mars 2022, art. 2-9°)* « Dans le cadre de la procédure écrite sans audience prévue au III de l'article L. 3211-12-2, » l'ordonnance est notifiée par le greffe aux parties sans délai et par tout moyen permettant d'en établir la réception. Le greffe en avise le directeur d'établissement par tout moyen.

Art. R. 3211-41 I. — Lorsque le juge décide de tenir une audience en application des dispositions *(Décr. n° 2022-419 du 23 mars 2022, art. 2-10°-a)* « de l'avant-dernier alinéa » du III de l'article L. 3211-12-2, le patient qui fait l'objet d'une mesure d'isolement ou de contention est assisté ou représenté par un avocat. Il est représenté par un avocat dans le cas où le magistrat décide, au vu de l'avis médical prévu au deuxième alinéa du I de l'article L. 3211-12-2, de ne pas l'entendre. Les autres parties ne sont pas tenues d'être représentées par un avocat. Le juge fixe la date, l'heure et le lieu de l'audience.

II. — Le greffier convoque aussitôt, par tout moyen, en leur qualité de parties à la procédure :

1° Le requérant et son avocat, s'il y a lieu ;

2° Le patient concerné par la mesure d'isolement ou de contention par l'intermédiaire du chef d'établissement et, s'il y a lieu, la personne chargée à son égard d'une mesure de protection juridique relative à la personne ou, s'il est mineur, ses représentants légaux ;

3° L'avocat du patient concerné par la mesure d'isolement ou de contention dès sa désignation.

Dans tous les cas, sont également avisés le ministère public et le directeur de l'établissement, qui en informe le médecin ayant pris la mesure d'isolement ou de contention.

La convocation ou l'avis d'audience indique aux parties que les pièces transmises par l'établissement en application du *(Décr. n° 2022-419 du 23 mars 2022, art. 2-10°-b)* « III » de l'article R. 3211-34 ou du second alinéa de l'article R. 3211-35 peuvent être consultés au greffe de la juridiction. Le patient, s'il n'est pas l'auteur de la requête, est informé qu'il peut les consulter au sein de l'établissement, dans les conditions prévues au dernier alinéa du II de l'article R. 3211-34. Le greffe délivre par tout moyen une copie de ces pièces aux avocats qui en font la demande.

Le patient concerné par la mesure d'isolement ou de contention est en outre avisé qu'il sera assisté par un avocat choisi, désigné au titre de l'aide juridictionnelle ou commis d'office par le juge le cas échéant ou qu'il sera représenté par un avocat si le magistrat décide de ne pas procéder à son audition au vu de l'avis médical prévu au deuxième alinéa du I de l'article L. 3211-12-2.

III. — A l'audience, le juge entend le requérant et les personnes convoquées en application du II ou leur représentant ainsi que le ministère public lorsqu'il est partie principale.

Le cas échéant, le juge commet un avocat d'office à la personne faisant l'objet de soins psychiatriques.

Les personnes convoquées ou avisées peuvent faire parvenir leurs observations par écrit, auquel cas il en est donné connaissance aux parties présentes à l'audience.

Le juge peut toujours ordonner la comparution des parties.

Les cinq derniers alinéas de l'article R. 3211-38 sont applicables.

(Décr. n° 2022-419 du 23 mars 2022, art. 2-10°-c) « IV. — L'ordonnance est rendue dans les conditions prévues à l'article R. 3211-39 lorsque le juge statue sur une demande aux fins de maintien ou de mainlevée de la mesure d'isolement ou de contention. »

V. — L'ordonnance est notifiée sur place aux parties présentes à l'audience ainsi qu'à l'avocat du patient concerné par la mesure d'isolement ou de contention qui en accusent réception. Le juge leur fait connaître verbalement le délai d'appel et les modalités suivant lesquelles cette voie de recours peut être exercée. La notification aux parties qui n'ont pas comparu en personne est faite par le greffe sans délai par tout moyen permettant d'en établir la réception.

Lorsque la décision a été mise en délibéré, les notifications prévues à l'alinéa précédent sont faites par le greffe, sans délai et par tout moyen, aux parties présentes à l'audience ainsi qu'à l'avocat du patient faisant l'objet de la mesure d'isolement ou de contention.

Le directeur d'établissement est avisé par le greffe de la décision par tout moyen.

§ 3 *Voies de recours*

Art. R. 3211-42 L'ordonnance du juge des libertés et de la détention est susceptible d'appel devant le premier président de la cour d'appel ou son délégué, dans un délai de vingt-quatre heures à compter de sa notification.

Le ministère public peut, dans tous les cas, interjeter appel dans le même délai.

Art. R. 3211-43 Le premier président ou son délégué est saisi par une déclaration d'appel motivée transmise par tout moyen au greffe de la cour d'appel. La déclaration est enregistrée avec mention de la date et de l'heure.

Le greffier de la cour d'appel avise sur-le-champ le greffier du tribunal judiciaire qui lui transmet sans délai le dossier.

Art. R. 3211-44 *(Décr. n° 2022-419 du 23 mars 2022, art. 2-11°)* « Le II de l'article R. 3211-33-1, le dernier alinéa de l'article R. 3211-36, le dernier alinéa de l'article R. 3211-39 » ainsi que les articles R. 3211-38, R. 3211-40 et R. 3211-41 sont applicables en appel.

L'ordonnance du premier président ou de son délégué est rendue dans un délai de vingt-quatre heures à compter de sa saisine.

Art. R. 3211-45 Le pourvoi en cassation est, dans tous les cas, ouvert au ministère public. L'ordonnance n'est pas susceptible d'opposition.

Circulaire JUSC2112966C du 5 mai 2021,

De présentation des dispositions du décret n° 2021-537 du 30 avril 2021 relatif à la procédure applicable devant le juge des libertés et de la détention den matière d'isolement et de contention mis en œuvre dans le cadre de soins psychiatriques sans consentement.

Préambule

Le décret n° 2021-537 du 30 avril 2021 relatif à la procédure applicable devant le juge des libertés et de la détention en matière d'isolement et de contention mis en œuvre dans le cadre de soins psychiatriques sans consentement est pris en application de l'article 84 de la loi n° 2020-1576 du 14 décembre 2020 de financement de la sécurité sociale pour 2021 (LFSS), qui a tiré les conséquences de la décision du Conseil constitutionnel n° 2020-844 QPC en date du 19 juin 2020.

Par cette décision, le Conseil Constitutionnel a déclaré contraire à la Constitution l'article L. 3222-5-1 du code de la santé publique (CSP), qui prévoit le cadre dans lequel les mesures d'isolement et de contention peuvent être mises en œuvre à l'égard de patients pris en charge en hospitalisation sous contrainte en établissement psychiatrique, et a imposé un *contrôle du juge sur* ces mesures. Le Conseil Constitutionnel a reporté les effets de cette déclaration d'inconstitutionnalité au 31 décembre 2020.

L'article 84 de la LFSS a donc fixé au nouvel article L. 3222-5-1 du CSP des limites aux mesures d'isolement et de contention. Ainsi, la mesure de contention est prise pour une durée maximale de six heures, renouvelable par périodes maximales de six heures, dans la limite d'une durée totale de vingt-quatre heures. La mesure d'isolement est prise pour une durée maximale de douze heures, renouvelable par périodes maximales de douze heures, dans la limite d'une durée totale de quarante-huit heures.

L'article L. 3222-5-1 du CSP a prévu, en cas de renouvellement de ces mesures au-delà de certains seuils (vingt-quatre heures en matière de contention et quarante-huit heures en matière d'isolement), une information du juge des libertés et de la détention ULD), qui peut se saisir d'office, ainsi que du procureur de la République, du patient et de ses proches identifiés, qui peuvent le saisir aux fins de mainlevée des mesures.

L'article 84 de la LFSS a modifié les articles L. 3211-12 à L. 3211-12-2 et L. 3211-12-4 du CSP afin de prévoir les modalités du contrôle du JLD sur ces mesures. Le juge statue par principe selon une procédure écrite sans représentation obligatoire, sauf s'il estime nécessaire de tenir une audience. Il peut également statuer sur ces mesures à l'occasion du contrôle périodique obligatoire de la mesure d'hospitalisation complète ou dans le cadre d'une demande de mainlevée des soins sans consentement.

Le décret n° 2021-537 du 30 avril 2021 prévoit :

— les modalités de délivrance de l'information prévue par la loi, en cas de renouvellement des mesures d'isolement et de contention à titre exceptionnel.

— la procédure applicable devant le JLD saisi d'une demande de mainlevée d'une mesure d'isolement ou de contention prise sur le fondement de l'article L. 3222-5-1 du code de la santé publique. Cette procédure est inspirée de celle prévue en matière de soins psychiatriques sans consentement, sous réserve d'adaptations liées à la nature et à la brièveté des mesures d'isolement et de contention.

— les dispositions relatives aux commissions départementales des soins psychiatriques (CDSP). Il précise que ces commissions ont accès au registre des mesures d'isolement et de contention et intègrent à leur rapport d'activité un bilan portant sur ces mesures.

La présente circulaire expose les dispositions du décret relatives aux obligations d'information pesant sur l'établissement de santé et la procédure applicable devant le juge des libertés et de la détention U LD) saisi d'une mesure d'isolement et de contention sur le fondement de l'article L. 3222-5-1 du CSP.

La délivrance par le médecin de l'information relative au renouvellement exceptionnel des mesures d'isolement et de contention

Selon les dispositions de l'article L. 3222-5-1, II, alinéas 5 et 6, du CSP, l'information est délivrée par le médecin :

— lorsque les mesures sont prises de façon consécutive, dès que leur durée cumulée atteint les seuils de vingt-quatre heures (contention) et de quarante-huit heures (isolement) et qu'une décision de renouvellement à titre exceptionnel de ces mesures est prise (article R. 3211-31, 1, al. 1, du CSP),

— lorsque les mesures sont prises de façon non consécutive en étant séparées par des intervalles inférieurs à quarante-huit heures, dès que leur durée cumulée atteint les seuils de vingt-quatre heures (contention) et de quarante-huit heures (isolement) et qu'une décision de renouvellement à titre exceptionnel de ces mesures est prise (article R. 3211-31, 1, al. 2, du CSP),

— lorsque les mesures sont prises de façon non consécutive, dès que leur durée cumulée atteint les seuils de vingt-quatre heures (contention) et de quarante-huit heures (isolement) sur une période glissante de quinze jours (article R. 3211-31, III, du CSP).

L'information est réitérée à chaque fois que les seuils de vingt-quatre heures (contention) et de quarante-huit heures (isolement) sont de nouveau atteints et qu'une nouvelle décision de renouvellement à titre exceptionnel est prise par le médecin dans un délai inférieur à quarante-huit heures à compter de la fin de la mesure précédente. Le cumul des durées est calculé en additionnant les durées de toutes les mesures intervenant à moins de quarante-huit heures de la précédente (article R. 3211-31, II, du CSP).

L'information est délivrée sans délai par tout moyen permettant de dater sa réception (article R. 3211-31, 1, du CSP) afin de permettre le contrôle de l'exigence légale d'une transmission "sans délai" (article L. 3222-5-1, 11, al. 3, du CSP). Le dialogue local entre les tribunaux judiciaires et les établissements de santé, qui existe déjà dans certains ressorts, est de nature à favoriser l'organisation de modalités de transmission de cette information qui tiennent compte des contraintes respectives des secrétariats des établissements de santé et des greffes des juges des libertés et de la détention.

La procédure applicable devant le juge des libertés et de la détention

a. *Les modalités de saisine du juge des libertés et de la détention*

Le JLD compétent est celui du tribunal dans le ressort duquel est situé l'établissement d'accueil du patient à l'égard duquel la mesure d'isolement et de contention est prise (article R. 3211-33 du CSP).

La saisine du JLD résulte :

— d'une requête du patient horodatée par le secrétariat de l'établissement d'accueil ou une déclaration verbale du patient recueillie par le directeur de l'établissement au sein d'un procès-verbal horodaté contenant les mentions prévues par l'article R. 3211-10 du CSP *[Ce procès-verbal est assimilé à la requête, comme en matière de contrôle des soins sans consentement]* (article R. 3211-34, 1, al. 1, du CSP) ; Cet horodatage permet au JLD de vérifier que la requête du patient lui a été transmise par l'établissement de santé dans un délai raisonnable ;

— d'une requête du tiers présentée dans les conditions prévues par l'article R. 3211-10 du CSP (article R. 3211-35, al. 1, du CSP) ;

— d'une saisine d'office (article R. 3211-37 du CSP).

Ces requêtes du patient ou d'un tiers sont transmises au greffe par tout moyen permettant de dater leur réception. Dès réception, le greffe enregistre la requête selon l'organisation locale retenue.

La célérité des délais (décisions du JLD dans les 24h de l'enregistrement de la requête) impose au greffe une réactivité dans l'enregistrement et la transmission au juge et ce, même le week-end. Une sensibilisation des agents sera nécessaire. En effet, les fiches ou vadémécums concernant cette procédure devront être complétées à l'attention des magistrats et des greffiers pour les permanences week-end notamment (sur les circuits, les convocations, la mise en forme et la notification des décisions).

Chaque juridiction devra organiser une astreinte de greffier pour cette nouvelle procédure ; sauf situation très exceptionnelle qui ne permettrait pas une mutualisation, elle sera assurée par l'un des greffiers déjà d'astreinte, notamment au titre de l'activité du JLD en matière pénale.

Les conditions de la saisine complète du J LD diffèrent selon l'auteur de la saisine :

— lorsque le patient est l'auteur de la requête : la requête doit comporter d'une part, le nom de l'avocat choisi par le patient ou l'indication selon laquelle ce dernier demande qu'un avocat soit commis d'office pour l'assister ou le représenter et, d'autre part, son éventuelle demande d'audition par le juge. La requête mentionne également son acceptation ou son refus d'être entendu par tout moyen de communication audiovisuelle ou, en cas d'impossibilité avérée, par communication téléphonique (article R. 3211-34, 1, al. 3 et 4, du CSP).

— lorsque la requête n'émane pas du patient : la requête doit indiquer si le requérant souhaite être entendu par le juge et mentionne son acceptation ou son refus d'une audition par les moyens de télécommunication précités (article R. 3211-35, al. 1, du CSP).

Lorsque le patient est l'auteur de la requête, le directeur d'établissement adresse au greffe du JLD, avec les pièces, le cas échéant, l'avis d'un médecin relatif à l'existence éventuelle de motifs médicaux faisant obstacle, dans son intérêt, à l'audition du patient et à la compatibilité de l'utilisation des moyens de télécommunication avec son état mental (article R. 3211-34, II, 3°, du CSP).

Le greffe communique la requête (ou le procès-verbal) :

— au directeur de l'établissement, à moins qu'il ne l'ait lui-même transmis(e), à charge pour lui d'en remettre une copie au patient et au médecin ayant pris la mesure,

— le cas échéant, à l'avocat du patient, aux personnes chargées d'une mesure de protection juridique à son égard, ainsi qu'au ministère public (article R. 3211-36, 1° à 4°, du CSP).

Les parties doivent être informées de leur droit à demander à être entendues par le juge, à être assistées ou représentées par avocat et à consulter les pièces de la procédure. La notification de ces droits est réalisée :

— par le directeur d'établissement, lorsque le patient est l'auteur de la requête (article R. 3211-34, 1, al. 2, du CSP et article R. 3211-34, II, al. 6, du CSP),

— par le greffe, lorsqu'elle émane d'un tiers (article R. 3211-36, deux derniers alinéas, du CSP et article R. 3211-37 al. 3, du CSP).

La mise en état de la procédure

Les pièces suivantes doivent être transmises au JLD :

— les pièces médicales utiles mentionnées à l'article R. 3211-12,

— *les décisions motivées* successives relatives aux mesures d'isolement et de contention dont le patient a fait l'objet,

— tout autre élément de nature à l'éclairer le juge (article R. 3211-34, II, 2°, du CSP).

Il ressort de l'article R. 3211-12 qu'il appartient au médecin d'apprécier l'utilité des pièces devant être transmises au juge.

Si ces pièces n'ont pas été transmises d'office le cas échéant, à l'occasion de la transmission de la requête du patient, le JLD en sollicite la transmission.

Il incombe alors au directeur d'en assurer la transmission par tout moyen au greffe du JLD dans un délai de dix heures à compter de sa demande (article R. 3211-35, al. 2, du CSP en cas de requête formée par un tiers ; article R. 3211-37, al. 2, du CSP en cas de saisine d'office par le JLD).

Le dépassement de ce délai n'est pas sanctionné par l'irrecevabilité des pièces produites tardivement. Il appartient néanmoins au juge de veiller au respect du principe du contradictoire. En outre, le respect de ce délai est nécessaire pour permettre au juge de pouvoir statuer dans le délai de 24 heures, lequel est sanctionné par la mainlevée de la mesure d'isolement ou de contention prise.

Le JLD dispose, outre des pièces et des observations des parties (article R. 3211-38, al. 2, du CSP), des éventuelles observations adressées par le médecin qui a pris la mesure (article R. 3211-38, al. 3, du CSP). Il doit s'assurer que la communication par tout moyen de ces pièces et observations s'effectue dans le respect du principe du contradictoire.

Enfin, le JLD dispose de pouvoirs d'investigation spécifiques : il peut solliciter l'avis d'un autre psychiatre autre que celui à l'origine de la mesure, se rendre à tout moment sur place afin d'apprécier les conditions d'exécution de la mesure ou encore consulter le registre des mesures d'isolement et de contention mentionné au III de l'article L. 3222-5-1 (article R. 3211-38, al. 4, 6 et 7, du CSP).

b. *Une procédure par principe écrite*

Le JLD statue en principe sans audience selon une procédure écrite (article L. 3211-12-2, III, al. 1, et article R. 3211-38 du CSP).

Dans ce cadre, l'assistance ou la représentation du patient par un avocat n'est pas obligatoire. Cependant, lorsque des motifs médicaux font obstacle, dans l'intérêt du patient, à l'audition qu'il a demandée (article L. 3222-5-1, II, al. 2, du CSP), le patient est représenté par un avocat. Des conventions et accords locaux entre juridictions, barreaux et établissements de santé pourront utilement porter sur les modalités d'un éventuel entretien entre le patient et l'avocat qui le représente.

Les parties peuvent échanger leurs observations et leurs pièces par tout moyen, dès lors que le JLD peut s'assurer du respect du contradictoire.

Le JLD peut néanmoins décider de tenir une audience s'il l'estime nécessaire (articles L. 3211-12-2, III, al. 5, et R. 3211-41 du CSP). **Dans ce cas, la procédure est orale** et le juge statue sur les éléments échangés lors des débats de manière contradictoire.

La procédure est alors identique à celle prévue en matière de soins sans consentement, sous réserve de certaines adaptations liées à la nature des mesures d'isolement et de contention :

• Comme en matière de contestation des mesures de soins sans consentement, le patient est obligatoirement assisté ou représenté par un avocat (article R. 3211-41, 1, al. 1, du CSP) ;

• Les modalités de convocation des parties et des tiers intéressés à l'audience sont identiques à celles prévues en matière de contrôle des soins sans consentement (article R. 3211-13 du CSP), sous réserve des adaptations suivantes (article R. 3211-41, II, du CSP) :

— la convocation du préfet qui a ordonné ou maintenu la mesure de soins ainsi que du tiers ayant demandé l'admission du patient en soins sans consentement n'est pas prévue,

— un avis d'audience est adressé au directeur de l'établissement, qui en informe le médecin ayant pris la mesure d'isolement ou de contention ;

• Les modalités de tenue de l'audience sont identiques à celles prévues en matière de contrôle des soins sans consentement (article R. 3211-15 du CSP), sous réserve des adaptations suivantes (article R. 3211-41, III, du CSP) :

— le médecin ayant pris la mesure d'isolement ou de contention peut émettre des observations,

— le JLD dispose des pouvoirs d'investigation précités (article R. 3211, 41, III, al. 5, qui renvoie aux cinq derniers alinéas de l'article R. 3211-38 du CSP).

c. *La nature du contrôle exercé par le juge*

Comme en matière de soins sans consentement, le J LD opère un **contrôle de la régularité de la mesure et de son bien-fondé**, ce qui emporte, non pas une appréciation de l'opportunité médicale de la mesure mais **un contrôle de ses motifs** au regard des critères précisés à l'article L. 3222-5-1 du CSP.

d. *La décision rendue par le juge des libertés et de la détention*

Le JLD doit **statuer dans un délai de vingt-quatre heures** à compter de l'enregistrement de la requête par le greffe de la juridiction *[La date de l'enregistrement n'est en principe pas prise en compte par le logiciel métier. En effet, le greffe enregistre dans le logiciel deux dates : la date de saisie "Saisine du" correspondant au jour de réception de la requête au sein de la juridiction et la date de l'acte de saisine "Acte de saisine du" correspondant à la date du dépôt de la requête dans le service concerné. Il* *convient de préciser clairement sur la requête que le délai court à compter, non pas de la date de saisine, mais de la date d'enregistrement qui peut être différente].* Le fait qu'il statue selon la procédure uniquement écrite (article R. 3211-39, al. 1, du CSP) ou selon la procédure orale dérogatoire (article R. 3211-41, IV, al. 1, du CSP) est sans incidence sur ce délai.

L'article 642 du code de procédure civile n'est pas applicable ; le délai expirant le weekend ou un jour férié ou chômé n'est pas prorogé au premier jour ouvrable suivant (article R. 3211-32, al. 2, du CSP).

Dans l'hypothèse où le JLD statuerait sur une mesure d'isolement et/ou de contention dans le cadre du contrôle obligatoire périodique de la mesure d'hospitalisation complète (article L. 3211-12-1, IV, du CSP) ou dans le cadre d'une demande de mainlevée des soins sans consentement (article L. 3211-12, III, duCSP), une seule ordonnance peut être rendue si le JLD est en mesure de statuer sur l'ensemble des mesures soumises à son contrôle à la fois :

— dans le délai de vingt-quatre heures à compter de l'enregistrement de la requête portant sur la mesure d'isolement et de contention,

— dans le respect des échéances des douze jours et six mois prévues à l'article L. 3211-12-1 du CSP.

A défaut, il convient de statuer par ordonnances distinctes.

Les modalités de notification de la décision diffèrent selon le cadre procédural choisi par le JLD :

— lorsque le JLD statue selon une procédure écrite, l'ordonnance est notifiée par le greffe aux parties par tout moyen permettant d'en établir la réception ; le greffe en avise le directeur d'établissement par tout moyen (article R. 3211-40 du CSP).

— lorsque le JLD statue à l'issue d'une audience, les modalités de notification sont celles prévues en matière de soins sans consentement (article R. 3211-41, V, du CSP).

Le non-respect du délai de vingt-quatre heures pour statuer emporte la mainlevée de la mesure d'isolement et de contention à l'issue de ce délai (article R. 3211-39, al. 2, du CSP dans le cadre de la procédure écrite sans audience ; article R. 3211-41, IV, al. 2, du CSP dans le cadre de la procédure orale). Néanmoins, après qu'une précédente mesure a fait l'objet d'une mainlevée, les dispositions précitées ne font pas obstacle à ce que le médecin prenne à nouveau une mesure de contention ou d'isolement, dans les conditions prévues à l'article L. 3222-5-1 du code de la santé publique si, lorsque cette nouvelle mesure est décidée, l'état de santé du patient le justifie.

I. Les voies de recours ouvertes

L'ordonnance du J LD est susceptible d'appel devant le premier président de la cour d'appel ou son délégué, dans un délai de vingt-quatre heures à compter de sa notification (article R. 3211-42, al. 1, du CSP).

Le ministère public dispose du même délai pour interjeter appel ; aucune disposition ne prévoit la possibilité de demander que le recours soit déclaré suspensif (article R. 3211-42, al. 2, du CSP).

L'appel est formé par déclaration d'appel motivée transmise par tout moyen au greffe de la cour d'appel, qui l'enregistre avec mention de la date et de l'heure et en avise sur-le-champ le greffier du tribunal judiciaire aux fins de transmission du dossier sans délai (article R. 3211-43 du CSP).

*Le premier prési*dent de la cour d'appel ou son délégué statue dans un délai de vingt-quatre heures à compter de sa saisine. Il dispose des mêmes pouvoirs que le JLD en première instance. La procédure suivie est identique à celle prévue en première instance (article L. 3211-12-4 et article R. 3211-44 du CSP).

II. Les modalités d'échanges entre les juridictions et les établissements de santé

Plusieurs types d'échanges de pièces seront mis en œuvre entre les établissements de santé et les juridictions dans le cadre des décisions de contention et d'isolement.

Ces échanges sont prévus par "tout moyen". Toutefois, le délai légal maximal de 24 heures imparti au JLD pour rendre sa décision et les délais intermédiaires de transmissions des requêtes et compléments de pièces médicales imposent de clairement définir les circuits de transmission.

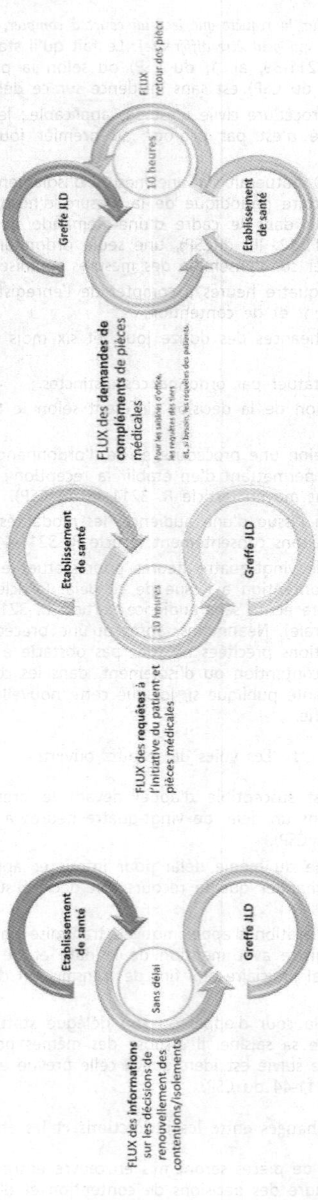

Le dialogue local entre les tribunaux judiciaires et les établissements de santé, qui existe déjà dans certains ressorts, est de nature à favoriser l'organisation des modalités de transmission de cette information, notamment afin que celle-ci soit délivrée dans un délai raisonnable compte tenu des contraintes respectives des secrétariats des établissements de santé et des greffes des juges des libertés et de la détention.

La transmission des informations, des requêtes et des compléments de pièces médicales au greffe du juge de la liberté et de la détention concernant les prolongations des mesures de contention et d'isolement pourrait être organisée par les mêmes moyens de communication que ceux prévus localement dans le cadre des contrôles sur les mesures de soins sans consentement. Il est rappelé que ces moyens doivent être sécurisés *[Le tribunal compétent est invité à se rapprocher des établissements de santé si cela n'a pas encore été mis en vigueur (messageries sécurisées, cryptage, ...). L'échange crypté des pièces entre messageries sécurisées peut utilement faire l'objet de conventions de communication électronique signées entre les établissements de santé et les juridictions ainsi que les barreaux.]*.

Concrètement, des temps et des espaces d'échange pourront être mis en place au niveau territorial entre les présidents des tribunaux judiciaires, les juges des libertés et de la détention, les directions et commissions médicales d'établissement (CME) concernées, le président de la Commission départementale des soins psychiatriques (CDSP) et les ARS afin d'apprécier les déclinaisons locales d'application de la réglementation et d'appréhender collectivement les difficultés du terrain.

La conclusion d'un protocole local sur le circuit de transmission semble opportune afin d'établir un contact direct avec le service JLD et d'envisager les circuits pour la semaine et le week-end avec l'établissement de santé. Il pourra ainsi être prévu :

— l'usage de courriel par des boîtes structurelles du service,

— complété éventuellement par des règles de nom mage des courriels ;

— doublé si besoin par un appel téléphonique au service (transmission d'une liste de coordonnées)

******

Cette circulaire annule et remplace la dépêche du 21 décembre 2020 de présentation des dispositions de l'article 84 de la loin° 2020-1576 du 14 décembre 2020 de financement de la sécurité sociale pour 2021 (LFSS) et des modalités de contrôle du JLD.

Je vous saurais gré de bien vouloir assurer la diffusion de la présente circulaire auprès de l'ensemble des juridictions concernées et de tenir informés de toute difficulté qui pourrait survenir dans sa mise en œuvre, les bureaux suivants pour les sujets qui les concernent :

— Dacs-c1@justice.gouv.fr pour les questions relatives aux mesures d'isolement et de contention ;

— Dacs-c3@justice.gouv.fr pour les questions relatives à la procédure applicable devant le juge des libertés et de la détention en matière d'isolement et de contention ;

— oji2.dsj-sdoji@justice.gouv.fr pour les questions relatives aux aspects organisationnels.

ANNEXE N° 1

CIRCULAIRE DU 5 MAI 2021 DE PRÉSENTATION DES DISPOSITIONS DU DÉCRET N° 2021-537 DU 30 AVRIL 2021 RELATIF À LA PROCÉDURE APPLICABLE DEVANT LE JUGE DES LIBERTÉS ET DE LA DÉTENTION EN MATIÈRE D'ISOLEMENT ET DE CONTENTION MIS EN ŒUVRE DANS LE CADRE DE SOINS PSYCHIATRIQUES SANS CONSENTEMENT

OBLIGATIONS D'INFORMATION DU JLD EN MATIÈRE D'ISOLEMENT : EXEMPLES

	Lundi	Mardi	Mercredi	Jeudi	Vendredi	Samedi	Dimanche	30 h d'isolement cumulées donc pas d'obligation d'information du JLD
Semaine 1	Isolement d'une durée de 24 h	Isolement d'une durée de 6 h						

	Lundi	Mardi	Mercredi	Jeudi	Vendredi	Samedi	Dimanche	Plus de 48 h d'isolement cumulées, obligation d'information du JLD dès le mercredi matin
Semaine 1	Isolement d'une durée de 20 h	Isolement d'une durée de 24 h	Isolement d'une durée de 24 h					

	Lundi	Mardi	Mercredi	Jeudi	Vendredi	Samedi	Dimanche	Plus de 48 h d'isolement cumulées sur deux semaines, obligation d'information du JLD dès le matin du samedi de la 2e semaine
Semaine 1	Isolement d'une durée de 12 h		Isolement d'une durée de 12 h			Isolement d'une durée de 6 h		
Semaine 2	Isolement d'une durée de 6 h		Isolement d'une durée de 12 h			Isolement d'une durée de 6 h		

OBLIGATIONS D'INFORMATION DU JLD EN MATIÈRE DE CONTENTION : EXEMPLES

	Lundi	Mardi	Mercredi	Jeudi	Vendredi	Samedi	Dimanche	24 h de contention cumulées donc pas d'obligation d'information du JLD
Semaine 1	Contention d'une durée de 24 h							

	Lundi	Mardi	Mercredi	Jeudi	Vendredi	Samedi	Dimanche	Plus de 24 h de contention cumulées, obligation d'information du JLD dès le mercredi matin
Semaine 1	Contention d'une durée de 70 h	Contention d'une durée de 70 h	Contention d'une durée de 70 h					

	Lundi	Mardi	Mercredi	Jeudi	Vendredi	Samedi	Dimanche	
Semaine 1	Contention d'une durée de 6 h		Contention d'une durée de 12 h			Contention d'une durée de 6 h		Plus de 24 h de contention cumulées sur deux semaines, obligation d'information du JLD dès le matin du lundi de la 2e semaine
Semaine 2	Contention d'une durée de 6 h		Contention d'une durée de 12 h			Contention d'une durée de 6 h		

ANNEXE N° 2

INSTRUCTION N° DGOS/R4/2021/89 DU 29 AVRIL 2021 DU MINISTÈRE DES SOLIDARITÉS ET DE LA SANTÉ RELATIVE À L'ACCOMPAGNEMENT DES ÉTABLISSEMENTS DE SANTÉ AUTORISÉS EN PSYCHIATRIE POUR LA MISE EN ŒUVRE DU NOUVEAU CADRE RELATIF AUX MESURES D'ISOLEMENT ET DE CONTENTION

Circulaire JUSC1120428C du 21 juillet 2011,

Relative à la présentation des principales dispositions de la loi n° 2011-803 du 5 juillet 2011 relative aux droits et à la protection des personnes faisant l'objet de soins psychiatriques et aux modalités de leur prise en charge et du décret n° 2011-846 du 18 juillet 2011 relatif à la procédure judiciaire de mainlevée ou de contrôle des mesures de soins psychiatriques (BOMJL n° 2011-07 du 29 juill. 2011) 🏛.

Circulaire JUSC1418905C du 18 août 2014,

De présentation des dispositions de la loi n° 2013-869 du 27 septembre 2013 modifiant certaines dispositions issues de la loi n° 2011-803 du 5 juillet 2011 relative aux droits et à la protection des personnes faisant l'objet de soins psychiatriques et aux modalités de leur prise en charge et du décret n° 2014-897 du 15 août 2014 modifiant la procédure judiciaire de mainlevée et de contrôle des mesures de soins psychiatriques sans consentement (BOMJ n° 2014-08 du 29 août 2014) 🏛.

OFFICIERS PUBLICS OU MINISTÉRIELS

BIBL. GÉN. ▸ CETTE, *Dr. soc. 2015. 758* (la loi Macron et la réforme des professions réglementées). – Dossier, *JCP N 2015. 1066* (les professions juridiques – service public et déréglementation ?). – LEFEBVRE, *Dr et patr., déc. 2011, p. 22* (l'avenir des professions du droit au-delà des postures, les vrais enjeux). – NOURISSAT, *Mél. Serlooten Dalloz 2015, p. 433* (les professions juridiques réglementées : l'avenir est aux « entreprises du droit »...).

I Dispositions communes

RÉP. PR. CIV. v° *Office public ou ministériel,* par PANSIER.

Sur les perquisitions dans le cabinet d'un officier public ou ministériel, V. ***C. pr. pén.,*** *art. 56-3.*

Sur le blanchiment des capitaux et le financement des activités terroristes, V. ***C. mon. fin.,*** *art. L. 561-2 s. et R. 561-1 s.*

A Discipline

Loi du 20 avril 1810,

Sur l'organisation de l'ordre judiciaire et l'administration de la justice.

Art. 45 **Les procureurs généraux... auront la surveillance de tous les officiers ministériels du ressort.**

Ordonnance n° 45-1418 du 28 juin 1945 *[Abrogée],*

Relative à la discipline des notaires et de certains officiers ministériels.

Décret n° 73-1202 du 28 décembre 1973,

Relatif à la discipline et au statut des officiers publics ou ministériels.

TITRE PREMIER **Dispositions relatives à la discipline des notaires, des huissiers de justice et des commissaires-priseurs judiciaires** *(Décr. n° 2016-661 du 20 mai 2016, art. 14-I-1°).*

Art. 1er **Dans l'ordonnance** *[n° 45-1418]* **susvisée du 28 juin 1945, sont abrogés :** – *V. Ord. n° 45-1418 du 28 juin 1945, App., v° Officiers publics ou ministériels.*

Dans l'intitulé du titre II, les mots "et de la procédure" ;

Dans l'article 5, les mots "dont il relève" et "dans le ressort duquel il exerce ses fonctions" ;

Les articles 7, 8 et le second alinéa de l'article 9, les articles 12, 13, 14, la première phrase de l'article 15, les articles 16, 17, 18, 19 et 21 ;

Dans l'article 25, les mots "qui les conserve dans sa propre étude" ;

Les deux derniers alinéas de l'article 26 ;

Les mots "de ladite ordonnance" dans le dernier alinéa de l'article 35 ;

Les articles 38 et 39 ;

Dans l'article 40 ***in fine,*** **la mention des articles 7 et 8 de l'ordonnance ;**

Les deux derniers alinéas de l'article 42.

Sur l'entrée en vigueur du Décr. n° 2016-661 du 20 mai 2016, V. note ss. Décr. n° 55-604 du 20 mai 1955, art. 5, App., v° Officiers publics ou ministériels.

Art. 2 **Les dispositions du présent titre sont applicables aux notaires,** *(Abrogé par Décr. n° 2016-661 du 20 mai 2016, art. 14-I-2°-a)* ***« aux avoués près les cours d'appel, »*** **aux huissiers de justice et aux** *(Décr. n° 2016-661 du 20 mai 2016, art. 14-I-2°-b)* **« commissaires-priseurs judiciaires ».**

Sur l'entrée en vigueur du Décr. n° 2016-661 du 20 mai 2016, V. note ss. Décr. n° 55-604 du 20 mai 1955, art. 5, App., v° Officiers publics ou ministériels.

CHAPITRE PREMIER ***Procédure disciplinaire***

SECTION I ***Dispositions générales***

Art. 3 **L'officier public ou ministériel poursuivi disciplinairement en application de l'article 2 de l'ordonnance** *[n° 45-1418]* **susvisée du 28 juin 1945 est déféré, dans les conditions**

prévues par cette ordonnance et par les dispositions du présent chapitre, à la chambre de discipline ou au *(Décr. nº 2019-966 du 18 sept. 2019, art. 8, en vigueur le 1er janv. 2020)* **« tribunal judiciaire** *[ancienne rédaction : tribunal de grande instance]* **» dans le ressort duquel est établi l'office dont il est titulaire** *(Décr. nº 2017-895 du 6 mai 2017, art. 2)* **« ou dans lequel il exerce ».** – *V. Ord. nº 45-1418 du 28 juin 1945, App., vº Officiers publics et ministérielles.*

La procédure spéciale instituée en matière disciplinaire à l'égard, notamment, des avoués tant par l'Ord. nº 45-1418 du 28 juin 1945 que par le Décr. nº 73-1202 du 28 déc. 1973 échappe par nature aux dispositions de l'art. 47 NCPC [devenu C. pr. civ.]. • Civ. 2e, 16 oct. 2003, nº 01-13.770 P : *D. 2003. IR 2665*.

SECTION II *Procédure devant la chambre de discipline*

Art. 4 **L'officier public ou ministériel, appelé à comparaître devant la chambre de discipline, est convoqué au moins huit jours à l'avance à la diligence du syndic de cette chambre, par lettre recommandée avec demande d'avis de réception.**

La convocation indique les faits reprochés.

Art. 5 **Lorsque la chambre est saisie, à la demande du procureur de la République, le syndic informe ce magistrat des poursuites par lettre simple.**

Art. 6 **Lorsque les poursuites ne sont pas exercées à la demande du procureur de la République, le syndic lui notifie, par lettre recommandée avec demande d'avis de réception, une copie de la convocation. Si le procureur de la République décide de faire citer l'officier public ou ministériel devant le** *(Décr. nº 2019-966 du 18 sept. 2019, art. 8, en vigueur le 1er janv. 2020)* **« tribunal judiciaire** *[ancienne rédaction : tribunal de grande instance]* **», il notifie sa décision au syndic dans le délai de quinze jours à compter de la réception de la notification faite par le syndic et dans les formes prévues pour cette notification.**

La chambre de discipline sursoit à statuer jusqu'à ce que le procureur de la République l'ait informé de sa décision ou au plus tard jusqu'à l'expiration du délai de quinze jours.

Art. 6-1 *(Décr. nº 2016-1851 du 23 déc. 2016, art. 47-1º, en vigueur le 1er janv. 2017)* **Lorsque l'officier public ou ministériel exerce les activités prévues au III de l'article L. 812-2 du code de commerce, le syndic informe des poursuites, par lettre simple, le magistrat coordonnateur mentionné à l'article R. 811-40 du même code et le président du Conseil national des administrateurs judiciaires et des mandataires judiciaires.**

Art. 7 **Hors le cas où elle est dessaisie au profit du** *(Décr. nº 2019-966 du 18 sept. 2019, art. 8, en vigueur le 1er janv. 2020)* **« tribunal judiciaire** *[ancienne rédaction : tribunal de grande instance]* **», la chambre procède à l'instruction de l'affaire. Elle peut en charger l'un de ses membres qui lui fait rapport.**

Art. 8 **L'officier public ou ministériel comparaît en personne ; il peut se faire assister, soit d'un avocat, soit d'un officier public ou ministériel de la même profession.**

Art. 9 **La chambre ne peut valablement statuer que si les trois quarts de ses membres sont présents.**

Le syndic ne prend part ni à la délibération ni au vote.

La décision est prise à la majorité des voix ; elle doit être motivée.

Art. 10 **Si la chambre estime que la faute commise justifie une sanction plus grave, elle charge son président de citer directement l'officier public ou ministériel devant le** *(Décr. nº 2019-966 du 18 sept. 2019, art. 8, en vigueur le 1er janv. 2020)* **« tribunal judiciaire** *[ancienne rédaction : tribunal de grande instance]* **» statuant disciplinairement, à moins qu'elle ne décide de laisser au procureur de la République l'initiative des poursuites devant cette juridiction.**

Art. 11 **Si la peine prononcée est la censure devant la chambre assemblée, l'officier public ou ministériel est convoqué aux fins de réprimande à moins qu'il ne puisse y être procédé séance tenante.**

Art. 12 ***Toute décision prise par*** **la chambre de discipline est notifiée par lettre recommandée avec demande d'avis de réception au procureur de la République et à l'officier public ou ministériel poursuivi.**

(Décr. nº 2016-1851 du 23 déc. 2016, art. 47-2º, en vigueur le 1er janv. 2017) **« Lorsque l'officier public ou ministériel poursuivi exerce les activités prévues au III de l'article L. 812-2 du code de commerce la décision est adressée, par lettre simple, aux personnes mentionnées à l'article 6-1. »**

SECTION III ***Procédure devant le tribunal judiciaire*** *[ancienne rédaction : de grande instance]* ***statuant disciplinairement*** *(Décr. n° 2019-966 du 18 sept. 2019, art. 8, en vigueur le 1er janv. 2020).*

Art. 13 **Le** *(Décr. n° 2019-966 du 18 sept. 2019, art. 8, en vigueur le 1er janv. 2020)* **« tribunal judiciaire** *[ancienne rédaction : tribunal de grande instance]* **» est saisi en matière disciplinaire par assignation délivrée à l'officier public ou ministériel soit à la requête du procureur de la République, soit à celle du président de la chambre de discipline ou de la personne qui se prétend lésée.**

L'officier public ou ministériel est assigné à comparaître à jour fixe, au moins huit jours à l'avance.

L'assignation indique les faits reprochés. Si elle émane du procureur de la République, avis en est donné au président de la chambre de discipline et, le cas échéant, à l'auteur de la plainte ; si elle émane du président de la chambre de discipline, celui-ci en notifie une copie au procureur de la République.

(Décr. n° 2016-1851 du 23 déc. 2016, art. 47-3°, en vigueur le 1er janv. 2017) **« Lorsque l'officier public ou ministériel exerce les activités prévues au III de l'article L. 812-2 du code de commerce, l'auteur de l'assignation informe, par lettre simple, les personnes mentionnées à l'article 6-1. »**

1. Contenu de l'assignation à comparaître. S'il est vrai que l'art. 13, al. 3, du Décr. n° 73-1202 du 28 déc. 1973 énonce que l'assignation à comparaître à jour fixe doit indiquer les faits reprochés à l'officier public ou ministériel poursuivi, il ne porte aucune interdiction de mentionner la peine disciplinaire sollicitée. C'est à bon droit qu'une cour d'appel refuse d'annuler une assignation délivrée à un notaire dès lors qu'elle relève, d'une part, que loin de nuire aux intérêts du destinataire de l'assignation, l'indication de la peine disciplinaire dont l'application est sollicitée est au contraire de nature à permettre à la personne poursuivie d'organiser sa défense au mieux, en pleine connaissance de la gravité attachée aux faits reprochés par l'auteur de l'assignation et, d'autre part, qu'une telle mention n'est pas constitutive d'un excès de pouvoir portant atteinte aux prérogatives du ministère public, lequel conserve toute latitude pour requérir comme il l'entend en la matière. • Civ. 1re, 27 mars 2001, n° 98-18.770 P : *D. 2001. IR 1516*.

2. Défaut de citation. Il résulte des dispositions des art. 5, 6-1 et 10 de l'Ord. du 28 juin 1945 et des art. 3 et 13 du Décr. du 28 déc. 1973 qu'en matière disciplinaire la poursuite d'un officier ministériel est engagée par l'exercice de l'action disciplinaire et que, dans le cas où l'intéressé est déféré d'emblée au TGI, celle-ci implique la délivrance d'une citation à l'officier public ou ministériel. • Paris, 26 févr. 2001 : *D. 2001. IR 1076*. ♦ Cette exigence n'étant pas satisfaite, il s'ensuit que la mesure de suspension provisoire prise par le juge des référés à l'encontre d'un notaire a cessé de produire effet à l'expiration d'un délai d'un mois à compter de son prononcé. • Même arrêt.

Art. 14 **L'officier public ou ministériel cité à comparaître peut prendre connaissance au secrétariat-greffe des pièces du dossier.**

Les débats sont publics sauf demande de l'intéressé à ce qu'ils se déroulent en chambre du conseil. • Civ. 1re, 4 déc. 2001, n° 98-12.598 P : *D. 2002. IR 455*. ♦ Viole l'art. 6, § 1, Conv. EDH, la cour d'appel qui énonce que les débats s'étaient déroulés en chambre du conseil, faute pour l'huissier de justice d'en avoir sollicité la publicité. • Même arrêt.

Art. 15 **L'officier public ou ministériel comparaît en personne ; il peut se faire assister soit d'un avocat, soit d'un officier public ou ministériel de la même profession.**

Art. 16 **Les débats ont lieu en chambre du conseil, le ministère public entendu.**

Le président de la chambre de discipline présente ses observations, le cas échéant, par l'intermédiaire d'un membre de la chambre. *(Décr. n° 2016-1851 du 23 déc. 2016, art. 47-4°, en vigueur le 1er janv. 2017)* **« Lorsque l'officier public ou ministériel exerce les activités prévues au III de l'article L. 812-2 du code de commerce, le président du Conseil national des administrateurs judiciaires et des mandataires judiciaires peut également présenter ses observations, le cas échéant, par l'intermédiaire d'un membre du conseil. »**

Le tribunal entend, s'il y a lieu, sans forme l'auteur de la plainte ainsi que toutes autres personnes ; il peut ordonner toutes mesures d'instruction.

1. Ministère public. Communication des conclusions. Viole l'art. 6, § 1er, Conv. EDH, la cour d'appel qui énonce que le ministère public avait déposé des conclusions écrites tendant à la confirmation de la décision entreprise, alors qu'elle n'a pas constaté si l'intéressé avait eu communication desdites conclusions, ni qu'il avait eu la possibilité d'y répondre. • Civ. 1re, 4 déc.

2001, n° 98-12.598 P : *D. 2002. IR 455*. – V. aussi • Civ. 1re, 13 nov. 2002 : *Gaz. Pal. 7-8 avr. 2004, p. 19, obs. du Rusquec* • 4 févr. 2003 : *Gaz. Pal. 2003. 1038, note du Rusquec.* ♦ En mentionnant qu'à l'audience, l'avocat général a été entendu, en ses réquisitions, et que, dans des conclusions présentées oralement, le ministère public sollicite la confirmation de la décision entreprise, sans constater que le notaire poursuivi avait reçu communication des conclusions de l'avocat général afin de pouvoir y répondre utilement, une cour d'appel ne met pas la Cour de cassation en mesure d'exercer son contrôle, privant ainsi sa décision de base légale au regard de l'art. 6, § 1, Conv. EDH, ensemble les art. 15 et 16 C. pr. civ. : *cité note 3.*

2. Président de la chambre de discipline. Observations. Nature. La seule mention, portée en tête de l'arrêt, selon laquelle les débats ont eu lieu « en présence » du président de la chambre de discipline des notaires, ne confère pas à ce dernier la qualité de partie à l'instance. • Civ. 1re, 15 mars 2017, n° 16-10.046 P. ♦ Il résulte des art. 16 et 37 du Décr. du 28 déc. 1973 que les observations formulées, en qualité de sachant, par le président de la chambre de discipline des notaires devant la cour d'appel statuant disciplinairement, ont un caractère technique et visent à informer le juge sur les spécificités de la profession de notaire et de son exercice, de sorte que son audition ne contrevient pas aux exigences de l'art. 6, § 1, Conv. EDH. • Civ. 1re, 15 mars 2017, n° 16-10.046 P : *préc..*

3. ... Modalités de présentation. Le président de la chambre de discipline ne peut présenter ses observations par l'intermédiaire d'un avocat développant en son nom oralement les conclusions qu'il a déposées. • Civ. 1re, 15 nov. 2005, n° 04-19.483 P : *D. 2005. IR 3037* • 30 mai 2006, n° 05-12.719 P. ♦ Il n'est pas satisfait aux exigences des art. 16 et 37 du Décr. du 28 déc. 1973 lorsque le président de la chambre régionale des notaires d'une cour d'appel est représenté par un avocat qui, entendu en sa plaidoirie, a déposé des conclusions au nom de la chambre de discipline. • Civ. 1re, 20 sept. 2012 : *cité note 1 ss. Ord. n° 45-2590 du 2 nov. 1945, art. 4, App., v° Officiers publics et ministériels.* ♦ Il résulte des art. 16 et 37 du Décr. du 28 déc. 1973 que, lors des débats devant la cour d'appel statuant en matière disciplinaire, le président de la chambre de discipline présente ses observations, le cas échéant par l'intermédiaire d'un membre de la chambre. Il incombe en conséquence aux juges du fond de vérifier si le notaire qui, ayant mandat spécial de représenter le président du conseil régional de discipline des notaires, a présenté ses observations, était bien membre de cette chambre. • Civ. 1re, 16 avr. 2015 : *Dalloz jurisprudence.*

Art. 16-1 *(Décr. n° 2016-1851 du 23 déc. 2016, art. 47-5°, en vigueur le 1er janv. 2017)* **Lorsque l'officier public ou ministériel exerce les activités prévues au III de l'article L. 812-2 du code de commerce, le président de la chambre de discipline informe, par lettre simple :**

1° Les personnes mentionnées à l'article 6-1 de toute décision passée en force de chose jugée ;

2° Les procureurs généraux près les cours d'appel, des décisions passées en force de chose jugée prononçant une interdiction temporaire ou une destitution. Ceux-ci portent ces décisions à la connaissance des juridictions de leur ressort.

Art. 17 **Lorsque le tribunal prononce une peine d'interdiction temporaire, contre un officier public ou ministériel qui a fait l'objet d'une mesure de suspension provisoire en application de l'article 32 de l'ordonnance** *[n° 45-1418]* **susvisée du 28 juin 1945, il peut décider que tout ou partie du temps de suspension provisoire sera déduit de la durée de la peine.** – *V. Ord. n° 45-1418 du 28 juin 1945, art. 32, App., v° Officiers publics ou ministériels.*

Art. 18 **Le dispositif du jugement est lu en audience publique.**

Le jugement est exécutoire par provision sur minute s'il est contradictoire ou dès sa signification à l'officier public ou ministériel s'il est rendu par défaut.

Cassation, pour violation de l'art. 18, al. 2, de l'ordonnance de référé qui, pour admettre l'effet suspensif de l'appel formé par un notaire contre un jugement qui a ordonné sa destitution, fait valoir que l'art. 36, al. 2, de l'Ord. du 28 juin 1945, dans sa rédaction issue de la L. du 25 juin 1973, énonce que « les recours exercés *contre la décision prononçant* la suspension provisoire n'ont pas d'effet suspensif » et que ce texte, d'origine légale et constitutif d'une norme supérieure aux règlements de pure procédure parce que relative aux sanctions elles-mêmes, édicte, dans un cas spécifique, une dérogation à l'effet suspensif de l'appel qui doit s'appliquer en cas de voies de recours dirigées contre les dispositions du jugement relatives à la sanction elle-même, alors que la disposition de l'art. 36 visée par l'ordonnance, relative à la mesure particulière de la suspension provisoire qui peut être prononcée en cas de poursuite pénale ou disciplinaire dirigée contre un officier public ou ministériel – et qui se retrouve dans l'art. 31, al. 4, du Décr. du 28 déc. 1973 – n'implique aucune solution contraire au principe général d'exécution par provision des jugements rendus en matière disciplinaire posé par l'art. 18 du décret. • Civ. 1re, 12 mars 2002, n° 99-11.008 P : *D. 2002. IR 1178.*

Art. 19 Lorsqu'une faute passible de sanction disciplinaire est commise à l'audience par un officier public ou ministériel, le tribunal dresse procès-verbal des faits. Il peut après avoir entendu le ministère public, s'il en existe, en ses réquisitions et reçu les explications de l'officier public ou ministériel, prononcer immédiatement l'une des peines disciplinaires prévues par l'article 3 de l'ordonnance *[nº 45-1418]* susvisée du 28 juin 1945. – *V. Ord. nº 45-1418 du 28 juin 1945, art. 3, App., vº Officiers publics ou ministériels.*

CHAPITRE II *Effet des peines disciplinaires. Règles relatives à l'administration des offices dont le titulaire est interdit ou destitué*

Art. 20 Les décisions prononçant une peine d'interdiction ou de destitution sont notifiées, sans délai, par le procureur de la République en la forme administrative aux administrations, aux services et aux établissements bancaires qui ont ouvert un compte au nom de l'officier public ou ministériel pour les besoins de l'étude.

Ces comptes fonctionnent désormais exclusivement sur l'ordre de l'administrateur commis en application de l'article 20 de l'ordonnance *[nº 45-1418]* susvisée du 28 juin 1945. – *V. Ord. nº 45-1418 du 28 juin 1945, art. 20, App., vº Officiers publics ou ministériels.*

Art. 21 L'administrateur est choisi parmi les personnes ci-après :

Officiers publics ou ministériels de la même catégorie exerçant à titre individuel ou en qualité d'associé dans une société *(Décr. nº 2016-661 du 20 mai 2016, art. 14-I-3º)* « titulaire d'un office » ;

Sociétés titulaires d'un office public ou ministériel de la même catégorie ;

Anciens officiers publics ou ministériels de la même catégorie, qu'ils aient exercé à titre individuel ou comme associés d'une société *(Décr. nº 2016-661 du 20 mai 2016, art. 14-I-3º)* « titulaire d'un office » ;

Clercs et anciens clercs d'officier public ou ministériel de la même catégorie répondant aux conditions d'aptitude exigées pour être nommés officier public ou ministériel de cette catégorie.

Sur l'entrée en vigueur du Décr. nº 2016-661 du 20 mai 2016, V. note ss. Décr. nº 55-604 du 20 mai 1955, art. 5, App., vº Officiers publics ou ministériels.

Art. 21-1 *(Décr. nº 2016-661 du 20 mai 2016, art. 14-I-4º)* Nul ne peut être désigné administrateur s'il a atteint la limite d'âge applicable à l'exercice de ses fonctions.

L'art. 21-1, créé par l'art. 14 du Décr. nº 2016-661 du 20 mai 2016, entre en vigueur le 1er août 2016 (Décr. préc., art. 14-II).

Art. 22 Sans préjudice des dispositions de l'article 20 de l'ordonnance *[nº 45-1418]* susvisée du 28 juin 1945, l'organisme statutaire de la profession à l'échelon national, régional ou départemental, peut allouer à l'administrateur une rémunération dont il fixe le taux et les modalités. – *V. Ord. nº 45-1418 du 28 juin 1945, art. 20, App., vº Officiers publics ou ministériels.*

Art. 23 Le procureur de la République notifie sans délai à l'administrateur la décision qui l'a commis. Si l'administrateur n'est pas officier public ou ministériel en exercice, il prête devant la juridiction qui l'a désigné le serment professionnel avant son entrée en fonctions ; il est tenu d'avoir un sceau conforme aux prescriptions de l'article *(Décr. nº 2016-661 du 20 mai 2016, art. 14-I-5º)* « 7 » du décret *[nº 71-941]* susvisé du 26 novembre 1971 relatif aux actes établis par les notaires. – *V. Décr. nº 71-941 du 26 nov. 1971, art. 7, App., vº Officiers publics ou ministériels.*

Quand l'administrateur est officier public ou ministériel en exercice, il utilise son propre sceau.

L'administrateur fait mention de sa qualité dans les actes et documents professionnels qu'il établit pour le compte de l'office.

Sur l'entrée en vigueur du Décr. nº 2016-661 du 20 mai 2016, V. note ss. Décr. nº 55-604 du 20 mai 1955, art. 5, App., vº Huissiers de justice.

Art. 24 L'administrateur prend ses fonctions à compter, selon le cas, soit de la notification qui lui est faite de la décision l'ayant commis, soit de sa prestation de serment. *(Décr. nº 2016-1851 du 23 déc. 2016, art. 47-6º, en vigueur le 1er janv. 2017)* « Lorsque l'officier public ou ministériel s'est vu confier des mandats de justice en application du III de l'article L. 812-2 du code de commerce, l'administrateur est habilité à les exercer. Ce dernier informe de sa désignation, les présidents des juridictions ayant décerné ces mandats. »

(Décr. nº 2016-661 du 20 mai 2016, art. 14-I-6º) « Le remplacement de l'administrateur peut être décidé par la juridiction qui l'a désigné soit à la requête du parquet, soit sur requi-

sition conforme du parquet, à la requête du président de la chambre de discipline, du titulaire de l'office ou de ses ayants droit, ou de l'administrateur lui-même s'il justifie d'une excuse valable. »

Sur l'entrée en vigueur du Décr. n° 2016-661 du 20 mai 2016, V. note ss. Décr. n° 55-604 du 20 mai 1955, art. 5, App., v° Huissiers de justice.

Art. 25 Dans un délai de huit jours, l'administrateur commis arrête les comptes de l'office à la date de son entrée en fonctions. L'état de ces comptes est contrôlé par un délégué de la chambre de discipline qui peut procéder ou faire procéder à toutes vérifications utiles.

Art. 26 Dans le cas où l'arrêté de compte prévu à l'article précédent fait apparaître un déficit, cet état est immédiatement adressé à l'organisme professionnel appelé à supporter ce déficit. Dans le cas où un déficit apparaîtrait ultérieurement, l'administrateur doit, au plus tard dans les trois mois de la clôture de l'exercice annuel, informer du déficit de l'office l'organisme professionnel à qui incombe la prise en charge de ce déficit.

Art. 27 La demande de fermeture de l'étude présentée en application du deuxième alinéa de l'article 28 de l'ordonnance *[n° 45-1418]* susvisée du 28 juin 1945 est formée par requête signée du représentant de l'organisme professionnel intéressé. *— V. Ord. n° 45-1418 du 28 juin 1945, art. 28, App., v° Officiers publics ou ministériels.*

Le président du *(Décr. n° 2019-966 du 18 sept. 2019, art. 8, en vigueur le 1er janv. 2020)* « tribunal judiciaire *[ancienne rédaction : tribunal de grande instance]* » se prononce après avoir entendu l'administrateur et, sauf s'il est destitué, le titulaire de l'office, ainsi que le ministère public en ses conclusions.

La décision est notifiée, à la diligence du président de l'organisme requérant, à l'administrateur et, s'il y a lieu, au titulaire de l'office.

L'ordonnance prononçant la fermeture est exécutoire par provision sur minute.

Art. 28 L'ordonnance qui a prescrit la fermeture de l'étude peut être rapportée à la demande de l'organisme professionnel.

La réouverture est de droit quand elle est demandée par l'officier public ou ministériel à la fin de l'interdiction temporaire ou de la suspension provisoire ou, si celui-ci a cessé définitivement ses fonctions, par le nouveau titulaire de l'office.

Art. 29 L'officier public ou ministériel destitué ne peut, après la cessation de ses fonctions, faire état de la qualité d'ancien notaire, *(Abrogé par Décr. n° 2016-661 du 20 mai 2016, art. 14-I-7°-a) « d'ancien avoué près la cour d'appel, »* d'ancien huissier de justice ou d'ancien *(Décr. n° 2016-661 du 20 mai 2016, art. 14-I-7°-b)* « commissaire-priseur judiciaire ».

L'officier public ou ministériel interdit temporairement ne peut, pendant la durée de la peine, faire état de la qualité mentionnée à l'alinéa précédent.

Toute infraction aux dispositions qui précèdent sera punie d'une amende de *(Décr. n° 2016-661 du 20 mai 2016, art. 14-I-7°-c)* « 91 à 305 € ».

Sur l'entrée en vigueur du Décr. n° 2016-661 du 20 mai 2016, V. note ss. Décr. n° 55-604 du 20 mai 1955, art. 5, App., v° Huissiers de justice.

CHAPITRE III *Règles relatives à la suspension provisoire*

Art. 30 Le *(Décr. n° 2019-966 du 18 sept. 2019, art. 8, en vigueur le 1er janv. 2020)* « tribunal judiciaire *[ancienne rédaction : tribunal de grande instance]* » ou, dans le cas prévu au deuxième alinéa de l'article 32 de l'ordonnance *[n° 45-1418]* susvisée du 28 juin 1945, le juge des référés est saisi de la demande de suspension provisoire par assignation à jour fixe délivrée à l'officier public ou ministériel. *— V. Ord. n° 45-1418 du 28 juin 1945, art. 32, App., v° Officiers publics ou ministériels.*

Lorsque l'action est engagée par le procureur de la République, celui-ci en informe le président de la chambre de discipline.

Lorsque l'action est engagée par le président de la chambre de discipline, celui-ci notifie au procureur de la République une copie de l'assignation qu'il a fait délivrer.

(Décr. n° 2016-1851 du 23 déc. 2016, art. 47-7°, en vigueur le 1er janv. 2017) « Lorsque l'officier public ou ministériel exerce les activités prévues au III de l'article L. 812-2 du code de commerce, l'auteur de l'assignation informe, par lettre simple, les personnes mentionnées à l'article 6-1. »

L'obligation de recourir à la procédure d'assignation à jour fixe, qui inclut par elle-même le critère de l'urgence, dispense le procureur de la République d'en exposer les motifs. • Civ. 1re, 1er avr. 2003, n° 00-14.293 P : *D. 2003. IR 1137*.

Art. 31 L'audience a lieu en chambre du conseil.

La juridiction statue après conclusions du ministère public, l'officier public ou ministériel entendu ou appelé. *(Décr. nº 2016-1851 du 23 déc. 2016, art. 47-8º, en vigueur le 1er janv. 2017)* « Lorsque l'officier public ou ministériel exerce les activités prévues au III de l'article L. 812-2 du code de commerce, le président du Conseil national des administrateurs judiciaires et des mandataires judiciaires peut également présenter ses observations, le cas échéant, par l'intermédiaire d'un membre du conseil. »

Le président de la chambre de discipline peut présenter ses observations, le cas échéant, par l'intermédiaire d'un membre de la chambre.

La décision prononçant la suspension provisoire est exécutoire par provision sur minute.

Art. 31-1 *(Décr. nº 2016-1851 du 23 déc. 2016, art. 47-9º, en vigueur le 1er janv. 2017)* Lorsque l'officier public ou ministériel exerce les activités mentionnées au III de l'article L. 812-2 du code de commerce, le président de la chambre de discipline informe, par lettre simple :

1º Les personnes mentionnées à l'article 6-1 de toute décision passée en force de chose jugée ;

2º Les procureurs généraux près les cours d'appel des décisions passées en force de chose jugée prononçant une suspension provisoire. Ceux-ci portent ces décisions à la connaissance des juridictions de leur ressort.

Art. 32 Les dispositions des articles 20 à 27 sont applicables en cas de suspension provisoire.

Art. 33 La cessation de plein droit de la suspension provisoire, en application de l'article 35 (alinéa 2) de l'ordonnance *[nº 45-1418]* susvisée du 28 juin 1945 est immédiatement notifiée par le procureur de la République à l'officier public ou ministériel intéressé et à l'administrateur commis. — *V. Ord. nº 45-1418 du 28 juin 1945, art. 35, App., vº Officiers publics ou ministériels.*

Si le procureur de la République s'abstient ou refuse de procéder aux notifications, l'officier public ou ministériel peut saisir le président du *(Décr. nº 2019-966 du 18 sept. 2019, art. 8, en vigueur le 1er janv. 2020)* « tribunal judiciaire *[ancienne rédaction : tribunal de grande instance]* » qui statue comme en matière de référé.

Art. 34 Les décisions mettant fin à la suspension provisoire ou constatant sa cessation de plein droit sont notifiées à l'administrateur commis à la diligence du procureur de la République ou, à défaut, de l'officier public ou ministériel intéressé.

La mission de l'administrateur prend fin dès qu'il a reçu cette notification.

V. note 2 ss. art. 13.

Art. 34-1 *(Décr. nº 2016-1851 du 23 déc. 2016, art. 47-10º, en vigueur le 1er janv. 2017)* Lorsque l'officier public ou ministériel exerce les activités mentionnées au III de l'article L. 812-2 du code de commerce, l'administrateur provisoire informe de la fin de sa mission les présidents des juridictions ayant décerné les mandats.

CHAPITRE IV *Les voies de recours*

Art. 35 L'appel interjeté contre une décision rendue en matière disciplinaire ou en matière de suspension provisoire est formé par simple déclaration de la partie appelante au secrétariat-greffe de la cour d'appel.

L'appelant notifie son appel aux autres parties par lettre recommandée avec demande d'avis de réception.

(Décr. nº 2016-1851 du 23 déc. 2016, art. 47-11º, en vigueur le 1er janv. 2017) « Lorsque l'officier public ou ministériel exerce les activités mentionnées au III de l'article L. 812-2 du code de commerce, le procureur de la République ou, selon le cas, le président de la chambre de discipline ayant exercé l'action en première instance informe de l'appel, par lettre simple, les personnes mentionnées à l'article 6-1. »

En l'absence de dispositions particulières de l'Ord. nº 45-1418 du 28 juin 1945 relative à la discipline des notaires et de certains officiers ministériels et du Décr. nº 73-1202 du 28 déc. 1973, l'appel interjeté contre une décision rendue en matière disciplinaire, régie par les règles de la procédure sans représentation obligatoire, peut être formé par déclaration adressée au greffe par pli recommandé. • Civ. 1re, 2 nov. 2005, nº 03-20.573 P : *D. 2005. IR 2825* ♦ La notification de l'appel aux autres parties n'est pas prescrite à peine d'irrecevabilité. • Même arrêt.

Art. 36 L'appel est formé dans le délai d'un mois. Toutefois ce délai est réduit à quinze jours en ce qui concerne les décisions rendues en matière de suspension provisoire.

Le délai court, à l'égard du procureur de la République, du jour où la décision est rendue, s'il s'agit d'une décision du *(Décr. nº 2019-966 du 18 sept. 2019, art. 8, en vigueur le 1er janv. 2020)* « tribunal judiciaire *[ancienne rédaction : tribunal de grande instance]* » ou du juge des référés, et du jour de la notification qui lui en est faite, s'il s'agit d'une décision de la chambre de discipline.

Le délai court, à l'égard de l'officier public ou ministériel, du jour de la décision quand celle-ci est rendue en présence de l'intéressé ou de son défenseur ; dans le cas contraire, il court du jour de la notification qui lui est faite.

Dans le cas où l'appel est ouvert au président de la chambre de discipline et à la partie lésée, le délai court à leur égard à compter du jour de la signification du jugement.

En cas d'appel d'une partie, un délai supplémentaire de huit jours est accordé à l'autre partie pour interjeter appel incident.

En application de l'art. 36, le délai de recours contre une décision rendue en matière disciplinaire, en présence de l'intéressé, par une chambre départementale des notaires court du jour de son prononcé, la notification de la décision n'ayant pas pour effet de faire courir un nouveau délai de recours. • Civ. 2e, 5 févr. 2009, nº 08-11.076 P.

Art. 37 Il est procédé devant la cour d'appel comme devant le *(Décr. nº 2019-966 du 18 sept. 2019, art. 8, en vigueur le 1er janv. 2020)* « tribunal judiciaire *[ancienne rédaction : tribunal de grande instance]* » statuant disciplinairement. Les parties sont convoquées pour l'audience par le secrétariat-greffe au moins huit jours à l'avance.

Procès équitable. L'exigence d'un procès équitable impose, au regard des principes d'égalité des armes et d'impartialité du juge, qu'une juridiction disciplinaire de première instance, telle que le conseil régional des notaires, siégeant en chambre de discipline, ne soit pas partie au recours contre ses propres décisions. • Civ. 1re, 28 oct. 2015, nº 14-19.017 : *JCP N 2015. 1042, note Rouzet.*

Art. 37-1 *(Décr. nº 2016-1851 du 23 déc. 2016, art. 47-12º, en vigueur le 1er janv. 2017)* Lorsque l'officier public ou ministériel exerce les activités mentionnées au III de l'article L. 812-2 du code de commerce, le président de la chambre de discipline informe, par lettre simple :

1º Les personnes mentionnées à l'article 6-1 de toute décision passée en force de chose jugée ;

2º Les procureurs généraux près les cours d'appel des décisions passées en force de chose jugée prononçant une interdiction temporaire, une destitution ou une suspension provisoire. Ceux-ci portent ces décisions à la connaissance des juridictions de leur ressort.

Art. 38 Il est procédé comme en matière civile pour tout ce qui n'est pas réglé par les dispositions de procédure contenues dans l'ordonnance *[nº 45-1418]* susvisée du 28 juin 1945 et le présent décret. – *V. Ord. nº 45-1418 du 28 juin 1945, art. 32, App., vº Officiers publics ou ministériels.*

V. note ss. art. 30.

CHAPITRE V *Discipline des officiers publics et ministériels honoraires*

Art. 39 L'officier public ou ministériel honoraire peut être déféré à la chambre de discipline du ressort dans lequel il a établi sa résidence dans les conditions prévues à l'article 6 de l'ordonnance *[nº 45-1418]* susvisée du 28 juin 1945. – *V. Ord. nº 45-1418 du 28 juin 1945, art. 6, App., vº Officiers publics ou ministériels.*

Les articles 4 et 7 à 12 du présent décret sont applicables.

La décision de la chambre de discipline peut être déférée à la cour d'appel par le procureur de la République et par l'intéressé dans les conditions prévues aux articles 35 à 37 du présent décret.

CHAPITRE VI *Poursuites disciplinaires contre les organismes professionnels*

Art. 40 Lorsque le garde des Sceaux, ministre de la justice, décide d'engager des poursuites disciplinaires contre l'un des organismes professionnels mentionnés à l'article 42 de l'ordonnance *[nº 45-1418]* susvisée du 28 juin 1945, il fait citer, au moins huit jours à l'avance, le président de l'organisme intéressé par l'intermédiaire du procureur général soit devant la

Cour de cassation, s'il s'agit d'un organisme national, soit devant la cour d'appel dans les autres cas. — *V. Ord. n° 45-1418 du 28 juin 1945, art. 42, App., v° Officiers publics ou ministériels.*

La juridiction, après avoir entendu le ministère public et, s'il est présent, le président de l'organisme poursuivi disciplinairement, émet l'avis prévu à l'alinéa 1er de l'article 42 de l'ordonnance précitée.

CHAPITRE VII *Démission d'office*

Art. 41 Le *(Décr. n° 2019-966 du 18 sept. 2019, art. 8, en vigueur le 1er janv. 2020)* « tribunal judiciaire *[ancienne rédaction : tribunal de grande instance]* » est saisi, aux fins de constater l'empêchement ou l'inaptitude d'un officier public ou ministériel en application de l'article 45 de l'ordonnance *[n° 45-1418]* susvisée du 28 juin 1945, par assignation à jour fixe délivrée à l'intéressé, soit à la requête du procureur de la République, soit à celle du président de la chambre de discipline. — *V. Ord. n° 45-1418 du 28 juin 1945, art. 45, App., v° Officiers publics ou ministériels.*

La démission d'office est déclarée par arrêté du garde des Sceaux, ministre de la justice. Cet arrêté peut être pris dès le prononcé du jugement constatant l'inaptitude ou l'empêchement, nonobstant l'exercice de voies de recours.

TITRE II Dispositions diverses

CHAPITRE PREMIER *Dispositions relatives à la suppléance des officiers publics et ministériels*

Art. 42 à 44 *V. Décr. n° 56-221 du 29 févr. 1956, art. 2, 3, 5 et 9.*

Art. 45 *V. Décr. n° 55-604 du 20 mai 1955, art. 6.*

CHAPITRE II *Dispositions relatives au remplacement des officiers publics ou ministériels en cas d'absence temporaire*

Art. 46 *V. cet art., App., v° Officiers publics ou ministériels.*

CHAPITRE III *Dispositions relatives à l'honorariat des notaires*

Art. 47 *Mod. Décr. n° 45-0117 du 19 déc. 1945 (statut du notariat), art. 27.*

CHAPITRE IV *Habilitation des clercs de notaire*

Art. 48 et 49 *V. Décr. n° 71-941 du 26 nov. 1971, art. 6, 7, 11, 12 et 17.* — **C. civ.**

CHAPITRE V *Dispositions spécifiques à Saint-Pierre-et-Miquelon*

(Décr. n° 2017-711 du 2 mai 2017, art. 11)

Art. 49-1 Le présent décret est applicable à Saint-Pierre-et-Miquelon sous réserve des adaptations suivantes :

1° Les mots : "procureur de la République" sont remplacés par les mots : "procureur de la République près le tribunal de première instance" ;

2° Les mots : *(Décr. n° 2019-966 du 18 sept. 2019, art. 8, en vigueur le 1er janv. 2020)* « "tribunal judiciaire" *[ancienne rédaction : tribunal de grande instance]* » sont remplacés par les mots : "tribunal de première instance" ;

3° A l'article 35, les mots : "de la cour d'appel" sont remplacés par les mots : "de la cour d'appel s'il s'agit d'un appel interjeté contre une décision de la chambre de discipline, du tribunal supérieur d'appel s'il s'agit d'un appel interjeté contre une décision du tribunal de première instance" ;

4° A l'article 37, les mots : "cour d'appel" sont remplacés par les mots : "juridiction d'appel" et les mots : *(Décr. n° 2019-966 du 18 sept. 2019, art. 8, en vigueur le 1er janv. 2020)* « "tribunal judiciaire" *[ancienne rédaction : tribunal de grande instance]* » sont remplacés par les mots : "juridiction de premier degré" ;

5° Les attributions dévolues aux chambres de discipline par le présent décret sont exercées, en ce qui concerne les notaires de cette collectivité, par la chambre de discipline compétente pour connaître de la discipline des notaires du ressort de la cour d'appel de Fort-de-France ;

6° En ce qui concerne la procédure devant la Chambre de discipline prévue par la section II du titre Ier, la comparution du notaire devant la Chambre de discipline peut être organisée à distance par visioconférence ou un moyen analogue de communication électronique permettant son identification et garantissant sa participation effective. Par dérogation à l'article 4, le notaire est convoqué au moins quinze jours à l'avance. Il est invité à faire connaître, au moins trois jours avant la date fixée pour sa comparution, sa volonté de recourir à la visioconférence ou *[à]* un moyen analogue de communication électronique. Le notaire en informe également, dans le même délai, le président du tribunal supérieur d'appel de Saint-Pierre-et-Miquelon.

La visioconférence ou le moyen analogue de communication électronique est organisé par le président du tribunal supérieur d'appel ou, en cas d'impossibilité matérielle, par le président du tribunal de première instance.

CHAPITRE V *[ABROGÉ]* *Commission de proposition de nomination aux offices créés d'huissiers de justice et de commissaires-priseurs judiciaires*

(Abrogé par Décr. n° 2016-661 du 20 mai 2016, art. 14-I-8°) (Décr. n° 2009-1545 du 11 déc. 2009, art. 1er)

Sur l'entrée en vigueur du Décr. n° 2016-661 du 20 mai 2016, V. note ss. Décr. n° 55-604 du 20 mai 1955, art. 5, App., v° Officiers publics ou ministériels.

Art. 49-1 *Il est institué une commission de proposition de nomination aux offices créés d'huissiers de justice et de commissaires-priseurs judiciaires. Elle exerce les attributions prévues par l'article 27 du décret n° 73-541 du 19 juin 1973 relatif à la formation professionnelle des commissaires-priseurs judiciaires et aux conditions d'accès à cette profession et par l'article 27 du décret n° 75-770 du 14 août 1975 relatif aux conditions d'accès à la profession d'huissier de justice ainsi qu'aux modalités des créations, transferts et suppressions d'offices d'huissier de justice et concernant certains officiers ministériels et auxiliaires de justice. — V. Décr. n° 73-541 du 19 juin 1973, art. 27, App., v° Officiers publics ou ministériels. — V. Décr. n° 75-770 du 14 août 1975, art. 27, App., v° Officiers publics ou ministériels.*

Art. 49-2 *Elle est composée ainsi qu'il suit :*

1° Un magistrat de l'ordre judiciaire appartenant au moins au premier grade, qui assure la présidence de la commission ;

2° Un autre magistrat de l'ordre judiciaire ;

3° Deux huissiers de justice ainsi qu'un clerc d'huissier de justice remplissant les conditions d'aptitude pour être nommé huissier de justice ou deux commissaires-priseurs judiciaires selon que l'office créé à pourvoir relève de l'une ou l'autre de ces professions.

Art. 49-3 *Les membres de la commission sont désignés, pour un mandat de cinq ans renouvelable, par arrêté du garde des Sceaux, ministre de la justice, sur proposition, en ce qui concerne les huissiers de justice et le clerc d'huissier de justice, de la Chambre nationale des commissaires de justice, en ce qui concerne les commissaires-priseurs judiciaires, de la Chambre nationale des commissaires de justice.*

Pour chaque siège, un suppléant est désigné dans les mêmes conditions.

Le secrétariat de la commission est assuré par un magistrat du ministère de la justice.

En cas de partage égal des voix, celle du président est prépondérante.

CHAPITRE VI **Commission de présentation aux offices vacants de notaires et d'huissiers de justice situés dans les départements du Bas-Rhin, du Haut-Rhin et de la Moselle**

(Décr. 2009-1545 du 11 déc. 2009, art. 4)

Art. 49-4 Il est institué une commission de présentation aux offices vacants de notaires et d'huissiers de justice situés dans les départements du Bas-Rhin, du Haut-Rhin et de la Moselle. Elle exerce les attributions prévues par l'article 118 du décret n° 73-609 du 5 juillet 1973 relatif à la formation professionnelle dans le notariat et aux conditions d'accès aux fonctions de notaire et par l'article 50 du décret n° 75-770 du 14 août 1975 relatif aux conditions d'accès à la profession d'huissier de justice ainsi qu'aux modalités des créations, transferts et suppressions d'offices d'huissier de justice. — *V. Décr. n° 73-609 du 5 juill. 1973, art. 118, App., v° Officiers publics ou ministériels. — V. Décr. n° 75-770 du 14 août 1975, art. 50, App., v° Officiers publics ou ministériels.*

Art. 49-5 Elle est composée ainsi qu'il suit :

1° Le premier président de la cour d'appel de Colmar ou son représentant si l'office à pourvoir est situé dans le ressort de cette cour, ou le premier président de la cour d'appel de Metz ou son représentant si l'office à pourvoir est situé dans le ressort de cette cour ;

2° Le procureur général près la cour d'appel de Colmar ou son représentant si l'office à pourvoir est situé dans le ressort de cette cour, ou le procureur général près la cour d'appel de Metz ou son représentant si l'office à pourvoir est situé dans le ressort de cette cour ;

3° Un magistrat du premier grade du ressort de la cour d'appel de Colmar si l'office à pourvoir est situé dans le ressort de la cour d'appel de Metz ou un magistrat du premier grade du ressort de la cour d'appel de Metz si l'office à pourvoir est situé dans le ressort de la cour d'appel de Colmar ;

4° Le président et le vice-président du conseil interrégional des notaires pour les propositions aux offices de notaires ou le président de la chambre régionale des huissiers de justice du ressort de la cour d'appel de Colmar pour les propositions aux offices d'huissiers de justice et si l'office à pourvoir est situé dans le ressort de cette dernière ;

5° Le président de la chambre départementale des notaires ou le président de la chambre départementale des huissiers de justice dans le ressort de laquelle est situé l'office à pourvoir, selon le cas.

Art. 49-6 La présidence de la commission est assurée par le premier président. En cas de partage égal des voix, celle du président est prépondérante.

Lorsque le président ou le vice-président du conseil interrégional est empêché, il est remplacé par un membre du conseil interrégional désigné par cet organisme.

Lorsque le président d'une des chambres régionales ou départementales est empêché, il est remplacé par un membre désigné par la chambre.

Ordonnance n° 2022-544 du 13 avril 2022,

Relative à la déontologie et à la discipline des officiers ministériels.

Sur l'entrée en vigueur, V. art. 40 ci-dessous.

TITRE IER. DISPOSITIONS COMMUNES

CHAPITRE IER. *PRINCIPES GÉNÉRAUX*

Art. 1er La présente ordonnance est applicable aux avocats au Conseil d'État et à la Cour de cassation, aux commissaires de justice, aux greffiers des tribunaux de commerce et aux notaires.

Art. 2 Un code de déontologie propre à chaque profession est préparé par son instance nationale et édicté par décret en Conseil d'État. Ce code énonce les principes et devoirs professionnels permettant le bon exercice des fonctions et s'applique en toutes circonstances à ces professionnels dans leurs relations avec le public, les clients, les services publics, leurs confrères et les membres des autres professions.

Les instances nationales mentionnées au premier alinéa sont l'Ordre des avocats au Conseil d'État et à la Cour de cassation, la Chambre nationale des commissaires de justice, le Conseil national des greffiers des tribunaux de commerce et le Conseil supérieur du notariat.

Les instances nationales précisent par voie de règlement les règles professionnelles propres à assurer le respect du code de déontologie. Pour les officiers publics et ministériels, ce règlement est approuvé par arrêté du garde des Sceaux, ministre de la justice.

Art. 3 Des collèges de déontologie sont institués auprès des instances nationales de chacune des professions mentionnées à l'article 1er. Ils participent à l'élaboration du code de déontologie de la profession et émettent des avis et des recommandations sur son application.

Les collèges sont composés, outre le président, de deux professionnels et de deux personnalités extérieures qualifiées, dont au moins un membre honoraire du Conseil d'État ou un magistrat honoraire de l'ordre administratif ou de l'ordre judiciaire. Ils sont présidés par le président de l'instance professionnelle nationale ou par une personne qu'il désigne.

Un décret en Conseil d'État précise les modalités d'application du présent article.

Art. 4 La réclamation à l'encontre d'un professionnel est adressée à l'autorité de la profession mentionnée à l'article 6. Elle donne lieu à un accusé de réception conformément à l'article L. 112-3 du code des relations entre le public et l'administration. L'autorité en informe le professionnel mis en cause et l'invite à présenter ses observations.

Lorsque la nature de la réclamation le permet, et sous réserve des réclamations abusives ou manifestement mal fondées, l'autorité convoque les parties en vue d'une conciliation, à laquelle prend part un membre au moins de la profession concernée.

L'auteur de la réclamation et le professionnel mis en cause sont informés des suites réservées à la réclamation. En l'absence de conciliation ou en cas d'échec de celle-ci, ainsi qu'en l'absence de poursuite disciplinaire, l'auteur de la réclamation est informé sans délai de la possibilité de saisir les autorités mentionnées aux articles 8 et 9 ou de saisir directement la juridiction disciplinaire.

Art. 5 Le procureur général exerce une mission de surveillance de la déontologie et de la discipline des officiers publics et ministériels du ressort de la cour d'appel. Il peut saisir les services d'enquête de ces professions et demander toute explication à un professionnel ou aux instances représentatives de la profession.

Art. 6 En cas de manquement d'un professionnel à ses obligations, l'autorité compétente de la profession peut, même d'office, avant l'engagement éventuel de poursuites disciplinaires :

1° Demander des explications à ce professionnel et, le cas échéant, le convoquer ;

2° Lui adresser, à l'issue d'une procédure contradictoire, un rappel à l'ordre ou une injonction de mettre fin au manquement. Elle peut assortir cette injonction d'une astreinte, qu'elle est compétente pour liquider et dont le montant maximal est fixé par décret en Conseil d'État. Le montant et la durée de l'astreinte sont fixés en considération de la gravité du manquement et des facultés contributives du professionnel mis en cause.

Aucun rappel à l'ordre ou injonction de mettre fin au manquement ne peut être adressé au-delà d'un délai de trois ans à compter du jour où l'autorité mentionnée à l'alinéa premier du présent article a eu une connaissance effective de la réalité, de la nature et de l'ampleur des faits susceptibles de justifier de telles mesures.

La décision liquidant l'astreinte a les effets d'un jugement au sens du 6° de l'article L. 111-3 du code des procédures civiles d'exécution.

Les décisions mentionnées au 2° du présent article peuvent être contestées devant le président de la juridiction disciplinaire de premier ressort ou son suppléant.

CHAPITRE II. *DISCIPLINE*

Art. 7 Toute contravention aux lois et règlements, tout fait contraire au code de déontologie commis par un professionnel, même se rapportant à des faits commis en dehors de l'exercice de sa profession, et toute infraction aux règles professionnelles constituent un manquement disciplinaire.

Le professionnel ayant cessé d'exercer, quelle qu'en soit la cause, y compris s'il est regardé démissionnaire d'office dans les conditions prévues par décret en Conseil d'État, peut être poursuivi et sanctionné si les faits qui lui sont reprochés ont été commis alors qu'il était encore en exercice. Si la sanction est prononcée, alors que la nomination de son successeur est déjà intervenue, celui-ci demeure titulaire de l'office quelle que soit la peine infligée.

Les professionnels honoraires demeurent soumis aux obligations de leur profession et au pouvoir disciplinaire des juridictions mentionnées à l'article 11.

Art. 8 Le procureur général exerce l'action disciplinaire à l'encontre des commissaires de justice, des greffiers des tribunaux de commerce et des notaires du ressort de la cour d'appel, concurremment avec les autorités de chacune de ces professions compétentes pour l'exercer.

Le procureur général du ressort de la cour d'appel dans lequel exerce le professionnel poursuivi peut demander au procureur général du ressort de la cour d'appel dans lequel est située la juridiction disciplinaire de première instance ou d'appel de se substituer à lui à l'audience.

Art. 9 L'action disciplinaire à l'encontre des avocats au Conseil d'État et à la Cour de cassation est exercée, concurremment avec le président de l'Ordre des avocats au Conseil d'État et à la Cour de cassation, par le vice-président du Conseil d'État quand les faits en cause ont trait aux fonctions exercées devant le Tribunal des conflits ou les juridictions de l'ordre administratif. Dans les autres cas, l'action est exercée par le premier président de la Cour de cassation ou le procureur général près la Cour de cassation.

Art. 10 Il est institué, auprès de chaque juridiction disciplinaire de premier ressort mentionnée à l'article 11, un service chargé de réaliser les enquêtes sur les agissements susceptibles de constituer un manquement disciplinaire. Ce service peut être saisi par l'autorité de la profession compétente pour exercer l'action disciplinaire, par les autorités mentionnées aux articles 8 et 9 ou par la juridiction disciplinaire dans le cadre de ses pouvoirs d'instruction.

L'enquête est conduite en toute indépendance. Le professionnel est tenu de répondre aux convocations du service d'enquête et de lui fournir tous renseignements et documents utiles, sans pouvoir opposer le secret professionnel.

La composition de ces services ainsi que les modalités de leur saisine, de désignation de leurs membres et de déroulement de la procédure sont précisées par décret en Conseil d'État.

Les membres des services d'enquête ne peuvent siéger au sein des juridictions mentionnées à l'article 11.

Art. 11 I. — Des chambres de discipline, instituées respectivement auprès des instances professionnelles régionales ou interrégionales des notaires et des commissaires de justice désignées par arrêté du ministre de la justice, connaissent en premier ressort des poursuites disciplinaires contre ces professionnels. Elles sont composées d'un magistrat du siège de la cour d'appel, en activité ou honoraire, président, et de deux membres de la profession concernée.

Deux cours nationales de discipline sont instituées, l'une auprès du Conseil supérieur du notariat, l'autre auprès de la Chambre nationale des commissaires de justice. Elles connaissent des appels formés contre les jugements des chambres de discipline de la profession concernée. Elles sont composées d'un magistrat du siège de la Cour de cassation, en activité ou honoraire, président, de deux magistrats du siège de la cour d'appel, en activité ou honoraires, et de deux membres de la profession concernée.

Les arrêts de ces cours nationales de discipline peuvent faire l'objet d'un pourvoi devant la Cour de cassation. Le pourvoi est ouvert au procureur général.

II. — Une cour nationale de discipline, instituée auprès du Conseil national des greffiers des tribunaux de commerce, connaît des poursuites contre ces professionnels. Elle est composée d'un magistrat du siège de la Cour de cassation, en activité ou honoraire, président, et de quatre membres de la profession.

Les arrêts de cette cour peuvent faire l'objet d'un recours devant la Cour de cassation, qui statue en fait et en droit.

III. — Une cour nationale de discipline, instituée auprès de l'ordre des avocats au Conseil d'État et à la Cour de cassation, connaît des poursuites disciplinaires contre ces professionnels. Elle est composée d'un membre du Conseil d'État, d'un magistrat du siège de la Cour de cassation, en activité ou honoraire, et de cinq membres de la profession.

La cour est présidée par le membre du Conseil d'État lorsque les faits en cause ont trait aux fonctions exercées devant le Tribunal des conflits ou devant les juridictions de l'ordre administratif. Dans les autres cas, elle est présidée par le magistrat du siège de la Cour de cassation.

Les arrêts de la cour peuvent faire l'objet d'un recours devant le Conseil d'État lorsque les faits en cause ont trait aux fonctions exercées devant le Tribunal des conflits ou les juridictions de l'ordre administratif. Dans les autres cas, le recours est porté devant la Cour de cassation. La juridiction saisie du recours statue en fait et en droit.

Art. 12 Les membres des juridictions disciplinaires ainsi que leurs suppléants sont nommés par arrêté du ministre de la justice pour une durée de trois ans, renouvelable une fois. Les membres du Conseil d'État sont nommés sur proposition du vice-président du Conseil d'État. *Les magistrats du siège* de *l'ordre judiciaire*, en activité ou honoraires, sont nommés, selon le cas, sur proposition du premier président de la cour d'appel compétente ou du premier président de la Cour de cassation. Les membres de la profession sont nommés sur proposition de l'instance nationale de chaque profession pour les cours nationales de discipline et par les instances régionales de ces mêmes professions pour les chambres de discipline.

Les magistrats honoraires ne peuvent siéger au-delà de la date de leur soixante et onzième anniversaire.

Art. 13 Les dispositions du titre Ier du livre 1er du code de l'organisation judiciaire sont applicables aux juridictions disciplinaires mentionnées à l'article 11. Toutefois les dispositions du code de justice administrative sont applicables à la cour nationale de discipline des avocats au Conseil d'État et à la Cour de cassation lorsqu'elle statue dans sa composition présidée par un membre du Conseil d'État.

Art. 14 Le président de la juridiction disciplinaire de première instance ou son suppléant peut rejeter les plaintes irrecevables, manifestement infondées ou qui ne sont pas assorties des précisions permettant d'en apprécier le bien-fondé.

Sont notamment irrecevables les plaintes non précédées de la réclamation mentionnée à l'article 4.

Art. 15 La juridiction disciplinaire constate l'empêchement ou l'inaptitude dans des conditions fixées par décret en Conseil d'État.

Art. 16 I. — Sans préjudice des peines qui sont prononcées en application de l'article L. 561-36-3 du code monétaire et financier, les peines disciplinaires qui peuvent être prononcées contre un professionnel mentionné à l'article 1er de la présente ordonnance, personne physique ou morale, sont :

1° L'avertissement ;

2° Le blâme ;

3° L'interdiction d'exercer à titre temporaire pendant une durée maximale de dix ans ;

4° La destitution, qui emporte l'interdiction d'exercice à titre définitif ;

5° Le retrait de l'honorariat.

II. — La peine de l'interdiction temporaire peut être assortie, en tout ou partie, d'un sursis. Si, dans le délai de cinq ans à compter du prononcé de la peine, le professionnel a commis un manquement ayant entraîné le prononcé d'une nouvelle peine disciplinaire, celle-ci entraîne, sauf décision motivée, l'exécution de la première peine sans confusion avec la seconde.

III. — La juridiction disciplinaire peut prononcer, à titre principal ou complémentaire, une peine d'amende dont le montant ne peut excéder la plus élevée des deux sommes suivantes :

1° Dix mille euros ;

2° Cinq pour cent (5 %) du chiffre d'affaires hors taxes réalisé par le professionnel au cours du dernier exercice clos, calculé sur une période de douze mois.

La peine d'amende peut être assortie, en tout ou partie, d'un sursis. Elle n'est pas applicable aux professionnels salariés.

Lorsqu'une amende prononcée en application du présent III est susceptible de se cumuler avec une amende pénale infligée à raison des mêmes faits au professionnel auteur du manquement, le montant cumulé des amendes prononcées ne peut dépasser le maximum légal le plus élevé.

IV. — La publication de la peine peut être ordonnée, aux frais de la personne sanctionnée, à titre de sanction accessoire.

V. — Lorsque dix ans se sont écoulés depuis une décision définitive de destitution, le professionnel frappé de cette peine peut demander à la juridiction disciplinaire qui a statué sur l'affaire en première instance de le relever de l'incapacité résultant de cette décision.

Lorsque la demande mentionnée au premier alinéa du présent V est rejetée par une décision devenue définitive, elle ne peut être à nouveau présentée que cinq ans après l'enregistrement de la première demande.

Art. 17 Lorsque l'urgence ou la protection d'intérêts publics ou privés l'exige, le président de la juridiction disciplinaire de première instance ou son suppléant peut, à la demande d'une des autorités compétentes pour exercer l'action disciplinaire, suspendre provisoirement de ses fonctions le professionnel qui fait l'objet d'une enquête ou d'une poursuite disciplinaire ou pénale, après avoir recueilli ses observations au terme d'un débat contradictoire.

La suspension ne peut excéder une durée de six mois, renouvelable une fois, ou au-delà de cette limite lorsque l'action publique a été engagée contre le professionnel à raison des faits qui fondent la suspension.

Elle peut, à tout moment, être levée par le président de la juridiction disciplinaire si des éléments nouveaux le justifient. Elle cesse de plein droit à l'expiration d'un délai de deux mois à compter de la clôture de l'enquête. Elle cesse également de plein droit lorsque l'action disciplinaire ou l'action pénale s'éteint.

Le président ou son suppléant qui s'est prononcé sur la suspension d'un professionnel ne peut siéger au sein de la juridiction disciplinaire statuant sur sa situation.

La décision de suspension prise à l'égard d'un notaire ou d'un commissaire de justice peut faire l'objet d'un recours devant la cour nationale de discipline de la profession concernée. Lorsqu'elle est prise à l'égard d'un avocat au Conseil d'État et à la Cour de cassation, la décision peut faire l'objet d'un recours, selon la nature des faits en cause, devant le Conseil d'État ou la Cour de cassation. Lorsqu'elle est prise à l'égard d'un greffier des tribunaux de commerce, elle peut faire l'objet d'un recours devant la Cour de cassation.

Le professionnel suspendu provisoirement ne peut participer en aucune manière à l'activité des chambres, ordre et conseils professionnels auxquels il appartient.

Les dispositions du chapitre III, à l'exception du second alinéa de l'article 19, sont applicables en cas de suspension provisoire.

CHAPITRE III. *EFFETS DES PEINES DISCIPLINAIRES*

Art. 18 La juridiction qui prononce l'interdiction ou la destitution d'un professionnel peut nommer un ou plusieurs administrateurs provisoires.

L'administrateur perçoit à son profit les rémunérations relatives aux actes qu'il accomplit. Dans le cas d'une suspension provisoire, il perçoit la moitié de ces rémunérations.

L'administrateur d'un office dont le titulaire est interdit ou destitué paye, à concurrence des produits de l'office, les charges afférentes au fonctionnement de cet office. Il paye notamment les salaires et indemnités de toute nature prévus par les conventions particulières ou collectives et par les règlements en vigueur. Il a la faculté de donner congé à tout ou partie des employés de l'office. Dans ce cas, il doit régler toutes les indemnités consécutives au licenciement prévues par la réglementation en vigueur ou par les conventions particulières ou collectives.

Art. 19 Le professionnel interdit ou destitué doit, dès que le jugement est devenu exécutoire, s'abstenir de tout acte professionnel, notamment de revêtir le costume professionnel, recevoir la clientèle, donner des consultations ou rédiger des projets d'actes. En aucun cas il ne fait état de sa qualité d'officier public ou ministériel ou d'ancien officier public ou ministériel. Il ne peut exercer aucune activité dans son office ou pour le compte de celui-ci.

Le professionnel destitué ne peut exercer le droit de présentation. S'il exerce à titre individuel, il est procédé d'office à la cession de son office.

Art. 20 Dans un délai de cinq jours à compter de celui où la décision est devenue exécutoire, le professionnel interdit ou destitué remet à l'administrateur éventuellement désigné les minutes reçues pendant les cinq années antérieures et pendant l'année courante, les répertoires et les livres de comptabilité relatifs à l'année antérieure et à l'année courante, et les dossiers en cours.

Ces documents sont restitués par l'administrateur au titulaire de l'office lorsque l'interdiction a pris fin. En cas de destitution, ils sont remis à son successeur dès que celui-ci a prêté serment.

La violation des dispositions du premier alinéa du présent article est punie d'un emprisonnement d'un an et d'une amende de 45 000 euros.

Art. 21 Lorsqu'un administrateur a été désigné, et si les produits de l'office dont le titulaire a été interdit ou destitué sont insuffisants pour couvrir les charges de fonctionnement, celles-ci sont prises en charge, à hauteur des fonds manquants, par la chambre régionale des commissaires de justice ou par le conseil régional des notaires selon le cas. Les sommes payées par les organismes professionnels donnent lieu à recours sur le professionnel interdit ou destitué.

Dans le cas prévu au premier alinéa, les organismes professionnels peuvent demander au président du tribunal judicaire du ressort du siège de l'office d'ordonner la fermeture de l'office.

Ces dispositions ne sont pas applicables aux greffiers des tribunaux de commerce et aux avocats au Conseil d'État et à la Cour de cassation.

Art. 22 Les actes accomplis par un officier public et ministériel frappé d'interdiction ou de destitution, ainsi que ceux tendant directement ou indirectement à faire échec aux effets d'une telle mesure, sont déclarés nuls, sans préjudice des dommages-intérêts qui seraient réclamés.

L'action est exercée devant le tribunal judiciaire par toute personne intéressée, par le procureur de la République du lieu d'exercice du professionnel ou par l'autorité de la profession compétente pour exercer l'action disciplinaire.

....

TITRE III. DISPOSITIONS DIVERSES

CHAPITRE III. *DISPOSITIONS FINALES*

Art. 40 Les dispositions de la présente ordonnance entrent en vigueur le 1er juillet 2022, à l'exception de celles de l'article 3 qui entrent en vigueur le lendemain de la publication de la présente ordonnance.

Jusqu'à l'édiction d'un code de déontologie et des règles professionnelles visées à l'article 2 de la présente ordonnance, les principes déontologiques et règles professionnelles des huissiers de justice et des commissaires-priseurs judiciaires demeurent applicables.

Les dispositions de la présente ordonnance sont applicables aux procédures disciplinaires engagées postérieurement à son entrée en vigueur. Les instances disciplinaires engagées antérieurement devant les chambres de discipline des huissiers de justice et des commissaires-priseurs judiciaires peuvent être reprises, à l'initiative de l'une des autorités visées aux articles 8 et 9, devant la nouvelle juridiction disciplinaire.

Elles sont applicables aux réclamations reçues postérieurement à son entrée en vigueur.

B Organisation

Loi du 28 avril 1816,

Sur les finances.

Art. 91

Art. 96

Loi n° 48-460 du 20 mars 1948,

Permettant aux femmes l'accession à diverses professions d'auxiliaire de justice.

Code général des impôts

Art. 864

Art. 1840 B

Décret n° 52-1292 du 2 décembre 1952,

Portant règlement d'administration publique pour l'emploi par les officiers publics et ministériels des procédés de reproduction des actes.

Art. 1er *(Décr. n° 71-941 du 26 nov. 1971, art. 24)* **Les expéditions et copies délivrées par les greffiers et** *(Décr. n° 2001-650 du 19 juill. 2001, art. 76)* **« commissaires-priseurs judiciaires », ainsi que les copies d'exploits et les copies de pièces annexées aux exploits d'huissier, sont établies conformément aux règles suivantes.**

Art. 2 Les documents visés à l'article 1er peuvent être manuscrits ; ils sont alors écrits avec une encre noire indélébile répondant aux normes fixées par arrêté du garde des Sceaux, ministre de la justice. — *V. Arr. du 22 mai 1954 (D. 1954. 215 ; BLD 1954. 498).*

Les mentions manuscrites, signatures et paraphes apposés sur les actes, ainsi que sur les expéditions et copies, sont écrits avec de l'encre de même qualité.

Arrêté du 22 mai 1954,

Relatif aux procédés de reproduction des actes par les officiers publics et ministériels.

Art. 1er L'encre prévue à l'article 2 du décret du 2 décembre 1952 pour l'établissement de documents manuscrits et l'apposition de mentions manuscrites, signatures et paraphes devra être de couleur noire, et telle qu'une écriture constituée par des traits parallèles de 0,5 mm d'épaisseur tracés au tire-ligne avec cette encre sur papier blanc à intervalles de 2 mm, satisfasse aux conditions de stabilité aux agents physiques et chimiques fixées à l'article 5 ci-après.

Art. 2 Les papiers carbone soumis à l'agrément prévu à l'article 3 du décret susvisé doivent répondre au minimum aux spécifications de la norme française Q. 15-002 pour la catégorie "pelure carbone VII/5, force 16".

Art. 3 L'écriture obtenue au moyen de ces papiers carbone doit satisfaire aux mêmes conditions de stabilité aux agents physiques et chimiques que les écritures obtenues par les procédés visés à l'article 4 du décret susvisé.

Art. 4 Le papier utilisé pour le tirage des copies au moyen des procédés visés à l'article 4 dudit décret et soumis à l'agrément doit satisfaire aux spécifications de la norme française Q. 00-001 pour la qualité VII-2. Son indice d'éclatement, défini et mesuré suivant lesdites spécifications, doit être au moins égal à celui d'un papier-type de cette qualité conservé par l'organisme chargé du contrôle.

Il doit présenter, en outre, une résistance à l'eau telle qu'après maintien en immersion pendant quinze jours consécutifs dans l'eau ordinaire à la température de 20°C, son indice d'éclatement ne soit pas abaissé de plus de 10 p. 100 de sa valeur primitive.

Art. 5 L'écriture des documents établis à l'aide des procédés visés à l'article 4 du décret du 2 décembre 1952 doit être d'une parfaite lisibilité. Toutes les couleurs sont autorisées, pourvu qu'elles présentent avec la teinte du papier de fond un contraste permettant une lecture facile.

La lisibilité de l'écriture de la plus mauvaise des dix premières copies ne doit pas être tombée au-dessous de celle d'un type déposé à l'organisme de contrôle après chacun des traitements suivants exécutés séparément :

1° Exposition de douze heures à sec au rayonnement d'un appareil "weatheromètre type DLTS" ;

2° Maintien en immersion dans l'eau ordinaire à 20°C pendant quinze jours consécutifs ;

3° Exposition pendant deux heures à une atmosphère saturée de vapeurs d'hydrogène sulfuré ;

4° Exposition pendant deux heures à une atmosphère saturée d'ammoniaque ;

5° Frottement alterné au moyen d'une gomme machine de dureté moyenne, suivant les usages du commerce, comportant trente passages de la gomme dans chaque sens sous la charge constante de 500 grammes.

Cette lisibilité sera appréciée au microphotomètre à cellule, par exploration de lignes d'écriture composées exclusivement de la lettre I majuscule répétée à l'intervalle normal d'écriture. Les caractéristiques de contraste et d'empâtement ne devront pas être inférieure à celles du type.

Art. 6 Les stencils utilisés dans les appareils reproducteurs à encre grasse doivent répondre aux spécifications de la norme française Q. 32-010.

Art. 7 Le laboratoire d'essais du Conservatoire national des arts et métiers est chargé du contrôle technique des copies suivant les spécifications de l'article 5 du présent arrêté et dresse procès-verbal des résultats obtenus.

Les procès-verbaux d'essais sont transmis au garde des Sceaux, ministre de la justice, qui prononce ou refuse l'agrément.

Art. 8 Les demandes d'agrément et les appareils reproducteurs présentés à l'agrément doivent être déposés au laboratoire d'essais du Conservatoire national des arts et métiers. Les copies destinées aux essais de contrôle sont tirées en présence d'un agent qualifié du laboratoire d'essais, qui en prélève la quantité nécessaire et dresse procès-verbal des opérations de tirage.

Art. 9 L'agrément des appareils et fournitures ayant satisfait aux épreuves imposées sera prononcé par arrêté du garde des Sceaux, ministre de la justice, et notifié par les soins de celui-ci aux intéressés.

Art. 10 Les tirages ayant satisfait aux épreuves et dont le comportement a motivé la décision d'agrément sont conservés à l'abri de la lumière, de l'humidité et des agents chimiques et mis en observation. Dans le cas où le laboratoire constate, avec le temps, une altération des écritures ou des papiers faisant tomber leurs caractéristiques au-dessous des limites imposées, l'agrément est retiré.

Le retrait d'agrément est prononcé et notifié aux intéressés dans les mêmes formes que l'agrément.

Art. 3 Les documents visés à l'article 1er peuvent également être établis à la machine à écrire, sans interposition de papier carbone.

Toutefois, pour l'établissement des copies d'exploits et des copies de pièces annexées aux exploits, il peut être fait usage de papier carbone, dont le type aura été, sur la demande des fabricants, agréé par arrêté du garde des Sceaux, ministre de la justice. Le nombre d'exemplaires établis simultanément ne peut être supérieur à celui fixé par l'arrêté d'agrément. — *V. Arr. du 22 mai 1954, ss. art. 2 du présent décret.*

Art. 4 Les documents visés à l'article 1er peuvent également être établis par d'autres procédés tels que les copies obtenues répondent à des conditions techniques fixées par arrêté du garde des Sceaux, ministre de la justice. — *V. Arr. du 22 mai 1954, ss. art. 2 du présent décret.*

Les appareils utilisés doivent être d'un type qui aura été, sur la demande des fabricants, agréé par arrêté du garde des Sceaux, ministre de la justice.

Art. 5 Tout greffier qui désire être admis à utiliser l'un des appareils de reproduction agréés, visés à l'article précédent, doit en demander l'autorisation au garde des Sceaux, ministre de la justice.

L'arrêté qui accorde cette autorisation prescrit à tous les auxiliaires de justice, qui remettent au greffier des documents destinés à être reproduits, d'établir lesdits documents sur des sortes de papier et suivant un mode de présentation tels qu'ils puissent être copiés en utilisant l'appareil autorisé. Si ces documents ne sont pas conformes, le greffier en refuse le dépôt ; les frais qui y sont relatifs demeurent alors à la charge de l'auxiliaire de justice qui les a établis.

Le greffier peut, sur la demande des officiers ministériels chargés de signifier les documents dont il conserve les minutes, établir les copies destinées à être remises aux parties.

Dans ce cas, le coût de l'exploit ne peut comprendre, pour les copies de pièces, que l'émolument prévu à l'article 5 du décret du 4 septembre 1945, modifié, portant tarif des huissiers ; cet émolument peut être partagé, suivant les conventions intervenues entre eux, entre le greffier et l'officier ministériel qui a préparé l'exploit.

Art. 6 Dans tous les cas visés aux articles 2, 3 et 4 ci-dessus, les expéditions et copies sont établies en respectant les alinéas du texte copié dont les blancs sont bâtonnés.

Chaque rôle est numéroté et revêtu du paraphe de l'officier public ou ministériel qui a établi la copie, et, s'il s'agit d'un officier public, de son sceau. Le nombre de feuilles employées pour la copie est indiqué à la dernière page, où est apposée, aussitôt au-dessous du texte, une mention de la conformité avec l'original et, s'il y a lieu, de collationnement, la signature complète de l'officier public et ministériel, ainsi que, s'il s'agit d'un officier public, l'empreinte de son sceau.

Les erreurs de copie sont corrigées par un renvoi en marge, de manière à laisser lisible le texte modifié ; les omissions donnent également lieu à un renvoi en marge.

Tous les renvois en marge sont paraphés.

Sur la dernière page de l'expédition ou de la copie, l'officier public ou ministériel mentionne le nombre de renvois en marge, de mots et de chiffres annulés que comprend l'expédition ou la copie ; cette mention est paraphée.

(Décr. n° 71-941 du 26 nov. 1971, art. 24) « Les paraphes et signatures visés au présent article sont toujours manuscrits. »

Art. 7 Les expéditions et copies qui ne seraient pas établies conformément aux dispositions des articles 2, 3, 4 et 6 du présent décret ne peuvent donner lieu à la perception d'aucun émolument ; leur coût est, le cas échéant, écarté d'office de la taxe, les frais de timbre restant à la charge de celui qui a établi l'expédition ou la copie irrégulière.

Art. 8 Les papiers carbone qui ne répondraient pas à un type agréé pourront encore être utilisés pour l'établissement des copies d'exploits, jusqu'à l'expiration d'un délai de six mois à compter de l'entrée en vigueur du premier arrêté d'agrément prévu à l'article 3 du présent décret.

Art. 9 Les frais des essais techniques préalables aux arrêtés d'agrément prévus aux articles 3 et 4 du présent décret sont à la charge de ceux qui demandent l'agrément des papiers carbone et des appareils de reproduction.

Art. 10 Les dispositions du présent décret sont applicables dans les départements de la Guadeloupe, de la Guyane, de la Martinique et de la Réunion.

Les minutes et répertoires des officiers publics ou ministériels sont des archives publiques et sont soumis aux dispositions des art. 7-3° et 8 de la loi n° 79-18 du 3 janv. 1979 (D. et BLD 1979. 62) en ce qui concerne leur libre consultation.

Décret n° 55-604 du 20 mai 1955,

Relatif aux officiers publics ou ministériels et à certains auxiliaires de justice.

Décret n° 56-221 du 29 février 1956,

Portant règlement d'administration publique pour l'application du décret du 20 mai 1955 relatif aux officiers publics ou ministériels et à certains auxiliaires de justice, en ce qui concerne la suppléance des officiers publics et ministériels.

SECTION I *Dispositions générales*

Art. 1er Le suppléant visé au chapitre 2 *[art. 5 s.]* du décret *[n° 55-604]* du 20 mai 1955 est désigné *(Abrogé par Décr. n° 2012-634 du 3 mai 2012, art. 20-II-1°) « soit, pour les avoués près la cour d'appel et les greffiers en chef des cours d'appel, par la cour d'appel, soit, pour les autres officiers publics ou ministériels, »* par le *(Décr. n° 2019-966 du 18 sept. 2019, art. 8, en vigueur le 1er janv. 2020)* « tribunal judiciaire *[ancienne rédaction : tribunal de grande instance]* ». — *V. Décr. n° 55-604 du 20 mai 1955, art. 5 s., App., v° Officiers publics ou ministériels.*

La juridiction compétente est saisie par requête soit du procureur général ou du procureur de la République, soit du titulaire ou de ses ayants droit ; dans ce dernier cas, la décision ne peut être rendue que sur réquisition conforme du ministère public.

Sauf en ce qui concerne les greffiers *(Décr. n° 2016-661 du 20 mai 2016, art. 13-I-1°)* « de tribunal de commerce », la juridiction saisie statue après avoir recueilli l'avis du président de la chambre de discipline.

Les débats se déroulent et la décision est rendue en chambre du conseil.

Sur l'entrée en vigueur du Décr. n° 2016-661 du 20 mai 2016, V. note ss. Décr. n° 55-604 du 20 mai 1955, art. 5, App., v° Officiers publics ou ministériels.

Art. 2 *(Décr. n° 73-1202 du 28 déc. 1973, art. 42)* « Le suppléant est choisi parmi les personnes ci-après :

« Officiers publics ou ministériels de la même catégorie exerçant à titre individuel ou en qualité d'associé d'une société *(Décr. n° 2016-661 du 20 mai 2016, art. 13-I-2°-a)* « titulaire d'un office » ;

« Sociétés titulaires d'un office public ou ministériel de la même catégorie ;

« Anciens officiers publics ou ministériels de la même catégorie, qu'ils aient exercé à titre individuel ou en qualité d'associé *(Décr. n° 2016-661 du 20 mai 2016, art. 13-I-2°-b)* « d'une société titulaire d'un office » ;

« Clercs et anciens clercs d'officiers publics ou ministériels de la même catégorie répondant aux conditions d'aptitude exigées pour être nommé officier public ou ministériel de cette catégorie. »

(Abrogé par Décr. n° 2016-661 du 20 mai 2016, art. 13-I-2°-c) « En ce qui concerne les greffiers :

« Sont considérés comme officiers publics de la même catégorie les titulaires d'un greffe de cour d'appel, de tribunal de grande instance, de tribunal d'instance ; sont assimilés aux clercs les commis greffiers ayant subi avec succès l'examen professionnel de greffier titulaire de charge ;

« Peuvent être désignés comme suppléants d'un greffier de cour d'appel, de tribunal de grande instance et de tribunal d'instance, les greffiers en chef et greffiers fonctionnaires ;

« Peuvent être désignés comme suppléants d'un greffier de tribunal de commerce, au cas où la suppléance ne pourrait être assumée par un greffier, ancien greffier ou commis-greffier de cette catégorie, les titulaires de greffe, greffiers en chef et greffiers fonctionnaires de cour d'appel, de tribunal de grande instance ou de tribunal d'instance. »

Le clerc qui a été désigné comme suppléant conserve sa qualité de salarié.

Sur l'entrée en vigueur du Décr. n° 2016-661 du 20 mai 2016, V. note ss. Décr. n° 55-604 du 20 mai 1955, art. 5, App., v° Officiers publics ou ministériels.

Art. 2-1 *(Décr. n° 2016-661 du 20 mai 2016, art. 13-I-3°, en vigueur le 1er août 2016)* Nul ne peut être désigné suppléant s'il a atteint la limite d'âge applicable à l'exercice de ses fonctions.

Art. 3 Si le suppléant n'est pas officier public ou ministériel en exercice, il prête serment devant la juridiction qui l'a désigné. Toutefois, le suppléant d'un greffier *(Décr. n° 2016-661 du 20 mai 2016, art. 13-I-4°-a)* « de tribunal de commerce » prête serment devant la juridiction auprès de laquelle il exercera ses fonctions.

Dès qu'il est désigné ou, le cas échéant, dès qu'il a prêté serment, le suppléant assure la gestion de l'office ; il accomplit lui-même tous les actes professionnels dans les mêmes conditions qu'aurait pu le faire le suppléé.

(Décr. nº 73-1202 du 28 déc. 1973, art. 43) « Quand *(Décr. nº 99-1088 du 15 déc. 1999, art. 4)* « le suppléant » est officier public ou ministériel en exercice, il utilise le sceau qu'il détient en cette qualité. Dans les autres cas, il fait établir un sceau particulier portant les indications prévues à *(Décr. nº 2016-661 du 20 mai 2016, art. 13-I-4º-b)* « l'article 7 du décret nº 71-941 du 26 novembre 1971 relatif aux actes établis par les notaires ». Dans tous les cas, il doit faire mention de sa qualité de suppléant dans les actes et documents professionnels qu'il établit pour le compte de l'office. – *V. Décr. nº 71-941 du 26 nov. 1971, App., vº Officiers publics ou ministériels.*

« Les administrations publiques et les établissements bancaires qui ont un compte ouvert au nom du suppléé pour les besoins de l'étude agissent exclusivement sur l'ordre du suppléant qui doit produire à cet effet un extrait de l'attestation visée à l'article 4 ci-dessous. »

Dans un délai de huitaine, le suppléant arrête les comptes de l'office à la date de son entrée en fonctions ; sauf lorsqu'il s'agit d'un greffe, l'état de ces comptes est contrôlé par un délégué de la chambre de discipline ; un exemplaire de cet état est déposé au parquet.

Sur l'entrée en vigueur du Décr. nº 2016-661 du 20 mai 2016, V. note ss. Décr. nº 55-604 du 20 mai 1955, art. 5, App., vº Officiers publics ou ministériels.

Art. 4 Tout officier public ou ministériel auquel un suppléant a été désigné doit s'abstenir de tout acte professionnel dès l'entrée en fonctions du suppléant auquel, nonobstant toute notification ultérieure, le ministère public délivre une attestation établissant qu'il a été désigné. Cette attestation vaut commission régulière.

Procédure collective. L'officier public ou ministériel auquel un suppléant a été désigné peut faire l'objet d'un redressement ou d'une liquidation judiciaire dès lors que se trouve constaté l'état de cessation des paiements. • Com. 3 mai 2011 : *D. 2011. Actu. 1343, obs. A. Lienhard ; Rev. sociétés 2011. 385, obs. P. Roussel Galle.*

Art. 5 *(Décr. nº 73-1202 du 28 déc. 1973, art. 43)* La désignation est faite pour un an ; à l'issue de ce délai, elle peut, sur nouvelle requête présentée dans les conditions prescrites à l'article 1er ci-dessus, être renouvelée pour une période qui ne peut excéder un an.

Art. 6 La durée totale de la suppléance peut être portée à trois ans s'il est établi que le titulaire de l'office est atteint d'une des affections graves énumérées à l'article *(Décr. nº 2016-661 du 20 mai 2016, art. 13-I-5º)* « 34-4º de la loi nº 84-16 du 11 janvier 1984 portant dispositions statutaires relatives à la fonction publique de l'État. »

En outre, dans le cas où il n'a pu être statué, dans les délais fixés à l'article 5 et à l'alinéa 1er du présent article, sur la cession ou la suppression de l'office, la suppléance peut être prolongée, à la requête du procureur général ou du procureur de la République, pour une durée d'un an renouvelable autant de fois qu'il est nécessaire.

Sur l'entrée en vigueur du Décr. nº 2016-661 du 20 mai 2016, V. note ss. Décr. nº 55-604 du 20 mai 1955, art. 5, App., vº Officiers publics ou ministériels.

Art. 7 La suppléance prend fin soit par l'expiration des périodes visées aux articles 5 ou 6 ci-dessus, soit, au cours de ces périodes, par la fin de l'empêchement d'exercer visé à l'article 5 du décret *[nº 55-604]* *(Décr. nº 2016-661 du 20 mai 2016, art. 13-I-6º-b)* « susvisé » du 20 mai 1955, soit par la prestation de serment d'un nouveau titulaire, soit par la suppression de *(Décr. nº 2016-661 du 20 mai 2016, art. 13-I-6º-b)* « l'office ».

(Décr. nº 2012-634 du 3 mai 2012, art. 20-II-2º) « La fin de l'empêchement d'exercer visé à l'article 5 du décret *[nº 55-604]* *(Décr. nº 2016-661 du 20 mai 2016, art. 13-I-6º-b)* « susvisé » du 20 mai 1955 est constatée, à la requête du suppléé, du suppléant ou du ministère public, par ordonnance du président du *(Décr. nº 2019-966 du 18 sept. 2019, art. 8, en vigueur le 1er janv. 2020)* « tribunal judiciaire *[ancienne rédaction : tribunal de grande instance]* ». » Dans ce cas, les actes sont régulièrement reçus, délivrés ou accomplis par le suppléant jusqu'au jour où celui-ci reçoit notification de l'ordonnance. Il est procédé à cette notification, en la forme administrative, par les soins du parquet. – V. Décr. nº 55-604 du 20 mai *1955, art. 5, App., vº Officiers publics ou ministériels.*

Sur l'entrée en vigueur du Décr. nº 2016-661 du 20 mai 2016, V. note ss. Décr. nº 55-604 du 20 mai 1955, art. 5, App., vº Offciers publics ou ministériels.

Art. 8 A l'expiration des périodes visées aux articles 5 et 6, alinéa 1er, ci-dessus, il est procédé d'office à la nomination d'un nouveau titulaire ou à la suppression de *(Décr. nº 2016-*

661 du 20 mai 2016, art. 13-I-7°) **« l'office », soit lorsque** *(Décr. n° 2016-661 du 20 mai 2016, art. 13-I-7°)* **« l'office » est** *(Décr. n° 2016-661 du 20 mai 2016, art. 13-I-7°)* **« vacant » et que** *(Décr. n° 2016-661 du 20 mai 2016, art. 13-I-7°)* **« l'ancien titulaire ou ses ayants droits** *[ayants droit]* **» n'ont pas usé du droit conféré par l'article 91 de la loi du 28 avril 1816, soit lorsque le titulaire se trouve, pour quelque cause que ce soit, dans l'impossibilité matérielle de reprendre ses fonctions. Dans ce dernier cas, le titulaire est, au préalable, déclaré démissionnaire.** *— V. L. 28 avr. 1816, art. 91, App., v° Officiers publics ou ministériels.*

Sur l'entrée en vigueur du Décr. n° 2016-661 du 20 mai 2016, V. note ss. Décr. n° 55-604 du 20 mai 1955, art. 5, App., v° Officiers publics ou ministériels.

Art. 9 Sous réserve des dispositions de la section II du présent décret, les produits nets de l'office sont partagés par moitié entre le suppléant et le suppléé ou les ayants droit de celui-ci.

Les parties peuvent toutefois stipuler une autre répartition, sans toutefois que la part de l'une d'elles dans les produits nets de l'office ne puisse excéder les deux tiers. Dans ce cas, leur convention ne prend effet qu'à partir de la date où un exemplaire en a été déposé au parquet.

En ce qui concerne les greffes, les produits visés au premier alinéa du présent article comprennent les indemnités payées au titulaire de la charge par les collectivités publiques.

Si le suppléant ne réside pas au siège de l'office dont il assure la gestion, il ne lui est dû, par les parties, aucun frais de déplacement, sauf ceux qui seraient dus au suppléé.

(Décr. n° 73-1202 du 28 déc. 1973) **« Sans préjudice des dispositions des alinéas précédents, l'organisme statutaire de la profession à l'échelon national, régional ou départemental peut allouer au suppléant une rémunération dont il fixe le taux et les modalités. »**

Art. 10 Le remplacement du suppléant peut être décidé par la juridiction qui l'a désigné soit à la requête du parquet, soit sur réquisition conforme du parquet, à la requête du président de la chambre de discipline, du titulaire de l'office ou de ses ayants droit, ou du suppléant lui-même s'il justifie d'une excuse valable.

SECTION II *Dispositions spéciales*

Art. 11 Les dispositions du présent décret sont applicables dans les départements du Haut-Rhin, du Bas-Rhin et de la Moselle, sous réserve des modalités ci-après.

Art. 12 Lorsqu'un office est devenu vacant par suite de décès ou de démission du titulaire ou lorsque celui-ci a été mis en disponibilité ou nommé à d'autres fonctions, le suppléant est désigné pour toute la durée de la vacance.

Art. 13 *(Abrogé par Décr. n° 2017-895 du 6 mai 2017, art. 1er)* ***Les officiers publics et ministériels atteints par la limite d'âge continuent, jusqu'à la prestation de serment de leur successeur, d'administrer l'office dont ils étaient titulaires*** *(Décr. n° 2016-661 du 20 mai 2016, art. 13-I-8°, en vigueur le 1er août 2016)* ***« pour une durée qui ne peut excéder douze mois ».***

Art. 14 Le suppléant désigné dans les hypothèses visées à l'article 12 ci-dessus a droit à la totalité des produits de l'office, tels que ceux-ci sont définis à l'article 9 du présent décret.

Dans les autres cas, les produits sont partagés ainsi qu'il est prévu audit article 9.

SECTION II *BIS* *Dispositions spécifiques à Saint-Pierre-et-Miquelon*

Art. 15 *(Décr. n° 2017-711 du 2 mai 2017, art. 6)* **Pour l'application du présent décret à Saint-Pierre-et-Miquelon :**

1° Les mots : *(Ord. n° 2019-964 du 18 sept. 2019, art. 35, en vigueur le 1er janv. 2020)* **« "tribunal judiciaire"** *[ancienne rédaction : tribunal de grande instance]* **» sont remplacés par les mots : "tribunal de première instance" ;**

2° Les mots : "procureur général" sont remplacés par les mots : "procureur de la République près le tribunal supérieur d'appel" ;

3° Les mots : "procureur de la République" sont remplacés par les mots : "procureur de la République près le tribunal de première instance".

SECTION III *Dispositions diverses et transitoires*

Ancien art. 15 *(Abrogé par Décr. n° 2016-661 du 20 mai 2016, art. 13-I-9°)* ***Lorsque le titulaire de l'office est mobilisé, le suppléant peut être choisi, non seulement parmi les personnes énumérées à l'article 6 du décret*** *[n° 55-604]* ***du 20 mai 1955, mais aussi parmi les auxiliaires de jus-***

tice en fonctions ou honoraires appartenant à d'autres professions, si l'exercice desdites professions est réglementé. *— V. Décr. n° 55-604 du 20 mai 1955, art. 6, App., v° Officiers publics ou ministériels.*

La suppléance dure aussi longtemps que la mobilisation du titulaire.

Lorsque la mobilisation a pris fin, la suppléance peut être prolongée dans les conditions et pour la durée prévues aux articles 5 et 6 ci-dessus.

Sur l'entrée en vigueur du Décr. n° 2016-661 du 20 mai 2016, V. note ss. Décr. n° 55-604 du 20 mai 1955, art. 5, App., v° Officiers publics ou ministériels.

Art. 16 *(Abrogé par Décr. n° 2016-661 du 20 mai 2016, art. 13-I-9°)* ***« Les huissiers blessés de guerre ou ayant une maladie contractée ou aggravée aux armées et qui, de ce fait, ne peuvent, sans danger, exercer leur profession, ont le droit de se faire suppléer, pour tout ou partie de leurs attributions jusqu'au moment où ils présenteront un cessionnaire. »***

(Abrogé par Décr. n° 2012-634 du 3 mai 2012, art. 20-II-3°) ***« A titre transitoire, les suppléants qui, au jour de la publication du présent décret, ont été choisis parmi les clercs de notaire, d'avoué ou d'huissier, comptant au moins un an de stage, continueront d'exercer leurs fonctions et pourront être remplacés par des clercs remplissant les mêmes conditions. »***

Sur l'entrée en vigueur du Décr. n° 2016-661 du 20 mai 2016, V. note ss. Décr. n° 55-604 du 20 mai 1955, art. 5, App., v° Offciers publics ou ministériels.

Art. 17 Les dispositions du présent décret sont applicables aux suppléants désignés en vertu du décret du 1er septembre 1939 ; la période d'un an prévue à l'article 5 ci-dessus court de plein droit du jour de l'entrée en vigueur du présent décret.

Ordonnance n° 58-1259 du 19 décembre 1958,

Instituant un privilège en faveur de la caisse centrale de crédit hôtelier, industriel et commercial [Crédit d'équipement des petites et moyennes entreprises : Décr. n° 81-73 du 30 janv. 1981, art. 1er].

Art. 1er

Décret n° 60-814 du 2 août 1960,

Concernant les aspirants aux fonctions d'officier public ou ministériel, d'agréé et de syndic administrateur judiciaire servant au-delà de la durée légale du service militaire.

Art. 1er

Loi n° 66-879 du 29 novembre 1966,

Relative aux sociétés civiles professionnelles.

Art. 1er à 5

Loi n° 73-546 du 25 juin 1973,

Relative à la discipline et au statut des notaires et de certains officiers ministériels.

Décret n° 73-1202 du 28 décembre 1973,

Relatif à la discipline et au statut des officiers publics ou ministériels.

CHAPITRE II *Dispositions relatives au remplacement des officiers publics ou ministériels en cas d'absence temporaire*

Art. 46 *(Décr. n° 2016-1851 du 23 déc. 2016, art. 47-13°, en vigueur le 1er janv. 2017)* « I. — » **L'officier public ou ministériel qui se fait remplacer en cas d'absence temporaire confor*mément aux dispositions* de** l'article 23 de la loi [n° 73-546] **susvisée du 25 juin 1973, doit, lorsque cette absence excède quinze jours, en aviser avant l'expiration de ce délai le procureur de la République et le président de la chambre de discipline, par lettre simple portant indication du nom du remplaçant.** *— V. L. n° 73-546 du 25 juin 1973, art. 23, App., v° Huissiers de justice.*

Le remplaçant fait mention de sa qualité dans les actes et documents professionnels qu'il établit pour le compte de l'office.

(Décr. nº 2016-1851 du 23 déc. 2016, art. 47-13º, en vigueur le 1er janv. 2017) **« II. – Le remplaçant n'est pas habilité à exercer les mandats qui ont été confiés à l'officier public ou ministériel en application du III de l'article L. 812-2 du code de commerce. Ce dernier avise de son absence les présidents des juridictions ayant décerné ces mandats. »**

Décret nº 88-814 du 12 juillet 1988,

Relatif à la nomination et à la cessation de fonctions des officiers publics et ministériels.

Art. 1er **Le garde des Sceaux, ministre de la justice, nomme par arrêté les officiers publics ou ministériels. Il accepte leur démission ou leur retrait d'une société** *(Décr. nº 2016-661 du 20 mai 2016, art. 15)* **« titulaire d'un office »** *(Abrogé par Décr. nº 97-503 du 21 mai 1997, art. 40-I)* ***« et leur confère l'honorariat »*** **en la même** *(Décr. nº 2020-931 du 29 juill. 2020, art. 1er-1º, en vigueur le 1er janv. 2021)* **« forme, sous réserve des dispositions du dernier alinéa de l'article 2 ».**

Les procédures relevant des art. 1er à 15 du Décr. nº 2016-661 du 20 mai 2016, engagées avant la date d'entrée en vigueur dudit décret et relatives aux conditions d'accès aux professions, aux nominations d'officiers publics ou ministériels, aux créations, transferts et suppressions d'office, aux ouvertures et fermetures de bureaux annexes et aux transformations de bureaux annexes en offices distincts restent régies par les dispositions antérieurement applicables, à l'exception :

Des dispositions prévoyant la saisine obligatoire pour avis des instances représentatives des professions ;

Des dispositions prévoyant les propositions de la commission prévue au chapitre V du titre II du Décr. nº 73-1202 du 28 déc. 1973 ;

Des dispositions prévoyant l'avis de la commission instituée à l'art. 37 du Décr. nº 75-770 du 14 août 1975 et celui de la commission instituée à l'art. 2 du Décr. nº 71-942 du 26 nov. 1971 ;

Des dispositions relatives à l'indemnisation des professionnels installés subissant un préjudice du fait de la création ou du transfert d'un office et des anciens titulaires d'un office supprimé (Décr. nº 2016-661 du 20 mai 2016, art. 16-I).

Les dispositions du Décr. nº 2020-931 du 29 juill. 2020 s'appliquent aux déclarations déposées à compter du 1er janv. 2021 (Décr. préc., art. 17).

Art. 2 **L'arrêté par lequel le garde des Sceaux, ministre de la justice, accepte la démission d'un officier public ou ministériel ne prend effet qu'à la date de la prestation de serment du successeur ou à la date d'entrée en fonctions du suppléant dans les conditions définies à l'article 3 du décret** *[nº 56-221]* **du 29 février 1956 susvisé.** *– V. Décr. nº 56-221 du 29 févr. 1956, art. 3, App., vº Officiers publics ou ministériels.*

L'arrêté par lequel le garde des Sceaux, ministre de la justice, accepte le retrait d'un officier public ou ministériel, membre d'une société *(Décr. nº 2016-661 du 20 mai 2016, art. 15)* **« titulaire d'un office », prend effet à la date de sa publication au *Journal officiel*.**

Toutefois, si tous les associés demandent leur retrait en cédant la totalité de leurs parts sociales, l'arrêté du garde des Sceaux, ministre de la justice, acceptant ces retraits ne prend effet qu'à la date de la prestation de serment du cessionnaire ou, en cas de pluralité de cessionnaires, de l'un d'entre eux.

(Décr. nº 2020-931 du 29 juill. 2020, art. 1er-2º, en vigueur le 1er janv. 2021) **« En ce qui concerne les notaires, les huissiers de justice et les commissaires-priseurs judiciaires, si l'associé qui se retire cède la totalité de ses parts sociales ou actions à la société, aux autres associés ou à l'un ou plusieurs d'entre eux, le retrait prend effet, en l'absence d'opposition du garde des Sceaux, ministre de la justice, à l'expiration d'un délai de deux mois à compter de la déclaration réalisée par téléprocédure sur le site internet du ministère de la justice. »**

V. note ss. art. 1er du présent décret.

Les dispositions du Décr. nº 2020-931 du 29 juill. 2020 s'appliquent aux déclarations déposées à compter du 1er janv. 2021 (Décr. préc., art. 17).

Art. 2-1 *(Décr. nº 2017-895 du 6 mai 2017, art. 3)* **L'arrêté par lequel le garde des Sceaux, ministre de la justice, met fin aux fonctions d'un notaire, d'un commissaire-priseur judiciaire ou d'un huissier de justice qui est nommé pour exercer dans un autre des offices dont est titulaire la société dont il est membre ou qui l'emploie prend effet à la date de la prestation de serment consécutive à cette nouvelle nomination.**

Art. 3 **Le décret nº 53-1342 du 30 décembre 1953 relatif à la nomination et à l'honorariat des officiers publics et ministériels est abrogé.**

Loi nº 90-1258 du 31 décembre 1990,

Relative à l'exercice sous forme de sociétés des professions libérales soumises à un statut législatif ou réglementaire ou dont le titre est protégé et aux sociétés de participations financières de professions libérales (L. nº 2001-1168 du 11 déc. 2001, art. 32-1º) 🏛.

Code civil

Art. 1202 🏛

Ancien art. 1321-1 🏛

Code du patrimoine

LIVRE II **Archives**

TITRE PREMIER **Régime général des archives**

CHAPITRE II *Collecte, conservation et protection*

SECTION I *Archives publiques*

SOUS-SECTION 1 *Dispositions générales*

Art. R. 212-2 Le service interministériel des archives de France de la direction générale des patrimoines assure le contrôle scientifique et technique sur les archives des services et établissements publics de l'État ainsi que des autres personnes morales de droit public, des organismes de droit privé chargés de la gestion d'un service public ou d'une mission de service public, et sur les minutes et répertoires des officiers publics ou ministériels.

Al. 2 et 3 Non reproduits.

....

Art. R. 212-15 Le délai pendant lequel les officiers publics ou ministériels assurent la conservation de leurs minutes et répertoires avant versement dans un dépôt d'archives relevant du service interministériel des archives de France de la direction générale des patrimoines ou placés sous le contrôle scientifique et technique de l'État sur les archives est fixé à soixante-quinze ans pour les notaires et à vingt-cinq ans pour les autres officiers publics ou ministériels.

Toutefois, l'officier public ou ministériel intéressé et le service interministériel des archives de France de la direction générale des patrimoines peuvent convenir de réduire ou d'augmenter ce délai par un accord dont la durée de validité ne peut excéder dix ans, et qui est renouvelable par tacite reconduction pour des périodes de même durée.

....

SOUS-SECTION 3 *Archives des collectivités territoriales*

§ 3 *Archives départementales et régionales et de la collectivité territoriale de Corse*

Art. R. 212-62 Les archives départementales conservent, trient, inventorient et communiquent :

1º *à* 3º *Non reproduits.*

4º Les minutes et répertoires des officiers publics ou ministériels exerçant ou ayant exercé sur le territoire du département ;

5º *et* 6º *Non reproduits.*

II Dispositions particulières

A Avoués

Depuis le 1er janv. 2012, la profession d'avoués est entièrement supprimée. Alors que la profession d'avoué près les TGI avait disparu à la suite de la L. nº 71-1130 du 31 déc. 1971, art. 1er, les membres de cette profession intégrant d'office, s'ils n'y avaient renoncé, la nouvelle profession d'avocat ainsi née de la fusion des professions d'avocats, d'avoués près les TGI et des agréés près les tribunaux de commerce, la profession d'avoués près les cours d'appel devait subir le même sort par l'effet de la L. nº 2011-94 du 25 janv. 2011, art. 1er, en vigueur depuis le 1er janv. 2012. Une nouvelle profession dont les membres portent le titre d'avocat est ainsi substituée à compter de cette date aux professions d'avocat, d'avoué près les cours d'appel et de conseil juridique. Les membres de ces professions font également d'office partie, s'ils n'y renoncent, de la nouvelle profession d'avocat. — V. L. nº 71-1130 du 31 déc. 1971, art. 1er-I, ***C. avocat****, Partie I, I, La profession d'avocat.*

S'agissant des textes qui accompagnent cette suppression tant sur le terrain de l'indemnisation des avoués près les cours d'appel et de leur salariés que sur celui de leur accès aux professions judiciaires et juridiques, V. ***C. avocat****, Partie II, III, Avoués près les cours d'appel.*

Sur le dernier état, avant abrogation, de la réglementation de la profession d'avoués près les cours d'appel, V. la présente rubrique au ***C. pr. civ. Dalloz 2012.***

B Commissaires de justice

Ordonnance nº 2016-728 du 2 juin 2016,

Relative au statut de commissaire de justice 🏛.

Décret nº 2021-1625 du 10 décembre 2021,

Relatif aux compétences des commissaires de justice.

Sur l'entrée en vigueur, V. art. 36 du présent décret.

TITRE PREMIER LA COMPÉTENCE TERRITORIALE

Art. 1er Les commissaires de justice peuvent accomplir les actes prévus aux 1°, 2°, 3°, 5°, 6°, 7°, 8° et 9° du I de l'article 1er de l'ordonnance du 2 juin 2016 susvisée dans le ressort de la cour d'appel du siège de leur office et, le cas échéant, du ou des bureaux annexes attachés à l'office.

Ils peuvent accomplir les actes prévus au 4° du I et au II de l'article 1er de la même ordonnance sur l'ensemble du territoire national.

Ils peuvent également, à titre occasionnel, accomplir les actes prévus au 2° du I de l'article 1er de la même ordonnance sur l'ensemble du territoire national.

Art. 2 Tout commissaire de justice peut signifier un acte par voie électronique dès lors que l'un des destinataires de l'acte a son domicile ou sa résidence dans le ressort de la cour d'appel où il exerce sa compétence.

Toutefois et hors les cas où le débiteur a son domicile ou sa résidence à l'étranger, seuls les commissaires de justice qui exercent dans le ressort de la cour d'appel où le débiteur a son domicile ou sa résidence sont compétents pour signifier les actes par voie électronique à un tiers dans le cadre d'une procédure d'exécution ou d'une mesure conservatoire au sens de l'article L. 111-1 du code des procédures civiles d'exécution.

La dénonciation par la voie électronique d'un acte peut être faite par le commissaire de justice compétent pour signifier ou établir l'acte.

TITRE II OBLIGATIONS PROFESSIONNELLES ET ATTRIBUTIONS DES COMMISSAIRES DE JUSTICE

CHAPITRE PREMIER *LES OBLIGATIONS PROFESSIONNELLES*

Art. 3 Dans l'exercice de leurs fonctions, les commissaires de justice justifient de leur qualité en présentant une carte professionnelle établie selon un modèle unique. Ce modèle et les modalités de délivrance de la carte sont fixés par arrêté du garde des Sceaux, ministre de la justice sur proposition de la chambre nationale des commissaires de justice.

Art. 4 Sauf dans les cas d'empêchement et pour cause de parenté ou d'alliance prévue à l'article 8 de l'ordonnance du 2 juin 2016 susvisée, les commissaires de justice sont tenus de prêter leur concours au titre des activités énumérées au I de l'article 1er de la même ordonnance, toutes les fois qu'ils en sont requis, dans le ressort du tribunal judiciaire au sein duquel leur office est établi ou, le cas échéant, celui d'un des tribunaux judiciaires dont le siège est situé dans le même département que celui au sein duquel leur office est établi.

Art. 5 Le commissaire de justice, ou le clerc habilité aux constats, effectue lui-même les constatations prévues au 2° du II de l'article 1er de l'ordonnance du 2 juin 2016 susvisée. Il se rend personnellement sur les lieux du constat.

Art. 6 Les commissaires de justice sont tenus de remettre eux-mêmes, sauf dans les cas prévus par la loi du 27 décembre 1923 susvisée et par le chapitre II du décret du 20 mai 1955 susvisé, à personne ou à domicile, les exploits et actes qu'ils sont chargés de signifier.

Toutefois, ils peuvent confier la signification d'un acte à un confrère dont l'office ou un bureau annexe, situé dans le même ressort de compétence, est plus proche du lieu de signification. Dans ce cas, la minute est conservée par l'office qui a procédé à la signification.

Art. 7 Les commissaires de justice peuvent, dans la limite de leur compétence territoriale, se faire remplacer en cas d'empêchement momentané ou d'absence au cours des périodes réglementaires de service allégé des juridictions. Le commissaire de justice doit, dans les vingt-quatre heures, aviser le procureur de la République et le président de la chambre régionale de son empêchement ou de son absence et leur indiquer le nom du commissaire de justice qui le remplace.

CHAPITRE II *LE SERVICE D'AUDIENCE*

Art. 8 Les commissaires de justice-audienciers ont pour fonctions :

1° En matière pénale, d'assister aux audiences solennelles et aux audiences des cours d'assises ; s'agissant des autres audiences publiques, de faire l'appel des causes et, lorsque le président estime que le déroulement des débats le justifie, de maintenir l'ordre sous son autorité. En matière civile, d'assister aux audiences solennelles, de faire l'appel des causes et, à titre exceptionnel, de maintenir l'ordre sous l'autorité du président ;

2° De signifier les actes d'avocat à avocat.

Ils se partagent, par parts égales, les émoluments des appels de causes et des significations d'avocat à avocat.

Art. 9 Les commissaires de justice-audienciers de la Cour de cassation ont seuls le droit d'instrumenter, au siège de cette cour, pour les affaires portées devant elles. Ils sont désignés dans les conditions prévues par l'article 70 de la loi du 27 ventôse an VIII susvisée.

Art. 10 Les commissaires de justice sont tenus d'assurer le service des audiences près les juridictions dont le siège est situé dans les limites territoriales du ressort du tribunal judiciaire au sein duquel leur office est établi ou, le cas échéant, celles du ressort d'un des tribunaux judiciaires dont le siège est situé dans le même département que celui au sein duquel leur office est établi.

Art. 11 Chaque année, dans la première quinzaine qui suit la rentrée judiciaire, les cours d'appel et les tribunaux judiciaires choisissent leurs commissaires de justice-audienciers sur proposition de la chambre régionale et fixent, après avoir consulté les intéressés, l'ordre de service de ces commissaires de justice. Les commissaires de justice ainsi désignés sont tenus d'assurer le service des audiences et d'assister le tribunal toutes les fois qu'ils en sont requis.

Art. 12 Le service d'audience près les cours d'assises est assuré :

– dans les villes où siège une cour d'appel, par les commissaires de justice-audienciers de la cour d'appel ;

– dans les autres villes, par les commissaires de justice-audienciers du tribunal judiciaire.

Art. 13 Les commissaires de justice peuvent se faire suppléer à leurs frais pour le service des audiences soit par leurs clercs assermentés, soit par des clercs agréés à cet effet par chaque juridiction, sauf dans le cas où la juridiction jugerait nécessaire leur présence *personnelle*.

CHAPITRE III *LES ACTES ET SIGNIFICATIONS*

Art. 14 Les actes, exploits et procès-verbaux sont établis conformément à une norme de présentation fixée par arrêté du garde des Sceaux, ministre de la justice, pris après avis de la chambre nationale des commissaires de justice.

L'original et les expéditions peuvent être établis sur des supports différents.

Le commissaire de justice dépositaire de l'original délivre sans frais à la partie ou à son représentant une copie certifiée conforme à l'original portant la mention « expédition ».

Art. 15 Les originaux établis sur support électronique doivent l'être au moyen d'un système de traitement, de conservation et de transmission de l'information agréé par la chambre nationale des commissaires de justice et garantissant l'intégrité et la confidentialité de leur contenu.

Les systèmes de communication d'informations, mis en œuvre par les commissaires de justice, doivent être interopérables avec ceux des autres commissaires de justice et des organismes auxquels ils doivent transmettre des données.

Ces originaux sont revêtus de la signature électronique qualifiée de celui qui les a dressés. Les actes visés à l'article 11 de l'ordonnance du 2 juin 2016 susvisée sont contresignés par le commissaire de justice civilement responsable du fait de son clerc dans les mêmes conditions.

Avant de le signer, celui qui dresse l'acte y mentionne la date en lettres, ses nom, prénoms et qualité.

Art. 16 Lorsqu'elle est dressée sur support électronique, l'expédition est transmise par voie électronique. La transmission par voie électronique est faite dans des conditions garantissant sa confidentialité, son intégrité, l'identité de l'expéditeur et celle du destinataire à moins que la partie ou son représentant n'en demande une édition sur support papier.

Art. 17 Lorsque l'acte a été dressé sur support électronique, une copie, ainsi que celle des pièces qui y sont annexées, sont éditées sur support papier, afin d'être remises au destinataire, selon les modalités prescrites par les textes en vigueur, à moins que celui-ci ait consenti à la signification par voie électronique de l'acte.

Art. 18 L'original des actes, exploits et procès-verbaux est conservé en minute pendant la durée fixée par l'article R. 212-15 du code du patrimoine.

Cet original constate, le cas échéant, les formalités fiscales prévues par le code général des impôts ou contient les mentions originales annexes prescrites par la loi.

Lorsqu'ils sont établis sur support papier, les originaux sont enliassés et numérotés par année aux fins de conservation. Ils portent en outre le numéro d'inscription au répertoire.

Le répertoire mentionnant par ordre chronologique et de manière irréversible les actes dressés par le commissaire de justice peut être établi sur support électronique.

Art. 19 Les commissaires de justice peuvent délivrer des expéditions des actes ou procès-verbaux qu'ils détiennent en minute à toutes personnes intéressées qui, lors de l'établissement du procès-verbal ou de la signification de l'acte, auront déjà reçu soit une première expédition, soit une copie.

L'expédition est établie à la demande et aux frais du requérant, soit sur support papier, soit sur support électronique, quel que soit le support initial de l'acte.

Celui qui délivre une expédition sur support électronique y mentionne la date et y appose sa signature électronique qualifiée.

Le commissaire de justice, qui reçoit un acte authentique sur support électronique, peut en établir une expédition sur support papier aux fins de signification ou d'exécution.

Art. 20 En cas de suppléance ou de remplacement par suite d'empêchement momentané, l'original en minute appartient au commissaire de justice suppléé ou remplacé.

Art. 21 La personne destinataire d'un acte établi par un commissaire de justice, qui consent *à sa signification par voie électronique*, adresse par voie électronique une déclaration à la chambre nationale des commissaires de justice selon un modèle établi par celle-ci.

La déclaration précise :

1° L'identité du déclarant (nom, prénoms, date et lieu de naissance et domicile pour les personnes physiques ; dénomination sociale, forme juridique, nom et prénoms du représentant légal, siège social pour les personnes morales) ; les pièces justifiant de cette identité, dont la liste est fixée par arrêté du garde des Sceaux, ministre de la justice, sont joints *[jointes]* en annexe ;

2° La nature des actes sur lesquels porte le consentement ;

3° La durée pour laquelle le consentement est donné ;

4° Les modalités selon lesquelles le consentement peut être révoqué.

Elle mentionne de façon claire et apparente les dispositions des articles 653, 662-1, 663 et 664-1 du code de procédure civile.

Art. 22 La chambre nationale des commissaires de justice dresse et tient à jour, conformément au 12° de l'article 16 de l'ordonnance du 2 juin 2016 susvisée, la liste des personnes ayant consenti à la signification électronique d'un acte de commissaire de justice.

Les données recueillies sont conservées dans des conditions garantissant leur intégrité et leur confidentialité.

Ces données sont détruites à l'expiration d'un délai de cinq ans à compter de la date de la révocation ou de l'expiration du consentement à la signification par voie électronique.

Art. 23 Ne peuvent, à leur demande, obtenir communication des données que :

1° Les commissaires de justice pour l'accomplissement de leur mission de signification ;

2° L'autorité judiciaire pour les besoins des procédures judiciaires.

CHAPITRE IV *LES VENTES JUDICIAIRES*

Art. 24 I. – Les commissaires de justice tiennent un répertoire sur support papier ou sur support électronique, sur lequel ils inscrivent leurs procès-verbaux au jour le jour.

Lorsqu'il est tenu sur support papier, ce répertoire est préalablement visé au commencement, coté et paraphé à chaque page par le président de la chambre régionale, et le cas échéant de la chambre interrégionale, ou son délégué. La formalité du paraphe peut être remplacée par l'utilisation d'un procédé empêchant toute substitution ou addition de feuilles.

Lorsqu'il est tenu sur support électronique, le répertoire est signé par le président de la chambre régionale, et le cas échéant de la chambre interrégionale, ou son délégué au moyen d'un procédé de signature électronique qualifiée tel que défini par le décret du 28 septembre 2017 susvisé.

Une expédition du répertoire est déposée, chaque année, avant le 1er mars, au greffe du tribunal judiciaire. Dans le cas où le répertoire aura été tenu sur support électronique, ce dépôt pourra être réalisé par voie électronique dans des conditions garantissant sa confidentialité, l'intégrité de son contenu, l'identité de l'expéditeur et celle du destinataire.

II. – Le procès-verbal de vente établi sur support électronique doit l'être au moyen d'un système de traitement, de conservation et de transmission de l'information agréé par la chambre nationale des commissaires de justice et garantissant l'intégrité et la confidentialité de son contenu.

Les systèmes de communication d'information sont mis en œuvre dans les mêmes conditions que celles prévues au deuxième alinéa de l'article 15.

Le procès-verbal de vente établi sur support électronique est revêtu de la signature électronique qualifiée du commissaire de justice.

Le commissaire de justice, qui délivre une expédition du procès-verbal de vente sur support électronique, y mentionne la date et y appose sa signature électronique qualifiée.

CHAPITRE V *DISPOSITIONS COMMUNES AUX DOCUMENTS ET ACTES ÉTABLIS SUR SUPPORT ÉLECTRONIQUE*

Art. 25 Lorsqu'un commissaire de justice signe un document, soit constitué originairement sur support électronique, soit transféré sur ce support au moyen d'un procédé de numérisation garantissant sa reproduction à l'identique, il y appose sa signature électronique qualifiée au moyen d'un procédé de signature conforme aux exigences du décret du 28 septembre 2017 susvisé.

Art. 26 Tout document, soit constitué originairement sur support électronique, soit transféré sur ce support au moyen d'un procédé de numérisation garantissant sa reproduction à l'identique, peut être annexé aux actes et aux procès-verbaux de vente. Lorsqu'un document est annexé, il doit être indissociablement lié à l'acte auquel il se rapporte.

Art. 27 I. – Les actes et les procès-verbaux de vente établis sur support électronique doivent être conservés, dès leur établissement par le commissaire de justice, qui en conserve l'accès exclusif, dans des conditions de nature à en préserver l'intégrité et la lisibilité et permettant d'en faire des copies. Ils sont enregistrés pour leur conservation dans un minutier *central* établi et contrôlé par la chambre nationale des commissaires de justice.

L'ensemble des informations concernant l'acte ou le procès-verbal dès son établissement, telles que les données permettant de l'identifier, de déterminer ses propriétés et d'en assurer la traçabilité, doit être également conservé.

II. – Les originaux des actes mentionnés à l'article 14, établis sur support électronique, sont adressés au minutier central par le commissaire de justice au plus tard dans les quatre mois de leur établissement.

Dans l'attente de leur transfert vers ce minutier, leur conservation est assurée par ce commissaire de justice au moyen du système prévu à l'article 15.

Cette conservation est assurée dans le minutier central sans préjudice du contrôle scientifique et technique prévu par l'article R. 212-2 du code du patrimoine.

III. — Les procès-verbaux de vente, établis sur support électronique, sont adressés au minutier central par le commissaire de justice dès leur établissement.

IV. — Les opérations successives justifiées par sa conservation, notamment les migrations dont il peut faire l'objet, ne retirent pas à l'acte ou au procès-verbal sa nature d'original.

CHAPITRE VI *LES ACTIVITÉS PROFESSIONNELLES SANS MONOPOLE ET LES ACTIVITÉS ACCESSOIRES*

Art. 28 En matière de recouvrement amiable ou judiciaire, la remise des pièces au commissaire de justice vaut mandat d'encaisser.

Art. 29 Les commissaires de justice peuvent, après en avoir informé la chambre régionale dont ils relèvent ainsi que le procureur général près la cour d'appel dans le ressort de laquelle est établi leur office, exercer les activités accessoires suivantes :
— administrateur d'immeubles ;
— agent d'assurances ;
— médiateur judiciaire ou à titre conventionnel.

Art. 30 Les commissaires de justice ne peuvent accomplir de médiation mettant en cause des actes accomplis par d'autres commissaires de justice ou ayant pour objet une procédure d'exécution.

Il en est de même lorsqu'ils sont intervenus dans le cadre du différend. Ils ne peuvent, après une médiation, intervenir dans la même affaire.

Ils ne peuvent pas faire état de leur qualité professionnelle, sauf dans le cadre de leur activité de médiation.

Art. 31 Les commissaires de justice ne peuvent procéder à aucune négociation lorsqu'ils établissent des actes sous seing privé.

TITRE III **DISPOSITIONS DIVERSES ET FINALE**

Art. 32 Pour l'application du présent décret, dans la collectivité territoriale de Saint-Pierre-et-Miquelon, la référence au tribunal judiciaire et à la cour d'appel désigne, respectivement, le tribunal de première instance et le tribunal supérieur d'appel, et la référence au procureur général près la cour d'appel désigne le procureur de la République près le tribunal supérieur d'appel.

Pour l'application du présent décret dans les collectivités territoriales de Saint-Barthélemy et de Saint-Martin, la référence au tribunal judiciaire désigne le tribunal de première instance.

Art. 33 *Abrogation des art. 5 à 29-7 et 73-1 à 73-3 du Décr. nº 56-222 du 29 févr. 1956, ainsi que des art. 13,28, 29, 29-4 et 29-5 de l'Ord. du 26 juin 1816.*

Art. 34 *Modification de l'art. 2 du Décr. nº 2019-1185 du 15 nov. 2019.*

Art. 35 *Création de l'art. 41 bis du Décr. nº 2019-1185 du 15 nov. 2019.*

Art. 36 Le présent décret entre en vigueur le 1er juillet 2022.

Toutefois, l'article 34 entre en vigueur au lendemain de la publication du présent décret.

Ordonnance nº 2022-544 du 13 avril 2022,

Relative à la déontologie et à la discipline des officiers ministériels.

Décret nº 2022-729 du 28 avril 2022,

Relatif à l'organisation de la profession de commissaires de justice.

C Commissaires-priseurs judiciaires

RÉP. PR. CIV. vº *Commissaire-priseur judiciaire,* par VIGNERON.

BIBL. ▶ Crevel, *D. 2001. 3071* (commissaire-priseur garant de la régularité des ventes publiques).

A compter du 1er juill. 2022, les professsions d'huissier de justice et de commissaire-priseur judiciaire seront réunies en une seule et même profession de commissaire de justice. Sur cette nouvelle profession, V. Ord. nº 2016-728 du 2 juin 2016, App., vº Commissaire de justice.

Sur l'exercice des professions d'huissier de justice, de notaire et de commissaire-priseur judiciaire sous forme de société autre qu'une société civile professionnelle ou qu'une société d'exercice libéral, V. Décr. nº 2016-883 du 29 juin 2016, App., vº Officiers publics ou ministériels, II, Dispositions particulières, E, Huissiers de justice.

Ordonnance du 26 juin 1816,

Qui établit, en exécution de la loi du 28 avril 1816, des commissaires-priseurs judiciaires (L. nº 2000-642 du 10 juill. 2000, art. 65).

Ordonnance nº 45-2593 du 2 novembre 1945,

Relative au statut des commissaires-priseurs judiciaires.

La présente ord. est abrogée, à compter du 1er juill. 2022, par l'Ord. nº 2016-728 du 2 juin 2016. Toutefois, les art. 5 et 9 sont abrogés à compter du 1er janv. 2019 (Ord. préc., art. 24-I-3º et 25-I et II).

Art. 1er Le commissaire-priseur judiciaire est l'officier ministériel chargé de procéder, dans les conditions fixées par les lois et règlements en vigueur, à l'estimation et à la vente publique aux enchères des meubles et effets mobiliers corporels.

Il ne peut se livrer à aucun commerce en son nom, pour le compte d'autrui ou sous le nom d'autrui *(L. nº 2011-850 du 20 juill. 2011, art. 44)* « , sous réserve des dispositions de l'article 29 de la loi nº 2000-642 du 10 juillet 2000 portant réglementation des ventes volontaires de meubles aux enchères publiques ».

(L. nº 73-546 du 25 juin 1973) « Nonobstant les dispositions de l'alinéa précédent, le commissaire-priseur judiciaire peut être autorisé à exercer à titre accessoire certaines activités ou fonctions. La liste de ces activités et fonctions ainsi que les conditions dans lesquelles l'intéressé est autorisé à les exercer sont, sous réserve des lois spéciales, fixées par décret en Conseil d'État. »

(Ord. nº 2016-727 du 2 juin 2016, art. 21-1º, en vigueur le 1er janv. 2017) « Le commissaire-priseur judiciaire peut également être désigné à titre habituel en qualité de liquidateur dans certaines procédures de liquidation judiciaire ou d'assistant du juge commis dans le cadre des procédures de rétablissement professionnel, dans les conditions prévues par le titre IV du livre VI et le livre VIII du code de commerce. »

L'Ord. nº 2016-727 du 2 juin 2016 est applicable aux procédures ouvertes après son entrée en vigueur (Ord. préc., art. 25, applicable dans les îles Wallis-et-Futuna).

Art. 1er *bis* *(L. nº 2015-990 du 1er août 2015, art. 63-III)* Le commissaire-priseur judiciaire peut exercer sa profession soit à titre individuel, soit dans le cadre d'une entité dotée de la personnalité morale, à l'exception des formes juridiques qui confèrent à leurs associés la qualité de commerçant.

Lorsque la forme juridique d'exercice est une société, le capital social et les droits de vote peuvent être détenus par toute personne exerçant une profession juridique ou judiciaire ou par toute personne légalement établie dans un État membre de l'Union européenne, dans un autre État partie à l'accord sur l'Espace économique européen ou dans la Confédération suisse qui exerce, dans l'un de ces États, une activité soumise à un statut législatif ou réglementaire ou subordonnée à la possession d'une qualification nationale ou internationale reconnue et exerçant l'une quelconque desdites professions et, s'il s'agit d'une personne morale, qui satisfait aux exigences de détention du capital et des droits de vote prévues par la loi nº 90-1258 du 31 décembre 1990 relative à l'exercice sous forme de sociétés des professions libérales soumises à un statut législatif ou réglementaire ou dont le titre est protégé *et aux sociétés de participations* financières de professions libérales. — *V. L. nº 90-1258 du 31 déc. 1990, App., vº Officiers publics ou ministériels.*

Toute société doit au moins comprendre, parmi ses associés, un commissaire-priseur judiciaire remplissant les conditions requises pour exercer ses fonctions.

Au moins un membre de la profession de commissaire-priseur judiciaire exerçant au sein de la société doit être membre du conseil d'administration ou du conseil de surveillance de la société.

Dans le respect des règles de déontologie applicables à chaque profession, un décret en Conseil d'État détermine les conditions d'application du présent article. Il présente notamment les conditions d'inscription et d'omission de ces sociétés auprès de l'autorité professionnelle compétente.

Art. 1er *bis* A *(Ord. nº 2016-394 du 31 mars 2016, art. 9)* **Le commissaire-priseur judiciaire peut également exercer sa profession dans le cadre d'une société pluri-professionnelle d'exercice, prévue au titre IV bis de la loi nº 90-1258 du 31 décembre 1990 relative à l'exercice sous forme de sociétés des professions libérales soumises à un statut législatif ou réglementaire ou dont le titre est protégé et aux sociétés de participations financières de professions libérales, ayant pour objet l'exercice en commun de la profession de commissaire-priseur judiciaire et d'une ou plusieurs autres professions prévues à ce titre.**

Les dispositions des troisième et quatrième alinéas de l'article 1er bis sont applicables à une telle société. « Les conditions d'application du présent article sont fixées par décret en Conseil d'État, notamment :

1º Les conditions de la nomination de la société dans un ou plusieurs offices de commissaire-priseur judicaire, de son interdiction temporaire et de sa destitution, ainsi que les règles applicables en cas d'empêchement, de retrait ou de décès d'un associé exerçant la profession ;

2º Les modalités d'application des règles de discipline prévues par l' ordonnance nº 45-1418 du 28 juin 1945 relative à la discipline des notaires et de certains officiers ministériels.

Les dispositions de l'art. 11 de l'Ord. nº 2016-394 du 31 mars 2016 sont entrées en vigueur le 8 mai 2017 (Ord. préc., art. 13 ; Décr. nº 2017-800 du 5 mai 2017, art. 5).

Art. 2 *(L. nº 2010-1609 du 22 déc. 2010, art. 32)* **La formation professionnelle continue est obligatoire pour les commissaires-priseurs judiciaires en exercice.**

Un décret en Conseil d'État détermine la nature et la durée des activités susceptibles d'être validées au titre de l'obligation de formation professionnelle continue. La chambre nationale des commissaires-priseurs judiciaires détermine les modalités selon lesquelles elle s'accomplit.

L'art. 32 de la L. nº 2010-1609 du 22 déc. 2010 entre en vigueur dans les conditions fixées par le décret modifiant le code de procédure civile nécessaire à son application et au plus tard le 1er sept. 2011 (L. préc., art. 43).

Art. 3 *(L. nº 2011-850 du 20 juill. 2011, art. 45)* **Le commissaire-priseur judiciaire peut exercer sa profession en qualité de salarié d'une personne physique ou morale titulaire d'un office de commissaire-priseur judiciaire.**

Une personne physique titulaire d'un office de commissaire-priseur judiciaire ne peut pas employer plus *(L. nº 2015-990 du 6 août 2015, art. 59-III-1º-a)* **« de deux commissaires-priseurs judiciaires salariés. ». Une personne morale titulaire d'un office de commissaire-priseur judiciaire ne peut pas employer un nombre de commissaires-priseurs salariés supérieur** *(L. nº 2015-990 du 6 août 2015, art. 59-III-1º-b)* **« au double de celui des commissaires-priseurs judiciaires associés qui y exercent » la profession.**

(Ord. nº 2016-394 du 31 mars 2016, art. 11-2º) **« En aucun cas le contrat de travail du commissaire-priseur salarié ne peut porter atteinte aux règles déontologiques de la profession. Nonobstant toute clause du contrat de travail, le commissaire-priseur salarié peut refuser à son employeur de délivrer un acte ou d'accomplir une mission lorsque cet acte ou cette mission lui paraissent contraires à sa conscience ou susceptibles de porter atteinte à son indépendance. »**

(L. nº 2015-990 du 6 août 2015, art. 59-III-2º) **« Toute clause de non-concurrence entre le titulaire de l'office et le commissaire-priseur judiciaire salarié est réputée non écrite. »**

Les dispositions de l'art. 11 de l'Ord. nº 2016-394 du 31 mars 2016 sont entrées en vigueur le 8 mai 2017 (Ord. préc., art. 13 ; Décr. nº 2017-800 du 5 mai 2017, art. 5).

Décret nº 2012-121 du 30 janvier 2012,

Relatif aux commissaires-priseurs judiciaires salariés.

CHAPITRE Ier. *DISPOSITIONS GÉNÉRALES*

Art. 1er Les commissaires-priseurs judiciaires salariés sont soumis aux dispositions législatives et réglementaires relatives à l'exercice des fonctions de commissaire-priseur judiciaire par des personnes physiques, à la déontologie et à la discipline des commissaires-priseurs judiciaires ainsi qu'aux dispositions du présent décret.

Art. 2 *(Décr. n° 2017-895 du 6 mai 2017, art. 13-1°-a)* « Le » commissaire-priseur judiciaire salarié ne peut exercer ses fonctions qu'au sein d'un seul office.

Il ne peut avoir de clientèle personnelle.

Il peut procéder seul aux ventes de meubles aux enchères publiques prescrites par la loi ou par décision de justice, ainsi qu'aux inventaires et prisées correspondants.

Le commissaire-priseur judiciaire titulaire de l'office ou, si cet office a pour titulaire une société, l'un des commissaires-priseurs judiciaires associés ne peut se rendre adjudicataire des biens qu'un commissaire-priseur judiciaire salarié exerçant au sein de l'office *(Décr. n° 2017-895 du 6 mai 2017, art. 13-1°-b)* « ou de la société lorsque celle-ci est titulaire de plusieurs offices » est chargé de vendre.

Le commissaire-priseur judiciaire salarié ne peut se rendre adjudicataire des biens qu'un commissaire-priseur judiciaire exerçant au sein de l'office *(Décr. n° 2017-895 du 6 mai 2017, art. 13-1°-b)* « ou de la société lorsque celle-ci est titulaire de plusieurs offices » est chargé de vendre.

Art. 3 Dans tous les actes et procès-verbaux dressés par lui et dans toutes les correspondances, le commissaire-priseur judiciaire salarié doit indiquer son nom, son titre de commissaire-priseur judiciaire, le nom ou la dénomination de la personne physique ou morale titulaire de l'office au sein duquel il exerce ainsi que le siège de cet office. Son sceau comporte les mêmes indications.

Les minutes des actes et procès-verbaux établis par le commissaire-priseur judiciaire salarié sont conservées par le titulaire de l'office.

Art. 4 Le commissaire-priseur judiciaire salarié investi d'un mandat à la chambre de discipline des commissaires-priseurs judiciaires ne peut pas participer aux délibérations et aux votes relatifs aux réclamations, aux différends, aux avis ou aux questions disciplinaires concernant le commissaire-priseur judiciaire titulaire de l'office ou les commissaires-priseurs judiciaires associés exerçant leurs fonctions au sein de la société titulaire de l'office dans lequel le commissaire-priseur judiciaire est employé.

Ceux-ci ne peuvent, lorsqu'ils sont investis d'un tel mandat, participer aux délibérations et aux votes relatifs aux réclamations, aux différends, aux avis ou aux questions disciplinaires concernant un commissaire-priseur judiciaire salarié de l'office *(Décr. n° 2017-895 du 6 mai 2017, art. 13-2°)* « ou de la société lorsque celle-ci est titulaire de plusieurs offices ».

Art. 5 Le titulaire de l'office est civilement responsable du fait de l'activité professionnelle exercée pour son compte par le commissaire-priseur judiciaire salarié.

Art. 6 Le contrat de travail est établi par écrit, sous la condition suspensive de la nomination du salarié en qualité de commissaire-priseur judiciaire et de sa prestation de serment. La condition est réputée acquise à la date de la prestation de serment.

Il ne peut comporter aucune clause susceptible de limiter la liberté d'établissement ultérieur du salarié ou de porter atteinte à son indépendance. Il précise les conditions de sa rémunération.

Une copie du contrat de travail est adressée, dès sa signature, au président de la chambre de discipline *(Décr. n° 2017-895 du 6 mai 2017, art. 13-3°)* « dans le ressort de laquelle se situe l'office dans lequel la nomination du commissaire-priseur judiciaire salarié est demandée. Toute modification de ce contrat est adressée, dans les mêmes conditions, accompagnée d'une copie du contrat de travail initial, au président de la chambre de discipline dans le ressort de laquelle se situe l'office dans lequel le salarié est nommé. »

Art. 7 Lorsque le nombre de commissaires-priseurs judiciaires *(Décr. n° 2016-661 du 20 mai 2016, art. 11-I-1°-a)* « titulaires ou associés » en exercice au sein de l'office devient inférieur *(Décr. n° 2016-661 du 20 mai 2016, art. 11-I-1°-b)* « à la moitié du » nombre de commissaires-priseurs judiciaires salariés, le titulaire de l'office a un délai d'un an pour se mettre en conformité avec les dispositions de l'article 3 de l'ordonnance *[n° 45-2593]* du 2 novembre 1945 *(Décr. n° 2016-661 du 20 mai 2016, art. 11-I-1°-c)* « susvisée ». — *V. Ord. n° 45-2593 du 2 nov. 1945, art. 3 reproduit au-dessus du présent décret.*

Les procédures relevant des art. 1er à 15 du Décr. n° 2016-661 du 20 mai 2016, engagées avant la date d'entrée en vigueur dudit décret et relatives aux conditions d'accès aux professions, aux nominations d'officiers publics ou ministériels, aux créations, transferts et suppressions d'office, aux ouvertures et fermetures de bureaux annexes et aux transformations de bureaux annexes en offices distincts restent régies par les dispositions antérieurement applicables, à l'exception :

Des dispositions prévoyant la saisine obligatoire pour avis des instances représentatives des professions ;

Des dispositions prévoyant les propositions de la commission prévue au chapitre V du titre II du Décr. n° 73-1202 du 28 déc. 1973 ;

Des dispositions prévoyant l'avis de la commission instituée à l'art. 37 du Décr. n° 75-770 du 14 août 1975 et celui de la commission instituée à l'art. 2 du Décr. n° 71-942 du 26 nov.1971 ;

Des dispositions relatives à l'indemnisation des professionnels installés subissant un préjudice du fait de la création ou du transfert d'un office et des anciens titulaires d'un office supprimé (Décr. n° 2016-661 du 20 mai 2016, art. 16-I).

CHAPITRE II. *NOMINATION DU COMMISSAIRE-PRISEUR JUDICIAIRE SALARIÉ*

Art. 8 *(Décr. n° 2017-895 du 6 mai 2017, art. 13-4°)* Le commissaire-priseur judiciaire salarié est nommé par arrêté du garde des Sceaux, ministre de la justice pour exercer dans un seul office. L'arrêté précise l'office au sein duquel le commissaire-priseur judiciaire salarié exerce ses fonctions ainsi que le nom ou la dénomination sociale de son titulaire. Le commissaire-priseur judiciaire salarié ainsi nommé dans un office peut être nommé ultérieurement dans un autre office de la même société soit par l'arrêté nommant la société dans cet autre office, soit par un arrêté postérieur. Cet arrêté met fin également à ses fonctions dans le précédent office. L'article 14 du présent décret n'est pas applicable à cette procédure.

Art. 9 La demande est présentée conjointement par le titulaire de l'office et le candidat à la nomination aux fonctions de commissaire-priseur judiciaire salarié au *(Décr. n° 2016-661 du 20 mai 2016, art. 11-I-2°)* « garde des Sceaux, ministre de la Justice, par téléprocédure sur le site internet du ministère de la justice ».

Elle est accompagnée d'une copie du contrat de travail et de toutes pièces et documents justificatifs nécessaires.

V. note ss. art. 7 du présent Décr.

Les dispositions de l'art. 9, tel que modifié par le Décr. n° 2016-661 du 20 mai 2016, entrent en vigueur, uniquement en ce qu'elles imposent le recours à une téléprocédure sur le site internet du ministère de la justice, à une date fixée par arrêté du garde des Sceaux, ministre de la justice, et au plus tard le 31 déc. 2016. Jusqu'à cette date, les demandes visées sont adressées au garde des Sceaux, ministre de la justice, par lettre recommandée avec demande d'avis de réception (Décr. préc., art. 16-III).

Art. 10 *(Décr. n° 2016-661 du 20 mai 2016, art. 11-I-3°)* Le bureau de la chambre nationale des commissaires-priseurs judiciaires communique au garde des Sceaux, ministre de la justice, dans les vingt jours suivant sa demande, toute information dont il dispose permettant d'apprécier les capacités professionnelles du candidat, son honorabilité et la conformité du contrat de travail avec les règles professionnelles.

V. note ss. art. 7 du présent Décr.

Art. 11 *(Abrogé par Décr. n° 2016-661 du 20 mai 2016, art. 11-I-4°) Le procureur général transmet le dossier au garde des Sceaux, ministre de la justice, avec son avis motivé.*

V. note ss. art. 7 du présent Décr.

CHAPITRE III. *ENTRÉE EN FONCTIONS*

Art. 12 Dans le mois de sa nomination, le commissaire-priseur salarié prête le serment prévu à l'article 35 du décret *[n° 73-541]* du 19 juin 1973 susvisé. Il ne peut exercer ses fonctions qu'à compter du jour de sa prestation de serment. *— V. Décr. n° 73-541 du 19 juin 1973, art. 35, App., v° Officiers publics ou ministériels.*

Tout commissaire-priseur judiciaire salarié qui n'a pas prêté serment dans le mois suivant la publication de l'arrêté prévu à l'article 8 est réputé, sauf cas de force majeure, avoir renoncé à sa nomination.

(Décr. n° 2017-895 du 6 mai 2017, art. 13-5°) « Le commissaire-priseur judiciaire salarié qui devient titulaire de l'office de commissaire-priseur judiciaire dans lequel il était employé ou qui devient associé de la personne morale titulaire de cet office en vue de l'exercice de la profession au sein de cet office, est nommé en sa nouvelle qualité par un arrêté du garde des Sceaux, ministre de la justice, qui met fin également à ses fonctions de commissaire-priseur judiciaire salarié. » Cet arrêté prend effet à la date de sa publication au *Journal officiel*. Le commissaire-priseur judiciaire ainsi nommé n'a pas à prêter à nouveau serment.

(Décr. n° 2016-661 du 20 mai 2016, art. 11-I-5°) « Est également dispensé de prestation de serment le commissaire-priseur judiciaire salarié d'un office qui était, jusqu'à sa nomination

en cette qualité, titulaire du même office ou associé de la personne morale titulaire du même office. »

V. note ss. art. 7 du présent Décr.

CHAPITRE IV. *CESSATION DES FONCTIONS DE COMMISSAIRE-PRISEUR JUDICIAIRE SALARIÉ EN CAS DE RUPTURE DU CONTRAT DE TRAVAIL*

Art. 13 L'exercice de ses fonctions d'officier public par le commissaire-priseur judiciaire salarié, ainsi que celui de ses mandats professionnels, sont suspendus à compter du jour de la rupture du contrat de travail quelle qu'en soit la cause. Pendant cette suspension, il ne peut plus se prévaloir de la qualité d'officier public ou du titre de commissaire-priseur judiciaire.

Pendant une période d'un an, l'intéressé peut reprendre *(Abrogé par Décr. nº 2020-931 du 29 juill. 2020, art. 16-1º-a, à compter du 1er janv. 2021)* « *, sans attendre qu'intervienne l'arrêté prévu au troisième alinéa et* » sans nouvelle nomination, des fonctions de commissaire-priseur judiciaire salarié en déposant une simple déclaration *(Décr. nº 2016-880 du 29 juin 2016, art. 8-VI-1º)* « , par téléprocédure sur le site internet du ministère de la justice », accompagnée d'une copie de son contrat de travail, *(Décr. nº 2016-661 du 20 mai 2016, art. 11-I-6º-a)* « dans les dix jours *(Décr. nº 2020-931 du 29 juill. 2020, art. 16-1º-b, en vigueur le 1er janv. 2021)* « suivant » sa signature, » auprès du *(Abrogé par Décr. nº 2016-661 du 20 mai 2016, art. 11-I-6º-a)* « *procureur général qui en informe le* » garde des Sceaux, ministre de la justice. L'intéressé adresse une copie de cette déclaration à la chambre de discipline des commissaires-priseurs judiciaires *(Décr. nº 2017-895 du 6 mai 2017, art. 13-6º)* « dans le ressort de laquelle se situe l'office au sein duquel il souhaite exercer ».

Le *(Décr. nº 2016-661 du 20 mai 2016, art. 11-I-6º-b)* « garde des Sceaux, ministre de la justice, » peut, dans le délai d'un mois, faire opposition, par décision motivée, à l'effet de cette déclaration. *(Abrogé par Décr. nº 2016-661 du 20 mai 2016, art. 11-I-6º-b)* « *Dans ce cas, l'intéressé doit, pour exercer ses fonctions, solliciter une nouvelle nomination dans les conditions prévues aux articles 8 à 11. Il peut être dispensé de cette procédure par le garde des Sceaux, ministre de la justice.* » *(Abrogé par Décr. nº 2020-931 du 29 juill. 2020, art. 16-2º, à compter du 1er janv. 2021)* « *En l'absence d'opposition (Abrogé par Décr. nº 2016-661 du 20 mai 2016, art. 11-I-6º-b)* « *du procureur général ou en cas de dispense de suivre la procédure de nomination* », *le garde des Sceaux, ministre de la justice, constate par arrêté que le commissaire-priseur judiciaire salarié a repris l'exercice de ses fonctions. L'arrêté mentionne le nom ou la dénomination sociale du titulaire de l'office au sein duquel celles-ci sont désormais exercées.* »

Le commissaire-priseur judiciaire salarié qui reprend des fonctions dans le ressort du même *(Décr. nº 2019-966 du 18 sept. 2019, art. 8, en vigueur le 1er janv. 2020)* « tribunal judiciaire *[ancienne rédaction : tribunal de grande instance]* » peut les exercer à compter de l'expiration du délai d'un mois prévu au troisième alinéa *(Abrogé par Décr. nº 2016-661 du 20 mai 2016, art. 11-I-6º-c)* « *, en l'absence d'opposition du procureur général, ou de la décision de dispense prise par le garde des Sceaux, ministre de la justice, en vertu de cet alinéa* ». S'il reprend des fonctions dans le ressort d'un autre *(Décr. nº 2019-966 du 18 sept. 2019, art. 8, en vigueur le 1er janv. 2020)* « tribunal judiciaire *[ancienne rédaction : tribunal de grande instance]* », il doit prêter le serment prévu à l'article 35 du décret *[nº 73-541]* du 19 juin 1973 susmentionné. – *V. Décr. nº 73-541 du 19 juin 1973, art. 35, App., vº Officiers publics ou ministériels.*

V. note ss. art. 7 du présent Décr.

Les dispositions du Décr. nº 2020-931 du 29 juill. 2020 s'appliquent aux déclarations déposées à compter du 1er janv. 2021 (Décr. préc., art. 17).

Art. 14 La démission du commissaire-priseur judiciaire salarié, la rupture conventionnelle de son contrat de travail ou sa retraite est portée par l'intéressé ou par la personne titulaire de l'office au sein duquel il exerçait à la connaissance *(Abrogé par Décr. nº 2016-661 du 20 mai 2016, art. 11-I-7º-c)* « *du procureur général qui transmet le dossier* » du garde des Sceaux, ministre de la justice *(Décr. nº 2016-880 du 29 juin 2016, art. 8-VI-2º)* « , par téléprocédure sur le site internet du ministère de la justice », *(Abrogé par Décr. nº 2016-661 du 20 mai 2016, art. 11-I-7º-c)* « *avec son avis motivé* » et à celle de la chambre de discipline des commissaires-priseurs judiciaires *(Décr. nº 2017-895 du 6 mai 2017, art. 13-7º)* « dans le ressort de laquelle se situe l'office au sein duquel le salarié était nommé ».

V. note ss. art. 7 du présent Décr.

Art. 14-1 *(Décr. n° 2016-661 du 20 mai 2016, art. 11-I-7°)* Le licenciement d'un commissaire-priseur salarié lui est notifié par le titulaire de l'office soit par lettre recommandée avec demande d'avis de réception, soit par lettre remise contre émargement.

En cas de faute grave, le titulaire de l'office peut notifier au commissaire-priseur salarié sa mise à pied immédiate, dans les mêmes formes que celles prévues au premier alinéa.

La mise à pied entraîne, dès la notification qui lui en a été faite, la suspension de l'exercice des fonctions d'officier public et des mandats professionnels du commissaire-priseur judiciaire salarié.

(Décr. n° 2017-895 du 6 mai 2017, art. 13-8°) « Dans les cinq jours de la notification du licenciement ou de la mise à pied, le titulaire de l'office en informe le garde des Sceaux, ministre de la justice, par téléprocédure sur le site internet du ministère de la justice, ainsi que, par lettre recommandée avec demande d'avis de réception, le président de la chambre de discipline et le procureur général près la cour d'appel dans le ressort desquelles se situe l'office au sein duquel le salarié est nommé. »

V. note ss. art. 7 du présent Décr.

Art. 14-2 *(Décr. n° 2016-661 du 20 mai 2016, art. 11-I-7°, en vigueur le 1er août 2016)* La limite d'âge prévue à l'article 1-1-2 de l'ordonnance du 26 juin 1816 susvisée est applicable aux commissaires-priseurs judiciaires salariés.

V. note ss. art. 7 du présent Décr.

Art. 15 Le présent décret n'est pas applicable dans les départements du Bas-Rhin, du Haut-Rhin *(Décr. n° 2016-661 du 20 mai 2016, art. 11-I-9°)* « et de la Moselle ».

V. note ss. art. 7 du présent Décr.

Art. 4 **Les commissaires-priseurs judiciaires sont groupés en compagnies comprenant un ou plusieurs ressorts de cour d'appel conformément à un tableau établi par le décret prévu par l'article 11 ci-après.** — *Les commissaires-priseurs judiciaires de Paris et des départements des Hauts-de-Seine, de la Seine-Saint-Denis et du Val-de-Marne sont groupés en une compagnie distincte (Décr. n° 67-1236 du 22 déc. 1967, art. 3).*

Al. 2 abrogé par Décr. n° 67-1236 du 22 déc. 1967.

Chaque compagnie comporte une chambre de discipline.

La Compagnie des commissaires-priseurs de Paris, organisme privé créé par la loi avec mission de gérer certains intérêts collectifs présentant le caractère de droits susceptibles d'être invoqués en justice, possède la personnalité morale. • Civ. 1re, 18 janv. 2005, ☎ n° 01-17.059 P.

Art. 5 **Une chambre nationale des commissaires-priseurs judiciaires est instituée auprès du garde des Sceaux, ministre de la justice.**

Art. 6 **Chaque chambre de discipline et la chambre nationale, en adjoignant à leur bureau un nombre égal de clercs ou d'employés, siège en comité mixte.**

Art. 7 **La chambre nationale et les chambres de discipline sont des établissements d'utilité publique.**

Art. 8 **La chambre de discipline a pour attributions :**

1° D'établir, en ce qui concerne les usages de la profession, un contrôle des fonds encaissés pour le compte des tiers et en ce qui concerne les rapports des commissaires-priseurs judiciaires entre eux, avec leurs auxiliaires et avec la clientèle, un règlement intérieur soumis à *l'approbation du garde des Sceaux*, ministre de la justice ;

2° De veiller à l'exécution des lois et règlements par les membres de la compagnie ;

3° De prononcer ou de provoquer, suivant le cas, l'application de mesures de discipline *(Ord. n° 2016-727 du 2 juin 2016, art. 21-2°-a, en vigueur le 1er janv. 2017)* **« , sous réserve des attributions de la Commission nationale d'inscription et de discipline des administrateurs judiciaires et des mandataires judiciaires instituée à l'article L. 814-1 du code de commerce » ;**

4° De prévenir, concilier et arbitrer, s'il y a lieu, tous les différends d'ordre professionnel, entre commissaires-priseurs judiciaires de la compagnie, de trancher, en cas de non-conciliation, ces litiges par des décisions qui seront immédiatement exécutoires ;

5° D'examiner toutes réclamations de la part des tiers contre les commissaires-priseurs judiciaires, à l'occasion de l'exercice de leur profession, et de réprimer les infractions par voie disciplinaire, sans préjudice de l'action devant les tribunaux, s'il y a lieu ;

6° De vérifier la tenue de la comptabilité dans les études de commissaires-priseurs judiciaires *(Ord. n° 2016-727 du 2 juin 2016, art. 21-2°-b, en vigueur le 1er janv. 2017)* « , sous réserve du contrôle de la comptabilité spéciale prévu à l'article L. 814-10-1 du code de commerce, » *(Ord. n° 2009-104 du 30 janv. 2009, art. 18)* « ainsi que le respect par les commissaires-priseurs judiciaires de leurs obligations prévues par le chapitre Ier du titre VI du livre V du code monétaire et financier en matière de lutte contre le blanchiment des capitaux et le financement du terrorisme en se faisant communiquer, dans des conditions fixées par décret pris en Conseil d'État, les documents relatifs au respect de ces obligations » ; *— V. C. mon. fin., art. L. 561-2 s. et R. 561-1 s. — V. Décr. n° 45-120 du 19 déc. 1945, art. 19 et 20, App., v° Officiers publics ou ministériels, Commissaires-priseurs judiciaires.*

7° De donner son avis, toutes les fois qu'elle en est requise, sur les actions en dommages-intérêts intentées contre les commissaires-priseurs judiciaires en raison d'actes de leurs fonctions, sur les difficultés concernant la taxe et le règlement des frais, ainsi que sur les différends soumis à cet égard au *(Ord. n° 2019-964 du 18 sept. 2019, art. 35, en vigueur le 1er janv. 2020)* « tribunal judiciaire *[ancienne rédaction : tribunal de grande instance]* » ;

8° De délivrer ou de refuser, par décision motivée, les certificats de moralité qui lui sont demandés par les aspirants aux fonctions de commissaire-priseur judiciaire ;

9° De fournir toutes explications sur la conduite des commissaires-priseurs judiciaires lorsqu'elle en est requise par les cours ou tribunaux ou par le ministère public ;

10° De représenter tous les commissaires-priseurs judiciaires de la compagnie en ce qui touche à leurs droits et intérêts communs ;

11° De préparer le budget de la compagnie et d'en proposer le vote à l'assemblée générale, de gérer la bourse commune et les biens de la compagnie et de poursuivre le recouvrement des cotisations.

(L. n° 2010-1609 du 22 déc. 2010, art. 33) « La chambre de discipline, siégeant en comité mixte, est chargée d'assurer dans le ressort de la compagnie l'exécution des décisions prises en matière d'œuvres sociales par la chambre nationale siégeant en comité mixte. »

La chambre de discipline des commissaires-priseurs judiciaires, siégeant dans l'une ou l'autre de ses formations, est chargée, en outre, d'assurer, dans son ressort, l'exécution des décisions prises par la chambre nationale.

L'art. 33 de la L. n° 2010-1609 du 22 déc. 2010 entre en vigueur dans les conditions fixées par le décret modifiant le code de procédure civile nécessaire à son application, et au plus tard le 1er sept. 2011 (L. préc., art. 43).

L'Ord. n° 2016-727 du 2 juin 2016 est applicable aux procédures ouvertes après son entrée en vigueur (Ord. préc., art. 25, applicable dans les îles Wallis-et-Futuna).

Art. 9 La chambre nationale représente l'ensemble de la profession auprès des pouvoirs publics. Elle prévient ou concilie tous différends d'ordre professionnel entre les chambres de discipline ou entre les commissaires-priseurs judiciaires ne relevant pas de la même chambre de discipline ; elle tranche, en cas de non-conciliation, ces litiges par des décisions qui sont immédiatement exécutoires. Elle organise et règle le budget de toutes les œuvres sociales intéressant les commissaires-priseurs judiciaires. Elle donne son avis sur les règlements intérieurs établis par les chambres de discipline.

(L. n° 2011-331 du 28 mars 2011, art. 26) « La chambre nationale peut, devant toutes les juridictions, exercer tous les droits réservés à la partie civile relativement aux faits portant un préjudice direct ou indirect à l'intérêt collectif de la profession. »

(L. n° 2010-1609 du 22 déc. 2010, art. 34-1°) « La chambre nationale et les syndicats professionnels ou groupements d'employeurs représentatifs négocient et concluent les conventions et accords collectifs de travail.

« La chambre nationale, siégeant en comité mixte, règle les questions d'ordre général concernant la création, le fonctionnement et le budget des œuvres sociales intéressant le personnel des études. »

La chambre nationale, siégeant dans l'une ou l'autre de ses formations, donne son avis chaque fois qu'elle en est requise par le garde des Sceaux, ministre de la justice, sur les questions professionnelles rentrant dans ses attributions.

(L. n° 2010-1609 du 22 déc. 2010, art. 34-2°) « La chambre nationale peut établir, en ce qui concerne les usages de la profession à l'échelon national, un règlement qui est soumis à l'approbation du garde des Sceaux, ministre de la justice. »

Art. 10 *(L. n° 2010-1609 du 22 déc. 2010, art. 35)* Les commissaires-priseurs judiciaires peuvent former entre eux des associations régies par la loi du 1er juillet 1901 relative au contrat d'association et des syndicats professionnels au sens de l'article L. 2131-1 du code du travail.

Art. 11 Un décret déterminera les modalités d'application et les mesures transitoires relatives à la présente ordonnance. – *V. Décr. n° 45-0120 du 19 déc. 1945.*

Il fixera en outre les conditions dans lesquelles la bourse commune formée entre tous les *(L. n° 2000-642 du 10 juill. 2000, art. 65)* « commissaires-priseurs judiciaires » d'une même compagnie garantira la responsabilité professionnelle desdits *(L. n° 2000-642 du 10 juill. 2000, art. 65)* « commissaires-priseurs judiciaires ».

Art. 12 Sont abrogées toutes dispositions contraires à celles de la présente ordonnance et notamment les articles 9, 10 et 11 de la loi du 27 ventôse an IX, modifiés par la loi du 20 avril 1924, et les articles 9, 10, 12 et 15 de l'ordonnance du 26 juin 1816.

Art. 13 Est expressément constatée la nullité de l'acte dit loi du 1er juillet 1942 portant statut des commissaires-priseurs judiciaires.

Toutefois, la constatation de cette nullité ne porte pas atteinte aux effets découlant de son application antérieure à la publication de la présente ordonnance.

Décret n° 45-0120 du 19 décembre 1945,

Portant règlement d'administration publique pour l'application du statut des commissaires-priseurs judiciaires.

CHAPITRE PREMIER *Du stage et de l'examen professionnel*

Art. 1er à 5 *Abrogés par Décr. n° 73-541 du 19 juin 1973, art. 39.*

CHAPITRE II *Des chambres de discipline*

SECTION I *Composition*

Art. 6 à 7 *Abrogés par Décr. n° 2022-729 du 28 avr. 2022, art. 67-1°, à compter du 1er juill. 2022.*

SECTION II *Désignation des membres de la chambre et durée de leurs fonctions*

Art. 8 à 9 *Abrogés par Décr. n° 2022-729 du 28 avr. 2022, art. 67-1°, à compter du 1er juill. 2022.*

SECTION III *Bureau*

Art. 10 à 13 *Abrogés par Décr. n° 2022-729 du 28 avr. 2022, art. 67-1°, à compter du 1er juill. 2022.*

SECTION IV *Fonctionnement de la chambre*

Art. 14 *Abrogé par Décr. n° 2022-729 du 28 avr. 2022, art. 67-1°, à compter du 1er juill. 2022.*

SECTION V *De la chambre siégeant en comité mixte*

Art. 15 à 17 A *Abrogés par Décr. n° 2022-729 du 28 avr. 2022, art. 67-1°, à compter du 1er juill. 2022.*

SECTION VI *De la bourse commune*

Art. 18 *Abrogé par Décr. n° 2022-729 du 28 avr. 2022, art. 67-1°, à compter du 1er juill. 2022.*

SECTION VII *De la vérification de la comptabilité et du respect des obligations relatives à la lutte contre le blanchiment de capitaux et le financement du terrorisme* (*Décr. n° 2010-9 du 6 janv. 2010, art. 2-1°*).

Art. 19 *(Décr. n° 59-50 du 3 janv. 1959)* La vérification de comptabilité *(Décr. n° 2010-9 du 6 janv. 2010, art. 2-2°-a)* « et du respect des obligations relatives à la lutte le blanchiment de capitaux et le financement du terrorisme » dont est chargée la chambre de discipline par l'article 8 de l'ordonnance du 2 novembre 1945 porte : – *V. Ord. n° 45-2593 du 2 nov. 1945, art. 8, App., v° Officiers publics ou ministériels, Commissaires-priseurs judiciaires.*

a) Sur la tenue des livres de comptabilité ainsi que du répertoire et sur la conformité de ces écritures avec la situation de caisse ;

b) Sur le versement qui doit être fait aux vendeurs des fonds encaissés pour leur compte ;

c) Sur l'exactitude des décomptes d'honoraires et de frais réclamés tant aux acheteurs qu'aux vendeurs ;

d) Sur le registre des salaires prévu à l'article 44 *b* du livre Ier *[art. L. 143-5]* du code du travail et sur la conformité des salaires payés avec les règlements en vigueur ;

e) Sur les déclarations prescrites à l'article 14 du décret relatif au tarif ;

(Décr. n° 2010-9 du 6 janv. 2010, art. 2-2°-b) « *f)* Sur le respect des obligations prévues par le chapitre Ier du titre VI du livre V du code monétaire et financier. » – *V. C. mon. fin., art. L. 561-2 s. et R. 561-1 s., App., Blanchiment de capitaux.*

Pour exercer son contrôle, la chambre désigne les délégués qui devront procéder à la vérification, au moins une fois l'an, dans chaque étude du ressort.

(Décr. n° 2012-423 du 28 mars 2012, art. 2-1°) « A cette fin, chaque chambre établit chaque année la liste des experts-comptables susceptibles d'être désignés comme vérificateurs. Elle la propose en temps utile à l'agrément du procureur général près la cour d'appel de son siège, qui peut inviter le président de la chambre à compléter cette liste.

« Ces experts-comptables sont choisis parmi ceux qui, eu égard en particulier à leurs titres et à leur expérience professionnelle, présentent les garanties propres à l'exercice des fonctions de vérification.

« Avant d'entrer en exercice, les experts-comptables désignés comme vérificateurs prêtent serment, devant le *(Décr. n° 2019-966 du 18 sept. 2019, art. 8, en vigueur le 1er janv. 2020)* « tribunal judiciaire *[ancienne rédaction : tribunal de grande instance]* » de leur domicile professionnel, de remplir leur mission avec conscience et probité. »

Chaque vérification est faite par deux délégués ; sauf à Paris, ces délégués sont choisis parmi les commissaires-priseurs judiciaires étrangers à la résidence du commissaire-priseur judiciaire inspecté.

L'un de ces délégués est obligatoirement un membre ou ancien membre de la chambre ou un ancien commissaire-priseur judiciaire ayant au moins dix ans de fonctions. L'autre délégué est choisi parmi les commissaires-priseurs judiciaires du ressort ayant au moins cinq ans de fonctions, ou parmi les commissaires-priseurs judiciaires honoraires, qu'ils aient ou non exercé dans le ressort.

(Décr. n° 67-1237 du 22 déc. 1967) « Dans le ressort de la compagnie des commissaires-priseurs judiciaires de Paris, » les deux délégués sont choisis parmi les membres ou anciens membres de la chambre et les commissaires-priseurs judiciaires honoraires, qu'ils aient ou non exercé dans le ressort.

Les délégués visés aux deux alinéas précédents ne doivent pas avoir *(Décr. n° 2012-423 du 28 mars 2012, art. 2-2°)* « fait l'objet » de sanction disciplinaire.

Les commissaires-priseurs en exercice ne peuvent refuser cette délégation.

L'alinéa 2 de l'article 11 est applicable aux délégués.

L'art. 2, 2° du Décr. n° 2012-423 du 28 mars 2012 entre en vigueur le 1er mai 2012. Les vérifications en cours à la date d'entrée en vigueur restent soumises aux dispositions antérieures (Décr. préc., art. 8).

Art. 20 Les délégués ont le droit de se faire représenter, sans déplacement et à toute réquisition, les registres de comptabilité, les registres des salaires du personnel, les répertoires et les procès-verbaux de vente. Cinq procès-verbaux au moins, choisis au hasard, doivent être vérifiés en ce qui concerne la régularité tant des opérations juridiques que des décomptes de frais et d'honoraires. Les délégués apposent leur visa sur les registres et sur les pièces vérifiées, avec l'indication du jour de la vérification.

(Décr. n° 2010-9 du 6 janv. 2010, art. 2-3°) « Pour les vérifications effectuées en application du 6° de l'article 8 de l'ordonnance du 2 novembre 1945, précitée, les délégués se font communiquer, sur simple demande, les documents dont la conservation est prévue par l'article L. 561-12 du code monétaire et financier. » – *V. Ord. n° 45-2593 du 2 nov. 1945, art. 8, App., v° Officiers publics ou ministériels, Commissaires-priseurs judiciaires. – V. C. mon. fin., art. L. 561-12, App., v° Blanchiment de capitaux.*

(Décr. n° 2012-423 du 28 mars 2012, art. 3-1°) « Dans le délai d'un mois à compter de la date de la vérification, les délégués transmettent l'intégralité des pièces et du plan comptable à un expert-comptable désigné comme vérificateur. »

Les délégués transmettent sans délai à la chambre le compte rendu de leurs opérations. *(Décr. n° 2012-423 du 28 mars 2012, art. 3-2°)* « Ils transmettent également le rapport de la vérification comptable accompagné de la synthèse annuelle et des comptes vérifiés par l'expert-comptable. »

Lorsque le compte rendu passe sous silence une irrégularité quelconque, les délégués sont passibles, suivant la gravité du cas, de suspension temporaire ou de destitution.

L'art. 3 du Décr. nº 2012-423 du 28 mars 2012 entre en vigueur le 1er mai 2012. Les vérifications en cours à la date d'entrée en vigueur restent soumises aux dispositions antérieures (Décr. préc., art. 8).

Art. 21 **Le président de la chambre adresse au procureur de la République un rapport constatant, pour chaque étude, les résultats de la vérification, accompagné de son avis motivé. Les rapports sont transmis, au fur et à mesure des vérifications et au plus tard pour le 31 décembre de chaque année.** *(Décr. nº 2012-423 du 28 mars 2012, art. 4)* **« Les rapports comportent l'intégralité de la vérification comptable accompagnée de la synthèse annuelle et des comptes vérifiés par l'expert-comptable. »**

L'art. 4 du Décr. nº 2012-423 du 28 mars 2012 entre en vigueur le 1er mai 2012. Les vérifications en cours à la date d'entrée en vigueur restent soumises aux dispositions antérieures (Décr. préc., art. 8).

Art. 21-1 *(Décr. nº 2012-423 du 28 mars 2012, art. 5)* **Le procureur de la République peut requérir de la chambre de discipline, en application des dispositions des 6º et 9º de l'article 8 de l'ordonnance du 2 novembre 1945 susvisée, des vérifications occasionnelles portant soit sur une question particulière, soit sur l'ensemble de l'activité de l'étude du commissaire-priseur judiciaire.**

Le procureur de la République qui prescrit la vérification fixe aux délégués et, le cas échéant, à l'expert-comptable vérificateur, désignés par la chambre, la nature de leur mission.

Au terme de la vérification, les délégués transmettent leur compte rendu simultanément au procureur de la République et à la chambre de discipline.

Le président de la chambre de discipline fait connaître au procureur de la République son avis motivé sur chaque compte rendu des opérations de vérification qui lui a été adressé.

L'art. 5 du Décr. nº 2012-423 du 28 mars 2012 entre en vigueur le 1er mai 2012. Les vérifications en cours à la date d'entrée en vigueur restent soumises aux dispositions antérieures (Décr. préc., art. 8).

Art. 21-2 *(Décr. nº 2012-423 du 28 mars 2012, art. 4)* **Les frais afférents aux vérifications sont considérés comme des dépenses entraînées par le fonctionnement des chambres de discipline.**

Les frais des vérifications peuvent être mis à la charge, en tout ou en partie et en fonction de la gravité du manquement, du commissaire-priseur judiciaire vérifié si celui-ci fait l'objet d'une sanction disciplinaire. Le recouvrement est opéré à la demande du président de la chambre de discipline qui a pris les dépenses en charge, en vertu d'un titre exécutoire délivré par le président du *(Décr. nº 2019-966 du 18 sept. 2019, art. 8, en vigueur le 1er janv. 2020)* **« tribunal judiciaire** *[ancienne rédaction : tribunal de grande instance]* **» du ressort de la résidence du commissaire-priseur judiciaire inspecté et rendu sur réquisition du procureur de la République.**

L'art. 5 du Décr. nº 2012-423 du 28 mars 2012 entre en vigueur le 1er mai 2012. Les vérifications en cours à la date d'entrée en vigueur restent soumises aux dispositions antérieures (Décr. préc., art. 8).

SECTION VIII *Des différends entre commissaires-priseurs judiciaires et des plaintes contre les commissaires-priseurs judiciaires*

Art. 22 à 24 *Abrogés par Décr. nº 2022-729 du 28 avr. 2022, art. 67-1º, à compter du 1er juill. 2022.*

SECTION IX *Des commissaires-priseurs judiciaires honoraires*

Art. 25 *(Décr. nº 97-503 du 21 mai 1997)* **Le titre de commissaire-priseur judiciaire honoraire peut être conféré par le procureur général près la cour d'appel, après avis de la chambre, aux commissaires-priseurs qui ont exercé leurs fonctions pendant au moins vingt ans. Si, un mois après sa saisine par le procureur général, la chambre n'a pas adressé son avis, celui-ci est réputé favorable.**

SECTION X *[ABROGÉE]* *Des aspirants aux fonctions de commissaire-priseur judiciaire*

(Abrogée par Décr. nº 51-1376 du 29 nov. 1951)

CHAPITRE III *De la chambre nationale*

Art. 28 **La chambre nationale est composée de délégués des compagnies à raison de deux délégués par compagnie, élus par l'assemblée générale en même temps que les membres de la chambre. Toutefois, la compagnie des commissaires-priseurs judiciaires de Paris désigne six délégués.**

(Décr. nº 51-1376 du 29 nov. 1951) **« Les délégués sont élus pour six ans et sont rééligibles. Ils prennent leurs fonctions le 1er janvier suivant leur élection.**

« La chambre nationale se renouvelle par tiers tous les deux ans, dans les mêmes conditions que les chambres de discipline. »

Si un délégué vient à cesser ses fonctions avant l'expiration de la durée normale de son mandat, il est pourvu à son remplacement dans un délai de trois mois. En ce cas, les fonctions du nouveau délégué expirent à l'époque où auraient cessé celles du délégué qu'il a remplacé. S'il a accompli moins de la moitié de la durée normale du mandat, il est immédiatement rééligible.

Art. 29 La chambre nationale tient au moins une session chaque année.

Le garde des Sceaux, ministre de la justice, la réunit aussi souvent qu'il le juge nécessaire.

Enfin la chambre nationale peut être réunie sur convocation de son président, après avis conforme du bureau.

Art. 30 Le bureau de la chambre nationale, qui doit comprendre deux des délégués désignés par la chambre des commissaires-priseurs judiciaires de la compagnie de Paris se compose de cinq membres, dont un président et un vice-président.

(Décr. nº 51-1376 du 29 nov. 1951) « Ces membres sont élus par la chambre nationale pour deux ans et sont rééligibles. Toutefois le président n'est rééligible à cette fonction qu'après un intervalle d'un an au moins. »

Si un membre du bureau vient à cesser ses fonctions avant l'expiration de la durée normale de son mandat, il est pourvu à son remplacement dans le délai de trois mois. En ce cas, les fonctions du nouveau membre expirent à l'époque où auraient cessé celles du membre qu'il a remplacé. S'il a accompli moins de la moitié de la durée normale du mandat, il est immédiatement rééligible.

Art. 31 Les fonctions de membre de la chambre nationale et celles de membre du bureau de cette chambre sont gratuites et ne peuvent donner lieu qu'au remboursement des frais de voyage et de séjour, dans les conditions fixées chaque année par la chambre nationale.

Le président peut recevoir pour frais de représentation et de bureau une indemnité dont le montant est fixé par la chambre nationale.

Art. 32 La chambre nationale siégeant en comité mixte se compose du bureau de la chambre nationale et d'un nombre égal de clercs ou employés.

(Décr. nº 51-1376 du 29 nov. 1951) « Les clercs ou employés sont élus pour six ans par les membres clercs ou employés des chambres de discipline siégeant en comité mixte, et sont rééligibles. Ils sont renouvelés par tiers tous les deux ans.

« Les modalités du vote sont celles prévues aux articles 16, 16 A et 16 B, sauf les modifications ci-après :

« Chaque électeur reçoit de la chambre nationale siégeant en comité mixte une carte d'électeur et les enveloppes nécessaires au vote.

« Les candidatures sont déposées et les enveloppes contenant les bulletins de vote adressées à la chambre nationale siégeant en comité mixte.

« Le vote a lieu du 1er au 15 décembre et le dépouillement le 16 décembre.

« Les nouveaux membres ne prennent leurs fonctions que le 1er janvier suivant. »

Les conditions de fonctionnement de la chambre nationale siégeant en comité mixte sont réglées conformément à ce qui est prévu par les articles 15 et 17 ci-dessus ; toutefois, les réunions de la chambre nationale siégeant en comité mixte sont provoquées, s'il y a lieu, par le garde des Sceaux, ministre de la justice ; elles ont lieu dans le même local que celles de la chambre nationale. Les frais de voyage et de séjour de ses membres sont les mêmes que ceux fixés en application de l'article 31 ci-dessus.

CHAPITRE III *BIS* ***Des dispositions particulières s'appliquant aux commissaires-priseurs judiciaires lorsqu'ils exercent les activités prévues au III de l'article L. 812-2 du code de commerce***

(Décr. nº 2016-1851 du 23 déc. 2016, art. 50)

Art. 32-A *Abrogé par Décr. nº 2022-729 du 28 avr. 2022, art. 67-1º, à compter du 1er juill. 2022.*

Art. 32-B *(Abrogé par Décr. nº 2018-872 du 9 oct. 2018, art. 27-I-2º)* ***La chambre nationale établit les listes des commissaires-priseurs judiciaires habilités aux contrôles mentionnées aux II et IV de l'article R. 814-44 du code de commerce après avis des chambres de discipline.***

Art. 32-C Les dispositions de l'article R. 814-41-1 du code de commerce sont applicables à la tenue de la comptabilité spéciale et au dépôt des fonds relatifs aux activités prévues au III de l'article L. 812-2 du même code.

Art. 32-D Toute irrégularité révélée par la vérification de la comptabilité d'un commissaire-priseur judiciaire qui exerce les activités mentionnées au III de l'article L. 812-2 du code de commerce est portée, par le président de la chambre, à la connaissance du magistrat coordonnateur mentionné à l'article R. 811-40 du même code et du président du Conseil national des administrateurs judiciaires et des mandataires judiciaires.

Art. 32-E *Abrogé par Décr. nº 2022-729 du 28 avr. 2022, art. 67-1º, à compter du 1er juill. 2022.*

CHAPITRE IV *Dispositions transitoires et diverses*

Art. 32 *bis* *(Décr. nº 47-258 du 5 févr. 1947)* Lorsqu'une chambre siégeant ou non en comité mixte, ne peut par suite de vacances auxquelles il n'a pas été pourvu dans les formes et délais réglementaires, prendre, faute de quorum, des délibérations valables, le premier président, à la requête du procureur général, transfère les attributions de ladite chambre ainsi qu'il est dit à l'article 43 de l'ordonnance du 28 juin 1945.

Il est alors fait application des règles posées aux articles 43 (alinéas 2 et suivants) et 44 de ladite ordonnance.

Le corps électoral est convoqué à l'époque fixée pour les élections normales subséquentes afin de pourvoir à toutes les vacances existant au jour desdites élections.

Art. 33 et 34 *(Dispositions transitoires).*

Art. 34 A *à* 34 C *Abrogés par Décr. nº 2022-729 du 28 avr. 2022, art. 67-1º, à compter du 1er juill. 2022.*

Art. 35 et 36 *(Dispositions transitoires).*

Art. 37 *(Décr. nº 47-258 du 5 févr. 1947)* Aucune modification n'est apportée aux conditions d'aptitude aux fonctions de commissaire-priseur judiciaire avant la publication de l'ordonnance du 2 novembre 1945 pour les candidats qui se sont rendus cessionnaires d'un office par un traité ayant acquis date certaine avant ladite publication.

De même les candidats à une charge de commissaire-priseur judiciaire ayant exercé les fonctions de commissaire-priseur pendant au moins cinq ans, sont dispensés de l'examen professionnel institué à l'article 3 de la même ordonnance.

Art. 37-1 *(Décr. nº 99-1067 du 14 déc. 1999)* Le présent décret est applicable dans les départements d'outre-mer.

Décret nº 69-763 du 24 juillet 1969,

Portant règlement d'administration publique pour l'application à la profession de commissaire-priseur judiciaire de la loi nº 66-879 du 29 novembre 1966 relative aux sociétés civiles professionnelles.

Décret nº 73-541 du 19 juin 1973,

Relatif à la formation professionnelle des commissaires-priseurs judiciaires et aux conditions d'accès à cette profession 🏛.

Décret nº 75-461 du 9 juin 1975,

Modifiant l'ordonnance du 26 juin 1816 qui établit, en exécution de la loi du 28 avril 1816, des commissaires-priseurs judiciaires 🏛.

Décret nº 92-1449 du 30 décembre 1992,

Pris pour l'application à la profession de commissaire-priseur judiciaire de la loi nº 90-1258 du 31 décembre 1990 relative à l'exercice sous forme de sociétés des professions libérales soumises à un statut législatif ou réglementaire ou dont le titre est protégé 🏛.

D Greffiers

V. COJ, art. L. 123-1 s. et R. 123-1 s.

Sur les greffiers de tribunal de commerce, V. C. com., art. L. 741-1 s. et R. 741-1 s.

Décret du 18 août 1810,

Contenant règlement sur l'organisation des tribunaux judiciaire [ancienne rédaction : tribunaux de grande instance] et des tribunaux de police (Décr. n° 2019-966 du 18 sept. 2019, art. 8, en vigueur le 1er janv. 2020).

Art. 24 Les greffiers de nos *(Décr. n° 2019-966 du 18 sept. 2019, art. 8, en vigueur le 1er janv. 2020)* « tribunaux judiciaires *[ancienne rédaction : tribunaux de grande instance]* » seront tenus de présenter au tribunal, et de faire admettre au serment le nombre de commis greffiers nécessaire pour le service.

Art. 25 Le greffier pourra se faire suppléer auprès des juges d'instruction, ainsi qu'aux audiences tant du *(Décr. n° 2019-966 du 18 sept. 2019, art. 8, en vigueur le 1er janv. 2020)* « tribunal judiciaire *[ancienne rédaction : tribunal de grande instance]* » que des cours d'assises, ... par ses commis greffiers assermentés.

Il se conformera, au surplus, aux dispositions du titre IV de notre décret du 30 mars 1808.

Art. 26 Le président du tribunal et le procureur impérial pourront, s'il y a lieu, avertir ou réprimander les commis assermentés.

Après une seconde réprimande, le tribunal pourra, sur la réquisition du ministère public, et après avoir entendu le commis greffier inculpé, ou lui dûment appelé, ordonner qu'il cessera ses fonctions sur-le-champ ; et le greffier sera tenu de le faire remplacer dans le délai qui aura été fixé par le tribunal.

Art. 27 Le greffier est solidairement responsable des amendes, restitutions, dépens et dommages-intérêts résultant des contraventions, délits ou crimes, dont ses commis se seraient rendus coupables dans l'exercice de leurs fonctions ; sauf son recours contre eux, ainsi que de droit.

Ordonnance du 5 novembre 1823,

Qui détermine un mode pour la tenue et la vérification des registres et actes judiciaires dans les greffes des cours royales et tribunaux du Royaume.

Art. 1er à 3 *Abrogés par Décr. n° 72-684 du 20 juill. 1972.*

Art. 4 Nos procureurs près les *(Ord. n° 2019-964 du 18 sept. 2019, art. 35, en vigueur le 1er janv. 2020)* « tribunaux judiciaires *[ancienne rédaction : tribunaux de grande instance]* » feront dans le même délai et dans les mêmes formes, par eux-mêmes ou leurs substituts, la vérification des feuilles d'audience, minutes et actes des greffes des tribunaux de police établis dans les lieux de leur résidence.

A l'égard de ceux desdits tribunaux établis dans le ressort, mais hors du lieu où siège le *(Ord. n° 2019-964 du 18 sept. 2019, art. 35, en vigueur le 1er janv. 2020)* « tribunal judiciaire *[ancienne rédaction : tribunal de grande instance]* », nosdits procureurs pourront déléguer celui des juges des *(Ord. n° 2019-964 du 18 sept. 2019, art. 35, en vigueur le 1er janv. 2020)* « tribunaux judiciaires *[ancienne rédaction : tribunaux d'instance]* » qui ne sera pas de service près ledit tribunal.

Ce juge de *(Ord. n° 2019-964 du 18 sept. 2019, art. 35, en vigueur le 1er janv. 2020)* « tribunal judiciaire *[ancienne rédaction : tribunal d'instance]* » fera la vérification dans le délai et dans les formes ci-dessus prescrits, et sera tenu de leur envoyer, dans le même délai que dessus, son procès-verbal, sauf à nosdits procureurs à faire lesdites vérifications par eux-mêmes ou par leurs substituts, quand bon semblera.

Art. 5 Ces procès-verbaux, ensemble ceux de nosdits procureurs près les *(Ord. n° 2019-964 du 18 sept. 2019, art. 35, en vigueur le 1er janv. 2020)* « tribunaux judiciaires *[ancienne rédaction : tribunaux de grande instance]* », seront par lesdits officiers, dans la huitaine suivante, transmis, avec un rapport sommaire, à notre procureur général près la cour royale du ressort.

Art. 6 Les présidents des tribunaux de commerce constateront pareillement chaque mois, dans le même temps et dans les mêmes formes, l'état matériel et de situation des feuilles d'audience et de toutes autres minutes de jugements et actes reçus et passés dans le greffe de leur juridiction.

Ils enverront, dans les cinq jours suivants, leur procès-verbal à notre procureur général près la cour royale du ressort, lequel pourra vérifier, lorsqu'il le trouvera convenable, soit par lui-même, soit par l'un de ses substituts délégués à cet effet, l'état des registres, feuilles d'audience, minutes des jugements et actes desdits greffes.

Art. 7 Nos procureurs généraux rendront compte à notre garde des Sceaux, ministre secrétaire d'État au département de la justice, du résultat desdites vérifications, des mesures qu'ils auront requises pour faire rectifier les irrégularités, s'il en avait été commis, et des poursuites qu'ils auront dirigées pour faire prononcer contre les greffiers contrevenants les peines portées par les lois, sans préjudice de la destitution desdits greffiers s'il y a lieu.

Ce compte sera adressé par nosdits procureurs à notre garde des Sceaux, dans la seconde quinzaine du mois qui suivra celui pour lequel la vérification aura été faite.

Loi du 10 décembre 1927,

Modifiant l'article 2 du titre IX de la loi du 24 août 1790 (composition du greffe du tribunal) (DP 1928. 4. 133).

Art. 1er L'article 2 du titre IX de la loi du 24 août 1790 est modifié ainsi qu'il suit : "Il y aura en chaque tribunal un greffier âgé au moins de vingt-cinq ans, lequel sera tenu de présenter aux juges et de faire admettre au serment un ou plusieurs commis âgés au moins de vingt et un ans, en nombre suffisant pour le remplacer en cas d'empêchement légitime, desquels il sera responsable."

Décret n° 58-1282 du 22 décembre 1958,

Portant application de l'ordonnance n° 58-1273 du 22 décembre 1958 (D. 1959. 37 ; BLD 1959. 44) et relatif aux auxiliaires de justice.

TITRE PREMIER **Des greffiers**

Art. 1er à 5 *(Suppression des greffes des tribunaux de première instance ; transfert des archives et minutes aux greffes des TGI ; suppression des greffes des justices de paix).*

Art. 6 A compter de la date de mise en vigueur du présent décret, aucun greffier de *(Décr. n° 2019-966 du 18 sept. 2019, art. 8, en vigueur le 1er janv. 2020)* « tribunal judiciaire *[ancienne rédaction : tribunal d'instance]* » en résidence au siège de cette juridiction ne peut devenir titulaire d'un office de notaire ou d'huissier de justice.

(Décr. n° 65-378 du 18 mai 1965) « Au cas de cumul existant à la date de mise en vigueur du présent décret, il devra y être mis fin avant une date qui sera fixée par décret ; à défaut, le titulaire sera considéré comme démissionnaire d'office de ses fonctions de greffier en résidence au siège du *(Décr. n° 2019-966 du 18 sept. 2019, art. 8, en vigueur le 1er janv. 2020)* « tribunal judiciaire *[ancienne rédaction : tribunal d'instance]* ». »

Au cas où, à la date de mise en vigueur du présent décret, un greffier de *(Décr. n° 2019-966 du 18 sept. 2019, art. 8, en vigueur le 1er janv. 2020)* « tribunal judiciaire *[ancienne rédaction : tribunal d'instance]* » en résidence au siège de cette juridiction cumule sa charge avec un ou plusieurs greffes d'instance maintenus à titre provisoire, cet officier public doit, dans le délai d'un mois à partir de cette date, remettre sa démission pure et simple de titulaire des greffes d'instance provisoirement maintenus, sous peine d'être considéré comme démissionnaire d'office de ces derniers greffes.

Le titulaire d'un greffe d'instance institué à titre permanent, en application de l'alinéa 2 de l'article 6 de l'ordonnance n° 58-1273 du 22 décembre 1958 et de l'article 4 (2°) du décret n° 58-1281 du 22 décembre 1958, peut exercer en même temps les fonctions de notaire ou d'huissier de justice s'il n'existe qu'un office de notaire ou d'huissier de justice dans sa circonscription.

Lorsque, dans cette circonscription, le nombre des offices de notaire ou d'huissier de justice devient supérieur à un, le greffier visé à l'alinéa précédent doit, dans le délai d'un mois, donner sa démission pure et simple de l'une des fonctions qu'il cumule, sous peine d'être considéré comme démissionnaire d'office de ses fonctions de greffier.

(Décr. n° 65-378 du 18 mai 1965) « Le cumul d'un greffe de *(Décr. n° 2019-966 du 18 sept. 2019, art. 8, en vigueur le 1er janv. 2020)* « tribunal judiciaire *[ancienne rédaction : tribunal d'instance]* » non situé au siège de la juridiction avec un office de notaire ou d'huissier de justice et existant à la date de mise en vigueur du présent décret est autorisé pendant un délai de cinq ans à compter de la même date, même si dans la circonscription du greffe le nombre des offices de notaire ou d'huissier de justice est supérieur à un. Toutefois, les titulaires des greffes institués à titre permanent pourront continuer à cumuler leurs fonctions avec celles d'huissier de justice ou de notaire jusqu'à une date qui sera fixée par décret. A défaut de mettre fin aux cumuls avant l'expiration des délais fixés en ce qui les concerne, les intéressés seront considérés comme démissionnaires d'office de leurs fonctions de greffier. »

Art. 7 à 12 *(Subvention de reclassement ; intégration dans certains corps ; prêt de reclassement).*

Sur l'honorariat des greffiers titulaires de charge ayant cessé leurs fonctions en application de la loi du 30 nov. 1965, V. Décr. n° 73-1224 du 28 déc. 1973 (D. et BLD 1974. 57).

Loi n° 71-1029 du 24 décembre 1971,

Relative à la reconstitution de registres ou documents conservés dans les greffes de tribunaux de commerce ou d'autres juridictions en cas de destruction ou de disparition totale ou partielle des archives de ces greffes.

Art. 1er En cas de destruction totale ou partielle ou de disparition, par suite d'un sinistre ou de tout autre fait, du registre des privilèges et nantissements sur fonds de commerce, du registre des nantissements de matériel et d'outillage, du registre des warrants, du registre de publicité des droits réels sur les bateaux de navigation fluviale, du registre de publicité des créances privilégiées du Trésor public, du registre de publicité du privilège de la sécurité sociale ou des documents assurant la publicité des contrats de crédit-bail en matière mobilière, quel que soit le greffe dans lequel ces registres ou documents étaient ou sont conservés, il est procédé à leur reconstitution par une commission spécialement constituée à cet effet.

Art. 2 Cette commission n'a pas un caractère juridictionnel. Ses décisions peuvent faire l'objet d'un recours devant le tribunal de commerce ou le *(Ord. n° 2019-964 du 18 sept. 2019, art. 35, en vigueur le 1er janv. 2020)* « tribunal judiciaire *[ancienne rédaction : tribunal de grande instance]* » dans le ressort duquel se trouvaient les archives détruites ou disparues.

Art. 3 Toute personne et, notamment, tout officier public ou ministériel qui détient, à un titre quelconque, une pièce permettant la reconstitution partielle ou totale d'un des registres ou documents mentionnés à l'article 1er est tenu de remettre ou d'envoyer cette pièce au président de la commission, dans le délai fixé par le décret prévu à l'article 10.

En cas d'inexécution de cette obligation, sa responsabilité se trouve engagée à l'égard de la partie lésée, dans les conditions du droit commun.

Art. 4 Ni l'État, ni aucun membre de la commission ne peut être rendu pécuniairement responsable des erreurs ou omissions qui pourront être commises dans les opérations de reconstitution.

Art. 5 Chaque inscription ou mention rétablie, lorsque la décision est devenue définitive, a la même force probante que l'inscription ou la mention qu'elle remplace. Elle prend effet à la date de celle-ci et, si cette date n'est pas connue, au jour fixé par la décision.

Art. 6 Les actes et pièces de toute nature exclusivement relatifs à la reconstitution prévue par la présente loi sont dispensés de tout droit de timbre et d'enregistrement ainsi que de la mention au répertoire des officiers publics et ministériels.

Il ne peut non plus être réclamé ni droits ni pénalités de timbre ou d'enregistrement sur les pièces produites par les intéressés dans les opérations de reconstitution.

Art. 7 Les frais de reconstitution et de publicité entraînés par l'application de la présente loi sont supportés par l'État, sauf pour celui-ci à recourir contre toute personne ou collectivité responsable.

Art. 8 *(Registres et documents du greffe du T. com. de Rochefort).*

Art. 9 La présente loi est applicable dans les îles Saint-Pierre-et-Miquelon, dans les îles Wallis-et-Futuna, en Nouvelle-Calédonie, en Polynésie française et dans les Terres australes et antarctiques françaises.

Art. 10 Un décret en Conseil d'État fixera les dispositions d'application de la présente loi et, notamment, la composition de la commission prévue à l'article 1er, la procédure de rétablissement des inscriptions et mentions sur les nouveaux registres ainsi que les conditions particulières d'application de ladite loi dans les départements d'outre-mer et les territoires d'outre-mer sus-énumérés. *— V. Décr. n° 72-917 du 2 oct. 1972 (D. et BLD 1972. 537).*

Art. 11 La loi n° 40 du 27 janvier 1944 est abrogée.

Décret n° 2015-1273 du 13 octobre 2015,

Portant statut particulier du corps des directeurs des services de greffe judiciaires (JO 15 oct.).

Pour un rappel et des précisions concernant les principaux axes de la réforme, V. Circ. du 23 oct. 2015 relative à la réforme statutaire de la filière greffe, App., v° OPM, Greffiers.

CHAPITRE PREMIER *Dispositions générales*

Art. 1er Les directeurs des services de greffe judiciaires constituent un corps classé dans la catégorie A prévue à *(Décr. nº 2018-316 du 27 avr. 2018, art. 4)* « l'article 13 de la loi du 13 juillet 1983 » susvisée.

Art. 2 Le corps des directeurs des services de greffe judiciaires comprend trois grades :

1° Le grade de directeur, qui comporte *(Décr. nº 2018-316 du 27 avr. 2018, art. 2, en vigueur le 1er janv. 2017)* « onze échelons » ;

2° Le grade de directeur principal, qui comporte neuf échelons *[en vigueur le 1er janv. 2021 : « dix échelons »]* ;

3° Le grade de directeur hors classe, qui comporte six échelons et un échelon spécial.

Le grade de directeur hors classe donne vocation à exercer des fonctions correspondant à un niveau élevé de responsabilité.

Art. 3 Les directeurs des services de greffe sont recrutés, nommés et titularisés par arrêté du garde des Sceaux, ministre de la justice.

Art. 4 Les directeurs des services de greffe exercent des fonctions d'encadrement, de direction, d'administration, de conception, d'animation et de coordination dans les greffes des juridictions, dans les services administratifs régionaux, à l'École nationale des greffes, à l'École nationale de la magistrature, à l'administration centrale du ministère de la justice et dans les conseils départementaux de l'accès au droit.

Ils exercent les attributions judiciaires qui leur sont conférées par les lois et règlements, par le code de l'organisation judiciaire, le code du travail et les textes particuliers.

Les directeurs des services de greffe exercent les missions dévolues, dans l'ordre judiciaire, aux greffiers en chef par les dispositions législatives et réglementaires.

Ils peuvent être chargés de fonctions de contrôle et de missions d'expertise et d'études. Ils peuvent également exercer des fonctions d'enseignement professionnel.

CHAPITRE II *Recrutement et formation initiale*

Art. 5 Les directeurs des services de greffe sont recrutés :

1° Par voie de concours externe ouvert aux candidats titulaires d'un titre ou diplôme classé au moins au niveau *(Décr. nº 2021-1392 du 26 oct. 2021, art. 133-1°-a)* « 6 » ou d'une qualification reconnue équivalente à l'un de ces titres ou diplômes dans les conditions fixées par le décret du 13 février 2007 susvisé ;

2° Par voie de concours interne ouvert aux fonctionnaires et agents de l'État, des collectivités territoriales et des établissements publics qui en dépendent, y compris ceux visés à l'article 2 de la loi nº 86-33 du 9 janvier 1986 portant dispositions statutaires relatives à la fonction publique hospitalière ainsi qu'aux militaires. Ce concours est également ouvert aux candidats en fonctions dans une organisation internationale intergouvernementale.

Les candidats doivent justifier au 1er janvier de l'année au titre de laquelle est organisé le concours de quatre années au moins de services publics.

Le concours est également ouvert aux candidats justifiant de quatre ans de services auprès d'une administration, un organisme ou un établissement mentionnés au troisième alinéa du 2° de l'article 19 de la loi du 11 janvier 1984 susvisée, dans les conditions fixées par cet alinéa ;

(Décr. nº 2018-316 du 27 avr. 2018, art. 5) « 3° Par voie de concours ouvert au titre du 3° de l'article 19 de la loi du 11 janvier 1984 précitée aux candidats qui, au 1er janvier de l'année au titre de laquelle est organisé le concours, justifient de l'exercice, durant au moins cinq années, d'un ou plusieurs mandats ou d'une ou plusieurs activités professionnelles définis au 3° de cet article. Les périodes au cours desquelles l'exercice de plusieurs activités et mandats a été simultané ne sont prises en compte qu'une seule fois ; »

4° Au choix, après inscription sur une liste d'aptitude *(Abrogé par Décr. nº 2021-1392 du 26 oct. 2021, art. 133-1°-b)* *« établie après avis de la commission administrative paritaire compétente »*. Peuvent être inscrits sur la liste d'aptitude les fonctionnaires appartenant au corps des greffiers des services judiciaires ou à un corps de catégorie B du ministère de la justice, ainsi que les fonctionnaires détachés dans l'un de ces corps. Les intéressés doivent justifier, au 1er janvier de l'année au titre de laquelle sont prononcées les nominations, de neuf années au moins de services publics, dont cinq au moins de services effectifs dans l'un de ces corps.

Art. 6 Le nombre de postes offerts au concours externe ou au concours interne ne peut être inférieur à 40 % du nombre total des postes offerts au titre des concours mentionnés à l'article 5.

Le nombre de postes offerts au concours mentionné au 3° de l'article 5 ne peut excéder 20 % du nombre total des postes offerts à l'ensemble des concours.

Les postes offerts aux concours qui n'auraient pas été pourvus par la nomination des candidats à l'un de ces concours peuvent être attribués aux autres concours dans la limite de 20% du nombre total des places offertes aux trois concours.

Art. 7 Les recrutements en application du 4° de l'article 5 s'effectuent dans la limite d'un tiers du nombre total des nominations prononcées en application des 1°, 2° et 3° du même article, des détachements de longue durée, des intégrations directes et des détachements au titre de l'article L. 4139-2 du code de la défense.

Lorsque ce mode de calcul permet un nombre de nominations plus élevé que celui résultant de l'application de l'alinéa précédent, une proportion maximale d'un cinquième peut être appliquée à 5 % de l'effectif des fonctionnaires en position d'activité et de détachement dans le corps des directeurs des services de greffe considéré au 31 décembre de l'année précédant celle au titre de laquelle sont prononcées les nominations.

Art. 8 Les règles d'organisation générale des concours mentionnés à l'article 5, la nature et le programme des épreuves sont fixés par arrêté conjoint du garde des Sceaux, ministre de la justice, et du ministre chargé de la fonction publique.

Le garde des Sceaux, ministre de la justice, arrête les modalités d'organisation de chaque concours et nomme les membres du jury.

Art. 9 I. – Les candidats admis aux concours prévus à l'article 5 sont nommés directeurs des services de greffe stagiaires.

II. – Les directeurs stagiaires qui ont déjà la qualité de fonctionnaire sont placés, dans leur corps ou cadre d'emplois d'origine, en position de détachement pendant la durée du stage.

III. – Les directeurs des services de greffe recrutés au choix en application du 4° de l'article 5 sont titularisés dès leur nomination.

Art. 10 I. – Au cours de la période de stage fixée à dix-huit mois, les directeurs des services de greffe recrutés par la voie des concours mentionnés aux 1° et 2° de l'article 5 reçoivent une formation professionnelle initiale de la même durée, organisée sous la responsabilité de l'École nationale des greffes.

II. – Au cours de la période de stage fixée à douze mois, les directeurs des services de greffe recrutés par la voie du concours mentionné au 3° de l'article 5 reçoivent une formation professionnelle de la même durée organisée sous la responsabilité de l'École nationale des greffes.

III. – Les fonctionnaires recrutés par la voie de la liste d'aptitude mentionnée au 4° de l'article 5 reçoivent une formation professionnelle initiale d'une durée de douze mois organisée sous la responsabilité de l'École nationale des greffes.

IV. – Les modalités d'organisation des cycles de formation prévus au I, au II et au III sont fixées par arrêté conjoint du garde des Sceaux, ministre de la justice, et du ministre chargé de la fonction publique.

Art. 11 Au début de leur période de formation, les directeurs des services de greffe stagiaires doivent souscrire l'engagement de rester au service de l'État pendant une durée minimum de cinq ans, augmentée de la durée du stage telle que définie à l'article 10.

En cas de manquement à cette obligation plus de trois mois après la date de prise de fonctions en qualité de stagiaire, les intéressés doivent, sauf si le manquement ne leur est pas imputable, verser au Trésor une somme égale au montant du traitement et de l'indemnité de résidence perçus pendant la durée de la formation définie à l'article 10, augmentée des frais d'études engagés par l'École nationale des greffes. Cette somme, dont le montant peut être modulé compte tenu de la durée des services accomplis, est fixée par arrêté du garde des Sceaux, ministre de la justice, et du ministre chargé du budget.

La durée de service effectuée dans un emploi relevant de la fonction publique territoriale ou de la fonction publique hospitalière ou au sein des services de l'Union européenne ou dans l'administration d'un État membre de l'Union européenne ou d'un autre État partie à l'accord sur l'Espace économique européen est prise en compte au titre de l'engagement de servir mentionné au premier alinéa.

Art. 12 A l'issue du stage, les directeurs des services de greffe stagiaires dont le stage a été jugé satisfaisant sont *(Abrogé par Décr. n° 2021-1392 du 26 oct. 2021, art. 133-2°-a)* « *, après avis de la commission administrative paritaire compétente,* » titularisés dans le grade de directeur.

Ceux qui n'ont pas été titularisés à l'issue du stage peuvent être autorisés à accomplir un stage complémentaire dont la durée ne peut excéder la durée initiale.

Les stagiaires qui n'ont pas été autorisés à effectuer un stage complémentaire ou dont le stage complémentaire n'a pas donné satisfaction sont *(Abrogé par Décr. n° 2021-1392 du 26 oct. 2021, art. 133-2°-b)* « *, après avis de la commission administrative paritaire* », soit licenciés, s'ils n'avaient pas préalablement la qualité de fonctionnaire, soit réintégrés dans leur corps ou cadre d'emplois d'origine selon les dispositions qui leur sont applicables.

La durée du stage, à l'exclusion de sa prolongation éventuelle, est prise en compte pour l'avancement.

CHAPITRE III *Classement et avancement*

Art. 13 Le classement lors de la nomination dans le corps des directeurs des services de greffe judiciaires est prononcé conformément aux dispositions du décret du 23 décembre 2006 susvisé.

(Décr. n° 2018-316 du 27 avr. 2018, art. 6) « Les directeurs des services de greffe judiciaires qui ont été recrutés en application du 1° de l'article 5 du présent décret par la voie du concours externe et ont présenté une épreuve adaptée aux titulaires d'un doctorat bénéficient, au titre de la préparation du doctorat, d'une bonification d'ancienneté de deux ans. Lorsque la période de préparation du doctorat a été accomplie sous contrat de travail, les services accomplis dans ce cadre sont pris en compte selon les modalités prévues, selon le cas, aux articles 7 ou 9 du décret du 23 décembre 2006 précité, pour la part de leur durée excédant deux ans. Une même période ne peut être prise en compte qu'une seule fois. »

Décret n° 2018-316 du 27 avril 2018,

Modifiant le décret n° 2015-1273 du 13 octobre 2015 portant statut particulier des directeurs des services de greffe judiciaires.

Art. 17 Au 1er janvier 2017, les directeurs des services de greffe judiciaires ainsi que les fonctionnaires détachés dans ce corps sont reclassés conformément au tableau de correspondance suivant :

SITUATION D'ORIGINE	NOUVELLE SITUATION	ANCIENNETÉ CONSERVÉE dans la limite de la durée de l'échelon
Grade de directeur hors classe	**Grade de directeur hors classe**	
Échelon spécial	Échelon spécial	Ancienneté acquise
6e échelon	6e échelon	Ancienneté acquise
5e échelon	5e échelon	Ancienneté acquise
4e échelon	4e échelon	5/6 de l'ancienneté acquise
3e échelon	3e échelon	Ancienneté acquise
2e échelon	2e échelon	Ancienneté acquise
1er échelon	1er échelon	Ancienneté acquise
Grade de directeur principal	**Grade de directeur principal**	
9e échelon	9e échelon	Ancienneté acquise
8e échelon	8e échelon	3/4 de l'ancienneté acquise
7e échelon	7e échelon	5/6 de l'ancienneté acquise
6e échelon	6e échelon	5/4 de l'ancienneté acquise
5e échelon	5e échelon	Ancienneté acquise
4e échelon	4e échelon	Ancienneté acquise
3e échelon	3e échelon	Ancienneté acquise
2e échelon	2e échelon	Ancienneté acquise
1er échelon	1er échelon	Ancienneté acquise
Grade de directeur	**Grade de directeur**	
12e échelon	11e échelon	Ancienneté acquise

SITUATION D'ORIGINE	NOUVELLE SITUATION	ANCIENNETÉ CONSERVÉE dans la limite de la durée de l'échelon
11e échelon	10e échelon	Ancienneté acquise
10e échelon	9e échelon	Ancienneté acquise
9e échelon	8e échelon	Ancienneté acquise
8e échelon	7e échelon	Ancienneté acquise
7e échelon	6e échelon	Ancienneté acquise

SITUATION D'ORIGINE	NOUVELLE SITUATION	ANCIENNETÉ CONSERVÉE dans la limite de la durée de l'échelon
6e échelon	5e échelon	Ancienneté acquise
5e échelon	4e échelon	5/4 de l'ancienneté acquise
4e échelon	3e échelon	5/4 de l'ancienneté acquise
3e échelon	2e échelon	Ancienneté acquise
2e échelon	2e échelon	Sans ancienneté
1er échelon	1er échelon	4/3 de l'ancienneté acquise

Art. 18 Les directeurs des services de greffe judiciaires conservent les réductions et majorations d'ancienneté attribuées au titre des années antérieures à l'année 2017 et non utilisées pour un avancement d'échelon.

Art. 19 I. — Les agents inscrits sur un tableau d'avancement établi au titre de l'année 2017, promus dans l'un des grades d'avancement du corps des directeurs des services de greffe judiciaires postérieurement au 1er janvier 2017, sont classés dans le grade d'avancement en tenant compte de la situation qui aurait été la leur s'ils n'avaient cessé de relever, jusqu'à la date de leur promotion, des dispositions du chapitre III du décret du 13 octobre 2015 susvisé, dans sa rédaction antérieure à celle du présent décret, puis s'ils avaient été reclassés, à la date de leur promotion, en application de l'article 17 du présent décret.

II. — Les directeurs des services de greffe judiciaires qui, au 1er janvier 2017, appartiennent au grade de directeur et auraient réuni les conditions pour une promotion au grade supérieur au plus tard au titre de l'année 2018, sont réputés réunir les conditions à la date à laquelle ils les auraient réunies en application des dispositions antérieures au présent décret.

Les directeurs promus, au titre du présent article, au grade de directeur principal, qui ne comptent pas un an d'ancienneté dans le 4e échelon du grade de directeur à la date de leur promotion, sont classés au 1er échelon du grade de directeur principal, sans ancienneté d'échelon conservée.

Art. 14 *(Décr. no 2018-316 du 27 avr. 2018, art. 3, en vigueur le 1er janv. 2017)* **La durée du temps passé dans chaque échelon est fixée conformément au tableau ci-après :**

GRADE ET ÉCHELON	DURÉE
Directeur hors classe	
Échelon spécial	–
6e échelon	–
5e échelon	3 ans

GRADE ET ÉCHELON	DURÉE
4e échelon	2 ans 6 mois
3e échelon	2 ans
2e échelon	2 ans
1er échelon	2 ans
Directeur principal	
9e échelon	
8e échelon	3 ans
7e échelon	2 ans 6 mois
6e échelon	2 ans 6 mois
5e échelon	2 ans
4e échelon	2 ans
3e échelon	2 ans
2e échelon	2 ans
1er échelon	2 ans
[en vigueur le 1er janv. 2021 : « Directeur principal	
10e échelon	–
9e échelon	*3 ans*
8e échelon	*3 ans*
7e échelon	*2 ans 6 mois*
6e échelon	*2 ans 6 mois*
5e échelon	*2 ans*
4e échelon	*2 ans*
3e échelon	*2 ans*
2e échelon	*2 ans*
1er échelon	*2 ans »]*
Directeur	
11e échelon	–
10e échelon	4 ans
9e échelon	3 ans
8e échelon	3 ans
7e échelon	3 ans
6e échelon	3 ans

GRADE ET ÉCHELON	DURÉE
5e échelon	2 ans 6 mois
4e échelon	2 ans 6 mois
3e échelon	2 ans 6 mois
2e échelon	2 ans
1er échelon	2 ans

Art. 15 I. – Peuvent être promus au grade de directeur principal les directeurs *(Décr. no 2018-316 du 27 avr. 2018, art. 7)* « comptant au moins un an d'ancienneté dans le quatrième échelon » de leur grade et ayant accompli au moins cinq années de services effectifs dans le corps des directeurs des services de greffe judiciaires ou dans un corps civil ou un cadre d'emplois de catégorie A ou de même niveau.

Pour être promus, les candidats doivent être inscrits sur un tableau annuel d'avancement établi *(Abrogé par Décr. no 2021-1392 du 26 oct. 2021, art. 133-3o) « après avis de la commission administrative paritaire compétente, »* au vu des résultats d'une sélection organisée par la voie d'un examen professionnel.

II. – L'examen professionnel de sélection est ouvert aux directeurs remplissant les conditions du premier alinéa au 31 décembre de l'année au titre de laquelle le tableau d'avancement est établi.

La liste des candidats admis à se présenter à l'examen de sélection est arrêtée par le garde des Sceaux, ministre de la justice.

III. – Un arrêté conjoint du garde des Sceaux, ministre de la justice, et du ministre chargé de la fonction publique fixe les règles relatives à l'organisation générale, la nature et le programme des épreuves de l'examen professionnel ainsi qu'à la composition et au fonctionnement du jury.

Un arrêté du garde des Sceaux, ministre de la justice, organise l'examen professionnel et désigne le jury.

L'art. 15, dans sa rédaction issue de l'art. 7 du Décr. no 2018-316 du 27 avr. 2018, est applicable à compter des promotions prononcées au titre de l'année 2018 (Décr. préc., art. 20).

Art. 16 I. – Peuvent également être promus au grade de directeur principal, au choix, les directeurs *(Décr. no 2018-316 du 27 avr. 2018, art. 8)* « comptant au moins un an d'ancienneté dans le neuvième échelon » du grade de directeur et ayant accompli au moins sept années de services effectifs dans le corps des directeurs des services de greffe judiciaires ou dans un corps civil ou cadre d'emplois de catégorie A ou de même niveau.

Les conditions d'échelon et de durée d'ancienneté fixées au premier alinéa s'apprécient au 31 décembre de l'année au titre de laquelle le tableau d'avancement est établi.

Pour être promus, les directeurs mentionnés au premier alinéa doivent avoir été inscrits à un tableau annuel d'avancement *(Abrogé par Décr. no 2021-1392 du 26 oct. 2021, art. 133-4o) « établi sur avis de la commission administrative paritaire compétente ».*

II. – La proportion des promotions prononcées en application du présent article ne peut être inférieure à un quart ni supérieure au tiers du total des promotions au grade de directeur principal.

L'art. 16, dans sa rédaction issue de l'art. 8 du Décr. no 2018-316 du 27 avr. 2018, est applicable à compter des promotions prononcées au titre de l'année 2018 (Décr. préc., art. 20).

Art. 17 *(Décr. no 2018-316 du 27 avr. 2018, art. 9)* Les directeurs nommés au grade de directeur principal en application des articles 15 et 16 sont classés dans ce nouveau grade conformément au tableau de correspondance suivant :

SITUATION dans le grade de directeur	SITUATION dans le grade de directeur principal	ANCIENNETÉ CONSERVÉE dans la limite de la durée d'échelon
11e échelon	6e échelon	Ancienneté acquise
10e échelon	6e échelon	Sans ancienneté

SITUATION dans le grade de directeur	SITUATION dans le grade de directeur principal	ANCIENNETÉ CONSERVÉE dans la limite de la durée d'échelon
9e échelon	5e échelon	2/3 de l'ancienneté acquise
8e échelon	4e échelon	2/3 de l'ancienneté acquise
7e échelon	3e échelon	2/3 de l'ancienneté acquise
6e échelon	2e échelon	2/3 de l'ancienneté acquise
5e échelon	1er échelon	Ancienneté acquise
4e échelon	1er échelon	Sans ancienneté

L'art. 17, dans sa rédaction issue de l'art. 7 du Décr. no 2018-316 du 27 avr. 2018, est applicable à compter des promotions prononcées au titre de l'année 2018 (Décr. préc., art. 20).

Art. 18 Peuvent être promus au grade de directeur hors classe, au choix, par voie d'inscription à un tableau annuel d'avancement, les directeurs principaux ayant atteint au moins le cinquième échelon de leur grade.

Les intéressés doivent justifier :

1° De six années de détachement dans un ou plusieurs emplois culminant au moins à l'*(Décr. no 2018-316 du 27 avr. 2018, art. 10)* « indice brut 985 » et conduisant à pension du code des pensions civiles et militaires de retraites *(Décr. no 2018-316 du 27 avr. 2018, art. 10)* « à la date d'établissement » du tableau d'avancement.

Les services accomplis auprès des organisations internationales intergouvernementales ou des administrations des États membres de l'Union européenne ou d'un autre État partie à l'accord sur l'Espace économique européen sur des emplois de niveau équivalent sont également, sous réserve de l'agrément préalable du garde des Sceaux, ministre de la justice, pris en compte pour le calcul des six années requises ; ou

2° De huit années d'exercice de fonctions de direction, d'encadrement ou d'expertise, correspondant à un niveau élevé de responsabilité, *(Décr. no 2018-316 du 27 avr. 2018, art. 10)* « à la date d'établissement » du tableau d'avancement. Ces fonctions doivent avoir été exercées en position d'activité ou en position de détachement dans un corps ou cadre d'emplois culminant au moins à l'indice brut 966.

Les fonctions de même nature et de niveau équivalent à celles mentionnées à l'alinéa précédent, accomplies auprès des organisations internationales intergouvernementales ou des administrations des États membres de l'Union européenne ou d'un autre État partie à l'accord sur l'Espace économique européen, sont également, sous réserve de l'agrément préalable du garde des Sceaux, ministre de la justice, prises en compte pour le calcul des huit années requises.

La liste des fonctions mentionnées au 2° est fixée par arrêté conjoint du garde des Sceaux, ministre de la justice, et du ministre chargé de la fonction publique. Les années de détachement dans un emploi culminant au moins à l'*(Décr. no 2018-316 du 27 avr. 2018, art. 10)* « indice brut 985 » et conduisant à pension du code des pensions civiles et militaires de retraites peuvent être prises en compte pour le calcul des huit années requises.

(Décr. no 2018-316 du 27 avr. 2018, art. 10) « Dans la limite de 20 % du nombre des promotions annuelles prononcées en application de l'article 20, peuvent également être inscrits au tableau d'avancement, au grade de directeur hors classe mentionné au premier alinéa, les directeurs principaux justifiant de trois ans d'ancienneté dans le 9e échelon *[en vigueur le 1er janv. 2021 : « ayant atteint le 10e échelon »]* de leur grade et ayant fait preuve d'une valeur professionnelle exceptionnelle. »

Art. 19 *(Décr. no 2018-316 du 27 avr. 2018, art. 11)* Les directeurs principaux nommés au grade de directeur hors classe sont classés dans ce nouveau grade conformément au tableau de correspondance suivant :

SITUATION dans le grade de directeur principal		SITUATION dans le grade de directeur hors classe	ANCIENNETÉ CONSERVÉE dans la limite de la durée d'échelon
9e échelon	Après 3 ans d'ancienneté	6e échelon	Ancienneté acquise au-delà de 3 ans
	Avant 3 ans d'ancienneté	5e échelon	Ancienneté acquise
8e échelon		4e échelon	5/6 de l'ancienneté acquise
7e échelon		3e échelon	4/5 de l'ancienneté acquise
6e échelon		2e échelon	4/5 de l'ancienneté acquise
5e échelon		1er échelon	Ancienneté acquise

L'art. 19, dans sa rédaction issue de l'art. 11 du Décr. no 2018-316 du 27 avr. 2018, est applicable à compter des promotions prononcées au titre de l'année 2018 (Décr. préc., art. 20).

[En vigueur le 1er janv. 2021 :

« SITUATION dans le grade de directeur principal	*SITUATION dans le grade de directeur hors classe*	*ANCIENNETÉ CONSERVÉE dans la limite de la durée de l'échelon*
10e échelon	*6e échelon*	*Ancienneté acquise*
9e échelon	*5e échelon*	*Ancienneté acquise*
8e échelon	*4e échelon*	*5/6 de l'ancienneté acquise*
7e échelon	*3e échelon*	*4/5 de l'ancienneté acquise*
6e échelon	*2e échelon*	*4/5 de l'ancienneté acquise*
5e échelon	*1er échelon*	*Ancienneté acquise »]*

Art. 20 Par dérogation aux dispositions du décret du 1er septembre 2005 susvisé, le nombre de promotions au grade de directeur hors classe n'est pas calculé en fonction d'un taux d'avancement appliqué à l'effectif des directeurs principaux remplissant les conditions d'avancement.

Le nombre de directeurs hors classe ne peut excéder celui résultant d'un pourcentage des effectifs des directeurs des services de greffe considérés au 31 décembre de l'année précédant celle au titre de laquelle sont prononcées les promotions. Ce pourcentage est fixé par arrêté conjoint du garde des Sceaux, ministre de la justice, du ministre chargé du budget et du ministre chargé de la fonction publique.

Art. 21 Peuvent accéder à l'échelon spécial du grade de directeur hors classe, au choix, par voie d'inscription à un tableau annuel d'avancement *(Abrogé par Décr. no 2021-1392 du 26 oct. 2021, art. 133-5o) « établi après avis de la commission administrative paritaire »*, les directeurs hors classe justifiant de trois années d'ancienneté dans le 6e échelon de leur grade ou qui ont atteint, lorsqu'ils ont ou avaient été détachés dans un emploi fonctionnel, un échelon doté d'un groupe hors échelle.

Il est tenu compte, pour le classement dans l'échelon spécial, du chevron et de l'ancienneté que l'agent a atteints dans cet emploi pendant les deux années précédant la date au titre de laquelle l'accès à l'échelon spécial a été organisé.

Le nombre de directeurs relevant de l'échelon spécial ne peut être supérieur à un pourcentage des effectifs des directeurs hors classe. Ce pourcentage est fixé par arrêté conjoint du garde des Sceaux, ministre de la justice, du ministre chargé du budget et du ministre chargé de la fonction publique.

CHAPITRE IV *Dispositions particulières*

Art. 22 Dès le début de leur formation, les directeurs des services de greffe recrutés au titre de l'article 5 et les agents en détachement ou directement intégrés dans le corps des directeurs des services de greffe judiciaires prêtent, devant le *(Décr. n° 2019-966 du 18 sept. 2019, art. 8, en vigueur le 1er janv. 2020)* « tribunal judiciaire *[ancienne rédaction : tribunal de grande instance]* », le serment suivant :

"Je jure de bien et loyalement remplir mes fonctions et de ne rien révéler ou utiliser de ce qui sera porté à ma connaissance à l'occasion de leur exercice."

Art. 23 Les directeurs des services de greffe et les fonctionnaires détachés ou directement intégrés dans le corps des directeurs des services de greffe judiciaires lorsqu'ils sont affectés dans une cour ou un tribunal portent aux audiences le costume prévu par les règlements en vigueur.

Art. 24 Les directeurs des services de greffe exerçant leurs fonctions dans les juridictions sont installés dans leurs fonctions à une audience solennelle de la juridiction dans laquelle ils sont affectés. Ils peuvent aussi être installés par écrit.

Art. 25 Les dispositions du titre Ier du livre Ier du code de l'organisation judiciaire relatives aux incompatibilités sont applicables aux directeurs des services de greffe.

Ils ne peuvent être affectés dans une juridiction dans le ressort de laquelle leur conjoint, partenaire d'un pacte civil de solidarité, parent ou allié jusqu'au troisième degré inclusivement exerce soit des fonctions d'officier public ou ministériel, soit la profession d'avocat, sauf dispense accordée par le garde des Sceaux, ministre de la justice, après avis des chefs de cour.

Art. 26 Les directeurs des services de greffe régis par le présent statut ne peuvent sans l'accord du garde des Sceaux, ministre de la justice, être requis, en dehors de leurs fonctions, pour d'autres services publics que l'accomplissement du service national, du service civique ou des activités dans la réserve opérationnelle.

Le garde des Sceaux, ministre de la justice, peut, dans l'intérêt du service, s'opposer à la participation de ces fonctionnaires aux travaux d'organismes ou de commissions extrajudiciaires.

Les directeurs des services de greffe ne peuvent effectuer des expertises ou des consultations à la demande d'une autorité judiciaire ou administrative qu'après avoir reçu l'accord exprès du garde des Sceaux, ministre de la justice.

Art. 27 Les directeurs des services de greffe honoraires demeurent attachés en cette qualité à la juridiction à laquelle ils appartenaient en dernier lieu. Ils peuvent, le cas échéant, assister à ce titre aux audiences solennelles de la juridiction dans les conditions définies au titre Ier du livre Ier de la partie réglementaire du code de l'organisation judiciaire.

Art. 28 Les directeurs des services de greffe font l'objet d'une évaluation annuelle de leur valeur professionnelle dans les conditions prévues par le décret du 28 juillet 2010 susvisé.

Art. 29 I. — Les fonctionnaires placés en position de détachement ou directement intégrés dans le corps des directeurs des services de greffe judiciaires sont respectivement soumis aux dispositions des titres II et III *bis* du décret du 16 septembre 1985 susvisé.

Les fonctionnaires détachés peuvent demander à être intégrés à tout moment dans le corps des directeurs des services de greffe judiciaires. Au-delà d'une période de détachement de cinq ans, ils se voient proposer une intégration dans ce corps.

Les services accomplis dans le corps ou cadre d'emplois d'origine sont assimilés à des services accomplis dans le corps des directeurs des services de greffe judiciaires.

II. — Peuvent également être détachés dans le corps des directeurs des services de greffe judiciaires les militaires mentionnés à l'article 13 *ter* de la loi du 13 juillet 1983 susvisée, dans les conditions fixées par le décret prévu par les mêmes dispositions.

III. — Les fonctionnaires détachés ou directement intégrés, ainsi que les militaires détachés, dans le corps des directeurs de greffe des services judiciaires suivent une formation professionnelle obligatoire dont la durée ne peut excéder douze mois et ne peut être inférieure à trois mois.

Art. 30 Les directeurs des services de greffe bénéficient d'une formation professionnelle continue obligatoire.

Dans la période de cinq années suivant leur titularisation, les directeurs des services de greffe reçoivent, chaque année, une formation professionnelle continue obligatoire d'une durée minimale de dix jours.

Les directeurs des services de greffe peuvent être astreints à une obligation de formation, en tant que de besoin, à l'occasion d'un changement de fonctions.

Art. 31 Les modalités selon lesquelles s'accomplissent les formations professionnelles prévues au III de l'article 29 et à l'article 30 sont fixées par arrêté conjoint du garde des Sceaux, ministre de la justice, et du ministre chargé de la fonction publique.

CHAPITRE V *Dispositions transitoires et finales*

Art. 32 I. – A la date d'entrée en vigueur du présent décret, les fonctionnaires appartenant au corps des greffiers en chef des services judiciaires régi par le décret n° 92-413 du 30 avril 1992 portant statut particulier des greffiers en chef des services judiciaires sont intégrés dans le corps des directeurs des services de greffe judiciaires régi par le présent décret.

II. – Les greffiers en chef du deuxième grade sont classés dans le grade de directeur du corps des directeurs des services de greffe judiciaires régi par le présent décret et les greffiers en chef du premier grade sont classés dans le grade de directeur principal du corps des directeurs des services de greffe judiciaires régi par le présent décret, à identité d'échelon, avec conservation de l'ancienneté acquise dans ces échelons.

III. – Les greffiers en chef du premier grade qui, à la date d'entrée en vigueur du présent décret, étaient nommés dans un emploi de la première ou de la deuxième catégorie prévue par le décret n° 92-413 du 30 avril 1992 susmentionné conservent, à titre personnel, s'ils y ont intérêt, l'indice qu'ils détenaient dans cet emploi.

IV. – Les greffiers en chef du grade provisoire sont classés dans le grade de directeur du corps des directeurs des services de greffe judiciaires régi par le présent décret conformément au tableau suivant :

GRADE D'ORIGINE		GRADE D'INTÉGRATION	
Greffiers en chef du grade provisoire		Directeur	
Échelon		Échelon	Ancienneté d'échelonconservée dans la limite de la durée de l'échelon d'accueil
7e échelon		12e échelon	Ancienneté acquise
6e échelon		11e échelon	Ancienneté acquise
5e échelon		10e échelon	Ancienneté acquise
4e échelon	– à partir de deux ans	9e échelon	3 fois l'ancienneté acquise
	– avant deux ans	8e échelon	3/2 de l'ancienneté acquise
3e échelon		7e échelon	3/2 de l'ancienneté acquise
2e échelon		6e échelon	3/2 de l'ancienneté acquise
1er échelon		5e échelon	Ancienneté acquise

V. – Les greffiers en chef du grade provisoire qui ont atteint l'échelon le plus élevé de leur *grade d'origine conservent*, à titre personnel, l'indice détenu dans leur grade d'origine.

VI. – La situation des agents issus du 6e échelon du grade provisoire reclassés au 5e échelon du premier grade en application de l'article 22 du décret n° 2002-1557 du 24 décembre 2002 modifiant le décret n° 92-413 du 30 avril 1992 susmentionné ne peut être moins favorable en ce qui concerne tant l'échelon que l'ancienneté dans cet échelon que celle qui aurait été la leur s'ils avaient été promus dans le grade de directeur principal à compter de la date d'entrée en vigueur du présent décret et reclassés dans ce grade à cette date.

VII. – Les services accomplis dans les corps et grades des greffiers en chef des services judiciaires régis par le décret n° 92-413 du 30 avril 1992 susmentionné sont assimilés à des services accomplis dans le corps des directeurs des services de greffe judiciaires régi par le présent décret ainsi que dans les grades de ce corps.

VIII. – Les intéressés conservent leurs réductions et majorations d'ancienneté accordées et non utilisées pour un avancement d'échelon dans leur ancien corps.

Art. 33 Les fonctionnaires détachés dans le corps des greffiers en chef des services judiciaires régi par le décret n° 92-413 du 30 avril 1992 portant statut particulier des greffiers en chef des services judiciaires susmentionné sont placés, à la date d'entrée en vigueur du présent décret, en position de détachement dans le corps des directeurs des services de greffe judiciaires pour la durée de leur détachement restant à courir. Ils sont classés dans ce corps dans les conditions prévues au II de l'article 34.

Les services accomplis par les intéressés en position de détachement dans le corps des greffiers en chef des services judiciaires régi par le décret du 30 avril 1992 susmentionné sont assimilés à des services accomplis en position de détachement dans le corps des directeurs des services de greffe judiciaires.

Les intéressés conservent les réductions et majoration d'ancienneté accordées et non utilisées pour un avancement d'échelon dans les grades régis par le décret du 30 avril 1992 précité.

Art. 34 Les concours d'accès au corps des greffiers en chef des services judiciaires régi par le décret n° 92-413 du 30 avril 1992 susmentionné dont l'arrêté d'ouverture a été publié avant la date d'entrée en vigueur du présent décret se poursuivent jusqu'à leur terme.

Les lauréats de ces concours, dont la nomination n'a pas été prononcée dans le corps des greffiers en chef des services judiciaires avant cette même date, peuvent être nommés en qualité de stagiaire dans le corps des directeurs des services de greffe judiciaires régi par le présent décret.

Les listes complémentaires établies par les jurys des concours mentionnés au premier alinéa peuvent être utilisés afin de pourvoir des emplois vacants relevant du corps des directeurs des services de greffe judiciaires.

Art. 35 Les stagiaires relevant du corps des greffiers en chef des services judiciaires régi par le décret n° 92-413 du 30 avril 1992 susmentionné poursuivent leur stage dans le corps des directeurs des services de greffe judiciaires régi par le présent décret.

Art. 36 Les agents contractuels recrutés en vertu de l'article 27 de la loi du 11 janvier 1984 susvisée et qui ont vocation à être titularisés dans le corps des greffiers en chef des services judiciaires sont maintenus en fonctions et ont vocation à être titularisés dans le corps régi par le présent décret.

Art. 37 Les fonctionnaires inscrits sur une liste d'aptitude pour l'accès au corps des greffiers en chef des services judiciaires conservent la possibilité d'être nommés dans le corps des directeurs des services de greffe judiciaires régi par le présent décret.

Art. 38 Les tableaux d'avancement au grade de greffier en chef du premier grade établis au titre de l'année 2015 demeurent valables jusqu'au 31 décembre 2015.

Les agents promus en application de l'alinéa précédent postérieurement à la date d'entrée en vigueur du présent décret sont classés dans le grade de directeur principal régi par le présent décret, en tenant compte de la situation qui aurait été la leur s'ils n'avaient cessé d'appartenir à leur ancien corps jusqu'à la date de leur promotion, puis promus dans le grade d'avancement de ce corps en application de l'article 24 du décret du 30 avril 1992 susmentionné, et enfin reclassés à cette même date dans le corps d'intégration dans les conditions prévues à l'article 32.

Art. 39 *(Abrogé par Décr. n° 2018-316 du 27 avr. 2018, art. 12)* ***Par dérogation aux dispositions figurant à l'article 18 et pendant une période de quatre ans à compter de la date d'entrée en vigueur du présent décret, les conditions de service prévues au 1° de cet article sont réduites à quatre ans et celles prévues au 2° sont réduites à cinq ans.***

Art. 40 I. – Par dérogation à l'article 14 du décret du 28 juillet 2010 susvisé, un tableau d'avancement au grade de directeur hors classe est établi, au titre de l'année 2015, à compter de la date d'entrée en vigueur du présent décret. Peuvent être inscrits sur ce tableau d'avancement les directeurs principaux qui remplissent les conditions posées aux articles 18 et 39. Le pourcentage prévu au second alinéa de l'article 20 est calculé en fonction des effectifs des directeurs des services de greffe considérés à la date d'entrée en vigueur du présent décret.

II. – Les services effectués dans un emploi de la première ou de la deuxième catégorie prévue par le décret n° 92-413 du 30 avril 1992 susmentionné sont assimilés à des services effectués en détachement dans un emploi culminant au moins à l'indice brut 1015 et conduisant à pension du code des pensions civiles et militaires de retraites pour l'application des articles 18, 19 et 21.

Art. 41 La commission administrative paritaire du corps des greffiers en chef des services judiciaires régi par le décret n° 92-413 du 30 avril 1992 portant statut particulier des greffiers en chef des services judiciaires demeure compétente pour le corps des directeurs des services de greffes judiciaires régi par le présent décret et le mandat de ses membres est maintenu jusqu'à son renouvellement.

Les représentants du deuxième grade et du grade provisoire représentent le grade de directeur.

Les représentants du premier grade représentent le grade de directeur principal.

Art. 42 *Modifie le code de l'organisation judiciaire.*

Art. 43 I. –Le décret n° 92-413 du 30 avril 1992 portant statut particulier des greffiers en chef des services judiciaires et le décret n° 2002-1557 du 24 décembre 2002 susmentionné sont abrogés.

II. – Dans l'annexe du décret du 23 décembre 2006 susvisé, à la rubrique « Ministère de la justice », la mention du corps des greffiers en chef des services judiciaires est remplacée par celle du corps des directeurs des services de greffe judiciaires.

Art. 44 Le présent décret entre en vigueur le premier jour du mois suivant sa publication au *Journal officiel* de la République française.

Décret n° 2015-1275 du 13 octobre 2015,

Portant statut particulier des greffiers des services judiciaires (JO 15 oct.).

Pour un rappel et des précisions concernant les principaux axes de la réforme, V. Circ. du 23 oct. 2015, relative à la réforme statutaire de la filière greffe, App., v° OPM, Greffiers.

CHAPITRE PREMIER *Dispositions générales*

Art. 1er Les greffiers des services judiciaires constituent un corps classé dans la catégorie B prévue *(Décr. n° 2017-1368 du 20 sept. 2017, art. 2)* « à l'article 13 de la loi du 13 juillet 1983 susvisée ».

Art. 2 Le corps des greffiers des services judiciaires comprend deux grades :

1° Le grade de greffier, qui comporte treize échelons ;

2° Le grade de greffier principal, qui comporte *(Décr. n° 2017-1368 du 20 sept. 2017, art. 3, en vigueur le 1er janv. 2017)* « onze échelons » et un échelon spécial.

Décret n° 2017-1368 du 20 septembre 2017,

Modifiant le décret n° 2015-1275 du 13 octobre 2015 portant statut particulier des greffiers des services judiciaires.

Art. 10 Les greffiers et greffiers principaux conservent les réductions et majorations d'ancienneté accordées au titre des années antérieures à l'année 2016 et non utilisées pour un avancement d'échelon.

Art. 11 A compter du 1er janvier 2017, les greffiers et les greffiers principaux sont reclassés conformément au tableau de correspondance suivant :

Ancienne situation	Nouvelle situation	
Greffier principal	Greffier principal	
Échelon	Échelon	Ancienneté conservée
Échelon spécial	Échelon spécial	Ancienneté acquise

Ancienne situation	Nouvelle situation	
10e échelon : - A partir de trois ans - Avant trois ans	11e échelon 10e échelon	Ancienneté acquise Ancienneté acquise
9e échelon	9e échelon	Ancienneté acquise
8e échelon	8e échelon	Ancienneté acquise
7e échelon	7e échelon	Ancienneté acquise
6e échelon	6e échelon	Ancienneté acquise
5e échelon	5e échelon	Ancienneté acquise
4e échelon	4e échelon	Ancienneté acquise
3e échelon	3e échelon	Ancienneté acquise
2e échelon	2e échelon	Ancienneté acquise

Ancienne situation	Nouvelle situation	
1er échelon	1er échelon	½ de l'ancienneté acquise
Greffier	**Greffier**	
13e échelon	13e échelon	Ancienneté acquise
12e échelon	12e échelon	Ancienneté acquise
11e échelon	11e échelon	3/4 de l'ancienneté acquise
10e échelon : - A partir d'un an - Avant un an	10e échelon 9e échelon	Ancienneté acquise au-delà d'1 an Trois fois l'ancienneté acquise
9e échelon	8e échelon	Ancienneté acquise
8e échelon	7e échelon	2/3 de l'ancienneté acquise
7e échelon	6e échelon	Ancienneté acquise
6e échelon	5e échelon	Ancienneté acquise
5e échelon	4e échelon	Ancienneté acquise
4e échelon	3e échelon	Ancienneté acquise
3e échelon	2e échelon	Ancienneté acquise
2e échelon	1er échelon	Ancienneté acquise
1er échelon	1er échelon	Sans ancienneté

Art. 12 Les greffiers inscrits au tableau d'avancement au grade de greffier principal, établi au titre de l'année 2017, sont promus en tenant compte de la situation qui aurait été la leur s'ils n'avaient cessé de relever jusqu'à la date de leur promotion des dispositions de l'article 22 du décret du 13 octobre 2015 précité, dans sa rédaction antérieure à celle résultant du présent décret, puis s'ils avaient été reclassés, à la date de leur promotion, en application des dispositions de l'article 11.

Les greffiers reclassés en application de l'article 11 qui auraient réuni les conditions pour une promotion au grade de greffier principal au plus tard au titre de l'année 2018 sont réputés réunir ces conditions à la date à laquelle ils les auraient réunies en application des dispositions antérieures au présent décret. Les agents promus, au titre du présent alinéa, au grade de greffier principal qui n'ont pas atteint le 5e échelon du grade de greffier à la date de leur promotion sont classés au 1er échelon du grade de greffier principal sans ancienneté d'échelon conservée.

Art. 3 Les greffiers sont recrutés, nommés et titularisés par arrêté du garde des Sceaux, ministre de la justice.

Art. 4 Les greffiers sont des techniciens de la procédure. Ils assistent les magistrats dans les actes de leur juridiction et authentifient les actes juridictionnels dans les cas et suivant les conditions prévus par le code de l'organisation judiciaire, le code du travail et les textes particuliers.

Les greffiers exercent également des fonctions d'assistance des magistrats dans le cadre de la mise en état et du traitement des dossiers ainsi que dans le cadre des recherches juridiques. Selon les directives des magistrats, ils rédigent des projets de décisions et de réquisitoires.

Dans le cadre d'un service d'accueil et d'informations générales du public, les greffiers peuvent être chargés de fonctions consistant à renseigner, orienter et accompagner les usagers dans l'accomplissement des formalités ou procédures judiciaires.

Ils peuvent être en charge de fonctions d'enseignement professionnel.

Ils accomplissent, à titre accessoire ou temporaire, les actes de gestion nécessaires au fonctionnement des juridictions dans les domaines administratif, budgétaire et des ressources humaines.

Art. 5 Les greffiers exercent leurs fonctions dans les services judiciaires, à l'École nationale des greffes, à l'École nationale de la magistrature et à l'administration centrale du ministère de la justice.

CHAPITRE II *Recrutement et formation initiale*

Art. 6 Les greffiers des services judiciaires sont recrutés :

1° Par voie de concours externe ouvert aux candidats titulaires d'un titre ou diplôme classé au moins au niveau *(Décr. n° 2021-1392 du 26 oct. 2021, art. 134-1°)* « 5 » ou d'une qualification reconnue équivalente à l'un de ces titres ou diplômes dans les conditions fixées par le décret du 13 février 2007 susvisé ;

2° Par voie de concours interne ouvert aux fonctionnaires et agents de l'État, des collectivités territoriales et des établissements publics qui en dépendent, y compris ceux visés à l'article 2 de la loi du 9 janvier 1986 susvisée, aux militaires ainsi qu'aux agents en fonctions dans une organisation internationale intergouvernementale.

Les candidats doivent justifier au 1er janvier de l'année au titre de laquelle est organisé le concours de quatre années de services publics.

Ce concours est également ouvert aux candidats justifiant de quatre ans de services auprès d'une administration, un organisme ou un établissement mentionnés au troisième alinéa du 2° de l'article 19 de la loi du 11 janvier 1984 susvisée, dans les conditions fixées par cet alinéa ;

3° Par voie de concours ouvert au titre du 3° de l'article 19 de la loi du 11 janvier 1984 susvisée, aux candidats qui, au 1er janvier de l'année au titre de laquelle est organisé le concours, justifient de l'exercice pendant une durée de quatre ans d'un ou plusieurs mandats ou d'une ou plusieurs des activités définies au 3° de cet article.

Les activités professionnelles prises en compte au titre de ce concours doivent avoir été exercées dans le domaine juridique et avoir été d'un niveau comparable à celles des greffiers des services judiciaires.

Les périodes au cours desquelles l'exercice d'une ou plusieurs activités ou d'un ou plusieurs mandats aura été simultané ne sont prises en compte qu'à un seul titre ;

4° Par voie d'un examen professionnel ouvert aux adjoints administratifs relevant du ministère de la justice qui justifient, au 1er janvier de l'année d'ouverture de cet examen, d'au moins onze ans de services publics.

Art. 7 Le nombre de postes offerts au concours externe ou au concours interne ne peut être inférieur à 40 % du nombre total des postes offerts au titre des concours mentionnés à l'article 6.

Le nombre de postes offerts au concours mentionné au 3° de l'article 6 ne peut excéder 15 % du nombre total des postes offerts à l'ensemble des concours.

Les postes offerts aux concours qui ne sont pas pourvus par la nomination des candidats à l'un de ces concours peuvent être attribuées aux autres concours ou à l'un d'eux dans la limite de 20 % des postes offerts aux trois concours.

Art. 8 Les recrutements en application du 4° de l'article 6 s'effectuent dans la limite des deux cinquièmes du nombre total des nominations prononcées en application des 1°, 2° et 3° du même article, des intégrations directes et des détachements prononcés dans les conditions fixées au 2° de l'article 19 du décret du 16 septembre 1985 susvisé.

Lorsque ce mode de calcul permet un nombre de nominations plus élevé que celui résultant de l'application de l'alinéa précédent, une proportion maximale d'un cinquième peut être appliquée à 5 % de l'effectif des fonctionnaires en position d'activité et de détachement dans le corps des greffiers des services judiciaires, au 31 décembre de l'année précédant celle au titre de laquelle sont prononcées les nominations.

Art. 9 Les règles d'organisation générale des concours et examen professionnel mentionnés à l'article 6, la nature et le programme des épreuves sont fixés par arrêté conjoint du garde des Sceaux, ministre de la justice, et du ministre chargé de la fonction publique.

Le garde des Sceaux, ministre de la justice, arrête les modalités d'organisation de chaque concours et de l'examen professionnel et nomme les membres du jury.

Art. 10 I. — Les candidats admis à l'un des concours prévus à l'article 6 sont nommés greffiers stagiaires.

II. — Les greffiers stagiaires qui ont déjà la qualité de fonctionnaire sont placés, dans leur corps ou cadre d'emplois d'origine, en position de détachement pour la durée du stage.

III. — Les greffiers des services judiciaires recrutés par examen professionnel en application des dispositions du 4° de l'article 6 sont titularisés dès leur nomination en qualité de greffier et sont classés en application des dispositions du chapitre III du présent décret.

Art. 11 I. — Au cours de la période de stage fixée à dix-huit mois, les greffiers stagiaires recrutés par la voie des concours mentionnés aux 1° et 2° de l'article 6 reçoivent une formation professionnelle initiale de la même durée, organisée sous la responsabilité de l'École nationale des greffes.

II. — Au cours de la période de stage fixée à douze mois, les greffiers stagiaires recrutés par la voie du concours mentionné au 3° de l'article 6 reçoivent une formation professionnelle initiale de la même durée, organisée sous la responsabilité de l'École nationale des greffes.

III. — Les fonctionnaires recrutés par la voie de l'examen professionnel mentionné au 4° de l'article 6 reçoivent une formation professionnelle initiale d'une durée de douze mois sous la responsabilité de l'École nationale des greffes.

IV. — Les modalités d'organisation des cycles de formation prévus aux I, II et III sont fixées par arrêté conjoint du garde des Sceaux, ministre de la justice, et du ministre chargé de la fonction publique.

Art. 12 Au début de leur période de formation, les greffiers des services judiciaires stagiaires doivent souscrire l'engagement de rester au service de l'État pendant une durée minimale de quatre ans, augmentée de la durée du stage telle que définie à l'article 11.

En cas de manquement à cette obligation plus de trois mois après la date de prise de fonctions en qualité de stagiaire, sauf si le manquement ne leur est pas imputable, les intéressés doivent verser au Trésor une somme égale au montant du traitement et de l'indemnité de résidence perçus pendant la durée de la formation définie à l'article 11, augmentée des frais d'études engagés par l'École nationale des greffes. Cette somme, dont le montant peut être modulé compte tenu de la durée des services accomplis, est fixée par arrêté du garde des Sceaux, ministre de la justice, et du ministre chargé du budget.

La durée de service effectuée dans un emploi relevant de la fonction publique territoriale ou de la fonction publique hospitalière ou au sein des services de l'Union européenne ou dans l'administration d'un État membre de l'Union européenne ou d'un autre État partie à l'accord sur l'Espace économique européen est prise en compte au titre de l'engagement de servir mentionné au premier alinéa.

Art. 13 A l'issue du stage, les greffiers stagiaires dont le stage a été jugé satisfaisant sont titularisés *(Abrogé par Décr. n° 2021-1392 du 26 oct. 2021, art. 134-2°-a) « après avis de la commission administrative paritaire compétente ».*

Ceux qui n'ont pas été titularisés à l'issue du stage peuvent être autorisés à accomplir un stage complémentaire dont la durée ne peut excéder la durée initiale.

Les stagiaires qui n'ont pas été autorisés à effectuer un stage complémentaire ou dont le stage complémentaire n'a pas donné satisfaction sont *(Abrogé par Décr. nº 2021-1392 du 26 oct. 2021, art. 134-2º-b)* « *, après avis de la commission administrative paritaire,* » soit licenciés, s'ils n'avaient pas préalablement la qualité de fonctionnaire, soit réintégrés dans leur corps ou cadre d'emplois d'origine selon les dispositions qui leur sont applicables.

La durée du stage, à l'exclusion de sa prolongation éventuelle, est prise en compte pour l'avancement.

CHAPITRE III *Classement et avancement*

SECTION I *Dispositions relatives au classement*

Art. 14 Les greffiers recrutés en application de l'article 6 sont classés, lors de leur nomination, au 1er échelon du grade de greffier sous réserve des dispositions des articles 15, 16 et 17 du présent décret et de celles des articles 14 à 17 du décret du 11 novembre 2009 susvisé.

Une même personne ne peut bénéficier de l'application de plus d'une des dispositions des articles cités au premier alinéa. Une même période d'activité professionnelle ne peut être prise en compte qu'au titre d'un seul de ces articles.

Les personnes qui, compte tenu de leur parcours professionnel antérieur, relèvent des dispositions de plusieurs des articles mentionnés au premier alinéa sont classées, lors de leur nomination dans le grade de greffier, en application des dispositions de l'article correspondant à leur dernière situation.

Ces personnes peuvent toutefois, dans un délai maximal de six mois à compter de la notification de la décision prononçant leur classement dans les conditions prévues à l'alinéa précédent, demander que leur soient appliquées les dispositions d'un autre de ces articles, si elles leur sont plus favorables.

La durée effective du service national accompli en tant qu'appelé, en application de l'article L. 63 du code du service national, de même que le temps effectif accompli au titre du service civique ou du volontariat international, en application des articles L. 120-33 ou L. 122-16 du même code, sont pris en compte pour leur totalité.

Art. 15 *(Décr. nº 2017-1368 du 20 sept. 2017, art. 4, en vigueur le 1er janv. 2017)* I. — Les fonctionnaires appartenant à un corps ou cadre d'emplois de catégorie C ou de même niveau qui détiennent un grade situé en échelle C3 sont classés conformément au tableau de correspondance ci-après :

SITUATION DANS L'ÉCHELLE C3 de la catégorie C	SITUATION DANS LE GRADE DE GREFFIER	
	Échelon	Ancienneté conservée dans la limite de la durée de l'échelon
10e échelon	11e échelon	Ancienneté acquise
9e échelon	10e échelon	Ancienneté acquise
8e échelon :		
- A partir de deux ans	9e échelon	Ancienneté acquise
- Avant deux ans	8e échelon	Ancienneté acquise
7e échelon	7e échelon	Ancienneté acquise
6e échelon	7e échelon	Sans ancienneté
5e échelon	6e échelon	Ancienneté acquise
4e échelon	5e échelon	Ancienneté acquise
3e échelon	4e échelon	Ancienneté acquise
2e échelon	3e échelon	2 fois l'ancienneté acquise
1er échelon	2e échelon	2 fois l'ancienneté acquise

II. – Les fonctionnaires appartenant à un corps ou un cadre d'emplois de catégorie C ou de même niveau qui détiennent un grade situé en échelle C2 sont classés conformément au tableau de correspondance ci-après :

SITUATION dans l'échelle C2 de la catégorie C	SITUATION DANS LE GRADE DE GREFFIER	
	Échelon	Ancienneté conservée dans la limite de la durée de l'échelon
12e échelon : A partir de deux ans - Avant deux ans	9e échelon 8e échelon	Ancienneté acquise Ancienneté acquise
11e échelon	7e échelon	1/2 de l'ancienneté acquise
10e échelon	7e échelon	Sans ancienneté
9e échelon	6e échelon	2/3 de l'ancienneté acquise
8e échelon	6e échelon	Sans ancienneté
7e échelon	5e échelon	Ancienneté acquise
6e échelon	4e échelon	Ancienneté acquise
5e échelon	3e échelon	Ancienneté acquise
4e échelon	2e échelon	Ancienneté acquise
3e échelon	2e échelon	Sans ancienneté
2e échelon	1er échelon	Ancienneté acquise
1er échelon	1er échelon	Sans ancienneté

Les fonctionnaires appartenant à un corps ou à un cadre d'emplois de catégorie C ou de même niveau qui détiennent un grade situé en échelle C1 sont classés conformément au tableau de correspondance ci-après :

SITUATION dans l'échelle C1 de la catégorie C	SITUATION DANS LE GRADE DE GREFFIER	
	Échelon	Ancienneté conservée dans la limite de la durée de l'échelon
(Décr. n° 2017-1736 du 21 déc. 2017) « 12e échelon (à compter du 1er janvier 2021) »	6e échelon	1/2 de l'ancienneté acquise
11e échelon	6e échelon	Sans ancienneté
10e échelon	5e échelon	Ancienneté acquise
9e échelon	5e échelon	Sans ancienneté
8e échelon : - A partir d'un an - Avant un an	4e échelon 4e échelon	1/2 de l'ancienneté acquise Sans ancienneté
7e échelon	3e échelon	Ancienneté acquise
6e échelon	2e échelon	Ancienneté acquise
5e échelon	2e échelon	Sans ancienneté
4e échelon	1er échelon	1/2 de l'ancienneté acquise, majoré d'un an

3e échelon	1er échelon	1/2 de l'ancienneté acquise
2e échelon	1er échelon	Sans ancienneté
1er échelon	1er échelon	Sans ancienneté

III. — Les fonctionnaires appartenant à un corps ou un cadre d'emplois de catégorie C ou de même niveau qui détiennent un autre grade que ceux mentionnés au I et au II sont classés dans le grade de greffier à l'échelon doté d'un indice brut conduisant à un traitement égal ou, à défaut, immédiatement supérieur à celui qu'ils percevaient avant leur nomination augmenté de quinze points d'indice brut. Lorsque deux échelons successifs présentent un écart égal avec cet indice augmenté, le classement est prononcé dans celui qui comporte l'indice brut le moins élevé.

Dans la limite de l'ancienneté exigée à l'article 18 pour une promotion à l'échelon supérieur, les bénéficiaires de cette disposition conservent l'ancienneté d'échelon acquise dans leur grade d'origine lorsque l'augmentation d'indice brut consécutive à leur nomination est inférieure ou égale à quinze points d'indice brut. Toutefois, lorsque le classement opéré en vertu de l'alinéa précédent conduit le fonctionnaire à bénéficier d'un échelon qu'aurait également atteint le titulaire d'un échelon supérieur de son grade d'origine, aucune ancienneté ne lui est conservée dans l'échelon du grade de greffier dans lequel il est classé.

S'ils y ont intérêt, les agents mentionnés au premier alinéa du III, qui détenaient, antérieurement au dernier grade détenu en catégorie C, un grade situé en échelle C 2, sont classés en application des dispositions du II en tenant compte de la situation qui aurait été la leur s'ils n'avaient cessé, jusqu'à la date de nomination dans le corps des greffiers des services judiciaires, d'appartenir à ce grade.

IV. — Les agents autres que ceux mentionnés aux I, II et III sont classés à l'échelon du grade de greffier qui comporte un traitement égal ou, à défaut, immédiatement supérieur au traitement perçu en dernier lieu dans leur corps ou cadre d'emplois d'origine.

Dans la limite de l'ancienneté exigée à l'article 18, pour une promotion à l'échelon supérieur, ils conservent l'ancienneté d'échelon qu'ils avaient acquise dans leur grade d'origine lorsque l'augmentation d'indice brut consécutive à leur nomination est inférieure à celle qui aurait résulté d'un avancement d'échelon dans leur ancienne situation.

Les agents nommés alors qu'ils ont atteint le dernier échelon de leur grade d'origine conservent leur ancienneté d'échelon dans les mêmes limites lorsque l'augmentation d'indice brut consécutive à leur nomination est inférieure à celle qui a résulté de leur promotion à ce dernier échelon.

Art. 16 Les personnes qui justifient, avant leur nomination dans le corps des greffiers des services judiciaires, de services accomplis dans une administration ou un organisme d'un État membre de l'Union européenne ou d'un autre État partie à l'accord sur l'Espace économique européen au sens des articles 2 et 4 du décret du 22 mars 2010 susvisé sont classées, lors de leur nomination, en application des dispositions du titre II du même décret.

Lorsqu'elles justifient en outre de services ne donnant pas lieu à l'application de ces dispositions, elles peuvent demander, dans un délai maximal de six mois à compter de la notification de la décision prononçant leur classement, à bénéficier des dispositions de l'article 14 du présent décret au lieu de celles du décret du 22 mars 2010 susvisé.

Art. 17 I. — Les agents qui, à la date de leur nomination dans le corps des greffiers des services judiciaires, ont la qualité de fonctionnaire civil bénéficient des dispositions du I de l'article 23 du décret du 11 novembre 2009 susvisé.

II. — Les agents qui, à la date de leur nomination dans le corps des greffiers des services judiciaires*[,]* ont la qualité d'agent non titulaire de droit public bénéficient des dispositions du II de l'article 23 du décret du 11 novembre 2009 susvisé.

SECTION II *Dispositions relatives à l'avancement*

Art. 18 La durée *(Abrogé par Décr. nº 2017-1368 du 20 sept. 2017, art. 5-1º)* *« moyenne »* du temps passé dans chacun des échelons et des grades du corps des greffiers des services judiciaires est fixée ainsi qu'il suit :

Le 1º de l'art. 5 du Décr. nº 2017-1368 du 20 sept. 2017 entre en vigueur conformément aux dispositions du 1º du V de l'art. 148 de la L. nº 2015-1785 du 29 déc. 2015 (Décr. préc., art. 13).

(Décr. n° 2017-1368 du 20 sept. 2017, art. 5-2°, en vigueur le 1er janv. 2017)

GRADE	ÉCHELON	DURÉE
Greffier principal		
	Échelon spécial	-
	11e échelon	-
	10e échelon	3 ans
	9e échelon	3 ans
	8e échelon	3 ans
	7e échelon	3 ans
	6e échelon	3 ans
	5e échelon	2 ans
	4e échelon	2 ans
	3e échelon	2 ans
	2e échelon	2 ans
	1er échelon	1 an
Greffier		
	13e échelon	
	12e échelon	4 ans
	11e échelon	3 ans
	10e échelon	3 ans
	9e échelon	3 ans
	8e échelon	3 ans
	7e échelon	2 ans
	6e échelon	2 ans
	5e échelon	2 ans
	4e échelon	2 ans
	3e échelon	2 ans
	2e échelon	2 ans
	1er échelon	2 ans

Art. 19 I. – Peuvent être promus au grade de greffier principal les greffiers *(Décr. n° 2017-1368 du 20 sept. 2017, art. 6, en vigueur le 1er janv. 2017)* « justifiant d'au moins un an d'ancienneté dans le cinquième échelon de leur grade » et ayant accompli trois années de services effectifs dans un corps, cadre d'emplois ou emploi de catégorie B ou de même niveau.

Pour être promus, les candidats doivent être inscrits sur un tableau d'avancement, établi *(Abrogé par Décr. n° 2021-1392 du 26 oct. 2021, art. 134-3°) « après avis de la commission administrative paritaire compétente »* au vu des résultats d'une sélection organisée par la voie d'un examen professionnel.

II. – L'examen professionnel de sélection est ouvert aux greffiers remplissant les conditions du premier alinéa au 31 décembre de l'année au titre de laquelle le tableau d'avancement est établi.

III. – Un arrêté conjoint du garde des Sceaux, ministre de la justice, et du ministre chargé de la fonction publique fixe les règles relatives à l'organisation générale, la nature et le programme des épreuves de l'examen professionnel ainsi qu'à la composition et au fonctionnement du jury.

Un arrêté du garde des Sceaux, ministre de la justice, organise l'examen professionnel et désigne le jury.

Art. 20 Peuvent également être promus au grade de greffier principal, au choix, les greffiers *(Décr. no 2017-1368 du 20 sept. 2017, art. 7, en vigueur le 1er janv. 2017)* « justifiant d'au moins un an d'ancienneté dans le sixième échelon » de leur grade et justifiant d'au moins cinq années de services effectifs dans un corps, cadre d'emplois ou emploi de catégorie B ou de même niveau.

Pour être promus, les greffiers mentionnés à l'alinéa précédent doivent avoir été inscrits à un tableau d'avancement *(Abrogé par Décr. no 2021-1392 du 26 oct. 2021, art. 134-4o)* ***« établi sur avis de la commission administrative paritaire compétente ».***

La condition d'ancienneté fixée au premier alinéa s'apprécie au 31 décembre de l'année au titre de laquelle le tableau d'avancement est établi.

Art. 21 Les promotions au grade de greffier principal s'effectuent pour deux tiers au moins par la voie de l'examen professionnel et pour un tiers au plus au choix.

Art. 22 Les greffiers promus au grade de greffier principal sont nommés et classés dans ce grade conformément au tableau de correspondance suivant :

(Décr. no 2017-1368 du 20 sept. 2017, art. 8, en vigueur le 1er janv. 2017)

SITUATION DANS LE GRADE de greffiers	SITUATION DANS LE GRADE de greffier principal	ANCIENNETÉ CONSERVÉE dans la limite de la durée d'échelon
13e échelon : - A partir de trois ans - Avant trois ans	9e échelon 8e échelon	Sans ancienneté Ancienneté acquise
12e échelon	7e échelon	3/4 de l'ancienneté acquise
11e échelon	6e échelon	Ancienneté acquise
10e échelon	5e échelon	2/3 de l'ancienneté acquise
9e échelon	5e échelon	Sans ancienneté
8e échelon	4e échelon	2/3 de l'ancienneté acquise
7e échelon	3e échelon	Ancienneté acquise
6e échelon 5e échelon	2e échelon	Ancienneté acquise
	1er échelon	1/2 de l'ancienneté acquise

Art. 23 Peuvent accéder à l'échelon spécial du grade de greffier principal, au choix, par voie d'inscription à un tableau annuel d'avancement *(Abrogé par Décr. no 2021-1392 du 26 oct. 2021, art. 134-5o)* ***« établi après avis de la commission administrative paritaire »***, les greffiers principaux justifiant de trois ans d'ancienneté dans le *(Décr. no 2017-1368 du 20 sept. 2017, art. 9, en vigueur le 1er janv. 2017)* « onzième échelon » de leur grade.

Le nombre de greffiers relevant de l'échelon spécial ne peut être supérieur à un pourcentage des effectifs du grade de greffier principal. Ce pourcentage est fixé par arrêté conjoint du garde des Sceaux, ministre de la justice, du ministre chargé du budget et du ministre chargé de la fonction publique.

CHAPITRE IV *Dispositions particulières*

Art. 24 Dès le début de leur formation, les greffiers recrutés au titre de l'article 6 et les agents en détachement dans le corps des greffiers des services judiciaires prêtent, devant le *(Décr. n° 2019-966 du 18 sept. 2019, art. 8, en vigueur le 1er janv. 2020)* « tribunal judiciaire *[ancienne rédaction : tribunal de grande instance]* », le serment suivant :

"Je jure de bien et loyalement remplir mes fonctions et de ne rien révéler ou utiliser de ce qui sera porté à ma connaissance à l'occasion de leur exercice."

Art. 25 Les greffiers et les fonctionnaires détachés dans le corps des greffiers, lorsqu'ils sont affectés dans une cour ou un tribunal, portent aux audiences le costume prévu par les règlements en vigueur.

Art. 26 Les greffiers exerçant dans les juridictions sont installés dans leurs fonctions à une audience solennelle de la juridiction dans laquelle ils sont affectés. Ils peuvent aussi être installés par écrit.

Art. 27 Les dispositions du titre Ier du livre Ier du code de l'organisation judiciaire relatives aux incompatibilités sont applicables aux greffiers.

Ils ne peuvent être affectés dans une juridiction dans le ressort de laquelle leur conjoint, partenaire d'un pacte civil de solidarité, parent ou allié jusqu'au troisième degré inclusivement exerce soit des fonctions d'officier public ou ministériel, soit la profession d'avocat, sauf dispense accordée par le garde des Sceaux, ministre de la justice, après avis des chefs de cour.

Art. 28 Les greffiers régis par le présent statut ne peuvent, sans l'accord du garde des Sceaux, ministre de la justice, être requis, en dehors de leurs fonctions, pour d'autres services publics que l'accomplissement du service national, du service civique ou des activités dans la réserve opérationnelle.

Le garde des Sceaux, ministre de la justice, peut, dans l'intérêt du service, s'opposer à la participation de ces fonctionnaires aux travaux d'organismes ou de commissions extrajudiciaires.

Les greffiers ne peuvent effectuer des expertises ou des consultations à la demande d'une autorité judiciaire ou administrative qu'après avoir reçu l'accord exprès du garde des Sceaux, ministre de la justice.

Art. 29 Les greffiers honoraires demeurent attachés en cette qualité à la juridiction à laquelle ils appartenaient en dernier lieu. Ils peuvent, le cas échéant, assister à ce titre aux audiences solennelles de la juridiction dans les conditions définies au titre premier du livre premier de la partie réglementaire du code de l'organisation judiciaire.

Art. 30 Les greffiers des services judiciaires font l'objet d'une évaluation annuelle de leur valeur professionnelle dans les conditions prévues par le décret du 28 juillet 2010 susvisé.

Art. 31 I. — Les fonctionnaires placés en position de détachement ou directement intégrés, dans le corps des greffiers des services judiciaires sont respectivement soumis aux dispositions des titres II et III *bis* du décret du 16 septembre 1985 susvisé.

Les fonctionnaires détachés peuvent demander à être intégrés à tout moment dans le corps des greffiers des services judiciaire. Au-delà d'une période de détachement de cinq ans, ils se voient proposer une intégration dans ce corps.

Les services accomplis dans le corps ou cadres d'emplois d'origine sont assimilés à des services accomplis dans le corps des greffiers des services judiciaires.

II. — Peuvent également être détachés dans le corps régi par le présent décret les militaires mentionnés à l'article 13 *ter* de la loi du 13 juillet 1983 susvisée, dans les conditions fixées par le décret prévu par les mêmes dispositions.

Art. 32 Les fonctionnaires détachés ou directement intégrés ainsi que les militaires détachés dans le corps des greffiers des services judiciaires suivent une formation professionnelle obligatoire dont la durée ne peut excéder douze mois et ne peut être inférieure à trois mois.

Art. 33 Les greffiers des services judiciaires bénéficient d'une formation professionnelle continue obligatoire.

Dans la période de cinq années suivant leur titularisation, les greffiers reçoivent, chaque année, une formation professionnelle continue obligatoire d'une durée minimale de dix jours.

Les greffiers peuvent être astreints à une obligation de formation, en tant que de besoin, à l'occasion d'un changement de fonctions.

Art. 34 Les modalités selon lesquelles s'accomplissent les formations professionnelles prévues aux articles 32 et 33 sont fixées par arrêté conjoint du garde des Sceaux, ministre de la justice, et du ministre chargé de la fonction publique.

CHAPITRE V *Dispositions transitoires et finales*

Art. 35 I. — A la date d'entrée en vigueur du présent décret, les greffiers des services judiciaires régis par le décret n° 2003-466 du 30 mai 2003 portant statut particulier des greffiers des services judiciaires sont intégrés et reclassés dans le corps des greffiers des services judiciaires régi par le présent décret conformément au tableau de correspondance suivant :

SITUATION ANCIENNE dans le premier grade		SITUATION NOUVELLE DANS LE GRADE DE GREFFIER PRINCIPAL	
Échelon		Échelon	Ancienneté conservée dans la limite de la durée de l'échelon d'accueil
7e échelon	A partir de 3 ans	10e échelon	Ancienneté conservée dans la limite de deux ans
	Avant trois ans	9e échelon	Ancienneté acquise
6e échelon	A partir de trois ans	9e échelon	Sans ancienneté
	Avant trois ans	8e échelon	Ancienneté acquise
5e échelon		7e échelon	6/7 de l'ancienneté acquise
4e échelon		6e échelon	6/7 de l'ancienneté acquise
3e échelon		5e échelon	2/3 de l'ancienneté acquise
2e échelon		4e échelon	2/5 de l'ancienneté acquise majorés d'un an
1er échelon		4e échelon	La moitié de l'ancienneté acquise
13e échelon		13e échelon	Ancienneté acquise
12e échelon		12e échelon	Ancienneté acquise
11e échelon		11e échelon	Ancienneté acquise
10e échelon		10e échelon	Ancienneté acquise majorée d'un an
9e échelon	A partir de deux ans	10e échelon	Ancienneté acquise au-delà de deux ans
	Avant deux ans	9e échelon	Ancienneté acquise majorée d'un an
8e échelon		9e échelon	La moitié de l'ancienneté acquise
7e échelon		8e échelon	3/2 de l'ancienneté acquise
6e échelon	A partir d'un an	7e échelon	Deux fois l'ancienneté acquise au-delà d'un an
	Avant un an	6e échelon	Ancienneté acquise majorée d'un an
5e échelon	A partir d'un an	6e échelon	Ancienneté acquise au-delà d'un an
	Avant un an	5e échelon	Ancienneté acquise majorée d'un an

SITUATION ANCIENNE dans le premier grade		SITUATION NOUVELLE DANS LE GRADE DE GREFFIER PRINCIPAL	
Échelon		Échelon	Ancienneté conservée dans la limite de la durée de l'échelon d'accueil
4e échelon	A partir d'un an	5e échelon	Ancienneté acquise au-delà d'un an
	Avant un an	4e échelon	Ancienneté acquise majorée d'un an
3e échelon	A partir d'un an	4e échelon	Ancienneté acquise au-delà d'un an
	Avant un an	3e échelon	Ancienneté acquise majorée d'un an
2e échelon	A partir d'un an	3e échelon	Deux fois l'ancienneté acquise au-delà d'un an
	Avant un an	2e échelon	Ancienneté acquise
1er échelon		1er échelon	Ancienneté acquise

II. – Les services accomplis dans le corps et les grades des greffiers des services judiciaires régis par le décret du 30 mai 2003 précité sont assimilés à des services accomplis dans les corps et grades régis par le présent décret.

III. – Les intéressés conservent leurs réductions et majorations d'ancienneté accordées et non utilisées pour un avancement d'échelon dans leur ancien corps.

Art. 36 Les fonctionnaires détachés dans le corps des greffiers des services judiciaires régi par le décret du 30 mai 2003 précité sont placés, à la date d'entrée en vigueur du présent décret, en position de détachement dans le corps régi par le présent décret pour la durée de leur détachement restant à courir. Ils sont classés dans ce corps dans les conditions prévues à l'article 35.

Les services accomplis par les intéressés en position de détachement dans les corps et grades régis par le décret du 30 mai 2003 précité sont assimilés à des services accomplis en position de détachement dans les corps et grades des greffiers des services judiciaires régis par le présent décret.

Les intéressés conservent les réductions et majorations d'ancienneté accordées et non utilisées pour un avancement d'échelon dans les grades régis par le décret du 30 mai 2003 précité.

Les dispositions du présent article sont applicables aux militaires détachés au titre de l'article L. 4139-2 du code de la défense.

Art. 37 Les concours et examens professionnels ouverts aux adjoints administratifs relevant du ministère de la justice dont les arrêtés d'ouverture ont été publiés avant la date d'entrée en vigueur du présent décret se poursuivent jusqu'à leur terme.

Les lauréats de ces concours et examens professionnels, dont la nomination n'a pas été prononcée dans le corps des greffiers des services judiciaires avant cette même date *[,]* sont nommés en qualité de greffier stagiaire dans les conditions prévues par le présent décret.

Les listes complémentaires établies par les jurys des concours et examen professionnel mentionnés au premier alinéa peuvent être utilisées afin de pourvoir des emplois vacants relevant du corps des greffiers des services judiciaires régi par le présent décret.

Art. 38 Les stagiaires relevant du corps des greffiers des services judiciaires régi par le décret du 30 mai 2003 précité poursuivent leur stage dans le corps régi par le présent décret.

Art. 39 Les agents contractuels recrutés en vertu de l'article 27 de la loi du 11 janvier 1984 susvisée et qui ont vocation à être titularisés dans le corps régi par le décret du 30 mai 2003 précité sont maintenus en fonctions et ont vocation à être titularisés dans le corps régi par le présent décret.

Art. 40 Les tableaux d'avancement au premier grade du corps des greffiers des services judiciaires établis avant la date d'entrée en vigueur du présent décret demeurent valables jusqu'au 31 décembre 2015.

Les agents promus en application de l'alinéa précédent postérieurement à la date d'entrée en vigueur du présent décret sont classés dans le grade de greffier principal en tenant compte de la situation qui aurait été la leur s'ils n'avaient cessé d'appartenir à leur ancien corps jusqu'à la date de leur promotion, puis promus dans le grade d'avancement de ce corps en application de l'article 25 du décret du 30 mai 2003 précité et reclassés à cette même date dans le corps d'intégration dans les conditions fixées par le tableau mentionné à l'article 35 du présent décret.

Art. 41 Par dérogation au 4° de l'article 6, au titre des années 2016 et 2017, l'examen professionnel d'accès au corps des greffiers des services judiciaires est ouvert aux adjoints administratifs relevant du ministère de la justice justifiant, au 1er janvier de l'année au titre de laquelle l'examen est organisé, d'au moins neuf ans de services publics, dont trois ans dans les services judiciaires.

Le nombre de promotions effectuées au titre du présent article est calculé en appliquant une proportion maximale de deux cinquièmes à 5 % de l'effectif des greffiers des services judiciaires en position d'activité et de détachement au 31 décembre de l'année précédant celle au titre de laquelle sont prononcées les nominations.

Art. 42 La commission administrative paritaire du corps des greffiers des services judiciaires régi par le décret du 30 mai 2003 précité demeure compétente pour le corps régi par le présent décret et le mandat de ses membres est maintenu jusqu'à son renouvellement.

Les représentants du deuxième grade exercent les compétences des représentants du nouveau grade de greffier.

Les représentants du premier grade exercent les compétences des représentants du nouveau grade de greffier principal.

Art. 43 Le décret n° 2003-466 du 30 mai 2003 portant statut particulier des greffiers des services judiciaires est abrogé.

Art. 44 Le présent décret entre en vigueur le premier jour du mois suivant sa publication au *Journal officiel* de la République française.

Circulaire JUSB1525398C du 23 octobre 2015,

Relative à la réforme statutaire de la filière greffe (BOMJ n° 2015-10 du 30 oct 2015) .

E Huissiers de justice

Ce titre traite du statut des huissiers de justice et de l'organisation de la profession. Les textes applicables au tarif sont présentés sous le titre « Frais et dépens ».

[A compter du 1er juill. 2022, les professions d'huissier de justice et de commissaire-priseur judiciaire seront réunies en une seule et même profession de commissaire de justice. Sur cette nouvelle profession, V. Ord. n° 2016-728 du 2 juin 2016, App., v° Officiers publics ou ministériels.

RÉP. PR. CIV. v° *Huissier de justice*, par ABBOU et NICOD.

BIBL. GÉN. ▸ **Généralités** : Les huissiers de justice, *Sofiac 2010*. – BAZIN, *Dr. et pr. 2011. 7* (le renforcement du rôle de l'huissier de justice en droit de la famille et en droit des baux d'habitation) ; *Dr. et pr. 2016. 184* (regards sur le devoir de conseil de l'huissier de justice). – CHARDON, *Mél. J. Isnard, EJT 2009, p. 17* (nouvelles perspectives pour la profession d'huissier de justice au XXIe siècle). – FRAENKEL, Le travail des huissiers – transformations d'un métier, *Octorès éditions 2011*. – GUINOT, *Dr. et pr. 2013. 131* (le Décr. du 14 juin 1813, fondement de l'activité moderne des huissiers de justice). – KEMELMAJER DE CARLUCCI, *Mél. J. Isnard, EJT 2009, p. 219* (l'huissier de justice devant la Conv. EDH à l'entrée du nouveau millénaire). – LASHKAR, *Dr. et pr. 2013. 238* (l'huissier de justice, auxiliaire de justice).

▸ **Déontologie :** Dossier, *Dr. et patr. 9/2010, p. 49* (les déontologies des professions du droit : quel avenir ?).

▸ **Droit comparé** : COLLECTIF, *Mél. J. Isnard, EJT 2009, p. 107* (*the huissier audiencier in american litigation : dayan and beyond*). – LES, *Mél. J. Isnard, EJT 2009, p. 241* (le rôle de l'huissier de justice dans la perspective du nouveau code roumain de procédure civile). – SCHMITZ, *Mél.*

J. Isnard, EJT 2009, p. 301 (le processus de libéralisation de la profession d'huissier de justice en Allemagne. Chronique d'une Odyssée sans fin). – TIJHUIS, *Mél. J. Isnard, EJT 2009, p. 315* (l'évolution historique de l'huissier de justice néerlandais à vol d'oiseau).

Loi du 27 ventôse an VIII,

Sur l'organisation des tribunaux.

TITRE VI **Du Tribunal de cassation**

Art. 70 Il y aura auprès du Tribunal de cassation huit huissiers, qu'il nommera et pourra révoquer.

Ils instrumenteront exclusivement pour les affaires de la compétence du Tribunal de cassation, dans l'étendue seulement du lieu de sa résidence ; ils pourront instrumenter, concurremment avec les autres huissiers, dans tout le département de la résidence du Tribunal de cassation.

....

Loi du 27 décembre 1923,

Relative à la suppléance des huissiers de justice blessés et à la création de clercs assermentés.

CHAPITRE III

Art. 6 Tous actes judiciaires et extrajudiciaires, à l'exception des procès-verbaux de constat et d'exécution et des ventes mobilières judiciaires ou volontaires, devront, à peine de nullité, être signifiés par huissier ou par clercs assermentés.

Les procès-verbaux de constat et d'exécution et les ventes mobilières judiciaires ou volontaires resteront de la compétence exclusive des huissiers.

(Décr. n° 59-1560 du 28 déc. 1959) « Les clercs assermentés pourront instrumenter dans le même ressort territorial que le titulaire de l'étude à laquelle ils sont attachés. »

Les clercs assermentés, quoique attachés à une étude, pourront, avec l'assentiment de leurs patrons, suppléer tous autres huissiers sous la responsabilité de ces derniers.

Les huissiers pourront également se suppléer entre eux pour la délivrance des copies dans les limites et dans les formes applicables à la suppléance des clercs assermentés.

Dans le département de la Seine *[Paris, Hauts-de-Seine, Seine-Saint-Denis, Val-de-Marne]*, les clercs assermentés bénéficieront de la compétence territoriale des études auxquelles ils sont attachés.

1. La saisie-exécution pratiquée par un clerc assermenté est entachée d'une irrégularité de fond. • Com. 17 déc. 2003, n° 02-14.840 P : *D. 2004. Somm. 1491, obs. Julien*.

2. V. note 2 ss. C. pr. exéc., art. L. 122-1, concernant la possibilité pour les clercs d'huissiers de justice de procéder à des mesures conservatoires. ♦ ... Et note 11 ss. C. pr. exéc., art. R. 211-1, pour l'impossibilité pour un clerc de dresser un procès-verbal d'exécution.

3. Les huissiers peuvent déléguer à un clerc assermenté le pouvoir de signifier les actes de procédure. L'obligation pour l'huissier de procéder en personne ne concerne nullement la signification d'un jugement, fût-il d'expulsion, qui ne constitue pas, en soi, un acte d'exécution. • Civ. 2e, 27 févr. 2014 : *D. actu. 13 mars 2014, obs. Avena-Robardet ; Procédures 2014, n° 139, note Perrot.*

4. La signification au tiers saisi de l'acte de conversion de la saisie conservatoire en saisie-attribution ayant été effectuée par un clerc assermenté, une cour d'appel, qui retient exactement que l'acte de conversion d'une saisie conservatoire en saisie-attribution qui emporte attribution immédiate de la créance saisie au créancier constitue un acte d'exécution relevant comme tel de la compétence exclusive de l'huissier de justice, déclare à bon droit l'acte de signification nul. • Civ. 2e, 25 sept. 2014 : *Dalloz jurisprudence.*

Art. 7 Les actes judiciaires et extrajudiciaires prévus à l'article 6, préalablement signés sur l'original et les copies par l'huissier, seront notifiés par le clerc assermenté ou l'huissier suppléant en se conformant aux prescriptions des articles 68 et 69 du code de procédure civile *[C. pr. civ., art. 654 s., 692]*.

L'huissier visera les mentions faites sur l'original par le clerc assermenté ou l'huissier suppléant, le tout à peine de nullité.

Nom du clerc ayant procédé à la signification de l'acte. Renvoi. V. note ss. art. 648 C. pr. civ.

Art. 8 Les protêts faute d'acceptation ou de payement, préalablement revêtus sur l'original et les copies de la signature de l'huissier, seront faits par le clerc assermenté ou l'huissier suppléant en se conformant aux prescriptions des articles 173, 174 et 176 *[art. L. 511-52]* du code de commerce.

L'huissier visera les mentions faites sur l'original par le clerc assermenté ou l'huissier suppléant.

Le tout à peine de nullité.

Art. 9 L'huissier sera civilement responsable des nullités, amendes, restitutions, dépens et dommages-intérêts encourus du fait des clercs assermentés et des huissiers dans l'exercice de leurs suppléances. Le cautionnement sera affecté à cette responsabilité.

Art. 10 à 12 *Non reproduits. – V. C. pr. exéc., App., v° Huissiers de justice. —* ***C. pr. exéc.***

Ordonnance n° 45-2592 du 2 novembre 1945,

Relative au statut des huissiers de justice.

La présente Ord. est applicable à Mayotte (Ord. n° 2012-579 du 26 avr. 2012, art. 1er, ratifiée par L. n° 2012-1270 du 20 nov. 2012, art. 30-III-9°).

Elle est abrogée, à compter du 1er janv. 2022, par l'Ord. n° 2016-728 du 2 juin 2016, art. 24-I-1°.

BIBL. ▸ CARRAL et GUÉNIN, *Gaz. Pal. 4-5 juin 2004, p. 2* (efficacité des constats d'huissier sur le web). – FRADIN, *Dr. et patr., janv. 2010, p. 66* (l'acte d'huissier de justice au service de la sécurité juridique).

Art. 1er *(Décr. n° 55-604 du 20 mai 1955, art. 32)* **Les huissiers de justice sont les officiers ministériels qui ont seuls qualité pour signifier les actes et les exploits, faire les notifications prescrites par les lois et règlements lorsque le mode de notification n'a pas été précisé et ramener à exécution les décisions de justice, ainsi que les actes ou titres en forme exécutoire.**

Les huissiers de justice peuvent en outre procéder au recouvrement amiable ou judiciaire de toutes créances et, dans les lieux où il n'est pas établi de commissaires-priseurs *(L. n° 2006-728 du 23 juin 2006, art. 35-III, en vigueur le 1er janv. 2007)* **« judiciaires », aux prisées et ventes publiques** *(L. n° 2006-728 du 23 juin 2006, art. 35-III, en vigueur le 1er janv. 2007)* **« judiciaires ou volontaires » de meubles et effets mobiliers corporels.** *(L. n° 2010-1609 du 22 déc. 2010, art. 2)* **« Ils peuvent, commis par justice ou à la requête de particuliers, effectuer des constatations purement matérielles, exclusives de tout avis sur les conséquences de fait ou de droit qui peuvent en résulter. Sauf en matière pénale où elles ont valeur de simples renseignements, ces constatations font foi jusqu'à preuve contraire. »** *(L. n° 2010-1609 du 22 déc. 2010, art. 14)* **« Les huissiers de justice peuvent également accomplir les mesures conservatoires après l'ouverture d'une succession, dans les conditions prévues par le code de procédure civile. »** *(Ord. n° 2016-727 du 2 juin 2016, art. 20-1°, en vigueur le 1er janv. 2017)* **« Ils peuvent être désignés à titre habituel en qualité de liquidateur dans certaines procédures de liquidation judiciaire ou d'assistant du juge commis dans le cadre des procédures de rétablissement professionnel, dans les conditions prévues par le titre IV du livre VI et le livre VIII du code de commerce. »**

Les huissiers-audienciers assurent le service personnel près les cours et tribunaux.

(L. n° 73-546 du 25 juin 1973, art. 19, en vigueur le 1er janv. 1974) **« Ils peuvent également exercer à titre accessoire certaines activités ou fonctions. La liste de ces activités et fonctions ainsi que les conditions dans lesquelles les intéressés sont autorisés à les exercer sont, sous réserve des lois spéciales, fixées par décret en Conseil d'État. »**

L'art. 14 de la L. n° 2010-1609 du 22 déc. 2010 entre en vigueur dans les conditions fixées par le décret modifiant le code de procédure civile nécessaire à son application et au plus tard le 1er sept. 2011 (L. préc., art. 43).

L'Ord. n° 2016-727 du 2 juin 2016 est applicable aux procédures ouvertes après son entrée en vigueur (Ord. préc., art. 25, applicable dans les îles Wallis-et-Futuna).

BIBL. ▸ BAZIN, *Dr. et pr. 2009. 248* (l'huissier de justice et les consommateurs). – BOULMIER, *Dr. et pr. 2008. 304* (la preuve et l'huissier de justice en droit du travail). – CROZE, *Gaz. Pal. 26-28 mai 2013, p. 9* (la preuve par huissier). – FRICERO et CASTELLAIN, *Dr. et pr. 2009. 6* (à propos du constat d'huissier de justice).

▸ **L. du 22 déc. 2010 :** LAUVERGNAT, *Dr. et pr. 2011. 59* (renforcement de la force probante des constats d'huissier de justice) ; *ibid. 61* (nouvelles attributions des huissiers de justice en matière de successions). – VALORY, *RJFP févr. 2011, p. 32.*

1. Auditions de témoins. Il résulte de l'art. 1er qu'étant exclusivement habilités à effectuer des constatations matérielles, les huissiers de justice ne peuvent être commis pour procéder à des auditions de témoins qui relèvent de la procédure d'enquête prévue par les art. 204 s. NCPC [devenu C. pr. civ.] et qu'ils ne peuvent dès lors recueillir des témoignages qu'aux seules fins d'éclairer leurs constatations matérielles. • Soc. 29 oct. 2002, n° 00-42.918 P : *D. 2002. IR 3188* ; *RTD civ. 2003. 141, obs. Hauser* ; *Dr. et pr. 2003. 111, note Bourdillat* • Soc. 28 avr. 2006, n° 04-13.932 P : *D. 2006. 1658, note Mauger-Vielpeau* ; *ibid. 2007. Pan. 1908, obs. Bretzner*. ♦ Comp. : • Civ. 1re, 7 mai 2008 : *D. 2008. Pan. 2826, obs. Delebecque*.

2. Excès de pouvoirs. L'huissier commis par l'employeur excède ses pouvoirs en demandant à des salariés grévistes de décliner leur identité et d'enlever des véhicules gênants. • Soc. 2 mars 2004, n° 01-44.644 P.

3. Une cour d'appel ayant relevé que l'huissier de justice s'était engagé activement dans une démarche matérialisée par l'ouverture d'un compte client et par l'acquisition du produit litigieux pour en obtenir la livraison et qu'il n'avait été satisfait à sa demande qu'à la faveur d'un traitement automatisé, en a exactement déduit qu'il ne s'était pas borné à des constatations purement matérielles et qu'il avait outrepassé les pouvoirs qu'il détenait de de l'art. 1er de l'Ord. du 2 nov. 1945. • Civ. 1re, 20 mars 2014, n° 12-18.518 P : *D. 2014. Actu. 784* ; *Procédures 2014, n° 133, note Perrot.*

4. Prisées et ventes publiques. Il résulte de la combinaison des art. 29 de la loi du 10 juill. 2000 et 1er, al. 2, de l'ord. du 2 nov. 1945 que l'interdiction faite aux huissiers de justice de procéder à des ventes dans les lieux où sont établis des commissaires-priseurs ne concerne que les ventes judiciaires qui sont celles prescrites par la loi ou par décision de justice. • Civ. 1re, 29 nov. 2005, n° 03-17.623 P : *D. 2006. 1658, note Mauger-Vielpeau* ; *Dr. et pr. 2006. 210, obs. Putman.* ♦ V. dans cette affaire : • TGI Bar-le-Duc, réf., 21 nov. 2001 : *BICC 2002, n° 718* ; *D. 2002. 1386, note Crevel*. ♦ V. également ajoutant que les ventes volontaires en litige, réalisées par une SCP d'huissiers de justice, ne peuvent avoir aucune incidence sur l'activité des commissaires-priseurs. • Nancy, 11 mars 2008 : *Dr. et pr. 2008. 273, obs. Salati.*

5. Les constatations faites par un huissier de justice de la remise de documents comptables ont force probante jusqu'à preuve contraire et leur contestation ne relève pas de la procédure d'inscription de faux. C'est par une appréciation souveraine qu'une cour d'appel décide que des procès-verbaux de constat dressés par un huissier de justice qui s'est présenté dans les locaux de l'expert-comptable de la partie saisie, situés en dehors du ressort de sa compétence territoriale, où avait eu lieu la remise des documents comptables destinés à l'objet même de sa mission, ainsi établis en violation des règles d'organisation judiciaire, d'ordre public, devaient être annulés. • Civ. 2e, 6 juin 2013 : *BICC 1er déc. 2013, n° 1409* ; *RTD civ. 2013. 666, obs. Perrot* ; *Gaz. Pal. 3 sept. 2013, p. 34, note Lauvergnat* ; *Dr. et pr. 2013. 200, note Fricero.*

6. Responsabilité de l'huissier. L'huissier de justice ayant seul qualité pour procéder à l'exécution des décisions de justice, le mandat donné par un avocat n'exonère pas de sa responsabilité l'huissier qui accomplit seul sa mission. • Civ. 2e, 21 nov. 2002 : *D. 2002. IR 3243*.

Art. 1er *bis* *(L. n° 91-650 du 9 juill. 1991, art. 80, en vigueur le 1er janv. 1993)* **Les constats établis à la requête des particuliers peuvent être dressés par un « clerc habilité à procéder aux constats » nommé dans des conditions fixées par décret et dans la limite d'un clerc par office d'huissier de justice et de deux clercs par office lorsque son titulaire est une société civile professionnelle** *(L. n° 2010-1609 du 22 déc. 2010, art. 15)* **« ou une société d'exercice libéral ».** *– V. Décr. n° 92-984 du 9 sept. 1992 (JO 15 sept.), mod. par Décr. n° 94-299 du 12 avr. 1994, art. 20 (JO 19 avr.).*

Dans ce cas, les constats sont signés par le « clerc habilité à procéder aux constats » et contresignés par l'huissier de justice qui est civilement responsable du fait de son clerc.

L'art. 15 de la L. n° 2010-1609 du 22 déc. 2010 entre en vigueur dans les conditions fixées par le décret modifiant le code de procédure civile nécessaire à son application et au plus tard le 1er sept. 2011 (L. préc., art. 43).

CHAPITRE PREMIER ***Des conditions d'aptitude aux fonctions d'huissier***

Art. 1er *bis* A *(L. n° 92-644 du 13 juill. 1992, art. 4)* **Les huissiers de justice ne peuvent, à peine de nullité, instrumenter à l'égard de leurs parents et alliés et de ceux de leur conjoint en ligne directe ni à l'égard de leurs parents et alliés collatéraux jusqu'au sixième degré.**

Sanction. La méconnaissance de la prohibition de l'art. 1er *bis* A est sanctionnée par la nullité de fond de l'acte instrumenté, laquelle, conformément à l'art. 118 NCPC [devenu C. pr. civ.], peut être invoquée en tout état de cause. • Civ. 1re, 31 mai 2007 : *D. 2007. AJ 1735* ; *Dr. et pr. 2008. 22, note Putman* ; *Dr. et patr., janv. 2008, p. 98, obs. Amrani Mekki.* ♦ En vertu des dispositions combinées des art. 1 *bis* A de l'Ord. du 2 nov. 1945, relative au statut des huissiers de justice, et 6, § 1er, Conv. EDH, l'huissier de justice est tenu, lorsqu'il agit en tant qu'officier public délégataire de l'État dans l'exercice de sa mission d'auxiliaire de justice, d'une obligation statutaire d'impartialité et d'indépendance. Méconnaît ces textes la cour d'appel qui, pour rejeter l'exception de nullité d'une assignation en référé délivrée à la demande d'une Chambre régionale d'huissier de justice, tirée de ce que l'huissier de justice ayant instrumenté cet acte était intéressé, en tant que trésorier de cette Chambre, au succès de l'action qui tendait à l'expulsion de l'occupant d'un local, bénéficiaire d'une convention de mise à disposition gratuite, et au paiement d'une provision à valoir sur l'indemnité d'occupation, retient que celle-ci exerce cette action pour la défense de ses intérêts collectifs, qui, en raison du principe d'autonomie de la personne morale, se distinguent de ceux personnels de chacun de ses membres, alors que sa qualité de trésorier, membre du bureau chargé de la gestion du patrimoine et des intérêts financiers de cet organisme professionnel, était de nature à faire naître un doute raisonnable, objectivement justifié, sur l'impartialité et l'indépendance requises, à peine de nullité de l'acte, de l'huissier de justice instrumentaire. • Civ. 1re 1er juin 2016, ☎ n° 15-11.417 P : *Dr. et pr. 2016. 164, note Guinot.*

Art. 1er *bis* AA et 1er *bis* AAA *Non reproduits. — V. C. pr. exéc, App., v° Huissiers de justice.*

Art. 2 *(L. n° 2010-1609 du 22 déc. 2010, art. 16)* **« Les huissiers de justice sont tenus d'établir leurs actes, exploits et procès-verbaux en un original ; ils en établissent des expéditions certifiées conformes. Les conditions de conservation de l'original et les modalités d'édition des expéditions certifiées conformes sont définies par décret en Conseil d'État. »**

(Décr. n° 55-604 du 20 mai 1955) **« Les huissiers sont responsables de la rédaction de leurs actes sauf, lorsque l'acte a été préparé par un autre officier ministériel, pour les indications matérielles qu'ils n'ont pas pu eux-mêmes vérifier. »**

(L. n° 92-644 du 13 juill. 1992) **« La chambre nationale des huissiers de justice garantit leur responsabilité professionnelle, y compris celle encourue en raison de leurs activités accessoires prévues à l'article 20 du décret n° 56-222 du 29 février 1956 relatif au statut des huissiers de justice dans des conditions fixées par décret en Conseil d'État. »**

(L. n° 2004-130 du 11 févr. 2004, art. 64) **« Dans des conditions fixées par décret en Conseil d'État, les sommes détenues par les huissiers de justice pour le compte de tiers, à quelque titre que ce soit, sont déposées sur un compte spécialement affecté ouvert à cet effet auprès d'un organisme financier. »** *(Ord. n° 2016-727 du 2 juin 2016, art. 20-2°, en vigueur le 1er janv. 2017)* **« Toutefois, un compte est spécifiquement ouvert auprès de la Caisse des dépôts et consignations pour les sommes détenues dans le cadre de l'exécution des mandats de justice pour lesquels les huissiers de justice sont désignés en application du III de l'article L. 812-2 du code de commerce. »** — *V. Décr. n° 56-222 du 29 févr. 1956, art. 30-1 s.*

L'art. 16 de la L. n° 2010-1609 du 22 déc. 2010 entre en vigueur dans les conditions fixées par le décret modifiant le code de procédure civile nécessaire à son application, et au plus tard le 1er sept. 2011 (L. préc., art. 43).

L'art. 2, al. 3, de l'Ord. du 2 nov. 1945 reproduit ci-dessus n'est applicable aux huissiers de justice qui bénéficient des dispositions de l'art. 3 de l'Ord. n° 2012-579 du 26 avr. 2012, ratifiée par L. n° 2012-1270 du 20 nov. 2012, art. 30, III, 9°, aux termes duquel les huissiers en exercice à la date de publication de ladite ordonnance du 26 avril 2012, nommés en cette qualité en application des dispositions de l'acte n° 70-29 CHD du 31 déc. 1970 de la Chambre des députés des Comores désormais abrogé (Ord. du 26 avr. 2012 préc., art. 7), deviennent, à la même date, huissiers de justice titulaires d'un office créé au lieu de leur exercice professionnel, que pour les réclamations et les actions en responsabilité relatives à des actes ou des faits postérieurs à la publication de celle-ci. Un décret en Conseil d'État fixe les conditions dans lesquelles est calculée et perçue la cotisation spéciale correspondant à la garantie de leur responsabilité professionnelle (Ord. du 26 avr. 2012, préc.).

L'Ord. n° 2016-727 du 2 juin 2016 est applicable aux procédures ouvertes après son entrée en vigueur (Ord. préc., art. 25, applicable dans les îles Wallis-et-Futuna).

Art. 2 *bis* *(L. n° 2008-561 du 17 juin 2008, art. 8-II)* **L'action en responsabilité dirigée contre les huissiers de justice pour la perte ou la destruction des pièces qui leur sont confiées dans l'exécution d'une commission ou la signification d'un acte se prescrit par deux ans.**

Sur l'application dans le temps, V. art. 26, L. n° 2008-561 du 17 juin 2008 (JO 18 juin, p. 9856).

Art. 3 *(L. n° 2015-990 du 6 août 2015, art. 54-I-1°)* La compétence territoriale des huissiers de justice, pour l'exercice des activités mentionnées aux deuxième et dernier alinéas de l'article 1er, est nationale. Sous cette réserve, la compétence territoriale des huissiers de justice s'exerce dans le ressort de cour d'appel au sein duquel ils ont établi leur résidence professionnelle.

Un décret en Conseil d'État définit :

1° Les conditions d'aptitude à leurs fonctions, parmi lesquelles les conditions de reconnaissance de l'expérience professionnelle des clercs salariés ;

2° Le ressort territorial au sein duquel ils sont tenus de prêter leur ministère ou leur concours ;

3° Les règles applicables à leur résidence professionnelle ;

4° Les modalités suivant lesquelles ils peuvent être admis à constituer des groupements ou des associations ;

5° Leurs obligations professionnelles.

L'art. 3 de l'Ord. n° 45-2592 du 2 nov. 1945 relative au statut des huissiers, dans sa rédaction résultant de l'art. 54 de la L. n° 2015-990 du 6 août 2015, entre en vigueur le 1er janv. 2017 (L. n° 2015-990 du 6 août 2015, art. 54-II).

Art. 3 *bis* *Non reproduit. — V. C. pr. exéc., App., v° Huissiers de justice.* — ***C. pr. exéc.***

Art. 3 *ter* *(L. n° 2010-1609 du 22 déc. 2010, art. 17)* L'huissier de justice peut exercer sa profession en qualité de salarié d'une personne physique ou morale titulaire d'un office d'huissier de justice.

Une personne physique titulaire d'un office d'huissier de justice ne peut pas employer plus *(L. n° 2015-990 du 6 août 2015, art. 59-II-1°-a)* « de deux huissiers de justice salariés. » Une personne morale titulaire d'un office d'huissier de justice ne peut pas employer un nombre d'huissiers de justice salariés supérieur *(L. n° 2015-990 du 6 août 2015, art. 59-II-1°-b)* « au double de » celui des huissiers de justice associés qui y exercent la profession.

En aucun cas le contrat de travail de l'huissier de justice salarié ne peut porter atteinte aux règles déontologiques de la profession d'huissier de justice. Nonobstant toute clause du contrat de travail, l'huissier de justice salarié peut refuser à son employeur de délivrer un acte ou d'accomplir une mission lorsque cet acte ou cette mission lui paraissent contraires à sa conscience ou susceptibles de porter atteinte à son indépendance. *(L. n° 2015-990 du 6 août 2015, art. 59-II-2°)* « Toute clause de non-concurrence est réputée non écrite. »

Un décret en Conseil d'État fixe les modalités d'application du présent article, et notamment les règles applicables au règlement des litiges nés à l'occasion de l'exécution d'un contrat de travail après médiation du président de la chambre départementale des huissiers de justice, celles relatives au licenciement de l'huissier de justice salarié et les conditions dans lesquelles il peut être mis fin aux fonctions d'officier public de l'huissier de justice salarié.

L'art. 17 de la L. n° 2010-1609 du 22 déc. 2010 entre en vigueur dans les conditions fixées par le décret modifiant le code de procédure civile nécessaire à son application et au plus tard le 1er sept. 2011 (L. préc., art. 43).

BIBL. ▸ SAFAR, *Dr. et pr. 2011. 69* (exercice de la profession en qualité de salarié).

▸ **L. du 6 août 2015 :** G'SELL, *JCP n° 44 du 26 oct. 2015, p. 15* (une « déréglementation » très réglementée).

Décret n° 2011-875 du 25 juillet 2011,

Relatif aux huissiers de justice salariés.

BIBL. ▸ MENUT, *Dr. et pr. 2011. 194* (l'huissier de justice salarié : enjeu et perspective).

CHAPITRE Ier. *DISPOSITIONS GÉNÉRALES*

Art. 1er Les huissiers de justice salariés sont soumis aux dispositions législatives et réglementaires relatives à l'exercice des fonctions d'huissier de justice par des personnes physiques, à la déontologie et à la discipline des huissiers de justice ainsi qu'aux dispositions du présent décret.

Art. 2 L'huissier de justice salarié ne peut exercer ses fonctions qu'au sein d'un seul office.

Il ne peut avoir de clientèle personnelle.

Il peut procéder seul aux actes, aux missions et aux activités prévus par les trois premiers alinéas de l'article 1er de l'ordonnance *[n° 45-2952]* du 2 novembre 1945 susvisée. Il peut également exercer les activités ou fonctions accessoires mentionnées au dernier alinéa du même article lorsque les dispositions prises en application de cet alinéa en autorisent l'exercice aux huissiers de justice salariés. – *V. Ord. n° 45-2592 du 2 nov. 1945, art. 1er, App., v° Officiers publics ou ministériels.*

L'huissier de justice titulaire de l'office ou, si cet office a pour titulaire une société, l'un des huissiers associés ne peut instrumenter à l'égard d'un huissier salarié exerçant au sein de l'office *(Décr. n° 2017-895 du 6 mai 2017, art. 18-1°)* « ou de la société lorsque celle-ci est titulaire de plusieurs offices » ou des parents ou alliés de ce dernier au degré prohibé par l'article 1er *bis* A de la même ordonnance.

L'huissier de justice salarié ne peut instrumenter à l'égard d'un autre huissier de justice exerçant au sein de l'office *(Décr. n° 2017-895 du 6 mai 2017, art. 18-1°)* « ou de la société lorsque celle-ci est titulaire de plusieurs offices » ou des parents ou alliés de ce dernier au degré prohibé par l'article 1er *bis* A de la même ordonnance. – *V. Ord. n° 45-2592 du 2 nov. 1945, art. 1er et 3 ter, App., v° Officiers publics ou ministériels.*

Art. 3 L'huissier de justice salarié a qualité pour viser les mentions faites sur l'original des actes par le clerc assermenté et pour contresigner les constats établis par le clerc habilité à procéder aux constats.

Art. 4 Dans tous les actes, exploits et procès-verbaux dressés par lui et dans toutes les correspondances, l'huissier de justice salarié doit indiquer son nom, son titre d'huissier, le nom ou la dénomination de la personne physique ou morale titulaire de l'office au sein duquel il exerce ainsi que le siège de cet office. Son sceau comporte les mêmes indications.

Les minutes des actes, exploits et procès-verbaux établis par l'huissier de justice salarié sont conservées par le titulaire de l'office.

Art. 5 *Non reproduit. – V. C. pr. exéc., App., v° Huissiers de justice.*

Art. 6 Le titulaire de l'office est civilement responsable du fait de l'activité professionnelle exercée pour son compte par l'huissier de justice salarié.

Art. 7 à 8 *Non reproduits. – V. C. pr. exéc., App., v° Huissiers de justice. –* ***C. pr. exéc.***

CHAPITRE II. *NOMINATION DE L'HUISSIER DE JUSTICE SALARIÉ*

Art. 9 à 12 *Non reproduits. – V. C. pr. exéc., App., v° Huissiers de justice. –* ***C. pr. exéc.***

CHAPITRE III. *ENTRÉE EN FONCTION*

Art. 13 Dans le mois de sa nomination, l'huissier de justice salarié prête le serment prévu à l'article 35 du décret *[n° 75-770]* du 14 août 1975 susvisé. Il ne peut exercer ses fonctions qu'à compter du jour de sa prestation de serment. – *V. Décr. n° 75-770 du 14 août 1975, art. 35, V. C. pr. exéc., App., v° Huissiers de justice. –* ***C. pr. exéc.***

Tout huissier de justice salarié qui n'a pas prêté serment dans le mois suivant la publication de l'arrêté prévu à l'article 9 est réputé, sauf cas de force majeure, avoir renoncé à sa nomination.

(Décr. n° 2017-895 du 6 mai 2017, art. 18-5°) « L'huissier de justice salarié qui devient titulaire de l'office d'huissier de justice dans lequel il était employé ou qui devient associé de la personne morale titulaire de cet office en vue de l'exercice de la profession au sein de cet office, est nommé en sa nouvelle qualité par un arrêté du garde des Sceaux, ministre de la justice, qui met fin également à ses fonctions d'huissier de justice salarié. » Cet arrêté prend effet à la date de sa publication au *Journal officiel*. L'huissier de justice ainsi nommé n'a pas à prêter à nouveau serment.

(Décr. n° 2016-661 du 20 mai 2016, art. 8-I-5°) « Est également dispensé de prestation de serment l'huissier de justice salarié d'un office qui était, jusqu'à sa nomination en cette qualité, titulaire du même office ou associé de la personne morale titulaire du même office. »

CHAPITRE IV. *LITIGES NÉS À L'OCCASION DE L'EXÉCUTION D'UN CONTRAT DE TRAVAIL*

Art. 14 à 16 *Non reproduits. – V. C. pr. exéc., App., v° Huissiers de justice. –* ***C. pr. exéc.***

CHAPITRE V. *CESSATION DES FONCTIONS DE L'HUISSIER DE JUSTICE SALARIÉ EN CAS DE RUPTURE DU CONTRAT DE TRAVAIL*

Art. 17 à 22-1 *Non reproduits. – V. C. pr. exéc., App., v° Huissiers de justice. –* ***C. pr. exéc.***

CHAPITRE VI. *DISPOSITIONS APPLICABLES DANS LES DÉPARTEMENTS DU HAUT-RHIN, DU BAS-RHIN ET DE LA MOSELLE*

Art. 23 *Non reproduit. — V. C. pr. exéc., App., v° Huissiers de justice.* — **C. pr. exéc.**

CHAPITRE Ier *BIS* De la nomination par le ministre de la justice

(*L. n° 2015-990 du 6 mars 2015, art. 54-I-2°*)

Art. 4 et 4 *bis* *Non reproduits. — V. C. pr. exéc., App., v° Huissiers de justice.* — **C. pr. exéc.**

CHAPITRE II *De l'organisation professionnelle des huissiers de justice*

Le chap. Ier groupant les art. 2 et 3 ci-dessus n'a pas été repris par le décret n° 55-604 du 20 mai 1955.

Art. 5 à 9 *bis* *Non reproduits. — V. C. pr. exéc., App., v° Huissiers de justice.* — **C. pr. exéc.**

CHAPITRE III *Dispositions diverses*

Art. 10 à 14 *Non reproduits. — V. C. pr. exéc., App., v° Huissiers de justice.* — **C. pr. exéc.**

Décret n° 56-222 du 29 février 1956,

Portant règlement d'administration publique pour l'application de l'ordonnance du 2 novembre 1945 relative au statut des huissiers de justice.

BIBL. ▶ **Décr. du 15 mars 2012** : GHERA, *Dr. et pr. 2012. 114* (entre équilibre et modernité, la sécurité juridique au cœur de la communication électronique judiciaire). – LAUVERGNAT, *Procédures 2012. Étude 3* (un souffle nouveau en matière de notification) ; *Gaz. Pal. 25-26 mai 2012, p. 8* (la signification virtuelle est maintenant bien réelle !).

CHAPITRE PREMIER *Statut personnel des huissiers de justice*

SECTION I *Nombre et résidence des huissiers de justice*

Art. 1er à 4 *Abrogés par Décr. n° 75-770 du 14 août 1975, art. 60.*

SECTION II *Attributions et obligations des huissiers de justice*

§ 1er Compétence territoriale des huissiers de justice

BIBL. GÉN. ▶ **Sur le Décr. n° 2007-813 du 11 mai 2007** : PIEDELIÈVRE, *RDBF 2007, n° 159.*

Art. 5 *(Abrogé par Décr. n° 2021-1625 du 10 déc. 2021, art. 33, à compter du 1er juill. 2022) (Décr. n° 2014-983 du 28 août 2014, art. 2)* ***Les actes prévus aux premier et*** *(Décr. n° 2016-1875 du 26 déc. 2016, art. 2-1°)* ***« troisième » alinéas de l'article 1er de l'ordonnance*** *[n° 45-2592]* ***du 2 novembre 1945*** *(Abrogé par Décr. n° 2016-1875 du 26 déc. 2016, art. 2-2°)* ***« , modifié par l'article 32 du décret du 20 mai 1955, » sont faits concurremment par les huissiers de justice dans le ressort*** *(Décr. n° 2016-1875 du 26 déc. 2016, art. 2-3°)* ***« de la cour d'appel » de leur résidence.*** *— V. Ord. n° 45-2592 du 2 nov. 1945, art. 1er, App., v° officiers publics ou ministériels. — V. Décr. n° 55-604 du 20 mai 1955, art. 32, App., v° Officiers publics ou ministériels.*

V. note 4 ss. art. 416 C. pr. civ.

Le Décr. n° 2014-983 du 28 août 2014 entre en vigueur le 1er janv. 2015. Toutefois, dans le ressort des TGI d'Angers, de Brive-la-Gaillarde, de Saumur, de Saint-Gaudens, de Toulouse et de Tulle, il entre en vigueur le 1er sept. 2014 (Décr. préc., art. 7).

Le Décr. n° 2016-1875 du 26 déc. 2016 entre en vigueur le 1er janv. 2017.

Toutefois, les dispositions des art. 8 à 16 ne sont applicables qu'aux inspections des études d'huissiers de justice diligentées, en application des art. 94-1 du Décr. n° 56-222 du 29 févr. 1956, à compter du 1er mars 2017.

Les inspections diligentées entre le 1er janv. et le 28 févr. 2017 sont menées par les inspecteurs désignés sur la base des listes arrêtées pour l'année 2016 en application des dispositions du Décr. n° 56-222 du 29 févr. 1956 susvisé dans leur rédaction antérieure à l'entrée en vigueur du Décr. du 26 déc. 2016.

Pour l'année 2017 et par dérogation aux dispositions de l'art. 94-4 du Décr. n° 56-222 du 29 févr. 1956, dans sa rédaction issue de l'art. 9 du Décr. du 26 déc. 2016, les listes des huissiers de justice inspecteurs agréées par les procureurs généraux sont transmises par les chambres régionales avant le 30 janv. 2017 sur la base des listes des huissiers de justice inspecteurs proposées aux procureurs généraux avant le 31 déc. 2016 en application de l'art. 94-4, dans sa rédaction antérieure à l'entrée en vigueur du Décr. du 26 déc. 2016. La Chambre nationale des commissaires de justice établit sur cette base la première liste nationale des huissiers de justice inspecteurs avant le 28 févr. 2017.

Pour l'année 2017 et par dérogation aux dispositions de l'art. 94-21 du Décr. n° 56-222 du 29 févr. 1956, les avis mentionnés au premier al. de cet art. sont adressés au procureur de la République avant le 30 sept. 2017 (Décr. n° 2016-1875 du 26 déc. 2016, art. 19).

1. Selon l'art. 5 du Décr. n° 56-222 du 29 févr. 1956, les huissiers de justice sont compétents pour délivrer les actes dans le ressort du tribunal d'instance de leur résidence, même si la juridiction est située dans un autre ressort. • Civ. 2e, 11 déc. 2008, ☎ n° 07-19.724 P.

2. Renvoi. Sur l'indifférence de la compétence territoriale de l'huissier de justice désigné comme constatant au sens de l'art. 249 C. pr. civ., V. note 1 ss. cet art.

Art. 5-1 *(Abrogé par Décr. n° 2016-1875 du 26 déc. 2016, art. 3) (Décr. n° 2014-983 du 28 août 2014, art. 2)* ***Les actes mentionnés à l'article 5 peuvent également être faits par tout huissier de justice ayant sa résidence dans le ressort d'un tribunal de grande instance dont le siège est situé dans le même département que le tribunal de grande instance dans le ressort duquel ils doivent être effectués.***

Sur l'entrée en vigueur du Décr. n° 2014-983 du 26 août 2014, V. note ss. art. 5 du présent décret.

Sur l'entrée en vigueur du Décr. n° 2016-1875 du 26 déc. 2016, V. note ss. art. 5 du présent décret.

Art. 5-2 *(Abrogé par Décr. n° 2021-1625 du 10 déc. 2021, art. 33, à compter du 1er juill. 2022) (Décr. n° 2014-983 du 28 août 2014, art. 2)* ***Les actes signifiés par voie électronique peuvent également être faits par tout huissier de justice ayant sa résidence*** *(Décr. n° 2016-1875 du 26 déc. 2016, art. 4)* ***« dans le ressort de la cour d'appel où l'un des destinataires a son domicile ou sa résidence ».***

La dénonciation par la voie électronique d'un acte peut être faite par l'huissier de justice compétent pour signifier ou établir l'acte.

Sur l'entrée en vigueur du Décr. n° 2014-983 du 26 août 2014, V. note ss. art. 5 du présent décret.

Sur l'entrée en vigueur du Décr. n° 2016-1875 du 26 déc. 2016, V. note ss. art. 5 du présent décret.

Art. 5-3 *(Abrogé par Décr. n° 2021-1625 du 10 déc. 2021, art. 33, à compter du 1er juill. 2022) (Décr. n° 2014-983 du 28 août 2014, art. 2)* **Les actes signifiés par voie électronique à un tiers dans le cadre d'une procédure d'exécution ou d'une mesure conservatoire au sens de l'article L. 111-1 du code des procédures civiles d'exécution sont faits concurremment par les huissiers de justice du ressort** *(Décr. n° 2016-1875 du 26 déc. 2016, art. 5-1°)* **« de la cour d'appel » où le débiteur a son domicile ou sa résidence sauf lorsque ceux-ci sont situés à l'étranger.**

(Abrogé par Décr. n° 2016-1875 du 26 déc. 2016, art. 5-2°) ***« Ces actes peuvent également être faits par tout huissier de justice ayant sa résidence dans le ressort d'un tribunal de grande instance dont le siège est situé dans le même département que le tribunal de grande instance dans le ressort duquel le débiteur a son domicile ou sa résidence. »***

Sur l'entrée en vigueur du Décr. n° 2014-983 du 26 août 2014, V. note ss. art. 5 du présent décret.

Sur l'entrée en vigueur du Décr. n° 2016-1875 du 26 déc. 2016, V. note ss. art. 5 du présent décret.

Art. 6 *(Abrogé par Décr. n° 2016-1875 du 26 déc. 2016, art. 6) (Décr. n° 2014-983 du 28 août 2014, art. 2)* ***Lorsqu'un département ne comporte qu'un seul tribunal de grande instance, le premier président de la cour d'appel peut, s'il n'existe aucun huissier de justice dans le ressort de ce tribunal ou s'il n'en existe qu'un et qu'en ce cas l'intérêt des parties l'exige, autoriser un des huissiers de justice établis dans les ressorts des tribunaux de grande instance limitrophes dépendant***

***territorialement de la même cour d'appel à faire les actes prévus aux premier et deuxième alinéas de l'article 1er de l'ordonnance** [nº 45-2592] **du 2 novembre 1945 susvisée.** – V. Ord. nº 45-2592 du 2 nov. 1945, art. 1er, App., vº Officiers publics ou ministériels.*

Sur l'entrée en vigueur du Décr. nº 2014-983 du 26 août 2014, V. note ss. art. 5 du présent décret.

Sur l'entrée en vigueur du Décr. nº 2016-1875 du 26 déc. 2016, V. note ss. art. 5 du présent décret.

Un décret se bornant, en application de l'art. 2 du Décr. nº 56-222 du 29 févr. 1956, à supprimer l'office d'un notaire et à fixer l'indemnité qui lui est due par les huissiers bénéficiaires, ne porte pas en lui-même extension de la compétence de l'office des notaires concernés. En conséquence, est irrecevable le recours en interprétation formé par l'un desdits huissiers de justice afin de savoir si un décret, qui abrogeait un décret précédent pris sur le fondement de l'art. 6 du décret de 1956, devait être interprété comme n'abrogeant pas implicitement un autre décret pris sur le fondement de l'art. 2 précité. • CE 26 mars 2008 : *LPA 14 août 2008, nº 163, concl. Y. Aguila.*

Art. 7 à 8 *Abrogés par Décr. nº 2007-813 du 11 mai 2007, à compter du 1er janv. 2009.*

Art. 9 *(Abrogé par Décr. nº 2021-1625 du 10 déc. 2021, art. 33, à compter du 1er juill. 2022)* ***Les huissiers-audienciers de la Cour de cassation ont seuls le droit, au siège de cette cour, d'instrumenter pour les affaires portées devant elle.***

Art. 10 *(Abrogé par Décr. nº 2021-1625 du 10 déc. 2021, art. 33, à compter du 1er juill. 2022)* ***Les huissiers de justice peuvent, dans la limite de leur compétence territoriale*** *(Abrogé par Décr. nº 2016-1875 du 26 déc. 2016, art. 7)* ***« et sous réserve des dispositions de l'article 6,*** *(Décr. nº 2007-813 du 11 mai 2007, en vigueur le 1er janv. 2009)* ***« premier alinéa*** *[ancienne rédaction : second alinéa]* ***», du présent décret », se faire remplacer*** *(Abrogé par Décr. nº 2019-257 du 29 mars 2019, art. 5)* ***« pendant une durée maximum d'un mois, » en cas d'empêchement momentané, ou d'absence au cours*** *(Décr. nº 2019-257 du 29 mars 2019, art. 5)* ***« des périodes réglementaires de service allégé des juridictions ». L'huissier de justice doit, dans les vingt-quatre heures, aviser le procureur de la République et le président de la chambre départementale de son empêchement ou de son absence et leur indiquer le nom de l'huissier de justice qui le remplace.***

Sur l'entrée en vigueur du Décr. nº 2016-1875 du 26 déc. 2016, V. note ss. art. 5 du présent décret.

§ 2 *Service d'audience*

Art. 11 *(Abrogé par Décr. nº 2021-1625 du 10 déc. 2021, art. 33, à compter du 1er juill. 2022)* ***Les huissiers-audienciers ont pour fonctions :***

1º *(Décr. nº 2004-836 du 20 août 2004, art. 55)* ***« En matière pénale, d'assister aux audiences solennelles et aux audiences publiques, de faire l'appel des causes et de maintenir l'ordre sous l'autorité du président.***

« En matière civile, d'assister aux audiences solennelles, de faire l'appel des causes et, à titre exceptionnel, de maintenir l'ordre sous l'autorité du président. » *– Le décret du 20 août 2004 entre en vigueur le 1er janv. 2005. Il est applicable aux procédures en cours (Décr. nº 2004-836 du 20 août 2004, art. 59).*

2º De signifier les actes *(Décr. nº 2012-634 du 3 mai 2012, art. 19-1º-d)* ***« d'avocat à avocat ».***

Ils se partagent par parts égales les émoluments des appels de causes et des significations *(Décr. nº 2012-634 du 3 mai 2012, art. 19-1º-d)* ***« d'avocat à avocat ».***

Art. 12 *(Abrogé par Décr. nº 2021-1625 du 10 déc. 2021, art. 33, à compter du 1er juill. 2022) (Décr. nº 2017-895 du 6 mai 2017, art. 14-1º)* ***Les huissiers de justice sont compétents pour assurer le service des audiences dans le ressort de la cour d'appel au sein duquel ils ont établi leur résidence professionnelle.***

Les huissiers de justice sont tenus d'assurer le service des audiences près les juridictions dont le siège est situé dans les limites territoriales du ressort du *(Décr. nº 2019-966 du 18 sept. 2019, art. 8, en vigueur le 1er janv. 2020)* ***« tribunal judiciaire*** *[ancienne rédaction : tribunal de grande instance]* ***» au sein duquel leur résidence est établie ou celles du ressort d'un des*** *(Décr. nº 2019-966 du 18 sept. 2019, art. 8, en vigueur le 1er janv. 2020)* ***« tribunaux judiciaires*** *[ancienne rédaction : tribunaux de grande instance]* ***» dont le siège est situé dans le même département que celui au sein duquel leur résidence est établie.***

Art. 12-1 *(Abrogé par Décr. nº 2021-1625 du 10 déc. 2021, art. 33, à compter du 1er juill. 2022) (Décr. nº 2017-895 du 6 mai 2017, art. 14-1º)* ***Chaque année, dans la première quinzaine***

qui suit la rentrée judiciaire, les cours d'appel, les** (Décr. n° 2019-966 du 18 sept. 2019, art. 8, en vigueur le 1er janv. 2020) **« tribunaux judiciaires** [ancienne rédaction : tribunaux de grande instance et les tribunaux d'instance] **» choisissent leurs huissiers audienciers et fixent, après avoir consulté les intéressés, l'ordre de service des dits** [desdits] **huissiers. Les huissiers ainsi désignés sont tenus d'assurer le service des audiences et d'assister le tribunal toutes les fois qu'ils en sont requis.

Art. 13 *(Abrogé par Décr. n° 2021-1625 du 10 déc. 2021, art. 33, à compter du 1er juill. 2022)* ***Le service près les cours d'assises est assuré :***

Dans les villes où siège une cour d'appel, par les huissiers-audienciers de la cour d'appel ;

Dans les autres villes, par les huissiers-audienciers du** (Décr. n° 2019-966 du 18 sept. 2019, art. 8, en vigueur le 1er janv. 2020) **« tribunal judiciaire** [ancienne rédaction : tribunal de grande instance] **».

Art. 14 *(Abrogé par Décr. n° 2021-1625 du 10 déc. 2021, art. 33, à compter du 1er juill. 2022) (Décr. n° 86-734 du 2 mai 1986, art. 1er)* ***Les huissiers de justice peuvent se faire suppléer à leurs frais pour le service des audiences soit par leurs clercs assermentés, soit par des clercs agréés à cet effet par chaque juridiction sauf dans les cas où la juridiction jugerait nécessaire leur présence personnelle.***

§ 3 *Obligations professionnelles*

Art. 15 *(Abrogé par Décr. n° 2021-1625 du 10 déc. 2021, art. 33, à compter du 1er juill. 2022) (Décr. n° 2016-1875 du 26 déc. 2016, art. 8)* ***Sauf dans les cas d'empêchement et pour cause de parenté ou d'alliance prévus à l'article 1er bis A de l'ordonnance** [n° 45-2592] **du 2 novembre 1945, les huissiers de justice sont tenus d'exercer leur ministère toutes les fois qu'ils en sont requis dans les limites du ressort du** (Décr. n° 2019-966 du 18 sept. 2019, art. 8, en vigueur le 1er janv. 2020) **« tribunal judiciaire** [ancienne rédaction : tribunal de grande instance] **» au sein duquel leur résidence est établie ainsi que, lorsqu'un département comporte plusieurs** (Décr. n° 2019-966 du 18 sept. 2019, art. 8, en vigueur le 1er janv. 2020) **« tribunaux judiciaires** [ancienne rédaction : tribunaux de grande instance] **», dans les limites du ressort des** (Décr. n° 2019-966 du 18 sept. 2019, art. 8, en vigueur le 1er janv. 2020) **« tribunaux judiciaires** [ancienne rédaction : tribunaux de grande instance] **» dont le siège est situé dans le même département que le** (Décr. n° 2019-966 du 18 sept. 2019, art. 8, en vigueur le 1er janv. 2020) **« tribunal judiciaire** [ancienne rédaction : tribunal de grande instance] **» au sein duquel leur résidence est établie.** – V. Ord. n° 45-2592 du 2 nov. 1945, art. 1er bis A, App., v° Officiers publics ou ministériels.*

Sur l'entrée en vigueur du Décr. n° 2016-1875 du 26 déc. 2016, V. note ss. art. 5 du présent décret.

Art. 16 *(Abrogé par Décr. n° 2021-1625 du 10 déc. 2021, art. 33, à compter du 1er juill. 2022)* ***Les huissiers de justice sont tenus de remettre eux-mêmes, sauf dans les cas prévus par la loi du 27 décembre 1923 et le chapitre II du décret du 20 mai 1955, à personne ou à domicile, les exploits et actes qu'ils sont chargés de signifier.** – V. L. du 27 déc. 1923, App., v° Officiers publics ou ministériels.*

(Décr. n° 2010-433 du 29 avr. 2010, art. 2-1°) ***« Toutefois, ils peuvent confier la signification d'un acte à un confrère dont la résidence, située dans le même ressort de compétence, est plus proche du lieu de signification. Dans ce cas, la minute est conservée par l'office qui a procédé à la signification. »***

BIBL. ► Lauvergnat, *JCP 2010. 523.* – Lavric, *D. 2010. Actu. 1152.*

Art. 17 *(Abrogé par Décr. n° 2021-1625 du 10 déc. 2021, art. 33, à compter du 1er juill. 2022) (Décr. n° 86-734 du 2 mai 1986)* ***Dans l'exercice de leurs fonctions, les huissiers de justice justifient de leur qualité en présentant une carte professionnelle dont le modèle et le mode de délivrance sont fixés par arrêté du garde des Sceaux, ministre de la justice.***

§ 4 *Activités professionnelles sans monopole et activités accessoires*

Art. 18 *(Abrogé par Décr. n° 2021-1625 du 10 déc. 2021, art. 33, à compter du 1er juill. 2022)* ***En matière de recouvrement amiable ou judiciaire, la remise des pièces à l'huissier de justice vaut mandat d'encaisser.***

V. note 4 ss. art. 416 C. pr. civ.

Art. 19 *(Abrogé par Décr. n° 2021-1625 du 10 déc. 2021, art. 33, à compter du 1er juill. 2022)* ***Lorsque les huissiers de justice procèdent aux prisées et ventes publiques de meubles et effets mobiliers corporels, ils doivent se conformer aux lois et règlements relatifs aux commissaires-priseurs, mais sous le contrôle de la chambre** (Décr. n° 2011-1173 du 23 sept. 2011, art. 2) **« régionale » des huissiers de justice.***

(Abrogé par Décr. n° 94-299 du 12 avr. 1994, art. 22) *« Si l'huissier de justice est en même temps greffier de justice de paix, il doit inscrire le procès-verbal de vente à son répertoire d'huissier de justice. »*

Art. 20 (Abrogé par Décr. n° 2021-1625 du 10 déc. 2021, art. 33, à compter du 1er juill. 2022) (Décr. n° 2011-1173 du 23 sept. 2011, art. 3-1°) *« Sans préjudice de dispositions spéciales, les huissiers de justice peuvent, après en avoir informé la chambre régionale dont ils relèvent ainsi que le procureur général près la cour d'appel dans le ressort de laquelle est établi leur office, exercer les activités accessoires suivantes : »*

Administrateur d'immeubles ;

Agent d'assurances.

(Décr. n° 2011-1173 du 23 sept. 2011, art. 3-2°) *« Dans les mêmes conditions que celles prévues au premier alinéa, les huissiers de justice, y compris salariés, peuvent exercer, à titre accessoire, une activité de médiation conventionnelle ou judiciaire. »*

BIBL. ▶ **Décr. du 23 sept. 2011** : Fricero, *D. 2012. Pan. 244*.

Art. 20-1 (Abrogé par Décr. n° 2021-1625 du 10 déc. 2021, art. 33, à compter du 1er juill. 2022) (Décr. n° 2011-1173 du 23 sept. 2011, art. 4) *Les huissiers de justice ne peuvent accomplir de médiation mettant en cause des actes accomplis par d'autres huissiers de justice ou ayant pour objet une procédure d'exécution.*

Il en est de même lorsqu'ils sont intervenus dans le cadre du différend. Ils ne peuvent, après une médiation, intervenir dans la même affaire.

Art. 21 (Abrogé par Décr. n° 2021-1625 du 10 déc. 2021, art. 33, à compter du 1er juill. 2022) *Les huissiers de justice ne peuvent procéder à aucune négociation lorsqu'ils établissent des actes sous seings privés.*

Art. 22 (Abrogé par Décr. n° 2021-1625 du 10 déc. 2021, art. 33, à compter du 1er juill. 2022) (Décr. n° 2011-1173 du 23 sept. 2011, art. 5) *Dans l'exercice de ses activités accessoires, l'huissier de justice demeure sous le contrôle du procureur de la République et de la chambre régionale.*

Sauf dans le cadre de son activité de médiation, il ne peut pas faire état de sa qualité professionnelle.

Art. 23 (Abrogé par Décr. n° 2021-1625 du 10 déc. 2021, art. 33, à compter du 1er juill. 2022) (Décr. n° 2011-1173 du 23 sept. 2011, art. 6) *Le procureur général près la cour d'appel dans le ressort de laquelle est établi l'office intéressé peut, après avoir recueilli l'avis motivé de la chambre régionale, interdire à l'huissier de justice l'exercice de l'activité accessoire lorsqu'elle nuit à l'accomplissement de ses obligations professionnelles ou donne lieu à des réclamations justifiées.*

Cette interdiction ne peut être prononcée sans que l'huissier de justice intéressé ait été entendu ou appelé dans un délai d'au moins huit jours avant la décision du procureur général par lettre recommandée avec demande d'avis de réception.

§ 5 Actes et expéditions (Décr. n° 2012-366 du 15 mars 2012, art. 8-I).

Art. 24 (Abrogé par Décr. n° 2021-1625 du 10 déc. 2021, art. 33, à compter du 1er juill. 2022) (Décr. n° 2010-433 du 29 avr. 2010, art. 2-2°) *Les actes, exploits et procès-verbaux sont établis conformément à une norme de présentation fixée par arrêté du ministre de la justice, pris après avis de la Chambre nationale des commissaires de justice.* — V. Arr. du 29 juin 2010 (JO 30 juin).

(Décr. n° 2012-366 du 15 mars 2012, art. 8-II) *« L'original et les expéditions peuvent être établis sur des supports différents. »*

Les dispositions de l'art. 24, dans sa rédaction issue du 2° de l'art. 2 du Décr. n° 2010-433 du 29 avr. 2010, sont applicables à compter du 1er juill. 2010 aux actes suivants : commandement de payer, signification d'ordonnance d'injonction de payer, dénonciation d'une saisie-attribution, signification de l'acte de saisie-vente, signification d'une contrainte décernée conformément à l'art. R. 133-3 CSS.

Elles sont applicables aux autres actes d'huissiers de justice à compter de la date fixée par l'arrêté prévu à l'art. 2 du Décr. n° 2010-433 du 29 avr. 2010. Cette date ne devra pas être postérieure au 31 déc. 2010 (Décr. préc., art. 6).

L'art. 8 du Décr. n° 2012-366 du 15 mars 2012 entre en vigueur en même temps que l'arrêté du garde des Sceaux définissant, en application de l'art. 748-6 C. pr. civ., les garanties que doivent présenter les procédés utilisés par les huissiers de justice pour signifier les actes par voie électronique. Cet arrêté doit intervenir au plus tard le 1er sept. 2012 (Décr. préc., art. 24).

BIBL. ▶ Huet, *D. 2005. Chron. 2903* (acte authentique électronique).

▸ **Décr. du 29 avr. 2010 :** Lauvergnat, *JCP 2010. 523.* – Lavric, *D. 2010. Actu. 1152.*

Art. 25 *(Abrogé par Décr. nº 2021-1625 du 10 déc. 2021, art. 33, à compter du 1er juill. 2022) (Décr. nº 2012-366 du 15 mars 2012, art. 8-III)* ***L'huissier de justice dépositaire de l'original délivre sans frais à la partie ou à son représentant une copie certifiée conforme à l'original portant la mention "expédition".***

Sur l'entrée en vigueur du Décr. nº 2012-366 du 15 mars 2012, V. note ss. art. 24 du présent décret.

Art. 26 *(Abrogé par Décr. nº 2021-1625 du 10 déc. 2021, art. 33, à compter du 1er juill. 2022) (Décr. nº 2005-972 du 10 août 2005, en vigueur le 1er févr. 2006)* ***Les originaux établis sur support électronique doivent l'être au moyen d'un système de traitement, de conservation et de transmission de l'information agréé par la Chambre nationale des commissaires de justice et garantissant l'intégrité et la confidentialité de leur contenu.***

Les systèmes de communication d'informations mis en œuvre par les huissiers de justice doivent être interopérables avec ceux des autres huissiers de justice et des organismes auxquels ils doivent transmettre des données.

Ces originaux sont revêtus de la signature électronique sécurisée de celui qui les a dressés, telle que définie par le *(Décr. nº 2017-1416 du 28 sept. 2017, art. 2)* ***« décret nº 2017-1416 du 28 septembre 2017 relatif à la signature électronique ». Les actes visés à l'article 1er bis de l'ordonnance [nº 45-2592] du 2 novembre 1945 déjà mentionnée sont contresignés par l'huissier de justice civilement responsable du fait de son clerc dans les mêmes conditions.*** *– V. Ord. nº 45-2592 du 2 nov. 1945, art. 1er bis, App., vº Officiers publics ou ministériels.*

Avant de le signer, celui qui dresse l'acte y mentionne la date en lettres, ses nom, prénoms et qualité.

Le Décr. nº 2017-1416 du 28 sept. 2017 est applicable dans les îles Wallis-et-Futuna (Décr. préc., art. 3).

Art. 27 *(Abrogé par Décr. nº 2021-1625 du 10 déc. 2021, art. 33, à compter du 1er juill. 2022) (Décr. nº 2012-366 du 15 mars 2012, art. 8-IV)* ***Lorsqu'elle est dressée sur support électronique, l'expédition est transmise par voie électronique. La transmission par voie électronique est faite dans des conditions garantissant sa confidentialité, son intégrité, l'identité de l'expéditeur et celle du destinataire à moins que la partie ou son représentant n'en demande une édition sur support papier.***

Sur l'entrée en vigueur du Décr. nº 2012-366 du 15 mars 2012, V. note ss. art. 24 du présent décret.

Art. 28 *(Abrogé par Décr. nº 2021-1625 du 10 déc. 2021, art. 33, à compter du 1er juill. 2022) (Décr. nº 2012-366 du 15 mars 2012, art. 8-V)* ***« Lorsque l'acte a été dressé sur support électronique, une copie, ainsi que celle des pièces qui y sont annexées, sont éditées sur support papier, afin d'être remises au destinataire, selon les modalités prescrites par les textes en vigueur, à moins que celui-ci ait consenti à la signification par voie électronique de l'acte. »***

(Décr. nº 2005-972 du 10 août 2005, en vigueur le 1er févr. 2006) ***« Il peut être annexé à l'acte tout document, soit constitué originairement sur support électronique, soit transféré sur ce support au moyen d'un procédé de numérisation garantissant sa reproduction à l'identique. Les pièces annexées sont indissociablement liées à l'acte auquel elles se rapportent. »***

Sur l'entrée en vigueur du Décr. nº 2012-366 du 15 mars 2012, V. note ss. art. 24 du présent décret.

Art. 29 *(Abrogé par Décr. nº 2021-1625 du 10 déc. 2021, art. 33, à compter du 1er juill. 2022) (Décr. nº 2005-972 du 10 août 2005, en vigueur le 1er févr. 2006)* ***L'acte établi sur support électronique doit être conservé dans des conditions de nature à en préserver l'intégrité et la lisibilité.***

L'ensemble des informations concernant l'acte dès son établissement, telles que les données permettant de l'identifier, de déterminer ses propriétés et d'en assurer la traçabilité doit être également conservé.

Art. 29-1 *(Abrogé par Décr. nº 2021-1625 du 10 déc. 2021, art. 33, à compter du 1er juill. 2022) (Décr. nº 2005-972 du 10 août 2005, en vigueur le 1er févr. 2006)* **Les actes, exploits et procès-verbaux sont conservés en minute pendant la durée fixée par** *(Décr. nº 2011-574 du 24 mai 2011, art. 2)* **« l'article R. 212-15 du code du patrimoine ».** *– V. C. patr., art. R. 212-15, App., vº Officiers publics ou ministériels, I, Dispositions communes.*

Art. 29-2 *(Abrogé par Décr. nº 2021-1625 du 10 déc. 2021, art. 33, à compter du 1er juill. 2022) (Décr. nº 2012-366 du 15 mars 2012, art. 8-VI)* ***L'original à conserver en minute constate,***

le cas échéant, les formalités fiscales prévues par le code général des impôts ou contient les mentions originales annexes prescrites par la loi.

Sur l'entrée en vigueur du Décr. nº 2012-366 du 15 mars 2012, V. note ss. art. 24 du présent décret.

Art. 29-3 *(Abrogé par Décr. nº 2021-1625 du 10 déc. 2021, art. 33, à compter du 1er juill. 2022) (Décr. nº 2005-972 du 10 août 2005, en vigueur le 1er févr. 2006)* ***Lorsqu'ils sont établis sur support papier, les*** *(Abrogé par Décr. nº 2012-366 du 15 mars 2012, art. 8-VII)* ***« premiers » originaux sont enliassés et numérotés par année aux fins de conservation. Ils portent en outre le numéro d'inscription au répertoire.***

Le répertoire mentionnant par ordre chronologique et de manière irréversible les actes dressés par l'huissier de justice peut être établi sur support électronique.

Sur l'entrée en vigueur du Décr. nº 2012-366 du 15 mars 2012, V. note ss. art. 24 du présent décret.

Art. 29-4 *(Abrogé par Décr. nº 2021-1625 du 10 déc. 2021, art. 33, à compter du 1er juill. 2022) (Décr. nº 2005-972 du 10 août 2005, en vigueur le 1er févr. 2006)* ***Lorsqu'ils sont établis sur support électronique, la conservation des*** *(Abrogé par Décr. nº 2012-366 du 15 mars 2012, art. 8-VII)* ***« premiers » originaux est assurée dans un minutier central établi et contrôlé par la Chambre nationale des commissaires de justice sans préjudice de l'application de l'article 2 du décret du 3 décembre 1979 déjà mentionné.***

Les premiers originaux sont adressés à ce minutier par l'huissier de justice au plus tard dans les quatre mois de leur établissement.

Dans l'attente de leur transfert vers ce minutier, leur conservation devra être assurée par cet huissier de justice au moyen du système prévu à l'article 26.

L'huissier de justice qui a dressé l'acte ou qui le détient en conserve l'accès exclusif dans des conditions garantissant sa lisibilité et permettant d'en faire des copies.

Sur l'entrée en vigueur du Décr. nº 2012-366 du 15 mars 2012, V. note ss. art. 24 du présent décret.

Art. 29-5 *(Abrogé par Décr. nº 2021-1625 du 10 déc. 2021, art. 33, à compter du 1er juill. 2022) (Décr. nº 2005-972 du 10 août 2005, en vigueur le 1er févr. 2006)* ***Les opérations successives justifiées par sa conservation, notamment les migrations dont il peut faire l'objet, ne retirent pas à l'acte sa nature d'original.***

Art. 29-6 *(Abrogé par Décr. nº 2021-1625 du 10 déc. 2021, art. 33, à compter du 1er juill. 2022) (Décr. nº 2005-972 du 10 août 2005, en vigueur le 1er févr. 2006)* ***Les huissiers de justice peuvent délivrer des expéditions des actes ou procès-verbaux qu'ils détiennent en minute à toutes personnes intéressées qui, lors de l'établissement du procès-verbal ou de la signification de l'acte auront déjà reçu*** *(Décr. nº 2012-366 du 15 mars 2012, art. 8-VIII)* ***« soit une première expédition », soit une copie. L'expédition est établie à la demande et aux frais du requérant, soit sur support papier, soit sur support électronique, quel que soit le support initial de l'acte.***

Celui qui délivre une expédition sur support électronique y mentionne la date et y appose sa signature électronique sécurisée.

L'huissier de justice qui reçoit un acte authentique sur support électronique peut en établir une expédition sur support papier aux fins de signification ou d'exécution.

Sur l'entrée en vigueur du Décr. nº 2012-366 du 15 mars 2012, V. note ss. art. 24 du présent décret.

Art. 29-7 *(Abrogé par Décr. nº 2021-1625 du 10 déc. 2021, art. 33, à compter du 1er juill. 2022)* ***En cas de suppléance ou de remplacement par suite d'empêchement momentané, l'original en minute appartient à l'huissier suppléé ou remplacé.*** *— Anc. art. 27 (Décr. nº 2005-972 du 10 août 2005, en vigueur le 1er févr. 2006).*

§ 6 *Comptabilité*

(Décr. nº 94-299 du 12 avr. 1994, art. 5)

Art. 30 *à* 30-6 *Non reproduits. — V. C. pr. exéc., App., vº Huissiers de justice.* — ***C. pr. exéc.***

SECTION III ***Conditions d'aptitude aux fonctions d'huissier de justice***

Art. 30 A *à* 30 K *Abrogés par Décr. nº 75-770 du 14 août 1975, art. 60.*

SECTION IV *Groupements et associations*

Les dispositions des art. 31 à 39 sont abrogées dans la mesure où elles sont relatives aux associations d'huissiers de justice (Décr. n° 69-1274 du 31 déc. 1969, art. 138, al. 1er).

Art. 31 à 39 *Non reproduits. — V. C. pr. exéc., App., v° Huissiers de justice. —* ***C. pr. exéc.***

SECTION V *Les huissiers de justice honoraires*

Art. 40 *(Décr. n° 97-503 du 21 mai 1997)* **Le titre d'huissier de justice honoraire peut être conféré par le procureur général près la cour d'appel, après avis de la chambre départementale, aux huissiers de justice qui ont exercé leurs fonctions pendant au moins vingt ans. Si un mois après sa saisine par le procureur général, la chambre n'a pas adressé son avis, celui-ci est réputé favorable.**

CHAPITRE II *De l'organisation professionnelle des huissiers de justice*

Art. 40-1 *Abrogé par Décr. n° 2022-729 du 28 avr. 2022, art. 67-2°, à compter du 1er juill. 2022.*

SECTION I *Des chambres départementales* *(Décr. n° 94-299 du 12 avr. 1994).*

§ 1er *Composition*

Art. 41 *Abrogé par Décr. n° 2022-729 du 28 avr. 2022, art. 67-2°, à compter du 1er juill. 2022.*

§ 2 *Désignation des membres de la chambre et durée de leurs fonctions*

Art. 42 à 43 *Abrogés par Décr. n° 2022-729 du 28 avr. 2022, art. 67-2°, à compter du 1er juill. 2022.*

§ 3 *Bureau*

Art. 44 à 47 *Abrogés par Décr. n° 2022-729 du 28 avr. 2022, art. 67-2°, à compter du 1er juill. 2022.*

§ 4 *Fonctionnement de la chambre*

Art. 48 *Abrogé par Décr. n° 2022-729 du 28 avr. 2022, art. 67-2°, à compter du 1er juill. 2022.*

§ 5 *De la chambre siégeant en comité mixte*

Art. 49 à 54 *Abrogés par Décr. n° 2022-729 du 28 avr. 2022, art. 67-2°, à compter du 1er juill. 2022.*

§ 6 *De la bourse commune*

Art. 55 *Abrogé par Décr. n° 2022-729 du 28 avr. 2022, art. 67-2°, à compter du 1er juill. 2022.*

§ 7 *[ABROGÉ] De la vérification du respect des obligations relatives à la lutte contre le blanchiment de capitaux et le financement du terrorism*e

(Abrogé par Décr. n° 2011-1173 du 23 sept. 2011, art. 8)

Art. 56 et 57 *Abrogés par Décr. n° 2011-1173 du 23 sept. 2011, art. 8.*

Art. 58 *Abrogé par Décr. n° 94-299 du 12 avr. 1994, art. 22.*

§ 8 *Différends entre huissiers et plaintes contre les huissiers de justice*

Art. 59 à 60 *Abrogés par Décr. n° 2022-729 du 28 avr. 2022, art. 67-2°, à compter du 1er juill. 2022.*

61 *Non reproduit. — V. C. pr. exéc., App., v° Huissiers de justice. —* ***C. pr. exéc.***

SECTION II *Des chambres régionales*

Art. 62 à 66-3 *Abrogés par Décr. n° 2022-729 du 28 avr. 2022, art. 67-2°, à compter du 1er juill. 2022.*

Art. 66-1 à 66-3 *Non reproduits. — V. C. pr. exéc., App., v° Huissiers de justice. —* ***C. pr. exéc.***

SECTION III *De la chambre nationale*

Art. 67 à 73 *Non reproduits. — V. C. pr. exéc., App., v° Huissiers de justice. —* **C. pr. exéc.**

Art. 73-1 *(Abrogé par Décr. n° 2021-1625 du 10 déc. 2021, art. 33, à compter du 1er juill. 2022) (Décr. n° 2012-366 du 15 mars 2012, art. 9)* ***La personne destinataire d'un acte établi par huissier de justice, qui consent à sa signification par voie électronique, adresse par voie électronique une déclaration à la Chambre nationale des commissaires de justice selon un modèle établi par celle-ci.***

La déclaration précise :

1° L'identité du déclarant (nom, prénoms, date et lieu de naissance et domicile pour les personnes physiques ; dénomination sociale, forme juridique, nom et prénoms du représentant légal, siège social pour les personnes morales) ; les pièces justifiant de cette identité, dont la liste est fixée par arrêté du garde des Sceaux, ministre de la justice, sont joints *[jointes]* ***en annexe ;***

2° La nature des actes sur lesquels porte le consentement ;

3° La durée pour laquelle le consentement est donné ;

4° Les modalités selon lesquelles le consentement peut être révoqué.

Elle mentionne de façon claire et apparente les dispositions des articles 653, 662-1, 663 et 664-1 du code de procédure civile.

L'art. 9 du Décr. n° 2012-366 du 15 mars 2012 entre en vigueur en même temps que l'arrêté du 22 mai 2012 reproduit ci-dessous, définissant, en application de l'art. 748-6 C. pr. civ., les garanties que doivent présenter les procédés utilisés par les huissiers de justice pour signifier les actes par voie électronique (Décr. préc., art. 24).

Arrêté du 22 mai 2012,

Fixant la liste des pièces justifiant de l'identité de l'auteur de la déclaration de consentement à la signification par voie électronique d'un acte d'huissier de justice.

Art. 1er Pour l'application du 1° de l'article 73-1 du décret *[n° 56-222]* du 29 février 1956 susvisé, sont jointes à la déclaration adressée à la Chambre nationale des commissaires de justice les pièces ci-dessous : *— V. Décr. n° 56-222 du 29 févr. 1956, art. 73-1, ci-dessus.*

1. Pour une personne physique :

1.1. La copie recto verso de l'une des pièces d'identité en cours de validité suivantes :

a) Carte nationale d'identité française ou étrangère ;

b) Passeport français ou étranger ;

c) Permis de conduire français ou étranger ;

d) Carte de combattant délivrée par les autorités françaises ;

e) Carte d'identité ou carte de circulation délivrée par les autorités militaires françaises ;

f) Carte de séjour temporaire, carte de résident, carte de ressortissant d'un État membre de l'Union européenne ou de l'Espace économique européen.

1.2. L'original ou la copie de l'un des justificatifs de domicile suivants :

a) Titre de propriété ;

b) Certificat d'imposition ou de non-imposition de l'année précédente ;

c) Quittance de loyer de moins de trois mois ;

d) Facture de gaz, d'électricité ou de téléphone ligne fixe de moins de trois mois ;

e) Attestation d'assurance logement de moins de trois mois ;

f) Livret ou carnet de circulation en cours de validité ;

g) Attestation d'élection de domicile établissant le lien avec un organisme d'accueil figurant sur une liste établie par le préfet de département ;

h) Attestation sur l'honneur de l'hébergeant indiquant que le déclarant réside à son domicile, pièce d'identité et justificatif de domicile de l'hébergeant.

1.3. Un document officiel attestant de l'activité professionnelle, le cas échéant.

2. Pour une entreprise individuelle :

(Arr. du 1er oct. 2012, art. 1er-1°) « 2.1. Un des documents d'identification suivants :

« *a)* Pour les personnes physiques ayant la qualité de commerçant assujetties à une immatriculation au registre du commerce et des sociétés : extrait K *bis* original du registre du commerce et des sociétés de moins de trois mois ;

« *b)* Pour les autres entreprises : carte d'identification d'entreprise délivrée par la chambre des métiers ou, à défaut, certificat d'entreprise délivré par l'INSEE et comportant les numéros d'identification. »

2.2. L'original ou la copie de l'un des justificatifs de l'adresse d'établissement de l'entreprise suivants :

a) Titre de propriété ;

b) Quittance de loyer de moins de trois mois ;

c) Facture de gaz, d'électricité, de téléphone ligne fixe de moins de trois mois.

3. *(Arr. du 1er oct. 2012, art. 1er-2° et 3°)* « Pour une personne morale de droit privé ou un établissement public français à caractère industriel et commercial :

« 3.1. Un des documents d'identification suivants :

« *a)* Pour les personnes immatriculées au registre du commerce et des sociétés : extrait K *bis* ou L *bis* original du registre du commerce et des sociétés de moins de trois mois ;

« *b)* Pour les autres personnes morales : extrait original d'immatriculation au répertoire des métiers de moins de trois mois ou journal d'annonces légales datant de moins de deux ans mentionnant le nom du représentant légal et l'adresse du siège de la personne morale ou statuts ou toutes autres pièces justificatives attestant de l'existence légale de la personne morale et faisant apparaître le nom de son représentant légal, l'adresse de son siège ainsi que la preuve de la déclaration auprès des organismes compétents. »

3.2. L'original ou la copie de l'un des justificatifs de l'adresse du siège de la personne morale suivants :

a) Titre de propriété ;

b) Quittance de loyer de moins de trois mois ;

c) Facture de gaz, d'électricité, de téléphone ligne fixe de moins de trois mois.

3.3. Un justificatif d'identité du représentant légal de la personne morale ou de la personne physique ayant reçu pouvoir d'établir la déclaration au nom et pour le compte de la personne morale.

3.4. Un document émanant du représentant légal ou de l'organe compétent attestant de la capacité de l'auteur de la déclaration à engager la personne morale.

4. *(Arr. du 1er oct. 2012, art. 1er-4°)* « Pour une personne morale de droit public autre que l'État, les collectivités territoriales et les établissements publics français à caractère industriel et commercial : »

4.1. Les statuts établis par la loi, le règlement ou les délibérations et conventions constitutives.

4.2. Un document émanant de l'organe compétent attestant de la capacité de l'auteur de la déclaration à engager la personne morale.

4.3. Un justificatif d'identité de la personne physique ayant reçu pouvoir d'établir la déclaration au nom et pour le compte de la personne morale.

5. Pour l'État et les collectivités territoriales :

5.1. Un document émanant de l'organe compétent attestant de la capacité de l'auteur de la déclaration à engager la personne morale.

5.2. Un justificatif d'identité de la personne physique ayant reçu pouvoir d'établir la déclaration au nom et pour le compte de la personne morale.

Art. 73-2 *(Abrogé par Décr. n° 2021-1625 du 10 déc. 2021, art. 33, à compter du 1er juill. 2022) (Décr. n° 2012-366 du 15 mars 2012, art. 9)* ***La Chambre nationale des commissaires de justice dresse et tient à jour, conformément à l'article 8 de l'ordonnance [n° 45-2592] du 2 novembre 1945 susvisée, la liste des personnes ayant consenti à la signification électronique d'un acte d'huissier de justice.*** *— V. Ord. n° 45-2592 du 2 nov. 1945, art. 8, App., v° Officiers publics ou ministériels.*

Les données recueillies sont conservées dans des conditions garantissant leur intégrité et leur confidentialité.

Ces données sont détruites à l'expiration d'un délai de cinq ans à compter de la date de la révocation du consentement à la signification par voie électronique.

L'art. 9 du Décr. n° 2012-366 du 15 mars 2012 entre en vigueur en même temps que l'arrêté du garde des Sceaux définissant, en application de l'art. 748-6 C. pr. civ., les garanties que doivent présenter les procédés utilisés par les huissiers de justice pour signifier les actes par voie électronique. Cet arrêté doit intervenir au plus tard le 1er sept. 2012 (Décr. préc., art. 24).

Art. 73-3 *(Abrogé par Décr. n° 2021-1625 du 10 déc. 2021, art. 33, à compter du 1er juill. 2022) (Décr. n° 2012-366 du 15 mars 2012, art. 9)* ***Ne peuvent, à leur demande, obtenir communication des données que :***

1° Les huissiers de justice pour l'accomplissement de leur mission de signification ;

2° L'autorité judiciaire pour les besoins des procédures judiciaires.

L'art. 9 du Décr. n° 2012-366 du 15 mars 2012 entre en vigueur en même temps que l'arrêté du garde des Sceaux définissant, en application de l'art. 748-6 C. pr. civ., les garanties que doivent présenter les procédés utilisés par les huissiers de justice pour signifier les actes par voie électronique. Cet arrêté doit intervenir au plus tard le 1er sept. 2012 (Décr. préc., art. 24).

Art. 74 et 75 *Abrogés par Décr. n° 2022-729 du 28 avr. 2022, art. 67-2°, à compter du 1er juill. 2022.*

SECTION IV *Du service de compensation des transports*

(Décr. n° 2004-552 du 9 juin 2004, art. 2)

Art. 75-1 à 75-4 *Abrogés par Décr. n° 2022-729 du 28 avr. 2022, art. 67-2°, à compter du 1er juill. 2022.*

SECTION V *De la caisse de prêts*

Art. 76 à 90 *Abrogés par Décr. n° 2022-729 du 28 avr. 2022, art. 67-2°, à compter du 1er juill. 2022.*

SECTION VI *Dispositions communes*

Art. 91 à 94 *Abrogés par Décr. n° 2022-729 du 28 avr. 2022, art. 67-2°, à compter du 1er juill. 2022.*

CHAPITRE III *Inspections des études d'huissier de justice*

(Décr. n° 2007-1397 du 27 sept. 2007, art. 1er)

L'art. 1er du Décr. n° 2007-1397 du 27 sept. 2007 est applicable aux inspections diligentées à compter du 1er janv. 2008.

Art. 94-1 **Les études d'huissier de justice sont placées sous la surveillance du procureur de la République.**

Le procureur de la République, accompagné par un membre de la chambre régionale dont relève l'huissier de justice inspecté ou par un huissier de justice inspecteur, peut procéder à tout contrôle. Il peut se faire assister de toute personne qu'il juge utile.

SECTION I *Dispositions communes*

§ 1er *Organisation*

Art. 94-2 à 94-9 *Non reproduits. – V. C. pr. exéc., App., v° Huissiers de justice. –* ***C. pr. exéc.***

§ 2 *Modalités d'exécution*

Art. 94-10 à 94-16 *Non reproduits. – V. C. pr. exéc., App., v° Huissiers de justice. –* ***C. pr. exéc.***

SECTION II *Dispositions particulières aux différentes catégories d'inspection[s] [inspections]*

§ 1er *Des inspections annuelles*

Art. 94-17 à 94-21 *Non reproduits. – V. C. pr. exéc., App., v° Huissiers de justice. –* ***C. pr. exéc.***

§ 2 *Des inspections occasionnelles*

Art. 94-22 à 94-26 *Non reproduits. – V. C. pr. exéc., App., v° Huissiers de justice. –* ***C. pr. exéc.***

SECTION III *Dispositions diverses*

Art. 94-27 à 95 *Non reproduits. – V. C. pr. exéc., App., v° Huissiers de justice. –* ***C. pr. exéc.***

CHAPITRE IV *Le contentieux disciplinaire*

(Décr. n° 2011-1173 du 23 sept. 2011, art. 14)

L'art. 14 du Décr. n° 2011-1173 du 23 sept. 2011 est applicable aux procédures disciplinaires introduites après l'entrée en vigueur dudit décret (Décr. préc., art. 26).

Art. 96 à 96-6 *Non reproduits. – V. C. pr. exéc., App., v° Huissiers de justice. –* ***C. pr. exéc.***

Décret n° 69-1274 du 31 décembre 1969,

Portant règlement d'administration publique pour l'application à la profession d'huissier de justice de la loi n° 66-879 du 29 novembre 1966 relative aux sociétés civiles professionnelles.

V. C. pr. exéc., App., v° Huissiers de justice. – ***C. pr. exéc.***

Décret n° 75-770 du 14 août 1975,

Relatif aux conditions d'accès à la profession d'huissier de justice ainsi qu'aux modalités des créations, transferts et suppressions d'offices d'huissier de justice et concernant certains officiers ministériels et auxiliaires de justice.

V. C. pr. exéc., App., v° Huissiers de justice. – ***C. pr. exéc.***

Décret n° 92-984 du 9 septembre 1992,

Relatif aux conditions de nomination des clercs d'huissiers de justice habilités à procéder aux constats.

Art. 1er Nul ne peut être nommé clerc d'huissier de justice habilité à procéder aux constats établis à la requête des particuliers mentionnés à l'article 1er *bis* de l'ordonnance *[n° 45-2592]* du 2 novembre 1945 précitée s'il ne remplit les conditions suivantes : *– V. Ord. n° 45-2592 du 2 nov. 1945, art. 1er bis, App., v° Officiers publics ou ministériels.*

1° Être titulaire soit du diplôme de l'École nationale de procédure de la Chambre nationale des commissaires de justice, soit d'un diplôme national sanctionnant deux années d'études universitaires de droit, soit du diplôme universitaire de technologie des carrières juridiques et judiciaires ;

2° Justifier de cinq années de cléricature *(Décr. n° 94-299 du 12 avr. 1994, art. 20)* « dont trois années dans les fonctions de principal clerc d'huissier de justice ou dans des activités professionnelles comportant des responsabilités équivalentes dans un office d'huissier de justice » ;

3° Être habilité dans les conditions prévues à l'article 2 ;

4° N'avoir pas été l'objet d'une sanction disciplinaire ou administrative de destitution, radiation, révocation, mise à la retraite d'office, retrait d'agrément ou d'autorisation ;

5° N'avoir pas été l'auteur de faits contraires à l'honneur, à la probité ou aux bonnes mœurs ;

6° N'avoir pas été frappé de faillite personnelle ou d'une autre sanction en application du titre VI de la loi n° 85-98 du 25 janvier 1985 relative au redressement et à la liquidation judiciaires des entreprises ou, dans le régime antérieur à cette loi, en application du titre II de la loi n° 67-563 du 13 juillet 1967 sur le règlement judiciaire, la faillite personnelle et les banqueroutes.

Les personnes titulaires de l'examen professionnel prévu au chapitre III *[art. 18 s.]* du décret n° 75-770 du 14 août 1975 sont dispensées des conditions mentionnées aux 1° et 2°. *– V. Décr. n° 75-770 du 14 août 1975, art. 18 s., in* ***C. pr. exéc.****, App., v° Huissiers de justice.*

Art. 2 L'habilitation est constatée par un écrit daté et signé par l'huissier de justice titulaire de l'office ou par tous les associés lorsque le titulaire est une société civile professionnelle.

Le titulaire de l'office saisit par requête, accompagnée de toutes les pièces justificatives, le président du *(Décr. n° 2019-966 du 18 sept. 2019, art. 8, en vigueur le 1er janv. 2020)* « tribunal judiciaire *[ancienne rédaction : tribunal de grande instance]* » du lieu de situation de l'office aux fins d'homologation par ordonnance de l'habilitation du clerc.

La requête et les pièces justificatives sont communiquées au procureur de la République qui émet son avis, après avoir au préalable recueilli celui de la chambre départementale des huissiers de justice et vérifié que le nombre de clercs habilités à procéder aux constats est conforme à celui fixé à l'article 1er *bis* de l'ordonnance *[n° 45-2592]* du 2 novembre 1945 précitée ; si dans le mois de sa saisine, par lettre recommandée avec accusé de réception, la chambre n'a pas répondu, son avis est réputé favorable. *– V. Ord. n° 45-2592 du 2 nov. 1945, art. 1er bis, App., v° Officiers publics ou ministériels.*

Art. 3 Dans le mois suivant la notification de l'ordonnance homologuant l'habilitation, le clerc habilité prête serment devant le *(Décr. n° 2019-914 du 30 août 2019, art. 12, en vigueur le 1er janv. 2020)* « tribunal judiciaire, au siège de ce tribunal ou, le cas échéant, de l'une de ses chambres de proximité *[ancienne rédaction : tribunal d'instance]* » en ces termes : "je jure de remplir ma mission avec exactitude et probité".

Art. 4 **L'habilitation prend fin de plein droit lorsque le clerc habilité cesse ses fonctions au sein de l'office qui l'emploie ; il peut y être mis fin à tout moment par le titulaire de l'office qui en informe immédiatement le procureur de la République et la chambre départementale des huissiers de justice.**

L'habilitation peut également être révoquée à la demande du procureur de la République par le président du *(Décr. n° 2019-966 du 18 sept. 2019, art. 8, en vigueur le 1er janv. 2020)* **« tribunal judiciaire** *[ancienne rédaction : tribunal de grande instance]* **» statuant en la forme des référés qui en informe le titulaire de l'office et la chambre départementale des huissiers de justice.**

Décret n° 92-1448 du 30 décembre 1992,

Pris pour l'application à la profession d'huissier de justice de la loi n° 90-1258 du 31 décembre 1990 relative à l'exercice sous forme de sociétés des professions libérales soumises à un statut législatif ou réglementaire ou dont le titre est protégé.

V. C. pr. exéc., App., v° Huissiers de justice. — ***C. pr. exéc.***

Décret n° 2016-883 du 29 juin 2016,

Relatif à l'exercice des professions d'huissier de justice, de notaire et de commissaire-priseur judiciaire sous forme de société autre qu'une société civile professionnelle ou qu'une société d'exercice libéral.

V. C. pr. exéc., App., v° Huissiers de justice. — ***C. pr. exéc.***

F Notaires

[Ne sont reproduits ici que les textes concernant l'organisation et le régime du notariat. Les textes relatifs aux actes notariés, considérés comme actes authentiques, notamment les dispositions non abrogées de la L. du 25 ventôse an XI (art. 9, 19 et 23) et le Décr. n° 71-941 du 26 nov. 1971, sont insérés dans le code civil Dalloz, ss. l'art. 1317.]

Sur l'exercice des professions d'huissier de justice, de notaire et de commissaire-priseur judiciaire sous forme de société autre qu'une société civile professionnelle ou qu'une société d'exercice libéral, V. Décr. n° 2016-883 du 29 juin 2016, App., v° Officiers publics ou ministériels, II, Dispositions particulières, E, Huissiers de justice.

BIBL. GÉN. ▸ Dossier, *Defrénois 2015. 115* (le notaire et les règlements européens) ; *JCP N 2017. 1123* (quel avenir pour le notariat après la loi Macron ?). – BEIGNIER et BERNABÉ, *JCP N 2012. 1362* (office, charge et fonds : notions distinctes). – BONNE, *D. 2014. 1771* (l'avenir du notariat est-il dans son histoire ?). – BRUN, *JCP N 2015. 1174* (le notaire, inspecteur des travaux inachevés). – CRÔNE, La responsabilité civile des notaires, *5e éd., Defrénois 2008.* – Dossier, *Dr. et patr., janv. 2010, p. 53* (authenticité et sécurité juridique). – GALLIEZ, *JCP N 2010. 1291* (le notariat à la lumière de l'analyse économique du droit). – LATINA, *JCP N 2010. 1325 et 1336* (le notaire et la sécurité juridique). – LIGHTOWLER, *JCP N 2017. 1308* (les notaires en Angleterre et au Pays de Galles). – MARGUÉNAUD, C. DAUCHEZ et B. DAUCHEZ, *JCP N 2015. 1147* (la légitimation du notariat par le droit européen des droits de l'homme). – MOREAU, *LPA 19 déc. 2012, p. 6* (le juge administratif et la profession notariale). – PICARD, *LPA 31 août-1er sept. 2017, p. 5* (quel avenir pour le notaire français ?).

▸ **Déontologie :** Dossier, *Dr. et patr., sept. 2010, p. 49* (les déontologies des professions du *droit : quel avenir ?*).

▸ **Structures d'exercice :** JUDEAU, *JCP N 2017. 1183* (les derniers « décrets Macron » relatifs au notariat) ; *ibid. 2019. 1297* (panorama des sociétés d'exercice notarial : le fonctionnement de la société).

Loi du 25 ventôse an XI,

Contenant organisation du notariat.

Décret du 2 février 1890,

Relatif au dépôt et au retrait des sommes versées par les notaires à la Caisse des dépôts et consignations.

Ordonnance n° 45-2590 du 2 novembre 1945,

Relative au statut du notariat.

Art. 1er Les notaires sont les officiers publics établis pour recevoir tous les actes et contrats auxquels les parties doivent ou veulent faire donner le caractère d'authenticité attaché aux actes de l'autorité publique et pour en assurer la date, en conserver le dépôt, en délivrer des grosses et expéditions.

L'adoption et l'usage, à titre de marque, du titre appartenant à une profession réglementée par l'autorité publique, sans être titulaire, est contraire à l'ordre public. • Com. 16 avr. 2013 : *D. 2013. Actu. 1061* ; *JCP N 2013. 524* (visa des art. L. 711-3, *b*, L. 716-6 CPI, art. 433-17 C. pén. et Ord. 2 nov. 1945, art. 1er).

Art. 1er *bis* à 11

Décret n° 45-0117 du 19 décembre 1945,

Portant règlement d'administration publique pour l'application du statut du notariat.

TITRE PREMIER **Des chambres des notaires**

CHAPITRE PREMIER ***Composition***

Art. 1er

CHAPITRE II ***Désignation des membres de la chambre et durée de leurs fonctions***

Art. 2 et 3

CHAPITRE III ***Bureau***

Art. 4 à 7

CHAPITRE IV ***Fonctionnement de la chambre***

Art. 8

CHAPITRE V ***Des chambres siégeant en comité mixte***

Art. 9 à 11

CHAPITRE VI ***De la bourse commune***

Art. 12

CHAPITRE VII ***De la discipline et de la comptabilité***

SECTION I ***Règles de discipline***

Art. 13 *(Décr. n° 64-742 du 20 juill. 1964)* Il est interdit aux notaires, soit par eux-mêmes, soit par personnes interposées, soit directement, soit indirectement :

1° De se livrer à aucune spéculation de bourse ou opération de commerce, banque, escompte et courtage ;

2° De s'immiscer dans l'administration d'aucune société ou entreprise de commerce ou d'industrie ;

3° De faire des spéculations relatives à l'acquisition et à la revente des immeubles, à la cession des créances, droits successifs, actions industrielles et autres droits incorporels ;

4° De s'intéresser dans aucune affaire pour laquelle ils prêtent leur ministère ;

5° De recevoir ou conserver des fonds, à charge d'en servir l'intérêt ;

6° De se constituer garants ou cautions, à quelque titre que ce soit, des prêts à la négociation desquels ils auraient participé, comme aussi de ceux dont les actes seraient dressés par eux ou avec leur participation ;

7° De se servir de prête-nom en aucune circonstance même pour des actes autres que ceux désignés ci-dessus ;

8° De consentir avec leurs deniers personnels des prêts qui ne seraient pas constatés par acte authentique ;

9° De contracter pour leur propre compte aucun emprunt par souscription de billet sous seing privé.

BIBL. ▸ VIGUIER, *LPA 27 avr. 2012, p. 6* (discipline notariale : l'emprunt du notaire pour son compte personnel).

1. Immixtion dans l'administration d'une société. Sur l'illicéité de la pratique de domiciliation de sociétés commerciales dans des études de notaires, V. Rép. min. n° 32920, *JOAN Q, 30 mars 2004, p. 2687.*

2. Notion d'emprunt pour son propre compte. L'art. 13, 9°, du décret du 19 déc. 1945 visant les emprunts faits « pour son propre compte », c'est à bon droit que l'arrêt attaqué énonce que les termes clairs et larges de ce texte constituent une prohibition générale du billet sous seing privé, que ce soit à usage professionnel ou à usage personnel ; c'est à bon droit que la cour d'appel a admis que l'art. 13, 9°, du décret du 19 déc. 1945 ne réalisait pas une ingérence injustifiée de l'autorité publique dans la vie privée après avoir relevé que le notaire, par son statut d'officier public, chargé, notamment, d'authentifier les actes et de leur donner force exécutoire, participe à la vie économique en assurant la sécurité des rapports entre les personnes et protège de ce fait les droits d'autrui, de sorte que la mesure d'ingérence prévue par la loi s'inscrit bien dans les finalités de l'art. 8 Conv. EDH, notamment celles de prévention des infractions pénales ou de protection des droits d'autrui ; enfin, il est de principe que la discipline professionnelle des officiers publics et ministériels n'exclut pas la prise en considération d'éléments de vie privée eu égard à la portée sociale et d'intérêt public des fonctions qu'ils exercent ; c'est donc sans violer l'art. 8 Conv. EDH que la cour d'appel a prononcé une peine disciplinaire. • Civ. 1re, 9 mai 2001, n° 00-16.319 P.

3. Opérations commerciales accessoires. Un notaire ne peut céder séparément ses activités pratiquées hors monopole qui, au sein de l'office, ne peuvent être exercées qu'à titre accessoire, sans méconnaître l'interdiction qui lui est faite de se livrer à des opérations de commerce. • Civ. 1re, 30 mars 2005, n° 01-17.437 P : *D. 2005. IR 1051.*

4. Rupture d'une relation d'affaires. Le notaire ne peut invoquer judiciairement une quelconque disposition sanctionnant la rupture d'une relation commerciale établie. • Com. 20 janv. 2009 : *D. 2008. AJ 369, obs. Chevrier ; JCP N 2009. Actu. 171 ; Defrénois 2009. 1140, note Grimonprez.*

Art. 13-1 *(Décr. n° 86-728 du 29 avr. 1986)* **Par dérogation aux dispositions du 2° de l'article 13, un notaire peut être administrateur ou membre du conseil de surveillance d'une société par actions. Lorsqu'il exerce ces fonctions, il ne peut recevoir les actes de la société.**

Le notaire élu dans l'une de ces fonctions en informe, dans les quinze jours, le procureur de la République et le président de la chambre des notaires. Il joint à sa déclaration un exemplaire des statuts sociaux et, lorsque la société a au moins un an d'activité, une copie du dernier bilan. Il lui est délivré récépissé de sa déclaration.

Art. 14 *(Décr. n° 64-742 du 20 juill. 1964)* **Il est également interdit aux notaires :**

1° D'employer, même temporairement, les sommes ou valeurs dont ils sont constitués détenteurs, à un titre quelconque, à un usage auquel elles ne seraient pas destinées, et notamment de les placer en leur nom personnel ;

2° De retenir, même en cas d'opposition, les sommes qui doivent être versées par eux à la caisse des dépôts et consignations dans les cas prévus par les lois, décrets ou règlements ;

3° De recevoir ou conserver aucune somme en vue de son placement par prêt, si celui-ci ne doit pas être constaté par acte authentique ;

4° De négocier, de rédiger, de faire signer des billets ou reconnaissances sous seings privés et de s'immiscer de quelque manière que ce soit dans la négociation, l'établissement ou la prorogation de tels billets ou reconnaissances ;

5° *(Décr. n° 86-728 du 29 avr. 1986)* **« De négocier des prêts autres qu'en la forme authentique et qu'assortis d'une sûreté réelle ou de la caution d'un établissement financier ou bancaire » ;**

(Décr. n° 67-978 du 3 nov. 1967) **« 6° De laisser intervenir leurs clercs sans un mandat écrit dans les actes qu'ils reçoivent ».**

Les notaires peuvent rechercher des fonds en vue de leur placement par prêt passé en la forme authentique sous réserve d'observer les interdictions énoncées aux art. 13 et 14 ci-dessus du décret n° 45-0117 du 19 déc. 1945 (Décr. n° 67-491 du 22 juin 1967, D. 1967. 237 ; BLD 1967. 415).

Art. 14 A *(Décr. nº 2011-1997 du 28 déc. 2011, art. 4)* Pour l'application des dispositions du 1 de l'article 170 *ter* du code général des impôts, une lettre de mission précise les engagements de chacune des parties et, le cas échéant, les conditions financières de la prestation. Dans cette lettre de mission, le client autorise en outre le notaire à procéder à la télétransmission de sa déclaration annuelle d'impôt sur le revenu et de ses annexes et s'oblige à remettre au notaire en sa qualité de tiers de confiance l'ensemble des justificatifs mentionnés au même article 170 *ter*. *— Sur le tiers de confiance, V. CGI, art. 170 ter et Annexe II, art. 95 ZA s.*

SECTION II *Le contentieux disciplinaire*

(Décr. nº 2004-1304 du 26 nov. 2004, art. 1er)

Art. 14-1 La chambre de discipline instituée à l'article 5-1 de l'ordonnance nº 45-2590 du 2 novembre 1945 est composée comme suit :

Cinq membres pour les conseils régionaux dont le nombre de délégués est inférieur à dix ;

Huit membres pour les conseils régionaux dont le nombre de délégués est compris entre dix et treize ;

Dix membres pour les conseils régionaux dont le nombre de délégués est supérieur à treize.

Dans les chambres des notaires faisant fonction de conseil régional, la chambre de discipline est composée selon les mêmes règles.

Les dispositions du décret nº 2004-1304 du 26 nov. 2004 entrent en vigueur à compter du prochain renouvellement des conseils régionaux et des chambres des notaires (Décr. préc., art. 3).

Art. 14-2 Après chaque renouvellement partiel du conseil régional ou du conseil interrégional, celui-ci désigne, pour deux ans, les notaires composant, avec les membres de droit, la chambre de discipline.

Il désigne également en son sein le notaire qui exercera les fonctions de syndic régional ou interrégional.

Après chaque renouvellement partiel de la chambre des notaires faisant fonction de conseil régional, celle-ci désigne, pour un an, les notaires composant, avec les membres de droit, la chambre de discipline. *— V. note s s. art. 14-1.*

Art. 14-3 A la même période, le conseil régional, le conseil interrégional ou la chambre des notaires lorsqu'elle fait fonction de conseil régional désigne, sous réserve que le nombre de délégués le permette, deux membres suppléants pour siéger à la chambre de discipline en cas d'empêchement des membres titulaires. *— V. note s s. art. 14-1.*

Art. 14-4 La chambre de discipline est saisie soit par le syndic régional ou interrégional, soit par le syndic de la chambre départementale ou interdépartementale dans le ressort de laquelle le notaire poursuivi exerce ou exerçait au moment des faits. L'acte de saisine est motivé. *— V. note s s. art. 14-1.*

Art. 14-5 Dans le cas prévu à l'article 10 du décret nº 73-1202 du 28 décembre 1973, lorsque la chambre de discipline décide de charger son président de citer directement le notaire poursuivi devant le *(Décr. nº 2019-966 du 18 sept. 2019, art. 8, en vigueur le 1er janv. 2020)* « tribunal judiciaire *[ancienne rédaction : tribunal de grande instance]* » statuant disciplinairement, la chambre de discipline peut, conformément à l'article 5-1 de l'ordonnance nº 45-2590 du 2 novembre 1945, proposer à la juridiction compétente de prononcer à l'encontre du notaire poursuivi l'une des peines disciplinaires énumérées aux 4º, 5º et 6º de l'article 3 de l'ordonnance nº 45-1418 du 28 juin 1945. *— V. note s s. art. 14-1.*

Art. 14-6 Lorsque la chambre de discipline prononce contre le notaire poursuivi la censure devant la chambre assemblée, le président de la chambre départementale ou interdépartementale dont dépend l'intéressé est chargé de l'exécution de cette peine disciplinaire.

Le notaire est convoqué par lettre recommandée avec demande d'avis de réception devant l'assemblée générale de la compagnie à laquelle il appartient, pour une séance au cours de laquelle il est procédé par le président de chambre départementale ou interdépartementale à la lecture solennelle de la décision disciplinaire.

Procès-verbal en est dressé qui est notifié au procureur de la République près le *(Décr. nº 2019-966 du 18 sept. 2019, art. 8, en vigueur le 1er janv. 2020)* « tribunal judiciaire *[ancienne rédaction : tribunal de grande instance]* » dans le ressort duquel le notaire a sa résidence, par lettre recommandée avec demande d'avis de réception.

Le défaut de comparution du notaire est mentionné sur ce procès-verbal. *— V. note s s. art. 14-1.*

SECTION III *De la comptabilité*

Art. 15 à 23

SECTION IV *Différends entre notaires et plaintes contre les notaires*

Art. 24 Lorsqu'il existe un différend entre notaires, ceux-ci peuvent se présenter contradictoirement et sans citation préalable devant la chambre. Chacun peut également faire citer l'autre partie par simple lettre, dont l'original est déposé au secrétariat et une copie, visée par le président de la chambre, envoyée par le secrétaire au notaire appelé.

(Décr. nº 2004-259 du 23 mars 2004, art. 12) « Le délai pour comparaître est d'au moins huit jours. » — *Pour l'entrée en vigueur du décret du 23 mars 2004, V. note s s. art. 1er.*

La procédure de règlement des différends d'ordre professionnel entre les notaires, instituée par les textes régissant le statut du notariat, constitue une fin de non-recevoir qui s'impose au juge si les parties l'invoquent ou si la chambre départementale compétente a été régulièrement saisie avant l'introduction de l'instance judiciaire, jusqu'au terme de cette procédure de règlement lorsqu'elle a été effectivement mise en œuvre et suivie. • Civ. 1re, 21 oct. 2003, nº 00-21.832 P : *D. 2003. IR 2730*.

Art. 25 Lorsqu'un notaire est parent ou allié en ligne directe, à quelque degré que ce soit, et en ligne collatérale, jusqu'au degré d'oncle ou de neveu inclusivement, de la partie plaignante ou des notaires dont les intérêts sont en opposition, il ne peut pas prendre part à la délibération.

Art. 26 La chambre connaît des plaintes et réclamations des tiers, après avoir entendu ou dûment appelé, dans la forme ci-dessus prescrite, les notaires intéressés, ensemble les plaignants qui veulent être entendus, et qui, dans tous les cas, peuvent se faire assister par un notaire ou un avocat. Les délibérations de la chambre sont motivées et signées par le président et le secrétaire, à la séance même où elles sont prises. Chaque délibération contient les noms des membres présents. Lesdites délibérations ne sont pas sujettes à l'enregistrement, non plus que les pièces y relatives.

Les délibérations de la chambre sont notifiées, quand il y a lieu, dans la même forme que les citations, et il en est fait mention par le secrétaire, en marge desdites délibérations.

CHAPITRE VIII *Des notaires honoraires*

Art. 27 et 27-1

CHAPITRE IX *Des aspirants au notariat*

Art. 28 à 29

TITRE II Des conseils régionaux des notaires

Art. 30 à 34

TITRE III Du Conseil supérieur du notariat

CHAPITRE PREMIER *Composition et fonctionnement*

(Décr. nº 67-978 du 3 nov. 1967)

Art. 35 à 38

CHAPITRE II *Conseil supérieur siégeant en comité mixte*

(Décr. nº 67-978 du 3 nov. 1967)

Art. 39

CHAPITRE III *De la mission d'inspection des études*

(Décr. nº 67-978 du 3 nov. 1967)

Art. 39 A à 39 F

TITRE III *BIS* Dispositions relatives à l'outre-mer

(Décr. n° 2017-711 du 2 mai 2017, art. 3)

Art. 39-1 Le présent décret est applicable à Saint-Pierre-et-Miquelon sous réserve des adaptations suivantes :

1° Pour l'application des titres Ier et II, les notaires exerçant à Saint-Pierre-et-Miquelon sont rattachés à la compagnie générale des notaires du département de la Martinique ;

2° Les attributions dévolues aux chambres des notaires et aux conseils régionaux sont exercées, en ce qui concerne Saint-Pierre-et-Miquelon, par les établissements d'utilité publique existant dans le ressort de la cour d'appel de Fort-de-France ;

3° Les mots : *(Décr. n° 2019-966 du 18 sept. 2019, art. 8, en vigueur le 1er janv. 2020)* « "tribunal judiciaire" *[ancienne rédaction : tribunal de grande instance]* » sont remplacés par les mots : "tribunal de première instance" ;

4° Pour l'application des dispositions de l'article 13-1, les mots : "procureur de la République" sont remplacés par les mots : "procureur de la République près le tribunal de première instance" ;

5° Les attributions dévolues par le dernier alinéa de l'article 16 au président de la chambre des notaires ou à son délégué sont exercées par le président du tribunal de première instance ;

6° Lorsque la chambre doit entendre des personnes en application des articles 24 et 26, elle invite chacune d'elles à lui faire connaître, au moins trois jours avant la date fixée pour l'entretien, sa volonté de recourir à la visioconférence ou *[à]* un moyen analogue de télécommunication permettant son identification et garantissant sa participation effective. La personne en informe également, dans le même délai, le président du tribunal supérieur d'appel de Saint-Pierre-et-Miquelon.

La visioconférence ou le moyen analogue de télécommunication est organisé par le président du tribunal supérieur d'appel ou, en cas d'impossibilité matérielle, par le président du tribunal de première instance ;

7° Pour l'application de l'article 27, les mots : "procureur général" et : "procureur général près la cour d'appel" sont remplacés par les mots : "procureur de la République près le tribunal supérieur d'appel" ;

8° Pour l'application des dispositions de l'article 35, les notaires exerçant à Saint-Pierre-et-Miquelon sont représentés au Conseil supérieur du notariat par le délégué représentant également les notaires des ressorts des cours d'appel de Basse-Terre, *[de]* Cayenne et de Fort-de-France, mentionné à l'article 3 du décret n° 73-1216 du 29 décembre 1973 rendant applicables*[,]* dans les départements de la Guadeloupe, de la Guyane, de la Martinique et de la Réunion, les dispositions de caractère réglementaire relatives aux statuts des notaires et des huissiers de justice.

TITRE IV Dispositions transitoires et diverses

Art. 40 *à* 44

Décret n° 55-604 du 20 mai 1955,

Relatif aux officiers publics ou ministériels et à certains auxiliaires de justice.

Décret n° 56-220 du 29 février 1956,

Portant règlement d'administration publique pour l'application du décret du 20 mai 1955 relatif aux officiers publics et ministériels et à certains auxiliaires de justice, en ce qui concerne la garantie de la responsabilité professionnelle des notaires.

Décret n° 67-868 du 2 octobre 1967,

Portant règlement d'administration publique pour l'application à la profession de notaire de la loi n° 66-879 du 29 novembre 1966 relative aux sociétés civiles professionnelles (D. 1967. 390 ; BLD *1967. 689. —* ***C. sociétés****)*.

Décret n° 71-941 du 26 novembre 1971,

Relatif aux actes établis par les notaires.

V. C. civ., ss. art. 1371. — ***C. civ.***

Décret nº 71-942 du 26 novembre 1971,

Relatif aux créations, transferts et suppressions d'offices de notaire, à la compétence d'instrumentation et à la résidence des notaires, à la garde et à la transmission des minutes et registres professionnels des notaires 🏛.

Décret nº 73-609 du 5 juillet 1973,

Relatif à la formation professionnelle dans le notariat et aux conditions d'accès aux fonctions de notaire 🏛.

Décret nº 74-737 du 12 août 1974,

Relatif aux inspections des études de notaires 🏛.

Décret nº 93-78 du 13 janvier 1993,

Pris pour l'application à la profession de notaire de la loi nº 90-1258 du 31 décembre 1990 relative à l'exercice sous forme de sociétés des professions libérales soumises à un statut législatif ou réglementaire ou dont le titre est protégé 🏛.

Décret nº 93-82 du 15 janvier 1993,

Portant application de l'article 1er ter de l'ordonnance nº 45-2590 du 2 novembre 1945 et relatif aux notaires salariés 🏛.

Arrêté du 30 novembre 2000,

Relatif au dépôt et au retrait des sommes versées par les notaires sur leurs comptes de disponibilités courantes et sur leurs comptes de dépôts obligatoires à la Caisse des dépôts et consignations 🏛.

PROCÉDURE PRUD'HOMALE

Code du travail

PREMIÈRE PARTIE : ***LÉGISLATIVE***

(Ord. nº 2007-329 du 12 mars 2007 ; ratifiée par L. nº 2008-67 du 21 janv. 2008)

Entrée en vigueur le 1er mai 2008 (L. nº 2008-67 du 21 janv. 2008, art. 2-X).

LIVRE IV **La résolution des litiges — Le conseil de prud'hommes**

Les titres Ier à VI de ce livre IV sont applicables à Mayotte à compter du 1er janv. 2022 (Ord. nº 2017-1491 du 25 oct. 2017, art. 33).

TITRE PREMIER **Attributions du conseil de prud'hommes**

BIBL. ▸ Barthélémy, Grumbach et Serverin, *RDT 2010. Controverse 205* (faut-il renforcer les modes alternatifs de résolution des litiges entre employeurs et salariés ?). – Boubli, *SSL 1985, nº 274, D. 83* (compétence d'attribution). – Buy, *SSL 1983, nº 174, D. 24* (application des conventions collectives). – Despax, *RJS 1994. 87* (personnel des banques). – Pierot, *Dr. soc. 1985. 842* (maîtres de l'enseignement privé sous contrat). – Rochois, *RPDS 1985. 69*. – Taquet, *JCP E 1993. I. 260* (licenciement des avocats et notaires salariés).

▸ **Licenciements économiques :** Carre, *Dr. soc. 1993. 859*. – Normand, *Dr. soc. 1987. 259*. – Supiot, *Dr. soc. 1987. 268*.

▸ **Entreprises en difficultés :** Arséguel, *Dr. soc. 1987. 807*. – Cottereau, *SSL 1986, nº 322, suppl. D. 50* (redressement judiciaire). – Dechristé, *D. Affaires 1999. 358* (étendue du contrôle prud'homal). – Delebecque, *D. Affaires 1988, nº 419, suppl. D. 73* (redressement et liquidation judiciaires). – Étiennot, *RJS 1993. 222* (contentieux de la créance salariale). – Morvan, *Dr. soc. 1998. 442* (contrôle judiciaire).

▸ **Secteur public :** Chorin, *Dr. soc. 1993. 953* (entreprises publiques à statut et code du travail) ; *SSL 1993, nº 632, suppl.* (entreprises publiques et droit du travail). – Lachaume, *Dr. soc.*

1986. 44 (critère de l'agent public) ; *Ét. offertes à Savatier, 1992, p. 283* (situation juridique des agents des services publics industriels et commerciaux). – Renaud, *Dr. soc. 1987. 131* (non-titulaires). – Saint-Jours, *JCP 1993. I. 3640* (petits emplois publics). – Zapata, *Dr. soc. 1996. 697* (le juge administratif et l'application du code du travail aux personnels du secteur public).

Sur la question prioritaire de constitutionnalité applicable lorsqu'une disposition législative porte atteinte aux droits et libertés garantis par la Constitution, V. Ord. n° 58-1067 du 7 nov. 1958, art. 23-1 s. — **C. const.**

BIBL. ▶ Radé, *Dr. soc. 2010. 873* (la question prioritaire de constitutionnalité et le droit du travail : a-t-on ouvert la boîte de Pandore ?).

CHAPITRE PREMIER *Compétence en raison de la matière*

Art. L. 1411-1 Le conseil de prud'hommes règle par voie de conciliation les différends qui peuvent s'élever à l'occasion de tout contrat de travail soumis aux dispositions du présent code entre les employeurs, ou leurs représentants, et les salariés qu'ils emploient.

Il juge les litiges lorsque la conciliation n'a pas abouti. — *[Anc. art. L. 511-1, al. 1er, phrase 1 fin et phrase 2.]*

Sur le règlement des litiges nés à l'occasion du contrat de travail des avocats salariés, V. L. n° 71-1130 du 31 déc. 1971, art. 7, mod. par L. n° 90-1259 du 31 déc. 1990, art. 6 (D. et ALD 1991. 81), L. n° 91-647 du 10 juill. 1991, art. 71 (D. et ALD 1991. 310), L. n° 2009-526 du 12 mai 2009 (JO 13 mai) ; Décr. n° 91-1197 du 27 nov. 1991, art. 142 à 153 (JO 28 nov.), mod. par Décr. n° 95-1110 du 17 oct. 1995, art. 14 (JO 19 oct.), Décr. n° 2009-1544 du 11 déc. 2009 (JO 13 déc.). — ... des notaires salariés, V. Ord. n° 45-2590 du 2 nov. 1945, art. 1er ter, ajouté par L. n° 90-1259 du 31 déc. 1990, art. 45, préc. ; Décr. n° 93-82 du 15 janv. 1993, art. 14 à 22 (JO 22 janv.), mod. Décr. n° 2006-1299 du 24 oct. 2006 (JO 25 oct.), Décr. n° 2009-452 du 22 avr. 2009 (JO 23 avr.). — **C. pr. civ.**

BIBL. ▶ Buratti et Vigneau, *RDT 2013. Controverse 743* (le bureau de conciliation exerce-t-il suffisamment ses pouvoirs ?).

COMPÉTENCE D'ATTRIBUTION

A. LITIGES NÉS DU CONTRAT DE TRAVAIL

1. *Rupture des pourparlers.* La compétence du conseil de prud'hommes est exclue lorsque le litige concerne la rupture prétendument abusive de pourparlers. • Soc. 19 juin 1959, n° 58-40.512 P.

2. *Promesse d'embauche.* Est relatif à la formation d'un contrat de travail, et relève donc de la compétence du conseil de prud'hommes, le litige relatif à une promesse d'embauche stipulée dans une « convention de stage d'accès à l'entreprise ». • Soc. 5 avr. 2005, n° 02-45.636 P : *RJS 2005. 466, n° 656.*

3. *Stage.* Doit être cassé l'arrêt déniant la compétence du juge prud'homal pour connaître d'une demande en paiement de salaires et d'indemnités consécutives à la rupture d'une convention de stage, alors que ce dernier, en se poursuivant au-delà de la durée prévue par la convention, ne s'était pas déroulé dans le cadre d'un enseignement alterné. • Soc. 15 nov. 1990 : *RJS 1991. 37, n° 63 ; JCP 1990. IV. 16.*

4. *Discriminations.* Le conseil de prud'hommes est compétent pour connaître de tout litige relatif à l'art. L. 122-45 [L. 1132-1 à L. 1132-4 nouv.], notamment la demande fondée sur une discrimination dans une procédure de recrutement. • Soc. 20 déc. 2006 : *D. 2007. AJ 446 ; RJS 2006. 286, n° 397.*

5. *Existence du contrat de travail.* La reconnaissance de l'existence d'un contrat de travail est un droit exclusivement attaché à la personne qui ne peut être exercé ni par un créancier ni par les organes de la procédure collective. • Soc. 13 juill. 2004, n° 02-43.444 P : *TPS 2005, n° 30, note Boubli.* ♦ Le juge prud'homal est compétent pour connaître d'un litige survenu après la rupture du contrat de travail dès lors qu'il est en relation avec le contrat ayant lié les parties. • Soc. 1er mars 1961 : *Bull. civ. IV, n° 273* (pour une action en dommages-intérêts pour diffamation) • 30 nov. 1977 : *Bull. civ. V, n° 669* (pour une action en responsabilité en raison de griefs ayant leur cause dans le contrat de travail, même terminé). ♦ Comp., pour une action dirigée par un salarié contre son ancien employeur à qui il reprochait d'avoir divulgué à un employeur potentiel une procédure judiciaire les opposant : • Aix-en-Provence, 16 mars 1993 : *RJS 1993. 371, n° 641* (incompétence prud'homale). ♦ Sur la condamnation, par un conseil de prud'hommes, d'un employeur à dommages-intérêts envers un autre employeur pour débauchage de salarié, V. • Cons. prud'h. Aix-en-Provence, 6 avr. 1993 : *D. 1994. 23, note Quétant .* ♦ Compétence prud'homale pour connaître d'une action en responsabilité contre l'ancien employeur qui n'a pas payé, à l'époque du contrat de travail, les cotisations sociales. • Soc. 20 janv. 1971 : *Bull. civ. V, n° 38.* – Dans le même sens : • Soc. 1er avr. 1997, n° 94-43.381 P : *Dr. soc. 1997. 755, obs. Savatier*.

6. Action en responsabilité extra-contractuelle. Le conseil de prud'hommes n'est pas compétent pour statuer sur la demande en responsabilité extra-contractuelle formée par les salariés d'une filiale à l'encontre d'une société tierce ayant, par sa faute, concouru à la déconfiture de leur employeur et à la perte de leur emploi. • Soc. 13 juin 2018, n° 16-25.873 P : *D. actu. 29 juin 2018, obs. Fraisse ; D. 2018. Actu. 1308 ; RJS 8-9/2018, n° 562 ; SSL 2018, n° 1851, p. 6, obs. Métin ; JCP S 2018. 1291, obs. Bugada.*

7. Garantie d'emploi. Bien que contenue dans un acte distinct, la clause de garantie d'emploi s'est incorporée au contrat de travail dont elle est devenue l'un des éléments ; le litige relatif à la violation de cette clause relève de la compétence du juge des prud'hommes. • Soc. 19 mars 1986 : *Bull. civ. V, n° 97.*

8. Le versement par le salarié d'une « garantie » n'étant intervenu qu'en raison de la signature du contrat de travail, le différend sur le remboursement de la somme est né à l'occasion du contrat de travail. • Soc. 14 mai 1987 : *Bull. civ. V, n° 331.*

9. Licenciement. Le conseil de prud'hommes est compétent pour connaître : de l'action en nullité ou en résolution d'une transaction conclue à l'occasion d'un licenciement. • Soc. 9 févr. 1989 : *Bull. civ. V, n° 118 ; D. 1989. IR 77* • 7 juin 1989 : *Bull. civ. V, n° 428 ; D. 1990. Somm. 163, obs. A. Lyon-Caen*. ♦ ... De la demande de publication d'une décision condamnant l'employeur pour licenciement irrégulier. • Soc. 25 janv. 1989 : *Bull. civ. V, n° 64.* ♦ ... Des litiges opposant les anciens salariés à leur employeur à propos de l'exécution d'un plan social. • Soc. 25 févr. 1994, n° 92-43.927 P :*D. 1994. IR 75 ; Dr. soc. 1994. 516.*

10. Salaires. Le conseil de prud'hommes est compétent pour connaître des litiges relatifs à l'interprétation et à l'application de textes relatifs à la garantie des créances issues du contrat de travail. • Soc. 24 janv. 1990, n° 89-41.572 P : *D. 1990. IR 41.*

11. Concurrence. Le conseil de prud'hommes est compétent pour connaître de l'application d'une clause de non-concurrence. • Soc. 15 mai 1974 : *Bull. civ. V, n° 297 ; GADT, 4e éd., n° 19.* ♦ Mais le conseil de prud'hommes est incompétent pour statuer sur la demande en réparation de l'employeur pour des actes de concurrence déloyale commis par un ancien salarié postérieurement à la rupture de son contrat de travail. • Soc. 2 oct. 1997 : *CSB 1997. 331, S. 192.* ♦ Comp. : • Versailles, 23 mai 1996 : *Gaz. Pal. 1997. 2. 411, note Rayroux.*

12. Conventions accessoires. Le conseil de prud'hommes est compétent pour connaître des litiges relatifs à un contrat de solidarité. • Soc. 24 mars 1993, n° 90-12.300 P : *D. 1993. IR 110.* ♦ ... Des litiges relatifs à la souscription d'un contrat d'assurance décès invalidité au profit de l'ensemble du personnel. • Soc. 8 mars 1995 : *Dr. soc. 1995. 506.* ♦ ... Ou à propos d'un différend né de l'exécution d'un contrat d'assurance souscrit au profit de l'ensemble de son personnel, lequel constitue un avantage complémentaire et accessoire au contrat de travail. • Soc. 19 janv. 1999, n° 96-44.688 P : *D. 1999. IR 40 ; Dr. soc. 1999. 315, obs. Langlois*. ♦ ... Ou encore d'un différend relevant du contentieux littéraire et artistique né à l'occasion du contrat de travail, dès lors que c'est en raison de sa qualité de conseiller littéraire salarié de la société d'édition que l'intéressé prétend avoir fait œuvre de création. • Soc. 2 juin 2004, n° 02-17.516 P : *RJS 2004. 650, n° 948 ; D. 2004. 2087*. ♦ ... Ou encore en cas de conflit relatif à des options de souscription d'actions consenties par l'employeur. • Soc. 21 juin 2005 : *D. 2005. IR 2104 ; RJS 2005. 716, n° 1014.* ♦ ... Ou lorsque les faits litigieux concernant des droits de propriété intellectuelle opposant un photographe à son employeur sont nés à l'occasion du contrat de travail. • Soc. 21 mai 2008 : *RDT 2008. 472, obs. Serverin et Grumbach ; RJS 2009. 647, n° 816 ; JCP S 2008. 1428, note Blanc-Jouvan.*

13. Inégalité de traitement dans l'octroi d'actions d'une société. La demande en paiement de dommages-intérêts d'un salarié, en réparation du préjudice causé par l'inégalité de traitement alléguée dans l'octroi d'actions d'une société à certains de ses salariés, constitue un différend né à l'occasion du contrat de travail et relève donc de la compétence du conseil de prud'hommes. • Soc. 11 sept. 2012 : *D. actu. 1er oct. 2012, obs. Perrin ; D. 2012. Actu. 2181 ; RJS 2012. 768, n° 891 ; JCP S 2012. 1517, obs. Lahalle.*

14. Procès-verbal de conciliation. La demande de nullité d'un procès-verbal de conciliation prud'homale, en ce qu'il tend à faire prononcer la nullité d'une transaction conclue à l'occasion de la rupture du contrat de travail, relève de la compétence du conseil de prud'hommes. • Soc. 28 févr. 2007 : *RDT 2007. 259, obs. Serverin ; JCP S 2007. 1620, note Bousez.* ♦ Les parties peuvent toujours saisir la juridiction prud'homale d'une action en contestation d'une transaction quand bien même elle aurait été constatée dans un procès-verbal dressé par le bureau de conciliation. • Soc. 29 sept. 2010 : *D. 2010. AJ 2436 ; RJS 2010. 867, n° 976 ; JCP S 2010. 1504, obs. Sébille ; RJS 2010. 867, n° 976.*

15. Logement de fonction. Le juge des référés du TGI est compétent pour prononcer l'expulsion d'un logement de fonction d'un occupant sans droit ni titre, dès lors qu'il n'existe aucun doute sur l'expiration du contrat de travail.

• Soc. 21 nov. 1962 : *Bull. civ. IV, n° 829 ; JCP 1963. II. 13216* • 29 mai 1963 : *Bull. civ. IV, n° 443.*

16. Entreprises en difficulté. Le conseil de prud'hommes demeure compétent pour statuer, dans le cadre de l'ordonnance rendue par le juge-commissaire autorisant des licenciements économiques, et au regard de la situation individuelle des salariés licenciés, sur les demandes formées par ceux-ci contre leur employeur. • Soc. 3 oct. 1989 : *Bull. civ. V, n° 559 ; D. 1989. IR 277* • 6 mars 1990, n° 89-40.028 P : *D. 1990. Somm. 218, obs. A. Honorat* • 21 févr. 1996 : *JCP E 1997. II. 862, note Serret* (appréciation par le conseil de prud'hommes du caractère réel et sérieux du motif de licenciement) • 14 oct. 1997, n° 96-18.876 P : *D. 1997. IR 229 ; RJS 1997. 831, n° 1353* (compétence du conseil de prud'hommes pour connaître de l'action en annulation d'un plan social) • 3 mars 1998, n° 95-45.201 P : *RJS 1998. 275, n° 439 ; CSB 1998. 145, A. 32 ; D. 1998. 418, note Bailly ; Dr. soc. 1998. 508, obs. Vatinet* (compétence du conseil de prud'hommes pour statuer sur le respect de l'obligation de reclassement et sur les irrégularités relatives à la consultation des représentants du personnel) • 12 janv. 1999, n° 96-41.756 P : *D. 1999. IR 40* (compétence du conseil de prud'hommes pour statuer sur les contestations relatives à l'allocation de l'indemnité de licenciement sans cause réelle et sérieuse) • 27 oct. 1998, n° 95-42.220 P : *D. 1998. IR 247 ; Dr. soc. 1999. 202, obs. Vatinet* (compétence du conseil de prud'hommes pour statuer sur la régularité d'un licenciement prononcé au vu d'une ordonnance obtenue par fraude, la fraude résultant de l'existence d'une liste nominative de salariés à licencier et du remplacement immédiat de l'un d'entre eux). ♦ Mais lorsque l'ordonnance du juge-commissaire est devenue définitive, le caractère économique du motif du licenciement ne peut plus être contesté. • Soc. 9 juill. 1996, n° 93-41.877 P : *D. 1997. 60, note Bailly ; JCP 1997. I. 4004, n° 9, obs. Pétel ; JCP E 1997. II. 915, note Serret ; RJS 1996. 587, n° 912.* ♦ ... Peu important que cette ordonnance ait été ou non notifiée personnellement aux intéressés. • Soc. 5 mars 1997 : *D. 1997. 522, note Bailly*. ♦ Sur l'obligation imposée par l'art. 126 de la loi du 25 janv. 1985 de saisir directement le bureau de jugement lorsque la demande concerne des créances ne figurant pas sur le relevé établi par le représentant des créanciers, V. • Soc. 4 déc. 1991 : *RJS 1992. 40, n° 37* • 7 oct. 1998, n° 89-42.970 P : *RJS 1998. 825, n° 1366 ; D. 1998. IR 235.*

17. Immatriculation à la sécurité sociale. Le conseil de prud'hommes est compétent pour obliger une société à remplir les formalités nécessaires à l'immatriculation d'un salarié au régime général de la sécurité sociale. • Soc. 16 nov. 1977 : *Bull. civ. V, n° 618.* ♦ V. aussi • Soc. 26 févr. 1964 : *ibid. IV, n° 168* • 20 janv. 1971 : *ibid. V, n° 38* • 16 janv. 1992, n° 87-42.292 P : *D. 1992. IR 88* (salarié agissant contre son ancien employeur à qui il est reproché de n'avoir pas déclaré un accident du travail).

18. Accident du travail. L'action en responsabilité engagée par le salarié à l'encontre de son employeur qui, en réalité, demande la réparation du préjudice résultant de l'accident du travail dont il a été victime, ne peut être portée que devant le tribunal des affaires de la sécurité sociale ; la juridiction prud'homale est incompétente pour en connaître. • Soc. 30 sept. 2010 : *D. actu. 21 oct. 2010, obs. Perrin ; D. 2010. AJ 2372 ; Dr. ouvrier 2010. 662, note Meyer.*

19. Préjudice lié à la rupture du contrat de travail d'un salarié consécutive à un accident du travail ou à une maladie professionnelle. Si l'indemnisation des préjudices nés d'un accident du travail ou d'une maladie professionnelle relève de la juridiction de la sécurité sociale, la juridiction prud'homale est exclusivement compétente pour statuer sur le bien-fondé de la rupture du contrat de travail et pour allouer une indemnisation au titre du licenciement sans cause réelle et sérieuse. • Soc. 3 mai 2018, n°s 16-26.850 et 17-10.306 P : *D. 2018. 1706, obs. Salomon ; RDT 2018. 468, note Guiomard ; RJS 7/2018, n° 475 ; JSL 2018, n° 455-1, obs. Pacotte et Leroy ; JCP 2018. 607, obs. Dedessus-Le-Moustier* • 10 oct. 2018, n° 17-11.019 P : *D. actu. 9 nov. 2018, obs. Cortot ; D. 2018. Actu. 2026 ; RJS 12/2018, n° 774 ; JCP S 2018. 1375, obs. Babin.*

20. Accord transactionnel. Le différend qui oppose l'employeur à un ancien salarié au sujet de l'inexécution d'une obligation figurant dans l'accord transactionnel réglant les conséquences de la rupture du contrat de travail relève de la compétence exclusive du conseil de prud'hommes. • Com. 15 nov. 2011 : *D. 2011. Actu. 2939*.

21. Actions de l'employeur. Le conseil de prud'hommes est également compétent pour examiner : une demande de compensation formée par une société entre les sommes dues à titre de salaires et une dette contractée par le salarié. • Soc. 2 juill. 1968 : *Bull. civ. V, n° 344.* ♦ ... Une demande en restitution d'un trop-perçu et en remboursement d'un prêt. • Soc. 6 nov. 1968 : *Bull. civ. V, n° 486* • 20 avr. 1989 : *ibid., n° 304.* ♦ Comp. : • Soc. 25 mai 1981 : *ibid., n° 462* • 18 déc. 1986 : *D. 1987. IR 12* (emprunt ayant fait l'objet de traites qui ne peuvent être qualifiées d'avances sur salaire). ♦ ... Un litige relatif à un contrat de dépôt de marchandises, accessoire d'un contrat de représentation. • Soc. 3 nov. 1976 : *Bull. civ. V, n° 550.*

B. LITIGES INDIVIDUELS

22. Interprétation d'une convention collective. Le conseil de prud'hommes est compétent quand bien même il y a lieu d'interpréter et d'appliquer une disposition d'une convention collective. • Soc. 10 mars 1965, n° 60-40.177 P : *GADT, 4e éd., n° 31 ; D. 1965. 624, note Villebrun ; RTD civ. 1965. 867, obs. Hébraud* • 20 oct. 1988 : *Bull. civ. V, n° 548.* ♦ V. égal., en cas d'action groupée de plusieurs salariés : • Soc. 26 mars 1981 : *Bull. civ. V, n° 264* • 26 nov. 1981 : *ibid., n° 920 ; JCP CI 1982. I. 10527, obs. Teyssié* • 3 oct. 1991, n° 87-43.250 P. (demande tendant à l'application à cinq salariés des dispositions de l'art. L. 223-8 relatives au fractionnement des congés payés) • 15 janv. 1997, n° 94-44.914 P : *RJS 1997. 128, n° 191 ; CSB 1997. 112, S. 60* (demandes fondées sur un accord de fin de grève). ♦ Mais le litige entre un employeur et des syndicats quant à la (seule) interprétation d'accords collectifs relève de la compétence du TGI. • Soc. 21 nov. 2012 : *D. 2012. Actu. 2809 ; JCP S 2013. 1094, obs. Lahalle.*

23. Application d'une convention collective. Constitue une action individuelle relevant de la compétence du conseil des prud'hommes l'action du salarié tendant à obtenir l'exécution des engagements énoncés dans le cadre d'une convention ou d'un accord ou des dommages-intérêts pour violation à son égard de ces engagements. • Soc. 12 juill. 2006 : *RDT 2007. 48, obs. Tissandier ; RJS 2006. 816, n° 1108.* ♦ Lorsque des salariés, sans présenter aucune demande personnelle, entendent faire statuer le juge prud'homal, en référé, sur la portée d'une disposition de la convention collective, le litige ne présente pas de caractère individuel. • Soc. 30 avr. 1997, n° 95-43.227 P : *RJS 1997. 468, n° 725 ; CSB 1997. 216, S. 124 ; TPS 1997, n° 271, obs. Boubli.* ♦ Lorsqu'un salarié se borne à demander l'application générale d'une convention collective sans formuler de prétention particulière, la compétence du conseil de prud'hommes doit être écartée. • Soc. 6 mai 1998, n° 96-41.712 P : *D. 1998. IR 146 ; RJS 1998. 488, n° 768 ; Dr. soc. 1998. 731, obs. Couturier.*

24. Participation. Les litiges individuels opposant un ou plusieurs salariés à leur employeur en matière de participation ou d'intéressement relèvent de la compétence des conseils de prud'hommes. • Soc. 28 févr. 2018, n° 16-13.682 P : *D. 2018. Actu. 515 ; RJS 5/2018, n° 354 ; JCP S 2018. 1131, obs. Brissy.*

25. Conflits collectifs. Le juge des prud'hommes est compétent pour connaître des litiges portant sur les voies de fait commises individuellement par chacun des salariés au cours d'un conflit collectif. • Soc. 25 oct. 1978 : *Bull. civ. V, n° 710.*

26. Usages. Un litige ne perd pas son caractère individuel lorsque la solution à intervenir est susceptible d'avoir une répercussion pratique étendue. • Soc. 11 juin 1975 : *Bull. civ. V, n° 321.* ♦ Dès lors qu'un litige ne porte pas sur l'établissement, la révision ou le renouvellement d'une convention collective, mais sur la seule application d'accords et d'usages, il relève de la compétence du conseil de prud'hommes. • Soc. 26 mars 1981 : *Bull. civ. V, n° 264.* – V. aussi • Soc. 21 févr. 1991 : *CSB 1991. 89, B. 48.*

C. PERSONNE MORALE DE DROIT PRIVÉ

27. Gestion d'un service public. Constitue un contrat de travail relevant de la compétence prud'homale le contrat passé par une personne morale de droit privé, même si elle assure des missions de service public. • Soc. 10 juill. 1975 : *Dr. soc. 1976. 139, note Lachaume.* ♦ Dans le même sens, à propos de salariés d'établissements privés d'enseignement sous contrat d'association : • Soc. 29 nov. 1979 (deux arrêts) : *JCP 1980. II. 19346, note Saint-Jours* • 17 oct. 1983 : *Bull. civ. V, n° 498 ; D. 1984. IR 20* • Cass., ass. plén., 20 déc. 1991 : *Dr. soc. 1992. 439, note Savatier ; JCP 1992. II. 21850, note Saint-Jours ; RJS 1992. 126, n° 185.* ♦ V. aussi : • Cass., ass. plén., 5 nov. 1993 : *JCP 1993. II. 22180, concl. Jéol, note Saint-Jours ; RJS 1993. 725, n° 1227, concl. Jéol* (établissement d'enseignement privé agricole). ♦ Pour une association, V. : • T. confl. 4 mai 1987 : *JCP 1988. II. 20955, note Plouvin* • Soc. 26 juin 1991 : *D. 1991. IR 220 ; RJS 1991. 518, n° 994* • 4 mai 1993 : *RJS 1993. 453, n° 776.* ♦ A propos d'une fondation gérant un hôpital privé, V. : • Soc. 1er mars 1995 : *CSB 1995. 129, S. 61.*

Art. L. 1411-2 Le conseil de prud'hommes règle les différends et litiges des personnels des services publics, lorsqu'ils sont employés dans les conditions du droit privé. – *[Anc. art. L. 511-1, al. 7.]*

1. SPA. Les personnels non statutaires travaillant pour le compte d'un service public à caractère administratif sont des agents contractuels de droit public, quel que soit leur emploi ; les litiges les opposant à l'organisme employeur relèvent de la compétence de la juridiction administrative. • T. confl. 25 mars 1996, *Berkani c/ CROUS de Lyon-Saint-Étienne*, n° 96-03.000 P : *D. 1996. 598, note Saint-Jours ; Dr. soc. 1996. 735, obs. Prétot ; JCP 1996. II. 22664, note Moudoudou ; RFDA 1996. 819, concl. Martin ; AJDA 1996. 355, chron. Stahl et Chauvaux ; RJS 1996. 542, n° 851 ; Gaz. Pal. 1996. 2. 386, note S. Petit* • 7 oct. 1996, n° 96-03.034 P. – Dans le même sens : • Soc. 9 juill. 1996, n° 93-44.699 P : *RJS 1996. 619, n° 966 ; CSB 1996. 275, A. 55* • 28 oct. 1996, n° 90-44.957 P. • 15 janv. 1997, n° 94-44.625 P : *CSB 1997. 111, S. 59* • Soc. 21 sept. 2017, n° 15-22.847 P : *JCP S 2017. 1363, obs Pagani.* ♦ Mais le litige opposant un agent et l'Établissement public de sécurité ferroviaire qui l'a embauché selon les dispositions du code du travail relève de la compétence du juge judiciaire. • T. confl. 9 oct. 2017, n° 4096.

2. SPIC. Les agents des services publics et établissements publics à caractère industriel et commercial sont soumis à un régime de droit privé à l'exception du directeur et du chef comptable. • CE 8 mars 1957, *Jalenques de Labeau : Lebon 157* • T. confl. 22 févr. 1960, *Lagarrigue : Lebon 858* • CE 15 déc. 1967 : *D. 1968. 387, note Leclercq ; AJDA 1968. 228, note Braibant* • Soc. 13 déc. 1979 : *Bull. civ. V, n° 991* • T. confl. 3 juin 1996, n° 96-02.971 P : *RJS 1996. 685, n° 1076.* ♦ Il appartient aux juges judiciaires de se prononcer au fond sur un litige opposant la SNCF à l'un de ses agents. • Soc. 22 mai 1995, n° 94-40.775 P : *JCP 1996. I. 3899, n° 1, obs. Pierchon* • 25 mars 1997 : *TPS 1997, n° 221, obs. Boubli* • 18 déc. 2007 : *JSL 2008, n° 226-5 ; Dr. soc. 2008. 246, obs. Radé*. ♦ Mais le juge administratif est compétent dès lors qu'il s'agit d'examiner la légalité d'une décision fixant les modalités de retenues sur salaires en cas de grève, décision ayant un caractère réglementaire et administratif. • T. confl. 22 juin 1992 : *RJS 1992. 634, n° 1144.*

3. Il appartient au juge, saisi d'un litige opposant un établissement public à l'un de ses agents contractuels, de rechercher s'il s'agit d'un établissement public administratif ou d'un établissement public à caractère industriel et commercial, ce caractère s'appréciant au regard de son objet, de l'origine de ses ressources et de ses modalités de fonctionnement. • Soc. 24 juin 2014, n° 13-11.142 P : *D. 2014. Actu. 1455 ; RJS 10/2014, n° 727 ; JCP S 2014. 1440, obs. Lahalle.*

4. La Poste. Puisque coexistent au sein de La Poste deux catégories de personnels, dont celle des fonctionnaires, et que le changement de statut de La Poste n'a eu aucune incidence sur la qualité de fonctionnaire de l'intéressée, ses relations avec son employeur étant régies par le droit public, le litige relatif à la requalification de sa relation de travail en une relation unique à durée indéterminée à compter du 28 juillet 1985, à l'effet de réévaluer ses droits à la retraite, relevait de la compétence de la juridiction administrative. • Soc. 27 nov. 2013 : *RDT 2014. 108, obs. Debord*.

5. Coemploi. L'action engagée par la salariée d'un organisme de droit privé à l'encontre d'une telle personne publique fondée sur l'immixtion de cette dernière dans la gestion de la personne privée et sur la reconnaissance par voie de conséquence de la qualité de co-employeur relève de la compétence des juridictions administratives. • Soc. 6 avr. 2016, n° 14-26.019 P : *D. 2016. Actu. 842 ; RJS 6/2016, n° 444 ; JCP S 2016. 1203, obs. Brissy.*

Art. L. 1411-3 **Le conseil de prud'hommes règle les différends et litiges nés entre salariés à l'occasion du travail.** — *[Anc. art. L. 511-1, al. 4.]*

1. Compétence. Constitue un différend né entre salariés à l'occasion du travail le litige opposant ceux qui avaient entendu poursuivre leur travail et ceux qui, selon ces derniers, y avaient fait obstacle. • Soc. 3 mars 1983 : *Bull. civ. V, n° 129 ; D. 1984. IR 169, obs. Frossard ; Dr. soc. 1983. 639, note Savatier.* ♦ De même constitue un différend né entre salariés à l'occasion du travail le litige entre deux musiciens portant sur la redistribution des cachets versés à l'occasion du travail qu'ils exécutaient en commun pour les mêmes employeurs, dans le cadre de contrats de travail individuels conclus avec les organisateurs de spectacle, peu important l'absence de lien de subordination entre les intéressés. • Soc. 18 mars 2008 : *RJS 2008. 470, n° 607 ; JCP S 2008. 1327, obs. Lahalle.*

2. Incompétence. En revanche, échappe à la compétence prud'homale l'action d'un salarié contre d'autres salariés ayant fourni des attestations qu'il estime diffamatoires à son égard dans une instance prud'homale l'opposant à l'employeur. • Soc. 26 mars 1997 : *RJS 1997. 384, n° 590 ; CSB 1997. 183, S. 101.*

Art. L. 1411-4 **Le conseil de prud'hommes est seul compétent, quel que soit le montant de la demande, pour connaître des différends mentionnés au présent chapitre. Toute convention contraire est réputée non écrite.**

Le conseil de prud'hommes n'est pas compétent pour connaître des litiges attribués à une autre juridiction par la loi, notamment par le code de la sécurité sociale en matière d'accidents du travail et maladies professionnelles. — *[Anc. art. L. 511-1, al. 5 et 6, phrases 1 et 2.]*

A. COMPÉTENCE DU CONSEIL DE PRUD'HOMMES

1. Compétence exclusive. Institués pour régler par voie de conciliation les différends pouvant s'élever notamment à l'occasion du contrat de travail, les conseils de prud'hommes sont seuls compétents pour en connaître en premier ressort, peu important leur connexité avec un autre litige non susceptible de leur être soumis. • Soc. 15 mai 1974 : *GADT, 4ᵉ éd., n° 19 ; D. 1974. 702, note Serra* • 21 avr. 1977 : *Bull. civ. V, n° 261 ; D. 1978. 9, note Serra* (incompétence du TGI pour connaître d'une action dirigée contre un ancien salarié pour violation de la clause de non-concurrence alors qu'il est saisi également d'uneaction exercée contre le nouvel employeur). ♦ Le caractère exclusif et d'ordre public de la compétence d'attribution du conseil de prud'hommes interdit d'y faire échec pour cause de connexité, sauf en cas d'indivisibilité, laquelle ne peut résulter que d'une impossibilité juridique d'exécution simultanée de deux décisions qui seraient contraires. • Soc. 17 déc. 2013 : *D. actu. 27 janv. 2014, obs. Kebir ; D. 2014. Actu. 87*.

2. Organismes conventionnels. La création d'organismes conventionnels chargés de régler les différends ou de procéder à la conciliation des parties ne saurait faire obstacle à la saisine des conseils de prud'hommes. • Soc. 9 déc. 1981 : *Bull. civ. V, n° 954 ; JCP CI 1982. I. 10527, obs. Teyssié* • 19 juill. 1988 : *Bull. civ. V, n° 475 ; GADT, 4e éd., n° 22 ; D. 1989. Somm. 278, obs. Julien.*

3. L'avis donné par une commission paritaire dans un but de conciliation sur l'interprétation d'une disposition conventionnelle ne lie pas le juge. • Cass., ass. plén., 6 févr. 1976 : *GADT, 4e éd., n° 20 ; Dr. soc. 1976. 472, note Savatier ; JCP 1976. II. 18481, note Groutel.*

4. Clause compromissoire. Dans un avenant au contrat de travail, qualifié par les parties de charte associative, l'existence d'une clause compromissoire ne fait pas obstacle à la compétence exclusive du conseil de prud'hommes pour déterminer si le contrat en question doit être qualifié de contrat de travail et la clause compromissoire considérée comme non écrite. • Soc. 30 nov. 2011 : *D. actu. 3 janv. 2012, obs. Perrin ; Dr. soc. 2012. 309, obs. Gauriau ; RJS 2012. 148, n° 181 ; JCP S 2012. 1049, obs. Brissy.*

5. Clause de conciliation préalable. En raison de l'existence en matière prud'homale d'une procédure de conciliation préliminaire et obligatoire, une clause du contrat de travail qui institue une procédure de conciliation préalable en cas de litige survenant à l'occasion de ce contrat n'empêche pas les parties de saisir directement le juge prud'homal de leur différend. • Soc. 5 déc. 2012 : *D. actu. 8 janv. 2013, obs. Ines ; D. 2012. Actu. 2969 ; ibid. 2013. 121, obs. Bailly ; RDT 2013. 124, obs. Serverin ; Dr. soc. 2013. 178, obs. Boulmier ; JCP S 2013. 1075, obs. François.*

B. EXCEPTIONS

6. Contentieux électoral. Le tribunal d'instance, étant compétent pour apprécier si le demandeur remplit les conditions nécessaires pour être électeur, l'est également pour déterminer l'existence à cette date du contrat de travail de l'intéressé en vue de se prononcer sur son électorat. • Soc. 8 févr. 2012 : *D. actu. 29 mars 2012, obs. Ines ; RJS 2012. 400, n° 480 ; JCP S 2012. 1172, obs. Brissy* • 5 juin 1985 : *Bull. civ. V, n° 327* • 8 avr. 1992, n° 91-60.250 P.

7. Participation. Le conseil de prud'hommes est incompétent en cas de litiges relatifs : à la participation. • Soc. 20 oct. 1977 : *Dr. soc. 1978. 127, note Savatier.*

8. Brevets d'invention. Le conseil de prud'hommes est incompétent en cas de litige relatif à un brevet d'une invention faite par un salarié. • Soc. 18 févr. 1988 : *Bull. civ. V, n° 126 ; D. 1989. Somm. 278, obs. Julien.*

9. Pacte d'actionnaires. Le conseil des prud'hommes n'est pas compétent pour statuer sur les conditions de mise en œuvre d'un pacte d'actionnaires. • Soc. 18 oct. 2007 : *D. 2007. AJ 2809*.

10. Maladie. En relevant que l'affection contractée par un salarié ne pouvait être considérée ni comme un accident du travail, ni comme une maladie professionnelle, la cour d'appel a pu déduire que le conseil de prud'hommes était compétent pour statuer sur la demande d'indemnisation du salarié. • Soc. 1er juin 1972 : *Bull. civ. V, n° 400.* ♦ Le juge prud'homal est compétent pour la réparation du préjudice d'anxiété antérieur à la déclaration de la maladie. • Soc. 28 mai 2014 : *D. actu. 16 juin 2014, obs. Fraisse ; D. 2014. 1404, obs. Wurtz ; RJS 2014. 537, n° 648.*

11. SIVP. Les contrats relatifs au SIVP ne constituent pas des contrats de travail et les différends s'élevant entre l'entreprise d'accueil et les stagiaires ne relèvent pas de la compétence des conseils de prud'hommes. • Soc. 8 nov. 1989 : *Bull. civ. V, n° 651.* ♦ Mais lorsque le stagiaire a travaillé à temps complet et qu'il n'a pu bénéficier de la formation prévue, un contrat de travail s'est substitué au contrat de formation et le litige relève des juridictions prud'homales. • Soc. 11 oct. 1990, n° 89-43.510 P. – Dans le même sens : • Soc. 27 oct. 1993 : *Dr. soc. 1993. 960.*

12. Détenus. Les relations de travail des personnes incarcérées ne faisant pas l'objet d'un contrat de travail (C. pr. pén., art. 717-3), le conseil de prud'hommes est incompétent pour en connaître. • Soc. 17 déc. 1996 : *D. 1997. IR 18 ; Dr. soc. 1997. 344, note Giudicelli-Delage et Massé ; CSB 1997. 83, S. 37.*

13. Centres d'aide par le travail. Les travailleurs handicapés ne sont pas liés aux centres d'aide par le travail par un contrat de travail (incompétence de la juridiction prud'homale). • Soc. 18 mars 1997, n° 94-41.716 P : *Dr. soc. 1997. 525, obs. Verkindt ; RJS 1997. 489, n° 765.*

14. Marins. Le litige portant sur la rupture d'un contrat d'engagement maritime relève, par application de l'art. R. 321-6-5° COJ, de la compétence d'attribution du tribunal d'instance. • Soc. 12 nov. 1997 : *RJS 1997. 867, n° 1414.* ♦ ... L'appel étant jugé comme en matière prud'homale. • Soc. 14 oct. 1997 : *TPS 1997, n° 335.*

15. Des stipulations particulières ne peuvent déroger à une disposition d'ordre public régissant la répartition des compétences entre les juridictions administrative et judiciaire. • Soc. 12 févr. 1985 : *Bull. civ. V, n° 107.* ♦ Une clause attributive de compétence à la juridiction administrative ne peut permettre à elle seule de déduire le caractère administratif du contrat de travail d'une femme de service. • Soc. 3 juill. 1990 : *D. 1990. IR 197 ; RJS 1990. 539, n° 803.*

Art. L. 1411-5 Le conseil de prud'hommes donne son avis sur les questions que lui pose l'autorité administrative. — *[Anc. art. L. 511-2.]*

Art. L. 1411-6 Lorsqu'un organisme se substitue habituellement aux obligations légales de l'employeur, il peut être mis en cause aux côtés de celui-ci en cas de litige entre l'employeur et les salariés qu'il emploie. — *[Anc. art. L. 511-1, al. 2.]*

1. Absence de substitution. Doit être cassé l'arrêt qui condamne, sur le fondement de l'al. 2 de l'art. L. 511-1 [L. 1411-6 nouv.], une association d'aide aux personnes âgées au versement de diverses sommes à des gardes-malades, alors que son rôle s'était limité à remplir certaines tâches administratives pour le compte de l'employeur. • Soc. 2 juin 1993, n° 90-40.275 P : *D. 1993. IR 165 ; RJS 1993. 423, n° 710.* ♦ L'institution de prévoyance ne se substituant pas aux obligations légales de l'employeur ne pouvait être mise en cause aux côtés de celui-ci devant le conseil de prud'hommes par le salarié. • Soc. 16 nov. 2010, n° 10-12.156 P : *Dr. soc. 2011. 221, obs. Lautrette et Barthélémy ; RJS 3/2011, n° 272 ; JCP S 2011. 1053, obs. Chiss.*

2. Substitution. L'association qui établit les fiches de paie, se substitue régulièrement à l'employeur pour l'accomplissement de cette obligation légale, de sorte qu'elle peut être appelée en garantie devant la juridiction saisie du litige opposant l'employeur à un salarié au sujet de sa rémunération. • Soc. 28 févr. 2006 : *D. 2006. IR 811 ; RJS 2006. 443, n° 640 ; Dr. soc. 2006. 680, obs. Savatier ; JSL 2006, n° 186-3.*

TITRE V Procédure devant le conseil de prud'hommes

BIBL. ▸ ADAM, *Dr. soc. 2017. 638* (l'action de groupe discrimination). – GUIOMARD, *RDT 2014. 568* (quelle place faire aux actions de groupe en droit du travail ?).

CHAPITRE PREMIER *Dispositions générales*

Art. L. 1451-1 *(L. n° 2014-743 du 1er juill. 2014)* Lorsque le conseil de prud'hommes est saisi d'une demande de qualification de la rupture du contrat de travail à l'initiative du salarié en raison de faits que celui-ci reproche à son employeur, l'affaire est directement portée devant le bureau de jugement, qui statue au fond dans un délai d'un mois suivant sa saisine. — *V. art. R. 1451-1 s.*

BIBL. ▸ GRÉVY, *RDT 2014. 704* (la procédure prud'homale applicable à la prise d'acte en quête de célérité). – LOISEAU, *JCP S 2017. 1148* (la prise d'acte civilisée).

L'art. L. 1451-1 C. trav. ne fait pas de distinction entre une rupture du contrat de travail par prise d'acte du salarié aux torts de l'employeur et une rupture résultant d'une démission dont il est demandé la requalification ; n'est donc pas prescrite la demande du salarié ayant contesté une démission donnée sans réserve directement devant le bureau de jugement moins de 2 ans après. • Soc. 18 sept. 2019, n° 18-15.765 P : *D. 2019. Actu. 1843.*

CHAPITRE II *Saisine du conseil de prud'hommes et recevabilité des demandes*

Le présent chapitre ne comprend pas de dispositions législatives.

CHAPITRE III *Assistance et représentation des parties*

Art. L. 1453-1 A *(L. n° 2019-222 du 23 mars 2019, art. 5-II)* Par dérogation au premier alinéa de l'article 4 de la loi n° 71-1130 du 31 décembre 1971 portant réforme de certaines professions judiciaires et juridiques, les parties peuvent se défendre elles-mêmes ou se faire assister ou représenter devant le conseil de prud'hommes, outre par un avocat, par :

1° Les salariés ou les employeurs appartenant à la même branche d'activité ;

2° *Les défenseurs syndicaux* ;

3° Leur conjoint, leur partenaire lié par un pacte civil de solidarité ou leur concubin.

L'employeur peut également se faire assister ou représenter par un membre de l'entreprise ou de l'établissement fondé de pouvoir ou habilité à cet effet.

Le représentant, s'il n'est pas avocat, doit justifier d'un pouvoir spécial. Devant le bureau de conciliation et d'orientation, cet écrit doit l'autoriser à concilier au nom et pour le compte du mandant, et à prendre part aux mesures d'orientation.

Ces dispositions d'appliquent aux instances introduites à compter du 25 mars 2019 (L. n° 2019-222 du 23 mars 2019, art. 109-II).

Art. L. 1453-1 **Les mineurs qui ne peuvent être assistés de leur père, mère ou tuteur peuvent être autorisés par le conseil de prud'hommes à agir devant lui.** – *[Anc. art. L. 516-1.]*

Art. L. 1453-2 *(L. n° 2015-990 du 6 août 2015, art. 258-I, en vigueur le 1er août 2016)* **Les personnes habilitées à assister ou à représenter les parties en matière prud'homale, si elles sont par ailleurs conseillers prud'hommes, ne peuvent pas exercer une mission d'assistance ou un mandat de représentation devant le conseil de prud'hommes auquel elles appartiennent.**

L'exigence d'un tribunal indépendant et impartial imposée par l'article 6 §1 de la Convention de sauvegarde des droits de l'homme et des libertés fondamentales interdit qu'un conseiller prud'homal en fonction lors de l'introduction de l'instance puisse représenter ou assister une partie devant le conseil de prud'hommes auquel il appartient. • Soc. 16 sept. 2008 : *RJS 2008. 921, n° 1118 ; JCP S 2009. 1024, obs. Boubli* • 17 avr. 1986 : *Bull. civ. V, n° 157* • 2 févr. 2005 : *D. 2005. IR 596 ; RJS 2005. 299, n° 428 ; CSB 2005, A. 37, obs. Pansier.*

Art. L. 1453-3 **Le président et le vice-président du conseil de prud'hommes ne peuvent pas assister ou représenter les parties devant les formations de ce conseil.** – *[Anc. art. L. 516-3, al. 3.]*

Art. L. 1453-4 *(L. n° 2015-990 du 6 août 2015, art. 258-I, en vigueur le 1er août 2016)* **Un défenseur syndical exerce des fonctions d'assistance ou de représentation devant les conseils de prud'hommes et les cours d'appel en matière prud'homale.**

Il est inscrit sur une liste arrêtée par l'autorité administrative sur proposition des organisations d'employeurs et de salariés *(Abrogé par Cons. const. n° 2021-928 QPC du 14 sept. 2021, à compter du 16 sept. 2021)* ***« représentatives au niveau national et interprofessionnel, national et multiprofessionnel ou dans au moins une branche »*****, dans des conditions définies par décret.**

(Ord. n° 2017-1718 du 20 déc. 2017, art. 1er-I) **« Le défenseur syndical intervient sur le périmètre d'une région administrative. »**

V. Circ. min. Justice du 5 juill. 2016, n° C3/42-2016/1.5.4.4/GM/RMB sur l'exonération de paiement de timbre fiscal en cas d'appel en matière prud'homale.

BIBL. ▶ MORIN, *JCP S 2016. 1284* (le nouveau défenseur syndical).

1. Conformité à la Constitution. Est conforme à la Constitution le 3e al. de l'art. L. 1453-4, dans sa rédaction résultant de l'Ord. n° 2017-1718 du 20 févr. 2017, relatif au périmètre régional d'intervention du défenseur syndical, sous la réserve que la partie ayant choisi de se faire assister par un défenseur syndical devant le conseil de prud'hommes puisse continuer à être représentée, dans tous les cas, par ce même défenseur devant la cour d'appel compétente. • Cons. const. 12 mars 2020, n° 2019-831 : *D. 2020. 544 ; RJS 6/2020, n° 314.*

2. Périmètre de compétence et appel. L'acte de notification d'un jugement de conseil de prud'hommes rendu en premier ressort doit donc, pour faire courir le délai de recours, indiquer que le défenseur syndical que peut constituer l'appelant est soit celui qui l'a assisté en première instance, soit un défenseur syndical territorialement compétent pour exercer ses fonctions devant la cour d'appel concernée. • Soc. 29 sept. 2021, n° 20-16.518 P : *D. 2021. 1769 ; RJS 12/2021, n° 678 ; JCP S 2021. 1296, obs. Bugada ; Gaz. Pal. 19 oct. 2021. 40, obs. Berlaud.*

Art. L. 1453-5 *(L. n° 2015-990 du 6 août 2015, art. 258-I, en vigueur le 1er août 2016)* **Dans les établissements d'au moins onze salariés, le défenseur syndical dispose du temps nécessaire à l'exercice de ses fonctions, dans la limite de dix heures par mois.**

Art. L. 1453-6 *(L. n° 2015-990 du 6 août 2015, art. 258-I, en vigueur le 1er août 2016)* **Le temps passé par le défenseur syndical hors de l'entreprise pendant les heures de travail pour l'exercice de sa mission est assimilé à une durée de travail effectif pour la détermination de la durée des congés payés et du droit aux prestations d'assurances sociales et aux prestations familiales ainsi qu'au regard de tous les droits que le salarié tient du fait de son ancienneté dans l'entreprise.**

Ces absences sont rémunérées par l'employeur et n'entraînent aucune diminution des rémunérations et avantages correspondants.

Les employeurs sont remboursés par l'État des salaires maintenus pendant les absences du défenseur syndical pour l'exercice de sa mission ainsi que des avantages et des charges sociales correspondants.

Un décret détermine les modalités d'indemnisation du défenseur syndical qui exerce son activité professionnelle en dehors de tout établissement ou qui dépend de plusieurs employeurs.

Art. L. 1453-7 *(L. n° 2015-990 du 6 août 2015, art. 258-I, en vigueur le 1er août 2016)* L'employeur accorde au défenseur syndical, à la demande de ce dernier, des autorisations d'absence pour les besoins de sa formation. Ces autorisations sont délivrées dans la limite de deux semaines par période de quatre ans suivant la publication de la liste des défenseurs syndicaux sur laquelle il est inscrit.

L'article L. 3142-12 est applicable à ces autorisations. Ces absences sont rémunérées par l'employeur. *(Abrogé par L. n° 2018-771 du 5 sept. 2018, art. 45-I, à compter du 1er janv. 2019) « Elles sont admises au titre de la participation des employeurs au financement de la formation professionnelle, dans les conditions prévues à l'article L. 6331-1. »*

Art. L. 1453-8 *(L. n° 2015-990 du 6 août 2015, art. 258-I, en vigueur le 1er août 2016)* Le défenseur syndical est tenu au secret professionnel pour toutes les questions relatives aux procédés de fabrication.

Il est tenu à une obligation de discrétion à l'égard des informations présentant un caractère confidentiel et données comme telles par la personne qu'il assiste ou représente ou par la partie adverse dans le cadre d'une négociation.

Toute méconnaissance de ces obligations peut entraîner la radiation de l'intéressé de la liste des défenseurs syndicaux par l'autorité administrative.

Constitutionnalité. Sont conformes à la Constitution les deux premiers alinéas de l'art. L. 1453-8 C. trav. relatifs à l'obligation de confidentialité du défenseur syndical, en ce que les parties représentées par un défenseur syndical bénéficient des mêmes garanties quant au secret professionnel que celles dont la défense est assurée par un avocat. • Cons. const. 7 avr. 2017, n° 2017-623 QPC : *D. 2017. Actu. 824 ; RJS 6/2017, n° 424 ; SSL 2017, n° 1766, p. 14.*

Art. L. 1453-9 *(L. n° 2015-990 du 6 août 2015, art. 258-I, en vigueur le 1er août 2016)* L'exercice de la mission de défenseur syndical ne peut être une cause de sanction disciplinaire ou de rupture du contrat de travail.

Le licenciement du défenseur syndical est soumis à la procédure d'autorisation administrative prévue au livre IV de la deuxième partie.

CHAPITRE IV *Conciliation et jugement*

BIBL. GÉN. ▸ Baugard, *Dr. soc. 2017. 599*. – Boulmier, *Dr. soc. 2012. 121* (contentieux individuels du travail et conciliation/médiation : état des lieux [dégradé]). – Clément, Jeammaud, Serverin et Vennin, *Dr. soc. 1987. 55* (les règlements non juridictionnels des litiges prud'homaux). – Deschamps, *SSL 1986, n° 322, suppl. D. 63* (conciliation et référé). – Drica, *Dr. ouvrier 1998. 431* (référé et discriminations). – Geoffroy et Keller, *Dr. soc. 1988. 819* (paritarisme et juridisation, le cas des juridictions provisoires). – Lauwerière, *SSL 1997, n° 851* (parité et efficacité de la juridiction prud'homale). – Sportouch, *Dr. soc. 1987. 503* (le recours au juge du provisoire).

SECTION I *Conciliation, orientation et mise en état de l'affaire* (L. n° 2015-990 du 6 août 2015, art. 258-I).

Art. L. 1454-1 *(L. n° 2015-990 du 6 août 2015, art. 258-I)* Le bureau de conciliation et d'orientation est chargé de concilier les parties.

Dans le cadre de cette mission, le bureau de conciliation et d'orientation peut entendre chacune des parties séparément et dans la confidentialité.

Art. L. 1454-1-1 *(L. n° 2015-990 du 6 août 2015, art. 258-I)* En cas d'échec de la conciliation, le bureau de conciliation et d'orientation peut, par simple mesure d'administration judiciaire :

1° Si le litige porte sur un licenciement ou une demande de résiliation judiciaire du contrat de travail, renvoyer les parties, avec leur accord, devant le bureau de jugement dans sa composition restreinte mentionnée à l'article L. 1423-13. La formation restreinte doit statuer dans un délai de trois mois ;

2° Renvoyer les parties, si elles le demandent ou si la nature du litige le justifie, devant le bureau de jugement mentionné à l'article L. 1423-12 présidé par le juge mentionné à l'article L. 1454-2. L'article L. 1454-4 n'est pas applicable.

A défaut, l'affaire est renvoyée devant le bureau de jugement mentionné à l'article L. 1423-12.

La formation saisie connaît de l'ensemble des demandes des parties, y compris des demandes additionnelles ou reconventionnelles.

Art. L. 1454-1-2 *(L. n° 2015-990 du 6 août 2015, art. 258-I)* Le bureau de conciliation et d'orientation assure la mise en état des affaires.

Lorsque l'affaire n'est pas en état d'être jugée devant le bureau de jugement, celui-ci peut assurer sa mise en état.

Un ou deux conseillers rapporteurs peuvent être désignés pour que l'affaire soit mise en état d'être jugée. Ils prescrivent toutes mesures nécessaires à cet effet.

Les agents de contrôle mentionnés à l'article L. 8271-1-2 communiquent aux conseillers rapporteurs, à la demande de ceux-ci et sans pouvoir opposer le secret professionnel, les renseignements et documents relatifs au travail dissimulé, au marchandage ou au prêt illicite de main-d'œuvre dont ils disposent.

(L. n° 2016-1088 du 8 août 2016, art. 68) « Le bureau de conciliation et d'orientation, les conseillers rapporteurs désignés par le bureau de conciliation et d'orientation ou le bureau de jugement peuvent fixer la clôture de l'instruction par ordonnance, dont copie est remise aux parties ou à leur conseil. Cette ordonnance constitue une mesure d'administration judiciaire. »

Art. L. 1454-1-3 *(L. n° 2015-990 du 6 août 2015, art. 258-I)* Si, sauf motif légitime, une partie ne comparaît pas, personnellement ou représentée *(Ord. n° 2017-1787 du 22 sept. 2017, art. 35)* « selon des modalités prévues par décret en Conseil d'État », le bureau de conciliation et d'orientation peut juger l'affaire, en l'état des pièces et moyens que la partie comparante a contradictoirement communiqués.

Dans ce cas, le bureau de conciliation et d'orientation statue en tant que bureau de jugement dans sa composition restreinte mentionnée à l'article L. 1423-13.

SECTION II *Départage*

BIBL. ▶ DESDEVISES, *Dr. soc. 1986. 802* (départition partielle). – HUNTER-FALCK et BOULMIER, *RDT 2015. Controverse 10* (quel statut pour le juge départiteur ?). – JAUBERT et SANT, *ibid. 1985. 567* (juge départiteur). – KELLER, *ibid. 1993. 165* (départage). – LAHALLE, *JCP S 2012. 1035* (simplification de la procédure de saisie des rémunérations et spécialisation des juges départiteurs). – SERVERIN et VENNIN, *ibid. 1995. 904* (départage).

▶ Loi du 6 août 2015 : FLORES et PECAUT-RIVOLIER, *Dr. soc. 2017. 605* (les nouveaux juges départiteurs).

Art. L. 1454-2 En cas de partage, l'affaire est renvoyée devant *(Abrogé par Ord. n° 2017-1787 du 22 sept. 2017, art. 35)* « *le même bureau de conciliation et d'orientation* », le même bureau de jugement ou la même formation de référé, présidé par un juge du *(Ord. n° 2019-964 du 18 sept. 2019, art. 35, en vigueur le 1er janv. 2020)* « tribunal judiciaire *[ancienne rédaction : tribunal de grande instance]* » dans le ressort duquel est situé le siège du conseil de prud'hommes. L'affaire est reprise dans le délai d'un mois.

(Ord. n° 2017-1387 du 22 sept. 2017, art. 35) « En cas de partage devant le bureau de conciliation et d'orientation, ce dernier renvoie l'affaire devant le bureau de jugement présidé par le juge du *(Ord. n° 2019-964 du 18 sept. 2019, art. 35, en vigueur le 1er janv. 2020)* « tribunal judiciaire *[ancienne rédaction : tribunal de grande instance]* » dans le ressort duquel est situé le siège du conseil de prud'hommes. »

(L. n° 2015-990 du 6 août 2015, art. 258-I) « Les juges chargés de ces fonctions sont désignés chaque année, notamment en fonction de leurs aptitudes et connaissances particulières, par le président du *(Ord. n° 2019-964 du 18 sept. 2019, art. 35, en vigueur le 1er janv. 2020)* « tribunal judiciaire *[ancienne rédaction : tribunal de grande instance]* ». »

1. Il résulte de la combinaison des art. L. 515-3 [L. 1454-2 à L. 1454-4 nouv.] et R. 516-2 qu'en cas de partage des voix, l'instance se poursuit devant le conseil de prud'hommes présidé désormais par le juge d'instance et que les parties peuvent donc, en cet état de la procédure, former des demandes nouvelles. • Soc. 28 avr. 1994, n° 88-44.515 P : *D. 1994. IR 130*.

2. La décision constatant le partage de voix n'est pas une décision sur le fond du litige, de sorte que la transaction est intervenue avant le jugement sur le fond. • Civ. 2e, 5 mars 2009 : *RDT 2009. 329, obs. Grumbach et Serverin*.

Art. L. 1454-3 Lorsqu'un conseiller prud'homme est empêché de siéger à l'audience de départage, il est remplacé dans les limites et selon les modalités déterminées par décret. – *[Anc. art. L. 515-3, al. 2.]*

Art. L. 1454-4 Si, lors de l'audience de départage, *(Abrogé par Ord. n° 2017-1787 du 22 sept. 2017, art. 35) « le bureau de conciliation et d'orientation »*, le bureau de jugement ou la formation de référé ne peut se réunir au complet, le juge départiteur statue dans des conditions déterminées par décret en Conseil d'État.

Lorsque sont réunies les conditions de l'art. L. 515-3, al. 3 [L. 1454-4 nouv.], le juge départiteur doit statuer seul, les conseillers présents ne pouvant avoir voix délibérative. • Soc. 18 janv. 1989 : *Dr. soc. 1989. 394, obs. Desdevises.*

SECTION III *Demande de requalification en contrat de travail d'une convention de stage*

(L. n° 2014-788 du 10 juill. 2014, art. 1er-V)

Art. L. 1454-5 Lorsque le conseil de prud'hommes est saisi d'une demande de requalification en contrat de travail d'une convention de stage mentionnée à l'article L. 124-1 du code de l'éducation, l'affaire est directement portée devant le bureau de jugement, qui statue au fond dans un délai d'un mois suivant sa saisine.

CHAPITRE V *Référé*

Le présent chapitre ne comprend pas de dispositions législatives.

CHAPITRE VI *Litiges en matière de licenciements pour motif économique*

Art. L. 1456-1 En cas de litige portant sur les licenciements pour motif économique, la section ou la chambre statue en urgence selon des modalités et dans des délais déterminés par décret en Conseil d'État. – *[Anc. art. L. 516-5.]*

CHAPITRE VII *Récusation*

BIBL. ▶ DESDEVISES, *Dr. soc. 1987. 713* (statut du conseiller prud'homme) ; *SSL 2003, n° 1142. 5*. – P. LYON-CAEN, *RJS 2003. 936* (la juridiction prud'homale et l'article 6-1 de la Conv. EDH). – QUÉTANT, *JSL 2004, n° 139-1.*

Art. L. 1457-1 Le conseiller prud'homme peut être récusé :

1° Lorsqu'il a un intérêt personnel à la contestation, le seul fait d'être affilié à une organisation syndicale ne constituant pas cet intérêt personnel ;

2° Lorsqu'il est conjoint, partenaire lié par un pacte civil de solidarité, concubin, parent ou allié jusqu'au degré de cousin germain inclusivement d'une des parties ;

3° Si, dans l'année qui a précédé la récusation, il y a eu action judiciaire, criminelle ou civile entre lui et une des parties ou son conjoint, partenaire lié par un pacte civil de solidarité, concubin ou ses parents ou alliés en ligne directe ;

4° S'il a donné un avis écrit dans l'affaire ;

5° S'il est employeur ou salarié de l'une des parties en cause. – *[Anc. art. L. 518-1.] – V. art. R. 1457-1 s.*

Le conseil de prud'hommes doit, dès qu'il a connaissance de la demande de récusation, suspendre l'instance jusqu'à ce qu'elle ait été définitivement tranchée ; il ne peut statuer sur cette demande ni examiner l'affaire au fond en présence du conseiller prud'homme dont la récusation a été sollicitée. • Soc. 3 juin 2009 : *RJS 2009. 651, n° 742 ; JCP S 2009. 1379, obs. Lahalle.*

TITRE VI Voies de recours

CHAPITRE PREMIER *Appel*

Le présent chapitre ne comprend pas de dispositions législatives.

CHAPITRE II *Pourvoi en cassation*

Art. L. 1462-1 Les jugements des conseils de prud'hommes sont susceptibles d'appel.

Toutefois, ils statuent en dernier ressort en dessous d'un taux fixé par décret. – *[Anc. art. L. 511-1, al. 6, phrase 2.]*

CHAPITRE III *Opposition*

Le présent chapitre ne comprend pas de dispositions législatives.

DEUXIÈME PARTIE : ***RÉGLEMENTAIRE***

(Décr. n° 2008-244 du 7 mars 2008, en vigueur depuis le 1er mai 2008)

LIVRE IV La résolution des litiges — Le conseil de prud'hommes

TITRE PREMIER Attributions du conseil de prud'hommes

Ce titre est applicable à Mayotte à compter du 1er janv. 2022 (Décr. n° 2018-953 du 31 oct. 2018, art. 58-III).

CHAPITRE II *Compétence territoriale*

Art. R. 1412-1 **L'employeur et le salarié portent les différends et litiges devant le conseil de prud'hommes territorialement compétent.**

Ce conseil est :

1° Soit celui dans le ressort duquel est situé l'établissement où est accompli le travail ;

2° Soit, lorsque le travail est accompli à domicile ou en dehors de toute entreprise ou établissement, celui dans le ressort duquel est situé le domicile du salarié.

Le salarié peut également saisir les conseils de prud'hommes du lieu où l'engagement a été contracté ou celui du lieu où l'employeur est établi. — *[Anc. art. R. 517-1, al. 1er à 3.]*

A. DROIT INTERNE

1. Établissement. Sur la notion d'établissement au sens de l'art. R. 517-1 [art. R. 1412-1 nouv.], V. not. • Soc. 11 mai 1964, n° 63-40.279 P : *Dr. soc. 1964. 636* • 13 nov. 1963 : *Bull. civ. IV, n° 774* • 29 janv. 1981 : *ibid. V, n° 89* • 26 oct. 1988 : *ibid., n° 552 ; D. 1988. IR 265.*

2. Les juges doivent se prononcer selon les modalités réelles d'exécution du travail. • Soc. 15 mars 1978 : *Bull. civ. V, n° 192* • 29 janv. 1981 : *ibid., n° 89* • 2 mars 1989 : *ibid., n° 177.*

3. Est territorialement compétent le conseil de prud'hommes du lieu du bureau où travaillait effectivement un salarié détaché par son employeur auprès d'une autre société. • Soc. 6 mars 1980 : *Bull. civ. V, n° 233.*

4. Un salarié, s'il peut être affecté successivement dans plusieurs établissements, ne travaille pas pour autant hors de tout établissement ; n'est donc pas compétent le conseil de prud'hommes du lieu où l'engagement a été contracté. • Soc. 22 avr. 1971 : *D. 1971. 397.* ♦ En cas de mutation, le juge doit rechercher si l'affectation du salarié a un caractère provisoire ou définitif. • Soc. 25 nov. 1976 : *Bull. civ. V, n° 628 ; D. 1977. IR 27.*

5. Ne travaille pas dans un établissement déterminé le salarié affecté à la surveillance de différents chantiers situés dans plusieurs départements. • Soc. 2 mars 1972 : *Bull. civ. V, n° 178 ; RTD civ. 1972. 816, obs. Hébraud ; JCP 1972. II. 17190, note J.A.*

6. Lorsqu'une des parties exerce des fonctions de conseiller prud'homal dans un conseil de prud'hommes relevant du ressort d'une cour d'appel, celle-ci est tenue de faire droit à la demande de renvoi devant une juridiction d'appel limitrophe. • Soc. 26 nov. 2013 : *D. actu. 6 janv. 2014, obs. Kebir ; D. 2013. Actu. 2858 ; RTD civ. 2014. 433, obs. Thery* ♦ Sur la qualité de magistrat reconnu au conseiller prud'homme et autorisant le recours à l'art. 47 C. pr. civ. lui permettant de saisir une juridiction située dans un ressort limitrophe, V. • Soc. 27 mai 1998, n° 96-41.311 P. • 4 déc. 1990, n° 87-45.045 P. – V. aussi • Soc. 21 juin 1989 : *Dr. soc. 1990. 562, obs. Desdevises* . ♦ L'art. 47 C. pr. civ. n'est pas applicable lorsque le conseiller prud'homme, magistrat au sens de ce texte, n'est pas le représentant légal de la société partie au litige. • Soc. 19 juill. 1994, n° 90-46.074 P. (pour un directeur financier) • 20 mars 1997, n° 95-42.755 P : *RJS 1997. 629, n° 1007 ; CSB 1997. 190, S. 115* (pour un directeur des ressources humaines).

7. Domicile. Le domicile au sens de l'art. R. 517-1 [art. R. 1412-1 nouv.] est celui du salarié lors de la saisine du conseil de prud'hommes. • Soc. 10 avr. 1991, n° 87-45.701 P : *D. 1991. IR 142 ; RJS 1991. 392, n° 739.* ♦ V. aussi : • Soc. 7 mai 1987 : *Bull. civ. V, n° 287 ; D. 1988. Somm. 314, obs. A. Lyon-Caen.* ♦ Le lieu où est établi un employeur peut être son domicile personnel. • Soc. 27 févr. 1991 : *RJS 1991. 264, n° 504.*

8. Lieu d'engagement. Lorsque le contrat d'un représentant est devenu parfait par l'acceptation des conditions posées par l'employeur, le conseil de prud'hommes compétent est celui du lieu de l'expédition de la lettre d'acceptation. • Soc. 5 juin 1962 : *Bull. civ. IV, n° 537* • 3 mars

1965 : ♁ *ibid., n° 184* • 2 juill. 1969 : *ibid. V, n° 457.* ♦ Lorsque l'engagement a été contracté par téléphone et que c'est à son domicile que le salarié a accepté l'offre d'emploi, le conseil de prud'hommes du lieu où l'engagement a été contracté est compétent. • Soc. 11 juill. 2002, ♁ n° 00-44.197 P : *RJS 2002. 949, n° 1275.* ♦ Sur le caractère indifférent du lieu de la signature lorsque celle-ci confirme un accord de volontés antérieur, V. • Soc. 20 mars 1974 : *Bull. civ. V, n° 198.*

9. Dans le cas de deux contrats successifs, le second se bornant à modifier les fonctions et à augmenter la rémunération du salarié, une cour d'appel peut décider que le lieu de l'engagement était celui où avait été conclu le premier contrat. • Soc. 8 oct. 1969, n° 68-40.266 P : *Gaz. Pal. 1970. 1. 123, note Vitry* • 21 janv. 1970 : *Bull. civ. V, n° 42.*

10. Lorsque le lieu de formation du contrat n'a pas pu être déterminé, le conseil de prud'hommes est celui du siège social de l'employeur. • Soc. 2 mars 1972 : *préc. note 5.*

11. Mise à disposition d'une filiale. Lorsqu'un salarié est recruté par une société mère pour exercer des fonctions de direction technique dans une filiale étrangère, de sorte qu'il est indivisément le salarié des deux sociétés, il saisit à bon droit le conseil de prud'hommes du siège de la société mère. • Soc. 23 sept. 1992 : ♁ *Dr. soc. 1992. 918.* ♦ Un salarié qui a toujours accompli sa prestation de travail dans le cadre d'un groupe de sociétés étroitement liées peut valablement saisir le conseil de prud'hommes du lieu de conclusion du contrat initial. • Soc. 12 mars 1997, ♁ n° 94-41.245 P : *RJS 1997. 297, n° 451 ; CSB 1997. 189, S. 114.*

12. Lieu où l'employeur est établi. A l'égard d'un agent EDF, est territorialement compétent le conseil de prud'hommes dans le ressort duquel se trouve un centre de distribution mixte des services nationaux EDF-GDF dont le responsable a un pouvoir de représentation de l'autorité centrale, peu important que l'agent ait été en poste dans des subdivisions dépendant d'un autre centre. • Soc. 9 déc. 1992, ♁ n° 88-42.595 P.

13. Contrat de travail temporaire. S'agissant d'une demande tendant à la requalification de contrats de travail temporaires en contrats de travail à durée indéterminée, le conseil de prud'hommes où était établie la société utilisatrice était territorialement compétent. • Soc. 14 déc. 2004, n° 03-40.401 P : *RJS 2005. 137, n° 192.*

14. Pluralité de défendeurs. Sous réserve des dispositions du code du travail la procédure devant les juridictions prud'homales est régie par les dispositions du livre premier du code de procédure civile ; lorsqu'il y a plusieurs défendeurs, le demandeur saisit, à son choix, la juridiction du lieu où demeure l'un d'eux. • Soc. 16 févr. 2011 : ♁ *D. 2011. Actu. 685* ; *JCP S 2011. 1191, obs. Brissy.*

B. DROIT INTERNATIONAL

BIBL. Déprez, *RJS 1989. 539 ; ibid. 1991. 618* (compétence juridictionnelle). – Jeammaud, *Dr. soc. 1989. 729* (clause attributive de compétence). – Taquet, *SSL 1993, suppl. n° 651.*

15. Principes. La détermination de la loi applicable n'est pas liée à celle de la juridiction compétente et la référence à la loi d'exécution du contrat ne saurait à elle seule constituer une renonciation non équivoque à l'application de l'art. 14 C. civ. • Soc. 20 juin 1979 : *Bull. civ. V, n° 551 ; JDI 1979. 852, note A. Lyon-Caen* • Soc. 2 juin 1983 et • 20 oct. 1983 : *GADT, 4e éd., n° 24 ; JDI 1984. 337, note P. Rodière ; Rev. crit. DIP 1985. 99, note Gaudemet-Tallon* • 27 févr. 1991 : *D. 1991. IR 87 ; RJS 1991. 618, note Déprez.*

16. Lieu d'exécution. En relevant que le demandeur, de nationalité algérienne et salarié de la compagnie Air Algérie, était employé dans des conditions de droit privé dans un établissement parisien, la cour d'appel a pu décider que le conseil de prud'hommes de Paris était compétent pour connaître de sa demande. • Soc. 26 janv. 1989 : *Dr. soc. 1989. 729, note Jeammaud.* – V. aussi • Soc. 16 mars 1989 : *Bull. civ. V, n° 227.* ♦ Lorsque l'obligation du salarié d'effectuer les activités convenues s'exerce dans plus d'un État contractant, le lieu où il accomplit habituellement son travail est l'endroit où, ou à partir duquel, compte tenu des circonstances du cas d'espèce, il s'acquitte en fait de l'essentiel de ses obligations à l'égard de son employeur. • Soc. 4 déc. 2012 : ♁ *D. actu. 14 janv. 2013, obs. Perrin ; JCP S 2013. 115, obs. Pétel-Teyssié.*

17. Droit d'option du salarié. Sur la possibilité offerte par l'art. 14 C. civ. au salarié français de saisir le conseil de prud'hommes de son choix lorsque son contrat de travail s'est effectué hors de tout établissement français, V. • Soc. 2 mars 1966, n° 64-40.547 P : *D. 1966. Somm. 79 ; JDI 1966. 663, note Sialleli.* ♦ Par l'effet de la décision d'incompétence de la juridiction étrangère qu'il avait saisie, le salarié français retrouve la faculté d'exercer la même action devant la juridiction française sur le fondement de l'art. 14 C. civ. • Soc. 9 juill. 1996 : ♁ *RJS 1996. 684, n° 1075 ; CSB 1996. 328, S. 138 ; Justices 1997, n° 6, p. 233, obs. Dockès.* ♦ En cas de litige entre un salarié résidant en France et une entreprise étrangère de l'Union européenne, une juridiction française peut être compétente, même en l'absence d'établissement de l'employeur en France, dès lors qu'il s'agit de la juridiction dans le ressort de laquelle le salarié organise son activité pour le compte de l'employeur et où se situe le centre effectif de son activité professionnelle. • Soc. 20 sept. 2006 : ♁ *D. 2006. IR 2344 ; JSL 2006, n° 198-4.* ♦ La faculté donnée à un Français de saisir les juridictions françaises et notamment prud'homales, pour un litige relatif à un contrat de travail conclu à l'étranger, en application de l'art. 14 C. civ., ne constitue pas une règle impérative ; elle n'exclut pas nécessairement la compétence d'un tribunal étranger déjà saisi et dont le choix n'est pas frauduleux. • Soc. 5 déc. 2018, n° 17-19.820 P : *Dr. soc. 2019. 117, obs. Nord ; JCP S 2018. 1016, obs. Brissy.*

18. Clause attributive de compétence. Une clause attributive de compétence incluse dans un contrat international ne peut faire échec aux dispositions impératives de l'art. R. 1412-1 applicables dans l'ordre international. • Soc. 29 sept. 2010 : *D. 2010. AJ 2370 ; RJS 2010. 863, n° 972 ; Dr. soc. 2011. 209, obs. Chaumette ; Dr. ouvrier 2010. 665, note Lacoste-Mary ; JCP S 2011. 1036, obs. Tricoit.* ♦ En présence d'un contrat de travail dont elle a relevé le caractère international, une cour d'appel peut décider que la clause attributive de compétence, incluse dans un contrat conclu entre un salarié français et une société étrangère pour être exécuté à l'étranger et désignant expressément les juridictions étrangères, était valide, qu'elle excluait l'application de l'art. R. 517-1 C. trav. [art. R. 1412-1 nouv.] et qu'elle emportait renonciation du salarié au bénéfice des dispositions de l'art. 14 C. civ. • Soc. 30 janv. 1991, n° 87-42.086 P : *GADT, 4e éd., n° 25 ; D. 1991. IR 50 ; RJS 1991. 618, note Déprez.* ♦ Comp. : • Soc. 8 juill. 1985, *Allard*, n° 84-40.284 P : *Rev. crit. DIP 1986. 113, note Gaudemet-Tallon ; RJS 1989. 539, annexe 2, note Déprez.* ♦ Rappr. : • Cass., ch. mixte, 28 juin 1974 : *Dr. soc. 1975. 458, note Lucas ; JCP 1974. II. 17881. note G. Lyon-Caen ; JDI 1975. 82, note Holleaux ; Rev. crit. DIP 1975. 110, note P. L.* • Civ. 1re, 16 juin 1987 : *D. 1988. Somm. 314, obs. A. Lyon-Caen ; Rev. crit. DIP 1988. 78, note Gaudemet-Tallon* • 8 mars 1988 : *Bull. civ. I, n° 66 ; D. 1988. Somm. 314, obs. A. Lyon-Caen.* ♦ L'action intentée par un salarié devant le conseil de prud'hommes postérieurement à l'entrée en vigueur, en France, de la Convention de Saint-Sébastien ne permet pas l'application d'une clause attributive de juridiction antérieure au différend. • Soc. 14 nov. 2000, n° 98-41.959 P : *D. 2000. IR 298 ; RJS 2001. 239, n° 331 ; Dr. soc. 2001. 204, obs. Gaudemet-Tallon.* ♦ V. aussi • Soc. 1er mars 1989 : *Dr. soc. 1989. 729, note Jeammaud*, décision affirmant que l'art. 48 C. pr. civ. doit s'interpréter en ce sens que doivent être exclues de la *prohibition qu'il édicte* les clauses qui ne modifient la compétence interne qu'en conséquence d'une modification de la compétence internationale. ♦ En présence d'un accord précisant que le contrat de travail d'un salarié restait régi par la loi américaine y compris après son transfert sur le sol français, la clause attributive de compétence prévue par cet accord, qui n'est pas contraire à la conception française de l'ordre public international, est opposable au salarié. • Soc. 21 janv. 2004, n° 01-44.215 P : *D. 2004. 2187, obs. Escande-Varniol ; RJS 2004. 274, n° 387.*

19. Clause compromissoire. La clause compromissoire insérée dans un contrat de travail international n'est pas opposable au salarié qui a saisi régulièrement la juridiction française compétente en vertu des règles applicables, peu important la loi régissant le contrat de travail. • Soc. 16 févr. 1999, n° 96-40.643 P : *GADT, 4e éd., n° 26 ; D. 1999. IR 74 ; Dr. soc. 1999. 632, obs. Moreau ; RJS 1999. 436, n° 720* • 9 oct. 2001, n° 99-43.288 P : *D. 2001. IR 3170 ; RJS 2001. 977, n° 1452 ; Dr. soc. 2002. 122, obs. Moreau* • 28 juin 2005 : *D. 2005. IR 2035 ; RJS 2005. 717, n° 1016.* ♦ Pour une nullité fondée sur l'application de la loi française. • Soc. 12 févr. 1985, n° 82-43.268 P : *D. 1985. IR 456, obs. A. Lyon-Caen ; Rev. arb. 1986. 47, note Moreau-Bourlès ; Rev. crit. DIP 1986. 469, note Niboyet-Hoegy.*

20. Convention de Bruxelles. Le droit du travail fait partie du domaine matériel de la convention de Bruxelles du 27 sept. 1968 et les litiges nés d'un contrat de travail conclu après le 1er févr. 1973 ressortissent à la convention et notamment à son art. 17 relatif à la prorogation de compétence. • CJCE 13 nov. 1979 : *D. 1980. 543, note J. Mestre ; JDI 1980. 429, note A. Huet.*

21. L'art. 5, 1°, de la convention de Bruxelles doit être interprété en ce sens que, en matière de contrats de travail, l'obligation à prendre en considération est celle qui caractérise de tels contrats, en particulier celle d'effectuer les activités convenues. • CJCE 15 févr. 1989, *Sté Six : Dr. soc. 1989. 729, note Jeammaud ; JDI 1989. 461, note A. Huet ; Rev. crit. DIP 1989. 555, note P. Rodière.* – V. déjà : • CJCE 26 mai 1982, *Ivenel : Rev. crit. DIP 1983. 116, note Gaudemet-Tallon ; JDI 1982. 948, obs. Bischoff* et *A. Huet* • 15 janv. 1987, *Schenavai : Rev. crit. DIP 1987. 793, note Droz ; JDI 1987. 465, obs. Bischoff* et *A. Huet.* ♦ Sur la détermination du lieu où le travailleur accomplit habituellement son travail, V. • CJCE 9 janv. 1997 : *TPS 1997, n° 63, obs. Antonmattéi.*

22. La clause attributive de juridiction répondant aux conditions de l'art. 17 de la convention de Bruxelles doit recevoir application quelles que soient la nature du contrat – contrat d'agent commercial ou contrat de travail de VRP – et ses modalités d'exécution. • Soc. 7 janv. 1992, n° 89-40.470 P : *D. 1992. IR 67.*

23. Sur le respect des conditions de forme posées par l'art. 17, al. 1er, de la convention de Bruxelles en matière de clause attributive de compétence, V. • CJCE 14 déc. 1976 : *D. 1977. IR 349, obs. Audit ; JDI 1977. 734, obs. Bischoff* et *A. Huet* • 19 juin 1984 : *Rev. crit. DIP 1985. 385, note Gaudemet-Tallon ; JDI 1985. 159, note Bischoff* • Soc. 14 janv. 1988 : *JDI 1989. 91, obs. A. Huet.*

24. Conventions bilatérales. Sur l'interprétation de la convention franco-suisse, V. • Soc. 14 janv. 1987 : *Bull. civ. V, n° 19* • 16 févr. 1987 : *ibid., n° 77 ; D. 1988. Somm. 95, obs. Fieschi-Vivet.*

C. DROIT DE L'UNION EUROPÉENNE

25. Primauté. L'art. 19 du règlement CE 44/2001 instaure des règles de compétences spéciales qui interdisent à l'État membre saisi par un salarié d'une demande dirigée contre un autre employeur domicilié dans un autre État membre de se référer à ses propres règles de compétence pour déterminer quelle est la juridiction compétente. • Soc. 20 sept. 2006 : *D. 2006. IR 2344* ; *RJS 2006. 974, n° 1306* ; *JSL 2006, n° 198-4.*

Art. R. 1412-2 **En cas de création d'un conseil de prud'hommes, la cour d'appel, saisie sur requête du procureur général, constate que la nouvelle juridiction est en mesure de fonctionner.**

Elle fixe la date de l'installation du conseil à compter de laquelle le ou les conseils de prud'hommes dont le ressort est réduit cessent d'être compétents pour connaître des affaires entrant dans leur compétence. — *[Anc. art. R. 511-3, al. 2.]*

Art. R. 1412-3 **Lorsqu'à la suite d'une nouvelle délimitation de circonscriptions judiciaires, le ressort d'un conseil de prud'hommes est modifié, le conseil de prud'hommes initialement saisi demeure compétent pour statuer sur les procédures introduites antérieurement à la modification.** — *[Anc. art. R. 511-3, al. 1er.]*

Art. R. 1412-4 **Toute clause d'un contrat qui déroge directement ou indirectement aux dispositions de l'article R. 1412-1, relatives aux règles de compétence territoriale des conseils de prud'hommes, est réputée non écrite.** — *[Anc. art. R. 517-1, al. 4.]*

Art. R. 1412-5 **Lorsqu'un salarié est temporairement détaché sur le territoire national par une entreprise établie dans un autre État membre de** *(Décr. n° 2016-660 du 20 mai 2016, art. 43)* **« l'Union » européenne, les contestations relatives aux droits reconnus dans les matières énumérées à l'article L. 1262-4 peuvent être portées devant le conseil de prud'hommes dans le ressort duquel la prestation est ou a été exécutée.**

Lorsque la prestation est ou a été exécutée dans le ressort de plusieurs conseils de prud'hommes, ces contestations sont portées devant l'une quelconque de ces juridictions. — *[Anc. art. R. 517-1-1.]*

TITRE V **Procédure devant le conseil de prud'hommes**

RÉP. PR. CIV. v° *Prud'hommes*, par GAILLARD et SYBILLIN.

BIBL. GÉN. ▸ AUDINET, *SSL 1983, n° 174, D. 37.* - BAILLY, *Just. et cass. 2007. 19* (le temps et l'instance prud'homale). - COLLECTIF, Procès du travail, travail du procès, *Bibliothèque de l'Institut André Tunc, t. 16, LGDJ 2008 ; RDT 10/2009, n° spécial* (l'action prud'homale). - COLLOMP, *Just. et cass. 2010. 83* (l'office du juge en droit du travail). - DESDEVISES, *Dr. soc. 1986. 140.* - JULIEN, *SSL 1986, n° 322, suppl. D. 75.* - LACABARATS, *Gaz. Pal. 21-23 déc. 2014, p. 17* (les juridictions du travail) ; *Procédures 2015. Étude 2* (la réforme de la procédure en droit du travail) ; Les principes essentiels du procès à l'épreuve de la réforme de la procédure orale dans la procédure devant les conseils de prud'hommes et les chambres sociales des cours d'appel, *in Les principes essentiels du procès à l'épreuve des réformes récentes du droit judiciaire privé, dir. L. Flise et E. Jeuland, Bibliothèque de l'Institut André Tunc, t. 57, p. 69.* - LAHALLE, *JCP 2017. 634* (réforme prud'homale : premier bilan - A propos du rapport Rostand du 28 avr. 2017). - MOUSSY, *Dr. soc. 1998. 145.* - NORMAND, *ibid. 1986, n° 322, suppl. D. 62* (expertise). - PATOUT, *ibid. 1985, n° 274, D. 113.* - RAPINAT, *Gaz. Pal. 1979. 1. Doctr. 6.* - SARAMITO, *Dr. ouvrier 1985. 181* (suspensions des poursuites individuelles). - TABARET, *ibid. 1992. 88* (régularité de la convocation à comparaître). - TILHET-PRETNAR, Le NCPC (1975-2005), *Economica 2006, p. 377* (l'oralité dans la procédure prud'homale).

▸ **Analyse économique et sociale de la justice prud'homale :** NÉGRON, BORIES et DA SILVA, *JCP 2017. 725* (à la recherche de la justice perdue ?).

CHAPITRE PREMIER *Dispositions générales*

Art. R. 1451-1 **Sous réserve des dispositions du présent code, la procédure devant les juridictions prud'homales est régie par les dispositions du livre premier du code de procédure civile.** — *[Anc. art. R. 516-0.]*

1. Référé. Le président du conseil de prud'hommes n'ayant pas qualité pour statuer sur requête, une cour d'appel décide à bon droit que le président du TGI est compétent pour ordonner, conformément à l'art. 812, al. 2, NCPC [devenu C. pr. civ.], la production de pièces destinées à une instance prud'homale. • Soc. 12 avr. 1995, n° 93-10.982 P : *Dr. soc. 1995. 586, note*

Jeantin ; RJS 1995. 368, n° 552 (le pouvoir d'ordonner la production d'un élément de preuve détenu par une partie, en l'occurrence une correspondance, n'est pas contraire à l'art. 8 Conv. EDH).

2. Appel. Nonobstant le principe de l'oralité de la procédure en matière prud'homale, l'appel incident peut être régulièrement formé par dépôt ou envoi au greffe de conclusions valant déclaration d'appel. • Soc. 15 déc. 2006, n° 05-41.468 P.

3. Désistement. Le désistement d'instance et d'appel est régi par les dispositions du NCPC [devenu C. pr. civ.] communes à toutes les juridictions, auxquelles il n'est pas dérogé par les dispositions du code du travail particulières aux juridictions statuant en matière prud'homale. • Soc. 27 nov. 2001, n° 99-45.940 P • 29 avr. 2003, n° 01-41.631 P : *Procédures 2007, n° 162, note Perrot.*

4. Décision mettant fin à l'instance. Si la décision qui tranche tout le principal ou qui, statuant sur une exception de procédure, une fin de non-recevoir ou tout autre incident, met fin à l'instance, n'est pas notifiée dans le délai de deux ans de son prononcé, la partie qui a comparu n'est plus recevable à exercer un recours à titre principal après l'expiration dudit délai. • Soc. 17 nov. 1998, n° 96-43.838 P.

5. Principe du contradictoire. Il résulte de l'art. R. 516-0 [art. R. 1451-1 nouv.] que les dispositions de l'art. 135 NCPC [devenu C. pr. civ.], selon lesquelles le juge peut écarter des débats les pièces qui n'ont pas été communiquées en temps utile, sont applicables devant les juridictions statuant en matière prud'homale. • Soc. 7 juin 1995 : *RJS 1995. 528, n° 810.* ♦ Mais le caractère oral de la procédure permet de suppléer à la remise tardive des conclusions. • Soc. 12 avr. 1995 : *RJS 1995. 367, n° 551* • 13 mars 1996, n° 94-42.864 P.

6. Le droit à un procès équitable permet d'écarter l'application du principe d'oralité de la procédure et de déclarer recevable un appel incident formé par des conclusions écrites. • Soc. 14 mars 2007, n° 05-43.351 P : *D. 2007. AJ 1007, obs. P. Guiomard ; ibid. Pan. 2429, obs. Fricero ; JCP E 2007. 1976, Comm. Croze ; JCP S 2007. 1332, Comm. Boubli ; Procédures 2007, n° 131, note Perrot ; Dr. et pr. 2007. 214, obs. Fricero ; RTD civ. 2007. 642, obs. Perrot ; RDT 2007. 335, obs. Boulmier ; RJS 2007. 480, n° 650.*

Art. R. 1451-2 **Les exceptions de procédure sont, à peine d'irrecevabilité, soulevées avant toute défense au fond ou fin de non-recevoir. Elles peuvent, sous cette réserve, être soulevées devant le bureau de jugement.** — *[Anc. art. R. 516-38.]*

1. L'art. R. 516-38 [art. R. 1451-2 nouv.] ne concerne que les exceptions de procédure et non les fins de non-recevoir régies par l'art. 122 NCPC [devenu C. pr. civ.]. • Soc. 5 juill. 1989 : *Bull. civ. V, n° 507.*

2. Les exceptions d'incompétence doivent être soulevées *in limine litis.* • Soc. 13 juin 1973 : *Bull. civ. V, n° 380* • 12 mai 1982 : *ibid., n° 294.*

3. Doit être cassée la décision d'une cour d'appel qui admet la régularité de sa saisine par la voie de l'appel au motif que le premier juge, pour statuer sur sa compétence, avait eu à trancher la question de fond de l'existence d'un contrat de travail entre les parties, alors qu'il n'avait statué que sur sa compétence sans se prononcer sur les différents chefs de la demande. • Soc. 6 oct. 1971 : *Bull. civ. V, n° 537* • 29 mai 1979 : *ibid., n° 460* (le jugement sur la compétence ne peut être attaqué que par voie de contredit).

4. Il résulte de l'art. R. 516-38 [art. R. 1451-2 nouv.] que les exceptions doivent être accueillies même lorsque des défenses au fond ont été proposées au cours du préliminaire de conciliation, pourvu qu'elles ne soient pas postérieures à de telles défenses dans le cadre du débat ouvert devant le bureau de jugement. • Soc. 26 juill. 1984 : *Bull. civ. V, n° 333.*

Art. R. 1451-3 **Lorsqu'un** *(Décr. n° 2019-966 du 18 sept. 2019, art. 8, en vigueur le 1er janv. 2020)* **« tribunal judiciaire** *[ancienne rédaction : tribunal d'instance]* **» est appelé à statuer en matière prud'homale, les demandes sont formées, instruites et jugées conformément aux dispositions du présent titre.**

En cas de recours, il est procédé comme en matière prud'homale. — *[Anc. art. R. 516-43.]*

CHAPITRE II *Saisine du conseil de prud'hommes*

(Décr. n° 2016-660 du 20 mai 2016, art. 8)

L'art. 8 du Décr. n° 2016-660 du 20 mai 2016, est applicable aux instances introduites devant les conseils de prud'hommes à compter du 1er août 2016 (Décr. préc., art. 45).

Art. R. 1452-1 *(Décr. n° 2019-1333 du 11 déc. 2019, art. 26-3°, en vigueur le 1er janv. 2020)* **« La demande en justice est formée par requête »**

La saisine du conseil de prud'hommes, même incompétent, interrompt la prescription.

L'art. 26 du Décr. nº 2019-1333 du 11 déc. 2019 est applicable aux instances en cours au 1er janv. 2020 (Décr. préc., art. 55-I).

Portée de l'effet interruptif de prescription de l'action prud'homale. En principe, si l'interruption de la prescription ne peut pas s'étendre d'une action à l'autre, il en est autrement lorsque les deux actions, au cours d'une même instance, concernent l'exécution du même contrat de travail ; l'effet interruptif attaché à une demande relative à l'exécution du contrat de travail ou à sa rupture ne s'étend cependant pas à la demande reconventionnelle tendant à voir prononcer la nullité du même contrat. • Soc. 15 sept. 2021, ☎ nº 19-24.011 B : *D. 2021. 1677 ✐ ; RDT 2021. 663, obs. Mraouahi ✐ ; RJS 12/2021, nº 676.*

Art. R. 1452-2 La requête est faite, remise ou adressée au greffe du conseil de prud'hommes.

(Décr. nº 2017-1008 du 10 mai 2017, art. 2-1º-a) « Elle » comporte les mentions prescrites *(Décr. nº 2017-1008 du 10 mai 2017, art. 2-1º-b)* « à peine de nullité » à l'article *(Décr. nº 2019-1333 du 11 déc. 2019, art. 26-4º, en vigueur le 1er janv. 2020)* « 57 » du code de procédure civile. En outre, elle contient un exposé sommaire des motifs de la demande et mentionne chacun des chefs de celle-ci. Elle est accompagnée des pièces que le demandeur souhaite invoquer à l'appui de ses prétentions. Ces pièces sont énumérées sur un bordereau qui lui est annexé.

La requête et le bordereau sont établis en autant d'exemplaires qu'il existe de défendeurs, outre l'exemplaire destiné à la juridiction.

L'art. 26 du Décr. nº 2019-1333 du 11 déc. 2019 est applicable aux instances en cours au 1er janv. 2020 (Décr. préc., art. 55-I).

1. Légalité du Décr. nº 2016-660 du 20 mai 2016 (oui). Les obligations nouvelles, prévues par l'art. 8 du Décr. nº 2016-660 du 20 mai 2016, à la charge du justiciable qui entend présenter une requête devant le conseil de prud'hommes, permettent d'assurer l'information immédiate des parties et de la juridiction sur les données du litige et concourent, par suite, à la bonne administration de la justice. De telles obligations ne portent d'atteinte excessive ni au droit d'accès au juge ni au droit à un procès équitable, garantis par l'art. 16 DDH ainsi que par les stipulations de l'art. 6 Conv. EDH. Si, selon les requérants, ces formalités peuvent représenter une contrainte particulière pour certains justiciables, lesquels peuvent, au demeurant, être assistés ou représentés, en application de l'art. R. 1453-2 C. trav., par un autre salarié, un conjoint, un défenseur syndical ou un avocat, l'art. 8 du Décr. préc. de 2016 ne méconnaît pas le principe d'égalité entre les justiciables. • CE 30 janv. 2019, ☎ nº 401681 : *D. actu. 19 févr. 2019, obs. Malfettes ; D. avocats 2019. 57, obs. Dargent ✐ ; JCP 2019. 255, obs. Bortoluzzi ; JCP S 2019. 1161, note Bugada ; Gaz. Pal. 23 avr. 2019, p. 52, obs. Orif.*

2. Le principe d'égalité ne s'oppose pas à ce que l'autorité investie du pouvoir réglementaire règle de façon différente des situations différentes ni à ce qu'elle déroge à l'égalité pour des raisons d'intérêt général pourvu que, dans l'un comme l'autre cas, la différence de traitement qui en résulte soit en rapport direct avec l'objet de la norme qui l'établit et ne soit pas manifestement disproportionnée au regard des motifs susceptibles de la justifier. Si l'art. R. 1452-2 C. trav. impose au demandeur de produire avec sa requête les pièces qu'il souhaite présenter à l'appui de ses prétentions, l'art. R. 1452-3 du même code se borne à prévoir que le greffe invite le défendeur à déposer ou à lui adresser les pièces qu'il entend produire. L'obligation ainsi faite au demandeur est destinée, dans l'intérêt d'une bonne administration de la justice, à faciliter la mise en état et le traitement des affaires par la juridiction prud'homale. Une telle obligation n'est, toutefois, pas prescrite à peine de nullité. Il résulte, par ailleurs, de l'art. L. 1454-1-2 C. trav. que les conseillers rapporteurs prescrivent au demandeur, comme au défendeur, toutes mesures nécessaires pour que l'affaire soit en état d'être jugée. Par suite, les requérants ne sont pas fondés à soutenir qu'en soumettant les demandeurs et les défendeurs à des règles différentes en matière de production de pièces, les dispositions de l'art. 8 du Décr. de 2016 méconnaîtraient le principe d'égalité. • CE 30 janv. 2019, ☎ nº 401681 : *préc. note 1.*

Art. R. 1452-3 Le greffe avise par tous moyens le demandeur des lieu, jour et heure de la séance du bureau de conciliation et d'orientation ou de l'audience lorsque le préalable de conciliation ne s'applique pas.

Cet avis par tous moyens invite le demandeur à adresser ses pièces au défendeur avant la séance ou l'audience précitée et indique qu'en cas de non-comparution sans motif légitime il pourra être statué en l'état des pièces et moyens contradictoirement communiqués par l'autre partie.

Légalité du Décr. n° 2016-660 du 20 mai 2016 (oui). L'art. 8 dudit décret de 2016 prévoit que le demandeur est avisé par tous moyens des date et lieu de la séance du bureau de conciliation et d'orientation ou de l'audience alors que le défendeur est convoqué par une lettre recommandée avec demande d'avis de réception. Ces modalités de convocation, si elles appellent de la part de celui qui a engagé la procédure une vigilance particulière, ne méconnaissent pas le droit à un procès équitable garanti par l'art. 6 Conv. EDH. Au demeurant, les moyens de communication électronique dont l'utilisation est rendue possible par la disposition critiquée permettent d'établir, de manière certaine, l'envoi et la réception par le destinataire de la convocation à la séance du bureau de conciliation et d'orientation ou à l'audience. Cette disposition ne méconnaît pas davantage le principe d'égalité devant la justice. • CE 30 janv. 2019, n° 401681 : *cité note 1 ss. C. trav., art. R. 1452-2, App., v° Procédure prud'homale.*

Art. R. 1452-4 *(Décr. n° 2017-1008 du 10 mai 2017, art. 2-1°-a)* « A réception des exemplaires de la requête et du bordereau mentionnés au deuxième alinéa de l'article R. 1452-2, le greffe » convoque le défendeur par lettre recommandée avec demande d'avis de réception. La convocation indique :

1° Les nom, profession et domicile du demandeur ;

2° Selon le cas, les lieu, jour et heure de la séance du bureau de conciliation et d'orientation ou de l'audience à laquelle l'affaire sera appelée ;

3° Le fait que des décisions exécutoires à titre provisoire pourront, même en son absence, être prises contre lui et qu'en cas de non-comparution sans motif légitime il pourra être statué en l'état des pièces et moyens contradictoirement communiqués par l'autre partie.

La convocation invite le défendeur à déposer ou adresser au greffe les pièces qu'il entend produire et à les communiquer au demandeur.

Cette convocation reproduit les dispositions des articles R. 1453-1 et R. 1453-2 et, lorsque l'affaire relève du bureau de conciliation et d'orientation, celles des articles R. 1454-10 et R. 1454-12 à R. 1454-18.

Est joint à la convocation un exemplaire de la requête et du bordereau énumérant les pièces adressées par le demandeur.

(Décr. n° 2017-1008 du 10 mai 2017, art. 2-2°-b) « Lorsque le défendeur est attrait par plusieurs demandeurs, le greffe peut, avec son accord, lui notifier les requêtes et bordereaux par remise contre émargement ou récépissé, le cas échéant en plusieurs fois. »

Art. R. 1452-5 Sous réserve des dispositions du second alinéa de l'article R. 1452-1, la convocation du défendeur devant le bureau de conciliation et d'orientation et, lorsqu'il est directement saisi, devant le bureau de jugement vaut citation en justice.

Art. R. 1452-6 *(Décr. n° 2017-1008 du 10 mai 2017, art. 2-3°)* La reprise de l'instance, après une suspension, a lieu sur l'avis qui en est donné aux parties par le greffier, par tout moyen.

CHAPITRE III *Assistance et représentation des parties*

BIBL. GÉN. ► PANSIER, *CSB 1999. 276, D. 10* (représentation et assistance). – DESDEVISES, *Dr. soc. 1985. 504* (comparution personnelle et représentation). – PUIGELIER, *JCP E 1992. I. 117* (salarié non assisté ou non représenté).

Art. R. 1453-1 *(Décr. n° 2016-660 du 20 mai 2016, art. 9)* Les parties se défendent elles-mêmes.

Elles ont la faculté de se faire assister ou représenter.

1. Principe. En raison du caractère essentiel de la mission de conciliation du conseil de prud'hommes, les parties doivent comparaître personnellement. • Soc. 6 juill. 1978 : *Bull. civ. V, n° 577 ; D. 1979. IR 28, obs. Langlois.*

2. Utilisation des heures de délégation. Viole l'art. R. 516-4 [art. R. 1453-1 nouv.] le conseil de prud'hommes qui déclare qu'un délégué du personnel, partie à une instance prud'homale, « assisté et représenté aux audiences » consacrées à la contestation de l'utilisation de ses heures de délégation, aurait pu se dispenser de comparaître. • Cass., ass. plén., 31 oct. 1996, n° 91-44.770 P : *BICC 15 déc. 1996, concl. Monnet, note Marc ; D. 1996. IR 257 ; JCP 1996. II. 22748, note Corrignan-Carsin ; JCP 1997. I. 4006, n° 2, obs. Pételt-Teyssié ; Dr. soc. 1997. 270, note Verdier ; RJS 1996. 823, n° 1276 ; LPA 6 déc. 1996, note Picca.*

3. Exception. La procédure étant orale, le dépôt par une partie devant la juridiction prud'homale de conclusions écrites, même notifiées en temps utile à la partie adverse, ne peut suppléer son défaut de comparution. • Soc. 8 nov. 1994 : *D. 1994. IR 266.* ♦ Les conclusions adressées par l'appelant à l'intimé ne peuvent suppléer à son absence à l'audience à laquelle il a été régulièrement convoqué. • Soc. 14 mars

2007 : D. 2007. AJ 1018 ; RJS 2007. 413, n° 555.

4. L'irrégularité tenant à ce qu'une demande avait été présentée au nom d'un mineur non assisté ne peut être invoquée pour la première fois devant la Cour de cassation. • Soc. 7 oct. 1964 : *Bull. civ. V, n° 653.*

5. Sur le motif légitime, V. notes 2, 5, 6 et 8, ss. art. R. 1454-13.

Art. R. 1453-2 **Les personnes habilitées à assister ou à représenter les parties sont :**
1° Les salariés ou les employeurs appartenant à la même branche d'activité ;
2° Les *(Décr. n° 2016-660 du 20 mai 2016, art. 10-1°)* **« défenseurs syndicaux » ;**
3° Le conjoint, le partenaire lié par un pacte civil de solidarité ou le concubin ;
4° Les avocats.

L'employeur peut également se faire assister ou représenter par un membre de l'entreprise ou de l'établissement *(Décr. n° 2017-1698 du 15 déc. 2017, art. 1er-2°)* **« fondé de pouvoir ou habilité à cet effet. »**

(Décr. n° 2016-660 du 20 mai 2016, art. 10-2°) **« Le représentant, s'il n'est pas avocat, doit justifier d'un pouvoir spécial. Devant le bureau de conciliation et d'orientation, cet écrit doit l'autoriser à concilier au nom et pour le compte du mandant, et à prendre part aux mesures d'orientation. »** — *[Anc. art. R. 516-5.]*

Le 1° de l'art. 10 du Décr. n° 2016-660 du 20 mai 2016 est applicable aux instances et appels introduits à compter du 1er août 2016 (Décr. préc., art. 46).

BIBL. ▶ **Décr. n° 2017-1698 du 15 déc. 2017 :** Boumendjel, Leduc et Massamba-Debat, *JCP S 2017. 1320.* – Bugada, *JCP S 2017. 1319.* – L. Mayer, *JCP 2018. 530, n° 2.*

1. Légalité du Décr. n° 2016-660 du 20 mai 2016 (oui). Le pouvoir réglementaire a pu complètement modifier l'art. R. 1453-2 C. trav. pour supprimer la disposition réglementaire spéciale permettant aux délégués permanents ou non permanents de l'ensemble des organisations syndicales d'employeurs et de salariés, par exception au monopole confié aux avocats, d'assister et de représenter les parties devant les juridictions du travail. • CE 30 janv. 2019, n° 401681 : *cité note 1 ss. C. trav., art. R. 1452-2, App., v° Procédure prud'homale.*

2. ... En supprimant l'habilitation des délégués permanents ou non permanents de l'ensemble des organisations syndicales d'employeurs et de salariés à assister ou représenter les parties devant les juridictions du travail, le pouvoir réglementaire a entendu tirer les conséquences de la réforme de la justice prud'homale et notamment de la création, par le législateur, d'un statut de défenseur syndical. Une telle disposition ne prive pas les organisations syndicales non représentatives du droit d'assister les salariés dont elles ont pour mission de défendre les intérêts professionnels et ne fait nullement obstacle à la création de telles organisations. L'art. 10 du décret de 2016 ne méconnaît pas les principes de liberté syndicale et de non-discrimination entre organisations syndicales. • CE 30 janv. 2019, n° 401681 : *cité note 1 ss. C. trav., art. R. 1452-2, App., v° Procédure prud'homale.*

3. ... Ni l'art. 10 du décret de 2016, ni aucune *autre disposition n'impose que* la partie qui est assistée ou représentée par un défenseur syndical appartienne à la même organisation syndicale que ce dernier ou soit membre d'un syndicat. Dès lors, la suppression de l'habilitation des délégués des organisations syndicales non représentatives n'est pas, par elle-même, de nature à porter atteinte à la liberté des salariés et des employeurs d'adhérer à une organisation syndicale non représentative ou de ne pas adhérer à une organisation syndicale représentative. Par suite, les moyens tirés de la méconnaissance de l'al. 6 Préamb. Const. de 1946, de l'art. 11 Conv. EDH, de l'art. 5 de la Charte sociale européenne révisée du 3 mai 1996 ainsi que, en tout état de cause, de l'art. 11 de la Charte communautaire des droits sociaux fondamentaux des travailleurs et de la Conv. OIT n° 87 du 9 juill. 1948 sur la liberté syndicale et la protection du droit syndical doivent être écartés. • CE 30 janv. 2019, n° 401681 : *cité note 1 ss. C. trav., art. R. 1452-2, App., v° Procédure prud'homale.*

4. Appartenance au même syndicat. L'art. R. 516-5 [art. R. 1453-2 nouv.] n'exige pas que les parties assistées ou représentées soient membres de la même organisation syndicale ou membres d'un syndicat. • Soc. 26 sept. 1990, n° 88-40.060 P : *D. 1990. IR 229 ; RJS 1990. 540, n° 805 ; JCP E 1991. I. 25, n° 3, obs. Chevillard.* ♦ Mais le délégué ayant qualité pour représenter une partie doit être membre de l'organisation syndicale et non salarié de celle-ci. • Soc. 9 déc. 1970 : *Bull. civ. V, n° 702 ; Dr. soc. 1971. 279, obs. J. Savatier* • 15 déc. 1983 : *Bull. civ. V, n° 627 ; Dr. soc. 1985. 504, obs. Desdevises* • Soc. 8 nov. 1990 : *RJS 1991. 44, n° 75* (le délégué n'est pas tenu d'appartenir à la même branche d'activité que le représenté). ♦ Aucune limite territoriale n'est fixée par l'art. R. 516-5 [art. R. 1453-2 nouv.] pour l'activité des délégués. • Soc. 16 nov. 1995 : *D. 1995. IR 277 ; JCP 1996. I. 3923, n° 2, obs. Pierchon.*

5. Caractère limitatif de la liste. L'énumération de l'art. R. 516-5 [art. R. 1453-2 nouv.] est limitative ; un père, même muni d'un pouvoir, ne peut représenter son fils. • Soc. 11 mai 1993 :

CSB 1993. 161, B. 82. ♦ Le salarié membre d'une association n'ayant pas la nature d'un syndicat n'est pas habilité à représenter ou assister un salarié devant les prud'hommes. • Soc. 8 oct. 1996, n° 95-40.521 P : *TPS 1997, n° 29, obs. Boubli.* ♦ Sur la possibilité d'étendre le dispositif aux enfants des parties, *Adde* * Rép. min. n° 13345 : *JOAN Q, 30 juin 2009, p. 6640 ; Procédures 2009. Veille 45.*

6. Incompatibilité. Il n'existe aucune incompatibilité de principe entre les fonctions de conseiller du salarié (art. L. 122-14-14 s. C. trav. [art. L. 1232-8 s. nouv.]) et celles d'assistant du salarié dans l'instance prud'homale. • Douai, 13 nov. 1992 : *RJS 1993. 118, n° 172.* ♦ L'exigence d'un tribunal indépendant et impartial imposée par l'art. 6 § 1er Conv. EDH interdit qu'un conseiller prud'homal en fonction lors de l'introduction de l'instance puisse représenter ou assister une partie devant le conseil de prud'hommes auquel il appartient. Une cour d'appel constatant la violation de cette interdiction décide exactement que la procédure est entachée de nullité et qu'aucune régularisation n'est possible. • Soc. 16 sept. 2008 : *cité note 118 ss. Conv. EDH art. 6, § 1er, App., v° Droit européen et international.*

7. L'exigence d'un tribunal indépendant et impartial posé par l'art. 6, § 1er Conv. EDH implique qu'un conseiller prud'hommes n'exerce pas de mission d'assistance ou de mandat de représentation devant le conseil de prud'hommes dont il est membre ; une salariée ne peut pas, comme l'autorise l'art. R. 516-5 [art. R. 1453-2 nouv.], se faire assister par son conjoint, dès lors que celui-ci est membre de la juridiction saisie. • Soc. 3 juill. 2001 : *cité note 87 ss. Conv. EDH art. 6, § 1er, App., v° Droit européen et international.* ♦ La personne qui a assisté une partie à un procès prud'homal ne peut être membre de la juridiction appelée à se prononcer sur le différend opposant les mêmes parties (visa de l'art. 6, § 1er, Conv. EDH). • Soc. 8 janv. 1997, n° 94-42.241 P : *JCP 1997. I. 4037, n° 2, obs. Pétel-Teyssié ; RJS 1997. 129, n° 192 ; CSB 1997. 87, S. 46.*

8. L'impartialité d'une cour d'appel n'est pas remise en cause lorsqu'une partie est assistée ou représentée devant cette juridiction par un délégué syndical membre d'un conseil de prud'hommes du ressort de la cour d'appel. • Soc. 10 janv. 2012, n° 10-28.027 P : *Gaz. Pal. 25-26 mai 2012, p. 35, note Orif ; RDT 2012. 70 ; JCP S 2012. 1130, note Lahalle.*

9. Mandat. Si un salarié ou un membre de l'entreprise peut valablement représenter l'employeur, il doit justifier qu'il a reçu mandat de ce dernier. • Soc. 5 mars 1992, n° 88-45.188 P : *RJS 1992. 275, n° 484* • 14 oct. 1997, n° 94-43.796 P. ♦ N'a pas la qualité de membre de l'entreprise la personne qui, sous couvert de contrats de travail épisodiques, n'intervient que pour représenter l'entreprise en justice. • Soc. 12 avr. 1995, n° 94-40.127 P : *RJS 1995. 449, n° 687 ; JCP 1996. I. 3899, n° 2, obs. Pierchon ; Justices, 1996, n° 3, p. 430, obs. Dockès.*

Art. R. 1453-3 **La procédure prud'homale est orale.** – *[Anc. art. R. 516-6.]*

BIBL. ▸ CHONNIER, *D. 2006. 2883*. – HENRY, *SSL 1988, n° 140, suppl. D. 79.* – SERVERIN et GRUMBACH, *RDT 2007. 468* (oral et écrit dans la procédure prud'homale).

1. Notion d'oralité. Le principe de l'oralité de la procédure est respecté dès lors que l'intéressé a comparu à l'audience. • Soc. 17 juill. 1997 : *RJS 1997. 700, n° 1125.* ♦ L'avocat qui, à l'audience, représente une partie n'est pas tenu de développer ses conclusions déposées à la barre. • Même arrêt. ♦ A. Robert, *SSL 1997, n° 860, p. 5.*

2. Incidences. En matière prud'homale, la procédure est orale et le juge doit se prononcer sur les demandes formulées contradictoirement devant lui à l'audience. • Soc. 10 juill. 1990, n° 87-40.677 P : *D. 1990. IR 208* • 14 mars 2007 : *JCP S 2007. 1301, note Boubli.* ♦ Les conclusions adressées par l'appelant à l'intimé ne peuvent suppléer à son absence à l'audience à laquelle il a été régulièrement convoqué. • Soc. 14 mars 2007 : *JCP S 2007. 1301, note Boubli.* ♦ Les documents retenus par le juge sont présumés avoir été débattus contradictoirement devant lui. • Soc. 16 déc. 1987 : *Dr. ouvrier 1989. 494* • 29 sept. 1988 : *JCP 1988. IV. 356* • 15 mai 1991, n° 89-43.845 P.

3. Il résulte de l'art. R. 516-0 [art. R. 1451-1 nouv.] que les dispositions de l'art. 135 NCPC [devenu C. pr. civ.], selon lesquelles le juge peut écarter des débats les pièces qui n'ont pas été communiquées en temps utile, sont applicables devant les juridictions statuant en matière prud'homale. • Soc. 7 juin 1995 : *RJS 1995. 528, n° 810.* ♦ Mais le caractère oral de la procédure permet de suppléer à la remise tardive des conclusions. • Soc. 12 avr. 1995 : *Dr. soc. 1995. 604 ; RJS 1995. 367, n° 551 ; Justices, 1996, n° 3, p. 427, obs. Dockès.* ♦ Les conclusions adressées par l'appelante à l'intimée ne pouvaient suppléer son absence à l'audience à laquelle elle avait été régulièrement convoquée. • Soc. 14 mars 2007, n° 05-45.414.

4. Dans une procédure orale, les écrits auxquels se réfère une partie ont nécessairement pour date celle de l'audience. • Soc. 7 mars 2012 : *Gaz. Pal. 25-26 mai 2012, p. 33, note Raschel.*

Art. R. 1453-4 *(Décr. n° 2016-660 du 20 mai 2016, art. 11)* **Les parties peuvent se référer aux prétentions et aux moyens qu'elles auraient formulés par écrit. Les observations des par-**

ties et leurs prétentions lorsqu'elles ne sont pas tenues de les formuler par écrit sont notées au dossier ou consignées au procès-verbal.

Art. R. 1453-5 *(Décr. n° 2016-660 du 20 mai 2016, art. 12)* Lorsque toutes les parties comparantes formulent leurs prétentions par écrit et sont assistées ou représentées par un avocat, elles sont tenues, dans leurs conclusions, de formuler expressément les prétentions ainsi que les moyens en fait et en droit sur lesquels chacune de ces prétentions est fondée avec indication pour chaque prétention des pièces invoquées. Un bordereau énumérant les pièces justifiant ces prétentions est annexé aux conclusions. Les prétentions sont récapitulées sous forme de dispositif. Le bureau de jugement ou la formation de référé ne statue que sur les prétentions énoncées au dispositif. Les parties doivent reprendre dans leurs dernières conclusions les prétentions et moyens présentés ou invoqués dans leurs conclusions antérieures. A défaut, elles sont réputées les avoir abandonnés et il n'est statué que sur les dernières conclusions communiquées.

L'art. 12 du Décr. n° 2016-660 du 20 mai 2016 est applicable aux instances introduites devant les conseils de prud'hommes à compter du 1er août 2016 (Décr. préc., art. 45).

1. Légalité du Décr. n° 2016-660 du 20 mai 2016 (oui). En premier lieu, aucun principe général du droit ne prescrit que les débats doivent se dérouler oralement devant les conseils de prud'hommes. En second lieu, ledit décret de 2016 a pu, sans méconnaître les principes généraux du droit, prévoir l'obligation pour les parties représentées par un avocat et qui formulent leurs prétentions par écrit d'indiquer expressément dans leurs conclusions écrites les moyens fondant leurs prétentions, d'établir un bordereau énumérant les pièces invoquées et de produire des conclusions écrites récapitulatives. • CE 30 janv. 2019, n° 401681 : *cité note 1 ss. C. trav., art. R. 1452-2, App., v° Procédure prud'homale.*

2. ... D'une part, un requérant agissant seul, assisté ou représenté par un salarié ou un employeur de sa branche, son conjoint ou un défenseur syndical ne peut être regardé, en ce qui concerne la formalisation de ses prétentions, comme étant placé dans une situation identique à celle d'un requérant assisté par un avocat, professionnel du droit. Dès lors, la différence de traitement résultant de l'art. 12 du Décr. du 20 mai 2016, n'est pas injustifiée. D'autre part, les obligations de formalisation des prétentions, imposées par l'art. 12 du même décret aux seuls avocats, favorisent une meilleure identification des litiges, facilitent le traitement des pièces par les greffes et concourent, par suite, à une bonne administration de la justice. Elles font peser une contrainte raisonnable sur ces professionnels du droit au regard de l'objectif ainsi poursuivi. Enfin, en prévoyant que ces obligations ne s'imposent que lorsque toutes les parties comparantes formulent leurs prétentions par écrit et sont assistées ou représentées par un avocat, l'art. 12 dudit décret de 2016 soumet les justiciables se trouvant dans la même situation à la même procédure. L'art. 12 préc. ne méconnaît donc pas le principe d'égalité devant la loi et le principe d'égalité devant la justice. Il n'est pas davantage de nature à faire obstacle à l'exercice, par les justiciables, du libre choix de leur défenseur. • CE 30 janv. 2019, n° 401681 : *cité note 1 ss. C. trav., art. R. 1452-2, App., v° Procédure prud'homale.*

3. ... Les dispositions de l'art. 12 du décret de 2016 définissent de façon claire et sans ambiguïté les obligations procédurales pesant sur les parties lorsqu'elles sont assistées ou représentées par un avocat. Elles ne méconnaissent pas l'objectif de valeur constitutionnelle d'accessibilité et d'intelligibilité du droit. • CE 30 janv. 2019, n° 401681 : *cité note 1 ss. C. trav., art. R. 1452-2, App., v° Procédure prud'homale.*

CHAPITRE IV *Conciliation et jugement*

SECTION I *Mise en état de l'affaire*

Art. R. 1454-1 *(Décr. n° 2016-660 du 20 mai 2016, art. 13-1°)* En cas d'échec de la conciliation, le bureau de conciliation et d'orientation assure la mise en état de l'affaire jusqu'à la date qu'il fixe pour l'audience de jugement. Des séances peuvent être spécialement tenues à cette fin.

Après avis des parties, il fixe les délais et les conditions de communication des prétentions, moyens et pièces.

Il peut dispenser une partie qui en fait la demande de se présenter à une séance ultérieure du bureau de conciliation et d'orientation. Dans ce cas, la communication entre les parties est faite par lettre recommandée avec demande d'avis de réception ou par notification entre avocats et il en est justifié auprès du bureau de conciliation et d'orientation dans les délais impartis.

Il peut entendre les parties en personne, les inviter à fournir les explications nécessaires à la solution du litige ainsi que les mettre en demeure de produire dans le délai qu'il détermine tous documents ou justifications propres à éclairer le conseil de prud'hommes.

Ancien art. R. 1454-1 ***Afin de mettre l'affaire en état d'être jugée, le bureau de conciliation ou le bureau de jugement peut, par une décision non susceptible de recours, désigner un ou deux conseillers rapporteurs en vue de réunir sur cette affaire les éléments d'information nécessaires au conseil de prud'hommes pour statuer.***

Un ou deux conseillers rapporteurs peuvent également être désignés par la formation de référé, en vue de réunir les éléments d'information utiles à la décision de cette formation.

La décision qui désigne un ou deux conseillers rapporteurs fixe un délai pour l'exécution de leur mission. *— [Anc. art. R. 516-21.]*

Un ou deux conseillers rapporteurs peuvent être désignés afin de mettre l'affaire à même d'être jugée. Ils prescrivent toutes mesures nécessaires à cet effet (art. L. 1454-1 [anc. L. 516-21] C. trav.).

BIBL. ▶ DAUXERRE, Quarantième anniversaire du Code de procédure civile (1975-2015), *Hors-collection, Panthéon-Assas Paris II 2016, p. 357* (réflexions sur la mise en état devant le Conseil de prud'hommes).

1. Homologation des rapports. Un conseil de prud'hommes peut, après avoir entendu les parties et en avoir délibéré, homologuer le rapport de ses conseillers rapporteurs. • Soc. 3 mars 1971 : *Bull. civ. V, nº 179.* ♦ *Contra,* lorsque les conseillers rapporteurs ont déposé deux rapports distincts et opposés : • Soc. 24 janv. 1974 : *Bull. civ. V, nº 66.*

2. Principe du contradictoire. Le rapport des conseillers prud'hommes n'a pas à être notifié aux parties, dès lors qu'il figurait au dossier de la procédure et que, s'agissant d'une procédure à caractère oral, les moyens retenus sont présumés avoir été débattus contradictoirement. • Soc. 6 juill. 1983 : *Bull. civ. V, nº 412.*

3. Impartialité. L'opinion exprimée dans leur rapport, par deux conseillers prud'homaux à l'occasion de leur mission précédant le délibéré, sur le caractère mal fondé de la demande du salarié fait naître un doute légitime sur leur impartialité et celle de la juridiction à laquelle ils appartiennent. • Soc. 3 mars 2009, nº 07-15.581 P : *JCP S 2009. 1429, note Bugada ; Procédures 2009, nº 139, note Perrot ; ibid. 195, note Bugada.*

Art. R. 1454-2 *(Décr. nº 2016-660 du 20 mai 2016, art. 13-2º)* **A défaut pour les parties de respecter les modalités de communication fixées, le bureau de conciliation et d'orientation peut radier l'affaire ou la renvoyer à la première date utile devant le bureau de jugement.**

En cas de non-production des documents et justifications demandés, il peut renvoyer l'affaire à la première date utile devant le bureau de jugement. Ce bureau tire toute conséquence de l'abstention de la partie ou de son refus.

Lorsque deux conseillers rapporteurs sont désignés, aucune disposition légale ou réglementaire ne leur impose de déposer un rapport unique. • Soc. 11 déc. 1990 : *RJS 1991. 126, nº 234 ; Dr. ouvrier 1992. 113.*

Art. R. 1454-3 *(Décr. nº 2016-660 du 20 mai 2016, art. 13-3º)* **Le bureau de conciliation et d'orientation peut, par une décision non susceptible de recours, désigner un ou deux conseillers rapporteurs pour procéder à la mise en état de l'affaire.**

La décision fixe un délai pour l'exécution de leur mission.

1. Obligations du conseiller rapporteur. La mission d'information confiée au conseiller rapporteur n'étant pas une enquête au sens du code de procédure civile, il peut recueillir des renseignements utiles à la manifestation de la vérité sans observer les prescriptions prévues en pareil cas. • Soc. 31 mars 1978 : *Bull. civ. V, nº 267 ; RTD civ. 1978. 727, obs. Perrot.*

2. Droits du conseiller rapporteur. Le conseiller rapporteur n'a pas le pouvoir de se faire remettre des documents contre le gré du défendeur. • Soc. 17 oct. 1990, nº 87-45.853 P : *D. 1990. IR 266 ; CSB 1990. 273, A. 60.* ♦ Le président du TGI est toutefois compétent pour ordonner conformément à l'art. 812, al. 2, NCPC [devenu C. pr. civ.] la production de pièces destinées à une instance prud'homale ; cette procédure n'est pas contraire à l'art. 8.2 Conv. EDH, car elle vise à permettre au salarié de faire valoir ses droits dans le litige l'opposant à son employeur. • Soc. 12 avr. 1995 : *Dr. soc. 1995. 586, note Jeantin*

Art. R. 1454-4 *(Décr. nº 2016-660 du 20 mai 2016, art. 13-4º)* **Le conseiller rapporteur est un conseiller prud'homme. Il peut faire partie de la formation de jugement.**

Lorsque deux conseillers rapporteurs sont désignés dans la même affaire, l'un est employeur, l'autre est salarié. Ils procèdent ensemble à leur mission.

Le conseiller rapporteur dispose des pouvoirs de mise en état conférés au bureau de conciliation et d'orientation. Il peut, pour la manifestation de la vérité, auditionner toute personne et faire procéder à toutes mesures d'instruction. Il peut ordonner toutes mesures nécessaires à la conservation des preuves ou des objets litigieux.

Art. R. 1454-5 Si les parties se concilient, même partiellement, le conseiller rapporteur constate dans un procès-verbal l'accord intervenu. — *[Anc. art. R. 516-24.]*

Sur la portée d'un procès-verbal de conciliation, V. • Soc. 12 janv. 2010 : *RDT 2010. 183, obs. Serverin*.

Art. R. 1454-6 Les décisions prises par le conseiller rapporteur sont provisoires et n'ont pas autorité de chose jugée au principal.

Elles sont exécutoires. Elles ne peuvent faire l'objet d'un recours qu'avec le jugement sur le fond, sous réserve des règles particulières à l'expertise. — *[Anc. art. R. 516-25.]*

SECTION II *Conciliation et orientation* *(Décr. n° 2016-660 du 20 mai 2016, art. 14-1°).*

BIBL. GÉN. ▸ COTTEREAU, *SSL 1985, n° 274, suppl. D. 94.* – DELL'ASINO, *Gaz. Pal. 1987. 2. Doctr. 523 ; ibid. 826.* – DESCAMPS, *SSL 1986, n° 322, D. 331.* – ESTOUP, *D. 1986. Chron. 161.* – SERVERIN et GRUMBACH, *RDT 2009. 53* (rappels et illustrations de l'office du juge devant le bureau de conciliation prud'homale. Une véritable audience initiale). – ROCHOIS, *RPDS 1983. 331.* – SUPIOT, *Dr. soc. 1985. 225.*

Art. R. 1454-7 *(Décr. n° 2016-660 du 20 mai 2016, art. 14-2°-a)* « Le règlement intérieur établit un roulement au sein du bureau de conciliation et d'orientation entre tous les conseillers prud'hommes salariés et employeurs. Il peut prévoir l'affectation de certains conseillers prud'hommes par priorité à ce bureau. »

La présidence appartient alternativement au salarié et à l'employeur, suivant un roulement établi par ce règlement. Celui des deux qui préside le bureau le premier est désigné par le sort.

(Abrogé par Décr. n° 2016-660 du 20 mai 2016, art. 14-2°-b) « Exceptionnellement, et dans les cas prévus à l'article L. 1441-38, les deux membres du bureau peuvent être pris parmi les conseillers prud'hommes salariés ou parmi les conseillers prud'hommes employeurs si la section ne se trouve composée que d'un seul collège. » — *[Anc. art. R. 515-1, al. 1er à 4.]*

Art. R. 1454-8 Les séances du bureau de conciliation *(Décr. n° 2016-660 du 20 mai 2016, art. 43-II)* « et d'orientation » ont lieu au moins une fois par semaine *(Décr. n° 2008-560 du 16 juin 2008, art. 5)* « , sauf si aucune affaire n'est inscrite au rôle. » Elles ne sont pas publiques. — *[Anc. art. R. 515-1, al. 5.]*

Art. R. 1454-9 *(Décr. n° 2009-289 du 13 mars 2009, art. 4-10°)* « En l'absence » du président, ou du vice-président appelé à présider la séance du bureau de conciliation *(Décr. n° 2016-660 du 20 mai 2016, art. 43-II)* « et d'orientation », la présidence peut être exercée par un conseiller faisant partie de l'assemblée à laquelle appartient le président ou le vice-président défaillant et désigné comme suppléant dans les formes prévues aux articles L. 1423-3 à L. 1423-8 et R. 1423-13.

(Décr. n° 2009-289 du 13 mars 2009, art. 4-10°) « A défaut » de cette désignation, la présidence revient au conseiller le plus ancien en fonctions dans la même assemblée. S'il y a égalité dans la durée des fonctions, la présidence revient au conseiller le plus âgé. — *[Anc. art. R. 515-2.]*

L'art. R. 515-2 [art. R. 1454-9 nouv.] ne limite pas le nombre de suppléants pouvant être élus aux fins de remplacer le président ou le vice-président de section défaillant. • Soc. 2 juin 2004, n° 01-46.437 P : *RJS 2004. 651, n° 952.*

Art. R. 1454-10 Le bureau de conciliation *(Décr. n° 2016-660 du 20 mai 2016, art. 43-II)* « et d'orientation » entend les explications des parties et s'efforce de les concilier. Un procès-verbal est établi.

En cas de conciliation totale ou partielle, le procès-verbal mentionne la teneur de l'accord intervenu. Il précise, s'il y a lieu, que l'accord a fait l'objet en tout ou partie d'une exécution immédiate devant le bureau de conciliation *(Décr. n° 2016-660 du 20 mai 2016, art. 43-II)* « et d'orientation ».

A défaut de conciliation totale, les prétentions qui restent contestées et les déclarations faites par les parties sur ces prétentions sont notées au dossier ou au procès-verbal par le greffier sous le contrôle du président. — *[Anc. art. R. 516-13, R. 516-14 et R. 516-15.]*

1. *Formalités substantielles.* Le préliminaire de conciliation constitue une formalité substantielle. • Soc. 6 juill. 1978 : *D. 1979. IR 28, obs. Langlois.* ♦ Mais l'irrégularité de fond qui affecte la saisine des premiers juges est susceptible d'être couverte en cause d'appel lorsqu'elle n'est pas imputable aux parties. • Soc. 26 avr. 2007 : *RDT 2007. 402, note Serverin ; RJS 2007. 673, n° 673.* ♦ Sur l'obligation imposée par l'art. 126 de la loi du 25 janv. 1985 de saisir directement le bureau de jugement lorsque la demande concerne des créances ne figurant pas sur le relevé établi par le représentant des créanciers, V. • Soc. 4 déc. 1991 : *RJS 1992. 40, n° 37.*

2. *Sanctions.* Sur les sanctions du non-respect de l'obligation de conciliation, V. • Soc. 4 avr. 1973 : *Bull. civ. V, n° 219* • 29 mai 1974 : *ibid., n° 331* • 19 févr. 1975 : *ibid., n° 80* • 20 oct. 1976 : *ibid., n° 508.*

3. *Invocation.* L'absence de conciliation doit être invoquée avant toute défense au fond et elle est irrecevable pour la première fois devant la Cour de cassation. • Soc. 20 oct. 1976 : *Bull. civ. V, n° 508.* – V. aussi • Soc. 28 mai 1974 : *Bull. civ. V, n° 331* • 21 oct. 1981 : *ibid., n° 809.* ♦ Elle ne peut être soulevée d'office par le juge du fond. • Soc. 20 nov. 1968 : *Bull. civ. V, n° 515.* ♦ N'encourt pas la nullité, pour absence de conciliation préalable, un jugement du conseil de prud'hommes dès lors qu'il ressort des mentions du jugement que l'omission du préliminaire de conciliation a été réparée avant toute forclusion et qu'après l'échec de la tentative de conciliation les parties ont été invitées à s'expliquer sur le fond en sorte que la régularisation n'a laissé subsister aucun grief. • Soc. 18 nov. 1998, n° 96-41.005 P.

4. *Limites.* Lorsqu'une instance a donné lieu à une tentative de conciliation infructueuse et qu'elle s'est poursuivie après une première comparution devant le bureau de jugement, il n'y a pas lieu de réitérer le préliminaire de conciliation. • Soc. 21 juin 1979 : *Bull. civ. V, n° 571.*

5. L'existence d'un préliminaire de conciliation ne peut être remise en cause, dès lors que le jugement renvoie pour l'exposé des faits et de la procédure à un précédent jugement rendu avant-dire droit devenu définitif. • Soc. 26 oct. 1979 : *Bull. civ. V, n° 800.*

6. Dès lors que le bureau de conciliation ne peut remettre en cause une décision du bureau de jugement, la procédure de conciliation n'est pas applicable en cas de tierce opposition. • Soc. 7 nov. 1989 : *Bull. civ. V, n° 645 ; Dr. soc. 1990. 564, obs. Desdevises.*

7. *Recours.* La décision du bureau de conciliation n'est susceptible d'aucun recours. • Soc. 15 déc. 1971 : *Bull. civ. V, n° 737.* ♦ Sur les difficultés d'exécution du procès-verbal de conciliation, V. • Soc. 7 mai 1997 : *RJS 1997. 701, n° 1127 (1re esp.)* • 13 mai 1997 : *eod. loc. (2e esp.).*

8. La preuve de la tentative de conciliation peut résulter : des constatations opérées par les juges du fond. • Soc. 23 janv. 1964 : *Bull. civ. IV, n° 68.* ♦ ... D'un certificat établi par un greffier. • Soc. 28 mars 1966 : *Bull. civ. IV, n° 334.* ♦ ... De l'aveu de l'une des parties. • Soc. 4 juill. 1966 : *Bull. civ. IV, n° 670.* ♦ ... D'un procès-verbal de non-conciliation. • Soc. 18 janv. 1967 : *Bull. civ. IV, n° 58.*

9. *Information des parties.* Le procès-verbal ne peut être valable que si le bureau de conciliation a rempli son office en ayant, notamment, vérifié que les parties étaient informées de leurs droits respectifs ; à défaut, le procès-verbal de conciliation est nul. • Soc. 28 mars 2000, n° 97-42.419 P : *D. 2000. 537, note Savatier ; RJS 2000. 389, n° 565 ; Dr. soc. 2000. 661, obs. Keller.* ♦ Le bureau de conciliation qui n'a pas vérifié si les parties étaient informées de leurs droits respectifs a commis un excès de pouvoir rendant l'appel redevable ; l'accord constaté par le procès-verbal de conciliation est nul. • Soc. 24 mai 2006 : *D. 2007. 183, obs. Berthier ; RDT 2006. 192, obs. Serverin.*

Art. R. 1454-11 En cas de conciliation, un extrait du procès-verbal, qui mentionne s'il y a lieu l'exécution immédiate totale ou partielle de l'accord intervenu, peut être délivré.

Il vaut titre exécutoire. — *[Anc. art. R. 516-41.]*

Art. R. 1454-12 *(Décr. n° 2016-660 du 20 mai 2016, art. 14-3°)* Lorsque au jour fixé pour *la tentative de conciliation* le demandeur ne comparaît pas sans avoir justifié en temps utile d'un motif légitime, il est fait application de l'article L. 1454-1-3, sauf la faculté du bureau de conciliation et d'orientation de renvoyer l'affaire à une audience ultérieure du bureau de jugement. Le bureau de conciliation et d'orientation peut aussi déclarer la requête et la citation caduques si le défendeur ne sollicite pas un jugement sur le fond.

La déclaration de caducité peut être rapportée dans les conditions de l'article 468 du code de procédure civile. Dans ce cas, le demandeur est avisé par tous moyens de la date de la séance du bureau de conciliation et d'orientation, à laquelle le défendeur est convoqué par lettre recommandée avec demande d'accusé de réception.

L'obligation de détenir un mandat spécial autorisant le mandataire à concilier en l'absence du mandant ne s'applique pas à l'avocat. • Soc. 10 juin 2015, n° 14-11.814 P : *D. actu. 15 juill. 2015, obs. Fraisse ; D. 2015. Actu. 1323 ; ibid. Pan. 810, obs. Porta ; RJS 2015. 10, n° 660 ; JCP G 2015. 1379, obs. Bugada ; Gaz. Pal. 22 sept. 2015, p. 23, obs. Orif.*

Art. R. 1454-13 *(Décr. n° 2016-660 du 20 mai 2016, art. 14-4°)* **Lorsque [,] au jour fixé pour la tentative de conciliation, le défendeur ne comparaît pas sans avoir justifié en temps utile d'un motif légitime, il est fait application de l'article L. 1454-1-3.** *(Annulé par CE n° 401681 du 30 janv. 2019)* ***« Le bureau de conciliation et d'orientation ne peut renvoyer l'affaire à une audience ultérieure du bureau de jugement que pour s'assurer de la communication des pièces et moyens au défendeur. »***

1. Légalité du Décr. n° 2016-660 du 20 mai 2016 (non). V. : • CE 30 janv. 2019, n° 401681 : *cité note 1 ss. C. trav., art. R. 1452-2, App., v° Procédure prud'homale.*

2. Existence d'un pouvoir. La délivrance d'un pouvoir par une société à un avocat n'implique pas par elle-même l'existence d'un motif légitime d'absence dispensant la société de son obligation de comparaître en personne. • Soc. 6 juill. 1978 : *Bull. civ. V, n° 577.* ♦ Mais le seul fait d'énoncer que la société était représentée par un avocat signifie que le conseil de prud'hommes a admis que le représentant légal de la société avait un motif légitime de ne pas comparaître. • Soc. 11 déc. 1991 : *CSB 1992. 27, S. 17.*

3. Mandat spécial devant le bureau de conciliation. L'art. R. 1454-13, al. 2, en ce qu'il impose au mandataire représentant le défendeur de produire un mandat spécial l'autorisant à concilier en l'absence de mandant, ne s'applique pas à l'avocat, qui tient des art. 416 et 417 C. pr. civ. une dispense générale d'avoir à justifier, à l'égard du juge et de la partie adverse, qu'il a reçu un mandat de représentation comprenant notamment le pouvoir spécial d'accepter ou de donner des offres. • Cass., avis, 8 sept. 2014 : *RDT 2014. 706, obs. Vigneau.*

4. Force majeure. V. • Soc. 11 oct. 1972 : *Bull. civ. V, n° 539* (envisageant des faits imprévisibles et constituant un obstacle insurmontable à la comparution personnelle).

5. Conflit d'intérêts. Constitue, pour le salarié, un motif légitime de ne pas comparaître devant un conseil de prud'hommes le fait que l'employeur est membre de cette juridiction. • Soc. 14 mai 1987 : *Bull. civ. V, n° 335.*

6. Office du juge. Le juge n'a pas à rechercher d'office si une partie a un motif légitime de non-comparution. • Soc. 8 oct. 1981 : *Bull. civ. V, n° 773.*

7. Lettre d'excuse. Lorsque la lettre recommandée d'excuse de non-présentation à l'audience de conciliation a été reçue seulement le lendemain de celle-ci, la tentative de conciliation n'a pas à être renouvelée. • Soc. 22 févr. 1979 : *Bull. civ. V, n° 175.*

8. Sanctions. Dès lors qu'une société n'avait aucun motif légitime de ne pas comparaître, une cour d'appel a pu estimer qu'aucun débat contradictoire n'a pu s'instaurer à l'audience malgré la présence de l'avocat de la société et elle a pu, sans violer les droits de la défense, autoriser l'autre partie à déposer son dossier en cours de délibéré. • Soc. 17 avr. 1986 : *Bull. civ. V, n° 154.*

9. Caducité. La décision qui constate la caducité de la citation peut être rapportée, en cas d'erreur, par le juge qui l'a rendue ; en conséquence, le pourvoi en cassation n'est ouvert qu'à l'encontre de la décision du bureau de conciliation du conseil de prud'hommes qui refuse de rétracter une décision constatant la caducité de sa saisine et non contre la décision constatant la caducité. • Soc. 18 mai 2005, n° 02-46.947 P : *RJS 2005. 638, n° 890.*

Art. R. 1454-14 **Le bureau de conciliation** *(Décr. n° 2016-660 du 20 mai 2016, art. 14-5°-a)* **« et d'orientation » peut, en dépit de toute exception de procédure et même si le défendeur ne** *(Décr. n° 2016-660 du 20 mai 2016, art. 14-5°-a)* **« comparaît » pas, ordonner :**

1° La délivrance, le cas échéant, sous peine d'astreinte, de certificats de travail, de bulletins de paie et de toute pièce que l'employeur est tenu légalement de délivrer ;

2° Lorsque l'existence de l'obligation n'est pas sérieusement contestable :

***a)* Le versement de provisions sur les salaires et accessoires du salaire ainsi que les commissions ;**

***b)* Le versement de provisions sur les indemnités de congés payés, de préavis et de licenciement ;**

***c)* Le versement de l'indemnité compensatrice et de l'indemnité spéciale de licenciement en cas d'inaptitude médicale consécutives à un accident du travail ou à une maladie professionnelle mentionnées à l'article L. 1226-14 ;**

***d)* Le versement de l'indemnité de fin de contrat prévue à l'article L. 1243-8 et de l'indemnité de fin de mission mentionnée à l'article L. 1251-32 ;**

3° Toutes mesures d'instruction, même d'office ;

4° Toutes mesures nécessaires à la conservation des preuves ou des objets litigieux. – *[Anc. art. R. 516-18, al. 1er et 2 et al. 3, 1re phr, et al. 4 et 5.]*

(Décr. n° 2016-660 du 20 mai 2016, art. 14-5°-b) **« Au vu des pièces fournies par le salarié, il peut prendre une décision provisoire palliant l'absence de délivrance par l'employeur de l'attestation prévue à l'article R. 1234-9. Cette décision récapitule les éléments du modèle**

d'attestation prévu à l'article R. 1234-10, permettant au salarié d'exercer ses droits aux prestations mentionnées à l'article L. 5421-2.

« Cette décision ne libère pas l'employeur de ses obligations résultant des dispositions des articles R. 1234-9 à R. 1234-12 relatives à l'attestation d'assurance chômage.

« Elle est notifiée au Pôle emploi du lieu de domicile du salarié. Tierce opposition peut être formée par Pôle emploi dans le délai de deux mois. »

1. Champ d'application. L'art. R. 516-18 [art. R. 1454-14 nouv.] n'est applicable qu'à des sommes dues par l'employeur au salarié ; excède ses pouvoirs le conseil de prud'hommes qui l'étend à des sommes dues à l'employeur. • Soc. 6 mai 1997, n° 94-43.085 P : *RJS 1997. 469, n° 727 ; TPS 1997, n° 275, obs. Boubli.*

2. Délivrance de pièces. Le bureau de conciliation peut ordonner la remise de la lettre de licenciement, dès lors qu'il s'agit d'une pièce que l'employeur est tenu de délivrer. • Soc. 5 juin 1991 : *RJS 1991. 435, n° 831.*

3. Contestation sérieuse. Le litige sur l'existence d'un contrat de travail au profit d'un mandataire social constitue une contestation sérieuse entachant d'excès de pouvoir la décision du bureau de conciliation contre laquelle un recours est immédiatement recevable. • Soc. 15 mars 1983 : *Bull. civ. V, n° 161.* – V. aussi • Soc. 10 nov. 1981 : *Bull. civ. V, n° 885 ; RTD civ. 1982. 657, obs. Perrot.* ♦ L'existence d'une contestation sérieuse ne peut être invoquée à l'encontre d'une décision ordonnant la délivrance d'un certificat de travail. • Soc. 10 oct. 1985 : *Bull. civ. V, n° 456.*

4. Provision. L'art. R. 516-18 [art. R. 1454-14 nouv.] ne permet d'allouer des provisions que sur les sommes qu'il énumère et non sur les dommages-intérêts pour licenciement abusif. • Soc. 29 janv. 1981 : *Bull. civ. V, n° 91 ; D. 1981. IR 435, obs. Langlois.*

5. Statue en application de l'art. R. 516-18 [art. R. 1454-14 nouv.], sans excéder ses pouvoirs, le bureau de conciliation qui accorde au salarié à titre provisionnel des indemnités assimilées à des salaires comme correspondant à des heures payées comme heures de travail. • Soc. 16 déc. 1982 : *Bull. civ. V, n° 710 ; D. 1984. IR 253, obs. Langlois.* ♦ V. conf., pour une somme accordée à titre de contrepartie pécuniaire d'une clause de non-concurrence : • Chambéry, 5 déc. 1995 : *D. 1997. Somm. 100, obs. Serra.*

6. Mesure d'instruction. N'excède pas ses pouvoirs le bureau de conciliation qui ordonne sur le fondement de l'art. R. 516-18, al. 4 [art. R. 1454-14 nouv.], la remise de documents réclamés par le salarié (fiches de pointages journaliers). • Soc. 7 juin 1995 : *Dr. soc. 1995. 838, obs. Desdevises ; CSB 1995. 229, A. 44 ; RJS 1995. 527, n° 809 ; JCP 1996. I. 3899, n° 3, obs. Pierchon ; Justices, 1996, n° 3, p. 428, obs. Dockès.*

7. Délocalisation. Excède ses pouvoirs le bureau de conciliation qui statue sur une demande de renvoi formée par application de l'art. 47 NCPC [devenu C. pr. civ.], en dehors des prévisions de l'art. R. 516-18 [art. R. 1454-14 nouv.]. • Soc. 16 déc. 1998, n° 97-44.596 P.

Art. R. 1454-15 **Le montant total des provisions allouées en application du 2° de l'article R. 1454-14 est chiffré par le bureau de conciliation** *(Décr. n° 2016-660 du 20 mai 2016, art. 43-II)* **« et d'orientation ». Il ne peut excéder six mois de salaire calculés sur la moyenne des trois derniers mois de salaire.**

Le bureau de conciliation *(Décr. n° 2016-660 du 20 mai 2016, art. 43-II)* **« et d'orientation » peut liquider, à titre provisoire, les astreintes qu'il a ordonnées.**

Lorsqu'il est fait application de l'article mentionné au premier alinéa, les séances du bureau de conciliation *(Décr. n° 2016-660 du 20 mai 2016, art. 43-II)* **« et d'orientation » sont publiques.** — *[Anc. art. R. 516-18, al. 3, 2e phrase, et al. 6 et 7.]*

Art. R. 1454-16 **Les décisions prises en application des articles R. 1454-14 et R. 1454-15 sont provisoires. Elles n'ont pas autorité de chose jugée au principal. Elles sont exécutoires par provision le cas échéant au vu de la minute.**

Elles ne sont pas susceptibles **d'opposition. Elles ne peuvent être frappées d'appel ou de pourvoi en cassation qu'en même temps que le jugement sur le fond, sous réserve des règles particulières à l'expertise.** — *[Anc. art. R. 516-19.]*

1. Délivrance d'un certificat de travail. L'appel contre une décision ordonnant la délivrance d'un certificat de travail n'est recevable qu'en même temps que contre le jugement sur le fond. • Soc. 10 oct. 1985 : *Bull. civ. V, n° 456.*

2. Indemnités pour licenciement abusif. L'art. R. 516-18 [art. R. 1454-14 nouv.] ne permettant d'allouer des provisions que sur les sommes qu'il énumère et non sur les dommages-intérêts pour licenciement abusif, la décision du bureau de conciliation accordant une telle provision est susceptible d'un appel immédiat. • Soc. 29 janv. 1981 : *Bull. civ. V, n° 91 ; D. 1981. IR 435, obs. Langlois.* ♦ Dans le même sens : • Soc. 3 oct. 1985 : *Bull. civ. V, n° 439* (provision sur salaires excédant le plafond fixé par l'art. R. 516-18 [art. R. 1454-14 nouv.]).

3. Défaut de convocation de l'employeur. La décision du bureau de conciliation est susceptible d'appel immédiat lorsque le bureau excède ses pouvoirs en prononçant une condamnation sans avoir régulièrement convoqué l'employeur. • Soc. 3 oct. 1985 : *Bull. civ. V, nº 440* • 12 déc. 1991, nº 87-45.857 P : *CSB 1992. 91.* ♦ ... Ou en cas de contestation sérieuse sur l'obligation de l'employeur. • Soc. 5 oct. 1978 : *Bull. civ. V, nº 649* • 15 mars 1983 : *ibid., nº 161.* ♦ L'existence d'une contestation sérieuse ne peut être invoquée à l'encontre d'une décision ordonnant la délivrance d'un certificat de travail. • Soc. 10 oct. 1985 : *Bull. civ. V, nº 456.*

4. Défaut de motivation. L'absence de motivation de l'ordonnance prévue par l'art. R. 516-18 [art. R. 1454-14 et 15 nouv.] ne caractérise pas à elle seule un excès de pouvoir justifiant, par dérogation à l'art. R. 516-19 [art. R. 1454-16 nouv.], un appel immédiat. • Soc. 21 nov. 1990 : *D. 1990. IR 292.* – Dans le même sens : • Soc. 7 juin 1995 : *Dr. soc. 1995. 838, obs. Desdevises ; CSB 1995. 229, A. 44 ; RJS 1995. 527, nº 809 ; JCP 1996. I. 3899, nº 3, obs. Pierchon ; Justices, 1996, nº 3, p. 428, obs. Dockès.*

Art. R. 1454-17 *(Décr. nº 2016-660 du 20 mai 2016, art. 14-6º)* **Dans les cas visés aux articles** *(Décr. nº 2017-1008 du 10 mai 2017, art. 3-1º)* **« R. 1454-12 et R. 1454-13** *[ancienne rédaction : R. 1454-13 et R. 1454-14]* **», l'affaire est renvoyée à une audience ultérieure du bureau de jugement dans sa composition restreinte.**

Le greffier avise par tous moyens la partie qui ne l'aura pas été verbalement de la date d'audience.

1. Légalité du Décr. nº 2016-660 du 20 mai 2016. L'art. R. 1454-17 C. trav., dans sa rédaction résultant du Décr. nº 2016-660 du 20 mai 2016, s'entend comme visant les art. R. 1454-12 et R. 1454-13 C. trav. et non les art. R. 1454-13 et R. 1454-14 de ce code. • CE 30 janv. 2019, nº 401681 : *cité note 1 ss. C. trav., art. R. 1452-2, App., vº Procédure prud'homale.*

2. L'accord des parties pour un renvoi à une audience immédiate peut résulter de leur émargement au dossier et de leur comparution devant le bureau de jugement. • Soc. 9 mai 1990, nº 86-45.138 P.

Art. R. 1454-18 *(Décr. nº 2016-660 du 20 mai 1960, art. 14-7º)* **En l'absence de conciliation ou en cas de conciliation partielle, l'affaire est orientée vers le bureau de jugement approprié au règlement de l'affaire, désigné dans les conditions prévues à l'article L. 1454-1-1, à une date que le président indique aux parties présentes.**

Le greffier avise par tous moyens les parties qui ne l'auraient pas été verbalement de la date d'audience.

Lorsque l'affaire est en état d'être immédiatement jugée et si l'organisation des audiences le permet, l'audience du bureau de jugement peut avoir lieu sur-le-champ.

SECTION III *Jugement*

BIBL. GÉN. ► ALVAREZ-PUJANA, *RPDS 1989. 115* (motivation des jugements). – NAYRAL DE PUYBUSQUE, *SSL 1984, nº 225, D. 39* (rédaction et motivation des jugements).

Art. R. 1454-19 *(Décr. nº 2016-660 du 20 mai 2016, art. 15)* **Dans les cas où l'affaire est directement portée devant lui ou lorsqu'il s'avère que l'affaire transmise par le bureau de conciliation et d'orientation n'est pas prête à être jugée, le bureau de jugement peut prendre toutes mesures nécessaires à sa mise en état mentionnées à l'article R. 1454-1.**

A défaut pour les parties de respecter les modalités de communication fixées, le bureau de jugement peut rappeler l'affaire à l'audience, en vue de la juger ou de la radier.

Sont écartés des débats les prétentions, moyens et pièces communiqués sans motif légitime après la date fixée pour les échanges et dont la tardiveté porte atteinte aux droits de la défense.

Art. R. 1454-19-1 *(Décr. nº 2016-660 du 20 mai 2016, art. 16)* **Le bureau de jugement peut désigner au sein de la formation un ou deux conseillers rapporteurs qui disposent des pouvoirs mentionnés à l'article R. 1454-4.**

Il peut ordonner toutes mesures nécessaires à la conservation des preuves ou des objets litigieux.

Art. R. 1454-19-2 *(Décr. nº 2020-1452 du 27 nov. 2020, art. 4-1º, en vigueur le 1er janv. 2021)* ***Le bureau de jugement*** **peut, conformément au second alinéa de l'article 446-1 du code de procédure civile, dispenser une partie qui en fait la demande de se présenter à une audience ultérieure. Dans ce cas, le bureau de jugement organise les échanges entre les parties. La communication entre elles est faite par lettre recommandée avec demande d'avis de réception ou par notification entre avocats et il en est justifié auprès du bureau de jugement dans les délais qu'il impartit. A l'issue de la dernière audience, le greffe informe les parties de la date à laquelle le jugement sera rendu.**

L'art. 4-1° du Décr. n° 2020-1452 du 27 nov. 2020 s'applique aux instances en cours au 1er janv. 2021 (Décr. préc., art. 12).

Art. R. 1454-19-3 *(Décr. n° 2017-1008 du 10 mai 2017, art. 3-2°)* **Après l'ordonnance de clôture, aucune conclusion ne peut être déposée ni aucune pièce produite aux débats, à peine d'irrecevabilité prononcée d'office.**

Sont cependant recevables les demandes en intervention volontaire, les conclusions relatives aux rémunérations échues postérieurement à l'ordonnance de clôture, si leur décompte ne peut faire l'objet d'aucune contestation sérieuse, ainsi que les demandes de révocation de l'ordonnance de clôture.

Sont également recevables les conclusions qui tendent à la reprise de l'instance en l'état où celle-ci se trouvait au moment de son interruption.

Art. R. 1454-19-4 *(Décr. n° 2017-1008 du 10 mai 2017, art. 3-2°)* **L'ordonnance de clôture ne peut être révoquée par le bureau de jugement, d'office ou à la demande des parties et après l'ouverture des débats, que s'il se révèle une cause grave depuis qu'elle a été rendue ; le choix par la partie d'une personne pour l'assister ou la représenter postérieurement à la clôture ne constitue pas, en soi, une cause de révocation.**

Si une demande en intervention volontaire est formée après la clôture de l'instruction, l'ordonnance de clôture n'est révoquée que si le bureau de jugement ne peut immédiatement statuer sur le tout.

Art. R. 1454-20 *(Décr. n° 2016-660 du 20 mai 2016, art. 17)* **Lorsque le défendeur ne comparaît pas le jour de l'audience du bureau de jugement, il est statué sur le fond. Toutefois, si le défendeur a justifié en temps utile d'un motif légitime, il est avisé par tous moyens de la prochaine audience du bureau de jugement.**

L'art. 17 du Décr. n° 2016-660 du 20 mai 2016 s'applique aux instances introduites à compter de la publication (JO 25 mai 2016) dudit décret (Décr. préc., art. 44).

1. NCPC. Sur l'inapplicabilité du délai de comparution prévu par l'art. 837 NCPC [devenu C. pr. civ.], V. • Soc. 5 juin 1984 : *Bull. civ. V, n° 232.*

2. Présidence. Aucun texte n'impose que le magistrat qui a présidé le bureau de conciliation préside également la formation de jugement. • Soc. 14 juin 1989 : *Bull. civ. V, n° 446.*

3. Non-comparution. Lorsqu'un salarié n'a été averti de l'audience que par lettre simple, il n'est pas établi qu'il a effectivement reçu la convocation par un représentant qualifié, un tel procédé ne pouvant être assimilé à une citation délivrée à personne. • Soc. 8 janv. 1981 : *Bull. civ. V, n° 21.*

4. Le juge ne peut se borner à constater la défaillance du défendeur pour accueillir la prétention du demandeur. • Soc. 27 avr. 1983 : *Bull. civ. V, n° 208.*

5. La partie qui n'a pas comparu devant le bureau de conciliation n'ayant pu être convoquée verbalement avec émargement au dossier, doit être cassé le jugement qui ne constate pas qu'elle a été appelée à comparaître devant le bureau de jugement dans des formes permettant à ce dernier de statuer par une décision réputée contradictoire. • Soc. 14 mai 1981 : *Bull. civ. V, n° 428.*

6. En cas d'absence du demandeur à l'instance, le juge peut déclarer la citation caduque et l'appel du salarié ne peut alors porter que sur la décision qui refuse de rétracter un jugement constatant la caducité d'une citation. • Soc. 23 mai 2007 : ☏ *D. 2007. 1664, obs. Fabre ✎ ; RJS 2007. 769, n° 987 ; JCP S 2007. 1548, note Willmann.*

Art. R. 1454-21 *(Décr. n° 2016-660 du 20 mai 2016, art. 18)* **Dans le cas où, sans motif légitime, le demandeur ne comparaît pas devant le bureau de jugement, il est fait application de l'article 468 du code de procédure civile. Si, après avoir été prononcée, la déclaration de caducité est rapportée, le demandeur est avisé par tous moyens de la date d'audience devant le bureau de jugement, à laquelle le défendeur est convoqué par lettre recommandée avec demande d'accusé de réception.**

L'art. 18 du Décr. n° 2016-660 du 20 mai 2016 s'applique aux instances introduites à compter de la publication (JO 25 mai 2016) dudit décret (Décr. préc., art. 44).

1. Renvoi. La caducité ne peut pas être déclarée lorsque le demandeur a initialement comparu devant le bureau de conciliation, puis le bureau de jugement, sa non-comparution à l'audience ultérieure à laquelle les débats sur le fond ont été renvoyés ne pouvant constituer une cause de caducité de la citation. • Soc. 13 janv. 1999, ☏ n° 96-45.301 P : *RJS 1999. 245, n° 412.*

2. Appel. La faculté offerte par l'art. R. 516-26-1 [art. R. 1454-21 nouv.] au demandeur de renouveler sa demande une fois lorsque le bureau de jugement a déclaré sa citation caduque ne peut le priver du droit résultant de l'art. 544, al. 2, NCPC [devenu C. pr. civ.] d'interjeter appel de ce jugement. • Soc. 15 mai 1991, ☏ n° 90-42.806 P : *D. 1991. IR 165 ; CSB 1991. 178, S. 102.*

♦ Le demandeur doit solliciter, comme il en a la faculté, la rétractation du jugement emportant caducité, car il ne peut être relevé appel que de la décision qui refuse de rétracter un jugement constatant la caducité d'une citation. • Soc. 23 mai 2007, n° 06-40.146.

3. Référé. Les dispositions de l'art. R. 1454-21, qui renvoient à l'art. 468 C. pr. civ., ne sont pas applicables devant la formation de référé du conseil de prud'hommes. En conséquence, viole ces textes la formation de référé du conseil de prud'hommes, qui, après qu'une première citation a été déclarée caduque, déclare irrecevable une nouvelle demande formée par le salarié contre son employeur. • Soc. 27 nov. 2013, n° 12-21.275 P.

Art. R. 1454-22 **Lorsque les parties se concilient, même partiellement, le bureau de jugement constate dans un procès-verbal la teneur de l'accord intervenu.**

S'il y a lieu, le procès-verbal précise que l'accord a fait l'objet en tout ou partie d'une exécution immédiate devant le bureau de jugement. — *[Anc. art. R. 516-27.]*

Art. R. 1454-23 **Les décisions du bureau de jugement sont prises à la majorité absolue des voix.**

Si cette majorité ne peut se former, il est procédé comme en cas de partage des voix. Les débats sont repris. — *[Anc. art. R. 516-28.]*

1. En mentionnant que le conseil des prud'hommes avait statué « à l'unanimité des voix », le jugement révèle l'opinion de chacun des membres du conseil, ce qui constitue une violation du secret des délibérations, prescription d'ordre public dont l'inobservation entraîne la nullité de la décision. • Soc. 7 juin 1979 : *Bull. civ. V, n° 493.*

2. V. aussi notes ss. art. L. 515-3.

Art. R. 1454-24 *(Décr. n° 2009-289 du 13 mars 2009, art. 4-11°)* **En l'absence du président ou du vice-président appelé à présider la séance du bureau de jugement, la présidence peut être exercée par un conseiller faisant partie de l'assemblée à laquelle appartient le président ou le vice-président défaillant et désigné comme suppléant dans les formes prévues aux articles L. 1423-3 à L. 1423-8 et R. 1423-13.**

A défaut de cette désignation, la présidence revient au conseiller le plus ancien en fonctions dans la même assemblée. S'il y a égalité dans la durée des fonctions, la présidence revient au conseiller le plus âgé. — *[Anc. art. R. 515-3.]*

Art. R. 1454-25 *(Décr. n° 2016-660 du 20 mai 2016, art. 19)* **A l'issue des débats et si la décision n'est pas immédiatement rendue, le président indique aux parties la date à laquelle le jugement sera prononcé, le cas échéant par sa mise à disposition au greffe de la juridiction.**

S'il décide de renvoyer le prononcé du jugement à une date ultérieure, le président en avise les parties par tous moyens. Cet avis comporte les motifs de la prorogation ainsi que la nouvelle date à laquelle la décision sera rendue.

Art. R. 1454-26 **Les décisions du conseil de prud'hommes sont notifiées aux parties par le greffe de ce conseil** *(Abrogé par Décr. n° 2016-660 du 20 mai 2016, art. 20-1°)* ***« ou de la cour d'appel »*** **au lieu de leur domicile. La notification est faite par lettre recommandée avec avis de réception sans préjudice du droit des parties de les faire signifier par acte d'huissier de justice.**

Les parties sont *(Abrogé par Décr. n° 2016-660 du 20 mai 2016, art. 20-2°)* ***« verbalement »*** **informées des mesures d'administration judiciaire** *(Décr. n° 2016-660 du 20 mai 2016, art. 20-2°)* **« par tous moyens ».** — *[Anc. art. R. 516-42.]*

(Décr. n° 2017-1008 du 10 mai 2017, art. 3-3°) **« Lorsque le bureau de conciliation et d'orientation a pris une décision provisoire palliant l'absence de délivrance par l'employeur de l'attestation prévue à l'article R. 1234-9, la décision rendue au fond par le bureau de jugement est notifiée à l'agence de Pôle emploi dans le ressort de laquelle est domicilié le salarié. Pôle emploi peut former tierce opposition dans le délai de deux mois. »**

BIBL. ► VALDELIÈVRE, *D. 2017. 2158* (la notification des décisions en matière prud'homale).

1. Signification par acte d'huissier de justice. Sur la possibilité de recourir à la signification par acte d'huissier de justice, V. • Soc. 21 juin 1979 : *Bull. civ. V, n° 570.* ♦ Après une signification par acte d'huissier, une notification faite par le greffe d'une cour d'appel postérieurement à l'expiration du délai pour former un pourvoi n'a pu faire courir un nouveau délai. • Soc. 17 avr. 1991, n° 88-45.294 P.

2. Notification et point de départ du délai. Si l'art. R. 1454-26 C. trav. dans sa rédaction résultant du Décr. n° 2016-660 du 20 mai 2016, prévoit que les décisions du conseil de prud'hommes sont notifiées aux parties par le greffe de ce conseil au lieu de leur domicile, ce texte n'en dispose pas de même pour les arrêts des cours d'appel statuant en matière prud'homale ; il en résulte que l'art. 675 C. pr.

civ., posant le principe d'une notification par voie de signification, a vocation à s'appliquer aux arrêts d'appel rendus en matière prud'homale après l'intervention du Décr. du 20 mai 2016. La notification par le greffe par lettre recommandée avec accusé de réception, sans que l'arrêt ait par ailleurs été signifié, a pour conséquence que le délai de pourvoi ne court pas. • Soc. 20 mars 2019, n° 18-12.582 P : *D. actu. 10 avr. 2019, obs. Ciray ; D. 2019. Actu. 594 ; JCP S 2019. 1145, obs. Brissy. Gaz. Pal. 22 juill. 2019, p. 59, obs. Herman.*

Art. R. 1454-27 **Les conseils de prud'hommes ne connaissent pas de l'exécution forcée de leurs jugements.** — *[Anc. art. R. 516-36.]*

Art. R. 1454-28 *(Décr. n° 2019-1333 du 11 déc. 2019, art. 26-5°-a, en vigueur le 1er janv. 2020 ; rect. par Décr. n° 2019-1419 du 20 déc. 2019, art. 22-I-3°)* **« A moins que la loi ou le règlement n'en dispose autrement, les décisions du conseil de prud'hommes ne sont pas exécutoires de droit à titre provisoire. Le conseil de prud'hommes peut ordonner l'exécution provisoire de ses décisions. »**

Sont de droit exécutoires à titre provisoire *(Décr. n° 2019-1333 du 11 déc. 2019, art. 26-5°-b, en vigueur le 1er janv. 2020)* **« , notamment » :**

1° Le jugement qui n'est susceptible d'appel que par suite d'une demande reconventionnelle ;

2° Le jugement qui ordonne la remise d'un certificat de travail, de bulletins de paie ou de toute pièce que l'employeur est tenu de délivrer ;

3° Le jugement qui ordonne le paiement de sommes au titre des rémunérations et indemnités mentionnées au 2° de l'article R. 1454-14, dans la limite maximum de neuf mois de salaire calculés sur la moyenne des trois derniers mois de salaire. Cette moyenne est mentionnée dans le jugement. — *[Anc. art. R. 516-37.]*

Les dispositions de l'art. R. 1454-28 C. trav., dans leur rédaction résultant du Décr. n° 2019-1333 du 11 déc. 2019, sont applicables aux instances introduites à compter du 1er janv. 2020 (Décr. préc., art. 55-II ; rect. par Décr. n° 2019-1419 du 20 déc. 2019, art. 22-I-5°).

1. Modalités d'exécution. En l'absence de précision quant aux modalités d'exécution de la décision, l'employeur condamné à remettre des documents au salarié est tenu de les lui faire parvenir. • Soc. 17 janv. 1995, n° 91-43.908 P : *D. 1995. IR 45.*

2. Mentions. L'absence de mention dans le jugement de la moyenne des trois derniers mois de salaire n'a pas pour effet de priver la décision de son caractère exécutoire de droit par provision. • Soc. 2 avr. 1996, n° 94-43.503 P : *RJS 1996. 371, n° 589* • 17 juill. 1996, n° 94-19.589 P : *JCP 1996. II. 22718, note Croze ; JCP 1997. I. 4006, n° 3, obs. Pierchon.* ♦ L'omission de cette mention dans le jugement peut être réparée par une décision rectificative. • Soc. 24 janv. 1996, n° 92-43.473 P : *RJS 1996. 193, n° 324* • 7 janv. 1998, n° 97-40.266 P : *RJS 1998. 126, n° 198.* ♦ Dockès, *Justices 1997, n° 6, p. 232.* ♦ A défaut, elle ne peut être constitutive que d'une difficulté d'exécution. • Soc. 28 juin 2001, n° 99-43.831 P.

SECTION IV *Départage*

Art. R. 1454-29 *(Décr. n° 2017-1698 du 15 déc. 2017, art. 1er-3°-a)* **« En cas de partage des voix devant le bureau de jugement ou le bureau de conciliation et d'orientation, l'affaire est renvoyée à une audience ultérieure du bureau de jugement. » Cette audience, présidée par le juge départiteur, est tenue dans le mois du renvoi.**

En cas de partage des voix au sein de la formation de référé, l'affaire est renvoyée à une audience présidée par le juge départiteur. Cette audience est tenue sans délai et au plus tard dans les quinze jours du renvoi. — *[Anc. art. R. 516-40, al. 1er et 2.]*

Les dispositions du 3° de l'art. 1er du Décr. n° 2017-1698 du 15 déc. 2017 s'appliquent aux instances en cours dans lesquelles la décision de partage de voix intervient à compter du 1er janv. 2018 (Décr. préc., art. 4-I).

1. Sanctions du non-respect du délai d'un mois. La disposition prévoyant que l'audience tenue par le juge départiteur doit intervenir dans le mois du renvoi n'est pas sanctionnée par la nullité. • Soc. 6 oct. 1977 : *Bull. civ. V, n° 519.* ♦ La responsabilité de l'État ne peut être engagée lorsque la formation de départage n'a pas statué dans un délai excessif, compte tenu de la complexité du dossier en cause et de la formulation de demandes nouvelles avant l'audience de départage. • Civ. 1re, 3 nov. 2004, n° 03-14.760 P : *TPS 2004, n° 26, note Boubli.*

2. Expertise. Sur la possibilité pour la formation de départage d'ordonner une expertise, V. • Soc. 15 mai 1974 : *Bull. civ. V, n° 298.*

3. Mentions du jugement. Si l'art. R. 516-40 [art. R. 1454-29 nouv.] prévoit que le président ou le vice-président de section ou de chambre pourvoit au remplacement des conseillers absents, il n'exige pas que mention expresse soit faite au jugement d'une demande de remplacement adressée à ce magistrat. • Soc. 12 avr. 1995, n° 91-40.593 P : *RJS 1995. 366, n° 548.*

4. Lorsque le juge départiteur a statué seul après avoir recueilli l'avis des conseillers prud'hommes, le jugement doit le faire apparaître dans ses mentions. • Soc. 20 mars 1996, n° 92-44.096 P : *D. 1996. Somm. 358, obs. Julien.*

Art. R. 1454-30 **Lorsqu'un conseiller prud'homme ne peut siéger à l'audience de départage, il pourvoit lui-même à son remplacement par un conseiller prud'homme de la même assemblée et appartenant, selon le cas, à sa section, à sa chambre ou à la formation de référé.**

Lorsqu'il ne pourvoit pas lui-même à son remplacement, le président ou le vice-président relevant de sa section ou de sa chambre et de son assemblée pourvoit à ce remplacement dans les mêmes conditions.

Le conseiller prud'homme, le président ou le vice-président informe immédiatement le greffe de ce remplacement.

Devant le bureau de jugement, les remplacements ne peuvent avoir lieu que dans la limite d'un conseiller prud'homme de chaque assemblée. — *[Anc. art. R. 516-40, al. 3 à 6.]*

Art. R. 1454-31 **Quel que soit le nombre des conseillers prud'hommes présents et même en l'absence de tout conseiller prud'homme, lorsque lors de l'audience de départage la formation n'est pas réunie au complet, le juge départiteur statue seul à l'issue des débats. Il recueille préalablement l'avis des conseillers présents.**

(Décr. n° 2016-660 du 20 mai 2016, art. 21) **« A l'issue des débats et si la décision n'est pas immédiatement rendue, le juge départiteur indique aux parties la date à laquelle le jugement sera prononcé, le cas échéant par sa mise à disposition au greffe de la juridiction.**

« S'il décide de renvoyer le prononcé du jugement à une date ultérieure, le président en avise les parties par tous moyens. Cet avis comporte les motifs de la prorogation ainsi que la nouvelle date à laquelle la décision sera rendue.— *[Anc. art. L. 515-3 et R. 516-40, al. 7 et 8.]*

Les erreurs et omissions matérielles qui affectent un jugement, même passé en force de chose jugée, peuvent toujours être réparées par la juridiction qui l'a rendu ; dès lors que le jugement dont la rectification était sollicitée avait été rendu par le juge départiteur statuant seul, le juge départiteur statuant seul pouvait connaître de la requête. • Soc. 26 juin 2019, n° 18-10.918 P : *D. 2019. Actu. 1398 ; JCP 2019. 1262, note Brissy.*

Art. R. 1454-32 **Lorsqu'un renouvellement général des conseils de prud'hommes rend impossible le renvoi d'une affaire ayant fait l'objet d'un partage de voix antérieur à ce renouvellement, cette affaire est reprise, suivant le cas, devant** *(Abrogé par Décr. n° 2017-1698 du 15 déc. 2017, art. 1er-3°-b)* ***« le bureau de conciliation*** *(Décr. n° 2016-660 du 20 mai 2016, art. 43-II)* ***« et d'orientation »,*** **» le bureau de jugement ou la formation de référé.**

Ces bureaux et formation reprennent l'affaire dans leur composition nouvelle sous la présidence du juge départiteur. — *[Anc. art. R. 516-44.]*

(Décr. n° 2017-1698 du 15 déc. 2017, art. 1er-3°-b) **« Lorsque le partage des voix a eu lieu à l'issue d'une audience du bureau de conciliation et d'orientation, l'affaire est reprise devant le bureau de jugement. »**

Les dispositions du 3° de l'art. 1er du Décr. n° 2017-1698 du 15 déc. 2017 s'appliquent aux instances en cours dans lesquelles la décision de partage de voix intervient à compter du 1er janv. 2018 (Décr. préc., art. 4-I).

BIBL. ▸ **Décr. n° 2017-1698 du 15 déc. 2017 :** BOUMENDJEL, LEDUC et MASSAMBA-DEBAT, *JCP S 2017. 1320.* – BUGADA, *JCP S 2017. 1319.* – L. MAYER, *JCP 2018. 530, n° 2.*

CHAPITRE V *Référé*

BIBL. GÉN. ▸ COTTEREAU, *SSL 1987, n° 373, suppl. D. 65.* – DELL'ASINO, *Gaz. Pal. 1987. 2. Doctr. 627.* – DESCHAMP, *SSL 1986, n° 322, suppl. D. 63.* – DESDEVISES, *Dr. soc. 1988. 335.* – G. LYON-CAEN, *Dr. ouvrier 1986. 203.* – NORMAND, *Dr. soc. mai 1980, n° spéc., p. 45.* – P. ROBERT, *Dr. ouvrier 1980. 151.* – ROCHOIS, *RPDS 1985. 309.* – SEIFFERT, *RCA 2013. Formule 10* (référé prud'homal et clause de non-concurrence illicite). – SOLUS et PERROT, *D. 1975. Chron. 191.* – SPORTOUCH, *Dr. soc. 1987. 503.* – SUPIOT, *ibid. 1986. 535.*

SECTION I *Composition et organisation de la formation de référé*

Art. R. 1455-1 **Chaque conseil de prud'hommes comprend une formation de référé commune à l'ensemble des sections de ce conseil. Cette formation est composée d'un conseiller prud'homme salarié et d'un conseiller prud'homme employeur.** — *[Anc. art. R. 515-4, al. 1er.]*

Art. R. 1455-2 L'Assemblée générale du conseil de prud'hommes désigne chaque année, selon les dispositions des articles L. 1423-3, L. 1423-5, R. 1423-11 et R. 1423-12, les conseillers prud'hommes employeurs et les conseillers prud'hommes salariés appelés à tenir les audiences de référé.

Le nombre des conseillers ainsi désignés doit être suffisant pour assurer, selon un roulement établi par le règlement intérieur du conseil de prud'hommes, le service des audiences de référé.

En cas de création d'un conseil de prud'hommes, les désignations mentionnées au premier alinéa interviennent dans un délai de trois mois à compter de l'installation du conseil. Jusqu'à ces désignations, la formation de référé du conseil de prud'hommes est composée du président et du vice-président ainsi que du conseiller que ceux-ci désignent au sein de leur collège respectif. – *[Anc. art. R. 515-4, al. 2 et 4.]*

Art. R. 1455-3 La présidence des audiences de référé est assurée alternativement par un conseiller prud'homme employeur et par un conseiller prud'homme salarié dans les conditions fixées par le règlement intérieur. – *[Anc. art. R. 515-4, al. 3.]*

Art. R. 1455-4 Le règlement intérieur du conseil de prud'hommes fixe les jour et heure habituels des audiences de référé. Une audience est prévue au moins une fois par semaine.

Lorsque les circonstances l'exigent, le président du conseil de prud'hommes, après avis du vice-président, peut fixer une ou plusieurs audiences supplémentaires ou déplacer les jour et heure de la ou des audiences de la semaine. – *[Anc. art. R. 516-32, al. 2.]*

SECTION II *Compétence de la formation de référé*

Art. R. 1455-5 Dans tous les cas d'urgence, la formation de référé peut, dans la limite de la compétence des conseils de prud'hommes, ordonner toutes les mesures qui ne se heurtent à aucune contestation sérieuse ou que justifie l'existence d'un différend. – *[Anc. art. R. 516-30.]*

BIBL. ▶ SERVERIN, *RTD 2010. 121* (du bon usage de l'injonction de faire dans le référé prud'homal : le maintien du salaire avec subrogation en cas de maladie du salarié).

1. Urgence. • Soc. 14 juin 1972, *Revêt-Sol : Bull. civ. V, n° 425 ; D. 1973. 114, note Catala ; Dr. soc. 1972. 465, note J. Savatier ; JCP 1972. II. 17275, note G. Lyon-Caen* • 13 déc. 1972 : *Bull. civ. V, n° 683* • 14 mai 1981 : *ibid., n° 429.*

2. Contestation sérieuse. Constitue une contestation sérieuse : la détermination de la portée d'une clause contractuelle. • Soc. 23 févr. 1977 : *Bull. civ. V, n° 139.* ♦ ... L'interprétation d'une convention collective. • Soc. 9 mars 1977 : *Bull. civ. V, n° 178.* ♦ ... L'existence d'une convention prorogeant les mandats des délégués du personnel. • Soc. 6 juin 1974 : *Bull. civ. V, n° 347.* ♦ ... La soumission d'une entreprise à une convention collective. • Soc. 31 mars 1982 : *Bull. civ. V, n° 247.* ♦ Comp. : • Soc. 6 oct. 1976 : *Bull. civ. V, n° 473* • 8 nov. 1978 : *ibid., n° 747.*

3. Questions exclues. Sont exclus de la compétence du juge des référés les litiges portant notamment sur : la détermination de la faute lourde commise par des grévistes. • Soc. 29 oct. 1980 : *Bull. civ. V, n° 794.* ♦ ... L'inaptitude du salarié. • Soc. 12 oct. 1977 : *Bull. civ. V, n° 530.* ♦ ... La fixation de la date de naissance d'une créance salariale susceptible d'être garantie par l'AGS. • Soc. 3 mai 1978 : *Bull. civ. V, n° 321.* ♦ ... La fraude dans la désignation du délégué syndical. • Soc. 22 oct. 1975 : *Bull. civ. V, n° 476.* ♦ ... La qualité de candidat aux fonctions de représentant du personnel. • Soc. 29 juin 1977 : *Bull. civ. V, n° 436.*

4. Le juge ne peut, en l'absence de disposition le prévoyant et à défaut de violation d'une liberté fondamentale, annuler un licenciement ; dès lors il n'entre pas dans les pouvoirs du juge des référés d'ordonner l'arrêt d'une procédure de licenciement et la poursuite du contrat de travail lorsque la nullité du licenciement n'est pas encourue. • Soc. 31 mars 2004, n° 01-46.960 P : *D. 2004. IR 1213 ; Dr. soc. 2004. 666, obs. Radé.*

Art. R. 1455-6 La formation de référé peut toujours, même en présence d'une contestation sérieuse, prescrire les mesures conservatoires ou de remise en état qui s'imposent pour prévenir un dommage imminent ou pour faire cesser un trouble manifestement illicite. – *[Anc. art. R. 516-31, al. 1er.]*

1. Généralité de la compétence. Le principe de compétence posé par l'art. R. 516-31, al. 1er [art. R. 1455-6 nouv.], étant général, la formation de référé demeure compétente pour statuer sur une demande de provision, alors même que le juge du principal a été saisi et que les parties ont été convoquées devant le bureau de conciliation. • Soc. 11 oct. 1990, n° 88-60.712 P : *D. 1990. IR 261 ; JCP E 1991. I. 25, n° 1, obs. Coursier* • 14 mai 1992, n° 88-42.965 P. ♦ En revanche, le juge des référés qui statue sur l'imputabilité de la rupture du contrat de travail excède ses pouvoirs. • Soc. 11 mai 2005 : *JCP S 2005. 1021, note Boubli.*

2. *Trouble manifestement illicite.* La constatation de l'urgence n'est pas une condition de la prise en compte du trouble manifestement illicite. • Soc. 15 mars 1984 : *Bull. civ. V, n° 99.* ♦ Constitue un trouble manifestement illicite, l'imputation sur un compte épargne-formation individuel, créé par un accord collectif, d'actions de formation, quelle que soit leur nature, qui n'ont pas été demandées par le salarié, alors que selon cet accord et les dispositions de l'art. L. 932-2 C. trav. alors applicables, le temps passé par le salarié pour assurer son adaptation à son poste de travail est un temps de travail effectif. • Soc. 16 janv. 2008, n° 07-10.095 P. ♦ La protection d'un salarié, qui dénonce des faits de harcèlement moral, l'autorise à saisir le juge des référés pour faire cesser le trouble manifestement illicite résultant de son licenciement. Le juge ne peut pas retenir qu'il n'y a pas lieu à référé sans avoir recherché si le salarié était de mauvaise foi. • Com. 25 nov. 2015, n° 14-17.551 P : *D. 2015. Actu. 2508 ; ibid. Pan. 813, obs. Porta ; Gaz. Pal. 9 févr. 2016, p. 71, obs. Orif ; RDT 2016. 8, obs. Dechristé.*

3. *Obligation non sérieusement contestable.* L'octroi d'une provision ou l'exécution d'une obligation dans le cas où l'obligation n'est pas contestable n'est pas subordonné à la constatation de l'urgence. • Soc. 17 oct. 1990, n° 87-42.539 P. ♦ L'obligation n'est pas sérieusement contestable et autorise l'octroi d'une provision lorsque la lettre de licenciement se borne à énoncer comme motif de licenciement la suppression du poste du salarié ; ce qui ne constitue pas un motif économique légitime. • Soc. 17 févr. 1998, n° 97-41.409 P. – V. aussi • Soc. 5 mai 1988 : *D. 1988. Somm. 329, obs. A. Lyon-Caen.* ♦ L'obligation de l'employeur n'est pas sérieusement contestable, nonobstant le protocole d'accord de fin de grève, lorsque la grève a été notamment motivée par le non-paiement des heures supplémentaires et donc à l'évidence un manquement grave et délibéré aux obligations de l'employeur. • Soc. 3 mai 2007 : *JCP S 2007. 1546, note Asquinazi-Bailleux ; JCP E 2007. 2215, note Boulmier.*

4. A pu décider que la créance d'un salarié demandant le paiement des salaires correspondant à la durée de la mise à pied n'était pas sérieusement contestable le conseil de prud'hommes qui relève que l'employeur ne rapportait pas la preuve des actes qu'il invoquait à l'encontre du salarié. • Soc. 30 mars 1994 : *CSB 1994. 145, A. 30.* ♦ L'art. L. 144-1 interdisant la compensation par l'employeur entre le salaire dû par lui et l'indemnité de préavis due par le salarié, viole cette disposition l'ordonnance de référé qui, pour rejeter la demande en paiement d'une somme retenue sur l'indemnité de préavis, retient qu'il existait une contestation sérieuse. • Soc. 28 avr. 1994, n° 90-46.044 P.

5. Ne constitue pas une contestation sérieuse celle qui consiste à soutenir que l'avis motivé d'un comité d'entreprise peut être remplacé par l'avis des organisations syndicales auxquelles ses membres sont susceptibles d'appartenir. • Soc. 5 déc. 2006 : *Dr. soc. 2007. 184, obs. Gauriau.*

6. *Office du juge.* Il n'entre pas dans les pouvoirs du juge des référés de prononcer, sauf dispositions expresses l'y autorisant, la nullité d'un contrat. • Soc. 14 mars 2006, n° 04-48.322 P. ♦ Le juge des référés peut constater la nullité de la rupture du contrat de travail et accorder une provision en présence de faits de harcèlement sexuel non sérieusement contestables. • Paris, 18 janv. 1996 : *RJS 1996. 226, n° 378.* ♦ ... Ou lorsque le juge constate que la mise à pied à titre conservatoire d'une salariée déléguée syndicale était intervenue sans respect de la procédure prévue à l'art. L. 412-18 [L. 2411-3 nouv.]. • Soc. 25 janv. 2006, n° 04-41.240 P. ♦ ... Ou en présence du licenciement d'une salariée en état de grossesse qui constitue un trouble manifestement illicite et que le juge des référés peut faire cesser en ordonnant la continuation du contrat de travail sous forme notamment du versement des salaires qui auraient été perçus pendant la période couverte par la nullité. • Soc. 19 nov. 1997, n° 94-42.280 P : *RJS 1998. 23, n° 24.*

7. Le chef du dispositif de l'arrêt, qui, sans annuler la clause de non-concurrence, la déclare inopposable au salarié, constitue une mesure destinée à faire cesser ce trouble manifestement illicite. • Soc. 25 mai 2005 : *D. 2005. IR 1586, obs. Chevrier ; RJS 2005. 609, n° 841 ; JS Lamy 2005, n° 171-3 ; Dr. soc. 2005. 1061, obs. Mouly ; RDC 2005. 1108, obs. Radé.*

8. Le juge des référés est compétent pour statuer sur la demande du salarié tendant au paiement de la fraction non garantie de sa créance salariale ; cette demande ne concernant ni un refus de l'AGS de régler une avance, ni une contestation relative au relevé des créances et dès lors qu'il n'existe aucune contestation sérieuse quant au montant de cette créance. • Soc. 7 oct. 1998, n° 97-44.552 P : *RJS 1998. 825, n° 1366 ; D. 1998. IR 235.*

9. *Effet dévolutif. Portée.* Viole les art. 561 C. pr. civ. et 1455-6 C. trav., la cour d'appel, qui pour confirmer l'ordonnance de référé qui a dit n'y avoir lieu à référé au vu de l'absence d'urgence et de l'existence d'une contestation sérieuse s'agissant de l'affectation d'un salarié sur le site d'un autre client que celui auquel il était affecté initialement, juge que le salarié a été réaffecté sur un autre site avec les mêmes conditions horaires qui étaient les siennes jusqu'à sa mise à pied conservatoire et en déduit que, par suite, sa demande de réintégration est sans objet, alors que même si l'ordonnance était devenue sans objet sur la mesure principale au moment où elle statuait, il appartenait à la cour d'appel de déterminer si la demande de réintégration était justifiée lorsque le premier juge avait statué. • Soc. 21 janv. 2014, n° 12-20.757 P : *JCP 2014. 166, obs. Lefranc-Hamoniaux.*

10. Obligation de faire. La seule méconnaissance des formalités préalables au licenciement n'entraînant pas une obligation de réintégrer et celle-ci ne pouvant qu'être proposée en cas d'absence de cause réelle et sérieuse, le juge des référés ne peut ordonner la réintégration, en étendant ainsi les sanctions légales au-delà des limites prévues pour leur application. • Soc. 9 févr. 1977 : *Bull. civ. V, n° 95* • 29 juin 1978 : *ibid., n° 540.* – V. aussi • Soc. 30 mai 1990 : *D. 1990. IR 156.*

11. Intérêts. Le juge des référés peut, sans excéder ses pouvoirs, assortir d'intérêts moratoires les condamnations qu'il prononce. • Soc. 21 févr. 1990, n° 88-40.471 P.

12. Astreinte. Saisie d'une demande en liquidation provisoire d'une astreinte prononcée par le juge des référés et non d'une demande à une condamnation définitive, une cour d'appel, qui qualifie cette astreinte de comminatoire et la liquide provisoirement, peut par provision condamner une partie au paiement de celle-ci. • Soc. 6 nov. 1974 : *Bull. civ. V, n° 524 ; Dr. soc. 1975. 120, note J. Savatier ; JCP 1975. II. 18188, note Berra.*

Art. R. 1455-7 **Dans le cas où l'existence de l'obligation n'est pas sérieusement contestable, la formation de référé peut accorder une provision au créancier ou ordonner l'exécution de l'obligation même s'il s'agit d'une obligation de faire.** – *[Anc. art. R. 516-31, al. 2.]*

Art. R. 1455-8 **S'il lui apparaît que la demande formée devant elle excède ses pouvoirs, et lorsque cette demande présente une particulière urgence, la formation de référé peut, dans les conditions suivantes, renvoyer l'affaire devant le bureau de jugement :**

1° L'accord de toutes les parties est nécessaire ;

2° La formation de référé doit avoir procédé à une tentative de conciliation en audience non publique et selon les règles fixées par l'article R. 1454-10.

La notification aux parties de l'ordonnance de référé mentionnant la date de l'audience du bureau de jugement vaut citation en justice. – *[Anc. art. R. 516-33, al. 2.]*

La formation des référés ne peut, lorsque l'existence d'une contestation sérieuse et l'urgence ont été constatées, renvoyer les parties devant le bureau de jugement, alors qu'il ne résulte ni des mentions de la décision, ni d'aucune autre pièce de la procédure que les parties ont donné leur accord. • Soc. 21 févr. 1990, n° 87-40.008 P : *CSB 1989. 65, A. 16.*

SECTION III *Procédure de référé*

Art. R. 1455-9 **La demande en référé est formée par le demandeur soit par acte d'huissier de justice, soit dans les conditions prévues à l'article R. 1452-1.**

Lorsque la demande est formée par acte d'huissier de justice, *(Décr. n° 2019-1333 du 11 déc. 2019, art. 26-6°, en vigueur le 1er janv. 2020)* **« les dispositions du 1° de l'article 56 du code de procédure civile ne sont pas applicables. Une copie » de l'assignation est remise au greffe, au plus tard la veille de l'audience.**

Lorsque la demande est formée dans les conditions prévues à l'article R. 1452-1, les dispositions des articles R. 1452-2 à R. 1452-4 sont applicables. – *[Anc. art. R. 516-32, al. 1er.]*

L'art. 26 du Décr. n° 2019-1333 du 11 déc. 2019 est applicable aux instances en cours au 1er janv. 2020 (Décr. préc., art. 55-I).

Délais. Sauf pour le juge à vérifier que le défendeur a bénéficié d'un délai raisonnable *pour assurer sa défense*, les dispositions relatives au référé prud'homal ne fixent pas de délai entre la convocation et l'audience de jugement. • Soc. 14 nov. 1990, n° 89-44.131 P : *D. 1990. IR 284.*

Art. R. 1455-10 **Les** *(Décr. n° 2020-1452 du 27 nov. 2020, art. 4-2°, en vigueur le 1er janv. 2021)* **« articles 484, 486, 488 à 492 et 514 » du code de procédure civile sont applicables au référé prud'homal.** – *[Anc. art. R. 516-33, al. 1er.] L'art. 4-2° du Décr. n° 2020-1452 du 27 nov. 2020 s'applique aux instances en cours au 1er janv. 2021 (Décr. préc., art. 12).*

BIBL. ▶ SERVERIN, *RDT 2010. 121* (du bon usage de l'injonction de faire dans le référé prud'homal).

Art. R. 1455-11 **Le délai d'appel est de quinze jours.**

L'appel est formé, instruit et jugé conformément aux articles R. 1461-1 et R. 1461-2. – *[Anc. art. R. 516-34 et R. 516-35.]*

Les décisions de référé sont soumises aux dispositions de l'art. R. 517-3 [art. R. 1462-1 nouv.]. • Soc. 26 nov. 1987 : *Bull. civ. V, n° 693.*

SECTION IV *Référés en la forme*

(Décr. n° 2016-660 du 20 mai 2016, art. 22)

Art. R. 1455-12 A moins qu'il en soit disposé autrement, lorsqu'il est prévu que le conseil de prud'hommes statue en la forme des référés, la demande est portée à une audience tenue à cet effet aux jour et heures habituels des référés, dans les conditions prévues à l'article R. 1455-9.

Elle est formée, instruite et jugée dans les conditions suivantes :

1° Il est fait application des articles 486 et 490 du code de procédure civile ;

2° Le conseil de prud'hommes exerce les pouvoirs dont dispose la juridiction au fond et statue par ordonnance ayant l'autorité de la chose jugée relativement aux contestations qu'elle tranche ;

3° L'ordonnance est exécutoire à titre provisoire, à moins que le conseil de prud'hommes en décide autrement, sous réserve des dispositions de l'article R. 1454-28.

Lorsque le conseil de prud'hommes statuant en la forme des référés est saisi à tort, l'affaire peut être renvoyée devant le bureau de jugement dans les conditions prévues à l'article R. 1455-8.

CHAPITRE VI *Litiges en matière de licenciements pour motif économique*

BIBL. GÉN. ▶ DESDEVISES, *Dr. soc. 1988. 335* (décrets du 14 mars 1986 et du 29 juin 1987).

Art. R. 1456-1 *(Décr. n° 2016-660 du 20 mai 2016, art. 23)* En cas de recours portant sur un licenciement pour motif économique, et dans un délai de huit jours à compter de la date à laquelle il reçoit la convocation devant le bureau de conciliation et d'orientation, l'employeur dépose ou adresse au greffe par lettre recommandée avec demande d'avis de réception les éléments mentionnés à l'article L. 1235-9 pour qu'ils soient versés au dossier.

Dans le même délai, il adresse ces éléments au demandeur par lettre recommandée avec demande d'avis de réception.

La convocation destinée à l'employeur rappelle cette obligation.

L'art. 23 du Décr. n° 2016-660 du 20 mai 2016 est applicable aux instances introduites devant les conseils de prud'hommes à compter du 1er août 2016 (Décr. préc., art. 45).

1. Champ d'application. Le dépôt au greffe par l'employeur des documents prévus à l'art. L. 122-14-3 n'est pas applicable en cas de recours du salarié portant sur un licenciement individuel pour motif économique. • Soc. 10 oct. 2000, n° 99-40.040 P : *D. 2000. IR 272* ; *RJS 2000. 823, n° 1274.* ♦ *Contra,* antérieurement : • Soc. 13 janv. 1999 : *RJS 1999. 438, n° 722.*

2. Existence d'un préjudice. En cas de méconnaissance par l'employeur des prescriptions de l'art. R. 516-45, il appartient au salarié qui souhaite obtenir réparation de justifier de l'existence d'un préjudice. • Soc. 26 janv. 1994, n° 91-43.551 P : *RJS 1994. 174, n° 235.*

Art. R. 1456-2 La séance de conciliation *(Décr. n° 2016-660 du 20 mai 2016, art. 24)* « et d'orientation » a lieu dans le mois de la saisine du conseil de prud'hommes. — *[Anc. art. R. 516-46.]*

Art. R. 1456-3 *(Abrogé par Décr. n° 2016-660 du 20 mai 2016, art. 25-1°) « Le bureau de conciliation détermine les mesures et délais nécessaires à l'instruction de l'affaire ou à l'information du conseil, après avis des parties.*

« Il fixe le délai de communication des pièces ou des notes que celles-ci comptent produire à l'appui de leurs prétentions. »

(Décr. n° 2016-660 du 20 mai 2016, art. 25-2°) « Les mesures de mise en état » sont exécutées dans un délai n'excédant pas trois mois. Ce délai ne peut être prorogé par le bureau de jugement que sur la demande motivée du technicien ou du conseiller rapporteur commis. — *[Anc. art. R. 516-47, al. 1er.]*

Art. R. 1456-4 *(Décr. n° 2016-660 du 20 mai 2016, art. 26)* Le bureau de conciliation et d'orientation fixe la date d'audience du bureau de jugement qui statue dans un délai ne pouvant excéder six mois à compter de la date à laquelle l'affaire lui a été renvoyée, ou trois mois lorsqu'est saisie la formation restreinte.

Art. R. 1456-5 **Lorsque, lors de la séance** *(Décr. nº 2016-660 du 20 mai 2016, art. 27-1º)* **« prévue à l'article R. 1456-2 », une section du conseil de prud'hommes est saisie par plusieurs demandeurs de procédures contestant le motif économique d'un licenciement collectif, le bureau de conciliation** *(Décr. nº 2016-660 du 20 mai 2016, art. 27-2º)* **« et d'orientation » en ordonne la jonction.** – *[Anc. art. R. 516-48.]*

Les organisations syndicales représentatives peuvent exercer en justice toutes actions qui naissent des dispositions légales, réglementaires ou conventionnelles régissant le licenciement pour motif économique et la rupture du contrat de travail visée au troisième al. de l'art. L. 321-6 [devenu L. 1233-39 et L. 1233-41] C. trav. en faveur d'un salarié, sans avoir à justifier d'un mandat de l'intéressé. Celui-ci doit avoir été averti par lettre recommandée avec accusé de réception et ne s'y être pas opposé dans un délai de quinze jours à compter de la date à laquelle l'organisation syndicale lui a notifié son intention. A l'issue de ce délai, l'organisation syndicale avertit l'employeur par lettre recommandée avec accusé de réception de son intention d'ester en justice. Le salarié peut toujours intervenir à l'instance engagée par le syndicat (C. trav., art. L. 1235-8 et D. 1235-18 [anc. art. L. 321-15]). – V., pour le contenu de la lettre recommandée, C. trav., art. D. 1235-19 et D. 1235-20 [anc. art. R. 321-9.]

V. les art. L. 1247-1 et D. 1247-1 [anc. L. 122-3-16] (contrat de travail à durée déterminée), L. 1251-59 et D. 1251-32 [anc. art. L. 124-20] (travail temporaire), L. 8233-1, L. 8242-1, D. 8233-1 et R. 8242-1 [anc. art. L. 125-3-1] (marchandage) C. trav. – V., pour le contenu de la lettre recommandée, C. trav., art. D. 1247-1, D. 1247-2 [anc. art. R. 122-1], R. 8242-1, R. 8242-2, D. 8233-1 et D. 8233-2 [anc. art. R. 125-2.]

CHAPITRE VII *Récusation*

Art. R. 1457-1 **La procédure de récusation des conseillers prud'hommes est régie par les articles 341 à 355 du code de procédure civile.** – *[Anc. art. R. 518-1.]*

1. Pouvoir spécial. Est irrecevable la requête en récusation déposée par un avocat non muni d'un pouvoir spécial. • Limoges, 6 mai 1997 : *BICC 1er oct. 1997, nº 1127.*

2. Intervention devant les juges du fond. La récusation ne peut intervenir pour la première fois devant la Cour de cassation. • Soc. 19 juin 1980 : *Bull. civ. V, nº 549.*

3. Procédure. Si le juge s'oppose à la récusation ou ne répond pas, la demande de récusation est jugée sans délai par la cour d'appel ; que le secrétaire communique cette demande avec la réponse du juge ou mention de son silence au premier président de la cour d'appel. • Soc. 24 sept. 1997, nº 97-42.811 P.

4. Partialité. Il résulte de la combinaison des art. R. 518-1, R. 518-2 devenus R. 1457-1 et R. 1457-2 C. trav. et 346 C. pr. civ. ensemble l'art. 6, § 1, Conv. EDH que le conseil de prud'homme doit, dès qu'il a connaissance de la demande de récusation, suspendre l'instance jusqu'à ce qu'elle ait été définitivement tranchée et ne peut statuer sur cette demande ni examiner l'affaire au fond, en présence du conseiller prud'homme dont la récusation a été sollicitée. • Soc. 3 juin 2009, nº 07-44.212 P : *JCP S 2009. 1379, note Lahalle ; Procédures 2009, nº 319, note Bugada ; Procédures 2009, nº 319, note Bugada.*

Art. R. 1457-2 **Lorsque la demande de récusation est portée devant la cour d'appel, elle est jugée par la chambre sociale.** – *[Anc. art. R. 518-2.]*

BIBL. ▶ CIOFFI, *Dr. soc. 2002. 168* (influence de l'art. 6 de la Convention européenne des droits de l'homme en matière de récusation prud'homale).

TITRE VI Voies de recours

CHAPITRE PREMIER *Appel*

BIBL. ▶ GERBAY, *JCP 2014. 941* (vers une nouvelle procédure d'appel en matière prud'homale – A propos du rapport Lacabarats du 16 juill. 2014). – LAFFLY, *JCP 2016. 838* (la réforme de la procédure devant la chambre sociale de la cour d'appel). – SANDER, *D. 2017. 871* (incidence de l'instauration de la représentation obligatoire par avocat devant la chambre sociale de la cour d'appel sur le droit local alsacien-mosellan).

Art. R. 1461-1 **Le délai d'appel est d'un mois.**

(Décr. nº 2016-660 du 20 mai 2016, art. 28-1º) **« A défaut d'être représentées par la personne mentionnée au 2º de l'article R. 1453-2, les parties sont tenues de constituer avocat.**

« Les actes de cette procédure d'appel qui sont mis à la charge de l'avocat sont valablement accomplis par la personne mentionnée au 2º de l'article R. 1453-2. De même, ceux

destinés à l'avocat sont valablement accomplis auprès de la personne précitée. » – *[Anc. art. R. 517-7.]*

L'art. 28 du Décr. nº 2016-660 du 20 mai 2016 est applicable aux instances et appels introduits à compter du 1er août 2016 (Décr. préc., art. 46).

BIBL. ▶ Estoup, *D. 1985. Chron. 115* (procédure devant la cour d'appel). – Laporte, *Procédures 2016. Alertes 38* (Mais où va la procédure avec représentation obligatoire devant la cour d'appel ?).

1. Point de départ du délai d'un mois. La date de l'appel formé par lettre recommandée est celle du bureau d'émission. • Soc. 5 nov. 1984 : *Bull. civ. V, nº 406 ; JCP 1986. II. 20560, note Joly.* ♦ Pour la prise en compte d'une lettre simple, V. • Soc. 22 nov. 1979 : *Bull. civ. V, nº 891.*

2. Sanctions. Les dispositions de l'art. R. 517-7 [art. R. 1461-1 nouv.] ne sont pas prescrites à peine de nullité de l'acte d'appel, la lettre recommandée n'étant destinée qu'à régler toute contestation sur la date d'appel. • Soc. 17 juill. 1991, nº 88-43.972 P (lettre d'appel enregistrée au secrétariat du conseil de prud'hommes) • 17 mai 2005, nº 03-42.646 P. ♦ Sur l'application de l'art. 911 C. pr. civ., à la caducité de la déclaration d'appel en l'absence de signification des conclusions au défenseur syndical constitué, V. : • Soc. 8 déc. 2021, nº 19-22.810 P : *préc. note 10 ss. art. 911.*

3. Appel incident. Sur l'absence, s'agissant d'une procédure orale, de formalités particulières en matière d'appel incident. • Soc. 5 nov. 1981 : *Bull. civ. V, nº 866.* ♦ Nonobstant le principe de l'oralité de la procédure en matière prud'homale, l'appel incident peut être régulièrement formé par dépôt ou envoi au greffe de conclusions valant déclaration d'appel. • Soc. 15 déc. 2006, nº 05-41.468 P.

4. Télécopie. Une déclaration d'appel par télécopie ne répond pas aux exigences légales et équivaut à une absence d'acte. • Soc. 18 nov. 1998, nº 96-43.944 P : *D. 1999. IR 7 ; RJS 1999. 68, nº 100.* ♦ *Contra* jugeant que l'appel est régulièrement formé par une déclaration au greffe de la cour d'appel de la déclaration d'appel dans le délai de recours et qu'une cour d'appel qui, pour déclarer l'appel irrecevable, retient, d'une part, que la remise d'une déclaration au greffe ne constitue pas, au sens de l'art. R. 1461-1 C. trav., une déclaration au greffe qui doit s'accompagner de la signature par le déclarant du procès-verbal de déclaration d'appel dressé par le greffier et qu'il n'est pas prétendu que le déclarant s'est présenté au greffe pour former sa déclaration, d'autre part que la télécopie ne répond pas aux conditions exigées par le texte précité, viole les art. 932 et 934 C. pr. civ., ensemble l'art. R. 1461-1 C. trav. • Soc. 28 févr. 2012 : *BICC 15 juin 2012, nº 837 ; JCP S 2012. 1202, note Lahalle ; Gaz. Pal. 25-26 mai 2012, p. 43, note Herman ; Dr. et pr. 2012. 174, note Boulmier.*

5. Lettre égarée. L'appel est recevable dès lors qu'il est justifié que la lettre est bien parvenue au greffe avant l'expiration du délai d'appel. • Soc. 2 déc. 2008 : *Procédures 2009, nº 35, obs. Perrot.*

6. Signature. S'agissant des procédures sans représentation obligatoire, la cour d'appel étant saisie par une déclaration d'appel que la partie ou tout mandataire fait ou adresse par pli recommandé ; l'acte, qui ne comporte pas la signature de son auteur, ne vaut pas déclaration d'appel. • Soc. 30 avr. 2003, nº 00-46.467 P.

7. Déclaration verbale. La déclaration verbale d'appel ne peut résulter d'une simple conversation téléphonique. • Soc. 8 juill. 1992, nº 89-40.559 P : *D. 1992. IR 228 ; JCP E 1992. I. 197, obs. Pierchon ; RJS 1992. 564, nº 1022.*

8. L'appel est régulièrement formé par la remise au greffe de la cour d'appel de la déclaration d'appel dans le délai du recours, peu important l'absence de présentation du déclarant et l'absence de sa signature sur le procès-verbal de déclaration. • Soc. 28 févr. 2012 : *BICC 15 juin 2012, nº 837 ; D. 2012. Actu. 745 ; Dr. et pr. 2013. 174, note Boulmier ; JCP S 2012. 1202, note Lahalle ; Gaz. Pal. 2012. 1542, note Herman.*

9. Mandat spécial. Lorsque la représentation n'est pas obligatoire, le mandataire doit, s'il n'est avoué ou avocat, justifier d'un pouvoir spécial pour interjeter appel. • Soc. 2 avr. 1992, nº 87-44.229 P : *D. 1992. IR 142 ; RJS 1992. 428, nº 781* • Soc. 2 avr. 1992, nº 88-42.347 P. ♦ Est irrecevable l'appel formé par un directeur d'agence dont la délégation de pouvoir ne comporte pas le pouvoir d'agir en justice mais seulement celui de prendre toutes mesures conservatoires des intérêts de la société. • Soc. 14 oct. 1997 : *JCP 1997. IV. 2341.*

10. Le mandat comportant le pouvoir d'interjeter, « si nécessaire », appel d'une décision future ne constitue pas le pouvoir spécial exigé par la loi. • Soc. 29 juin 1994 : *RJS 1994. 614, nº 1036.* ♦ N'est pas le pouvoir spécial exigé par la loi (art. 931 NCPC [devenu C. pr. civ.]) un pouvoir spécial antérieur au jugement entrepris. • Soc. 10 déc. 1996, nº 93-41.737 P : *RJS 1997. 58, nº 84.*

11. Personne morale. La mention dans la déclaration d'appel du nom de la personne physique, organe représentant la personne morale appelante, n'est exigée par aucun texte. • Civ. 2e, 5 juin 1996 : *JCP 1996. I. 595, nº 2, obs. Pierchon.*

12. Copie de la décision. Les dispositions de l'art. R. 517-7 [art. R. 1461-1 nouv.] selon lesquelles la déclaration d'appel est accompagnée d'une copie de la décision, ne sont pas prescrites à peine d'irrecevabilité de l'appel prononcé d'office. • Soc. 19 juin 2007 : *D. 2007. AJ 2964* ; *RJS 2007. 862, n° 1109.*

Art. R. 1461-2 **L'appel est porté devant la chambre sociale de la cour d'appel.**

Il est formé, instruit et jugé suivant la procédure *(Décr. n° 2016-660 du 20 mai 2016, art. 29)* **« avec représentation obligatoire ».** – *[Anc. art. R. 517-8 et R. 517-9.]*

L'art. 29 du Décr. n° 2016-660 du 20 mai 2016 est applicable aux instances et appels introduits à compter du 1er août 2016 (Décr. préc., art. 46).

BIBL. ► SAHLI, Procès du travail, travail du procès, *Bibliothèque de l'Institut André Tunc, t. 16, LGDJ 2008, p. 373* (spécificités de l'appel en matière prud'homale).

V. jurispr. ss. art. 931 s. C. pr. civ.

Cf. Décr. n° 2016-660 du 20 mai 2016, art. 46.

CHAPITRE II *Pourvoi en cassation*

RÉP. TRAV. v° *Conseil de prud'hommes (Procédure)*, par PAUTRAT.

Art. R. 1462-1 **Le conseil de prud'hommes statue en dernier ressort :**

1° Lorsque la valeur totale des prétentions d'aucune des parties ne dépasse le taux de compétence fixé par décret ;

2° Lorsque la demande tend à la remise, même sous astreinte, de certificats de travail, de bulletins de paie ou de toute pièce que l'employeur est tenu de délivrer, à moins que le jugement ne soit en premier ressort en raison du montant des autres demandes. – *[Anc. art. R. 517-3 et R. 517-4, al. 1er.]*

Sur le taux de compétence en dernier ressort, V. C. trav., art. D. 1462-3, App., v° Procédure prud'homale.

1. Chefs de demande. Présentent un caractère salarial et constituent un seul chef de demande des prétentions tendant au paiement de salaires, primes, heures supplémentaires et indemnités de congés payés, à l'exception des indemnités compensatrices de congés payés et de préavis. • Soc. 17 juill. 1996, n° 93-41.741 P : *Dr. soc. 1996. 1103 ; RJS 1996. 621, n° 969 (3e esp.) ; CSB 1996. 281, A. 58 (1re esp.).* ♦ Dans le même sens : • Soc. 12 mars 1997, n° 94-42.771 P : *RJS 1997. 296, n° 449.* ♦ Même solution s'agissant d'actions tendant au paiement d'heures supplémentaires et d'indemnités de congés payés. • Soc. 14 nov. 2000, n° 98-42.136 P. ♦ ... Ou d'une demande en paiement d'une indemnité différentielle conventionnelle ainsi que d'un rappel de salaire au titre d'une argumentation générale décidée par un engagement unilatéral de l'employeur. • Soc. 13 juin 2007, n° 05-44.843.

2. Présentent un caractère indemnitaire et *constituent un seul chef de demande* des prétentions tendant au paiement de l'indemnité légale ou conventionnelle de licenciement, de l'indemnité compensatrice de congés payés et de l'indemnité compensatrice de préavis. • Soc. 17 juill. 1996, n° 93-41.530 P : *Dr. soc. 1996. 1103 ; RJS 1996. 621, n° 969 (4e esp.) ; CSB 1996. 281, A. 58 (2e esp.).* – Dans le même sens : • Soc. 20 nov. 1996 : *RJS 1997. 56, n° 81 ; CSB 1997. 55, S. 28* • 29 janv. 1997, n° 95-44.265 P : *RJS 1997. 212, n° 317 ; CSB 1997. 118, S. 74.* ♦ J. Savatier, *Dr. soc. 1997. 170.*

3. Constituent des chefs de demande distincts la demande en paiement d'heures supplémentaires et la demande en paiement de dommages et intérêts pour résistance abusive. • Soc. 5 mars 1997, n° 95-45.049 P : *TPS 1997, n° 228, obs. Boubli.*

4. Si l'un des chefs de la demande n'est susceptible d'être jugé qu'à charge d'appel, le conseil de prud'hommes se prononce sur tous en premier ressort. • Soc. 19 déc. 1983 : *Bull. civ. V, n° 632* (l'appel est recevable même si le chef excédant le taux de compétence en dernier ressort n'est pas évoqué devant la cour d'appel). ♦ V. aussi • Soc. 19 juin 1997 : *CSB 1997. 253, S. 153* (caractère indéterminé de l'un des chefs de la demande).

5. La demande de transmission du jugement à intervenir au procureur de la République sur le fondement de l'art. 40 C. pr. pén. n'est pas de nature à rendre le jugement susceptible d'appel. • Soc. 26 sept. 2018, n° 17-17.974 P : *D. actu. 19 nov. 2018, obs. Kebir ; D. 2018. 1918.*

6. Désistement. Si le désistement peut être implicite, il ne se présume pas. • Soc. 5 févr. 1992, n° 88-43.742 P : *D. 1992. IR 99 ; CSB 1992. 91.*

7. Recours. Les juges doivent relever d'office les fins de non-recevoir d'ordre public lorsqu'elles résultent de l'absence d'ouverture d'une voie de recours. N'étant pas susceptible d'appel le jugement qui statue sur une demande, quel que soit le fondement allégué, tendant à l'allocation d'une somme d'argent dont le montant est inférieur au taux du dernier ressort, violent l'art. 125 C. pr. civ., R. 1462-1 et D. 1462-3 C. trav.

les arrêts d'appel qui infirment les jugements ayant alloué à chacun des salariés une somme inférieure à 4 000 euros qu'ils avaient sollicitée au titre d'une prime de treizième mois. • Soc. 15 janv. 2014, n° 12-25.404 P : *Procédures 2014, n° 149, note Bugada.*

Art. R. 1462-2 Le jugement n'est pas susceptible d'appel si la seule demande reconventionnelle en dommages-intérêts, fondée exclusivement sur la demande initiale, dépasse le taux de la compétence en dernier ressort. – *[Anc. art. R. 517-4, al. 2.]*

Une demande reconventionnelle fondée exclusivement sur la demande initiale et faite à titre de dommages-intérêts n'est pas de nature à rendre le jugement susceptible d'appel. • Soc. 19 févr. 1986 : *Bull. civ. V, n° 14.* – Dans le même sens : • Soc. 6 déc. 1979 : *Bull. civ. V, n° 962* • 7 juill. 1983 : *ibid., n° 435.* ♦ Pour apprécier la nature de la demande reconventionnelle, le juge ne doit envisager que son objet et non le mobile qui l'a provoquée. • Soc. 9 déc. 1987 : *Bull. civ. V, n° 712 ; D. 1988. IR 6.*

Art. D. 1462-3 Le taux de compétence en dernier ressort du conseil de prud'hommes est de *(Décr. n° 2020-1066 du 17 août 2020, art. 1er)* « 5 000 € ». – *[Anc. art. D. 517-1.]*

Le taux de compétence en dernier ressort fixé par l'art. D. 1462-3, dans sa version résultant du Décr. n° 2020-1066 du 17 août 2020, est applicable aux instances introduites devant les conseils de prud'hommes à compter du 1er sept. 2020 (Décr. préc., art. 2).

Le taux était fixé antérieurement à 4 000 € pour les instances introduites à compter du 1er oct. 2005 (Décr. n° 2005-1190 du 20 sept. 2005).

CHAPITRE III *Opposition et tierce opposition* *(Décr. n° 2017-1008 du 10 mai 2017, art. 4-1°).*

Art. R. 1463-1 L'opposition est portée directement devant le bureau de jugement.

Les dispositions des articles R. 1452-1 à R. 1452-4 sont applicables.

L'opposition est caduque si la partie qui l'a faite ne se présente pas. Elle ne peut être réitérée. – *V. cette Annexe et ce tableau au JO du 12 mars.* – *[Anc. art. R. 517-6.]*

(Décr. n° 2017-1008 du 10 mai 2017, art. 4-2°) « Ces dispositions sont applicables à la tierce opposition. »

Lorsque la convocation à l'audience a été faite par simple lettre, ce qui n'établit pas que la partie concernée a effectivement reçu la convocation par un représentant qualifié, et ne peut être assimilée à une citation délivrée à personne, le jugement a été rendu par défaut et peut être frappé d'opposition. • Soc. 8 janv. 1981 : *Bull. civ. V, n° 21.*

TITRE VII Résolution amiable des différends

(Décr. n° 2016-660 du 20 mai 2016, art. 31)

Art. R. 1471-1 Les dispositions du livre V du code de procédure civile sont applicables aux différends qui s'élèvent à l'occasion d'un contrat de travail.

Le bureau de conciliation et d'orientation homologue l'accord issu d'un mode de résolution amiable des différends, dans les conditions prévues par les dispositions précitées. *(Décr. n° 2017-1008 du 10 mai 2017, art. 5)* « Ces dispositions sont applicables à la transaction conclue sans qu'il ait été recouru à une médiation, une conciliation ou une procédure participative. Le bureau de conciliation est alors saisi par la partie la plus diligente ou l'ensemble des parties à la transaction. »

Art. R. 1471-2 Le bureau de conciliation et d'orientation ou le bureau de jugement peut, quel que soit le stade de la procédure :

1° Après avoir recueilli l'accord des parties, désigner un médiateur afin de les entendre et de confronter leurs points de vue pour permettre de trouver une solution au litige qui les oppose ;

2° Enjoindre aux parties de rencontrer un médiateur qui les informe sur l'objet et le déroulement de la mesure.

L'accord est homologué, selon le cas, par le bureau de conciliation et d'orientation ou le bureau de jugement.

QUESTION PRIORITAIRE DE CONSTITUTIONNALITÉ

Constitution du 4 octobre 1958,

TITRE VII LE CONSEIL CONSTITUTIONNEL

Art. 61-1 *(L. const. nº 2008-724 du 23 juill. 2008, art. 29)* **Lorsque, à l'occasion d'une instance en cours devant une juridiction, il est soutenu qu'une disposition législative porte atteinte aux droits et libertés que la Constitution garantit, le Conseil constitutionnel peut être saisi de cette question sur renvoi du Conseil d'État ou de la Cour de cassation qui se prononce dans un délai déterminé.**

Une loi organique détermine les conditions d'application du présent article. – *V. Ord. nº 58-1067 du 7 nov. 1958, art. 23-1 s., 55 et 56, telle que modifiée par L. org. nº 2009-1523 du 10 déc. 2009 et l'art. 4 de cette dernière reproduits ci-dessous.*

L'art. 61-1 de la Constitution entre en vigueur dans les conditions fixées par les lois et lois organiques nécessaires à leur application (L. nº 2008-724 du 23 juill. 2008, art. 46-I), soit le 1er mars 2010 (L. org. nº 2009-1523 du 10 déc. 2009, art. 5, al. 1er). – V., sur la constitutionnalité de l'art. 5 de la L. org. nº 2009-1523 du 10 déc. 2009, Cons. const., Décis. nº 2009-595 du 3 déc. 2009 DC, § 37, citée in Bibl. au-dessus de l'art. L.O. 461-1 COJ.

BIBL. GÉN. ▸ **Ouvrages :** JAN, Le procès constitutionnel, 2e *éd., LGDJ 2010.* – ROUSSEAU (ss. dir.), La question prioritaire de constitutionnalité, Guide pratique, *Gaz. Pal. - Lextenso 2010.*

▸ **Articles :** ALBERTON, *AJDA 2008. 967* (exception d'inconstitutionnalité et exception d'inconventionnalité). – AMSON, *Gaz. Pal. 25-26 juill. 2008, p. 2* (réflexions critiques). – BAGHESTANI, *LPA 15 févr. 2010, p. 4.* – BAILLON-PASSE, *LPA 19 févr. 2010, p. 3* (questions pratiques devant le juge *a quo*). – BENETTI, *AJDA 2010. 74* (genèse de la réforme – 1990 à 2009). – BERNAUD, *Economica 2009, p. 1438* (art. 61-1) (la Constitution de la République française [ss. dir. Luchaire, Cognac et Prétot]). – BERNAUD et FATIN-ROUGE, *RFDC 2008, nº hors-série, p. 169* (réflexions autour des art. 61-1 et 62, al. 2). – BLACHER, *LPA 18 mars 2010.* – BLÉRY, *Procédures 2010. Focus 28* (QPC, jurisprudence Cesareo et office du juge : l'impossible conciliation). – BON, *RFDA 2009. 1107.* – BORZEIX, *Gaz. Pal. 28 févr.-2 mars 2010, p. 18* (exception de procédure ou question préjudicielle ?). – BRIAND, *Gaz. Pal. 17-19 janv. 2010, p. 17* (règles du procès équitable) ; *AJ fam. 2010. 127* (devant le JAF). – BURGOGUE-LARSEN, *RFDA 2009. 787* (question préjudicielle de constitutionnalité et contrôle de conventionalité). – CADIET, *JCP 2010. 546, nº 12.* – CASSIA, *RFDA 2008. 877* ; *AJDA 2009. Tribune 2193* (question sur le caractère prioritaire). – CHAIX, *Politeia 2009. 489* (fin heureuse d'une exception française ?). – CHAUVAUX, *RD publ. 2009. 566* (1990-2009 : réflexions sur un retard). – Collectif, *PUAM 2009* (contrôle de constitutionnalité par voie préjudicielle. La saisine par les citoyens). – CROZE, *Procédures 2010. Étude 2 ; JCP 2010. 269* (aspects procéduraux). – DEBOISSY, *Dr. fisc. 2010. Actu. 42* (la fin d'un angle mort). – DE LAMY, *D. 2009. 177.* – DE LA ROSA, *RFDC 2009. 817* (l'art. 6, § 1er, Conv. EDH, le Conseil constitutionnel et la question préjudicielle de constitutionnalité). – DELCROS, *Gaz. Pal. 2007. Doctr. 3705* (l'avocat devant le Conseil constitutionnel ?). – DEUMIER, *RTD civ. 2010. 67* (la QPC : prioritaire mais pas première...). – Dossier, *RD publ. 2009, nº 3* (l'exception d'inconstitutionnalité : un chantier difficile). – DRAGO, *JCP 2008. I. 217* (prolégomènes d'une pratique contentieuse) ; *JCP 2010. 2* (une Constitution proche du citoyen) ; *Mél. S. Guinchard, Dalloz 2010, p. 439* (quels principes directeurs pour le procès constitutionnel ?). – DUBRULLE, *AJDA 2007. 127* (un contrôle de constitutionnalité ?). – FATIN-ROUGE, *RFDC 2009. 269.* – FERRAIUOLO, *LPA 26 févr. 2010, p. 3* (point de vue d'un praticien). – Y. GAUDEMET, *RD publ. 2009. 582* (brouillard sur les institutions) ; *RJEP 2010. Repère 2* (questions à la QPC). – GENEVOIS, *RFDA 2010. 1* (le contrôle *a priori* de constitutionnalité au service du contrôle *a posteriori*). – GROSHENS, *RD publ. 2009. 589* (à propos du Conseil constitutionnel) ; *RJEP 2010. Repère 2* (questions à la QPC). – GUILLAUME, *LPA 23 févr. 2010, p. 3* (le règlement intérieur sur la procédure suivie devant le Conseil constitutionnel). – HUGLO, *LPA 25 janv. 2010* (de nouvelles obligations pour les avocats) ; *Gaz. Pal. 26-27 mars 2010, p. 19* (la QPC, le droit de l'environnement et l'avocat) ; *JCP 2010. 547* (rôle du praticien dans la mise en œuvre de la QPC). – JAN, *LPA 18 déc. 2009, p. 6.* – LEPAGE, *LPA 19 sept. 2008, p. 3* (pratique judiciaire et rapports de pouvoir). – LE PRADO, *Dr. et patr., oct. 2009, p. 20 ; AJDA 2010. 94* (point de vue d'un avocat). – LESSI et DUTHEILLET DE LAMOTHE, Cinq ans de QPC devant le juge administratif : retour d'expérience !, *AJDA 2015. 755.* – MATHIEU, *JCP 2009. Actu. 214* (projet de loi organique) ; *ibid. 280* (améliorations apportées par l'Assemblée nationale au projet de loi organique) ; *ibid. 602* (une nouvelle voie de droit). – D. MAZEAUD et REVET, *RDC 2009. 1313* (influences du dispositif quant aux relations contractuelles). – MOLFESSIS, *RLDA* *janv. 2010. 51* (abécédaire). – de Montalivet, *Dr. adm. 2010. Étude 6* (étendue et limites d'un nouveau droit) ; QPC et droit administratif, *Dr. adm. 2015, chron. n° 3.* – Nicod, *AIJC 2008. 59* (une procédure eurocompatible ?). – Peres, *RDC 2010. 539* (la QPC et le contrat). – Pfersmann, *LPA 19 déc. 2008, p. 103* (une nouvelle procédure de contrôle concret *a posteriori*). – Pini, *AIJC 2007, Vol. XXIII, p. 41* (projet de réforme). – Prétot, *Economica 2009, p. 1476* (art. 62, al. 2) ; *JCP S 2010. 1023* (premières réflexions) ; La Constitution de la République française [ss. dir. Luchaire, Conac et Prétot]. – Renaudie, *Gaz. Pal. 21-23 mars 2010, p. 10.* – Rideaux, *RD publ. 2009. 602* (contrôle de constitutionnalité et contrôle de conventionalité : les orphelins de la pyramide). – Roblot-Trozier, *AJDA 2008. 1866* (impact sur les droits et libertés) ; *AJDA 2010. 80* (devant les juridictions ordinaires : entre méfiance et prudence). – Rousseau, *JCP 2008. I. 175* (vers la fin de l'exception française ?) ; *RD publ. 2009. 631* (un big bang juridictionnel) ; *Gaz. Pal. 24-26 janv. 2010, p. 13* (vive la QPC ! La quoi ?) ; *ibid. 23-27 mai 2010, p. 16* (toujours "vive la-QPC" ? oui !) ; *BJS Sociétés 2010, p. 216* (l'argument de constitutionnalité en droit des affaires). – Roux, *JCP 2008. I. 175* (fin de l'exception française ?) ; *RD publ. 2009. 645* (l'abandon de la jurisprudence IBG : une question d'opportunité ou de logique ?). – Sudre, *RD publ. 2009. 671* (question préjudicielle de constitutionnalité et Conv. EDH). – Thibaud, *Politeia 2007, n° 11, p. 199.* – Tron, *Gaz. Pal. 17-18 mars 2010, p. 7* (égalité devant l'impôt et QPC). – Verpeaux, *JCP 2007. I. 204* (premières réflexions) ; *AJDA 2008. 1879* (renouveau constitutionnel) ; *AJDA 2009. 1474* (projet de loi organique) ; *AIJC 2008. 11* (projet de loi organique) ; *LPA 25 juin 2009* (une nouvelle compétence pour la Cour de cassation) ; *AJDA 2010. 88* (constitutionnalité de la question prioritaire). – Weisbuch, *Les Annonces de la Seine, n° 45 (suppl.), p. 2.*

► **Droit comparé :** Arnold, *AIJC 2007, vol. XXIII, p. 24* (Allemagne). – Bon, *AIJC 2007, vol. XXIII, p. 34* (Espagne). – Di Manno, *AIJC 2007, vol. XXIII, p. 36* (Italie). – Kucsko-Stadlmayer, *AIJC 2007, vol. XXIII, p. 27* (Autriche). – Vansnick, *AIJC 2007, vol. XXIII, p. 29* (Belgique).

Plan des annotations

BIBL. ***Avant la révision de 2008.*** Favoreu, La question préjudicielle de constitutionnalité, retour sur un débat récurrent, *in Mél. Philippe Ardant, LGDJ 1999.* – Braibant, Le contrôle de la constitutionnalité des lois par le Conseil d'État, *in* Le nouveau constitutionnalisme, *Mél. Gérard Conac, Economica 2001.*

▸ ***Au lendemain de la révision.*** Verpeaux, Question préjudicielle et renouveau constitutionnel, *AJDA 2008. 1879*. – Cassia, Le renvoi préjudiciel en appréciation de constitutionnalité, une « question » d'actualité, *RFDA 2008. 877*. – Chauvaux, L'exception d'inconstitutionnalité, 1990-2009 : réflexions sur un retard, *RD publ. 2009. 566.* – Gaudemet, Brouillard dans les Institutions : à propos de l'exception d'inconstitutionnalité, *RD publ. 2009. 582.* – Rousseau, La question préjudicielle de constitutionnalité : un big bang juridictionnel, *RD publ. 2009. 631.* – Mathieu, Le Conseil constitutionnel se prépare à recevoir les premières QPC, *JCP 2010. 238.*

▸ ***Généralités.*** Magnon, LA QPC, beaucoup de bruit pour quoi ?, *AJDA 2010. 1673*. – Auby, Procédés de l'urbanisme ordinaire au crible de la QPC, *Dr. adm. 2010. 10.* – Sabete, De l'insuffisante argumentation des décisions du Conseil constitutionnel, *AJDA 2011. 885*. – de Montalivet, QPC et droit administratif, *Dr. adm. 2011. Chron. 2.* – Éveillard, Abrogation implicite ou inconstitutionnalité de la loi ?, les vicissitudes de l'abrogation implicite de la loi par une disposition constitutionnelle postérieure, entre postériorité et supériorité, *RFDA 2011. 353*. – Yolka, QPC, Le Bon, la Brute et le Truand, *JCP Adm. 2011. 190.* – Domingo, QPC : question de procédure administrative contentieuse, *JCP Adm. 2011. 2163.* – Dossier, *La QPC en amont et en aval, RFDA 2011. 691*. – Viala, De la puissance à l'acte : la QPC et les nouveaux horizons de l'interprétation conforme, *RD publ. 2011. 965.* – Disant, La QPC, *LGDJ 2011* ; Droit de la QPC, *Lamy 2011.* – Levade, QPC et interprétation : quand la Cour de cassation se fait gardienne de l'esprit de la réforme, *D. 2011. 2707*. – Troizier, QPC et interprétations jurisprudentielles ou l'impartialité d'un juge statuant sur la constitutionnalité de sa propre jurisprudence, *RFDA 2011. 1215*. – Zinamsgvarov, Les effets secondaires de la QPC, *RD publ. 2011. 1613.* – Gaudemet, La QPC. Étude critique, *Les éd. du CRIDON, 2011.* – Dord, La QPC et le Parlement : une bienveillance réciproque, *NCCC 2012, no 38, p. 23.* – Santolini, La question prioritaire de constitutionnalité au regard du droit comparé, *RFDC janv. 2013, no 93, p. 83.* – Urvoas, La QPC, *Rapport d'information no 842 du 27 mars 2013, Ass. nat.* – Dubout, L'efficacité structurelle de la question prioritaire de constitutionnalité en question, *RD publ. 2013. 107.* – Magnon, La doctrine, la QPC et le Conseil constitutionnel : quelle distance ?, *RD publ. 2013. 135.* – de Montalivet, QPC et droit administratif, *Dr. adm. 2014. Chron. 1.* – Badinter, Aux origines de la QPC, *RFDC 2014. 777.* – Philip, L'évolution de l'ouvrage des grandes décisions du Conseil constitutionnel, *RFDC 2014. 1029.* – Magnon, La QPC est-elle une « question préjudicielle » ?, *AJDA 2015. 254*. – La QPC en pratique, *Site internet du Conseil constitutionnel, A la une, déc. 2015*

▸ ***Contrôle de conventionnalité et de constitutionnalité.*** Alberton, Peut-on encore dissocier exception d'inconstitutionnalité et exception d'inconventionnalité ?, *AJDA 2008. 967*. – Rideau, Contrôle de constitutionnalité et contrôle de conventionnalité : les orphelins de la pyramide, *RD publ. 2009. 602.* – Roux, L'abandon de la jurisprudence IVG : une question d'opportunité ou de logique ?, *RD publ. 2009. 645.* – Sudre, Question préjudicielle de constitutionnalité et Convention européenne des droits de l'homme, *RD publ. 2009. 671.* – Guillaume, Question prioritaire de constitutionnalité et Convention européenne des droits de l'homme, *NCCC 2011, no 32, p. 37.* – Andriantsimbazovina, La conception des libertés par le Conseil constitutionnel et la Cour européenne des droits de l'homme, *NCCC 2011, no 32, p. 19.* – Mathieu, Les décisions du Conseil constitutionnel et de la Cour européenne des droits de l'homme : Coexistence Autorité – Conflits – Régulation, *NCCC 2011,* *n° 32, p. 45*. – Tinière, QPC et droit européen des droits de l'homme, entre équivalence et complémentarité, *RFDA 2012. 621*. – Jauréguiberry, L'influence des droits fondamentaux européens sur le contrôle *a posteriori*, *RFDA 2013. 10*. – Grewe, Contrôle de constitutionnalité et contrôle de conventionnalité : à la recherche d'une frontière introuvable, *RFDC 2014. 961*. – Akandji-Kombé, Les appréciations en conventionnalité du Conseil constitutionnel, *AJDA 2015. 732*. – Larrouturou, La QPC est-elle une voie de recours à épuiser avant de saisir la CEDH ?, *RD publ. 2015. 111*.

▸ ***Bilan.*** Lallet et Domino, An I après QPC, *AJDA 2011. 382*. – Domino et Bretonneau, QPC : deux ans, déjà l'âge de raison ?, *AJDA 2012. 422*. – Lessi et Dutheillet de Lamothe, Cinq ans de QPC devant le juge administratif : retour d'expérience !, *AJDA 2015. 755*. – Les cinq ans de la QPC au Conseil constitutionnel – quelques chiffres, *Site internet du Conseil constitutionnel, A la une, avr. 2015*.

1. Le juge administratif se refuse à contrôler la constitutionnalité des lois (théorie de la loi écran). • CE, sect., 6 nov. 1936, *Arrighi : Lebon 966 ; D. 1938. 1, concl. Latournerie, note Eisenmann ; S. 1937. 33, note Mastre* • CE, ass., 20 oct. 1989, *Roujansky : JCP 1989. 21371, concl. Frydman ; RFDA 1989. 993* • CE 3 déc. 1999, *Él. européennes : Lebon 409* • CE 21 févr. 2003, *Uran : RFDA 2003. 4281*. ♦ ... Y compris par rapport à un principe de valeur constitutionnelle. • CE 13 févr. 2008, *Assoc. Forum des réfugiés*, n° 295443 : *RFDA 2008. 535, note Vidal-Naquet*. V. aussi : de Montalivet, QPC et droit administratif, *Dr. adm. 2014. Chron. 1*.

2. Il revient cependant au juge administratif de constater l'abrogation implicite de dispositions législatives inconciliables avec une disposition constitutionnelle postérieure. • CE, sect., 1er avr. 1960, *Sieur Guanter : Lebon 249* • CE, sect., 7 juill. 1967, *Él. mun. de Guagno : Lebon 303* • CE, ass., 2 avr. 2003, *Sarrat*, n° 249475 : *Lebon 164 ; AJDA 2003. 932, chron. Donnat et Casas ; D. 2003. 1797, concl. Vallée ; RFDA 2003. 803, concl. Vallée* • CE, ass., 16 déc. 2005, *Synd. nat. des huissiers de justice*, n° 259584 : *Lebon 570 ; AJDA 2006. 357, chron. Landais et Lénica ; RFDA 2006. 41, concl. Stahl ; Dr. adm. 2006. 29*. ♦ ... Concluant à la compatibilité de la loi nouvelle avec elles. • CAA Paris, 9 juin 2006, *Assoc. « Congrégation du Vajra triomphant »*, n° 04PA01642 : *Lebon 601*. ♦ ... Ou à leur incompatibilité. • CE, ass., 16 déc. 2005, *Synd. nat. des huissiers de justice*, n° 259584 : *Lebon 570 ; AJDA 2006. 357, chron. Landais et Lénica ; RFDA 2006. 41, concl. Stahl ; Dr. adm. 2006. 29* • CE 12 janv. 2009, *Assoc. France Nature Environnement*, n° 289080 : *Dr. adm. 2009, n° 75, note Fort*.

3. Il en va de même si une loi se trouve être incompatible avec des dispositions constitutionnelles nouvelles introduites par une révision. • CE 24 juill. 2009, n° 305314 A : *AJDA 2009. 1818, chron. Liéber et Botteghi ; RFDA 2009. 963, concl. Geffray ; Constitutions 2010. 117, obs. Le Bot*. ♦ La combinaison de cette solution avec la recevabilité d'une QPC basée sur des dispositions constitutionnelles nouvelles reste délicate. ♦ Comp. avec • CE 3 nov. 2010, n° 342502 A : *ADJA 2010. 2135*.

4. Il n'appartient pas au Cons. const., lorsqu'il est saisi en application du présent art., d'examiner la conformité d'une disposition législative aux stipulations d'un traité ou d'un accord international. Ainsi, le grief tiré de la violation de la convention précitée ne peut qu'être écarté. • Cons. const. 19 nov. 2020, *Sté Getzner France*, n° 2020-866 QPC § 22. ♦ V. déjà. • Cons. const. 12 mai 2010, n° 2010-605 DC § 10 à 12. ♦ V. notes ss. Const. 58, art. 55 et 88-1.

I. FONCTIONNEMENT DE LA QPC

5. La loi constitutionnelle du 23 juill. 2008 de modernisation des institutions de la Ve République, entend accorder aux citoyens des droits nouveaux, en ouvrant au justiciable la faculté de contester, par voie d'exception, la conformité aux droits et libertés garantis par la Constitution de dispositions législatives, et faire progresser l'État de droit en prévoyant la sortie de vigueur des dispositions déclarées inconstitutionnelles à cette occasion. • CE, ass., 16 déc. 2020, n° 440258 A : *AJDA 2020. 2463 ; D. 2021. 18 ; JCP Adm. 2020. 736 ; JCP 2021. 2037, note Pauliat*.

A. DROITS ET LIBERTÉS GARANTIS PAR LA CONSTITUTION

1° N'ENTRENT PAS DANS LES DROITS ET LIBERTÉS GARANTIS PAR LA CONSTITUTION

BIBL. Les normes constitutionnelles non invocables en QPC, *Site internet du Conseil constitutionnel, A la une, mai 2015*.

6. Constitution stricto sensu. Ne sont pas au nombre des droits et libertés garantis par la Const. 58 et ne sont dès lors pas invocables par la procédure de la QPC : le principe selon lequel l'organisation de la République est décentralisée (Const. 58, art. 1er). • CE, QPC, 15 sept. 2010, *Thalineau*, n° 330734 : *Lebon ; AJDA 2010. 1736 ; AJDI 2011. 26, chron. Gilbert ; AJCT 2010. 180, obs. Moliner-Dubost*. ♦ ... L'al. 2 de l'art. 1er Const. 58 relatif à l'égal accès des femmes et des hommes aux mandats électoraux et fonctions électives, ainsi qu'aux responsabilités professionnelles et sociales. • Cons. const. 24 avr. 2015, *Conf. présidents d'université*, n° 2015-465 QPC § 10. ♦ ... L'al. 2 de l' art. 72 Const. 58 selon lequel « Les collectivités territoriales ont vocation à prendre les décisions pour l'ensemble des compétences qui peuvent le mieux être mises en œuvre à leur échelon ». • Cons. const.

26 avr. 2013, Cne de Maing, n° 2013-304 QPC. ♦ ... L'habilitation donnée au législateur de déterminer les conditions de mise en œuvre de la consultation prévue à l'art. 72-1 Const. 58. • Cons. const. 2 juill. 2010, *Cne de Dunkerque*, n° 2010-12 QPC. ♦ ... Le dernier al. de l'art. 72-2 Const. 58 disposant que la loi prévoit des dispositifs de péréquation destinés à favoriser l'égalité entre les collectivités territoriales. • Cons. const. 22 sept. 2010, *Cne de Besançon*, n° 2010-29/37 QPC § 5. ♦ ... L'autonomie dont sont dotées certaines collectivités d'outre-mer régies par l'al. 7 de l'art. 74, Const. 58. • Cons. const. 28 mars 2014, *Collectivité de Saint-Barthélemy*, n° 2014-386 QPC. ♦ ... L'art. 75-1 Const. 58 relatif à l'appartenance des langues régionales au patrimoine de la France. • Cons. const. 20 mai 2011, *Cécile L. et a.*, n° 2011-130 QPC. ♦ ... L'exigence constitutionnelle de transposition des directives découlant de l'art. 88-1 Const. 58. • Cons. const. 12 mai 2010, n° 2010-605 DC § 19. ♦ ... L'art. 37-1 Const. 58. • CE 11 déc. 2019, n° 434741 B : *AJDA 2019. 2583*.

7. Les dispositions de l'art. 34 Const. 58 n'instituent pas, en elles-mêmes, un droit ou une liberté qui puisse être invoqué à l'appui d'une QPC. • CE, QPC, 9 juill. 2010, *Hôtel-grill de Villejuif*, n° 339854 • CE, QPC, 9 juill. 2010, *Sté Cie pour le financement des technologies modernes*, n° 332551. ♦ V. cependant note 19.

8. De même, ne peut être invoqué à l'appui d'une QPC le grief tiré de la méconnaissance de la procédure d'adoption d'une loi. • Cons. const. 22 juill. 2010, *Alain C.*, n° 2010-4/17 QPC § 7 • Cons. const. 28 févr. 2014, *Marc S. et a.*, n° 2013-370 QPC § 11 • CE 5 févr. 2014, *Sté d'édition Canal Plus*, n° 373258 § 4 : *AJDA 2014. 315* ; *JCP Adm. 2014. 145* • CE 16 nov. 2016, *Frogier*, n° 402744 : *AJDA 2016. 2248* ; *JCP Adm. 2016. 905*. ♦ ... La méconnaissance par le législateur du domaine que la Constitution a réservé à la loi organique. • Cons. const. 4 mai 2012, *EURL David Ramirez*, n° 2012-241 QPC § 20 • Cons. const. 28 mars 2014, *Collectivité de Saint-Barthélemy*, n° 2014-386 QPC § 8.

9. DDH. De même, ne peuvent être invoquées à l'appui d'une QPC les dispositions de l'art. 14 DDH (qui sont mises en œuvre par les dispositions de l'art. 34 Const. 58). • Cons. const. 18 juin 2010, *SNC Kimberly Clark*, n° 2010-5 QPC § 4 • CE, QPC, 16 juill. 2010, *Sté de brasseries et casinos « Les flots bleus »*, n° 339292 : *Lebon T. 743* ; *AJDA 2010. 1457* • Cons. const. 30 juill. 2010, *Épx P. et a.*, n° 2010-19/27 QPC § 16.

10. Préamb. Const. 1946. L'al. 9 du Préambule (obligation de nationalisation) n'institue pas un droit ou une liberté que la Const. garantit. • Cons. const. 26 mars 2015, *Frédéric P.*, n° 2015-459 QPC § 6.

11. Charte de l'environnement. De même, ne peuvent être invoqués à l'appui d'une QPC : les sept alinéas précédant les dix articles de la Charte. • Cons. const. 7 mai 2014, *Sté Casuca*, n° 2014-394 QPC § 6. ♦ ... Les dispositions de l'art. 6 de la Charte envir. • Cons. const. 23 nov. 2012, *Antoine de M.*, n° 2012-283 QPC § 22.

12. Principes à valeur constitutionnelle. Certains principes n'ont pas valeur constitutionnelle, comme le principe de confiance légitime. • CE, QPC, 25 juin 2010, *Mortagne*, n° 326363 : *Lebon 217*. ♦ ... Qui n'est garanti par aucune norme constitutionnelle. • Cons. const. 30 déc. 1996, n° 96-385 DC § 18 • Cons. const. 7 nov. 1997, n° 97-391 DC § 6. ♦ ... Le principe de non-rétroactivité de la loi fiscale. • CE, QPC, 25 juin 2010, *Mortagne*, n° 326363 : *préc.* ♦ ... Dès lors qu'aucune règle ou principe de valeur constitutionnelle ne s'oppose à ce qu'une disposition fiscale ait un caractère rétroactif. • Cons. const. 29 déc. 1984, n° 84-184 DC § 33. ♦ ... L'annualité budgétaire. • CE, QPC, 25 juin 2010, *Région Lorraine*, n° 339842 : *Lebon T. 700* ; *AJDA 2010. 1296*. ♦ ... Le principe de sincérité des lois de finances. • CE, QPC, 15 juill. 2010, *Région Lorraine*, n° 340492 : *Lebon T. 700* ; *AJDA 2010. 2258, note Verpeaux*.

13. *A fortiori* en est-il ainsi des éléments qui ne constituent pas des principes de valeur constitutionnelle. • Cons. const. 12 oct. 2012, *Synd. de défense des fonctionnaires*, n° 2012-281 QPC § 11. ♦ V. l'inventaire ss. Const. 58, art. 61.

14. Autres. Il en est de même pour les dispositions contenues dans des engagements internationaux. • Cons. const. 22 juill. 2010, *Alain C. et a.*, n° 2010-4/17 QPC § 12. ♦ Les dispositions du 5° du § II de l'art. 34 de la LOLF, aux termes desquelles la loi de finances de l'année, dans la seconde partie, « autorise l'octroi des garanties de l'État et fixe leur régime ». • Cons. const. 27 sept. 2013, *Sté Scor SE*, n° 2013-344 QPC § 9. ♦ L'invocation du « principe de légalité des actes administratifs » ne permet pas de caractériser un droit ou une liberté au sens du présent art. • CE 11 déc. 2019, n° 434741 B : *préc. note 6*.

15. Objectifs de valeur constitutionnelle. V. point 3° c.

2° ENTRENT DANS LES DROITS ET LIBERTÉS GARANTIS PAR LA CONSTITUTION

a. Les normes constitutionnelles écrites de fond relatives aux droits et libertés

16. Constituent, par ex., des droits et libertés au sens du présent art. le principe de libre administration des collectivités territoriales (Const. 58, art. 72). • CE, QPC, 18 mai 2010, *Cne de Dunkerque*, n° 306643 : *RFDA 2010. 71, concl. Geffray*. ♦ ... La nécessité d'une compensation financière à la création ou à l'extension de compétences. • CE, QPC, 19 juill. 2010, *Dpt*

Val-de-Marne, n° 340028 : *AJDA 2010. 1453* . ♦ ... De la protection de la liberté individuelle par l'autorité judiciaire (Const. 58, art. 66). • CE, QPC, 24 sept. 2010, *Danielle A.*, n° 339110 : *AJDA 2010. 1800* . ♦ ... Le droit de propriété (DDH art. 2 et 17). • Cons. const. 17 sept. 2010, *SARL l'Office central d'accession au logement*, n° 2010-26 QPC § 6. ♦ ... La liberté d'entreprendre (DDH art. 4). • Cons. const. 6 oct. 2010, *Mathieu Pitte*, n° 2010-45 QPC § 6. ♦ ... Le principe de laïcité (Const. 58, art. 1er). • Cons. const. 2 juin 2017, *Coll. Terr. Guyane*, n° 2017-633 QPC § 8.

b. Les principes fondamentaux reconnus par les lois de la République

17. Peuvent être invoquées au titre des droits et libertés au sens du présent art. : la liberté d'association. • Cons. const. 28 mai 2010, *Union des familles en Europe*, n° 2010-3 QPC. ♦ ... L'atténuation de la responsabilité pénale des mineurs. • Cons. const. 16 sept. 2010, *Jean-Victor C.*, n° 2010-25 QPC § 18 • Cons. const. 9 déc. 2016, *Ibrahim B.*, n° 2016-601 QPC. ♦ ... L'indépendance des professeurs d'université. • Cons. const. 6 août 2010, *Jean C. et a.*, n° 2010-20/21 QPC § 6.

18. La mise en œuvre de la QPC peut du reste permettre de dégager un principe fondamental nouveau tel que le maintien en vigueur, tant qu'elles n'ont pas été remplacées par les dispositions de droits communs ou harmonisées avec elles, des dispositions législatives ou réglementaires particulières aux départements du Bas-Rhin, du Haut-Rhin et de la Moselle. • Cons. const. 5 août 2011, *Sté SOMODIA*, n° 2011-157 QPC § 4.

3° PEUVENT, SOUS CERTAINES CONDITIONS, ENTRER DANS LES DROITS ET LIBERTÉS GARANTIS PAR LA CONSTITUTION

BIBL. Guerrini, Les moyens périphériques aux droits et libertés que la Constitution garantit, *RD publ. 2012. 1639.*

a. L'incompétence négative

BIBL. Le contrôle des incompétences négatives, *Site internet du Conseil constitutionnel, A la une, juill.-août 2014.*

19. Principe. La méconnaissance par le législateur de sa propre compétence ne peut être invoquée à l'appui d'une QPC que dans le cas où cette méconnaissance affecte par elle-même un droit ou une liberté que la Constitution garantit. • Cons. const. 18 juin 2012, *Féd. de l'énergie et des mines – FO*, n° 2012-254 QPC § 3. ♦ Il en va ainsi même si la question touche la détermination de l'assiette ou du taux d'une imposition. • Cons. const. 7 janv. 2020, *Sté Casden Banque populaire*, n° 2019-819 QPC § 22. ♦ Pour une mise en œuvre par le Conseil d'État, • CE 4 avr. 2012, *Féd. de l'énergie et des mines – FO*, n° 353781. ♦ Pour une mise en œuvre à l'égard du législateur du pays en Nouvelle-Calédonie. • Cons. const. 12 avr. 2019, *Sté Magenta*, n° 2019-774 QPC § 15.

V. pour d'autres décisions dans le même sens :

20. Limites. Il ne peut y avoir incompétence négative s'agissant de textes antérieurs à la Const. 58. • Cons. const. 17 sept. 2010, *Assoc. sportive Football Club de Metz*, n° 2010-28 QPC § 9 • Cons. const. 3 déc. 2010, *Sté ZEturf limited*, n° 2010-73 QPC § 9. ♦ Il en résulte que, la compétence de l'auteur d'un acte s'appréciant à la date de l'acte, si la disposition contestée est antérieure à la règle constitutionnelle de partage de compétence invoquée à l'appui de l'incompétence négative du législateur, le moyen est inopérant. • CE 3 nov. 2010, *Mme Le Fur*, n° 342502 : *Lebon 294 ; ADJA 2010. 2135.* ♦ Comp. cependant. • CE 24 juill. 2009, *Comité de recherche et d'information indépendantes sur le génie génétique*, n° 305314 : *AJDA 2009. 1818, chron. Lieber et Botteghi ; RFDA 2009. 963, concl. Geffray ; Constitutions 2010. 117, obs. Le Bot* . ♦ ... A moins qu'elle n'ait été modifiée depuis l'entrée en vigueur de la Constitution. • Cons. const. 6 avr. 2012, *Pierre G.*, n° 2012-230 QPC § 5 (sol impl.). ♦ Rappr. dans le cadre de l'art. 37, al. 2, Const. • Cons. const. 2 déc. 1980, n° 80-118 L : *JO 4 déc., p. 2849.* ♦ ... Ou que, même si elles n'ont pas été modifiées, elles soient inséparables de dispositions qui l'ont été. • Cons. const. 4 déc. 2015, *Gilbert A.*, n° 2015-506 QPC § 11.

21. Elle ne peut l'être à l'encontre d'une disposition législative antérieure à la révision de la Const. ayant conféré cette compétence au législateur. Ainsi, les dispositions contestées ayant été édictées antérieurement à l'intervention de la L. const. du 23 juill. 2008, la méconnaissance par le législateur de la compétence qui lui a été conférée par les dispositions de l'art. 34 Const. telles que modifiées par cette L. const. ne peut être invoquée utilement à leur encontre. • CE 20 déc. 2011, *Briand*, n° 346960 : *AJDA 2012. 13* .

22. Le Cons. const. peut soulever ce grief d'office. • Cons. const. 22 sept. 2010, *Sté Esso SAF*, n° 2010-33 QPC • Cons. const. 1er août 2013, *Sté Natixis Asset Management*, n° 2013-336 QPC § 16 • Cons. const. 23 mars 2016, *Sté Iliad et a.*, n° 2015-529 QPC.

23. Incompétence négative et fiscalité. V. notes ss. Const. 58, art. 34.

24. Absence d'incompétence. S'il n'y a pas d'incompétence négative, le grief ne peut qu'être écarté. Le Conseil indique qu'il n'y a pas d'incompétence « en tout état de cause ». • Cons. const. 4 avr. 2014, *Synd. nat. médecins biologiques*, n° 2014-389 QPC § 5. ♦ Il en va ainsi lorsque les dispositions ne relèvent pas du domaine de la loi. • Cons. const. 24 juin 2011, *Assoc. pour le développement économique*, n° 2011-139 QPC

§ 9 • Cons. const. 8 déc. 2017, *Dpt. de La Réunion,* n° 2017-678 QPC § 9. ♦ … Si les dispositions contestées n'affectent aucun des droits et libertés garantis par la Const. • Cons. const. 28 janv. 2011, *SARL du Parc d'activités de Blotzheim et a.,* n° 2010-95 QPC § 4 • Cons. const. 18 juin 2012, *Féd. de l'énergie et des mines – FO,* n° 2012-254 QPC § 6 • Cons. const. 14 févr. 2014, *Cts L.,* n° 2013-367 QPC § 10. ♦ … Si les dispositions constitutionnelles n'imposent pas au législateur d'intervenir lui-même. • Cons. const. 8 déc. 2017, *Dpt. de La Réunion,* n° 2017-678 QPC § 9.

25. De même n'y a-t-il pas incompétence négative si le législateur confie au pouvoir réglementaire le soin de décider de la reprise d'opérations suspendues par le législateur lui-même en raison de leurs possibles conséquences sur la santé publique. • Cons. const. 20 mars 2015, *Épx L.,* n° 2015-458 QPC § 9 et 10 (sol. impl.) • Cons. const. 17 sept. 2015, *Assoc. Plastics Europe,* n° 2015-480 QPC § 10.

26. Le grief tiré de la méconnaissance de l'étendue de sa compétence par le législateur dans des conditions affectant par elle-même la liberté d'aller et de venir, la liberté individuelle, la liberté d'expression et de communication et le droit d'expression collective des idées et des opinions ne peut qu'être écarté dès lors que, si les dispositions législatives contestées ont pour objet de reconnaître à l'État la mission générale de maintien de l'ordre public, elles ne définissent pas les conditions d'exercice de cette mission et notamment les moyens pouvant être utilisés à cette fin. • Cons. const. 12 mars 2021, *Marc A.,* n° 2021-889 QPC § 6.

27. Présence d'incompétence. Si, en revanche, il y a bien incompétence négative, et le fait que le législateur n'ait pas pris les dispositions minimales qu'il lui incombait de prendre débouche sur une atteinte à un droit ou une liberté garanti, cette méconnaissance de l'étendue de sa compétence conduira à déclarer la disposition ainsi touchée non conforme à la Const. V. s'agissant : du droit de propriété • Cons. const. 22 sept. 2010, *Sté Esso SAF,* n° 2010-33 QPC • Cons. const. 7 oct. 2011, *Simone S. et a.,* n° 2011-176 QPC § 5 • Cons. const. 27 sept. 2013, *Épx L.,* n° 2013-343 QPC § 7. ♦ … Du droit au recours effectif. • *Cons. const. 28 mars 2013, SARL Majestic Champagne,* n° 2012-298 QPC § 7 ♦ … De la liberté d'entreprendre. • Cons. const. 1er août 2013, *Sté Natixis Asset Management,* n° 2013-336 § 19 • Cons. const. 6 oct. 2010, *Mathieu Pitte,* n° 2010-45 QPC § 6 • Cons. const. 11 avr. 2014, *CGT-FO et a.,* n° 2014-388 QPC. ♦ … De la liberté de communication. • Cons. const. 6 oct. 2010, *Mathieu Pitte,* n° 2010-45 QPC. ♦ V. déjà • CE, QPC, 9 juill. 2010, *Pitte : req n° 337320.* ♦ Il en va de même lorsque le législateur renvoie à un décret là où il aurait dû préciser « les conditions et les limites » dans lesquelles doit s'exercer le droit de toute personne de participer à l'élaboration des décisions publiques ayant une incidence sur l'environnement. • Cons. const. 7 mai 2014, *Féd. environnement durable et a.,* n° 2014-395 QPC § 11. ♦ La méconnaissance, par le législateur, de sa compétence dans la détermination des conditions essentielles de l'organisation et du régime intérieur des établissements pénitentiaires prive de garanties légales l'ensemble des droits et libertés constitutionnellement garantis dont bénéficient les détenus dans les limites inhérentes à la détention. • Cons. const. 25 avr. 2014, *Angelo R.,* n° 2014-393 QPC § 7. ♦ En prévoyant que la procédure de fusion peut également être engagée « pour fusionner plusieurs branches afin de renforcer la cohérence du champ d'application des conventions collectives », le législateur n'a pas déterminé au regard de quels critères cette cohérence pourrait être appréciée. Il a ainsi laissé à l'autorité ministérielle une latitude excessive dans l'appréciation des motifs susceptibles de justifier la fusion. • Cons. const. 29 nov. 2019, *Féd. nat. des synd. du spectacle, du cinéma, de l'audiovisuel et de l'action culturelle CGT et a.,* n° 2019-816 QPC § 24. ♦ Le pouvoir donné par la loi à l'administration de fixer, contribuable par contribuable, les modalités de détermination de l'assiette d'une imposition méconnaît la compétence du législateur dans des conditions qui affectent, par elles-mêmes, le principe d'égalité devant les charges publiques. • Cons. const. 28 nov. 2014, *Sté ING Direct NV et ING Bank NV,* n° 2014-431 QPC § 9. ♦ La méconnaissance par le législateur de sa compétence dans la détermination de ces garanties dans le cadre d'une procédure de réquisition administrative de données de connexion affecte par elle-même le droit au respect de la vie privée. • Cons. const. 24 juill. 2015, *Assoc. French Data Network et a.,* n° 2015-478 QPC § 10. ♦ Il y a incompétence négative lorsque le législateur autorise un accord collectif à déroger à une règle qu'il a lui-même édictée et à laquelle il a entendu conférer un caractère d'ordre public, sans définir d'une façon précise l'objet et les conditions de cette dérogation. • Cons. const. 5 oct. 2016, *CDC,* n° 2016-579 QPC § 7. ♦ En retenant les termes « en particulier », le législateur du pays a permis qu'un nombre indéterminé de produits ou services, autres que de première nécessité ou de grande consommation, puissent faire l'objet d'une réglementation, au seul motif de leur impact sur le budget des ménages. • Cons. const. 12 avr. 2019, *Sté Magenta,* n° 2019-774 QPC § 20. ♦ En prévoyant que la procédure de fusion peut également être engagée « pour fusionner plusieurs branches afin de renforcer la cohérence du champ d'application des conventions collectives », le législateur n'a pas déterminé au regard de quels critères cette cohérence pourrait être appréciée. Il a ainsi laissé à l'autorité ministérielle une latitude excessive dans l'appréciation des motifs susceptibles de justifier la fusion. • Cons. const. 29 nov. 2019, *Féd. nat. des synd. du spectacle, du cinéma, de l'audiovisuel et de l'action culturelle CGT et a.*, n° 2019-816 QPC § 24.

28. Cas particulier. L'invocation de l'art. 7 Charte envir. présente une particularité par rapport au grief tiré de l'incompétence négative du législateur, classiquement entendue : cet article pose non seulement une règle de compétence mais consacre également un droit à l'information et un droit à la participation. Dès lors que sa méconnaissance est invoquée, il n'y a pas lieu pour le juge constitutionnel de chercher davantage si la méconnaissance par le législateur de sa compétence affecte un droit ou une liberté. • Cons. const. 14 oct. 2011, *Assoc. France Nature Environnement*, n° 2011-183/184 QPC § 6 • Cons. const. 23 nov. 2012, *Antoine de M.*, n° 2012-283 QPC § 21 s. ♦ Il en résulte encore que des dispositions législatives adoptées antérieurement à l'entrée en vigueur de la Charte peuvent être examinées sous l'angle de cet art. • Cons. const. 23 nov. 2012, *Antoine de M.*, n° 2012-283 QPC § 26 s.

b. Le principe de séparation des pouvoirs

29. Le principe de séparation des pouvoirs contenu à l'art. 16 DDH peut servir de fondement à une QPC dès lors qu'en découlent et que sont en fait invoqués le droit à un recours juridictionnel effectif. • CE, QPC, 14 avr. 2010, *Lazare*, n° 329290 : *Lebon 108* ; *RFDA 2010. 696, concl. de Salins*. • CE, QPC, 9 juin 2010, *Pipolo*, n° 338028 : *Dr. fisc. 2010, n° 25, Actu. 386* • CE, QPC, 24 sept. 2010, *Decurey*, n° 341685 : *Lebon T. 952* ; *AJDA 2010. 1797* *(a contrario)* • Com. 14 déc. 2010 : *Bull. QPC, n° 9* • CE, QPC, 19 janv. 2011, *EARL Schmittseppel*, n° 343389 : *RFDA 2011. 614, chron. Roblot-Troizier et Tusseau*. ♦ ... Le principe d'indépendance indissociable des fonctions juridictionnelles. • Cons. const. 2 juill. 2010, *Cts C.*, n° 2010-10 QPC § 3. ♦ ... La garantie des droits en portant atteinte à des situations juridiquement acquises. • CE, QPC, 9 juin 2010, *Pipolo*, n° 338028 : *préc.* (sol impl.) • Cons. const. 30 juill. 2010, *Épx P.*, n° 2010 19/27 QPC § 17 • CE, QPC, 25 juin 2010, *Cne de Besançon*, n° 326358 • Cons. const. 22 sept. 2010, *Cne de Besançon*, n° 2010-29/37 QPC § 11 et 12. ♦ ... Les droits de la défense. • CE 26 janv. 2011, *SAS Auxa*, n° 344204 : *Lebon T. 762* ; *AJDA 2011. 192* ; *RFDA 2011. 614, chron. Roblot-Troizier et Tusseau* ; *Cah. Cons. const. 2011. 202, chron. Drago*. ♦ ... Le principe de sécurité juridique. • CE, QPC, 17 déc. 2010, *Le Normand de Bretteville*, n° 343752 : *Lebon T. 944* ; *RFDA 2011. 617, chron. Roblot-Troizier et Tusseau* ; *Dr. adm. 2011. 49, note Hoepffner*.

c. Les objectifs de valeur constitutionnelle

30. Intelligibilité et accessibilité de la loi. La méconnaissance de l'objectif de valeur constitutionnelle d'intelligibilité et d'accessibilité de la loi, qui découle des art. 4, 5, 6 et 16 DDH ne peut, en elle-même, être invoquée à l'appui d'une QPC. • Cons. const. 22 juill. 2010, *Alain C.*, n° 2010-4/17 QPC § 9 • CE, QPC, 26 nov. 2010, *Cachard*, n° 342958 : *Lebon T. 952* ; *AJDA 2011. 349* • Cons. const. 23 nov. 2012, *Antoine de M.*, n° 2012-283 QPC § 28 • CE, QPC, 12 mars 2021, n° 448007 B : *AJDA 2021. 592* ; *JCP Adm. 2021. 186*. ♦ Le Cons. const. estime en effet qu'il s'agit avant tout d'un élément se rattachant à la compétence du législateur. • Cons. const. 19 nov. 2009, n° 2009-592 DC § 6. ♦ V. notes 2 s. ss. DDH, art. 5.

V. pour d'autres décisions dans le même sens :

31. S'agissant des dispositions de droit local, rédigées en allemand, n'ayant pas donné lieu à une publication de la traduction officielle prévue par les lois du 1er juin 1924, l'atteinte à l'objectif de valeur constitutionnelle d'accessibilité de la loi qui résulte de l'absence de version officielle en langue française d'une disposition législative peut être invoquée à l'appui d'une QPC. • Cons. const. 30 nov. 2012, *Christian S.*, n° 2012-285 QPC § 12.

32. Le Conseil d'État refuse de transmettre une QPC basée sur ce motif dès lors que la disposition législative contestée ne porte pas atteinte, en tout état de cause, à cet objectif. • CE, QPC, 9 juill. 2010, *SARL Veneur*, n° 340142. ♦ Il en est de même lorsque la disposition contestée, interprétée par le Conseil d'État statuant au contentieux, ne présente aucune difficulté particulière d'interprétation qui, eu égard notamment à son ambiguïté et à son caractère contradictoire ou incompréhensible, serait source d'insécurité juridique. • CE, QPC, 25 juin 2010, *Mortagne*, n° 326363 : *préc. note 12*.

33. Pour la Cour de cassation, une QPC basée sur l'objectif de valeur constitutionnelle d'intelligibilité et d'accessibilité de la loi ne présente pas de caractère sérieux dès lors que la disposition législative n'est contestée qu'en ce qu'elle laisse place à l'interprétation, laquelle relève de l'office du juge. • Cass., QPC, 31 mai 2010, n° 09-70.716.

34. Faculté d'agir en responsabilité. En principe, tout fait quelconque de l'homme qui cause à autrui un dommage oblige celui par la faute duquel il est arrivé à le réparer ; la faculté d'agir en responsabilité met en œuvre cette exigence constitutionnelle qui découle des dispositions de l'art. 4 DDH et peut dès lors être invoquée au soutien d'une QPC. • Cons. const. 18 juin 2010, *Épx L.*, n° 2010-8 QPC § 10.

35. Pluralisme des courants de pensée et d'opinion. Dès lors que cet objectif, qui n'a de valeur que dans la vie politique (Const. 58, art. 4) et les médias (Const. 58, art. 34) est invoqué à l'appui d'une disposition législative étrangère à ces domaines, il est inopérant. • Cons. const. 9 déc. 2004, n° 2004-507 DC § 24 (sol. impl.) • Cons. const. 28 mai 2010, *Union des familles en Europe*, n° 2010-3 QPC § 8. ♦ A l'inverse, dans ces domaines, il peut être utilement invoqué. • Cons. const. 12 janv. 2012, *Sénat, Loiret*, n° 2011-4538 SEN : *JO 14 janv., p. 750 ; D. 2012. 327, obs. Cassia ; AJDA 2012. 961, note Dord ; Constitutions 2012. 343, chron. Ghévontian*.

36. *Autres objectifs.* Ne peut être en lui-même invoqué à l'appui d'une QPC l'objectif de valeur constitutionnelle de bonne administration de la justice. • Cons. const. 10 déc. 2010, *Mme Barta Z.*, n° 2010-77 QPC § 4. ♦ ... L'objectif de valeur constitutionnelle de sauvegarde de l'ordre public. • Cons. const. 17 oct. 2014, *Ch. synd. cochers chauffeurs CGT-Taxis*, n° 2014-422 QPC § 12. ♦ ... L'objectif de valeur constitutionnelle du bon emploi des deniers publics. • Cons. const. 5 déc. 2014, *Sté laboratoires de biologie médicale Bio Dômes Unilabs SELAS*, n° 2014-434 QPC § 4. ♦ ... L'objectif de valeur constitutionnelle de lutte contre la fraude et l'évasion fiscales. • Cons. const. 27 sept. 2018, *Xavier B.*, n° 2018-735 QPC § 27.

37. Ces objectifs peuvent néanmoins constituer le fondement sur lequel le législateur peut apporter des restrictions à des droits ou libertés constitutionnels. • Cons. const. 31 janv. 2020, *Union des industries de la protection des plantes*, n° 2019-823 QPC § 6.

B. TEXTES CONTRE LESQUELS PEUT ÊTRE MISE EN ŒUVRE LA PROCÉDURE DE LA QPC

38. Lorsqu'une QPC porte sur plusieurs dispositions, il appartient au juge saisi de raisonner disposition par disposition et non de considérer la demande dans son ensemble. • CE, QPC, 14 avr. 2010, *Labane*, n° 336753 : *Lebon 110 ; AJDA 2010. 1018, concl. Courrèges*. ♦ Le renvoi peut dès lors n'être que partiel. • CE, QPC, 14 avr. 2010, *Labane*, n° 336753 : *préc.* • CE, QPC, 23 avr. 2010, *Cachard*, n° 327174 : *AJDA 2010. 870* • CE, QPC, 2 juin 2010, *Assoc. Pensionnés civils et militaires en Nouvelle-Calédonie*, n° 326444 • CE, QPC, 9 juill. 2010, *Épx Mathieu*, n° 339081 : *Lebon T. 704 ; AJDA 2010. 1404*.

39. Il est possible de soulever une QPC portant sur les dispositions législatives adoptées pour se substituer à celles déclarées contraires à la Const. par le Cons. const. dans le cadre d'une précédente QPC. • CE 13 juin 2012, *Mme A., Vve B.*, n° 358451 : *AJDA 2012. 1936 ; Dr. adm. 2012. 75, note Martin et Batot*.

40. *Exception.* Le Conseil d'État estime que l'autorité qui s'attache, en vertu de l'art. 62 Const., à une décision du Cons. const., la déclaration d'inconstitutionnalité des termes « XXX » doit être regardée comme s'appliquant également aux dispositions antérieures identiques, dans leur substance et dans leur rédaction. Il appartient donc au juge saisi d'un litige portant sur l'application de telles dispositions de le constater, sans qu'il y ait lieu de saisir le Cons. const. d'une nouvelle QPC, dès lors qu'au regard des dispositions de l'al. 2 du même art., d'une part, les dispositions en cause ont auparavant été abrogées, de sorte qu'une nouvelle décision du Conseil constitutionnel ne pourrait avoir cet effet, et, d'autre part, que le litige soumis au juge est au nombre de ceux pour lesquels le requérant peut bénéficier des effets de la déclaration d'inconstitutionnalité prononcée par cette décision. • CE 16 janv. 2015, *Sté Métropole Télévision*, n° 386031 § 5 : *Lebon ; AJDA 2015. 79 ; ibid. 1043, note Barbé*.

41. En l'absence de mise en cause, à l'occasion d'une QPC soulevée sur des dispositions législatives se bornant à tirer les conséquences nécessaires de dispositions précises et inconditionnelles d'une directive de l'UE, d'une règle ou d'un principe inhérent à l'identité constitutionnelle de la France, une telle question n'est pas au nombre de celles qu'il appartient au Conseil d'État de transmettre au Conseil constitutionnel. • CE 14 sept. 2015, *Sté NotreFamille.com*, n° 389806 : *AJDA 2015. 2441, note Rassu*.

1° NOTION DE DISPOSITION LÉGISLATIVE

42. La simple référence à un code ne permet pas de déterminer quelle disposition législative est réellement contestée. • C. comptes, 28 oct. 2010, *Lycée G.-Clemenceau de Sartène : AJDA 2010. 2491, chron. Groper et Michaut ; Gestion et fin. publ. 2011. 760, obs. Lascombe et Vandendriessche*.

a. Ne sont pas des dispositions législatives

43. Les règlements administratifs. • CE, QPC, 21 mai 2010, *Soresi*, n° 315825 • CE, QPC, 2 juin 2010, *Ponsart*, n° 338965 • Cass., QPC, 18 juin 2010, n° 09-72.655 • Cass., QPC, 18 juin 2010, n° 09-72.657 • Soc. 13 juill. 2012, n° 12-40.049 P. ♦ Le juge du fond peut, dans ce cadre et en application de l'art. 37 Const. 58, procéder à un tri entre les dispositions législatives et réglementaires d'un même art. invoqué par le requérant. • CE, QPC, 1er juill. 2011, *Lignon et a.*, n° 348413 : *Lebon T. 1113*. ♦ Dès lors que l'écrit, distinct et motivé ne visait que l'inconstitutionnalité de l'art. R. 13-65 C. expr., la QPC est irrecevable. • Civ. 3e, QPC, 24 juin 2011 : *D. 2011. 1905*. ♦ Dès lors une QPC visant le Décr. du 16 fructidor an III ou l'Ord. du 1er juin 1828 sont irrecevables. • Cass., QPC, 8 mars 2012, *C. : AJDA 2012. 525 ; AJFP 2012. 113, obs. Mekhantar ; Constitutions 2012. 300, obs. Bar-*

thélémy et Boré ; *RFDA 2012. 915, étude Mestre* . ♦ V. cependant note 67.

44. Les ord. non ratifiées. • CE, QPC, 11 mars 2011, *Alexandre A.*, n° 341568 • Cons. const. 10 févr. 2012, *Patrick E.*, n° 2011-219 QPC § 3 • Cons. const. 26 sept. 2014, *Assoc. France Nature Environnement*, n° 2014-416 QPC (*a contrario*) • CE 15 févr. 2016, n° 392083 : *Lebon ; AJDA 2016. 1376* • CE 13 juill. 2016, *Synd. nat. entreprises des loisirs marchands*, n° 396170 : *Lebon ; AJDA 2016. 1484* ; *JCP Adm. 2016. 804.* ♦ Les mêmes dispositions peuvent faire l'objet d'une QPC une fois la ratification réalisée. • Cons. const. 7 juin 2013, *Mohamed T.*, n° 2013-318 QPC. • Cons. const. 26 sept. 2014, *Assoc. France Nature Environnement*, n° 2014-416 QPC (*a contrario*). ♦ Lorsqu'il est saisi de dispositions législatives partiellement modifiées par une ord. non ratifiée et que ces modifications ne sont pas séparables des autres dispositions, il revient au Cons. const. de se prononcer sur celles de ces dispositions qui revêtent une nature législative, en prenant en compte l'ensemble des dispositions qui lui sont renvoyées (y compris celles issues des modifications introduites par ordonnances). • Cons. const. 5 juill. 2013, *Sté Numéricâble SAS et a.*, n° 2013-331 QPC § 3. ♦ Le Conseil, saisi de deux versions d'un texte, ne pourra pas statuer sur celle issue d'une ordonnance non ratifiée. • Cons. const. 19 sept. 2014, *Laurent D.*, n° 2014-412 QPC § 8.

45. Dès lors, il n'appartient pas au Cons. const. d'examiner les mesures réglementaires prises pour l'application d'une disposition dont la constitutionnalité est contestée. • Cons. const. 21 oct. 2011, *Bruno L. et a.*, n° 2011-190 QPC § 8. ♦ ... D'apprécier la constitutionnalité d'une disposition réglementaire fixant une peine complémentaire dont la possibilité est ouverte par la loi. • Cons. const. 26 nov. 2010, *Thibaut G.*, n° 2010-66 QPC § 5. ♦ ... D'apprécier le caractère excessif ou non de l'effet de seuil contesté qui dépend de la durée d'assurance et du montant de fraction de l'allocation aux vieux travailleurs salariés, tous deux déterminés, non par la loi, mais par le pouvoir réglementaire. • Cons. const. 20 mai 2020, *Emmanuel W.*, n° 2020-840 QPC § 10.

46. Saisi d'une disposition de forme législative, le Cons. const. peut soulever d'office la question de sa véritable nature juridique et conclure que, s'agissant d'une disposition de nature réglementaire, il n'y a pas lieu d'en connaître. • Cons. const. 22 juill. 2011, *Claude C.*, n° 2011-152 QPC. ♦ *A l'inverse*, saisi de dispositions issues d'un décret figurant en annexe d'une loi votée par le Parlement, il y a lieu de considérer ces dispositions comme « législatives ». • CE, QPC, 17 oct. 2011, *Cts Boccara*, n° 351085 : *Lebon T. 721* ; *AJDA 2011. 2036* . ♦ Le Cons. const. mentionne cette loi dans les visas. • Cons. const. 13 janv. 2012, *Cts B.*, n° 2011-208 QPC.

47. On notera cependant que si les dispositions réglementaires se bornent à réitérer les dispositions législatives transposant une directive, mettant ainsi directement en cause la conformité à la Const. de ces dispositions législatives, seules une QPC est susceptible d'en permettre l'examen. • CE 6 déc. 2012, *Sté Air Algérie*, n° 347870 A § 10 : *AJDA 2012. 2380, chron. Domino et Bretonneau* ; *RFDA 2013. 653, note Cassia* . ♦ A l'inverse et de manière plus originale, la Cour de cassation a pu estimer que, sous le couvert de la critique des art. L. 5125-31, L. 5125-32 et L. 5424-18 CSP, la question posée ne tend en réalité qu'à contester la conformité à la Const. des dispositions réglementaires de l'art. R. 5125-29 de ce même code, d'où il suit qu'elle n'est pas recevable. • Civ. 1re 17 mars 2011, n° 10-40.077. ♦ On notera que, depuis, la même chambre a estimé que la question présentait un caractère sérieux. • Civ. 1re, 14 nov. 2013, n° 13-16.794.

48. Les actes conférant, confirmant ou maintenant les titres nobiliaires antérieurement à l'instauration de la République constituent des actes de la puissance souveraine dans l'exercice de son pouvoir administratif, y compris en ce qu'ils fixent, le cas échéant, les règles de transmission de ces titres. Par suite, les lettres patentes du roi Louis XV de juin 1742 ne sont pas au nombre des dispositions législatives susceptibles d'être renvoyées. • CE 12 févr. 2021, n° 440401 B : *AJDA 2021. 367* ; *ibid. 815, note Roux ; JCP Adm. 2021. 136.*

49. Les conventions internationales. • CE, QPC, 14 mai 2010, *Rujovic*, n° 312305 : *Lebon 165* ; *AJDA 2010. 1048* ; *RFDA 2010. 709, concl. Burguburu* . ♦ Les actes de droit dérivé comme les règlements communautaires. • Cass., QPC, 18 juin 2010, n° 09-72.655 • Cass., QPC, 18 juin 2010, n° 09-72.657.

50. Dès lors que le grief invoqué par les requérants trouve son origine non dans la loi elle-même mais dans les modalités d'application de celle-ci fixée dans les actes pris par les organes chargés de cette application, la QPC n'est pas recevable. • CE, QPC, 16 juill. 2010, *Bessis et Synd. dentistes solidaires et indépendants*, n° 328283.

51. Les termes du règlement intérieur du barreau de Paris sont sans incidence sur la conformité des dispositions contestées à la Constitution. • Cons. const. 29 sept. 2011, *Marie-Claude A.*, n° 2011-179 QPC § 6.

52. Les décisions de justice. En tant que tel, un arrêt rendu par une juridiction suprême, même refusant de transmettre une QPC de même nature que celle examinée. • Cons. const. 31 janv. 2014, *Michel P.*, n° 2013-363 QPC § 11.

b. Sont des dispositions législatives entrant dans le champ de la QPC

53. Le Conseil a vérifié la forme législative de la disposition contestée et s'assure, lorsque celle-ci trouve son origine dans une disposition réglementaire, qu'elle a bien depuis reçu valeur législative. • Cons. const. 17 sept. 2010, *Assoc. Sportive Football Club de Metz,* n° 2010-28 QPC.

54. Les lois du pays de Nouvelle-Calédonie entrent également dans le champ de compétence. • Cons. const. 9 déc. 2011, *Patelise F.,* n° 2011-205 QPC • Cons. const. 26 avr. 2013, *Assoc. « Ensemble pour la planète »,* n° 2013-308 QPC • Cons. const. 7 janv. 2020, *Sté Casden Banque populaire,* n° 2019-819 QPC. ♦ V. déjà • Cons. const. 3 déc. 2009, n° 2009-595 DC § 33 et 34 • Soc. 12 oct. 2011, *Patelise Fotutata : RFDA 2012. 342, rapport Struillou.* ♦ ... Indépendamment de leur domaine d'intervention. • Cons. const. 22 juin 2012, *Ét. Bargibant SA,* n° 2012-258 QPC § 3 • CE 11 févr. 2013, *Assoc. « Ensemble pour la planète »,* n° 363844 § 5 • Cons. const. 26 avr. 2013, *Assoc. « Ensemble pour la planète »,* n° 2013-308 QPC § 2. ♦ Dès lors qu'une loi du pays de Nouvelle-Calédonie n'a pas fait l'objet d'un déclassement par le Conseil d'État constatant qu'elle est intervenue dans un domaine étranger à ces lois. • Cons. const. 22 juin 2012, *Ét. Bargibant SA,* n° 2012-258 QPC § 3. ♦ ... Y compris lorsque les lois du pays procèdent à la validation de dispositions à caractère réglementaire. • CE 11 avr. 2012, *Ét. Bargibant SA,* n° 356339 : *RFDA 2012. 977, note Sénac ; AJDA 2012. 791.*

55. Peuvent également faire l'objet d'une QPC des dispositions législatives qui ne se limitent pas à la transcription « mécanique » d'une directive de l'Union. • Cons. const. 4 avr. 2014, *Sté Séphora,* n° 2014-373 QPC § 7.

1. Textes antérieurs à 1958

56. Sous réserve des éléments indiqués à la note 43, sont susceptibles de faire l'objet d'une QPC des textes législatifs antérieurs à 1958. • Cons. const. 5 août 2011, *Elke B. et a.,* n° 2011-159 QPC • Cons. const. 9 sept. 2011, *Catherine F., Épse L.,* n° 2011-161 QPC (codifié depuis) • Cons. const. 2 déc. 2011, *Lucienne Q.,* n° 2011-202 QPC (même si, en l'espèce, la loi de 1838 sur les aliénés avait été codifiée en l'état, puis modifiée deux fois). ♦ ... Même s'ils ont été adoptés sous le régime de Vichy. • Cons. const. 14 oct. 2010, *Cie agricole de La Crau,* n° 2010-52 QPC • Cons. const. 7 oct. 2011, *Éric A.,* n° 2011-177 QPC • Cons. const. 14 nov. 2014, *Alain L.,* n° 2014-426 QPC. ♦ ... Ou s'il s'agit d'une ordonnance du Gouvernement provisoire de la République française. • Cons. const. 27 janv. 2012, *Éric M.,* n° 2011-211 QPC • Cons. const. 28 mars 2014, *Joël M.,* n° 2014-385 QPC.

57. Il importe peu que le texte, adopté par la « Convention nationale » le 19 juill. 1793, ait été « décrété » et porte l'appellation de « décret ». • Cons. const. 21 nov. 2014, *Barbara D. et a.,* n° 2014-430 QPC.

58. Il en va de même de textes datant d'avant la révolution de 1789 et donc d'édits. • Cons. const. 2 déc. 2011, *Cts D.,* n° 2011-201 QPC (même si, en l'espèce, le texte avait été codifié en l'état).

59. Il en va de même encore d'une loi abrogée depuis 1945 mais dont les effets continuent d'avoir des conséquences sur les personnes à qui cette loi s'est appliquée avant cette date. • Cons. const. 5 oct. 2018, *Jaime Rodrigo F.,* n° 2018-737 QPC.

60. Il n'est cependant pas possible d'invoquer utilement les droits et libertés que la Const. garantit à l'encontre de dispositions de nature législative antérieures à 1958 dont les effets sur la situation en litige ont été définitivement produits avant l'entrée en vigueur de cette Const. • CE, QPC, 4 mai 2016, n° 395466 : *Lebon ; AJDA 2016. 925 ; ibid. 1168, chron. Dutheillet de Lamothe et Odinet ; JCP Adm. 2016. 408.*

2. Textes émanant de l'exécutif

61. *Disposition législative émanant de l'exécutif.* Peuvent faire l'objet d'une QPC les dispositions des ordonnances de l'art. 38 Const. 58 dès lors qu'elles sont ratifiées. • CE 19 févr. 2010, n° 322407 A (sol. impl.) • Cass., QPC, 18 juin 2010, n° 09-72.655 (sol. impl.) ♦ ... Y compris si cette ratification est implicite. • Cons. const. 25 avr. 2014, *Province Sud de Nouvelle-Calédonie,* n° 2014-392 QPC § 10.

V. pour d'autres décisions dans le même sens :

62. De même, à compter de l'expiration du délai de l'habilitation, les ordonnances doivent être regardées comme des dispositions législatives dès lors que leurs dispositions ne peuvent plus être modifiées que par la loi dans les matières qui sont du domaine législatif. • Cons. const. 28 mai 2020, *Force 5,* n° 2020-843 QPC § 11. ♦ Elles sont dès lors des dispositions législatives au sens du présent art. Leur conformité aux droits et libertés que la Constitution garantit ne peut donc être contestée que par une question prioritaire de constitutionnalité. • Cons. const. 3 juill. 2020, *Sofiane A.,* n° 2020/851/852 QPC § 10 • CE, ass., 16 déc. 2020, n° 440258 A : *préc. note 7.* ♦ V. dans une formulation désormais positive pour inclure la possibilité de mise en œuvre d'une jurisprudence néo-calédonienne (V. notes ss. Const. 58, art. 61) : • Cons. const. 19 nov. 2020, *Sté Getzner France,* n° 2020-866 QPC § 8. ♦ V. déjà implicitement : • Cons. const. 28 mai 2020, *Force 5,* n° 2020-843 QPC § 11. ♦ V. pour des ex. de mise en œuvre : • Cons. const. 15 janv. 2021, *Krzystof B.,* n° 2020-872 QPC • Cons. const. 29 janv. 2021, *Ion Andronie R.,* n° 2020-878/879 QPC.

63. Dès lors (…) qu'en cas de ratification, la juridiction administrative cesse d'être compétente pour connaître d'une demande d'annulation de l'ordonnance, elle ne peut plus être utilement contestée par voie d'exception qu'au regard des droits et libertés que la Constitution garantit, par le moyen d'une question prioritaire de constitutionnalité, et des engagements internationaux de la France produisant des effets directs dans l'ordre juridique interne. • CE, ass., 16 déc. 2020, n° 440258 A : *préc. note 7.* ♦ Rappr. • CE, QPC, 13 juin 2018, *Conseil national de l'ordre des infirmiers,* n° 408325 B : *AJDA 2018. 1246*.

64. Il en va de même des ordonnances ratifiées, fût-ce rétroactivement, de l'art. 74-1 Const. • CE, QPC, 17 déc. 2010, *Synd. mixte chargé de la gestion du contrat urbain de cohésion sociale de l'agglomération de Papeete,* n° 343800 (sol. impl.). ♦ … Des ordonnances, y compris organiques, de l'ancien art. 92 Const. 58. • Cass., QPC, 21 oct. 2010, n° 10-40.038 (sol. impl.) • Cons. const. 5 oct. 2012, *Élisabeth B.,* n° 2012-278 QPC.

65. Lorsque l'ordonnance a été modifiée par le législateur au moment de sa ratification, la QPC ne peut porter que sur les dispositions contenues dans la loi, la rédaction résultant de l'ordonnance n'ayant jamais acquis de nature législative. • Cons. const.12 oct. 2012, *Sté Groupe Canal Plus et a.,* n° 2012-280 QPC § 1.

66. Dispositions législatives faisant référence au pouvoir réglementaire. Dans une décision originale, le Cons. const. accepte de contrôler une disposition législative prévoyant la mise en œuvre d'une peine réglementaire lorsque celle-ci est prévue par un règlement. Dès lors, le Cons. const. va devoir nécessairement se prononcer sur la constitutionnalité de la disposition réglementaire. • Cons. const. 26 nov. 2010, *Thibaut G.,* n° 2010-66 QPC. ♦ La Cour de cassation procédant au renvoi a en effet estimé en l'espèce que la question de la conformité au principe de nécessité et de proportionnalité des peines de la confiscation, en application d'un texte réglementaire, du véhicule appartenant à une personne poursuivie pour une contravention de la 5ᵉ classe, punie par la loi, à titre principal, d'une amende n'excédant pas 1 500 €, présente un caractère sérieux. • Crim. 14 sept. 2010, *Thibaut G.,* n° 10-90.090.

67. Cas particulier. Le fait que le Décr. n° 48-1985 du 8 déc. 1948 portant refonte du code des douanes ait été annexé à la LF n° 48-1973 du 31 déc. 1948 lui confère valeur législative. • Cons. const. 13 janv. 2012, *Cts B.,* n° 2011-208 QPC (visas).

68. « Validation » par le législateur. En reconduisant, d'abord à titre provisoire par les modifications successives de l'échéance fixée au second alinéa puis de manière pérenne, les dispositions contestées, le législateur leur a implicitement, mais nécessairement, conféré un caractère législatif. • Cons. const. 28 nov. 2014, *Sté ING Direct NV et ING Bank NV,* n° 2014-431 QPC § 5. ♦ Rappr. • CE 25 janv. 1957, *Sté Ét. Charlionais : Lebon 54* • CE 31 mai 1963, *Sté X.,* n° 49046 : *Lebon 335.* ♦ V. également des décrets pris par le Gouvernement dans le cadre de la L. n° 56-619 du 23 juin 1956, dite « loi-cadre Deferre », et « approuvés » par les assemblées parlementaires de la IVᵉ République. • CE 11 mars 2015, *Tehevini,* n° 382754 § 4 : *Lebon* • Cons. const. 14 avr. 2016, *Jean-Marc P.,* n° 2016-533 QPC (visas).

69. Codification (à droit constant) par décret. Ces dispositions, instaurées par une ordonnance ayant valeur législative (ord. du GPRF), ont été codifiées par décret à droit constant et revêtent le caractère de dispositions législatives. • Cons. const. 28 nov. 2014, *Dominique de L.,* n° 2014-432 QPC § 6 • Cons. const. 1ᵉʳ juin 2018, *Sté Elengy,* n° 2018-708 QPC. ♦ Parfois, sans rechercher si la codification a été effectuée à droit constant ou non, le Cons. const. se contente de viser la loi prévoyant que, ont force de loi les dispositions contenues dans la partie législative du code X annexées au Décr. n° X. • Cons. const. 14 avr. 2016, n° 2016-534 QPC (visas). ♦ V. également, la combinaison de plusieurs éléments et implicitement. • Cons. const. 24 févr. 2017, *SCI Hyéroise,* n° 2016-612 QPC.

3. Disposition abrogée ou modifiée

70. Au moment où la QPC est soulevée. La modification ou l'abrogation ultérieure de la disposition contestée ne fait pas disparaître l'atteinte éventuelle à ces droits et libertés et n'ôte pas son effet utile à la procédure voulue par le constituant ; par suite, elle ne saurait faire obstacle, par elle-même, à la transmission de la question au Conseil constitutionnel au motif de l'absence de caractère sérieux de cette dernière. • Cons. const. 23 juill. 2010, *Philippe E.,* n° 2010-16 QPC § 2 • CE 28 sept. 2011, *Q.,* n° 348858 : *AJDA 2011. 1871* • Cass., QPC, 28 sept. 2010, n° 10-40.033. ♦ *Ab. jur.* • Cass., QPC, 15 juin 2010, n° 09-17.283 • Cass., QPC, 25 juin 2010, n° 09-71-801. ♦ V. pour une hypothèse encore plus originale d'un texte dans sa rédaction antérieure à deux modifications dont une largement abrogative. • Cons. const. 2 déc. 2011, *Lucienne Q.,* n° 2011-202 QPC.

V. pour d'autres décisions dans le même sens :.

71. Le Cons. const. ne se prononce que sur la constitutionnalité du texte tel qu'il lui a été renvoyé par le Conseil d'État ou la Cour de cassation même si le texte a été modifié depuis ; il utilise la formule : « dans sa rédaction soumise au Cons. const. ». • Cons. const. 14 oct. 2011, *Assoc. France Nature Environnement,* n° 2011-183/184 QPC § 7.

72. *Avant son entrée en vigueur.* Une disposition législative qui n'est pas autoexécutoire (V. notes ss. Const. 58, art. 31) n'entre en vigueur qu'une fois les décrets d'application pris ; si ces décrets interviennent après l'abrogation de la disposition (remplacée en l'espèce par une ordonnance non ratifiée), celle-ci n'est jamais entrée en vigueur. Une disposition législative, jamais entrée en vigueur, est insusceptible d'avoir porté atteinte à un droit ou à une liberté que la Constitution garantit et ne peut, par suite, faire l'objet d'une question prioritaire de constitutionnalité. • Cons. const. 10 févr. 2012, *Patrick E.*, n° 2011-219 QPC § 5.

73. *Depuis que la QPC a été soulevée.* Le Cons. const. se prononce sur le texte tel qu'il était à la date à laquelle la QPC a été soulevée. • Cons. const. 3 déc. 2010, *Sté ZEturf limited*, n° 2010-73 QPC § 1.

74. Si, entre le moment où la QPC est posée et le moment où le Cons. const. statue, les dispositions ont fait l'objet d'une codification sans que les dispositions aient été modifiées sur le fond, le Cons. const. les étudie dans ses motifs dans leur rédaction applicables au litige mais indique dans le dispositif les deux numérotations ; dès lors ce qui a été jugé pour l'ancienne numérotation est valable pour la nouvelle. • Cons. const. 26 nov. 2010, *Mlle Danielle S.*, n° 2010-71 QPC • Cons. const. 6 juin 2014, *Cne de Guyancourt*, n° 2014-397 QPC § 1. ♦ Si, postérieurement à la saisine du Cons. const., les dispositions contestées ont été modifiées et que cette modification n'est pas applicable aux procédures antérieures, elle est sans incidence sur l'examen, par le Conseil, des dispositions renvoyées. • Cons. const. 24 juin 2011, *Kiril Z.*, n° 2011-133 QPC § 6.

75. *Dispositions qui seront prochainement modifiées ou remplacées.* A supposer même que des dispositions nouvelles, résultant d'un projet de loi déposé auprès du Parlement, puissent avoir pour conséquence d'abroger ou modifier la disposition contestée, cela, en tout état de cause, ne fait pas disparaître l'atteinte éventuelle aux droits et libertés que la Const. garantit et n'ôte donc pas son effet utile à la QPC. • Cons. const. 17 juin 2020, *Daniel D. et a.*, n° 2020-849 QPC § 15.

4. *Interprétations jurisprudentielles de dispositions législatives (doctrine du « droit vivant »)*

BIBL. Roux, QPC et interprétation jurisprudentielle de dispositions législatives : le conflit entre la Cour de cassation et le Conseil constitutionnel a-t-il vraiment pris fin ?, *LPA 8 juill. 2011*.

76. Sur la doctrine du « droit vivant », V. notes ss. Const. 58, art. 62.

77. En posant une QPC, tout justiciable a le droit de contester la constitutionnalité de la portée effective qu'une interprétation jurisprudentielle constante confère à cette disposition. • Cons. const. 6 oct. 2010, *Isabelle D. et Isabelle B.*, n° 2010-39 QPC § 2 • Cons. const. 13 avr. 2018, *Sté Life Sciences Holdings France*, n° 2018-699 QPC § 4 • Cons. const. 19 nov. 2021, *Synd. nat. de l'encadrement du groupe Carrefour CFE-CGC*, n° 2021-947 QPC. ♦ ... Ou au silence d'une disposition. • Cons. const. 6 mai 2011, *Cts. C.*, n° 2011-127 QPC § 5. ♦ Il peut s'agir d'une jurisprudence constante du Tribunal des conflits. • Cons. const. 25 avr. 2014, *Province Sud de Nouvelle-Calédonie*, n° 2014-392 QPC § 13.

V. pour d'autres décisions dans le même sens appliquant la « théorie du droit vivant » : .

78. Le Conseil se contente parfois d'indiquer dans sa décision l'état de la jurisprudence sans reprendre le considérant de principe. • Cons. const. 22 nov. 2013, *Charly K.*, n° 2013-354 QPC § 5 • Cons. const. 14 sept. 2021, *Mirelle F. et a.*, n° 2021-929/941 QPC § 9 • Cons. const. 23 sept. 2021, *Sté SIMS Holding agency corp et a.*, n° 2021-932 QPC § 14.

V. pour d'autres décisions dans le même sens : .

79. A l'inverse, il n'est pas possible de poser une QPC sur un arrêt en tant que tel, celui-ci n'étant pas une disposition législative. • Cons. const. 31 janv. 2014, *Michel P.*, n° 2013-363 QPC § 11.

80. Le Conseil d'État et la Cour de cassation donnent implicitement la même solution. • CE, QPC, 18 juin 2010, *Lantz*, n° 338638 • CE, QPC, 16 juill. 2010, *SCI La Saulaie*, n° 334665 A : *AJDA 2010. 1453* ; *RFDA 2010. 1257, chron. Roblot-Troizier et Rambaud* • Cass., QPC, 30 nov. 2010, n° 10-16.828 P. ♦ *Ab. jur.* • Cass., QPC, 19 mai 2010 : *D. 2010. 1352* ; *ibid. 2011. 2298, obs. Mallet-Bricout et Reboul-Maupin* ; *RTD civ. 2010. 810, obs. Théry* • Cass., QPC, 8 juill. 2010, n° 10-80.764 P : *Cah. Cons. const. 2011, n° 31, p. 236, obs. Disant.*

81. *Jurisprudence abandonnée.* La Cour de cassation avait jugé à l'inverse : • Cass., QPC, 19 mai 2010, n° 09-70.161 : *D. 2010. 1352* ; *ibid. 2011. 2298, obs. Mallet-Bricout et Reboul-Maupin* ; *RTD civ. 2010. 810, obs. Théry* • Cass., QPC, 19 mai 2010, n° 09-83.328 : *D. 2010. 1351* ; *ibid. 2236*, *point de vue Nico* ; *RSC 2011. 190, obs. de Lamy* • Cass., QPC, 19 mai 2010, n° 09-87.651 : *D. 2010. 1351* ; *RSC 2011. 185, obs. B. de Lamy* • Cass., QPC, 31 mai 2010, n° 09-87.578 : *D. 2010. 1486* ; *RSC 2010. 640, obs. Francillon* ; *ibid. 2011. 178, obs. de Lamy* • Cass., QPC, 11 juin 2010, n° 10-81.810 : *D. 2010. 1714* • Cass., ass. plén., QPC, 8 juill. 2010, n° 10-60.189 : *D. 2010. 2264, note Bernaud et Petit* ; *ibid. 2011. 840, obs. équipe de recherche en droit social de Lyon 2* ; *RDT 2010. 564, rapp. Béraud* • Cass., QPC, 8 juill. 2010, n° 10-80-764 : *Cah. Cons. const. 2011, n° 31, p. 236, obs. Disant.* ♦ Elle avait également refusé de transmettre des

QPC relatives : à divers art. du code pénal au motif qu'elles visaient en réalité à contester, non les dispositions, mais l'interprétation que la Cour en avait donné au regard du caractère spécifique de la motivation des arrêts de cour d'assises. • Cass., QPC, 19 mai 2010, n° 09-82.582 : *D. 2010. 1352 ; ibid. 2236, point de vue Nico ; RSC 2011. 190, obs. de Lamy ; RTD civ. 2010. 508, obs. Deumier*. ♦ ... A la responsabilité pénale des personnes morales. • Cass., QPC, 11 juin 2010, n° 09-87.884 : *D. 2010. 1712 ; ibid. 2732, obs. Roujou de Boubée, Garé et Mirabail ; ibid. 2011. 1859, obs. Mascala ; RSC 2011. 177, obs. de Lamy*.

82. Jurisprudence actuelle. La Cour de cassation estime néanmoins qu'est irrecevable une QPC qui ne vise aucune disposition législative et se borne à contester une règle jurisprudentielle sans préciser le texte législatif dont la portée serait, en application de cette règle, de nature à porter atteinte à un principe constitutionnel. • Civ. 1re, QPC, 27 sept. 2011, 11-13.488 P : *D. 2011. 2707, note Levade ; ibid. 2012. 244, obs. Fricero ; AJDI 2011. 880*. ♦ De même, si la QPC ne tend qu'à contester la constitutionnalité de la portée donnée par la décision rendue dans la même instance à une disposition législative. • Civ. 1re, QPC, 14 mai 2013, n° 13-10.109 • Civ. 1re, QPC, 18 juin 2014, n° 10-40.023.

83. La jurisprudence dégagée par la Cour nationale du droit d'asile n'a pas été soumise au Conseil d'État ; or, il appartient à ce dernier, placé au sommet de l'ordre juridictionnel administratif, de s'assurer que cette jurisprudence garantit le droit au recours, faute de quoi elle ne peut être regardée comme un changement de circonstances de nature à remettre en cause la constitutionnalité des dispositions contestées. • Cons. const. 8 avr. 2011, *Ismaël A.*, n° 2011-120 QPC § 9. ♦ La contestation doit concerner la portée que donne à une disposition législative précise l'interprétation qu'en fait la juridiction suprême de l'un ou l'autre ordre. • Soc., QPC, 28 nov. 2012, n° 11-17.941 P : *D. 2012. 2899 ; ibid. 2013. 2812, obs. Centre du droit de la concurrence ; Dr. soc. 2013. 173, obs. Mouly ; ibid. 362, chron. Dumortier, Florès, Lallet et Struillou ; RDT 2013. 269, obs. Scaglia ; Constitution 2013. 78, obs. Radé et Gervier.*

84. L'interprétation jurisprudentielle peut trouver son origine dans la seule décision de renvoi sans qu'une décision antérieure de la juridiction suprême ne l'ait précédemment donnée. • Cons. const. 20 sept. 2013, *Alain G.*, n° 2013-340 QPC § 5 • Cons. const. 6 oct. 2017, *Sté de participations financières*, n° 2017-660 QPC § 6 ♦ V. déjà de manière plus implicite. • Cons. const. 21 oct. 2011, *Jean-Louis C.*, n° 2011-185 QPC. ♦ ... Même si celle-ci opère un revirement de jurisprudence sur ce point. • Cons. const. 28 sept. 2017, *Sté BPCE*, n° 2017-654 QPC § 8. ♦ ... Et *a fortiori* dans une jurisprudence certes unique mais antérieure, implicitement confirmée par la décision de renvoi. • Cons. const. 7 oct. 2015, *Jean-Pierre E.*, n° 2015-488 QPC § 3. ♦ V. implicitement encore. • Cons. const. 3 févr. 2016, *Sté métro Holding France SA venant aux droits de la Sté CRFP Cash*, n° 2015-520 QPC § 4 • Cons. const. 9 mars 2017, *Épx V.*, n° 2016-615 QPC § 8.

85. Il n'est pas possible d'assimiler à une interprétation les mesures réglementaires prises pour l'application d'une disposition dont la constitutionnalité est contestée. • Cons. const. 21 oct. 2011, *Bruno L. et a.*, n° 2011-190 QPC § 8. ♦ De même, la question posée ne présente pas, à l'évidence, un caractère sérieux, dès lors qu'elle revient, dans la procédure en cause, à contester la qualification appliquée aux faits poursuivis par le ministère public et les juges du fond qui est soumise au contrôle de la Cour de cassation. • Crim. 7 juin 2011, n° 10-88.315 P : *D. 2011. 1763*.

86. L'interprétation contestée ne doit pas être erronée. • Soc. 16 nov. 2011, n° 11-40.071 P : *D. 2012. 901, obs. Lokiec et Porta ; Constitutions 2012. 107, obs. Radé*.

87. Une interprétation jurisprudentielle constante peut, du reste, permettre au Cons. const. de conclure à la constitutionnalité de la disposition. • Cons. const. 13 janv. 2012, *Ahmed S.*, n° 2011-210 QPC § 5 • Cons. const. 7 févr. 2020, *Justin A.*, n° 2019-826 QPC § 10.

V. pour d'autres décisions dans le même sens :

88. L'interprétation peut également conduire à ne pas renvoyer la question au Cons. const. : si cette interprétation résulte directement de dispositions que le Cons. const. a déjà déclarées conformes à la Const. • CE 1er oct. 2014, n° 383557 B : *AJDA 2014. 1921 ; AJCT 2015. 81, prat. Yazi-Roman ; JCP Adm. 2014. 786* • CE 11 déc. 2020, n° 444762 B : *AJDA 2020. 2466 ; JCP Adm. 2020. 729*. ♦ ... Si cette interprétation ne restreint pas la portée des dispositions que la L. du 9 déc. 1905, not. son art. 28, a pour but d'expliciter. • CE 22 févr. 2019, n° 423702 : *AJDA 2019. 1486*. ♦ V. pour une interprétation plus innovante : • CE 16 nov. 2016, n° 403738 B : *AJDA 2016. 2463 ; AJCT 2017. 164, obs. Hédin*.

89. Sur l'impartialité des juridictions suprêmes des deux ordres de juridictions à transmettre au Cons. const. des dispositions dont l'interprétation à donner et ainsi contestée a été fixée par elles, V. note 215.

90. Une nouvelle jurisprudence peut constituer un changement de circonstance. V. note 128.

c. Ne sont pas des dispositions législatives entrant dans le champ de la QPC

91. Généralités. Les lois autorisant la ratification d'un traité qui n'ont d'autre objet que de permettre une telle ratification. • CE, QPC, 14 mai 2010, *Rujovic*, n° 312305 : *préc. note*

49. ♦ Les dispositions législatives qui rappellent l'applicabilité d'une convention internationale. • CE, QPC, 14 mai 2010, *Rujovic*, n° 312305 : *préc.* ♦ Les lois organiques n'entrent pas non plus dans le champ de la QPC. • CE, QPC, 29 juin 2011, *Président de l'Assemblée de la Polynésie française*, n° 347214 : *Lebon T. 1014 ; AJDA 2011. 1355*.

92. Les dispositions législatives qui ne portent pas atteinte à un droit ou une liberté constitutionnellement protégés du fait de l'interprétation qu'en donne le juge. • CE, QPC, 18 juin 2010, *Lantz*, n° 336638 • CE, QPC, 16 juill. 2010, *SCI La Saulaie*, n° 334665 : *préc. note 77.*

93. Dispositions non entrées en vigueur. Une disposition législative qui n'est pas auto exécutoire (V. notes ss. Const. 58, art. 31) n'entre en vigueur qu'une fois les décret d'application pris ; si ces décrets n'ont pas été pris, la disposition législative n'est jamais entrée en vigueur. Elle est est insusceptible d'avoir porté atteinte à un droit ou une liberté que la Const. garantit et ne peut, par suite, faire l'objet d'une QPC. • Cons. const. 10 févr. 2012, *Patrick E.*, n° 2011-219 QPC § 5 • Cons. const. 26 mars 2015, *Cté de défense des travailleurs frontaliers du Haut-Rhin et a.*, n° 2015-460 QPC § 7.

94. Dispositions législatives qui se bornent à tirer les conséquences nécessaires de dispositions inconditionnelles et précises d'une directive de l'Union. En l'absence de mise en cause d'une règle ou d'un principe inhérent à l'identité constitutionnelle de la France, le Cons. const. n'est pas compétent pour contrôler la conformité aux droits et libertés que la Const. garantit de telles dispositions législatives. • Cons. const. 17 déc. 2010, *Kamel D.*, n° 2010-79 QPC § 3. ♦ Il n'y a dès lors pas lieu de renvoyer une QPC dans ce cas. • CE, QPC, 8 juill. 2015, n° 390154 : *Lebon ; AJDA 2015. 1390 ; ibid. 2035, note Haguenau-Moizard ; JCP Adm. 2015. 641.* ♦ Le Cons. const. prononce alors le non-lieu à statuer. • Même affaire • Cons. const. 4 avr. 2014, *Sté Sephora*, n° 2014-373 QPC § 7 (*a contrario*).

95. Cas des dispositions déclarées non conformes dans le cadre de la jurisprudence néo-calédonienne. L'autorité qui s'attache aux décisions du Cons. const. fait obstacle à ce qu'il soit de nouveau saisi afin d'examiner la conformité à la Const. de dispositions déclarées contraires à celle-ci. • Cons. const. 18 oct. 2013, *Sté Allianz IARD et a.*, n° 2013-349 QPC § 3.

96. Dispositions législatives adoptées par référendum. Les lois référendaires ne peuvent faire l'objet d'un contrôle de constitutionnalité par le Cons. const. • Cons. const. 25 avr. 2014, *Province Sud de Nouvelle-Calédonie*, n° 2014-392 QPC § 8. ♦ Rappr. dans le cadre du contrôle *a priori*. • Cons. const. 6 nov. 1962, n° 62-20 DC • Cons. const. 23 sept. 1992, n° 92-313 DC.

97. Lois d'habilitation. V. notes ss. Const. 58, art. 38.

2° NOTION DE DISPOSITION LÉGISLATIVE DÉJÀ DÉCLARÉE CONFORME À LA CONSTITUTION

98. Décisions rendues dans le cadre de l'art. 37 Const. 58. Dès lors que, lorsqu'il est saisi dans les conditions prévues à l'al. 2 de l'art. 37 Const. 58, il appartient seulement au Cons. const. d'apprécier si les dispositions qui lui sont soumises relèvent du domaine législatif ou du domaine réglementaire, une disposition législative examinée dans ce cadre ne peut être considérée comme déjà déclarée conforme à la Const. • Cons. const. 8 juin 1995, n° 95-177 L : *D. 1997. 122, obs. Trémeau ; AJDA 1995. 519*.

BIBL. Loi organique et QPC, *Site internet du Conseil constitutionnel, A la une, nov. 2012.*

99. Dispositions organiques. Bien qu'organiques, les dispositions prises dans le cadre des ordonnances de l'ancien art. 92 Const. 58 n'ont pas été contrôlées par le Conseil constitutionnel même si elles bénéficient d'une présomption de constitutionnalité. • Cons. const. 5 oct. 2012, *Élisabeth B.*, n° 2012-278 QPC (sol. impl.).

100. Les lois organiques étant automatiquement soumises au Cons. const. dans la totalité de leurs dispositions, elles ne peuvent, sauf changement de circonstances, faire l'objet d'une QPC. Il en va de même d'une disposition contenue dans une ord. de l'art. 92 Const. reprise dans une loi org. • Cons. const. 18 oct. 2012, *A. N., Hauts-de-Seine (13e circonscription)*, n° 2012-4563/4600 AN : *JO 19 oct. 2012, p. 1629 ; AJDA 2013. 65 note Dolez* • Cons. const. 18 oct. 2012, *A.N., Val-de-Marne (1re circonscription)*, n° 2012-4565/4567/4568/4574/4575/4576/4577 AN : *JO 19 oct. 2012, p. 16299 ; LPA, 22 nov. 2012, n° 234, p. 9-14, note Camby.* ♦ Pour ce qui concerne le contrôle qu'il exerce sur les lois organiques, le Cons. const. doit être regardé comme s'étant prononcé sur la conformité à la Const. de chacune des dispositions de la loi organique qui lui est soumise ; dès lors, sauf changement dans les circonstances, les lois organiques promulguées doivent être regardées, dans leur intégralité, comme conformes à la Const., alors même que la décision du Cons. const. qui les a examinées ne mentionne pas expressément les dispositions critiquées dans ses motifs. • CE 29 juin 2011, *Président de l'Assemblée de la Polynésie française*, n° 347214 : *préc. note 91* • CE, QPC, 19 nov. 2014, n° 380570 : *AJDA 2015. 431*.

a. Disposition législative déclarée conforme à la Constitution dans les motifs et le dispositif

101. Le Cons. const. doit se prononcer si la disposition n'a été déclarée conforme que dans les motifs. • Cons. const. 17 mars 2011, *Épx B.*, nº 2010-104 QPC § 4 • Cons. const. 21 juill. 2017, *Alexis K. et a.*, nº 2017-646/647 QPC § 6.

V. pour d'autres décisions dans le même sens :

102. Il doit se prononcer également, et cette fois sur le fond, dès lors que la disposition a été déclarée conforme dans le dispositif mais ne l'a pas été dans les motifs ; il faut considérer que la disposition n'a pas été déclarée conforme dans les motifs dès lors que le Cons. const. n'a mentionné cette disposition, dans ses motifs que par voie de conséquence des déclarations de non-conformité auxquelles il procédait par ailleurs, sans examiner le contenu des dispositions critiquées par le requérant. • CE, QPC, 24 oct. 2011, *Souffou*, nº 348771 : *AJDA 2012. 546, note Verpeaux* ; *ibid. 2011. 2041* ; *RFDA 2012. 528, chron. Roblot-Troizier et Tusseau*. ♦ Le Conseil s'assure avoir bien « spécialement examiné » la disposition contestée. • Cons. const. 6 mai 2011, *Abderrahmane L.*, nº 2011-125 QPC § 10 • Cons. const. 30 juin 2011, *Dpt de la Seine-Saint-Denis*, nº 2011-142/145 QPC § 17 et 18. ♦ En particulier à l'époque où le Conseil avait pour pratique de ne faire figurer dans le dispositif de ses décisions que les censures. • Cons. const. 30 juill. 2010, *Époux P. et a.*, nº 2010-19/27 QPC § 5 • Cons. const. 5 juill. 2013, *Sté Numéricâble SAS et a.*, nº 2013-331 QPC § 7 • Cons. const. 20 sept. 2013, *Alain G.*, nº 2013-340 QPC § 7 (sol. impl.).

103. Une disposition simplement mentionnée dans les motifs de la décision n'est pas implicitement déclarée conforme. • Cons. const. 14 févr. 2014, *Cts L.*, nº 2013-367 QPC. ♦ ... Statuant sur un art. mentionné dans la décision. • Cons. const. 20 avr. 2012, *Assoc. Cercle de réflexion et de proposition d'actions sur la psychiatrie*, nº 2012-235 QPC.

104. Cas particulier des lois organiques. Pour ce qui concerne le contrôle qu'il exerce sur les lois organiques, le Conseil constitutionnel doit être regardé comme s'étant prononcé sur la conformité à la Constitution de chacune des dispositions de la loi organique qui lui est soumise ; dès lors, sauf changement dans les circonstances, les lois organiques promulguées doivent être regardées, dans leur intégralité, comme conformes à la Constitution, alors même que la décision du Conseil constitutionnel qui les a examinées ne mentionne pas expressément les dispositions critiquées dans ses motifs. • CE, QPC, 29 juin 2011, nº 347214 B : *AJDA 2011.1355* • CE, QPC, 19 nov. 2014, nº 380570 : *AJDA 2015. 431* • Cons. const. 16 nov. 2017, *Isabelle Muller-Quoy et a.*, nº 2017-4999/5007/5078 AN QPC.

105. Dans le cas où le Cons. const. a, dans les motifs et le dispositif de sa décision, déclaré conforme à la Const. la disposition contestée, il n'y a pas lieu pour le juge de transmettre cette QPC. • CE 18 déc. 2015, *Union dptale des assoc. familiales des Hauts-de-Seine, Meyer, Confédération nationale des assoc. familiales catholiques, Union des familles en Europe*, nº 370459 : *AJDA 2015. 2466* ; *AJ fam. 2016. 60*.

106. Différence de fondement ou de grief. Dès lors que la disposition faisant l'objet de la question a été examinée dans les motifs de la décision et déclarée conforme dans le dispositif, il importe peu que le Conseil constitutionnel ne se soit pas expressément prononcé sur le fondement invoqué par le requérant ; la QPC n'a pas à être transmise. • CE, QPC, 19 mai 2010, nº 330310 : *AJDA 2010. 1050* • CE 2 juill. 2021, nº 444865 B : *AJDA 2021. 1993, note Monnier*. ♦ Ainsi, même si le grief d'inconstitutionnalité soulevé en l'espèce par la société requérante diffère de celui qui avait justifié la censure, il n'y a pas lieu, pour le Conseil constitutionnel, de se prononcer sur la QPC dès lors qu'il a déjà statué. • Cons. const. 4 déc. 2020, *Sté Ambulances secours rapides du bassin*, nº 2020-870 QPC. ♦ V. cependant note 279, le problème lorsqu'il peut être analysé sous l'angle d'une question présentant un caractère nouveau.

107. Article contenant un ensemble de dispositions. Le Conseil constitutionnel estime que, dès lors qu'il a examiné un article dans les motifs d'une décision et qu'il l'a déclaré conforme dans le dispositif de sa décision, les dispositions contenues dans cet art. ne peuvent plus faire l'objet d'une QPC alors même que, ledit art. ajoutant plusieurs dispositions à un code, le Conseil constitutionnel ne s'est prononcé spécifiquement, dans ses motifs, que sur quelques-unes d'entre elles. En l'espèce, il n'avait pas spécifiquement mentionné dans ses motifs la disposition contestée ; la question de sa constitutionnalité ne peut pas néanmoins lui être posée. • Cons. const. 2 juill. 2010, *Section française de l'Observatoire international des prisons*, nº 2010-9 QPC. ♦ En revanche, le Conseil constitutionnel admet d'examiner les autres dispositions d'un article déjà examiné dès lors qu'elles n'ont pas expressément été déclarées conformes. • Cons. const. 7 janv. 2016, *Assoc. Expert-comptable média association*, nº 2015-510 QPC § 4 • Cons. const. 25 nov. 2016, *Sté Eurofrance*, nº 2016-598 QPC § 5 • Cons. const. 2 déc. 2016, *Raïme A.*, nº 2016-600 QPC § 5. ♦ Rappr. • CE, QPC, 23 juill. 2010, *Monnot*, nº 340114.

108. Disposition déclarée conforme mais modifiée depuis. Même si les modifications non examinées par le Cons. const. ont été apportées à une disposition déclarée conforme n'ont pas, par la suite, été examinées par le Cons. const., il peut néanmoins ne pas les examiner dès lors que ces modifications ne constituent pas un changement de circonstance de droit. • Cons. const. 30 juill. 2010, *Épx P. et a.*, nº 2010-19/27 QPC § 10. ♦ Tel est le cas de l'assimilation des personnes pacsées aux couples mariés alors que jusque-là, seules les personnes en concubinage notoire leur étaient assimilées dans le cadre de l'ISF. • Cons. const. 29 sept. 2010, *Épx M.*, n° 2010-44 QPC § 9. ♦ ... De la mise en place d'un plafonnement légal pour l'exonération des indemnités de mise à la retraite et plus seulement un plafonnement conventionnel. • Cons. const. 20 sept. 2013, *Alain G.*, n° 2013-340 QPC § 7. ♦ ... D'un simple changement de dénomination. • CE, QPC, 21 oct. 2013, *B.*, n° 370480 : *AJDA 2014. 660*. ♦ Il est pourtant possible que ces modifications, même apparemment mineures, soient considérées comme un changement de circonstance. • Cons. const. 5 juill. 2013, *Sté Numéricâble SAS et a.*, n° 2013-331 QPC § 8. ♦ Parfois même, le Conseil se contente d'indiquer que les dispositions qu'il examine sont celles issues d'une rédaction plus récente que celle en vigueur au moment où il s'est prononcé sans rechercher si ces modifications sont ou non un changement de circonstances de droit. • Cons. const. 13 déc. 2013, *Sté Sud-Radio Services et a.*, n° 2013-359 QPC § 1 • Cons. const. 27 oct. 2017, *Mikhail P.*, n° 2017-670 QPC § 6. ♦ V. *infra*, note 127.

109. De même, n'est-il pas utile que le Conseil se prononce sur des dispositions déjà déclarées conformes mais modifiées par la suite si la modification est sans portée quant à la constitutionnalité de la disposition déférée. • Cons. const. 30 juill. 2010, *Épx P. et a.*, n° 2010-19/27 QPC § 10. ♦ Tel est le cas d'une disposition ne faisant que relever le niveau de garanties dont bénéficie la personne faisant l'objet de la disposition. • Cons. const. 30 juill. 2010, *Épx P. et a.*, n° 2010-19/27 QPC § 8. ♦ ... Si la rédaction de l'art. contesté est la même que celle d'un art. plus ancien déjà soumis au Cons. const. • Cons. const. 29 sept. 2010, *Épx M.*, n° 2010-44 QPC § 9. ♦ ... Si la disposition se borne à préciser la portée du texte dans un cas particulier non encore envisagé (scrutin binominal). • CE, QPC, 22 juin 2015, *Wilmotte*, n° 387515 : *AJDA 2015. 1239*. ♦ Il importe peu que le mécanisme contesté ait été un temps supprimé, dès lors qu'il est rétabli à l'identique, fût-ce sous une autre appellation (« impôt sur les grandes fortunes » rétabli comme « impôt de solidarité sur la fortune »). • Même affaire.

110. Il en va de même de modifications qui se sont bornées, d'une part, à tenir compte par coordination de l'interdiction faite à toutes les personnes morales autres que les partis et groupements politiques de financer les dépenses électorales et, d'autre part, à préciser les règles existantes en matière de compte de campagne. • Cons. const. 8 avr. 2011, *Jean-Paul Huchon*, n° 2011-117 QPC § 7. ♦ ... D'une modification qui donne au juge la faculté de ne pas prononcer l'inéligibilité du candidat, notamment lorsque ce dernier est de bonne foi. • Cons. const. 8 avr. 2011, *Jean-Paul Huchon*, n° 2011-117 QPC § 8.

111. A l'inverse, si c'est la modification elle-même qui fait l'objet de la QPC, et que celle-ci est substantielle, le Conseil peut l'examiner. • Cons. const. 17 déc. 2010, *Boubakar B.*, n° 2010-81 QPC. ♦ De même procède-t-il à un nouvel examen si la disposition déclarée conforme lors du précédent examen a été substantiellement modifiée. • Cons. const. 13 juill. 2012, *Saïd K.*, n° 2012-264 QPC § 3 • Cons. const. 4 août 2017, *La Quadrature du net et a.*, n° 2017-648 QPC. ♦ V. également les hypothèses de changement de circonstances, note 127.

112. Le Conseil d'État, en cas de doute, procède au renvoi, laissant au Cons. const. le soin de décider si la disposition a déjà été déclarée conforme. • CE, QPC, 9 juill. 2010, *Épx Mathieu*, n° 339081 : *préc. note 38* • Cons. const. 29 sept. 2010, *Épx M.*, n° 2010-44 QPC § 9.

113. Néanmoins, l'absence de caractère sérieux de la question peut l'emporter sur le fait que celle-ci n'ait pas été tranchée par le Cons. const. Jugé que, si, en raison des modifications législatives intervenues depuis la décision du Cons. const. n° 89-260 DC, les dispositions en cause dans la présente instance ne peuvent être regardées ayant déjà été déclarées conformes à la Const., il résulte néanmoins de cette décision que les moyens de M. A ne soulèvent pas une question sérieuse dès lors que la disposition contestée est similaire à celle déclarée conforme à l'époque. • CE 16 juill. 2010, *Beslay*, n° 321056.

114. Dispositions déclarées conformes sous réserve. Il n'y a pas lieu à renvoyer au Cons. const. une disposition qu'il a déclarée conforme sous réserve. • Com. 23 juin 2015, n° 15-40.012. ♦ Encore faut-il que la disposition soit couverte par la réserve pour qu'elle puisse être considérée comme ayant déjà été déclarée conforme. • CE 9 mai 2017, n° 407999 A : *AJDA 2017. 966*. ♦ Saisi néanmoins, le Cons. const. s'assure que la réserve est bien respectée pour prononcer le non-lieu. • Cons. const. 30 juin 2011, *Dpt de la Seine-Saint-Denis*, n° 2011-142/145 QPC § 18. ♦ De même, dès lors que les réserves d'interprétation énoncées dans ses précédentes décisions ne s'appliquent pas au cas soumis au juge du filtre, alors même que les motifs de ces décisions devraient conduire à une telle application, le Cons. const. estime que cette difficulté dans la détermination du champ d'application d'une réserve d'interprétation, qui affecte la portée de la disposition législative critiquée, constitue un changement des circonstances justifiant le réexamen des dispositions contestées. • Cons. const. 7 juill. 2017, *Alain C.*, n° 2017-642 QPC § 8 • Cons. const. 7 juill. 2017, *Amar H. et a.*, n° 2017-643/650 QPC § 12.

115. Dispositions déclarées conformes à la seule procédure parlementaire. Si le Cons. const. a jugé que les dispositions n'étaient pas contraires à la Const., il a relevé, dans les motifs de sa décision, que la critique dont il était saisi ne portait que sur le respect de la procédure parlementaire (...). Dès lors, la condition que les dispositions contestées n'aient pas déjà été déclarées conformes à la Constitution dans les motifs et le dispositif d'une décision du Cons. const. doit être regardée comme remplie. • CE 26 janv. 2018, n° 415512 B : *AJDA 2018. 196*.

116. Disposition modificatrice déclarée conforme. Il n'y a pas lieu à renvoyer au Cons. const. une disposition qu'il a déclarée conforme sous réserve. • Com., QPC, 23 juin 2015, n° 15-40.012. ♦ V. également. • CE, QPC, 31 mai 2010, *Exbrayat*, n° 338727 : *Lebon 175* ; *AJDA 2010. 1355, chron. Liéber et Botteghi*. ♦ V. pourtant. • Cons. const. 30 juill. 2010, *Daniel Walbuger et a.*, n° 2010-14/22 QPC.

117. Disposition identique ou similaire déclarée conforme. Le Cons. const. ayant déclaré conformes à la Const. des dispositions, lesquelles reprennent les dispositions antérieures contestées, la conformité à la Const. de ces dispositions plus anciennes ne saurait être contestée en l'absence de tout changement de circonstance. • CE 28 sept. 2016, n° 397231 : *Lebon* ; *AJDA 2016. 1845*. ♦ Un article comportant des dispositions identiques à celles contestées dans la présente QPC ayant été déclaré conforme, il n'y a pas lieu, sans changement de circonstances, de les examiner à nouveau. • Cons. const. 15 sept. 2017, *CGT-FO*, n° 2017-653 QPC § 20. ♦ Il en va de même d'une disposition similaire dans sa substance à une disposition postérieure déclarée conforme à la Constitution, sous réserve : elle sera conforme sous la même réserve. • CE, QPC, 7 juill. 2017, n° 410620 § 4 : *Lebon*.

118. Combinaison de dispositions. Le Cons. const. accepte d'examiner la constitutionnalité d'une disposition légale compte tenu de sa combinaison avec d'autres dispositions légales mais se prononce disposition par disposition et non sur leur combinaison. • Cons. const. 24 juin 2016, *Alec W. et a.*, n° 2016-545 QPC.

b. Non-lieu à statuer

BIBL. Benetti, Échec au renvoi : les décisions QPC de « non-lieu à statuer », *RD publ. 2012. 593*. – Girard, Le « non-lieu à statuer » devant le Conseil constitutionnel : un élément révélateur de son ambivalence entre organe politique et cour constitutionnelle, *www.cairn.info. (RFDC 2015, n° 1)*.

119. Dans l'hypothèse où il s'est déjà prononcé sur la constitutionnalité (qu'il ait déclaré la conformité ou la contrariété) de la disposition qui lui est soumise, le Conseil constitutionnel prononce le non-lieu à statuer. • Cons. const. 30 juill. 2010, *Épx. P. et a.*, n° 2010-19/27 QPC § 10 • Cons. const. 9 oct. 2014, *Maurice L. et a.*, n° 2014-420/421 QPC § 10 • Cons. const. 4 déc. 2020, *Sté Ambulances secours rapides du bassin*, n° 2020-870 QPC. ♦ ... Y compris si cette vérification a eu lieu lors d'une précédente QPC. • Cons. const. 6 août 2010, *Pierre-Joseph F.*, n° 2010-51 QPC • Cons. const. 6 oct. 2010, *Cne de Bron*, n° 2010-59 QPC • Cons. const. 12 nov. 2010, *Charles S.*, n° 2010-61 QPC • Cons. const. 19 févr. 2016, *Josette B.-M.*, n° 2015-522 QPC § 7 • Cons. const. 29 mars 2018, *Rouchdi B. et a.*, n° 2017-695 QPC § 24. ♦ ... Ou lors d'une QPC du même jour. • Cons. const. 30 juin 2011, *Dpt de la Seine-Saint-Denis*, n° 2011-142/145 QPC § 28.

120. Ce non-lieu sera partiel : dans le cas où une autre disposition est contestée dans la même QPC. • Cons. const. 30 juill. 2010, *Daniel Walbuger et a.*, n° 2010-14/22 QPC § 13 • Cons. const. 6 août 2010, *Miloud K.*, n° 2010-30/34/35/47/48/49/50 QPC • Cons. const. 22 sept. 2010, *Bulent A. et a.*, n° 2010-31 QPC § 1 et 4 • Cons. const. 12 nov. 2010, *Féd. nat. CFTC du synd. de la métallurgie*, n° 2010-63/64/65 QPC § 7 et 8. ♦ ... Dans le cas où il a déjà examiné et déclaré conformes certains éléments de la disposition contestée. • Cons. const. 7 janv. 2016, *Assoc. Experts-comptables média association*, n° 2015-510 QPC § 4 • Cons. const. 25 nov. 2016, *Sté Eurofrance*, n° 2016-598 QPC § 5 • Cons. const. 2 déc. 2016, *Raïme A.*, n° 2016-600 QPC § 5.

121. Au besoin, il s'assure qu'il n'y a pas de changement de circonstances avant de prononcer le non-lieu à statuer. • Cons. const. 30 juill. 2010, *Daniel Walbuger et a.*, n° 2010-14/22 QPC § 13 • Cons. const. 19 mai 2017, *Olivier D.*, n° 2017-630 QPC • Cons. const. 4 déc. 2020, *Sté Ambulances secours rapides du bassin*, n° 2020-870 QPC.

V. pour d'autres décisions dans le même sens :

122. Il y a également non-lieu à statuer si le Cons. const. est saisi d'une QPC portant sur une disposition réglementaire ou une disposition législative qui n'est pas en vigueur. • Cons. const. 10 févr. 2012, *Patrick E.*, n° 2011-219 QPC § 5. ♦ ... Si les dispositions dont est saisi le Cons. const. ne peuvent manifestement pas conduire à la violation des droits constitutionnellement garantis invoquée par le requérant. • Cons. const. 14 juin 2019, n° 2019-790 QPC (absence de désignation par les requérants de l'autre disposition législative entraînant le cumul de poursuites dénoncé).

c. Changement de circonstances

BIBL. Gervier, Le changement des circonstances dans la jurisprudence du Conseil constitutionnel, *RD publ. 2012. 89*. – QPC et changement des circonstances, *Site internet du Conseil constitutionnel, A la une, nov. 2013*.

123. Principe. N'est pas contraire aux dispositions du présent art. combinées avec celles de l'art. 62 Const. 58 le fait qu'une disposition législative déclarée conforme à la Constitution dans les motifs et le dispositif d'une décision du Cons. const. puisse être de nouveau soumise à son examen lorsqu'un tel réexamen est justifié par les changements intervenus, depuis la précédente décision, dans les normes de constitutionnalité applicables ou dans les circonstances, de droit ou de fait, qui affectent la portée de la disposition législative critiquée. • Cons. const. 3 déc. 2009, n° 2009-595 DC § 13. ♦ Il en va de même d'une disposition organique. • Cons. const. 21 févr. 2012, *Marine Le Pen*, n° 2012-233 QPC § 5.

124. Le juge du fond recherche si le Cons. const. a déjà, dans une précédente décision, indiqué que les éléments invoqués par le requérant ne constituent pas un changement de circonstance. • TA Strasbourg, 5 oct. 2016, *Préfet du Haut-Rhin*, n° 1601891 : *AJDA 2017. 226, note Rihal* ; *ibid. 2016. 1838* .

1. Constitue un changement de circonstances

125. Changement d'un texte. Peut constituer un changement de circonstances une révision constitutionnelle (rendant possible un nouvel examen d'une disposition organique). • Cons. const. 21 févr. 2012, *Marine Le Pen*, n° 2012-233 QPC § 5 • Cons. const. 23 janv. 2015, n° 2014-4909 SEN. ♦ V., pourtant, la non-reconnaissance d'un changement de circonstances interdisant le réexamen d'une disposition organique malgré une modification constitutionnelle et législative importante : • Cons. const. 18 oct. 2012, *Hauts-de-Seine (13e circ.)*, n° 2012-4563/4600 AN : *préc. note 100.*

126. Il en va de même lorsqu'une disposition déclarée conforme a fait, par la suite, l'objet de modifications : elle peut constituer un changement de circonstances de droit. • CE, QPC, 9 juill. 2010, n° 339081 : *préc. note 38.* ♦ Rappr., s'agissant d'une modification substantielle de la législation depuis la décision de conformité introduisant la notion de bonne foi et conduisant à une augmentation significative des manquements susceptibles de justifier le rejet du compte du candidat : • CE, QPC, 28 janv. 2011, n° 338199 B : *AJDA 2011. 188* ; *RFDA 2011. 723, note Türk* . ♦ ... De l'adoption du PACS s'agissant de la conformité de dispositions relatives aux *conditions de délivrance de la carte de séjour* « vie privée et familiale » : • CE 22 févr. 2013, n° 364341 § 8.

127. Il en va de même de la modification d'un article rendant nécessaire de se pencher à nouveau sur un autre article déclaré conforme et non modifié, dès lors que ces deux articles se lisent ensemble. • Cons. const. 13 juill. 2012, *Saïd K.*, n° 2012-264 QPC § 3 • Cons. const. 5 juill. 2013, *Sté Numéricable SAS et a.*, n° 2013-331 QPC § 8. ♦ ... Ou se combinent. • Cons. const. 2 mars 2018, *Ousmane K. et a.*, n° 2017-694 QPC § 7. ♦ Il en va de même : lorsque les modifications affectent une disposition et que, par l'effet d'un renvoi, la disposition déjà déclarée conforme s'en trouve affectée. • Cons. const. 26 mars 2015, *Cté de défense des travailleurs frontaliers du Haut-Rhin et a.*, n° 2015-460 QPC § 9. ♦ ... Lorsque les modifications étendent le champ d'application de la disposition déclarée. • Cons. const. 24 janv. 2017, *Ahmed M. et a.*, n° 2016-606/607 QPC § 10. ♦ V. également la décision de renvoi. • CE, QPC, 21 janv. 2015, *Cté de défense des travailleurs frontaliers du Haut-Rhin et a.*, n° 383004.

128. Changement de jurisprudence. Peut constituer un changement de circonstances l'adoption d'une interprétation jurisprudentielle constante intervenant postérieurement à la décision par laquelle le Conseil constitutionnel a déclaré la disposition législative en cause conforme à la Const. 58. Ce changement de circonstances est de nature à conduire à ce que le Conseil constitutionnel soit à nouveau saisi d'une disposition précédemment jugée conforme à la Const. 58. • Cons. const. 8 avr. 2011, *Ismaël A.*, n° 2011-120 QPC § 9 (sol. impl.) • Cons. const. 19 juin 2020, *Théo S.*, n° 2020-845 QPC § 10.

129. De même, l'adoption d'une telle interprétation jurisprudentielle est susceptible de constituer une circonstance nouvelle de nature à permettre que soit posée une QPC relative à cette disposition. • CE 20 déc. 2018, n° 418637 B : *AJDA 2019. 12* ; *ibid. 1395, note Barbé* ; *JCP Adm. 2019. 13.*

130. Il en va également ainsi lorsque le Cons. const. lui-même modifie sa jurisprudence. • Cons. const. 6 mai 2011, *Abderrahmane L.*, n° 2011-125 QPC § 11 • Cons. const. 15 févr. 2019, *Paulo M.*, n° 2018-764 QPC § 5 • Cons. const. 25 juin 2021, *Jérôme H.*, n° 2021-922 QPC § 7.

V. pour d'autres décisions dans le même sens : .

131. Encore faut-il que sa jurisprudence ait réellement changé. Si une ambiguïté a pu laisser croire que tel était le cas, le Conseil doit préciser, par une interprétation apportée dans la décision nouvelle, le sens exact de la décision précédemment rendue pour lever toute incertitude. • Cons. const. 19 mai 2017, *Olivier D.*, n° 2017-630 QPC § 8.

132. Le Conseil d'État va dans le même sens en estimant que les développements de la jurisprudence du Cons. const., depuis la décision par laquelle il a estimé la disposition législative conforme à la Constitution, permettent le renvoi de la QPC. • CE, QPC, 15 avr. 2016, n° 396696 B : *AJDA 2016. 753* . ♦ Interprétation validée par le Cons. const. • Cons. const. 1er juill. 2016, *Stéphane R.*, n° 2016-550 QPC § 5.

133. Le Conseil constitutionnel admet encore qu'une difficulté dans la détermination du champ d'application d'une réserve d'interprétation, qui affecte la portée de la disposition législative critiquée, constitue un changement des circonstances. • Cons. const. 7 juill. 2017, *Alain C.*, n° 2017-642 QPC § 8 • Cons. const. 7 juill. 2017, *Amar H. et a.*, n° 2017-643/650 QPC § 12.

134. Changement de circonstances de fait. Peut constituer un changement de circonstances, une évolution factuelle ayant contribué à banaliser le recours à la garde à vue, y compris pour des infractions mineures (plus de 790 000 mesures de garde à vue ont été décidées en 2009) et ayant renforcé l'importance de la phase d'enquête policière dans la constitution des éléments sur le fondement desquels une personne mise en cause est jugée. • Cons. const. 30 juill. 2010, *Daniel Walbuger et a.*, n° 2010-14/22 QPC § 14 à 18. ♦ ... L'évolution défavorable des charges exposées depuis la date du transfert du RMI aux départements amplifié par une dynamique moindre des ressources disponibles pour en assurer le financement. • CE, QPC, 20 avr. 2011, n° 346204 B : *AJDA 2011. 820* ; *JCP Adm. 2011. 320, obs. Houser* ; *Dr. adm. 2011. 73, note Pissaloux.*

2. Ne constitue pas un changement de circonstances

135. Changement d'un texte. Ne constitue pas un changement des circonstances l'introduction dans la Constitution d'une disposition spécifique aux transferts de compétences s'agissant des transferts intervenus avant cette révision. • CE, QPC, 20 avr. 2011, *Dpts de la Seine-Saint-Denis et de l'Hérault*, n° 346205 B.

136. Il en va de même de l'évolution du cadre juridique (substitution du CSA à l'ancienne CNCL) et du matériel de délivrance des droits d'usage de la ressource radioélectrique. • CE 13 juill. 2011, n° 347030 A : *AJDA 2011. 1461* . ♦ Le report de la date de cessation totale de la publicité sur les chaînes du groupe France Télévisions ne saurait caractériser un changement des circonstances de droit permettant de justifier une QPC, dès lors que, même si elle a été créée pour compenser la disparition de la publicité à la télévision publique, la taxe mise à la charge des opérateurs de communications électroniques constitue une recette du budget général de l'État concourant aux conditions générales de l'équilibre budgétaire. • CE 10 oct. 2011, n° 350872 B : *AJDA 2012. 119* . ♦ Sur la simple actualisation des montants entre lesquels varie le montant par habitant alloué aux communes selon leur population au titre de la dotation de base de la DGF : • CE 17 sept. 2013, n° 370023 : *AJDA 2013. 2291* . ♦ Sur la modification du mode de désignation des conseillers *prud'hommes et du fonctionnement* des conseils de prud'hommes au regard de l'inéligibilité frappant les présidents de ces conseils s'agissant des élections législatives. • Cons. const. 16 nov. 2017, *Isabelle Muller-Quoy et a.*, n° 2017-4999/5007/5078 AN QPC. ♦ ... Du fait que la L. du 23 mars 2019 ait donné une nouvelle rédaction de la disposition, applicable à compter du 1er juin 2019, dès lors que la rédaction contestée, issue de la L. du 27 mai 2014, est seule applicable au litige. • Cons. const. 4 déc. 2020, *Sté Ambulances secours rapides du bassin*, n° 2020-870 QPC.

137. Changement de jurisprudence. Ne constitue pas un changement des circonstances une décision QPC indiquant que le principe de légalité des peines impose au législateur de fixer les sanctions disciplinaires en des termes suffisamment clairs et précis pour exclure l'arbitraire mais qui, statuant sur des dispositions législatives prévoyant les peines disciplinaires applicables à certaines professions réglementées, ne conduit ni à une modification de la répartition des compétences entre le pouvoir législatif et le pouvoir réglementaire, ni à une modification de la portée du principe de légalité des peines lorsqu'il s'applique à une sanction disciplinaire ayant le caractère d'une punition. • Cons. const. 19 mai 2017, *Olivier D.*, n° 2017-630 QPC § 7 et 8. ♦ ... Le seul fait que le Conseil d'État ou la Cour de cassation renvoie au Cons. const. une disposition législative déjà déclarée conforme à la Const. par le Cons. const. • Cons. const. 13 juin 2018, *Mohamed M.*, n° 2018-713/714 QPC § 6. ♦ ... La décision qui retient, en se référant aux travaux préparatoires de la loi, qu'il y a lieu, pour déterminer si des communes sont comprises, au sens du recensement général de la population, dans une agglomération de plus de 50 000 habitants de se référer à la notion d'unité urbaine retenue par l'INSEE. • CE 20 déc. 2018, n° 418637 : *préc. note 128.* ♦ ... La mention explicite du principe de sincérité du scrutin dans des décisions du Conseil constitutionnel postérieures aux décisions déclarant les dispositions contestées conformes à la Constitution. • Cons. const. 17 juin 2020, *Patricia W.*, n° 2020-850 QPC § 7.

138. Il en va de même du fait que le Conseil constitutionnel ait précisé, dans une décision postérieure à celle par laquelle il a examiné la disposition contestée, que le principe d'individualisation des peines découle de l'art. 8 DDH. • Cons. const. 17 mars 2011, *Épx B.*, n° 2010-104 QPC § 4. ♦ Contra. • CE, QPC, 17 déc. 2010, *Épx B.*, n° 331113.

139. Changement de circonstances de fait. Ne constitue pas un changement de circonstances : une augmentation plus rapide des charges que des ressources en matière de RMI. • Cons. const. 30 juin 2011, *Dpt de la Seine-Saint-Denis*, n° 2011-142/145 QPC § 17. ♦ ... Le nombre de plaintes introduites par des justiciables devant le CSM depuis l'institution de cette faculté par la loi const. du 23 juill. 2008, ou les modalités d'examen des requêtes exercées par la commission d'admission des requêtes s'agissant des plaintes manifestement infondées ou manifestement irrecevables. • CE, QPC, 19 nov. 2014, n° 380570 : *préc. note 97.* ♦ ... L'extension du champ d'application de dispositions jusque-là appliquées aux communes de plus de 3 500 habitants, aux communes d'au moins 1 000 habitants, les dispositions prévoyant cette extension ayant du reste été déclarées conformes à la Constitution. • Cons. const. 17 juin 2020, *Patricia W.*, n° 2020-850 QPC § 7. ♦ ... Pour remettre en cause la constitutionnalité du mode de scrutin applicable dans les communes de plus de 1000 habitants, le taux d'abstention des électeurs lors du scrutin qui s'est tenu le 15 mars 2020 et le contexte particulier lié à l'épidémie de covid-19. • Cons. const. 17 juin 2020, *Patricia W.*, n° 2020-850 QPC § 7.

3° NOTION DE DISPOSITION LÉGISLATIVE APPLICABLE AU LITIGE OU À LA PROCÉDURE OU CONSTITUANT LE FONDEMENT DES POURSUITES

BIBL. QPC – la notion de « disposition applicable au litige », *Site internet du Conseil constitutionnel, A la une, oct. 2012.*

140. Principe. Dès lors que la disposition contestée n'est pas applicable au litige, il n'y a pas lieu de transmettre la question. • CE, QPC, 2 juin 2010, *Assoc. Pensionnés civils et militaires en Nouvelle-Calédonie*, n° 326444 • CE, QPC, 9 juill. 2010, *Momont et Assoc. « Je ne parlerai qu'en présence de mon avocat »*, n° 339398 • Cass., QPC, 29 sept. 2010, n° 10-15.674. ♦ Au besoin, le juge opère un tri entre les différents éléments de la disposition contestée. • CE, QPC, 11 avr. 2014, *B.*, n° 371921. ♦ ... Même si elle est très voisine de celle applicable. • CE 16 juill. 2010, *Union dptale des Assoc. familiales de la Sarthe*, n° 327420.

141. Le juge administratif adopte une interprétation souple de cette notion. • CE, QPC, 14 avr. 2010, *Union des familles en Europe*, n° 323830 A : *AJDA 2010. 1013, concl. Courrèges*. ♦ Il s'agit d'une notion autonome « au sens et pour l'application de l'article 23-5 de l'ordonnance du 7 novembre 1958 ». • CE, QPC, 14 avr. 2010, *Labane*, n° 336753 : *préc. note 38.*

142. Les dispositions contestées sont celles en vigueur au moment des faits. • Crim. 12 oct. 2012, n° 10-90.106. • Cons. const. 16 sept. 2010, *Jean-Victor C.*, n° 2010-25 QPC § 1. ♦ Lorsque la QPC vise plusieurs dispositions législatives, la Cour de cassation procède au tri entre les dispositions jugées applicables au litige et celles qui ne le sont pas. • Com. 19 oct. 2012 : *D. 2010. 2511, obs. Lienhard* ; *Rev. sociétés 2011. 190, obs. Roussel Galle*.

143. Il convient qu'il y ait donc un litige. Dès lors que le recours est tardif, il n'y a pas lieu de statuer sur la demande de renvoi au Cons. const. de la QPC soulevée. • CE 4 avr. 2012, *Schoettl et Cire*, n° 353834 A : *AJDA 2012. 737*.

144. Faute de préciser la disposition législative qui est contestée, la QPC ne satisfait pas à la condition imposant de contester une disposition législative applicable au litige ou à la procédure ; elle doit, par conséquent, être rejetée. • Cons. const. 11 déc. 2020, *SEN, Haute-Saône, M. André Kornmann*, n° 2020-5684 SEN/QPC.

145. Si, tant que le Cons. const. n'est pas saisi, la QPC constitue un incident dans l'instance de sorte que l'extinction de cette dernière rend la QPC sans objet, une fois la QPC renvoyée au Cons. const., le désistement des requérants est sans effet sur la procédure qui se poursuit normalement. • Cons. const. 16 mai 2012, *Cts L.*, n° 2012-247 QPC (sol. impl.).

146. Inapplicabilité au litige. Ne peuvent être contestées à l'appui d'un recours contre une instruction ministérielle des dispositions législatives qui ne sont pas en lien avec la matière traitée dans l'instruction. • CE, QPC, 9 juill. 2010, *Momont et Assoc. « Je ne parlerai qu'en présence de mon avocat »*, n° 339398. ♦ Ne sont pas applicables au litige : les dispositions législatives qui ne sont pas réitérées dans l'instruction ministérielle applicable au litige. • Même affaire ♦ ... Une disposition relative aux libéralités entre personnes physiques dans une affaire concernant les libéralités entre personnes morales. • Cass., QPC, 14 sept. 2010, n° 10-13.616. ♦ ... Une disposition non applicable *ratione temporis*. • Cass., QPC, 14 sept. 2010, n° 10-40.021. ♦ ... Une disposition relative accordant un avantage aux fonctionnaires de l'État et non aux fonctionnaires mais dont il existe un équivalant pour les fonctionnaires parlementaires. • CE, QPC, 24 sept. 2010, *Decurey*, n° 341685 : *préc. note 29.* ♦ ... Des dispositions qui n'ont été ni appliquées par l'administration, ni l'objet, à quelque stade que ce soit, d'une demande de la part du requérant tendant à obtenir le bénéfice du régime qu'elles instaurent, ni invoquées par les parties à l'appui des moyens qu'elles ont soulevés devant les juges du fond ou des moyens de cassation. • CE, QPC, 15 juill. 2010, n° 327512 B. ♦ ... Des dispositions dont l'abrogation pour inconstitutionnalité serait sans influence sur le litige (en l'espèce appréciation de la légalité de la décision attaquée). • CE 19 janv. 2011, *EARL Schmittseppel et Noir*, n° 343389 B : *préc. note 29.* ♦ ... Les dispositions appliquées au fond du litige dans le cadre d'un recours ou révision ou en rectification d'erreur matérielle. • CE 4 oct. 2010, n° 328505 B. ♦ ... Des dispositions relatives à la possibilité de prononcer des amendes pour gestion de fait au stade de la déclaration de gestion de fait. • CE 8 oct. 2012, n° 360838 B : *AJDA 2012. 1927*. ♦ Comp. • C. comptes 26 janv. 2012, *OCID – Gestion de fait des deniers du dpt des Bouches-du-Rhône : Gestion et fin. publ. 2014, n°s 3-4, p. 106, chron. Damarey, Lascombe et Vandendriessche.* ♦ Une disposition qui érige en contravention pénale, passible d'une amende, certaines infractions fiscales n'est pas applicable à un litige concernant une instance civile engagée par la redevable afin d'obtenir restitution de fonds versés par elle à ce titre. • Com., QPC, 3 sept. 2013, *Sté Boulanger,* n° 13-40.035. ♦ Des dispositions qui, si elles ne permettent pas aux instances de l'ordre des médecins d'engager des poursuites disciplinaires à l'encontre d'un médecin exerçant des fonctions de contrôle, ne fondent pas l'irrecevabilité opposée à M. B... en tant qu'elles n'incluent pas les instances ordinales parmi les personnes pouvant engager des poursuites disciplinaires contre les médecins exerçant une fonction de contrôle. • CE, QPC, 13 janv. 2014, n° 372804 B : *AJDA 2014. 135 ; JCP Adm. 2014. 97 ; Dr. adm. 2014. 63, note Biagini-Girard.* ♦ ... Une disposition législative qui, faute de décret d'application, n'est pas entrée en vigueur. • CE 28 avr. 2014, n° 375709 B : *JCP Adm. 2014. 401.* ♦ ... Une disposition non invoquée par les parties à l'appui des moyens qu'elles ont soulevés devant le juge, non appliquée par lui et insusceptible de l'être en cassation au titre des moyens qu'il lui appartient de relever d'office. • CE 7 févr. 2018, n° 416291 B : *AJDA 2018. 302 ; JCP Adm. 2018. 160 ; ibid. 2250, note Pouvreau.* ♦ *Idem* en appel. • CE 21 janv. 2021, n° 444766 B : *AJDA 2021. 181 ; JCP Adm. 2021. 72.*

147. Des dispositions d'une loi qui, prises sur le fondement de l'antépénultième al. de l'art. 34, se bornent à fixer des objectifs à l'action de l'État sont dépourvues de portée normative et ne sauraient dès lors être regardées comme applicables au litige. • CE, QPC, 18 juill. 2011, n° 340512 : *AJDA 2011. 1527 .* ♦ De même, une loi non normative ne peut faire l'objet d'une QPC dès lors qu'elle n'est pas applicable au litige. • CE 21 oct. 2015, n° 392400 A : *Constitutions 2015. 588, chron. Domingo ; JCP Adm. 2015. 892.*

148. Les art. L. 211-1 et L. 211-2 CJA, qui disposent que, sous certaines réserves, les tribunaux administratifs sont juges de droit commun en premier ressort du contentieux administratif et que les cours administratives d'appel connaissent en appel des jugements rendus par les tribunaux administratifs n'induisent pas l'incompétence de toute juridiction pour connaître des actes qui ne sont pas détachables de la conduite des relations extérieures de la France. Il en résulte que ces articles ne peuvent être regardés comme applicables au litige, au sens de l'art. 23-5 Ord. 7 nov. 1958. Il s'ensuit qu'il n'y a pas lieu de renvoyer au Cons. const. la QPC soulevée. • CE, QPC, 9 sept. 2020, n° 439520 : *AJDA 2020. 2373, concl. Lallet ; JCP Adm. 2020. 520.*

149. *En refusant* à une personne l'inscription sur le registre du sceau de France de la transmission d'un titre nobiliaire et en inscrivant une autre personne comme ayant succédé à un tel titre, qui ne se confond pas avec le nom, le ministre ne fait pas application des dispositions du code civil relatives à l'établissement, au contenu et à la tenue des actes de l'état civil et aux changements de prénoms et de nom, qui ont un tout autre objet. Au demeurant, si le requérant invoque l'incompétence négative qui entacherait ces dispositions législatives faute de comporter des règles relatives à la transmission des titres nobiliaires, un tel grief ne peut être utilement présenté qu'à l'encontre de dispositions applicables au litige et à la condition de contester les insuffisances du dispositif qu'elles instaurent et non pour revendiquer la création d'un régime dédié. • CE 12 févr. 2021, n° 440401 B : *préc. note 48.*

150. Applicabilité au litige. Des dispositions « non dénuées de rapport avec les termes du litige » sont applicables au litige. • CE, QPC, 8 oct. 2010, n° 338505 A : *AJDA 2010. 2433, concl. Liébert ; RFDA 2010. 1257, chron. Roblot-Troizier et Rambaud ; ibid. 2011. 353, note Éveillard ; JCP Adm. 2011. 2263, obs. Marty* • CE, QPC, 21 mars 2011, n° 345193 • CE 2 févr. 2012, n° 355137 B : *AJDA 2012. 240 ; D. 2012. 367 ; RFDA 2012. 528, chron. Roblot-Troizier et Tusseau .* ♦ Il en va de même pour : des dispositions dont la constitutionnalité est contestée en tant qu'elles ne sont pas appliquées au litige en cause et que le requérant en réclame l'application. • CE, QPC, 14 avr. 2010, n° 336753 A : *préc. note 38* • CE, QPC, 9 juill. 2010, n° 339261. ♦ ... Une disposition qui est susceptible de deux interprétations dont l'une la rend applicable au litige et l'autre non. • CE, QPC, 18 mai 2010, n° 306643 A : *préc. note 16.* ♦ ... Une disposition appliquée au litige par anticipation, c'est-à-dire alors même qu'elle n'était pas encore en vigueur à la date où elle a été appliquée. • CE, QPC, 18 mai 2010, n° 306643 A : *préc.* ♦ ... Une disposition sans laquelle le requérant n'aurait pas fait l'objet de la décision attaquée. • CE, QPC, 9 juill. 2010, n° 339261. ♦ ... Une disposition dont il pourrait être fait application au litige alors même qu'elle n'était pas en vigueur à la date de la décision administrative litigieuse. • CE, QPC, 22 sept. 2010, n° 326332 : *AJDA 2010. 1796 .* ♦ ... Une disposition qui présente un rapport d'indissociabilité avec celle, également contestée, dont l'application est à l'origine du litige. • CE 28 mai 2010, n° 337840 A : *AJDA 2010. 1376, concl. Thiellay* • CE, QPC, 18 juin 2010, n° 337898 B : *AJDA 2010. 1236 .* ♦ ... Une disposition pourtant déclarée inconventionnelle par une CAA, dès lors que le juge de cassation pourrait revenir sur cette inconventionnalité et l'appliquer au litige. • CE 28 janv. 2011, n° 330481 : *AJDA 2011. 188 .* ♦ ... Une disposition abrogée. • Cons. const. 23 juill. 2010, *Philippe E.,* n° 2010-16 QPC.

151. Est encore applicable au litige un ensemble de dispositions ayant vocation à faire l'objet d'un contrôle global dès lors qu'elles régissent de manière indissociable la procédure mise en œuvre, même s'il n'est fait application que de certaines d'entre elles. • CE, QPC, 18 juin 2010, *Sté Office central d'accession au logement*, n° 337989 : *AJDA 2010. 1236.* ♦ ... Présentant une cohérence telle qu'elles doivent faire l'objet d'une appréciation d'ensemble. • CE, QPC, 28 janv. 2011, *Huchon*, n° 338199 : *préc. note 126.*

152. Une QPC est recevable dès lors qu'elle est soulevée à l'appui d'un recours pour excès de pouvoir dirigé contre une instruction fiscale, qui est une instance au sens de l'art. 23-5 de l'Ord. n° 58-1067, alors même que l'instruction en cause se borne à prescrire à l'administration fiscale d'appliquer les dispositions législatives contestées et que leur inconstitutionnalité alléguée est l'unique moyen invoqué par les requérants au soutien de ce recours. • CE, QPC, 9 juill. 2010, *Épx Mathieu*, n° 339081 : *préc. note 38.* ♦ V., s'agissant d'un recours contre une circulaire relative à la vie quotidienne de services, • CE, QPC, 4 mai 2011, *Lliboutry*, n° 346648 : *Lebon T. 1115* .

153. Enfin, dans le cadre d'un recours en responsabilité du fait de l'inconstitutionnalité d'une disposition législative, son « application au litige » semble être automatique. • CE, QPC, 17 déc. 2010, *Le Normand de Bretteville*, n° 343752 : *préc. note 29.*

154. Une interprétation jurisprudentielle constante d'une disposition législative doit être prise en compte dans le cadre de la QPC. S'incorporant à la disposition, elle est applicable au litige. • Cons. const. 6 oct. 2010, *Isabelle D. et Isabelle B.*, n° 2010-39 QPC.

155. *Compétence exclusive des juridictions de renvoi.* Il n'appartient pas au Conseil constitutionnel, saisi d'une QPC, de remettre en cause la décision par laquelle le Conseil d'État ou la Cour de cassation a jugé, en application de l'art. 23-5 Ord. 7 nov. 1958, qu'une disposition était ou non applicable au litige ou à la procédure ou constituait ou non le fondement des poursuites. • Cons. const. 28 mai 2010, *Cts L.*, n° 2010-1 QPC § 6 • Cons. const. 26 nov. 2010, *Mlle Danielle S.*, n° 2010-71 QPC § 11. ♦ Dès lors, le Conseil doit rejeter les conclusions des requérants tendant à ce que le Cons. const. se prononce sur la conformité à la Const. de dispositions législatives qui ne figurent pas dans la question renvoyée par le Conseil d'État. • Même décision, § 7. ♦ ... Les conclusions du Premier ministre tendant à ce que le Cons. const. ne se prononce pas sur la conformité à la Const. de dispositions figurant au nombre de celles incluses dans la question renvoyée par le Conseil d'État. • Même décision.

4° CAS PARTICULIER DES DISPOSITIONS DÉJÀ DÉCLARÉES CONTRAIRES À LA CONSTITUTION

156. V. notes ss. Const. 58, art. 62.

II. MISE EN ŒUVRE DE LA QPC

A. PRIORITÉ DE LA QUESTION

1° GÉNÉRALITÉS

157. En imposant l'examen par priorité des moyens de constitutionnalité avant les moyens tirés du défaut de conformité d'une disposition législative aux engagements internationaux de la France, le législateur organique a entendu garantir le respect de la Constitution et rappeler sa place au sommet de l'ordre juridique interne, mais n'a fait qu'imposer, en tout état de cause, l'ordre d'examen des moyens soulevés devant la juridiction saisie sans restreindre la compétence de cette dernière, après avoir appliqué les dispositions relatives à la question prioritaire de constitutionnalité, de veiller au respect et à la supériorité sur les lois des traités ou accords légalement ratifiés ou approuvés et des normes de l'Union européenne. Ainsi, elle ne méconnaît ni l'art. 55 Const. 58 ni l'art. 88-1 Const. 58. • Cons. const. 2 oct. 2020, *Geoffrey F. et a.*, n° 2020-858/859 QPC § 8 • Cons. const. 3 déc. 2009, n° 2009-595 DC § 14 et 22. ♦ Sur les liens entre QPC et conventionnalité, V. notes 286 s.

158. Quand bien même il serait dans un cas où il n'est pas tenu de prononcer le sursis, le juge doit se prononcer prioritairement sur la QPC et ensuite sur le maintien en détention (en l'espèce : demande de mise en liberté) de la personne concernée. • Crim. 2 sept. 2010, n° 10-84.027 P : *D. 2011. 124, chron. Lazerges-Cousquer, Leprieur et Degorce* ; *AJ pénal 2010. 556, obs. Perrier* . ♦ Le juge ne peut refuser d'examiner préalablement la QPC au motif que la requête en QPC doit faire l'objet d'une mise en état permettant le recueil des observations du ministère public et des parties préalablement à sa soumission à la chambre d'instruction. • Même affaire.

159. De même, le juge appelé à se prononcer sur le caractère sérieux d'une QPC ne peut, pour réfuter ce caractère sérieux, se fonder sur l'interprétation de la disposition législative contestée qu'impose sa conformité aux engagements internationaux de la France, que cette interprétation soit formée simultanément à la décision qu'il rend ou l'ait été auparavant. Il n'appartient pas non plus au Cons. const. saisi d'une telle QPC de tenir compte de cette interprétation pour conclure à la conformité aux droits et libertés que la Const. garantit. En revanche, ces mêmes exigences ne s'opposent nullement à ce que soit contestée, dans le cadre d'une QPC, la portée effective qu'une telle interprétation confère à une disposition législative, si l'inconstitutionnalité alléguée procède bien de cette interprétation. • Cons. const. 2 oct. 2020, *Geoffrey F. et a.*, n° 2020-858/859 QPC § 9 et 10.

160. Le Conseil d'État n'est pas tenu, lorsqu'à l'appui d'une requête est soulevée devant lui une QPC, sur laquelle il lui incombe de se prononcer dans un délai de trois mois, de statuer au préalable sur la recevabilité de cette requête. • CE, QPC, 21 nov. 2014, n° 384353 : *AJDA 2015. 348, note Christelle ; ibid. 2014. 2279 ; D. 2015. 2145, obs. Martin et Synvet*. ♦ Il en va de même en cas de contestation de l'intérêt à agir. • CE, QPC, 15 mai 2019, n° 428478 : *AJDA 2019. 1079 ; JCP Adm. 2019. 346.*

161. De même encore, le CE statue sur la QPC présentée avant de constater son incompétence au fond et de renvoyer l'affaire à la juridiction d'appel compétente. • CE 3 juin 2019, n° 424377 : *AJDA 2019. 1195 ; JCP Adm. 2019. 408.*

162. La Cour de cassation a néanmoins estimé que cette priorité pouvait être contraire à l'art. 267 TFUE ; elle a posé, avant-dire droit, une question préjudicielle en ce sens à la CJUE. • Cass., QPC, 16 avr. 2010, *Aziz Malki* : *D. 2010. 1079 ; ibid. 13 mai 2010, n° 19, édito. Rome ; ibid. 1254, note Levade ; ibid. 1336, obs. Sargos ; ibid. 1234, note Cassia ; AJDA 2010. 1024, note Manin ; JCP 2010. 464, obs. Mathieu ; Gaz. Pal. 25-27 avr. 2010, p. 12, obs. Rousseau et Lévy ; Le Monde, 23 avr. 2010, p. 9, obs. Roger ; ibid., p. 15, obs. Carcasonne et Molfessis ; ibid. 4 mai 2010, obs. Drago ; LPA 27 mai 2010, p. 6, note Chaltiel ; ibid. 31 mai 2010, p. 7, note Roux ; Procédures 2010. Repère 6, obs. Croze ; Gaz. Pal. 23-27 mai 2010, p. 8, avis de l'avocat général Domingo ; RFDA 2010. 449, note Gautier ; ibid. 458, note Gaïa .*

163. Le caractère prioritaire de la QPC oblige le juge à fonder sa décision sur un motif d'inconstitutionnalité s'il existe et non sur un motif d'inconventionnalité. • CE 22 juill. 2016, n° 387277 B : *AJDA 2016. 2141 ; Dr. adm. 2017. 7, étude Madeira.*

2° CONVENTIONNALITÉ DE LA QPC

BIBL. Auby, QPC et droit de l'Union européenne, l'état du débat, *Dr. adm. 2010. 8.* – Domingo, L'articulation des normes : question prioritaire de constitutionnalité et question préjudicielle à la Cour de justice de l'Union européenne, *RFDA 2010. 445* . – Gahdoun, Repenser la priorité de la QPC, *RD publ. 2010. 1709.* – Labayle, La question prioritaire de constitutionnalité : question prioritaire de constitutionnalité et question préjudicielle : ordonner le dialogue des juges ?, *RFDA 2010. 659* . – Manin, La question prioritaire de constitutionnalité et le droit de l'Union européenne, *AJDA 2010. 2188* . – Millet, Le dialogue des juges à l'épreuve de la QPC, *RD publ. 2010. 1729.* – Scanvic, La question de constitutionnalité est-elle vraiment prioritaire ?, *AJDA 2010. 1459* . – Simon et Rigaux, La priorité de la question prioritaire de constitutionnalité : harmonie(s) et dissonance(s) des monologues juridictionnels croisés, *Cah. Cons. const. 2010, n° 29, p. 63.* – Simon et Rigaux, Solange, le mot magique du dialogue des juges, *Europe juill. 2010, repère n° 7.* – Gautier, QPC et droit communautaire, Retour sur une tragédie en cinq actes, *Dr. adm. 2011. 19.*

164. Est incompatible avec les exigences inhérentes à la nature même du droit de l'Union toute disposition d'un ordre juridique national ou toute pratique, législative, administrative ou judiciaire, qui aurait pour effet de diminuer l'efficacité du droit de l'Union par le fait de refuser au juge compétent pour appliquer ce droit le pouvoir de faire, au moment même de cette application, tout ce qui est nécessaire pour écarter les dispositions législatives nationales formant éventuellement obstacle à la pleine efficacité des normes de l'Union. • CJCE 9 mars 1978, *Simmenthal*, n° 106/77 § 22 : *Rec. CJCE 629 ; Rev. dr. int. dr. comp. 1978. 24, note Ganshof van der Meersch ; RDT eur. 1978. 381, note Carreau* • CJCE 19 juin 1990, *Factortame e.a.*, n° C. 213/89 § 20 : *Rec. CJCE ; AJDA 1990. 834, note Le Mire ; RFDA 1990. 912, note Bonichot ; JDI 1991. 447, note Simon.* ♦ Les juridictions nationales ont la faculté la plus étendue de saisir la Cour si elles considèrent qu'une affaire pendante devant elles soulève des questions comportant une interprétation ou une appréciation en validité des dispositions du droit de l'Union nécessitant une décision de leur part. • CJCE 16 janv. 1974, *Rheinmühlen-Düsseldorf*, n° 166/73 § 3 : *Rec. CJCE 33 ; JDI 1976, 198, note R.K.* • CJCE 27 juin 1991, *Mecanarte*, n° C. 348/89 § 44 : *Rec. CJCE I-3277* • CJCE 16 déc. 2008, *Cartesio*, n° C. 210/06 § 88 : *Rec. CJCE I-9641 ; AJDA 2009. 247, chron. Broussy, Donnat, Lambert ; D. 2009. 465, note Kovar ; JCP 2009. II. 11027, note Menjucq ; Europe 2009, comm. 64.* ♦ L'existence d'une règle de droit interne liant les juridictions ne statuant pas en dernière instance à l'appréciation portée en droit par une juridiction de degré supérieur ne saurait, de ce seul fait, les priver de la faculté prévue à l'art. 267 TFUE de saisir la Cour des questions d'interprétation du droit de l'Union. • CJCE 16 janv. 1974, *Rheinmühlen-Düsseldorf*, n° 166/73 § 4 et 5 : *préc.* • CJCE 16 déc. 2008, *Cartesio*, n° C. 210/06 § 94 : *préc.* ♦ La juridiction qui ne statue pas en dernière instance doit être libre, notamment si elle considère que l'appréciation en droit faite au degré supérieur pourrait l'amener à rendre un jugement contraire au droit de l'Union, de saisir la Cour des questions qui la préoccupent. • CJUE 9 mars 2010, *ERG e.a.*, n° C. 378/08 § 32. ♦ L'efficacité du droit de l'Union se trouverait menacée si l'existence d'un recours obligatoire devant la cour constitutionnelle pouvait empêcher le juge national, saisi d'un litige régi par le droit de l'Union, d'exercer la faculté qui lui est attribuée par l'art. 267 TFUE de soumettre à la Cour de justice les questions portant sur l'interprétation ou sur la validité du droit de l'Union, afin de lui permettre de juger si une règle nationale est ou non compatible avec celui-ci. • CJCE 27 juin 1991, *Mecanarte*, n° C. 348/89 § 39, 45 et 46 : *préc.*

165. L'art. 267 TFUE s'oppose à une législation d'un État membre qui instaure une procédure incidente de contrôle de constitutionnalité des lois nationales, pour autant que le caractère prioritaire de cette procédure a pour conséquence d'empêcher, tant avant la transmission d'une question de constitutionnalité à la juridiction nationale chargée d'exercer le contrôle de constitutionnalité des lois que, le cas échéant, après la décision de cette juridiction sur ladite question, toutes les autres juridictions nationales d'exercer leur faculté ou de satisfaire à leur obligation de saisir la Cour de questions préjudicielles. En revanche, l'art. 267 TFUE ne s'oppose pas à une telle législation nationale pour autant que les autres juridictions nationales restent libres : a) de saisir, à tout moment de la procédure qu'elles jugent approprié, et même à l'issue de la procédure incidente de contrôle de constitutionnalité, la Cour de toute question préjudicielle qu'elles jugent nécessaire ; b) d'adopter toute mesure nécessaire afin d'assurer la protection juridictionnelle provisoire des droits conférés par l'ordre juridique de l'Union ; et c) de laisser inappliquée, à l'issue d'une telle procédure incidente, la disposition législative nationale en cause si elles la jugent contraire au droit de l'Union. Il appartient à la juridiction de renvoi de vérifier si la législation nationale en cause au principal peut être interprétée conformément à ces exigences du droit de l'Union. • CJUE 22 juin 2010, *Melki et Abdeli*, n° C-188/10 et C-189/10 § 57 : *AJDA 2010. 1578, chron. Aubert, Broussy et Donnat ; Gaz. Pal. 27-29 juin, p. 19, obs. Rousseau ; JCP 2010. 716, obs. Lucazeau ; D. 2010. 1640, note Donnat*. ♦ Rappr. • CJUE, ord., 1er mars 2011, *Claude Chartry c/ Belgique*, n° C-457/09 : *Constitutions 2011. 330, chron. Levade*.

166. Si l'art. 55 Const. 58 confère aux traités, dans les conditions qu'il définit, une autorité supérieure à celle des lois, il ne prescrit ni n'implique que le respect de ce principe doive être assuré dans le cadre du contrôle de la conformité des lois à la Const. Or, pour mettre en œuvre le droit reconnu par l'art. 61-1 Const. 58 à tout justiciable de voir examiner, à sa demande, le moyen tiré de ce qu'une disposition législative méconnaît les droits et libertés que la Const. garantit, l'al. 5 de l'art. 23-2 et l'al. 2 de l'art. 23-5 Ord. n° 58-1067 du 7 nov. 1958 précisent l'articulation entre le contrôle de conformité des lois à la Const., qui incombe au Cons. const., et le contrôle de leur compatibilité avec les engagements internationaux ou européens de la France, qui incombe aux juridictions administratives et judiciaires ; dès lors, le moyen tiré du défaut de compatibilité d'une disposition législative aux engagements internationaux et européens de la France ne saurait être regardé comme un grief d'inconstitutionnalité et l'examen d'un tel grief, fondé sur les traités ou le droit de l'Union européenne, relève de la compétence des juridictions administratives et judiciaires. • Cons. const. 12 mai 2010, n° 2010-605 DC § 10 à 12.

167. L'autorité qui s'attache aux décisions du Conseil constitutionnel en vertu de l'art. 62 Const. 58 ne limite pas la compétence des juridictions administratives et judiciaires pour faire prévaloir les engagements internationaux sur une disposition législative incompatible avec eux, même lorsque cette dernière a été déclarée conforme à la Const. • Cons. const. 12 mai 2010, n° 2010-605 DC § 13.

168. L'art. 23-3 de l'Ord. n° 58-1067 du 7 nov. 1958 prévoyant que le juge qui transmet une question prioritaire de constitutionnalité, dont la durée d'examen est strictement encadrée, peut, d'une part, statuer sans attendre la décision relative à la question prioritaire de constitutionnalité si la loi ou le règlement prévoit qu'il statue dans un délai déterminé ou en urgence et, d'autre part, prendre toutes les mesures provisoires ou conservatoires nécessaires, l'autorise à suspendre immédiatement tout éventuel effet de la loi incompatible avec le droit de l'Union, assurer la préservation des droits que les justiciables tiennent des engagements internationaux et européens de la France et garantir la pleine efficacité de la décision juridictionnelle à intervenir. • Cons. const. 12 mai 2010, n° 2010-605 DC § 14.

169. Ni l'art. 61-1 Const. 58 ni les art. 23-1 s. de l'Ord. n° 58-1067 du 7 nov. 1958 ne font obstacle à ce que le juge saisi d'un litige dans lequel est invoquée l'incompatibilité d'une loi avec le droit de l'Union européenne fasse, à tout moment, ce qui est nécessaire pour empêcher que des dispositions législatives qui feraient obstacle à la pleine efficacité des normes de l'Union soient appliquées dans ce litige et ne privent pas davantage les juridictions administratives et judiciaires, y compris lorsqu'elles transmettent une question prioritaire de constitutionnalité, de la faculté ou, lorsque leurs décisions ne sont pas susceptibles d'un recours juridictionnel de droit interne, de l'obligation de saisir la CJUE d'une question préjudicielle en application de l'art. 267 TFUE. Il en résulte qu'il n'appartient pas au Cons. const. saisi en application des art. 61 ou 61-1 Const. 58, d'examiner la compatibilité d'une loi avec les engagements internationaux et européens de la France. Ainsi, nonobstant la mention dans la Const. du traité signé à Lisbonne le 13 déc. 2007, il ne revient pas au Cons. const. de contrôler la compatibilité d'une loi avec les stipulations de ce traité. • Cons. const. 12 mai 2010, n° 2010-605 DC § 14 à 16 • CE, QPC, 14 mai 2010, *Rujovic*, n° 312305 : *préc. note 49.* ♦ Ainsi, un grief tiré du défaut de compatibilité d'une disposition législative aux engagements internationaux de la France ne saurait être regardé comme un grief d'inconstitutionnalité et ne peut donc être soulevé dans le cadre de la QPC. • Cons. const. 22 juill. 2010, *Alain C.*, n° 2010-4/17 QPC § 11 • Cass., QPC, 24 sept. 2010, n° 10-40.026

170. Lorsque l'interprétation ou l'appréciation de la validité d'une disposition du droit de l'Union européenne détermine la réponse à la question prioritaire de constitutionnalité, il appartient au Conseil d'État de saisir sans délai la CJUE. Il convient alors de regarder la QPC comme non sérieuse en l'état. • CE, ass., 31 mai 2016, *M. Jacob*, n° 393881 A : *AJDA 2016. 1095 ; ibid. 1392, chron. Dutheillet de Lamothe et Odinet ; RFDA 2016. 989, concl. Cortot-Boucher ; ibid. 1003, note Labayle et Mehdi ; JCP Adm. 2016. 487 ; ibid. 2017. 2077, note Dilloard ; Dr. adm. 2016. 51, note Éveillard* • CE 27 juin 2016, *AFEP et a.*, n° 399024 : *AJDA 2016. 2444, note Barbé*. ♦ Une fois la réponse de la CJCE obtenue, une nouvelle QPC peut être déposée et, si elle est pertinente, transmise. • CE 6 oct. 2017, *Sté participation financière*, n° 399757.

171. Le juge administratif, juge de droit commun de l'application du droit de l'Union européenne, en assure l'effectivité, soit en l'absence de QPC, soit au terme de la procédure d'examen d'une telle question, soit à tout moment de cette procédure, lorsque l'urgence le commande, pour faire cesser immédiatement tout effet éventuel de la loi contraire au droit de l'Union ; le juge administratif dispose de la possibilité de poser à tout instant, dès qu'il y a lieu de procéder à un tel renvoi, en application de l'art. 267 TFUE, une question préjudicielle à la CJUE. • CE 27 juin 2016, *Sté APSIS*, n° 398585 : *Lebon ; AJDA 2016. 2444, note Barbé* • CE 27 juin 2016 *AFEP*, n° 399024 : *AJDA 2016. 2444, note Barbé*.

172. Au besoin, le Cons. const. renvoie lui-même. C'est le cas par ex. lorsque, saisi de dispositions législatives relatives au mandat d'arrêt européen découlant nécessairement des actes pris par les institutions de l'UE, le Cons. const. doit, pour répondre à la question posée, se fonder sur une interprétation des décisions de l'UE que, conformément à l'art. 267 TFUE, la CJUE est seule compétente à donner. • Cons. const. 4 avr. 2013, *Jérémy F.*, n° 2013-314P QPC § 5 et 7. ♦ En revanche, tel n'est pas le cas lorsque la validité des textes contestés est sans effet sur l'appréciation de la conformité des dispositions contestées aux droits et libertés que la Constitution garantit. • Cons. const. 25 oct. 2019, *Fairouz H.*, n° 2019-811 QPC § 4.

173. Sur les conséquences de ces principes sur le contrôle par le Cons. const., tant dans le cadre de la QPC que du contrôle *a priori*, des lois de transposition de directives, V. ss. Const. 58, art. 88-1, notes 12 s.

174. Lien entre QPC et conventionnalité. V. note 286.

175. On notera que le tribunal des conflits a tranché une question de la compétence juridictionnelle sur la base de l'inconventionnalité de la loi validant la compétence administrative en absence de motifs impérieux d'intérêt général et ce « sans qu'il soit besoin de surseoir à statuer en considération d'une QPC présentée devant le Conseil d'État » relative à la même disposition. • T. confl. 13 déc. 2010, *Sté Green Yellow et a.*, n° 3800 : *AJDA 2011. 439, concl. Guyomar et note Richer*.

B. PROCÉDURE DE LA QPC

BIBL. Savonitto, L'absence de double filtrage des QPC. Argument pour sa suppression ?, *RFDC 2013. 107*.

176. La conformité à la Const. de dispositions législatives ne peut être utilement contestée devant le Conseil d'État, statuant au contentieux en dehors de la procédure prévue au présent art. • CE 22 sept. 2017, n° 404921 B : *AJDA 2018. 229, note Charruau ; ibid. 2017. 1809 ; AJFP 2018. 49 ; Dr. adm. 2018. 3, note Éveillard.*

177. Si par ces dispositions le constituant a d'abord reconnu à tout justiciable le droit de soutenir, à l'appui de sa demande, qu'une disposition législative porte atteinte aux droits et libertés que la Constitution garantit, a, ensuite, confié au Conseil d'État et à la Cour de cassation, juridictions placées au sommet de chacun des deux ordres de juridiction reconnus par la Constitution, la compétence pour juger si le Conseil constitutionnel doit être saisi de cette question de constitutionnalité et a, enfin, réservé au Conseil constitutionnel la compétence pour statuer sur une telle question et, le cas échéant, déclarer une disposition législative contraire à la Constitution, l'objectif de valeur constitutionnelle de bonne administration de la justice qui résulte des art. 12, 15 et 16 DDH impose au législateur organique de ne pas méconnaître le droit de poser une QPC. • Cons. const. 3 déc. 2009, n° 2009-595 DC § 3 et 4.

178. Vu l'art. 46 de la loi constitutionnelle du 23 juill. 2008, les présentes dispositions n'entreront en vigueur que lorsque aura été prise la loi organique précisant leurs modalités d'application. • CE, sect., 31 déc. 2008, *Assoc. déf. droits des militaires*, n° 307405 A : *AJDA 2009. 149, chron. Liéber et Botteghi*. ♦ L'entrée en vigueur de la loi organique étant prévue le premier jour du troisième mois suivant celui de sa promulgation (1er mars 2010), le législateur a pu prévoir que seules les questions prioritaires de constitutionnalité présentées à compter de cette date dans un écrit ou un mémoire distinct et motivé seront recevables. La loi organique sera applicable aux instances en cours à la date de son entrée en vigueur. • Cons. const. 3 déc. 2009, n° 2009-595 DC § 37.

179. Afin de faire face aux conséquences de l'épidémie du virus covid-19, le délai dans lequel le Conseil d'État ou la Cour de cassation doit se prononcer sur le renvoi d'une QPC au Cons. const. et celui dans lequel ce dernier doit statuer sur une telle question sont suspendus jusqu'au 30 juin 2020 sans que soit remis en cause l'exercice de ce recours ni n'interdit qu'il soit statué sur une QPC durant cette période. • Cons. const. 26 mars 2020, n° 2020-799 DC.

1° INTERVENTION DU JUGE DU FOND

a. Procédure

1. Absence de moyen d'office

180. Les termes du présent art. imposant au législateur organique de réserver aux seules parties à l'instance le droit de soutenir qu'une disposition législative porte atteinte aux droits et libertés que la Constitution garantit, l'interdiction faite à la juridiction saisie de soulever d'office une QPC ne méconnaît pas la Constitution. • Cons. const. 3 déc. 2009, n° 2009-595 DC § 9. ♦ Il n'est pas possible de considérer que le juge du fond, en rédigeant la question qu'il transmet au Conseil, s'est saisi d'office. • CE, QPC, 24 sept. 2010, *Decurey,* n° 341685 : *préc. note 29.*

181. Le fait que le juge saisi de la QPC soit dans une situation lui interdisant de prononcer le sursis ne lui permet pas de reporter sa décision sur la QPC après qu'il ait statué sur la question de fond (en l'espèce, maintien en liberté). • Crim. 2 sept. 2010, *David Makhout,* n° 10-84.027.

2. Auteur de la question

182. QPC posée par un intervenant. Les parties ayant déclaré, par mémoires distincts et motivés, s'associer à la question soulevée par l'intervenant, le CE a pu rejeter la fin de non-recevoir opposée par le Gouvernement. • CE, QPC, 14 juin 2010, *Assoc. nat. stés exercice libéral,* n° 328937 : *AJDA 2010. 1959*. ♦ Un intervenant justifiant d'un intérêt lui donnant qualité pour intervenir au soutien des conclusions présentées par une des parties au litige est susceptible d'intervenir au soutien d'une QPC soulevée par cette partie ; en revanche, il n'est pas recevable, eu égard aux conséquences susceptibles *d'en résulter quant au règlement du litige* tel que déterminé par les conclusions des parties, à soulever de sa propre initiative une QPC qui n'aurait pas été invoquée par l'une des parties. • CE 22 févr. 2013, n° 356245 : *AJDA 2013. 440*. ♦ Sauf si la QPC a pour objet de permettre à l'intervenant de se voir reconnaître la qualité de partie à l'instance. • CE 7 déc. 2016, n° 403514 : *AJDA 2016. 2410* ; *JCP Adm. 2016. 968.*

183. QPC posée par la personne invitée à présenter des observations ou tiers opposant. A qualité pour soulever une QPC, la personne ayant présenté des observations et qui aurait qualité pour former tierce opposition contre un jugement qui annulerait la décision en cause sans qu'elle ait été présente ni représentée à l'instance. • CE, QPC, 30 mars 2015, *Kosciusko-Morizet,* n° 387322 : *Lebon ; AJDA 2015. 666* ; *JCP Adm. 2015. 2374, note Otero.*

184. QPC posée par une organisation syndicale. Une QPC émanant d'une organisation syndicale peut être transmise au Cons. const. alors même que la même QPC posée par un individu ne l'a pas été. • CE, QPC, 21 mars 2011, *Synd. fonctionnaires du Sénat,* n° 345216 : *AJDA 2011. 593* ; *JCP Adm. 2011. 2212, note Domingo.*

b. Juridictions devant lesquelles la QPC peut être posée

185. Cour d'assises. Le législateur organique ayant entendu tenir compte, dans l'intérêt de la bonne administration de la justice, des spécificités de l'organisation de la cour d'assises et du déroulement du procès devant la cour d'assise, il a pu, à bon droit interdire que la question prioritaire de constitutionnalité soit présentée devant cette cour dès lors qu'il permettait que cette question soit posée au cours de l'instruction pénale qui précède le procès criminel et également à l'occasion de la déclaration d'appel d'un arrêt rendu par la cour d'assises en premier ressort ou du pourvoi en cassation formé contre un arrêt rendu par la cour d'assises en appel. • Cons. const. 3 déc. 2009, n° 2009-595 DC § 10.

186. Juridictions relevant du Conseil d'État. Ont déjà transmis des QPC : la chambre disciplinaire nationale d'un ordre professionnel. • CE, QPC, 24 sept. 2010, *Marie-Line A.,* n° 341548 • CE, QPC, 13 janv. 2014, *B.,* n° 372804 : *préc. note 146.* ♦ ... Une cour régionale des pensions. • CE, QPC, 24 sept. 2010, *René A.,* n° 342161. ♦ ... Une chambre territoriale des comptes. • CE 4 mars 2011, *Clark,* n° 344766 B. ♦... La Cour des comptes. • C. comptes 28 oct. 2010, *Lycée G. Clemenceau de Sartène : préc. note 42.* ♦ .... La CDBF. *CDBF, 22 mai 2014, *Consortium de réalisation (CDR) et EP de financement et de restructuration (EPFR)-QPC,* arrêt n° 192-694/695-I. ♦ Il y a désormais une procédure spécifique devant la CNDA, V. Décr. n° 2016-463 du 14 avr. 2016.

V. pour d'autres décisions dans le même sens :.

187. Juridictions relevant de la Cour de cassation. A déjà transmis des QPC un tribunal des affaires de sécurité sociale. • Cass., QPC, 30 sept. 2010, n° 10-40.029 • Civ. 2e, QPC, 29 juin 2017, n° 17-40.039. ♦ ... Un tribunal pour enfants. • Crim., QPC, 27 avr. 2011, n° 11-90.015. ♦ ... La commission arbitrale des journalistes. • Soc., QPC, 9 mars 2012, n° 11-40.109. ♦ ... Un conseil de prud'hommes. • Soc., QPC, 14 déc. 2010, n° 10-40.050. ♦ ... Le juge de la mise en état d'un TGI. • Com., QPC, 4 juill. 2017, n° 17-40.037 : *AJ fam. 2017. 437, obs. Paillard*. ♦ ... Le tribunal de l'application des peines. • Crim., QPC, 4 sept. 2018, n° 18-90.018.

188. Conseil constitutionnel, juge électoral. Une QPC peut être directement présentée devant le Cons. const. lorsque celui-ci intervient comme juge électoral. • Cons. const. 12 janv. 2012, *Sénat, Loiret,* n° 2011-4538 SEN : *préc. note 35* • Cons. const. 11 déc. 2020, *SEN, Haute-Saône, M. André Kornmann,* n° 2020-5684 SEN/QPC.

V. pour d'autres décisions dans le même sens :

189. Tribunal des conflits. Une QPC ne pouvant être présentée que devant les juridictions qui relèvent du Conseil d'État ou de la Cour de cassation, une telle question ne peut être présentée devant le Tribunal des conflits. • T. confl. 4 juill. 2011, *Bidalou,* n° 3803 : *Lebon 695* ; *RFDA 2012. 397.*

c. Instances au cours desquelles la QPC peut être posée

190. Le juge n'est pas tenu, lorsqu'à l'appui d'une requête est soulevée une QPC, de statuer au préalable sur la recevabilité de la requête et peut donc renvoyer cette QPC. • CE, QPC, 21 nov. 2014, *Sté Mutuelle des transports assurances,* n° 384353 : *Lebon* ; *AJDA 2015. 348, note Christelle* ; *ibid. 2014. 2279* ; *D. 2015. 2145, obs. Martin et Synvet* ; *JCP Adm. 2015. 2103, chron. Le Bot.* ♦ Cependant, dès lors que la requête au fond est irrecevable, il n'y a pas lieu pour le juge d'examiner la QPC posée. • CE 28 sept. 2011, *Sté Alsass,* n° 349820 : *AJDA 2011. 1868* • CAA Paris, 27 juin 2011, *Serrano,* n° 11PA01606 : *AJDA 2011. 2311*.

191. Aide juridictionnelle. La procédure d'admission à l'aide juridictionnelle n'est pas, en tout état de cause, au sens du présent art., une instance en cours à l'occasion de laquelle une QPC peut être posée. • Cons. const. 21 nov. 2014, *Jean-Louis M.,* n° 2014-440 QPC § 9.

192. Référés. Une question prioritaire de constitutionnalité peut être soulevée devant le juge administratif des référés statuant, en première instance ou en appel, sur le fondement de l'art. L. 521-2 CJA. • CE, QPC, 16 juin 2010, *Mme Diakité,* n° 340250 : *AJDA 2010. 1662, note Le Bot* ; *Constitutions 2010. 399, obs. Barthélémy et Boré* • CE, QPC, 21 mars 2011, *Aboubakarova,* n° 347232 : *Lebon T. 782* ; *AJDA 2011. 644* ; *JCP Adm. 2011. 2368.* ♦ ... De l'art. L. 521-1 CJA. • CE, QPC, 21 oct. 2010, *Conf. nat. présidents des unions régionales des médecins libéraux,* n° 343527 : *Lebon 392* ; *AJDA 2010. 2021* • CE, QPC, 19 févr. 2014, *Cne de Thonon-les-Bains,* n° 373999 • CE 22 juill. 2016, n° 400913 : *Lebon* ; *AJDA 2016. 2079*.

193. Le juge des référés peut en toute hypothèse, y compris lorsqu'une question prioritaire de constitutionnalité est soulevée devant lui, rejeter une requête qui lui est soumise pour incompétence de la juridiction administrative, irrecevabilité ou défaut d'urgence. • CE, sect., 11 déc. 2015, *Cédric D.,* n° 395009 § 10 : *AJDA 2016. 247, chron. Dutheillet de Lamothe et Odinet*. ♦ ... V. déjà • CE, QPC, 19 nov. 2010, *Benzoni,* n° 344014 : *Lebon T. 911*. ♦ S'il ne rejette pas les conclusions qui lui sont soumises pour l'un de ces motifs, il lui appartient de se prononcer, en l'état de l'instruction, sur la transmission au Conseil d'État de la QPC ou, pour le juge des référés du Conseil d'État, sur le renvoi de la question au Cons. const. Même s'il décide de renvoyer la question, il peut, s'il estime les conditions remplies : prendre les mesures provisoires ou conservatoires nécessaires, compte tenu tant de l'urgence que du délai qui lui est imparti pour statuer, en faisant usage de l'ensemble des pouvoirs que cet article lui confère. • CE, sect., 11 déc. 2015, *Cédric D.,* n° 395009 § 10 : *préc.* ♦ ... V. déjà. • CE, QPC, 16 juin 2010, *Mme Diakité,* n° 340250 : *préc. note 192.* ♦ ... Ordonner à titre provisoire la suspension de l'exécution de l'acte attaqué. • CE, QPC, 21 oct. 2010, *Conf. nat. présidents des unions régionales des médecins libéraux,* n° 343527 : *préc. note 192.*

194. La seule circonstance que la QPC soulevée par l'intéressé est renvoyée au Cons. const. n'implique pas d'ordonner immédiatement la suspension des effets de la décision, dans l'attente de la décision du Cons. const. • CE, sect., 11 déc. 2015, *Cédric D.,* n° 395009 § 22 : *préc. note 201.*

195. Le juge des référés ayant estimé qu'il n'était pas nécessaire pour lui d'examiner la QPC portant sur le fondement légal de la décision litigieuse, dès lors que la condition d'urgence prévue à l'art. L. 521-1 CJA n'était pas satisfaite et que la demande de suspension ne pouvait, par suite, qu'être rejetée doit être ainsi réputé avoir refusé de transmettre cette question par son ordonnance. • CE 29 avr. 2013, *Agopian,* n° 366058 § 6 : *AJDA 2013. 952* ; *JCP Adm. 2013. 436.* ♦ Le juge des référés ne peut rejeter la requête comme mal fondée sans s'être prononcé sur le moyen tiré de l'inconstitutionnalité de la disposition législative critiquée dans le cadre d'une QPC dont il est saisi. • CE 16 janv. 2015, n° 374070 : *AJDA 2015. 77*.

196. Excès de pouvoir. Il est possible de poser une QPC directement devant le Conseil d'État à l'occasion d'un recours pour excès de pouvoir dirigé contre le décret d'application de la disposition contestée. • CE, QPC, 23 avr. 2010, *Cachard,* n° 327174 : *préc. note 38.* ♦ ... Contre une circulaire ou une instruction. • CE, QPC, 9 juill. 2010, *Épx Mathieu,* n° 339081 : *préc. note 38.*

197. Recours en rectification d'erreur matérielle ou recours en révision. L'objet des recours en révision et en rectification d'erreur matérielle à l'encontre d'une décision du Conseil d'État statuant au contentieux n'est pas de remettre en question l'appréciation d'ordre juridique portée par ce dernier sur les mérites de la cause qui lui était soumise et dès lors, ne peuvent être regardées comme applicables au présent litige les dispositions dont il a été fait application dans la décision entreprise ; la QPC n'est pas possible. • CE 4 oct. 2010, *Épx De Keguelin*, n° 328505 : *préc. note 146.*

198. Moyens d'office. Lorsque le juge soulève un moyen d'office, les parties, peuvent contester la constitutionnalité du texte législatif qu'ils n'avaient pu contester jusqu'alors. • Soc. 28 nov. 2012, n° 11-17.941 : *préc. note 83.*

199. Renvoi devant l'Assemblée plénière. Lorsque la chambre saisie a ordonné le renvoi devant l'Assemblée plénière de l'examen du pourvoi, l'Assemblée plénière se prononce sur le pourvoi en l'état des moyens présentés par les parties avant l'arrêt de renvoi, qui n'entraîne pas la réouverture de l'instruction. Une QPC déposée après ce renvoi n'est, dès lors, pas recevable. • Cass., ass. plén., 17 déc. 2018, n° 17-84.509 P : *RSC 2019. 434, obs. Cordier*.

d. Délai de dépôt

200. Une chambre d'instruction ne peut refuser d'examiner une QPC au motif que celle-ci a été déposée la veille de l'audience dans un domaine pour lequel il n'est pas possible de surseoir à statuer (liberté d'une personne) et qu'elle doit faire l'objet d'une mise en état d'examen permettant de recueillir les observations du ministère public et des parties. • Crim. 2 sept. 2010, n° 10-84.027 P. ♦ V. aussi note 228.

e. Forme de la question

201. En exigeant que le moyen tiré de ce qu'une disposition législative porte atteinte aux droits et libertés garantis par la Const. soit présenté dans un écrit distinct et motivé, le législateur organique a entendu faciliter le traitement de la QPC et permettre que la juridiction saisie puisse juger, dans le plus bref délai afin de ne pas retarder la procédure, si cette question doit être transmise au Conseil d'État ou à la Cour de cassation. • Cons. const. 3 déc. 2009, n° 2009-595 DC *§ 8.* ♦ *Il est donc possible* que le mémoire distinct porte sur un autre objet dès lors qu'il répond à ces conditions. • Cons. const. 13 juin 2014, *David V.*, n° 2014-401 QPC (commentaire aux NCCC).

202. Une QPC qui n'est pas présentée par un mémoire distinct est irrecevable. • CE, QPC, 9 avr. 2010, *Matelly,* n° 312251 : *AJDA 2010. 763*. ♦ Il en va de même lorsque le requérant demande, dans un mémoire complémentaire ultérieur, le renvoi au Cons. const. de nouvelles dispositions, non critiquées dans le mémoire d'origine. • CE, QPC, 21 févr. 2014, *Marc-Antoine*, n° 359716 § 7 : *AJDA 2014. 423* ; *JCP Adm. 2014. 238.*

V. pour d'autres décisions dans le même sens : .

203. Une QPC qui fait référence à un code sans préciser les art. visés ne permet pas de déterminer quelle disposition législative est réellement contestée. • C. comptes, 28 oct. 2010, *Lycée Georges-Clemenceau de Sartène : préc. note 42.*

f. Caractère contradictoire de la procédure

204. S'il ne résulte pas de cette disposition que les observations formulées par les autres parties au litige doivent à peine d'irrégularité être communiquées à la partie qui a soulevé la question prioritaire de constitutionnalité, le principe du caractère contradictoire de la procédure interdit au juge administratif de se fonder sur des éléments invoqués par une partie et qui n'auraient pas été soumis au débat contradictoire. • CE 12 févr. 2016, n° 393700 : *Lebon ; AJDA 2016. 1047*.

g. Motivation de la décision

205. A partir de la question présentée par le requérant, le juge formule lui-même la question posée sous la forme d'un conflit de normes et peut ne pas mentionner l'ensemble des normes de référence invoquées par le requérant dans sa demande et reprises pourtant dans les visas de l'arrêt. • CAA Paris, QPC, 28 mars 2010, *Lahcène Aoued*, n° 09PA00376 : *AJDA 2010. 1030, note Le Lièvre*. ♦ V. cependant les limites fixées au juge du fond, note 230.

h. Non-lieu à statuer et QPC

206. Dès lors que la vice-présidente de section du tribunal administratif de Paris estimait qu'il avait été entièrement répondu à la demande de M. A., privant ainsi sa requête d'objet, c'est sans erreur de droit qu'elle a décidé de constater par ordonnance d'une part, qu'il n'y avait pas lieu de statuer sur la requête et, d'autre part, que la QPC qu'il avait soulevée ne pouvait en conséquence être transmise. • CE 4 févr. 2013, *Laurent*, n° 362163 : *AJDA 2013. 320*.

i. Recours contre la décision

207. Lorsqu'un tribunal administratif a refusé de transmettre au Conseil d'État la QPC qui lui a été soumise, il appartient à l'auteur de cette question de contester ce refus, à l'occasion de l'appel formé contre le jugement qui statue sur le litige, dans le délai de recours contentieux et par un mémoire distinct et motivé, que le refus de transmission précédemment opposé l'ait été par une décision distincte du jugement, dont il joint alors une copie, ou directement par ce jugement. Une telle contestation peut être formée sans condition de délai par le défendeur à l'appel, par la voie du recours incident. Si tel n'est pas le cas, il n'est pas possible ensuite au défendeur à l'appel de présenter la même QPC devant le juge de cassation. • CE, QPC, 30 nov. 2020, n° 443970 B : *AJDA 2020. 2345*.

208. Lorsqu'un tribunal administratif ou une cour administrative d'appel a refusé de transmettre au Conseil d'État la QPC qui lui a été soumise, il appartient à l'auteur de cette question de contester ce refus, à l'occasion du pourvoi en cassation formé contre l'arrêt qui statue sur le litige, dans le délai de recours contentieux et par un mémoire distinct et motivé, que le refus de transmission précédemment opposé l'ait été par une décision distincte de l'arrêt, dont il joint alors une copie, ou directement par cet arrêt. • CE, QPC, 1er févr. 2011, n° 342536 A : *AJDA 2011.1209, note Caille ; Rev. dr. fisc. 2011, n° 13, p. 36, concl. Olléon.*

V. pour d'autres décisions dans le même sens :

209. Dans la mesure où l'arrêt refusant de transmettre une QPC a été versé au dossier, la circonstance que le requérant n'ait pas accompagné son mémoire d'une telle copie n'est pas de nature à faire obstacle à la recevabilité de la contestation. • CE 23 déc. 2015, n° 387277 B : *AJDA 2016. 817*. ♦ A cette occasion, le juge de cassation peut confirmer le refus de transmission en procédant à une substitution de motif. • CE 15 févr. 2016, n° 392083 B : *préc. 53*. ♦ V. pour une hypothèse pour laquelle le Conseil d'État confirme le refus de transmettre tout en jugeant l'affaire au fond après avoir censuré le juge d'appel. • CE 12 juill. 2017, n° 402042 B : *AJDA 2017. 1480 ; JCP Adm. 2017. 518.*

210. Les dispositions de l'art. 23-5 de l'Ord. 7 nov. 1958 n'ont ni pour objet ni pour effet de permettre à celui qui a déjà présenté une QPC devant une juridiction statuant en dernier ressort (en première instance) de s'affranchir des conditions, définies par les dispositions de la L. org. et du CJA, selon lesquelles le refus de transmission peut être contesté (devant le juge d'appel puis, le cas échéant) devant le juge de cassation. • CE, QPC, 1er févr. 2011, n° 342536 : *préc. note 208.* • CE, QPC, 30 nov. 2020, n° 443970 : *préc. note 207.* ♦ Dès lors qu'elle est présentée hors délai, il ne peut être fait droit à une QPC portant sur la même question que celle qui a été soumise, par les mêmes moyens, à la CAA ayant refusé la transmission. • CE 1er févr. 2012, n° 351795 B : *préc. note 208.* ♦ Les requérants formulent en appel par mémoire distinct une QPC portant sur la conformité des mêmes dispositions législatives aux mêmes droits et libertés garantis par la Constitution, en soutenant désormais qu'elles constituent le fondement légal des opérations électorales et non celui de l'arrêté préfectoral comme ils l'avaient soutenu en première instance. Il ne peut être fait droit à leur demande dès lors qu'il leur appartenait de soulever ce moyen dans le cadre d'une contestation en appel du refus de transmission par le TA. • CE 16 nov. 2016, n° 398262 B : *préc. note 208.* ♦ Les requérants n'ayant pas contesté le refus de transmission opposé par le tribunal administratif à la QPC mais présenté, dans le cadre de la reprise de l'instance d'appel, soit après l'expiration du délai d'appel, une nouvelle QPC par laquelle ils ont contesté, à nouveau, les mêmes dispositions par les mêmes griefs, cette QPC est, ainsi, irrecevable. • CE 7 oct. 2021, n° 427999 B : *AJDA 2021. 2006*. ♦ A l'inverse, dès lors que la QPC ainsi posée ne porte pas, par les mêmes moyens, sur la même question que celle soumise à la CAA, elle est recevable. • CE 1er févr. 2012, n° 351795 B : *préc. note 208* • CE, QPC, 9 juill. 2012, n° 356749 B.

211. Ces dispositions ne font pas obstacle à ce qu'un requérant qui s'est pourvu en cassation contre le rejet apposé (…) à sa demande de sursis à exécution, puisse contester devant le Conseil d'État le refus de transmission d'une QPC que lui a opposé le juge d'appel, par une décision distincte de cet arrêt, sans attendre de se pourvoir en cassation contre l'arrêt qui statuera sur le fond. • CE 28 janv. 2015, n° 382605 B : *AJDA 2015. 191 ; RDI 2015. 184, obs. Foulquier ; JCP Adm. 2015. 130.*

212. Le délai de trois mois imparti au Conseil d'État pour statuer, à peine de dessaisissement, sur une QPC n'est pas applicable au jugement de la contestation d'une décision de refus de transmission, par les juges du fond, d'une question prioritaire de constitutionnalité ; aucune autre disposition ne fixe un délai au Conseil d'État pour statuer sur une telle contestation. • CE 17 oct. 2012, n° 356983 B : *AJDA 2012. 1988 ; RDI 2013. 143, obs. Hostiou ; JCP Adm. 2012. 724.*

j. Absence de décision du juge du fond

213. Lorsqu'une juridiction administrative a omis de statuer sur la QPC qui lui a été soumise, il appartient à l'auteur de cette question de contester une telle méconnaissance des dispositions de l'art. 23-2 Ord. 7 nov. 1958 à l'occasion du pourvoi en cassation formé contre la décision qui statue sur le litige. Dans une telle hypothèse, lorsque le requérant a présenté à l'appui de son pourvoi en cassation un mémoire en contestation d'un refus de transmission, les conclusions en annulation de cette décision alléguée ne peuvent, en raison de l'absence de toute décision statuant sur la transmission de la QPC, qu'être regardées comme irrecevables. Le TA de Bordeaux a omis de statuer sur la QPC soulevée. Alors même que les dispositions dont l'inconstitutionnalité était invoquée n'étaient pas applicables au litige soumis au TA, ce dernier a entaché son jugement d'irrégularité en omettant de statuer sur cette QPC. M. A… est donc fondé à en demander l'annulation. • CE 26 avr. 2018, n° 400477 B : *AJDA 2018. 946*.

2° INTERVENTION DU CONSEIL D'ÉTAT OU DE LA COUR DE CASSATION

BIBL. Liéber et Botteghi, Le juge administratif, juge constitutionnel de droit commun, *AJDA 2010. 1355*. – Levade, QPC et interprétation : quand la Cour de cassation se fait gardienne de l'esprit de la réforme, *D. 2011. 2707*. – Drago, La Cour de cassation, juge constitutionnel, *RD publ. 2011. 1438*. – Rousseau, La Cour a ses raisons, la raison a les siennes, *RD publ. 2011. 1464*. – Platon, Les interférences entre l'office du juge ordinaire et celui du Conseil constitutionnel : « malaise dans le contentieux constitutionnel » ?, *RFDA 2012. 639*. – de Montalivet, QPC et droit administratif, *Dr. adm. 2012. Chron. 8*. – Ghezzou, La juridiction administrative : nouveaux regards à la suite de la réforme constitutionnelle du 23 juillet 2008, *JCP Adm. 2014. 2232*. – de Montalivet, QPC et droit administratif, *Dr. adm. 2015. Chron. 3*.

214. Juridictions suprêmes et impartialité. Le requérant demande le renvoi sans examen au Cons. const. de la QPC transmise par le TGI de Nanterre, aux motifs que lorsqu'elle examine une QPC qui intervient dans le cadre d'une procédure portant sur une accusation en matière pénale, il existe un risque que la Cour de cassation ne soit pas considérée comme un organe satisfaisant pleinement l'exigence d'impartialité objective au sens de l'art. 6, § 1, Conv. EDH, dès lors que la QPC porte sur une interprétation jurisprudentielle dont la Cour de cassation est l'auteur et qu'elle a appliquée constamment et à de très nombreuses reprises ; dès lors qu'aux termes de l'art. L. 411-1 COJ, il y a, pour toute la République, une Cour de cassation, la requête dirigée contre la Cour, dans son ensemble, ne peut être accueillie. • Cass., ass. plén., QPC, 20 mai 2011, nº 11-90.033 : *Dr. adm. 2011. 93, note Melleray.* ♦ Aucune règle ni aucun principe ne fait obstacle à ce qu'une des chambres de la Cour de cassation ayant contribué à forger, sur certains points, l'interprétation à donner de dispositions législatives statue, en application du présent art., sur le bien-fondé du renvoi au Cons. const. d'une QPC mettant en cause la portée effective que cette interprétation jurisprudentielle a conférée à une disposition législative. • CE 28 nov. 2013, *Sté Natixis Asset Management*, nº 364093 : *AJDA 2014. 387*.

215. La circonstance que le Conseil d'État a, dans ses formations contentieuses, fixé sur certains points l'interprétation à donner des dispositions législatives en litige ne fait pas obstacle à ce qu'il statue, ainsi que le lui prescrit l'art. 61-1 Const. 58, sur le bien-fondé du renvoi au Cons. const. de la QPC que les requérants soulèvent et n'est, en tout état de cause, pas incompatible avec les stipulations des art. 6 et 13 Conv. EDH. • CE, QPC, 12 sept. 2011, nº 347444 B : *RFDA 2012. 461, chron. Dupré de Boulois et Milano* ; *Dr. adm. 2011. 93, note Melleray.* ♦ Si le Conseil d'État est simultanément chargé par la Constitution de l'exercice de fonctions administratives et placé au sommet de l'un des deux ordres de juridiction qu'elle reconnaît, ces dispositions n'ont ni pour objet ni pour effet de porter les avis rendus par les formations administratives du Conseil d'État à la connaissance de ses membres siégeant au contentieux ; au demeurant, les membres du Conseil d'État qui ont participé à un avis rendu sur un projet d'acte soumis par le Gouvernement ne participent pas au jugement des recours mettant en cause ce même acte ; enfin, il appartient au surplus à toute partie qui s'y croit fondée de faire verser au dossier les pièces permettant de s'assurer de la régularité des consultations des formations administratives du Conseil d'État. • CE 27 juin 2014, nº 380636 : *AJDA 2014. 2067, concl. Domino*.

a. Saisine du Conseil d'État ou de la Cour de cassation

216. En dehors des cas et conditions où il est saisi sur le fondement de l'art. 61-1 Const., il n'appartient pas au Conseil d'État, statuant au contentieux, de se prononcer sur un moyen tiré de la non-conformité de la loi à une norme de valeur constitutionnelle ; par suite, le moyen invoqué par les requérants à l'appui de leur recours pour excès de pouvoir et qui tend à l'appréciation de la conformité à la Const. de ces dispositions législatives ne peut qu'être écarté. • CE 8 févr. 2012, *Sandras*, nº 349640 B.

217. Il n'est pas possible de contester devant le Conseil d'État (ou la Cour de cassation) que celui-ci n'est pas valablement saisi de la QPC posée suite à la dénaturation de celle-ci par le juge qui l'a transmise. • CE, QPC, 24 sept. 2010, *Decurey*, nº 341685 : *préc. note 29.*

218. Le Conseil d'État ne se prononce que sur les dispositions législatives ayant fait l'objet de la transmission. • CE 26 nov. 2010, *Cachard*, nº 342958 : *préc. note 30.* ♦ Il n'est pas possible de redéposer devant le Conseil d'État (ou la Cour de cassation) une QPC identique à celle que le juge du fond a refusé de transmettre. • CE, QPC, 1er févr. 2011, *SARL Prototype technique industrie*, nº 342536 : *préc. note 208.* ♦ ... A moins que celle-ci ne se fonde sur des moyens différents. • CE, QPC, 17 juill. 2012, *Rodriguez*, nº 357574 : *AJDA 2012. 1482*.

219. Si une QPC vise la même disposition législative qu'une QPC déjà transmise mais sur un autre moyen sérieux, il y a lieu de transmettre tant que le Cons. const. ne s'est pas prononcé. • CE 24 nov. 2010, *Camoin*, nº 340970 B : *AJDA 2011. 293* *(sol. impl.)* • Cons. const. 12 nov. 2010, *Charles S.*, nº 2010-61 QPC (sol impl.).

220. Type d'instance. V. note 190.

221. La Cour de cassation estime que lorsque

la QPC est soulevée à l'occasion d'un pourvoi, le mémoire qui la présente doit être déposé dans le délai d'instruction du pourvoi. • Crim 29 sept. 2010, n° 10-80.582.

222. Alors même que le ministre a soutenu, avant le prononcé par l'ordonnance transmettant au Conseil d'État la question posée devant le TA d'Orléans, que ce dernier était territorialement incompétent pour connaître du contentieux de l'assiette de la cotisation sur la valeur ajoutée des entreprises à laquelle cette société a été assujettie, et quand bien même cette position serait fondée, il y a lieu pour le Conseil d'État de se prononcer sur le renvoi au Conseil constitutionnel de la QPC qui lui a été transmise par cette juridiction. • CE, QPC, 9 juill. 2012, *SAS Bineau Agri Service*, n° 359478 : *AJDA 2012. 1428*.

223. QPC dans un litige clos. Lorsqu'une juridiction a statué au fond sur la requête présentée devant elle afin de respecter les dispositions législatives ou réglementaires qui lui imposent de statuer en urgence ou dans un délai déterminé, après avoir transmis au Conseil d'État la QPC qui a été soulevée devant elle, cette question ne peut être regardée comme ayant perdu son objet pour ce seul motif ; il y a lieu, dès lors, d'examiner la QPC transmise par le président du tribunal administratif de Saint-Pierre-et-Miquelon alors même qu'il a rejeté, dans le délai de trois jours prévu par le II de l'art. L. 542 C. élect., la requête tendant à l'annulation du refus d'enregistrement de la liste électorale et que, aucun recours n'ayant été formé contre l'élection du conseil territorial, sa décision ne peut plus être contestée. • CE, QPC, 4 juin 2012, n° 357693 B : *AJDA 2012. 1645, concl. Hédary*.

224. Dès lors que le juge de cassation n'a pas admis le pourvoi, l'instance à l'occasion de laquelle la QPC a été posée est éteinte. Il n'est pas possible au requérant d'en saisir directement le Cons. const. • Cons. const. 14 oct. 2015, *Pierre G.*, n° 2015-491 QPC.

225. QPC et incompétence du Conseil d'État. Saisi d'une QPC posée dans le cadre d'une affaire pour laquelle le Conseil d'État n'est pas compétent (compétence d'une autre juridiction administrative), celui-ci décide d'examiner la QPC et, la jugeant sérieuse, de la transmettre au Cons. const. • CE, QPC, 29 avr. 2013, *Bosc*, n° 364240 : *AJDA 2013. 953*.

b. Procédure devant le Conseil d'État et la Cour de cassation

226. Procès équitable. Les dispositions relatives à la procédure à suivre devant le Conseil d'État et la Cour de cassation doivent s'interpréter comme prescrivant devant ces juridictions la mise en œuvre de règles de procédure conformes aux exigences du droit à un procès équitable, en tant que de besoin complétées de modalités réglementaires d'application, prises par décret en Conseil des ministres, après consultation du Conseil constitutionnel et avis du Conseil d'État. • Cons. const. 3 déc. 2009, n° 2009-595 DC § 28.

227. Absence de sursis. Dès lors que, si l'intéressé est privé de liberté à raison de l'instance et si la loi prévoit que la Cour de cassation statue dans un délai déterminé ou lorsque le Conseil d'État ou la Cour de cassation est tenu de se prononcer en urgence, la juridiction ne doit pas surseoir à statuer en attendant la décision du Conseil d'État ou de la Cour de cassation ou, s'il a été saisi, du Conseil constitutionnel, une décision définitive peut avoir été rendue dans une instance à l'occasion de laquelle le Conseil constitutionnel a été saisi d'une QPC sans attendre qu'il ait statué. Dans une telle hypothèse, ni ce mécanisme ni l'autorité de la chose jugée ne sauraient priver le justiciable de la faculté d'introduire une nouvelle instance pour qu'il puisse être tenu compte de la décision du Conseil constitutionnel. • Cons. const. 3 déc. 2009, n° 2009-595 DC § 18 et 23. ♦ V. pour une mise en œuvre. • Crim. 8 juill. 2020, n° 20-81.739 P § 9 : *AJDA 2020. 1383 ; D. 2020. 1462*.

228. Recevabilité de la question. V. aussi note 201.

229. La question peut être posée dans une note en délibéré. Dans l'intérêt d'une bonne justice, le juge peut décider de rouvrir l'instruction. • CE 28 janv. 2011, *Huchon*, n° 338199 : *préc. note 114.* ♦ La non-prise en compte de la note en délibéré doit s'assimiler à un refus de transmission et ne peut donc être contestée qu'à l'occasion d'un pourvoi. • CE, QPC, 1er févr. 2011, *SARL Prototype technique industrie*, n° 342536 : *préc. note 208.*

230. Le Conseil d'État juge se prononce sur le renvoi de la QPC telle qu'elle a été soulevée dans le mémoire distinct produit devant la juridiction qui la lui a transmise, quelle que soit l'interprétation que cette juridiction en a donnée dans sa décision de transmission. • CE, QPC, 24 sept. 2010, *Decurey*, n° 341685 : *préc. note 29* ♦ En effet, si la question posée peut être « reformulée » par le juge à l'effet de la rendre plus claire ou de lui restituer son exacte qualification, il n'appartient pas au juge de la modifier ou d'en modifier l'objet et la portée ; dans une telle hypothèse, il y a lieu de considérer que la Cour de cassation est régulièrement saisie et se prononce sur le renvoi de la QPC telle qu'elle a été soulevée dans le mémoire distinct produit devant la juridiction qui la lui a transmise. • Soc. 14 déc. 2010, n° 10-40.050 • Cass., ass. plén., 20 mai 2011, n° 11-90.033 P • Soc., QPC, 5 oct. 2011, n° 11-40.052 P • Soc., QPC, 2 oct. 2013, n° 13-40.051 P : *RJS 2013, n° 871.* ♦ Il ne lui appartient pas d'opérer un tri dans les moyens d'inconstitutionnalité ni d'en soulever d'office. • CE, QPC, 16 juill. 2010, *Sté de brasseries et casi-*

nos « Les flots bleus », n° 339292 : *préc. note 6.* ♦ Toutefois, lorsque la juridiction de fond a écarté un moyen soulevé par le requérant, celui-ci ne peut le réintroduire en cassation. • Soc., QPC, 20 mars 2013, n° 12-40.104 P : *AJDA 2013. 663* ; *D. 2013. 841* ; *AJ pénal 2013. 234* ; *Dr. soc. 2013. 576, chron. Tournaux*.

231. Dès lors que le mémoire présenté par le requérant devant le juge du fond se bornait à contester la constitutionnalité d'une disposition particulière, le requérant n'est pas recevable à contester pour la première fois devant le Conseil d'État la constitutionnalité d'une autre disposition, fût-elle voisine. • CE 22 juin 2011, *Épx Kargaci*, n° 347813 : *Lebon T. 1121* ; *AJDA 2011. 1760*.

232. Il n'est pas possible de présenter devant le Conseil d'État un moyen d'inconstitutionnalité qui n'aurait pas été précédemment soumis au juge ayant procédé au renvoi. • CE, QPC, 16 juill. 2010, *Sté de brasseries et casinos « Les flots bleus »*, n° 339292 : *préc. note 230* • CE, QPC, 24 sept. 2010, *Decurey*, n° 341685 : *préc. note 29* • CE 10 sept. 2010, *SCI Benoît du Louroux*, n° 341063 : *Lebon T. 940* ; *ADJA 2010. 1678* • Soc., QPC, 20 mars 2013 : *préc. note 230.*

233. Cet examen peut le conduire à conclure à l'irrecevabilité de la question : ainsi, lorsque le requérant se borne à produire des écritures tendant à la réduction d'une cotisation à laquelle il est assujetti, il n'est pas possible de regarder sa demande comme l'écrit distinct exigé par l'art. R. 771-3 CJA, alors même que la QPC qu'il pose n'est fondée que sur le moyen de la non-conformité de la disposition à la Const., qu'elle est motivée et transmise avec la mention exigée. • CE, QPC, 2 juin 2010, *Ponsart*, n° 338965. ♦ Le Conseil d'État n'a pas à informer préalablement les parties d'une telle irrecevabilité. • CE 10 sept. 2010, *SCI Benoît du Louroux*, n° 341063 : *préc. note 232.* ♦ Dans ce cas, le Conseil d'État peut, par une même décision, rejeter la QPC posée comme irrecevable et immédiatement juger l'affaire au fond. • CE, QPC, 21 mai 2010, *Soresi*, n° 315825.

234. Lorsque le requérant ne motive que partiellement sa question, le juge ne transmet que les dispositions législatives pour lesquelles la motivation est présente. • CE, QPC, 2 juin 2010, *Assoc. Pensionnés civils et militaires en Nouvelle-Calédonie*, n° 326444.

235. Sur la nécessité d'un mémoire distinct et motivé, V. note 201.

236. Ministère d'avocat. Lorsque le moyen tiré de ce qu'une disposition législative porte atteinte aux droits et libertés garantis par la Constitution est soulevé à l'occasion d'un pourvoi en cassation, le moyen doit être présenté, à peine d'irrecevabilité, selon les formes applicables à la procédure du pourvoi en cassation. Devant la Cour de cassation, les parties sont tenues, sauf dispositions contraires, de constituer avocat au Conseil d'État et à la Cour de cassation et qu'aucune disposition spéciale ne dispense du ministère d'un avocat au Conseil d'État et à la Cour de cassation les pourvois formés contre la décision attaquée. • Civ. 2e, QPC, 11 juill. 2013, n° 13-60.190.

237. Lien avec le litige au fond. Si le préfet a informé la CAA qu'il entendait se désister purement et simplement de son appel, celle-ci n'a pas, à la date de la présente décision, donné acte de ce désistement ; dès lors, la QPC transmise par le président de la CAA n'a pas perdu son objet et il y a donc lieu, pour le Conseil d'État, de se prononcer sur le renvoi de cette question au Conseil constitutionnel. • CE, QPC, 1er févr. 2012, *Cne Les Angles*, n° 353945 : *Lebon T. 956* ; *AJDA 2012. 242*. ♦ V. à l'inverse lorsqu'il a été donné acte du désistement : • CE, QPC, 31 mars 2014, *Stés ERDF et GRDF*, n° 374855 : *JCP Adm. 2014. 332.* ♦ Le Conseil d'État n'a pas à se prononcer sur le renvoi au Cons. const. d'une QPC transmise par une juridiction du fond lorsque le requérant s'est désisté de ses conclusions. • CE 31 mars 2014, *Cne de Saint-Germain-en-Laye*, n° 374855 : *Lebon* ; *AJDA 2014. 1865*.

238. Non-respect du délai. En prévoyant la transmission de plein droit de la question au Conseil constitutionnel si le Conseil d'État ou la Cour de cassation ne s'est pas prononcé dans un délai de trois mois, le législateur organique a mis en œuvre les dispositions du présent art. qui disposent que le Conseil d'État ou la Cour de cassation « se prononce dans un délai déterminé ». • Cons. const. 3 déc. 2009, n° 2009-595 DC § 27. ♦ V. pour une saisine sans que la Cour de cassation se soit prononcée. • Cons. const. 16 déc. 2011, *Noël C.*, n° 2011-206 QPC • Cons. const. 31 janv. 2014, *Michel P.*, n° 2013-363 QPC. ♦ V., pour une saisine sans que le Conseil d'État se soit prononcé, • Cons. const. 23 nov. 2012, *Antoine de M.*, n° 2012-283 QPC.

239. Lorsque deux QPC portant sur la même disposition législative et fondées sur les mêmes griefs sont posées par le même requérant, le délai est réputé respecté quand la Cour de cassation s'est prononcée sur l'une des deux questions dans le délai. • Cons. const. 15 févr. 2012, *Zafer E.*, n° 2012-237 QPC.

240. Renonciation, désistement. Si l'extinction, pour quelque cause que ce soit, de l'instance à l'occasion de laquelle la question a été posée est sans conséquence sur l'examen de la question, à compter de la saisine du Conseil constitutionnel, il est, avant cette saisine, possible au juge du fond de constater la renonciation du requérant. • Cass., QPC, 17 sept. 2010, n° 10-12.125. ♦ Si le requérant, postérieurement à la transmission de sa QPC au Conseil d'État, déclare se désister, rien ne s'oppose à lui en donner acte si ce désistement est pur et simple. • CE 26 oct. 2017, n° 412907 B : *JCP Adm.*

2017. 527. ♦ V. déjà. • CE, QPC, 31 mars 2014, *Stés ERDF et GRDF,* n° 374855 : *préc. note 237.*

241. Intervention. Eu égard au caractère accessoire, par rapport au litige principal, d'une QPC, une intervention, aussi bien en demande qu'en défense, n'est recevable qu'à la condition que son auteur soit également intervenu dans le cadre de l'action principale. • CE, QPC, 6 mars 2015, *Cté Harkis et Vérité,* n° 373400 : *Lebon ; AJDA 2015. 480*. ♦ V. déjà. • CE 17 févr. 2011, *Doré,* n° 344445 B. ♦ L'intérêt pour intervenir s'apprécie au regard du litige au fond et non au regard de la QPC. L'admission de l'intervention se fait en l'état du dossier et ne vaut que pour l'examen de la QPC. L'admission n'a pas à être mentionnée dans le dispositif. • Cons. const. 26 janv. 2012, *Comité Harkis et Vérité,* n° 353067 B : *AJDA 2012. 186*. ♦ En revanche, dès lors, Mme B., ayant présenté, dans le cadre d'un litige devant le tribunal administratif, une QPC mettant en cause la conformité aux droits et libertés garantis par la Const. de dispositions déjà renvoyées par un précédent jugement à la demande de Mme A., elle justifie d'un intérêt la rendant recevable à intervenir devant le Conseil d'État, au soutien de la demande de renvoi au Cons. const. de la QPC invoquée par Mme A. • CE 4 avr. 2011, *Moussa,* n° 345661 : *AJDA 2011. 757*.

242. Toutefois, le Conseil d'État ne pouvant examiner des motifs d'inconstitutionnalité qui n'ont pas été soumis au TA qui lui a transmis la question, l'intervenant n'est pas recevable à invoquer de tels motifs, hormis le cas où il établirait les avoir soumis à la juridiction qui a différé sa décision ; tel n'étant pas le cas de Mme B., celle-ci ne peut soulever, au soutien de son intervention, des motifs d'inconstitutionnalité différents de ceux présentés par Mme A. à l'appui de la question transmise précédemment. • CE 4 avr. 2011, *Moussa,* n° 345661 : *préc. note 241.*

243. Aide juridictionnelle. Comme en dispose l'art. L. 53-1 du Décr. du 19 déc. 1991, l'aide juridictionnelle demeure acquise à son bénéficiaire en cas d'examen par le Conseil d'État d'une QPC, laquelle, au demeurant, est en l'espèce dispensée du ministère d'avocat. • CE 4 avr. 2011, *Moussa,* n° 345661 : *préc. note 241.*

244. Conclusions à fin de sursis. Eu égard au délai de 3 mois imparti au Conseil d'État pour se prononcer sur le renvoi au Cons. const. d'une QPC, les conclusions à fin de sursis à statuer de Mme B. ne peuvent qu'être rejetées, sans qu'y fassent obstacle les stipulations de la Conv. EDH. • *CE 4 avr. 2011, Moussa,* n° 345661 : *préc. note 241.*

245. Rectification d'erreur matérielle. Un tel recours contre une décision de non transmission d'une QPC au Cons. const. qui n'aurait pas examiné tous les motifs soulevé par le requérant est sans objet dès lors que, depuis lors, le Cons. const. s'étant prononcé sur la constitutionnalité de la disposition contestée, il est réputé avoir examiné tous les motifs d'inconstitutionnalité qui auraient pu être soulevés à son encontre. • CE 24 nov. 2010, *Camoin,* n° 340970 : *préc. note 219.*

246. Refus de renvoyer et Conv. EDH. Le pouvoir conféré à la Cour de cassation et au Conseil d'État de ne pas renvoyer la QPC au Cons. const. si celle-ci n'est pas nouvelle et ne présente pas un caractère sérieux n'est pas en contradiction avec la Conv. EDH. dès lors que la décision est motivée au regard de ces critères de non-renvoi et qu'aucune apparence d'arbitraire n'est de nature à affecter l'équité des procédures en cause n'apparaît. • CEDH 17 sept. 2015, *Renard et a. c/ France,* n° 3569/12 : *AJDA 2015. 1719* ; *JCP Adm. 2015. 801.*

c. Contrôles opérés par le Conseil d'État et la Cour de cassation

BIBL. Roblot-Troizier, Le non-renvoi des QPC par le Conseil d'État, *RFDA 2011. 691*. – Saint-James, Les décisions de la Cour de cassation et du Conseil d'État de ne pas transmettre une QPC : la place des cours souveraines en question ?, *RD publ. 2012. 607.* – Maziau, L'appréhension de la Constitution par la Cour de cassation, *RFDC 2015. 453.*

247. En prévoyant que le Conseil d'État ou la Cour de cassation prennent leur décision de transmettre au Cons. const. après avoir vérifié que la disposition contestée commande l'issue du litige, la validité de la procédure ou constitue le fondement des poursuites et que, sauf changement de circonstances, elle n'a pas déjà été déclarée conforme à la Const. par le Cons. const. dans les motifs et le dispositif de sa décision, vérifications qui ont déjà été faites par le juge de première instance ou d'appel, le législateur organique autorise ces juridictions suprêmes à refuser de transmettre des QPC qui ne répondraient pas à ces critères ou à ne transmettre qu'une partie des dispositions dont elles ont été saisies par le juge du fond. • CE, QPC, 2 juin 2010, *Assoc. Pensionnés civils et militaires en Nouvelle-Calédonie,* n° 326444 • CE, QPC, 18 juin 2010, *Sté Office central d'accession au logement,* n° 337898 : *AJDA 2010. 1236*.

248. De même, les juridictions suprêmes opéreront le tri, parmi les dispositions qui leur sont transmises par le juge du fond, entre celles pour lesquelles la question posée est nouvelle et/ou sérieuse et les autres. • CE, QPC, 27 oct. 2010, *Jean-Claude A.,* n° 342925. ♦ Les juridictions suprêmes peuvent également procéder par substitution de motif et refuser de transmettre une disposition non pour défaut de caractère sérieux mais du fait de son caractère réglementaire. • CE 15 févr. 2016, n° 392083 : *Lebon ; AJDA 2016. 1376*.

249. En revanche, lorsqu'une juridiction a transmis au Conseil d'État, dans les conditions prévues par la loi organique, une QPC soulevée dans le cours d'une instance ouverte devant elle, le Conseil d'État n'est pas saisi de la requête à l'appui de laquelle est invoqué le moyen tiré de ce qu'une disposition législative porte atteinte aux droits et libertés garantis par la Const. et il ne lui appartient dès lors pas d'apprécier la recevabilité de cette requête, ni la compétence de la juridiction administrative pour en connaître. • CE, QPC, 21 mars 2011, *Synd. fonctionnaires du Sénat*, n° 345216 : *préc. note 184.*

250. Dès lors qu'une loi de validation est fondée sur un motif impérieux d'intérêt général, il n'y a pas lieu de renvoyer la QPC. • CE 7 févr. 2018, n° 414552 : *AJDA 2018. 1254*.

1. Disposition commandant l'issue du litige

251. La décision par laquelle le Conseil d'État ou la Cour de cassation a jugé, en application de l'art. 23-5 de l'Ord. 7 nov. 1958, qu'une disposition était ou non applicable au litige ou à la procédure ou constituait ou non le fondement des poursuites, ne peut être remise en cause devant le Cons. const. • Cons. const. 28 mai 2010, *Cts L.*, n° 2010-1 QPC § 6. ♦ V. note 155.

2. Caractère sérieux de la question

252. Fondement de la QPC. Le caractère sérieux de la QPC peut dépendre du grief invoqué. Ainsi a été considérée comme ne présentant pas un caractère sérieux une QPC relative à une disposition du C. com. fondée sur l'art. 8 DDH. • Com., QPC, 10 juill. 2012, n° 12-13.256. ♦ ... Alors qu'a été renvoyée au Cons. const. une QPC portant sur la même disposition mais fondée sur l'art. 4 DDH. • Crim., QPC, 27 juin 2014 : *D. 2014. 1446*.

253. Interprétation jurisprudentielle. Dès lors qu'une interprétation du texte permet d'éliminer le doute sur sa constitutionnalité, le juge y procède et conclut que le moyen n'est pas sérieux. • CE, QPC, 19 mai 2010, n° 331025 B : *AJ pénal 2010. 350* • CE 21 janv. 2015, *Sté EURL 2B*, n° 382902 A (concl. Vialette) : *AJDA 2015. 135 ; ibid. 880, note Éveillard ; AJCT 2015. 289, obs. Mehl-Schouder ; ibid. 388, étude Bonnefont*. ♦ *V. pour un ex. dans lequel* l'interprétation donnée par le Conseil d'État contredit celle du juge d'appel. • CE, QPC, 23 nov. 2018, n° 421016 B : *AJDA 2018. 2321 ; JCP Adm 2018. 884.* ♦ Il en va de même s'il peut se référer à une interprétation antérieure. • CE, QPC, 25 juin 2010, n° 326363 A : *préc. note 12* • CE, QPC, 16 juill. 2010, n° 334665 A : *préc. note 77* • CE, QPC, 21 oct. 2011, n° 351424 : *ADJA 2011. 2427, note Sabatakakis.*

254. Contrairement à ce que soutient D., ces dispositions n'ont ni pour objet ni pour effet de laisser aux présidents d'université le soin de décider si les auteurs présumés de faits commis au sein de l'établissement disposeront d'un double degré de juridiction, mais seulement de permettre que le CNESER soit directement saisi d'une poursuite disciplinaire lorsqu'une section disciplinaire n'a pu être constituée au sein de l'université concernée. • CE, QPC, 10 oct. 2011, *D.*, n° 350969 : *AJDA 2012. 664, note Roynier*.

255. ... Clarté du texte. Pour la Cour de cassation, une QPC basée sur l'objectif de valeur constitutionnelle d'intelligibilité et d'accessibilité de la loi ne présente pas de caractère sérieux dès lors que la disposition législative n'est contestée qu'en ce qu'elle laisse place à l'interprétation, laquelle relève de l'office du juge. • Cass., QPC, 31 mai 2010, n° 09-70.716. ♦ ... N'est ni imprécise ni équivoque du fait de l'interprétation qu'en donne à plusieurs reprises la Cour de cassation. • Cass., QPC, 28 sept. 2010, n° 10-40.027. ♦ Pour la solution retenue par le Conseil d'État et le Cons. const., V. note 30. ♦ De même, dans une décision très contestable, la Cour estime que n'a pas de caractère sérieux une QPC relative à l'art. 24 *bis* de la loi du 29 juill. 1881 relative à la liberté de la presse (dans sa rédaction de la loi du 13 juill. 1990, « loi Gayssot ») dans la mesure où l'incrimination critiquée se réfère à des textes régulièrement introduits en droit interne, définissant de façon claire et précise l'infraction de contestation de l'existence d'un ou de plusieurs crimes contre l'humanité tels qu'ils sont définis par l'art. 6 du statut du tribunal militaire international annexé à l'accord de Londres du 8 août 1945. • Cass., QPC, 19 mai 2010 : *D. 2010. 1286*.

256. ... Précision du texte. Le Conseil d'État s'appuie également sur la précision du texte pour rejeter une QPC fondée sur l'incompétence négative du législateur : en posant le principe de conditions particulières d'exercice des professionnels de santé exerçant à titre libéral dans les établissements d'hébergement pour personnes âgées dépendantes, il a indiqué que ces conditions peuvent porter sur des modes de rémunération particuliers, notamment sur le paiement direct du professionnel par l'établissement, et précisé qu'elles donnent lieu à la conclusion d'un contrat entre eux, le législateur n'est donc pas resté en deçà de la compétence. • CE 20 mai 2011, n° 347098 : *AJDA 2011. 1808*. ♦ V. s'agissant de la notion de « grands événements » et d'« organisateur » dans le CSI, le CE précisant que les établissements et installations qui peuvent être interdits d'accès sont ceux qui accueillent ce grand événement (...), à l'exclusion de tout autre local et des voies publiques permettant d'y accéder. • CE 21 févr. 2018, n° 414827 B : *AJDA 2018. 426 ; ibid. 1571, note Veron*.

257. ... Contrôle au fond et principe d'égalité. La question n'est pas sérieuse dès lors que, le principe d'égalité étant invoqué, les entreprises dont la décision d'augmenter leur capital avait été arrêtée postérieurement au (...) se trouvaient dans une situation objectivement différente de celle des entreprises dont l'émission de nouveaux titres avait été approuvée antérieurement, à une date où l'effet incitatif de la mesure ne pouvait jouer. • CE, QPC, 24 sept. 2010, *Sté Autoroutes du sud de la France,* n° 341141. ♦ Les établissements visés constituent, eu égard notamment au caractère spécialisé de leur activité de vente de produits à caractère pornographique et à leurs conditions d'accès et de fréquentation, une catégorie de contribuables spécifique. • CE, QPC, 22 sept. 2010, *Sté Manirys,* n° 341064. ♦ Il n'y a pas une rupture caractérisée de l'égalité entre les contribuables. • CE 23 juill. 2010, *Guibourt,* n° 340115 • CE, QPC, 23 déc. 2010, *Caisse régionale de Crédit agricole mutuel de Centre-Ouest,* n° 321068. ♦ La question n'est pas non plus sérieuse dès lors que le moyen tiré de ce que le législateur doit traiter différemment des personnes se trouvant dans des situations différentes. • CE 5 févr. 2014, *Sté d'édition Canal Plus,* n° 373258 § 6 : *préc. note 8.*

258. De même, il ne saurait être soutenu que la sanction de la perte de validité du permis de conduire constituerait une sanction automatique contraire au principe de nécessité et de proportionnalité des peines dès lors que par l'ensemble des dispositions relatives au permis à points, le législateur a institué un régime de sanction où la peine est individualisée sans qu'une autorité judiciaire ou administrative ait à en assurer la modulation dans chaque cas d'espèce, et qui répond à l'objectif d'intérêt général de la lutte contre des atteintes à la sécurité routière dont la nature et la fréquence rendraient matériellement impossible la répression effective si une telle modulation était permise et que ce régime est entouré de garanties. • CE, QPC, 4 oct. 2010, *Mme Replinger,* n° 341845 : *Lebon 364 ; AJDA 2010. 1852.*

259. Il en va de même d'une disposition : créant un avantage pour des personnes handicapées qui ne peut sérieusement être regardée comme créant une rupture d'égalité. • CE, QPC, 24 sept. 2010, *Decurey,* n° 341685 : *préc. note 29.* ♦ ... Qui, si elle rend possible des visites en tout lieux et des saisies, prévoit tout au long de la procédure l'intervention d'un juge dont les décisions motivées sont soumises à un recours effectif. • Cass., QPC, 22 sept. 2010, n° 10-90.099. ♦ ... Qui ne porte pas obstacle mais se contente de différer, dans l'intérêt d'une bonne administration de la justice, l'examen d'un pourvoi. • Cass., QPC, 22 sept. 2010, n° 10-90-095. ♦ ... Qui, relative à l'indemnisation des terrains qui ne peuvent recevoir la qualification de terrain à bâtir, est destinée à assurer l'équilibre entre les intérêts des expropriés, indemnisés de leur préjudice certain et les expropriants, protégés de la spéculation foncière à l'annonce d'un projet d'expropriation. • Cass., QPC, 21 oct. 2010, *Séguier d'Agoult c/ Dpt de l'Isère : AJDA 2011. 447, note Hostiou.* ♦ ... Prévoyant le bénéfice de l'admission à la retraite et de la liquidation de la pension à l'ensemble des fonctionnaires ayant élevé des enfants, sous la seule réserve qu'ils aient interrompu leur activité, les dispositions contestées reconnaissent la même possibilité de choix aux femmes et aux hommes. • CE, QPC, 28 juin 2010, *Garcia,* n° 338537 : *AJDA 2010. 2013.*

260. Il en va de même encore d'une question qui invoque l'absence de clarté d'un texte qui ne présente pas ce défaut, que ce soit au regard de l'art. 8 DDH. • Cass., QPC, 17 sept. 2010, n° 10-13.686 • Cass., QPC, 22 sept. 2010, n° 10-82.148. ♦ ... Ou de l'exigence constitutionnelle de clarté de la loi. • Cass., QPC, 17 sept. 2010, n° 10-13.686.

261. ... Contrôle au fond et autres droits et libertés constitutionnels. La question n'est pas sérieuse dès lors que : le caractère rétroactif de la loi est justifié par un motif d'intérêt général suffisant. • CE 26 janv. 2011, *SAS Auxa,* n° 344204 : *préc. note 29.* ♦ .... L'atteinte à une liberté n'est pas excessive eu égard aux objectifs poursuivis. • CE, QPC, 8 oct. 2010, *Groupement de fait brigade sud de Nice et M. Zamolo,* n° 340849 : *Lebon 373 ; AJDA 2010. 1914 ; RFDA 2010. 1257, chron. Roblot-Troisier et Rambaud.* ♦ ... La disposition, si elle rend possible des visites en tous lieux et des saisies, prévoit tout au long de la procédure l'intervention d'un juge dont les décisions motivées sont soumises à un recours effectif. • Cass., QPC, 22 sept. 2010, n° 10-90.099. ♦ ... La disposition ne porte pas obstacle mais se contente de différer, dans l'intérêt d'une bonne administration de la justice, l'examen d'un pourvoi. • Cass., QPC, 22 sept. 2010, n° 10-90-095. ♦ ... Le caractère modulable de la sanction au-delà du minimum non disproportionné à l'infraction que le texte impose permet au juge d'individualiser suffisamment sa décision. • CE, QPC, 4 mai 2011, *Sté Isa Paris,* n° 346550 : *AJDA 2011. 1454.* ♦ ... Les exceptions à l'obligation de recueillir le consentement de la personne concernée pour mettre ou conserver en mémoire informatisée des données à caractère personnel relatives à la santé concilient le respect de la vie privée et la protection de la santé publique. • Crim., QPC, 6 mai 2014, n° 13-86.267. ♦ ... Les dispositions dont s'agit ont pour seul objet de permettre à leurs propriétaires de conserver leurs droits d'antériorité et, par suite, eu égard à leur portée, ne portent pas une atteinte injustifiée au droit de propriété. • CE, QPC, 8 juill. 2015, *Féd. moulins de France,* n° 384204 : *Lebon ; AJDA 2015. 2353.* ♦ ... Qu'il ne résulte pas des dispositions dont il s'agit que, d'une part, la rétention ne peut durer que le temps strictement nécessaire à la détermination de l'État responsable de l'examen de la demande d'asile et, le cas échéant, à l'exécution d'une décision de transfert, et prend fin immédiatement lorsqu'un État requis a refusé de prendre en charge ou de reprendre en charge l'étranger. Dès lors, l'étranger pour lequel une demande de prise en charge ou de reprise en charge a été rejetée, n'est alors plus retenu à ce titre, et il lui est ainsi loisible de présenter une demande d'asile sans être tenu par le délai de cinq jours. D'autre part, dans l'hypothèse où il fait l'objet d'une nouvelle mesure de rétention à un titre autre que l'examen d'une requête de prise en charge ou de reprise en charge ou l'exécution d'un arrêté de transfert, par exemple en vue de l'exécution d'une autre mesure d'éloignement comme une obligation de quitter le territoire, un nouveau délai de cinq jours court à compter de la date à laquelle la décision de rétention est notifiée à l'intéressé. • CE, QPC, 28 mai 2021, n° 447407 : *AJDA 2021. 1771*.

262. De même, ne soulève aucune question sérieuse au regard du droit de propriété une disposition qui, alors même qu'elle s'applique à tous les bâtiments, locaux et installations irrégulièrement construits ou transformés, quels que soient la date de leur édification, leur destination ou leur usage et que le législateur n'a prévu aucune prescription, autorise le maire à s'opposer à un raccordement définitif aux réseaux publics de constructions irrégulières, dès lors qu'elle a pour but d'assurer le respect des règles d'utilisation des sols en faisant obstacle à ce que ce raccordement aboutisse à conforter des situations irrégulières. • CE 23 mars 2016, n° 392638 : *AJDA 2016. 369*.

263. ... Méthode. Pour réaliser cette analyse, le juge fait parfois une référence explicite à la jurisprudence du Cons. const. • CE 29 sept. 2010, *Sté Snerr Théâtre de Paris,* n° 341065 • CE, QPC, 4 oct. 2010, *Mme Repplinger,* n° 341845 : *préc. note 258.* ♦ L'analyse peut également se contenter de reprendre les arguments développés par le Cons. const. sans mentionner explicitement la décision à partir de laquelle le juge élabore son raisonnement. • CE 1er juin 2011, *Angonin,* n° 344791 : *AJDA 2011. 2351, note Verpeaux*. ♦ Comp. avec • Cons. const. 8 avr. 2011, *Lucien M.,* n° 2011-118 QPC. ♦ V. ss. Const. 58, art. 62.

264. Cette référence le conduit parfois à se placer sur le terrain du « caractère nouveau de la question ». • CE, QPC, 28 juin 2010, *Garcia,* n° 338537 : *préc. note 259.* ♦ V. note 283.

265. Le juge en profite parfois pour préciser sa jurisprudence antérieure de façon à ne pas devoir renvoyer au Cons. const. l'examen de l'interprétation qui était jusqu'alors la sienne. V. par ex. pour la prise en compte des terres exploitées selon un mode de culture biologique dans le cadre d'une opération de remembrement. • CE 14 sept. 2011, *Pierre,* n° 348394 : *Lebon 441* ; *AJDA 2011. 1764*.

266. Il convient, par ailleurs, que l'argumentation développée par le justiciable soit convaincante et non qu'elle se contente de développer des moyens qui manquent en fait. • CE 12 mai 2011, *Gonzales-Mestres,* n° 318652 : *AJDA 2011. 1519*.

267. Doute. En cas de doute sur le fait de savoir si la disposition invoquée à l'appui de la QPC garantit ou non un droit ou une liberté constitutionnelle, et tant que le Conseil constitutionnel n'a pas clairement tranché la question, le Conseil d'État renvoie au Conseil constitutionnel sans trancher lui-même le débat. • CE, QPC, 23 avr. 2010, *SNC Kimberly Clark,* n° 327166 B : *RFDA 2010. 704, concl. Boucher* • CE, QPC, 14 avr. 2010, *Union des familles en Europe,* n° 323830 : *préc. note 141.*

268. Il en est de même lorsque le juge doute de l'interprétation à donner. • CE 28 janv. 2011, *Mongaboure,* n° 330481 : *préc. note 150.* ♦ Comp. • Cons. const. 6 oct. 2010, *Épx Anastasio,* n° 2010-43 QPC § 4.

269. Lorsque le doute est dû à l'interprétation qu'il convient de donner d'une disposition du droit de l'Union, le Conseil d'État renvoi à la CJUE. En l'état, la QPC ne peut être regardée comme présentant un caractère sérieux mais si, à la suite de la décision de la CJUE, le requérant présentait à nouveau au Conseil d'État la QPC invoquée, l'autorité de la chose jugée par la décision du Conseil d'État ne ferait pas obstacle au réexamen de la conformité à la Constitution. • CE, ass., 31 mai 2016, *M. Jacob,* n° 393881 : *préc. note 170.*

270. Absence de caractère sérieux. Ne présente pas un caractère sérieux une question relative à une disposition qui n'a pas les effets que les parties prétendent. • CE, QPC, 19 mai 2010, n° 331025 A : *préc. note 253.* • CE 24 avr. 2012, n° 340538 B. ♦ ... Qui n'affecte en rien les droits ou libertés constitutionnels invoqués. • CE, QPC, 9 juill. 2010, *Momont et Assoc. « Je ne parlerai qu'en présence de mon avocat »,* n° 339398. ♦ ... Qui, si elle empêche les requérants de contester une décision par voie d'action, leur ouvre la possibilité de le faire par la voie de l'exception et ne peut dès lors être regardée comme portant atteinte au droit à un recours juridictionnel effectif. • CE, QPC, 9 juill. 2010, *Momont et Assoc. « Je ne parlerai qu'en présence de mon avocat »,* n° 339398. ♦ ... Qui conteste la constitutionnalité de la rétroactivité d'une loi de ratification d'une ordonnance alors que celle-ci est expressément prévue par la Const. • CE 5 févr. 2014, *Sté d'édition Canal Plus,* n° 373258 A § 5 : *préc. note 8.* ♦ ... Qui constitue une dérogation favorable à l'exercice du droit de propriété tout en limitant cette dérogation aux irrégularités les moins graves. • CE, QPC,

12 sept. 2018, n° 419092 : *AJDA 2018. 2431*.

271. Il en va de même d'une question ayant pour seul objet de dénoncer la durée estimée non raisonnable d'une procédure de liquidation judiciaire dans un cas particulier. • Cass., QPC, 14 sept. 2010, n° 10-40.020. ♦ ... D'une question dont la réalité manque en fait. • CE, QPC, 24 sept. 2010, *Marie-Line A.*, n° 341548.

272. Ne présente pas de caractère sérieux une QPC qui conteste la constitutionnalité d'une disposition législative remplaçant une disposition déclarée contraire à la Const. dans le cadre d'une précédente QPC dès lors que l'analyse de la nouvelle disposition montre que le législateur a supprimé les éléments qui avaient conduit le Cons. const. à procéder à l'abrogation de l'ancienne disposition. • CE, QPC, 13 juin 2012, *Mme A., Vve B.*, n° 358451 : *préc. note 38.*

273. Présence d'un caractère sérieux. Dans les circonstances de l'espèce, présente un caractère sérieux une question relative à un texte dont on a lieu de croire qu'il crée des sanctions automatiques portant atteinte au principe d'individualisation des peines. • Cass., QPC, 22 sept. 2010, n° 10-85.866. ♦ ... Qu'il déroge au principe d'application immédiate de la loi pénale plus douce. • Cass., QPC, 22 sept. 2010, n° 10-90.094. ♦ ... Qu'il porte atteinte à la présomption d'innocence. • Cass., QPC, 24 sept. 2010, n° 10-40.026. ♦ ... Qu'il porte atteinte à la liberté d'entreprendre. • Cass., QPC, 28 sept. 2010, n° 10-40.033. ♦ ... Qu'il ne permet pas d'accorder une juste indemnité en cas d'expropriation. • Cass., QPC, 21 oct. 2010, n° 10-40.038. ♦ Présente également un caractère sérieux, une question relative à l'incompétence négative dont seraient l'objet certaines dispositions du texte. • CE, QPC, 19 juill. 2017, *Synd. CGT-FO*, n° 408221.

274. Il en va de même si le texte impose à un particulier un transfert de propriété sans indemnisation pécuniaire préalable. • Cass., QPC, 8 juill. 2011 : *AJDA 2011. 1405*.

275. Il est possible que les juridictions modifient leur analyse. Ainsi après avoir estimé, à plusieurs reprises, qu'une QPC posée sur l'art. L. 12-1 C. expr. ne présentait pas de caractère sérieux. • Civ. 3e, QPC, 26 mai 2011 : *AJDA 2011. 1504, note Hostiou* ; *AJDI 2012. 93, chron. Gilbert* • Civ. 3e, QPC, 15 déc. 2011 : *AJDA 2012. 509*. ♦ La Cour de cassation a accepté de transmettre au Cons. const. une QPC identique estimant que celle-ci, visant le caractère non contradictoire de la procédure suivie devant le juge de l'expropriation, pourrait être une atteinte au principe des droits de la défense et du procès équitable protégé par l'art. 16 DDH. • Civ. 3e, QPC, 15 mars 2012 : *AJDA 2012. 575* ; *D. 2012. 881*.

276. La question du caractère sérieux peut du reste évoluer dans le temps. V. par ex., refusant de transmettre une disposition. • Crim, QPC, 15 févr. 2011, n° 10-90.124 • Crim., QPC, 19 juin 2013, n° 12-88.072. ♦ ... Et, acceptant de transmettre cette même disposition. • Crim., QPC, 6 mai 2014, n° 13-86.775.

3. Caractère nouveau de la question

BIBL. J.-E. Gicquel, La question nouvelle, condition de renvoi d'une QPC au Conseil constitutionnel, *LPA 8 déc. 2011*. – Barque, La question nouvelle dans la procédure de la QPC. Un critère discret aux effets considérables sur le contentieux constitutionnel, *RFDA 2014. 353*.

277. En prévoyant que le Cons. const. est saisi de la QPC si « la question est nouvelle » le législateur organique a entendu imposer que le Cons. const. soit saisi de l'interprétation de toute disposition constitutionnelle dont il n'a pas encore eu l'occasion de faire application. Dans les autres cas, le Conseil d'État et la Cour de cassation peuvent apprécier l'intérêt de saisir le Cons. const. en fonction de la nouveauté ou du caractère sérieux de la question, dès lors, qu'une question prioritaire de constitutionnalité ne peut être nouvelle au sens de ces dispositions au seul motif que la disposition législative contestée n'a pas déjà été examinée par le Cons. const. • Cons. const. 3 déc. 2009, n° 2009-595 DC § 21.

278. Absence d'application de la norme de référence. Ainsi est nouvelle une question qui conteste une disposition sur le fondement d'un art. de la Const. qui a été adopté après la loi dont la disposition est issue, dès lors que cette disposition nouvelle n'est pas dénuée de rapport avec les termes du litige. • CE, QPC, 8 oct. 2010, *Daoudi*, n° 338505 : *préc. note 109* • Cons. const. 17 déc. 2010, *Kamel D.*, n° 2010-79 QPC • CE, QPC, 21 mars 2011, *Lany et a.*, n° 345193. ♦ ... Sur le fondement d'un article de la Charte de l'environnement dont le Cons. const. n'a encore jamais fait application. • Cass., QPC, 27 janv. 2011, n° 10-40.056.

279. Est également nouvelle une question qui conteste une disposition sur le fondement d'un article de la charte qui n'a été appliqué par le Cons. const. que s'agissant de l'un de ses aspects : si le Cons. Const. a examiné la conformité de dispositions législatives à l'art. 7 Charte envir., il ne s'est prononcé que sur le droit dont dispose toute personne à accéder aux informations relatives à l'environnement détenues par les autorités publiques, et pas sur le droit de participer à l'élaboration des décisions publiques ayant une incidence sur l'environnement mentionné au même article ni sur la portée de celui-ci. • CE, QPC, 18 juill. 2011, *Assoc. France Nature Environnement*, n° 340539 : *AJDA 2011. 1524*.

280. De même, le moyen tiré de ce qu'un principe fondamental reconnu par les lois de la République impliquerait que des règles de prescription soient prévues en matière disciplinaire soulève une question nouvelle ; qu'ainsi, il y a lieu de renvoyer au Cons. const. la question QPC invoquée. • CE QPC, 21 sept. 2011, M.G. et a., n° 350385 : *AJDA 2011. 1814*. ♦ De même encore est nouveau le moyen tiré d'un principe de valeur constitutionnel le dégagé par le Cons. const. après qu'il s'est prononcé sur la constitutionnalité de la disposition contestée. • CE, QPC, 23 juill. 2012, *Synd. déf. fonctionnaires*, n° 356381 : *AJDA 2012. 1483*.

281. A l'inverse, la question n'est pas nouvelle, dès lors que le Cons. const. a eu l'occasion à plusieurs reprises de faire application de la disposition invoquée, y compris au regard des dispositions contestées ou de dispositions analogues. • CE, QPC, 19 mai 2010, *Théron*, n° 331025 : *préc. note 253*. ♦ Pourtant, alors même que le Cons. const. a eu l'occasion à plusieurs reprises de faire application de la disposition invoquée, la question sera nouvelle si le requérant invoque une combinaison de dispositions qui n'a pas encore été examinée par le Cons. const. • CE, QPC, 8 avr. 2011, *Assoc. pour le droit à l'initiative économique*, n° 345637 : *Lebon T. 1119*.

282. La Cour de cassation se contente d'affirmer, pour estimer que la question ne présente pas de caractère nouveau, « que la question ne porte pas sur l'interprétation d'une disposition constitutionnelle dont le Conseil constitutionnel n'aurait pas encore eu l'occasion de faire application ». • Cass., QPC, 19 mai 2010, n° 09-70.161 • Cass., QPC, 31 mai 2010, n° 09-87.578 • Cass., QPC, 8 juill. 2010, n° 10-90.048 • Cass., QPC, 14 sept. 2010, n° 10-40.022.

283. Curieusement le juge conclut parfois à l'absence de « caractère nouveau » alors qu'il s'agit d'une absence de « caractère sérieux » ; le Cons. const., par sa décision n° 2003-483 DC, a déjà jugé qu'une disposition reconnaissant un avantage en matière de retraite à l'ensemble des fonctionnaires ayant élevé des enfants, sous réserve qu'ils aient interrompu leur activité, ne méconnaissait aucune règle de valeur constitutionnelle, notamment le principe d'égalité. • CE 28 juin 2010, *Garcia*, n° 338537 : *préc. note 259*.

284. Intérêt de la question du fait qu'elle... constitue un débat de société. La Cour de cassation va justifier du caractère « nouveau » de la question du mariage homosexuel, en estimant que celle-ci fait aujourd'hui l'objet d'un large débat dans la société, en raison, notamment, de l'évolution des mœurs et de la reconnaissance du mariage entre personnes de même sexe dans les législations de plusieurs pays étrangers. • Cass., QPC, 16 nov. 2010 : *D. 2011. 209, obs. Gallmeister, note Roux* ; *AJ fam. 2010. 545*. ♦ V. s'agissant de la liberté de conscience de maires dans l'application de la loi sur le « mariage pour tous ». • CE, QPC, 18 sept. 2013, *Meyer et a.*, n° 369834 : *AJDA 2013. 1775*.

285. ... Est souvent posée. Attendu que la question fréquemment invoquée devant la Cour de cassation et portant sur la constitutionnalité des dispositions susvisées dont il se déduit l'absence de motivation des arrêts de cours d'assises statuant, avec ou sans jury, sur l'action publique présente un caractère nouveau au sens que le Conseil constitutionnel donne à ce critère alternatif de saisine. • Crim., QPC, 19 janv. 2011, n° 10-85.159 P : *D. 2011. 800, obs. Lavric*, *note Perrier* ; *RSC 2011. 423, obs. Danet* • CE 23 avr. 2010, *Cachard*, n° 327174 : *préc. note 38* (sol. impl.).

286. ... Présente ou peut présenter un problème de compatibilité avec la Conv. EDH. La question de la motivation des arrêts d'assises. • Cons. const. 1er avr. 2011, *Xavier P.*, n° 2011-113/115 QPC. ♦ V. également l'application faite par le juge du fond d'une décision du Cons. const. • CE 2 mars 2011, *Union des familles d'Europe*, n° 323830 : *Lebon T. 741* ; *AJDA 2011. 964, concl. Landais*.

287. ... Présente, bien que déjà traitée par le Cons. const., une difficulté nouvelle. Tel est le cas des implications du principe de participation des travailleurs (Préamb. Const. 1946, al. 8) s'agissant de personnes publiques qui emploient simultanément des agents de droit public et des personnels de droit privé, ce moyen soulève une question nouvelle. • CE, QPC, 10 nov. 2010, *Féd. nat. CGT des personnes des organismes sociaux*, n° 340106. ♦ ... De la question de savoir si la mise en conformité du droit national au droit de l'Union un motif d'intérêt général suffisant de nature à justifier l'atteinte portée à des situations légalement acquises. • CE, QPC, 17 déc. 2010, *Le Normand de Bretteville*, n° 343752 : *préc. note 29*.

288. ... Présente un aspect nouveau compte tenu de certaines évolutions. Présente ou peut présenter un problème de compatibilité avec la Conv. EDH, le cas des charges pesant sur les collectivités territoriales du fait d'un certain nombre de compétences qu'elles exercent désormais. • CE QPC, 20 avr. 2011, *Dpt de l'Hérault*, n° 346204 : *Lebon T. 774* • CE, QPC, 20 avr. 2011, *Dpt de la Somme*, n° 346460 : *Dr. adm. 2011. 73, note Pissaloux*.

289. Absence de précisions. Pourtant la haute juridiction administrative ne précise pas toujours en quoi la question posée est nouvelle. • CE, QPC, 23 avr. 2010, *Cachard*, n° 327174 : *préc. note 38* • CE, QPC, 19 juill. 2017, n° 411070 : *AJDA 2017. 1530*. ♦ ... Ou non. • CE, QPC, 16 avr. 2010, *Assoc. Alcaly*, n° 320667 : *Lebon T. 947* ; *AJDA 2010. 812*.

290. Lien entre caractères nouveau et sérieux. Dans de nombreux cas, le Conseil d'État lie les caractères nouveau et sérieux de la question, affirmant que celle-ci ne présente ni l'un ni l'autre. • CE, QPC, 25 juin 2010, *Mortagne*, n° 326363 : *préc. note 12* • CE, QPC, 9 juill. 2010, *Sulzer,* n° 338913 • CE, QPC, 9 juill. 2010, *Sulzer,* n° 338914 ♦ ... Ou se contente, à l'issue d'un examen, souvent approfondi, du caractère sérieux de la question, d'affirmer incidemment de l'absence de caractère nouveau de celle-ci : la question « qui n'est pas nouvelle, ne présente pas un caractère sérieux ». • CE, QPC, 7 juin 2010, *CH de Dieppe,* n° 338531 : *Lebon 192* ; *AJDA 2010. 1178* .

V. pour d'autres décisions dans le même sens :

291. La Cour de cassation se contente d'affirmer « que la question, ne porte pas sur l'interprétation d'une disposition constitutionnelle dont le Conseil constitutionnel n'aurait pas encore eu l'occasion de faire application ». • Cass., QPC, 19 mai 2010, n° 09-70.161 • Cass., QPC, 31 mai 2010, n° 09-87.578 • Cass., QPC, 8 juill. 2010, n° 10-90.048 • Cass., QPC, 14 sept. 2010, n° 10-40.022.

292. A l'inverse, la QPC peut présenter simultanément ces deux caractères. • CE, QPC, 10 nov. 2010, *Féd. nat. CGT des personnels des organismes sociaux,* n° 340106 • CE, QPC, 20 avr. 2011, *Dpt de la Somme,* n° 346460 : *préc. note 288.*

4. Portée du contrôle

293. Parmi les droits et libertés invoqués par les requérants à l'appui de leur question, le Conseil d'État indique ceux qui lui semblent les plus pertinents en les faisant précéder par l'adverbe « notamment ». • CE, QPC, 14 avr. 2010, *Union des familles en Europe,* n° 323830 : *préc. note 141* • CE, QPC, 24 sept. 2010, *Danielle A.,* n° 339110 : *préc. note 16* • CE, QPC, 8 juill. 2011, *Éric A.,* n° 345846.

294. La Cour de cassation opère parfois un tri parmi les droits et libertés garantis ; ainsi, au sujet du même art. L. 2122-2 C. trav., elle transmet une QPC fondée sur le principe de la liberté syndicale. • Cass., QPC, 8 juill. 2010, n° 10-60.189 • Cass., QPC, 20 sept. 2010, n° 10-40.025. ♦ ... Et refuse de transmettre une QPC fondée sur le principe d'égalité (art. 6 DDH), moyen qu'elle estime non sérieux. • Cass., QPC, 20 sept. 2010, n° 10-40.023. ♦ Il est à noter que le Conseil constitutionnel, qui déclarera la disposition conforme à la Const., l'a examinée quant à la violation du principe d'égalité, en soulevant d'office la question. • Cons. const. 7 oct. 2010, *CGT-FO et a.,* n° 2010-42 QPC § 7.

BIBL. Roblot-Troizier, Le non-renvoi des QPC par le Conseil d'État, *RFDA 2011. 691* . – Perrier, Le non-renvoi des QPC par la Cour de cassation, *RFDA 2011. 711* . – Jacquinot, L'utilisation par les juges du fond des arrêts de non-renvoi d'une QPC, *AJDA 2012. 2097* .

295. La décision par laquelle le Conseil d'État décide qu'il n'y a pas lieu de renvoyer au Cons. const. une QPC n'est pas revêtue de l'autorité absolue de la chose jugée ; par suite, ne peut être invoquée l'autorité de la chose jugée qui s'attacherait à une précédente décision du CE refusant de renvoyer au Cons. const. une QPC présentée par un autre requérant et portant sur les mêmes dispositions en litige. • CE, QPC, 21 mars 2011, *Synd. fonctionnaires du Sénat,* n° 345216 : *préc. note 184.* ♦ En revanche, dès lors que le Conseil d'État a jugé, par une décision, rendue dans un litige opposant les mêmes parties, qu'il n'y avait pas lieu de renvoyer au Cons. const. une QPC mettant en cause la conformité des mêmes dispositions législatives à la même disposition constitutionnelle, le défendeur est, alors même que les requérants présentent une argumentation différente, fondé à opposer à cette nouvelle demande de renvoi des dispositions l'autorité qui s'attache à la chose précédemment jugée par le Conseil d'État. • CE, QPC, 3 févr. 2012, *Bessis, Synd. prof. dentistes solidaires et indépendants,* n° 354068 : *AJDA 2012. 244* .

296. La décision par laquelle le Conseil d'État ou la Cour de cassation décident qu'il n'y a pas lieu de renvoyer au Cons. const. une QPC n'est pas susceptible d'être contestée devant la CEDH dès lors qu'elle n'est pas entachée d'arbitraire. Il est conforme au fonctionnement de pareil mécanisme que le juge vérifie s'il peut ou doit poser une question, en s'assurant que celle-ci doit être résolue pour permettre de trancher le litige dont il est appelé à connaître. • CEDH 22 juin 2000, *Coëme et a. c/ Belgique,* n° 32492/96 § 114 • CEDH 5 nov. 2002, *Coëme et a. c/ Belgique,* n° 32576/96 § 42.

297. La décision par laquelle le Conseil d'État a jugé que le moyen invoqué dans le présent litige, tiré de ce que les dispositions contestées portent atteinte aux droits et libertés garantis par la Const., soulevait une question présentant un caractère sérieux et a, par conséquent, renvoyé la QPC ainsi soulevée au Cons. const. conduit à ce que ce moyen doive être regardé comme étant propre à créer, en l'état de l'instruction, un doute sérieux quant à la légalité des décisions attaquées pour l'application des dispositions de l'article L. 521-1 CJA. • CE 18 déc. 2015, *Cne d'Éguilles,* n° 394717 : *AJDA 2015. 2461* .

3° INTERVENTION DU CONSEIL CONSTITUTIONNEL

298. Généralités. Le législateur organique a pu prévoir que le règlement intérieur du Conseil constitutionnel fixe les règles de procédure applicables « devant lui ». • Cons. const. 3 déc. 2009, n° 2009-595 DC § 36.

299. Impartialité. V. ss. Const. 58, art. 63, notes 1 s.

300. Incompétence du juge administratif. Le juge des référés ne peut être saisi d'une requête tendant à la mise en œuvre de l'une des procédures régies par le livre V du CJA que pour autant que le litige auquel se rattache ou est susceptible de se rattacher la mesure d'urgence qu'il lui est demandé de prescrire n'échappe manifestement pas à la compétence de la juridiction administrative ; le juge des référés ne peut donc faire usage de ses pouvoirs pour enjoindre au Cons. const. de prendre des actes juridictionnels en application du règlement intérieur sur la procédure suivie devant lui pour les QPC. • CE, ord., 6 juin 2016, n° 400382 : *Dr. adm. 2016. 55, note Charité.*

a. Étendue de la compétence du Conseil constitutionnel

301. Principe. Les règles constitutionnelles et organiques relatives à la QPC ne s'opposent pas à ce qu'à l'occasion d'une même instance soit soulevée une QPC portant sur plusieurs dispositions législatives dès lors que chacune de ces dispositions est applicable au litige ou à la procédure, ou constitue le fondement des poursuites ; elles n'interdisent pas davantage au requérant d'invoquer à l'appui d'une même question prioritaire de constitutionnalité l'atteinte à plusieurs droits et libertés que la Constitution garantit. • Cons. const. 26 juill. 2013, *Sté Somaf et a.*, n° 2013-334/335 QPC § 5. ♦ Toutefois, pour exercer le droit qui lui est reconnu par le présent art., toute partie à une instance doit, devant la juridiction saisie, spécialement désigner, dans un écrit distinct et motivé, d'une part, soit les dispositions pénales qui constituent le fondement des poursuites, soit les dispositions législatives qu'elle estime applicables au litige ou à la procédure et dont elle soulève l'inconstitutionnalité et, d'autre part, ceux des droits ou libertés que la Const. garantit auxquels ces dispositions porteraient atteinte. • Cons. const. 26 juill. 2013, *Sté Somaf et a.*, n° 2013-334/335 QPC § 5. ♦ Il appartient aux juridictions saisies d'une question prioritaire de constitutionnalité de s'assurer du respect de ces exigences ; il revient en particulier au Conseil d'État ou à la Cour de cassation, lorsque de telles questions leur sont transmises ou sont posées devant eux, de vérifier que chacune des dispositions législatives visées par la question est applicable au litige puis, au regard de chaque disposition législative retenue comme applicable au litige, que la question est nouvelle ou présente un caractère sérieux. • Cons. const. 26 juill. 2013, *Sté Somaf et a.*, n° 2013-334/335 QPC § 5. ♦ En cas de non-respect de ces principes, le Cons. const. n'est pas valablement saisi et prononce le non-lieu à statuer. • Cons. const. 26 juill. 2013, *Sté Somaf et a.*, n° 2013-334/335 QPC § 10.

302. Une argumentation tendant à remettre en cause l'appréciation du caractère sérieux de la QPC par la décision de renvoi, et doit donc être écartée. Tel est le cas si l'une des parties estime qu'il n'y aurait pas lieu pour le Cons. const. de statuer, dans la mesure où il pourrait résulter d'une autre interprétation des dispositions contestées, conforme au droit de l'UE, une absence de différence de traitement, privant ainsi la QPC de son objet. • Cons. const. 3 avr. 2020, *Marc S. et a.*, n° 2019-832/833 QPC § 8. ♦ De même, l'argumentation, soutenue par la partie au litige à l'occasion duquel la QPC a été posée, selon laquelle il n'y aurait pas lieu pour le Cons. const. de statuer, dans la mesure où les griefs de la requérante seraient, en réalité, dirigés contre un décret, n'est pas de nature à remettre en cause la recevabilité de la question prioritaire de constitutionnalité dont le Conseil constitutionnel est saisi, telle que renvoyée. • Cons. const. 13 nov. 2020, n° 2020-864 QPC § 4.

303. Lien avec l'affaire au fond. Le Cons. const. n'étant pas compétent pour connaître de l'instance à l'occasion de laquelle la question prioritaire de constitutionnalité a été posée, seuls l'écrit ou le mémoire « distinct et motivé » ainsi que les mémoires et conclusions propres à cette question prioritaire de constitutionnalité devront lui être transmis. • Cons. const. 3 déc. 2009, n° 2009-595 DC § 27.

304. En prévoyant que l'extinction, pour quelque cause que ce soit, de l'instance à l'occasion de laquelle la question a été posée est sans conséquence sur l'examen de la question ; le législateur a délié, à compter de la saisine du Cons. const., la QPC et l'instance à l'occasion de laquelle elle a été posée, entendant ainsi tirer les conséquences de l'effet qui s'attache aux décisions du Cons. const. • Cons. const. 3 déc. 2009, n° 2009-595 DC § 31.

305. Applicabilité de la disposition au litige. Il n'appartient pas au Cons. const., saisi d'une QPC, de remettre en cause la décision par laquelle le Conseil d'État ou la Cour de cassation a jugé, en application de l'art. 23-5 de l'Ord. 7 nov. 1958, qu'une disposition était ou non applicable au litige ou à la procédure ou constituait ou non le fondement des poursuites. • Cons. const. 28 mai 2010, *Cts L.*, n° 2010-1 QPC § 6 • Cons. const. 26 nov. 2010, *Mlle Danielle S.*, n° 2010-71 QPC § 11 • Cons. const. 24 juin 2011, *Kiril Z.*, n° 2011-133 QPC § 5 • Cons. const. 30 mars 2012, *Omar S.*, n° 2012-227 QPC § 1. ♦ Il ne lui appartient pas plus de se prononcer sur cette question s'il est saisi, sans décision de renvoi, par effet de l'expiration des délais. • Cons. const. 16 déc. 2011, *Noël C.*, n° 2011-206 QPC (sol. impl.). ♦ Toutefois, en l'absence de précision, dans la décision du Conseil d'État ou de la Cour de cassation, sur la version des dispositions renvoyée au Conseil constitutionnel, la question prioritaire de constitutionnalité doit être regardée comme portant sur les dispositions applicables au litige à l'occasion duquel elle a été posée (V. note 342). • Cons. const. 19 sept. 2014, *Laurent D.*, n° 2014-412 QPC § 6.

306. Le Cons. const. ne peut se prononcer que sur les dispositions qui lui sont renvoyées dans leur rédaction applicable au litige. • Cons. const. 30 mars 2012, *Omar S.*, n° 2012-227 QPC § 1. ♦ Par suite, les conclusions de l'association intervenante tendant à ce que le Conseil examine l'article dans sa rédaction actuelle doivent en tout état de cause être écartées. • Cons. const. 30 mars 2012, *Omar S.*, n° 2012-227 QPC § 2.

307. Le Cons. const. ne peut pas se prononcer sur une question dont il n'est pas saisi. S'il accepte d'examiner des griefs relatifs à une disposition législative, en tant que cette disposition législative ne traite pas une situation lorsque cette situation n'est par ailleurs traitée par aucune autre disposition législative, ce raisonnement ne s'applique pas quand une autre disposition traite de la situation particulière. En l'espèce, il existe des dispositions particulières qui portent sur la situation particulière des personnes liées par un PACS : elles figurent dans l'art. 12 de la L. du 15 nov. 1999 et le 7° de l'art. L. 313-11 CESEDA, dispositions sur lesquelles ne portait pas la QPC. • Cons. const. 22 mai 2013, *Jory Orlando T.*, n° 2013-312 QPC § 3 à 5 • Cons. const. 29 nov. 2013, *Azdine A.*, n° 2013-358 QPC § 5. ♦ Il en va de même lorsque que les griefs soulevés à l'encontre des dispositions d'un code sont en fait relatifs à d'autres articles du même code dont le Cons. const. n'est pas saisi. • Cons. const. 20 sept. 2013, *SCI de la Perrière Neuve et a.*, n° 2013-342 QPC § 5.

308. Le plus souvent, la juridiction ayant procédé au renvoi précise quelle version exacte d'un texte est renvoyée. • Cons. const. 28 mars 2013, *SARL Majestic Champagne*, n° 2012-298 QPC §2. ♦ Cependant, lorsque la juridiction n'a pas apporté cette précision le Cons. const. doit, alors que ce n'est pas son office, revenir sur l'origine du litige. • Cons. const. 27 janv. 2012, *COFACE*, n° 2011-213 QPC • Cons. const. 30 mars 2012, *Omar S.*, n° 2012-227 QPC § 2 • Cons. const. 5 avr. 2013, *CCI de Brest*, n° 2013-300 QPC § 1. ♦ Il en va de même encore lorsque la rédaction de la décision de renvoi est maladroite. • Cons. const. 17 mai 2013, *Jérôme P.*, n° 2013-310 QPC § 1 à 4. ♦ De même, lorsque le Cons. const. est saisi d'une disposition comportant plusieurs alinéas ou phrases, il se réserve la possibilité de restreindre le champ de la saisine aux seuls alinéas ou phrases effectivement contestés par la QPC. • Cons. const. 17 déc. 2010, *Boubakar B.*, n° 2010-81 QPC • Cons. const. 22 nov. 2013, *Charly K.*, n° 2013-354 QPC § 3.

309. En l'absence de décision juridictionnelle déterminant l'objet de la QPC, il incombe au Cons. const. d'identifier les dispositions contestées à partir du mémoire distinct et motivé déposé par le requérant. Là encore, il lui appartient de déterminer la version des textes qui lui est soumise. • Cons. const. 23 nov. 2012, *Antoine de M.*, n° 2012-283 QPC §1. ♦ En particulier lorsque la formulation de la QPC par le requérant est contournée. • Cons. const. 31 janv. 2014, *Michel P.*, n° 2013-363 QPC § 1 à 3.

310. Si, postérieurement à la saisine du Cons. const., les dispositions contestées ont été modifiées et que cette modification n'est pas applicable aux procédures antérieures, elle est sans incidence sur l'examen, par le Conseil, des dispositions renvoyées. • Cons. const. 24 juin 2011, *Kiril Z.*, n° 2011-133 QPC § 6. ♦ De même une disposition abrogée est applicable au litige. • Cons. const. 23 juill. 2010, *Philippe E.*, n° 2010-16 QPC.

311. Dans l'hypothèse d'une erreur manifeste de la décision de renvoi, le Conseil rétablit le texte sur lequel porte en fait la QPC. • Cons. const. 21 nov. 2014, *Nadav B.*, n° 2014-428 QPC § 3.

312. Disposition dont le Conseil est saisi. Lorsque le Conseil est saisi d'une disposition qui, bien qu'applicable au litige, ne permet pas de répondre à la situation contestée, il ne peut que le constater. Ainsi, saisi d'une éventuelle violation du principe d'égalité, il constate que « à supposer qu'elle existe » elle ne peut résulter que d'un article qui ne lui a pas été soumis. • Cons. const. 28 avr. 2017, *Sté La Noé père et fils*, n° 2017-626 QPC § 6.

b. Procédure

BIBL. Cartier, Le secrétariat général du Gouvernement défenseur attitré de la loi dans le cadre du contentieux de la QPC, *LPA 21 févr. 2013, n° 38, p. 4.* – Charité, Étrangère au pouvoir du juge constitutionnel, l'injonction, pourquoi le serait-elle ?, *AJDA 2015. 2253*.

313. Le contrôle de constitutionnalité opéré par le Cons. const. en tant que juge électoral ne peut être conduit selon les mêmes modalités que celles prévues par le Cons. const. dans le cadre de la procédure QPC ordinaire. • Cons. const. 12 janv. 2012, *Sénat, Loiret*, n° 2011-4538 SEN : *préc. note 188* (sol. impl., le règlement du 4 févr. 2010 n'étant pas visé).

1. Intervention

BIBL. Barthélémy et Boré, L'intervention devant le Conseil constitutionnel, *Constitutions 2011. 345*. – Site internet du Conseil constitutionnel, Les interventions devant le Conseil constitutionnel dans la procédure de QPC, *À la une, juill.-août 2011*. – Cocco-Ortu, L'intervention dans le cadre du contrôle *a posteriori* de la loi en droit français et italien, *RD publ. 2013. 351*. – Site internet du Conseil constitutionnel, Les interventions en QPC, *À la une, oct. 2014*.

314. L'intervention d'un tiers à la procédure est admise (désormais art. 6 Règl. int.) si celui-ci justifie d'un intérêt spécial comme par ex. si l'objet du litige consiste à remettre en cause un avantage dont il bénéficie, au détriment des parties. Son mémoire est versé à la procédure et communiqué pour que l'ensemble des parties et autorités de l'État puisse y répondre. • Cons. const. 7 oct. 2010, *CGT-FO et a.*, n° 2010-42 QPC • Cons. const. 23 nov. 2018, *Thomas T.*, n° 2018-745 QPC.

V. pour d'autres décisions dans le même sens :.

315. Il en va de même si la personne a posé une QPC portant sur les mêmes dispositions que celles dont le Cons. const. est saisi. • Cons. const. 26 mars 2015, *Frédéric P.*, n° 2015-459 QPC. ♦ ... Et que cette question n'a pas fait l'objet d'un refus de transmission. • Cons. const. 4 déc. 2015, *Gilbert A.*, n° 2015-506 QPC § 8. ♦ Rappr. pour le cas où la personne a soulevé l'irrégularité d'une procédure dans une affaire encore pendante. • Cons. const. 2 mars 2018, *Assoc. presse judiciaire*, n° 2017-693 QPC.

316. Sont recevables des interventions émanant de parties en défense de contestations électorales déposées devant le tribunal administratif, à l'occasion desquelles l'auteur de ces contestations a déposé une QPC. • Cons. const. 17 juin 2020, *Daniel D. et a.*, n° 2020-849 QPC § 13.

317. L'intervention peut se faire tant pour se joindre à la demande y compris avec des arguments différents que le Conseil examinera. • Cons. const. 13 avr. 2018, *Sté Life Sciences Holdings France*, n° 2018-699 QPC § 7. ♦ ... Que pour défendre, avec le Premier ministre, la conformité des dispositions contestées. • Cons. const. 13 mai 2011, *Sté Système U Centrale nationale et a.*, n° 2011-126 QPC • Cons. const. 17 févr. 2012, *Sté Chaudet et Fille et a.*, n° 2011-221 QPC • Cons. const. 21 nov. 2014, *Pierre T.*, n° 2014-429 QPC • Cons. const. 26 mars 2015, *Frédéric P.*, n° 2015-459 QPC • Cons. const. 17 juin 2020, *Daniel D. et a.*, n° 2020-849 QPC § 13. ♦ L'intervenant peut présenter des arguments conduisant, par un raisonnement inverse à celui du demandeur, à considérer que la disposition est néanmoins contraire à la Const. • Cons. const. 17 oct. 2014, *Ch. synd. cochers chauffeurs CGT-Taxis*, n° 2014-422 QPC.

318. Le seul fait que les intervenants soient appelés en leur qualité à appliquer les dispositions contestées ne justifie pas que chacun d'eux soit admis à intervenir. • Cons. const. 18 oct. 2013, *Franck M. et a.*, n° 2013-353 QPC § 1.

319. L'intervention peut émaner tout autant de particuliers que de personnes morales ; celles-ci peuvent être des associations ou des syndicats. • Cons. const. 22 nov. 2013, *Charly K.*, n° 2013-354 QPC • Cons. const. 7 déc. 2018, *Fond. Ildys*, n° 2018-752 QPC § 6. ♦ Ainsi, a pu intervenir, s'agissant d'une disposition du code de commerce relative au mandat et à la discipline des juges consulaires, la Conférence générale des juges consulaires de France. • Cons. const. 4 mai 2012, *EURL David Ramirez*, n° 2012-241 QPC. ♦ S'agissant d'une disposition relative aux gens du voyage, intervention de l'assoc. « France Liberté Voyage ». • Cons. const. 5 oct. 2012, *Jean-Claude P.*, n° 2012-279 QPC. ♦ ... S'agissant d'une disposition du C. trav., la fédération des entreprises du commerce et de la distribution. • Cons. const. 4 avr. 2014, *Sté Séphora*, n° 2014-373 QPC. ♦ ... S'agissant de la présence de l'avocat pendant la garde à vue, l'ordre des avocats aux avocats du barreau de Marseille. • Cons. const. 21 nov. 2014, *Nadav B.*, n° 2014-428 QPC. ♦ S'agissant du droit de présentation des greffiers des tribunaux de commerce, le Conseil nat. des greffiers des tribunaux de commerce. • Cons. const. 26 mars 2015, *Frédéric P.*, n° 2015-459 QPC. ♦ ... S'agissant de dispositions du code du travail, le syndicat indépendant des artistes-interprètes et l'union nationale des syndicats autonomes spectacle et communication. • Cons. const. 29 nov. 2019, *Féd. nat. des synd. du spectacle, du cinéma, de l'audiovisuel et de l'action culturelle CGT et a.*, n° 2019-816 QPC.

320. Le Cons. const. s'assure au besoin que le représentant de la personne morale a bien été autorisé à présenter l'intervention par les organes compétents de la personne morale en question. • Cons. const. 12 avr. 2019, *Sté Magenta*, n° 2019-774 QPC § 10 et 11.

321. Dès lors que l'intervention est recevable, l'intervenant doit être invité à présenter des observations orales à l'audience. • Cons. const. 26 nov. 2010, *Danielle S.*, n° 2010-71 QPC • Cons. const. 9 juin 2011, *Abdellatif B. et a. : 2011-135/140 QPC.* ♦ Chaque intervenant est libre de présenter ou non des observations orales. • Cons. const. 8 oct. 2014, *Sté Praxair SAS*, n° 2014-419 QPC.

322. Des interventions, précisant ne pas entendre produire d'observations « à ce stade » mais se réserver le droit d'en établir au vu des mémoires déposés par les parties au litige, ne comprennent pas d'observations sur le bien-fondé de la question et ne satisfont pas dès lors aux exigences posées le règlement intérieur. • Cons. const. 14 juin 2013, *Philippe W.*, n° 2013-322 QPC § 3. ♦ Il en va ainsi même si des éléments de fonds sont contenus dans un mémoire postérieur parvenu au-delà du délai règlementaire. • Cons. const. 18 mai 2018, *Arlette R.*, n° 2018-705 QPC § 5. ♦ ... Lorsque que, bien qu'ayant posé une QPC relative aux mêmes dispositions, le mémoire en intervention ne comprend pas d'observation sur le bien-fondé de la question. • Cons. const. 4 déc. 2015, *Gilbert A.*, n° 2015-506 QPC § 8.

323. Les refus d'interventions ne sont pas toujours justifiés dans la décision mais simplement indiqués dans les « commentaires ». • Cons. const. 10 nov. 2011, *Ekaterina B., épse D., et a.*, n° 2011-192 QPC. • Cons. const. 17 mai 2013, *Jérôme P.*, n° 2013-310 QPC. ♦ Dans sa décision, le Cons. const. indique simplement, sans plus de précision, que l'intervenant potentiel ne justifiait pas d'un intérêt spécial à intervenir. • Cons. const. 28 mars 2013, *SARL Majestic Champagne*, n° 2012-298 QPC § 1. ♦ Dans d'autres cas, le Conseil constitutionnel est un peu plus précis, estimant que la personne morale ayant demandé à intervenir ne justifie pas d'un intérêt spécial à intervenir dans la procédure des présentes QPC. • Cons. const. 18 mars 2015, *John et a.*, n°s 2014-453/454 QPC et 2015-462 QPC § 2 • Cons. const. 11 oct. 2019, *Union nat. des étudiants en droit, gestion, AES, sciences économiques, politiques et sociales*, n° 2019-809 QPC § 4. ♦ Enfin, il peut exposer clairement les raisons du refus : si la fédération rassemble des établissements privés d'enseignement supérieur à but non lucratif qui sont exclus du bénéfice de l'exonération de taxe d'habitation prévue au 1° du § II de l'art. 1408 CGI, cette exclusion ne résulte pas des dispositions contestées. • Cons. const. 7 déc. 2018, *Fond. Ildys*, n° 2018-752 QPC § 6.

324. Justifie un refus d'intervention le fait que celle-ci ne satisfasse pas aux exigences posées par le règlement intérieur. Ainsi en est-il d'une intervention tardive dès lors que seules de secondes observations présentées après le délai de trois semaines comportent des griefs et une argumentation juridique au soutien de la QPC, les premières observations demandant uniquement qu'elle « prospère ». • Cons. const. 18 mai 2018, *Arlette R. et a.*, n° 2018-705 QPC § 5.

325. Une partie intervenante ne saurait modifier par ses conclusions l'objet de la QPC renvoyée au Cons. const. • Cons. const. 4 avr. 2014, *Sté Sephora*, n° 2014-373 QPC § 4. ♦ De même, l'intervention n'est admise que dans la mesure où elle concerne les dispositions que le Conseil constitutionnel retient dans le champ de la saisine tel qu'il le circonscrit (V. c. ci dessous). Les autres griefs ne portent dès lors pas sur les dispositions contestées. • Cons. const. 20 oct. 2017, *CGT-FO*, n° 2017-9665 QPC § 4.

2. Saisine de la CEDH

326. Les justiciables sont recevables à saisir le Cons. const. de conclusions aux fins de transmission d'une demande d'avis consultatif à la CEDH dans le cadre d'une QPC (application du Prot. 16 Conv. EDH : V. *infra*). • Cons. const. 23 nov. 2018, *Thomas T.*, n° 2018-745 QPC § 5 • Cons. const. 5 avr. 2019, *Sing Kwon C.*, n° 2019-772 QPC § 7.

3. Parties

BIBL. Dilloard, Les observations du Premier ministre dans le cadre de la QPC, *RD publ. 2014. 967.*

327. Le Cons. const. peut demander des observations complémentaires pour les besoins de l'instruction tant au requérant qu'aux intervenants et au Premier ministre. • Cons. const. 28 mai 2020, *Force 5*, n° 2020-843 QPC.

328. Le Conseil reconnaissant comme partie à l'instance devant lui toutes les personnes qui étaient présentes à la procédure devant le juge du fond ou devant le Conseil d'État ou la Cour de cassation, il reçoit et communique les observations produites dans l'intérêt de ces personnes même si elles n'ont pas été mentionnées dans les arrêts de renvoi. • Cons. const. 18 oct. 2010, *Rachid M. et a.*, n° 2010-55 QPC.

329. Si, tant que le Cons. const. n'est pas saisi, la QPC constitue un incident dans l'instance de sorte que l'extinction de cette dernière rend la QPC sans objet, une fois la QPC renvoyée au Cons. const., le désistement des requérants est sans effet sur la procédure qui se poursuit normalement même si le requérant ne produit pas d'observation devant le Cons. const. • Cons. const. 16 mai 2012, *Cts L.*, n° 2012-247 QPC (sol. impl.).

330. Lorsque le requérant ne produit pas devant le Cons. const., celui-ci se réfère au mémoire qu'il a déposé devant la juridiction suprême qui lui a renvoyé la question. • Cons. const. 14 oct. 2010, *Union synd. magistrats administratifs*, n° 2010-54 QPC • Cons. const. 16 mai 2012, *Cts L.*, n° 2012-247 QPC.

4. Moyens

331. Moyens soulevés. Les moyens doivent être soulevés dans les premières observations ; les secondes observations ne peuvent avoir d'autre objet que de répondre aux premières (du règlement intérieur du 4 févr. 2010, art. 1er). Aussi le Cons. const. ne répond-il pas à des moyens soulevés pour la première fois dans les secondes observations. • Cons. const. 18 sept. 2020, *Suzanne A. et a.*, n° 2020-856 QPC § 3 ♦ V. déjà, implicitement. • Cons. const. 25 mars 2011, *Mme Selamet B.*, n° 2011-111 QPC (sol. impl.).

332. Moyens d'office. Le Cons. const. peut, dans le cadre de la QPC comme dans le cadre du contrôle *a priori* (V. ss. Const. 58, art. 61, note 108), soulever certains moyens d'office. • Cons. const. 17 sept. 2010, *Assoc. sportive football club de Metz*, n° 2010-28 QPC • Cons. const. 15 janv. 2021, *Mickaël M.*, n° 2020-873 QPC § 4.

V. pour d'autres décisions dans le même sens :

333. Il peut du reste dans ce cas, si ce moyen permet de conclure à l'inconstitutionnalité du texte, se contenter d'examiner ce moyen et non ceux des requérants. • Cons. const. 22 sept. 2010, *Sté Esso SAF*, n° 2010-33 QPC • Cons. const. 15 janv. 2021, *Mickaël M.*, n° 2020-873 QPC § 10. ♦ Il peut également conclure à l'inconstitutionnalité sans utiliser le moyen soulevé d'office. • Cons. const. 23 mars 2016, *Cherif Y.*, n° 2015-530 QPC.

V. pour d'autres décisions dans le même sens :

334. Par ce procédé, le Cons. const. peut se saisir d'office de questions que je juge du fond s'est refusé de lui transmettre dès lors que la disposition législative n'emporte pas les conséquences juridiques critiquées par le demandeur. • Cons. const. 8 juill. 2011, *Tarek J.*, n° 2011-147 QPC • Crim., 27 avr. 2011, n° 11-90.015. ♦ ... En ne les estimant pas sérieuses. • Cons. const. 13 juill. 2011, *Samir A.*, n° 2011-153 QPC § 2 • Crim. QPC, 23 nov. 2010, n° 10-81.309 • 15 déc. 2010, n° 10-84.112.

335. Il peut également s'interroger sur le caractère législatif ou non des dispositions contestées. • Cons. const. 28 nov. 2014, *Sté ING Direct NV et ING Bank NV*, n° 2014-431 QPC § 5.

336. Lorsque le Cons. const. envisage de soulever d'office un grief, il en informe les parties et les autorités qui peuvent y répondre (Règl. QPC, art. 7). • Cons. const. 17 sept. 2010, *Assoc. Sportive Football Club de Metz*, n° 2010-28 QPC.

V. pour d'autres décisions dans le même sens :

337. Il peut en résulter soit une annulation de la disposition. • Cons. const. 8 juill. 2011, *Tarek J.*, n° 2011-147 QPC • Cons. const. 11 avr. 2014, *CGT-FO et a.*, n° 2014-388 QPC. ♦ ... Soit un non-lieu à statuer. • Cons. const. 22 juill. 2011, *Claude C.*, n° 2011-152 QPC.

338. Le Conseil peut aussi renoncer à soulever le moyen qu'il avait ainsi envisagé et résoudre la difficulté par une réserve d'interprétation. • Cons. const. 7 oct. 2011, *Éric A.*, n° 2011-177 QPC • Cons. const. 30 mars 2012, *Omar S.*, n° 2012-227 QPC § 14.

5. Autres éléments de procédure

339. Jonction. Dès lors qu'il est possible de joindre plusieurs QPC pour qu'il y soit statué par une seule décision, le Cons. const. procède à la jonction. • Cons. const. QPC, 22 juill. 2010, *Alain C. et a.*, n° 2010-4/17 QPC. ♦ ... Y compris entre des QPC émanant du Conseil d'État et de la Cour de cassation. • Cons. const. 30 juill. 2010, *Épx. P. et a.*, n° 2010-19/27 QPC • Cons. const. 29 sept. 2011, *Michael C. et a.*, n° 2011-171/178 QPC • Cons. const. 14 oct. 2011, *Assoc. France Nature Environnement*, n° 2011-183/184 QPC.

340. Audiences publiques. Les audiences publiques sont, sur décisions du Président du Conseil, le plus souvent consultables sur le site internet du Cons. const. ; les parties, consultées, peuvent demander à ce qu'il n'en soit pas ainsi. • Cons. const. 10 déc. 2010, *Alain D. et a., n° 2010-72/75/82 QPC (en l'espèce, altération des facultés mentales résultant d'une maladie).*

341. Note en délibéré. Il est possible de présenter une note en délibéré devant le Cons. const. Celle-ci est mentionnée dans les visas ainsi que la réponse des autres parties. • Cons. const. 2 déc. 2011, *Banque populaire Côte d'Azur*, n° 2011-200 QPC • Cons. const. 25 mai 2018, *Épx P.*, n° 2018-707 QPC • Cons. const. 6 sept. 2019, *Alaitz A.*, n°s 2019-799/800 QPC • Cons. const. 15 oct. 2021, *Sté Air France*, n° 2021-940 QPC. ♦ Le Gouvernement peut également présenter une telle note. • Cons. const. 16 nov. 2018, *Murielle B.*, n° 2018-744 QPC • Cons. const. 6 sept. 2019, *Alaitz A.*, n°s 2019-799/800 QPC • Cons. const. 31 juill. 2020, n° 2020-853 QPC.

a. Étendue du champ de la saisine

342. Possibilité de circonscrire la saisine. Le Cons. const. se reconnaît cependant la faculté, sous réserve de la divisibilité du texte, de circonscrire le champ de sa saisine aux seules dispositions législatives renvoyées qui sont effectivement mises en cause par la question ou applicables au litige à l'occasion duquel elle a été posée et au besoin, il précise les textes ou parties de texte et, lorsque ceux-ci ont été abondamment modifiés, l'état des textes dont il examine la constitutionnalité. • Cons. const. 16 sept. 2010, *Jean-Victor C.*, n° 2010-25 QPC § 1 • Cons. const. 19 oct. 2017, *Épx T.*, n° 2017-663 QPC § 1 • Cons. const. 15 févr. 2019, *Charles-Henri M.*, n° 2018-765 QPC § 1. ♦ C'est en particulier le cas lorsque ni la juridiction de renvoi ni les écritures des parties ne précisent la version du texte concernée. • Cons. const. 25 nov. 2016, *Cne de Coti-Chiavari*, n° 2016-597 QPC § 1 ♦ Il peut procéder de la sorte alors même que la juridiction ayant procédé au renvoi a elle-même déjà limité la QPC. • CE 11 avr. 2014, *B.*, n° 371921 (par rapport à la demande présentée par le requérant). • Cons. const. 20 juin 2014, *Épx M.*, n° 2014-404 QPC.

343. Lorsque la juridiction de renvoi identifie correctement la version du texte sur lequel le Cons. const. doit se prononcer, celui-ci estime ne pas avoir à établir la version des dispositions contestées dont il est saisi. • Cons. const. 24 juin 2016, *Jérôme C.*, n° 2016-546 QPC § 1. ♦ Il peut, lorsque la juridiction de renvoi s'est trompée quant à la version concernée, procéder à la rectification. • Cons. const. 24 juin 2016, *Alec W. et a.*, n° 2016-545 QPC § 1.

344. Par ailleurs, la détermination du champ de la QPC s'opère exclusivement à partir des griefs du requérant et ne prend pas en compte ceux des intervenants. • Cons. const. 16 févr. 2018, *Farouk B.* n° 2017-691 QPC § 9 à 11.

345. V. par ex. s'agissant des dispositions de l'état du texte : • Cons. const. 25 janv. 2019, *Sté Ambulances-taxis du Thoré*, n° 2018-757 QPC § 1. ♦ Ainsi le Cons. const. peut-il être amené à se prononcer sur une rédaction qui a été en vigueur très peu de temps. • Cons. const. 29 juin 2012, *Dpts de la Seine-Saint-Denis et du Var*, n° 2012-255/265 QPC • Cons. const. 22 avr. 2016, *Sté Sofadig Exploitation*, n° 2016-537 QPC § 1. ♦ De même le Conseil précise-t-il, lorsque le texte a connu plusieurs versions, celle qui, étant applicable au litige, sera examinée. • Cons. const. 12 oct. 2012, *Sté Groupe Canal Plus et a.*, n° 2012-280 QPC § 1 • Cons. const. 20 sept. 2019, *Abdelnour B.*, n° 2019-802 QPC § 1. ♦ Lorsque plusieurs versions d'un même texte sont applicables au litige, le Cons. const. se prononce sur les deux versions. • Cons. const. 27 janv. 2012, *Sté COVED SA*, n° 2011-214 QPC § 7 • Cons. const.29 janv. 2015, *Sté ThyssenKrupp Electrical Steel Ugo SAS*, n° 2014-445 QPC §1 à 3. ♦ Il en résulte que le Cons. const. peut être amené à se prononcer plusieurs fois sur le même article dans ses différentes rédactions. • Cons. const. 13 juill. 2012, *Saïd K.*, n° 2012-264 QPC § 3. ♦ Le Conseil peut aussi indiquer que s'agissant d'une version il a déjà déclaré les dispositions conformes et qu'il y a donc non-lieu à statuer alors que pour une autre version, il va statuer. • Cons. const. 22 juill. 2016, *Patrick S.*, n° 2016-556 QPC § 9.

V. pour d'autres décisions dans le même sens :

346. V. s'agissant : de certains articles d'un texte. • Cons. const. 12 oct. 2012, *Synd. de défense des fonctionnaires*, n° 2012-281 QPC § 9. ♦ ... Ou d'un code. • Cons. const. 29 nov. 2019, *Féd. nat. des synd. du spectacle, du cinéma, de l'audiovisuel et de l'action culturelle CGT et a.*, n° 2019-816 QPC § 8. ♦ ... De certains articles parmi ceux déférés. • Cons. const. 24 juill. 2015, *Assoc. French Data network et a.*, n° 2015-478 QPC § 7 • Cons. const. 2 mars 2018, *Ousmane K. et a.*, n° 2017-694 QPC § 5. ♦ ... De certains paragraphes. • Cons. const. 21 juin 2013, *SA Assistance sécurité gardiennage*, n° 2013-327 QPC § 3 (paragraphe d'article). ♦ ... De certains alinéas, voire d'un seul alinéa du texte. • Cons. const. 17 déc. 2010, *Boubakar B.*, n° 2010-81 QPC § 3 • Cons. const. 6 sept. 2019, *Alaitz A.*, n°s 2019-799/800 QPC § 4. ♦ ... D'une phrase ou d'un point numéroté. • Cons. const. 21 sept. 2012, *Assoc. Comité radicalement anti-corrida Europe et a.*, n° 2012-271 QPC § 3 (phrase d'alinéa). ♦ ... De quelques mots dans le texte. • Cons. const. 5 oct. 2012, *Élisabeth B.*, n° 2012-278 QPC • Cons. const. 6 févr. 2014, *Épx M.*, n° 2013-365 QPC § 3. ♦ ... D'un mot. • Cons. const. 6 juin 2014, *Sté Beverage and Restauration Organisation SA*, n° 2014-399 QPC § 3. ♦ ... D'une référence chiffrée renvoyant à une autre disposition. • Cons. const. 17 janv. 2017, *Sté Alinéa*, n° 2016-604 QPC § 3. ♦ ... D'un tableau ou d'un extrait de tableau. • Cons. const. 17 sept. 2015, *Sté Gurdebeke SA*, n° 2015-482 QPC § 3 • Cons. const. 17 juill. 2015, *SARL Holding Désile*, n° 2015-476 QPC § 4.

V. pour d'autres décisions dans le même sens :

347. Le Cons. const. peut dès lors : être conduit à exclure de la QPC dont il est saisi quelques mots pour ne retenir qu'une partie de l'expression contestée. • Cons. const. 24 janv. 2017, *Mme Audrey J.*, n° 2016-608 QPC. ♦ ... Être conduit à devoir examiner une combinaison complexe de points, alinéas et mots ou expressions dont il précise chaque élément. • Cons. const. 27 sept. 2019, *Union de défense active des forains*, n° 2019-805 QPC § 6.

348. Il importe peu que, devant le Cons. const., le requérant limite ses griefs à une seule des dispositions renvoyées, et ne demande plus la censure de l'ensemble de ces dispositions que comme une conséquence de l'inconstitutionnalité qu'il défend à ce stade. • Cons. const. 20 avr. 2012, *SA Paris Saint-Germain football*, n° 2012-238 QPC.

349. Le juge précise également en quoi les dispositions en question sont concernées ; en l'espèce, les dispositions doivent être regardées comme figurant au nombre des dispositions législatives dont il résulte « que, selon la loi française, le mariage est l'union d'un homme et d'une femme ». • Cons. const. 28 janv. 2011, *Corinne C. et a.*, n° 2010-92 QPC § 3.

350. Il importe peu que la Cour de cassation fasse référence à un article sans distinction entre ses dispositions ; dès lors que la question posée par le requérant ne porte que sur un élément d'un article par ailleurs divisible, le Cons. const. statue sur cet élément. • Cons. const. 6 mai 2011, *Synd. SUD AFP*, n° 2011-128 QPC § 3 • Cons. const. 7 oct. 2011, *Sté travaux industriels maritimes et terrestres*, n° 2011-175 QPC § 3.

351. Lorsque les dispositions contestées correspondent seulement à certains al. d'un art. mais que ce renvoi ne correspond pas à un dispositif homogène, isolable des autres dispositions de l'art., l'ensemble de l'art. est examiné. • Cons. const. 12 juill. 2013, *Agnès B.*, n° 2013-332 QPC. ♦ Il en va de même lorsque les dispositions contestées peuvent difficilement être disjointes des autres éléments de l'article renvoyé au Conseil. • Cons. const. 13 juin 2014, *David V.*, n° 2014-401 QPC.

352. Saisi formellement, par le même requérant, de trois QPC portant sur la même disposition, le Cons. const. estime qu'il est saisi d'une seule QPC. • Cons. const. 9 juill. 2014, *Franck I.*, n° 2014-406 QPC.

353. Saisine « en tant que ». Le CE renvoie parfois une QPC sur une disposition « en tant que » : La question de la conformité à la Constitution des dispositions des art. L. 228-1 s. CSI en tant qu'elles ne prévoient pas de régime particulier pour les mesures individuelles de contrôle administratif et de surveillance susceptibles d'être prises à l'égard de personnes ayant fait l'objet de mesures d'assignation à résidence de longue durée sur le fondement de la L. du 6 avril 1955 est renvoyée au Conseil constitutionnel. • CE, QPC, 1er déc. 2017, n° 415740. ♦ Du fait du caractère *erga omnes* de ses décisions (V. ss. Const. 58, art. 62), le Cons. const. ne tient pas compte des renvois « en tant que », visant à limiter l'interrogation sur la conformité à la Const. d'une disposition à un aspect seulement de cette dernière. • Cons. const. 10 févr. 2017, *Épx G.*, n° 2016-610 QPC • Cons. const. 16 févr. 2018, *Farouk B.*, n° 2017-691 QPC. ♦ V. l'usage fait des réserves dans ce cadre ss. Const. 58, art. 62.

V. pour d'autres décisions dans le même sens : 🏛.

b. Contrôle opéré par le Conseil constitutionnel

354. Il n'appartient pas au Cons. const., saisi d'une QPC, de remettre en cause la décision par laquelle le Conseil d'État ou la Cour de cassation a jugé, en application de l'art. 23-5 de l'Ord. 7 nov. 1958, qu'une disposition était ou non applicable au litige ou à la procédure ou constituait ou non le fondement des poursuites. • Cons. const. 28 mai 2010, *Cts L.*, n° 2010-1 QPC § 6 • Cons. const. 26 nov. 2010, *Mlle Danielle S.*, n° 2010-71 QPC § 11. ♦ V. note 143.

355. Il ne peut dès lors statuer sur des dispositions qui ne figurent pas dans la question renvoyée par le Conseil d'État quand bien même elles seraient connexes (en l'espèce : hospitalisation à la demande de tiers et hospitalisation d'office). • Cons. const. 26 nov. 2010, *Mlle Danielle S.*, n° 2010-71 QPC § 12.

356. En raison du caractère abstrait du contrôle exercé dans le cadre de la QPC, il n'appartient pas au Cons. const. d'examiner la constitutionnalité de la disposition déférée au regard de la situation du requérant mais seulement de rechercher si la disposition porte, en elle-même, atteinte aux droits et libertés que la Constitution garantit. • Cons. const. 17 mars 2011, *Synd. mixte chargé de la gestion du contrat urbain de cohésion sociale de l'agglomération de Papeete*, n° 2010-107 QPC (sol. impl.).

357. Le présent art. ne confère pas au Cons. const. un pouvoir général d'appréciation et de décision de même nature que celui du Parlement. Cet article lui donne seulement compétence pour se prononcer sur la conformité d'une disposition législative aux droits et libertés que la Constitution garantit. • Cons. const. 30 juill. 2010, 🏛 *Daniel Walbuger et a.*, n° 2010-14/22 QPC § 30 • Cons. const. 28 févr. 2020, 🏛 *Gérard F.*, n° 2019-827 QPC § 16. ♦ V., l'étude de cette question de manière générale sous Const. 58, art. 61 (pt. III. B. 3°. a. 1.). ♦ V. annotations ss. Const 58, art. 62 lorsque les mesures à prendre pour qu'il soit remédié à la situation supposent des choix que seul le législateur peut faire.

358. De même, comme dans le cadre de son contrôle *a priori* (V. ss. Const. 58, art. 61), il ne lui appartient de procéder à l'interprétation du texte qui lui est déféré que dans la mesure où cette interprétation est nécessaire à l'appréciation de sa constitutionnalité. • Cons. const. 14 juin 2013, 🏛 *Philippe W.*, n° 2013-322 QPC § 12. ♦ Rappr. dans le cadre du contrôle *a priori* : • Cons. const. 24 juill. 1991, 🏛 n° 91-298 DC § 33. ♦ La question de la désignation de l'autorité chargée d'assurer le paiement des heures de délégation syndicale des maîtres des établissements privés sous contrat prises en dehors de leur temps de travail n'étant pas nécessaire à l'appréciation de la constitutionnalité de la disposition prévoyant que les maîtres des établissements d'enseignement privés ne sont pas liés à l'établissement par un contrat de travail et ne précisant pas le régime des heures de délégation syndicale prises en dehors de leur temps de travail. • Cons. const. 14 juin 2013, 🏛 *Philippe W.*, n° 2013-322 QPC § 12.

359. En revanche, le Cons. const. peut profiter de son contrôle pour inviter le législateur à apporter une modification aux dispositions législatives qui, si elles ne sont pas inconstitutionnelles, appellent, malgré tout, des précisions. ♦ V. notes ss Const. 58, art. 62

Art. 62 *(L. const. n° 2008-724 du 23 juill. 2008, art. 30)*

« *Al. 1er Non reproduit.*

« Une disposition déclarée inconstitutionnelle sur le fondement de l'article 61-1 est abrogée à compter de la publication de la décision du Conseil constitutionnel ou d'une date ultérieure fixée par cette décision. Le Conseil constitutionnel détermine les conditions et limites dans lesquelles les effets que la disposition a produits sont susceptibles d'être remis en cause. »

Les décisions du Conseil constitutionnel ne sont susceptibles d'aucun recours. Elles s'imposent aux pouvoirs publics et à toutes les autorités administratives et juridictionnelles.

PLAN DES ANNOTATIONS

[V. références des décisions du Conseil constitutionnel dans les tableaux DC et QPC]

I. TECHNIQUES PERMETTANT D'ÉVITER L'INCONSTITUTIONNALITÉ

A. SÉPARABILITÉ

1. La déclaration d'inconstitutionnalité peut porter sur l'ensemble de la loi. • Cons. const. 24 déc. 1979, nº 79-110 DC. ♦ Elle peut également porter aussi bien sur une partie de la loi que sur un ou plusieurs art. • Cons. const. 20 janv. 1981, nº 80-127 DC. ♦ ... Qu'un alinéa. • Cons. const. 27 juill. 2006, nº 2006-540 DC § 57. ♦ ... Que quelques mots. • Cons. const. 27 juill. 1982, nº 82-141 DC • Cons. const. 7 mars 2014, *Sté Nlle d'exploitation Sthrau'hôtel*, nº 2013-368 QPC. ♦ ... Qu'un mot. • Cons. const. 27 juill. 2006, nº 2006-540 DC § 61 • Cons. const. 8 juin 2012, *Christian G.*, nº 2012-250 QPC § 6. ♦ ... Voire un chiffre. • Cons. const. 28 juill. 1987, nº 87-230 DC § 13.

V. pour d'autres décisions appliquant dans le même sens les principes précédents :.

2. Si les dispositions ainsi frappées d'inconstitutionnalité peuvent être séparées du reste de la loi, le Conseil se limitera à cette simple déclaration d'inconstitutionnalité. • Cons. const. 9 janv. 1980, nº 79-109 DC • Cons. const. 20 janv. 1981, nº 80-127 DC • Cons. const. 11 août 1993, nº 93-326 DC • Cons. const. 19 janv. 2006, nº 2005-532 DC § 6.

3. S'il estime en revanche que ces dispositions sont inséparables du reste de la loi, il précisera dans son dispositif que c'est dès lors la loi, dans son ensemble, qui doit être regardée comme non conforme à la Constitution. • Cons. const. 22 juill. 1980, nº 80-122 DC • Cons. const. 27 juill. 1982, nº 82-141 DC • Cons. const. 28 juill. 1993, nº 93-322 DC § 12. ♦ Il en va de même lorsque ne sont pas divisibles les deux paragraphes d'un article. • Cons. const. 10 mars 2011, nº 2011-625 DC § 56. ♦ L'inséparabilité peut aussi conduire, lorsque seuls certains mots sont frappés, à la déclaration de non-conformité de l'article dans lequel ils se situent. • Cons. const. 20 juill. 1983, nº 83-162 DC § 18 • Cons. const. 5 mai 1998, nº 98-399 DC § 8.

4. La séparabilité ou l'inséparabilité peuvent résulter du texte même de l'article inconstitutionnel. • Cons. const. 9 mai 1991, nº 91-290 DC § 14. ♦ ... Mais peut aussi se déduire des débats parlementaires auxquels il a donné lieu. • Cons. const. 12 mars 1963, nº 63-21 DC § 6 • Cons. const. 5 mai 1998, nº 98-399 DC § 8. ♦ Elles peuvent encore résulter à la fois du texte lui-même et des débats. • Cons. const. 26 janv. 1967, nº 67-31 DC § 6 • Cons. const. 9 juill. 1970, nº 70-40 DC § 6. ♦ Parfois, et de manière assez surprenante, le Conseil ne s'interroge pas sur la séparabilité des dispositions qu'il déclare non conformes à la Constitution alors même qu'il apparaît nettement qu'elles étaient, dans l'esprit des parlementaires, une condition de l'adoption du texte dont elles sont séparées par la décision. • Cons. const. 27 juill. 2006, nº 2006-540 DC § 58 à 61.

5. Le choix ainsi fait par le Conseil de la séparabilité permet de faire échapper la loi ou un aspect de la loi à une déclaration de non-conformité. Parfois pourtant, c'est au prix de réserves d'interprétation qui peuvent frapper d'autres art. • Cons. const. 10 oct. 1984, n° 84-181 DC § 56.

6. La séparabilité est également utilisée dans le cadre de la déclaration d'inconstitutionnalité organisée par l'art. 61-1 Const. 58. • Cons. const. 11 juin 2010, *Viviane L.*, n° 2010-2 QPC § 23.

B. RÉSERVES D'INTERPRÉTATION

BIBL. Jan, Les réserves d'interprétation du Conseil constitutionnel, *Regard sur l'actualité 2004, n° 306, p. 82*. – Boulet, QPC et réserves d'interprétation, *RFDA 2011. 753*.

7. Si le Conseil refuse d'interpréter une loi lorsque les auteurs de la saisine lui en font expressément la demande, il admet néanmoins qu'il peut le faire « dans la mesure où cette interprétation est nécessaire à l'appréciation de sa constitutionnalité ». • Cons. const. 24 juill. 1991, n° 91-298 DC § 33 • Cons. const. 12 janv. 2002, n° 2001-455 DC § 9 • Cons. const. 22 oct. 2009, n° 2009-590 DC § 6. ♦ En particulier, il n'y a pas lieu pour le Conseil de se substituer aux autorités judiciaires compétentes lorsque la loi leur donne la possibilité d'apprécier au cas par cas, comme il leur appartient de le faire, si un supplément d'enquête ou d'instruction est nécessaire ou si les éléments de preuve rassemblés par les fonctionnaires et agents chargés de fonctions de police judiciaire suffisent à établir la culpabilité de la personne mise en cause et permettent, le cas échéant, la détermination de la peine. • Même affaire.

8. Le Conseil peut se référer à une de ses réserves antérieures pour s'assurer que la loi nouvelle y est bien conforme. • Cons. const. 6 déc. 2007, n° 2007-559 DC § 5 et 8.

9. Saisi, dans le cadre d'une QPC, d'une loi déclarée conforme sous réserve que le Cons. const. s'assure du respect de celle-ci pour estimer qu'il n'y a pas lieu de statuer à nouveau. • Cons. const. 30 juin 2011, *Dpt de la Seine-Saint-Denis*, n° 2011-142/145 QPC § 18.

1° TECHNIQUE DES RÉSERVES

10. Le Conseil peut prononcer la constitutionnalité de la loi ou de certaines de ses dispositions avec des réserves à caractère interprétatif. Il utilise plusieurs formules telles que : « sous réserve d'interprétation » ou « sous cette réserve ». • Cons. const. 25 juill. 1989, n° 89-257 DC § 26 • Cons. const. 3 mars 2009, n° 2009-577 DC § 19. ♦ ... Ou « sous cette stricte réserve d'interprétation ». • Cons. const. 16 juin 1999, n° 99-411 DC § 17. ♦ ... Ou « toute autre interprétation serait contraire aux dispositions de la Constitution » ou à tel principe constitutionnel. • Cons. const. 10 oct. 1984, n° 84-181 DC § 44 • Cons. const. 8 janv. 2009, n° 2008-573 DC § 26.

V. pour d'autres décisions appliquant dans le même sens les principes précédents : 🏛.

11. Le Conseil utilise la technique des réserves y compris dans le contrôle qu'il opère en application de l'art. 61-1 Const. 58. • Cons. const. 18 juin 2010, *Épx L.*, n° 2010-8 QPC § 18 • Cons. const. 29 sept. 2010, *Jean-Yves G.*, n° 2010-38 QPC § 7 • Cons. const. 11 févr. 2011, *Monique P.*, n° 2010-101 QPC § 5.

12. La réserve peut porter sur un article entier. Ou sur quelques mots contenus dans cet article. Ainsi peut-on lire : « sous réserve de cette interprétation, les mots « dans les meilleurs délais » ne sauraient avoir pour portée de priver les magistrats concernés du pouvoir de contrôle qu'il leur appartient d'exercer ». • Cons. const. 11 août 1993, n° 93-326 DC § 3.

13. La réserve peut encore conditionner la séparabilité du texte : on pourra lire par exemple : « si l'al. 1er peut être regardé comme séparable de l'al. 2 et donc échapper à une déclaration de non-conformité à la Constitution, ce n'est qu'à la condition impérative que l'art. 13 ainsi privé de son al. 2 soit entendu comme ... ». • Cons. const. 10 oct. 1984, n° 84-181 DC § 56.

BIBL. Rosa, La référence aux travaux parlementaires dans la jurisprudence du Conseil constitutionnel : un instrument de renforcement de la légitimité du juge et du législateur, *RFDC 2014. 641*.

14. Le Conseil justifie parfois son interprétation en précisant qu'elle est conforme aux travaux préparatoires. • Cons. const. 10 oct. 1984, n° 84-181 DC § 44 • Cons. const. 12 janv. 2002, n° 2001-455 DC § 16 • Cons. const. 13 janv. 2003, n° 2003-465 DC § 6 • Cons. const. 27 juill. 2006, n° 2006-540 DC § 50 • Cons. const. 14 sept. 2021, *Ligue des droits de l'homme*, n° 2021-927 QPC § 15. ♦ ... Ou à l'intention du législateur. • Cons. const. 18 juill. 2001, n° 2001-447 DC § 7. ♦ ... Ou aux dispositions de la directive communautaire à transposer. • Cons. const. 27 juill. 2006, n° 2006-540 DC § 37 et 41.

15. Cette technique est aussi appliquée dans le cadre du contrôle de la constitutionnalité du règlement des assemblées. • Cons. const. 4 juill. 2019, n° 2019-785 DC. ♦ La réserve peut également permettre de confirmer la constitutionnalité d'une disposition ancienne du règlement d'une assemblée alors que, la Constitution ayant été révisée, la disposition en cause ne peut conserver la même portée. • Cons. const. 11 juin 2015, n° 2015-712 DC § 52.

16. Le Conseil reprend désormais dans le dispositif de la décision l'indication des réserves qu'il a indiquées dans le corps de la décision. Dans ce cas il est hors de doute que les réserves s'imposaient. • Cons. const. 6 avr. 1996, n° 96-373 DC. ♦ Lorsque le Conseil n'agissait pas ainsi, il fallait admettre que les réserves s'imposent par le fait qu'elles sont le soutien nécessaire et constituent le fondement même du dispositif. V. note 125.

2° TYPES DE RÉSERVES

a. Réserves limitatives

17. Il s'agit de réserves qui, parmi les interprétations possibles, interdisent celles qui mettraient une disposition en contradiction avec la Constitution. Par exemple, le Conseil utilise l'expression « ne saurait signifier ». • Cons. const. 19 janv. 1984, n° 83-167 DC § 26. ♦ ... Ou « ne saurait s'appliquer... ». • Cons. const. 15 févr. 2007, n° 2007-547 DC § 42. ♦ ... Ou « n'a pas pour effet ». • Cons. const. 29 déc. 1984, n° 84-184 DC § 27 • Cons. const. 14 févr. 2014, *SELARL PJA, ès qualités de liquidateur de la Sté Maflow France*, n° 2013-366 QPC § 8 • Cons. const. 15 mars 2018, n° 2018-762 DC § 6. ♦ ... Ou « ne peut avoir ni pour effet ni pour objet ». • Cons. const. 19 juill. 1983, n° 83-160 DC § 5 • Cons. const. 30 déc. 1995, n° 95-370 DC § 16. ♦ ... Ou « n'équivaut ni en droit ni en fait ». • Cons. const. 20 juill. 1983, n° 83-162 DC § 73 et 77. ♦ ... Ou « ne saurait s'entendre comme ». • Cons. const. 25 févr. 1992, n° 92-307 DC § 32. ♦ ... Ou « ne sauraient avoir pour portée ». • Cons. const. 11 août 1993, n° 93-326 DC § 3. ♦ ... Ou « ne saurait viser, à un titre quelconque ». • Cons. const. 30 déc. 1995, n° 95-370 DC § 16. ♦ ... Ou « le surplus de cet art. ne peut être regardé comme conforme à celle-ci [la Constitution] que dans la mesure où ... ». • Cons. const. 16 juill. 1996, n° 96-377 DC § 19. ♦ ... Ou « la disposition, si elle ne précise pas... ne peut être entendue comme ayant une autre portée ». • Cons. const. 17 janv. 2002, n° 2001-454 DC § 7. ♦ ... Ou « cette disposition n'a pour seule portée ... » • Cons. const. 13 janv. 2003, n° 2003-465 DC § 6. ♦ ... Ou « cette disposition ne prendra effet qu'à cette date ... ». • Cons. const. 30 nov. 2006, n° 2006-543 DC § 26 et 27. ♦ ... Ou « doivent s'entendre comme ne régissant « tel élément que ... ». • Cons. const. 15 févr. 2007, n° 2007-547 DC § 52. ♦ Ou « à l'exclusion de tout autre élément ». • Cons. const. 12 févr. 2009, n° 2009-575 DC § 4. ♦ ... Ou « ne sauraient permettre ». • Cons. const. 14 mai 2012, *Assoc. Temps de vie*, n° 2012-242 QPC § 10. ♦ ... Ou « ne sauraient autoriser ». • Cons. const. 7 nov. 2019, n° 2019-791 DC § 11. ♦ ... Ou « ne sauraient être ouverts ». • Cons. const. 19 nov. 2014, n° 2014-703 DC § 41. ♦ ... Ou « ne sauraient être interprétées ». • Cons. const. 9 sept. 2016, *Mukhtar A.*, n° 2016-561/562 QPC § 12 • Cons. const. 29 nov. 2019, *Féd. nat. des synd. du spectacle, du cinéma, de l'audiovisuel et de l'action culturelle CGT et a.*, n° 2019-816 QPC § 39. ♦ ... Ou « ne sauraient mettre fin ». • Cons. const. 29 nov. 2019, *Féd. nat. des synd. du spectacle, du cinéma, de l'audiovisuel et de l'action culturelle CGT et a.*, n° 2019-816 QPC § 30.

18. Dans ce cadre, le Cons. const. peut limiter la portée d'une disposition dont le caractère trop général le conduit à estimer que dans certains cas l'application du texte ne serait pas équilibré. Tel est le cas par ex. d'une privation de liberté de plus de 24 h. consécutive à un mandat d'amener délivré à l'encontre d'une personne qui n'encourt pas une peine de prison correctionnelle ou une peine plus grave. • Cons. const. 24 juin 2011, *Kiril Z.*, n° 2011-133 QPC § 13.

19. Il s'agit encore d'indiquer les limites que doit respecter le pouvoir réglementaire dans l'exécution de la loi. Ainsi le Conseil précise-t-il : que les mesures d'ordre réglementaire visées par ce texte doivent être regardées comme s'appliquant uniquement à celles prévues dans la loi adoptée par le Parlement et relative aux évaluations servant de base à certains impôts directs locaux. • Cons. const. 30 janv. 1968, n° 68-35 DC § 3 et 4. ♦ ... Qu'un décret relatif aux magistrats exerçant à titre temporaire ne peut avoir pour objet que des dispositions pécuniaires et en aucun cas statutaires. • Cons. const. 10 janv. 1995, n° 94-355/356 DC § 17. ♦ ... Qu'un décret de transfert au secteur privé de certaines entreprises ne saurait concerner les services publics dont l'existence et le fonctionnement seraient exigés par le Constitution. • Cons. const. 9 avr. 1996, n° 96-375 DC § 5. ♦ ... Que le décret en Conseil d'État qui déterminera le régime disciplinaire des personnes détenues, fixera le contenu des fautes et les différentes sanctions disciplinaires encourues selon le degré de gravité des fautes commises et précisera la composition de la commission de discipline ainsi que la procédure applicable, ne définit pas des sanctions portant atteinte aux droits et libertés dont ces personnes bénéficient dans les limites inhérentes aux contraintes de la détention. • Cons. const. 19 nov. 2009, n° 2009-593 DC § 6. ♦ ... Que les ministres chargés de l'énergie et de l'économie n'arrêtent un prix sans suffisamment tenir compte des conditions économiques de production d'électricité par les centrales nucléaires. • Cons. const. 7 nov. 2019, n° 2019-791 DC § 11.

20. Il peut du reste s'agir de limiter la portée des ordonnances que le pouvoir exécutif est autorisé à prendre dans le cadre d'une loi d'habilitation. • Cons. const. 23 juin 2003, n° 2003-473 DC § 18. ♦ Ainsi, en l'espèce, les ordonnances ne pourront permettre la conclusion de contrats non soumis au droit commun de la commande publique que « dans des situations répondant à des motifs d'intérêt général tels que l'urgence qui s'attache, en raison de circonstances particulières ou locales, à rattraper un retard préjudiciable ou bien la nécessité de tenir compte des caractéristiques techniques, fonctionnelles ou économiques d'un équipement déterminé ». • Même décision.

21. Il peut encore s'agir de limiter la durée d'une législation portant atteinte à un principe constitutionnel à une durée qui ne devra pas excéder la mesure strictement nécessaire à la satisfaction des objectifs d'intérêt général poursuivis. • Cons. const. 15 févr. 2007, n° 2007-547 DC § 61.

22. Il peut également s'agir, dans le cadre de la QPC, de remettre en cause une jurisprudence qui, jusque-là, donnait du texte (ou du silence du texte) une interprétation que le Cons. const. estime non conforme aux droits et libertés garantis par la Const. • Cons. const. 6 mai 2011, *Cts. C.*, n° 2011-127 QPC § 5 et 9.

23. Il en va de même d'une doctrine ou d'une interprétation administrative. • Cons. const. 13 juill. 2011, *Dpt de la Haute-Savoie*, n° 2011-149 QPC § 6.

b. Réserves neutralisantes

24. Il est possible encore que l'interprétation donnée par le Conseil conduise en fait à vider la disposition de son contenu en l'interprétant de manière identique au droit antérieur. • Cons. const. 25 févr. 1992, n° 92-307 DC § 11. ♦ Ainsi, précise-t-il : que la retenue sur traitement consécutive à une absence de service fait n'a que le caractère d'une mesure comptable indépendante de tout caractère de sanction. • Cons. const. 20 juill. 1977, n° 77-83 DC § 1. ♦ ... Qu'il est possible aux sénateurs de déposer des propositions de lois dans l'intervalle des sessions dès lors que cette autorisation s'interprète comme signifiant que ces propositions ne peuvent être imprimées, distribuées et annoncées qu'après que le bureau se soit prononcé sur leur recevabilité au titre de l'art. 40 Const. • Cons. const. 15 janv. 1992, n° 91-301 DC § 16 s. ♦ ... Que l'expression « fonds de roulement » ne peut viser que le « fonds de réserve » rendant ainsi un caractère évaluatif à la mesure. • Cons. const. 30 déc. 1991, n° 91-302 DC § 30. ♦ ... Que l'expression « détournement de procédure » comme signifiant « fraude à la loi », argument qui, avant même le texte législatif permettait à l'administration de refuser la délivrance d'un acte. • Cons. const. 22 avr. 1997, n° 97-389 DC § 4. ♦ ... Que la disposition prévoyant l'enseignement de la langue corse « dans le cadre de l'horaire normal des *écoles maternelles* et *élémentaires* de Corse » comme maintenant le caractère facultatif de cet enseignement. • Cons. const. 17 janv. 2002, n° 2001-454 DC § 24. ♦ ... Que le délit d'aide au séjour irrégulier d'un étranger en France commis en bande organisée ne saurait concerner les organismes humanitaires d'aide aux étrangers. • Cons. const. 2 mars 2004, n° 2004-492 DC § 18. ♦ ... Que des dispositions favorisant un accès équilibré des femmes et des hommes aux différentes filières de formation professionnelle et d'apprentissage ne peuvent faire prévaloir la considération du sexe sur celle des capacités. • Cons. const. 16 mars 2006, n° 2006-233 DC § 18. ♦ ... Que la disposition prévoyant que les réserves ou déclarations interprétatives exprimées par la France doivent être jointes au projet de loi autorisant la ratification d'un traité ne porte pas atteinte à la liberté du pouvoir exécutif, à l'occasion de la ratification d'un traité ou d'un accord, de déposer des réserves, de renoncer à des réserves qu'il avait envisagé de déposer et dont il avait informé le Parlement ou, après la ratification, de lever des réserves qu'il aurait auparavant formulées. • Cons. const. 9 avr. 2009, n° 2009-579 DC § 25. ♦ ... Que les dispositions relatives à la compétence du Bureau de la Haute Cour pour l'organisation des travaux ne sauraient avoir pour effet de permettre à ce Bureau de fixer les règles relatives aux débats devant la Haute Cour. • Cons. const. 19 nov. 2014, n° 2014-703 DC § 25. ♦ ... Que les dispositions contestées ne sauraient, sans priver de garanties légales les exigences qui résultent de l'art. 13 DDH, être interprétées comme permettant à l'administration de refuser cet agrément pour un autre motif que celui tiré de ce que l'opération de restructuration en cause ne satisfait pas aux conditions fixées par la loi. • Cons. const. 28 nov. 2014, *Sté ING Direct NV et ING Bank NV*, n° 2014-431 QPC § 11. ♦ ... Le renvoi à un décret ne saurait s'interpréter comme conférant au pouvoir réglementaire la faculté de décider de ne pas soumettre à l'interdiction certaines des substances en cause sauf à dénaturer le principe posé par le législateur d'une interdiction générale de l'utilisation des produits phytopharmaceutiques contenant une ou des substances actives de la famille des néonicotinoïdes ou présentant des modes d'action identiques. • Cons. const. 10 déc. 2020, n° 2020-809 DC § 16.

25. Cette technique peut également permettre au Cons. const. de vider de toute portée une disposition : ces dispositions ne sauraient avoir pour objet ni pour effet de permettre que soient rendues publiques les déclarations d'intérêts déposées par les personnes exerçant certaines fonctions ou certains emplois publics. • Cons. const. 9 oct. 2013, n° 2013-676 DC § 22.

26. Il en va de même lorsque le Conseil estime que les dispositions législatives « ne fixent qu'un objectif » et sont donc dépourvues de caractère normatif. • Cons. const. 12 janv. 2002, n° 2001-455 DC § 112 à 115.

27. Cette technique peut également permettre au Cons. const. de neutraliser une jurisprudence donnant une interprétation de la loi qui pourrait être contraire à un droit ou à une liberté constitutionnel. • Cons. const. 20 sept. 2013, *Alain G.*, n° 2013-340 QPC § 5 et 6 • Cons. const. 19 juin 2020, *Théo S.*, n° 200-845 QPC § 6 et 26. ♦ Par ex. : ces dispositions ne sauraient permettre aux services fiscaux et douaniers de se prévaloir de pièces ou documents obtenus par une autorité administrative ou judiciaire dans des conditions déclarées ultérieurement illégales par le juge. • Cons. const. 4 déc. 2013, n° 2013-679 DC § 33. ♦ Comp. • CE, sect., 6 déc. 1995, n° 90914 A : *RTD com. 1996. 567, obs. Blanchèr*.

28. Cette technique de l'interprétation neutralisante est parfois utilisée par le Conseil d'État. • CE, ass., 28 déc. 2009, *Synd. nat. du travail, de l'emploi et de la formation CFDT*, n° 316479 : *Lebon 504 ; AJDA 2010. 568, note Marc*.

29. Elle peut encore avoir un effet pour l'avenir. Ainsi peut-il, alors même que les dispositions règlementaires d'application sont actuellement conformes à la réserve émise, limiter les possibilités, à législation inchangée, de modification des textes règlementaires. • Cons. const. 26 mars 2015, *Cté de défense des travailleurs frontaliers du Haut-Rhin et a.*, n° 2015-460 § 23.

c. Réserves constructives

30. Il est encore possible que le Conseil précise le sens du texte. Le Conseil admet en effet que « en raison des termes très généraux dans lesquels (cet) art. est formulé, il échet pour le Conseil constitutionnel d'en préciser la portée ». • Cons. const. 30 janv. 1968, n° 68-35 DC § 3 et 4. ♦ Ainsi le Conseil précise-t-il le contenu de la lettre recommandée que le syndicat doit envoyer au salarié en faveur de qui il entreprend une action. • Cons. const. 25 juill. 1989, n° 89-257 DC § 26. ♦ De même précise-t-il, alors que la loi n'en dit rien, que la constatation de l'inexécution du service doit se faire *in concreto* et n'impliquer dès lors aucune appréciation du comportement personnel de l'agent. • Cons. const. 20 juill. 1977, n° 77-83 DC § 3. ♦ Il peut encore préciser : qu'en tout état de cause, dans le texte considéré, le montant global des sanctions éventuellement prononcées ne dépasse pas le montant le plus élevé de l'une des sanctions encourues. • Cons. const. 28 juill. 1989, n° 89-260 DC § 22. ♦ ... Que l'autorité chargée de réaliser les contrôles d'identité doit justifier, dans tous les cas, des circonstances particulières établissant le risque d'atteinte à l'ordre public qui motive le contrôle. • Cons. const. 5 août 1993, n° 93-323 DC § 9. ♦ ... Que si l'art. considéré n'a pas précisé les « droits » du salarié auxquels les agissements incriminés sont susceptibles de porter atteinte, il doit être regardé comme ayant visé les droits de la personne au travail. • Cons. const. 12 janv. 2002, n° 2001-455 DC § 83. ♦ ... Qu'il appartiendra aux autorités compétentes, à l'occasion de l'autorisation de nouveaux services numériques et de l'attribution des trois services compensatoires, de veiller au respect du pluralisme des courants de pensée et d'opinions compte tenu des ressources radioélectriques alors disponibles. • Cons. const. 27 févr. 2007, n° 2007-550 DC § 16. ♦ ... Qu'il incombera à chaque loi de finances de fixer le montant de la compensation financière par l'État de la perte de recettes publicitaires de France Télévision afin qu'elle soit à même d'exercer les missions de service public qui lui sont confiées. • Cons. const. 3 mars 2009, n° 2009-577 DC § 18. ♦ ... Que le droit à un recours juridictionnel effectif impose que la décision du ministère public déclarant irrecevable la réclamation ou la demande d'exonération d'une amende pour certaines des contraventions au code de la route adressées au titulaire du certificat d'immatriculation puisse être contestée devant la juridiction de proximité. • Cons. const. 29 sept. 2010, *Jean-Yves G.*, n° 2010-38 QPC § 7. ♦ ... Que l'équilibre des droits des parties interdit que le juge des libertés et de la détention puisse rejeter la demande de mise en liberté sans que le demandeur ou son avocat ait pu avoir communication de l'avis du juge d'instruction et des réquisitions du ministère public. • Cons. const. 17 déc. 2010, *David. M.*, n° 2010-62 QPC § 7. ♦ ... Que la protection constitutionnelle de la liberté individuelle par l'autorité judiciaire exige que la durée du placement en chambre de sûreté, qui doit être consignée dans tous les cas par les agents de la police ou de la gendarmerie nationales, soit prise en compte dans la durée de la garde à vue. • Cons. const. 8 juin 2012, *Mickaël D.*, n° 2012-253 QPC § 9. ♦ ... Qu'en matière de privation de liberté, le droit à un recours juridictionnel effectif impose que le juge judiciaire soit tenu de statuer dans les plus brefs délais. • Cons. const. 29 janv. 2015, *Maxime T.*, n° 2014-446 QPC § 8.

31. Il indique également le sens d'une disposition en utilisant des formules plus générales telle que « cet article doit être interprété comme ... ». • Cons. const. 12 janv. 2002, n° 2001-455 DC § 16. ♦ ... Ou « ne sauraient faire obstacle ». • Cons. const. 18 juin 2010, *Épx L.*, n° 2010-8 QPC § 18. ♦ ... Ou « ne saurait être interprétées comme excluant... ». • Cons. const. 11 févr. 2011, *Monique P.*, n° 2010-101 QPC § 5 • Cons. const. 13 juill. 2011, *Samir A.*, n° 2011-153 QPC § 7. ♦ ... Ou « la taxe ne saurait être assise que sur... ». • Cons. const. 8 juin 2012, *COPACEL et a.*, n° 2012-251 QPC § 6.

32. Ainsi peut-il mettre fin à une interprétation jurisprudentielle limitant de manière excessive la portée d'un texte en l'interprétant par exemple comme ayant un sens limitatif. • Cons. const. 13 juill. 2011, *Samir A.*, n° 2011-153 QPC § 7. ♦ Rappr. • Cons. const. 18 juin 2010, *Épx L.*, n° 2010-8 QPC § 18.

33. Sans indiquer nécessairement qu'il s'agit d'une réserve, le Conseil peut « corriger » la loi et pratiquement se substituer au législateur en précisant certains points qu'il a négligés. Ainsi précise-t-il que le droit à l'image collective des sportifs, s'il n'est pas une rémunération, est néanmoins soumis à la CSG et CRDS. • Cons. const. 9 déc. 2004, n° 2004-507 DC § 6. ♦ Il peut encore pallier ainsi une éventuelle incompétence négative. • Cons. const. 4 août 2016, ♁ n° 016-736 DC § 36.

34. De même le Conseil peut-il préciser le contenu des décrets d'application en indiquant ce qu'ils devront obligatoirement prévoir. Ainsi par exemple oblige-t-il le pouvoir réglementaire à prévoir un concours de recrutement avec des épreuves permettant de vérifier les connaissances juridiques de candidats à un recrutement exceptionnel dans la magistrature. • Cons. const. 19 févr. 1998, n° 98-396 DC § 9. ♦ De même précise-t-il à propos de la majoration de l'aide accordée aux entreprises dans le cadre de la loi sur les 35 heures qu'il appartiendra au pouvoir réglementaire, compétent, conformément à l'art. 37 Const., pour fixer le montant de la majoration et pour déterminer les seuils d'effectifs d'ouvriers et les niveaux de rémunération donnant droit à la majoration, de définir ces critères de manière à éviter toute discrimination injustifiée entre entreprises et branches concernées. • Cons. const. 10 juin 1998, n° 98-401 DC § 14. ♦ ... Ou encore qu'il veille à ce que les conditions de délivrance de l'autorisation soient objectives et strictement justifiées au regard des nécessités. • Cons. const. 27 nov. 2001, n° 2001-451 DC § 25.

35. La réserve constructive peut encore indiquer : à quelle condition la mise en œuvre d'un texte peut ne pas violer le principe d'égalité. • Cons. const. 20 juill. 2012, *Georges R.*, n° 2012-266 QPC § 13. ♦ ... Qu'il appartient aux autorités judiciaires, sous le contrôle de la Cour de cassation, de veiller au respect de cette exigence. • Cons. const. 29 janv. 2015, ♁ *Maxime T.*, n° 2014-446 QPC § 8.

36. Enfin, il peut encore préciser à quelles conditions d'intervention future du législateur, la constitutionnalité de la loi actuelle est subordonnée. Ainsi par exemple, si à la date à laquelle le Cons. const. se prononce sur la loi déférée, le législateur n'a adopté aucune disposition relative au statut des membres des juridictions de proximité, il en résulte que, dans le silence de la loi sur l'entrée en vigueur de son titre II, les juridictions de proximité ne pourront être mises en place qu'une fois promulguée une loi fixant les conditions de désignation et le statut de leurs membres. • Cons. const. 29 août 2002, n° 2002-*461 DC* § 15. ♦ ... A l'inverse, l'intervention future du législateur peut être simplement rendue nécessaire par l'imprécision des conséquences procédurales de la réserve. • Cons. const. 17 déc. 2010, *David. M.*, n° 2010-62 QPC § 7.

37. La précision de ces réserves constructives peut parfois être très grande. Ainsi, le juge constitutionnel a-t-il précisé les informations que les autorités administratives devront donner aux citoyens pour leur permettre de comprendre un scrutin particulièrement complexe mais a également précisé le contenu des bulletins de vote. • Cons. const. 3 avr. 2003, n° 2003-468 DC § 18 et 19. ♦ De même précise-t-il que la loi devra comporter des garanties appropriées permettant de satisfaire au principe d'indépendance, indissociable de l'exercice de fonctions juridictionnelles, et aux exigences de capacité qui découlent de l'art. 6 de la Déclaration de 1789. • Cons. const. 29 août 2002, n° 2002-461 DC § 15. ♦ Ou encore invite-t-il à l'usage du pouvoir réglementaire pour que soient prescrites des règles de procédure conformes aux exigences du droit à un procès équitable. • Cons. const. 3 déc. 2009, n° 2009-595 DC § 28.

d. Réserves protectrices

38. Il est enfin possible que le Conseil ajoute au texte une garantie en indiquant qu'il appartient aux autorités administratives ou à telle ou telle juridiction d'assurer le respect de l'interprétation qu'il vient de donner. Ainsi trouve-t-on par exemple la formule : « il appartiendra donc aux autorités administratives et judiciaires compétentes de veiller au respect de cette exigence ». • Cons. const. 28 juill. 1989, n° 89-260 DC § 22. ♦ ... Ou également, dans des termes voisins, « il appartiendra à l'autorité administrative compétente, sous le contrôle du juge. » • Cons. const. 9 avr. 1996, n° 96-375 DC § 5 • Cons. const. 27 nov. 2001, n° 2001-451 DC § 25. ♦ ... Ou « dans l'exercice de ses compétences, le Conseil supérieur de l'audiovisuel est, à l'instar de toute autorité administrative, soumis à un contrôle de légalité ». • Cons. const. 15 janv. 1992, n° 91-304 DC § 13. ♦ ... Ou « toute décision infligeant une sanction peut faire l'objet d'un recours de pleine juridiction devant le juge administratif » recours qui « ne peut conduire à aggraver la situation du requérant ». • Cons. const. 25 févr. 1992, n° 92-307 DC § 30. ♦ ... Ou encore, « il appartient à l'autorité judiciaire de contrôler les conditions relatives à la réalité et à la pertinence des raisons ayant motivée les opérations de contrôle d'identité » telles que le Conseil les a fixées. • Cons. const. 5 août 1993, n° 93-323 DC § 10. ♦ ... Ou « il appartiendra cependant au pouvoir réglementaire, comme aux autorités juridictionnelles, dans l'application des sanctions de suspension, de perte ou de reversement de l'aide, de veiller au respect des garanties constitutionnelles, notamment quant aux droits de la défense ». • Cons. const. 10 juin 1998, n° 98-401 DC § 15. ♦ ... Ou encore « en l'absence de précision sur l'élément moral de l'infraction, il appartiendra au juge de faire application des dispositions générales de l'art. 121-3 C. pén. aux termes desquelles il n'y a point de crime ou de délit sans intention de le commettre ». • Cons. const. 16 juin 1999, n° 99-411 DC § 17. ♦ ... Ou encore « il appartiendra à un décret en Conseil d'État, sous le contrôle du juge administratif, de fixer cette durée de sorte qu'il ne soit porté atteinte ni à l'impartialité ni à l'indépendance des membres de la Commission ». • Cons. const. 4 déc. 2003, n° 2003-485 DC § 62.

39. Le juge constitutionnel peut encore conditionner la constitutionnalité d'une disposition législative à la façon dont le juge tiendra compte de certains éléments lorsqu'il aura à juger en application de cette disposition. Ainsi, s'agissant des sanctions à infliger pour avoir refusé un prélèvement externe, il appartiendra à la juridiction répressive, lors du prononcé de la peine sanctionnant ce refus, de proportionner cette dernière à celle qui pourrait être infligée pour le crime ou le délit à l'occasion duquel le prélèvement a été demandé. • Cons. const. 13 mars 2003, n° 2003-467 DC § 57. ♦ De même s'agissant du racolage, il appartiendra cependant à la juridiction compétente de prendre en compte, dans le prononcé de la peine, la circonstance que l'auteur a agi sous la menace ou par contrainte. • Cons. const. 13 mars 2003, n° 2003-467 DC § 63. ♦ La liberté individuelle ne saurait, toutefois, être tenue pour sauvegardée si l'autorité judiciaire ne contrôlait pas, à cette occasion, la durée de l'incarcération. • Cons. const. 9 sept. 2016, *Mukhtar A.*, n° 2016-561/562 QPC § 21. ♦ Le Conseil peut également subordonner cette constitutionnalité au caractère intentionnel de l'infraction : les dispositions contestées doivent être interprétées comme prévoyant une amende applicable aux personnes qui ont agi sciemment et dans la connaissance soit du caractère erroné des informations qu'elles ont fournies, soit de la violation des engagements qu'elles avaient pris envers l'administration, soit des agissements, manœuvres ou dissimulations. • Cons. const. 8 oct. 2014, *Sté SGI*, n° 2014-418 QPC § 9. ♦ De même, le principe d'égalité devant la justice, interdit-il de priver la partie ayant choisi de se faire assister par un défenseur syndical devant le conseil de prud'hommes de continuer à être représentée, dans tous les cas, par ce même défenseur devant la cour d'appel compétente. • Cons. const. 12 mars 2020, *Pierre V.*, n° 2019-831 QPC § 8.

40. Le juge peut enfin indiquer que la loi ne peut « faire obstacle » à la mise en œuvre de certains droits. • Cons. const. 18 juin 2010, *Épx L.*, n° 2010-8 QPC § 18.

e. Réserves injonctives

41. Si le législateur peut prévoir des mesures d'investigation spéciales en vue de constater des crimes et délits d'une gravité et d'une complexité particulières, d'en rassembler les preuves et d'en rechercher les auteurs, c'est sous réserve que ces mesures soient conduites dans le respect des prérogatives de l'autorité judiciaire, gardienne de la liberté individuelle, et que les restrictions qu'elles apportent aux droits constitutionnellement garantis soient nécessaires à la manifestation de la vérité, proportionnées à la gravité et à la complexité des infractions commises et n'introduisent pas de discriminations injustifiées. Il appartient à l'autorité judiciaire de veiller au respect de ces principes, rappelés à l'art. préliminaire du C. pr. pén., dans l'application des règles de procédure pénale spéciales instituées par la loi en matière de lutte contre la criminalité et à la délinquance organisées. • Cons. const. 2 mars 2004, n° 2004-492 DC § 6. ♦ Le respect des droits de la défense exige que la personne présentée au premier président de la cour d'appel ou au magistrat qu'il a désigné puisse être assistée par un avocat et avoir, le cas échéant, connaissance des réquisitions du procureur général. • Cons. const. 9 sept. 2016, *Mukhtar A.*, n° 2016-561/562 QPC § 13.

42. On doit encore signaler un type particulier de réserves injonctives permettant de ne pas déclarer contraire à la Const. une disposition par l'injonction donnée au législateur d'avoir à purger cette inconstitutionnalité rapidement. • Cons. const. 3 avr. 2003, n° 2003-468 DC § 22 à 28. ♦ ... Ou d'avoir à trancher rapidement entre deux solutions. • Cons. const. 9 déc. 2010, n° 2010-618 DC § 37. ♦ L'injonction peut être faite également au pouvoir réglementaire de prendre les décrets d'application de façon à respecter les dispositions des 10e et 11e al. du Préamb. Const. 1946. • Cons. const. 23 juill. 1999, n° 99-416 DC § 11 • Cons. const. 26 mars 2015, *Cté de défense des travailleurs frontaliers du Haut-Rhin et a.*, n° 2015-460 QPC § 15.

43. Enfin, le Cons. const. peut aussi formuler une injonction au juge d'avoir à donner plein effet aux précisions qui lui ont permis de déclarer la disposition conforme à la Const. • Cons. const. 21 mars 2019, *Adama S.*, n° 2018-768 QPC § 12.

f. Réserves correctrices d'irrégularité de procédure

44. Dès lors que, dans le cadre d'une demande d'habilitation, seul le Gouvernement peut demander au Parlement l'autorisation de prendre des ordonnances, la CMP ne peut étendre le champ de cette habilitation restant en discussion sans méconnaître les exigences du 1er al. de l'art. 38 Const. Il y a dès lors lieu les dispositions ainsi adoptées ne sauraient être interprétées que comme autorisant le Gouvernement à prendre par ordonnance les mesures nécessaires pour favoriser l'égal accès des femmes et des hommes au sein des seuls collèges des instances qualifiées d'« autorités administratives indépendantes « et » autorités publiques indépendantes » par la loi. • Cons. const. 31 juill. 2014, n° 2014-700 DC § 9.

g. Réserves transitoires

45. V. note 105.

3° EFFETS DES RÉSERVES

46. *Modulation dans le temps.* Le Cons. const. précise au besoin que la réserve d'interprétation qu'il édicte s'applique uniquement pour l'avenir et ce, aussi bien dans le cadre de la QPC. • Cons. const. 17 déc. 2010, *David. M.*, n° 2010-62 QPC § 7 • Cons. const. 18 nov. 2011, *Élise A. et a.*, n° 2011-191/194/195/196/197 QPC § 20 • Cons. const. 18 juin 2012, *Sté Olano Carla et a.*, n° 2012-257 QPC § 9. ♦ V. les hypothèses de mise en œuvre, note 63. ♦ ... Que du contrôle *a priori*, lorsque le Cons. const. procède au contrôle d'une loi déjà promulguée. • Cons. const. 24 oct. 2012, n° 2012-656 DC § 19. ♦ V. ce cas note 117 ss. Const. 58, art. 61.

47. V. égal. note 132.

48. V. aussi l'effet des réserves sur une QPC postérieure, notes ss. Const. 58, art. 61-1 Const.

C. SUBSTITUTION DE MOTIF

49. Le Cons. const. semble admettre qu'il lui serait possible, pour éviter de prononcer l'inconstitutionnalité d'une disposition législative portant atteinte aux droits et libertés que la Const. garantit, de substituer un autre motif d'intérêt général à ceux retenus par le législateur. • Cons. const. 18 janv. 2016, *Robert M. et a.*, n° 2015-516 QPC § 7 (sol. impl.). ♦ V. déjà l'ajout par le Cons. const. d'un intérêt général surabondant. • Cons. const. 11 févr. 2010, ⚖ n° 2010-603 DC.

D. DOCTRINE DU DROIT VIVANT

BIBL. Zagrebelsky, La doctrine du droit vivant et la question de constitutionnalité, *Constitutions 2010. 9* ✎.

50. Dans le cadre de la QPC, le Cons. const. se prononce sur la constitutionnalité des lois telles qu'elles sont interprétées par le juge. Ceci lui permet de déclarer les dispositions législatives conformes « telles qu'interprétées par... ». ♦ Il est cependant nécessaire que la décision juridictionnelle confère à la disposition législative une interprétation jurisprudentielle constante. • Cons. const. 6 mai 2011, *Cts C.*, n° 2011-127 QPC § 5 • Cons. const. 8 juin 2012, *Christian G.*, n° 2012-250 QPC (sol. impl. *a contrario*) • Cons. const. 13 juill. 2018, ⚖ *Cne de Ploudiry*, n° 2018-727 QPC § 6.

51. Les dispositions contestées telles qu'interprétées par la Cour de cassation organisent une transition progressive entre deux régimes successifs de représentation syndicale au comité d'entreprise. • Cons. const. 3 févr. 2012, *Franck S.*, n° 2011-216 QPC § 7. ♦ Les dispositions contestées ont, ainsi qu'il résulte de la jurisprudence constante du Conseil d'État, pour objet de réprimer les manquements graves et répétés aux obligations qui s'attachent aux fonctions de maire et de mettre ainsi fin à des comportements dont la particulière gravité est avérée. • Cons. const. 13 janv. 2012, *Ahmed S.*, n° 2011-210 QPC § 5. ♦ La décision peut, ainsi qu'il résulte de la jurisprudence constante de la Cour de cassation, faire l'objet, devant la cour d'appel, d'un recours en annulation formé, selon les règles applicables en matière d'arbitrage et par lequel sont appréciés notamment le respect des exigences d'ordre public, la régularité de la procédure et le principe du contradictoire. L'impossibilité de se pourvoir en cassation contre la décision de la commission arbitrale des journalistes ne viole ni le principe d'égalité devant la justice, ni le droit à un recours juridictionnel effectif. • Cons. const. 14 mai 2012, *Sté Yonne républicaine et a.*, n°s 2012-243/244/245/246 QPC § 13. ♦ La Cour de cassation ayant jugé que toute personne commençant à exercer une activité non salariée non agricole dans un département d'outre-mer doit bénéficier de ce dispositif d'exonération, même si elle exerçait auparavant une activité non salariée non agricole dans une autre partie du territoire national, dans ces conditions, la disposition contestée ne méconnaît pas le principe d'égalité devant la loi et les charges publiques. • Cons. const. 5 avr. 2013, ⚖ *Annick D., épse L.*, n° 2013-301 QPC § 8.

52. Parfois le Cons. const. opère lui-même l'interprétation des dispositions législatives contestées dès lors que celle-ci n'a pas été opérée préalablement par le juge du fond. • Cons. const. 1er juin 2018, ⚖ *Sté Elengy*, n° 2018-708 QPC § 8. ♦ Rappr., en matière pénale, l'interprétation permettant au Conseil de définir l'élément constitutif de l'incrimination. • Cons. const. 1er juin 2018, ⚖ *Assoc. Al Badr*, n° 2018-710 QPC § 8 et 9.

E. CLAUSE DE REVOYURE

53. Dès lors que la disposition contestée n'est qu'une étape dans un processus plus vaste de réforme de la législation concernée, le Cons. const. se réserve le droit à l'avenir de revenir sur la constitutionnalité de la disposition contestée : sans préjudice de la possibilité pour le Conseil constitutionnel de réexaminer ces questions en fonction notamment de la façon dont sera traitée la situation des contribuables restant assujettis à la taxe d'habitation dans le cadre d'une réforme annoncée de la fiscalité locale, le grief tiré de la méconnaissance, par les dispositions contestées, de l'égalité devant les charges publiques doit être écarté. • Cons. const. 28 déc. 2017, n° 2017-58 DC § 15.

F. INCONSTITUTIONNALITÉ DE DATE À DATE

54. Dès lors que, durant la période pendant laquelle la disposition a été en vigueur, une modification législative est intervenue permettant que soit respectée la disposition constitutionnelle précédemment violée (création de la procédure de participation du public en application de l'art. 7

de la Charte de l'environnement), la disposition contestée n'est inconstitutionnelle qu'entre son entrée en vigueur et l'entrée en vigueur de la disposition régularisant la situation. • Cons. const. 28 mai 2020, *Force 5*, n° 2020-843 QPC § 12.

II. PORTÉE DES DÉCISIONS DU CONSEIL CONSTITUTIONNEL

BIBL. Magnon, Sur un pont aux ânes ? L'autorité des décisions du Conseil constitutionnel, pour une distinction entre « autorité » et « force » de chose jugée, *RFDA 2013. 859*. – Portelli, Autorité de la chose jugée et jurisprudence constitutionnelle : sur quels cas emblématiques ?, *JCP Adm. 2014. 727*.

55. Bien que le Conseil d'État ne se place pas sur le terrain du présent art., il refuse de connaître d'un règlement du Conseil définissant un régime particulier d'accès à ses archives au motif que ce règlement ne revêt pas un caractère administratif, son objet n'étant pas dissociable des conditions dans lesquelles il exerce les missions qui lui sont confiées par la Constitution. • CE, ass., 25 oct. 2002, *Brouant*, n° 235600 : *Lebon 345, concl. Goulard ; RFDA 2003. 1, concl. Goulard ; ibid. 8, note Favoreu et note Gonod et Jouanjan ; AJDA 2002. 1332, chron. Donnat et Casas ; D. 2002. 3287, chron. Favoreu ; RD publ. 2002. 1855, note Camby ; JCP 2002. 306, note Chaminade.*

56. On notera que la CJUE estime que la règle nationale qui oblige une juridiction nationale à suivre la position juridique d'une cour constitutionnelle ne saurait empêcher le juge de renvoi de saisir la CJUE d'une demande préjudicielle. • CJUE 15 janv. 2013, *Krizan et a.*, n° C-416/10 : *JCP Adm. 2013. 78, obs. Picod.*

A. CONSÉQUENCE D'UNE DÉCLARATION DE CONFORMITÉ

57. Considérant balai. Ne conduisant pas à instaurer une présomption irréfragable de constitutionnalité, les formules, « qu'il n'y a lieu pour le Conseil de soulever d'office aucune autre inconstitutionnalité ». • Cons. const. 6 août 2009, n° 2009-585 DC § 8 • Cons. const. 19 nov. 2009, n° 2009-592 DC § 13. ♦ ... Ou « qu'il n'y a lieu pour le Conseil de soulever d'office des questions de conformité à la Constitution s'agissant des autres dispositions de la loi soumises à son examen ». • Cons. const. 13 août 1993, n° 93-325 DC § 134. ♦ ... Ou « qu'en l'espèce il n'y a lieu pour le Conseil constitutionnel de ne soulever d'office aucune autre question de conformité à la Constitution en ce qui concerne les autres dispositions de la loi soumise à son examen. • Cons. const. 8 janv. 1991, n° 90-283 DC § 48 • Cons. const. 21 janv. 1994, n° 93-333 DC § 33. ♦ Le Conseil ne décerne de « brevet de constitutionnalité » qu'aux dispositions sur lesquelles il s'est prononcé « dans les motifs et le dispositif » de sa décision. • Cons. const. 17 mars 2011, *Épx B.*, n° 2010-104 QPC.

58. Il en va de même si ces formules sont suivies dans le dispositif par un art. disposant : « la loi ... est conforme (n'est pas contraire) à la Constitution ». • Cons. const. 25 janv. 1985, n° 85-187 DC • Cons. const. 28 déc. 1990, n° 90-286 DC • Cons. const. 20 mars 1997, n° 97-388 DC. ♦ ... Ou « les autres dispositions sont conformes à la Constitution ». • Cons. const. 29 déc. 1984, n° 84-184 DC. • Cons. const. 8 janv. 1991, n° 90-283 DC. ♦ ... En particulier lorsqu'une longue période de temps le légitime, le Conseil a lui-même admis qu'il peut ainsi être amené à déclarer contraire à la Constitution une disposition contenue dans une loi qu'il avait précédemment examinée et déclarée conforme après avoir indiqué qu'il n'y avait lieu pour lui de ne rien soulever d'office. • Cons. const. 15 mars 1999, n° 99-410 DC § 44. ♦ V. la décision précédente. • Cons. const. 25 janv. 1985, n° 85-187 DC. ♦ V. aussi la solution retenue pour rejeter une demande de nouvel examen d'une loi déclarée conforme et qui ne fait aucune allusion au contenu de la décision précédente. • Cons. const. 4 juill. 2001, n° 2001-449 DC.

59. Le Conseil n'utilise plus ce considérant dit « balai ». Désormais, il précise au contraire : « le Conseil constitutionnel n'a soulevé d'office aucune autre question de conformité à la Constitution et ne s'est donc pas prononcé sur la constitutionnalité des autres dispositions que celles examinées dans la présente décision ». • Cons. const. 10 nov. 2016, n° 2016-738 DC § 32.

60. Cas particulier des lois transposant une directive de l'Union. Même si le Cons. const. s'assure, en application de l'art. 88-1 Const. 58 (V. notes ss. Const. 58, art. 88-1), que la loi de transposition d'une directive ne contrevient pas aux dispositions expresses de la directive, faute de quoi elle serait contraire aux dispositions dudit art. 88-1, le contrôle exercé par le Cons. const. dans ce cadre est restreint et la décision qu'il rend n'a pas l'autorité de la chose jugée au sens que le présent art. attache à ses décisions. Il appartient dès lors aux juridictions administratives et judiciaires d'exercer le contrôle de compatibilité de la loi au regard des engagements européens de la France et, le cas échéant, de saisir la Cour de justice de l'Union européenne à titre préjudiciel. • Cons. const. 27 juill. 2006, n° 2006-540 DC § 20 • Cons. const. 19 juin 2008, *OGM*, n° 2008-564 DC § 45.

61. Sur les conséquences d'une précédente déclaration de conformité dans le cadre de la QPC, V. notes ss. Const. 58, art. 61-1.

62. Cas particulier des lois ratifiant une ordonnance. La déclaration de conformité à la Const. d'une loi de ratification ne porte que sur les articles de l'ordonnance expressément examinés par le Cons. const. dans la décision de contrôle. • Cons. const. 2 déc. 2004, n° 2004-506 DC • Cons. const. 17 janv. 2008, n° 2007-561 DC • Cons. const. 21 mars 2018, n° 2018-761 DC.

63. Modulation dans le temps. V. note 42.

64. Décisions QPC comportant des réserves. Celles-ci sont applicables immédiatement. • Cons. const. 26 nov. 2010, n° 2010-71 QPC § 39. ♦ Parfois, le Cons. const. précise que la réserve n'est pas applicable aux affaires en cours : « sous cette réserve d'interprétation, applicable aux demandes de mise en liberté formées à compter de la publication de la décision ». • Cons. const. 17 déc. 2010, *David. M.*, n° 2010-62 QPC § 7. ♦ ... Aux auditions réalisées postérieurement à la publication de la décision. • Cons. const. 18 nov. 2011, *Élise A. et a.*, n° 2011-191/194/195/196/197 QPC § 20 • Cons. const. 18 juin 2012, *Sté Olano Carla et a.*, n° 2012-257 QPC § 9.

65. Portée indirecte sur le pouvoir réglementaire. Implicitement, le Cons. const. indique parfois que le pouvoir réglementaire, dans l'exercice de sa compétence, se doit de respecter les principes ou exigences constitutionnelles dégagés et ce sous le contrôle du juge administratif. • Cons. const. 25 nov. 2011, *Albin R.*, n° 2011-198 QPC § 4.

B. CONSÉQUENCE D'UNE DÉCLARATION D'INCONSTITUTIONNALITÉ

BIBL. Bonnet, L'amorce d'une « véritable révolution juridique » : la réponse du juge ordinaire et du Parlement à la censure par le Conseil constitutionnel d'une loi promulguée, *RFDA 2005. 1049*.

1° DANS LE CADRE DE L'ARTICLE 61 DE LA CONSTITUTION DE 1958

66. Exception au prononcé de l'inconstitutionnalité d'une disposition inconstitutionnelle. La déclaration de non-conformité de la disposition contestée n'est pas prononcée dès lors qu'elle aurait pour effet de faire subsister dans la législation en vigueur une erreur matérielle conduisant à une disparité de traitement *contraire, dans le cas d'espèce*, au principe. • Cons. const. 18 déc. 2001, n° 2001-453 DC § 76 et 77. ♦ ... De méconnaître la volonté du constituant de voir la loi favoriser une autre garantie constitutionnelle, en l'espèce l'égal accès des femmes et des hommes aux mandats électoraux et fonctions électives. • Cons. const 3 avr. 2003, n° 2003-468 DC § 27 et 28. ♦ Il en va de même si l'intérêt général le commande. • Cons. const. 15 déc. 2005, n° 2005-528 DC § 20 à 24.

67. Suppression irrégulière au cours des débats. Le Cons. const. n'ayant pas le pouvoir de rétablir un article irrégulièrement supprimé au cours des débats parlementaires, il lui revient de s'assurer que l'irrégularité constatée n'a pas rendu la procédure législative contraire à la Const. en portant une atteinte inconstitutionnelle aux exigences de clarté et de sincérité des débats parlementaires. • Cons. const. 26 janv. 2017, n° 2016-745 DC § 5 et 8.

68. Report d'une censure dans le temps. Si la déclaration immédiate d'inconstitutionnalité des dispositions contestées est de nature à méconnaître une exigence constitutionnelle et à entraîner des conséquences manifestement excessives, il y a lieu de reporter les effets de la déclaration d'inconstitutionnalité, afin de permettre au législateur de procéder, avant une date que le Conseil fixe, à la correction, en l'espèce, de l'incompétence négative constatée. • Cons. const. 19 juin 2008, n° 2008-564 DC § 58. ♦ Il en va de même si elle a pour conséquence de violer un principe fondamental. • Cons. const. 4 août 2011, n° 2011-635 DC § 53.

69. Principes. Les décisions prises en application de l'art. 61 Const. revêtent un caractère absolu et définitif, ainsi qu'il résulte de l'art. 62 qui fait obstacle à la promulgation et à la mise en application de toute disposition déclarée inconstitutionnelle. • Cons. const. 15 janv. 1975, n° 74-54 DC § 4.

70. Loi totalement contraire. Une loi déclarée contraire à la Constitution ne peut être promulguée. A l'inverse, dès lors que la loi n'est pas promulguée, il n'y a pas violation de l'art. 62 Const. 58. • Cons. const. 25 juill. 1984, n° 84-174 DC.

71. Loi partiellement contraire. Lorsqu'une loi n'est pas déclarée contraire à la Constitution dans sa totalité, sa promulgation est possible, soit après amputation des dispositions déclarées contraires à la Constitution, soit après substitution à celles-ci de nouvelles dispositions réalisant une mise en conformité avec la Constitution. • Cons. const. 23 août 1985, n° 85-197 DC § 20.

72. Si le Président de la République décide de promulguer la loi votée amputée de la ou des dispositions déclarées non conformes à la Constitution, la procédure législative est close par la promulgation, de telle sorte qu'il est nécessaire de recourir à une nouvelle procédure législative pour compléter, le cas échéant, la loi promulguée par des dispositions se substituant à celles déclarées non conformes à la Constitution. • Cons. const. 23 août 1985, n° 85-197 DC § 22.

73. Lorsque le Président de la République décide de recourir à la seconde lecture prévue par l'art. 23 de l'ord. du 7 nov. 1958, cette décision a évidemment pour objet de réaliser la mise en conformité de la loi votée avec la Constitution en substituant aux dispositions non conformes à celle-ci des dispositions nouvelles faisant droit à la décision du Conseil constitutionnel ; dans ce cas, il ne s'agit pas du vote d'une loi nouvelle, mais de l'intervention, dans la procédure législative en cours, d'une phase complémentaire résultant du contrôle de constitutionnalité. • Cons. const. 23 août 1985, n° 85-197 DC § 23.

74. Effet sur le droit antérieur. La déclaration d'inconstitutionnalité d'une disposition abrogative a pour effet de maintenir en vigueur la disposition ancienne. Le Conseil en tire du reste les conséquences sur les autres dispositions de la loi partiellement censurée. • Cons. const. 28 juill. 1987, n° 87-230 DC § 13 • Cons. const. 28 déc. 2000, n° 2000-441 DC § 42.

75. Inconstitutionnalité dans le cadre d'une « jurisprudence néo-calédonienne ». A compter de la date à partir de laquelle la déclaration d'inconstitutionnalité prend effet, la disposition inconstitutionnelle ne peut plus être appliquée. • Cons. const. 18 oct. 2013, *Sté Allianz IARD et a.*, n° 2013-349 QPC § 2. ♦ V. déjà. • Douai, 30 mars 2000 : cité par J. Bonnet, L'amorce d'une « véritable révolution juridique » : la réponse du juge ordinaire et du Parlement à la censure par le Conseil constitutionnel d'une loi promulguée, *RFDA 2005. 1049 (spéc. p. 1051).* ♦ V. également, implicitement. • CE 24 mars 2004, *Henri X.*, n° 257331. ♦ Si le Cons. const. a précisé que l'inconstitutionnalité n'était pas applicable aux contrats en cours à la date d'effet retenue, lesdits contrats ne sont pas privés de fondement légal. • Cons. const. 18 oct. 2013, *Sté Allianz IARD et a.*, n° 2013-349 QPC § 2. ♦ Sur l'autorité de la chose jugée, V. annotations ss. III, ci-dessous.

76. Le Conseil précise parfois que l'inconstitutionnalité prononcée dans ce cadre a pour effet de maintenir en vigueur la rédaction ancienne de la disposition censurée. • Cons. const. 18 déc. 2014, n° 2014-706 DC § 40. ♦ Le juge administratif en tire pour conséquence qu'un décret d'application de la disposition en cause n'est pas privé de base légale pour la période antérieure à la modification censurée. • CE 19 juill. 2017, n° 407191 : *Lebon ; JCP Adm. 2017. 541.*

2° DANS LE CADRE DE L'ARTICLE 61-1 DE LA CONSTITUTION DE 1958

BIBL. De Béchillon, Remettre en cause la chose jugée en application d'une loi inconstitutionnelle ?, *JCP 2010. 237.* – Austry, QPC fiscale et effets de la décision dans le temps, *NCCC 2011, n° 33, p. 69.* – Godiveau, La réécriture de la loi au carrefour des temps juridictionnel et parlementaire, *RD publ. 2012. 987.* – Site internet du Conseil constitutionnel, Les effets dans le temps des décisions QPC, *À la une, sept. 2014.*

77. Principe. Si, en principe, la déclaration d'inconstitutionnalité doit bénéficier à l'auteur de la QPC et la disposition déclarée contraire à la Constitution ne peut être appliquée dans les instances en cours à la date de la publication de la décision du Conseil constitutionnel, les dispositions du présent art. réservent à ce dernier le pouvoir tant de fixer la date de l'abrogation et de reporter dans le temps ses effets que de prévoir la remise en cause des effets que la disposition a produits avant l'intervention de cette déclaration. • Cons. const. 25 mars 2011, *Marie-Christine D.*, n° 2010-108 QPC § 5 • Cons. const. 25 mars 2011, *Jean-Pierre B.*, n° 2010-110 QPC § 8 • Cons. const. 14 oct. 2011, *Assoc. France Nature Environnement*, n° 2011-183/184 QPC § 10 • Cons. const. 21 oct. 2011, *Jean-Louis C.*, n° 2011-185 QPC § 7 • CE, ass., 13 mai 2011, *M'Rida*, n° 316734 : *Lebon 211, concl. Geffray ; RFDA 2011. 806, note Verpeaux ; AJDA 2011. 1136, chron. Domino et Bretonneau ; RFDA 2012. 461, chron. Dupré de Boulois et Milano* • CE, ass., 13 mai 2011, *Lazare*, n° 329290 : *Lebon 235 ; AJDA 2011. 991 ; ibid. 1136, chron. Domino et Bretonneau ; D. 2011. 1482 ; RFDA 2011. 772, concl. Thiellay ; ibid. 806, note Verpeaux ; RDSS 2011. 749, note Cristol ; Constitutions 2011. 403, obs. Bioy ; JCP Adm. 2011. 2257, note Pacteau* • Cons. const. 10 nov. 2011, *Ekaterina B., Épse D., et a.*, n° 2011-192 QPC § 38 • Cons. const. 2 déc. 2011, *Wathik M.*, n° 2011-203 QPC § 13. • Cons. const. 28 mars 2013, *SARL Majestic Champagne*, n° 2012-298 QPC § 8.

78. Il n'est pas possible de remettre en cause la décision du Conseil constitutionnel sur les conditions dans lesquelles cette déclaration d'inconstitutionnalité prend effet. • Cons. const. 27 déc. 2012, *Maryse L.*, n° 2012-284R QPC § 2. ♦ ... Sur les motifs pour lesquels le Cons. const. a jugé les conclusions irrecevables. • Cons. const. 11 déc. 2015, *Pierre G.*, n° 2015-491R QPC § 2 • Cons. const. 28 nov. 2019, *Fairouz H.*, n° 2019-811R QPC. ♦ ... Ou ne portant pas sur les dispositions contestées. • Cons. const. 16 févr. 2018, *Sté Norbail-Immobilier*, n° 2017-681 R QPC. ♦ En toute hypothèse de telles demandes ne constituent pas une demande de rectification d'erreur matérielle.

79. Sur l'autorité de la chose jugée, V. notes 117 s.

a. Abrogation immédiate

80. Le Cons. const. indique parfois clairement, dans le corps même de la décision, que les dispositions en cause « ne sont plus en vigueur » et que, dès lors, aucun motif ne justifie de reporter la prise d'effet de la déclaration d'inconstitutionnalité. • Cons. const. 14 juin 2019, *Hanen S.*, n° 2019-789 QPC § 21 • Cons. const. 21 juin 2019, *SFOIP*, n° 2019-791 QPC § 16 • Cons. const. 15 janv. 2021, *Krzystof B.*, n° 2020-872 QPC § 12 • Cons. const. 29 janv. 2021, *Ion Andronie R.*, n° 2020-878/879 QPC § 14 • Cons. const. 26 mars 2021, *Sté Akka technologies*, n° 2021-892 QPC § 26. ♦ Rappr. pour des dispositions d'ores et déjà réécrites, les nouvelles dispositions ayant été déclarées conformes : • Cons. const. 23 sept. 2016, *Georges F. et a.*, n° 2016-567/568 QPC § 10 et 11.

81. Le Cons. const. précise parfois que la déclaration d'inconstitutionnalité peut être invoquée dans les instances en cours. • Cons. const. 30 juill. 2010, *Région Languedoc-Roussillon*, n° 2010-15/23 QPC § 9 • Cons. const. 22 sept. 2010, *Sté Esso SAF*, n° 2010-33 QPC § 5 • Cons. const. 4 févr. 2011, *Comité Harkis et Vérité*, n° 2010-93 QPC § 12 • Cons. const. 6 mai 2011, *Synd. SUD AFP*, n° 2011-128 QPC § 6 • Cons. const. 9 sept. 2011, *Catherine F., Épse, L.*, n° 2011-161 QPC. ♦ ... Ou plus généralement dans les instances en cours qui n'ont pas été définitivement jugées. • Cons. const. 9 sept. 2011, *Hovanes A.*, n° 2011-160 QPC § 6 • Cons. const. 14 oct. 2016, *Épx F.*, n° 2016-587 QPC § 9. ♦ ... Ou encore dans les instances en cours et dont l'issue dépend de l'application des dispositions déclarées inconstitutionnelles. • Cons. const. 7 oct. 2011, *Simone S. et a.*, n° 2011-176 QPC § 6. ♦ ... Ou encore dans les instances en cours et dans lesquelles la procédure conduit à une situation qui répond à l'hypothèse de l'inconstitutionnalité relevée. • Cons. const. 26 mars 2021, *Sté Akka technologies*, n° 2021-892 QPC § 26.

V. pour d'autres décisions appliquant dans le même sens les principes précédents : .

82. Doivent être entendues comme de telles instances, pour l'application des décisions du Cons. const. qui déterminent les modalités d'application dans le temps des déclarations d'inconstitutionnalité qu'il prononce, celles qui n'ont pas donné lieu à des décisions devenues irrévocables. Il s'ensuit que, contrairement à ce que soutient le ministre, la société « X » peut se prévaloir, dans la présente instance, y compris devant le Conseil d'État, juge de cassation, de la déclaration d'inconstitutionnalité. • CE 28 nov. 2016, n° 390638 B : *AJDA 2016. 2306*.

83. Même en l'absence de prescription sur les effets produits par la décision d'abrogation, le principe selon lequel le requérant doit bénéficier de la déclaration d'abrogation permet de soutenir que le décret d'application des dispositions déclarées inconstitutionnelles est privé de base légale. • CE 30 mai 2018, n° 400912 A : *AJDA 2018. 1127* ; *Dr. adm. 2018. 54, note Éveillard.*

84. Absence total d'effet. La remise en cause des actes de procédure pénale consécutifs à une mesure prise sur le fondement des dispositions déclarées contraires à la Const. conduisant à méconnaître l'objectif de valeur constitutionnelle de sauvegarde de l'ordre public, aurait des conséquences manifestement excessives. Par suite, les mesures prises sur le fondement des dispositions déclarées contraires à la Const. ne peuvent, dans le cadre de l'ensemble des procédures pénales qui leur sont consécutives, être contestées sur le fondement de cette inconstitutionnalité. • Cons. const. 23 sept. 2016, *Georges F. et a.*, n° 2016-567/568 QPC § 10 et 11. ♦ Il en va de même d'une éventuelle méconnaissance de l'objectif de valeur constitutionnelle de recherche des auteurs d'infractions. • Cons. const. 15 janv. 2021, *Krzystof B.*, n° 2020-872 QPC § 13 • Cons. const. 29 janv. 2021, *Ion Andronie R.*, n° 2020-878/879 QPC § 15.

85. Neutralisation de l'effet rétroactif. A l'inverse l'abrogation immédiate peut ne s'appliquer que pour l'avenir. La déclaration d'inconstitutionnalité est applicable à toutes les décisions ordonnant une expertise prononcée postérieurement à la publication de la présente décision. • Cons. const. 23 nov. 2012, *Maryse L.*, n° 2012-284 QPC § 5. ♦ ... Aux jugements d'ouverture d'une procédure de redressement judiciaire rendus postérieurement à la publication de la présente décision. • Cons. const. 7 déc. 2012, *Sté Pyrénées services et a.*, n° 2012-286 QPC § 6 • Cons. const. 7 mars 2014, *Marc V.*, n° 2013-372 QPC § 11. ♦ ... Les salariés des entreprises dont le capital est majoritairement détenu par des personnes publiques ne peuvent demander, y compris dans les instances en cours, qu'un dispositif de participation leur soit applicable au titre de la période pendant laquelle les dispositions déclarées inconstitutionnelles étaient en vigueur. • Cons. const. 1er août 2013, *Sté Natixis Asset Management*, n° 2013-336 QPC § 22.

86. Limitation de l'effet dans l'avenir. La déclaration d'inconstitutionnalité ne peut conduire à ce que les sommes versées au titre de la participation sur le fondement de ces dispositions donnent lieu à répétition. • Cons. const. 1er août 2013, *Sté Natixis Asset Management*, n° 2013-336 QPC § 22.

87. Caractère d'ordre public. Cependant, même en l'absence de précisions dans ce sens, la déclaration d'inconstitutionnalité doit bénéficier à l'auteur de la question prioritaire de constitutionnalité et la disposition déclarée contraire à la Constitution ne peut être appliquée dans les instances en cours à la date de la publication de la décision du Cons. const. • Cons. const. 25 mars 2011, *Marie-Christine D.*, n° 2010-108 QPC § 5 • Cons. const. 25 mars 2011, *Jean-Pierre B.*, n° 2010-110 QPC § 8. ♦ V. déjà. • Cons. const. 26 nov. 2010, *Mlle Danielle S.*, n° 2010-71 QPC § 41 • CAA Paris, 18 janv. 2011, *Laouardj*, n° 09PA05732.

88. Les dispositions déclarées contraires à la Const. disparaissent de l'ordre juridique pour l'avenir au jour de la publication de la décision. • Cons. const. 2 juill. 2010, *Cts C. et a.*, n° 2010-10 QPC § 5 • Cons. const. 17 déc. 2010, *Boubakar B.*, n° 2010-81 QPC § 8.

89. Les dispositions déclarées contraires disparaissent sans effet rétroactif y compris s'agissant d'une loi validant un contrat ; dès lors le juge administratif pourra être amené à apprécier la validité du contrat de concession du fait de cette abrogation. • Cons. const. 11 févr. 2011, *Alban Salim B.*, n° 2010-100 QPC § 5.

90. Dans les cas où cette abrogation entraîne certaines conséquences, le Cons. const. les précise. Ainsi indique-t-il que les tribunaux maritimes commerciaux siégeront, à compter de la décision, dans la composition des juridictions pénales de droit commun pour exercer la compétence que leur reconnaît le code disciplinaire et pénal de la marine marchande. • Cons. const. 2 juill. 2010, *Cts C. et a.*, n° 2010-10 QPC § 4. ♦ Même solution s'agissant du tribunal correctionnel de Wallis-et-Futuna. • Cons. const. 1er avr. 2016, *Jean-Marc E. et a.*, n° 2016-532 QPC § 10. ♦ Le Cons. const. précise également : que les commissions départementales (nationales) d'aide sociale siégeront désormais, sans préjudice de modifications ultérieures, sans les membres dont la présence n'est pas conforme à la Const. • Cons. const. 25 mars 2011, *Jean-Pierre B.*, n° 2010-110 QPC § 9 • Cons. const. 8 juin 2012, *Christian G.*, n° 2012-250 QPC § 8. ♦ ... Que les décisions par lesquelles une chambre de l'instruction s'est réservée la compétence (alors que cette compétence est jugée inconstitutionnelle) pour statuer sur les demandes de mise en liberté et prolonger, le cas échéant, la détention provisoire cessent de produire effet. • Cons. const. 17 déc. 2010, *Boubakar B.*, n° 2010-81 QPC § 8. ♦ ... Que les décisions rendues antérieurement par le conseil d'administration de l'AFP ne sont pas affectées, si elles ont acquis un caractère définitif, par la déclaration d'inconstitutionnalité frappant le système électoral mis en œuvre pour la désignation de ce conseil. • Cons. const. 6 mai 2011, *Synd. SUD AFP*, n° 2011-128 QPC § 6.

91. Le juge du fond les met alors les décisions en application. • Crim. 16 juin 2010, n° 09-86.558. • Civ. 2e, 9 déc. 2010, n° 10-60.206 P.

92. Il s'assure cependant que l'instance est bien en cours. • CE, ass., 13 mai 2011, *Delannoy et Verzèle*, n° 317808 : *Lebon 238 ; RFDA 2011. 772, concl. Thiellay ; ibid. 806, note Verpeaux*.

93. Exception au caractère d'ordre public. Les décisions rendues antérieurement par les commissions départementales (nationales) d'aide sociale ne peuvent être remises en cause sur le fondement de cette inconstitutionnalité que si une partie l'a invoquée à l'encontre d'une décision n'ayant pas acquis un caractère définitif au jour de la publication de la présente décision. • Cons. const. 25 mars 2011, *Jean-Pierre B., n° 2010-110 QPC § 9 • Cons. const. 8 juin 2012, Christian G.*, n° 2012-250 QPC § 8 • Cons. const. 20 mars 2015, *Valérie C., épse D.*, n° 2014-457 QPC § 9. ♦ Le Cons. const. peut réserver la possibilité de se prévaloir de la déclaration d'inconstitutionnalité aux seules personnes qui se trouvent dans la situation que la décision concerne. • Cons. const. 9 sept. 2011, *Hovanes A.*, n° 2011-160 QPC § 6.

94. Situations nées antérieurement. La déclaration d'inconstitutionnalité peut être invoquée à l'encontre des prélèvements non atteints par la prescription. • Cons. const. 14 oct. 2010, *Cie agricole de La Crau*, n° 2010-52 QPC § 9. ♦ V. aussi. • Cons. const. 25 mars 2011, *Jean-Pierre B.*, n° 2010-110 QPC § 9.

95. Le Cons. const. précise parfois l'absence d'effet sur le passé. Les décisions rendues antérieurement par le Conseil d'administration de l'AFP ne sont pas affectées, si elles ont acquis un caractère définitif, par la déclaration d'inconstitutionnalité frappant le système électoral mis en œuvre pour la désignation de ce Conseil. • Cons. const. 6 mai 2011, *Synd. SUD AFP*, n° 2011-128 QPC § 6. ♦ Les personnes intéressées peuvent demander, à compter du jour de publication de la présente décision, leur inscription immédiate sur la liste électorale dans les conditions déterminées par la loi. • Cons. const. 27 janv. 2012, *Éric M.*, n° 2011-211 QPC § 9. ♦ Lorsqu'une affaire a été définitivement jugée à la date d'abrogation de la disposition, la mention de cette qualification d'inceste ne peut plus figurer au casier judiciaire. • Cons. const. 16 sept. 2011, *Claude N.*, n° 2011-163 QPC § 4 • Cons. const. 17 févr. 2012, *Bruno L.*, n° 2011-222 QPC § 6. ♦ L'abrogation peut être invoquée à l'occasion des recours en annulation qui seraient formés, après la publication de la présente décision, à l'encontre des décisions portant cessation de l'état militaire intervenues sur le fondement des dispositions déclarées inconstitutionnelles. • Cons. const. 3 févr. 2012, *Cédric S.*, n° 2011-218 QPC § 10.

96. Le Conseil peut encore précisément circonscrire les effets de l'abrogation immédiate de façon à éviter les effets d'aubaine en prévoyant que la déclaration d'inconstitutionnalité peut être invoquée uniquement à l'encontre des impositions contestées avant la date de publication de la décision. • Cons. const. 25 oct. 2013, *Sté Boulanger*, n° 2013-351 QPC § 18 • Cons. const. 6 févr. 2014, *Sté TF1 SA*, n° 2013-362 QPC § 9. ♦ Pour les même raisons, le Conseil peut préciser que la déclaration d'inconstitutionnalité peut être invoquée uniquement à l'encontre des impositions contestées avant une date antérieure à sa décision ; en l'espèce, il tient compte de la date d'effet d'une modification législative rétroactive ayant corrigé l'inconstitutionnalité à l'origine de l'abrogation. • Cons. const. 28 mars 2013, *SARL Majestic Champagne*, n° 2012-298 QPC § 9. ♦ Il peut encore prévoir que l'abrogation immédiate prononcée pour empêcher la signature de nouveaux contrats prévus par la disposition abrogée ne s'applique pas aux contrat en cours d'exécution pour l'année considérée compte tenu des conséquences excessives que cela entraînerait.

• Cons. const. 18 juill. 2014, *Sté Roquette Frères*, n° 2014-410 QPC § 11.

b. Abrogation différée

BIBL. Tilli, La modulation dans le temps des effets des décisions d'inconstitutionnalité, *RD publ. 2011. 1591*. – Eynard, La modulation des effets dans le temps des déclarations d'inconstitutionnalité prononcées dans le cadre des QPC, *RFDC 2018. 317*.

1. Justification

97. Absence de pouvoir général d'appréciation. Le Conseil constitutionnel ne disposant pas (comme dans son contrôle *a priori* : V. notes ss. Const. 58, art. 61) d'un pouvoir général d'appréciation et de décision identique à celui du Parlement, il convient, lorsque les mesures à prendre pour qu'il soit remédié à la situation supposent des choix que seul le législateur peut faire, que l'abrogation soit différée. • Cons. const. 30 juill. 2010, *Daniel Walbuger et a.*, n° 2010-14/22 QPC § 30 • Cons. const. 17 janv. 2013, Cts M., n° 2012-288 QPC § 3. ♦ ... En particulier s'agissant de « questions de société ». • Cons. const. 6 oct. 2010, *Isabelle D. et Isabelle B.*, n° 2010-39 QPC (adoption par des couples homosexuels) • Cons. const. 28 janv. 2011, *Corinne C. et a.*, n° 2010-92 QPC (mariage homosexuel) • Cons. const. 16 mai 2012, *Sté Cryo-Save France*, n° 2012-249 QPC (greffes autogéniques). ♦ Dans le cas où le choix du législateur relève d'appréciations techniques ou scientifiques. • Cons. const. 6 avr. 2018, *Synd. secondaire Le Signal*, n° 2018-698 QPC § 8.

V. pour d'autres décisions dans le même sens :

98. V. pour une transposition de ces principes au législateur néo-calédonnien (Congrès de Nouvelle-Calédonie) : • Cons. const. 9 déc. 2011, *Patelise F.*, n° 2011-205 QPC § 9 • Cons. const. 23 nov. 2012, *Assoc. France Nature Environnement et a.*, n° 2012-282 QPC § 8.

99. Il n'appartient pas au Conseil constitutionnel d'indiquer les modifications qui doivent être retenues pour qu'il soit remédié à l'inconstitutionnalité constatée. • Cons. const. 6 sept. 2019, *Alaitz A.*, n°s 2019-799/800 QPC § 11. ♦ Le Cons. const. renvoie donc au législateur : le soin de trancher les questions de société et donc de déterminer les conséquences qu'il convient de tirer de la situation particulière des enfants élevés par deux personnes de même sexe. • Cons. const. 6 oct. 2010, *Isabelle D. et Isabelle B.*, n° 2010-39 QPC § 9. ♦ ... S'il convient d'autoriser le mariage des couples homosexuels. • Cons. const. 28 janv. 2011, *Corinne C. et a.*, n° 2010-92 QPC § 9. ♦ ... Le soin de déterminer quels phénomènes naturels justifie la mise en œuvre d'une procédure spécifique d'expropriation pour cause d'utilité publique. • Cons. const. 6 avr. 2018, *Synd. secondaire Le Signal*, n° 2018-698 QPC § 8.

100. Dès lors que l'abrogation de dispositions législatives du fait de l'atteinte qu'elles portent au principe d'égalité a pour effet de replacer les personnes concernées dans une situation d'inégalité à raison de leur nationalité résultant des dispositions antérieures, il convient de permettre au législateur de remédier à l'inconstitutionnalité constatée en différant l'effet de cette abrogation. • Cons. const. 28 mai 2010, *Cts L.*, n° 2010-1 QPC § 12. ♦ Il en va de même si l'abrogation conduit à la suppression d'un droit. • Cons. const. 25 mars 2011, *Marie-Christine D.*, n° 2010-108 QPC § 6. ♦ ... Risque de porter atteinte à l'ordre public. • Cons. const. 26 nov. 2010, *Mlle Danielle S.*, n° 2010-71 QPC § 41 • Cons. const. 9 juin 2011, *Abdellatif B. et a.*, n° 2011-135/140 QPC § 16. ♦ ... A la protection de la santé. • Cons. const. 26 nov. 2010, *Mlle Danielle S.*, n° 2010-71 QPC § 41 • Cons. const. 9 juin 2011, *Abdellatif B. et a.*, n° 2011-135/140 QPC § 16. ♦ ... A la disparition d'une juridiction spécialisée pour les mineurs violant ainsi le principe fondamental en matière de justice pénale des mineurs. • Cons. const. 8 juill. 2011, *Tarek J.*, n° 2011-147 QPC § 12. ♦ ... A accorder un droit partiellement contraire à un autre droit garanti par la Const. • Cons. const. 15 févr. 2019, *Charles-Henri M.*, n° 2018-765 QPC § 12.

101. Conséquences manifestement excessives. Il en va de même encore si l'abrogation immédiate risque d'avoir des conséquences manifestement excessives. • Cons. const. 14 oct. 2011, *Assoc. France Nature Environnement*, n° 2011-183/184 QPC § 10 • Cons. const. 21 juill. 2021, *Ryan P.*, n° 2021-925 QPC § 11 • Cons. const. 23 sept. 2021, *Sté SIMS Holding agency corp et a.*, n° 2021-932 QPC § 20.

V. pour d'autres décisions dans le même sens :

102. Il peut s'agir : de conséquences manifestement excessives pour la sécurité juridique. • Cons. const. 6 oct. 2010, *Mathieu Pitte*, n° 2010-45 QPC § 7. ♦ ... De conséquences conduisant à dispenser toutes les personnes condamnées pour certains faits de terrorisme de l'obligation, prévue par le législateur, d'accomplir des mesures probatoires avant de pouvoir bénéficier d'une libération conditionnelle. • Cons. const. 6 sept. 2019, *Alaitz A.*, n°s 2019-799/800 QPC § 11. ♦ ... De conséquences conduisant à étendre l'inconstitutionnalité. • Cons. const. 27 sept. 2019, *Union de défense active des forains*, n° 2019-805 QPC § 32. ♦ ... De conséquences financières pour les finances de l'État. • Cons. const. 15 oct. 2020, *Cté de Cnes Chinon, Vienne et Loire*, n° 2020-862 QPC § 12.

103. Autres conséquences. Il en va de même encore si l'abrogation immédiate : risque d'avoir des conséquences incohérentes avec le but recherché. • Cons. const. 13 juill. 2012, *Assoc. France Nature Environnement*, n° 2012-262 QPC § 8. ♦ V. aussi • Cons. const. 27 juill. 2012, *FDSEA du Finistère*, n° 2012-270 QPC § 9. ♦ ... Empêche toute dérogation aux interdictions précitées. • Cons. const. 27 juill. 2012, *Union dptale pour la sauvegarde de la vie, de la nature et de l'environnement,* n° 2012-269 QPC § 8. ♦ ... Méconnaît les objectifs de prévention des atteintes à l'ordre public et de recherche des auteurs d'infractions. • Cons. const. 29 nov. 2013, *Sté Westgate Charters Ltd,* n° 2013-357 QPC § 10 • Cons. const. 4 avr. 2014, *Jacques J.,* n° 2014-387 QPC § 9. ♦ ... A pour effet de faire disparaître toute voie de droit permettant de contester une décision de recourir à un expert ainsi que toute règle relative à la prise en charge des frais d'expertise. • Cons. const. 27 nov. 2015, *Sté Foot Locker France,* n° 2015-500 QPC § 12.

2. Préservation de l'effet utile des décisions

104. Principe. Afin de préserver l'effet utile d'une décision reportant l'effet d'une abrogation à la solution des instances actuellement en cours, il appartient, d'une part, aux juridictions de surseoir à statuer jusqu'à sa date d'effet dans les instances dont l'issue dépend de l'application des dispositions déclarées inconstitutionnelles et, d'autre part, au législateur de prévoir une application des nouvelles dispositions à ces instances en cours à la date de la décision prononçant l'inconstitutionnalité. • Cons. const. 28 mai 2010, *Cts L.,* n° 2010-1 QPC § 12. • Cons. const. 27 sept. 2013, *Épx L.,* n° 2013-343 QPC § 9. ♦ V. pour une application • CE, ass., 13 mai 2011, *M'Rida,* n° 316734 : *préc. note 77* • CE 16 mars 2016, n° 381606 : *Lebon ; AJDA 2016. 1325*. ♦ Rappr. reportant les délais de prescription applicables à la mise en mouvement de l'action publique par la partie civile en matière d'apologie des crimes de guerre et des crimes contre l'humanité jusqu'à l'entrée en vigueur d'une nouvelle loi et au plus tard à la date fixée pour l'abrogation de la disposition inconstitutionnelle. • Cons. const. 16 oct. 2015, *Assoc. Cté rwandaise de France,* n° 2015-492 QPC § 9. ♦ Les mêmes principes peuvent s'adresser aux administrations. • Cons. const. 19 sept. 2014, *Sté PV-CP Distribution,* n° 2014-413 QPC § 8. ♦ Méconnaît l'autorité de la chose jugée, qui s'attache tant à la décision qu'aux motifs qui en constituent le support nécessaire, une juridiction qui ne sursoit pas à statuer alors qu'aucune nouvelle disposition législative n'était applicable à l'instance. • CE 6 déc. 2012, *Amyn, vve Chalid,* n° 342215 : *AJDA 2012. 2356* ; *Gaz. Pal. 2012, nos 354-355, p. 30.* ♦ Le Cons. const. peut en plus fixer une date limite d'entrée en vigueur de la nouvelle loi. • Cons. const. 13 janv. 2011, *Claude G.,* n° 2010-83 QPC § 7. ♦ Il peut encore prévoir que l'annulation s'applique immédiatement dans les instances en cours. • Cons. const. 20 juin 2014, *Cne de Salbris,* n° 2014-405 QPC § 9. ♦ V. pour une application dans le cas d'une loi déjà abrogée mais dont le Conseil constate néanmoins l'inconstitutionnalité. • Cons. const. 14 nov. 2014, *Alain L.,* n° 2014-426 QPC § 8.

BIBL. Charité, Réserves d'interprétation transitoires dans la jurisprudence QPC, *AJDA 2015. 1622*. – Jacquinot, Regard critique sur la notion de réserve transitoire dans la jurisprudence du Conseil constitutionnel, *AJDA 2018. 2007*.

105. Réserves transitoires. Le Conseil peut également, dans le même but, prévoir, sous la forme d'une réserve d'interprétation, une solution temporaire s'appliquant aux instances en cours, en attendant l'intervention du législateur. • Cons. const. 6 juin 2014, *Sté orange SA,* n° 2014-400 QPC § 11 • Cons. const. 18 juin 2021, *Al Hassane S.,* n° 2021-920 QPC § 9. ♦ V. pour une mise en œuvre de la réserve : • CE 12 déc. 2018, n° 417244 A : *AJDA 2019. 825, note Schmitz* ; *ibid. 2018. 2469* ; *AJ pénal 2019. 96, obs. Frinchaboy*.

V. pour d'autres décisions dans le même sens :.

106. Afin de faire cesser l'inconstitutionnalité constatée à compter de la publication de la présente décision, il y a lieu de juger que les dispositions contestées ne sauraient être interprétées comme permettant, à compter de cette publication, pour des faits d'escroquerie en bande organisée, le recours à la garde à vue prolongée jusqu'à 96 heures. • Cons. const. 9 oct. 2014, *Maurice L. et a.,* n° 2014-420/421 QPC § 26. ♦ La mise en jeu de la responsabilité solidaire de l'une des personnes antérieurement soumises à imposition commune, par le premier acte de recouvrement forcé pour obtenir le paiement de cotisations supplémentaires d'impôt sur le revenu au titre de la période de cette imposition commune, dès lors qu'elle n'a pas été destinataire de la décision d'imposition doit être regardée comme constituant un évènement lui ouvrant un délai propre de réclamation. • Cons. const. 4 déc. 2015, *Gabor R.,* n° 2015-503 QPC § 16. ♦ ... Le report de l'annulation ne saurait être interprété comme permettant la saisie d'éléments couverts par le secret du délibéré. • Cons. const. 4 déc. 2015, *Gilbert A.,* n° 2015-506 QPC § 19. ♦ Il y a lieu de faire une application des dispositions inconstitutionnelles devant permettre, pour la détermination des durées d'émission dont les partis et groupements politiques habilités peuvent bénéficier, la prise en compte de l'importance du courant d'idées ou d'opinions qu'ils représentent, évaluée en fonction du nombre de candidats qui déclarent s'y rattacher et de leur représentativité, appréciée notamment par référence aux résultats obtenus lors des élections intervenues depuis les précédentes élections législatives. • Cons. const. 31 mai 2017, *Assoc. En Marche !,* n° 2017-651 QPC § 15. ♦ ... Il y a lieu d'imposer que l'Agence française de lutte contre le dopage se saisisse de toutes les décisions rendues postérieurement à la présente décision et de toutes les décisions rendues antérieurement à cette décision dont elle ne s'est pas encore saisie dans les délais légaux. • Cons. const. 2 févr. 2017, *Axel N.*, n° 2017-688 QPC § 13 • CE 11 avr. 2018, n° 413349 B § 5 et 6 : *AJDA 2018. 821 ; ibid. 1237, concl. Domino*. ♦ Il y a lieu de juger que l'exemption pénale prévue au 3° de l'art. L. 622-4 CESEDA doit s'appliquer également aux actes tendant à faciliter ou à tenter de faciliter, hormis l'entrée sur le territoire, la circulation constituant l'accessoire du séjour d'un étranger en situation irrégulière en France lorsque ces actes sont réalisés dans un but humanitaire. • Cons. const. 6 juill. 2018, *Cédric H.*, n° 2018-717/718 QPC § 24. ♦ ... Il y a lieu de juger que les avis défavorables pris sur le fondement des dispositions litigieuses par les magistrats judiciaires après la date de cette publication peuvent être contestés devant le président de la chambre de l'instruction dans les conditions prévues par la 2e phrase de l'al. 4 de l'art. 145-4 C. pr. pén. • Cons. const. 8 févr. 2019, *Sect. française OIP*, n° 2018-763 QPC § 12. ♦ ... Il y a lieu de juger que l'al. 1er de l'art. 800-2 C. pr. pén. doit être interprété comme permettant aussi à une juridiction pénale prononçant une condamnation ou une décision de renvoi devant une juridiction de jugement, d'accorder à la personne citée comme civilement responsable, mais mise hors de cause, une indemnité au titre des frais non payés par l'État et exposés par celle-ci. • Cons. const. 5 avr. 2019, *Sté Uber B.V.*, n° 2019-773 QPC § 11. ♦ ... Il y a lieu de juger que, jusqu'à l'entrée en vigueur d'une nouvelle loi, le juge des libertés et de la détention doit informer le prévenu qui comparaît devant lui en application de l'art. 396 C. pr. pén. de son droit de se taire. • Cons. const. 4 mars 2021, *Oussama C.*, n° 2020-886 QPC § 13.

107. Absence de préservation de l'effet utile. En revanche, il n'utilise pas cette possibilité et ne préserve donc pas l'effet utile de sa décision en matière d'actes de procédure pénale qu'il s'agisse d'une censure... • Cons. const. 30 juill. 2010, *Daniel W.*, n° 2010-14/22 QPC • Cons. const. 22 sept. 2010, *Samir M. et a.*, n° 2010-32 QPC § 9 • Cons. const. 9 oct. 2014, *Maurice L. et a.*, n° 2014-420/421 QPC § 27 • Cons. const. 4 déc. 2015, *Gilbert A.*, n° 2015-506 QPC § 20 • Cons. const. 14 sept. 2018, *Mehdi K.*, n° 2018-730 QPC § 12. ♦ ... Ou d'une réserve d'interprétation. • Cons. const. 17 déc. 2010, *David. M.*, n° 2010-62 QPC § 7 • Cons. const. 18 nov. 2011, *Élise A. et a.*, nos 2011-191/194/195/196/197 QPC § 20.

108. Il en va de même s'agissant : du versement des pensions de reversion aux enfants issus de lits composés d'un nombre différent d'orphelins estimant qu'il appartient au législateur d'apprécier les suites qu'il convient de donner à la déclaration d'inconstitutionnalité, laissant éventuellement au législateur le choix de déterminer s'il y a lieu ou non de remplacer cette disposition. • Cons. const. 25 mars 2011, *Marie-Christine D.*, n° 2010-108 QPC § 6. ♦ ... De la confiscation des biens introduits en France en violation du droit douanier. • Cons. const. 13 janv. 2012, *Cts B.*, n° 2011-208 QPC § 7. ♦ ... De l'hospitalisation ou du maintien en hospitalisation des malades mentaux. • Cons. const. 26 nov. 2010, *Mlle Danielle S.*, n° 2010-71 QPC § 41 • Cons. const. 20 avr. 2012, *Assoc. Cercle de réflexion et de proposition d'actions sur la psychiatrie*, n° 2012-235 QPC § 31. ♦ ... Des schémas régionaux du climat, de l'air et de l'énergie adoptés avant la décision du Conseil qui ne sont pas remis en cause. • Cons. const. 7 mai 2014, *Féd. environnement durable et a.*, n° 2014-395 QPC § 16.

109. Il est possible dès lors que les requérants, bien qu'ayant prouvé l'inconstitutionnalité de la loi, ne tirent aucune évolution (ou aucune évolution immédiate) de leur situation. • Cons. const. 30 juill. 2010, *Daniel W.*, n° 2010-14/22 QPC • Cons. const. 6 oct. 2010, *Mathieu Pitte*, n° 2010-45 QPC § 7. ♦ De même, un requérant auteur d'une QPC, ayant débouché sur une déclaration d'inconstitutionnalité différée dans le temps, ne peut demander l'annulation d'un texte réglementaire pris sur le fondement de cette disposition avant la date de son abrogation. • CE 14 nov. 2012, *Assoc. France Nature Environnement*, n° 340539 § 3 : *Lebon T. 940 ; AJDA 2012. 2377, chron. Domino et Bretonneau*.

110. L'effet différé n'interdit pas au juge du fond de considérer que la disposition inconstitutionnelle doit être immédiatement écartée si elle est par ailleurs inconventionnelle. • Cass., ass. plén., 15 avr. 2011, n° 10-17.049 P : *D. 2011. 1713, obs. Bernaud et Gay ; AJ pénal 2011. 311, obs. Mauro ; Constitutions 2011. 326, obs. Levade*. ♦ Il appartient au juge du litige, s'il n'a pas fait droit aux conclusions d'une requête en tirant les conséquences de la déclaration d'inconstitutionnalité d'une disposition législative prononcée par le Cons. const., d'examiner, dans l'hypothèse où un moyen en ce sens est soulevé devant lui, s'il doit écarter la disposition législative en cause du fait de son incompatibilité avec une stipulation conventionnelle ou, le cas échéant, une règle du droit de l'Union. • CAA Paris, 12 juill. 2019, n° 18PA03025 : *AJDA 2019. 2621, note Lamy*.

111. Alors même que, selon les motifs de la décision du Cons. const., la déclaration d'inconstitutionnalité doit, en principe, bénéficier à l'auteur de la QPC, l'absence de prescriptions relatives à la remise en cause des effets produits par l'art. contesté avant son abrogation doit, en l'espèce, eu égard, d'une part, à la circonstance que la QPC a été soulevée à l'occasion du recours pour excès de pouvoir dirigés contre des actes réglementaires, d'autre part, à la circonstance que le Cons. const. a décidé de reporter dans le temps les effets abrogatifs de sa décision, être regardée comme indiquant que le

Cons. const. n'a pas entendu remettre en cause les effets que la disposition déclarée contraire à la Const. avait produits avant la date de son abrogation. • CE 26 juill. 2018, *Quadrature du Net*, n° 394922 B : *D. 2018. 1756, obs. de Montecler ; AJDA 2018. 1586 ; ibid. 2027, note Bréchot ; JCP 2018. 382.*

3. Nécessaire intervention du législateur

112. Le renvoi par le Cons. const. au législateur pour les raisons indiquées ci-dessus suppose l'intervention de celui-ci. Durant la période transitoire (avant la date limite fixée par le Cons. const.), les dispositions continuent de recevoir application dès lors qu'il appartient au législateur de tirer les conséquences de cette déclaration d'inconstitutionnalité. Tel est en particulier le cas tant que la loi ne donne pas au juge les moyens de remédier à l'inconstitutionnalité. • CE 19 oct. 2020, n° 439372 A : *AJDA 2020. 1991 ; D. 2020. 2121, obs. de Montecler ; AJ pénal 2020. 593, obs. Céré ; JCP Adm. 2020. 581 ; ibid. 2295, note Parinet-Hodimont.*

c. Constatation de la disparition de l'inconstitutionnalité

113. L'entrée en vigueur « X », du nouvel art. dans sa rédaction résultant de la loi « Y » a mis fin à l'inconstitutionnalité constatée. • Cons. const. 23 mai 2014, *France Hydro Électricité*, n° 2014-396 QPC § 9. ♦ Rappr. *a contrario*. • Cons. const. 9 oct. 2014, *Maurice L. et a.*, n° 2014-420/421 QPC § 14 s.

d. Responsabilité du fait des lois inconstitutionnelles

114. La responsabilité du fait des lois peut être engagée en raison des exigences inhérentes à la hiérarchie des normes, pour réparer l'ensemble des préjudices qui résultent de l'application d'une loi méconnaissant la Const. 58 (ou les engagements internationaux de la France : V. notes ss. Const. 58, art. 34). Toutefois, il résulte des dispositions des art. 61, 61-1 et 62 Const. 58 que la responsabilité de l'État n'est susceptible d'être engagée du fait d'une disposition législative contraire à la Const. que si le Cons. const. a déclaré cette disposition inconstitutionnelle sur le fondement de l'art. 61-1, lors de l'examen d'une QPC, ou bien encore, sur le fondement de l'art. 61, à l'occasion de l'examen de dispositions législatives qui la modifient, la complètent ou affectent son domaine (jurisprudence néo-calédonienne : V. ss. cet art.). En outre, l'engagement de cette responsabilité est subordonné à la condition que la décision du Cons. const., qui détermine les conditions et limites dans lesquelles les effets que la disposition a produits sont susceptibles d'être remis en cause, ne s'y oppose pas, soit qu'elle l'exclut expressément, soit qu'elle laisse subsister tout ou partie des effets pécuniaires produits par la loi qu'une action indemnitaire équivaudrait à remettre en cause. • CE, ass., 24 déc. 2019, n°s 425981 et 428162 A (2 espèces) : *AJDA 2020. 7 ; D. 2020. 746, note Roux ; AJCT 2020. 214, obs. Renard ; RFDA 2020. 136, concl. Sirinelli ; ibid. 149, note Roblot-Troizier ; JCP adm. 2020. 14 ; ibid. 2076, note Boda.* ♦ V. déjà. • TA Paris, 7 févr. 2017, n° 1505725/3-1 : *AJDA 2017. 545, obs. Disant ; ibid. 698, concl. Doré ; Dr. adm. 2017. 30, note Éveillard* • CAA Paris, 5 oct. 2018, *Sté Paris Clichy*, n° 17PA01180 et • 5 oct. 2018, *Sté hôtelière Parie Eiffel Suffren*, n° 17 PA01188 (2 esp.) : *AJDA 2018. 2352, concl. Delamarre*. ♦ V. également annonçant cette solution. • CE 17 déc. 2010, n° 343752 B : *RFDA 2011. 611, chron. Roblot-Troizier et Tusseau*. ♦ V. les conséquences curieuses sur la responsabilité de l'autorité administrative mettant en œuvre une loi déclarée par la suite inconstitutionnelle. • Civ. 1re, 26 juin 2019, n° 18-12.630 P : *AJDA 2019. 2568, note Ducharme ; D. 2019. 1393 ; AJCT 2019. 514, obs. Renard et Péchillon*.

115. Le Cons. const. tient désormais compte de cette décision dans l'analyse des effets de la déclaration d'inconstitutionnalité estimant que les dispositions du présent art. réservent au Cons. const. le pouvoir de s'opposer à l'engagement de la responsabilité de l'État du fait des dispositions déclarées inconstitutionnelles ou d'en déterminer les conditions ou limites particulières. • Cons. const. 30 avr. 2020, *Maxime O.*, n° 2020-836 QPC § 11 • Cons. const. 20 mai 2020, *Emmanuel W.*, n° 2020-840 QPC § 20.

3° RECTIFICATION PAR VOIE DE CONSÉQUENCE

BIBL. Charité, Quand le Conseil constitutionnel réécrit la loi, *AJDA 2018. 261*.

116. Le 2e al. du II de l'art. 32 de la L. org. tendant à renforcer la stabilité des institutions et la transparence de la vie politique en Polynésie française est déclaré contraire à la Const. Par voie de conséquence, au 1er al. de ce II, les mots : « sont insérés deux articles 172-1 et 172-2 ainsi rédigés » sont remplacés par les mots : « est inséré un article 172-2 ainsi rédigé ». • Cons. const. 6 déc. 2007, n° 2007-559 DC. ♦ V. • Cons. const. 6 août 2008, n° 2009-588 DC • Cons. const. 8 juin 2012, *Christian G.*, n° 2012-250 QPC.

III. AUTORITÉ DE LA CHOSE JUGÉE ET DE LA CHOSE INTERPRÉTÉE

BIBL. Disant, L'autorité de la chose interprétée par le Conseil constitutionnel, *LGDJ 2010*. – Site internet du Conseil constitutionnel, L'autorité des décisions du Conseil constitutionnel, *À la une, janv. 2014*.

117. Malgré l'absence de recours prévue par le présent art., reste cependant possible le recours en rectification d'erreur matérielle. • Cons. const. 23 oct. 1987, *Haute-Garonne*, n° 87-1026 AN : *Rec. Cons. const. 55 ; JO 27 oct., p. 12508* • Cons. const. 16 févr. 2018, *Sté Norbail-Immobilier*, n° 2017-681 R QPC. ♦ ... Sous réserve qu'il s'agisse bien d'un tel recours, V. note 78. ♦ ... Le recours contre les décisions à caractère non juridictionnel telles que l'établissement de la liste des candidats autorisés à se présenter à l'élection présidentielle. • Cons. const. 17 mai 1969, *Ducatel c/ Krivine*, n° 69-18 PDR : *Rec. Cons. const. 78 ; JCP 1970. 16271, note Claisse ; GDCC 15e éd., n° 11.*

A. GÉNÉRALITÉS

118. Principe. Toutes les décisions du Conseil constitutionnel ont l'autorité de la chose jugée qu'il s'agisse des décisions en matière électorale. • Cons. const. 23 oct. 1987, *Haute-Garonne*, n° 87-1026 AN : *préc. note 117* • Cons. const. 20 avr. 1989, *Meurthe-et-Moselle (2e circ.)*, n° 88-1127 AN : *Rec. Cons. const. 32 ; JO 23 avr., p. 5245 ; AIJC 1989. 477, chron. Genevois.* ♦ ... Ou des décisions prises dans le cadre du contrôle de constitutionnalité des lois. • Cons. const. 20 juill. 1988, n° 88-244 DC § 18. ♦ Le principe s'applique en cas de succession d'un contrôle *a priori* et d'une QPC. En effet, en toute hypothèse, l'autorité qui s'attache aux décisions du Cons. const. fait obstacle à ce qu'il soit de nouveau saisi afin d'examiner la conformité à la Const. de dispositions déclarées contraire à la Const. • Cons. const. 18 oct. 2013, *Sté Allianz IARD et a.*, n° 2013-349 QPC § 3. ♦ V. pour les conséquences tirées par le juge du fond, note 137.

119. L'autorité qui s'attache aux décisions du Conseil constitutionnel en vertu de l'art. 62 Const. 58 ne limite pas la compétence des juridictions administratives et judiciaires pour faire prévaloir ces engagements sur une disposition législative incompatible avec eux, même lorsque cette dernière a été déclarée conforme à la Const. • Cons. const. 12 mai 2010, n° 2010-605 DC § 13.

120. Changement de circonstances. Si l'autorité qui s'attache aux décisions du Conseil constitutionnel fait obstacle à ce qu'il soit saisi d'une QPC relative à une disposition déclarée contraire à la Constitution, un changement de circonstances peut néanmoins conduire à un nouvel examen de dispositions identiques aux précédentes. • Cons. const. 14 janv. 2016, *Alain D.*, n° 2015-513/514/526 QPC § 8. ♦ En l'espèce, dans la mesure où le montant des sanctions pécuniaires avait constitué un élément d'appréciation pour caractériser l'existence de sanctions de mêmes natures réprimant le manquement et le délit d'initié, une limitation du montant constitue un changement de circonstances justifiant le réexamen au fond des dispositions critiquées. • Cons. const.14 janv. 2016, *Alain D.*, n° 2015-513/514/526 QPC § 10.

121. Dispositif. L'autorité de la chose jugée est limitée à la déclaration d'inconstitutionnalité et ne peut être invoquée à l'encontre d'une autre loi conçue dans des termes différents. • Cons. const. 20 juill. 1988, n° 88-244 DC § 18. ♦ ... D'une loi ayant un objet différent. • Cons. const. 19 sept. 2014, *Sté Red Bull. On Premise et a.*, n° 2014-417 QPC § 8 • Cons. const. 29 déc. 2015, n° 2015-726 DC § 12 • Cons. const. 29 déc. 2016, n° 2016-744 DC § 16 • Cons. const. 24 févr. 2017, *SCI Hyéroise*, n° 2016-612 QPC § 9. ♦ ... D'une loi instituant une condition d'une nature différente de la condition de nationalité qui avait été déclarée contraire à la Const. même si les effets de cette nouvelle condition sont, dans certains cas, très proches de ceux de la condition préalablement censurée. • Cons. const. 4 déc. 2015, *Nicole B., veuve B.*, n° 2015-504/505 QPC § 9. ♦ ... De la même loi rédigée dans des termes voisins mais sur lesquels le Cons. const. ne s'est pas prononcé. • CE, QPC, 18 mai 2016, *Sté Natixis*, n° 397316. ♦ Cela oblige le Cons. const. à se prononcer à nouveau pour, au besoin, reprendre la même argumentation et déclarer la nouvelle rédaction également contraire à la Const. • Cons. const. 8 juill. 2016, *Sté Natixis*, n° 2016-552 QPC § 6 et 7.

122. En revanche elle peut l'être : lorsque les dispositions de la loi, bien que rédigées sous une forme différente, ont, en substance, un objet analogue à celui des dispositions législatives déclarées contraires à la Const. • Cons. const. 8 juill. 1989, n° 89-258 DC § 13 • Cons. const. 29 déc. 2013, n° 2013-685 DC § 10 à 12 • Cons. const. 29 déc. 2016, n° 2016-744 DC § 14. ♦ ... Lorsque les dispositions de cette loi ont un objet analogue à celui des dispositions législatives sur lesquelles le Cons. const. s'est déjà prononcé. • Cons. const. 24 févr. 2017, *SCI Hyéroise*, n° 2016-612 QPC § 7. ♦ Dès lors, une disposition qui laisse subsister les éléments ayant conduit à déclarer une disposition inconstitutionnelle méconnaît l'autorité et doit être déclarée non conforme à la Constitution. • Cons. const. 8 juill. 1989, n° 89-258 DC § 18.

123. A l'inverse, dès lors que les critiques développées dans la saisine portent sur des dispositions identiques à celles que le Conseil constitutionnel a déclarées conformes à la Constitution dans une précédente décision, elles se heurtent à l'autorité de la chose jugée. • Cons. const. 2 sept. 1992, n° 92-312 DC § 18, 36 et 43. ♦ Dès lors il considère la demande sans objet. • Cons. const. 13 sept. 1979, n° 79-109 L § 1 : *Rec. Cons. const. 49 ; RJC II-86 ; JO 14 sept., p. 2222 ; RD publ. 1979. 1671, Favoreu* • Cons. const. 23 août 1985, n° 85-197 DC § 30 s. • Cons. const. 6 avr. 1996, n° 96-373 DC § 3 et 34.

124. L'autorité de la chose jugée dans le cadre des décisions prises dans le cadre de l'art. 37, al. 2, est relative. Ainsi le Conseil constitutionnel est-il amené à reprendre exactement la même décision dès lors que le législateur a rétabli dans la forme législative une disposition préalablement déclarée de valeur réglementaire par le Conseil. • Cons. const. 18 oct. 1988, n° 88-159 L : *Rec. Cons. const. 154 ; RJC II-132 ; JO 20 oct., p. 13201 ; RD publ. 1989. 399, note Favoreu ; AIJC 1988, chron. Genevois* • Cons. const. 6 mars 1998, n° 98-182 L : *Rec. Cons. const. 184 ; RJC II-152 ; JO 10 mars, p. 3629 ; RFDC 1999.130, note Philip ; ibid. 1998. 320, note Roux ; AJDA 1998. 308, note Schoettl*.

125. Motifs de la décision. L'autorité de la chose jugée s'attache non seulement au dispositif de la décision mais également aux motifs qui en sont le soutien nécessaire et en constituent le fondement même. • Cons. const. 16 janv. 1962, n° 62-18 L § 1 : *Rec. Cons. const. 31 ; RJC II-9 ; JO 25 févr. ; GDCC 19e éd., n° 13 ; S. 1963. 303, note Hamon* • Cons. const. 8 juill. 1989, n° 89-258 DC § 12. ♦ Dès lors que la censure des dispositions reprises repose sur l'absence de critère objectifs et rationnels en rapport avec l'objectif poursuivi par le législateur, il y a lieu pour le Conseil, pour apprécier la constitutionnalité de ces nouvelles dispositions d'examiner précisément l'objectif poursuivi par le législateur, celui-ci pouvant être différent. • Cons. const. 19 sept. 2014, *Sté Red Bull. On Premise et a.*, n° 2014-417 QPC § 8.

126. Obiter dictum. Lorsque les motifs ne sont pas le soutien nécessaire du dispositif, il n'y a pas lieu pour l'autorité de la chose jugée ou interprétée de jouer. • CE, sect., 22 juin 2007, *Lesourd*, n° 288206 : *Lebon 253, concl. Olson ; AJDA 2007. 2133, chron. Boucher et Bourgeois-Machureau ; JCP Adm. 2007. 2255, note Cassia ; Dr. adm. 2007. 140, note Melleray ; RFDA 2007. 1007, note Olson* • Cass., ass. plén. 10 oct. 2001, *Breisacher : Bull. ass. plén. n° 11 ; RD publ. 2001. 1613, note Chagnollaud et note Prétot ; RFDA 2001. 1169, note Jouanjan et note Wachsmann ; RFDC 2002. 51, concl. de Gouttes ; LPA 30 oct. 2001, p. 11, note Avril et Gicquel.*

127. Il est cependant possible que le juge du fond retienne l'interprétation donnée par le Cons. const. par un effet d'« autorité persuasive » (Genevois), sans citer la décision du Cons. const. qu'il applique. V. pour une application implicite de la décision n° 2008-564 DC • CE, ass., 3 oct. 2008, *Cne d'Annecy*, n° 297931 : *AJDA 2008. 2166, chron. Geffray et Liéber ; JCP Adm. 2008. 2279, note Billet ; RFDA 2008. 1147, concl. Aguila et note Janicot ; Dr. adm. 2008. 152, note Melleray.* ♦ ... Et de la décision n° 2004-496 DC. • CE, ass., 8 févr. 2007, *Sté Arcelor Atlantique et Lorraine*, n° 287110 : *Lebon 55, concl. Guyomar ; RFDA 2007. 384, concl. Guyomar ; ibid. 564 note Levade ; ibid. 578, note Magnon ; ibid. 789, note Canedo-Paris ; AJDA 2007. 577, chron. Lénica et Boucher ; JCP Adm. 2007. 2081, note Drago.* ♦ ... Y compris lorsqu'il s'agit de principes dégagés par le Cons. const. pour la mise en œuvre de ses décisions. • CE, ass., 13 mai 2011, *M'Rida*, n° 316734 : *préc. note 77* • CE, ass., 13 mai 2011, *Lazare*, n° 329290 : *préc. note 77.*

1° UTILISATION PAR LE CONSEIL CONSTITUTIONNEL

128. Le Conseil ne manque dès lors pas l'occasion de rappeler qu'il a déjà tranché le débat et qu'il est inutile d'y revenir. • Cons. const. 16 janv. 1962, n° 62-18 L § 1 : *préc. note 125* • Cons. const. 13 juill. 2006, n° 2006-538 DC § 21 • Cons. const. 24 juin 2010, n° 2010-608 DC § 2. ♦ Ainsi indique-t-il : que « la redevance pour droit d'usage des postes de radiodiffusion et de télévision est une taxe parafiscale comme il résulte des décisions du 11 août 1960 et 21 nov. 1979 ». • Cons. const. 30 déc. 1980, n° 80-126 DC § 11. ♦ ... Que pour les motifs énoncés dans une précédente décision, la qualité de citoyen ou le droit de vote et d'éligibilité dans les mêmes conditions à tous. • Cons. const. 14 janv. 1999, n° 98-407 DC § 12. ♦ ... Qu'un amendement ayant le même objet qu'une proposition de loi jugée irrecevable dans le cadre de l'art. 41 Const. est dès lors, lui aussi, irrecevable. • Cons. const. 18 oct. 1961, n° 61-4 FNR § 4 : *Rec. Cons. const. 50 ; RJC III-3 ; JO 19 oct., p. 9538 ; D. 1963, Jur., p. 382. Hamon ; AJDA 1961. 626, note de Laubadère.*

129. Le Conseil se réfère encore à ses propres décisions lorsque, saisie d'une nouvelle loi rédigée sous une forme différente, celle-ci a en substance un objet analogue à la loi précédemment déclarée contraire. • Cons. const. 8 juill. 1989, n° 89-258 DC § 13 • Cons. const. 9 avr. 1996, n° 96-373 DC § 5. ♦ Il en va de même lorsque, dans une précédente décision, il avait précisé les conditions de constitutionnalité de la loi future. • Cons. const. 29 déc. 2003, n° 2003-489 DC § 21. ♦ Appliquée dans • Cons. const. 29 juill. 2004, n° 2004-500 DC § 1. ♦ Il procède ainsi également dans le cadre du contrôle de la compatibilité d'un traité à la Constitution. • Cons. const. 31 déc. 1997, n° 97-394 DC § 27 • Cons. const. 20 déc. 2007, n° 2007-560 DC. ♦ Sauf s'il s'agit d'un traité modifiant des dispositions en vigueur et non visant à les unifier ou à les y substituer. • Même affaire (sol. impl.).

130. Le Conseil procède donc par référence à ses décisions antérieures dès lors que cela est possible. • Cons. const. 6 déc. 2007, n° 2007-559 DC § 2 • Cons. const. 30 juill. 2009, n° 2009-587 DC § 18 et 19 • Cons. const. 6 août 2009, n° 2009-585 DC § 5 • Cons. const. 22 oct. 2009, n° 2009-590 DC § 12. ♦ Il peut également se référer à une réserve d'interprétation antérieure. • Cons. const. 6 déc. 2007, n° 2007-559 DC § 5 et 8 • Cons. const. 24 juin 2010, n° 2010-608 DC § 12. ♦ ... Et s'en servir de base pour justifier la constitutionnalité d'une disposition modifiée depuis. • Cons. const. 13 déc. 2013, *Sté Sud-Radio Services et a.*, n° 2013-359 QPC § 6.

131. Le Conseil statue également par référence dans le cadre d'une décision de contrôle *a priori* lorsque le législateur n'a pas tenu compte dans le cadre d'une loi nouvelle d'une abrogation (même différée dans le temps) prononcée dans une décision QPC antérieure. • Cons. const. 4 août 2011, n° 2011-635 DC § 53.

132. De même, dans le cadre d'une QPC, mentionne-t-il « vu le code de la sécurité sociale, ensemble la décision du Cons. const. n° 2010-8 QPC du 18 juin 2010 » indiquant par là même que ce code est visé dans l'interprétation précédemment donnée. • Cons. const. 6 mai 2011, *Cts. C.*, n° 2011-127 QPC. ♦ V. égal. pour des décisions mentionnées dans les visas puis dans le corps de la décision • Cons. const. 23 sept. 2011, *Djamel B.*, n° 2011-167 QPC § 6. ♦ Il indique encore : « pour les mêmes motifs que ceux retenus dans les décisions du 26 novembre 2010 et du 9 juin 2011 susvisées » lorsqu'il s'agit d'examiner la constitutionnalité d'une disposition quasiment identique à celle déjà examinée antérieurement. • Cons. const. 2 déc. 2011, *Lucienne Q.*, n° 2011-202 QPC § 13.

133. Pour statuer par référence, encore faut-il que la Constitution n'ait pas subi de modifications qui pourraient conduire à une solution jurisprudentielle différente. • Cons. const. 20 déc. 2007, n° 2007-560 DC (sol. impl.).

2° ATTITUDE DES JURIDICTIONS

134. Il appartient aux autorités juridictionnelles compétentes d'appliquer la loi, le cas échéant sous les réserves que le Cons. const. a pu être conduit à formuler pour en admettre la conformité à la Const. • Cons. const. 12 janv. 2002, n° 2001-455 DC § 9. ♦ Pour l'application et l'interprétation d'une loi, aussi bien les autorités administratives que le juge sont liés par les réserves d'interprétation énoncées par le Cons. const. statuant sur la conformité de cette loi à la Const. dans le cadre du contrôle *a priori* • CE 23 mai 2012, *GISTI*, n° 352534 : *AJDA 2012. 1038*. ♦ V. déjà • CE, ass., 11 mars 1994, *SA « La Cinq »*, n° 115052 : *Lebon 117, concl. Frydman ; AJDA 1994. 402, chron. Maugüé et Touvet ; RFDA 1994. 429, concl. Frydman*. ♦ ... Ou du contrôle *a posteriori* (QPC). • CE 26 mars 2012, *Dana*, n° 340466 : *Lebon 128*. ♦ Au besoin le juge doit appliquer l'interprétation d'office. • CE, ass., 11 mars 1994, *SA « La Cinq »*, n° 115052 : *Lebon 117, concl. Frydman ; AJDA 2004. 402, chron. Maugüé et Touvet ; RFDA 1994. 429, concl. Frydman*.

135. Le Conseil d'État a déjà indiqué que l'interprétation ainsi donnée des dispositions disposait de l'autorité qui s'attache à la chose jugée. • CE 29 oct. 2004, n° 269814 A (concl. Casas) : *RFDA 2004. 1103, concl. Casas ; AJDA 2004. 2383, chron. Landais et Lénica ; ibid. 2005. 16, ét. Linnotte*. ♦ Désormais le Conseil d'État indique clairement que les réserves d'interprétation dont une décision du Conseil constitutionnel assortit la déclaration de conformité à la Const. d'une disposition législative sont revêtues de l'autorité absolue de la chose jugée et lient le juge administratif pour l'application et l'interprétation de cette disposition. • CE 15 mai 2013, n° 340554 B § 4 : *AJDA 2013. 1639, concl. Lallet ; JCP Adm. 2014. 461, note Bezzina*.

136. Tous les justiciables peuvent se prévaloir, à l'appui de leur recours devant les juridictions, d'une décision d'inconstitutionnalité rendue par le Cons. const. dans le cadre de la procédure QPC. • CE 7 déc. 2018, n° 414928 : *AJDA 2019. 673*.

a. Juge administratif

137. Eu égard à l'autorité qui s'attache, en vertu du présent art., à la décision du Cons. const. du 6 févr. 2014, la déclaration d'inconstitutionnalité des termes « ou aux personnes en assurant l'encaissement, » doit être regardée comme s'appliquant également aux dispositions identiques, dans leur substance et dans leur rédaction, qui figuraient auparavant au II de l'art. ; il appartient au juge saisi d'un litige portant sur l'application de ces dispositions de le constater, sans qu'il y ait lieu de saisir le Cons. const. d'une nouvelle QPC, dès lors qu'au regard des dispositions du 2e al. du présent art., d'une part, les dispositions en cause ont auparavant été abrogées, de sorte qu'une nouvelle décision du Cons. const. ne pourrait avoir cet effet, et, d'autre part, que le litige soumis au juge est au nombre de ceux pour lesquels le requérant peut, en vertu de l'art. 2 de la décision du 6 févr. 2014, bénéficier des effets de la déclaration d'inconstitutionnalité prononcée par cette décision. • CE 16 janv. 2015, *Sté M6*, n° 386031 § 5 : *Lebon ; AJDA 2015. 79 ; ibid. 1043, note Barbé*. ♦ Il résulte nécessaire de la décision du Cons. const. déclarant contraire à la Const. une disposition du code de procédure pénale et précisant que l'abrogation immédiate de cette disposition s'applique aux affaires en cours, que l'article réglementaire d'application de cette disposition est dépourvu de base légale ainsi que les mesures individuelles prises sur son fondement. • CAA Marseille, 5 juin 2015, *Min. de la justice*, n° 14MA04852 : *AJDA 2015. 1477, chron. Revert ; ibid. 2067*.

138. Il y a eu parfois des divergences de jurisprudence entre le Conseil constitutionnel et le Conseil d'État. Ainsi la Haute Juridiction administrative a-t-elle estimé que les contraventions assorties de peines de prison sont du domaine réglementaire. • CE, sect., 3 févr. 1978, *CFDT et CGT : Lebon 47 ; AJDA 1978. 388, note Durupty ; RD publ. 1979. 535, note Waline*. ♦ ... Mais il est vrai en contradiction avec une décision prise par le Conseil constitutionnel dans le cadre de l'art. 37, al. 2 Const. • Cons. const. 28 nov. 1973, n° 73-80 L § 11 : *Rec. Cons. const.*

45 ; RJC II-57 ; JO 6 déc., p. 12949 ; D. 1974. 269 ; RSC 1974. 855, note Larguier ; JCP 1975. 2740, note Rassat. ♦ De même a-t-elle estimé que le silence gardé par l'administration peut valoir décision d'acceptation en vertu d'une disposition à caractère réglementaire. • CE 27 févr. 1970, *Cne de Bozas : Lebon 139.* ♦ ... Alors que le juge constitutionnel, il est vrai toujours dans son rôle de répartiteur, estime que seul le législateur peut décider d'une telle solution, le silence de l'administration valant normalement décision de rejet. • Cons. const. 26 juin 1969, nº 69-55 L § 5 : *Rec. Cons. const. 27 ; RJC II-36 JO 13 juill. ; GDCC, 15e éd., nº 12 ; JCP 1969. 2290 bis, note Voisset.*

139. Ces divergences sont anciennes et, désormais, le Conseil d'État ne manque pas de faire référence aux décisions du Conseil constitutionnel. • CE 1er juill. 1983, nº 20838 A. ♦ ... Y compris à ses interprétations. • CE 16 avr. 1986, nº 45170 : *AJDA 1986. 294, chron. Azibert et Fornacciari* • CE 26 nov. 2001, nº 222741 A : *RFDA 2002. 65, concl. Boissard* • CE 5 déc. 2011, nº 333809 A : *AJDA 2011. 2384*. ♦ ... Et à l'interprétation que donne le Conseil des dispositions de la Constitution. • CE, ass., 7 mai 2013, *Féd. CFTC de l'agriculture et Féd. gén. travailleurs de l'agriculture, de l'alimentation, des tabacs et services annexes, FO,* nº 362280 § 1 A (concl. Pellissier) : *RFDA 2013. 1251, note Le Pourhiet ; ibid. 868, concl. Pellissier ; ibid. 882, note Roman et Hennette-Vauchez ; AJDA 2013. 1564, chron. Domino et Bretonneau ; Dr. adm. 2013. 61, note Éveillard.* ♦ V. également les décisions mentionnées au B. Spécificité des décisions QPC.

140. Les réserves d'interprétation dont le Cons. const. a assorti sa décision sont revêtues de l'autorité absolue de la chose jugée et lient le juge pour l'application et l'interprétation de la loi. • CE 6 déc. 2017, nº 403944 § 16 A : *AJDA 2017. 2439 ; JCP Adm. 2017. 844.*

141. Faute de préciser la disposition législative qui est contestée, la QPC ne satisfait pas à la condition imposant de contester une disposition législative applicable au litige ou à la procédure ; elle doit, par conséquent, être rejetée. • Cons. const. 11 déc. 2020, *SEN, Haute-Saône, M. André Kornmann,* nº 2020-5684 SEN QPC.

142. Il s'assure du respect de ces réserves par le pouvoir réglementaire. • CE 17 mars 1999, nº 194491 B • CE 6 mai 2009, nº 312462 A : *AJDA 2010. 283, note Rihal* • CE 23 mai 2012, nº 352534 B : *préc. note 134.* ♦ ... Et trouve même dans celles-ci des motifs d'annulation. • CE, ass., 10 déc. 1988, *Bleton,* nº 77713 A : *AJDA 1989. 102, chron. Azibert et de Boisdeffre ; RFDA 1989. 522, note Baldous et Négrin et note Dietsch ; JCP 1989. 21228, note Gabolde.* • CAA Paris, 6 nov. 2003, nº 02PA02821 : *Lebon 561 ; AJDA 2004. 343, note Legrand ; Dr. adm. 2004. 27, note Boumédiène* • CE 29 oct. 2004, *Sueur,* nº 269814 A (concl. Casas) : *RFDA 2004. 1103, concl. Casas (a contrario)*. ♦ ... V. aussi, implicitement : • CE, ass.,11 mars 1994, *SA « La Cinq »,* nº 115052 A : *préc. note 134* • CE 8 déc. 2000, nº 217046 A : *RFDA 2001. 279 ; D. 2001. 955, concl. Maugüé ; Dr. adm. 2001, nº 31, note C.M.* ♦ V. aussi s'agissant de la doctrine fiscale. • CE 8 juin 2016, nº 383259 A : *AJDA 2016. 1205*.

143. Le Conseil d'État en tire même argument pour modifier sa jurisprudence. • CE, ass., 20 déc. 1985, *SA Ets Outters : Lebon 382 ; D. 1986. 283, note Favoreu.* ♦ ... Ou vider un décret de son sens. • CE, sect., 22 juin 2007, *Lesourd,* nº 288206 : *préc. note 126.*

144. De même, il trouvera dans l'autorité de la chose jugée, argument pour écarter un moyen et estimera qu'un décret n'empiète pas sur la compétence législative dès lors que le conseil constitutionnel l'a admis. • CE 8 déc. 2000, nº 217046 A : *préc. note 142.* ♦ De même, il trouvera, dans l'autorité de la chose interprétée, argument pour écarter un moyen. • CE 26 mars 2012, nº 340466 A : *préc. note 134.*

145. Il ne ressort nullement de la décision que le Cons. const. aurait interprété les dispositions en cause comme excluant, en toute hypothèse, toute possibilité d'indemnisation. Dès lors, en jugeant que si les dispositions n'instituent pas un droit à indemnisation mais ne font pas obstacle à ce que le propriétaire soit indemnisé dans des cas exceptionnels, le juge d'appel n'a pas méconnu le présent art. • CE 22 sept. 2017, nº 400825 B : *AJDA 2017. 1807 ; JCP Adm. 2017. 2308, note Hostiou.*

146. Une circulaire qui explique des dispositions législatives abrogées par le Cons. const. est réputée caduque ; les conclusions à son encontre deviennent sans objet. • CE 23 déc. 2016, nº 395091 : *AJDA 2017. 660*.

147. Interprétation « par ricochet ». Cependant, le juge administratif ne s'estime pas lié par les réserves interprétatives émises par le Conseil à propos de dispositions « qui reprennent la formulation retenue » dans une loi antérieure dont le Conseil constitutionnel n'aurait pas été saisi. Il les assimile à un *obiter dictum.* • CE, sect., 22 juin 2007, *Lesourd,* nº 288206 : *préc. note 126.* ♦ V. les comm. ss. : • Cons. const. 12 janv. 2002, nº 2001-455 DC § 112 à 115. ♦ V. déjà implicitement • CE 21 févr. 1996, *Mutuelle antillaise d'assurances : Lebon 737 ; AJDA 1996. 322, concl. Piveteau*.

148. Intervention du législateur. Dès lors que, pendant le temps laissé par le Cons. const. au législateur pour modifier les dispositions constitutionnelles d'une loi, celui-ci a procédé aux modifications, le motif d'illégalité des dispositions dont l'abrogation est demandée a disparu ; la requête dans ce sens n'a, dès lors, plus lieu d'être. • CE 20 mars 2017, *OIP,* nº 395126 : *Lebon ; AJDA 2017. 655 ; JCP Adm. 2017. 236.*

b. Juge judiciaire

149. La Cour de cassation a, parfois, refusé de se plier à la décision du Conseil constitutionnel relative au caractère législatif des peines d'emprisonnement pouvant assortir des contraventions. • Crim. 26 févr. 1974, *Schiavon,* n° 73-91.411 P. ♦ De même a-t-elle refusé de tenir compte du principe constitutionnel de liberté de conscience des maîtres de l'enseignement privé. • Cass., ass. plén., 19 mai 1978, *Roy : D. 1978. 541, concl. Schmelck et note Ardant.* ♦ *Contra* : • Cons. const. 23 nov. 1977, n° 77-87 DC § 2 et 3. ♦ Elle a encore admis le principe de la fouille des véhicules même en l'absence d'infraction. • Crim. 8 nov. 1979, *Trignol : JCP 1980. 19337 ; AJDA 1978. 218, note Rivero.* ♦ *Contra* : • Cons. const. 12 janv. 1977, n° 76-75 DC § 2.

150. Mais ces exceptions sont anciennes et maintenant, le plus souvent, elle applique les principes qui viennent d'être dégagés vis-à-vis du Conseil d'État et refuse donc simplement de se considérer comme liée par les *obiter dictum* du Conseil constitutionnel. • Cass., ass. plén., 10 oct. 2001, *Breisacher : préc. note 126.* ♦ ... Ou par les décisions de conformité relatives à des lois violant un engagement international. • Soc. 25 avr. 2001, *Assoc. « Être enfant au Chesnay » : RFDA 2001. 1055, note Frouin et Matthieu.*

151. En revanche, la Cour s'estime liée par les autres éléments des décisions du Conseil constitutionnel et n'hésite plus à s'inspirer de celles-ci et en particulier des interprétations qu'elles contiennent. Ainsi la chambre criminelle a-t-elle admis, avant même un changement législatif, d'apprécier la légalité de tous les actes réglementaires ou non portant atteinte à la liberté individuelle, le Conseil constitutionnel considérant que l'autorité judiciaire assure la sauvegarde de la liberté individuelle « sous tous ses aspects ». • Crim. 25 avr. 1985, *Bogdan et Vuckovic : Bull. crim. n° 159 ; D. 1985. 329, concl. Dontenwille.* ♦ V. la décision de référence. • Cons. const. 29 déc. 1983, n° 83-164 DC § 28.

B. SPÉCIFICITÉ DES DÉCISIONS QPC

BIBL. Viala, De la puissance à l'acte : la QPC et les nouveaux horizons de l'interprétation conforme, *RD publ. 2011. 965.* – Borzeix, La QPC : quelle confiance légitime, quelle sécurité juridique ?, *RD publ. 2011. 981.*

152. Avec la QPC, ces références se multiplient ; ainsi le Conseil d'État rappelle que les motifs des décisions du Cons. const. qui sont le soutien nécessaire de sa décision, s'imposent à toutes les autorités administratives ou juridictionnelles en vertu du présent art. et en tire argument pour rejeter le recours. • CE 2 mars 2011, *Union des familles d'Europe,* n° 323830 : *Lebon T. 741 ; AJDA 2011. 477, concl. Landais.* ♦ V. égal. la plupart des décisions mentionnées ci-dessous.

1° EFFETS DES DÉCISIONS DU CONSEIL CONSTITUTIONNEL SUR LA TRANSMISSION DE LA QPC

153. Pour s'assurer du caractère sérieux (ou « nouveau » par une utilisation nous semble-t-il erronée de ce critère) de la QPC, le juge fait souvent une référence explicite à la jurisprudence du Cons. const. : il résulte de la jurisprudence du Cons. const. que le principe de la présomption d'innocence ne peut être utilement invoqué en dehors du domaine répressif. • CE 29 sept. 2010, *Sté Snerr Théâtre de Paris,* n° 341065. ♦ Le Cons. const. a, par sa décision n° 2003-483 DC, déjà jugé qu'une disposition reconnaissant un avantage en matière de retraite à l'ensemble des fonctionnaires ayant élevé des enfants, sous réserve qu'ils aient interrompu leur activité, ne méconnaissait aucune règle de valeur constitutionnelle, notamment le principe d'égalité. • CE, QPC, 28 juin 2010, *Garcia,* n° 338537. ♦ Ainsi que l'a relevé le Cons. const. (n° 99-411 DC sur le retrait de points), ces garanties assurent le respect des droits de la défense et peuvent donc être transposées à l'invalidation du permis. • CE, QPC, 4 oct. 2010, *Mme Repplinger,* n° 341845 : *Lebon 364.*

154. Appelé à se prononcer sur la conformité à la Constitution de dispositions similaires, relatives au pouvoir de sanction de la Commission des opérations de bourse, et insérées dans la loi relative à la sécurité et à la transparence du marché financier, le Cons. const. a jugé, (n° 89-260 DC), que le principe selon lequel nul ne peut être condamné deux fois pour les mêmes faits ne reçoit, en tout état de cause, pas application au cas de cumul entre sanctions pénales et sanctions administratives ; si, en raison des modifications législatives intervenues depuis cette décision, les dispositions en cause dans la présente instance ne peuvent être regardées ayant déjà été déclarées conformes à la Const., il résulte néanmoins de cette décision que les moyens de M. A. mettant en cause le cumul entre sanction administrative et condamnation pénale ne soulèvent pas une question sérieuse. • CE 16 juill. 2010, *Beslay,* n° 321056.

155. L'analyse peut également se contenter de reprendre les arguments développés par le Cons. const. sans mentionner explicitement la décision à partir de laquelle le juge élabore son raisonnement. • CE 1er juin 2011, *Angonin,* n° 344791 : *AJDA 2011. 2351, note Verpeaux.* ♦ Comp. avec • Cons. const. 8 avr. 2011, *Lucien M.,* n° 2011-118 QPC.

2° EFFETS DES DÉCISIONS QPC RENDUES PAR LE CONSEIL CONSTITUTIONNEL

BIBL. Brimo, Les conséquences de la modulation dans le temps des effets des décisions QPC, *RD publ. 2011. 1189.* – Connil, L'étendue de la chose jugée par le Conseil constitutionnel lors d'une QPC : observations dubitatives sur l'état de la jurisprudence, *RFDA 2011. 742* . – Tilli, La modulation dans le temps des effets des décisions d'inconstitutionnalité *a posteriori*, *RD publ. 2011. 1591*. – Quinart, Quand le Conseil constitutionnel propose la loi, *AJDA 2014. 142* .

a. Décisions de conformité

156. Le Cons. const. ayant déclaré la disposition législative conforme à la Const., le moyen tiré de qu'elle porte atteinte aux droits et libertés doit être écarté. • CE 15 déc. 2010, *Sté Collectif pour la défense de l'Université et a.*, n° 329056 : *Lebon 501* ; *AJDA 2011. 1791, note Verpeaux* . ♦ V. égal. s'agissant d'autres dispositions déclarées conformes à la Const. • CE 15 déc. 2010, *Synd. nat. enseignement supérieur et a.*, n° 316927 : *Lebon 494* ; *AJDA 2011. 539, note Melleray* ; *ibid. 1791, note Verpeaux* • CE 2 mars 2011, *Union des familles en Europe*, n° 323830 : *préc. note 152* • CE, ass., 4 juill. 2011, *Él. rég. d'Île-de-France*, n° 338033 : *Lebon 317* ; *RFDA 2011. 723, note Türk* . ♦ ... Que le pouvoir du conseil d'administration en matière de répartition des obligations de services des enseignants-chercheurs ne portait aucune atteinte par lui-même au principe d'égalité entre les fonctionnaires d'un même corps, les dispositions contestées, qui ne font que reproduire les termes de la loi et préciser que les règles fixées par le conseil d'administration dans ce domaine ne doivent pas avoir pour effet de compromettre les engagements pris par chaque établissement dans le cadre du contrat pluriannuel qui le lie à l'État, ne sauraient pas avoir pour conséquence, en elle-même, une méconnaissance du principe d'égalité entre les enseignants-chercheurs. • CE 15 déc. 2010, *Sté Collectif pour la défense de l'Université et a.*, n° 329056 : *préc.*

157. Les réserves d'interprétation dont une décision du Conseil constitutionnel assortit la déclaration de conformité à la Constitution d'une disposition législative sont revêtues de l'autorité absolue de la chose jugée et lient tant les autorités administratives que le juge pour l'application et l'interprétation de cette disposition. • CE 10 févr. 2016, *Cté défense travailleurs frontaliers du Haut-Rhin*, n° 383004 § 33 : *Lebon* ; *AJDA 2016. 289* ; *JCP Adm. 2016. 139*.

158. Le Cons. const. lui-même peut renvoyer à une décision précédente de conformité pour estimer, pour les mêmes motifs et sous les mêmes réserves, une disposition pratiquement identique (rédaction nouvelle ne supprimant qu'un al. permettant l'alourdissement des sanctions en cas de récidive) est conforme à la Const. • Cons. const. 22 juill. 2016, *Patrick S.*, n° 2016-556 QPC § 13.

159. Il est possible que le Cons. const., après avoir considéré la disposition contestée conforme à la Const., propose néanmoins qu'elle soit modifiée. • Cons. const. 28 févr. 2020, *Gérard F.*, n° 2019-827 QPC § 14. ♦ Il avait déjà invité le législateur à apporter une modification aux dispositions législatives qui, si elles ne sont pas inconstitutionnelles appellent, malgré tout, des précisions. • Cons. const. 4 mai 2012, *EURL David Ramirez*, n° 2012-241 QPC § 32 • Cons. const. 14 juin 2013, *Yacine T. et a.*, n° 2013-320/321 QPC § 9 • Cons. const. 29 janv. 2015, *Maxime T.*, n° 2014-446 QPC § 14 • Cons. const. 25 sept. 2015, *Johny M.*, n° 2015-485 QPC § 11.

b. Décisions de non-conformité

BIBL. Magnon, Premières réflexions sur les effets des décisions de censures du Conseil constitutionnel. Quel(s) bénéfice(s) pour le citoyen de la QPC ?, *RFDA 2011. 761* .

160. Constitue un moyen d'ordre public tiré de la méconnaissance du champ d'application de la loi la prise en compte, lors de l'appel d'un jugement confirmant la légalité d'une décision administrative, le fait que les dispositions législatives sur lesquelles cette décision se fondait aient été déclarées contraires à la Const. par le Cons. const. • CAA Paris, 11 avr. 2011, *Mme Aouina c/ Agence nat. pour l'indemnisation des Français d'outre-mer*, n° 09PA04360 : *AJDA 2011. 2244, concl. Seulin* . ♦ Le moyen peut dès lors être soulevé d'office, y compris en cassation. • CE, ass., 13 mai 2011, *M'Rida*, n° 316734 : *préc. note 77*. ♦ Rappr. avec l'impossibilité de soulever d'office l'inconventionnalité de la même disposition. • CE 27 juin 2005, *Bahri*, n° 251766 : *AJDA 2005. 1434* .

161. D'une manière qui nous semble contestable mais qui veut pallier l'impossibilité dans laquelle se trouve le Cons. const. d'abroger les dispositions législatives « en tant que », le Conseil d'État estime toutefois, que si, compte tenu des motifs qui sont le support nécessaire de la décision du Cons. const. et eu égard à l'objet du litige, les parties ne peuvent utilement demander aucune remise en cause des effets de la disposition déclarée inconstitutionnelle en se prévalant des droits et libertés auxquels le Cons. const. a jugé que cette disposition portait atteinte, il appartient au juge de faire application de la disposition en cause pour le règlement du litige. • CE 4 mai 2012, *Min. du budget, des comptes publics, de la fonction publique et de la réforme de l'État c/ Mme Diderot*, n° 337490 : *Lebon T. 964* ; *AJDA 2012. 980* .

162. Dès lors qu'il résulte de la décision du Cons. const. que ces dispositions doivent être désormais entendues comme ouvrant droit à la pension qu'elles prévoient à toutes les personnes de nationalité française, quelle que soit la date à laquelle elles ont acquis cette nationalité, qui ont subi en Algérie (...) des dommages physiques du fait d'attentat ou de tout autre acte de violence en relation avec les évènements survenus sur ce territoire, ce motif, qui justifie le dispositif de l'arrêt attaqué, doit, eu égard au caractère prioritaire de la QPC soulevée, être substitué au motif retenu par la cour. • CE 22 juill. 2016, n° 387277 B : *AJDA 2016. 2141*.

163. Il appartient au seul Cons. const., lorsque, saisi d'une QPC, il a déclaré contraire à la Const. la disposition législative ayant fondé l'imposition litigieuse, de prévoir si, et le cas échéant dans quelles conditions, les effets que la disposition a produits avant l'intervention de cette déclaration sont remis en cause, au regard des règles, notamment de recevabilité, applicables à la date de sa décision. Une décision par laquelle le Cons. const. déclare inconstitutionnelle une disposition législative n'est pas au nombre des décisions juridictionnelles ou avis mentionnés aux 3e et 5e al. de l'art. L. 190 LPF, et ne constitue pas en elle-même un événement ayant une incidence directe sur le principe même de l'imposition, son régime ou son mode de calcul, susceptible d'ouvrir un nouveau délai de réclamation. • CE, avis, 11 janv. 2019, *SCI Maximoise de création*, n° 424819 A : *AJDA 2019. 77 ; ibid. 1301, note de Fontennelle ; AJ fam. 2019. 65, obs. Paillard*. ♦ Lorsque le Cons. const. précise, dans une décision déclarant une disposition législative contraire à la Const., que cette déclaration d'inconstitutionnalité est applicable à toutes les affaires non jugées définitivement à la date de publication de sa décision, cette déclaration peut être invoquée dans toutes les procédures contentieuses en cours, quelle que soit la période d'imposition sur laquelle porte le litige. Elle peut l'être aussi à l'appui de toute réclamation encore susceptible d'être formée eu égard aux délais fixés par les art. R. 196-1 et R. 196-2 LPF. • CE, avis, 6 févr. 2019, n° 425509 : *AJDA 2019. 1226, note Benzina*.

164. Constatant que les dispositions déclarées contraires à la Const., dans leur rédaction contestée, ne sont plus en vigueur, le Conseil constitutionnel peut toutefois estimer que la remise en cause des mesures adoptées sur leur fondement méconnaîtrait les objectifs de valeur constitutionnelle de sauvegarde de l'ordre public et de recherche des auteurs d'infractions et aurait des conséquences manifestement excessives. Il exclut que dès lors ces mesures puissent être contestées *sur ce fondement. • Cons. const. 20 sept. 2019, Abdelnour B.*, n° 2019-802 QPC § 17.

165. L'autorité des décisions visées par le présent art. fait obstacle à ce que le Conseil soit saisi d'une QPC relative à une disposition déclarée contraire à la Constitution, sauf changement des circonstances. • Cons. const. 24 janv. 2020, *Hassan S.*, n° 2019-822 QPC § 5. ♦ Toutefois, dès lors que les dispositions déclarées inconstitutionnelles figurent dans une autre rédaction du même art. que celle déclarée contraire à la Constitution, il y a lieu pour le Conseil constitutionnel de statuer sur la nouvelle QPC. • Cons. const. 30 avr. 2020, *Maxime O.*, n° 2020-836 QPC § 7.

1. Non-conformité immédiate

166. En principe, la déclaration d'inconstitutionnalité doit bénéficier à l'auteur de la QPC et la disposition déclarée contraire à la Constitution ne peut être appliquée dans les instances en cours à la date de la publication de la décision du Cons. const. • Cons. const. 25 mars 2011, *Marie-Christine D.*, n° 2010-108 QPC § 5 • Cons. const. 5 avr. 2019, *Sing Kwon C.*, n° 2019-772 QPC § 16.

V. pour d'autres décisions dans le même sens :

167. Il peut par ailleurs, en matière pénale, estimer que les peines définitivement prononcées cessent de recevoir application. • Cons. const. 7 juin 2013, *Mohamed T.*, n° 2013-318 QPC § 21.

168. Le Cons. const. ayant déclaré le mécanisme des cessions gratuites de terrains contraire à la Const. (• Cons. const. 22 sept. 2010, *Sté Esso SAF*, n° 2010-33 QPC), le juge, saisi d'une demande d'indemnisation dans le cadre d'un permis de construire, ne peut que constater que cette cession ne repose sur aucun fondement légal et constitue donc une emprise qu'il appartient seul au juge judiciaire de connaître. • CAA Lyon, 26 oct. 2010, *Serre*, n° 08LY01737 : *AJDA 2011. 182*. ♦ ... Estimer que la voie qui devait être élargie grâce à la cession gratuite, ne pourra plus l'être. • CAA Marseille, 21 oct. 2010, *Tardieu*, n° 08MA03841 : *AJDA 2010. 2439, note Durand*.

169. Même en l'absence de cette précision, le juge doit en tenir compte dans les instances en cours. • CAA Douai, 16 nov. 2010, *CH de Senlis*, n° 09DA00402 : *AJDA 2011. 399, concl. Minne*.

170. Lorsque la décision du Cons. const. n'abroge qu'une disposition procédurale (en l'espèce, la date d'entrée en vigueur rétroactive de la loi : • Cons. const. 11 juin 2010, *Vivianne L.*, n° 2010-2 QPC § 23), le juge devra combler la lacune qui en résulte. • CAA Douai, 16 nov. 2010, *CH de Senlis*, n° 09DA00402 : *préc. note 169.*

171. Le Cons. const. peut encore préciser que l'abrogation, même immédiate, ne peut ouvrir droit à aucune demande de réparation même si sa mise en œuvre peut avoir causé un préjudice. • Cons. const. 11 avr. 2014, *Antoine H.*, n° 2014-390 QPC § 8.

172. Il résulte de la décision du Cons. const. (n° 2010-2 QPC) et des motifs qui en sont le support nécessaire qu'elle n'emporte abrogation, conformément à l'al. 2, art. 62 Const., (...) que dans la mesure où cette disposition rend les règles nouvelles applicables aux instances en cours et ne définit par ailleurs pas d'autres conditions et limites pour la remise en cause des effets que cette disposition avait produits avant cette date. Les consorts L. n'ayant engagé une instance en réparation des conséquences dommageables résultant de la myopathie de leur fils que postérieurement à la date d'entrée en vigueur de la loi, la disposition déclarée contraire à la Const., relative aux personnes disposant d'une instance en cours, ne leur était ainsi pas applicable. • CE, ass., 13 mai 2011, *Lazare*, n° 329290 : *préc. note 77.* ♦ A l'inverse, la Cour de cassation estime que, si l'autorité absolue que la Const. confère à la décision du Cons. const. s'attache non seulement à son dispositif mais aussi à ses motifs, c'est à la condition que ceux-ci soient le support nécessaire de celui-là ; le dispositif de la décision 2010-2 QPC du 11 juin 2010 énonce que le 2 du § II de l'art. 2 de la L. n° 2005-102 du 11 févr. 2005 est contraire à la Const. ; dès lors, faute de mention d'une quelconque limitation du champ de cette abrogation, soit dans le dispositif, soit dans des motifs clairs et précis qui en seraient indissociables, il ne peut être affirmé qu'une telle déclaration d'inconstitutionnalité n'aurait d'effet que dans une mesure limitée. • Civ. 1re, 15 déc. 2011, *Marzec : RFDA 2012. 364, avis Chevallier ; Dr. adm. 2012. 20, note Malleray.*

2. Non-conformité différée

BIBL. Austry, QPC fiscale et effets de la décision dans le temps, *NCCC 2011, n° 33, p. 69.*

173. Lorsque le Cons. const., après avoir abrogé une disposition déclarée inconstitutionnelle, use du pouvoir que lui confèrent les dispositions précitées, soit de déterminer lui-même les conditions et limites dans lesquelles les effets que la disposition a produits sont susceptibles d'être remis en cause, soit de décider que le législateur aura à prévoir une application aux instances en cours des dispositions qu'il aura prises pour remédier à l'inconstitutionnalité constatée, il appartient au juge, saisi d'un litige relatif aux effets produits par la disposition déclarée inconstitutionnelle, de les remettre en cause en écartant, pour la solution de ce litige, le cas échéant d'office, cette disposition, dans les conditions et limites fixées par le Cons. const. ou le législateur. • CE, ass., 13 mai 2011, *M'Rida*, n° 316734 : *préc. note 77* • CE 26 juill. 2011, *Cie agricole de La Crau*, n° 322419 : *AJDA 2011. 2532, note Arvis* • CE 21 oct. 2011, *Bettahar*, n° 314268 : *Lebon T. 1044 ; JCP Adm. 2011. 684.*

174. Le Cons. const. ayant déclaré contraires à la Const. les dispositions (...) et jugé que : « afin de permettre au législateur de remédier à l'inconstitutionnalité constatée, l'abrogation des dispositions précitées prendra effet à compter du 1er janvier 2011 », il appartient, afin de préserver *l'effet utile de la présente* décision à la solution des instances actuellement en cours, d'une part, aux juridictions de surseoir à statuer jusqu'au 1er janv. 2011 dans les instances dont l'issue dépend de l'application des dispositions déclarées inconstitutionnelles et, d'autre part, au législateur de prévoir une application des nouvelles dispositions à ces instances en cours à la date de la présente décision. • CE, ass., 13 mai 2011, *M'Rida*, n° 316734 : *préc. note 77* • CE 21 oct. 2011, *Bettahar*, n° 314268 : *préc. note 173.*

175. S'il a décidé que la déclaration d'inconstitutionnalité prenait effet, sous certaines conditions, au « X », l'autorité qui s'attache aux décisions du Cons. const. fait obstacle, en l'absence de changement des circonstances, à ce qu'il soit de nouveau saisi afin d'examiner la conformité à la Const. de ces dispositions, dans cette rédaction. Par suite, même si l'argumentation à l'appui du grief d'inconstitutionnalité diffère de celle qui avait justifié leur censure, il n'y a pas lieu, pour le Cons. const., de se prononcer sur la QPC relative à ces dispositions. • Cons. const. 24 janv. 2020, *Hassan S.*, n° 2019-822 QPC § 7.

3. Contrôle à double détente

176. Dans sa décision n° 2010-108 QPC, le Cons. const. a jugé que l'art. L. 43 C. pens. retr., dans sa version alors en vigueur, était contraire à la Const. au seul motif que, dans le cas où deux lits au moins étaient représentés par un ou plusieurs orphelins, la division à parts égales entre les lits, quel que soit le nombre d'enfants qui en étaient issus, conduisait à ce que la part de la pension due à chaque enfant soit fixée en fonction du nombre d'enfants issus de chaque lit ; en revanche, le Cons. const. n'a pas remis en cause le principe selon lequel, lorsqu'un conjoint survivant est en concours avec un enfant issu d'un autre lit, le partage de la pension s'opère à parts égales entre les lits. L'art. L. 43 préc. adopté par le législateur suite à cette abrogation prévoit qu'il est procédé à un partage égal entre tous les enfants pour les lits représentés par un ou plusieurs orphelins, mettant ainsi fin à l'inconstitutionnalité relevée. Pour le reste, les nouvelles dispositions législatives maintenant le principe d'un partage égal entre lits lorsqu'un conjoint survivant est en concours avec un enfant issu d'un autre lit sont conformes à la Const. • CE, QPC, 13 juin 2012, *Mme A., Vve B.*, n° 358451 : *Dr. adm. 2012. 75, note Martin et Batot.*

3° QPC ET CONVENTIONNALITÉ

BIBL. Gouttenoire, Cohérence des contrôles de conventionnalité et de constitutionnalité en matière de droit des personnes et de la famille, *NCCC, 2013, n° 39, p. 63.*

177. Si le contrôle de conformité des lois à la Const. incombe au Cons. const., le contrôle de leur compatibilité avec les engagements internationaux ou européens de la France incombe aux juridictions administratives et judiciaires ; dès lors, le moyen tiré du défaut de compatibilité d'une disposition législative aux engagements internationaux et européens de la France ne saurait être regardé comme un grief d'inconstitutionnalité et l'examen d'un tel grief, fondé sur les traités ou le droit de l'Union européenne, relève de la compétence des juridictions administratives et judiciaires. • Cons. const. 12 mai 2010, n° 2010-605 DC § 10 à 12.

178. Dans l'hypothèse où sont soulevées à la fois une QPC et une inconventionnalité des mêmes dispositions critiquées, le juge examinera successivement les deux problèmes. • CE, QPC, 11 mars 2011, *Alexandre A.*, n° 341588 • CE 9 nov. 2011, *Alexandre A.*, n° 341588. ♦ ... Et pourra, en cas d'inconstitutionnalité différée, se fonder sur l'inconventionnalité pour ne pas appliquer la disposition au litige en cours. • Civ. 1re, 9 avr. 2013, n° 11-27.071 : *D. 2013. 1106, note Douchy-Oudot ; ibid. 1100, avis Chevalier ; ibid. 2014. 689, obs. Douchy-Oudot ; AJ fam. 2013. 308, obs. Salvage-Gerest ; RTD civ. 2013. 589, obs. Hauser*. ♦ Il ressort des constatations auxquelles se sont souverainement livrés les juges du fond que M. B. a été victime d'un attentat en Algérie et qu'il est de nationalité française depuis sa réintégration dans cette nationalité ; il remplit, dès lors, les conditions fixées pour bénéficier d'une pension d'invalidité, sans que puisse lui être opposée, conformément à ce que le Cons. const. a jugé, la date à laquelle il a acquis la nationalité française. Dès lors, ce motif, qui justifie le dispositif de l'arrêt attaqué, doit, eu égard au caractère prioritaire de la question de constitutionnalité soulevée, être substitué au motif retenu par la cour régionale des pensions de Toulouse laquelle s'est fondée sur les stipulations des art. 1er et 14 Conv. EDH pour reconnaître le droit de M. B. au bénéfice d'une pension. • CE 22 juill. 2016, n° 387277 : *Lebon ; AJDA 2016. 2141 ; JCP Adm. 2016. 683.*

179. Si, dans l'exercice du contrôle de conformité des lois à la Const. qui lui incombe selon la procédure définie à l'art. 61-1 Const., le Cons. const. a le pouvoir d'abroger les dispositions législatives contraires à la Const., les juridictions administratives et judiciaires, auxquelles incombent le contrôle de la compatibilité des lois avec le droit de l'Union européenne ou les engagements internationaux de la France, peuvent déclarer que des dispositions législatives incompatibles avec le droit de l'Union ou ces engagements sont inapplicables au litige qu'elles ont à trancher ; il appartient, par suite, au juge du litige, s'il n'a pas fait droit à l'ensemble des conclusions du requérant en tirant les conséquences de la déclaration d'inconstitutionnalité d'une disposition législative prononcée par le Cons. const., d'examiner, dans l'hypothèse où un moyen en ce sens est soulevé devant lui, s'il doit, pour statuer sur les conclusions qu'il n'a pas déjà accueillies, écarter la disposition législative en cause du fait de son incompatibilité avec une stipulation conventionnelle ou, le cas échéant, une règle du droit de l'Union européenne dont la méconnaissance n'aurait pas été préalablement sanctionnée. • CE, ass., 13 mai 2011, *M'Rida*, n° 316734 : *préc. note 77.*

180. Il résulte des motifs qui sont le soutien nécessaire de la décision du Cons. const., et qui s'imposent à toutes les autorités administratives ou juridictionnelles en vertu du présent art., que la loi n'a institué aucun monopole de représentation des familles au profit de l'UNAF ; dès lors, le moyen tiré de ce qu'un tel monopole constituerait une discrimination injustifiée dans la mise en œuvre de la liberté d'association, au regard des stipulations combinées des art. 11 et 14 Conv. EDH, ne peut qu'être écarté. • CE 2 mars 2011, *Union des familles en Europe*, n° 323830 : *préc. note 152.*

181. Les États adhérents à la Conv. EDH sont tenus de respecter les décisions de la CEDH (• CEDH 14 oct. 2010, *Brusco c/ France*, n° 1466/07), sans attendre d'être attaqués devant elle ni d'avoir modifié leur législation ; pour que le droit à un procès équitable consacré par l'art. 6, § 1, Conv. EDH soit effectif et concret, il faut, en règle générale, que la personne placée en garde à vue puisse bénéficier de l'assistance d'un avocat dès le début de la mesure et pendant ses interrogatoires (et ce quand bien même le Cons. const. aurait différé l'effet de l'inconstitutionnalité qu'il a prononcée de la même disposition : • Cons. const. 30 juill. 2010, n° 2010-14/22 QPC). • Cass., ass. plén., 15 avr. 2011 : *D. 2011. 1713, obs. Bernaud et Gay ; AJ pénal 2011. 311, obs. Mauro ; Constitutions 2011. 326, obs. Levade*.

182. Une loi déclarée conforme à la Const. par le Cons. const. dans le cadre d'une QPC peut cependant se révéler inconventionnelle ; dès lors son application est écartée par le juge du fond. • CAA Paris, 18 juin 2012, *Fondation d'entreprise Louis-Vuitton pour la création*, n° 11PA00758 : *AJCT 2012. 508, note Grand ; AJDA 2012. 1496, chron. Sirinelli ; RFDA 2012. 650, concl. Vidal ; JCP Adm. 2012. 2285, note Gillig.*

C. ATTITUDE DU LÉGISLATEUR

183. Le motif soutien nécessaire du dispositif d'une décision s'impose au législateur. • Cons. const. 30 mai 2000, n° 2000-429 DC § 20. ♦ Il en résulte que si le législateur ordinaire modifie une disposition qui est, par ailleurs, considérée par le conseil comme la base légale d'une disposition organique, il prive de fondement cette disposition organique, ce que seul le législateur organique peut faire. Dès lors, la modification législative est contraire à la Const. • Cons. const. 30 mai 2000, n° 2000-429 DC § 21.

184. Par ailleurs, le législateur ne manque pas de tirer les conséquences des décisions de non-conformité. En effet, le Conseil explique souvent les raisons qui le conduisent à déclarer une disposition contraire. Il suffit dès lors au législateur de suivre les « conseils » du Conseil. Celui-ci saisi du nouveau texte constatera que le législateur a respecté « les exigences explicitées par la décision du ... ». • Cons. const. 29 déc. 1984, n° 84-

184 DC § 34. ♦ V. aussi • Cons. const. 6 déc. 2001, n° 2001-452 DC § 10 et 11.

D. AUTORITÉ DES DÉCISIONS DU CONSEIL CONSTITUTIONNEL FACE AU POUVOIR CONSTITUANT

185. Le pouvoir constituant étant souverain (V. notes ss. Const. 58, art. 89), une révision constitutionnelle empêche les requérant de se prévaloir utilement de l'autorité de chose jugée attachée aux décisions du Conseil et permet de lever les obstacles d'ordre constitutionnel relevés par le Conseil. Est ainsi possible la ratification d'un traité précédemment jugé contraire à la Const. • Cons. const. 2 sept. 1992, n° 92-312 DC § 19 s. ♦ ... La promulgation d'une loi reprenant peu ou prou les mêmes dispositions qu'une loi jugée contraire à la Const. • Cons. const. 30 mai 2000, n° 2000-429 DC § 6.

Ordonnance n° 58-1067 du 7 novembre 1958,

Portant loi organique sur le Conseil constitutionnel (JO du 9 nov.).

TITRE II FONCTIONNEMENT DU CONSEIL CONSTITUTIONNEL

CHAPITRE II *BIS* ***DE LA QUESTION PRIORITAIRE DE CONSTITUTIONNALITÉ***

(L. org. n° 2009-1523 du 10 déc. 2009, art. 1er, en vigueur le 1er mars 2010)

Sur la constitutionnalité de l'art. 1er de la L. org. n° 2009-1523 du 10 déc. 2009, V. Cons. const., Décis. n° 2009-595 du 3 déc. 2009 DC, citée note ss. art. 23-9 de la présente Ord.

SECTION I ***Dispositions applicables devant les juridictions relevant du Conseil d'État ou de la Cour de cassation***

Sur l'aide documentaire apportée aux magistrats des juridictions du fond par le bureau de droit constitutionnel créé au sein du service de document et d'études de la Cour de cassation, V. BICC 15 févr. 2010, p. 7.

Art. 23-1 Devant les juridictions relevant du Conseil d'État ou de la Cour de cassation, le moyen tiré de ce qu'une disposition législative porte atteinte aux droits et libertés garantis par la Constitution est, à peine d'irrecevabilité, présenté dans un écrit distinct et motivé. Un tel moyen peut être soulevé pour la première fois en cause d'appel. Il ne peut être relevé d'office.

Devant une juridiction relevant de la Cour de cassation, lorsque le ministère public n'est pas partie à l'instance, l'affaire lui est communiquée dès que le moyen est soulevé afin qu'il puisse faire connaître son avis.

Si le moyen est soulevé au cours de l'instruction pénale, la juridiction d'instruction du second degré en est saisie.

Le moyen ne peut être soulevé devant la cour d'assises. En cas d'appel d'un arrêt rendu par la cour d'assises en premier ressort, il peut être soulevé dans un écrit accompagnant la déclaration d'appel. Cet écrit est immédiatement transmis à la Cour de cassation.

Art. 23-2 La juridiction statue sans délai par une décision motivée sur la transmission de la question prioritaire de constitutionnalité au Conseil d'État ou à la Cour de cassation. Il est procédé à cette transmission si les conditions suivantes sont remplies :

1° La disposition contestée est applicable au litige ou à la procédure, ou constitue le fondement des poursuites ;

2° Elle n'a pas déjà été déclarée conforme à la Constitution dans les motifs et le dispositif d'une décision du Conseil constitutionnel, sauf changement des circonstances ;

3° La question n'est pas dépourvue de caractère sérieux.

En tout état de cause, la juridiction doit, lorsqu'elle est saisie de moyens contestant la conformité d'une disposition législative, d'une part, aux droits et libertés garantis par la Constitution et, d'autre part, aux engagements internationaux de la France, se prononcer par priorité sur la transmission de la question de constitutionnalité au Conseil d'État ou à la Cour de cassation.

La décision de transmettre la question est adressée au Conseil d'État ou à la Cour de cassation dans les huit jours de son prononcé avec les mémoires ou les conclusions des parties. Elle n'est susceptible d'aucun recours. Le refus de transmettre la question ne peut être contesté qu'à l'occasion d'un recours contre la décision réglant tout ou partie du litige.

Art. 23-3 Lorsque la question est transmise, la juridiction sursoit à statuer jusqu'à réception de la décision du Conseil d'État ou de la Cour de cassation ou, s'il a été saisi, du

Conseil constitutionnel. Le cours de l'instruction n'est pas suspendu et la juridiction peut prendre les mesures provisoires ou conservatoires nécessaires.

Toutefois, il n'est sursis à statuer ni lorsqu'une personne est privée de liberté à raison de l'instance ni lorsque l'instance a pour objet de mettre fin à une mesure privative de liberté.

La juridiction peut également statuer sans attendre la décision relative à la question prioritaire de constitutionnalité si la loi ou le règlement prévoit qu'elle statue dans un délai déterminé ou en urgence. Si la juridiction de première instance statue sans attendre et s'il est formé appel de sa décision, la juridiction d'appel sursoit à statuer. Elle peut toutefois ne pas surseoir si elle est elle-même tenue de se prononcer dans un délai déterminé ou en urgence.

En outre, lorsque le sursis à statuer risquerait d'entraîner des conséquences irrémédiables ou manifestement excessives pour les droits d'une partie, la juridiction qui décide de transmettre la question peut statuer sur les points qui doivent être immédiatement tranchés.

Si un pourvoi en cassation a été introduit alors que les juges du fond se sont prononcés sans attendre la décision du Conseil d'État ou de la Cour de cassation ou, s'il a été saisi, celle du Conseil constitutionnel, il est sursis à toute décision sur le pourvoi tant qu'il n'a pas été statué sur la question prioritaire de constitutionnalité. Il en va autrement quand l'intéressé est privé de liberté à raison de l'instance et que la loi prévoit que la Cour de cassation statue dans un délai déterminé.

SECTION II *Dispositions applicables devant le Conseil d'État et la Cour de cassation*

BIBL. ▶ KLEITZ, *Gaz. Pal. 16-17 févr. 2011, p. 3* (le filtre de la QPC sous haute surveillance – le double filtre de la QPC en question).

Art. 23-4 Dans un délai de trois mois à compter de la réception de la transmission prévue à l'article 23-2 ou au dernier alinéa de l'article 23-1, le Conseil d'État ou la Cour de cassation se prononce sur le renvoi de la question prioritaire de constitutionnalité au Conseil constitutionnel. Il est procédé à ce renvoi dès lors que les conditions prévues aux 1° et 2° de l'article 23-2 sont remplies et que la question est nouvelle ou présente un caractère sérieux.

Art. 23-5 Le moyen tiré de ce qu'une disposition législative porte atteinte aux droits et libertés garantis par la Constitution peut être soulevé, y compris pour la première fois en cassation, à l'occasion d'une instance devant le Conseil d'État ou la Cour de cassation. Le moyen est présenté, à peine d'irrecevabilité, dans un mémoire distinct et motivé. Il ne peut être relevé d'office.

En tout état de cause, le Conseil d'État ou la Cour de cassation doit, lorsqu'il est saisi de moyens contestant la conformité d'une disposition législative, d'une part, aux droits et libertés garantis par la Constitution et, d'autre part, aux engagements internationaux de la France, se prononcer par priorité sur le renvoi de la question de constitutionnalité au Conseil constitutionnel.

Le Conseil d'État ou la Cour de cassation dispose d'un délai de trois mois à compter de la présentation du moyen pour rendre sa décision. Le Conseil constitutionnel est saisi de la question prioritaire de constitutionnalité dès lors que les conditions prévues aux 1° et 2° de l'article 23-2 sont remplies et que la question est nouvelle ou présente un caractère sérieux.

Lorsque le Conseil constitutionnel a été saisi, le Conseil d'État ou la Cour de cassation sursoit à statuer jusqu'à ce qu'il se soit prononcé. Il en va autrement quand l'intéressé est privé de liberté à raison de l'instance et que la loi prévoit que la Cour de cassation statue dans un délai déterminé. Si le Conseil d'État ou la Cour de cassation est tenu de se prononcer en urgence, il peut n'être pas sursis à statuer.

Art. 23-6 *(Abrogé par L. org. n° 2010-830 du 22 juill. 2010, art. 12)* ***Le premier président de la Cour de cassation est destinataire des transmissions à la Cour de cassation prévues à l'article 23-2 et au dernier alinéa de l'article 23-1. Le mémoire mentionné à l'article 23-5, présenté dans le cadre d'une instance devant la Cour de cassation, lui est également transmis.***

Le premier président avise immédiatement le procureur général.

L'arrêt de la Cour de cassation est rendu par une formation présidée par le premier président et composée des présidents des chambres et de deux conseillers appartenant à chaque chambre spécialement concernée.

Toutefois, le premier président peut, si la solution lui paraît s'imposer, renvoyer la question devant une formation présidée par lui-même et composée du président de la chambre spécialement concernée et d'un conseiller de cette chambre.

Pour l'application des deux précédents alinéas, le premier président peut être suppléé par un délégué qu'il désigne parmi les présidents de chambre de la Cour de cassation. Les présidents des chambres peuvent être suppléés par des délégués qu'ils désignent parmi les conseillers de la chambre.

Art. 23-7 La décision motivée du Conseil d'État ou de la Cour de cassation de saisir le Conseil constitutionnel lui est transmise avec les mémoires ou les conclusions des parties. Le Conseil constitutionnel reçoit une copie de la décision motivée par laquelle le Conseil d'État ou la Cour de cassation décide de ne pas le saisir d'une question prioritaire de constitutionnalité. Si le Conseil d'État ou la Cour de cassation ne s'est pas prononcé dans les délais prévus aux articles 23-4 et 23-5, la question est transmise au Conseil constitutionnel.

La décision du Conseil d'État ou de la Cour de cassation est communiquée à la juridiction qui a transmis la question prioritaire de constitutionnalité et notifiée aux parties dans les huit jours de son prononcé.

SECTION III *Dispositions applicables devant le Conseil constitutionnel*

Art. 23-8 Le Conseil constitutionnel, saisi en application des dispositions du présent chapitre, avise immédiatement le Président de la République, le Premier ministre et les présidents de l'Assemblée nationale et du Sénat. Ceux-ci peuvent adresser au Conseil constitutionnel leurs observations sur la question prioritaire de constitutionnalité qui lui est soumise.

Lorsqu'une disposition d'une loi du pays de la Nouvelle-Calédonie fait l'objet de la question prioritaire de constitutionnalité, le Conseil constitutionnel avise également le président du gouvernement de la Nouvelle-Calédonie, le président du congrès et les présidents des assemblées de province.

Art. 23-9 Lorsque le Conseil constitutionnel a été saisi de la question prioritaire de constitutionnalité, l'extinction, pour quelque cause que ce soit, de l'instance à l'occasion de laquelle la question a été posée est sans conséquence sur l'examen de la question.

Autonomie de la QPC. Fondement. En déliant, à compter de la saisine du Conseil constitutionnel, la QPC et l'instance à l'occasion de laquelle elle a été posée, le législateur a entendu tirer les conséquences de l'effet qui s'attache aux décisions du Conseil constitutionnel en vertu, d'une part, du deuxième alinéa de l'art. 62 de la Constitution et, d'autre part, du 2° de l'art. 23-2 de la loi organique. • Cons. const. 3 déc. 2009, n° 2009-595 DC § 31 : *citée note ss. art. 23-9 de la présente ordonnance.*

Art. 23-10 Le Conseil constitutionnel statue dans un délai de trois mois à compter de sa saisine. Les parties sont mises à même de présenter contradictoirement leurs observations. L'audience est publique, sauf dans les cas exceptionnels définis par le règlement intérieur du Conseil constitutionnel. — *V. Décis. du 4 févr. 2010 portant règlement intérieur sur la procédure suivie devant le Conseil constitutionnel pour les QPC, reproduite à la suite de la présente Ord.*

Art. 23-11 La décision du Conseil constitutionnel est motivée. Elle est notifiée aux parties et communiquée soit au Conseil d'État, soit à la Cour de cassation ainsi que, le cas échéant, à la juridiction devant laquelle la question prioritaire de constitutionnalité a été soulevée.

Le Conseil constitutionnel communique également sa décision au Président de la République, au Premier ministre et aux présidents de l'Assemblée nationale et du Sénat ainsi que, dans le cas prévu au dernier alinéa de l'article 23-8, aux autorités qui y sont mentionnées.

La décision du Conseil constitutionnel est publiée au *Journal officiel* et, le cas échéant, au *Journal officiel* de la Nouvelle-Calédonie.

Art. 23-12 Lorsque le Conseil constitutionnel est saisi d'une question prioritaire de constitutionnalité, la contribution de l'État à la rétribution des auxiliaires de justice qui prêtent leur concours au titre de l'aide juridictionnelle est majorée selon des modalités fixées par voie réglementaire. — *V. Décr. n° 2020-1717 du 28 déc. 2020, art. 10 et 91, App., v° Aide juridique.*

....

TITRE III DISPOSITIONS DIVERSES ET DISPOSITIONS TRANSITOIRES

Art. 55 Les modalités d'application de la présente ordonnance pourront être déterminées par décret en conseil des ministres, après consultation du Conseil constitutionnel et avis du conseil d'État.

Art. 56 Le Conseil constitutionnel complétera par son règlement intérieur les règles de procédure *(L. org. n° 2009-1523 du 10 déc. 2009, art. 4, en vigueur le 1er mars 2010)* « applicables devant lui » édictées par le titre II de la présente ordonnance. Il précisera notamment les conditions dans lesquelles auront lieu les enquêtes et mesures d'instruction prévues aux articles 42 *(L. org. n° 2013-1114 du 6 déc. 2013, art. 2-2°, en vigueur le 1er janv.)* « , 43 et

45-5 *[ancienne rédaction : et 43]* » sous la direction d'un rapporteur. – *V. Décis. du 4 févr. 2010 portant règlement intérieur sur la procédure suivie devant le Conseil constitutionnel pour les QPC, reproduite à la suite de la présente Ord.*

Loi organique n° 99-209 du 19 mars 1999,

Relative à la Nouvelle-Calédonie (JO du 21 mars).

Sur la constitutionnalité de l'art. 3 de la L. org. n° 2009-1523 du 10 déc. 2009, V. Cons. const., Décis. n° 2009-595 du 3 déc. 2009 DC, § 33 et 34, citée note ss. art. 23-9 de l'Ord. n° 58-1067 du 7 novembre 1958, reproduite ss. art. L.O. 461-2 COJ.

Art. 107 *Al. 1er Non reproduit*

(L. org. n° 2009-1523 du 10 déc. 2009, art. 3, en vigueur le 1er mars 2010) « Les dispositions d'une loi du pays peuvent faire l'objet d'une question prioritaire de constitutionnalité, qui obéit aux règles définies par les articles 23-1 à 23-12 de l'ordonnance n° 58-1067 du 7 novembre 1958 portant loi organique sur le Conseil constitutionnel. » – *V., s'agissant du domaine des « lois du pays » de la Nouvelle-Calédonie, la présente loi organique, art. 99.*

Loi organique n° 2009-1523 du 10 décembre 2009,

Relative à l'application de l'article 61-1 de la Constitution.

La présente loi organique entre en vigueur le 1er mars 2010 (L. org. préc., art. 5).

Art. 4 Les modalités d'application de la présente loi organique sont fixées dans les conditions prévues par les articles 55 et 56 de l'ordonnance n° 58-1067 du 7 novembre 1958 portant loi organique sur le Conseil constitutionnel. [...]. – *V. Décis. du 4 févr. 2010 portant règlement intérieur sur la procédure suivie devant le Conseil constitutionnel pour les QPC, reproduite à la suite de la présente Ord.*

Décision du 4 février 2010,

Portant règlement intérieur sur la procédure suivie devant le Conseil constitutionnel pour les questions prioritaires de constitutionnalité.

BIBL. GÉN. ▶ GUILLAUME, *Gaz. Pal. 21-22 févr. 2010, p. 10 ; LPA 23 févr. 2010, p. 3.* – JACQUELOT, *AJDA 2010. 950.* – MATHIEU, *JCP 2010. 238.*

Vu la Constitution, notamment son article 61-1 ;

Vu l'ordonnance n° 58-1067 du 7 novembre 1958 portant loi organique sur le Conseil constitutionnel, notamment son article 56 ;

Vu la loi organique n° 2009-1523 du 10 décembre 2009 relative à l'application de l'article 61-1 de la Constitution, ensemble la décision n° 2009-595 DC du 3 décembre 2009 ;

Vu le décret n° 59-1292 du 13 novembre 1959 sur les obligations des membres du Conseil constitutionnel ;

Vu le décret n° 59-1293 du 13 novembre 1959 relatif à l'organisation du secrétariat général du Conseil constitutionnel,

Décide :

Art. 1er La décision du Conseil d'État ou de la Cour de cassation qui saisit le Conseil constitutionnel d'une question prioritaire de constitutionnalité est enregistrée au secrétariat général du Conseil constitutionnel. Ce dernier en avise les parties à l'instance ou, le cas échéant, leurs représentants.

Le Président de la République, le Premier ministre, les présidents de l'Assemblée nationale et du Sénat en sont également avisés ainsi que, s'il y a lieu, le président du gouvernement de la Nouvelle-Calédonie, le président du congrès et les présidents des assemblées de province.

Cet avis mentionne la date avant laquelle les parties ou les autorités précitées peuvent présenter des observations écrites et, le cas échéant, produire des pièces au soutien de celles-ci. Ces observations et pièces sont adressées au secrétariat général du Conseil constitutionnel dans les conditions fixées à l'article 2. Les observations et pièces adressées postérieurement à cette date, laquelle ne peut être reportée, ne sont pas versées à la procédure.

Une copie de ces premières observations et, le cas échéant, des pièces produites à leur soutien est notifiée aux parties et autorités précitées qui peuvent, dans les mêmes conditions, présenter des observations avant la date qui leur est fixée. Ces secondes observations ne peuvent avoir d'autre objet que de répondre aux premières. Une copie en est également notifiée aux parties et autorités précitées.

Art. 2 L'accomplissement de tout acte de procédure ainsi que la réception de tout document et de toute pièce sont mentionnés au registre du secrétariat général du Conseil constitutionnel.

Art. 3 Au cours de l'instruction, les actes et pièces de procédure ainsi que les avertissements ou convocations sont notifiés par voie électronique. Ils font l'objet d'un avis de réception également adressé par voie électronique. A cette fin, toute partie communique au secrétariat général du Conseil constitutionnel l'adresse électronique à laquelle ces notifications lui sont valablement faites.

En tant que de besoin et pour garantir le caractère contradictoire de la procédure, le secrétariat général du Conseil constitutionnel peut recourir à tout autre moyen de communication.

Lorsqu'une partie a chargé une personne de la représenter ces notifications sont faites à son représentant.

Art. 4 Tout membre du Conseil constitutionnel qui estime devoir s'abstenir de siéger en informe le président.

Une partie ou son représentant muni à cette fin d'un pouvoir spécial peut demander la récusation d'un membre du Conseil constitutionnel par un écrit spécialement motivé accompagné des pièces propres à la justifier. La demande n'est recevable que si elle est enregistrée au secrétariat général du Conseil constitutionnel avant la date fixée pour la réception des premières observations.

La demande est communiquée au membre du Conseil constitutionnel qui en fait l'objet. Ce dernier fait connaître s'il acquiesce à la récusation. Dans le cas contraire, la demande est examinée sans la participation de celui des membres dont la récusation est demandée.

Le seul fait qu'un membre du Conseil constitutionnel a participé à l'élaboration de la disposition législative faisant l'objet de la question de constitutionnalité ne constitue pas en lui-même une cause de récusation.

BIBL. ▶ P. BON, *D. 2010. 2007* ✎ (récuser un membre du Conseil constitutionnel).

Art. 5 Le président inscrit l'affaire à l'ordre du jour du Conseil et fixe la date de l'audience. Il en informe les parties et autorités mentionnées à l'article 1er.

Il désigne un rapporteur parmi les membres du Conseil constitutionnel.

Art. 6 Lorsque, pour les besoins de l'instruction, le Conseil décide de recourir à une audition, les parties et les autorités mentionnées à l'article 1er sont invitées à y assister. Il leur est ensuite imparti un délai pour présenter leurs observations.

Art. 7 Les griefs susceptibles d'être relevés d'office sont communiqués aux parties et autorités mentionnées à l'article 1er pour qu'elles puissent présenter leurs observations dans le délai qui leur est imparti.

Art. 8 Le président assure la police de l'audience. Il veille à son bon déroulement et dirige les débats.

L'audience fait l'objet d'une retransmission audiovisuelle diffusée en direct dans une salle ouverte au public dans l'enceinte du Conseil constitutionnel.

Le président peut, à la demande d'une partie ou d'office, restreindre la publicité de l'audience dans l'intérêt de l'ordre public ou lorsque les intérêts des mineurs ou la protection de la vie privée des personnes l'exigent. Il ne peut ordonner le huis clos des débats qu'à titre exceptionnel et pour ces seuls motifs.

Art. 9 Dès l'ouverture de l'audience, l'emploi de tout appareil permettant d'enregistrer, de fixer ou de transmettre la parole ou l'image, autre que ceux nécessaires à la retransmission citée à l'article précédent, est interdit dans la salle d'audience comme dans la salle ouverte au public.

Le président peut toutefois, après avoir recueilli l'avis des parties présentes, ordonner la diffusion de l'audience sur le site internet du Conseil constitutionnel.

Il peut aussi en ordonner la conservation si elle présente un intérêt pour la constitution d'archives historiques du Conseil constitutionnel.

Art. 10 A l'audience, il est donné lecture de la question prioritaire de constitutionnalité et d'un rappel des étapes de la procédure.

Les représentants des parties, s'ils sont avocats au Conseil d'État et à la Cour de cassation ou avocats et, le cas échéant, les agents désignés par les autorités visées à l'article 1er, sont ensuite invités à présenter leurs éventuelles observations orales.

Art. 11 Seuls les membres du Conseil constitutionnel qui ont assisté à l'audience peuvent participer à la délibération.

Sans préjudice de l'application de l'article 58 de l'ordonnance du 7 novembre 1958 susvisée, cette délibération n'est pas publique.

Art. 12 Les décisions du Conseil constitutionnel comportent le nom des parties et de leurs représentants, les visas des textes applicables et des observations communiquées, les motifs sur lesquels elles reposent et un dispositif. *(Abrogé par Décis. du 24 juin 2010, art. 1er) « Elles indiquent le nom du rapporteur. »* Elles mentionnent le nom des membres qui ont siégé à la séance au cours de laquelle elles ont été prises.

Elles sont signées par le président, le secrétaire général et le rapporteur et sont communiquées, notifiées et publiées conformément à l'article 23-11 de l'ordonnance du 7 novembre 1958 susvisée.

Art. 13 Si le Conseil constitutionnel constate qu'une de ses décisions est entachée d'une erreur matérielle, il peut la rectifier d'office, après avoir provoqué les explications des parties et des autorités mentionnées à l'article 1er. Les parties et les autorités mentionnées à l'article 1er peuvent, dans les vingt jours de la publication de la décision au *Journal officiel*, saisir le Conseil constitutionnel d'une demande en rectification d'erreur matérielle d'une de ses décisions.

Circulaire JUSC1006154C CIV/04/10 du 24 février 2010,

Relative à la présentation de la question prioritaire de constitutionnalité (BOMJL 2010-2 du 30 avr.).

RÈGLES D'ADAPTATION À L'URGENCE SANITAIRE COVID-19

BIBL. ▶ Auché et de Andrade, *D. actu. 30 mars 2020* (coronavirus : impact sur les délais pour agir et les délais d'exécution forcée en matière civile). – C. Bléry, *D. 2020. 780* (épidémie de covid-19 : mesures de procédure civile) ; *Gaz. Pal. 1er déc. 2020, p. 14* (covid-19 et procédure civile : nouveau droit transitoire ou préfiguration du droit de demain ?). – Brillatcapello et Constans, *JCP E 1166* (covid-19 : l'arbitrage, une solution à l'encombrement des tribunaux ?). – Cadiet, *JCP 2020. 471* (un état d'exception pour la procédure civile à l'épreuve du coronavirus). – Cayrol, *JCP 2020. 481* (état d'urgence sanitaire : dispositions générales relatives aux délais). – Gouëzel, *D. actu. 16 avr. 2020* (retour sur l'ordonnance « délais » du 25 mars 2020 et les modifications apportées par l'ordonnance du 15 avril 2020). – F. Kieffer, *D. actu, 31 mars 2020* (saisie immobilière et covid-19 : Ô temps suspends ton vol...).

Loi n° 2020-290 du 23 mars 2020,

D'urgence pour faire face à l'épidémie de covid-19.

[...]

Art. 4 Par dérogation aux dispositions de l'article L. 3131-13 du code de la santé publique, l'état d'urgence sanitaire est déclaré pour une durée de deux mois à compter de l'entrée en vigueur de la présente loi. — *Sur l'entrée en vigueur de la présente loi, V. art. 22 ci-dessous. — L'état d'urgence sanitaire déclaré par l'art. 4 de la présente loi est prorogé jusqu'au 10 juill. 2020 inclus (L. n° 2020-546 du 11 mai 2020, art. 1er-I).*

L'état d'urgence sanitaire entre en vigueur sur l'ensemble du territoire national. Toutefois, un décret en conseil des ministres pris sur le rapport du ministre chargé de la santé peut en limiter l'application à certaines des circonscriptions territoriales qu'il précise.

La prorogation de l'état d'urgence sanitaire au-delà de la durée prévue au premier alinéa du présent article ne peut être autorisée que par la loi.

Il peut être mis fin à l'état d'urgence sanitaire par décret en conseil des ministres avant l'expiration du délai fixé au même premier alinéa.

[...]

Art. 11 I. – Dans les conditions prévues à l'article 38 de la Constitution, le Gouvernement est autorisé à prendre par ordonnances, dans un délai de trois mois à compter de la publication de la présente loi, toute mesure, pouvant entrer en vigueur, si nécessaire, à compter du 12 mars 2020, relevant du domaine de la loi et, le cas échéant, à les étendre et à les adapter aux collectivités mentionnées à l'article 72-3 de la Constitution :

1° *Non reproduit ;*

2° Afin de faire face aux conséquences, notamment de nature administrative ou juridictionnelle, de la propagation de l'épidémie de covid-19 et des mesures prises pour limiter cette propagation, toute mesure :

a) Non reproduit ;

b) Adaptant, interrompant, suspendant ou reportant le terme des délais prévus à peine de nullité, caducité, forclusion, prescription, inopposabilité, déchéance d'un droit, fin d'un agrément ou d'une autorisation ou cessation d'une mesure, à l'exception des mesures privatives de liberté et des sanctions. Ces mesures sont rendues applicables à compter du 12 mars 2020 et ne peuvent excéder de plus de trois mois la fin des mesures de police administrative prises par le Gouvernement pour ralentir la propagation de l'épidémie de covid-19 ;

c) Adaptant, aux seules fins de limiter la propagation de l'épidémie de covid-19 parmi les personnes participant à la conduite et au déroulement des instances, les règles relatives à la compétence territoriale et aux formations de jugement des juridictions de l'ordre administratif et de l'ordre judiciaire ainsi que les règles relatives aux délais de procédure et de jugement, à la publicité des audiences et à leur tenue, au recours à la visioconférence devant ces juridictions et aux modalités de saisine de la juridiction et d'organisation du contradictoire devant les juridictions ;

d) à m) Non reproduits ;

3° à 8° *Non reproduits.*

II. – Les projets d'ordonnance pris sur le fondement du présent article sont dispensés de toute consultation obligatoire prévue par une disposition législative ou réglementaire.

III. – Un projet de loi de ratification est déposé devant le Parlement dans un délai de deux mois à compter de la publication de chaque ordonnance.

[...]

Art. 22, al. 1er *Non reproduit.*

La présente loi entrera en vigueur immédiatement *[...].*

Ordonnance n° 2020-304 du 25 mars 2020,

Portant adaptation des règles applicables aux juridictions de l'ordre judiciaire statuant en matière non pénale et aux contrats de syndic de copropriété.

BIBL. ▶ Auché et de Andrade, *D. actu. 30 mars 2020* (coronavirus : impact sur les délais pour agir et les délais d'exécution forcée en matière civile). – F. Kieffer, *D. actu, 31 mars 2020* (saisie immobilière et covid-19 : Ô temps suspends ton vol...). – NDLR, *D. 2020. 659* .

Art. 1er Les dispositions de la présente ordonnance sont applicables aux juridictions de l'ordre judiciaire statuant en matière non pénale pendant la période comprise entre le 12 mars 2020 et l'expiration d'un délai d'un mois à compter de la date de cessation de l'état d'urgence sanitaire déclaré dans les conditions de l'article 4 de la loi du 23 mars 2020 susvisée. – *V. L. n° 2020-290 du 23 mars 2020, art. 4, reproduit au-dessus de la présente Ord.*

TITRE PREMIER Dispositions applicables aux juridictions de l'ordre judiciaire statuant en matière non pénale

CHAPITRE PREMIER *Dispositions générales*

Art. 2 I. – Les dispositions de l'article 2 de l'ordonnance n° 2020-306 du 25 mars 2020 susvisée relative à la prorogation des délais échus pendant la période d'urgence sanitaire et à l'adaptation des procédures pendant cette même période sont applicables aux procédures devant les juridictions de l'ordre judiciaire statuant en matière non pénale. – *V. Ord. n° 2020-306 du 25 mars 2020, art. 2, à la suite de la présente Ord.*

II. – Par dérogation aux dispositions du I :

1° Les délais de procédure applicables devant le juge des libertés et de la détention et devant le premier président de la cour d'appel saisi d'un appel formé contre les décisions de ce juge courent selon les règles législatives et réglementaires qui leur sont applicables ;

2° Les délais de procédure applicables devant les juridictions pour enfants sont adaptés dans les conditions prévues par le chapitre III du présent titre ;

3° Les délais mentionnés aux articles L. 311-1 à L. 322-14 et R. 311-1 à R. 322-72 du code des procédures civiles d'exécution sont suspendus *(Ord. n° 2020-595 du 20 mai 2020, art. 1er)* « pendant la période comprise entre le 12 mars 2020 et le 23 juin 2020 inclus ».

Les dispositions issues de l'Ord. n° 2020-595 du 20 mai 2020 entrent en vigueur immédiatement. Elles sont applicables aux instances en cours à cette date et dans les îles Wallis-et-Futuna (Ord. préc., art. 16).

BIBL. ▶ F. Kieffer, *D. actu, 31 mars 2020* (saisie immobilière et covid-19 : Ô temps suspends ton vol...).

Art. 3 Lorsqu'une juridiction du premier degré est dans l'incapacité totale ou partielle de fonctionner, le premier président de la cour d'appel désigne par ordonnance, après avis du procureur général près cette cour, des chefs de juridiction et des directeurs de greffe des juridictions concernées, une autre juridiction de même nature et du ressort de la même cour pour connaître de tout ou partie de l'activité relevant de la compétence de la juridiction empêchée.

L'ordonnance détermine les activités faisant l'objet du transfert de compétences et la date à laquelle ce transfert intervient. Elle est prise pour une durée ne pouvant excéder la période mentionnée au I de l'article 1er. Elle fait l'objet d'une publication dans deux journaux diffusés dans le ressort de la cour et de toute autre mesure de publicité dans tout lieu jugé utile.

La juridiction désignée est compétente pour les affaires en cours à la date d'entrée en vigueur de l'ordonnance de désignation.

Art. 4 Lorsqu'une audience ou une audition est supprimée, si les parties sont assistées ou représentées par un avocat ou lorsqu'elles ont consenti à la réception des actes sur le "Portail du justiciable" du ministère de la justice conformément à l'article 748-8 du code de procédure civile, le greffe avise les parties du renvoi de l'affaire ou de l'audition par tout moyen, notamment électronique.

Dans les autres cas, il les en avise par tout moyen, notamment par lettre simple. Si le défendeur ne comparaît pas à l'audience à laquelle l'affaire est renvoyée et n'a pas été cité à personne, la décision est rendue par défaut.

L'art. 4 de l'Ord. prévoit des modalités simplifiées de renvoi des audiences ou des auditions supprimées et indique que, dans les cas où les parties ne sont pas représentées ou assistées par un avocat et n'ont pas consenti à la réception des actes sur le « Portail du justiciable », la décision est rendue par défaut lorsque le défendeur ne comparaît pas. En procédant ainsi, l'art. 4 de ladite ord. de n'a pas porté une atteinte manifestement illégale à une liberté fondamentale, de telles dispositions étant destinées, d'une part, à augmenter la possibilité de porter à la connaissance effective des parties le renvoi de leur affaire ou audition, alors que les modalités habituelles d'information ne leur sont plus toujours accessibles, et, d'autre part, pour les parties qui ne sont pas représentées ou assistées par un avocat et qui n'ont pas consenti à la réception des actes sur le « Portail du justiciable », de préserver les droits des défendeurs qui ne comparaîtraient pas à l'audience, ces derniers bénéficiant dans ce cas, dès lors que la décision est rendue par défaut, d'un double de degré de juridiction. • CE 10 avr. 2020, ☎ nos 439883, 439892 : *D. actu. 20 avr. 2020, note Kebir.*

Art. 5 *(Abrogé par Ord. n° 2020-595 du 20 mai 2020, art. 2-1°)* *« Si l'audience de plaidoirie, la clôture de l'instruction ou la décision de statuer selon la procédure sans audience a lieu pendant la période mentionnée à l'article 1er, »* La juridiction peut, sur décision de son président, statuer à juge unique en première instance et en appel dans toutes les affaires qui lui sont soumises.

Le juge désigné est un magistrat du siège qui n'est ni magistrat honoraire ni magistrat à titre temporaire.

Devant le tribunal de commerce, le président du tribunal peut, dans toutes les affaires, décider que l'audience sera tenue par l'un des membres de la formation de jugement. Le juge rend compte au tribunal dans son délibéré.

Le conseil de prud'hommes statue en formation restreinte comprenant un conseiller employeur et un conseiller salarié. *(Ord. n° 2020-595 du 20 mai 2020, art. 2-2° et 3°)* « En cas de partage des voix, l'affaire est renvoyée devant un juge du tribunal judiciaire dans le ressort duquel est situé le siège du conseil de prud'hommes. Il statue après avoir recueilli par tout moyen l'avis des conseillers présents lors de l'audience de renvoi en départage. Si, au terme de la période mentionnée à l'article 1er, le juge n'a pas tenu l'audience de départage, l'affaire est renvoyée à la formation restreinte présidée par ce juge.

« En procédure écrite ordinaire, le juge de la mise en état ou le magistrat chargé du rapport peut tenir seul l'audience pour entendre les plaidoiries. Il en informe les parties par tout moyen. Il rend compte au tribunal dans son délibéré.

« Le présent article s'applique aux affaires dans lesquelles l'audience de plaidoirie ou la mise en délibéré de l'affaire dans le cadre de la procédure sans audience a lieu pendant la période mentionnée à l'article 1er. »

Les dispositions issues de l'Ord. n° 2020-595 du 20 mai 2020 entrent en vigueur immédiatement. Elles sont applicables aux instances en cours à cette date et dans les îles Wallis-et-Futuna (Ord. préc., art. 16).

Art. 6 Les parties peuvent échanger leurs écritures et leurs pièces par tout moyen dès lors que le juge peut s'assurer du respect du contradictoire.

(Abrogé par Ord. n° 2020-595 du 20 mai 2020, art. 3) ***« Le président de la juridiction peut décider, avant l'ouverture de l'audience, que les débats se dérouleront en publicité restreinte.***

« En cas d'impossibilité de garantir les conditions nécessaires à la protection de la santé des personnes présentes à l'audience, les débats se tiennent en chambre du conseil.

« Dans les conditions déterminées par le président de la juridiction, des journalistes peuvent assister à l'audience, y compris lorsque les débats se tiennent en chambre du conseil en application de l'alinéa précédent. »

Les dispositions issues de l'Ord. n° 2020-595 du 20 mai 2020 entrent en vigueur immédiatement. Elles sont applicables aux instances en cours à cette date et dans les îles Wallis-et-Futuna (Ord. préc., art. 16).

Art. 6-1 *(Ord. n° 2020-595 du 20 mai 2020, art. 4)* I. – Les chefs de juridiction définissent les conditions d'accès à la juridiction, aux salles d'audience et aux services qui accueillent du public permettant d'assurer le respect des règles sanitaires en vigueur.

Ces conditions sont portées à la connaissance du public notamment par voie d'affichage.

II. – Le juge ou le président de la formation de jugement peut décider, avant l'ouverture de l'audience, que les débats se dérouleront en publicité restreinte ou, en cas d'impossibilité de garantir les conditions nécessaires à la protection de la santé des personnes présentes à l'audience, en chambre du conseil. Dans les conditions déterminées par le juge ou le président de la formation de jugement, des journalistes peuvent assister à l'audience, y compris lorsqu'elle se tient en chambre du conseil en application des dispositions du présent article.

Lorsque le nombre de personnes admises à l'audience est limité, les personnes qui souhaitent y assister saisissent par tout moyen le juge ou le président de la formation de jugement.

Les dispositions issues de l'Ord. n° 2020-595 du 20 mai 2020 entrent en vigueur immédiatement. Elles sont applicables aux instances en cours à cette date et dans les îles Wallis-et-Futuna (Ord. préc., art. 16).

Art. 7 Le juge, le président de la formation de jugement ou le juge des libertés et de la détention peut, par une décision non susceptible de recours, décider que l'audience *(Ord. n° 2020-595 du 20 mai 2020, art. 5-1°)* « ou l'audition » se tiendra en utilisant un moyen de télécommunication audiovisuelle permettant de s'assurer de l'identité *(Ord. n° 2020-595 du 20 mai 2020, art. 5-1°)* « des personnes y participant » et garantissant la qualité de la transmission et la confidentialité des échanges entre les parties et leurs avocats.

(Abrogé par Ord. n° 2020-595 du 20 mai 2020, art. 5-2°) ***« Lorsqu'une partie est assistée d'un conseil ou d'un interprète, il n'est pas requis que ce dernier soit physiquement présent auprès d'elle. »***

En cas d'impossibilité technique ou matérielle de recourir à un tel moyen, le juge peut, par décision insusceptible de recours, décider d'entendre les parties et leurs avocats *(Ord. n° 2020-595 du 20 mai 2020, art. 5-3°)* « , ou la personne à auditionner, » par tout moyen de communication électronique, y compris téléphonique, permettant de s'assurer de leur identité et de garantir la qualité de la transmission et la confidentialité des échanges.

Dans les cas prévus au présent article, *(Ord. n° 2020-595 du 20 mai 2020, art. 5-4°)* « les membres de la formation de jugement, le greffier, les parties, les personnes qui les assistent ou les représentent en vertu d'une habilitation légale ou d'un mandat, les techniciens et auxiliaires de justice ainsi que les personnes convoquées à l'audience ou à l'audition peuvent se trouver en des lieux distincts. » Le juge organise et conduit la procédure. Il s'assure du bon déroulement des échanges entre les parties et veille au respect des droits de la défense et au caractère contradictoire des débats. Le greffe dresse le procès-verbal des opérations effectuées. *(Ord. n° 2020-595 du 20 mai 2020, art. 5-4°)* « Les moyens de communication utilisés par les membres de la formation de jugement garantissent le secret du délibéré. »

Les dispositions issues de l'Ord. n° 2020-595 du 20 mai 2020 entrent en vigueur immédiatement. Elles sont applicables aux instances en cours à cette date et dans les îles Wallis-et-Futuna (Ord. préc., art. 16).

En mettant en œuvre l'habilitation résultant du *c)* du 2° du I de l'art. 11 de la L. n° 2020-290 du 23 mars 2020 et en permettant, sous les conditions prévues, le recours dérogatoire à des moyens de communication à distance pendant la période prévue à l'art. 1er de l'Ord., dans le but de permettre une continuité d'activité des juridictions de l'ordre judiciaire statuant en matière non pénale, l'art. 7 de l'Ord. contestée n'a pas porté d'atteinte grave et manifestement illégale aux libertés fondamentales invoquées par les requérants, alors que les exigences de la lutte contre l'épidémie de covid-19 imposent de faire échec à la propagation du virus et de limiter, autant que faire se peut, les contacts entre les personnes et que la présence personnelle de l'avocat auprès du justiciable est simplement aménagée par l'ordonnance de manière à être compatible avec les impératifs de distanciation sociale et de limitation de la contamination. • CE 10 avr. 2020, ♎ nos 439883, 439892 : *cité note ss. art. 4 de la présente ordonnance.*

Art. 8 **Lorsque la représentation est obligatoire ou que les parties sont assistées ou représentées par un avocat, le juge ou le président de la formation de jugement** *(Ord. n° 2020-595 du 20 mai 2020, art. 6-1°)* **« peut, à tout moment de la procédure, décider qu'elle se déroule » selon la procédure sans audience. Il en informe les parties par tout moyen.**

A l'exception des procédures en référé, des procédures accélérées au fond et des procédures dans lesquelles le juge doit statuer dans un délai déterminé, les parties disposent d'un délai de quinze jours pour s'opposer à la procédure sans audience. A défaut d'opposition, la procédure est exclusivement écrite. La communication entre les parties est faite par notification entre avocats. Il en est justifié dans les délais impartis par le juge.

(Ord. n° 2020-595 du 20 mai 2020, art. 6-2°) **« En matière de soins psychiatriques sans consentement, la personne hospitalisée peut à tout moment demander à être entendue par le juge des libertés et de la détention. Cette audition peut être réalisée par tout moyen permettant de s'assurer de son identité et garantissant la qualité de la transmission et la confidentialité des échanges.**

« Le présent article s'applique aux affaires dans lesquelles la mise en délibéré de l'affaire est annoncée pendant la période mentionnée à l'article 1er. »

Les dispositions issues de l'Ord. n° 2020-595 du 20 mai 2020 entrent en vigueur immédiatement. Elles sont applicables aux instances en cours à cette date et dans les îles Wallis-et-Futuna (Ord. préc., art. 16).

1. Constitutionnalité. Droits de la défense et droit à un procès équitable. Les dispositions de l'art. 8 qui permettent d'imposer une procédure juridictionnelle sans audience aux parties à certaines instances civiles répondant à une condition d'urgence. Si elles relèvent du domaine de la procédure civile, ces dispositions mettent également en cause des règles concernant les garanties fondamentales accordées aux citoyens pour l'exercice des libertés publiques, qui relèvent de la loi en vertu de l'art. 34 Constit.

L'organisation d'une audience devant ces juridictions est une garantie légale des exigences constitutionnelles des droits de la défense et du droit à un procès équitable.

Or, les dispositions de l'art. 8 visent à favoriser le maintien de l'activité des juridictions civiles, sociales et commerciales malgré les mesures d'urgence sanitaire prises pour lutter contre la propagation de l'épidémie de covid-19. Ces dispositions poursuivent ainsi l'objectif de valeur constitutionnelle de protection de la santé et contribuent à la mise en œuvre du principe constitutionnel de continuité du fonctionnement de la justice.

En deuxième lieu, la procédure sans audience ne s'applique qu'aux affaires pour lesquelles la mise en délibéré a été annoncée durant l'état d'urgence sanitaire déclaré par la L. du 23 mars 2020 ou pendant le mois suivant sa cessation.

En troisième lieu, les dispositions contestées visent à éviter que l'opposition d'une partie à l'absence de tenue d'une audience conduise au report du jugement de l'affaire à une date éloignée, dans l'attente de meilleures conditions sanitaires. Ces dispositions permettent donc aux juridictions de statuer dans des délais compatibles avec la célérité qu'exigent les procédures d'urgence en cause.

En dernier lieu, d'une part, les dispositions contestées ne sont applicables que lorsque les parties doivent être représentées par un avocat ou lorsqu'elles ont choisi d'être représentées ou assistées par un avocat. Cette condition garantit ainsi aux justiciables la possibilité de défendre utilement leur cause dans le cadre d'une procédure écrite. D'autre part, l'art. 8 de l'Ord. du 25 mars 2020, qui prévoit que la communication entre les parties « est faite par notification entre avocats » et qu'il « en est justifié dans les délais impartis par le juge », impose de respecter une procédure écrite contradictoire. Enfin, les dispositions contestées se bornent à offrir une faculté au juge, à qui il appartient, en fonction des circonstances propres à chaque espèce, de s'assurer qu'une audience n'est pas nécessaire pour garantir le caractère équitable de la procédure et les droits de la défense.

Il en résulte que, compte tenu du contexte sanitaire particulier résultant de l'épidémie de covid-19 durant la période d'application des dispositions contestées, celles-ci ne privent pas de garanties légales les exigences constitutionnelles des droits de la défense et du droit à un procès équitable. • Cons. const. 19 nov. 2020, n° 2020-866 : *D. 2020. 2297 ; ibid. 2021. 499, obs. Douchy-Oudot*.

2. … Égalité devant la justice. Les dispositions de l'art. 8 n'instituent pas de différence de traitement entre les parties à une même procédure, le demandeur et le défendeur étant tous deux placés dans l'impossibilité de décider de la procédure sans audience ou de s'y opposer. D'autre part, loin de conférer un pouvoir discrétionnaire au juge pour décider de la tenue ou non d'une audience, ces dispositions ne lui permettent de recourir à la procédure sans audience que dans les conditions précitées, c'est-à-dire dans les instances civiles urgentes dans lesquelles le caractère équitable de la procédure et le respect des droits de la défense peuvent être assurés par des échanges exclusivement écrits entre les avocats. Le grief tiré de la méconnaissance du principe d'égalité devant la justice doit donc être écarté. • Cons. const. 19 nov. 2020, n° 2020-866 : *préc. note 1*.

3. Légalité. Ainsi que l'explicite le rapport au Président de la République de l'ordonnance, les règles de la procédure civile ont été adaptées pour permettre autant que possible le maintien de l'activité des juridictions civiles, sociales et commerciales malgré les mesures d'urgence sanitaire prises pour ralentir la propagation du virus covid-19. L'art. 8 de l'Ord. met en œuvre l'habilitation résultant du *c)* du 2° du I de l'art. 11 de la L. n° 2020-290 du 23 mars 2020 en permettant, dans les procédures où un avocat est présent, le recours dérogatoire à une procédure écrite sans audience, dont les parties sont préalablement avisées et auquel elles sont en mesure de s'opposer sauf en cas de référé, de procédure accélérée au fond ou lorsque le juge doit statuer dans un délai imparti, et dont le caractère contradictoire est assuré, pendant la période prévue à l'art. 1er de l'ordonnance. L'art. 8 de l'Ord. n'a ce faisant pas porté d'atteinte grave et manifestement illégale aux libertés fondamentales invoquées par les requérants, alors que, ainsi qu'il a été dit, les exigences de la lutte contre l'épidémie de covid-19 imposent de faire échec à la propagation du virus et de limiter, autant que faire se peut, les contacts entre les personnes, et que cette disposition vise à faciliter une continuité de l'activité des juridictions de l'ordre judiciaire statuant en matière non pénale dans le respect des consignes de distanciation sociale. • CE 10 avr. 2020, nos 439883, 439892 : *cité note ss. art. 4 de la présente ordonnance*.

4. Champ d'application. La L. n° 2020-546 du 11 mai 2020 prorogeant l'état d'urgence sanitaire jusqu'au 10 juill. 2020, l'art. 8 de l'Ord. du 25 mars 2020, mod. par l'Ord. du 20 mai 2020, est applicable entre le 12 mars 2020 et le 10 août 2020. Un arrêt ayant relevé que les parties avaient expressément accepté le recours à la procédure sans audience en application de l'art. 8 et déposé leur dossier, n'est dès lors pas recevable un moyen tendant à critiquer devant la Cour de cassation la mise en œuvre par la cour d'appel de l'art. 8. • Civ. 2e, 2 déc. 2021, n° 20-18.732 P : *D. actu. 6 janv. 2022, note Laffly ; D. 2021. 2239 ; ibid. 2022. 633, obs. Fricero*.

5. Soins psychiatriques sans consentement. Assistance ou représentation par avocat nécessaire. En matière de soins psychiatriques sans consentement, la représentation n'est obligatoire que pour le patient, de sorte que le premier président ne peut recourir à la procédure sans audience, prévue à l'art. 8 de l'Ord. n° 2020-304 du 25 mars 2020, que si toutes les parties ont choisi d'être assistées ou représentées par un avocat. • Civ. 1re, 1er déc. 2021, n° 20-17.067 P.

6. Information des parties. En application de l'art. 8 de l'Ord. n° 2020-304 du 25 mars 2020, modifiée par l'Ord. n° 2020-595 du 20 mai 2020, l'information par tout moyen de ce que le juge envisage de statuer sans audience peut être communiquée aux avocats des parties, notamment par messages via le Réseau privé virtuel des avocats (RPVA) ou, à défaut, par courriels à leur adresse professionnelle, ou, à défaut encore, par tout autre mode assurant l'effectivité de cette transmission. Prive, dès lors, de base légale sa décision la cour d'appel qui ne recherche pas si l'information, qui avait consisté en une note transmise au bâtonnier de l'ordre des avocats par un magistrat chargé de la coordination du pôle civil de la cour d'appel, avait été portée à la connaissance des parties. • Civ. 2e, 16 déc. 2021, n° 20-20.443 P.

7. Mentions du jugement. A peine de nullité, le jugement doit mentionner la décision du juge ou du président de la formation de statuer sans audience prise en application de l'art. 8 de l'Ord. n° 2020-304 du 25 mars 2020 modifiée par l'Ord. n° 2020-595 du 20 mai 2020, les modalités de l'information aux parties ainsi que l'absence d'opposition de celles-ci. Néanmoins, aux termes de l'art. 459 C. pr. civ., l'omission ou l'inexactitude d'une mention destinée à établir la régularité du jugement ne peut entraîner la nullité de celui-ci s'il est établi par les pièces de la procédure, par le registre d'audience ou par tout autre moyen que les prescriptions légales ont été, en fait, observées. N'est donc pas entaché de nullité l'arrêt qui ne mentionne pas les modalités de l'information aux parties et l'absence d'opposition de celles-ci à la procédure sans audience, lorsqu'il ressort des productions que l'avocat a été informé et ne s'est pas opposé à la décision du juge. • Civ. 2e, 16 déc. 2021, n° 20-18.797 P • 16 déc. 2021, n° 20-18.798 P : *D. actu. 25 janv. 2022, note Hoffschir ; D. 2022. 21*.

8. Recours. Lorsqu'en application de l'art. 8 de l'Ord. n° 2020-304 du 25 mars 2020, modifiée par l'Ord. n° 2020-595 du 20 mai 2020, le juge prend la décision de statuer sans audience, le droit de s'opposer à cette décision appartient à toute partie. Il en résulte qu'un intimé, dont les conclusions ont été déclarées irrecevables en application de l'art. 909, n'est pas privé de ce droit. • Civ. 2e, 16 déc. 2021, n° 20-18.237 P : *D. actu, 14 janv. 2022, note Hoffschir ; D. 2022. 21*. ♦ L'absence d'opposition des parties à la procédure sans audience doit être recueillie pour toutes les procédures, à l'exception de celles limitativement énumérées à l'art. 8 de l'Ord. n° 2020-304 du 25 mars 2020 mod. par l'Ord. n° 2020-595 du 20 mai 2020. Encourt, dès lors, la cassation, l'arrêt qui n'a pas recueilli l'absence d'opposition des parties à la mise en œuvre de la procédure sans audience dans une procédure à bref délai régie par l'art. 905, cette procédure n'entrant dans aucune des catégories de dérogations énumérées à l'art. 8 de l'Ord. du 25 mars 2020. • Civ. 2e, 24 mars 2022, n° 20-21.289 P : *D. actu. 14 avr. 2022, note Hoffschir.*

Art. 9 **En cas d'assignation en référé, la juridiction statuant en référé peut rejeter la demande avant l'audience, par ordonnance non contradictoire, si la demande est irrecevable ou s'il n'y a pas lieu à référé.**

La possibilité donnée à la juridiction de référé, par l'art. 9, de rejeter par ordonnance non contradictoire une demande irrecevable ou qui n'est pas de celles qui peuvent être tranchées en référé est, ainsi que l'explicite le rapport au Président de la République de l'ordonnance, destinée à permettre d'éviter l'engorgement des audiences de référé qui sont par ailleurs maintenues. Ainsi que précise la Circ. CIV/02/20 du 26 mars 2020, l'usage de cette faculté concerne les demandes qui apparaissent avec évidence irrecevables ou ne remplissant pas les conditions du référé. Les ordonnances ainsi prises, qui ne peuvent préjudicier aux défenseurs et qui doivent être motivées, sont par ailleurs susceptibles de recours selon les voies ordinaires de recours. L'art. 9 de l'Ord. contestée n'a pas, en prenant une telle mesure qui adapte les modalités d'organisation du contradictoire en première instance dans le but de permettre une continuité d'activité des juridictions de l'ordre judiciaire statuant en matière non pénale sans engorger les audiences de référé, porté d'atteinte manifestement illégale à une liberté fondamentale. • CE 10 avr. 2020, nos 439883, 439892 : *cité note ss. art. 4 de la présente ordonnance.*

Art. 10 **Sans préjudice des dispositions relatives à leur notification, les décisions** *(Ord. n° 2020-595 du 20 mai 2020, art. 7-1°-a)* **« peuvent être » portées à la connaissance des parties** *(Ord. n° 2020-595 du 20 mai 2020, art. 7-1°-b)* **« ou des personnes intéressées » par tout moyen.**

(Ord. n° 2020-595 du 20 mai 2020, art. 7-2°) **« Les convocations et les notifications qui sont à la charge du greffe sont adressées par lettre simple lorsqu'une lettre recommandée avec demande d'avis de réception est prévue. »**

Les dispositions issues de l'Ord. n° 2020-595 du 20 mai 2020 entrent en vigueur immédiatement. Elles sont applicables aux instances en cours à cette date et dans les îles Wallis-et-Futuna (Ord. préc., art. 16).

Art. 11 **Toute prestation de serment devant une juridiction peut être présentée par écrit. Elle comprend la mention manuscrite des termes de la prestation. Cet écrit est déposé auprès de la juridiction compétente qui en accuse réception.**

CHAPITRE Ier *BIS* ***Dispositions relatives à certains contentieux***

(Ord. n° 2020-595 du 20 mai 2020, art. 8)

Les dispositions issues de l'Ord. n° 2020-595 du 20 mai 2020 entrent en vigueur immédiatement. Elles sont applicables aux instances en cours à cette date et dans les îles Wallis-et-Futuna (Ord. préc., art. 16).

Art. 11-1 **Par dérogation aux articles 1222 à 1223-1 du code de procédure civile, le dossier d'un majeur protégé peut être communiqué par tous moyens aux mandataires judiciaires à la protection juridique des majeurs, à l'exception du certificat médical qui ne peut être consulté que suivant les règles énoncées aux articles précités.**

Art. 11-2 **La durée des mesures de droit de visite et de remise d'enfant fixées en espace de rencontre par décision du juge aux affaires familiales est réputée avoir été suspendue à compter de la fermeture de l'espace de rencontre et jusqu'à la reprise effective de la mesure par ce service.**

Art. 11-3 Lorsque, trois mois après la saisine du conseil de prud'hommes, l'audience du bureau de conciliation et d'orientation n'a pas eu lieu ou le procès-verbal prévu à l'article R. 1454-10 du code du travail n'a pas été établi et la décision sur le fondement de l'article R. 1454-14 du même code n'a pas été prise, l'affaire est, en l'absence d'opposition du demandeur, renvoyée devant le bureau de jugement approprié au règlement de l'affaire à une date que le greffe indique aux parties par tout moyen.

CHAPITRE Ier *TER* *Dispositions relatives au service d'accueil unique du justiciable*

(Ord. nº 2020-595 du 20 mai 2020, art. 8)

Les dispositions issues de l'Ord. nº 2020-595 du 20 mai 2020 entrent en vigueur immédiatement. Elles sont applicables aux instances en cours à cette date et dans les îles Wallis-et-Futuna (Ord. préc., art. 16).

Art. 11-4 Les agents de service de greffe affectés dans un service d'accueil unique du justiciable peuvent assurer la réception par voie électronique et la transmission par voie électronique :

1º De tous les actes en matière civile, lorsque la représentation n'est pas obligatoire ;

2º En matière prud'homale :

a) Des requêtes ;

b) Des demandes de délivrance de copie certifiée conforme, d'un extrait et d'une copie certifiée conforme revêtue de la formule exécutoire ;

3º Des demandes d'aide juridictionnelle dans les conditions prévues aux articles 26 et 132-9 du décret du 19 décembre 1991 susvisé.

Dans le cas où il a été reçu par voie électronique, le document original établi sur support papier doit être produit par son auteur avant qu'il ne soit statué sur sa demande.

CHAPITRE II *Prorogation de mesures particulières*

Art. 12 Les mesures de protection juridique des majeurs et les mesures de protection prises en application des articles 515-9 à 515-13 du code civil dont le terme vient à échéance au cours de la période définie à l'article 1er sont prorogées de plein droit jusqu'à l'expiration d'un délai de deux mois suivant la fin de cette période, à moins qu'il n'y ait été mis fin ou que leur terme ait été modifié par le juge compétent avant l'expiration de ce délai.

CHAPITRE III *Dispositions particulières aux juridictions pour enfants et relatives à l'assistance éducative*

BIBL. ▸ CHAMPIGNY, *D. actu. 1er avr. 2020* (premières réflexions sur l'audience d'assistance éducative en période d'état d'urgence sanitaire).

Art. 13 Lorsque le délai prévu pour la mise en œuvre d'une mesure d'assistance éducative expire au cours de la période mentionnée définie à l'article 1er, le juge peut, sans audition des parties et par décision motivée, dire qu'il n'y a plus lieu à assistance éducative s'il estime à la lecture du rapport éducatif remis par le service en charge de la mesure que les conditions de l'article 375 du code civil ne sont plus réunies.

Il peut, dans les mêmes conditions, s'il estime que les conditions de l'article 375-9-1 du même code ne sont plus réunies, lever la mesure judiciaire d'aide à la gestion du budget familial.

A défaut de mise en œuvre des dispositions des deux alinéas précédents, les mesures d'assistance éducative *(Ord. nº 2020-595 du 20 mai 2020, art. 9-1º)* « en milieu ouvert et les mesures judiciaires d'aide à la gestion du budget » dont le terme vient à échéance au cours de la période définie à l'article 1er sont prorogées de plein droit jusqu'à l'expiration d'un délai d'un mois suivant la fin de cette période. *(Ord. nº 2020-595 du 20 mai 2020, art. 9-2º)* « Toutefois, les mesures d'assistance éducative et les mesures judiciaires d'aide à la gestion du budget arrivées à échéance avant le 1er juin 2020 sont prorogées de plein droit jusqu'au 1er *août 2020 inclus.* »

Les dispositions issues de l'Ord. nº 2020-595 du 20 mai 2020 entrent en vigueur immédiatement. Elles sont applicables aux instances en cours à cette date et dans les îles Wallis-et-Futuna (Ord. préc., art. 16).

Légalité. Les art. 13, 19 et 21 de l'Ord. mettent en œuvre l'habilitation prévue par le *c)* du 2º du I de l'art. 11 de la L. nº 2020-290 du 23 mars 2020 en permettant aux juridictions pour enfants de proroger, renouveler et prononcer des mesures d'assistance éducative pour une durée limitée, assorties le cas échéant d'une interdiction de sortie du territoire, par décision motivée et sans audition des parties, mais au terme d'une procédure contradictoire, et également de suspendre ou de modifier le droit de visite et d'hébergement dans les mêmes conditions. Ces dispositions, justifiées par l'intérêt qui s'attache à la continuité du suivi éducatif des mineurs concernés et qui, contrairement à ce qui est soutenu, ne font pas obstacle à ce que le mineur capable de discernement puisse préalablement exprimer son avis, n'ont pas porté d'atteinte manifestement illégale à une liberté fondamentale en permettant au juge de décider de telles mesures sans audition des intéressés et en réservant les audiences maintenues aux mesures les plus graves et aux situations urgentes, eu égard aux circonstances résultant de l'épidémie de covid-19 et des mesures prises pour lutter contre la propagation du virus. • CE 10 avr. 2020, nos 439883, 439892 : *cité note ss. art. 4 de la présente ordonnance.*

Art. 14 **Lorsque le délai prévu pour la mise en œuvre des mesures prononcées en application des articles 375-2** *(Abrogé par Ord. n° 2020-595 du 20 mai 2020, art. 10-1°-a)* **«,** ***375-3*** **» et 375-9-1 du code civil expire au cours de la période mentionnée à l'article 1er, le juge peut, sur proposition du service chargé de la mesure, renouveler la mesure, par décision motivée et sans audition des parties, pour une durée qui** *(Ord. n° 2020-595 du 20 mai 2020, art. 10-1°-b)* **« ne peut excéder un an. »**

(Abrogé par Ord. n° 2020-595 du 20 mai 2020, art. 10-2°) ***« 1° Neuf mois, s'agissant des mesures prononcées en application de l'article 375-3 du même code ;***

« 2° Un an, s'agissant des mesures prononcées en application des articles 375-2 et 375-9-1 du même code. »

Le renouvellement est subordonné à l'accord écrit d'un parent au moins et à l'absence d'opposition écrite de l'autre parent à la date de l'échéance initiale de la mesure ou à celle à laquelle il est statué sur le renouvellement. *(Ord. n° 2020-595 du 20 mai 2020, art. 10-3° et 4°)* **« Le service en charge de la mesure transmet au juge l'avis du mineur capable de discernement sur le renouvellement envisagé lorsque ce dernier en fait la demande.**

« Une mesure ne peut être renouvelée dans ces conditions qu'une seule fois. »

Les dispositions issues de l'Ord. n° 2020-595 du 20 mai 2020 entrent en vigueur immédiatement. Elles sont applicables aux instances en cours à cette date et dans les îles Wallis-et-Futuna (Ord. préc., art. 16).

Art. 15 **Lorsqu'une interdiction de sortie du territoire a été prononcée en même temps que la mesure éducative qui a été renouvelée en application de l'article 14, le juge peut renouveler cette interdiction, dans les mêmes conditions et pour la même durée que la mesure éducative qui l'accompagne.**

Lorsqu'une interdiction de sortie du territoire a été prononcée en même temps qu'une des mesures prévues à l'article 1183 du code de procédure civile et qu'elle expire au cours de la période mentionnée au I de l'article 1er, le juge peut en reporter l'échéance pour une durée qui ne peut excéder deux mois après la fin de cette période.

Art. 16 **Les délais de quinze jours prévus aux deuxième et troisième alinéas de l'article 1184 du code de procédure civile sont portés à un mois.**

Art. 17 **Lorsqu'il expire au cours de la période définie à l'article 1er, le délai de six mois prévu au premier alinéa de l'article 1185 du code de procédure civile est suspendu pendant une durée qui ne peut excéder deux mois après la fin de cette période.**

Art. 18 **Saisi dans les conditions prévues par l'article 375 du code civil au cours de la période définie à l'article 1er, le juge peut, sans audition des parties et par décision motivée :**

1° Dire n'y avoir lieu à assistance éducative ;

2° Ordonner une mesure judiciaire d'investigation éducative ou toute autre mesure d'information prévue à l'article 1183 du code de procédure civile ;

3° Ordonner la mesure prévue par l'article 375-2 du code civil pour une durée qui ne peut excéder six mois.

Il en informe les parents, le tuteur, la personne ou le service à qui l'enfant a été confié, en même temps qu'il délivre l'avis d'ouverture prévu au quatrième alinéa de l'article 1182 du code de procédure civile.

Art. 19 *(Abrogé par Ord. n° 2020-595 du 20 mai 2020, art. 11)* ***Si l'intérêt de l'enfant l'exige, le juge peut suspendre ou modifier le droit de visite et d'hébergement, par ordonnance motivée et sans audition des parties, pour une durée ne pouvant excéder la date de cessation de l'état d'urgence sanitaire mentionné à l'article 1er.***

Le service ou la personne à qui l'enfant est confié maintient les liens entre l'enfant et sa famille par tout moyen, y compris par un moyen de communication audiovisuelle.

Les dispositions issues de l'Ord. n° 2020-595 du 20 mai 2020 entrent en vigueur immédiatement. Elles sont applicables aux instances en cours à cette date et dans les îles Wallis-et-Futuna (Ord. préc., art. 16).

V. note ss. art. 13 de la présente Ord.

Art. 20 Le juge des enfants peut décider de tenir les audiences civiles en ayant recours à un moyen de communication audiovisuelle permettant de s'assurer de l'identité des parties et garantissant la qualité de la transmission et la confidentialité des échanges entre les parties et leurs avocats. Le juge s'assure du bon déroulement des échanges entre les parties. Le greffe dresse le procès-verbal des opérations effectuées.

Art. 21 Au cours de la période définie à l'article 1er, les convocations et notifications peuvent être faites par courrier simple, par voie électronique ou être remises aux parents contre émargement par les services éducatifs.

(Abrogé par Ord. n° 2020-595 du 20 mai 2020, art. 12) « ***Durant la même période, les décisions suspendant ou modifiant des droits de visite et d'hébergement dans le but d'assurer le respect de mesures de confinement peuvent être rendues sans contreseing du greffier et notifiées par voie électronique à la personne ou au service à qui l'enfant a été confié.*** »

Les dispositions issues de l'Ord. n° 2020-595 du 20 mai 2020 entrent en vigueur immédiatement. Elles sont applicables aux instances en cours à cette date et dans les îles Wallis-et-Futuna (Ord. préc., art. 16).

Légalité. Renvoi. V. note ss. art. 13 de la présente Ord.

....

TITRE III Dispositions transitoires et d'application Outre-mer

Art. 23 La présente ordonnance est applicable dans les îles Wallis-et-Futuna *(Ord. n° 2020-460 du 22 avr. 2020, art. 1er-3°)* « dans sa rédaction résultant de » *(L. n° 2022-46 du 22 janv. 2022, art. 9-5°)* « n° 2022-46 du 22 janvier 2022 renforçant les outils de gestion de la crise sanitaire et modifiant le code de la santé publique ».

Art. 24 Le Premier ministre et la garde des sceaux, ministre de la justice, sont responsables, chacun en ce qui le concerne, de l'application de la présente ordonnance, qui sera publiée au *Journal officiel* de la République française.

Ordonnance n° 2020-306 du 25 mars 2020,

Relative à la prorogation des délais échus pendant la période d'urgence sanitaire et à l'adaptation des procédures pendant cette même période.

BIBL. ► AUCHÉ et DE ANDRADE, *D. actu. 30 mars 2020* (coronavirus : impact sur les délais pour agir et les délais d'exécution forcée en matière civile). – F. KIEFFER, *D. actu, 31 mars 2020* (saisie immobilière et covid-19 : Ô temps suspends ton vol...). – NDLR, *D. 2020. 659*.

TITRE PREMIER Dispositions générales relatives à la prorogation des délais

Art. 1er I. – Les dispositions du présent titre sont applicables aux délais et mesures qui ont expiré ou qui expirent entre le 12 mars 2020 et *(Ord. n° 2020-560 du 13 mai 2020, art. 1er-1°-a)* « le 23 juin 2020 inclus ».

II. – Les dispositions du présent titre ne sont pas applicables :

1° Aux délais et mesures résultant de l'application de règles de droit pénal et de procédure pénale, ou concernant les élections régies par le code électoral et les consultations auxquelles ce code est rendu applicable ;

2° Aux délais concernant l'édiction et la mise en œuvre de mesures privatives de liberté ;

3° *à* 4° *quinquies Non reproduits* ;

5° Aux délais et mesures ayant fait l'objet d'autres adaptations particulières par la loi du 23 mars 2020 d'urgence pour faire face à l'épidémie de covid-19 ou en application de celle-ci ;

6° *à* 13° *Non reproduits.*

III. — Les dispositions du présent titre sont applicables aux mesures restrictives de liberté et aux autres mesures limitant un droit ou une liberté constitutionnellement garanti, sous réserve qu'elles n'entraînent pas une prorogation au-delà du 30 juin 2020.

L'art. 1er-1° de l'Ord. n° 2020-427 du 15 avr. 2020 n'est pas applicable en Nouvelle-Calédonie et en Polynésie française. Il est applicable dans les îles Wallis-et-Futuna (Ord. préc., art. 10-I).

Art. 2 Tout acte, recours, action en justice, formalité, inscription, déclaration, notification ou publication prescrit par la loi ou le règlement à peine de nullité, sanction, caducité, forclusion, prescription, inopposabilité, irrecevabilité, péremption, désistement d'office, application d'un régime particulier, non avenu ou déchéance d'un droit quelconque et qui aurait dû être accompli pendant la période mentionnée à l'article 1er sera réputé avoir été fait à temps s'il a été effectué dans un délai qui ne peut excéder, à compter de la fin de cette période, le délai légalement imparti pour agir, dans la limite de deux mois.

Il en est de même de tout paiement prescrit par la loi ou le règlement en vue de l'acquisition ou de la conservation d'un droit.

(Ord. n° 2020-427 du 15 avr. 2020, art. 2) « Le présent article n'est pas applicable aux délais de réflexion, de rétractation ou de renonciation prévus par la loi ou le règlement, ni aux délais prévus pour le remboursement de sommes d'argent en cas d'exercice de ces droits. »

(Ord. n° 2020-666 du 3 juin 2020, art. 2) « Lorsque les dispositions du présent article s'appliquent à un délai d'opposition ou de contestation, elles n'ont pas pour effet de reporter la date avant laquelle l'acte subordonné à l'expiration de ce délai ne peut être légalement accompli ou produire ses effets ou avant laquelle le paiement ne peut être libératoire. »

La modification opérée par l'art. 2 de l'Ord. n° 2020-427 du 15 avr. 2020 a un caractère interprétatif (Ord. préc., art. 2). L'art. 2 de l'Ord. n° 2020-427 du 15 avr. 2020 n'est pas applicable en Nouvelle-Calédonie et en Polynésie française. Il est applicable dans les îles Wallis-et-Futuna (Ord. préc., art. 10-I).

La modification opérée par l'art. 2 de l'Ord. n° 2020-666 du 3 juin 2020 a un caractère interprétatif (Ord. préc., art. 2).

Art. 3 Les mesures administratives ou juridictionnelles suivantes et dont le terme vient à échéance au cours de la période définie au I de l'article 1er sont prorogées de plein droit jusqu'à l'expiration d'un délai de *(Ord. n° 2020-560 du 13 mai 2020, art. 1er-2°)* « trois » mois suivant la fin de cette période :

1° Mesures conservatoires, d'enquête, d'instruction, de conciliation ou de médiation ;

2° Mesures d'interdiction ou de suspension qui n'ont pas été prononcées à titre de sanction ;

3° Autorisations, permis et agréments ;

4° *Non reproduit.*

(Ord. n° 2020-427 du 15 avr. 2020, art. 3) « Les dispositions du présent article ne font pas obstacle à l'exercice, par le juge ou l'autorité compétente, de ses compétences pour modifier ces mesures ou y mettre fin, ou, lorsque les intérêts dont il a la charge le justifient, pour prescrire leur application ou en ordonner de nouvelles en fixant un délai qu'il détermine. Dans tous les cas, le juge ou l'autorité compétente tient compte, dans la détermination des prescriptions ou des délais à respecter, des contraintes liées à l'état d'urgence sanitaire. »

L'art. 3 de l'Ord. n° 2020-427 du 15 avr. 2020 n'est pas applicable en Nouvelle-Calédonie et en Polynésie française. Il est applicable dans les îles Wallis-et-Futuna (Ord. préc., art. 10-I).

Art. 4 Les astreintes, les clauses pénales, les clauses résolutoires ainsi que les clauses prévoyant une déchéance, lorsqu'elles ont pour objet de sanctionner l'inexécution d'une obligation dans un délai déterminé, sont réputées n'avoir pas pris cours ou produit effet, si ce délai a expiré pendant la période définie au I de l'article 1er.

(Ord. n° 2020-427 du 15 avr. 2020, art. 4) « Si le débiteur n'a pas exécuté son obligation, la date à laquelle ces astreintes prennent cours et ces clauses produisent leurs effets est reportée d'une durée, calculée après la fin de cette période, égale au temps écoulé entre, d'une part, le 12 mars 2020 ou, si elle est plus tardive, la date à laquelle l'obligation est née et, d'autre part, la date à laquelle elle aurait dû être exécutée.

« La date à laquelle ces astreintes prennent cours et ces clauses prennent effet, lorsqu'elles ont pour objet de sanctionner l'inexécution d'une obligation, autre que de sommes d'argent, dans un délai déterminé expirant après la période définie au I de l'article 1er, est reportée d'une durée égale au temps écoulé entre, d'une part, le 12 mars 2020 ou, si elle est plus tardive, la date à laquelle l'obligation est née et, d'autre part, la fin de cette période. »

Le cours des astreintes et l'application des clauses pénales qui ont pris effet avant le 12 mars 2020 sont suspendus pendant la période définie au I de l'article 1er.

L'art. 4 de l'Ord. n° 2020-427 du 15 avr. 2020 n'est pas applicable en Nouvelle-Calédonie et en Polynésie française. Il est applicable dans les îles Wallis-et-Futuna (Ord. préc., art. 10-I).

....

TITRE III Dispositions diverses et finales

Art. 13 **Sous réserve des obligations résultant du droit international et du droit de l'Union européenne, les projets de texte réglementaire ayant directement pour objet de prévenir les conséquences de la propagation du covid-19 ou de répondre à des situations résultant de l'état d'urgence sanitaire sont dispensés de toute consultation préalable obligatoire prévue par une disposition législative ou réglementaire, à l'exception de celles du Conseil d'État et des autorités saisies pour avis conforme.**

Art. 14 **La présente ordonnance,** *(Ord. n° 2020-427 du 15 avr. 2020, art. 10-II-1°)* **« à l'exception de son article 10 », est applicable dans les îles Wallis-et-Futuna** *(Ord. n° 2020-560 du 13 mai 2020, art. 13-I)* **« dans sa rédaction résultant de l'ordonnance »** *(Ord. n° 2020-666 du 3 juin 2020, art. 3-I)* **« n° 2020-666 du 3 juin 2020 ».**

(Abrogé par Ord. n° 2020-427 du 15 avr. 2020, art. 10-II-2°) ***« Elle est applicable en Polynésie française, à l'exception de son article 2 en tant qu'il s'applique à des matières relevant de la compétence de la Polynésie française, des 2° à 4° de son article 3, de ses articles 4 et 5 en tant que leurs dispositions concernent la matière civile ou commerciale et de ses articles 10 et 12. Les articles 7, 8 et 9 ne sont applicables qu'en ce qui concerne les administrations de l'État et ses établissements publics. »***

(Ord. n° 2020-560 du 13 mai 2020, art. 13-I) **« La présente ordonnance, dans sa rédaction résultant de l'ordonnance** *(Ord. n° 2020-666 du 3 juin 2020, art. 3-I)* **« n° 2020-666 du 3 juin 2020 », » est applicable en Nouvelle-Calédonie** *(Ord. n° 2020-427 du 15 avr. 2020, art. 10-II-3°)* **« et en Polynésie française », à l'exception de ses articles 2 à 5 en tant qu'ils s'appliquent à des matières relevant de la compétence** *(Ord. n° 2020-427 du 15 avr. 2020, art. 10-II-3°)* **« de ces collectivités » et de ses articles 10 et 12. Les articles 7, 8 et 9 ne sont applicables qu'en ce qui concerne les administrations de l'État et ses établissements publics.**

L'art. 10 de l'Ord. n° 2020-427 du 15 avr. 2020 est pas applicable en Nouvelle-Calédonie, en Polynésie française et dans les îles Wallis-et-Futuna (Ord. préc., art. 10-I).

L'Ord. n° 2020-595 du 20 mai 2020 entre en vigueur immédiatement. Elle est applicable aux instances en cours à cette date et dans les îles Wallis-et-Futuna (Ord. préc., art. 16).

....

Circulaire JUSC22008609C du 26 mars 2020,

De présentation de l'ordonnance n° 2020-304 du 25 mars 2020, portant adaptation des règles applicables aux juridictions de l'ordre judiciaire statuant en matière non pénale et aux contrats de syndic de copropriété 🏛.

Circulaire JUSC22008608C du 26 mars 2020,

De présentation des dispositions du titre I de l'ordonnance n° 2020-306 du 25 mars 2020, relative à la prorogation des délais échus pendant la période d'urgence sanitaire et à l'adaptation des procédures pendant cette même période 🏛.

Circulaire JUSC2009856C du 17 avril 2020,

De présentation des dispositions du titre I de l'ordonnance n° 2020-427 du 15 avril 2020 portant diverses dispositions en matière de délais pour faire face à l'épidémie de Covid-19 🏛.

Circulaire JUSB2011049C du 5 mai 2020,

Coronavirus COVID-19 - Conditions et modalités de la repose progressive d'activité au sein des juridictions judiciaires à compter du 11 mai 2020 🏛.

Ordonnance n° 2020-1400 du 18 novembre 2020,

Portant adaptation des règles applicables aux juridictions de l'ordre judiciaire statuant en matière non pénale et aux copropriétés.

TITRE PREMIER **Dispositions applicables aux juridictions de l'ordre judiciaire statuant en matière non pénale**

Art. 1er Les dispositions du présent titre sont applicables aux juridictions de l'ordre judiciaire statuant en matière non pénale jusqu'à l'expiration d'un délai d'un mois après la cessation de l'état d'urgence sanitaire déclaré par le décret *[n° 2020-1257]* du 14 octobre 2020 *[...]*, et prorogé dans les conditions prévues par l'article L. 3131-13 du code de la santé publique *(L. n° 2021-689 du 31 mai 2021, art. 8-II-1°)* « , à l'exception des articles 3, 5 et 7 de la présente ordonnance, qui sont applicables jusqu'au 30 septembre 2021 ».

Elles s'appliquent aux instances en cours le lendemain du jour de la publication de la présente ordonnance.

Art. 2 Lorsqu'une juridiction du premier degré est dans l'incapacité totale ou partielle de fonctionner, le premier président de la cour d'appel désigne par ordonnance, après avis du procureur général près cette cour, des chefs de juridiction et des directeurs de greffe des juridictions concernées, une autre juridiction de même nature et du ressort de la même cour pour connaître de tout ou partie de l'activité relevant de la compétence de la juridiction empêchée.

L'ordonnance détermine les activités faisant l'objet du transfert de compétences et la date à laquelle ce transfert intervient. Elle est prise pour une durée ne pouvant excéder la période mentionnée à l'article 1er. Elle fait l'objet d'une publication dans deux journaux diffusés dans le ressort de la cour et de toute autre mesure de publicité dans tout lieu jugé utile. Elle est adressée aux bâtonniers des ordres des avocats des ressorts concernés et au Conseil national des barreaux pour diffusion.

La juridiction désignée est compétente pour les affaires en cours à la date d'entrée en vigueur de l'ordonnance de désignation.

Art. 3 I. — Les chefs de juridiction définissent les conditions d'accès à la juridiction, aux salles d'audience et aux services qui accueillent du public permettant d'assurer le respect des règles sanitaires en vigueur.

Ces conditions sont portées à la connaissance du public notamment par voie d'affichage.

II. — Le juge ou le président de la formation de jugement peut décider, avant l'ouverture de l'audience, que les débats se dérouleront en publicité restreinte ou, en cas d'impossibilité de garantir les conditions nécessaires à la protection de la santé des personnes présentes à l'audience, en chambre du conseil. Selon les modalités déterminées par le juge ou le président de la formation de jugement pour permettre le respect des règles sanitaires en vigueur, les journalistes peuvent assister à l'audience, y compris lorsqu'elle se tient en chambre du conseil en application des dispositions du présent article.

Art. 4 La juridiction peut, sur décision de son président, statuer à juge unique en première instance et en appel dans toutes les affaires qui lui sont soumises. Le juge désigné est un magistrat du siège qui n'est ni magistrat honoraire ni magistrat à titre temporaire.

Le président du conseil de prud'hommes, après avis du vice-président, peut décider que le conseil statue en formation restreinte comprenant un conseiller employeur et un conseiller salarié. En cas de partage des voix, l'affaire est renvoyée devant un juge du tribunal judiciaire dans le ressort duquel est situé le siège du conseil de prud'hommes. Il statue après avoir recueilli par tout moyen l'avis des conseillers présents lors de l'audience de renvoi en départage. Si, au terme de la période mentionnée à l'article 1er, le juge n'a pas tenu l'audience de départage, l'affaire est renvoyée à la formation restreinte présidée par ce juge.

Le présent article s'applique aux affaires dans lesquelles l'audience de plaidoirie ou la mise en *délibéré* de l'affaire dans le cadre de la procédure sans audience a lieu pendant la période mentionnée à l'article 1er.

Art. 5 Le juge, le président de la formation de jugement ou le juge des libertés et de la détention peut, par une décision non susceptible de recours, décider que l'audience ou l'audition se tiendra en utilisant un moyen de télécommunication audiovisuelle permettant de s'assurer de l'identité des personnes y participant et garantissant la qualité de la transmission et la confidentialité des échanges entre les parties et leurs avocats.

En cas d'impossibilité technique ou matérielle de recourir à un tel moyen, le juge peut, par décision insusceptible de recours, décider d'entendre les parties et leurs avocats, ou la personne à auditionner, par tout moyen de communication électronique, y compris téléphonique, permettant de s'assurer de leur identité et de garantir la qualité de la transmission et la confidentialité des échanges.

Dans les cas prévus au présent article, les membres de la formation de jugement, le greffier, les parties, les personnes qui les assistent ou les représentent en vertu d'une habilitation légale ou d'un mandat, les techniciens et auxiliaires de justice ainsi que les personnes convoquées à l'audience ou à l'audition peuvent se trouver en des lieux distincts. Le juge organise et conduit la procédure. Il s'assure du bon déroulement des échanges entre les parties et veille au respect des droits de la défense et au caractère contradictoire des débats. Le greffe dresse le procès-verbal des opérations effectuées.

Les moyens de communication utilisés par les membres de la formation de jugement garantissent le secret du délibéré.

Art. 6 Lorsque la représentation est obligatoire ou que les parties sont assistées ou représentées par un avocat, le juge ou le président de la formation de jugement peut, à tout moment de la procédure, décider que la procédure se déroule selon la procédure sans audience. Il en informe les parties par tout moyen.

Les parties disposent d'un délai de quinze jours pour s'opposer à la procédure sans audience. En cas d'urgence, le juge ou le président de la formation de jugement peut réduire ce délai. A défaut d'opposition, la procédure est exclusivement écrite. La communication entre les parties est faite par notification entre avocats. Il en est justifié dans les délais impartis par le juge.

Toutefois, le juge ou le président de la formation de jugement peut décider de tenir une audience s'il estime qu'il n'est pas possible de rendre une décision au regard des preuves écrites ou si l'une des parties en fait la demande.

En matière de soins psychiatriques sans consentement, la personne hospitalisée peut à tout moment demander à être entendue par le juge des libertés et de la détention. Cette audition peut être réalisée par tout moyen permettant de s'assurer de son identité et garantissant la qualité de la transmission et la confidentialité des échanges.

Le présent article s'applique aux affaires dans lesquelles la mise en délibéré de l'affaire est annoncée pendant la période mentionnée à l'article 1er.

Art. 7 Toute prestation de serment devant une juridiction peut être présentée par écrit. Elle comprend la mention manuscrite des termes de la prestation. Cet écrit est déposé auprès de la juridiction compétente qui en accuse réception.

....

TITRE III **Dispositions finales**

Art. 9 I. – La présente ordonnance est applicable dans les îles Wallis-et-Futuna *(L. n° 2021-689 du 31 mai 2021, art. 8-II-2°)* « , dans sa rédaction résultant de la loi n° 2021-689 du 31 mai 2021 relative à la gestion de la sortie de crise sanitaire ».

II. – *[...]*

Décret n° 2020-1405 du 18 novembre 2020,

Portant adaptation des règles applicables aux juridictions de l'ordre judiciaire statuant en matière non pénale.

SECTION I *Dispositions applicables aux juridictions de l'ordre judiciaire statuant en matière non pénale*

Art. 1er Les dispositions de la présente section sont applicables aux juridictions de l'ordre judiciaire statuant en matière non pénale jusqu'à l'expiration d'un délai d'un mois après la cessation de l'état d'urgence sanitaire déclaré par le décret *[n° 2020-1257]* du 14 octobre 2020 *[...]*, et prorogé dans les conditions prévues par l'article L. 3131-13 du code de la santé publique.

Elles s'appliquent aux instances en cours le lendemain de la publication du présent décret.

Art. 2 Lorsqu'une audience ou une audition est supprimée, si les parties sont assistées ou représentées par un avocat ou lorsqu'elles ont consenti à la réception des actes sur le "Portail du justiciable" du ministère de la justice conformément à l'article 748-8 du code de procédure civile et activé leur profil sur ce portail, le greffe avise les parties du renvoi de l'affaire ou de l'audition par tout moyen, notamment électronique.

Dans les autres cas, il les en avise par tout moyen, notamment par lettre simple. Si le défendeur ne comparaît pas à l'audience à laquelle l'affaire est renvoyée et n'a pas été cité à personne, la décision est rendue par défaut.

Art. 3 En procédure écrite ordinaire devant le tribunal judiciaire et en procédure avec représentation obligatoire devant la cour d'appel, le juge de la mise en état ou le magistrat chargé du rapport peut tenir seul l'audience pour entendre les plaidoiries. Il en informe les parties par tout moyen. Il rend compte au tribunal dans son délibéré.

Devant le tribunal de commerce, le président du tribunal peut, dans toutes les affaires, décider que l'audience sera tenue par l'un des membres de la formation de jugement. Le juge rend compte au tribunal dans son délibéré.

Art. 4 Les parties peuvent échanger leurs écritures et leurs pièces par tout moyen dès lors que le juge peut s'assurer du respect du contradictoire.

Art. 5 Les agents de service de greffe affectés dans un service d'accueil unique du justiciable peuvent assurer la réception par voie électronique et la transmission par voie électronique :

1° De tous les actes en matière civile, lorsque la représentation n'est pas obligatoire ;

2° En matière prud'homale :

a) Des requêtes ;

b) Des demandes de délivrance de copie certifiée conforme, d'un extrait et d'une copie certifiée conforme revêtue de la formule exécutoire ;

3° Des demandes d'aide juridictionnelle dans les conditions prévues aux articles *(Décr. n° 2020-1717 du 28 déc. 2020, art. 189, en vigueur le 1er janv. 2021)* « 32 et 37 » du *(Décr. n° 2020-1717 du 28 déc. 2020, art. 186, en vigueur le 1er janv. 2021)* « décret n° 2020-1717 du 28 décembre 2020 *[...]* ».

Dans le cas où il a été reçu par voie électronique, le document original établi sur support papier doit être produit par son auteur avant qu'il ne soit statué sur sa demande.

Art. 6 Par dérogation aux articles 1222 à 1223-1 du code de procédure civile, le dossier d'un majeur protégé peut être communiqué par tous moyens aux mandataires judiciaires à la protection juridique des majeurs, à l'exception du certificat médical qui ne peut être consulté que suivant les règles énoncées aux articles précités.

SECTION II *Dispositions diverses et finales*

Art. 7 I. – Les dispositions du présent article sont applicables dans les conditions prévues à l'article 1er.

II. – Par dérogation au deuxième alinéa de l'article R. 722-4 du code de commerce, chaque mandataire peut disposer de deux procurations afin de représenter les juges en exercice à l'assemblée générale.

III. – Par dérogation au troisième alinéa des articles R. 212-28 et R. 312-33 du code de l'organisation judiciaire, chaque mandataire peut disposer de cinq procurations afin de représenter les membres d'une assemblée générale.

Art. 8 Le présent décret est applicable dans les îles Wallis-et-Futuna au lendemain du jour de sa publication.

Circulaire JUSC2031844C du 20 novembre 2020,

De présentation de l'ordonnance n° 2020-1400 du 18 novembre 2020 portant adaptation des règles applicables aux juridictions de l'ordre judiciaire statuant en matière non pénale et aux copropriétés.

Circulaire JUSC2031874C du 20 novembre 2020,

De présentation du décret n° 2020-1405 du 18 novembre 2020 portant adaptation des règles applicables aux juridictions de l'ordre judiciaire statuant en matière non pénale.

TABLE DE CONCORDANCE

PARTIE LÉGISLATIVE DU CODE DES PROCÉDURES CIVILES D'EXÉCUTION

Textes d'origine	Articles du code
Nouvel article :	L. 121-1
	L. 161-3
	L. 241-1
	L. 321-1
	L. 322-2
	L. 611-1
	L. 612-1
	L. 612-2
	L. 612-4
	L. 621-1
	L. 621-2
	L. 621-3
	L. 622-1
	L. 622-2
	L. 622-3
	L. 631-1
	L. 631-2
	L. 631-3
	L. 631-4
	L. 631-5
	L. 631-6
	L. 641-1
	L. 641-4
	L. 641-5
	L. 641-6
	L. 641-7
	L. 641-8
	L. 651-1
Code civil :	
Art. 2190	L. 311-1
Art. 2191, al. 1er	L. 311-2
Art. 2191, al. 2 et 3	L. 311-4
Art. 2192	L. 311-5
Art. 2193	L. 311-6
Art. 2194	L. 321-3
Art. 2195	L. 311-7
Art. 2196	L. 321-6
Art. 2197	L. 311-8
Art. 2198	L. 321-2
Art. 2199	L. 321-4
Art. 2200	L. 321-5
Art. 2201, al. 1er	L. 322-1
Art. 2201, al. 2	L. 311-3
Art. 2202	L. 322-3
Art. 2203	L. 322-4
Art. 2204	L. 322-5
Art. 2205	L. 322-7
Art. 2206	L. 322-6
Art. 2207	L. 322-8
Art. 2208	L. 322-10
Art. 2209	L. 322-11
Art. 2210	L. 322-13
Art. 2211	L. 322-9
Art. 2212	L. 322-12
Art. 2213	L. 322-14
Art. 2214	L. 331-1
Art. 2215	L. 331-2
Art. 2216	L. 334-1
Art. 2533	L. 612-5
Code de la construction et de l'habitation :	
Art. L. 613-1	L. 412-3
Art. L. 613-2	L. 412-4
Art. L. 613-2-1	*Abrogé*
Art. L. 613-3	L. 412-6
Art. L. 613-4	L. 412-7
Art. L. 613-5	*Abrogé*
Art. L. 661-2	L. 621-4
Code du travail applicable à Mayotte :	
Art. L. 145-1	L. 612-3 (SA)
Art. L. 145-2	L. 612-3 (SA)
Art. L. 145-3	L. 612-3 (SA)
Art. L. 145-4	L. 612-3 (SA)
Art. L. 145-5	L. 612-3 (SA)
Art. L. 145-6	L. 612-3 (SA)
Code du travail :	
Art. L. 3252-1	L. 212-1 (SA)
Art. L. 3252-2	L. 212-1 (SA)
Art. L. 3252-3	L. 212-1 (SA)
Art. L. 3252-4	L. 212-1 (SA)
Art. L. 3252-5	L. 212-1 (SA)

Textes d'origine	Articles du code
Art. L. 3252-6	L. 212-1 (SA)
Art. L. 3252-7	L. 212-1 (SA)
Art. L. 3252-8	L. 212-1 (SA)
Art. L. 3252-9	L. 212-1 (SA)
Art. L. 3252-10	L. 212-1 (SA)
Art. L. 3252-11	L. 212-1 (SA)
Art. L. 3252-12	L. 212-1 (SA)
Art. L. 3252-13	L. 212-1 (SA)
Code local de procédure civile :	
Art. 794, ecqc TE	L. 111-5
Art. 795 a, ecqc TE	L. 111-5
Décret n° 92-755 du 31 juillet 1992 instituant de nouvelles règles relatives aux procédures civiles d'exécution pour l'application de la loi n° 91-650 du 9 juillet 1991 portant réforme des procédures civiles d'exécution :	
Art. 155, al. 1er	L. 222-2
Loi n° 67-523 du 3 juillet 1967 relative à la Cour de cassation :	
Art. 19	L. 111-11
Loi du 9 juillet 1836 portant règlement définitif du budget 1833 :	
Art. 14	L. 143-2
Art. 15	*Abrogé*
Loi du 8 juillet 1837 portant règlement définitif du budget de l'exercice 1834 :	
Art. 11	L. 143-2
Loi du 12 avril 1922 réduisant à cinq années l'effet des oppositions pratiquées entre les mains des comptables des départements, communes et autres établissements publics :	
Art. 2	L. 143-2
Art. 3	*Abrogé*
Loi du 1er juin 1924 mettant en vigueur la législation civile française dans les départements du Bas-Rhin, du Haut-Rhin et de la Moselle :	
Art. 208, al. 2, ecqc TE	L. 111-5 (SA)
Art. 236, ecqc TE	L. 111-5 (SA)
Loi du 24 août 1930 relative à la saisie-arrêt et à la cession des appointements, traitements et soldes des fonctionnaires civils et militaires :	
Art. 1er	L. 212-2
Art. 2	*Abrogé*
Art. 3	*Abrogé*
Art. 4	*Abrogé*
Art. 6	Non repris
Art. 7, al. 1er, phrase 1	L. 212-3
Art. 7, sauf al. 1er, phrase 1	Non repris
Art. 8	Non repris
Art. 9	*Abrogé*
Art. 10	Non repris
Loi n° 49-972 du 21 juillet 1949 donnant le caractère comminatoire aux astreintes fixées par les tribunaux en matière d'expulsion, et en limitant le montant :	
Art. 1er	L. 421-1
Art. 2	L. 421-2
Art. 3	*Abrogé*
Loi n° 73-5 du 2 janvier 1973 :	
Art. 1er	L. 213-1
Art. 2	L. 213-2
Art. 3	*Abrogé*
Art. 4, phrase 1	L. 213-3
Art. 4, phrase 2	*Abrogé*
Art. 5	L. 213-4
Art. 6	L. 213-5
Art. 7-1	*Abrogé*
Art. 8	L. 213-6
Art. 11, 1re phrase	*Abrogé*
Loi n° 91-650 du 9 juillet 1991 portant réforme des procédures civiles d'exécution :	
Art. 1er	L. 111-1

Textes d'origine	Articles du code
Art. 2	L. 111-2
Art. 3	L. 111-3
Art. 3-1	L. 111-4
Art. 4	L. 111-6
Art. 10	L. 121-4
Art. 11	L. 121-5
Art. 12	L. 121-6
Art. 13	L. 112-1
Art. 14, al. 1er à 7	L. 112-2
Art. 14, al. 8	L. 112-3
Art. 15	L. 112-4
Art. 16	L. 153-1
Art. 17	L. 153-2
Art. 18, sauf saisine jex	L. 122-1
Art. 18, ecqc saisine du JEX	*Abrogé*
Art. 19, al. 1er	L. 122-2
Art. 19, al. 2	*Abrogé*
Art. 20	L. 142-3
Art. 21, al. 3	*Abrogé*
Art. 21, al. 1er et 2	L. 142-1
Art. 21-1, phrase 1	L. 431-1
Art. 21-1, phrase 2	L. 451-1
Art. 22, al. 1er, scission	L. 111-7
Art. 22, al. 2, scission	L. 121-2
Art. 22-1	L. 161-1
Art. 22-2	L. 161-2
Art. 23	L. 121-3
Art. 24	L. 123-1
Art. 25	L. 143-1
Art. 26	L. 111-9
Art. 27	L. 141-3
Art. 28	L. 141-1
Art. 29	L. 141-2
Art. 30	L. 142-2
Art. 31	L. 111-10
Art. 32, al. 5, scission	L. 124-1
Art. 32, al. 1er à 4, scission	L. 111-8
Art. 33	L. 131-1
Art. 34	L. 131-2
Art. 35	L. 131-3
Art. 36	L. 131-4
Art. 37	*Abrogé*
Art. 38	L. 251-1
Art. 39, al. 1er	L. 152-1
Art. 39, al. 2	L. 152-2
Art. 41	L. 152-3
Art. 42	L. 211-1
Art. 43	L. 211-2
Art. 44	L. 211-3
Art. 45	L. 211-4
Art. 46	L. 211-5
Art. 47, al. 1er à 8	L. 162-1
Art. 47, al. 9	*Abrogé*
Art. 47-1	L. 162-2
Art. 50	L. 221-1
Art. 51, al. 1er, ecqc JEX	*Abrogé*
Art. 51, al. 1er, sauf JEX	L. 221-2
Art. 51, al. 2	*Abrogé*
Art. 51, al. 3	*Abrogé*
Art. 52	L. 221-3
Art. 53	L. 221-4
Art. 54	L. 221-5
Art. 55	L. 221-6
Art. 56	L. 222-1
Art. 57	L. 223-1
Art. 58	L. 223-2
Art. 59	L. 231-1
Art. 60	L. 233-1
Art. 61, phrase 1	L. 411-1
Art. 61, phrase 2	*Abrogé*
Art. 62, al. 1er	L. 412-1
Art. 62, al. 2	L. 412-2
Art. 62, al. 3	*Abrogé*
Art. 62, al. 4	L. 412-5
Art. 65	L. 433-1
Art. 66, sauf juge compétent et procédure	L. 433-2
Art. 66, ecqc juge compétent et procédure	*Abrogé*
Art. 66-1	L. 412-8
Art. 66-1	L. 433-3
Art. 67	L. 511-1
Art. 68	L. 511-2
Art. 69, al. 1er	L. 511-3
Art. 69, al. 2 et 3	*Abrogé*
Art. 70	L. 511-4
Art. 71	*Abrogé*
Art. 72, sauf procédure	L. 512-1
Art. 72, ecqc procédure	*Abrogé*
Art. 73, sauf procédure	L. 512-2
Art. 73, ecqc procédure	*Abrogé*
Art. 74	L. 521-1
Art. 75, al. 1er	L. 523-1
Art. 75, al. 2	L. 521-1
Art. 75, al. 3	*Abrogé*
Art. 76, al. 1er	L. 522-1
Art. 76, al. 2	L. 523-2
Art. 77	L. 531-1
Art. 78, al. 1er	L. 532-1
Art. 78, al. 2	L. 533-1
Art. 79	L. 531-2
Art. 81	L. 122-3
Art. 86	*Abrogé*
Art. 89	*Abrogé*

Textes d'origine	Articles du code	Textes d'origine	Articles du code
Art. 99	*Abrogé*	Art. 23	*Abrogé*
Art. 100	*Abrogé*	Art. 24	*Abrogé*
Art. 101	*Abrogé*		
Art. 102	*Abrogé*	**Règlement local du 26 mai 1905 relatif à l'exécution forcée pour le recouvrement des sommes d'argent par voie administrative :**	
Art. 103, al. 15	*Abrogé*	Art. 42, ecqc TE	L. 111-5 (SA)
Art. 103, al. 1er à 3	L. 641-3		
Art. 103, al. 4 et 5	L. 641-9		
Art. 103, al. 6 à 13	L. 641-2		
Art. 103, al. 14	*Abrogé*		
Ordonnance nº 2006-461 du 21 avril 2006 réformant la saisie immobilière :			
Art. 21	L. 341-1		

La mention (CS) distingue les articles repris en code suiveur.
La mention (SA) distingue les articles codifiés sans abrogation

PARTIE RÉGLEMENTAIRE DU CODE DES PROCÉDURES CIVILES D'EXÉCUTION

Textes d'origine	Articles du code
Nouvel article :	R. 161-1
	R. 212-1
	R. 231-1
	R. 241-1
	R. 611-1
	R. 612-1
	R. 612-2
	R. 612-3
	R. 612-4
	R. 612-7
	R. 621-1
	R. 621-2
	R. 621-3
	R. 621-4
	R. 621-5
	R. 631-1
	R. 631-5
	R. 631-6
	R. 631-7
	R. 641-2
	R. 641-3
	R. 641-5
	R. 641-6
	R. 641-7
	R. 641-8
	R. 641-9
	R. 651-1
Code de la construction et de l'habitation :	
Art. L. 613-1, saisine d'office par le juge	R. 412-3
Code de procédure civile :	
Art. 507	R. 141-1
Décret du 10 mai 1940 relatif aux saisies-arrêts, oppositions, significations de cession ou transport :	
Art. 1er	*Abrogé*
Décret n° 73-216 du 1er mars 1973 pris pour l'application de la loi n° 73-5 du 2 janvier 1973 relative au paiement direct de la pension alimentaire :	
Art. 1er	R. 213-1
Art. 2, al. 1er	*Abrogé*
Art. 2, al. 3 et 4	R. 213-2
Art. 3	R. 213-3
Art. 4	R. 213-4
Art. 4-1	R. 213-5
Art. 5	R. 213-6
Art. 5-1	R. 213-7
Art. 6	R. 213-8
Art. 7	R. 213-9
Art. 10	R. 641-1
Art. 8	*Abrogé*
Décret n° 92-755 du 31 juillet 1992 instituant de nouvelles règles relatives aux procédures civiles d'exécution pour l'application de la loi n° 91-650 du 9 juillet 1991 portant réforme des procédures civiles d'exécution :	
Art. 1er	R. 121-5
Art. 2	R. 141-1
Art. 3	R. 123-1
Art. 4	R. 141-3
Art. 5	R. 141-4
Art. 8	R. 121-1
Art. 9	R. 121-2
Art. 9-1	R. 121-3
Art. 10	R. 121-4
Art. 11	R. 121-6
Art. 12	R. 121-7
Art. 13	R. 121-8
Art. 13-1	R. 121-9
Art. 14	R. 121-10
Art. 15	R. 121-11
Art. 16	R. 121-12
Art. 17	R. 442-2
Art. 18	R. 442-3
Art. 19	R. 442-4
Art. 20	R. 121-13
Art. 22	R. 121-15
Art. 23	R. 121-16
Art. 24	R. 121-14
Art. 25	R. 121-17
Art. 26	R. 121-18
Art. 28	R. 121-19
Art. 29	R. 121-20
Art. 30	R. 121-21
Art. 31	R. 121-22
Art. 32	R. 121-23
Art. 33	R. 121-24
Art. 34	R. 151-1
Art. 35	R. 151-2
Art. 36	R. 151-3
Art. 37	R. 151-4
Art. 38	R. 112-1

Textes d'origine	Articles du code	Textes d'origine	Articles du code
Art. 39	R. 112-2	Art. 87	R. 221-9
Art. 40	*Abrogé*	Art. 88	R. 221-10
Art. 41	R. 112-3	Art. 89	R. 221-11
Art. 42	*Abrogé*	Art. 90	R. 221-12
Art. 43	R. 112-4	Art. 91	R. 221-13
Art. 44	R. 112-5	Art. 92	R. 221-14
Art. 45	R. 213-10	Art. 93	R. 221-15
Art. 46	R. 162-2	Art. 94	R. 221-16
Art. 46-1	R. 162-3	Art. 95	R. 221-17
Art. 47	R. 162-4	Art. 96	R. 221-18
Art. 47-1	R. 162-5	Art. 97	R. 221-19
Art. 47-2	R. 162-6	Art. 98	R. 221-20
Art. 47-3	R. 162-7	Art. 99	R. 221-21
Art. 47-4	R. 162-8	Art. 100	R. 221-22
Art. 48, fusion	R. 162-9	Art. 101	R. 221-23
Art. 49, fusion	R. 162-9	Art. 102, al. 1er	R. 221-24
Art. 50	R. 153-1	Art. 102, al. 2	R. 221-25
Art. 51	R. 131-1	Art. 103	R. 221-26
Art. 52	R. 131-2	Art. 104	R. 221-27
Art. 53	R. 131-3	Art. 105	R. 221-28
Art. 54	R. 152-1	Art. 106	R. 221-29
Art. 55	*Abrogé*	Art. 107	R. 221-30
Art. 56	R. 211-1	Art. 108	R. 221-31
Art. 57	R. 211-2	Art. 109	R. 221-32
Art. 58	R. 211-3	Art. 110	R. 221-33
Art. 59	R. 211-4	Art. 111	R. 221-34
Art. 60	R. 211-5	Art. 112	R. 221-35
Art. 61	R. 211-6	Art. 113	R. 221-36
Art. 62	R. 211-7	Art. 114, al. 1er	R. 221-37
Art. 63	R. 211-8	Art. 114, al. 2	R. 221-38
Art. 64	R. 211-9	Art. 115	*Abrogé*
Art. 65	R. 211-10	Art. 116	R. 221-39
Art. 66, al. 1er et 2	R. 211-11	Art. 117	R. 221-40
Art. 66, al. 3	*Abrogé*	Art. 118	R. 221-41
Art. 67	R. 211-12	Art. 119	R. 221-42
Art. 68	R. 211-13	Art. 120	R. 221-43
Art. 69	R. 211-14	Art. 121	R. 221-44
Art. 70	R. 211-15	Art. 122	R. 221-45
Art. 71	R. 211-16	Art. 123	R. 221-46
Art. 72	R. 211-17	Art. 124	R. 221-47
Art. 73	R. 211-18	Art. 125	R. 221-48
Art. 74	R. 211-19	Art. 126	R. 221-49
Art. 75	R. 211-20	Art. 127	R. 221-50
Art. 76	R. 211-21	Art. 128	R. 221-51
Art. 77	R. 211-22	Art. 129	R. 221-52
Art. 78	R. 211-23	Art. 130	R. 221-53
Art. 79	R. 162-1	Art. 131	R. 221-54
Art. 81	R. 221-1	Art. 132	R. 221-55
Art. 82	R. 221-2	Art. 133	R. 221-56
Art. 83	R. 221-3	Art. 134	R. 221-57
Art. 84	R. 221-4	Art. 135	R. 221-58
Art. 85	R. 221-5	Art. 136	R. 221-59
Art. 86	R. 221-6	Art. 137	R. 221-60

Textes d'origine	Articles du code	Textes d'origine	Articles du code
Art. 138	R. 221-61	Art. 189	R. 233-5
Art. 139	*Abrogé*	Art. 190	R. 233-6
Art. 140	R. 222-1	Art. 191	R. 233-7
Art. 141	R. 222-2	Art. 192	R. 233-8
Art. 142	R. 222-3	Art. 193	R. 233-9
Art. 143	R. 222-4	Art. 194	R. 411-1
Art. 144	R. 222-5	Art. 195	R. 412-1
Art. 145	R. 222-6	Art. 196	R. 411-2
Art. 146	R. 222-7	Art. 197	R. 412-2
Art. 147	R. 222-8	Art. 198	R. 412-4
Art. 148, al. 1er	R. 222-9	Art. 199	R. 432-1
Art. 148, al. 2 et 3	R. 222-10	Art. 200	R. 433-7
Art. 149	R. 222-11	Art. 201	R. 433-1
Art. 150	R. 222-12	Art. 202	R. 432-2
Art. 151	R. 222-13	Art. 203	R. 433-2
Art. 152	R. 222-14	Art. 204	R. 433-3
Art. 153	R. 222-15	Art. 205	R. 433-4
Art. 154	R. 222-16	Art. 206	R. 433-5
Art. 155	R. 222-17	Art. 207	R. 433-6
Art. 156	R. 222-18	Art. 208	R. 441-1
Art. 157	R. 222-19	Art. 208-1	R. 451-1
Art. 158	R. 222-20	Art. 208-2	R. 451-2
Art. 159	R. 222-21	Art. 208-3	R. 451-3
Art. 160	R. 222-22	Art. 208-4	R. 451-4
Art. 161	R. 222-23	Art. 209	R. 442-1
Art. 162	R. 222-24	Art. 210	R. 511-1
Art. 163	R. 222-25	Art. 211, al. 1er	R. 511-2
Art. 164	R. 223-1	Art. 211, al. 2	*Abrogé*
Art. 165	R. 223-2	Art. 211, al. 3	R. 511-3
Art. 166	R. 223-3	Art. 212	R. 511-4
Art. 167	R. 223-4	Art. 213	R. 511-5
Art. 168	R. 223-5	Art. 214	R. 511-6
Art. 169	*Abrogé*	Art. 215	R. 511-7
Art. 170	R. 223-6	Art. 216	R. 511-8
Art. 171	R. 223-7	Art. 217	R. 512-1
Art. 172	R. 223-8	Art. 218	R. 512-2
Art. 173	R. 223-9	Art. 219	R. 512-3
Art. 174	R. 223-10	Art. 220	R. 521-1
Art. 175	R. 223-11	Art. 221	R. 522-1
Art. 176	R. 223-12	Art. 222, al. 1er	R. 522-2
Art. 177	R. 223-13	Art. 222, al. 2	R. 522-3
Art. 178	R. 232-1	Art. 223	R. 522-4
Art. 179	R. 232-2	Art. 224	R. 522-5
Art. 180	R. 232-3	Art. 225	R. 522-6
Art. 181	R. 232-4	Art. 226	R. 522-7
Art. 182	R. 232-5	Art. 227	R. 522-8
Art. 183	R. 232-6	Art. 228	R. 522-9
Art. 183-1	R. 232-7	Art. 229	R. 522-10
Art. 184	R. 232-8	Art. 230	R. 522-11
Art. 185	R. 233-1	Art. 231	R. 522-12
Art. 186	R. 233-2	Art. 232	R. 522-13
Art. 187	R. 233-3	Art. 233	R. 522-14
Art. 188	R. 233-4	Art. 234	R. 523-1

Textes d'origine	Articles du code
Art. 235	R. 523-2
Art. 236	R. 523-3
Art. 237	R. 523-4
Art. 238	R. 523-5
Art. 239	R. 523-6
Art. 240	R. 523-7
Art. 241	R. 523-8
Art. 242	R. 523-9
Art. 243	R. 523-10
Art. 244	R. 524-1
Art. 245	R. 524-2
Art. 246	R. 524-3
Art. 247	R. 524-4
Art. 248	R. 524-5
Art. 249	R. 524-6
Art. 250	R. 531-1
Art. 251	R. 532-1
Art. 252	R. 532-2
Art. 253	R. 532-3
Art. 254	R. 532-4
Art. 255	R. 532-5
Art. 256	R. 532-6
Art. 257	R. 532-7
Art. 258	R. 532-8
Art. 259	R. 532-9
Art. 260	R. 533-1
Art. 261	R. 533-2
Art. 262	R. 533-3
Art. 263	R. 533-4
Art. 264	R. 533-5
Art. 265	R. 533-6
Art. 266	R. 224-1
Art. 267	R. 224-2
Art. 268	R. 224-3
Art. 269	R. 224-4
Art. 270	R. 224-5
Art. 271	R. 224-6
Art. 272	R. 224-7
Art. 273	R. 224-8
Art. 274	R. 224-9
Art. 275	R. 224-10
Art. 276	R. 224-11
Art. 277	R. 224-12
Art. 278	R. 525-1
Art. 279	R. 525-2
Art. 280	R. 525-3
Art. 281	R. 525-4
Art. 282	R. 525-5
Art. 283	R. 251-1
Art. 284	R. 251-2
Art. 285	R. 251-3
Art. 286	R. 251-4
Art. 287	R. 251-5
Art. 288	R. 251-6
Art. 289	R. 251-7
Art. 290	R. 251-8
Art. 291	R. 251-9
Art. 292	R. 251-10
Art. 293	R. 251-11
Art. 294	R. 122-2
Art. 295	R. 141-2
Art. 296	R. 221-7
Art. 297	R. 221-8
Art. 298	*Abrogé*
Art. 300	R. 534-1
Art. 302	*Abrogé*
Art. 303	*Abrogé*
Art. 303-1	R. 641-1
Art. 303-2	R. 641-10
Art. 303-3	R. 641-4
Décret nº 93-551 du 27 mars 1993 fixant les modalités d'application dans la collectivité territoriale de Saint-Pierre-et-Miquelon de la loi nº 91-650 du 9 juillet 1991 portant réforme des procédures civiles d'exécution :	
Art. 1er	*Abrogé*
Art. 2	R. 631-2
Art. 3	R. 631-3
Art. 4	R. 631-4
Décret nº 93-977 du 31 juillet 1993 relatif aux saisies et cessions notifiées aux comptables publics et aux centres de chèques postaux ou de la Caisse nationale d'épargne :	
Art. 2	R. 143-1
Art. 3	R. 143-2
Art. 4	R. 143-3
Art. 5, al. 1er	R. 143-4
Art. 5, al. 2	R. 211-4
Art. 6	Non repris
Art. 7	R. 212-2
Art. 8	R. 212-3
Art. 9	R. 212-4
Art. 10	R. 212-5
Art. 11	R. 212-6

Textes d'origine	Articles du code
Décret nº 96-1112 du 18 décembre 1996 portant réglementation de l'activité des personnes procédant au recouvrement amiable des créances pour le compte d'autrui :	
Art. 1er	R. 124-1
Art. 2	R. 124-2
Art. 3	R. 124-3
Art. 4	R. 124-4
Art. 5	R. 124-6
Art. 6	R. 124-5
Art. 7	R. 124-7
Décret nº 2006-936 du 27 juillet 2006 relatif aux procédures de saisie immobilière et de distribution du prix d'un immeuble :	
Art. 1er	R. 311-1
Art. 2	R. 311-2
Art. 3	R. 311-3
Art. 4	R. 321-1
Art. 5	R. 311-4
Art. 6	R. 311-5
Art. 7	R. 311-6
Art. 8	R. 311-7
Art. 9	R. 311-8
Art. 10	R. 311-9
Art. 11	R. 311-10
Art. 12	R. 311-11
Art. 13	R. 321-1
Art. 14	R. 321-2
Art. 15	R. 321-3
Art. 16	R. 321-4
Art. 17	R. 321-5
Art. 18	R. 321-6
Art. 19	R. 321-7
Art. 20	R. 321-8
Art. 21	R. 321-9
Art. 22	R. 321-10
Art. 23	R. 321-11
Art. 24	R. 321-12
Art. 25	R. 321-13
Art. 26	R. 321-14
Art. 27	R. 321-15
Art. 28	R. 321-16
Art. 29	R. 321-17
Art. 30	R. 321-18
Art. 31	R. 321-19
Art. 32	R. 321-20
Art. 33	R. 321-21

Textes d'origine	Articles du code
Art. 34	R. 321-22
Art. 35, ecqc délai 8 jours	R. 322-1
Art. 36	R. 322-2
Art. 37	R. 322-3
Art. 38	R. 322-4
Art. 39	R. 322-5
Art. 40	R. 322-6
Art. 41	R. 322-7
Art. 42	R. 322-8
Art. 43	R. 322-9
Art. 44	R. 322-10
Art. 45	R. 322-11
Art. 46	R. 322-12
Art. 47	R. 322-13
Art. 48	R. 322-14
Art. 49	R. 322-15
Art. 50, al. 1er	R. 322-16
Art. 50, al. 2	R. 322-17
Art. 51	R. 322-18
Art. 52	R. 322-19
Art. 53	R. 322-20
Art. 54	R. 322-21
Art. 55	R. 322-22
Art. 56	R. 322-23
Art. 57	R. 322-24
Art. 58	R. 322-25
Art. 59	R. 322-26
Art. 60	R. 322-27
Art. 61	R. 322-28
Art. 62	R. 322-29
Art. 63	R. 322-30
Art. 64	R. 322-31
Art. 65	R. 322-32
Art. 66	R. 322-33
Art. 67	R. 322-34
Art. 68	R. 322-35
Art. 69	R. 322-36
Art. 70	R. 322-37
Art. 71	R. 322-38
Art. 72	R. 322-39
Art. 73	R. 322-40
Art. 74	R. 322-41
Art. 75	R. 322-42
Art. 76	R. 322-43
Art. 77	R. 322-44
Art. 78	R. 322-45
Art. 79	R. 322-46
Art. 80	R. 322-47
Art. 81	R. 322-48
Art. 82	R. 322-49
Art. 83	R. 322-56
Art. 84	R. 322-57

Textes d'origine	Articles du code	Textes d'origine	Articles du code
Art. 85	R. 334-1	Art. 117	R. 332-6
Art. 86	R. 322-58	Art. 118	R. 332-7
Art. 87	R. 322-59	Art. 119	R. 332-8
Art. 88	R. 322-60	Art. 120	R. 332-9
Art. 89	R. 322-61	Art. 121	R. 332-10
Art. 90	R. 322-62	Art. 122	R. 333-1
Art. 91	R. 322-63	Art. 123	R. 333-2
Art. 92	R. 322-64	Art. 124	R. 333-3
Art. 93	R. 322-65	Art. 125	R. 334-2
Art. 94	R. 322-50	Art. 125-1	R. 334-3
Art. 95	R. 322-51	Art. 167, al. 12	*Abrogé*
Art. 96	R. 322-52	Art. 167, al. 3 à 5	*Abrogé*
Art. 97	R. 322-53	Art. 167, al. 7 à 9 et 11	R. 612-5
Art. 98	R. 322-54	Art. 167, al. 10	R. 612-6
Art. 99	R. 322-55	Art. 168	Non repris
Art. 100	R. 322-66		
Art. 101	R. 322-67	***Loi nº 73-3 du 2 janvier 1973 relative au paiement direct de la pension alimentaire :***	
Art. 102	R. 322-68		
Art. 103	R. 322-69		
Art. 104	R. 322-70	Art. 3	R. 213-6
Art. 105	R. 322-71		
Art. 106	R. 322-72	***Loi nº 91-650 du 9 juillet 1991 portant réforme des procédures civiles d'exécution :***	
Art. 107	R. 331-1		
Art. 108	*Abrogé*		
Art. 109	*Abrogé*		
Art. 110	R. 331-2	Art. 18, ecqc saisine du JEX	R. 122-1
Art. 111	R. 331-3	Art. 19, al. 2	R. 151-3
Art. 112	R. 332-1	Art. 37	R. 131-4
Art. 113	R. 332-2	Art. 47, al. 9	R. 162-1
Art. 114	R. 332-3	Art. 61, phrase 2	R. 411-3
Art. 115	R. 332-4	Art. 62, al. 3	R. 412-2
Art. 116	R. 332-5	Art. 69, al. 3	R. 511-5

TABLE DE CONCORDANCE

DES TEXTES D'ORIGINE AUX ARTICLES DU CODE DE L'ORGANISATION JUDICIAIRE

La concordance des textes nouveaux du code de l'organisation judiciaire aux textes d'origine figure au niveau de chaque article correspondant.
V. liste des abréviations in fine.

TEXTES D'ORIGINE	ARTICLES	TEXTES D'ORIGINE	ARTICLES
Articles de création	L. 111-1		R. 111-7
	L. 111-2		R. 122-3
	L. 111-3		D. 211-8
	L. 111-5		R. 212-59
	L. 111-7		R. 213-1
	L. 111-9		R. 213-3
	L. 111-11		R. 213-4
	L. 111-12		R. 213-6
	L. 121-1		R. 221-3
	L. 122-1		R. 221-10
	L. 122-4		R. 221-11
	L. 123-2		R. 221-20
	L. 211-6		R. 221-21
	L. 211-7		R. 221-22
	L. 211-11-1		R. 221-23
	L. 213-2		R. 221-28
	L. 213-8		R. 221-29
	L. 213-9		R. 221-31
	L. 215-2		R. 221-36
	L. 221-8		R. 221-37
	L. 222-3		R. 221-42
	L. 223-8		R. 311-5
	L. 231-1		D. 311-9
	L. 232-3		D. 311-10
	L. 252-3		D. 311-11
	L. 252-4		R. 312-69
	L. 311-4		R. 411-2
	L. 311-5		R. 411-3
	L. 311-6		R. 411-4
	L. 311-10		R. 411-6
	L. 311-11		R. 411-7
	L. 311-12		R. 513-6
	L. 311-13		R. 522-9
	L. 311-14		R. 522-21
	L. 312-1		R. 522-22
	L. 321-1		R. 522-23
	L. 411-4		R. 522-24
	L. 421-6		D. 532-7
	L. 451-2		

TEXTES D'ORIGINE	ARTICLES
	R. 532-22
	R. 532-23
	R. 552-7
	R. 552-13
	R. 552-22
	R. 562-7
	R. 562-22
	R. 562-31
Code de l'organisation judiciaire	
art. L. 7-10-1-1	R. 124-2
art. L. 7-12-1-1	R. 131-1
art. L. 7-12-1-2	*abrogé*
art. L. 7-12-1-3, ecqc Mayotte	R. 521-1
art. L. 7-12-1-3, ecqc NC	R. 561-1
art. L. 7-12-1-3, ecqc PF	R. 551-1
art. L. 7-12-1-3, ecqc SPM	*abrogé*
art. L. 7-12-1-3, ecqc TAAF	*abrogé*
art. L. 7-12-1-3, ecqc WF	R. 531-1
art. L. 111-1	L. 411-1
art. L. 111-2	L. 411-2
art. L. 111-3	L. 421-2
art. L. 121-1	R. 421-1
art. L. 121-2, phrase 1	L. 421-7
art. L. 121-2, phrase 2	*abrogé*
art. L. 121-3	L. 421-1
art. L. 121-4, al. 1er	L. 421-3
art. L. 121-4, al. 2	R. 421-5
art. L. 121-5	L. 421-4
art. L. 121-6	L. 421-5
art. L. 131-1, al. 1er	R. 121-2
art. L. 131-1, al. 2	R. 431-1
art. L. 131-2, al. 1er	L. 431-5
art. L. 131-2, al. 2	L. 431-6
art. L. 131-2, al. 3	L. 431-9
art. L. 131-3, al. 5	R. 431-14
art. L. 131-3, al. 1er à 4	L. 431-7
art. L. 131-4	L. 431-4
art. L. 131-5	L. 411-3
art. L. 131-6, al. 4	L. 431-2
....	*non repris*
art. L. 131-6, al. 1er, 2 et 3, ecqc organisation judiciaire	L. 431-1
art. L. 131-6, al. 1er et 2, ecqc procédure	*abrogé*
art. L. 131-6, al. 1er et 2, ecqc procédure	*non repris*
art. L. 131-6-1	R. 431-5
art. L. 131-6-2	L. 431-8
art. L. 131-7	L. 431-3
art. L. 131-7, al. 2	R. 431-7
art. L. 132-1	L. 432-1
art. L. 132-2	L. 432-2
art. L. 132-3	L. 432-3
art. L. 132-4	L. 432-4
art. L. 132-5, ecqc art. L. 131-5	L. 411-3
art. L. 132-5, ecqc titre 2	L. 421-8
art. L. 132-5, ecqc titre 3 et chambres	L. 431-10
art. L. 132-5, ecqc titre 3 et parquet général	L. 432-5
art. L. 141-1	L. 451-1
art. L. 141-2	L. 451-1
art. L. 142-1	L. 451-1
art. L. 142-2	L. 451-1
art. L. 151-1, al. 1er, depuis "qui"	*abrogé*
art. L. 151-1, al. 1er, jusqu'à "cassation"	L. 441-1
art. L. 151-1, al. 1er, jusqu'à "saisine"	*abrogé*
art. L. 151-1, al. 2, phrase 1	*abrogé*
....	*abrogé*
art. L. 151-1, al. 2, phrase 2	*abrogé*
....	*non repris*
art. L. 151-1, al. 3, phrase 1	L. 441-3
art. L. 151-1, al. 3, phrase 2	*abrogé*
....	*abrogé*
art. L. 151-2, al. 1er	L. 441-2
art. L. 151-2, al. 2, 3 et 4	R. 441-1
art. L. 151-3	L. 441-4
art. L. 211-1	L. 311-1
art. L. 212-1, al. 1er	R. 312-8
art. L. 212-1, al. 2	D. 311-1
art. L. 212-2, al. 1er	L. 312-2
art. L. 212-2, al. 2	*abrogé*
art. L. 212-2, ecqc ordinaire	R. 312-7
art. L. 212-2, ecqc solennelle	R. 312-9
art. L. 213-1, phrase 1	L. 121-2
art. L. 213-1, phrase 2	*abrogé*
art. L. 213-2	L. 312-3

TEXTES D'ORIGINE	ARTICLES
art. L. 213-3	*abrogé*
art. L. 213-4	L. 122-3
	L. 312-7
art. L. 221-1, al. 4	R. 121-3
art. L. 221-1, al. 1er à 3	L. 121-4
art. L. 221-2	R. 122-2
art. L. 221-3	R. 122-4
art. L. 222-1	L. 311-9
art. L. 222-2	L. 312-5
art. L. 223-1	R. 311-7
art. L. 223-1, al. 2	*abrogé*
art. L. 223-2, al. 1er	L. 312-6
art. L. 223-2, al. 2	R. 312-13
art. L. 223-2, al. 3	R. 312-15
art. L. 223-3	L. 312-6
art. L. 224-1, ecqc compétence	L. 311-8
art. L. 224-1, ecqc organisation et fonctionnement	L. 312-4
art. L. 225-1	L. 311-3
art. L. 225-2	L. 311-3
art. L. 225-3	R. 312-43
art. L. 225-4	*abrogé*
art. L. 226 -1, al. 1er	L. 312-6
art. L. 226-1, al. 2	R. 312-15
art. L. 311-1	L. 211-2
art. L. 311-2	L. 211-4
art.L. 311-3	*abrogé*
art. L. 311-4, ecqc TGI	*abrogé*
art. L. 311-4, ecqc TI	*abrogé*
art. L. 311-5	D. 211-1
art. L. 311-6	L. 212-1
art. L. 311-7	L. 121-2
art. L. 311-8	L. 212-3
	R. 212-7
art. L. 311-8, phrase 1	L. 121-2
art. L. 311-8, phrase 2	*abrogé*
art. L. 311-9	L. 212-4
art. L. 311-10, al. 1er et 3	R. 212-9
art. L. 311-10, al. 2 et 4	L. 212-2
art. L. 311-10-1	R. 212-8
art. L. 311-11	R. 212-8
art. L. 311-12, al. 1er	L. 213-5
art. L. 311-12, al. 2	R. 213-11
art. L. 311-12-1, al. 1er à 3	L. 213-6
art. L. 311-12-1, al. 5 et 6	*non repris*
art. L. 311-12-2	L. 213-7
art. L. 311-13, ecqc JEX	R. 213-12
art. L. 311-13, ecqc TGI liste	R. 212-8
art. L. 311-13, ecqc TGI ppe	R. 212-9
art. L. 311-14	L. 212-6
art. L. 311-15	L. 122-2
art. L. 311-16, al. 1er, ecqc siège et ressort	D. 212-19
art. L. 311-16, al. 1er, sauf siège et ressort	R. 212-18
art. L. 311-16, al. 2	*abrogé*
art. L. 311-17	*non repris*
art. L. 311-18	R. 212-18
art. L. 312-1, al. 5	L. 213-4
art. L. 312-1, al. 5, phrase 2	R. 213-9
art. L. 312-1, al. 1er à 4	L. 213-3
art. L. 312-1-1	D. 211-9
art. L. 312-1-1, al. 1er	L. 211-12
art. L. 312-2, al. 1er	L. 211-10
art. L. 312-2, al. 1er à 3, ecqc obtentions végétales	D. 211-5
art. L. 312-2, al. 1er et 2, ecqc brevets d'invention	D. 211-6
art. L. 312-3	L. 211-8
art. L. 312-4	*abrogé*
art. L. 312-5	*abrogé*
art. L. 312-6	*abrogé*
art. L. 313-1	L. 214-1
art. L. 313-2	L. 214-2
art. L. 321-1	L. 221-2
art. L. 321-2	L. 221-4
art. L. 321-2, ecqc ressort	R. 221-4
art. L. 321-2-1	R. 221-38
art. L. 321-2-2	R. 221-5
art. L. 321-2-3	R. 221-39
art. L. 321-2-4	L. 221-5
art. L. 321-3	D. 221-1
art. L. 321-4	L. 222-1
art. L. 321-5	L. 222-2
art. L. 322-1	L. 221-3
art. L. 322-2	L. 221-9
art. L. 323-1	R. 221-43
art. L. 331-1	L. 231-2
art. L. 331-2	L. 231-3
art. L. 331-2, ecqc ressort	R. 231-3
art. L. 331-2-1	R. 231-4
art. L. 331-2-2	L. 231-4
art. L. 331-3	*abrogé*
art. L. 331-4	L. 231-5

TEXTES D'ORIGINE	ARTICLES
art. L. 331-5, al. 1er	L. 231-6
art. L. 331-5, al. 2 et 3	*abrogé*
art. L. 331-6	D. 231-1
art. L. 331-7	L. 232-1
art. L. 331-8	R. 232-3
art. L. 331-9	L. 232-2
art. L. 411-1	*abrogé*
art. L. 411-2	*abrogé*
art. L. 411-3	*abrogé*
art. L. 411-4	*abrogé*
art. L. 411-5	*abrogé*
art. L. 411-6	*abrogé*
art. L. 411-7	*abrogé*
art. L. 412-1	*abrogé*
art. L. 412-1, phrase 1	L. 121-2
art. L. 412-1, phrase 2	*abrogé*
art. L. 412-2	*abrogé*
art. L. 412-3	*abrogé*
art. L. 412-4	*abrogé*
art. L. 412-5	*abrogé*
art. L. 412-6, al. 1er	*abrogé*
art. L. 412-6, al. 2, ecqc règlement judiciaire et liquidation de biens	*abrogé*
art. L. 412-6, ecqc sauvegarde, redressement et liquidation judiciaires	*abrogé*
art. L. 412-7, al. 1er et 2	*abrogé*
art. L. 412-7, al. 3 et 4	*abrogé*
art. L. 412-8	*abrogé*
art. L. 412-9	*abrogé*
art. L. 412-10	*abrogé*
art. L. 412-11	*abrogé*
art. L. 412-12	*abrogé*
art L. 412-13	*abrogé*
art. L. 412-14	*abrogé*
art. L. 412-15	*abrogé*
art. L. 413-1, al. 7, ecqc procédures de la loi de 1967	*abrogé*
art. L. 413-1, al. 1er à 3	*abrogé*
art. L. 413-1, al. 4 à 8	*abrogé*
art. L. 413-2	*abrogé*
art. L. 413-3	*abrogé*
art. L. 413-3-1	*abrogé*
art. L. 413-3-2	*abrogé*
art. L. 413-4	*abrogé*
art. L. 413-5	*abrogé*
art. L. 413-6	*abrogé*
art. L. 413-7	*abrogé*
art. L. 413-8	*abrogé*
art. L. 413-9	*abrogé*
art. L. 413-10	*abrogé*
art. L. 413-11	*abrogé*
art. L. 413-12	*abrogé*
art. L. 414-1	*abrogé*
art. L. 414-2	*abrogé*
art. L. 414-3	*abrogé*
art. L. 414-4	*abrogé*
art. L. 414-5	*abrogé*
art. L. 414-6	*abrogé*
art. L. 414-7	*abrogé*
art. L. 420-1	L. 261-1
art. L. 431-1	L. 261-1
art. L. 441-1	*abrogé*
art. L. 441-2	*abrogé*
	non repris
art. L. 442-1	*abrogé*
	non repris
art. L. 442-1, al. 2, ecqc recours TI	R. 221-25
art. L. 442-2	*abrogé*
art. L. 442-2, al. 8 et 9	*non repris*
art. L. 442-3	*abrogé*
art. L. 442-4	*abrogé*
art. L. 442-5	*abrogé*
	non repris
art. L. 443-1	*abrogé*
	non repris
art. L. 443-2	*abrogé*
art. L. 443-3	*abrogé*
art. L. 443-4	*abrogé*
art. L. 443-4, al. 2	*non repris*
art. L. 443-5	*abrogé*
art. L. 443-5, al. 2	*non repris*
art. L. 444-1	*abrogé*
art. L. 450-1, ecqc CNITAAT	L. 331-1
art. L. 450-1, ecqc TASS et TCI	L. 261-1
art. L. 461-1	L. 261-1
art. L. 511-1	L. 254-1
art. L. 511-2	L. 254-1
art. L. 512-1	L. 254-1
art. L. 512-2	L. 254-1
art. L. 512-3	L. 254-1
art. L. 521-1	L. 251-2
art. L. 521-2	L. 251-1
art. L. 522-1	D. 251-1
art. L. 522-2	L. 251-3
art. L. 522-2, ecqc nombre	R. 251-5
art. L. 522-3	L. 251-4
art. L. 522-4	L. 251-5
art. L. 522-5	L. 251-6

TEXTES D'ORIGINE	ARTICLES
art. L. 522-6, ecqc juge d'instruction	R. 213-13
art. L. 522-6, ecqc parquet	R. 212-13
art. L. 531-1	L. 252-1
art. L. 531-2	L. 252-5
art. L. 531-3	L. 252-2
art. L. 532-1	*abrogé*
art. L. 611-1, al. 1er	*abrogé*
art. L. 611-1, al. 2	L. 213-10
art. L. 612-1, ecqc compétence	L. 311-8
art. L. 612-1, ecqc organisation et fonctionnement	L. 312-4
art. L. 621-1	L. 241-1
art. L. 622-1, al. 1er	L. 211-1
art. L. 622-1, al. 2	L. 212-5
art. L. 622-1, al. 2, ecqc compétence	L. 211-9
art. L. 623-1, al. 1er	L. 221-1
art. L. 623-1, al. 2	L. 221-10
art. L. 623-2	D. 221-1
art. L. 623-2, al. 1er	L. 221-1
art. L. 624-1	*abrogé*
art. L. 630-1	L. 261-1
art. L. 630-2	L. 261-1
art. L. 630-3	L. 261-1
art. L. 640-1	L. 213-10
art. L. 640-2	L. 213-10
art. L. 650-1	L. 213-11
art. L. 650-2	*abrogé*
art. L. 650-3	*abrogé*
art. L. 650-4, al. 1er	*abrogé*
art. L. 650-4, al. 2	*abrogé*
art. L. 650-5	*abrogé*
art. L. 710-1	L. 121-3
art. L. 710-1, al. 2	R. 121-1
art. L. 731-1	L. 111-6
art. L. 731-2	L. 111-8
art. L. 731-3	L. 111-8
art. L. 731-4	*abrogé*
art. L. 732-1	*abrogé*
art. L. 751-1	*abrogé*
art. L. 751-2	*abrogé*
art. L. 781-1, al. 1er	L. 141-1
art. L. 781-1, al. 2	L. 141-2
art. L. 781-1, al. 3 et 4	L. 141-3
art. L. 811-1	L. 123-1
art. L. 811-2	R. 123-7
art. L. 821-1, ecqc missions	*abrogé*
art. L. 821-1, ecqc structures d'exercice	*abrogé*
art. L. 821-2	*abrogé*
art. L. 821-3, ecqc émoluments	*abrogé*
art. L. 821-3, ecqc règles d'accès	*abrogé*
art. L. 821-4	*abrogé*
art. L. 822-1	*abrogé*
art. L. 822-2	*abrogé*
art. L. 822-3	*abrogé*
art. L. 822-3-1	*abrogé*
art. L. 822-3-2	*abrogé*
art. L. 822-4	*abrogé*
art. L. 822-5	*abrogé*
art. L. 822-6	*abrogé*
art. L. 822-7	*abrogé*
art. L. 822-8	*abrogé*
art. L. 831-1	L. 123-1
art. L. 871-2	R. 253-1
art. L. 881-1	*abrogé*
art. L. 881-2	*abrogé*
art. L. 881-3	*abrogé*
art. L. 881-4	*abrogé*
art. L. 881-5	*abrogé*
art. L. 882-1	L. 261-1
art. L. 882-2	L. 261-1
art. L. 911-1	L. 223-1
art. L. 911-2	*abrogé*
art. L. 911-3	L. 223-2
art. L. 911-4	L. 223-4
art. L. 912-1, ecqc règlement judiciaire et liquidation de biens	*non repris*
art. L. 912-1, ecqc sauvegarde, redressement et liquidation judiciaires	L. 215-1
art. L. 913-1	*abrogé*
art. L. 913-2	*abrogé*
art. L. 913-3	*abrogé*
art. L. 913-4	*abrogé*
art. L. 914-1	*abrogé*
art. L. 914-2	*abrogé*
art. L. 921-1	*abrogé*
art. L. 921-3	*abrogé*
art. L. 921-4, al. 1er	*abrogé*
art. L. 921-4, al. 2, ecqc compétence	*abrogé*
art. L. 921-4, al. 2, ecqc organisation	*abrogé*
art. L. 921-5	*abrogé*
art. L. 921-6	*abrogé*
art. L. 921-7	*abrogé*

TEXTES D'ORIGINE	ARTICLES
art. L. 921-8	*abrogé*
art. L. 921-9	*abrogé*
art. L. 921-11	*abrogé*
art. L. 922-1, al. 1er	D. 312-20
art. L. 922-1, al. 2	R. 312-21
art. L. 922-1, al. 6	R. 312-23
art. L. 922-1, al. 7	R. 312-24
art. L. 922-1, al. 8	R. 312-25
art. L. 922-1, al. 3 à 5	R. 312-22
art. L. 931-1, ecqc NC	L. 561-2
art. L. 931-1, ecqc PF	L. 551-2
art. L. 931-1, ecqc WF	L. 531-2
art. L. 931-2, ecqc NC, généralités et protection	L. 562-25
art. L. 931-2, ecqc NC ecqc institution et compétence	R. 562-32
art. L. 931-2, ecqc NC ecqc organisation et fonctionnement	R. 562-33
art. L. 931-2, ecqc NC ecqc R.	R. 561-1
art. L. 931-2, ecqc NC et fonctionnement	*abrogé*
art. L. 931-2, ecqc PF, généralités et protection	L. 552-10
art. L. 931-2, ecqc PF ecqc institution et compétence	R. 552-23
art. L. 931-2, ecqc PF ecqc organisation et fonctionnement	R. 552-24
art. L. 931-2, ecqc PF ecqc R.	R. 551-1
art. L. 931-2, ecqc PF et fonctionnement	*abrogé*
art. L. 931-2, ecqc WF ecqc R.	R. 531-1
art. L. 931-3, ecqc NC	L. 562-26
art. L. 931-3, ecqc PF	L. 552-11
art. L. 931-4, ecqc NC	L. 562-27
art. L. 931-4, ecqc PF	L. 552-12
art. L. 931-5, ecqc NC	L. 562-1
art. L. 931-5, ecqc PF	L. 552-1
art. L. 931-5, ecqc WF	L. 532-1
art. L. 931-6, ecqc NC	L. 562-5
art. L. 931-6, ecqc PF	L. 552-5
art. L. 931-6, ecqc WF	L. 532-5
art. L. 931-7, ecqc NC	*abrogé*
....	D. 562-1
art L. 931-7, ecqc PF	*abrogé*
....	D. 552-1
art. L. 931-7, ecqc WF	*abrogé*
....	D. 532-2
art. L. 931-7-1, ecqc NC	L. 562-2
....	D. 562-4
art. L. 931-7-1, ecqc PF	L. 552-2
....	D. 552-4
art. L. 931-7-1, ecqc WF	L. 532-2
....	D. 532-5
art. L. 931-8., al. 3, ecqc NC	R. 562-11
art. L. 931-8, al. 3, ecqc PF	R. 552-11
art. L. 931-8, al. 3, ecqc WF	R. 532-11
art. L. 931-8, al. 1er et 2	L. 562-6
art. L. 931-8, al. 1er et 2, ecqc PF	L. 552-6
art. L. 931-8, al. 1er et 2, ecqc WF	L. 532-7
art. L. 931-9, ecqc NC	*abrogé*
art. L. 931-9, ecqc PF	*abrogé*
art. L. 931-9, ecqc WF	*abrogé*
art. L. 931-10, ecqc NC	*abrogé*
art. L. 931-10, ecqc PF	*abrogé*
art. L. 931-10, ecqc WF	*abrogé*
art. L. 931-11, eeqc NC	L. 562-3
art. L. 931-11, ecqc PF	L. 552-3
art. L. 931-11, ecqc WF	L. 532-3
art. L. 931-12, ecqc NC	R. 562-2
art. L. 931-12, ecqc PF	R. 552-2
art. L. 931-12, ecqc WF	R. 532-3
art. L. 931-13, ecqc NC	L. 562-35
art. L. 931-13, ecqc PF	L. 552-19
art. L. 931-13, ecqc WF	L. 532-25
art. L. 931-14, ecqc NC	L. 562-36
art. L. 931-14, ecqc PF	L. 552-20
art. L. 931-14, ecqc WF	L. 532-27
art. L. 931-15, ecqc NC	L. 562-37
art. L. 931-15, ecqc PF	L. 552-21
art. L. 931-15, ecqc WF	L. 532-28
art. L. 931-16, ecqc NC	L. 561-1
art. L. 931-16, ecqc NC ecqc R.	R. 561-1
art. L. 931-16, ecqc PF	L. 551-1
art. L. 931-16, ecqc PF ecqc R.	R. 551-1
art. L. 931-16, ecqc WF	L. 531-1
art. L. 931-16, ecqc WF ecqc R.	R. 531-1
art. L. 931-17, ecqc NC	L. 563-1
art. L. 931-17, ecqc PF	L. 553-1
art. L. 931-17, ecqc WF	L. 533-1
art. L. 931-18, ecqc NC	R. 563-2
art. L. 931-18, ecqc PF	R. 553-2

TEXTES D'ORIGINE	ARTICLES
art. L. 931-18, ecqc WF ..	R. 533-2
art. L. 932-1, ecqc NC....	L. 562-7
art. L. 932-1, ecqc NC ecqc nombre	R. 562-12
art. L. 932-1, ecqc PF	L. 552-7
art. L. 932-1, ecqc PF ecqc nombre	R. 552-12
art. L. 932-2, ecqc NC....	L. 562-8
art. L. 932-2, ecqc PF	L. 552-8
art. L. 932-3, ecqc NC ecqc siège et ressort.......	D. 562-26
art. L. 932-3, eeqc NC sauf siège et ressort	R. 562-25
art. L. 932-3, ecqc PF ecqc siège et ressort.......	D. 552-17
art. L. 932-3, ecqc PF sauf siège et ressort	R. 552-16
art. L. 932-4, ecqc NC....	*non repris*
art. L. 932-4, ecqc PF	*non repris*
art. L. 932-5, ecqc NC....	R. 562-29
art. L. 932-5, ecqc PF	R. 552-20
art. L. 932-6, ecqc NC....	R. 562-28
art. L. 932-6, ecqc PF	R. 552-19
art. L. 932-7, ecqc NC....	R. 562-27
art. L. 932-7, ecqc PF	R. 552-18
art. L. 932-8, ecqc NC....	R. 562-25
art. L. 932-8, ecqc PF	R. 552-16
art. L. 932-9, ecqc NC....	L. 562-18
art. L. 932-9, ecqc PF	L. 552-9
art. L. 932-9-1, al. 1er, ecqc PF ecqc L. 331-1.....	L. 552-13
art. L. 932-9-1, al. 1er, ecqc PF ecqc L. 331-4.....	L. 552-15
art. L. 932-9-1, al. 1er, ecqc PF ecqc L. 331-5.....	L. 552-16
art. L. 932-9-1, al. 1er, ecqc PF ecqc L. 331-6.....	*abrogé*
art. L. 932-9-1, al. 1er, ecqc PF ecqc L. 331-7.....	L. 552-17
art. L. 932-9-1, al. 1er, ecqc PF ecqc L. 331-8.....	*abrogé*
art. L. 932-9-1, al. 1er, *ecqc PF ecqc L. 331-9.....*	*L. 552-18*
art. L. 932-9-1, al. 1er, ecqc NC ecqc L. 331-1....	L. 562-29
art. L. 932-9-1, al. 1er, ecqc NC ecqc L. 331-4....	L. 562-31
art. L. 932-9-1, al. 1er, ecqc NC ecqc L. 331-5....	L. 562-32
art. L. 932-9-1, al. 1er, ecqc NC ecqc L. 331-6....	*abrogé*
art. L. 932-9-1, al. 1er, ecqc NC ecqc L. 331-7....	L. 562-33
art. L. 932-9-1, al. 1er, ecqc NC ecqc L. 331-8....	*abrogé*
art. L. 932-9-1, al. 1er, ecqc NC ecqc L. 331-9....	L. 562-34
art. L. 932-9-1, ecqc NC ecqc L. 331-2.............	L. 562-30
art. L. 932-9-1, ecqc PF ecqc L. 331-2.............	L. 552-14
art. L. 932-10, al. 4, ecqc NC.........................	R. 562-40
art. L. 932-10, al. 4, ecqc PF..........................	R. 552-31
art. L. 932-10-1, al. 2, ecqc nombre ecqc NC	R. 562-41
art. L. 932-11, al. 3, ecqc nombre ecqc PF	R. 552-32
art. L. 932-11, al. 3, ecqc nombre ecqc NC..........	R. 562-41
art. L. 932-14, al. 4, ecqc NC.........................	R. 562-42
art. L. 932-14, al. 4, ecqc PF..........................	R. 552-33
art. L. 932-18, al. 2 et 3, ecqc NC	R. 562-43
art. L. 932-18, al. 2 et 3, ecqc PF	R. 552-34
art. L. 932-19, al. 3 et 8, phrase 1, ecqc PF.........	R. 552-35
art. L. 932-19, al. 3 et 8, phrase 1, ecqc NC	R. 562-44
art. L. 932-23, ecqc NC ..	*abrogé*
art. L. 932-23, ecqc PF....	*abrogé*
art. L. 932-24, ecqc NC ..	*abrogé*
art. L. 932-24, ecqc PF....	*abrogé*
art. L. 932-25, ecqc NC ..	*abrogé*
....	*non repris*
art. L. 932-25, ecqc PF....	*abrogé*
....	*non repris*
art. L. 932.26, ecqc NC...	*abrogé*
art. L. 932-26, ecqc PF....	*abrogé*
art. L. 932-27, ecqc NC ..	*abrogé*
art. L. 932-27, ecqc PF....	*abrogé*
art. L. 932-28, ecqc NC ..	*abrogé*
....	*non repris*
art. L. 932-28, ecqc PF....	*abrogé*
....	*non repris*
art. L. 932-29, ecqc NC ..	*abrogé*
art. L. 932-29, ecqc PF....	*abrogé*
art. L. 932-30, ecqc NC ..	*abrogé*
art. L. 932-30, ecqc PF....	*abrogé*
art. L. 932-31, al. 1er. ecqc NC	*abrogé*

TEXTES D'ORIGINE	ARTICLES	TEXTES D'ORIGINE	ARTICLES
art. L. 932-31, al. 1er, ecqc PF	*abrogé*	art. L. 933-8, ecqc WF	L. 532-13
art. L. 932-31, al. 2, ecqc NC	*abrogé*	art. L. 933-9	*abrogé*
art. L. 932-31, al. 2, ecqc PF	*abrogé*	art. L. 933-9, ecqc WF	*abrogé*
art. L. 932-32, ecqc NC	*abrogé*	art. L. 933-10	L. 562-16
art. L. 932-32, ecqc PF	*abrogé*	art. L. 933-10, ecqc WF	L. 532-14
art. L. 932-33, ecqc NC	*abrogé*	art. L. 933-11	L. 562-17
art. L. 932-33, ecqc PF	*abrogé*	art. L. 933-11, ecqc WF	L. 532-15
art. L. 932-34, ecqc NC	*abrogé*	art. L. 934-1	D. 532-1
art. L. 932-34, ecqc PF	*abrogé*	art. L. 934-2	L. 532-6
art. L. 932-35, ecqc NC	*abrogé*	art. L. 934-3	L. 532-8
art. L. 932-35, ecqc PF	*abrogé*	art. L. 934-3, ecqc nombre	R. 532-12
art. L. 932-36, ecqc NC	*abrogé*	art. L. 934-4	L. 532-9
art. L. 932-36, ecqc PF	*abrogé*	art. L. 934-4, ecqc liste CA	R. 532-14
art. L. 932-37, ecqc NC	*abrogé*	art. L. 934-4, ecqc liste GDS	R. 532-16
art. L. 932-37, ecqc PF	*abrogé*	art. L. 934-5	*abrogé*
art. L. 932-38, ecqc NC	*abrogé*	art. L. 934-5, ecqc L. 933-6	R. 532-20
art. L. 932-38, ecqc PF	*abrogé*	art. L. 934-6	*abrogé*
art. L. 932-39, ecqc NC	*abrogé*	art. L. 934-7	L. 532-16
art. L. 932-39, ecqc PF	*abrogé*	art. L. 934-8, al. 1er	L. 532-17
art. L. 932-40, ecqc NC	*abrogé*	art. L. 934-8, al. 2	L. 532-18
art. L. 932-40, ecqc PF	*abrogé*	art. L. 934-8-1, al. 1er, ecqc L. 331-1	L. 532-19
art. L. 932-41, ecqc NC	*abrogé*	art. L. 934-8-1, al. 1er, ecqc L. 331-4	L. 532-21
art. L. 932-41, ecqc PF	*abrogé*	art. L. 934-8-1, al. 1er, ecqc L. 331-5	L. 532-22
art. L. 932-42, ecqc NC	*abrogé*	art. L. 934-8-1, al. 1er, ecqc L. 331-6	*abrogé*
art. L. 932-42, ecqc PF	*abrogé*	art. L. 934-8-1, al. 1er, ecqc L. 331-7	L. 532-23
art. L. 932-43, ecqc NC	*abrogé*	art. L. 934-8-1, al. 1er, ecqc L. 331-8	*abrogé*
art. L. 932-43, ecqc PF	*abrogé*	art. L. 934-8-1, al. 1er, ecqc L. 331-9	L. 532-24
art. L. 932-44, ecqc NC	R. 562-39	art. L. 934-8-1, ecqc L. 331-2	L. 532-20
art. L. 932-44, ecqc PF	R. 552-30	art. L. 934-9	L. 532-26
art. L. 932-45, ecqc NC	R. 562-39	art. L. 935-1	R. 541-1
art. L. 932-45, ecqc PF	R. 552-30	art. L. 941-1	L. 521-2
art. L. 932-46, ecqc NC	R. 562-39	art. L. 941-2	L. 521-1
art. L. 932-46, ecqc PF	R. 552-30	art. L. 941-2, ecqc R	R. 521-1
art. L. 933-1	L. 562-9	art. L. 942-1	L. 522-11
art. L. 933-2	L. 562-10	art. L. 942-2	L. 522-12
art. L. 933-3	L. 562-11	art. L. 942-3	*abrogé*
art. L. 933-3, ecqc liste CA	R. 562-14	…	D. 522-10
art. L. 933-3, ecqc liste GDS	R. 562-16	art. L. 942-4, ecqc nombre	R. 522-11
art. L. 933-4	L. 562-12	art. L. 942-4, phrase 1	L. 522-13
art. L. 933-4, ecqc WF	L. 532-10	art. L. 942-4, phrase 2	L. 522-14
art. L. 933-5	L. 562-13		
…	*abrogé*		
art. L. 933-5, ecqc WF	L. 532-11		
art. L. 933-6	R. 562-20		
art. L. 933-6, ecqc WF	R. 532-20		
art. L. 933-7	L. 562-14		
art. L. 933-7, ecqc WF	L. 532-12		
art. L. 933-8	L. 562-15		

TEXTES D'ORIGINE	ARTICLES
art. L. 942-5	*abrogé*
art. L. 942-6	*abrogé*
art. L. 942-7, al. 1er, ecqc L. 223-2, al. 3, et L. 226-1, al. 2	*abrogé*
art. L. 942-7, ecqc fonctionnement des juridictions du ressort	*abrogé*
art. L. 942-7, ecqc protection de l'enfance	L. 522-15
art. L. 942-7, ecqc R	R. 521-1
art. L. 942-8	L. 522-16
art L. 942-9	L. 522-17
art. L. 942-10	L. 522-18
art. L. 942-11	L. 522-19
....	*abrogé*
art. L. 942-12	L. 522-20
art. L. 942-13	L. 522-21
art. L. 942-13, ecqc liste GDS	R. 522-15
art. L. 942-13, ecqc listes TSA	R. 522-13
art. L. 942-14	L. 522-22
....	*abrogé*
art. L. 942-15	L. 522-23
art. L. 942-16	R. 522-18
art. L. 942-17	L. 522-24
art. L. 942-18	L. 522-25
art. L. 942-19	*abrogé*
art. L. 942-20	L. 522-26
art. L. 942-21	L. 522-27
art. L. 943-1	L. 522-1
art. L. 943-2	L. 522-3
art. L. 943-3	L. 522-4
art. L. 943-4	*abrogé*
....	D. 522-1
art. L. 943-5, al. 3	*abrogé*
art. L. 943-5, al. 1er et 2	L. 522-5
art. L. 943-6	L. 522-6
art. L. 943-6, ecqc nombre	*abrogé*
art. L. 943-7	L. 522-7
art. L. 943-7, ecqc R	R. 522-6
art. L. 943-8	L. 522-8
art. L. 943-9	L. 522-9
art. L. 943-10	L. 522-10
art. L. 943-11	L. 522-10
art. L. 943-12	L. 522-10
art. L. 943-12-1, al. 1er, ecqc L. 331-1	L. 522-28
art. L. 943-12-1, al. 1er, ecqc L. 331-3	*abrogé*

TEXTES D'ORIGINE	ARTICLES
art. L. 943-12-1, al. 1er, ecqc L. 331-4	L. 522-30
art. L. 943-12-1, al. 1er, ecqc L. 331-5	*abrogé*
art. L. 943-12-1, al. 1er. ecqc L. 331-6	*abrogé*
art. L. 943-12-1, al. 1er, ecqc L. 331-7	L. 522-31
art. L. 943-12-1, al. 1er, ecqc L. 331-8	*abrogé*
art. L. 943-12-1, al. 1er, ecqc L. 331-9	L. 522-32
art. L. 943-12-1, ecqc L. 331-2	L. 522-29-1
art. L. 944-1	L. 522-33
art. L. 944-2	L. 522-33
art. L. 944-3	L. 522-34
art. L. 945-1	L. 522-35
art. L. 945-2	L. 522-36
art. L. 946-1	L. 523-1
art. L. 946-2	R. 523-1
art. L. 951-1	L. 512-1
art. L. 951-2	L. 512-2
art. L. 951-3, al. 1er à 3, ecqc listes TSA	R. 512-2
art. L. 951-3, al. 1er à 3, ecqc liste GDS	R. 512-4
art. L. 951-3, ecqc désignation assesseurs	L. 512-3
art. L. 951-4	L. 512-4
art. L. 952-1	L. 511-1
art. L. 952-2	L. 513-10
art. L. 952-3	*abrogé*
art. L. 952-4	L. 513-1
art. L. 952-5	L. 513-2
art. L. 952-6	L. 513-3
art. L. 952-7, al. 4	R. 513-3
art. L. 952-7, I et II	L. 513-4
art. L. 952-8	L. 513-5
art. L. 952-9	L. 513-6
....	R. 513-7
art. L. 952-10	L. 513-7
art. L. 952-11, al. 5	R. 513-10
art. L. 952-11, I et II	L. 513-8
art. L. 952-12	L. 513-9
art. L. 952-13	L. 511-1
art. L. 952-14	L. 513-11
art. R. 7-10-1-1	R. 124-2
art. R. 7-10-1-2	R. 124-1
art. R.* 7-11-1-1	R. 123-13
art. R. 7-12-1-1	R. 131-2
art. R. 7-12-1-2	R. 131-3
art. R. 7-12-1-3	R. 131-4

TEXTES D'ORIGINE	ARTICLES
art. R. 7-12-1-4	R. 131-5
art. R. 7-12-1-5	R. 131-6
art. R. 7-12-1-6	R. 131-7
art. R. 7-12-1-7	R. 131-8
art. R. 7-12-1-8	R. 131-9
art. R. 7-12-1-9	R. 131-10
art. R. 7-12-1-10	R. 131-11
art. R.* 121-1	R. 411-1
art. R.* 121-2	R. 421-2
art. R.* 121-3	R. 421-3
art. R.* 121-4	R. 421-4
art. R.* 121-5	R. 431-2
art. R.* 121-6	R. 431-2
art. R.* 121-7	R. 411-5
art. R.* 131-1, al. 1er	R. 421-2
art. R.* 131-1, al. 2	R. 431-4
art. R. 131-2, al. 1er	R. 431-3
art. R. 131-2, al. 2	R. 434-1
art. R. 131-3	R. 431-12
art. R.* 131-4	R. 431-11
art. R. 131-5, al. 1er, ecqc R. 131-2	*abrogé*
art. R. 131-5, al. 1er, ecqc R. 131-4	*abrogé*
art. R. 131-5, al. 1er, ecqc R. 131-3	*abrogé*
art. R. 131-5, al. 2	R. 434-1
art. R. 131-6, ecqc L. 131-6-2	R. 431-13
art. R.* 131-6, ecqc R.* 131-4	R. 431-11
art. R.* 131-7	R. 431-6
art. R.* 131-8	R. 435-1
art. R.* 131-9	R. 435-3
art. R.* 131-10	R. 421-8
art. R.* 131-11	R. 421-6
art. R.* 131-12, al. 1er	R. 431-9
art. R.* 131-12, al. 2	*abrogé*
art. R.* 131-13	R. 431-10
art. R.* 131-14	R. 421-7
art. R.* 131-15	R. 433-1
art. R.* 131-16	R. 433-2
art. R. 131-16-1	R. 433-3
art. R.* 131-17	R. 433-4
art. R. 131-18	R. 421-10
art. R.* 131-19	R. 421-9
art. R. 131-20	R. 431-8
art. R.* 132-1	R. 432-1
art. R.* 132-2, al. 1er	R. 432-2
art. R.* 132-2, al. 2	*abrogé*
art. R.* 132-3	R. 432-3
art. R.* 132-4	R. 432-4
art. R.* 141-1	*abrogé*
art. R.** 142-1	*abrogé*
art. R. 151-1	*abrogé*
art. R.* 211-1	L. 311-1
....	*abrogé*
art. R.* 211-2	*abrogé*
art. R.* 212-1, al. 1er	D. 311-1
art. R.* 212-1, al. 2	D. 311-8
art. R.* 212-1, al. 3 et 4	R. 311-2
art. R.* 212-2	R. 311-3
art. R.* 212-3, al. 1er	R. 312-1
art. R.* 212-3, al. 2	R. 312-10
art. R.* 212-3, al. 3	R. 312-27
art. R.* 212-4	R. 312-10
art. R.* 212-5, al. 4	*abrogé*
art. R.* 212-5, al. 1er à 3	R. 312-9
art. R.* 212-5, al. 3 et 4	L. 312-2
art. R.* 212-7	L. 311-7
....	R. 311-4
art. R.* 212-8	*abrogé*
art. R.** 213-1	*abrogé*
art. R.* 213-2	*abrogé*
art. R.* 213-3, ecqc assemblée	R. 312-10
art. R.* 213-3, ecqc réunies	R. 312-11
art. R.* 213-4	R. 121-2
art. R.* 213-5	R. 312-1
art. R.* 213-6	R. 312-2
art. R.* 213-7	R. 312-3
art. R.* 213-8	R. 312-5
art. R.* 213-10	R. 312-3
art. R.* 213-11	R. 312-5
art. R.** 213-12	R. 312-8
art. R.* 213-13	R. 312-27
art. R.* 213-21	R. 312-14
art. R.* 213-22	R. 312-14
art. R.** 213-23	R. 312-14
art. R.* 213-24	R. 312-16
art. R.* 213-25	*abrogé*
art. R.** 213-26	R. 312-18
art. R.* 213-29	R. 312-68
art. R. 213-29-1	R. 312-65
art. R. 213-30	R. 312-66
art. R. 213-31	R. 312-67
art. R.* 221-1, al. 1er	R. 311-6
art. R.* 221-1, al. 2	*abrogé*
art. R.** 222-1	*abrogé*
art. R. 225-1	R. 312-10
art. R.* 225-2	R. 312-43
art. R.* 225-3	R. 312-12
art. R. 225-4	*abrogé*
art. R.* 226-1	R. 312-42
art. R.* 231-1	*abrogé*

TEXTES D'ORIGINE	ARTICLES	TEXTES D'ORIGINE	ARTICLES
art. R. 241-1	R. 312-70	art. R.* 311-37	R. 212-15
art. R. 242-1	R. 312-71	art. R.* 311-38	R. 212-58
art. R. 242-2	R. 312-72	art. R. 311-38-1	R. 212-58
art. R. 242-3	R. 312-73	art. R. 311-39............	R. 212-20
art. R. 242-4	R. 312-74	art. R. 311-40............	R. 212-21
art. R. 242-5	R. 312-75	art. R. 311-41............	R. 212-21
art. R. 242-6	R. 312-76	art. R. 311-42............	R. 212-21
art. R. 242-7	*abrogé*	art. R. 312-1	R. 213-8
art. R.* 311-1............	L. 211-3	art. R. 312-1-1...........	D. 211-9
art. R.* 311-1, ecqc ressort......................	R. 211-3	art. R. 312-2	D. 211-5
art. R.* 311-2...........	R. 211-3	art. R. 312-2-1...........	D. 211-6
art. R.* 311-3...........	L. 211-5	art. R.* 312-3, al. 1er	R. 213-2
art. R.* 311-4, ecqc TGI..	*abrogé*	art. R.* 312-3, al. 2.......	L. 211-4
art. R.* 311-4, ecqc TI....	*abrogé*	....	R. 211-4
art. R.* 311-5, ecqc TGI..	*abrogé*	art. R. 312-4	R. 213-5
art. R.* 311-5, ecqc TI....	*abrogé*	art. R.* 312-5, ecqc L. 721-2 du code de commerce.................	*abrogé*
art. R.* 311-6............	R. 211-11	art. R.* 312-5, ecqc L. 722-4 du code de commerce.................	*non repris*
art. R.* 311-7, al. 1er	D. 211-1	art. R.* 312-7............	*non repris*
art. R.* 311-7, al. 2 et 3..	R. 211-2	art. R.* 312-8, phrases 1 et 2	*abrogé*
art. R.* 311-8...........	*abrogé*	art. R.* 312-8, phrase 3 ..	R. 212-44
art. R. 311-9	R. 212-1	art. R. 312-9	D. 211-10
art. R. 311-10............	R. 212-2	art. R. 312-10............	L. 211-11
art. R. 311-11............	R. 212-3	....	R. 211-7
art. R.* 311-12	L. 213-1	art. R. 312-11............	*non repris*
art. R.* 311-13	*abrogé*	art. R. 321-3, al. 1er.......	L. 221-7
art. R.* 311-14	*abrogé*	art. R. 321-3, al. 2	L. 221-6
art. R. 311-15............	*abrogé*	....	R. 221-41
art. R.** 311-16, al. 1er ..	R. 212-3	art. R.* 321-4............	*abrogé*
art. R.** 311-16, al. 2....	R. 121-2	art. R.* 321-5............	R. 221-6
art. R.** 311-17..........	R. 212-4	art. R.* 321-6............	R. 221-13
art. R.** 311-18..........	R. 212-4	art. R.* 321-7............	R. 221-14
art. R.** 311-19..........	R. 212-4	art. R.* 321-8............	R. 221-15
art. R.** 311-20..........	R. 212-4	art. R.* 321-9, al. 11	R. 221-19
art. R.** 311-21..........	R. 212-5	art. R.* 321-9, al. 13	R. 221-35
art. R.* 311-22	R. 212-5	art. R.* 321-9, al. 2.......	R. 221-12
art. R. 311-23............	R. 212-6	art. R.* 321-9, al. 7.......	R. 221-17
art. R.* 311-25	R. 212-6	art. R.* 321-9, al. 1er, 3 à 6 et 14......................	R. 221-16
art. R.* 311-26	R. 212-6	art. R.* 321-9, al. 10 et 12..........................	*abrogé*
art. R.* 311-27	R. 212-6	art. R.* 321-9, al. 8 et 9..	R. 221-18
art. R.* 311-28	R. 212-10	art. R. 321-10............	R. 221-17
art. R. 311-29-1	*abrogé*	art. R.* 321-11	*abrogé*
art. R. 311-29-2	*R. 213-10*	art. R.* 321-12	R. 221-7
art. R. 311-29-3, ecqc phrase 2	L. 213-7	art. R.* 321-14	R. 221-8
art. R. 311-29-3, phrase 1, ecqc JAF	*abrogé*	art. R.* 321-15	R. 221-9
art. R. 311-29-3, phrase 1, ecqc JEX	*abrogé*	art. R.* 321-16	*abrogé*
art. R.* 311-30	*abrogé*	art. R.* 321-17, al. 3	R. 221-26
art. R.* 311-34	R. 212-12		
art. R.* 311-35	R. 212-12		
art. R.* 311-36	R. 212-14		

TEXTES D'ORIGINE	ARTICLES	TEXTES D'ORIGINE	ARTICLES
art. R.* 321-17, al. 5	R. 221-30	art. R. 331-1, ecqc R.* 321-7	R. 221-14
art. R.* 321-17, al. 6	R. 221-25	art. R. 331-1, ecqc R.* 321-8	R. 221-15
art. R.* 321-17, al. 1er, 2 et 4	R. 221-24	art. R. 331-1, ecqc R.* 321-9, al. 1er, 3 à 6 et 14	R. 221-16
art. R.* 321-18, al. 1er et 4 à 6	R. 221-27	art. R. 331-1, ecqc R.* 321-9, al. 11	R. 221-19
art. R.* 321-18, al. 2 et 3	*abrogé*	art. R. 331-1, ecqc R.* 321-9, al. 13	R. 221-35
art. R.* 321-19	R. 221-32	art. R. 331-1, ecqc R.* 321-9, al. 7, et R. 321-10	R. 221-17
art. R.* 321-20, al. 1er, 3 et 4	R. 221-34	art. R. 331-1, ecqc R.* 321-9, al. 8 et 9	R. 221-18
art. R.* 321-20, al. 1er et 2	R. 221-33	art. R. 331-2	R. 231-5
art. R.* 321-21	*abrogé*	art. R. 331-3	R. 231-6
art. R.* 321-22	R. 221-40	art. R. 331-4, al. 1er	D. 231-1
art. R.* 321-23	*abrogé*	art. R. 331-4, al. 2 et 3	R. 231-2
art. R.* 321-24	R. 221-46	art. R. 331-5	R. 232-1
art. R.* 321-25	R. 221-49	art. R. 331-6	R. 232-2
art. R.* 321-26	R. 221-48	art. R. 412-3	L. 311-2
art. R.* 321-27	R. 221-47	art. R. 421-1	*abrogé*
art. R.* 321-28	R. 221-51	art. R. 422-1	*abrogé*
art. R.* 321-30	R. 221-50	art. R. 423-1	*abrogé*
art. R. 321-30-1	R. 221-52	art. R. 424-1	*abrogé*
art. R.* 321-31	D. 221-1	art. R.* 432-1	*abrogé*
art. R. 321-31, al. 3 et 4	R. 221-2	art. R. 442-1	*non repris*
art. R.* 321-33	*abrogé*	art. R. 450-1	*abrogé*
art. R.* 321-34	L. 222-2	art. R.* 461-1	*abrogé*
art. R.* 321-34, al. 1er, phrase 1	*abrogé*	art. R. 522-1	D. 251-1
art. R.* 321-35, ecqc ordonnance de répartition	R. 222-3	art. R.* 522-2	D. 251-2
art. R.* 321-35, sauf ordonnance de répartition	R. 222-1	art. R. 522-2-1	R. 251-3
art. R.* 321-37	R. 222-1	art. R. 522-2-2	R. 251-4
art. R. 321-38	R. 222-1	art. R.* 522-3	R. 251-6
art. R.* 321-41	R. 212-6	art. R.* 522-4	R. 251-7
art. R.* 321-42	*abrogé*	art. R.* 522-5	R. 251-8
art. R.* 321-43	R. 212-11	art. R.* 522-6	R. 251-9
art. R.* 321-44, ecqc JP	R. 232-3	art. R.* 522-7	R. 251-10
art. R.* 321-44, ecqc TI	R. 222-3	art. R. 522-8	R. 251-11
art. R.* 321-45	*abrogé*	art. R.* 522-9	R. 251-12
art. R.* 322-1	R. 222-2	art. R.* 522-10	R. 251-13
art. R. 323-1	R. 221-44	art. R. 531-1	R. 252-2
art. R. 323-2	R. 221-45	art. R. 611-1	*abrogé*
art. R.* 323-3	R. 222-4	art. R. 612-1	*abrogé*
art. R. 331-1	*abrogé*	art. R.* 621-1	*abrogé*
art. R. 331-1, ecqc R.* 321-15	R. 221-9	art. R.* 623-1	D. 221-1
art. R. 331-1, ecqc R.* 321-6	R. 221-13	art. R. 632-1	*abrogé*
		art. R. 632-2	*abrogé*
		art. R. 632-3	*abrogé*
		art. R. 633-1	*abrogé*
		art. R.* 711-1, al. 1er	R. 111-1

TEXTES D'ORIGINE	ARTICLES	TEXTES D'ORIGINE	ARTICLES
art. R.* 711-1, al. 2	L. 111-4	art. R.* 761-3, ecqc CA	R. 312-28
art. R.* 711-2	R. 111-2	art. R.* 761-3, ecqc TGI	R. 212-23
art. R.* 721-1	L. 111-10	art. R.* 761-3, ecqc TI	R. 222-11
art. R.* 721-1, al. 1er, ecqc décret	R. 111-3	art. R.* 761-4, ecqc CA	R. 312-29
		art. R.* 761-4, ecqc TGI	R. 212-23
art. R.* 721-2, phrase 1	*abrogé*	art. R.* 761-4, ecqc TI	R. 222-11
art. R.* 721-2, phrase 2	R. 111-3	art. R.* 761-5, ecqc CA	R. 312-30
art. R.* 721-3	R. 111-4	art. R.* 761-5, ecqc TGI	R. 212-25
art. R.* 721-4	*abrogé*	art. R.* 761-5, ecqc TI	R. 222-13
art. R. 731-1	*abrogé*	art. R.* 761-6, ecqc CA	R. 312-31
art. R.* 741-1	R. 121-4	art. R.* 761-6, ecqc TGI	R. 212-26
art. R.* 741-2	R. 122-5	art. R.* 761-6, ecqc TI	R. 222-14
art. R.* 741-3, ecqc parquet	R. 122-5	art. R.* 761-7, ecqc CA	R. 312-32
		art. R.* 761-7, ecqc TGI	R. 212-27
art. R.* 741-3, ecqc siège	R. 121-4	art. R.* 761-7, ecqc TI	R. 222-15
art. R.* 741-4, ecqc parquet	R. 122-5	art. R.* 761-8, ecqc CA	R. 312-33
		art. R.* 761-8, ecqc TGI	R. 212-28
art. R.* 741-4, ecqc siège	R. 121-4	art. R.* 761-8, ecqc TI	R. 222-16
art. R.* 741-5	R. 123-12	art. R.* 761-9, ecqc TI	R. 222-16
art. R. 741-6, ecqc COJ	R. 111-6	art. R.* 761-9, phrase 1, ecqc CA	R. 312-33
art. R.* 751-1	R. 122-1		
art. R.* 761-1, ecqc CA	R. 312-27	art. R.* 761-9, phrase 1, ecqc TGI	R. 212-28
art. R.* 761-1, ecqc TGI	R. 212-22		
art. R.* 761-2, ecqc CA greffe	R. 312-52	art. R.* 761-9, phrase 2, ecqc CA	R. 312-31
art. R.* 761-2, ecqc CA parquet	R. 312-45	art R. *761-9, phrase 2, ecqc TGI	R. 212-26
art. R.* 761-2, ecqc CA plénière	R. 312-56	art. R.* 761-10, ecqc CA	R. 312-34
		art. R.* 761-10, ecqc TGI	R. 212-29
art. R.* 761-2, ecqc CA siège	R. 312-39	art. R.* 761-10, ecqc TI	R. 222-17
art. R.* 761-2, ecqc CA siège et parquet	R. 312-48	art. R.* 761-11, ecqc CA	R. 312-35
		art. R.* 761-11, ecqc TGI	R. 212-30
art. R.* 761-2, ecqc TGI greffe	R. 212-45	art. R.* 761-12, ecqc CA	R. 312-36
art. R.* 761-2, ecqc TGI parquet	R. 212-38	art. R.* 761-12, ecqc TGI	R. 212-31
art. R.* 761-2, ecqc TGI plénière	R. 212-49	art. R.* 761-12, ecqc TI	R. 222-19
		art. R.* 761-13, ecqc CA	R. 312-37
art. R.* 761-2, ecqc TGI siège	R. 212-34	art. R.* 761-13, ecqc TGI	R. 212-32
art. R.* 761-2. ecqc TGI *siège et parquet*	*R. 212-41*	art. R.* 761-13, ecqc TI	R. 222-20
		art. R.* 761-14, ecqc CA	R. 312-38
art. R.* 761-2, ecqc TI	R. 222-30	art. R.* 761-14, ecqc TGI	R. 212-33
art. R. 761-2-1, ecqc CA parquet	R. 312-45	art. R.* 761-14, ecqc TI	R. 222-21
art. R. 761-2-1, ecqc CA siège	R. 312-39	art. R.* 761-15, ecqc CA	R. 312-27
		art. R.* 761-15, ecqc TGI	R. 212-22
art. R. 761-2-1, ecqc TGI parquet	R. 212-38	art. R.* 761-16, ecqc CA	R. 312-48
art. R. 761-2-1, ecqc TGI siège	R. 212-34	art. R.* 761-16, ecqc TGI	R. 212-41
art. R. 761-2-1, ecqc TI	R. 222-30	art. R.* 761-17, ecqc CA	R. 312-49

TEXTES D'ORIGINE	ARTICLES
art. R.* 761-17, ecqc TGI	R. 212-42
art. R.* 761-17, ecqc TI	R. 222-25
art. R. 761-18, ecqc CA	R. 312-50
art. R.* 761-18, ecqc TGI	R. 212-43
art. R.* 761-19, ecqc CA	*abrogé*
art. R.* 761-19, ecqc TGI	*abrogé*
art. R.* 761-19, ecqc TI	R. 222-18
art. R.* 761-20, ecqc CA	R. 312-51
art. R.* 761-20, ecqc TGI	R. 212-44
art. R.* 761-20, ecqc TI	R. 222-26
art. R.* 761-21	R. 212-34
art. R.* 761-21, al. 2, ecqc CA	R. 312-39
art. R.* 761-22, ecqc CA	R. 312-40
art. R.* 761-22, ecqc TGI	R. 212-35
art. R.* 761-23, al. 13	R. 312-44
art. R.* 761-23, al. 3	*abrogé*
art. R.* 761-23, al. 5	R. 312-43
art. R.* 761-23, al. 1er et 2	R. 312-41
art. R.* 761-23, al. 4 et 6 à 12	R. 312-42
art. R.* 761-24, al. 5	*abrogé*
art. R.* 761-24, al. 1er à 4	R. 212-36
art. R.* 761-24, al. 6 à 12	R. 212-37
art. R.* 761-25, al. 1er, ecqc CA	R. 312-46
art. R.* 761-25, al. 1er, ecqc TGI	R. 212-39
art. R.* 761-25, al. 2, ecqc CA	R. 312-45
art. R.* 761-25, al. 2, ecqc TGI	R. 212-38
art. R.* 761-26	R. 312-47
art. R.* 761-26, ecqc TGI	R. 212-40
art. R.* 761-27, ecqc CA	R. 312-52
art. R.* 761-27, ecqc TGI	R. 212-45
art. R.* 761-27, ecqc TI	R. 222-28
art. R.* 761-28, ecqc CA	R. 312-52
art. R.* 761-28, ecqc TGI	R. 212-45
art. R.* 761-28, ecqc TI	R. 222-28
art. R.* 761-29, al. 1er, ecqc CA	*abrogé*
art. R.* 761-29, al. 2, ecqc CA	R. 312-52
art. R.* 761-29, ecqc TGI	R. 212-45
art. R.* 761-29, ecqc TI	R. 222-28
art. R.* 761-30, ecqc CA	*abrogé*
art. R.* 761-30, ecqc TGI	*abrogé*
art. R.* 761-30, ecqc TI	R. 222-18
art. R.* 761-31, ecqc CA	R. 312-53
art. R.* 761-31, ecqc TGI	R. 212-46
art. R.* 761-31, ecqc TI	R. 222-29
art. R.* 761-32, al. 4, ecqc CA	R. 312-55
art. R.* 761-32, al. 4, ecqc TGI	R. 212-48
art. R.* 761-32, al. 1er à 3, ecqc CA	R. 312-54
art. R.* 761-32, al. 1er à 3, ecqc TGI	R. 212-47
art. R.* 761-32, ecqc TI	R. 222-29
art. R.* 761-33, al. 1er, ecqc CA	R. 312-54
art. R.* 761-33, al. 1er, ecqc TGI	R. 212-47
art. R.* 761-33, al. 2, ecqc CA	R. 312-55
art. R.* 761-33, al. 2, ecqc TGI	R. 212-48
art. R.* 761-33, ecqc TI	R. 222-29
art. R.* 761-34, ecqc CA	R. 312-56
art. R.* 761-34, ecqc TGI	R. 212-49
art. R.* 761-34, ecqc TI	R. 222-30
art. R.* 761-35, ecqc CA	R. 312-56
art. R.* 761-35, ecqc TGI	R. 212-49
art. R.* 761-35, ecqc TI	R. 222-30
art. R.* 761-36, ecqc CA	*abrogé*
art. R.* 761-36, ecqc TGI	*abrogé*
art. R.* 761-36, ecqc TI	*abrogé*
art. R.* 761-37, ecqc CA	R. 312-57
art. R.* 761-37, ecqc TGI	R. 212-50
art. R.* 761-37, ecqc TI	R. 222-31
art. R.* 761-38, ecqc CA	R. 312-58
art. R.* 761-38, ecqc TGI	R. 212-51
art. R.* 761-38, ecqc TI	R. 222-32
art. R.* 761-39, ecqc CA	R. 312-58

TEXTES D'ORIGINE	ARTICLES
art. R.* 761-39, ecqc TGI	R. 212-51
art. R.* 761-39, ecqc TI	R. 222-32
art. R.* 761-40, ecqc CA	R. 312-58
art. R.* 761-40, ecqc TGI	R. 212-51
art. R.* 761-40, ecqc TI	R. 222-32
art. R.* 761-41, ecqc CA	R. 312-58
art. R.* 761-41, ecqc TGI	R. 212-51
art. R.* 761-41, ecqc TI	R. 222-32
art. R.* 761-42, ecqc CA	R. 312-58
art. R.* 761-42, ecqc TGI	R. 212-51
art. R.* 761-42, ecqc TI	R. 222-32
art. R.* 761-43, ecqc CA	R. 312-59
art. R.* 761-43, ecqc TGI	R. 212-52
art. R.* 761-43, ecqc TI	R. 222-33
art. R.* 761-44, ecqc CA	R. 312-60
art. R.* 761-44, ecqc TGI	R. 212-53
art. R.* 761-44, ecqc TI	R. 222-34
art. R.* 761-45, ecqc CA	R. 312-61
art. R.* 761-45, ecqc TGI	R. 212-54
art. R.* 761-45, ecqc TI	R. 222-35
art. R.* 761-46, ecqc CA	R. 312-27
art. R.* 761-46, ecqc TGI	R. 212-22
art. R.* 761-46, ecqc TI	*abrogé*
art. R.* 761-47, ecqc CA	R. 312-62
art. R.* 761-47, ecqc TGI	R. 212-55
art. R.* 761-47, ecqc TI	R. 222-36
art. R.* 761-48, ecqc CA	R. 312-62
art. R.* 761-48, ecqc TGI	R. 212-55
art. R.* 761-48, ecqc TI	R. 222-36
art. R.* 761-49, ecqc CA	R. 312-63
art. R.* 761-49, ecqc *TGI*	R. 212-56
art. R.* 761-49, ecqc TI	R. 222-37
art. R.* 761-50, ecqc CA	R. 312-64
art. R.* 761-50, ecqc TGI	R. 212-57
art. R.* 761-50, ecqc TI	R. 222-38
art. R.* 762-1, al. 1er	R. 222-10
art. R.* 762-1, al. 2, ecqc bureau	R. 222-14
art. R.* 762-1, al. 2, ecqc composition	R. 222-30
art. R.* 762-1, al. 2, ecqc délibérations	R. 222-17
art. R.* 762-1, al. 2, ecqc ordre du jour	R. 222-13
art. R.* 762-1, al. 2, ecqc procuration	R. 222-16
art. R.* 762-1, al. 2, ecqc PV	R. 222-21
art. R.* 762-1, al. 2, ecqc quorums	R. 222-15
art. R.* 762-1, al. 2, ecqc R.* 761-36	*abrogé*
art. R. 762-1, al. 2, ecqc R.* 761-37	R. 222-31
art. R.* 762-1, al. 2, ecqc réunions	R. 222-11
art. R.* 762-1, al. 2, ecqc RI	R. 222-20
art. R.* 762-1, al. 2, ecqc urgence	R. 222-19
art. R.* 762-2	R. 222-30
art. R. 762-3, al. 2, ecqc R.* 761-20	R. 222-26
art. R.* 762-3, al. 1er, phrase 1	R. 222-10
art. R.* 762-3, al. 1er, phrase 2	R. 222-24
art. R.* 762-3, al. 2, ecqc R. 761-19	R. 222-18
art. R.* 762-3, al. 2, ecqc R.* 761-17	R. 222-25
art. R.* 762-3, al. 3	R. 222-27
art. R.* 762-4, al. 2	R. 222-23
art. R.* 762-4, phrase 1	R. 222-10
art. R.* 762-5, ecqc plénière	R. 222-30
art. R.* 762-5, ecqc siège	R. 222-22
art. R.* 762-5, ecqc siège et parquet	R. 222-24
art. R.* 762-6, al. 3, ecqc avis	R. 222-29
art. R.* 762-6, al. 3, ecqc composition	R. 222-28
art. R.* 762-6, al. 3, ecqc délibérations	R. 222-18
art. R.* 762-6, al. 1er et 2	R. 222-10
art. R.* 762-7, ecqc principe	R. 222-10
art. R.* 762-7, ecqc R.* 761-38 à R. 761-42	R. 222-32
art. R.* 762-7, ecqc R.* 761-43	R. 222-33

TEXTES D'ORIGINE	ARTICLES
art. R.* 762-7, ecqc R.* 761-44	R. 222-34
art. R.* 762-7, ecqc R.* 761-45	R. 222-35
art. R.* 762-7, ecqc R.* 761-46	*abrogé*
art. R.* 762-7, ecqc R.* 761-47 et R. 761-48	R. 222-36
art. R.* 762-7, ecqc R.* 761-49	R. 222-37
art. R.* 762-7, ecqc R.* 761-50	R. 222-38
art. R.* 762-8	R. 222-21
art. R. 762-9, al. 1er, phrase 1	R. 232-5
art. R. 762-9, al. 1er, phrase 2	R. 232-9
art. R. 762-9, al. 2 à 6	R. 232-10
art. R. 762-10, phrase 1	R. 232-5
art. R. 762-10, phrase 2	R. 232-7
art. R. 762-10, phrase 3	R. 232-8
art. R. 762-11, al. 1er, phrase 2	*abrogé*
art. R. 762-11, al. 1er, phrase 1, ecqc R. 762-10	R. 232-7
art. R. 762-11, al. 1er, phrase 1, ecqc R. 762-9	R. 232-9
art. R. 762-11, al. 2	R. 232-6
art. R.* 763-1	R. 312-29
	R. 435-2
art. R.* 763-1, ecqc TGI	R. 212-24
art. R.* 763-1, ecqc TI	R. 222-12
art. R. 764-1	R. 312-77
art. R. 764-2	R. 312-78
art. R. 764-3	R. 312-79
art. R. 764-4	R. 312-80
art. R. 764-5	R. 312-81
art. R.* 764-6	R. 312-82
art. R.* 771-1	R. 111-5
art. R.* 771-2	*abrogé*
art. R.* 791-1	R. 121-5
art. R.* 811-1	*abrogé*
art. R.* 811-2	R. 123-1
art. R.* 811-3, al. 1er	*abrogé*
art. R.* 811-3, al. 2 et 3, ecqc siège et ressort	D. 222-7
art. R.* 811-3, al. 2 et 3, sauf siège et ressort	R. 222-6
art. R.* 811-4., al. 1er	R. 123-2
art. R.* 811-4, al. 2	*abrogé*
art. R.* 811-5	*abrogé*
art. R. 811-6, al. 1er	R. 212-17
art. R. 811-6, al. 2 et 3	R. 222-8
art R. 811-7	R. 232-4
art. R.* 812-1	R. 123-3
art. R.* 812-2	R. 123-4
art. R.* 812-3, al. 2 dernière, phrase	R. 123-6
art. R.* 812-3, sauf al. 2 dernière phrase	R. 123-5
art. R.* 812-6	R. 123-7
art. R.* 812-7	R. 123-8
art. R.* 812-8	R. 123-9
art. R.* 812-9	R. 123-10
art. R.* 812-10, al. 3	R. 222-5
art. R. 812-10, al. 1er et 2	R. 123-11
art. R.* 812-11	R. 123-13
art. R.* 812-12	R. 123-14
art. R.* 812-13	R. 123-19
art. R.* 812-14	R. 123-19
art. R.* 812-15	R. 123-15
art. R.* 812-16, al. 1er, ecqc secrétariat	R. 123-19
art. R.* 812-16, al. 1er et 2, sauf secrétariat	R. 123-16
art. R.* 812-17	R. 123-17
art. R.* 812-18	*abrogé*
art. R.* 812-19	R. 123-18
art. R. 813-1, ecqc CA	R. 312-19
art. R. 813-1, ecqc TGI	R. 212-16
art. R. 813-1, ecqc TI	R. 222-9
art. R. 813-2	R. 212-16
art. R. 813-3, ecqc CA	R. 312-19
art. R. 813-3, ecqc TGI	R. 212-16
art. R. 813-3, ecqc TI	R. 222-9
art. R. 813-4	R. 434-2
art. R.* 814-1, al. 1er	R. 123-6
art. R.* 814-1, al. 2	R. 123-20
art. R.* 814-2	R. 123-21
art. R.* 814-3	R. 123-22
art. R.* 814-4	R. 123-23
art. R.* 814-5	R. 123-24
art. R.* 814-6	*abrogé*
art. R.* 814-7, ecqc R.* 814-4 et R.* 814-5	R. 123-25
art. R.* 814-7, ecqc R.* 814-6	*abrogé*
art. R. 831-1	*abrogé*
art. R.** 841-1	*abrogé*
art. R.** 841-2	*abrogé*
art. R. 861-1	*abrogé*
art. R. 882-2	*abrogé*
art. R.* 911-1	L. 223-5
art. R.* 911-2	L. 223-6
art. R.* 911-3	L. 223-1

TEXTES D'ORIGINE	ARTICLES
art. R.* 911-3, ecqc appel	R. 223-1
art. R. 911-4	L. 223-7
art. R. 911-5, al. 1er, phrase 1	D. 223-3
	D. 223-4
art. R. 911-5, al. 2	D. 223-6
art. R. 911-6	D. 223-6
art. R. 911-7	D. 223-6
art. R. 911-8, ecqc plusieurs livres	R. 223-7
art. R. 911-8, ecqc transfert livre	D. 223-3
art. R. 911-9	D. 223-6
art. R. 911-10	D. 223-8
art. R. 911-11	D. 223-8
art. R. 911-12	D. 223-9
art. R.* 911-13	R. 223-5
art. R.* 915-1, ecqc CA	R. 313-3
art. R.* 915-1, ecqc TGI	R. 215-1
art. R.* 915-1, ecqc TI	R. 223-10
art. R.* 915-2	R. 223-11
art. R.* 915-3, al. 1er	R. 215-2
art. R.* 915-3, al. 2 à 7	R. 223-12
art. R.* 915-4	R. 223-13
art. R.* 921-2	R. 312-4
art. R.* 921-3	R. 312-17
art. R. 921-4	*abrogé*
art. R.* 921-5, al. 1er	*abrogé*
art. R.* 921-5, al. 2	R. 224-1
art. R.* 921-12	*abrogé*
art. R.* 921-13	R. 123-17
art. R.* 922-3	R. 312-26
art. R.* 922-4	*abrogé*
art. R.* 923-1	R. 111-2
art. R.* 923-2	*abrogé*
art. R. 931-1, ecqc NC	R. 561-2
art. R. 931-1, ecqc PF	R. 551-2
art. R. 931-1, ecqc WF	R. 531-2
art. R. 931-2, ecqc NC	*abrogé*
art. R. 931-2, ecqc PF	*abrogé*
art. R. 931-3, al. 3, ecqc NC	R. 562-34
art. R. 931-3, al. 3, ecqc PF	R. 552-25
art. R. 931-3, ecqc NC ecqc institution et compétence	R. 562-32
art. R. 931-3, ecqc NC ecqc organisation et fonctionnement	R. 562-33
art. R. 931-3, ecqc PF ecqc institution et compétence	R. 552-23
art. R. 931-3, ecqc PF ecqc organisation et fonctionnement	R. 552-24
art. R. 931-4, ecqc NC	R. 562-33
art. R. 931-4, ecqc PF	R. 552-24
art. R. 931-5, ecqc NC	R. 562-35
art. R. 931-5, ecqc PF	R. 552-26
art. R. 931-6, ecqc NC	R. 562-36
art. R. 931-6, ecqc PF	R. 552-27
art. R. 931-7, ecqc NC ecqc R. 221-1	R. 562-32
art. R. 931-7, ecqc NC ecqc R. 226-1	R. 562-33
art. R. 931-7, ecqc PF ecqc R. 221-1	R. 552-23
art. R. 931-7, ecqc PF ecqc R. 226-1	R. 552-24
art. R. 931-8, ecqc NC	L. 562-4
art. R. 931-8, ecqc NC ecqc ressort	R. 562-3
art. R. 931-8, ecqc PF	L. 552-4
art. R. 931-8, ecqc PF ecqc ressort	R. 552-3
art. R. 931-8, ecqc WF	L. 532-4
art. R. 931-8, ecqc WF ecqc ressort	R. 532-4
art. R. 931-9, ecqc NC	R. 562-3
art. R. 931-9, ecqc PF	R. 552-3
art. R. 931-9, ecqc WF	R. 532-4
art. R. 931-10, ecqc NC ecqc R. 311-4	*abrogé*
art. R. 931-10, ecqc NC ecqc R. 311-5	*abrogé*
art. R. 931-10, ecqc NC ecqc R. 311-6	*abrogé*
art. R. 931-10, ecqc PF ecqc R. 311-4	*abrogé*
art. R. 931-10, ecqc PF ecqc R. 311-5	*abrogé*
art. R. 931-10, ecqc PF ecqc R. 311-6	*abrogé*
art. R. 931-10, ecqc WF ecqc R. 311-4	*abrogé*
art. R. 931-10, ecqc WF ecqc R. 311-5	*abrogé*
art. R. 931-10, ecqc WF ecqc R. 311-6	*abrogé*
art. R. 931-10-1, ecqc NC	R. 562-10
art. R. 931-10-1, ecqc PF	R. 552-10

TEXTES D'ORIGINE	ARTICLES	TEXTES D'ORIGINE	ARTICLES
art. R. 931-10-1, ecqc WF	R. 532-9	art. R. 931-17, al. 2, ecqc NC	*abrogé*
art. R. 931-10-2, ecqc NC	*abrogé*	art. R. 931-17, al. 2, ecqc PF	*abrogé*
art. R. 931-10-2, ecqc PF	*abrogé*	art. R. 931-17, al. 2, ecqc WF	*abrogé*
art. R. 931-10-2, ecqc WF	*abrogé*	art. R. 931-17, al. 3, phrase 2, ecqc WF	*abrogé*
art. R. 931-10-3, ecqc NC	D. 562-4	art. R. 931-17, al. 3, phrase 2, ecqc PF	*abrogé*
art. R. 931-10-3, ecqc PF	D. 552-4	art. R. 931-17, al. 3, phrase 2, ecqc NC	*abrogé*
art. R. 931-10-3, ecqc WF	D. 532-5	art. R. 931-17, al. 1er et 3, phrase 1, ecqc WF	R. 533-1
art. R. 931-10-4, ecqc NC	R. 562-6	art. R. 931-17, al. 1er et 3, phrase 1, ecqc PF	R. 553-1
art. R. 931-10-4, ecqc PF	R. 552-6	art. R. 931-17, al. 1er et 3, phrase 1, ecqc NC	R. 563-1
art. R. 931-11, al. 1er, ecqc NC	D. 562-1	art. R. 931-18, ecqc NC	R. 563-1
art. R. 931-11, al. 1er, ecqc PF	D. 552-1	art. R. 931-18, ecqc PF	R. 553-1
art. R. 931-11, al. 1er, ecqc WF	D. 532-2	art. R. 931-18, ecqc WF	R. 533-1
art. R. 931-11, al. 2, ecqc NC	*non repris*	art. R. 931-19, ecqc NC	R. 563-3
art. R. 931-11, al. 2, ecqc PF	*non repris*	art. R. 931-19, ecqc PF	R. 553-3
art. R. 931-11, al. 2, ecqc WF	*non repris*	art. R. 931-19, ecqc WF	R. 533-3
art. R. 931-12, ecqc NC	R. 562-2	art. R. 931-20, ecqc NC	R. 563-4
art. R. 931-12, ecqc PF	R. 552-2	art. R. 931-20, ecqc PF	R. 553-4
art. R. 931-12, ecqc WF	R. 532-3	art. R. 931-20, ecqc WF	R. 533-4
art. R. 931-13, ecqc NC	R. 562-8	art. R. 931-21, al. 1er, ecqc NC ecqc statistiques	R. 562-33
art. R. 931-13, ecqc PF	R. 552-8	art. R. 931-21, al. 1er, ecqc NC sauf statistiques	*abrogé*
art. R. 931-13, ecqc WF	R. 532-8	art. R. 931-21, al. 1er, ecqc PF ecqc statistiques	R. 552-24
art. R. 931.14, ecqc NC	R. 562-5	art. R. 931-21, al. 1er, ecqc PF sauf statistiques	*abrogé*
art. R. 931-14, ecqc PF	R. 552-5	art. R. 931-21, al. 1er, ecqc WF ecqc statistiques	R. 532-21
art. R. 931-14, ecqc WF	R. 532-6	art. R. 931-21, al. 1er, ecqc WF sauf statistiques	*abrogé*
art. R. 931-15, al. 1er, ecqc NC	R. 562-37	art. R. 931-21, al. 2, ecqc NC	R. 561-2
art. R. 931-15, al. 1er, ecqc PF	R. 552-28	art. R. 931-21, al. 2, ecqc PF	R. 551-2
art. R. 931-15, al. 1er, ecqc WF	R. 532-24	art. R. 931-21, al. 2, ecqc WF	R. 531-2
art. R. 931-15, al. 2, ecqc NC	*abrogé*	art. R. 932-1, ecqc NC ecqc R.* 311-14 à R.* 311-28	R. 562-9
art. R. 931-15, al. 2, ecqc PF	*abrogé*	art. R. 932-1, ecqc NC ecqc R. 311-29-1 à R. 311-29-3	*abrogé*
art. R. 931-15, al. 2, ecqc WF	*abrogé*		
art. R. 931-16, ecqc NC	R. 561-1		
art. R. 931-16, ecqc PF	R. 551-1		
art. R. 931-16, ecqc WF ecqc incompatibilités	R. 531-1		

TEXTES D'ORIGINE	ARTICLES
art. R. 932-1, ecqc NC ecqc R.* 311-38 et R. 311-38-1	*abrogé*
art. R. 932-1, ecqc NC ecqc R.* 311-34 à R.* 311-37	R. 562-23
art. R. 932-1, ecqc NC ecqc R.* 311-30	R. 562-30
art. R. 932-1, ecqc NC ecqc R.* 312-8	*abrogé*
art. R. 932-1, ecqc PF ecqc R. 311-29-1 à R. 311-29-3	*abrogé*
art. R. 932-1, ecqc PF ecqc R.* 311-38 et R. 311-38-1	*abrogé*
art. R. 932.1, ecqc PF ecqc R.* 311-34 à R.* 311-37	R. 552-14
art. R. 932-1, ecqc PF ecqc R.* 311-30	R. 552-21
art. R. 932-1, ecqc PF ecqc R.* 312-8	*abrogé*
art. R. 932-1, ecqc PF ecqc R.* 311-14 à R.* 311-28	R. 552-9
art. R. 932-2, ecqc NC....	R. 562-24
art. R. 932-2, ecqc PF.....	R. 552-15
art. R. 932-3, ecqc NC....	*abrogé*
art. R. 932-3, ecqc PF.....	*abrogé*
art. R. 932-4, ecqc NC....	D. 562-26
art. R. 932-4, ecqc PF.....	D. 552-17
art. R. 932-5, ecqc NC....	R. 562-27
art. R. 932-5, ecqc PF.....	R. 552-18
art. R. 932-6, ecqc NC....	R. 562-28
art. R. 932-6, ecqc PF.....	R. 552-19
art. R. 932-7, ecqc NC....	R. 562-28
art. R. 932-7, ecqc PF.....	R. 552-19
art. R. 932-8, ecqc NC....	R. 562-28
art. R. 932-8, ecqc PF.....	R. 552-19
art. R. 932-9, ecqc NC....	R. 562-29
art. R. 932-9, ecqc PF.....	*R. 552-20*
art. R. 932-10, ecqc NC	R. 562-40 *non repris*
art. R. 932-10, ecqc PF	R. 552-31 *non repris*
art. R. 932-26, ecqc NC ..	R. 562-38
art. R. 932-26, ecqc PF ...	R. 552-29
art. R. 932-27, ecqc NC ecqc CA..................	R. 562-33
art. R. 932-27, ecqc NC ecqc TPI	R. 562-30
art. R. 932-27, ecqc PF ecqc CA....................	R. 552-24
art R. 932.27, ecqc PF ecqc TPI	R. 552-21
art. R. 933-1	R. 562-13
art. R. 933-1, ecqc WF....	R. 532-13
art. R. 933-2	R. 562-15
art. R. 933-2, ecqc WF....	R. 532-15
art. R. 933-3	R. 562-16
art. R. 933-3, ecqc WF....	R. 532-16
art. R. 933-4	R. 562-18
art. R. 933-5	R. 562-17
art. R. 933-5, ecqc WF....	R. 532-17
art. R. 933-6	R. 562-19
art R. 933-7	R. 562-19
art. R. 933-8	*abrogé*
art. R. 934-2	R. 532-10
art. R. 934-3, ecqc R. 933-1..................	R. 532-13
art. R. 934-3, ecqc R. 933-2..................	R. 532-15
art. R. 934-3, ecqc R. 933-3..................	R. 532-16
art. R. 934-3, ecqc R. 933-5..................	R. 532-17
art. R. 934-4	R. 532-18
art. R. 934-5	R. 532-19
art. R. 934-6	R. 532-19
art. R. 934-7	*abrogé*
art. R. 935-1	R. 541-1
art. R. 935-2	*abrogé*
art. R. 935-3	*abrogé*
art. R. 941-1	R. 521-2
art. R. 941-2, ecqc AG du TPI	R. 522-8
art. R. 941-2, ecqc AG du TSA	R. 522-20
art. R. 941-2, ecqc incompatibilités...........	R. 521-1
art. R. 942-1	D. 522-10
art. R. 942-2	*abrogé*
art. R. 942-3	*abrogé*
art. R. 942-4	*abrogé*
art. R. 942-5	*abrogé*
art. R. 942-6	*abrogé*
art. R. 942-7	*abrogé*
art. R. 942-8	*abrogé*
art. R. 942-12............	R. 522-12
art. R. 942-13............	R. 522-12
art. R. 942-14............	R. 522-13
art. R. 942-15............	R. 522-14
art. R. 942-16............	R. 522-16
art. R. 942-17............	R. 522-17

TEXTES D'ORIGINE	ARTICLES
art. R. 942-18	R. 522-17
art. R. 942-19	*abrogé*
art. R. 942-19-1	R. 522-19
art. R. 942-20	*abrogé*
art. R. 943-1	L. 522-2
art. R. 943-1, ecqc ressort	R. 522-2
art. R. 943-2	R. 522-2
art. R. 943-3, ecqc R.* 311-4	*abrogé*
art. R. 943-3, ecqc R.* 311-5	*abrogé*
art. R. 943-3, ecqc R.* 311-6	*abrogé*
art. R. 943-3-1	*abrogé*
art. R. 943-4	D. 522-1
art. R. 943-5	*abrogé*
art. R. 943-6	*abrogé*
art. R. 943-7	*abrogé*
art. R. 943-8	*abrogé*
art. R. 943-9	R. 522-4
art. R. 943-10	R. 522-5
art. R. 943-11	R. 522-5
art. R. 943-12	*abrogé*
art. R. 943-13, ecqc R. 943-10	R. 522-5
art. R. 943-13, ecqc R. 943-12	*abrogé*
art. R. 943-13, ecqc R. 943-9	R. 522-4
art. R. 943-14	*abrogé*
art. R. 943-15	*abrogé*
art. R. 943-16	R. 522-6
art. R. 943-17	*abrogé*
art. R. 943-17-1	R. 522-7
art. R. 943-18	*abrogé*
art. R. 943-18-1	R. 522-3
art. R. 943-19	*abrogé*
art. R. 943-20	*abrogé*
art. R. 944-1	*abrogé*
art. R. 945-1	*abrogé*
art. R. 946-1, al. 1er	*abrogé*
art. R. 946-1, al. 2	*abrogé*
art. R. 946-1, al. 3, phrase 1	*abrogé*
art. R. 946-1, al. 3, phrase 2	*abrogé*
art. R. 946-2	*abrogé*
art. R. 946-3, ecqc statistiques TPI	*abrogé*
art. R. 946-3, ecqc statistiques TSA	*abrogé*

TEXTES D'ORIGINE	ARTICLES
art. R. 946-3, sauf statistiques	*abrogé*
art. R. 946-4	R. 523-2
art. R. 946-5	*abrogé*
art. R. 946-6	*abrogé*
art. R. 951-1	R. 512-1
art. R. 951-2	R. 512-3
art. R. 951-3	R. 512-5
art. R. 951-4	R. 512-6
art. R. 951-5	*abrogé*
art. R. 951-6	R. 512-7
art. R. 952-1	R. 511-1
art. R. 952-2, ecqc TPI	R. 513-5
art. R. 952-2, ecqc TSA	R. 513-11
art. R. 952-3, ecqc TPI	R. 513-5
art. R. 952-3, ecqc TSA	R. 513-11
art. R. 952-4, ecqc TPI	R. 513-5
art. R. 952-4, ecqc TSA	R. 513-11
art. R. 952-5	R. 513-1
art. R. 952-6-1	*abrogé*
art. R. 952-7	R. 513-2
art. R. 952-8	R. 513-4
art. R. 952-9	R. 513-9
art. R. 952-10	R. 513-8
art. R. 952-11	R. 513-12
Code de procédure pénale	
art. R. 50-1	R. 214-2
art. R. 50-1-1	R. 214-3
art. R. 50-2	R. 214-4
art. R. 50-3	D. 214-5
art. R. 50-4	R. 214-6
art. R. 50-5	R. 214-6
art. R. 50-6	R. 214-6
art. 706-4, al. 2, ecqc nombre de membres	R. 214-1
Décr. n° 79-295 du 6 avril 1979	
art. 1er	R. 252-1
L. des 16 et 24 août 1790	
art. 2	*abrogé*
L. du 19 mars 1934	
art. 1er	L. 223-3
art. 1er, ecqc siège et ressort	D. 223-2
art. 2	*abrogé*
art. 3	L. 313-1
	D. 313-1
art. 4	*abrogé*

TEXTES D'ORIGINE	ARTICLES
L. du 1er avril 1837	
art. 3	*abrogé*
L. du 1er juin 1924	
art. 23	*abrogé*
L. du 27 ventôse an VIII	
art. 63	*abrogé*
....	*abrogé*
art. 64	*abrogé*
....	*abrogé*
L. n° 66-379 du 15 juin 1966	
art. 2	L. 313-2
art. 2, al. 1er, ecqc CA	L. 223-3
....	D. 313-2
art. 2, al. 1er, ecqc siège et ressort	D. 223-2
Nouveau code de procédure civile	
art. 817, al. 1er, ecqc JME	R. 213-7
art. 817, al. 1er, ecqc JU	*abrogé*
art. 817, al. 2	*abrogé*
art. 818	R. 213-7
art. 819	*abrogé*
art. 963, al. 1er	R. 312-6
art. 963, al. 2	*abrogé*
art. 964, al. 1er	R. 312-6
art. 964, al. 2	*abrogé*
Ord. n° 82-877 du 15 octobre 1982	
art. 2	L. 562-19
art. 3, al. 1er et 3, ecqc TPI	L. 562-20
art. 3, al. 2 et 3, ecqc CA	L. 562-28
art. 4	L. 562-21
art. 5	L. 562-22
art. 6	L. 562-23
art. 7	R. 562-21
art. 7, al. 1er, phrase 1	L. 562-24
art. 7-1	R. 562-25

AG : Assemblée générale
CA : Cour d'appel
CNITAAT : Cour nationale de l'incapacité et de la tarification de l'assurance des accidents du travail
ecqc : En ce qui concerne
JP : Juridition de proximité
GDS : Garde des Sceaux
NC : Nouvelle-Calédonie
PF : Polynésie française
ppe : Principe
PV : Procès-verbaux
R : Partie réglementaire du COJ
RI : Règlement intérieur
SPM : Saint-Pierre-et-Miquelon
TAAF : Terres australes et antarctiques françaises
TASS : Tribunal des affaires de sécurité sociale
TPI : Tribunal de première instance
TSA : Tribunal supérieur d'appel
WF : Wallis-et-Futuna

TABLE CHRONOLOGIQUE

NOTA. Avant la table chronologique proprement dite, on trouvera ci-dessous une liste, classée par ordre alphabétique, des différents codes reproduits en extraits dans le code de procédure civile.

Code de la propriété intellectuelle

– Art. L. 331-1 *(compétence en matière de propriété littéraire et artistique)*, **p. 1708.**

– Art. L. 521-3-1 *(compétence en matière de dessins et modèles)*, **p. 1709.**

– Art. L. 615-17 *(compétence en matière de brevet d'invention)*, **p. 1709.**

– Art. L. 623-31 *(compétence en matière d'obtention végétale)*, **p. 1709.**

– Art. L. 722-8 *(compétence en matière d'indications géographiques)*, **p. 1710.**

– Art. R. 615-5 *(experts judiciaires)*, **p. 2899.**

Code de procédure pénale

– Art. 706-56 *(analyse d'identification d'empreinte génétique)*, **p. 2875.**

– Art. A. 43-10 *(montant de l'indemnité allouée à l'administrateur ad hoc)*, **p. 1158.**

– Art. A. 43-12 *(tarification des enquêtes sociales)*, **p. 2868.**

Code rural

– Art. L. 491-1, L. 492-5, L. 493-1 et R. 491-1 à D. 491-2 *(tribunal paritaire des baux ruraux)*, **p. 961.**

Code de la santé publique

– Art. L. 1126-7 *(dommages résultant d'une recherche biomédicale, compétence)*, **p. 1711.**

– Art. L. 1143-1 à L. 1143-12 *(action de groupe santé)*, **p. 2082.**

– Art. L. 3211-1 à L. 3216-1, R. 3211-1 à R. 3211-45 *(modalités de soins psychiatriques)*, **p. 3162.**

Code de la sécurité sociale

– Art. L. 652-6, R. 652-26 à R. 652-33 *(droits de plaidoirie)*, **p. 2950.**

– Art. R. 131-2, R. 652-24, ss. R. 652-33.

Code du travail

– Art. L. 1134-1 à L. 1134-5 *(action d'une association en défense d'une victime)*, **p. 2065.**

– Art. L. 1134-6 à L. 1134-10 *(action de groupe)*, **p. 2089.**

– Art. L. 1411-1 à L. 1411-6 *(compétence du conseil des prud'hommes)*, **p. 947.**

– Art. L. 1144-2, L. 1154-1, L. 1235-8, L. 1247-1, L. 1253-16, L. 2262-9, L. 7423-2, L. 8233-1, L. 8242-1, L. 8255-1 *(action d'un syndicat en défense d'un salarié)*, **p. 2062.**

– Art. L. 1451-1 à L. 1462-1, R. 1412-1 à R. 1412-5, R. 1451-1 à R. 1471-2 *(procédure devant le conseil des prud'hommes)*, **p. 3296.**

– *Art. R. 1423-53*, R. 1423-54 *(frais et dépens)*, **p. 3034.**

Livre des procédures fiscales

– Art. L. 143 *(injonction de communiquer)*, **p. 308.**

– Art. L. 281, L. 283 *(contestations ; saisie en matière de recouvrement)*, **p. 1736.**

1790	16-24 août	Décret. Organisation judiciaire. – Art. 5, **p. 567.**
1790	28 oct.	Décret. Vente et administration des biens nationaux. – Art. 15, **p. 2047.**
An VIII	27 vent.	Loi. Organisation des tribunaux. – Art. 70, **p. 3265.**
An XI	25 vent.	Loi. Organisation du notariat. – V. cette loi,
1807	16 févr.	Décret. Liquidation des dépens en matière sommaire. – V. ce décret, **p. 2904.**
1810	20 avr.	Loi. Organisation de l'ordre judiciaire et administration de la justice. – Art. 45, **p. 3197.**
1810	18 août	Décret. Organisation des tribunaux de grande instance. – Art. 24 à 27, **p. 3238.**
1816	28 avr.	Loi sur les finances. Officiers publics et ministériels. – Art. 91, .
1816	26 juin	Ordonnance. Commissaires-priseurs. – V. cette ordonnance, .
1823	5 nov.	Ordonnance. Mode pour la tenue et la vérification des registres et actes judiciaires dans les greffes. – V. cette ordonnance, **p. 3238.**
1875	15 déc.	Décret. Consignations judiciaires. – Art. 1er, 2, 6 à 9, **p. 1243.**
1881	29 juill.	Loi. Liberté de la presse. – Art. 39, **p. 72**, 41, **p. 3034.**
1890	2 févr.	Décret. Dépôt et retrait des sommes versées par les notaires à la Caisse des dépôts et consignations. – Art. 13, .
1897	24 déc.	Loi. Recouvrement des frais dus aux notaires, avoués et huissiers. – V. cette loi, **p. 2904.**
1907	30 janv.	Loi. Commissaires-priseurs et greffiers des tribunaux d'instance. – Art. 79, **p. 2906.**
1920	8 juill.	Décret. Frais de transport, de délégation et de séjour des magistrats. – V. ce décret, **p. 2982.**
1920	27 déc.	Décret. Révision du tarif des frais de voyage des parties, des experts auprès des tribunaux civils, des dépositaires de pièces et des témoins. – V. ce décret, **p. 2982.**
1923	27 déc.	Loi. Suppléance des huissiers blessés et création de clercs assermentés. – V. cette loi, **p. 3265.**
1927	10 déc.	Loi. Composition du greffe des tribunaux. – Art. 1er, **p. 3239.**
1930	24 août	Loi. Saisie-arrêt et cession des appointements, traitements et soldes des fonctionnaires civils et militaires. – Art. 6, **p. 20.**
1935	10 janv.	Décret. Communication des dossiers des magistrats. – V. ce décret, **p. 3051.**
1937	24 mars	Décret. Organisation de l'administration centrale du ministère de la justice. – Art. 12, **p. 3051.**
1944	29 mars	Loi. Tarifs des émoluments alloués aux officiers publics ou ministériels. – V. cette loi, ss. C. com., art. L. 444-3, **p. 2909.**

1944	3 juill.	Décret. Fixation des remises et salaires des receveurs des douanes, conservateurs des hypothèques maritimes, ainsi que des émoluments dus aux greffiers des tribunaux de commerce pour l'inscription du privilège du Trésor institué par la loi du 10 août 1922 pour le recouvrement de la contribution extraordinaire sur les bénéfices de guerre, etc. – V. ce décret, **p. 2982.**
1945	28 juin	Ordonnance n° 45-1418. Discipline des notaires et de certains officiers ministériels. – V. cette ordonnance, .
1945	2 nov.	Ordonnance n° 45-2590. Statut du notariat. – V. cette ordonnance, .
1945	2 nov.	Ordonnance n° 45-2592. Statut des huissiers. – V. cette ordonnance, **p. 3266.**
1945	2 nov.	Ordonnance n° 45-2593. Statut des commissaires-priseurs. – V. cette ordonnance, **p. 3226.**
1945	19 déc.	Décret n° 45-0117. Règlement d'administration publique pour l'application du statut du notariat. – V. ce décret, .
1945	19 déc.	Décret n° 45-0120. Règlement d'administration publique pour l'application du statut des commissaires-priseurs. – V. ce décret, **p. 3233.**
1946	11 avr.	Loi n° 46-643. Accès des femmes à la magistrature. – V. cette loi, **p. 3051.**
1947	9 mai	Décret n° 47-817. Droits et émoluments des avocats postulants des départements du Haut-Rhin, du Bas-Rhin et de la Moselle. – V. ce décret, **p. 2962.**
1947	12 juin	Décret n° 47-1047. Formule exécutoire. – V. ce décret, **p. 566.**
1948	20 mars	Loi n° 48-460. Accès des femmes à diverses professions d'auxiliaire de justice. – V. cette loi, .
1948	7 avr.	Décret n° 48-648. Tarif des officiers ministériels en matière de contributions directes, de taxes assimilées et d'amendes. – V. ce décret, **p. 2949.**
1948	15 mai	Loi n° 48-830. Habilitation du ministre chargé de la reconstruction et de l'urbanisme à intenter au nom de l'État les actions en réparation et en répétition prévues par l'art. 72 de la loi du 28 oct. 1946 sur les dommages de guerre. – V. cette loi, **p. 2047.**
1950	*4 nov.*	*Convention* européenne de sauvegarde des droits de l'homme et des libertés fondamentales. – V. art. 1er, 6, § 1er, 8, 13, 19 à 51, 52 à 59, **p. 2776.**
1952	2 déc.	Décret n° 52-1292. Officiers publics et ministériels (reproduction des actes). – V. ce décret, **p. 3212.**
1954	1er mars	Convention de la Haye. Procédure civile. – V. cette convention, .
1954	22 mai	Arrêté. Procédés de reproduction des actes par les officiers publics et ministériels. – V. ce texte, App., v° *Officiers publics et ministériels*, **p. 3212.**

1955	3 avr.	Loi n° 55-366. Conditions de recevabilité des actions portée devant les tribunaux de l'ordre judiciaire concernant l'État pour des causes étrangères à l'impôt et au domaine. – Art. 38, **p. 2047.**
1955	20 mai	Décret n° 55-604. Officiers publics ou ministériels et auxiliaires de justice : – Art. 1er à 10, . – Art. 11 à 24, 29, 30, .
1956	29 févr.	Décret n° 56-220. Garantie de la responsabilité professionnelle des notaires. – V. ce décret, .
1956	29 févr.	Décret n° 56-221. Suppléance des officiers publics et ministériels. – V. ce décret, **p. 3215.**
1956	29 févr.	Décret n° 56-222. Statut des huissiers de justice. – V. ce décret, **p. 3271.**
1957		Traité instituant la Communauté européenne (TCE), devenu Traité sur le fonctionnement de l'Union européenne (TFUE), à la suite du traité de Lisbonne. – Art. 108, 218, 251 à 274, 277 à 281, 299, 340, App., v° *Droit européen et international*, .
1957		Statut de la Cour de justice de l'Union européenne (version consolidée du Protocole (n° 3) sur le statut de la Cour de justice de l'Union européenne, annexé aux traités, tel que modifié par le règlement (UE, Euratom) n° 741/2012 du Parlement européen et du Conseil, du 11 août 2012 *(JO L 228 du 23 août 2012, p. 1)* et par l'article 9 de l'acte relatif aux conditions d'adhésion à l'Union européenne de la République de Croatie et aux adaptations du traité sur l'Union européenne, du traité sur le fonctionnement de l'Union européenne et du traité instituant la Communauté européenne de l'énergie atomique *(JO L 112 du 24 avr. 2012, p. 21)*. – V. ce texte, App., v° *Droit européen et international*, **p. 2256.**
1958	10 juin	Convention de New York. Reconnaissance et exécution des sentences arbitrales étrangères. – V. ce texte, **p. 2863.**
1958	4 oct.	Constitution de la République et de la Communauté : – Art. 64, 65 (autorité judiciaire), **p. 3051.** – Art. 71-1 (Défenseur des droits), App., v° *Défenseur des droits*, **p. 2240.**
1958	19 déc.	Ordonnance n° 58-1259. Privilège en faveur de la caisse centrale de crédit hôtelier, commercial et industriel. – V. cette ordonnance, .
1958	22 déc.	Ordonnance n° 58-1270. Statut de la magistrature. – V. cette ordonnance, **p. 3053.**
1958	22 déc.	Décret n° 58-1281. Organisation judiciaire. – Art. 9 à 12, **p. 2044.**
1958	22 déc.	Décret n° 58-1282. Auxiliaire de justice. – Art. 1er à 12 *(greffiers)*, **p. 3239.**
1959	18 janv.	Règlement de la Cour européenne des droits de l'homme. – V. ce texte, **p. 2818.**

1971	26 nov.	Décret n° 71-941. Actes établis par les notaires. – V. ce décret, .
1971	26 nov.	Décret n° 71-942. Créations, transferts et suppressions d'offices de notaire, compétence d'instrumentation et résidence des notaires, garde et transmission des minutes et registres professionnels des notaires. – V. ce décret, .
1971	24 déc.	Loi n° 71-1029. Reconstitution de registres ou documents conservés dans les greffes de tribunaux de commerce ou d'autres juridictions en cas de destruction ou de disparition totale ou partielle des archives de ces greffes. – V. cette loi, **p. 3240.**
1971	31 déc.	Loi n° 71-1130. Réforme de certaines professions judiciaires et juridiques. – Art. 4. – V. ss. C. pr. civ., art. 411, **p. 2228.**
1972	5 juill.	Loi n° 72-626. Juge de l'exécution et réforme de la procédure civile : – Art. 11-1, 11-4, **p. 479.** – Art. 11-2, 11-3, **p. 491.**
1972	25 août	Décret n° 72-784. Régime transitoire de rémunération des avocats à raison des actes de postulation. – Art. 1er, 2, **p. 2975.**
1973	19 juin	Décret n° 73-541. Formation professionnelle des commissaires-priseurs et conditions d'accès à cette profession. – V. ce décret, .
1973	25 juin	Loi n° 73-546. Discipline et statut des notaires et de certains officiers ministériels. – Art. 21 à 23, .
1973	5 juill.	Décret n° 73-609. Formation professionnelle dans le notariat et conditions d'accès aux fonctions de notaire. – V. ce décret, .
1973	28 déc.	Décret n° 73-1202. Discipline et statut des officiers publics ou ministériels. – V. ce décret, **p. 3197**. – Art. 46, **p. 3218.**
1974	3 mai	Décret n° 74-360. Publication de la Convention européenne de sauvegarde des droits de l'homme et des libertés fondamentales du 4 nov. 1950 (extraits). – V. ce décret, **p. 2774.**
1974	12 août	Décret n° 74-737. Inspections des études de notaires. – V. ce décret, .
1975	9 juin	Décret n° 75-461. Commissaires-priseurs. – Art. 7, 8, 13, .
1975	14 août	Décret n° 75-770. Conditions d'accès à la profession d'huissier de justice, modalités des créations, transferts et suppressions d'offices d'huissier de justice, officiers ministériels et auxiliaires de justice. – V. ce décret, **p. 3282.**
1975	21 août	Décret n° 75-785. Droits et émoluments alloués à titre transitoire aux avocats à raison des actes de procédure. – V. ce décret, **p. 2976.**
1977	27 janv.	Accord européen. Assistance judiciaire. – V. ce texte, .
1977	8 juill.	Loi n° 77-749. Possibilité pour les magistrats participant à des sessions de formation d'assister aux délibérés et aux greffiers en chef admis à suivre une formation spécifique à caractère probatoire avant leur nomination en qualité de magistrat, de participer à l'activité des parquets et juridictions de l'ordre judiciaire. – Art. 1er, reproduit ss. art. 448.

1977	30 déc.	Loi n° 77-1468. Gratuité des actes de justice devant les juridictions civiles et administratives. – V. cette loi, **p. 2902.**
1978	20 janv.	Décret n° 78-62. Gratuité des actes de justice devant les juridictions civiles et administratives. – Art. 2, **p. 2904.**
1978	20 mars	Décret n° 78-381. Conciliateurs. – V. ce décret, **p. 2235.**
1979	3 janv.	Loi n° 79-9. Modification de certaines dispositions relatives à la Cour de cassation. – Art. 5. – V. L. n° 72-626 du 5 juill. 1972, art. 11-2, **p. 491.**
1979	30 janv.	Recommandation CCA n° 79-02. Clauses concernant les recours en justice. – V. ce texte, **p. 2234.**
1980	19 mai	Décret n° 80-367. Constitutions de garantie auxquelles peut être subordonnée l'exécution de certaines décisions de justice prononcées contre les personnes morales de droit public. – V. ce décret, **p. 611.**
1980	20 mai	Convention européenne. Reconnaissance et exécution des décisions en matière de garde des enfants et le rétablissement de la garde des enfants. – V. ce texte, **p. 2860.**
1980	25 oct.	Convention de La Haye. Aspects civils de l'enlèvement international d'enfants. – V. ce texte, **p. 2862.**
1980	25 oct.	Convention de La Haye. Accès international à la justice. – V. ce texte, .
1980	24 déc.	Décret n° 80-1073. Modification des dispositions du nouveau code de procédure civile relatives au contentieux des inscriptions sur les listes électorales. – Art. 2. – V. C. pr. civ., art. 997, 998.
1981	9 sept.	Décret n° 81-862. Injonction de payer. – Art. 5. – V. C. pr. civ., art. 1405.
1981	15 sept.	Décret n° 81-859. Procédures fiscales : – V. LPF, art. L. 143, **p. 308.** – V. LPF, art. L. 281, L. 283, **p. 1736.**
1982	9 avr.	Décret n° 82-327. Communication au ministère public. – Art. 33. – V. C. pr. civ., art. 425.
1983	23 déc.	Décret n° 83-1155. Procédure sur décision de renvoi de la juridiction pénale. – Art. 3 et 4. – V. C. pr. civ., art. 826-1, 852-1.
1984	13 juill.	Décret n° 84-618. Modification de dispositions de procédure civile et d'organisation judiciaire. – Art. 3 à 30. – V. C. pr. civ., art. 704, 706, 708, 709, 712, 719 à 723, 768-1, 911, 939, 988, 1014, 1022-1, 1080-1 anc., 1084 anc., 1122 anc., 1160, 1161, 1163, 1168, 1215, 1222, 1256.
1985	17 déc.	Décret n° 85-1330. Modification de dispositions du nouveau code de procédure civile. – V. C. pr. civ., art. 465-1, 629, 686, 724, 725, 725-1, 809, 849, 873, 894, 916, 986, 1034.
1986	14 mars	Décret n° 86-585. Modification de dispositions du nouveau code de procédure civile. – V. C. pr. civ., art. 468, 490, 621, 660, 662, 693, 979.

1986	30 juill.	Décret n° 86-939. Mesures d'assistance éducative. – V. C. pr. civ., art. 1199-1, 1200-1.
1987	25 mai	Convention de Bruxelles. Suppression de la légalisation d'actes dans les États membres des communautés européennes. – V. ce texte, **p. 2345.**
1987	17 juin	Décret n° 87-434. Modification de dispositions du nouveau code de procédure civile. – V. C. pr. civ., art. 809, 849, 873, 894.
1987	22 juin	Directive du Conseil n° 87/344/CEE. Assurance de protection juridique. – V. ce texte, .
1987	22 juill.	Décret n° 87-578. Exercice de l'autorité parentale. – V. C. pr. civ., art. 1180 anc., 1181, 1183 anc., 1185, 1186 anc., 1187 anc., 1188, 1189, 1191, 1192, 1207, 1208.
1988	4 mars	Décret n° 88-209. Petits litiges devant les TI : – Art. 1er à 3. – V. C. pr. civ., art. 829, 847-1, 847-2, 1425-1 à 1425-9. – Art. 5. – V. Annexe au C. pr. civ., art. 36, **p. 1379.**
1988	12 juill.	Décret n° 88-814. Nomination et cessation de fonctions des officiers publics et ministériels. – V. ce décret, **p. 3219.**
1988	16 sept.	Convention de Lugano. Concernant la compétence judiciaire et l'exécution des décisions en matière civile et commerciale, publiée par le Décr. n° 92-11 du 3 févr. 1992. – V. ce texte, .
1989	19 mai	Recommandation CCA n° 89-01. Assurance. – V. ce texte, I et III, .
1989	20 juill.	Décret n° 89-511. Modification de dispositions du code de procédure civile. – Art. 2 à 33. – V. C. pr. civ., art. 245, 267, 269 à 271, 280, 284-1, 463, 474, 494, 495, 528-1, 653, 659, 715, 776, 788, 847-1, 915, 917, 975, 982, 985, 989, 1009, 1009-1, 1059, 1060, 1140, 1152.
1989	19 déc.	Loi n° 89-906. Exercice de certaines professions judiciaires et juridiques : – Art. 6 et 7. – V. notes, ss. C. pr. civ., art. 411. – Art. 8. – V. Ord. 26 juin 1816, art. 4, 5, .
1989	31 déc.	Loi n° 89-1014. Adaptation du code des assurances à l'ouverture du marché européen. – Art. 5 *(assurance de protection juridique)*. – V. C. assur., art. L. 127-3, **p. 2215** ; art. L. 127-4, al. 3 (note), **p. 2217.**
1990	31 déc.	Loi n° 90-1258. Exercice sous forme de sociétés des professions libérales soumises à un statut législatif ou réglementaire ou dont le titre est protégé. – V. cette loi, . – Art. 24, 25 et 30. – V. L. n° 66-879 du 29 nov. 1966, art. 1er, 2-1, 5, .
1990	31 déc.	Loi n° 90-1259. Réforme de certaines professions judiciaires et juridiques. – Art. 45. – V. Ord. n° 45-2590 du 2 nov. 1945 *(notaires)*, art. 1er *bis*, 1er *ter*, .
1991	18 janv.	Loi organique n° 91-71. Statut de la magistrature et amélioration de la gestion du corps judiciaire. – Art. 1er à 3. – V. Ord. n° 58-1270 du 22 déc. 1958, art. 28, 28-1, 40, **p. 3074.**

1991	7 févr.	Décret n° 91-152. Attributions notariales des agents diplomatiques et consulaires. – V. ce décret.
1991	9 juill.	Loi n° 91-650. Réforme des procédures civiles d'exécution : – Art. 80. – V. Ord. n° 45-2592 du 2 nov. 1945 *(huissiers)*, art. 1er *bis*, **p. 3267.** – Art. 87. – V. LPF, art. L. 281, L. 283, **p. 1736.**
1991	10 juill.	Loi n° 91-647. Aide juridique. – V. cette loi, **p. 2093.**
1992	20 janv.	Décret n° 92-64. Application à la profession de notaire de la loi n° 66-879 du 29 nov. 1966 relative aux sociétés civiles professionnelles. – V. Décr. n° 67-868 du 2 oct. 1967, art. 2, 4, 7, 45, 46, 51, 55, 90, 94, 95, 116, 124.
1992	6 févr.	Loi n° 92-125. Administration territoriale de la République. – Art. 3. – V. Ord. n° 58-1270 du 22 déc. 1958, art. 73, App., v° *Magistrature*, **p. 3107.**
1992	7 févr.	Traité sur l'Union européenne. – Art. 13, 19. – V. ce texte, App., v° *Droit européen et international*, **p. 2256.**
1992	25 févr.	Loi organique n° 92-189. Statut de la magistrature. – Art. 1er à 3, 7, 9, 28, 30 à 37, 55 à 57, 68 à 72 et 82. – V. Ord. n° 58-1270 du 22 déc. 1958, art. 1er, 2, 9, 12-1, 12-2, 13-1, 13-2, 13-4, 14 à 17, 18 à 18-2, 21 à 25-4, 30, 30-1, 30-2, 31, 33 à 36, 37-1, 40 à 41-9, 44, 47, 50 à 51, 58-1, 67, 76-2, 76-3, **p. 3053.**
1992	27 févr.	Décret n° 92-194. Application à la profession de commissaire-priseur de la loi n° 66-879 du 29 nov. 1966 relative aux sociétés civiles professionnelles. – Art. 1er à 9, 28, 30 à 37, 55 à 58, 65 à 70 et 79. – V. Décr. n° 69-763 du 24 juill. 1969, art. 1er à 8, 10 à 10-4, 45 à 47, 49, 51 à 53, 55 à 60, 90, 93 à 95-2, 116 à 118, 121 à 124.
1992	27 févr.	Décret n° 92-195. Commissaires-priseurs. – Art. 1er à 7. – V. Ord. du 26 juin 1816, art. 1er-2 à 3-3, 11, 12.
1992	12 mars	Décret n° 92-228. Saisine pour avis de la Cour de cassation. – Art. 1er. – V. C. pr. civ., art. 1031-1 à 1031-7.
1992	13 juill.	Loi n° 92-644. Procédures civiles d'exécution et huissiers de justice. – Art. 4. – V. Ord. n° 45-2592 du 2 nov. 1945, art. 1er *bis* A, 2, **p. 3267.**
1992	31 juill.	Décret n° 92-755. Réforme des procédures civiles d'exécution. – Art. 305. – V. C. pr. civ., art. 1477.
1992	7 sept.	Décret n° 92-964. Contentieux de la passation de certains marchés de travaux. – Art. 1er. – V. C. pr. civ., art. 1441-1 à 1441-3.
1992	9 sept.	Décret n° 92-984. Conditions de nomination des clercs d'huissiers de justice habilités à procéder aux constats. – V. ce texte, App., v° *Officiers publics et ministériels*, **p. 3282.**
1992	12 oct.	Ordonnance n° 92-1147. Aide juridictionnelle. – V. ce texte.
1992	30 déc.	Décret n° 92-1448. Sociétés d'exercice libéral et sociétés en participation d'huissiers de justice. – V. ce décret, **p. 3283.**

1992	30 déc.	Décret n° 92-1449. Sociétés d'exercice libéral et sociétés en participation de commissaires-priseurs. – V. ce décret, .
1993	7 janv.	Décret n° 93-21. Statut de la magistrature. – V. ce décret, **p. 3110.**
1993	8 janv.	Loi n° 93-22. Institution du juge aux affaires familiales : – Art. 53. – V. C. civ., art. 388-1, reproduit ss. art. 338-1. – Art. 54 et 55. – V. L. n° 91-647 du 10 juill. 1991, art. 9-1, 10, **p. 2104.**
1993	13 janv.	Décret n° 93-78. Sociétés d'exercice libéral et sociétés en participation de notaires. – V. ce décret, .
1993	15 janv.	Décret n° 93-82. Notaires salariés. – V. ce décret, .
1993	25 févr.	Décret n° 93-254. Conciliateurs. – Art. 3, 4 et 6. – V. Décr. n° 78-381 du 20 mars 1978, art. 4, 6, 9 *bis*, 9 *ter*, **p. 2238.**
1993	26 févr.	Décret n° 93-265. Procédures fiscales. – Art. 14. – V. LPF, art. L. 281, ss. COJ, art. L. 213-6.
1993	29 mai	Convention de La Haye. Protection des enfants et coopération en matière d'adoption internationale. – V. ce texte, **p. 2862.**
1993	22 juill.	Loi n° 93-933. Réforme du droit de la nationalité. – V. C. civ., art. 29, 29-1, **p. 1066.**
1993	27 juill.	Loi constitutionnelle n° 93-952. Conseil supérieur de la magistrature. – Art. 1er. – V. Const. 4 oct. 1958, art. 65, **p. 3051.**
1993	24 août	Loi n° 93-1013. Aide à l'intervention de l'avocat au cours de la garde à vue. – Art. 47. – V. L. n° 91-647 du 10 juill. 1991, art. 1er, 47, 64-1, 67, **p. 2093.**
1993	16 sept.	Décret n° 93-1091. État civil, famille, droits de l'enfant et juge aux affaires familiales. – Art. 2, 10, 11, 16 à 18 et 21. – V. C. pr. civ., art. 1055-1 à 1055-3, 1149-1, 1157-1, 1171, 1172, 1175, 1208.
1993	1er oct.	Décret n° 93-1137. Formation professionnelle dans le notariat et conditions d'accès à la profession. – Art. 1er à 25. – V. Décr. n° 73-609 du 5 juill. 1973, art. 4, 6, 7, 10, 12, 31, 36, 38, 46, 47, 51, 52, 53, 55, 110, 118, 121, .
1993	28 déc.	Loi n° 93-1415. Avocats et sociétés d'exercice libéral. – Art. 3. – V. L. n° 90-1258 du 31 déc. 1990, art. 12, 18, .
1993	30 déc.	Loi n° 93-1352. Gratuité des actes de justice. – Art. 44. – V. L. n° 77-1468 du 30 déc. 1977, art. 10, **p. 2902.**
1993	31 déc.	Décret n° 93-1425. Aide juridictionnelle. – V. ce texte, .
1993	31 déc.	Décret n° 93-1448. Magistrature. – Art. 3. – V. Décr. n° 93-21 du 7 janv. 1993, art. 7, **p. 3113.**
1994	14 janv.	Décret n° 94-42. Juge aux affaires familiales. – Art. 8, 12, 13, 17 à 19 et 20. – V. C. pr. civ., art. 750, 1202, 1203, 1205, 1207, 1208 à 1210, 1290.

1994	5 févr.	Loi organique n° 94-100. Conseil supérieur de la magistrature. – V. cette loi, **p. 3142.**
1994	5 févr.	Loi organique n° 94-101. Statut de la magistrature. – Art. 2 à 23. – V. Ord. n° 58-1270 du 22 déc. 1958, art. 9, 9-1, 9-2, 13-1, 13-4, 16, 21, 26, 27-1, 28, 29, 34, 35-1, 36-1 à 36-5, 38, 39, 48, 49, 58-1, 59 à 66-1, 77, 79, 82, **p. 3061.**
1994	9 mars	Décret n° 94-199. Conseil supérieur de la magistrature. – V. ce décret, **p. 3149.**
1994	12 avr.	Décret n° 94-299. Statut des huissiers de justice : – Art. 1er. – V. Ord. n° 45-2592 du 2 nov. 1945, art. 7, App., v° *Officiers publics et ministériels*, **p. 3270.** – Art. 2 à 10 et 22. – V. Décr. n° 56-222 du 29 févr. 1956, art. 7, 15, 19, 20, App., v° *Officiers publics et ministériels*, **p. 3273.** – Art. 20. – V. Décr. n° 92-894 du 9 sept. 1992, art. 1er, App., v° *Officiers publics et ministériels*, **p. 3282.**
1994	20 avr.	Décret n° 94-314. Magistrature. – Art. 1er à 11. – V. Décr. n° 93-21 du 7 janv. 1993, art. 17-1, 29, 30, 35 à 43, **p. 3126.**
1994	11 mai	Protocole n° 11. Convention européenne des droits de l'homme. – V. Conv. EDH, **p. 2774.**
1994	26 août	Décret n° 94-757. Tarif des officiers publics et ministériels et des auxiliaires de justice. – V. ce décret, **p. 2901.**
1995	19 janv.	Loi organique n° 95-64. Statut de la magistrature. – Art. 1er et 8 à 11. – V. Ord. n° 58-1270 du 22 déc. 1958, art. 31, 40-4, 41-10 à 41-16, 72, 76-1, **p. 3073.**
1995	8 févr.	Loi n° 95-125. Organisation des juridictions et procédure civile : – Art. 18. – V. L. n° 91-647 du 10 juill. 1991 *(aide juridique)*, art. 16, **p. 2108.** – Art. 20 *(assistants de justice)*, **p. 2204.** – Art. 21 à 26 *(conciliation, médiation)*, **p. 296.**
1995	24 févr.	Décret n° 95-223. Procréation médicalement assistée. – Art. 1er. – V. C. pr. civ., art. 1157-2, 1157-3.
1995	10 avr.	Décret n° 95-385. Brevet d'invention et expertise judiciaire. – V. CPI, art. R. 615-5, **p. 2899.**
1995	13 oct.	Décret n° 95-1106. Profession de notaires. – Art. 1er à 11. – V. Décr. n° 73-609 du 5 juill. 1973, art. 4, 13, 25, 28, 29, 33, 37, 43-1 à 43-7, 83, 94.
1995	23 déc.	Charte entre l'ordre des avocats à la cour de Paris, la FFSA et le GSPJ. Assurance de protection juridique. – V. ce texte.
1996	25 janv.	Convention européenne. Droits des enfants. – V. ce texte, **p. 2860.**
1996	21 févr.	Loi n° 96-142. Code général des collectivités territoriales (Première partie: législative). – V. CGCT, art. L. 2132-1 à L. 2132-7, L. 2411-8, L. 3133-1, L. 4143-1, L. 5211-58, **p. 2049.**

1996	5 mars	Accord européen. Procédure devant la Conv. EDH. – V. ce texte, **p. 2860.**
1996	19 mars	Décret n° 96-214. Magistrature : – Art. 1er à 4. – V. Décr. n° 93-21 du 7 janv. 1993, art. 5, **p. 3113.** – Art. 5. – V. Ord. n° 58-1270 du 22 déc. 1958, note ss. art. 25-4, **p. 3072.**
1996	7 juin	Décret n° 96-513. Assistants de justice. – V. ce décret, **p. 2205.**
1996	22 juill.	Décret n° 96-652. Conciliation et médiation judiciaires. – Art. 1er et 2. – V. C. pr. civ., art. 131-2 à 131-15, 831 à 835.
1996	14 août	Décret n° 96-740. Distribution des deniers en dehors de toute procédure d'exécution. – Art. 1er. – V. C. pr. civ., art. 1281-1 à 1281-12.
1996	10 oct.	Décret n° 96-887. Règlement pécuniaire des avocats. – V. ce texte, .
1996	19 oct.	Convention de La Haye. Compétence, loi applicable, reconnaissance, exécution et coopération en matière de responsabilité parentale et de mesures de protection des enfants. – V. ce texte, **p. 2863.**
1996	13 déc.	Décret n° 96-1091. Conciliateurs de justice. – Art. 1er à 8. – V. Décr. n° 78-381 du 20 mars 1978, art. 1er à 3, 5, 9, 9 *bis*, 9 *ter*, **p. 2236.**
1996	18 déc.	Décret n° 96-1130. Procédures civiles d'exécution. – Art. 1er. – V. C. pr. civ., art. 510.
1996	27 déc.	Arrêté. Règlement pécuniaire des avocats. – V. ce texte, .
1997	7 janv.	Décret n° 97-4. Magistrature. – Art. 1er, 2. – V. Décr. n° 93-21 du 7 janv. 1993, art. 35-1, 35-2, 35-4, 35-6, **p. 3135.**
1997	6 févr.	Décret n° 97-109. Agrément en matière d'identification par empreintes génétiques. – V. ce décret, **p. 2893.**
1997	24 déc.	Décret n° 97-1188. Application au ministère de la justice de l'article 2, alinéa 2, du décret n° 97-34 du 15 janvier 1997 (déconcentration des décisions administratives individuelles). – Art. 5. – V. Décr. n° 67-868 du 2 oct. 1967, art. 95, App., v° *Officiers publics et ministériels*, .
1998	24 févr.	Loi organique n° 98-105. Statut de la magistrature. – Art. 8. – V. Ord. n° 58-1270 du 22 déc. 1958, art. 41-12, **p. 3088.**
1998	2 avr.	Décret n° 98-243. Statut de la magistrature. – Art. 11. – V. Décr. n° 93-21 du 7 janv. 1993, art. 35-2 à 35-7, **p. 3135.**
1998	23 juin	Décret n° 98-508. Publicité en matière de régimes matrimoniaux. – Art. 1er à 4. – V. C. pr. civ., art. 1082, 1293, 1294, 1303-1 à 1303-6.
1998	29 juill.	Loi n° 98-657. Lutte contre les exclusions. – Art. 82. – V. L. n° 91-647 du 10 juill. 1991, art. 13, **p. 2107.**
1998	4 nov.	Règlement de la Cour européenne des droits de l'homme. – V. ce texte, .

1998	18 déc.	Loi n° 98-1163. Accès au droit et résolution amiable des conflits. – Art. 1er à 15. – V. L. n° 91-647 du 10 juill. 1991, art. 10, 13, 16, 22, 29, 36, 37, 39, 45, 46, 49, 50, 52-1, 53 à 64, 64-2, 65, 68, 69, 69-1, 70, 77, **p. 2093.**
1998	28 déc.	Décret n° 98-1231. Modification du code de l'organisation judiciaire et du nouveau code de procédure civile. – Art. 3 à 30. – V. C. pr. civ., art. 56, 155, 155-1, 273, 275, 284, 377, 455, 753, 761, 765, 771, 777, 780, 788, 811, 832-1, 840, 847, 847-3, 910, 914, 954.
1999	26 févr.	Décret n° 99-131. Cour de cassation. – Art. 4 à 15. – V. C. pr. civ., art. 611-1, 979, 984, 986, 987, 988, 989, 1009, 1009-1, 1009-2, 1009-3, 1015-1, 1026.
1999	15 mars	Circulaire DAGE 99-02 CAJ/15-03-99. Mise en place des ressources humaines et des moyens financiers affectés à la politique d'aide à l'accès au droit. – V. ss. L. n° 91-647 du 10 juill. 1991, art. 54, App., v° *Aide juridique*, **p. 2130.**
1999	23 juin	Loi n° 99-515. Procédure pénale : – Art. 5. – V. L. n° 91-647 du 10 juill. 1991, art. 1er, 64-2, **p. 2093.** – Art. 29, **p. 2119.** – Art. 31. – V. L. n° 90-1258 du 31 déc. 1990, art. 1er, 🏛.
1999	12 juill.	Loi organique n° 99-583. Statut de la magistrature. – Art. 2. – V. Ord. n° 58-1270 du 22 déc. 1958, art. 3, **p. 3053.**
1999	30 juill.	Décret n° 99-657. Formation professionnelle dans le notariat et conditions d'accès aux fonctions de notaire. – Art. 1er à 25. – V. Décr. n° 73-609 du 5 juill. 1973, art. 4, 6, 7, 12, 16, 18, 24, 31, 34, 38, 43-5, 43-6, 🏛.
1999	16 sept.	Décret n° 99-818. Désignation et indemnisation des administrateurs *ad hoc*. – Art. 7. – V. C. pr. civ., art. 1210-1 à 1210-3.
1999	27 oct.	Décret n° 99-916. Agents de justice. – V. ce décret, **p. 2091.**
1999	4 nov.	Convention européenne. Corruption. – V. ce texte, **p. 2860.**
1999	14 déc.	Décret n° 99-1067. Extension aux départements d'outre-mer de dispositions relatives aux commissaires-priseurs : – Art. 1er. – V. Décr. n° 45-0120 du 19 déc. 1945, art. 37-1, **p. 3237.** – Art. 2. – V. Décr. n° 73-541 du 19 juin 1973, art. 37, 🏛.
1999	15 déc.	Décret n° 99-1088. Conditions d'établissement des actes par les notaires. – Art. 4. – V. Décr. n° 56-221 du 29 févr. 1956, art. 3, **p. 3215.**
2000	4 janv.	Décret n° 2000-4. Rétribution des consultations juridiques en matière d'accès au droit. – Art. 1er. – V. ce texte, App., v° *Aide juridique*, **p. 2135.**
2000	12 avr.	Loi n° 2000-321. Code général des collectivités territoriales : – Art. 14. – V. CGCT, art. L. 3133-1, **p. 2051.** – Art. 15. – V. CGCT, art. L. 4143-1, **p. 2052.**
2000	19 avr.	Décret n° 2000-344. Composition et au fonctionnement du conseil national de l'aide juridique et des conseils départementaux de l'accès au droit. – Art. 12. – V. Décr. n° 78-381 du 20 mars 1978, art. 3, **p. 2237.**

2000	15 juin	Ordonnance n° 2000-548. Code de la santé publique. – V. CSP, art. L. 1126-7, **p. 1711.**
2000	7 juill.	Loi n° 2000-629. Interdisant les candidatures multiples aux élections cantonales. – Art. 4. – V. CGCT, art. L. 2132-6, L. 3133-1, L. 4143-1, L. 5211-58, **p. 2050.**
2000	30 nov.	Décret n° 2000-1156. Statut du notariat. – V. Décr. n° 45-0117 du 19 déc. 1945, art. 15, .
2000	30 nov.	Arrêté. Sommes versées par les notaires à la Caisse des dépôts et consignations. V. ce texte, .
2000	8 déc.	Amendement du Règlement de la Cour européenne des droits de l'homme. – V. ce texte, art. 24, **p. 2824.**
2000	22 déc.	Règlement (CE) n° 44/2001 du Conseil. Compétence judiciaire, reconnaissance et exécution des décisions en matière civile et commerciale. – V. ce texte, **p. 2346.**
2001	15 mai	Loi n° 2001-420. Nouvelles régulations économiques : – Art. 77, 78, 80. – V. C. com., art. L. 450-4 à L. 450-6, ss. C. com., art. L. 444-6, App., v° *Aide juridique*, **p. 2914.** – Art. 130. – V. L. n° 90-1258 du 31 déc. 1990, art. 1er, 2, 6, 8, 10, 19, .
2001	28 mai	Règlement CE. Coopération entre les juridictions dans le domaine de l'obtention des preuves. – V. ce texte, **p. 2375.**
2001	25 juin	Loi organique n° 2001-539. Statut de la magistrature : – Art. 1er à 25, 30 et 32. – V. Ord. mod., art. 2 à 65, 18-1, 1er et 3, **p. 3053.** – Art. 29. – V. L. n° 95-125 du 8 févr. 1995, art. 20, **p. 2204.** – Art. 33. – V. L. org. n° 94-100 du 5 févr. 1994, art. 3, 4, 7, **p. 3142.**
2001	19 juill.	Décret n° 2001-650. Vente volontaire de meubles aux enchères publiques : – Art. 74. – V. Décr. n° 92-1449 du 30 déc. 1992, art. 72-1 à 72-3, . – Art. 77. – V. Décr. n° 73-541 du 19 juin 1973, art. 36, .
2001	19 juill.	Décret n° 2001-651. Commissaires-priseurs judiciaires. – Art. 2 et 3. – V. Décr. n° 73-541 du 19 juin 1973, art. 2 à 5, 6, .
2001	4 oct.	Protocole additionnel à l'Accord européen sur la transmission des demandes d'assistance judiciaire. – V. ce texte, .
2001	11 déc.	Loi n° 2001-1168. Mesures urgentes de réformes à caractère économique et financier : – Art. 2. – V. ss. COJ, art. L. 211-4. – Art. 32. – V. L. n° 90-1258 du 31 déc. 1990, art. 5-1, 31-1, .
2001	28 déc.	Loi n° 2001-1275. De finances pour 2002. – Art. 151. – V. L. n° 91-647 du 10 juill. 1991, art. 64-3, **p. 2133.**

2001	31 déc.	Décret n° 2001-1380. Statut de la magistrature. – Art. 2 à 27. – V. Décr. n° 93-21 du 7 janv. 1993, art. 1er à 5, 7, 8-1, 9, 10, 12, 13, 15, 16, 17-2 à 17-4, 19, 22, 24, 28, 31 à 34, 38, 40, 46 à 52, **p. 3111.**
2002	21 févr.	Recommandation CCA n° 2002-03. Assurance de protection juridique. – V. ce texte, 🏛.
2002	15 mars	Décret n° 2002-361. Assistance éducative. – Art. 2 à 10. – V. C. pr. civ., art. 1181 à 1187, 1193, 1195.
2002	2 avr.	Décret n° 2002-442. Conseil supérieur de la magistrature. – Art. 12 à 19. – V. Décr. n° 94-199 du 9 mars 1994, art. 15 à 21, 23, 4° à 25, 28 à 31-1, 42 à 44.
2002	11 juin	Décret n° 2002-931. Experts judiciaires. – Art. 1er à 11. – V. Décr. n° 97-109 du 6 févr. 1997, **p. 2893.**
2002	17 juin	Amendement du Règlement de la Cour européenne des droits de l'homme. – V. art. 12, 26, 28, 29, 33, 38A, 41, 43, 47, 48, 49, 51, 52, 53, 54, 54A, 56, 57, 58, 59, 62, 70, 71, 76, **p. 2822.**
2002	8 juill.	Amendement du Règlement de la Cour européenne des droits de l'homme. – V. art. 12, 26, 28, 29, 33, 38A, 41, 43, 47, 48, 49, 51, 52, 53, 54, 54A, 56, 57, 58, 59, 62, 70, 71, 76, **p. 2822.**
2002	9 sept.	Loi n° 2002-1138. Orientation et programmation pour la justice : – Art. 8. – V. L. n° 95-125 du 8 févr. 1995, art. 21 à 25 *(conciliation)*, ss. C. pr. civ., art. 131-15. – Art. 65. – V. L. n° 91-647 du 10 juill. 1991, art. 9-2 *(aide juridique)*, **p. 2104.**
2002	3 déc.	Décret n° 2002-1436. Modification du code de l'organisation judiciaire, du code de procédure civile et du nouveau code de procédure civile. – Art. 7 à 27. – V. C. pr. civ., art. 287 à 288-1, 653, 668, 693, 695, 1152, 1179, 1179-1, 1180-1, 1190, 1201, 1202, 1204, 1209.
2002	17 déc.	Décret n° 2002-1461. Statut de la magistrature. – Art. 1er. – V. Décr. n° 93-21 du 7 janv. 1993, art. 5, **p. 3113.**
2003	3 janv.	Décret n° 2003-7. Modifiant le livre VIII du code de commerce. – Art. 13. – V. Décr. n° 73-541 du 19 juin 1973, art. 36, App., v° *Officiers publics et ministériels*, 🏛.
2003	27 janv.	Directive n° 2003/8/CE. Visant à améliorer l'accès à la justice dans les affaires transfrontalières par l'établissement de règles minimales communes relative à l'aide judiciaire accordée dans le cadre de telles affaires. – V. App., v° *Aide juridique, II, Modalités particulières d'application, E, Droit européen.* – V. ce texte, 🏛.
2003	26 févr.	Loi organique n° 2003-153. Juges de proximité. – Art. 1er à 3. – V. Ord. n° 58-1270 du 22 déc. 1958, art. 12-1, 28-3, 41-17 s., **p. 3064.**
2003	15 mai	Décret n° 2003-438. Statut de la magistrature. – Art. 1er à 3. – V. Décr. n° 93-21 du 7 janv. 1993, art. 3, 4, 20, 35-7 à 35-15, **p. 3111.**

2003	23 juin	Décret n° 2003-542. Juridiction de proximité. – Art. 18 à 26. – V. C. pr. civ., art. 829, 832-1, 838, 846, 847-1, 847-4, 847-5, 852-1, 1406, 1415, 1425-1, 1425-2 et annexe, art. 36-1.
2003	7 juill.	Amendement du Règlement de la Cour européenne des droits de l'homme. – Art. 1er, 9A, 30, 33, 36, 37, 43, 44, 63, 64, 65, Annexe concernant les enquêtes, **p. 2819.**
2003	1er nov.	Instruction pratique. Règlement de la Cour européenne des droits de l'homme. – V. Annexe, Instruction pratique concernant les observations écrites, **p. 2848.**
2003	27 nov.	Règlement CE n° 2201/2003 du Conseil. Reconnaissance et exécution des décisions en matière matrimoniale et en matière de responsabilité parentale. – V. ce texte, **p. 2384.**
2003	10 déc.	Loi n° 2003-1176. Droit d'asile. – Art. 12. – V. L. n° 91-647 du 10 juill. 1991, art. 16, **p. 2108.**
2003	22 déc.	Ordonnance n° 2003-1235. Mesures de simplification en matière fiscale et supprimant le droit de timbre devant les juridictions administratives. – Art. 2-III. – V. L. n° 77-1468 du 30 déc. 1977, art. 10, **p. 2902.**
2004	11 févr.	Loi n° 2004-130. Réforme du statut de certaines professions judiciaires ou juridiques et des experts judiciaires : – Art. 42 à 45. – V. Ord. n° 45-2590 du 2 nov. 1945, art. 4, 5-1, 6-1, 8, . – Art. 46 à 52. – V. L. n° 71-498 du 29 juin 1971, art. 1er à 3, 5 à 6-3, **p. 2869.** – Art. 64 et 65. – V. Ord. n° 45-2592 du 2 nov. 1945, art. 2, **p. 3268.** – Art. 68. – V. Ord. n° 58-1259 du 19 déc. 1958, art. 1er, . – Art. 72. – V. L. n° 90-1258 du 31 déc. 1990, art. 31-1, . – Art. 73. – V. L. n° 91-647 du 10 juill. 1991, art. 30, **p. 2119.**
2004	25 févr.	Décret n° 2004-199. Modification du code de la propriété intellectuelle. – Art. 58. – V. CPI, art. R. 615-5, **p. 2899.**
2004	27 févr.	Loi organique n° 2004-192. Statut d'autonomie de la Polynésie française. – Art. 191. – V. Ord. n° 58-1270 du 22 déc. 1958, art. 9, 9-1-1, **p. 3061.**
2004	9 mars	Loi n° 2004-204. Adaptation de la justice aux évolutions de la criminalité. – Art. 137 (III). – V. L. n° 91-647 du 10 juill. 1991, art. 3, 7, 10, 47, **p. 2096.**
2004	23 mars	Décret n° 2004-259. Statut du notariat. – Art. 2 à 20. – V. Décr. n° 45-0117 du 19 déc. 1945, art. 1er à 8, 12, 20 C, 24, 31 à 33, 36 à 38, .
2004	21 avr.	Règlement (CE) n° 805-2004. Titre exécutoire européen pour les créances incontestées. – V. ce texte, **p. 2384.**
2004	22 avr.	Décret n° 2004-364. Sociétés civiles professionnelles et sociétés d'exercice libéral de notaires : – Art. 1er. – V. Décr. n° 93-78 du 13 janv. 1993, art. 83 à 83-2, .

		– Art. 2. – V. Décr. n° 67-868 du 2 oct. 1967, art. 139, 139-1, 139-2, App., v° *Officiers publics et ministériels*, .
2004	13 mai	Protocole n° 14. Convention européenne des droits de l'homme. – V. Conv. EDH, **p. 2774.**
2004	25 mai	Décret n° 2004-471. Identification par empreintes génétiques. – Art. 2 à 6. – V. Décr. n° 97-109 du 6 févr. 1997, art. 2, 10-1, 13, 15-1, 15-2, **p. 2894.**
2004	26 mai	Loi n° 2004-429. Divorce. – Art. 29. – V. L. n° 91-647 du 10 juill. 1991, art. 9-3, **p. 2105.**
2004	1er juill.	Ordonnance n° 2004-637. Simplification de la composition et du fonctionnement des commissions administratives et réduction de leur nombre. – Art. 7. – V. L. n° 55-4 du 4 janv. 1955, art. 2, **p. 2203.**
2004	20 août	Décret n° 2004-836. Modification de la procédure civile. – Art. 1er à 27, 33 à 35, 44, 49 à 52. – V. C. pr. civ., art. 23-1, 125, 178-1, 178-2, 338-5, 338-8, 343, 450 à 453, 490-1, 509 à 509-7, 524, 536, 575, 628, 670-3, 683, 695, 763, 771, 776, 849, 901, 905, 906, 910, 932, 933, 936, 1046 à 1055, 1078, 1192, 1196, 1406, 1407, 1410, 1413, 1415, 1423, 1424, 1425-1, 1425-3.
2004	23 août	Décret n° 2004-856. Sociétés de participations financières de notaires. – Art. 1er à 4. – V. Décr. n° 93-78 du 13 janv. 1993, art. 1er, 3, 79-1 à 79-16, .
2004	14 oct.	Décret n° 2004-1122. Assistant de justice. – Art. 5 à 7. – V. Décr. n° 96-513 du 7 juin 1996, art. 2, 3, 5 à 7, **p. 2205.**
2004	29 oct.	Décret n° 2004-1158. Procédure en matière familiale. – Art. 2 à 11, 13 à 18, 20 à 27, 33 à 35, 44, 49 à 52-I et II, 1° à 3°, 59. – V. C. pr. civ., art. 1070 à 1142, 1179, 1180, 1210-4 à 1210-6, 1286, 1290.
2004	4 nov.	Ordonnance n° 2004-1173. Adaptation de certaines dispositions du code de commerce au droit communautaire de la concurrence. – Art. 3. – V. C. com., art. L. 450-4, ss. C. com., art. L. 444-6, App., v° *Aide juridique*, **p. 2914.**
2004	9 nov.	Décision n° 2004/844/CE. Aide judiciaire. – V. ce texte, .
2004	18 nov.	Circulaire JUSJ0490014C. Impact de l'article 29 de la loi n° 2004-439 du 26 mai 2004 (relative au divorce) sur l'instruction des demandes d'aide juridictionnelle devant le Bureau d'aide juridictionnelle près la Cour de cassation en matière sociale. – V. ss. L. n° 91-647 du 10 juill. 1991, art. 9-3, App., v° *Aide juridique*, .
2004	20 nov.	Décret n° 2004-1234. Extension et adaptation de dispositions de procédure civile à Mayotte. – Art. 1er. – V. C. pr. civ., art. 1508 à 1511.
2004	26 nov.	Décret n° 2004-1304. Statut du notariat. – Art. 1er et 2. – V. Décr. n° 45-0117 du 19 déc. 1945, art. 14-1 à 14-6, .
2004	2 déc.	Règlement (CE) n° 2116-2004. Modification du Règlement (CE) n° 2201/2003 du 27 novembre 2003. – V. Règl. mod., art. 63, **p. 2384.**

2004	6 déc.	Décret n° 2004-1333. Procédure en matière familiale. – Art. 1er et 2. – V. C. pr. civ., art. 1129 à 1136.
2004	13 déc.	Amendement du Règlement de la Cour européenne des droits de l'homme. – V. ce texte, art. 23A, 24, 28, 34, 44A à 44E, 54A, 60, 75, 102, **p. 2824.**
2004	23 déc.	Décret n° 2004-1420. Appel et pourvoi en cassation. – Art. 1er. – V. C. pr. civ., art. 924, 1487.
2004	23 déc.	Décret n° 2004-1463. Experts judiciaires. – Art. 1er à 34, 38 à 40, **p. 2877.**
2004	27 déc.	Règlement (CE) n° 2245-2004. Modification du Règlement (CE) n° 44-2001 du 22 déc. 2001. – V. Ann. I à IV, **p. 2368.**
2005	25 mars	Décret n° 2005-311. Professions de notaire et d'huissier de justice : – Art. 1er. – V. Décr. n° 71-942 du 26 nov. 1971, art. 2 à 2-8, . – Art. 2. – V. Décr. n° 73-609 du 5 juill. 1973, art. 3, 49, 51, 51-1, 53 à 56, . – Art. 4. – V. Décr. n° 56-222 du 29 févr. 1956, art. 6, **p. 3272.**
2005	13 mai	Décret n° 2005-460. Compétences des juridictions civiles, à la procédure civile et à l'organisation judiciaire. – Art. 26 à 34 et 38. – V. C. pr. civ., art. 509-1, 509-2, 847-1, 885, 886, 891, 1031-1, 1061-1, 1091, 1286 à 1289-2, annexe (art. 46), **p. 579.**
2005	30 mai	Décret n° 2005-626. Conditions d'accès à certaines professions judiciaires ou juridiques : – Art. 2. – V. Décr. n° 73-541 du 19 juin 1973, art. 6, . – Art. 3. – V. Décr. n° 73-609 du 5 juill. 1973, art. 7-1, .
2005	10 juin	Arrêté. Nomenclature prévue à l'article 1er du décret n° 2004-1463 du 23 décembre 2004. – V. ce texte, App., v° *Expert judiciaire*, .
2005	21 juin	Engagements à caractère déontologique des entreprises d'assurance membres de la FFSA ou du GEMA. – Assurance de protection juridique. – V. ce texte, .
2005	30 juin	Convention de La Haye. Accord d'élection de for. – V. ce texte, **p. 2863.**
2005	4 juill.	Loi n° 2005-750. Adaptation au droit communautaire dans le domaine de la justice. – Art. 1er. – V. L. n° 91-647 du 10 juill. 1991, art. 3-1, 6, 10, 40-1, 61, **p. 2099.**
2005	4 juill.	Amendement du Règlement de la Cour européenne des droits de l'homme. – V. Règl. CEDH, art. 13, 24, 33, 39, 49, 53, 83, 84, 85, 87, 88, 89, 90, **p. 2822.**
2005	12 juill.	Décret n° 2005-790. Déontologie de l'avocat. – Art. 10, al. 2, **p. 2228.**
2005	2 août	Loi n° 2005-882. En faveur des petites et moyennes entreprises. – Art. 74. – V. L. n° 90-1258 du 31 déc. 1990, art. 5-1, 6, 8, 9, 34, **p. 3275.**

2005	10 août	Décret n° 2005-972. Statut des huissiers de justice. – Art. 2 et 6. – V. Décr. n° 56-222 du 29 févr. 1956, art. 24 à 29-3, **p. 3275.**
2005	26 août	Décision n° 2005/630/CE. Aide judiciaire. – V. ce texte, .
2005	7 oct.	Ordonnance n° 2005-1263. Annonces judiciaires et légales. – Art. 1er. – V. L. n° 55-4 du 4 janv. 1955, art. 6, **p. 2204.**
2005	14 oct.	Décret n° 2005-1302. Portant extension et adaptation de dispositions de procédure civile aux îles Wallis-et-Futuna. – Art. 1er. – V. C. pr. civ., art. 1512 à 1518.
2005	20 oct.	Décret n° 2005-1308. Marchés passés par les entités adjudicatrices mentionnées à l'article 4 de l'ord. n° 2005-649 du 6 juin 2005 relative aux marchés passés par certaines personnes publiques ou privées non soumises au code des marchés publics. – Art. 48. – V. C. pr. civ., art. 1441-1, 1441-2.
2005	7 nov.	Amendement au Règlement de la Cour européenne des droits de l'homme. – V. Règl. CEDH, art. 8, 24, **p. 2821.**
2005	9 nov.	Décret n° 2005-1411. Commissaires-priseurs judiciaires. – Art. 1er et 2. – V. Ord. 26 juin 1816, art. 1er-1, 15, .
2005	16 nov.	Circulaire DSJ 2005-24 AB3. Carte d'expert judiciaire. – V. ce texte, .
2005	7 déc.	Ordonnance n° 2005-1512. Simplification en matière fiscale et harmonisation et aménagement du régime des pénalités : – Art. 20. – V. CGI, art. 1840 B, . – Art. 24. – V. C. civ., art. 1321-1, .
2005	8 déc.	Ordonnance n° 2005-1526. Aide juridique. – Art. 1er et 2. – V. L. n° 91-647 du 10 juill. 1991, art. 5, 37, **p. 2100.**
2005	28 déc.	Décret n° 2005-1677. Application de la loi de sauvegarde des entreprises. – Art. 357. – V. C. pr. civ., art. 425.
2005	28 déc.	Décret n° 2005-1678. Procédure civile, certaines procédures d'exécution et procédure de changement de nom : – Art. 2 à 12, 20, 23 à 34, 36 à 44, 46 à 51, 54 à 75, 77, 78 et 86 à 88. – V. C. pr. civ., art. 32-1, 54, 57-1, 58, 88, 153, 207, 267, 276, 278-1, 280, 282, 284, 295, 305, 353, 450, 474, 515, 526, 540, 559, 581, 647-1, 653, 655, 656, 657, 658, 660, 661, 665-1, 668, 670, 670-1, 670-2, 683 à 688, 693, 764, 768, 771, 772, 775, 776, 779, 780, 785, 786-1, 838, 847-1, 847-2, 857, 873-1, 885, 895, 896, 901, 910, 914, 933, 975, 985, 1000, 1009-1, 1009-2, 1027, 1195, 1230, 1407, 1418, 1425-3, 1519.
2006	5 mars	Instruction pratique. Règlement de la CEDH. – V. ce texte, Instruction pratique concernant les demandes de mesures provisoires, **p. 2848.**
2006	21 avr.	Ordonnance n° 2006-461. Saisie immobilière. – Art. 15. – V. C. mon. fin., art. L. 313-3, **p. 3048.**
2006	29 mai	Amendement au Règlement de la Cour européenne des droits de l'homme. – Art. 24, 93, 102, **p. 2824.**

2006	1er juin	Décret n° 2006-640. Pris pour l'application de l'ordonnance n° 2005-759 du 4 juillet 2005 portant réforme de la filiation et relatif au livret de famille et à la procédure en matière de filiation : – Art. 19, 20 et 25. – V. C. pr. civ., art. 1149, 1150, 1151, 1157-1, 1157-3, 1178-1. – Art. 20. – Annexe du C. pr. civ. relative à son application dans les départements du Bas-Rhin, du Haut-Rhin et de la Moselle, **p. 1370.**
2006	8 juin	Ordonnance n° 2006-673. Refonte du COJ – V. COJ, partie législative, **p. 1689.**
2006	12 juin	Décret n° 2006-687. Conciliateurs de justice. – Art. 1er. – V. Décr. n° 78-381 du 20 mars 1978, art. 1er, **p. 2236.**
2006	23 juin	Loi n° 2006-728. Réforme des successions et des libéralités : – Art. 35-I. – V. Ord. du 26 juin 1816, art. 3. – Art. 35-III. – V. Ord. n° 45-2592 du 2 nov. 1945, art. 1er, **p. 3266.**
2006	24 juill.	Loi n° 2006-911. Immigration et intégration. – Art. 93. – V. L. n° 91-647 du 10 juill. 1991, art. 3, **p. 2096.**
2006	27 juill.	Décret n° 2006-936. Procédures de saisie immobilière et de distribution du prix d'un immeuble. – Art. 127 à 131. – V. C. pr. civ., art. 58, 1278, 1279, 1281-1, 1281-13 à 1281-19.
2006	5 sept.	Décret n° 2006-1115. Régulation des activités postales : – Art. 9. – V. Décr. n° 45-0117 du 19 déc. 1945, art. 20 B. – Art. 11. – V. Décr. n° 56-220 du 29 févr. 1956, art. 24.
2006	27 sept.	Décret n° 2006-1184. Accès à la profession de commissaire-priseur judiciaire et à l'activité de ventes volontaires de biens meubles aux enchères publiques. – Art. 1er et 2. – V. Décr. n° 73-541 du 19 juin 1973, art. 4, 5.
2006	24 oct.	Décret n° 2006-1299. Notaires salariés : – Art. 2 à 7. – V. Décr. n° 93-82 du 15 janv. 1993, art. 2, 3, 5, 17, 18, 24. – Art. 8 et 9. – V. Décr. n° 73-609 du 5 juill. 1973, art. 3, 110.
2006	13 nov.	Amendement du Règlement de la Cour européenne des droits de l'homme. – V. Règl. CEDH, art. 1er, 2, 18A, 23A, 24, 27, 27A, 29, 33, 43, 44, 49, 52A, 54A, 56, 62, 75, 77, **p. 2819.**
2006	29 nov.	Décret n° 2006-1477. Registre des associations du Bas-Rhin, du Haut-Rhin et de la Moselle. – Art. 1er et 3. – V. C. pr. civ., annexe relative à son application dans les départements du Bas-Rhin, du Haut-Rhin et de la Moselle, art. 24, 29, 30-1 à 30-15.
2006	12 déc.	Règlement (CE) n° 1896/2006 du Parlement européen et du Conseil. – V. ce texte, **p. 2424.**
2006	13 déc.	Amendement au Règlement de la CEDH. – V. Règl. CEDH, art. 74, **p. 2840.**
2006	21 déc.	Loi n° 2006-1666. De finances pour 2007. – Art. 117. – V. COJ, art. L. 121-1, L. 432-2, L. 432-3.

2006	23 déc.	Décret n° 2006-1805. Procédure en matière successorale et modification de certaines dispositions de procédure civile : – Art. 1er à 6 et 9. – V. C. pr. civ., art. 366-1 à 366-9, 656, 1136-1 à 1136-3, 1300 à 1303, 1304, 1328 à 1381, 1418. – Art. 8. – V. Décr. n° 56-222 du 29 févr. 1956, art. 7, **p. 3273.**
2006	23 déc.	Arrêté. Modèle de l'information délivrée aux enfants des époux et aux tiers dans le cadre d'une procédure de changement de régime matrimonial. – V. ce texte, **p. 1205.**
2007	2 févr.	Loi n° 2007-148. Modernisation de la fonction publique. – Art. 54. – V. L. n° 95-125 du 8 févr. 1995, art. 20, **p. 2204.**
2007	19 févr.	Loi n° 2007-210. Assurance de protection juridique : – Art. 1er à 4. – V. C. assur., art. L. 127-2-1 à L. 127-3, L. 127-5-1, L. 127-8, **p. 2214.** – Art. 6. – V. C. mut., art. L. 224-2-1 à L. 224-3, L. 224-5-1, L. 224-7-1, . – Art. 5, 7-I et III, 8 et 9. – V. L. n° 91-647 du 10 juill. 1991, art. 2, 3, 3-1, 23, 64-3, **p. 2094.**
2007	21 févr.	Loi organique n° 2007-223. Dispositions statutaires et institutionnelles relatives à l'outre-mer : – Art. 14. – V. Ord. n° 58-1270 du 22 déc. 1958, art. 9, 9-1, 28, 32, 81, **p. 3061.** – Art. 21. – V. L. du 24 déc. 1897, art. 8, App., v° *Frais et dépens*, **p. 2904.**
2007	5 mars	Loi organique n° 2007-287. Recrutement, formation et responsabilité des magistrats : – Art. 1er à 13, 15 à 20, 23, 25 à 33, 35 et 36. – V. Ord. n° 58-1270 du 22 déc. 1958, art. 3, 13-2, 13-3, 14, 18-1, 19, 21, 21-1, 26, 28, 28-1, 35, 39, 40-2, 40-5, 41, 41-2, 41-12, 41-19, 45, 46, 48-1, 69, 70, 72, 76-4, 76-5, 77, 80-1, **p. 3053.** – Art. 18, 19 et 33. – V. L. org. n° 94-100 du 5 févr. 1994, art. 3, 20, 20-1, **p. 3142.**
2007	5 mars	Loi n° 2007-290. Droit au logement opposable. – Art. 50. – V. L. n° 91-647 du 10 juill. 1991, art. 13, **p. 2107.**
2007	5 mars	Loi n° 2007-293. Réforme de la protection de l'enfance. – Art. 9. – V. C. civ., art. 388-1, reproduit ss. art. 338-1.
2007	5 mars	Loi n° 2007-308. Protection juridique des majeurs. – Art. 29. – V. COJ, art. L. 221-9, L. 252-4.
2007	22 mars	Ordonnance n° 2007-392 ratifiée par L. n° 2008-490 du 26 mai 2008 (art. 2). Aide juridique. – Art. 1er et 2. – V. L. n° 91-647 du 10 juill. 1991, art. 69-2 à 70, **p. 2136.**
2007	28 mars	Instruction pratique. Règlement de la CEDH. – V. ce texte, Instruction pratique concernant les demandes de satisfaction équitable, .
2007	10 mai	Décret n° 2007-773. Contrôle de la validité des mariages. – Art. 1er, 12 à 14. – V. C. pr. civ., art. 1056-1, 1082, 1152, 1300-2.

2007	11 mai	Décret n° 2007-813. Compétence territoriale des huissiers de justice. – Art. 1er. – V. Décr. n° 56-222 du 29 févr. 1956, art. 5 à 8, 10, **p. 3271.**
2007	14 mai	Amendement au Règlement de la CEDH. – V. Règl. CEDH, art. 5, 53, 91 à 93, **p. 2820.**
2007	11 juill.	Règlement (CE) n° 861/2007 du Parlement européen et du Conseil. Institution d'une procédure européenne de règlement des petits litiges. – V. ce texte, **p. 2435.**
2007	18 juill.	Décret n° 2007-1112. Statut de la magistrature. – Art. 1er. – V. Décr. n° 93-21 du 7 janv. 1993, art. 46-1, **p. 3139.**
2007	19 juill.	Décret n° 2007-1119. Experts judiciaires. – Art. 1er à 3. – V. Décr. n° 2004-1463 du 23 déc. 2004, art. 2, 3, 6, 10, 16, **p. 2877.**
2007	27 sept.	Décret n° 2007-1397. Inspections des études d'huissier de justice, commission de localisation des offices d'huissier de justice et commission de localisation des offices de notaire. – Art. 4. – V. Décr. n° 56-222 du 29 févr. 1956, art. 12, **p. 3217.**
2007	29 oct	Décret n° 2007-1544. Lutte contre la contrefaçon. – Art. 7. – V. COJ, art. L. 211-10, L. 211-11-1.
2007	30 oct	Convention de Lugano. Compétence judiciaire, reconnaissance et exécution des décisions en matière civile et commerciale. – V. ce texte, **p. 2445.** – V. Conv. de Lugano du 16 sept. 1988, .
2007	15 nov.	Conférence de consensus. Expertise judiciaire civile. Recommandations de bonnes pratiques juridictionnelles en matière d'expertise judiciaire civile. – V. ce texte, .
2007	20 nov.	Loi n° 2007-1631. Maîtrise de l'immigration, de l'intégration et de l'asile. – Art. 29-I-B, 8°. – V. L. n° 91-647 du 10 juill. 1991, art. 16, 23, **p. 2108.**
2007	7 déc.	Loi organique n° 2007-1719. Renforcement de la stabilité des institutions et de la transparence de la vie politique en Polynésie française. – Art. 35. – V. Ord. n° 58-1270 du 22 déc. 1958, art. 9, **p. 2044.**
2007	11 déc.	Amendement du Règlement de la CEDH. – V. Règl. CEDH, art. 47, **p. 2833.**
2007	20 déc.	Loi n° 2007-1787. Simplification du droit. – Art. 25-I, 26-I, 30-VIII. – V. COJ, art. L. 111-12, L. 141-2, L. 141-3, L. 223-8, L. 512-1 à L. 512-4, L. 513-11, L. 532-17.
2008	7 mars	Décret n° 2008-244. Recodification du code du travail. – V. C. trav., art. R. 1451-1 à R. 1463-1, **p. 3304.**
2008	13 mai	Décret n° 2008-452. Outre-mer. – Art. 21 à 26. – V. C. pr. civ., art. 643, 644, 647-1, 660, 670-2, 1023.
2008	21 mai	Directive n° 2008/52/CE. Médiation en matière civile et commerciale. – V. ce texte, .
2008	22 mai	Décret n° 2008-483. Conseil supérieur de la magistrature. – Art. 9. – V. Décr. n° 94-199 du 9 mars 1994, art. 38, **p. 3158.**

2008	22 mai	Décret n° 2008-484. Procédure devant la Cour de cassation. – Art. 2 à 15, 17 à 19, 21 et 24. – V. C. pr. civ., art. 509-1 (anc.), 611-1, 748-3, 828, 884, 975, 977, 979-1, 981, 982, 985, 988, 1009-2, 1015, 1020.
2008	2 juin	Décret n° 2008-522. Refonte de la partie réglementaire du COJ : – Art. 1er. – V. COJ, art. R. 111-1 à R. 563-4. – Art. 9, 1° à 5°, et 12. – V. C. pr. civ., art. 51, 963, 964, 878-1, 1014, 1031-1. – Art. 11. – V. Décr. n° 93-21 du 7 janv. 1993, art. 3, 4, **p. 3111.**
2008	9 juin	Décret n° 2008-544. Profession de notaire. – Art. 1er à 3. – V. Décr. n° 73-609 du 5 juill. 1973, art. 5, 7, 53.
2008	17 juin	Loi n° 2008-561. Prescription en matière civile : – Art. 8-I, 1°. – V. L. du 24 déc. 1897, art. 1er, 2, **p. 2904.** – Art. 8-II. – V. Ord. n° 45-2592 du 2 nov. 1945, art. 2 *bis*, **p. 3268.** – Art. 10. – V. L. n° 71-498 du 29 juin 1971, art. 6-3, **p. 2876.** – Art. 20. – V. CSP, art. L. 1126-7, **p. 1711.**
2008	17 juin	Arrêté. Application anticipée pour la procédure devant la Cour de cassation des dispositions relatives à la communication par voie électronique. – V. ce texte.
2008	8 juill.	Décret n° 2008-684. Modification du ressort des tribunaux d'instance et des juridictions de proximité de Juvisy-sur-Orge et de Longjumeau. – Art. 1er. – V. COJ, Annexe, Tableau IV, **p. 1978.**
2008	9 juill.	Décret n° 2008-689. Organisation de la justice. – V. ce texte, App., v° *Aide juridique*.
2008	9 juill.	Arrêté JUSG0816305A. Organisation de la justice. – V. ce texte, App., v° *Aide juridique*.
2008	15 juill.	Loi n° 2008-696. Archives. – Art. 18. – V. C. patr., art. L. 222-1, **p. 1692.**
2008	23 juill.	Loi constitutionnelle n° 2008-724. Modernisation des institutions de la Ve République : – Art. 29 et 31. – V. Constitution de la Ve République, art. 61-1, **p. 3329** et 65, **p. 3051.** – Art. 41. – V. Constitution de la Ve République, art. 71-1, App., v° *Défenseur des droits*, **p. 2240.**
2008	30 juill.	Décret n° 2008-764. Recouvrement des amendes forfaitaires et frais de justice criminelle et assimilés. – Art. 13. – V. C. pr. civ., art. 1210-3.
2008	20 août	Décret n° 2008-799. Lutte contre les discriminations. – Art. 1er. – V. C. pr. civ., art. 1263-1.
2008	21 août	Décret n° 2008-818. Statut de la magistrature. – Art. 2 à 7. – V. Décr. n° 93-21 du 7 janv. 1993, art. 1er, 4, 9, 19, 28, 35-2, 36, 36-1, 44, **p. 3111.**
2008	22 sept.	Amendement au Règlement de la CEDH. – V. Règl. CEDH, art. 47. – Instructions pratiques concernant les observations écrites et l'envoi électronique sécurisé de documents, **p. 2848.**

2008	22 oct.	Règlement (CE) n° 1103/2008 du Parlement européen et du Conseil. Adaptation à la décision 1999/468/CE du Conseil de certains actes soumis à la procédure visée à l'article 251 du traité, en ce qui concerne la procédure de réglementation avec contrôle – Adaptation à la procédure de réglementation avec contrôle : – Art. 2. – V. Règl. (CE) du Conseil n° 44/2001 du 22 déc. 2000, art. 74, 75, App., v° *Droit européen et international*, **p. 2367.** – Art. 2. – V. Règl. (CE) du Conseil n° 1206/2001 du 28 mai 2001, art. 19, 20, App., v° *Droit européen et international*, **p. 2383.**
2008	30 oct.	Décret n° 2008-1110. Modification du siège et du ressort des tribunaux d'instance, des greffes détachés, des juridictions de proximité et des tribunaux de grande instance. – Art. 1er à 3. – V. COJ, Annexe, Tableaux IV, IX et XI, **p. 1978.**
2008	4 nov.	Décret n° 2008-1129. Surveillance de sûreté et rétention de sûreté. – Art. 10. – V. COJ, art. R. 312-42.
2008	10 nov.	Décret n° 2008-1159. Assistants de justice. – Art. 2 à 7. – V. Décr. n° 96-513 du 7 juin 1996, art. 1er, 3, 4, 6 à 8, **p. 2205.**
2008	13 nov.	Ordonnance n° 2008-1161. Modernisation de la régulation de la concurrence : – Art. 1er. – V. C. com., art. L. 450-4 à L. 450-8, ss. C. com., art. L. 444-6, App., v° *Aide juridique*, **p. 2914.** – Art. 4. – V. COJ, art. L. 311-11, D. 311-9.
2008	1er déc.	Amendement du Règlement de la Cour européenne des droits de l'homme. – V. Règl. CEDH, art. 77, **p. 2840.**
2008	5 déc.	Décret n° 2008-1276. Protection juridique des mineurs et des majeurs. – Art. 1er à 5. – V. C. pr. civ., art. 425, 1211 à 1263, 1513, 1518.
2008	17 déc.	Décret n° 2008-1346. Procédures européennes d'injonction de payer et de règlement des petits litiges. – Art. 3, 5 et 7. – V. C. pr. civ., art. 1382 à 1390, 1424-1 à 1424-15, 1425.
2008	18 déc.	Règlement (CE) n° 4/2009. Compétence, loi applicable, reconnaissance et exécution des décisions et coopération en matière d'obligations alimentaires. – V. ce texte, **p. 2463.**
2008	22 déc.	Décret n° 2008-1482. Modification du siège et du ressort des tribunaux d'instance, des greffes détachés, des juridictions de proximité, des tribunaux de grande instance et des tribunaux pour enfants. – Art. 1er à 5. – V. COJ, Annexe, Tableaux IV, VIII, IX, XI et XIV, **p. 1978.**
2008	22 déc.	Décret n° 2008-1485. Tarification des certificats et avis médicaux établis dans le cadre des mesures judiciaires de protection juridique des majeurs. – Art. 3 et 5. – V. C. pr. civ., art. 1256.
2008	30 déc.	Décret n° 2008-1486. Placement des mineurs et mesure judiciaire d'aide à la gestion du budget familial. – Art. 1er à 3, 6 et 7. – V. C. pr. civ., art. 1199-1, 1200-1 à 1200-13, 1512.
2009	8 janv.	Ordonnance n° 2009-15. Instruments financiers. – Art. 4. – V. C. mon. fin., art. L. 518-17, **p. 1242.**

2009	15 janv.	Décret n° 2009-53. Droit au très haut débit. – Art. 3. – V. COJ, art. R. 221-22-1, R. 221-48.
2009	16 janv.	Loi n° 2009-61. Filiation. – Art. 2-I. – V. COJ, art. L. 213-3.
2009	9 févr.	Circulaire de la DACS JUSC091677C n° CIV/01/09/C1. Protection juridique des mineurs et des majeurs. – V. ce texte, .
2009	10 févr.	Décret n° 2009-139. Partie réglementaire du livre IV du code de commerce. – Art. 2. – V. C. com., art. R. 450-1, ss. art. L. 444-6, App., v° *Aide juridique*, **p. 2910.**
2009	12 févr.	Décret n° 2009-160. Procédures de saisie immobilière et de distribution du prix d'un immeuble. – Art. 117. – V. C. com., art. R. 662-3, **p. 1711.**
2009	23 févr.	Décret n° 2009-216. Direction du Service de documentation et d'études de la Cour de cassation. – Art. 1er. – V. COJ, art. R. 433-1.
2009	12 mars	Décret n° 2009-285. Enquêteurs sociaux et tarification des enquêtes sociales en matière civile, **p. 2864.** – Art. 13. – V. C. pr. civ., art. 695. – Art. 11. – V. COJ, art. R. 312-43.
2009	12 mars	Arrêté. Tarification des enquêtes sociales. – Art. 1er. – V. C. pr. pén., art. A. 43-12, **p. 2868.**
2009	13 mars	Décret n° 2009-289. Rectification de certaines dispositions du code du travail. – Art. 4, 10° et 11°. – V. C. trav., art. R. 1454-9, R. 1454-24, **p. 3312.**
2009	6 avr.	Règlement n° 280/2009. Compétence judiciaire, reconnaissance et exécution des décisions en matière civile et commerciale. – V. Règl. (CE) n° 44/2001 du 22 déc. 2000, annexes I à IV, **p. 2368.**
2009	7 avr.	Arrêté. Communication par voie électronique devant les tribunaux de grande instance. – V. ce texte, .
2009	10 avr.	Décret n° 2009-398. Communication de pièces entre le juge aux affaires familiales, le juge des enfants et le juge des tutelles. – Art. 1er à 3. – V. C. pr. civ., art. 1072-1, 1072-2, 1187-1, 1221-1, 1221-2.
2009	17 avr.	Décret n° 2009-429. Accès aux professions d'avoué et de notaire. – Art. 3. – V. Décr. n° 73-609 du 5 juill. 1973, art. 7, .
2009	22 avr.	Décret n° 2009-452. Professions juridiques et judiciaires : – Art. 1er. – V. Décr. n° 73-609 du 5 juill. 1973, art. 46, 47, 48, 49, 51, 51-1, 53, 55, . – Art. 2. – V. Décr. n° 71-942 du 26 nov. 1971, art. 2-5 à 2-7, 6, . – Art. 3. – V. Décr. n° 67-868 du 2 oct. 1967, art. 7, 8, 16, 139, . – Art. 4. – V. Décr. n° 93-78 du 13 janv. 1993, art. 7, 8, 20, 65, 68 à 70, 76 à 79, 79-4 à 79-7, 79-9 à 79-11, 79-13, 83, . – Art. 5. – V. Décr. n° 93-82 du 15 janv. 1993, art. 10 à 12, 17, 18, 20 à 22, . – Art. 10. – V. Ord. 26 juin 1816, art. 1er-2, . – Art. 11. – V. Décr. n° 73-541 du 19 juin 1973, art. 24 à 26, 29, . – Art. 12. – V. Décr. n° 69-763 du 24 juill. 1969, art. 7, 8, .

		– Art. 13. – V. Décr. n° 92-1449 du 30 déc. 1992, art. 7, 8, 20, 65, 68 à 70, 72-1, 72-2, 75, 76, 78, 83 à 86, 88 à 90, 92.
2009	7 mai	Ordonnance n° 2009-515. Procédures de recours applicables aux contrats de la commande publique. – Art. 21. – V. COJ, art. L. 211-13.
2009	12 mai	Loi n° 2009-526. Simplification du droit : – Art. 13-II et IV, 14-I, IV et V, 17-I, 116-I, 138-I, 20° et VI. – V. COJ, art. L. 211-5, L. 211-13, L. 213-3, L. 213-3-1, L. 213-4, L. 221-3, L. 221-9, L. 252-4, L. 311-7-1, L. 312-6-1, L. 432-3, L. 513-5-1, L. 532-2, L. 532-15-1, L. 532-17-1, L. 552-2, L. 552-8-1, L. 562-2, L. 562-24-1. – Art. 24. – V. C. consom., art. L. 141-5, **p. 123.** – Art. 139. – V. C. com., art. L. 450-4, ss. art. L. 444-6, App., v° *Aide juridique*, **p. 2914.**
2009	14 mai	Ordonnance n° 2009-536. Adaptation du droit outre-mer. – Art. 9. – V. L. n° 55-4 du 4 janv. 1955, art. 6, **p. 2204.**
2009	14 mai	Ordonnance n° 2009-537. Extension et adaptation à Mayotte, dans les îles Wallis-et-Futuna, en Polynésie française, dans les Terres australes et antarctiques françaises et en Nouvelle-Calédonie de diverses dispositions de nature législative : – Art. 1er-VII. – V. COJ, art. L. 111-12 (note), L. 532-2, L. 552-2, L. 562-2. – Art. 1er-V. – L. n° 91-647 du 10 juill. 1991, art. 69-7, **p. 2136.**
2009	19 mai	Décret n° 2009-561. Siège et ressort des tribunaux d'instance appelés à recevoir et à enregistrer la déclaration de nationalité française et à délivrer les certificats de nationalité française. – Art. 1er et 2. – V. COJ, Annexe, Tableau IX, **p. 2029.**
2009	20 mai	Décret n° 2009-572. Audition de l'enfant en justice. – Art. 1er, 2 et 4. – V. C. pr. civ., art. 338-1 à 338-12, 695.
2009	26 mai	Circulaire de la DACS JUSC0911132C C3 06-09. Procédure européenne d'injonction de payer. – V. ce texte.
2009	26 mai	Circulaire de la DACS JUSC0911133C C3 07-09. Procédure européenne de règlement des petits litiges. – V. ce texte.
2009	23 juin	Décret n° 2009-770. Siège et ressort des tribunaux d'instance, des greffes détachés, des juridictions de proximité et des tribunaux pour enfants. – Art. 1er à 4. – V. COJ, Annexe, Tableaux IV, IX, XI et XIV, **p. 1978.**
2009	24 juin	Amendement à l'instruction pratique du 1er nov. 2003. Règlement de la Cour européenne des droits de l'homme. – V. ce texte, **p. 2818.**
2009	15 juill.	Ordonnance n° 2009-864. Contrats de concession de travaux publics. – Art. 25 et 27-V. – V. COJ, art. L. 211-4.
2009	2 sept.	Décret n° 2009-1086. Marchés publics. – Art. 1er. – V. C. pr. civ., art. 1441-1.

2009	22 sept.	Décret n° 2009-1142. Autorisation d'ouverture du capital des sociétés de participations financières de professions libérales d'huissiers de justice, de commissaires-priseurs judiciaires et de notaires : – Art. 2. – V. Décr. n° 92-1449 du 30 déc. 1992, art. 81, . – Art. 3. – V. Décr. n° 93-78 du 13 janv. 1993, art. 79-2, .
2009	29 sept.	Décret n° 2009-1152. Siège et ressort des tribunaux d'instance, des greffes détachés et des juridictions de proximité. – Art. 1er à 3. – V. COJ, Annexe, Tableaux IV, IX et XI, **p. 1978.**
2009	9 oct.	Décret n° 2009-1205. Siège et ressort des juridictions en matière de propriété intellectuelle. – Art. 1er à 4 et 9. – V. COJ, art. D. 211-6, D. 211-6-1, D. 311-8 et Annexe, Tableaux VI et XVI, **p. 1993.**
2009	12 oct.	Décret n° 2009-1221. Spécialisation des juridictions en matière d'adoption internationale. – Art. 1er à 3. – V. COJ, art. R. 211-11, D. 532-7, D. 552-7, D. 562-7 et Annexe, Tableau VIII-I, **p. 2000.**
2009	15 oct.	Décret n° 2009-1239. Organisation des bureaux fonciers dans les départements du Bas-Rhin, du Haut-Rhin et de la Moselle. – Art. 1er et 2. – V. COJ, art. D. 223-3, D. 223-6, D. 223-8.
2009	15 oct.	Arrêté. Liste des bureaux fonciers des départements du Bas-Rhin, du Haut-Rhin et de la Moselle. – Art. 1er et 3. – V. COJ, Annexe, Tableau XIII, **p. 2032.**
2009	9 nov.	Décret n° 2009-1366. Déclaration de renonciation à une succession et désignation en justice d'un mandataire successoral. – Art. 1er à 4. – V. C. pr. civ., art. 1339, 1355.
2009	9 nov.	Arrêté. Modalités de diffusion par voie électronique de la déclaration d'acceptation d'une succession à concurrence de l'actif net et des actes subséquents à celle-ci, et des décisions de désignation des mandataires successoraux par voie de justice. – V. ce texte, **p. 1213.**
2009	11 nov.	Décret n° 2009-1384. Spécialisation des juridictions en matière de contestation de nationalité et de pratiques restrictives de concurrence. – Art. 5 à 8. – V. COJ, Annexe, Tableau VIII, **p. 1997.**
2009	25 nov.	Directive 2009/138/CE. Assurance de protection juridique. – V. ce texte, *Assurance de protection juridique (Dispositif communautaire)*, .
2009	27 nov.	Décret n° 2009-1455. Spécialisation des juridictions en matière de contestations concernant les obligations de publicité et de mise en concurrence des contrats de droit privé relevant de la commande publique. – Art. 2 à 5. – V. COJ, art. D. 211-10-1, D. 211-10-2 et Annexe, tableau VIII-II, **p. 2001.**
2009	27 nov.	Décret n° 2009-1456. Procédures de recours applicables aux contrats de la commande publique : – Art. 2. – V. COJ, art. R. 213-5-1. – Art. 3. – V. C. pr. civ., art. 1441-1 à 1441-3.
2009	9 déc.	Décret n° 2009-1524. Procédure d'appel avec représentation obligatoire en matière civile : – Art. 2 à 11. – V. C. pr. civ., art. 132, 550, 564, 748-1, 748-2, 748-7, 901 à 916, 930-1, 954, 955-1, 959.

		– Art. 12. – V. C. pr. civ., annexe relative à son application dans les départements du Bas-Rhin, du Haut-Rhin et de la Moselle, art. 42, **p. 1380.**
2009	10 déc.	Loi organique n° 2009-1523. Application de l'art. 61-1 de la Constitution : – Art. 1er et 5. – V. L. n° 58-1067 du 7 nov. 1958, art. 23-1 à 23-12, 56, **p. 3402.** – Art. 2 et 5. – V. COJ, art. L.O. 461-1, L.O. 461-2. – Art. 3 et 5. – V. L. org. n° 99-209 du 19 mars 1999, art. 107, al. 2, **p. 3405.**
2009	11 déc.	Décret n° 2009-1545. Commissions administratives à caractère consultatif relevant du ministère de la justice : – Art. 1er et 4. – V. Décr. n° 73-1202 du 28 déc. 1973, art. 49-1 à 49-6, **p. 3206.** – Art. 2. – V. Décr. n° 73-541 du 19 juin 1973, art. 27, 30, 🏛. – Art. 5. – V. Décr. n° 73-609 du 5 juill. 1973, art. 118, 🏛. – Art. 7. – V. Ord. du 26 juin 1816, art. 2, 🏛.
2009	17 déc.	Décret n° 2009-1591. Procédure devant le juge aux affaires familiales en matière de régimes matrimoniaux et d'indivisions. – Art. 2 à 10. – V. C. pr. civ., art. 1074, 1120 à 1122, 1136-1 à 1136-2, 1286, 1287, 1292, 1294, 1301, 1381.
2009	23 déc.	Décret n° 2009-1628. Appel des décisions du juge des tutelles, délibérations du conseil de famille et protection juridique des mineurs et des majeurs. – Art. 1er à 17, 21 et 22. – V. C. pr. civ., art. 1214, 1217, 1220, 1222, 1223, 1228, 1230-1, 1232, 1233, 1238 à 1247, 1251, 1251-1, 1259, 1259-3, 1259-5.
2009	29 déc.	Décret n° 2009-1693. Répartition des compétences entre le tribunal de grande instance et le tribunal d'instance : – Art. 1er à 4. – V. COJ, art. R. 211-4, R. 211-11 à R. 211-13, R. 221-5, R. 221-8 à R. 211-10, R. 221-13, R. 221-18, R. 221-22, R. 221-38, R. 221-39-1, R. 221-51 à R. 221-51-2.
2010	14 janv.	Amendement à l'instruction pratique du 1er nov. 2003. Règlement de la Cour européenne des droits de l'homme. – V. ce texte, **p. 2201.**
2010	21 janv.	Ordonnance n° 2010-76, ratifiée par L. n° 2010-1249 du 22 oct. 2010, art. 12-I. Fusion des autorités d'agrément et de contrôle de la banque et de l'assurance. – Art. 18. – V. C. assur., art. R. 322-1-1, App., v° *Assurance de protection juridique*, **p. 2223.**
2010	16 févr.	Décret n° 2010-148. Question prioritaire de constitutionnalité : – Art. 3. – V. C. pr. civ., art. 126-1 à 126-12. – Art. 5. – V. COJ, art. R.* 461-1 à R.* 461-5.
2010	24 févr.	Circulaire JUSC1006154C CIV/04/10. Présentation de la question prioritaire de constitutionnalité. – V. ce texte, 🏛.
2010	3 mars	Décret n° 2010-217. Fusion des autorités d'agrément et de contrôle de la banque et de l'assurance : – Art. 4, 15° et 16°. – V. C. mut., art. R. 211-19, R.* 211-20, **p. 2224.**

		– Art. 4, 22°. – V. C. assur., art. R. 322-1, **p. 2223.**
2010	18 mars	Décret n° 2010-283. Siège et ressort des tribunaux d'instance, des juridictions de proximité et des tribunaux de grande instance. – Art. 1er. – V. COJ, Annexe, Tableau IV, **p. 1978.**
2010	22 mars	Décret n° 2010-326. Centre national de la propriété forestière. – Art. 3-III. – V. COJ, art. R. 221-31.
2010	29 mars	Amendement au Règlement de la Cour européenne des droits de l'homme. – V. Règl. CEDH, art. 4, 29, **p. 2820.**
2010	29 avr.	Décret n° 2010-433. Dispositions diverses en matière de procédure civile et de procédures d'exécution : – Art. 2. – V. Décr. n° 56-222 du 29 avr. 1956, art. 16, 24, **p. 3274.** – Art. 4. – V. C. pr. civ., art. 1391.
2010	30 mars	Charte des droits fondamentaux de l'Union européenne. – Art. 47. – V. ce texte, App., v° *Aide juridique*, **p. 2093.**
2010	12 mai	Règlement (CE) n° 416-2010. Compétence judiciaire, reconnaissance et l'exécution des décisions en matière civile et commerciale. – V. Annexes I, II et III du Règl. (CE) n° 44/2001 du Conseil, **p. 2368.**
2010	2 juin	Décret n° 2010-585. Unions régionales de professionnels de santé. – Art. 3. – V. COJ, art. R. 221-27.
2010	6 juin	Circulaire n° CIV/10/10. Présentation de l'article 14 de la loi n° 2009-526 du 12 mai 2009 et du décret n° 2009-1591 du 17 décembre 2009. – V. ss. COJ, art. L. 211-3.
2010	16 juin	Circulaire. Présentation de l'art. 14 de la L. n° 2009-526 du 12 mai 2009 et du Décr. n° 2009-1591 du 17 déc. 2009. – V. ss. COJ, art. L. 213-3.
2010	18 juin	Décret n° 2010-671. TGI: assemblée des magistrats du siège et du parquet. – Art. 3. – V. COJ, art. R. 212-43.
2010	24 juin	Décret n° 2010-693. Modifiant le siège et le ressort des tribunaux de grande instance d'Amiens et de Péronne. – Art. 1er. – V. COJ, Annexe, Tableau IV, **p. 1978.**
2010	24 juin	Décret n° 2010-694. Modifiant le siège et le ressort des tribunaux d'instance, des juridictions de proximité et des tribunaux de grande instance. – Art. 1er. – V. COJ, Annexe, Tableau IV, **p. 1978.**
2010	28 juin	Loi organique n° 2010-704. Conseil économique, social et environnemental. – Art. 21. – V. Ord. n° 58-1270 du 22 déc. 1958, art. 9, App., v° *Magistrature*, **p. 3061.**
2010	9 juill.	Loi n° 2010-769. Violences faites aux femmes : – Art. 15. – V. L. n° 91-647 du 10 juill. 1991, art. 3, App., v° *Aide juridique*, **p. 2096.** – Art. 17. – V. COJ, art. L. 213-3.
2010	22 juill.	Loi organique n° 2010-830. Application de l'article 65 de la Constitution : – Art. 1er à 17. – V. L. org. n° 94-100 du 5 févr. 1994, art. 4-1, 5, 5-1 à 5-2, 6, 7, 8, 10 à 10-2, 11, 12, 13, 14, 16, 18, 20, 20-1, 20-2, App., v° *Magistrature (statut)*, **p. 3144.**

		– Art. 18 à 36 et 38. – V. L. org. n° 58-1270 du 22 déc. 1958, art. 35, 38, 38-1, 43, 45, 49, 50, 50-2, 51, 52, 53, 57-1, 58, 58-1, 63, 64, 65-1, 66, 77, App., v° *Magistrature (statut)*, **p. 3079.**
2010	3 août	Décret n° 2010-925. Modifiant le siège et le ressort des tribunaux de grande instance de Niort et Bressuire. – Art. 1er. – V. COJ, Annexe, Tableau IV, **p. 1978.**
2010	13 sept.	Décret n° 2010-1077. Modifiant le siège et le ressort des tribunaux de grande instance de Bourgoin-Jallieu et Vienne et fixant le siège et le ressort du tribunal de grande instance de Villefontaine. – Art. 1er. – V. COJ, Annexe, Tableau IV, **p. 1978.**
2010	13 sept.	Décret n° 2010-1078. Modifiant le siège et le ressort des tribunaux pour enfants de Bourgoin-Jallieu, Guingamp et Villefontaine et modifiant le siège et le ressort du tribunal de l'application des peines de Moulins. – Art. 1er. – COJ, Annexe, Tableau XIV, **p. 1931.**
2010	29 sept.	Décret n° 2010-1134. Procédure civile de protection des victimes de violences au sein des couples. – V. C. pr. civ., art. 1136-3 à 1136-13, 1290.
2010	1er oct.	Décret n° 2010-1165. Conciliation et procédure orale en matière civile, commerciale et sociale : – Art. 1er, 5 à 9, 15. – V. C. pr. civ., art. 127 à 131, 171-1, 446-1 à 446-4, 509-1, 509-2, 509-3, 829 à 847-3, 855, 860-1 à 863, 883, 887, 888, 891, 892, 939, 940, 946, 1026, annexe relative à son application dans les départements du Bas-Rhin, du Haut-Rhin et de la Moselle, art. 36, **p. 1379.** – Art. 2. – V. COJ, art. R. 312-13-1, R. 312-42. – Art. 3. – V. Décr. n° 78-381 du 20 mars 1978, art. 1er, 5, 6, 7, 9, 9 *quater*, App., v° *Conciliateurs de justice*, **p. 2236.**
2010	15 oct.	Décret n° 2010-1216. Questions prioritaires de constitutionnalité devant la Cour de cassation : – Art. 1er. – V. COJ, art. R.* 461-1. – Art. 2. – V. C. pr. civ., art. 126-10 à 126-13.
2010	20 oct.	Décret n° 2010-1234. Code de l'organisation judiciaire. – V. COJ, art. R. 111-8, R. 211-2, R. 212-18, R. 221-2, R. 311-2.
2010	10 nov.	Loi organique n° 2010-1341. Limite d'âge des magistrats de l'ordre judiciaire : – V. Ord. n° 58-1270 du 22 déc. 1958, art. 76, 76-1, App., v° *Magistrature*, **p. 3108.** – V. L. organique n° 2010-1341 du 10 nov. 2010, art. 2, App., v° *Magistrature*, **p. 3108.**
2010	12 nov.	Décret n° 2010-1369. Modification du tableaux VI annexé à l'article D. 211-6-1 COJ. – V. COJ, Annexe, Tableau VI, **p. 1993.**
2010	12 nov.	Décret n° 2010-1395. Médiation et activité judiciaire en matière familiale. – Art. 4 à 12. – V. COJ, art. R. 213-9-1, R. 212-37, R. 312-42, R. 552-10, R. 562-10.

2010	12 nov.	Décret n° 2010-1396. Administration centrale du Ministère de la justice. – V. Décr. n° 93-21 du 7 janv. 1993, art. 2, 4, 8, App., v° *Magistrature*, **p. 3111.**
2010	1er déc.	Décret n° 2010-1463. Réforme du réseau des chambres de commerce et d'industrie. – Art. 87. – V. COJ, art. R. 221-26.
2010	22 déc.	Loi n° 2010-1609. Exécution des décisions de justice, conditions d'exercice de certaines professions réglementées et experts judiciaires : – Art. 2. – V. Ord. n° 45-2592 du 2 nov. 1945, art. 1er, App., v° *Officiers publics et ministériels*, **p. 3266.** – Art. 11. – V. COJ, art. L. 221-8, L. 221-8-1, L. 532-6-1. – Art. 14 *à* 21. – V. Ord. n° 45-2592 du 2 nov. 1945, art. 1er, 1er *bis*, 2, 3 *ter*, App., v° *Officiers publics et ministériels*, **p. 3197.** – Art. 23 *à* 27. – V. Ord. n° 45-2590 du 2 nov. 1945, art. 1er *quater*, 4 à 7, App., v° *Officiers publics et ministériels*, **p. 3197.** – Art. 29. – V. L. n° 90-1258 du 31 déc. 1990, art. 31-1, App., v° *Officiers publics et ministériels*, **p. 3197.** – Art. 32 à 35. – V. Ord. n° 45-2593 du 2 nov. 1945, art. 2, 8 *à* 10, App., v° *Officiers publics et ministériels*, **p. 3197.** – Art. 37-I. – V. C. civ., art. 2062 à 2068, **p. 1357.** – Art. 37-IV. – V. L. n° 91-647 du 10 juill. 1991, art. 10, 39, App., v° *Aide juridique*, **p. 2105.** – Art. 38 *à* 42-II et 43. – V. L. n° 71-498 du 29 juin 1971, art. 2, 4, 5, 6-2, 8, App., v° *Experts judiciaires*, **p. 2868.**
2010	23 déc.	Décret n° 2010-1612. Ordonnancement de la dépense par les chefs des cours d'appel. – V. COJ, art. D. 312-66.
2010	23 déc.	Décret n° 2010-1637. Conseil supérieur de la magistrature. – V. Décr. n° 94-199 du 9 mars 1994, art. 6, 25, 30-1, 31-1, 32, 33, 35, 36, 38, 38-1, 39, 39-1, 40, 41, 42, 43, 44, App., v° *Magistrature*, **p. 3051.**
2010	28 déc.	Décret n° 2010-1647. Procédure d'appel avec représentation obligatoire en matière civile. – V. C. pr. civ., art. 647-1, 902, 903, 908, 909, 911, 911-1, 911-2, 913, 914, 915, 916, 978, 1010, 1259-3, et Annexe art. 42, **p. 1380.**
2010	28 déc.	Décret n° 2010-1665. Propriété industrielle. – V. COJ, Annexe, Tableau XVI, **p. 2042.**
2010	29 déc.	Loi n° 2010-1657. De finances pour 2011 : – Art. 74-I à II. – V. L. n° 91-647 du 10 juill. 1991, art. 40, 44, 50, App., v° *Aide juridique*, **p. 2125.** – Art. 164. – V. ce texte, App., v° *Magistrature*, **p. 3051.**
2010	29 déc.	Loi n° 2010-1658. De finances rectificative pour 2010. – Art. 70-VII. – V. CGI, art. 279, ss. L. n° 91-647 du 10 juill. 1991, art. 25, App., v° *Aide juridique*, **p. 2114.**
2011	13 janv.	Décret n° 2011-48. Arbitrage. – V. C. pr. civ., art. 1442 à 1527, 1570 à 1582.
2011	13 janv.	Décret n° 2011-54. Enquêteurs sociaux : – Art. 1er *à* 2. – V. Décr. n° 2009-285 du 12 mars 2009, art. 1er, 12, App., v° *Enquêteurs sociaux*, **p. 2864.**

		– Art. 3. – V. C. pr. civ., art. 695.
2011	13 janv.	Arrêté. Enquêteurs sociaux. – V. C. pr. pén., art. A. 43-12, App., v° *Enquêteurs sociaux*, **p. 2864.**
2011	13 janv.	Arrêté. Référentiel des diligences à accomplir en matière d'enquête sociale. V. ce texte, App., v° *Enquêteurs sociaux*, **p. 2864.**
2011	20 janv.	Arrêté. Formation professionnelle des commissaires-priseurs judiciaires. – V. ce texte, App., v° *Officiers publics et ministériels*, .
2011	24 janv.	Circulaire JUSC1033666C. Présentation du Décr. n° 2010-1165 du 1er oct. 2010 relatif à la conciliation et à la procédure orale en matière civile, commerciale et sociale. – V. ce texte, ss. C. pr. civ., art. 131, 446-4, 462, 509-1, .
2011	25 janv.	Loi n° 2011-94. Représentation devant les cours d'appel : – Art. 32-1°-*a*. – V. L. 25 ventôse an XI, art. 7, App., v° *Officiers publics et ministériels, Dispositions particulières, Avoués*, . – Art. 32 et 33. – V. L. 24 déc. 1897, art. 1er, 2, 4, 5, App., v° *Frais et dépens*, **p. 2904.** – Art. 32. – V. L. n° 91-647 du 10 juill. 1991, art. 16, 31, 38, 55, App., v° *Aide juridique*, **p. 2108.** – Art. 32 et 33. – V. COJ, art. L. 211-8, L. 311-4, L. 311-5, L. 311-6, L. 312-3. – Art. 32. – V. L. n° 48-460 du 20 mars 1948, App., v° *Officiers publics et ministériels, Dispositions communes, Organisation*, .
2011	27 janv.	Décret n° 2011-107. Désignation des ordonnateurs secondaires pour les missions et organismes à caractère juridictionnel. – Art. 2. – V. COJ, art. D. 312-66.
2011	2 févr.	Arrêté. Mesure judiciaire d'investigation éducative. – V. ce texte, **p. 1144.**
2011	22 févr.	Arrêté. Communication par voie électronique en matière de protection judiciaire des majeurs. – V. ce texte, .
2011	14 mars	Loi n° 2011-267 du 14 mars 2011. – Art. 109-3°. – V. C. douanes, art. 415, .
2011	15 mars	Décret n° 2011-272. Aide juridictionnelle et aide à l'intervention de l'avocat : – Art. 23 et 24. – V. C. pr. civ., art. 696, 1505. – Art. 28 et 29. – V. Décr. n° 96-887 du 10 oct. 1996, art. 2, et Règlement type annexé, App., v° *Aide juridique*, .
2011	28 mars	Loi n° 2011-331. Professions juridiques et judiciaires : – Art. 16, 24. – V. Ord. n° 45-2590 du 2 nov. 1945, art. 6, 6-1, 6-2, App., v° *Officiers publics et ministériels*, . – Art. 26. – V. Ord. n° 45-2593 du 2 nov. 1945, art. 9, App., v° *Officiers publics et ministériels*. – Art. 31 et 32. – V. L. n° 90-1258 du 31 déc. 1990, art. 2, 5, 5-1, 22, 23, 31-1, 31-2, .

2011	29 mars	Loi organique n° 2011-333. Défenseur des droits : – Art. 2, 4 à 8, 10, 11, 14, 15, 18 à 22, 24 à 27, 29, 30, 33, 35, 36-I, 37 à 39, 44, App., v° *Défenseur des droits*, **p. 2241.** – Art. 41 – V. L. org. n° 94-100 du 5 févr. 1994, art. 6, App., v° *Magistrature*, **p. 3142.**
2011	29 mars	Loi n° 2011-334. Défenseur des droits. – V. ce texte, art. 11 à 15, 22, 23, App., v° *Défenseur des droits*, **p. 2249.**
2011	29 mars	Ordonnance n° 2011-337. Organisation judiciaire dans le département de Mayotte. – Art. 1er. – V. COJ, art. L. 216-1, L. 216-2, L. 314-1, L. 314-2.
2011	29 mars	Décret n° 2011-338. Organisation judiciaire dans le département de Mayotte : – Art. 1er et 2. – V. COJ, art. R. 216-1, D. 314-1 à R. 314-7 et Annexe, Tableaux IV à IX, XI, XIV, XVI, **p. 1978.** – Art. 13. – V. C. pr. civ., art. 1570 à 1574.
2011	14 avr.	Loi n° 2011-392. Aide juridique. – Art. 23. – V. L. n° 91-647 du 10 juill. 1991, art. 64-1, App., v° *Aide juridique*, **p. 2132.**
2011	17 mai	Loi n° 2011-525. Simplification et amélioration de la qualité du droit : – Art. 13 et 119. – V. L. n° 91-647 du 10 juill. 1991, art. 55, App., v° *Aide juridique*, **p. 2130.** – Art. 85. – V. COJ, art. L. 252-1. – Art. 196. – V. CPI, art. L. 331-1, L. 521-3-1, L. 615-17, L. 623-31, L. 722-8, ss. COJ, art. L. 211-4.
2011	17 mai	Décret n° 2011-534. Siège et ressort du TI de Rennes et création d'un TI à Fougères. – V. COJ, Annexes, Tableau IV, **p. 1978.**
2011	24 mai	Décret n° 2011-573. Code du patrimoine. – Art. 1er. – V. C. patr., art. R. 221-1 à R. 222-4, ss. C. pr. civ., art. 22 ; V. C. patr., art. R. 212-2, R. 212-15, R. 212-62, App., v° *Officiers publics et ministeriels*, **p. 3220.**
2011	24 mai	Décret n° 2011-547. – Code du patrimoine. – Art. 2. – V. Décr. n° 56-222 du 29 févr. 1956, art. 29-1, App., v° *Officiers publics et ministériels*, **p. 3276.**
2011	25 mai	Décret n° 2011-579. Institution d'une redevance pour les prestations fournies par le greffe du tribunal mixte de commerce de Nouméa. – COJ, art. R. 561-1, R. 561-2, R. 563-1 à R. 563-4.
2011	16 juin	Loi n° 2011-672. Immigration, intégration et nationalité. – Art. 72. – L. n° 91-647 du 10 juill. 1991, art. 3, App., v° *Aide juridique*, **p. 2096.**
2011	28 juin	Décret n° 2011-742. Application outre-mer de diverses dispositions relatives aux experts judiciaires et aux personnes habilitées à procéder à des identifications par empreintes génétiques : – Art. 1er – V. Décr. n° 2004-1463 du 23 déc. 2004, art. 38-1 à 38-4, App., v° *Experts judiciaires*, **p. 2891.** – Art. 2 – V. Décr. n° 97-104 du 6 févr. 1997, art. 15-3, App., v° *Experts judiciaires*, **p. 2899.**

2011	5 juill.	Loi n° 2011-803. Droits et protection des personnes faisant l'objet de soins psychiatriques et modalités de leur prise en charge : – Art. 1er. – V. COJ, art. L. 111-12. – Art. 1er et 7. – V. CSP, art. L. 3211-1, L. 3211-2-2 à L. 3211-3, L. 3211-7, L. 3211-10, L 3211-11, L. 3211-12, L. 3211-12-3 à L. 3211-12-6, L. 3216-1, App., v° *Mesures de soins psychiatriques sous contrainte*, **p. 3162.**
2011	6 juill.	Décret n° 2011-810. Aide à l'intervention de l'avocat au cours de la garde à vue et de la retenue douanière. – Art. 7. – V. Décr. n° 96-887 du 10 oct. 1996, Règlement type, art. 1er, App., v° *Aide juridique*, **p. 2201.**
2011	18 juill.	Décret n° 2011-846. Procédure judiciaire de mainlevée ou de contrôle des mesures de soins psychiatriques : – Art. 1er. – V. CSP, art. R. 3211-7 à R. 3211-34, App., v° *Mesures de soins psychiatriques sous contrainte*, **p. 3177.** – Art. 5. – V. CSP, ss. art. R. 3211-7, App., v° *Mesures de soins psychiatriques sous contrainte*, **p. 3177.**
2011	21 juill.	Circulaire JUSC1120428C. Présentation des principales dispositions de la loi n° 2011-803 du 5 juillet 2011 relative aux droits et à la protection des personnes faisant l'objet de soins psychiatriques et aux modalités de leur prise en charge et du décret n° 2011-846 du 18 juillet 2011 relatif à la procédure judiciaire de mainlevée ou de contrôle des mesures de soins psychiatriques. – V. ce texte, App., *Mesures de soins psychiatriques sous contrainte*, .
2011	25 juill.	Décret n° 2011-875. Huissiers de justice salariés. – V. ss. Ord. n° 45-2592 du 2 nov. 1945, art. 3 *ter*, App., v° *Officiers publics et ministériels*, **p. 3269.**
2011	29 juill.	Décret n° 2011-904. Procédure applicable devant le Défenseur des droits. – Art. 1er à 9, 11, 14 à 17, 21, 22. – V. App., v° *Défenseur des droits*, **p. 2250.**
2011	29 juill.	Décret n° 2011-905. Organisation et fonctionnement du Défenseur des droits. – V. ss. Décr. n° 2011-904 du 29 juill. 2011, App., v° *Défenseur des droits*, **p. 2243.**
2011	10 août	Loi n° 2011-939. Jugement des mineurs. – Art. 51. – V. COJ, art. L. 251-7, L. 251-8.
2011	10 août	Décret n° 2010-946. Réserve judiciaire. – V. ce décret, App., v° *Magistrature*, **p. 3160.**
2011	23 août	Décret n° 2011-981. Spécialisation de tribunaux d'instance dans le ressort de certains tribunaux de grande instance pour connaître des mesures de traitement des situations de surendettement des particuliers et des procédures de rétablissement personnel. – V. COJ, art. D. 221-1 et Annexes, Tableau IX-I, .
2011	31 août	Décret n° 2011-1042. Tribunal supérieur d'appel de Saint-Pierre-et-Miquelon. – Art. 1er. – V. COJ, art. R. 512-4.

2011	1er sept.	Décret n° 2011-1043. Mesures conservatoires prises après l'ouverture d'une succession et procédure en la forme des référés : – Art. 1er, 2, 4, 5. – V. C. pr. civ., art. 492-1, 509-1 à 509-3, 540, 837, 855, 1121-1, 1136-2, 1252, 1252-1, 1304 à 1326. – Art. 6. – V. COJ, art. R. 123-24. – Art. 8. – V. C. pr. civ., Annexe relative à son application dans les départements du Bas-Rhin, du Haut-Rhin et de la Moselle, art. 14-1, 15, **p. 1372.**
2011	23 sept.	Décret n° 2011-1173. Professions juridiques et judiciaires réglementées : – Art. 1er à 14. – V. Décr. n° 56-222 du 29 févr. 1956, art. 19, 20, 20-1, 22, 23, App., v° *Officiers publics et ministériels*, **p. 3274.** – Art. 16 et 17. – V. Décr. n° 45-0117 du 19 déc. 1945, art. 27, App., v° *Officiers publics et ministériels*, . – Art. 18 à 23. – V. Décr. n° 93-82 du 15 janv. 1993, art. 11, 17, 18, 19, 22, App., v° *Officiers publics et ministériels*, . – Art. 24. – V. COJ, art. R. 431-7-1.
2011	28 sept.	Décret n° 2011-1202. Droit affecté au fonds d'indemnisation de la profession d'avoué près les cours d'appel et contribution pour l'aide juridique. – Art. 1er à 8. – V. C. pr. civ., art. 62 à 62-5, 680, 818, 963 à 964-1, 1022-2, 1114, 1424-16, 1425-9.
2011	3 oct.	Décret n° 2011-1230. Formation professionnelle continue : – Art. 2. – V. Décr. n° 73-609 du 5 juill. 1973, art. 43-8, 43-9, App., v° *Officiers publics et ministériels*, . – Art. 4. – V. Décr. n° 73-541 du 19 juin 1973, art. 7, 8, App., v° *Officiers publics et ministériels*, .
2011	17 oct.	Décret n° 2011-1309. Conditions d'accès aux fonctions de notaire. – V. Décr. n° 73-609 du 5 juill. 1973, art. 3, App., v° *Officiers publics et ministériels*, .
2011	8 nov.	Décret n° 2011-1469. Assistance du greffier en chef en matière de vérification des comptes de tutelle par un huissier de justice. – Art. 1er. – V. C. pr. civ., art. 1254-1.
2011	16 nov.	Ordonnance n° 2011-1540. Transposition de la Dir. 2008/52/CE du Parlement européen et du Conseil du 21 mai 2008 sur certains aspects de la médiation en matière civile et commerciale. – Art. 1er. – V. L. n° 95-125 du 8 févr. 1995, art. 21 à 25, reproduits ss. C. pr. civ., art. 131-15.
2011	8 déc.	Loi n° 2011-1843. Certificats d'obtention végétale. – Art. 1er. – V. CPI, art. L. 623-31, ss. COJ, art. L. 211-4.
2011	13 déc.	Loi n° 2011-1862. Répartition des contentieux et allègement de certaines procédures juridictionnelles : – Art. 1er. – V. COJ, art. L. 121-5 à L. 121-8, L. 212-3-1, L. 212-4, L. 221-4-1, L. 221-7, L. 221-10, L. 222-1-1, L. 223-1, L. 532-15-2, L. 532-19 à L. 532-24, L. 552-8, L. 552-13 à L. 552-18, L. 562-8, L. 562-29 à L. 562-34 et Ord. n° 58-1270 du 22 déc. 1958, art. 41-18, App., v° *Magistrature*, **p. 3091.**

		– Art. 2. – V. COJ, art. L. 123-1, L. 533-1, L. 553-1, L. 563-1. – Art. 6. – V. COJ, art. L. 211-10, et CPI, art. L. 623-31 ss. COJ, art. L. 211-4.
2011	14 déc.	Décret n° 2011-1877. Organisation judiciaire à Cayenne. – Art. 2. – V. COJ, art. D. 312-20 à R. 312-26, R. 552-24, R. 562-33, **p. 1871.**
2011	14 déc.	Décret n° 2011-1878. Création de la cour d'appel de Cayenne. – Art. 1er. – V. COJ, Annexe, Tableau IV à IX, XI, XIV, XVI, **p. 1978.**
2011	15 déc.	Ordonnance n° 2011-1875. Extension de la loi n° 2010-1609 du 22 déc. 2010 en Nouvelle-Calédonie, en Polynésie française et dans les îles Wallis-et-Futuna. – Art. 3. – V. L. n° 71-498 du 29 juin 1971, art. 8, App., v° *Experts judiciaires*, **p. 2877.**
2011	19 déc.	Ordonnance n° 2011-1895. Code des procédures civiles d'exécution. – Art. 3-19°. – V. COJ, art. L. 213-6.
2011	26 déc.	Loi n° 2011-1940. Composition du tribunal pour enfants. – Art. 5. – V. COJ, art. L. 251-3.
2011	28 déc.	Décret n° 2011-1997. Tiers de confiance. – Art. 4. – V. Décr. n° 45-0117 du 19 déc. 1945, art. 14 A, App., v° *Officiers publics et ministériels*.
2011	28 déc.	Décret n° 2011-2022. Appel des décisions du tribunal correctionnel pour mineurs. – Art. 2. – V. COJ, art. R. 311-7.
2012	20 janv.	Décret n° 2012-66. Résolution amiable des différends : – Art. 1er à 6 et 25 à 42. – V. C. pr. civ., art. 47, 56, 118, 128, 131-4, 131-12, 324, 341, 369, 485, 512, 626, 627, 667, 771, 828, 1055-3 à 1055-5, 1056-1, 1056-2, 1210-4, 1270, 1300-4, 1528 à 1568, 1575. – Art. 23. – V. Décr. n° 96-887 du 10 oct. 1996, Règlement type annexé, art. 13, 15, 16, 22, 23. – Art. 43. – V. Décr. n° 78-381 du 20 mars 1978, art. 1er, 5 à 9, 9 *ter*, App., v° *Conciliateur de justice*, **p. 2236.**
2012	26 janv.	Décret n° 2012-91. Conseils départementaux de l'accès au droit. – Art. 13. – V. L. n° 91-647 du 10 juill. 1991, art. 3, 9, App., v° *Aide juridique*, **p. 2096.**
2012	27 janv.	Décret n° 2012-98. Déplacement illicite international d'enfants. – V. C. pr. civ., art. 425, 695, 1210-4 à 1210-9.
2012	27 janv.	Décision QPC n° 2012-211. Discipline des notaires. – Art. 1er. – V. Ord. n° 45-1418 du 28 juin 1945, art. 4, App., v° *Officiers publics*.
2012	30 janv.	Décret n° 2012-125. Procédure extrajudiciaire d'identification des personnes décédées. – V. Décr. n° 97-109 du 6 févr. 1997, art. 1er, 3, 9, 10, 10-1, 12, 15-2-1, 15-3, App., v° *Experts*, **p. 2894.**
2012	13 févr.	Loi organique n° 2012-208. Statut de la magistrature : – Art. 1er. – V. L. org. n° 2010-1341 du 10 nov. 2010, art. 2 ss. Ord. n° 58-1270 du 22 déc. 1958, art. 76, App., v° *Magistrature*, **p. 3108.** – Art. 2 à 5. – V. Ord. n° 58-1270 du 22 déc. 1958, art. 3-1, 39, 69, 76-4, App., v° *Magistrature*, **p. 3054.**

2012	16 févr.	Circulaire. Aide juridictionnelle et autres aides prévues par les art. 64-1 à 64-3 de la L. n° 91-647 du 10 juill. 1991. – V. ce texte reproduit ss. Décr. n° 96-887 du 10 oct. 1996, Règlement type annexé, art. 36, App., v° *Aide juridique, Modalités particulières d'application, Règles de gestion financière et comptable*, .
2012	12 mars	Décret n° 2012-350. Aide juridictionnelle et aide à l'intervention de l'avocat. – Art. 12 et 13. – V. Décr. n° 96-887 du 10 oct. 1996, art. 2 et Règlement type annexé, .
2012	15 mars	Décret n° 2012-366. Signification des actes d'huissier de justice par voie électronique et notifications internationales : – Art. 1er à 5, 11 et 17 à 23. – V. C. pr. civ., art. 653, 662-1, 663, 664-1, 684-1, 686, 687-1, 688, 688-2, 693, 1414, 1424-6. – Art. 6 à 9. – V. Décr. n° 56-222 du 29 févr. 1956, art. 5-1, 5-2, 24, 25, 27, 28, 29-2 à 29-4, 29-6, 73-1 à 73-3, App., v° *Officiers publics et ministériels*, **p. 3272.**
2012	16 mars	Décret n° 2012-373. Décisions de l'Autorité de régulation de la distribution de la presse et du Conseil supérieur des messageries de presse. – Art. 24. – V. COJ, art. D. 311-9.
2012	22 mars	Loi n° 2012-387. Simplification du droit et allégement des démarches administratives : – Art. 29 et 133. – V. L. n° 90-1258 du 31 déc. 1990, art. 10, 19, App., v° *Officiers publics et ministériels*, . – Art. 101 et 102. – V. L. n° 55-4 du 4 janv. 1955, art. 1er à 3, App., v° *Annonces judiciaires et légales*, **p. 2202.**
2012	23 mars	Ordonnance n° 2012-395. Aide juridique à Mayotte. – Art. 1er à 3. – V. L. n° 91-647 du 10 juill. 1991, art. 69-10 à 69-16, 70, App., v° *Aide juridique*, **p. 2137.**
2012	23 mars	Ordonnance n° 2012-396. Aide juridictionnelle en matière pénale en Nouvelle-Calédonie et dans les îles Wallis-et-Futuna. – V. Ord. n° 92-1147 du 12 oct. 1992, art. 23-2, 23-4, App., v° *Aide juridique*, .
2012	23 mars	Décret n° 2012-397. Modalités particulières d'application à Mayotte de la loi n° 91-647 du 10 juill. 1991 relative à l'aide juridique et la rétribution de l'avocat ou de la personne agréée intervenant sur désignation d'office au cours de la garde à vue ou de la retenue douanière en Nouvelle-Calédonie et dans les îles Wallis-et-Futuna : – Art. 5. – V. Décr. n° 96-887 du 10 oct. 1996, art. 2-2, App., v° *Aide juridique*, . – Art. 6 à 10. – V. Décr. n° 93-1425 du 31 déc. 1993, art. 48-1, 55, 55-2 à 55-5, 56, App., v° *Aide juridique*, .
2012	23 mars	Décret n° 2012-403. Sociétés civiles professionnelles et sociétés de participations financières des professions judiciaires et juridiques réglementées : – Art. 2. – V. Décr. n° 67-868 du 2 oct. 1967, art. 12, 45, 63, 116, App., v° *Officiers publics et ministériels*, . – Art. 3. – V. Décr. n° 69-763 du 24 juill. 1969, art. 45, 116, App., v° *Officiers publics et ministériels*, .

		– Art. 14 à 16. – V. Décr. n° 92-1449 du 30 déc. 1992, art. 82 à 92, App., v° *Officiers publics et ministériels*, . – Art. 19 à 21. – V. Décr. n° 93-78 du 13 janv. 1993, art. 79-3 à 79-13, 79-16, App., v° *Officiers publics et ministériels*, .
2012	27 mars	Loi n° 2012-409. Experts judiciaires. – Art. 9. – V. L. n° 71-498 du 29 juin 1971, art. 2, App., v° *Experts judiciaires*, **p. 2870.**
2012	28 mars	Décret n° 2012-423. Professions de commissaire-priseur judiciaire et d'huissier de justice. – V. Décr. n° 45-0120 du 19 déc. 1945, art. 19 à 21-2, App., v° *Officier publics et ministériels*, **p. 3233.**
2012	29 mars	Arrêté. Droits de plaidoirie. – V. Arr. du 23 nov. 2011, art. 2, reproduit ss. CSS, art. R. 723-26-1, App., v° *Frais et dépens*, **p. 2952.**
2012	26 avr.	Décret n° 2012-580. Organisation des professions de notaire et d'huissier de justice outre-mer. – Art. 4. – V. L. du 27 déc. 1923, art. 12, App., v° *Officiers publics et ministériels*, **p. 3266.**
2012	3 mai	Décret n° 2012-634. Fusion des professions d'avocat et d'avoué près les cours d'appel : – Art. 1er. – V. Décr. n° 71-942 du 26 nov. 1971, art. 10, App., v° *Officiers publics et ministériels*, . – Art. 19. – V. Décr. n° 56-222 du 29 févr. 1956, art. 11, App., v° *Officiers publics et ministériels*, **p. 3273.** – Art. 19, 21. – V. C. pr. civ., art. 90, 91, 97, 157, 366-2, 369, 416, 419, 420, 506, 575, 674, 680, 697, 699, 718, 731, 899, 901 à 904, 906, 911 à 913, 918, 920, 921, 923, 924, 927, 929, 930-1, 931, 950, 959, 960, 961, 970, 971, 1036, 1061-1, 1239, 1251-1. – Art. 20-II. – V. Décr. n° 56-221 du 29 févr. 1956, art. 1er, 7, 16, App., v° *Officiers publics et ministériels*, **p. 3215.** – Art. 21. – V. Décr. n° 73-609 du 5 juill. 1973, art. 37, App., v° *Officiers publics et ministériels*, . – Art. 21. – V. CSP, art. R. 3211-24, App., v° *Mesures de soins psychiatriques sous contrainte*, **p. 3181.**
2012	22 mai	Arrêté. Liste des pièces justifiant de l'identité de l'auteur de la déclaration de consentement à la signification par voie électronique d'un acte d'huissier de justice. – V. ss. Décr. n° 56-22 du 29 févr. 1956, art. 73-1, App., v° *Officiers publics et ministériels*, **p. 3279.**
2012	30 mai	Décret n° 2012-783. Procédures civiles d'exécution : – Art. 3 et 9. – V. C. pr. civ., art. 507, 1324. – Art. 13. – V. C. pr. exéc., art. R. 162-1, R. 211-3, R. 211-4, R. 223-2, R. 223-3.
2012	4 juill.	Règlement du Parlement européen et du Conseil n° 650/2012. Compétence, loi applicable, reconnaissance et exécution des décisions, et acceptation et exécution des actes authentiques en matière de successions et création d'un certificat successoral européen. – V. ce texte, App., *Droit européen et international, Droit de l'Union européenne*, **p. 2485.**

2012	23 août	Décret n° 2012-985. Agent judiciaire de l'État. – Art. 6. – V. L. n° 48-830 du 15 mai 1948, art. unique, App., v° *Action en justice*, **p. 2047** ; L. n° 55-366 du 3 avr. 1955, art. 38, App., v° *Action en justice*, **p. 2047.**
2012	28 août	Arrêté. Huissiers de justice. – Communication par voie électronique. – V. ss. C. pr. civ., art. 748-7.
2012	10 sept.	Décret n° 2012-1037. Interdiction de sortie du territoire du mineur sans l'autorisation des parents. – V. C. pr. civ., art. 1078, 1180-3, 1180-4.
2012	12 sept.	Directive 2012/23/UE. Assurance de protection juridique. – Art. 1er. – V. Dir. n° 2009/138/CE du 25 nov. 2009, art. 310, 311, App., v° *Assurances, II, Assurance de protection juridique*, .
2012	29 sept.	Règlement de procédure de la Cour de justice de l'Union européenne. – V. ce texte, App., v° *Droit européen et international*, **p. 2307.**
2012	1er oct.	Arrêté. Liste des pièces justifiant de l'identité de l'auteur de la déclaration de consentement à la signification par voie électronique d'un acte d'huissier de justice. – V. Arr. du 22 mai 2012, ss. Décr. n° 56-22 du 29 févr. 1956, art. 73-1, App., v° *Officiers publics et ministériels*, **p. 3279.**
2012	2 nov.	Ordonnance n° 2012-1218. Réforme pénale en matière maritime. – Art. 19. – V. COJ, art. L. 261-1.
2012	20 nov.	Loi n° 2012-1270. Régulation économique outre-mer. – Art. 6. – V. C. com., art. L. 450-5, ss. C. com., art. L. 444-6, App., v° *Aide juridique*, **p. 2928.**
2012	27 nov.	Décret n° 2012-1312. Fixation par le juge du droit de visite dans un espace de rencontre. – V. C. pr. civ., art. 1180-5, 1199-2.
2012	24 déc.	Arrêté. Communication par voie électronique devant les tribunaux d'instance et les juridictions de proximité pour les procédures d'injonction de payer. – V. ss. C. pr. civ., art. 748-6.
2012	24 déc.	Décret n° 2012-1451. Expertise et instruction des affaires devant les juridictions judiciaires : – Art. 1er, 2 et 16-I à III. – V. COJ, art. R. 212-37, R. 213-12-1, R. 531-1, R. 552-9, R. 552-10, R. 552-21, R. 552-23, R. 562-9, R. 562-10, R. 562-30, R. 562-33. – Art. 3 à 9, 12, 16-I-1°. – V. C. pr. civ., art. 155, 265, 280, 282, 284, 819, 861, 861-3 à 871, 964-2, 1575. – Art. 10, 11 et 16-IV. – V. Décr. n° 2004-1463 du 23 déc. 2004, art. 4, 8, 38-3, 38-4, App., v° *Experts judiciaires*, **p. 2880.**
2012	26 déc.	Décret n° 2012-1443. Déclaration conjointe d'exercice de l'autorité parentale et dispositions diverses de procédure en matière familiale. – V. C. pr. civ., art. 1060, 1180-1, 1261.
2012	26 déc.	Décret n° 2012-1462. Suppression du régime des conservateurs des hypothèques et adaptation de la publicité foncière : – Art. 1er et 35. – V. COJ, art. R. 211-7-1, R. 221-45, R. 221-45-1.

		– Art. 35. – V. C. pr. exéc., art. R. 311-11, R. 321-2, R. 321-3, R. 321-6, R. 321-7, R. 321-9, R. 321-10, R. 321-21, R. 322-4, R. 322-9, R. 322-25, R. 322-63, R. 322-65, R. 532-1, R. 533-2, R. 612-5, R. 612-8. – Art. 37-III. – V. Décr. n° 60-323 du 2 avr. 1960, art. 47, App., v° *Officiers publics et ministériels*, **p. 2971.**
2012	28 déc.	Décret n° 2012-1515. Procédure civile et organisation judiciaire : – Art. 1er à 9. – V. C. pr. civ., art. 456, 600, 1406, 1415, 1418, 1419, 1541, Annexe relative à l'application du C. pr. civ. dans les départements du Bas-Rhin, du Haut-Rhin et de la Moselle, art. 46, **p. 498.** – Art. 10 à 14. – V. COJ, art. R. 211-4, R. 212-35, R. 212-48, R. 213-5-2, R. 221-15, R. 221-18, R. 221-21.
2012	31 déc.	Loi n° 2012-1560. Aide juridique relative à la retenue pour vérification du droit au séjour et modification du délit d'aide au séjour irrégulier pour en exclure les actions humanitaires et désintéressées. – Art. 6. – V. L. n° 91-647 du 10 juill. 1991, art. 64-1, App., v° *Aide juridique*, **p. 2132.**
2013	2 janv.	Décret n° 2013-1. Tribunaux de grande instance spécialisés dans les actions relatives aux obtentions végétales. – V. COJ, art. D. 211-5.
2013	3 janv.	Circulaire JUSC1243674C. Présentation du décret n° 2012-1515 du 28 décembre 2012 portant diverses dispositions relatives à la procédure civile et à l'organisation judiciaire. – V. ss. C. pr. civ., art. 600, 930-1, 1406, et COJ, art. R. 211-4, .
2013	14 janv.	Amendement du Règlement de la Cour européenne des droits de l'homme. – Art. 8, 18A, 27A, 39, 54, App., v° *Droit européen et international*, **p. 2821.**
2013	6 févr.	Amendement du Règlement de la Cour européenne des droits de l'homme. – Art. 72, App., v° *Droit européen et international*, **p. 2839.**
2013	13 mars	Décret n° 2013-215. Formation professionnelle en vue de l'exercice de la profession de notaire. – Art. 1er à 8, 12 à 20, 26. – V. Décr. n° 73-609 du 5 juill. 1973, art. 3, 6 à 15, 25 à 38, 59, 77, .
2013	6 mai	Amendement du Règlement de la Cour européenne des droits de l'homme. – V. Art. 24, 26, 29, 47, App., v° *Droit européen et international*, **p. 2824.**
2013	21 mai	Directive n° 2013/11/UE du Parlement européen et du Conseil. Règlement extrajudiciaire des litiges de consommation (directive relative au RELC). – V. ce texte, App., v° *Droit européen et international*, .
2013	21 mai	Règlement (UE) n° 524/2013 du Parlement européen et du Conseil. Règlement en ligne des litiges de consommation (règlement relatif au RLLC). – V. ce texte, App., v° *Droit européen et international*, .
2013	23 mai	Décret n° 2013-420. Suppression de commissions administratives à caractère consultatif. – Art. 7. – V. C. patr., art. R. 221-2 à R. 221-4, D. 221-8 à D. 221-13, ss. COJ, art. L. 111-12, **p. 1693.**

2013	24 mai	Décret n° 2013-429. Mariage aux couples de personnes de même sexe. – Art. 1er. – V. C. pr. civ., art. 1181, 1182, 1184, 1186, 1187, 1189 à 1192, 1197, 1208, 1222-2.
2013	27 mai	Loi n° 2013-428. Modernisation du régime des sections de commune. – Art. 4. – V. CGCT, art. L. 2411-8, App., v° *Action en justice*, **p. 2050.**
2013	7 juin	Décret n° 2013-481. Rétribution au titre de l'aide juridique de l'avocat assistant l'étranger retenu aux fins de vérification de son droit de circulation ou de séjour sur le territoire français. – Art. 2. – V. Décr. n° 96-887 du 10 oct. 1996, art. 2-1, 2-2 et Règl. type annexé, App., v° *Aide juridique*, **p. 2201.**
2013	12 juin	Règlement n° 606/2013. Reconnaissance mutuelle des mesures de protection en matière civile. – V. ce texte, App., v° *Droit européen et international*, **p. 2605.**
2013	18 juin	Amendement du Règlement de la CJUE. – V. Règl. de la CJUE, App., v° *Droit européen et international*, **p. 2307.**
2013	20 juin	Décret n° 2013-516. Actualisation du droit civil applicable en Nouvelle-Calédonie et dans les îles Wallis-et-Futuna. – Art. 11. – V. L. n° 90-1258 du 31 déc. 1990, art. 32, App., v° *Officiers publics et ministériels*, .
2013	24 juin	Protocole n° 15. Amendement à la Convention de sauvegarde des droits de l'homme et des libertés fondamentales. – V. ce texte, App., v° *Droit européen et international*, **p. 2815.**
2013	24 juill.	Décret n° 2013-686. Création d'une chambre détachée du tribunal de grande instance de Cayenne à Saint-Laurent-du-Maroni. – V. COJ, Annexes, Tableau IV, **p. 1978.**
2013	30 juill.	Décret n° 2013-692. Formes de procéder applicables devant les tribunaux de grande instance des départements du Bas-Rhin, du Haut-Rhin et de la Moselle dans les matières régies par le livre VI du code de commerce. – Art. 2. – V. C. pr. civ., Annexe, art. 38, **p. 1380.**
2013	26 août	Décret n° 2013-770. Frais de justice. – Art. 6. – Décr. n° 2009-285 du 12 mars 2009, art. 12, App., v° *Enquêteurs sociaux*, **p. 2866.**
2013	25 sept.	Loi n° 2013-869. Droits et protection des personnes faisant l'objet de soins psychiatriques et modalités de leur prise en charge. – Art. 1er, 5, 7, 10. – V. CSP, art. L. 3211-2-1, L. 3211-2-2, L. 3211-3, L. 3211-12, L. 3211-12-1, L. 3211-12-2, L. 3213-1, App., v° *Mesures de soins psychiatriques sous contrainte*, **p. 3163.**
2013	2 oct.	Protocole n° 16. Convention de sauvegarde des droits de l'homme et des libertés fondamentales. – V. ce texte, App., v° *Droit européen et international*, **p. 2817.**
2013	25 nov.	Instructions pratiques aux parties, relatives aux affaires portées devant la CJUE. – V. App., v° *Droit européen et international*, .
2013	6 déc.	Loi organique n° 2013-1114. Application de l'art. 11 de la Constitution. – Art. 2. – V. Ord. n° 58-1067 du 7 nov. 1958, art. 56, ss. COJ, art. L.O. 461-2, **p. 3404.**

2013	6 déc.	Loi organique n° 2013-1115. Procureur de la République financier. – V. Ord. n° 58-1270 du 22 déc. 1958, art. 38-2, App., v° *Magistrature*, **p. 3081.**
2013	6 déc.	Loi n° 2013-1117. Lutte contre la fraude fiscale et grande délinquance économique et financière. – Art. 69. – V. COJ, art. L. 217-1 à L. 217-4.
2013	27 déc.	Décret n° 2013-1258. Organisation judiciaire. – V. COJ, Annexe, Tableaux IV et XIV, **p. 1978.**
2013	29 déc.	Décret n° 2013-1280. Suppression de la contribution pour l'aide juridique et dispositions diverses relatives à l'aide juridique : – Art. 2. – V. C. pr. civ., art. 62, 680, 818, 1022-2, 1114, 1424-16, 1425-9. – Art. 3. – V. C. pr. civ., art. 1567. – Art. 4. – V. C. pr. civ., art. 963, 964, 964-1, 1567. – Art. 7. – V. CGI, Annexe II, art. 326 *ter*, ss. 964-1. – Art. 21. – V. Décr. n° 96-887 du 10 oct. 1996, Règlement type annexé, art. 1er, 3, 8, 36, App., v° *Aide juridique*, **p. 2201.** – Art. 22. – V. C. pr. civ., art. 700.
2013	31 déc.	Circulaire. Présentation des dispositions de l'art. 128 de la loi de finances n° 2013-1278 pour 2014 supprimant la contribution pour l'aide juridique et du décret n° 2013-1280 du 29 déc. 2013 relatives à la suppression de la contribution pour l'aide juridique. – V. ss. L. n° 91-647 du 10 juill. 1991, art. 28, App., v° *Aide juridique*, **p. 2118.**
2014	14 janv.	Règlement additionnel au règlement de la Cour de justice de l'Union européenne. – V. ce texte, App., v° *Droit européen et international*, **p. 2341.**
2014	20 janv.	Note. Passage du taux normal de TVA de 19,6 % à 20 %. – V. ss. L. n° 91-647 du 10 juill. 1991, art. 25, App., v° *Aide juridique*, .
2014	20 janv.	Loi n° 2014-40. Régimes de retraite. – Art. 11. – V. COJ, art. L. 261-1.
2014	29 janv.	Décret n° 2014-64. Parquet financier. – Art. 1er, 2. – V. COJ, art. R. 123-1, R. 212-44, R. 217-1 à R. 217-6.
2014	29 janv.	Décret n° 2014-65. Procureur de la République financier et affectation des assistants spécialisés. – Art. 2. – V. COJ, Annexes, Tableau I, **p. 1931.**
2014	29 janv.	Décret n° 2014-66. Emploi du parquet financier. – V. Décr. n° 93-21 du 7 janv. 1993, art. 2 à 4, App., v° *Magistrature*, **p. 3111.**
2014	27 févr.	Ordonnance n° 2014-239. Exercice de la profession de notaire en qualité de salarié. – Art. 2. – V. Ord. n° 45-2590 du 2 nov. 1945, art. 1er *ter*, App., v° *Officiers publics et ministériels*, .
2014	11 mars	Loi n° 2014-315. Lutte contre la contrefaçon. – Art. 1er. – V. CPI, art. L. 615-17, L. 623-31, ss. COJ, art. L. 211-4, **p. 1709.**
2014	17 mars	Loi n° 2014-344. Consommation : – Art. 2. – V. COJ, art. L. 211-15, L. 532-2. – Art. 12. – V. C. pr. exéc., art. L. 111-8.

		– Art. 111, 112, 121. – V. C. com., art. L. 450-2, L. 450-3, L. 450-3-1, L. 450-3-2, L. 465-1, ss. C. com., art. L. 444-6, App., v° *Frais et dépens*, **p. 2910.**
2014	19 mars	Décret n° 2014-354. Exercice sous forme de sociétés des professions libérales soumises à un statut législatif ou réglementaire ou dont le titre est protégé. – V. ss. L. n° 90-1258 du 31 déc. 1990, art. 31-2, App., v° *Officiers publics et ministériels*, .
2014	24 mars	Loi n° 2014-366. Accès au logement : – Art. 25, 27, 28, 89. – V. C. pr. exéc., art. L. 411-1, L. 412-4 à L. 412-6. – Art. 46. – V. CASF, art. L. 264-1, L. 264-2, ss. L. n° 91-647 du 10 juill. 1991, art. 3, App., v° *Aide juridique*, **p. 2097.**
2014	9 avr.	Décret n° 2014-395. Ressort des tribunaux pour enfants et des tribunaux de grande instance de la cour d'appel de Grenoble. – V. COJ, Annexe, Tableaux IV et XIV, **p. 1978.**
2014	14 avr.	Amendement du Règlement de la Cour européenne des droits de l'homme. – V. Règl. CEDH, art. 8, 15, 16, **p. 2821.**
2014	7 mai	Ordonnance n° 2014-464. Extension et adaptation à Mayotte du code de l'entrée et du séjour des étrangers et du droit d'asile (partie législative). – Art. 21. – V. COJ, art. L. 314-2.
2014	23 mai	Décret n° 2014-527. Entrée et séjour des étrangers et droit d'asile. – Art. 14. – V. COJ, art. R. 216-1.
2014	27 mai	Loi n° 2014-535. Transposition de la directive 2012/13/UE du Parlement européen et du Conseil du 22 mai 2012 relative au droit à l'information dans le cadre des procédures pénales : – Art. 13. – V. L. n° 91-647 du 10 juill. 1991, art. 64, App., v° *Aide juridique*, **p. 2092.** – Art. 14. – V. Ord. n° 92-1147 du 12 oct. 1992, art. 23-2, App., v° *Aide juridique*, .
2014	27 mai	Décret n° 2014-551. Adaptation des dispositions pour faire suite à la fusion de la direction générale des impôts et de la direction générale de la comptabilité publique : – Art. 17. – V. COJ, art. R. 123-22. – Art. 23. – V. C. pr. civ., Annexe, art. 30-10, **p. 1375.** – Art. 33. – V. Ord. n° 45-2590 du 2 nov. 1945, art. 15, App., v° *Officiers publics et ministériels*, **p. 3284.**
2014	20 juin	Loi n° 2014-640. Réforme des procédures de révision et de réexamen d'une condamnation pénale définitive. – COJ, art. L. 451-1, L. 451-2, .
2014	23 juin	Amendement du Règlement de la Cour européenne des droits de l'homme. – V. Règl. CEDH, art. 18B, **p. 2823.**
2014	25 juin	Décret n° 2014-673. Statut et tarif des huissiers de justice. – Art. 2 à 5. – V. Décr. n° 56-222 du 29 févr. 1956, art. 55, 74, 94-13, App., v° *Officiers publics et ministériels*, **p. 3278.**

2014	15 août	Loi n° 2014-896. Individualisation des peines et renforcement de l'efficacité des sanctions pénales : – Art. 34. – V. L. n° 91-647 du 10 juill. 1991, art. 64-1, App., v° *Aide juridique*, **p. 2132.** – Art. 55. – V. Ord. n° 92-1147 du 12 oct. 1992, art. 2, App., v° *Aide juridique*, .
2014	15 août	Décret n° 2014-897. Procédure judiciaire de mainlevée et de contrôle des mesures de soins psychiatriques sans consentement. – Art. 1er. – V. CSP, art. R. 3211-7 à R. 3211-30, App., v° *Mesures de soins psychiatriques sous contrainte*, **p. 3177.**
2014	18 août	Décret n° 2014-899. Organisation judiciaire. – V. COJ, art. R. 212-17-1, R. 212-18, R. 212-21, R. 217-1.
2014	18 août	Circulaire JUSC1418905C. Mesures de soins psychiatriques sous contrainte. – V. ce texte, .
2014	19 août	Décret n° 2014-911. Extension à l'application des peines des compétences matérielles des sections détachées du tribunal de première instance de Nouméa. – Art. 1er. – V. COJ, art. R. 562-25.
2014	21 août	Décret n° 2014-944. Greffes détachés. – V. COJ, art. D. 212-17-2 et Annexe, Tableau XI, **p. 1817.**
2014	21 août	Décret n° 2014-945. Compétence des chambres détachées de Marmande, Dole et Guingamp des tribunaux de grande instance d'Agen, Lons-le-Saunier et Saint-Brieuc. – V. ce texte ss. COJ, art. R. 212-18.
2014	22 août	Décret n° 2014-960. Conseil supérieur de la magistrature. – V. Décr. n° 94-199 du 9 mars 1994, art. 15, 16, 18, 21, App., v° *Magistrature*, **p. 3151.**
2014	28 août	Décret n° 2014-983. Compétence territoriale des huissiers de justice. – Art. 2. – V. Décr. n° 56-222 du 29 févr. 1956, art. 5 à 6, App., v° *Officiers publics et ministériels*, **p. 3271.**
2014	24 sept.	Règlement d'exécution (UE) n° 939/2014. Établissement des formulaires de certificats visés aux articles 5 et 14 du règlement (UE) n° 606/2013 du Parlement européen et du Conseil relatif à la reconnaissance mutuelle des mesures de protection en matière civile. – V. ce texte ss. Règl. n° 606/2013 du 12 juin 2013, art. 5, 14, App., v° *Droit européen et international*, **p. 2611.**
2014	26 sept.	Circulaire JUSC1421594C. Action de groupe. – V. ce texte ss. C. pr. civ., art. 31, .
2014	29 sept.	Amendement du Règlement de la Cour européenne des droits de l'homme. – V. Règl. CEDH, Annexe, **p. 2848.**
2014	30 sept.	Décret n° 2014-1109. Renforcement des moyens de contrôle de l'autorité administrative chargée de la protection des consommateurs et adaptation du régime de sanctions. – Art. 33. – V. C. com., art. R. 450-1, ss. C. com., art. L. 444-6, App., v° *Aide juridique*, **p. 2910.**

2014	6 nov.	Décret n° 2014-1338. Procédure civile applicable devant la Cour de cassation : – Art. 1er à 25. – V. C. pr. civ., art. 380, 523 à 525-2, 607-1, 608, 611-1, 613, 616, 618-1, 624, 625, 639-1 à 639-4, 975, 978, 979, 985, 1009-1, 1014, 1015, 1016, 1037, 1575. – Art. 23. – V. C. pr. exéc., art. R. 121-22. – Art. 24 et 25. – V. Décr. n° 2004-1463 du 23 déc. 2004, art. 18, 38-3, 38-4, App., v° *Experts judiciaires*, **p. 2885.**
2014	6 nov.	Ordonnance n° 2014-1345. Partie législative du code de l'expropriation pour cause d'utilité publique. – Art. 5, 6. – V. COJ, art. L. 311-9, L. 312-5, L. 551-1.
2014	12 nov.	Circulaire JUSC1418921C. Présentation du décret n° 2014-1338 du 6 novembre 2014 relatif à la procédure civile devant la Cour de cassation. – V. ce texte ss. art. 380, .
2014	25 nov.	Décret n° 2014-1405. Compétence de chambres détachées. – V. COJ, art. D. 212-19 et Annexe, Tableau IV *bis* , **p. 1819.**
2014	8 déc.	Décret n° 2014-1458. Organisation et fonctionnement des juridictions de l'ordre judiciaire. – V. COJ, art. R. 124-1, R. 212-9-1, R. 212-22 à R. 212-24, R. 212-27, R. 212-32, R. 212-37-1, R. 212-50 à R. 212-52, R. 212-54, R. 212-54-1, R. 212-60, R. 212-61, R. 222-10 à R. 222-12, R. 222-15, R. 222-19, R. 222-20, R. 222-31 à R. 222-33, R. 222-35, R. 312-11-1, R. 312-27 à R. 312-29, R. 312-32, R. 312-37, R. 312-42-1, R. 312-57 à R. 312-59, R. 312-61, R. 312-61-1, R. 312-69-1, R. 312-69-2, R. 551-1, R. 552-9, R. 552-21, R. 552-22, R. 552-24, R. 561-1, R. 562-9, R. 562-30, R. 562-31, R. 562-33.
2014	9 déc.	Règlement n° 1329/2014. Formulaires mentionnés dans le règlement (UE) n° 650/2012 du Parlement européen et du Conseil relatif à la compétence, la loi applicable, la reconnaissance et l'exécution des décisions, et l'acceptation et l'exécution des actes authentiques en matière de successions et à la création d'un certificat successoral européen. – V. ce texte ss. Règl. (UE) n° 650/2012 du 4 juill. 2012, art. 84, App., v° *Droit européen et international*, .
2014	20 déc.	Loi n° 2014-1545. Simplification de la vie des entreprises et dispositions diverses de simplification et de clarification du droit et des procédures administratives. – Art. 23. – V. L. n° 90-1258 du 31 déc. 1990, art. 8, App., v° *Officiers publics et ministériels*, .
2014	26 déc.	Décret n° 2014-1633. Communication par voie électronique en matière de procédure civile. – Art. 2 à 4. – V. C. pr. civ., art. 509-1 à 509-3, 509-6, 509-8, 1382, 1424-1, 1575.
2014	29 déc.	Loi n° 2014-1654. De finances pour 2015 : – Art. 35. – V. L. n° 91-647 du 10 juill. 1991, art. 1er, 3, 28, 64-1-2, 64-2, 64-3, 67, App., v° *Aide juridique*, **p. 2093.** – Art. 35. – V. Ord. n° 92-1147 du 12 oct. 1992, art. 23-2-1, 23-3, 23-4, App., v° *Aide juridique*, . – Art. 35. – V. CGI, art. 302 *bis* Y, App., v° *Aide juridique*, **p. 2901.**

		– Art. 97. – V. CGI, art. 1635 *bis* P, ss. C. pr. civ., art. 964-1, **p. 1026.** – Art. 99. – V. COJ, art. L 121-5 s., L. 123-1, L. 213-3-1, L. 221-10, L. 222-1-1, L. 223-1, L. 532-15-2, L. 533-1, L. 552-8 nouv., L. 562-8 nouv.
2014	30 déc.	Décret n° 2014-1704. Droits de plaidoirie et contribution équivalente : – Art. 1er. – V. CSS, art. R. 652-26 à R. 652-30, R. 652-32, R. 652-33, App., v° *Aide juridique*, **p. 2951.** – Art. 2. – V. ce texte ss. CSS, art. R. 652-26, App., v° *Aide juridique*, **p. 2951.** – Art. 3. – V. ce texte ss. CSS, art. R. 652-29, App., v° *Aide juridique*, **p. 2953.**
2015	12 janv.	Circulaire JUSC1500779C. Présentation des dispositions du règlement (UE) n° 606/2013 du Parlement européen et du Conseil du 12 juin 2013 relatif à la reconnaissance mutuelle des mesures de protection en matière civile. – V. ce texte, App., v° *Droit européen et international*, 🏛.
2015	12 févr.	Circulaire JUSC1501985C. Présentation des dispositions du décret n° 2014-1633 du 26 décembre 2014 modifiant le décret n° 2010-434 du 29 avril 2010 relatif à la communication par la voie électronique en matière de procédure civile et portant adaptation au droit de l'Union européenne. – V. ce texte ss. art. 509-1, 🏛.
2015	16 févr.	Loi n° 2015-177. Modernisation et simplification du droit et des procédures dans les domaines de la justice et des affaires intérieures : – Art. 11. – V. C. pr. exéc., art. L. 111-3, L. 152-1, L. 152-2, L. 221-3, L. 621-5 à L. 621-7. – Art. 19. – V. L. n° 91-647 du 10 juill. 1991, art. 23, App., v° *Aide juridique*, **p. 2112.** – Art. 23. – V. COJ, art. L. 552-9-1 à L. 552-9-11.
2015	27 févr.	Décret n° 2015-233. Tribunal des conflits et questions préjudicielles : – Art. 46. – V. COJ, art. R. 111-9. – Art. 48. – V. C. pr. civ., art. 49, 126-14, 126-15.
2015	27 févr.	Décret n° 2015-219. Résolution des litiges individuels entre les marins et leurs employeurs. – Art. 12, 13. – V. COJ, art. D. 221-13, R. 221-49, **p. 1695.**
2015	4 mars	Règlement de procédure du tribunal (Union européenne). – V. **p. 2266.**
2015	5 mars	Décret n° 2015-261. Fonctionnement et organisation des tribunaux maritimes. – Art. 21. – V. COJ, art. R. 212-37, R. 552-21, R. 562-30.
2015	11 mars	Décret n° 2015-271. Rétribution des interventions des avocats au titre de l'aide juridique : – Art. 14 à 22. – V. Décr. n° 93-1425 du 31 déc. 1993, art. 55-1 à 55-5, 56, App., v° *Aide juridique*, 🏛. – Art. 23. – V. Décr. n° 96-887 du 10 oct. 1996, 🏛 ; Règl. type annexé, App., v° *Aide juridique*, 🏛.

2015	11 mars	Décret n° 2015-282. Simplification de la procédure civile, communication électronique et résolution amiable des différends : – Art. 1er à 14, 16 à 32. – V. C. pr. civ., art. 56 anc., 58 anc., 128 à 129-6, 692-1, 748-2, 748-8, 748-9, 757, 800, 807, 826-1, 830, 831, 832, 844, 845, 847, 852-1, 857, 860-2, 861, 886, 887, 936, 937, 947, 948, 955-1, 1059, 1136-3, 1136-13, 1136-14, 1138, 1195, 1259-3, 1425-5, 1561, 1575. – Art. 15. – V. C. pr. exéc., art. R. 442-4. – Art. 33. – V. COJ, art. R. 221-19 .
2015	17 mars	Circulaire. Réforme cantonale et redéfinition des ressorts des juridictions de l'ordre judiciaire. – V. ss. COJ, art. R. 563-4.
2015	20 mars	Circulaire JUSC1505620C. Présentation du décret n° 2015-282 du 11 mars 2015 relatif à la simplification de la procédure civile, à la communication électronique et à la résolution amiable des différends. – V. ss. C. pr. civ., art. 692-1, .
2015	31 mars	Circulaire JUSC1500786C. Présentation du décret n° 2015-233 du 27 février 2015 relatif au Tribunal des conflits et aux questions préjudicielles pris pour son application. – V. ss. C. pr. civ., art. 49, 126-14, .
2015	10 avr.	Décret n° 2015-409. Transfert du siège du tribunal d'instance de Boissy-Saint-Léger à Sucy-en-Brie. – V. COJ, Annexes, IV, IX, IX-I, **p. 1931.**
2015	17 avr.	Loi n° 2015-433. Modernisation du secteur de la presse. – Art. 17. – V. L. n° 55-4 du 4 janv. 1955, art. 2, 4, 6, App., v° *Annonces judiciaires et légales*, **p. 2203.**
2015	7 mai	Décret n° 2015-513. Application de l'ordonnance n° 2015-378 du 2 avril 2015 transposant la directive 2009/138/CE du Parlement européen et du Conseil sur l'accès aux activités de l'assurance et de la réassurance et leur exercice (solvabilité II) : – V. C assur., art. R.* 321-3, R. 322-1, App., v° *Assurances*, **p. 2223.** – V. C. mut., art. R. 211-2, R. 211-19, App., v° *Assurances*, .
2015	1er juin	Amendement du Règlement de la Cour européenne des droits de l'homme. – V. Règl. CEDH, art. 8, 47, 77, 90, **p. 2821.**
2015	18 juin	Formulaire d'aide juridictionnelle – Tribunal (Union européenne). – V. **p. 2266.**
2015	*20 juin*	*Dispositions pratiques d'exécution du règlement de procédure du tribunal,* .
2015	29 juill.	Loi n° 2015-925. Réforme du droit d'asile. – Art. 17. – V. L. n° 91-647 du 10 juill. 1991, art. 3, 9-4, 14, 16, App., v° *Aide juridique*, **p. 2096.**
2015	6 août	Loi n° 2015-990. Croissance, activité et égalité des chances économiques : – Art. 50. – V. C. com., art. L. 444-1 à L. 444-7, L. 462-2-1, App., v° *Frais et dépens*, **p. 2907.**

		– Art. 50. – V. L. du 29 mars 1944, art. 1er, App., v° *Frais et dépens*, **p. 2909.** – Art. 53. – V. L. du 25 ventôse an XI, art. 2, 4, 52, App., v° *Officiers publics et ministériels*, . – Art. 55. – V. Ord. 26 juin 1816, art. 1er-1, 1-1-1, 1-1-2, 1er-2,1er-3, 2, 3, 12, App., v° *Officiers publics et ministériels*, . – Art. 59, 63. – V. Ord. n° 45-2590 du 2 nov. 1945, art. 1er *bis*, 1er *ter*, App., v° *Officiers publics et ministériels*, . – Art. 59, 63. – V. Ord. n° 45-2592 du 2 nov. 1945, art. 1er *bis* AA, 3, 3 *ter*, App., v° *Officiers publics et ministériels*, **p. 3268.** – Art. 63. – V. Ord. n° 45-2593 du 2 nov. 1945, art. 3, App., v° *Officiers publics et ministériels*, **p. 3227.** – Art. 67. – V. L. n° 90-1258 du 31 déc. 1990, art. 3, 5, 5-1, 6, 7, 8, 10, 11, 12, 13, 31-1, 31-2, 34, App., v° *Officiers publics et ministériels*, . – Art. 208. – V. C. civ., art. 2064, 2066, ss. art. 1542, 2238, ss. art. 1528 ; V. C. pr. exéc., art. L. 111-3. – Art. 216. – V. C. com., art. L. 450-3, ss. C. com., art. L. 444-6, App., v° *Aide juridique*, **p. 2913.** – Art. 258. – V. L. n° 95-125 du 8 févr. 1995, art. 24, ss. art. 131-15. – Art. 258. – V. COJ, art. L. 441-1.
2015	10 sept.	Ordonnance n° 2015-1127. Réduction du nombre minimal d'actionnaires dans les sociétés anonymes non cotées. – Art. 2. – V. L. n° 90-1258 du 30 déc. 1990, art. 4, App., v° *Officiers publics et ministériels*, .
2015	18 sept.	Circulaire JUSC1522457C. Contentieux de la nationalité. – V. ss. art. 1045, .
2015	19 sept.	Amendement du Règlement de la Cour européenne des droits de l'homme. – V. Règl. CEDH, art. 8, **p. 2821.**
2015	5 oct.	Amendement du Règlement de la Cour européenne des droits de l'homme. – V. ce texte, art. 47, Annexe, **p. 2833.**
2015	13 oct.	Décret n° 2015-1273. Statut particulier du corps des directeurs des services de greffe judiciaires : – V. App., *Officiers publics et ministériels*, **p. 3240.** – V. COJ, art. R. 111-6, R. 123-3, R. 123-7 à R. 123-13, R. 212-45, R. 222-28, D. 223-9, R. 312-52, R. 312-71, R. 312-72, R. 312-75, Annexe, Tableau I.
2015	13 oct.	Décret n° 2015-1275. Statut particulier des greffiers des services judiciaires. – V. App., *Officiers publics et ministériels*, **p. 3252.**
2015	14 oct.	Loi n° 2015-1268. Actualisation du droit des outre-mer. – Art. 74. – V. L. n° 91-647 du 10 juill. 1991, art. 69-10, App., v° *Aide juridique*, **p. 2137.**
2015	15 oct.	Ordonnance n° 2015-1288. Simplification et modernisation du droit de la famille. – Art. 15. – V. COJ, art. L. 221-9.
2015	23 oct.	Circulaire JUSB1525398C. Réforme statutaire de la filière greffe. – V. App., v° *Officiers publics et ministériels*, .

2015	30 oct.	Décret n° 2015-1384. Commission de coordination des actions de prévention des expulsions locatives. – Art. 15. – V. C. pr. exéc., art. R. 412-2.
2015	2 nov.	Décret n° 2015-1395. Adaptation au droit de l'Union européenne en matière de successions transfrontalières. – Art. 1er à 5. – V. C. pr. civ., art. 509-1 à 509-3, 509-6, 509-9, 1381-1 à 1381-4.
2015	10 nov.	Décret n° 2015-1468. Modification du décret n° 2012-373 du 16 mars 2012 pris pour l'application des articles 18-12 et 18-13 de la loi n° 47-585 du 2 avril 1947. – Art. 6. – V. COJ, art. D. 311-9.
2015	21 déc.	Loi n° 2015-1702. Financement de la sécurité sociale pour 2016. – Art. 44. – V. C. pr. exéc., art. L. 213-4.
2015	29 déc.	Loi n° 2015-1785. De finances pour 2016 : – Art. 42-I. – V. L. n° 91-647 du 10 juill. 1991, art. 11-1, 64, 67 à 67-2, 69-5, App., v° *Aide juridique*, **p. 2106.** – Art. 42-III. – V. Ord. n° 92-1147 du 12 oct. 1992, art. 2, 23-1-1, App., v° *Aide juridique*, . – Art. 42-IV. – V. CGI, art. 302 *bis* Y, App., v° *Frais et dépens*, **p. 2901.**
2015	30 déc.	Décret n° 2015-1843. Création de la chambre détachée de Saint-Martin et Saint-Barthélemy du tribunal de grande instance de Basse-Terre à Saint-Martin. – V. COJ, Annexes, Tableaux, IV et IV *bis*, .
2015	30 déc.	Décret n° 2015-1844. Création du greffe détaché de Saint-Martin et Saint-Barthélemy du tribunal de grande instance de Basse-Terre à Saint-Martin. – V. COJ, Annexes, Tableau IX, **p. 2029.**
2016	26 janv.	Loi n° 2016-41. Modernisation du système de santé. – Art. 69 à 71. – V. CSP, art. L. 3211-2-3, L. 3211-12-1, L. 3211-12-2, App., v° *Mesures de soins psychiatriques sous contrainte*, **p. 3164.**
2016	9 févr.	Arrêté. Application des dispositions du titre XXI du livre Ier du code de procédure civile aux greffiers des tribunaux de commerce. – V. ce texte ss. C. pr. civ., art. 748-6.
2016	10 févr.	Ordonnance n° 2016-131. Réforme du droit des contrats, du régime général et de la preuve des obligations : – Art. 2, 4. – V. C. civ., art. 1202 nouv., 1321-1 anc., 1351 anc., 1355 nouv., ss. C. pr. civ., art. 480. – Art. 2. – V. C. civ., art. 1231-6 nouv., 1231-7 nouv., App., v° *Intérêt légal*, **p. 3039.** – Art. 5. – V. C. civ., art. 2238, ss. C. pr. civ., art. 1528. – Art. 6. – V. C. pr. exéc., art. L. 111-3, L. 125-1. – Art. 6. – V. CGI, art. 864, App., v° *Officiers publics et ministériels*, .
2016	23 févr.	Décret n° 2016-185. Application de l'Ord. n° 2015-1288 du 15 oct. 2015 portant simplification et modernisation du droit de la famille. – Art. 1er à 14, 16, 18, 19. – V. C. pr. civ., art. 1063, 1108, 1116, 1180-6 à 1180-19, 1187-1, 1210-1, 1216, 1222-2, 1223 à 1223-2, 1230, 1239-1, 1260-1 à 1260-12, 1575.

2016	26 févr.	Décret n° 2016-230. Tarifs de certains professionnels du droit et fonds interprofessionnel de l'accès au droit et à la justice : – Art. 2. – V. C. com. art. R. 444-1 à R. 444-58, App., v° *Frais et dépens*, **p. 2931.** – Art. 13. – V. ce texte ss. C. com., art. R. 444-1, App., v° *Frais et dépens*, **p. 2931.** – Annexe 4-7. – V. ce texte ss. C. com., art. A. 444-1, App., v° *Frais et dépens*, **p. 2978.** – Annexes 4-7 à 4-9. – V. ces textes, App., v° *Frais et dépens*, **p. 3032.**
2016	26 févr.	Arrêté. Tarifs réglementés des huissiers de justice : – Art. 2. – V. C. com., art. A. 444-10 à A. 444-52, App., v° *Aide juridique*, **p. 2986.** – Art. 3. – V. ce texte ss. C. com., art. A. 444-10, App., v° *Aide juridique*, **p. 2987.**
2016	26 févr.	Arrêté. Tarifs réglementés des commissaires-priseurs judiciaires : – Art. 2. – V. C. com., art. A. 444-1 à A. 444-9. – Art. 3. – V. ce texte ss. C. com., art. A. 444-1, App., v° *Aide juridique*, **p. 2980.**
2016	7 mars	Loi n° 2016-274. Droit des étrangers en France. – Art. 28. – V. L. n° 91-647 du 10 juill. 1991, art. 3, App., v° *Aide juridique*, **p. 2096.**
2016	9 mars	Décret n° 2016-285. Procédure simplifiée de recouvrement des petites créances. – Art. 1er. – V. C. pr. exéc., art. R. 125-1 à R. 125-8.
2016	25 mars	Décret n° 2016-360. Marchés publics. – Art. 181. – V. C. pr. civ., art. 1441-3, 1441-3-1.
2016	31 mars	Ordonnance n° 2016-394. Sociétés constituées pour l'exercice en commun de plusieurs professions libérales soumises à un statut législatif ou réglementaire ou dont le titre est protégé : – Art. 1er, 2, 3. – V. L. n° 90-1258 du 31 déc. 1990, art. 1er, 31-2, 31-3 à 31-12, App., v° *Officiers publics et ministériels*, . – Art. 9. – V. Ord. n° 45-2590 du 2 nov. 1945, art. 1er *bis* A, App., v° *Officiers publics et ministériels*, **p. 3284.**
2016	18 avr.	Décret n° 2016-479. Traitement des états et mémoires des frais de justice : – Art. 14, 15. – V. COJ, art. R. 123-23, R. 123-24. – Art. 16, 17. – V. C. pr. civ., art. 670-3, 1575.
2016	26 avr.	Décret n° 2016-514. Organisation judiciaire et modes alternatifs de résolution des litiges : – Art. 2 à 15, 21 à 24. – V. COJ, art. R. 121-1, R. 131-12, R. 212-3, R. 212-37, R. 212-50, R. 212-62 à R. 212-64, R. 222-5, R. 222-39 à R. 222-41, R. 312-13, R. 312-42, R. 312-44, R. 312-57, R. 312-69-3, R. 312-83 à R. 312-85, R. 551-1, R. 552-9, R. 552-21, R. 552-22-1 à R. 552-22-3, R. 552-24, R. 561-1, R. 562-9, R. 562-30, R. 562-31-1 à R. 562-31-3, R. 562-33. – Art. 18 à 20. – V. C. pr. civ., art. 129-2, 131, 131-12. – Art. 22. – V. Décr. n° 78-381 du 20 mars 1978, art. 3, 9 *bis*, App., v° *Conciliateurs de justice*, **p. 2237.**

2016	20 mai	Décret n° 2016-660. Justice prud'homale et traitement judiciaire du contentieux du travail : – Art. 6. – V. COJ, art. R. 212-37. – Art. 8 à 29, 43. – V. C. trav., art. R. 1452-1 à R. 1452-5, R. 1453-1, R. 1453-2, R. 1453-4, R. 1453-5, R. 1454-1 à R. 1454-4, R. 1454-7 à R. 1454-10, R. 1454-12 à R. 1454-15, R. 1454-17 à R. 1454-21, R. 1454-25, R. 1454-26, R. 1454-29, R. 1454-31, R. 1454-32, R. 1455-12, R. 1456-1 à R. 1456-5, R. 1461-1, R. 1461-2, R. 1471-1, R. 1471-2, ss. C. pr. civ., art. 879. – Art. 30, 32, 33, 41. – V. C. pr. civ., art. 930-2, 1031-1, 1529, 1558. – Art. 42. – V. COJ, art. R. 441-1.
2016	20 mai	Décret n° 2016-661. Officiers publics et ministériels : – Art. 1er et 14. – V. Décr. n° 73-1202 du 28 déc. 1973, art. 2, 21, 21-1, 23, 24, 29, 49-1, 49-2, 49-3. – Art. 2. – V. Décr. n° 71-942 du 26 nov. 1971, art. 2, 2-1, 2-2, 2-3, 2-4, 2-5, 2-6, 2-7, 5, 6, 7, 8, 10, 11, 13 à 15, 24 à 26, 27, 29, App., v° *Officiers publics et ministériels*, . – Art. 3. – V. Décr. n° 73-609 du 5 juill. 1973, art. 3 à 7, 26, 34, 39, 46 à 56, 58-1, App., v° *Officiers publics et ministériels*, . – Art. 4. – V. Décr. n° 93-82 du 15 janv. 1993, art. 4, 8, 10 à 13, 17, 18, 20 à 23, App., v° *Officiers publics et ministériels*, . – Art. 8. – V. Décr. n° 2011-875 du 25 juill. 2011, art. 13, ss. Décr. n° 45-2592 du 2 nov. 1945, art. 3 *ter*, App., v° *Officiers publics et ministériels*, . – Art. 9. – V. Ord. 26 juin 1816, art. 1er-1, 1er-2, 2,12, App., v° *Officiers publics et ministériels*, . – Art. 10. – V. Décr. n° 73-541 du 19 juin 1973, art. 5, 24, 25, 26, 27 à 34, 35-1, App., v° *Officiers publics et ministériels*, . – Art. 11. – V. Décr. n° 2012-121 du 30 janv. 2012, art. 7, 9 à 15, App., v° *Officiers publics et ministériels*, **p. 3228.** – Art. 12. – V. Décr. n° 55-604 du 20 mai 1955, art. 5, 8, 9, App., v° *Officiers publics et ministériels*, . – Art. 13. – V. Décr. n° 56-221 du 29 févr. 1956, art. 1er, 2, 2-1, 3, 6 à 8, 13, 15, 16, App., v° *Officiers publics et ministériels*, **p. 3215.** – Art. 15. – V. Décr. n° 88-814 du 12 juill. 1988, art. 1er, 2, App., v° *Officiers publics et ministériels*, **p. 3219.** – Art. 17. – V. ce texte ss. Décr. n° 73-609 du 5 juill. 1973, art. 3.
2016	2 juin	Ordonnance n° 2016-727. Désignation en justice, à titre habituel, des huissiers de justice et des commissaires-priseurs judiciaires en qualité de liquidateur ou d'assistant du juge commis dans certaines procédures prévues au titre IV du livre VI du code de commerce : – Art. 20. – V. Ord. n° 45-2592 du 2 nov. 1945, art. 1er, 2, App., v° *Officiers publics et ministériels*, **p. 3266.** – Art. 21. – V. Ord. n° 45-2593 du 2 nov. 1945, art. 1er, 8, App., v° *Officiers publics et ministériels*, **p. 3226.** – Art. 22. – V. Ord. du 26 juin 1816, art. 9, 14, App., v° *Officiers publics et ministériels*, . – Art. 23. – V. Ord. n° 45-1418 du 28 juin 1945, art. 1er, App., v° *Officiers publics et ministériels*, .

2016	2 juin	Ordonnance n° 2016-728. Statut de commissaire de justice : – V. ce texte, App., v° *Officiers publics et ministériels*, . – Art. 23. – V. L. du 28 avr. 1816, art. 91, App., v° *Officiers publics et ministériels*, **p. 3212** ; Ord. n° 45-1418 du 28 juin 1945, art. 1er, 28, App., v° *Officiers publics et ministériels*, ; L. n° 90-1258 du 31 déc. 1990, art. 1er, 31-2, App., v° *Officiers publics et ministériels*, **p. 3220.**
2016	3 juin	Loi n° 2016-731. Renforcement de la lutte contre le crime organisé, le terrorisme et leur financement, et amélioration de l'efficacité et des garanties de la procédure pénale : – Art. 63. – V. L. n° 91-647 du 10 juill. 1991, art. 64, App., v° *Aide juridique*, **p. 2132** ; Ord. n° 92-1147 du 12 oct. 1992, art. 23-1-1, App., v° *Aide juridique*, . – Art. 83. – V. C. com., art. L. 450-4, ss. C. com., art. L. 444-6, App., v° *Frais et dépens*, **p. 2914.**
2016	29 juin	Décret n° 2016-879. Application de l'art. 31-2 de la L. n° 90-1258 du 31 déc. 1990 relative à l'exercice sous forme de sociétés des professions libérales soumises à un statut législatif ou réglementaire ou dont le titre est protégé. – Art. 1er. – V. Décr. n° 2014-354 du 19 mars 2014, art. 3, 4, 8, App., v° *Officiers publics et ministériels*, .
2016	29 juin	Décret n° 2016-880. Sociétés d'exercice libéral constituées pour l'exercice des professions d'huissier de justice, de notaire ou de commissaire-priseur judiciaire et aux sociétés de participations financières constituées en vue de la détention de parts sociales ou d'actions dans ces sociétés : – Art. 1er. – V. Décr. n° 93-78 du 13 janv. 1993, art. 1er à 5, 7 à 16, 20, 22 à 24, 26, 28 à 33, 35, 38, 39, 41 *bis*, 46, 49, 54, 55, 63 à 79-10, 79-12, 79-14, 79-16, 84-1, App., v° *Officiers publics et ministériels*, . – Art. 1er, 4, 7. – V. Décr. n° 92-1449 du 30 déc. 1992, art. 1er à 15, 16, 20, 38, 39, 41 *bis*, 46, 49, 64, 72-1, 74 à 89, 91, 93, 95, 96, App., v° *Officiers publics et ministériels*, . – Art. 8. – V. Ord. du 26 juin 1816, art. 1er-1, 2, 12, App., v° *Officiers publics et ministériels*, ; Décr. n° 2012-121 du 30 janv. 2012, art. 13 à 14-1, App., v° *Officiers publics et ministériels*, **p. 3230** ; Décr. n° 73-609 du 5 juill. 1973, art. 7-2, 117-1, App., v° *Officiers publics et ministériels*, . – Art. 9.– V. Décr. n° 71-942 du 26 nov. 1971, art. 2-6, 2-7, 27, App., v° *Officiers publics et ministériels*, . – Art. 10. – V. ce texte ss. Décr. 93-78 du 13 janv. 1993, art. 1er, App., v° *Officiers publics et ministériels*, **p. 3289.**
2016	6 juill.	Règlement (UE, Euratom) 2016/1192. Transfert au Tribunal de la compétence pour statuer, en première instance, sur les litiges entre l'Union européenne et ses agents. – V. Statuts de la CJUE, App., v° *Droit européen et international*, **p. 2256.**
2016	8 juill.	Décret n° 2016-941. Renforcement des droits des cotisants. – Art. 9. – V. CSS, art. R. 242-14, ss. CSS, art. R. 723-26-8, App., v° *Frais et dépens*, **p. 2954.**
2016	19 juill.	Amendement du Règlement de la CJUE. – V. Règl. de la CJUE, App., v° *Droit européen et international*, **p. 2307.**

2016	27 juill.	Circulaire JUSC1632342C. Nouveau régime de postulation territoriale et nouvelles modalités de représentation devant les cours d'appel statuant en matière prud'homale à compter du 1er août 2016. – V. ss. C. pr. civ., art. 411, .
2016	8 août	Loi n° 2016-1088. Travail, modernisation du dialogue social et sécurisation des parcours professionnels. – Art. 24-IV. – V. COJ, art. L. 441-1.
2016	8 août	Loi organique. Garanties statutaires, obligations déontologiques et recrutement des magistrats ainsi qu'au Conseil supérieur de la magistrature : – Art. 1er à 6, 8 à 40, 45 à 50. – V. Ord. n° 58-1270 du 22 déc. 1958, art. 1er à 3-1, 6, 7-1 à 7-3, 9, 9-1, 9-1-1, 10-1 à 11, 12 à 13, 14, 16, 17, 18-1, 19 à 23, 25, 27, 27-1, 28-3, 31, 34, 36 à 38-1, 40-1 à 40-3, 41, 41-1, 41-10 A, 41-10 à 41-15, 41-17 à 41-32, 43, 44, 47 à 48-1, 50-2, 50-4, 50-5, 63 à 63-3, 72 à 72-3, 76-1-1, App., v° *Magistrature*, **p. 3053.** – Art. 41 à 44. – V. L. org. n° 94-100 du 5 janv. 1994, art. 3, 10-1 à 10-1-2, App., v° *Magistrature*, **p. 3142.** – Art. 40. – V. L. org. n° 2010-1657 du 29 déc. 2010, art. 164, App., v° *Magistrature*, **p. 3160.**
2016	8 août	Loi organique n° 2016-1090. Garanties statutaires, obligations déontologiques et recrutement des magistrats et Conseil supérieur de la magistrature : – Art. 1er à 6, 8 à 40, 45 à 50. – V. Ord. n° 58-1270 du 22 déc. 1958, art. 1er à 3-1, 6, 7-1 à 7-3, 9, 9-1, 9-1-1, 10-1 à 11, 12 à 13, 14, 16, 17, 18-1, 19 à 23, 25, 27, 27-1, 28-3, 31, 34, 36 à 38-1, 40-1 à 40-3, 41, 41-1, 41-10 A, 41-10 à 41-15, 41-17 à 41-32, 43, 44, 47 à 48-1, 50-2, 50-4, 50-5, 63 à 63-3, 72 à 72-3, 76-1-1, App., v° *Magistrature*, **p. 3108.** – Art. 40. – V. L. org. n° 2010-1657 du 29 déc. 2010, art. 164, App., v° *Magistrature*, **p. 3160.** – Art. 41 à 44. – V. L. org. n° 94-100 du 5 févr. 1994, art. 3, 10-1 à 10-3, App., v° *Magistrature*, **p. 3142.**
2016	12 août	Amendement du Règlement du tribunal. – V. ce texte, art. 1er, **p. 2268.**
2016	12 août	Amendement du Règlement du tribunal. – V. ce texte, art. 105, **p. 2286.**
2016	12 août	Amendement du Règlement du tribunal. – V. ce texte, art. 1er, 29, 39, 78, 80, 81, 86, 105, 110, 120, 124, 125, 127, 130, 135, 143, 147, 156, 173, 175, 193, 196, 213, **p. 2268.**
2016	30 août	Décret n° 2016-1186. Modification du ressort de certaines juridictions à la suite de la création de communes nouvelles. – V. COJ, Annexes, Tableaux IX, XIV, **p. 2042.**
2016	14 sept.	Décision (UE) 2016/2387 du Tribunal. Règles de sécurité applicables aux renseignements ou pièces produits au titre de l'article 105, paragraphe 1 ou 2, du règlement de procédure, .

2016	20 sept.	Décision (UE) 2016/2386 de la CJUE. Règles de sécurité applicables aux renseignements ou pièces produits devant le Tribunal au titre de l'article 105 de son règlement de procédure.
2016	26 sept.	Décret n° 2016-1249. Action de groupe en matière de santé : – Art. 1er. – V. CSP, art. R. 1143-1 s., 1526-1, App., v° *Action en justice*, **p. 2086.** – Art. 4 et 5. – V. C. pr. civ., art. 826-2, 905, 1575, **p. 900.**
2016	29 sept.	Décret n° 2016-1278. Coordination des textes réglementaires avec l'ordonnance n° 2016-131 portant réforme du droit des contrats, du régime général et de la preuve des obligations. – Art. 1er. – V. C. pr. civ., art. 287, 456, 847-2, 861-2.
2016	7 oct.	Loi n° 2016-1321. République numérique : – Art. 21. – V. COJ, art. L. 111-13. – Art. 49-I et 52. – V. C. consom., art. L. 131-4, ss. C. com., art. L. 444-6, App., v° *Frais et dépens*, **p. 2931.**
2016	11 oct.	Décret n° 2016-1359. Désignation des conseillers prud'hommes. – Art. 7. – V. COJ, art. R. 123-14, R. 221-24 nouv.
2016	12 oct.	Décret n° 2016-1369. Modification du titre IV *bis* du livre IV de la partie réglementaire du code de commerce. – V. C. com., art. R. 444-11-1, App., v° *Frais et dépens*, **p. 2942.**
2016	12 oct.	Circulaire JUSB1631387C. Mise en œuvre des dispositions d'application immédiate de la loi organique n° 2016-1090 du 8 août 2016 relative aux garanties statutaires, aux obligations déontologiques et au recrutement des magistrats ainsi qu'au Conseil supérieur de la magistrature. – V. ce texte.
2016	27 oct.	Circulaire JUSB1631387C. Mise en œuvre des dispositions d'application immédiate de la loi organique n° 2016-1090 du 8 août 2016 relative aux garanties statutaires, aux obligations déontologiques et au recrutement des magistrats ainsi qu'au Conseil supérieur de la magistrature. – V. App., v° *Magistrature*.
2016	9 nov.	Décret n° 2016-1509. Sociétés constituées pour l'exercice de la profession de notaire : – Art. 1er. – V. Décr. n° 67-868 du 2 oct. 1967, art. 2, 10-8, 12, 16, 27 à 29, 31, 33-1, 38, 42, 45 à 50, 52-1, 53, 57, 60, 65, 66, 85 à 85-3, 87 à 89, 89-2, 89-3, 92 à 96, 103, 105, 107 à 110, 122, 124, 128, 129, 134, 134-1, 135, 138, 141, App., v° *Officiers publics et ministériels*. – Art. 2. – V. Décr. n° 93-78 du 13 janv. 1993, art. 22, 23, 42, 80, 82, App., v° *Officiers publics et ministériels*.
2016	9 nov.	Décret n° 2016-1510. Sociétés constituées pour l'exercice de la profession de commissaire-priseur judiciaire : – Art. 1er. – V. Décr. n° 69-763 du 24 juill. 1969, art. 2 à 5, 7 à 10-5, 45 à 51, 52-1, 53, 57, 59, 60, 93 à 95, 122, 124, App., v° *Officiers publics et ministériels*. – Art. 2. – V. Décr. n° 92-1449 du 30 déc. 1992, art. 41 *ter*, 42, App., v° *Officiers publics et ministériels*.

2016	10 nov.	Arrêté. Fixation d'un règlement intérieur type pour chacune des formations de l'assemblée générale du tribunal de grande instance. – V. ce texte ss. COJ, art. R. 212-32.
2016	10 nov.	Arrêté. Fixation d'un règlement intérieur type pour chacune des formations de l'assemblée générale du tribunal d'instance. – V. ce texte ss. COJ, art. R. 222-20.
2016	10 nov.	Arrêté. Fixation d'un règlement intérieur type pour chacune des formations de l'assemblée générale de la cour d'appel. – V. ce texte ss. COJ, art. R. 312-37.
2016	14 nov.	Amendement du Règlement de la Cour européenne des droits de l'homme. – V. ce texte, art. 110, 111, **p. 2846.**
2016	18 nov.	Loi n° 2016-1547. Modernisation de la justice du XXIe siècle : – Art. 1er. – V. COJ, art. L. 111-2, L. 111-4, L. 141-1 ; L. n° 91-647 du 10 juill. 1991, art. 54, 55, 69-7, App., v° *Aide juridique*, **p. 2130.** – Art. 2. – V. COJ, art. L. 123-3 ; L. n° 91-647 du 10 juill. 1991, art. 13, App., v° *Aide juridique*, **p. 2107.** – Art. 5 et 8. – V. L. n° 95-125 du 8 févr. 1995, art. 22, 22-1 A, ss. C. pr. civ., art. 131-15. – Art. 9. – V. C. civ., art. 2062, 2063, 2065, 2066, ss. C. pr. civ., art. 1542. – Art. 11. – V. C. civ., art. 2061, ss. C. pr. civ., art. 1449. – Art. 12. – V. COJ, art. L. 211-16, L. 218-1 à L. 218-12, L. 261-1, L. 311-15, L. 311-16, L. 312-6-2, L. 331-1. – Art. 14. – V. COJ, art. L. 211-4-1. – Art. 15. – V. COJ, art. L. 211-1, L. 211-9-1, L. 212-6, L. 221-1, L. 221-10, 🏛, L. 222-3, 🏛. – Art. 16. – V. COJ, art. L. 222-4. – Art. 18. – V. COJ, art. L. 111-6, L. 111-7. – Art. 19. – V. COJ, art. L. 251-5, 🏛. – Art. 21. – V. L. n° 71-498 du 29 juin 1971, art. 2, App., v° *Experts judiciaires*, **p. 2870.** – Art. 24. – V. COJ, art. L. 123-4. – Art. 29. – V. COJ, art. L. 251-7, L. 251-8. – Art. 38. – V. COJ, art. L. 411-3. – Art. 39. – V. COJ, art. L. 431-3-1. – Art. 41. – V. COJ, art. L. 432-1, L. 441-2, L. 441-2-1, L. 451-2, 🏛. – Art. 42. – V. COJ, art. L. 452-1 à L. 452-6. – Art. 50. – V. C. pr. exéc., art. L. 111-3, L. 213-1 ; L. n° 91-647 du 10 juill. 1991, art. 10, 39-1, App., v° *Aide juridique*, **p. 2105.** – Art. 60 à 84. – V. ce texte, App., v° *Action en justice*, **p. 2069.** – Art. 84. – V. COJ, art. L. 211-9-2, L. 211-15 ; C. consom., art. L. 623-10, App., v° *Action en justice*, **p. 2075.** – Art. 86. – V. L. n° 2008-496 du 27 mai 2008, art. 10, App., v° *Action en justice*, **p. 2088.** – Art. 87. – V. C. trav., art. L. 1134-6 à L. 1134-10, App., v° *Action en justice*, **p. 2089.** – Art. 90. – V. CSP, art. L. 1143-1, L. 1143-2, L. 1143-3, L. 1143-3 anc., L. 1143-4, L. 1143-5, L. 1143-6, L. 1143-9, L. 1143-11, L. 1143-12, L. 1143-12 anc., L. 1143-13 anc., L. 1143-16 à L. 1143-21, L. 1143-22, App., v° *Action en justice*, **p. 2082.**

		– Art. 91. – V. L. n° 78-17 du 6 janv. 1978, art. 43 *ter*, App., v° *Action en justice*, **p. 2090.** – Art. 112. – V. COJ, art. L. 532-2, L. 532-25, L. 552-2, L. 552-8, L. 552-19, L. 562-2, L. 562-8, L. 562-35 ; L. n° 71-498 du 29 juin 1971, art. 8, App., v° *Experts judiciaires*, **p. 2877.**
2016	29 nov.	Décret n° 2016-1633. Modification du ressort des tribunaux d'instance de Fougères et de Rennes à la suite de la création de la commune de Châteaugiron. – V. COJ, Annexes, Tableau IV, **p. 1978.**
2016	1er déc.	Loi n° 2016-1635. Renforcement du dispositif français de lutte contre le blanchiment et du financement du terrorisme. – Art. 15. – V. Ord. n° 45-1418 du 28 juin 1945, art. 4, 9, 15, App., v° *Officiers publics et ministériels*, .
2016	9 déc.	Loi organique n° 2016-1690. Compétence du Défenseur des droits pour l'orientation et la protection des lanceurs d'alerte. – Art. unique. – V. L. org. n° 2011-333 du 29 mars 2011, art. 4, 10, 20, 22, App., v° *Défenseur des droits*, **p. 2241.**
2016	9 déc.	Loi organique n° 2016-1690. Compétence du Défenseur des droits pour l'orientation et la protection des lanceurs d'alerte. – Art. unique. – V. L. org. n° 2011-333 du 29 mars 2011, art. 4, 10, 20, 22, App., v° *Défenseur des droits*, **p. 2241.**
2016	9 déc.	Loi n° 2016-1691. Transparence, lutte contre la corruption et modernisation de la vie économique. – Art. 59. – V. C. pr. exéc., art. L. 111-1-1, L. 111-1-2, L. 111-1-3.
2016	21 déc.	Arrêté. Conditions et modalités de remboursement des frais de déplacement des conciliateurs. – V. ce texte, **p. 2236.**
2016	23 déc.	Décret n° 2016-1851. Désignation des huissiers de justice et des commissaires-priseurs judiciaires dans certaines procédures relatives aux entreprises en difficulté et modifiant le code de commerce : – Art. 47. – V. Décr. n° 73-1202 du 28 déc. 1973, art. 6, 12, 13, 16, 16-1, 24, 30, 31, 31-1, 34-1, 35, 37-1, 46, App., v° *Huissiers de justice*, **p. 3198.** – Art. 50. – V. Décr. n° 45-0120 du 19 déc. 1945, art. 32-A à 32-E, App., v° *Officiers publics et ministériels*, **p. 3236.** – Art. 51. – V. Décr. n° 73-541 du 19 juin 1973, art. 7, App., v° *Huissiers de justice*, .
2016	26 déc.	Décret n° 2016-1875. Compétence territoriale des huissiers de justice. – Art. 1er à 17. – V. Décr. n° 56-222 du 29 févr. 1956, art. 5, 5-1 à 5-3, 6, 10, 15, App., v° *Officiers publics et ministériels*, **p. 3271.**
2016	27 déc.	Décret n° 2016-1905. Dispositions statutaires relatives à la magistrature pris en application de la loi organique n° 2016-1090 du 8 août 2016. – Art. 1er à 32. – V. Décr. n° 93-21 du 7 janv. 1993, art. 2, 4, 5, 11, 19, 20, 23, 24, 26, 27, 31-1, 33, 35-1 à 35-3, 35-4, 35-5, 35-6, 35-7 à 35-15, App., v° *Magistrature*, **p. 3111.**
2016	28 déc.	Décret n° 2016-1875. Compétence territoriale des huissiers de justice. – Art. 1er à 17. – V. Décr. n° 56-222 du 29 févr. 1956, art. 5, 5-1 à 5-3, 6, 10, 15, App., v° *Officiers publics et ministériels*, **p. 3271.**

2016	28 déc.	Décret n° 2016-1906. Procédure d'homologation judiciaire des conventions parentales prévue à l'art. 373-2-7 du code civil. – V. C. pr. civ., art. 338-1, 1072-1, 1143, 1575.
2016	28 déc.	Décret n° 2016-1907. Divorce prévu à l'art. 229-1 du code civil et dispositions diverses en matière successorale : – Art. 2 à 7, 34 à 39. – V. C. pr. civ., art. 509-3, 1144 à 1148-2, 1077, 1091, 1092, 1575. – Art. 11. – V. C. pr. exéc., art. R. 213-2, R. 213-3, R. 213-9. – Art. 33. – V. Décr. n° 96-887 du 10 oct. 1996, Règl. type annexé, App., v° *Aide juridique*.
2016	28 déc.	Arrêté. Modèle de l'information délivrée aux enfants mineurs capables de discernement dans le cadre d'une procédure de divorce par consentement mutuel par acte sous signature privée contresigné par avocats, déposé au rang des minutes d'un notaire. – V. ce texte, ss. art. 1144.
2016	29 déc.	Loi n° 2016-1917. De finances pour 2017. – Art. 135. – V. L. n° 91-647 du 10 juill. 1991, art. 27, App., v° *Aide juridique*, **p. 2118.**
2016	29 déc.	Loi n° 2016-1918. De finances rectificative pour 2016. – Art. 15. – V. CGI, art. 1635 *bis* P, ss. C. pr. civ., art. 964-1.
2016	29 déc.	Loi n° 2016-1920. Régulation, responsabilisation et simplification dans le secteur du transport public particulier de personnes. – Art. 3. – V. C. com., art. L. 450-5, ss. C. com., art. 444-6, App., v° *Frais et dépens*, **p. 2928.**
2017	5 janv.	Décret n° 2017-13. Désignation d'une cour d'appel spécialisée pour connaître du contentieux de la tarification de l'assurance des accidents du travail. – V. art. D. 311-12.
2017	20 janv.	Loi organique n° 2017-54. Autorités administratives indépendantes et autorité publiques indépendantes : – Art. 3. – V. Ord. n° 58-1270 du 22 déc. 1958, art. 8, App., v° *Magistrature*, **p. 3061** ; L. org. n° 94-100 du 5 févr. 1994, art. 6, App., v° *Magistrature*, **p. 3144.** – Art. 5. – V. L. org. n° 2011-333 du 29 mars 2011, art. 2, App., v° *Magistrature*, **p. 2241.**
2017	20 janv.	Loi n° 2017-55. Statut général des autorités administratives indépendantes et des autorités publiques indépendantes. – V. L. org. n° 2011-333 du 29 mars 2011, art. 37, 39, App., v° *Magistrature*, **p. 2248.**
2017	*24 janv.*	Arrêté. Fixation des modalités des opérations de tirages au sort prévues à l'article 53 du décret n° 73-609 du 5 juillet 1973 relatif à la formation professionnelle dans le notariat et aux conditions d'accès aux fonctions de notaire. – V. ce texte.
2017	26 janv.	Circulaire JUSC1638274C. Présentation des dispositions en matière de divorce par consentement mutuel et de succession issues de la loi n° 2016-1547 du 18 novembre 2016 de modernisation de la justice du XXIe siècle et du décret n° 2016-1907 du 28 décembre 2016 relatif au divorce prévu à l'article 229-1 du code civil et à diverses dispositions en matière successorale. – V. ss. art. 1378-2, 1148-2.

2017	27 janv.	Loi n° 2017-86. Égalité et citoyenneté : – Art. 212. – V. C. trav., art. L. 1134-7. – Art. 143, 152. – V. C. pr. exéc., art. L. 412-1, L. 412-3, L. 412-5, L. 412-6, L. 431-2.
2017	7 févr.	Décret n° 2017-148. Procédure en matière d'autorité parentale. – V. C. pr. civ., art. 1158 à 1164, 1180-16, 1202, 1203, 1204, 1205, 1205-1, 1206, 1208, 1208-1 à 1208-4, 1209, 1209-1, 1209-2, 1210, 1575.
2017	28 févr.	Loi n° 2017-256. De programmation relative à l'égalité réelle outre-mer et portant autres dispositions en matière sociale et économique : – Art. 89 et 111. – V. COJ, art. L. 552-9-1, L. 562-6-1. – Art. 66. – V. C. com., art. L. 450-3-2, ss. C. com., art. L. 444-6, App., v° *Frais et dépens*, **p. 2914.**
2017	9 mars	Ordonnance n° 2017-303. Actions en dommages et intérêts du fait des pratiques anticoncurrentielles : – Art. 2-II. – V. C. com., art. L. 444-6, App., v° *Frais et dépens*, **p. 2910.** – Art. 9. – V. C. consom., art. L. 623-24, App., v° *Action en justice*, **p. 2077.** – Art. 11. – V. COJ, art. L. 311-17, .
2017	9 mars	Décret n° 2017-305. Actions en dommages et intérêts du fait des pratiques anticoncurrentielles. – Art. 5. – V. COJ, art. D. 311-13, .
2017	24 mars	Décret n° 2017-396. Cour de cassation : – Art. 1er, 2, 4. – V. C. pr. civ., art. 1015, 1015-2, 1031-8 à 1031-23. – Art. 3. – V. COJ, art. R. 441-1.
2017	29 mars	Décret n° 2017-450. Procédures de changement de prénom et modification de la mention du sexe à l'état civil. – Art. 2 à 4. – V. C. pr. civ., art. 1055-1 à 1055-9, 1575.
2017	6 avr.	Décret n° 2017-501. Conditions de délégation des agents des greffes. – Art. 1er et 2. – V. COJ, art. R. 123-17, R. 212-17-3.
2017	25 avr.	Décret n° 2017-634. Modification du décret n° 2008-689 du 9 juillet 2008 relatif à l'organisation du ministère de la justice du décret n° 2016-1675 du 5 décembre 2016 portant création de l'inspection générale de la justice. – Art. 2. – V. Décr. n° 2008-689 du 9 juill. 2008, art. 2, ss. L. n° 91-647 du 10 juill. 1991, art. 1er, App., v° *Aide juridique*, .
2017	28 avr.	Décret n° 2017-683. Conséquences de la suppression des juridictions de proximité et des juges de proximité : – Art. 1er et 4. – V. COJ, art. R. 111-6, R. 212-37, R. 212-58, R. 221-11, R. 221-14, R. 221-15, R. 221-16, R. 221-17, R. 221-20, R. 221-38, R. 222-9, R. 222-27, R. 531-1, R. 551-1, R. 552-21, R. 561-1, R. 562-30. – Art. 2 et 4. – V. C. pr. civ., art. 847-4, 847-5, 1406, 1418, 1419, 1425-1, 1575, Annexe, art. 36-1.

2017	2 mai	Décret n° 2017-711. Notariat à Saint-Pierre-et-Miquelon : – Art. 2. – V. Décr. n° 45-1418 du 28 juin 1945, art. 50-1, App., v° *Officiers publics et ministériels*, . – Art. 3. – V. Décr. n° 45-0117 du 19 déc. 1945, art. 39-1, App., v° *Officiers publics et ministériels*, **p. 3288.** – Art. 4. – V. Décr. n° 55-604 du 20 mai 1955, art. 23-1, App., v° *Officiers publics et ministériels*, . – Art. 5. – V. Décr. n° 56-220 du 29 févr. 1956, art. 30-1, App., v° *Officiers publics et ministériels*, . – Art. 6. – V. Décr. n° 56-221 du 29 févr. 1956, art. 15, App., v° *Officiers publics et ministériels*, **p. 3217.** – Art. 7. – V. Décr. n° 67-868 du 2 oct. 1967, art. 142, App., v° *Officiers publics et ministériels*, . – Art. 9. – V. Décr. n° 71-942 du 26 nov. 1971, art. 8, 12, 29, 30-1, App., v° *Officiers publics et ministériels*, . – Art. 10. – V. Décr. n° 73-609 du 5 juill. 1973, art. 122-1, App., v° *Officiers publics et ministériels*, . – Art. 11. – V. Décr. n° 73-1202 du 28 déc. 1973, art. 49-1, App., v° *Officiers publics et ministériels*, **p. 3205.** – Art. 12. – V. Décr. n° 74-737 du 12 août 1974, art. 31, 31-1, App., v° *Officiers publics et ministériels*, . – Art. 13. – V. Décr. n° 93-78 du 13 janv. 1993, art. 84-2, App., v° *Officiers publics et ministériels*, . – Art. 14. – V. Décr. n° 93-82 du 15 janv. 1993, art. 25-1, 25-3, App., v° *Officiers publics et ministériels*, .
2017	2 mai	Décret n° 2017-713. Déclaration d'intérêts des magistrats de l'ordre judiciaire. – Art. 1er. – V. Décr. n° 93-21 du 7 janv. 1993, art. 11-1, App., v° *Magistrature*, **p. 3114.**
2017	5 mai	Décret n° 2017-795. Application de l'art. 27 de la loi n° 66-879 du 29 novembre 1966 et fixation de la majorité requise pour la transformation d'une société civile professionnelle en une société pluriprofessionnelle d'exercice ou pour la participation d'une société civile professionnelle à la constitution d'une telle société. – Art. 3. – V. Décr. n° 67-868 du 2 oct. 1967, art. 23-3, App., v° *Officiers publics et ministériels*, .
2017	5 mai	Décret n° 2017-800. Exercice des professions d'huissier de justice, de notaire et de commissaire-priseur judiciaire par une société pluri-professionnelle d'exercice : – Art. 2. – V. Décr. n° 92-1449 du 30 déc. 1992, art. 1er, 4, 5, 8, 12, 14, 16, 21, 38, 41 *ter*, 42 à 44, 46, App., v° *Officiers publics et ministériels*, . – Art. 3. – V. Décr. n° 93-78 du 13 janv. 1993, art. 1er, art. 4, 5, 8, 12, 14, 16, 21, 22, 23, 27, 28, 29, 30, 34, 37, 38, 41 *ter*, 42, 43, 44, 46, 80, 81, 83, 83-2, App., v° *Officiers publics et ministériels*, .
2017	5 mai	Décret n° 2017-822. Aide juridique : – Art. 2. – V. COJ, art. R. 131-3, R. 131-8. – Art. 17. – V. Décr. n° 96-887 du 10 oct. 1996, art. 2-1, App., v° *Aide juridique*, .

2017	5 mai	Décret n° 2017-824. Conséquences de la suppression des juridictions de proximité et des juges de proximité et relatif à la mise à disposition de costumes d'audience pour les magistrats exerçant à titre temporaire et certains personnels des services judiciaires. – Art. 1er. – V. COJ, art. D. 221-1, Annexes, Tableaux I, IV et X, ss. COJ, art. R. 563-4.
2017	6 mai	Décret n° 2017-888. Action de groupe et action en reconnaissance de droits prévues aux titres V et VI de la loi n° 2016-1547 du 18 novembre 2016 de modernisation de la justice du XXIe siècle : – Art. 1er, 2 – V. C. pr. civ., art. 826-2 à 826-24, 905, 1575. – Art. 7. – V. CSP, art. R. 1143-2 anc. à R. 1143-14, R. 1526-1, App., v° *Action en justice*, **p. 2086.**
2017	6 mai	Décret n° 2017-890. État civil : – Art. 47 à 49 et 57. – V. C. pr. civ., art. 1046, 1046-1, 1047, 1048, 1051, 1053, 1054, 1055, 1136-7, 1136-9, 1144. – Art. 54. – COJ, art. R. 211-4, R. 213-1-1.
2017	6 mai	Décret n° 2017-891. Exceptions d'incompétence et appel en matière civile : – Art. 1er à 4, 7 à 37, 39, 40, 43, 45 à 51. – V. C. pr. civ., art. 47, 75 à 91, 272, 424, 526, 531, 542, 550, 561, 562, 568, 762, 772-1, 566 nouv., 847-5, 901, 902, 904-1, 905 à 905-2, 906, 908 à 911-2, 912, 913, 914, 916, 930-1, 933, 936, 948, 954, 955, 961, 964, 1034, 1037-1, 1065, 1417, 1424-9, 1425-8, 1575, Annexe (art. 42). – Art. 6 et 42. – V. C. pr. exéc., art. R. 121-3, R. 121-20, R. 311-7. – Art. 41. – V. C. pr. exéc., art. R. 321-3.
2017	6 mai	Décret n° 2017-892. Modernisation et simplification de la procédure civile : – Art. 1er à 16, 18 à 29, 31, 67 à 70, 72. – V. C. pr. civ., art. 32-1, 54, 61, 82, 83, 97, 152, 157, 160, 165, 168, 169, 173, 174, 195, 207, 220, 224, 228, 252, 253, 259, 260, 267, 268, 282, 289, 290, 292, 295, 305, 321, 342 à 354, 388, 415, 446-2, 454, 465, 471, 486-1, 491, 492, 498, 505, 509-1, 509-2, 509-6, 559, 575, 581, 628, 639-1, 643, 644, 670-1 à 670-3, 675, 683, 684, 685, 687-1, 688, 688-3, 688-6, 689-1, 692-2, 695, 702, 704, 705, 707, 708, 712, 713, 718, 726, 727, 728, 729, 731, 732, 733, 734, 734-1, 734-2, 735 à 738, 747-1, 747-2, 753, 764, 796-1, 832, 852-1, 920, 934, 936, 950, 952, 972, 999, 1001 à 1003, 1027, 1031-2, 1032, 1036, 1037, 1180-1, 1180-19, 1181, 1200-3, 1200-4, 1210-4 à 1210-12, 1216, 1254-1, 1261-1, 1262, 1262-5, 1262-7, 1264 à 1267, 1426 à 1429, 1529, 1541, 1543 à 1546-3, 1555, 1556, 1564-1 à 1564-4, 1575, 1576, Annexe, art. 30-7, 30-8, 45. – Art. 6. – C. pr. exéc., art. R. 131-2. – Art. 17, 30, 71. – V. COJ, art. R. 211-4, R. 213-12-1, R. 221-40, R. 531-1, R. 551-1. – Art. 32. – V. Décr. n° 2004-1463 du 23 déc. 2004, art. 20, App., v° *Experts judiciaires*, **p. 2886.** – Art. 37 à 47, 67. – V. C. pr. exéc., art. R. 111-1 à R. 111-6, R. 121-22, R. 153-1, R. 211-11, R. 213-8, R. 232-7, R. 241-1, R. 321-3, R. 321-5, R. 322-16, R. 322-28, R. 523-9, R. 612-7. – Art. 38. – V. C. pr. exéc., art. R. 153-1.

		– Art. 42 à 46. – V. C. pr. exéc., art. R. 321-5, R. 322-16, R. 322-28, R. 523-9, R. 612-7. – Art. 65. – V. Décr. n° 96-887 du 10 oct. 1996, Règl. type annexé, App., v° *Aide juridique*, .
2017	6 mai	Décret n° 2017-895. Notaires, commissaires-priseurs judiciaires et huissiers de justice : – Art. 1er. – V. Décr. n° 56-221 du 29 févr. 1956, art. 13, App., v° *Officiers publics et ministériels*, **p. 3217.** – Art. 2. – V. Décr. n° 73-1202 du 28 déc. 1973, art. 3, App., v° *Officiers publics et ministériels*, **p. 3197.** – Art. 3.– V. Décr. n° 88-814 du 12 juill. 1988, art. 2-1, App., v° *Officiers publics et ministériels*, **p. 3219.** – Art. 5. – V. Décr. n° 67-868 du 2 oct. 1967, art. 4, 5, 10-4, 10-7, 27, 29, 33-1, 46, 116, App., v° *Officiers publics et ministériels*, . – Art. 6. – V. Décr. n° 73-609 du 5 juill. 1973, art. 49, App., v° *Officiers publics et ministériels*, . – Art. 7. – V. Décr. n° 93-78 du 13 janv. 1993, art. 4, 5, 12, 14, 16, 38, 84, App., v° *Officiers publics et ministériels*, . – Art. 8. – V. Décr. n° 93-82 du 15 janv. 1993, art. 2, 5, 7, 9, 13, 14, 17, 18, 20, 24, App., v° *Officiers publics et ministériels*, . – Art. 9. – V. Ord. du 26 juin 1816, art. 1er-1, 15, App., v° *Officiers publics et ministériels*, . – Art. 10. – V. Décr. n° 69-763 du 24 juill. 1969, art. 4, 5, 10-2, 10-4, 46, 116, App., v° *Officiers publics et ministériels*, . – Art. 11. – V. Décr. n° 73-541 du 19 juin 1973, art. 27, App., v° *Officiers publics et ministériels*, . – Art. 12. – V. Décr. n° 92-1449 du 30 déc. 1992, art. 4, 5, 12, 14, 16, 38, App., v° *Officiers publics et ministériels*, . – Art. 13. – V. Décr. n° 2012-121 du 30 janv. 2012, art. 2, 4, 6, 8, 12, 13, 14, 14-1, App., v° *Officiers publics et ministériels*, **p. 3228.** – Art. 14. – V. Décr. n° 56-222 du 29 févr. 1953, art. 12, 12-1, App., v° *Officiers publics et ministériels*, **p. 3273.** – Art. 18. – V. Décr. n° 2011-875 du 25 juill. 2011, art. 2, 13, App., v° *Officiers publics et ministériels*, **p. 3269.** – Art. 37 à 47, 67. – V. C. pr. exéc., art. R. 111-1 à R. 111-6, R. 121-22, R. 153-1, R. 211-11, R. 213-8, R. 232-7, R. 241-1, R. 321-3, R. 321-5, R. 322-16, R. 322-28, R. 523-9, R. 612-7.
2017	6 mai	Décret n° 2017-908. Portant diverses dispositions relatives au régime juridique des associations, des fondations, des fonds de dotation et des organismes faisant appel public à la générosité. – V. Annexe, art. 30-3.
2017	6 mai	Décret n° 2017-924. Gestion des droits d'auteur et des droits voisins par un organisme de gestion de droits et modification du code de la propriété intellectuelle. – Art. 7. – V. COJ, art. D. 311-9.
2017	9 mai	Décret n° 2017-862. Tarifs réglementés de postulation des avocats en matière de saisie immobilière, de partage, de licitation et de sûretés judiciaires : – Art. 2. – C. com., art. R. 444-2, R. 444-3, R. 444-9, R. 444-15, R. 444-18, R. 444-20, R. 444-58, R. 444-71 à R. 444-77, art. Annexe 4-7, 4-8, App., v° *Frais et dépens*, **p. 2932.**

		– Art. 5. – V. ce texte, ss. C. com., art. R. 444-18. – Art. 6. – V. Décr. n° 60-323 du 2 avr. 1960, App., v° *Frais et dépens*, **p. 2962** ; Décr. n° 72-784 du 25 août 1972, App., v° *Frais et dépens*, **p. 2975** ; Décr. n° 75-785 du 21 août 1975, App., v° *Frais et dépens*, **p. 2976.**
2017	9 mai	Décret n° 2017-864. Recouvrement des cotisations et contributions sociales des travailleurs indépendants non agricoles. – Art. 1er. – V. CSS, art. R. 131-2, reproduit ss. CSS, art. R. 723-26-8, App., v° *Frais et dépens*, **p. 2954.**
2017	9 mai	Décret n° 2017-897. Service d'accueil unique du justiciable et personnes autorisées à accéder au traitement de données à caractère personnel « Cassiopée ». – Art. 1er, 5 et 6. – V. COJ, art. R. 123-26 à R. 123-29, R. 531-1, R. 531-2, R. 551-1, R. 551-2, R. 561-1, R. 561-2.
2017	9 mai	Décret n° 2017-898. Collège de déontologie des magistrats de l'ordre judiciaire, statut et formation des candidats à l'intégration directe dans le corps judiciaire : – Art. 2 à 8. – V. Décr. n° 93-21 du 7 janv. 1993, art. 2, 11-9 à 11-28, 12, 16, 34, 35, App., v° *Magistrature*, **p. 3111.** – Art. 9 et 10. – V. ces textes, ss. Décr. n° 93-21 du 7 janv. 1993, art. 11-9, App., v° *Magistrature*, **p. 3119.**
2017	10 mai	Décret n° 2017-1008. Dispositions procédurales diverses relatives aux juridictions du travail : – Art. 2 à 5. – V. C. trav., art. R. 1452-2, R. 1452-4, R. 1452-6, R. 1454-17, R. 1454-19-3, R. 1454-19-4, R. 1454-26, R. 1463-1, R. 1471-1, ss. C. pr. civ., art. 879. – Art. 7. – V. C. pr. civ., art. 930-2, 930-3.
2017	10 mai	Décret n° 2017-1015. Costumes et insignes des magistrats de l'ordre judiciaire. – V. COJ, Annexes, Tableau I, ss. COJ, art. R. 563-4.
2017	10 mai	Circulaire JUSC1709389C. Présentation des dispositions de l'article 56 de la loi n° 2016-1547 du 18 novembre 2016 de modernisation de la justice du XXIe siècle concernant les procédures judiciaires de changement de prénom et de modification de la mention du sexe à l'état civil. – V. ss. art. 1055-4, 1055-9, .
2017	13 juin	Décret n° 2017-1097. Ressort de certaines juridictions à la suite de la création de communes nouvelles et portant diverses dispositions d'organisation judiciaire. – Art. 2 à 4. – V. COJ, art. D. 311-8, Annexe, Tableaux IV et XI.
2017	14 juin	Arrêté. Application des dispositions du titre XXI du livre Ier du code de procédure civile aux experts judiciaires. – V. ce texte, ss. C. pr. civ., art. 748-6.
2017	15 juin	Décret n° 2017-1100. Tribunaux paritaires des baux ruraux et commissions consultatives paritaires départementales des baux ruraux : – Art. 3. – V. C. pr. civ., art. 889, 890. – Art. 4. – V. COJ, art. R. 221-25.
2017	28 juin	Arrêté. Conditions d'application de l'article 30-4 du décret n° 93-21 du 7 janvier 1993 pris pour l'application de l'ordonnance n° 58-1270

		du 22 décembre 1958 modifiée portant loi organique relative au statut de la magistrature concernant les magistrats honoraires exerçant des activités non juridictionnelles. – V. ss. Décr. n° 93-21 du 7 janv. 1993, art. 30-4, App., v° *Magistrature*, .
2017	28 juin	Arrêté. conditions d'application de l'article 35-6 du décret n° 93-21 du 7 janvier 1993 pris pour l'application de l'ordonnance n° 58-1270 du 22 décembre 1958 modifiée portant loi organique relative au statut de la magistrature concernant les magistrats exerçant à titre temporaire. – V. ss. Décr. n° 93-21 du 7 janv. 1993, art. 35-6, App., v° *Magistrature*, .
2017	6 juill.	Arrêté. Tarifs réglementés de postulation des avocats en matière de saisie immobilière, de partage, de licitation et de sûretés judiciaires. – V. C. com., art. A. 444-187 à A. 444-202, App., v° *Frais et dépens*, **p. 2957.**
2017	26 juill.	Circulaire JUSC1720438C. Présentation de diverses dispositions en matière de droit des personnes et de la famille de la loi n° 2016-1547 du 18 novembre 2016 de modernisation de la justice du XXIe siècle. – V. ss. art. 1055, 1071, .
2017	2 août	Décret n° 2017-1227. Modalités d'entrée en vigueur du décret n° 2017-891 du 6 mai 2017 relatif aux exceptions d'incompétence et à l'appel en matière civile. – V. C. pr. civ., art. 75 s., 272, 347, 526, 531, 542, 550, 561, 562, 566 nouv., 568, 901, 902, 904-1, 905 à 906, 908 à 910-1, 910-4, 911, 911-2 à 914, 916, 933, 936, 954, 1034, 1037-1.
2017	4 août	Circulaire JUSC1721995C. Présentation des dispositions du décret n° 2017-891 du 6 mai 2017, modifié par le décret n° 2017-1127 du 2 août 2017. – V. ss. art. 91, 916, .
2017	20 sept.	Décret n° 2017-1368. Statut particulier des greffiers des services judiciaires : – Art. 1er à 9. – V. Décr. n° 2015-1275 du 13 oct. 2015, art. 1er, 2, 15, 18 à 20, 22, 23, App., v° *Officiers publics et ministériels*, **p. 3252.** – Art. 10 à 12. – V. ces textes ss. Décr. n° 2015-1275 du 13 oct. 2015, art. 2, App., v° *Officiers publics et ministériels*, **p. 3252.**
2017	22 sept.	Ordonnance n° 2017-1386. Nouvelle organisation du dialogue social et économique dans l'entreprise et favorisant l'exercice et la valorisation des responsabilités syndicales. – Art. 4. – V. C. trav., art. L. 1134-9, App., v° *Action en justice*, **p. 2089.**
2017	22 sept.	Ordonnance n° 2017-1387. Prévisibilité et sécurisation des relations de travail. – Art. 3. – V. C. trav., art. L. 1134-4, App., v° *Action en justice*, **p. 2066.**
2017	9 oct.	Décret n° 2017-1457. Liste des médiateurs auprès de la cour d'appel : – Art. 1er à 5, 7 à 11. – V. ss. C. pr. civ., art. 131-15. – Art. 6. – V. COJ, art. R. 312-43.
2017	16 oct.	Décret n° 2017-1474. Organisation et fonctionnement du tribunal foncier de la Polynésie française. – V. COJ, art. R. 552-16, R. 552-22-4 à R. 552-22-8.

2017	25 oct.	Ordonnance n° 2017-1491. Extension et adaptation de la partie législative du code du travail, et de diverses dispositions relatives au travail, à l'emploi et à la formation professionnelle à Mayotte : – Art. 2. – V. C. trav., art. L. 1134-2, App., v° *Action en justice*, **p. 2066.** – Art. 22. – V. C. pr. exéc., art. L. 612-3, **p. 1506.**
2017	15 nov.	Décret n° 2017-1572. Modalités d'organisation de la visite en présence d'un tiers prévue à l'article 375-7 du code civil. – Art. 2. – V. C. pr. civ., art. 1199-2, 1199-3.
2017	18 nov.	Décret n° 2017-1618. Juristes assistants et personnes habilitées à accéder au bureau d'ordre national automatisé des procédures judiciaires. – V. COJ, art. R. 123-30 à R. 123-39, R. 531-1, R. 551-1, R. 561-1.
2017	27 nov.	Ordonnance n° 2017-1609. Prise en charge des dommages en cas de retrait d'agrément d'une entreprise d'assurance. – Art. 7. – V. C. assur., art. L. 421-9, App., v° *Assurances*, **p. 2221.**
2017	28 nov.	Arrêté JUSC1729422A. Fixation des modalités des opérations de tirage au sort prévues à l'article 56 du décret n° 73-609 du 5 juillet 1973. – V. ss. Décr. n° 73-609 du 5 juill. 1973, art. 5, App., v° *Officiers publics et ministériels*, .
2017	28 nov.	Décret n° 2017-1618. Juristes assistants et personnes habilitées à accéder au bureau d'ordre national automatisé des procédures judiciaires. – V. COJ, art. R. 123-30 à R. 123-39, R. 531-1, R. 551-1, R. 561-1.
2017	30 nov.	Décret n° 2017-1643. Création du tribunal d'instance de Paris et suppression des vingt tribunaux d'instance d'arrondissement : – Art. 1er. – V. COJ, art. R. 221-36, R. 221-52, Annexes (tableaux IV, IX et IX-I). – Art. 5. – V. ce texte, ss. art. COJ, art. R. 221-36.
2017	15 déc.	Décret n° 2017-1698. Procédure suivie devant le conseil de prud'hommes. – Art. 1er. – V. C. trav., art. R. 1453-2, R. 1454-29, R. 1454-32, reproduits ss. art. 879.
2017	22 déc.	Décret n° 2017-1745. Compétence en matière contraventionnelle à certaines chambres détachées de tribunaux de grande instance. – V. COJ, Annexe (tableau IV *bis*), .
2017	23 déc.	Décret n° 2017-1736. – Art. 33. – V. Décr. n° 2015-1275 du 13 oct. 2015, art. 15, App., v° *Officiers publics et ministériels*, **p. 3256.**
2017	26 déc.	Décret n° 2017-1765. Règles applicables aux mutuelles, unions et institutions de retraite professionnelle supplémentaire. – Art. 1er. – V. C. assur., art. R. 322-1-1, App., v° *Assurances*, **p. 2223.**
2017	26 déc.	Décret n° 2017-1767. Modalités d'approbation des accords dans les très petites entreprises. – Art. 2. – V. COJ, art. R. 221-28-1.
2017	28 déc.	Loi n° 2017-1775. De finances rectificative pour 2017. – Art. 73. – V. LPF, art. L. 281, L. 283, ss. COJ, art. L. 213-6.
2018	16 janv.	Décret n° 2018-19. Modification du ressort de certaines juridictions à la suite de la création de la commune nouvelle de La Devise. – V. COJ, Annexe (tableau IV), **p. 1978.**

2018	5 févr.	Dépêche SG-18-005. Présentation de certaines dispositions du décret n° 2017-1457 du 9 octobre 2017 relatif à la liste des médiateurs auprès de la cour d'appel. – V. ce texte, .
2018	27 févr.	Arrêté. Tarif des commissaires-priseurs judiciaires. – V. C. com., art. A. 444-1, App., v° *Frais et dépens*, **p. 2977.**
2018	27 févr.	Arrêté. Tarif des huissiers de justice. – V. C. com., art. A. 444-10, App., v° *Frais et dépens*, **p. 2986.**
2018	21 mars	Décret n° 2018-195. Application de l'article L. 562-1 COJ. – V. COJ, art. R. 562-11-1 à R. 562-11-5, R. 563-3-1, R. 563-3-2.
2018	21 mars	Décret n° 2018-197. Plénitude de compétence à la chambre détachée de Saint-Martin et Saint-Barthélemy du TGI de Basse-Terre. – V. COJ, Annexes, (tableau IV *bis*).
2018	23 mars	Décret n° 2018-200. Tarifs de certains professionnels du droit et fonds interprofessionnel de l'accès au droit et à la justice : – Art. 2 et 3. – V. C. com., art. R. 444-21, R. 444-71, App., v° *Frais et dépens*, **p. 2945.** – Art. 10. – V. Décr. n° 2016-230 du 26 févr. 2016, art. 13, ss. C. com., art. R. 444-1, App., v° *Frais et dépens*, **p. 2931.**
2018	5 avr.	Décret n° 2018-244. Ressort de certaines juridictions à la suite de la création des communes nouvelles de Tessy-Bocage et de Vallons-de-l'Erdre. – V. COJ, Annexe (tableau IV), **p. 1978.**
2018	10 avr.	Arrêté. Implantation d'un service d'accueil unique du justiciable au siège du tribunal de grande instance et du tribunal d'instance de Paris. – V. COJ, Annexes (tableau IV-I), **p. 1996.**
2018	20 avr.	Loi n° 2018-287. Ratification de l'ordonnance n° 2016-131 du 10 février 2016 portant réforme du droit des contrats, du régime général et de la preuve des obligations. – Art. 1er : – V. C. civ., art. 1202, App., v° *Officiers publics et ministériels*, . – V. C. civ., art. 1321-1 (anc.), App., v° *Officiers publics et ministériels*, . – V. C. civ., art. 1231-6, 1231-7, App., v° *Intérêt légal*, **p. 3039.** – V. C. civ., art. 1351 anc., 1355, App., v° *Officiers publics et ministériels*, **p. 546.**
2018	27 avr.	Décret n° 2018-316. Modification du décret n° 2015-1273 du 13 oct. 2015 portant statut particulier des directeurs des services de greffe judiciaires : – V. ce texte ss. Décr. n° 2015-1273 du 13 oct. 2015, art. 13, App., v° *Officiers publics et ministériels*, **p. 3243.** – V. Décr. n° 2015-1273 du 13 oct. 2015, art. 1er, 2, 5, 13 à 19, 39, App., v° *Officiers publics et ministériels*, **p. 3241.**
2018	9 mai	Ordonnance n° 2018-341. Brevet européen à effet unitaire et à la juridiction unifiée du brevet. – Art. 20. – V. C. pr. exéc., art. L. 111-3, **p. 1398.**
2018	16 mai	Ordonnance n° 2018-358 du 16 mai 2018. Traitement juridictionnel du contentieux de la sécurité sociale et de l'aide sociale. – V. COJ, art. L. 218-9, L. 218-10, L. 312-6-2.

2018	31 mai	Décret n° 2018-429. Brevet européen à effet unitaire et juridiction unifiée du brevet. – Art. 4. – V. CPI, art. R. 615-5, App., v° *Experts judiciaires*, **p. 2899.**
2018	12 juin	Ordonnance n° 2018-470. Regroupement et mise en cohérence des dispositions du code de la sécurité sociale applicable aux travailleurs indépendants. – Art. 5. – V. CSS, art. L. 652-6, App., v° *Frais et dépens*, **p. 2950.**
2018	20 juin	Loi n° 2018-493. Protection des données personnelles. – Art. 25. – V. L. n° 78-17 du 6 janv. 1978, art. 43 *ter*, App., v° *Action en justice*, **p. 2090.**
2018	25 juill.	Décret n° 2018-659. Formation professionnelle dans le notariat et conditions d'accès aux fonctions de notaire : – Art. 1er à 60. – V. Décr. n° 73-609 du 5 juill. 1973, art. 5, 7, 9 à 29, 33, 34, 36 à 43-8, 59 à 74, 76, 87, 89 à 104-1, 121, 131, App., v° *Officiers publics et ministériels*, . – Art. 62. – V. Décr. n° 2016-661 du 20 mai 2016, art. 17, reproduit ss. Décr. n° 73-609 du 5 juill. 1973, art. 17, App., v° *Officiers publics et ministériels*, .
2018	1er août	Décret n° 2018-687. Application de la loi n° 78-17 du 6 janvier 1978 relative à l'informatique, aux fichiers et aux libertés, modifiée par la loi n° 2018-493 du 20 juin 2018 relative à la protection des données personnelles. – V. COJ, art. R. 213-5.
2018	4 sept.	Décret n° 2018-772. Désignation des tribunaux de grande instance et cours d'appel compétents en matière de contentieux général et technique de la sécurité sociale et d'admission à l'aide sociale. – V. COJ, art. D. 211-10-3, D. 311-12-1, Annexe, Tableau VIII-III, **p. 2012.**
2018	11 sept.	Loi n° 2018-778. Pour une immigration maîtrisée, un droit d'asile effectif et une intégration réussie. – Art. 8. – V. L. n° 91-647 du 10 juill. 1991, art. 9-4, App., v° *Aide juridique*, **p. 2105.**
2018	29 oct.	Décret n° 2018-928. Contentieux de la sécurité sociale et de l'aide sociale : – Art. 1er. – V. C. pr. civ., art. 126-3, 1441-4. – Art. 8. – V. COJ, art. R. 111-6, R. 218-1 à R. 218-12, R. 312-13-3, R. 312-13-4.
2018	29 oct.	Décret n° 2018-931. Conciliateurs de justice. – V. Décr. n° 78-381 du 20 mars 1978, art. 1er à 4 et 9 *bis*, App., v° *Conciliateurs de justice*, **p. 2236.**
2018	8 nov.	Décret n° 2018-970. Saisie administrative à tiers détenteur et contentieux du recouvrement des créances publiques. – V. C. pr. exéc., art. R. 212-3, R. 641-1.
2018	31 oct.	Décr. n° 2018-953. Extension et adaptation de diverses dispositions relatives à Mayotte. – Art. 19. – V. C. pr. exéc., art. R. 612-2, R. 612-3, R. 612-4.

2018	9 nov.	Décret n° 2018-971. Modification de la procédure de nomination dans un office créé de notaire, d'huissier de justice et de commissaire-priseur judiciaire : – Art. 1er. – V. Décr. n° 73-609 du 5 juill. 1973, art. 50 à 53, App., v° *Officiers publics et ministériels*, . – Art. 3. – V. Décr. n° 73-541 du 19 juin 1973, art. 28, 29, 31, 32, App., v° *Officiers publics et ministériels*, .
2018	15 nov.	Arrêté. Implantation d'un service d'accueil unique du justiciable au siège du tribunal de grande instance de Pointe-à-Pitre et modifiant les juridictions d'implantation du service d'accueil unique du justiciable au siège du tribunal de grande instance de Saint-Malo. – V. COJ, Annexes, Tableau IV-I.
2018	23 nov.	Loi n° 2018-1021. Évolution du logement, de l'aménagement et du numérique : – Art. 138. – V. C. consom., art. L. 623-1, App., v° *Action en justice*, **p. 2073.** – Art. 191 et 201. – V. C. pr. exéc., art. L. 322-7-1, L. 412-1, L. 412-6.
2018	4 déc.	Décret n° 2018-1081. Protection fonctionnelle des magistrats de l'ordre judiciaire. – Art. 1er. – V. Décr. n° 93-21 du 7 janv. 1993, art. 11-29 à 11-36, App., v° *Magistrature*, **p. 3124.**
2018	7 déc.	Règlement d'exécution (UE) 2018/1935. Formulaires mentionnés dans le règlement (UE) 2016/1103 du Conseil mettant en œuvre une coopération renforcée dans le domaine de la compétence, de la loi applicable, de la reconnaissance et de l'exécution des décisions en matière de régimes matrimoniaux, reproduit ss. Règl. (UE) n° 2016/1103 du Conseil du 24 juin 2016, art. 45, App., *Droit européen et international*, .
2018	11 déc.	Règlement d'exécution (UE) 2018/1190. Formulaires mentionnés dans le règlement (UE) 2016/1104 du Conseil mettant en œuvre une coopération renforcée dans le domaine de la compétence, de la loi applicable, de la reconnaissance et de l'exécution des décisions en matière d'effets patrimoniaux des partenariats enregistrés, reproduit ss. Règl. (UE) n° 2016/1104 du Conseil du 24 juin 2016, art. 45, App., *Droit européen et international*, .
2018	12 déc.	Ordonnance n° 2018-1125. Application de l'article 32 de la loi n° 2018-493 du 20 juin 2018 relative à la protection des données personnelles et portant modification de la loi n° 78-17 du 6 janvier 1978 relative à l'informatique, aux fichiers et aux libertés et diverses dispositions concernant la protection des données à caractère personnel. – Art. 15. – V. C. pr. exéc., art. L. 152-3.
2018	19 déc.	Arrêté. Opérations de tirages au sort prévues à l'article 53 du décret n° 73-609 du 5 juillet 1973 relatif à la formation professionnelle dans le notariat et aux conditions d'accès aux fonctions de notaire. – Art. 1er. – V. Arr. du 24 janv. 2017, art. 6, ss. Décr. n° 73-609 du 5 juill. 1973, art. 1er, App., v° *OPM*, .

2018	24 déc.	Décret n° 2018-1219. Mesures de procédure civile relatives à la reconnaissance transfrontalière des décisions en matière familiale, à la communication électronique et au rôle du ministère public en appel. – V. art. 509-1 à 509-3, 509-6, 509-9, 748-1, 748-6, 972-1, 1032, 1575.
2018	27 déc.	Décret n° 2018-1280. Aide juridique : – Art. 8 à 13. – V. Décr. n° 93-1425 du 31 déc. 1993, art. 48-1, 48-2, 48-4, 48-5, 55-1, 55-4, App., v° *Aide juridique*. – Art. 14. – V. Décr. n° 96-887 du 10 oct. 1996, art. 2-1, App., v° *Aide juridique*. – Art. 16. – V. Règlement type annexé, art. 1er, 36, App., v° *Aide juridique*.
2019	28 janv.	Note JUSB1902672N. Présentation du décret n° 2018-931 du 29 octobre 2018 modifiant le décret n° 78-381 du 20 mars 1978 relatif aux conciliateurs de justice, App., v° *Conciliateur de justice*.
2019	30 janv.	Décret n° 2019-53. Tribunal de grande instance et cour d'appel compétents pour connaître des actions fondées sur l'article L. 163-2 du code électoral. – V. COJ, art. D. 211-7-2.
2019	30 janv.	Décision CE n° 401681. – V. C. trav., art. R. 1454-13, App., v° *Procédure prud'homale*, **p. 3314.**
2019	12 mars	Décret n° 2019-185. Désignation et formation initiale des assesseurs des tribunaux de grande instance et de la cour d'appel spécialement désignés aux articles L. 211-16 et L. 311-16 du code de l'organisation judiciaire. – V. COJ, art. D. 218-13 à R. 218-17, R. 312-13-3, R. 312-13-4.
2019	20 mars	Décret n° 2019-213. Organisation de la Cour de cassation. – V. COJ, art. R. 421-3, R. 421-4 à R. 421-4-3, R. 421-6, R. 421-8, R. 431-1, R. 431-5, R. 431-6.
2019	23 mars	Loi organique n° 2019-221. Renforcement de l'organisation des juridictions : – Art. 1er à 9, 12, 13. – V. Ord. n° 58-1270 du 22 déc. 1958, art. 2, 3, 3-1, 12-1, 13, 28, 28-2, 28-3, 31, 32, 38-2, 41-10 A, 41-10, 41-11, 41-13, 41-14, 41-25, 41-26, 41-28, 41-29, 72-3, 76-1-1, App., v° *Magistrature*, **p. 3053.** – Art. 9. – L. org. n° 94-100 du 5 févr. 1994, art. 1er, 2, 4-1, 15, App., v° *Magistrature*, **p. 3142** ; L. org. n° 2011-333 du 29 mars 2011, art. 22, App., v° *Défenseur des droits*, **p. 2245.**
2019	23 mars	Loi n° 2019-222. Programmation 2018-2022 et réforme pour la justice : – Art. 3, 98, 99. – V. L. n° 95-125 du 8 févr. 1995, art. 20, 22-1 à 22-3, 82, ss. C. pr. civ., art. 131-15. – Art. 3, 4. – V. L. n° 2016-1547 du 18 nov. 2016, art. 4 à 4-7, ss. C. pr. civ., art. 846. – Art. 5. – V. C. trav., art. L. 1453-1 A, reproduit ss. art. 411. – Art. 5, 14, 15, 20, 30, 95, 96, 108, 110. – V. C. pr. exéc., art. L. 111-5, L. 121-4, L. 125-1, L. 211-1-1, L. 311-5, L. 322-1, L. 322-4, L. 433-2, L. 523-1-1, L. 641-1.

		– Art. 11, 26, 27, 32, 33, 64, 69, 95 à 97, 110. – V. COJ, art. L. 111-13, L. 111-14, L. 121-1, L. 121-3, L. 121-4, L. 122-1, L. 122-2, L. 122-3, L. 123-1, L. 123-4, L. 124-1 à L. 124-3, L. 211-1 à L. 211-18, L. 212-1 à L. 212-4, L. 212-5-1 à L. 212-8, L. 213-1 à L. 213-7, L. 213-9 🏛, L. 213-12 🏛, L. 214-1, L. 214-2, L. 215-1 à L. 215-7, L. 216-1, L. 216-2, L. 217-1 à L. 217-6, L. 218-1, L. 218-6, L. 218-7, L. 218-10, L. 218-11, L. 221-1 à L. 223-8, L. 251-3 🏛, L. 251-5 🏛, L. 252-1, L. 311-16, L. 312-6-2, L. 531-1, L. 532-2, L. 541-1, L. 551-1, L. 552-2, L. 552-9-10, L. 561-1, L. 562-2. – Art. 20. – V. C. com., art. L. 444-2, L. 444-7, App., v° *Frais et dépens*, **p. 2907.** – Art. 33, 110. – V. L. n° 72-626 du 5 juill. 1972, art. 11-1, 11-2, 11-4, ss. art. 435, 451. – Art. 59, 64, 70. – V. L. n° 91-647 du 10 juill. 1991, art. 9-2, 64, 64-2, App., v° *Aide juridique*, 🏛. – Art. 59, 70. – V. Ord. n° 92-1147 du 12 oct. 1992, art. 5-1, 23-3, App., v° *Aide juridique* 🏛. – Art. 69. – V. C. patr., art. L. 221-3, L. 222-1, ss. COJ, art. L. 111-12. – Art. 95. - V. COJ, art. L. 213-5 à L. 213-7.
2019	27 mars	Décret n° 2019-252. Conditions de délivrance de la contrainte par Pôle emploi pour le remboursement des allocations de chômage par l'employeur à la suite d'un jugement prud'homal. – Art. 2. – V. COJ, art. R. 221-39-2.
2019	29 mars	Décret n° 2019-257. Officiers publics et ministériels : – Art. 3. – V. Décr. n° 73-609 du 5 juill. 1973, art. 3, 35, App., v° *Officiers publics et ministériels*, 🏛. – Art. 4. – V. Décr. n° 71-942 du 26 nov. 1971, art. 10, App., v° *Officiers publics et ministériels*, 🏛. – Art. 5. – V. Décr. n° 56-222 du 29 févr. 1956, art. 10, App., v° *Officiers publics et ministériels*, **p. 3273.** – Art. 8. – V. Décr. n° 73-541 du 19 juin 1973, art. 2, App., v° *Officiers publics et ministériels*, 🏛. – Art. 9. – V. Décr. n° 92-1449 du 30 déc. 1992, art. 8, App., v° *Officiers publics et ministériels*, 🏛.
2019	9 avr.	Arrêté. Signature électronique des décisions rendues par les tribunaux de commerce. – V. ce texte ss. art. 456.
2019	9 avr.	Amendement du Règlement de la CJUE. – V. Règl. de la CJUE, App., v° *Droit européen et international*, **p. 2307.**
2019	17 avr.	Règlement (UE, Euratom) 2019/629 du Parlement européen et du Conseil. Statut de la CJUE. – V. Statut de la CJUE, App., v° *Droit européen et international*, **p. 2256.**
2019	3 mai	Décret n° 2019-402. Communication électronique en matière civile et notification des actes à l'étranger. – V. C. pr. civ., art. 456, 687-2, 748-3, 748-6, 748-8, 748-9, 1575.

2019	6 mai	Arrêté. Caractéristiques techniques de la communication par voie électronique des avis, convocations ou récépissés via le « Portail du justiciable ». – V. ss. C. pr. civ., art. 748-8.
2019	22 mai	Loi n° 2019-486. Croissance et transformation des entreprises : – Art. 3. – V. L. n° 55-4 du 4 janv. 1955, art. 1er, 2, 3, App., v° *Annonces judiciaires et légales*, **p. 2202.** – Art. 26. – V. L. n° 90-1258 du 31 déc. 1990, art. 31-3, App., v° *Officiers publics et ministériels*, . – Art. 27. – V. L. n° 91-647 du 10 juill. 1991, art. 30, App., v° *Aide juridique*, **p. 2119.** – Art. 206. – V. C. pr. exéc., art. L. 111-3.
2019	22 mai	Décret n° 2019-488. Personnes condamnées à une peine leur interdisant de se porter enchérisseur. – V. C. pr. exéc., art. R. 322-41-1, R. 322-46, R. 322-49-1, R. 322-49-2, R. 322-55, R. 322-71.
2019	28 mai	Arrêté. Mise en œuvre d'un traitement automatisé de données à caractère personnel dénommé « Portail du justiciable » (suivi en ligne par le justiciable de l'état d'avancement de son affaire judiciaire). – V. ss. C. pr. civ., art. 748-8.
2019	29 mai	Décret n° 2019-536. Application de la L. n° 78-17 du 6 janv. 1978 relative à l'informatique, aux fichiers et aux libertés. – Art. 158. – V. COJ, art. R. 213-5, R. 532-6-1, R. 552-6, R. 562-6.
2019	31 mai	Décret n° 2019-547. Application du troisième alinéa de l'article 706-16-1 du code de procédure pénale. – Art. 1er. – V. C. pr. civ., art. 826-1, 1575.
2019	3 juin	Amendement au Règlement de la CEDH. – V. Règl. CEDH, art. 29, App., v° *Droit européen et international*, **p. 2827.**
2019	24 juin	Décret n° 2019-626. Parquet antiterroriste : – Art. 1er à 3. – V. Décr. n° 93-21 du 7 janv. 1993, art. 2 à 4, App., v° *Magistrature*, **p. 3111.** – Art. 5. – V. COJ, art. R. 217-1, R. 217-3 à R. 217-8.
2019	24 juin	Décret n° 2019-628. Parquet antiterroriste. – V. COJ, Annexe, Tableau I, **p. 1936.**
2019	24 juin	Arrêté. Modification des modalités de retrait des sommes versées par les notaires sur leurs comptes de disponibilités courantes et sur leurs comptes de dépôts obligatoires à la Caisse des dépôts et consignations prévues par l'arrêté du 30 novembre 2000. – V. Arr. 30 nov. 2000, art. 2, App., v° *Notaires*, .
2019	5 juill.	Loi n° 2019-707. Polynésie française. – Art. 9. – V. L. n° 91-647 du 10 juill. 1991, art. 69-9, App., v° *Aide juridique*, **p. 2137.**
2019	5 juill.	Décret n° 2019-718. Regroupement et mise en cohérence des dispositions du code de la sécurité sociale applicables aux travailleurs indépendants. – Art. 2, 4 et 5 : – Art. 5. – V. CSS, art. R. 652-26 à R. 652-33, App., v° *Frais et dépens*, **p. 2951.**

		– Art. 2 et 5. – V. CSS, art. R. 131-2, R. 652-24, ss. CSS, art. R. 652-33.
2019	17 juill.	Ordonnance n° 2019-738. Application de l'article 28 de la loi n° 2019-222 du 23 mars 2019 de programmation 2018-2022 et de réforme pour la justice : – Art. 1er. – V. C. assur., art. L. 127-4, App., v° *Assurances*, **p. 2217.** – Art. 5. – V. C. mon. fin., art. L. 621-14, App., v° *Action en justice*, **p. 2053.** – Art. 6. – V. C. mut., art. L. 224-4, App., v° *Assurances*, . – Art. 7. – V. COJ, art. L. 213-2, L. 311-7-1.
2019	22 juill.	Décret n° 2019-756. Dispositions de coordination de la loi n° 2019-222 du 23 mars 2019 de programmation 2018-2022 et de réforme pour la justice en matière de protection juridique des majeurs, de changement de régime matrimonial, d'actes non contentieux confiés aux notaires et de prorogation de l'attribution provisoire de la jouissance du logement de la famille et mesure relative à la reconnaissance transfrontalière des décisions de protection juridique des majeurs. – V. C. pr. civ., art. 197, 370, 391, 425, 509-1, 1136-1, 1157 à 1157-3, 1213, 1214, 1214-1, 1217, 1218, 1218-1, 1219, 1220-1, 1220-2, 1220-4, 1222, 1225 à 1229, 1230-1, 1233, 1239, 1239-2, 1243, 1243-1, 1244, 1245, 1260-1 à 1260-12, 1300, 1575, 1578, Annexe (art. 12).
2019	8 août	Arrêté. Tarifs réglementés de postulation des avocats en matière de saisie immobilière, de partage, de licitation et de sûretés judiciaires. – V. C. com., art. A. 444-187, A. 444-191, A. 444-192, App., v° *Frais et dépens*, **p. 2957.**
2019	30 août	Décret n° 2019-912. Modification du code de l'organisation judiciaire et application des articles 95 et 103 de la loi n° 2019-222 du 23 mars 2019 de programmation 2018-2022 et de réforme pour la justice. – V. COJ, art. R. 111-2, R. 111-5, R. 111-6, R. 121-2, R. 122-2 à R. 122-4, R. 123-1, R. 123-2, R. 123-13, R. 123-15 à R. 123-17, R. 123-20, R. 123-24, R. 123-26, R. 123-28, R. 123-29, R. 123-37, R. 124-1, R. 124-3, R. 131-1 à R. 131-3, R. 131-6 à R. 131-8, R. 131-10, R. 131-11, D. 211-1 à R. 211-11, R. 211-13 à R. 212-9, R. 212-10, R. 212-11, R. 212-13, R. 212-15 à R. 212-18, R. 212-19-3 à R. 212-22, R. 212-24, R. 212-25, R. 212-31, R. 212-33 à R. 212-34-1, R. 212-36, R. 212-37, R. 212-38, R. 212-39, R. 212-41 à R. 212-42, R. 212-45, R. 212-45-1, R. 212-48, R. 212-49, R. 212-49-1, R. 212-51, R. 212-54, R. 212-58 à R. 212-60, R. 212-62, R. 212-64 à R. 213-8, R. 213-9-1 à R. 215-14, R. 217-3, R. 217-4, R. 217-6, R. 218-5 à R. 218-7, R. 218-9-1, D. 218-13, D. 221-1 à R. 223-13 , R. 224-1 , D. 251-2 , R. 251-3 , R. 251-7 , R. 251-13 , R. 252-1, R. 253-1, R. 311-7, D. 311-12-1, R. 312-4, R. 312-12 à R. 312-13-4, R. 312-17, R. 312-39, R. 312-45, R. 312-48, R. 312-52, R. 312-56, R. 312-68, R. 312-72, R. 312-85, R. 314-5, R. 314-6, R. 511-1, R. 513-1, R. 513-1-1, R. 531-1, R. 531-2, R. 532-9, R. 532-21, R. 532-23, R. 532-24, R. 551-1, R. 551-2, R. 552-9, R. 552-10, R. 552-13, R. 552-14, R. 552-21 à R. 552-22-3, R. 552-23, R. 552-24, R. 552-28, R. 561-1, R. 561-2, R. 562-9, R. 562-10, R. 562-22, R. 562-23, R. 562-30 à R. 562-33, R. 562-37, R. 563-3-1.

2019	30 août	Décret n° 2019-913. Application de l'article 95 de la loi n° 2019-222 du 23 mars 2019 de programmation 2018-2022 et de réforme pour la justice : – Art. 19. – V. C. pr. civ., art. 52, 339, 510, 1188, 1200-8, 1576, Annexe (art. 3, 7, 11), **p. 147.** – Art. 20. – V. C. pr. exéc., art. R. 212-3, R. 212-6, R. 442-2, R. 631-2, R. 641-3. – Art. 29. – V. Décr. n° 78-381 du 20 mars 1978, art. 2 à 4, 9 *bis*, 9 *quater*, App., v° *Conciliateurs de justice*, **p. 2237.**
2019	30 août	Décret n° 2019-914. Adaptations pour l'application de l'article 95 de la loi n° 2019-222 du 23 mars 2019 de programmation 2018-2022 et de réforme pour la justice. – Art. 12. – V. Décr. n° 92-984 du 9 sept. 1992, art. 3, App., v° *Officiers publics et ministériels*, **p. 3282.**
2019	30 août	Décret n° 2019-921. Dispositions statutaires relatives à la magistrature prises en application de la loi organique n° 2019-221 du 23 mars 2019 : – Art. 1er à 4. – V. Décr. n° 93-21 du 7 janv. 1993, art. 2 à 4, 9, 11-5, 16, 19, 20, 29-2, 35-1, 35-4, App., v° *Magistrature*, **p. 3111.** – Art. 6. – V. Décr. n° 94-199 du 9 mars 1994, art. 13, 37, App., v° *Magistrature*, **p. 3151.**
2019	30 août	Arrêté. Conséquences de l'article 95 de la loi n° 2019-222 du 23 mars 2019 de programmation 2018-2022 et de réforme pour la justice et de la création de la commune nouvelle d'Évry-Courcouronnes. – V. COJ, Annexes, Tableaux IV, XII.
2019	9 sept.	Amendement au Règlement de la CEDH. – V. Règl. CEDH, art. 52A, App., v° *Droit européen et international*, **p. 2835.**
2019	18 sept.	Ordonnance n° 2019-950. Partie législative du code de la justice pénale des mineurs. – Art. 5, 7 et 8. – V. COJ, art. L. 252-5, L. 254-1, L. 312-6, L. 552-10, L. 562-25.
2019	18 sept.	Ordonnance n° 2019-964. Application de la loi n° 2019-222 du 23 mars 2019 de programmation 2018-2022 et de réforme pour la justice : – Art. 14 et 35. – V. COJ, art. L. 121-5 à L. 121-7, L. 211-5, L. 211-17, L. 211-18, L. 212-5-1, L. 212-5-2, L. 213-12, L. 215-8, L. 217-5, L. 217-6, L. 221-1 à L. 221-8-1, L. 222-1, L. 222-2, L. 222-4, L. 511-1, L. 531-2, L. 532-2, L. 532-6-1, L. 532-15-1, L. 532-25, L. 551-2, L. 552-2, L. 552-8-1, L. 552-19, L. 561-2, L. 562-2, L. 562-24-1, L. 562-35. – Art. 17. – V. C. pr. exéc., art. L. 121-1, L. 121-4 nouv., L. 631-2, L. 641-2. – Art. 35. – V. C. patr., art. L. 222-1, R. 222-1, R. 222-2, R. 222-4, ss. COJ, art. L. 111-12. – Art. 35. – V. CPI, art. L. 615-17, L. 623-31, ss. COJ, art. L. 211-4. – Art. 35. – V. CSP, art. L. 1126-7, ss. COJ, art. L. 211-4. – Art. 35. – V. C. com., art. R. 662-3. – Art. 28. – V. L. n° 95-125 du 8 févr. 1995, art. 20, v° *Assistants de justice*, **p. 2204.**

2019	17 oct.	Décret n° 2019-1064. Aide juridique : – Art. 14 à 17. – V. Décr. n° 93-1425 du 31 déc. 1993, art. 48-5, 55-2, 55-3, App., v° *Aide juridique*, 🏛. – Art. 18 à 20. – V. Décr. n° 96-887 du 10 oct. 1996, art. 2-1, Règlement type annexé, App., v° *Aide juridique*, 🏛.
2019	25 oct.	Décret n° 2019-1089. Certification des services en ligne de conciliation, de médiation et d'arbitrage. – V. ss. C. pr. civ., art. 846.
2019	4 nov.	Amendement au Règlement de la CEDH. – V. Règl. CEDH, art. 22, 33, 52A à 54, 56, 57, 76, 94, 104A, 104B, App., v° *Droit européen et international*, **p. 2823.**
2019	8 nov.	Recommandations à l'attention des juridictions nationales, relatives à l'introduction de procédures préjudicielles. – V. App., v° *Droit européen et international*, 🏛.
2019	20 nov.	Décret n° 2019-1197. Réforme de la gouvernance de la Caisse des dépôts et consignations. – Art. 21. – V. C. pr. exéc., art. R. 211-4.
2019	26 nov.	Amendement du Règlement de la CJUE. – V. Règl. de la CJUE, App., v° *Droit européen et international*, **p. 2307.**
2019	27 nov.	Amendement au Règlement de la CEDH. – V. Règl. CEDH, Annexe, App., v° *Droit européen et international*, **p. 2848.**
2019	11 déc.	Décret n° 2019-1333. Réforme de la procédure civile : – Art. 1er à 8, 12, 13, 29, 56. – V. art. 54 à 58, 76, 82-1, 123, 369, 392, 450, 489, 514 à 524, 750 à 855, 860, 861-2, 874, 882, 885, 901, 905, 907, 910-4, 933, 969, 1000, 1045, 1052, 1054-1, 1055-3, 1055-10, 1061-1, 1067-1, 1074-1, 1114, 1131, 1136-1, 1136-3, 1136-4, 1139, 1140, 1149, 1177, 1178-1, 1180, 1202, 1203, 1208-2, 1209-1, 1261-1, 1280, 1287, 1406, 1407, 1418, 1419, 1423, 1425-1, 1425-3, 1543, 1545, 1546-1, 1546-3, 1555, 1555-1, 1560, 1564-1 à 1564-7, Annexe (art. 3, 5, 31, 34, 35, 36). – Art. 10, 30 et 56. – V. C. pr. exéc., art. R. 121-6, R. 121-11, R. 121-23, R. 125-1, R. 151-2, R. 311-6, R. 442-3, R. 641-1. – Art. 17. – V. C. consom., art. R. 623-4, App., v° *Action en justice*, **p. 2079.** – Art. 36. – C. trav., art. R. 1452-1, R. 1452-2, R. 1454-28, R. 1455-9, App., v° *Procédure prud'homale*, **p. 3305.**
2019	17 déc.	Décret n° 2019-1380. Procédure applicable aux divorces contentieux et à la séparation de corps ou au divorce sans intervention judiciaire. – Art. 2 à 8, 16. – V. C. pr. civ., art. 509-3, 791, 1070, 1081, 1106 à 1119, 1121-1, 1123, 1123-1, 1126, 1126-1, 1132, 1136-13, 1145, 1148-3, 1575, 1578.
2019	20 déc.	Décret n° 2019-1419. Procédure accélérée au fond devant les juridictions judiciaires : – Art. 1er, 5, 22. – V. C. pr. civ., art. 272, 380, 481-1, 492-1, 509-8, 540, 761, 839, 876-1, 898-1, 905, 958-1, 1073, 1136-4, 1137, 1210-6, 1325, 1333, 1379, 1380, 1441-1, 1460, 1469, 1575. – Art. 6, 23. – V. C. pr. exéc., art. R. 121-5, R. 641-1.

		– Art. 22. – V. C. trav., art. R. 1454-28, App., v° *Procédure prud'homale*, **p. 3319.**
2019	24 déc.	Loi n° 2019-1446. Financement de la sécurité sociale pour 2020. – Art. 72. - V. C. pr. exéc., art. L. 111-3, L. 161-3, L. 213-1, L. 213-4.
2019	24 déc.	Décret n° 2019-1448. Assistants de justice. – V. Décr. n° 96-513 du 7 juin 1996, art. 1er, 3, 6, 7, 8-1, App., v° *Assistants de justice*, **p. 2205.**
2019	24 déc.	Arrêté. Communication par voie électronique devant le juge du contentieux de la protection pour les procédures d'injonction de payer. – V. Arr. du 24 déc. 2012, ss. C. pr. civ., art. 748-6.
2019	24 déc.	Arrêté. Dispositions relatives aux indemnités allouées aux magistrats exerçant à titre temporaire, aux magistrats honoraires exerçant des fonctions juridictionnelles et aux magistrats honoraires exerçant des activités non juridictionnelles en application de la réforme des juridictions de première instance issue de la loi organique n° 2019-221 du 23 mars 2019 relative au renforcement de l'organisation des juridictions : – Art. 1er. – V. Arr. du 28 juin 2017, art. 2, ss. Décr. n° 93-21 du 7 janv. 1993, art. 30-4, App., v° *Magistrature*, . – Art. 2. – Arr. du 28 juin 2017, art. 2, ss. Décr. n° 93-21 du 7 janv. 1993, art. 35-6, App., v° *Magistrature*, . – Art. 1er. – V. Arr. du 30 juin 2017, art. 4, ss. Décr. n° 93-21 du 7 janv. 1993, art. 29-4, App., v° *Magistrature*, **p. 3132.**
2019	24 déc.	Décision JUSB2006675S. Tribunal judiciaire de Nanterre: transfert de compétence aux tribunaux de proximité. – V. ss. COJ, art. R. 211-3-13.
2019	26 déc.	Décret n° 2019-1464. Évaluation de la situation du majeur à protéger transmise au procureur de la République. – V. C. pr. civ., art. 1216-1 à 1216-3, 1219-1, 1575.
2019	28 déc.	Loi n° 2019-1479. De finances pour 2019 : – Art. 21. – V. CGI, art. 302 *bis* Y, *Frais et dépens*, **p. 2901.** – Art. 81 et 243. – V. L. n° 91-647 du 10 juill. 1991, art. 4, 5, 7, 13, 21, 28, 36, 37, 50, 51, 69-5, 69-11, 69-12, 70, *Aide juridique*, **p. 2099.** – Art. 243. – V. Ord. n° 92-1147 du 12 oct. 1992, art. 3, 4, 11, 22, *Aide juridique*, .
2019	30 déc.	Décret n° 2019-1505. Simplification du barème de l'aide juridictionnelle et fusion des protocoles et les conventions matérielles d'organisation de la garde à vue : – Art. 7 et 8. – V. Décr. n° 96-887 du 10 oct. 1996, art. 2-1, Règl. type annexé (art. 1er, 2, 6, 8, 11, 26), App., v° *Aide juridique*, .
2020	15 janv.	Décision JUSB2001725S. Attribution de compétences matérielles supplémentaires à la chambre de proximité de Sarrebourg du tribunal judiciaire de Metz. – V. ss. COJ, art. D. 212-19-1.
2020	15 janv.	Décision JUSB2001719S. Attribution de compétences matérielles supplémentaires à la chambre de proximité de Saint-Avold du tribunal judiciaire de Sarreguemines. – V. ss. COJ, D. 212-19-1.

2020	16 janv.	Décision JUSB2001726S. Attribution de compétences matérielles supplémentaires aux chambres de proximité du tribunal judiciaire de Colmar. – V. ss. COJ, D. 212-19-1.
2020	16 janv.	Décision JUSB2001729S. Attribution de compétences matérielles supplémentaires à la chambre de proximité de Thann du tribunal judiciaire de Mulhouse. – V. ss. COJ, D. 212-19-1.
2020	16 janv.	Décision JUSB2001730S. Attribution de compétences matérielles supplémentaires à la chambre de proximité de Molsheim du tribunal judiciaire de Saverne. – V. ss. COJ, D. 212-19-1.
2020	16 janv.	Décision JUSB2001732S. Attribution de compétences matérielles supplémentaires aux chambres de proximité du tribunal judiciaire de Strasbourg. – V. ss. COJ, D. 212-19-1.
2020	29 janv.	Ordonnance n° 2020-71. Réécriture des règles de construction et recodification du livre Ier du code de la construction et de l'habitation. – Art. 4. – V. C. pr. exéc., art. L. 322-7-1.
2020	10 févr.	Décision JUSB2006666S. Attribution de compétences matérielles supplémentaires à la chambre de proximité de Sarrebourg dénommée tribunal de proximité de Sarrebourg du tribunal judiciaire de Metz. – V. ss. COJ, art. D. 212-19-1.
2020	10 févr.	Décision JUSB2006664S. Attribution de compétences matérielles supplémentaires à La chambre de proximité de Saint Avold dénommée tribunal de proximité de Saint Avold du tribunal judiciaire de Sarreguemines. – V. ss. COJ, D. 212-19-1.
2020	18 févr.	Arrêté JUST2003897A. Caractéristiques techniques de la communication par voie électronique des avis, convocations ou récépissés via le « Portail du justiciable ». – V. Arr. du 6 mai 2019, ss. C. pr. civ., art. 748-8.
2020	18 févr.	Arrêté JUST2003823A. Mise en œuvre d'un traitement automatisé de données à caractère personnel dénommé « Portail du justiciable » (suivi en ligne par le justiciable de l'état d'avancement de son affaire judiciaire). – V. Arr. du 28 mai 2019, ss. C. pr. civ., art. 748-8.
2020	26 févr.	Décret n° 2020-166. Extension de la compétence de la chambre de proximité de Saint-Martin du tribunal judiciaire de Basse-Terre aux fonctions de juge des libertés et de la détention. – V. ss. COJ, Annexe, (tableau VI-III), art. R. 563-4.
2020	27 févr.	Décret n° 2020-172. Contrat de projet dans la fonction publique. – Art. 1er. – V. Décr. n° 86-83 du 17 janv. 1986, intitulé, ss. COJ, art. R. 123-31 et R. 123-34.
2020	28 févr.	Décret n° 2020-179. Tarifs réglementés applicables à certains professionnels du droit. – Art. 2 à 11, 14, 15. – V. C. com., art. R. 444-2, R. 444-5, R. 444-6, R. 444-7, R. 444-10, R. 444-10-1, R. 444-12-1, R. 444-17, R. 444-21, R. 444-39, R. 444-43, R. 444-58, R. 444-77, App., v° *Frais et dépens*, **p. 2932.**
2020	28 févr.	Arrêté. Tarifs réglementés des huissiers de justice. – V. C. com., art. A. 444-1, A. 444-3 à A. 444-9, A. 444-10 à A. 444-16 (tableau),

		A. 444-18 à A. 444-21 (tableau), A. 444-23 à A. 444-25 (tableaux), A. 444-27 (tableau), A. 444-28 (tableau), A. 444-30 à A. 444-34 (tableaux), A. 444-36 (tableau), A. 444-39 (tableau), A. 444-44, A. 444-45, A. 444-52, App., v° *Frais et dépens*, **p. 2986.**
2020	5 mars	Ordonnance n° 2020-192. Réforme des modalités de délivrance de la légalisation et de l'apostille. – Art. 1er. – V. Ord. n° 45-2590 du 2 nov. 1945, art. 5-2, App., v° *Officiers publics et ministériels*.
2020	9 mars	Arrêté JUSC2001176A. Modalités de communication de la date de première audience devant le tribunal judiciaire. – V. ss. C. pr. civ., art. 751.
2020	11 mars	Ordonnance n° 2020-232. Régime des décisions prises en matière de santé, de prise en charge ou d'accompagnement social ou médico-social à l'égard des personnes majeures faisant l'objet d'une mesure de protection juridique. – Art. 21 et 22. – V. CSP, art. L. 3211-1, L. 3211-12, App., v° *Mesures de soins psychiatriques sous contrainte*, **p. 3162.**
2020	23 mars	Loi n° 2020-290. Urgence pour faire face au Covid-19. – Art. 4, 11, 22. – V. App., v° *Règles d'adaptation à l'urgence sanitaire Covid-19*, **p. 3407.**
2020	25 mars	Ordonnance n° 2020-304. Adaptation des règles applicables aux juridictions de l'ordre judiciaire statuant en matière non pénale et aux contrats de syndic de copropriété. – Art. 1er à 24. – V. App, v° *Règles d'adaptation à l'urgence sanitaire Covid-19*, **p. 3408.**
2020	25 mars	Ordonnance n° 2020-306. Prorogation des délais échus pendant la période d'urgence sanitaire et adaptation des procédures pendant cette même période. – Art. 1er à 15. – V. App, v° *Règles d'adaptation à l'urgence sanitaire Covid-19*, **p. 3416.**
2020	26 mars	Circulaire JUSC22008609C. Présentation de l'ordonnance n° 2020-304 du 25 mars 2020, portant adaptation des règles applicables aux juridictions de l'ordre judiciaire statuant en matière non pénale et aux contrats de syndic de copropriété. – V. App, v° *Règles d'adaptation à l'urgence sanitaire Covid-19*.
2020	26 mars	Circulaire JUSC22008608C. Présentation des dispositions du titre I de l'ordonnance n° 2020-306 du 25 mars 2020, relative à la prorogation des délais échus pendant la période d'urgence sanitaire et à l'adaptation des procédures pendant cette même période. – V. App, v° *Règles d'adaptation à l'urgence sanitaire Covid-19*.
2020	15 avr.	Ordonnance n° 2020-427. Dispositions diverses en matière de délais pour faire face à l'épidémie de Covid-19. – Art. 1er à 4, 10. – V. Ord. n° 2020-306 du 25 mars 2020, art. 1er à 4, 14. – V. App., v° *Règles d'adaptation à l'urgence sanitaire Covid-19*, **p. 3416.**
2020	15 avr.	Circulaire JUSC2009856C. Présentation des dispositions du titre I de l'ordonnance n° 2020-427 du 15 avril 2020 portant diverses dispositions en matière de délais pour faire face à l'épidémie de Covid-19. – V. App., v° *Règles d'adaptation à l'urgence sanitaire Covid-19*.

2020	22 avr.	Ordonnance n° 2020-460. Mesures prises pour faire face à l'épidémie de Covid-19. – Art. 1er. – V. Ord. n° 2020-304 du 25 mars 2020, art. 23, App., v° *Règles d'adaptation à l'urgence sanitaire Covid-19*, **p. 3416.**
2020	28 avr.	Arrêté. Tarifs réglementés des professions réglementées du droit. – V. C. com., art. R. 444-2, R. 444-5, R. 444-6, R. 444-7, R. 444-10, R. 444-12, R. 444-21, R. 444-39, R. 444-43, R. 444-58, R. 444-77, App., v° *Frais et dépens*, **p. 2932.**
2020	5 mai	Circulaire JUSB2011049C. Coronavirus COVID-19 - Conditions et modalités de la repose progressive d'activité au sein des juridictions judiciaires à compter du 11 mai 2020. – V. App, v° *Règles d'adaptation à l'urgence sanitaire Covid-19*, .
2020	11 mai	Loi n° 2020-546. Prorogation de l'état d'urgence sanitaire : – Art. 1er. – V. L. n° 2020-290 du 23 mars 2020, art. 4, App., v° *Règles d'adaptation à l'urgence sanitaire Covid-19*, **p. 3407.** – Art. 10. – V. C. pr. exéc., art. L. 412-6, L. 611-1, L. 641-8.
2020	13 mai	Ordonnance n° 2020-560. Délais applicables à diverses procédures pendant la période d'urgence sanitaire. – Art. 1er et 13. – V. Ord. n° 2020-306 du 25 mars 2020, art. 1er, 3, 14, App., v° *Règles d'adaptation à l'urgence sanitaire Covid-19*, **p. 3416.**
2020	20 mai	Arrêté JUST2002909A. Communication par voie électronique en matière civile devant les cours d'appel, ss. C. pr. civ., art. 748-6.
2020	20 mai	Ordonnance n° 2020-595. Modification de l'ordonnance n° 2020-304 du 25 mars 2020 portant adaptation des règles applicables aux juridictions de l'ordre judiciaire statuant en matière non pénale et aux contrats de syndic de copropriété : – V. Ord. n° 2020-304 du 25 mars 2020, art. 2, 5 à 8, 10, 11-1 à 11-4, 13, 14, 19, 21, 23, App., v° *Règles d'adaptation à l'urgence sanitaire Covid-19*, **p. 3408.** – V. Ord. n° 2020-306 du 25 mars 2020, art. 14, App., v° *Règles d'adaptation à l'urgence sanitaire Covid-19*, **p. 3418.**
2020	27 mai	Décret n° 2020-636. Application des articles 2 et 4 de la loi n° 2019-1480 du 28 décembre 2019 visant à agir contre les violences au sein de la famille. – V. C. pr. civ., art. 1136-3, 1136-4, 1136-6, 1136-10, 1136-11, 1136-15, 1575.
2020	29 mai	Décret n° 2020-653. Mesures liées à l'état d'urgence sanitaire en matière d'aide juridictionnelle et d'aide à l'intervention de l'avocat. – Art. 1er à 6. – V. ss. Décr. n° 96-887 du 10 oct. 1996, *Règlement type annexé*, art. 34, App., v° *Aide juridique*, .
2020	3 juin	Ordonnance n° 2020-666. Délais applicables en matière financière et agricole pendant l'état d'urgence sanitaire. – V. Ord. n° 2020-306 du 3 juin 2020, art. 2, 14, App., v° *Règles d'adaptation à l'urgence sanitaire covid-19*, **p. 3417.**
2020	5 juin	Décret n° 2020-676. Vote par correspondance pour l'élection des membres du collège de déontologie des magistrats de l'ordre judiciaire

		en raison de la crise sanitaire née de l'épidémie de covid-19. – Art. 2. – V. ss. Décr. n° 93-21 du 7 janv. 1993, art. 11-20, App., v° *Magistrature*, **p. 3121.**
2020	29 juin	Décret n° 2020-797. Mise à la disposition du public des décisions des juridictions judiciaires et administratives : – Art. 4, 10. - V. COJ, art. R. 111-10 à R. 111-13, R. 421-10, R. 433-3, R. 531-1, R. 551-1, R. 561-1. – Art. 5, 10. - C. pr. civ., art. 1440 à 1441, 1575.
2020	3 juill.	Décret n° 2020-841. Modification de l'article 1136-3 du code de procédure civile. – Art. 1er. – V. C. pr. civ., art. 1136-3.
2020	22 juill.	Décret n° 2020-900. Modification des articles L. 124-1 et R. 124-1 du code de l'organisation judiciaire. – V. COJ, art. L. 124-1, R. 124-1, R. 531-1, R. 551-1, R. 561-1.
2020	28 juill.	Décret n° 2020-930. Mesure d'accompagnement de l'enfant par un tiers de confiance et modification du code de procédure civile. – V. C. pr. civ., art. 1180-5-1, 1575.
2020	29 juill.	Décret n° 2020-931. Obligations déclaratives des notaires, des huissiers de justice et des commissaires-priseurs judiciaires et décisions de dispenses et d'admission à concourir pour l'accès à ces professions : – Art. 1er. – V. Décr. n° 88-814 du 12 juill. 1988, art. 1er, 2, App., v° *Officiers publics et ministériels*, **p. 3219.** – Art. 4. – V. Décr. n° 67-868 du 2 oct. 1967, art. 10-8, 28, 29, 31, 39, 103, 106, 113, App., v° *Officiers publics et ministériels*, . – Art. 5. – V. Décr. n° 93-78 du 13 janv. 1993, art. 17, 23, 24, 26, 33, App., v° *Officiers publics et ministériels*, . – Art. 6. – V. Décr. n° 93-82 du 15 janv. 1993, art. 17, App., v° *Officiers publics et ministériels*, . – Art. 7. – V. Décr. n° 71-942 du 26 nov. 1971, art. 2-5, 2-6, App., v° *Officiers publics et ministériels*, . – Art. 8. – V. Décr. n° 73-609 du 5 juill. 1973, art. 5, 7 à 7-2, App., v° *Officiers publics et ministériels*, . – Art. 14. – V. Décr. n° 69-763 du 24 juill. 1969, art. 10-5, App., v° *Officiers publics et ministériels*, . – Art. 15. – V. Décr. n° 92-1449 du 30 déc. 1992, art. 17, App., v° *Officiers publics et ministériels*, . – Art. 16. – V. Décr. n° 2012-121 du 30 janv. 2012, art. 13, App., v° *Officiers publics et ministériels*, **p. 3230.**
2020	30 juill.	Loi n° 2020-936. Protection des victimes de violences conjugales : – Art. 25, 28. – V. L. n° 91-647 du 10 juill. 1991, art. 20, 69-2, App., v° *Aide juridique*, **p. 2111.** – Art. 26. – V. C. civ., art. 515-11, ss. L. n° 91-647 du 10 juill. 1991, art. 20, App., v° *Aide juridique*, **p. 2111.**
2020	*30 juill.*	*Décret n° 2020-949.* Modalités de maintien de la demande de création d'office de notaire, d'huissier de justice et de commissaire-priseur judiciaire à la suite d'un tirage au sort : – Art. 1er. – V. Décr. n° 73-541 du 19 juin 1973, art. 32, App., v° *Officiers publics et ministériels*, .

		– Art. 2. – V. Décr. n° 73-609 du 5 juill. 1973, art. 53, App., v° *Officiers publics et ministériels*, 🏛.
2020	30 juill.	Décret n° 2020-950. Conditions de l'élection des bâtonniers du conseil de l'ordre des avocats et report de la réforme de la saisie conservatoire des comptes bancaires, extension de l'assignation à date et de la réforme de la procédure applicable aux divorces contentieux : – Art. 2. – V. C. pr. exéc., art. R. 523-3, R. 523-4. – Art. 3 et 4. – V. C. pr. civ., art. 750 s., 789, 791, 854, 855, 859 s., 882, 885, 1070, 1081, 1106 à 1118, 1121-1, 1123, 1123-1, 1126, 1126-1, 1132, 1136-13, 1140, 1145, 1148-3, 1180-5-1, 1575.
2020	17 août	Décret n° 2020-1066. Relèvement du taux de compétence en dernier ressort des conseils de prud'hommes. – V. C. trav., art. D. 1462-3, App., v° *Procédure prud'homale*, **p. 3328.**
2020	14 sept.	Décret n° 2020-1130. Représentativité au sein des instances notariales. – V. Décr. n° 45-0117 du 19 déc. 1945, art. 5, 6, 8, 31 à 36, 39-1, App., v° *Officiers publics et ministériels*, 🏛.
2020	16 sept.	Ordonnance n° 2020-1144. Harmonisation et simplification des polices des immeubles, locaux et installations. – Art. 8. – V. COJ, art. L. 211-9-3.
2020	18 sept.	Décret n° 2020-1151. Modification du ressort de certaines juridictions à la suite de la création de communes nouvelles. – V. COJ, Annexes, Tableau IV, ss. COJ, art. R. 563-4.
2020	23 sept.	Décret n° 2020-1161. Mise en œuvre d'un dispositif électronique mobile anti-rapprochement. – Art. 5 et 6. – V. C. pr. civ., art. 1136-16 à 1136-23, 1575.
2020	30 sept.	Décret n° 2020-1201. Intermédiation financière des pensions alimentaires : – Art. 2. – V. C. pr. civ., art. 678, 1074-3, 1074-4, 1145, 1146-1, 1575. – Art. 3. – V. C. pr. exéc., art. R. 213-11 à R. 213-13, App., v° *Recouvrement des pensions alimentaires*, **p. 1567.**
2020	2 oct.	Décret n° 2020-1214. Modifications relatives aux conseils de prud'hommes. – Art. 3, 4. – V. COJ, art. R. 211-3-15, R. 211-3-16.
2020	22 oct.	Décret n° 2020-1284. Modalités d'application de la responsabilité sociale des plateformes de mise en relation par voie électronique. – Art. 2. – V. COJ, art. D. 211-7-3.
2020	4 nov.	Arrêté JUSB2026336A. Indemnité forfaitaire destinée à couvrir les menues dépenses des conciliateurs de justice. – V. ss. Décr. n° 78-381 du 20 mars 1978, art. 1er, App., v° *Conciliateur en justice*, **p. 2236.**
2020	10 nov.	Décision JUSB2033511S. Attribution de compétences matérielles supplémentaires à la chambre de proximité d'Uzès du tribunal judiciaire de Nîmes. – V. ss. COJ, art. D. 212-19-1.
2020	18 nov.	Ordonnance n° 2020-1400. Adaptation des règles applicables aux juridictions de l'ordre judiciaire statuant en matière non pénale et aux copropriétés : – V. Ord. n° 2020-304 du 25 mars 2020, art. 23, App., v° *Règles d'adaptation à l'urgence sanitaire Covid-19*, **p. 3416.**

		– V. App., v° *Règles d'adaptation à l'urgence sanitaire Covid-19*, **p. 3418.**
2020	18 nov.	Décret n° 2020-1405. Adaptation des règles applicables aux juridictions de l'ordre judiciaire statuant en matière non pénale, App., v° *Règles d'adaptation à l'urgence sanitaire Covid-19*, **p. 3420.**
2020	20 nov.	Arrêté. Signature électronique des décisions juridictionnelles rendues en matière civile, ss. C. pr. civ., art. 456.
2020	20 nov.	Circulaire JUSC2031844C. Présentation de l'ordonnance n° 2020-1400 du 18 novembre 2020 portant adaptation des règles applicables aux juridictions de l'ordre judiciaire statuant en matière non pénale et aux copropriétés, App., v° *Règles d'adaptation à l'urgence sanitaire covid-19*, .
2020	20 nov.	Circulaire JUSC2031874C. Présentation du décret n° 2020-1405 du 18 novembre 2020 portant adaptation des règles applicables aux juridictions de l'ordre judiciaire statuant en matière non pénale, App., v° *Règles d'adaptation à l'urgence sanitaire covid-19*, .
2020	25 nov.	Ordonnance n° 2020-1447. Mesures en matière de santé et de famille dans la fonction publique. – Art. 1er. – V. L. n° 83-634 du 13 juill. 1983, art. 5, ss. COJ, art. R. 123-31.
2020	25 nov.	Règlement (UE) 2020/1784 du Parlement européen et du conseil. Signification et notification dans les États membres des actes judiciaires et extrajudiciaires en matière civile ou commerciale (signification ou notification des actes). – V. App., v° *Droit européen et international*, **p. 2746.**
2020	27 nov.	Décret n° 2020-1452. Dispositions relatives à la procédure civile : – Art. 1er, 11. – V. C. pr. civ., art. 54, 56, 127, 446-3, 510, 751, 754, 758, 761, 763, 795, 818, 828, 831, 834, 835, 836-1, 839, 843, 853, 861-1, 901, 905, 916, 933, 946, 1000, 1045, 1054-1, 1055-3, 1055-10, 1067-1, 1074-1, 1107, 1108, 1117, 1137, 1140, 1149, 1178-1, 1575. – Art. 2, 11. – V. C. pr. exéc., art. R. 121-1, R. 121-7, R. 121-9, R. 321-20, R. 442-2, R. 641-1. – Art. 4. – V. C. trav., art. R. 1454-19-2, R. 1455-10, App., v° *Procédure prud'homale*, **p. 3316.** – Art. 9. – V. Décr. n° 2004-1463 du 23 déc. 2004, art. 34-1, 38-3, 38-4, App., v° *Experts judiciaires*, **p. 2891.**
2020	3 déc.	Loi n° 2020-1508. Adaptation au droit de l'Union européenne en matière économique et financière. – Art. 37. – V. C. com. art. L. 450-4, ss. C. com., art. L. 444-6 ; C. com., art. L. 462-2-1, App., v° *Frais et dépens*, **p. 2914.**
2020	*7 déc.*	Loi n° 2020-1525. Accélération et simplification de l'action publique : – Art. 105. – V. L. n° 71-498 du 29 juin 1971, art. 6-1, App., v° *Experts judiciaires*, **p. 2875.** – Art. 128. – V. C. com., art. L. 450-2-1, ss. C. com., art. L. 444-6, App., v° *Frais et dépens*, **p. 2913.**

2020	7 déc.	Décret n° 2020-1534. Modification du décret n° 2011-946 du 10 août 2011 relatif aux réserves judiciaires instituées par l'article 164 de la loi n° 2010-1657 du 29 décembre 2010 de finances pour 2011. – V. Décr. n° 2011-946 du 10 août 2011, art. 1er à 9, App., v° *Magistrature*, **p. 3160.**
2020	10 déc.	Décret n° 2020-1563. Création de la chambre de proximité de Louviers et transfèrement du siège de la chambre de proximité des Andelys du tribunal judiciaire d'Évreux au sein de la commune de Louviers. – V. Tableaux IV, IV-II, ss. COJ, art. R. 563-4.
2020	11 déc.	Décret n° 2020-1568. Modification des conditions d'accès aux fonctions de notaire dans les départements du Bas-Rhin, du Haut-Rhin et de la Moselle et modification de l'article 17 du décret n° 2016-661 du 20 mai 2016 relatif aux officiers publics et ministériels : – Art. 1er. – V. Décr. n° 73-609 du 5 juill. 1973, art. 110, App., v° *Officiers publics et ministériels*, . – Art. 2. – V. Décr. n° 93-82 du 15 janv. 1993, art. 24, App., v° *Officiers publics et ministériels*, . – Art. 3. – V. Décr. n° 2016-661 du 20 mai 2016, art. 17, ss. Décr. n° 73-609 du 5 juill. 1973, art. 3, App., v° *Officiers publics et ministériels*, .
2020	14 déc.	Loi n° 2020-1576. Financement de la sécurité sociale pour 2021. – Art. 84. – V. CSP, art. L. 3211-12 à L. 3211-12-2, L. 3211-12-4, L. 3211-12-5, App., v° *Mesures de soins psychiatriques sous contrainte*, **p. 3166.**
2020	16 déc.	Ordonnance n° 2020-1733. Entrée et séjour des étrangers et droit d'asile. – Art. 4. – V. CASF, art. L. 264-2, ss. L. n° 91-647 du 10 juill. 1991, art. 3, App., v° *Aide juridique*, **p. 2097.**
2020	16 déc.	Décret n° 2020-1734. Entrée et séjour des étrangers et droit d'asile. – Art. 8. – V. COJ, art. R. 212-36.
2020	21 déc.	Arrêté JUSB2034097A. Suppression d'un service d'accueil unique du justiciable à la maison de justice et du droit de Saint-Laurent-du-Maron. – V. COJ, Tableau IV-I, **p. 1980.**
2020	22 déc.	Décret n° 2020-1641. Report de la date d'entrée en vigueur de l'assignation à date dans les procédures autres que celles de divorce et de séparation de corps judiciaires. – V. C. pr. civ., art. 1107, 1545.
2020	23 déc.	Décret n° 2020-1682. Procédure d'accréditation des organismes certificateurs délivrant la certification des services en ligne fournissant des prestations de conciliation, de médiation et d'arbitrage. – V. ss. C. pr. civ., art. 846.
2020	23 déc.	Arrêté. Approbation du référentiel d'accréditation des organismes certificateurs et du référentiel de certification des services en ligne de conciliation, de médiation et d'arbitrage. – V. ss. C. pr. civ., art. 846.
2020	24 déc.	Loi n° 2020-1672. Parquet européen, justice environnementale et justice pénale spécialisée : – Art. 3, 17, 26, 31. - V. COJ, art. L. 211-9-3, L. 211-19, L. 211-20, L. 212-6-1, L. 213-13 , L. 312-8, L. 531-1, L. 551-1, L. 561-1.

		– Art. 29. – V. Ord. n° 45-2590 du 2 nov. 1945, art. 6-3, App., v° *Officiers publics et ministériels*, . – Art. 29. – V. Ord. n° 2016-728 du 2 juin 2016, art. 17-1, App., v° *Officiers publics et ministériels*, . – Art. 29. – V. C. com., art. L. 444-2, L. 444-7, App., v° *Frais et dépens*, **p. 2907.**
2020	28 déc.	Décret n° 2020-1717. Aide juridique. – V. App., v° *Aide juridique*, **p. 2141.** – Art. 173. – V. Décr. n° 93-1425 du 31 déc. 1993, art. 1er, 3, 6, 11, 14, 18, 20, 22-1, 25, 26, 29, 30, 31, 33, 34, 36, 38, 43, 46, App., v° *Aide juridique*, . – Art. 178. – V. Règl. type annexé au Décr. n° 96-887 du 10 oct. 1996, art. 1er, 6, 8, 11, 17, 23, 25, 34 à 39, App., v° *Aide juridique*, . – Art. 180. – V. COJ, art. R. 123-28, R. 411-7. – Art. 181. – V. C. pr. civ., art. 696, 1105, 1144-5, 1545. – Art. 183. – V. C. pr. exéc., art. R. 321-3, R. 322-5, R. 611-1, R. 621-4, R. 631-6. – Art. 189. – V. Décr. n° 2020-1405 du 18 nov. 2020, art. 5, App., v° *Règles d'adaptation à l'urgence sanitaire Covid-19*, **p. 3421.**
2020	29 déc.	Loi n° 2020-1721. De finances pour 2021 : – Art. 160, 234. – V. L. n° 91-647 du 10 juill. 1991, art. 4, 11-1 à 11-3, 13, 16, 19-1, 20, 27, 29, 39, 44, 50 à 52, 64-3, 67-1, 67-2, 70, App., v° *Aide juridique*, **p. 2099.** – Art. 234. – V. Ord. n° 92-1147 du 12 oct. 1992, art. 3, 4, App., v° *Aide juridique*, . – Art. 234. – V. CGI, art. 1090 D, ss. Décr. n° 2020-1717 du 28 déc. 1991, art. 1er, App., v° *Aide juridique*, **p. 2142.**
2020	29 déc.	Décret n° 2020-1797. Transmission d'informations concernant les cas de violence dans le cadre de l'intermédiation financière des pensions alimentaires. – V. C. pr. civ., art. 1074-4.
2021	18 janv.	Décret n° 2021-36. Modification du code de l'organisation judiciaire en application de l'article 96 de la loi n° 2019-222 du 23 mars 2019 de programmation 2018-2022 et de réforme pour la justice. – V. COJ, art. D. 311-12.
2021	19 janv.	Décret n° 2021-46. Modification du ressort des tribunaux judiciaires de Besançon et de Montbéliard. – V. COJ, Tableau IV, **p. 1978.**
2021	19 janv.	Décret n° 2021-47. Modification du ressort des tribunaux judiciaires de Béziers et de Montpellier. – V. COJ, Tableau IV, **p. 1978.**
2021	29 janv.	Décret n° 2021-95. Modification des décrets n° 2017-1457 du 9 octobre 2017 relatif à la liste des médiateurs auprès de la cour d'appel et n° 2019-1089 du 25 octobre 2019 relatif à la certification des services en ligne de conciliation, de médiation et d'arbitrage : – Art. 1er. – V. Décr. n° 2017-1457 du 9 oct. 2017, art. 1er, 3 à 5, 8, 10, ss. C. pr. civ., art. 131-15. – Art. 2. – V. Décr. n° 2019-1089 du 25 oct. 2019, art. 4 à 8, 10, 11, ss. C. pr. civ., art. 846.

		– Art. 3. – V. ce texte, ss. Décr. n° 2017-1457 du 9 oct. 2017, art. 1er, ss. C. pr. civ., art. 131-15.
2021	29 janv.	Arrêté JUSC2103393A. Liste des pièces justificatives à fournir pour l'inscription sur la liste prévue à l'article 22-1 A de la loi n° 95-125 du 8 février 1995. – V. ss. Décr. n° 2017-1457 du 9 oct. 2017, art. 1er, ss. C. pr. civ., art. 131-15.
2021	26 févr.	Loi n° 2021-218. Ratification de l'ordonnance n° 2019-950 du 11 septembre 2019 portant partie législative du code de la justice pénale des mineurs. – Art. 11. – V. CJPM, art. L. 231-6, ss. COJ, art. L. 312-6.
2021	16 mars	Décret n° 2021-286. Désignation des pôles régionaux spécialisés en matière d'atteintes à l'environnement en application des articles 706-2-3 du code de procédure pénale et L. 211-20 du code de l'organisation judiciaire et adaptation du code de procédure pénale à la création d'assistants spécialisés en matière environnementale. – V. COJ, art. D. 211-10-4-1, D. 532-5, D. 552-4, D. 562-4.
2021	26 mars	Conseil Constitutionnel n° 2021-893 QPC. Tribunal pour enfant. – V. COJ, art. L. 251-3, .
2021	7 avr.	Arrêté. Application des dispositions du titre XXI du livre Ier du code de procédure civile aux huissiers de justice. – V. Arr. du 28 août 2012, art. 8, ss. art. 748-6.
2021	8 avr.	Arrêté. Suppression d'un service d'accueil unique du justiciable au conseil de prud'hommes de Sens. – V. COJ, Annexe, Tableau IV-I, **p. 1980.**
2021	13 avr.	Décret n° 2021-439. Attribution de compétence au juge des contentieux de la protection de Cholet pour connaître des mesures de traitement des situations de surendettement des particuliers et des procédures de rétablissement personnel sur le ressort de la chambre de proximité de Cholet. – V. COJ, Tableau IX-I, **p. 2030.**
2021	15 avr.	Décret n° 2021-456. Modification du décret n° 2015-219 du 27 février 2015 relatif à la résolution des litiges individuels entre les marins et leurs employeurs. – V. COJ, art. R. 211-3-5, R. 211-3-15, Annexe, Tableau IV-II, **p. 1801.**
2021	23 avr.	Arrêté. Suppression d'un service d'accueil unique du justiciable au conseil de prud'hommes de Louviers. – V. COJ, Annexe, Tableau IV-I, **p. 1980.**
2021	30 avr.	Décret n° 2021-537. Procédure applicable devant le juge des libertés et de la détention en matière d'isolement et de contention mis en œuvre dans le cadre de soins psychiatriques sans consentement : – Art. 1er. – V. CSP, art. R. 3211-32 à R. 3211-45, App., v° *Mesures de soins psychiatriques sous contraintes*, **p. 3184.** – Art. 3. – V. Décr. n° 2020-1717 du 28 déc. 2020, Annexe I, App., v° *Aide juridique*, **p. 2141.**
2021	12 mai	Ordonnance n° 2021-583. Modification du régime des autorisations d'activités de soins et des équipements matériels lourds. – Art. 1er. – V. CSP, art. L. 3211-2-1, App., v° *Mesures de soins psychiatriques sous contrainte*, **p. 3163.**

2021	26 mai	Ordonnance n° 2021-649. Transposition de la directive (UE) 2019/1 du Parlement européen et du Conseil du 11 décembre 2018 visant à doter les autorités de concurrence des États membres des moyens de mettre en œuvre plus efficacement les règles de concurrence et à garantir le bon fonctionnement du marché intérieur : – Art. 2. – V. C. com., art. L. 450-3, L. 450-4, L. 450-7, L. 450-8, ss. C. com., art. L. 444-6, App., v° *Frais et dépens*, **p. 2913.** – Art. 5. – V. COJ, art. L. 311-1.
2021	27 mai	Décret n° 2021-682. Partie réglementaire du code de la justice pénale des mineurs (articles en R) : – Art. 3, 7. – V. COJ, art. R. 213-14, R. 532-22-1, R. 552-13-1, R. 562-22-1. – Art. 5. – V. Décr. n° 96-887 du 10 oct. 1996, Annexe, App., v° *Aide juridique*, .
2021	28 mai	Décret n° 2021-684. Régime des décisions prises en matière de santé, de prise en charge ou d'accompagnement social ou médico-social à l'égard des personnes majeures faisant l'objet d'une mesure de protection juridique. – Art. 8. – V. CSP, art. R. 3211-10, R. 3211-11, R. 3211-13, R. 3211-29, App., v° *Mesures de soins psychiatriques sous contrainte (mainlevée et contrôle)*, **p. 3177.**
2021	28 mai	Décret n° 2021-686. Unification des déclarations sociales et fiscales des travailleurs indépendants. – Art. 1er. – V. CSS, art. R. 613-1-2, ss. CSS, art. R. 652-33, App., v° *Frais et dépens*, **p. 2954.**
2021	31 mai	Loi n° 2021-689. Gestion de la sortie de crise sanitaire. – Art. 8. – V. Ord. n° 2020-304 du 25 mars 2020, art. 23, App., v° *Règles d'adaptation à l'urgence sanitaire covid-19*, **p. 3416** ; Ord. n° 2020-1400 du 18 nov. 2020, art. 1er, 9, App., v° *Règles d'adaptation à l'urgence sanitaire covid-19*, **p. 3419.**
2021	24 juin	Décret n° 2021-810. Aide juridictionnelle et aide à l'intervention de l'avocat dans les procédures non juridictionnelles : – Art. 1er à 20. – V. Décr. n° 2020-1717 du 28 déc. 2020, art. 3, 37, 39, 46, 49, 55, 65, 75, 80, 86 à 88, 92, 93, 105, 106, 132, 133, 149, 151, 165, 171, App., v° *Aide juridique*, **p. 2142.** – Art. 21 à 35. – V. Décr. n° 96-887 du 10 oct. 1996, art. 2, 2-1, 2-2, Règl. type, App., v° *Aide juridique*, . – Art. 36, 37. – V. Décr. n° 93-1425 du 31 déc. 1993, art. 55-2, App., v° *Aide juridique*, .
2021	29 juin	Décret n° 2021-867. Modification de diverses dispositions d'organisation judiciaire : – Art. 1er à 6. – V. COJ, art. R. 123-32, R. 211-4, R. 312-73, R. 531-1, R. 551-1, R. 552-24, R. 561-1, R. 562-33, R. 563-3-1. – Art. 8. – V. Décr. n° 2009-285 du 12 mars 2009, art. 10, App., v° *Enquêteurs sociaux*, **p. 2866.**
2021	30 juin	Ordonnance n° 2021-860. Changement d'appellation de l'armée de l'air. – V. C. pr. exéc., art. L. 212-2.

2021	30 juin	Décret n° 2021-872. Recodification de la partie réglementaire du livre Ier du code de la construction et de l'habitation et fixation des conditions de mise en œuvre des solutions d'effet équivalent. – V. COJ, Annexe, Tableau IV-II, **p. 1985.**
2021	2 juill.	Décret n° 2021-887. Extension de la compétence de la chambre de proximité de Saint-Laurent-du-Maroni du tribunal judiciaire de Cayenne. – V. COJ, Annexe, Tableau IV-III, **p. 1988.**
2021	15 juill.	Décret n° 2021-946. Suppression et remboursement de la cotisation versée à la caisse centrale de garantie des notaires : – Art. 1er. – V. Décr. n° 55-604 du 20 mai 1955, art. 15, App., v° *Officiers publics et ministériels*, . – Art. 2, 4. – V. Décr. n° 56-220 du 29 févr. 1956, art. 16 à 18, App., v° *Officiers publics et ministériels*, . – Art. 3. – V. ce texte ss. Décr. n° 56-220 du 29 févr. 1956, art. 18, App., v° *Officiers publics et ministériels*, .
2021	20 août	Décret n° 2021-1103. Désignant les tribunaux judiciaires à compétence départementale en application de l'art. L. 211-9-3 du COJ. – V. COJ, Annexe, Tableau IV-IV, ss. art. R. 563-4.
2021	14 sept.	Conseil Constitutionnel n° 2021-928 QPC. – V. C. trav., art. L. 1453-4, App., v° *Procédure prud'homale*, **p. 3297.**
2021	15 sept.	Ordonnance n° 2021-1192. Réforme du droit des sûretés : – Art. 28. – V. C. consom., art. L. 721-3, ss. C. pr. civ., art. 853. – Art. 30, 34, 36. – V. C. pr. exéc., art. L. 112-3, L. 211-3, L. 221-5, L. 311-1, L. 321-1, L. 321-5, L. 322-1, L. 322-14, L. 331-1, L. 641-1.
2021	23 sept.	Décret n° 2021-1221. Mesures d'harmonisation des procédures de recouvrement forcé des créances publiques et compétences territoriales des huissiers des finances publiques. – Art. 1er. – V. C. pr. exéc., art. R. 122-2, R. 221-7.
2021	29 sept.	Ordonnance n° 2021-1247. Garantie légale de conformité pour les biens, les contenus numériques et les services numériques : – Art. 5. – V. C. consom., art. L. 131-3, ss. C. com., art. L. 444-6, v° *Frais et dépens*, **p. 2930.** – Art. 7. – V. C. consom., art. L. 212-3, v° *Clauses abusives*, **p. 2231.**
2021	7 oct.	Décret n° 2021-1302. Modification du livre IV du code de commerce et des livres V et VIII du code de la consommation. – Art. 1er. – V. C. com., art. R. 444-10, R. 444-10-1, R. 450-1, ss. C. com., art. L. 444-6, v° *Frais et dépens*, **p. 2940.**
2021	11 oct.	Décret n° 2021-1322. Procédure civile. – Art. 1er à 5, 7, 8. – V. C. pr. civ., art. 754, 799, 820, 853, 885, 901, 1108, 1407, 1410, 1411, 1413, 1415, 1419-1, 1422 à 1423, 1424, 1546-1, 1554, 1575, 1578, Annexe (art. 31), **p. 810.**
2021	13 oct.	Décret n° 2021-1341. Traitement des pourvois formés devant la Cour de cassation : – Art. 1er, 3. – V. C. pr. civ., art. 979, 1009, 1013, 1015, 1015-1, 1021, 1575.

		– Art. 2. – V. COJ, art. R. 421-4-1, R. 431-14.
2021	26 oct.	Décret n° 2021-1392. Adaptation de divers statuts particuliers de corps de la fonction publique de l'État aux évolutions législatives et réglementaires relatives aux compétences des commissions administratives paritaires : – Art. 133. – V. Décr. n° 2015-1273 du 13 oct. 2015, art. 5, 12, 15, 16, 21, App., v° *Officiers publics et ministériels*, **p. 3241.** – Art. 134. – V. Décr. n° 2015-1275 du 13 oct. 2015, art. 6, 13, 19, 20, 23, App., v° *Officiers publics et ministériels*, **p. 3254.**
2021	23 nov.	Décret n° 2021-1517. Ressort des tribunaux judiciaires de Bordeaux et de Libourne. – V. COJ, Annexe, Tableau IV, ss. art. R. 563-4.
2021	10 déc.	Décret n° 2021-1625. Compétence territoriale des commissaires de justice : – Art. 1er à 36, V. App., v° *Officiers publics et ministériels*, **p. 3221.** – Art. 33. – V. Décr. n° 56-222 du 29 févr. 1956, art. 5 à 29-7, 73-1 à 73-3, App., v° *Officiers publics et ministériels*, **p. 3271** ; Ord. du 26 juin 1816, art. 13, App., v° *Officiers publics et ministériels*.
2021	22 déc.	Ordonnance n° 2021-1734. Transposition de la directive 2019/2161 du Parlement européen et du Conseil du 27 novembre 2019 et relative à une meilleure application et une modernisation des règles de l'Union en matière de protection des consommateurs : – Art. 2. – V. C. consom., art. L. 112-1-1, ss. C. com., art. L. 444-4, App., v° *Frais et dépens*, **p. 2909.** – Art. 4. – V. C. consom., art. L. 131-1, L. 131-1-1, ss. C. com., art. L. 444-6, **p. 2930.** – Art. 8. – V. C. consom., art. L. 241-1-1, L. 241-2, App., v° *Clauses abusives*, **p. 2231.**
2021	22 déc.	Loi organique n° 2021-1728. Confiance dans l'institution judiciaire : – Art. 1er. – V. Ord. n° 58-1270 du 22 déc. 1958, art. 41-10 A, 41-10 à 41-12, 41-14, 41-25, 41-26, App., v° *Magistrature*, **p. 3087.**
2021	22 déc.	Loi n° 2021-1729. Confiance dans l'institution judiciaire : – Art. 1er. – V. L. du 29 juill. 1881, art. 39, ss. C. pr. civ., art. 22 ; C. patr., art. L. 221-2, ss COJ, art. L. 111-12. – Art. 43. – V. Ord. n° 45-2590 du 2 nov. 1945, art. 6, App., v° *Officiers publics et ministériels* ; Ord. du 2 juin 2016, art. 16, App., v° *Officiers publics et ministériels*. – Art. 44, 58, 60. – V. C. pr. exéc., art. L. 111-3, L. 152-1, L. 641-1, **p. 1398.** – Art. 44, 58, 60. – V. C. pr. exéc., art. L. 111-3, L. 152-1, L. 641-1, **p. 1398.** – Art. 45. – V. L. n° 95-125 du 8 févr. 1995, art. 21-2, 21-5 à 21-7, 22-2, ss. C. pr. civ., art. 131-15 ; C. civ., art. 2066, ss. C. pr. civ., art. 1542. – Art. 46. – V. L. n° 2016-1547 du 18 nov. 2016, art. 4, ss. C. pr. civ., art. 846. – Art. 48, 50, 60. – V. L. n° 91-647 du 10 juill. 1991, art. 37, 69-17 à 69-22, 70, 75, App. v° *Aide juridique*, **p. 2122.**

		– Art. 54. –V. COJ, art. L. 111-12-1, L. 123-4, L. 124-2, L. 211-17, L. 211-18, L. 211-21, L. 531-1, L. 541-1, L. 551-1, L. 561-1. – Art. 58. – V. C. pr. exéc., art. L. 152-1. – Art. 60. – V. C. pr. exéc., art. L. 641-1.
2021	23 déc.	Loi n° 2021-1754. Financement de la sécurité sociale pour 2022. – Art. 100. – V. C. pr. exéc., art. L. 213-1.
2021	27 déc.	Décret n° 2021-1822. Modification de la liste des tribunaux judiciaires à compétence départementale désignés sur le fondement de l'art. L. 211-9-3 du COJ. – V. COJ, Annexe, Tableau IV-IV, ss. art. R. 563-4.
2021	29 déc.	Décret n° 2021-1887. Registre des sûretés mobilières et autres opérations connexes. – Art. 13. – V. C. pr. exéc., art. R. 331-4, R. 331-5, R. 332-1, R. 332-10.
2021	29 déc.	Décret n° 2021-1888. Réforme des sûretés : – Art. 1er. – V. C. pr. civ., art. 1281-13 à 1281-20, 1286, 1575. – Art. 2 à 6. – V. C. pr. exéc., art. R. 221-14-1, R. 221-31, R. 221-32 nouv., R. 221-36-1, R. 221-39, R. 222-6, R. 223-10, R. 223-11, R. 223-13, R. 251-5, R. 311-9, R. 321-4, R. 321-5, R. 321-19, R. 322-25, R. 322-65, R. 331-4, R. 331-5, R. 332-1, R. 332-2, R. 332-4, R. 332-10, R. 333-2, R. 333-3, R. 511-7, R. 612-5, R. 641-1. – Art. 5. – V. C. com., art. R. 444-3 (tableau annexé), R. 444-71, App., v° *Frais et dépens*, **p. 2938** ; C. pr. civ., art. 1286, 1575 ; Décr. n° 55-604 du 20 mai 1955, art. 12, App., v° *Officiers publics et ministériels*, .
2021	30 déc.	Loi n° 2021-1900. De finances pour 2022. – Art. 158. – V. L. n° 91-647 du 10 juill. 1991, art. 27, 69-2, App., v° *Aide juridique*, **p. 2118.**
2021	31 déc.	Arrêté. Abrogation de l'arrêté du 22 février 2011 relatif à la communication par voie électronique en matière de protection judiciaire des majeurs. – V. ss. C. pr. civ., art. 748-6.
2022	20 janv.	Circulaire JUST2201936C. Montant des plafonds de ressources et de patrimoine pour l'admission à l'aide juridictionnelle. – V. ss. Décr. n° 2020-1717 du 28 déc. 2020, art. 3, App., v° *Aide juridique*, **p. 2143.**
2022	22 janv.	Loi n° 2022-46. Renforcement des outils de gestion de la crise sanitaire et modification du code de la santé publique : – Art. 9. – V. Ord. n° 2020-304 du 25 mars 2020, art. 23, App., v° *Règles d'adaptation à l'urgence sanitaire covid-19*, **p. 3416.** – Art. 17. – V. CSP, art. L. 3211-12, L. 3211-12-2, L. 3211-12-4, App., v° *Mesures de soins psychiatriques sous contrainte*, **p. 3166.**
2022	27 janv.	Décret n° 2022-79. Application de l'article L. 111-12-1 du COJ. – V. COJ, art. R. 111-7-1, R. 531-1, R. 551-1, R. 561-1.
2022	7 févr.	Loi n° 2022-140. Protection des enfants. – Art. 25. – V. COJ, art. L. 252-6.

2022	14 févr.	Loi n° 2022-172. Activité professionnelle indépendante : – Art. 3. – V. C. pr. exéc., art. L. 161-1. – Art. 5. – V. COJ, art. L. 213-4-7. – Art. 18. – V. C. pr. exéc., L. 641-1.
2022	23 févr.	Arrêté ECOC2205578A. Tarifs réglementés des commissaires-priseurs judiciaires. – Art. 2. – V. C. com., art. A. 444-1, App., v° *Frais et dépens*, **p. 2977.**
2022	23 févr.	Arrêté ECOC2205573A. Tarifs réglementés des huissiers de justice. – Art. 2. – V. C. com., art. A. 444-10, App., v° *Frais et dépens*, **p. 2986.**
2022	25 févr.	Décret n° 2022-245. Recours à la médiation, application de la loi pour la confiance dans l'institution judiciaire et modifications de diverses dispositions. – V. art. 127-1, 131-1, 131-3, 131-6, 131-7, 131-10 à 131-13, 131-15, 456, 458, 700, 750-1, 806, 901, 910-2, 1012, 1014, 1411, 1565, 1568 à 1571.
2022	25 févr.	Décret n° 2022-259. Généralisation de l'intermédiation financière du versement des pensions alimentaires. – Art. 1er. – V. art. 1074-2 à 1074-4, 1145, 1146-1, 1575.
2022	1er mars	Décret n° 2022-290. Application de certaines dispositions de la loi n° 2021-1017 du 2 août 2021 relative à la bioéthique et modification de diverses dispositions relatives à l'état civil. – Art. 1er. – V. art. 1055-5, 1157-2, 1157-3, 1575, 1578.
2022	3 mars	Loi n° 2022-309. Mise en place d'une certification de cybersécurité des plateformes numériques destinée au grand public. – Art. 1er. – V. C. consom., art. L. 131-4, ss. C. com., art. L. 444-6, App., v° *Frais et dépens*, **p. 2931.**
2022	11 mars	Décret n° 2022-353. Conseils médicaux dans la fonction publique de l'État. – Art. 40. – V. Décr. n° 86-83 du 17 janv. 1986, art. 3, ss. COJ, art. R. 123-31.
2022	21 mars	Loi organique n° 2022-400. Rôle du Défenseur des droits en matière de signalement d'alerte. – Art. 1er. – V. L. n° 2011-333 du 29 mars 2011, art. 6, App., v° *Défenseur des droits*, **p. 2242.**
2022	23 mars	Décret n° 2022-419. Modification de procédure applicable devant le juge des libertés et de la détention en matière d'isolement et de contention mis en œuvre dans le cadre de soins psychiatriques sans consentement : – Art. 1er et 2. – V. CSP, art. R. 3211-31, R. 3211-31-1, R. 3211-33 à R. 3211-37, R. 3211-39 à R. 3211-41, R. 3211-44, App., v° *Mesures de soins psychiatriques sous contraintes*, **p. 3183.** – Art. 4. – V. Décr. n° 2020-1717 du 28 déc. 2020, art. 149, Annexe I, App., v° *Aide juridique*, **p. 2186.**
2022	30 mars	Décret n° 2022-479. Code pénitentiaire : – Art. 7, 18. – V. C. pr. civ., art. 1136-22, 1136-23, 1575. – Art. 16. – V. Décr. n° 2020-1717 du 28 déc. 2020, art. 42, App., v° *Aide juridique*, **p. 2154.**

2022	13 avr.	Ordonnance n° 2022-544. Déontologie et à la discipline des officiers ministériels : – Art. 1er à 22. – V. App., v° *Officiers publics et ministériels*, **p. 3207.** – Art. 24 à 26. – V. App., v° *Officiers publics et ministériels*, . – Art. 29 et 30. – V. App., v° *Officiers publics et ministériels*, . – Art. 32. – V. COJ, art. L. 211-8, L. 311-5. – Art. 34. – V. Ord. n° 45-1418 du 28 juin 1945, App., v° *Officiers publics et ministériels*, . – Art. 35. – V. Ord. n° 45-2590 du 2 nov. 1945, art. 1er *bis* A, 1er *ter*, 4, 5, 5-1, 6, 6-4 à 6-7, 8, App., v° *Officiers publics et ministériels*, . – Art. 36. – V. L. 10 juill. 1991, art. 13, App., v° *Officiers publics et ministériels*, **p. 2107.** – Art. 38. – V. Ord. n° 2016-728 du 2 juin 2016, art. 6, 15, 16, 19 à 20-2, 25, App., v° *Officiers publics et ministériels*, .
2022	20 avr.	Arrêté JUSB2211517A. Suppression d'une maison de justice et du droit d'Hérouville Saint-Clair et modification du tableau III annexé au code de l'organisation judiciaire. – Art. 1er. – V. COJ, Annexe, Tableau III, ss. COJ, art. R. 563-4.
2022	20 avr.	Arrêté JUSB2211522A. Création d'une maison de justice et du droit de Mondeville et modification du tableau III annexé au code de l'organisation judiciaire. – Art. 1er. – V. COJ, Annexe, Tableau III, ss. COJ, art. R. 563-4.
2022	26 avr.	Décret n° 2022-685. Modification du ressort des tribunaux judiciaires de La Roche-sur-Yon et des Sables-d'Olonne à la suite de la création de la commune nouvelle de L'Aiguillon-la-Presqu'île. – Art. 1er. – V. COJ, Annexe, Tableau IV, ss. COJ, art. R. 563-4.
2022	28 avr.	Décret n° 2022-729. Organisation de la profession de commissaires de justice : – V. App., v° *Officiers publics et ministériels*, . – Art. 67. – V. Décr. n° 45-0120 du 19 déc. 1945, art. 6 à 18, 22 à 24, 32 A, 32 E, 34 A à 34 C, App., v° *Officiers publics et ministériels*, **p. 3233** ; Décr. n° 56-222 du 29 févr. 1956, art. 40-1 à 60, 62 à 66,74 à 94, App., v° *Officiers publics et ministériels*, **p. 3278.**

TABLE ALPHABÉTIQUE

NOTA. *Mots.* Les mots principaux de la table sont en caractères gras. Les mots en caractères maigres, précédés d'un tiret, sont des subdivisions des mots principaux. Les mots en caractères maigres italiques sont des renvois dans la même rubrique.
Flèches. Les flèches rouges suivies de mots en caractères italiques sont des renvois aux mots principaux de la Table.
Nombres. Les nombres renvoient aux articles du code de procédure civile, non aux pages. — Les nombres précédés de la mention « COJ » renvoient aux articles du code de l'organisation judiciaire. — Les nombres précédés de la mention « C. pr. exéc. » renvoient aux articles du code des procédures civiles d'exécution. — Les nombres précédés de la mention « art. » renvoient aux articles d'un texte non codifié. — Les nombres précédés de la lettre « p. » renvoient aux pages correspondantes. — Les nombres précédés de la lettre « J » renvoient aux annotations de jurisprudence.

A

B

C

D

E

F

J

N

P

S

W

Photocomposé, traité sur ordinateur par :
JOUVE SAS, 561 rue Saint Léonard - 53100 MAYENNE

Achevé d'imprimer en mai 2022 sur les presses de
Druckerei C.H.Beck
Dépôt légal : juin 2022
721445, 721446 – OSB – Px 31 – JOU – (CDR)
Imprimé en Allemagne

Codes Dalloz

Codes Dalloz	Parution
PÉNAL	
Code pénal	juin
Code de la justice pénale des mineurs, *commenté*	août
Code de procédure pénale	juin
Code de la route, *commenté*	février
IMMOBILIER	
Code des baux, *commenté*	janvier
Code de la construction et de l'habitation, *commenté*	avril
Code de la copropriété, *commenté*	janvier
Code de l'urbanisme, *commenté*	avril
PUBLIC	
Code de la commande publique, *commenté*	janvier
Code constitutionnel et des droits fondamentaux, *commenté en ligne*	août
Code de l'éducation, *commenté*	août
Code électoral, *commenté*	novembre
Code de l'entrée et du séjour des étrangers et du droit d'asile, *commenté*	octobre
Code de l'environnement, *commenté*	mars
Code général de la fonction publique, *commenté*	mars
Code général des collectivités territoriales, *commenté en ligne*	novembre
Code général de la propriété des personnes publiques, *commenté*	mai
Code de justice administrative, *commenté*	septembre
Code des relations entre le public et l'administration, *commenté*	septembre
Code rural et de la pêche maritime, *commenté*	avril